白居易資料新編

第一冊

陳才智 編著

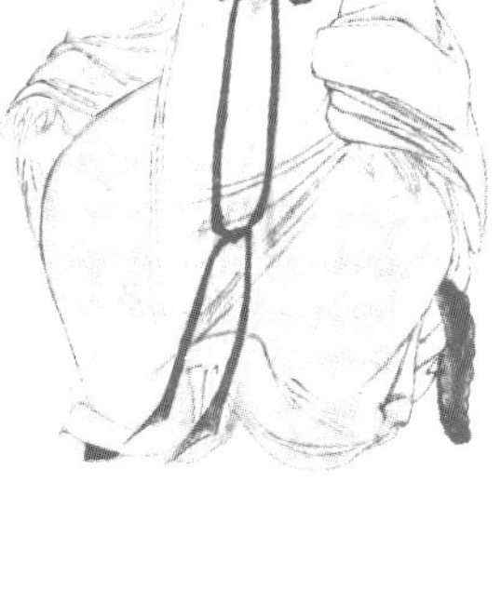

中国社会科学出版社

圖書在版編目（CIP）數據

白居易資料新編：全十册 / 陳才智編著 .—北京：中國社會科學出版社，2021.1

ISBN 978-7-5203-6991-6

Ⅰ.①白… Ⅱ.①陳… Ⅲ.①白居易（772-846）—人物研究—研究資料 ②白居易（772-846）—文學研究—研究資料 Ⅳ.① K825.6 ② I206.2

中國版本圖書館 CIP 數據核字（2020）第 156498 號

出 版 人　趙劍英
責任編輯　郭曉鴻
責任校對　朱妍潔
責任印製　戴　寬

出　　版　中國社會科學出版社
社　　址　北京鼓樓西大街甲 158 號
郵　　編　100720
網　　址　http://www.csspw.cn
發 行 部　010-84083685
門 市 部　010-84029450
經　　銷　新華書店及其他書店

印刷裝訂　北京君升印刷有限公司
版　　次　2021 年 1 月第 1 版
印　　次　2021 年 1 月第 1 次印刷

開　　本　710 × 1000　1/16
印　　張　455.25
字　　數　6760 千字
定　　價　2688.00 元（全十册）

凡購買中國社會科學出版社圖書，如有質量問題請與本社營銷中心聯係調換
電話：010-84083683

總目錄

前言

世間偉大作家其實不多，而白居易是其中一個，無愧且獨特。不僅在當時文壇地位很高——「唐詩人生素享名之盛，無如白香山」,① 對後代影響也很大；不僅對中國文學有突出貢獻，在世界文壇上也享有很高聲譽。作為文學史上少有的高產作家，白居易各體兼善，取材廣泛，加之精勵刻苦，文學活動持續的時間長，所以作品數量之多，在唐代首屈一指。他的集子也是唐代保存最完整的詩文集。白居易在去世前一年（會昌五年）所作《白氏集後記》中說：「詩筆大小凡三千八百四十首。」今存散文七百五十餘篇，詩歌兩千八百三十首。白居易文集中，除「檄」外，當時的詩、賦、策、論、箴、判、贊、頌、碑、銘、書、序、文、檄、表、記這十六種文學體式皆有收録。《文苑英華》中有三十八種文體分類，竟録有白居易的二十五類作品，這是絕無僅有的。白居易在各種文體中都能大展身手的一個重要原因，是他作為文人官僚，具有大量執筆公案文牘的機會。不過，白居易的散文儘管也具有重要地位②，但在後人眼中，其詩歌創作的影響無疑更為深遠。

---

① （明）胡震亨：《唐音癸籤》卷二十五，周本淳校點本，上海古籍出版社一九八一年版，第二七〇頁。

② 白居易是新體古文的宣導者和創作者。其應試之作《性習相遠近》等賦、百道判等，新進士競相傳於京師；《策林》七十五篇，識見超卓，議論風發，詞暢意深，是追蹤賈誼《治安策》的政論佳作；《草堂記》、《冷泉亭記》、《三游洞序》等，文筆簡潔，旨趣雋永，是不遜於韓柳的優秀的山水游記。

在文學史上，白居易也是較早有意識地整理和編集自己作品的作家。元和十年（八一五），他第一次開始整理和編集自己的詩作，分為諷諭、閒適、感傷、雜律四類，在《與元九書》中，他説：「自拾遺來，凡所適所感，關於美刺興比者，又自武德訖元和，因事立題，題為新樂府者，共一百五十首，謂之諷諭詩。又或退公獨處，或移病閒居，知足保和，吟玩情性者一百首，謂之閒適詩。又有事物牽於外，情理動於內，隨感遇而形於歎詠者一百首，謂之感傷詩。又有五言、七言長句、絕句，自一百韻至兩韻者四百餘首，謂之雜律詩。凡為十五卷，約八百首。」乍看起來，前三類按內容分，最後一類按體式分，標準似乎不統一。實際上，是先分為古體詩、近體詩兩大類，然後再把古體詩按內容題材及不同的讀者對象分為三小類：諷諭詩注重反映社會現實問題，意在奉呈皇帝進行諷諫，展示的是「超我」的一面，相當於「風雅頌」中的「頌」；閒適詩注重表現兼濟之志以外的獨善之義、閒適之情，意在公諸同僚，展示的是「自我」的一面，相當於「風雅頌」中的「雅」；感傷詩注重表現聚散喪亡等使人悲悼之事，意在自我排遣或與親朋摯友交流，展示的是「本我」的一面，相當於「風雅頌」中的「風」。最後一類雜律詩，即律詩。此後，白居易還多次編集自己的作品。[①] 不過，只是將詩歌大致分為格詩、律詩兩大類，不復在卷目上標出內容題材的區別了。[②]

① 詳見拙著《元白詩派研究》（社會科學文獻出版社二〇〇七年版）附表三「白居易集之十次編集」。

② 參見陳寅恪《論元白詩之分類》（《嶺南大學學報》第十卷第一期，一九四九年十二月，又收入其《元白詩箋證稿》）、楊民蘇《試論白居易的自分詩類》（《昆明師專學報》一九八八年第四期）、成田靜香《〈白氏長慶集〉「四分類」的形成及其意義》（東北大學文學部《東洋學集刊》第六十一輯，一九八九年五月）和《白居易詩的分類與變體》（收入太田次男等編《白居易的文學與人生》第一册，東京：勉誠社，一九九三年六月）；靜永健《白居易詩集四分類試論：關於感傷詩與閒適詩的成立》（《中國詩學》第三輯，南京大學出版社，一九九五年五月版；又收入其《白居易「諷諭詩」研究》，勉誠社，二〇〇〇年二月版，劉維治譯本《白居易寫諷諭詩的前前後後》，中華書局，二〇〇七年十月版）、下定雅弘《如何讀白居易〈與元九書〉？——圍繞「四類」概念的成立》（《帝塚山學院大學研究論集》第二十九輯，一九九四年）、王運熙《白居易詩歌的分類與傳播》（《鐵道師院學報》一九九八年第六期）、金卿東《諷諭、感傷、閒適、雜律——再論白詩分類法》（《白居易詩歌國際研討會論文選》，河南文藝出版社，二〇〇九年三月版）。

在文學史上，白居易不僅在當時文壇的地位就很高——「唐詩人生素享名之盛，無如白香山」，[①] 對後代影響也很大。張為《詩人主客圖》稱白居易為「廣大教化主」，可謂恰如其分。這可以從以下四個方面來看：第一，人格範式。詩品出於人品，故「廣大」首先指詩歌創作主體海納百川、無所不容的「廣大」性。白居易前期主張為政治為人生的文學觀，是平民知識分子的代表；後期樂天知命，對孟子「窮則獨善其身，達則兼濟天下」加以實踐、發揮和改造，成為後代知識分子重要的思想財富。因此有「李白為天才絕，白居易為人才絕」的說法。[②] 第二，詩歌創作表現領域的開掘和擴展。正如明江盈科《雪濤小書·詩評·評唐》中所説：白居易詩「前不照古人樣，後不照來者議；意到筆隨，景到意隨；世間一切，都著並包囊括入我詩內。詩之境界，到白公不知開擴多少。較諸秦皇、漢武，開邊啟境，異事同功，名曰『廣大教化主』，所自來矣」。第三，詩歌體貌與手法的多樣性。關於這一點，長慶四年（八四二）元稹為《白氏長慶集》作序時，就曾指出：「大凡人之文各有所長。樂天之長，可以為多矣。夫以諷諭之詩長於激，閒適之詩長於遣，感傷之詩長於切。五字律詩，百言而上長於贍，五字七字百言而下長於情。」第四，詩歌風格通俗平易的藝術價值和影響廣遠的社會價值。白詩在當時廣泛流傳於宮廷和民間，歌伎唱他的詩，寺廟、旅舍貼有他的詩，僧侶、官人、寡婦、少女讀他的詩，宮中妃嬪甚至以誦得他的《長恨歌》而自負。相傳寫有白詩的帛可以當錢用。荊州市民葛清文身，在身上刻滿白詩，稱為白舍人行詩圖，圍觀的人十分羨慕。[③] 四明人胡抱章作《擬白氏諷諫五十首》，行於東南；後孟蜀末楊士達亦撰五十篇，頗諷時事。[④] 不但如此，白詩還遠播朝鮮、日本、越南、暹羅（泰國）。晚唐五代的羅隱、皮日休、陸龜蒙、聶夷中、黃滔、杜荀鶴、貫休，宋代的晁迥、王禹偁、梅堯臣、蘇軾、張耒、陸游，元代的王惲，明代的宋濂、吳寬、唐寅、文徵明、袁宗道，一直到清代的吳偉業、趙執信、俞樾、黃遵憲等

---

① 明胡震亨《唐音癸籤》卷二十五。

② 見宋人錢易《南部新書》卷丙。

③ 見唐人段成式《酉陽雜俎》前集卷八。

④ 見宋人錢易《南部新書》卷癸。

等，都是受到白居易影響很深的文人。其他本編所收作家，也都在不同方面、不同程度上受到白居易的啟示。此外，元、明、清三代劇作家有不少人取白居易詩歌的故事為題材編寫戲曲，如取自《長恨歌》的白樸《梧桐雨》、洪昇《長生殿》[①]，取自《琵琶行》的馬致遠《青衫淚》、顧大典《青衫記》、蔣士銓《四弦秋》、趙式曾《琵琶行》等。白詩的詞句，也有很多被宋、元、明話本所採用。

為了系統梳理白居易對後世文學的影響，有必要全面收集和整理相關文獻資料。本書就是出於這樣的考慮，在陳友琴（一九〇二～一九九六）《白居易詩評述彙編》基礎上，結合半個多世紀以來古籍整理和學術研究的新成果，擴充增訂而成。一九五八年十月，《白居易詩評述彙編》列為當時的中國科學院文學研究所「中國文學資料叢刊」第一種，由科學出版社出版，共印四千零三十二册。這部彙編是在文學研究所當時「提倡加強文獻資料的收集和整理」這一思想指導下完成的。副所長何其芳的設想是，要把文學研究所資料室辦成全國的「資料庫」，為全國從事文學研究的工作者、大學教師、中學語文教師和大學中文系的學生服務。友琴先生時任文學研究所資料室副主任，自當身先士卒。在編撰之初，有人認為只要記録正確的，再加些重要的評論就夠了，友琴先生卻力主資料必須全面，堅持求真存實的原則，既要記載前人評論白居易的諷諭詩進步的一面，也要記録前人關於白居易學道學佛等「唯心主義」消極因素的評述。他認為，只有這樣才能還白居易以本來面目，使後世學人得益。遵此原則，此書廣泛搜集自中唐到清末有關白居易詩評論、敍述的資料，褒貶美刺，面面羅列，除詩文集、史籍而外，並採集詩話、隨筆、小説、年譜、日記等類記載，內容包括一百八十多家的評述，參考二百多種書籍，從中精選輯録出近一千則材料。從生平軼事、總體評價，到方言俚語、聲調韻律，可謂巨細不遺。許多材料後面，附有編者按語，融入着其個人研究的心得。在「卷頭語」中，對這些評述還給與簡括的分析。書前附

---

① 關漢卿《唐明皇哭香囊》（殘）、屠隆《彩毫記》、吳世美《驚鴻記》，也受到《長恨歌》啟發。

有白居易手書《楞嚴經》墨跡[①]、明代成化二十三年（一四八七）紹興郡齋聖賢圖石刻白居易肖像，末附白居易本人論詩的詩文及《樂天對日本文學之影響》。這部《彙編》出版後，獲得國内學術界的廣泛好評，在海外也深受歡迎。[②] 因為出版社分工的關係，科學出版社不再出這類書，友琴先生於是「加以修訂增補」[③]，交中華書局重印。即將付印時，在具體處理此書編輯的傅璇琮先生的建議下，又決定納入「古典文學研究資料彙編」[④]，於是删去書後附録的「樂天對日本文學的影響」，改稱《古典文學研究資料彙編·白居易卷》，一九六二年十一月正式出版。[⑤] 一九六五年再版第二次印刷。一九八六年一月，中華書局第三次印刷時，又糾正一些明顯的錯誤，改稱《白居易資料彙編》。二〇〇四年一月第四次印刷，累計印數一萬六千五百五十册。[⑥]

《白居易資料彙編》儘管遠未收羅無遺（排除因轉述而重複者）[⑦]，但篳路藍縷，為當時白居易研究的進一步深入提供了必要的資料，同時也省卻了研究者翻檢之勞，方便後學之功也未可埋沒。從《白居易詩評述彙編》到《古典文學研究資料彙編·白居易卷》，再到《白居易資料彙編》，這部書見證了數代白居易研究工作者的成長。至今大家提起友琴先生，大都首

① 明李日華《味水軒日記》卷二認為，所謂白居易書《楞嚴經》，實為宋人張即之（一一八六～一二六六）書。參見張照等《秘殿珠林》卷二、繆荃孫《雲自在龕隨筆》卷二、徐邦達《古書畫偽訛考辨》（江蘇古籍出版社，一九八四年十一月，上册文字版，第一四一頁）。

② 參見花房英树書評《陳友琴〈白居易詩評述彙編〉》，載日本京都大學文學部《中國文學報》第十四册，一九六一年四月。

③ 見《白居易資料彙編·序》一九六五年四月補記（中華書局，一九八六年一月版，序第九頁）。

④ 見傅璇琮編《黃庭堅和江西詩派資料彙編》後記（中華書局，一九七八年八月）；傅璇琮《我和古籍整理出版工作》（收入張世林編《學林春秋·三編》上册，朝華出版社，一九九九年十二月，第三三三～三三四頁）；《走進中華——〈學林漫録〉憶舊及其他》（《出版史料》二〇〇五年第二期）。

⑤ 《白居易資料彙編》二〇〇四年一月第四次印刷本版權頁標為「一九六二年十二月第一版」，恐誤。

⑥ 此外還有臺灣明倫出版社一九七〇年版，收入「中國古典文學研究叢書」。

⑦ 錢鍾書收到傅璇琮的《古典文學研究資料彙編·黃庭堅和江西詩派卷》，一九七九年五月二十六日復函致謝時説：「十數年前，得見尊纂石湖資料（《古典文學研究資料彙編·楊萬里范成大卷》），博綜精審，即歎可懸諸國門，為兹事楷模。敝同仁香山資料，相形遂成傖荒家當。」見徐季子主編《傅璇琮學術評論》扉頁之原信影印件，寧波出版社，二〇〇七年七月版。

先想到這部彙編，畢竟這部書也是其著述中印數最多的。[①] 作為「古典文學研究資料彙編」叢書中的開創之作，《白居易卷》有垂範後來者的榜樣意義。例如，按時代而非分類排列的編纂體例，就一直為後來者沿用。尤其值得一提的是，在許多資料後面，友琴先生加以自己的按斷，這些編者按語，或對資料文字加以校勘，或對資料加以溯源，或對與資料有關的問題加以辨析，頗多精當之處。可惜這一優點，後來的「古典文學研究資料彙編」大都沒有承繼。其實文獻資料的整理和搜集固然重要，可是編者的眼光和識見亦不可忽視。資料彙編如果加以精當的按斷，自然會更利於使用。

一九九八年筆者着手撰寫《元白詩派研究》，在得力於《白居易資料彙編》的同時，也發現它多有遺漏，於是開始留意搜輯其未備。《白居易研究史》項目啓動之後，乃將這項工作正式列入日程。原本計劃在《彙編》的基礎上加以補訂，但做下來，發現不僅《彙編》的訛誤需要修訂，遺漏需要補充，搜集範圍需要擴大，而且作者先後次序，均需根據近五十年來的研究成果重新編排，新加資料數量巨大，已遠非補訂所能容納——《彙編》二十九萬字，《新編》篇幅擴至五百多萬字，包括中唐至近代三千二百餘家作者，八千餘則評述材料，參考書籍三千五百餘種——於是，索性另起爐竈，名曰《白居易資料新編》。在此期間，古籍整理和數字化工作日新月異，《全宋詩》、《全宋文》、《全元文》、《全元詩》、《宋詩話全編》、《遼金元詩話全編》、《明詩話全編》、《全明詩話》、《民國詩話叢編》、《清詩話三編》、《中華大典・文學卷》等相繼付梓；《四庫全書存目叢書》及補編、《四庫未收書輯刊》、《四庫禁燬書叢刊》、《故宮珍本叢刊》、《續修四庫全書》、《中國地方誌集成》、《清代詩文集彙編》、《韓國歷代文集叢書》、《韓國文集叢刊》等陸續影印；《中華電子佛典》、《文淵閣四庫全書電子版》、《四部叢刊原文及全文檢索版》、《古今圖書集成全文檢索系統》、《國學寶典》、《漢籍全文檢索系統》、《中國基本古籍庫》、《韓國古典綜合數據庫》等大型數據庫以及互聯網

① 詳見拙編《中國社會科學院學者文選・陳友琴集》（中國社會科學出版社二〇一四年版）序言。

資源，又為收集相關資料提供了便利條件。[①] 當然，電子文獻遠未能取代紙本文獻。一方面，電子文獻尚未能完全可靠可信，紙本出版物儘管亦然，但其歷史更為悠久，因而略勝一籌；另一方面，上述從電子文獻檢索出來的結果，還需要人工加以篩選鑒別，去除重複與無效部分。目前看來，人腦與電腦，在這段不會很短的過渡期内還需要互幫互補。

如果說《元白詩派研究》意在梳理白居易對中唐詩壇的影響的話，那麼，《白居易資料新編》的編纂目的，無疑重在清理白居易在中唐以後的影響，拓寬和加深對這位大作家的認識。在此基礎上，通過評述、研究、接受、傳播等文獻資料的收集和排比，為撰寫白居易接受史、傳播史和研究史提供史料基礎。

前人有「著書不如編書」一説，剔除考量經濟利益的因素，排除規避作者責任的調侃意味，竊意也暗含這樣一個價值判斷：承繼高於出新。在提倡創新的今日，這種傾向或許有些落伍。但退一步講，即使是出己一說，總須交代前人成果，方不負推陳出新之意。許多同儕頂禮膜拜錢鍾書，而其代表作《談藝録》、《管錐編》，就名為「録」和「編」。[②] 這裏絕非強調文獻重過

① 例如可以輸入如下檢索關鍵詞——「居易/白居易」、「樂天/白樂天」、「香山/白香山/香山居士」、「白公/白公居易」、「白二十二/白二十」、「白舍人/白學士/白侍郎/紫薇郎/白賓客/白贊善/東宮白贊善」、「白氏/白老/白侯/白先生/白鬚太守」、「履道叟/迂叟」、「白監/白頭老監」、「白尹/白頭尹/白頭老尹」、「白傅/白少傅/白太傅」、「白尚書」、「白司馬/白江州/江州司馬/江州白司馬/潯陽司馬/九江司馬/青衫司馬」、「白忠州/忠州刺史/南賓太守」、「杭州刺史/蘇州太守」、「履道主人」、「詩魔」、「醉吟/醉吟先生/醉尹/河南醉尹/河南大尹」、「東都閒散官」、「白庶子/白使君/白太守/醉太守」、「白文公」等關於名號者，「元白」、「劉白劉白」、「香山會」、「七老會」、「九老會」、「香山九老」等關於合稱者，「樂天體/樂天句/白樂天體」、「香山體/香山句」、「元和體/元和詩體/元和體詩」、「長慶體」、「白派/白體」、「元白體」等關於詩體者，「元輕白俗/白俗」、「廣大教化主」等關於詩風者，「琵琶圖」、「潯陽圖」、「九老圖/會昌九老圖/香山九老圖/樂天九老圖」、「七老圖」等關於繪畫者，「白詩」、「白詞」、「白文」、「白賦」、「長慶集/長慶詩」、「九老詩/香山九老詩」、「新樂府」、「秦中吟」、「長恨歌」、「琵琶行/琵琶引/潯陽琵琶」、「擬何處難忘酒/何處難忘酒」、「刈麥行/觀刈麥」、「擬放言/放言」、「金針詩格」等關於作品者，「白樂天宅」、「白家/白家池」、「白公祠/白傅祠/白太傅祠/樂天祠/白居易祠/白文公祠」、「白文公廟」、「白公草堂/白傅草堂/白公影堂/白公堂」、「醉白池」、「白亭」、「白居易墓/白公墓/香山墓」、「陶白祠/陶白二公祠」、「陶白庵」、「白蘇祠/白蘇二公祠」、「琵琶亭/琵琶洲」、「浸月亭」、「喚渡亭」、「冷泉亭」、「三賢祠」、「四賢閣」、「五老堂」、「七老堂」、「九老堂」等關於遺跡者，一一予以搜索（避免遺漏）、篩選（避免誤收），另外，再充分提取並統計化用或暗用樂天詩文語句、典故的各種情形，這樣，儘管仍未必能毫髮無遺，但較紙本目力閱讀而言，着實大大減少了工作強度和遺漏的比例。

② 當然，實為札記體，在編録前人文獻的基礎上自出己意。

理論，收集和整理材料畢竟只是初步工作，科學的分析和綜合的研究才是最終目的；但沒有文獻支撐的理論，就像有些光鮮流麗的廣告，讓人不免有幾分懸心。其理想之境，或應如有源之水，有本之花。在個人成長歷程中，少影響老，童年經歷影響青年、中年和老年；但在群體系列中，則恰恰相反，老影響少，前輩（代）影響後輩（代）。這就是傳統之統緒所在。撰寫文學史，無非是要勾畫出歷代層累、前後影響的軌跡。「後之視今，亦猶今之視昔」（《蘭亭集序》），「嘗讀古人書，謂言古猶今」（韓愈《孟生詩》），慨之深矣；而「已有的事，後必再有；已行的事，後必再行。日光之下，並無新事」（《舊約・傳道書》），則話説得更為斬絕，但不無啓迪，亦頗堪玩味。閱讀和考察前人在白居易研究領域留下的足跡，相信會對今日研究提供參考和借鏡。

本書編撰得到業師陳鐵民先生教誨，復獲劉躍進、蔣寅等先生鼎力相助，在此深表謝意。書稿甫成，曾蒙中華書局垂青，申請列入國家古籍整理出版規劃；今乃欣得本院出版資助，皆感恩不盡。袁春澍先生再次賜題書封，不勝忻幸，謹敬誌謝忱。此編雖積近二十載之力，備嘗「狂臚文獻耗中年」之況味，奈學海無涯，學殖有限，書中定會有這樣那樣的舛誤和不足，而且隨著古籍數字化腳步逐步加快，缺漏之處當會日漸呈現，尚祈讀者不吝賜正，匡吾不逮，以期完善。

萬古流雲，惟經典常新；世界漸小，而詩道正寬。謹以此書獻給白居易研究同道和關愛我的師友。

陳才智

二零一七年三月

於中國社會科學院文學研究所

凡　例

一、《白居易資料新編》輯録之文獻資料，始自中唐，迄於近代。

二、編撰體例參照中華書局「古典文學研究資料彙編」叢書。編排順序依照作者生年先後。生年失考，則參考卒年先後。生卒年俱失考，則依照科第、仕履、唱酬、交游、成書或時代大致先後斟定。作者稱其本名或通用名，帝后用本名，僧尼稱法名，冠以「釋」字。無名氏稱「佚名」，依其作品撰寫時間列於相應位置，無考者置於最後。同一作者之文獻，一般先詩詞，後文賦，大致依照其作品集次序，適當參考寫作時間。遇有年代不可確知者，則列於相應資料之後。凡集體撰著，擇其主撰為代表，列於相應時代之下。

三、所輯録之文獻範圍，以域内文獻為主，旁涉日、韓等域外漢語文獻；除詩話、筆記、詩文集、詞曲、地志、行紀、石刻、碑帖、墓誌、史籍、年譜、日記、傳注、語録等經史子集四部典籍而外，旁涉戲曲、傳奇、話本、彈詞、子弟書、章回小說，及釋道典籍、類書雜纂等各類記載。

四、所輯録之文獻内容，以對白居易思想及詩詞文賦等各類文學創作進行評述之文獻為主，亦包括白居易之世系家族、生平事跡、版本源流、作品整理、真偽考辨、字義疏證、典故詮釋、本事考證、鑒賞品評、背景介紹、詩意疏解、詩旨闡發等。此外，白居易同時人與其唱和酬贈，有助於瞭解白居易之交遊等，亦在輯録之列。這些文獻資料有些是以白居易為主，有些是以白居易為參照，順帶提及。在相關度處理尺度上，唐宋文獻從寬，元明清文獻略嚴。

五、所收録之原文，充分借鑒近人整理本（標明頁數），並尊重善本、足本或祖本，盡可能博參眾本，不主一家。詳列其版本於書末「引用書目」。所引《四庫全書》，如無特殊説明，一般指《文淵閣四庫全書》。

六、所收録之原文，根據相關度，容有適當删節；節取處，以删節號標明。個别作品，因篇幅過鉅，以存目形式録列。

七、相同或相似之文獻資料，一般收録較早或較為完善者。後出之資料，視具體情況，分别處理。如絕無新意，則不予收録；僅在相關文獻資料之後，略加按語説明。

八、就己所知，對輯録之文獻資料加以説明，對作者情況略作介紹，姓名、字號、籍貫、科第、仕履、簡歷、謚號、封贈和著述之外，側重其與白居易之關聯。正史有傳者略記之，有傳而不詳及無傳者，據有關載籍叙其要。與史實有明顯違訛者，於文末以按語形式加以考索駁辨。擇採陳友琴先生之按語標明「琴按」，筆者之按語標明「智按」。

九、所輯録之文獻資料，遇有訛脱衍倒，銀根亥豕，若鑿然譌謬，有他本可以參校，則抹改校正；疑誤而改正根據不足者，作校記説明，標明「智按」；遇諸書有古今字、通假字，一般仍依底本；異體字、俗寫字等不統一者，如「聮」「亝」「靁」「帰」「婚」等，則徑行統一為「聯」「齋」「雷」「歸」「婚」等通行體；其或意義可通，原屬疑似，則視其具體情況，注一作某字於其下，以存其舊；各類諱字，除特殊情形盡可能恢復本字。

目　　錄

唐代卷

錢徽（七五五～八二九）

《同樂天登青龍寺上方望藍田山絕句》【題擬】

偶來上寺因高望，松雪分明見舊山。（見《白氏長慶集》卷十一《登龍昌上寺望江南山懷錢舍人》自注引，《全唐詩續拾》卷二十五）

智按：錢徽，字蔚章，錢起（七二二～七八〇）子。吴興（今浙江湖州）人。貞元初進士第。初辟樊澤、崔衍府。二人卒，俱賴徽以安其軍。歷翰林學士，三遷中書舍人，加承旨。懇諫，罷。後拜禮部侍郎。段文昌、李紳各以所善諉徽求第，徽不能如二人請，文昌奏徽取士以私，與紳共擠之，貶江州刺史，或勸出二人私書自直。徽曰：「苟無愧於心，安事辨證?」大和初，復為華州。俄以吏部尚書致仕。卒，年七十五，贈尚書右僕射。工詩善文，與白居易關係密切，酬唱頗多。

元和十五年（八二〇），白居易在忠州所作《登龍昌上寺望江南山懷錢舍人》自注云：「昔嘗與錢舍人登青龍寺上方同望藍田山，各有絕句，錢詩云：『偶來上寺因高望，松雪分明見舊山。』」時錢徽已自太子右庶子出爲虢州刺史。見《舊唐書·憲宗紀》、《册府元龜》卷一八一。

周元範（？～八三二前）

《奉和白舍人遊鏡湖夜歸》

風前酒醒看山笑，湖上詩成共客吟。畫燭滿堤燒月色，澄江繞樹浸城陰。（《增訂注釋全唐詩》第三册，第六九三頁）

智按：鏡湖乃越州名勝，元白杭越唱和詩中屢見。大和三年（八二九）春，白居易在長安作《想東遊五十韻》詩，中云：「鏡湖期遠泛，禹穴約冥搜。」（《白居易集箋校》第三册，第一八七二頁）可見元、白曾約定一同遠泛鏡湖。詩序又云：「大和三年春，予病免官後，憶遊浙右數郡，兼思到越一訪微之。故兩浙之間，一物已上，想皆在目，吟且成篇，不能自休，盈五百字，亦猶孫興公想天台山而賦之也。」則白居易鏡湖之遊，亦孫綽之作《遊天台山賦》、范仲淹之撰《岳陽樓記》之類也。

《和白太守揀貢橘》

離離朱實緑叢中，似火燒山處處紅。影下寒林沉緑水，光搖高樹照晴空。銀章自竭人臣力（一作分），玉液誰知造化功。看取明朝船發後，餘香猶尚遂仁風。（《增訂注釋全唐詩》第三册，第六九三頁）

智按：白居易原詩《揀貢橘書情》：「洞庭貢橘揀宜精，太守勤王請自行。珠顆形容隨日長，瓊漿氣味得霜成。登山敢惜駑駘力，望闕難伸螻蟻情。疏賤無由親跪獻，願憑朱實表丹誠。」（《白居易集箋校》第三册，第一六四二頁）作於寶曆元年（八二五）蘇州刺史任上。同時，張彤也有《奉和白太守揀橘》（《全唐詩》卷四百六十三，中華書局繁體豎排本，第十四册，第五二六六頁）。

《投白公》（句）

誰云嵩上煙，隨雲依碧落。（《增訂注釋全唐詩》第三册，第六九三頁）

智按：見《主客圖》（王仲鏞《唐詩紀事校箋》下册，第一五三五頁）。

《和白舍人泛湖早發洞庭詩》（句）

路出胥門深淺浪，月殘吳苑兩三星。（《增訂注釋全唐詩》第三册，第六九三頁）

智按：見日本上毛河世寧（市河寛齋）纂輯《全唐詩逸》卷上（《全唐詩》中華書局繁體豎排本，第二十五册，第一〇一八二頁）。

《寄白舍人兼鶴林招隱二長老》（句）

石橋路上千峰月，山殿雲中半夜鐘。（《增訂注釋全唐詩》第三册，第六九三頁）

智按：見日本上毛河世寧（市河寬齋）纂輯《全唐詩逸》卷上（《全唐詩》中華書局繁體豎排本，第二十五册，第一〇一八二頁）。

周元範，行五。郡望汝南（今屬河南）（據白居易詩《予以長慶二年冬十月到杭州明年秋九月始與范陽盧賈汝南周元范蘭陵蕭悅清河崔求東萊劉方輿同游恩德寺之泉洞竹石籍甚久矣及兹目擊果愜心期因自嗟云到郡周歲方來入寺半日復去俯視朱綬仰睇白雲有愧於心遂留絕句》，《白居易集箋校》第三册，第一三八〇頁），占籍句曲（今江蘇句容）（據《唐詩紀事》卷五十六：「元范，句曲人。」王仲鏞《唐詩紀事校箋》下册，第一五三五頁）。生活於大曆、大和之間。據白居易大和六年（八三二）所作《憶舊游寄劉蘇州》「周五殷三歸夜台」，周元范當卒於大和六年（八三二）前。《白居易集箋校》第三册，第一四五九頁。自注：「周、殷，蘇州從事。」

長慶二年（八二二）至寶曆二年（八二六），白居易任杭、蘇刺史時，周元範為其幕中從事，任判官、協律之職，唱酬甚多。長慶三年，白居易所作《夜招周協律兼答所贈》稱二人「落魄俱耽酒，殷勤共愛詩」。白居易《歲假內命酒贈周判官蕭協律》：「腳隨周叟行猶疾，頭比蕭翁白未勻。歲酒先拈辭不得，被君推作少年人。」飲歲酒之例，年少者先，可知周元範年長於白居易。寶曆二年（八二六）八月，白居易百日長假滿，罷蘇州刺史任，十月離開蘇州，周元范亦離蘇赴越，入元稹浙東觀察使幕。白居易有《代諸妓贈送周判官》：「妓筵今夜別姑蘇，客棹明朝向鏡湖。好與使君為老伴，歸來休染白髭須……」大和元年（八二七）春改元慶典，周元范曾受元稹委派，赴京遞呈「賀表」。夏末秋初，離京返越。張籍、朱慶餘、賈島為他賦詩送行。白居易大和三年（八二九）在長安任刑部侍郎時，作《和酬鄭侍御東陽春悶放懷追越遊見寄》：「……此詩勿遣閒人見，見恐與他為笑資。白首舊僚知我者，憑君一詠向周師。」原注：「周判官師範，蘇杭舊判官。去範字，叶韻。」「周判官師範」即周元範。周元範詩今僅存兩首，即上録《奉和白舍人遊鏡湖夜歸》、《和白太守揀貢橘》。另有斷句四聯，除《賀朱慶餘及第》外，均為與白居易交往之作，關係可見一斑。而白集中與其交往之詩二十一首，在白居易與他人之交往詩中，數量亦名列前茅。周元範在當時詩壇上曾十分活躍，可惜今存數量很少，已很難重現其詩歌創作全貌，但可以肯定，《主客圖》置其於白派「及門」，理由充分。

楊巨源（七五五～八三三?）

《寄江州白司馬》

江州司馬平安否? 惠遠東林住得無? 湓浦曾聞似衣帶，廬峰見説勝香爐。題詩歲晏離鴻斷，望闕天遥病鶴孤。莫謾拘牽雨花社，青雲依舊是前途。（《全唐詩》卷三三三）

《送章孝標校書歸杭州因寄白舍人》

曾過靈隠江邊寺，獨宿東樓看海門。潮色銀河鋪碧落，日光金柱出紅盆。不妨公事資高卧，無限詩情要細論。若訪郡人徐孺子，應須騎馬到沙村。（《全唐詩》卷三三三）

智按：楊巨源，字景山，河中人。貞元五年（七八九）擢進士第，為張弘靖從事，由秘書郎擢太常博士、禮部員外郎，出為鳳翔少尹。復召除國子司業，年七十致仕歸。時宰相愛其才，奏授河中少尹，食其禄終身。約卒於大和七年（八三三）前後。與白居易友善，唱和頗多。

胡杲（七五七～八四五後）等

《香山九老詩》

⊙香山九老詩序

會昌五年三月二十四日，胡、吉、劉、鄭、盧、張等六人，皆多年壽，余亦次焉，於東都敝居履道坊内，合尚齒之會。七老相顧，既醉且歡，静而思之，此會稀有，因各賦七言六韻詩一章以記之。或傳諸好事者。其年夏，又有二老，年貌絶倫，同歸故鄉，亦來斯會，續命書姓氏年齒，寫其形貌於圖右，與前七老，題為九老圖。仍以一絶贈之云：「雪作鬚眉雲作衣，遼東華表暮雙歸。當時一鶴猶稀有，何況今逢兩令威。」二老乃洛中遺老李元爽，年一百三十六；禪僧如滿，歸洛年九十五。時祕書狄兼謨，河南尹盧貞，以老未七十，雖與會而不及列。

⊙香山九老詩爵里紀年

胡杲：安定人。前懷州司馬，年八十九。

吉皎：馮翊人。衛尉卿致仕，年八十八。

劉貞：廣平人。前磁州刺史，年八十七。

鄭㯋：滎陽人。前龍武衛長史，年八十五。

盧貞：范陽人。前侍御史內供奉官，年八十三。

張渾：清和人。前永州刺史，年七十七。

白居易：太原人。刑部尚書致仕，年七十四。

李元爽：洛中遺老，年一百三十六。

禪僧如滿：年九十五。

⊙雖與會而不及列

狄兼謨：秘書監。

盧貞：河南尹。

⊙香山九老詩

胡杲（七五七～八四五後）（年八十九）

閒居同會在三春，大抵愚年是出羣（是，一作最）。霜鬢不嫌杯酒興，白頭仍愛玉罏薰。徘徊玩柳心猶健，老大看花意卻勤。鑿落滿斟判酩酊，香囊高掛甚氤氲。搜神得句題紅紙，望景長吟對白雲。今日交情何不替，齊年同侍聖明君。

吉皎（七五八～八四五後）（年八十八）

休官罷任已閒居，林苑園亭興有餘。對酒最宜花藻發，邀歡不厭柳條初。低腰醉舞垂緋袖，擊筯謳歌任褐裾。寧用管絃來合雜，自親松竹且清虛。飛觥酒到須先酌，賦詠詩成不住書。借問商山賢四皓，不知此後更何如。

劉貞【劉真】（七五九～八四五後）（年八十七）

垂絲今日幸同筵，朱紫居身似大年。賞景尚知心未退，吟詩猶覺力完全。閒庭飲酒當三月，在席揮毫象七賢。山茗煮時秋露碧，玉杯斟處綵霞鮮。臨堦花笑如歌妓，傍竹松聲當管絃。雖未學窮生死訣，人間豈不是神仙。

鄭㯋【鄭據】（七六一～八四五後）（年八十五）

東洛幽閒日莫春，邀歡皆是白頭賓。官班朱紫多相似，年紀高低次第勻。聯句每言松竹意，停杯多說古今人。更無外事來心肺，空有清虛入思神。醉舞兩回迎歡酒，狂歌一曲會娛身。今朝何事偏情重，同作明時列任臣。

盧貞【盧真】（七六三～八四五後）（年八十三）

三春已盡洛陽宮，天氣初晴景象中。千朵嫩桃迎曉日，萬株隨柳逐和風。非論官位皆相似，及至年高亦共同。對酒歌聲猶覺妙，玩花詩思豈能窮。先時共作三朝貴，今日相逢七老翁。但願綠醽長滿酌，煙霞萬里會應通。

張渾（七六九～八四六）（年七十六）

幽亭春盡共為歡，印綬居身是大官。遁跡豈勞登遠岫，垂絲何必坐溪磻。詩聯六韻應猶易，酒飲三杯未覺難。每況襟懷同宴會，共將心事比波瀾。風吹野柳垂羅帶，日照庭花落綺紈。此席不煩鋪錦帳，斯筵堪作畫圖看。

白居易（七七二～八四六）（年七十四）

七人五百八十四，拖紫紆朱垂白鬚。囊裏無金莫嗟嘆，罇中有酒且歡娛。吟成六韻神還壯，飲到三杯氣尚麄。嵬峨狂歌教婢拍，婆娑醉舞遣孫扶。天年高邁二疏傅，人數多於四皓圖。除卻三山五天竺，人間此會且應無。

智按：《白居易集》題為《胡、吉、鄭、劉、盧、張等六賢，皆多年壽，予亦次焉。偶於弊居合成尚齒之會，七老相顧，既醉甚歡。靜而思之，此會稀有，因成七言六韻以紀之，傳好事者》，詩句略異：「七人五百七十歲，拖紫紆朱垂白鬚。手裏無金莫嗟歎，樽中有酒且歡娛。詩吟兩句神還王，酒飲三杯氣尚粗。嵬峨狂歌教婢拍，婆娑醉舞遣孫扶。天年高過二疏傅，人數多於四皓圖。除卻三山五天竺，人間此會更應無？（三仙山、五天竺圖，多老壽者。）」後云：「前懷州司馬安定胡杲，年八十九。衛尉卿致仕馮翊吉皎，年八十六，前右龍武軍長史滎陽鄭據，年八十四。前慈州刺史廣平劉真，年八十二。前侍御史內供奉官范陽盧真，年七十二。前永州刺史清河張渾，年七十四。刑部尚書致仕太原白居易，年七十四。已上七人，合五百七十歲，會昌五年三月二十一日於白家履道宅同宴，宴罷賦詩，時秘書監狄兼謨、河南尹盧貞，以年未七十，雖與會而不及列。」（《白居易集箋校》第四册第二五六三頁）

附：狄兼謨

得老加年誠可喜，當春對酒亦宜歡。心中別有歡喜事，開得龍門八節灘。

盧貞（七七八？～八四八？）

眼暗頭旋耳重聽，唯餘心口尚醒醒。今朝歡喜緣何事，禮徹佛名百部經。（《四庫全書》本《香山九老詩》）

智按：白居易集《九老圖詩》序云：「會昌五年三月，胡、吉、劉、鄭、盧、張等六賢於東都敝居合尚齒之會。其年夏又有二老，年貌絶倫，同歸故鄉，亦來斯會。續命書姓名年齒，寫其形貌，附於圖右，與前七名，題為九老圖，仍以一絶贈之（二老，謂洛中遺老李元爽，年一百三十六；歸洛僧如滿，年九十五）。」詩云：「雪作鬚眉雲作衣，遼東華表鶴雙歸。當時一鶴猶稀有，何況今逢兩令威！」（《白居易集箋校》第五册第三八六一頁）

李絳（七六四～八三〇）

《杏園聯句》

杏園千樹欲隨風，一醉同人此暫同。——崔群
老態忽忘絲管裏，衰顏宜解酒杯中。——李絳
曲江日暮殘紅在，翰苑年深舊事空。——白居易
二十四年流落者，故人相引到花叢。——劉禹錫

《全唐詩》卷七九〇

《花下醉中聯句》

共醉風光地，花飛落酒杯。——李絳
殘春猶可賞，晚景莫相催。——劉禹錫
酒幸年年有，花應歲歲開。——白居易

且當金韻擲，莫遣玉山頹。——李絳
高會彌堪惜，良時不易陪。——庾承宣
誰能拉花住，爭換得春回。——劉禹錫
我輩尋常有，佳人早晚來。——楊嗣復
寄言三相府，欲散且裴回。——白居易

《全唐詩》卷七九〇

《造屏風事》

元和四年，勑學士令檢自古明君賢臣亂君佞臣事跡，作屏風三合，其圖畫美惡，題寫其事。朕施於便殿，坐卧觀閲，用為鑒誡，以自省察。學士李絳、崔羣、錢徽、韋弘景、白居易等檢討事跡，如文王得呂望以興，周桓公任管仲以霸，齊宣王誅阿大夫，京房對漢元帝，周幽王嬖褒姒而為身禍，秦二世惑趙高以亡天下，陳後主方事七獵遂以亡國，朱異勸梁武帝納侯景臺城遂陷，如此之類，都五十餘事，造屏風三合，具列其事進入，並以狀稱賀。上大悦，乃令中使將出中書，以示宰臣百僚，上章賀，即日張於便殿，朝夕省閲，顧左右中人指示曰：「汝等大須作意，不得有如此之事。」（唐蔣偕編《李相國論事集》卷一，《四庫全書》本）

《論白居易事》

上召學士於三殿對奏論政事，拾遺白居易言事抗直，曰：「陛下錯。」上色莊而罷，令翰林使密宣承旨李絳對。上曰：「白居易小臣不遜，須令出院。」絳因切論曰：「臣聞主聖臣直，宥過莫大。自陛下開納諫諍，容受善言，小臣然後敢極論得失。從而怒之，則是緘其口。若從順陛下，則安敢發言論。況居易所言，志在裨益。言雖太直，事涉不私，伏恐衆議以為陛下惡聞直諫，斥出正人，非所以發揚聖德納諫諍也。」上悦，曰：「依卿所奏。」遂待之如初。（唐蔣偕編《李相國論事集》卷二，《四庫全書》本）

智按：李絳，字深之，贊皇（今屬河北）人。登宏詞科，授秘書省校書郎。貞元末，拜監察御史。元和四年（八〇九），以本官充翰林學士，與同為翰林學士之白居易，深相交好。曾在朝中分別為元、白進過善言。元和五年，元稹貶江陵府士曹參軍，翰林學士李絳等論其枉，言稹無罪。（見《舊唐書·白居易傳》、《新唐書·元稹傳》、《資治通鑑》卷二百三十八）同年，白居易因直言諫諍使憲宗不悦，李絳云：「陛下欲開諫諍之路，不宜阻居易言。」（《舊唐書·白居易傳》）改中書舍人，尋拜中書侍郎。輔政多所匡益，以疾求罷，出為河中觀察使，改兖海節度使。寶曆初，入為尚書左僕射，李逢吉惡之，罷為太子少師，分司東都。文宗即位，徵為太常卿，復出為山南西道節度使，兵亂遇害。元和十五年（八二〇），元稹撰有《授李絳檢校右僕射兼兵部尚書制》。大和六年（八三二），白居易《與劉禹錫書》云：「平生相識雖多，深者蓋寡。就中與夢得同厚者，深、敦、微而已。」（《白居易集箋校》第六册，第三九四〇頁）「深、敦、微」：李絳，字深之；崔群，字敦詩；元稹，字微之。

裴度（七六五～八三九）

《白二十二侍郎有雙鶴留在洛下予西園多野水長松可以棲息遂以詩請之》

聞君有雙鶴，羈旅洛城東。未放歸仙去（一作路），何如乞老翁。且將臨野水，莫閉在樊籠。好是長鳴處，西園白露中。（《全唐詩》卷三三五）

《答白居易求馬》（句）

君若有心求逸足，我還留意在名姝。（《全唐詩》卷三三五）

《夏中雨後游城南莊示樂天八韻》【題擬】

何處趁盃盤。（見《白氏長慶集》卷三二《奉酬侍中夏中雨後游城南莊見示八韻》自注引，《全唐詩續拾》卷二十七）

《西池落泉聯句》

東閣聽泉落，能令野興多。——行式（八〇六至八二九間在）
散時猶帶沫，淙處即跳波。——裴度
偏洗磷磷石，還驚泛泛鵝。——張籍
色清塵不染，光白月相和。——白居易
噴雪縈松竹，攢珠濺芰荷。——劉禹錫
對吟時合響，觸樹更搖柯。——張籍

照圃紅分藥，侵階緑浸莎。——白居易
日斜車馬散，餘韻逐鳴珂。——劉禹錫

《全唐詩》卷七九〇

《首夏猶清和聯句》

記得謝家詩，清和即此時。——白居易
餘花數種在，密葉幾重垂。——裴度
芳謝人人惜，陰成處處宜。——劉禹錫
水萍爭點綴，梁燕共追隨。——行式
亂蝶憐疏蕊，殘鶯戀好枝。——張籍
草香殊未歇，雲勢漸多奇。——白居易
單服初寧體，新篁已出籬。——裴度
與春為別近，覺日轉行遲。——劉禹錫
繞樹風光少，侵階苔蘚滋。——行式
惟思奉歡樂，長得在西池。——張籍

《全唐詩》卷七九〇

《薔薇花聯句》

似錦如霞色，連春接夏開。——劉禹錫
波紅分影入，風好帶香來。——裴度
得地依東閣，當階奉上台。——行式
淺深皆有態，次第暗相催。——劉禹錫
滿地愁英落，緣堤惜棹回。——裴度
芳濃濡雨露，明麗隔塵埃。——行式
似著胭脂染，如經巧婦裁。——白居易
奈花無別計，只有酒殘杯。——張籍

《全唐詩》卷七九〇

《喜遇劉二十八偶書兩韻聯句》

病來佳興少，老去舊遊稀。笑語縱橫作，杯觴絡繹飛。——裴度
清談如水玉，逸韻貫珠璣。高位當金鉉，虛懷似布衣。——劉禹錫

已容狂取樂，仍任醉忘機。舍眷將何適，留歡便是歸。——白居易

鳳儀常欲附，蚊力自知微。願假尊罍末，膺門自此依。——李紳

《全唐詩》卷七九〇

《劉二十八自汝赴左馮塗經洛中相見聯句》

不歸丹掖去，銅竹漫云云。唯喜因過我，須知未賀君。——裴度

詩聞安石詠，香見令公熏。欲首函關路，來披緱嶺雲。——白居易

貂蟬公獨步，鴛鷺我同群。插羽先飛酒，交鋒便戰文。——李紳

鎮嵩知表德，定鼎為銘勳。顧鄙容商洛，徵歡候汝墳。——劉禹錫

頻年多謔浪，此夕任喧紛。故態猶應在，行期未要聞。——裴度

遊藩榮已久，捧袂惜將分。詎厭杯行疾，唯愁日向曛。——白居易

窮陰初莽蒼，離思漸氤氳。殘雪午橋岸，斜陽伊水濆。——李紳

上謨尊右掖，全略靜東軍。萬頃徒稱量，滄溟詎有垠。——劉禹錫

《全唐詩》卷七九〇

《度自到洛中與樂天為文酒之會時時搆詠樂不可支則慨然共憶夢得而夢得亦分司至止歡愜可知因為聯句》

成周文酒會，吾友勝鄒枚。唯憶劉夫子，而今又到來。——裴度

欲迎先倒屣，亦坐便傾杯。飲許伯倫右，詩推公幹才。——白居易

久曾聆郢唱，重喜上燕台。晝話牆陰轉，宵歡斗柄回。——劉禹錫

新聲還共聽，故態復相咍。遇物皆先賞，從花半未開。——裴度

起時烏帽側，散處玉山頹。墨客喧東閣，文星犯上台。——白居易

詠吟君稱首，疏放我為魁。憶戴何勞訪，留髡不用猜。——裴度

奉觴承麴蘗，落筆捧瓊瑰。醉弁無妨側，詞鋒不可摧。——白居易

水軒看翡翠，石徑踐莓苔。童子能騎竹，佳人解詠梅。——劉禹錫

洛中三可矣，鄴下七悠哉。自向風光急，不須弦管催。——裴度

樂觀魚踴躍，閒愛鶴裴回。煙柳青凝黛，波萍綠撥醅。——白居易

春榆初改火，律管又飛灰。紅藥多遲發，碧松宜亂栽。——劉禹錫

馬嘶駝陌上，鷁泛鳳城隈。色色時堪惜，些些病莫推。——裴度

洄流尋軋軋，餘刃轉恢恢。從此知心伏，無因敢自媒。——劉禹錫

室隨親客入，席許舊寮陪。逸興嵇將阮，交情陳與雷。——白居易
洪爐思哲匠，大廈要群材。他日登龍路，應知免曝鰓。——劉禹錫

《全唐詩》卷七九○

《宴興化池亭送白二十二東歸聯句》

東洛言歸去，西園告別來。白頭青眼客，池上手中杯。——裴度
離瑟殷勤奏，仙舟委曲回。征輪今欲動，賓閣為誰開？——劉禹錫
坐弄琉璃水，行登緑縟堆。花低妝照影，萍散酒吹醅。——白居易
岸蔭新抽竹，亭香欲變梅。隨遊多笑傲，遇勝且裴回。——張籍
澄澈連天境，潺湲出地雷。林塘難共賞，鞍馬莫相催。——裴度
信及魚還樂，機忘鳥不猜。晚晴槐起露，新雨石添苔。——劉禹錫
擬作雲泥別，尤思頃刻陪。歌停珠貫斷，飲罷玉峰頹。——白居易
雖有逍遙志，其如磊落才。會當重入用，此去肯悠哉？——張籍

《全唐詩》卷七九○

《西池送白二十二東歸兼寄令狐相公聯句》

促坐宴回塘，送君歸洛陽。彼都留上宰，為我説中腸。——裴度
威鳳池邊別，冥鴻天際翔。披雲見居守，望日拜封章。——劉禹錫
春盡年華少，舟通景氣長。送行歡共惜，寄遠意難忘。——張籍
東道瞻軒蓋，西園醉羽觴。謝公深眷眄，商皓信輝光。——行式
舊德推三友，新篇代八行。（以下缺）

《全唐詩》卷七九○

智按：裴度，字中立，河東聞喜（今屬山西）人。貞元五年（七八九）進士，授河陰縣尉，遷監察御史，出為河南府功曹，遷起居舍人。憲宗元和六年，以司封員外郎、知制誥，尋轉本司郎中，使魏州，還拜中書舍人，改御史中丞，尋兼刑部侍郎。元和十年，武元衡遇刺，裴度亦傷首，遂代其為相。元和十三年，平淮西，拜上柱國，封晉國公，世稱裴晉公。十六年，拜門下侍郎同中書門下平章事。於時討蔡，度請身自督戰，詔以度充淮西宣慰招討處置使。蔡平，封晉國公，復知政事。為皇甫鎛所構，出為太原尹、北

都留守、河東節度使。穆宗長慶元年，河朔復亂，詔度以本官充鎮州四面行營招討使。元稹拜平章事，罷度兵權，充東都留守。尋以守司徒同平章事，復知政事。李逢吉沮之，出為山南西道節度使。敬宗寶曆元年，度入覲京師。帝禮遇隆厚，數日宣制，復知政事。文宗立，加門下侍郎，集賢殿大學士，進階特進，以病懇辭機務，詔加守司徒，兼侍中，充山南東道節度等使。大和八年，以本官判東都尚書省事，充東都留守，築綠野堂，與白居易、劉禹錫等名士唱酬甚密。對文士多所提掖，時人莫不敬重。進位中書令，尋復兼太原尹、北都留守、河東節度使。度固辭，不允，至鎮，病甚，乞還東都養病，詔許還京。卒贈太傅。事見兩《唐書》本傳。度狀貌不逾中人，而風彩俊爽，占對雄辯，出入中外，經事四朝，以身系國之安危者二十年。占白居易與其他詩人唱和數量前兩位者為元稹與劉禹錫，第三位即裴度，僅以吴汝煜主編《唐五代人交往詩索引》所録交往詩作為參照：據該書第五二八～五二九、五七一頁統計，白與裴交往之詩四十三首，裴與白交往之詩三首，合計四十六首。

令狐楚（七六六～八三七）

《節度宣武酬樂天夢得》

蓬萊仙監客曹郎，曾枉高車客大梁。見擁旌旄治軍旅，知親筆硯事文章。愁看柳色懸離恨，憶遞花枝助酒狂。洛下相逢肯相寄，南金璀錯玉淒涼。（《全唐詩》卷三三四）

《春思寄夢得樂天》

花滿中庭酒滿樽，平明獨坐到黄昏。春來詩思偏何處，飛過函關入鼎門。（《全唐詩》卷三三四）

《皇城中花園譏劉白賞春不及》

五鳳樓西花一園，低枝小樹盡芳繁。洛陽才子何曾愛，下馬貪趨廣運門。（《全唐詩》卷三三四）

智按：令狐楚，字殼士，宜州華原（今陝西耀縣東南）人。貞元七年（七九一）及第，由太原掌書記至判官。德宗好文，每省太原奏，必能辨楚所為，數稱之，召授右拾遺。憲宗時，累擢職方員外郎、知制誥。皇甫鎛薦為翰林學士，進中書舍人，出為華州刺史。鎛既相，復薦楚為中書侍郎同平章事。穆宗即位，進門下侍郎，尋出為宣歙觀察使，貶衡州刺史，再徙太子賓客，分司東都。長慶二年，擢陝虢觀察使。敬宗立，拜楚為河南尹，遷宣武節度使，入為戶部尚書，俄拜東都留守，徙天平節度使，召為吏部尚書，檢校尚書右僕射，進拜左僕射、彭陽郡公。開成元年，上疏辭位，拜山南西道節度使。卒贈司空，謚曰文。

張籍（七六六？～八三〇？）

《病中寄白學士拾遺》

秋亭病客眠，庭樹滿枝蟬。涼風繞砌起，斜影入床前。梨晚漸紅墜，菊寒無黃鮮。倦遊寂寞日，感歎蹉跎年。塵歡久消委，華念獨迎延。自寓城闕下，識君弟事焉。君為天子識，我方沉病纏。無因會同語，悄悄中懷煎。（《全唐詩》卷三八二）

《酬白二十二舍人早春曲江見招》

曲江冰欲盡，風日已恬和。柳色看猶淺，泉聲覺漸多。紫蒲生濕岸，青鴨戲新波。仙掖高情客，相招共一過。（《全唐詩》卷三八四）

《和裴司空以詩請刑部白侍郎雙鶴》

皎皎仙家鶴，遠留閒宅中。徘徊幽樹月，嘹唳小亭風。丞相西園好，池塘野水通。欲將來放此，賞望與賓同。（《全唐詩》卷三八四）

《早朝寄白舍人、嚴郎中》

鼓聲初動未聞雞，羸馬街中踏凍泥。燭暗有時衝石柱，雪深無處認沙堤。常參班裏人猶少，待漏房前月欲西。鳳闕星郎離去遠，閤門開日入還齊。（《全唐詩》卷三八五）

《新除水曹郎答白舍人見賀》

年過五十到南宮，章句無名荷至公。黃紙開呈相府後，朱衣引入謝班中。諸曹縱許為仙侶，群吏多嫌是老翁。最幸紫薇郎見愛，獨稱官與古人同。（《全唐詩》卷三八五）

《寄白二十二舍人》

早知內詔過先輩，蹭蹬江南百事疏。湓浦城中為上佐，爐峰寺後著幽居。偏依仙法多求藥，長共僧遊不讀書。三省比來名望重，肯容君去樂樵漁。（《全唐詩》卷三八五）

《答白杭州郡樓登望畫圖見寄》

畫得江城登望處，寄來今日到長安。乍驚物色從詩出，更想工人下手難。將展書堂偏覺好，每來朝客盡求看。見君向此閒吟意，肯恨當時作外官。（《全唐詩》卷三八五）

《酬杭州白使君兼寄浙東元大夫》

相印暫離臨遠鎮，掖垣出守復同時。一行已作三年別，兩處空傳七字詩。越地江山應共見，秦天風月不相知。人間聚散真難料，莫歎平生信所之。（《全唐詩》卷三八五）

《寄蘇州白二十二使君》

三朝出入紫微臣，頭白金章未在身。登第早年同座主，題詩今日是州人。閶門柳色煙中遠，茂苑鶯聲雨後新。此處吟詩向山寺，知君忘卻曲江春。（《全唐詩》卷三八五）

《蘇州江岸留別樂天》

銀泥裙映錦障泥，畫舸停橈馬簇蹄。清管曲終鸚鵡語，紅旗影動薄寒嘶。漸消酒色朱顏淺，欲話離情翠黛低。莫忘使君吟詠處，女墳湖北武丘西。（《全唐詩》卷三八五）

智按：一作白居易詩《虎丘寺路宴留別諸妓》。

《送白賓客分司東都》

赫赫聲名三十春，高情人獨出埃塵。病辭省闥歸閒地，恩許宮曹作上賓。詩裏難同相得伴，酒邊多見自由身。老人也擬休官去，便是君家池上人。（《全唐詩》卷三八五）

《寄白學士》

自掌天書見客稀，縱因休沐鎖雙扉。幾回扶病欲相訪，知向禁中歸未歸。（《全唐詩》卷三八六）

《同白侍郎杏園贈劉郎中》

一去瀟湘頭欲白，今朝始見杏花春。從來遷客應無數，重到花前有幾人。（《全唐詩》卷三八六）

智按：張籍，字文昌，吳郡（今江蘇蘇州）人，後移居和州烏江（今安徽和縣）。早年從韓愈學爲古文，貞元十五年（七九九）登進士第。憲宗元和元年（八〇六）補太常太祝。十年不遷，患眼疾，人稱「窮瞎張太祝」。元和十一年轉國子助教，十五年遷秘書郎。穆宗長慶元年（八二一）因韓愈推薦而爲國子博士，後轉水部員外郎，文宗大和二年（八二八）拜國子司業，人稱張水部或張司業。爲詩長於樂府，白居易稱其「尤工樂府詩，舉代少其倫……風雅比興外，未嘗著空文」（《讀張籍古樂府詩》）。其詩語言質樸而用意深刻，故王安石稱他「看似尋常最奇崛，成如容易卻艱辛」（《題張司業詩》）。樂府與王建齊名，並稱「張王樂府」。有宋編《張司業集》傳世，存詩四百餘首。《舊唐書》卷一六〇、《新唐書》卷一六七有傳。關於張籍生年，各家説法不一。卞孝萱《張籍簡譜》（《安徽史學通訊》一九五九年第四、五期合刊）定爲大曆初；聞一多《唐詩大系》定爲大曆三年（《聞一多全集》第七册《唐詩編·中》，第二〇九、二〇六頁）；潘競翰《張籍繫年考證》（《安徽師範大學學報》一九八一年第二期）定爲大曆七年。今姑依舊説，暫定爲大曆元年。參見余嘉錫《四庫提要辨證》（中華書局本，第四册，第一二七一～一二七四頁），張國光《唐樂府詩人張籍生平考證》（《全國唐詩討論會論文選》，陝西人民出版社，一九八四年四月），郭文鎬《張籍生平二三事考辨》（《唐代文學研究》第一輯)，季鎮淮《張籍二題》(《文學遺産》一九九六年第一期，又收入其《來之文録續編》)。

馮宿（七六七～八三七）

《酬白樂天劉夢得》（一作尹河南酬樂天夢得）

共稱洛邑難其選，何幸天書用不才。遙約和風新草木，且令新雪靜塵埃。臨岐有愧傾三省，别酌無辭醉百杯。明歲杏園花下集，須知春色自東來。(《全唐詩》卷二七五)

智按：馮宿，字拱之，婺州（今浙江金華）人。貞元中，登進士第，張建封辟為掌書記。長慶初，以刑部郎中知制誥。大和初，為河南尹。歷工、刑二部侍郎、東川節度使。

韓愈（七六八～八二四）

《早春與張十八博士籍游楊尚書林亭寄第三閣老兼呈白馮二閣老》（白居易、馮宿也。第三閣老：楊於陵之子嗣復也）

牆下春渠入禁溝，渠冰初破滿渠浮。鳳池近日長先暖，流到池時更不流。(《全唐詩》卷三四四)

《同水部張員外籍曲江春遊寄白二十二舍人》

漠漠輕陰晚自開，青天白日映樓臺。曲江水滿花千樹，有底忙時不肯來？(《全唐詩》卷三四四)

《韋侍講盛山十二詩序》

韋侯昔以考功副郎守盛山，人謂韋侯美士，考功顯曹，盛山僻郡；奪所宜處，納之惡地，以枉其材，韋侯將怨且不釋矣。或曰：不然。夫得利則躍躍以喜，不利則戚戚以泣，若不可生者，豈韋侯謂哉？韋侯讀六藝之文，以探周公、孔子之意，又妙能為辭章，可謂儒者。夫儒者之於患難，苟非其自取之，其拒而不受於懷也，若築河堤是以障屋霤；其容而消之也，若水之於海，冰之於夏日；其玩而忘之以文辭也，若奏金石以破蟋蟀之鳴，蟲飛之聲；况一不快於考功、盛山一出入息之間哉！未幾，果有以韋侯所為十二詩遺余者，其意方且以入谿谷，上岩石，追逐雲月，不足日為事。讀而歌詠之，令人欲棄百事往而與之游，不知其出於巴東以屬朐䏰也。於時應而和者凡十人。及此年，韋侯為中書舍人，侍講六經禁中（名處厚）。和者通州元司馬（稹）為宰相，洋州許使君（康佐）為京兆，忠州白使君（居易）為中書舍人，李使君（景儉）為諫議大夫，黔府嚴中丞（謩）為秘書監，溫司馬（造）為起居舍人，皆集闕下。於是《盛山十二詩》與其和者，大行於時，聯為大卷，家有之焉；慕而為者將日益多，則分為別卷。韋侯俾余題其首。（《東雅堂昌黎集註》卷二十一；《全唐文》卷五百五十六）

智按：宋樓鑰《次韻東坡武昌西山詩》：「盛山十二詩俱在石刻，而不見于諸公集中。」（《攻媿集》卷五）

韓愈，字退之，河南河陽（今河南孟州）人。德宗貞元八年（七九二）進士第，兩爲節度使幕僚，十八年授四門博士，遷監察御史，因論事貶陽山令。憲宗元和元年（八〇六）召爲國子博士，後歷仕河南令、比部郎中、史館修撰、考功郎中、中書舍人等。元和十二年隨彰義軍節度使裴度討淮西，遷刑部侍郎。十四年因諫迎佛骨貶潮州刺史，量移袁州刺史。穆宗即位，召爲國子祭酒，歷兵部侍郎、京兆尹、吏部侍郎，長慶四年卒。有宋編《昌黎先生集》四十卷傳世。《舊唐書》卷一六〇、《新唐書》卷一七六有傳。

崔玄亮（七六八～八三三）

《和白樂天》（時以太子賓客分司東都）

病餘歸到洛陽頭，拭目開眉見白侯。鳳詔恐君今歲去，龍門欠我舊時遊。幾人樽下同歌詠，數盞燈前共獻酬。相對憶劉劉在遠，寒宵耿耿夢長洲。（《全唐詩》卷四六六）

《十二月四日寄樂天》【題擬】

共相呼喚醉歸來。

【見《白氏長慶集》卷二一《答崔賓客晦叔十二月四日見寄》題注引。】（《全唐詩續拾》卷二十六）

智按：崔玄亮，字晦叔，磁州滏陽（今河北磁縣）人。貞元十一年（七九五），與元稹、白居易同登第。憲宗時，為監察御史，歷密、歙、湖三州刺史。大和中，由諫議大夫遷散騎常侍，終虢州刺史。與元稹、白居易有《三州倡和集》。

陳鴻（八〇五進士）

《長恨歌傳》

……元和元年冬十二月，太原白樂天自校書郎尉于盩厔，鴻與琅邪王質夫家于是邑。暇日相攜遊仙遊寺，話及此事，相與感歎。質夫舉酒於樂天前曰：「夫希代之事，非遇出世之才潤色之，則與時消沒，不聞于世。樂天深於詩，多於情者也，試為歌之，如何？」樂天因為《長恨歌》。意者，不但感其事，亦欲懲尤物，窒亂階，垂於將來者也。歌既成，使鴻傳焉。世所不聞者，予非開元遺民，不得知；世所知者，有《玄宗本紀》在。今但傳《長恨歌》云爾。（《白居易集》，中華書局，一九七九年版，第二三八頁）

智按：《長恨歌傳》元和元年冬十二月作。上引為通行本，所據即宋紹興刻七十一卷本《白氏長慶集》。《文苑英華》卷七九四附録「麗情集」中別本，在陳鴻《長恨歌傳》之後，云「此篇又見『麗情集』及『京本大曲』，頗有異同，並録于後」。其文云：「元和年冬十二月，太原白居易尉於盩厔，予與琅邪王質夫家仙游谷，因暇日攜手入山，質夫於道中語及於是。白樂天，深於思者也，有出世之才，以為往事多情而感人也深，故為《長恨詞》以歌之，使鴻傳焉。世所隱者，鴻非史官，不知；所知者，有《玄宗內傳》今在。予所據，王質夫説之爾。」（見上海古籍出版社一九八七年影印本《四庫全書》第一三四〇册，第七一〇頁）

陳鴻，字大亮。貞元二十一年（八〇五）進士，登太常第。嘗自稱「少學乎史氏，志在編年」(《大統記序》)，曾以七年之力，於元和六年撰就編年史《大統記》三十卷，今不傳。元和十三年（八一八）任太常博士，元和十五年（八二〇）或長慶元年（八二一）正月，任虞部員外郎。長慶元年（八二一)，太和公主遠嫁回鶻，以虞部員外郎充赴回鶻婚禮使判官。大和三年，因稅務之事赴淮南。有《開元昇平源》一卷，《東城父老傳》一卷。《全唐文》存其文三篇。

劉禹錫（七七二 ~ 八四二）

《金陵五題》（並序）

余少為江南客，而未游秣陵，嘗有遺恨。後為歷陽守，跂而望之。適有客以《金陵五題》相示，逌爾生思，歘然有得。它日，友人白樂天掉頭苦吟，嘆賞良久，且曰：「《石頭城》詩云：『潮打空城寂寞回』，吾知後之詩人不復措辭矣！」餘四詠雖不及此，亦不孤樂天之言爾。

⊙石頭城

山圍故國周遭在，潮打空城寂寞回。淮水東邊舊時月，夜深還過女墻來。

⊙烏衣巷

朱雀橋邊野草花，烏衣巷口夕陽斜。舊時王謝堂前燕，飛入尋常百姓家。

⊙台城

台城六代競豪華，結綺臨春事最奢。萬戶千門成野草，只緣一曲後庭花。

⊙生公講堂

生公說法鬼神聽，身後空堂夜不扃。高坐寂寥塵漠漠，一方明月可中庭。

⊙江令宅

南朝詞臣北朝客，歸來唯見秦淮碧。池臺竹樹三畝餘，至今人道江家宅。(《劉賓客文集》卷二十四，陶敏等《劉禹錫全集編年校注》第三九〇 ~ 三九一頁)

《始至雲安寄兵部韓侍郎中書白舍人二公近曾遠守故有屬焉》

天外巴子國，山頭白帝城。波清蜀栜盡，雲散楚臺傾。迅瀨下哮吼，兩岸勢爭衡。陰風鬼神過，暴雨蛟龍生。峽斷見孤邑，江流照飛甍。蠻軍擊嚴鼓，筰馬引雙旌。望闕遥拜舞，分庭備將迎。銅符一以合，文墨紛來縈。暮色四山起，愁猿數處聲。重關羣吏散，静室寒燈明。故人青霞意，飛舞集蓬瀛。昔曾在池籞，應知魚鳥情。(《劉夢得文集》外集卷一；陶敏等《劉禹錫全集編年校注》第二七九頁)

智按：長慶二年（八二二）正月，任夔州刺史時作。

《到郡未浹日登西樓見樂天題詩因即事以寄樂天自此郡謝病西歸》

湖上收宿雨，城中無晝塵。樓依新柳貴，池帶亂苔青。雲水正一望，簿書來繞身。烟波洞庭路，愧彼扁舟人。(《劉夢得文集》外集卷二；《全唐詩》卷三八五；陶敏等《劉禹錫全集編年校注》第五五六頁)

《憶春草（春草，樂天舞妓名)》

憶春草，處處多情洛陽道。金谷園中見日遲，銅駝陌上迎風早。河南大君頻出難，只得池塘十步看。府門閉後滿街月，幾處游人草頭歇。館娃宫外姑蘇臺，鬱鬱芊芊撥不開。無風自偃君知否，西子裙裾曾拂來。(《劉夢得文集》外集卷二；《全唐詩》卷三八五；陶敏等《劉禹錫全集編年校注》第五五八頁)

智按：據卞孝萱《劉禹錫年譜》第一七六頁、陶敏等《劉禹錫全集編年校注》第五五八頁，作於大和六年（八三二)。

《寄贈小樊》

花面丫頭十三四，春來綽約向人時。終須買取名春草，處處將行步步隨。(《劉夢得文集》外集卷二；《全唐詩》卷三八五；陶敏等《劉禹錫全集編年校注》第五五九頁)

智按：據卞孝萱《劉禹錫年譜》第一七六頁、陶敏等《劉禹錫全集編年校注》第五五九頁，作於大和六年（八三二)。

《贈樂天》

一別舊游盡，相逢俱涕零。在人雖晚達，於樹似冬青。痛飲連宵醉，狂吟滿坐聽。終期抛印綬，共占少微星。(《全唐詩》卷三八五；陶敏等《劉禹錫全集編年校注》第五四九頁)

智按：據卞孝萱《劉禹錫年譜》第一六九頁、陶敏等《劉禹錫全集編年校注》第五四九頁，作於大和五年（八三一）。

《汝洛集引》

大和八年，予自姑蘇轉臨汝，樂天罷三川守，復以賓客分司東都。未幾，有詔領馮翊，辭不拜職，授太子少傅分務，以遂其高，時予代居左馮。明年，予罷郡，以賓客入洛，日以章句交歡。因而編之，命為《汝洛集》。(《劉夢得文集》外集卷九；《劉禹錫集箋證》第一五〇〇頁；陶敏等《劉禹錫全集編年校注》第一二三〇頁)

《翰林白二十二學士見寄詩一百篇因以答貺》

吟君遺我百篇詩，使我獨坐形神馳。玉琴清夜人不語，琪樹春朝風正吹。郢人斤斲無痕跡，仙人衣裳棄刀尺。世人方內欲相尋，行盡四維無處覓。(《劉賓客文集》外集卷一，陶敏等《劉禹錫全集編年校注》第一〇二頁)

智按：元和五年（八一〇）作於朗州。清趙翼《甌北詩話》卷四云：「劉夢得所謂『郢人斤斫無痕跡，仙人衣裳棄刀尺』者，此（香山）古體所以獨絶也。」

《歎水别白二十二（雜言）》

水。至清，盡美。從一勺，至千里。利人利物，時行時止。道性淨皆然，交情淡如此。君游金谷堤上，我在石渠署裏。兩心相憶似流波，潺湲日夜無窮已。(《劉賓客文集》外集卷一，《劉禹錫集箋證》第一〇九二頁)

智按：據卞孝萱《劉禹錫年譜》第一五二頁、陶敏等《劉禹錫全集編年校注》第四九九頁，作於大和三年（八二九）。《全唐詩》卷三五六詩題注云：「一韻至七韻」。《唐詩紀事》卷三九韋式：「樂天分司東洛，朝賢悉會興化亭送别。酒酣，各請一字至七字詩，以題爲韻。王起賦《花》詩云……。李紳賦《月》詩云……。令狐楚賦《山》詩云……。元稹賦《茶》詩云：『茶。香葉，嫩芽。慕詩客，愛僧家。碾雕白玉，羅織紅紗。銚煎黄蕊色，碗轉麴塵花。夜後邀陪明月，晨前命對朝霞。洗盡古今人不倦，將知醉亂豈堪誇。』魏扶賦《愁》詩云……。韋式郎中賦《竹》詩云……。張籍司業賦《花》詩云……。范堯佐道士賦《書字》詩云……。居易賦《詩字》詩云：『詩。綺美，瓌奇。明月夜，落花時。能助歡笑，亦傷别離。調清金石怨，吟苦鬼神悲。天下只應我愛，世間惟有君知。自從都尉别蘇句，便到司空送白辭。』」《唐詩紀事》未收録劉詩。大和三年春，元稹在越州浙東觀察使任，亦不可能預長安送白之會，故卞孝萱《元稹年譜》第四七四～四七五頁斷元詩為僞作。朱金城《白居易集箋校》第六册外上第三八六二頁云：「考大和三年春間，王起方爲陝虢觀察使，李紳方爲滁州刺史，令狐楚方爲東都留守，元稹仍爲浙東觀察使，均不在長安，無從會興化亭送别，故王起、李紳、令狐楚、元稹等詩，題係僞作無疑，則白氏此作亦有可疑。」白居易在刑部侍郎任謝病長告，授太子賓客分司東都，劉禹錫等送之，有與裴度、張籍等《宴興化池亭送白二十二東歸聯句》。但令狐楚已先於白居易赴東都留守任，不可能在長安送白居易。王起詩雖非僞作，但亦非送白居易之作，而是會昌元年在洛陽與劉禹錫唱和之作。魏扶，大和四年（八三〇）進士。韋式，當為韋行式。

《刑部白侍郎謝病長告改賔客分司以詩贈别》

鼎食華軒到眼前，拂衣高坐豈徒然。九霄路上辭朝客，四皓叢中作少年。他日卧龍終得雨，今朝放鶴且沖天。洛陽舊有衡茆在，亦擬抽身伴地仙。（《劉賔客文集》外集卷二，陶敏等《劉禹錫全集編年校注》第五〇一頁）

《閒坐憶樂天以詩問酒熟未》

案頭開縹帙，肘後檢青囊。唯有達生理，應無治老方。減書存眼力，省

事養心王。君酒何時熟，相攜入醉鄉。(《劉賓客文集》外集卷四，陶敏等《劉禹錫全集編年校注》第六五三頁)

智按：開成元年（八三六）作於洛陽。

《樂天池館夏景方妍白蓮初開綵舟空泊唯邀緇侶因以戲之》

池館今正好，主人何寂然。白蓮方出水，碧樹未鳴蟬。靜室宵聞磬，齋廚晚絶煙。蕃僧如共載，應不是神仙。(《劉賓客文集》外集卷四，陶敏等《劉禹錫全集編年校注》第六九九頁)

智按：開成三年（八三八）作於洛陽。

《早秋雨後寄樂天》

夜雲起河漢，朝雨洒高林。梧葉先風落，草蟲迎濕吟。簟涼扇恩薄，室靜琴思深。且喜火前別，安能懷寸陰。(《劉賓客文集》外集卷四，陶敏等《劉禹錫全集編年校注》第七〇九頁)

《酬竇員外使君寒食日途次松滋渡先寄示四韻》

楚鄉寒食橘花時，野渡臨風駐綵旗。草色連雲人去住，水紋如縠燕差池。朱輪尚憶羣飛雉，青綬初懸左顧龜。非是湓城白司馬，水曹何事與新詩。(《劉賓客文集》外集卷五，陶敏等《劉禹錫全集編年校注》，第一二七頁)

《樂天是月長齋鄙夫此時愁卧里閭非遠雲霧難披因以寄懷遂為聯句所期解悶焉敢驚禪》

五月長齋月，文心苦行心。蘭葱不入戶，薝蔔自成林。——劉禹錫
護戒先辭酒，嫌喧亦徹琴。塵埃賓位靜，香火道場深。——白居易
我靜馴狂象，餐餘施眾禽。定知於佛佞，豈復向書淫。——劉禹錫
闌藥凋紅豔，庭槐換緑陰。風光徒滿目，雲霧未披襟。——白居易
樹為清涼倚，池因盥漱臨。蘋芳遭燕拂，蓮坼待蜂尋。——劉禹錫
舍下環流水，窗中列遠岑。苔斑錢剝落，石怪玉嶔岑。——白居易
鵲頂迎秋禿，鶯喉入夏瘖。緑楊垂嫩色，緌棘露長針。——劉禹錫

散秩身猶幸，趨朝力不任。官將方共拙，年與病交侵。——白居易
徇樂非時選，忘機似陸沈。鑒容稱四皓，捫腹有三壬。——劉禹錫
攜手慚連璧，同心許斷金。紫芝雖繼唱，白雪少知音。——白居易
憶罷吳門守，相逢楚水潯。舟中頻曲晏，夜後各加斟。——劉禹錫
濁酒銷殘漏，弦聲間遠砧。酡顔舞長袖，密坐接華簪。——白居易
持論峰巒峻，戰文矛戟森。笑言誠莫逆，造次必相箴。——劉禹錫
往事應如昨，餘歡迄至今。迎君常倒屣，訪我輒攜衾。——白居易
陰魄初離畢，陽光正在參。待公休一食，縱飲共狂吟。——劉禹錫
《全唐詩》卷七九〇，陶敏等《劉禹錫全集編年校注》第六九九頁

《秋霖即事聯句三十韻》

蕭索窮秋月，蒼茫苦雨天。泄雲生棟上，行潦入庭前。——白居易
苔色侵三徑，波聲想五弦。井蛙爭入戶，轍鮒亂歸泉。——王起
高霤愁晨坐，空階驚夜眠。鶴鳴猶未已，蟻穴亦頻遷。——劉禹錫
散漫疏還密，空濛斷復連。竹沾青玉潤，荷滴白珠圓。——白居易
地濕灰蛾滅，池添水馬憐。有苗沾霢霂，無月弄潺湲。——王起
籬菊潛開秀，園蔬已罷鮮。斷行隨雁翅，孤嘯聳鳶肩。——劉禹錫
橋柱黏黄菌，牆衣點緑錢。草荒行藥路，沙泛釣魚船。——白居易
長者車猶阻，高人榻且懸。金烏何日見，玉爵幾時傳。——王起
近井桐先落，當簷石欲穿。趨風誠有戀，披霧邈無緣。——劉禹錫
廩米陳生醭，庖薪濕起煙。鳴雞潛報曉，急景暗凋年。——白居易
蓋灑高松上，絲繁細柳邊。拂叢時起蝶，墮葉乍驚蟬。——王起
巾角皆爭墊，裙裾別似湔。人多蒙翠被，馬盡著連乾。——劉禹錫
好客無來者，貧家但悄然。濕泥印鶴跡，漏壁絡蝸涎。——白居易
蚊聚雷侵室，鷗翻浪滿川。上樓愁冪冪，繞舍厭濺濺。——王起
律候今秋矣，歡娛久曠焉。但令高興在，晴後奉周旋。——劉禹錫
《全唐詩》卷七九〇，陶敏等《劉禹錫全集編年校注》第七三七頁

《喜晴聯句》

苦雨晴何喜，喜於未雨時。氣收雲物變，聲樂鳥烏知。——白居易

蕙泛光風圃，蘭開皎月池。千峰分遠近，九陌好追隨。——王起
白日開天路，玄陰卷地維。餘清在林薄，新照入漣漪。——劉禹錫
碧樹涼先落，青蕪濕更滋。曬毛經浴鶴，曳尾出泥龜。——白居易
舞去商羊速，飛來野馬遲。柱邊無潤礎，臺上有遊絲。——王起
橋淨行塵息，堤長禁柳垂。宮城開睥睨，觀闕麗罘罳。——劉禹錫
洛水澄清鎮，嵩煙展翠帷。梁成虹乍見，市散蜃初移。——白居易
藉草風猶暖，攀條露已晞。屋穿添碧瓦，牆缺召金錘。——王起
迴徹來雙目，昏煩去四支。霞文晚煥爛，星影夕參差。——劉禹錫
爽助門庭肅，寒摧草木衰。黄乾向陽菊，紅洗得霜梨。——白居易
假蓋閒誰惜，彈弦燥更悲。散蹄良馬穩，炙背野人宜。——王起
洞戶晨暉入，空庭宿霧披。推林出書目，傾笥上衣椸。——劉禹錫
道路行非阻，軒車望可期。無辭訪圭竇，且願見瓊枝。——白居易
山閣蓬萊客，儲宮羽翼師。每優陪麗句，何暇覿英姿。——王起
玩景方搔首，懷人尚斂眉。因吟仲文什，高興盡於斯。——劉禹錫
《全唐詩》卷七九〇，陶敏等《劉禹錫全集編年校注》第七三九頁

《會昌春連宴即事》

元年寒食日，上巳暮春天。雞黍三家會，鶯花二節連。——白居易
光風初澹蕩，美景漸暄妍。簪組蘭亭上，車輿曲水邊。——劉禹錫
松聲添奏樂，草色助鋪筵。雀舫宜閒泛，螺杯任漫傳。——王起
園蔬香帶露，廚柳暗藏煙。麗句輕珠玉，清談勝管弦。——白居易
陌喧金距鬭，樹動彩繩懸。姹女妝梳豔，游童衣服鮮。——劉禹錫
圃香知種蕙，池暖憶開蓮。怪石雲疑觸，夭桃火欲然。——王起
正歡唯恐散，雖醉未思眠。嘯傲人間世，追隨地上仙。——白居易
燕來雙涎涎，雁去累翩翩。行樂真吾事，尋芳獨我先。——劉禹錫
滯周慚太史，入洛繼先賢。昔恨多分手，今歡謬比肩。——王起
病猶陪宴飲，老更奉周旋。望重青雲客，情深白首年。——白居易
遍嘗珍饌後，許入畫堂前。舞袖翻紅炬，歌鬟插寶蟬。——劉禹錫
斷金多感激，倚玉貴遷延。説史吞顔注，論詩笑鄭箋。——王起

松筠寒不變，膠漆冷彌堅。興伴王尋戴，榮同隗在燕。——白居易
擲盧誇使氣，刻燭鬭成篇。實藝皆三捷，虛名愧六聯。——劉禹錫
興闌猶舉白，話靜每思玄。更説歸時好，亭亭月正圓。——王起
《全唐詩》卷七九〇，陶敏等《劉禹錫全集編年校注》第七四三頁

《僕射來示有三春向晚四者難並之説誠哉是言輒引起題重為聯句疲兵再戰勍敵難降下筆之時飄然自哂走呈僕射兼簡尚書》

三春今向晚，四者昔難並。借問低眉坐，何如攜手行。——白居易
舊遊多過隙，新宴且尋盟。鸚鵡林須樂，麒麟閣未成。——王起
分陰當愛惜，遲景好逢迎。林野熏風起，樓臺穀雨晴。——劉禹錫
牆低山半出，池廣水初平。橋轉長虹曲，舟回小鷁輕。——白居易
殘花猶布繡，密竹自聞笙。欲過芳菲節，難忘宴慰情。——王起
月輪行似箭，時物始如傾。見雁隨兄去，聽鶯求友聲。——劉禹錫
蕙長書帶展，菰嫩剪刀生。坐密衣裳暖，堂虛絲管清。——白居易
峰巒侵碧落，草木近朱明。與點非沂水，陪膺是洛城。——王起
撥醅爭綠醑，卧酪待朱櫻。幾處能留客，何人喚解酲。——劉禹錫
舊儀尊右揆，新命寵春卿。有喜鵲頻語，無機鷗不驚。——白居易
青林思小隱，白雪仰芳名。訪舊殊千里，登高賴九城。——王起
鄭侯司管籥，疏傅傲簪纓。綸綍曾同掌，煙霄即上征。——劉禹錫
册庭嘗接武，書殿忝連衡。蘭室春彌馥，松心晚更貞。——白居易
琴招翠羽下，鉤掣紫鱗呈。只願回烏景，誰能避兕觥。——王起
方知醉兀兀，應是走營營。鳳閣鸞臺路，從他年少爭。——白居易
《全唐詩》卷七九〇，陶敏等《劉禹錫全集編年校注》第七四六頁

《寄白公》（殘句）

故國思如此，若爲天外心。（見張爲《主客圖》，《全唐詩》卷三六五，陶敏等《劉禹錫全集編年校注》第八〇八頁）

《楊柳枝》

春江一曲柳千條，二十年前舊板橋。曾與美人橋上別，恨無消息到今朝。（《雲溪友議》古典文學出版社版，卷中，第六五～六六頁；《全唐詩》卷三

百六十五，陶敏等《劉禹錫全集編年校注》第一四四四頁）

智按：節略改寫自白居易《板橋路》：「梁苑城西二十里，一渠春水柳千條。若為此路今重過，十五年前舊板橋。曾共玉顔橋上别，不知消息到今朝。」（《白居易集箋校》第一二九八頁）陶敏等《劉禹錫全集編年校注》斷為無名氏所作。參見《昇庵詩話》卷七，《歷代詩話續編》第七七七頁；《池北偶談》卷十三，靳斯仁點校本第三一六頁；《香祖筆記》卷五，湛之點校本第一〇〇頁。

劉白唱和詩集

智按：劉詩繫年參照卞孝萱《劉禹錫年譜》（中華書局，一九六六年五月版）、高志忠《劉禹錫詩文繫年》（廣西人民出版社，一九八八年九月版）、蔣維崧等《劉禹錫詩集編年箋注》（山東大學出版社，一九九七年九月版）和陶敏等《劉禹錫全集編年校注》（岳麓書社，二〇〇三年十一月版）。白居易詩題後為《白居易集箋校》册數、卷數與頁數，劉禹錫詩題後為瞿蛻園《劉禹錫集箋證》（上海古籍出版社，一九八九年十二月版）頁數。

一、長慶三年（八二三）

白居易：杭州春望

五十二歲，任杭州刺史

望海樓明照曙霞，護江堤白蹋晴沙。［城東樓名望海樓。］濤聲夜入伍員廟，柳色春藏蘇小家。紅袖織綾誇柿蒂，青旗沽酒趁梨花。［杭州出柿蒂，花者尤佳也。］［其俗釀酒趁梨花時熟，號為梨花春。］誰開湖寺西南路？草緑裙腰一道斜。［孤山寺路在湖洲中，草緑時望如裙腰。］（《白居易集箋校》第三册第二〇卷第一三六四頁）

長慶四年（八二四）

劉禹錫：白舍人自杭州寄新詩有「柳色春藏蘇小家」之句因而戲酬兼寄浙東元相公

錢塘山水有奇聲，暫謫仙官領百城。女妓還聞名小小，使君誰許唤卿卿。

鼉驚震海風雷起，蜃鬬噓天樓閣成。莫道騷人在三楚，文星今向斗牛明。（《劉禹錫集箋證》第一〇三二頁）

二、長慶四年（八二四）

白居易：柘枝妓

五十三歲，任杭州刺史。

平鋪一合錦筵開，連擊三聲畫鼓催。紅蠟燭移桃葉起，紫羅衫動柘枝來。帶垂鈿胯花腰重，帽轉金鈴雪面回。看即曲終留不住，雲飄雨送向陽臺。（《白居易集箋校》第三册第二三卷第一五五七頁）

劉禹錫：和樂天柘枝

柘枝本出楚王家，玉面添嬌舞態奢。松鬢改梳鸞鳳髻，新衫別織鬬雞紗。鼓催殘拍腰身軟，汗透羅衣雨點花。畫筵曲罷辭歸去，便隨王母上煙霞。（《劉禹錫集箋證》第一一五六頁）

三、寶曆元年（八二五）

白居易：自詠

五十四歲，任蘇州刺史

形容瘦薄詩情苦，豈是人間有相人？只合一生眠白屋，何因三度擁朱輪？金章未佩雖非貴，銀榼常攜亦不貧。唯是無兒頭早白，被天磨折恰平均。（《白居易集箋校》第三册第二四卷第一六二二頁）

劉禹錫：蘇州白舍人寄新詩，有歎早白無兒之句，因以贈之

莫嗟華髮與無兒，卻是人間久遠期。雪裏高山頭白早，海中仙果子生遲。于公必有高門慶，謝守何煩曉鏡悲。倖免如新分非淺，祝君長詠夢熊詩。（《劉禹錫集箋證》第一〇三八頁）

四、寶曆元年（八二五）

白居易：奉和汴州令狐相公二十二韻

五十四歲，洛陽至蘇州途中，蘇州刺史

客有東征者，夷門一落帆。二年方得到，五日未為淹。［相府領鎮隔年，居易方到。既到，陪奉遊宴，凡經五日。］在浚旌重葺，游梁館更添。心因好善樂，貌為禮賢謙。俗阜知敦勸，民安見察廉。仁風扇道路，陰雨膏閭閻。文律操將柄，兵機釣得鈐。碧幢油葉葉，紅旆火襜襜。景象春加麗，威容曉

助嚴。槍森赤豹尾，纛吒黑龍髯。門靜塵初斂，城昏日半銜。選幽開後院，占勝坐前簷。平展絲頭毯，高褰錦額簾。雷搥柘枝鼓，雪擺胡騰衫。髮滑歌釵墜，妝光舞汗沾。回燈花簇簇，過酒玉纖纖。饌盛盤心殢，醅濃盞底粘。陸珍熊掌爛，海味蟹螯鹹。福履千夫祝，形儀四座瞻。羊公長在峴，傅説莫歸岩。［蓋祝者詩意也。］眷愛人人遍，風情事事兼。猶嫌客不醉，同賦夜厭厭。（《白居易集箋校》第三册第二四卷第一六一三頁）

劉禹錫：和汴州令狐相公到鎮改月偶書所懷（二十二韻）

受脈新梁苑，和羹舊傅岩。援毫動星宿，垂釣取韜鈐。赫奕三川至，歡呼百姓瞻。緑油貔虎擁，青紙鳳凰銜。外壘曾無警，中廚亦罷監。推誠人自服，去殺令逾嚴。赳赳容皆飾，幡幡口盡鉗。為兄憐庾翼，選婿得蕭咸。鬱倔咽喉地，駢臻水陸兼。度橋鳴紺幰，入肆颺雲帆。端月當中氣，東風應遠占。管弦喧夜景，燈燭掩寒蟾。酒每傾三雅，書能發百函。詞人羞布鼓，遠客獻貂襜。歌榭白團扇，舞筵金縷衫。旌旗遙一簇，舄履近相攙。花樹當朱閣，晴河逼翠簾。衣風飄颻䫻，燭淚滴巉岩。玉斝虚頻易，金爐暖更添。映鐶窺豔豔，隔袖見纖纖。謝傅何由接，桓伊定不凡。應憐郡齋老，旦夕鑷霜髯。（《劉禹錫集箋證》第一〇四二頁）

智按：高志忠《劉禹錫詩文繫年》第一三六頁，蔣維崧、趙蔚芝、陳慧星、劉聿鑫《劉禹錫詩集編年箋注》第三一六頁繫於長慶四年，然據末聯，乃到和州後（寶曆元年春）所作。

五、寶曆元年（八二五）

五十四歲，任蘇州刺史

白居易：答劉和州禹錫

換印雖頻命未通，歷陽湖上又秋風。不教才展休明代，為罰詩爭造化功。我亦思歸田舍下，君應厭卧郡齋中。好相收拾為閒伴，年齒官班約略同。（《白居易集箋校》第三册第二四卷第一六一七頁）

劉禹錫：春日書懷，寄東洛白二十二楊八二庶子

曾向空門學坐禪，如今萬事盡忘筌。眼前名利同春夢，醉裏風情敵少年。

野草芳菲紅錦地，遊絲撩亂碧羅天。心知洛下閒才子，不作詩魔即酒顛。（《劉禹錫集箋證》第一〇三三頁）

劉禹錫：白舍人見酬拙詩，因以寄謝

雖陪三品散班中，資歷從來事不同。名姓也曾鐫石柱，詩篇未得上屏風。甘陵舊黨凋零盡，魏闕新知禮數崇。煙水五湖如有伴，猶應堪作釣魚翁。（《劉禹錫集箋證》第一〇三四頁）

六、寶曆元年（八二五）

白居易：酬劉和州戲贈

五十四歲，任蘇州刺史

錢唐山水接蘇臺，兩地褰帷愧不才。政事素無爭學得，風情舊有且將來。雙蛾解佩啼相送，五馬鳴珂笑卻回。不似劉郎無景行，長抛春恨在天台。（《白居易集箋校》第三册第二四卷第一六四八頁）

劉禹錫：白舍人曹長寄新詩，有游宴之盛，因以戲酬

蘇州刺史例能詩，西掖今來替左司。二八城門開道路，五千兵馬引旌旗。水通山寺笙歌去，騎過虹橋劍戟隨。若共吳王鬭百草，不如應是欠西施。（《劉禹錫集箋證》第一〇三六頁）

寶曆二年（八二六）

白居易：重答劉和州

五十五歲，任蘇州刺史

來篇云：蘇州刺史例能詩，西掖今來替左司。又云：若共吳王鬭百草，不如唯是欠西施。

分無佳麗敵西施，敢有文章替左司？隨分笙歌聊自樂，等閒篇詠被人知。花邊妓引尋香徑，月下僧留宿劍池。可惜當時好風景，吳王應不解吟詩。［采香徑在館娃宫。］（《白居易集箋校》第三册第二四卷第一六六四頁）

七、寶曆二年（八二六）

白居易：鸚鵡

五十五歲，任蘇州刺史

隴西鸚鵡到江東，養得經年嘴漸紅。常恐思歸先剪翅，每因餵食暫開籠。人憐巧語情雖重，鳥憶高飛意不同。應似朱門歌舞妓，深藏牢閉後房中。

(《白居易集箋校》第三册第二四卷第一六九二頁)

劉禹錫：和樂天鸚鵡

養來鸚鵡觜初紅，宜在朱樓繡戶中。頻學喚人緣性慧，偏能識主為情通。斂毛睡足難銷日，嚲翅愁時願見風。誰遣聰明好顏色，事須安置入深籠。(《劉禹錫集箋證》第一〇五三頁)

八、寶曆二年（八二六)

白居易：醉題劉二十八使君

五十五歲，蘇州至洛陽途中

為我引杯添酒飲，與君把箸擊盤歌。詩稱國手徒為爾，命壓人頭不奈何。舉眼風光長寂寞，滿朝官職獨蹉跎。亦知合被才名折，二十三年折太多。(《白居易集箋校》第三册第二五卷第一七〇六頁)

劉禹錫：酬樂天揚州初逢席上見贈

巴山楚水淒涼地，二十三年棄置身。懷舊空吟聞笛賦，到鄉翻似爛柯人。沉舟側畔千帆過，病樹前頭萬木春。今日聽君歌一曲，暫憑杯酒長精神。(《劉禹錫集箋證》第一〇四七頁)

九、寶曆二年（八二六)

白居易：贈楚州郭使君

五十五歲，蘇州至洛陽途中

淮水東南第一州，山圍雉堞月當樓。黄金印綬懸腰底，白雪歌詩落筆頭。笑看兒童騎竹馬，醉攜賓客上仙舟。當家美事堆身上，何啻林宗與細侯?(《白居易集箋校》第三册第二五卷第一七〇四頁)

劉禹錫：罷郡歸洛途次山陽，留辭郭中丞使君

自到山陽不許辭，高齋日夜有佳期。管弦正合看書院，語笑方酣各詠詩。銀漢雪晴褰翠幕，清淮月影落金卮。洛陽歸客明朝去，容趁城東花發時。(《劉禹錫集箋證》第一〇四九頁)

十、寶曆元年（八二五）至寶曆二年（八二六)

白居易：真娘墓（墓在虎丘寺)

任蘇州刺史

真娘墓，虎丘道。不識真娘鏡中面，唯見真娘墓頭草。霜摧桃李風折蓮，

真娘死時猶少年。脂膚荑手不牢固，世間尤物難留連。難留連，易銷歇，塞北花，江南雪。（《白居易集箋校》第二册第一二卷第六五四頁）

寶曆二年（八二六）

劉禹錫：和樂天題真娘墓

薝蔔林中黄土堆，羅襦繡黛已成灰。芳魂雖死人不怕，蔓草逢春花自開。幡蓋向風疑舞袖，鏡燈臨曉似妝臺。吳王嬌女墳相近，一片行雲應往來。（《劉禹錫集箋證》第一一五八頁）

十一、寶曆二年（八二六）

白居易：與夢得同登棲靈塔

五十五歲，蘇州至洛陽途中

半月悠悠在廣陵，何樓何塔不同登。共憐筋力猶堪在，上到棲靈第九層。（《白居易集箋校》第三册第二四卷第一六九五頁）

劉禹錫：同樂天登棲靈寺塔

步步相攜不覺難，九層雲外倚闌干。忽然笑語半天上，無限遊人舉眼看。（《劉禹錫集箋證》第一〇四八頁）

十二、寶曆二年（八二六）

白居易：答劉禹錫白太守行

五十五歲，任蘇州刺史

吏滿六百石，昔賢輒去之。秩登二千石，今我方罷歸。我秩訝已多，我歸漸已遲。猶勝塵土下，終老無休期。卧乞百日告，起吟五篇詩。［謂將罷官自詠五首。］朝與府吏别，暮與州民辭。去年到郡時，麥穗黄離離。今年去郡日，稻花白霏霏。為郡已周歲，半歲罹旱饑。襦褲無一片，甘棠無一枝。何乃老與幼，泣别盡沾衣。下慚蘇人淚，上愧劉君辭。（《白居易集箋校》第三册第二一卷第一四三三頁）

劉禹錫：白太守行

聞有白太守，抛官歸舊谿。蘇州十萬户，盡作嬰兒啼。太守駐行舟，閶門草萋萋。揮袂謝啼者，依然兩眉低。朱户非不崇，我心如重狴。華池非不清，意在寥廓棲。誇者竊所怪，賢者默思齊。我為太守行，題在隱起珪。（《劉禹錫集箋證》第一〇四五頁）

十三、寶曆二年（八二六）

白居易：除日答夢得同發楚州

五十五歲，蘇州至洛陽途中

共作千里伴，俱為一郡回。歲陰中路盡，鄉思先春來。山雪晚猶在，淮冰晴欲開。歸歟吟可作，休戀主人杯。（《白居易集箋校》第三册第二一卷第一四三七頁）

劉禹錫：歲杪將發楚州呈樂天

楚澤雪初霽，楚城春欲歸。清淮變寒色，遠樹含清暉。原野已多思，風霜潛減威。與君同旅雁，北向刷毛衣。（《劉禹錫集箋證》第一〇五四頁）

十四、大和元年（八二七）

白居易：早春同劉郎中寄宣武令狐相公

梁園不到一年強，遙想清吟對緑觴。更有何人能飲酌，新添幾卷好篇章？馬頭拂柳時回轡，豹尾穿花暫亞槍。誰引相公開口笑，不逢白監與劉郎。（《白居易集箋校》第三册第二五卷第一七三七頁）

智按：《白居易集箋校》繫於大和二年（八二八），白居易五十七歲，在洛陽任秘書監。此據瞿蛻園《劉禹錫集箋證》之説。

劉禹錫：洛中逢白監同話游梁之樂，因寄宣武令狐相公

曾經謝病各游梁，今日相逢憶孝王。少有一身兼將相，更能四面占文章。開顔坐上催飛盞，回首庭中看舞槍。借問風前兼月下，不知何客對胡床。（《劉禹錫集箋證》第一〇五五頁）

智按：令狐楚有《節度宣武酬樂天夢得》。

十五、大和二年（八二八）

白居易：送鶴與裴相臨別贈詩

五十七歲，長安，刑部侍郎

司空愛爾爾須知，不信聽吟送鶴詩。羽翮勢高寧惜別，稻粱恩厚莫愁饑。夜棲少共雞爭樹，曉浴先饒鳳占池。穩上青雲勿回顧，的應勝在白家時。

(《白居易集箋校》第三册第二六卷第一七九七頁)

劉禹錫：和樂天送鶴上裴相公别鶴之作

昨日看成送鶴詩，高籠提出白雲司。朱門乍入應迷路，玉樹容棲莫揀枝。雙舞庭中花落處，數聲池上月明時。三山碧海不歸去，且向人間呈羽儀。(《劉禹錫集箋證》第一〇七〇頁)

十六、大和二年（八二八）

白居易：贈王山人

五十七歲，長安，刑部侍郎

玉芝觀裏王居士，服氣餐霞善養身。夜後不聞龜喘息，秋來唯長鶴精神。容顏盡怪長如故，名姓多疑不是真。貴重榮華輕壽命，知君悶見世間人。(《白居易集箋校》第三册第二六卷第一八一一頁)

劉禹錫：同白二十二贈王山人

愛名之世忘名客，多事之時無事身。古老相傳見來久，歲年雖變貌常新。飛章上達三清路，受籙平交五嶽神。笑聽咚咚朝暮鼓，只能催得市朝人。(《劉禹錫集箋證》第一〇七九頁)

十七、大和二年（八二八）

白居易：令狐相公拜尚書後有喜從鎮歸朝之作劉郎中先和因以繼之

五十七歲，長安，刑部侍郎

車騎新從梁苑回，履聲佩響入中臺。鳳池望在終重去，龍節功成且納來。金勒最宜乘雪出，玉觴何必待花開。尚書首唱郎中和，不計官資只計才。(《白居易集箋校》第三册第二六卷第一七九八頁)

劉禹錫：和令狐相公初歸京國賦詩言懷

淩雲羽翮掞天才，揚歷中樞與外台。相印昔辭東閣去，將星還拱北辰來。殿庭捧日彯纓入，閣道看山曳履回。口不言功心自適，吟詩釀酒待花開。(《劉禹錫集箋證》第一〇八三頁)

十八、大和二年（八二八）

白居易：和集賢劉學士早朝作

五十七歲，長安，刑部侍郎

吟君昨日早朝詩，金御爐前喚仗時。煙吐白龍頭宛轉，扇開青雉尾參差。

暫留春殿多稱屈，合入綸闈即可知。從此摩霄去非晚，鬢邊未有一莖絲。（《白居易集箋校》第三册第二六卷第一七八六頁）

劉禹錫：闕下待傳點呈諸同舍

禁漏晨鐘聲欲絕，旌旗組綬影相交。殿含佳氣當龍首，閣倚晴天見鳳巢。山色葱籠丹檻外，霞光泛灩翠松梢。多慚再入金門籍，不敢為文學解嘲。（《劉禹錫集箋證》第一〇七二頁）

十九、大和二年（八二八）

白居易：送河南尹馮學士赴任

五十七歲，長安，刑部侍郎

石渠金谷中間路，軒騎翩翩十日程。清洛飲冰添苦節，碧嵩看雪助高情。謾誇河北操旄鉞，莫羡江西擁旆旌。［時新除二鎮節度。］何似府寮京令外，別教三十六峰迎。（《白居易集箋校》第三册第二六卷第一八〇〇頁）

劉禹錫：同樂天送河南馮尹學士

可憐五馬風流地，暫輟金貂侍從才。閣上掩書劉向去，門前修刺孔融來。崤陵路靜寒無雨，洛水橋長晝起雷。共羡府中棠棣好，先於城外百花開。（《劉禹錫集箋證》第一〇七六頁）

二十、大和二年（八二八）

白居易：送陝州王司馬建赴任（建，善詩者）

五十七歲，長安，刑部侍郎

陝州司馬去何如？養靜資貧兩有餘。公事閒忙同少尹，料錢多少敵尚書。祇攜美酒為行伴，唯作新詩趁下車。自有鐵牛無詠者，料君投刃必應虛。（《白居易集箋校》第三册第二七卷第一七八七頁）

劉禹錫：送王司馬之陝州（自太常丞授，工為詩）

暫輟清齋出太常，空攜詩卷赴甘棠。府公既有朝中舊，司馬應容酒後狂。案牘來時唯署字，風煙入興便成章。兩京大道多遊客，每遇詞人戰一場。（《劉禹錫集箋證》第八八二頁）

二十一、大和二年（八二八）

白居易：鏡換杯

五十七歲，長安，刑部侍郎

欲將珠匣青銅鏡，換取金尊白玉卮。鏡裏老來無避處，樽前愁至有消時。茶能散悶為功淺，萱縱忘憂得力遲。不似杜康神用速，十分一盞便開眉。（《白居易集箋校》第三册第二六卷第一八〇三頁）

劉禹錫：和樂天以鏡換酒

把取菱花百煉鏡，換他竹葉十旬杯。嚬眉厭老終難去，蘸甲須歡便到來。妍醜太分迷忌諱，松喬俱傲絕嫌猜。校量功力相千萬，好去從空白玉台。（《劉禹錫集箋證》第一〇七五頁）

二十二、大和二年（八二八）

白居易：和劉郎中學士題集賢閣

五十七歲，長安，刑部侍郎

朱閣青山高庳齊，與君才子作詩題。傍聞大內笙歌近，下視諸司屋舍低。萬卷圖書天禄上，一條風景月華西。欲知丞相優賢意，百步新廊不蹋泥。（《白居易集箋校》第三册第二六卷第一八一二頁）

劉禹錫：題集賢閣

鳳池西畔圖書府，玉樹玲瓏景氣閒。長聽餘風送天樂，時登高閣望人寰。青山雲繞欄干外，紫殿香來步武間。曾是先賢翔集地，每看壁記一慚顏。（《劉禹錫集箋證》第一〇八〇頁）

二十三、大和二年（八二八）

白居易：臨都驛答夢得六言二首

五十七歲，洛陽，秘書監

揚子津頭月下，臨都驛裏燈前。昨日老於前日，去年春似今年。謝守歸為秘監，馮公老作郎官。前事不須問著，新詩且更吟看。（《白居易集箋校》第三册第二五卷第一七四九頁）

劉禹錫：答樂天臨都驛見贈

北固山邊波浪，東都城裏風塵。世事不同心事，新人何似故人。（《劉禹錫集箋證》第一〇六三頁）

劉禹錫：再贈樂天

一政政官軋軋，一年年老駸駸。身外名何足算，別來詩且同吟。（《劉禹錫集箋證》第一〇六四頁）

二十四、大和二年（八二八）

白居易：杏園花下贈劉郎中

五十七歲，長安，刑部侍郎

怪君把酒偏惆悵，曾是貞元花下人。自別花來多少事，東風二十四回春。（《白居易集箋校》第三册第二五卷第一七五六頁）

劉禹錫：杏園花下酬樂天見贈

二十餘年作逐臣，歸來還見曲江春。遊人莫笑白頭醉，老醉花間有幾人。（《劉禹錫集箋證》第一〇八一頁）

附：元稹：酬白樂天杏花園

劉郎不用悶惆悵，且作花間共醉人。算得貞元舊朝士，幾人同見太和春。

張籍：同白侍郎杏園贈劉郎中

一去瀟湘頭欲白，今朝始見杏花春。從來遷客應無數，重到花前有幾人。

二十五、大和二年（八二八）

白居易：聽田順兒歌

五十七歲，長安，刑部侍郎

戛玉敲冰聲未停，嫌雲不遏入青冥。爭得黃金滿衫袖，一時拋與斷年聽？（《白居易集箋校》第三册第二六卷第一八一五頁）

劉禹錫：與歌童田順郎

天下能歌御史娘，花前葉底奉君王。九重深處無人見，分付新聲與順郎。（《劉禹錫集箋證》第七八七頁）

劉禹錫：田順郎歌

清歌不是世間音，玉殿嘗聞稱主心。唯有順郎全學得，一聲飛出九重深。（《劉禹錫集箋證》第一四六三頁）

二十六、大和二年（八二八）

白居易：和劉郎中傷鄂姬

五十七歲，洛陽，秘書監

不獨君嗟我亦嗟，西風北雪殺南花。不知月夜魂歸處，鸚鵡洲頭第幾家？

［姬，鄂人也。］（《白居易集箋校》第三册第二五卷第一七三四頁）

劉禹錫：有所嗟二首（一作元稹詩，題作所思）

庾令樓中初見時，武昌春柳似腰肢。相逢相笑盡如夢，為雨為雲今不知。

鄂渚濛濛煙雨微，女郎魂逐暮雲歸。只應長在漢陽渡，化作鴛鴦一隻飛。（《劉禹錫集箋證》第一〇六二頁）

二十七、大和二年（八二八）

白居易：有雙鶴留在洛中忽見劉郎中依然鳴顧劉因為鶴歎二篇寄予予以二絕句答之

五十七歲，洛陽，秘書監

辭鄉遠隔華亭水，逐我來棲緱嶺雲。慚愧稻粱長不飽，未曾回眼向雞群。（《白居易集箋校》第三册第二五卷第一七四〇頁）

劉禹錫：鶴歎二首（並序）

友人白樂天去年罷吳郡，挈雙鶴雛以歸。余相遇于楊子津，閒翫終日，翔舞調態，一符相書，信華亭之尤物也。今年春，樂天爲秘書監，不以鶴隨，置之洛陽第。一旦，予入門，問訊其家人，鶴軒然來睨，如記相識，徘徊俛仰，似含情顧慕填膺而不能言者。因以作《鶴歎》，以贈樂天。

寂寞一雙鶴，主人在西京。故巢吳苑樹，深院洛陽城。徐引竹間步，遠含雲外情。誰憐好風月，鄰舍夜吹笙。（東隣即王家）

丹頂宜承日，霜翎不染泥。愛池能久立，看月未成棲。一院春草長，三山歸路迷。主人朝謁早，貪養汝南雞。（《劉禹錫集箋證》第一〇五九頁；《劉夢得文集》外集卷一，四部叢刊景宋本，陶敏等《劉禹錫全集編年校注》，第四二六～四二七頁）

智按：裴度原詩《白二十二侍郎有雙鶴留在洛下予西園多野水長松可以棲息遂以詩請之》。

二十八、大和二年（八二八）

白居易：答裴相公乞鶴

五十七歲，長安，刑部侍郎

警露聲音好，沖天相貌殊。終宜向遼廓，不稱在泥塗。白首勞為伴，朱

門幸見呼。不知疏野性，解愛鳳池無。(《白居易集箋校》第三册第二五卷第一七六一頁)

劉禹錫：和裴相公寄白侍郎求雙鶴

皎皎華亭鶴，來隨太守船（白君罷具郡太守，攜雙鶴來）。青雲意長在，滄海別經年。留滯清洛苑，裴回明月天。何如鳳池上，雙舞入祥煙。(《劉禹錫集箋證》第一〇六九頁)

二十九、大和二年（八二八）

白居易：早寒

五十七歲，長安，刑部侍郎

黄葉聚牆角，青苔圍柱根。被經霜後薄，鏡遇雨來昏。半卷寒簷幕，斜開暖閣門。迎冬兼送老，只仰酒盈尊。(《白居易集箋校》第三册第二六卷第一七九二頁)

劉禹錫：和樂天早寒

雨引苔侵壁，風驅葉擁階。久留閒客話，宿請老僧齋。酒甕新陳接，書籤次第排。翛然自有處，搖落不傷懷。(《劉禹錫集箋證》第一〇七四頁)

三十、大和二年（八二八）

白居易：和劉郎中望終南山秋雪

五十七歲，長安，刑部侍郎

遍覽古今集，都無秋雪詩。陽春先唱後，陰嶺未消時。草訝霜凝重，松疑鶴散遲。清光莫獨佔，亦對白雲司。(《白居易集箋校》第三册第二六卷第一七九四頁)

劉禹錫：終南秋雪

南嶺見秋雪，千門生早寒。閒時駐馬望，高處捲簾看。霧散瓊枝出，日斜鉛粉殘。偏宜曲江上，倒影入清瀾。(《劉禹錫集箋證》第一〇七一頁)

三十一、大和二年（八二八）

白居易：聞新蟬贈劉二十八

五十七歲，長安，刑部侍郎

蟬發一聲時，槐花帶兩枝。只應催我老，兼遣報君知。白髮生頭速，青雲入手遲。無過一杯酒，相勸數開眉。(《白居易集箋校》第三册第二六卷第

一八一〇頁）

劉禹錫：答白刑部聞新蟬

蟬聲未發前，已自感流年。一入淒涼耳，如聞斷續弦。晴清依露葉，晚急畏霞天。何事秋卿詠，逢時亦悄然。（《劉禹錫集箋證》第一〇六八頁）

三十二、大和三年（八二九）

白居易：和劉郎中曲江春望見示

五十八歲，長安，刑部侍郎

芳景多遊客，衰翁獨在家。肺傷妨飲酒，眼痛忌看花。寺路隨江曲，宮牆夾樹斜。羨君猶壯健，不枉度年華。（《白居易集箋校》第三册第二六卷第一八一八頁）

劉禹錫：曲江春望

鳳城煙雨歇，萬象含佳氣。酒後人倒狂，花時天似醉。三春車馬客，一代繁華地。何事獨傷懷，少年曾得意。（《劉禹錫集箋證》第一〇八四頁）

三十三、大和三年（八二九）

白居易：令狐尚書許過弊居先贈長句

五十八歲，洛陽，太子賓客分司

不矜軒冕愛林泉，許到池頭一醉眠。已遣平治行藥逕，兼教掃拂釣魚船。應將筆硯隨詩主，定有笙歌伴酒仙。只候高情無別物，蒼苔石筍白花蓮。（《白居易集箋校》第三册第二七卷第一八九〇頁）

劉禹錫：和令狐相公尋白閣老見留小飲因贈

傲士更逢酒，樂天仍對花。文章管星曆，情興占年華。宦達翻思退，名高卻不誇。惟存浩然氣，相共賞煙霞。（《劉禹錫集箋證》第一一七五頁）

三十四、大和三年（八二九）

白居易：答夢得聞蟬見寄

五十八歲，洛陽，太子賓客分司

開緘思浩然，獨詠晚風前。人貌非前日，蟬聲似去年。槐花新雨後，柳影欲秋天。聽罷無他計，相思又一篇。（《白居易集箋校》第三册第二七卷第一八八九頁）

劉禹錫：始聞蟬有懷白賓客去歲白有聞蟬見寄詩云祇應催我老兼遣報君

知之句

蟬韻極清切，始聞何處悲。人含不平意，景值欲秋時。此歲方晼晚，誰家無別離。君言催我老，已是去年詩。（《劉禹錫集箋證》第一一〇八頁）

三十五、大和三年（八二九）

白居易：和春深二十首

五十八歲，長安，刑部侍郎

何處春深好，春深富貴家。馬為中路鳥，妓作後庭花。羅綺驅論隊，金銀用斷車。眼前何所苦，唯苦日西斜。

何處春深好，春深貧賤家。荒涼三徑草，冷落四鄰花。奴困歸傭力，妻愁出賃車。途窮平路險，舉足劇褒斜。

何處春深好，春深執政家。鳳池添硯水，雞樹落衣花。詔借當衢宅，恩容上殿車。延英開對久，門與日西斜。

何處春深好，春深方鎮家。通犀排帶胯，瑞鶻勘袍花。飛絮衝球馬，垂楊拂妓車。戎裝拜春設，左握寶刀斜。

何處春深好，春深刺史家。陰繁棠布葉，歧秀麥分花。五疋鳴珂馬，雙輪畫軾車。和風引行樂，葉葉隼旟斜。

何處春深好，春深學士家。鳳書裁五色，馬鬣剪三花。蠟炬開明火，銀臺賜物車。相逢不敢揖，彼此帽低斜。

何處春深好，春深女學家。慣看溫室樹，飽識浴堂花。御印提隨仗，香箋把下車。宋家宮樣髻，一片綠雲斜。

何處春深好，春深御史家。絮縈驄馬尾，蝶繞繡衣花。破柱行持斧，埋輪立駐車。入班遙認得，魚貫一行斜。

何處春深好，春深遷客家。一杯寒食酒，萬里故園花。炎瘴蒸如火，光陰走似車。為憂鵩鳥至，只恐日光斜。

何處春深好，春深經業家。唯求太常第，不管曲江花。折桂名慚郤，收螢志慕車。官場泥鋪處，最怕寸陰斜。

何處春深好，春深隱士家。野衣裁薜葉，山飯曬松花。蘭索紉幽佩，蒲輪駐軟車。林間箕踞坐，白眼向人斜。

何處春深好，春深漁父家。松灣隨棹月，桃浦落船花。投餌移輕楫，牽輪轉小車。蕭蕭蘆葉裏，風起釣絲斜。

何處春深好，春深潮戶家。濤翻三月雪，浪噴四時花。曳練馳千馬，驚雷走萬車。餘波落何處，江轉富陽斜。

何處春深好，春深痛飲家。十分杯裏物，五色眼前花。鋪啜眠糟甕，流涎見麴車。［杜甫詩云：路見麴車口流涎。］中山一沉醉，千度日西斜。

何處春深好，春深上巳家。蘭亭席上酒，曲洛岸邊花。弄水游童棹，湔裾小婦車。齊橈爭渡處，一匹錦標斜。

何處春深好，春深寒食家。玲瓏鏤雞子，宛轉彩球花。碧草追遊騎，紅塵拜掃車。秋千細腰女，搖曳逐風斜。

何處春深好，春深博弈家。一先爭破眼，六聚鬬成花。鼓應投壺馬，兵衝象戲車。彈棊局上事，最妙是長斜。

何處春深好，春深嫁女家。紫排襦上雉，黃貼鬢邊花。轉燭初移障，鳴環欲上車。青衣傳氊褥，錦繡一條斜。

何處春深好，春深娶婦家。兩行籠裏燭，一樹扇間花。賓拜登華席，親迎障幰車。催妝詩未了，星斗漸傾斜。

何處春深好，春深妓女家。眉欺楊柳葉，裙妒石榴花。蘭麝熏行被，金銅釘坐車。杭州蘇小小，人道最夭斜。

《白居易集箋校》第三册第二六卷第一八二七頁

劉禹錫：同樂天和微之深春二十首（同用家花車斜四韻）

何處深春好，春深萬乘家。宮門皆映柳，輦路盡穿花。池色連天漢，城形象帝車。旌旗暖風裏，獵獵向西斜。

何處深春好，春深阿母家。瑤池長不夜，珠樹正開花。橋峻通星渚，樓暄近日車。層城十二闕，相對日西斜。

何處深春好，春深執政家。恩光貪捧日，貴重不看花。玉饌堂交印，沙堤柱礙車。多門一已閉，直道更無斜。

何處深春好，春深大鎮家。前旌光照日，後騎蹙成花。節院收衙隊，球場簇看車。廣筵歌舞散，書號夕陽斜。

何處深春多，春深貴戚家。櫪嘶無價馬，庭發有名花。欲進宮人食，先薰命婦車。晚歸長帶酒，冠蓋任傾斜。

何處深春好，春深恩澤家。爐添龍腦炷，綬結虎頭花。賓客珠成履，嬰孩錦縛車。畫堂簾幕外，來去燕飛斜。

何處深春好，春深京兆家。人眉新柳葉，馬色醉桃花。盜息無鳴鼓，朝回自走車。能令帝城外，不敢徑由斜。

何處深春好，春深刺史家。夜闌猶命樂，雨甚亦尋花。傲客多憑酒，新姬苦上車。公門吏散後，風擺戟衣斜。

何處深春好，春深羽客家。芝田繞舍色，杏樹滿山花。云是淮王宅，風為列子車。古壇操簡處，一徑入林斜。

何處深春好，春深小隱家。芟庭留野菜，撼樹去狂花。醉酒一千日，貯書三十車。雉衣從露體，不敢有餘斜。

何處深春好，春深富室家。唯多貯金帛，不擬負鶯花。國樂呼聯轡，行廚載滿車。歸來看理曲，燈下寶釵斜。

何處深春好，春深豪士家。多沽味濃酒，貴買色深花。已臂鷹隨馬，連催妓上車。城南踏青處，村落逐原斜。

何處深春好，春深貴胄家。迎呼偏熟客，揀選最多花。飲饌開華幄，笙歌出鈿車。興酣樽易罄，連瀉酒瓶斜。

何處深春好，春深唱第家。名傳一紙榜，興管九衢花。薦聽諸侯樂，來隨計吏車。杏園抛曲處，揮袖向風斜。

何處深春好，春深少婦家。能偷新禁曲，自剪入時花。追逐同遊伴，平章貴價車。從來不墮馬，故遣髻鬟斜。

何處深春好，春深幼女家。雙鬟梳頂髻，兩面繡裙花。妝壞頻臨鏡，身輕不占車。秋千爭次第，牽拽彩繩斜。

何處深春好，春深蘭若家。當香收柏葉，養蜜近梨花。野徑宜行樂，遊人盡駐車。菜園籬落短，遙見桔槔斜。

何處深春好，春深老宿家。小欄圍蕙草，高架引藤花。四字香書印，三乘壁畫車。遲回聽句偈，雙樹晚陰斜。

何處深春好，春深種蒔家。分畦十字水，接樹兩般花。櫛比栽籬槿，咿啞轉井車。可憐高處望，棋布不曾斜。

何處深春好，春深稚子家。爭騎一竿竹，偷折四鄰花。笑擊羊皮鼓，行牽犢頷車。中庭貪夜戲，不覺玉繩斜。

《劉禹錫集箋證》第一〇九六頁

三十六、大和三年（八二九）

白居易：嘗黃醅新酎憶微之

五十八歲，洛陽，太子賓客分司

世間好物黃醅酒，天下閒人白侍郎。愛向卯時謀洽樂，亦曾酉日放粗狂。醉來枕麴貧如富，身後堆金有若亡。元九計程殊未到，甕頭一盞共誰嘗？［詩云：一醉曰富。］（《白居易集箋校》第四册第二八卷第一九三一頁）

劉禹錫：樂天寄洛下新詩，兼喜微之欲到，因以抒懷也

松間風未起，萬葉不自吟。池上月未來，清輝同夕陰。宮徵不獨運，塤篪自相尋。一從別樂天，詩思日已沉。吟君洛中作，精絕百煉金。乃知孤鶴情，月露為知音。微之從東來，威鳳鳴歸林。羨君先相見，一豁平生心。（《劉禹錫集箋證》第一一一〇頁）

三十七、大和三年（八二九）

白居易：酬令狐相公春日尋花見寄六韻

五十八歲，長安，刑部侍郎

病卧帝王州，花時不得遊。老應隨日至，春肯為人留？粉壞杏將謝，火繁桃尚稠。白飄僧院地，紅落酒家樓。空裹雪相似，晚來風不休。吟君悵望句，如到曲江頭。（《白居易集箋校》第三册第二六卷第一八一七頁）

劉禹錫：和令狐相公春日尋花有懷白侍郎閣老

芳菲滿雍州，鸞鳳許同遊。花徑須深入，時光不少留。色鮮由樹嫩，枝亞為房稠。靜對仍持酒，高看特上樓。晴宜連夜賞，雨便一年休。共憶秋官處，餘霞曲水頭。（《劉禹錫集箋證》第一〇八五頁）

三十八、大和三年（八二九）

白居易：分司初到洛中偶題六韻兼戲呈馮尹

五十八歲，洛陽，太子賓客分司

相府念多病，春宮容不才。官銜依口得，俸禄逐身來。白首林園在，紅塵車馬回。招呼新客旅，掃掠舊池臺。小舫宜攜樂，新荷好蓋杯。不知金谷主，早晚賀筵開。（《白居易集箋校》第三册第二七卷第一九二七頁）

劉禹錫：遙賀白賓客分司初到洛中，戲呈馮尹

西辭望苑去，東占洛陽才。度嶺無愁思，看山不懊來。冥鴻何所慕，遼鶴乍飛回。洗竹通新徑，攜琴上舊臺。塵埃長者轍，風月故人杯。聞道龍門峻，還因上客開。（《劉禹錫集箋證》第一一〇六頁）

三十九、大和三年（八二九）

白居易：酬集賢劉郎中對月見寄兼懷元浙東

五十八歲，洛陽，太子賓客分司

月在洛陽天，天高淨如水。下有白頭人，攬衣中夜起。思遠鏡亭上，光深書殿裏。眇然三處心，相去各千里。（《白居易集箋校》第三册第二二卷第一四九七頁）

劉禹錫：月夜憶樂天兼寄微之（一作月夜寄微之，憶樂天）

今宵帝城月，一望雪相似。遙想洛陽城，清光正如此。知君當此夕，亦望鏡湖水。輾轉相憶心，月明千萬里。（《劉禹錫集箋證》第一一一一頁）

四十、大和三年（八二九）

白居易：得夢得新詩

五十八歲，洛陽，太子賓客分司。

池上今宵風月涼，閒教少樂理霓裳。集仙殿裏新詞到，便播笙歌作樂章。（《白居易集箋校》第六册外上第三八四一頁）

劉禹錫：憶樂天

尋常相見意殷勤，別後相思夢更頻。每遇登臨好風景，羨他天性少情人。（《劉禹錫集箋證》第一一〇九頁）

四十一、大和三年（八二九）

白居易：春詞

長安

低花樹映小妝樓，春入眉心兩點愁。斜倚欄干臂鸚鵡，思量何事不回頭?（《白居易集箋校》第三册第二五卷第一七七〇頁）

劉禹錫：和樂天春詞

新妝面面下朱樓，深鎖春光一院愁。行到中庭數花朵，蜻蜓飛上玉搔頭。（《劉禹錫集箋證》第一〇八七頁）

四十二、大和三年（八二九）

白居易：送滕庶子致仕歸婺州

五十八歲，洛陽，太子賓客分司

春風秋月攜歌酒，八十年來玩物華。已見曾孫騎竹馬，猶聽侍女唱梅花。入鄉不杖歸時健，出郭乘軺到處誇。兒著繡衣身衣錦，東陽門戶勝滕家。（《白居易集箋校》第六册外上第三八三〇頁）

劉禹錫：贈致仕滕庶子先輩（時及第人中最老）

朝服歸來晝錦榮，登科記上更無兄。壽觴每使曾孫獻，勝境長攜眾妓行。矍鑠據鞍時騁健，殷勤把酒尚多情。凌寒卻向山陰去，衣繡郎君雪裏行。（《劉禹錫集箋證》第七七九頁）

四十三、大和三年（八二九）

白居易：送東都留守令狐尚書赴任

五十八歲，長安，刑部侍郎

翠華黃屋未東巡，碧洛青嵩付大臣。地稱高情多水竹，山宜閒望少風塵。龍門即擬為遊客，金谷先憑作主人。歌酒家家花處處，莫空管領上陽春。（《白居易集箋校》第三册第二六卷第一八一九頁）

劉禹錫：同樂天送令狐相公赴東都留守（自戶部尚書拜）

尚書劍履出明光，居守旌旗赴洛陽。世上功名兼將相，人間聲價是文章。衙門曉辟分天仗，賓幕初開闢省郎。從發坡頭向東望，春風處處有甘棠。（《劉禹錫集箋證》第一〇九四頁）

四十四、大和三年（八二九）

白居易：將至東都先寄令狐留守

五十八歲，長安至洛陽途中，太子賓客分司

黃鳥無聲葉滿枝，閒吟想到洛城時。惜逢金谷三春盡，恨拜銅樓一月遲。詩境忽來還自得，醉鄉潛去與誰期？東都添個狂賓客，先報壺觴風月知。（《白居易集箋校》第三册第二七卷第一八七九頁）

劉禹錫：和留守令狐相公答白賓客

麥隴和風吹樹枝，商山逸客出關時。身無拘束起長晚，路足交親行自遲。官拂象筵終日待，私將雞黍幾人期。君來不用飛書報，萬戶先從紙貴知。

(《劉禹錫集箋證》第一一〇七頁)

四十五、大和三年(八二九)

白居易:南園試小樂

五十八歲,長安,刑部侍郎

小園斑駁花初發,新樂錚鏦教欲成。紅萼紫房皆手植,蒼頭碧玉盡家生。高調管色吹銀字,慢拽歌詞唱渭城。不飲一杯聽一曲,將何安慰老心情?(《白居易集箋校》第三册第二六卷第一八二一頁)

劉禹錫:和樂天南園試小樂

閒步南園煙雨晴,遥聞絲竹出牆聲。欲抛丹筆三川去,先教清商一部成。花木手栽偏有興,歌詞自作别生情。多才遇景皆能詠,當日人傳滿鳳城。(《劉禹錫集箋證》第一〇八六頁)

四十六、大和三年(八二九)

白居易:贈夢得

五十八歲,長安,刑部侍郎

心中萬事不思量,坐倚屏風卧向陽。漸覺詠詩猶老醜,豈宜憑酒更粗狂。頭垂白髮我思退,腳蹋青雲君欲忙。只有今春相伴在,花前剩醉兩三場。(《白居易集箋校》第三册第二七卷第一八七一頁)

劉禹錫:答樂天戲贈

才子聲名白侍郎,風流雖老尚難當。詩情逸似陶彭澤,齋日多如周太常。矻矻將心求淨法,時時偷眼看春光。知君技癢思歡宴,欲倩天魔破道場。(《劉禹錫集箋證》第一〇九三頁)

四十七、元和十五年(八二〇)

白居易:和張十八秘書謝裴相公寄馬

四十九歲,長安,司馬員外郎

齒齊膘足毛頭膩,秘閣張郎叱撥駒。洗了頷花翻假錦,走時蹄汗踏真珠。青衫乍見曾驚否?紅粟難賒得飽無?丞相寄來應有意,遣君騎去上雲衢。(《白居易集箋校》第三册第一九卷第一二二五頁)

大和四年(八三〇)

劉禹錫:裴相公大學士見示答張秘書謝馬詩並群公屬和因命追作

草玄門戶少塵埃，丞相并州寄馬來。初自塞垣銜苜蓿，忽行幽徑破莓苔。尋花緩轡威遲去，帶酒垂鞭躞蹀回。不與王侯與詞客，知輕富貴重清才。（《劉禹錫集箋證》第一三四七頁）

四十八、大和五年（八三一）

白居易：送劉郎中赴任蘇州

六十歲，洛陽，河南尹

仁風膏雨去隨輪，勝境歡遊到逐身。水驛路穿兒店月，花船棹入女湖春。宣城獨詠窗中岫，柳惲單題汀上蘋。何似姑蘇詩太守，吟詩相繼有三人。（《白居易集箋校》第六册外上第三八三一頁）

劉禹錫：赴蘇州酬別樂天

吳郡魚書下紫宸，長安廄吏送朱輪。二南風化承遺愛，八詠聲名躡後塵。梁氏夫妻為寄客，陸家兄弟是州民。江城春日追遊處，共憶東歸舊主人。（《劉禹錫集箋證》第一一一七頁）

四十九、大和五年（八三一）

白居易：福先寺雪中餞劉蘇州

六十歲，洛陽，河南尹

送君何處展離筵，大梵王宮大雪天。庾嶺梅花落歌管，謝家柳絮撲金田。亂從紈袖交加舞，醉入籃輿取次眠。卻笑召鄒兼訪戴，只持空酒駕空船。（《白居易集箋校》第六册外上第三八三一頁）

劉禹錫：福先寺雪中酬別樂天

龍門賓客會龍宮，東去旌旗駐上東。二八笙歌雲幕下，三千世界雪花中。離堂未暗排紅燭，別曲含淒颺晚風。才子從今一分散，便將詩詠向吳儂。（《劉禹錫集箋證》第一一一九頁）

五十、大和五年（八三一）

白居易：和令狐相公寄劉郎中兼見示長句

六十歲，洛陽，河南尹

日月天衢仰面看，尚淹池鳳滯臺鸞。碧幢千里空移鎮，赤筆三年未轉官。別後縱吟終少興，病來雖飲不多歡。酒軍詩敵如相遇，臨老猶能一據鞍。（《白居易集箋校》第三册第二七卷第一九〇一頁）

智按：令狐楚《寄禮部劉郎中》。

劉禹錫：酬令狐相公見寄

才兼文武播雄名，遺愛芳塵滿洛城。身在行臺為僕射，書來角里訪先生。閒遊占得嵩山色，醉卧高聽洛水聲。千里相思難命駕，七言詩裏寄深情。（《劉禹錫集箋證》第一一八四頁）

劉禹錫：酬鄆州令狐相公官舍言懷見寄兼呈樂天

詞人各在一涯居，聲味雖同跡自疏。佳句傳因多好事，尺題稀為不便書。已通戎略逢黄石，仍占星文耀碧虛。聞説朝天在來歲，霸陵春色待行車。（《劉禹錫集箋證》第一一一二頁）

五十一、大和五年（八三一）

白居易：哭崔兒

六十歲，洛陽，河南尹

掌珠一顆兒三歲，鬢雪千莖父六旬。豈料汝先為異物，常憂吾不見成人。悲腸自斷非因劍，啼眼加昏不是塵。懷抱又空天默默，依前重作鄧攸身。（《白居易集箋校》第四册第二八卷第一九七六頁）

白居易：初喪崔兒報微之晦叔

書報微之晦叔知，欲題崔字淚先垂。世間此恨偏敦我，天下何人不哭兒。［敦音堆，見詩注。］蟬老悲鳴拋蜕後，龍眠驚覺失珠時。文章十帙官三品，身後傳誰庇廕誰。（《白居易集箋校》第四册第二八卷第一九七八頁）

劉禹錫：吟白樂天哭崔兒二篇，愴然寄贈

吟君苦調我沾纓，能使無情盡有情。四望車中心未釋，千秋亭下賦初成。庭梧已有棲雛處，池鶴今無子和聲。從此期君比瓊樹，一枝吹折一枝生。（《劉禹錫集箋證》第一一一三頁）

五十二、大和五年（八三一）

白居易：府齋感懷酬夢得（時初喪崔兒，夢得以詩相安云：「從此期君比瓊數，一枝吹折一枝生。」故有此落句以報之）

六十歲，洛陽，河南尹

府伶呼喚爭先到，家醖提攜動輒隨。合是人生開眼日，自當年老斂眉

時。丹砂煉作三銖土，玄髮看成一把絲。勞寄新詩遠安慰，不聞枯樹再生枝。（《白居易集箋校》第四册第二八卷第一九七九頁）

劉禹錫：答樂天所寄詠懷，且釋其枯樹之歎

衙前有樂饌常精，宅內連池酒任傾。自是官高無狎客，不論年長少歡情。驪龍頷被探珠去，老蚌胚還應月生。莫羨三春桃與李，桂花成實向秋榮。（《劉禹錫集箋證》第一一一四頁）

五十三、大和五年（八三一）

白居易：代夢得吟

六十歲，洛陽，河南尹

後來變化三分貴，同背凋零太半無。世上爭先從盡汝，人間鬬在不如吾。竿頭已到應難久，局勢雖遲未必輸。不見山苗與林葉，迎春先綠亦先枯。（《白居易集箋校》第三册第二五卷第一七八一頁）

大和六年（八三二）

劉禹錫：樂天寄重和晚達冬青一篇，因成再答

風雲變化饒年少，光景蹉跎屬老夫。秋隼得時淩汗漫，寒龜飲氣受泥塗。東隅有失誰能免，北叟之言豈便無。振臂猶堪呼一擲，爭知掌下不成盧。（《劉禹錫集箋證》第一一三四頁）

智按：此據卞孝萱《劉禹錫年譜》第一七六頁、陶敏等《劉禹錫全集編年校注》第五七二頁。高志忠《劉禹錫詩文繫年》第二三二頁、蔣維崧等《劉禹錫詩集編年箋注》第五九〇頁繫於大和九年（八三五）。

五十四、大和五年（八三一）

白居易：醉中重留夢得

六十歲，洛陽，河南尹

劉郎劉郎莫先起，蘇臺蘇臺隔雲水。酒盞來從一百分，馬頭去便三千里。（《白居易集箋校》第三册第二七卷第一九一〇頁）

劉禹錫：醉答樂天

洛城洛城何日歸，故人故人今轉稀。莫嗟雪裏暫時別，終擬雲間相逐飛。

(《劉禹錫集箋證》第一一二〇頁)

五十五、大和五年(八三一)

白居易：府西池北新葺水齋即事招賓偶題十六韻

六十歲，洛陽，河南尹

繚繞府西面，潺湲池北頭。鑿開明月峽，決破白蘋洲。清淺漪瀾急，夤緣浦嶼幽。直衝行徑斷，平入卧齋流。石疊青棱玉，波翻白片鷗。噴時千點雨，澄處一泓油。絕境應難別，同心豈易求？少逢人愛玩，多是我淹留。夾岸鋪長簟，當軒泊小舟。枕前看鶴浴，床下見魚遊。洞戶斜開扇，疏簾半上鉤。紫浮萍泛泛，碧亞竹修修。讀罷書仍展，棋終局未收。午茶能散睡，卯酒善銷愁。簷雨晚初霽，窗風涼欲休。誰能伴老尹，時復一閒遊？(《白居易集箋校》第四册第二八卷第一九七四頁)

劉禹錫：白侍郎大尹自河南寄示池北新葺水齋即事招賓十四韻兼命同作

公府有高政，新齋池上開。再吟佳句後，一似畫圖來。結構疏林下，夤緣曲岸隈。綠波穿戶牖，碧甃疊瓊瑰。幽異當軒滿，清光繞砌回。潭心澄晚鏡，渠口起晴雷。瑤草緣堤種，松煙上島栽。遊魚驚撥刺，浴鷺喜毰毸。為客烹林筍，因僧採石苔。酒瓶常不罄，書案任成堆。簷外青雀舫，坐中鸚鵡杯。蒲根抽九節，蓮萼捧重臺。芳訊此時到，勝游何日陪。共譏吳太守，自占洛陽才。(《劉禹錫集箋證》第一一一五頁)

五十六、大和五年(八三一)

白居易：耳順吟寄敦詩夢得

六十歲，洛陽，河南尹

三十四十五欲牽，七十八十百病纏。五十六十卻不惡，恬淡清淨心安然。已過愛貪聲利後，猶在病羸昏耄前。未無筋力尋山水，尚有心情聽管弦。閒開新酒嘗數盞，醉憶舊詩吟一篇。敦詩夢得且相勸，不用嫌他耳順年。(《白居易集箋校》第三册第二一卷第一四五四頁)

劉禹錫：和樂天耳順吟兼寄敦詩

吟君新什慰蹉跎，屈指同登耳順科。鄧禹功成三紀事，孔融書就八年多。已經將相誰能爾，拋卻丞郎爭奈何。獨恨長洲數千里，且隨魚鳥泛煙波。(《劉禹錫集箋證》第一一二一頁)

五十七、大和六年（八三二）

白居易：憶舊遊（寄劉蘇州）

六十一歲，洛陽，河南尹

憶舊游，舊游安在哉？舊游之人半白首，舊遊之地多蒼苔。江南舊遊凡幾處？就中最憶吳江隈。長洲苑綠柳萬樹，齊雲樓春酒一杯。閶門曉岩旗鼓出，皋橋夕鬧船舫回。修蛾慢臉燈下醉，急管繁弦頭上催。六七年前狂爛熳，三千里外思徘徊。李娟張態一春夢，周五殷三歸夜臺。虎丘月色為誰好？娃宮花枝應自開。賴得劉朗解吟詠，江山氣色合歸來。［娟、態，蘇州妓名。周、殷，蘇州從事。］（《白居易集箋校》第三冊第二一卷第一四五九頁）

劉禹錫：樂天寄憶舊遊，因作報白君以答

報白君，別來已渡江南春。江南春色何處好，燕子雙飛故官道。春城三百七十橋，夾岸朱樓隔柳條。丫頭小兒蕩畫槳，長袂女郎簪翠翹。郡齋北軒卷羅幕，碧池逶迤繞畫閣。池邊綠竹桃李花，花下舞筵鋪彩霞。吳娃足情言語黠，越客有酒巾冠斜。坐中皆言白太守，不負風光向杯酒。酒酣襞箋飛逸韻，至今傳在人人口。報白君，相思空望嵩丘雲。其奈錢塘蘇小小，憶君淚點石榴裙。（《劉禹錫集箋證》第一一二七頁）

五十八、大和六年（八三二）

白居易：送令狐相公赴太原

六十一歲，洛陽，河南尹

六纛雙旌萬鐵衣，并汾舊路滿光輝。青衫書記何年去，紅旆將軍昨日歸。［藩鎮例驅紅旆］詩作馬蹄隨筆走，獵酣鷹翅伴觥飛。北都莫作多時計，再為蒼生入紫微。（《白居易集箋校》第三冊第二六卷第一八四六頁）

劉禹錫：和白侍郎送令狐相公鎮太原

十萬天兵貂錦衣，晉城風日斗生輝。行臺僕射深恩重，從事中郎舊路歸。疊鼓蹙成汾水浪，閃旗驚斷塞鴻飛。邊庭自此無烽火，擁節還來坐紫微。（《劉禹錫集箋證》第一一二九頁）

五十九、大和六年（八三二）

白居易：和楊師皋傷小姬英英

六十一歲，洛陽，河南尹

自從嬌騃一相依，共見楊花七度飛。玳瑁床空收枕席，琵琶弦斷倚屏幃。人間有夢何曾入，泉下無家豈是歸。墳上少啼留取淚，明年寒食更沾衣。（《白居易集箋校》第三册第二六卷第一八六五頁）

劉禹錫：和楊師皋給事傷小姬英英

見學胡琴見藝成，今朝追想幾傷情。撚弦花下呈新曲，放撥燈前謝改名。但是好花皆易落，從來尤物不長生。鸞臺夜直衣衾冷，雲雨無因入禁城。（《劉禹錫集箋證》第一一三六頁）

六十、大和六年（八三二）

白居易：寄劉蘇州

六十一歲，洛陽，河南尹

去年八月哭微之，今年八月哭敦詩。何堪老淚交流日，多是秋風搖落時。泣罷幾回深自念，情來一倍苦相思。同年同病同心事，除卻蘇州更是誰？（《白居易集箋校》第三册第二六卷第一八五七頁）

劉禹錫：酬樂天見寄

元君後輩先零落，崔相同年不少留。華屋坐來能幾日，夜臺歸去便千秋。背時猶自居三品，得老終須卜一丘。若使吾徒還早達，亦應簫鼓入松楸。（《劉禹錫集箋證》第一一三一頁）

六十一、大和六年（八三二）

白居易：贈晦叔憶夢得

六十一歲，洛陽，河南尹

自别崔公四五秋，因何臨老轉風流？歸來不説秦中事，歇定唯謀洛下游。酒面浮花應是喜，歌眉斂黛不關愁。得君更有無厭意，猶恨樽前欠老劉。（《白居易集箋校》第四册第二八卷第一九九五頁）

劉禹錫：河南白尹有喜崔賓客歸洛兼見懷長句，因而繼和

幾年侍從作名臣，卻向青雲索得身。朝士忽為方外士，主人仍是眼中人。雙鸞遊處天京好，五馬行時海嶠春。遙羨光陰不虛擲，肯令絲竹暫生塵。（《劉禹錫集箋證》第一一三五頁）

六十二、大和六年（八三二）

白居易：憶夢得（夢得能唱竹枝，聽者愁絕）

六十一歲，洛陽，河南尹

齒髮各蹉跎，疏慵與病和。愛花心在否？見酒興如何？年長風情少，官高俗慮多。幾時紅燭下，聞唱竹枝歌？（《白居易集箋校》第三册第二六卷第一八六一頁）

劉禹錫：答樂天見憶

與老無期約，到來如等閒。偏傷朋友盡，移興子孫間。筆底心無毒，杯前膽不豩。唯餘憶君夢，飛過武牢關。（《劉禹錫集箋證》第一一三二頁）

六十三、大和六年（八三二）

白居易：失婢

六十一歲，洛陽，河南尹

宅院小牆卑，坊門帖榜遲。舊恩慚自薄，前事悔難追。籠鳥無常主，風花不戀枝。今宵在何處，唯有月明知。（《白居易集箋校》第三册第二六卷第一八六三頁）

劉禹錫：和樂天誚失婢牓者

把鏡朝猶在，添香夜不歸。鴛鴦拂瓦去，鸚鵡透籠飛。不逐張公子，即隨劉武威。新知正相樂，從此脫青衣。（《劉禹錫集箋證》第一一三三頁）

六十四、大和六年（八三二）

白居易：和夢得冬日晨興

六十一歲，洛陽，河南尹

漏傳初五點，雞報第三聲。帳下從容起，窗間曨昒明。照書燈未滅，暖酒火重生。理曲弦歌動，先聞唱渭城。（《白居易集箋校》第四册第二八卷第一九九三頁）

劉禹錫：冬日晨興寄樂天

庭樹曉禽動，郡樓殘點聲。燈挑紅燼落，酒暖白光生。髮少嫌梳利，顏衰恨鏡明。獨吟誰應和，須寄洛陽城。（《劉禹錫集箋證》第一一三〇頁）

六十五、大和六年（八三二）

白居易：酬夢得秋夕不寐見寄

六十一歲，洛陽，河南尹

碧簟絳紗帳，夜涼風景清。病聞和藥氣，渴聽碾茶聲。露竹偷燈影，煙松護月明。何言千里隔，秋思一時生。（《白居易集箋校》第三册第二六卷第一八五九頁）

劉禹錫：秋夕不寐寄樂天

洞戶夜簾卷，華堂秋簟清。螢飛過池影，蛩思繞階聲。老枕知將雨，高窗報欲明。何人諳此景，遠問白先生。（《劉禹錫集箋證》第一一三〇頁）

六十六、大和七年（八三三）

白居易：同諸客題于家公主舊宅

六十二歲，洛陽，太子賓客分司

平陽舊宅少人遊，應是遊人到即愁。布穀鳥啼桃李院（布穀：一作春穀），絡絲蟲怨鳳凰樓。臺傾滑石猶殘砌，簾斷真珠不滿鉤。聞道至今蕭史在，髭鬚雪白向明州。（《白居易集箋校》第四册第三一卷第二一三七頁）

劉禹錫：題于家公主舊宅

樹繞荒臺葉滿池，簫聲一絕草蟲悲。鄰家猶學宮人髻，園客爭偷御果枝。馬埒蓬蒿藏狡兔，鳳樓煙雨嘯愁鴟。何郎獨在無恩澤，不似當初傅粉時。（《劉禹錫集箋證》第一一四一頁）

六十七、大和七年（八三三）

白居易：和夢得（夢得來詩云：謾讀圖書四十車，年年為郡老天涯。一生不得文章力，百口空為飽暖家）

六十二歲，洛陽，太子賓客分司

綸閣沉沉無寵命，蘇臺籍籍有能聲。豈唯不得清文力，但恐空傳冗吏名。郎署回翔何水部，江湖留滯謝宣城。所嗟非獨君如此，自古才難共命爭。（《白居易集箋校》第四册第三一卷第二一一四頁）

劉禹錫：郡齋書懷寄江南白尹，兼簡分司崔賓客

謾讀圖書三十車，年年為郡老天涯。一生不得文章力，百口空為飽暖家。綺季衣冠稱鬢面，吳公政事副詞華。還思謝病吟歸去，同醉城東桃李花。（《劉禹錫集箋證》第一一三九頁）

六十八、大和七年（八三三）

白居易：贈草堂宗密上人

六十二歲，洛陽，太子賓客分司

吾師道與佛相應，念念無為法法能。口藏傳宣十二部，心臺照耀百千燈。盡離文字非中道，長住虛空是小乘。少有人知菩薩行，世間只是重高僧。（《白居易集箋校》第四册第三一卷第二一一五頁）

劉禹錫：送宗密上人歸南山草堂寺，因謁河南尹白侍郎（謁，一作詣）

宿習修來得慧根，多聞第一卻忘言。自從七祖傳心印，不要三乘入便門。東泛滄江尋古蹟，西歸紫閣出塵喧。河南白尹大檀越，好把真經相對翻。（《劉禹錫集箋證》第九八一頁）

六十九、大和七年（八三三）

白居易：早春醉吟寄太原令狐相公蘇州劉郎中

六十二歲，洛陽，河南尹

雪夜閒遊多秉燭，花時暫出亦提壺。別來少遇新詩敵，老去難逢舊飲徒。大振威名降北虜，勤行惠化活東吴。不知歌酒騰騰興，得似河南醉尹無?（《白居易集箋校》第四册第三一卷第二一〇二頁）

劉禹錫：和樂天洛下醉吟，寄太原令狐相公，兼見懷長句

舊相臨戎非稱意，詞人作尹本多情。從容自使邊塵靜，談笑不聞桴鼓聲。章句新添塞下曲，風流舊占洛陽城。昨來亦有吴趨詠，惟寄東都與北京。（《劉禹錫集箋證》第一一三八頁）

七十、大和七年（八三三）

白居易：喜劉蘇州恩賜金紫遙想賀宴以詩慶之

六十二歲，洛陽，太子賓客分司

海內姑蘇太守賢，恩加章綬豈徒然。賀賓喜色欺杯酒，醉妓歡聲遏管弦。魚佩葺鱗光照地，鶻銜瑞帶勢衝天。莫嫌鬢上些些白，金紫由來稱長年。（《白居易集箋校》第四册第三一卷第二一四五頁）

劉禹錫：酬樂天見貽賀金紫之什

久學文章含白鳳，卻因政事賜金魚。郡人未識聞謠詠，天子知名與詔書。珍重賀詩呈錦繡，願言歸計並園廬。舊來詞客多無位，金紫同遊誰得如。

(《劉禹錫集箋證》第一一四七頁)

七十一、大和七年(八三三)

白居易:立秋夕有懷夢得

六十二歲,洛陽,太子賓客分司

露簟荻竹清,風扇蒲葵輕。一與故人別,再見新蟬鳴。是夕涼飆起,閒境入幽情。回燈見棲鶴,隔竹聞吹笙。夜茶一兩杓,秋吟三數聲。所思渺千里,雲水長洲城(雲水:一作雲外)。(《白居易集箋校》第四册第二九卷第二〇〇八頁)

劉禹錫:酬樂天七月一日夜即事見寄

夜樹風韻清,天河雲彩輕。故苑多露草,隔城聞鶴鳴。搖落從此始,別離含遠情。聞君當是夕,倚瑟吟商聲。外物豈不足,中懷向誰傾。秋來念歸去,同聽嵩陽笙。(《劉禹錫集箋證》第一一四〇頁)

七十二、大和七年(八三三)

白居易:答夢得八月十五日夜玩月見寄

六十二歲,洛陽,太子賓客分司

南國碧雲客,東京白首翁。松江初有月,伊水正無風。(初有:一作初上。)遠思兩鄉斷,清光千里同。不知娃館上,何似石樓中?[其夜,余在龍門石樓上望月。](《白居易集箋校》第四册第三一卷第二一三九頁)

劉禹錫:八月十五日夜半雲開然後玩月因書一時之景寄呈樂天

半夜碧雲收,中天素月流。開城邀好客,置酒賞清秋。影透衣香潤,光凝歌黛愁。斜輝猶可玩,移宴上西樓。(《劉禹錫集箋證》第一一四四頁)

七十三、大和七年(八三三)

白居易:初冬早起寄夢得

六十二歲,洛陽,太子賓客分司

起戴烏紗帽,行披白布裘。爐溫先暖酒,手冷未梳頭。早景煙霜白,初寒鳥雀愁。詩成遣誰和,還是寄蘇州。(《白居易集箋校》第四册第三一卷第二一四〇頁)

劉禹錫:酬樂天初冬早寒見寄

乍起衣猶冷,微吟帽半欹。霜凝南屋瓦,雞唱後園枝。洛水碧雲曉,吳

宫黄葉時。兩傳千里意，書劄不如詩。(《劉禹錫集箋證》第一一四八頁)

七十四、大和七年（八三三）

白居易：答夢得秋日書懷見寄

六十二歲，洛陽，太子賓客分司

倖免非常病，甘當本分衰。眼昏燈最覺，腰瘦帶先知。樹葉霜紅日，髭鬚雪白時。悲愁緣欲老，老過卻無悲。(《白居易集箋校》第四册第三一卷第二一三六頁)

劉禹錫：秋日書懷寄白賓客

州遠雄無益，年高健亦衰。興情逢酒在，筋力上樓知。蟬噪芳意盡，雁來愁望時。商山紫芝客，應不向秋悲。(《劉禹錫集箋證》第一一四六頁)

七十五、大和七年（八三三）

白居易：微之敦詩晦叔相次長逝巋然自傷因成二絕

六十二歲，洛陽，太子賓客分司

並失鵷鸞侶，空留麋鹿身。只應嵩洛下，長作獨遊人。

長夜君先去，殘年我幾何？秋風滿衫淚，泉下故人多。(《白居易集箋校》第四册第三一卷第二一一九頁)

劉禹錫：樂天見示傷微之敦詩晦叔三君子皆有深分因成是詩以寄

吟君歎逝雙絕句，使我傷懷奏短歌。世上空驚故人少，集中惟覺祭文多。芳林新葉催陳葉，流水前波讓後波。萬古到今同此恨，聞琴淚盡欲如何。(《劉禹錫集箋證》第一一四八頁)

七十六、大和七年（八三三）

白居易：自問

六十二歲，洛陽，太子賓客分司

依仁臺廢悲風晚，履信池荒宿草春。［晦叔亭臺在依仁，微之池館在履信。］自問老身騎馬出，洛陽城裏覓何人？(《白居易集箋校》第四册第三一卷第二一三二頁)

劉禹錫：吟樂天自問愴然有作

親友關心皆不見，風光滿眼倍傷神。洛陽城裏多池館，幾處花開有主人。(《劉禹錫集箋證》第一一四四頁)

七十七、大和八年（八三四）

白居易：劉蘇州寄釀酒糯米李浙東寄楊柳枝舞衫偶因嘗酒試衫輒成長句寄謝之

六十三歲，洛陽，太子賓客分司

柳枝慢踏試雙袖，桑落初香嘗一杯。金屑醅濃吳米釀，銀泥衫穩越娃裁。舞時已覺愁眉展，醉後仍教笑口開。慚愧故人憐寂寞，三千里外寄歡來。（《白居易集箋校》第四册第三二卷第二二二五頁）

劉禹錫：酬樂天衫酒見寄

酒法眾傳吳米好，舞衣偏尚越羅輕。動搖浮蟻香濃甚，裝束輕鴻意態生。閱曲定知能自適，舉杯應歎不同傾。終朝相憶終年別，對景臨風無限情。（《劉禹錫集箋證》第一二一九頁）

七十八、大和九年（八三五）

白居易：和劉汝州酬侍中見寄長句因書集賢坊勝事戲而問之

六十四歲，洛陽，太子賓客分司

洛川汝海封畿接，履道集賢來往頻。一復時程雖不遠，百餘步地更相親。［汝去洛程一宿，履道、集賢兩宅相去一百三十步。］朱門陪宴多投轄，青眼留歡任吐茵。聞道郡齋還有酒，風前月下對何人？（《白居易集箋校》第四册第三二卷第二二一五頁）

七十九、開成元年（八三六）

白居易：喜見劉同州夢得

六十五歲，洛陽，太子少傅分司

紫綬白髭鬚，同年二老夫。論心共牢落，見面且歡娛。酒好攜來否？詩多記得無？應須為春草，五馬少踟躕。（《白居易集箋校》第三册第二二四三頁）

劉禹錫：酬喜相遇同州與樂天替代

舊托松心契，新交竹使符。行年同甲子，筋力羨丁夫。別後詩成帙，攜來酒滿壺。今朝停五馬，不獨為羅敷。（《劉禹錫集箋證》第一二二一頁）

八十、大和九年（八三五）

白居易：閒園獨賞因夢得所寄蜂鶴之詠，因成此篇以和之

六十四歲，洛陽，太子賓客分司

午後郊園靜，晴來景物新。雨添山氣色，風借水精神。永日若為度，獨游何所親。仙禽狎君子，芳樹倚佳人。蟻鬬王爭肉，蝸移舍逐身。蝶雙知伉儷，蜂分見君臣。蠢蠕形雖小，逍遙性即均。不知鵬與鷃，相去幾微塵?（《白居易集箋校》第四册第三二卷第二二一八頁）

劉禹錫：和樂天閒園獨賞八韻前以蜂鶴拙句寄呈今辱蝸蟻妍詞見答因成小巧以取大咍

永日無人事，芳園任興行。陶廬樹可愛，潘宅雨新晴。傅粉琅玕節，熏香菡萏莖。榴花裙色好，桐子藥丸成。柳蠹枝偏亞，桑空葉再生。睢盱欲鬬雀，索漠不言鶯。動植隨四氣，飛沉含五情。搶榆與水擊，小大強為名。（《劉禹錫集箋證》第一二一八頁）

八十一、大和九年（八三五）

白居易：奉和裴令公新成午橋莊緑野堂即事

六十四歲，洛陽，太子賓客分司

舊徑開桃李，新池鑿鳳凰。只添丞相閣，不改午橋莊。遠處塵埃少，閒中日月長。青山為外屏，緑野是前堂。引水多隨勢，栽松不趁行。年華玩風景，春事看農桑。花妒謝家妓，蘭偷荀令香。遊絲飄酒席，瀑布濺琴床。巢許終身穩，蕭曹到老忙。千年落公便，進退處中央。［時裴加中書令。］（《白居易集箋校》第三册第三三卷第二二三八頁）

劉禹錫：奉和裴令公新成緑野堂即書

藹藹鼎門外，澄澄洛水灣。堂皇臨緑野，坐卧看青山。位極卻忘貴，功成欲愛閒。官名司管籥，心術去機關。禁苑淩晨出，園花及露攀。池塘魚撥剌，竹徑鳥綿蠻。志在安瀟灑，嘗經歷險艱。高情方造適，眾意望征還。好客交珠履，華筵舞玉顔。無因隨賀燕，翔集畫梁間。（《劉禹錫集箋證》第一二二二頁）

八十二、開成元年（八三六）

白居易：閒卧寄劉同州

六十五歲，洛陽，太子少傅分司

軟褥短屏風，昏昏醉卧翁。鼻香茶熟後，腰暖日陽中。伴老琴長在，迎

春酒不空。可憐閒氣味，唯欠與君同。（《白居易集箋校》第四册第三三卷第二二四二頁）

劉禹錫：酬樂天閒卧見寄

散誕向陽眠，將閒敵地仙。詩情茶助爽，藥力酒能宣。風碎竹間日，露明池底天。同年未同隱，緣欠買山錢。（《劉禹錫集箋證》第一二一五頁）

八十三、開成元年（八三六）

白居易：酬夢得窮秋夜坐即事見寄

六十五歲，洛陽，太子少傅分司

焰細燈將盡，聲遙漏正長。老人秋向火，小女夜縫裳。菊悴籬經雨，萍銷水得霜。今冬暖寒酒，先擬共君嘗。（《白居易集箋校》第四册第三三卷第二二七五頁）

八十四、開成元年（八三六）

白居易：酬夢得霜夜對月見懷

六十五歲，洛陽，太子少傅分司

淒清冬夜景，搖落長年情。月帶新霜色，砧和遠雁聲。暖憐爐火近，寒覺被衣輕。枕上酬佳句，詩成夢不成。（《白居易集箋校》第四册第三三卷第二二八〇頁）

八十五、開成元年（八三六）

白居易：小庭寒夜寄夢得

六十五歲，洛陽，太子少傅分司。冬禹錫辭同州刺史歸洛陽後

庭小同蝸舍，門閒稱雀羅。火將燈共盡，風與雪相和。老睡隨年減，衰情向夕多。不知同病者，爭奈夜長何。（《白居易集箋校》第六册外上第三八三九頁；汪立名本白香山詩集·補遺）

劉禹錫：酬樂天小亭寒夜有懷

寒夜陰雲起，疏林宿鳥驚。斜風閃燈影，迸雪打窗聲。竟夕不能寐，同年知此情。漢皇無奈老，何況本書生。（《劉禹錫集箋證》第一二一六頁）

八十六、開成元年（八三六）

白居易：喜夢得自馮翊歸洛兼呈令公

六十五歲，洛陽，太子少傅分司

上客新從左輔回，高陽興助洛陽才。已將四海聲名去，又占三春風景來。甲子等頭憐共老，文章敵手莫相猜。鄒枚未用爭詩酒，且飲梁王賀喜杯。（《白居易集箋校》第三册第二二七二頁）

劉禹錫：自左馮歸洛下酬樂天兼呈裴令公

新恩通籍在龍樓，分務神都近舊丘。自有園公紫芝侶，仍追少傅赤松遊。華林霜葉紅霞晚，伊水晴光碧玉秋。更接東山文酒會，始知江左未風流。（《劉禹錫集箋證》第一二二三頁）

八十七、開成元年（八三六）

白居易：齋戒滿夜戲招夢得

六十五歲，洛陽，太子少傅分司

紗籠燈下道場前，白日持齋夜坐禪。無復更思身外事，未能全盡世間緣。明朝又擬親杯酒，今夕先聞理管弦。方丈若能來問疾，不妨兼有散花天。（《白居易集箋校》第三册第二二七三頁）

劉禹錫：和樂天齋戒月滿夜對道場偶懷詠

常修清淨去繁華，人識王城長者家。案上香煙鋪貝葉，佛前燈焰透蓮花。持齋已滿招閒客，理曲先聞命小娃。明日若過方丈室，還應問為法來邪。（《劉禹錫集箋證》第一二二六頁）

八十八、開成元年（八三六）

白居易：答夢得秋庭獨坐見贈

六十五歲，洛陽，太子少傅分司

林梢隱映夕陽殘，庭際蕭疏夜氣寒。霜草欲枯蟲思急，風枝未定鳥棲難。容衰見鏡同惆悵，身健逢杯且喜歡。應是天教相暖熱，一時垂老與閒宮。（《白居易集箋校》第三册第二二七六頁）

劉禹錫：秋齋獨坐寄樂天兼呈吳方之大夫

空齋寂寂不生塵，藥物方書繞病身。纖草數莖勝靜地，幽禽忽至似佳賓。世間憂喜雖無定，釋氏銷磨盡有因。同向洛陽閒度日，莫教風景屬他人。（《劉禹錫集箋證》第一二二五頁）

八十九、開成元年（八三六）

白居易：長齋月滿攜酒先與夢得對酌醉中同赴令公之宴戲贈夢得

六十五歲，洛陽，太子少傅分司

齋宮前日滿三旬，酒榼今朝一拂塵。乘興還同訪戴客，解醒仍對姓劉人。病心湯沃寒灰活，老面花生朽木春。若怕平原怪先醉，知君未慣吐車茵。（《白居易集箋校》第三册第二二七七頁）

劉禹錫：酬樂天齋滿日裴令公置宴席上戲贈

一月道場齋戒滿，今朝華幄管弦迎。銜杯本自多狂態，事佛無妨有佞名。酒力半酣愁已散，文鋒未鈍老猶爭。平陽不獨容賓醉，聽取喧呼吏舍聲。（《劉禹錫集箋證》第一二二八頁）

九十、開成元年（八三六）

白居易：吳秘監每有美酒獨酌獨醉但蒙詩報不以飲招輒此戲酬兼呈夢得

六十五歲，洛陽，太子少傅分司

蓬山仙客下煙霄，對酒唯吟獨酌謠。不怕道狂揮玉爵，亦曾乘興換金貂。［《記》云：飲玉爵者弗揮。吳監前任散騎常侍。］君稱名士誇能飲，我是愚夫可見招。［王孝伯云：但常無事，讀《離騷》、痛飲，即可稱名士。《獨酌謠》云：愚夫子不招。］賴有伯倫為醉伴，何愁不解傲松喬？（《白居易集箋校》第四册第三三卷第二二七九頁）

劉禹錫：吳方之見示獨酌小醉首篇樂天續有酬答皆含戲謔極至風流兩篇之中並蒙見屬輒呈濫吹益美來章

閒門共寂任張羅，靜室同虛養太和。塵世歡娛開意少，醉鄉風景獨遊多。散金疏傅尋常樂，枕麴劉生取次歌。計會雪中爭挈榼，鹿裘鶴氅遞相過。（《劉禹錫集箋證》第一二二七頁）

九十一、開成元年（八三六）

白居易：題酒甕呈夢得

六十五歲，洛陽，太子少傅分司

若無清酒兩三甕，爭向白鬚千萬莖？麴蘗銷愁真得力，光陰催老苦無情。淩煙閣上功無分，伏火爐中藥未成。更擬共君何處去，且來同作醉先生。（《白居易集箋校》第三册第二二八四頁）

劉禹錫：酬樂天偶題酒甕見寄

從君勇斷拋名後，世路榮枯見幾回。門外紅塵人自走，甕頭清酒我初開。三冬學任胸中有，萬戶侯須骨上來。何幸相招同醉處，洛陽城裏好池臺。(《劉禹錫集箋證》第一二二九頁)

九十二、開成元年（八三六）

白居易：酬令公雪中見贈訝不與夢得同相訪

六十五歲，洛陽，太子少傅分司

雪似鵝毛飛散亂，人披鶴氅立徘徊。鄒生枚叟非無興，唯待梁王召即來。(《白居易集箋校》第三册第二二八三頁)

劉禹錫：答裴令公雪中訝白二十二與諸公不相訪之什

玉樹瓊樓滿眼新，的知開閤待諸賓。遲遲未去非無意，擬作梁園坐右人。(《劉禹錫集箋證》第一二三〇頁)

九十三、開成二年（八三七）

白居易：與夢得偶同到敦詩宅感而題壁

六十六歲，洛陽，太子少傅分司

山東才副蒼生願，川上俄驚逝水波。[《漢書》云：山東出相。] 履道淒涼新第宅，宣城零落舊笙歌。[敦詩宅在履道，修造初成。崔家妓樂，多歸宣州也。] 園荒唯有薪堪采，門冷兼無雀可羅。今日相逢偶同到，傷心不是故經過。(《白居易集箋校》第四册第三三卷第二二八九頁)

劉禹錫：樂天示過敦詩舊宅有感一篇吟之泫然追想昔事……以寄苦懷

淒涼同到故人居，門枕寒流古木疏。向秀心中嗟棟宇，蕭何身後散圖書。本營歸計非無意，唯算生涯尚有餘。忽憶前言更惆悵，丁寧相約速懸車。(《劉禹錫集箋證》第一二三一頁)

九十四、開成二年（八三七）

白居易：同夢得暮春寄賀東西川二楊尚書

六十六歲，洛陽，太子少傅分司

龍節對持真可愛，雁行相接更堪誇。兩川風景同三月，千里江山屬一家。魯衛定知聯氣色，潘楊亦覺有光華。[予與二公皆忝姻戚。] 應憐洛下分司伴，冷宴閒遊老看花。(《白居易集箋校》第四册第三三卷第二三

〇四頁）

劉禹錫：寄和東川楊尚書慕巢兼寄西川繼之二公近從弟……因成是詩

太華蓮峰降嶽靈，兩川棠樹接郊坰。政同兄弟人人樂，曲奏塤篪處處聽。楊葉百穿榮會府，芝泥五色耀天庭。各抛筆硯誇旄鉞，莫遣文星讓將星。（《劉禹錫集箋證》第一二三七頁）

九十五、開成二年（八三七）

裴度原詩《傍水閒行》

白居易：和裴相公傍水閒行絕句

五十七歲，長安，刑部侍郎

行尋春水坐看山，早出中書晚未還。為報野僧岩客道，偷閒氣味勝長閒。（《白居易集箋校》第六册外中第三八八四頁）

智按：《白居易集箋校》繫於大和二年（八二八），此據《劉禹錫詩文繫年》第二四八頁之推考。

劉禹錫：和裴相公傍水閒行

為愛逍遥第一篇，時時閒步賞風煙。看花臨水心無事，功業成來二十年。（《劉禹錫集箋證》第一〇六五頁）

九十六、開成二年（八三七）

白居易：同夢得酬牛相公初到洛中小飲見贈

時牛相公辭罷揚州節度，就拜東都留守。

六十六歲，洛陽，太子少傅分司

淮南揮手抛紅旆，洛下回頭向白雲。政事堂中老丞相，制科場裏舊將軍。宫城煙月饒全占，關塞風光請中分。詩酒放狂猶得在，莫欺白叟與劉君。（《白居易集箋校》第四册第三三卷第二三一〇頁）

劉禹錫：酬思黯見示小飲四韻

抛卻人間第一官，俗情驚怪我方安。兵符相印無心戀，洛水嵩雲恣意看。三足鼎中知味久，百尋竿上擲身難。追呼故舊連宵飲，直到天明興未闌。（《劉禹錫集箋證》第一二六六頁）

九十七、開成二年（八三七）

白居易：對酒勸令公開春遊宴

六十六歲，洛陽，太子少傅分司

時泰歲豐無事日，功成名遂自由身。前頭更有忘憂日，向上應無快活人。自去年來多事故，從今日去少交親。宜須數數謀歡會，好作開成第二春。（《白居易集箋校》第四册第三三卷第二二八八頁）

劉禹錫：酬樂天請裴令公開春加宴

高名大位能兼有，恣意遨遊是特恩。二室煙霞成步障，三川風物是家園。晨窺苑樹韶光動，晚度河橋春思繁。弦管常調客常滿，但逢花處即開樽。（《劉禹錫集箋證》第一二三〇頁）

九十八、開成二年（八三七）

白居易：秋涼閒卧

六十六歲，洛陽，太子少傅分司

殘暑晝猶長，早涼秋尚嫩。露荷散清香，風竹含疏韻。幽閒竟日卧，衰病無人問。薄暮宅門前，槐花深一寸。（《白居易集箋校》第四册第二九卷第二〇〇三頁）

劉禹錫：和樂天秋涼閒卧

暑退人體輕，雨餘天色改。荷珠貫索斷，竹粉殘妝在。高僧掃室請，逸客登樓待。槐柳漸蕭疏，閒門少光彩。（《劉禹錫集箋證》第一二五九頁）

九十九、開成二年（八三七）

白居易：燒藥不成命酒獨醉

六十六歲，洛陽，太子少傅分司

白髮逢秋王，丹砂見火空。不能留姹女，爭免作衰翁。賴有杯中緑，能為面上紅。少年心不遠，只在半酣中。（《白居易集箋校》第四册第三三卷第二三一二頁）

劉禹錫：和樂天燒藥不成命酒獨醉

九轉欲成就，百神應主持。嬰啼鼎上去，老貌鏡前悲。卻顧空丹竈，回心向酒卮。醺然耳熱後，暫似少年時。（《劉禹錫集箋證》第一二六〇頁）

百、開成二年（八三七）

白居易：夢得卧病攜酒相尋先以此寄

六十六歲，洛陽，太子少傅分司

病來知少客，誰可以為娛。日晏開門未？秋寒有酒無？自宜相慰問，何必待招呼。小疾無妨飲，還須挈一壺。（《白居易集箋校》第四册第三四卷第二三二七頁）

劉禹錫：秋晚病中樂天以詩見問力疾奉酬

耳虚多聽遠，輾轉晨雞鳴。一室背燈卧，中宵掃葉聲。蘭芳經雨敗，鶴病得秋輕。肯踏衡門草，唯應是友生。（《劉禹錫集箋證》第一二六〇頁）

百一、開成二年（八三七）

白居易：令狐相公與夢得交情素深眷，予分亦不淺，一聞薨逝，相顧泣然，旋有使來，得前月未殁之前數日書及詩寄贈，夢得哀吟悲歎，寄情於詩，詩成示予，感而繼和

六十六歲，洛陽，太子少傅分司

緘題重疊語殷勤，存殁交親自此分。前月使來猶理命，今朝詩到是遺文。銀鉤見晚書無報，玉樹埋深哭不聞。最感一行絕筆字，尚言千萬樂天君。［令狐與夢得手劄後云：見樂天君，為伸千萬之誠也。］（《白居易集箋校》第四册第三四卷第二三三〇頁）

劉禹錫：令狐僕射與余投分素深縱山川阻修然音問相繼今年十一月僕射疾不起聞予已承訃書寢門長慟後日有使者兩輩持書並詩計其日時已是卧疾手筆盈幅翰墨尚新律詞一篇音韻彌切收淚握管以成報章雖廣陵之弦於今絕矣而蓋泉之感猶庶聞焉焚之繐帳之前附於舊編之末

前日寢門慟，至今悲有餘。已嗟萬化盡，方見八行書。滿紙傳相憶，裁詩怨索居。危弦音有絕，哀玉韻猶虚。忽歎幽明異，俄驚歲月除。文章雖不朽，精魄竟焉如。零淚沾青簡，傷心見素車。淒涼從此後，無復望雙魚。（《劉禹錫集箋證》第一二一一頁）

百二、開成二年（八三七）

白居易：開成二年夏聞新蟬贈夢得

六十六歲，洛陽，太子少傅分司

十年來常與夢得索居，同在洛下，每聞蟬多有寄答，今喜以此篇唱之。

十載與君別，常感新蟬鳴。今年共君聽，同在洛陽城。噪處知林靜，聞時覺景清。涼風忽嫋嫋，秋思先秋生。殘槿花邊立，老槐陰下行。雖無索居恨，還動長年情。且喜未聾耳，年年聞此聲。（《白居易集箋校》第四册第三六卷第二四六二頁）

劉禹錫：酬樂天聞新蟬見贈（一作謝樂天聞新蟬見贈）

碧樹鳴蟬後，煙雲改容光。瑟然引秋氣，芳草日夜黄。夾道喧古槐，臨池思垂楊。離人下憶淚，志士激剛腸。昔聞阻山川，今聽同匡床。人情便所遇，音韻豈殊常。因之比笙竽，送我遊醉鄉。（《劉禹錫集箋證》第一二五六頁）

百三、開成二年（八三七）

白居易：洛陽春贈劉李二賓客

六十六歲，洛陽，太子少傅分司

齊梁格。

水南冠蓋地，城東桃李園。雪銷洛陽堰，春入永通門。淑景方靄靄，遊人稍喧喧。年豐酒漿賤，日晏歌吹繁。中有老朝客，華髮映朱軒。從容三兩人，藉草開一樽。樽前春可惜，身外事勿論。明日期何處，杏花遊趙村。（洛城東有趙村，杏花千餘樹。）（《白居易集箋校》第四册第二九卷第二〇四九頁）

劉禹錫：和樂天洛城春齊梁體八韻

帝城宜春入，遊人喜意長。草生季倫谷，花出莫愁坊。斷雲發山色，輕風漾水光。樓前戲馬地，樹下鬬雞場。白頭自為侶，緑酒亦滿觴。潘園觀種植，謝墅閱池塘。至閒似隱逸，過老不悲傷。相問焉功德，銀黃遊故鄉。（《劉禹錫集箋證》第一二三五頁）

百四、開成二年（八三七）

白居易：酬牛相公宫城早秋寓言見示兼呈夢得

六十六歲，洛陽，太子少傅分司

時夢得有疾。

七月中氣後，金與火交爭。一聞白雪唱，暑退清風生。碧樹未搖落，寒蟬始悲鳴。夜涼枕簟滑，秋燥衣巾輕。疏受老慵出，劉楨疾未平。何人伴公醉，新月上宮城。（《白居易集箋校》第四册第三〇卷第二〇九〇頁）

劉禹錫：酬留守牛相公宮城早秋寓言見寄

曉月映宮樹，秋光起天津。涼風稍動葉，宿露未生塵。星氣尚芳麗，曠望感心神。揮毫成逸韻，開閤遲來賓。擺去將相印，漸為逍遙身。如招後房宴，卻要白頭人。（《劉禹錫集箋證》第一三六九頁）

百五、開成二年（八三七）

白居易：小臺晚坐憶夢得

六十六歲，洛陽，太子少傅分司

汲泉灑小臺，臺上無纖埃。解帶面西坐，輕襟隨風開。晚涼閒興動，憶同傾一杯。月明候柴戶，藜杖何時來？（《白居易集箋校》第四册第三〇卷第二〇九二頁）

劉禹錫：酬樂天小臺晚坐見憶

小臺堪遠望，獨上清秋時。有酒無人勸，看山只自知。幽禽囀新竹，孤蓮落靜池。高門勿遽掩，好客無前期。（《劉禹錫集箋證》第一二五八頁）

百六、開成二年（八三七）

白居易：詠老贈夢得

六十六歲，洛陽，太子少傅分司

與君俱老也，自問老何如。眼澀夜先卧，頭慵朝未梳。有時扶杖出，盡日閉門居。懶照新磨鏡，休看小字書。情於故人重，跡共少年疏。唯是閒談興，相逢尚有餘。（《白居易集箋校》第四册第三二卷第二二三六頁）

劉禹錫：酬樂天詠老見示

人誰不顧老，老去有誰憐。身瘦帶頻減，髮稀冠自偏。廢書緣惜眼，多灸為隨年。經事還諳事，閱人如閱川。細思皆幸矣，下此便翛然。莫道桑榆晚，為（一作微）霞尚滿天。（《劉禹錫集箋證》第一二六一頁）

百七、開成二年（八三七）

白居易：三月三日祓禊洛濱並序

六十六歲，洛陽，太子少傅分司

開成二年三月三日，河南尹李待價以人和歲稔，將禊於洛濱。前一日，啓留守裴令公。令公明日召太子少傅白居易、太子賓客蕭籍、李仍叔、劉禹錫、前中書舍人鄭居中、國子司業裴惲、河南少尹李道樞、倉部郎中崔晉、司封員外郎張可續、駕部員外郎盧言、虞部員外郎苗愔、和州刺史裴儔、淄州刺史裴洽、檢校禮部員外郎楊魯士、四門博士談弘謨等一十五人，合宴於舟中。由斗亭，歷魏堤，抵津橋，登臨溯沿，自晨及暮，簪組交映，歌笑間發，前水嬉而後妓樂，左筆硯而右壺觴，望之若仙，觀者如堵。盡風光之賞，極遊泛之娛。美景良辰，賞心樂事，盡得於今日矣。若不記録，謂洛無人，晉公首賦一章，鏗然玉振，顧謂四座繼而和之，居易舉酒抽毫，奉十二韻以獻。[座上作。]

三月草萋萋，黃鶯歇又啼。柳橋晴有絮，沙路潤無泥。禊事修初畢，遊人到欲齊。金鈿耀桃李，絲管駭鳧鷖。轉岸回船尾，臨流簇馬蹄。鬧翻揚子渡，踏破魏王堤。妓接謝公宴，詩陪荀令題。舟同李膺泛，醴為穆生攜。水引春心蕩，花牽醉眼迷。塵街從鼓動，煙樹任鴉棲。舞急紅腰軟，歌遲翠黛低。夜歸何用燭，新月鳳樓西。(《白居易集箋校》第三册第二二九八頁)

劉禹錫：三月三日與樂天及河南李尹奉陪裴令公泛洛禊飲各賦十二韻

洛下今修禊，群賢勝會稽。盛筵陪玉鉉，通籍盡金閨。波上神仙妓，岸傍桃李蹊。水嬉如鷺振，歌響雜鶯啼。歷覽風光好，沿洄意思迷。棹歌能儷曲，墨客競分題。翠幄連雲起，香車向道齊。人誇綾步障，馬惜錦障泥。塵暗宮牆外，霞明苑樹西。舟形隨鷁轉，橋影與虹低。川色晴猶遠，烏聲暮欲棲。唯餘踏青伴，待月魏王堤。(《劉禹錫集箋證》第一二三六頁)

百八、開成二年（八三七）

白居易：分司洛中多暇數與諸客宴遊醉後狂吟偶成十韻因招夢得賓客兼呈思黯奇章公

六十六歲，洛陽，太子少傅分司

性與時相遠，身將世兩忘。寄名朝士籍，寓興少年場。老豈無談笑，貧猶有酒漿。隨時來伴侶，逐日用風光。數數游何爽，些些病未妨。天教榮啓樂，人恕接輿狂。改業為逋客，移家住醉鄉。不論招夢得，兼擬誘奇章。要路風波險，權門市井忙。世間無可戀，不是不思量。(《白居易集箋校》第四册第三四卷第二三二三頁)

劉禹錫：酬樂天醉後狂吟十韻（來章有移家惟醉和之句）

散誕人間樂，逍遙地上仙。詩家登逸品，釋氏悟真筌。制誥留臺閣，歌詞入管弦。處身於木雁，任世變桑田。吏隱情兼遂，儒玄道兩全。八關齋適罷，三雅興尤偏。文墨中年舊，松筠晚歲堅。魚書曾替代，香火有因緣。欲向醉鄉去，猶為色界牽。好吹楊柳曲，為我舞金鈿。（《劉禹錫集箋證》第一二六六頁）

百九、開成三年（八三八）

白居易：奉和思黯相公以李蘇州所寄太湖石奇狀絕倫因題二十韻見示兼呈夢得

六十七歲，洛陽，太子少傅分司

錯落復崔嵬，蒼然玉一堆。峰駢仙掌出，罅坼劍門開。峭頂高危矣，盤根下壯哉。精神欺竹樹，氣色壓亭臺。隐起磷磷狀，凝成瑟瑟胚。廉棱露鋒刃，清越扣瓊瑰。岌嶪形將動，巍峨勢欲摧。奇應潛鬼怪，靈合蓄雲雷。黛潤沾新雨，斑明點古苔。未曾棲鳥雀，不肯染塵埃。尖削琅玕筍，窪剜瑪瑙罍。海神移碣石，畫障簇天台。在世為尤物，如人負逸才。渡江一葦載，入洛五丁推。出處雖無意，昇沉亦有媒。［媒為李蘇州。］拔從水府底，置向相庭隈。對稱吟詩句，看宜把酒杯。終隨金礪用，不學玉山頹。疏傅心偏愛，園公眼屢回。共嗟無此分，虛管太湖來。［居易與夢得俱典姑蘇，而不獲此石。］（《白居易集箋校》第四册第三四卷第二三四九頁）

劉禹錫：和牛相公題姑蘇所寄太湖石兼寄李蘇州

震澤生奇石，沉潛得地靈。初辭水府出，猶帶龍宮腥。發自江湖國，來榮卿相庭。從風夏雲勢，上漢古查形。拂拭魚鱗見，鏗鏘玉韻聆。煙波含宿潤，苔蘚助新青。嵌穴胡雛貌，纖鋩蟲篆銘。孱顔傲林薄，飛動向雷霆。煩熱近還散，餘酲見便醒。凡禽不敢息，浮壒莫能停。静稱垂松蓋，鮮宜映鶴翎。忘憂常目擊，素尚與心冥。眇小欺湘燕，團圓笑落星。徒然想融結，安可測年齡。採取詢鄉耋，搜求按舊經。垂鉤入空隙，隔浪動晶熒。有獲人爭賀，歡謠衆共聽。一州驚閲寶，千里遠揚舲。睹物洛陽陌，懷人吳御亭。寄言垂天翼，早晚起滄溟。（《劉禹錫集箋證》第一三七六頁）

百十、開成三年（八三八）

白居易：晚夏閒居絕無賓客欲尋夢得先寄此詩

六十七歲，洛陽，太子少傅分司

魚筍朝餐飽，蕉紗暑服輕。欲為窗下寢，先傍水邊行。晴引鶴雙舞，秋生蟬一聲。無人解相訪，有酒共誰傾。老更諳時事，閒多見物情。只應劉與白，二叟自相迎。（《白居易集箋校》第四册第三四卷第二三五一頁）

劉禹錫：酬樂天晚夏閒居欲相訪先以詩見貽

池榭堪臨泛，翛然散郁陶。步因驅鶴緩，吟為聽蟬高。林密添新竹，枝低縋晚桃。酒醅晴易熟，藥圃夏頻薅。老是班行舊，閒為鄉里豪。經過更何處，風景屬吾曹。（《劉禹錫集箋證》第一二五〇頁）

百十一、開成三年（八三八）

白居易：酬夢得以予五月長齋延僧徒絕賓友見戲十韻

六十七歲，洛陽，太子少傅分司

賓客懶逢迎，翛然池館清。簷閒空燕語，林靜未蟬鳴。葷血還休食，杯觴亦罷傾。三春多放逸，五月暫修行。香印朝煙細，紗燈夕焰明。交遊諸長老，師事古先生。［竺乾，古先生也。］禪後心彌寂，齋來體更輕。不唯忘肉味，兼擬滅風情。蒙以聲聞待，難將戲論爭。虛空若有佛，靈運恐先成。（《白居易集箋校》第四册第三四卷第二三四四頁）

劉禹錫：樂天少傅五月長齋廣延緇徒謝絕文友坐成暌間因以戲之

五月長齋戒，深居絕送迎。不離通德里，便是法王城。舉目皆僧事，全家少俗情。精修無上道，結念未來生。賓閣緇衣占，書堂信鼓鳴。戲童為塔象，啼鳥學經聲。黍用青菰角，葵承玉露烹。馬家供薏苡，劉氏餉蕪菁。暗網籠歌扇，流塵晦酒鐺。不知何次道，作佛幾時成。（《劉禹錫集箋證》第一二四八頁）

百十二、開成三年（八三八）

白居易：看夢得題答李侍郎詩詩中有文星之句因戲和之

六十七歲，洛陽，太子少傅分司

看題錦繡報瓊瑰，俱是人天第一才。好遣文星守躔次，亦須防有客星來。（《白居易集箋校》第四册第三四卷第二三三二頁）

劉禹錫：洛濱病卧戶部李侍郎見惠藥物謔以文星之句斐然仰謝

隱几支頤對落暉，故人書信到柴扉。周南留滯商山老，星象如今屬少微。

(《劉禹錫集箋證》第一三六八頁)

百十三、開成三年(八三八)

白居易:酬裴令公贈馬相戲(裴詩云:君若有心求逸足,我還留意在名姝。蓋引妾換馬戲,意亦有所屬也)

六十七歲,洛陽,太子少傅分司

安石風流無奈何,欲將赤驥換青娥。不辭便送東山去,臨老何人與唱歌?(《白居易集箋校》第四册第三四卷第二三三四頁)

劉禹錫:裴令公見示誚樂天寄奴買馬絶句斐言仰和且戲樂天

常奴安得似方回,爭望追風絕足來。若把翠娥酬騄耳,始知天下有奇才。(《劉禹錫集箋證》第一二六四頁)

百十四、開成三年(八三八)

白居易:洛下雪中頻與劉李二賓客宴集因寄汴州李尚書

六十七歲,洛陽,太子少傅分司

水南水北總紛紛,雪裏歡游莫厭頻。日日暗來唯老病,年年少去是交親。碧氈帳暖梅花濕,紅燎爐香竹葉春。今日鄒枚俱在洛,梁園置酒召何人?(《白居易集箋校》第四册第三四卷第二三三一頁)

劉禹錫:和樂天洛下雪中宴集寄汴州李尚書

洛城無事足杯盤,風雪相和歲欲闌。樹上因依見寒鳥,坐中收拾盡閒官。笙歌要請頻何爽,笑語忘機拙更歡。遥想兔園今日會,瓊林滿眼映旂竿。(《劉禹錫集箋證》第一二三九頁)

百十五、開成三年(八三八)

白居易:天寒晚起引酌詠懷寄許州王尚書汝州李常侍

六十七歲,洛陽,太子少傅分司

葉覆冰池雪滿山,日高慵起未開關。寒來更亦無過醉,老後何由可得閒?四海故交唯許汝,十年貧健是樊蠻。相思莫忘櫻桃會,一放狂歌一破顔。[櫻桃花時,數與許、汝二君歡會甚樂。](《白居易集箋校》第四册第三四卷第二三七五頁)

劉禹錫:和陳許王尚書酬白少傅侍郎長句因通簡汝洛舊遊之什

寥廓高翔不可追,風雲失路暫相隨。方同洛下書生詠,又見軍前大將旗。

雪裏命賓開玉帳，飲中請號駐金卮。竹林一自王戎去，嵇阮雖貧興未衰。（《劉禹錫集箋證》第一三七七頁）

百十六、大和八年（八三四）

白居易：奉酬侍中夏中雨後游城南莊見示八韻

六十三歲，洛陽，太子賓客分司

島樹間林巒，雲收雨氣殘。四山嵐色重，五月水聲寒。老鶴兩三隻，新篁千萬竿。化成天竺寺，移得子陵灘。心覺閒彌貴，身緣健更歡。帝將風後待，人作謝公看。角里年雖老，高陽興未闌。佳辰不見召，爭免趁杯盤？［來詩云：何處趁杯盤。］（《白居易集箋校》第四册第三四卷第二三四〇頁）

開成三年（八三八）

劉禹錫：和牛相公游南莊醉後寓言戲贈樂天兼見示

城外園林初夏天，就中野趣在西偏。薔薇亂發多臨水，鸂鶒雙遊不避船。水底遠山雲似雪，橋邊平岸草如煙。白家唯有杯觴興，欲把頭盤打少年。（《劉禹錫集箋證》第一二四六頁）

百十七、開成三年（八三八）

白居易：送蘄春李十九使君赴郡

六十七歲，洛陽，太子少傅分司

可憐官職好文詞，五十專城未是遲。曉日鏡前無白髮，春風門外有紅旗。郡中何處堪攜酒，席上誰人解和詩。唯共交親開口笑，知君不及洛陽時。（《白居易集箋校》第四册第三四卷第二三四〇頁）

劉禹錫：送蘄州李郎中赴任

楚關蘄水路非賒，東望雲山日夕佳。薤葉照人呈夏簟，松花滿碗試新茶。樓中飲興因明月，江上詩情為晚霞。北地交親長引領，早將玄鬢到京華。（《劉禹錫集箋證》第九二一頁）

百十八、開成三年（八三八）

白居易：與夢得沽酒閒飲且約後期

六十七歲，洛陽，太子少傅分司

少時猶不憂生計，老後誰能惜酒錢。共把十千沽一斗，相看七十欠三年。閒徵雅令窮經史，醉聽清吟勝管弦。更待菊黃家醞熟，共君一醉一陶然。

（《白居易集箋校》第四册第三四卷第二三六〇頁）

劉禹錫：樂天以愚相訪沽酒致歡，因成七言聊以奉答

少年曾醉酒旗下，同輩黄衣頷亦黄。蹴踏青雲尋入仕，蕭條白髮且飛觴。令徵古事歡生雅，客喚閒人興任狂。猶勝獨居荒草院，蟬聲聽盡到寒蛩。（《劉禹錫集箋證》第一二五一頁）

百十九、開成四年（八三九）

白居易：酬夢得比萱草見贈（來篇云：唯君比萱草，相見可忘憂）

六十八歲，洛陽，太子少傅分司

杜康能散悶，萱草解忘憂。借問萱逢杜，何如白見劉？老衰勝少夭，閒樂笑忙愁。試問同年内，何人得白頭？（《白居易集箋校》第四册第三四卷第二三八一頁）

劉禹錫：贈樂天（殘句）

唯君比萱草，相見可忘憂。（《白氏長慶集》卷三四《酬夢得比萱草見贈》自注引，《全唐詩續拾》卷二十七，陶敏等《劉禹錫全集編年校注》第七二〇頁）

百二十、開成三年（八三八）

白居易：新歲贈夢得

六十七歲，洛陽，太子少傅分司

暮齒忽將及，同心私自憐。漸衰宜減食，已喜更加年。紫綬行連袂，籃輿出比肩。與君同甲子，歲酒合誰先？（《白居易集箋校》第四册第三四卷第二三三五頁）

劉禹錫：元日樂天見過因舉酒為賀

漸入有年數，喜逢新歲來。震方天籟動，寅位帝車回。門巷掃殘雪，林園驚早梅。與君同甲子，壽酒讓先杯。（《劉禹錫集箋證》第一二六四頁）

百二十一、開成三年（八三八）

白居易：奉和思黯相公雨後林園四韻見示

六十七歲，洛陽，太子少傅分司

新晴夏景好，復此池邊地。煙樹緑含滋，水風清有味。便成林下隱，都忘門前事。騎吏引歸軒，始知身富貴。（《白居易集箋校》第四册第三四卷第

二三五一頁）

劉禹錫：牛相公林亭雨後偶成

飛雨過池閣，浮光生草樹。新竹開粉奩，初蓮爇香注。野花無時節，水鳥自來去。若問知境人，人間第一處。（《劉禹錫集箋證》第一三七五頁）

百二十二、開成三年（八三八）

白居易：酬夢得早秋夜對月見寄

六十七歲，洛陽，太子少傅分司

吾衰寡情趣，君病懶經過。其奈西樓上，新秋明月何？庭蕪淒白露，池色澹金波。況是初長夜，東城砧杵多。（《白居易集箋校》第四册第三四卷第二三五六頁）

劉禹錫：新秋對月寄樂天

月露發光彩，此時方見秋。夜涼金氣應，天靜火星流。蛩響偏依井，螢飛直過樓。相知盡白首，清景復追遊。（《劉禹錫集箋證》第一二五七頁）

百二十三、開成三年（八三八）

白居易：酬夢得暮秋晴夜對月相憶

六十七歲，洛陽，太子少傅分司

霽月光如練，盈庭復滿池。秋深無熱後，夜淺未寒時。露葉團荒菊，風枝落病梨。相思懶相訪，應是各年衰。（《白居易集箋校》第四册第三四卷第二三七一頁）

劉禹錫：秋晚新晴夜月如練有懷樂天

雨歇晚霞明，風調夜景清。月高微暈散，雲薄細鱗生。露草百蟲思，秋林千葉聲。相望一步地，脈脈萬重情。（《劉禹錫集箋證》第一二五二頁）

百二十四、開成三年（八三八）

白居易：歲夜詠懷，兼寄思黯

六十歲，洛陽，河南尹

遍數故交親，何人得六旬。今年已入手，餘事豈關身。老自無多興，春應不揀人。陶窗與弘閣，風景一時新。（《白居易集箋校》第六册外上第三八五四頁）

智按：《白居易集箋校》繫於大和五年（八三一），然白詩與劉詩當為同時之作（劉詩繫年據《劉禹錫集箋證》第一二六三頁、《劉禹錫詩文繫年》第二六二頁）。又《劉禹錫集箋證》第一二六三頁謂《歲暮夜長病中燈下聞盧尹夜宴以詩戲之且為來日張本也》與二詩為同時之作，但據《白居易集箋校》第四册第三十六卷第二五一三頁，該詩作於會昌二年（八四二）。

劉禹錫：歲夜詠懷

彌年不得意，新歲又如何。念昔同遊者，而今有幾多。以閒為自在，將壽補蹉跎。春色無情故，幽居亦見過。（《劉禹錫集箋證》第一二六三頁）

百二十五、開成三年（八三八）

白居易：和夢得洛中早春見贈七韻

六十七歲，洛陽，太子少傅分司

眾皆賞春色，君獨憐春意。春意竟如何，老夫知此味。燭餘減夜漏，衾暖添朝睡。恬和臺上風，虛潤池邊地。開遲花養豔，語懶鶯含思。似訝隔年齋，如勸迎春醉。何日同宴遊，心期二月二。［此日出齋，故云。］（《白居易集箋校》第四册第三六卷第二四七〇頁）

劉禹錫：洛中早春贈樂天

漠漠復靄靄，半晴將半陰。春來自何處，無跡日以深。韶嫩冰後木，輕盈煙際林。藤生欲有托，柳弱不自任。花意已含蓄，鳥言尚沉吟。期君當此時，與我恣追尋。翻愁爛熳後，春暮卻傷心。（《劉禹錫集箋證》第一二四四頁）

百二十六、開成三年（八三八）

白居易：櫻桃花下有感而作（開成三年春，季美周賓客南池者）

六十七歲，洛陽，太子少傅分司

藹藹美周宅，櫻繁春日斜。一為洛下客，十見池上花。爛熳豈無意，為君占年華。風光饒此樹，歌舞勝諸家。（年華：一作物華。）失盡白頭伴，長成紅粉娃。停杯兩相顧，堪喜亦堪嗟。［白頭伴、紅粉娃皆有所屬。］（《白居易集箋校》第四册第三六卷第二四七一頁）

劉禹錫：和樂天宴李周美中丞宅池上賞櫻桃花

櫻桃千萬枝，照耀如雪天。王孫宴其下，隔水疑神仙。宿露發清香，初陽動暄妍。妖姬滿髻插，酒客折枝傳。同此賞芳月，幾人有華筵。杯行勿遽辭，好醉逸三年。（《劉禹錫集箋證》第一二四五頁）

百二十七、開成三年（八三八）

白居易：和夢得夏至憶蘇州呈盧賓客

六十七歲，洛陽，太子少傅分司

憶在蘇州日，常諳夏至筵。粽香筒竹嫩，炙脆子鵝鮮。水國多臺榭，吳風尚管弦。每家皆有酒，無處不過船。交印君相次，褰帷我在前。此鄉俱老矣，東望共依然。洛下麥秋月，江南梅雨天。齊雲樓上事，已上十三年。（《白居易集箋校》第六册外上第三八五三頁；汪立名本白香山詩集·補遺）

百二十八、開成三年（八三八）

白居易：和思黯居守獨飲偶醉見示六韻時夢得和篇先成頗為麗絕因添兩韻繼而美之

六十七歲，洛陽，太子少傅分司

宮漏滴漸闌，城烏啼復歇。此時若不醉，爭奈千門月。主人中夜起，妓燭前羅列。歌袂默收聲，舞鬟低赴節。弦吟玉柱品，酒透金杯熱。朱顏忽已酡，清奏猶未闋。妍詞黯先唱，逸韻劉繼發。鏗然雙雅音，金石相磨戛。（《白居易集箋校》第四册第三六卷第二四六九頁）

劉禹錫：酬牛相公獨飲偶醉寓言見示

宮漏夜丁丁，千門閉霜月。華堂列紅燭，絲管靜中發。歌眉低有思，舞體輕無骨。主人啓酡顏，酣暢浹肌髮。猶思城外客，阡陌不可越。春意日夕深，此歡無斷絕。（《劉禹錫集箋證》第一二六八頁）

百二十九、開成四年（八三九）

六十八歲，洛陽，太子少傅分司

白居易：酬夢得貧居詠懷見贈

歲陰生計兩蹉跎，相顧悠悠醉且歌。廚冷難留烏止屋，門閑可與雀張羅。［《詩》云：瞻烏爰止，於誰之屋？言烏多止富家之屋也］病添莊舄吟聲苦，貧欠韓康藥債多。日望揮金賀新命，俸錢依舊又如何？［來篇云：若有金揮勝二疏。時夢得罷賓客，除秘監，禄俸略同，故云］（《白居易集箋校》第四册

第三五卷第二三九七頁）

劉禹錫：貧居詠懷贈樂天（殘句）

若有金揮勝二疏。（《白氏長慶集》卷三五《酬夢得貧居詠懷見贈》自注引，《全唐詩續拾》卷二十七，陶敏等《劉禹錫全集編年校注》第七二六頁）

百三十、開成五年（八四〇）

六十九歲，洛陽，太子少傅分司

白居易：夢得前所酬篇有「煉盡美少年」之句因思往事兼詠今懷重以長句答之

煉盡少年成白首，憶初相識到今朝。昔饒春柱長先折，今伴寒松最後凋。［昔登科第，夢得多居先。今同暮年，洛下為老伴。］生事縱貧猶可過，風情雖老未全銷。聲華寵命人皆得，若個如君歷七朝？［夢得貞元中及今，凡仕七朝也。］（《白居易集箋校》第四册第三五卷第二四〇八頁）

劉禹錫：酬樂天（殘句）

鍊盡美少年。（《白氏長慶集》卷三五《夢得前所酬篇有鍊盡美少年之句因思往事兼詠今懷重以長句答之》，《全唐詩續拾》卷二十七，陶敏等《劉禹錫全集編年校注》第七五一頁）

百三十一、開成四年（八三九）

白居易：酬夢得見喜疾瘳

六十八歲，洛陽，太子少傅分司

暖卧摩綿褥，寒傾藥酒螺。昏昏布裘底，病醉睡相和。末疾徒云爾，餘年有幾何？［《傳》云：風淫末疾。末謂四肢。］須知差與否，相去校無多。（《白居易集箋校》第四册第三五卷第二三九八頁）

百三十二、開成五年（八四〇）

六十九歲，洛陽，太子少傅分司

白居易：談氏外孫生三日喜是男偶吟成篇兼戲呈夢得

玉芽珠顆小男兒，羅薦蘭湯欲罷時。芣苢春來盈女手，梧桐老去長孫枝。慶傳媒氏燕先賀，喜報談家烏預知。明日貧翁具雞黍，應須酬賽引雛詩。［前年談氏外孫女初生，夢得有賀詩云：從此引鵷雛。今幸是男，前言似有征，故云。］（《白居易集箋校》第四册第三五卷第二四一七頁）

劉禹錫：賀樂天談氏外孫女初生（殘句）

從此引鴛雛。（《白氏長慶集》卷三五《談氏外孫生三日喜是男偶吟成篇兼戲呈夢得》自注引，《全唐詩續拾》卷二十七，陶敏等《劉禹錫全集編年校注》第七二〇頁）

百三十三、開成五年（八四〇）

白居易：皇甫郎中親家翁赴任絳州宴送出城贈別

六十九歲，洛陽，太子少傅分司

慕賢入室交先定，結援通家好復成。新婦不嫌貧活計，嬌孫同慰老心情。洛橋歌酒今朝散，絳路風煙幾日行？欲識離群相戀意，為君扶病出都城。（《白居易集箋校》第四册第三五卷第二四一〇頁）

劉禹錫：送河南皇甫少尹赴絳州

祖帳臨周道，前旌指晉城。午橋群吏散，亥字老人迎。詩酒同行樂，別離方見情。從此洛陽社，吟詠屬書生。（《劉禹錫集箋證》第九二七頁）

百三十四、開成五年（八四〇）

白居易：送唐州崔使君侍親赴任

六十九歲，洛陽，太子少傅分司

連持使節歷專城，獨賀崔侯最慶榮。烏府一拋霜簡去，朱輪四從板輿行。［崔郎中從殿中連典四郡，皆侍親赴任。］發時止許沙鷗送，到日方乘竹馬迎。唯慮郡齋賓友少，數杯春酒共誰傾？（《白居易集箋校》第四册第三五卷第二四一二頁）

劉禹錫：洛中送崔司業使君扶侍赴唐州

緑野芳城路，殘春柳絮飛。風鳴驌驦馬，日照老萊衣。洛苑魚書至，江村雁戶歸。相思望淮水，雙鯉不應稀。（《劉禹錫集箋證》第九二六頁）

百三十五、大和二年（八二八）至開成三年（八三八）

白居易：楊柳枝詞八首

洛陽

六么水調家家唱，白雪梅花處處吹。古歌舊曲君休聽，聽取新翻楊柳枝。

陶令門前四五樹，亞夫營裏百千條。何似東都正二月，黃金枝映洛陽橋？

依依嫋嫋復青青，句引春風無限情。白雪花繁空撲地，緑絲條弱不勝鶯。

紅板江橋青酒旗，館娃宮暖日斜時。可憐雨歇東風定，萬樹千條各自垂。

蘇州楊柳任君誇，更有錢塘勝館娃。若解多情尋小小，綠楊深處是蘇家。

蘇家小女舊知名，楊柳風前別有情。剝條盤作銀環樣，卷葉吹為玉笛聲。

葉含濃露如啼眼，枝嫋輕風似舞腰。小樹不禁攀折苦，乞君留取兩三條。

人言柳葉似愁眉，更有愁腸似柳絲。柳絲挽斷腸牽斷，彼此應無續得期。

（《白居易集箋校》第四册第三一卷第二一六七頁）

開成四年（八三九）

白居易：病中詩十五首・別柳枝

六十八歲，洛陽，太子少傅分司

兩枝楊柳小樓中，嫋娜多年伴醉翁。明日放歸歸去後，世間應不要春風。

（《白居易集箋校》第四册第三五卷第二三九二頁）

開成五年（八四〇）

白居易：前有《別楊柳枝》絕句，夢得繼和云「春盡絮飛留不得，隨風好去落誰家。」又復戲答

六十九歲，洛陽，太子少傅分司

柳老春深日又斜，任他飛向別人家。誰能更學孩童戲，尋逐春風捉柳花。

（《白居易集箋校》第四册第三五卷第二四一六頁）

智按：「春盡絮飛留不得，隨風好去落誰家」出自劉禹錫《楊柳枝詞》其九。

劉禹錫：楊柳枝詞九首

塞北梅花羌笛吹，淮南桂樹小山詞。請君莫奏前朝曲，聽唱新翻楊柳枝。

南陌東城春早時，相逢何處不依依。桃紅李白皆誇好，須得垂楊相發揮。

鳳闕輕遮翡翠幃，龍池遙望麴塵絲。御溝春水相輝映，狂殺長安年少兒。

金谷園中鶯亂飛，銅駝陌上好風吹。城中桃李須臾盡，爭似垂楊無限時。

花萼樓前初種時，美人樓上鬬腰肢。如今抛擲長街裏，露葉如啼欲向誰。

煬帝行宮汴水濱，數枝楊柳不勝春。晚來風起花如雪，飛入宮牆不見人。

御陌青門拂地垂，千條金縷萬條絲。如今綰作同心結，將贈行人知不知。

城外春風吹酒旗，行人揮袂日西時。長安陌上無窮樹，唯有垂楊管別離。

輕盈嫋娜占年華，舞榭妝樓處處遮。春盡絮花留不得，隨風好去落誰家。（《劉禹錫集箋證》第八五八頁）

百三十六、大和二年（八二八）至開成四年（八三九）洛陽

白居易：浪淘沙詞六首

一泊沙來一泊去，一重浪滅一重生。相攪相淘無歇日，會教山海一時平。

白浪茫茫與海連，平沙浩浩四無邊。暮去朝來淘不住，遂令東海變桑田。

青草湖中萬里程，黃梅雨裏一人行。愁見灘頭夜泊處，風翻暗浪打船聲。

借問江潮與海水，何似君情與妾心？相恨不如潮有信，相思始覺海非深。

海底飛塵終有日，山頭化石豈無時？誰道小郎拋小婦，船頭一去沒回期。

隨波逐浪到天涯，遷客生還有幾家？卻到帝鄉重富貴，請君莫忘浪淘沙。（《白居易集箋校》第四册第三一卷第二一六九頁）

長慶二年～四年（八二二～八二四）

劉禹錫：浪淘沙九首（第四首一作張籍詩）

九曲黃河萬里沙，浪淘風簸自天涯。如今直上銀河去，同到牽牛織女家。

洛水橋邊春日斜，碧流清淺見瓊砂。無端陌上狂風急，驚起鴛鴦出浪花。

汴水東流虎眼紋，清淮曉色鴨頭春。君看渡口淘沙處，渡卻人間多少人。

鸚鵡洲頭浪颭沙，青樓春望日將斜。銜泥燕子爭歸舍，獨自狂夫不憶家。

濯錦江邊兩岸花，春風吹浪正淘沙。女郎剪下鴛鴦錦，將向中流匹晚霞。

日照澄洲江霧開，淘金女伴滿江隈。美人首飾侯王印，儘是沙中浪底來。

八月濤聲吼地來，頭高數丈觸山回。須臾卻入海門去，卷起沙堆似雪堆。

莫道讒言如浪深，莫言遷客似沙沉。千淘萬漉雖辛苦，吹盡狂沙始到金。

流水淘沙不暫停，前波未滅後波生。令人忽憶瀟湘渚，回唱迎神三兩聲。（《劉禹錫集箋證》第八六三頁）

百三十七、大和八年（八三四）

白居易：新秋喜涼

六十三歲，洛陽，太子賓客分司

過得炎蒸月，尤宜老病身。衣裳朝不潤，枕簟夜相親。樓月纖纖早，波風嫋嫋新。光陰與時節，先感是詩人。（《白居易集箋校》第四册第三二卷第

二一八二頁）

開成元年（八三六）～會昌二年（八四二）

劉禹錫：酬樂天感秋涼見寄

庭晚初辨色，林秋微有聲。槿衰猶強笑，蓮迥卻多情。簷燕歸心動，鞲鷹俊氣生。閒人占閒景，酒熟且同傾。（《劉禹錫集箋證》第一二五一頁）

智按：劉禹錫，字夢得，舊說中山或彭城人，皆指郡望而言，實為洛陽（今屬河南）人。幼年隨父寓居江南，從詩僧皎然、靈澈學詩。德宗貞元九年（七九三）擢進士第，又登博學宏詞科，授太子校書，十八年，爲監察御史。二十一年（八〇五，七月改元永貞）正月，順宗即位，任用王叔文等，叔文引劉禹錫、柳宗元等爲知己，任劉禹錫爲屯田員外郎、判度支鹽鐵案。七月，順宗內禪，憲宗即位，黜王叔文等，貶劉禹錫爲朗州司馬。元和十年（八一五）召至京師，旋出爲連州刺史。後任夔州、和州刺史，至文宗大和元年（八二七）始入爲主客郎中分司東都。其後歷仕禮部郎中、蘇、汝、同三州刺史，開成元年（八三六）改太子賓客分司東都，會昌二年秋，卒於洛陽。劉禹錫詩名早著，貶黜期間與柳宗元詩書往還，詩名相埒，並稱「劉柳」，晚年與白居易唱和，合稱「劉白」。詩風豪邁，白居易許爲「詩豪」（《劉白唱和集解》）。其詩多關心現實之作，仿民歌體組詩《竹枝詞》、《楊柳枝詞》等及詠懷古蹟組詩，尤爲膾炙人口，蘇軾譽其「詞義高妙」、「奔軼絕塵」（《豫章黃先生集》卷二六引），明胡震亨則謂劉禹錫詩「氣該今古，詞總華實……語語可歌，真才情之最豪者」（《唐音癸籤》卷七）。有《劉賓客文集》四十卷行世。《舊唐書》卷一六〇、《新唐書》卷一六八有傳。

李紳（七七二～八四六）

《七年初到洛陽寓居宣教里時已春暮而四老俱在洛中分司》

青莎滿地無三徑，白髮緣頭忝四人。官職謬齊商嶺客，姓名那重漢廷臣。聖朝寡罪容衰齒，愚叟多慚未退身。惟有門人憐鈍拙，勸教沈醉洛陽春。

智按：四老指李紳、皇甫鏞、張仲方、白居易。詩見《全唐詩》卷四八一；王旋伯《李紳詩注》第四十四頁。

《新樓詩二十首》

到越州日，初引家累登新樓，望鏡湖，見元相微之題壁詩云：「我是玉京天上客，謫居猶得小蓬萊。四面尋常對屏障，一家終日在樓臺。」微之與樂天，此時只隔江津，日有酬和相答。時余移官九江，各乖音問。頃在越之日，荏苒多故，未能書壁，今追思為《新樓詩二十首》。

《新樓》

戎容罷引旌旗卷，朱戶褰開雉堞高。山聳翠微連郡閣，地臨滄海接靈鼇。坐疑許宅驅雞犬，笑類樊妻化羽毛。惆悵桂枝零落促，莫思方朔種仙桃。

《海榴亭》（在新樓北，花開最早，所望更高）

海榴亭早開繁蕊，光照晴霞破碧煙。高近紫霄疑菡萏，迴依江月半嬋娟。懷芳不作翻風豔，別萼猶含泣露妍。搖落舊叢雲水隔，不堪行坐數流年。

《望海亭》（在臥龍山頂上，越中最高處）

烏盈兔缺天涯迴，鶴背松梢拂檻低。湖鏡坐隅看匣滿，海濤生處辨雲齊。夕嵐明滅江帆小，煙樹蒼茫客思迷。蕭索感心俱是夢，九天應共草萋萋。

《杜鵑樓》

七年冬所造，自西軒延架城隅樓前，植其杜鵑，因以為名，宴遊多在其上。

杜鵑如火千房拆，丹檻低看晚景中。繁豔向人啼宿露，落英飄砌怨春風。早梅昔待佳人折，好月誰將老子同。惟有此花隨越鳥，一聲啼處滿山紅。

《滿桂樓》

八年春造，架州城西南，臨眺於外，盡見湖山，別開水扉，通杜鵑樓，不啓重扃，清夜可以閒宴，因以滿桂為名也。

為憐湖水通宵望，不學樊楊卻月樓。惟待素規澄滿鏡，莫看纖魄掛如鉤。捲簾方影侵紅燭，繞竹斜暉透碧流。蕭瑟曉風聞木落，此時何異洞庭秋。

《東武亭》

亭在鏡湖上，即元相所建。亭至宏敞，春秋為競渡大設會之所。余為增以板檻，延入湖中，足加步廊，以列環衛。

緑波春水湖光滿，丹檻連楹碧嶂遙。蘭䲨對飛漁棹急，彩虹翻影海旗摇。鬬疑斑虎歸三島，散作遊龍上九霄。鼉鼓若雷爭勝負，柳堤花岸萬人招。

《龍宫寺》

此寺摧毁積歲，貞元十六年余為布衣，東游天台，故人江西觀察使崔公以殿中謫官，移疾剡溪，崔公坐中有僧人修真自言居龍宫寺，起謂余言，異日（一本此下有必當鎮此四字）為修此寺，時以狂易之言，不之應。僧相視久之而退。至元和二年，余以前進士為故薛革（一作蘋）常侍招至越中，此僧已卧疾，使門人相告，曩日所言，必當鎮此，修寺之託，幸不見忘。僧又偶言，寺中靈祇所相告耳。余問疾而已，不能對。及後符其言，而訊其存沒，則僧及門人悉已殂謝，寺更頹毁，惟荒基餘像而已。因召僧人會真，余出俸錢，為葺之，累月而畢，以成其往願。

銀地溪邊遇衲師，笑將花宇指潛知。定觀玄度生前事，不道靈山别後期。真相有無因色界，化城興滅在蓮基。好令滄海龍宫子，長護金人舊浴池。

《禹廟》

削平水土窮滄海，畚鍤東南盡會稽。山擁翠屏朝玉帛，穴通金闕架雲霓。秘文鏤石藏青壁，寶檢封雲化紫泥。清廟萬年長血食，始知明德與天齊。

《晏安寺》

寺在州城東北隅，越中謂之小北邙。

寺深松桂無塵事，地接荒郊帶夕陽。啼鳥歇時山寂寂，野花殘處月蒼蒼。絳紗凝焰開金像，清梵銷聲閉竹房。丘壟漸平邊茂草，九原何處不心傷。

《龜山》

在鏡湖中，山形如龜，山上有寺，名永安，則元相所移置者。

一峰凝黛當明鏡，十仞喬松倚翠屏。秋月滿時侵兔魄，素波摇處動龜形。舊深崖谷藏仙島，新結樓臺起佛扃。不學大蛟憑水怪，等閒雪雨害生靈。

《重臺蓮》

緑荷舒卷涼風曉，紅萼開縈紫菂重。遊女漢皋爭笑臉，二妃湘浦並愁容。自含秋露貞姿結，不競春妖冶態穠。終恐玉京仙子識，卻將歸種碧池峰。

《橘園》

江城霧斂輕霜早，園橘千株欲變金。朱實摘時天路近，素英飄處海雲深。

懼同枳棘愁遷徙，每抱馨香委照臨。憐爾結根能自保，不隨寒暑換貞心。

《寒林寺》

寺在城郭最囂煩處，自有一峰，巖壑皆入寺中。

最深城郭在人煙，疑借壺中到梵天。岩樹桂花開月殿，石樓風鐸繞金仙。地無塵染多靈草，室鑒真空有定泉。應是法宮傳覺路，使無煩惱見青蓮。

《北樓櫻桃花》

開花占得春光早，雪綴雲裝萬蕚輕。凝豔拆時初照日，落英頻處乍聞鶯。舞空柔弱看無力，帶月葱蘢似有情。多事東風入閨闥，盡飄芳思委江城。

《城上薔薇》

薔薇繁豔滿城陰，爛熳開紅次第深。新蕊度香翻宿蝶，密房飄影戲晨禽。竇閨織婦慚詩句，南國佳人怨錦衾。風月寂寥思往事，暮春空賦白頭吟。

《南庭竹》

東南舊美淩霜操，五月凝陰入坐寒。煙惹翠梢含玉露，粉開春籜聳琅玕。莫令戲馬童兒見，試引為龍道士看。知爾結根香實在，鳳凰終擬下雲端。

《琪樹》

琪樹垂條如弱柳，結子如碧珠，三年子可一熟，每歲生者相續，一年緑，二年碧，三年者紅綴於條上，璀錯相間。

石橋峰上棲玄鶴，碧闕岩邊蔭羽人。冰葉萬條垂碧實，玉珠千日保青春。月中泣露應同浥，澗底侵雲尚有塵。徒使茯苓成琥珀，不為松老化龍鱗。

《海棠》

海邊佳樹生奇彩，知是仙山取得栽。瓊蕊籍中聞閬苑，紫芝圖上見蓬萊。淺深芳蕚通宵換，委積紅英報曉開。寄語春園百花道，莫爭顏色泛金杯。

《水寺》

煙波野寺經過處，水國蒼茫夢想中。雲散浦間江月迥，日曛洲渚海潮通。坐看魚鳥沈浮遠，靜見樓臺上下同。聞道化城方便喻，只應從此到龍宮。

《靈汜橋》

靈汜橋邊多感傷，分明湖派繞回塘。岸花前後聞幽鳥，湖月高低怨緑楊。能促歲陰惟白髮，巧乘風馬是春光。何須化鶴歸華表，卻數凋零念越鄉。（《全唐詩》卷四八一；王旋伯《李紳詩注》第二七～八三頁）

《奉酬樂天立秋夕有懷見寄》

深夜星漢靜，秋風初報涼。階篁淅瀝響，露葉參差光。冰兔半昇魄，銅壺微滴長。薄帷乍飄卷，襟帶輕搖颺。此際昏夢清，斜月滿軒房。屣履步前楹，劍戟森在行。重城宵正分，號鼓互相望。獨坐有所思，夫君鸞鳳章。天津落星河，一葦安可航。龍泉白玉首，魚服黃金裝。報國未知效，惟鵜徒在梁。裴回顧戎旃，顥氣生東方。衰葉滿欄草，斑毛盈鏡霜。羸牛未脫輹，老馬強騰驤。吟君白雪唱，慚愧巴人腸。（《全唐詩》卷四八三；王旋伯《李紳詩注》第一四五頁）

《題白樂天文集》

樂天藏書東都聖善寺，號《白氏文集》，紳作詩以美之。

寄玉蓮花藏，緘珠貝葉扃。院閒容客讀，講倦許僧聽。部列雕金榜，題存刻石銘。永添鴻寶集，莫雜小乘經。（《追昔遊詩集》席刻《唐詩百名家全集》；《全唐詩》卷四八三；王旋伯《李紳詩注》第一四四頁）

智按：紹興本《白氏長慶集》十有此詩，題為《看題文集石記因成四韻以美之》，署名「中散大夫守河南尹賜紫金魚袋李紳。」

李紳，字公垂，祖籍亳州譙縣（今安徽亳縣），自其父寓家無錫（今屬江蘇），遂爲無錫人。憲宗元和元年（八〇六）登進士第，元和四年爲校書郎，十四年除右拾遺。穆宗即位，擢翰林學士，長慶二年（八二二）遷中書舍人，旋改御史中丞。文宗時期，歷仕滁、壽二州刺史、浙東觀察使、宣武軍節度使等。武宗會昌二年（八四二）拜中書侍郎、同中書門下平章事，四年罷爲淮南節度使，卒於任。李紳與元稹、白居易同倡新樂府運動，其《樂府新題二十首》（已佚）針砭時事，是最早之新題樂府詩，元稹贊爲「雅有所謂，不虛爲文」（《和李校書新題樂府十二首序》）。李紳詩散佚較多，今所存詩，明胡震亨謂其「攬筆寫興，曲備一生窮泰之感」（《唐音癸籤》卷七）。有《追昔游集》三卷傳於世。《舊唐書》卷一七三、《新唐書》卷一八一有傳。

李諒（七七五～八三三）

《蘇州元日郡齋感懷，寄越州元相公、杭州白舍人（時長慶四年也）》

稱慶還鄉郡吏歸，端憂明發儼朝衣。首開三百六旬日，新知四十九年非。當官補拙猶勤慮，遊宦量才已息機。舉族共資隨月俸，一身惟憶故山薇。舊交邂逅封疆近，老牧蕭條宴賞稀。書劄每來同笑語，篇章時到借光輝。絲綸暫厭分符竹，舟楫初登擁羽旗。未知今日情何似，應與幽人事有違。（《全唐詩》卷四六三）

智按：李諒，字復言。三宰劇縣，再為郡牧，終京兆尹。

白行簡（七七六～八二六）

《在巴南望郡南山呈樂天》（時從樂天忠州）

臨江一嶂白雲間，紅綠層層錦繡班。不作巴南天外意，何殊昭應望驪山。（《全唐詩》卷四六六）

《三夢記》（並序）

人之夢，異於常者有之，或彼夢有所往而此遇之者，或此有所為而彼夢之者，或兩相通夢者。

天后時，劉幽求為朝邑丞，嘗奉使歸。未及家十餘里，適有佛堂院。路出其側，聞寺中歌笑歡洽。寺垣短缺，久睹其中。劉俯身闚之，見十數人，兒女雜坐，羅列盤饌，環繞之而共食之，見其妻在坐中語笑。劉初愕然，不測其故，久之，且思其不當至此。復不能舍之，又熟視容止言笑無異。將就察之，寺門閉不得入。劉擲瓦擊之，中其罍洗，波迸，走散，因忽不見。劉逾垣直入，與從者同視，殿廡皆無人，寺扃如故。劉訝益甚，遂馳歸。比至其家，妻方寢，聞劉至，乃敘寒暄訖。妻笑曰：「向夢中與數十人同遊一寺，皆不相識，會食於殿庭，有人自外以瓦礫投之，杯盤狼籍，因而驚覺。」劉亦具陳其見。蓋所謂彼夢有所往而此遇之者矣。

元和四年，河南元微之為監察御史，奉使劍外。去逾旬，予與仲兄樂天、隴西李杓直同遊曲江，詣慈恩佛舍，遍歷僧院，淹留移時。日已晚，同詣杓直修行理第，命酒對酬，甚歡暢。兄停杯久之曰：「微之當達梁矣。」命題一篇於屋壁，其詞曰：「春來無計破春愁，醉折花枝作酒籌。忽憶故人天際去，計程今日到梁州。」實二月二十一日也。十許日，會梁州使適至，獲微之書一函，後寄《紀夢詩》一篇，其詞曰：「夢君兄弟曲江頭，也入慈恩院裏遊。屬吏换人排馬去，覺來身在古梁州。」日月與遊寺題詩日月率同。蓋所謂此有所為而彼夢之者矣。

貞元中，扶風竇質為京兆，韋荀同自亳入秦，宿潼關逆旅。竇夢至華嶽祠下，見一女巫，黑而長，青裙素襦，迎路拜揖，請為之祝神。竇不獲已，遂聽之。問其姓，自稱趙二姊。及覺，具言於韋。明日至祠下，有巫迎客，容質裝服，皆所夢也。顧謂韋曰：「夢有徵也。」而命從者視囊中，得錢二環與之。巫撫掌大笑，謂同輩曰：「如所夢矣。」韋驚問之，對曰：「昨夢二人從東來，一髯而短者祝酹，獲錢二環焉。及旦，乃遍述於同輩。今則驗矣。」竇因問巫之姓氏，同輩曰：「越二姊也。」自始及末，合若符契。蓋所謂兩相通夢者矣。

行簡曰：《春秋》及子史言夢者多，然未有載此三夢者也。世人之夢亦眾矣，亦未有此三夢。豈偶然耶？抑亦必前定耶？予不能知。今備紀其事以存録焉。（《全唐文》卷六百九十二）

智按：《三夢記》不載《太平廣記》，其名始見於宋末元初方回《虛谷閒鈔》，其文始載於明陶宗儀《説郛》卷四，其後小説集多有載録。方詩銘《三夢記辨僞》（《文史雜誌·俗文學專號》第六卷第一期，文通書局，一九四八年三月）、黄永年《〈三夢記〉辨僞》（《陝西師大學報》一九七九年第二期）以爲後人僞撰，嫁名白行簡。姑且存疑。

白行簡，字知退，下邽（今陝西渭南）人，白居易之弟。元和二年（八〇七）舉進士第，授秘書省校書郎。十五年授左拾遺。後歷仕司門、主客員外郎、膳部郎中等。工於辭賦，尤長於傳奇小説，所撰《李娃傳》「文筆極工」（清俞正燮《癸巳存稿》卷一四），爲唐傳奇代表作之一。原有集，已佚，《全唐文》收其文二十篇，《全唐詩》録存其詩七首。《舊唐書》卷一六六、《新唐書》卷一一九有傳。

李純（七七八～八二〇）

《處分及第舉人詔》

構大廈者，必總於群材；成大川者，必資於百谷。故思理之主，求賢罔遺。所以昭宣令圖，廣大前緒，觀文緝化，其在茲乎。朕以寡昧，獲奉丕業，虛己問政，實始於茲。考言求益，敢不祗若？故命左右輔弼，洎有位之臣，會於中臺，必究其論。閒（一作緘）密以獻，省自朕躬，果獲賢能，副於（一作予）饑渴。才識兼茂明於體用科人第三次等：元稹、韋惇；第四等：獨孤郁、白居易、曹京伯、韋慶復；第四次等：崔韶、羅讓、崔護、元修、薛存慶、韋珩；第五上等：蕭俛、李蟠、沈傳師、柴宿。達於吏理可使從政科第五上等：陳岵等。咸以待問之美，觀光而來。詢以三道之要，復於九變之選，得失之監（一作覽），粲然可觀。宜膺德茂之異，式叶言揚之舉。其第三次等人，委中書門下優與處分。第四等，第四次等，第五上等，中書門下即與處分。（《册府元龜》卷六四四；《唐大詔令集》卷一〇六；《全唐文》卷五十九）

智按：李純，即唐憲宗。公元八〇五年至八二〇年在位。唐順宗長子。初名淳。貞元四年（七八八）封廣陵郡王。二十一年初，立爲太子，改名純。八月即位。勵精圖治，重用賢良，改革弊政。在位十五年間，勤勉政事，史稱「元和中興」。後爲宦官陳弘志（一作弘慶）等人謀殺。死後謚號爲昭文章武大聖至神孝皇帝。

楊汝士（七七八～？）

《聯句》（題擬）

昔日蘭亭無豔質，此時金谷有高人。（裴令公居守東洛，夜宴半酣，公索句，元、白有得色，時公為破題，次至汝士云云。白知不能加，遽裂之，曰：「笙歌鼎沸，勿作冷淡生活。」元顧白曰：「樂天所謂能全其名者也。」）（《全唐詩》卷四八四）

智按：參見《唐摭言》卷十三、《詩話總龜》前集卷二十二、《唐詩紀事》卷四十六、《宋詩話輯佚》上册第一九一頁。

楊汝士，字慕巢，虞卿從弟。元和四年，擢進士第。牛僧孺、李宗閔待之善，引為中書舍人。開成初，由兵部侍郎出鎮東川，入為吏部侍郎，終刑部尚書。

盧貞（七七八？～八四八？）

《和白尚書賦永豐柳》（有序）

永豐坊西南角有垂柳一株，柔條極茂。白尚書曾賦詩，傳入樂府，遍流京都。近有詔旨取兩枝植於禁苑，乃知一顧增十倍之價，非虛言也。因此偶成絕句，非敢繼和前篇。

一樹依依在永豐，兩枝飛去杳無蹤。玉皇曾採人間曲，應逐歌聲入九重。（《全唐詩》卷四六三）

智按：盧貞，字子蒙，官河南尹。生平見戶崎哲彥《白居易〈七老會詩〉中所見盧貞考辨》（收入其《唐代嶺南文學與石刻考》，中華書局，二〇一四年一月）。參見陳冠明《唐詩人盧貞考辨》（《安徽師大學報》一九九一年第四期）、金景芝、王玲玲《唐代范陽詩人盧真與盧貞考辨》（《蘭臺世界》二〇一一年第八期）。

元稹（七七九～八三一）

《敘詩寄樂天書》

稹九歲學賦詩，長者往往驚其可教。年十五六，粗識聲病。

時貞元十年已後，德宗皇帝春秋高，理務因人，最不欲文法吏生天下罪過。外閫節將，動十餘年不許朝覲，死於其地不易者十八九。而又將豪卒愎之處，因喪負眾，橫相賊殺，告變駱驛（絡繹），使者迭窺，旋以狀聞天子曰：「某邑將某能遏亂，亂眾寧附，願為（其）帥。」名為眾情，其實逼詐，因而可之者又十八九。前置介倅因緣交授者亦十四五。由是諸侯敢自為旨意，有羅列兒孩以自固者，有開導蠻夷以自重者，省寺符篆固於几閣，甚者擬詔旨，視一境為一室，刑殺其下，不啻僕畜，厚加剝奪，名為進奉，其實貢入之數百一焉。京城之中，亭第邸店以曲巷斷；侯甸之內，水陸腴沃以鄉里計；其餘奴婢資財，生生之備稱之。朝廷大臣，以謹慎不言為樸雅。以時進見者，不過一二親信。直臣義士，往往抑塞。禁省之間，時或繕完隤墜。豪家大帥，乘聲相扇。延及老佛，土木妖熾，習俗不怪。上不欲令有司備宮闥中小碎須求，往往持幣帛以易餅餌。吏緣其端，剽奪百貨，勢不可禁。

僕時孩騃，不慣聞見，獨於《書》、《傳》中，初習「理亂萌漸」，心體悸震，若不可活，思欲發之久矣。適有人以陳子昂《感遇》詩相示，吟玩激烈，即日為《寄思玄子》詩二十首。故鄭京兆於僕為外諸翁，深賜憐獎，因以所賦呈獻京兆，翁深相駭異，秘書少監王表在座，顧謂表曰：「使此兒五十不死，其志義何如哉！惜吾輩不見其成就。」因召諸子訓責泣下。僕亦竊不自得，由是勇於為文。又久之，得杜甫詩數百首，愛其浩蕩津涯，處處臻到，始病沈、宋之不存寄興，而訝子昂之未暇旁備矣。不數年，與詩人楊巨源友善，日課為詩，性復僻懶，人事常有閒暇，間則有作，識足下時，有詩數百首矣。

習慣性靈，遂成病蔽，每公私感憤，道義激揚，朋友切磨，古今成敗，日月遷逝，光景慘舒，山川勝勢，風雲景色，當花對酒，樂罷哀餘，通滯屈伸，悲歡合散，至於疾恙窮身，悼懷惜逝，凡所對遇異於常者，則欲賦詩。又不幸，年三十二時有罪譴棄，今三十七矣。五、六年之間，是丈夫心力壯時，常在閒處，無所役用。性不近道，未能淡然忘懷，又復懶於他欲，全盛之氣，注射語言，雜糅精粗，遂成多大，然亦未嘗繕寫。

適值河東李明府景儉在江陵時，僻好僕詩章，謂為能解，欲得盡取觀覽，僕因撰成卷軸。其中有旨意可觀，而詞近古往者，為古諷；意亦可觀，而流在樂府者，為樂諷；詞雖近古，而止於吟寫性情者，為古體；詞實樂流，而止於模象物色者，為新題樂府；聲勢沿順，屬對穩切者，為律詩，仍以七言、五言為兩體；其中有稍存寄興，與諷為流者，為律諷；不幸少有伉儷之悲，撫存感往，成數十詩，取潘子《悼亡》為題；又有以干教化者，近世婦人，暈淡眉目，綰約頭鬢，衣服修廣之度，及匹配色澤，尤劇怪豔，因為豔詩百餘首，詞有古、今，又兩體。自十六時，至是元和七年，已有詩八百餘首，色類相從，共成十體，凡二十卷。自笑冗亂，亦不復置之於行李。昨來京師，偶在筐篋。及通行，盡置足下，僅亦有說。

僕聞上士立德，其次立事，不遇立言；凡人急位，其次急利，下急食。僕天與不厚，既乏全然之德；命與不遇，未遭可為之事；性與不惠，復無垂範之言。兀兀狂癡，行近四十，僥名取位，不過於第八品，而冒憲已六七年。授通之初，有習通之熟者曰：「通之地，濕墊卑褊，人士稀少，近荒札，死亡過半。邑無吏，市無貨，百姓茹草木，刺史以下，計粒而食。大有虎、豹、蛇、虺之患，小有蟆蚋、浮塵、蜘蛛、蛒蜂之類，皆能鑽齧肌膚，使人瘡痏。夏多陰霪，秋為痢瘧，地無醫巫，藥石萬里，病者有百死一生之慮。」夫何以僕之命不厚也如此，智不足也又如此，其所詣之憂險也又復如此！則安能保持萬全，與足下必復京輦，以須他日立言事之驗耶？但恐一旦與急食相符，而終使足下受天下友不如己之誚，是用悉所為文，留穢箱笥，比夫格奕、樗塞之戲，猶曰愈於飽食，僕所為不又愈於格奕、樗塞之戲乎？

昨行巴南道中，又有詩五十一首。文書中得七年以後所為，向二百篇，繁亂冗雜，不復置之執事前。所為《寄思玄子》者，小歲云為，文不能自足其意，貴其起予之始，且志京兆翁見遇之由，今亦寫為古諷之一，移諸左右。僕少時授吹噓之術於鄭先生，病懶不就，今在閒處，思欲怡神保和，以求其病，異日亦不復費詞於無用之文矣。省視之煩，庶亦已於是乎。（《元稹集》上册，第三五一～三五二頁；《全唐文》卷六百五十三）

智按：元和十年（八一五）作。

《上令狐相公詩啓》

（時為膳部郎中。此一篇見《長慶小集》、《舊唐書》列傳。）

稹初不好文章，徒以仕無他歧，彊由科試。及有罪譴棄之後，自以為廢滯潦倒，不復以文字有聞於人矣。曾不知好事者抉摘芻蕪，塵黷尊重。竊承相公特於廊廟間道某詩句，昨又面奉教約，令獻舊文，戰汗悚踴，慚忝無地。

稹自御史府謫官，於今十餘年矣，閒誕無事，遂專力於詩章。日益月滋，有詩向千餘首。其間感物寓意，可備矇瞽之諷者有之，詞直氣粗，罪尤是懼，固不敢陳露於人。唯杯酒光景間，屢為小碎篇章，以自吟暢。然以為律體卑下，格力不揚，苟無姿態，則陷流俗。常欲得思深語近，韻律調新，屬對無差，而風情宛然，而病未能也。江湖間多新進小生，不知天下文有宗主，妄相仿效，而又從而失之，遂至於支離褊淺之詞，皆自謂為「元和詩體」。

稹與同門生白居易友善，居易雅能為詩，就中愛驅駕文字，窮極聲韻，或為千言，或為五百言律詩，以相投寄。小生自審不能有以過之，往往戲排舊韻，別創新詞，名為次韻相酬，蓋欲以難相挑耳。江湖間為詩者，復相仿效，力或不足，則至於顛倒語言，重複首尾，韻同意等，不異前篇，亦自謂為「元和詩體」。

而司文者考變雅之由，往往歸咎於稹。嘗以為雕蟲小事，不足以自明。

始聞相公記憶，累旬以來，實懼糞土之牆，庇以大廈，使不摧壞，實為版築者之娛。輒繕寫古體歌詩一百首，百韻至兩韻律詩一百首，合為五卷，奉啓跪陳，或希構廈之餘，一賜觀覽，知小生於章句中欒櫨榱桷之材，盡曾量度，則十餘年之邅迴，不為無所用矣。詞旨瑣劣，冒黷尊嚴，伏候刑書，不敢逃讓。死罪死罪。（集外文章）（《元稹集》下册，第六三二～六三三頁）

智按：文字參校《舊唐書》卷一百六十六《元稹傳》、《文苑英華》卷六百五十七、《册府元龜》卷八百四十一、《唐文粹》卷八十五、《唐詩紀事》卷三十七。這篇書啓作於唐憲宗元和十五年（八二〇），「元和」時代已接近尾聲。當時，外放十年之元稹因為朝廷大赦，剛剛由地方官員（虢州長史）重新昇任中央官員（膳部員外郎）。書啓是應對其詩文頗有好感之新任宰相令狐楚之請，呈獻自己詩作時所寫。《元稹年譜》第三一二頁據《舊唐書・元稹傳》繫於元和十四年（八一九），此據吳偉斌《「元稹獻詩昇職」別議》（《北方論叢》一九八九年第一期），繫於元和十五年（八二〇）。《元氏長慶集》卷六十末「集外文章」所收《上令狐相公詩啓》題下注云：「時為膳部郎中。此一篇見《長慶小集》、《舊唐書》列傳。」（文學古籍刊行社，一九五六年一月，第二册，第七四一頁）此注不見於《文苑英華》卷六百五十七

（中華書局影印本，第四册，第三三七六頁）、《唐文粹》卷八十五（浙江人民出版社，一九八六年十二月，第四册）所收此啓，當為楊循吉從陸士修借鈔宋本編者之原注（參見《元稹集》下册七三五頁所録楊循吉《〈元氏長慶集〉原跋》）。其云「時為膳部郎中」，與《舊唐書·元稹傳》所云「為膳部員外郎」不符，疑為傳寫之誤。

《白氏長慶集序》

《白氏長慶集》者，太原人白居易之所作，居易字樂天。樂天始言，試指「之」、「無」二字，能不誤（原注：具樂天與予書）。始既言，讀書勤敏，與他兒異。五六歲識聲韻，十五志詩賦，二十七舉進士。貞元末，進士尚馳競，不尚文，就中六籍尤擯落。禮部侍郎高郢始用經藝為進退，樂天一舉擢上第。明年（貞元十九年）拔萃甲科，由是《性習相近遠》、《求元珠》、《斬白蛇劍》等賦，及（《全唐文》作洎）百道（《全唐文》作節）判，新進士競相傳於京師矣。會憲宗皇帝册召天下士，樂天對詔稱旨，又登甲科。未幾，入翰林，掌制誥，比比上書言得失，因為《喜雨詩》、《秦中吟》等數十章，指言天下事，時人比之《風》、《騷》焉。

予始與樂天同校秘書之名（「之名」，《文苑英華》、《唐文粹》、《全唐文》作前後），多以詩章相贈答。會予譴掾江陵，樂天猶在翰林，寄予百韻律詩及雜體，前後數十章。是後，各佐江、通，復相酬寄。巴蜀江楚間洎長安中少年，遞相仿效，競作新詞，自謂為「元和詩」。而樂天《秦中吟》、《賀雨》諷諭等篇，時人罕能知者。然而二十年間，禁省、觀寺、郵候牆壁之上無不書，王公妾婦、牛童馬走之口無不道。

至於繕寫模勒，衒賣於市井，或持之以交酒茗者，處處皆是。（原注：揚越間多作書模勒樂天及予雜詩，賣於市肆之中也。）其甚者，有至於盗竊名姓，苟求自售。雜亂間廁，無可奈何。予嘗於平水市中（原注：鏡湖傍草市名），見村校諸童，競習歌詠，召而問之，皆對曰：「先生教我樂天、微之詩。」固亦不知予之為微之也。又云：雞林賈人求市頗切，自云：本國宰相每以百金换一篇（「百金」，《全唐文》作一金），其甚偽者，宰相輒能辨别之。自篇章已來，未有如是流傳之廣者。

長慶四年，樂天自杭州刺史以右庶子詔還，予時刺郡會稽，因得盡徵其文，手自排纘，成五十卷，凡二千一百九（「一百九」，《全唐文》作二百五）十一首。前輩多以「前集」「中集」為名，予以為陛下明年當（「陛下明年當」，《全唐文》作國家）改元長慶，訖於是，因號曰《白氏長慶集》。

大凡人之文，各有所長，樂天之長，可以為多矣。夫諷諭之詩長於激，閒適之詩長於遣，感傷之詩長於切，五字律詩百言而上長於贍，五字七字、百言而下長於情，賦贊、箴戒之類長於當，碑記、敍事、制誥長於實，啓奏、表狀長於直，書檄、詞策、剖判長於盡。總而言之，不亦多乎哉！至於樂天之官秩景行，與予之交分淺深，非敘文之要也，故不書。長慶四年（八二四）冬十二月十日，微之序。(《元稹集》卷五十一，下册，第五五四頁)

《永福寺石壁法華經記》

予始以長慶二年相先帝無狀，譴於同。又明年徙會稽，路出於杭，杭民競相觀睹。刺史白怪問之，皆曰：「非欲觀宰相，蓋欲觀曩所聞之元、白耳。」(《元稹集》下册，第五五八頁；《全唐文》卷六百五十四)

智按：作於長慶四年（八二四）。

《授白居易尚書主客郎中知制誥制》

敕：先帝付朕四海九州之重，尚賴威靈，天下甫定，思獲議論文章之臣，以在左右，俾之詳考今古，周知物情。而朝議郎行尚書司門員外即白居易，州里舉進士，有司昇甲科。元和初對詔稱旨，翺翔翰林，藹然直聲，留在人口。朕嘗視其詞賦，甚喜與相如並處一時，由是召自南賓，序補郎位。會牛僧孺以御史丞解制誥職，嗣掌書命，人推爾先。予亦飽其風猷，爾宜副玆超異。可守尚書主客郎中知制誥，餘如故。(《全唐文》卷六百四十八)

《唐故中大夫尚書刑部侍郎上柱國隴西縣開國男贈工部尚書李公墓誌銘》

按李發事魏，為横野將軍申國公，十一世而生有唐綏州刺史明，明生太子中允進德，進德生昌明令珍玉，珍玉生雅州別駕贈禮部尚書震，公即尚書第三子，諱建，字杓直。

始以進士第二人試校秘書郎，判容州招討事，復調為本官。會德宗皇帝選文學，公被薦。上問少信臣，皆曰聞而不之面，唯宰相鄭珣瑜對曰：「臣為吏部侍郎時，以文入官當校秘書者八，其書則馳他人書，建不馳，故獨得。」上嘉之，使居翰林中，就拜左拾遺。會德宗皇帝崩，鄆帥擅師於曹，詔歸之，公不肯與姑息，時王叔文恃幸，異公意不隨，卒用公意，鄆果帖。後一年，司直給事府。會朝廷以觀察防禦事授路恕治於鄜，恕即日就公求自貳，降拜六而後許，詔賜五品服，供奉殿中以貳焉。會恕復取不宜為賓者，公罷去，歸為殿中侍御史。有詔天下俟三節來獻，先是襄帥均（裴均）獻在邸，丞相命俟節以獻之，公力爭，不可意，作《謬官》詩。尋為員外比部郎，轉兵部、吏部。始命由文由部而仕者，歲得調，編類條式，以便觀者，罷成勞書，凡成否之狀急一月，人皆便之。遷本曹郎，換兵部郎中知制誥。丞相視草時，微有竄益，遂不復出，樂為少京兆。會仲兄尚書遜被口語，上疏明白，出刺澧州。入以亞太常，於禮部中核貢士，用已鑒取文章，選用多薦説者。遂為禮部侍郎，遷刑部，權於吏部郎衆品。一夕，無他恙，而奄忽將盡，舉族環之，請召咒妖巫，搖首若不欲者，寡嫂至，斂衣若禮焉，竟不克言而遂薨，年五十八，是歲長慶元年之二月二十有三日也。上為之一日不視事，以工部尚書追命之。後四月，祔先君於鳳翔府某縣某鄉某里，實五月之二十有五日。夫人渭源縣君房氏，容州濟之女，在太尉琯為猶孫。生五男，長曰訥，始二十，樸、恪、慤、碩次第焉。二女，皆十年而下。

長於議論，用體識為文章。於朋友間好盡言，然而未嘗以勝負形喜慍。進退之際，幾微不苟，受官，法與操行牢不奪，亦未嘗皎皎自辨。性潔廉，而沓貪有才者皆進之，考行取友甚峻，能銖兩人倫，而滔滔者莫見其厚薄，終肯延薦人，常為諱避其短。善承受得喪，故沒身無誕歎之言。沒之日，會上合百辟宴御史吏，驟聞其喪，聞者皆怛然愛惜無異詞。公始校秘書時，與同省郎白居易、元稹定死生分，至是稹與白哭泣不自勝，且相謂曰：「杓直常自言，在江陵時無衣食，賴伯兄造焦勞營，為縱兩弟游學。不數年，與仲兄遜舉進士，並世為公卿，而伯兄先杓直沒。今杓直復不以疾聞於許，一旦發其喪，其兄何如哉！」許信至，果誨其猶子訥曰：「爾父有不朽行，宜得知者銘，吾悲撓不忍為，爾其告若父之執。」子訥遂來告，曰為志，且銘，銘曰：

日出入安歸？今日之日是，前日耶非？君去此安之？念君夢君兮，是君

也非？之死信冥冥兮，安用銘此為？死而尚可識兮，魚膏大夜，安忍觀此詞！（《全唐文》卷六百五十五）

《見人詠韓舍人新律詩因有戲贈》

喜聞韓古調，兼愛近詩篇。玉磬聲聲徹，金鈴個個圓。高疏明月下，細膩早春前。花態繁於綺，閨情軟似綿。輕新便妓唱，凝妙入僧禪。欲得人人伏，能教面面全。延清苦拘檢，摩詰好因緣。七字排居敬，千詞敵樂天。（侍御八兄能為七言絶句，贊善白君好作百韻律詩）。殷勤閑太祝（張君籍），好去老通川（自謂）。莫漫裁章句，須饒紫禁仙。（《元稹集》第十二卷第一三四頁；《元稹集編年箋注·詩歌卷》第六四七頁）

智按：元和十年作於長安，時為通州司馬。韓舍人：指韓愈。唐制，以他官兼知制誥，例得稱舍人。韓愈元和九年十二月以考功郎中兼知制誥，故稱。居敬：指元宗簡，字居敬，行八，河南洛陽（今屬河南）人，元稹之族兄，元和十年前曾任侍御史。贊善白君：指白居易，元和九年任太子左贊善大夫，次年罷。紫禁仙：指韓愈，愈時兼知制誥，故云。古代王者之宫以象紫微，因稱宫禁為紫禁。

《聞樂天授江州司馬》

殘燈無焰影幢幢，此夕聞君謫九江。垂死病中驚坐起，暗風吹雨入寒窗。（《元稹集》第二十卷第二二五頁；《元稹集編年箋注·詩歌卷》第六五〇頁）

《得樂天書》

遠信入門先有淚，妻驚女哭問何如。尋常不省曾如此，應是江州司馬書。（《元稹集》第二十卷第二二七頁；《元稹集編年箋注·詩歌卷》第七五七頁）

《過東都別樂天二首》

君應怪我留連久，我欲與君辭別難。白頭徒侶漸稀少，明日恐君無此歡。

自識君來三度別，這回白盡老髭須。戀君不去君須會，知得後回相見無。（《元稹集》外集卷七第六九二頁；《元稹集編年箋注·詩歌卷》第九三〇頁）

《逢白公》

遠路事無限，相逢唯一言。月色照榮辱，長安千萬門。（《元稹集編年箋

注・詩歌卷》第九九〇頁）

《酬白太傅》

太空秋色凉，獨鳥下微陽。三徑池塘静，六街車馬忙。漸能高酒戶，始是入詩狂。官冷且無事，追陪慎莫忘。（《元稹集編年箋注・詩歌卷》第九九〇頁）

《奉使往蜀路傍見山花吟寄樂天》【題擬】

深紅山木艷彤雲，路遠無由摘寄君。恰似牡丹如許大，淺深看取石榴裙。向前已説深紅木，更有輕紅説向君。深葉淺花何所似，薄妝愁坐碧羅裙。（《詩話總龜》周本淳校點本卷二七引《唐賢抒情》，《全唐詩續拾》卷二十五）

智按：《唐賢抒情》，即唐僖宗、昭宗時盧瓌所編《抒情集》（一名《杼情集》）。此二詩《全唐詩》及今傳本元稹集未收，陳尚君《全唐詩續拾》輯入，擬題為《奉使往蜀路旁見山花吟寄樂天》（《全唐詩補編》第一〇三三頁）。據周相録考證，二詩作於元和五年（八一〇），時赴江陵任士曹參軍，《詩話總龜》前集卷二十七〈寄贈門〉引《抒情集》言元稹「爲御史，奉使往蜀」並不準確。周相録將二詩擬題爲《貶江陵途中見山石榴花吟寄樂天》。（《元稹集校注》，上海古籍出版社，二〇一一年，第一五八三頁）

元白唱和詩集

智按：以下編録除《新樂府》外，元白之間全部唱和詩。白居易詩後為朱金城《白居易集箋校》（上海古籍出版社，一九八八年十二月版）册數、卷數與頁數，元稹詩後首列冀勤點校《元稹集》（中華書局，一九八二年八月版）頁數，次列楊軍《元稹集編年箋注・詩歌卷》頁數（三秦出版社，二〇〇二年六月版）。詩題前有問號者為擬題。

一、貞元十九年（八〇三）

白居易：秋雨中贈元九

不堪紅葉青苔地，又是涼風暮雨天。莫怪獨吟秋思苦，比君校近二毛年。（《白居易集箋校》第二册第一三卷第七二七頁）

元稹：酬樂天秋興見贈（本句云：莫怪獨吟秋興苦，比君校近二毛年）

勸君休作悲秋賦，白髮如星也任垂。畢竟百年同是夢，長年何異少何為。（《元稹集》第一六卷第一九〇頁；《元稹集編年箋注·詩歌卷》第九七頁）

智按：繫年據胥洪泉《元稹交遊考》（《西南民族學院學報》一九八九年第二期）。朱金城《白居易集箋校》、周相録《元稹年譜新編》繫《秋雨中贈元九》於貞元十八年（八〇二），卞孝萱《元稹年譜》、楊軍《元稹集編年箋注·詩歌卷》繫《酬樂天秋興見贈》於元和元年（八〇六）。

二、元和元年（八〇六）

白居易：贈元稹

自我從宦遊，七年在長安。所得惟元君，乃知定交難。豈無山上苗，徑寸無歲寒。豈無要津水，咫尺有波瀾。之子異於是，久處誓不諼。無波古井水，有節秋竹竿。一為同心友，三及芳歲闌。花下鞍馬遊，雪中杯酒歡。衡門相逢迎，不具帶與冠。春風日高睡，秋月夜深看。不為同登科，不為同署官。所合在方寸，心源無異端。（《白居易集箋校》第一册第一卷第二十頁）

元和五年（八一〇）追和

元稹：種竹 並序

昔樂天贈予詩云：「無波古井水，有節秋竹竿。」予秋來種竹廳下，因而有懷，聊書十韻。

昔公憐我直，比之秋竹竿。秋來苦相憶，種竹廳前看。失地顔色改，傷根枝葉殘。清風猶淅淅，高節空團團。鳴蟬聒暮景，跳蛙集幽闌。塵土復晝夜，梢雲良獨難。丹丘信云遠，安得臨仙壇。瘴江冬草緑，何人驚歲寒。可憐亭亭幹，一一青琅玕。孤鳳竟不至，坐傷時節闌。（《元稹集》第二卷第十八頁；《元稹集編年箋注·詩歌卷》第三二九頁）

元和五年（八一〇）

白居易：酬元九對新栽竹有懷見寄

頃有贈元九詩云：「有節秋竹竿。」故元感之，因重見寄。

昔我十年前，與君始相識。曾將秋竹竿，比君孤且直。中心一以合，外事紛無極。共保秋竹心，風霜侵不得。始嫌梧桐樹，秋至先改色。不愛楊柳枝，春來軟無力。憐君別我後，見竹常相憶。常欲在眼前，故栽庭戶側。分首今何處，君南我在北。吟我贈君詩，對之心惻惻。（《白居易集箋校》第一冊第一卷第三四頁）

三、元和元年（八〇六）

白居易：權攝昭應，早秋書事，寄元拾遺兼呈李司録

夏閏秋候早，七月風騷騷。渭川煙景晚，驪山宮殿高。丹殿子司諫，赤縣我徒勞。相去半日程，不得同遊遨。到官來十日，覽鏡生二毛。可憐趨走吏，塵土滿青袍。郵傳擁兩驛，簿書堆六曹。為問綱紀掾，何必使鉛刀?（《白居易集箋校》第一冊第九卷第四六五頁）

元稹：酬樂天（時樂天攝尉，予為拾遺）

放鶴在深水，置魚在高枝。昇沉或異勢，同謂非所宜。君為邑中吏，皎皎鸞鳳姿。顧我何為者，翻侍白玉墀。昔作芸香侶，三載不暫離。逮茲忽相失，旦夕夢魂思。崔嵬驪山頂，宮樹遙參差。只得兩相望，不得長相隨。多君歲寒意，裁作秋興詩。上言風塵苦，下言時節移。官家事拘束，安得攜手期。願為雲與雨，會合天之垂。（《元稹集》第五卷第五四頁；《元稹集編年箋注·詩歌卷》第九八頁）

四、元和三年（八〇八）

白居易：絕句代書贈錢員外

欲尋秋景閒行去，君病多慵我興孤。可惜今朝山最好，強能騎馬出來無?（《白居易集箋校》第二冊第一四卷第七九八頁）

智按：朱金城《白居易集箋校》繫此詩於元和四年，而卞孝萱《元稹年譜》第一〇八頁則考為元和三年所作，此從後者。

元稹：和樂天招錢蔚章看山絕句

碧落招邀閒曠望，黃金城外玉方壺。人間還有大江海，萬里煙波天上無。（《元稹集》第一八卷第二〇九頁；《元稹集編年箋注·詩歌卷》第一

○五頁）

五、元和四年（八○九）

白居易：答騎馬入空臺

君入空臺去，朝往暮還來。我入泉臺去，泉門無復開。鰥夫仍繫職，稚女未勝哀。寂寞咸陽道，家人覆墓回。（《白居易集箋校》第二册第一四卷第八四一頁）

元稹：空屋題（十月十四日夜）

朝從空屋裏，騎馬入空臺。盡日推閒事，還歸空屋來。月明穿暗隙，燈燼落殘灰。更想咸陽道，魂車昨夜回。（《元稹集》第九卷第九七頁；《元稹集編年箋注・詩歌卷》第一六九頁）

六、元和四年（八○九）

白居易：答謝家最小偏憐女

嫁得梁鴻六七年，耽書愛酒日高眠。雨荒春圃唯生草，雪壓朝樹未有煙。身病憂來緣女少，家貧忘卻為夫賢。誰知厚俸今無分，枉向秋風吹紙錢。（《白居易集箋校》第二册第一四卷第八四○頁）

元稹：三遣悲懷（之一）

謝公最小偏憐女，自嫁黔婁百事乖。顧我無衣搜藎篋，泥他沽酒拔金釵。野蔬充膳甘長藿，落葉添薪仰古槐。今日俸錢過十萬，與君營奠復營齋。（《元稹集》第九卷第九八頁；《元稹集編年箋注・詩歌卷》第一七二頁）

七、元和四年（八○九）

白居易：和元九與呂二同宿話舊感贈

見君新贈呂君詩，憶得同年行樂時。爭入杏園齊馬首，潛過柳曲鬭蛾眉。八人雲散俱遊宦，七度花開盡別離。聞道秋娘猶且在，至今時復問微之。（《白居易集箋校》第二册第一四卷第八四三頁）

元稹：贈呂二校書

同年同拜校書郎，觸處潛行爛熳狂。共占花園爭趙辟，競添錢貫定秋娘。七年浮世皆經眼，八月閒宵忽並床。語到欲明歡又泣，傍人相笑兩相傷。（《元稹集》第一七卷第一九九頁；《元稹集編年箋注・詩歌卷》第一六五頁）

八、元和四年（八〇九）

白居易：禁中九日對菊花酒憶元九

元九云：「不是花中唯愛菊，此花開盡更無花。」

賜酒盈杯誰共持？宮花滿把獨相思。相思只傍花邊立，盡日吟君詠菊詩。（《白居易集箋校》第二册第一四卷第七九九頁）

貞元十七年（八〇一）或十八年（八〇二）

元稹：菊花

秋叢繞舍似陶家，遍繞籬邊日漸斜。不是花中偏愛菊，此花開盡更無花。（《元稹集》第一六卷第一八〇頁；《元稹集編年箋注・詩歌卷》第六十頁）

九、元和四年（八〇九）

白居易：酬和元九東川路詩十二首

十二篇皆因新境追憶舊事，不能一一曲敘，但隨而和之，唯予與元知之耳。

元稹：使東川（二十二首）

白居易：駱口驛舊題詩

拙詩在壁無人愛，鳥汙苔侵文字殘。唯有多情元侍御，繡衣不惜拂塵看。（《白居易集箋校》第二册第一四卷第八三一頁）

元稹：駱口驛二首

郵亭壁上數行字，崔李題名王白詩。盡日無人共言語，不離牆下至行時。

二星徼外通蠻服，五夜燈前草御文。我到東川恰相半，向南看月北看雲。（《元稹集》第一七卷第一九四頁；《元稹集編年箋注・詩歌卷》第一四一頁）

白居易：亞枝花

山郵花木似平陽，愁殺多情驄馬郎。還似昇平池畔坐，低頭向水自看妝。（《白居易集箋校》第二册第一四卷第八三五頁）

元稹：亞枝紅

平陽池上亞枝紅，悵望山郵事事同。還向萬竿深竹裹，一枝渾卧碧流中。（《元稹集》第一七卷第一九四頁；《元稹集編年箋注・詩歌卷》第一四四頁）

白居易：南秦雪

往歲曾為西邑吏，慣從駱口到南秦。三時雲冷多飛雪，二月山寒少有春。

我思舊事猶惆悵，君作初行定苦辛。任賴愁猿寒不叫，若聞猿叫更愁人。

（《白居易集箋校》第二册第一四卷第八三三頁）

元稹：南秦雪

帝城寒盡臨寒食，駱谷春深未有春。才見嶺頭雲似蓋，已驚岩下雪如塵。

千峰筍石千株玉，萬樹松蘿萬朵銀。飛鳥不飛猿不動，青驄御史上南秦。

（《元稹集》第一七卷第一九五頁；《元稹集編年箋注·詩歌卷》第一四七頁）

白居易：江樓月

嘉陵江曲曲江池，明月雖同人別離。一宵光景潛相憶，兩地陰晴遠不知。

誰料江邊懷我夜，正當池畔望君時。今朝共語方同悔，不解多情先寄詩。

（《白居易集箋校》第二册第一四卷第八三四頁）

元稹：江樓月

嘉陵江岸驛樓中，江在樓前月在空。月色滿床兼滿地，江聲如鼓復如風。

誠知遠近皆三五，但恐陰晴有異同。萬一帝鄉還潔白，幾人潛傍杏園東。

（《元稹集》第一七卷第一九五頁；《元稹集編年箋注·詩歌卷》第一四八頁）

白居易：江上笛

江上何人夜吹笛，聲聲似憶故園春。此時聞者堪頭白，況是多愁少睡人。

（《白居易集箋校》第二册第一四卷第八三六頁）

元稹：漢江上笛

小年為寫游梁賦，最說漢江聞笛愁。今夜聽時在何處，月明西縣驛南樓。

（《元稹集》第一七卷第一九六頁；《元稹集編年箋注·詩歌卷》第一五一頁）

白居易：嘉陵夜有懷二首

露濕牆花春意深，西廊月上半床陰。憐君獨臥無言語，惟我知君此夜心。

不明不暗朧朧月，非暖非寒慢慢風。獨臥空床好天氣，平明閒事到心中。

（《白居易集箋校》第二册第一四卷第八三七頁）

元稹：嘉陵驛二首（篇末有懷）

嘉陵驛上空床客，一夜嘉陵江水聲。仍對牆南滿山樹，野花撩亂月朧明。

牆外花枝壓短牆，月明還照半張床。無人會得此時意，一夜獨眠西畔廊。

（《元稹集》第一七卷第一九七頁；《元稹集編年箋注·詩歌卷》第一五三頁）

白居易：江岸梨

梨花有思緣和葉，一樹江頭惱殺君。最似孀閨少年婦，白妝素袖碧紗裙。

(《白居易集箋校》第二册第一四卷第八三九頁)

元稹：江花落

日暮嘉陵江水東，梨花萬片逐江風。江花何處最腸斷，半落江流半在空。(《元稹集》第一七卷第一九八頁；《元稹集編年箋注・詩歌卷》第一五四頁)

白居易：夜深行

百牢關外夜行客，三殿角頭宵直人。莫道近臣勝遠使，其如同是不閒身。(《白居易集箋校》第二册第一四卷第八三七頁)

元稹：夜深行

夜深猶自繞江行，震地江聲似鼓聲。漸見戍樓疑近驛，百牢關吏火前迎。(《元稹集》第一七卷第一九九頁；《元稹集編年箋注・詩歌卷》第一五八頁)

白居易：望驛臺（三月三十日）

靖安宅裏當窗柳，望驛臺前撲地花。兩處春光同日盡，居人思客客思家。(《白居易集箋校》第二册第一四卷第八三八頁)

元稹：望驛臺（三月盡）

可憐三月三旬足，悵望江邊望驛臺。料得孟光今日語，不曾春盡不歸來。(《元稹集》第一七卷第一九九頁；《元稹集編年箋注・詩歌卷》第一五八頁)

白居易：山枇杷花二首

萬重青嶂蜀門口，一樹紅花山頂頭。春盡憶家歸未得，低紅如解替君愁。

葉如裙色碧綃淺，花似芙蓉紅粉輕。若使此花兼解語，推囚御史定違程。(《白居易集箋校》第二册第一四卷第八三三頁)

元稹:？山枇杷花

智按：元和十年，元稹貶通州途中又有七言樂府《山枇杷》(《元稹集》第三〇三頁；《元稹集編年箋注・詩歌卷》第六三一頁)。

附：元稹：清明日

常年寒食好風輕，觸處相隨取次行。今日清明漢江上，一身騎馬縣官迎。(《元稹集》第一七卷第一九四頁；《元稹集編年箋注・詩歌卷》第一四三頁)

元稹：梁州夢

夢君同繞曲江頭，也向慈恩院院遊。亭吏呼人排去馬，所驚身在古梁州。（《元稹集》第一七卷第一九五頁；《元稹集編年箋注・詩歌卷》第一四五頁）

元稹：慚問囚

司馬子微壇上頭，與君深結白雲儔。尚平村落擬連買，王屋山泉為別遊。各待陸渾求一尉，共資三徑便同休。那知今日蜀門路，帶月夜行緣問囚。（《元稹集》第一七卷第一九六頁；《元稹集編年箋注・詩歌卷》第一四九頁）

元稹：江上行

悶見漢江流不息，悠悠漫漫竟何成。江流不語意相問，何事遠來江上行。（《元稹集》第一七卷第一九六頁；《元稹集編年箋注・詩歌卷》第一五〇頁）

元稹：郵亭月

君多務實我多情，大抵偏嗔步月明。今夜山郵與蠻嶂，君應堅卧我還行。（《元稹集》第一七卷第一九六頁；《元稹集編年箋注・詩歌卷》第一五二頁）

元稹：百牢關（奉使推小吏任敬仲）

嘉陵江上萬重山，何事臨江一破顏。自笑只緣任敬仲，等閒身度百牢關。（《元稹集》第一七卷第一九七頁；《元稹集編年箋注・詩歌卷》第一五四頁）

元稹：嘉陵江二首

秦人惟識秦中水，長想吳江與蜀江。今日嘉川驛樓下，可憐如練繞明窗。

千里嘉陵江水聲，何年重繞此江行。只應添得清宵夢，時見滿江流月明。（《元稹集》第一七卷第一九八頁；《元稹集編年箋注・詩歌卷》第一五五頁）

元稹：西縣驛

去時樓上清明夜，月照樓前撩亂花。今日成陰復成子，可憐春盡未還家。（《元稹集》第一七卷第一九八頁；《元稹集編年箋注・詩歌卷》第一五六頁）

元稹：望喜驛

滿眼文書堆案邊，眼昏偷得暫時眠。子規驚覺燈又滅，一道月光横枕前。（《元稹集》第一七卷第一九八頁；《元稹集編年箋注・詩歌卷》第一五七頁）

元稹：好時節

身騎驄馬峨眉下，面帶霜威卓氏前。虛度東川好時節，酒樓元被蜀兒眠。（《元稹集》第一七卷第一九八頁；《元稹集編年箋注・詩歌卷》第一五七頁）

十、元和五年（八一〇）

白居易：和答詩十首（並序）

五年春，微之從東臺來，不數日，又左轉為江陵士曹掾。詔下日，會予下内直歸，而微之已即路，邂逅相遇於街衢中，自永壽寺南，抵新昌里北，得馬上語别；語不過相勉保方寸，外形骸而已，因不暇及他。是夕，足下次於山北寺。僕職役不得去，命季弟送行，且奉新詩一軸，致於執事，凡二十章，率有興比，淫文豔韻無一字焉。意者，欲足下在途諷讀，且以遣日時，銷憂懣，又有以張直氣而扶壯心也。及足下到江陵，寄在路所為詩十七章，凡五六千言，言有為，章有旨，迨於宮律體裁，皆得作者風。發緘開卷，且喜且怪。僕思牛僧孺戒，不能示他人，唯與杓直、拒非及樊宗師輩三四人，時一吟讀，心甚貴重。然竊思之，豈僕所奉者二十章，遽能開足下聰明，使之然耶？抑又不知足下是行也，天將屈足下之道，激足下之心，使感時發憤，而臻於此耶？若爾不然者，何立意、措辭，與足下前時詩，如此之相遠也？僕既羡足下詩，又憐足下心，盡欲引狂簡而和之；屬直宿拘牽，居無暇日，故不即時如意。旬月來，多乞病假，假中稍閒，且摘卷中尤者，繼成十章，亦不下三千言。其間所見，同者固不能自異，異者亦不能強同。同者謂之和，異者謂之答，並别録《和夢遊春詩》一章，各附於本篇之末，餘未和者，亦續致之。

頃者，在科試間，常與足下同筆硯；每下筆時，輒相共患其意太切而理太周。故理太周則辭繁，意太切則言激。然與足下為文，所長在於此，所病亦在於此。足下來序，果有詞犯文繁之説。今僕所和者，猶前病也。待與足下相見日，各引所作，稍删其煩而晦其義焉。餘具書白。

白居易：和《思歸樂》

山中不棲鳥，夜半聲嚶嚶。似道思歸樂，行人掩泣聽。皆疑此山路，遷客多南征。憂憤氣不散，結化為精靈。我謂此山鳥，本不因人生。人心自懷土，想作思歸鳴。孟嘗平居時，娱耳琴泠泠。雍門一言感，未奏淚沾纓。魏武銅雀妓，日與歡樂並。一旦西陵望，欲歌先涕零。峽猿亦無意，隴水復何情。為入愁人耳，皆為腸斷聲。請看元侍御，亦宿此郵亭。因聽思歸鳥，神氣獨安寧。問君何以然，道勝心自平。雖為南遷客，如在長安城。云得此道來，何慮復何營。窮達有前定，憂喜無交爭。所以事君日，持憲立天庭。雖有回天力，撓之終不傾。況始三十餘，年少有直名。心中志氣大，眼前爵禄輕。君恩若雨露，君威若雷霆。退不苟免難，進不曲求榮。在火辨玉性，經霜識松貞。展禽任三黜，靈均長獨醒。獲戾自東洛，貶官向南荊。再拜辭闕下，長揖別公卿。荊州又非遠，驛路半月程。漢水照天碧，楚山插雲青。江陵橘似珠，宜城酒如餳。誰謂遣謫去，未妨遊賞行。人生百歲內，天地暫寓形。太倉一稊米，大海一浮萍。身委逍遙篇，心付頭陀經。尚達生死觀，寧為寵辱驚？中懷苟有主，外物安能縈。任意思歸樂，聲聲啼到明。（《白居易集箋校》第一册第二卷第一一〇頁）

元稹：思歸樂

山中思歸樂，盡作思歸鳴。爾是此山鳥，安得失鄉名。應緣此山路，自古離人征。陰愁感和氣，俾爾從此生。我雖失鄉去，我無失鄉情。慘舒在方寸，寵辱將何驚。浮生居大塊，尋丈可寄形。身安即形樂，豈獨樂咸京。命者道之本，死者天之平。安問遠與近，何言殤與彭。君看趙工部，八十支體輕。交州二十載，一到長安城。長安不須臾，復作交州行。交州又累歲，移鎮廣與荊。歸朝新天子，濟濟為上卿。肌膚無瘴色，飲食康且寧。長安一晝夜，死者如隕星。喪車四門出，何關炎瘴縈。況我三十二，百年未半程。江陵道塗近，楚俗雲水清。遐想玉泉寺，久聞峴山亭。此去盡綿歷，豈無心賞並。紅餐日充腹，碧澗朝析酲。開門待賓客，寄書安弟兄。閑窮四聲韻，悶閱九部經。身外皆委順，眼前隨所營。此意久已定，誰能求苟榮。所以官甚小，不畏權勢傾。傾心豈不易，巧詐神之刑。萬物有本性，況復人性靈。金埋無土色，玉墜無瓦聲。劍折有寸利，鏡破有片明。我可俘為囚，我可刃為兵。我心終不死，金石貫以誠。此誠患不至，誠至道亦亨。微哉滿山鳥，叫噪何足聽。（《元稹集》第一卷第一頁；《元稹集編年箋注・詩歌卷》第二二四頁）

白居易：和《陽城驛》

商山陽城驛，中有歎者誰？云是元監察，江陵謫去時。忽見此驛名，良久涕欲垂。何故陽道州，名姓同於斯？憐君一寸心，寵辱誓不移。疾惡若巷伯，好賢如緇衣。沉吟不能去，意者欲改為。改為避賢驛，大署於門楣。荊人愛羊祜，戶曹改為辭。一字不忍道，況兼姓呼之？因題八百言，言直文甚奇。詩成寄與我，鏘若金和絲。上言陽公行，友悌無等夷。骨肉同衾裯，至死不相離。次言陽公跡，夏邑始棲遲。鄉人化其風，少長皆孝慈。次言楊公道，終日對酒卮。兄弟笑相顧，醉貌紅怡怡。次言陽公節，謇謇居諫司。誓心除國蠹，決死犯天威。終言陽公命，左遷天一涯。道州炎瘴地，身不得生歸。一一皆實録，事事無孑遺。凡是為善者，聞之惻然悲。道州既已矣，往者不可追。何世無其人，來者亦可思。願以君子文，告彼大藥師。附於雅歌末，奏之白玉墀。天子聞此章，教化如法施。直諫從如流，佞臣惡如疵。宰相聞此章，政柄端正持。進賢不知倦，去邪勿復疑。憲臣聞此章，不敢懷依違。諫官聞此章，不忍縱詭隨。然後告史氏，舊史有前規。若作陽公傳，欲令後世知。不勞敘世家，不用費文辭。但於國史上，全録元稹詩。（《白居易集箋校》第一册第二卷第一一三頁）

元稹：陽城驛

商有陽城驛，名同陽道州。陽公沒已久，感我淚交流。昔公孝父母，行與曾閔儔。既孤善兄弟，兄弟和且柔。一夕不相見，若懷三歲憂。遂誓不婚娶，沒齒同衾裯。妹夫死他縣，遺骨無人收。公令季弟往，公與仲弟留。相別竟不得，三人同遠遊。共負他鄉骨，歸來藏故丘。棲遲居夏邑，邑人無苟偷。里中競長短，來問劣與優。官刑一朝恥，公短終身羞。公亦不遺布，人自不盜牛。問公何能爾，忠信先自修。發言當道理，不顧黨與讎。聲香漸翕習，冠蓋若雲浮。少者從公學，老者從公游。往來相告報，縣尹與公侯。名落公卿口，湧如波薦舟。天子得聞之，書下再三求。書中願一見，不異旱地虯。何以持為聘，束帛藉琳球。何以持為禦，駟馬駕安輈。公方伯夷操，事殷不事周。我實唐士庶，食唐之田疇。我聞天子憶，安敢專自由。來為諫大夫，朝夕侍冕旒。希夷悖薄俗，密勿獻良籌。神醫不言術，人瘼曾暗瘳。月請諫官俸，諸弟相對謀。皆曰親戚外，酒散目前愁。公云不有爾，安得此嘉猷。施余盡酤酒，客來相獻酬。日旰不謀食，春深仍弊裘。人心良戚戚，我樂獨由由。貞元歲云暮，朝有曲如鉤。風波勢奔蹙，日月光綢繆。齒牙屬為猾，禾黍暗生蟊。豈無司言者，肉食吞其喉。豈無司搏者，利柄扼其韝。鼻復勢氣塞，不得辯薰蕕。公雖未顯諫，惴惴如患瘤。飛章八九上，皆若珠暗投。炎炎日將熾，積燎無人抽。公乃帥其屬，決諫同報仇。延英殿門外，叩閣仍叩頭。且曰事不止，臣諫誓不休。上知不可遏，命以美語酬。降官司成署，俾之為贅疣。奸心不快活，擊刺礪戈矛。終為道州去，天道竟悠悠。遂令不言者，反以言為訧。喉舌坐成木，鷹鸇化為鳩。避權如避虎，冠豸如冠猴。平生附我者，詩人稱好逑。私來一執手，恐若墜諸溝。送我不出戶，決我不回眸。唯有太學生，各具糧與餱。咸言公去矣，我亦去荒陬。公與諸生別，步步駐行騶。有生不可訣，行行過閩甌。為師得如此，得為賢者不。道州聞公來，鼓舞歌且謳。昔公居夏邑，狎人如狎鷗。況自為刺史，豈復援鼓桴。滋章一時罷，教化天下遒。炎瘴不得老，英華忽已秋。有鳥哭楊震，無兒悲鄧攸。唯餘門弟子，列樹松與楸。今來過此驛，若弔汨羅洲。祠曹諱羊祜，此驛何不侔。我願避公諱，名為避賢郵。此名有深意，蔽賢天所尤。吾聞玄元教，日月冥九幽。幽陰蔽翳者，永為幽翳囚。（《元稹集》第二卷第十四頁；《元稹集編年箋注・詩歌卷》第二六三頁）

白居易：答《桐花》

山木多蓊鬱，茲桐獨亭亭。葉重碧雲片，花簇紫霞英。是時三月天，春暖山雨晴。夜色向月淺，暗香隨風輕。行者多商賈，居者悉黎氓。無人解賞愛，有客獨屏營。手攀花枝立，足蹋花影行。生憐不得所，死欲揚其聲。截為天子琴，刻作古人形。云待我成器，薦之於穆清。誠是君子心，恐非草木情。胡為愛其華，而反傷其生？老龜被刳腸，不如無神靈。雄雞自斷尾，不願為犧牲。況此好顏色，花紫葉青青。宜遂天地性，忍加刀斧刑？我思五丁力，拔入九重城。當君正殿栽，花葉生光晶。上對月中桂，下覆階前蓂。泛拂香爐煙，隱映斧藻屏。為君布綠陰，當暑蔭軒楹。沉沉綠滿地，桃李不敢爭。為君發清韻，風來如叩瓊。泠泠聲滿耳，鄭衛不足聽。受君封植力，不獨吐芬馨。助君行春令，開花應清明。受君雨露恩，不獨含芳榮。戒君無戲言，剪葉封弟兄。受君歲月功，不獨資生成。為君長高枝，鳳凰上頭鳴。一鳴君萬歲，壽如山不傾。再鳴萬人泰，泰階為之平。如何有此用，幽滯在岩坰？歲月不爾駐，孤芳坐凋零。請向桐枝上，為余題姓名。待余有勢力，移爾獻丹庭。（《白居易集箋校》第一冊第二卷第一一五頁）

元稹：桐花

朧月上山館，紫桐垂好陰。可惜暗澹色，無人知此心。舜沒蒼梧野，鳳歸丹穴岑。遺落在人世，光華那復深。年年怨春意，不競桃杏林。唯占清明後，牡丹還復侵。況此空館閉，云誰恣幽尋。徒煩鳥噪集，不語山嶔岑。滿院青苔地，一樹蓮花簪。自開還自落，暗芳終暗沈。爾生不得所，我願裁為琴。安置君王側，調和元首音。安問宮徵角，先辨雅鄭淫。宮弦春以君，君若春日臨。商弦廉以臣，臣作旱天霖。人安角聲暢，人困斸不任。羽以類萬物，祆物神不歆。徵以節百事，奉事罔不欽。五者苟不亂，天命乃可忱。君若問孝理，彈作梁山吟。君若事宗廟，拊以和球琳。君若不好諫，願獻觸疏箴。君若不罷獵，請聽荒於禽。君若侈臺殿，雍門可沾襟。君若傲賢雋，鹿鳴有食芩。君聞祈招什，車馬勿駸駸。君若欲敗度，中有式如金。君聞薰風操，志氣在愔愔。中有阜財語，勿受來獻賝。北里當絕聽，禍莫大於淫。南風苟不競，無往遺之擒。奸聲不入耳，巧言寧孔壬。梟音亦云革，安得沴與祲。天子既穆穆，群材亦森森。劍士還農野，絲人歸織紝。丹鳳巢阿閣，文魚遊碧潯。和氣浹寰海，易若溉蹄涔。改張乃可鼓，此語無古今。非琴獨能爾，事有諭因針。感爾桐花意，閒怨杳難禁。待我持斤斧，置君為大琛。（《元稹集》第一卷第六頁；《元稹集編年箋注·詩歌卷》第二三七頁）

白居易：和《大觜烏》

烏者種有二，名同性不同。嘴小者慈孝，嘴大者貪庸。嘴大命又長，生來十餘冬。物老顏色變，頭毛白茸茸。飛來庭樹上，初但驚兒童。老巫生奸計，與烏意潛通。云此非凡烏，遙見起敬恭。千歲乃一出，喜賀主人翁。祥瑞來白日，神聖占知風。陰作北斗使，能為人吉凶。此烏所止家，家產日夜豐。上以致壽考，下可宜田農。主人富家子，身老心童蒙。隨巫拜復祝，婦姑亦相從。殺雞薦其肉，敬若禋六宗。烏喜張大嘴，飛接在虛空。烏既飽膻腥，巫亦饗甘濃。烏巫互相利，不復兩西東。日日營巢窟，稍稍近房櫳。雖生八九子，誰辨其雌雄？群雛又成長，眾嘴騁殘凶。探巢吞燕卵，入蔟啄蠶蟲。豈無乘秋隼？羈絆委高墉。但食烏殘肉，無施搏擊功。亦有能言鸚，翅碧嘴距紅。暫曾說烏罪，囚閉在深籠。青青窗前柳，鬱鬱井上桐。貪烏占棲息，慈烏獨不容。慈烏爾奚為，來往何憧憧？曉去先晨鼓，暮歸後昏鐘。辛苦塵土間，飛啄禾黍叢。得食將哺母，飢腸不自充。主人憎慈烏，命子削彈弓。弦續會稽竹，丸鑄荊山銅。慈烏求母食，飛下爾庭中。數粒未入口，一丸已中胸。仰天號一聲，似欲訴蒼穹。反哺日未足，非是惜微躬。誰能持此冤，一為問化工？胡然大嘴烏，竟得天年終？（《白居易集箋校》第一册第二卷第一一七頁）

元稹：大觜烏

陽烏有二類，嘴白者名慈。求食哺慈母，因以此名之。飲啄頗廉儉，音響亦柔雌。百巢同一樹，棲宿不復疑。得食先反哺，一身常苦羸。緣知五常性，翻被眾禽欺。其一觜大者，攫搏性貪癡。有力強如鶻，有爪利如錐。音聲甚吠喟，潛通妖怪詞。受日餘光庇，終天無死期。翱翔富人屋，棲息屋前枝。巫言此烏至，財產日豐宜。主人一心惑，誘引不知疲。轉見烏來集，自言家轉孳。白鶴門外養，花鷹架上維。專聽烏喜怒，信受若神龜。舉家同此意，彈射不復施。往往清池側，卻令鵷鷺隨。群烏飽粱肉，毛羽色澤滋。遠近恣所往，貪殘無不為。巢禽攫雛卵，廄馬啄瘡痍。滲瀝脂膏盡，鳳凰那得知。主人一朝病，爭向屋簷窺。呦嚶呼群鵩，翩翻集怪鴟。主人偏養者，嘯聚最奔馳。夜半仍驚噪，鵂鶹逐老狸。主人病心怯，燈火夜深移。左右雖無語，奄然皆淚垂。平明天出日，陰魅走參差。烏來屋簷上，又惑主人兒。兒即富家業，玩好方愛奇。占募能言鳥，置者許高貲。隴樹巢鸚鵡，言語好光儀。美人傾心獻，雕籠身自持。求者臨軒坐，置在白玉墀。先問鳥中苦，便言烏若斯。眾烏齊搏鑠，翠羽幾離披。遠擲千餘里，美人情亦衰。舉家懲此患，事烏逾昔時。向言池上鷺，啄肉寢其皮。夜漏天終曉，陰雲風定吹。況爾烏何者，數極不知危。會結彌天網，盡取一無遺。常令阿閣上，宛宛宿長離。（《元稹集》第一卷第十頁；《元稹集編年箋注・詩歌卷》第二四八頁）

白居易：答《四皓廟》

天下有道見，無道卷懷之。此乃聖人語，吾聞諸仲尼。矯矯四先生，同稟希世資。隨時有顯晦，秉道無磷緇。秦皇肆暴虐，二世遘亂離。先生相隨去，商嶺采紫芝。君看秦獄中，戮辱者李斯。劉項爭天下，謀臣竟悅隨。先生如鸞鶴，去入冥冥飛。君看齊鼎中，焦爛者酈其。子房得沛公，自謂相遇遲。八難掉舌樞，三略役心機。辛苦十數年，晝夜形神疲。竟雜霸者道，徒稱帝者師。子房爾則能，此非吾所宜。漢高之季年，嬖寵鍾所私。塚嫡欲廢奪，骨肉相憂疑。豈無子房口？口舌無所施。亦有陳平心，心計將何為？皤皤四先生，高冠危映眉。從容下南山，顧盼入東闈。前瞻惠太子，左右生羽儀。卻顧戚夫人，楚舞無光輝。心不畫一計，口不吐一詞。暗定天下本，遂安劉氏危。子房吾則能，此非爾所知。先生道既光，太子禮甚卑。安車留不住，功成棄如遺。如彼旱天雲，一雨百穀滋。澤則在天下，雲復歸稀夷。勿高巢與由，勿尚呂與伊。巢由往不返，伊呂去不歸。豈如四先生，出處兩逶迤。何必長隱逸，何必長濟時。由來聖人道，無朕不可窺。卷之不盈握，舒之亘八陲。先生道甚明，夫子猶或非。願子辨其惑，為予吟此詩。（《白居易集箋校》第一册第二卷第一一九頁）

元稹：四皓廟

巢由昔避世，堯舜不得臣。伊呂雖急病，湯武乃可君。四賢胡為者，千載名氛氳。顯晦有遺跡，前後疑不倫。秦政虐天下，黷武窮生民。諸侯戰必死，壯士眉亦顰。張良韓孺子，椎碎屬車輪。遂令英雄意，日夜思報秦。先生相將去，不復嬰世塵。雲卷在孤岫，龍潛為小鱗。秦王轉無道，諫者鼎鑊親。茅焦脫衣諫，先生無一言。趙高殺二世，先生如不聞。劉項取天下，先生游白雲。海内八年戰，先生全一身。漢業日已定，先生名亦振。不得為濟世，宜哉為隱淪。如何一朝起，屈作儲貳賓。安存孝惠帝，摧悴戚夫人。舍大以謀細，虯盤而蠖伸。惠帝竟不嗣，呂氏禍有因。雖懷安劉志，未若周與陳。皆落子房術，先生道何屯。出處貴明白，故吾今有云。（《元稹集》第一卷第十一頁；《元稹集編年箋注·詩歌卷》第二五四頁）

白居易：和《雉媒》

吟君雉媒什，一哂復一歎。和之一何晚，今日仍成篇。豈唯鳥有之，抑亦人復然。張陳刎頸交，竟以勢不完。至今不平氣，塞絕泜水源。趙襄骨肉親，亦以利相殘。至今不善名，高於磨笄山。況此籠中雉，志在飲啄間。稻粱暫入口，性已隨人遷。身苦亦自忘，同族何足言？但恨為媒拙，不足以自全。勸君今日後，養鳥養青鸞。青鸞一失侶，至死守孤單。勸君今日後，結客結任安。主人賓客去，獨住在門闌。（《白居易集箋校》第一册第二卷第一二二頁）

元稹：雉媒

雙雉在野時，可憐同嗜欲。毛衣前後成，一種文章足。一雉獨先飛，衝開芳草緑。網羅幽草中，暗被潛羈束。剪刀摧六翮，絲線縫雙目。啖養能幾時，依然已馴熟。都無舊性靈，返與他心腹。置在芳草中，翻令誘同族。前時相失者，思君意彌篤。朝朝舊處飛，往往巢邊哭。今朝樹上啼，哀音斷還續。遠見爾文章，知君草中伏。和鳴忽相召，鼓翅遥相矚。畏我未肯來，又啄翳前粟。斂翮遠投君，飛馳勢奔蹙。罥掛在君前，向君聲促促。信君决無疑，不道君相覆。自恨飛太高，疏羅偶然觸。看看架上鷹，擬食無罪肉。君意定何如，依舊雕籠宿。（《元稹集》第一卷第七頁；《元稹集編年箋注・詩歌卷》第二四二頁）

白居易：和《松樹》

亭亭山上松，一一生朝陽。森聳上參天，柯條百尺長。漠漠塵中槐，兩兩夾康莊。婆娑低覆地，枝幹亦尋常。八月白露降，槐葉次第黄。歲暮滿山雪，松色鬱青蒼。彼如君子心，秉操貫冰霜。此如小人面，變態隨炎涼。共知松勝槐，誠欲栽道旁。糞土種瑤草，瑤草終不芳。尚可以斧斤，伐之為棟梁。殺身獲其所，為君構明堂。不然終天年，老死在南崗。不願亞枝葉，低隨槐樹行。（《白居易集箋校》第一册第二卷第一二三頁）

元稹：松樹

華山高幢幢，上有高高松。株株遥各各，葉葉相重重。槐樹夾道植，枝葉俱冥蒙。既無貞直幹，復有罥掛蟲。何不種松樹，使之搖清風。秦時已曾種，憔悴種不供。可憐孤松意，不與槐樹同。閒在高山頂，樛盤虯與龍。屈為大廈棟，庇蔭侯與公。不肯作行伍，俱在塵土中。（《元稹集》第一卷第五頁；《元稹集編年箋注・詩歌卷》第二三五頁）

白居易：答《箭鏃》

矢人職司憂，為箭恐不精。精在利其鏃，錯磨鋒鏑成。插以青竹竿，羽之赤雁翎。勿言分寸鐵，為用乃長兵。聞有狗盜者，晝伏夜潛行。摩弓拭箭鏃，夜射不待明。一盜既流血，百犬同吠聲。狺狺嗥不已，主人為之驚。盜心憎主人，主人不知情。反責鏃太利，矢人獲罪名。寄言控弦者，願君少留聽。何不向西射，西天有狼星。何不向東射，東海有長鯨。不然學仁貴，三矢平虜庭。不然學仲連，一發下燕城。胡為射小盜，此用無乃輕。徒沾一點血，虛汙箭頭腥。(《白居易集箋校》第一册第二卷第一二四頁)

元稹：箭鏃

箭鏃本求利，淬礪良甚難。礪將何所用，礪以射兇殘。不礪射不入，不射人不安。為盜即當射，寧問私與官。夜射官中盜，中之血闌干。帶箭君前訴，君王悄不歡。頃曾為盜者，百箭中心攢。競將兒女淚，滴瀝助辛酸。君王責良帥，此禍誰為端。帥言發硎罪，不使刃稍剋。君王不忍殺，逐之如迸丸。仍令後來箭，盡可頭團團。發硎去雖遠，礪鏃心不闌。會射蛟螭盡，舟行無惡瀾。(《元稹集》第一卷第八頁；《元稹集編年箋注・詩歌卷》第二四三頁)

白居易：和《古社》

廢村多年樹，生在古社隈。為作妖狐窟，心空身未摧。妖狐變美女，社樹成樓臺。黄昏行人過，見者心徘徊。饑雕竟不捉，老犬反為媒。歲媚少年客，十去九不回。昨夜雲雨合，烈風驅迅雷。風拔樹根出，雷劈社壇開。飛電化為火，妖狐燒作灰。天明至其所，清曠無氛埃。舊地葺村落，新田辟荒萊。始知天降火，不必長為災。勿謂神默默，勿謂天恢恢。勿喜犬不捕，勿誇雕不猜。寄言狐媚者，天火有時來。(《白居易集箋校》第一册第二卷第一二五頁)

元稹：古社

古社基址在，人散社不神。惟有空心樹，妖狐藏魅人。狐惑意顛倒，臊腥不復聞。丘墳變城郭，花草仍荊榛。良田千萬頃，占作天荒田。主人議芟斫，怪見不敢前。那言空山燒，夜隨風馬奔。飛聲鼓鼙震，高焰旗幟翻。逡巡荊棘盡，狐兔無子孫。狐死魅人滅，煙消壇墠存。繞壇舊田地，給授有等倫。農收村落盛，社樹新團圓。社公千萬歲，永保村中民。(《元稹集》第一卷第四頁；《元稹集編年箋注・詩歌卷》第二三三頁)

白居易：和《分水嶺》

高嶺峻棱棱，細泉流娓娓。勢分合不得，東西隨所委。悠悠草蔓底，濺濺石罅裏。分流來幾年？晝夜兩如此。朝宗遠不及，去海三千里。浸潤小無功，山苗長旱死。縈紆用無所，奔迫流不已。唯作嗚咽聲，夜入行人耳。有源殊不竭，無坎終難至。同出而異流，君看何所似？有似骨肉親，派別從茲始。又似勢利交，波瀾相背起。所以贈君詩，將君何所比？不比山上泉，比君井中水。（《白居易集箋校》第一册第二卷第一二六頁）

元稹：分水嶺

崔嵬分水嶺，高下與雲平。上有分流水，東西隨勢傾。朝同一源出，暮隔千里情。風雨各自異，波瀾相背驚。勢高競奔注，勢曲已回縈。偶值當途石，蹙縮又縱横。有時遭孔穴，變作嗚咽聲。褊淺無所用，奔波奚所營。團團井中水，不復東西征。上應美人意，中涵孤月明。旋風四面起，井深波不生。堅冰一時合，井深凍不成。終年汲引絕，不耗復不盈。五月金石鑠，既寒亦既清。易時不易性，改邑不改名。定如拱北極，瑩若燒玉英。君門客如水，日夜隨勢行。君看守心者，井水為君盟。（《元稹集》第一卷第十一頁；《元稹集編年箋注·詩歌卷》第二五二頁）

十一、元和五年（八一〇）

白居易：答友問

大圭廉不割，利劍用不缺。當其斬馬時，良玉不如鐵。置鐵在洪爐，鐵消易如雪。良玉同其中，三日燒不熱。君疑才與德，詠此知優劣。（《白居易集箋校》第一册第一卷第二十三頁）

智按：據王汝弼《白居易選集》第十四頁（上海古籍出版社，一九八〇年十月版），友指元稹。元（微之）詩有「此物比在泥，斯言為誰發」之問。

元稹：諭寶二首之二

冰置白玉壺，始見清皎潔。珠穿殷紅縷，始見明洞徹。莫邪無人淬，兩刃幽壤鐵。秦鏡無人拭，一片埋霧月。驥騄環堵中，骨附筋入節。蚼蟠尺澤內，魚貫蛙同穴。鵌艎無巨海，浮浮矜瀁潏。棟梁無廣度，顛倒卧霜雪。大鵬無長空，舉翮受羈紲。豫樟無厚地，危柢真飖颻。圭璧無卞和，甘與頑石列。舜禹無陶堯，名隨腐草滅。神功伏神物，神物神乃別。神人不世出，所以神功絕。神物豈徒然，用之有施設。禹功九州理，舜德天下悅。璧充傳國璽，圭用祈泰折。千尋豫樟幹，九萬大鵬歇。棟梁庇生民，艅艎濟來哲。虯騰旱天雨，驥騁流電掣。鏡懸奸膽露，劍拂妖蛇裂。珠生照乘光，冰瑩環坐熱。此物比在泥，斯言為誰發。於今盡凡耳，不為君不説。（《元稹集》第一卷第二十頁；《元稹集編年箋注·詩歌卷》第九四三頁，未編年詩）

十二、元和五年（八一〇）

白居易：折劍頭

拾得折劍頭，不知折之由。一握青蛇尾，數寸碧峰頭。疑是斬鯨鯢，不然刺蛟虯。缺落泥土中，委棄無人收。我有鄙介性，好剛不好柔。勿輕直折劍，猶勝曲全鉤。（《白居易集箋校》第一册第一卷第三二頁）

元稹：和樂天折劍頭

聞君得折劍，一片雄心起。詎意鐵蛟龍，潛在延津水。風雲會一合，呼吸期萬里。雷震山嶽碎，電斬鯨鯢死。莫但寶劍顯，劍頭非此比。（《元稹集》第一卷第二十四頁；《元稹集編年箋注·詩歌卷》第三三五頁）

十三、元和五年（八一〇）

白居易：和元九悼往（感舊蚊幬作）

美人別君去，自去無處尋。舊物零落盡，此情安可任？唯有䌷紗幌，塵埃日夜侵。馨香與顏色，不似舊時深。透影燈耿耿，籠光月沉沉。中有孤眠客，秋涼生夜衾。舊宅牡丹院，新墳松柏林。夢中咸陽淚，覺後江陵心。含此隔年恨，發為中夜吟。無論君自感，聞者欲沾襟。（《白居易集箋校》第一册第九卷第四九一頁）

元稹：張舊蚊幬

逾年間生死，千里曠南北。家居無見期，況乃異鄉國。破盡裁縫衣，忘收遺翰墨。獨有䌷紗幬，憑人遠攜得。施張合歡榻，展卷雙鴛翼。已矣長空虛，依然舊顏色。裴回將就寢，徙倚情何極。昔透香田田，今無魂惻惻。隙穿斜月照，燈背空床黑。達理強開懷，夢啼還過臆。平生貧寡歡，夭枉勞苦憶。我亦距幾時，胡為自摧逼。燭蛾焰中舞，繭蠶叢上織。燋爛各自求，他人顧何力。多離因苟合，惡影當務息。往事勿復言，將來幸前識。（《元稹集》第九卷第一〇二頁；《元稹集編年箋注·詩歌卷》第三七三頁）

十四、元和五年（八一〇）

白居易：秋題牡丹叢

晚叢白露夕，衰葉涼風朝。紅豔久已歇，碧芳今亦銷。幽人坐相對，心事共蕭條。（《白居易集箋校》第一册第九卷第四八三頁）

元稹：和樂天秋題牡丹叢

敝宅豔山卉，別來長歎息。吟君晚叢詠，似見摧頹色。欲識別後容，勤過晚叢側。（《元稹集》第六卷第六七頁；《元稹集編年箋注・詩歌卷》第三〇七頁）

十五、元和五年（八一〇）

白居易：贈吳丹

巧者力苦勞，智者心苦憂。愛君無巧智，終歲閒悠悠。嘗登御史府，亦佐東諸侯。手操糾謬簡，心運決勝籌。宦途似風水，君心如虛舟。泛然而不有，進退得自由。今來脱豸冠，時往侍龍樓。官曹稱心靜，居處隨跡幽。冬負南榮日，支體甚溫柔。夏卧北窗風，枕席如涼秋。南山入舍下，酒甕在床頭。人間有閒地，何必隱林丘。顧我愚且昧，勞生殊為休。一入金門直，星霜三四周。主恩信難報，近地徒久留。終當乞閒官，退與夫子游。（《白居易集箋校》第一册第五卷第二八六頁）

元稹：和樂天贈吳丹

不識吳生面，久知吳生道。跡雖染世名，心本奉天老。雌一守命門，回九填血腦。委氣榮衛和，咽津顏色好。傳聞共甲子，衰隤盡枯槁。獨有冰雪容，纖華奪鮮縞。問人何能爾，吳實曠懷抱。弁冕徒掛身，身外非所寶。伊予固童昧，希真亦云早。石壇玉晨尊，晝夜長自掃。密印視丹田，遊神夢三島。萬過黃庭經，一食青精稻。冥搜方朔桃，結念安期棗。綠髮幸未改，丹誠自能保。行當擺塵纓，吳門事探討。君為先此詞，終期搴瑤草。（《元稹集》第六卷第六六頁；《元稹集編年箋注・詩歌卷》第三〇三頁）

十六、元和五年（八一〇）

白居易：贈樊著作

陽城為諫議，以正事其君。其手如屈軼，舉必指佞臣。卒使不仁者，不得秉國鈞。元稹為御史，以直立其身。其心如肺石，動必達窮民。東川八十家，冤憤一言伸。劉闢肆亂心，殺人正紛紛。其嫂曰庾氏，棄絕不為親。從史萌逆節，隱心潛負恩。其佐曰孔戡，舍去不為賓。凡此士與女，其道天下聞。常恐國史上，但記鳳與麟。賢者不為名，名彰教乃敦。每惜若人輩，身死名亦淪。君為著作郎，職廢志空存。雖有良史才，直筆無所申。何不自著書，實録彼善人。編為一家言，以備史闕文。（《白居易集箋校》第一册第一卷第二十九頁）

元稹：和樂天贈樊著作

君為著作詩，志激詞且溫。璨然光揚者，皆以義烈聞。千慮竟一失，冰玉不斷痕。謬予頑不肖，列在數子間。因君譏史氏，我亦能具陳。羲黄眇云遠，載籍無遺文。煌煌二帝道，鋪設在典墳。堯心惟舜會，因著為話言。皋夔益稷禹，粗得無間然。緬然千載後，後聖曰孔宣。迴知皇王意，綴書為百篇。是時游夏輩，不敢措舌端。信哉作遺訓，職在聖與賢。如何至近古，史氏為閒官。但令識字者，竊弄刀筆權。由心書曲直，不使當世觀。貽之千萬代，疑言相並傳。人人異所見，各各私所偏。以是曰褒貶，不如都無焉。況乃丈夫志，用舍貴當年。顧予有微尚，願以出處論。出非利吾已，其出貴道全。全道豈虛設，道全當及人。全則富與壽，虧則饑與寒。遂我一身逸，不如萬物安。解懸不澤手，拯溺無折旋。神哉伊尹心，可以冠古先。其次有獨善，善己不善民。天地為一物，死生為一源。合雜分萬變，忽若風中塵。抗哉巢由志，堯舜不可遷。舍此二者外，安用名為賓。持謝著書郎，愚不願有云。（《元稹集》第一卷第十八頁；《元稹集編年箋注·詩歌卷》第三三〇頁）

十七、元和五年（八一〇）

白居易：感鶴

鶴有不群者，飛飛在野田。饑不啄腐鼠，渴不飲盜泉。貞姿自耿介，雜鳥何翩翾。同游不同志，如此十餘年。一興嗜欲念，遂為矰繳牽。委質小池內，爭食群雞前。不惟懷稻粱，兼亦競腥羶。不惟戀主人，兼亦狎烏鳶。物心不可知，天性有時遷。一飽尚如此，況乘大夫軒。（《白居易集箋校》第一册第一卷第三五頁）

元稹：和樂天感鶴

我有所愛鶴，毛羽霜雪妍。秋望一滴露，聲洞林外天。自隨衛侯去，遂入大夫軒。雲貌久已隔，玉音無復傳。吟君感鶴操，不覺心惕然。無乃予所愛，誤為微物遷。因茲諭直質，未免柔細牽。君看孤松樹，左右蘿蔦纏。既可習為鮑，亦可薰為荃。期君常善救，勿令終棄捐。(《元稹集》第一卷第十九頁；《元稹集編年箋注・詩歌卷》第三三三頁)

十八、元和五年（八一〇）

白居易：別舍弟後月夜

悄悄初別夜，去住兩盤桓。行子孤燈店，居人明月軒。平生共貧苦，未必日成歡。及此暫為別，懷抱已憂煩。況是庭葉盡，復思山路寒。如何為不念？馬瘦衣裳單。(《白居易集箋校》第一册第九卷第四七八頁)

元稹：和樂天別弟後月夜作

聞君別愛弟，明天照夜寒。秋雁拂簷影，曉琴當砌彈。悵望天澹澹，因思路漫漫。吟為別弟操，聞者為辛酸。況我兄弟遠，一身形影單。江波浩無極，但見時歲闌。(《元稹集》第六卷第六七頁；《元稹集編年箋注・詩歌卷》第三〇六頁)

十九、元和五年（八一〇）

白居易：曲江感秋（五年作）

沙草新雨地，岸柳涼風枝。三年感秋意，並在曲江池。早蟬已嘹唳，晚荷復離披。前秋去秋思，一一生此時。昔人三十二，秋興已云悲。我今欲四十，秋懷亦可知。歲月不虛設，此身隨日衰。暗老不自覺，直到鬢成絲。(《白居易集箋校》第一册第九卷第四八四頁)

元稹：和樂天秋題曲江

十載定交契，七年鎮相隨。長安最多處，多是曲江池。梅杏春尚小，芰荷秋已衰。共愛寥落境，相將偏此時。綿綿紅蓼水，颺颺白鷺鷥。詩句偶未得，酒杯聊久持。今來雲雨曠，舊賞魂夢知。況乃江楓夕，和君秋興詩。(《元稹集》第六卷第六六頁；《元稹集編年箋注・詩歌卷》第三〇五頁)

二十、元和五年（八一〇）

白居易：初與元九別後忽夢見之。及寤而書適至，兼寄桐花詩。悵然感懷，因以此寄〔元九初謫江陵〕

永壽寺中語，新昌坊北分。歸來數行淚，悲事不悲君。悠悠藍田路，自去無消息。計君食宿程，已過商山北。昨夜雲四散，千里同月色。曉來夢見君，應是君相憶。夢中握君手，問君意何如？君言苦相憶，無人可寄書。覺來未及説，叩門聲冬冬。言是商州使，送君書一封。枕上忽驚起，顛倒著衣裳。開緘見手劄，一紙十三行。上論遷謫心，下説離別腸。心腸都未盡，不暇敘炎涼。云作此書夜，夜宿商州東。獨對孤燈坐，陽城山館中。夜深作書畢，山月向西斜。月下何所有，一樹紫桐花。桐花半落時，復道正相思。殷勤書背後，兼寄桐花詩。桐花詩八韻，思緒一何深。以我今朝意，憶君此夜心。一章三遍讀，一句十回吟。珍重八十字，字字化為金。（《白居易集箋校》第一册第九卷第四八九頁）

元稹：三月二十四日宿曾峰館，夜對桐花，寄樂天

微月照桐花，月微花漠漠。怨澹不勝情，低回拂簾幕。葉新陰影細，露重枝條弱。夜久春恨多，風清暗香薄。是夕遠思君，思君瘦如削。但感事睽違，非言官好惡。奏書金鑾殿，步屣青龍閣。我在山館中，滿地桐花落。（《元稹集》第六卷第六三頁；《元稹集編年箋注・詩歌卷》第二二二頁）

元稹：酬樂天書懷見寄

新昌北門外，與君從此分。街衢走車馬，塵土不見君。君為分手歸，我行行不息。我上秦嶺南，君直樞星北。秦嶺高崔嵬，商山好顏色。月照山館花，裁詩寄相憶。天明作詩罷，草草隨所如。憑人寄將去，三月無報書。荊州白日晚，城上鼓冬冬。行逢賀州牧，致書三四封。封題樂天字，未拆已沾裳。拆書八九讀，淚落千萬行。中有酬我詩，句句截我腸。仍云得詩夜，夢我魂淒涼。終言作書處，上直金鑾東。詩書費一夕，萬恨緘其中。中宵宮中出，復見宮月斜。書罷月亦落，曉燈隨暗花。想君書罷時，南望勞所思。況我江上立，吟君懷我詩。懷我浩無極，江水秋正深。清見萬丈底，照我平生心。感君求友什，因報壯士吟。持謝眾人口，銷盡猶是金。（《元稹集》第六卷第六三頁；《元稹集編年箋注・詩歌卷》第二九六頁）

智按：元和十年（八一五），元稹又有《桐孫詩》（《元稹集》第二一九頁；《元稹集編年箋注・詩歌卷》第六一五頁）。元和十五年（八二〇），白居易又有《商山路驛桐樹昔與微之前後題名處》；長慶二年（八二二）又有

《桐花館重題》（分別見《白居易集箋校》第二册第十八卷第一頁；第一册第八卷第四二〇頁）。

附：白居易：答《桐花》，元和四年（八〇九）

山木多蓊鬱，茲桐獨亭亭。葉重碧雲片，花簇紫霞英。是時三月天，春暖山雨晴。夜色向月淺，暗香隨風輕。行者多商賈，居者悉黎氓。無人解賞愛，有客獨屏營。手攀花枝立，足蹋花影行。生憐不得所，死欲揚其聲。截為天子琴，刻作古人形。云待我成器，薦之於穆清。誠是君子心，恐非草木情。胡為愛其華，而反傷其生？老龜被刳腸，不如無神靈。雄雞自斷尾，不願為犧牲。況此好顔色，花紫葉青青。宜遂天地性，忍加刀斧刑？我思五丁力，拔入九重城。當君正殿栽，花葉生光晶。上對月中桂，下覆階前蓂。泛拂香爐煙，隱映斧藻屏。為君布綠陰，當暑蔭軒楹。沉沉綠滿地，桃李不敢爭。為君發清韻，風來如叩瓊。泠泠聲滿耳，鄭衛不足聽。受君封植力，不獨吐芬馨。助君行春令，開花應清明。受君雨露恩，不獨含芳榮。戒君無戲言，剪葉封弟兄。受君歲月功，不獨資生成。為君長高枝，鳳凰上頭鳴。一鳴君萬歲，壽如山不傾。再鳴萬人泰，泰階為之平。如何有此用，幽滯在岩坰？歲月不爾駐，孤芳坐凋零。請向桐枝上，為余題姓名。待余有勢力，移爾獻丹庭。（《白居易集箋校》第一册第一卷第一一五頁）

元稹：桐花，元和四年（八〇九）

朧月上山館，紫桐垂好陰。可惜暗澹色，無人知此心。舜沒蒼梧野，鳳歸丹穴岑。遺落在人世，光華那復深。年年怨春意，不競桃杏林。唯占清明後，牡丹還復侵。況此空館閉，云誰恣幽尋。徒煩鳥噪集，不語山嶔岑。滿院青苔地，一樹蓮花簪。自開還自落，暗芳終暗沈。爾生不得所，我願裁為琴。安置君王側，調和元首音。安問宮徵角，先辨雅鄭淫。宮弦春以君，君若春日臨。商弦廉以臣，臣作旱天霖。人安角聲暢，人困鬬不任。羽以類萬物，祅物神不歆。徵以節百事，奉事罔不欽。五者苟不亂，天命乃可忱。君若問孝理，彈作梁山吟。君若事宗廟，拊以和球琳。君若不好諫，願獻觸疏箴。君若不罷獵，請聽荒於禽。君若侈臺殿，雍門可霑襟。君若傲賢儁，鹿鳴有食芩。君聞祈招什，車馬勿駸駸。君若欲敗度，中有式如金。君聞薰風操，志氣在愔愔。中有阜財語，勿受來獻賝。北里當絕聽，禍莫大於婬。南風苟不競，無往遺之擒。姦聲不入耳，巧言寧孔壬。梟音亦云革，安得沴與祲。天子既穆穆，羣材亦森森。劍士還農野，絲人歸織紝。丹鳳巢阿閣，文魚遊碧潯。和氣浹寰海，易若溉蹄涔。改張乃可鼓，此語無古今。非琴獨能爾，事有諭因鍼。感爾桐花意，閒怨杳難禁。待我持斤斧，置君為大琛。（《元稹集》第六頁）

二十一、元和五年（八一〇）

白居易：登樂遊園望

獨上樂遊園，四望天日曛。東北何靄靄，宮闕入煙雲。愛此高處立，忽如遺垢氛。耳目暫清曠，懷抱鬱不伸。下視十二街，綠樹間紅塵。車馬徒滿眼，不見心所親。孔生死洛陽，元九謫荊門。可憐南北路，高蓋者何人。（《白居易集箋校》第一册第一卷第三二頁）

元稹：酬樂天登樂遊園見憶

昔君樂遊園，悵望天欲曛。今我大江上，快意波翻雲。秋空壓澶漫，澒洞無垢氛。四顧皆豁達，我眉今日伸。長安隘朝市，百道走埃塵。軒車隨對列，骨肉非本親。誇游丞相第，偷入常侍門。愛君直如髮，勿念江湖人。（《元稹集》第六卷第六四頁；《元稹集編年箋注・詩歌卷》第二九八頁）

二十二、元和五年（八一〇）

白居易：春暮寄元九

梨花結成實，燕卵花為雛。時物又若此，道情復何如？但覺日月促，不嗟年歲徂。浮生都是夢，老小亦何殊？唯與故人別，江陵初謫居。時時一相見，此意未全除。（《白居易集箋校》第一册第九卷第四七六頁）

元稹：酬樂天早夏見懷

庭柚有垂實，燕巢無宿雛。我亦辭社燕，茫茫焉所如。君詩夏方早，我歎秋已徂。食物風土異，衾裯時節殊。荒草滿田地，近移江上居。八日復切九，月明侵半除。（《元稹集》第六卷第六四頁；《元稹集編年箋注・詩歌卷》第二九九頁）

二十三、元和五年（八一〇）

白居易：勸酒寄元九

薤葉有朝露，槿枝無宿花。君今亦如此，促促生有涯。既不逐禪僧，林下學楞伽。又不隨道士，山中煉丹砂。百年夜分半，一歲春無多。何不飲美酒，胡然自悲嗟。俗號銷愁藥，神速無以加。一杯驅世慮，兩杯反天和。三杯即酩酊，或笑任狂歌。陶陶復兀兀，吾孰知其他？況在名利途，平生有風波。深心藏陷阱，巧言織網羅。舉目非不見，不醉欲如何？（《白居易集箋校》第一册第九卷第四八三頁）

元稹：酬樂天勸醉

神麴清濁酒，牡丹深淺花。少年欲相飲，此樂何可涯。沉機造神境，不必悟楞伽。酡顔返童貌，安用成丹砂。劉伶稱酒德，所稱良未多。願君聽此曲，我為盡稱嗟。一杯顔色好，十盞膽氣加。半酣得自恣，酩酊歸太和。共醉真可樂，飛觥撩亂歌。獨醉亦有趣，兀然無與他。美人醉燈下，左右流横波。王孫醉床上，顛倒眠綺羅。君今勸我醉，勸醉意如何。（《元稹集》第六卷第六五頁；《元稹集編年箋注·詩歌卷》第三〇〇頁）

二十四、元和五年（八一〇）

白居易：初除戶曹，喜而言志

詔授戶曹掾，捧詔感君恩。感恩非為己，禄養及吾親。弟兄俱簪笏，新婦儼衣巾。羅列高堂下，拜慶正紛紛。俸錢四五萬，月可奉晨昏。廩禄二百石，歲可盈倉囷。喧喧車馬來，賀客滿我門。不以我為貪，知我家内貧。置酒延賀客，客容亦歡欣。笑云今日後，不復憂空樽。答云如君言，願君少逡巡。我有平生志，醉後為君陳。人生百歲期，七十有幾人。浮榮及虚位，皆是身之賓。唯有衣與食，此事粗關身。苟免饑寒外，餘物盡浮雲。（《白居易集箋校》第一册第五卷第二八七頁）

元稹：和樂天初授戶曹喜而言志

王爵無細大，得請即為恩。君求戶曹掾，貴以禄奉親。聞君得所請，感我欲沾巾。今人重軒冕，所重華與紛。矜誇仕臺閣，奔走無朝昏。君衣不盈篋，君食不滿囷。君言養既薄，何以榮我門。披誠再三請，天子憐儉貧。詞曹直文苑，捧詔榮且忻。歸來高堂上，兄弟羅酒尊。各稱千萬壽，共飲三四巡。我實知君者，千里能具陳。感君求禄意，求禄殊衆人。上以奉顔色，餘以及親賓。棄名不棄實，謀養不謀身。可憐白華士，永願凌青雲。（《元稹集》第六卷第六五頁；《元稹集編年箋注·詩歌卷》第三〇一頁）

二十五、元和五年（八一〇）

白居易：見元九悼亡詩因以此寄

夜淚暗銷明月幌，春腸遙斷牡丹庭。人間此病治無藥，唯有楞伽四卷經。（《白居易集箋校》第二册第一四卷第八〇二頁）

元和四年（八〇九）

元稹：三遣悲懷

謝公最小偏憐女，自嫁黔婁百事乖。顧我無衣搜藎篋，泥他沽酒拔金釵。野蔬充膳甘長藿，落葉添薪仰古槐。今日俸錢過十萬，與君營奠復營齋。

昔日戲言身後事，今朝都到眼前來。衣裳已施行看盡，針線猶存未忍開。尚想舊情憐婢僕，也曾因夢送錢財。誠知此恨人人有，貧賤夫妻百事哀。

閒坐悲君亦自悲，百年都是幾多時？鄧攸無子尋知命，潘岳悼亡猶費詞。同穴窅冥何所望，他生緣會更難期。惟將終夜長開眼，報答平生未展眉。（《元稹集》第九卷第九八頁；《元稹集編年箋注·詩歌卷》第一七二頁）

二十六、元和五年（八一〇）

白居易：聞微之江陵卧病以大通中散碧腴垂雲膏寄之因題四韻

已題梯帖紅消散，又封一合碧雲英。憑人寄向江陵去，道路迢迢一月程。未必能治江上瘴，且圖遙慰病中情。到時想得君拈得，枕上開看眼暫明。（《白居易集箋校》第二册第一四卷第八一一頁）

元和八年（八一三）

元稹：予病瘴，樂天寄通中散、碧腴垂雲膏仍題四韻以慰遠懷開拆之間因有酬答

紫河變煉紅霞散，翠液煎研碧玉英。金籍真人天上合，鹽車病驥軛前驚。愁腸欲轉蛟龍吼，醉眼初開日月明。唯有思君治不得，膏銷雪盡意還生。（《元稹集》第一七卷第二〇二頁；《元稹集編年箋注·詩歌卷》第四四五頁）

二十七、元和五年（八一〇）

白居易：八月十五日夜禁中獨直對月憶元九

銀臺金闕夕沉沉，獨宿相思在翰林。三五夜中新月色，二千里外故人心。渚宮東面煙波冷，浴殿西頭鐘漏深。猶恐清光不同見，江陵卑濕足秋陰。（《白居易集箋校》第二册第一四卷第八〇六頁）

元稹：酬樂天八月十五夜禁中獨直玩月見寄

一年秋半月偏深，況就煙霄極賞心。金鳳臺前波漾漾，玉鉤簾下影沉沉。宴移明處清蘭路，歌待新詞促翰林。何意枚皋正承詔，瞥然塵念到江陰。（《元稹集》第一七卷第二〇二頁；《元稹集編年箋注·詩歌卷》第三三六頁）

二十八、元和五年（八一〇）

白居易：禁中夜作書與元九

心緒萬端書兩紙，欲封重讀意遲遲。五聲宮漏初鳴後，一點窗燈欲滅時。（《白居易集箋校》第二册第一四卷第八〇五頁）

元和六年（八一一）追和

元稹：書樂天紙

金鑾殿裏書殘紙，乞與荊州元判司。不忍拈將等閒用，半封京信半題詩。（《元稹集》第一八卷第二〇八頁；《元稹集編年箋注·詩歌卷》第四一五頁）

二十九、元和五年（八一〇）

白居易：答山驛夢

入君旅夢來千里，閉我幽魂欲二年。莫忘平生行坐處，後堂階下竹叢前。（《白居易集箋校》第二册第一四卷第八四二頁）

元稹：感夢

行吟坐歎知何極，影絕魂銷動隔年。今夜商山館中夢，分明同在後堂前。（《元稹集》第九卷第九九頁；《元稹集編年箋注·詩歌卷》第二二三頁）

三十、元和五年（八一〇）

白居易：代書詩一百韻寄微之

憶在貞元歲，初登（一作俱昇）典校司。身名同日授，心事一言知。（貞元中，與微之同登科第，俱授秘書省校書郎，始相識也。）肺腑都無隔，形骸兩不羈。疏狂屬年少，閒散為官卑。分定金蘭契，言通藥石規。交賢方汲汲，友直每偲偲。有月多同賞，無杯不共持。秋風拂琴匣，夜雪卷書帷。高上慈恩塔，幽尋皇子陂。唐昌玉蕊會，崇敬牡丹期。（唐昌觀玉蕊，崇敬寺牡丹，花時多與微之有期。）笑勸迂辛酒，閒吟短李詩。儒風愛敦質，佛理尚玄師。（辛大丘度，性迂嗜酒；李二十紳，形短能詩。故當時有迂辛短李之號。劉三十二敦質，雅有儒風；庾七玄師，談佛理有可賞者。）度日曾無悶，通宵靡不為。雙聲聯律句，八面對宮棋。（雙聲聯句，八面宮棋，皆當時事。）往往遊三省，騰騰出九逵。寒銷直城路，春到曲江池。樹暖枝條弱，山晴彩翠奇。峰攢石綠點，柳宛麴塵絲。岸草煙鋪地，園花雪壓枝。早光紅照耀，新溜碧逶迤。幄幕侵堤布，盤筵占地施。征伶皆絕藝，選伎悉名姬。鉛粉凝春態，金鈿耀水嬉。風流誇墮髻，時世鬬啼眉。（貞元末，城中復為墮馬髻、啼眉妝也。）密坐隨歡促，華樽逐勝移。香飄歌袂動，翠落衫釵遺。籌插紅螺碗，觥飛白玉卮。打嫌調笑易，飲訝卷波遲。（拋打曲有《調笑令》，飲酒曲有《卷白波》。）殘席喧嘩散，歸鞍酩酊騎。酡顏烏帽側，醉袖玉鞭垂。紫陌傳鐘鼓，紅塵塞路歧。幾時曾暫別？何處不相隨？荏苒星霜換，回還節候催。兩衙多請假，三考欲成資。運啓千年聖，天成萬物宜。皆當少壯日，同惜盛明時。光景嗟虛擲，雲霄竊暗窺。攻文朝矻矻，講學夜孜孜。策目穿如劄，毫鋒銳若錐。（時與微之結集策略之目，其數至百十。時與微之各有纖鋒細管筆，攜以就試，相顧輒笑，目為毫錐。）繁張獲鳥網，堅守釣魚坻。（謂自冬至夏，頻改試期，竟與微之堅持制試也。）並受夔龍薦，齊陳晁董詞。萬言經濟略，三策太平基。中第爭無敵，專場戰不疲。輔車排勝陣，掎角搴降旗。（並謂同鋪席、共筆硯。）雙闕紛容衛，千僚儼等衰。恩隨紫泥降，名向白麻披。（謂制舉人欲唱第之時也。）既在高科選，還從好爵縻。東垣君諫諍，西邑我驅馳。（元和元年同登制科，微之拜拾遺，予授盩厔尉。）在喜登烏府，多慚侍赤墀。官班分內外，遊處遂參差。（四年，微之復拜監察，予為拾遺、學士也。）每列鵷鸞序，偏瞻獬豸姿。簡威霜凜冽，衣彩繡葳蕤。正色摧強禦，剛腸嫉喔咿。常憎持祿位，不擬保妻兒。養勇期除惡，輸忠在滅私。下韝驚燕雀，當道懾狐狸。南國人無怨，東臺吏不欺。理冤多定國，切諫甚辛毗。（微之使東川，奏冤八十餘家，詔從而平之，因分司東都。）造次行於是，平生志在茲。道將心共直，言與行兼危。水暗波翻覆，山藏路險巇。未為明主識，已被幸臣疑。木秀遭風折，蘭芳遇霰萎。千鈞勢易壓，一柱力難支。騰口因成痏，吹毛遂得疵。憂來吟貝錦，謫去詠江蘺。邂逅塵中遇，殷勤馬上辭。賈生離魏闕，王粲向荊夷。水過清源寺，山經綺季祠。心搖漢皋佩，淚墮峴山碑。（並途中所經歷者也。）驛路緣雲際，城樓枕水湄。思鄉多繞澤，望闕獨登陴。林晚青蕭索，江平綠渺瀰。野秋鳴蟋蟀，沙冷聚鸕鷀。官舍黃茅屋，人家苦竹籬。白醪充夜酌，紅粟備晨炊。寡鶴摧風翮，鰥魚失水鰭。暗雛啼渴旦，涼葉墮相思。（此四句兼含微之鰥居之思。）一點寒燈滅，三聲曉角吹。藍衫經雨故，驄馬臥霜羸。念涸誰濡沫？嫌醒自啜醨。耳垂無伯樂，舌在有張儀。負氣衝星劍，傾心向日葵。金言自銷鑠，玉性肯磷緇？伸屈須看蠖，窮通莫問龜。定知身是患，當用道為醫。想子今如彼，嗟予獨在斯。無憀當歲杪，有夢到天涯。坐阻連襟帶，行乖接履綦。潤銷衣上霧，香散室中芝。念遠緣遷貶，驚時為別離。素書三往復，明月七盈虧。（自與微之別經七月，三度得書。）舊里非難到，餘歡不可追。樹依興善老，草傍靜安衰。（微之宅在靜安坊西，近興善寺。）前事思如昨，中懷寫向誰？北村尋古柏，南宅訪辛夷。（開元觀西北院，即隋時龍村佛堂，有古柏一株，至今存焉。微之宅中有辛夷兩樹，常與微之遊息其下。）此日空搔首，何人共解頤？病多知夜永，年長覺秋悲。不飲長如醉，加餐亦似飢。狂吟一千字，因使寄微之。（《白居易集箋校》第二册第一三卷第七〇三頁）

元稹：酬翰林白學士代書一百韻（並序）

玄元氏之下元日，會予家居至，枉樂天《代書詩一百韻》。鴻洞卓犖，令人興起心情。且置別書，美予前和七章，章次用本韻，韻同意殊，謂為工巧。前古韻耳，不足難之，今復次排百韻，以答懷思之貺云。

昔歲俱充賦，同年遇有司。八人稱迥拔，兩郡濫相知。（同年八人，樂天拔萃登科，予平判入等。）逸驥初翻步，鞲鷹暫脫羈。遠途憂地窄，高視覺天卑。並入紅蘭署，偏親白玉規。近朱憐冉冉，伐木願偲偲。魚魯非難識，鉛黃自懶持。心輕馬融帳，謀奪子房帷。秀發幽巖電，清澄溢岸陂。九霄排直上，萬里整前期。勇贈「棲鸞」句，慚當「古井」詩。（予贈樂天詩云：「皎皎鸞鳳姿」，樂天贈予詩云：「無波古井水」。）多聞全受益，擇善頗相師。脫俗殊常調，潛工大有為。還醇憑酎酒，運智托圍棋。情會招車胤，閑行覓戴逵。僧餐月燈閣，醵宴劫灰池。（予與樂天、杓直、拒非輩多於月燈閣閑遊。又嘗與秘省同官醵宴昆明池。）勝概爭先到，篇章競出奇。輸贏論破的，點竄肯容絲。山岫當街翠，牆花拂面枝。（昔予賦詩云：「為見牆頭拂面花」，時唯樂天知此。）鶯聲愛嬌小，燕翼玩逶迤。轡為逢車緩，鞭緣趁伴施。密攜長上樂，偷宿靜坊姬。僻性慵朝起，新晴助晚嬉。相歡常滿目，別處鮮開眉。翰墨題名盡，光陰聽話移。（樂天每與予遊從，無不書名屋壁。又嘗於新昌宅說《一枝花話》，自寅至巳，猶未畢詞也。）綠袍因醉典，烏帽逆風遺。暗插輕籌箸，仍提小屈卮。（予有蓆箕草籌笳、小盞酒胡之輩，當時嘗在書囊，以供飲備。）本弦纔一舉，下口已三遲。逃席衝門出，歸倡借（去聲）馬騎。狂歌繁節亂，醉舞半衫垂。散漫紛長薄，邀遮守隘岐。幾遭朝士笑，兼任巷童隨。苟務形骸達，渾將性命推。何曾愛官序，不省計家資。忽悟成虛擲，翻然歎未宜。使回耽樂事，堅赴策賢時。寢食都忘倦，園廬遂絶闕。勞神甘慼慼，攻短過孜孜。葉怯穿楊箭，囊藏透穎錐。超遥望雲雨，擺落占泉坻。略削荒凉苑，搜求激直詞。那能作牛後，更擬助洪基。（舊說，制策皆以惡訐取容為美。予與樂天指病危言，不顧成敗，意在決求高等。初就業時，今裴相公戒予：慎勿以《策苑》為美。予深佩其言，然而怪其多大，擬取有可取，遂切求潛覽，功及累月無所獲。先是，穆員、盧景亮同年應制，俱以詞直見黜。予求獲其策，皆手自寫之，置在筐篋。樂天、損之輩常詛予篋中有不第之祥，而又哂予決求高第之僭也。）唱第聽雞集，趨朝忘馬疲。内人輿御案，朝景麗神旗。首被呼名姓，多慚冠等衰。千官容眷盼，五色照離披。鵷侶從兹洽，鷗情轉自縻。分張殊品命，中外却驅馳。出入稱金籍，東西侍碧墀。鬬班雲洶湧，開扇雉參差。切愧尋常質，親瞻咫尺姿。日輪光照耀，龍服瑞葳蕤。誓欲通愚謇，生憎效喔咿。佞存真妾婦，諫死是男兒。便殿承偏召，權臣懼撓私。廟堂雖稷契，城社有狐狸。似錦言應巧，如弦數易欺。敢嗟身暫黜，所恨政無毗。（予元和元年任拾遺，八月十三日延英對，九月十日貶授河南尉。）謬辱良由此，昇騰亦在斯。再令陪憲禁，依舊履阽危。使蜀常綿遠，分臺更嶮巇。匿奸勞發掘，破黨惡持疑。斧刃迎皆碎，盤牙老未萎。乍能還帝笏，詎忍折（音浙）吾支？虎尾元來險，圭文却類疵。浮榮齊壤芥，閑氣詠江蘺。闕下殷勤拜，樽前嘯傲辭。飄沈委蓬梗，忠信敵蠻夷。戲誚青雲驛，譏題皓髮祠。（予途中作《青雲驛》詩，病其雲泥一致；作《四皓廟》詩，譏其出處不常。）貪過谷隠寺，留讀峴山碑。（寺在亭側。）草沒章臺阯，堤横楚澤湄。野蓮侵稻隴，亞柳壓城陴。遇物傷凋換，登樓思漫瀰。金攢嫩橙子，鑿泛遠鸕鷀。仰竹藤纏屋，苫茆荻補籬。（南人以大竹為瓦，用荻為籬也。）麨梨通蔕朽，火米帶芒炊。（麨梨軟爛無味，火米粗糲不精。）葦筍鍼筒束，鯾魚箭羽鬐。芋羹真底可，鱸鱠漫勞思。北渚銷魂望，南風著骨吹。度梅衣色漬，食稗馬蹄羸。（南方衣服經夏，謂之度梅，顏色盡黦。馬食菰蔣，蓋北地稊稗之屬。）院榷和泥鹼，官酤小麴醨。訛音煩繳繞，輕（去聲）俗醜威儀。樹罕貞心柏，畦豐衛足葵。坳窪饒䞉矮，游惰壓庸緇。病賽烏稱鬼，巫占瓦代龜。（南人染病，競賽烏鬼；楚巫列肆，悉賣瓦卜。）連陰蜮張王，瘴瘧雪治醫。（雨中井作蛙池，終冬往往無雪。）我正窮於是，君寧念及兹！一篇從日下，雙鯉送天涯。坐捧迷前席，行吟忘結綦。匡床鋪錯繡，几案蹋靈芝。形影同初合，參商喻此離。扇因秋棄置，鏡異月盈虧。壯志誠難奪，良辰豈復追！

甯牛終夜永，潘鬢去年衰。（予今年始三十二，去歲已生白髮。）溟渤深那測，穹蒼意在誰？馭方輕騕褭，車肯重辛夷。臥轍希濡沫，低顏受頷頤。世情焉足怪？自省固堪悲。溷鼠虛求潔，籠禽方訝飢。猶勝憶黃犬，幸得早圖之。（《元稹集》第一〇卷第一一六頁；《元稹集編年箋注・詩歌卷》第三〇七頁）

三十一、元和五年（八一〇）

白居易：和夢遊春詩一百韻（並序）

微之既到江陵，又以《夢遊春》詩七十韻寄予，且題其序曰：「斯言也，不可使不知吾者知，知吾者亦不可使不知。樂天，知吾也，吾不敢不使吾子知。」予辱斯言，三復其旨，大抵悔既往而悟將來也。然予以為苟不悔不悟則已，若悔於此，則宜悟於彼也。反於彼而悟於妄，則宜歸於真也。況與足下外服儒風，內宗梵行者有日矣。而今而後，非覺路之返也，非空門之歸也，將安反乎？將安歸乎？今所和者，其卒章指歸於此。夫感不甚則悔不熟，感不至則悟不深，故廣足下七十韻為一百韻，重為足下陳夢遊之中，所以甚感者。敘婚仕之際，所以至感者，欲使曲盡其妄，周知其非，然後返乎真，歸乎實。亦猶《法華經》序火宅、偈化城，《維摩經》入淫舍、過酒肆之義也。微之，微之，予斯文也，尤不可使不知吾者知，幸藏之云爾。

昔君夢遊春，夢游仙山曲。恍若有所遇，似愜平生欲。因尋菖蒲水，漸入桃花谷。到一紅樓家，愛之看不足。池流渡清泚，草嫩蹋綠蓐。門柳暗全低，簷櫻紅半熟。轉行深深院，過盡重重屋。烏龍臥不驚，青鳥飛相逐。漸聞玉佩響，始辨珠履躅。遙見窗下人，娉婷十五六。霞光抱明月，蓮豔開初旭。縹緲雲雨仙，氛氳蘭麝馥。風流薄梳洗，時世寬妝束。袖軟異文綾，裾輕單絲縠。裙腰銀線壓，梳掌金筐蹙。帶纈紫葡萄，褲花紅石竹。凝情都未語，付意微相矚。眉斂遠山青，鬟低片雲綠。帳牽翡翠帶，被解鴛鴦襆。秀色似堪餐，濃華如可掬。半卷錦頭席，斜鋪繡腰褥。朱脣素指勻，粉汗紅綿撲。心驚睡易覺，夢斷魂難續。籠委獨棲禽，劍分連理木。存誠期有感，誓志貞無黷。京洛八九春，未曾花裏宿。壯年徒自棄，佳會應無復。鶯歌不重聞，鳳兆從茲卜。韋門女清貴，裴氏甥賢淑。羅扇夾花燈，金鞍攢繡轂。既傾南國貌，遂坦東床腹。劉阮心漸忘，潘楊意方睦。新修履信第，初食尚書祿。九醞備聖賢，八珍窮水陸。秦家重簫史，彥輔憐衛叔。朝饌饋獨盤，夜醪傾百斛。親賓盛輝赫，妓樂紛曄煜。宿醉纔解酲，朝歡俄枕麴。飲過君子爭，令甚將軍酷。酩酊歌鷓鴣，顛狂舞鴝鵒。月流春夜短，日下秋天速。謝傅隙過駒（一作奔光），蕭娘風過燭。全凋蕣花折，半死梧桐禿。暗鏡對孤鸞，哀弦留寡鵠。淒淒隔幽顯，冉冉移寒燠。萬事此時休，百身何處贖。提攜小兒女，將領舊姻族。再入朱門行，一傍青樓哭。櫪空無廄馬，水涸失池鶩。搖落廢井梧，荒涼故籬菊。莓苔上几閣，塵土生琴筑。舞榭綴蠨蛸，歌梁聚蝙蝠。嫁分紅粉妾，賣散蒼頭僕。門客思傍徨，家人泣咿噢。心期正蕭索，宦序任拘跼。懷策入崤函，驅車辭郟鄏。逢時念既濟，聚學思大畜。端詳筮仕蓍，磨拭穿楊鏃。始從讎校職，首中賢良目。一拔持瑤墀，再昇紆繡服。誓酬君王寵，願使朝廷肅。密勿奏封章，清明操憲牘。鷹韝中病下，豸角當邪觸。糾謬靜東周，申冤動南蜀。危言詆閽寺，直氣忤鈞軸。不忍曲作鉤，乍能折為玉。捫心無愧畏，騰口有謗讟。只要明是非，何曾虞禍福。車摧太行路，劍落酆城獄。襄漢問修途，荊蠻指殊俗。謫為江府掾，遣事荊州牧。趨走謁麾幢，喧煩視鞭撲。簿書常自領，縲囚每親鞫。竟日坐官曹，經旬曠休沐。宅荒渚宮草，馬瘦畬田粟。薄俸等涓毫，微官同桎梏。月中照形影，天際辭骨肉。鶴病翅羽垂，獸窮爪牙縮。行看鬢間白，誰勸杯中綠。時傷大野麟，命問長沙鵩。夏梅山雨漬，秋瘴江雲毒。巴水白茫茫，楚山青簇簇。吟君七十韻，是我心所蓄。既去誠莫追，將來幸前勖。欲除憂惱病，當取禪經讀。須悟事皆空，無令念將屬。請思遊春夢，此夢何閃倏。豔色即空花，浮生乃焦谷。良姻在嘉偶，頃刻為單獨。入仕欲榮身，須臾成黜辱。合者離之始，樂兮憂所伏。愁恨僧祇長，歡榮刹那促。覺悟因傍喻，迷執由當局。膏明誘暗蛾，陽焱奔癡鹿。貪為苦聚落，愛是悲林麓。水蕩無明波，輪回死生輻。塵應甘露灑，垢待醍醐浴。障要智燈燒，魔須慧刀戮。外熏性易染，內戰心難衄。法句與心王，期君日三復。（微之常以《法句》及《心王頭陀經》相示，故申言以卒其志也。）（《白居易集箋校》第二册第一四卷第八六三頁）

元稹：夢遊春七十韻

斯言也，不可使不知吾者知，知吾者亦不可使不知。樂天，知吾也，吾不敢不使吾子知。

昔歲夢遊春，夢游何所遇？夢入深洞中，果遂平生趣。清泠淺漫流，畫舫蘭篙渡。過盡萬株桃，盤旋竹林路。長廊抱小樓，門牖相回互。樓下雜花叢，叢邊繞鴛鷺。池光漾霞影，曉日初明煦。未敢上階行，頻移曲池步。烏龍不作聲，碧玉曾相慕。漸到簾幕間，裴回意猶懼。閒窺東西閤，奇玩參差布。格子碧油糊，駝鉤紫金鍍。逡巡日漸高，影響人將寤。鸚鵡飢亂鳴，嬌娃睡猶怒。簾開侍兒起，見我遥相諭。鋪設繡紅茵，施張鈿妝具。潛褰翡翠帷，瞥見珊瑚樹。不辨花貌人，空驚香若霧。身回夜合偏，態斂晨霞聚。睡臉桃破風，汗妝蓮委露。叢梳百葉髻，金蹙重臺屨。紕軟鈿頭裙，玲瓏合歡袴。鮮妍脂粉薄，暗淡衣裳故。最似紅牡丹，雨來春欲暮。夢魂良易驚，靈境難久寓。夜夜望天河，無由重沿泝。結念心所期，返如禪頓悟。覺來八九年，不向花回顧。雜合兩京春，喧闐眾禽護。我到看花時，但作懷仙句。浮生轉經歷，道性尤堅固。近作夢仙詩，亦知勞肺腑。一夢何足云，良時事婚娶。當年二紀初，嘉節三星度。朝蕣玉佩迎，高松女蘿附。韋門正全盛，出入多歡裕。甲第漲清池，鳴騶引朱輅。廣榭舞萎蕤，長筵賓雜厝。青春詎幾日，華實潛幽蠹。秋月照潘郎，空山懷謝傅。紅樓嗟壞壁，金谷迷荒戍。石壓破闌干，門摧舊梐枑。雖云覺夢殊，同是終難駐。悰緒竟何如，棼絲不成絇。卓女白頭吟，阿嬌金屋賦。重璧盛姬臺，青塚明妃墓。盡委窮塵骨，皆隨流波注。幸有古如今，何勞縑比素！況余當盛時，早歲諧如務。詔冊冠賢良，諫垣陳好惡。三十再登朝，一登還一仆。寵榮非不早，邅回亦云屢。直氣在膏肓，氛氳日沉痼。不言意不快，快意言多忤。忤誠人所賊，性亦天之付。乍可沉為香，不能浮作瓠。誠為堅所守，未為明所措。事事身已經，營營計何誤？美玉琢文珪，良金填武庫。徒謂自堅貞，安知受礱鑄？長絲羈野馬，密網羅陰兔。物外各迢迢，誰能遠相錮。時來既若飛，禍速當如騖。曩意自未精，此行何所訴？努力去江陵，笑言誰與晤？江花縱可憐，奈非心所慕。石竹逞奸黠，蔓青誇畝數。一種薄地生，淺深何足妒！荷葉水上生，團團水中住。瀉水置葉中，君看不相汙。（《元稹集》外集第一卷第六三五頁；《元稹集編年箋注·詩歌卷》第三三七頁）

三十二、元和十年（八一五）

白居易：酬盧秘書二十韻（時初奉詔除贊善大夫）

謬歷文場選，慚非翰苑才。雲霄高暫致，毛羽弱先摧。識分忘軒冕，知歸返草萊。杜陵書積蠹，豐獄劍生苔。晦厭鳴雞雨，春驚震蟄雷。舊恩收墜履，新律動寒灰。鳳詔容徐起，鵷行許重陪。衰顔雖拂拭，蹇步尚徘徊。睡少鐘偏警，行遲漏苦催。風霜趁朝去，泥雪拜陵回。上感君猶念，傍慚友或推。石頑鐫費力，女醜嫁勞媒。倏忽青春度，奔波白日頹。性將時共背，病與老俱來。聞有蓬壺客，知懷杞梓材。世家標甲地，官職滯麟臺。筆盡鉛黄點，詩成錦繡堆。嘗思豁雲霧，忽喜訪塵埃。心為論文合，眉因勸善開。不勝珍重意，滿袖寫瓊瑰。(《白居易集箋校》第二册第一五卷第八八一頁)

元稹：酬盧秘書（並序）

予自唐歸京之歲，秘書郎盧拱作《喜遇白贊善學士詩二十韻》，兼以見貽。白時酬和先出，予草蹙未暇，白頻有致師之挑，故篇末不無憤辭。其次用本韻，習然也。

偶有衝天氣，都無處世才。未容榮路穩，先踏禍機開。分久沉荆掾，慚經廁柏臺。理推愁易惑，鄉思病難裁。夜伴吳牛喘，春驚朔雁回。北人腸斷送，西日眼穿頹。唯望魂歸去，那知詔下來。涸魚千丈水，僵燕一聲雷。幽匣提清鏡，衰顔拂故埃。夢雲期紫閣，厭雨別黄梅。親戚迎時到，班行見處陪。文工猶畏忌，朝士絕嫌猜。新識蓬山傑，深交翰苑材。連投珠作貫，獨和玉成堆。劇敵徒相軋，羸師亦自媒。磨礱刮骨刃，翻擲委心灰。恐被神明哭，憂為造化災。私調破葉箭，定飲搴旗杯。金寶潛砂礫，芝蘭似草萊。憑君毫髮鑒，莫遣翳莓苔。(《元稹集》第一二卷第一三三頁；《元稹集編年箋注・詩歌卷》第六二二頁)

三十三、元和十年（八一五）

白居易：城西別元九

城西三月三十日，別友辭春兩恨多。帝里卻歸猶寂寞，通州獨去又如何。(《白居易集箋校》第六册外中第三八八六頁，録自《全唐詩》第二十五册第八八三卷第九九七八頁)

元稹：灃西別樂天博載樊宗憲李景信兩秀才侄谷三月三十日相餞送

今朝相送自同遊，酒語詩情替別愁。忽到灃西總回去，一身騎馬向通州。(《元稹集》第一九卷第二二二頁；《元稹集編年箋注・詩歌卷》第六二八頁)

三十四、元和十年（八一五）

白居易：微之到通州日授館未安見塵壁間有數行字讀之即僕舊詩其落句云淥水紅蓮一朵開千花百草無顏色然不知題者何人也微之吟歎不足因綴一章

兼録僕詩本同寄省其詩乃是十五年前初及第時贈長安妓人阿軟絕句緬思往事杳若夢中懷舊感今因酬長句

十五年前似夢游，曾將詩句結風流。偶助笑歌嘲阿軟，可知傳誦到通州。昔教紅袖佳人唱，今遣青衫司馬愁。惆悵又聞題處所，雨淋江館破牆頭。（《白居易集箋校》第二册第一五卷第九二二頁）

元稹：見樂天詩

通州到日日平西，江館無人虎印泥。忽向破簷殘漏處，見君詩在柱心題。（《元稹集》第二〇卷第二二四頁；《元稹集編年箋注・詩歌卷》第六三九頁）

三十五、元和十年（八一五）

白居易：放言五首（並序）

元九在江陵時，有《放言》長句詩五首，韻高而體律，意古而詞新。予每詠之，甚覺有味，雖前輩深於詩者，未有此作。唯李頎有云：「濟水至清河自濁，周公大聖接輿狂。」斯句近之矣。予出佐潯陽，未届所任，舟中多暇，江上獨吟，因綴五篇，以續其意耳。

朝真暮僞何人辨？古往今來底事無？但愛臧生能詐聖，可知寗子解佯愚？草螢有耀終非火，荷露雖團豈是珠？不取燔柴兼照乘，可憐光彩亦何殊？

世途倚伏都無定，塵網牽纏卒未休。禍福回還車轉轂，榮枯反覆手藏鉤。龜靈未免刳腸患，馬失應無折足憂。不信君看弈棋者，輸贏須待局終頭。

贈君一法決狐疑，不用鑽龜與祝蓍。試玉要燒三日滿（真玉燒三日不熱），辨材須待七年期（豫章木生七年而後知）。周公恐懼流言後，王莽謙恭未篡時。向使當初身便死，一生真僞復誰知？

誰家第宅成還破？何處親賓哭復歌？昨日屋頭堪炙手，今朝門外好張羅。北邙未省留閒地，東海何曾有定波。莫笑貧賤誇富貴，共成枯骨兩如何。

泰山不要欺毫末，顔子無心羨老彭。松樹千年終是朽，槿花一日自為榮。何須戀世常憂死，亦莫嫌身漫厭生。生去死來都是幻，幻人哀樂繫何情？

（《白居易集箋校》第二册第一五卷第九五二頁）

元和五年（八一〇）至九年（八一四）任江陵府士曹參軍期間

元稹：放言五首

近來逢酒便高歌，醉舞詩狂漸欲魔。五斗解酲猶恨少，十分飛盞未嫌多。

眼前讐敵都休問，身外功名一任他。死是等閒生也得，擬將何事奈吾何。

莫將心事厭長沙，雲到何方不是家。酒熟餔糟學漁父，飯來開口似神鴉。竹枝待鳳千莖直，柳樹迎風一向斜。總被天公沾雨露，等頭成長盡生涯。

霆轟電熌數聲頻，不奈狂夫不藉身。縱使被雷燒作燼，寧殊埋骨揚為塵。得成蝴蝶尋花樹，儻化江魚掉錦鱗。必若乖龍在諸處，何須驚動自來人。

安得心源處處安，何勞終日望林巒。玉英惟向火中冷，蓮葉元來水上乾。寧戚飯牛圖底事，陸通歌鳳也無端。孫登不語啓期樂，各自當情各自歡。

三十年來世上行，也曾狂走趁浮名。兩回左降須知命，數度登朝何處榮。乞我杯中松葉滿，遮渠肘上柳枝生。他時定葬燒缸地，賣與人家得酒盛。

(《元稹集》第一八卷第二〇五頁；《元稹集編年箋注·詩歌卷》第六〇四頁）

三十六、元和十年（八一五）

白居易：贈楊秘書巨源

楊嘗有贈盧洺州詩云：「三刀夢益州，一箭取遼城。」由是知名。

早聞一箭取遼城，相識雖新有故情。清句三朝誰是敵？白鬚四海半為兄。貧家薙草時時入，瘦馬尋花處處行。不用更教詩過好，折君官職是聲名。(《白居易集箋校》第二册第一五卷第九一四頁）

元稹：和樂天贈楊秘書

舊與楊郎在帝城，搜天斡地覓詩情。曾因並句甘稱小，不為論年便喚兄。刮骨直穿由苦鬬，夢腸翻出暫閒行。因君投贈還相和，老去那能競底名。(《元稹集》第二〇卷第二三二頁；《元稹集編年箋注·詩歌卷》第六四三頁）

三十七、元和十年（八一五）

白居易：重過秘書舊房因題長句（時為贊善大夫）

閣前下馬思徘徊，第二房門手自開。昔為白面書郎去，今作蒼鬚贊善來。吏人不識多新補，松竹相親是舊栽。應有題牆名姓在，試將衫袖拂塵埃。(《白居易集箋校》第二册第一五卷第八九一頁）

元稹：和樂天過秘閣書省舊廳

聞君西省重徘徊，秘閣書房次第開。壁記欲題三漏合，吏人驚問十年來。經排蠹簡憐初校，芸長陳根識舊栽。司馬見詩心最苦，滿身蚊蚋哭煙埃。(《元稹集》第二〇卷第二三一頁；《元稹集編年箋注・詩歌卷》第六四二頁)

三十八、元和十年（八一五）

白居易：重到城七絕句・高相宅

青苔故里懷恩地，白髮新生抱病身。涕淚雖多無哭處，永寧門館屬他人。(《白居易集箋校》第二冊第一五卷第八九二頁)

元稹：和樂天高相宅

莫愁已去無窮事，漫苦如今有限身。二百年來城裏宅，一家知換幾多人。(《元稹集》第一九卷第二二一頁；《元稹集編年箋注・詩歌卷》第六二六頁)

白居易：重到城七絕句・劉家花

劉家牆上花還發，李十門前草又春。處處傷心心始悟，多情不及少情人。(《白居易集箋校》第二冊第一五卷第八九三頁)

元稹：和樂天劉家花

閒坊靜曲同消日，淚草傷花不為春。遍問舊交零落盡，十人才有兩三人。(《元稹集》第八卷第九四頁；《元稹集編年箋注・詩歌卷》第六二六頁)

白居易：重到城七絕句・仇家酒

年年老去歡情少，處處春來感事深。時到仇家非愛酒，醉時心勝醒時心。(《白居易集箋校》第二冊第一五卷第八九五頁)

元稹：和樂天仇家酒

病嗟酒戶年年減，老覺塵機漸漸深。飲罷醒餘更惆悵，不如閒事不經心。(《元稹集》第一九卷第二二一頁；《元稹集編年箋注・詩歌卷》第六二七頁)

白居易：重到城七絕句・恒寂師

舊遊分散人零落，如此傷心事幾條。會逐禪師坐禪去，一時滅盡定中消。(《白居易集箋校》第二冊第一五卷第八九五頁)

元稹：和樂天贈雲寂僧

欲離煩惱三千界，不在禪門八萬條。心火自生還自滅，雲師無路與君銷。(《元稹集》第一九卷第二二一頁；《元稹集編年箋注・詩歌卷》第六二七頁)

三十九、元和十年（八一五）

白居易：題王侍御池亭

朱門深鎖春池滿，岸落薔薇水浸莎。畢竟林塘誰是主？主人來少客來多。

（《白居易集箋校》第二册第一五卷第九一一頁）

元稹：和樂天題王家亭子

風吹筍籜飄紅砌，雨打桐花盡緑莎。都大資人無暇日，泛池全少買池多。

（《元稹集》第二〇卷第二三二頁；《元稹集編年箋注·詩歌卷》第六四三頁）

四十、元和十年（八一五）

白居易：雨夜憶元九

天陰一日便堪愁，何況連宵雨不休。一種雨中君最苦，偏梁閣道向通州。

（《白居易集箋校》第二册第一五卷第九一二頁）

元和十三年（八一八）追和

元稹：酬樂天雨後見憶

雨滑危梁性命愁，差池一步一生休。黄泉便是通州郡，漸入深泥漸到州。

（《元稹集》第二〇卷第二三一頁；《元稹集編年箋注·詩歌卷》第六四一頁）

四十一、元和十年（八一五）

白居易：寄生衣與微之因題封上

淺色縠衫輕似霧，紡花紗袴薄於雲。莫嫌輕薄但知著，猶恐通州熱殺君。

（《白居易集箋校》第二册第一五卷第九一七頁）

元和十三年（八一八）追和

元稹：酬樂天寄生衣

秋茅處處流痎瘧，夜鳥聲聲哭瘴雲。羸骨不勝纖細物，欲將文服卻還君。

（《元稹集》第二一卷第二三六頁；《元稹集編年箋注·詩歌卷》第六四四頁）

四十二、元和十年（八一五）

白居易：醉後卻寄元九

蒲池村裏匆匆別，澧水橋邊兀兀回。行到城門殘酒醒，萬重離恨一時來。

（《白居易集箋校》第二册第一五卷第九〇六頁）

元和十三年（八一八）追和

元稹：酬樂天醉別

前回一去五年別，此別又知何日回。好住樂天休悵望，匹如元不到京

來。(《元稹集》第二〇卷第二三一頁;《元稹集編年箋注·詩歌卷》第六四〇頁)

四十三、元和十年(八一五)

白居易:武關南見元九題山石榴花見寄

往來同路不同時,前後相思兩不知。行過關門三四里,榴花不見見君詩。(《白居易集箋校》第二册第一五卷第九三四頁)

元和十三年(八一八)追和

元稹:酬樂天武關南見微之題山石榴花詩

比因酬贈為花時,不為君行不復知。又更幾年還共到,滿牆塵土兩篇詩。(《元稹集》第二一卷第二三四頁;《元稹集編年箋注·詩歌卷》第六五六頁)

四十四、元和十年(八一五)

白居易:舟中讀元九詩

把君詩卷燈前讀,詩盡燈殘天未明。眼痛滅燈猶暗坐,逆風吹浪打船聲。(《白居易集箋校》第二册第一五卷第九四七頁)

元和十三年(八一八)追和

元稹:酬樂天舟泊夜讀微之詩

知君暗泊西江岸,讀我閒詩欲到明。今夜通州還不睡,滿山風雨杜鵑聲。(《元稹集》第二一卷第二三四頁;《元稹集編年箋注·詩歌卷》第六五六頁)

四十五、元和十年(八一五)

白居易:藍橋驛見元九詩(詩中云:「江陵歸時逢春雪。」)

藍橋春雪君歸日,秦嶺秋風我去時。每到驛亭先下馬,循牆繞柱覓君詩。(《白居易集箋校》第二册第一五卷第九三一頁)

元和十年(八一五)

元稹:? 酬藍橋驛見元九詩

江陵歸時逢春雪。

智按:據上引白居易《藍橋驛見元九詩》詩注。參見花房英樹《白居易研究》第二八六頁(世界思想社,一九七一年版)。元稹元和十年(八一五)所作《西歸絕句十二首》末二首亦為詠藍橋(在今陝西藍田縣東南)之作:

「雲覆藍橋雪滿溪，須臾便與碧峰齊。風回麵市連天合，凍壓花枝著水低。」「寒花帶雪滿山腰，著柳冰珠滿碧條。天色漸明回一望，玉塵隨馬度藍橋。」(《元稹集》第二二〇頁;《元稹集編年箋注·詩歌卷》第六二一頁)

四十六、元和十年（八一五）

白居易：韓公堆寄元九

韓公堆北澗西頭，冷雨涼風拂面秋。努力南行少惆悵，江州猶似勝通州。(《白居易集箋校》第二册第一五卷第九三二頁)

元和十三年（八一八）追和

元稹:? 酬樂天韓公堆寄元九

四十七、元和十年（八一五）

白居易：雨中攜元九詩訪元八侍御

微之詩卷憶同開，假日多應不入臺。好句無人堪共詠，衝泥蹋水就君來。(《白居易集箋校》第二册第一五卷第九一三頁)

元和十三年（八一八）追和

元稹:? 酬樂天雨中攜元九詩訪元八侍御

四十八、元和十年（八一五）

白居易：得微之到官後書備知通州之事悵然有感因成四章

來書子細説通州，州在山根峽岸頭。四面千重火雲合，中心一道瘴江流。蟲蛇白晝攔官道，蚊蚋黄昏撲郡樓。何罪遣君居此地？天高無處問來由。

匼匝巔山萬仞餘，人家應似甑中居。寅年籬下多逢虎，亥日沙頭始賣魚。衣斑梅雨長須熨，米澀畬田不解鋤。努力安心過三考，已曾愁殺李尚書。[李實尚書先貶此州，身歿於彼處。]

人稀地僻醫巫少，夏旱秋霖瘴瘧多。老去一身須愛惜，别來四體得如何？侏儒飽笑東方朔，薏苡讒憂馬伏波。莫遣沉愁結成病，時時一唱濯纓歌。

通州海內恓惶地，司馬人間冗長官。傷鳥有弦驚不定，卧龍無水動應難。劍埋獄底誰深掘？松偃霜中盡冷看。舉目爭能不惆悵，高車大馬滿長安。

(《白居易集箋校》第二册第一五卷第九二三頁)

元和十三年（八一八）追和

元稹：酬樂天得微之詩知通州事因成四首

茅簷屋舍竹籬州，虎怕偏蹄蛇兩頭。暗蠱有時迷酒影，浮塵向日似波流。沙含水弩多傷骨，田仰畬刀少用牛。知得共君相見否，近來魂夢轉悠悠。

平地才應一頃餘，閣欄都大似巢居。入衙官吏聲疑鳥，下峽舟船腹似魚。市井無錢論尺丈，田疇付火罷耘鋤。此中愁殺須甘分，惟惜平生舊著書。

哭鳥晝飛人少見，倀魂夜嘯虎行多。滿身沙虱無防處，獨腳山魈不奈何。甘受鬼神侵骨髓，常憂岐路處風波。南歌未有東西分，敢唱沧浪一字歌。

荒蕪滿院不能鋤，甑有塵埃圃乏蔬。定覺身將囚一種，未知生共死何如。飢搖困尾喪家狗，熱暴枯鱗失水魚。苦境萬般君莫問，自憐方寸本來虛。

（《元稹集》第二一卷第二三六頁；《元稹集編年箋注·詩歌卷》第六四四頁）

智按：卞孝萱《元稹年譜》第二六三頁、楊軍《元稹集編年箋注·詩歌卷》第六四五頁繫於元和十年（八一五），此從吳偉斌《關於元稹通州任内的幾個問題》（《貴州文史叢刊》一九八七年第一期）、《元稹白居易通江唱和真相述略——〈元稹年譜〉獻疑之十一》（《蘇州大學學報》一九八八年第二期）之説。

四十九、元和十年（八一五）

白居易：重寄元九（一作重寄）

蕭散弓驚雁，分飛劍化龍。悠悠天地内，不死會相逢。（《白居易集箋校》第二册第一五卷第九〇八頁）

元和十三年（八一八）追和

元稹：? 酬樂天重寄

五十、元和十年（八一五）

白居易：寄微之三首

江州望通州，天涯與地末。有山萬丈高，有水千里闊。間之以雲霧，飛鳥不可越。誰知千古險，為我二人設。通州君初到，鬱鬱愁如結。江州我方去，迢迢行未歇。道路日乖隔，音信日斷絕。因風欲寄語，地遠聲不徹。生當復相逢，死當從此別。

君遊襄陽日，我在長安住。今君在通州，我過襄陽去。襄陽九里郭，樓堞連雲樹。顧此稍依依，是君舊遊處。蒼茫蒹葭水，中有潯陽路。此去更相思，江西少親故。

去國日已遠，喜逢物似人。如何含此意，江上坐思君。有如河嶽氣，相合方氛氳。狂風吹中絕，兩處成孤雲。風回終有時，雲合豈無因？努力各自愛，窮通我爾身。

（《白居易集箋校》第二册第一〇卷第五五〇頁）

元和十三年（八一八）追和

元稹：酬樂天赴江州路上見寄三首

昔在京城心，今在吳楚末。千山道路險，萬里音塵闊。天上參與商，地上胡與越。終天升沉異，滿地網羅設。心有無眹環，腸有無繩結。有結解不開，有環尋不歇。山嶽移可盡，江海塞可絕。離恨若空虛，窮年思不徹。生莫強相同，相同會相別。

襄陽大堤繞，我向堤前住。燭隨花豔來，騎送朝雲去。萬竿高廟竹，三月徐亭樹。我昔憶君時，君今懷我處。有身有離別，無地無岐路。風塵同古今，人世勞新故。

人亦有相愛，我爾殊眾人。朝朝寧不食，日日願見君。一日不得見，愁腸坐氛氳。如何遠相失，各作萬里雲。雲高風苦多，會合難遽因。天上猶有礙，何況地上身。

（《元稹集》第八卷第八七頁；《元稹集編年箋注·詩歌卷》第六五三頁）

智按：卞孝萱《元稹年譜》、楊軍《元稹集編年箋注·詩歌卷》繫於元和十年（八一五），此從吳偉斌《關於元稹通州任內的幾個問題》（《貴州文史叢刊》一九八七年第一期)、《元稹白居易通江唱和真相述略——〈元稹年譜〉獻疑之十一》(《蘇州大學學報》一九八八年第二期)之説。

五十一、元和十年(八一五)

白居易:編集拙詩成一十五卷因題卷末戲贈元九李二十

一篇《長恨》有風情,十首《秦吟》近正聲。每被老元偷格律(元九向江陵日,嘗以拙詩一軸贈行,自後格變),苦教短李伏歌行(李二十常自負歌行,近見予樂府五十首,默然心伏)。世間富貴應無分,身後文章合有名。莫怪氣粗言語大,新排十五卷詩成。(《白居易集箋校》第二册第一六卷第一〇五三頁)

元和十三年(八一八)追和

元稹:? 酬樂天編集拙詩成一十五卷因題卷末戲贈元九李二十

五十二、元和十一年~元和十二年(八一六~八一七)

白居易:感逝寄遠(寄通州元侍御、果州崔員外、澧州李舍人、鳳州李郎中)

昨日聞甲死,今朝聞乙死。知識三分中,二分化為鬼。逝者不復見,悲哉長已矣。存者今如何?去我皆萬里。平生知心者,屈指能有幾?通果澧鳳州,眇然四君子。相思俱老大,浮世如流水。應歎舊交遊,凋零日如此。何當一杯酒,開眼笑相視?(《白居易集箋校》第一册第九卷第五〇九頁)

元和十三年(八一八)追和

元稹:? 酬樂天感逝寄遠

五十三、元和十一年(八一六)

白居易:見紫薇花憶微之

一叢暗淡將何比?淺碧籠裙襯紫巾。除卻微之見應愛,人間少有別花人。(《白居易集箋校》第二册第一六卷第九九二頁)

元和十三年(八一八)追和

元稹:? 酬樂天見紫薇花憶微之

五十四、元和十一年(八一六)

白居易:憶微之傷仲遠(李三仲遠去年春喪)

幽獨辭群久,漂流去國賒。只將琴作伴,唯以酒為家。感逝因看水,傷離為見花。李三埋地底，元九謫天涯。舉眼青雲遠，回頭白日斜。可能勝賈誼，猶自滯長沙。（《白居易集箋校》第二册第一六卷第九九四頁）

元和十三年（八一八）追和

元稹：酬樂天見憶兼傷仲遠

死別重泉閟，生離萬里賒。瘴侵新病骨，夢到故人家。遙淚陳根草，閒收落地花。庾公樓悵望，巴子國生涯。河任天然曲，江隨峽勢斜。與君皆直戇，須分老泥沙。（《元稹集》第八卷第九五頁；《元稹集編年箋注·詩歌卷》第七六六頁）

五十五、元和十一年（八一六）

白居易：寄蘄州簟與元九因題六韻（時元九鰥居）

笛竹出蘄春，霜刀劈翠筠。織成雙鎖簟，寄與獨眠人。卷作筒中信，舒為席上珍。滑如鋪薤葉，冷似卧龍鱗。清潤宜乘露，鮮華不受塵。通州炎瘴地，此物最關身。（《白居易集箋校》第二册第一六卷第一〇〇〇頁）

元和十三年（八一八）追和

元稹：酬樂天寄蘄州簟

蘄簟未經春，君先拭翠筠。知為熱時物，預與瘴中人。碾玉連心潤，編牙小片珍。霜凝青汗簡，冰透碧遊鱗。水魄輕涵黛，琉璃薄帶塵。夢成傷冷滑，驚卧老龍身。（《元稹集》第一五卷第一七八頁；《元稹集編年箋注·詩歌卷》第七五八頁）

智按：卞孝萱《元稹年譜》繫於元和十一年（八一六），楊軍《元稹集編年箋注·詩歌卷》繫於元和十二年（八一七），此從吳偉斌《關於元稹通州任内的幾個問題》（《貴州文史叢刊》一九八七年第一期）、《元稹白居易通江唱和真相述略——〈元稹年譜〉獻疑之十一》（《蘇州大學學報》一九八八年第二期）之説。

五十六、元和十一年（八一六）

白居易：春晚寄微之

三月江水闊，悠悠桃花波。年芳與心事，此地共蹉跎。南國方譴謫，中

原正兵戈。眼前故人少，頭上白髮多。通州更迢遞，春盡復如何？（《白居易集箋校》第二册第一〇卷第五五六頁）

元和十三年（八一八）追和

元稹:？酬樂天春晚寄微之

五十七、元和十一年（八一六）

白居易：山石榴寄元九

山石榴，一名山躑躅，一名杜鵑花，杜鵑啼時花撲撲。九江三月杜鵑來，一聲催得一枝開。江城上佐閒無事，山下斫得廳前栽。爛熳一欄十八樹，根株有數花無數。千房萬葉一時新，嫩紫殷紅鮮麴塵。淚痕浥損燕支臉，剪刀裁破紅綃巾。謫仙初墮愁在世，姹女新嫁嬌泥春。日射血珠將滴地，風翻火焰欲燒人。閒折兩枝持在手，細看不似人間有。花中此物似西施，芙蓉芍藥皆嫫母。奇芳絕豔別者誰？通州遷客元拾遺。拾遺初貶江陵去，去時正值青春暮。商山秦嶺愁殺君，山石榴花紅夾路。題詩報我何所云？若云色似石榴裙。當時叢畔唯思我，今日欄前只憶君。憶君不見坐銷落，日西風起紅紛紛。（《白居易集箋校》第二册第一二卷第六五〇頁）

元和十三年（八一八）追和

元稹:？酬樂天山石榴寄元九

五十八、元和十二年（八一七）

白居易：感秋懷微之

葉下湖又波，秋風此時至。誰知濩落心，先納蕭條氣。推移感流歲，漂泊思同志。昔為煙霄侶，今作泥塗吏。白鷗毛羽弱，青鳳文章異。各閉一籠中，歲晚同憔悴。（《白居易集箋校》第二册第一〇卷第五六五頁）

元和十三年（八一八）追和

元稹:？酬樂天感秋懷微之

五十九、元和十二年（八一七）

白居易：憶微之

與君何日出屯蒙，魚戀江湖鳥厭籠。分手各拋滄海畔，折腰俱老綠衫中。三年隔闊音塵斷，兩地飄零氣味同。又被新年勸相憶，柳條黃軟欲春風。（《白居易集箋校》第二册第一六卷第一〇一八頁）

元和十三年（八一八）追和

元稹：酬樂天春寄微之

鸚心明黠雀幽蒙，何事相將盡入籠。君避海鯨驚浪裏，我隨巴蟒瘴煙中。千山塞路音書絕，兩地知春曆日同。一樹梅花數升酒，醉尋江岸哭東風。（《元稹集》第二一卷第二三四頁；《元稹集編年箋注·詩歌卷》第七六四頁）

智按：卞孝萱《元稹年譜》繫於元和十二年（八一七），此從吳偉斌《關於元稹通州任內的幾個問題》（《貴州文史叢刊》一九八七年第一期）、《元稹白居易通江唱和真相述略〈元稹年譜〉獻疑之十一》（《蘇州大學學報》一九八八年第二期）。

六十、元和十二年（八一七）

白居易：元九以綠絲布白輕褣見寄製成衣服以詩報之

綠絲文布素輕褣，珍重京華手自封。貧友遠勞君寄附，病妻親為我裁縫。褲花白似秋雲薄，衫色青於春草濃。欲著卻休知不稱，折腰無復舊形容。（《白居易集箋校》第二冊第一七卷第一〇六二頁）

智按：《白居易集箋校》繫於元和十三年（八一八），愚意乃元和十二年所作。吳偉斌《元稹白居易通江唱和真相述略》（《蘇州大學學報》一九八八年第二期）將《夢與李七庾三十三同訪元九》（《白居易集箋校》第二冊第十卷第五七一頁）歸於元和十三年元稹追和之作三十二首之一，但白集《夢與李七庾三十三同訪元九》前後均為元和十三年之作，故應以《白居易集箋校》繫於元和十三年為是。而白集《元九以綠絲布白輕褣見寄製成衣服以詩報之》前一首為元和十二年所作，則《元九以綠絲布白輕褣見寄製成衣服以詩報之》也很有可能亦作於元和十二年。加之此詩有元稹酬和，以之置換《夢與李七庾三十三同訪元九》，正可足三十二首之數。

元和十三年（八一八）追和

元稹：酬樂天得稹所寄紵絲布白輕庸製成衣服以詩報之

湓城萬里隔巴庸，紵薄綈輕共一封。腰帶定知今瘦小，衣衫難作遠裁縫。

唯愁書到炎涼變，忽見詩來意緒濃。春草緑茸雲色白，想君騎馬好儀容。（《元稹集》第二一卷第二三五頁；《元稹集編年箋注·詩歌卷》第六五九頁）

智按：卞孝萱《元稹年譜》第二七四頁、楊軍《元稹集編年箋注·詩歌卷》第六五九頁繫於元和十一年（八一六），愚意乃元和十三年所作。詳上。

六十一、元和十二年（八一七）

白居易：寄微之

帝城行樂日紛紛，天畔窮愁我與君。秦女笑歌春不見，巴猿啼哭夜常聞。何處琵琶弦似語？誰家咼墮髻如雲？人生多少歡娱事，那獨千分無一分。（《白居易集箋校》第二册第一七卷第一一〇五頁）

智按：《白居易集箋校》繫於元和十三年（八一八），此從吴偉斌《元稹白居易通江唱和真相述略》（《蘇州大學學報》一九八八年第二期）之説。

元和十三年（八一八）追和

元稹：酬樂天歎窮愁見寄

病煎愁緒轉紛紛，百里何由説向君。老去心情隨日減，遠來書信隔年聞。三冬有電連春雨，九月無霜盡火雲。並與巴南終歲熱，四時誰道各平分。（《元稹集》第二一卷第二三七頁；《元稹集編年箋注·詩歌卷》第八二〇頁）

智按：卞孝萱《元稹年譜》第三〇四頁、楊軍《元稹集編年箋注·詩歌卷》第八二一頁繫於元和十年（八一五）至元和十三年（八一八）在通州司馬任上，此從吴偉斌《元稹白居易通江唱和真相述略》（《蘇州大學學報》一九八八年第二期）之説。

六十二、元和十二年（八一七）

白居易：題詩屏風絶句（並序）

十二年冬，微之猶滯通州，予亦未離湓上，相去萬里，不見三年，鬱鬱相念，多以吟詠自解。前後辱微之寄示之什，殆數百篇，雖藏於篋中，永以為好，不若置之座右，如見所思。由是掇律句中短小麗絶者，凡一百首，題録合為一屏風，舉目會心參，若其人在於前矣。前輩作事，多出偶然。則安知此屏，不為好事者所傳，異日作九江一故事爾？因題絕句，聊以獎之。

相憶采君詩作障，自書自勘不辭勞。障成定被人爭寫，從此南中紙價高。(《白居易集箋校》第二册第一七卷第一〇九一頁)

元和十三年（八一八）追和

元稹：? 酬題詩屏風絕句

六十三、元和十二年（八一七）

白居易：山中與元九書因題書後

憶昔封書與君夜，金鑾殿後欲明天。今夜封書在何處？廬山庵裏曉燈前。籠鳥檻猿俱未死，人間相見是何年？(《白居易集箋校》第二册第一六卷第一〇三六頁)

附：白居易《與元微之書》：「四月十日夜，樂天白：……微之，微之，作此書夜，正在草堂中，山窗下，信手把筆，隨意亂書，封題之時，不覺欲曙。舉頭但見山僧一、兩人，或坐或睡；又聞山猿谷鳥，哀鳴啾啾。平生故人，去我萬里。瞥然塵念，此際暫生。餘習所牽，便成三韻云：『憶昔……』」

元和十三年（八一八）追和

元稹：酬樂天書後三韻

今日廬峰霞繞寺，昔時鸞殿鳳回書。兩封相去八年後，一種俱云五夜初。漸覺此生都是夢，不能將淚滴雙魚。(《元稹集》第二〇卷第二二八頁；《元稹集編年箋注・詩歌卷》第七三三頁)

智按：卞孝萱《元稹年譜》第二八五頁、楊軍《元稹集編年箋注・詩歌卷》第七三三頁繫於元和十二年（八一七），此從吳偉斌《元稹白居易通江唱和真相述略》(《蘇州大學學報》一九八八年第二期）之説。

六十四、元和十二年（八一七）八月二十日夜

白居易：夢微之（十二年八月二十日夜）

晨起臨風一惆悵，通川湓水斷相聞。不知憶我因何事，昨夜三回夢見君。(《白居易集箋校》第二册第一七卷第一〇七三頁)

元和十三年（八一八）追和

元稹：酬樂天頻夢微之

山水萬重書斷絕，念君憐我夢相聞。我今因病魂顛倒，唯夢閒人不夢君。（《元稹集》第二〇卷第二三二頁；《元稹集編年箋注・詩歌卷》第七五〇頁）

智按：卞孝萱《元稹年譜》、楊軍《元稹集編年箋注・詩歌卷》繫於元和十二年（八一七），此從吳偉斌《元稹白居易通江唱和真相述略》（《蘇州大學學報》一九八八年第二期）之說。

元和十三年（八一八），元稹又有《寄樂天》：「無身尚擬魂相就，身在那無夢往還。直到他生亦相覓（他生，一作身他），不能空記樹中環。」（《元稹集》第二二七頁；《元稹集編年箋注・詩歌卷》第七六〇頁），補充此詩未盡之意。

六十五、元和十二年（八一七）

白居易：三月三日懷微之

良時光景長虛擲，壯歲風情已暗銷。忽憶同為校書日，每年同醉是今朝。（《白居易集箋校》第二册第一七卷第一一二〇頁）

智按：《白居易集箋校》繫於元和十三年（八一八），此從吳偉斌《元稹白居易通江唱和真相述略》（《蘇州大學學報》一九八八年第二期）之說。

元和十三年（八一八）追和

元稹：酬樂天三月三日見寄

當年此日花前醉，今日花前病裏銷。獨倚破簾閒悵望，可憐虛度好春朝。（《元稹集》第二一卷第二三七頁；《元稹集編年箋注・詩歌卷》第八二一頁）

六十六、元和十二年（八一七）十二月二日

白居易：東南行一百韻寄通州元九侍御澧州李十一舍人果州崔二十二使君開州韋大員外庾三十二補闕杜十四拾遺李二十助教員外竇七校書

南去經三楚，東來過五湖。山頭看候館，水面問征途。地遠窮江界，天低接海隅。飄零同落葉，浩蕩似乘桴。漸覺鄉原異，深知土產殊。夷音語嘲哳，蠻態笑睢盱。水市通闤闠，煙村混舳艫。吏征漁戶稅，人納火田租。亥日饒蝦蟹，寅年足虎貙。成人男作丱，事鬼女為巫。樓暗攢倡婦，堤喧簇販夫。夜船論鋪賃，春酒斷瓶沽。見果多盧橘，聞禽悉鷓鴣。山歌猿獨叫，野哭鳥相呼。嶺徼雲成棧，江郊水當郛。月移翹柱鶴，風泛颭檣烏。鼇礙潮無信，蛟驚浪不虞。鼉鳴江擂鼓，蜃結氣浮圖。樹裂山魈穴，沙含水弩樞。喘牛犁紫芋，羸馬放青菰。繡面誰家婢？鴉頭幾歲奴？泥中採菱芡，燒後拾樵蘇。鼎膩愁烹鱉，盤腥厭膾鱸。鍾儀徒戀楚，張翰浪思吳。氣序涼還熱，光陰旦復晡。身方逐萍梗，年欲近桑榆。渭北田園廢，江西歲月徂。憶歸恒慘澹，懷舊忽踟躕。自念咸秦客，嘗為鄒魯儒。蘊藏經國術，輕棄度關繻。賦力淩鸚鵡，詞鋒敵轆轤。戰文重掉鞅，射策一彎弧。崔杜鞭齊下，元韋轡並驅。名聲逼楊馬，交分過蕭朱。世務輕摩揣，周行竊覬覦。風雲皆會合，雨露各沾濡。共遇昇平代，偏慚固陋軀。承明連夜直，建禮拂晨趨。美服頒王府，珍羞降御廚。議高通白虎，諫切伏青蒲。柏殿行陪宴，花樓走看酺。神旗張鳥獸，天籟動笙竽。戈劍星芒耀，魚龍電策驅。定場排越伎，促坐進吳覦。縹緲疑仙樂，嬋娟勝畫圖。歌鬟低翠羽，舞汗墮紅珠。別選閑遊伴，潛招小飲徒。一杯愁已破，三盞氣彌粗。軟美仇家酒，幽閑葛氏姝。十千方得斗，二八正當壚。論笑杓胡硉，談憐鞏囁嚅。李酣猶短竇，庾醉更蔫迂。鞍馬呼教住，骰盤喝遣輸。長驅波卷白，連擲采成盧。［骰盤、卷白波、莫走、鞍馬，皆當時酒令。］籌並頻逃席，觥嚴別置盂。滿卮那可灌，頹玉不勝扶。入視中樞草，歸乘內廄駒。醉曾衝宰相，驕不揖金吾。日近恩雖重，雲高勢卻孤。翻身落霄漢，失腳倒泥塗。博望移門籍，潯陽佐郡符。［予自太子贊善大夫出為江州司馬。］時情變寒暑，世利算錙銖。即日辭雙闕，明朝別九衢。播遷分郡國，次第出京都。［十年春，微之移佐通州。其年秋，予出佐潯陽。明年秋，杓直出牧澧州，崔二十二出牧果州，韋大出牧開州。］秦嶺馳三驛，商山上二邘。［商山險道中，有東西二邘。］峴陽亭寂寞，夏口路崎嶇。大道全生棘，中丁盡執殳。江關未撤警，淮寇尚稽誅。［時淮西未平，路經襄、鄂二州界，所見如此。］林對東西寺，山分大小姑。［東林、西林寺在廬山北。大姑、小姑在廬山南彭蠡湖中。］廬峰蓮刻削，湓浦帶縈紆。［蓮花峰在廬山北，湓水在江城南。何遜詩云：「湓城對湓水，湓水縈如帶。」］九派吞青草，孤城覆緑蕪。[潯陽江九派，南通青草、洞庭湖。南方城壁多以草覆。] 黄昏鐘寂寂，清曉角嗚嗚。春色辭門柳，秋聲到井梧。殘芳悲鶗鴂，暮節感茱萸。蕊坼金英菊，花飄雪片蘆。波紅日斜沒，沙白月平鋪。幾見林抽筍，頻驚燕引雛。歲華何倏忽，年少不須臾。眇默思千古，蒼茫想八區。孔窮緣底事？顏夭有何辜？龍智猶經醢，龜靈未免刳。窮通應已定，聖哲不能逾。況我身謀拙，逢他厄運拘。漂流隨大海，錘鍛任洪爐。險阻嘗之矣，棲遲命也夫。沉冥消意氣，窮餓耗肌膚。防瘴和殘藥，迎寒補舊襦。書床鳴蟋蟀，琴匣網蜘蛛。貧室如懸磬，端憂劇守株。時遭人指點，數被鬼揶揄。兀兀都疑夢，昏昏半是愚。女驚朝不起，妻怪夜長吁。萬里抛朋侶，三年隔友于。自然悲聚散，不是恨榮枯。去夏微之瘧，今春席八殂。天涯書達否？泉下哭知無？[去年聞元九瘴瘧，書去竟未報。今春聞席八歿。久與還往，能無慟矣！] 謾寫詩盈卷，空盛酒滿壺。只添新悵望，豈復舊歡娱。壯志因愁減，衰容與病俱。相逢應不識，滿頷白髭鬚。(《白居易集箋校》第二册第一六卷第九六五頁)

元和十三年（八一八）追和

元稹：酬樂天東南行詩一百韻

我病方吟越，君行已過湖。去應緣直道，哭不為窮途。亞竹寒驚牖，空堂夜向隅。暗魂思背燭，危夢怯乘桴。坐痛筋骸憯，旁嗟物候殊。雨蒸蟲沸渭，浪湧怪睢盱。索綆飄蚊蚋，蓬麻甃舳艫。短簷苫稻草，微俸封漁租。泥浦喧撈蛤，荒郊險鬬貙。鯨吞近溟漲，猿鬧接黔巫。芒屩泅牛婦，丫頭蕩槳夫。酢醅荷裹賣，醨酒水淋沽。舞態翻鴝鵒，歌詞咽鷓鴣。夷音啼似笑，蠻語謎相呼。江郭船添店，山城木豎郛。吠聲沙市犬，爭食墓林烏。獷俗誠堪憚，妖神甚可虞。欲令仁漸及，已被瘧潛圖。膳減思調鼎，行稀恐蠹樞。雜尊多剖鱔，和黍半蒸菰。緑粽新菱實，金丸小木奴。芋羹真暫淡，䲠炙漫塗蘇。炰鱉那勝羜，烹鯀只似鱸。楚風輕似蜀，巴地濕如吴。氣濁星難見，州斜日易晡。通宵但雲霧，未酉即桑榆。瘴窟蛇休螫，炎溪暑不徂。倀魂陰叫嘯，鵩貌晝踟躕。鄉里家藏蠱，官曹世乏儒。斂緡偷印信，傳箭作符繻。椎髻抛巾幗，鑹刀代轆轤。當心鞙銅鼓，背弝射桑弧。豈復民氓料，須將鳥獸驅。是非渾並漆，詞訟敢研朱。陋室鴞窺伺，衰形蟒覬覦。鬢毛霜點合，襟淚血痕濡。倍憶京華伴，偏忘我爾軀。謫居今共遠，榮路昔同趨。科試銓衡局，銜參典校廚。月中分桂樹，天上識昌蒲。應召逢鴻澤，陪遊值賜酺。心唯撞衛磬，耳不亂齊竽。海岱詞鋒截，皇王筆陣驅。疾奔凌騕褭，高唱軋吳歈。點檢張儀舌，提攜傅説圖。擺囊看利穎，開頷出明珠。並取千人特，皆非十上徒。白麻雲色膩，墨詔電光粗。眾口貪歸美，何顏敢妒姝。秦臺納紅旭，鄭匣洗黃壚。諫獵寧規避，彈豪詎囁嚅。肺肝憎巧曲，蹊徑絕縈迂。誓遣朝綱振，忠饒翰苑輸。驥調方汗血，蠅點忽成盧。遂謫棲遑掾，還飛送別盂。痛嗟親愛隔，顛望友朋扶。狸病翻隨鼠，驄羸返作駒。物情良徇俗，時論太誣吾。瓶罄罍偏恥，松摧柏自枯。虎雖遭陷阱，龍不怕泥塗。重喜登賢苑，方欣佐伍符。判身入矛戟，輕敵比錙銖。驛騎來千里，天書下九衢。因教罷飛檄，便許到皇都。舟敗罌浮漢，驂疲杖過邘。郵亭一蕭索，烽候各崎嶇。饋餉人推輅，誰何吏執殳。拔家逃力役，連鎖責逋誅。防戍兄兼弟，收田婦與姑。縑緗工女竭，青紫使臣紆。望國參雲樹，歸家滿地蕪。破窗塵坱坱，幽院鳥嗚嗚。祖竹叢新筍，孫枝壓舊梧。晚花狂蛺蝶，殘蒂宿茱萸。始悟摧林秀，因銜避繳蘆。文房長遣閉，經肆未曾鋪。鵷鷺方求侶，鴟鳶已嚇雛。征還何鄭重，斥去亦須臾。迢遞投遐徼，蒼黃出奧區。通川誠有咎，湓口定無辜。利器從頭匣，剛腸到底刳。薰蕕任盛貯，稊稗莫超逾。公幹經時卧，鍾儀幾歲拘。光陰流似水，蒸瘴熱於爐。薄命知然也，深交有矣夫。救焚期骨肉，投分刻肌膚。二妙馳軒陛，三英詠袴襦。李多嘲蝘蜓，竇數集蜘蛛。數子皆奇貨，唯予獨朽株。邯鄲笑匍匐，燕薊受揶揄。懶學三閭憤，甘齊百里愚。耽眠稀醒素，憑醉少嗟吁。學問徒為爾，書題盡已於。別猶多夢寐，情尚感凋枯。近喜司戎健，尋傷掌誥徂。士元名位屈，伯道子孫無。舊好飛瓊翰，新詩灌玉壺。幾催閒處泣，終作苦中娛。廉藺聲相讓，燕秦勢豈俱。此篇應絕倒，休漫捋髭鬚。(《元稹集》第一二卷第一三五頁；《元稹集編年箋注·詩歌卷》第七六七頁)

六十七、元和十二年（八一七）

白居易：江樓夜吟元九律詩成三十韻

昨夜江樓上，吟君數十篇。詞飄朱檻底，韻墮綠江前。清楚音諧律，精微思入玄。收將白雪麗，奪盡碧雲妍。寸截金為句，雙雕玉作聯。八風淒間發，五彩爛相宣。冰扣聲聲冷，珠排字字圓。文頭交比繡，筋骨軟於綿。澒湧同波浪，錚摐過管弦。醴泉流出地，鈞樂下從天。神鬼聞如泣，魚龍聽似禪。星回疑聚集，月落為留連。雁感無鳴者，猿愁亦悄然。交流遷客淚，停住賈人船。暗被歌姬乞，潛聞思婦傳。斜行題粉壁，短卷寫紅箋。肉味經時忘，頭風當日痊。老張知定伏，短李愛應顛。［張十八籍、李二十紳皆攻律詩，故云。］道屈才方振，身閒業始專。天教聲烜赫，理合命迍邅。顧我文章劣，知他氣力全。工夫雖共到，巧拙尚相懸。各有詩千首，俱拋海一邊。白頭吟處變，青眼望中穿。酬答朝妨食，披尋夜廢眠。老償文債負，宿結字因緣。每歎陳夫子，常嗟李謫仙。［陳子昂著《感遇詩》稱於世。賀知章謂李白為謫仙人。］名高折人爵，思苦減天年。［李竟無官，陳亦早夭。］不得當時遇，空令後代憐。相悲今若此，湓浦與通川。（《白居易集箋校》第二册第一七卷第一〇五八頁）

元和十三年（八一八）追和

元稹：酬樂天江樓夜吟稹詩，因成三十韻（次用本韻）

忽見君新句，君吟我舊篇。見當巴徼外，吟在楚江前。思鄙寧通律，聲清遂扣玄。三都時覺重，一顧世稱妍。排韻曾遙答，分題幾共聯。昔憑銀翰寫，今賴玉音宣。布鼓隨椎響，坯泥仰匠圓。鈴因風斷續，珠與調牽綿。阮籍驚長嘯，商陵怨別弦。猿羞啼月峽，鶴讓警秋天。志士潛興感，高僧暫廢禪。興飄滄海動，氣合碧雲連。點綴工微者，吹噓勢特然。休文徒倚檻，彥伯浪回船。伎樂當筵唱，兒童滿巷傳。改張思婦錦，騰躍賈人箋。魏拙虛教出，曹風敢望痊。定遭才子笑，恐賺學生癲。裁什情何厚，飛書信不專。隼猜鴻蓄縮，虎横犬迍邅。水墨看雖久，瓊瑶喜尚全。才從魚裏得，便向市頭懸。夜置堂東序，朝鋪座右邊。手尋韋欲絕，淚滴紙渾穿。甘蔗銷殘醉，醍醐醒早眠。深藏那遽滅，同詠苦無緣。雅羨詩能聖，終嗟藥未仙。五千誠遠道，四十已中年。［諸葛亮云：揚州萬里，潯陽向（尚）餘五千，僕今年四十一。］暗魄多相夢，衰容每自憐。卒章還慟哭，蚊蚋溢山川。（《元稹集》第一三卷第一四三頁；《元稹集編年箋注・詩歌卷》第八二二頁）

智按：卞孝萱《元稹年譜》第三一二頁、楊軍《元稹集編年箋注・詩歌卷》第八二三頁繫於元和十四年（八一九），此從吳偉斌《元稹白居易通江唱和真相述略》（《蘇州大學學報》一九八八年第二期）之説。

六十八、元和十二年（八一七）

白居易：答微之

微之於閬州西寺，手題予詩。予又以微之百篇，題此屏上。各以絕句，相報答之。

君寫我詩盈寺壁，我題君句滿屏風。與君相遇知何處？兩葉浮萍大海中。（《白居易集箋校》第二册第一七卷第一〇九二頁）

元和十二年五月（自興元返通州，經閬州）

元稹：閬州開元寺壁題樂天詩

憶君無計寫君詩，寫盡千行説向誰。題在閬州東寺壁，幾時知是見君時。（《元稹集》第二〇卷第二二六頁；《元稹集編年箋注·詩歌卷》第七四四頁）

六十九、元和十三年（八一八）三月

白居易：聞李尚書拜相因以長句寄賀微之

憐君不久在通川，知已新提造化權。夔卨定求才濟世，張雷應辨氣衝天。那知淪落天涯日，正是陶鈞海內年。肯向泥中抛折劍，不收重鑄作龍泉。（《白居易集箋校》第二册第一七卷第一〇九五頁）

元和十三年（八一八）

元稹：酬樂天聞李尚書拜相以詩見賀

初因彈劾死東川，又為親情弄化權。百口共經三峽水，一時重上兩漫天。尚書入用雖旬月，司馬銜冤已十年。若待更遭秋瘴後，便愁平地有重泉。（《元稹集》第二一卷第二三七頁；《元稹集編年箋注·詩歌卷》第七六七頁）

七十、元和十三年（八一八）

白居易：夢亡友劉太白同遊彰敬寺

三千里外卧江州，十五年前哭老劉。昨夜夢中彰敬寺，死生魂魄暫同遊。（《白居易集箋校》第二册第一七卷第一〇八三頁）

元稹：和樂天夢亡友劉太白同遊二首

君詩昨日到通州，萬里知君一夢劉。閒坐思量小來事，只應元是夢中游。

老來東郡復西州，行處生塵為喪劉。縱使劉君魂魄在，也應至死不同遊。

(《元稹集》第八卷第九五頁;《元稹集編年箋注・詩歌卷》第八一六頁)

七十一、元和十三年(八一八)

白居易:送客春遊嶺南二十韻(因敘嶺南方物以諭之,並擬微之送崔二十二之作)

已訝游何遠,仍嗟別太頻。離容君蹙促,贈語我殷勤。迢遞天南面,蒼茫海北漘。訶陵國分界,交趾郡為鄰。蓊鬱三光晦,溫暾四氣勻。陰晴變寒暑,昏曉錯星辰。瘴地難為老,蠻陬不易馴。土民稀白首,洞主盡黃巾。戰艦猶驚浪,戎車未息塵。[時黃家賊方動。]紅旗圍卉服,紫綬裹文身。面苦桄榔制,漿酸橄欖新。牙檣迎海舶,銅鼓賽江神。不凍貪泉暖,無霜毒草春。雲煙蟒蛇氣,刀劍鱷魚鱗。路足羈棲客,官多謫逐臣。天黃生颶母,雨黑長楓人。颶母如斷虹,欲大風即見。[楓人因夜雷雨,輒暗長數丈。]回使先傳語,征軒早返輪。須防杯裏蠱,莫愛橐中珍。[南方蠱毒,多置酒中。]北與南殊俗,身將貨孰親?嘗聞君子誡,憂道不憂貧。(《白居易集箋校》第二冊第一七卷第一〇六七頁)

元稹:和樂天送客游嶺南二十韻(次用本韻)

我自離鄉久,君那度嶺頻。一杯魂慘澹,萬里路艱辛。江館連沙市,瀧船泊水濱。騎田回北顧,銅柱指南鄰。大壑浮三島,周天過五均。波心湧樓閣,規外布星辰。狒狒穿筒格,猩猩置屐馴。貢兼蛟女絹,俗重語兒巾。舶主腰藏寶,黃家砦起塵。歌鐘排象背,炊爨上魚身。電白雷山接,旗紅賊艦新。島夷徐市種,廟覡趙佗神。鳶跕方知瘴,蛇蘇不待春。曙潮雲斬斬,夜海火燐燐。冠冕中華客,梯航異域臣。果然皮勝錦,吉了舌如人。風黖秋茅葉,煙埋曉月輪。定應玄髮變,焉用翠毛珍。句漏沙須買,貪泉貨莫親。能傳稚川術,何患隱之貧。(《元稹集》第一二卷第一三九頁;《元稹集編年箋注・詩歌卷》第五六九頁)

智按:卞孝萱《元稹年譜》第二三六頁繫於元和五年(八一〇)至九年(八一四),朱金城以為「非是」。

七十二、元和十三年（八一八）

白居易：尋郭道士不遇

郡中乞假來相訪，洞裏朝元去不逢。看院只留雙白鶴，入門唯見一青松。藥爐有火丹應伏，雲碓無人水自舂。［廬山中雲母多，故以水碓搗煉，俗呼為雲碓。］欲問《參同契》中事，更期何日得從容？〔一作「未知何日得相從」〕（《白居易集箋校》第二册第一七卷第一〇七〇頁）

元稹：和樂天尋郭道士不遇（昔嘗為僧，於荊州相别）

昔年我見杯中渡，今日人言鶴上逢。兩虎定隨千歲鹿，雙林添作幾株松。方瞳應是新燒藥，短腳知緣舊施舂。［為僧時先有腳疾］欲請僧繇遠相畫，苦愁頻變本形容。（《元稹集》第二一卷第二三五頁；《元稹集編年箋注·詩歌卷》第八一九頁）

七十三、元和十四年（八一九）

白居易：寄微之（時微之為虢州長史）

高天默默物茫茫，各有來由致損傷。鸚為能言長剪翅，龜緣難死久搘床。莫嫌冷落抛閒地，猶勝炎蒸卧瘴鄉。外物竟關身底事？謾排門戟繫腰章。（《白居易集箋校》第二册第一八卷第一一八〇頁）

元稹：酬樂天歎損傷見寄

前途何在轉茫茫，漸老那能不自傷。病為怕風多睡月，起因花藥暫扶床。函關氣索迷真侶，峽水波翻礙故鄉。唯有秋來兩行淚，對君新贈遠詩章。（《元稹集》第二一卷第二三八頁；《元稹集編年箋注·詩歌卷》第八三三頁）

七十四、元和十四年（八一九）

白居易：即事寄微之

畬田澀米不耕鋤，旱地荒園少菜蔬。想念土風今若此，料看生計合何如？衣縫紕纇黄絲絹，飯下腥鹹白小魚。飽暖飢寒何足道，此身長短是空虚。（《白居易集箋校》第二册第一八卷第一一六九頁）

元稹：酬樂天見寄

三千里外巴蛇穴，四十年來司馬官。瘴色滿身治不盡，瘡痕刮骨洗應難。常甘人向衰容薄，獨訝君將舊眼看。前日詩中高蓋字，至今脣舌遍長安。（《元稹集》第二一卷第二三五頁；《元稹集編年箋注·詩歌卷》第六四七頁）

智按：卞孝萱《元稹年譜》第二六四頁、楊軍《元稹集編年箋注・詩歌卷》第六四七頁繫於元和十年。而吳偉斌《元稹白居易通江唱和真相述略》(《蘇州大學學報》一九八八年第二期) 認為此詩為元和十三年追和白居易元和十年《即事寄微之》，但白集《即事寄微之》前後均為元和十四年之作，故姑仍從《白居易集箋校》之説，而以《題詩屏風絕句並序》(《白居易集箋校》第二册第十七卷第一〇九一頁) 置換。

七十五、長慶元年（八二一）

白居易：待漏入閣書事奉贈元九學士閣老

衙排宣政仗，門啓紫宸關。彩筆停書命，花磚趁立班。［停書命：一作停書几。］稀星點銀礫，殘月墮金環。暗漏猶傳水，明河漸下山。從東分地色，向北仰天顔。碧縷爐煙直，紅垂佩尾閑。［佩尾：一作旆尾。］綸闈慚併入，翰苑忝先攀。笑我青袍故，饒君茜綬殷。詩仙歸洞裏，酒病滯人間。好去鵷鸞侶，衝天便不還。(《白居易集箋校》第三册第一九卷第一二三八頁)

長慶元年（八二一）十月後

元稹：酬樂天待漏入閣見贈（時樂天為中書舍人予任翰林士）

未勘銀臺契，先排浴殿關。沃心因特召，承旨絕常班。颭閃才人袖，嘔鴉軟舉鬟。宮花低作帳，雲從積成山。密視樞機草，偷瞻咫尺顔。恩垂天語近，對久漏聲閑。丹陛曾同立，金鑾恨獨攀。筆無鴻業潤，袍愧紫文殷。河水通天上，瀛州接世間。謫仙名籍在，何不重來還。(《元稹集》第一三卷第一四四頁；《元稹集編年箋注・詩歌卷》第八五七頁)

七十六、長慶三年（八二三）

白居易：席上答微之

我住浙江西，君去浙江東。勿言一水隔，便與千里同。富貴無人勸君酒，今宵為我盡杯中。(《白居易集箋校》第三册第二三卷第一五二六頁)

元稹：贈樂天

莫言鄰境易經過，彼此分符欲奈何。垂老相逢漸難別，白頭期限各無多。(《元稹集》第二二卷第二四四頁；《元稹集編年箋注・詩歌卷》第八七九頁)

七十七、長慶三年（八二三）

白居易：答微之上船後留别

燭下尊前一分手，舟中岸上兩回頭。歸來虛白堂中夢，合眼先應到越州。（《白居易集箋校》第三册第二三卷第一五二六頁）

智按：據卞孝萱《元稹年譜》第四三一頁。

元稹：重贈（樂人商玲瓏能歌，歌予數十詩）

休遣玲瓏唱我詩，我詩多是别君詞。明朝又向江頭别，月落潮平是去時。（《元稹集》第二二卷第二四四頁；《元稹集編年箋注・詩歌卷》第八七九頁）

七十八、長慶三年（八二三）

白居易：答微之泊西陵驛見寄

煙波盡處一點白，應是西陵古驛臺。知在臺邊望不見，暮潮空送渡船回。（《白居易集箋校》第三册第二三卷第一五二七頁）

元稹：别後西陵晚眺

晚日未抛詩筆硯，夕陽空望郡樓臺。與君後會知何日，不似潮頭暮卻回。（《元稹集》第二二卷第二四四頁；《元稹集編年箋注・詩歌卷》第八八一頁）

七十九、長慶三年（八二三）

元稹：以州宅誇於樂天

州城迴繞拂雲堆，鏡水稽山滿眼來。四面常時對屏障，一家終日在樓臺。星河似向簷前落，鼓角驚從地底回。我是玉皇香案吏，謫居猶得住蓬萊。（《元稹集》第二二卷第二四四頁；《元稹集編年箋注・詩歌卷》第八八一頁）

白居易：答微之誇越州州宅

賀上人回得報書，大誇州宅似仙居。厭看馮翊風沙久，喜見蘭亭煙景初。日出旌旗生氣色，月明樓閣在空虛。知君暗數江南郡，除卻餘杭盡不如。（《白居易集箋校》第三册第二三卷第一五二八頁）

元稹：重誇州宅旦暮景色，兼酬前篇末句

仙都難畫亦難書，暫合登臨不合居。繞郭煙嵐新雨後，滿山樓閣上燈初。人聲曉動千門闢，湖色宵涵萬象虛。為問西州羅刹岸，濤頭衝突近何如。

（《元稹集》第二二卷第二四五頁；《元稹集編年箋注・詩歌卷》第八八三頁）

白居易：微之重誇州居其落句有西州羅剎之謔因嘲茲石聊以寄懷

君問西州城下事，醉中疊紙為君書。嵌空石面標羅剎，壓捺潮頭敵子胥。神鬼曾鞭猶不動，波濤雖打欲何如。誰知太守心相似，抵滯堅頑兩有餘。（《白居易集箋校》第三册第二三卷第一五二九頁）

八十、長慶三年（八二三）

白居易：張十八員外以新詩二十五首見寄郡樓月下吟玩通夕因題卷後封寄微之

秦城南省清秋夜，江郡東樓明月時。去我三千六百里，得君二十五篇詩。陽春曲調高難和，淡水交情老始知。坐到天明吟未足，重封轉寄與微之。（《白居易集箋校》第三册第二三卷第一五三〇頁）

元稹：酬樂天吟張員外詩見寄因思上京每與樂天於居敬兄昇平里詠張新詩

樂天書內重封到，居敬堂前共讀時。四友一為泉路客，三人兩詠浙江詩。別無遠近皆難見，老減心情自各知。杯酒與他年少隔，不相酬贈欲何之。（《元稹集》第二二卷第二四五頁；《元稹集編年箋注・詩歌卷》第八八五頁）

八十一、長慶三年（八二三）

白居易：酬微之

微之題云：郡務稍簡，因得整集舊詩，並連綴刪削，封章諫草，繁委箱笥，謹逾百軸，偶成自歎。兼寄樂天。

滿篋填箱唱和詩，少年為戲老成悲。聲聲麗曲敲寒玉，句句妍辭綴色絲。吟玩獨當明月夜，傷嗟同是白頭時。由來才命相磨折，天遣無兒欲怨誰。［微之句云：天遣兩家無嗣子，欲將文字付誰人。故以此答之。］（《白居易集箋校》第三册第二三卷第一五三一頁）

元稹：郡務稍簡因得整比舊詩並連綴焚削封章繁委篋笥僅逾百軸偶成自歎因寄樂天

近來章奏小年詩，一種成空盡可悲。書得眼昏朱似碧，用來心破髮如絲。催身易老緣多事，報主深恩在幾時。天遣兩家無嗣子，欲將文集與它誰。（《元稹集》第二二卷第二四七頁；《元稹集編年箋注・詩歌卷》第八八九頁）

八十二、長慶三年（八二三）

白居易：元微之除浙東觀察使喜得杭越鄰州先贈長句（十七首並與微之和答）

稽山鏡水歡遊地，犀帶金章榮貴身。官職比君雖校小，封疆與我且為鄰。郡樓對玩千峰月，江界平分兩岸春。杭越風光詩酒主，相看更合與何人？（《白居易集箋校》第三册第二三卷第一五二四頁）

元稹：酬樂天喜鄰郡（此後並越州酬和並各次用本韻）

蹇驢瘦馬塵中伴，紫綬朱衣夢裏身。符竹偶因成對岸，文章虛被配為鄰。湖翻白浪常看雪，火照紅妝不待春。老大那能更爭競，任君投募醉鄉人。（《元稹集》第二二卷第二四三頁；《元稹集編年箋注·詩歌卷》第八七七頁）

八十三、長慶三年（八二三）

元稹：戲贈樂天、復言 此後三篇同韻

樂事難逢歲易徂，白頭光景莫令孤。弄濤船更曾觀否，望市樓還有會無。眼力少將尋案牘，心情且強擲梟盧。孫園虎寺隨宜看，不必遙遙羨鏡湖。（《元稹集》第二二卷第二四六頁；《元稹集編年箋注·詩歌卷》第八八六頁）

白居易：酬微之誇鏡湖

我嗟身老歲方徂，君更官高興轉孤。軍門郡閣曾閒否，禹穴耶溪得到無。酒盞省陪波卷白，骰盆思共彩呼盧。一泓鏡水誰能羨，自有胸中萬頃湖。［微之詩云：孫園虎寺隨宜看，不必遙遙羨鏡湖。故以此戲言答之。］（《白居易集箋校》第三册第二三卷第一五三四頁）

元稹：重酬樂天

紅塵擾擾日西徂，我興雲心兩共孤。暫出已遭千騎擁，故交求見一人無。百篇書判從饒白，八米詩章未伏盧。最笑近來黃叔度，自投名刺占陂湖。（《元稹集》第二二卷第二四六頁；《元稹集編年箋注·詩歌卷》第八八七頁）

八十四、長慶三年（八二三）

白居易：答微之詠懷見寄

閣中同直前春事，船裏相逢昨日情。分袂二年勞夢寐，並床三宿話平生。紫微北畔辭宮闕，滄海西頭對郡城。聚散窮通何足道，醉來一曲放歌行。（《白居易集箋校》第三册第二三卷第一五三四頁）

元稹：寄樂天

閒夜思君坐到明，追尋往事倍傷情。同登科後心相合，初得官時髭未生。二十年來諳世路，三千里外老江城。猶應更有前途在，知向人間何處行。(《元稹集》第二二卷第二四六頁；《元稹集編年箋注・詩歌卷》第八八六頁)

八十五、長慶三年（八二三）

白居易：除夜寄微之

鬢毛不覺白毵毵，一事無成百不堪。共惜盛時辭闕下，同嗟除夜在江南。家山泉石尋常憶，世路風波子細諳。老校於君合先退，明年半百又加三。(《白居易集箋校》第三册第二三卷第一五三八頁)

元稹：除夜酬樂天

引儺綏旆亂毵毵，戲罷人歸思不堪。虚漲火塵龜浦北，無由阿傘鳳城南。休官期限元同約，除夜情懷老共諳。莫道明朝始添歲，今年春在歲前三。(《元稹集》第二六卷第三一五頁；《元稹集編年箋注・詩歌卷》第八九三頁)

八十六、長慶三年（八二三）

白居易：餘思未盡加為六韻重寄微之

海內聲華並在身，篋中文字絕無倫。(美微之也）遥知獨對封章草，忽憶同為獻納臣。走筆往來盈卷軸（予與微之前後寄和詩數百篇，近代無如此多有也)，除官遞互掌絲綸（予除中書舍人，微之撰制詞；微之除翰林學士，予撰制詞)。制從長慶辭高古（微之長慶初知制誥，文格高古，始變俗體，繼者效之也)，詩到元和體變新（衆稱元、白為千字律詩，或號元和格)。各有文姬才稚齒（蔡邕無兒，有女琰，字文姬)，俱無通子繼餘塵（陶潛小兒名通子)。琴書何必求王粲，與女猶勝與外人。(《白居易集箋校》第三册第二三卷第一五三二頁)

元稹：酬樂天餘思不盡加為六韻之作

律呂同聲我爾身，文章君是一伶倫。衆推賈誼為才子，帝喜相如作侍臣。(樂天先有《秦中吟》及《百節判》，皆為書肆市賈題其卷云：「白才子文章。」又樂天知制誥詞云：「覽其詞賦，喜與相如並處一時。」）次韻千言曾報答（樂天曾寄予千字律詩數首，予皆次用本韻酬和。後來遂以成風耳。)，直詞三道共經綸。元詩駁雜真難辨（後輩好偽作予詩，傳流諸處。自到會稽，已有人寫宮詞百篇及雜詩兩卷，皆云是予所撰。及手勘驗，無一篇是者。），白樸流傳用轉新（樂天於翰林中書取書詔批答詞等，撰為程式，禁中號曰「白樸」，每有新入學士，求訪寶重，過於六典也）。蔡女圖書雖在口（蔡琰口誦家書四百餘篇），于公門戶豈生塵（樂天常贈予詩云：「其心如肺石，動必達窮民。東川八十家，冤憤一言申。」因感無兒之歎，故予自有此句）。商瞿未老猶希冀，莫把籯金便付人。（《元稹集》第二二卷第二四七頁；《元稹集編年箋注·詩歌卷》第八八九頁）

八十七、長慶三年（八二三）

白居易：雪中即事答微之

連夜江雲黃慘澹，平明山雪白模糊。銀河沙漲三千里，梅嶺花排一萬株。北市風生飄散麵，東樓日出照凝酥。誰家高士關門戶，何處行人失道途。舞鶴庭前毛稍定，擣衣砧上練新鋪。戲團稚女呵紅手，愁坐衰翁對白鬚。壓瘴一州除疾苦，呈豐萬井盡歡娛。潤含玉德懷君子，寒助霜威憶大夫。莫道煙波一水隔，何妨氣候兩鄉殊。越中地暖多成雨，還有瑤臺瓊樹無。（《白居易集箋校》第三册第二三卷第一五三六頁）

長慶四年（八二四）

元稹：酬樂天雪中見寄

知君夜聽風蕭索，曉望林亭雪半糊。撼落不教封柳眼，掃來偏盡附梅株。敲扶密竹枝猶亞，煦暖寒禽氣漸蘇。坐覺湖聲迷遠浪，回驚雲路在長途。錢塘湖上蘋先合，梳洗樓前粉暗鋪。石立玉童披鶴氅，臺施瑤席換龍鬚。滿空飛舞應為瑞，寡和高歌只自娛。莫遣擁簾傷思婦，且將盈尺慰農夫。稱觴彼此情何異，對景東西事有殊。鏡水繞山山盡白，琉璃雲母世間無。（《元稹集》第二二卷第二四八頁；《元稹集編年箋注·詩歌卷》第八九七頁）

八十八、長慶四年（八二四）

白居易：早春憶微之

昏昏老與病相和，感物思君歎復歌。聲早雞先知夜短，色濃柳最占春多。沙頭雨染斑斑草，水面風驅瑟瑟波。可道眼前光景惡，其如難見故人何。（《白居易集箋校》第三册第二三卷第一五四五頁）

元稹：和樂天早春見寄

雨香雲澹覺微和，誰送春聲入棹歌。萱近北堂穿土早，柳偏東面受風多。湖添水色消殘雪，江送潮頭湧漫波。同受新年不同賞，無由縮地欲如何。（《元稹集》第二二卷第二四九頁；《元稹集編年箋注・詩歌卷》第八九八頁）

八十九、長慶四年（八二四）

白居易：答微之見寄（時在郡樓對雪）

可憐風景浙東西，先數餘杭次會稽。禹廟未勝天竺寺，錢湖不羨若耶溪。擺塵野鶴春毛暖，拍水沙鷗濕翅低。更對雪樓君愛否，紅欄碧甃點銀泥。（《白居易集箋校》第三册第二三卷第一五四二頁）

元稹：寄樂天

莫嗟虛老海壖西，天下風光數會稽。靈氾橋前百里鏡，石帆山崦五雲溪。冰銷田地蘆錐短，春入枝條柳眼低。安得故人生羽翼，飛來相伴醉如泥。（《元稹集》第二二卷第二四八頁；《元稹集編年箋注・詩歌卷》第八九六頁）

智按：據卞孝萱《元稹年譜》第四四四頁。

九十、長慶四年（八二四）

白居易：重寄別微之

憑仗江波寄一辭，不須惆悵報微之。猶勝往歲峽中別，灩澦堆邊招手時。（《白居易集箋校》第三册第二三卷第一五六七頁）

元稹：酬樂天重寄別

卻報君侯聽苦辭，老頭拋我欲何之。武牢關外雖分手，不似如今衰白時。（《元稹集》第二二卷第二五〇頁；《元稹集編年箋注・詩歌卷》第九〇七頁）

九十一、長慶四年（八二四）

白居易：別州民

耆老遮歸路，壺漿滿別筵。甘棠無一樹，那得淚潸然？稅重多貧戶，農饑足旱田。唯留一湖水，與汝救凶年。〔今春增築錢塘湖堤，貯水以防天旱，

故云。〕（《白居易集箋校》第三册第二三卷第一五六四頁）

元稹：代杭民答樂天

翠幕籠斜日，朱衣儼别筵。管弦凄欲罷，城郭望依然。路溢新城市，農開舊廢田。春坊幸無事，何惜借三年。（《元稹集》第一五卷第一七九頁；《元稹集編年箋注·詩歌卷》第九〇六頁）

九十二、長慶四年（八二四）

白居易：三年為刺史二首

三年為刺史，無政在人口。唯向郡城中，題詩十餘首。慚非甘棠詠，豈有思人不?

三年為刺史，飲冰復食蘗。唯向天竺山，取得兩片石。此抵有千金，無乃傷清白。（《白居易集箋校》第一册第八卷第四四七頁）

元稹：代杭民作使君一朝去二首

使君一朝去，遺愛在人口。惠化境内春，才名天下首。為問龔黄輩，兼能作詩否。

使君一朝去，斷腸如剉檗。無復見冰壺，唯應鏤金石。自此一州人，生男盡名白。（《元稹集》第八卷第八九頁；《元稹集編年箋注·詩歌卷》第九〇四頁）

九十三、長慶四年（八二四）

白居易：留題郡齋

吟山歌水嘲風月，便是三年官滿時。春為醉眠多閉閣，秋因晴望暫褰帷。更無一事移風俗，唯化州民解詠詩。（《白居易集箋校》第三册第二三卷第一五六三頁）

元稹：代郡齋神答樂天

虚白堂神傳好語，二年長伴獨吟時。夜憐星月多離燭，日滉波濤一下帷。為報何人償酒債，引看牆上使君詩。（《元稹集》第二二卷第二五〇頁；《元稹集編年箋注·詩歌卷》第九〇七頁）

九十四、長慶四年（八二四）

白居易：重題别東樓

東樓勝事我偏知，氣象多隨昏旦移。湖卷衣裳白重疊，山張屏障緑參差。海仙樓塔晴方出，江女笙簫夜始吹。春雨星攢尋蟹火，秋風霞颭弄濤旗。［餘杭風俗：每寒食雨後夜涼，家家持燭尋蟹，動盈萬人。每歲八月迎濤，弄水者悉舉旗幟焉。〕宴宜雲髻新梳後，曲愛霓裳未拍時。太守三年嘲不盡，郡齋空作百篇詩。（《白居易集箋校》第三册第二三卷第一五六八頁）

元稹：和樂天重題別東樓

山容水態使君知，樓上從容萬狀移。日映文章霞細麗，風驅鱗甲浪參差。鼓催潮戶淩晨擊，笛賽婆官徹夜吹。喚客潛揮遠紅袖，賣壚高掛小青旗。賸鋪床席春眠處，乍捲簾帷月上時。光景無因將得去，為郎抄在和郎詩。（《元稹集》第二二卷第二五〇頁；《元稹集編年箋注·詩歌卷》第九〇八頁）

九十五、長慶四年（八二四）

白居易：早春西湖閒遊悵然興懷憶與微之同賞因思在越官重事殷鏡湖之遊或恐未暇偶成十八韻寄微之

上馬復呼賓，湖邊景氣新。管弦三數事，騎從十餘人。立換登山屐，行攜漉酒巾。逢花看當妓，遇草坐為茵。西日籠黃柳，東風蕩白蘋。小橋裝雁齒，輕浪甃魚鱗。畫舫牽徐轉，銀船酌慢巡。野情遺世累，醉態任天真。彼此年將老，平生分最親。高天從所願，遠地得為鄰。雲樹分三驛，煙波限一津。翻嗟寸步隔，卻厭尺書頻。浙右稱雄鎮，山陰委重臣。貴垂長紫綬，榮駕大朱輪。出動刀槍隊，歸生道路塵。雁驚弓易散，鷗怕鼓難馴。百吏瞻相面，千夫捧擁身。自然閒興少，應負鏡湖春。（《白居易集箋校》第三册第二三卷第一五四一頁）

元稹：酬樂天早春閒遊西湖頗多野趣恨不得與微之同賞因思在越官重事殷鏡湖之遊或恐未暇因成十八韻見寄樂天前篇到時適會予亦宴類湖南亭因述目前所睹以成酬答末章亦示暇誠則勢使之然亦欲粗為恬養之贈耳（浙東時作）

雁思欲迴賓，風聲乍變新。各攜紅粉妓，俱伴紫垣人。水面波凝縠，山腰虹似巾。柳條黃大帶，茭葑綠文茵。雪盡纔通屐，汀寒未有蘋。向陽偏曬羽，依岸小游鱗。浦嶼崎嶇到，林園次第巡。墨池憐嗜學，丹井羨登真。雅歎游方盛，聊非意所親。白頭辭北闕，滄海是東鄰。問俗煩江界，蒐畋想渭津。故交音訊少，歸夢往來頻。獨喜同門舊，皆為列郡臣。三刀連地軸，一葦礙車輪。尚阻青天霧，空瞻白玉塵。龍因雕字識，犬為送書馴。勝事無窮境，流年有限身。懶將閒氣力，爭鬬野塘春。（《元稹集》第一三卷第一四四

頁；《元稹集編年箋注·詩歌卷》第九〇二頁）

九十六、長慶四年（八二四）

白居易：寄李蘇州兼示楊瓊

真娘墓頭春草碧，心奴鬢上秋霜白。為問蘇臺酒席中，使君歌笑與誰同。就中猶有楊瓊在，堪上東山伴謝公。（《白居易集箋校》第三册第一九卷第一三〇九頁）

智按：此詩《白居易集箋校》第三册第一三一〇頁謂，或作於開成二年（八三七）。注云：「李蘇州名未詳。後白氏李姓刺蘇者，據《姑蘇志》卷二《古今守令表上》所載，惟李道樞、李疑二人。李道樞刺蘇在開成二年，可能為此詩所指。」按，李蘇州當指李諒，據郁賢皓《唐刺史考》第四册第一六八六頁（江蘇古籍出版社，一九八七年二月），李諒刺蘇在長慶三年（八二二）至寶曆元年（八二五）。長慶四年四月十一日，元稹《永福寺石壁法華經記》云：「若御史中丞蘇州刺史李諒。」白居易《見李蘇州示男阿武詩自感成詠》、《蘇州李中丞以元日郡齋感懷詩寄微之及予》、《初到郡齋寄錢湖州李蘇州》，牛僧孺《李蘇州遺太湖石奇狀絕倫因題二十韻奉呈夢得樂天》，劉禹錫《和牛相公題姑蘇所寄太湖石兼寄李蘇州》，均指李諒。李諒《蘇州元日郡齋感懷寄越州元相公杭州白舍人》原注：「時長慶四年也。」（《全唐詩》卷四六三）可見長慶四年李諒尚在蘇州。據《元稹年譜》第四四七頁，元稹《和樂天示楊瓊》作於長慶四年，則《寄李蘇州兼示楊瓊》最遲作於長慶四年。又《姑蘇志》卷二《古今守令表上》：「李乂，長慶二年八月以御史中丞任。按元稹《法華記》云：四年四月。」「李諒，長慶四年自泗州刺史以御史中丞徙任。」疑「御史中丞李乂」當為李諒。

元稹：和樂天示楊瓊

我在江陵少年日，知有楊瓊初喚出。腰身瘦小歌圓緊，依約年應十六七。去年十月過蘇州，瓊來拜問郎不識。青衫玉貌何處去，安得紅旗遮頭白。我語楊瓊瓊莫語，汝雖笑我我笑汝。汝今無復小腰身，不似江陵時好女。楊瓊為我歌送酒，爾憶江陵縣中否。江陵王令骨為灰，車來嫁作尚書婦。盧戡及第嚴澗在，其餘死者十八九。我今賀爾亦自多，爾得老成余白首。（《元稹集》外集第七卷第六八四頁；《元稹集編年箋注・詩歌卷》第九一一頁）

九十七、寶曆元年（八二五）

白居易：霓裳羽衣歌（和微之）

我昔元和侍憲皇，曾陪內宴宴昭陽。千歌百舞不可數，就中最愛霓裳舞。舞時寒食春風天，玉鉤欄下香案前。案前舞者顔如玉，不著人家俗衣服。虹裳霞帔步搖冠，鈿瓔累累佩珊珊。娉婷似不任羅綺，顧聽樂懸行復止。磬簫箏笛遞相攙，擊擫彈吹聲邐迤。（凡法曲之初，眾樂不齊，唯金石絲竹次第發聲，霓裳序初亦復如此。）散序六奏未動衣，陽臺宿雲慵不飛。（散序六遍無拍，故不舞也。）中序擘騞初入拍，秋竹竿裂春冰拆。（中序始有拍，亦名拍序。）飄然轉旋回雪輕，嫣然縱送遊龍驚。小垂手後柳無力，斜曳裾時雲欲生。（四句皆霓裳舞之初態。）煙蛾斂略不勝態，風袖低昂如有情。上元點鬟招萼緑，王母揮袂別飛瓊。（許飛瓊、萼緑華，皆女仙也。）繁音急節十二遍，跳珠撼玉何鏗錚。（霓裳曲凡十二遍而終。）翔鸞舞了卻收翅，唳鶴曲終長引聲。（凡曲將畢，皆聲拍促速，唯霓裳之末，長引一聲也。）當時乍見驚心目，凝視諦聽殊未足。一落人間八九年，耳冷不曾聞此曲。湓城但聽山魈語，巴峽唯聞杜鵑哭。（予自江州司馬轉忠州刺史。）移領錢唐第二年，始有心情問絲竹。玲瓏箜篌謝好箏，陳寵觱篥沈平笙。清弦脆管纖纖手，教得霓裳一曲成。（自玲瓏以下，皆杭之妓名。）虛白亭前湖水畔，前後只應三度按。便除庶子抛卻來，聞道如今各星散。今年五月至蘇州，朝鐘暮角催白頭。貪看案牘常侵夜，不聽笙歌直到秋。秋來無事多閒悶，忽憶霓裳無處問。聞君部內多樂徒，問有霓裳舞者無？答云七縣十萬戶，無人知有霓裳舞。唯寄長歌與我來，題作霓裳羽衣譜。四幅花箋碧間紅，霓裳實録在其中。千姿萬狀分明見，恰與昭陽舞者同。眼前仿佛睹形質，昔日今朝想如一。疑從雲夢呼召來，似著丹青圖寫出。我愛霓裳君合知，發於歌詠形於詩。君不見，我歌云：驚破霓裳羽衣曲。（《長恨歌》云。）又不見，我詩云，曲愛霓裳未拍時。（錢唐詩云。）由來能事皆有主，楊氏創聲君造譜。（開元中，西涼府節度楊敬述造。）君言此舞難得人，須是傾城可憐女。吳妖小玉飛作煙，越豔西施化為土。（夫差女小玉死後，形見於王。其母抱之，霏微若煙霧散空。）嬌花巧笑久寂寥，娃館苧蘿空處所。如君所言誠有是，君試從容聽我語。若求國色始翻傳，但恐人間廢此舞。妍媸優劣寧相遠，大都只在人擡舉。李娟張態君莫嫌，亦擬隨宜且教取。（娟、態，蘇妓之名。）（《白居易集箋校》第三册第二一卷第一四一〇頁）

元稹:？霓裳羽衣歌

九十八、寶曆元年（八二五）

白居易：和微之聽妻彈別鶴操因為解釋其義依韻加四句

義重莫若妻，生離不如死。誓將死同穴，其奈生無子。商陵迫禮教，婦出不能止。舅姑明旦辭，夫妻中夜起。起聞雙鶴別，若與人相似。聽其悲唳聲，亦如不得已。青田八九月，遼城一萬里。徘徊去住雲，嗚咽東西水。寫之在琴曲，聽者酸心髓。況當秋月彈，先入憂人耳。怨抑掩朱弦，沉吟停玉指。一聞無兒歎，相念兩如此。無兒雖薄命，有妻偕老矣。倖免生別離，猶勝商陵氏。（《白居易集箋校》第三册第二一卷第一四二八頁）

元稹:？聽妻彈別鶴操，五言十二韻

智按：非作於大和二年（八二八）之《聽妻彈別鶴操》七絕（《元稹集》第二四二頁；《元稹集編年箋注·詩歌卷》第九二三頁）。

九十九、寶曆元年（八二五）

白居易：和微之四月一日作

四月一日天，花稀葉陰薄。泥新燕影忙，蜜熟蜂聲樂。麥風低冉冉，稻水準漠漠。芳節或蹉跎，遊心稍牢落。春華信為美，夏景亦未惡。颭浪嫩青荷，熏欄晚紅藥。吳宮好風月，越郡多樓閣。兩地誠可憐，其奈久離索。（《白居易集箋校》第三册第二一卷第一四三〇頁）

元稹:？四月一日作

百、寶曆元年（八二五）

白居易：酬微之開拆新樓初畢相報末聯見戲之作

海山鬱鬱石棱棱，新豁高居正好登。南臨贍部三千界，東對蓬宮十二層。

報我樓成秋望月，把君詩讀夜回燈。無妨卻有他心眼，妝點亭臺即不能。（《白居易集箋校》第三册第二四卷第一六六〇頁）

元稹:？開拆新樓初畢相報

百一、大和二年（八二八）

白居易：杏園花下贈劉郎中

怪君把酒偏惆悵，曾是貞元花下人。自別花來多少事，東風二十四回春。（《白居易集箋校》第三册第二五卷第一七五六頁）

元稹：酬白樂天杏花園

劉郎不用閒惆悵，且作花間共醉人。算得貞元舊朝士，幾人同見太和春。（《元稹集》第二五卷第三一七頁；《元稹集編年箋注·詩歌卷》第九二四頁）

附：劉禹錫【杏園花下酬樂天見贈】

二十餘年作逐臣，歸來還見曲江春。遊人莫笑白頭醉，老醉花間有幾人。（《全唐詩》卷三六五）

張籍【同白侍郎杏園贈劉郎中】

一去瀟湘頭欲白，今朝始見杏花春。從來遷客應無數，重到花前有幾人。（《全唐詩》卷三八五）

百二、大和二年（八二八）

白居易：酬嚴給事〔聞玉蕊花下有遊仙絕句〕

瀛女偷乘鳳去時，洞中潛歇弄瓊枝。不緣啼鳥春饒舌，青瑣仙郎可得知？（《白居易集箋校》第三册第二五卷第一七六三頁）

智按：《白居易集箋校》繫於大和二年（八二八）。

元稹：和嚴給事聞唐昌觀玉蕊花下有遊仙

弄玉潛過玉樹時，不教青鳥出花枝。的應未有諸人覺，只是嚴郎不得知。（《元稹集》外集第七卷，第六九三頁；《元稹集編年箋注·詩歌卷》第九三一頁）

智按：卞孝萱《元稹年譜》第四八九頁，謂作於大和二年（八二八）末或大和三年初，《元稹集編年箋注·詩歌卷》第九三一頁繫於大和三年（八二九）。

百三、大和二年（八二八）

白居易：和微之詩二十三首並序

微之又以近作四十三首寄來，命僕繼和，其間瘀絜四百字、車斜二十篇者流，皆韻劇辭殫，瑰奇怪譎。又題云：奉煩只此一度，乞不見辭。意欲定霸取威，置僕於窮地耳。大凡依次用韻，韻同而意殊；約體為文，文成而理勝。此足下素所長者，僕何有焉？今足下果用所長，過蒙見窘，然敵則氣作，急則計生，四十二章麾掃並畢，不知大敵以為如何？夫斫石破山，先觀鑱跡；發矢中的，兼聽弦聲。以足下來章惟求相困，故老僕報語不覺大誇。況曩者唱酬，近來因繼，已十六卷，凡千餘首矣。其為敵也，當今不見；其為多也，從古未聞。所謂天下英雄，唯使君與操耳。戲及此者，亦欲三千里外一破愁顏，勿示他人以取笑誚。樂天白。（《白居易集箋校》第三册第二二卷第一四六三頁）

白居易：和晨霞（此後在上都作）

君歌仙氏真，我歌慈氏真。慈氏發真念，念此閻浮人。左命大迦葉，右召桓提因。千萬化菩薩，百億諸鬼神。上自非相頂，下及風水輪。胎卵濕化類，蠢蠢難具陳。弘願在救拔，大悲忘辛勤。無論善不善，豈間冤與親。抉開生盲眼，擺去煩惱塵。燭以智慧日，灑之甘露津。千界一時度，萬法無與鄰。借問晨霞子，何如朝玉宸？（《白居易集箋校》第三册第二二卷第一四六六頁）

元稹:？晨霞

白居易：和送劉道士遊天台

聞君夢遊仙，輕舉超世雰。握持尊皇節，統衛吏兵軍。靈旗星月象，天衣龍鳳紋。佩服交帶籙，諷吟蕊珠文。閬宮縹緲間，鈞樂依稀聞。齋心謁西母，暝拜朝東君。煙霏子晉裾，霞爛麻姑裙。倏忽別真侶，悵望隨歸雲。人生同大夢，夢與覺誰分？況此夢中夢，悠哉何足云。假如金闕頂，設使銀河濆。既未出三界，猶應在五蘊。飲咽日月精，茹嚼沆瀣芬。尚是色香味，六塵之所熏。仙中有大仙，首出夢幻群。慈光一照燭，奧法相絪縕。不知萬齡暮，不見三光曛。一性自了了，萬緣徒紛紛。苦海不能漂，劫火不能焚。此是竺乾教，先生垂典墳。（《白居易集箋校》第三册第二二卷第一四六七頁）

元稹:？送劉道士遊天台

白居易：和櫛沐寄道友

櫛沐事朝謁，中門初動關。盛服去尚早，假寐須臾間。鐘聲發東寺，夜色藏南山。停驂待五漏，人馬同時閒。高星粲金粟，落月沈玉環。出門向關路，坦坦無阻艱。始出里北閈，稍轉市西闤。晨燭照朝服，紫爛復朱殷。由來朝廷士，一入多不還。因循擲白日，積漸凋朱顏。青雲已難致，碧落安能攀。但且知止足，尚可銷憂患。（《白居易集箋校》第三册第二二卷第一四六八頁）

元稹:？櫛沐寄道友

智按：元稹《遣晝》有「櫛沐坐前軒」之句（《元稹集》第七十頁；《元稹集編年箋注・詩歌卷》第五四二頁），卞孝萱《元稹年譜》繫此詩於元和五年（八一〇）至九年（八一四），《元稹集編年箋注・詩歌卷》繫於元和九年（八一四）。

白居易：和祝蒼華（蒼華，髮神名）

日居復月諸，環回照下土。使我玄雲髮，化為素絲縷。稟質本羸劣，養生仍莽鹵。痛飲困連宵，悲吟飢過午。遂令頭上髮，種種無尺五。根稀比黍苗，梢細同釵股。豈是乏膏沐，非關櫛風雨。最為悲傷多，心焦衰落苦。餘者能有幾，落者不可數。禿似鵲填河，墜如烏解羽。蒼華何用祝，苦辭亦休吐。匹如剃頭僧，豈要巾冠主。（《白居易集箋校》第三册第二二卷第一四六九頁）

元稹:？祝蒼華

白居易：和我年三首

我年五十七，榮名得幾許。甲乙三道科，蘇杭兩州主。才能本淺薄，心力虛勞苦。可能隨衆人，終老於塵土？

我年五十七，歸去誠已遲。歷官十五政，數若珠纍纍。野蘋始賓薦，場苗初縶維。因讀管蕭書，竊慕大有為。及遭榮遇來，乃覺才力羸。黃紙詔頻草，朱輪車載脂。妻孥及僕使，皆免寒與飢。省躬私自愧，知我者微之。永懷山陰守，未遂嵩陽期。如何坐留滯，頭白江之湄？

我年五十七，榮名得非少。報國竟何如，謀身猶未了。昔嘗速官謗，恩大而懲小。一黜鶴辭軒，七年魚在沼。將枯鱗再躍，經鎩翮重矯。白日上昭昭，青雲高渺渺。平生頗同病，老大相宜曉。紫綬足可榮，白頭不為夭。夙懷慕箕潁，晚節期松筱。何當闕下來，同拜陳情表。

（《白居易集箋校》第三册第二二卷第一四七〇頁）

元稹:? 我年

智按：未知元稹元和五年（八一〇）《寄隱客》是否即白居易此首所和：

我年三十二，鬢有八九絲。非無官次第，其如身早衰。今人誇貴富，肉食與妖姬。而我俱不樂，貴富亦何為。況逢多士朝，賢俊若布棋。班行次第立，朱紫相參差。謨猷密勿進，羽檄縱横馳。監察官甚小，發言無所裨。小官仍不了，譴奪亦已隨。時或不之棄，得不自棄之。陶君喜不遇，顧我復何疑。潛書周隠士，白雲今有期。(《元稹集》第五八頁;《元稹集編年箋注·詩歌卷》第二一五頁)

白居易：和三月三十日四十韻

送春君何在，君在山陰署。憶我蘇杭時，春遊亦多處。為君歌往事，豈敢辭勞慮。莫怪言語狂，須知酬答遽。江南臘月半，水凍凝如瘀。寒景尚蒼茫，和風已吹噓。女牆城似竈，雁齒橋如鋸。魚尾上噞喁，草芽生沮洳。律遲太簇管，日緩羲和馭。布澤木龍催，迎春土牛助。雨師習習灑，雲將飄飄翥。四野萬里晴，千山一時曙。杭土麗且康，蘇民富而庶。善惡有懲勸，剛柔無吐茹。两衙少辭牒，四境稀書疏。俗以勞倈安，政因閒暇著。仙亭日登眺，虎丘時遊預。望仙亭在杭，虎丘寺在蘇。尋幽駐旌軒，選勝回賓御。舟移溪鳥避，樂作林猿覷。池古莫耶沉，石奇羅刹踞。〔劍池在蘇州，羅刹石在杭州。〕水苗泥易耨，畬粟灰難鋤。紫蕨抽出畦，白蓮埋在淤。菱花紅帶黯，濕葉黄含菸。〔《楚辭》云：葉菸色而就黄。〕鏡動波颭菱，雪回風旋絮。手經攀桂馥，齒為嘗梅楚。坐並船腳歌，行多馬蹄跙。聖賢清濁醉，水陸鮮肥飫。魚鱠芥醬調，水葵鹽豉絮。雖微五袴詠，倖免兆人詛。但令樂不荒，何必遊無倨。吴苑僕尋罷，越城公尚據。舊遊幾客存，新宴誰人與。莫空文舉酒，強下何曾箸。江上易優遊，城中多毀譽。分應當自盡，事勿求人恕。我既無子孫，君仍畢婚娶。久為雲雨別，終擬江湖去。范蠡有扁舟，陶潛有籃輿。兩心苦相憶，兩口遙相語。最恨七年春，春來各一處。（《白居易集箋校》第三册第二二卷第一四七一頁）

元稹:? 三月三十日四十韻

智按：未知是否指元稹元和九年（八一四）所作之《三月三十日程氏館餞杜十四歸京》（十韻）：

江春今日盡，程館祖筵開。我正南冠縶，君尋北路回。謀身誠太拙，從宦苦無媒。處困方明命，遭時不在才。逾年長倚玉，連夜共銜杯。涸溜沾濡沫，餘光照死灰。行看鴻欲翥，敢憚酒相催。拍逐飛觥絕，香隨舞袖來。消梨拋五遍，娑葛醘三臺。已許尊前倒，臨風淚莫頹。（《元稹集》第三一六頁；《元稹集編年箋注·詩歌卷》第四七二頁）

白居易：和寄樂天

賢愚類相交，人情之大率。然自古今來，幾人號膠漆。近聞屈指數，元某與白乙。旁愛及弟兄，中歡避家室。松筠與金石，未足喻堅密。在車如輪轅，在身如肘腋。又如風雲會，天使相召匹。不似勢利交，有名而無實。頃我在杭歲，值君之越日。望愁來儀遲，宴惜留景疾。坐耀黃金帶，酌酡頳玉質。酣歌口不停，狂舞衣相拂。平生賞心事，施展十未一。會笑始啞啞，離嗟乃唧唧。餞筵才收拾，征棹遽排比。後恨苦綿綿，前歡何卒卒。居人色慘澹，行子心紆鬱。風袂去時揮，雲帆望中失。宿酲和別思，目眩心忽忽。病魂黯然銷，老淚淒其出。別君只如昨，芳歲換六七。俱是官家身，後期難自必。〔《籍田賦》云：難望歲而自必。〕（《白居易集箋校》第三册第二二卷第一四七三頁）

元稹:? 寄樂天

智按:《元稹集》以《寄樂天》為題者共五首，分别見《元稹集》第二二七頁（七絕）、第二四六頁、第二四八頁和第二四一頁（《寄樂天二首》，七律）。前三首前面均已提及，未知白居易此首《和寄樂天》是否為和《寄樂天二首》之作。《元稹年譜》繫此詩於長慶二年（八二二）。

寄樂天二首

榮辱昇沉影與身，世情誰是舊雷陳。唯應鮑叔猶憐我，自保曾參不殺人。山入白樓沙苑暮，潮生滄海野塘春。老逢佳景唯惆悵，兩地各傷何限神。

論才賦命不相干，鳳有文章雉有冠。羸骨欲銷猶被刻，瘡痕未沒又遭彈。劍頭已折藏須蓋，丁字雖剛屈莫難。休學州前羅剎石，一生身敵海波瀾。（《元稹集編年箋注·詩歌卷》第八六一頁）

白居易：和寄問劉白（時夢得與樂天方舟西上）

正與劉夢得，醉笑大開口。適值此詩來，歡喜君知否。遂令高卷幕，兼遣重添酒。起望會稽雲，東南一回首。愛君金玉句，舉世誰人有。功用隨日新，資才本天授。吟哦不能散，自午將及酉。遂留夢得眠，匡床宿東牖。（《白居易集箋校》第三册第二二卷第一四七五頁）

元稹：？寄問劉白

白居易：和晨興因報問龜兒

冬旦寒慘澹，雲日無晶輝。當此歲暮感，見君晨興詩。君詩亦多苦，苦在兄遠離。我苦不在遠，纏綿肝與脾。西院病孀婦，後床孤侄兒。黄昏一慟後，夜半一起時。病眼兩行血，衰鬢萬莖絲。咽絕五臟脈，消滲百骸脂。雙目失一目，四肢斷兩肢。不如溘然盡，安用半活為。誰謂荼蘗苦，荼蘗甘如飴。誰謂湯火熱，湯火冷如澌。前時君寄詩，憂念問阿龜。喉燥聲氣窒，經年無報辭。及睹晨興句，未吟先涕垂。因茲漣漣際，一吐心中悲。茫茫四海間，此苦唯君知。去我四千里，使我告訴誰。仰頭向青天，但見雁南飛。憑雁寄一語，為我達微之。弦絕有續膠，樹斬可接枝。唯我中腸斷，應無連得期。（《白居易集箋校》第三册第二二卷第一四八七頁）

元稹：？晨興因報問龜兒

白居易：和朝回與王煉師游南山下

藹藹春景餘，峨峨夏雲初。躞蹀退朝騎，飄搖隨風裾。晨從四丞相，入拜白玉除。暮與一道士，山尋青溪居。吏隱本齊致，朝野孰云殊。道在有中適，機忘無外虞。但愧煙霄上，鸞鳳為吾徒。又慚雲水間，鷗鶴不我疏。坐

傾數杯酒，卧枕一卷書。興酣頭兀兀，睡覺心于于。以此送日月，問師為何如。(《白居易集箋校》第三册第二二卷第一四八八頁)

元稹:? 朝回與王鍊師游南山下

白居易：和嘗新酒

空腹嘗新酒，偶成卯時醉。醉來擁褐裘，直至齋時睡。靜酣不語笑，真寢無夢寐。殆欲忘形骸，詎知屬天地。酲餘和未散，起坐澹無事。舉臂一欠伸，引琴彈秋思。(《白居易集箋校》第三册第二二卷第一四八九頁)

元稹:? 嘗新酒

白居易：和新樓北園偶集從孫公度周巡官韓秀才盧秀才范處士小飲鄭侍御判官周劉二從事皆先歸

聞君新樓宴，下對北園花。主人既賢豪，賓客皆才華。初筵日未高，中飲景已斜。天地為幕席，富貴如泥沙。嵇劉陶阮徒，不足置齒牙。卧甕鄙畢卓，落帽嗤孟嘉。芳草供枕藉，亂鶯助喧嘩。醉鄉得道路，狂海無津涯。一歲春又盡，百年期不賒。同醉君勿辭，獨醒古所嗟。銷愁若沃雪，破悶如剖瓜。稱觴起為壽，此樂無以加。歌聲凝貫珠，舞袖飄亂麻。相公謂四座，今日非自誇。有奴善吹笙，有婢彈琵琶。十指纖若筍，雙鬟黳如鴉。履舄起交雜，杯盤散紛拏。歸去勿擁遏，倒載逃難遮。明日宴東武，後日遊若耶。豈獨相公樂，謳歌千萬家。(《白居易集箋校》第三册第二二卷第一四七六頁)

元稹:? 新樓北園偶集從孫公度周巡官

白居易：和除夜作

君賦此詩夜，窮陰歲之餘。我和此詩日，微和春之初。老知顔狀改，病覺肢體虛。頭上毛髮短，口中牙齒疏。一落老病界，難逃生死墟。況此促促世，與君多索居。君在浙江東，榮駕方伯輿。我在魏闕下，謬乘大夫車。妻孥常各飽，奴婢亦盈廬。唯是利人事，比君全不如。我統十郎官，君領百吏胥。我掌四曹局，君管十鄉閭。君為父母君，大惠在資儲。我為刀筆吏，小惡乃誅鋤。君提七郡籍，我按三尺書。俱已佩金印，嘗同趨玉除。外寵信非薄，中懷何不攄。恩光未報答，日月空居諸。磊落嘗許君，局促應笑予。所以自知分，欲先歌歸歟。(《白居易集箋校》第三册第二二

卷第一四七八頁）

元稹:? 除夜作

智按：據白詩詩意，此非指元稹元和四年（八〇九）所作《除夜》（五律），或長慶三年（八二三）所作《除夜酬樂天》，而是大和二年其所作另一首有關除夜之作。

附：除夜

憶昔歲除夜，見君花燭前。今宵祝文上，重疊敘新年。閒處低聲哭，空堂背月眠。傷心小兒女，撩亂火堆邊。（《元稹集》第九九頁；《元稹集編年箋注·詩歌卷》第一七六頁）

除夜酬樂天

引儺綏旆亂毿毿，戲罷人歸思不堪。虛漲火塵龜浦北，無由阿傘鳳城南。休官期限元同約，除夜情懷老共諳。莫道明朝始添歲，今年春在歲前三。（《元稹集》第三一五頁；《元稹集編年箋注·詩歌卷》第八九三頁）

白居易：和知非

因君知非問，詮較天下事。第一莫若禪，第二無如醉。禪能泯人我，醉可忘榮悴。與君次第言，為我少留意。儒教重禮法，道家養神氣。重禮足滋彰，養神多避忌。不如學禪定，中有甚深味。曠廓了如空，澄凝勝於睡。屏除默默念，銷盡悠悠思。春無傷春心，秋無感秋淚。坐成真諦樂，如受空王賜。既得脫塵勞，兼應離慚愧。除禪其次醉，此說非無謂。一酌機即忘，三杯性咸遂。逐臣去室婦，降虜敗軍帥。思苦膏火煎，憂深扃鎖秘。須憑百杯沃，莫惜千金費。便似罩中魚，脫飛生兩翅。勸君雖老大，逢酒莫回避。不然即學禪，兩途同一致。（《白居易集箋校》第三册第二二卷第一四七九頁）

元稹:? 知非

白居易：和望曉

休吟稽山晚，聽詠秦城旦。鳴雞初有聲，宿鳥猶未散。丁丁漏向盡，冬冬鼓過半。南山青沉沉，東方白漫漫。街心若流水，城角如斷岸。星河稍隅落，宮闕方輪煥。朝車雷四合，騎火星一貫。赫奕冠蓋盛，熒煌朱紫爛。沙堤亘蟆池，市路繞龍斷。白日忽照耀，紅塵紛散亂。〔子城東北低下處，舊號蝦蟆池。〕貴教過客避，榮任行人看。祥煙滿虛空，春色無邊畔。鵷行候晷刻，龍尾登霄漢。臺殿暖宜攀，風光晴可玩。草鋪地茵褥，雲卷天幃幔。鶯雜佩鏘鏘，漲饒衣粲粲。何言終日樂，獨起臨風歎。歎我同心人，一别春七換。相望山隔礙，欲去官羈絆。何日到江東，超然似張翰。(《白居易集箋校》第三册第二二卷第一四八〇頁)

元稹:? 望曉

白居易：和李勢女

減一分太短，增一分太長。不朱面若花，不粉肌如霜。色為天下豔，心乃女中郎。自言重不幸，家破身未亡。人各有一死，此死職所當。忍將先人體，與主為疣瘡。妾死主意快，從此兩無妨。願信赤心語，速即白刃光。南郡忽感激，卻立舍鋒芒。撫背稱阿姊，歸我如歸鄉。竟以恩信待，豈止猜妒忘。由來几上肉，不足揮干將。南郡死已久，骨枯墓蒼蒼。願於墓上頭，立石鐫此章。勸誡天下婦，不令陰勝陽。(《白居易集箋校》第三册第二二卷第一四八二頁)

元稹:? 李勢女

白居易：和順之琴者

陰陰花院月，耿耿蘭房燭。中有弄琴人，聲貌俱如玉。清泠石泉引，澹濘風松曲。遂使君子心，不愛凡絲竹。(《白居易集箋校》第三册第二二卷第一四九〇頁)

元稹:? 順之琴者

白居易：和酬鄭侍御東陽春悶放懷追越遊見寄

君得嘉魚置賓席，樂如南有嘉魚時。勁氣森爽竹竿竦，妍文煥爛芙蓉披。載筆在幕名已重，補袞於朝官尚卑。一緘疏入掩谷永，三都賦成排左思。自言拜辭主人後，離心蕩揚風前旗。東南門館别經歲，春眼悵望秋心悲。〔以上敘嘉魚。〕昨日嘉魚來訪我，方駕同出何所之。樂游原頭春尚早，百舌新語聲卑卑。日趁花忙向南拆，風吹柳急從東吹。流年惝恍不饒我，美景鮮妍來為誰。紅塵三條界阡陌，碧草千里鋪郊畿。餘霞斷時綺幅裂，斜雲展處羅文紕。暮鐘遠近相互動，暝鳥高下飛追隨。酒酣將歸未能去，悵然回望天四垂。生何足養嵇著論，途何足泣楊漣而。胡不花下伴春醉，滿酌緑酒聽黃鸝。嘉魚點頭時一歎，聽我此言不知疲。語終興盡各分散，東西軒騎分逶迤。此詩勿遣閒人見，見恐與他為笑資。白首舊寮知我者，憑君一詠向周師。〔周判官師範，蘇杭舊判官，去範字，叶韻。〕(《白居易集箋校》第三册第二二卷第一四八二頁)

元稹：酬鄭侍御東陽春悶

智按：長慶四年（八二四）元稹有《酬鄭從事四年九月宴望海亭次用舊韻》。鄭侍御、鄭從事均指鄭魴。

附:《酬鄭從事四年九月宴望海亭，次用舊韻》

海亭樹木何蘢蔥，寒光透坼秋玲瓏。湖山四面爭氣色，曠望不與人間同。一拳墺伏東武小，兩山鬬構秦望雄。嵌空古墓失文種，突兀怪石疑防風。舟船駢比有宗侶，水雲滃泱無始終。雪花布遍稻隴白，日腳插入秋波紅。興餘望劇酒四坐，歌聲舞豔煙霞中。酒酣從事歌送我，歌云此樂難再逢。良時年少猶健羨，使君況是頭白翁。我聞此曲深歎息，唧唧不異秋草蟲。憶年十五學構廈，有意蓋覆天下窮。安知四十虚富貴，朱紫束縛心志空。妝梳伎女上樓榭，止欲歡樂微茫躬。雖無趣尚慕賢聖，幸有心目知西東。欲將滑甘柔藏府，已被鬱噎衝喉嚨。君今勸我酒太醉，醉語不復能沖融。勸君莫學虚富貴，不是賢人難變通。(《元稹集》第三一一頁；《元稹集編年箋注・詩歌卷》第九〇九～九一〇頁)

白居易：和自勸二首

稀稀疏疏繞籬竹，窄窄狹狹向陽屋。屋中有一曝背翁，委置形骸如土木。日暮半爐麩炭火，夜深一盞紗籠燭。不知有益及民無，二十年來食官禄。就暖移盤簷下食，防寒擁被帷中宿。秋官月俸八九萬，豈徒遣爾身溫足。勤操丹筆念黃沙，莫使飢寒囚滯獄。

急景凋年急於水，念此攬衣中夜起。門無宿客共誰言，暖酒挑燈對妻子。身飲數杯妻一盞，餘酌分張與兒女。微酣靜坐未能眠，風霰蕭蕭打窗紙。自問有何才與術，入為丞郎出刺史。爭知壽命短復長，豈得營營心不止。請看韋孔與錢崔，半月之間四人死。〔韋中書、孔京兆、錢尚書、崔華州，十五日

間相次而逝。〕(《白居易集箋校》第三册第二二卷第一四八四頁)

元稹:? 自勸

白居易:和雨中花

真宰倒持生殺柄,閒物命長人短命。松枝上鶴蓍下龜,千年不死仍無病。人生不得似龜鶴,少去老來同旦暝。何異花開旦暝間,未落仍遭風雨横。草得經年菜連月,唯花不與多時節。一年三百六十日,花能幾日供攀折。桃李無言難自訴,黄鶯解語憑君説。鶯雖為説不分明,葉底枝頭謾饒舌。(《白居易集箋校》第三册第二二卷第一四八六頁)

元稹:? 雨中花

智按:未知是否指元稹元和元年(八〇六)所作之《賦得雨後花》:「紅芳憐静色,深與雨相宜。餘滴下纖蕊,殘珠墮細枝。浣花江上思,啼粉鏡中窺。念此低回久,風光幸一吹。」(《元稹集》第一五六頁;《元稹集編年箋注·詩歌卷》第一〇二頁)

百四、大和三年(八二九)

白居易:和微之春日投簡陽明洞天五十韻

青陽行已半,白日坐將徂。越國強仍大,稽城高且孤。利饒鹽煮海,名勝水澄湖。牛斗天垂象,台明地展圖。〔天台、四明二山〕環奇填市井,佳麗溢闉闍。勾踐遺風霸,西施舊俗姝。船頭龍夭矯,橋腳獸睢盱。鄉味珍彭越,時鮮貴鷓鴣。語言諸夏異,衣服一方殊。搗練蛾眉婢,鳴榔蛙角奴。江清敵伊洛,山翠勝荊巫。華表雙棲鶴,聯檣幾點烏。煙波分渡口,雲樹接城隅。澗遠松如畫,洲平水似鋪。綠秧科早稻,紫筍拆新蘆。暖蹋泥中藕,香尋石上蒲。雨來萌盡達,雷後蟄全蘇。柳眼黄絲纇,花房絳蠟珠。林風新竹折,野燒老桑枯。帶襌長枝蕙,錢穿短貫榆。暄和生野菜,卑濕長街蕪。女浣紗相伴,兒烹鯉一呼。山魈啼稚子,林狖掛山都。產業論蠶蟻,孳生計鴨雛。泉岩雪飄灑,苔壁錦漫糊。堰限舟航路,堤通車馬途。耶溪岸回合,禹廟徑盤紆。洞穴何因鑿,星槎誰與刳。石凹仙藥臼,峰峭佛香爐。去為投金簡,來因挈玉壺。貴仍招客宿,健未要人扶。問望賢丞相,儀形美丈夫。前驅駐旌旆，偏坐列笙竽。刺史旟翻隼，尚書履曳鳧。學禪超後有，觀妙造虛無。髻裹傳僧寶，環中得道樞。登樓詩八詠，置硯賦三都。捧擁羅將綺，趨蹌紫與朱。廟謨藏稷契，兵略貯孫吴。令下三軍整，風高四海趨。千家得慈母，六郡事嚴姑。重士過三哺，輕財抵一銖。送觥歌宛轉，嘲妓笑盧胡。佐飲時炮鱉，蠲酲數鱠鱸。醉鄉雖咫尺，樂事亦須臾。若不中賢聖，何由外智愚。伊予一生志，我爾百年軀。江上三千里，城中十二衢。出多無伴侶，歸只對妻孥。白首青山約，抽身去得無？（《白居易集箋校》第三册第二六卷第一八二二頁）

元稹：春分投簡陽明洞天作

中分春一半，今日半春徂。老惜光陰甚，慵牽興緒孤。偶成投秘簡，聊得泛平湖。郡邑移仙界，山川展畫圖。旌旗遮嶼浦，士女滿闉闍。似木吴兒勁，如花越女姝。牛儂驚力直，蠶妾笑睢盱。怪我攜章甫，嘲人托鷓鴣。閭閻隨地勝，風俗與華殊。跣足沿流婦，丫頭避役奴。雕題雖少有，雞卜尚多巫。鄉味尤珍蛤，家神愛事烏。舟船通海嶠，田種繞城隅。櫛比千艘合，袈裟萬頃鋪。亥茶闐小市，漁父隔深蘆。日脚斜穿浪，雲根遠曳蒲。凝風花氣度，新雨草芽蘇。粉壞梅辭萼，紅含杏綴珠。𦼮餘秧漸長，燒後葑猶枯。緑綖高懸柳，青錢密辮榆。馴鷗眠淺瀨，驚雉迸平蕪。水靜王餘見，山空謝豹呼。燕狂捎蛺蝶，螟掛集蒲盧。淺碧鶴新卵，深黄鵝嫩雛。村扉以白板，寺壁耀赬糊。禹廟才離郭，陳莊恰半途。石帆何峭嶢，龍瑞本縈紆。穴為探符坼，潭因失箭刳。堤形彎熨斗，峰勢踴香爐。幢蓋迎三洞，煙霞貯一壺。桃枝蟠復直，桑樹亞還扶。鱉解稱從事，松堪作大夫。榮光飄殿閣，虛籟合笙竽。庭狎仙翁鹿，池遊縣令鳧。君心除健羨，扣寂入虛無。岡蹋翻星紀，章飛動帝樞。東皇提白日，北斗下玄都。騎吏裙皆紫，科車幰盡朱。地侯鞭社伯，海若跨天吴。霧噴雷公怒，煙揚竈鬼趨。投壺憐玉女，噀飯笑麻姑。果實經千歲，衣裳重六銖。瓊杯傳素液，金匕進雕胡。掌裹承來露，柈中釣得鱸。菌生悲局促，柯爛覺須臾。稊米休言聖，醯雞益伏愚。鼓鼙催暝色，簪組縛微軀。遂別真徒侶，還來世路衢。題詩歎城郭，揮手謝妻孥。幸有桃源近，全家肯去無。（《元稹集》第二六卷第三一三頁；《元稹集編年箋注・詩歌卷》第九二五頁）

百五、大和三年（八二九）

白居易：和春深二十首

何處春深好，春深富貴家。馬為中路鳥，妓作後庭花。羅綺驅論隊，金銀用斷車。眼前何所苦，唯苦日西斜。

何處春深好，春深貧賤家。荒涼三徑草，冷落四鄰花。奴困歸傭力，妻愁出賃車。途窮平路險，舉足劇褒斜。

何處春深好，春深執政家。鳳池添硯水，雞樹落衣花。詔借當衢宅，恩容上殿車。延英開對久，門與日西斜。

何處春深好，春深方鎮家。通犀排帶胯，瑞鶻勘袍花。飛絮衝球馬，垂楊拂妓車。戎裝拜春設，左握寶刀斜。

何處春深好，春深刺史家。陰繁棠布葉，歧秀麥分花。五疋鳴珂馬，雙輪畫軾車。和風引行樂，葉葉隼旟斜。

何處春深好，春深學士家。鳳書裁五色，馬鬣剪三花。蠟炬開明火，銀臺賜物車。相逢不敢揖，彼此帽低斜。

何處春深好，春深女學家。慣看溫室樹，飽識浴堂花。御印提隨仗，香箋把下車。宋家宮樣髻，一片綠雲斜。

何處春深好，春深御史家。絮縈驄馬尾，蝶繞繡衣花。破柱行持斧，埋輪立駐車。入班遙認得，魚貫一行斜。

何處春深好，春深遷客家。一杯寒食酒，萬里故園花。炎瘴蒸如火，光陰走似車。為憂鵩鳥至，只恐日光斜。

何處春深好，春深經業家。唯求太常第，不管曲江花。折桂名慚郤，收螢志慕車。官場泥鋪處，最怕寸陰斜。

何處春深好，春深隱士家。野衣裁薜葉，山飯曬松花。蘭索紉幽佩，蒲輪駐軟車。林間箕踞坐，白眼向人斜。

何處春深好，春深漁父家。松灣隨棹月，桃浦落船花。投餌移輕楫，牽輪轉小車。蕭蕭蘆葉裏，風起釣絲斜。

何處春深好，春深潮戶家。濤翻三月雪，浪噴四時花。曳練馳千馬，驚雷走萬車。餘波落何處，江轉富陽斜。

何處春深好，春深痛飲家。十分杯裏物，五色眼前花。鋪啜眠糟甕，流涎見麴車。［杜甫詩云：路見麴車口流涎。］中山一沉醉，千度日西斜。

何處春深好，春深上巳家。蘭亭席上酒，曲洛岸邊花。弄水游童棹，湔裾小婦車。齊橈爭渡處，一匹錦標斜。

何處春深好，春深寒食家。玲瓏鏤雞子，宛轉彩球花。碧草追遊騎，紅塵拜掃車。秋千細腰女，搖曳逐風斜。

何處春深好，春深博弈家。一先爭破眼，六聚鬬成花。鼓應投壺馬，兵衝象戲車。彈碁局上事，最妙是長斜。

何處春深好，春深嫁女家。紫排襦上雉，黃貼鬢邊花。轉燭初移障，鳴環欲上車。青衣傳氊褥，錦繡一條斜。

何處春深好，春深娶婦家。兩行籠裏燭，一樹扇間花。賓拜登華席，親迎障幰車。催妝詩未了，星斗漸傾斜。

何處春深好，春深妓女家。眉欺楊柳葉，裙妒石榴花。蘭麝熏行被，金銅釘坐車。杭州蘇小小，人道最夭斜。

《白居易集箋校》第三册第二六卷第一八二七頁

元稹:? 春深

智按：元稹元和四年（八〇九）《使東川・南秦雪》有「駱谷春深未有春」之句，元和五年（八一〇）《春别》有「春深獨自看」之句，元和五年（八一〇）《陽城驛》有「春深仍弊裘」之句，元和六年（八一一）《酬友封話舊敘懷十二韻》（依次重用為韻）有「春深鄉路遙」（《元稹集》第一三一頁；《元稹集編年箋注・詩歌卷》第四〇九頁）之句。

百六、大和三年（八二九）

白居易：一字至七字詩・詩

詩。綺美，瓌奇。（瓌：一作瑰）明月夜，落花時。能助歡笑，亦傷别離。調清金石怨，吟苦鬼神悲。天下只應我愛，世間唯有君知。自從都尉别蘇句，便到司空送白辭。（《白居易集箋校》第六册外上第三八六二頁）

元稹：一字至七字詩・茶

茶。香葉，嫩芽。慕詩客，愛僧家。碾雕白玉，羅織紅紗。銚煎黃蕊色，椀轉麴塵花。夜後邀陪明月，晨前命對朝霞。洗盡古今人不倦，將知醉後豈堪誇。(《元稹集》外集第七卷第六九七頁；《元稹集編年箋注・詩歌卷》第九九六頁)

智按：卞孝萱《元稹年譜》第四七四～四七五頁斷為偽作，則白詩亦有可疑。

百七、大和四年（八三〇）

白居易：戲和微之答竇七行軍之作（依本韻）

旌鉞從櫜鞬，賓僚禮數全。夔龍來要地，鵷鷺下遼天。赭汗騎驕馬，青娥舞醉仙。合成江上作，散到洛中傳。陋巷能無酒，貧池亦有船。春裝秋未寄，謾道有閒錢。(《白居易集箋校》第四册第二八卷第一九五二頁)

元稹：戲酬副使中丞竇鞏見示四韻

莫恨暫櫜鞬，交遊幾個全。眼明相見日，肺病欲秋天。五馬虛盈櫪，雙蛾浪滿船。可憐俱老大，無處用閒錢。(《元稹集》外集第七卷第六九四頁；《元稹集編年箋注・詩歌卷》第九三九頁)

智按：竇鞏原詩《忝職武昌，初至夏口，書事獻府主相公》：「白髮放櫜鞬，梁王愛舊全。竹籬江畔宅，梅雨病中天。時奉登樓宴，閒修上水船。邑人興謗易，莫遣鶴支錢。」(《全唐詩》卷二七一) 裴度、令狐楚亦有和詩。

百八、大和四年（八三〇）

白居易：和微之任校書郎日過三鄉

三鄉過日君年幾？今日君年五十餘。不獨年催身亦變，校書郎變作尚書。(《白居易集箋校》第四册第二八卷第一九六〇頁)

元稹：？任校書郎日過三鄉

百九、大和四年（八三〇）

白居易：和微之十七與君別及朧月花枝之詠

別時十七今頭白，惱亂君心三十年。垂老休吟花月句，恐君更結後身緣。

(《白居易集箋校》第四册第二八卷第一九六〇頁)

元和五年（八一〇）

元稹：仁風李著作園醉後寄李十［一］

朧明春月照花枝，花下音聲是管兒。卻笑西京李員外，五更騎馬趁朝時。(《元稹集》第一七卷第二〇〇頁；《元稹集編年箋注·詩歌卷》第二〇六頁)

百十、大和四年（八三〇）

白居易：和微之歎槿花

朝榮殊可惜，暮落實堪嗟。若向花中比，猶應勝眼花。(《白居易集箋校》第四册第二八卷第一九六一頁)

元稹:? 歎槿花

百十一、大和四年（八三〇）

白居易：和微之道保生三日

相看鬢似絲，始作弄璋詩。且有承家望，誰論得力時。莫興三日歎，猶勝七年遲。我未能忘喜，君應不合悲。(予老微之七歲。)嘉名稱道保，乞姓號崔兒。但恐持相並，蒹葭瓊樹枝。(《白居易集箋校》第四册第二八卷第一九六三頁)

元稹:? 道保生三日

智按：元稹，字微之，洛陽（今屬河南）人，世居京兆（今陝西西安）。德宗貞元九年（七九三）以明經擢第，十九年（八〇三）登平判入等科（第四等），中書判拔萃科，署秘書省校書郎。憲宗元和元年（八〇六）登才識兼茂、明於體用科，授左拾遺。上書論政，又劾奏官吏姦事，獲罪權貴，五年出爲江陵參軍，五年後召還，旋再出爲通州司馬。元和末，入朝爲膳部員外郎，穆宗即位，擢祠部郎中、知制誥，長慶元年（八二一）進中書舍人、翰林承旨學士，不久由工部侍郎拜相。三年，出爲越州長史、浙東觀察使。大和三年（八二九），入爲尚書左丞，次年又出爲武昌軍節度使。五年七月，卒於任所。元稹詩名早著，與白居易齊名，並稱「元白」。其詩衆體兼備，尤以樂府最爲警策。他盛稱杜甫反映現實之作爲「即事名篇，無復依傍」之「新題樂府」，對促進白居易等「新樂府運動」發展具重要理論意義。其與白居易「次韻相酬」之詩，在當時影響甚大，號爲「元和體」。亦擅散文、傳奇，所作傳奇《鶯鶯傳》爲元王實甫《西廂記》所取材。有《元氏長慶集》六十卷傳世。《舊唐書》卷一六六、《新唐書》卷一七四有傳。

賈島（七七九～八四三）

《白侍郎洞》（在鎮安）

一山未盡一山迎，百里都無半里平。宜是老僧遥指處，只堪圖畫不堪行。（《四庫全書》本《陝西通志》卷九十七藝文十三）

智按：李嘉言《長江集新校》、齊文榜《賈島集校注》、黄鵬《賈島詩集箋注》及《全唐詩》未見。《全唐詩續補遺》卷五據《關中勝蹟圖志》卷二五《商州地理》所補題為《題安業縣》，詩云：「一山未了一山迎，百里都無半里平。宜是老禪遥指處，只堪圖畫不堪行。」《四庫全書》本《關中勝蹟圖志》未見，惟卷二五云：「聖燈崖。在鎮安縣西三十里。（通志）在雲蓋寺側。相傳每良夜，輒見一燈出崖畔，俄散為七八，既復合為一。又縣西三十五里有白侍郎洞，相傳白居易、賈島遊此。」《［乾隆］鎮安縣志》云：「白侍郎洞，在縣西二十里，由仁邇寨往雲盖寺大路旁。唐白居易與賈島嘗遊憇其中，人呼白侍郎洞。」《陝西通志》卷十二云：「聖燈崖（一名聖燈龕），在縣西三十里雲蓋寺側。相傳每良夜輒見一燈出崖畔，俄散為七八，既復合一（賈志）。縣西三十里有白龍洞。又縣西三十五里有白侍郎洞。相傳白居易、賈島遊此，今洞口有二人問答詩（縣志）。」《大清一統志》卷一百九十二：「白侍郎洞。在鎮安縣西三十五里。相傳唐白居易、賈島遊此。今洞門有居易與賈島問答詩。」又，此詩末句，亦見杜荀鶴《閩中秋思》：「雨匀紫菊叢叢色，風弄紅蕉葉葉聲。北畔是山南畔海，只堪圖畫不堪行。」（《全唐詩》卷六九三）

賈島，字閬仙，一作浪仙，范陽（今河北涿州）人。早年爲僧，法名無本。元和年間以詩文投謁張籍、韓愈，返俗應舉，然終生未中第。憤世嫉俗，作詩嘲諷，爲公卿所恨，號爲「舉場十惡」，被逐出關外。文宗開成二年（八三八）責授長江縣（今四川蓬溪西）主簿，五年，遷普州（今四川安岳）司倉參軍，轉司戶參軍，卒於任所。爲詩以苦吟著名，長於五律，傾力雕琢字句，善寫荒涼冷落之景，詩境奇僻，五代王定保以爲「元和中，元、白尚清淺，島獨變格入僻，以矯浮豔」（《唐摭言》卷一一），對晚唐、五代及宋詩影響甚大。與姚合齊名，並稱「賈姚」。有《賈長江集》十卷傳世。存詩約四百首。有傳附新、舊《唐書》韓愈傳中。生平事迹見元辛文房《唐才子傳》卷五。

李肇（？ ~八三六前）

《唐國史補》

元和已後，為文筆則學奇詭於韓愈，學苦澀於樊宗師。歌行則學流蕩於張籍。詩章則學矯激於孟郊，學淺切於白居易，學淫靡於元稹。俱名為「元和體」。大抵天寶之風尚黨，大曆之風尚浮，貞元之風尚蕩，元和之風尚怪也。（《唐國史補》卷下，《唐國史補 因話録》，上海古籍出版社本，第五七頁）

琴按：王讜《唐語林》有云「元和已後，文士（一本「士」作「筆」）學奇於韓愈，學澀於樊宗師；歌行則學流蕩於張籍；詩句（一作章）則學矯激於孟郊，學淺切於白居易，學淫靡於元稹，俱名元和體。大體（一作抵）天寶之風尚黨，大曆之風尚怪。」（《文學類》）按《四庫全書》本作「大曆之風尚浮，貞元之風尚蕩，元和之風尚怪也。」

智按：文字或同或異之引録很多，參見周勳初《唐語林校證》卷二，中華書局本，上册，第一八七頁。補充：（一）宋陳鵠撰《耆舊續聞》卷十；（二）宋潘自牧撰《記纂淵海》卷七十五「著述部」；（三）闕名《詩談》，元陶宗儀輯《説郛》（《四庫全書》本卷七十九下引）；（四）明陳耀文撰《天中記》卷三十七「文章」；（五）明彭大翼撰《山堂肆考》卷一百二十六「文學」；（六）明王世貞撰《藝苑卮言》卷四，《四庫全書》本《弇州四部稿》卷一百四十七「説部」。

李肇，趙郡（治今河北趙縣）人。貞元初曾與張籍、王建同學，與王建還是親戚（據王建《荊南贈別李肇著作轉韵詩》「豈望爲親情」）。貞元後期歷華州參軍。元和二年（八〇七）至五年間，爲江西觀察從事。七年任協律郎，十三年以監察御史充翰林學士。十四年加右補闕，十五年加司勛員外郎，出翰林院。長慶元年（八二一）坐與李景儉等于史館飲酒，乘醉謾駡宰相事，貶澧州刺史。李景儉乃元、白之好友，李肇因與之同時醉酒而被貶，所以白居易上《論左降獨孤朗等狀》相救，元稹亦有《別毅郎》述及此事：「爾爺只爲一杯酒，此別那知死與生？兒有何辜才七歲，亦教兒作瘴江行?」「愛惜爾爺唯有我，我今憔悴望何人？傷心自比籠中鶴，剪盡翅翎愁到身。」（《元稹集》上册，第二三九頁）毅郎即李景儉子。此前，元和十四年（八一九），白居易曾有詩寄李肇——《初到忠州寄翰林張李林三學士》。長慶二年（八二二）白居易又有《李肇可中散大夫郢州刺史……》之制誥。長慶中歷著作郎、左司郎中，撰《國史補》（至會昌六年或稍晚尚作過修改）。大和初遷中書舍人。三年（八二九）坐薦柏耆左遷將作少監。卒于開成元年（八三六）前。《新唐書·藝文志》著録其《國史補》三卷，《翰林志》一卷，《經史釋題》二卷。《經史釋題》今佚。事迹散見韋執誼《翰林院故事》、丁居晦《重修承旨學士壁記》、李德裕《懷崧樓記》、《新唐書·藝文志二》。肇《唐國史補·序》稱：「予自開元自長慶撰《國史補》，慮史氏或闕或補之意，續《傳記》而有不爲。言報應，叙鬼神，征夢卜，近帷箔，悉去之；紀事實，探物理，辨疑惑，示勸戒，采風俗，助談笑，則書之。」其中頗多保存唐代歷史、文學及社會風俗，職官及選舉制度沿革，兩《唐書》、《資治通鑑》多所采納，歐陽修撰《歸田録》，自言以此書爲式。

牛僧孺（七八〇～八四八或八四九）

《樂天、夢得有歲夜詩聊以奉和》

惜歲歲今盡，少年應不知。凄凉數流輩，歡喜見孫兒。暗減一身力，潜添滿鬢絲。莫愁花笑老，花自幾多時。（《全唐詩》卷四六六）

《李蘇州遺太湖石奇狀絶倫因題二十韻奏呈夢得、樂天》

胚渾何時結，嵌空此日成。掀蹲龍虎鬬，挾怪鬼神驚。帶雨新水静，輕敲碎玉鳴。攙叉鋒刃簇，縷絡鈞絲縈。近水摇奇冷，依松助澹清。通身鱗甲隱，透穴洞天明。醜凸隆胡準，深凹刻兕觵。雷風疑欲變，陰黑訝將行。噤瘁微寒早，輪囷數片横。地祇愁墊壓，鰲足困支撑。珍重姑蘇守，相憐懶慢情。為探湖裏（一作底）物，不怕浪中鯨。利涉餘千里，山河僅百程。池塘初展見，金玉自凡輕。側眩魂猶悚，周觀意漸平。似逢三益友，如對十年兄。旺興添魔力，消煩破宿酲。媿人當綺皓，視秩即公卿。（南朝有司空石，蓋以定石之流品）念此園林寶，還須別識精。詩仙有劉白，為汝數逢迎。（《全唐詩》卷四六六）

《贈白樂天箏》（句）

但愁封寄去，魔物或驚禪。（《全唐詩》卷四六六）

《贈白》（句）

惟羡東都白居士，年年香積問禪師。（《全唐詩》卷四六六）

《贈白》（句）

不是道公狂不得，恨公逢我不教狂。（《全唐詩》卷四六六）

《答樂天見寄履道新小灘詩》【題擬】

請向歸仁砌下看。【見《白氏長慶集》卷三五《贈思黯》題注引。】（《全唐詩續拾》卷二十九）

智按：牛僧孺，字思黯，安定鶉觚（今甘肅靈臺）人。貞元二十一年（八〇五），擢進士第，歷相穆、敬兩朝，封奇章郡公，後出為武昌節度使。文宗朝，徵入再相。夙與李德裕相惡，會昌中，貶循州長史。大中初，還為太子少師。卒，贈太尉，年六十九。謚曰文簡。元和三年（八〇八），牛僧孺應賢良方正能直言極諫科，為李吉甫所抑，白居易時為制策考官，曾上《論制科人狀》，為牛僧孺等人爭論曲直。元和十年（八一五），《與元九書》又云：「苟相與者，則如牛僧孺之誡焉。」大和六年（八三二），白居易《洛下送牛相公出鎮淮南》詩曾不無自豪地說：「何須身自得，將相是門生。」李珏《牛公神道碑》云：「晚與白少傅、劉尚書為詩酒侶，其韻無高卑。」

姚合（七八一？～八四六）

《寄東都分司白賓客》

闕下高眠過十旬，南宮印綬乞離身。詩中得意應千首，海內嫌官只一人。賓客分司真是隱，山泉繞宅豈辭貧。竹齋晚起多無事，唯到龍門寺裏頻。（《全唐詩》卷四九七）

《辭白賓客歸後寄》

千騎紅旗不可攀，水頭獨立暮方還。家人怪我渾如病，尊酒休傾筆硯間。（《全唐詩》卷四九七）

《和李十二舍人、裴四二舍人兩閣老酬白少傅見寄》

罷草王言星歲久，嵩高山色日相親。蕭條雨夜吟連曉，撩亂花時看盡春。此世逍遙應獨得，古來閒散有誰鄰。林中長老呼居士，天下書生仰達人。酒挈數瓶杯亦闊，詩成千首語皆新。綸闈並命誠宜賀，不念衰年寄上頻。（《全唐詩》卷五〇一）

《和裴令公游南莊憶白二十、韋七二賓客》

四郊初雨歇，高樹滴猶殘。池滿紅蓮濕，雲收綠野寬。花開半山曉，竹動數村寒。鬬雀翻衣袂，驚魚觸釣竿。樽前多野客，膝下盡郎官。劚石通泉脈，移松出藥欄。關東分務重，天下似公難。半醉思韋白，題詩染彩翰。（《全唐詩》卷五〇一）

智按：裴令公為裴度。「白二十」當為「白二十二」之訛，謂白居易，時以太子賓客分司東都。韋七謂韋縝。劉禹錫《傷韋賓客》題下注：「自工部尚書除賓客。一作傷韋賓客縝。」（《全唐詩》卷三五七）可知姚詩之韋賓客為韋縝。開成元年正月，韋縝授工部尚書（見《舊唐書・文宗紀下》）。

姚合，吳興（今浙江湖州）人，宰相崇曾孫，元和十一年（八一六）進士及第。授武功縣主簿，調富平、萬年尉。寶曆中監察御史、戶部員外郎，出荆、杭州刺史，後為給事中、陝虢觀察使。開成末，終秘書監。與馬戴、費冠卿、殷堯藩、張籍游，李頻師之。詩名重於時，人稱姚武功。

顧陶（七八三或七八四～?）

《唐詩類選後序》

余為《類選》三十年，神思耗竭，不覺老之將至。今大綱已定，勒成一家，庶及生存，免負平昔。若元相國稹、白尚書居易，擅名一時，天下稱為元白，學者翕翕，號「元和詩」。其家集浩大，不可雕摘，今共無所取，蓋微志存焉。

所不足於此者，以刪定之初，如相國令狐楚、李涼公逢吉、李淮海紳、劉賓客禹錫、楊茂卿、盧仝、沈亞之、劉猛、李涉、李璆、陸暢、章孝標、陳罕等十數公，詩猶在世，及稍淪謝，即文集未行，縱有一篇一詠得於人者，亦未稱所録。僻遠孤儒，有志難就，粗隨所見，不可殫論。終愧力不及心，庶非耳目之過也。近則杜舍人牧、許鄂州渾，洎張祜、趙嘏、顧非熊數公，並有詩句，播在人口。身沒才二三年，亦正集未得絕筆之文，若有所得，別為卷軸，附於二十卷之外，冀無見恨。若須待見全本，則撰集必無成功，若但泛取傳聞，則篇章不得其美。已上並無采摭，蓋前序所謂終恨見之不遍者矣。唯歙州敬方才力周備，興比之間，獨與前輩相近。亡歿雖近，家集已成三百首，中間録律韻八篇而已。雖前後夐接，或畏多言，而典型具存，非敢遐棄，又前所謂慮選之不公者矣。嗟乎！行年七十有四，一名已成，一官已棄，不懼勢逼，不為利遷。知我以《類選》起序者天也。取捨之法二十通在，故題之於後云爾。（《文苑英華》卷七百一十四，中華書局影印本，第五册，第三六八七頁）

智按：「翕翕」，《全唐文》卷七百六十五作「翕然」，中華書局影印本，第八册，第七九六〇頁上；山西教育出版社標點校勘本，第五册，第四六九一頁上。

顧陶生年大約爲建中四年（七八三）或興元元年（七八四）。享年至少七十有四。詳見拙著《元白詩派研究》（社會科學文獻出版社，二〇〇七年五月版）第六章「元白詩派與元白體」第一節「元白體名義辨析」。

李珏（七八五～八五三）

《故丞相太子少師贈太尉牛公神道碑銘》（並序）

天球河圖，有國之大寶；麒麟鳳凰，王者之嘉瑞。方於賢彥，即又次焉。天佑我唐，才傑間出，輔時興化，代有其人。

公諱僧孺，字思黯，隴西狄道人。本子姓。漢有牛崇，為隴西主簿，因家焉。代為西州豪族。八代祖宏，仕隋為吏部尚書，封奇章公，佐佑文帝，有重名於時。高祖鳳，中宗時為春官侍郎，掌國史。曾祖休克，集州刺史，贈給事中。祖父紹，太常博士，贈太尉。父幼聞，華州鄭縣尉，贈太保。公七歲而孤，依倚外族周氏。岳岳卓卓，有老成之風。以喪禮自處，未嘗戲弄。年十五，知先奇章公城南有隋室賜田數頃，書千卷。乃辭親肄習，孜孜矻矻，不舍蚤夜。洎（一作自）四五年，業成舉進士，軒然有聲。

時韋崖州作相，網羅賢雋。知公名，願與交。公袖文往謁，一見如舊。由是公卿籍甚，名動京師。得上第，聯以賢良方正舉，又冠甲科。策中盛言時事，無有隱避。持權者深忌之，出為伊闕尉。名府賢侯，羔雁繼至。封章屢薦，每為中執事所沮，皆不滿秩。從潞帥郗士美簡授管記，三奏不得請，竟除河南尉。會有次對大寮，因言事解於上前，遷監察御史。丁太夫人憂，服闋，除本官，轉殿中。公以文高氣直，累歲堙屈，問望所屬，推美於臺閣間，入省拜禮部員外郎。時孟尚書簡有重望，以地官貳卿，兼領綱憲，薦公知雜，轉都官員外兼侍御史，免憲職，授考功員外郎、集賢學士。

穆宗即位，宰相稱其能，遷庫部郎中，掌書命。召對與語，上德之，面賜五品服。未幾，遷中丞。每對延英必移時，盡言天下事。有武將李直臣為宿州刺史，豪奪聚斂，以貨數百萬厚結權貴。公按之，為有力者排，幾不勝。竟以詞堅理直，上意迴，直臣乃得罪。由是上以清直知，又面賜金紫，拜戶部侍郎。時望允塞。中書令韓宏以財投分，公拒而不受，上因他事知之，愈賢公，遂作相。持重顧大體，不言細事。嘗謂同列諸相曰：「致理之本，流品為先。彝倫攸敘，蓋謂此也。」每惜名器，力與同列爭。方鎮以不廉聞（一作問）者，輒奏貶；以賄賂求進者，必阻之。先是李司徒逢吉與杜循州元穎同作相，穆宗寢疾，議建儲貳，與公不協。後元穎出鎮井絡，逢吉銜之，恩有釋憾，於政事堂謂公曰：「西川前有廢立謀，上熟知之。來日延英發其事，公不知，慎勿沮議。」公曰：「王導有言，我雖不殺伯仁，伯仁由我而死。正近此耳。又安得不言哉?」逢吉喑嗚而止。

敬宗年少嗣位，公雅善敷奏，每言一事，必本末陳之，上甚倚愛。同列挾中助力赫赫，妒公之賢。公亦思避其鋒，三上疏求外任。上以武昌善地，建節幢兼相印以授之。既至，問人所病害。咸言鄂土疏薄，歲一修城，役工誅茅，人用諮怨。公默許心計，埏泥範磚，未及三年，盡換舊制。崇墉堅壁，人到於今賴之。文宗嗣位二年，公入覲，詔復相位。上雅知公名，一見恨得之晚。會宋相申錫以廉介聞。巨奸鄭注，挾北軍勢，卜射取財貨，富侔於國。忌宋之直，陰畫詭計，誣與藩邸通，因內臣而上其變。造作似是，眾皆符會。上驚聞激怒，下法吏議其罪，諫官伏閤爭不得。公入侍密啓，上意乃寬。止於郡佐，公實有力。

今李崖州鎮劍南西川，上言西蕃別屯以維州降，帶甲之士甚銳，其地要害，得之足以壯邊部，徐圖河湟，此其漸也。上疑不決，下南宮議。百執事皆是西川奏，公獨曰：「國家近與昆夷歃血，四鎮晏然。今若自虧大信，犬戎恃眾，見詰渝盟，彼直我曲，未可量也。」上曰：「丞相之言是。」詔還維州。初德裕承籍地勢，自負機術，公介特素不與之交，及是大不平，遂成宿憾。公與李尚書宗閔同輔政，出入殿省，進退有度。上偏目公曰：「卿才類霍光，異日可屬大事。」公懼滿辭位。再陳封章，寵加端寮。出鎮淮海，不改相印，再登將壇。揚州當江淮之衝，習偷薄之俗。公清淨簡易，化人移風。俾及五年，臻於至理，倉廩實，禮義行。刑措政成，脫屣歸洛。優詔屢降，雅志不回。拜檢校司空東都留守。文宗將有大制置大除授，必降中使，假於他方，入皇城宣密旨，獻可替否，如在君前。其信重也如此。俄以左僕射徵，王人就賜官告，特明異禮。公感恩雖厚，退身愈堅，一對而歸，不詣相第。亦有中阻，未諧人情。又加相印，出為漢南節度使。制出，上悔之，欲追成命。公固辭，上曰：「且不與卿周歲別，出都門，特賜清廟器六事，皆範金飾玉，如古時制。」宣曰：「以卿精忠，用以貺別。」寵待之禮，當時無儔。公到襄州，均井稅，薄地征，人用胥悅，咸歌來暮。

武宗初纘極，聽信未一。行險者乘時而起，凶德參會，倒置天下事。清賢名輩，多被斥逐。惟公位高德重，最難搖撼。䑲㔩齟齬，幾至二年，屬大水壞居人廬舍，公以實上聞。讐家得以逞志，舉兩漢故事，坐災異策免，降授太子少師。時議不平。又還檢校司徒兼太子太保，俄又改太傅，再臨東郊。劉從諫死，劉稹自擅，以昭義軍阻命。天兵誅討，五年方克，上喜甚。素忌公者，媒孽鍛煉，誣公與從諫交，上怒下詔，旬日三貶公至循州長史。鑿空指鹿，四海之士感冤之。公推運達命，恬然如得好官。時逾嶺越險，二年在海上無所苦。今上即位，大明善惡，三遷至少保，轉少師，牽復高位，分司東洛。池臺琴酒，逍遙自娱，賢士大夫，尚其執躅。未半歲，遘疾薨於東都城南之別墅。

自嬰疾至於捐館，譚笑言語，宴居自若，口占理命，纖悉無遺。上聞為之軫悼，聯日不視政。公卿相弔，正人雪涕。册贈太尉，遣大僚弔祭。公端明簡重，忠厚誠慤。平居私室，如見（一作對）大賓。不喜釋老，唯宗儒教。早與韓吏部、皇甫郎中為文章友，其名相上下，晚與白少傅、劉尚書為詩酒侶，其韻無高卑。前後作鎮，皆佩相印。辟署多名人，難其（一作於）進而勇於退。儉必中禮，貴而不奢。知命達理，保和居易。三領大鎮，接護軍以禮貌，不至交歡；再入中書，待樞（一本有密字）使以公平，不容請托。有恩必報，有讐不校。韋崖州於公恩也，嫁二女歸名士，薦長子登周行。李崖州於公讐也，恤竄謫之窮途，厚供待於逆旅。其厚德歟，亦難能也！

夫人同郡辛氏，贈僕射秘之女。賢明懿淑，稱於族姻。有子五人。曰蔚、曰蕘，能嗣其業，皆擢進士第，蔚監察御史，蕘使府協律。曰奉倩，洛陽尉。二人未知名。公以大中戊辰歲十二月二十九日薨，以大中己巳歲五月十九日葬。

小子不佞，早棲門牆。考選第叨殊等之科，開賓筵忝入幕之吏。國士相過，筆劄見知。周旋款眷，垂三十載。刊石表墓（一作德），分也難辭。公歷官三十一政，作相一十九年，逮事六宗，光輔四帝。承主恩必由直道，解相印實無罪名。自少及長，不失色於人；佐時理家，無悖入之貨。持身斤斤（一作不撓），履道甚夷。嘗病在高位者不知止足，終日抗論，克期拜章，竟不及年，俾孤美志。銘曰：

公之生兮稟星辰，公之道兮侔古人。（一無此句）公之才兮渾而真，公之性兮威且仁。公之文兮班馬鄰，公之藝兮游夏均。公之儉兮自我身，公之簡兮無雜賓。公之貞兮肅人倫，公之慎兮質鬼神。公之相兮平如鈞，公為邦兮政如春。公不幸兮罹數屯，公無辜兮介於循。天開日明兮堯舜為君，舉直措枉兮幽冤必伸。牽復高資兮言旋洛濱，逍遙琴筑兮無異隱淪。屈指懸車兮歎（一作懽）然十旬，素懷未遂兮美疹來臻。悲纏冕旒兮哀動搢紳，寵贈加等兮冠於臺臣。有司職喪兮歸葬咸秦，觀者歎息兮國人酸辛。袁安餘慶兮令嗣甡甡，陳實道廣兮門生振振。乃纘徽猷兮刻於貞珉，碑生金字兮名德長新。（《文苑英華》卷八百八十八；《唐文粹》卷五十六；《全唐文》卷七百二十）

智按：李珏，字待價。其先出趙郡，客居淮陰（今屬江蘇）。幼孤，事母以孝聞。甫冠，舉明經。李絳為華州刺史，見之曰：「日角珠廷，非庸人相。明經碌碌，非子所宜。」元和七年（八一二）乃舉進士高第。河陽烏重胤表置幕府。以拔萃補渭南尉，擢右拾遺。遷吏部員外郎，轉司勛員外郎、知制誥。大和五年（八三一），自庫部員外郎，入爲翰林學士。七年，拜中書舍人。九年，加承旨，遷戶部侍郎。旋受李宗閔之累，貶江州刺史。開成元年（八三六），以太子賓客分司東都，遷河南尹。二年，入爲戶部侍郎。三年，因楊嗣復所薦，與楊同時拜相，以本官同中書門下平章事。武宗即位後，罷相，出爲桂管觀察使。會昌三年，長流驩州。宣宗立，内徙郴、舒二州刺史。大中二年（八四八），復入爲戶部尚書。尋出爲河陽節度使。再入爲吏部尚書。三年，出爲淮南節度使，封贊皇郡公。七年，卒，年六十九。贈司空。李珏耿直正派，風格端肅，性寡欲，早喪妻，不置妾侍，門無饋餉，謚曰貞穆。《全唐文》卷七二〇、《唐文拾遺》卷二八收其文六篇。《全唐詩補編・續拾》卷二九存詩一首。生平見《東觀奏記》上卷「李珏生平」條（田廷柱點校本，第九十頁）、《唐語林》卷三（周勳初《唐語林校證》上册，第二六三頁「李珏」條）、《舊唐書》卷一七三、《新唐書》卷一百八十二本傳。李珏與白居易之交往，始於元稹去世六年以後之開成二年（八三七），此年白居易有《惜春贈李尹》、《三月三日祓禊洛濱》，此詩序云：「開成二年三月三日，河南尹李待價以人和歲稔，將禊於洛濱。」次年又有《夢得相過援琴命酒因彈秋思偶詠所懷兼寄繼之待價二相府》。

關盼盼（七八五至八一六前後）

《和白公詩》

自守空樓斂恨眉，形同春後牡丹枝。舍人不會人深意，訝道泉臺不去隨。（《全唐詩》卷八〇二）

智按：關盼盼，徐州妓，張愔納之。張歿，獨居彭城故燕子樓，歷十餘年。此詩或為後人偽託。

許渾（七九一？～八五四）

《獻白尹》（即樂天也）

醉舞任生涯，褐寬烏帽斜。庾公先在郡，疏傅早還家。林晚鳥爭樹，園春蜂護花。高吟應更逸，嵩洛舊煙霞。（《全唐詩》卷五二九）

智按：許渾，字用晦，一作仲晦，祖籍安州安陸（今屬湖北），寓居潤州丹陽（今江蘇鎮江），遂爲丹陽人。文宗大和六年（八三二）進士，授當塗令，以病免歸。後授監察御史，出爲睦、郢二州刺史，復入朝爲侍御史。今存詩四百餘首。爲詩長於五、七律，以登臨懷古之作見長，感慨蒼涼。《宣和書譜》卷五評其詩「似杜牧，俊逸不及而美麗過之」。有《丁卯集》傳於世。生平事迹見元辛文房《唐才子傳》卷七。許渾卒年舊有三說：（一）約大中八年（八五四）卒，據聞一多《唐詩大系》（《聞一多全集》第七册《唐詩編·中》，第二六三頁）；吳在慶《唐五代文學編年史·晚唐卷》大中八年條，遼海出版社一九九八年版，第三七七頁。（二）大中十二年（八五八）或稍後卒，據董乃斌《唐詩人許渾生平考索》（《文史》第二六輯，第二七九頁，中華書局，一九八六年五月）；譚優學《唐詩人行年考續編·許渾行年考》（四川人民出版社一九八七年版，第一六三頁）及其所撰《唐才子傳校箋》卷七「許渾」條（中華書局本，第三册，第二四三頁）；李立樸《許渾研究》，第一〇六頁。（三）咸通二年（八六〇）或稍後卒，據羅時進《唐詩演進論·許渾年譜稿》，江蘇古籍出版社，二〇〇一年九月，第二七二頁（參見羅時進《許渾卒年再考辨》，載《學術月刊》一九九六年第八期）。當以聞一多之說大中八年（八五四）爲是。考辯詳見拙著《元白詩派研究》（社會科學文獻出版社，二〇〇七年五月版）第六章「元白詩派與元白體」第一節「元白體名義辨析」。

張祜（七九二～八五四）

《杭州開元寺牡丹花》

濃豔初開小藥欄，人人惆悵出長安。風流卻是錢塘寺，不踏紅塵見牡丹。（尹占華《張祜詩集校注》，第九六頁）

智按：與徐凝《題開元寺牡丹》，同作於長慶三年（八二三），二人於白居易輦下較文時。第三句，一作「風流卻是錢塘守」。張祜，字承吉，南陽（今河南鄧縣）人。屢舉進士不第，浪跡江湖，遍干地方官吏，所在多狷介少合。晚年卜宅丹陽，隱居以終。祜苦心爲詩，早享盛名，喜游山水名寺，每有題詠，多成絕唱。又善爲宫詞，播入宫中，宫女多能譜唱。令狐楚評其詩「研幾甚苦，搜象頗深，輩流所推，風格罕及」（《進張祜詩册表》）。同代友人如杜牧，後輩詩人如皮日休、陸龜蒙等，對張祜詩皆甚爲推崇。有《張祜詩集》傳世。生平事迹見元辛文房《唐才子傳》卷六。

白敏中（七九二～八六一）

《鎮劍南，經忠州，尋樂天遺跡作》【題擬】

南浦花臨水，東樓月映風。（鎮劍南，經忠州，尋樂天遺跡作。見《唐詩紀事》）（《全唐詩》卷五〇八）

《請追謚刑部尚書白居易贈太尉牛僧孺表》

臣頃自布衣，爰及仕進，飽僧孺之惠義，師居易之文章。斯人之亡，各已數載。屬先帝憂勤之際，贈典未行；遇陛下聖明之初，謚法宜頒。其將行業，以傳册書。（《全唐文》卷七百三十九）

智按：白敏中，字用晦，祖籍太原（今屬山西），後遷居下邽（今陝西渭南）。白居易從父弟。少孤，從諸兄學。長慶二年（八二二）登進士第，爲義成軍節度使李聽從事。歷河東、鄭滑、邠寧三府節度掌書記，試大理評事。大和七年，丁母憂，退居下邽。開成初，遷右拾遺。二年，改殿中侍御史。四年，爲苻澈邠寧節度副使。會昌初，以殿中侍御史分司東都。同年夏，除戶部員外郎還京。二年，轉右司員外郎。以李德裕薦，充翰林學士，旋改兵部員外郎。三年五月，遷職方郎中，十二月加承旨。四年，拜中書舍人、遷戶部侍郎知制誥。轉兵部侍郎，仍充承旨學士。六年，以本官同中書門下平章事。大中二年，兼刑部尚書。在牛李黨爭中爲牛黨要員，構陷、打擊李德裕不遺餘力。五年三月罷相，出爲邠寧節度使。六年四月，轉劍南西川節度使。十一年正月，調荊南節度使。十三年十二月，征拜司徒、門下侍郎、平章事。咸通元年，加中書令。二年，出爲鳳翔節度使。許以太傅致仕，詔書未至，卒。謚醜。白敏中以詞藝進用，文類白居易。工詩，與白居易唱和較多。白居易《和敏中洛下即事》比之謝惠連。所作多佚。《全唐詩》録其詩二首、斷句一聯。《全唐文》録其文五篇。生平事迹見《舊唐書》卷一六六、《新唐書》卷一一九本傳、《唐詩紀事》卷五一、朱金城《白居易年譜》及《隋唐五代墓誌彙編》陝西卷《白敏中墓志》。

釋圓仁（七九四～八六四）

《慈覺大師在唐送進録》

⊙外書 合一十四部一十四卷

杭越寄和詩並序一帖　沙門清江新詩一帖　判一百條別道一帖　祇對儀一帖　任氏怨歌行一帖（白居易）　寒菊一帖　攬樂天書一帖　歎德文一帖　雜詩一帖　祝元膺詩一帖　雜詩一帖　前進士弛（施）肩吾詩一卷　漢語長言一卷　波斯國人形一卷　已上一十四部一十四卷同帙。雜第九。（《大正新脩大藏經》第五十五册）；竹內理三編《平安遺文》卷八）

智按：《千載佳句》卷上《人事部·美女》有《任氏行》（句）「燕脂漠漠桃花淺，青黛微微柳葉新」。小島憲之《國風暗黑時代の文學中(上)》、余田充《任氏傳の——受容形態》、植木久行《千載佳句所收白居易詩逸句考》考訂此詩所詠即沈既濟《任氏傳》故事，「任氏行」即「任氏怨歌行」之略稱。

《入唐新求聖教目録》

杭越唱和詩一卷。王建集一卷。……雜詩一卷。白家詩集六卷。（《大正新修大藏經》第五十五册）

智按：釋圓仁，日本僧人。出於最澄之門，於仁明天皇承和五年（西紀八三八，唐文宗開成三年）來華。在中國凡九年，正趕上唐武宗會昌法難。然在中國親近大德之多，範圍之廣，不讓其師。曾依終南山宗睿學悉曇；從嵩山寺全雅傳受密教儀軌及曼荼羅等；於大興善寺元政受金剛界之大法；于青龍寺法全傳胎藏界之大法；又就醴泉寺宗穎學止觀法。會昌法難，圓仁險遭池魚之殃，化裝成道士身份，始逃出長安，而於承和十四年（八四七），返回日本。發展比叡山延曆寺，先後建立總持院、定心院、法華三昧院、常行三昧院等。同時承最澄之遺業，推展舍利會、天台大師供會、不斷念佛會等法會，開發山門基礎。清和天皇貞觀六年（八六四），以七十三歲高齡示寂，八年被謚為慈覺大師。有《大唐求法巡禮行記》。

高璩（？～八六五）

《唐故開府儀同三司守太傅致仕上柱國太原郡開國公食邑二千戶贈太尉白公（敏中）墓志銘並序》

初，宰相被戊戌詔：太傅喪至自鳳翔府。宜以朝班奠永寧里第。序吊哭禮。璩適提筆參密命，直內殿旁，用承旨結銜。故事，非大朝會，不得與外廷通。次獨明日，得素服入謁，如平生。既申一慟，忽不知身世在所。其孫昭應縣尉夷道譯衛國夫人語，且置璩曰：太傅前立家國事，敻苦夷遠，爲不磨滅計，今畦町不當理，即困禿自泥，不能驚聳來者。子實太傅記室，從兩鎮五年，宜乎味髓魄而登峰巒也。璩惶恐不敢讓，謹撰。

白氏受姓於楚，本公子勝理白邑，有大功德，民懷之，推爲白公。其後徙居秦，實生武安君，太史公有傳，遂爲望族。元魏初，因陽邑侯，包（邕）爲太原太守，子孫因家焉。逮今爲太原人也。公諱敏中，字用晦，樹忠孝爲根本。灌以道德，而培以詞學。鈎深決拆，陽倚陰伏。提古抵今，三光瘦縮。以藝補鄉籍，不中。時穆宗皇帝以尚書第業取浮譽，俾後生裁出風態，拱折譚吐，如一手出。即揚鞭勞問，以疏數致規模，聲容定流品。臨卷隱機，號曰頑朽，尚不揖，唾去。中外厭怒，坐有司不當職，責出而被籍者，索索墜地。文場一洗，唯精確不疏者，得負氣嶽立，如霜殺百卉，而桂檜始相望。故公高揖殊等，李司徒聽爲義成軍節度使，聞公善名，召補從事，奏試秘書省校書郎，移府邠州，歷協律評事，專奏記。罷職，丁鄭國太夫人憂。服滿，有親交監拜者，亦不能如灰槁矣。坐久得真粹，方憶故時，標格里巷，蹈出崛行，則顏丁麽默在下。俄拜右拾遺內供奉。上讀書愛謚法，懲勸最盡。坐宰相索太常博士，唯公稱旨。以勞遷殿中侍御史。苻澈臨邠，詔公以侍御史衣朱衣銀印，爲節度副使。凡兵賦虚實，風俗制度，問公不問澈。

時璩先司徒公職中丞事，前御史有怙削近俗，悉解去。上章請公真爲侍御史，尋治留臺事，改戶部右司員外郎。武崇皇帝破回鶻，裂潞軍，擒太原反者，召公承詔意，鉛黄策畫，進兵部員外郎，充翰林學士，尋加職方郎中、知制誥，賜紫，充承旨、中書舍人，戶部、兵部侍郎。時權臣有乘時得君，謂天下可以喜怒制而人皆銷死泥下者。公横身守正，有不合理，即欲呵叱，由是明廷儀物，多士修整，宛有栖息處。先皇帝藉會昌語，兵後思得貞觀理平事，補報廟社。首命公入相，以兵部侍郎同中書門下平章事。是日，當延英抗言曰：今嶺表窮民，實前朝舊相。當事主時，輕家族如毛縷。及爲奸人所得，顧柄任乃焚溺之本耳。此非必有缺陷，假若小不直，亦未傷大體，且今日㮣前日，豈繼聖所宜言耶？上驚喜，即日詔還五宰相，俄兼刑部尚書，右僕射司空門下侍郎，歷集賢大學士，監修國史、太清宫使。屬吐蕃有大喪，大臣爭廢立事，紀律四壞。有兵衆者相起爲盜，蔓延波泊，亭障安措。論者以朝廷久無內患，緣鎮因循，不事糧甲。若一日問罪，必取笑奴虜。公奉神算，徵天下兵，捉險儌利，納七關與秦、武、渭三州，度隴山還爲内地，降男女羊馬無數。

理□州，立天雄军，置威州。先是故老望西郡縣，皆冤痛泣血，及是，謂開元風日，可屈指取。時内外畏公了大勳，因問言玉蒙與恐熱□□争。内附三部落，强脆繫朝廷。恩與即輸貢，落後聞羞愧，如出股鞭於市。今各擁兵自大，若乘忿馳突，肯不爲烽戍憂？况党項搖西北邊，縣道梗噎。上果憶公威惠韜略，可整頓窮寇，遂拜司空兼門下侍郎平章事、充招討都統邠寧節度使，治寧州。師行，上御安福樓，臨軒勞送，錫以宸翰、通天帶，用神策常扈蹕，兵士擡左右隊屬馬鞅下，又命供奉樂官張鼓吹於錫宴，所優寵徽，數人臣第一。幕吏取侍臣，皆銜真秩去，公始以智謀會上意。復日揣磨機要，器使杰俊，故得功用神速。既握兵外去，每一事，非闞請不得專，則不自專大，無所施設。党羌平，讓都統事，專治豳土。募新卒七千人，增堡戍四十二所。换檢校司徒平章事，充西川節度使。砭灼民害，屏除戎心，宜增耀前史。以官移荊南節使，加太子太師，用軍儀見。岭南節度使李承勛，指麾湖南叛將。即日承詔，遣騎卒迎處置使，以故綿湖嶺嘯聚者，乞不相保。今上以孝德正位，思掌出祖宗帝業。詔追入册司徒、兼門下侍郎平章事。對迴切齒黨比，朝野震懾。尋充太清官使、弘文館大學士。上全以升平遲公，公非理具不舉意。既爲忤氣注膝，得關中惡寒，疾勢壯大，進攻股膂，步趨皆失力。上舉苗晋公優禮，許坐靈芝殿。公辭避寵渥，聯拜四章。上愛惜愈牢，聽公立中書受旨，進開府儀同三司、行中書令，又還司徒。且上相不面天子，僅滿歲，雖剪刻萬目、條疏群萃，而議論叢雜，物不寧適。竟得鳳翔節度使。未數月，以疾乞骸骨。上縻以東都留守，堅不可起。從太傅致仕。宣麻日，哀問至。以咸通二年七月十五日，薨於鳳翔府公館，享年七十。上廢朝二日，詔贈太尉，行册告第，賻布帛。命使吊祭，申優典也。

曾祖溫，皇檢校尚書都官郎中，贈給事中；祖鏻，皇揚州録事參軍，贈左僕射；烈考季康，皇宣州溧水縣令，贈司徒。前娶河東薛氏，封河東郡太夫人。有子二人：長曰闡，杭州於潜尉。次曰幼文，睦州遂安尉。再娶平陽敬氏，累封鄭國太夫人。皇綏州刺史令琬之女。公即司徒公第三子，鄭國太夫人之出也。公前娶博陵崔夫人，解縣令寬第五女。有女三人，二人早歿，一女適今主客員外郎皇甫煒，亦歿。後娶今衛國夫人韋氏，祕書少監同靖之女。時公已承天旨，方振國勳。夫人整將相之風，建閫闈之教。勤雍和理，凡十八年。洎於營奉襄事，咸遵古典。嗚呼！榮貴輝爀，嚴明修檢，無以加矣。有女三人，皆早世。男曰徽復，祕書省著作郎；次曰崇儒，祕書省校書郎；皆先公而歿。女二人，一人繼歸今主客員外郎皇甫煒，亦歿。一人歸前集賢殿校理張湜士，亦歿。主祭男曰可久，京兆府參軍，年在童齔，宛有成人風彩。女曰錦兒。徽復娶博陵崔氏，有男曰承孫，見任祕書省校書郎。公巖谷峭拔，聲律沖秀，窮慮而盡遺細故，畏名而不近大節。不以位踞，不以困遷。烹惡如破讎，種善如引嗜。不理堂廡，不飾服玩。進才叙德，不記親嫌。無私託，無夙憂，參總教化，整三朝二十年；享羔雁者，自宰相而下三十人。世以文儒進至公相者，無以肩比。臨鎮以瑞稱，壓鈕以機析。載在圖記，故不書。以其年十月三十日歸葬於華州下邽縣義津鄉洪義原，前崔夫人合祔，從先塋，禮也。璩實以文從公，公加太師，復入相，復大司徒。璩忝職內廷，皆獲視草，則銘勳撰世，承衛國夫人請，其何以辭。銘曰：

惟唐受命，弈代啓聖。條覆八紘，芒開庶政。得禹身律，傳堯心鏡。由乎碩臣，繼升大柄。其一。

碩臣伊何，孤標粹和。道跂忠甲，氣横筆戈。三光借朗，萬象嬰羅。蟠作瑞物，散爲賡歌。其二。

杓以定位，握惟濟德。愛日可親，頽波自息。酇郢序管，賁育賈力。衡斗內明，測景中植。其三。

白玉任璞，黄锺本宫。天爵攸富，人文可宗。自抑迅羽，難攀逸蹤。斥去浮態，提來古風。其四。

首恢帝圖，言翔天路。鬼識機兆，神誇理具。符晋運昌，安劉計樹。勁節不撓，宸心所注。其五。

芮魏唾掌，韓彭振衣。臺階益峻，將劍增威。鼎鼐勛著，山河誓歸。彤墀澤潤，青史雲飛。其六。

循本銷兵，功全去害。將澄滓秕，盡芟蓊薈。我疆既圭，虜首盡膾。耻刷九廟，魂招四外。其七。

波驅大業，焰引皇綱。斡排二氣，接跡三王。國寶云輟，民妖必翔。紫微難掩，蒼闕悲長。其八。

草樹積慘，昆蟲茹毒。大君震悼，百辟序哭。風號雨凄，自晦而伏。方贇時休，寧堪電速。其九。

南瞻太華，北迸渭川。崇崗虎踞，拱木星連。道仰朝旭，勳銘夜泉。終古不泯，芬猷自傳。其十。

門吏、朝議郎、行侍御史、上柱國于環書。(《唐代墓誌彙編續集》咸通〇〇五，第一〇三三～一〇三五頁，《隋唐五代墓誌彙編》陝西卷第二册，第一〇〇頁；文物出版社《新中國出土墓誌·陝西（貳）·二七八》，第二七八頁；三秦出版社《全唐文補遺》第三輯，第二四四～二四七頁；吉林文史出版社《全唐文新編》第十四册，第九五〇九頁）

智按：署「門吏、翰林學士承旨、朝議郎、守尚書工部侍郎、知制誥、柱國、賜紫金魚袋高璩撰」。咸通二年（八六一）撰。高璩，字瑩之，渤海（今河北滄縣）人，父吏部尚書高元裕。璩大中二年入等，大中三年登進士第，授試秘書省校書郎，出佐白敏中劍南西川、荊南二幕，爲掌書記。十二年（八五八），入拜右（一作左）拾遺。翌年，充翰林學士，特恩遷起居郎知制誥。再擢右諫議大夫，仍知制誥。咸通二年（八六一），加承旨學士，遷工部侍郎。次年，加朝散（一作朝議）大夫、兵部侍郎，並知制誥，以檢校禮部尚書爲東川節度使。六年，入爲兵部侍郎、同中書門下平章事。不久卒，贈司空。因太常博士曹鄴建言璩爲宰相交游醜雜，取多蹊徑，故謚爲剌。今存詩一首及斷句一聯，見《全唐詩》卷五九七。生平事迹見《舊唐書》卷一七一、《新唐書》卷一七七《高元裕傳》附、《資治通鑑》卷二五〇、《唐詩紀事》卷五三、岑仲勉《翰林學士壁記注補》等。

韋絢（七九六～八六六?）

《劉賓客嘉話録》

⊙聖善寺銀佛

聖善寺銀佛，天寶亂，爲截將一耳。後少傅白公奉佛，用銀三鋌添補，然猶不及舊者。（唐蘭《〈劉賓客嘉話録〉的校輯與辨僞》，《新建設》編輯部編《文史》第四輯，中華書局，一九六二年六月，第九九頁；陶敏、陶紅雨校注《劉禹錫全集編年校注》下册，岳麓書社，二〇〇三年十一月，第一四〇八頁；陶敏主編《全唐五代筆記》第二册，三秦出版社，二〇一二年十二月，第一四四二頁）

智按：此條見《尚書故實》，陶敏認為乃《嘉話録》之文。

韋絢，字文明，京兆（今陝西西安）人。順宗時宰相韋執誼子，元稹之婿，劉禹錫門人。長慶元年年二十一，自襄陽赴夔州，投謁夔州刺史劉禹錫問學。大和五年，任劍南西川節度使李德裕幕府巡官。六年，任校書郎。開成末，自左補闕爲起居舍人。又任吏部員外郎。大中十年任江陵少尹。咸通四年至七年，任義武軍節度使。李劍國《唐五代志怪傳奇叙録》謂：「韋絢自咸通四年出鎮易定，六年題名北岳，何時罷鎮不明。今姑酌定于咸通七年（八六六），且以是年爲卒年，時已七十一歲矣。」著有《劉賓客嘉話録》及《戎幕閒談》二書。「《戎幕閒談》一卷，右唐韋絢撰。大和中，爲李德裕從事，記德裕所談。」（《郡齋讀書志》卷十三）《戎幕閒談》作于大和五年，記其在西川幕府中聽李德裕所談古今異事，原書不存。此外尚有《佐談》十卷，見《秘書省續編到四庫闕書目》及《宋志》小説類。《説郛》、《太平廣記》等書中存逸文約二十則。《全唐文》卷七二〇收入《嘉話録》一篇，《唐文拾遺》卷二八收入《戎幕閒談序》一篇。事迹見《新唐書·藝文志》、《郎官石柱題名考》卷四及其所著二書。

李綽

《尚書故實》

聖善寺銀佛，天寶亂為賊截將一耳。後少傅白公奉佛銀三鋌添補，然不及舊者。會昌拆寺，命中貴人毁像收銀，送内庫中人，以白公所添鑄比舊耳少銀數十兩，遂詣白公索餘銀，恐涉隱没故也。（民國景明寶顔堂秘笈本《尚書故實》）

智按：李綽，字肩孟，趙州（今河北趙縣）人。李紓曾孫。廣明中避亂居鄭州中牟縣，與尚書張某遇，聆其論述，纂集尤異者爲《尚書故實》。龍紀元年任太常博士，約乾寧初任膳部郎中，四年任禮部郎中。唐亡不仕，避亂南方。後梁開平二年撰《秦中歲時記》。《新唐書·藝文志》著録其《秦中歲時記》一卷，已佚；又録《尚書故實》一卷，注云：「尚書即張延賞。」《郡齋讀書志》、《直齋書録解題》、《四庫全書總目》皆辨其非，書今存，事迹散見李綽《昇仙廟興功記》、《舊唐書·昭宗紀》、《新唐書·宰相世系表二上》、《直齋書録解題》卷一一。

賈餗（八〇三至八三五前後）

《貢茶唱和》（句）

殷勤為報春風道，不貢新茶只貢心。（《詩話總龜》前集卷三十六《紀夢門下》，周本淳校點本第二二二頁）

智按：《詩話總龜》前集卷三十六《紀夢門下》：「金沙池泉在常州宜興縣罨畫溪之東，有寺，寺有碑，載當時杭湖常三州貢茶唱和。樂天云：『十隻畫船何處宿？洞庭山腳太湖心。』常州太守，忘其姓名，和云：『殷勤為報春風道，不貢新茶只貢心。』」（參見《全唐詩外編》下册第四五六頁）白居易二句見《全唐詩》卷四四七《宿湖中》一詩。同卷有《赴蘇州至常州答賈舍人》。及《自到郡齋僅旬日方專公務未及宴遊偷閒走筆題二十四韻兼寄常州賈舍人湖州崔郎中仍呈吳中諸客》各詩，知常州太守即賈餗。餗，字子美，河南人。進士擢第，又登制策甲科。文史兼美。四遷至考功員外郎。長慶、大和間，歷官常州刺史、太常少卿、中書舍人、禮部侍郎、兵部侍郎、京兆尹兼御史大夫，拜中書侍郎、同中書門下平章事，加集賢殿大學士，監修國史。李訓事發，為中人所陷，與王涯等皆族誅。餗本中立，逢時多僻，死非其罪，世多冤之。兩《唐書》皆有傳。

杜牧（八〇三～八五三）

《唐故平盧軍節度巡官隴西李府君墓誌銘》

……君諱戡，字定臣，七代祖渤海王奉慈。……君幼孤，旁無群從可以附托，年十餘歲即好學，寒雪拾薪自炙，夜無燃膏，默念所記。年三十，盡明《六經》書，解決微隱，蘇融雪釋，鄭玄至於孔穎達輩凡所為疏注，皆能短長其得失。一舉進士，恥不肯試，歸晉陵陽羨里，得山水居之，始開百家書，緣飾事業。每有小功喪，訖制不食肉飲酒，語言行止，皆有法度。陽羨民有鬪諍不決，不之官人，必以詣君。

所著文數百篇，外於仁義，一不關筆。嘗曰：「詩者可以歌，可以流於竹，鼓於絲，婦人小兒，皆欲諷誦，國俗薄厚，扇之於詩，如風之疾速。嘗痛自元和以來，有元、白詩者，纖豔不逞，非莊士雅人，多為其所破壞，流於民間，疏於屏壁，子父女母，交口教授，淫言媟語，冬寒夏熱，入人肌骨，不可除去。吾無位，不得用法以治之。」欲使後代知有發憤者，因集國朝已來類於古詩，得若干首，編為三卷，目為《唐詩》，為序以導其志。……（何錫光《樊川文集校注》，第六八〇～六八三頁）

智按：開成二年（八三七）作。《樊川文集校注》及《樊川文集》卷九（陳允吉校點本，第一三七頁）、《杜牧全集》（陳允吉校點本，第八八頁）「古詩」後無逗號。繆鉞《杜牧年譜》第四十頁將「欲使後代知有發憤者」，亦歸為李戡之語。繫年據繆鉞《杜牧年譜》，第四十頁。關於李戡（飛）譏議白居易這一公案，可參見後録黄滔《答陳磻隱論詩書》、葉夢得《避暑録話》卷下、袁枚《隨園詩話》卷一、吳騫《拜經樓詩話》卷四等。

杜牧，字牧之，京兆萬年（今陝西西安）人。出身長安望族，其祖佑，爲德、順、憲三朝元老，著有《通典》二百卷行於世。牧少時即有大志，博覽群書，留心天下治亂興亡之跡、財賦兵甲之事。文宗大和二年（八二八）進士及第，又中賢良方正直言極諫科，授弘文館校書郎。後爲江西、宣歙、淮南節鎮幕吏，九年入爲監察御史。武宗會昌間，先後出爲黄、池、睦三州刺史。宣宗大中二年（八四八）入爲司勳員外郎、史館修撰，轉吏部員外郎，再出爲湖州刺史，六年遷中書舍人，七年（八五三）卒於任(據繆鉞《杜牧年譜》，第八九～九一頁。參見吴在慶《杜牧論稿》第一〇二頁，胡可先《杜牧研究叢稿》第一四八頁，吴企明所撰《唐才子傳校箋》卷六「杜牧」條，中華書局本，第三册，第一九三頁)。杜牧為晚唐大家，詩、文、賦兼擅，書畫亦精。在詩文兩方面，牧推崇李杜和韓柳。其詩衆體兼長，縱横馳騁，於拗折勁健之中，時見風流俊爽，《新唐書》本傳謂「牧於詩，情致豪邁」；明楊慎謂「晚唐李義山而下，惟杜牧之爲最。宋人評其詩豪而豔，宕而麗。於律詩中特寓拗峭，以矯時弊，信然」(《昇庵詩話》卷五)。與李商隱齊名，並稱「小李杜」。有《樊川文集》二十卷傳世。《舊唐書》卷一四七、《新唐書》卷一六六有傳。

趙璘（八〇三？～？)

《因話録》

韓文公與孟東野友善。韓公文至高，孟長於五言，時號「孟詩韓筆」。元和中，後進師匠韓公，文體大變。又柳柳州宗元、李尚書翺、皇甫郎中湜、馮詹事定、祭酒楊公（智按：楊敬之)、余座主李公（智按：李漢)，皆以高文為諸生所宗，而韓、柳、皇甫、李公皆以引接後學為務。楊公尤深於獎善，遇得一句，終日在口，人以為癖，終不易初心。長慶以來，李封州甘為文至精，獎拔公心，亦類數公。甘出於李相國武都公門下，時以為得人。惜其命運湮厄，不得在掄鑒之地。又元和以來，詞翰兼奇者，有柳柳州宗元、劉尚書禹錫及楊公。劉、楊二人，詞翰之外，别精篇什。又張司業籍善歌行，李賀能為新樂府，當時言歌篇者，宗此二人。李相國程、王僕射起、白少傅居易兄弟、張舍人仲素為場中詞賦之最，言程式者，宗此五人。伯仲昆弟，以史筆繼業，家藏書最多者，蘇少常景胤、堂弟尚書滌，諸家無比，而皆以清標雅範，為後來所重。少卿登第，與堂兄特並時，亦士林之美。(卷三・商部下，《唐國史補 因話録》，上海古籍出版社本，第八二頁)

元和中，僧鑒虚本為不知肉味，作僧素無道行。及有罪伏誅，後人遂作鑒虚煮肉法，大行於世。不妨他僧為之，置於鑒虚耳。亦猶《才命論》稱張燕公，《革華傳》稱韓文公，《老牛歌》稱白樂天，《佛骨詩》稱鄭司徒，皆後人所誣也。故其辭多鄙淺。（卷四·角部，《唐國史補 因話録》，上海古籍出版社本，第九五頁）

智按：趙璘，字澤章。德宗時宰相宗儒之從孫，昭應尉伉之子。祖籍南陽，後徙平原。開成三年（八三八）進士及第，大中七年（八五三）為左補闕，後為衢州刺史。生平見其《因話録》及《新唐書·藝文志》。生年據魯明《〈因話録〉研究》（復旦大學碩士論文，二〇一〇年）。

段成式（八〇三或稍後～八六三）

《酉陽雜俎》

荊州街子葛清，勇不膚撓，自頸已下，遍刺白居易舍人詩。成式常與荊客陳至呼觀之，令其自解，背上亦能暗記。反手指其劄處，至「不是此花偏愛菊」，則有一人持杯臨菊叢。又「黄夾纈林寒有葉」，則指一樹，樹上掛纈，纈窠鎖勝絶細。凡刻三十餘首，體無完膚。陳至呼為「白舍人行詩圖」也。（前集卷八「黥」，方南生點校《酉陽雜俎》，第七七頁；許逸民《酉陽雜俎校箋》第六二七頁）

智按：陳至，元和四年及第。「不是此花偏愛菊」出自元稹《菊花》：「秋叢繞舍似陶家，遍繞籬邊日漸斜。不是花中偏愛菊，此花開盡更無花。」並非白居易之詩，段成式誤記。葛清所刺「黄夾纈林寒有葉」出自白居易詩《泛太湖書事寄微之》。此則宋曾慥編《類説》卷四十二「白舍人行詩圖」略作：「荊州街子葛清，自頸以下遍刺白居易詩『不是此人偏愛菊』，則有一人持杯臨菊叢。又『黄夾纈林寒有葉』，則一樹上掛纈。凡刻三十餘處，人呼為『白舍人行詩圖』。」又，《全唐詩》卷八百七十三趙武建《刺左右膞詩》前注云：「唐中葉，長安少年，多以詩句鑱涅肌膚，誇詭力，剽奪坊間，遠近效之成習。其他更有取名賢詩中意，細刺樹木人物，至有周身用白樂天詩意刺涅，人呼為白舍人行圖者，名為劄青云。」《全唐詩話》：

「唐中葉，長安少年，多以詩句鑱涅肌膚，誇詭力，剽奪坊間，更有取名賢詩中意，細刺樹木人物，至有周身用白樂天詩意刺涅，人呼為白舍人行圖者，名為劄青云。」王士禛《香祖筆記》卷十：「荊州街子葛清，自項以下，遍體刺白居易詩，凡三十餘處，人呼為白舍人行詩圖。此視書團扇繡弓衣者奇矣，而出於市井之流，尤奇之奇。」（又見《帶經堂詩話》卷二十八《瑣綴》）參見明陳禹謨《駢志》卷十七及後録宋張師正《倦遊雜録》、《唐音癸籤》卷二十五「談叢」。

《永樂大典》卷五千八百四十引盧言《雜記》云：「韋表微堂子流浪不歸，其叔將杖之，命去其衣，滿身劄字，有畫處，左膊一樹，樹下一池水，字曰：『黃夾纈林寒有葉，碧琉璃水淨無波。』」（中華書局影印本，第二五五八頁）則不知何據。按，《酉陽雜俎》前集卷八：「蜀小將韋少卿，韋表微堂兄也。少不喜書，嗜好劄青。其季父嘗令解衣視之，胸上刺一樹，樹杪集鳥數十，其下懸鏡，鏡鼻繫索，有人止側牽之。叔不解，問焉。少卿笑曰：叔不曾讀張燕公詩否？挽鏡寒鴉集耳。」或《永樂大典》抄手張冠李戴之誤。

段成式，字柯古，其先臨淄鄒平（今屬山東）人，世客荊州（今湖北江陵），宰相文昌之子也。以父蔭為秘書省校書郎。研精苦學，秘閣書籍，披閱皆遍，歷尚書郎，官至太常少卿，連典九江、縉雲、廬陵三郡。坐累，退居襄陽。

裴夷直（八一五～八五七前後）

《同樂天中秋夜洛河玩月二首》

清洛半秋懸璧月，彩船當夕泛銀河。蒼龍頷底珠皆沒，白帝心邊鏡乍磨。海上幾時霜雪積，人間此夜管弦多。須知天地為爐意，盡取黃金鑄作波。

不熱不寒三五夕，晴川明月正相臨。千珠競沒蒼龍頷，一鏡高懸白帝心。幾處淒涼緣地遠，有時惆悵值雲陰。如何清洛如清晝，共見初昇又見沈。（《全唐詩》卷五一三）

智按：裴夷直，字禮卿，河東人，擢進士第。文宗時，歷右拾遺、禮部員外郎，進中書舍人。武宗即位，出刺杭州，斥驩州司戶參軍。宣宗初，復拜江、華等州刺史。終散騎常侍。

皇甫曙（八一六～八四一前後）

《再勸樂天酒》【題擬】

且勸香醪一屈卮。（《白氏文集管見抄》載白居易《戲酬皇甫十再勸酒》題注引。《全唐詩續拾》卷二十六）

智按：皇甫曙，元和十一年登第。寶曆間，崔從鎮淮南，署為行軍司馬。

釋僧初（八一五前後）

《玉泉寺次韻寄白樂天刺史》

古泉猶玉色，散木自閒身。挹秀尋芳躅，賡題步後塵。登山雙謝屐，漉酒一陶巾。誰得向清淨，居停作主人。（《四庫全書》本《古今禪藻集》卷四）

智按：白居易原詩《題玉泉寺》：「湛湛玉泉色，悠悠浮雲身。閒心對定水，清淨兩無塵。手把青筇杖，頭戴白綸巾。興盡下山去，知我是誰人。」作于元和十年（八一五），四十四歲，于長安任太子左贊善大夫。見《白居易集箋校》第一册，第三五五頁。

劉軻（八一九進士）

《牛羊日曆》

大和九年七月一日甲辰，貶京兆尹楊虞卿爲虔州司馬。虞卿字師皋，祭酒甯之子，弟漢公。兄弟元和中並登進士第。二十年來，上撓宰政，下干有司，若黨附者，朝爲布衣，暮拾青紫，其或能輸金袖璧，可以不讀書爲名儒，不識字爲博學傳業，乃白居易《六帖》以爲不語先生。常曰：「人生一世，成童之後，精氣方壯，遽能結客交遊，識時知變，傾心面北，事三五要人，可以不下牀。使名譽若轉丸走阪，又何必如老書生輩，矻矻於筆硯閒。暗記六經，思溺詩賦，髮白齒落，曾不沾寸禄，而飢窮不暇，如此豈在讀書業文乎?」由是輕薄奔走，以關節緊慢爲甲乙，而三史六經曾不一面，風俗頽靡，波及舉子，分鑣競路，爭趨要害，故有東甲西甲之說，主司束手，公道盡矣。其或遇文儒之士，則拱默峭揖，深作城池，其私約束，自知不以文學進取，有敢出書論文者，罰之無赦，常嫉不附己者，令其黨赤舌而攻之輦下，謂三楊爲通天狐。三十餘年，爲朝廷之陰蠹，敕守明州刺史李宗閔可處州長史，馳驛前去。宗閔字損之，故宗正卿朔之子，與牛僧孺更相唱和，抽擢私昵，廣納貨財，倖門大啟，而公道喪矣。僧孺外唯簡嘿，內多詭詐，甚竊當時之譽。辛祕爲考官時，以女妻之，有應科目人楊承和，當祕爲考官時，與登科第，中書覆落，承和甚感，祕思一日，乃爲內官，以至朱紫，祕不之知。元和中，祕爲禮官，習禮於宣政殿，方與承和相見，且曰：「座主記得門生否?」既知之，曰：「老夫不忘也。」有一子壻仰累，承和且言於帝，呼爲牛郎，乃罄室相結。元和末，僧孺又引三楊與承和結識。穆宗之立也，承和有定策之功，僧孺預焉。洎承和掌樞密，僧孺不數年登臺座，李逢吉惡其爲人，常視之，咸呼爲醜座，或爲太牢僧孺。乃與虞卿兄弟驅駕輕薄，毀短逢吉，又惡裴度之功，曾進曹馬傳以謀陷害虞卿，又結李宗閔。宗閔之門人，盡驅之牛門，此外有不依附者，皆潛被瘡痛，遭之者謂之陰毒傷寒，故京師語曰：「太牢筆，少牢口，南北東西何處走（太牢僧孺、少牢虞卿）。」又曰：「門生故吏，非牛則李。」又曰：「醜侯膿膿（汝江反），多用半裝（言僧孺取人多取登朝及宗閔之門生，故謂之半裝）。」及宗閔爲相，又引僧孺，凡在宗閔門生，雖卑宂不周歲，皆至大僚，自云內有奧主（謂承和也）。（清藕香零拾本《牛羊日曆》）

智按：又見晁載之《續談助》卷三（清十萬卷樓叢書本）。

劉軻，字希仁，沛人。少爲僧，元和十四年（八一九）登進士第，終洺州刺史。

繁知一（八二〇前後）

《書巫山神女祠》

忠州刺史今才子，行到巫山必有詩。為報高唐神女道，速排雲雨候清詞。

(《全唐詩》卷四六三)

智按：繁知一，秭歸縣令。事見范攄《雲溪友議》「巫詠難」(古典文學出版社版，卷上，第五～六頁；《叢書集成初編》本卷一，第二八三二册，第三～四頁)。白居易元和十五年（八二〇）任忠州刺史。

韓琮（八二四進士）

《柳》(一作和白樂天詔取永豐柳植上苑，時為東都留守)

折柳歌中得翠條，遠移金殿種青霄。上陽宮女含聲送，不忿先歸舞細腰。(《全唐詩》卷五六五)

智按：韓琮，字成封，蜀人。長慶四年（八二四）進士，初佐王茂元陳許節度使幕，為節度判官，後任司封員外郎。大中間，歷戶部郎中、中書舍人，十二年（八五八）為湖南觀察使。咸通中，仕至右散騎常侍。

張彤（八二五前後）

《奉和白太守揀橘》

淩霜遠涉太湖深，雙卷朱旗望橘林。樹樹籠煙疑帶火，山山照日似懸金。行看采掇方盈手，暗覺馨香已滿襟。揀選封題皆盡力，無人不感近臣心。(《全唐詩》卷四百六十三，中華書局繁體豎排本，第十四册，第五二六六頁)

智按：白居易原詩《揀貢橘書情》：「洞庭貢橘揀宜精，太守勤王請自行。珠顆形容隨日長，瓊漿氣味得霜成。登山敢惜駑駘力，望闕難伸螻蟻情。疏賤無由親跪獻，願憑朱實表丹誠。」作于寶曆元年（八二五）蘇州刺史任上。見《白居易集箋校》第三册，第一六四二頁。同時，周元范也有《和白太守揀貢橘》：「離離朱實綠叢中，似火燒山處處紅。影下寒林沉綠水，光搖高樹照晴空。銀章自竭人臣力（一作分），玉液誰知造化功。看取明朝船發後，餘香猶尚遂仁風。」

朱慶餘（八二六進士）

《鄂渚送白舍人赴杭州》

豈知鸚鵡洲邊路，得見鳳凰池上人。從此不同諸客禮，故鄉西與郡城鄰。（《全唐詩》卷五一四）

智按：朱慶餘，名可久，以字行，越州人。受知于張籍，登寶曆二年（八二六）進士第。

釋次休（寶曆間）

《贈白使君樂天》【題擬】

聞有餘霞千萬首，何妨一句乞閒人。

【見《白氏長慶集》卷二四《答次休上人》題注引。】（《全唐詩續拾》卷二十四）

智按：釋次休，寶曆間僧。

魏扶（八三〇進士）

《賦愁》並序

白樂天分司東洛，朝賢悉會興化亭送別，酒酣，各請一字至七字詩，以題為韻。

愁。迥野，深秋。生枕上，起眉頭。閨閤危坐，風塵遠遊。巴猨啼不住，谷水咽還流。送客泊舟入浦，思鄉望月登樓。煙波旦晚長羈旅，絃管終年樂五侯。（《全唐詩》卷五一六）

智按：魏扶，大和四年（八三〇）進士第，大中三年（八四九）兵部侍郎同平章事。

鄭素卿（八三二前後）

《西林寺水閣院律大德齊朗和尚碑》（並序）

大師號齊朗，生報身於尋陽陶氏，承大司馬侃之後。侃舍宅作西林寺，其孫累有人繼前志。故大師幼有覺心，事峰頂寺律大德法真為和尚，出家受具，皆目其下，傳七支四分學，精進勇猛。所治如官之與憲法，其徒肅而不敢犯。故自山發其風，行諸道流。若鈞衡繩墨，所化之處，無不斷斷爾。所居水閣院，水閣之稱，天下知重。長講律業，兼通《無量壽》、《淨名》等經，復手自為義記以示後學。貞元三年，從峰頂本大師陪荊州慶門寺靈裕、台州國清寺法裔同受廉使李公兼龍興壇場之請。洎七年，刺史崔公衍置方等於當州開元寺，請東林大德熙怡、大林、法粲、興果、神清同赴壇會。十四年，郡守李公康興甘露之會，請宣州開元寺大德慧莊、撫州景雲寺上宏、吉州靖居寺道華、當州寶稱寺智滿同秉羯磨。至元和初，鄂岳觀察使郗公士美建法會於頭陁寺，又命簡奉迎。曰：「鵝珠在冰雪之中，鶴貌出風塵之外。」其感搢紳大人相知之深如此。享年七十有三，法歲四十有九，示寂滅於長慶二年十一月十六日。用是年閏月二十一日，奉葬於峰頂大師靈塔之右，恭遺命也。

嗚呼！凡與大師遊者，自童年及暮齒，未嘗以言色高下，用戕於人。人之聰明，睹此知教。雖庭戶之近，必擬跡而後行；或飢寒之來，必審公而後取。所謂聲為律，身為度，其殆庶乎！或人來以持律相難者，對之曰：「吾聞四十不惑，以至無邪，正當師之，我法只爾。」聞者降伏，知言要理深。自洪州昇龍興寺壇，轉至甘露頭陀，惣一十有四會，承羯磨者數盈千萬計。故江西以為佛法鐘鼓，皆自水閣出。考功員外郎李公渤，中書舍人白公居易，嘗視郡事，得之精微，每至道場，膜拜起敬。

門人元超、元諫、元膺、元謜、元皓、清銳、元惣、智明等，懼先師之德光，不留於金石，乃以本際實行，付雲皋比丘草具狀，藉門弟子大德道建、如達、沖契、宗一等，虔請碑銘於滎陽鄭氏子素卿。辭不能免，乃強起筆應之曰：

釋之徒有持律，猶官之徒有持法。二者謹嚴，則教立而道尊。惟大師以惠覺心，以心治身。秉佛憲書，為佛翰垣。調馭諸根，不生一塵。提導孺孩，出離火燔。昇我漸階，入我便門。慈覆軒軒，法灑翻翻。膏之清濡，長之茂蕃。故自匡廬，散吳、楚間。受教比邱，知處元關。或坐道場，或登戒壇。景我之山，派我之川。珠貫大千，印可無邊。來也不羈，去之偶然。吁嗟乎西林佛日，嘗在此兮已焉。

太和六年歲次壬子三月甲午朔六日己巳，門人元諫等樹。（《全唐文》卷七百四十七）

智按：宋陳思《寶刻叢編》卷十五：「《唐水閣院律大德齊明和尚碑》，唐鄭素卿撰，僧道真行書。太和六年三月六日建，大中八年再立。諸道石刻録。」宋陳舜俞《廬山記》卷二：「其下有水閣院，興國中，錫名隆教。唐貞元二年，齊朗律師之道場也。朗長慶二年十月十六日示寂，有碑，唐人鄭素卿撰。太和六年歲次壬子三月甲午朔六日己巳立，保大八年南唐褒國孝定公徐景運重修，藏經亦公所施，皆有跋尾，藏之西壁。」宋釋贊寧《宋高僧傳》卷十五《唐杭州靈隱山道標傳》：「開成五年中，鄭素卿録德行刋碑頌，立于天竺山之東墟存焉。」

釋匡白（八三二前後）

《江州德化東林寺白氏文集記》

文其規諫者，乃有國之龜鏡也。其於哲後真事，未嘗不討論之、聽納之，將欲俾雄圖令嗣，延百千世之奕葉，何止於萬歲哉？苟無鑒裁，不偶其時，則秦之坑焚，衛之翦伐，何所存焉？皇唐白傅之有文集七十卷，一置東都聖善，一置蘇州南禪，一置廬山東林。其間表箋、制誥、文賦、歌詩、讚頌、碑銘、議論、箴誄，無不以諷諫為旨，黜陟為事，使讒諛奸詭，所不能隱匿矣！而流於搢紳，莫不滋味之以為藥石也。

洎唐之季世，兵火四起，向來之美，殆為煨燼餘，則固知東林者其已墜焉。有吳之天下也，武以定亂，文以延英，繇是業儒者喬然，源流淵淩，慶稔宗親。德化令公大王處青宮日，雖以宴遊，參侍宸扆，而友愛棣華之美，靡間於君臣。其或歡洽之餘，經綸之際，何嘗不以筆硯簡編，致其左右。至若良宵靜晝，輟膳蠲寢，或以風月為儔侶，騷雅為仇讎，雖姬旦之多才多藝，不足以同年語也。常於白集，是所留情。俄膺天命，秉旄鉞出撫江城。江之民足蹈手舞忻忻然，乃曰：「天從人善願，降父母之君於是藩，信矣哉!」王為理清淨，視事之暇，閒采圖經，豁然而悟。且曰：「白傅嘗謫為邦典午，及訪之遺跡又洗然，憶東林等有其集焉。」又詢諸老僧，咸曰：「執事者不勤，翦無遺矣!」王諮嗟良久，顧謂諸輩，何疏慢之若是？亡斯寶耶。然於勝事頗動鉤私，乃惟曰：「此必補之，蓋不銷吾之力也。」及旋旆於府，即命翰墨者繕之，不期月操染畢，函而藏之於辨覺大師堂之座左，誡其掌執者：嚴以鎖鑰開閉，準白侯《文集》，無令出寺，勿借外人。又圖白侯真於其壁，使人敬憚之，不敢苟違也。仍傳教令，下屬幽愚，令紀徽猷，用刊琬玉。匡白也，冥蒙釋子，述作非能，仰認獎録之深，詎可輒為陳讓。含毫襞紙，愧懼煎恪，股栗流汗，不能已矣。時太和六年歲次甲午八月己巳朔十二日庚辰，管內僧正講論大德賜紫。沙門匡白記，敢獻頌曰：

緬彼樂天，其真古賢。才器天付，辭華世傳。集有七帙，芳逾百年。言其婉麗，理且淵元。向罹騷擾，幾至沈遷。非逢至鑒，亦類投泉。聖主求理，英王出藩。恩榮在上，典籍居前。省覽餘時，箴規是思。且吟且諷，乃歌乃詩。曾不釋手，應亦忘疲。念彼東林，而嘗有之。尸掌不專，逸漏堪悲。爰命傳寫，用補闕儀。秘之龕藏，勒彼神姿。品流所好，玩閱於茲。玉魚金鑰，彰嚴誡遺。無令外借，永作良規。龍天所衛，嘉猷肯移。俱期不朽，並吾大師。(《全唐文》卷九百十九，中華書局一九八三年影印本，第九五七七頁)

智按：匡白，大和中沙門。原文錯簡，據岑仲勉《論〈白氏長慶集〉源流並評東洋本白集》訂正。

雍陶（八三四進士）

《和河南白尹西池北新葺水齋招賞十二韻》

二室峰前水，三川府右亭。亂流深竹徑，分繞小花汀。池角通泉脈，堂心豁地形。坐中寒瑟瑟，床下細泠泠。雨夜思巫峽，秋朝想洞庭。千年孤鏡碧，一片遠天青。魚戲搖紅尾，鷗閒退白翎。荷傾瀉珠露，沙亂動金星。藤架如紗帳，苔牆似錦屏。龍門人少到，仙棹自多停。游憶高僧伴，吟招野客聽。餘波不能惜，便欲養浮萍。(《全唐詩》卷五一八)

智按：大和五年（八三一），白居易有《府西池北新葺水齋即事招賓偶題十六韻》。

《再下第將歸荊楚上白舍人》

窮通應計一時間，今日甘從刖足還。長倚玉人心自醉，不辭歸去哭荊山。(《全唐詩》卷五一八)

智按：雍陶，字國鈞，夔州雲安（今四川雲陽）人。寓居成都。少家貧。文宗大和三年（八二九）十一月，南詔兵攻打西川，占領成都，流寓洞庭、岳陽間。大和八年（八三四）登進士第，以詩爲前輩名家賈島、殷堯藩、姚合等稱賞。宣宗大中間授國子毛詩博士，大中八年（八五四），自國子博士出刺簡州。晚年辭官閒居雅州。工詩，長於律絕，多紀游題詠、寄贈送別之作。丁儀《詩學淵源》評其詩「情景俱到，晚唐本色也」。有集已佚，《全唐詩》録存其詩一卷。生平事迹見元辛文房《唐才子傳》卷七。

盧諫卿（八三四前後）

《唐故劍南東川觀察支使殿中侍御史内供奉盧府君墓誌銘並序》

年十六通《禮記》、《周易》，何論對時務策，以孝廉上第。……今太子（賓）客時為盩厔尉白公居易、故倉部郎中白公行簡，時為校書郎，咸登判科，俱擅時譽。嘗得公學試□□之，因更詠迭，應不逾時，而滿朝傾待之，俾府君必以拔萃選。

以長慶癸卯歲常調，今山南節度使王公源中時為考功員外郎，故倉部白□□□為主客員外郎，皆為吏部考官，洎東西二天官威，以公書判妙絕輩流，體通物表，與宏詞進士石□□等六人，同登科選焉，旋授秘書省校書郎。

□【大】和丁未歲，故大理卿劉公諱遵古，授命湖南，之明年……奏為觀察□□，朝廷以試太常寺協律郎換銜焉。明年戊申府罷……遂奏為京兆府興平縣尉，充集賢殿校理。……（大和）乙酉大金吾劉公遵古授鉞梓潼，問俗涪水，表請公監察御史裏行，充東川觀察支使。……（大和）癸丑十一月，轉殿中侍御史內供奉。（據田熹晶《洛陽新出〈盧大琰墓誌〉考述》，《書法》二〇一三年第三期）

智按：盧諫卿，唐憲宗至文宗朝人，唐宣宗大中間任撫州（今江西臨川）刺史。（《光緒江西通志》卷八《職官表》據《建昌府志》補）所撰《李良僅墓誌》（大中二年）署「鄜坊觀察支使儒林郎監察御史裏行」（白居易有《與李良僅詔》），《何文哲墓誌》（大中四年）署「鄜坊節度判官朝議郎殿中侍御史內供奉上柱國」。

盧大琰，字子玉，范陽涿郡（今河北涿州）人。卒於大和甲寅歲（八三四）乙酉月十八日，終年五十。《盧大琰墓誌》，二〇一二年十月河南洛陽西郊出土，志長七十厘米，寬六十九厘米，為私人收藏。出土時志石右下略殘，缺失數字，其餘字跡清晰完好。

李忱（八一〇～八五九）

《弔白居易》

綴玉聯珠六十年，誰教冥路作詩仙。浮雲不繫名居易，造化無為字樂天。童子解吟長恨曲，胡兒能唱琵琶篇。文章已滿行人耳，一度思卿一愴然。（《全唐詩》卷四）

智按：李忱，即唐宣宗。初名怡，封光王。會昌六年，立為皇太叔。恭儉好善，虛襟聽納。大中之政，有貞觀風。每曲宴，與學士倡和；公卿出鎮，多賦詩餞行。重科第，留心貢舉。常微行，采輿論，察知選士之得失。其對朝臣，必問及第與所試詩賦題。主司姓氏，苟有科名對者，必大喜。或佳人物偶不中第，必歎息移時。常于内自題「鄉貢進士李道龍」。在位十三年，謚曰獻文。

李商隱（八一二～八五八）

《與白秀才狀》

杜秀才翱至，奉傳旨意，以遠追先德，思耀來昆，欲俾虛蕪，用備刊勒。承命揣己，悲惶莫任。伏思大和之初，便獲通刺，昇堂辱顧，前席交談。陳、蔡及門，功稱文學；江、黄預會，尋列《春秋》。雖跡有合離，時多遷易，而永懷高唱，嘗托餘暉，遂積分陰，俄逾一紀。今弟克承堂構，允紹家聲。將欲署道表阡，繼志述事，必在博求雄筆，□□鴻生。豈謂愛忘，忽兹謀及！悚怍且久，辛酸不勝，欲遂固辭，慮乖莫逆。表嚴平於蜀郡，誰不願為？敘郭泰於介休，亦惟無愧。庶磨鉛鈍，聊慰松扃，伏紙向風，悲憤交積。（《樊南文集補編》卷七，劉學鍇、余恕誠《李商隱文編年校注》，第四册，第一八〇一頁）

智按：白秀才，即白居易嗣子白景受。

《與白秀才第二狀》

前狀中啟述事，比者與杜秀才商量，只謂卜於下邽，克從先次，所以須待相國意緒，方敢遠應指揮。今狀聞便龍門，仰遵遺令。事同踴塔，兆異佳城。敢於不朽之文，須演重宣之義，則不敢更稽誠意，俟命強宗。敬惟照亮。（《樊南文集補編》卷七，劉學鍇、余恕誠《李商隱文編年校注》，第四册，第一八〇五頁）

《刑部尚書致仕贈尚書右僕射太原白公墓碑銘並序**》**

公以致仕刑部尚書，年七十五，會昌六年八月，薨東都。贈右僕射。十一月，遂葬龍門。子景受，大中三年，自潁陽尉典治集賢御書，侍太夫人弘農郡君楊氏來京師，胖胖兢兢，奉公之遺，畏不克既，乃件右功世，以命其客取文刻碑。文曰：

公字樂天，諱居易，前進士避祖諱選書判拔萃，注秘省校書。元年，對憲宗詔策，語切不得為諫官，補盩厔尉。明年試進士，取故蕭遂州澣為第一，事畢，為集賢校理（智按：「為」，《唐文粹》作佔，佔通作貼，又作帖）。一月中詔由右銀臺門入翰林院，試文五篇，明日，以所試製《加段佑兵部尚書領涇州》，遂為學士。右拾遺（智按：「右拾遺」，《舊唐書》作左拾遺）滿，滿將擬官，請掾京兆，以助供養，授戶曹。

時上受襄陽荊州入疏獻物，在約束外，公密詆二帥，且曰非善良。後雖與宰相不厭禍，其後禮官竟以多殺不辜謚于頔為厲，李師古襲父事逆，務作項領，以謾儕曹，上錢六百萬，贖文貞故第，以與魏氏。公又言：「文貞第正堂，用太宗殿材，魏氏歲臘鋪席，祭其先人。今雖窮，後當有賢。即朝廷覆一瓦，魏氏有分，彼安肯入賊所贖第耶！」上由是賜錢直券，以居其孫。在職三年，每宴見，多前笏留上輦，是否意詔，湔剔抉摩，望及少年，見天下無一事。五年會憂，掩坎廬墓。七年以左贊善大夫著吉，武相遇盜殊絕，賊棄刀天街，日比午，長安中盡知。公以次紙為疏，言元衡死狀，不得報，即貶江州，移忠州刺史。穆宗用為司門員外。四月知制誥，加秩主客，真守中書舍人，敘緋。受旨起田孝公代衡陽，孝公行贈錢五百萬，拒不內。燕趙相殺不已，公又上疏列言河朔畔岸，復不報，又貶杭州。既至，築堤捍江，分殺水孔道，用肥見田。發故鄴侯泌五井，渟儲甘清，以變飲食。循錢塘上下，民迎濤祠神，伴侶歌舞。徙右庶子。出蘇州。授秘書監，換服色，遷刑部侍郎。乞官分詞，得太子賓客，除河南尹。復為舊官，進階開國。九年除同州，不上，改太子少傅，申百日假。又二歲得所薨官。

白氏由楚入秦，秦自不直杜郵事，封子仲太原，以有其後。祖某，鞏縣令；考季庚，襄州別駕，贈太保。一女，妻譚氏。始生公七月，能展書指「之」「無」二字，縱橫不誤。既長，與弟行簡俱有名。故李刑部建、庾左丞敬休友最善。家居以戶小飲薄酒，朔望晦輒不肉食，攜鄧同、韋楚，白服遊人間。姓名過海，流入雞林日南有文字國。為中書舍人三日，如建中詔書，上鄭公覃自代，後為相質直。文宗時，文貞公果有孫起使下，數歲至諫議大夫，賢可任，為今上御史中丞。他日，景受嘗跪曰：「大人居翰林，六同列五具為相，獨白氏亡有。」公笑曰：「汝少以待。」其曾祖弟今右僕射平章事敏中果相天子。復憲宗所欲得，開七關，城守四州，以集巨伐（琴按：巨伐即大功之意，伐一作代)。仲冬南至，備宰相儀物，擎跪齋栗，給事寡嫂永寧里中，有兄弟家，指嚮健慕，以信公知人。集七十五卷，元相為序。系曰：

公之先世，用談説聞。肅代代優，布蹤河南。陰德未校，公有弟昆。本枝不搖，乃果敷舒。匪骼匪臑，噫其醇腴。於鄉洎邦，取用不窮。天子見之，層陛玉堂。徵徵其中，上汏唐禹。帝為輂留，續緒襞縷。歲終當遷，戶曹是取。煜白其華，皭不痕緇。用從棄遣，至道天子。疇誰與伍，率中道止。納筆攝麾，綽三郡理。既去刑部，倏東其居。大尹河南，翦其暴逋。君有三輔，臣有四畝。臣衰君強，謝不堪守。翊翊伸伸，君子之文。不僭不怒，惟君子武。君子既貞，兩有其矩。孰永厥家，曾祖之弟。坤柄巽繩，以就大計。匪哲則知，亦有教詔。益哀其收，揠莠而導。刻詩於碑，以報百世。公老於東，遂葬其地。(《樊南文集詳注》卷八，劉學鍇、余恕誠《李商隱文編年校注》，第四册，第一八〇七～一八一〇頁)

智按：李商隱，字義山，號玉谿生，又號樊南生，原籍懷州河内（今河南沁陽)，從祖父起，遷居鄭州滎陽（今屬河南鄭州)。弱冠，爲令狐楚所賞知，文宗大和三年（八二九)，辟爲天平軍節度巡官。開成二年（八三七)，又因楚子綯之薦舉登進士第。楚卒，商隱入涇源節度使王茂元幕爲掌書記，茂元以女妻之，遂爲令狐綯所不滿，陷入「牛李黨爭」，自是沉於下僚。四年授秘書省校書郎，調弘農尉。武宗會昌二年（八四二）任秘書省正字，後歷盩厔尉、京兆尹掾曹、太學博士、東川節度判官等。宣宗大中十年（八五六）任鹽鐵推官，十二年，回鄭州閒居，旋卒。商隱爲晚唐大家，與杜牧齊名，並稱「小李杜」；又與温庭筠齊名，並稱「温李」。其駢文與温庭筠、段成式並稱「三十六體」。商隱素秉大志，詩中於藩鎮跋扈、宦官專權及國計民生等多有抒憤寄慨之作。於詩衆體兼工，七律一體最爲後人稱道，宋王安石以爲「唐人知學老杜而得其藩籬者，唯義山一人而已」(《蔡寬夫詩話》引)。其抒寫愛情之無題詩，迷離惝恍，深情綿邈，詩意似隱似現，尤爲歷代傳誦，金元好問有「獨恨無人作鄭箋」之歎（《論詩絶句》)。又精於用典，色彩瓌麗，元辛文房評其「如百寶流蘇，千絲鐵網，綺密瓌妍」（《唐才子傳》卷七)，對後世詩歌影響深遠。有《李義山詩集》傳世，文存於後人所輯《樊南文集》、《樊南文集補編》。《舊唐書》卷一九〇下、《新唐書》卷二〇三有傳。

盧肇（八二一？～八七九？）

《逸史》

唐會昌元年，李師稷中丞為浙東觀察使。有商客遭風飄蕩，不知所止。月餘，至一大山。瑞雲奇花，白鶴異樹，盡非人間所睹。山側有人迎問曰：「安得至此？」具言之。令維舟上岸。云：「須謁天師。」遂引至一處，若大寺觀，通一道入。道士鬚眉悉白。侍衛數十。坐大殿上，與語曰：「汝中國人，茲地有緣方得一到，此蓬萊山也。既至，莫要看否？」遣左右引於宮內遊觀。玉臺翠樹，光彩奪目，院宇數十，皆有名號。至一院，扃鎖甚嚴，因窺之。眾花滿庭，堂有裀褥，焚香階下。客問之。答曰：「此是白樂天院，樂天在中國未來耳。」乃潛記之，遂別之歸。旬日至越，具白廉使。李公盡録以報白公。先是，白公平生唯修上坐業，及覽李公所報，乃自為詩二首，以記其事及答李浙東云：「近有人從海上回，海山深處見樓臺。中有仙籠開一室，皆言此待樂天來。」又曰：「吾學空門不學仙，恐君此語是虛傳。海山不是吾歸處，歸即應歸兜率天。」然白公脫屣煙埃，投棄軒冕，與夫昧昧者固不同也，安知非謫仙哉！（《太平廣記》卷四十八「神仙類」，中華書局版第一册，第二九九頁）

智按：白居易《客有説》（自注：客即李浙東也，所説不能具録其事）：「近有人從海上回，海山深處見樓臺。中有仙龕虛一室，多傳此待樂天來。」《答客説》：「吾學空門非學仙，恐君此説是虛傳。海山不是我歸處，歸即應歸兜率天。」［自注：予晚年結彌勒上生業，故云。］均作於會昌二年（八四二），七十一歲，洛陽，刑部尚書致仕。見《白居易集箋校》第二五三八頁，第二五四〇頁。

盧肇，字子發，袁州宜春（今屬江西）人。會昌三年（八四三）登第，初為鄂岳盧商從事，後除著作郎，遷倉部員外郎，充集賢院直學士。咸通中，出知歙州，移宣、池、吉三州卒。

徐凝（八一九至八三〇前後）

《寄白司馬》

三條九陌花時節，萬戶千車看牡丹。爭遣江州白司馬，五年風景憶長安。（《全唐詩》卷四百七十四，中華書局繁體豎排本，第十四册，第五三七八頁）

智按：作於元和十四年（八一九）。

《題開元寺牡丹》

此花南地知難種，慚愧僧閒用意栽。海燕解憐頻睥睨，胡蜂未識更徘徊。虛生芍藥徒勞妒，羞殺玫瑰不敢開。惟有數苞紅蕚在，含芳只待舍人來。（《全唐詩》卷四百七十四，中華書局繁體豎排本，第十四册，第五三七四頁）

智按：作於長慶三年（八二三）。

《和白使君木蘭花》

枝枝轉勢雕弓動，片片搖光玉劍斜。見説木蘭征戍女，不知那作酒邊花。（《全唐詩》卷四百七十四，中華書局繁體豎排本，第十四册，第五三八二頁）

智按：作於長慶三年（八二三）。

《奉和鸚鵡》

毛羽曾經翦處殘，學人言語道暄寒。任饒長被金籠闔，也免棲飛雨雪難。（《全唐詩》卷四百七十四，中華書局繁體豎排本，第十四册，第五三八五頁）

智按：作於寶曆二年（八二六）。

《侍郎宅泛池》

蓮子花邊回竹岸，雞頭葉上蕩蘭舟。誰知洛北朱門裏，便到江南緑水遊。(《全唐詩》卷四百七十四，中華書局繁體豎排本，第十四册，第五三八三頁)

智按：作於大和三年（八二九）。

《和秋遊洛陽》

洛陽自古多才子，唯愛春風爛漫遊。今到白家詩句出，無人不詠洛陽秋。(《全唐詩》卷四百七十四，中華書局繁體豎排本，第十四册，第五三八三頁)

智按：作於大和三年（八二九）。

《和川守侍郎緱山題仙廟》

王子緱山石殿明，白家詩句詠吹笙。安知散席人間曲，不是寥天鶴上聲。(《全唐詩》卷四百七十四，中華書局繁體豎排本，第十四册，第五三八三頁)

智按：作於大和三年（八二九）。

《和侍郎邀宿不至》

蟾蜍有色門應鎖，街鼓無聲夜自深。料得白家詩思苦，一篇詩了一彈琴。(《全唐詩》卷四百七十四，中華書局繁體豎排本，第十四册，第五三八三頁)

智按：作於大和四年（八三〇）。

《和夜題玉泉寺》

歲歲雲山玉泉寺，年年車馬洛陽塵。風清月冷水邊宿，詩好官高能幾

人。(《全唐詩》卷四百七十四，中華書局繁體豎排本，第十四册，第五三八三頁)

智按：作於大和四年（八三〇）。白居易《獨遊玉泉寺（三月三十日）》：「雲樹玉泉寺，肩舁半日程。更無人作伴，只共酒同行。新葉千萬影，殘鶯三兩聲。閒遊竟未足，春盡有餘情。」大和四年作於洛陽，時任太子賓客分司。《白居易集箋校》一九四五頁。

《和嘲春風》

源上拂桃燒水發，江邊吹杏暗園開。可憐半死龍門樹，懊惱春風作底來。(《全唐詩》卷四百七十四，中華書局繁體豎排本，第十四册，第五三八三頁)

智按：吳汝煜、胡可先《全唐詩人名考》(江蘇教育出版社，一九九〇年八月）歸為與白氏交往之詩，推測為大和四年至六年所作。檢《白居易集》，有《春風》，與徐凝《和嘲春風》韻字相同。據《白居易集箋校》第三册第一九二八頁，繫於大和五年（八三一）。

《自鄂渚至河南將歸江外留辭侍郎》

一生所遇惟元白，天下無人重布衣。欲別朱門淚先盡，白頭遊子白身歸。(《全唐詩》卷四百七十四，中華書局繁體豎排本，第十四册，第五三八三頁)

智按：據《唐才子傳校箋》第二册第九六頁，吳企明所撰「徐凝」條，作於大和六年（八三二）。

《答白公》

高景爭來草木頭，一生心事酒前休。山公自是仙人侶，攜手醉登城上樓。(《全唐詩》卷四百七十四，中華書局繁體豎排本，第十四册，第五三八六頁)

智按：《主客圖》録之。見王仲鏞《唐詩紀事校箋》下册，第一四一四頁。

《別白公》（句）

青山舊路在，白首醉還鄉。（《全唐詩》卷四百七十四，中華書局繁體豎排本，第十四册，第五三八六頁）

智按：《主客圖》録之。見王仲鏞《唐詩紀事校箋》下册，第一四一四頁。

徐凝，睦州分水（今屬浙江桐廬）人。「元和間有詩名，方干師事之。與施肩吾同里閈，日親聲調。無進取之意，交眷悉激勉。始游長安。不忍自炫鬻，竟不成名。」（《唐才子傳》卷六）與施肩吾同時舉進士而未第。布衣終身。大和四年（八三一），元稹節度武昌，徐凝前往拜謁，而後自武昌赴洛陽，大和六年（八三三），作《自鄂渚至河南將歸江外留辭侍郎》，在洛陽辭别河南尹白居易，回故鄉睦州。《全唐詩》存詩一〇一首，編爲一卷（卷四百七十四）。

釋韜光（八二一至八二四前後）

《謝白樂天招》

山僧野性好林泉，每向巖阿倚石眠。不解栽松陪玉勒，惟能引水種金蓮。白雲乍可來青嶂，明月難教下碧天。城市不能飛錫去（一作「到」），恐妨鶯囀翠樓前。（《四庫全書》本《古今禪藻集》卷五；《全唐詩》卷八二三）

智按：釋韜光，蜀人，穆宗時卓錫杭州靈隱之巢溝塢。白居易守郡時，與之交往，題其堂曰法安。有《招韜光禪師》：「白屋炊香飯，葷膻不入家。濾泉澄葛粉，洗手摘藤花。青芥除黄葉，紅薑帶紫芽。命師相伴食，齋罷一甌茶。」（見潛說友《咸淳臨安志》卷七十九）韜光答以《謝白樂天招》。寶曆元年，白居易刺蘇州，有《寄韜光禪師》。

南卓（八二八至八六〇間）

《羯鼓録》

會昌元年，卓因為洛陽令，數陪劉賓客、白少傅宴遊，白有家僮，多佐酒。卓因談往前三數事，二公亦應和之，謂卓曰：「若吾友所談，宜為文紀，不可令堙沒也。」時過而未録。及陜府盧尚書（孫源孝疑盧商）任河南尹，又話之。因遣為紀，即粗為編次，尚未脫稾。至東陽，因曝書見之，乃詳列而竟焉。雖不資儒者之博聞，亦助賓筵之談話。屬之好事，庶幾流傳。前録大中二年所著。

四年春陽罷免，旋自海南，路由廣陵，崔司空（孫源孝曰崔鉉也）為鎮，司空遇合素厚，留止旬朔，輒獻之，過蒙奬飾。因曰：宋沇即某之中外親丈人，知音之異事，非止於此也。嘗爲太常丞，每諸懸鐘磬，亡墜至多，補亡者又乖律呂。一日早於光宅佛寺待漏（貞元中猶未有待漏院，朝士多立於門衛中，或立近坊人家及光宅寺也），聞塔上風鐸聲，傾聽久之，朝廻復至寺舍，問寺主僧曰：「上人塔上鐸，皆知所自乎？」曰：「不能知。」沇曰：「其間有一是古製，某請一登塔，循金索試歷叩以辯之，可乎？」僧初難，後許。乃叩而辯焉。寺衆即言：「往往無風自揺，洋洋有聞，非此也耶？」沇曰：「是耳。必因祠祭考本，懸鐘而應也。」固求摘取而觀之，曰此姑洗之編鐘耳，請且獨綴於僧庭，歸太常，令樂工與僧同（一本有臨之二字恐反誤）約其時，彼叩本樂懸，此果應之，遂購而獲焉。又曾送客出通化門，路逢度支運承駐馬，俄頃忽草草揖客別，隨乘至左藏門，認一鈴，言亦編鐘也。他人但覺鎔鑄獨工，不與衆者埒，莫知其餘，及配懸鐘，音形皆合其度，異乎！此亦識微在金奏者與？列於鼓録，則寖差矣。以大君子所傳，又精義入神，豈容忽而不載，遂附之於末。（上海古籍出版社《羯鼓録 樂府雜録 碧雞漫志》第一〇～一一頁）

智按：南卓，字昭嗣，初為拾遺，因諫出宰松滋。大中時，為黔南觀察使。善詩文，亦通音樂。會昌元年（八四一）任洛陽令，數陪白居易、劉禹錫宴游論文。會昌二年，白居易有《酬南洛陽早春見贈》：「物華春意尚遲回，賴有東風晝夜催。寒縋柳腰收未得，暖熏花口噤初開。（古詩云：口噤不能開）欲披雲霧聯襟去，先喜瓊琚入袖來。久病長齋詩老退，爭禁年少洛陽才。」（《白居易集箋校》第二五二二頁）其中「南洛陽」即爲洛陽令南卓。其《羯鼓録》録存唐代樂器羯鼓之珍貴資料，《前録》成於大中二年（八四八），《後録》成於大中四年（八五〇）。

段安節

《樂府雜録》

⊙五弦

貞元中有趙璧者，妙於此伎也。白傅諷諫有《五弦彈》，近有馮季皋。（上海古籍出版社《羯鼓録 樂府雜録 碧雞漫志》第三五頁）

⊙楊柳枝

白傅閑居洛邑時作（案，《御覽》作白傅典杭州時所撰），後入教坊。（上海古籍出版社《羯鼓録 樂府雜録 碧雞漫志》第四一頁）

智按：段安節，臨淄（今山東淄博）人。宰相段文昌之孫，太常少卿段成式之子，溫庭筠之婿。官至朝議大夫，守國子司業，善音律，能自度曲，述樂府之法甚悉。《樂府雜録》成於乾寧元年（八九四）前，與《教坊記》互爲補充，與《通典·樂典》互有出入。《崇文總目》謂此書蕪駁不倫，不免偏頗。《新唐書·藝文志·樂類》著録為一卷。主要記録開元以後樂部、歌舞、俳優、樂器、樂人、樂事、雜技、樂舞百戲，諸多樂曲考其本事。首列樂部九條：雅樂部、雲韶部、清樂部、鼓吹部、驅儺、熊羆部、鼓架部、龜茲部、胡部。其次記歌、舞工、俳優。再次記琵琶、筝、箜篌、笙、笛、篳篥、五弦、方響、擊甌、琴、阮咸、羯鼓、鼓、拍板等樂器，最后録《安公子》、《黄驄叠》、《離别難》、《夜半樂》、《雨霖鈴》、《還京樂》、《康老子》、《得寶子》、《文叙子》、《望江南》、《楊柳枝》、《傾杯樂》、《道調子》，並記其本事，後有百戲《傀儡子》。《别樂識五音輪二十八調圖》附於卷末，為研究燕樂二十八調重要文獻。

島田忠臣（八二八～八九二）

《吟白舍人詩》

坐吟卧咏翫詩媒，除却白家餘不能。應是戊申年有子（唐大和戊申年白舍人始有男子，甲子與余同），付與文集海東來。（《田氏家集》卷中，見中村璋八、島田伸一郎《田氏家集全釋》卷中，汲古書院一九九三年版，第二二九頁）

智按：島田忠臣，日本平安時代前期貴族，詩人，醫學家，曾任兵部少輔、典藥頭等職。詩學白居易，有「當代詩匠」之譽，與渤海訪日大使裴頲關係甚好，曾參與接待渤海使臣，雙方有詩唱和。（見《渤海國志長編》）有《田氏家集》。參見三木雅博《島田忠臣與白詩》（收入太田次男等編《白居易研究講座》第三卷「日本對白居易的受容・韵文篇」，東京：勉誠社，一九九三年版）。唐大和戊申年即公元八二八年，白居易始生一子，而島田忠臣也生於此年，言外之意自己願成爲白舍人之子，極表傾倒之意。

藤原佐世（八二八～八九八）

《日本國見在書目録》

續（《座右銘》）一，白居易撰（卅二小說家）。

白氏長慶集廿九卷（卅九別集家）。

白氏文集七十（卅九別集家）。

劉白唱和（集）二（卌總集家）。（《古逸叢書》本《日本國見在書目録》；《續群書類從》卷第八百八十四雜部三十四）

智按：藤原佐世，日本平安中期學者。式部卿藤原宇合之裔、民部大輔藤原菅雄之子。少時，曾就學於菅原道真的父親菅原是善。清和天皇貞觀中，對策及第，舉文章得業生。歷仕清和、陽成、光孝、宇多四朝，仕至從四位下右大辨。諳熟經史，尤善《孝經》。所著，除《見在目》外，在陸奥嘗撰

《古今集注孝經》九卷。

釋貫休（八三二～九一二）

《續姚梁公座右銘》（並序）

序曰：愚嘗覽白太保所作《續崔子玉座右銘》一首，其詞旨迺典迺文，再懇再切，實可警策未悟，貽厥將來。次又見姚宗、卞蘭、張説、李邕皆有斯文，尤爲奥妙。其於束𦙊婉勉，乃千古之鑒誡資腴矣。愚竊愛其文，唯恨世人不能行之十得其二。一日，因抽毫遂作續白氏之續，命曰《續姚梁公座右銘》一首，雖文經理緯，非逮於羣公，而亦可書於屋壁。

善爲爾諸身，行爲爾性命。禍福必可轉，莫慦言前定。見人之得，如己之得，則美無不克。見人之失，如己之失，是亨貞吉。返此之徒，天鬼必誅。福先禍始，好殺滅紀，不得不止。守謙寡欲，善善惡惡，不得不作。無見貴熱，諂走蹩躠。無輕賤微，上下相依。古聖著書，矻矻孳孳。忠孝信行，越食逾衣。生天地間，未或非假。身危彩虹，景速奔馬。胡不自彊，將昇玉堂。胡爲自墜，言虚行僞。艷殃爾壽須戒，酒腐爾腸須畏。勵志須至，撲滿必破。非莫非於飾非，過莫過於文過。及物陰功，子孫必封。無恃文學，是司奇薄。患隨不忍，害逐無足。一此一彼，諧宫合徵。親仁下問，立節求己。惡木之陰匪陰，盜泉之水非水。世乎草草，能生幾幾。直須如冰如玉，種桃種李。嫉人之惡，酬恩報義。忽己之慢，成人之美。無擔虚譽，無背至理。恬和愻暢，沖融終始。天人景行，盡此而已。丁寧丁寧，戴髪含齒。（《四部叢刊》影宋寫本《禪月集》卷四）

智按：又見《全唐詩》卷八二七。漢崔瑗（字子玉）《座右銘》：「無道人之短，無説己之長。施人慎勿念，受施慎勿忘。世譽不足慕，唯仁為紀綱。隱心而後動，謗議庸何傷？無使名過實，守愚聖所臧。在涅貴不淄，曖曖内含光。柔弱生之徒，老氏誡剛強。行行鄙夫志，悠悠故難量。慎言節飲食，知足勝不祥。行之苟有恒，久久自芬芳。」（《文選》卷五十六）白居易《續座右銘並序》：「崔子玉《座右銘》，余竊慕之，雖未能盡行，常書屋壁。然其間似有未盡者，因續為座右銘云：勿慕貴與富，勿憂賤與貧。自問道何如，貴賤安足云。聞毁勿戚戚，聞譽勿欣欣。自顧行何如，毁譽安足論。無以意傲物，以遠辱於人。無以色求事，以自重其身。遊與邪分岐，居與正為隣。於中有取捨，此外無疎親。修外以及內，靜養和與真。養內不遺外，動率義與仁。千里始足下，高山起微塵。吾道亦如此，行之貴日新。不敢規他人，聊自書諸紳。終身且自勗，身歿貽後昆。後昆苟反是，非我之子孫。」(《白氏長慶集》卷三十九)

釋貫休，字德隱，俗姓姜氏，蘭溪（今屬浙江）人。七歲出家，日讀經書千字，過目不忘。既精奥義，詩亦奇險，兼工書畫。初爲吴越錢鏐所重，後謁成汭荊南。汭欲授書法，休曰：「須登壇乃授。」汭怒，遞放之黔。天復中，入益州，王建禮遇之，署號禪月大師，或呼爲得得來和尚。終于蜀，年八十一。初有《西岳集》，吴融爲序，極稱之，後弟子曇域更名《寶月集》。其全集三十卷，已佚。《全唐詩》編十二卷。

羅隱（八三三～九一〇）

《虛白堂前牡丹相傳云太傅手植在錢塘》

欲詢往事奈無言，六十年來托此根。香暖幾飄袁虎扇，格高長對孔融樽。曾憂世亂陰難合，且喜春殘色上存。莫背闌干便相笑，與君俱受主人恩。(《全唐詩》卷六六四)

《薛陽陶觱篥歌》

平泉上相東征日，曾為陽陶歌觱篥。烏江太守會稽侯，相次三篇皆俊逸。橋山殯葬衣冠後，金印蒼黃南去疾。龍樓冷落夏口寒，從此風流為廢物。人間至藝難得主，懷抱差池恨星律。邗溝僕射戎政閒，試渡瓜洲吐伊鬱。西風九月草樹秋，萬喧沈寂登高樓。左篁揭指徵羽吼，煬帝起坐淮王愁。高飄咽滅出滯氣，下感知己時橫流。穿空激遠不可遏，仿佛似向伊水頭。伊水林泉今已矣，因取遺編認前事。武宗皇帝御宇時，四海恬然知所自。掃除桀黠似提帚，制壓群豪若穿鼻。九鼎調和各有門，謝安空儉真兒戲。功高近代竟誰

知，藝小似君猶不棄。勿惜喑嗚更一吹，與君共下難逢淚。(《全唐詩》卷六六五)

智按：羅隱，字昭諫，餘杭（今屬浙江）人，本名横，曾十舉進士而不第，乃改名。光啓中，依鎮海軍節度使錢鏐，歷任錢塘令、著作令等職。朱全忠以諫議大夫召，不行。後梁開平二年，授吴越國給事中，世稱羅給事。擅詩文、工書法，其文集名《讒書》，其中多爲「憤悶不平之言，不遇於當世而無所以泄其怒之所作」(方回《讒書跋》)。《舊五代史》卷二四有傳。

都良香（八三四～八七九）

《白樂天贊》

有人於是，情竇虚深。拖紫垂白，右書左琴。仰飲茶茗，傍依林竹。人間酒癖，天下詩淫。龜兒養子，鶴老知音。治安禪病，發菩提心。爲白爲黑，非古非今。集七十卷，盡是黄金。(《都氏文集》卷三，中村璋八、大冢雅司《都氏文集全釋》，東京：汲古書院一九八八年版，第三二頁)

智按：都良香，本名言道，日本平安時代前期漢詩人。官至大内記、文章博士。有《都氏文集》。參與編纂《日本文德天皇實録》，其漢詩收入《和漢朗咏集》、《新撰朗咏集》。

薛能（？～八八〇）

《荔枝詩》（有序）

杜工部老居兩蜀，不賦是詩，豈有意而不及歟？白尚書曾有是作，興旨卑泥，與無詩同。予遂為之題，不愧不負，將來作者以其荔枝首唱，愚其庶幾。

顆如松子色如櫻，未識蹉跎欲半生。歲杪監州曾見樹，時新入座久聞名。(《全唐詩》卷五六一)

《柳枝詞五首》（並序）

乾符五年，許州刺史薛能於郡閣與幕中談賓酣飲醅酎，因令部妓少女作楊柳枝健舞，復歌其詞，無可聽者，自以五絕為楊柳新聲。

朝陽晴照緑楊煙，一别通波十七年。應有舊枝無處覓，萬株風裏卓旌旃。

晴垂芳態吐牙新，雨擺輕條濕面春。别有出牆高數尺，不知摇動是何人。

暖梳簪朵事登樓，因掛垂楊立地愁。牽斷緑絲攀不得，半空懸著玉搔頭。

西園高樹後庭根，處處尋芳有折痕。終憶舊遊桃葉舍，一株斜映竹籬門。

劉白蘇臺總近時，當初章句是誰推？纖腰舞盡春楊柳，未有儂家一首詩。（自注：劉、白二尚書繼為蘇州刺史，皆賦《楊柳枝詞》，世多傳唱，雖有才語，但文字太僻，宫商不高，如可者豈斯人徒歟，洋洋乎唐風，其令虛愛。）（《全唐詩》卷五六一）

智按：薛能，字太拙，汾州人，會昌六年（八四六）登進士第。大中末，書判中選，補盩厔尉。李福鎮滑，表署觀察判官，歷御史、都官刑部員外郎。福徙西蜀，奏以自副。咸通中，攝嘉州刺史，遷主客、度支、刑部郎中，權知京兆尹事，授工部尚書，節度徐州，徙忠武。廣明元年，徐州軍戍㵐水，經許州，能以舊軍，館之城中。軍懼見襲，大將周岌乘衆疑逐能，自稱留後，因屠其家。

皮日休（八三四？～八八三？）

《論張祜》（題擬）

祜元和中作宫體詩，詞曲豔發。當時輕薄之流重其才，合噪得譽。及老大，稍窺建安風格，誦樂府録，知作者本意，講諷怨譎，時與六義相左右；善題目佳境，言不可刊置别處，此為才子之最也。（《唐詩紀事》卷四十一；《全唐文》卷七百九十七）

琴按：白居易與張祜、徐凝及杜牧之間關係問題，後人論者甚多，以皮日休所論為較早。餘詳見後文所采《雲溪友議》等書之記載。

智按：《唐詩紀事》卷四十一「皮日休論祜云」以下文字，被《全唐文》編者當作皮日休之文，冠以《白居易薦徐凝屈張祜》之題，編入卷七百九十七。陳光崇《〈唐詩紀事〉糾誤一則》（《古籍整理研究學刊》一九九三年第四期)、吴在慶《唐五代文史叢考》(江西人民出版社，一九九五年十月版，第一三四頁)、《唐才子傳校箋》第五册（陳尚君補正，中華書局，一九九五年十一月版，第二九五頁)、張安祖《〈論白居易薦徐凝屈張祜〉非皮日休所作》(《文學遺產》一九九六年第四期，又收入其《唐代文學散論》，北生活·讀書·新知三聯書店，二〇〇四年六月版)、楊明《〈唐詩紀事〉中計有功本人的説明與評論》(《復旦學報》一九九七年第六期;《唐代文學研究》第七輯，廣西師範大學出版社，一九九八年十月版，又收入《漢唐文學辨思録》，上海古籍出版社，二〇〇五年四月版）否之，認為「祜初得名」以下乃計有功之評論。

《七愛詩》序

皮子之志，常以真純自許。每謂立大化者，必有真相，以房杜為真相焉。定大亂者，必有真將，以李太尉為真將焉。傲大君者，必有真隱，以盧徵君為真隱焉。鎮澆俗者必有真吏，以元魯山為真吏焉。負逸氣者，必有真放，以李翰林為真放焉。為名臣者，必有真才，以白太傅為真才焉。嗚呼，吾之道，時耶，行其事也，在乎愛忠矣；不時耶，行其事也，亦在乎愛忠矣。苟有心歌詠者，豈徒然哉。(《皮子文藪》卷十，上海古籍出版社一九八一年版，第一〇四頁))

《七愛詩》其一（白太傅)

吾愛白樂天，逸才生自然。誰謂辭翰器，乃是經綸賢。欻從浮豔詩，作得典誥篇。立身百行足，為文六藝全。清望逸内署，直聲驚諫垣。所刺必有思，所臨必可傳。忘形任詩酒，寄傲遍林泉。所望標文柄，所希持化權。何期遇訾毁，中道多左遷。天下皆汲汲，樂天獨怡然。天下皆悶悶，樂天獨舍旃。高吟辭兩掖，清嘯罷三川。處世似孤鶴，遺榮同脱蟬。仕若不得志，可為龜鏡焉。(《皮子文藪》卷十，上海古籍出版社一九八一年版，第一〇六頁)

智按：皮日休，字逸少，後改字襲美，襄陽竟陵（今湖北天門）人。早年隱居襄陽鹿門。懿宗咸通八年（八六七）登進士第。爲蘇州軍事判官時，與陸龜蒙等結爲詩友，唱酬頗多，後世以「皮陸」稱之。後入京爲著作郎，遷太常博士，又出爲毗陵副使。乾符末年，黄巢起義，入黄巢軍，僖宗廣明元年（八八〇）巢入長安稱帝，授翰林學士。約卒於此後兩三年間。死因不明。一説其作讖文譏刺黄巢，爲巢所殺；一説爲唐軍所殺；一説巢兵敗後流落江南病死。日休爲晚唐著名詩人、散文家。爲詩主張「詩之美也，聞之足以勸乎功；詩之刺也，聞之足以戒乎政」（《正樂府序》）。《正樂府十篇》皆反映現實之作，論者以爲「雖不及樂天《新樂府》深透沉痛，而指抉利弊，何讓諷諭。時無忌諱，乃得此裨世之作」（清胡壽芝《東目館詩見》）。散文繼承韓柳古文運動傳統，小品文如《鹿門隱書》，批判社會現實尤尖鋭潑辣，魯迅曾稱皮、陸等小品文爲唐末「一塌糊塗的泥塘裏的光彩和鋒芒」（《南腔北調集·小品文的危機》）。有《皮子文藪》十卷、與陸龜蒙唱和之《松陵集》十卷，今傳。生平事迹見元辛文房《唐才子傳》卷八。

范攄（八三五？～？）

《雲溪友議》

⊙巫詠難

秭歸縣繁知一，聞白樂天將過巫山，先於神女祠粉壁，大署之曰：「蘇州刺史今才子，行到巫山必有詩。為報高唐神女道，速排雲雨候清詞。」白公覩題處悵然，邀知一至，曰：「歷陽劉郎中禹錫，三年理白帝，欲作一詩於此，怯而不為。罷郡經過，悉去千餘首詩，但留四章而已；此四章者，乃古今之絕唱也。而人造次不合為之。」

沈佺期詩曰：「巫山高不極，合遝奇狀新。闇谷疑風雨，幽崖若鬼神。月明三峽曙，潮滿九江春。為問陽臺客，應知入夢人。」

王無競詩曰：「神女向高唐，巫山下夕陽。徘徊作行雨，婉孌逐荊王。電影江前落，雷聲峽外長。霽雲無處所，臺館曉蒼蒼。」

李端詩曰：「巫山十二重，皆在碧虛中。迴合雲藏日，霏微雨帶風。猿聲寒渡水，樹色暮連空。愁向高唐去，千秋見楚宮。」

皇甫冉詩曰：「巫峽見巴東，迢迢出半空。雲藏神女館，雨到楚王宮。朝暮泉聲落，寒暄樹色同。清猿不可聽，偏在九秋中。」

白公但吟四篇，與繁生同濟，竟而不為。

故太尉李德裕鎮渚宮，嘗謂賓侶曰：「余偶欲遙賦《巫山神女》一詩，下句云『自從一夢高唐後，可是無人勝楚王』。晝夢宵征巫山，似欲降者，如何？」段記室成式曰：「屈平流放湘沅，椒蘭友而不爭，卒葬江魚之腹，為曠代之悲。宋玉則招屈之魂，明君之失，恐禍及身，遂假高唐之夢以惑襄王，非真夢也。我公作神女之詩，思神女之會，唯慮成夢，亦恐非真。」李公退慙，其文不編集於卷也。（《雲溪友議》古典文學出版社版，卷上，第五～六頁；《叢書集成初編》本卷一，第二八三二册，第三～四頁）

⊙錢塘論

致仕尚書白舍人，初到錢塘，令訪牡丹花，獨開元寺僧惠澄，近於京師得此花，始栽植於庭，闌圈（圍）甚密，他處未之有也。時春景方深，惠澄設油幕以覆其上，牡丹自此東越分而種之也。會徐凝自富春來，未識白公，而先題詩曰：「此花南地知難種，慚愧僧閒（門）用意栽。海燕解憐頻睥睨，胡蜂未識更徘徊。虛生芍藥徒勞妒，羞殺玫瑰不敢開。唯有數苞紅襆（蕚）在，含芳只待舍人來。」白尋到寺看花，乃命徐生同醉而歸。

時張祜榜舟而至，甚若疏誕。然張、徐二生，未之習稔（隱），各希首薦焉。中舍曰：「二君論文，若廉、白之鬬鼠穴，勝負在於一戰也。」遂試《長劍倚天外》賦、《餘霞散成綺》詩。試訖解送，以凝為元，祜其次耳。張祜詩有「地勢遙尊嶽，河流側讓關。」（智按：《入潼關》句）多士以陳後主「日月光天德，山河壯帝居」比，徒有前名矣。又祜《題金山寺》詩，曰：「樹影（色）中流見，鐘聲兩岸聞」（智按：《題潤州金山寺》句）。雖綦毋潛云：「塔影掛青（清）漢，鐘聲和白雲。」（智按：《題靈隱寺山頂禪院》句）此二句未為佳也。祜《觀獵》四句及《宮詞》，白公曰：「張三作獵詩，以較王右丞，予則未敢優劣也。」王維詩曰：「風勁角弓鳴，將軍獵渭城。草枯鷹眼疾，雪盡馬蹄輕。忽過新豐戍，還歸細柳營。回看失雁（射雕）處，千里暮雲平。」（智按：《觀獵》）張祜詩曰：「曉出禁（郡）城東，分圍淺草中。紅旗開向日，白馬驟臨風。背手抽金鏃，翻身控角弓。萬人齊指處，一雁落寒空。」（智按：《觀徐州李司空獵》）白又以（祜）《宮詞》四句之中，皆數對，何足奇乎？然無徐生云：「今古長如白練飛，一條界（解）破青山色。」（智按：《廬山瀑布》句）徐凝賦曰：「譙周室裏，定游、夏於丘、虔；馬守帷中，分《易》、《禮》於盧、鄭。如我明公薦（拔），豈唯偏黨乎？」張祜曰：「《虞韶》九奏，非瑞馬之至音；荊玉三投，佇良工之必鑒。且鴻鐘運擊，瓦缶雷鳴；榮辱糾纏，復何定分?!」祜逐行歌而邁，凝亦鼓栧而歸。二生終身偃仰，不隨鄉賦者乎（矣）。

先是，李補闕林宗、杜殿中牧與白公輦下較文，具言元、白詩體舛雜，而為清苦者見嗤，因茲有恨也。白為河南尹，李為河南令。道上相遇，尹乃乘馬，令則肩輿，似乖趨事之禮。嘗謂樂天為囁嚅公，聞者皆笑，樂天之名稍減矣。白尹曰：「李直木（林宗字也），吾之猶（一作猘）子也，其鋒不可當。」

後杜舍人之守秋浦，與張生為詩酒之交，酷吟祜《宮詞》，亦知錢塘之歲，自有是非之論，懷不平之色，為詩二首以高，則曰：「誰人得似張公子，千首詩輕萬戶侯？」又云：「如何故國三千里，虛唱歌詞滿六宮？」張君詩曰：「故國三千里，深宮二十年。一聲《河滿子》，雙淚落君前。」此歌宮娥諷念思鄉，而起長門之思也。祜復游甘露寺，觀前盧肇先輩題處曰：「不謂三吳經此詩人也！」祜曰：「日月光先到，山川勢盡來。」盧曰：「地從京口斷，山到海門迴。」因而仰伏，願交於此士矣。（《雲溪友議》古典文學出版社版，卷中，第三〇～三二頁；《叢書集成初編》本卷四，第二八三二册，第二四～二六頁）

智按：此文多有舛亂，上引參校《太平廣記》卷一百九十九（中華書局本，第四册，第一四九二頁）、《唐語林》卷三（周勳初《唐語林校證》上册，第二九四頁）、《唐詩紀事》卷五十二（《唐詩紀事校箋》下册，第一四一二頁）、《詩話總龜》前集卷二十（周本淳校點本，第二二二頁）所引，《唐摭言》卷二（上海古籍出版社本，第十七頁）之轉述和《全唐詩》。

首段徐凝所題之詩即《題開元寺牡丹》。張祜亦有《杭州開元寺牡丹花》：「濃豔初開小藥欄，人人惆悵出長安。風流卻是錢塘寺，不踏紅塵見牡丹。」（見尹占華《張祜詩集校注》，第九六頁）當為同時之作。《雲溪友議》所云「徐凝自富春來，未識白公」或誤，此事發生在長慶三年（八二三），而此前，元和十四年（八一九）徐凝已有《寄白司馬》。

這一公案，除見前引《皮子文藪》而外，可參見《唐摭言》、《唐語林》、《王直方詩話》、《古今詩話》、《詩話總龜》、《唐音癸籤》、《西湖遊覽志餘》、《詩話類編》等。

⊙中山悔

……中山公謂諸賓友曰：「……洛中白二十（二）居易苦好余《秋水詠》曰：『東屯滄海闊，南壤洞庭寬。』又《石頭城下作》云：『山連故國周遭在，潮打空城寂寞迴。』余自知不及蘇州韋十九郎中。應物詩曰：『春潮帶雨晚來急，野渡無人舟自横。』嘗過洞庭，雖為一篇，靜思杜員外甫落句云：『年去年來洞庭上，白蘋愁殺白頭人。』鄙夫之言，有愧於杜公也。……」（《雲溪友議》古典文學出版社版，卷中，第四九頁；《叢書集成初編》本卷七，第二八三三册，第四二頁）

⊙溫裴黜

裴郎中諴，晋國公次弟子也，足情調，善談諧。舉子溫歧爲友，好作歌曲，迄今飲席，多是其詞焉。裴君既入臺，而爲三院所謔曰：「能爲淫艷之歌，有異清潔之士也。」……湖州崔郎中芻言，初爲越副戎，宴席中有周德華。德華者，乃劉采春女也。雖《囉嗊》之歌，不及其母；而《楊柳枝》詞，采春難及。崔副車寵愛之異，將至京洛。後豪門女弟子從其學者衆矣。溫、裴所稱歌曲，請德華一陳音韵，以爲浮艷之美，德華終不取焉。二君深有愧色。所唱者七八篇，乃近日名流之咏也。滕邁郎中一首：「三條陌上拂金羈，萬里橋邊映酒旗。此日令人腸欲斷，不堪將入笛中吹。」賀知章秘監一首：「碧玉裝成一樹高，萬條垂下緑絲絛。不知細葉誰裁出，二月春風是剪刀。」楊巨源員外一首：「江邊楊柳麴塵絲，立馬憑君折一枝。唯有春風最應惜，殷懃更向手中吹。」劉禹錫尚書一首：「春江一曲柳千條，二十年前舊板橋。曾與美人橋上别，恨無消息至今朝。」……（《雲溪友議》古典文學出版社版，卷中，第六五～六六頁；《叢書集成初編》本卷十，第二八三三册，第五七～五八頁）

智按：劉禹錫尚書一首，乃節略改寫自白居易《板橋路》：「梁苑城西二十里，一渠春水柳千條。若為此路今重過，十五年前舊板橋。曾共玉顔橋上別，不知消息到今朝。」(《白居易集箋校》第一二九八頁)

⊙雜嘲戲

萬彤雲為白太傅所知，後遊梓州，累為閽人艱阻。為詩以獻盧尚書(弘宣)，范陽公怒閽者，而禮萬生焉。詩曰:「荷衣拭淚幾回穿，欲謁朱門抵上天。不是尚書輕下客，山家無物與王權。」……(《雲溪友議》古典文學出版社版，卷下，第七五頁；《叢書集成初編》本卷十一，第二八三三册，第六六頁)

智按：范攄，僖宗間越州隱士。生年據湯華泉《范攄二考》，《文獻》一九九六年第一期，第二四五～二四七頁。

韋遡（八四七前後）

《唐故永州刺史清河張公墓志銘并序》

公諱渾，字萬流，其先洛陽人。大父延興，階朝散，位泌陽令；父現，撫州崇行尉；皆有才能，終始潔白。公幼以閨行自律，非仁誼忠恪不動于心。弱冠明經上第，調補滁州掾，後爲揚子主簿，司郵務，控大津，使吏旁午，公接應有方，盡得其所。自陽子授汜水尉。邑尹剛而使酒，雖僚屬輩，靡不摧辱。唯公獨以禮節自防，終克淩犯。然鬱鬱不得志，竟以他故辭官。元和末，如京師，應賢良直言選。會國家有事，尋罷此科。公遂獻書于明天子，備述寰海之利病。自三代訖于隋唐，成敗興亡之由，歷歷在目。書下丞相府議。公之官道隘，援孤不克顯，擢授監察御史、領鹽鐵富都監。不至職，尋改揚子巡官，復領嘉禾監，轉殿中。潔白勵志，課續［績］殊尤。遷侍御史，階朝散，朱衣銀章，優公之勤也。轉工部員外郎。

故鹺帥太尉王公鎮淮服日，熟公之能，每有州府監院重難之事，或積時不決者，皆召公以正之，無不允洽。姿儀溫茂，才調灑落，實事流之標表焉。職罷居閒，家無束帛，雖凍餒交侵而沖襟晏如也。單車赴都，拜雅州刺史。

政理多能，凋瘵蘇息，節制段公甚器異之。復領永州牧，理永益能于理雅，狡蠹奸贓，剗革略盡，罷永居于洛師，與少傅白公爲嵩少琴酒之侶，遂絕意于宦途。以會昌六年八月廿三日，疾薨河南府洛陽縣仁風里，年七十六。大中元年二月十八日，歸祔榆林大塋，禮也。有子男五人：長曰蔚，三舉進士，甚有詞藻，不幸早歿。次曰邁，調補虞城縣丞，潔己清心，盡禮接士，胸中豁如也。次曰革，甚富篇什，昂昂然亦千里之駒也。次曰澥，曰謙，皆早謝世。以予親舊，昔承公之顧眄，因使致書，請予爲志，敢不承命。遂西向大哭，率群幼臨于西廡下，收淚永嘆。因序而銘焉。

嗚呼！瑞氣不留，而愁雲凝結；醴泉易枯，而淤流靡絕。瓦釜長鳴兮，而黃鍾韵咽；天不與善兮，而神反其罰。帝閽遼兮告無因，下泉暗兮何時晨?（《洛陽出土歷代墓志輯繩》，第六七七頁；《唐代墓誌彙編續集》大中〇〇一，第九六九頁；三秦出版社《全唐文補遺》第六輯，第一五八頁；吉林文史出版社《全唐文新編》第十四册，第九四〇六～九四〇七頁）

智按：章邈，撰此墓志時署「宣義郎、前行舒州文學」。大中元年（八四七）二月，還撰有張渾夫人李遠墓志《贊皇縣君夫人李氏墓志》（《唐代墓誌彙編》大中〇〇二，第二二五四頁；《全唐文補遺》第一輯第三三六頁；《全唐文新編》第十四册，第九四〇七頁）。

佚名（八四八前後）

《李德裕相公貶崖州三首》

樂天嘗任蘇州日，要勒須教用禮儀（須教，《苕》作「煩文」）。從此結成千萬恨，今朝果中白家詩。

昨夜新生黃雀兒，飛來直上紫藤枝。擺頭撼腦花園裏，將謂春光總屬伊（謂，《苕》作「為」）。

閒園不解栽桃李（閒，《塵史》作「田」、《苕》作「開」），滿地唯聞種蒺藜。萬里崖州君自去，臨行惆悵欲怨誰（惆，《塵史》作「怊」）?【見《四部叢刊》影印那波道圓本《白氏文集》卷二十，以《塵史》卷中、《苕溪漁

隱叢話後集》卷十三參校。】(《全唐詩續拾》卷五十六)

智按:李德裕貶崖州司戶參軍,在大中二年(八四八)。見《塵史》卷中、《苕溪漁隱叢話後集》卷十三。

鄭嵎(八五一進士)

《津陽門詩》

……鑾輿却入華清宫,滿山紅實垂相思。飛霜殿前月悄悄,迎春亭下風颸颸。(飛霜殿即寢殿,而白傅《長恨歌》以長生殿為寢殿,殊誤矣!上皇至明年復幸華清宮,信宿乃回,自此遂移處西内中矣)……(計有功《唐詩紀事》卷六十二)

智按:鄭嵎,字賓先,大中五年(八五一)進士第。有《津陽門詩》一卷,津陽爲華清宫外闕,開成中(八三六~八四〇),嵎常得羣書下帷於石甕僧院,而甚聞宫中陳迹,後于逆旅中詢父老以開、天舊事,爲詩百韵,盛行于世。

佚名(八五五前後)

《大唐故白府君(公濟)墓志銘》

府君諱公濟,字子捷,本太原人也,秦將武安君起之苗裔。遠代意慕中華,徙居同州韓城縣臨汾鄉紫貝里居焉。年代殊深,寒暑變易,府君不仕,蘊德修業,徇禄無心,高臥雲林,怡然養志。於忠孝而克備,行禮樂而頗全,迺文迺武,有貌有言,行年六十五,大和五年辛亥五月十八日,終於私第,曾祖諱璘,皇任揚州錄事參軍。祖諱論,皇任坊州宜君縣令,盛旋簪纓,内外軒冕,皆進士出身,俱登甲科,名位爵秩,盡達於世間,勛業文學,并載在國史,故不書耳。

夫人吳興姚氏,雍雍素質,令淑有聞;肅肅容儀,頗彰内外,笄冠禮適,有始有終,琴瑟和鳴,貞潔虛襟,竟以寢疾衰老,春秋七十九,大中九年二月廿日辭於世。有嗣，子六人，孟曰宗祐，仲曰宗晟，季曰元珮，皆氣字沖和，處家有則，實爲人中之寶，當時之英。次曰敬宗，又曰仲儒。天繼奇人，不賜其壽。其生也何虛，其壽也何促。嗚呼！未展平生之志，奈何盛年，命隨風燭。幼曰敬璋，前試左金吾押衙兵曹參軍，兼同州防禦押衙，孤高莫測，峻聳難量，輪劍若李廣之雄，彎弓并由箕之妙，爲交有知己之風，從官有事君之理。有女一人，適彭城劉仲文。府君與姚氏夫人，大中九年，歲次乙亥十一月丁未朔四日己酉，合葬於東原，去莊三里，祔先塋域也，恐桑田改易，道變人遷，乃修文刻石，永記於泉。

蒼蒼古原，松櫝青青。卜兹勝地，劍啓佳城。長崗作阜，玉案坦平。世世授禄，魂魄安寧。（文物出版社《新中國出土墓誌・陝西（壹）・一四七》，第一三六頁；三秦出版社《全唐文補遺》第五輯，第四三五頁；吉林文史出版社《全唐文新編》第二十二册，第一五四七八頁）

智按：白知讓撰《唐故白府君（敬宗）墓志銘并序》，與此大中九年（八五五）白公濟墓志敍其先之名或爲若鏞或爲璘，或爲季論或爲論，多有出入。公濟墓誌稱曾祖璘、祖論而無父，顯然錯敍一代。如從敬宗墓誌，則白溫另一子名鏞（原誌鏞上若字疑訛），與鍠、鏻等皆從金子旁，或有可能。然公濟墓誌所云「遠代意慕中華，徙居同州韓城縣」，或亦透露此一支之真實來源。

吴融（？～九〇三）

《貫休禪月集序》

夫詩之作者，善善則詠頌之，惡惡則風刺之。苟不能本此二者，韻雖甚切，猶土木偶不生於氣血，何所尚哉！自風雅之道息，為五言七言詩者，皆率拘以句度屬對焉。既有所拘，則演情敘事不盡矣。且歌與詩，其道一也。然詩之所拘悉無之，足得放意。取非常語，語非常意，意又盡則為善矣。

國朝能為歌詩者不少（智按：《四部叢刊》影宋寫本《禪月集》「歌」後，有一「為」字），獨李太白為稱首。蓋氣骨高舉，不失頌詠風刺之道（智按：《四部叢刊》影宋寫本《禪月集》「詠」作「美」；「道」後，有一「焉」）。厥後白樂天為《諷諫》五十篇，亦一時之奇逸極言（智按：《四部叢刊》影宋寫本《禪月集》「白樂天」後，無「為」字）。昔張為作詩圖五層，以白氏為廣德大教化主，不錯矣。

至於李長吉以降，皆以刻削峭拔飛動文彩為第一流，有下筆不在洞房蛾眉神仙詭怪之間，則擲之不顧。邇來相斆學者，靡漫浸滛，困不知變。嗚呼！亦風俗使然。君子萌一心，發一言（智按：《四部叢刊》影宋寫本《禪月集》「萌一心，發一言」作「萌一意，出一言」），亦當有益於事。矧極思屬詞，得不動關於教化？沙門貫休，本江南人。幼得苦空理，落髮於東陽金華山。機神穎秀，止於荊門龍興寺。余謫官南行，因造其室。每談論，未嘗不了於理性。自是而往，日入忘歸。邈然浩然，使我不知放逐之慼。此外商榷二雅，酬唱循環，越三日不相往來，恨踈矣。如此者，凡朞有半。上人之作，多以理勝，復能創新意，其語往往得景物於混茫之際。然其旨歸必合於道。太白、樂天既歿，可嗣其美者，非上人而誰？丙辰歲，余蒙恩詔歸，與上人別。袖出歌詩草一本，曰《西嶽集》（後改曰《禪月集》），以為盡矣。竊慮將來作者，或未深知，故題於卷之首。時己未歲嘉平月之三日。（《四部叢刊》本《禪月集》卷首；《文苑英華》卷七百一十四）

智按：吳融，字子華，行大。越州山陰（今浙江紹興）人。龍紀元年，登進士第。韋昭度討蜀，表掌書記，累遷侍御史，去官依荊南成汭。久之，召為左補闕，拜中書舍人。昭宗反正，造次草詔，無不稱旨，進戶部侍郎。鳳翔劫遷，融不克從，去客閿鄉，俄召還翰林，遷承旨卒。有《唐英集》三卷。

李昇（？～九〇四）

《元白席上作》

生在儒家遇太平，懸纓垂帶布衣輕。誰能世路趨名利，臣事玉皇歸上清？（《全唐詩》卷八百五十二）

智按：事見五代南唐沈汾（一作玢）《續仙傳》卷中《李昇》，「懸纓垂帶」作「玄纏重滯」，稱李昇「唐德宗甲午年生」，然唐德宗並無甲午年，只有甲子年，即興元元年（七八四）。洪邁《萬首唐人絶句詩》卷七十收録李昇之詩，題爲《元白席上》。長慶二年（八二二）至長慶四年，元稹任浙東觀察使、白居易為杭州刺史時，皆曾與布衣道士李昇游。李昇，字雲舉，江夏（今湖北武漢）人。學煉氣養形之術，與元、白善。昭宗為朱全忠所簒，昇聞而不平，翌日卒。據説年已一百四十七歲。神仙家言，殊難置信。大抵卒年近似，生年不實。詩題一作《呂巖遇鍾離先生作》，事見元趙道一《歷世眞仙體道通鑑》卷三十一（明正統道藏本）。

司空圖（八三七～九〇八）

《與王駕評詩》

……國初上（一作主上）好文章，雅風特盛（一作上好文雅，風流特盛）。沈宋始興之後，傑出（於）江寧，宏思（肆）於李杜，極矣。右丞、蘇州，趣味澄敻，若清沇之貫達（一作清風之出岫）。大暦十數公，抑又其次焉。元白力勍而氣孱，乃都市豪估耳。劉公夢得、楊公巨源，亦各有勝會。浪仙而下，劉德仁輩，時得佳致，亦足滌煩。厥後所聞，徒褊淺耳。……（《四部叢刊》影印舊抄本《司空表聖文集》卷一）

智按：《詩話總龜》後集卷二十下《苦吟門》引《蔡寬夫詩話》云：「司空圖善論前人詩，如謂『元、白為力勍氣孱，乃都會之豪估』，『郊、島非附於寒澀，無所置才』，皆切中其病。及自評其作，乃以『南樓山最秀，北路邑偏清』為『假令作者復生，亦當以著題見許』，此殆不可曉。當局者迷，固人情之通患。如樂天所謂『屬（劚）石破山，先觀鑱跡；發矢中的，兼聽弦聲』。使不見其詩而聞此語，當以為如何哉！」

《休休亭》

休，休也，美也，既休而其（一作具）美在焉。司空氏禎貽谿休休亭，本濯纓也。濯纓為陜軍所焚，愚竄避踰紀。天復癸亥歲，滿稔人安（智按：《全唐文》作蒲稔人安），既歸，葺於壞垣之中。構不盈丈，然遽更其名者，非以為奇，盖謂其材，一宜休也。揣其分，二宜休也。且耄而聵，三宜休也。而又少而墮，長而率，老而迂，是三者，皆非救時之用，又宜休也。尚慮多難，不能自信，既而盡（智按：《全唐文》作既而晝寢），遇二僧，其名皆上方刻石也。其一曰闉，顧謂吾曰：「常為汝之師也。昔矯於道，鋭而不固，為利慾之所拘，幸悟而悔，將復從我於是谿耳。且汝雖退，亦嘗為匪人之所嫉，宜以耐辱自警，庶保其終始。與靖節、醉吟第其品級於千載之下，復何求哉?」因為《耐辱居士歌》，題於亭之東北楹。自開成丁巳歲七月，距今以是歲是月作是歌，亦樂天作傳之年，六十七。休休休（一本止二休字）乎，且又殁而可以自任者，不增愧負於家國矣。復何求哉？天復癸亥秋七月記（智按：《全唐文》作天復癸亥秋七月二十七日耐辱居士司空圖記）。

咄，諾！休休，莫莫。伎倆雖多性靈惡，賴是長教閒處著。休休，莫莫。一局棋，一爐藥，天意時情可料度。白日偏催快活人，黄金難買堪騎鶴。若曰爾何能，答言耐辱莫。（《四部叢刊》影印舊抄本《司空表聖文集》卷二；《全唐文》卷八百七）

《唐故太子太師致仕盧公（渥）神道碑》

公諱某（渥），字子章，范陽人。盧氏出于齊，齊之始祖，以姬周克享于仁，乃佐文武定天下。弛刑之後，其裔孫又能以大義匡奉，且救諸侯之患，宜其百代昌盛矣。及拓跋陷幽冀之域，士人之整飭官姻不失其舊者，推于州黨。所爲甲門，高齊恩通公爲黄門遠公八世祖，曾祖某官，祖某官，皆以德義顯本朝。先公諱某，兼以儒術吏治，歷仕終某州刺史。娶清河夫人，生公。公植德秉仁，而識致遠大。濟之强學，發爲文章。故未就鄉學舉，則時輩後生皆以爲傑出。雖文場迂滯，然時者亦歷指要顯，不敢徒以負地待之。會府方重首薦，公爲主試者所强。舉子未效其業于主師，則踵門投贄者已數百輩。時宣宗鋭意文治，白衣稍出，流類亦往往上聞。故公中選甲科，籍則待制。名臣亦以得人爲賀，皆爲儒風隆替，當繫于公。累辟諸侯府，亦以公去就爲輕重。御史丞將選僚屬，遞相告約。纔及昇班之限，臺命已行。太夫人在洛，乞以散秩就養，拜國子博士分務殆十年。公議所迫，遷侍御史，專領東臺之務。徵起居，轉司封員外知雜事。正色讜言，舉劾不撓，遷司勛郎中。時宰所忌，出倅宣武軍以緩之。未更歲入爲某曹郎，遷拜萬年令。大京兆每引見必優禮，言則規禀，諸曹請事，若奉嚴師，其政可知也。誥命極選，所以內訓百辟，外訓四方。元和中，若韓李二文公、裴晋公、令狐相國、元、白、李淮南，聯處內外制之任，征伐約束，攸助大朝。其後取人，多以時望。望勝則人以地優，用輕則才以勢軋。兼而不怍，乃屬于公。拜某官知制誥，每涉委簾，則同列聳眙。宰相詳議大政，亦俟入直乃行。前後六年，編録盈笥，實一時之典則也。……（《四部叢刊》影印舊抄本《司空表聖文集》卷五；《全唐文》卷八百九）

《耐辱居士歌》

圖嘗擬白樂天《醉吟傳》，爲《休休亭記》，曰：司空氏禎貽溪之休休亭，本濯纓亭，爲陝軍所焚，復葺於壞垣之中，乃更名之休休也，美也既休，而美存焉。少而墮，長而率，老而遷，非濟世之用。量才一宜休也，揣分二宜休也，耄而聵三宜休也。今雖退，爲匪人所嫉，宜以耐辱自警，庶保終始，與靖節、醉吟第其品級於千載下，復何求哉！因爲《耐辱居士歌》，題於亭之東北楹。時天復癸亥，六十有七矣，亦樂天作傳之年也。

咄，諾！休休休，莫莫莫。伎兩雖多性靈惡，賴是長教閒處著。休休休，莫莫莫。一局棋，一爐藥，天意時情可料度。白日偏催快活人，黄金難買堪騎鶴。若曰爾何能，答言耐辱莫。（《司空表聖詩集》卷一，四部叢刊景唐音統籤本；《全唐詩》卷六三四）

智按：一作《題休休亭》。文字略異。見《四部叢刊》影印舊抄本《司空表聖文集》卷二《休休亭》。

《修史亭三首》（其二）

甘心七十且酣歌，自算平生幸已多。不似香山白居士，晚將心地著禪魔。（《司空表聖詩集》卷四，四部叢刊景唐音統籤本；《全唐詩》卷六三四）

智按：司空圖，字表聖。其籍貫有河中虞鄉（今山西永濟縣）和泗州（今江蘇泗洪縣）兩說。咸通十年登進士第。入仕後，先是黄巢軍攻入長安，圖退居河中；後是僖宗被宦官脅迫奔寶雞，圖扈從不及，由中書舍人任上歸隱中條山王官谷。後梁開平二年，聞唐哀帝被殺，不食而卒。有《司空表聖文集》、《司空表聖詩集》。今存詩三百餘首。

黃滔（八四〇？～？）

《答陳磻隱論詩書》

……詩本於國風王澤，將以刺上化下。苟不如是，曷詩人乎？今以世言之者，謂誰是如見古賢焉？況其籠絡乎天地日月，出沒其希夷恍惚，著物象謂之文，動物情謂之聲。文不正則聲不應。何以謂之不正不應？天地籠萬物，物物各有其狀，各有其態。指言之不當則不應。由是聖人刪詩，取之合於韶武。故能動天地，感鬼神。其次亦猶琴之舞鶴躍魚，歌之遏雲落塵。蓋聲之志也。琴之與歌尚爾，況惟詩乎？且降自晉宋梁陳已來，詩人不可勝紀，莫不盛多猗頓之富，貴壘隋侯之珍。不知百卷之中，數篇之內，聲文之應者幾人乎？

大唐前有李、杜，後有元、白，信若滄溟無際，華嶽干天。然自李飛數賢，多以粉黛為樂天之罪，殊不謂三百五篇多乎女子。蓋在所指說如何耳。至如《長恨歌》云：『遂令天下父母心，不重生男重生女』，此刺以男女不常，陰陽失倫。其意險而奇，其文平而易，所謂言之者無罪，聞之者足以自戒哉。……（《黃御史集》卷七，《四庫全書》第一〇八四册，第一六三頁）

智按：李飛，又名李戡，生平見杜牧《唐故平盧軍節度巡官隴西李府君墓誌銘》及吳騫《拜經樓詩話》卷四。

黃滔，字文江，莆田（今屬福建）人。昭宗乾寧二年，擢進士第。光化中，除四門博士，尋遷監察御史裏行，充威武軍節度推官。王審知據有全閩而終守臣節，滔匡正之力為多。

張為（八四七至八五九前後）

《詩人主客圖序》

若主人門下處其客者，以法度一則也。

以白居易為廣大教化主：上入室，楊乘；入室，張祜、羊士諤、元稹；升堂，盧仝、顧況、沈亞之；及門，費冠卿、皇甫松、殷堯藩、施肩吾、周元範、況元膺、徐凝、朱可名、陳標、童翰卿。

以孟雲卿為高古奧逸主：上入室，韋應物；入室，李賀、杜牧、李餘、劉猛、李涉、胡幽貞；升堂，李觀、賈馳、李宣古、曹鄴、劉駕、孟遲；及門，陳潤、韋楚老。

以李益為清奇雅正主：上入室，蘇鬱；入室，劉畋、僧清塞（智按：即周賀）、盧休、於鵠、楊洵美、張籍、楊巨源、楊敬之、僧無可、姚合；升堂，方干、馬戴、任蕃、賈島、厲玄、項斯、薛壽；及門，僧良乂、潘誠、于武陵、詹雄、衛準、僧志定、喻鳧、朱慶餘。

以孟郊為清奇僻苦主：上入室，陳陶、周朴；及門，劉得仁、李溟。

以鮑溶為博解宏拔主：上入室，李群玉；入室，司馬退之、張為。

以武元衡為瑰奇美麗主：上入室，劉禹錫；入室，趙嘏、長孫佐輔、曹唐；升堂，盧頻、陳羽、許渾、張蕭遠；及門，張陵、章孝標、雍陶、周祚、袁不約。（《談藝珠叢》本《唐詩人主客圖》；《歷代詩話續編》第七十頁）

《詩人主客圖》

◎廣大教化主

○白居易

含沙射人影，雖病人不知。巧言誣人罪，至死人不疑。掇蜂殺愛子，掩鼻戮寵姬。弘恭陷蕭望，趙高謀李斯。陰德既必報，陽禍豈虛施！人事雖可罔，天道終難欺。明即有刑辟，幽即有神祇。敬免勿私喜，鬼得而誅之。（《讀史詩》）

智按：此《讀史詩》第四首。「誣人」，本集作「構人」。兩「即」字俱作「則」字。

厚地植桑麻，所要濟生民。生民理布帛，所求活一身。身外充征賦，上以奉君親。國家定兩稅，本意在憂人。厥初防其淫，明敕內外臣：稅外加一物，皆以枉法論。奈何歲月久，貪吏得因循。役我以求寵，斂索無冬春。織絹未盈疋，繅絲未盈斤。里胥迫我納，不許暫逡巡。歲暮天地閉，陰風生破村。夜深燈火盡，霰雪白紛紛。幼者形不蔽，老者體無溫。悲喘與寒氣，併入鼻頭辛。昨日輸殘税，因窺官庫門。繒帛如山積，絲絮如雲屯。號為羨餘物，隨日獻至尊。奪我身上暖，買爾眼前恩。進入瓊林庫，歲久化為塵！（《秦中吟》）

智按：此《秦中吟》十首之二，本集題曰《地重賦》，注曰：一作《無名税》，「憂人」作「愛人」，「役我」作「浚我」，「盈疋」作「成疋」，「燈火」作「煙火」，「鼻頭」作「鼻中」，「隨日」作「隨月」。

豫章生深山，七年而後知。挺高二百尺，本末皆十圍。天子建明堂，此材獨中規。匠人執斤墨，采度將有期。孟冬草木枯，烈火燎於陂。狂風吹猛焰，從根燒到枝。作養二十年，方成棟樑資。一朝為灰燼，柯葉無孑遺。地雖生爾材，天不與爾時。不如糞土芝，猶有人掇之。已矣勿重陳，重陳令人悲。勿悲焚燒苦，但悲採用遲。

智按：此《寓意詩》第一首。本集「於陂」作「山陂」，「狂風」作「疾風」，「作養二十」作「養材三十」，「糞土芝」作「糞上英」，「勿悲」作「不悲」。

赫赫京內史，奕奕中書郎。昨傳徵拜日，恩私顧殊常。貂冠水蒼玉，紫綬黃金章。佩服身未暖，已聞竄炎荒。親戚不得別，吞聲泣路旁。賓客亦已散，門前雀羅張。富貴來未久，倏如瓦溝霜。權勢去尤速，瞥若石火光。不如守貧賤，貧賤可久長。傳語宦遊子，且來歸故鄉。

智按：此《寓意詩》第二首。「奕奕」，本集作「炎炎」，「恩私顧」作「恩賜頗」，「炎荒」作「遐荒」，「未久」作「不久」。

得意減別恨，半酣還遠程。

智按：此《及第後歸覲留別諸同年詩》。「還」本集作「輕」。

人吏留不得，直入故山雲。

長生不似無生理，休向青山學煉丹。

白髮鑷不盡，根在愁腸中。

智按：已上六句題並無考。

峨眉山勢接雲霓，欲逐劉郎此路迷。若似剡中容易到，春風猶隔武陵溪。（《與薛濤》）

智按：此詩本集不載。

◎上入室一人

○楊乘

豎子未鼎烹，大君尚旰食。風雷隨出師，雲霞有戰色。犒功椎萬牛，募勇懸千帛。武士日曳紫，飛將競執馘。喜氣迎捷書，歡聲送羽檄。天兵日雄强，桀犬稍離析。賊臂既已斷，賊喉既已搤。欒禍但鯨鯢，同惡為肘腋。小大勢難侔，逆順初不敵。違命固天亡，恃險乖長策。蠆毒久萌芽，狼顧非日夕。禮貌忽驕狂，疏奏遂指斥。動眾豈佳兵，含忍恐無益。鴻恩既已孤，小效不足惜。腐儒一鉛刀，投筆時感激。帝閽不敢干，慼慼坐長晝。（《甲子歲書事》）

◎入室三人

○張祜

萬國見清道，一身成白頭。（《上令狐相公》）

此地榮辱盛，豈宜山中人。（《秋晚》）

葛溪謾淬張家劍，卻是猿聲斷客腸。（《葛溪》）

書空疑未決，卓地計初成。（《拄杖》）

春申還有三千客，寂寞無人報李園。

智按：此《感春申君詩》。「還有」，本集作「還道」，「報」作「殺」。

○羊士諤

風前留古韻，笙磬想遺音。（《歷山》）

智按：「風前」，《全唐詩》作「風泉」。

桂柷有遺馥，鸞飛安可待。

智按：此二句題無考。

塵沙藹如霧，長波驚飆度。雁起汀洲寒，馬嘶高城暮。銀釭倦秋館，綺瑟瞻永路。重有攜手期，清光倚玉樹。

智按：此八句題無考。

○元稹屈指貞元舊朝士，幾人同見太平春。（《感興》）

智按：本集作《酬白樂天杏花園》，「屈指」作「算得」，「幾人」作「幾員」。

兒歌楊柳葉，妾拂石榴花。

智按：此二句題無考。

遠路事無限，相逢惟一言。月色照榮辱，長安千萬門。（《逢白公》）

◎升堂三人

○盧仝

（詩闕）

○顧況

汀洲渺渺江蘺短，疑是疑非兩斷腸。

巫峽朝雲暮不歸，洞庭春水晴空滿。

頹垣化為波，陸地堪乘舟。

智按：以上六句題並無考。

大姑山盡小姑出，月照洞庭行客船。

智按：此《小孤山詩》。「山盡」本集作「山遠」，「行客」作「歸客」。

〇沈亞之

（詩闕）

◎及門十人

〇費冠卿

（詩闕）

〇皇甫松

燕相謀在兹，積金黄巍巍。上者欲何顔，使我千載悲。（《登郭隗臺》）

勸僧一杯酒，共看青青山。窅然萬象滅，不動心即閑。

智按：此《勸僧酒詩》。

〇殷堯籓

吴宫愛歌舞，夜夜醉嬋娟。見日吹紅燭，和塵掃翠鈿。徒令句踐霸，不信子胥賢。若問長洲草，荒涼無限年。（《宫詞》）

智按：本集題作《吴宫》，「吴宫」作「吴王」，「若問」作「莫問」。

宫女三千去不回，真珠翠羽是塵埃。夫差舊國久破碎，紅燕自歸花自開。（《館娃宫》）

暮煙葵葉屋，秋月《竹枝歌》。

智按：此《送沈亞之尉南康詩》。

欲射狼星把弓箭，休將螢火讀詩書。

智按：此《下第東歸作》。

〇施肩吾

年來如抛梭，不老應不得。

智按：二句題無考。

憶昔將貢年，抱愁此江邊。魚龍互閃爍，白浪高於天。今日步青草，還來經此道。江神也世情，為我風色好。（《及第後過揚子江》）

智按：本集「白浪」作「魚浪」，「青草」作「春草」，「還來」作「復來」。

〇周元範

誰云嵩上煙，隨雲倚碧落。（《投白公》）

智按：「嵩上」一作「蒿上」，「倚」一作「依」。

莫怪西陵風景別，鏡湖花草為先春。（《賀朱慶餘及第》）

〇祝元膺

句曲舊真宅，自產日月英。既涵岳瀆氣，安無神仙名？松桂邐迤色，與君相送情。（《送高遂赴舉》）

兩頷凝清霜，玉爐焚天香。為我延歲華，得入不死鄉。（《寄道友》）

蟾蜍夜作青冥鏡，帶蝀晴為碧落梯。好箇分明天上路，誰教移入武陵溪。（《夢仙詞》）

智按：題一作《夢仙謠》。

霧紋斑似豹，水力健如龍。

智按：二句題無考。

〇徐凝

青山舊路在，白首醉還鄉。（《別白公》）

試到第三橋，便入千頃花。

智按：二句題無考。

高景爭來草木頭，一生心事酒前休。山公自是山人侶，攜手醉登城上樓。（《答白公》）

智按：本集「山人」作「仙人」。

〇朱可名

廢斷鏡湖田，上書紫閣前。愁人久委地，詩道未聞天。不是燒金手，徒拋釣月船。多慚兄弟意，不敢問林泉。（《應舉日寄兄弟》）

〇陳標

杜甫在時貪入蜀，孟郊生處卻歸秦。如今始會麻姑意，借問山川與後人。（《寄友人》）

〇童翰卿

大朴逐物盡，哀哉天地功。爭得榮辱心，灑然歸西風。

智按：此詩原無題，《全唐詩》題為《絕句》。

張為，唐懿宗大中年間在世，袁州宜春（今屬江西）人。《登科記考》卷二十七據《永樂大典》引《宜春志》列為「進士科」，無年月。與周朴、貫休、方干均有交往。兩《唐書》、兩《五代史》無傳，惟《新唐書·藝文志》著録《張為詩》一卷，列於唐末五代作者之間，今已不傳，僅存詩四首、句二聯。所撰《主客圖》，又稱《詩人主客圖》、《唐詩主客圖》。《欽定全唐詩人年表》咸通十二年附録一欄云：「張爲作《詩人主客圖》。」見徐倬輯，徐元正校《御定全唐詩録一百卷詩人年表一卷》，清康熙四十五年揚州詩局刻本卷首，第二十葉。紀昀所輯《鏡煙堂十種》中收録之《主客圖》，乃從計有功《唐詩紀事》中轉輯而來，當為今存《函海》、《反約篇》、《榕園叢書》、《談藝珠叢》、《豫章叢書》等其他各本之祖本。

張固（八四七至八六〇前後）

《幽閒鼓吹》

白尚書應舉，初至京，以詩謁顧著作（況）。顧覩姓名，熟視白公，曰：

「米價方貴，居亦弗易。」乃披卷首篇曰：「咸陽原上草，一歲一枯榮。野火燒不盡，春風吹又生。」即嗟賞曰：「道得個語，居即易矣。」因為之延譽，聲名大振。（《唐五代筆記小說大觀》，下册，第一四五〇頁）

智按：張固，大中時人。《全唐詩》存詩二首。《唐書·藝文志》小說家著録其《幽閒鼓吹》一卷，共二十五篇。載唐憲宗及宣宗間遺事。有《四庫全書》本。

徐夤（八四九～九二一）

《追和白舍人詠白牡丹》

蓓蕾抽開素練囊，瓊葩薰出白龍香。裁分楚女朝雲片，剪破姮娥夜月光。雪句豈須征柳絮，粉腮應恨帖梅妝。檻邊幾笑東籬菊，冷折金風待降霜。（《全唐詩》卷七〇八）

《偶題二首》其二

賦就長安振大名，斬蛇功與樂天爭。歸來延壽溪頭坐，終日無人問一聲。（《全唐詩》卷七一一）

智按：徐夤有《斬蛇劍賦》（《全唐文》卷八百三十），以「仗劍斬蛇，金芒水鍔」爲韵，白居易有《漢高皇帝親斬白蛇賦》，以「漢高皇帝親斬白蛇」爲韵，二賦事同而視角異。

徐夤，一作徐寅。字昭夢，莆田（今屬福建）人。乾甯元年（八九四），登進士第，授秘書省正字。依王審知，禮待簡略，遂拂衣去，歸隱延壽溪。有《探龍》、《釣磯》二集。生卒年據林毓莎《徐寅名號及生卒年考辨》，《莆田學院學報》二〇一一年第四期。

杜光庭（八五〇～九三三）

《毛仙翁傳》

毛仙翁者，名于，字鴻漸。得久視之道，不知其甲子，常如三十許人。

其齠容穉姿，雪肌玄髮，若處子焉。周遊湖嶺間，常以丹石攻疾，陰功救物，受其賜者，不可勝紀。大中戊寅歲，進士張為，薄游長沙，落魄數載，以詩酒自得，不汲汲於隨計。一旦，值女奴於岳麓山下，若豪家之青衣焉，奔而歸之，張遽惑焉。歲餘，浸成羸疾，尫瘠骨立，待時而已。毛翁自海陵來，泊於逆旅，即張所止也。請謁之者，逡巡盈門，皆曰尊師。十年二十年一届於市，人仰其惠，猶夏日之陰，冬日之陽也，蒙其澤者多矣。顧見張，潸之曰：「子妖氣邪光，浹遍肌骨，苟不相值，殞於旦夕也。吾有鮑南海丸。」以一粒授為，於香爐焚之，鬱烈之氣，聞數百步。張之魅妾，長號一聲，蹶然而斃。因共視之，即木偶人也！心下至足，肌肉如人，心上至頂，猶木偶之狀。眾共異之，棄於江中。師曰：「此魅逝矣！子之性命可全，形骸可保也。」又以丹砂三粒，其狀如黍米，命張吞之。旬月之間，肌豐力倍，憊疾都瘳。師忽告去，不言所之。張遂為詩別焉，其略云：「羸形感神藥，削骨生豐肌。蘭炷飄靈煙，妖怪立誅夷。重覩日月光，何報父母慈？黃河濁滚滚，別淚流澌澌。黃河清有時，別淚收無期。」自是去別，莫知所適，江湘間至今以為口實。張後亦南入釣臺山，訪道而去。今覩朝彥贈仙翁文集，果符長沙之事。裴晉公度、牛公僧孺、令狐公楚、李公程、李公宗閔、李公紳、楊公嗣復、楊公於陵、王公起、元公稹，當代之賢相也。白公居易、崔公郾、鄭公尉澣、李公益、張公仲方、沈公傳師、崔公元略、劉公禹錫、柳公公綽、韓公愈、李公翱，當代之名士也。望震寰區，名動海島。或師以奉之，或兄以事之，皆以師為上清品人也。或美其登仙出世，或紀其孺質嬰姿，或異其藏往知來，或敘其液金水玉，霞綺交爛，組繡相宣，蓋玄史之盛事也。自元和洎大中戊子，五十餘年，容色不改，信非常人矣！奇章公獨以上昇為疑者，乃拘教守常，未達神仙之深旨矣！夫仙之上者，骨肉昇飛，與天無極。又九天之上，無何之鄉，為極陽之都，神仙之府也。世之得道者，煉陰而全陽，陰滓都盡，陽華獨存，故能上賓於天，與道冥合。則黃帝駕龍而騰躍，子喬控鶴而飛翔，赤松乘雨而飄飖，列寇禦風而上下，史簡昭著，又何疑焉？所云胡國胡法，將終之事，是設幻化之誣詞，謗神仙之輕舉者，有是焉耳，嘗試論之。真一既判，元精肇分，清氣為人，謂之「三才」。皆稟於妙無，成於妙有。人之生也，參天而兩地，與氣為一。天地所以長存者，無為也。人所以生化者，有為也。情以動之，智以役之，是非以感之，喜怒以戰之，取捨以弊之，馳騖以勞之。氣耗於內，神疲於外，氣竭而形衰，形凋而神逝，以至於死矣！故曰委和而生，乘順而死，率以為常也。

脩道之士，黜嗜慾，隳聰明，凝然無心，淡然無味。收視返聽，萬慮都冥，然後虛室生白，吻合自然。觀化之初，窮物之始，浩然動息，與道為一矣！與道為一，則恣心所之，從心所欲，是非不能亂，勢利不能誘，寒暑不能變，生死不能干。指顧乎八極之外，逍遙乎六虛之表，無所不察，無所不知。目能洞視，耳能洞聽，亦能視聽不由乎耳目。何者？神鑒於未然，智通於無極也。如此則世人之休咎壽夭，富貴貧賤，皎然在目，豈俟乎陰陽之數，蓍龜之兆，而後知之乎？毛仙翁則其人也，眾君子歌詩志之，序述讚之，曷足盡仙翁之道暨仙翁之美哉？因以神仙之事蹟，紀仙翁之功，書之於卷末云。通正元年丙子三月七日辛酉。杜光庭記。（《唐詩紀事》卷八十一，王仲鏞《唐詩紀事校箋》下册，第二〇六七～二〇六九頁；《全唐文》卷九百四十四）

《神仙感遇傳》

崔玄亮，滎陽人也。奕世好道，勤於香火，常諷誦《黃庭》、《道德經》。寶曆中，授湖州刺史，修黃籙齋於紫極宮，有鶴二百五十六隻，集降壇上。內一隻，立於虛皇臺頂，周身皎白，朱頂而已，紫氣彌亘壇所，自辰及酉方散。杭州刺史白居易為讚曰：

有鳥有鳥，從西北來。丹頂火綴，白翎雪開。遼水一去，緱山不回。噫吳興郡，孰為來哉？寶曆之初，三元四齋。（天無微飆，地無纖埃。）當白晝下，與紫雲偕。三百六十，拂壇徘徊。上昭玄貺，下屬仙才。誰其居之？太守姓崔。

元亮自是通感，彌加精誠。一旦於靜室誦《黃庭》，異香盈室，無疾而死，葬時棺輕若空衣耳。玄亮子金陵幕，拂衣而去，居茅山，唯琴酒自適，亦解形去世。傳言湖州刺史，常誦《黃庭經》、《度人經》，執手爐於靜室，諷經，奄然化去。歸葬滎陽，坐龕中，但有手爐法衣也。（卷一，張繼禹主編《中華道藏》第四十五册，第一六五頁；校以《四庫全書存目叢書》影印涵

芬樓影印明正統間刻道藏本，子部第二五八册）

智按：明董斯張《吳興備志》卷三十「一旦於靜室誦」後，漏「《黄庭》，異香盈室，無疾而死，葬時棺輕若空衣耳。玄亮子金陵幕，拂衣而去，居茅山，唯琴酒自適，亦解形去世。傳言湖州刺史，常誦」。

杜光庭，字聖賓，晚自號東瀛子，括蒼（今浙江麗水）人。應百篇舉不第，入天台山為道士。僖宗幸蜀，召見，賜紫衣，充麟德殿文章應制。王建據蜀，賜號廣成先生，除諫議大夫，進戶部侍郎，後歸老於青城山。

高彦休（八五四～？）

《唐闕史》

⊙裴晉公大度（皇甫郎中福直附）

皇甫郎中湜，氣貌剛質，為文古雅，恃才傲物，性復褊而直。為郎南宫時，乘酒使氣，忤同列者。及醒，不自適，求分務溫洛，時相允之。值伊瀍仍歲歉食，正郎滯曹不遷，省俸甚微，困悴且甚。嘗因積雪，門無轍跡，庖突無煙。晉公時保釐洛宅，人有以為言者，由是卑辭厚禮，辟為留守府從事。正郎感激之外，亦比比乖事大之禮，公優容之如不及。先是，公討淮西日，恩賜鉅萬，貯於集賢私第，公信浮屠教，且曰：「燎原之火，漂杵之誅，其無玉石俱焚者乎！」因盡舍討叛所得，再修福先佛寺。危樓飛閣，瓊砌璇題，就有日矣。將致書於秘監白樂天，請為刻珉之詞（公與樂天俱興平年傳法堂師弟子），值正郎在座，忽發怒曰：「近舍某而遠征白，信獲戾於門下矣！且某之文，方白之作，自謂瑤琴寶瑟，而比之桑間濮上之音也。然何門不可以曳長裾，某自此請長揖而退。」座客旁觀，靡不股栗。公婉詞敬謝之，且曰：「初不敢以仰煩長者，慮為大手筆見拒。是所願也，非敢望也。」正郎頳怒稍解，則請斗釀而歸。至家，獨飲其半，寢酣數刻，嘔噦而興，乘醉揮毫，黄絹立就。（卷上，《唐五代筆記小說大觀》，下册，第一三三一頁）

琴按：「興平」年號疑有誤。此則又見《太平廣記》卷二四四《褊急》類。

公母有心疾，因悍妬得之。及嫠，家苦貧，公與弟不獲安居，常索米丐衣於鄰郡邑，母晝夜念之，病益甚。公隨計宣州，母因憂憤發狂，以葦刀自剄，人救之得免。後偏訪醫藥，或發或瘳。常恃二壯婢，厚給衣食，俾扶衛之。一旦稍怠，斃於坎井。時裴晉公為三省，本廳對客，京兆府申堂狀至，四坐驚愕。薛給事存誠曰：「某所居與白鄰，聞其母久苦心疾，叫呼往往達於鄰里。」坐客意稍釋。他日，晉公獨見夕拜謂曰：「前時衆中之言，可謂存朝廷大體矣。」夕拜正色曰：「言其實也，非大體也。」由是晉公信其事。後除河南尹、刑部侍郎，皆晉公所擬。凡曰墜井，必恚恨也，隕穫也。凡曰看花，必怡暢也，閒適也。安有怡暢閒適之際，遽致顛沛廢墜之事？樂天長於情，無一春無詠花之什，因欲黻藻其罪，又驗新井篇，是尉盩厔時作，隔官三政，不同時矣。（汪立名編《白香山詩集》録《年譜舊本》引）

智按：引文之前云：「新井之事，世莫知其實，史氏亦不辨其有無，獨高彦休《闕史》言之甚詳。」引文之後云：「彦休所記，大略如此。聞之東都聖善寺老僧。僧故佛光和尚弟子也。今考集中，亦無所謂《新井》詩者，意其删去，然則公母死以心疾，固人倫之大不幸，而傳致詩篇，以成讒謗，則憸壬媢嫉者為之也。故删述彦休之語，以告來者。」

高彦休，自號參寥子。乾符甲午歲（八七四）舉進士。中和間，以朝議郎守咸陽縣尉，曾攝淮南節度使高駢幕府之鹽鐵巡官。著有筆記小説《闕史》二卷。生平事迹見余嘉錫《四庫提要辨證》卷一八。

崔致遠（八五七～九二八?）

《有唐新羅國故兩朝國師教謚大朗慧和尚白月葆光之塔碑銘》（並序）

大師舌底大悟，自是置翰墨，遊歷佛光寺，問道如滿。滿佩江西印，為香山白尚書樂天空門友者，而應對有慚色，曰：「吾閲人多矣，罕有如是新羅子。他日中國失禪，將問之東夷耶?」（清陸心源輯《唐文拾遺》卷四十四）

智按：崔致遠，字誨夫，號孤立，新羅慶州人。十二歲入唐求學，十八歲登進士第，歷任宣州（今安徽宣城）溧水尉、淮南節度使高駢從事（書記）、承務郎、侍御史、内供奉。光啟元年（八八五）表請歸國，充唐使者東歸新羅，拜侍讀兼翰林學士，守兵部侍郎。著《桂苑筆耕集》二十卷，收在高駢揚州幕府為幕僚時所著詩文。

孟啓（八七五進士）

《本事詩》

白尚書姬人樊素善歌，妓人小蠻善舞。嘗為詩曰：「櫻桃樊素口，楊柳小蠻腰。」年既高邁，而小蠻方豐豔，因為楊柳之詞以托意，曰：「一樹春風萬萬枝，嫩於金色軟於絲。永豐坊里東南角，盡日無人屬阿誰?」及宣宗朝，國樂唱是詞，上問誰詞，永豐在何處，左右具以對之。遂因東使，命取永豐柳兩枝，植於禁中。白感上知其名，且好尚風雅，又為詩一章，其末句云：「定知此後天文裏，柳宿光中添兩枝。」（《事感》第二，《歷代詩話續編》第十三頁；李學穎標點本《本事詩 續本事詩 本事詞》，第十六頁）

琴按：《白香山詩集》後集十七「萬萬枝」作「千萬枝」，「永豐坊里東南角」作「永豐西角荒園里」。題作《楊柳枝詞》。

又《詔取永豐柳植禁苑感賦》原詩是：「一樹衰殘委泥土，雙枝榮耀植天庭。定知玄象今春後，柳宿光中添兩星。」與《本事詩》略有不同。

計有功《唐詩紀事》云：「樂天妓樊素，善歌楊柳枝，人多以曲名『一樹春風萬萬枝』名之。」似樊素、小蠻為一人。又按樂天寄禹錫詩：「還攜小蠻去，招得老劉來。」自注：「小蠻，酒榼也。」後人亦有謂小蠻非酒榼，乃樂天故施狡黠者。關於小蠻，清人蔡立甫所纂之《紅蕉詩話》中有云：

「按《本事詩》云：白尚書姬人樊素善歌，小蠻善舞，嘗為詩云：『櫻桃樊素口，楊柳小蠻腰。』香山詩集並無此二句。《小庭亦有月》云：『菱角執（報）笙簧，谷兒抹琵琶。紅綃信手舞，紫綃隨意歌。』《對酒開（有）懷寄（李）十九郎（中）》云：『往年江外拋桃葉［結之也］，去歲樓中別柳枝

［樊素也（一作樊、蠻也）］。』《不能忘情吟序》云：『妓有樊素者，年二十餘，綽綽有歌舞態，善唱楊枝，人多以曲名名之。』詩云：『鬻駱馬兮放楊柳枝。』知楊枝即柳枝，樊蠻即樊素也。『十年貧健是樊蠻』，『春隨樊子一時歸』，『猶有樊家舊典型』，不見有小蠻名也。東坡：『我甚似樂天，但無素與蠻。』沿《本事》之誤。」

「白樂天《晚春酒醒尋夢得》詩：『還攜小蠻去，試覓老劉看。』宋人説部皆以小蠻為酒榼之名。余謂小蠻蓋謂小蠻榼耳。省一榼字，語似歇後。唐人詩中每有之。非酒榼名小蠻也。白詩又有『小花蠻榼二三升』之句。」（此則見清嘉興沈濤《匏廬詩話》卷上）

從蔡説「不見有小蠻名」，則小蠻之榼，不能成立，宋人説部謂小蠻乃酒榼之名，似又可信。因白居易自己有「小蠻，酒榼也」之注，我們首先應該相信作者自己的話。

元相公稹為御史，鞫獄梓潼。時白尚書在京，與名輩遊慈恩，小酌花下，為詩寄元曰：「花時同醉破春愁，醉折花枝當酒籌。忽憶故人天際去，計程今日到梁州。」時元果及褒城，亦寄《夢遊》詩曰：「夢君兄弟曲江頭，也向慈恩院裏遊。驛吏喚人排馬去，忽驚身在古梁州。」千里神交，合若符契，友朋之道，不期至歟。（《徵異》第五，《歷代詩話續編》第十九頁；李學穎標點本《本事詩 續本事詩 本事詞》，第二十二頁）

詩人張祜，未嘗識白公。白公刺蘇州，祜始來謁。才見白，白曰：「久欽籍，嘗記得君款頭詩。」祜愕然曰：「舍人何所謂？」白曰：「『鴛鴦鈿帶拋何處？孔雀羅衫付阿誰？』非款頭何邪？」張頓首微笑，仰而答曰：「祜亦記得舍人目連變。」白曰：「何也？」祜曰：「『上窮碧落下黃泉，兩處茫茫皆不見。』非目連變何邪？」遂與歡宴竟日。（《嘲戲》第七，《歷代詩話續編》第二十一頁；李學穎標點本《本事詩 續本事詩 本事詞》，第二十四頁）

琴按：「款頭」一本作「問頭」，五代王定保撰《唐摭言》所載亦作「問頭」。「付阿誰」或作「屬阿誰」。《目連變》亦作《目蓮經》。「非《目連變》何邪」一作「此非目蓮訪母邪？」張祜《感王將軍柘枝妓歿》詩云：「寂寞春風舊柘枝，舞人休唱曲休吹。鴛鴦鈿帶抛何處？孔雀羅衫付阿誰？畫鼓不聞招節拍，錦靴空想挫腰肢。今來座上偏惆悵，曾是堂前教徹時。」

智按：張安祖《白居易薦徐凝屈張祜真僞考》（《北方論叢》一九九五年第五期，又收入其《唐代文學散論》，北京生活・讀書・新知三聯書店，二〇〇四年六月）據文中所云：寶曆元年至二年（八二五～八二六）白刺蘇州時張祜未嘗識之，認為「徐張文戰純屬子虛」，並云「孟棨開成年間已曾在梧州任職（《本事詩・情感》韓翃條），年輩只略晚於張祜、杜牧，又曾「出入場籍三十餘年」，乾符二年始中進士，連主考都稱其為『先輩』（見《登科記考》卷二十三），還在消息靈通的京城擔任過司勳郎中（見《本事詩》序）。因此，對有關科舉的掌故、著名軼事當是十分熟悉，也有條件熟悉的。他居然未聽説徐張文戰，足見此事的大不可信了。」這些考斷尚顯證據不足，姑録之以待進一步研究。

孟啓，字初中。平昌安丘人。約生於元和年間，會昌三年進入考場，爵里未詳。出入場籍垂三十餘年。，乾符二年（八七五）進士及第。《本事詩序》稱：「光啟二年十一月，大駕在褒中，前司勳郎中賜紫金魚袋孟啓序。」諸家稱引，竝作「孟棨」，此據《新唐書・藝文志》及其字初中，訂作孟啓。

康駢（八七八進士）

《劇談録》

⊙玉蕊院眞人降

上都安業坊唐昌觀，舊有玉蕊花，其花（一作甚繁）每發，若瑤林瓊樹。元和中，春物方盛，車馬尋玩者相繼。忽一日，有女子，年可十七八，衣繡緑衣，乘馬，峩髻雙鬟，無簪珥之飾，容色婉約，迥出於衆。從以二女冠，三女僕，僕者皆丱頭黄衫，端麗無比。既下馬，以白角扇障面，直造花所，異香芬馥，聞於數十步之外。觀者以為出自宫掖，莫敢逼而視之。佇立良久，令小僕取花數枝而出。將乘馬，迴謂黄冠者曰：「曩者玉峯之約，自此可以行矣。」時觀者如堵，咸覺煙霏鶴唳，景物輝煥，舉轡百步，有輕風擁塵，隨之而去。須臾塵滅，望之已在半天，方悟神仙之遊。餘香不散者，經月餘日。時嚴給事休復、元相國、劉賓客、白醉吟，俱有《聞玉蕊院眞人降》詩。嚴給事詩曰：「味道齋心禱至神，魂消眼冷未逢眞。不如滿樹瓊瑤蕊，笑對藏花洞裏人。」又云：「羽車潛下玉龜山，塵界無由覩蕣顏。惟有無情枝上雪，好風吹綴緑雲鬟。」元相國詩曰：「弄玉潛過玉樹時，不教青鳥出花枝。的應未有諸人覺，只是嚴郎卜得知。」劉賓客詩云：「玉女來看玉樹花，異香先引七香車。攀枝弄雪時廻首，驚怪人間日易斜。」又云：「雪蕊瓊絲滿院春，羽衣輕步不生塵。君王簾下徒相問，長記吹簫別有人。」白醉吟詩云：「嬴女偷乘鸞去時，洞中潛歇弄瓊枝。不緣啼鳥春饒舌，青鎖仙郎可得知。」（《四庫全書》本《劇談録》卷下，古典文學出版社《劇談録》，第三八～四〇頁）

⊙白傅乘舟

白尚書為少傅，分務洛師，情興高逸，每有雲泉勝境，靡不追遊。常以詩酒為娱，因著《醉吟先生傳》以敘。盧尚書簡辭有別墅，近枕伊水，亭榭清峻。方冬，與羣從子姪同遊，倚欄眺翫嵩洛。俄而霰雪微下，情興益高，因話廉察金陵，常記江南煙水，每見居人以葉舟浮泛，就食菰米鱸魚，近來思之，如在心目。良久，忽見二人，衣簑笠，循岸而來，牽引水鄉蓬艇，船頭覆青幕，中有白衣人，與衲僧偶坐；船後有小竈，安桐甑而炊，丱角僕烹魚煮茗，泝流過於檻前。聞舟中吟嘯方甚，盧撫掌驚歎，莫知誰氏。使人從而問之，乃曰白傅與僧佛光，同自建春門往香山精舍。其後每遇親友，無不話之，以為高逸之情，莫能及矣。（《四庫全書》本《劇談録》卷下，古典文學出版社《劇談録》，第四七～四九頁）

智按：此條《紺珠集》卷八節載，《類說》卷一五節引，分題《白傅舟》、《白傅泛舟往香山》。《唐語林》卷四《棲逸》採之，《唐語林校證》云「本條原出《劇談録》卷下《白傅乘舟》條」。

康駢，字駕言，池陽（今安徽池州）人，乾符五年（八七八）登進士第，六年，舉博學宏詞科，為崇文館校書郎。後為宣州刺史田頵客，薦授中書舍人。後退歸鄉里。事迹參《新唐書》卷五九《藝文志》、《唐摭言》卷二、《四庫提要辨證》卷一八、李劍國《唐五代志怪傳奇敘録》第九三六～九三八頁（南開大學出版社一九九八年版）。康駢《劇談録》自序云成於乾寧二年（八九五），皆記天寶以來瑣事，亦間有議論附之，凡四十條。

白知讓（八七九前後）

《唐故白府君（敬宗）墓志銘并序》

府君諱敬宗，字子肅，其先太原晉陽人也。顓頊帝之後。帝之裔孫曰起。起爲秦將，封武安君，有功於秦，與立祠。將軍二十代孫府君七代祖建，齊中書令、贈司空，有功於齊。詔賜莊宅二所，在同州韓城縣臨汾鄉紫貝里。府君所居者是也。

高祖澧，不仕；曾若鏞，唐朝散大夫、秘書郎；祖季論，坊州宣君縣令；父公濟，不仕。叔伯等盡皆進士出身，累登科第，名顯於四夷，位達於一品。故不書耳。

府君不仕，立性謙恭，藴仁竪德，棄浮榮而處丘園，玩詩書以安韓國。上天不祐，忽降禍鍾。享年三十九，會昌六年八月二十日終於私第。先夫人吳興姚氏；娶隴西李氏夫人。亭亭素質，共桃李而爭妍；淑淑容儀，喻芙蓉而窈窕。大夜忽侵，奄從逝水。享年六十一，咸通十四年十月二十一日奄終。有子二人：長曰知讓，前同州衛推。幼曰知禮，故同州防禦散將。享年二十三，歸葬於先塋也。一女適太原王景復。府君與夫人至乾符六年十一月十七日合葬於先塋之右。嗣子知讓號啕泣血，命筆志行。終用刊尅，永記於泉。銘曰：

寂寂古原，蕭蕭墓田。魂歸曠野，魄駐冥間。子孫昌熾，臺鼎相傳。長崗克勝，千千萬年。（《考古與文物》一九九八年第四期；《隋唐五代墓誌彙編》陝西卷第一册，第一四九頁；《唐代墓誌彙編續集》乾符〇三〇，第一一三九～一一四〇頁；三秦出版社《全唐文補遺》第一輯，第四一三頁；吉林文史出版社《全唐文新編》第二十二册，第一五五一六頁）

智按：墓誌蓋署「大唐故白府君墓志銘」。白敬宗家族墓地位於陝西韓城。墓主白敬宗卒於會昌六年（八四六）八月二十日，夫人李氏卒於咸通十四年（八七三）十月二十一日。乾符六年（八七九）十一月十七日，其長子白知讓於將父母合葬於祖塋之右。

佚名（八七九前後）

《文德實録》

仁明天皇承和五年（八三八），藤原嶽守「出為太宰少貳，因檢校大唐人貨物，適得《元白詩筆》，奏上。帝甚耽悦，授五位上。」（《文德實録》卷三）

智按：此乃白居易之作首見於日籍。《文德實録》公元八七九年成書，此則載於仁壽元年（八五一）九月乙末（二六日）條。藤原嶽守（？～八五一）事迹，參見大庭修《江戸時代中國典籍流播日本之研究》，戚印平、王勇、王寶平譯本，第九頁；嚴紹璗《中日古代文學關係史稿》，第一八二頁；宋柏年主編《中國古典文學在國外》，第一八八頁；王勇、大庭修主編《中日文化交流大系・典籍卷》，第六十頁；謝思煒《白居易集綜論》，第三二頁。

釋齊己（八六四～九四三?）

《同光歲送人及第東歸》

西笑道何光，新朝舊桂堂。春官如白傅，內試似文皇。變化龍三十，升騰鳳一行。還家幾多興，滿袖月中香。（《四庫全書》本《白蓮集》卷一；《全唐詩》卷八三八）

《登大林寺觀白太傅題版》

九疊蒼崖裏，禪家鑿翠開。清時誰夢到，白傅獨尋來。怪石和僧定，閒雲共鶴回。任茲休去者，心是不然灰。（《四庫全書》本《白蓮集》卷二；《全唐詩》卷八三九）

《送僧遊龍門香山寺》

君到香山寺，探幽莫損神。且尋風雅主，細看樂天真。（《四庫全書》本《白蓮集》卷三）

《賀行軍太傅得〈白氏東林集〉》

樂天歌詠有遺編，留在東林伴白蓮。百尺典墳隨喪亂，一家風雅獨完全。常聞荊渚通侯論，果遂吳都使者傳。仰賀斯文歸朗鑒，永資聲政入薰弦。(《四庫全書》本《白蓮集》卷七；《全唐詩》卷八四四)

《謝秦府推官寄〈丹臺集〉》

秦王手筆序丹臺，不錯褒揚最上才。鳳闕幾傳為匠石，龍門曾用振風雷。錢郎未竭精華去，元白終存作者來。兩軸蚌胎驪頷耀，枉臨禪室伴寒灰。(《四庫全書》本《白蓮集》卷七；《全唐詩》卷八四四；《增訂注釋全唐詩》第五册，第六九五頁)

智按：據吳汝煜主編《唐五代人交往詩索引》第五頁及陶敏《全唐詩人名考證》第一〇四四頁，詩題之「秦府推官」指高輦。高輦（？～九三三），青州益都（今屬山東）人，五代後唐天成間（九二六～九二九），登進士第。明宗之子秦王李從榮（？～九三三）辟為河南府推官，賓主更唱迭和，相遇甚歡。長興四年，從榮叛，輦與其謀。從榮敗，輦逃避於民家，且落髮爲僧。後被擒獲，伏誅。宋鄭樵《通志・藝文略》著録其《丹臺集》三卷，已佚。齊己與高輦交往之詩還有《寄還闕下高輦先輩卷》、《謝高輦先輩寄新唱和集》、《寄酬高輦推官》、《寄酬秦府高推官輦》、《敘懷寄高推官》。而據宋敏求《春明退朝録》卷下，李從榮抄寫過一部白居易集，是白集流播史上重要一環。結合此詩上下文褒揚之語，可知齊己對元白之推譽，與司空圖之貶抑態度正截然相反。

《送僧歸洛中》

赤日彤霞照晚坡，東州道路興如何。蟬離楚柳鳴猶少，葉到嵩雲落漸多。海內自為閒去住，關頭誰問舊經過。叮嚀與訪春山寺，白樂天眞在也麼。(《四庫全書》本《白蓮集》卷九；《全唐詩》卷八四六；《全五代詩》卷九十八)

智按：齊己，名得生，姓胡氏，益陽（今屬湖南）人。出家大溈山同慶寺，復棲衡岳東林。後欲入蜀，經江陵，高從誨留為僧正，居之龍興寺，自號衡嶽沙門。有《白蓮集》十卷，外編一卷。

王定保（八七〇～九四〇）

《唐摭言》

⊙爭解元

白樂天典杭州，江東進士多奔杭取解。時張祜自負詩名，以首冠為己任。既而徐凝後至。會郡中有宴，樂天諷二子矛盾。祜曰：「僕為解元，宜矣。」凝曰：「君有何嘉句?」祜曰：「甘露寺詩有『日月光先到，山河勢盡來。』又金山寺詩有『樹影中流見，鐘聲兩岸聞。』」凝曰：「善則善矣，奈無野人句云『千古長如白練飛，一條界破青山色。』」祜愕然不對。於是一座盡傾。凝奪之矣。(《唐摭言》卷二，上海古籍出版社本，第一七～一八頁)

⊙慈恩寺題名遊賞賦詠雜紀

寶曆年中，楊嗣復相公具慶下繼放兩榜。時先僕射自東洛入覲，嗣復率生徒迎於潼關。既而大宴於新昌里第，僕射與所執坐於正寢，公領諸生翼坐於兩序。時元、白俱在，皆賦詩於席上，唯刑部楊汝士侍郎詩後成。元、白覽之失色。詩曰：「隔坐應須賜御屏，盡將仙翰入高冥。文章舊價留鸞掖，桃李新陰在鯉庭。再歲生徒陳賀宴，一時良史盡傳馨。當時疏傅雖云盛，詎有茲筵醉醁醽!」汝士其日大醉。歸謂子弟曰：「我今日壓倒元、白。」(《唐摭言》卷三，上海古籍出版社本，第三二頁)

智按：參見《太平廣記》卷一百七十八「貢舉一・宴集」、《廣卓異記》卷十九、《詩話總龜》前集卷十七、《唐詩紀事》卷四十六、《詩林廣記》前集卷十（中華書局本，第一七四頁）所引、《宋詩話輯佚》上冊第一七九頁。

⊙慈恩寺題名遊賞賦詠雜紀

白樂天一舉及第，詩曰：「慈恩塔下題名處，十七人中最少年。」樂天時年二十七。省試《性習相近遠賦》、《玉水記方流詩》。攜之謁李涼公逢吉。公時為校書郎，於時將他適。白遽造之，逢吉行攜行看，初不以為意；及覽賦頭，曰：「噫！下自人上，達由君成；德以慎立，而性由習分。」逢吉大奇之，遂寫二十餘本。其日，十七本都出。（《唐摭言》卷三，上海古籍出版社本，第四三頁）

⊙知己

白樂天初舉，名未振，以歌詩謁顧況。況謔之曰：「長安百物貴，居大不易。」及讀至《賦得原上草送友人詩》曰：「野火燒不盡，春風吹又生。」況歎之曰：「有句如此，居天下有甚難！老夫前言戲之耳。」（《唐摭言》卷七，上海古籍出版社本，第八一頁）

⊙載應不捷聲價益振

貞元中，樂天應宏詞，試《漢高祖斬白蛇賦》，考落。蓋賦有「知我者謂我斬白帝，不知我者謂我斬白蛇」也。然登科之人，賦並無聞，白公之賦，傳於天下也。（《唐摭言》卷十，上海古籍出版社本，第一〇五頁）

⊙無官受黜

賈島，字閬仙。元和中，元、白尚輕淺，島獨變格入僻，以矯浮艷；雖行坐寢食，吟詠不輟。（《唐摭言》卷十一，上海古籍出版社本，第一二一頁）

⊙矛盾

令狐趙公鎮維揚，處士張祜嘗與狎宴。公因視祜改令曰：「上水船，風又急，帆下人，須好立。」祜應聲答曰：「上水船，船底破，好看客，莫倚拖。」……張處士《憶柘枝》詩曰：「鴛鴦鈿帶抛何處？孔雀羅衫屬阿誰？」白樂天呼為「問頭」。祜矛楯（盾）之曰：「鄙薄問頭之誚，所不敢逃；然明公亦有『目連經』，《長恨辭》云：『上窮碧落下黄泉，兩處茫茫都不見。』此豈不是目連訪母耶！」

章孝標及第後，寄淮南李相（原注：或云寄白樂天）曰：「及第全勝十改官，金鞍鍍了出長安。馬頭漸入揚州郭，為報時人洗眼看。」紳亟以一絕箴之曰：「假金方用真金鍍，若是真金不鍍金。十載長安得一第，何須空腹用高心！」（《唐摭言》卷十三，上海古籍出版社本，第一四八頁）

⊙惜名

裴令公居守東洛，夜宴半酣，公索聯句，元、白有得色。時公為破題，次至楊侍郎（原注：「汝士，或曰非也。」）曰：「昔日蘭亭無豔質，此時金谷有高人。」白知不能加，遽裂之曰：「笙歌鼎沸，勿作此冷淡生活！」元（稹）顧曰：「白樂天所謂能全其名者也。」（《唐摭言》卷十三，上海古籍出版社本，第一四九頁）

智按：參見《詩話總龜》前集卷二十二、《唐詩紀事》卷四十六、《宋詩話輯佚》上册第一九一頁。

⊙雜記

白樂天去世，大中皇帝以詩弔之曰：「綴玉聯珠六十年，誰教冥路作詩仙。浮雲不繫名居易，造化無為字樂天。童子解吟長恨曲，胡兒能唱琵琶篇。文章已滿行人耳，一度思卿一愴然。」（《唐摭言》卷十五，上海古籍出版社本，第一六〇頁）

⊙雜記

白樂天以正卿致仕，時裴晉公保釐夜宴諸致仕官，樂天獨有詩曰：「九燭臺前十二姝，主人留醉任歡娛。飄搖舞袖雙飛蝶，宛轉歌喉一索珠。坐久欲醒還酩酊，夜深臨散更踟躕。南山賓客東山妓，此會人間曾有無。」（《唐摭言》卷十五，上海古籍出版社本，第一六一頁）

⊙雜記

開成中，戶部楊侍郎檢校尚書鎮東川，白樂天即尚書妹婿。時樂天以太子少傅分洛，戲代內子賀兄嫂曰：「劉綱與婦共升仙，弄玉隨夫亦上天。何似沙哥領崔嫂，碧油幢引向東川！」又曰：「金花銀碗飲兄用，罨畫羅裙盡嫂裁；覓得黔婁為妹婿，可能空寄蜀茶來！」（《唐摭言》卷十五，上海古籍出版社本，第一六二頁）

智按：王定保，洪州南昌（今屬江西）人。昭宗光化三年（九〇〇）進士。娶詩人吳融之女為妻。為容管節度巡官。後梁開平間依湖南馬氏，不為所禮，乃南奔廣州，入清海節度使劉隱幕府。貞明間出使荊南。南漢乾亨八年，獻《南宮七奇賦》。大有初，官甯遠軍節度使。十三年十一月，為中書侍郎、同平章事。未幾卒，年約七十二。著有《唐摭言》。《十國春秋》卷六二有傳，事迹參劉毓崧《通義堂集·唐摭言跋》、錢大昕《十駕齋養新録》、余嘉錫《四庫提要辨證》卷一七。

蘇鶚（八八六進士）

《杜陽雜編》

文宗皇帝尚賢樂善，罕有倫比。每與宰臣學士論政事之暇，未嘗不話才術文學之士。故當時以文進者，無不諤諤焉。於是上每視朝後，即閱羣書，見無道之君行狀，則必扼腕歔欷；讀堯舜禹湯傳，則歡呼斂袵。謂左右曰：「若不甲夜視事，乙夜觀書，何以為人君耶?」每試進士及諸科舉人，上多自出題目。及所司進所試，而披覽吟誦，終日忘倦。常延學士於內廷，討論經義，較量文章，令宮女已下侍茶湯飲饌。而李訓講《周易》微義，頗葉於上意。時方盛夏，遂命取水玉腰帶及辟暑犀如意以賜訓。訓謝之，上曰：「如意足以與卿為談柄也。」上讀高郢《無聲樂賦》、白居易《求玄珠賦》，謂之玄祖。（傳於水部賈嵩員外）（《四庫全書》本卷中，上海古籍出版社《唐五代筆記小説大觀》本，第一三八七頁）

智按：蘇鶚，字德祥，武功人，宰相頲之族也。光啟二年（八八六），登進士第。其《杜陽雜編》乾符三年（八七六）撰成。

嚴子休（九〇二前後）

《桂苑叢談》

⊙賞心亭

咸通中，丞相姑臧公拜端揆日，自大梁移鎮淮海。政績日聞。未期周，榮加水土，移風易俗，甚洽群情。自彭門亂常之後，藩鎮瘡痍未平，公按轡躬已而治之，補綴頹毀，整葺壞綱，功無虛日。以其郡無勝遊之地，且風亭月榭，既已荒涼；花圃釣臺，未愜深旨，一朝命於戲馬亭西，連玉鉤斜道，開闢池沼，構葺亭臺，揮斤既畢。萃其所，芳春九旬，都人士女，得以遊觀。

一旦聞浙右小校薛陽陶監押度支運米入城，公喜其姓同曩曰朱崖左右者，遂令詢之，果是其人矣。公愈喜，似獲古物，乃命衙庭小將，代押留止別館。一日，公召陶同遊，問及往曰蘆管之事，陶因獻朱崖、陸鄩、元、白所撰歌一曲，公亦喜之，即於兹亭奏之。其管絕微，每於一觱篥管中常容三管也，聲如天際，自然而來，情思寬閒，公大佳賞之。亦贈其詩，不記終篇。其發端云：「虛心纖質雁銜餘，鳳吹龍吟定不如。」於是賜賚甚豐。出其二子，皆授牢盆倅職。初，公構池亭畢，未有名，因名「賞心」，諸從事以公近諱，蓋賞字有尚也。公曰：「宣父言徵不言在，言在不稱徵。且非內官宮妾，何避其疑哉！」遂不改作。其亭自秦畢陷逆，乃為芻豢之地。嗟乎！公孫弘之東閣，劉屈氂後為馬廄，亦何異哉！（《唐五代筆記小説大觀》，下册，第一五六二頁）

智按：嚴子休，號馮翊子。或為馮翊（今陝西大荔）人。客居江淮。晁公武《郡齋讀書志》云：「《桂苑叢談》一卷。右題云馮翊子子休撰，雜記唐朝雜事。僖、昭時，當是五代人。」并引李淑《邯鄲書目》云「姓嚴」，疑馮翊子其號，而子休其字也。其「甘露亭」一條，稱吳王收復浙右之歲，當為昭宗天復二年（九〇二）。

劉昫（八八八~九四七）等

《舊唐書·白居易傳》

白居易，字樂天，太原人。北齊五兵尚書建之仍孫。建生士通，皇朝利州都督。士通生志善，尚衣奉御。志善生溫，檢校都官郎中。溫生鍠，歷酸棗、鞏二縣令。鍠生季庚，建中初為彭城令。時李正己據河南十餘州叛。正己宗人洧為徐州刺史，季庚説洧以彭門歸國，因授朝散大夫、大理少卿、徐州別駕，賜緋魚袋，兼徐泗觀察判官。歷衢州、襄州別駕。自鍠至季庚，世敦儒業，皆以明經出身。季庚生居易。初，建立功於高齊，賜田於韓城，子孫家焉，遂移籍同州。至溫徙於下邽，今為下邽人焉。

居易幼聰慧絕人，襟懷宏放。年十五六時，袖文一編，投著作郎吳人顧況。況能文，而性浮薄，後進文章無可意者。覽居易文，不覺迎門禮遇，曰：

「吾謂斯文遂絕，復得吾子矣。」

貞元十四年，始以進士就試，禮部侍郎高郢擢升甲科，吏部判入等，授秘書省校書郎。元和元年四月，憲宗策試制舉人，應才識兼茂、明於體用科，策入第四等，授盩厔縣慰、集賢校理。

居易文辭富豔，尤精於詩筆。自讎校至結綬畿甸，所著歌詩數十百篇，皆意存諷賦，箴時之病，補政之缺。而士君子多之，而往往流聞禁中。章武皇帝納諫思理，渴聞讜言，二年十一月，召入翰林為學士。三年五月，拜左拾遺。居易自以逢好文之主，非次拔擢，欲以生平所貯，仰酬恩造。拜命之日，獻疏言事曰：

蒙恩授臣左拾遺，依前翰林學士，已與崔群同狀陳謝。但言忝冒，未吐衷誠。今再瀆宸嚴，伏惟重賜詳覽。臣謹按《六典》，左右拾遺，掌供奉諷諫，凡發令舉事，有不便於時、不合於道者，小則上封，大則廷諍。其選甚重，其秩甚卑，所以然者，抑有由也。大凡人之情，位高則惜其位，身貴則愛其身；惜位則偷合而不言，愛身則苟容而不諫，此必然之理也。故拾遺之置，所以卑其秩者，使位未足惜，身未足愛也。所以重其選者，使下不忍負心，上不忍負恩也。夫位不足惜，恩不忍負，然後能有闕必規，有違必諫。朝廷得失無不察，天下利病無不言。此國朝置拾遺之本意也。由是而言，豈小臣愚劣暗懦所宜居之哉?

況臣本鄉校豎儒，府縣走吏，委心泥滓，絕望煙霄。豈意聖慈，擢居近職，每宴飲無不先預，每慶賜無不先沾，中廄之馬代其勞，內廚之膳給其食。朝慚夕惕，已逾半年，塵曠漸深，憂愧彌劇。未申微效，又擢清班。臣所以授官已來僅經十日，食不知味，寢不遑安。唯思粉身以答殊寵，但未獲粉身之所耳。

今陛下肇臨皇極，初受鴻名，夙夜憂勤，以求致理。每施一政、舉一事，無不合於道、便於時者。萬一事有不便於時者，陛下豈不欲聞之乎? 萬一政有不合於道者，陛下豈不欲知之乎? 倘陛下言動之際，詔令之間，小有闕遺，稍關損益，臣必密陳所見，潛獻所聞，但在聖心裁斷而已。臣又職在禁中，不同外司，欲竭愚誠，合先陳露。伏希天鑒，深察赤誠。

居易與河南元稹相善，同年登制舉，交情隆厚。稹自監察御史謫為江陵府士曹掾，翰林學士李絳、崔群上前面論稹無罪，居易累疏切諫曰：

臣昨緣元稹左降，頻已奏聞。臣內察事情，外聽眾議，元稹左降有不可者三。何者？元稹守官正直，人所共知。自授御史已來，舉奏不避權勢，只如奏李佐公等事，多是朝廷親情。人誰無私，因以挾恨，或假公議，將報私嫌，遂使誣謗之聲，上聞天聽。臣恐元稹左降已後，凡在位者，每欲舉職，必先以稹為誡，無人肯為陛下當官守法，無人肯為陛下嫉惡繩愆。內外權貴親黨，縱有大過大罪者，必相容隱而已，陛下從此無由得知。此其不可者一也。

昨元稹所追勘房式之事，心雖徇公，事稍過當。既從重罰，足以懲違，況經謝恩，旋又左降。雖引前事以為責辭，然外議喧喧，皆以為稹與中使劉士元爭廳，因此獲罪。至於爭廳事理，已具前狀奏陳。況聞士元蹋破驛門，奪將鞍馬，仍索弓箭，嚇辱朝官，承前已來，未有此事。今中官有罪，未聞處置；御史無過，卻先貶官。遠近聞知，實損聖德。臣恐從今已後，中官出使，縱暴益甚；朝官受辱，必不敢言。縱有被淩辱毆打者，亦以元稹為戒，但吞聲而已。陛下從此無由得聞。此其不可二也。

臣又訪聞元稹自去年已來，舉奏嚴礪在東川日枉法，沒入平人資產八十餘家；又奏王沼違法給券，令監軍押柩及家口入驛；又奏裴玢違敕征百姓草；又奏韓皋使軍將封杖打殺縣令。如此之事，前後甚多，屬朝廷法行，悉有懲罰。計天下方鎮，皆怒元稹守官。今貶為江陵判司，即是送與方鎮，從此方便報怨，朝廷何由得知？臣伏聞德宗時有崔善貞者，告李錡必反，德宗不信，送與李錡，錡掘坑熾火，燒殺善貞。曾未數年，李錡果反，至今天下為之痛心。臣恐元稹貶官，方鎮有過，無人敢言，陛下無由得知不法之事。此其不可者三也。

若無此三不可，假如朝廷誤左降一御史，蓋是小事，臣安敢煩瀆聖聽，至於再三！誠以所損者深，所關者大，以此思慮，敢不極言！

疏入不報。

又淄青節度使李師道進絹，為魏徵子孫贖宅。居易諫曰：「徵是陛下先朝宰相，太宗嘗賜殿材成其正室，尤與諸家第宅不同。子孫典貼，其錢不多，自可官中為之收贖，而令師道掠美，事實非宜。」憲宗深然之。

上又欲加河東王鍔平章事，居易諫曰：「宰相是陛下輔臣，非賢良不可當此位。鍔誅剝民財，以市恩澤，不可使四方之人謂陛下得王鍔進奉，而與之宰相，深無益於聖朝。」乃止。

王承宗拒命，上令神策中尉吐突承璀為招討使，諫官上章者十七八。居易面論，辭情切至。既而又請罷河北用兵，凡數千百言，皆人之難言者，上多聽納。唯諫承璀事切，上頗不悅，謂李絳曰：「白居易小子，是朕拔擢致名位，而無禮於朕，朕實難奈。」絳對曰：「居易所以不避死亡之誅，事無巨細必言者，蓋酬陛下特力拔擢耳，非輕言也。陛下欲開諫諍之路，不宜阻居易言。」上曰：「卿言是也。」由是多見聽納。

五年，當改官，上謂崔群曰：「居易官卑俸薄，拘於資地，不能超等，其官可聽自便奏來。」居易奏曰：「臣聞姜公輔為內職，求為京府判司，為奉親也。臣有老母，家貧養薄，乞如公輔例。」於是，除京兆府戶曹參軍。六年四月，丁母陳夫人之喪，退居下邽。九年冬，入朝，授太子左贊善大夫。

十年七月，盜殺宰相武元衡，居易首上疏論其冤，急請捕賊以雪國恥。宰相以宮官非諫職，不當先諫官言事。會有素惡居易者，掎摭居易，言浮華無行，其母因看花墮井而死，而居易作賞花及新井詩，甚傷名教，不宜置彼周行。執政方惡其言事，奏貶為江表刺史。詔出，中書舍人王涯上疏論之，言居易所犯狀跡，不宜治郡，追詔授江州司馬。

居易儒學之外，尤通釋典，常以忘懷處順為事，都不以遷謫介意。在湓城，立隱舍於廬山遺愛寺，嘗與人書言之曰：「予去年秋始遊廬山，到東西二林間香爐峰下，見雲木泉石，勝絕第一。愛不能舍，因立草堂。前有喬松十數株，修竹千餘竿，青羅為牆援，白石為橋道，流水周於舍下，飛泉落於簷間，紅榴白蓮，羅生池砌。」居易與湊、滿、朗、晦四禪師，追永、遠、宗、雷之跡，為人外之交。每相攜遊詠，躋危登險，極林泉之幽邃。至於翛然順適之際，幾欲忘其形骸。或經時不歸，或逾月而返，郡守以朝貴遇之，不之責。

時元稹在通州，篇詠贈答往來，不以數千里為遠。嘗與稹書，因論作文之大旨曰：

夫文，尚矣，三才各有文。天之文三光首之；地之文五材首之；人之文《六經》道之。就《六經》言，《詩》又首之。何者？聖人感人心而天下和平。感人心者，莫先乎情，莫始乎言，莫切乎聲，莫深乎義。詩者，根情，苗言，華聲，實義。上自賢聖，下至愚騃，微及豚魚，幽及鬼神。群分而氣同，形異而情一。未有聲入而不應、情交而不感者。聖人知其然，因其言，經之以六義；緣其聲，緯之以五音。音有韻，義有類。韻協則言順，言順則聲易入；類舉則情見，情見則感易交。於是乎孕大含深，貫微洞密，上下通而二氣泰，憂樂合而百志熙。二帝三王所以直道而行、垂拱而理者，揭此以為大柄，決此以為大寶也。故聞「元首明，股肱良」之歌，則知虞道昌矣。聞五子洛汭之歌，則知夏政荒矣。言者無罪，聞者作誡，言者聞者莫不兩盡其心焉。

洎周衰秦興，采詩官廢，上不以詩補察時政，下不以歌泄導人情。用至於諂成之風動，救失之道缺。於時六義始刓矣。《國風》變為《騷辭》，五言始於蘇、李。《詩》、《騷》皆不遇者，各繫其志，發而為文。故河梁之句，止於傷別；澤畔之吟，歸於怨思。彷徨抑鬱，不暇及他耳。然去《詩》未遠，梗概尚存。故興離別則引雙鳧一雁為喻，諷君子小人則引香草惡鳥為比。雖義類不具，猶得風人之什二三焉。於時六義始缺矣。晉、宋已還，得者蓋寡。以康樂之奧博，多溺於山水；以淵明之高古，偏放於田園。江、鮑之流，又狹於此。如梁鴻《五噫》之例者，百無一二。於時六義浸微矣！陵夷至於梁、陳間，率不過嘲風雪、弄花草而已。噫！風雪花草之物，《三百篇》中豈舍之乎？顧所用何如耳。設如「北風其涼」，假風以刺威虐；「雨雪霏霏」，因雪以湣征役；「棠棣之華」，感華以諷兄弟；「采采芣苡」，美草以樂有子也。皆興發於此而義歸於彼。反是者，可乎哉！然則「餘霞散成綺，澄江淨如練」，「歸花先委露，別葉乍辭風」之什，麗則麗矣，吾不知其所諷焉。故僕所謂嘲風雪、弄花草而已。於時六義盡去矣。

唐興二百年，其間詩人不可勝數。所可舉者，陳子昂有《感遇詩》二十首，鮑防《感興詩》十五篇。又詩之豪者，世稱李、杜。李之作，才矣！奇矣！人不逮矣！索其風雅比興，十無一焉。杜詩最多，可傳者千餘首。至於貫穿古今，覼縷格律，盡工盡善，又過於李焉。然撮其《新安》、《石壕》、《潼關吏》、《蘆子關》、《花門》之章，「朱門酒肉臭，路有凍死骨」之句，亦不過十三四。杜尚如此，況不逮杜者乎？僕常痛詩道崩壞，忽忽憤發，或廢食輟寢，不量才力，欲扶起之。嗟乎！事有大謬者，又不可一二而言，然亦不能不粗陳於左右。

僕始生六七月時，乳母抱弄於書屏下，有指「之」字、「無」字示僕者，僕口未能言，心已默識。後有問此二字者，雖百十其試，而指之不差。則知僕宿習之緣，已在文字中矣。及五六歲，便學為詩。九歲諳識聲韻。十五六，始知有進士，苦節讀書。二十已來，晝課賦，夜課書，間又課詩，不遑寢息矣。以至於口舌成瘡，手肘成胝。既壯而膚革不豐盈，未老而齒髮早衰白；瞥然如飛蠅垂珠在眸子中者，動以萬數，蓋以苦學力文之所致！

又自悲家貧多故，年二十七，方從鄉賦。既第之後，雖專於科試，亦不廢詩。及授校書郎時，已盈三四百首。或出示交友如足下輩，見皆謂之工，其實未窺作者之域耳。自登朝來，年齒漸長，閱事漸多。每與人言，多詢時務；每讀書史，多求理道。始知文章合為時而著，歌詩合為事而作。是時皇帝初即位，宰府有正人，屢降璽書，訪人急病。

僕當此日，擢在翰林，身是諫官，月請諫紙。啓奏之間，有可以救濟人病，裨補時闕，而難於指言者，輒詠歌之，欲稍稍進聞於上。上以廣宸聽，副憂勤；次以酬恩獎，塞言責；下以復吾平生之志。豈圖志未就而悔已生，言未聞而謗已成矣！

又請為左右終言之。凡聞僕《賀雨詩》，眾口籍籍，以為非宜矣；聞僕《哭孔戡詩》，眾面脈脈，盡不悅矣；聞《秦中吟》，則權豪貴近者，相目而變色矣；聞《登樂遊園》寄足下詩，則執政柄者扼腕矣；聞《宿紫閣村》詩，則握軍要者切齒矣！大率如此，不可遍舉。不相與者，號為沽譽，號為詆訐，號為訕謗。苟相與者，則如牛僧孺之誡焉。乃至骨肉妻孥，皆以我為非也。其不我非者，舉世不過三兩人。有鄧魴者，見僕詩而喜，無何魴死。有唐衢者，見僕詩而泣，未幾而衢死。其餘即足下。足下又十年來困躓若此。

嗚呼！豈六義四始之風，天將破壞，不可支持耶？抑又不知天意不欲使下人病苦聞於上耶？不然，何有志於詩者，不利若此之甚也！

然僕又自思關東一男子耳，除讀書屬文外，其他懵然無知，乃至書畫棋博，可以接群居之歡者，一無通曉，即其愚拙可知矣！初應進士時，中朝無緦麻之親，達官無半面之舊；策蹇步於利足之途，張空拳於戰文之場。十年之間，三登科第，名落眾耳，跡升清貫，出交賢俊，入侍冕旒。始得名於文章，終得罪於文章，亦其宜也。

日者聞親友間説，禮、吏部舉選人，多以僕私試賦判為準的。其餘詩句，亦往往在人口中。僕恧然自愧，不之信也。及再來長安，又聞有軍使高霞寓者，欲聘倡妓，妓大誇曰：「我誦得白學士《長恨歌》，豈同他哉?」由是增價。又足下書云：到通州日，見江館柱間有題僕詩者。何人哉？又昨過漢南日，適遇主人集眾娛樂，他賓諸妓見僕來，指而相顧曰：此是《秦中吟》、《長恨歌》主耳。自長安抵江西三四千里，凡鄉校、佛寺、逆旅、行舟之中，往往有題僕詩者；士庶、僧徒、孀婦、處女之口，每有詠僕詩者。此誠雕篆之戲，不足為多，然今時俗所重，正在此耳。雖前賢如淵、雲者，前輩如李、杜者，亦未能忘情於其間。

古人云：「名者公器，不可多取。」僕是何者，竊時之名已多。既竊時名，又欲竊時之富貴，使己為造物者，肯兼與之乎？今之屯窮，理固然也。況詩人多蹇，如陳子昂、杜甫，各授一拾遺，而屯剝至死。孟浩然輩不及一命，窮悴終身。近日孟郊六十，終試協律；張籍五十，未離一太祝。彼何人哉！況僕之才又不逮彼。今雖謫佐遠郡，而官品至第五，月俸四五萬，寒有衣，飢有食，給身之外，施及家人。亦可謂不負白氏子矣。微之，微之！勿念我哉！

僕數月來，檢討囊帙中，得新舊詩，各以類分，分為卷目。自拾遺來，凡所遇所感，關於美刺興比者；又自武德至元和，因事立題，題為《新樂府》者，共一百五十首，謂之諷諭詩。又或退公，或卧病閒居，知足保和，吟玩性情者一百首，謂之閒適詩。又有事物牽於外，情理動於內，隨感遇而形於歎詠者一百首，謂之感傷詩。又有五言、七言、長句、絕句，自百韻至兩韻者，四百餘首，謂之雜律詩。凡為十五卷，約八百首。異時相見，當盡致於執事。

微之，古人云：「窮則獨善其身，達則兼濟天下。」僕雖不肖，常師此語。大丈夫所守者道，所待者時。時之來也，為雲龍，為風鵬，勃然突然，陳力以出；時之不來也，為霧豹，為冥鴻，寂兮寥兮，奉身而退。進退出處，何往而不自得哉！故僕志在兼濟，行在獨善，奉而始終之則為道，言而發明之則為詩。謂之諷諭詩，兼濟之志也；謂之閒適詩，獨善之義也。故覽僕詩者，知僕之道焉。其餘雜律詩，或誘於一時一物，發於一笑一吟，率然成章，非平生所尚者，但以親朋合散之際，取其釋恨佐歡，今銓次之間，未能刪去。他時有為我編集斯文者，略之可也。

微之，夫貴耳賤目，榮古陋今，人之大情也。僕不能遠征古舊，如近歲韋蘇州歌行，才麗之外，頗近興諷；其五言詩，又高雅閒淡，自成一家之體，今之秉筆者誰能及之？然當蘇州在時，人亦未甚愛重，必待身後，人始貴之。今僕之詩，人所愛者，悉不過雜律詩與《長恨歌》已下耳。時之所重，僕之所輕。至於諷諭者，意激而言質；閒適者，思澹而辭迂。以質合迂，宜人之不愛也。今所愛者，並世而生，獨足下耳。然百千年後，安知復無如足下者出，而知愛我詩哉？故自八九年來，與足下小通則以詩相戒，小窮則以詩相勉，索居則以詩相慰，同處則以詩相娛。知吾罪吾，率以詩也。

如今年春遊城南時，與足下馬上相戲，因各誦新豔小律，不雜他篇，自皇子陂歸昭國里，迭吟遞唱，不絕聲者二十里餘。樊、李在傍，無所措口。知我者以為詩仙，不知我者以為詩魔。何則？勞心靈，役聲氣，連朝接夕，不自知其苦，非魔而何？偶同人當美景，或花時宴罷，或月夜酒酣，一詠一吟，不覺老之將至。雖驂鸞鶴、遊蓬瀛者之適，無以加於此焉，又非仙而何？微之，微之！此吾所以與足下外形骸、脫蹤跡、傲軒鼎、輕人寰者，又以此也。

當此之時，足下興有餘力，且欲與僕悉索還往中詩，取其尤長者，如張十八古樂府，李二十新歌行，盧、楊二秘書律詩，竇七、元八絕句，博搜精掇，編而次之，號為《元白往還集》。眾君子得擬議於此者，莫不踴躍欣喜，以為盛事。嗟乎！言未終而足下左轉，不數月而僕又繼行，心期索然，何日成就？又可為之太息矣！

僕常語足下，凡人為文，私於自是，不忍於割截，或失於繁多。其間妍媸，益又自惑。必待交友有公鑒無姑息者，討論而削奪之，然後繁簡當否，得其中矣。況僕與足下，為文尤患其多。己尚病，況他人乎？今且各纂詩筆，粗為卷第，待與足下相見日，各出所有，終前志焉。又不知相遇是何年，相見是何地，溘然而至，則如之何？微之知我心哉！

潯陽臘月，江風苦寒，歲暮鮮歡，夜長少睡。引筆鋪紙，悄然燈前，有念則書，言無銓次。勿以繁雜為倦，且以代一夕之話言也。

居易自敍如此，文士以為信然。

十三年冬，量移忠州刺史。自潯陽浮江上峽。十四年三月，元稹會居易於峽口，停舟夷陵三日。時季弟行簡從行，三人於峽州西二十里黃牛峽口石洞中，置酒賦詩，戀戀不能訣。南賓郡當峽路之深險處也，花木多奇。居易在郡，為《木蓮荔枝圖》，寄朝中親友，各記其狀曰：「荔枝生巴、峽間，形圓如帷蓋。葉如桂，冬青；華如橘，春榮；實如丹，夏熟。朵如蒲萄，核如枇杷，殼如紅繒，膜如紫綃，瓤肉瑩白如雪，漿液甘酸如醴酪。大略如此，其實過之。若離本枝，一日而色變，二日而香變，三日而味變，四五日外，色香味盡去矣。」「木蓮，大者高四五丈，巴民呼為黃心樹，經冬不凋。身如青楊，有白文。葉如桂，厚大無脊。花如蓮，香色豔膩皆同，獨房蕊有異。四月初始開，自開迨謝，僅二十日。元和十四年夏，命道士毋丘元志寫之。惜其遐僻，因以三絕賦之。」有「天教抛擲在深山」之句，咸傳於都下，好事者喧然模寫。

其年冬，召還京師，拜司門員外郎。明年，轉主客郎中、知制誥，加朝散大夫，始著緋。時元稹亦征還為尚書郎、知制誥，同在綸閣。長慶元年三月，受詔與中書舍人王起覆試禮部侍郎錢徽下及第人鄭朗等一十四人。十月，轉中書舍人。十一月，穆宗親試制舉人，又與賈餗、陳岵為考策官。凡朝廷文字之職，無不首居其選，然多為排擯，不得用其才。

時天子荒縱不法，執政非其人，制禦乖方，河朔復亂。居易累上疏論其事，天子不能用，乃求外任。七月，除杭州刺史。俄而元稹罷相，自馮翊轉浙東觀察使。交契素深，杭、越鄰境，篇詠往來，不間旬浹。嘗會於境上，數日而別。秩滿，除太子左庶子，分司東都。寶曆中，復出為蘇州刺史。文宗即位，征拜秘書監，賜金紫。九月上誕節，召居易與僧惟澄、道士趙常盈對御講論於麟德殿。居易論難鋒起，辭辨泉注，上疑宿構，深嗟挹之。大和二年正月，轉刑部侍郎，封晉陽縣男，食邑三百戶。三年，稱病東歸，求為分司官，尋除太子賓客。

居易初對策高第，擢入翰林，蒙英主特達顧遇，頗欲奮厲效報，苟致身於訏謨之地，則兼濟生靈，蓄意未果，望風為當路者所擠，流徙江湖。四五年間，幾淪蠻瘴。自是宦情衰落，無意於出處，唯以逍遙自得、吟詠情性為事。大和已後，李宗閔、李德裕朋黨事起，是非排陷，朝升暮黜，天子亦無如之何。楊穎士、楊虞卿與宗閔善，居易妻，穎士從父妹也。居易愈不自安，懼以黨人見斥，乃求致身散地，冀於遠害。凡所居官，未嘗終秩，率以病免，固求分務，識者多之。五年，除河南尹。七年，復授太子賓客分司。

初，居易罷杭州，歸洛陽。於履道里得故散騎常侍楊憑宅，竹木池館，有林泉之致。家妓樊素、蠻子者，能歌善舞。居易既以尹正罷歸，每獨酌賦詠於舟中，因為《池上篇》曰：

東都風土水木之勝在東南偏，東南之勝在履道里，里之勝在西北隅，西閈北垣第一第，即白氏叟樂天退老之地。地方十七畝，屋室三之一，水五之一，竹九之一，而島樹橋道間之。初樂天既為主，喜且曰：「雖有池臺，無粟不能守也」，乃作池東粟廩。又曰：「雖有子弟，無書不能訓也。」乃作池北書庫。又曰：「雖有賓朋，無琴酒不能娛也」，乃作池西琴亭，加石樽焉。

樂天罷杭州刺史，得天竺石一、華亭鶴二以歸。始作西平橋，開環池路。罷蘇州刺史時，得太湖石五、白蓮、折腰菱、青板舫以歸，又作中高橋，通三島逕。罷刑部侍郎時，有粟千斛，書一車，洎臧獲之習管磬弦歌者指百以歸。先是潁川陳孝仙與釀酒法，味甚佳；博陵崔晦叔與琴，韻甚清；蜀客姜發授《秋思》，聲甚淡；弘農楊貞一與青石三，方長平滑，可以坐臥。

大和三年夏，樂天始得請為太子賓客，分秩於洛下，息躬於池上。凡三任所得，四人所與，洎吾不才身，今率為池中物。每至池風春，池月秋，水香蓮開之旦，露清鶴唳之夕，拂楊石，舉陳酒，援崔琴，彈《秋思》，頹然自適，不知其他。酒酣琴罷，又命樂童登中島亭，合奏《霓裳散序》，聲隨風飄，或凝或散，悠揚於竹煙波月之際者久之。曲未竟，而樂天陶然石上矣。睡起偶詠，非詩非賦，阿龜握筆，因題石間。視其粗成韻章，命為《池上篇》云：

十畝之宅，五畝之園，有水一池，有竹千竿。勿謂土狹，勿謂地偏，足以容膝，足以息肩。有堂有亭，有橋有船，有書有酒，有歌有弦。有叟在中，白鬚颯然，識分知足，外無求焉。如鳥擇木，姑務巢安；如蛙作坎，不知海寬。靈鵲怪石，紫菱白蓮，皆吾所好，盡在我前。時引一杯，或吟一篇。妻孥熙熙，雞犬閒閒。優哉遊哉，吾將老乎其間。

又效陶潛《五柳先生傳》，作《醉吟先生傳》以自況。文章曠達，皆此類也。

大和末，李訓構禍，衣冠塗地，士林傷感，居易愈無宦情。開成元年，除同州刺史，辭疾不拜。尋授太子少傅，進封馮翊縣開國侯。四年冬，得風病，伏枕者累月，乃放諸妓女樊、蠻等，仍自為墓誌，病中吟詠不輟。自言曰：「予年六十有八，始患風痹之疾，體郤首肱，左足不支。蓋老病相乘，有時而至耳。予棲心釋梵，浪跡老、莊，因疾觀身，果有所得。何則？外形骸而內忘憂患，先禪觀而後順醫治。旬月以還，厥疾少間，杜門高枕，淡然安閒。吟詠興來，亦不能遏，遂為《病中詩》十五篇以自諭。」

會昌中，請罷太子少傅，以刑部尚書致仕。與香山僧如滿結香火社，每肩輿往來，白衣鳩杖，自稱香山居士。

大中元年卒，時年七十六，贈尚書右僕射。有文集七十五卷，《經史事類》三十卷，並行於世。長慶末，浙東觀察使元稹，為居易集序曰：

樂天始未言，試指「之」、「無」字，能不誤。始既言，讀書勤敏，與他兒異。五六歲識聲韻，十五志辭賦，二十七舉進士。貞元末，進士尚馳競，不尚文，就中六籍尤擯落。禮部侍郎高郢始用經藝為進退，樂天一舉擢上第。明年，中拔萃甲科，由是《性習相近遠》、《玄珠》、《斬白蛇劍》等賦洎百節判，新進士競相傳於京師。會憲宗皇帝策召天下士，對詔稱旨，又登甲科。

未幾，選入翰林，掌制誥。比比上書言得失，因為《賀雨》詩、《秦中吟》等數十章，指言天下事，時人比之《風》、《騷》焉。

予始與樂天同秘書，前後多以詩章相贈答。予讁掾江陵，樂天猶在翰林，寄予百韻律體及雜體，前後數十詩。是後各佐江、通，復相酬寄。巴、蜀、江、楚間洎長安中少年，遞相仿效，競作新辭，自謂為元和詩。而樂天《秦中吟》、《賀雨》諷諭、閒適等篇，時人罕能知者。然而二十年間，禁省觀寺、郵候牆壁之上無不書；王公妾婦、牛童馬走之口無不道。其繕寫模勒，炫賣於市井，或因之以交酒茗者，處處皆是。其甚有至盜竊名姓，苟求自售，雜亂間廁，無可奈何。予嘗於平水市中，見村校諸童，競習歌詠，召而問之，皆對曰：「先生教我樂天、微之詩。」固亦不知予為微之也。又雞林賈人求市頗切，自云：「本國宰相，每以一金換一篇，甚偽者，宰相輒能辨別之。」自篇章已來，未有如是流傳之廣者。

長慶四年，樂天自杭州刺史以右庶子召還，予時刺會稽，因得盡徵其文，手自排纘，成五十卷，凡二千二百五十一首。前輩多以前集、中集為名，予以為陛下明年當改元，長慶訖於是矣，因號《白氏長慶集》。

大凡人之文各有所長，樂天長可以為多矣。夫諷諭之詩長於激，閒適之時長於遣，感傷之詩長於切，五字律詩百言而上長於贍，五字、七字百言而下長於情，賦贊箴誡之類長於當，碑記敘事制誥長於實，啓奏表狀長於直，書檄辭册剖判長於盡。總而言之，不亦多乎哉！

人以為稹序盡其能事。

居易嘗寫其文集，送江州東西二林寺、洛城香山聖善等寺，如佛書雜傳例流行之。無子，以其侄孫嗣。遺命不歸下邽，可葬於香山如滿師塔之側，家人從命而葬焉。

行簡，字知退。貞元末，登進士第，授秘書省校書郎。元和中，盧坦鎮東蜀，辟為掌書記。府罷，歸潯陽。居易授江州司馬，從兄之郡。十五年，居易入朝為尚書郎，行簡亦授左拾遺。累遷司門員外郎、主客郎中。長慶末，振武奏水運營田使賀拔志言營田數過實，詔令行簡按覆之。不實，志懼，自刺死。行簡寶曆二年冬病卒，有文集一十卷。行簡文筆有兄風，辭賦尤稱精密，文士皆師法之。居易友愛過人，兄弟相待如賓客。行簡子龜兒，多自教習，以至成名。當時友悌，無以比焉。

敏中，字用晦，居易從父弟也。祖鏻，位終揚府録事參軍。父季康，溧陽令。敏中少孤，為諸兄之所訓歷。長慶初，登進士第，佐李聽，歷河東、鄭滑、邠寧三府節度掌書記，試大理評事。大和七年，丁母憂，退居下邽。會昌初，為殿中侍御史，分司東都。尋除戶部員外郎，還京。

武宗皇帝素聞居易之名，及即位，欲徵用之。宰相李德裕言居易衰病，不任朝謁，因言從弟敏中辭藝類居易，即日知制誥，召入翰林充學士，遷中書舍人。累至兵部侍郎、學士承旨。會昌末，同平章事，兼刑部尚書、集賢史館大學士。宣宗即位，加右僕射、金紫光禄大夫、太清宮使、太原郡開國公、食邑二千戶。及李德裕再貶嶺南，敏中居四輔之首，雷同毀譽，無一言伸理，特論罪之。五年，罷相，檢校司空，出為邠州刺史、邠寧節度、招撫党項都制置等使。七年，進位特進、成都尹、劍南西川節度副大使、知節度等事。十一年二月，檢校司徒、平章事、江陵尹、荊南節度使。懿宗即位，徵拜司徒、門下侍郎、平章事，復輔政。尋加侍中。三年罷相，為河中尹、河中晉絳節度使。累遷中書令。太子太師致仕，卒。（《舊唐書》卷一六六，中華書局本，第十三册，第四三四〇～四三五九頁）

《舊唐書·元稹傳》

元稹，字微之，河南人。後魏昭成皇帝，稹十代祖也。兵部尚書、昌平公巖，六代祖也。曾祖延景，岐州參軍。祖悱，南頓丞。父寬，比部郎中、舒王府長史，以稹貴，贈左僕射。

稹八歲喪父，其母鄭夫人，賢明婦人也，家貧，為稹自授書，教之書學。稹九歲能屬文。十五兩經擢第。二十四調判入第四等，授秘書省校書郎。二十八應制舉才識兼茂、明於體用科，登第者十八人，稹為第一，元和元年四月也。制下，除右拾遺。

稹性鋒鋭，見事風生。既居諫垣，不欲碌碌自滯，事無不言，即日上疏論諫職。又以前時王叔文、王伾以猥褻待詔，蒙幸太子，永貞之際，大撓朝政。是以訓導太子宮官，宜選正人，乃獻《教本書》曰……憲宗覽之甚悦。

又論西北邊事，皆朝政之大者，憲宗召對，問方略。為執政所忌，出為河南縣尉。丁母憂，服除，拜監察御史。四年，奉使東蜀，劾奏故劍南東川節度使嚴礪違制擅賦，又籍沒塗山甫等吏民八十八户、田宅一百一十一、奴婢二十七人、草千五百束、錢七千貫。時礪已死，七州刺史皆責罰。稹雖舉職，而執政有與礪厚者，惡之。使還，令分務東臺。浙西觀察使韓皐封杖決湖州安吉令孫澥，四日內死。徐州監軍使孟昇卒，節度使王紹傳送昇喪柩還京，給券乘驛，仍於郵舍安喪柩。稹並劾奏以法。河南尹房式為不法事，稹欲追攝，擅令停務。既飛表聞奏，罰式一月俸，仍召稹還京。宿敷水驛，内官劉士元後至，爭廳，士元怒，排其户，稹襪而走廳後。士元追之，後以箠擊稹傷面。執政以稹少年後輩，務作威福，貶為江陵府士曹參軍。

稹聰警絕人，年少有才名，與太原白居易友善。工為詩，善狀詠風態物色，當時言詩者稱元、白焉。自衣冠士子，至閭閻下俚，悉傳諷之，號為「元和體」。既以俊爽不容於朝，流放荊蠻者僅十年。俄而白居易亦貶江州司馬，稹量移通州司馬。雖通、江懸邈，而二人來往贈答。凡所為詩，有自三十、五十韻乃至百韻者。江南人士，傳道諷誦，流聞闕下，里巷相傳，為之紙貴。觀其流離放逐之意，靡不淒惋。

十四年，自虢州長史徵還，為膳部員外郎。宰相令狐楚一代文宗，雅知稹之辭學，謂稹曰：「嘗覽足下製作，所恨不多，遲之久矣。請出其所有，以豁予懷。」稹因獻其文，自敘曰：……楚深稱賞，以為今代之鮑、謝也。

穆宗皇帝在東宮，有妃嬪左右嘗誦稹歌詩以為樂曲者，知稹所為，嘗稱其善，宮中呼為元才子。荊南監軍崔潭峻甚禮接稹，不以掾吏遇之，常徵其詩什諷誦之。長慶初，潭峻歸朝，出稹《連昌宮辭》等百餘篇奏御，穆宗大悅，問稹安在，對曰：「今為南宮散郎。」即日轉祠部郎中、知制誥。朝廷以書命不由相府，甚鄙之，然辭誥所出，敻然與古為侔，遂盛傳於代，由是極承恩顧。嘗為《長慶宮辭》數十百篇，京師競相傳唱。居無何，召入翰林，為中書舍人、承旨學士。中人以潭峻之故，爭與稹交，而知樞密魏弘簡尤與稹相善，穆宗愈深知重。河東節度使裴度三上疏，言稹與弘簡為刎頸之交，謀亂朝政，言甚激訐。穆宗顧中外人情，乃罷稹內職，授工部侍郎。上恩顧未衰，長慶二年，拜平章事。詔下之日，朝野無不輕笑之。

時王廷湊、朱克融連兵圍牛元翼於深州，朝廷俱赦其罪，賜節鉞，令罷兵，俱不奉詔。稹以天子非次拔擢，欲有所立以報上。有和王傅于方者，故司空頔之子，干進於稹，言有奇士王昭、王友明二人，嘗客於燕、趙間，頗與賊黨通熟，可以反間而出元翼，仍自以家財資其行，仍賂兵、吏部令史為出告身二十通，以便宜給賜，稹皆然之。有李賞者，知于方之謀，以稹與裴度有隙，乃告度云：「于方為稹所使，欲結客王昭等刺度。」度隱而不發。及神策軍中尉奏于方之事，乃詔三司使韓皋等訊鞫，而害裴事無驗，而前事盡露，遂俱罷稹、度平章事，乃出稹為同州刺史，度守僕射。諫官上疏，言責度太重，稹太輕，上心憐稹，止削長春宮使。

稹初罷相，三司獄未奏，京兆尹劉遵古遣坊所由潛邏稹居第，稹奏訴之，上怒，罰遵古，遣中人撫諭稹。稹至同州，因表謝上，自敘曰：……

在郡二年，改授越州刺史、兼御史大夫、浙東觀察使。會稽山水奇秀，稹所辟幕職，皆當時文士，而鏡湖、秦望之遊，月三四焉。而諷詠詩什，動盈卷帙。副使竇鞏，海內詩名，與稹酬唱最多，至今稱蘭亭絕唱。稹既放意娛遊，稍不修邊幅，以瀆貨聞於時。凡在越八年。

大和初，就加檢校禮部尚書。三年九月，入為尚書左丞。振舉紀綱，出郎官頗乖公議者七人。然以稹素無檢操，人情不厭服。會宰相王播倉卒而卒，稹大為路歧，經營相位。四年正月，檢校户部尚書，兼鄂州刺史、御史大夫、武昌軍節度使。五年七月二十二日暴疾，一日而卒於鎮，時年五十三，贈尚書右僕射。有子曰道護，時年三歲。稹仲兄司農少卿積，營護喪事。所著詩賦、詔册、銘誄、論議等雜文一百卷，號曰《元氏長慶集》。又著古今刑政書三百卷，號《類集》，並行於代。稹長慶末因編刪其文稿，自敘曰：……其自敘如此，欲知其作者之意，備於此篇。

稹文友與白居易最善。後進之士，最重麗嚴，言其文體類己，保薦之。(《舊唐書》卷一六六，中華書局本，第十三册，第四三二七～四三三九頁)

智按：「元和體」云云，《太平御覽》卷五百八十六「文部二詩」、《册府元龜》卷八百四十一「總録部文章第五」、清世宗胤禛定《御定子史精華》卷六十八「文學部四文辭下・元和體」文字悉同。

《舊唐書·元白傳論贊》

史臣曰：舉才選士之法，尚矣！自漢策賢良，隋加詩賦，罷中正之法，委銓舉之司。由是爭務雕蟲，罕趨函丈，矯首皆希於屈、宋，駕肩並擬於《風》、《騷》。或侔箴闕之篇，或敎補亡之句。咸欲錙銖《采葛》，糠秕《懷沙》，較麗藻於碧雞，鬬新奇於白鳳。暨編之簡牘，播在管弦，未逃季緒之詆訶，孰望《子虛》之稱賞？迨今千載，不乏辭人，統論六義之源，較其三變之體，如二班者蓋寡，類七子者幾何？至潘、陸情致之文，鮑、謝清便之作，迨於徐、庾，踵麗增華，纂組成而耀以珠璣，瑤臺構而間之金碧。國初開文館，高宗禮茂才，虞、許擅價於前，蘇、李馳聲於後。或位升臺鼎，學際天人，潤色之文，咸布編集。然而向古者傷於太僻，徇華者或至不經，齷齪者局於宮商，放縱者流於鄭、衛。若品調律度，揚搉古今，賢不肖皆賞其文，未如元、白之盛也。昔建安才子，始定霸於曹、劉；永明辭宗，先讓功於沈、謝。元和主盟，微之、樂天而已。臣觀元之制策，白之奏議，極文章之壼奧，盡治亂之根荄。非徒謠頌之片言，盤盂之小說。就文觀行，居易為優，放心於自得之場，置器於必安之地，優遊卒歲，不亦賢乎。

贊曰：文章新體，建安、永明。沈、謝既往，元、白挺生。但留金石，長有《莖英》。不習孫、吳，焉知用兵？（《舊唐書》卷一六六，中華書局本，第十三册，第四三五九～四三六〇頁）

《舊唐書·穆宗本紀》

（貞元十五年十一月）丙申，以司門員外郎白居易為主客郎中、知制誥。（《舊唐書》卷一六，中華書局本，第二册，第四八四頁）

（長慶元年三月）敕今年錢徽下進士及第鄭朗等一十四人，宜令中書舍人王起、主客郎中知制誥白居易等重試以聞。（《舊唐書》卷一六，中華書局本，第二册，第四八八頁）

（長慶元年冬十月）壬午，以尚書主客郎中、知制誥白居易為中書舍人。……

（長慶元年十一月）詔中書舍人白居易、繕（膳）部郎中陳岵、考功員外郎賈餗同考制策。（《舊唐書》卷一六，中華書局本，第二册，第四九二頁）

（長慶二年秋七月）壬寅，出中書舍人白居易為杭州刺史。（《舊唐書》卷一六，中華書局本，第二册，第四九八頁）

《舊唐書・文宗本紀上》

（大和元年三月）戊寅，以前蘇州刺史白居易為秘書監，仍賜金紫。（《舊唐書》卷一七上，中華書局本，第二册，第五二五頁）

（大和二年）二月丁亥朔，以……秘書監白居易為刑部侍郎。（《舊唐書》卷一七上，中華書局本，第二册，第五二八頁）

《舊唐書・文宗本紀下》

（大和四年十二月）戊辰，以太子賓客分司白居易為河南尹，以代韋弘景；以弘景守刑部尚書、東都留守。（《舊唐書》卷一七下，中華書局本，第二册，第五四〇頁）

（大和七年夏四月）壬子，以河南尹白居易為太子賓客，分司東都。（《舊唐書》卷一七下，中華書局本，第二册，第五四九頁）

（大和九年九月）辛亥，以太子賓客分司東都白居易為同州刺史，代楊汝士。（《舊唐書》卷一七下，中華書局本，第二册，第五六〇頁）

（大和九年冬十月）乙未，以新受同州刺史白居易為太子少傅分司，以汝州刺史劉禹錫為同州刺史。（《舊唐書》卷一七下，中華書局本，第二册，第五六二頁）

《舊唐書・竇鞏傳》

竇鞏，字友封，元和二年登進士第。袁滋鎮滑州，辟為從事。滋改荊、襄二鎮，皆從之，掌管記之任。平盧薛平又辟為副使。入朝，拜侍御史，歷司勳員外、刑部郎中。元稹觀察浙東，奏為副使、檢校秘書少監，兼御史中丞，賜金紫。稹移鎮武昌，鞏又從之。鞏能五言詩，昆仲之間，與牟詩俱為時所賞重。性溫雅，多不能持論，士友言議之際，吻動而不發，白居易等目為「囁嚅翁」。終於鄂渚，時年六十。子六人，景餘、師裕最知名。（《舊唐書》卷一五五，中華書局本，第十三册，第四一二二～四一二三頁）

《舊唐書・韓愈傳附張籍傳》

張籍者，貞元中登進士第。性詭激，能為古體詩，有警策之句傳於時。

調補太常寺太祝，轉國子助教、秘書郎。以詩名當代，公卿裴度、令狐楚，才名如白居易、元稹，皆與之遊，而韓愈尤重之。累授國子博士、水部員外郎，轉水部郎中，卒。世謂之張水部云。(《舊唐書》卷一六〇，中華書局本，第十三册，第四二〇四頁)

《舊唐書·唐衢傳》

唐衢者，應進士，久而不第。能為歌詩，意多感發。見人文章有所傷歎者，讀訖必哭，涕泗不能已。每與人言論，既相别，發聲一號，音辭哀切，聞之者莫不淒然泣下。嘗客遊太原，屬戎帥軍宴，衢得預會。酒酣言事，抗音而哭，一席不樂，為之罷會，故世稱唐衢善哭。左拾遺白居易遺之詩曰：「賈誼哭時事，阮籍哭路歧。唐生今亦哭，異代同其悲。唐生者何人？五十寒且飢。不悲口無食，不悲身無衣。所悲忠與義，悲甚則哭之。太尉擊賊日，尚書叱盜時。大夫死凶寇，諫議謫蠻夷。每見如此事，聲發涕輒隨。我亦君之徒，鬱鬱何所為？不能發聲哭，轉作樂府辭。」其為名流稱重若此。竟不登一命而卒。(《舊唐書》卷一六〇，中華書局本，第十三册，第四二〇五頁)

《舊唐書·劉禹錫傳》

……禹錫晚年與少傅白居易友善，詩筆文章，時無在其右者。常與禹錫唱和往來，因集其詩而序之曰：「彭城劉夢得，詩豪者也。其鋒森然，少敢當者。予不量力，往往犯之。夫合應者聲同，交爭者力敵。一往一復，欲罷不能。由是每制一篇，先於視草，視竟則興作，興作則文成。一二年來，日尋筆硯，同和贈答，不覺滋多。大和三年春以前，紙墨所存者，凡一百三十八首。其餘乘興仗醉，率然口號者，不在此數。因命小侄龜兒編勒成兩軸。仍寫二本，一付龜兒，一授夢得小男侖郎，各令收藏，附兩家文集。予頃與元微之唱和頗多，或在人口。嘗戲微之云：『僕與足下二十年來為文友詩敵，幸也！亦不幸也。吟詠情性，播揚名聲，其適遺形，其樂忘老，幸也！然江南士女語才子者，多云元、白，以子之故，使僕不得獨步於吳、越間，此亦不幸也！今垂老復遇夢得，非重不幸耶？』夢得夢得，文之神妙，莫先於詩。若妙與神，則吾豈敢？如夢得『雪裏高山頭白早，海中仙果子生遲』，『沉舟側畔千帆過，病樹前頭萬木春』之句之類，真謂神妙矣！在在處處，應有靈物護持，豈止兩家子弟秘藏而已！」其為名流許與如此。……（《舊唐書》卷一六〇，中華書局本，第十三册，第四二一二～四二一三頁）

《舊唐書・王起傳》

……長慶元年，遷禮部侍郎。其年，錢徽掌貢士，為朝臣請托，人以為濫。詔（王）起與同職白居易覆試，覆落者多。徽貶官，起遂代徽為禮部侍郎。……（《舊唐書》卷一六四，中華書局本，第十三册，第四二七八頁）

《舊唐書・李絳傳》

……前後朝臣裴武、柳公綽、白居易等，或為奸人所排陷，特加貶黜；（李）絳每以密疏申論，皆獲寬宥。……（《舊唐書》卷一六四，中華書局本，第十三册，第四二八七頁）

《舊唐書・錢徽傳》

……徽，貞元初進士擢第，從事戎幕。元和初入朝，三遷祠部員外郎，召充翰林學士。六年，轉祠部郎中、知制誥。八年，改司封郎中、賜緋魚袋，職如故。九年，拜中書舍人。十一年，王師討淮西，詔朝臣議兵，徽上疏言用兵累歲，供饋力殫，宜罷淮西之征。憲宗不悦，罷徽學士之職，守本官。

長慶元年，為禮部侍郎。時宰相段文昌出鎮蜀川。文昌好學，尤喜圖書古畫。故刑部侍郎楊憑兄弟，以文學知名，家多書畫，鍾、王、張、鄭之跡在《書斷》、《畫品》者，兼而有之。憑子渾之求進，盡以家藏書畫獻文昌，求致進士第。文昌將發，面托錢徽，繼以私書保薦。翰林學士李紳亦托舉子周漢賓於徽。及榜出，渾之、漢賓皆不中選。李宗閔與元稹素相厚善。初稹以直道譴逐久之，及得還朝，大改前志。由逕以徼進達，宗閔亦急於進取，二人遂有嫌隙。楊汝士與徽有舊。是歲，宗閔子婿蘇巢及汝士季弟殷士俱及第。故文昌、李紳大怒。文昌赴鎮。辭日，內殿面奏，言徽所放進士鄭朗等十四人，皆子弟藝薄，不當在選中。穆宗以其事訪於學士元稹、李紳，二人對與文昌同。遂命中書舍人王起、主客郎中知制誥白居易，於子亭重試，內出題目《孤竹管賦》、《鳥散餘花落》詩，而十人不中選。詔曰：

國家設文學之科，本求才實，苟容僥倖，則異至公。訪聞近日浮薄之徒，扇為朋黨，謂之關節，干撓主司。每歲策名，無不先定，永言敗俗，深用興懷。鄭朗等昨令重試，意在精核藝能，不於異書之中，固求深僻題目，責令所試成就，以觀學藝淺深。孤竹管是祭天之樂，出於《周禮》正經；閱其呈試之文，都不知其本事，辭律鄙淺，蕪累亦多。比令宣示錢徽，庶其深自懷愧，誠宜盡棄，以警將來。但以四海無虞，人心方泰，用弘寧撫，式示殊恩，特掩爾瑕，庶明予志。孔溫業、趙存約、竇洵直所試粗通，與及第；裴撰特賜及第；鄭朗等十人並落下。自今後禮部舉人，宜準開元二十五年敕，及第訖，所試雜文並策，送中書門下詳覆。

尋貶徽為江州刺史，中書舍人李宗閔劍州刺史，右補闕楊汝士開江令。初議貶徽，宗閔、汝士令徽以文昌、李紳私書進呈，上必開悟。徽曰：「不然。苟無愧心，得喪一致，修身慎行，安可以私書相證耶?」令子弟焚之，人士稱徽長者。

既而穆宗知其朋比之端，乃下詔曰：

昔者，卿大夫相與讓於朝，士庶人相與讓於列；周成王刑措不用，漢文帝恥言人過，真理古也，朕甚慕焉。中代已還，爭端斯起，掩抑其言則專蔽，誘掖其説則侵誣。自非責實循名，不能彰善癉惡，故孝宣必有告訐及下，光武不以單辭遽行。《語》稱訕上之非，律有匿名之禁，皆以防三至之毀，重兩造之明。是以爵人於朝則皆勸，刑人於市則皆懼，罪有歸而賞當事也。

末代偷巧，内荏外剛。卿大夫無進思盡忠之誠，多退有後言之謗；士庶人無切磋琢磨之益，多鑠浸潤之讒。進則諛言謟笑以相求，退則群居州處以相議。留中不出之請，蓋發其陰私；公論不容之誅，是生於朋黨。擢一官，則曰恩皆自我；黜一職，則曰事出他門。比周之跡已彰，尚矜介特；由徑之蹤盡露，自謂貞方。居省寺者不以勤恪涖官，而曰務從簡易；提紀綱者不以準繩檢下，而曰密奏風聞。獻章疏者更相是非，備顧問者互有憎愛。苟非秦鏡照膽，堯羊觸邪，時君聽之，安可不惑？參斷一謬，俗化益訛。禍發齒牙，言生枝葉，率是道也，朕甚憫焉。

我國家貞觀、開元，同符三代，風俗歸厚，禮讓皆行。兵興已來，人散久矣。始欲導之以德，不欲驅之以刑。然而信有未孚，理有未至，曾無恥格，益用雕刓。小則綜核之權，見侵於下輩；大則樞機之重，旁撓於薄徒。尚念因而化之，亦冀去其尤者。而宰臣懼其浸染，未克澄清。備引祖宗之書，願垂勸誡之詔，遂伸告諭，頗用殷勤。各當自省厥躬，與我同底於道。

元稹之辭也。制出，朋比之徒，如撻於市，咸睚眥於紳、稹。（《舊唐書》卷一六八，中華書局本，第十三册，第四三八三～四三八六頁）

《舊唐書·賈餗傳》

賈餗，字子美，河南人。祖渭。大父寧。餗進士擢第，又登制策甲科，文史兼美，四遷至考功員外郎。長慶初，策召賢良，選當時名士考策，餗與白居易俱為考策官，選文人以為公。……（《舊唐書》卷一六九，中華書局本，第十三册，第四四〇七頁）

《舊唐書·裴度傳》

……自是，中官用事，衣冠道喪。度以年及懸輿，王綱版蕩，不復以出處為意。東都立第於集賢里，築山穿池，竹木叢萃，有風亭水榭，梯橋架閣，島嶼回環，極都城之勝概。又於午橋創別墅，花木萬株；中起涼臺暑館，名曰「綠野堂」。引甘水貫其中，釃引脈分，映帶左右。度視事之隙，與詩人白居易、劉禹錫酣宴終日，高歌放言，以詩酒琴書自樂，當時名士，皆從之遊。（《舊唐書》卷一七〇，中華書局本，第十四册，第四四三二頁）

《舊唐書·牛僧孺傳》

……僧孺識量弘遠，心居事外，不以細故介懷。洛都築第於歸仁里。任淮南時，嘉木怪石，置之階廷，館宇清華，竹木幽邃。常與詩人白居易吟詠其間，無復進取之懷。……（《舊唐書》卷一七二，中華書局本，第十四册，第四四七二頁）

《舊唐書·司空圖傳》

……圖有先人別墅在中條山之王官谷，泉石林亭，頗稱幽棲之趣。自考槃高卧，日與名僧高士遊詠其中。晚年為文，尤事放達，嘗擬白居易《醉吟傳》為《休休亭記》曰：

司空氏禎貽溪之休休亭，本名濯纓亭，為陜軍所焚。天復癸亥歲，復葺於壞垣之中，乃更名曰休休。休，休也，美也，既休而具美存焉。蓋量其才一宜休，揣其分二宜休，耄且聵三宜休。又少而惰，長而率，老而迂，是三者皆非濟時之用，又宜休也。尚慮多難不能自信，既而晝寢，遇二僧謂予曰：「吾嘗為汝師。汝昔矯於道，鋭而不固，為利欲之所拘，幸悟而悔，將復從我於是溪耳！且汝雖退，亦嘗為匪人之所嫉，宜耐辱自警，庶保其終始，與靖節、醉吟第其品級於千載之下，復何求哉！」因為《耐辱居士歌》，題於東北楹曰：「咄咄，休休休，莫莫莫，伎倆雖多性靈惡，賴是長教閒處著。休休休，莫莫莫，一局棋，一爐藥，天意時情可料度。白日偏催快活人，黃金難買堪騎鶴。若曰：『爾何能？』答云：『耐辱莫。』」其詭激嘯傲，多此類也。（《舊唐書》卷一九〇下，中華書局本，第十五册，第五〇八三～五〇八四頁）

智按：劉昫，涿州歸義（今河北容城）人，後唐、後梁為相。後晉高祖天福六年（九四一），詔修《唐史》；開運二年（九四五），書成進上，題劉昫撰。《唐書》本由趙瑩、賈緯、張昭、趙熙、呂琦、尹拙等修撰，書將成，趙瑩罷相，由劉昫繼領監修，因循例領銜進奏。全書計紀、志、列傳並目録二百三卷。

孫光憲（八九五～九六八）

《北夢瑣言》

⊙李太尉抑白少傅

白少傅居易，文章冠世，不躋大位。先是劉禹錫大和中為賓客，時李太尉德裕同分司東都。禹錫謁於德裕曰：「近曾得《白居易文集》否？」德裕曰：「累有相示，別令收貯，然未一披。今日為吾子覽之。」及取看，盈其箱笥，沒於塵坌。既啓之而復卷之，謂禹錫曰：「吾於此人，不足久矣。其文章精絕，何必覽焉。但恐回吾之心，所以不欲觀覽。」其見抑也如此。衣冠之士（一作內），並皆忌之，咸曰：「有學士才，非宰臣器。」識者於其答制中見經綸之用，為時所排，比賈誼在漢文之朝，不為卿相知。人皆惜之。葆光子曰：「李衛公之抑忌白少傅，舉類而知也。初文宗命德裕論朝中朋黨，首以楊虞卿、牛僧孺為言。楊、牛即白公密友也。其不引翼，義在於斯，非抑文章也，慮其朋比而制掣也。」（卷一，林艾園校點《北夢瑣言》，第三～四頁）

智按：《太平廣記》卷二四四《褊急》類李德裕條略異（中華書局版第五册，第一八九一頁）：

劉禹錫（「劉禹錫」三字原缺，據明抄本補）唐太和中為賓客，時李德裕同分司東都。禹錫因謁於德裕曰：「近曾得《白居易文集》否?」德裕曰：「累有相示，別令收貯，然未一披。今日為吾子覽之。」及取看，而箱笥盈溢，塵土蒙覆。既啟而復卷之，謂禹錫曰：「吾於此人，不足久矣。其文章何必覽焉。但恐回吾精絕之心，所以不欲看覽。」其抑才也如此。初文宗命德裕朝中朋黨，首以楊虞卿、牛僧孺為言。楊、牛即白之密友也。其不引翼，皆如此類。（出《北夢瑣言》）

劉禹錫、李德裕同為太子賓客分司東都，實在開成元年（八三六）九月至十一月間，非大和中。參見羅聯添《劉夢得年譜》（收入其《唐代詩文六家年譜》，學生書局，一九八六年，第三八六頁）。羅聯添云，《南部新書》卷乙亦載此事，但以謁德裕者為劉三復，疑是竄改孫書而訛。劉三復，句容（今屬江蘇）人。聰敏絕人，尤善文章。長慶時，李德裕爲浙西觀察使，劉三復以文章求謁，爲李德裕賞識，表爲掌書記，後舉進士。汝州刺史劉禹錫遇之，深重其才，以詩贈送。後歷官滑臺、西蜀、揚州，累遷御史中丞。會昌間，李德裕復出拜相，提升其爲刑部侍郎、弘文館學士判館事。

⊙牛僧孺奇士

相國牛僧孺，字思黯，或言牛仙客之後。居宛、葉之間。少單貧，力學，有倜儻之志。唐永貞中，擢進士第，時與同輩過政事堂。宰相謂曰：「掃廳奉候。」僧孺獨出曰：「不敢。」眾聳異之。元和初登制科，歷省郎、中書舍人、御史、中書門下平章事、揚州、建州兩鎮、東都留守、左僕射。先是，撰

《周秦行記》，李德裕切言短之。大中初卒，未賜謚。後白敏中入相，乃奏定謚曰「簡」，白居易曰「文」。葆光子曰：「僧孺登庸在德裕之先，又非忌才所能掩抑。今以牛之才術比李之功勳，自然知其臧否也。且《周秦行記》非所宜言，德裕著論而罪之，正人覽記而駭之。勿謂衛公掩賢妒善，牛相不罹大禍，亦幸而免！」（卷一，林艾園校點《北夢瑣言》，第四頁）

⊙吳融侍郎文筆

唐吳融侍郎策名後，曾依相國太尉韋公昭度，以文筆求知。每起草先呈，皆不稱旨。吳乃祈掌武親密，俾達其誠。且曰：「某幸得齒在賓次，唯以文字受眷。雖愧荒拙，敢不著力。未聞愜當，反甚憂懼。」掌武笑曰：「吳校書誠是藝士，每有見請，自是吳家文字，非干老夫。」由是改之，果愜上公之意也。散版出官，寓於江陵，為僧貫休撰詩序，以唐來唯元、白、休師而已。又《祭陸龜蒙文》即云：「海內文章，止魯望而已。」自相矛盾，於時不免識者所譏。（卷四，林艾園校點《北夢瑣言》，第二十六頁）

⊙白太傅墓誌

白太傅與元相國友善，以詩道著名，時號元白。其集內有詩《挽元相》云：「相看掩淚俱無語，別後傷心事豈知。想得咸陽原上樹，已抽三丈白楊枝。」洎自撰《墓誌》云：「與彭城劉夢得為詩友」，殊不言元公，時人疑其隙終也。……（卷六，林艾園校點《北夢瑣言》，第四九頁）

智按：參見《太平廣記》卷二百三十五，中華書局本，第五册，第一八〇四頁。《挽元相》原詩題為《覽盧子蒙侍御舊詩多與微之唱和感今傷昔因贈子蒙題於卷後》，「俱無語」，一作情難説；「想得」，一作「聞道」。會昌元年（八四一），七十歲，洛陽。《白居易集箋校》第二五〇七頁。

琴按：白居易官太子少傅分司，在開成元年，時年六十五。終其一生，未為太傅。《北夢瑣言》及其他著作（如皮日休《七愛詩》）均有稱白太傅者，不知何據？又按「與夢得為詩友」，此語出《醉吟先生傳》中，不出於墓誌。「隙終」之説，後人辨明並無其事者甚多，不復贅。

又《全唐文紀事》卷八十七引《徐氏筆精》云：「白香山詩，與元微之唱和，什有六七，元、白齊名。微之為樂天作詩序，手自排纘，成五十卷，不可謂不密矣。乃樂天作《醉吟先生傳》云：『與嵩山僧如滿為宅門友，平泉客韋楚為山水友，彭城劉夢得為詩友，安定皇甫期之為酒友。』獨不及微之，誠不可解。」

智按：孫光憲，字孟文，自號葆光子，陵州貴平（今四川仁壽）人。自題郡望富春。仕唐為陵州判官，旋依荊南高季興為從事。後勸高繼沖以三州歸宋，太祖嘉之，授黃州刺史以終。所著有《荊臺集》、《橘齋集》、《筆傭集》、《鞏湖集》、《蠶書》、《續通歷》等書，自宋代已散佚。

陶穀（九〇三～九七〇）

《龍門重修白樂天影堂記》

《祭法》曰：「法施於人則祀之。」《洛書》曰：「王者之瑞則圖之。」世稱白傅文行，比造化之功。蓋後之學者，若群鳥之宗鳳凰，百川之朝滄海也。秉筆之士，由斯道而取位卿相者，十七人焉。得不謂法施於人耶？王者之瑞耶？饗廟食、畫雲臺可矣，矧山椒遺像乎！陟彼高岡，慷慨前事。松凋宰樹，蕭瑟古埏之上。伊注逝川，潺湲荒祠之下。歲月未積，棟宇將壞。考其由，中和初黎民經之而弗勤；詢其制，長興末秦王修之而弗至。人神玄感，屬在興運。今居守佐相太原武公，自許下之撫三川也，登鄂阪，望太室，且曰：「茲邑也，周公測景之地，土圭在焉。吾當正厥躬，臨甸民，以報天子。」既下車，辟汙萊以實倉廩，寬獄市以處豪猾。繇是十一之稅均，三千之條省。暇日巡魏闕，過天街，又曰：「茲地也，成王定鼎之郊，王氣猶屬。吾當尋舊地，舉墜典，以壯皇居。」遂上法象緯以嚴端門，構鴻梁而跨洛水。繇是知拱辰之位肅，朝天之路通。三載陟明，我無慚德。廣順三祀，歲在癸丑，暮春之初，予因芟除入洛，獲謁拜上公。趨魏絳之庭，金石在列。入亞夫之戶，棨戟生風。初戢我以升降，視之禮也。復接我以酒漿，觀予志也。始三揖而進，終百拜而退。既予旋軫，相訪政事。對曰：「河橋破虜之勳，有京觀在。滹水禦守之略，有金湯在。雖三尺童子，盡能知之，子無可述。」因以白公影堂為說。公曰：「我武臣也，惟干戈是執。昧俎豆之事，幸為我序白氏政績，及修葺之義，俾後之聞者，足以勸為善而向令名，是吾志也。雖百金不吝，矧土木乎?」予曰:「彼白公,服則儒士也,位則文人也。當官隸事,烈有丈夫志。祗於批逆鱗,刺權幸,塞左道,履平坦,鎮陽拒命也,指中人為制將,救日月之蝕,則戰士心悦。武相遇盜也,責京尹討賊,犯雷霆之怒,則奸臣股栗。杭州救旱,因農隙而積湖水。龍門通險,出家財而鑿八灘。著策數十篇,盡王佐之才。有文七十卷,導平生之志。向使得其位而且久,行其道而不疑,以憲宗之神武,可繼文皇也。元和之刑政,自同太宗也。必當華夏宅心,上東封之書,蠻夷屈膝。納槁街之貢,豈直擒吳定蜀平一蔡州而已哉!」言粗畢,公聳身長揖而言曰:「異乎昔之所聞。若此則白公之才美,實輔相之英者,豈徒丈夫耶!子其行矣,予果得修之。」予歸朝未再旬,邸吏捧公書相授,具報訖事。穀乏口才,加之性懶,蟠桃拂漢,非尺棰可量,直以與公問答疏之如右,別刊貞珉,以俟能者。廣順癸丑歲七月十有二日記。(《四部叢刊》翻宋大字本《白氏長慶集》附録;《全唐文》第十册,卷八六三,第九〇五一頁;《全宋文》一九八八年版第一册,卷十,第二四三頁;《全宋文》二〇〇六年版第二册,卷十一,第十九~二〇頁)

智按:據岑仲勉《論〈白氏長慶集〉源流並評東洋本白集》,「今居守佐相太原武公」之「武公」即武行德,《宋史》二五二本傳:「武行德,并州榆次人。……廣順初,加兼侍中,俄改忠武軍節度,遷河南尹西京留守。」「侍中」稱「左相」,故作「佐」者誤。撫三川即河南尹,陶穀記距東林修補僅二十年,所云集七十卷,與匡白《江州德化東林寺白氏文集記》同,可見五代人以七十卷為足本。

《清異録》

⊙樂天羹七百二十碗

周維簡隱洪州西山,嘗云:得米三四石,樂天羹七百二十碗,足了一年支費。(《四庫全書》本卷上)

⊙針史

自唐末,無賴男子以劄刺相高,或鋪《輞川圖》一本,或砌白樂天、羅隱二人詩百首,至有以平生所歷郡縣飲酒蒱博之事,所交婦人姓名、(年)

齒、行第、坊巷、形貌之詳，一一標表者，時人號為「針史」。(《四庫全書》本卷下)

⊙水晶不落

白樂天《送春》詩云：「銀花不落從君勸。」不落，酒器也，乃屈卮鑿落之類，開運宰相馮玉家有滑樣水晶不落一隻。(《四庫全書》本卷下)

⊙剡溪小等月面松紋紙

先君蓄白樂天墨蹟兩幅，背之右角有方長小黄印，文曰：「剡溪小等月面松紋紙，臣彥古等上。」彥古得非守臣之名乎？(《四庫全書》本卷下)

唐人以白太傅爲廣大教化主。(《山西通志》卷二百二十九引《清異録》)

智按：陶穀，字秀實，分州新平人。本唐彥謙之孫，避晉祖諱改陶氏。仕晉為知制誥、倉部郎中，仕漢為給事中，仕周為兵部侍郎、翰林承旨，入宋，仍原官加戶部尚書。贈右僕射。事迹具《宋史》本傳。

釋曇域（九二三前後）

《禪月集後序》

有唐翰林學士兵部侍郎吳融請為敘，先師長謂吾門人曰：「吳公文藻贍逸，學海淵深，或以揖讓周旋相待矣，或以文害辭，或以辭害志，或以誕飾饒借，則殊不解我意也。子可於余所著之末，仰重序之。」曇域乃稽顙而言曰：「語云：子疾病，子路使門人為臣。子曰：欺天乎！曇域小子，何敢敘焉？」師曰：「子不知皆孔子弟子，記諸善言，以成其書。況吾常酷於茲，心勦形瘵，訪奇稽古，慰以大道。睠然皓首，豈為賈其聲耳？且吾昔在吳越間，靡所濟集，聊欲係志於翰墨，得以亂思，不湣遺老矣！子無辭焉。但當吾意而言之，然又不可以過之。樂天、長吉似之矣！吾若與騷人同時，即知殊不相屈耳。直言之，無相辱也。」曇域遜讓不暇，力而序之。(《全唐文》卷九百二十二)

智按：釋曇域，貫休弟子。精大小篆，重集許慎《説文》。前蜀乾德五年(九二三)，刻印貫休著《禪月集》。

何光遠（後蜀）

《鑑誡録》

⊙高尚士

王蜀廣德杜先生光庭，學海千潯，詞林萬葉，凡所著述，與樂天齊肩。僖宗朝，與華山鄭徵君雲叟同應百篇，兩戰不勝，遂各掛羽服。鄭則後唐三詔不起，杜則王蜀九命不從，可謂高尚隱逸之士也。鄭徵君為詩皆除淫靡，迥絶囂塵。如《富貴曲》云：「美人梳洗時，滿頭間珠翠。豈知兩片雲，戴却數鄉税。」……杜先生為詩，悉去浮游，迴為標凖，區分理本，實契真筌。……（《鑑誡録》卷五，《叢書集成初編》第二八四三册，第三二～三三頁）

⊙禪月吟

唐有《十僧詩選》，在諸集中，唯禪月大師貫休所吟千首，吳融侍郎敘之，號曰《巨岳集》（《文苑英華》作《西岳集》），多為古體，窮盡物情。議者稱白樂天為大教化主，禪月次焉。上人天復中自楚遊蜀，有《上王蜀太祖陳情》詩云：「一瓶一鉢垂垂老，萬水千山得得來。」太祖曰：「寡人尚築金臺，以師名士，廣脩寶剎，用接高僧，千山萬水之言，何以當此。」于是恩錫甚厚。上人遂居蜀焉。如《公子行》云：「錦衣鮮華手擎鶻，閒行氣貌多輕忽。稼穡艱難總不知，五帝三皇是何物。」又曰：「自拳五色毬，迸入他人宅。却捉蒼頭奴，玉鞭打一百。」又曰：「面白如削玉，猖狂曲江曲。馬上黄金鞍，適來新賭得。」又《詠古劍盆池》：「秋水蓮花三四枝，我來慷慨步遲遲。不决浮雲斬邪佞，直成龍去擬奚為。」又《贈别》：「離别如旨酒，古今飲皆醉。我恐長江水，盡是兒女淚。伊余非此輩，送人空把臂。他日再相逢，清風動天地。」又《富貴曲》：「有金張族，驕奢相續。瓊厨玉堂，彫牆繡轂。美人如白牡丹花，半日只舞得一曲。樂不樂，足不足，争教他愛山青水緑。」又曰：「繡林錦野，春態相壓。誰家年少，馬蹄蹋蹋。鬬雞走狗夜不歸，一擲賭却如花妾。」唯云不顛不狂，其名不彰，悲夫！初，上人詩名未振時，南楚才人競以詩送軒轅先生歸羅浮山，計百餘家矣。上人因吟一章，羣公于是息筆。「玉房花洞接三清，漫指羅浮是去程。龍馬便攏筇竹杖，山童常使茯苓精。曾教莊子拋卑吏，却喚軒皇作老兄。再見先生又何日，只應頻夢紫金城。」（《鑑誡録》卷五，《叢書集成初編》第二八四三册，第三四～三五頁）

⊙四公會

長慶中，元微之、劉夢得、韋楚客同會白樂天之居，論南朝興廢之事。樂天曰：「古者言之不足，故嗟歎之；嗟歎之不足，則詠歌之。今羣公畢集，不可徒然。請各賦《金陵懷古》一篇，韻則任意擇用。」時夢得方有郎署，元公已在翰林，劉騁其俊才，略無遜讓。滿斟一巨杯，遂為首唱。飲訖不勞思忖，一筆而成。白公覽詩曰：「四人探驪，吾子先獲其珠。所餘鱗甲何用?」三公於是罷唱。但取劉詩吟詠竟日，沈醉而散。劉詩曰：「王濬樓船下益州，金陵王氣黯然收。千尋鐵鏁沈江底，一片降幡出石頭。荒苑至今生茂草，古城依舊枕寒流。而今四海歸王化，兩岸蕭蕭蘆荻秋。」（此篇元在《詩本事》中，敘説甚詳，今何光遠重取論敘，更加改易，非也）（《鑑誡録》卷七，《叢書集成初編》第二八四三册，第五一頁）

智按：孟啓《本事詩》並無此篇。何光遠所云時間、地點亦有不合之處，詳見卞孝萱《劉禹錫年譜》第一二〇～一二一頁（中華書局，一九六三年十一月第一版）；瞿蛻園《劉禹錫集箋證》第六七〇～六七一頁（上海古籍出版社，一九八九年十二月第一版）。

長安慈恩寺浮圖，起開元至太和之歲，舉子前名登遊題紀者衆矣。文宗朝，元稹、白居易、劉禹錫唱和千百首，傳於京師，誦者稱美，凡所至寺觀，臺閣林亭，或歌或詠之處，向來名公詩板潛自撤之，蓋有媿於數公之詩也。會元、白因傳香於慈恩寺塔下，忽視章先輩八元所留詩，白命僧抹去埃塵，二公移時吟味（詠），盡日不厭，悉令除去諸家之詩，惟留章公一首而已。樂天曰：「不謂嚴維出此弟子。」由是二公竟不為之，詩流自（此）慈恩息筆矣。章公詩曰：「十層炎瓦在虚空，四十門開面面風。卻怪鳥啼平地上，自驚人語半天中。迴梯暗踏如穿洞，絕頂初攀似出籠。落日鳳城佳氣合，滿城春樹雨濛濛。」（《鑑誡録》卷七，《叢書集成初編》第二八四三册，第五一～五二頁）

智按：何光遠，字輝夫，東海（今江蘇連雲港）人。五代後蜀後主孟昶廣政四年，官普州軍事判官，好學嗜古，撰《聶公真龕記》，又有《廣政雜録》、《賓仙傳》，已佚。

韋縠（後蜀）

《才調集·敘》

余少博群言，常取得志。雖秋螢之照不遠，而雕蟲之見自佳。古人云：「自聽之謂聰，内視之謂明也。」又安可受誚於愚鹵，取譏於書廚者哉！暇日因閲李杜集、元白詩，其間天海混茫，風流挺特，遂采摭奥妙，拜諸賢達章句，不可備録，各有編次。或閒窗展卷，或月榭行吟，韻高而桂魄爭光，詞麗而春色鬬美。但貴自樂所好，豈敢垂諸後昆。今纂諸家詩歌，共一千首，每一百首成卷，分之為十，目曰《才調集》。庶幾來者，不謂多言。他代有人，無嗤薄鑒云爾。（《四庫全書》本《才調集》卷首；《全唐文》卷八百九十一；《唐人選唐詩新編》，第六九一頁）

智按：韋縠，京兆杜陵人。少博群書，有文藻。仕前蜀監察御史，後仕後蜀孟氏父子，累遷侍御史。其《才調集》選韋莊詩六十三首、溫庭筠六十一首、李白詩二十八首、白居易二十七首，於杜甫一首未選。吴玉倫《才調集序》：「或有以是集載李與元、白，不載杜，且多以一人互見各卷，及敘次諸人不拘時代爲說者，自屬擇精語詳之義。然縠生五代文敝之際，惟以濃麗秀發救當時粗俚之習，故所録多晚唐而不及少陵，義各有當。《四庫全書》稱其於詩教有益，洵定評也。至于傳抄日久，間有淩佚，存參考而寄幽情，好古者往往如斯，況緣殿本而增之又增，其徵引也博，其辨析也精，此真藝林之大觀，庶幾接箋注於《選》、《騷》者矣。」（清刻本《香亭文稿》卷三）

馮贄（後唐）

《雲仙雜記》（一名《雲仙散録》）

⊙飛雲履

白樂天燒丹於廬山草堂，作飛雲履。玄綾為質，四面以素綃作雲朵，染以四選香，振履則如煙霧。樂天著示山中道友曰：「吾足下生雲，計不久上升朱府矣。」（樵人直説）（《四庫全書》本卷一，張力偉點校《雲仙散録》，第一頁）

智按：又見宋陸佃《增修埤雅廣要》卷三十二什物門（《續修四庫全書》影印明萬曆三十八年孫弘範刻本）、明周嘉胄《香乘》卷十（《四庫全書》本）、清文行遠《潯陽蹠醢》卷一服食器用玩好（《四庫全書存目叢書》影印清康熙穀明堂刻本）。

⊙清高門戶

樂天語人曰：「吾已脱去利名枷鎖，開清高門戶。但蓮龕子母丹，不知何時可成。」（自慶傳）（《四庫全書》本卷一，張力偉點校《雲仙散録》，第九頁）

⊙六班茶（換茶醒酒）

樂天方入關，劉禹錫正病酒，禹錫乃餽菊苗齏蘆菔鮓，換取樂天六班茶二囊以醒酒。（蠻甌志）（《四庫全書》本卷二，張力偉點校《雲仙散録》，第二五頁）

⊙終南紫石（書北山移文）

樂天女金鑾，十歲，忽書《北山移文》示家人。樂天方買終南紫石，欲開文士傳，遂輟以勒之。（豐寧傳）（《四庫全書》本卷三，張力偉點校《雲仙散録》，第二九頁）

⊙一詩輒洗其筆

白傅每一詩，輒洗其筆。（文覽）（《四庫全書》本卷三，張力偉點校《雲仙散録》，第三六頁）

⊙胡松節支琴

白傅用胡松節支琴。（金徽變化篇）（《四庫全書》本卷四，張力偉點校《雲仙散録》，第四四頁）

⊙胡絹半尺（物價至微）

開成中，物價至微。村落買魚肉者，俗人買以胡絹半尺；士大夫買以樂天詩一首兼與之。（豐年編）（《四庫全書》本卷四，張力偉點校《雲仙散録》，第四七頁）

⊙防風粥

白居易在翰林，賜防風粥一甌，剔取防風，得五合餘，食之，口香七日。（金鑾密記）（《四庫全書》本卷五，張力偉點校《雲仙散録》，第六〇頁）

智按：此則又見於《御定佩文齋廣群芳譜》卷九十四《防風》、《香乘》卷十《口香七日》、《說郛》卷一一九下《防風粥》等，文字全同。亦見於《山堂肆考》卷一九四《口香七日》、《格致鏡原》卷二十二《粥》條，然較上述書所記均缺「剔取防風，得五合餘」。

⊙冰雪論筐（冰雪至夏價等金璧）

長安冰雪至夏月則價等金璧，白少傅詩名動於閭閻，每需冰雪，論筐取之，不復償價，日日如是。（止戈集）（《四庫全書》本卷六，張力偉點校《雲仙散録》，第七二頁）

⊙葦綃（元白兩不相下）

元微之、白樂天兩不相下。一日同詠李花。微之先成，曰：「葦綃開萬朵。」樂天乃服。綃，練也，葦白而綃輕。（高隱外書）（《四庫全書》本卷七，張力偉點校《雲仙散録》，第八〇頁）

⊙水底盤筵（藏盤筵於水底）

白氏履道里宅有池水，可泛舟。樂天每命賓客，繞舡以百十油囊，懸酒炙，沉水中，隨舡而行。一物盡，則左右又進之，藏盤筵於水底也。（窮幽記）（《四庫全書》本卷七，張力偉點校《雲仙散録》，第九三頁）

智按：馮贄，履貫無考。其《雲仙雜記》自序稱天復元年（九〇一）所作，而序中云：「天祐元年（九〇四），退歸故里，書成於四年（九〇七）之秋，又數歲始得終篇。」《四庫提要》云：「年號先後，亦復顛倒，其為後人依託，未及詳考明矣。案陳振孫《書録解題》有馮贄《雲仙散録》一卷，亦有天復元年序。振孫稱其記事造語，如出一手，疑贄為子虛烏有之人。洪邁《容齋隨筆》，趙與旹《賓退録》所說，亦皆相類，然不能指為何人作。張邦基《墨莊漫録》云：『近時傳一書曰《龍城録》，乃王性之偽為之。又作《雲仙散録》，尤為怪誕。又有李歜註杜甫詩、註東坡詩，皆性之一手，殊可駭笑。』然則為王銍所作無疑矣。惟陳振孫稱《雲仙散録》一卷，此乃作《雲仙雜記》十卷，頗為不同。」

釋靜、釋筠（九五二前後）

《祖堂集》

⊙鳥窠和尚

鳥窠和尚嗣徑山國一禪師，在杭州。未睹行録，不決化緣始終。因侍者辭，師問：「汝去何處？」對曰：「向諸方學佛法去。」師曰：「若是佛法，我這裏亦有小許。」侍者便問：「如何是這裏佛法？」師抽一莖布毛示，侍者便悟。

白舍人親受心戒，又時對坐，並無言說。舍人第三弟見此造詩曰：

白頭居士對禪師，正是《楞嚴》三昧時。一物也無百味足，恒沙能有幾人知？

白舍人問：「一日十二時中如何修行，便得與道相應？」師云：「諸惡莫作，諸善奉行。」舍人曰：「三歲孩兒也解道得。」師曰：「三歲孩兒也解道得，百歲老人略行不得。」舍人因此禮拜為師，贊曰：

形羸骨瘦久修行，一納麻衣稱道情。曾結草庵倚碧樹，天涯知有鳥窠名。

師問白舍人：「汝是白家兒不？」舍人稱名「白家易」，師曰：「汝婀爺姓什摩？」舍人無對。舍人歸京，人寺遊戲，見僧念經，便問：「甲子多小？」對曰：「八十五。」進曰：「念經得幾年？」對曰：「六十年。」舍人云：「大奇，大奇！雖然如此，出家自有本分事。作摩生是和尚本分事？」僧無對。舍人因此詩曰：

空門有路不知處，頭白齒黄猶念經。何年飲著聲聞酒，迄至如今醉未醒。(《祖堂集》卷三,《續修四庫全書》影印高麗藏本)

智按：所引白舍人詩二首，白集未見。《全唐詩續拾》卷二十八分别題爲《鳥窠和尚贊》、《贈鳥窠和尚詩》。

⊙歸宗和尚

歸宗和尚嗣馬大師，在江州廬山。師諱智常，未詳姓氏。

師久與南泉同道，神彩奇異，時人猜之，合有一人之分。師遂以藥熏其眼令赤，時人號為「赤眼歸宗和尚」焉。

白舍人為江州刺史，頗甚殷敬。舍人參師，師泥壁次。師回首云：「君子儒？小人儒?」白舍人云：「君子儒。」師以泥鎝敲泥板，侍郎以泥挑挑泥，送與師。師便接了云：「莫是俊機白侍郎以不?」對云：「不敢。」師云：「只有送泥之分。」

有李萬卷，白侍郎相引，禮謁大師。李萬卷問師：「教中有言：『須彌納芥子，芥子納須彌。』須彌納芥子，時人不疑；芥子納須彌，莫成妄語不?」師卻問：「於國家何藝出身?」抗聲對云：「和尚豈不知弟子萬卷出身?」師云：「公因何誑敕?」公云：「云何誑敕?」師云：「公四大身若子長大，萬卷何處安著?」李公言下禮謝，而事師焉。萬卷贊曰：

出廓送錢嫌不要，手提蓑笠向廬山。昔日曾聞青霄鶴，更有青霄鶴不如。……(《祖堂集》卷十五,《續修四庫全書》影印高麗藏本)

智按:《祖堂集》二十卷，五代泉州昭慶寺靜、筠二禪師編撰。此書撰於南唐中主保大十年（九五二），為禪宗現存最古之燈史。現存《祖堂集》刻本系高麗海印寺於高宗三十二年（一二四五）所刻。

沈汾（南唐）

《續仙傳》

⊙李昇

李昇，字雲舉，自言江夏人。唐德宗甲午年生，幼而聰悟，及長，博通羣書，能文，機捷，出口成章。為性高古，師於少室山道士，學鍊氣養形之術。常布衣遊行天下。時元稹廉察浙東，白居易出牧錢塘，以昇舊友，皆慕昇之文學道術，邀至。於賓席間，問昇：「生當太平之世，何不就榮禄，而久為布衣？」對曰：「不必世徵，徵亦不就。」乃徐吟曰：「生在儒家遇太平，玄纁重滯布衣輕。誰能世路趨名利，臣事玉皇歸上清。」元與白奇之，以詩酒延留，歲餘復去，他游莫知所之。

僖宗庚子歲，黃巢犯闕之後，天下騷然，唯江左稍安。宛陵主帥田頵常好道術，而昇五十年前，宛陵有耆老為童稚時識之，言狀貌不改於當時，人甚異之。田頵乃延之，師敬益厚，光澤輕健，若四十餘許人，鬚髮甚黑，目瞳且方，牙齒尖鋭，如排棗核。好喫石蓮，須臾咬一升，皆作兩截，人不可學。飲酒二斗不醉。絕穀養氣，雪中單衣，而顏益紅白。時引中指指燈，丈餘若聞風所吹。不知其服餌，人問其道術長生之事，皆矯詞以對。忽告人曰：「我厭此世兵革紛紛，不如去矣。」時昭宗為朱全忠所篡，昇聞而不平，翌日，俄氣絕，顏色不變。舉之就棺，空衣而已。年一百四十七歲矣。未月餘間，田頵兵敗，禍及昇，已先覺而去，亦嘗言之於人，咸思之，聖人也。後累有人於蜀中見之。（《四庫全書》本《續仙傳》卷中「隱化一十二人」）

智按：又見（元）趙道一《歷世真仙體道通鑑》卷四十六。

沈汾，唐溧水令。陳振孫《直齋書録解題》曰：「汾或作玢。」《四庫提要》云：「案吳淑《江淮異人録》載有侍御沈汾游戲坐蜕事，亦道家者流，疑即其人。書中記及譚峭，而稱楊行密曰吳太祖，則所謂唐者，南唐也。」

尉遲偓（南唐）

《中朝故事》

古有豢龍氏，長安有豢龍户。觀水即知龍色目，有無悉知之。懿皇朝，龍户上言：「龍池中走失兩條。」往關東尋訪數十日，東都魏王池中見之。取而歸闕，經華州。時李訥爲華州刺史，訥父名建，杓直，與白居易相善。訥爲人正直，聞得龍來，大以爲虛妄，命就公府視之，則於一小瓶子中，倒於盆内，乃二細鰍魚也。訥怒目曰：「何以爲驗?」其人對曰：「驗非難也。」請於地中鑿一穴，闊一尺已來，注水其間，收鰍投水内。魚到水中，相趂旋轉，尾觸穴四隅，隨觸而陷，水亦暴漲。逡廵，穴已闊數尺，其人諮訥云：「恐穴更廣，即難制也。」遂搦入瓶中。訥方奇之，厚贈錢帛，攜歸輦下。（《四庫全書》本卷下，上海古籍出版社《唐五代筆記小説大觀》本，第一七八六～一七八七頁）

智按：尉遲偓，履貫未詳。書首舊題：「朝議郎守給事中修國史驍騎賜紫金魚袋臣尉遲偓奉旨纂進」，蓋南唐李氏有國時，尉遲偓為史官，承命所作。李昪自以為出太宗之後，承唐統緒，故稱長安為中朝。其書皆記唐末宣、懿、昭、哀四朝舊聞。上卷多君臣事迹及朝廷制度，下卷則雜録神異怪幻之事。

白居易資料新編

第二冊

陳才智 編著

中国社会科学出版社

目　錄

宋代卷·上

徐鉉（九一七～九九二）

《洪州新建尚書白公祠堂記》

大丈夫處厚居實，據德依仁，豈徒潔身，將以濟世，故著於事業，發於文詞，而後功績宣焉，聲名立焉。蓋有其實者，必有其名，是以君子恥沒世而名不聞也。若乃格於穹壤，漸於蠻夷，大則藏於金匱石室之書，細則誦於婦女稚孺之口，則古今已來，彰灼悠久，未有如白樂天者，不其異乎！故神明相之，攸居不傾；黎甿懷之，餘風不泯。士大夫神交道親，若旦暮焉。

尋陽古郡，昔君謫宦之所，綿祀二百，市朝屢變，而司馬聽事之室，巋然獨存，斯益異矣。聖運光啓，崇古尚文，三代之風，傳遠萬里。禮部郎中、江南轉運使張去華，述職按部，聿來是邦，弭節城闉，攝齊堂奥，以為先賢所舍，邑里具瞻，與夫元規之樓、惠遠之社，崇飾祇薦，我何後焉？太子中允知州事梁君翊、贊善大夫通判州事羅君彧，皆叶規同心，相視莫逆，政有餘裕，府多羨財，即舊謀新，創為祠宇，傳寫廬山之遺像，寘於北墉，棟宇深嚴，門序奥祕，肅然廟貌，想見其人。凡游居之徒，仰高山，聆遺韻，薦誠觀藝，結轍於斯。《禮》不云乎：禱祀古之卿士有益於人者。觀樂天之文，主諷刺，垂教化，窮理本，達物情，後之學者，服膺研精，則去聖何遠，其為益也，不亦多乎？尸而祝之，固其宜矣。

某昔遊廬嶽，獲拜儀形，今居騎省，遙聞締構，喜儒宗之不墜，嘉使者之得人，故作斯文，勒於貞石。年月某記。（《四庫全書》本《騎省集》卷二十八；《四部叢刊》本《徐公文集》卷二十八；《全宋文》一九八八年版第一册，卷二三，第四二三頁；《全宋文》二〇〇六年版第二册，卷二十五，第二三七頁）

智按：《四部叢刊》本目録「洪州」作「江州」。此記作于太平興國八年（九八三）或雍熙元年（九八四），乃宋初最早推崇白居易之言論。

《稽神録》

⊙陳濬

江南陳濬尚書，自言其諸父在鄉里，好為詩，里人謂之「陳白舍人」，此之樂天也。性踈簡，喜賓客，嘗有二道士，一黄衣，一白衣，詣其家求舍。舍之廳事。夜分，聞二客牀壞，訇然有聲，久之若無人者，秉燭視之，見白衣人卧於壁，乃銀人也。黄衣人不復見矣。自是豐富。（《四庫全書》本《稽神録》卷五）

智按：徐鉉，字鼎臣，廣陵（今江蘇揚州）人。早歲與韓熙載齊名，江東謂之「韓徐」，又與弟鍇並稱「二徐」。仕南唐，累官至吏部尚書。入宋，為太子率更令。太宗太平興國初，直學士院。八年（九八三），出為右散騎常侍，遷左常侍。淳化二年（九九一），以廬州女僧道安誣陷事，貶静難軍行軍司馬。三年，卒於邠州，年七十六。著有文集三十卷，又有《稽神録》（一説出於門客蒯亮之手）、《質疑論》等。《宋史》卷四四一有傳。

釋贊寧（九一九～一〇〇一）

《大宋僧史略》

⊙誕辰談論

昔漢祖與盧綰同日生，有奉酒饌相遺，此為慶生之權輿也。後則束帛壺酒，孩兒服玩，以加祝賀，大則玉帛長生久視之意，屬於物品，以為慶生之豐禮也。及聞佛法中有弭災延命之説，則以佛事為慶也。元魏、後周、隋世多召名行廣學僧與儒道對論，悦視王道，亦慶生之美事矣。唐高宗召賈公彦於御前，與道士沙門講説經義，德宗誕日，御麟德殿，命許孟容等登座，與釋老之徒講論。貞元十二年四月誕日，御麟德殿，詔給事中徐岱、兵部郎中趙需及許孟容、韋渠牟與道士葛參成、沙門談筵等二十人，講論三教，渠牟最辯給。文宗九月誕日，召白居易與僧惟澄、道士趙常盈於麟德殿談論。居易論難鋒起，辭辯泉注，上疑宿構，深嗟揖之。莊宗代有僧録，慧江與道門程紫霄談論，互相切磋，謔浪嘲戲，以悦帝焉。莊宗自好吟唱，雖行營軍中，亦攜法師談讚，或時嘲挫。每誕辰飯僧，則内殿論義明宗。石晉之時，僧録雲辯，多於誕日談讚，皇帝親坐，累對論議。至大宋太祖朝，天下務繁，乃罷斯務，止重僧講，三學為上，此無乃太厚重而貞實乎！（《大宋僧史略》卷

下，《大正新修大藏經》本）

《宋高僧傳》

⊙宋齊州開元寺義楚傳

釋義楚，俗姓裴氏，祖相州安陽人也。……楚執柯伐木，熏習相資，登此近圓，勤學不懈，敏慧夙成，俱舍一宗，造微臻極。遂傳講圓暉疏十許遍。後該覽大藏三遍，乃慨儒家為佛教之文而多謬解，解既謬歟，事多誤用。擬白樂天《六帖》，纂釋氏義理、文章、庶事、群品，以類相從，建其門目，總括大綱，計五十部。隨事別列四百四十門，始從法王利見部，終師子獸類部，其間物類，檢括周旋，令供筆之時必無告乏矣。一十年中，孜孜罔倦，起晉開運二年至顯德元年畢，進呈，世宗敕付史館，賜紫衣，仍加號明教大師。以開寶中終於龍興伽藍。俗壽七十四。法臘五十四。

楚始謀此作，隨得便書，裒多益寡，日居月諸，鬱成編録。忽因本院門古石上有六帖二字，天然分明。睹此靈符，乃知宿定。搜今斡古，筆不停綴。時樞密相國王公朴，為楚作序冠於編首，今行於寰海矣。初，楚著述，心亦勞止，而雙目喪明，醫工莫療，遂冥心懺過，慮刪碎教文，裁量差脫，如是虔虔更無間息，再歲還明，人謂其徵感焉。（卷七《宋齊州開元寺義楚傳》，范祥雍點校《宋高僧傳》，第一五九～一六〇頁）

⊙唐洛京龍興寺崇珪傳

釋崇圭，姓姜氏，郟城人也。門傳儒素，相綴簪裾。自天寶已來，安史之亂，侵敗王略，家族遷蕩。父為商賈，趨利遵塗於鞏洛間。父亡於逆旅，圭慨責曰：「少遭不造，孑遺哀煢！」遂議出家。至年十八，經業蔚通得度。俄有雲水之興，游南嶽。棲息數齡起回，樂南徐茅山，乃依棲霞寺。圭已登徑門，道聲洋溢。會贊皇李公德裕廉問是邦，延諸慈和寺，一交雅談，如遊形器之外，曰：「吾有幽憂之疾，非是居侯藩聚落之人也。」明歲遂行，重抵嵩少，居於嶽寺。大和戊申歲，洛下亢陽，唯嶽中雨信相繼。或謂為圭之德動龍神之故也。開成元年，贊皇公攝冢宰，請圭於洛龍興寺化徒。兩京緇白往來問道，檀施交騈。其所談法，宗秀之提唱，獲益明心者多矣。忽告眾決別，入方丈而滅，春秋八十六。白侍郎撰塔銘。會昌元年辛酉八月十日入塔

云。……（卷九《唐洛京龍興寺崇圭傳》，范祥雍點校《宋高僧傳》，第二一四～二一五頁）

⊙唐京兆興善寺惟寬傳

釋惟寬，姓祝氏，衢州信安人也。祖曰安，考曰皎。生十三歲，見殺生者，盡然不忍食。退而出家，求翦髪于僧曇，受尸羅于僧崇，學毗尼于僧如，證大乘法于止觀，成最上乘于大寂道一。貞元六年，始行化于閩越間，歲餘而回心改服者百數。七年，伏猛虎于會稽，作滕家道場。八年，與山神受歸戒于鄱陽，作廻向道場。十三年，感非人于少林寺。二十一年，作有爲功德于衛國寺。明年，施無爲功德于天宫寺。元和四年，憲宗章武皇帝詔于安國寺。五年，問道于麟德殿。其年，復靈泉于不空三藏池。十二年二月晦，大説于傳法堂訖，奄然而化。報齡六十三，僧夏三十九。歸葬于灞陵西原，詔謚曰大徹禪師。塔號元和正真。

初，寬説心要法三十年，度黑白衆殆及百千萬，應病授藥，安可既乎？白樂天為宫贊時，遇惟寬，四詣法堂，每來垂一問，寬答如流，白君以師事之。門弟子殆千餘，得法者三十九，入室受遺寄者，曰義崇、圓照焉。（卷十《唐京兆興善寺惟寬傳》，范祥雍點校《宋高僧傳》，第二二七～二二八頁）

⊙唐荊州福壽寺甄公傳

釋甄公，姓魯氏。江陵人也。少而警慧，七歲誦通詩雅，遂應州舉，三上中第，未釋褐。與沙門議論玄理，乃願披緇，投福壽寺辯初法師，以為模範。後於洛京昭成寺講法數座，因禮嵩山禪師，通暢心決。方至丹陽茅山，尋掛錫於蘇州楞伽山，四遠參玄者胼肩疊足矣。時白樂天牧是郡，接其談道，不覺披襟解帶，心遊無物之場，得甄之閫閾矣。遂堅請出水流寺，不樂安止，以山水為娱情之趣耳。大和三年，示疾云終，九十歲。以其年四月十七日入塔焉。（卷十一《唐荊州福壽寺甄公傳》，范祥雍點校《宋高僧傳》，第二五七～二五八頁）

⊙唐杭州靈隱山道標傳

釋道標，富陽人也。俗姓秦氏，其遠祖與嬴同姓，世為汧隴大族。及晉東渡，衣冠隨之，後為杭人也。其高曾至王父，皆沿以儒素，不甘為吏。故州里尊奉之。標生則孤明，長而深趣，老而堅固，蓋良善之因有自來矣。年七歲時，神清氣茂，不雜凡童。倏有大沙門手摩其頂曰：「此孺子目秀如青蓮，得非我釋氏之威鳳乎？苟能舍家，必有善稱。不然乘雲霓，薄天漢，吾不可得而知也。」父允其請，遂為靈隱山白雲峰海和尚弟子。妙高之上，唯日月是麗；娑竭之宮，固雲雷斯蓄。至德二年，詔白衣通佛經七百紙者，命為比丘。標首中其選，即日得度，蒙配天竺寺焉。永泰初，受具品於靈光寺顗律師。登以護戒嚴謹，為時所推。毗奈多羅之言，罔不該貫。凡度人戒計六壇，為眾糾繩經一十二載。置田畝歲收萬斛，置無盡財，與眾共之。貞元中，以寺務克豐，我宜宴息，乃擇高爽，得西嶺之下，葺茅為堂，不干人事，用養浩氣焉。

標經行之外，尤練詩章，辭體古健，比之潘劉。當時吳興有晝，會稽有靈澈，相與酬唱，遞作笙簧。故人諺云：「霅之晝能清秀，越之澈洞冰雪，杭之標摩雲霄。」每飛章寓韻。竹夕花時，彼三上人當四面之敵，所以辭林樂府，常采其聲詩。由是右庶子姑臧李公益書云：「重名之下，果有斯文。西還京師，有以誇耀。」又景陵子陸羽云：「夫日月雲霞為天標，山川草木為地標，推能歸美為德標，居閒趣寂為道標。」名實兩全，品藻斯當。爾後聲價軼於公卿間。故與之深者有相國李公吉甫、大司空嚴公綬、右僕射韓公皋、禮部侍郎呂公渭、滑亳節制盧公群、襄陽節制孟公簡、同州刺史李公敷、鳳翔尹孫公璹、浙東廉使賈公全、中書舍人白公居易、隋州刺史劉公長卿、戶部侍朗丘公丹、外郎裴樞、秘閣嚴維、小諫朱放、越廉問薛戎、夕拜盧元輔、常州釋元浩、潤州釋南容、金華釋乾輔、吳門釋光嚴、上都釋智崇等，並心交塵外，分契林中。萬境在空，驅之為射御；五峰滿眼，立之為疆場。文雄而再鼓不衰，神王而一戰自勝者也。

以長慶三年，示有微疾。六月七日，歸滅於所居蘭若。至冬十月三日，葬於舊山，春秋八十有四，法臘五十八。弟子如玢、如詧、行儉、省言、常儉、智猷、日超等，皆得師之法，仿仰不遑。空圍繞於栴檀，恨滿盈於石室。至今杭民謂之西嶺和尚矣。開成五年中，鄭素卿録德行刊碑頌，立於天竺山之東墟存焉。（卷十五《唐杭州靈隱山道標傳》，范祥雍點校《宋高僧傳》，第三七四～三七五頁）

⊙唐撫州景雲寺上恒傳

釋上恒，姓饒氏，臨川南城人也。童而有知，志學之年，發心舍家。從母黨在空門而求攝受。教誦佛典，日計千言。壯齒從南嶽大圓大師納戒，而聽涉精苦。大曆中，不去父母之邦，請隸於景雲寺，修習無虧，亟淹年序。《南山事鈔》，講貫尤專。貞元初，徙居豫章龍興寺，與廬阜法真、天台靈佑、荊門法裔、興果神湊、建昌慧璡遊也，塤篪合韻，水乳相資。法付王臣，故與姜相國公輔、顔魯公真卿、楊憑、韋丹四君友善。提振禁防，故講四分律，而遷善滅罪者，無央數眾。坐甘露壇二十許年，十有八會，救拔群生，剡浮東震，男女得度者一萬五千餘人。元和十年，微云乖悆。十月己亥，化於廬山東林寺，歸全身於南岡石墳。住世七十七年，安居五十五夏。門人等樹松柏。太原白居易為石塔銘云。（卷十六《唐撫州景雲寺上恒傳》，范祥雍點校《宋高僧傳》，第三八九～三九〇頁）

⊙唐錢塘永福寺慧琳傳

釋慧琳，字抱玉，俗姓柯，新安人也。丱齡受業於靈隠西峰，為金和尚弟子。所傳法要，斷無重問。大曆初，受具足戒於靈山會，習學三教，一領無遺。不樂聲華，止好泉石。一入天眼，二十餘年。天眼即天目也。其山高三千丈，周圍三百里，與天柱、廬阜等相儔匹。上有二湖，謂為左右目。登涉艱阻，數日乃到巔。頂多蛟龍。池潭三所，最上池，人不可近。氣臭逆人，不可久視。或説山神作白鹿形，每五月與震澤龍會，必暴雨焉。琳居此，率多妖異，而心不撓。元和丁亥，太守禮部員外城南杜陟，請出永福寺登壇。至己丑歲春，刺史兵部郎中裴常棣，召臨天竺寺壇，度人畢，歸寺。講訓生徒，向二十載。郡守左司郎中陸則、刑部侍郎楊憑、給事中盧元輔、中書舍人白居易、太府卿李幼公、刑部郎中崔鄯、刑部郎中路異，相繼九邦伯，皆以公退至院，致禮稽問佛法宗意，染指性相。此諸名公，簪組上流，辭學高度，或號毗曇孔子，或名勝力菩薩，非琳何以感動哉！太和六年四月二十五日示滅，享壽八十有三，法臘六十四。以其年五月十二日，葬於今永安寺西山之陽，碼碯坡之左，石塔巋然存矣。（卷十六《唐錢塘永福寺慧琳傳》，范祥雍點校《宋高僧傳》，第三九〇～三九一頁）

⊙唐江州興果寺神湊傳

釋神湊，姓成氏，京兆藍田人也。生而奇秀，丱角出塵，遠慕戒律，祈南嶽希操師受具，復參鍾陵大寂禪師。然則志在《楞嚴經》，行在《四分律》。其他諸教，餘力則通。大曆八年，制懸經、論、律三科，策試天下出家者，中等第方度。湊應是選，詔配九江興果精舍。後從僧望移居東林寺，即雁門賈遠之舊道場也，有甘露戒壇、白蓮池在焉。既居是，嗣興佛事，雖經論資神，終研律成務。湊羸瘠，視之頽然。州將門人醫療，而不願進藥。元和十二年九月遘疾，二十六日儼然坐終於寺。十月十九日，門人奉全身窆於寺西道北，祔雁門墳左，若僧詮葬近郭文之墓也。春秋七十四，夏臘五十一。湊以精進心，脂不退輪，以勇健力，撾無畏鼓，故登壇秉法垂三十年。一盂而食，一榻而居，衣縫枲麻，坐薦藁秸。由茲檀施臻集於躬，即回入常住無盡財中，與眾共之。每夜捧爐秉燭，行道禮佛，徇十二時，少有廢闕，如是經四十五載。生常遇白樂天為典午於郡相善，及終，悲悼，作《塔銘》云：「本結菩提香火社，共嫌煩惱電泡身。不須惆悵隨師去，先請西方作主人。」（卷十六《唐江州興果寺神湊傳》，范祥雍點校《宋高僧傳》，第三九一～三九二頁）

⊙唐會稽開元寺允文傳

釋允文，字執經，姓朱氏，今秀州嘉禾人也。權輿九歲，厥父云亡，然理命捨文奉佛。師授《維摩》、《法華》二經。敏速之性，再稔皆通，高達之士謂之重理耳。或戲問文曰：「爾出家之後，擬營何事業乎？」率然對曰：「當陟蓮華臺，而作師子吼。」或訶誚之曰：「耆宿前敢爾。」或曰：「志欲得大，此子將來，未易測也。」至十六歲，削頂周羅，披安陀會，相次裹足西上，投嵩山臨壇大德遠和尚邊，獲無作法。時年二十三矣。是夏即就中京攻相部律宗並《中觀論》。補衣分衛，寒燠四周。既扣義門，必入師室。玄樞律范，尤見精微。大和五年，為思定省，忽歎歸歟。既返故鄉，淹時寢疾，未遑講唱。後聞錢塘天竺寺講《大涅槃經》，蔚為勝集，文往學焉。星歲未周，鋒芒且露。

開成元年，因遊台嶠。止息越之嘉祥寺。眾藉清芬，甄命敷其經律。文戢約聽徒，頗為嚴毅，常訓之曰：「夫苾芻行非家法，具足別解脫律儀、眾同分，是其自性。於其形色精進故，怖畏故，防守故。如是方疾得道果矣。不然，則弟子既墮，師道徒施。」聞其警策，有涕泗交横，悛心革行，思過半矣。會昌三年，移居静林寺。專以《涅槃》宣導。屬乎武宗澄汰，例被搜揚。晝披縫掖之衣，夜著縵條之服，罔虧僧行，唯逭俗譏。

大中伊始，復振空門，重整法儀，乃隸名開元寺，三十人數。七年，寺之耆舊，命講律乘。乾符三年丙申秋，罷講覽藏經。以中和二年壬寅六月二十九日，微疾作而長逝。享齡七十有八，法臘五十五。其年七月十二日，葬於石奇山之陽。遺言不許封樹也。

初，文講演升座，學徒畏憚，暗嗚之際，人皆披靡，乃戒威德之若是。於嘉祥、静林、今大善三寺，講相疏二十七座，大經二十五座。其為人也，貌古而修長，鋭頂而黚黑，執持密緻，振鷺在庭，未足方其潔也。然亦獵涉儒墨，慕白傅自作志，預著《方墳銘》，藏於篋笥。門人懷益，因尋閲文籍，見而悲咽，遂從先師之志，建小塔焉。後門人懷肅思寂命名德虚受增加後序。贊寧登會稽曾禮文真相，見法孫可翔，苦節進修，叶杜多之行，故熟其事蹟也。（卷十六《唐會稽開元寺允文傳》，范祥雍點校《宋高僧傳》，第三九六～三九七頁）

⊙唐吳郡破山寺常達傳

釋常達，字文舉，俗姓顧，海隅人也。發迹何陽大福山，游學江淮諸勝寺。達允迪中和，克完戒法，專講《南山律鈔》。後求《涅槃》圓音，《法華》止觀，復通《陰符》、老莊、百家之書，其餘分時之學，盡二王之筆迹。後隨方參禪，詣于宗極。俄屬武宗滅法，嘆曰：「我生不辰，不自我後。」由是寢默山棲，委裘遁世而無悶焉。

宣宗重建法幢，薦興精舍，合境民人皆達之化導，故太守韋曙特加崇重。身不衣繒纊，室唯蒙薜蘿，四衆知歸，諸方慕化，其潔白鶴鷺如也。咸通十二年，合郭僧民請紹四衆教誨，或游遨坰牧，或嘯傲海壖，不出林麓，動經數載。雖貴士單車詣門，莫得而見。于七五言詩追用元和之體，著《青山履道歌》，播人脣吻。忽于自恣明辰，鳩衆于長廊，合掌遂申長别，辭甚剛正。因臥疾不起，絕食七日而逝，實咸通十五年九月十六日也，春秋七十四。僧臘五十一。門人會清、傳郎奉靈柩殯于寺之東南三百步。後年即墳起塔，穎川陳言撰塔銘，邑大夫汝南周思輯爲檀信，乾符四年立碑焉。（卷十六《唐會稽開元寺允文傳》，范祥雍點校《宋高僧傳》，第三九六～三九七頁）

⊙唐廬山歸宗寺智常傳

釋智常者，挺拔出倫，操履清約，遍參知識，影附南泉。同遊大寂之門，乃見江西之道。元和中，駐錫廬山歸宗淨院，其徒響應，其法風行。無何，白樂天貶江州司馬，最加欽重。續以李渤員外元和六年隱嵩少，以著作徵起，杜元穎排之，出為虔州刺史南康，曾未卒歲，遷江州刺史。渤洽聞多識，百家之書，無不該綜，號李萬卷矣。到郡，喜與白樂天相遇，因言潯陽廬阜山水之最，人物賢哲隱淪。論惠遠遺跡，遂述歸宗禪師善談禪要。李曰：「朝廷金牓早晚有嗜菜阿師名目。」白曰：「若然則未識食菜阿師歟?」白強勸游二林，意同見常耳。及到歸宗，李問曰：「教中有言：須彌納芥子，芥子納須彌，如何芥子納得須彌?」常曰：「人言博士學覽萬卷書籍，還是否耶?」李曰：「忝此虛名。」常曰：「摩踵至頂，只若干尺身，萬卷書向何處著?」李俯首無言，再思稱歎。續有東林寺僧神建講諸經論，問「觸目菩提」，常略提舉。神建不體，乃發狀訟常示惡境界。時李判區分甚聞詣理。

常有異相，目耀重瞳，遂將藥�手，恒磨錯，不覺目眦俱紅，號赤眼歸宗矣。（卷十七《唐廬山歸宗寺智常傳》，范祥雍點校《宋高僧傳》第四二七～四二八頁）

智按：元和十一年（八一六），白居易有《晚春登大雲寺南樓贈常禪師》：「花盡頭新白，登樓意若何？歲時春日少，世界苦人多。愁醉非因酒，悲吟不是歌。求師治此病，唯勸讀楞伽。」《祖堂集》卷十五：「歸宗和尚嗣馬大師，在江州廬山。師諱智常，未詳姓氏。……白舍人爲江州刺史，頗甚殷敬。舍人參師，師泥壁次。師迴首云：『君子儒？小人儒?』白舍人云：『君子儒。』師以泥鏵敲泥板，侍郎以泥挑挑泥送與師，師便接了云：『莫是俊機白侍郎以不?』對云：『不敢。』師云：『只有送泥之分。』」又見《景德傳燈録》卷七。李渤（七七三～八三一），字濬之，洛陽人。不從科舉，元和初自廬山隱嵩山，以讀書業文爲事。元和初，以山人徵爲左拾遺。渤託疾不赴，遂家東都。元和九年，以著作郎徵之，於是赴官。歲餘，遷右補闕。爲江州刺史在長慶二年。《舊唐書》卷一七一、《新唐書》卷一一八有傳。《舊傳》:「穆宗即位，召為考功員外郎。……出為虔州刺史。……遷江州刺史。……長慶二年，入為職方郎中。三年，遷諫議大夫。……轉給事中……大和五年，以太子賓客征至京師。月餘卒，時年五十九。」逆推，生于大曆八年（七七三）。

⊙唐剡沃洲山禪院寂然傳

釋寂然，姓白氏，不知何許人也。名節素奇，踵四聖種，故號頭陀焉。大和二年，振錫觀方，訪天台勝境。到剡沃洲山者，在天姥岑之陰，對天台華頂、赤城，北望四明，金庭石鼓山介焉西北。北有支遁嶺、養馬坡、放鶴岑次焉。晉宋已來，玆山洞開。初有羅漢白道猷言西域來，戾止是山。次竺法潛、支道林居焉。高人勝士，接踵而棲此中。至於戴逵、王羲之、郗超、孫綽、許詢，遊憩其間矣。見是中景異，聞名士多居，如歸故鄉，戀而不能舍去。既行道化，盛集禪徒。浙東廉使元相國稹聞之，始為卜築。次陸中丞臨越知之，助其完葺。三年鬱成大院，五年而佛事興。然每為往來禪侶談説心要，後終於山院。大和七年，時白樂天在河南保釐為記，劉賓客禹錫書之。（卷二十七《唐剡沃洲山禪院寂然傳》，范祥雍點校《宋高僧傳》，第六八〇頁）

智按：釋贊寧，俗姓高，吳興德清（今屬浙江）人。後唐天祐十六年生，天成中出家，清泰初入天台山。通南山律，時人謂之「律虎」。吳越中，置為兩浙僧統，賜號明義宗文。入宋，改賜通慧大師。初補左街講經首座、知西京教門事。真宗咸平元年（九九八），充右街僧録。三年遷左街。四年卒，年八十三。一説咸平二年卒。徽宗崇寧四年（一一〇五），加謚圓明。有《內典集》一百五十二卷，《外學集》四十九卷。《西湖高僧事略》等有傳。

王溥（九二二 ~ 九八二）

《唐會要》

（元和）三年，淄青節度李師道進絹，為魏徵子孫贖宅，翰林學士白居易諫曰：「徵是陛下先朝宰相，太宗嘗賜殿材，成其正室，尤與諸家第宅不同，官中自可贖之。而令師道掠美。事實非宜。」憲宗深然之。（《四庫全書》本卷五十七 翰林院）

長慶元年敕，今年禮部侍郎錢徽下進士鄭郎等一十四人，宜令中書舍人王起、主客郎中知制誥白居易重試。覆落十三人。三月丁未詔，國家設文學之科，本求實才，苟容僥倖，則異至公。訪聞近日浮薄之徒，扇為朋黨，謂之關節，干擾主司。每歲策名，無不先定。眷言敗俗，深用興懷。鄭郎等昨令重試，乃求深僻題目，貴觀學藝淺深。孤竹管是祭天之樂，出於《周禮》正經。閱其呈試之文，都不知其本事。辭律鄙淺，蕪累至多。其溫業等三人，粗通可與及第，其餘落下。今後禮部舉人，宜准開元二十五年敕。及第人所試雜文，先送中書門下詳覆。侍郎錢徽貶江州刺史。（《四庫全書》本卷七十六 貢舉中・進士）

元和元年四月，才識兼茂明於體用科，元禎（稹）、韋惇、獨孤郁、白居易、曹景伯、韋慶復、崔綰、羅讓、崔護、薛存慶、韋珩、李瑀、元修、沈傳師、蕭俛、柴宿及第。達於吏治可使從政科，陳岵及第。（《四庫全書》本卷七十六 制科舉）

文。按謚法，經緯天地曰文，道德博原曰文，勤學好問曰文，慈惠愛民曰文，湣民惠禮曰文，錫民爵位曰文。贈中書令楚國公上官儀，贈兗州都督沛郡公韋叔夏，贈兗州都督扶風縣公蘇附，贈衛州刺史清河縣子崔融，贈太子少保彭城縣東海縣公徐堅，贈太子少保彭城縣公劉知柔，贈幽州都督彭城郡公韋湊，贈潤州刺史常山縣公馬懷素，贈禮部尚書舒國公褚無量，贈益州大都督固安縣公盧從願，贈江陵大都督宿預縣公王邱，贈江陵大都督襄陽縣侯席豫，贈禮部尚書賈至，贈禮部尚書韓愈，贈右僕射潘炎，贈太尉令狐楚，贈左僕射權德與，故襄州節度使李翺，贈司徒李磎，故太子少傅白居易，大中三年十二月，中書侍郎平章事白敏中上疏，請行謚典，從之，下太常，謚曰文。（《四庫全書》本卷七十九 謚法上）

智按：王溥，字齊物，并州祁縣（今屬山西）人。後漢乾祐二年（九四九）進士。仕後漢、後周，累官至中書侍郎、平章事。入宋，進位司空。太祖乾德二年（九六四），罷爲太子太保。五年，加太子太傅。開寶二年（九六九），遷太子太師。太宗太平興國初，封祁國公。七年八月卒，年六十一。謚文獻。《宋史》卷二四九有傳。

李昉（九二五～九九六）

《伏蒙侍郎見示蓬閣多餘暇詩十首調高情逸無以詠歌篇篇實爲絕倫一一尤難次韻強率鄙思別奉五章卻以秘閣清虛地爲首句所謂效西子之矉也惟工拙之不同豈天壤之相接莞爾而笑其敢逃乎》（其一）

秘閣清虛地，深居好養賢。不聞塵外事，如在洞中天。日轉遲遲影，爐焚裊裊煙。應同白少傅，時復枕書眠。（《全宋詩》第一册，第一七八頁）

《牡丹盛開對之感歎寄秘閣侍郎》

白公曾詠牡丹芳，一種鮮妍獨異常。眼底見伊真國色，鼻頭聞者是天香。朝含宿雨低垂淚，晚背殘陽暗斷腸。多病老翁爭奈向，寄詩遙問少年郎。（《全宋詩》第一册，第一八五頁）

《二李唱和集序》

南宮師長之任，官重而身閒；內府圖書之司，地清而務簡。朝謁之暇，頗得自適，而篇章和答，僅無虛日。緣情遣興，何樂如之。二卿，好古博雅之君子也，文章大手，名擅一時，睠我之情，於斯為厚，凡得一篇一詠，未嘗不走家僮以示我。慵病之叟，頗蒙牽率，若抽之思，強以應命，所謂策疲兵而當大敵也。日往月來，遂盈篋笥。……意轉新而韻皆緊，才益贍而調彌高。始知元白之前賢，虛擅車斜之美譽。……

昔樂天、夢得有《劉白唱和集》流布海內，為不朽之盛事。今之此詩，安知異日不為人之傳寫乎？淳化四年夏五月十有五日，右僕射、平章事、監修國史李昉序。（《全宋詩》第二册，第一八頁）

智按：清陳榘《二李唱和集跋》云：「讀其詩，體格並出香山，《青箱雜記》所論未謬也。余嘗謂二公當宋室。均以諫稱，尤服膺文正（指李昉），每讀史傳，至文正對太宗誦白香山「怨女三千放出宮，死囚四百來歸獄」句，

輒歎其膽識遠邁群臣，敢以諷詠折服君心。」（祝尚書《宋人總集敘録》，中華書局，二〇〇四年五月版，第五頁）

《王仁裕神道碑》

……公諱仁裕，字德輦，其先太原人，後世徙家秦隴，今爲天水人也。……平生所著《秦亭篇》、《錦江集》、《入洛記》、《歸山集》、《南行記》、《東南行》、《紫泥集》、《華夷百題》、《西江集》共六百八十五卷。又撰《周易説卦驗》三卷、《轉輪迴紋金鑑銘》、《二十二樣詩賦圖》，並行于世。著述之多，流傳之廣，近代以來，樂天而已。……（《隴右金石録》宋上；光緒《重修秦州直隸州志》卷二十）

智按：李昉，字明遠，深州饒陽（今屬河北）人。後漢乾祐中進士。仕後周，為翰林學士。入宋，加中書舍人。太祖建隆三年（九六二），罷為給事中。四年，知衡州。開寶二年（九六九），復拜中書舍人、直學士院。三年，知貢舉；四年，拜翰林學士。太宗即位，加戶部侍郎、工部尚書兼承旨。太平興國八年（九八三），改文明殿學士，除參知政事，拜同中書門下平章事。端拱元年（九八八），罷為右僕射。淳化二年（九九一），復拜平章事。四年，罷守本官。五年，以特進司空致仕。至道二年卒，年七十二。諡文正。《宋史》卷二六五有傳。太宗淳化四年，李昉將其與李至之唱和詩作編為《二李唱和集》。

李昉（九二五～九九六）等

《太平廣記》

⊙白樂天

唐會昌元年，李師稷中丞為浙東觀察使。有商客遭風飄蕩，不知所止。月餘，至一大山。瑞雲奇花，白鶴異樹，盡非人間所睹。山側有人迎問曰：「安得至此?」具言之。令維舟上岸。云：「須謁天師。」遂引至一處，若大寺觀，通一道（明抄本「道」下有「士」字）入。道士鬚眉悉白。侍衛數十。

坐大殿上，與語曰：「汝中國人，茲地有緣方得一到，此蓬萊山也。既至，莫要看否?」遣左右引於宮内遊觀。玉臺翠樹，光彩奪目，院宇數十，皆有名號。至一院，扃鎖甚嚴，因窺之。衆花滿庭，堂有裀褥，焚香階下。客問之。答曰：「此是白樂天院，樂天在中國未來耳。」乃潛記之，遂別之歸。旬日至越，具白廉使。李公盡録以報白公。

先是，白公平生唯修上坐業，及覽李公所報，乃自為詩二首，以記其事及答李浙東云：「近有人從海上回，海山深處見樓臺。中有仙籠（明抄本「籠」作「龕」）開一室，皆言此待樂天來。」又曰：「吾學空門不學仙，恐君此語是虚傳。海山不是吾歸處，歸即應歸兜率天。」然白公脱屣煙埃，投棄軒冕，與夫昧昧者固不同也，安知非謫仙哉！（出《逸史》，《太平廣記》卷四十八「神仙」，中華書局版第一册，第二九九頁）

⊙玉蕊院女仙

長安安業唐昌觀，舊有玉蕊花，其花每發，若瓊林瑶樹。唐元和中，春物方盛，車馬尋玩者相繼。忽一日，有女子，年可十七八，衣緑繡衣，垂【馬，丵髻】雙髻，無簪珥之飾，容色婉娩，迥出於衆。從以二女冠，三小僕，皆丱髻黄衫，端麗無比。既而下馬，以白角扇障面，直造花所，異香芬馥，聞於數十步外。觀者疑出自宫掖，莫敢逼而視之。佇立良久，令女僕取花數枝而出。將乘馬，顧謂黄衫者曰：「曩有玉峯之期，自此行矣。」時觀者如堵，咸覺烟飛鶴唳，景物煇煥，舉轡百餘步，有輕風擁塵，随之而去。須臾塵滅，望之已在半空，方悟神仙之遊。餘香不散者，經月餘。

時嚴休復、元稹、劉禹錫、白居易，俱作《玉蕊院真人降》詩。嚴休復詩曰：「終日齋心禱玉宸，魂銷眼冷未逢真。不如一樹瓊瑶蕊，笑對藏花洞裏人。」又曰：「香車潜下玉龜山，塵世何由覩蕣顔。惟有無情枝上雪，好風吹綴緑雲鬟。」元稹詩云：「弄玉潜過玉樹時，不教青鳥出花枝。的應未有諸人覺，只是嚴郎自得知。」劉禹錫詩云：「玉女來看玉樹花，異香先引七香車。攀枝弄雪時迴首，驚怪人間日易斜。」又曰：「雪蕊瓊葩滿院春，羽衣輕步不生塵。君王簾下徒相問，長伴吹簫別有人。」白居易詩云：「嬴女偷乘鳳下時，洞中暫歇弄瓊枝。不緣啼鳥春饒舌，青瑣仙郎可得知。」（出《劇談録》，《太平廣記》卷六十九「女仙」十四，中華書局版第二册，第四二七～四

二八頁）

⊙顧況

尚書白居易，應舉初至京，以詩謁著作顧況。況覩姓名，熟視白公，曰：「米價方貴，居亦弗易。」乃披卷首篇曰：「離離原上草，一歲一枯榮。野火燒不盡，春風吹又生。」却嗟賞曰：「道得箇語，居即易矣。」因為之延譽，聲名大振。（出《幽閒鼓吹》，《太平廣記》卷一百七十「知人二」，中華書局版第四册，第一二四七頁）

⊙白居易

白居易，季庚之子，始生未能言，默識之無二字，乳媪試之，能百指而不誤。間日復試之，亦然。既能言，讀書勤敏，與他兒異。五六歲識聲韻，十五志詩賦，二十七舉進士。貞元十六年，中書舍人高郢掌貢闈，居易求試，一舉擢第。明年，拔萃甲科。由是習性相近遠、求玄珠、斬白蛇等賦，為時楷式，新進士競相傳於京師矣。會憲宗新即位，始用為翰林學士。（出元稹《長慶集序》，《太平廣記》卷一百七十五「幼敏」，中華書局版第四册，第一三〇三頁）

⊙白居易

唐白居易有妓樊素善歌，小蠻善舞。嘗為詩曰：「櫻桃樊素口，楊柳小蠻腰。」年即高邁，而小蠻方豐豔，因楊柳詞以托意曰：「一樹春風萬萬枝，嫩於金色軟於絲。永豐坊里東南角，盡日無人屬阿誰。」及宣宗朝，國樂唱是詞，上問誰詞？永豐在何處？左右具以對。遂因東使，命取永豐柳兩枝，植於禁中。自感上知其名，且好尚風雅，又為詩一章，其末句云：「定知此後天文裏，柳宿光中添兩星。」

後除蘇州刺史，自峽沿流赴郡。時秭歸縣繁知一，聞居易將過巫山，先於神女祠粉壁大署之曰：「蘇州刺史今才子，行到巫山必有詩。為報高唐神女道，速排雲雨候清詞。」居易睹題處暢然，邀知一至曰：「歷陽劉郎中劉禹錫，三年理白帝，欲作一詩於此，怯而不為。罷郡經過，悉去千餘詩，但留四章而已。此四章者，乃古今之絕唱也，而人造次不合為之。」

沈佺期詩曰：「巫山高不極，合遝狀奇新。暗谷疑風雨，幽崖若鬼神。月明三峽曙，潮滿九江春。為問陽臺客，應知入夢人。」

王無競詩曰：「神女向高唐，巫山下夕陽。徘徊作行雨，婉孌逐荊王。電影江前落，雷聲峽外長。霽雲無處所，臺館曉蒼蒼。」

李端詩曰：「巫山十二重，皆在碧空中。回合雲藏日，霏微雨帶風。猿聲寒渡水，樹色暮連空。愁向高唐去，千秋見楚宮。」

皇甫冉詩曰：「巫峽見巴東，迢迢出半空。雲藏神女館，雨到楚王宮。朝暮泉聲落，寒暄樹色同。清猿不可聽，偏在九秋中。」

白居易吟四篇詩，與繁生同濟，而竟不為。（出《雲溪友議》，《太平廣記》卷一百九十八「文章一」，中華書局版第四册，第一四九〇頁）

智按：「唐白居易……柳宿光中添兩星」見《本事詩》卷二「事感」，今本《雲溪友議》未見，疑為《太平廣記》編者拼合兩書。「自感上知其名」之「自感」，《本事詩》作「白感」。

⊙杜牧

唐白居易初為杭州刺史，令訪牡丹花。獨開元寺僧惠澄近於京師得之。始植於庭，欄門甚密，他處未之有也。時春景方深，惠澄設油幕覆其上。牡丹自此東越分而種之也。會徐凝自富春來，未知白，先題詩曰：「此花南地知難種，慚愧僧閒用意栽。海鷰解憐頻睥睨，胡蜂未識更徘徊。虛生芍藥徒勞妬，羞殺玫瑰不敢開。唯有數苞紅幞在，含芳只待舍人來。」白尋到寺看花，乃命徐同醉而歸。時張祜榜舟而至，甚若疎誕。然張徐二生，未之習稔，各希首薦焉。白曰：「二君論文，若廉白之鬬鼠穴，勝負在於一戰也。」遂試《長劍倚天外》賦、《餘霞散成綺》詩。試訖解送，以凝為元，祜次之。張曰：「祜詩有『地勢遥尊岳，河流側讓關』，多士以陳後主『日月光天德，山河壯帝居』，此徒有前名矣。」又祜《題金山寺》詩曰：「樹影中流見，鐘聲兩岸聞。」雖綦毋潛云「塔影挂青漢，鐘聲和白雲」，此句未為佳也。白又以祜宮詞，四句之中，皆數對，何足奇乎？不如徐生云：「今古長如白練飛，一條界破青山色。」祜歎曰：「榮辱紛紛，亦何常也。」遂行歌而邁。凝亦鼓枻而歸。自是二生終身偃仰，不隨鄉試矣。

先是李林宗、杜牧與白輦下較文，具言元白詩體舛雜，而為清苦者見嗤，因茲有恨。白為河南尹，李為河南令，道上相遇，尹乃乘馬，令則肩輿，似乖趨事之禮。李嘗謂白為囁嚅兒，聞者皆笑。樂天之名稍減矣。白曰：「李直木（林宗字也），吾之猘子也。其鋒不可當。」

後杜牧守秋浦，與張祜為詩酒之交，酷吟祜《宮詞》，亦知錢塘之歲，白有非祜之論，嘗不平之。乃為詩二首，以高之曰：「誰人得似張公子，千首詩輕萬户侯。」又云：「如何故國三千里，虛唱歌詞滿六宮。」張詩曰：「故國三千里，深宮二十年。一聲河滿子，雙淚落君前。」此為祜得意之語也。李杜以下，盛言其美者，欲以苟異於白而曲成於張也。故牧又著論言，近有元白者，喜為淫言媟語，鼓扇浮囂。吾恨方在下位，未能以法治之，斯亦敷佐於祜耳。（出《雲溪友議》，《太平廣記》卷一百九十九「文章二」，中華書局版第四册，第一四九二～一四九三頁）

⊙陳琡

陳琡，鴻之子也。鴻與白傅傳《長恨詞》，文格極高，蓋良史也。咸通中，佐廉使郭常侍銓之幕于徐，性尤耿介，非其人不與之交。……（出《玉堂閒話》，《太平廣記》卷二百二「高逸」，中華書局版第五册，第一五二七頁）

⊙白居易

白少傅居易，與元相國稹友善。以詩道著名，號元白。其集内有《哭元相詩》云：「相看掩淚俱無語，别有傷心事豈知。想得咸陽原上樹，已抽三丈白楊枝。」（出《北夢瑣言》，《太平廣記》卷二百三十五「交友」，中華書局版第五册，第一八〇四頁）

智按：又見明高濂《遵生八箋・起居安樂箋》卷下。

⊙李德裕

劉禹錫（「劉禹錫」三字原缺，據明抄本補）唐太和中為賓客，時李德裕同分司東都。禹錫因謁於德裕曰：「近曾得白居易文集否？」德裕曰：「累有相示，别令收貯，然未一披。今日為吾子覽之。」及取看，而箱笥盈溢，塵土蒙覆。既啟而復卷之，謂禹錫曰：「吾於此人不足久矣，其文章何必覽焉。但恐回吾精絕之心，所以不欲看覽。」其抑才也如此。初文宗命德裕朝中朋黨，首以楊虞卿、牛僧孺為言。楊、牛即白之密友也。其不引翼，皆如此類。（出《北夢瑣言》，《太平廣記》卷二百四十四「褊急」，中華書局版第五册，第一八九一頁）

⊙顧況

唐白居易初名未振，以歌詩謁顧況。況謔曰：「居易。長安百物貴，居大不易。」及讀至《賦得原上草送友》曰：「野火燒不盡，春風吹又生。」歎曰：「有句如此，居大不難。老夫前言戲之耳。」（出《摭言》，《太平廣記》卷二百五十「詼諧六」，中華書局版第五册，第一九四二頁）

⊙張祜

唐張祜，客淮南幕中。赴宴時，舍人杜牧爲御史，座有妓人，索骰子賭酒。牧微吟曰：「骰子逡巡裹手拈，無因得見玉纖纖。」祜應聲答曰：「但知報道金釵落，髣髴還應露指尖。」

祜未識白居易。白刺史蘇州，始來謁。纔相見，白謂曰：「久欽藉甚，嘗記得右（智按：《本事詩》作君）欵頭詩。」祜愕然曰：「舍人何所謂?」白曰：「『鴛鴦鈿帶抛何處？孔雀羅衫付阿誰?』非欵頭何邪?」張頫微笑，仰而答之曰：「祜亦嘗記得舍人目連變。」白曰：「何也?」曰：「『上窮碧落下黃泉，兩處茫茫皆不見。』非目連變何邪?」遂歡宴竟日。

趙公令狐綯鎮維揚，祜常預狎讌。公因熟視祜，改令曰：「上水船，風太急。帆下人，須好立。」祜答曰：「上水船，船底破。好看客，莫倚桅。」（出《摭言》，《太平廣記》卷二百五十一「詼諧七」，中華書局版第六册，第一九四八頁）

⊙織錦人

唐盧氏子不中第，徒步及都城門東。其日風寒甚，且投逆旅。俄有一人續至，附火良久，忽吟詩曰：「學織繚綾功未多，亂投機杼錯抛梭。莫教宮錦行家見，把此文章笑殺他。」又云：「如今不重文章事，莫把文章誇向人。」盧愕然，憶是白居易詩，因問姓名。曰：「姓李，世織綾錦。離亂前，屬東都官錦坊織宮錦巧兒，以薄藝投本行。皆云：『如今花樣，與前不同。』不謂伎倆兒以文綵求售者，不重於世，且東歸去。」（出《盧氏雜説》，《太平廣記》卷

二百五十七「嘲誚五」，中華書局版第六册，第二〇〇五頁）

⊙葛清

荆州街子葛清，自頸已下，遍劄白居易詩。段成式嘗與荆客陳至呼觀之，令其自解，背上亦能闇記，反手指其劄處，至「不是花中偏愛菊」，則有一人持盃臨菊叢，「黄夾纈窠寒有葉」，則指一樹，樹上掛纈，纈窠勝絶細。凡劄三十餘首，體無完膚。陳至呼為「白舍人行詩圖」也。（出《酉陽雜俎》，《太平廣記》卷二百六十四「無賴二」，中華書局版第六册，第二〇六三頁）

⊙元稹

元相稹為御史，鞫獄梓潼。時白樂天在京，與名輩遊慈恩寺，小酌花下，為詩寄元曰：「花時同醉破春愁，醉折花枝當酒籌。忽憶故人天際去，計程今日到梁州。」時元果及褒城，亦寄《夢遊》詩曰：「夢君兄弟曲江頭，也向慈恩院裏遊。驛吏喚人排馬去，忽驚身在古梁州。」千里魂交，合若符契也。（出《本事詩》，《太平廣記》卷二百八十二「夢七」，中華書局版第六册，第二二四六頁）

⊙史遂

會昌中，小黄門史遂，因疾退於家。一日，忽召所親，自言初得疾時，見一黄衣人，執文牒曰：「陰司録君二魂對事。量留（量留原作壘，據明抄本改）一魂主身。」不覺隨去。出通化門，東南入荒徑，渡灞滻。陟藍田山。山上約行數十里，忽見一騎執黑幡，云：「太一登殿已久，罪人畢録。爾何遲也。」督之而去。至一城，甲士翼門。直北至一宫，宫門守衛甚嚴。有赤衣吏，引使者同入。蕭屏間，有一吏自内出曰：「受教受教。」使者鞠躬受命。宣曰：「史遂前世括蒼山主録大夫侍者，始者恭恪，中間廢墮，謫官黄門，冀其醒悟。今大夫復位，侍者宜遷，付所司准法。」遂領就一院，見一人，白鬚鬢，紫衣，左右十數列侍。拜訖仰視，乃少傅白居易也。遂元和初為翰林小吏，因問曰：「少傅何為至此？」

白怡然曰：「侍者憶前事耶？」俄如睡覺，神氣頓如舊。諸黄門聞其疾愈，競訪之。是夕，居易薨於洛中。臨終，謂所親曰：「昔自蓬萊，與帝（謂武宗也）有閆浮之因。帝於閆浮為麟德之别。」言畢而逝。人莫曉也。較其日月，當捐館之時，乃上宴麟德殿也。（出《唐年補録》，《太平廣記》卷三百一十一「神二十一」，中華書局版第七册，第二四六一～二四六二頁）

樂史（九三〇～一〇〇七）

《緑珠傳》

緑珠者，姓梁，白州博白縣人也，州則南昌郡古越地，秦象郡，漢合浦郡地。唐武德初，削平蕭銑，於此置南州，尋改爲白州，取白江爲名，州境有博白山，博白江，盤龍洞，房山，雙角山，大華山，山上有池，池中有婢妾魚。緑珠生雙角山下，美而艷，越俗以珠爲上寶，生女爲珠娘，生男爲珠兒。緑珠之字，由此而稱。晉石崇為交趾採訪使，以真珠三斛致之。崇有別廬，在河南金谷澗中，有金水自太白源來，崇即川阜製園館。緑珠能吹笛，又善舞，崇以《明妃曲》教之，而自製新詩曰：「我本良家子，將適單于庭。辭別未及終，前驅已抗旌。僕御涕流漓，轅馬悲且鳴。鬱鬱傷五内，涕泣沾珠纓。行行日已遠，遂造匈奴城。延佇於穹廬，加我閼（於迎切）氏（音支）名。殊類非所安，雖貴非所榮。父子見淩辱，對之慚且驚。殺身良不易，默默以苟生。苟生亦何聊，積思憤且盈。願假飛鳥翼，乘之以遐征。飛鴻不我顧，佇立以屏營。昔為匣中玉，今為糞上英。朝華不足歡，甘與秋草並。傳語後世人，遠嫁難為情。」崇又製《懊惱曲》以贈緑珠，崇之美艷者千餘人，擇數十人粧飾一等（一作處），使同侍之，不相分別，刻玉為倒龍珮，鏤金為鳳凰釵，結袖繞楹而舞，欲有所召者，不呼姓名，悉聽佩聲，視釵色，珮色輕者居前，釵色艷者居後，以為行次而進。趙王倫亂常，賊類乃孫秀使人求緑珠。崇方登京觀臨清水，婦人侍側，使者以告崇，出侍婢數百人以示之，皆蘊蘭麝而披羅綺，曰：「在所擇。」使者曰：「君侯服禦麗則麗矣，然受命指索緑珠，不知孰是。」崇勃然曰：「吾所愛，不可得也。」秀因是譖倫族之，收兵忽至，崇謂緑珠曰：「我今為爾獲罪。」緑珠泣曰：「願效死於君前。」崇固止，於是墜樓，而崇棄東市。時人名其樓曰緑珠樓。樓在步廣里，近狄泉，在王城之東。緑珠有弟子朱韓（一作宋禕），有國色，善吹笛，後入晉明帝宮中。今白州有一派水，自雙角山出，合容州江，呼為緑珠江，亦猶歸州有昭君灘，昭君村，昭君塲，吳有西施谷，脂粉塘，蓋取美人出處為名。又有緑珠井，在雙角山下。《耆老傳》云：汲此井者，誕女必多美麗。里閭有識者，以美色無益於國，以巨石填之。爾後雖有産女端妍者，而七竅四肢多不完具，異哉！山水之使然。昭君村生女皆灸破其面，故白居易詩曰：「不取往者戒，恐貽來者寃。至今村女面，燒灼成瘢痕。」又以不完具而惜焉。（《説郛》卷一百十二上）

智按：又見晁載之《續談助》卷五（清十萬卷樓叢書本）。

《李翰林別集序》

……嗚乎！以翰林之才名，遇玄宗之知見，而乃飄零如是。宋中丞薦于聖真云：「一命不霑，四海稱屈，得非命歟！」白居易贈劉禹錫詩云：「詩稱國手徒爲爾，命壓人頭不奈何。」斯言不虚矣。凡百有位，無自輕焉。撰集之次，聊存梗槩而已。時在繞雷州中，咸平元年三月三日序。（《李太白文集》卷一，巴蜀書社一九八六年影印宋本；《永樂大典》卷九二三；同治《彰明縣志》卷五七）

《太平寰宇記》

白居易影堂，在縣南二十里。唐會昌元年置。（《四庫全書》本《太平寰宇記》卷三河南道三河南府一）

剡溪。在縣南一百五十步，一源出台州天台縣，一源出婺州武義縣，即王子猷雪夜訪戴逵之所也。亦名戴溪。沃洲。在縣東七十二里，白居易有《沃洲記》。（《四庫全書》本《太平寰宇記》卷九十六江南東道八越州）

喚渡亭。白居易貶江州司馬過此，作詩云：「建昌江水縣門前，立馬教人喚渡船。好似往年歸蔡渡，草風花語渭河邊。」（《四庫全書》本《太平寰宇記》卷一一一江南西道九江州南康軍）

智按：樂史，字子正，宜黄（今屬江西）人。官太常博士，直史館。事迹附載《宋史·樂黄中傳》。

張洎（九三四～九九七）

《張司業詩集序》

司業諱籍，字文昌，蘇州吳人也（一作和州烏江人）。貞元十五年，丞相渤海公下及第。歷官太祝、秘書郎、國子博士、水部員外郎、國子司業。公為古風最善。自李、杜之後，風雅道喪，繼其美者，惟公一人。故白太傅讀公集曰：「張公何為者？業文三十春。尤工樂府詞，舉代少其倫。」又姚秘監嘗贈公詩云：「妙絕江南曲，淒涼怨女詩。古風無手敵，新語是人知。」其為當時文士推服也如此。元和中，公及元丞相、白樂天、孟東野歌調，天下宗匠，謂之「元和體」。又長於今體律詩。貞元已前，作者間出，大抵互相祖尚，拘於常態。迨公一變，而章句之妙，冠於流品矣。自唐末多故，洊經離亂。公之遺集，十不存一。予自丙午歲迨至乙丑歲，相次緝綴，僅得四百餘篇（《吳都文粹續集》卷五十五尚有「釐為五卷」四字），藏諸篋笥，餘則更俟博訪，以廣其遺闕云耳。翰林學士中書舍人張垍（洎）編次。（《四部叢刊·張司業詩集》卷首；《全唐文》卷八百七十二）

智按：《張籍詩集》第一一〇頁斷為「天下宗匠謂之元和體」，不妥。「歌調」，明錢穀《吳都文粹續集》、明張昶《吳中人物志》卷七、清席啟寓《唐詩百名家全集》本及《全唐文》作「歌詞」。

《賈氏談録》

白傅葬龍門山，河南尹盧真刻《醉吟先生傳》，立於墓側，至今猶存。洛陽士庶及四方遊人過其墓者，必奠以卮酒，故塚前方丈之土，常成泥濘。（案，此條《説郛》所載，謹增入）（《欽定四庫全書考證》卷七十一子部：「此條《永樂大典》不載，據《説郛》增」）

白傅太宗末（案，《唐語林》作大中末，此作太宗，誤），曾有諫官獻疏請賜謚，上曰：「何不取《醉吟先生墓表》耶？」卒不賜謚。弟敏中在相位，奏立神道碑，其文即李義山之詞也。（案，《説郛》亦載此條，與此略異，云：「敏中曾任諫官，獻疏請叔謚。」《新唐書》但云：「敏中爲相。始請謚。曰

文。」《北夢瑣言》亦同。存之以備叅考）（《四庫全書》本《賈氏談録》）

智按：張洎，字師黯，改字偕仁，滁州全椒（今屬安徽）人。南唐進士，官至中書舍人，清輝殿學士，參預機密，頗受恩寵。入宋，授太子中允。太宗即位，選直舍人院，考試諸州進士。太平興國四年（九七九）出知相州，次年移貝州。入知譯經院。端拱中判大理寺，充史館修撰，判集賢院事。淳化中為翰林學士。後代蘇易簡為參知政事，至道三年罷為刑部侍郎。尋卒，年六十四。工詩文，文采清麗，又通釋道之書。有文集五十卷，今不存。有《賈氏談録》一卷，記開寶三年使宋時聞賈黄中所談唐代逸聞。《馬氏南唐書》卷二三、《宋史》卷二六七、《東都事略》卷三十七、《十國春秋》卷三十有傳。

宋白（九三六～一〇一二）

《宫詞》

律管飛灰報早春，壽陽梅淡落香裀。詞臣競進新詩入，俊思無過白舍人。（《四庫全書》本《兩宋名賢小集》卷五）

智按：宋白，字太素，一作素臣，大名（今屬河北）人。太祖建隆二年（九六一）進士。乾德三年（九六五），授玉津縣令。開寶中，連知蒲城、衛南二縣。太宗即位，擢左拾遺，拜中書舍人。太平興國五年（九八〇），知貢舉。八年，改集賢殿直學士。未幾，召為翰林學士。至道初，為翰林學士承旨。二年（九九六），拜刑部尚書、集賢院學士判院事。四年，以工部尚書致仕。真宗大中祥符五年正月卒，年七十七。謚文安。《宋史》卷四三九有傳。宋白甚有文名，學問宏博，太宗時，嘗預修《太祖實録》，又與李昉等主持編纂《文苑英華》，與李宗諤同纂《續通典》二百卷。嘗類故事千餘門，號《建章集》，有《宋文安集》（又名《廣平集》）一百卷，皆久佚。所存有《宫詞一百首》，係從民國年間臨榆田中玉影宋刊本《十家宫詞》析出。

田錫（九四〇～一〇〇三）

《貽陳季和書》

季和足下，錫觀乎天之常理，上炳萬象，下覆群品，顥氣旁魄，莫際其理，世亦靡駭其恢廓也。若卒然雲出連山，風來邃谷，雲與風會，雷與雨交，霹靂一飛，動植咸恐，此則天之變也。亦猶水之常性，澄則鑒物，流則有聲，深則窟宅蛟龍，大則包納河漢；若為驚潮，勃為高浪，其進如萬蹄戰馬，其聲若五月豐隆，駕於風，蕩於空，突乎高岸，噴及大野，此則水之變也。非迅雷烈風不足傳天之變，非驚潮高浪不足形水之動。

夫人之有文，經緯大道，得其道，則持正於教化，失其道則忘返於靡漫。孟軻荀卿，得大道也。其文雅正，其理淵奧。厥後揚雄秉筆，乃撰《法言》；馬卿同時，徒有麗藻。邇來文士，頌美箴闕，銘功贊圖，皆文之常態也。若豪氣抑揚，逸詞飛動，聲律不能拘於步驟，鬼神不能秘其幽深，放為狂歌，目為古風，此所謂文之變也。李太白天付俊才，豪俠吾（疑作悟）道，觀其樂府，得非專變於文歟。樂天有《長恨》詞，《霓裳》曲，五十諷諫，出人意表，大儒端士，誰敢非之！何以明其然也？世稱韓退之、柳子厚萌一意，措一詞，苟非美頌時政，則必激揚教義，故識者觀文於韓柳，則警心於邪僻。抑末扶本，躋人於大道可知也（一作矣）。然李賀作歌，二公嗟賞，豈非豔歌不害於正理，而專變於斯文哉？……（《四庫全書》本《咸平集》卷二；羅國威校注本《咸平集》，第三二～三三頁）

《貽宋小著書》

數日論文，更得新意，若獲秘寶，如聆雅音。苟非賢智之交，寧厚切磋之道？所謂悅我以文藻，榮我以道義也。洎拜別後，在道路間羸馬長驅，征心自逸，三思商較之義，再詳通變之言。一以貫之，引而伸之，竊有所得，似亦可采。

稟於天而工拙者性也，感於物而馳騖者情也。研《繫辭》之大旨，極《中庸》之微言。道者，任運用而自然者也。若使援毫之際，屬思之時，以情合於性，以性合於道，如天地生於道也，萬物生於天地也。隨其運用而得性，任其方圓而寓理，亦猶微風動水，了無定文，太虛浮雲，莫有常態。則文章之有聲氣也，不亦宜哉？

比夫丹青布彩，錦繡成文，雖藻縟相宣，而明麗可愛。若與春景似畫，韶光艷陽，百卉青蒼，千華妖冶，疑有鬼神，潛得主張，為元化之杼機，見昊天之工巧，斯亦不知所以然而然也。則丹青為妍，無陽和之活景；錦繡曰麗，無造化之真態。以是知天亦不知其自圓，地亦不知其自方。三辰之明，六氣之運，如目之在氣主視，耳之在體司聰，己亦不知其自然也。謂桂因地而生，不因地而辛；蘭因春而茂，不因春而馨。人傷體則憂，蚺去膽則勇。龜殼便於外，鱓骨樂於衷。草腐而輝光生，物老而妖怪出。松以實而久茂，竹以虛而不凋。騶麟之性仁，虎豹之心暴。得非物性自然哉？

錫以是觀韓吏部之高深，柳外郎之精博，微之長於制誥，樂天善於歌謠，牛僧孺辨論是非，陸宣公條奏利害，李白、杜甫之豪健，張謂、呂溫之雅麗。錫既拙陋，皆不能宗尚其一焉。但為文為詩，為銘為頌，為箴為贊，為賦為歌，氤氳胞合，心與言會，任其或類於韓，或肖於柳，或依希於元、白，或髣髴於李、杜，或淺緩促數，或飛動抑揚，但卷舒一意於洪濛，出入衆賢之閫閾，隨其所歸矣。使物象不能桎梏於我性，文彩不能拘限於天真，然後絕筆而觀，澄神以思，不知文有我歟？我有文歟？

以是諮於君，孰是孰非，幸一見答。更祛瞢昧，錫拜手。（《四庫全書》本《咸平集》卷二；羅國威校注本《咸平集》，第三三～三四頁）

《答何士宗書》

……余欲以六經為寰區，以史籍為藩翰；聚諸子為職方之貢，疏衆集為雲夢之遊。然後左屬忠信之櫜鞬，右執文章之鞭弭，以與韓、柳、元、白相周旋於中原。未喻此旨於君何如爾？願言之志，尚難罄輸。幸稍留意，不宣。錫拜上。（《四庫全書》本《咸平集》卷三；羅國威校注本《咸平集》，第四三～四四頁）

《戶部員外郎充史館修撰胡旦可知制誥》

敕：朕以王道致時雍，人文化天下。而訓誥之職，侍從之臣，必敷求其才，簡拔精選，俾朕約束言語，與三代同風。以爾具官胡旦，學識該通，筆力遒健，傑出多士，綽有文名。自中臺為郎，史閣供職，得《春秋》之微旨，見褒貶之餘才。然未司吾言，寧滿爾志。是用升於清切之禁，觀其潤色之詞，無令元、白、常、楊，專美前代，勉修儒行，以答殊恩。（《四庫全書》本《咸平集》卷二十八；羅國威校注本《咸平集》，第三三四頁）

《覽韓偓鄭谷詩因呈太素》

風騷敻古少知音，本色詩人百種心。順熟合依元白體，清新堪擬鄭韓吟。搜來健比孤生竹，得處精於百煉金。唯我與君相唱和，天機自見不勞尋。（《四庫全書》本《咸平集》卷十五；《全宋詩》第一册，第四五七頁；羅國威校注本《咸平集》，第一三六頁）

智按：「順熟」者，順暢純熟也。元白與韓偓、鄭谷詩，確有順熟與清新之別，皆屬各自之本色。「本色詩人」一詞爲田錫首創。本色者，本來面目也，這裏指質樸自然，不加矯飾。詩題之「太素」，即宋白（九三六～一〇一二），字太素。三掌貢舉，喜獎掖後學，田錫與蘇易簡、王禹偁、胡宿等皆出其門下。其人學問宏博，屬文敏贍，在宋初文壇影響很大，聚書數萬卷，嘗條類故事千餘門，號《建章集》，曾多方補葺唐人編集遺落者，並與李昉等編《文苑英華》一千卷。值得一提者，韓偓、鄭谷詩與元白，也有一脉相承之處，例如韓偓，其「香奩體」頗有取法元白艶體詩者，其與吳融之次韵唱和亦承元白之餘波。至于鄭谷，近人丁儀《詩學淵源》卷八「名人小傳詩品·鄭谷」認爲：其「詩以平淡爲歸，不務工巧，絕句尤佳，白體上乘也」。鄭谷以《鷓鴣》詩得名，而其中領聯「雨昏青草湖邊過，花落黄陵廟裏啼」，正脱胎于白居易《送客之湖南》之頸聯「帆開青草湖中去，衣濕黄梅雨裏行」。（見史承謙《青梅軒詩話》卷一）

《寄宋白拾遺》

醉中别大梁，西歸渭水陽。飄然何所似，浮雲辭帝鄉。歸來驚歲晏，悵然增浩歎。景短倏雲暝，夜寒難至旦。拂酒雪花飛，早梅思南枝。碧落周星紀，青陽換歲時。雙魚忽得書，云已外華籍。金骨俄輕舉，玉霄仍近密。小諫官職清，大才文翰逸。獻納有嘉謀，英豪伸壯圖。萬乘是知己，三公駭奇士。嚴吾侍從臣，元白才名子。揮毫爛彩霞，逸性飛湍水。不日縯絲綸，鼇宮承帝旨。伊余重交結，白日貫精誠。黄金一諾重，鴻毛萬事輕。微塵彈余冠，清泉滌吾纓。思佩朝天籙，相將昇太清。（《四庫全書》本《咸平集》卷十七；《全宋詩》第一册，第四七三頁；羅國威校注本《咸平集》，第一六五頁）

《酬陳處士詠雪歌》

潁川處士情高古，閒卧煙霞向南浦。忘卻簞瓢陋巷貧，耽嗜琴書醉歌舞。昨日西風生凛冽，江天慘慘陰雲結。雲色蒼黄千里同，晚來旋旋飛輕雪。寒條黏綴生梨花，梅飄絮蕩相交加。危樓粉飾軒窗冷，横橋玉碾欄干斜。高人嘯傲吟情動，醉拾江毫呵曉凍。狂才意度若元白，滿牋靈怪如麟鳳。因遣橘僮封寄余，門者稱有陳君書。展開詠雪六十字，水晶盤中明月珠。字字纍纍可編貫，句句緜緜意不斷。恨無瑛瓊奉報酬，勝得美人錦繡段。君不聞吾皇在上致太平，地不藏珍天降靈。時聞刺史奏河清，又報諸侯賀景星。君心幸有經綸術，休向江湖隱聲跡。雲眠雪嘯意雖高，爭似金鑾（一作門）待赭袍。不必虹綸千二犗，明月為鈎釣巨鼇。（《四庫全書》本《咸平集》卷二十；《全宋詩》第一册，第四八九頁；羅國威校注本《咸平集》，第一八九頁）

智按：田錫，字表聖，其先京兆人，唐末徙蜀之洪雅。登太平興國三年（九七八）進士，官至諫議大夫。事迹具《宋史》本傳。

張詠（九四六～一〇一五）

《旅懷》

儒術精窮久，風塵鬢欲衰。知音豈易得，搔首獨何爲。寓舍思親處，秋原墜葉時。樂天吟更苦，笑殺五陵兒。（《四庫全書》本《乖崖集》卷四；《全宋詩》第一册，第五四一頁；《張乖崖集》，第三六頁）

智按：張詠，字復之，號乖崖，濮州鄄城（今屬山東）人。太宗太平興國五年（九八〇）進士。授大理評事、知鄂州崇陽縣。雍熙元年（九八四），遷著作佐郎。端拱元年（九八八），轉秘書丞。二年，通判相州。召還，知開封府浚儀縣，出爲荊湖北路轉運使。淳化四年（九九三），擢樞密直學士、知通進銀臺司兼掌三班院。五年，出知益州。真宗咸平元年（九九八），召拜給事中，遷戶部使，改御史中丞。二年，以工部侍郎出知杭州。五年，改知永興軍。六年，加刑部侍郎、再知益州。景德三年（一〇〇六），復掌三班院兼判登聞檢院。四年，知升州。大中祥符五年（一〇一二），改知陳州。八年八月卒，年七十。謚忠定。有《張乖崖集》十卷，南宋時增廣爲十二卷。事見宋錢易《故樞密直學士禮部尚書贈左僕射張公墓志銘》，《宋史》卷二九三有傳。

李至（九四七～一〇〇一）

《至性靈迂僻學術空虛幸逢好古之君獲在藏書之府惟無功而祿重招髦彥之譏而多病所縈實喜優閒之任居常事簡得以狂吟因成惡詩十章以蓬閣多餘暇冠其篇而為之目亦樂天「何處難忘酒」之類也塵黷英鑒幸賜一覽下情不任兢灼之至》

蓬閣多餘暇，情孤與世違。老嫌知道晚，閒覺近名非。禍福隨操履，窮通在隱微。所親慶笑我，終日掩柴扉。

蓬閣多餘暇，君恩豈易酬。病猶豈祿賜，閒勝在林丘。風月僧留宿，松筠鶴共遊。素餐終不穩，卻擬訪漁舟。

蓬閣多餘暇，優游味可知。宴酣階擁雪，坐久硯生澌。遇話聞新事，因閒檢舊詩。已成疏懶性，親友莫相嗤。

蓬閣多餘暇，捫心或暗思。學應無足日，髮自有衰時。庶事曾經目，浮榮病切肌。何當卧雲嶺，方寸貯希夷。

蓬閣多餘暇，群編得縱觀。書精新篆籀，畫古舊衣冠。故事南朝遠，胡風北史寒。不披三兩卷，永日度應難。

蓬閣多餘暇，簪纓不我拘。杖遊僧舍數，馬過相門疏。竹簡藏蝌蚪，芸香避蠹魚。已將成四部，猶乞補殘書。

蓬閣多餘暇，天寒懶出門。宴眠書幌靜，夜話地爐溫。甌觸烹茶鼎，瓢浮著酒盆。翻同未應舉，嵩洛住山村。

蓬閣多餘暇，幽軒好養蒙。圖書閒案几，水墨故屏風。雪壓枯松折，莎藏怪石空。退朝無一事，盡日鳥聲中。

蓬閣多餘暇，時游近郭園。畦蔬新雨嫩，野菊未霜繁。牛放殘陽草，人耕斷燒原。暮歸城闕遠，鐘鼓已喧喧。（《全宋詩》第一册，第五六二頁）

《所苦之中無以遣悶更題新竹別獻五章幸賜披覽》（其二）

不似溪邊本自芳，且須將護少同防。兒童縱未騎爲馬，鄰舍潛應引過牆。乾籜墜莎何用掃，嫩根撐砌莫嫌妨。就中此地尤難得，惱殺東都白侍郎。（《全宋詩》第一册，第五六八頁）

《續座右銘》

崔子玉為座右銘，白樂天亦為座右銘。檢身之道，幾乎殫矣。予嘗冥心燕坐，自思所為，慮向之益友，以予位著，不我規也。因疏其所得，亦命為座右銘，聊以自勉。其辭曰：

短不可護，護則終短；長不可矜，矜則不長。尤人不如尤己，好圓不如好方。用晦則天下莫與汝爭智，撝謙則天下莫與汝爭強。多言者老氏所戒，欲訥者仲尼所臧。妄動有悔，何如靜而勿動；太剛則折，何如柔而勿剛。吾見進而不已者敗，未見退而自足者亡。為善則游君子之域，為惡則入小人之鄉。吾將書紳帶以自警，刻盤盂而過防，豈如長存於座右，庶夙夜之不忘。（《四部叢刊》本《皇朝文鑑》卷七十三）

智按：李至，字言幾，真定（今河北正定）人。太宗太平興國初進士，釋褐將作監丞、通判鄂州。擢知制誥，直史館。太平興國八年（九八三），爲翰林學士、右諫議大夫、參知政事。雍熙初，加給事中，兼秘書監。淳化五年（九九四），兼判國子監。至道初，爲太子賓客。真宗即位，拜工部尚書、參知政事。咸平元年（九九八），授武信軍（一作武勝軍）節度使，徒知河南府。四年卒，年五十五。贈侍中。《宋史》卷二六六、《隆平集》卷六《東都事略》卷三十六有傳。

吴淑（九四七～一〇〇二）

《事類賦注 筆賦》

雞距鹿毛之雋（白樂天有《雞距筆賦》。王隱《筆銘》曰：「豈其作筆，必兎之毫。調利難秃，亦有鹿毛。」）。（《事類賦》卷十五；冀勤等校點《事類賦注》第三〇七頁）

傳毛穎於韓公（韓愈有《毛穎傳》），目毫錐於白傅（白樂天與元微之將應制科，各有纖鋒細管筆，攜以就試，相顧輒笑，目為毫錐，故贈元相詩曰：「策目穿如劄，毫鋒鋭似錐。」）。（《事類賦》卷十五；冀勤等校點《事類賦注》第三一一頁）

智按：吴淑，字正儀，潤州丹陽（今江蘇鎮江）人。南唐進士，補丹陽尉，後以校書郎直内史。入宋，以薦試學士院，授大理評事。預修《太平御覽》、《太平廣記》、《文苑英華》。

晁迥（九五一～一〇三四）

《新新理説》

愚夙慕白樂天之為人，雖才識不逮乎樂天，而志願閫域，其殆庶幾乎。樂天有《新製布綿裘》詩，其末句云：「安得萬里裘，蓋覆週四垠。穩暖皆如我，天下無寒人。」愚有《擊壤辭》其末句云：「安得大金梶，制彼日月輪。免同流水車，今人續古人。」（《四庫全書》本《昭德新編》卷上）

唐白居易有詩云：「當壯已先衰，暫泰還長窮。」此嘆天均之薄也。漢馬援有語云：「窮當益堅，老當益壯。」此圖世間之事也。愚身雖老，不覺在己之衰窮，而覺康泰之慶幸，愚心益壯，不圖世間之事，而求出世之道，自謂所得多於昔賢矣。（《四庫全書》本《昭德新編》卷上）

《倣歸去來辭》

陶令曾言歸去來，解印還家不迴首。屏貴都遺身外名，忘憂酷嗜杯中酒。

白傅曾言歸去來，了知浮世非長久。獨步逍遙自得場，飲食寢興隨所偶。羅隱曾言歸去來，濩落生涯何所有？明日船中竹一竿，要學江湖釣魚手。晁叟亦言歸去來，抗表辭榮養衰朽。京洛紅塵舊滿衣，總脫臨風都抖擻。（《四庫全書》本《昭德新編》卷下；《全宋詩》第一册，第六〇七頁；《全宋文》二〇〇六年版第七册，卷一三七，第一六一～一六二頁）

《醒默居士歌》

白氏先生躭醉吟，銜杯灑翰恣歡心。樽空才盡若為計，釋悶遣懷功未深。愚稱居士名醒默，清思忘言求妙德。習此功成道更高，不到詩魔兼酒惑。（《四庫全書》本《昭德新編》卷下；《全宋詩》第一册，第六〇九頁）

《擬白樂天詩》（二首）

求位不由己，求道不由天。位即無以求，道可使進焉。且務由己者，己能盡心源。勿問由天者，天高擅化權。

順逆不由己，喜怒不由他。他即無奈何，己可存太和。且務由己者，克己諒非多。勿責由他者，他心是我魔。（《四庫全書》本《法藏碎金録》卷四；《全宋詩》第一册，第六一一頁）

《擬白樂天詩》

權要亦有苦，苦在當憂責。閑慢亦有樂，樂在無縈迫。（《四庫全書》本《法藏碎金録》卷四；《全宋詩》第一册，第六一二頁）

《擬白樂天遣懷》

羲和走馭趁年華，不許人間歲月賒。春正豔陽春即老，日方停午日還斜。時情莫測深如海，世事難齊亂似麻。已共身心要約定，古今如此勿驚嗟。（《四庫全書》本《法藏碎金録》卷五；《全宋詩》第一册，第六一二頁）

《擬白樂天期李二十文略王十八質夫不至獨宿仙遊寺》

角勝勞生不足云，濫傳僧語亦非真。始知解愛禪中樂，萬萬人中無一人。（《四庫全書》本《法藏碎金録》卷六；《全宋詩》第一册，第六一二頁）

《擬白樂天題贈定光上人》

孟子四十心不動，定光四十心離塵。我到明年加一倍，如何此際尚因循。

已喜自逃名宦網，猶患長隨造化鈞。記得前賢有詩句，祖師元是世間人。（《四庫全書》本《法藏碎金録》卷六；《全宋詩》第一册，第六一二頁）

《擬白樂天詩》

心不擇時息，書不擇時觀。達理意無礙，豁如天地寬。（《四庫全書》本《法藏碎金録》卷六；《全宋詩》第一册，第六一二～六一三頁）

《詩一首》

貌愚愚谷窽（邃），道醉醉鄉春。愚醉無迷謬，伊予意又新。（《四庫全書》本《法藏碎金録》卷六；《全宋詩》第一册，第六一三頁）

智按：《法藏碎金録》卷六：白樂天詩云：「昨日制書臨郡縣，不該愚谷醉鄉人。」予謂此語自述其情，而於愚谷醉鄉，理有未盡。因而別作二十字，推演其意云云。

《擬白樂天詩》

自學養恬休用智，從他名跡日衰微。我身不欲全高貴，高貴多乘禍敗機。（《四庫全書》本《法藏碎金録》卷七；《全宋詩》第一册，第六一三頁）

《擬白樂天詩》

多圖果何益，只自勞奔競。不如收身心，凝然成靜定。（《四庫全書》本《法藏碎金録》卷十；《全宋詩》第一册，第六一三頁）

《法藏碎金録》

予常愛白樂天詞旨曠達，沃人胸中。有詩句云：「我無奈命何，委順以待終。命無奈我何，方寸如虛空。」夫如是，則造化陰隲，不足為休戚，而況時情物態，安能刺鯁其心乎？（《四庫全書》本卷一）

白樂天酷好遊觀，形於吟詠，有詩句云：「留春不住登城望，惜夜相將秉燭遊。」又有詩句云：「眼看筋力減，遊得且須遊。」如此之類，不可具舉。予謂樂天所好者常遊耳，予所好者游可游，非常遊，予好列子之遊，《列子》曰：「人之遊也，觀其所見；我之遊也，觀其所變。」謂凡人唯覩榮悴殊觀以為休戚，未覺與化俱往，勢不暫停。予又好壺丘子之遊，壺丘子曰：「務外遊不如務内觀，外遊者求備於物，内觀者取足於身。取足於身，遊之至也。求備於物，遊之不至也。」予詳其意，謂人身取象二儀，無有不備，大約貴乎反躬觀理，心游於大道，足矣，故予好之。予於遊觀，又好《莊子》云：「假道於仁，託宿於義，以遊逍遙之墟。」又好《老子》云：「常無欲以觀其妙。」予以立意為宗，觸類而長，唯變所適，下筆不休也。（《四庫全書》本卷一）

予因汎覽究觀，具知世為幻也，人為幻也，心為幻也，智為幻也，何以明之？白樂天有詩云：「幻世春來夢，浮生水上漚。」此言世為幻也。又有詩云：「生去死來都是幻，幻人哀樂繫何情。」此言人為幻也。《圓覺經》云：「衆生幻心，還依幻滅，諸幻盡滅，覺心不動。」此言心為幻也。《圓覺道塲修證儀》云：「佛運如幻，智慧出谷。響音聲説，空中風畫。言教救攝，夢想苦惱，衆生還令，悟入法性。」此言智為幻也。夫如是，則從凡至聖，無不是幻，誰能於此重重夫幻化之中，妄執有法以自苦耶。而今而後，予當遇物而應，無所將迎，順緣而過，無所固必，未知果能然乎，而志願如此。（《四庫全書》本卷一）

白樂天有《自詠》詩云：「闞閑僧尚鬧，較瘦鶴猶肥。」予因自思，抑亦如此。仍敘餘意，可資清談，爰自引年掛冠，攝生修道，居深跡晦，絕無汎交，行健聽聰，覺有所得，乃復為兩句，以擬前詩云：「介居僧尚褋，警聽鶴猶聾。」（《四庫全書》本卷二）

《楞嚴經》云：「情想均等，不飛不墜。生於人間，想明斯聰，情幽斯鈍。」竊詳此語，信不虛矣。予今年近八旬，而覺耳聰心爽，每於清宵靜卧盧白堂中，或聞左右前後，兒孫列宇，言音所及，辨其誰何，故有《效白體》詩云：「介居僧尚褋，警聽鶴猶聾」之句，是知想明斯聰，予得萬一，因思貫休之詩有以《楞嚴》為禪髓，樂天之詩有以《壇經》為佛心，凡此類例子最稱美。（《四庫全書》本卷二）

白樂天有詩云：「慙將理自奪，不是忘情人。」竊思理奪二字，正是予切用之法。夫禦世之道，求理而已；出世之道，理可廢乎？以理奪情，率由智勝；以理復性，率由力勝。若能智力兼備，理性相符，眞學指歸，曲盡善矣。（《四庫全書》本卷三）

白樂天詩云：「識行妄分別，智隱迷是非。若轉識為智，菩提其庶幾。」

予詳識之與智，同體而異用耳。識是智之迷者也，常尋妄境而生愛；智是識之悟者也，獨辨真理而有歸。(《四庫全書》本卷三)

白氏詩云：「自從苦學空門法，消盡平生種種心。」予因此語，曉悟學空之理，乃是無礙法門，何以故？夫學人有明智有果斷，諦觀在外隨時過去者，事事盡空，不執其事，則身無礙也；在內隨時過去者，念念盡空，不執其念，則身無礙也（智按：據下文之意，當為「則心無礙也」)。身心外內無礙無縛，更去何處別求解脫？譬如雲翔之鳥，在空中自然自在，人若不能以空破有，自取罣閡，乃是凡愚知見，於己有何所利？所以佛許須菩提解空第一，斯人足可景慕。若能於空不著空，此又妙之又妙也。(《四庫全書》本卷三)

白傅有詩云：「攝動是禪禪是動，不禪不動即如如。」此言定體之深者也。予擬之，別作二句云：「破暗用明明是用，非明非暗即惺惺。」此言慧用之深者也。(《四庫全書》本卷四)

白樂天有詩，其末句云：「窮通不由己，懽戚不由天。命即無奈何，心可使泰然。且務由己者，省躬諒非難。勿問由天者，天高難與言。」予因擬之，別作八句云：「求位不由己，求道不由天。位即無以求，道可使進焉。且務由己者，己能盡心源。勿問由天者，天高擅化權。」又擬之別作八句云：「順逆不由己，喜怒不由他。他即無奈何，己可存太和。且務由己者，克己諒非多。勿貴由他者，他心是我魔。」(《四庫全書》本卷四)

白樂天有詩云：「是非都付夢，語默不妨禪。」予因擬之，稍加增易，別為七字句云：「色空辨相何妨道，語默由心不礙禪。」(《四庫全書》本卷四)

陶淵明讀書不求甚解，白樂天亦有詩云：「書不求甚解，琴聊以自娛。」予則不然。嘗思圭峰密禪師有語句云：「觀空直遣空於色，解義須教解入神。」予每讀書，詳味文理，觸類而長，唯變所適，往往別得新意，人患解少，予患解多，亦常以此為勞，然而亦勝別勞心矣。(《四庫全書》本卷四)

白氏詩云：「富貴亦有苦，苦在心危憂。貧賤亦有樂，樂在心自由。」予因擬之，別作詩云：「權要亦有苦，苦在當憂責。閑慢亦有樂，樂在無縈迫。」(《四庫全書》本卷四)

白氏有詩句云：「是非都付夢，語嘿不妨禪。」予愛此語，愜心精當，因而敍述其意云：「是非都付夢，南華真人指歸也；語嘿不妨禪，竺乾先生指歸

也。和會發明，西鄂居士指歸也。」導揚推演，出於深衷，勿誚僭差，庶幾有補。(《四庫全書》本卷五)

白公有詩句云:「富貴亦有苦，苦在心危憂。貧賤亦有樂，樂在身自由。」又有詩句云:「閒傾三數酌，醉詠十餘聲。便是羲皇代，先從心太平。」予因省己而言之，爰以引年致政，闔扉燕居，雖非富貴，亦非貧賤，月尸優禄，無鞅掌之事，可以言身自由也；日養天和，獲逍遙之樂，可以言心太平也。二者備矣，何以加焉。由是較量，不讓白公之所得，何況慶幸有餘也。(《四庫全書》本卷五)

唐白氏詩中頗有遣懷之作，故近道之人，率多愛之。予友李公維録出其詩，名曰《養恬集》。予亦如之，名曰《助道詞語》。蓋於經教法門，用此彌縫其闕，而直截曉悟於人也。予記其有詩云:「此身是外物，何足苦憂愛。」又有句云:「已共身心要約定，窮通生死不驚忙。」夫如是，則身外悠悠不合意事，何用介懷。(《四庫全書》本卷五)

白樂天有詞（詩）句云:「靖節先生樽長空，廣文先生飯不足。」噫，予今陶融太和，如飲醇酎，自以為不空樽，大雅杯；耽味道腴，如享太牢，自以為法喜食，甘露飲。去彼取此，既醉又飽，沛然充足，其如予何。(《四庫全書》本卷五)

予觀白氏詩，凡有愜心之理者，每好依據而沿革之。往往得新意以自規耳。白氏詩中有題目云《遣懷》。其詩七言四韻，予今擬其語句，聊加變易，入於別韻，前四句依舊意，述時景之迅遷，後四句立新意，述世態之不一，而終篇亦斷之以不驚也。白氏詩云:「羲和走馭趁年光，不許人間日月長。遂使四時都似電，爭教兩鬢不成霜。榮銷枯去無非命，壯盡衰來亦是常。已共身心要約定，窮通生死不驚忙。」予擬之而作詩云:「羲和走馭趁年華，不許人間歲月賒。春正艷陽春即老，日方停午日還斜。時情莫測深如海，世事難齊亂似麻。已共身心要約定，古今如此勿驚嗟。」(《四庫全書》本卷五)

白氏有詩句云:「華簪與高蓋，復在外物外。」入《莊子》宗旨。以軒冕為得志，而喪己失性者，謂之倒置之民。予歷觀羣趣，軒冕之外，更加五欲，樂具（智按：當為其）重複冗飾，伐德禍深而不悟者，又何如哉。(《四庫全書》本卷五)

白樂天有詩云：「此身不欲全強健，全健多生人我心。」又于良史有詩云：「僻居人事少，多病道心生。」是知體中微苦，未可心情不足。（《四庫全書》本卷五）

白氏集中有詩題云《期李二十文畧王十八質夫不至獨宿仙遊寺》，其詩云：「文畧也從牽吏役，質夫何故戀囂塵。始知解愛山中宿，千萬人中無一人。」予詳詩意，此猶言外境之清勝者，而更有内境之清勝者，用而擬之，別為四句詩云：「角勝勞生不足云，濫傳僧語亦非真。始知解愛禪中樂，萬萬人中無一人。」（《四庫全書》本卷六）

白樂天有詩云：「心不擇時適，足不揀地安。窮通與遠近，一貫無兩端。」予愛其語，因而擬之。別為四句，以述己意云：「心不擇時息，書不擇時觀。達理意無礙，豁如天地寬。」（《四庫全書》本卷六）

白氏集中有詩題云：《題贈定光上人》，其詩云：「二十身出家，四十心離塵。得徑入大道，乘此不退輪。一坐十五年，林下秋復春。春花與秋氣，不感無情人。我來如有悟，潛以心照身。誤落聞見中，憂喜傷形神。安得遺耳目，冥然反天真。」予愛此詩，因而別作七言八句述己意云：「孟子四十心不動，定光四十心離塵。我到明年加一倍，如何此際尚因循。已喜自逃名宦網，猶患長隨造化鈞。記得前賢有詩句，祖師元是世間人。」（《四庫全書》本卷六）

唐醉吟先生有詩斷句云：「歸去卧雲人，謀身計非誤。」又有詩斷句云：「迴首語秋光，東來應不錯。」人謂先生率爾成章，予謂先生的然有理。（《四庫全書》本卷六）

太宗朝端拱年，予偶與進士劉安國同舟出京師。安國酷愛庾信《哀江南賦》，是時凌晨舟行，高聲誦之。自言每誦此賦，雖日旰未食而不饑。予亦素曾披覽，美其雄富。晚歲之學，志趣高邈，因追思安國好此賦者，以其詞氣鼓動，快哉愜心而已矣。不知前賢評品有云：南朝徐庾體，乃是風雅之變，而流宕之勝者也。昔予方壯，樂遊文苑之洪麗。今老矣，唯於微言妙道，回向深切，文章中有白樂天《求玄珠賦》、高邁《長明燈頌》、一宿覺《證道歌》，每一讀誦，非但忘饑，有如食其品膳，侑以國樂，比較安國所好，類乎野人美芹，以為至味也。（《四庫全書》本卷六）

白樂天詩云:「昨日制書臨郡縣,不該愚谷醉鄉人。」予謂此語自述其情,而於愚谷醉鄉,理有未盡。因而別作二十字,推演其意云:「貌愚愚谷邃,道醉醉鄉春。愚醉無迷謬,伊予意又新。」(《四庫全書》本卷六)

予常愛唐賢白樂天有詩句云:「未得無生心,白頭亦為夭。」及看韻對第四,有說宋蕭惠開嘗為益州刺史,有所取求而不得,遂誣告其人訕毀朝政,先戮而後奏。孝武稱快。及明帝即位,惠開同四方反叛,後雖歸順,負釁不得志。每謂人曰:「人生不得行胸臆,雖百歲猶為夭。」未幾,發病歐血,吐物如胏肝而死。因詳白、蕭二人之言,各歎人生心無所得,雖壽亦為夭,而善惡智愚,相背絕遠,何啻天壤之殊也。(《四庫全書》本卷七)

唐白樂天詩云:「自學坐禪休服藥,從他時復病沉沉。我身不欲全強健,強健多生人我心。」予嘗擬之,別作詩云:「自學養恬休用智,從他名跡日衰微。我身不欲全高貴,高貴多乘禍敗機。」(《四庫全書》本卷七)

白樂天有詩句云:「恬然不動處,虛白在胸中。」予因擬之別作二句云:「昭然不昧處,靈照在胸中。」白公之詩,言定也,予之詩言慧也。(《四庫全書》本卷七)

白樂天有詩云:「已共身心要約定,窮通生死不驚忙。」予因擬之,別為二句曰:「已共身心要約定,險艱情偽不傷嗟。」白公所云,知天均不定之大常也;予之所云,知世緣本妄之大常也。(《四庫全書》本卷七)

予因泛覽諸書,又得三種之師。《尚書》云:「主善為師。」夫宏達之士,不當止學一先生之言,凡有一善,皆能師之,則其智廣矣。又《列子》云:「子列子師壺丘、子林。」注云:「日損之師。」《老子》云:「為道日損。」夫人若能知非改過,日思減損,有去非之善,居無過之地,乃幾於道也。又唐賢白樂天有詩云:「澹然無他念,虛靜是吾師。」《莊子》云:「唯道集虛。」《老子》云:「歸根曰靜。」夫人若能虛靜其心,則於道最為親切,此三種理,有淺深,俱為入道之門,故予采而師之。(《四庫全書》本卷八)

唐賢白樂天有詩句云:「濟世才無取,謀身道不周。應須共心語,萬事一時休。」予自引年退處,絕無交遊,約已(智按:疑當為己)趣向,因而擬象其句,增多其意,而書之云:「應須共心語,共書語,共道語。」昔晉阮瞻,時人謂之三語掾,予今自目之曰三語翁,其三語名則略同,而理全異耳。名僧貫休有詩斷句云：「豈知知足金仙子，霞外天香滿毳袍。」予因擬之，自述所得，别成二句云：「豈知習靜知常子，塵外天聲滿耳根。」（《四庫全書》本卷九）

白公名居易，蓋取《禮記·中庸》篇云：「君子居易以俟命。」字樂天，又取《周易·繫辭》云：「樂天知命故不憂。」予觀公之事蹟，可謂名行相副矣。故情動於中，而形於言。集中有詩云：「朝見日上天，暮見日入地。不覺明鏡中，忽年三十四。勿言身未老，冉冉行將至。白髮雖未生，朱顏已先悴。」又云：「貧賤非不惡，道在何足避。富貴非不愛，時來當自致。所以達人心，外物不能累。」噫，公年方壯而作是詩，予今年八十，比公賦此詩章之年，已加一倍，更餘一紀矣。安得不如公之曠達哉！故予抗心希古，以公為師，多作道情詩，粗合公之詞理爾。（《四庫全書》本卷九）

白公有詩句云：「澄江深淺好，最愛夕陽時。」予自有所得，因而擬之，别為二句云：「耳音清亮好，最愛夢醒時。」事雖不同，而句相類也。（《四庫全書》本卷九）

唐有名賢香山居士白公，所著章句云：「一性自了了，萬緣徒紛紛。」又有名僧圭峰禪師密公所著章句云：「靈靈自覺元無物，擾擾他緣盡是空。」二人同時，而詞意亦同。今並書之，予所愛也。（《四庫全書》本卷九）

無形而常有者真也，有形而終無者妄也。唐賢白樂天所演《八漸偈》而有句云：「真妄苟辨，覺生其中。」此一「覺」字，佛心之初也。（《四庫全書》本卷九）

白樂天為翰林學士時，有室名曰松齋，自題其詩云：「非老亦非少，年過三紀餘。非賤亦非貴，朝登一命初。才小分易足，心寬體長舒。充腸皆美食，容膝即安居。況此松齋下，一琴數帙書。書不求甚解，琴聊以自娱。夜直入君門，晚歸卧吾廬。形骸委順動，方寸付空虚。持此將過日，自然多晏如。昏昏復默默，非智亦非愚。」又詩僧貫休有《山居》詩云：「一庵暝目在穹冥，菌枕松床蘚陣青。乳鹿暗行檉徑雪，瀑泉微濺石樓經。閑行不覺過天井，長嘯深能動嶽靈。應恐無人知此意，非凡非聖獨惺惺。」予以致政閑居，居常逍遙，因覽二公詩，而知二公意，是知道同者無隱顯，無古今，遽自抽毫，合而書之，得趣欽味，逌然適悦。（《四庫全書》本卷九）

智按：《松齋自題（時為翰林學士）》，作於元和三年（八〇八），三十七歲，長安，左拾遺、翰林學士。《白居易集箋校》第二八一頁。

白樂天有詩云：「沈憂竟何益，只自勞懷抱。不如放身心，冥然任天造。」予因擬之別為四句以相對曰：「多圖果何益，只自勞奔競。不如收身心，凝然成靜定。」一放一收，各有歸趣。（《四庫全書》本卷十）

古人有詩句云：「醉遇春秋社，閑因雨雪天。」唐賢白樂天：「閑醉俱多故，自稱閑樂公。」又稱醉吟先生。吾自引年退居，閑樂有之矣，雖愛詩酒之美，不至耽於醉吟，而思福慶之緣，竊比尤勝。（《四庫全書》本卷十）

人皆以即時稱我者為己身，夢中亦然，一生之中其夢無數，定以何者為我身，是以古人有作普示道俗用心，偈云：「莫認紛紛境唯觀，了了心知身不是。」我煩惱更何侵，又以即時所居之宇為己家，或士或庶，改卜經營不定，果以何處所居之宇為己家，又以先世相承生育之地為己鄉，亦有遷移隔絕，別成故里者，果以何處之地為己鄉。復有舟居之民舟中生子，其子但以舟為家，舟之往來不停，亦有改造易換其舟者。此舟中所生之子，果以何舟為家，何處為鄉耶？故白樂天有《自誨》之詞云：「無妄喜，無浪憂，此中是汝家，此中是汝鄉。汝何捨此而去，自取其遑遑。」又有詩云：「我生本無鄉，心安是歸處。」白公大達，能警覺迷妄堅執之人也。（《四庫全書》本卷十）

智按：無妄喜，《白居易集》作無浪喜。

有思有議，則以意言為繫縛，而淨名居士所說法，是不思議解脫。有戀有厭，則以身世為掛礙，而香山居士所詠篇，是無戀厭逍遙。吾才患多，多此新說。（《四庫全書》本卷十）

智按：晁迥，字明遠。世為澶州清豐（今屬河南）人，自其父始徙家彭門（今四川彭縣）。太宗太平興國五年（九八〇）進士。真宗即位，擢右正言、直史館、知制誥。景德二年（一〇〇五）拜翰林學士。天禧二年（一〇一八）進承旨。累官集賢院學士、判西京留司御史臺。仁宗朝，遷禮部尚書，以太子少傅致仕。景祐元年卒，年八十四。謚文元。有《翰林集》三十卷（已佚）、《道院集》十五卷（今存王古删定本《道院集要》三卷）、《昭德新編》三卷、《法藏碎金録》十卷。《宋史》卷三〇五有傳。

王禹偁（九五四～一〇〇一）

《寄獻鄜州行軍司馬宋侍郎》

鉅賢如木鐸，一振聲蓋代。丈人文曲星，譴謫落下界。辭源發崑崙，意盡若倒海。昔在神德朝，少秀負文彩。擢第應制舉，召試拂華蓋。醉揮拔萃判，一字不復改。傳寫徧都下，紙貴無可買。一命佐著作，芸閣垂纓珮。歌詩數千首，人口炙與膾。志大輕俸錢，痛飲負酒債。庸蜀既即敘，出命玉津宰。題柱薄長卿，銘閣笑張載。錦水清見髮，蛾眉緑於黛。物華曾不負，詩酒聊自待。旨甘豈擇禄，印綬久不解。陶潛腰任折，萊子衣有彩。蹉跎歷四邑，塵土不可擺。吾皇在藩邸，聞名四聰駭。即位未浹旬，獨許延英對。相見恨已晚，欣然契嘉會。諫官聊假道，紫微遽真拜。制誥復西漢，碑板揭東岱。金鑾赴夜召，顧問及遠大。白麻幾千紙，意出元白外。薦賢恐不及，誘善曾無怠。當朝自獨步，晚節亦泛愛。有別樂聞韶，無譏詩自鄶。賤子在廣場，知見殊流輩。進士數且千，馳鶩稱俊邁。人人握靈蛇，許我珠無纇。超拔冠多士，權貴不得礙。御前中科第，閣下備僚寀。詎唯師碩德，常許接佳話。國朝大手筆，日夕期鼎鼐。胸中泰山雲，舒卷何靉靆。言下傅巖雨，蓄縮未霶霈。吾道遂難行，一旦同得罪。典午信冗散，貳車更狼狽。商於甚僻陋，鄜畤近山塞。共月踰千里，便風無一介。何當遂乘桴，侍坐浮渤澥。大笑引淳風，樽前一長噫。今兹當委順，自昔無芥蔕。投詩助醉吟，入室生徒在。（《四部叢刊》本《小畜集》卷三；《全宋詩》第二册，第六五五～六五六頁）

智按：宋侍郎指宋白（九三六～一〇一二）。

《不見陽城驛》（有序）

予為兒童時，覽元白集唱和《陽城驛》詩。時稹貶江陵，過南山，感陽道州而作是詩也。且改驛為避賢郵，不忍呼其諱也。樂天在翰林得而和之，又見杜紫薇《富水驛》詩，題下解云：「富水驛舊名與陽諫議同。」卒章曰：「驛名不合輕移改，留警朝天者惕然。」淳化二年秋九月，予自西掖左宦商於，訪其驛，則無有也。驗之圖經，求諸郡境，則富水地存而驛廢。陽城之號，遂莫知矣。因作古風詩，申明三賢之作，且以「不見陽城驛」為首句。至於道州之行事，元詩盡之矣，此不復云。

不見陽城驛，空吟昔人詩。誰改避賢郵？唱首元微之。微之謫江陵，憔悴為判司。路宿商山驛，一夕見嗟諮！所嗟陽道州，抗直貞元時。時亦被斥逐，南荒終一麾。題詩改驛名，格力何高奇！樂天在翰林，亦知遷客詞。遂使道州名，光與日月齊。是後數十年，借問經者誰？留題富水驛，始見杜紫微。紫微言驛名，不合輕改移。欲遺朝天者，惕然知在茲。一以諱事神，名呼不忍為。一以名警衆，名存教可施。為善雖不同，同歸化之基。邇來又百稔，編集空鱗差。我遷上洛郡，罪譴身縶維。舊詩猶可誦，古驛殊無遺。富水地雖在，陽城名豈知？空想數君子，貫珠若纍纍。三章詩未泯，千古名亦垂。德音苟不嗣，吾道當已而。前賢尚如此，今我復何悲？題此商於驛，吟之聊自怡。（《四部叢刊》本《小畜集》卷三；《宋詩鈔》卷一；《全宋詩》第二册，第六五九～六六〇頁）

《送劉職方》

罷直出玉堂，詔授尚書郎。朝僉假郡印，承乏來永陽。喜開黄紙書，云替劉職方。職方老狀頭，疇昔名擅場。宦遊三十載，寸進鴛鷺行。未出六品班，髭鬢已垂霜。顧予新進生，遭時恣翱翔。綸闈與內署，掌誥侍玉皇。夜召赴浴殿，春遊醉柏梁。晚出銀臺門，朝服含天香。為儒能到此，自道摩穹蒼。今年四十二，典郡清淮旁。卧錦郎位正，腰金服色光。見君深自媿，撫己庸何傷。古人重交代，子孫不相忘。西掖替左司，劉白彤詩章。（劉夢得贈白公詩云：「蘇州刺史例能詩，西掖今來替左司。」）況我忝翰林，而君列文昌。待將官與氏，山寺題修篁。共保不朽名，他年比甘棠。升沈何足道，聚散安有常。且當唱此詩，為君送離觴。（《四庫全書》本《小畜集》卷五；《全宋詩》第二册，第六七六頁）

智按：《四部叢刊》本《小畜集》卷五「見君深自媿」誤作「見金深自

媿」,「離觴」作「離腸」。

《游虎丘觀白傅舊題因成二首》

樂天曾守郡,酷愛虎丘山。一年十二度,五馬來松關。我今方吏隱,心在雲水間。野性群麋鹿,忘機狎鷗鷳。乘興即一到,興盡復自還。不知使君貴,何似長官閑。

徒勞官職在天涯,一望家園一淚垂。不是虎丘多勝樂,拂衣歸去已多時。(《四庫全書》本《吳郡志》卷十六;《吳都文粹》卷四;《全宋詩》第二册,第六八七頁)

智按:第一首,《四部叢刊》本《小畜集》卷六題為《遊虎丘》。第二首「勝樂」,一作「勝槩」。

《投柴殿院》(三十韻)

南面修文德,東吳納土疆。蒼生思撫育,丹詔擇循良。烏府官新轉,龍頭桂舊香。渡江驄馬瘦,垂地繡衣長。綸閣材知屈,蘇臺俗必康。恩流一車雨,威凜柏臺霜。休假尋山寺,行春泊野塘。白公是前政,魯望有維桑。求瘼心雖切,頤神道豈妨。煎茶虎丘井,搗藥木蘭堂。筍蕨供家饌,園林著道裝。擊筇教鶴舞,收橘待僧嘗。迎使朝衣穩,娛賓綺席張。犬聲銷巷陌,鶯舌動笙簧。冷句題秋葉,孤琴貯夜囊。歌樓寒月白,飲舫晚波涼。官業除苛法,家風襲雅章(故兵部員外郎自牧之子兵部以詩名擢第)。豸冠危肅物,象簡醉橫床。熊軾淹寧久,鼇頭譽轉芳。南園休命侶,北闕即徵黃。清貴容誰見,遭逢合自強。字人叨屬邑,畏德每循牆。名品知懸隔,孤危俟薦揚。折腰休太息,青眼異尋常。岱岳容拳石,滄溟納濫觴。扶搖如借便,羽翼必高翔。從事員多闕,徒勞跡可傷。金臺雖載築,珠履未成行。始隗前言在,依劉後進光。免教青史上,徒美一燕王。(《四庫全書》本《小畜集》卷七;《全宋詩》第二册,第六九一頁)

智按:《四部叢刊》本《小畜集》卷七「虎丘井」誤作「虎丘升」,「歌樓」誤作「歌摟」；「渰寧」作「寧渰」。

《戲贈嘉興朱宰同年》

縣前蘇小舊荒墳，應作行雲入夢頻。猶勝白公尉盩厔，庭花剛唤作夫人。（朱未婚）（《四庫全書》本《小畜集》卷七；《全宋詩》第二册，第六九二頁）

智按：《四部叢刊》本《小畜集》卷七「盩厔」誤作「盩屋」。

《送趙令公西京留守》

勲業與誰同？蕭何第一功。兩朝行直道，萬國變淳風。微恙妨三接，辭榮動四聰。白麻宣上閣，清洛守離宫。讓表回宸翰，朝辭泣舜瞳。對深移五刻，官重帶三公。鳳浴荀池暖，龍蟠洛邑雄。位尊非借寇，神爽近維嵩。導騎香塵細，肩輿曉霧籠。下車聞鳩語，開宴牡丹紅。溫樹深巖夢，甘棠蔽芾叢。趨庭採蘭子，投刺茹芝翁。廣化如靈鷲，天津似綵虹。先皇陵樹老，白傅影堂空。春饌思山蕨，秋屏盡水葓。御泉達廳廨，禁柳映簾櫳。元老優游盛，明君眷注隆。更須歸相府，特地代天工。永佐千年運，重頒九錫弓。不同崔四入，正在亂離中。（《四庫全書》本《小畜集》卷七；《全宋詩》第二册，第七〇四頁）

智按：《四部叢刊》本《小畜集》卷七「廳廨」作「廨宇」，「正在亂離中」誤作「正在離亂離中」。

《送同年劉司諫通判西都》

元老留司卧雒陽，諫官通理輟鴛行。仲宣舊佐紅蓮幕，裴度新開緑野堂。幾處古碑停馬讀，到時春筍約僧嘗。香山居士真容在，爲我公餘奠一觴。（《四庫全書》本《小畜集》卷七；《全宋詩》第二册，第七〇五頁）

《謫居感事》（一百六十韻）

遷謫獨熙熙，襟懷自坦夷。孤寒明主信，清直上天知。消息還依道，生涯只在詩。何當諭山水，詎敢詠江蘺。偶歎勞生事，因思志學時。讀書方睹奧，下筆便搜奇。賦格欺鸚鵡，儒冠薄鵕鸃。耕桑都不事，園井未曾窺。必欲縑緗富，寧教杼軸紕。光陰常矻矻，交友盡偲偲。步驟依班馬，根源法孔姬。收螢秋不倦，刻鵠夜忘疲。流輩多相許，時賢亦見推。叨榮偕計吏，濫吹謁春司。僕瘦途中病，驢寒雪裏騎。空拳入場屋，拭目看京師。技癢初調箭，鋒銛欲試錐。甲科登漢制，内殿識堯眉。數刻愁晡矣，三題亦勉之。先鳴輸俊彦，上第遂參差。罷舉身何托，還家命自奇。唯慙親倚户，敢望嫂停炊。竭力求甘旨，終朝走路歧。貪希仲由米，多廢董生帷。丹桂何時折，孤蓬逐吹移。知憐無國士，志氣自男兒。季子貂裘敝，狂生刺字隳。廣場重考覆，蹇步載驅馳。明代甯甘退，青雲暗有期。禮闈冠多士，御試拜丹墀。澤霧寧慙豹，搏風肯伏雌。重瞳念孤跡，一第忝鴻私。得告還鄉貴，除官佐邑卑。折腰稱小吏，矩步慎初資。枳棘心何恨，松筠操自持。及親家有養，事長禮無虧。銅墨官常改，煙霄雨露垂。縣花聊主管，寺棘且羈縻。吳郡包山側，長洲巨海湄。萬家呼父母，百里撫惸嫠。敢起徒勞歎，長憂竊禄嗤。宦途甘碌碌，官業亦孜孜。政事還多暇，優遊甚不羈。村尋魯望宅，寺認館娃基。西子留香逕，吳王有劍池。狂歌殊不厭，酒興最相宜。草織登山屐，蒲紉挽舫維。果酸嘗橄欖，花好插薔薇。震澤柑包火，松江鱠縷絲。三年無異政，一篋有新詞，多戀南園卧，俄從北闕追。呈材真樸樕，召對立茅茨。載筆居三館，登朝忝拾遺。紫泥天上降，朱紱御前披。侍從殊為貴，圖書頗自怡。史才媿班固，諫筆謝辛毗。擬把微軀殺，慙將厚禄尸。安邊上章疏，端拱獻箴規。精鑒逢英主，知憐是首夔。賡歌才不稱，掌誥筆難摛。制歷無多事，詞頭每怯遲。繁陰溫室樹，清吹萬年枝。青瑣霞光透，蒼苔露片萎。御香飄硯席，宫葉落纓緌。看浴池心鳳，閑捫殿角螭。上林花掩映，仙掌露淋漓。對近瞻旒冕，班清辟虎貔。宫簾垂翡翠，御水動漣漪。紀號年淳化，朝元月建寅。搢官捧寶册，祝壽執樽彝。表案行低折，宫懸聽肅祇。德音王澤潤，謙柄斗杓撝。貴接臯夔步，深窺龍鳳姿。策勳何烜赫，賜紫更萎蕤。蚊力山難負，鵜梁翼易滋。論功慚八柱，受服欲三褫。只慮殃將至，曾無事可裨。趁朝空俯傴，退食自逶迤。更直當春好，横行隔宿諮。内朝長得對，駕幸每教隨。瓊苑觀雲稼，金明閲水嬉。賞花臨鳳沼，侍釣立魚坻。拂面黄金柳，酡顏白玉巵。分題宣險韻，翻勢得仙棋。竟舉窺天管，爭燃煮豆萁。恨無才應副，空有表虔祈。睿睠偏稱賞，天顏極撫綏。中官賜文字，院吏捧巾綦。遭遇誠堪惜，功名竊自悲。請纓無壯志，視草亦何為。未獻東封頌，空鐫北嶽碑。深慚專俎豆，長欲議邊陲。但可懷驕子，何須斬谷蠡。胸中貯兵甲，塞上有熊羆。成敗觀千古，施張在四維。兼磨斷佞劍，疑樹直言旗。遇事難緘默，平居疾喔咿。無權逐鳥雀，俛首任狐狸。廷尉專刑煞，詞臣益寵衰。五花儀久廢，三尺法聊施。書命猶無諂，評刑肯有欺。厚誣淩近侍，內亂疾妖尼。丹筆常無赦，金科了不疑。拜章期悟主，引法更防誰。萋斐終無已，雷霆遂赫斯。如弦傷訐直，投杼覓瑕疵。眾鑠金須化，群排柱不支。佞權迴北斗，讒舌簸南箕。闕下羊腸險，朝端虎尾危。道孤貽眾怒，責薄賴宸慈。西掖除三字，南山佐一麾。蒼黃塵滿面，揮灑涕交頤。目斷九重闕，魂銷八達逵。尊親遠扶侍，兄弟盡流離。秦嶺偏巉絕，商於更險巇。吾廬何處是，我馬忽長辭。六里山蒼翠，丹河浪渺瀰。分封思衛鞅，割地憶張儀。懶讀三閭傳，空尋四皓祠。檜煙濃似瘴，松雪白如梨。壞舍床鋪月，寒窗硯結澌。振書衫作拂，解帶竹為觽。呼僕泥茶竈，從僧借藥篩。鐘愁上寺起，角怨水門吹。舊友誰青眼，新秋出白髭。煙嵐晴鬱鬱，風雨夜颸颸。我過徒三省，吾生自百罹。初來聞旅雁，不覺見黃鸝。市井攜山菜，房廊蓋木皮。野花紅爛漫，山草碧褵褷。副使官資冷，商州酒味醨。尾因求食掉，角為觸藩羸。有夢思紅藥，無心採紫芝。瘦妻容慘戚，稚子淚漣洏。暖怯蛇穿壁，昏憂虎入籬。松根然夜燭，山蕨助朝饑。豈獨堂虧養，還憂地乏醫。跡飄萍渤澥，親老日崦嵫。閣下辭巢鳳，山中伴野麋。風欺秀林木，雲隔向陽葵。屈產遭駑馬，丹山困嚇鴟。悔須分黑白，本合混妍媸。自此韜餘刃，終當學鈍鎚。窮通皆有數，得喪又奚悲。自顧才何者，空憐道在茲。宣尼猶削伐，大禹亦胼胝。用去當如虎，投來且禦魑。避風聊戢翼，得水會揚鬐。琴酒圖三樂，詩章効四雖。（白公有四雖詩）魚鬚從典賣，貂尾任傾攲。兀兀拖腸鼠，悠悠曳尾龜。北窗尋蛺蝶，南岸看鸕鶿。山翠樓頻上，雲生杖獨搘。篥閑留曉魄，簷暖負冬曦。松柏寒仍翠，瓊瑤涅不緇。望誰分曲直，秖自仰神祇。吾道寧窮矣，斯文未已而。狂吟何所益，孤憤曳黃陂。（《四庫全書》本《小畜集》卷八；《全宋詩》第二册，第七〇九～七一二頁）

《急就章》

賜來三載錦囊盛，今日重看倍覺榮。元白當時皆謫宦，不聞將得御書行。（《四部叢刊》本《小畜集》卷八；《全宋詩》第二册，第七一三頁）

《賀柴舍人新入西掖》（成務）

早折蟾宮第一枝，綸闈恩命苦何遲？久為俗吏殊無味，合掌王言亦有時。好繼忠州文最盛，應嫌長慶格猶卑。（舍人嘗與余評前賢詔誥，以為陸相首出，若奉天罪己詔，元白之徒，可坐在廡下）他年莫忘中吳宰，六里山前歌紫芝。（早歲予為長洲宰，舍人以殿院知蘇州）（《四部叢刊》本《小畜集》卷八；《全宋詩》第二册，第七一九頁）

《得昭文李學士書報以二絕》

來書云：看書除莊老，樂天詩最宜枕藉。

謫居不敢詠江蘺，日永門閒何所為？多謝昭文李學士，勸教枕藉樂天詩。

左宦寂寥推上洛，窮愁依約似長沙。樂天詩什雖堪讀，奈有春深遷客家。（《四庫全書》本《小畜集》卷八；《全宋詩》第二册，第七二〇頁）

《放言詩》

元、白謫官，皆有《放言詩》，著於編集，蓋騷人之道味也。予雖才不侔於古人，而謫官同矣。因作詩五章，章八句，題為《放言》云。

誰信人間是與非，進須行道退忘機。卦逢大壯羝羊困，鄉入無何蛺蝶飛。澤畔衣裳蘭作佩，山中生計竹為扉。飢腸已共夷齊約，一曲高歌去採薇。

榮枯禍福轉如輪，幽闇難欺有鬼神。天上若無司報者，世間爭向不平人。夏蟲莫恠冰壺色，秋隼休猜月窟身。吾道斯文如未喪，且憑方寸託穹旻。

賢人雖學心無悶，君子須知道自消。德似仲尼悲鳳鳥，聖如姬旦賦鴟鴞。看松好待嚴霜降，試玉宜將烈火燒。青女祝融如不黨，願分頑石與山苗。

人生唯問道何如，得喪升沉總是虛。寧可飛鴻隨四皓，未能魚腹葬三閭。傅巖偶夢誰調鼎，彭澤高歌自荷鋤。不向世間爭窟穴，蝸牛到處是吾廬。

靜算人間事偶然，窮通未必在穹玄。關從白馬欺來度，赦被青蠅暗裏傳。禁樹罷吟紅爛漫，江蘺且詠緑芊緜。《放言》詩什誰堪贈？焚贈微之與樂天。（第一首見《四部叢刊》本《小畜集》卷八，小序及餘四首見《小畜外集》

卷七；《全宋詩》第二册，第七二〇頁）

《前賦春居雜興詩二首間半歲不復省視因長男嘉祐讀杜工部集見語意頗有相類者諮於予且意予竊之也予喜而作詩聊以自賀》

命屈由來道日新，詩家權柄敵陶鈞。任無功業調金鼎，且有篇章到古人。本與樂天為後進（予自謫居，多看白公詩），敢期子美是前身。從今莫厭閒官職，主管風騷勝要津。（《四庫全書》本《小畜集》卷九；《全宋詩》第二册，第七三三頁）

《送僕射相公赴西京》

五十升端揆，西郊保任釐。偶抛三事重，未失百僚師。府縣威儀引，宮城管鑰隨。矗官嫌出將，劇位是留司。櫻筍供筵饌，蜩蟬響路岐。碧紗題壁處，畫錦下車時。請雨摩騰塔，尋芳白傅祠。維嵩過舊隱，褉洛賦新詩。禮絕應懸榻，公餘尚讀碑。留臺諳拜表，內殿列須知。易退甘龍卧，難虛是鳳池。兩京全咫尺，三入不參差。康濟荒年穀，風標飣座梨（唐相崔遠，文詞清麗，風神峻整，時人謂云耳）。弼諧終在我，睠注更同誰。溫樹陰猶在，甘棠影暫垂。常濡玉堂筆，願草白麻詞。（《四部叢刊》本《小畜集》卷十；《全宋詩》第二册，第七五〇頁）

《司空相公挽歌》（其二）

執禮身雖退，思賢寵未衰。垂行三入命，遽逼九原期。本末皆書史，功名别樹碑。須知文集裏，全似白公詩。（《四庫全書》本《小畜集》卷十；《全宋詩》第二册，第七五八頁）

智按：李昉（九二五～九九六），淳化五年（九九四），以特進司空致仕。

《揚州道中感事兼簡史館丁學士》（時與丁同赴京）

淮邊為郡再相逢，又得同途赴九重。顧我尚騎天廄馬，共君遙想鼎湖龍。賈生比望朝文帝，白傅何期哭憲宗。攜手驛橋殘照裏，斷魂空對隔江峰。（《四庫全書》本《小畜集》卷十一；《全宋詩》第二册，第七六五頁）

《送姚著作之任宣城》

平生聞説宣城郡，水石幽奇人物俊。檻外澄江練不收，窗中遠岫眉初印。六朝繁盛至隋唐，才人名士遙相望。謝公向此憑熊軾，白傅曾為鹿鳴客。江樓山寺多賦詩，往往題名在僧壁。（《四部叢刊》本《小畜集》卷十二；《全宋詩》第二册，第七八〇頁）

《送晁監丞赴婺州關市之役》

關征市賦縻賢俊，誰愛此官為吏隱？將作晁丞於役時，婺女星臨海邊郡。黄絹辭高位尚卑，白華行潔身猶困。會待時來即併伸，也知道在終無悶。君不見，路隨含笑坐市中，屈身豈愧丹陽尹。又不見，張生狂醉戀揚州，冬瓜堰下甘肥遁。此行况是奉皇華，數丈輕舠載一家。攜餅下岸買竹葉，掛席背風穿蓼花。霜晴震澤初嘗橘，泉過惠山應試茶。虎谿曉雲靈隱雪，錢塘夜潮照湖月。密排詩景在途中，旋吟新句教兒童。漸近金華見隼旟，五馬來迎使者車。應知驥足暫拘絆，八詠樓開頻啓宴。醉中官妓乞歌詩，剡谿紙貴抄新詞。他年誰獻子虛賦，召入金門五雲路。因思元白在江東，不似晁丞今獨步。（《四部叢刊》本《小畜集》卷十二；《全宋詩》第二册，第七八〇～七八一頁）

《酬安祕丞見贈長謌》

我聞進士登科換凡骨，信知不是風塵物。貢籍由來數百年，直疑空卻神僊窟。其間最貴龍虎榜，乘時得路為卿相。一從巢寇犯闕來，梁氏禮闈還草創。莊宗明宗雖膺命，晉朝漢朝俱不永。其中縱得神仙材，太平不見哀之哉。上玄應恐天地閉，安仙又謫來人寰。二十把筆疏辭源，黄河傾落崑崙山。有周道衰猶歎鳳，天公留得歸皇宋。天水夕郎掌貢時，禹門萬仞連雲聳。不是真龍不能過，噴波怒浪澆雷火。是歲北極七箇星，一時下降為門生。安仙堂堂冠其首，六星煌煌願隨後。騶虞賦就鏗金石，丹水詩成擒錦繡。玉皇殿前受恩渥，一時命入芙蓉幕。獨得歸州近巫峽，十二晴峰長在睫。郡齋狂醉復狂吟，書盡巴東一川葉。邇來遊宦五六年，吳山越水供新編。還同白傅蘇杭日，謌詩落筆人爭傳。去年始上芸香閣，出典陶丘滯鋒鍔。阮籍營中浮蟻馨，亞夫門外垂楊弱。驥足雖知暫縻絆，樽前未始長嗟歎。只應會得老聃言，大器本來成較晚。吾君正是興文教，不日徵歸掌綸誥。醉揆雉扇掃宮辭，怒上螭頭呈諫草。筆下追還三代風，袪盡澆漓成古道。丈夫方見兼濟才，莫學西山採薇老。我今自是蓬蒿身，如何一見如故人。長謌謂我相翦飾，便疑平地升青雲。文章難得逢知己，知己相逢貴終始。伊我行止方悽悽，老親稚子相顧啼。出門動足歧路迷，得君引上登天梯。(《四部叢刊》本《小畜集》卷十三；《全宋詩》第二册，第七八四頁)

智按：《四庫全書》本《小畜集》卷十三「夕郎」作「名郎」，「不日」作「不曰」，「呈諫草」作「星諫草」。

《和仲咸除知郡後雨中戲作見贈》

明代何人爲薦雄，專城猶與衆人同。徒聞清政如黄霸，尚借緋衫似白公。我有金章知是忝，君無銀榼信爲窮（白公詩云：「銀榼長隨亦不貧」）。不須厭見隨車雨，歲晚當期五穀豐。(《四部叢刊》本《小畜外集》卷七；《全宋詩》第二册，第七九二頁)

《次韻和仲咸對雪吟三十韻》

静對春天雪，時烹月俸茶（副使俸唯茶一色）。久閑便（平）澹薄，漸老厭諠譁。徙倚終朝看，溟濛向晚加。應同頭上髪，復亂眼中花。光瞑侵燈闇，聲繁拂竹斜。東風吹片片，北戶積些些。最豁三農望，匀淹百草芽。潤勝天上霜，媚掩日邊霞。史筆應先紀，豐年的不賖。舞縈農叟袂，飄逐使君車。善政商於郡，優閑副使家。酒錢隨分有，詩筆且須誇。岸灑泉聲好（公署南即丹水），園滋薺色嘉（商於地暖，雪中多薺）。無心思北闕，有興讀南華。地隱商於洛，山縣楚與巴（南山東入楚，南連巴峽）。拖腸甘似鼠，畫足不爭蛇。有病如原憲，無才敵景差（一云力何反，取以叶韻）。由來叩寂寞，全勝事驕奢。世態誠堪笑，前賢亦可嗟。絳侯憎賈誼，白傅怨王涯（白公始右贊善，貶江州刺史，時王涯為中書舍人，上言罰太輕，不可使為治民官，遂再貶司馬，終身怨之。及聞甘露事，賦詩云：「當君白首同歸日，是我青山獨往時。」蓋為涯作也）。宣室終前席，潯陽暫種畬（白公江州詩云：「歸茅栽芋種畬田」）。升沉常自得，消息一何佳。自顧曾傷翼，甘同不食瓜。但全螻蟻命，敢闘虎狼牙。竹箭天生直，潢污地本窪。

敢云求富貴，且免奉姦邪。夜黑燈燒樺（商州無油，多燒樺燭），朝飢飯帶砂。尚慙紆紫綬，豈望署黃麻。親壽高如鶴，兒嬌語似鵶。時時傾一酌，聚口笑啥呀。(《四部叢刊》本《小畜外集》卷七；《全宋詩》第二册，第七九四～七九五頁）

《仲咸因春遊商山下得三怪石輦致郡齋甚有幽趣序其始末題六十韻見示依韻和之》

詠盡千峰雪，吟行六里春。布多成暇政，方稱好閑身。物得商山下，形如震澤糧。初期穀城叟，乍遇魏榆神。固異它山石，還同似玉珉。繞看猶汩沒，斵見漸輪囷。草擁才抽甲，煙封幾得辛（陰陽家流謂一歲為一度得辛）。緑藏苔漠漠，青亂葉蓁蓁。蛟蜃渾疑活，琳琅勢逼眞。杖敲清有韻，衣拂瑩無塵。起似生徐甲，扶如醉伯倫。知吾憐磊落（吾，代仲咸言），移爾出荒榛。留滯誠為久，遭逢蓋有因。勝擕隋鵲印，喜過駭鷄玲。齊列幽齊畔，休藏古澗濵。未邀耽酒客（自謂也），先對抱琴人（仲咸好琴）。帶蘚形雖瘦，穿交氣已振。自非懷峭絶，安得免沉淪。月影無雲夕，煙姿有雪辰。參差光互動，高下勢相均。接待同嘉士，搜求等雋民。蒼茫勞拂拭，感遇似陶鈞。撫惜情如舊，裝添景自新。牕風聲淅淅，簷鳥語欣欣。映合移紅藥，遮須翦緑筠。使君安置後，勾我往來頻。捫檏閑垂袖，偎挨醉脱巾。海山低岌嶪，華嶽小嶙峋。鷺毳瑩如霰，蝸涎曳似銀。峰巒輕菡萏，雕琢笑麒麟。雨霽嵐光滴，春晴黛點勻。鼎分聊自得，芝秀好相親。宋隕知難及，秦鞭似弗仁。無瑕妝作寳，不速敬如賔。仙掌憐應拔，山眉妬亦嚬。鐏開青虎眼，痕駁黑虬鱗。恠隠深難測，神驅恐不遑。倚多涼透骨，卧近冷侵茵。蹙縮廻蛇尾，谽谺齗獸脣。雲孤堪結伴，松老合為隣。對恥風標俗，題愁格力貧。玉堆深媿白（白公太湖石詩：「錯落復崔嵬，蒼然玉一堆」），黛潑不如彬（沈彬詩云：「黛潑千山出蜀來」，人以為警策）。埋去甘長往，移來忽併伸。露噴秋洗髮，雲觸曉生津。清越時堪叩，嵌崟永不磷。似龍兼易擾，如虎豈難馴。夜檻含星彩，晴軒爍日輪。三人鐺腳看（商州賔客唯副使、推官、仲咸三人耳），一盞甕頭醇（三人常對石飲酒）。羅刹迎潮怒，干將插土皴。沉沉吁可恠，瑟瑟比難臻。鬬瑩寧饒璧，爭年不讓椿。閑書堪試筆，醉坐好垂綸。何啻為三友（白公《雙石》詩云：「石雖不能言，許我為三友」），還應直萬緡。貪看碁錯路，競愛酒忘廵。利若刀懸蜀，危於閤聳陳。一拳終太小，五色卻非純。有泐應難待，無言詎可詢。摩挲誇玉立，圍繞似環循。為匠雖非郢，吟詩莫謂秦。須容一株上，題著舊詞臣。(《四部叢刊》本《小畜外集》卷七；《全宋詩》第二册，第七九七～七九九頁)

《賃宅》

萍流匏繫任行藏，惟指無何是我鄉。左官只拋紅藥案，僦居猶住玉泉坊。白公渭北眠村舍，杜甫瀼西賃草堂。未有吾廬莫惆悵，古來賢達盡茫茫。(《四部叢刊》本《小畜外集》卷七；《全宋詩》第二册，第八〇〇頁)

智按：《全宋詩》本「左官」作「左宦」。

《登秦嶺》

巉巖石上候肩舁（時親老乘肩舁在後），因想前賢似坦途。韓愈謫官憂瘴癘（退之詩云：雲橫秦嶺家何在？又云：好收吾骨瘴江邊），樂天左宦白髭鬚（白公貶江州詩云：望秦嶺上多時立，無限秋風吹白鬚）。商於郡僻何人到，秦嶺峰高我僕痡。且詠詩章自開解，任從霄漢落泥塗。(《永樂大典》卷一一九八一，中華書局影印本，第五一三三頁；《全宋詩》第二册，第八〇三頁)

《憶舊遊寄了倩寺丞》

橋映家家柳，涇通處處蓮。海山微出地，湖水遠同天。草沒潮泥土，沙明蟹火然。應隨白太守，十隻洞庭船。(《四庫全書》本《吳郡志》卷四十九；《吳都文粹》卷十；《全宋詩》第二册，第八〇六頁)

《芍藥詩序》

芍藥之義，見毛、鄭《詩》。百花之中，其名最古。謝公直中書省，詩云：「紅藥當階翻」，自後詞臣引為故事。白少傅為主客郎中知制誥，有《草詞畢詠芍藥》詩，詞彩甚為該備。然自天后以來，牡丹始盛，而芍藥之艷衰矣。考其實，牡丹初號木芍藥，蓋本同而末異也。予以端拱己丑歲，由左司諫為制誥舍人，後坐事黜棄。淳化初甲午年，又以禮部員外郎牽復舊職。尋以本官充翰林學士，則謝公、白傅之任，皆踩躪矣。自出滁上，移廣陵，追念綸闈，於今九載，而編集之內，未嘗有芍藥詩，言於詞臣，不得無過。揚州僧舍植數千本牡丹，落時繁艷可愛，因賦詩三章，書於僧壁。(《四部叢刊》本《小畜集》卷十一)

智按：《宋詩鈔》卷一（中華書局本，第五九頁）「直」作「直入」，「淳化初」作「淳化」。

《送牛冕序》

今天下之士，由科試入仕者，以第進士為美名。隸京官者，以遊三館兩制為近職。釐外務者，以任刺史二千石為親民。語名郡者，以丹陽為重地。疇能兼之，吾友隴西牛君有是。夫君嘗倅貳郡牧，一州所在稱理，有龔黄之政焉。又嘗佐秋官，詳庶獄事，無枉撓，有于張之風焉。遊館殿，專筆削，褒善貶惡，有班馬之辭焉。好風什，多吟詠，寒苦清麗，有元白之思焉。求外官，能得大郡，向所謂美名近職、親民重地者，君兼而無媿矣。君是行也，上有垂白之親，下有趨庭之子，家人嗃嗃而內職，兄弟怡怡而外和，含貽弄孫，盡高堂之樂；腰金拖紫，居百城之長。為儒之榮至矣，為子之道光矣，其當報吾君而惠吾民者乎？勿使採詩者聽《伐檀》之刺也。(《四部叢刊》本《小畜集》卷十九)

《左街僧録通惠大師文集序》

釋子謂佛書爲內典，謂儒書爲外學。工詩則衆，工文則鮮，並是四者，其惟大師。大師世姓高氏，法名贊寧，其先渤海人，隋末徙居吳興郡之德清縣。……（太平興國）八年，詔修《大宋高僧傳》，聽歸杭州舊寺，成三十卷。進御之日，璽書褒美。……今上咸平元年，詔充右街僧録。

先是，故相文貞公懸車之明年，年七十一，思繼白少傅九老之會，得舊相吏部尚書宋琪，年七十九；左諫議大夫楊徽之，年七十五；郢州刺史、判金吾街仗事魏丕，年七十六；太常少卿致仕李運，年八十；水部郎中、直祕閣朱昂，年七十一；廬州節度副使武允成，年七十九；太子中允致仕張好問，年八十五；大師時年七十八，凡九人焉。文貞公將讌於家園，形於繪事，以聲詩流詠播於無窮。會蜀寇作亂，朝廷出師，不果而罷。今九老之中，李、宋、楊、魏、張已先逝矣，太師年八十二，視聽不衰。於本國，歷武肅、文穆、廢王、忠懿，凡四世……（《四部叢刊》本《小畜集》卷二十）

《送李蕤學士序》

唐韋處厚由考功員外郎出刺盛山，為詩十二章，當時名士自元白而下皆和之。韓文公為之序，以為考功顯曹，盛山僻郡，非處厚道勝自遣，不能樂於詩什，流播編簡以為美談。司封李學士嘗以文行策名江左，上即位之二祀，鑣廳舉進士，中甲科，在館殿十餘年。其間司外計、典大郡亦多矣。又以名曹史職出佐廬江，而怡然自得，何道勝之若是耶！將見乎吟詠江山，傳聞輦轂，俾朝之名士若元白者屬和成集，某希韓者願為序以繼其美。告行有期，聊以為送。（《四部叢刊》本《小畜集》卷二十）

《謝除翰林學士啓》

右，某啓：伏奉制命，特授守本官知制誥，召入翰林充學士者。祗荷寵光，不任感懼。伏以漢朝故事，待詔甘泉之宮；唐室舊儀，召對浴堂之殿。自非枚、馬、淵、雲之述作，常、楊、元、白之才名，則何以塞清問於論思，潤皇猷於典誥，豈宜孤陋，遽此忝塵。伏念某植學非深，屬文無取，濫中懸科之選，尋叨通籍之班。諫署拾遺，謇諤無裨於聖主；承明三入，清華空類於昔賢。頃因坐事以左遷，固亦息心於榮路。洎得歸朝之命，遂求典郡之官。去年召自琴臺，再陞綸閣。驟荷一人之寵遇，果罹三歲之凶喪。雖勉就於奪情，實重違於素志。顧潘安之毛髪，已有雪霜；念季路之旨甘，不如藜藿。臨文翰而方寸亂矣，對搢紳而面目何為？想石祁子之執喪，空慚至行；比歐陽通之起復，尚欠禮文。止期卜兆於松楸，再請効官於符竹。豈意未諧私願，俄辱殊恩。翻令朽退之身，亦預深嚴之地。綸言乍降，俾離紅藥之階；宸翰高懸，已踐玉堂之地。哀榮交集，寵辱堪驚。副重華好問之心，先憂學寡；草武帝求賢之詔，更愧才難。通宵未息於戰兢，舉步猶疑於魂夢。此皆相公洪鈞造物，青律迴春。徵賈誼於謫官，終成前席；薦相如之視草，幸得同時。敢不四禁是遵，三緘是誡。況艱難備歷，齒髪始衰。用直道以事君，雖無改變；肆剛腸而疾惡，漸亦銷磨。庶寡悔尤，少副知己。下情無任感戴，兢榮始終，知歸之至。（《四部叢刊》本《小畜集》卷二十五）

《謝除刑部郎中知制誥啓》

右，某啓：伏蒙聖恩，特授前件職者，一麾出守，左遷方類於阮咸；三入承明，寓直忽同於應璩。祇膺寵命，伏積兢榮。竊念某猥以腐儒，受知先帝，踐揚兩制，出處九年，自知賦命之多奇，每愧浮名之過實。軍容捧硯，敢望於輝榮；力士抹靴，遽騰於謗議。而自臨民滁上，移任淮南，飾廚傳以屢空，勾簿書而弗逮。受釐宣室，重求前席之期；燒藥鼎湖，忽起扳髯之戀。心灰自死，淚血無從。屬當明王之承乾，尚代藩臣而守土。尋以拜章言事，解印歸京，覩七月之園陵，魂銷弓劍；隨百官而朝謁，目斷雲天。放懷書史之間，結舌搢紳之內，皂囊無取，慙越職於伏蒲，白首為郎，甘息心於執戟。雖知止足，猶阻歸休；欲耕季子之田園，曾無二頃；謀葬劉鍾之親屬，何啻十喪。終為懷禄之人，益逼有身之患。豈謂內廷論薦，黄閣僉諧，迴天眷之新恩，復王言之舊任。堦前藥樹，重吟謝客之詩；觀裏桃花，免動劉郎之詠。此皆某官激揚公議，啟迪宸聽洪鈞，豈有於棄材化筆，濳徵於故事，謂李杓直翰林退職，復踐掖垣；白居易禁署出官，終知制誥。享茲殊事，實越昔賢。驅瓜上之青蠅，雖非由徑；乏夢中之白鳳，深愧演綸。敢不考三代兩漢之典章，取貞元、長慶之風格，或少窺於邊徼，庶上答於陶鎔。卑情無任荷德，感恩激切，知歸之至。(《四庫全書》本《小畜集》卷二十五)

《桂陽羅君遊太湖洞庭詩序》(處約)

造化之功，功大而不自伐，故山川之氣出焉。為雲泉，為草木，為鳥獸，必異其聲色，恠其枝葉，奇其毛羽，所以彰造化之跡用也。山川之氣，氣形而不自名，故文藻之士作焉。為謌詩，為賦頌，為序引，必麗其詞句，清其格態，幽其旨趣，所以狀山川之梗槩也。古人登高必賦，義由是乎？……至於緇徒羽人，有解真空通氣者，襞牋以贈之，僊宮佛屋，有靈蹤古蹟者，拂壁以紀之。揮珠抵璣，散落人口，僅得五十章，間以倡和贊獻之句，凡一百首。雖金石不同，其音同歸於雅正；黼黻不同，其文同成於章施。前不見劉白，後不見皮陸，又何人也？……(《四部叢刊》本《小畜外集》卷十三)

智按：羅處約（九五八～九九〇），字思純，益州華陽（今四川成都）人。太宗太平興國八年（九八三）進士，為臨渙主簿，遷知吳縣。端拱元年（九八八），授著作郎、直史館。曾受命巡撫荊湖路。淳化元年卒，年三十三。有《東觀集》十卷、詩一卷，已佚。《宋史》卷四四〇有傳。

王禹偁，字元之，濟州巨野（今山東巨野）人。太宗太平興國八年（九八三）進士，授成武縣主簿。雍熙元年（九八四），遷知長洲（今江蘇蘇州）。端拱元年（九八八）應中書試，擢直史館。次年遷知制誥。淳化二年（九九一），為徐鉉辨誣，貶商州團練副使。五年，再知制誥。至道元年（九九五）兼翰林學士，坐謗訕罷知滁州，未幾改揚州。真宗即位，復知制誥。咸平元年（九九八）預修《太祖實録》，直筆犯諱，降知黄州。四年移知蘄州，卒。有《小畜集》三十卷、《小畜外集》二十卷（今殘存卷六至卷十三等八卷）。《宋史》卷二九三有傳。

范諷（宋初）

《題彭門》（題擬）

徐方舊鎮多興廢，懷古觀今思莫收。地勢北來連海岱，天文西轉接奎婁。竝興或見稱戎國，列號元聞屬禹州。官紀雲龍天子學，水憑忠信丈人游。田文故邑高臺盡，靖節荒墳蔓草稠。楚漢定雄分沛郡，姬任爭長遜滕侯。舘平石氏荊蓁合，都廢韓王雉堞秋。劍斷白蛇終滅項，書傳黄石願封留。萬重山勢通河過，十里灘聲遶郭流。宮殿雲中分等級，笙歌空裏鬧哇謳。薛能愛上臺頭寺，白傅曾題燕子樓。若向彭門訪遺事，我詩吟讀當曾遊。（《四庫全書》本《藏一話腴》外編卷上）

智按：陳郁（一一八四～一二七五）《藏一話腴》外編卷上：「彭門左泗右汴，負抱齊楚，古今豪傑，登眺寄慷慨於詩歌者，不可悉數。惟范司諫一首補紀其全，云：……」范司諫，當為范諷，字補之，齊州（今山東濟南）人。范正辭（九三六～一〇一〇）子。以父蔭補將作監主簿，知平陰縣。舉進士，通判淄州，乾興元年（一〇二二）二月，通判鄆州，知廣濟軍。召為右司諫、三司度支判官，知審刑院。出知青州。入為右諫議大夫權御史中丞，龍圖閣直學士權三司使，以疾免，知兗州。以事貶武昌軍節度行軍司馬，起知淮陽軍，慶曆元年（一〇四一）八月，為光祿卿，知陝州道改潞州。復給事中，卒。《宋史》卷三〇四有傳。稱其「類曠達，然捭闔圖進，不守名檢，所與遊者輒慕其所為，時號『東州逸黨』」。

錢若水（九六〇～一〇〇三）

《太宗皇帝實録》

三月壬子朔，宴中書門下、翰林學士、文武常參官、節度觀察防禦團練使、刺史、諸軍校百夫長已上、外國蕃客於大明殿。上謂宰相曰：「天下無事，良辰宴飲，無辭盡醉。」飲畢，以虚爵示群臣。宰相言：「飲酒過度，恐有失儀之責。」上召權御史中丞滕中正，笑而謂曰：「今日宴會，蓋以君臣相遇爲樂。朕賜酒欲其歡洽，苟小有失儀，卿可勿舉劾也。」既罷，因召渤海都指揮使大鸞河，慰撫久之。謂殿前都指揮使劉延翰曰：「鸞河渤海豪將，投身歸我，朕甚嘉之。夷戎之俗，以射獵馳逐爲樂，待秋涼，當與馬數十匹，令出遊獵，以遂其性。」仍賜酒及錢十萬。鸞河，渤海之酋帥也。上征并汾，首率小校李勲等十六人，部族三百騎來降，上憐其忠順，故有是賜。是日，以河決將塞，命翰林學士宋白乘傳詣白馬津，以一太牢沈祠加璧。甲寅，詔曰：「蓋聞刑者不可復屬，死者不可復生，故三聽行誅，聖人之所至慎；一成不變，君子之所盡心。朕勤恤兆民，哀矜庶獄，每至三伏炎烝之際，隆冬寒沍之時，未嘗不念彼圓扉，憫兹徽纆，而猾胥姦吏，弄法舞文，或苛虐以立威，或稽留而不決，撓憲令之綱紀，傷天地之和平，而欲百姓阜安，四時順序，其可得乎？應天下繫囚，宜令逐處州府軍監，每十日一具所犯事由，收禁月日聞奏，仍委刑部糾舉。」

乙卯，日本國僧奝然，與其徒五六人自其國至，進銅器十餘事，並本國職員、古今年代紀各一卷。奝然衣緑，自云：俗姓藤原氏，父爲真連；真連者，其國之五品官也。奝然善書紮，與中國無異，而不通華言。問其土風，但書以對云：國有五經及釋氏經教，並得自中國。有《白居易集》七十卷。

五穀果實，四時寒暑，大抵類中國。多米而少麥，交易用錢。其文曰乹文大寶，無槖駞，有水牛驢羊及犀象，産絲蠶織絹，薄緻可愛。樂有中國及高麗二部，國東鄰海島，夷人所居，身面皆有毛。其東則大海無際，東粤則産黄金，西别島生白銀，爲國貢賦。國王以王爲姓，年號天地，元管六十八州，土地廣而人民少，壽百餘歲者，往往有之。其國王傳襲，今六十四世矣。文武僚吏，亦皆世官。上聞之，歎曰：「此島夷耳，而世嗣長久，臣下亦世官，此皆古道。中國近自唐季，海内分裂，梁唐至周，世數甚促，大臣子孫鮮能繼襲父祖之業。朕雖德不及往聖，然孜孜求理，恐庶獄有枉橈，未嘗敢自暇自逸，以畋遊聲伎為樂，冀上玄降鑒，亦以爲子孫計，使皇家運祚永久，而臣僚世襲禄位。卿等各宜盡心，以輔朕之為治，無使遠夷獨享斯慶。」因賜奝然紫衣，館於太平興國寺。……（四部叢刊三編景宋抄本舊抄本《太宗皇帝實録》卷二十九）

二月壬申朔癸酉，司空致仕李昉薨。昉字明遠，真定人，父超仕至都官郎中，集賢殿學士。昉自襁褓，叔父沼養爲己子，沼亦仕至右贊善大夫。昉以門子補齋郎，選授太子校書。乾祐初，舉進士及第，解褐祕書郎。宰相馮道引昉與吕端同直昭文館，遷右拾遺，集賢殿修撰。周顯德中，宰相李穀帥師征淮南，表昉爲記室，世宗每覽軍中奏記，愛其詞理明白，多稱善，問誰爲之，左右以昉名對。軍還，擢為主客員外郎，知制誥，充集賢殿直學士。會世宗親征淮南，駐蹕壽春城下，即行在所，拜屯田郎中知制誥，充翰林學士，在内署頗稱謹密。國初，真拜中書舍人，學士如故。俄罷職，改給事中。會湖外初平，受詔祀南嶽，因命知衡州。未踰年，受代歸闕。翰林學士承旨陶穀適掌選誣，奏昉嘗薦親黨，求爲東畿令。太祖怒，召吏部尚書張昭面質其事，昭老儒氣直，於上前投冠於地，抗辭論列云：「穀罔上。」太祖終疑之。昉亦不自辯。出爲彰武軍行軍司馬，在延州六年，以吟嘯杯酒自適，徵還，復拜中書舍人。未幾，入直翰林。先是，盧多遜已先任學士，因重陽宴近臣于講武殿，太祖見昉在多遜下，問其所以。宰相對曰：「昉以本官直學士院，非即真。」即日真拜學士，令在多遜之上。俄知貢舉，會貢士徐士廉訴昉取捨非當，太祖召問，多遜奏云：「頗有遺落。」因命覆試有覆退者，坐是左遷太常少卿。不踰年，復拜中書舍人、翰林學士。會宰相趙普爲盧多遜所構，數以其短聞於太祖，太祖惑之，因訪於昉，昉對曰：「臣書詔之外，思不出位。趙普行事，臣何由而知?」太祖默然，既而普出鎮，盧多遜知政事，昉獨當制命。自江南平洎車駕雩祀西洛書詔填委昉，略無凝滯，時論稱之。上即位，拜戶部侍郎，學士如故。受詔與扈蒙、李穆、郭贄、宋白同修《太祖實録》，數年而成。從征太原，車駕次常山，常山即昉之故里，有居第園林焉。賜羊酒，俾爲讌樂，自丞相卿大夫藩侯悉預會。又召班白故老，置酒盡歡，如是者七日。公卿皆賦詩以美其事，刊於石。師還，拜工部尚書充翰林學士承旨，改文明殿學士。俄以本官參知政事，會趙普出鎮，與宋琪同拜平章事，加監修國史。昉建議復時政記故事，時政記月，終送史館，昉先以進御，而後付有司。時政記進御，自昉始也。雍熙初，郊祀，進位中書侍郎，平章事如故。先是，上面授昉與琪爲左右僕射，昉率琪懇讓，得旨止加中書侍郎而已。端拱初，耤田禮畢，布衣翟馬周，訟昉任宰相，屬戎虜入寇，不憂邊事，但賦詩飲宴，並奏女樂等數事，上惡之，召翰林學賈黄中草制，以昉爲右僕射，罷知政事令，詔書切責，賈黄中言：「僕射，中臺師長，舊日宰相之任，今日工部尚書拜斯爲美遷，非黜責之義，當以文昌務簡均勞逸爲詞。」上然之。淳化二年，復以本官兼中書侍郎平章事，監修國史。未幾，以嫡孫死，拜章求免，優詔不許。遣張齊賢等就第諭旨。昉復起視事，後數月罷。先是，上召翰林學士張洎草制，罷昉爲左僕射，洎固沮之，上不得已，止令本官。罷張洎，因草制書，切責昉弼諧無狀，昉惶恐就位。明年，上表求解官，凡兩上，詔以司空致仕。上頗優待之，每遊讌，必首召昉，引至御榻之側，上勞問安否。又詔大朝會，令綴丞相班，歲時賜予，一與丞相等。二年，以三公陪祀南郊，得疾，將亟，召其孫昭迪，口占遺表，教戒諸子以忠謹，無令門戶復替。至是薨，年七十二。上聞之，嗟悼輟視朝兩日，贈司徒，有司謚文貞。昉寬厚多恕，士大夫稱其長者。兩在相位，循謹自守，無赫稱，爲文章，慕白居易標格，簡徑易曉，爲人溫和，無城府，不念舊惡，小心畏謹，在相位日，不敢有所請託。給事中張佖，耿介士也，昉初甚薄之，而雅厚善張洎，及昉之罷政事也，洎草制深攻昉之短，而佖朔望常詣昉第謁見，人或謂佖，李公待君素不厚。佖曰：「我掌廷尉日，朝廷公卿多所請求，李公未嘗以私事干我，我由此重之，故也。」昉先蓄妓樂，所居有園亭，城外又有別墅。每良辰美景，多召親友飲宴娱樂，自翟馬周上書後，昉甚恐懼，因不復遊宴矣。昉素病心悸，每數歲一發，必彌年不瘳，常語諸子曰：「我典誥命三十年，勞役思慮而致是疾，汝曹當戒之。」素與盧多遜善，待之不疑，多遜知政事，多譖昉於上，人有言於昉者，昉曰：「盧與我厚，不當爾。」後盧敗，昉知政事，上言及盧事，昉頗爲揮解之。上因言，盧多遜居常毁卿不直一錢。昉始信。上由此益重昉，常曰爲善人。……（四部叢刊三編景宋抄本舊抄本《太宗皇帝實録》卷七十六）

智按：錢若水，字澹成，一字長卿，新安（今屬河南）人。太宗雍熙二年（九八五）進士。淳化初，直史館。三年（九九二），為翰林學士。至道元年（九九五），同知樞密院事。真宗即位，改判集賢院事，修《太宗實録》。俄知開封府。咸平四年（一〇〇一），知天雄軍。五年，巡撫陝西。還，遷并代經略使，知并州。六年卒，年四十四。謚宣靖。有文集二十卷，已佚。《宋史》卷二六六有傳。

魏野（九六〇～一〇二〇）

《贈華山致仕韓見素》

盡垂華髮戀金門，獨乞懸車未五旬。清世一般為隠逸，碧霄兩處應星辰。繡衣脱下寧妨貴，錦帳眠來不稱貧。瀟灑易添新道氣，光陰難散舊精神。老輕白傅方歸洛，亂鄙黄公始避秦。象簡豈同青竹杖，廌冠寧勝白綸巾。世間名系昌朝客，物外銜稱太華人。醉指鼇頭為别業，吟誇仙掌是比隣。劍生塵土揩磨嬾，書帶煙霞矖曝頻。石鼓曉聽殊待漏，玉潭時看異迷津。琴憐徽外聲彌淡，酒愛篘中味更醇。精細處方因療鶴，等閒開食為迎賓。芝田女僕皆能采，蘭佩兒童亦解紉。丹訣有靈還似性，詩篇無病恰如身。要君計想嫌弘景，棄室翻應笑子真。預祝全家上昇日，願停絳節許相親。（《四庫全書》本《東觀集》卷一）

智按：「散舊精神」，散一作改，精一作風。

《河中孫學士以詩見寄用次本韻繼和三章用為酬贈》（之一）

表裏山河舜帝基，聖君館殿選賢知。開筵想任佳人擁，遊寺應嫌俗客隨（原注：一作俗吏）。政訝龔、黄推絕席，文疑元、白竪降旗。逍遥樓迥閑登處，幾感（原注：舊山樓本、張本、傅校作望）皇唐御製詩。（《四庫全書》本《東觀集》卷二；《全宋詩》第二册，第九〇四頁）

《送喬職方赴闕》

一種徵書下九重，漢唐賢士豈能同。定歸金馬殊黄散，不解銀魚勝白公。千騎擁行歧路滿，萬人泣送郡城空。他時若繼前交代，肯憶棠郊鶴髮翁。（《四庫全書》本《東觀集》卷二；《全宋詩》第二册，第九〇八頁）

《酬和知制誥孫舍人見寄》

也知皇宋足名人，至論誰堪（舊山樓本、草堂本、四庫本作教）繼後塵。已是世傳元相制，將聞詔寫白公真。紫微星宿雖潛望，紅葉階除豈易親。野客多慚惠佳句，強酬應信廢精神（草堂本、四庫本、趙本作心神）。（《四庫全書》本《東觀集》卷四；《全宋詩》第二册，第九一九頁）

《寄贈長安孫紫微》

帶掌絲綸出鎮時，樂天當日未如之。九遷官職光鵷鷺，百二山河壯虎貔。漢殿舊題司馬賦，秦樓新唱舍人詩。相思大欲相尋處，酒戶如何敵酒巵。（《四庫全書》本《東觀集》卷五；《全宋詩》第二册，第九二六頁）

《寄盩厔知縣解旦著作》

盩厔樂天初任地，此時君又繼多才。閒應時到遊仙寺，石上題詩掃緑苔。（《四庫全書》本《東觀集》卷六；《全宋詩》第二册，第九三九頁）

《游藍田王順山悟真寺》

藍田王順昇仙處，白傅曾題寺更稀。野客暫遊期欲住，山禽何事叫思歸。稱心不獨煙霞媚，適口仍逢筍蕨肥。兩日正當寒食日，家園忘卻有芳菲。（《四庫全書》本《東觀集》卷七）

《寄贈桃林尉史溫》

知韞才能負壯心，莫嗟作尉尚湮沉。幽求起去登臺席，居易徵來入翰林。

望氣臺邊桑柘密，棄繻關畔水雲深。憐君況是徵君後，閑擬秋涼策杖尋。（《四庫全書》本《東觀集》卷十；《全宋詩》第二册，第九六四頁）

智按：魏野，字仲先，號草堂居士，陝州陝縣（今屬河南）人。一生不仕，居陝縣東郊。真宗大中祥符四年（一〇一一）被薦徵召，力辭不赴。廣交僧道隠者，與當時名流寇準、王旦等亦有詩賦往還。天禧三年十二月九日卒，年六十。卒後贈秘書省著作郎。有《草堂集》，生前已行於世。死後，其子魏閑總其詩重編為《巨鹿東觀集》十卷。《宋史》卷四五七、《東都事略》卷一一八有傳。

孫何（九六一～一〇〇四）

《讀子美詩》

世系留唐史，丘封寄耒山。高名落身後，遺集出人間。逸氣應天與，淳風自我還。鋒鋩堪定霸，徽墨可繩姦。進退軍三令，迴旋馬六閑。楚詞休獨步，周雅合重删。李白從先達，王維亦厚顔。庖刀盡餘刃，羿彀肯虚彎。聖域分中上，天樞奪要關。逍遥登禁闥，偃蹇下塵寰。麗思蘇幽蟄，神功鑿險艱。語成新體句，才折好官班。誰氏傳軒冕，何人得珮環。朱弦本疏越，黄鳥浪緜蠻。元白詞華窄，錢郎景象慳。蜀峰愁杳杳，湘水浪潺潺。子欲探驪頷，吾思攧虎斑。毛錐應穎脱，燕石竟疎頑。已襲蘭兼菊，無嫌蒯與菅。二南如有得，高躅願追攀。（宋黄希原本，黄鶴補注《補注杜詩》；《杜詩詳注》附録補注卷上，中華書局版）

智按：孫何，字漢公，蔡州汝陽（今河南汝南）人。與丁謂齊名。太宗淳化三年（九九二）進士，通判陝州。入直史館，遷秘書丞，為京西轉運副使。歷右正言、右司諫。真宗咸平二年（九九九）為京東轉運副使，徙兩浙轉運使。景德元年知制誥、掌三班院，卒，年四十四。有文集四十卷，已佚。《宋史》卷三〇六有傳。

王欽若（九六二～一〇二五）等

《册府元龜》

文宗以元和四年十月十日生，太和元年十月降誕日，召秘書監白居易等，與僧惟應、道士趙常盈，於麟德殿講論，賜錦采有差。（《四庫全書》本卷二帝王部·誕聖）

智按：《舊唐書·白居易傳》：「文宗即位，徵拜秘書監，賜金紫。九月上誕節，召居易與僧惟澄、道士趙常盈對御講論於麟德殿。居易論難鋒起，辭辨泉注，上疑宿構，深嗟挹之。」所云時間不同。

憲宗時，白居易為拾遺翰林學士，當改官，帝謂崔群曰：「居易官卑俸薄，拘於資地，不能超等，其官可以自便。」居易因奏曰：「臣聞姜公輔為内職，求為京兆府判司，為奉親也。臣有老母，家貧養薄，乞如公輔。」於是除京兆府戶曹參軍學士如故。（《四庫全書》本卷四十八帝王部·從人欲）

白居易太和二年為刑部侍郎，三年移疾東歸，求為分司除太子賓客。（《四庫全書》本卷四百六十四臺省部·謙退第二）

白居易入翰林為學士，元和三年五月，拜左拾遺。居易自以逢好文之主，非次收（《舊唐書》本傳作拔）擢，欲以生平所貯，仰酬恩造。拜命之日，獻疏言事曰：

蒙恩授臣左拾遺，依前翰林學士，已與崔群同狀陳謝。但言忝冒，未吐衷誠。今再瀆宸嚴，伏惟重賜詳覽。臣謹按《六典》，左右拾遺，掌供奉諷諫，凡發令舉事，有不便於時、不合於道者，小則上封，大則廷諍。其選甚重，其秩甚卑，所以然者，抑有由也。大凡人之情，位高則惜其位，身貴則愛其身；惜位則偷合而不言，愛身則苟容而不諫，此必然之理也。故拾遺之置，所以卑其秩者，使位未足惜，身未足愛也。所以重其選者，使下不忍負心，上不忍負恩也。夫位不足惜，恩不忍負，然後能有闕必規，有違必諫。朝廷得失無不察，天下利病無不言。此國朝置拾遺之本意也。由是而言，豈小臣愚劣暗懦所宜居之哉?

況臣本鄉校豎儒,府縣走吏,委心泥滓,絕望煙霄。豈意聖慈,擢居近職,每宴飲無不先預,每慶賜無不先沾,中廄之馬代其勞,內廚之膳給其食。朝慚夕惕,已逾半年,塵曠漸深,憂愧彌劇。未申微效,又擢清班。臣所以授官已來僅經十日,食不知味,寢不遑安。唯思粉身以答殊寵,但未獲粉身之所耳。

今陛下肇臨皇極,初受鴻名,夙夜憂勤,以求致理。每施一政、舉一事,無不合於道、便於時者。萬一事有不便於時者,陛下豈不欲聞之乎?萬一政有不合於道者,陛下豈不欲知之乎?倘陛下言動之際,詔令之間,小有闕遺,稍關損益,臣必密陳所見,潛獻所聞,但在聖心裁斷而已。臣又職在禁中,不同外司,欲竭愚誠,合先陳露。伏希天鑒,深察赤誠。(《四庫全書》本卷四百六十七臺省部·舉職宣贊舉職)

大和中,華州刺史宇文鼎、戶部員外郎盧允中、右司員外判戶部姚康,以分使和糴錢八萬貫,其巡司李孚、楊洵美,各杖一百,允中等悉配邊,蓋此法未得中也。惟白居易元和時為右拾遺,上疏論和糴事,其理最當,辭云:

臣伏見有司以今年豐熟,請令畿內及諸處和糴,令收錢穀,以利農夫。以臣所觀,有害無利。何者?凡曰和糴,是官出錢,人出穀,兩和商量,然後交易也。比來和糴,事殊不然,但令府縣之官散配人戶人,促力(《白居易集》作立)程限,嚴加徵催,苟有稽遲,即被捉搦(《白居易集》作追捉),迫蹙鞭撻,甚於賦稅(《白居易集》作稅賦)。和糴之名,乃為虛設。(《白居易集》作「號為和糴,其實害人。儻依前而行,臣」)故曰有害無利也。今若有司出錢,開場自糴,比於時價,稍校饒利誘人,人若見利,自然遠近爭來,利害之間,可以比辨。苟除前之弊,行此之宜,是真得和糴利人之道也。二端取捨,伏惟聖旨裁之。必不得已,即不如折糴。【折糴】者,折青苗稅錢,使直納斛㪷,免令賤糶,別納見錢。在農人,亦甚為利。況度支和糴,多是雜色疋帛,百姓多須轉賣,然將納稅錢。至於給付,不免侵牟,貿易不免損折,所失過半,其弊可知。今若量折稅錢,納斛㪷,既無賤糶粟米之費,又無轉賣疋段之勞，利歸於人，美歸於上，則折糴之便，豈不昭然？繇是而論，則配戶不如開場，和糴不如折糴，亦甚明矣。臣久處村閭，曾為和糴之戶，親被蹙迫，實不堪命。臣近為畿尉，曾領和糴之司，親自鞭撻，所不忍覩。臣頃者常疏此人病，聞於天聽，踈遠賤微，無因上達。今幸居禁職，列在諫官，苟有他聞，猶合諫獻。況備諳此事，深知此弊，臣若緘默，隱而不言，不惟上辜聖恩，實亦下負夙願，猶慮愚誠不至，聖鑒未廻，即望令左右可親信者一人，潛問鄉園百姓，和糴之與折糴，孰利而與孰害乎，則知臣言不敢苟耳。或陛下以勑命已行，難於移改，以臣愚懇，則又不然，夫聖人之舉事也，唯務便人，唯求利物，若損益相半，則不必遷移，若利害相懸，則事須追改，不獨於此，其他亦然。(《四庫全書》本卷五百二邦計部·平糴)

白居易為右拾遺翰林學士時，元稹自監察御史，謫為江陵府士曹掾。翰林學士李絳、崔群上前面論稹無罪，居易累疏切諫曰：

臣昨緣元稹左降，頻已奏聞。臣內察事情，外聽衆議，元稹左降有不可者三。

何者？元稹守官正直，人所共知，自授御史已來，舉奏不避權勢，秖如奏李左公等事，多是朝廷親情。人誰無私，因以挾恨，或假公議，將報私嫌，遂使誣謗之聲，上聞天聽。臣恐元稹左降已後，凡在位者每欲舉職，必先以元稹為誡，無人肯為陛下當官守法，無人肯為陛下嫉惡繩愆，內外權貴親黨，縱有大過大罪者，必相容隱而已，陛下從此無繇得知。此其不可者一也。

昨元稹所追勘房式之事，心雖徇公，事稍過當，既從重罰，足以懲違，況經謝恩，旋又左降，雖引前事以為責辭，然外議喧喧，皆以為稹與中使劉士元爭廳，因此獲罪。至於爭廳事理，已具前狀奏陳。況聞士元蹋破驛門，奪將鞍馬，仍索弓箭，嚇辱朝官，承前已來，未有此事。今中官有罪，未聞處置，御史無過，卻先貶官，遠近聞知，實損聖德。臣恐從今已後，中官出使，縱暴益甚，朝官受辱，必不敢言，縱有被淩辱毆打者，亦以元稹為誡，但吞聲而已。陛下從此無繇得聞。此其不可者二也。

臣又訪問（聞）元稹自去年以來，舉奏嚴厲（礪）在東川日枉法沒入平人資産八十餘家，又奏王沼違法給券，令監軍押柩及家口入驛，又奏裴玢違勅徵百姓草，又奏韓皐使軍將封杖打殺縣令，如此之事，前後甚多，屬朝廷法行，悉有懲罰。計天下方鎮，皆怒元稹守官，今貶為江陵判司，即是送與方鎮，從此方便報怨，朝廷何繇得知？臣伏聞德宗時，有崔善貞者，告李錡必反，德宗不信，送與李錡，錡掘坑熾火，燒殺善貞，曾未數年，錡果反，至今天下為之痛心。臣恐元稹貶官，方鎮有過，無人敢言，陛下無繇得知不法之事，此其不可者三也。

若無此三不可，假如朝廷誤左降一御史，蓋是小事，臣安敢煩瀆聖聽，至於再三？誠以所損者深，所關者大，以此思慮，敢不極言？

疏入不報。

又淄青節度使李師道，進絹為魏徵子孫贖宅。居易諫曰：「徵是陛下先朝宰相，太宗嘗賜殿材，成其正室，尤與諸家第宅不同。子孫典貼其錢不多，自可官中為之收贖，而令師道掠美，事實非宜。」憲宗深然之。

上又欲加河東王鍔平章事，居易諫曰：「宰相是陛下輔臣，非賢良不可當此位。鍔誅剝民財，以市恩澤，不可使四方之人謂陛下得王鍔進奉而與之宰相，深無益於聖朝。」乃止。（《四庫全書》本卷五百三十三諫諍部·規諫第十）

白居易憲宗元和初應才識兼茂明於體用科，授盩厔尉集賢校理，文詞富豔，尤精於詩筆，自讎校至結綬畿甸，所著歌詩數十百篇，皆意在諷賦，箴時之病，補政之缺，士君子多之，往往流聞禁中，憲宗納諫思理，渴聞讜言，乃召入翰林為學士。（《四庫全書》本卷五百五十詞臣部·總序）

前後朝臣裴武、柳公綽、白居易等，或為奸人所排陷，特加貶黜；（李）絳每以密疏申論，皆獲寬宥。（《四庫全書》本卷五百五十二詞臣部·獻替）

白居易為太子太傅，以刑部尚書致仕，卒。大中三年十二月，中書侍郎平章事白敏中表請謚，從之。太常謚曰：文（又云：大中十三年，宰臣白敏中表請謚曰：「臣頃自布衣，爰及仕進，飽僧孺之惠義，師居易之文章。斯人之亡，各已數載。屬先帝憂勤之際，贈典未行，遇陛下聖明之初，謚法宜頒。其將行業，以傳册書。」從之。居易謚曰文。僧孺謚曰簡）。（《四庫全書》本

卷五百九十六掌禮部・謚法希旨繆妄謚法第二）

李琬為幽州刺史宗正卿。代宗大曆六年，賜琬雜綵一百疋，衣一襲，以其職奉陵寢績用可稱褒之，白琇珪為司農少卿，遷大卿，在卿曹十餘年，德宗以為可任腹心，遂引為神策軍使兼御史大夫，賜名志貞。白居易為秘書監，因中謝日賜金紫。（《四庫全書》本卷六百二十卿監部・選任）

辛酉詔曰：構大廈者必總於羣材，成大川者必資於百穀，故思理之主，求賢罔遺，所以昭宣令圖，廣大前緒，觀文緝化，其在茲乎！朕以寡昧，獲奉丕業，虛己問政，實始於茲，考言求益，敢不祗若，故命左右輔弼，洎有位之臣，會於中臺，必究其論，間密以獻，省自朕躬，果獲賢能，副於饑渴。才識兼茂明於體用科人，第三次等元稹、韋惇，第四等獨孤郁、白居易、曹京伯、韋慶復，第四次等崔韶（綰）、羅讓、崔護、元修、薛存慶、韋珩，第五上等蕭俛、李蟠、沈傳師、柴宿，達於吏理可使從政科，第五上等陳岵等，咸以待問之美，觀光而來，詢以三道之要，復於九變之選，得失之覽，粲然可觀，宜膺德茂之異式，叶言揚之舉，其第三次等人，委中書門下優與處分，第四等、第四次等、第五上等，中書門下即與處分。（《四庫全書》本卷六百四十四貢舉部・考試第二）

長慶元年三月敕，今年進士及第鄭朗等一十四人，宜令中書舍人王起、主客郎中知制誥白居易試聞奏。（《四庫全書》本卷六百四十四貢舉部・考試第二）

（長慶元年）十一月戊午御宣政殿試，製科舉人制曰：「古人有言，常引一代之人，以理一代之務。……至於朝廷之闕，四方之弊，詳延而至，可得而書，退有後言，朕所不取。子大夫其勉之。」中書舍人白居易、膳部郎中陳岵、考工員外郎賈餗（餗）同考制策。（《四庫全書》本卷六百四十五貢舉部・科目）

憲宗元和元年四月，才識兼茂明於體用科（元稹、韋惇、獨孤郁、白居易、曹景伯、韋慶復、崔琯（綰）、羅讓、崔護、薛存慶、韋珩、李蟠、元修、蕭俛、傅歸、柴宿及第），達於吏理可使從政科（蕭睦及第）。（《四庫全書》本卷六百四十五貢舉部・科目）

白居易貞元中擢進士第，書判拔萃，為秘書省校書郎。元和元年應才識兼茂明於體用科。

制曰：

朕觀古之王者，受命君人，兢兢業業，承天順地，靡不思賢能以濟其理，求讜直以聞其過。故禹拜昌言，而嘉猷罔伏，漢征極諫，而文學稍進，匡時濟俗，［罔不］率繇於茲。厥後相循，有名無實，而又設以科條，增求茂異，舍斥已之至言，角（進）無用之虛文，指切著明，罕稱於代。朕所以歎息鬱悼，思索其真，是用發懇惻之誠，諮體用之要，庶乎言之可行，行之不倦，上獲其益，下輸其情，君臣之間，懽然相與。子大夫得不勉思朕言而茂明之？我國家光宅四海，年將二百，十聖宏化，萬邦懷仁，三王之禮靡不講，六代之樂罔不舉，浸澤於下，升中於天，周漢已還，莫斯為盛。自禍階漏壤，兵宿中原，生人困竭，耗其大半，農戰非古，衣食罕儲。念茲疲甿，遠乖當庶，督耕殖之業，而人無戀本之心，峻榷酤之科，而下有重斂之困。舉何方而可以復其盛，用何道而可以濟其艱？既往之失，何者宜懲，將來之虞，何者當戒？昔主父懲患於晁錯而用推恩，夷吾致霸於齊桓而行寓令，精求古人之意，啟迪來哲之懷，眷茲洽聞，固所詳究。又執契之道，垂衣不言，委之於下，則人用其私，專之於上，則下無其效。漢元優遊於儒學，盛業竟衰，光武責課於公卿，峻政非美。二途取捨，未獲所從，余心浩然，益所疑惑。子大夫熟究其旨，屬之於篇。興自朕躬，無悼後害。

居易對曰：臣聞漢文帝時賈誼上疏云：「可為痛哭者一，可為流涕者二，可為長太息者三。」是時漢興四十載，萬方大理，四海大和，而賈誼非不見之，所以過言者，以為詞不切，志不激，則不能回君聽，感君心，而發憤於至理也。是以雖盛時也，賈誼過言而無愧，雖過言也，文帝容之而不非。故臣不失忠，君失聖，書之史策，以為美談。然臣觀自茲以來，天下之理，未曾有彷彿於漢文帝時者，激切之言，又未有彷彿於賈誼疏者，豈非君之明聖，不侔於文帝乎？臣之忠讜不逮於賈誼乎？不然，何衰亂之時愈多，而切直之言愈少也？今陛下思禹之昌言而拜之，念漢之極諫而征之，廢虛文之無用者，獎至言之斥已者，詢臣以可行之策，諭臣以不倦之意，懇惻鬱悼，發於至誠，此真聖王思至理求過言之明旨也。斯則陛下之道，已宏於前代，臣之才識，劣於古人，輒欲過言，以禆陛下明德萬分之一也。禆之者，非敢謂言之必可行也，體用之必可明也，且欲使後代知陛下踐祚之後，有樸直敢言之臣出焉，無俾文帝賈誼專美於漢代。然後退而俯伏，以待罪戾焉，臣誠所甘心也。謹以過言，昧死上對。

伏蒙陛下賜臣之策，有思興禮樂之道，念救疲甿之方，辨懲往戒來之宜，審推恩寓令之要。至矣哉，陛下之念及此，實萬葉之福也，豈惟一代之人受其賜而已哉！臣聞疲病之作，有因緣焉，救療之方，有次第焉，臣請為陛下究因緣陳次第而言之。臣聞太宗以神武之姿，撥天下之亂，玄宗以聖文之德，致天下之肥。當二宗之時，利無不興，弊無不革，遠無不服，近無不和。貞觀之功既成，而大樂作焉，雖六代之盡美，無不舉也；開元之理既定，而盛禮興焉，雖三王之明備，無不講也。禮行故上下輯睦，樂達故內外和平，所以兵偃而萬邦懷仁，刑清而兆民自化，動植之類，咸煦嫗而自遂焉，雖成康文景之理，無以出於此矣。洎天寶以降，政教浸微，寇既薦興，兵亦繼起。兵以遏寇，寇生於兵，兵寇相仍，迨五十載。財征由是而重，人力由是而罷。下無安心，雖日督農桑之課，而生業不固；上無定費，雖日峻管榷之法，而歲計不充。日削月朘，以至於耗竭其半矣。此臣所謂疲病之因緣者也，豈不然乎？

由是觀之，蓋人疲由乎稅重，稅重由乎軍興，軍興由乎寇生，寇生由乎政缺。然則未修政教而望寇戎之銷，未銷寇戎而望兵革之息，雖太宗不能也；未銷兵革而求征徭之省，未省征徭而求黎庶之安，雖玄宗不能也。何則？事有所必然，雖常人足以致，勢有所不可，雖聖哲不能為。伏惟陛下將欲安黎庶，先念省征徭；將欲省征徭，先念息兵革；將欲銷兵革，先念銷寇戎；將欲銷寇戎，先念修政教。何者？若政教修，則下無詐偽暴悖之心，而寇戎所由銷矣；寇戎銷，則無興發攻守之役，而兵革所由息矣；兵革息，則國無饋餉飛挽之費，而征徭所由省矣；征徭省，則人無流亡轉徙之憂，而黎庶所由安矣。臣竊觀今天下之寇雖已盡銷，伏願陛下不以易銷而自怠；今天下之兵雖未盡散，伏願陛下不以難散而自疑。無自怠之心，則政教日肅；無自疑之意，則誠信日明。故政教肅則暴亂革心，誠信明則獷驁歸命。革心則天下將萌之寇不遏而自銷，歸命則天下已聚之兵不散而自息。然後重斂可日減，疲甿可日安，富庶可日滋，困竭可日補。日安則和悅之氣積，日富則廉讓之風形。因其廉讓而示之以禮，則禮易行矣；乘其和悅而鼓之以樂，則樂易達矣。舉斯方而可以復其盛，用斯道而可以濟其艱。懲既往之失，莫先於誠不明而政不修；戒將來之虞，莫大乎寇不銷而兵不息。此臣所謂救療之次第者也，豈不然乎？

至若齊行寓令之法，以霸諸侯，漢用推恩之謀，以懲七國，施之今日，臣恐非宜。何者？且今萬方一統，四海一家，無鄰國可傾，非夷吾用權之秋也，雖欲寓令，令將何所寓耶？今除國建郡，置守罷侯，無爵土可疏，非主父矯弊之日也，雖欲推恩，恩將何所推耶？但陛下嗣貞觀之功，宏開元之理，必將光二宗而福萬葉矣。何區區齊漢之法，而足為陛下所慕哉！精究之端，實在於此矣。

又蒙陛下賜臣之問，有執契垂衣之道，委下專上之宜，敦儒學而業衰，責課實而政失者。此皆政化之所急，古今之所疑，陛下幸念之，臣有以見天下之理興矣。夫執契之道，垂衣不言者，蓋言已成之化，非謀始之謂也；委之於下者，言王者之道，庀其司分其務而已，非謂政無大小悉委之於下也；專之於上者，言王者之道，秉其樞執其要而已，非謂事無巨細悉專之於上也；漢元優遊於儒學而盛業竟衰者，非儒學之過也，學之不得其道也；光武責課於公卿而峻政非美者，非考課之累也，責之不得其要也，臣請重為陛下別白而明之。夫垂衣不言者，豈不謂無為之道乎？臣聞無為而理者，其舜也歟！舜之理道，臣精知之矣。始則懋於修己，勞於求賢，明察其刑，明慎其賞，外序百揆，內勤萬樞，昃食宵衣，念其不息之道。夫如是，豈非大有為者？終則安於恭己，逸於得賢，明刑至於無刑，明賞至於無賞，百職不戒而舉，萬事不勞而成，端拱凝旒，立於無過之地。夫如是，豈非真有為者乎？故臣以為無為者，非無所為也，必先有為而後至於無為也。《老子》曰：「無為而無不為。」蓋是謂矣。夫委下而用私，專上而無效者，此由非所宜委而委之也，非所宜專而專之也。臣請以君臣之道明之。臣聞上下異位，君臣殊道，蓋大者簡者，君道也，小者繁者，臣道也。臣道者，百職小而眾，萬事細而繁，誠非人君一聽所能遍察，一明所能周覽也。故人君之道，但擇其人而任之，舉其要而執之而已矣。昔九臣各掌其事，而唐堯乘其功以帝天下；十亂各效其能，而周武總其理以王天下；三傑各宣其力，而漢兼其用以取天下。此三君者，不能為一焉，但執要任人而已，亦猶心之於四肢、九竅、百骸也，不能為一焉，然而寢食起居，言語視聽，皆以心為主也。故臣以為君得君之道，雖專之於上，而下自有以展其效矣；臣得臣之道，雖委之於下，而人亦無以用其私矣。由此而言，光武督責而政未甚美者，非他，昧君臣之道於畜繁簡之際也；漢元優遊而業以浸衰者，非他，昧無為之道於始終勞逸之間也。二途得失，較然可知，陛下但舉中而行之，則無所惑矣。

臣伏以聖策首言曰:「思賢能以濟其理，求讜直以聞其過。」又曰:「上獲其益，下輸其情。」其末章則又曰:「興自朕躬，無悼後害。」此誠陛下思酌下言，欲聞上失，勤勤懇懇，慮臣輩有所隱情者也。臣敢不再竭狂直，以副天心之萬一焉。臣聞古先聖王之理也，制欲於未萌，除害於未兆，故靜無敗事，動有成功。自非聖王，則異於是，莫不欲逞於始，悔追於終，政失於前，功補於後。利害之效，可略而言。且如軍暴而後戢之，兵亂而後遏之，善則善矣，不若防其微，杜其漸，使不至於暴亂也；官邪而後責之，吏奸而後誅之，徽則徽矣，不若審其才，得其人，使不至於奸邪也；人餒而後食之，人凍而後衣之，惠則惠矣，不若輕其徭，薄其稅，使不至於凍餒也。舉一知十，不其然乎？今陛下初嗣祖宗，新臨蒸庶，承多虞之運，當鼎盛之年，此誠制欲於未萌，除害於未兆之時也。伏惟陛下敬惜其時，重慎其事，既往者且追救於弊後，將來者宜早防於事先。夫然，則保邦恒在於未危，恭已常居於無過，三五之道，夫豈遠哉。

臣生也。幸得為唐人，當陛下臨御之時，睹陛下升平之始，斯則臣朝聞而夕死足矣，而況充才識之貢，承體用之問者乎？今所以極千慮，昧萬死，當盛時，獻過言者，此誠微臣喜朝聞甘夕死之志也。不然，何輕肆狂瞽，不避斧鑕，若此之容易焉？伏惟少垂意而覽之，則臣生死幸甚，生死幸甚！謹對。

策入，第四等，授盩厔縣尉、集賢校理。(《四庫全書》本卷六百四十九貢舉部·對策第四)

長慶元年敕，今年禮部侍郎錢徽所放進士鄭朗等一十四人，宜令中書舍

人王起、主客郎中知制誥白居易等，重試覆落十人。……（《四庫全書》本卷六百五十一貢舉部·謬濫）

白居易元和中為太子左贊善大夫。先是，居易母因看花墜井死，時居易作賞花及新井詩，名教之士譏焉，或以其事上言，因命宰臣與居易遠州刺史，中書舍人王淮（涯）上言居易所坐事蹟，不合理郡，乃授江州司馬。（《四庫全書》本卷七百十五宮臣部·忠於所事）

元貞（稹）字微之，聰警絕人，年少有才名，與太原白居易友善，工為詩，善狀詠風態物色，當時言詩者稱元白焉。貞（稹）至工部侍郎平章事，卒於武昌軍節度使；居易至刑部尚書，致仕。（《四庫全書》本卷七百七十七總録部·名望第二）

司空圖，僖宗時為中書舍人。未幾，以疾辭。晚年為文，尤事曠達，嘗擬白居易《醉吟傳》為《休休亭記》，有文集三十卷。（《四庫全書》本卷八百四十一總録部·文章第五）

白居易友愛過人，兄弟相待如賓客，弟行簡子龜兒，多自教習，以至成名，當時友悌無以比焉，官終刑部尚書。（《四庫全書》本卷八百五十二總録部·友悌第二）

白居易初對策，高第擢入翰林，欲奮厲效報，兼濟生靈，蓄意未果，望風為當路者所擠，流徙江湖四五年間，幾淪蠻瘴，自是宦情衰落，無意於出處，唯以逍遙吟詠為事，後為刑部尚書致仕。（《四庫全書》本卷八百五十五總録部·曠達）

白景受，刑部尚書致仕白居易之侄孫。居易卒，無子，以景受為嗣。（《四庫全書》本卷八百六十三總録部·為人後）

智按：陳振孫《白文公年譜》：「公舍其侄而以侄孫為後，既不可解，而所謂阿新者，即景受乎?」（《白香山詩集》，世界書局，一九三五年版，第三五頁）汪立名《白香山年譜》認為景受並非阿新，並推測白居易嗣子曾由侄孫阿新更易為從子景受：「公墓志預作於會昌初，豈其後復易以從子承祧而遂更其名乎?」（同上，第八～九頁）馮浩據《唐文粹》卷五八所録楊夫人《傷子辭》，謂此文乃居易夫人為阿新所作：「其曰令子，即阿新，其曰今子，乃景受。蓋阿新殤後，又以景受為繼，而郡君痛冤無窮，自以辭志之也。《文粹》必因附刻碑側，故兼登之，否則何煩旁及哉！據辭追揣，情事宜然，舊、新傳、表之異，可以互通矣。」（《樊南文集》卷八，上海古籍出版社，一九八八年版，第四七八頁）

元稹與白居易最善，為文友。（《四庫全書》本卷八百八十二總録部·交友第二）

智按：王欽若，字定國，臨江軍新喻（今江西新餘）人。太宗征討太原，欽若時十八歲，作《平晋賦論》獻行在。太宗淳化三年（九九二）進士及第，爲亳州防禦推官，遷秘書省秘書郎，監廬州税。改太常丞，判三司理欠憑由司。召試學士院，拜右正言、知制誥，爲翰林學士。出爲西川安撫使。還朝，授左諫議大夫，參知政事。景德初，真宗出征澶淵，以參知政事判天雄軍，提舉河北轉運司。還，爲刑部侍郎，充資政殿學士。判尚書都省，修《册府元龜》。改兵部侍郎，升大學士。以尚書左丞知樞密院事。大中祥符初，造爲祥瑞之説，助真宗東封泰山，爲封禪經度制置使，兼判兖州，封禪禮成，遷禮部尚書，命作《社首頌》，遷户部尚書。隨祀汾陰，改吏部尚書。明年，爲樞密使、同中書門下平章事。遷尚書右僕射，判禮儀院，拜左僕射。以太子太保出判杭州，歸朝，再爲資政殿大學士。除山南道節度使，判河南府。與丁謂不協，請就醫京師，不待報而歸，以擅去職守降司農卿，分司南京。仁宗即位，改秘書監，起爲太常卿，知濠州，移江寧府。召入朝，復爲門下侍郎，同平章事、昭文館大學士，監修國史。《真宗實録》成書，進司徒，封冀國公。天聖三年卒，年六十四，贈太師、中書令，謚文穆。王欽若敏于政事，富于文辭。著述頗豐，奉旨編《册府元龜》一千卷，又編著《鹵簿記》、《彤管懿範》、《天書儀制》、《聖祖事迹》、《翊聖真君傳》、《五嶽廣聞記》、《列宿萬靈朝真圖》、《羅天大醮儀》，領校道書，凡增六百餘卷（《宋史》本傳），又與錢惟演等作《華林義門書堂詩集》一卷（《宋史·藝文志》八）。其著述僅存《翊聖保德傳》三卷，收入《正統道藏》。《全宋詩》卷九三録其詩四首。《全宋文》卷一九一至一九二録其文二卷。事迹見夏竦《文穆王公墓志銘》(《文莊集》卷二九),《宋史》卷二八三本傳。

李宗諤(九六五~一〇一三)

《大宋故左驍衛大將軍使持節復州諸軍事復州刺史鉅鹿魏公(魏丕)墓誌銘并序》

宋景陵守、鉅鹿魏公以咸平二年五月二十五日啓手足於京師建初坊私第之正寢,春秋八十。……所著五七言格律詩,共四百三十首,自編成五卷,以其多吟諷於東園第亭,題曰《東亭集》。又追念童蒙至耄齒,若樂盛衰之事,爲《五憶歌》。歌無定體,句無定字,大約有白樂天之放達,陶靖節之風彩焉。噫!古人有一聯一句,播於人口,則謂之垂名。公生平苦吟,有集傳世,斯可以言不朽矣。(《史林》二〇〇二年第二期;《全宋文補》卷二)

智按:李宗諤,字昌武,饒陽(今屬河北)人。昉子。太宗端拱二年(九八九)進士,授校書郎。真宗景德二年(一〇〇五)為翰林學士。大中祥符元年(一〇〇八)改工部郎中。四年,拜右諫議大夫。六年卒,年四十九。有文集六十卷、《內外制》四十卷,均佚。《宋史》卷二六五有傳。

姚鉉(九六八~一〇二〇)

《唐文粹序》

五代衰微之弊,極於晉漢,而漸革于周氏。我宋勃興,始以道德仁義根乎政,次以詩書禮樂源乎化,三聖繼作,煜然文明,霸一變至於王,王一變至於帝,風教逮下,將五十年,熙熙蒸黎,久忘干戈戰伐之事,佻佻儒雅,盡識聲明文物之容。《堯典》曰:「文思安安」,《大雅》云:「濟濟多士」,盛德大業,英聲茂實,並届於一代,得非崇文重學之明效歟?……於是柳子厚、李元賓、李翺、皇甫湜,又從而和之(柳宗元字子厚,為文章卓偉精緻,一時輩行推仰,第進士,博學宏辭科。韓愈評其文曰:「雄深雅健似司馬子長,崔、蔡不足多也。」李觀字元賓，屬文不旁沿前人，時謂與韓愈相上下。李翺字習之，始從韓愈為文章，辭致渾厚，見推當時。皇甫湜字持正，裴度辟為判官，度修福先寺，將立碑，求文於白居易，湜怒曰：近舍湜，而遠取居易，請從此辭。度謝之，湜即請斗酒，飲酣援筆立就。並本傳），則我先聖孔子之道，炳焉懸諸日月，故論者以退之之文，可繼揚、孟，斯得之矣。至於賈常侍至（賈至字初鄰，玄宗幸蜀，知制誥。寶應初，遷尚書左丞）、李補闕翰（李翰為文思遲，嘗從皇甫曾求音樂，思涸奏之，神逸乃屬文）、元容州結（元結字次山，進受容管經略使）、獨孤常州及（獨孤及字至之，徙常州刺史）、呂衡州溫（呂溫字和叔，從梁肅為文章，藻翰精富，一時流輩推向）、梁補闕肅（梁肅字敬之，建中初，中文辭清麗科）、權文公德輿（權德輿字載之，其文雅正瞻縟，謚文公）、劉賓客禹錫（劉禹錫字夢得，為太子賓客，素善詩，晚節尤精，居易嘗推為詩豪）、白尚書居易（白居易，字樂天，會昌初，以刑部尚書致仕，文章精切，然最工詩）、元江夏稹（元稹字微之，尤長於詩，與居易各相埒，天下傳諷，號元和體），皆文之雄傑者歟。世謂貞元、元和之間，辭人咳唾，皆成珠玉，豈誣也哉！今世傳唐代之類集者，詩則有《唐詩類選》、《英靈》、《間氣》、《極玄》、《又玄》等集，賦則有《甲賦》、《賦選》、《桂香》等集，率多聲律，鮮及古道。蓋資新進後生，干名求試者之急用爾，豈唐賢之跡兩漢，肩三代，而反無類次，以嗣于《文選》乎？鉉不揆昧懵，徧閱群集，眈玩研究，掇菁擷華，十年於茲，始就厥志。得古賦、樂章、歌詩、贊頌、碑銘、文論、箴表、傳録、書序，凡為一百卷，命之曰《文粹》，以類相從，各分首第門目，止於古雅為命，不以雕篆為工，故侈言蔓辭，率皆不取。觀夫群賢之作也，氣包元化，理貫六籍，雖復造物者，固亦不能測研幾而窺沉慮，故英辭一發，敻出千古，琅琅之玉聲，粲粲之珠光，不待汎天風，激海波，而盡在耳目。於戲，李唐一代之文，其至乎！（呂祖謙《東萊集注類編觀瀾文集》甲集卷十九序，清嘉慶宛委別藏本）

智按：姚鉉，字寶之，合肥（今屬安徽）人。太宗太平興國八年（九八三）進士，知湘鄉縣。淳化五年（九九四）直史館。真宗咸平三年（一〇〇〇）知鄆州，還京東轉運使。後貶連州文學。大中祥符五年（一〇一二）

移岳州、舒州。天禧四年卒，年五十三。編有《唐文粹》一百卷存世。有集二十卷，已佚。《宋史》卷四四一有傳。

趙恒（九六八～一〇二二）

《唐白居易孫利用河南府助教常修奉墳塋影堂詔（景德四年二月辛巳）》

唐刑部尚書白居易孫利用，唯爾遠祖，有名前朝，蔚君子之鴻文，履古人之淑行。致政之地，遺像在焉。言念緒風，式旌後裔，宮于鄉塾，無忘聿修。可河南府助教，常修奉墳塋影堂。（《宋大詔令集》卷一五六；《全宋文》二〇〇六年版第十一册，卷二二九，第二七六頁）

智按：趙恒，太宗第三子。淳化五年（九九四）封壽王。至道三年（九九七）即位，在位二十六年卒，廟號真宗。見《宋史》卷六、卷七、卷八《真宗本紀》。有《御製集》三百卷，尚存《玉京集》六卷，餘已佚。

錢易（九六八～一〇二六）

《南部新書》

白樂天之母，因看花墜井，後有排擯者，以賞花、新井之作左遷。穆皇嘗題柱曰：「此人一生爭得水喫。」（卷甲，黄壽成點校《南部新書》，第十頁）

白傅與贊皇不協，白每有所寄文章，李緘之一篋，未嘗開。劉三復或請之，曰：「見詞翰，則迴吾心矣。」（卷乙，黄壽成點校《南部新書》，第二四～二五頁）

智按：劉三復（？～八四四?），潤州句容（今屬江蘇）人。聰敏絶人，尤善文章。長慶初任潤州金壇尉，以文章求謁浙西觀察使李德裕，二年（八二二）李德裕表爲掌書記，後舉進士。大和七年（八三三）德裕入相，薦爲主客員外郎。八年德裕再鎮浙西，又從之。九年府罷。開成元年（八三六）任尚書員外郎，十一月又隨德裕三鎮浙西。劉禹錫深重其才，以宗人遇之，以詩贈送，其《送從弟郎中赴浙西並引》云：「從弟三復，十餘年間，凡三爲浙右從事。往年主公入相，薦揚登朝，中復從事鎮南，未幾而罷。昨以尚書外郎奉使至洛，旋承新命，改轅而東。三從公皆舊地。」三年德裕徙鎮淮南，又從之。五年德裕入相，薦爲諫議大夫。遷給事中。會昌四年（八四四）任刑部侍郎、弘文館學士判館事，未幾卒。《新唐書·藝文志》著録《劉三復表狀》十卷，但未見傳本。《全唐詩》存詩一首，《全唐文》存文二篇。

孫光憲（八九五～九六八）《北夢瑣言》卷一亦載此事，羅聯添《劉夢得年譜》云，《南部新書》以謁德裕者為劉三復，疑是竄改孫書而訛（收入其《唐代詩文六家年譜》，學生書局，一九八六年，第三八六頁）。

李白為天才絕，白居易為人才絕，李賀為鬼才絕。（卷丙，黃壽成點校《南部新書》，第三二頁）

智按：宋葉廷珪《海録碎事》卷十八「文學部上·文章門」：「唐人以李白為天才絕，白樂天人才絕，李賀鬼才絕。」（李之亮校點本第八二三頁）

白樂天任杭州刺史，攜妓還洛，後卻遣回錢唐，故劉禹錫有詩答曰：「無那錢唐蘇小小，憶君淚染石榴裙。」（卷戊，黃壽成點校《南部新書》，第六六頁）

白傅，大中末曾有諫官上疏請謚，上曰：「何不取《醉吟先生墓表》看。」卒不賜謚。從父弟敏中在相位，奏立神道碑，文即李義山之詞也。（卷己，黃壽成點校《南部新書》，第八七頁）

沃州山禪院，在剡縣南三十里，頗為勝境，本白道猷居之。大和二年，有頭陀白寂然重修，白居易為其記。白君自云：「白道猷肇開茲山，白寂然嗣興茲山，白樂天垂文茲山，沃州與白氏有緣乎？」（卷庚，黃壽成點校《南部新書》，第九九頁）

杭州靈隱山（寺）多桂，寺僧云：「此月中種也。」至今中秋望夜，往往子墜。寺僧亦嘗拾得，而巖頂崖根復産奇花，氣香而色紫，芳麗可愛，人無有知其名者，招賢寺僧取而植之，郡守白樂天尤愛賞，因名曰紫陽花。（卷庚，黃壽成點校《南部新書》，第一〇〇頁）

白傅葬龍門山，河南尹盧貞刻《醉吟先生傳》，立於墓側，至今猶存。洛陽士庶及四方遊人過其墓者，必奠以卮酒，塚前常成泥濘。（卷庚，黃壽成點校《南部新書》，第一〇三頁）

《晉書》陶潛本傳云：「潛少懷高尚，博學，善屬文，嘗作《五柳先生傳》以自況：先生不知何許人，不詳姓字，宅邊有五柳樹，因以為號焉。」即非彭澤令時所栽，人多於縣令事中使五柳，誤也。《白氏六帖》：「縣令門種五柳。」此亦誤也。（卷壬，黃壽成點校《南部新書》，第一五二頁）

四明人胡抱章作《擬白氏諷諫五十首》，亦行於東南，然其辭甚平。後孟蜀末楊士達亦撰五十篇，頗諷時事，士達子舉正端拱二年進士，終職方員外郎。（卷癸，黃壽成點校《南部新書》，第一七七頁）

智按：錢易，字希白，錢塘（今浙江杭州）人。吳越王錢倧子，錢昆弟。太宗淳化三年（九九二）舉進士，不第，時年二十五。真宗咸平二年（九九九），登進士第，年三十二。補濠州團練推官。改通判蘄州。景德中舉賢良方正科，通判信州。改直集賢院。遷判三司磨勘司。擢知制誥、判登聞鼓院，糾察在京刑獄。累遷翰林學士。仁宗天聖四年卒，年五十九。有《金閨集》六十卷、《瀛州集》五十卷、《西垣集》三十卷、《內制集》二十卷等，已佚。《宋史》卷三一七有傳。

林逋（九六八～一〇二八）

《孤山寺》

雲峰水樹南朝寺，秖隔叢篁作並鄰。破殿靜披蘿臼古，齋房閑試酪奴春。白公睡閣幽如畫，張祜詩牌妙入神。乘興醉來拖木突，翠苔蒼蘚石磷磷。（《四庫全書》本《林和靖集》卷二；《全宋詩》第二册，第一二一三頁）

《讀王黃州詩集》

坐吟行看對清秋，懶架仍移近枕頭。放達有唐惟白傅，縱橫吾宋是黃州。左遷商嶺題無數，三入承明興未休。紅藥紫薇千古一，又添揚子伴牢愁。（《四庫全書》本《林和靖集》卷三；《全宋詩》第二册，第一二三〇頁）

智按：林逋，字君復，錢塘（今浙江杭州）人。少孤力學，恬淡好古。早年放游江淮間，後隱居杭州孤山，相傳二十年足不至城市，以布衣終身。仁宗天聖六年卒，年六十一。真宗聞其名，曾賜粟帛；及卒，仁宗賜謚和靖先生。有《林和靖先生詩集》四卷。《宋史》卷四五七有傳。

楊億（九七四～一〇二〇）

《庭榴》

得種從西域，移根在帝鄉。鮮葩猩染血，美味蔗爲漿。入獻殊諸果，敷榮後衆芳。丹房高照日，緑葉半凋霜。釀酒扶南國（扶南頓孫國人取石榴汁渟盆中，數日成美酒），題詩白侍郎（白刑部詩云：「唯有安石榴，當軒留寂莫。」）。濃陰兼茂實，相對度炎涼。（《四庫全書》本《武夷新集》卷三；《全宋詩》第三册，第一三五九頁）

《讀史斆白體》

易牙昔日曾蒸子，翁叔當年亦殺兒。史筆是非空自許，世情真偽復誰知。（《四庫全書》本《武夷新集》卷四）

《梁大諫自鳳翔乞留臺寄詩言志次韻酬之》

聯飛仙掖舊心朋，笑我池籠出未能。文陛影纓空自愧，香山蠟屐與誰登。託身羿彀憂危甚，引領黄陂鄙吝增。二室風煙莫全占，會須攜手躡雲層。（《四庫全書》本《武夷新集》卷五；《全宋詩》第三册，第一三八二頁）

《李公（沆）墓誌銘》

……五代已來，文體一變，至於雅誥，殊未復古，公之書命也，啟廸前訓，潤色鴻業，善為辭令，長於除書。考三代之質文，取兩漢之標格，使國朝謨訓與元和、長慶同風者，繄公之故也。……（《四庫全書》本《武夷新集》卷十，第一〇八六册，第四六八頁下）

智按：太宗朝詞臣寫作喜標榜「元和、長慶風格」，其涵義多指以常、楊、元、白及陸贄為範本之制誥文，以矯正五代頽靡文風。

《楊文公談苑》

⊙白氏六帖

人言白居易作《六帖》，以陶家缾數千，各題門目，作七層架，列置齋中，命諸生採集其事類投缾，倒取之，抄録成書，故其所記時代，多無次序。(《説郛》卷十六下引；李裕民輯校本《楊文公談苑》第八頁)

智按：《類説》卷五十三「六帖」：「白居易作六帖，以陶家瓶數千，各題門目，作七層架，列齋中，命諸生采集事類，投瓶中，倒取抄録成書，故所記時代無次。」(《四庫全書》本)

⊙日本

公言雍熙初，日本僧奝（音彫）然來朝，獻其國《職員令》、《年代紀》。奝然衣緑，自云姓藤原氏，為眞連，國五品官也。奝然筆札，而不通華言。有所問，書以對之。國有五經及釋氏經教，並得於中國，有《白居易集》七十卷，地管州六十八，土曠而人少，率長壽，多百餘歲。國王一姓相傳，六十四世，文武僚吏，皆世官。予在史局，閲所降禁書，有《日本年代紀》一卷，及奝然表啟一卷，因得修其國史傳甚詳。……（宋江少虞《新雕皇朝類苑》卷七十八引，日本元和七年活字印本；李裕民輯校本《楊文公談苑》第九頁）

⊙唱和聯句

唱和聯句之起，其源遠矣。自舜作歌，臯陶颺言賡載，及柏梁聯句，顔延年有《和謝監玄暉》，有《和伏武昌登孫權故城》等篇。梁何遜集中多聯句，至唐朝，文士唱和聯句固多。元稹作《春深》題二十篇，並用「家」、「花」、「車」、「斜」四字為韻，白居易、劉禹錫和之，亦同此四句。令狐楚所和詩，多次韻，起於此。凡聯句，或兩句、四句，亦有對一句者，謂之轆轤體。（宋江少虞《事實類苑》卷三十八引；李裕民輯校本《楊文公談苑》第九四頁）

智按：宋朱勝非《紺珠集》卷十一引黄鑑《談苑》題為「轆轤體」：

唱和聯句之起，其來久矣。自舜作歌，臯陶賡載，及柏梁聯句，至唐始盛。元稹作《春深》題二十篇，並用「家」、「花」、「車」、「斜」四字為韻，劉白和之，亦同，令狐楚所和詩，多次韻，始於此。凡聯句，兩句或四句，亦一對用之，或只一句出，一句對者謂之轆轤體耳。

《説郛》卷七十九下引《詩談》（闕名撰）「唱和聯句」：

沈存中謂，唱和聯句之起，其源遠矣。自舜作歌，皋陶颺言賡載，及柏梁聯句，顔延年、謝玄暉有《和伏武昌登孫權故城》等篇。梁何遜集中多聯句，至唐文士唱和固多。元稹作《春深何處好》二十篇，並用「家」、「花」、「車」、「斜四字為韻，白居易、劉禹錫和之，亦同此四字韻。令狐楚作，謂詩多次韻，起於此。或聯句，或兩句、四句，亦有對一句，出一句者，謂轆轤體焉。

智按：楊億，字大年，建州浦城（今屬福建）人。太宗雍熙元年（九八四）年十一，召試詩賦，授秘書省正字。淳化三年（九九二）賜進士及第，遷光禄寺丞。四年，直集賢院。至道二年（九九六）遷著作佐郎。真宗即位初，預修《太宗實録》。咸平元年（九九八）書成，乞外補就養，知處州。三年，召還，拜左司諫。四年，知制誥。景德二年（一〇〇五）與王欽若同修《册府元龜》。三年，為翰林學士。大中祥符六年（一〇一三）乙太常少卿分司西京。天禧二年（一〇一八）拜工部侍郎。三年，權同知貢舉，坐考成就差謬，降授秘書監。四年，復為翰林學士，十二月卒，年四十七。謚文。所著《括蒼》、《武夷》、《潁陰》等集共一九四卷。傳世有《武夷新集》二十卷，另編有《西崑酬唱集》二卷。《宋史》卷三〇五有傳。

釋道原（一〇〇四前後）

《景德傳燈録》

杭州鳥窠道林禪師，本郡富陽人也。姓潘氏，母朱氏夢日光入口，因而有娠。及誕，異香滿室，遂名香光焉。九歲出家，二十一於荊州果願寺受戒。後詣長安西明寺復禮法師，學《華嚴經》、《起信論》，復禮示以《真妄頌》俾修禪那。師問曰：「初云何觀，云何用心。」復禮久而無言，師三禮而退。屬唐代宗詔徑山國一禪師至闕，師乃謁之，遂得正法。及南歸，先是孤山永福寺有辟支佛塔，時道俗共為法會，師振錫而入，有靈隱寺韜光法師，問曰：「此之法會，何以作聲?」師曰：「無聲誰知是會。」後見秦望山，有長松枝葉，繁茂盤屈如蓋，遂棲止其上，故時人謂之鳥窠禪師。復有鵲巢於其側，自然馴狎，人亦目為鵲巢和尚。有侍者會通，忽一日欲辭去，師問曰：「汝今何往？」對曰：「會通為法出家，以和尚不垂慈誨，今往諸方學佛法去。」師曰：「若是佛法，吾此間亦有少許。」曰：「如何是和尚佛法？」師於身上拈起布毛吹之，會通遂領悟玄旨。元和中，白居易出守兹郡，因入山禮謁，乃問師曰：「禪師住處甚危險。」師曰：「太守危險尤甚。」曰：「弟子位鎮江山，何險之有？」師曰：「薪火相交，識性不停，得非險乎？」又問：「如何是佛法大意？」師曰：「諸惡莫作，衆善奉行。」白曰：「三歲孩兒也解恁麼道。」師曰：「三歲孩兒雖道得，八十老人行不得。」白遂作禮。師於長慶四年二月十日，告侍者曰：「吾今報盡。」言訖坐亡，壽八十有四。臘六十三。（有云師名圓修者，恐是謚號）（《景德傳燈録》卷四，《大正新脩大藏經》本）

智按：《太平廣記》卷九六《釋道欽》（出《酉陽雜俎》）答劉晏有云：「三尺童子皆知之，百歲老人行不得」，與梁元帝《雜傳》記耆域答竺法行語相似（見《高僧傳》卷九耆域本傳）。

京兆興善寺惟寬禪師者，衢州信安人也。姓祝氏。年十三，見殺生者，畫然不忍食，乃求出家。初習毘尼，修止觀，後參大寂，乃得心要。唐貞元六年，始行化於吳越間。八年，至鄱陽山神求受八戒。十三年，止嵩山少林寺。僧問：如何是道？師云：大好山。僧云：學人問道，師何言好山？師云：汝只識好山，何曾達道。問狗子還有佛性否。師云有。僧云：和尚還有否？師云：我無。僧云：一切衆生皆有佛性，和尚因何獨無？師云：我非一切衆生。僧云：既非衆生，是佛否？師云：不是佛。僧云：究竟是何物？師云：亦不是物。僧云：可見可思否？師云：思之不及，議之不得，故云不可思議。元和四年，憲宗詔至闕下，白居易嘗詣師問曰：既曰禪師，何以説法？師曰：無上菩提者，被於身為律，説於口為法，行於心為禪，應用者三，其致一也。譬如江河淮漢，在處立名。名雖不一，水性無二。律即是法，法不離禪，云何於中妄起分別。又問：既無分別，何以修心？師云：心本無損傷，云何要修理？無論垢與淨，一切勿起念。又問：垢即不可念，淨無念可乎？師曰：

如人眼睛上，一物不可住，金屑雖珍寶，在眼亦為病。又問：無修無念，又何異凡夫耶？師曰：凡夫無明，二乘執著。離此二病，是曰真修。真修者，不得勤，不得忘勤，即近執著。忘即落無明，此為心要云爾。有僧問：道在何處？師曰：只在目前。曰我何不見。師曰：汝有我故，所以不見。曰我有我故即不見，和尚見否？師曰：有汝有我，展轉不見。曰無我無汝，還見否？師曰：無汝無我，阿誰求見？元和十二年二月晦日，升堂説法訖，就化。壽六十三，臘三十九。歸葬於灞陵西原，勅謚大徹禪師，元和正真之塔。（《景德傳燈録》卷七，《大正新脩大藏經》本）

洛京佛光寺如滿禪師法嗣一人：杭州刺史白居易。

唐杭州刺史白居易，字樂天，久參佛光，得心法，兼稟大乘金剛寶戒。元和中，造於京兆興善法堂，致四問（語見興善章）。十五年，牧杭州，訪鳥窠和尚。有問答偈頌（鳥窠章敍訖）。

嘗致書於濟法師，以佛無上大慧演出教理，安有徇機高下、應病不同、與平等一味之説相反。援引《維摩》及《金剛三昧》等六經，闢二義而難之。又以五蘊十二緣説名色，前後不類，立理而徵之。並鉤深索隱，通幽洞微，然未覩法師醻對，後來亦鮮有代答者。

復受東都凝禪師八漸之目，各廣一言，而為一偈，釋其旨趣。自淺之深，猶貫珠焉。凡守任處，多訪祖道，學無常師。後為賓客，分司東都。罄己俸，修龍門香山寺。寺成，自撰記。凡為文，動關教化，無不贊美佛乘，見於本集。其歷官次第，歸全代祀，即史傳存焉耳。（《景德傳燈録》卷十，《大正新脩大藏經》本）

⊙白居易八漸偈（并序）

唐貞元十九年秋八月，有大師曰凝公，遷化於東都聖善寺鉢塔院。越明年春二月，有東來客白居易，作八漸偈，偈六句，句四言贊之。初居易嘗求心要於師，師賜我言焉，曰觀，曰覺，曰定，曰慧，曰明，曰通，曰濟，曰捨。繇是入於耳，貫於心。嗚呼！今師之報身則化，師之八言不化。至哉八言，實無生忍觀之漸門也。故自觀至捨，次而贊之。廣一言為一偈，謂之八漸偈。蓋欲以發揮師之心教，且明居易不敢失墜也。既而升於堂，禮於床，跪而唱泣而去。偈曰：

觀

以心中眼，觀心外相。從何而有，從何而喪。觀之又觀，則辨真妄。

覺

惟真常在，為妄所蒙。真妄苟辨，覺生其中。不離妄有，而得真空。

定

真若不滅，妄即不起。六根之源，湛如止水。是為禪定，乃脱生死。

慧

專之以定，定猶有繫。濟之以慧，慧則無滯。如珠在盤，盤定珠慧。

明

定慧相合，合而後明。照彼萬物，物無遁形。如大圓鏡，有應無情。

通

慧至乃明，明則不昧。明至乃通，通則無礙。無礙者何，變化自在。

濟

通力不常，應念而變。變相非有，隨求而見。是大慈悲，以一濟萬。

捨

衆苦既濟，大悲亦捨。苦既非真，悲亦是假。是故衆生，實無度者。（《景德傳燈録》卷二十九，《大正新脩大藏經》本）

智按：道原禪師，號宣慈，餘杭（今浙江杭州）人。得法於天台德韶（八九〇～九七一），為法眼宗創始人文益（八八五～九五八）徒孫，住蘇州承天寺永安禪院。曾入京摹印大藏經。景德間（一〇〇四～一〇〇七），撰成《景德傳燈録》上進，真宗命楊億等刊定入藏，並賜寺額，許承天寺永安院每年度一僧以示褒獎。

黄休復（一〇〇六前後）

《益州名畫録》

⊙張南本

張南本者，不知何許人也。中和年寓止蜀城，攻畫佛像人物、龍王神鬼。

有金谷園圖、勘書圖、詩會圖、白居易叩齒圖、高麗王行香圖。今聖壽寺中門賓頭盧變相、東廊下靈山佛會、大聖慈寺華嚴閣下東畔大悲變相、竹溪院六祖、興善院大悲菩薩、八明王、孔雀王變相，並南本筆。相傳南本於金華寺大殿畫明王八軀，纔畢，有一老僧入寺，蹶仆於門下，初不知是畫，但見大殿遭火所焚。其時孫位畫水，南本畫火，代無及者。世之水火，皆無定質，唯此二公之畫，冠絕今古。僖宗駕回之後，府主陳太師於寶歷寺置水陸院，請南本畫天神地祇、三官五帝、雷公電母、岳瀆神仙、自古帝王，蜀中諸廟一百二十餘幀，千怪萬異，神鬼龍獸，魍魎魑魅，錯雜其間，時稱大手筆也。至孟蜀時，被人模搨，竊換真本，鬻與荊湖人去。今所存，偽本耳。（偽本淳化年遭賊搓劫，已皆散失）（《四庫全書》卷上）

智按：書前有景德三年（一〇〇六）李畋序，稱江夏黄氏休復，字歸本，通《春秋》學，校左氏、公、穀書，鬻丹養親，游心顧、陸之藝，深得厥趣。

釋智圓（九七六～一〇二二）

《孤山述》

錢唐郡西三數里有孤山者，既卑且狹，但不與衆山連接，孤然處湖中，似不阿附于衆山，有自得之狀。由是羣目流眄，衆賢樂遊，好奇者往往來居之，有終焉之圖。故有浮圖居者五焉，隱人居者一焉。遂古賢達好之，亦不下于今。至若白樂天、元微之、張祐、許渾輩或文于碑，或詩于寺，所以斯山爲錢唐勝概，而天下知名也。……（《續藏經》本《閑居編》卷十六；《全宋文》二〇〇六年版第十五册，卷三一三，第二八四頁）

《評錢唐郡碑文》

有客謂吾曰：錢唐郡，唐賢遺文多矣，其辭理雅拔者三焉：盧元輔《胥山碑銘》首之，元稹《石經記》次之，白居易《冷泉亭記》又其次也，餘無取焉。吾謂白氏《石函記》不在三文下。夫文者明道之具，救時而作也。使樂天位居宰輔者，則能以正道相天子，惠及于蒼生矣。見四海九州之利害，皆如西湖也；察邦伯牧長之情僞，皆如縣官也；禮刑得中，民無失所，如湖水畜洩以時也。仁心仁政，盡在斯文矣。盧元輔雖高其辭，而敘伍員，皆先儒舊説，未見異者，而旌忠獎孝，可以爲訓，有益之文也。但諸侯之事耳，王道取之則未也。元稹于釋氏則爲得矣。白公《冷泉亭記》，夸飾山水之辭耳，無用之文也。或謂不然，吾以道取，如以辭取，《石函》之文，甘居其下。或曰：《石函》、《冷泉》，皆白公記也，何褒貶之異耶？曰：揚子云：「老子之言道德，吾有取焉耳；及搥提仁義，滅絶禮樂，吾無取焉耳。」管夷吾合諸侯，正天下，則仲尼以之爲仁；及其反坫塞門，則以之爲小器。老子、管氏豈異乎？愛而知其惡，瑜不掩瑕，君子之道也。（《續藏經》本《閑居編》卷二十五；《全宋文》二〇〇六年版第十五册，卷三一一，第二五一頁）

《擬洛下分題·遞詩筒》

元白舊裁制，規模傳至今。淩霜重高節，容物貴虛心。豈倦關河遠，寧辨雨雪深。雅言如見托，終爲報知音。（《續藏經》本《閒居編》卷三十七；《全宋詩》第三册，第一四九八頁）

《喻賣松者》

莫嫌人不買，人亦愛蒼翠。却是歲寒相，難種塵埃地。且歸栽洞底，映水成嘉致。他年苟合拱，採取不我棄。天子建明堂，此爲棟梁備。（《續藏經》本《閒居編》卷四十八；《全宋詩》第三册，第一五五五頁）

智按：白居易《贈賣松者》：「一束蒼蒼色，知從澗底來。斫掘經幾日，枝葉滿塵埃。不買非他意，城中無地栽。」

《古劍》

精剛經百煉，可折不可柔。三尺青蛇活，一匣止水秋。解截蛟龍軀，能斷佞臣頭。下去蒼生害，上除天子讐。在昔埋酆城，精光射斗牛。雷煥張華輩，得之亦悠悠。二賢既云亡，潭底化雙虬。劍利人或愛，劍道人不求。劍道如之何，達者惟莊周。（《續藏經》本《閒居編》卷四十八；《全宋詩》第三册，第一五五六頁）

智按：白居易《李都尉古劍》：「古劍寒黯黯，鑄來幾千秋。白光納日月，紫氣排斗牛。有客借一觀，愛之不敢求。湛然玉匣中，秋水澄不流。至寶有本性，精剛無與儔。可使寸寸折，不能繞指柔。願快直士心，將斷佞臣頭。不願報小怨，夜半刺私讐。勸君慎所用，無作神兵羞。」

《讀白樂天集》

李杜之為詩，句亦模山水。錢郎之為詩，旨類圖神鬼。諷刺義不明，風雅猶不委。於鑠白樂天，崛起冠唐賢。下視十九章，上踵三百篇。句句歸勸誡，首首成規箴。謇諤《賀雨》詩，激切《秦中吟》。樂府五十章，譎諫何幽深。美哉詩人作，展矣君子心。豈顧鑠金口，志遏亂雅音。齪齪無識徒，鄙之元白體。良玉為碔砆，人參呼薺苨。須知百世下，自有知音者。所以長慶集，於今滿朝野。(《續藏經》本《閒居編》卷四十八；《全宋詩》第三册，第一五五九頁)

《戲題四絕句（並序)》

潛夫之居，瀕湖倚山。有野鶴野鹿焉，以為耳目之玩；有家雞家犬焉，以為警禦之備。潛夫每自色目，其鶴為在陰，其鹿為食蘋，其犬為吠月，其雞為司晨。有時天雨晴，秋氣清，在陰唳於大澤，食蘋鳴於幽谷，吠月吠於閑軒，司晨啼於喬木，音響更作，似於潛夫前各大誇其能也。傳稱介葛盧別牛鳴，世謂公冶長辯鳥語，信矣。夫先民有通於禽獸語者，吾無先民之能，以意度之，似有所得，遂為四絕句以見其意，適足以自取歡笑乎。昔者樂天為八絕，蓋陳乎鶴雞烏鳶鵝贈答之意，故吾得以學顰焉。噫，亦有所儆，非直以文為戲云耳。得前詩所謂「彼我更相笑，是非無實録」者，斯四絕也近之矣。

⊙鶴自矜

紫府青田任性遊，一聲清唳萬山秋。仙材況有千年壽，鹿犬凡雞豈合儔。

⊙鹿讓鶴

身有素斑文既備，頂峨雙角武仍全。我兼文武為時瑞，汝但白身空有年。

⊙犬爭功

雪毳文毛虛有表，防奸禦寇且無功。中宵誰解頻頻吠，庭皎秋蟾樹裹風。

⊙雞怨言

三個因何各自強，競誇己德掩他長。冥冥風雨茆堂閉，至竟誰先報曉光。(《續藏經》本《閒居編》卷五十；《全宋詩》第三册，第一五七一頁)

智按：釋智圓，俗姓徐，字無外，自號中庸子，又號潛夫，錢塘（今浙江杭州）人。年八歲，受具於杭州龍興寺。二十一歲，傳天台三觀於奉先寺源清法師，孜孜研討經論，撰著講訓，爲天台宗山外派義學名僧。大中祥符末，居杭州西湖孤山瑪瑙院，世稱孤山法師，與處士林逋相往還。真宗乾興元年卒，年四十七。謚號法慧。除佛學典籍外，喜讀儒家經典，學古文以通其道，吟詩以賦其情性。其論文重道輕文，以爲古文非澀其文句，難其句讀而已。自著詩文富有文彩，其詩閒淡高遠，深得方外之趣。平生著述甚富，有《閒居編》五十一卷，《宋史·藝文志》四，《增訂四庫簡明目録標注》署作《中庸子集》五十一卷，今存趙氏小山堂宋刊本、《續藏經》本。《全宋詩》卷一二八至卷一四二録其詩十五卷。《全宋文》卷三〇七至卷三一六收其文十卷。事迹見《補續高僧傳》卷二。

蔣堂（九八〇～一〇五四）

《北池賦序》

姑蘇北池，其來古矣。昔刺史韋應物詩云：「海上風雨至，逍遙池館涼。」即其地也。韋與白樂天，皆有《池上》之作，盛詫其景。自韋、白沒，僅三百年，寂無歌詠者。余景祐丁丑歲，被命守蘇，池館必葺，常賦《北池宴集詩》。是時端明張安道為邑崑山，亦留風什，傳刻於石，故事在焉。去此涉一紀，余復佩蘇印，感舊成賦。聊以寄懷云。（《四庫全書》本《春卿遺稿》；《吳郡志》卷六）

智按：蔣堂，字希魯，號遂翁，本直興（今屬江蘇）人。家于蘇州（今屬江蘇）。真宗大中祥符五年（一〇一二）進士。歷知臨川縣，通判眉、吉、楚州，知泗州，召為監察御史。仁宗朝任侍御史，因諫阻廢郭皇后事，出為江南東路轉運使，徙淮南，兼江淮發運事，又降知越州，徙蘇州。入判刑部，擢三司副使。復歷梓夔路安撫使、江淮制置發運使，知應天、河中府及洪、杭、益、蘇州，累遷樞密直學士。皇祐中，以尚書禮部侍郎致仕。六年卒，年七十五。史稱其清修純飭，好學工詩，有《吳門集》二十卷（佚）。後人編為《春卿遺稿》。《宋史》卷二九八、《吳郡志》卷二五有傳。

夏竦（九八五～一〇五一）

《江州琵琶亭》

年光過眼如車轂，職事羈人似馬銜。若遇琵琶應大笑，何須涕泣滿青衫！（《四庫全書》本《文莊集》卷三十六）

智按：原編者注：「此詩原本缺，今從《中山詩話》采入。」《四庫全書》本《兩宋名賢小集》卷二十二題為《題江州琵琶亭》，詩句略異：「流光過眼如車轂，薄宦拘人似馬銜。若遇琵琶應大笑，何須掩淚濕青衫！」《四庫全書》本《［雍正］江西通志》卷四十二古蹟：「琵琶亭，林志：在府城西江濱。唐司馬白居易送客湓浦口，夜聞鄰舟琵琶聲，問之，乃長安娼女，嫁於商人，乃為作《琵琶行》，後人因以名亭。蘇轍有《琵琶亭》詩。明萬曆間兵道葛寅亮別創潯陽驛西，尋燬。國朝雍正七年，副使劉均重建，自為記。布政使李蘭有和《琵琶行》原韻詩，載藝文。」徐珂《清稗類鈔·名勝類》「琵琶亭」條云：「琵琶亭在九江城外之江岸，乾隆癸亥，瀋陽唐觀察英重修。增建高樓，題額曰『江天遺韻』。壁刊南薰殿本白太傅遺像，嘉慶中，歙人方體所摹也。登樓四望，前臨大江，後對廬山，左則古木千重，右則人煙萬井。樓下回廊旋繞，境極幽曠，遊人題詠甚多。」（中華書局，一九八四年十二月版，第一册，第一四四頁）

又，錢鍾書《管錐編·全上古三代秦漢三國六朝文》云：「人之運命，如人之品操然，可取象於車輪，均無常也。白居易《放言》之二：『禍福回還車轉轂，榮枯反覆手藏鈎』；劉商《銅雀妓》：『盛色如轉圜，夕陽落深谷』；劉駕《上馬歎》：『布衣豈常賤，世事車輪轉』；夏竦《江州琵琶亭》：『年光過眼如車轂，職事羈人似馬銜；若遇琵琶應大笑，何須涕淚滿青衫』（《文莊集》卷三六）；黃景仁《春城》：『更欲起相告，事運多相因，啼笑互乘伏，迎送如輪巡』（《兩當軒集》卷五）。劉駕語類東方朔《與公孫弘借車書》：『木槿夕死朝榮，士亦不長貧也』（《全漢文》卷二五）；知命運之無常而反以自壯者，惟其無常，則不至長貧終賤，而或有發跡變泰之一日也。運命輔輪，與時消息，是以《大智度論》引偈曰『時爲因』、夏竦詩曰『年光車轂』。」（三聯書店版，第一四七六～一四七七頁）

《杭州寶雲寺記》

寶雲寺者，吳越忠懿王所建千光王寺也。……以乾德戊辰歲春二月創是寺，於錢塘門之西建千光王像，因以名之。其制則臺門前闢紺殿，中立高樓；東建鴻鐘，屢發案臺，西峙龍藏，常轉旁儼，像設後引，堂搆經齋，方丈溫室，雲廚四百。其楹再潤而畢，面白傅之湖，負武林之岫，右則鵲巢遺阜，左則星隕派峯，石怒欲飛，松怪如折，梵聲飄海外，香雲蔭空際，清吹時落，纖塵不飛，乃朝貴遊心之境，蒼生祈福之所。……（《四庫全書》本《文莊集》卷二十一）

智按：夏竦，字子喬，江州德安（今屬江西）人。初以父蔭為潤州丹陽縣主簿，後舉賢良方正，通判台州。召直集賢院，編修國史，遷右正言。仁宗初遷知制誥，為樞密副使、參知政事。明道二年（一〇三三）罷知襄州。歷知黃、鄧、壽、安、洪、潁、青等州及永興軍。慶曆七年（一〇四七）為宰相，旋改樞密吏，封英國公。罷知河南府，徙武甯軍節度使，進鄭國公。皇祐三年卒，年六十七。諡文莊。《宋史》卷二八三有傳。

柳永（九八五或九八七～一〇五八後）

《傾杯》

離宴殷勤，蘭舟凝滯，看看送行南浦。情知道世上，難使皓月長圓，彩雲鎮聚。算人生、悲莫悲於輕別，最苦正歡娛，便分鴛侶。淚流瓊臉，梨花一枝春帶雨。　　慘黛蛾、盈盈無緒。共黯然消魂，重攜纖手，話別臨行，猶自再三、問道君須去。頻耳畔低語。知多少、他日深盟，平生丹素。從今盡把憑鱗羽。（《全宋詞》第二七頁）

智按：柳永，字耆卿，初名三變，崇安（今福建武夷山）人。仁宗景祐元年（一〇三四）進士，釋褐睦州推官。官至屯田員外郎。善為歌詞，有《樂章集》九卷，今存三卷。

龐籍（九八八～一〇六三）

《與學士子京書》

書翰、別紙敷諭周悉，非情指隆密、敦篤交分，何以及此！且以治蜀以來詩稿二卷爲賚，玩繹數日，不能釋手。惟辭與旨，人能僅能其一者足入□範，況兼之乎！念無以爲報，輒録臨定後拙惡五十章，因人歸附獻。白傅有百魚目换一驪珠之比，今荒老之利可勝計哉！感□感□。邊胡地寒，意緒不聊，未獲□究，唯加慎保嗇，爲切祝。餘何足云。□以叙謝，不宣。籍啓於端明侍讀龍圖侍郎學士子京。十月晦。（宋拓《鳳墅帖》續帖卷一二，上海圖書館藏；金傳道《北宋書信研究》；《全宋文補》卷四）

智按：龐籍，字醇之，單州成武（今屬山東）人。大中祥符進士。登進士第。明道間，擢殿中侍御史，劉太后卒，遺誥楊...... 密使。並省官屬，裁減冗兵，減少財政支出。慶曆四年（一〇四四），為樞密副使、參知政事。皇祐三年（一〇五一），拜同中書門下平章事，力主專任狄青擊儂智高。後出知鄆、并等州。以太子太保致仕，封潁國公。嘉祐八年（一〇六三）卒，年七十六。謚莊敏。《宋史》卷三一一有傳，事跡見司馬光《司馬文正公集》卷七六《龐公墓誌銘》。

范仲淹（九八九～一〇五二）

《和葛閎寺丞接花歌》

江城有卒老且貧，憔悴抱關良苦辛。衆中忽聞語聲好，知是北來京洛人。我試問云何至是？欲語汍瀾墮雙淚。斯須收淚始能言，生自東都富貴地。家有城南錦繡園，少年止以花為事。黄金用盡無他能，卻作瓊林苑中吏。年年中使先春來，曉宣口敕脩花臺。奇芬異卉百餘品，求新換舊爭栽培。猶恐君王厭顏色，羣芳只似尋常開。幸有神仙接花術，更向成都求絶匹。梁王苑裏索妍姿，石氏園中搜淑質。金刀玉尺裁量妙，香膏膩壤彌縫密。迥得東皇造化工，五色敷華異平日。一朝寵愛歸牡丹，千花相笑妖嬈難。竊藥嫦娥新換骨，嬋娟不似人間看。太平天子春遊好，金明柳色籠黃道。道南樓殿五雲高，鈞天捧上蓬萊島。四邊桃李不勝春，何況花王對玉宸。國色精明動詔景，天香旖旎飄芳塵。特奏霓裳羽衣曲，千官獻壽羅星辰。兑悦臨軒逾數刻，花吏此時方得色。白銀紅錦滿牙牀，拜賜仗前生羽翼。惟觀風景不憂身，一心歲歲供春職。中途得罪情多故，刻木在前何敢訴。竄來江外知幾年，骨肉無音鴈空度。北人情況異南人，蕭灑溪山苦無趣。子規啼處血為花，黃梅熟時雨如霧。多愁多恨信傷人，今年不及去年身。目昏耳重精力減，復有鄉心難具陳。我聞此語聊悒悒，近曾侍從班中立。朝違日下暮天涯，不學爾曹向隅泣。人生榮辱如浮雲，悠悠天地胡能執。賈誼文才動漢家，當時不免來長沙。幽求功業開元盛，亦作流人過梅嶺。我無一事逮古人，謫官卻得神仙境。自可優優樂名教，曾不恓恓弔形影。接花之技爾則奇，江鄉卑溼何能施。吾皇又詔還淳樸，組繡文章皆棄遺。上林將議賜民畋，似昔繁華徒爾為。西都尚有名園處，我欲抽身希白傳。一日天恩放爾歸，相逐栽花洛陽去。（《四部叢刊》本《范文正公集》卷二）

《嘉興道卿學士不以仲淹補責在遠寄遺佳什日以諷詠如清廟之瑟一唱三歎蓋有以動神感物者焉桐廬郡溪山秀妙陸魯望所謂清涼國者茲無敢讓又得葉道卿詩詠歌其間雅復增氣因依韻以和庶幾元白之風同希闊於江山矣》

世傳學干禄，小子乃逢辰。一入諫諍司，鴻毛忽其身。可負萬乘主，甘為三黜人。豈量堯舜心，如日照孤臣。薄責落善地，雅尚過朝倫。僅同龜在泥，敢冀蠖求伸。朱樓逼清江，下睨百丈鱗。羨此南魚樂，不忍持鈎綸。為郡良優優，乏才止循循。恬愉弗擾外，何以慰下民？拙可存吾樸，静可逸吾神。漸得疎懶味，下句將四旬。嘉興風雅來，觀對如大賓。感茲韶夏音，佐我臺上春。（宋董弅編《嚴陵集》、《四庫全書》本卷三；《叢書集成初編》本卷三，第三四頁）

智按：又見《四部叢刊》及《四庫全書》本《范文正公集》卷二，題《酬葉道卿學士見寄》。「乏才」作「乏材」（《四部叢刊》本作「乏才」），「下民」作「遠民」，「大賓」作「天賓」。

《閶門》

吳門聳閶闔，迎送每躋攀。一水帝鄉路，片雲師子山。落鴻漁釣外，斜柳別離間。白傅歸休處，盤桓幾厚顏。（《四部叢刊》本《范文正公集》卷四）

《即席呈太傅相公》

鳳池三入冠台躔，致了昇平一品閑。白傅歌詩傳海外，晉公桃李滿人間。上都雲遠經時別，故國春濃幾度還？太史占天應有奏，壽星光彩近南山。（《四部叢刊》本《范文正公集》卷四）

《依韻酬光化李簡夫屯田》

老來難得舊交遊，莫歎樽前兩鬢秋。少日苦辛名共立，晚年恬退語相投。龔黄政事聊牽強，元白隣封且唱酬。附郭田園能置否？與君乘健早歸休。（《四部叢刊》本《范文正公集》卷四）

《唐異詩序》

皇宋處士唐異，字子正，人之秀也。之才之藝，揭乎清名。西京故留臺李公建中，時謂善書，為士大夫之所尚；而子正之筆，實左右焉。江東林君復，神於墨妙，一見而歎曰：「唐公之筆，老而彌壯。」東宮故諭德崔公遵度，時謂善琴，為士大夫之所重；而子正之音，嘗唱和焉。高平范仲淹，師其弦歌，嘗貽之書曰：「崔公既沒，琴不在茲乎？」處士二妙之外，嗜於風雅，探幽索奇，不知其老之將至。一日以集相示，俾為序焉。

噫！詩之為意也，範圍乎一氣，出入乎萬物，卷舒變化，其體甚大。故夫喜焉如春，悲焉如秋，徘徊如雲，崢嶸如山；高乎如日星，遠乎如神仙；森如武庫，鏘如樂府；羽翰乎教化之聲，獻酬乎仁義之醇。上以德於君，下以風於民，不然何以動天地而感鬼神哉！而詩家者流，厥情非一：失志之人其辭苦，得意之人其辭逸，樂天之人其辭達，覯閔之人其辭怒。如孟東野之清苦，薛許昌之英逸，白樂天之明達，羅江東之憤怒，此皆與時消息，不失其正者也。

五代以還，斯文大剝，悲哀為主，風流不歸皇朝，龍興頌聲來復，大雅君子當抗心於三代，然九州之廣，庠序未振，四始之奧，講議蓋寡。其或不知而作，影響前輩，因人之尚，忘己之實。吟詠性情而不顧其分，風賦比興而不觀其時，故有非窮途而悲，非亂世而怨；華車有寒苦之述，白社為驕奢之語。學步不至，效顰則多，以至靡靡增華，愔愔相濫，仰不主乎規諫，俯不主乎勸誡，抱鄭衛之奏，責夔曠之賞，遊西北之流，望江海之宗者，有矣。

觀乎處士之作也，孑然弗倫，洸然無塵；意必以淳，語必以真；樂則歌之，憂則懷之；無虛美，無苟怨。隠居求志，多優遊之詠；天下有道，無憤惋之作。騷雅之際，此無愧焉！覽之者有以知詩道之艱、國風之正也。時天聖四年五月日序。(《四部叢刊》本《范文正公集》卷六)

《宋故衛尉少卿分司西京胡公（令儀）神道銘》

公諱令儀，字某。開封陳留人也。……遷司勲郎中，亟召還臺，公歎曰:「吾年七十有五，精力猶強，恩獎未衰。豈不自知其止耶?」遂告老於朝，有詔嘉之，拜衛尉少卿，分司西京。公既退，即家於長安，聚書數千卷，教子孫樂林泉，每誦白傅歌詩，以怡性情，凡十二年而終，實某年某月也，享年八十有七。以某年某月，歸葬於開封之某鄉某里，附先侍郎之塋。公少尚嚴毅，老益精明，斥惡與善，始終一節，古所謂老成人者歟。夫人張氏封内鄉縣君，先公而亡，有三子。……（《四部叢刊》本《范文正公集》卷十一）

《乞賜白雲寺額劄子》（慶曆四年）

蘇州天平山有白雲泉，南有寺，寺中有刺史白居易《詠白雲泉》詩，明古寺也。臣本家松楸實在其側，常令此寺照管。準先降條貫：應寺院及五十間以上，至乾元節並得賜額。二件古寺屋宇已應得條貫（二件，疑當做上件)，伏望特賜一名額，取進止。牒奉敕宜賜白雲寺爲額，牒至准敕，故牒。慶曆四年四月二十五日牒。(《四部叢刊》本《范文正公集》附録；《全宋文》

一九九〇年版第九册，卷三七九，第六二四頁）

智按：范仲淹，字希文，吳縣（今江蘇蘇州）人。幼孤，母改嫁長山朱姓，遂名朱說，入仕後始還姓更名。真宗大中祥符八年（一〇一五）進士。仁宗朝仕至樞密副使、參知政事。曾主持「慶曆新政」，提出明黜陟、抑僥倖、精貢舉等十事。歷知睦、蘇、饒、潤、越、永興、延、耀、慶、邠、鄧、杭、青等州軍。皇祐四年，改知潁州，赴任途中病故，年六十四。謚文正。著有《范文正公集》，有北宋刊本《范文正公集》二十卷，《四部叢刊》景明翻元刊本增別集四卷。《宋史》卷三一四有傳。

陳純臣（與范仲淹同時）

《薦白雲泉書與范文正公》

前進士陳純臣謹裁書獻於知府司諫閣下。純臣聞仁知之性，各有所樂。蓋得之中，而後寓之外也。在昔仲尼登泰山，曾點浴沂水，聖賢之於寓，亦已遠矣。粵自剖判，融結其中。傑然若高嶽巨浸，不待標異，固已聳動人耳目。不幸出於窮幽之地，必有名世君子，發揮善價。所以會稽平湖，非賀知章不顯；丹陽舊井，非劉伯初不振。惟胥臺古郡，直西不三十里，有山曰天平，山之中有泉曰白雲。山高而深，泉潔而清。倘逍遙中人，覽寂寞外景，忽焉而來，灑然忘懷，碾北苑之一旗，煮并州之新火，可以醉陸羽之心，激盧仝之思。然後知康谷之英，惠山之靈，不足多尚。天寶中，白樂天出麾吾鄉，愛貴清泚，嘗以小詩詠題。後之作者，以樂天寄諷雖遠，而有所未盡，是使品第泉目者，寂寂無聞。蒙莊有云：「重言十七。」今言而十有七，為天下之信，非閣下而誰歟！恭惟閣下，性得泉之醇，才猶泉之濬，仁稟泉之湧，知體泉之動。靄是四雅，鍾於一德，又豈吝陽春之辭，以發揮善價。純臣先人松櫝，寘彼一隅，歲時往還，嘗慨文詞窘澁，不足為來今之信，倘閣下一漱齒牙之末，擘箋發詠，樂天如在，當斂策避道，不任拳拳之誠。（《四庫全書》本《吳都文粹》卷六）

智按：又見《四庫全書》本《吴都文粹續集》卷十九。「天寶中白樂天出麾吾鄉」云云，顯然有誤。後范仲淹為作詩云：「靈泉在天半，狂波不能侵。神鮫穴其中，渴虎不敢臨。隠照涵秋碧，泓然一勺深。遊潤騰雲飛，散作三日霖。天造豈無意，神化安可尋。挹之如醍醐，盡得清涼心。聞之異絲竹，不合哀樂音。月明羣籟息，涓涓度前林。子晉罷雲笙，伯牙輟玉琴。徘徊不擬去，復發滄浪吟。乃云堯湯歲，盈盈常若今。萬里江海源，千秋松桂陰。茲焉如有價，北斗量黄金。」《四部叢刊》本《范文正公集》附《范文正公鄱陽遺事·遺跡》載：「白雲泉。在天平半山間。泉色如乳，四時不竭，以烹茗甚佳。泉側有石刻白樂天詩，文正公及蘇子美俱有詩。泉之上，今爲白雲亭。喬木環合，高據重崖，俯見平野，數十里間，如指諸掌，橫山諸峰，羅列面拱，誠佳致也。」又，「白雲寺。在天平山下。右石刻刺史白居易詩。慶曆四年，文正公奏本家松楸在此，實籍此寺照管，請賜額爲白雲寺。蓋以白雲泉而名也。寺有無量壽佛閣住山。」

張先（九九〇～一〇七八）

《御街行》

夭非花艷輕非霧。來夜半、天明去。來如春夢不多時，去似朝雲何處。遠雞棲燕，落星沈月，紞紞城頭鼓。　　參差漸辨西池樹。珠閣斜開戶。綠苔深徑少人行，苔上屐痕無數。餘香遺粉，剩衾閑枕，天把多情付。（《全宋詞》第八〇頁）

智按：白樂天辭云：「花非花，霧非霧。夜半來，天明去。來如春夢不多時，去似朝雲無覓處。」

張先，字子野，烏程（今浙江湖州）人。仁宗天聖八年（一〇三〇）進士。官宿州掾，知吴江縣，嘉禾判官。晏殊知永興軍，辟為通判。歷知渝州、虢州，以都官郎中致仕。張先以詞著，與柳永齊名，蘇軾以為「詩筆老妙，歌詞乃其餘技」。《嘉泰吴興志》謂有文集一百卷，惟樂府行於世。史籍無傳，其事迹詳見夏承燾《張子野年譜》（載《唐宋詞人年譜》）所考。

梅摯（九九五～一〇五九）

《五日公宴》

虎符新合晚芳天，良會難並樂與賢。心愧白公求治切，下車三月始開筵。（自注：白公《旬宴》詩云：「下車已三月，開筵始今辰。」）（《四庫全書》本《吳都文粹》卷十；《宋詩紀事》卷十二，上海古籍出版社本第三〇七頁；《全宋詩》第三册，第二〇三八頁）

《琵琶亭》

陶令歸來為逸賦，樂天謫宦起悲歌。有絃應被無絃笑，何況臨絃泣更多！（《四庫全書》本《御選宋詩》卷六十四；《宋詩紀事》卷十二，上海古籍出版社本第三〇七頁；《全宋詩》第三册，第二〇三九頁）

智按：始見於宋劉攽《中山詩話》（《歷代詩話》第二九七頁）。

梅摯，字公儀，成都新繁（今四川新都）人。仁宗天聖五年（一〇二七）進士，授大理評事。景祐初，以殿中丞知昭州。慶曆四年（一〇四四），擢殿中侍御史。五年，爲言事御史。以戶部員外郎兼侍御史知雜事，權判大理寺，遷戶部副使。七年，降知海州，徙蘇州。皇祐三年（一〇五一），擢天章閣待制、陝西都轉運使。嘉祐二年（一〇五七）進龍圖閣直學士、知滑州，改杭州。累遷右諫議大夫。三年，徙江寧府。四年，知河中府，卒，年六十五。《宋史》卷二九八有傳。

胡宿（九九五～一〇六七）

《鄭公（戩）墓誌銘》

皇祐五年冬十一月甲子，有宋儒帥宣徽北院使奉國軍節度使鄭公薨于并。……明年遂以本官資政殿學士知杭州。……郡中西湖即白傅所記錢塘湖也。環三十里，溉湖上良田千頃。唐相李泌，即湖中作陰竇，引水灌城中六井，以資汲者。武肅置撩清軍，以疏其惡。自錢氏納土，至公居郡，凡甲子一週矣。而湖穢不治，豪奪以耕，僧侈其構，浸淫蠹食，無有已時。公按舊記，復故堤，程工無慮十萬，調境內丁夫闢之，湖利中興焉。二年，除給事中，移并州。……公撰著文章凡五集，曰《制誥》、《原武》、《紫溪》、《長安》、《太原》，總五十卷，才高而兼華實，文雄而有氣骨，蓋人倫之華袞，而材林之傑藻也。攻詩出於餘力，尤極清麗，與故翰林葉道卿（智按：葉清臣，字道卿）夙期相許，心照莫逆，篇章酬寄，別為一集，以訂元白云。道卿出守河陽，自太原寄詩四十韻，以將篤好，葉復次韻以答，詩成，未幾物故，世傳名句絕麟於此。公聞河陽之訃，慟哭不食者數日，力疾捉筆，以銘道卿之墓，纔百餘日，相繼薨殞，同時葬於吳下。神反郢質，近時少比。范張款款，復存今日。……（《四庫全書》本《文恭集》卷三十六；《全宋文》一九九〇年版第十一册，卷四六八，第五六四頁）

智按：《鄭公（戩）墓誌銘》全稱《宋故宣徽北院使奉國軍節度使明州管內觀察處置等使金紫光禄大夫檢校太保使持節明州諸軍事明州刺史兼御史大夫判并州河東路經略安撫使兼併代澤潞麟府嵐石兵馬都部署上柱國滎陽郡開國公食邑二千五百戶食實封三百戶贈太尉文肅鄭公墓誌銘》。

鄭戩（九九二～一〇五三），字天休，吳縣（今江蘇蘇州）人。仁宗天聖二年（一〇二四）進士，授簽書甯國軍節度判官，歷越州通判、三司戶部判官、知制誥，遷權知開封府、三司使，累官至樞密副使。慶曆元年（一〇四一）罷知杭州。二年，知并州。皇祐五年冬十一月甲子卒，年六十二。謚文肅。生平見上引《鄭公（戩）墓誌銘》及《東都事略》卷五十五，《宋史》卷二九二有傳。

明王鏊《姑蘇志》卷四十九（《四庫全書》本）亦云：「鄭戩……尤工詩，與葉清臣相埒，時以比元、白。」

胡宿，字武平，常州晉陵（今江蘇常州）人。仁宗天聖二年（一〇二四）進士。歷官揚子尉、通判宣州、知湖州、兩浙轉運使、修起居注、知制誥、翰林學士、樞密副使。英宗治平三年（一〇六六）以尚書吏部侍郎、觀文殿學士知杭州。四年，除太子少師致仕，命未至已病逝，年七十三。謚文恭。有《文恭集》。《宋史》卷三一八有傳。

宋庠（九九六～一〇六六）

《過普明禪院二首（唐太子少傅白公舊宅）》

自昔仁為里，於今福作田。清風殘竹地，寶色故池天。繪象成真侶（樂天舊影與蒲禪師偶立），家聲入梵緣（又常自稱香山居士）。一披龍藏集，無復歎亡篇（後唐明宗子秦王尹京日，特寫公文集一本置經中，至今集本最善）。

軒冕唐年客，溪林洛社坊。雖開居士室，未壞魯恭堂。佛樹高彌緑，天花落更香。惟餘名不滅，來伴法燈長。（《四庫全書》本《元憲集》卷五）

《和吳侍郎鼐號樂城居士今復職守陝臨岐自哂二絕》（其一）

竹圃雲齋謝病還，更將禪號擬香山。詔恩敘舊君何讓，從古英賢不得閒。（《四庫全書》本《元憲集》卷十四；《全宋詩》第四册，第二二八三頁）

智按：宋庠，字公序，原名郊，入仕後改名庠。開封雍丘（今河南杞縣）人，後徙安州之安陸（今屬湖北）。仁宗天聖二年（一〇二四）進士，初仕襄州通判，召直史館，歷三司戶部判官、同修起居注、左正言、翰林學士、參知政事、樞密使，官至同中書門下平章事，深為仁宗親信。慶曆三年（一〇四三）因其子與匪人交結，出知河南府，徙知許州、河陽。不久召回任樞密使，與副使程戡不協，再出知鄭州、相州。英宗即位，改知亳州，以司空致仕。治平三年卒，年七十一。謚元獻。宋庠與其弟祁均以文學知名，有集四十四卷，已散佚。清四庫館臣從《永樂大典》輯得宋庠詩文，編為《元憲集》四十卷。生平見王珪《華陽集》卷四十八《宋元憲公神道碑》，《宋史》卷二八四有傳。

李柬之（九九六～一〇七三）

《漫作》

測測日西去，去來無盡時。百年無半在，一事更何為。草屋倚寒木，疏梅横短籬。直能捐世慮，何處不忘歸。煙冷風寒處，芙蓉三兩枝。愁懷方換酒，秋意更催詩。不遇元白友，甯尋沈宋師。誰知若吟處，髮落一絲絲。（《永樂大典》卷八百九十九引，中華書局影印本，第三三一頁）

智按：李柬之，字公明，濮州（今山東鄄城北）人。以獻文召試，賜進士出身，為宣化軍使，進直集賢院。歷知邢、漢、廬、鳳翔等州府，京東、陝西轉運使、河北都轉運使。加龍圖閣直學士，知荊南、河陽、澶州，改判西京留司御史臺。英宗即位，為翰林侍讀，未幾以太子少保致仕。神宗熙寧六年卒，年七十八。《宋史》卷三一〇有傳。

宋祁（九九八～一〇六一）

《送葉蘇州》

卧錦簪花飄夕棹，兩吴芳樹隱春旗。為尋劉白高吟地，酒熟螯香左右持。（《四庫全書》本《景文集》卷二十四）

智按：葉蘇州，謂葉參（九六四～一〇四三），清臣父，族名元參，字次公。咸平三年（一〇〇〇）進士。寶元元年五月致仕。同僚多以詩送行，范仲淹有《贈葉少卿》詩云：「退也天之道，東南事了人。風波抛舊路，花月伴閒身。湖外扁舟遠，門中駟馬新。心從今日泰，家似昔時貧。見子登西掖，攜孫過北隣。白雲高閣曙，淥水後池春。尊酒呼前輩，爐香叩上真。只應陰德在，八十富精神。」（《范文正公文集》卷四）

《楊太尉（崇勳）墓誌銘》

公字寶臣，……善待士，不倨貴，與遊皆長者鉅人。屬吏或材，言之朝，不進不已；其不材，亦務全安之。乏者周，窮者振，專務飲德不伐。嗜唐白居易詩，比次後先，號《白氏編年》，自為題辭，傳於世。七歲時，兩足痺不仁，有異僧過門，嘆曰：「奇童也！」為出肘後藥，傅其處，數日，趨戲如常。家人具百金為僧謝，訪之，卒不獲。……（《四庫全書》本《宋景文集》卷

六十）

《淮海叢編集序》

詩為天地緼，予常意藏混茫中，若有區所。人之才者，能往取之。取多者名無窮，少者自高一世，顧力至不至爾。然造物者吝之，其取之無限，則轗窮躓其命，而怫戾所為。予略記其近者。王摩詰顛於盜，愁苦僅脫死；杜子美客巴蜀，入沅湘，寒飢不自存；李太白踣於貶；白樂天偃蹇不得志，五十餘分司，元微之為眾排迮，終身恨望；劉夢得流擯，抵老弗見容。是皆章章信驗者。惟山林方外之人，亟索亟用，天不能扼其數，以無求於世，與道彷徉者耶！予友梵才吉公其人歟！公資能詩，始來京師，以高言警章與士大夫相酬謝。士大夫爭從之遊，名徹天子，故錫命服師號。師亦以寵為侈，遂以南方庵天臺凡三十年。年愈高，學愈精。自浙東西山溪鳥魚草木風雲人事法集靈所怪區，一物一興，贍公之思，不能給而告疲焉，可謂取其蘊多矣。公又挾惠力自在，天果不能執之乎？故前後所著逾千篇，分目數集。所謂《淮海叢編》，其第三集也。屬予以敘。公之得誦人口、貴人紙者固多，不待僕贊既顯矣。雖然，願一言焉。公之徒，若有辨，如淨名者，或呵公以外學自鄣，公云何而默其呵，使予釋然云。（《永樂大典》卷二萬二千五百三十七引，中華書局影印本，第七八九二～七八九三頁）；《全宋文》一九九〇年版第十二册，第六六一頁）

《南陽集序》

曩予以布衣偕計來京師，凡當世有名士，必求得其文章……叔靈名湘，淳化中貢進士，未試而春官已題其警句於都堂之壁。俄中第，調廬江尉，閱期卒于官。……大抵近世之詩，多師祖前人，不丐奇博于少陵，蕭散於摩詰，則肖貌樂天，祖長江而摹許昌也。故陳言舊辭未讀而先厭，若叔靈不旁古，不緣今，獨行太虛，探出新意，其無藉一家者與，惜壽奪其壯，不克廣取而究述，寧夫于詩有所嗇乎！……（《四庫全書》本《南陽集》卷首）；《全宋文》一九九〇年版第十二册，第六五三頁）

《宋景文筆記》

蜀人謂椸師為長年三老，杜甫用之。詩人不以事害意。古者用事簡而當，亦不以字害句。故音韻清濁，隨宜改易。「劉（流）在〔束〕薪中」，入張韻;「留宴汾陰西」,入先韻,直取意順則已。至唐人以律格自拘,不復敢用。惟白居易用其音於語中,如「照地麒(用佶音)麟袍」,「雪擺胡(用鶻音)騰衫」,「紅攔(欄)〔干〕三百六十橋」用諶音等,往往有之。晏丞相殊嘗許之曰:「詩人乘語俊,當如用字。」(《四庫全書》本卷中;明刻本《宋景文公筆記》卷下;《説郛》卷十六上)

智按:參見陳鵠《耆舊續聞》卷八、江少虞《宋朝事實類苑》卷四十。《寄獻北都留守裴令公並序》「照地紫麟袍」,開成二年(八三七),六十六歲,洛陽,太子少傅分司。《白居易集箋校》第二三一八頁。《奉和汴州令狐相公二十二韻》「雪擺胡騰衫」,寶曆元年(八二五),五十四歲,洛陽至蘇州途中,蘇州刺史。《白居易集箋校》第一六一三頁。《正月三日閒行》「紅欄三百九十橋」,寶曆二年(八二六),五十五歲,任蘇州刺史。《白居易集箋校》第一六五三頁。

宋祁,字子京,安陸(今屬湖北)人,後遷開封雍丘(今河南杞縣)。天聖二年(一〇二四)進士,曾官翰林學士、史館修撰。與歐陽修等合修《新唐書》。書成,進工部尚書,拜翰林學士承旨。諡景文。原有集,已散佚,清人輯有《宋景文集》。近人輯有《宋景文公長短句》。

宋祁(九九八~一〇六一)等

《新唐書·白居易傳》

白居易,字樂天,其先蓋太原人。北齊五兵尚書建,有功於時,賜田韓城,子孫家焉。又徙下邽。父季庚,為彭城令,李正己之叛,説刺史李洧自歸,累擢襄州別駕。

居易敏悟絕人,工文章。未冠,謁顧況。況,吳人,恃才少所推可,見其文,自失曰:「吾謂斯文遂絕,今復得子矣!」貞元中,擢進士、拔萃皆中,補校書郎。元和元年,對制策乙等,調盩厔尉,為集賢校理,月中,召入翰林為學士。遷左拾遺。

四年,天子以旱甚,下詔有所蠲貸,振除災沴。居易見詔節未詳,即建言乞盡免江淮兩賦，以救流瘠，且多出宮人。憲宗頗採納。是時，于頔入朝，悉以歌舞人內禁中，或言普寧公主取以獻，皆頔嬖愛。居易以為不如歸之，無令頔得歸曲天子。李師道上私錢六百萬，為魏徵孫贖故第，居易言：「徵任宰相，太宗用殿材成其正寢，後嗣不能守，陛下猶宜以賢者子孫贖而賜之。師道人臣，不宜掠美。」帝從之。河東王鍔將加平章事，居易以為：「宰相天下具瞻，非有重望顯功不可任。按鍔誅求百計，不恤雕瘵，所得財號為『羨餘』以獻。今若假以名器，四方聞之，皆謂陛下得所獻，與宰相。諸節度私計曰：『誰不如鍔?』爭裒割生人，以求所欲。與之則綱紀大壞，不與則有厚薄，事一失不可復追。」是時，孫璹以禁衛勞，擢鳳翔節度使。張奉國定徐州，平李錡有功，遷金吾將軍。居易為帝言：「宜罷璹，進奉國，以竦天下忠臣心。」度支有囚繫閿鄉獄，更三赦不得原。又奏言：「父死，縶其子，夫久繫，妻嫁，債無償期，禁無休日，請一切免之。」奏凡十餘上，益知名。

會王承宗叛，帝詔吐突承璀率師出討，居易諫：「唐家制度，每征伐，專委將帥，責成功，比年始以中人為都監。韓全義討淮西，賈良國監之；高崇文討蜀，劉貞亮監之。且興天下兵，未有以中人專統領者。神策既不置行營節度，即承璀為制將，又充諸軍招討處置使，是實都統。恐四方聞之，必輕朝廷。後世且傳中人為制將自陛下始，陛下忍受此名哉？且劉濟等洎諸將必恥受承璀節制，心有不樂，無以立功。此乃資承宗之奸，挫諸將之鋭。」帝不聽。既而兵老不決，居易上言：「陛下討伐，本委承璀，外則盧攸史、范希朝、張茂昭。今承璀進不決戰，已喪大將，希朝、茂昭數月乃入賊境，觀其勢，似陰相為計，空得一縣，即壁不進，理無成功。不亟罷之，且有四害。以府帑金帛、齊民膏血助河北諸侯，使益富強，一也。河北諸將聞吳少陽受命，將請洗滌承宗，章一再上，無不許，則河北合從，其勢益固。與奪恩信，不出朝廷，二也。今暑濕暴露，兵氣薰蒸，雖不顧死，孰堪其苦？又神策雜募市人，不忸於役，脱奔逃相動，諸軍必搖，三也。回鶻、吐蕃常有遊偵，聞討承宗歷三時無功，則兵之強弱，費之多少，彼一知之，乘虛入寇，渠能救首尾哉？兵連事生，何故蔑有？四也。事至而罷，則損威失柄，祇可逆防，不可追悔。」亦會承宗請罪，兵遂罷。

後對殿中，論執強鯁，帝未諭，輒進曰：「陛下誤矣。」帝變色，罷，謂李絳曰：「是子我自拔擢，乃敢爾，我叵堪此，必斥之！」絳曰：「陛下啓言者路，故群臣敢論得失。若黜之，是箝其口，使自為謀，非所以發揚盛德也。」帝悟，待之如初。歲滿當遷，帝以資淺，且家素貧，聽自擇官。居易請如姜公輔以學士兼京兆戶曹參軍，以便養，詔可。明年，以母喪解，還，拜左贊善大夫。

是時，盜殺武元衡，京都震擾。居易首上疏，請亟捕賊，刷朝廷恥，以必得為期。宰相嫌其出位，不悅。俄有言：「居易母墮井死，而居易賦新井篇，言浮華，無實行，不可用。」出為州刺史。中書舍人王涯上言不宜治郡，追貶江州司馬。既失志，能順適所遇，托浮屠生死説，若忘形骸者。久之，徙忠州刺史。入為司門員外郎，以主客郎中知制誥。

穆宗好畋遊，獻《續虞人箴》以諷，曰：

唐受天命，十有二聖。兢兢業業，咸勤厥政。鳥生深林，獸在豐草。春蒐冬狩，取之以道。鳥獸蟲魚，各遂其生。民野君朝，亦克用寧。在昔玄祖，厥訓孔彰：「馳騁畋獵，俾心發狂。」何以效之？曰羿與康。曾不是誡，終然覆亡。高祖方獵，蘇長進言：「不滿十旬，未足為歡。」上心既悟，為之輟畋。降及宋璟，亦諫玄宗。温顔聽納，獻替從容。璟趨以出，鷂死握中。噫！逐獸於野，走馬於路。豈不快哉，銜橛可懼。審其安危，惟聖之慮。

俄轉中書舍人。田布拜魏博節度使，命持節宣諭，布遺五百縑，詔使受之，辭曰：「布父讎國恥未雪，人當以物助之，乃取其財，誼不忍。方諭問旁午，若悉有所贈，則賊未殄，布貲竭矣。」詔聽辭餉。

是時，河朔復亂，合諸道兵出討，遷延無功。賊取弓高，絕糧道，深州圍益急。居易上言：「兵多則難用，將眾則不一。宜詔魏博、澤潞、定、滄四節度，令各守境，以省度支貲餉。每道各出鋭兵三千，使李光顔將。光顔故有鳳翔、徐、滑、河陽、陳許軍無慮四萬，可徑薄賊，開弓高糧路，合下博，解深州之圍，與牛元翼合。還裴度招討使，使悉太原兵西壓境，見利乘隙夾攻之，間令招諭以動其心，未及誅夷，必自生變。且光顔久將，有威名，度為人忠勇，可當一面，無若二人者。」於是，天子荒縱，宰相才下，賞罰失所宜，坐視賊，無能為。居易雖進忠，不見聽，乃丐外遷。為杭州刺史，始築堤捍錢塘湖，鍾泄其水，溉田千頃。復浚李泌六井，民賴其汲。久之，以太子左庶子分司東都。復拜蘇州刺史，病免。

文宗立，以秘書監召，遷刑部侍郎，封晉陽縣男。大和初，二李黨事興，險利乘之，更相奪移，進退毀譽，若旦暮然。楊虞卿與居易姻家，而善李宗閔，居易惡緣黨人斥，乃移病還東都。除太子賓客分司。逾年，即拜河南尹，復以賓客分司。開成初，起為同州刺史，不拜，改太子少傅，進馮翊縣侯。會昌初，以刑部尚書致仕。六年，卒，年七十五，贈尚書右僕射，宣宗以詩弔之。遺命薄葬，毋請謚。

居易被遇憲宗時，事無不言，湔剔抉摩，多見聽可，然為當路所忌，遂擯斥，所蘊不能施，乃放意文酒。既復用，又皆幼君，偃蹇益不合，居官輒病去，遂無立功名意。與弟行簡、從祖弟敏中友愛。東都所居履道里，疏詔種樹，構石樓香山，鑿八節灘，自號醉吟先生，為之傳。暮節惑浮屠道尤甚，至經月不食葷，稱香山居士。嘗與胡杲、吉旼、鄭據、劉真、盧真、張渾、狄兼謨、盧貞燕集，皆高年不事者，人慕之，繪為《九老圖》。

居易於文章精切，然最工詩。初，頗以規諷得失，及其多，更下偶俗好，至數千篇，當時士人爭傳。雞林行賈售其國相，率篇易一金，甚偽者，相輒能辯之。初，與元稹酬詠，故號「元白」；稹卒，又與劉禹錫齊名，號「劉白」。

其始生七月能展書，姆指「之」、「無」兩字，雖試百數不差；九歲暗識聲律。其篤於才章，蓋天稟然。

敏中為相，請謚，有司曰文。後履道第卒為佛寺。東都、江州人為立祠焉。

贊曰：居易在元和、長慶時，與元稹俱有名，最長於詩，它文未能稱是也，多至數千篇，唐以來所未有。其自敍言：「關美刺者，謂之諷諭；詠性情者，謂之閒適；觸事而發，謂之感傷；其他為雜律。」又譏「世人所愛惟雜律詩，彼所重，我所輕。至諷諭意激而言質，閒適思澹而辭迂，以質合迂，宜人之不愛也」。今視其文，信然。而杜牧謂：「纖艷不逞，非莊士雅人所為。流傳人間，子父女母交口教授，淫言媟語入人肌骨不可去。」蓋救所失，不得不云。觀居易始以直道奮，在天子前爭安危，冀以立功，雖中被斥，晚益不衰。當宗閔時，權勢震赫，終不附離為進取計，完節自高。而稹中道徼險得宰相，名望濯然。嗚呼，居易其賢哉！

智按：明·鄭賢輯《古今人物論》卷二十五（中國社會科學院文學研究所圖書館藏同治十年養真堂重刻本；清光緒間石印本《增廣古今人物論》）録此段贊語，署歐陽修撰。

行簡，字知退，擢進士，辟盧坦劍南東川府。罷，與居易自忠州入朝，授左拾遺。累遷主客員外郎，代韋詞判度支按，進郎中。長慶時，振武營田使賀拔志歲終結課最，詔行簡閲實，發其妄，志懼，自刺不殊。行簡敏而有辭，後學所慕尚。寶曆二年卒。

敏中，字用晦，少孤，承學諸兄。長慶初，第進士，辟義成節度使李聽府，聽一見，許其遠到。遷右拾遺，改殿中侍御史，為符澈邠寧副使，澈卒以能政聞。御史中丞高元裕薦為侍御史，再轉左司員外郎。武宗雅聞居易名，欲召用之。是時，居易足病廢，宰相李德裕言其衰苶不任事，即薦敏中文詞類其兄而有器識。即日知制誥，召入翰林為學士。進承旨。宣宗立，以兵部侍郎同中書門下平章事，遷中書侍郎，兼刑部尚書。德裕貶，敏中抵之甚力，議者訾惡。德裕著書亦言「惟以怨報德為不可測」，蓋斥敏中云。歷尚書右僕射、門下侍郎，封太原郡公。自員外，凡五年，十三遷。

崔鉉輔政，欲專任，患敏中居右。會党項數寇邊，鉉言宜得大臣鎮撫，天子響其言，故敏中以司空、平章事兼邠寧節度、招撫、制置使。初，帝愛萬壽公主，欲下嫁士人。時鄭顥擢進士第，有閥閲，敏中以充選。顥與盧氏婚，將授室而罷，銜之。敏中自以居外，畏顥讒，自訴於帝。帝曰：「朕知久矣。若用顥言，庸相任耶?」顧左右取書一函，發視，悉顥所上，敏中乃安。及行，帝御安福樓以餞，頒璽書諭尉，賜通天帶，衛以神策兵，開府辟士，禮如裴度討淮西時。次寧州，諸將已破羌賊，敏中即説諭其眾，皆願棄兵為業。乃自南山並河按堡保，回繞千里。又規蕭關通靈威路，使為耕戰具。逾年，檢校司徒，徙劍南西川，增騾軍，完創關壁。治蜀五年，有勞，加兼太子太師，徙荊南。

懿宗立，召拜司徒、門下侍郎，還平章事。數月足病不任謁，固求避位，不許，中使者勞問，俾對別殿，毋拜。右補闕王譜奏言：「敏中病四月，陛下坐朝，與他宰相語不三刻，安暇論天下事？願聽其請，無使有持寵曠貴之譏。」書聞，帝怒，斥譜陽翟令。給事中鄭公輿申救，不聽。譜者，侍中珪之遠裔。未幾，加敏中中書令。自裴度以勳德居，而敏中以恩澤進。

咸通二年，南蠻擾邊，召敏中入議，許挾扶升殿。固求免，乃出為鳳翔節度使。三奏願歸守墳墓，除東都留守，不敢拜，許乙太傅致仕。詔書未至，卒，册贈太尉。博士曹鄴責其病不堅退，且逐諫臣，舉怙威肆行，謚曰醜。（《新唐書》卷一一九，中華書局本，第十四册，第四三〇〇～四三〇七頁）

智按：《續通志》卷二百六十七列傳「白居易 行簡 敏中」（《四庫全書》本）與此大同小異。

《新唐書・元稹傳》

……時浙西觀察使韓皋杖安吉令孫澥，數日死；武寧王紹護送監軍孟昇喪乘驛，内喪郵中，吏不敢止；内園擅繫人逾年，臺不及知；河南尹誣殺諸生尹太階；飛龍使誘亡命奴為養子；田季安盜取洛陽衣冠女；汴州没入死賈錢千萬。凡十餘事，悉論奏。會河南尹房式坐罪，稹舉劾，按故事追攝，移書停務。詔薄式罪，召稹還。次敷水驛，中人仇士良夜至，稹不讓，中人怒，擊稹敗面。宰相以稹年少輕樹威，失憲臣體，貶江陵士曹參軍，而李絳、崔群、白居易皆論其枉。久乃徙通州司馬，改虢州長史。元和末，召拜膳部員外郎。

稹尤長於詩，與居易名相埒，天下傳諷，號「元和體」，往往播樂府。穆宗在東宫，妃嬪近習皆誦之，宫中呼元才子。稹之謫江陵，善臨軍崔潭峻。長慶初，潭駿方親幸，以稹歌詞數十百篇奏御，帝大悦，問：「稹今安在？」曰：「為南宫散郎。」即擢祠部郎中，知制誥。變詔書體，務純厚明切，盛傳一時。然其進非公議，為士類訾薄。稹内不平，因《誡風俗詔》歷詆群有司，以逞其憾。……（《新唐書》卷一七四，中華書局本，第十七册，第五二二

七~五二二八頁)

智按:「元和體」云云,宋孔傳續《白孔六帖》(《四庫全書》本卷六十八·詩五)、宋章定撰《名賢氏族言行類稿》(《四庫全書》本卷十三)、明余寅撰《同姓名録》(《四庫全書》本卷十《元稹》)、清徐倬《全唐詩録》(《四庫全書》第一四七三册,第二二八頁,康熙四十五年成書)、清康熙四十九年聖祖玄燁定《御定淵鑒類函》卷一百九十六「文學部五·文章一·元和體」、清康熙六十一年敕撰《御定分類字錦》卷三十九「文事」徑襲之。還有許多論者都直襲此説,如南宋晁公武《郡齋讀書志》卷十八《元氏長慶集》下:「稹為文長於詩,與白居易齊名,號『元和體』,往往播樂府。」(孫猛《郡齋讀書志校證》第八九六頁)元陰時夫《韻府群玉》卷十:「唐元稹與白居易詩號『元和體』。」元佚名《排韻增廣事類氏族大全》卷五二十文:「元稹,字微之,唐詩人。與白居易齊名,時稱元白,號『元和體』,宫中呼為『元才子』。」明彭大翼《山堂肆考》卷一〇三「人品·元白」:「唐元稹,字微之,能詩,與白樂天齊名,時稱『元和體』,宫中呼為『元才子』。」《全唐詩》元稹小傳:「稹自少與白居易倡和,當時言詩者稱「元白」,號為『元和體』。」(《全唐詩》卷三百九十六。清袁寧珍《主客圖考》,民國胡思敬輯《豫章叢書》一九二〇年刊本,徑襲之,隻字未易)清姚文燮(一六二八~一六九三)《昌谷詩注自序》:「元、白才名相埒,其詩為天下傳諷,當時號為『元和體』,人競習之。」(《無異堂文集》卷一,《四庫未收書輯刊》影印民國五石齋抄本;又題爲《昌谷集注·凡例》,見王琦《李長吉歌詩匯解》首卷,《李賀詩歌集注》,上海人民出版社,一九七七年十月,第二九~三〇頁)清汪師韓(一七〇七~一七八〇)《詩學纂聞》「詩集」條稍有變易,中云:「至如詩體相同者,元、白之為『元和體』。」(《清詩話》第四四二頁)清余成教(一七七八~?)《石園詩話》卷二:「唐詩人以體名者:中宗時,上官儀工詩,效之者稱『上官體』;憲宗時,元稹、白居易號『元和體』。」(《清詩話續編》第一七八五頁)徐澄宇(一九〇二~一九八〇)《詩法通微》第一章「詩體雜述」第二部分「以時代分體」,也列有「元和體」,注亦云:「憲宗時元白二公之詩。」

《新唐書·文藝傳》

唐有天下三百年，文章無慮三變。高祖、太宗，大難始夷，沿江左餘風，絺句繪章，揣合低卬，故王、楊為之伯。玄宗好經術，群臣稍厭雕瑑，索理致，崇雅黜浮，氣益雄渾，則燕、許擅其宗。是時，唐興已百年，諸儒爭自名家。大曆、貞元間，美才輩出，擩嚌道真，涵泳聖涯，於是韓愈倡之，柳宗元、李翱、皇甫湜等和之，排逐百家，法度森嚴，抵轢晉、魏，上軋漢、周，唐之文完然為一王法，此其極也。若侍從酬奉則李嶠、宋之問、沈佺期、王維，制册則常袞、楊炎、陸贄、權德輿、王仲舒、李德裕，言詩則杜甫、李白、元稹、白居易、劉禹錫，譎怪則李賀、杜牧、李商隱，皆卓然以所長為一世冠，其可尚已。然嘗言之，夫子之門以文學為下科，何哉？蓋天之付與，於君子小人無常分，惟能者得之，故號一藝。自中智以還，恃以取敗者有之，朋奸飾僞者有之，怨望訕國者有之。若君子則不然，自能以功業行實光明於時，亦不一於立言而垂不腐，有如不得試，固且闡繹優遊，異不及排，怨不及誹，而不忘納君於善，故可貴也。今但取以文自名者為《文藝篇》，若韋應物、沈亞之、閻防、祖詠、薛能、鄭谷等，其類尚多，皆班班有文在人間，史家逸其行事，故弗得而述云。（《新唐書》卷二〇一，中華書局本，第十八册，第五七二五～五七二六頁）

《新唐書·藝文志》

白居易《八漸通真議》一卷。

《白氏經史事類》三十卷，白居易。一名《六貼》。

《白氏長慶集》七十五卷，白居易。

《元白繼和集》一卷，元稹、白居易。

《三州唱和集》一卷，元稹、白居易、崔玄亮。

《劉白唱和集》三卷，劉禹錫、白居易。

《元和制策》三卷，元稹、獨孤郁、白居易。（《新唐書》卷五九，中華書局本，第五册，第一五三〇、一五六四、一六〇六、一六二四、一六二五頁）

《新唐書·宰相世系表·白氏》

白氏出自姬姓。周太王五世孫虞仲封於虞，爲晉所滅。虞之公族井伯奚媵伯姬于秦，受邑於百里，因號百里奚。奚生視，字孟明，古人皆先字後名，故稱爲孟明視。孟明視二子：一曰西乞術，二曰白乞丙，其後以爲氏。裔孫武安君起，賜死杜郵，始皇思其功，封其子仲於太原，故子孫世爲太原人。二十三世孫後魏太原太守邕，邕五世孫建。

建字彦舉，後周弘農郡守、邵陵縣男。

君恕，倉部郎中。大威，梓州刺史。

君愬，牢州別駕。知愼，戶部郎中。知節。

士通，利州都督。志善，尚衣奉御。

溫，檢校都官郎中。

鍠，鞏令。季庚，襄州別駕。

幼文，浮梁簿。

居易字樂天，刑部尚書。

景受，孟懷，觀察支使，以從子繼。

邦翰，司封郎中。

思齊，鄭州録事參軍。

行簡字退之，膳部郎中。

味道，成都少尹。

季軫，許昌令。

季平，河南主簿。

潾，揚州録事參軍。

季康，溧水令。

敏中字用晦，相宣宗。

順求字幾聖。

崇嗣字光祚。

傅規字慶餘。

白氏宰相一人。敏中。（《新唐書》卷七十五下 表第十五下 宰相世系五

下，中華書局本，第十一册，第三四一二～三四一四頁）

《新唐書·宗室》

（李）戡字定臣，幼孤。年十歲所即好學，大寒，掇薪自炙。夜無然膏，默念所記。年三十，明《六經》，舉進士，就禮部試，吏唱名乃入，戡恥之。明日，徑返江東，隱陽羨里。陽羨民有鬭爭不決，不之官而詣戡以辨。凡論著數百篇。常惡元和有元、白詩，多纖豔不逞，而世競重之。乃集詩人之類夫古者，斷為唐詩，以譏正其失云。平盧節度使王彦威表為巡官，府遷，還洛陽，卒。（《新唐書》卷七八，中華書局本，第十一册，第三五三六頁）

《新唐書·李絳傳》

李絳，字深之，系本贊皇。擢進士、宏辭，補渭南尉，拜監察御史。元和二年，授翰林學士，俄知制誥。會李錡誅，憲宗將輦取其貲，絳與裴垍諫曰：「錡僭侈誅求，六州之人怨入骨髓。今元惡傳首，若因取其財，恐非遏亂略、惠綏困窮者。願賜本道，代貧民租賦。」制可。樞密使劉光琦議遣中人持赦令賜諸道，以裒饋餉，絳請付度支鹽鐵急遞以遣，息取求之弊。光琦引故事以對，帝曰：「故事是耶，當守之；不然，當改。可循舊哉！」

帝嘗稱太宗、玄宗之盛：「朕不佞欲庶幾二祖之道德風烈，無愧謚號，不為宗廟羞，何行而至此乎？」絳曰：「陛下誠能正身勵己，尊道德，遠邪佞，進忠直，與大臣言，敬而信，無使小人參焉；與賢者遊，親而禮，無使不肖與焉。去官無益於治者，則材能出；斥宫女之希御者，則怨曠銷。將帥擇，士卒勇矣；官師公，吏治輯矣。法令行而下不違，教化篤而俗必遷，如是，可與祖宗合德，號稱中興，夫何遠之有？言之不行，無益也；行之不至，無益也。」帝曰：「美哉斯言，朕將書諸紳。」即詔絳與崔群、錢徽、韋弘景、白居易等，搜次君臣成敗五十種，為連屏，張便坐。帝每閲視，顧左右曰：「而等宜作意，勿為如此事。」……（《新唐書》卷一五二，中華書局本，第十五册，第四八三六頁）

《新唐書·劉禹錫傳》

……禹錫恃才而廢，褊心不能無怨望，年益晏，偃蹇寡所合，乃以文章自適。素善詩，晚節尤精，與白居易酬復頗多。居易以詩自名者，嘗推為

「詩豪」，又言：「其詩在處，應有神物護持。」……（《新唐書》卷一六八，中華書局本，第十六册，第五一三一頁）

《新唐書·裴度傳》

……時閹豎擅威，天子擁虚器，搢紳道喪，度不復有經濟意，乃治第東都集賢里，沼石林叢，岑繚幽勝。午橋作别墅，具燠館涼臺，號「綠野堂」，激波其下。度野服蕭散，與白居易、劉禹錫為文章、把酒，窮晝夜相歡，不問人間事。而帝知度年雖及，神明不衰，每大臣自洛來，必問度安否。……（《新唐書》卷一七三，中華書局本，第十七册，第五二一八頁）

《新唐書·皇甫湜傳》

皇甫湜，字持正，睦州新安人。擢進士第，為陸渾尉，仕至工部郎中，辨急使酒，數忤同省，求分司東都。留守裴度辟為判官。度脩福先寺，將立碑，求文於白居易。湜怒曰：「近舍湜而遠取居易，請從此辭。」度謝之。湜即請斗酒，飲酣，援筆立就。度贈以車馬繒彩甚厚，湜大怒曰：「自吾為《顧況集序》，未常許人。今碑字三千，字三縑，何遇我薄邪?」度笑曰：「不羈之才也。」從而酬之。……（《新唐書》卷一七六，中華書局本，第十七册，第五二六七～五二六八頁）

《新唐書·錢徽傳》

錢徽，字蔚章。父起，附見《盧綸傳》。徽中進士第，居穀城。穀城令王郢善接僑士遊客，以財貸饋，坐是得罪。觀察使樊澤視其簿，獨徽無有，乃表署掌書記。蔡賊方熾，澤多募武士於軍。澤卒，士頗希賞，周澈主留事，重擅發軍廥，不敢給。時大雨雪，士寒凍，徽先冬頒衣絮，士乃大悅。又辟宣歙崔衍府。王師討蔡，檄遣採石兵會戰，戍還，頗驕蹇。會衍病亟，徽請召池州刺史李遜署副使，遜至而衍死，一軍賴以安。

入拜左補闕，以祠部員外郎為翰林學士，三遷中書舍人，加承旨。憲宗嘗獨召徽，從容言它學士皆高選，宜預聞機密，廣参決，帝稱其長者。是時，內積財，圖復河湟，然禁無名貢獻，而至者不甚卻。徽懇諫罷之。帝密戒後有獻毋入右銀臺門，以避學士。梁守謙為院使，見徽批監軍表語簡約，歎曰：「一字不可益邪！」銜之。以論淮西事忤旨，罷職，徙太子右庶子，出虢州刺史。

入拜禮部侍郎。宰相段文昌以所善楊渾之、學士李紳以周漢賓並諉徽求致第籍。渾之者憑子也，多納古帖秘畫於文昌，皆世所寶。徽不能如二人請，自取楊殷士、蘇巢。巢者李宗閔婿，殷士者汝士之弟，皆與徽厚。文昌怒，方帥劍南西川，入辭，即奏徽取士以私。訪紳及元稹，時稹與宗閔有隙，因是共擠其非。有詔王起、白居易覆試，而黜者過半，遂貶江州刺史。汝士等勸徽出文昌、紳私書自直，徽曰：「苟無愧於心，安事辨證邪?」敕子弟焚書。（《新唐書》卷一七七，中華書局本，第十七册，第五二七一～五二七二頁）

《新唐書·吐突承璀傳》

吐突承璀，字仁貞，閩人也。以黄門直東宫，為掖廷局博士，察察有才。憲宗立，擢累左監門將軍、左神策護軍中尉、左街功德使，封薊國公。

王承宗叛，承璀揣帝鋭征討，因請行。帝見其果敢，自喜，謂可任，即詔承璀為行營招討處置使，以左右神策及河中、河南、浙西、宣歙兵從之。内寺伯宋惟澄、曹進玉為館驛使：自河南、陝、河陽，惟澄主之；京、華、河中至太原，進玉主之。又詔内常侍劉國珍、馬朝江分領易、定、幽、滄等州糧料使。於是諫官李鄘、許孟容、李元素、李夷簡、吕元膺、穆質、孟簡、獨孤郁、段平仲、白居易等衆對延英，謂古無中人位大帥，恐為四方笑。帝乃更為招討宣慰使，為御通化門慰其行。……（《新唐書》卷二〇七，中華書局本，第十九册，第五八六九頁）

張君房（一〇〇五進士）

《雲笈七籤》

⊙崔玄亮修黄籙齋驗（持經驗附）

崔公玄亮，奕葉崇道，雖登龍射鵠，金印銀章，踐鴛鷺之庭，列珪組之貴，參玄趨道之志，未嘗怠也。寶曆初，除湖州刺史。二年乙巳，於紫極宫修黄籙道場，有鶴三百六十五隻，翔集壇所。紫雲蓬勃，祥風虚徐，與之俱自西北而至。其一隻朱頂皎白，無復玄翮者，棲於虚皇臺上，自辰及西而去。杭州刺史白居易，聞其風而悅之，作《吳興鶴贊》曰：「有鳥有鳥，從西北來。丹頂火綴，白翎雪開。遼水一去，緱山不回。噫吳興郡，孰為來哉。寶曆之初，三元四齋。當白晝下，與紫雲偕。三百六十，拂壇徘徊。上昭玄貺，下屬仙才。誰其尸之，太守姓崔。」崔公常持《黃庭》度人，《道德》諸經，未嘗曠矣。其後以感通之至，彌加篤勵。去世之時，入靖室，諷《黃庭》，無疾而化。將葬，棺輕若空衣焉。（《四庫全書》本卷一百二十一 靈驗部五）

⊙李師稷

會昌元年，李師稷中丞為浙東觀察使。有商客遭風，飄不知所止。月餘至大山，瑞雲覆繞，奇花異樹，盡非人間所睹。山側有人，迎問安得至此，客具以告。乃令移舟於岸，既登岸，乃云須謁天師。遂引至一處，若大宮觀。既入，見一道士，眉鬢俱白，侍衛十餘人，坐大殿，令上與語，曰：「汝中國人也，兹地有緣，方得一到，此即蓬萊山也。」乃令左右，引於宮內遊觀，玉臺翠樹，光彩奪目。院宇數十，皆有號。至一院，扃鎖嚴固，窺之，衆花滿亭堂，有几褥，焚香階下。客問之：「此院誰何?」答曰：「此是白樂天院，樂天在中國，未來耳。」乃潛記之，遂辭歸。數旬至越，具白廉使，李公盡録，以報白公。公已脫煙埃，投棄軒冕，與夫昧昧者，固不同也，安知非謫仙哉！（《四庫全書》本卷一百一十二下）

智按：張君房，字允方，安陸（今屬湖北）人。真宗景德二年（一〇〇五）進士。官尚書度支員外郎。大中祥符中自御史臺謫官甯海，時真宗崇道教，選道士校定道藏，命君房主其事，大中祥符九年（一〇一六）以著作佐郎就杭州監寫本。後知隨、郢、信陽三州，年六十三分司，歸安陸。六十九歲致仕，七十六歲仍著詩賦雜文，年八十餘卒。其子百藥嘗纂為《慶曆集》三十卷，不傳。事見宋王明清《塵史》卷中、王銍《默記》卷下。

王周（一〇一二進士）

《誌峽船具詩》其四《百丈》

少嘗侍先君，餘閑誦白氏。始得入峽詩，深味作詩旨。云有萬仞山，云有千丈水。自念坎壈時，尤多兢慎理。山束峽如口，水漱石如齒。孤舟行其中，薄冰猶坦履。孱顔屹焉立，洶湧勃然起。百丈爲前牽，萬險即平砥。破之以筼簹，續之以麻枲。礪之堅以節，引之直如矢。杼軸連半空，長短隨兩涘。鐵鎖枉馳名，錦纜謾稱美。長繩豈能繫，朽索何足擬。苟非総之爲，胡可力行此。(《全唐詩》卷七六五;《全宋詩》第三册，第一七五九頁)

智按：王周，明州奉化（今屬浙江）人。真宗大中祥符五年（一〇一二）進士。乾興元年（一〇二二）以大理寺丞知無錫縣。仁宗寶元二年（一〇三九）又以虞部員外郎知無錫縣。慶曆中知明州。又嘗知撫州。皇祐四年（一〇五二）致仕，歸荊南。王周舊被誤為唐人。

康孝基（一〇二一前後）

《春遊》

行春喜入虎邱山，按轡風和草色閑。寺內翠微松檜裏，空中紺宇水雲間。桃花時作翻翻落，苔蘚晴留點點斑。不為白公為太守，霓裳一曲暮回還。(《全宋詩》第三册，第一七一七頁)

智按：康孝基，真宗天禧間知蘇州，五年（一〇二一）以職方員外郎移知福州。仁宗天聖間官工部郎中。

丘濬（一〇二七進士）

《北山録後序》

唐憲宗即位元年，建號元和，於時文章彬鬱，類麟鸞虯虎，蘭桂珠貝，騰精露芒，溢區宇間。若韓退之、柳子厚、元微之、白居易、劉禹錫、李觀，悉以才刃勍造化，譬孫、吳、起、翦，當戰國際，爭武勇權術之勝也。河南丘濬，嘗閲史傳，及其遺編，必慨然興感，恨不得追其肩踵焉。今年春正月，被黜歸歙，遘疾寓武林，鄰淨住律刹。一日僧惟賢贄謁於陋止，始見之，溫儼清邃，疑有所蘊而來也。俄與之語，則志氣穎鋭，將欲脱去境照，漠然無礙。學《書》、《易》、《風》、《雅》，《春秋》尤確，况本教乎。忽袖中出緗表五編，且曰：「此東蜀紹竺乾弟子神清譔述也，目之為《北山録》，首之以艾儒，終之以外信，凡十六篇，祕蓄三紀，恐失傳布，鍾蔽善之罰。曩慕君子公於其道、不諛於世態者，異摭其可否爾。」濬遂受之。是夕弗就枕，燭以閲之，終三鼓，考其大概，以□立空寂為本，欲天下派歸於巨壑也，會粹老子、孔子經術、莊、列、荀、孟、管、晏、楊、墨、班、馬之説，馳騖其間，約萬岐而趨一正，峙之則如山，渟之則如淵，變之則風霆，平之則權衡。其恢宏辯博，如是之甚矣。嗟夫，元和丙戌迄聖宋熙寧元年戊申二百六十三歲，而昔之大儒蔑一句稱謂，以褒責乎神清，何也？蓋專其所守，不敢以徑隧生疵詬，非嫉其才能而然。濬生太平世，老尚廢棄，乏智略以佐天子，無利惠以濟生人，但修鍊以固其身，禪定以同其塵，故《魯論》云：「我則異於是，無可無不可。」在乎今日也。是以嘉賢師行業勤整，能拔古人湮欝於異代，罔剽取以飾已，後之衣縫掖輩，孰不靦顔於鄒魯之門哉！冬十二月丁酉序於卷末。（《大正新脩大藏經》卷二一一三，第五十二册，第六三六頁）

智按：《北山録》或作《北門録》，唐釋神清撰，慧寶注。丘濬，《詩話總龜》作丘璿，字道源，黟縣（今屬安徽）人。景祐間爲句容縣令，官至殿中丞。卒於池州，享年八十一歲。有《天乙遁甲賦》、《觀時感事詩》各一卷，文集十五卷，已佚。《新安志》卷八、弘治《徽州府志》卷八均有傳。

楊備（天聖、慶曆間）

《響屧廊》

步出香翻羅襪塵，粉紅花艷滿宫春。傾城一笑無遺跡，不見長廊響屧人。（響屧廊在靈巖山寺，相傳吳王令西施輩步屧廊，虚而響，故名今寺。中以圓照塔前小斜廊為之，白樂天亦名鳴屧廊）（《四庫全書》本《吳都文粹》卷三）

《夢作》

月俸蚨錢數甚微，不知從宦幾時歸。東吳一片輕波在，欲問何人買釣磯。（楊備郎中，天聖中為長溪令，忽夢作詩云云，意甚異之。明道初，為華亭令。丁內艱，遂家吳中。樂其風土，安之，因悟夢中語，嘗效白樂天作《我愛姑蘇好》十章，又作《姑蘇百題》詩，行於世）（《四庫全書》本《吳都文粹》卷十）

智按：楊備，字修之，建平（今安徽郎溪）人。仁宗天聖中知長溪縣，明道初知華亭縣，因愛姑蘇風物，遂家吳中。慶曆中，以尚書虞部員外郎分司南京。楊備嘗效白居易體作《我愛姑蘇好》十章，又作《姑蘇百題》、《金陵覽古百題》，各注其事於題下，成集行世，已佚。

邵思（一〇三五前後）

《姓解》

白。太原白氏，出自古帝白胥氏之後，秦有大夫白乙丙，又有武安君白起。《殖貨傳》有白圭，楚白公子勝，晉都水使者白裒。唐太傅白居易，弟行簡，從弟宰相敏中。（《續修四庫全書》影印古逸叢書景北宋本《姓解》卷三）

智按：《姓解》三卷，北宋景祐二年刻成。共收姓氏二千五百六十八，據所收姓氏之偏旁歸為一百七十門類。

佚名（一〇三七前後）

《白氏文集准印牒文》

詳定所：准景祐四年正月十六日轉運使牒、准禮部貢院牒，准敕命指揮毀棄淫侈浮淺俚曲穢辭并近年及第進士一時程式文字不可行用者，除已追取印板、當官毀棄外，有《白氏文集》一部七十二卷，可以印行。今于元印板後録略。詳定條例照會施行者。詳定官將仕郎宋杭州司法參軍李臧、詳定官朝奉郎試秘書省校書郎權杭州觀察推官畢京、重詳定官朝奉郎太常博士通判杭州軍州事兼泉勸農同盟市舶司事林翼。（日本內閣文庫藏《白氏文集》管見抄本附）

智按：景祐四年（一〇三七）。參見平冈武夫《关于〈白氏文集〉的金澤文庫本、林家校本、宗性要文抄本、管見抄本》（〈白氏文集〉の金澤文庫本·林家校本·宗性要文抄本·管見抄本について），《神田博士還曆紀念書志學論集》，平凡社一九五七年；太田次男《關于內閣文庫藏管見抄》，《斯道文庫論集》（慶應義塾大學附屬研究所斯道文庫）第九輯，一九七一年十二月。

褚理（一〇三八進士）

《送程給事知越州》

元稹唐朝輔相材，全家曾住小蓬萊。公今得請爲藩去，事異當時謫宦來。雅意未應亡魏闕，歸心且喜過蘇臺。茂林修竹仁風動，紫蟹黃柑宴席開。聽訟初承召公後，遞詩須繼樂天才。政成不待三年報，入告謀猷豈晚哉。（《全宋詩》第六册，第四二八一頁）

智按：褚理，山陰（今浙江紹興）人。仁宗景祐五年（一〇三八）進士（《會稽續志》卷六）。神宗元豐中，以都官郎中權三司勾當公事（《續會稽掇英集》卷三）。

張承（景祐初）

《贈胡侍郎榮歸》

官路馳驅鬢且蒼，忽承恩詔許還鄉。尋幽好結香山社，乘興閒登緑野堂。未採佳苗供藥竈，謾收新句入詩囊。人生碩德如公少，佇看芝蘭更晚香。（《全宋詩》第五册，第三三九三頁）

智按：張承，郫縣（今屬四川）人，仁宗景祐初為翰林侍講（《胡正惠公集》附録）。《胡正惠公集》一卷，胡則（九六三～一〇三九）撰，字子正，婺州永康（今属浙江）人。端拱二年（九八九）進士，補許田縣尉。歷任潯州、睦州、溫州、信州、福州、杭州、陳州知州。景祐元年（一〇三四），以兵部侍郎致仕。

史沆（景祐進士）

《題琵琶亭》

坐上騷人雖有淚，江邊寡婦不難欺。若使王涯聞此曲，織羅應過賞花詩。（趙與旹《賓退録》卷三引《倦遊雜録》；《宋詩紀事》卷三十一；李裕民輯校本《倦遊雜録》第七一頁）

智按：史沆，字子凝，眉州（今四川眉山）人。史經臣（字彥輔）之弟。仁宗景祐（一說天聖）進士。慶曆七年（一〇四七），為鄂州臨江軍判官。坐事羈房州，移襄州，卒。生平見《宋朝事實類苑》卷七十。趙與旹《賓退録》卷三稱其「平生好持人短長，世以凶人目之。故雖古人，亦妄肆詆訾云」。

元居中（一〇四〇前後）

《風水洞上祖龍圖無擇》

洞蔽深雲遠俗塵，山中曾未識朱輪。自從白傅來遊後，五百年間又一人。（《宋詩紀事》卷十五引《咸淳臨安志》，上海古籍出版社本第三七九頁）

智按：《四庫全書》本《咸淳臨安志》未見。清翟均廉《海塘録》卷七所引，題《風水洞上祖無擇》，末句作「五百年間又二人」。

元居中，字正夫，錢塘（今浙江杭州）人，一說邵武（今屬福建）人。仁宗康定元年（一〇四〇）知天台縣。慶曆八年（一〇四八）為太常博士。後知宿州。

吕夏卿（一〇四二進士）

《唐書直筆》

⊙論議

論議表章，以明君上之得失，補國家之利害，非當時所通行則不書。如《舊史·李百藥傳》載《封建論》，《朱敬則傳》載《五等論》，《白居易傳》【載】《興（與）元微之書》，今皆削而不載。（《四庫全書》本《唐書直筆》卷三 列傳第二）

智按：吕夏卿，字縉叔，晉江（今福建泉州）人。仁宗慶曆二年（一〇四二）進士，為江甯尉。薦為編修唐書官，遷直秘閣，同知禮院。嘉祐八年（一〇六三），充史館檢討。神宗熙甯初，遷兵部員外郎、知制誥。出知潁州，卒，年五十三。有文集五十卷（《蘇魏公集》卷六十六《吕舍人文集序》），已佚。《宋史》卷三三一有傳。

金君卿（一〇四二進士）

《過姑孰溪觀李白舊詩洎樂天弔太白墳短句因而繼和》

水從照亭來，蕩漾涵秋浄。樓臺闞空渺，倒影入明鏡。溪山久寂寥，勝遊誰與並。新月生暮寒，謳聲發漁艇。（《四庫全書》本《金氏文集》卷上；《全宋詩》第七册，第四九一四頁）

智按：金君卿，字正叔，浮梁（今江西景德鎮北）人。仁宗慶曆二年（一〇四二）進士。皇祐二年（一〇五〇）任秘書丞，五年（一〇五三）任太常博士。仁宗時調任江左，歷知臨川，江西轉運判官、權江西提刑，入為度支郎中。嘉祐末官廣東轉運使。神宗熙甯尚在世，曾受朝廷獎諭。哲宗元祐間，臨川江明仲搜求遺稿，編成《金氏文集》十五卷。原本久佚，四庫館臣從《永樂大典》輯為二卷。

雙漸（一〇四二進士）

《豫章逢故人歌》

樂天嘗（賞）月潯陽渚，舟中曾遇商人婦。坐間因感琵琶聲，爲託微詞寫深訴。因重佳人難再得，故言何必曾相識。今日相逢相識人，青衫拭淚應無極。我因從官臨川去，豫章城下風帆駐。續有翩翩畫舸來，斜陽共繫垂楊樹。緑窗相近未多時，紅簾半動聞私語。認得舟中是故人，從人來自韶陽路。柔情脈脈不得通，餘香冉冉時聞度。借問舟中是誰氏，長自廬江佳麗地。蘇姓從來字小卿，桃葉桃根皆姊妹。十歲清歌已遏雲，十一朱顔妬桃李。十二能描新月眉，十三解綰烏雲髻。亂花溪上偶相逢，一託深心許爲壻。翠鬟曾翦繫平生，暗斷金釵爲盟誓。無何官難兩相忘，因兹流落來天際。揚州一夢今何處，風月心情向誰訴。算來爭似不相逢，空感當時無限事。昔日風光曾作主，今日風光如舊路。腸斷江頭夜不眠，風帆明日東西去。（《永樂大典》卷三〇〇五引《詩海繪章》，中華書局影印本，第一七二二頁；《全宋詩》第七册，第四八五二頁）

智按：雙漸，無為（今屬安徽）人。仁宗慶曆二年（一〇四二）進士。知無為軍，尋通判吉安。官至職方郎中。事見清乾隆《無為州志》卷十五。《全宋詩》録其詩二首。

楊蟠（一〇四六進士）

《石橋》

金毫五百幾龍尊，隱隱香山聖跡存。方廣寺開無俗路，優曇花現有靈根。一峰突岸臨天壁，雙澗淙橋透石門。今日不將心洗盡，更從何處覓真源。（《四庫全書》本《天台續集》卷中；《全宋詩》第八册，第五〇四六頁）

智按：楊蟠，字公濟，章安（今浙江臨海東南）人，一作錢塘（今浙江杭州）人，又作建安（今福建建甌）人。仁宗慶曆六年（一〇四六）進士，為密、和二州推官。哲宗元祐四年（一〇八九）蘇軾知杭州時，蟠為通判。以知壽州卒。平生為詩數千篇，有《章安集》，已佚。《宋史》卷四四二有傳。

梅堯臣（一〇〇二～一〇六〇）

《依韻和希深遊大字院》（白傅舊宅）

夫君康樂裔，顧我子眞派。湛然懷清機，超爾尋虛界。暫來香園中，共憇寒松大。先生醉復吟，長老言不壞。信與賞心符，寧同俗士愛。杖屨恣遊遨，池塘仍感槩。焚香露蓮泣，聞磬霜鷗邁。青板今已空，濁醪誰許載。軟草當熊絪，低篁掛纓帶。不覺月明歸，候門僮僕怪。（《四部叢刊》影印明刊本《宛陵先生集》卷一）

《送徐君章秘丞知梁山軍》

蒼壁束江流，孤軍水上頭。蛟龍驚鼓角，雲霧裛衣裘。午市巴姑集，危灘楚客愁。使君才筆健，當似白忠州。（《四部叢刊》影印明刊本《宛陵先生集》卷十五）

智按：束江，一作中江。

《二十四日江鄰幾邀觀三館書畫録其所見》

五月秘府始暴書，一日江君來約予。世間難有古畫筆，可往共觀臨石渠。我時跨馬冒熱去，開厨發匣鳴鑰魚。羲獻墨迹十一卷，水玉作軸光疏疏。最奇小楷樂毅論，永和題尾付官奴。又看四本絶品畫，戴嵩吳牛望青蕪。李成寒林樹半枯，黃荃工妙白兎圖。不知名姓貌人物，二公對奕旁觀俱。黃金錯鏤爲投壺，粉障復畫一病夫。後有女子執巾裾，牀前紅毯平圍爐。牀上二姝展氍毹，繞牀屏風山有無。畫中見畫三重鋪，此幅巧甚意思殊。孰眞孰假丹青模，世事若此還可吁。（《四部叢刊》影印明刊本《宛陵先生集》卷十八）

智按：宋孫紹遠《聲畫集》卷八作王介甫作，宋李壁《王荆公詩注》卷二十一云：「最後所稱，乃白公所賦《重屏圖》也。按，此詩《梅宛陵集》亦有，未知果誰作。竊疑詞氣，近類聖俞也。」《宋詩鈔》卷八亦梅堯臣詩。宋樓鑰《付官奴樂毅論》：「余見此刻多矣，未有如此之精明者。半山集中有《江鄰幾邀觀三館書畫》詩，或云梅聖俞作。有云：『羲獻墨跡十一卷，水玉作軸排疏疏。最奇小楷樂毅論，永和題尾付官奴。』豈承平時，此論猶有真蹟耶？」（《攻媿集》卷七十六題跋）

《邵郎中姑蘇園亭》

吟愛樂天池上篇，買池十畝皆種蓮。薄城萬竿竹嬋娟，藤纜繫橋青板船。折腰大菱不直錢，鴂鶄鸂鶒沙際眠。水從太湖根底穿，月出洞庭山上圓。公歸與客相留連，秋風鶴唳春杜鵑。班鱸斫膾紅縷鮮，紫豉煮蒓香味全。我思白傅在三川，吳船雖有吳饌偏。當時九老各華顛，裴令來過吟復聯。至今怪石存舊鐫，七葉樹蔭黄金田。羡公有子勝昔賢，高門通車千萬年。（《四部叢刊》影印明刊本《宛陵先生集》卷四十一；《全宋詩》第五册，第三一〇二頁）

《送吉老學士兩浙提刑》

重本恤刑天子聖，舟車持詔使臣賢。部中漢吏無冤獄，葑上吳人益美田。重過故鄉逢故老，一聞鳴鶴記山川。不須歌管唯詩酒，況有餘杭白樂天。（《四部叢刊》影印明刊本《宛陵先生集》卷五十四；《全宋詩》第五册，第三二四〇頁）

《大字寺》

庭中兩大樹，池上千竿竹。竹有紅淚斑，樹無衆鳥宿。昔日白傅歸，愛吟裴令續。閒流水西園，翻然入他族。（《四部叢刊》影印明刊本《宛陵先生集》卷五十八）

智按：參見李格非《洛陽名園記·大字寺園》。

《續金針詩格序》

予游廬山，宿西林，與僧希言談詩，極有玄理。常鄙學者不知意格，徒摘葉搜奇，而不能入雅正之奥閫。希白評唐賢詩，諷誦樂天數聯，言樂天之詩，尤長於意理。出樂天在草堂中所述《金針詩格》，觀其大要，真知詩之骨髓者也。樂天寄元微之云「多被老元偷格律，苦教短李伏歌行」，乃知樂天詩格自有理也。且詩之道雖小，然用意之深，可與天地參功，鬼神爭奥。予愛樂天作金針之格，乃續之，以廣樂天之用意，得者宜繹而思之。（格致叢書本《續金針詩格》；《全宋文》二〇〇六年版第二八册，卷五九三，第一六二頁）

智按：梅堯臣，字聖俞，宣州宣城（今屬安徽）人。因宣城古名宛陵，故世稱宛陵先生。他出身農家，屢試不第。宋仁宗天聖九年（一〇三一）憑叔父之門蔭入仕，歷任州縣屬官。皇祐三年（一〇五一）賜同進士出身，任太常博士等職。著有《宛陵先生集》。其生平事跡，見《宋史》卷四四三本傳；另參朱東潤《梅堯臣傳》，中華書局一九七九年排印本。

王堯臣（一〇〇三～一〇五八）等

《崇文總目》

六帖三十卷。（《四庫全書》本《崇文總目》卷六）

八漸通眞議一卷（闕）。（《四庫全書》本《崇文總目》卷十）

元和制策三卷（闕）。（《四庫全書》本《崇文總目》卷十一）

禮部策十卷（闕）。（《四庫全書》本《崇文總目》卷十一）

元白三州唱和詩一卷。（《四庫全書》本《崇文總目》卷十一）

劉白唱和集一卷。（《四庫全書》本《崇文總目》卷十一）

白氏文集七十卷。（《四庫全書》本《崇文總目》卷十一）

白氏制格（樸）三卷。（《四庫全書》本《崇文總目》卷十二）

擬諷諫集五卷【闕】。（《四庫全書》本《崇文總目》卷十二）

附:《崇文總目輯釋》

六帖三十卷，白居易撰。

侗按:《醉吟先生墓誌》云: 又著《事類集要》三十部，時人目爲《白氏六帖》。《唐志》又作《白氏經史事類》，注云: 一名六帖。(《續修四庫全書》影印清汗筠齋叢書本《崇文總目輯釋》卷三)

八漸通眞議一卷，白居易撰。

錫鬯按，《宋志》無通字。(《續修四庫全書》影印清汗筠齋叢書本《崇文總目輯釋》卷四)

元和制策三卷，元稹、獨孤郁、白居易撰。

鑑按，《玉海》引《崇文目》同。(《續修四庫全書》影印清汗筠齋叢書本《崇文總目輯釋》卷五)

禮部策十卷，白居易撰。(《續修四庫全書》影印清汗筠齋叢書本《崇文總目輯釋》卷五)

元白三州唱和詩一卷，元稹、白居易、崔玄亮撰。(《續修四庫全書》影印清汗筠齋叢書本《崇文總目輯釋》卷五)

劉白唱和集一卷，劉禹錫、白居易撰。

鑑按，《通志畧》、《宋志》並三卷。(《續修四庫全書》影印清汗筠齋叢書本《崇文總目輯釋》卷五)

白氏文集七十卷，白居易撰。

鑑按，今本七十二卷。(《續修四庫全書》影印清汗筠齋叢書本《崇文總目輯釋》卷五)

白氏制樸三卷，白居易撰。

鑑按，《宋志》一卷。(《續修四庫全書》影印清汗筠齋叢書本《崇文總目輯釋》卷五)

擬諷諫集五卷。(《續修四庫全書》影印清汗筠齋叢書本《崇文總目輯釋》卷五)

智按: 王堯臣，字伯庸，應天府虞城(今河南虞城北)人。仁宗天聖五年(一〇二七)進士。通判湖州。召直集賢院。出知光州。入為三司度支判官，遷右司諫。擢知制誥，同知通進銀臺司，提舉諸司庫務，遷翰林學士。寶元二年（一〇三九），權三司使。皇祐三年（一〇五一），拜樞密副使。嘉祐元年（一〇五六），為參知政事。三年，卒於位，年五十六（《歐陽文忠公集》卷三二《王公墓誌銘》）。謚文安。《宋史》卷二九二有傳。

吳育（一〇〇四～一〇五八）

《駁唐詢請停賢良茂才二科疏》

（時御史唐詢請罷制科，帝刋其名，付中書，育奏疏駁議，帝因諭輔臣曰：彼言者乞從內批行下，今乃知欺罔也。）

三代以來，取士之盛，莫若漢唐。漢文帝十五年，詔舉賢良文學之士，上親策之，則有若晁錯出焉，是時非有災異而舉也。武帝建元元年，詔舉賢良方正、直言極諫之士，元光元年詔賢良對策，則有若董仲舒、公孫弘者出焉，所舉亦非因災異，但策中語或及者，亦陳事之一端爾。唐開元二年六月甲子制：「其有茂才異等，咸令自舉。」是年設直言極諫科。逮憲宗元和間，制科尤盛，有若元稹、白居易，皆特出之材。觀當時策目，所訪者皇王之要道，邦家之大務，可以覆視，固不專於災異也。此漢唐故事有足據者，其間或因天變，又非時親策者則亦有之。厥後時君，或居常自逸，謂毋闕政，及天災已著，時蠹已形，然後下詔舉之，欲救於臨事，此則舉士之弊風，而後王之末造也，豈足法哉！陛下自復制科，於茲累年，隨貢舉而開，疎數適中，若必俟災譴然後詔舉，非惟失設科本意，且尤不可者有三：一則使天下賢儁滯淹之士，待災異而進，非所以養廉恥也。二則平居不詢造形，乃問非所以，懼天災也。三則輕改信令，示天下毋渴士之心，非所以廣賢路也。且漢唐所立孝廉及進士等科，皆每歲常選，故制舉不隨而開。今禮科進士，數年一舉，因以制舉隨之，則事適其宜，何害於時，須此紛易？況災異之出不常，厥期或彌年無所（智按：《太平治蹟統類》作「所無」），則制舉奚設？或比歲而有，則於事太煩。既不因乎天災，又不隨乎貢部，而曰非時詔舉，浩毋（智按：《太平治蹟統類》作「無」）端倪，乃是遂廢此科，芻蕘稍詢，則言路有寄，餼羊一去（智按：《太平治蹟統類》作「彌年不舉」），則禮意都忘。今無故而更張，使遺材

絕望，其傷國體，不亦大乎！乞並下臣，奏兩制詳定。（《四庫全書》本《御選古文淵鑒》卷四十三）

智按：此奏疏又見《太平治蹟統類》卷二十六。《宋名臣奏議》卷八十二題為《上仁宗論制科之設不專因災異宜隨科舉下詔》。

《帶職官赴尚書省集議制度議》

……謹按，《唐六典》中書舍人以他官兼者，謂之兼制誥，故白居易草《楊嗣復授庫部郎中知制誥辭》云：「前代制誥，中書令、侍郎、舍人通掌之。國朝以來，或以他官兼領。」又《授元稹中書舍人辭》云：「元稹自祠曹員外試知制誥。」謂兼則豈絶本官，謂之試則明不正職，在皆章灼不疑之事也。今縱有明文，其官省若遇詳定，猶當以體追而正之；况無明文，但引因循參差之事為據。……（《宋會要輯稿》儀制八之一二，第二册，第一九七二頁；《續資治通鑑長編》卷一二〇；《通鑑長編紀事本末》卷三〇；《宋史》卷一二〇《禮志》二三；《全宋文》二〇〇六年版第二九册，卷六一五，第一一八頁）

智按：吴育，字春卿，建州浦城（今屬福建）人。仁宗天聖五年（一〇二七）進士。除大理評事，歷知臨安、諸暨、襄城三縣。舉才識兼茂明於體用科，擢著作佐郎，知諫院，知制誥，修起居注。進翰林學士，知開封府。慶曆五年（一〇四五），拜右諫議大夫、樞密副使，改參知政事，復為樞密副使。出知許州，歷知蔡州、河南府、陝州、永興軍、汝州，判西京留司御史臺。入判尚書都省，不久出為鄜延路經略安撫使、判延州，改知河中府，徙河南。嘉祐三年，以疾卒於位，年五十五。謚正肅。有文集五十卷，已佚。生平見《歐陽文忠公集》卷三十二《吴公墓誌銘》，《宋史》卷二九一有傳。

張瓌（一〇〇四～一〇七三）

《寄題徑山懷郎簡侍郎》

天地一洲渚，北平南欹危。幽并深以厚，江浙清且奇。武林頗英秀，川匯仍山卑。應接殫天巧，類非人力爲。徑山最佳處，有巖稱玉芝。居防俗士駕，地乃賢人宜。郎公留名德，平時爲羽儀。引年歸故里，不復衣朝衣。留侯黄石心，白傅香山期。結宇名勝外，日與塵事違。泉石景物狀，盡任諸賢詩。伊予來東藩，濫持使者麾。平生愛山水，弗憚命駕之。當候秋風高，遠造巖下扉。滌濯纓上塵，散步松間綦。未能繼高躅，聊用慰所思。（《四庫全書》本《宋文鑑》卷十七；《全宋詩》第五册，第三三六四頁）

智按：張瓌，字唐公，滁州全椒（今屬安徽）人。仁宗天聖二年（一〇二四）進士。除秘閣校理，為開封府推官，知洪州。徙兩浙轉運使，知潁州、揚州。遷淮南轉運使，入修起居注、知制誥，出知黄州。還判流內銓，更出知濠州，歷應天府、河南、河陽，請為太平州。熙寧六年卒，年七十。《宋史》卷三三〇有傳。

富弼（一〇〇四～一〇八三）

《歲在癸丑年始七十年正旦日書事》

人生七十古來稀，（老杜詩云：「酒債尋常行處有，人生七十古來稀。」）今日愚年已及期。從此光陰猶不測，只應天道始相知。

親賓何用舉椒觴，已覺閑中歲月長。不學香山醉謌舞，只將吟嘯敵流光。

先聖明明許縱心，山川風月恣遊尋。此中若更論規矩，籍外閑人不易禁。

今年始是乞骸年，我向年前已掛冠。都爲君王憐久疾，肯教先去養衰殘。（邵雍《擊壤集》卷九附，《四庫全書》本、《四部叢刊》景明成化本；《全宋詩》第五册，第三三六九頁）

智按：富弼，字彦國，河南（今河南洛陽）人。仁宗天聖八年（一〇三〇）舉茂才異等，授簽書河陽判官。通判絳州，遷直集賢院，開封府推官、知諫院。慶曆二年（一〇四二），為知制誥。三年，拜樞密副使，與杜衍、范仲淹等主持慶曆新政。四年，出知鄆州。歷知青、鄭、蔡、河陽、并等州府。至和二年（一〇五五），召拜同中書門下平章事。英宗即位，為樞密使。居二年，出判揚州，封祁國公，進封鄭。神宗熙甯元年（一〇六八），徙判汝州。二年，以左僕射、門下侍郎拜同平章事。因與王安石政見不合，出判河南，改亳州。後因阻青苗法受責，求歸洛陽養疾，不久即致仕。元豐六年卒，年八十。有奏議、安邊策、文集等，今存《富鄭公集》一卷。《宋史》卷三一三有傳。

石介（一〇〇五～一〇四五）

《贈張績禹功》

李唐元和間，文人如蠭起。李翺與李觀，言雄破姦宄；孟郊及張籍，詩苦動天地。持正不退讓，子厚稱絕偉。元白雖小道，爭名愈弗已。卒能霸斯文，昌黎韓夫子。吾宋興國來，文人如櫛比。黃州才專勝，漢公氣全粹。晦之號絕羣，平地走虎兕。謂之雖駁雜，亦文中騏驥。白積洎盧震，江沱自為水。朱岩兼孫僅，培塿對嶽峙。卒能伯斯文，河東柳開氏。吁嗟河東沒，斯文乃屯否。汩汩三十年，淫哇滿人耳。粵從景祐後，大儒復唱始。文人如麻粒，樅樅攢戰騎。徂徠山磊砢，生民寔頑鄙。容貌不動人，心膽無有比。不度蹄涔微，直欲觸鯨鯉。有慕韓愈節，有肩柳開志。今讀禹功文，矛戟寒相倚。寶光千丈高，飛出破屋裏。龍音萬丈長，拔出重淵底。雷霆皆藏聲，日星或失次。我慙年老大，才力漸衰矣。禹功氣奔壯，今方二十二。前去吾之年，猶有十四歲。令讀禹功文，魂魄已驚悸。更加十數年，世應絕儔類。卒能伯斯文，吾恐不在已。禹功幸勉旃，當仁勿讓爾。（《徂徠石先生文集》卷二，中華書局版第十七頁）

《釋疑》

故僕射孫公致政歸，月再期，以病終於家。……公初歸鄆州也，里中諸老縱觀。公馬上自得，喜動顏色。及三日，宴於故宅，顧謂賓友曰：「白傅有言：『多少朱門鎖空宅，主人到老不曾歸。』老夫今日幸得歸矣。」本末如此明著，固可以取信於人矣。而云云謂公不足而死，何厚誣也。……（《徂徠石先

生文集》卷九，中華書局版第九九～一〇一頁；《全宋文》二〇〇六年版第十五册，卷六二九，第三一一頁）

《孫少傅致政小録》

太子少傅樂安孫公致政歸鄆州，鄉老故人從觀於路，公馬上色自得甚。

三日，宴郡寮於私第。樂中闋，起飲茶於致政堂，出真宗御製詩，上飛白書，客觀拜舞。復坐，公顧客曰：「白公有言：『多少朱門鎖空宅，主人到老不曾歸。』老夫今日歸矣。」喜動於外。終食，客退，留通判張駕部舜元，觀察推官石介，復於向所謂致政堂中，潔罍滌尊，别陳酒張坐，與公鄉里道舊欵曲。仍顧介諷《易》離卦九三爻辭，且曰：「樂以忘憂，自得小人之志；歌而鼓缶，不興大耋之嗟。」……（《徂徠石先生文集》卷九，中華書局版第一〇一頁；《全宋文》二〇〇六年版第十五册，卷六三三，第三七二頁）

《上趙先生書》

……唐之初，承陳、隋剝亂之後，餘人薄俗，尚染齊、梁流風，文體卑弱，氣質叢脞，猶未足以鼓舞萬物，聲明六合。逮章武皇帝負羲、軒之姿，懷唐、虞之材，卓然起立於軒墀之上，武功戢定海内，刮疵剔瑕，乾清坤寧，以文德化成天下，驚潛燭幽，雷動日烜。韓吏部愈應期會而生，學獨去常俗，直以古道在己，乃空《桑》、《雲》，和千數百年希闊泯滅已亡之曲，獨唱於萬千人間。衆人耳慣所聽，唯鄭、衛淲灧之聲，忽然聞其太古之上、無為之世《雅》、《頌》正始之音，恍惚茫昧，如喪聰，如失明，有駭而亟走者，有陋而竊笑者，有怒而大罵者，叢聚嘲噪，萬口應答，聲無窮休。愛而喜，前而聽，隨而和者，唯柳宗元、皇甫湜、李翺、李觀、李漢、孟郊、張籍、元稹、白樂天輩數十子而已。吏部志復古道，奮不顧死，雖擯斥摧毁日百千端，曾不少改所守。數十子亦皆協贊附會，能窮精畢力，効吏部之所為。故以一吏部、數十子力，能勝萬百千人之衆，能起三數百年之弊。唐之文章所以坦然明白，揭於日月，渾渾灝灝，浸如江海，同於三代，駕於兩漢者，吏部與數十子之力也。……（《徂徠石先生文集》卷十二，中華書局版第一三六～一三七頁；《全宋文》二〇〇六年版第十五册，卷六一九，第一八八頁）

智按：石介，字守道，一字公操，兗州奉符（今山東泰安東南）人。嘗講學徂徠山下，學者稱徂徠先生。仁宗天聖八年（一〇三〇）進士，釋褐鄆州觀察推官。景祐元年（一〇三四）調南京留守推官，三年代父遠官嘉州軍事判官，旋以母喪歸泰山。慶曆二年（一〇四二）召為國子監直講。四年，擢直集賢院，不久通判濮州，未赴。五年卒，年四十一。有《徂徠石先生文集》二十卷，其中卷一至卷四為詩。事見《歐陽文忠公集》卷三十四《徂徠先生墓誌銘》，《宋史》卷四三二有傳。

江休復（一〇〇五～一〇六〇）

《嘉祐雜誌》

江州琵琶亭詩板甚多，李卿孫惟留一篇夏英公詩：「流光過眼如車轂，薄宦拘人似馬銜。若遇琵琶應大笑，何須收淚濕青衫。」（《四庫全書》本《嘉祐雜誌》；《醴泉筆録》卷下）

智按：李卿孫，當即李慶孫，泉州惠安（今屬福建）人。真宗咸平元年（九九八）進士。「有文名，所謂洛陽才子安鴻漸，天下文章李慶孫。」（元盛如梓《庶齋老學叢談》卷下）官江州推官、水部郎。清乾隆《泉州府志》卷五四《文苑傳》有傳。

江休復，字鄰幾，開封陳留（今河南開封東南）人。舉進士，調藍山尉，歷信、潞二州司法參軍。又舉書判拔萃科，知長葛縣，通判閬州。召為集賢校理，判尚書刑部。仁宗慶曆四年（一〇四四），因參與蘇舜欽進奏院宴會，落職監蔡州商税。久之，起知奉符縣，通判睦州、廬州，復集賢校理，與修起居注。累遷刑部郎中。嘉祐五年卒，年五十六。有文集二十卷，已佚。《宋史》卷四四三有傳。

范師道（一〇〇五～一〇六三）

《天平山》

萬物天地間，或有奇勝跡。見賞能幾人，不止今與昔。吳門多好山，天平爲峻極。旦暮常白雲，表裏皆珍石。煙嵐十里光，松桂四時色。我因一縱遊，煩襟爲開釋。感古懷君子，翻然長太息。樂天賞雲泉，詩章何歷歷。垂今數百年，繼者漠然寂。間遇希文來，雙旌守鄉國。行春三讓原，吟哦盡所得。子美天與才，尋幽多採摭。賦百五十言，平地黄金擲。三賢固有名，山亦資輝赫。此去還幾年，不逢好事客。（《四庫全書》本《吳都文粹》卷四；《宋詩紀事》卷十三；《全宋詩》第五册，第三四四三頁）

智按：白居易《白雲泉》云：「天平山上白雲泉，雲自無心水自閒。何必奔衝山下去，更添波浪在人間。」

范師道，字貫之，長洲（今江蘇蘇州）人。仁宗天聖九年（一〇三一）進士。知廣德縣，遷知常州，召為起居舍人、同知諫院，直龍圖閣，出知明州。嘉祐八年卒，年五十九。有文集五十卷，已佚。《宋史》卷三〇二有傳。

張伯玉（一〇〇五～一〇六八後）

《州宅並序》

余嘗愛越中山水，然未之遊。慶曆初，從事蘇臺，時范吏部自丹陽徙會稽，余贈以《越州詩》云：「何當獨把釣竿手，笑擁一艘東去遊。」其時但欲放曠於漁樵間耳。至和中，出倅新定，越守王工部新葺蓬萊閣成，畫圖來乞詩，余答之云：「會須長揖浮丘伯，醉聽銀河秋浪聲。」又欲為蓬萊客耳。去年春，久病省中，因乞此郡。聖恩得請，懷二千石口來，遂為主人矣。昔元微之在越，有《州宅》詩，樂天和之。余雖非其流，然所居所得一也。因暇日登覽，輒賦一章，書於屋壁，仍以寄王、范二詩追次焉，聊且道主人之所適，兼得以寫吾疇昔之好云。

萬疊湖山煙水濱，朱門畫戟間松筠。登臨不踏紅塵路，燕寢長居紫府春。書静欲驂風外駕，夜寒疑是月中身。我慙白首方懷紱，猶得蓬萊作主人。（原注：元詩云：「我是玉皇香案吏，謫居猶得小蓬萊」）（《四庫全書》本《會稽掇英總集》卷一；《全宋詩》第七册，第四七三五頁）

《再題州宅》

昔覽微之州宅篇，待將屏障寫山川。更看白傳明月句，欲上高樓跨紫煙。

（元詩曰：「四面常時對屏障。」白詩云：「月明樓閣在空虛。」）盤紆星斗旁六郡，零落風騷三百年。喬木自存人自遠，可憐香案舊神仙。（《四庫全書》本《會稽掇英總集》卷一）

《和國鎮晚秋齋中見寄》

越國風光與衆殊，貳車才調世應無。晴樓對酌雲平海，夜榻分題月滿湖。吟嘯江山君好手，主張詩酒我非夫。行當乞掛朱輪去，別作香山九老圖。（《四庫全書》本《會稽掇英總集》卷十二；《全宋詩》第七册，第四七四一頁）

智按：張伯玉，字公達，建安（今福建建甌）人。早年舉進士，又舉書判拔萃科。仁宗慶曆初以秘書丞知并州太谷縣時，范仲淹推薦應賢良方正能直言極諫科。至和中，通判睦州，時年三十，後遷知福州，移越州、睦州。有《蓬萊集》二卷，已佚。

郭熙（一〇〇五？～一〇九四？）

《林泉高致·山水訓》

嵩山多好溪，華山多好峰，衡山多好別岫，常山多好列岫，泰山特好主峰，天台、武夷、廬、霍、雁蕩、岷峨、巫峽、天壇、王屋、林廬、武當，皆天下名山巨鎮，天地寶藏所出，仙聖窟宅所隱，奇崛神秀莫可窮，其要妙欲奪其造化，則莫神於好，莫精於勤，莫大於飽游飫看，歷歷羅列於胸中，而目不見絹素，手不知筆墨，磊磊落落，杳杳漠漠，莫非吾畫，此懷素夜聞嘉陵江水聲而草聖益佳，張顛見公孫大娘舞劍器而筆勢益俊者也。今執筆者所養之不擴充，所覽之不淳熟，所經之不眾多，所取之不精粹，而得紙拂壁，水墨遽下，不知何以掇景於煙霞之表，發興於溪山之顛哉！後主妄語，其病可數。

何謂所養欲擴充？近者畫手有《仁者樂山圖》，作一叟支頤於峰畔，《智者樂水圖》作一叟側耳於岩前，此不擴充之病也。蓋仁者樂山宜如白樂天《草堂圖》，山居之意裕足也。智者樂水宜如王摩詰《輞川圖》，水中之樂饒給也。仁智所樂豈只一夫之形狀可見之哉!

何謂所覽欲淳熟?近世畫工，畫山則峰不過三五峰，畫水則波不過三五波，此不淳熟之病也。蓋畫山，高者、下者、大者、小者，盎碎向背，顛頂朝揖，其體渾然相應，則山之美意足矣。畫水，齊者、淚者、卷而飛激者、引而舒長者，其狀宛然自足，則水之態富贍也。

何謂所經之不眾多?近世畫手生於吳越者，寫東南之聳瘦;居咸秦者，貌關隴之壯;浪學范寬者，乏營丘之秀;媚師王維者，缺關仝之風骨。凡此之類，咎在於所經之不眾多也。

何謂所取之不精粹?千里之山不能盡奇，萬里之水豈能盡秀。太行枕華夏而面目者，林慮泰山占齊魯而勝絕者，龍岩一概畫之，版圖何異?凡此之類，咎在於所取之不精粹也。

故專於坡陀失之粗，專於幽閒失之薄，專於人物失之俗，專於樓觀失之冗，專於石則骨露，專於土則肉多。筆跡不混成謂之疏，疏則無真意;墨色不滋潤謂之枯，枯則無生意。水不潺湲則謂之死水，雲不自在則謂之凍雲，山無明晦則謂之無日影，山無隱見則謂之無煙靄。今山日到處明，日不到處晦，山因日影之常形也。明晦不分焉，故曰無日影。今山煙靄到處隱，煙靄不到處見，山因煙靄之常態也。隱見不分焉，故曰無煙靄。(《四庫全書》本《林泉高致集》)

智按:《林泉高致集》一卷，舊本題宋郭思撰。思父熙，字淳夫，溫縣(今屬河南)人，官翰林待詔直長，以善畫名於時。思字得之，登元豐五年(一〇八二)進士，官至徽猷閣待制、秦鳳路經略安撫使。書首有思所作序，謂丱角侍先子，每聞一說，旋即筆記，收拾纂集，用貽同好。故陳振孫《直齋書録解題》以此書為思追述其父遺蹟事實而作。

文彥博(一〇〇六~一〇九七)

《雪中樞密蔡諫議借示范寬雪景圖》

梁園深雪裏，更看范寬山。迥出關荊上，如遊嵩少間。雲愁萬木老，漁罷一蓑還。此景堪延客，擁爐傾小鸞（白樂天云：酒榼也）。（明嘉靖五年刻本《潞公集》卷五；《四庫全書》本《兩宋名賢小集》卷七；《宋百家詩存》卷六）

《梅公儀見寄華亭鶴一隻》

子真仙裔富高情，遠寄仙禽至洛城。昔向華亭常警露，今來緱嶺伴吹笙。稻粱猶憶嘉禾美，竹樹應憐履道清（樂天《池上篇》云：有華亭鶴二）。已遣吾家伊水墅，旋營莎薦似咸京。（公儀在雍公署種莎，謂之鶴薦，繼有詩詠）（《四庫全書》本《潞公文集》卷五）

《前朔憲孔嗣宗太博過孟云近於洛下結窮九老會凡職事稍重生事稍豐者不得與焉其宴集之式率稱其名其事誠可嘉尚其語多資嗢噱（噱）因作小詩以紀之亦以見河南士人有名教之樂簡貪薄之風輒録呈留守宣徽聊資解頤》

洛城冠蓋敦名教，任是清貧節轉高。見説近添窮九老（治中舊有九老之會三，並此四矣），從初便不要山濤。（《四庫全書》本《潞公文集》卷六）

《招仲通司封府園避暑》

騎山樓下水軒東，一室初開待白公。（自注：白云：「奇章欲於南溪上別葺一室，與白傅止宿。」故詩云：「終恐不如南澗上，別開一室待閑人。」）雖是不如南澗上，都緣卻有北窗風。銜杯避暑稱河朔，飛蓋延賓在鄴中。解榻況逢徐孺子，饋漿如飯與君同。（自注：卒章戲之耳）（《四庫全書》本《潞公文集》卷六；《全宋詩》第六册，第三五二〇頁）

《偶書答岐守吴卿》

君説歸期未有期，西風又是鱠鱸時。何當會集香山伴，同赴松窗燭下棋。（《四庫全書》本《潞公文集》卷七；《全宋詩》第六册，第三五三七頁）

《答龐相家園雖陋春物向榮日冀相車時枉遊覽未蒙寵降承貺佳章謹次嚴韻》

一壥幽趣闢城西，竹映軒窻柳拂堤。園吏每誇風物美，主人常歎簿書迷。碧池荷動觀魚戲，朱檻梧傾待鳳棲。惟願毗耶長者至，莫憂花裏有鶯啼。（公初還致政，有詩云：「毗耶長者入街初。」又樂天有「惟憂花裏鶯饒舌」之句）（《四庫全書》本《潞公文集》卷七）

《乞繼上奏封細陳事理》（慶曆八年）

臣讀唐史，見白居易為翰林學士，因事進諫，語甚切直，憲宗不悦，謂宰相李絳曰：「白居易小子，是朕拔擢致名位，而無禮於朕，朕極難奈。」李絳對曰：「居易所以不避死亡之誅，事無大小而必言者，蓋酬陛下拔擢耳。陛下欲開諫諍之路，不宜阻居易之言。」憲宗曰：「卿言是也。」由是言多聽納。臣以居易被憲宗拔擢，纔為學士，能盡忠極諫，以報恩遇，而況臣非才寒進，孤立無黨，獨蒙陛下誤聽，特力拔擢，位至宰相，犬馬之誠，堅於報主，然自待罪兩府，已逾二年，畧無謀猷，上裨神聖，雖則日奉天顏，常親黼座，所奏覆者，率多冗細事務，常程文書，徒煩睿聽，無益治體，以此為宰相職業，真所謂素餐尸禄，齪齪小謹而已，豈陳平所謂宰相者，上佐天子，理陰陽，順四時，外鎮撫四裔，使卿大夫各得任其職之義乎？……（《四庫全書》本《潞公文集》卷十五）

智按：文彥博，字寬夫，汾州介休（今屬山西）人。仁宗天聖五年（一〇二七）進士。歷御史、轉運副使、知州判府、樞密副使、參知政事、平章軍國事，拜太師，封潞國公。哲宗紹聖四年（一〇九七）卒，年九十二。徽宗崇寧間預黨籍，後追復太師，謚忠烈。一生更事仁、英、神、哲四朝，洊躋二府，七換節鉞，出將入相五十餘年。著有《潞公集》四十卷。《名臣碑傳琬琰集》下集卷十三、《宋史》卷三一三有傳。

歐陽修（一〇〇七～一〇七二）

《遊龍門分題十五首：白傅墳》

芳荃奠蘭酌，共弔松林裏。溪口望山椒，但見浮雲起。（《四部叢刊》本《文忠集》卷一「居士集一」；《全宋詩》第三五八五頁）

《尚書兵部員外知制誥謝公墓誌銘》

朝散大夫、行尚書兵部員外郎、知制誥、知鄧州軍州事、兼管內勸農使、上輕車都尉、陽夏縣開國男，食邑三百戶，賜紫金魚袋謝公諱絳，字希深。……三代已來，文章盛者稱西漢，公於制誥，尤得其體，世所謂常、楊、元、白，不足多也。(《四部叢刊》本《文忠集》卷二十六「居士集二十六」墓誌四首)

《琵琶亭上作》

九江煙水一登臨，風月清含古恨深。濕盡青衫司馬淚，琵琶還似雍門琴。(《四部叢刊》本《文忠集》卷五十五「外集五」)

《琵琶亭》

樂天曾謫此江邊，已歎天涯涕泫然。今日始知予罪大，夷陵此去更三千。(《四部叢刊》本《文忠集》卷五十六「外集六」；《全宋詩》第六册，第三七八四頁)

智按：宋仁宗景祐二年（一〇三六），歐陽修以「越職言事」，被貶為夷陵（今湖北宜昌）縣令。途經長江，登琵琶亭作此詩。

《玉樓春》

檀槽碎響金絲撥。露濕潯陽江上月。不知商婦爲誰愁，一曲行人留夜發。

畫堂花月新聲別。紅蕊調長彈未徹。暗將深意祝膠弦，唯願弦弦無斷絶。(《四部叢刊》本《文忠集》卷一百三十二「近體樂府」；《全宋詞》第一三四頁)

《歸田録》

晏元獻公喜評詩，嘗曰：「『老覺腰金重，慵便枕玉涼』未是富貴語，不如『笙歌歸院落，燈火下樓臺』，此善言富貴者也。」人皆以為知言。（商務印書館排印本卷一；李偉國點校本卷二，第二一頁)

智按：「笙歌歸院落，燈火下樓臺」見白居易《宴散》，《白居易集箋校》第一七七四頁。大和五年（八三一），六十歲，洛陽，河南尹。歐陽修《文忠集》卷一百三十「謝希深論詩」：「往在洛時，嘗見謝希深誦（一有曰字，或作云）『縣古槐根出，官清馬骨高。』又見晏丞相常愛『笙歌歸院落，燈火下樓臺。』希深曰：清苦之意在言外，而見於言中。晏公曰：『世傳寇萊公詩云：

『老覺腰金重，慵便枕玉涼。』以為富貴。此特窮相者爾。能道富貴之盛，則莫如前言。』亦與希深所評者類爾。二公皆有情味，而善（一作喜）為篇詠者。其論如此。」又吴處厚《青箱雜記》卷五載：「晏元獻公雖起田里，而文章富貴出於天然。嘗覽李慶孫《富貴曲》云：『軸裝曲譜金書字，樹記花名玉篆牌。』公曰：『此乃乞兒相，未嘗諳富貴者。故余每吟詠富貴，不言金玉錦綉，而唯説其氣象，若「樓臺側畔楊花過，簾幕中間燕子飛」、「梨花院落溶溶月，柳絮池塘淡淡風」之類是也。』故公自以此句語人曰：『窮兒家有這景致也無?』」所述晏殊作詩經驗之談，與《歸田録》所記切合無間，可以參看。

周必大《二老堂詩話》則云：「《白樂天集》第十五卷《宴散》詩云：『小宴追涼散，平橋步月迴。笙歌歸院落，燈火下樓臺。殘暑蟬催盡，新秋雁載來。將何迎睡興，臨睡舉殘杯。』此詩殊未覩富貴氣象，第二聯偶經晏元獻公拈出，乃迥然不同。」

《六一詩話》

仁宗朝，有數達官，以詩知名。常慕「白樂天體」，故其語多得於容易。嘗有一聯云：「有禄肥妻子，無恩及吏民。」有戲之者云：「昨日通衢遇一輜軿車，載極重，而羸牛甚苦，豈非足下『肥妻子』乎?」聞者傳以為笑。（《歷代詩話》第二六四頁）

陳舍人從易，當時文方盛之際，獨以醇儒古學見稱。其詩多類白樂天。蓋自楊、劉唱和，《西崑集》行，後進學者爭效之。風雅一變，謂「西崑體」。由是唐賢諸詩集幾廢而不行。陳公時偶得杜集舊本，文多脱誤，至《送蔡都尉詩》云：「身輕一鳥」，其下脱一字。陳公因與數客各用一字補之。或云「疾」，或云「落」，或云「起」，或云「下」，莫能定。其後得一善本，乃是「身輕一鳥過」。陳公歎服，以爲雖一字，諸君亦不能到也。（《歷代詩話》第二六六頁）

王建《霓裳詞》云：「弟子部中留一色，聽風聽水作霓裳。」《霓裳曲》，今教坊尚能作其聲，其舞則廢而不傳矣。人間又有《望瀛洲》、《獻仙音》二曲云，此其遺聲也。《霓裳曲》前世傳記論説頗詳，不知「聽風聽水」為何事也？白樂天有《霓裳歌》甚詳，亦無「風水」之説，第記之，或有遺亡者

爾。(《歷代詩話》第二七一～二七二頁)

智按：又見《菊坡叢話》卷二十三「文史類」(《全明詩話》第一册，第四一一頁)。清馮金伯輯《詞苑萃編》卷二十「辨證」(《詞話叢編》第三册，第二一七九頁)引此，字句略異。

《洛陽牡丹記》

⊙花釋名第二

牡丹初不載文字，唯以藥載《本草》。然於花中不為高第，大抵丹、延已西，及褒斜道中尤多，與荊棘無異。土人皆取以為薪。自唐則天已後，洛陽牡丹始盛，然未聞有以名著者。如沈、宋、元、白之流，皆善詠花草，計有若今之異者，彼必形於篇詠，而寂無傳焉。唯劉夢得有《詠魚朝恩宅牡丹詩》，但云「一藂千萬朵」而已，亦不云其美且異也。謝靈運言「永嘉竹間水際多牡丹」，今越花不及洛陽甚遠，是洛花自古未有若今之盛也。(《四庫全書》本《洛陽牡丹記》)

智按：歐陽修，字永叔，號醉翁。「醉翁」源於白居易《別柳枝》：「兩枝楊柳小樓中，嫋娜多年伴醉翁。明日放歸歸去後，世間應不要春風。」晚又號六一居士，廬陵(今江西吉安)人。仁宗天聖八年(一〇三〇)進士，初仕西京留守推官。景祐元年(一〇三四)，召試學士院，充館閣校勘。三年，因范仲淹事切責諫官高若訥，降為峽州夷陵令。四年，移乾德令。寶元二年(一〇三九)，遷武成軍判官。康定元年(一〇四〇)，復館閣校勘。慶曆三年(一〇四三)，知諫院，擢同修起居注，知制誥。四年，為河北都轉運使。五年，慶曆新政失敗，因力為新政主持者范仲淹、韓琦、杜衍等申辯，貶知滁州，徙揚州、潁州。至和元年(一〇五四)，權知開封府。五年，拜樞密副使。六年，進參知政事。英宗治平四年(一〇六七)，罷為觀文殿學士，轉刑部尚書知亳州。神宗熙甯元年(一〇六八)，徙知青州，因反對青苗法，再徙蔡州。四年，以太子少師致仕。五年，病逝於潁州汝陰，年六十六。謚文忠。有《歐陽文忠公集》。又撰有《新唐書》、《新五代史》等。《宋史》卷三一九有傳。宋胡柯編有《廬陵歐陽文忠公年譜》。

釋契嵩（一〇〇七～一〇七二）

《傳法正宗記》

大鑒之四世，曰洛京佛光寺如滿禪師。其所出法嗣一人，曰太子少傅白居易者。（《四部叢刊》本《鐔津文集》卷七；《大正新脩大藏經》第五十一册）

《與陳令舉賢良》

某啟。自湖旁冒雪相適，已數月矣，别後但眷眷然。仲秋時接所示書，乃知令舉至官，甚善。不以遷謫介意，公餘揭窓對雲而坐，道情清勝，乃下視塵俗，超然自樂，雖白樂天九江之時，何以過之？風聞人但景服不暇。令舉當世賢豪，更以外物自如此，其清規素德，益絕人遠矣。老弊浮雲，落葉飄泊，尚若不定，雖有陪三峽五老之興，安得遂之？猶遠高論，萬乞善保尊履。不宣。（《四部叢刊》本《鐔津文集》卷十一；《大正新脩大藏經》第五十二册）

《山遊唱和詩集敘》

楊從事公濟與沖晦晤上人訪潛子。明日，乃邀宿靈隱；又明日，如天竺，遂宿於天竺也。三人者游且詠，得詩三十六篇……晉之時，王、謝、許子以樂山水友支道林；唐之時，白公隱廬阜，亦引四釋子爲方外之交，其意豈不然哉？合之道其可忽乎？雲與龍貴以氣合，風與虎貴以聲合，聖與賢貴以時合，君與臣貴以道合，學者貴以聖人之道合，百工貴以其事合，昆蟲貴以其類合。……（《四部叢刊》本《鐔津文集》卷十二；《大正新脩大藏經》第五十二册）

《武林山志》

其山彌杭西北。其道南北，旁湖而入，南出西關，轉赤山，逾麥嶺、燕脂。北出錢唐門，躋秦王纜船石，過秦望、蜻蜓二山。垂至駝峴嶺趾，左趨入袁公松門，抵行春橋，橋西通南之支路。過行春橋垂二里，南北道會，稍有居民逆旅，行人可休。益西趨二里，入二寺，門偪合澗橋。過合澗、龍跡二橋，自丹崖紫微亭，緣石門澗，趨冷泉亭。……其泉之北出者曰冷泉，曰韜光，曰白沙，曰石筍，曰白公茶井，曰無著偃松，曰永安北源，曰彌陀西源，曰騰雲上源，西庵也，凡泉之源九。其一冷泉，在澗壖，其八在支塢。南塢，其古人之遺跡，若吳葛玄之葛塢者，若晉葛洪之丹井者，若宋謝靈運之翻經臺者，若隋真觀所標之佛骨塔者，若唐道標、杜多之草堂者。其北塢，若漢陸棣之九師堂者，若晉葛洪之伏龍石門者，若晉許邁之思真堂者，若晉惠理之燕寂岩者，若晉杜師明之謝客亭者，若宋智一之飯猿臺者，若呼猿澗者，若梁簡文所記之石像者，若梁朱世卿之朱墅者，若唐白居易之烹茶井者，若唐袁仁敬之袁君亭者。二塢總十有六事，徒古今相傳，雖名存而其事頗亡，不可按而備書。其山無怪禽鬼獸，唯巢構之樹最為古木。松筠、藥物、果蓏與他山類，唯美荈與靈山之所生枇杷、桂花發奇香異耳。（《四部叢刊》本《鐔津文集》卷十四；《大正新脩大藏經》第五十二册；《武林靈隱寺志》卷六；《杭州上天竺講寺志》卷十）

《非韓》中

韓子既謫潮州，乃奏書謝天子，因諷其天子封禪。謂己文章，可以振錫功德，編乎詩書，而不讓古人。吾竊笑韓子所發，輕率而事不稽。古封禪乃國家大典，帝王之盛事。臣子平時猶不可使人主遽為，況乎在其斥逐齟齬而輒言之。韓子豈善自宜之耶。如陸贄以宰相黜忠州十年，杜門絕人事，不復為私書。贄不唯能慎，蓋亦知其自不當預朝廷之事也。陸公可謂識大體矣。若夫封禪者非二帝三王之事也，其始於秦之始皇，而甚乎漢之孝武。其事勢雄侈，貲費蓋百巨萬，禮度與古所謂類上帝望山川豈等耶。

當時儒者，雖引《舜典》「至於岱宗，柴，望秩於山川」之義，以傅會其說。似是而非，殊不得實。復援管夷吾對齊桓公封禪之言，是亦非出二帝三王之書也。《漢書》稱，倪寬議封禪曰：「然其薦享之義，不著於經」，誠然也。昔太史公雖以之為書，蓋避其當時依違，不敢灼然是非。第曰：「余從巡，祭天地諸神名山而封禪焉，退而論次自古以來用事於鬼神者，具見其表裏，後有君子得以覽焉。」至於班固議論郊祀至封禪，或可或否，亦不灼然是之非之，但推谷永之奏為正。後世宜有卓識賢者，毅然推二帝三王之制度，折中夫秦漢舊事，以俟乎後世之為封禪者可也。吾嘗慨先儒如楊子雲之徒，徒善著書是非今古萬世，而卒不及此。《文中子》雖稍辯之，欲警隋之封禪者，而其説甚略。於穆後世，如有功德不充，符瑞未至，輒以其法而苟為之者，其何以質之耶！

韓子平生自負，謂能專二帝三王之道，而善斥百家古今之謬妄，安得一朝稍黜，乃自衰謬，反以秦皇、漢武之雄侈誇誕者以事其君乎？韓子其所守如何哉！就令其君稍有功德可封禪也，猶宜斟酌比較太宗之時，而然後舉之。唐之文皇帝，平數百年之積亂，獨振王道，其功德崇盛，宜比乎禹湯文武。雖漢之文景，尚恐其不足預其所有，如此，太宗猶不敢議封禪。故曰：「如朕本心，但使天下太平，雖缺封禪，亦可比德堯舜。如百姓不足，雖修封禪，亦何異桀紂。昔秦始皇登封岱宗，奢侈自矜，漢文竟不登封，躬行儉約，今皆謂始皇為暴虐之主，而漢文為有德之君。由此而言，無假封禪。」唐太宗可謂聖賢有道之君者也。而章武之時，其治道、功德、符瑞，其勝於太宗乎。不直不勝，亦恐不及正觀之風遠矣。而韓子乃欲其封禪，何其不思之甚也。

然則秦漢文封禪者，豈專告其成功於天地耶？乃慕神仙求長生永壽而為之者也。是故其書曰：「封禪即不死，黄帝是也。」又曰：「上封則能僊登天矣。」元和之末，天子方惑神仙長生之説，引方士柳泌服餌其金丹，而為患殊甚。況又推秦皇、漢武欲其重之，韓子舉事其見幾乎？豈其遭斥逐窮窘，欲媚人主，以自苟解免歟？《中庸》曰：「君子素其位而行，不願乎其外。素富貴行乎富貴，素貧賤行乎貧賤，素夷狄行乎夷狄，素患難行乎患難。君子無入而不自得焉。」斯謂所向苟不失其理，皆可安之，而無以寵辱禍福亂其志也，明夫君子能以中庸，而異於小人也。昔孫叔敖相楚，三進三黜，而無喜愠之色；白居易斥潯陽，不以遷謫介其意。二子如此，蓋亦以中庸而自處也。韓子既勇於言事，方降為郡吏，乃舉動躁妄，矜誇嗟諮，不能少安，不及孫子、白樂天也遠矣。（《四部叢刊》本《鐔津文集》卷十八；《四庫全書》本《鐔津集》卷十八；《大正新脩大藏經》第五十二册）

《次韻奉酬楊蟠山中回憶東山老》

君事逍遙入亂雲，與君躡屐遍溪鄰。林間聽鳥聞偏好，煙際觀山見匪真。

澗水只能忙送客，岩花不解久留人。樂天更有龍門約，勝會應須趁早春。(《四部叢刊》本《鐔津文集》卷二十一；《全宋詩》第六册，第三五七六頁)

《次韻奉和楊蟠惟晤次韻奉酬契嵩公濟沖晦出山次日奉寄》

樂天已與廣宣遊，更出風塵外俗流。酒聖盡能非畢卓，詩仙皆欲接浮丘。(自注：聞公濟與沖晦遊，斷此葷酒，多隨其奉戒。) 篇章逸處江山動，筆硯閒時雲雨收。況有聲名俱籍甚，並飛南北動王侯。(《四部叢刊》本《鐔津文集》卷二十一；《全宋詩》第六册，第三五七六頁)

智按：釋契嵩，字仲靈，自號潛子，欲姓李，藤州鐔津（今廣西藤縣）人。七歲出家，十三得度髮，十四受具足戒，十九游方，下江湘，陟衡廬。仁宗慶曆間居錢塘，嘉祐六年（一〇六一）入京，獻所著《禪宗定祖圖》、《傳法正宗記》，詔付傳法院，並賜號明教。神宗熙寧五年六月卒於杭州靈隱寺，年六十六。有《嘉祐集》、《治平集》凡百餘卷。今存《鐔津文集》二十二卷，其中詩二卷。事見《鐔津文集》卷首宋陳舜俞《鐔津明教大師行業記》(《都官集》卷八、《鐔津文集》卷首)。

沈立（一〇〇七～一〇七八）

《越州圖序》

按圖記，越州本《禹貢》揚州之域。……昔白樂天、元微之嘗為杭越守，互以詩筆相誇，人到於今稱之。如較其輿賦繁重，獄訟清簡，則越為之勝。……時熙寧庚戌中元日記。(《四庫全書》本《會稽掇英總集》卷二十；《全宋文》二〇〇六年版第三〇册，卷六四〇，第一一七頁)

智按：沈立，字立之，歷陽（今安徽和縣）人。任三司鹽鐵判官。嘉祐元年（一〇五六）奉命維修塞商湖堤，所著《河防通議》一書，後世悉尊爲治水法典。遷兩浙轉運史時，著《茶法要覽》。後調京西北轉運使，參與治理六塔河水利工程。歷任滄州知州，進諫議大夫，判都水監，遷江淮發運使，越州、杭州知州。

蘇舜欽（一〇〇八～一〇四九）

《藍田悟真寺作》

旅食長安城，迴遑奔走無停行。清懷壯抱失素尚，胸中堆積塵土生。偷閒得至玉峯下，爲聞悟真之寺之嘉名。杖邛赤腳渡藍水，細流激激心骨清。仰看蒼山高峯旁，白雲明滅藏日光。行人遥指置寺處，正在白雲之中央。逡巡緣棧更險絶，攀蘿捫壁隨低昂。朋行咫尺乃相失，已與雲霧相翺翔。時聞啼鳥如吹竹，數步一休還縱目。行行未知高則危，下視昏煙覆平陸。滿巖佳樹尤樸樕，赫赤如霞間濃緑。是時八月初，路旁已見芬芬菊。貪奇戀景不知倦，側睥又復心瑟縮。神魂飛下大壑幽，定省移時進雙足。寺門高開朝日輝，丹青黯澹唐時屋。老僧引我周遊看，且云白氏子詩乃實録。此詩疇昔予所聞，殷殷更向碑前讀。按言索像今無復，惟有流泉數道如車輻。我嫌世累欲暫居，又云此地無留宿。殿宇之後林莽中，日暮嘗有虎豹伏。鑿石龕邊崖至深，近有浮屠於此相棖觸。悁心宿忿兩不解，一乃顛擠死其谷。我聞爲之久顰蹙，此向期將避煩辱。不爲傷生事，爭如平地隨流俗。歎息回頭急出山，始覺全軀已爲福。（《四庫全書》本《蘇學士集》卷一；沈文倬點校《蘇舜钦集》，第五頁；《全宋詩》第六册，第三八九三頁）

智按：蘇舜欽，字子美，原籍梓州銅山（今四川中江東南），自曾祖起移家開封（今屬河南）。仁宗景祐二年（一〇三五）進士，歷任蒙城、長垣縣令，慶曆四年（一〇四四），因范仲淹薦，入為集賢殿校理、監進奏院。時杜衍、富弼、范仲淹執政，主持「慶曆新政」。蘇舜欽為杜衍婿，因進奏院祠神，以出售廢紙公錢宴會，為人所劾，以監守自盜罪削職為民，閒居蘇州滄浪亭。後復為湖州長史。卒，年四十一。有《蘇學士集》十六卷。《宋史》卷四四二有傳。

韓琦（一〇〇八～一〇七五）

《醉白堂》

戇老新成池上堂，因憶樂天池上篇。樂天先識勇退早，凜凜萬世清風傳。

古人中求尚難擬，自顧愚者孰可肩。但舉當時池上物，媿今之有殊未全。池東無廩貯餘粟，池西無亭揮五絃。中無高橋跨三島，下壓鼇背浮清漣。其間合奏散序者，童妓百指皆嬋娟。平無三石展湘簟，靜無雙鶴翹丁仙。雅無吳郡青版舫，游泛安便牢且堅。吾今謀退亦易足，池南大屋藏羣編。一車豈若萬籍富，子孫得以精覃研。夾堂脩竹抱幽翠，森森擁檻竿逾千。池中所出粗可愛，芡盤菱角紅白蓮。芍藥多名來江都，牡丹絕艷移洛川。及時花發池左右，香苞爛染朝霞鮮。籩老於此興不淺，間會賓屬陳芳筵。妖妍姬侍目嘉卉，咿啞絲竹聽流泉。宜城釀法亦云美，詩酒僅可追前賢。狂吟氣健薄霄漢，豪飲體放忘貂蟬。酒酣陶陶睡席上，醉鄉何有但浩然。人生所適貴自適，斯適豈異白樂天。未能得謝已知此，得謝吾樂知誰先。（《四庫全書》本《安陽集》卷三；《全宋詩》第六册，第三九八六頁）

《與餘杭希文資政經時兩絕音問忽得訊正與近致書同日因以詩寄》

閏首郵音得到無，使來還喜發雙魚。卻思塞上經時問，恰是吳中當日書。人邈江山神自照，道存忠義信從疏。昔年元白慈恩事，詩意雖同志未如。（《四庫全書》本《安陽集》卷六；《全宋詩》第六册，第四〇一三頁）

《寄致政趙少師》

兩曾擎日上高天，遽脫浮榮請退堅。寵殿大邦方異禮，確申前懇甫踰年。三師共仰青宮貴，四海皆稱白傅賢。自顧衰殘歸未得，幾時平地接神仙。（《四庫全書》本《安陽集》卷十四）

《初會醉白堂》

因建新堂慕昔賢，本期歸老此安然。輕陰竹滿牎間月，倒影蓮開水下天。自向酒中知有德，更於琴外曉無絃。霓裳百指非吾事，只學醺酣石上眠。（《四庫全書》本《安陽集》卷二十）

《故衛尉卿致仕高公墓誌銘》

公諱志寧，字宗儒，其先渤海蓨人。……即上章告老，詔以右領軍衛大將軍致仕。公既得謝，乃與鄧國張公太子少師任公，暨休官諸老凡九人，放懷林泉，間以詩酒相娛樂，追唐白傅九老之會，京洛好事家多圖寫而傳

之。……（《四庫全書》本《安陽集》卷四十七）

智按：韓琦，字稚圭，相州安陽（今屬河南）人。仁宗天聖五年（一〇二七）進士。初授將作監丞、通判淄州，不久入直集賢院、監左藏庫，歷開封府推官、三司度支判官、右司諫。寶元初西夏事起，為陝西安撫使，久在兵間，功績卓著，與范仲淹並稱「韓范」。慶曆三年（一〇四三）為樞密副使，與范仲淹、杜衍共主持新政，慶曆五年新政失敗，出知揚州，徙鄆州、成德軍、定州、并州。嘉祐元年（一〇五六）為樞密使，三年拜同中書門下平章事。英宗即位，仍為相，封魏國公。神宗立，琦堅辭相位，出判相州，建晝錦堂。不久再次經略陝西。神宗熙甯元年（一〇六八），復請歸相州。河北地震、黄河決口，徙判大名府，充安撫使。後因反對青苗法，與王安石不合，熙寧六年還判相州。八年卒，年六十八，諡忠獻。有《安陽集》五十卷。事見《名臣碑傳琬琰集》中集卷四十八宋李清臣《韓忠獻公琦行狀》，《宋史》卷三一二有傳。

趙抃（一〇〇八~一〇八四）

《江上白樂天祠》

我愛白司馬，有言來謁祠。才名千古照，忠義一生奇。諫切寧思禄，讒行卻罪詩。如何江上客，惟道琵琶詞。（《四庫全書》本《清獻集》卷二；《全宋詩》第六册，第四一三八頁）

《次韻前人寓越廨宇有懷》

越郡江南盡不如，樂天流語信非疎。人從鎖闥中間出，宅在蓬萊向上居。言念玉符分鎮日，卻思瓊苑拜恩初。臨風又辱詩筒寄，足見優遊刃有餘。（《四庫全書》本《清獻集》卷四；《全宋詩》第六册，第四一九一頁）

《送程給事守越州》

千騎從君臨照水，雙旌復我守錢塘。當年已共攀蟾桂，今日休辭醉羽觴。行聽龔黄歌治譽，好追元白遞詩章。分符況與尋常異，彼此東西是故鄉。（原

注：公塋於杭而予於越，皆有祖塋存焉。）（《四庫全書》本《清獻集》卷四；《全宋詩》第四一九一頁）

《武林即事寄前人二首》（其二）

七十隨緣豈有由，樂天曾不厭杭州。青山未隱如千里，白首重來又九秋。月窟仙人遺桂子，海門神物助潮頭。自慚老守無心力，坐鎮吾民靜即休。（《四庫全書》本《清獻集》卷四；《全宋詩》第六册，第四一九三頁）

《遊元積之龍圖江湖堂》

高堂遊賞興無厭，況是江湖兩得兼。白傅閣危猶下視，子胥濤遠更前瞻。盤桓皷吹風光盛，掩映煙波氣象添。太守老來難久戀，柯山朝暮欲歸潛。（《四庫全書》本《清獻集》卷四；《全宋詩》第六册，第四二〇二頁）

《題孤山寺湖上閣》

孤峯諸寺聳雲樓，寺腳周環枕碧流。和靖久居勤賦詠，樂天臨別歎勾留。拏舟直度閒千騎，佩印重來僅十秋。預約前春掛冠去，湖山閣好換休休。（《四庫全書》本《清獻集》卷四；《全宋詩》第六册，第四二〇四頁）

《別杭州》

政成五月愧前賢，又向東風解畫船。卻羨樂天詩裏道，皇恩曾許住三年。（《四庫全書》本《清獻集》卷五；《全宋詩》第六册，第四二二三頁）

《寄酬齊州曾鞏學士二首》（其二）

樂天當日詠東吳，一半勾留是此湖。歷下莫將泉石戀，而今天子用真儒。（《四庫全書》本《清獻集》卷五；《全宋詩》第六册，第四二二四頁）

《杭州八詠・虚白堂》

松蘿瀟灑似居山，賓退公餘半是閒。誰謂樂天虚白意，只傳詩句落人間。（《四庫全書》本《清獻集》卷五；《全宋詩》第六册，第四二二七頁）

智按：趙抃，字閱道（一作悅道），號知非子，衢州西安（今浙江衢縣）人。仁宗景祐元年（一〇三四）是士，除武安軍節度推官。歷知崇安、海陵、江原三縣，通判泗洲。至和元年（一〇五四），召為殿中侍御史。嘉祐元年

（一〇五六），出知睦州，移梓州路轉運使，旋改益州。召為右司諫，因論事出知虔州。英宗即位，奉使契丹，還，進河北都轉運使。治平元年（一〇六四），出知成都。神宗立，以知諫院召還，秋，擢參知政事。熙寧三年（一〇七〇），因反對青苗法去位。歷知杭州、青州、成都、越州，復徙杭州。元豐二年（一〇七九）二月，以太子少保致仕。退居於衢。七年卒，年七十七。謚清獻。有《清獻集》十卷。生平見蘇軾《趙清獻公抃愛直之碑》，《宋史》卷三一六有傳。

劉几（一〇〇八～一〇八八）

《耆英會（年七十五）》二首

司徒碩德今無比，太尉殊勳固絕倫。偶以暮年陪盛宴，喜將白髮照青春。八公有穢山空著，四皓當衰心且伸。元老相望疎跡在，不應此會媿前人。

制舉省元推二相，龍頭昔日屬宣猷。人間盛事並遐算，一席幾盈九百籌。（十二老共八百九十二歲）（《宋詩紀事》卷十二）

《花發狀元紅慢》

三春向暮，萬卉成陰，有嘉艷方坼，嬌姿嫩質，冠羣品，共賞傾城傾國。上苑晴晝暄，千素萬紅尤奇特。綺筵開，會詠歌才子，壓倒元白。　　別有芳幽苞小，步障華絲，綺軒油壁。與紫鴛鴦、素蛺蝶，自清旦、往往連夕。巧鶯喧翠管，嬌燕語雕梁留客。武陵人，念夢役意濃，堪遣情溺。（《全宋詞》第一八八頁）

智按：劉几，字伯壽，號玉華庵主，洛陽（今屬河南）人。仁宗朝進士。通判邠州，知寧州。英宗時為秦鳳總管。神宗時以秘書監致仕，隱居嵩山玉華峰下。哲宗元祐三年卒，年八十一。《宋史》卷二六二有傳。宋朱弁《風月堂詩話》卷下：「劉伯壽，洛陽九老中一老也。築室嵩山下，每登高頂回，則於峻極中院援筆記歲月，捐館之年題云：予今年若干歲，登頂凡七十四次矣，精力雖疲而心猶未足也。王輔道學士與其孫宣義郎，字元靜（忘其名），遊嵩至中院，作一絕句示宣義君云：『爛紅一點出浮漚，夜坐嵩峰頂上頭。笑對僧寥談祖德，當年七十四回游。』伯壽既結菴玉華峰下，號玉華菴主。有妾名萱草、芳草，皆秀麗，而善音律。伯壽出入，乘牛吹鐵笛，二草以蘄笛和之，聲滿山谷。出門不言所之，牛行即行，牛止即止。其止也，必命壺觴，盡醉而歸，嵩前人以為地仙云。」

李覯（一〇〇九～一〇五九）

《麻姑山重修三清殿記》

覯幼時讀顔魯公《麻姑仙壇記》，觀其稱道壤地之殊絶，人物之瓌怪，目想其處，謂如鈞天帝庭，非下土所髣髴也。及長遊山，縱觀所有，則歌吟雲煙，饜飫水石而已。其餘古屋數百楹，或腐或濕，無足可居，惟仙若神，何以顧享？噫！物有愈衰而後復理之常也，則所謂三清殿者，今爲復之先乎。……雖大道之要，本乎澹泊，安在土木之華而後張顯？然名山之景，列在圖籍，非有游覽之盛，不足稱述。故言神仙者，必曰崑崙之墟，海中洲島，宮闕之侈，視珠玉不啻如土芥，世俗相承，以為美談。若麻姑山，著稱久矣。元和辭人白樂天輩，咸有詠歌，粲於屋壁。自爾以來，言者溢口，書者滿牘，天下靈境，玆不後焉。苟非崇飾棟宇，嚴事上靈，其何足觀之？則潁川公之意，豈徒然哉！覯之視公，大父行也，見命為記，謹書其略。於時歲在辛巳，大宋康定二年。（《四庫全書》本《盱江集》卷二十三）

《建昌軍景德寺重修大殿並造彌陀閣記》

儒失其守，教化墜於地，凡所以脩身正心，養生送死，舉無其柄。天下之人若飢渴之於飲食，苟得而已。當是時也，釋之徒以其道鼓行之，焉往而不利？無思無為之義晦而心法勝，積善積惡之誡泯而因緣作。空假中則道器之云，戒定慧則明誠之別。至於虞祔練祥、春秋祭杞之儀不競，則七日三年，地獄劫化之辯，亦隨而進，蕃衍光大，繄此之由。故嗣迦葉者，師子達摩，流為東山牛頭；傳龍樹者，惠文惠思，熾於天台、灌頂。二家之學，並用於世。若夫律戒之盛，凡出家者，當由此塗。按，白居易《撫州景雲寺律和尚碑文》：「如來十弟子中，優波離善持律。波離滅，南嶽大師得之；南嶽滅，景雲大師得之。師南城人，初隸景雲寺，徙洪州龍興，終廬山東林。度娑婆男女萬五千人。姜相國公輔、顏太師真卿、本道廉使楊憑、韋丹，皆與友善。」樂天之敘如此。南城，於宋為建昌軍，景雲為景德寺，律和尚之跡已無見。土木之堅久者，唯殿與門。殿之制不靡，而其材良，乃今所無。基高而旁羸，入風雨者，四面如一，將恐腐折，後難為功。寺僧義明乃營屋若干，柱以翼之，且作彌陀閣於其前。右兼壯與麗，為永永計，先共謀者，文憲、宗正。既而憲住他院，正亦遂輟，克有終者唯明。殿之財集於衆，閣成於孀何氏，始卒凡八年。明講經論，頗憙事，以雅於予，來乞文，因論釋之所由興，亦使其徒知此寺昔嘗有僧為律戒師，於江之南，度人以萬數。當世賢者與之遊，以為寺之榮，而有所慕焉。慶曆七年冬十月己未記。（《四庫全書》本《盱江集》卷二十三；四部叢刊景明成化本《直講李先生文集》卷二十四；《四庫全書》本《續文章正宗》卷十五；四部叢刊景宋刊本《宋文鑒》卷八十）

《答黄著作書》

……若夫按白居易碑跡景雲大師之事，蓋取其與顏太師真卿等友善。魯公之大節，古今鮮儷，而善於一浮屠，必若澄觀受知於韓吏部之比，其人材有足稱者也。而景雲乃景德之舊，因使其徒，有所矜式焉，然則取信於白居易，何尤哉？又覯所謂「及味其言，有可愛者，蓋不出吾《易·繫辭》、《樂記》、《中庸》數句間」，漢傑以為仲尼、子思羣聖人之作述，豈與此等説較論而爭衡邪？是誠漢傑之不思也。……（《四庫全書》本《盱江集》卷二十八；四部叢刊景明成化本《直講李先生文集》卷二十八）

《閩中歲暮》

休道南人暖過冬，苦寒今與北方同。霜嚴欲裂地到底，日短不行天正中。誰使智愚相伴老，便將榮辱斷還空。鄉愁莫更欺閑客，薄酒從來亦有功。（白樂天有《酒功贊》）（《四庫全書》本《盱江集》卷三十七）

智按：李覯，字泰伯，建昌軍南城（今屬江西）人。曾舉茂才異等不第，創建盱江書院（盱江在南城），教授生徒，學者稱盱江先生。仁宗皇祐初，由范仲淹等薦，試太學助教，後為直講。嘉祐中，為海門主簿、太學説書。生平見《盱江集》卷首宋魏峙《李直講年譜》，《宋史》卷四三二有傳。

元絳（一〇〇九～一〇八四）

《郡守章公岵五日開宴會九老於廣化寺次韻》

五日佳辰郡政閒，延賓談笑豁幽關。闉門歌舞尊罍上，林屋煙霞指顧間。德應華星臨潁尾，年拘皓髮下商顏。昌花美酒疎鐘永，坐見斜暉隱半山。（《宋詩紀事》卷十三）

智按：元絳，字厚之，錢塘（今浙江杭州）人。仁宗天聖八年（一〇三〇）進士，歷知台、福、鄆諸州及開封府，又為廣東、兩浙、河北轉運使，召為翰林學士，官至參知政事。晚年以資政殿學士知青州，以太子少保致仕。神宗元豐七年卒，年七十六，謚章簡。有《玉堂集》二十卷（《宋史·藝文志》），已佚。生平見《蘇魏公文集》卷五十二《太子少保元章簡公神道碑》，《宋史》卷三四三有傳。

程師孟（一〇〇九～一〇八六）

《上巳遊東禪》

出城林徑起蒼煙，白馬遺蹤俗尚傳。第一僧居蘭若處，幾番身醉荔枝前。百年騷客來題寺，三月遊人作樂天。更愛堂頭迎太守，路旁先墜碧雲編。（《全宋詩》第七册，第四三八六頁）

智按：宋梁克家《淳熙三山志》卷四十（《四庫全書》本）所收此詩首聯不全。

程師孟，字公闢，吳（今江蘇蘇州）人。仁宗景祐元年（一〇三四）進士。歷知南康軍、楚州、洪州。入判三司都磨勘司，出為江西轉運使，知福州。神宗熙寧六年（一〇七三），知廣州。九年，入為給事中，判都水監。出知越州、青州，致仕。哲宗元祐元年卒，年七十八。《宋史》卷三三一、四二六有傳。《吳郡志》卷三十五稱其「性樂易純質，言無隱情，喜為詩，效白樂天，而尤簡直。」明胡謐《(成化) 山西通志》卷八：「程師孟，河東路提點刑獄，岢、嵐等州凶歲無常平倉粟，邊民飢流，師孟請出祠部牒募民納粟，置倉廩以儲之。晉地多土，山旁接川谷，春夏大雨，水蠲如黄河可溢溉，師孟勸民釃渠築堰，淤良田一萬八十頃，褒其事，為水利圖經，頒之州縣。後官至光禄大夫。喜為詩，效白樂天，而尤簡直。」(民國二十二年景鈔明成化十一年刻本)

祖無擇（一〇一一～一〇八四）

《蕭五監丞新作堂成名曰知雄且賦彫章題之屋壁勉率蕪惡以繼高韻》

況堂佳號塵遊外，題壁新吟藻思春。樸素自持師老氏，清醒常戒鑒靈均。窮通一致由知命，恬智相須合入神。因覽君詩我顏厚，不能假日樂天真。(《四庫全書》本《龍學文集》卷二；《全宋詩》第七册，第四四一二頁)

《琵琶亭》

晚泊湓江半客舟，琵琶亭下動閒愁。霓裳緑腰杳何許，楓葉荻花空自秋。賈傅有才悲鵩鳥，楚騷終古怨靈修。莫言司馬青衫濕，今日行人亦涕流。(《四庫全書》本《龍學文集》卷二)

《交代屯田遠惠書問紙尾批示若就江州至軍兼可腹背遊覽廬阜因成拙句且答佳意》

廬山在境好行春，猶恨奇峰半屬鄰。腹背徧遊煩示諭，即當先謁樂天真。(《四庫全書》本《龍學文集》卷四；《全宋詩》第七册，第四四二八頁)

《周成職方笑臺》

賈生太息唐衢哭，感事傷時可奈何。爭似君當堯舜日，臺頭大笑樂天和。(《四庫全書》本《龍學文集》卷四；《全宋詩》第七册，第四四二九頁)

《賀中書傅舍人啓》

伏審膺被宸寵，典司帝謨，凡在縉紳之間，欣逢除目之下。竊以文章治道之鼓吹，誥令朝廷之羽儀，因人發揮，為世風采。若才子遴集，則勛華之典粹醇；議臣奮登，則商周之書灝噩。照爛往册，驚傳後人。迨兹以還，藐未足紀。惟嚴、徐、枚、賈之於漢，及常、楊、元、白之於唐，猶馳駿聲，僅躡遺躅。……（宋魏齊賢、葉棻同編《五百家播芳大全文粹》卷十，《四庫全書》本）

附：范炳文《祖仙傳跋》

白居易有言：「以儒飭身，以道養壽」，誠哉是言也。祖伯高，幼嗜儒學，及長脱俗，遂為神仙中人，飭身養壽，始終如此。居易之言，伯高其得之。淳熙丙申正月十七日，高平范炳文晦叔書。（《四庫全書》本《龍學文集》卷十三家集）

智按：祖無擇，字擇之，上蔡（今屬河南）人。仁宗寶元元年（一〇三八）進士。歷知南康軍、海州，皇祐元年（一〇四九）擢廣南東路轉運使，入直集賢院。五年知袁州，嘉祐初改知陝府，遷湖北轉運使，入為中書舍人。英宗治平二年（一〇六五）加龍圖閣直學士，權知開封府，進龍圖閣學士，知鄭、杭二州。神宗立，知通進銀臺司。熙寧三年（一〇七〇）謫忠正軍節度副使。元豐六年（一〇八三）分司西京御史臺，移知信陽軍，七年卒，年七十四。有《洛陽九老祖龍學文集》十六卷。《宋史》卷三三一有傳。

毛維瞻（一〇一一～？）

《明果禪寺記》（元豐二年十月）

炎宋元豐二年冬十月十四日，維瞻陪資政殿大學士、太子少保致仕趙公去浮石，如宣風，宿五花峰下。詰旦，入項山，晨飯，來咸通興善院，遂入裏寺源，抵明果，瞻謁大徹禪師真身殿塔。寺距城僅七十里，僻在層雲亂峰之外。樵塗塢徑，車馬之跡不能到。山有銅刀澗、豬掊泉、貞證塔，楊光弼記，皆名存而跡亡，不可尋究。介源之半山，興善寺輒有巨石，極高峻，衆指爲捨身臺，言禪師昔來此，欲自毁於臺上，有神物捧護，竟不能殞。山四面回合，至之者宛如別造一世界。迫而望之，山轉近轉高，谿轉深轉清，實真人開士棲遁之域。寺碑有唐白太傅所撰《禪法堂記》（智按：白集作《傳法堂碑》)，前後觀者無不眩惑。蓋記所敘禪師乃衢之信安人也，祝氏其姓，維寬其字。修善受具，居西京之興善寺。及終，就葬灞陵之西源。今是寺反有師之真身，來者參驗無證，宜不得以無惑也。嗚呼，佛之化身，動踰千百億，或在其土，或之他國，安有一方之定乎？極樂國衆生清旦衣裓，盛衆妙花供養，他方十萬億佛即以食時還到本國，又安有一止滯乎？公以維瞻考知始末，將去，俾條晰以書於題名之壁云。（嘉慶《西安縣志》卷四四，嘉慶十六年刊本；嘉慶《衢縣志》卷一九；《全宋文》二〇〇六年版第四六册，卷九九二，第一五三頁）

智按：毛維瞻，字國鎮，蘇門詞人毛滂之父。衢州江山（今屬浙江）人。慶曆二年（一〇四二）進士。慶曆中爲縉雲縣尉，皇祐中爲義烏令。熙寧中任開封府推官、度支郎中。八年，罷爲提舉洞霄宫，與致仕還鄉之趙抃相友善，爲山林之樂。元豐三年（一〇八〇）以朝請大夫知筠州，與謫監筠州酒税之蘇轍多所唱和。五年致仕。見《續資治通鑑長編》卷二六九，《欒城集》卷二三、二四，雍正《廣西通志》卷七〇，乾隆《浙江通志》卷一二三，道光《東陽縣志》卷一〇，《括蒼金石志》卷三，《宋詩紀事》卷一五，《宋詩紀事小傳補正》卷一。

蔡襄（一〇一二～一〇六七）

《過白樂天墳》

樂天本才士，羽儀初頡頏。脱身避禍機，遂得林泉尚。生愛香山遊，死亦香山葬。悠悠醉吟魂，終古填幽壙。小堂松檜間，躋攀白雲上。春日照伊流，素波明演漾。草樹豈有情，一步一回望。（《四庫全書》本《端明集》卷一；《全宋詩》第七册，第四七五一頁）

《讀樂天閒居篇》

《閒居》篇云：「君看裴相國，金紫光照地。心苦頭盡白，纔年四十四。乃知高蓋車，乘者多憂畏。」予感其説，因抒鄙章。

予年四十四，髪白成衰翁。非有高蓋車，曷與賢者同。嗟予出寒遠，家世嘗力農。十九登科第，聖轂參英雄。十年出吏選，校書蓬陼中（是年二十九）。天子設採拔，謂有諫諍風。既叨言責地（三十二），蹇蹇思匪躬。竊不自度量，語剡奸邪胸。一毫抗千鈞，擯落無流蹤。同時皆驤首，金紫班著崇。唯予守長樂，幸就禄養豐（三十四）。八年江海外，再上螭階東。四十入西閣，宿仇司化工。蒙錦投機穽，唯賴天聽聰。代言遊禁密，侍從多從容。尋行京兆事，擊斷露銛鋒。是職非所好，輒以死竭忠。願闢大幽都，為君囚四凶。願拂西省堂，為君延夔龍。願舒泰山雲，甘澤成歲功。願回太清日，晴景破陰蒙。願躋萬人壽，夭紮終不逢。願令編戶富，食衣無困窮。羣臣走率職，陛下居法宮。文彩成禮樂，籌略羈夷戎。意言亦良苦，精神庶潛通。短少趨遠道，心健力不充。早衰鬢已華，憂傷乃自攻。我知古人心，生德貫上穹。何為論貴賤，貴畏非大公。南歸雖云樂，此念殊忡忡。（《四庫全書》本《端明集》卷三；《全宋詩》第七册，第四七七〇頁）

《遊龍門香山寺》

彩閣縈林轉，蒼崖隔水開。龕明千像日，波起一灘雷。緑淺春前草，香餘臘後梅。背人驚鷺去，將雨好風來。雲氣随衣袂，嵐光入酒杯。清遊知不屢，欲下更徘徊。（《四庫全書》本《端明集》卷四）

《荔枝譜》

荔枝之於天下，唯閩粤、南粤、巴蜀有之。漢初，南粤王尉佗以之備方物，於是始通中國。司馬相如賦上林云：荅遝離支，蓋誇言之，無有是也。東京交阯七郡，貢生荔枝，十里一置，五里一堠，晝夜奔騰，有毒蟲猛獸之害。臨武長唐羌上書言狀，和帝詔太官省之。魏文帝有西域蒲桃之比，世譏其繆論，豈當時南北斷隔，所擬出於傳聞耶？唐天寶中，妃子尤愛嗜，涪州歲命驛致，時之詞人多所稱詠。張九齡賦之以託意；白居易刺忠州，既形於詩，又圖而序之。雖髣髴顔色，而甘滋之勝，莫能著也。洛陽取於嶺南，長安來於巴蜀，雖曰鮮獻，而傳置之速，腐爛之餘，色香味之存者亡幾矣。是生荔枝，中國未始見之也。九齡、居易雖見新實，驗今之廣南州郡與夔梓之間所出，大率早熟，肌肉薄而味甘酸，其精好者僅比東閩之下等，是二人者，亦未始遇夫真荔枝者也。……（《四庫全書》本《端明集》卷三十五；《荔枝譜》卷一）

智按：蔡襄，字君謨，興化仙遊（今屬福建）人。仁宗天聖八年（一〇三〇）進士，為西京留守推官。慶曆三年（一〇四三），知諫院，進直史館，兼修起居注。次年，以母老求知福州，改福建路轉運使。皇祐四年（一〇五二），遷起居舍人、知制誥，兼判流內銓。至和元年（一〇五四），遷龍圖閣直學士、知開封府。三年，以樞密直學士再知福州，徙泉州。嘉祐五年（一〇六〇），召為翰林學士、三司使。英宗即位，以端明殿學士知杭州。治平四年卒，年五十六。孝宗乾道中，賜謚忠惠。有《蔡忠惠集》。事見《歐陽文忠公集》卷三十五《端明殿學士蔡公墓誌銘》，《宋史》卷三二〇有傳。

邵雍（一〇一二～一〇七七）

《履道會飲》

衆人之所樂，所樂唯囂塵。吾友之所樂，所樂唯清芬。清芬無皷吹，直與太古隣。太古者靡它，和氣常絪緼。里閈舊情好，有才復有文。過從一日樂，十月生陽春。洛陽古神州，周公嘗縷陳。四時寒暑正，四方道里均。代不乏英俊，號為多縉紳。至于花與木，天下莫敢倫。而逢此之景，而當此之辰。而能開口笑，而世有幾人。清衷貫金石，劇談驚鬼神。天地為一指，富貴如浮雲。明時緩康濟，白晝閑經綸。莫如陪歡伯，又復對此君。商於六百里，黃金四萬斤。不能買兹樂，自餘惡足論。接䍦倒戴時，蟾蜍生海垠。小車倒載時，山翁歸天津。（《四庫全書》本《擊壤集》卷八）

《安樂窩中四長吟》

安樂窩中快活人，閑來四物幸相親。一編詩逸收花月，一部書嚴驚鬼神。一炷香清冲宇泰，一樽酒美湛天真。太平自慶何多也，唯願君王壽萬春。（《四庫全書》本《擊壤集》卷九）

《安樂窩中詩一編》

安樂窩中詩一編，自歌自詠自怡然。陶鎔水石閑勳業，銓擇風花靜事權。意去乍乘千里馬，興來初上九重天。歡時更改三兩字，醉後吟哦五七篇。直恐心通雲外月，又疑身是洞中仙。銀河洶湧飜晴浪，玉樹查牙生紫煙。萬物有情皆可狀，百骸無病不能蠲。命題濫被神相助，得句謬為人所傳。肯讓貴家常奏樂，寧慙富室賸收錢。若條此過知何限，因甚臺官獨未言。(《四庫全書》本《擊壤集》卷九)

《安樂窩中一部書》

安樂窩中一部書，號云皇極意何如。春秋禮樂能遺則，父子君臣可廢乎。浩浩羲軒開闢後，巍巍堯舜協和初。炎炎湯武干戈外，恟恟桓文弓劍餘。日月星辰高照耀，皇王帝伯（音霸）大鋪舒。幾千百主出規制，數億萬年成楷模。治久便憂強跋扈，患深仍念惡驅除。才堪命世有時有，智可濟時無世無。既往盡歸閑指點，未來須俟別支梧。不知造化誰為主，生得許多奇丈夫。(《四庫全書》本《擊壤集》卷九)

《安樂窩中一炷香》

安樂窩中一炷香，凌晨焚意豈尋常。禍如許免人須諂，福若待求天可量。且異緇黃徼廟貌，又殊兒女裛衣裳。中孚起信寧煩禱，無妄生灾未易禳。虛室清泠都是白，靈臺瑩靜別生光。觀風禦寇心方醉，對景（一作境）顔淵坐正忘。赤水有珠涵造化，泥丸無物隔青蒼。生為男子仍身健，時遇昌辰更歲穰。日月照臨功自大，君臣庇廕效何長。非（又作不）徒聞道至於此，金玉誰家不滿堂。(《四庫全書》本《擊壤集》卷九)

《安樂窩中酒一樽》

安樂窩中酒一樽，非唯養氣又頤真。頻頻到口微成醉，拍拍滿懷都是春。何異君臣初際會，又同天地乍絪緼。醺酣情味難名狀，醞釀功夫莫指陳。斟有淺深存爕理，飲無多少寄經綸。鳳凰樓下逍遥客，郟鄏城中自在人。高閣望時花似錦，小車行處草如茵。卷舒萬世興亡手，出入千重雲水身。雨後靜觀山意思，風前閑看月精神。這般事業權衡別，振古英雄（本作豪）恐未聞。(《四庫全書》本《擊壤集》卷九)

智按：一編詩、一部書、一樽酒和一炷香，與白居易《北窗三友》之琴、酒、詩立意何其相似。《四庫全書總目提要》卷一百五十三云：「一時作者，往往衍長慶餘風。王禹偁詩所謂『本與樂天為後進，敢期杜甫是前身』者是也。邵子之詩，其源亦出白居易。」觀以上數詩，信然。

《履道留題吟》

何代無人振德輝，衆賢今日會西畿。太平文物風流事，更勝元和全盛時。（《四庫全書》本《擊壤集》卷十七）

《夢林玄解》

⊙白居易吉

占曰：香山老，不戀功名心自皓，耽詩嗜酒卧山林。佞佛參禪絕煩惱，留得遺經訓子孫。人間富貴誰永保，達哉達哉白樂天。此翁眞箇何處討，今來與我夢中親，為招賢哲回頭早。（《夢林玄解》卷四夢占，《續修四庫全書》影印明崇禎刻本）

⊙白居易

渴人多夢飲，飢人多夢食。（《夢林玄解》卷二十九夢原，《續修四庫全書》影印明崇禎刻本）

智按：邵雍，字堯夫。祖籍范陽（今河北涿州），早年隨父移居共城（今河南輝縣）蘇門山下，築室蘇門山百源上讀書，學者稱百源先生。與周敦頤、程頤、程顥齊名，以治《易》、先天象數之學著稱。仁宗皇祐元年（一〇四九）定居洛陽，以教授生徒為生。嘉祐七年（一〇六二），西京留守王拱辰就洛陽天宫寺西天津橋南五代節度使安審琦宅故基建屋三十間，為雍新居，名安樂窩，因自號安樂先生。仁宗嘉祐及神宗熙寧初，曾兩度被薦舉，均稱疾不赴。富弼、司馬光、吕公著等退居洛陽時，恒相從遊。熙寧十年卒，年六十七。哲宗元祐中賜謚康節。有《伊川擊壤集》二十卷。《宋史》卷四二七有傳。

王拱辰（一〇一二～一〇八五）

《耆英會詩》

西都山水天下奇，神嵩景室環清伊（上古太室山為景室山）。甫申間氣秀不絕，生賢會聖昌明時。衣冠占數盛文雅，台符卿月光離離。魏京雄奥壓幽朔，遊宮御府嚴天威。膏田千里翳桑柘，犀甲萬旅馴熊羆。公當緩帶名三鎮，懸赤繼軫承保釐。追推契遇最深舊，加復雍孟交旌麾。仁皇一莊龍虎榜，桂堂先後攀高枝。宦遊出處五十載，鸞臺驥路俱騰夷。三公極位固遼隔，五年以長猶肩隨。公今復主鳳門鑰，僕亦再撫銅臺圻。二京相望阻河廣，三徑不克陪遊嬉。忽聞幹步踵門至，投我十二耆英詩。整冠肅貌諷章句，若坐寶肆羅珠璣。為言白傅有高躅，九君結社真可師。欲令千載著風跡，亟就僧館圖神姿。詞宗端殿序篇目，滂灑大筆何淋漓。眷言履道靡充詘，菟裘近邑將營歸。敢云繪素得精筆，願列霜壁如唐規。退居舊相國元老，十年還政瀍之涯。康寧富貴備五福，靈寶盛氣如虹霓。昔年大對繼晁董，登科賜第同一期（皆天聖八年）。紫垣步武既通接，金沙里閈還鄰比。探禪論道劇訓對，摩軋太古窮天機。二賢勳業冠朝省，爵齒官學誰依稀。今將圖畫表來世，詎可下客聯纓緌。既蒙月品定人物，不敢循避違風期。況承開閣厚賓客，富有景物佳園池。銅駝坊西福善宅，修竹萬箇籠清漪。天光臺高未百尺，下眺林嶺如屏帷。花王千品盡殊勝，風光繡畫三春暉。六相街中潞公第，碧瓦萬木煙參差。左隅廟室本經禮，右閣宸翰尊星奎。婆娑青鳳舞松柏，煥爛素錦薰酴醾。石渠飛溜漱寒玉，晝夜竽瑟鳴堦墀。伊予陋宇治窮僻，姑喜地廣為環溪。樓名多景可曠望，臺號風月延清暉。四時花藕不外假，拏舟傲幘聯嬉怡。懷歸撫事若飢渴，恨無羽翼西南飛。人生交舊貴倫輩，情親意接心相知。豈無晚秀負才蘊，高談大笑拘禮儀。洛中故事名義燕，二毛第一年相推。灑冠登仕荷天寵，尊君報國當百為。既嗟大耋盍知止，納祿謝事皆所宜。顧方北道倚煩劇，未許解紱披荷衣。長篇不令負花約（公貽莫負花前約之句），為指風什歌式微。如嚢甘露爽心骨，似柄玉麈親顏眉。蘭叢雖未長羅宅，菊英似亦思陶籬。子山已著小園賦，彥倫猶媿鍾山移。聊攄短引謝招隱，肯使猿鶴常驚啼。（司馬光《洛中耆英會詩》）（《宋詩紀事》卷十二，上海古籍出版社本第二九六～二九八頁）

智按：王拱辰，字君貺，舊名拱壽，仁宗賜今名，開封咸平（今河南通許）人。仁宗天聖八年（一〇三〇）進士。慶曆元年（一〇四一）為翰林學士，知審官院。皇祐間出知鄭州，徙澶、瀛、并三州。四年（一〇五二），為學士承旨兼侍讀。至和三年（一〇五六），拜三司使，旋出知永興軍，移泰、定二州。英宗治平二年（一〇六五），知大名府。神宗熙寧四年（一〇七一），判河陽。哲宗即位，徙彰德。元豐八年卒，年七十四。有文集七十卷，已佚。事見《名臣碑傳琬琰集》下集卷二十《王懿恪公拱辰傳》，《宋史》卷三一八有傳。

張問（一〇一三～一〇八七）

《耆英會詩》

槐庭二老樂堯仁，盛集高年洛水濱。華袞具瞻雖禮絕，白頭序齒卻情親。清閑几席同禪院，山野巾裘似隱淪。尊酒椒香纔過節，池塘草色已催春。白公酣暢吟哦內，衛武康強笑語頻。豈獨丹青傳不朽，潛欣風俗欲還淳。芝田鶴戲調形健，蓮葉龜遊納息勻。商皓寂寥拘小隱，漢疏局促止家人。莫因氣貌疑丹竈，自有光陰寄大椿。復得兼謨爲重客（司馬光未七十），恐遺元爽在編民。神仙可學今方信，道術相忘久益真。滿座交歡祝眉壽，羣生五福託鴻鈞。（《宋詩紀事》卷十二；《全宋詩》第七册，第四八七五頁）

智按：張問，字昌言，襄陽（今屬湖北）人。仁宗景祐初進士，通判大名府。擢提點河北刑獄。徙江東、淮南轉運使，加直集賢院、戶部判官。神宗熙寧四年（一〇七一），貶知光化軍。復為河北轉運使、知徐州。入為度支副使，拜集賢殿修撰、河東轉運使。熙寧末，知滄州。元豐間，歷知河陽、潞州。哲宗元祐元年（一〇八六），為秘書監。二年卒，年七十五。《宋史》卷三三一有傳。

孔延之（一〇一四～一〇七四）

《會稽掇英總集序》

予常恨《詩》、《書》之闕亡，使善惡之戒，不詳見於後代者，蓋編脫簡落，不能即補之故也。後之為文章，自非藏之名山，副在緗帙。鏤之板，屋室有時而變；勒之石，岸谷有時而易。況火於秦，莽、卓於漢，割裂於六朝、五代，則木石之能不散蕩者幾矣。若元微之、白居易之吟詠撰述，汪洋富博，可謂才尤力敵矣，而今完缺不同者，白能自為之集，舉而置之二林之藏，元則悠然不知所以為計也。故題之板不如刊之石，刊之石不如墨諸紙。苟欲誦前人之清芬，搜斯文之放逸，而傳之久遠者，則紙本尚矣。會稽稱名區，自《周官》、《國語》、《史記》，其衣冠、文物、紀録、賦詠之盛，則自東晉而下，風亭月榭，僧藍道館，一雲一鳥，一草一木，覶縷而曲盡者。自唐迄今，名卿碩才，毫起櫛比。碑銘頌志，長歌短引，究其所作，宜以萬計。而時移代變，風磨雨剝，見於今者，蓋亦僅有。考之壁記，自唐武德至光啓，為之守者幾百人，其間高情逸思，發為篇詠者，豈無四五？而今所傳者，元、薛、李、孟數人而已。或失於自著，或怠於所承。此予之所以深惜也。故自到官，申命吏卒，徧走巖穴，且擴之編蘊，詢之好事，自太史所載，至熙寧以來，其所謂銘志歌詠，得八百五篇，為二十卷，命曰《會稽掇英總集》。詩則以古次律，自近而之遠；文則一始於古，稍以歲月為先後，無所異也。噫！隋珠和璞，流落乎冥昧久矣，一旦鉤索實聚，誇示來世，神光靈氣，炯然在目，東南之美盡矣，闕亡之恨消矣。所以然者，庶幾無負作者之用心也。時熙寧壬子（智按：熙寧五年）五月一日，孔延之序。（《四庫全書》本《會稽掇英總集》卷首；《全宋文》二〇〇六年版第四八册，卷一〇三三，第七〇～七一頁）

《會稽掇英總集》

《宿雲門寺》白居易

昨夜有風雨，雲奔天地合。龍吟古石樓，虎嘯生巖閣。幽意未盡懷，更行三五匝。（《四庫全書》本《會稽掇英總集》卷七）

智按：所引之詩，白集未見。「虎嘯生巖閣」，《全唐詩續拾》卷二十八作「虎嘯層巖閣」（據鄒志方《唐詩補録》）。

《題法華山天衣寺》白居易

山為蓮宮作畫屏，樓臺迤邐插青冥。雲生座底鋪金地，風起松梢韻寶鈴。龍噴水聲連擊磬，猿啼月色間持經。時人不信非凡境，試入玄關一夜聽。（《四庫全書》本《會稽掇英總集》卷八）

智按：所引之詩，白集未見。下同。

《會二同年》白居易

一樽聊接故人歡，百歲堪嗟鬢漸殘。莫見白雲容易愛，照湖澄碧四明寒。（《四庫全書》本《會稽掇英總集》卷十三）

智按：孔延之，字長源，臨江新淦（今江西新幹）人。孔子四十七代孫。仁宗慶曆二年（一〇四二）進士。授欽州軍事推官，歷知洪州新建、筠州新昌縣，擢知封州，移荊湖北路提點刑獄。神宗熙寧四年（一〇七一）以司封郎中知越州，移知泉州、宣州。七年卒，年六十一。有文集二十卷，已佚。又有《會稽掇英總集》二十卷。事見《元豐類稿》卷四十二《司封郎中孔君墓誌銘》。

錢明逸（一〇一五～一〇七一）

《五老圖序》

夫蹈榮名而保終吉，都貴勢而躋遐耇，白首一節，人生所難。今致政宮師相國杜公，雅度敏識，圭璋巖廟，清德令望，龜準當世，功成自引，得謝君門。視所難得者，則安享之；謂所難行者，則恬居之。燕申睢陽，與賓客太原王公，故衛尉河東畢卿，兵部沛國朱公，駕部始平馮公，咸以耆年掛冠，優遊鄉梓，暇日宴集，為五老會，賦詩酬唱，怡然相得。宋人形於繪事，以紀其盛。昔唐白樂天居洛陽，為九老會，於今圖識相傳，以為勝事。距茲數百載，無能紹者。以今況昔，則休烈鉅美過之，明逸遊公之門久矣，以鄉閭世契，倍厚常品，今假守留鑰，日登翹館，因得圖像，占述序引，以代鄉校詠謠之萬一。至和丙申中秋日，錢明逸序。（《四庫全書》本《古今合璧事類備要前集》卷五十八）

智按：錢明逸，字子飛，錢塘（今浙江杭州）人。以父蔭為殿中丞，策制科，擢右正言。擢知諫院，為翰林學士，加史館修撰。仁宗皇祐元年（一〇四九）權知開封府。罷知蔡州。歷揚、青、鄆、曹州、應天府。還，判流內銓、知通進銀臺司。復出知成德軍、渭州、秦州。英宗治平初，復為翰林學士。神宗立，出知永興軍。卒。謚修懿。《宋史》卷三一七、《東都事略》卷四十八有傳。

陶弼（一〇一五～一〇七八）

《題煙霞驛》

歌聲野色中，人樂歲時豐。暑雨陰陽雜，秋田早晚同。嶺雲無烈日，江樹足涼風。自指香山語，前村有路通。（《四庫全書》本《兩宋名賢小集》卷九十六；《四庫全書》本《邕州小集》；《全宋詩》第八册，第四九八五頁）

智按：陶弼，字商翁，永州祁陽（今屬湖南）人。仁宗慶曆中，以軍功補衡州司戶參軍，調桂州陽朔縣主簿，遷為陽朔令。後歷知賓、容、欽、邕、鼎、辰、順諸州。神宗元豐元年卒，年六十四。有文集十八卷，已佚。生平見《劉忠肅集》卷十二《陶公墓誌銘》及《豫章先生文集》卷二十二《陶君墓誌銘》，《宋史》卷三三四有傳。

陳薦（一〇一六～一〇八四）

《燕子樓》

僕射新阡狐兔遊，侍兒猶住水邊樓。風清玉簟慵欹枕，月好珠簾懶上鈎。寒夢覺來滄海闊，新詩吟罷紫蘭秋。樂天才思如春雨，斷送殘花一夕休。（《宋詩紀事》卷十三；《全宋詩》第八册，第五〇二三頁）

智按：《苕溪漁隠叢話》前集卷二十七引《桐江詩話》云：「陳舍人薦彦升，有《彭城八詠》，為人所稱，多以《燕子樓》為絕唱，殊不知《子房廟詩》最為警絕，詩云：『博浪沙頭觸副車，潛游東夏識真符。風雲智略移秦鼎，星斗功名啟漢圖。商老已來寧少海，赤松還約訪仙都。雍容進退全天道，凛凛高風萬古無。』《燕子樓詩》並載於後，識者自知其優劣也。詩云……燕子樓即張建封侍兒所居，其事具載《麗情集》。彥升《高祖廟詩》云：『塵靜山川狂鹿死，雷驚天地老龍飛。』《范增墓詩》云：『忿失壯圖撞玉斗，豈知天命與金刀。』皆佳句也。《八詠》今不傳於世，惜哉!」（廖德明校點，虞行、周本淳重訂本，第一八五頁）燕子樓，在江蘇銅山縣城西北隅。唐貞元中，張尚書鎮徐州，築此樓以居愛妾關盼盼。尚書卒，盼盼居十五年，不嫁，不食而卒。據陳振孫《白香山年譜》，所謂張尚書，實張建封之子，名愔，並非建封。

陳薦，字彥升，沙河（今河北沙河北）人。舉進士，為華陽尉。從韓琦定州、河東幕府，後薦為秘閣校理、判登聞檢院、知太常禮院。神宗時拜天章閣待制，進知制誥、知諫院。除龍圖閣直學士、河北都轉運使。後知蔡州。召為寶文閣學士兼侍讀，累進資政殿學士。元豐七年卒，年六十九。《宋史》卷三二二有傳。

張師正（一〇一六或一〇一七～?）

《倦遊雜録》

⊙史沆詩

史沆以進士第，為著作佐郎，累坐事羈房州，移襄以卒。沆仕不得志，好持人短長，世亦凶人目之，然亦竟以此敗。嘗過江州琵琶亭，作詩牓於楝，其略云：「坐上騷人雖有詠，江邊寡婦不難欺。若使王涯聞此曲，織羅應過賞花詩。」（《宋朝事實類苑》卷七十引，李裕民輯校本《倦遊雜録》第七一頁）

⊙葛清遍體刺白居易詩

荊州街子葛清，自頸以下遍刺白居易詩，「不是此花偏愛菊」，則有一人持杯臨菊叢。又「黄夾纈林寒有葉」，則一樹上掛纈。凡刺二十餘處，人呼為「白舍人行詩圖」。盧言《雜記》云：「韋表微堂子流浪不歸，其叔將杖之，命去其衣，滿身劄字，有畫處，左髆一樹，樹下一池水，字曰：『黄夾纈林寒有葉，碧琉璃水淨無波。」（《永樂大典》卷五千八百四十引，中華書局影印本，第二五五八頁；李裕民輯校本《倦遊雜録》第八九頁）

智按：「不是此花偏愛菊」出自元稹《菊花》：「秋叢繞舍似陶家，遍繞籬邊日漸斜。不是花中偏愛菊，此花開盡更無花。」並非白居易之詩。「黃夾纈林寒有葉，碧琉璃水淨無波」出白居易詩《泛太湖書事寄微之》，「無波」原作「無風」。

張師正，字不疑，襄國（今河北邢臺）人。登進士第，換武為遙郡防禦使。仁宗嘉祐四年（一〇五九）知宜州。英宗治平三年（一〇六六）時為辰州帥，神宗熙寧十年（一〇七七）時為鼎州帥，與釋文瑩有交。著作今存《括異志》十卷、《倦遊雜録》一卷。《倦遊雜録》作於元豐元年（一〇七八）之前。

陳襄（一〇一七～一〇八〇）

《送鄭洙赴舉》

天上奎星專主文，地下嵩嶽惟降神。含靈孕粹五百載，挺然間出非常人。滎陽才子東山客，滿腹精神太英特。掞天辭藻駕曹王，炙地聲華壓元白。等閒奮筆摛鸞龍，煙霄凜凜橫辭鋒。稷下千人推勁敵，昂頭不敢爭英雄。吾皇新命招宏博，紫宙風清飛一鶚。驪龍卧起滄海空，燦燦靈珠光滿握。明年二月春水來，桃花浪起龍門開。青雲岐路無多地，定須迅擊狂風雷。（《四庫全書》本《古靈集》卷二十二；《全宋詩》第八册，第五〇七〇頁）

智按：陳襄，字述古，侯官（今福建福州）人。因家在古靈村，人號古靈先生。仁宗慶曆二年（一〇四二）進士。初仕浦城主簿，歷知仙居、河陽、蒙陽等縣。嘉祐二年（一〇五七），入為秘閣校理、判祠部事。六年，出知常州。英宗治平初，復為開封府推官、三司鹽鐵判官。神宗即位，出知明州。熙寧二年（一〇六九），同修起居注，知諫院、改知制誥。尋直學士院。四年，因與王安石政見不合，出知陳州。五年，知杭州。七年，復知陳州。八年，召還，知通進銀臺司兼侍讀，判尚書都省。元豐三年卒，年六十四。有《古靈先生文集》。生平見宋陳曄《古靈先生年譜》（《永樂大典》卷三一四二），《宋史》卷三二一有傳。

韓維（一〇一七～一〇九八）

《遊龍門詩十二首：白傅影堂》

遠人乘化往，生死不為累。肖象即當年，忘言非翼世。一奠祠下觴，清風肅然至。（《四庫全書》本《南陽集》卷三；《全宋詩》第八册，第五一四三頁）

《答杜孝錫觀鄉老堂》

華髪蒼然亮直身，誰將綵筆欲傳神。論功顧我常流汗，好事煩君爲拂塵。漢閣寂寥班氏贊，伊川瀟灑白公真。懷賢卻坐酬嘉句，空覺中郎善愧人。（《四庫全書》本《南陽集》卷十一；《全宋詩》第八册，第五二四三頁）

《讀白樂天傳及文集》

才高文贍富詩名，感物傷時動有情。不識無生真自體，一塵才遣一塵生。

直道危言自古難，忠賢常困佞邪安。興王賞諫非無法，卻為貪令自擇官。

仲尼飢餓顏回夭，此意誰能問大鈞。何事香山白居士，每嗟衰老亦言貧。（《四庫全書》本《南陽集》卷十四；《全宋詩》第八册，第五二八五頁）

《和微之飲楊路分家聽琵琶》

酒熟梅香臘後天，春鶯巧囀忽當筵。共嗤白傅辛勤甚，萬喚千呼始上船。（《四庫全書》本《南陽集》卷十四）

《太原縣君墓銘》

夫人姓王氏，刑部侍郎祐之孫，太尉相國文正公旦之女，工部郎中直集賢院蘊公耆之妻。夫人才數歲，文正特喜其明悟，親教誦《孝經》、《白氏諷諫》及雜詩賦數百篇，每家人會上，夫人飲獨為多。稍長，謂人曰，酌酒誦書，非女子所為，遂覆杯不視文字終身焉。……（《四庫全書》本《南陽集》卷三十）

智按：韓維，字持國，潁昌（今河南許昌）人。億子，與韓絳、韓縝等為兄弟。以父蔭為官，父死後閉門不仕。仁宗時由歐陽修薦知太常禮院，不久出通判涇州。為淮陽郡王府記室參軍。英宗即位，召為同修起居注，進知制誥、知通進銀臺司。神宗熙寧二年（一〇六九）遷翰林學士、知開封府。因與王安石議論不合，出知襄州，改許州，歷河陽，復知許州。哲宗即位，召為門下侍郎，一年餘出知鄧州，改汝州，以太子少傅致仕。紹聖二年（一〇九五）定為元祐黨人，再次貶謫。元符元年卒，年八十二。有集三十卷，因曾封南陽郡公，定名為《南陽集》。《宋史》卷三一五有傳。

黃庶（一〇一八～一〇五八）

《賦八月竹》

我養一軒竹，秋來成緑陰。萬物有衰意，獨懷霜雪心。西風嵇叔醉，明月白公吟。迴首看桃李，何嘗費百金。（《四庫全書》本《伐檀集》卷上；《全宋詩》第八册，第五五〇〇頁）

智按：黃庶，字亞夫（或作亞父），晚號青社，洪州分寧（今江西修水）人，庭堅父。仁宗慶曆二年（一〇四二）進士，時年二十五。其後歷一府三州，皆為從事。以其詩文及交遊事迹考之，初幕長安，慶曆末徙鳳翔，旋隨宋祁幕許州。後隨晏殊重幕長安。皇祐三年（一〇五一），又改幕許州，受知於文彥博。五年，文彥博徙知青州，辟庶為通判。至和中，攝知康州。嘉祐三年，卒於任所。生平見《黃氏金字牒譜》。曾自編《伐檀集》，《宋史·藝文志》著録《黃庶集》六卷，已佚。今僅存《伐檀集》二卷，卷上為詩。

文同（一〇一八～一〇七九）

《遣興效樂天》

君莫學楊虞卿奉李宗閔，宗閔權勢豈能久。君莫學劉棲楚附李逢吉，逢吉禄位寧長守。雖然一時身暫好，其奈千古名常醜。丈夫讀書要知道，所信不篤被其誘。大張富貴作羅網，愚者紛紛以身就。左纏右繞不可脱，誅竄還當逐其後。君不見虞卿須遇李固言，君不見棲楚終遭韋處厚。一朝摧折靈氣盡，龍如蛇兮虎如狗。勸君聖賢術內好潛心，勸君邪佞黨中休入手。豈不知潞州處士田佐時，喚與美官嫌不受。（《四庫全書》本《丹淵集》卷十一；《全宋詩》第八册，第五三七六頁）

《拈古頌序》

甚哉！物之勝于人也久矣。……嘉祐紀禪師，出入公之門下，香山如滿，從白傅之遊，圭峯宗密，接裴相之論。得公所述，願布行之。寫鏤云初，屬予為序，因為道公之髣髴云。時熙寧七年甲寅五月戊子日謹序。（《四庫全書》本《丹淵集》卷二十五）

智按：文同，字與可，號笑笑先生，人稱石室先生，梓州永泰（今四川鹽亭東）人。仁宗皇祐元年（一〇四九）進士，初仕邛州軍事判官。至和二年（一〇五五）調靜難軍節度判官，嘉祐四年（一〇五九）召試館職。六年，出通判邛州。英宗治平二年（一〇六五）改漢州。三年，還知普州。神宗熙寧三年（一〇七〇）召知太常禮院。因議新法不合，四年，出知陵州，歷知興元府、洋州。元豐元年（一〇七八）改知湖州。二年，赴任途中卒于陳州，年六十二。文同除詩外尤以墨竹知名，畫家稱文湖州竹派。後人編有《丹淵集》四十卷，拾遺二卷，附范百禄所撰墓誌及家誠之所撰年譜。《宋史》卷四四三有傳。

劉敞（一〇一九～一〇六八）

《雜詠》

今年四十一，髮白牙齒脫。未能遊逍遙，意每不自豁。偶尋樂天詩，往在江州日。年幾與我同，哀疾與我埒。伊人了無生，外物均寂滅。而且於形骸，變化難自適。況我狹中者，萬緣日相伐。力小覺任重，憂多使內熱。安能保平和，但有就衰竭。賢哉香山翁，精誠妙前哲。懸車未六十，鼓缶終大耋。以茲揆損益，亦似有與奪。至理何心得，吾其守茲說。（《四庫全書》本《公是集》卷九；《全宋詩》第九册，第五六八四頁）

《琵琶亭》

江頭明月琵琶亭，一曲悲歌萬古情。欲識當時斷腸處，只應江水是遺聲。（《四庫全書》本《公是集》卷二十八）

智按：劉敞，字原父，或作原甫，新喻（今江西新餘）人。仁宗慶曆六年（一〇四六）進士，以大理評事通判蔡州。皇祐三年（一〇五一），遷太子中允、直集賢院。至和元年（一〇五四），遷右正言、知制誥。二年，奉使契丹。三年，出知揚州。歲餘，遷起居舍人徙知鄆州、兼京東西路安撫使。旋召還糾察在京刑獄。嘉祐四年（一〇五九），知貢舉。五年，以翰林侍讀學士充永興軍路安撫使、兼知永興軍府事。英宗治平三年（一〇六六），改集賢院學士、恒南京留守司御史臺。神宗熙甯元年卒於官，年五十。有《公是集》七十五卷，已佚。清四庫館臣據《永樂大典》輯成五十四卷。《宋史》卷三一九有傳。

宋敏求（一〇一九～一〇七九）

《春明退朝録》

李文正公罷相為僕射，奉朝請，居城東北隅昭慶坊，去禁門遼遠，每五鼓則興，置《白居易集》數册於茶鐐中，至安遠門仗舍，然燭觀之，俟啟鑰，則赴朝。雍熙二年三月，詔：中書申後兩棒鼓出，樞密院申後四棒鼓出。（《四庫全書》本卷中；誠剛點校本《春明退朝録》第三二頁）

唐白文公自勒文集，成五十卷，後集二十卷，皆寫本，寄藏廬山東林寺，又藏龍門香山寺。高駢鎮淮南，寄語江西廉使取東林集而有之。《香山集》經亂亦不復存。其後履道宅為普明僧院。後唐明宗子秦王從榮又寫本，寘院之藏經，今本是也。後人亦補東林所藏，皆篇目次第非真，與今吳蜀摹版無異。（《四庫全書》本卷下；誠剛點校本《春明退朝録》第四二頁）

《長安志》

朱雀街東第五街，即皇城東之第三街，街東從北第一坊，盡坊之地築八苑。……次南安業坊。次南唐昌觀。(《劇談録》曰：觀有玉蕊花，花每發，若瓊林瑤樹。元和中，春物方盛，車馬尋玩若相繼。忽一日，有女子，年可十七八，衣緑繡衣，垂髫雙環，無簪珥之飾，容色婉娩，迥出於衆，從以二女冠，三小僕，僕皆丱髻黄衫，端麗無比。既下馬，以白角扇障面，直造花所，異香芬馥，聞於數十步之外。觀者疑出自宫掖，莫敢逼而視之。佇立良久，令小僕取花數枝而出。將乘馬過，謂黄冠者曰：「曩有玉峯之期，自此可以行矣。」時觀者如堵，或覺煙飛鶴唳，景物輝煥，舉轡百餘步，有輕風擁塵，隨之而去。須臾塵滅，望之已在半天，方悟神仙之游。餘香不散者，經月餘。時嚴休復、元稹、劉禹錫、白居易俱有詩。休復曰：「終日齋心禱玉宸，魂銷目斷未逢真。不如滿樹瓊瑤蕊，笑對藏花洞裏人。」又曰：「羽車潛下玉龜山，塵世何由覩蕣顔。惟有多情枝上雪，好風吹綴緑雲鬟。」元稹曰：「弄玉潛過玉樹時，不教青鳥出花枝。的應未有詩人覺，只是嚴郎卜得知。」劉禹錫曰：「玉女來看玉蕊花，異香先引七香車。攀枝弄雪時迴顧，驚怪人間日易斜。」又曰：「雪蕊瓊絲滿院春，羽衣輕步不生塵。君平簾下徒相問，長伴吹簫別有人。」白居易曰：「嬴女偷乘鳳下時，洞中潛歇弄瓊枝。不緣啼鳥春饒舌，青鎖仙郎何得知。」)(《四庫全書》本《長安志》卷九唐京城三)

次南興化坊。東門之南，京兆尹孟溫禮宅，晉國公裴度池亭。(白居易有《宿裴相興化池亭兼借船舫遊之》之詩)(《四庫全書》本《長安志》卷九唐京城三)

崇法寺，即唐悟真寺也。在縣東南二十里王順山。白居易有詩述其靈，及後改名。(《四庫全書》本《長安志》卷十六藍田縣)

智按：宋敏求，字次道，趙州平棘（今河北趙縣）人，綬子。仁宗寶元二年（一〇三九）以父蔭召試學士院，賜進士及第。為館閣校勘，後充編修官，預修《唐書》。出知亳州。英宗治平中，累擢知制誥、判太常寺。後出知絳州，尋召還，除史館修撰、集賢院學士。神宗熙寧十年（一〇七七），修仁宗、英宗兩朝正史。元豐二年卒，年六十一。著作今存《春明退朝録》三卷、《長安志》二十卷。事見《名臣碑傳琬琰集》中集卷十六范鎮《宋諫議墓誌銘》，《宋史》卷二九一有傳。

曾鞏（一〇一九～一〇八三）

《殿中丞監揚州稅徐君墓誌銘》

……徐君諱元楡，字僊材，好學，善屬文。吏部賈黃中嘗試其書判，曰：「元白不足多也。」……（《四庫全書》本、《四部叢刊》本《元豐類稿》卷四十四；陳杏珍、晁繼周點校《曾鞏集》，第五九六～五九七頁）

《隆平集》

李昉，字明遠，真定人，父超仕至集賢學士。昉以門蔭補齋郎，漢乾祐中登進士第。在周為翰林學士。建隆初，遷中書舍人。盧多遜攻趙普短，太祖詢昉，昉曰：「臣書詔之外，思不出位。」太祖征太原，過常山，賜羊酒，俾於居第讌集，丞相至藩侯皆賦詩，刻石。太平興國八年拜相，建議復時政記，先進御，後付史館。端拱初罷。淳化二年，復相。在位循謹自守，臨事多恕。為文慕白居易，所居有園亭，又葺郊外宴游之地，多蓄妓樂，娛樂親友，與張洎、盧多遜善，薄張佖，上嘗問多遜，昉頗為辨釋，上曰：「多遜常毁卿不直一錢。」昉曰：「臣不敢誣。」罷相，張洎草詔，深攻其短，張佖時時造其第，或問佖，佖曰：「我為廷尉，獨李公未嘗以私事見干，今雖退居，可見也。」昉薨，贈司空，謚文正。（《四庫全書》本卷四「宰臣」）

智按：又見宋杜大珪《名臣碑傳琬琰集》下卷三（宋刻元明遞修本；《四庫全書》本）。

曾鞏，字子固，建昌軍南豐縣（今屬江西）人，世稱南豐先生。宋仁宗嘉祐二年（一〇五七）進士，歷官太平州司法參軍、館閣校勘、集賢校理兼判官告院，出通判越州，歷知齊、襄、洪、福、明、亳、滄諸州。神宗元豐三年（一〇八〇）判三班院，遷史館修撰。五年，為中書舍人。六年，病逝于江寧，年六十五。理宗時追謚文定。《宋史》卷三一九有傳。有《元豐類稿》五十卷，《續元豐類稿》四十卷，《外集》十卷。今僅存《元豐類稿》，並有宋刻《曾南豐先生文粹》十卷和金刻《南豐曾子固先生集》三十四卷傳世。

王珪（一〇一九～一〇八五）

《奉詔赴瓊林苑燕餞太尉潞國文公出鎮西都》

都門秋色滿旌旗，祖帳容陪醉御巵。功業逈高嘉祐末（公至和中，首陳建儲之策），精神如破貝州時。（白居易《晚獻裴晉公詩》云：「聞說風情筋力在，只如初破蔡州時。」）匣中寶劍騰霜鍔，海上仙桃壓露枝（公子近有登瀛之命）。昨日更聞褒詔下，別刋名姓入烝彝。（《四庫全書》本《華陽集》卷三）

智按：宋曾季貍《艇齋詩話》、宋張邦基《墨莊漫録》卷四、宋趙與虤《娱書堂詩話》、宋龔頤正《芥隠筆記》、宋魏泰《東軒筆録》卷十、宋陸游《老學庵筆記》卷十、厲鶚《宋詩紀事》卷十五均作王珪之詩。宋鄭獬《鄖溪集》卷二十七、《兩宋名賢小集》卷一三三、明李蓘《宋藝圃集》卷十四作鄭獬之詩。別刋，一作「別看」。

《提點京東諸路州軍刑獄公事兼諸路勸農事朝散大夫行尚書祠部員外郎充秘閣校理上輕車都尉借紫晁君墓誌銘》

皇祐五年六月，詔以祠部員外郎秘閣校理知懷州晁君仲衍提刑京東，八月銜命之官，道病，日浸革，是月二十四日終於廣濟軍，享年四十二。……君字子長，其先澶之清豐人，後徙彭城，今家開封之昭德坊。……君為人端粹，唯嗜學，未嘗一日去書，故博識無不該貫，著文集二十卷，丞相章公得象、晏公殊尤見奨許，其牋記多出君之文。為《汴陽雜説》一卷，其言切於規喻。又以唐白傅所撰《事類集》，傳者浸舛，乃參考經史，一以刋是之，仍據舊目補考摭新，別為三十卷，曰《事類後集》，又為《两晉文類》五十卷。康定中，文莊使陝西，君時自行，馬上自成一編，曰《侍雍雜編》。晚在山陽，與侍讀錢公明逸篇章寄酬，間則命僚友終日賡唱，凡數十百首，辭敏而體醇。……（《四庫全書》本《華陽集》卷五十；《全宋文》二〇〇六年版第五三册，卷一一五六，第二三〇頁）

智按：王珪，字禹玉，華陽（今四川成都）人。仁宗慶曆二年（一〇四二）進士。通判揚州，召直集賢院。累官知制誥，翰林學士，知開封府，侍讀學士。神宗熙寧三年（一〇七〇），拜參知政事。九年，進同中書門下平章事。哲宗即位，封岐國公，卒於位。謚文恭。珪仕英宗、神宗、哲宗三朝，以文章致位通顯。有集百卷，已佚。清四庫館臣從《永樂大典》輯成《華陽集》六十卷，附録十卷。武英殿聚珍版印時，刪編為四十卷。生平見《名臣碑傳琬琰集》上集卷八李清臣撰《王文恭珪神道碑》，《宋史》卷三一二有傳。

司馬光（一〇一九～一〇八六）

《獨樂園七題・澆花亭》

吾愛白樂天，退身家履道。釀酒酒初熟，澆花花正好。作詩邀賓朋，欄邊長醉倒。至今傳畫圖，風流稱九老。（《四庫全書》本《傳家集》卷三；《全宋詩》第九册，第六〇五八頁）

《久雨效樂天體》

雨多雖可厭，氣涼還可喜。欲語口慵開，無眠身懶起。一榻有餘寬，一飯有餘美。想彼廟堂人，正應憂燮理。（《四庫全書》本《傳家集》卷四；《四庫全書》本《宋百家詩存》卷五；《全宋詩》第九册，第六〇六七頁）

《晚暉亭》

俯臨城市厭喧嘩，回顧園林景更嘉。醉立斜陽頭似雪，往來誤認白公家。（《四庫全書》本《傳家集》卷十一；《全宋詩》第九册，第六一九六頁）

《戲呈堯夫》

近來朝野客，無坐不談禪。顧我何爲者，逢人獨懵然。羨君詩既好，説佛衆誰先。只恐前身是，東都白樂天。（《四庫全書》本《傳家集》卷十二；《全宋詩》第九册，第六二一三頁）

《錦堂春》

紅日遲遲，虛廊轉影，槐陰迤邐西斜。彩筆工夫，難狀晚景烟霞。蝶尚不知春去，漫繞幽砌尋花。奈猛風過後，縱有殘紅，飛向誰家。　　始知青鬢無價，嘆飄零官路，荏苒年華。今日笙歌叢裏，特地咨嗟。席上青衫濕透，算感舊、何止琵琶。怎不教人易老，多少離愁，散在天涯。（《全宋詞》第二〇〇頁）

智按：用《琵琶行》典。

《應詔言朝政闕失狀》（熙寧七年四月十八日上）

……彼農民之富者，不過占田稍廣，積穀稍多，室屋修完，耕牛不假而已，未嘗有積錢巨萬於家者也。其貧者，藍縷不蔽形，糟糠不充腹；秋指夏熟，夏望秋成；或為人耕種，資採拾以為生，亦有未嘗識錢者矣。是以古之用民，各因其所有而取之，農民之役不過出力，税不過穀帛。及唐末兵興，始有稅錢者，故白居易譏之曰：「私家無錢鑪，平地無銅山。」言責民以所無也。……（《四庫全書》本《傳家集》卷四十五；四部叢刊景宋紹興本《溫國文正公文集》卷四十五；《司馬溫公集編年箋注》第四册，第一〇二頁）

《洛陽耆英會序》（元豐五年正月作）

昔白樂天在洛，與高年者八人游，時人慕之，為《九老圖》，傳於世。宋興，洛中諸公繼而為之者，凡再矣，皆圖形普明僧舍。普明，樂天之故第也。元豐中，潞國文公留守西都，韓國富公納政在里第，自餘士大夫以老自逸於洛者，於時為多。潞公謂韓公曰：「凡所為慕於樂天者，以其志趣高逸也，奚必數與地之襲焉？」一旦，悉集士大夫老而賢者於韓公之第，置酒相樂，賓主凡十有一人。既而圖形妙覺僧舍，時人謂之「洛陽耆英會」。孔子曰：好賢如緇衣，取其敝。又改為樂善無厭也。二公寅亮，三朝為國元老，入贊萬機，出綏四方，上則固社稷，尊宗廟，下則熙百工，和萬民，天子腹心股肱耳目，天下所取安，所取平，其勲業閎大顯融，豈樂天所能庶幾？然猶慕效樂天所為，汲汲如恐弗及，豈非樂善無厭者與？又洛中舊俗，燕私相聚，尚齒不尚官，自樂天之會已然。是日復行之，斯乃風化之本，可頌也。宣徽王公方留守北都，聞之，以書請於潞公曰：「某亦家洛，位與年不居數客之後，顧以官守，不得執卮酒在坐席，良以為恨。願寓名其間，幸無我遺。」其為諸公嘉羡如此。光未及七十，用狄監、盧尹故事，亦預於會。潞公命光序其事，不敢辭。時五年正月壬辰，端明殿學士兼翰林侍讀學士太中大夫提舉崇福宫司馬光序。

開府儀同三司守司徒武寧軍節度使致仕韓國公富弼，字彦國，年七十九；河東節度使開府儀同三司守太尉判河南府兼西京留守司事潞國公文彦博，字寬夫，年七十七；司封郎中致仕席汝言，字君從，年七十七；太常少卿致仕王尚宫（恭），字安之，年七十六；太常少卿致仕趙丙，字南正，年七十五；秘書監致仕劉几，字伯壽，年七十五；衛州防禦使致仕馮行己，字肅之，年七十五；太中大夫充天章閣待制提舉崇福宫樊建中，字正叔，年七十三；司農少卿致仕王謹言，字不疑，年七十五；太中大夫提舉崇福宫張問，字昌言，年七十一；龍圖閣直學士通議大夫提舉崇福宫張燾，字景元，年七十。（《四庫全書》本《傳家集》卷六十八）

附：《耆英會詩》

武寧軍節度使守司徒開府儀同三司致仕韓國公富弼彦國年七十九

西洛古帝都，衣冠走集地。豈惟名利場，驟為耆德會。大尹吾舊相，曠懷輕富貴。日與退老游，臺閣并省寺。予憇最衰老，亦許預其次。遂欲省儀容，爛然形繪事。閩嶠訪精筆，蛟蛸布絕藝。今復崇宴衎，聊以示慈惠。幽居近銅駝，荒弊仍湫底。塞路移君庖，盈車載春醴。獻酬互相趣，歡處不知止。商嶺有四翁，普林惟七子。較我集諸賢，盛衰何遠邇。並事實可矜，傳之為千祀。

伏承留府太尉相公就敝居，為耆年之會，承命賦詩，謹録上呈，伏惟采覽。

河東節度使守太尉開府儀同三司判河南府潞國公文彦博寬夫年七十七

九老舊賢形繪事，元豐今勝會昌春。垂肩素髮皆時彦，揮麈清談盡席珍。染翰不停詩思健，飛觴無筭酒行頻。蘭亭雅集誇修禊，洛社英游賞序賓。自愧空疎陪几杖，更容欵密奉簪紳。當筵尚齒尤多幸，十二人中第二人。

弼竊覽長篇斷章有「十二人中第二人」之句，又賦一絕上呈。

顧我年齡雖第一，在公勳德自無雙。不推行業終難敵，富貴康寧亦可降。

彦博伏覩公詩有第一無雙之句輒成二十八字上呈。

洛下衣冠今最盛，當筵尚齒禮容優。惟公福壽并勳德，合是人間第一流。

尚書司封郎中致仕席汝言君從年七十七

繫國安危唐上宰，功成身退漢留侯。二公閒暇開高宴，九老雍容奉勝流。共接雅歡恩意洽，不矜崇貴禮容優。賞心樂事人間盛，豈謂今稀古莫儔。

又

壯歲塵埃禄仕牽，老歸重到舊林泉。曾無勲業書青史，偶向康寧養老年。自分杜門居陋巷，敢期序齒預公筵。更慙形穢才涼薄，不稱圖真接鉅賢。

朝議大夫致仕王尚恭安之年七十六

端朝風望兩台星，珪組參差又十人。八百喬年餘總數，一千熙運遇良辰。席間韻語皆非俗，圖上形容盡得真。勝事主盟開府盛，誤容衰薄混清塵。服許便衣更野逸，坐從齒列似天倫。二公笑語增和氣，夜久盤花旋發春。（燭下盤花開，公即指目焉）

太常少卿致仕趙丙南正年七十五

新春鼎洛燕英髦，主禮雍容下庶寮。二相比肩官一品，十人華髮事三朝。星階並列瞻台耀，樽酒時行挹斗杓。東潁庸夫最無狀，也將顏面趍嘉招。

祕書監致仕上柱國劉几伯壽年七十五

司徒碩德今無比，太尉殊勲固絕倫。偶以莫年陪盛宴，喜將白髮照青春。八公有穢山空著，四皓當衰心且伸。元老相望疎迹在，不應比會愧前人。（智按：比會，當作「此會」）

又

制舉省元推二相，龍頭昔日屬宣猷。人間盛事并遐筭，一席幾盈九百籌。（十二老共八百九十二歲）

衛州防禦使致仕馮行已（己）肅之年七十五

書稱五福壽為先，有德人方得壽延。自愧櫟樗非遠器，誰應齒髮亦遐年。立身官未三公貴，推老名陪二相賢。喜把衰容模梵宇，慙無纖効勒燕然。當時遭遇承陶冶，今日光榮預燕筵。從此洛城增勝槩，又新重作畫圖傳。

中奉大夫充天章閣待制提舉崇福宫楚建中正叔年七十二

自顧頽齡七十餘，久慙頑鈍費洪鑪。歸逢大老耆年會，衰朽形骸愧畫圖。

又

二相謨猷爛史編，諸公才業過前賢。好圖儀像傳來世，何事頑踈亦比肩。

司農少卿致仕王謹言不疑年七十二

相印貂冠粲六符，華顛高會侍臣俱。不將官職誇鄉里，惟尚年齡入畫圖。履道清歡追故事，竚瞻陰德盛訏謨。叨陪几杖真榮觀，珪璧叢中問珷玞。

宣徽南院使檢校太尉判大名府王拱辰君貺年七十一

西都山水天下奇，神嵩景室環清伊（上古太室山為景室山）。甫申間氣秀不絕，生賢會聖昌明時。衣冠占數盛文雅，台符卿月光離離。魏京雄奥壓幽朔，游宫御府嚴天威。膏田千里翳桑柘，犀甲萬旅馴熊羆。公當緩帶名三鎮，懸赤繼軫承保釐。追推契遇最深舊，加復雍孟交旌麾。仁皇一莊龍虎榜，桂堂先後攀高枝。宦游出處五十載，鸞臺驥路俱騰夷。三公極位固遼隔，五年以長猶肩隨。公今復主鳳門鑰，僕亦再撫銅臺圻。二京相望阻河廣，三徑不克陪游嬉。忽聞幹步踵門至，投我十二耆英詩。整冠肅貌諷章句，若坐寶肆羅珠璣。為言白傅有高躅，九君結社真可師。欲令千載著風跡，亟就僧館圖神姿。詞宗端殿序篇目，滂灑大筆何淋漓。眷言履道靡充詘，菟裘近邑將營歸。敢云繪素得精筆，願列霜壁如唐規。退居舊相國元老，十年還政瀍之涯。康寧富貴備五福，靈寶盛氣如虹霓。昔年大對繼晁董，登科賜第同一期（皆天聖八年）。紫垣步武既通接，金沙里閈還鄰比。探禪論道劇訓對，摩軋太古窮天機。二賢勳業冠朝省，爵齒官學誰依稀。今將圖畫表來世，詎可下客聯纓緌。既蒙月品定人物，不敢循避違風期。况承開閣厚賓客，富有景物佳園池。銅駝坊西福善宅，修竹萬箇籠清漪。天光臺高未百尺，下眺林嶺如屏帷。花王千品盡殊勝，風光繡畫三春暉。六相街中潞公第，碧瓦萬木煙參差。左隅廟室本經禮，右閣宸翰尊星奎。婆娑青鳳舞松柏，煥爛素錦薰酴醿。石渠飛溜潄寒玉，晝夜竽瑟鳴堦墀。伊予陋宇治窮僻，姑喜地廣為環溪。樓名多景可曠望，臺號風月延清暉。四時花蔦不外假，挐舟傲幘聯嬉怡。懷歸撫事若飢渴，恨無羽翼西南飛。人生交舊貴倫輩，情親意接心相知。豈無晚秀負才藴，高談大笑拘禮儀。洛中故事名義燕，二毛第一年相推。灑冠登仕荷天寵，尊君報國當百為。既嗟大耋盍知止，納禄謝事皆所宜。顧方北道倚煩劇，未許解紱披荷衣。長篇不令負花約（公貽莫負花前約之句），為指風什歌式微。如羹甘露爽心骨，似柄玉麈親顔眉。蘭叢雖未長羅宅，菊英似亦思陶籬。子山已著小園賦，彦倫猶媿鍾山移。聊攄短引謝招隱，肯使猿鶴常驚啼。

太中大夫提舉崇福宫張問昌言年七十

槐庭二老樂堯仁，盛集高年洛水濵。華衮具瞻雖禮絕，白頭序齒却情親。清閒几席同禪院，山野巾裘似隠淪。尊酒椒香纔過節，池塘草色已催春。白公酣暢吟哦内，衛武康强笑語頻。豈獨丹青傳不朽，潛欣風俗欲還淳。芝田鶴戲調形健，蓮葉龜游納息匀。商皓寂寥拘小引，漢疎局蹙止家人。莫因氣貌疑丹竈，自有光陰寄大椿。復得兼謨為重客（司馬光未七十），恐遺元爽在編民。神仙可學今方信，道術相忘久益真。滿座交歡祝眉壽，群生五福託鴻鈞。

龍圖閣直學士通議大夫提舉崇福宫張燾景元年七十

洛城今昔衣冠盛，韓國園林景物全。功在三朝尊二相，數踰九老萃群賢。當時鄉社為高會，此日居留許欵延。多幸不才陪履舄，更慙七十是新年。

彦博代簡上君貺宣猷

勿愛大名名，遂忘西洛樂。銅駝本自佳，金鳳亦不惡。二月三月春融融，千花萬花紅灼灼。公乎早歸來，莫負花前約。同賞狀元紅，對酒劉師閣（花雖舊房，其艷維新）。

端明殿學士兼翰林侍讀學士大夫司馬光年六十四

洛下衣冠愛惜春，相從小飲任天真。隨家所有自可樂，為具雖微誰笑貧。

不待珍羞方下筯，只將佳景便娱賓。庾公此興知非淺，藜藿終難作主人。

作真率會伯康與君從七十八歲安之七十七歲正叔七十四歲不疑七十三歲叔達七十歲光六十五歲合五百一十歲口號成詩用安之前韻司馬光

七人五百有餘歲，同醉花前今古稀。走馬鬬雞非我事，紵衣絲髮且相輝。

又

經春無事連翩醉，彼此往來能幾家。切莫辭斟十分酒，儘從他笑滿頭花。

會約

序齒不序官，為具務簡素。朝夕食各不過五味，菜果脯醢之類，各不過三十器。酒巡無筭，深淺自斟。主人不勸，客亦不辭。逐巡無下酒時，作菜羹不禁。召客共用一簡，客注可否於字下，不別作簡，或因事分簡者，聽。會日早赴，不待促。違約者每事罰一巨觥。四月日押。（《説郛》卷七十五下；《司馬溫公集編年箋注》第五册，第一六〇～一七一頁）

《溫公續詩話》

魏野處士，陝人，字仲先，少時未知名。嘗題河上寺柱云：「數聲離岸櫓，幾點別州山。」時有幕僚，本江南文士也，見之大驚，邀與相見，贈詩曰：「怪得名稱野，元來性不羣。借冠來謁我，倒屣起迎君。」仍為延譽，由是人始重之。其詩效白樂天體。真宗西祀，聞其名，遣中使召之，野閉戶踰垣而遁。（《歷代詩話》第二七六頁）

《資治通鑑》

⊙唐憲宗元和元年

（三月）丙午，策試制舉之士，於是校書郎元稹、監察御史獨孤郁、校書郎下邽白居易、前進士蕭俛、沈傳師出焉。郁，及之子；俛，華之孫；傳師，既濟之子也。

（三月）辛酉，以元稹為右拾遺，獨孤郁為左拾遺，白居易為盩厔尉、集賢校理，蕭俛為右拾遺，沈傳師為校書郎。（《資治通鑑》卷二百三十七「唐紀五十三」，中華書局版，第十六册，第七六三〇頁）

⊙唐憲宗元和二年

（十一月）盩厔尉、集賢校理白居易作樂府及詩百餘篇，規諷時事，流聞禁中。上風而悅之，召入翰林為學士。（《資治通鑑》卷二百三十七「唐紀五十三」，中華書局版，第十六册，第七六四六頁）

⊙唐憲宗元和三年

五月，翰林學士、左拾遺白居易上疏，以為：「牛僧孺等直言時事，恩獎登科，而更遭斥逐，並出為關外官。楊於陵等以考策敢收直言，裴垍等以覆策不退直言，皆坐譴謫。盧坦以數舉職事黜庶子。此數人皆今之人望，天下視其進退以卜時之否藏者也。一旦無罪悉疏棄之，上下杜口，眾心洶洶，陛下亦知之乎？且陛下既下詔征之直言，索之極諫，僧孺等所對如此，縱未能推而行之，又何忍罪而斥之乎！昔德宗初即位，亦征直言極諫之士，策問天旱，穆質對云：『兩漢故事，三公當免，卜式著議，弘羊可烹。』德宗深嘉之，自畿尉擢為左補闕。今僧孺等所言未過於穆質，而遽斥之，臣恐非嗣祖宗之道也！」質，寧之子也。（《資治通鑑》卷二百三十七「唐紀五十三」，中華書局版，第十六册，第七六五〇～七六五一頁）

九月，庚寅，以于頔為司空，同平章事如故；加右僕射裴均同平章事，為山南東道節度使。

淮南節度使王鍔入朝。鍔家巨富，厚進奉及賂宦官，求平章事。翰林學士白居易上言以為：「宰相人臣極位，非清望大功不應授。昨除裴均，外議已紛然，今又除鍔，則如鍔之輩皆生冀望。若盡與之，則典章大壞，又不感恩；不與，則厚薄有殊，或生怨望。幸門一啟，無可如何。且鍔在鎮五年，百計誅求，貨財既足，自入進奉。若除宰相，四方籓鎮皆謂鍔以進奉得之，競為割剝，則百姓何以堪之！」事遂寢。（《資治通鑑》卷二百三十七「唐紀五十三」，中華書局版，第十六册，第七六五三～七六五四頁）

⊙唐憲宗元和四年

（正月）上以久旱，欲降德音。翰林學士李絳、白居易上言，以為「欲令實惠及人，無如減其租稅。」又言「宮人驅使之餘，其數猶廣，事宜省費，物貴徇情。」又請「禁諸道橫斂，以充進奉。」又言「嶺南、黔中、福建風俗，多掠良人賣為奴婢，乞嚴禁止。」閏月，己酉，制降天下繫囚，蠲租稅，出宮人，絕進奉，禁掠賣，皆如二臣之請。己未，雨。絳表賀曰：「乃知憂先於事，故能無憂；事至而憂，無救於事。」……（《資治通鑑》卷二百三十七「唐紀五十三」，中華書局版，第十六册，第七六五七頁）

魏徵玄孫稠貧甚，以故第質錢於人，平盧節度使李師道請以私財贖出之。上命白居易草詔，居易奏言：「事關激勸，宜出朝廷。師道何人，敢掠斯美！望敕有司以官錢贖還後嗣。」上從之，出内庫錢二千緡贖賜魏稠，仍禁質賣。……（《資治通鑑》卷二百三十七「唐紀五十三」，中華書局版，第十六册，第七六五七～七六五八頁）

夏，四月，山南東道節度使裴均恃有中人之助，於德音後首進銀器千五百餘兩。翰林學士李絳、白居易等上言：「均欲以此嘗陛下，願卻之。」上遽命出銀器付度支。既而有旨諭進奏院：「自今諸道進奉，無得申御史臺；有訪問者，輒以名聞。」白居易復以為言，上不聽。（《資治通鑑》卷二百三十七「唐紀五十三」，中華書局版，第十六册，第七六五八～七六五九頁）

（九月）上遣中使諭王承宗，使遣薛昌朝還鎮。承宗不奉詔。冬，十月，癸未，制削奪承宗官爵，以左神策中尉吐突承璀為左、右神策、河中、河陽、浙西、宣歙等道行營兵馬使、招討處置等使。

翰林學士白居易上奏，以為：「國家征伐，當責成將帥，近歲始以中使為監軍。自古及今，未有征天下之兵，專令中使統領者也。今神策軍既不置行營節度使，即承璀乃制將也。又充諸軍招討處置使，即承璀乃都統也。臣恐四方聞之，必輕朝廷；四夷聞之，必笑中國。陛下忍令後代相傳云以中官為制將、都統自陛下始乎！臣又恐劉濟、茂昭及希朝、從史乃至諸道將校皆耻受承璀指麾，心既不齊，功何由立！此是資承宗之計而挫諸將之勢也。陛下念承璀勤勞，貴之可也；憐其忠赤，富之可也。至於軍國權柄，動關理亂，朝廷制度，出自祖宗，陛下寧忍徇下之情而自隳法制，從人之欲而自損聖明，何不思於一時之間而取笑於萬代之後乎！」時諫官、御史論承璀職名太重者相屬，上皆不聽。戊子，上御延英殿，度支使李元素、鹽鐵使李鄘、京兆尹許孟容、御史中丞李夷簡、諫議大夫孟簡、給事中呂元膺、穆質、右補闕獨孤郁等，極言其不可。上不得已，明日，削承璀四道兵馬使，改處置為宣慰而已。（《資治通鑑》卷二百三十八「唐紀五十四」，中華書局版，第十六册，

第七六六六～七六六八頁）

⊙唐憲宗元和五年

（正月）河南尹房式有不法事，東臺監察御史元稹奏攝之，擅令停務。朝廷以為不可，罰一季俸，召還西京。至敷水驛，有内侍後至，破驛門呼罵而入，以馬鞭擊稹傷面。上復引稹前過，貶江陵士曹。翰林學士李絳、崔群言稹無罪。白居易上言：「中使陵辱朝士，中使不問而稹先貶，恐自今中使出外益暴横，人無敢言者。又，稹為御史，多所舉奏，不避權勢，切齒者衆，恐自今無人肯為陛下當官執法，疾惡繩愆，有大奸猾，陛下無從得知。」上不聽。（《資治通鑑》卷二百三十八「唐紀五十四」，中華書局版，第十六册，第七六七一頁）

（三月）諸軍討王承宗者久無功，白居易上言，以為：「河北本不當用兵，今既出師，承璀未嘗苦戰，已失大將，與從史兩軍入賊境，遷延進退，不惟意在逗留，亦是力難支敵。希朝、茂昭至新市鎮，竟不能過。劉濟引全軍攻圍樂壽，久不能下。師道、季安元不可保，察其情狀，似相計會，各收一縣，遂不進軍。陛下觀此事勢，成功有何所望！以臣愚見，須速罷兵，若又遲疑，其害有四：可為痛惜者二，可為深憂者二。何則？若保有成，即不論用度多少；既的知不可，即不合虛費貲糧。悟而後行，事亦非晚。今遲校一日有一日之費，更延旬月，所費滋多，終須罷兵，何如早罷！以府庫錢帛、百姓脂膏資助河北諸侯，轉令強大。此臣為陛下痛惜者一也。臣又恐河北諸將見吴少陽已受制命，必引事例輕重，同詞請雪承宗。若章表繼來，即義無不許。請而後舍，體勢可知，轉令承宗膠固同類。如此，則與奪皆由鄰道，恩信不出朝廷，實恐威權盡歸河北。此為陛下痛惜者二也。今天時已熱，兵氣相蒸，至於飢渴疲勞，疾疫暴露，驅以就戰，人何以堪！縱不惜身，亦難忍苦。況神策烏雜城市之人，例皆不慣如此，忽思生路，或有奔逃，一人若逃，百人相扇，一軍若散，諸軍必搖，事忽至此，悔將何及！此為陛下深憂者一也。臣聞回鶻、吐蕃皆有細作，中國之事，小大盡知。今聚天下之兵，唯討承宗一賊，自冬及夏，都未立功，則兵力之強弱，資費之多少，豈宜使西戎、北虜一一知之！忽見利生心，乘虛入寇，以今日之勢力，可能救其首尾哉！兵連禍生，何事不有！萬一及此，實關安危。此其為陛下深憂者二也。」（《資治

通鑑》卷二百三十八「唐紀五十四」，中華書局版，第十六册，第七六七二～七六七三頁）

六月，甲申，白居易復上奏，以為：「臣比請罷兵，今之事勢，又不如前，不知陛下復何所待！」是時，上每有軍國大事，必與諸學士謀之。嘗逾月不見學士，李絳等上言：「臣等飽食不言，其自為計則得矣，如陛下何！陛下詢訪理道，開納直言，實天下之幸，豈臣等之幸！」上遽令「明日三殿對來。」

白居易嘗因論事，言「陛下錯」，上色莊而罷，密召承旨李絳，謂：「白居易小臣不遜，須令出院。」絳曰：「陛下容納直言，故群臣敢竭誠無隱。居易言雖少思，志在納忠。陛下今日罪之，臣恐天下各思箝口，非所以廣聰明，昭聖德也。」上悦，待居易如初。

上嘗欲近獵苑中，至蓬萊池西，謂左右曰：「李絳必諫，不如且止。」（《資治通鑑》卷二百三十八「唐紀五十四」，中華書局版，第十六册，第七六七六頁）

⊙唐穆宗長慶二年

春，正月，丁酉，幽州兵陷弓高。先是，弓高守備甚嚴，有中使夜至，守將不内，旦，乃得入，中使大詬怒。賊諜知之，他日，偽遣人為中使，投夜至城下，守將遽内之，賊衆隨之，遂陷弓高。又圍下博。中書舍人白居易上言，以為：「自幽、鎮逆命，朝廷征諸道兵，計十七八萬，四面攻圍，已逾半年，王師無功，賊勢猶盛。弓高既陷，糧道不通，下博、深州，饑窮日急。蓋由節將太衆，其心不齊，莫肯率先，遞相顧望。又，朝廷賞罰，近日不行，未立功者或已拜官，已敗衄者不聞得罪。既無懲勸，以至遷延，若不改張，必無所望。請令李光顔將諸道勁兵約三四萬人從東速進，開弓高糧路，合下博諸軍解深、邢重圍，與元翼合勢。令裴度將太原全軍兼招討舊職，西面壓境，觀釁而動。若乘虚得便，即令同力翦除；若戰勝賊窮，亦許受降納款。如此，則夾攻以分其力，招諭以動其心，必未及誅夷，自生變故。又請詔光顔選諸道兵精鋭者留之，其餘不可用者悉遣歸本道，自守土疆。蓋兵多而不精，豈唯虚費資糧，兼恐撓敗軍陳故也。今既只留東西二帥，請各置都監一人，諸道監軍，一時停罷。如此，則衆齊令一，必有成功。又，朝廷本用田布，令報父讐，今領全師出界，供給度支，數月已來，都不進討，非田布固欲如此，抑有其由。聞魏博一軍，屢經優賞，兵驕將富，莫肯為用。況其軍一月之費，計實錢二十八萬緡，若更遷延，將何供給？此尤宜早令退軍者也。若兩道止共留兵六萬，所費無多，既易支持，自然豐足。今事宜日急，其間變故遠不可知。苟兵數不抽，軍費不減，食既不足，眾何以安！不安之中，何事不有！況有司迫於供軍，百端斂率，不許即用度交闕，盡許則人心無憀。自古安危皆繫於此，伏乞聖慮察而念之。」疏奏，不省。（《資治通鑑》卷二百四十二「唐紀五十八」，中華書局版，第十七册，第七八〇四～七八〇六頁）

⊙唐武宗會昌二年

（九月）上聞太子少傅白居易名，欲相之，以問李德裕。德裕素惡居易，乃言居易衰病，不任朝謁。其從父弟左司員外郎敏中，辭學不減居易，且有器識。甲辰，以敏中為翰林學士。（《資治通鑑》卷二百四十六「唐紀六十二」，中華書局版，第十七册，第七九六七頁）

⊙齊王中開運元年

（二月）閩拱宸都指揮使朱文進，閣門使連重遇，既弑康宗，常懼國人之討，相與結婚以自固。閩主曦果於誅殺，嘗游西園，因醉殺控鶴指揮使魏從朗。從朗，朱、連之黨也。又嘗酒酣誦白居易詩云：「惟有人心相對間，咫尺之情不能料。」因舉酒屬二人。二人起，流涕再拜，曰：「臣子事君父，安有他志！」曦不應。二人大懼。……（《資治通鑑》卷二百八十四「後晉紀五」，中華書局版，第十九册，第九二六八～九二六九頁）

《資治通鑑考異》

（太宗貞觀）七年九月，死囚三百九十人，自詣朝堂。（四年，《實録》云：天下斷死罪，止二十九人。今年實録乃有二百九十九人，何頓多如此！事已可疑。又白居易《樂府》云：「死囚四百來歸獄。」《舊本紀》、《統紀》、《年代記》皆云二百九十人，今從《新書·刑法志》）（四部叢刊景宋刻本《資治通鑑考異》卷十，《資治通鑑》卷一百九十四「唐紀十」，中華書局版，第十三册，第六一〇三頁）

（貞元）九年二月，城鹽州。《邠志》：八年，詔追張公議築鹽、夏二城。

張公奏曰：「師之進取，切藉驍將。神策散將魏茪者，朔方子弟，武藝冠絶；得茪足以集事。」上遣之。張公以茪為邠寧馬軍兵馬使。三月，師及諸軍赴于五原，去城百里而軍。茪獨以其騎徑至城下，陷城而入，逐吐蕃，召諸軍城之，更引其軍西略境上，往復走望，為師耳目。蕃衆拒境而不敢入，宫軍城二郡而歸。白居易《樂府・鹽州》注亦云：「貞元壬申歲，特詔城之。」而《實録》在九年二月，蓋去歳詔使城之，今年因命杜彦光等而言之。（四部叢刊景宋刻本《資治通鑑考異》卷十九，《資治通鑑》卷二百三十四「唐紀五十」，中華書局版，第十六册，第七五四〇頁）

（元和三年）九月，王鍔求加平章事，白居易上言（按《舊・李藩權德輿傳》、《白居易集》、李絳《論事集》皆有諫加王鍔平章事事。觀其辭意，各是一時，居易所論者，云：「淮南百姓，日夜無憀。」又云：「鍔歸鎮與在朝，望並不除宰相。」則是自淮南入朝，未除河中時也。權、李同在中書受密旨，云「可兼宰相」，則初除河中時也。《李司空論事》云：「至太原一二年間，財力贍足。」則是除太原以後，六年十一月李絳作相前也。今附居易疏於初除太原之時，又《舊・鍔傳》云在淮南四年，元和二年入朝。按《實録》，鍔以貞元十九年鎮淮南。居易狀云「五年誅求」，又云「昨日裴均除平章事」，故置此）。（四部叢刊景宋刻本《資治通鑑考異》卷十九，《資治通鑑》卷二百三十七「唐紀五十三」，中華書局版，第十六册，第七六五四頁）

（元和）四年三月，欲降德音，李絳、白居易上言（《李司空論事》及《居易集》皆有此奏語，雖小異，大指不殊，蓋同上奏耳）。（四部叢刊景宋刻本《資治通鑑考異》卷十九，《資治通鑑》卷二百三十七「唐紀五十三」，中華書局版，第十六册，第七六五七頁）

（元和四年）四月，李絳、白居易諫受裴均銀器，有旨諭進奏院，居易復以為言（《居易集・奏狀》曰：「伏見六七日來，向外傳說，皆云有進止，令宣與諸道進奏院：『自今已後，應有進奉，並不用申報御史臺；如有人勘問，便録名奏來者。』内外相傳，不無驚怪。臣伏料此事多是虚傳，且有此聞，不敢不奏」云云。又曰：「若此果虚，即望宣示内外，令知聖旨，使息虚聲。」按，禁止進奉，前後制敕非一，不止於昨閏三月德音也。去歳三月，柳晟、閻濟美違敕進奉，已為盧坦所彈。憲宗云：「濟美離越州，乃逢赦令，釋其罪。」今裴均所進，假使在德音前，亦赦後矣。又云：「敕書未到前已在道路，捨其過。」是則憲深惑於左右之言，外示不受獻，內實欲其來獻也。然則居易所聞，不為虛矣；若其虛，必辨明也。《實録》及《李司空論事》皆以此為憲宗之美。今故直之）。（四部叢刊景宋刻本《資治通鑑考異》卷十九，《資治通鑑》卷二百三十七「唐紀五十三」，中華書局版，第十六册，第七六五八~七六五九頁）

（元和）五年正月，內侍與元稹爭驛。（《實録》云：中使仇士良與稹爭廳。按，稹及白居易傳皆云劉士元，而《實録》云仇士良，恐誤，今止云內侍）（四部叢刊景宋刻本《資治通鑑考異》卷十九，《資治通鑑》卷二百三十八「唐紀五十四」，中華書局版，第十六册，第七六六七一頁）

（元和五年）四月，白居易請罷兵。（《白氏集》云：「五月十日進。」據此疏云：「從史雖經接戰，與賊勝負略均。」則是未就縛也。此月戊戌，從史已流驩州，疑五月當為四月，故移於此。）（四部叢刊景宋刻本《資治通鑑考異》卷十九，《資治通鑑》卷二百三十八「唐紀五十四」，中華書局版，第十六册，第七六六七三頁）

（元和五年）六月，上欲令白居易出院，李絳諫。（《舊·居易傳》曰：吐突承璀為招討使，諫官上章者十七八。居易面論，辭情切至，既而又請罷河北用兵，凡數千百言，皆人之難言者。上多聽納。唯諫承璀事切，上頗不悅，謂李絳曰：「白居易小子，是朕拔擢，而無禮於朕，朕實難奈。」絳對曰：「居易所以不避死亡之誅，事無巨細必言者，蓋酬陛下特力拔擢耳。陛下欲開諫諍之路，不宜阻居易言。」上曰：「卿言是也。」繇是多見聽納。今從《李司空論事》。（四部叢刊景宋刻本《資治通鑑考異》卷十九，《資治通鑑》卷二百三十八「唐紀五十四」，中華書局版，第十六册，第七六六七七頁）

（元和五年）七月，李師道等請雪王承宗。（《實録》云：淄、青、幽州累有章表，請赦承宗。按，劉濟素與成德有怨，攻之最力。白居易《請罷兵狀》云：劉濟近日情似近忠，今忽罷兵，慮傷其意。又豈緣劉濟一人惆悵，而不顧天下遠圖，然則濟豈肯請赦承宗，今不取）（四部叢刊景宋刻本《資治通鑑考異》卷十九，《資治通鑑》卷二百三十八「唐紀五十四」，中華書局版，第十六册，第七六七七~七六七八頁）

（長慶）二年正月，白居易言諸道兵計十七八萬。（白集作「七八十萬」，計無此數，恐是「十七八萬」誤耳）（四部叢刊景宋刻本《資治通鑑考異》卷二十，《資治通鑑》卷二百四十二「唐紀五十八」，中華書局版，第十七册，第七八〇五頁）

智按：司馬光，字君實，號迂夫，晚號迂叟。「迂叟」源於白居易《迂叟》：「……初時被目為迂叟，近日蒙呼作隱人。冷暖俗情諳世路，是非閒論任交親。……」《閒居偶吟招鄭庶子皇甫郎中》亦云：「自哂此迂叟，少迂老更迂。」陝州夏縣（今屬山西）涑水鄉人，世稱涑水先生。仁宗景祐五年（一〇三八）進士。初仕蘇州簽判。父死服除，改武成軍簽判。慶曆六年（一〇四六），以龐籍薦授館閣校勘，後受龐籍辟為并州通判。召還為開封府推官，累除知制誥，天章閣待制，知諫院。英宗治平三年（一〇六六），為龍圖閣直學士。神宗即位，擢翰林學士。熙寧三年（一〇七〇），因與王安石政見不合，出知永興軍，改判西京留司御史臺。六年，以端明學士兼翰林侍讀學士居洛陽，主編《資治通鑑》。哲宗即位，召主國政，元祐元年，拜左僕射兼門下侍郎，卒於位，年六十八。贈溫國公，謚文正。有文集八十卷，雜著多種。生平見蘇軾《東坡全集》卷九十《司馬溫公行狀》，《宋史》卷三三六有傳。

張載（一〇二〇～一〇七八）

《真像堂記》（熙寧三年十月）

關中為九州奧墟，山水之壯，西自長河隴坻，東屬涇渭八川。太白、終南，負九嵕、嵯峨，表以荊、華，勢盛氣美。至者目悅心甘，過之歎戀。其秀豪豐潤，蓋必有主奧尤劇、悅人心之甚者焉。盩厔仙遊山，怪石停淵，林泉石壑，為古偉觀。四方來者，繼踵比肩，賞歎之不足，去則踟躕顧慕，以不得久休自恨。豈所悅我心之甚者歟！然考之山經地圖，無美實嘉縱，道為故事；獨玉女祠前，有馬融石室傳於舊，東偏浮圖有吳生佛畫顯於近年，豈名墟勝遊，亦將俟昌明而後顯哉？秘書監致仕趙公，慶曆中，以贊善大夫知邑事，樂是石泉之富，志蕲家焉。後二十年，以光禄少卿就地，相視境內，得仙遊之東峰，夕陽林巒極邃處，朝暮攜家人、率賓從，徒步登覽，不知有寒暑之倦、高年之勤，愛不能已。乃築居其上，目之曰卧雲堂。又欲著儀形以名諸己，貽後世以久其傳，於是屋卧雲西陲，俯瞰川容，蓑然一軒，模賦其象。既成，飄如倏如，鶴髮森如，兔袍黼如。望之足以警民嚚，尊之足以忘軒冕。近世王右丞退居輞川，白樂天老龍門香山，雖素風清韻，為懸車者之美談，大率惑轉化，私死生，蔽異學猥妄之言，不知安常處順，訓忠義、顯子孫，殆為公愧焉爾。熙寧庚戌十月九日乙丑，崇文院校書張載子厚記。（《永樂大典》卷七二三八；《全宋文》二〇〇六年版第六〇册，卷一三〇五，第一二六～一二七頁）

智按：張載，字子厚，大梁（今河南開封）人，徙家鳳翔郿縣（今陝西眉縣）横渠鎮，學者稱横渠先生。仁宗嘉祐二年（一〇五七）進士，授祁州司法參軍，調丹州雲岩令。遷著作佐郎，簽書渭州軍事判官。神宗熙寧二年（一〇六九），除崇文院校書。次年移疾。十年春，復召還館，同知太常禮院。同年冬告歸，十二月乙亥卒道，年五十八。甯宗嘉定十三年（一二二〇），賜謚明公。有《崇文集》十卷，已佚。事見《張子全書》卷十五附宋吕大臨《横渠先生行狀》，《宋史》卷四二七有傳。

蘇頌（一〇二〇～一一〇一）

《和宣甫叔讀白傅丁相詩集》

二公清尚固難偕，遷謫襟懷亦洞開。得志已觀邪與正，寓言寧校福兼災。恬然委順誠高識，展矣文華信雅才。珍重佳篇堪繼美，詠歌中遣待時來。（《四庫全書》本《蘇魏公文集》卷七，王同策等點校本，第八四頁；《全宋詩》第十册，第六三六三頁）

《送丁郎中守江州》

南朝兵馬臨江鎮，聖世麾符守土臣。此日風聲動湓浦，早年名譽浹淮隣（君前此倅齊安）。琵琶昔有天涯曲，艣艫今無境外人。退食優游多勝賞，盃觴不負庾樓春。（《四庫全書》本《蘇魏公文集》卷八，王同策等點校本，

第一〇〇頁）

《次韵楊立之十一官府館二篇》（其一）

固無政術效前賢，又乏詩名繼樂天。連歲出藩居善地，何時負郭有良田。回風已隔三山路，講德難偕四子篇。滿目勝游都未到，且將圖畫與人傳。（《四庫全書》本《蘇魏公文集》卷九，王同策等點校本，第一一〇頁；《全宋詩》第十册，第六三七九頁）

《重次前韻奉酬子由子開叔貢三舍人二首》（其一）

都堂直北正衙西，同日三賢拜紫泥。供張（原注：丁本作帳）府泉批敕賜，刊碑朱墨典籤攜。姓名非夕金甌覆，手筆他年玉簡題。制詔溫純詩什健，若非元白更誰齊。（《四庫全書》本《蘇魏公文集》卷十二，王同策等點校本，第一四九頁；《全宋詩》第十册，第六四〇六頁）

《潤守修撰見招與左丞王公大夫俞公東園集會賓主四人更無他客某頃為南都從事值故相杜公與王賓客煥畢大卿世長朱兵部貫馮郎中平同時退居府中作五老會一日大尹廬陵歐陽公作慶老公宴而王畢二公以病不赴中座亦只四人某時與諸僚同與席末言念往昔正類今辰然自皇祐庚寅迄今元符己卯整五十年矣撫事感懷輒成七言四韻》

曾覽祁公五老詩，仍陪三壽燕留司。今逢北固開尊日，正似南都命席時。喜奉笑言揮麈柄，却慙衰朽倚瓊枝。定知此會人間少（白樂天詩云：除却三山五天竺，人間此會定應無），五十年才一再期。（《四庫全書》本《蘇魏公文集》卷十二，王同策等點校本，第一五七頁）

《新歲五十始覺衰悴因書長句奉呈仲巽少卿》

始衰心事自堪嗟，但覺光陰似轉車。白傅開經五秩滿，仲尼學易數年加。負薪筋力誠難强，報國功名事轉賒。若問信書何所得，樂天知命任生涯。（《四庫全書》本《蘇魏公文集》卷十三，王同策等點校本，第一六七頁）

《太中大夫陳公墓誌銘》

太中大夫陳公，諱繹，字和叔，其先大名人，皇考諱見素。以尚書屯田員外郎，通判河南府，卒官，即葬緱氏縣萬安山，子孫因家洛陽，遂為洛陽人。公年七歲，能屬文，機警有成人風。屯田公尤器異之。景祐中，年十七，從開封府進士，至廷試，誤用韻，不收。慶歷初，再舉為別試第一。早與賢士大夫游，已名聞于時。自此蓋大顯矣。……佪翔州郡，猶謂尚可為也，而卒不得如其所欲，齎志以歿。此士友所以為之太息也，在郡遘疾，且革矣，猶不廢事。前一日，顧謂其子曰：「白太傅詩云：『遲迴且住亦何妨』，豈足為達理？世事何可窮耶？吾于此了然矣。」凌辰，整衣冠隱几而逝。嗚呼！可謂能知終者也。公文格清峻，無塵言累語，尤長于論事。嘗被詔修《宰相拜罷録》，撰《東西府記》，及其他所著十數萬言，諸子編集為三十卷，藏于家。……(《四庫全書》本《蘇魏公文集》卷六十，王同策等點校本，第九一一頁)

智按：蘇頌，字子容，本泉州同安（今屬福建）人，以父紳葬潤州丹陽（今江蘇鎮江）而徙居，遂占籍丹陽。仁宗慶曆二年（一〇四二）進士。皇祐五年（一〇五三），召試館閣校勘，同知太常禮院。嘉祐四年（一〇五九），遷集賢校理，充編定館閣書籍官。六年，出知潁州。英宗治平二年（一〇六五）為三司度支判官。四年，出為淮南轉運使。神宗熙甯元年（一〇六八），擢知制誥。二年，因奏事不當免。四年，出知婺州，移亳州。七年，授秘書監、知銀臺司，未幾，出知應天府、杭州。元豐元年（一〇七八），權知開封府，坐治獄事貶知濠州，改滄州。哲宗元祐元年（一〇八六），詔判吏部，尋充實録館修撰兼侍讀。四年，遷翰林學士承旨。五年，除右光禄大夫、守尚書左丞。七年，拜左光禄大夫、守尚書右僕射兼中書侍郎。八年，罷為觀文殿大學士、集禧觀使。復知揚州。紹聖四年（一〇九七），以太子少師致仕。徽宗建中靖國元年卒，年八十二。有《蘇魏公文集》七十二卷（其中詩十四卷），由其子于宋高宗紹興九年（一一三九）編成，流傳至今。事見本集卷五《感事述懷詩》自注、《名臣碑傳琬琰集》中集卷三十宋曾肇撰《蘇丞相頌墓誌銘》。《宋史》卷三四〇有傳。

俞瑊（一〇四九進士）

《孫氏池亭》

壁介山水間，幽棲愧尸禄。眠食行坐處，山光水聲足。嗟我心未厭，出郊搜勝躅。嘗聞隱者居，未爲人所目。素商適丁序，天空老林麓。飛鞭走崇岡，惟恐到不速。捫蘿出孤險，果得煙霞谷。神仙何玄怪，刻劃乾坤腹。囊括幽絕景，所謂天下獨。門前白石溪，丁當漱寒玉。山泉落雲頭，漫漫泛餘緑。靜聽宿鳥吟，閑看浮鷗浴。萬古仇池穴，何日此鐫築。欲探龍頷珠，潭深怯獰毒。瀑布想匡廬，香山葺茅屋。松窗風浪搖，石徑苔蘚覆。樓藏未見書，園挺耐寒木。清風誰共延，牆頭萬箇竹。造化曲盡情，遠引空江東。陰寂窟蛟蜃，雨雹生晴燠。孫氏何代賢，據此傲浮俗。崖留五君詩，塵埋不可讀。殷勤補訛缺，磨寫筆屢秃。開亭追古蹤，仙遊一朝復。自慚縛冠冕，暫到不得熟。何時酬素心，歸來免榮辱。（《全宋詩》第九册，第六二五五頁）

智按：俞瑊，字君玉，一字汝佩，溧水（今屬江蘇）人。仁宗皇祐元年（一〇四九）進士。歷官太常博士，屯田員外郎，知壁州，神宗熙寧間，知瓊州，卒於官。

李上交（一〇五〇前後）

《近事會元》

⊙霓裳羽衣曲

唐野史云：明皇開元中，道人葉法善引上入月宫，時秋，上苦淒冷，不能久留，回於天半，尚聞仙樂，及歸，但記其半曲，遂箋中寫之，會西京都督楊敬述進婆羅門曲，與其聲調相符遂，以月中所聞為之散序，因敬述所進為曲身名霓裳羽衣曲也。又《楊妃外傳》云：天寶四載七月，於鳳凰園册女道士楊氏為貴妃，進見之日，奏霓裳羽衣曲。注云：明皇三鄉望女几山所作也。又引劉禹錫詩云：「三鄉陌上望仙山，歸作霓裳羽衣曲。」又《小說》云：術士羅公遠導明皇入月宫，聞之尤甚，怪誕不足為證。上交嘗聞明皇洞曉音律，必欲神其曲，謂得於天上也。或夢寐所成，亦非異事。若云形體升天，殆欺人也。女几回而作近之矣。今又按，《樂苑》云：霓裳羽衣曲，開元西涼府節度使楊敬述進，在越調中。又《樂苑》云：婆羅門曲改霓裳羽衣曲，入大乞食調，今之大食越調聲相近，唯高一均是二調，俱可行之，皆屬商也。婆羅門曲，大乞食調，越調雙調，今時樂工盡知之，其散序不復聞焉。近年樂工穿鑿不明，越與大食俱屬商聲，但見胡曲有仲吕商，即林鍾商也，便就其調，草為八拍，曲破，殊無和會，諒其曲必大也。自唐憲宗時猶奏此曲，今不傳者，有以巢賊之後泯然也，無如白居易歌詩可証耳。白詩云：「開元遺曲自淒涼，況近秋天調見商。」又和元稹詩云：「我昔元和侍憲皇，曾陪内宴入昭陽。千歌萬舞不可數，就中最愛霓裳舞。舞時寒食秋風天，玉勾欄下香案前。案前舞者顏如玉，不著人間俗衣服。虹蜺霞帔步搖冠，花鈿瓔纍佩珊珊。娉婷似不任羅綺，顧聽樂懸行復止。磬簫箏笛競相攙，擊擫吹弹聲迤邐。（法曲之初，衆樂不齊，唯金石絲竹次第聲發，霓裳序初亦如此）散序六奏未動衣，陽臺宿雲慵不飛。（散序六遍無拍，故不舞之。野史云：此是明皇所得之聲，分為六序也。）中序擘裂初入拍，秋竹竿裂春水拆。（中序初有拍，亦名拍序。此後乃進婆羅門曲也）飄然轉旋回雪輕，嫣然縱送游龍驚。……烟娥斂畧不勝態，風袖低昂如有情。上元點鬟招萼緑，王母揮袖别飛瓊。繁音急節十二遍，跳珠撼玉何鏗錚（十二遍而終）。翔鸞舞了卻收翅，唳鶴曲終長引聲。（凡曲將終，皆聲拍促速，為霓裳之末，長引一聲也。）……君不見，我歌云：驚破霓裳羽衣曲，又不見，我詩云：曲愛霓裳未拍時。由來能事皆有主，楊氏創聲君造譜。（楊氏謂敬述創歌，今微之寄譜與樂天也）」（《四庫全書》本《近事會元》卷四）

⊙楊柳枝

唐穆宗時，白居易《長慶集》云：楊柳枝，洛下小新聲也。小伎有善歌者可聽，故試之云。小伎攜桃葉，新聲蹋柳枝。口動櫻桃破，鬟低翡翠垂。又《别柳枝》詩云：「兩枝楊柳小樓中，嫋娜多年伴醉翁。」上交按，《抒情詩集》述白居易有數伎，樊素善歌，小蠻善舞，嘗為詩曰：「櫻桃樊素口，楊柳小蠻腰。」居易年既高邁，小蠻方豐艷，因為《柳枝詞》以托意曰：「一樹春風萬萬枝，嫩於金色輭於絲。永豐坊里東南角，盡日無人屬阿誰。」及宣宗朝，國樂工唱是詞，上問誰詞，永豐在何處？左右對，遂因東使命取永豐柳二枝，植於禁中，居易感上知名，又為一章，末句云：「定知今夜天文裏。柳宿光中添兩星。」（《四庫全書》本《近事會元》卷四）

⊙胡旋舞

唐明皇天寶六載，安禄山為上所寵，加范陽節度使。先是康居國貢胡旋舞女，爾後安禄山與楊妃俱言其藝，傳之者不述舞態。上交按，白樂天歌詞云：「胡旋舞，手應弦，足應鼓，絃一聲，雙袖舞。左右轉，不知疲。千周萬匝無已時。」又云：「胡旋女，出康居，徒勞東來萬里餘。中原自有能胡旋，鬬妙爭能爾不如。中有太真外禄山，二人最是能胡旋。禄山胡旋迷君眼，兵過黄河疑未反。太真胡旋感君心，死棄馬嵬念更深。從兹地軸天維轉，五十年來制不禁。」（《四庫全書》本《近事會元》卷四）

智按：李上交，贊皇（今屬河北）人。累官職方員外郎。皇祐二年（一〇五〇）出知福州。《近事會元》成於嘉祐元年（一〇五六），前有上交自序。陳振孫《直齋書録解題》曰：「《近事會元》五卷，李上交撰。自唐武德至周顯德，雜事細務皆紀之」。

吴處厚（一〇五三進士）

《游沃洲山真封院》（并序）

越山惟沃洲最著，樂天之記詳矣。晋人喜曠達而尚清虚，故山水之游，一時特盛。在九江廬阜則浮屠慧遠為之主，而宗雷輩十有八人從之；在剡之沃洲，則浮屠支遁為之主，而王謝輩亦十有八人從之。要皆遁世避地，相與為方外之適耳。余嘗歷九江，浮潯陽，過於柴桑之間，訪其所為東西二林者，而慧遠、宗雷之迹，往往猶可辨識，徬徨不能去者久之。念沃洲窟於一隅，無因而至，上下其心者數矣。近偶祗役於新昌，初甚不慊，徐而聞沃洲乃在其境，遂挈而東，不憚奔走頓撼之勞，欲促償其願，又且幸為沃洲一時主人也。一日風甚寒，天姥盛雪，適會邑有移文，乘興便往，值暝不及，遂宿於梅林僧舍。平明過真封院，先至養馬坡，陟鵝鼻峯，入門謁道猷影堂，訪支遁庵基，觀錫杖泉，前眺放鶴峯，徘徊而還。大抵山川氣象，皆荒替彫落，非鄉時所聞之沃洲也。雖然，環抱之意趣，奔驟之態度，尚皆一一可愛。迺知古人選勝，皆有所謂。唯嗜山之深者，知之不可為俗人言也。因為古格長韻，以紀之云：

幼年曾讀樂天碑，及壯亦覽高僧傳。聞有沃洲風景佳，脚未能到心空羡。近至新昌披縣圖，此山乃在吾廄圈。想像時時掛夢魂，欲一游之念無便。夜來人報天姥雪，今日趂晴初出縣。酸風瞥瞥吹我鬚，寒氣稜稜刮人面。半膝短衫翩以輕，獨脚小轎快而健。不知路入幽澗長，但覺山隨白雲轉。靠昏投宿梅林村，侵卯便過真封院。新霜滑澾行李難，一步一住一迴眩。養馬坡前秋草黄，駿骨已埋無復見。放鶴峯頭樹影孤，鶴不來歸雲漫漫。入門觸物皆荒凉，塵几蠹經三五卷。鴟鴞叫噪遶生臺，野色磑磓集寒殿。老杉千尺惟空腔，猶有枯藤半縈纏。憶昔江左全盛時，十有八人皆俊彥。或吟或嘯或遨嬉，不覺回頭唾纓弁。林泉耽味久成癖，魚鳥留連老忘倦。前有道猷後法潛，錫杖卓泉堅志願。晚則道林經構之，左右前後遂完繕。煙霞一窟直幾錢，買醭商量價何賤。聚徒數百日高談，供有香花齋有麪。歲時浸久山浸荒，種粟燒畬耕堀徧。茂林髡鬠無幾存，奔蕩周回空一片。惟餘谿水清汪灣，百匹秋光瀉寒練。古今興廢盡如斯，欲去使人還戀戀。(《四庫全書》本《會稽掇英總集》卷四；陸心源《宋詩紀事補遺》卷十三；《全宋詩》第十一册，第七三三一～七三三二頁)

《青箱雜記》

李文正公昉，深州饒陽人。太祖在周朝，已知其名，及即位，用以為相。常語昉曰（「語」，抄本作「謂」）：「卿在先朝，未嘗傾陷一人，可謂善人君子。」故太宗遇昉亦厚，年老罷相，每曲宴（《詩話總龜》卷一作「每内宴」），必宣赴賜坐。昉嘗獻詩曰：「微臣自愧頭如雪，也向鈞天侍玉皇。」（《詩話總龜》卷一「皇」下有「太宗和之以賜曰：『珍重老臣純不已，我慚寡昧繼三皇。』為時之美傳」二十六字）昉詩務淺切，效白樂天體，晚年與參政李公至為唱和友，而李公詩格亦相類，今世傳《二李唱和集》是也。（卷一；李裕民點校本第三頁）

余皇祐壬辰歲取國學解，試《律設大法賦》，得第一名。樞密邵公亢、翰林賈公黯、密直蔡公抗、修注江公休復為考官，内江公尤見知，語余曰：「滿場程試皆使蕭何，惟足下使蕭規對漢約，足見其追琢細膩。又所問《春秋》

策，對答詳備。及賦押秋荼之密，用唐宗赦受縑事，諸君皆不見。云只有秦法繁於秋荼，密於凝脂，然則君何出?」余避席斂衽，自陳遠方寒士，一旦程文，誤中甄采。因對曰：「《文選・策秀才文》有『解秋荼之密網』。唐宗赦受縑事，出杜佑《通典》，《唐書》即入載。」公大喜，又曰：「滿場使次骨，皆作刺骨對凝脂。惟足下用《杜周傳》作次骨，又對吹毛，只這亦堪作解元。」余再三遜謝。是舉登科，名在行間，授臨汀獄掾。公作詩送余曰：「太學魯諸生，南州漢掾卿。故鄉千里外，丹桂一枝榮。莫嘆科名屈，難將力命爭。他年重射策，詞句太縱横。」蓋公欲激余應大科故也。樞密邵公亦蒙見知，屢加論薦，常謂余詩淺切，有似白樂天。一日閱相國寺書肆，得馮瀛王詩一帙而歸，以語之，公曰：「子詩格似白樂天，今又愛馮瀛王，將來捻取箇豁達李老。」（原注：慶曆中，京師有民自號「豁達李老」，每好吟詩，而詞多鄙俚，故公以戲之。）遂皆大笑。然余賦才鄙拙，不能強為豪爽，今齒已老，而詩格定，時時遣興，實有李老之風，足見公之知言也。熙寧中，余辟定武，管勾機宜文字，公時牧鄆州，附所作詩一大軸，并寄余詩曰：「流年直是隙中駒，别後情懷懶似疏。天上又頒新歲歷，床頭未答故人書。慇懃魚鴈功曹檄，狼籍盃盤上客魚。好在仲宣家萬里，從軍苦樂定何如?」未幾，公即捐館，迄今追念知己，每增感愴。（卷二；李裕民點校本第二〇～二一頁）

王禹偁尤精四六，有同時與之在翰林而大拜者，王以啓賀之曰：「三神山上，曾陪鶴駕之游；六學士中，獨有漁翁之歎。」以白樂天嘗有詩云「元和六學士，五相一漁翁」故也。（卷六；李裕民點校本第五九頁）

智按：樂天「元和六學士，五相一漁翁」句，出自《李留守相公見過池上泛舟舉酒話及翰林舊事因成四韻以獻之》，會昌元年（八四一），七十歲，洛陽。《白居易集箋校》第二五〇五頁。宋計有功《唐詩紀事》、洪邁《容齋隨筆》、清宋長白《柳亭詩話》均有記述。《紀事》謂李絳時分司東都，五相指絳與裴度、崔羣、裴垍、王涯。漁翁，公自謂也，與《容齋隨筆》略有不同。《柳亭詩話》所述則采自《唐詩紀事》及《青箱雜記》。

白居易賦性曠達（原作「曠遠」，據抄本改），其詩曰：「無事日月長，不羈天地闊。」此曠達者之詞也。孟郊賦性褊隘，其詩曰：「出門即有礙，誰謂天地寬？」此褊隘者之詞也。然則天地又何嘗礙郊，孟郊自礙耳。王文康公賦性質實重厚，作詩曰：「棗花至小能成實，桑葉惟柔（《詩話總龜》卷二十作「雖粗」）解吐絲。堪笑牡丹如斗大，不成一事只（抄本、《類説》、《詩話總龜》卷二十作「又」）空枝。」此亦質實重厚之詞也。（卷七；李裕民點校本第七五頁）

智按：此則又見尤袤《全唐詩話》卷二、宋張鎡《仕學規範》卷三十八。

王安國作詩，多使酒樓，嘗語余曰：「楊文公詩有一酒樓，『江南堤柳拂人頭，李白題詩遍酒樓』，錢昭度詩亦有一酒樓，『長憶錢塘江上望，酒樓人散雨千絲』。今子詩有幾酒樓？」余答曰：「吾詩有二酒樓。」安國曰：「足矣。」蓋余有《題九江琵琶亭》小詩云：「夜泊潯陽宿酒樓，琵琶亭畔荻花秋。雲沉鳥沒事已往，月白風清江自流。」又余昔年嘗送客西陵，亦作小詩曰：「若耶溪畔醉秋風，獵獵船旗照水紅。後夜錢塘酒樓上，夢魂應遶浙江東。」（卷八；李裕民點校本第八三頁）

智按：《錦繡萬花谷後集》卷三三、《詩話總龜前集》卷十「嘗語余」，作「嘗語宋次道」。「蓋余有」，作「蓋次道有」。《全宋詩》卷五百一十四，第九册，第六二四一頁《宋敏求集》收《九江琵琶亭》、《送客西陵》兩首七絕。系輯自宋阮閲《詩話總龜前集》卷十引《青箱雜記》，並按云：「今本《青箱雜記》卷八作吳處厚詩。」《全宋詩》卷六百一十七，第十一册，第七三三〇頁《吳處厚集》收《九江琵琶亭》、《送客西陵》兩首七絕。皆輯自吳處厚《青箱雜記》卷八，並按云：「又見王安國詩，姑録以備考。」《全宋詩》卷六百三十一，第十一册，第七五三九頁《王安國集》收《送客西陵作》與《題琵琶亭》。《送客西陵作》輯自宋王象之《輿地紀勝》卷十《兩浙東路紹興府》，按云：「此詩又見吳處厚詩，題作《送客西陵》，姑録以備考。」《題琵琶亭》輯自宋王象之《輿地紀勝》卷三十《江南西路·江州》引《皇朝類苑》，按云：「此詩又見吳處厚詩，題作《九江琵琶亭》，姑録以備考。」以上《九江琵琶亭》、《送客西陵》二詩作者之三種說法——宋敏求、吳處厚和王安國，筆者認為，揆以版本出處及上下文，結合三人之生平、時代背景，二詩作者當為吳處厚。詳見拙撰《〈題琵琶亭〉、〈送客西陵〉作者考》，載《中國典籍與文化》二〇一五年第一期。

仁宗朝，内臣孫可久，賦性恬澹，年踰五十，即乞致仕。都下有居第，堂北有小園，城南有別墅，每良辰美景，以小車載酒，優游自適。石曼卿嘗過其居，題詩曰：「南北沾河潤，幽深在禁城。疊山資遠意，讓俸買閑名。閉戶斷蛛網，折花移鳥聲。誰人識高趣？朝隱石渠生。」屯田外郎柳永亦贈詩曰：「故侯幽隱直城東，草樹扶疏一畝宮。曾珥貂璫為近侍，却紆絛褐作閑翁。高吟擁鼻詩懷壯，雅論持衡道氣充。厭盡繁華天上樂，始將蹤蹟學冥鴻。」可久好吟詠，效白樂天格，嘗為陝西駐泊，為樂天構祠堂於郡城大阜之頂，中安繪像，仍繕寫平生歌詩警策之句，遍於舊（《事實類苑》卷三十九作「四」）墉。晚年著《歸休集》行於世，年七十餘卒。（卷十；李裕民點校本第一〇九頁）

智按：吳處厚，字伯固，邵武（今屬福建）人。仁宗皇祐五年（一〇五三）進士，授汀州司理參軍。神宗熙寧中，為定武軍管勾機宜文字。元豐四年（一〇八一），為將作監丞，遷大理寺丞。出知通利軍，改漢陽。哲宗元祐四年（一〇八九）知衡州，未幾卒。有《青箱雜記》十卷。《宋史》卷四七一有傳。

曹輔（一〇六三進士）

《題白氏莊》

白序字聖均，自言白侍郎之後，有莊在樊川。

浮雲萬態變朝昏，疊嶂尋常翠滿門。錦里先生多勝事，香山居上有賢孫。春風樓閣聞棋響，晚雨池塘見屐痕。寄謝世間無此樂，起予歸興憶江村。（《宋詩紀事》卷二十三引《陝西通志》；《全宋詩》第十二册，第八三九八頁）

智按：曹輔，字子方，號靜常，海陵（今江蘇泰州）人。仁宗嘉祐八年

（一〇六三）進士。英宗治平間為杭州司法參軍。神宗元豐八年（一〇八五），為鄜延路經略司勾當公事。哲宗元祐六年（一〇九一），遷職方員外郎。嘗知虢州。後提點廣西刑獄。官至朝奉郎、守司勳郎中。生平見《龍學文集》卷十一《曹司勳詩呈恩府龍學》題注，《宋元學案補遺》卷九十九有傳。

王古（一〇六六前後）

《道院集要序》

文元晁公，博觀内書，不徒力行，復勤於撰述，以開導後學。其書曰《道院別集》，曰《自擇增修百法》，曰《法藏碎金》，曰《隨因記述》，曰《耄智餘書》。余嘗遍閲之，以為名理之妙，雖白樂天不逮也。輒删去重複，總集精粹，以便觀覽。（《郡齋讀書志》卷十九，孫猛《郡齋讀書志校證》，第九六六頁）

智按：治平三年（一〇六六）前後作。《鄭堂讀書記》卷六十八作：「文元晁公，博觀内書，精鍊道行，不徒強學而力行，復勤於撰述，以開導後覺爲心，其所著書曰《道院別集》，曰《自擇增修古法》，曰《法藏碎金》，曰《隨因紀述》，曰《耆智餘書》，余嘗得徧閲之，以爲名理之妙，雖白樂天不逮也，輒删去重複，總集精粹，整比義類，使便觀覽。」

王古，字敏仲，莘縣（今屬山東）人。旦曾孫。第進士。神宗熙寧中，為司農寺主簿。歷提舉淮、浙四路常平，湖南轉運判官，提點淮東刑獄，知廣州、袁州。徽宗立，遷戶部尚書，改刑部。以寶文閣直學士知成都。入黨籍，謫衡州別駕，溫州安置。尋卒。事見《宋史》卷三二〇《王素傳》。

葉桂女

《琵琶亭》

樂天當日最多情，淚滴青衫酒重傾。明月滿船無處問，不聞商女琵琶聲。（劉攽《中山詩話》引，《歷代詩話》第二九七頁）

智按：詩題據《宋詩紀事》卷八十七，《御選宋詩》卷七十五題為《題琵琶亭》。《中山詩話》於「葉氏女」注云：「名桂女，字月流。」不聞，《詩話總龜前集》卷十五《留題門》上引《古今詩話》作「更聞」。

王安石（一〇二一～一〇八六）

《再用前韻寄蔡天啟》

蔡侯東方来，取友無所挾。翛翛一囊衣，偶以一書笈。定林朝自炊，有匕或無筴。時時羹藜藿，鑊大苦難燮。驕頑遂敢侮，有甚觀駢脅。澹然山谷中，變色未嘗輒。始見類欺魄，寒暄粗詶接。從容與之語，爛漫無不涉。奇經可治疾，祕祝可解魘。巫醫之所知，瞽史之所業。載車必百兩，獨以方寸攝。微言歸易悟，疾若髭赴鑷。天機信卓越，學等何足躐。縱談及既往，每與唐許協。揚雄尚漢儒，韓愈真秦俠。好大人謂狂，知微乃如諜。惟知造文字，人惑鬼愁懾。秦愚既改辠，新旺仍易疊。六書遂失指，隸草矜敏捷。誰珍壇山刻，共賞蘭亭帖。東京一祭酒，收拾偶予愜。少嘗妄思索，老懶因退怯。侯方習篆籀，寸管静嘗擪。深原道德意，助我耕且獵。昔功恐唐捐，異味今得饁。京口媚學子，追師嘗劫劫。陸嬴淮汴糧，水僦湖海艓。遠求而近遺，如目不見睫。偽鳳易悦楚，真龍反驚葉。聞予再三歎，往往心不厭。或自逸而走，或呿而不噆。或嗤元郎漫，或詆白翁囁（李壁注：元結自稱浪士，及有官人呼為漫郎。〇李吉甫嘗謂：白樂天為囁嚅翁）。鑠金徒欲消，韞玉豈愁浥（李壁注：《鄒陽傳》：衆口鑠金，積毀消骨。〇浥，醭也。樂天詩：「廩粟生醭浥。」）。賢愚有定分，咄汝無喋喋。跨鞍随我游，曳屣聯我跕。照泉挹清泚，跂石緣嵬嶪。東陂數鯈魚，西崦追蛺蝶。翳林窺搏黍，藉草聽批頰。黄尋遠蓮鬚，紅閲鄰杏靨。荏苒光景流，楊園忽無葉。扶痾歸未久，吾見喜寧帖。褰裳告我去，禄仕當随牒。蕭晨秣款段，歸騎得追躡。謂言循東路，覆出城西堞。行矣忍羇旅，無魚勿彈鋏。天閑久索驥，駿足方騰蹀。長驅勿驕矜，小蹶亦勿慄。鵬飛九萬里，勿借風一箑。溟波浩難窮，勉自養鱗鬣。爵禄實天械，功名為接摺。寧能復與我，摇漾秦淮檝。附書勿辭頻，隔歲期滿篋。（《四部叢刊》本《臨川先生文集》卷二；《四庫全書》本《王荆

公詩注》卷三）

《和仲庶夜過新開湖憶沖之仲涂共泛》

水遠浮秋色，河空洗夜氛。行隨一明月，坐失兩孤雲。（白樂天有「二處成孤雲」之句）露髪此時濕，風顔何處醺。淹留各有趣，不比漢三君。（《四部叢刊》本《臨川先生文集》卷十五；《四庫全書》本《王荆公詩注》卷二十三）

《何處難忘酒二首》（擬白樂天作）

何處難忘酒，英雄失志秋。廟堂生莽卓，巖谷死伊周。賦斂中原困，干戈四海愁。此時無一盞，難遣壯圖休。

何處難忘酒，君臣會合時。深堂拱堯舜，密席坐臯夔。和氣襲萬物，歡聲連四夷。此時無一盞，眞負鹿鳴詩。（《四部叢刊》本《臨川先生文集》卷十五；《四庫全書》本《王荆公詩注》卷二十四）

《送程公闢得謝歸姑蘇》

東歸行路嘆賢哉，碧落新除寵上才。白傅林塘傳畫去，吳王花鳥入詩來。唱酬自有微之在，談笑應容逸少陪（少保元絳謝事居姑蘇，又王中甫善歌詞，與相唱酬燕集）。除此兩翁相見外，不知三徑為誰開？（《四部叢刊》本《臨川先生文集》卷十七；《四庫全書》本《王荆公詩注》卷二十六）

智按：又見秦觀《淮海後集》卷三，題為《呈公闢》，字句略異。

《奉酬楊樂道》

邂逅聯裾殿閣春，却愁容易即離羣。相知不必因相識，所得如今過所聞。近代聲名出盧駱，前朝筆墨數淵雲。與公家世由來事，愧我初無百一分。（李壁注：白樂天潯陽行：相逢何必曾相識）（《四部叢刊》本《臨川先生文集》卷十八；《四庫全書》本《王荆公詩注》卷二十九）

智按：荊公詩用樂天之典甚多，詳見李壁《王荊公詩注》。

《尚書兵部員外郎知制誥謝公行狀》

公諱絳，字希深。其先陳郡陽夏人。以試祕書省校書郎起家，中進士甲科，守太常寺奉禮郎，七遷至尚書兵部員外郎以卒。嘗知汝之潁陰縣，校理祕書，直集賢院，通判常州、河南府，為開封府三司度支判官，與修真宗史，知制誥，判吏部流内銓。最後，以請知鄧州，遂葬於鄧。年四十六，其卒以寶元二年。公以文章貴朝廷，藏於家凡八十卷。其制誥，世所謂常、楊、元、白不足多也，而又有政事材，遇事尤劇，尤若簡而有餘。所至輒大興學舍。……謝氏本姓任，自受氏至漢魏無顯者，而盛於晋宋之間。至公再世有名爵於朝，而四人皆以材稱於世。先人與公皆祥符八年進士，而公子景初等以歷官行事來曰：「願有述也，將獻之太史。」謹撰次如右。謹狀。（《四部叢刊》本《臨川先生文集》卷九十；《四庫全書》本《臨川文集》卷九十）

智按：王安石，字介甫，晚號半山，撫州臨川（今屬江西）人。仁宗慶曆二年（一〇四二）進士。歷簽書淮南判官、知鄞縣、通判舒州，召為群牧判官。出知常州，移提點江東刑獄。嘉祐三年（一〇五八），入為度支判官，獻萬言書極陳當世之務。六年，知制誥。英宗治平四年（一〇六七），出知江寧府。尋召為翰林學士。神宗熙寧二年（一〇六九），除參知政事，推行新法。次年，拜同中書門下平章事。七年，因新法迭遭攻擊，辭相位，以觀文殿學士知江甯府。八年，復相。九年，再辭，以鎮南軍節度使、同平章事判江寧府。十年，免府任，為集禧觀使，居江甯鍾山。元豐元年（一〇七八），封舒國公。後改封荊。哲宗元祐元年卒，年六十六。贈太傅。紹聖中謚文。著有《臨川集》一百卷、《唐百家詩選》二十卷、《新經周禮義》二十二卷（殘）。另有《王氏日録》八十卷、《字說》二十卷、《老子注》二卷、《洪范傳》一卷、《論語解》十卷，與子雱合著《新經詩義》三十卷，均佚。事見《名臣碑傳琬琰集》下集卷十四《王荊公安石傳》。《宋史》卷三二七有傳。

鄭獬（一〇二二～一〇七二）

《和汪正夫梅》（其十）

詩入雞林白傳才，當年曾佩左符來。尊前依舊江山好，不見章臺驛使梅。（《四庫全書》本《鄖溪集》卷二十八）

智按：鄭獬，字毅夫，一作義夫，紓子。安州安陸（今屬湖北）人。仁宗皇祐五年（一〇五三）進士。通判陳州，入直集賢院、度支判官、修起居注、知制誥。英宗治平中出知荊南，還判三班院。神宗熙甯元年（一〇六八），拜翰林學士，權知開封府。二年，出知杭州，三年，徙青州。因反對青苗法，乞宮祠，提舉鴻慶宮。五年卒，年五十一。有《鄖溪集》五十卷。原本久佚，四庫館臣從《永樂大典》及《宋文鑑》、《兩宋名賢小集》中輯為二十八卷。《東都事略》卷七六、《宋史》卷三二一有傳。

強至（一〇二二～一〇七六）

《某蒙君章兄寵示櫻桃佳篇輒依韻奉和》

炎蒸有正色，下與地氣關。相結成含桃，使冠百果班。獨憂赤日曝，坐變紅成殷。多應絳闕種（上聲），流落來塵寰。金盤瀉不定，四走如循環。睡龍失火齊，頷空皆血潸。以口比樊素，白傅誇嬌鬟。卻嗟荔子陋，遠在炎荒山。每歲貢天子，險路勞緣扳。豈如盛京洛，地廣生不慳。朝須暮可進，先御後匪頒。離樹既不久，弗改猶童顏。嗟嗟唐中宗，游樂芳林閑（芳林園名）。君臣失儀度，口摘省手攀。不聞薦先廟，書在史册間。愈藉爭詩豪，勁句嘗往還。予知青冥賜，難到山溪灣（韓退之《和張水部敕賜櫻桃）詩有「傳賜出青冥」之句）。林園幸自有，圓顆赫不慳。雖熱豈厭食，縱密寧忍删。況此鮮嫩質，非並青梅頑。（《四庫全書》本《祠部集》卷二）

《梨花》

舊愛樂天句，今逢帶雨春。花中都讓潔，月下倍生神。翫好張瑤席，攀

仍贈玉人。莫開紅紫眼，此外盡非真。（《四庫全書》本《祠部集》卷五；《全宋詩》第十册，第六九五一頁）

《書香山寺壁》

精藍孤絕亂雲間，雲外疑無路可還。顧我塵喧非白傅，緣何今日到香山。（《四庫全書》本《祠部集》卷十二；《全宋詩》第十册，第七〇五五頁）

智按：強至，字幾聖，杭州（今屬浙江）人。仁宗慶曆六年（一〇四六）進士，除泗州司理參軍，歷浦江、東陽、元城令。英宗治平四年（一〇六七），韓琦判永興軍，辟為主管機宜文字，輾轉在韓幕府六年。神宗熙寧五年（一〇七二），召判戶部勾院，遷群牧判官。九年，遷祠部郎中、三司戶部判官。卒，年五十五。其子浚明集其所遺詩文為《祠部集》四十卷，曾鞏為之序，已佚。清四庫館臣據《永樂大典》輯為《祠部集》三十五卷，又《韓忠獻遺事》一卷。《咸淳臨安志》卷六十六、清強汝詢《求益齋文集》卷八《祠部公家傳》有傳。

劉攽（一〇二三～一〇八九）

《馮當世生日》（其二）

陽月方開旦，商行接素秋。聲華臨盛際，勳業動前修。舊物詩兼禮，公望礪與舟。諫行扶廟算，威克弊邦讎。翻欲危晁氏，皆能苦絳侯。孤城雖莫可，具美亦誰侔。北闕虛前事，南冠記昔游。客惟論藥餌，書不號窮愁。迥有閒中趣，高於物外求。賔朋依白傅，潤澤借裴休。跂也身方族，時哉歲欲遒。愁無縮地術，賴有置書郵。理楫王猷拙，稱觴小陸優。傾心日夜急，滾滾大江流。（《四庫全書》本《彭城集》卷十六）

《中山詩話》

白樂天詩曰：「請錢不早朝。」「請」作平聲，唐人語也。今人不用廝字，唐人作斯音，五代已作入聲，陶穀云「尖簷帽子卑凡廝」是也。白曰：「金屑琵琶槽，雪擺胡騰衫。」琵琶與今人同。杜曰「皂鵰寒始急」，白曰「千呼萬

喚始出來」，人皆謂語病。事之終始，音上聲；有所宿留，今甫然者，音去聲。二公詩自非語病。(《歷代詩話》第二八八頁)

琴按：孫奕《履齋示兒編》(字説，集字三) 有一則與此相同，云出自《古今詩話》。惟字句間略有不同。阮閲《詩話總龜》録此則入《正訛門》，末云：「江子載亦云，顔師古注《漢書》，『請』或云才性反，或不音，唐或以『請』作平聲，誤矣。」

江州琵琶亭，前臨江，左枕湓浦，地尤勝絕。夏（英公）、梅（公儀）詩最佳。夏云：「年光過眼如車轂，職事羈人似馬銜。若遇琵琶應大笑，何須涕泣滿青衫！」梅云：「陶令歸來為逸賦，樂天謫宦起悲歌。有絃應被無絃笑，何況臨絃泣更多！」又有葉氏女（名桂女，字月流）詩曰：「樂天當日最多情，淚滴青衫酒重傾。明月滿船無處問，不聞商女琵琶聲。」（《歷代詩話》第二九七頁）

詞人以「也」字作「夜」音，杜云：「青袍也自公」，白公云：「也向慈恩寺裹遊。」不可如字讀也。(《歷代詩話》第二九七頁)

唐人飲酒，以令為罰，韓吏部詩云：「令徵前事為。」白傅詩云：「醉翻襴衫拋小令。」今人以絲管歌謳為令者，即白傅所謂。大都欲以酒勸，故始言送，而繼承者辭之，搖首挼舞之屬，皆卻之也。至八遍而窮，斯可受矣。其舉故事物色，則韓詩所謂耳。近歲有以進士為舉首者，其黨人意侮之，會其人出令，以字偏傍為率，曰：「金銀釵釧鋪。」次一人曰：「絲綿紬絹網。」至其黨人，曰：「鬼魅魍魎魁。」俗有謎語曰：「急打急圓，慢打慢圓，分為四段，送在窰前。」初以陶瓦乃為令耳。(《歷代詩話》第二九八頁)

智按：劉攽，字貢父，號公非，臨江新喻（今江西新餘）人。與兄敞同舉仁宗慶曆六年（一〇四六）進士，歷仕州縣二十年始為國子監直講。神宗熙甯中判尚書考功、同知太常禮院。因考試開封舉人時與同院官爭執，為御史所劾，又因致書王安石反對青苗法，貶泰州通判。遷知曹州，為京東轉運使，知兗、亳二州。吳居厚代京東轉運使，奉行新法，追咎攽在職廢弛，貶監衡州鹽倉。哲宗即位，起居襄州，入為秘書少監，以疾求知蔡州。在蔡數月，召拜中書舍人。元祐四年卒，年六十七。劉攽精邃經學、史學，《宋史》本傳稱著書百卷（《宋史·藝文志》、《文獻通考》作六十卷），已佚。清四庫館臣據《永樂大典》所載，輯為《彭城集》四十卷。《宋史》卷三一九有傳。

王存（一〇二三～一一〇一）等

《元豐九域志》

淮南路東路。古蹟：唐震覺大師碑。白居易文。（《四庫全書》本《元豐九域志》卷五）

江南路東路。古蹟：大江。九江廟。白公祠堂。董真君祠堂。九江湓浦。孤石在彭蠡湖心中。庾亮樓。陶潛宅。謝靈運翻經臺。（《四庫全書》本《元豐九域志》卷六）

智按：王存，字正仲，丹陽（今江蘇鎮江）人。仁宗慶曆六年（一〇四六）進士。歷嘉興主簿、上虞令、密州推官。英宗治平中，入為國子監直講，歷三館、太常禮院。神宗元豐元年（一〇七八），修起居注。二年，以右正言、知制誥同修國史兼判太常寺。五年，知開封府。進樞密直學士，改兵部尚書。哲宗元祐四年（一〇八九），知蔡州，改揚州、杭州。紹聖初致仕。徽宗建中靖國元年卒，年七十九。事見《名臣碑傳琬琰集》中集卷三十曾肇《王學士存墓誌銘》，《宋史》卷三四一有傳。

陳舜俞（一〇二六～一〇七六）

《廬山記》

白公草堂在（東林）寺之東北隅。元和十年，公自太子贊善大夫以言事忤執政，出為州司馬。明年作草堂於香鑪峯北，遺愛寺南，往來遊處焉。公作記，見於本集。後與遺愛寺並廢。久之，好事者慕公風跡，以東林寺北藍牆之外作堂焉。五代衰亂，復為兵火野燒之所毀。至道中，郡守孫考功追構之，然皆非元和故基也。昔公之游東林也，覩經藏中有遠公諸文士倡和集，時諸長老亦請公文集同藏之。至太和九年，為太子賔客，始以文集六十卷歸之。會昌中致仕，復送後集十卷及香山居士之像。廣明中，與遠公《匡山集》，並為淮南高駢所毀。吳太和六年，德化王澈嘗抄謄以補其缺，復亡失。今所藏實景德四年詔史館書授而賜者。《匡山集》亦二十卷。景福二年，嘗重寫。明道中，為部使者刑部許申所借，今本十卷，寺僧抄補，用以訛舛。……唐貞元二年，齊朗律師之道場也。朗長慶二年十月十六日示寂，有碑，唐人鄭素卿撰。太和六年歲次壬子三月甲午朔六日己巳立，保大八年南唐褒國孝定公徐景運重修，藏經亦公所施，皆有跋尾，藏之西壁。南唐人畫須菩提，自稱樵人王翰。是寺也，水石之美，前有德人，亦東林之亞也。慶歷初，當塗僧宗慧大師道真，建浮圖七級於隆教院，據香谷之形勝，寺前過通隱橋，一里至林口市，昔竺道僧葬焉。蓋前世之深林幽谷，承平歲久，闢為屋廬，以會商旅，墳域遂在喧闠之中。康定初，郡守田瑜俾寺僧改葬於凝寂之左。《九江録》云：「通隱橋南有金獅子峯，上有三蘭若，基峯下有索穀堂。」今索穀堂猶存，餘皆亡。通隱之西一里，有匡君廟。《尋陽記》云：「昔漢武帝南巡，祠名山，問廬君何神也？博士對曰：昔匡裕得道於此，乃賜號大明公。唐天寶元年，詔立祠焉。」西林之東五里，有黃土庵，其旁又有看經庵。由看經庵一里至崇福庵，由崇福庵五里至香城庵。香城之旁有觀音庵，次有東庵，由東庵稍下一里有廣濟庵，又半里有聖僧巖。由聖僧巖二里至石盆庵，西林之東南五里至下化城院。由下化城三里至護國庵，由護國一里亦至石盆庵。石盆在山上，非鑱鑿所成，盆中清泉，雖旱不竭。石盆之上半里至保興庵，其旁半里有大師庵，次上化城院，亦義熙中遠公所立也。祥符中錫名普照寺，本朝陳尚書恕布衣時遊焉。其子恭公秉政請錫御書度僧。今有陳氏祠堂，有保大、中移寺等三碣，好事者刻白樂天《遊大林寺》詩並前後序次石於屋壁。凡遊人在二林望上，化城樓閣隱隱在雲靄中，有若圖畫。自東林徑去，猶半日之久。既至化城，其僧必訊客曰：「翌日上山與否?」蓋過上化城，山路彌險，中間往往不可行肩輿矣。……由峯頂五里至大林，今名寶林寺。梁天監二年，刺史蕭綱所造。中廢。唐初復興，故有虞世南撰《復寺記》。古有平雲庵，遠法師果園，廢寺基，辟蛇行者葬牛塚，皆在絶頂，而反平廣延袤，不知其極。謝靈運《望諸葛嶠》詩云：「積峽忽復啟，平塗俄已閉。巒隴有合遝，往來無蹤轍。晝夜蔽日月，冬夏共霜雪。」正此處也。又白樂天《大林寺》詩云：「人間四月芳菲盡，山寺桃花始盛開。長恨春歸無覓處，不知轉入此中來。」且序其詩云：「余與河南元集虛、范陽張允中、南陽張深之、廣平宋郁、安定梁必、范陽張持、東林寺沙門法演、智滿、士堅、利辨、道深、道建、神照、雲皐、寂然、息慈，凡十有七人，自遺愛草堂，歷東西二林，抵化城，憩峯頂，登香爐峯，宿大林寺。大林窮遠，人跡罕到。環寺多清流蒼石，短松瘦竹，寺中惟板屋木器。其僧皆海東人，山高地深，時節絶晚。于時孟夏，如正二月天，梨桃始華，澗草猶短，人物風候，與平地聚落不同。初到怳然，若别造一世界者，既而周覽屋壁，見蕭郎中存、魏郎中弘簡、李補闕渤三人姓名文句。余與集虛輩嘆且曰：『此實匡廬間第一境。』由驛路至山門，曾無半日程，自蕭、魏、李，今垂二十年，寂而無繼者。嗟乎！名利之誘人也。」韓退之《題西林寺故蕭郎中舊堂詩》云：「中郎有女能傳業，伯道無兒可保家。偶到匡山曾住處，幾行衰淚落煙霞。」注云：「公有女為尼，在江州。」今好事者榜其詩于西林。韓集中無蕭郎中名，或疑是蕭穎士，非也，穎士困躓不達。正所謂蕭郎中存也。凡峯頂大林之景，白公道之備矣。予嘗九月遊二林，秋暑未可以卻扇。明日，至大林流泉，或凝冰矣。又嘗三月遊焉，桃梨飄零，牡丹微開，與白公所見者畧同矣。由寶林一里至擲筆峯，其峯下臨大壑，羣峯巉嵲，不可名狀。昔遠公製《涅槃經疏》於此，疏成，故以名其峯。其間一峯名文殊臺，即藏文殊像，遂亡之此山間矣。……（《四庫全書》本《廬山記》卷二）

智按：陳舜俞，字令舉，因曾居秀州白牛村，自號白牛居士，烏程（今浙江湖州）人。仁宗慶曆六年（一〇四六）進士，授簽書壽州判官公事。嘉祐四年（一〇五九），由明州觀察推官舉材識兼茂明於體用科，授著作佐郎、簽書忠正軍節度判官公事。神宗熙寧三年（一〇七〇）於知山陰縣任上以不奉行青苗法，降監南康軍酒税。熙寧八年，卒。有《都官集》三十卷，已佚。清四庫館臣從《永樂大典》及他書輯為十四卷（其中詩三卷），近人李之鼎刻入《宋人集》甲編。《宋史》卷三三一有傳。

楊繪（一〇二七～一〇八八）

《上神宗論李憲討交趾》（熙寧八年）

臣伏聞交趾猖狂，上負聖化，方議討伐。雖神謀睿算，已決勝於千里之外，而臣不度愚昧，敢陳芻蕘，出於愛君之切然也，伏乞采其狂言。臣聞軍志有之：善攻者攻其所不守，善守者守其所不攻。今側聞潭廣易帥，修飾守備，而南閩泉、福之守，未聞議焉。雖越廣然後抵閩，然慮泛海使便風，或有出其不意，亦未宜忽於守其所不攻也。交蠻擾於南方，其於出師命將，及偏裨之選，皆西邊北邊之官，素號能者在行。然臣亦慮國家鋭意南討，而忽於西邊北邊之備，設萬一有乘虚掩不備之寇，則其憂又大矣，則亦非所謂守其所不攻之義也。臣所謂西北之備者，非謂增兵嚴警，張皇其事，但陰留驍勇諳練謀慮之將，不盡遣行於南討，庶乎有以備西北緩急之用也。竊見癰疽之醫，未嘗不先用托裹之藥，蓋治病於皮膚者，必先固護於心腹，此雖醫工之智，亦不可謂不知所先後也。唯願陛下察其先後，而慮乎皮膚心腹之害焉。臣又覩招討副使李憲，年三十五六，官已為防禦使，職已為押班，況聞有才，今仗宗廟之威靈，禀陛下之聖策，功其必成，臣願陛下儲思於他日成功之後也。成功之後，賞爵必崇，年又未高，權又益盛，乞陛下處之得其當而已。伏惟陛下聰聞明覽，其於古今安危之機，歷代興亡之轍，中貴任權之成敗，不假臣縷細而述。謹按，唐憲宗命吐突承璀為行營招討使，于時白居易為翰林學士，上疏切諫，在其集中。臣非不知陛下聖德神功，過憲宗遠甚，今李憲又止是副使，非如承璀之比。然臣遭逢聖恩，忝在白居易之位，而又翰林學士三員：鄧綰入試院，陳繹出知府，本院宿直，唯臣一人，則臣之榮幸，又過於居易。臣不欲使唐憲宗朝獨有翰林學士白居易敢言事，而陛下聖德神功過唐憲宗遠甚，乃無翰林學士白居易者，是敢進其區區，伏望陛下赦其狂僭之罪，而賜之深思遠慮。（熙寧八年十二月，交趾以經畧使沈起、劉彝連年生事侵擾，舉國怨憤，遂舉兵寇邕州，詔以趙卨充安南道安撫招討使，内侍李憲為副使，繪上此奏，時為翰林學士。九年二月，命郭逵為經畧招討使，改趙卨副，罷李憲。）（宋趙汝愚編《宋名臣奏議》卷一百四十三「邊防門·

交趾」；明楊士奇等編《歷代名臣奏議》卷三百三十禦邊；明李文鳳《越嶠書》明藍格抄本卷九；《宋代蜀文輯存》卷一八；《全宋文》二〇〇六年版第七二册，卷一五六三，第六七頁）

智按：楊繪，字元素，綿竹（今屬四川）人。仁宗皇祐五年（一〇五三）進士。通判荊南府，遷開封府推官，知眉州，徙興元府。神宗立，召修起居注、知制誥、知諫院。熙寧四年（一〇七一），擢翰林學士、御史中丞。出知亳州，歷應天府、杭州，再為翰林學士。貶荊南節度副使，分司南京，改提舉太平觀，起知興國軍。哲宗即位，復天章閣待制，再知杭州。元祐三年卒，年六十二。事見《范太史集》卷三十九《天章閣待制楊公墓誌銘》，《宋史》卷三二二有傳。

鄧潤甫（一〇二七～一〇九四）

《論李憲》

伏見朝廷以熙河路鬼章為寇，遣内侍省押班李憲，往以秦鳳熙河路，計議措置邊事司為名，中外之論，皆謂憲雖名計議措置邊事，而軍前諸將，皆受憲節制，其實大帥。然自詩書以降，迄于秦漢魏晉周隋，上下數千載間，不聞有以中人為帥將者，此其故何也？勢有所不便也。蓋有功則負恃驕恣，陵轢公卿，何所忌憚，無功則挫損國威，傳笑四夷，非細事也。唐自睿宗以前，未嘗以將帥屬中人。至明皇承平日久，志大事奢，稍委近習，會南安蠻渠梅叔鸞叛，而楊思勉請行，遂許之，然猶以光楚客為大都護，及覃行章亂黔中，始以思勉為招討使，雖有禽滅醜虜之功，而唐之禍，萌於此矣。及代宗用魚朝恩，拒史思明，討僕固瑒，而恃功擅命，幾危社稷，倚元載除之，寒心者數月。以程元振判元帥，行軍司馬，權震天下，元勳故老，皆見斥逐。洎犬戎内侵，集天下兵無隻輪入衞者，此皆已然之效也。至憲宗，時王承宗叛，以吐突承璀為行營招討處置使，諫官李鄘、許孟容、吕元膺、段平仲、白居易等衆對延英，謂古無中人位大帥，恐為四方笑，乃更為招討宣慰使。而承璀卒以無功輕謀弊賦得罪。及後世區區，踵其故迹，而唐之禍有不可勝

言者，其源蓋起於開元也。……（四部叢刊景宋刊本《宋文鑒》卷五十八）

智按：此奏又題《上神宗論遣李憲措置邊事疏》，為熙寧九年（一〇七六）十二月，鄧潤甫與周尹、蔡承禧、彭汝礪同上，又見《宋名臣奏議》卷六二；《續資治通鑑長編》卷二七九；《歷代名臣奏議》卷二九二；《右編》卷一五；《宋史翼》卷一；《宋代蜀文輯存》卷一一。

鄧潤甫，字溫伯，曾以字行，別字聖求，建昌（今江西永修西北）人。仁宗皇祐元年（一〇四九）進士，為上饒尉、武昌令。神宗熙寧中，除集賢校理，直舍人院，改知諫院、知制誥。擢御史中丞，遷翰林學士。落職知撫州。元豐二年（一〇七九），移杭州。四年，徙知成都府。哲宗立，進翰林學士承旨，修撰《神宗實録》，為吏部尚書。出知亳州、蔡州，移知永興軍。元祐末，為兵部尚書。紹聖元年，拜尚書左丞，卒，年六十八。《東都事略》卷九六、《宋史》卷三四三有傳。

范純仁（一〇二七～一一〇一）

《病起聞走馬宴同僚走筆戲呈席上》

平日倦仍衰，那堪更病羸。賓僚聞燕集，冠蓋阻追隨。歌筦宜嘉賞，觥觴莫苦辭。酒深緣意厚，但看樂天詩。（《四庫全書》本《范忠宣集》卷二；《全宋詩》第十一册，第七四一二頁）

《同張伯常會君實南園》

幽圃多清致，人賢樂有餘。游心同藝苑，歸興若田廬。畦廣容栽藥，門扃為著書。築臺占嶽頂，鑿沼灑伊渠。庵倣盧仝屋，坊隣白傅居。拂牀留倦客，種竹蔭游魚。弄水衣襟溼，遵流酒醆徐。園翁名草木，山鳥戲階除。密席延商皓，高風邁漢疏。城西老詩伯，獨免醉登車。（《四庫全書》本《范忠宣集》卷二）

《和張掞侍郎見寄》

戀德懷賢出禁城，片心長挂苦摇旌。留侯老棄人間事，白傅詩傳海外名。

瀟灑琴尊資上壽，太平風月屬高情。已知世故無關慮，佳句猶煩訓後生。(《四庫全書》本《范忠宣集》卷三)

《和李康侯屯田見寄韻二首》(其一)

心為積仁唯豈弟，官因任直少升遷。處常自享榮期樂，早退皆輸白傅賢。宦路風波今免矣，善人福壽固宜然。謫居未遂歸田計，猶欲希風向暮年。(《四庫全書》本《范忠宣集》卷四)

《張掞侍郎讀書堂》

三紀仁皇侍從臣，當時文學動簪紳。高明已入儒林傳，舊室長存歷水濱。峴首空留王粲宅，香山猶識白公真。他年遺跡應無廢，不墜詩書世有人。(《四庫全書》本《范忠宣集》卷四；《全宋詩》第十一册，第七四三八頁)

《上文潞公同甲會（潞公、程珦中散、席汝言司封、司馬旦太中，各年七十八)》

四公眉壽復均年，此會前修未省傳。筋力輕安同少壯，風標蕭灑似神仙。分司東洛榮難並（白樂天詩云：今年四皓盡分司)，聚德西豪事莫肩。今夕天官應有奏，老人星彩近台躔。(《四庫全書》本《范忠宣集》卷四)

《和微之以足疾不赴西湖賞雪》

年來遇景彊追攀，長恐身衰興易闌。八十康寧天下少，四并聚會古爲難。客塵隨念須頻拂，世網縈人且自寬。布政未能躋樂俗，愛賢猶喜共清歡。湖光映雪凝深碧，野色當軒展素紈。心似白公何慮脚，燕堂深暖小安禪。(《四庫全書》本《范忠宣集》卷四；《全宋詩》第十一册，第七四四八頁)

《和持國謝見招游湖二首》

樂天向老占青蛾，裴令高年欲聽歌。擬假紅妝助歡醉，莫嫌賓主白髯多。

白傅歸來西洛宅（謂微之)，裴公居在永豐坊（持國)。好歌愧乏牛家妓，不見淳于醉後狂。(白公與牛相詩云：君家有美酒，君家有好歌。大都凭醉莫留住，住即恐君無奈何)(《四庫全書》本《范忠宣集》卷五；《全宋詩》第十一册，第七四五〇頁)

《龍門秋日上潞公二首》(其一)

龍門秋色勝春時，新霽登臨景更奇。二室峰巒侵碧漢，兩涯樓殿照清伊。鳴泉亂瀉香山道，翠柏深藏白傅祠。獨恨不能陪杖屨，思公空作寄公詩。(《四庫全書》本《范忠宣集》卷五;《全宋詩》第十一册，第七四五四頁)

智按：范純仁，字堯夫，吳縣（今江蘇蘇州）人。仲淹次子。早年以父蔭為太常寺太祝，舉仁宗皇祐元年（一〇四九）進士，均因侍父不仕。父卒，初知襄城縣，移許州觀察判官、知襄邑縣。英宗治平元年（一〇六四）擢江東轉運判官，召為殿中侍御史。因「濮議」事出通判安州，改知蘄州。神宗即位，召為起居舍人，同知諫院，因忤王安石，出知河中府，移知慶州、信陽軍、齊州。請罷，提舉西京留司御史臺。哲宗元祐元年（一〇八六)，復知慶州，未幾，召為給事中，同知樞密院事。三年，拜尚書右僕射兼中書侍郎。哲宗親政，用章惇為相，遂堅辭執政，出知潁昌府。後因元祐黨籍，連貶武安軍節度副使、永州安置。徽宗即位，分司南京、鄧州居住。建中靖國元年卒，年七十五。謚忠宣。有《范忠宣集》二十卷、《彈事》五卷、《國論》五卷、《言行録》二十卷。今存文集二十卷，奏議二卷，遺文一卷。事見《曲阜集》卷三《范忠宣公墓誌銘》,《宋史》卷三一四有傳。

王安國（一〇二八～一〇七四)

《題琵琶亭》

夜泊潯陽宿酒樓，琵琶亭畔荻花秋。雲沉鳥沒事已往，月白風清江自流。(《輿地紀勝》卷三十「江南西路·江州」引自《皇朝類苑》，江蘇廣陵古籍刻印社一九九一年版，第三五九頁;《四庫全書》本《記纂淵海》卷十一;《全宋詩》卷六百三十一，第十一册，第七五三九頁)

智按：此詩又作吳處厚《九江琵琶亭》，見吳處厚《青箱雜記》卷八(李裕民點校本第八三頁)。

王安國，字平甫，臨川（今屬江西）人。安石弟。神宗熙甯初召試，賜進士及第，除武昌軍節度推官，西京國子教授。官滿，召為崇文院校書，改秘閣校理。政見與安石不合，吕惠卿為相時，因與鄭俠獄牽連，奪官放歸。熙寧七年卒，年四十七。有文集六十卷，已佚。今存《王校理集》（見《兩宋名賢小集》）一卷。事見《臨川集》卷九十一《王平甫墓誌》，《宋史》卷三二七有傳。

孫覺（一〇二八～一〇九〇）

《客有傳朝議欲以子瞻使高麗大臣有惜其去者白罷之作詩以紀其事》

文章異域有知音，鴨綠差池一醉吟。穎士聲名動倭國，樂天辭筆過雞林。節髦零落氈吞雪，辯舌縱横印佩金。奉使風流家世事，幾隨浪拍海東岑。（《宋詩紀事》卷十八；《全宋詩》第十一册，第七五四五頁）

智按：孫覺，字莘老，高郵（今屬江蘇）人。仁宗皇祐元年（一〇四九）進士，調合肥主簿。嘉祐中，進館閣校勘。神宗即位，直集賢院，為昌王府記室。擢右正言，徙知通州。熙寧二年（一〇六九），召知諫院、審官院。忤王安石，出知廣德軍。四年，徙湖州。六年，移廬州。歷知蘇、福、亳、揚、徐諸州及應天府，入為秘書少監。哲宗立，兼侍講，遷右諫議大夫，進御史中丞。以疾請罷，提舉舒州靈仙觀。元祐五年卒，年六十三。有文集四十卷、《荔枝唱和詩》一卷（《宋史·藝文志》），已佚。《東都事略》卷九十二、《宋史》卷三四四有傳。

徐積（一〇二八～一一〇三）

《贈子瞻》（三首）其二

翰林豈特文章工，赤心白日相貫通。先與吳人除二凶（謂法外除二顔），次與吳田謀常豐。乃與徒役開西湖，狹者使廣塞者除。溉田不知幾萬夫，其田立變為膏腴。世世可知無旱枯，吳人衣食常有餘。有餘之人善可趨，官司亦可省刑誅。無窮之利誰與俱，前有白傅後有蘇。翰林如此能成務，吳人叩額呼為父。未知何處立生祠，定是吳山行坐處。翰林却過淮之東，無人不看眉陽公。玉堂氣貌將以恭，又到南城尋老農。仍使尊中酒不空，玉泉最好白醅醲。便將玉水傾喉嚨，須臾醉倒無憂翁。老翁雖醉不敢迂，記得杭州三事書。欲毗舜智臯陶謨，事防阻隔有所拘。翰林此說若行諸，聖朝惠澤可大敷。譬如雷雨動天衢，曠然霈然而廓如。無分草木與蟲魚，一時奮振皆霑濡。滿堂飲酒盡懽娛，更無一人泣向隅。老農雖然無所逋，願同衆口齊懽呼。（《四庫全書》本《節孝集》卷三）

《還崔秀才唱和詩》

元白有餘勢，孟韓無困辭。子美骨格老，太白文采奇。當時大道久破碎，人人文字萎薾而支離。天生數子將卓卓，鴟鴞正成羣，一鶚摩天飛。嗟君不與數子共，使君逸氣填塞無所施。我來雖無知，黃金白玉看如泥。自從詩卷一入手，掣然直上青雲梯。十宵不睡亦不困，厭賓日日關柴扉。秋風獵獵吹横河，蒼天萬里生銀波。起來半夜吸一口，睡魂酒病都消磨。（《四庫全書》本《節孝集》卷十；《宋詩鈔》卷四十一；《全宋詩》，第七六二一頁）

智按：徐積，字仲車，楚州山陽（今江蘇淮安）人。早年曾從胡瑗學。英宗治平二年（一〇六五）進士。神宗數召對，因耳聵不能出仕。哲宗元祐元年（一〇八六），以近臣推薦，為楚州教授。徽宗崇寧二年除監西京嵩山中嶽廟，卒，年七十六。政和六年（一一一六）賜謚節孝處士。以孝行著聞，蘇軾稱之為「古之獨行也，于陵仲子不能過，然其詩文則怪而放，如玉川子（盧仝）」。著有《節孝集》三十卷、附録一卷。《宋史》卷四五九有傳。

劉摯（一〇三〇～一〇九七）

《自衡嶽至福嚴寺二首》（其二）

俯仰巖谿萬仞臨，恨輸飛鳥極高深。青雲平地人難到，流水殘花路可尋。稍覺衣裾侵小雨，漸聞鐘磬下遙岑。丈人不厭頻來往，欲作香山得二林。（《四庫全書》本《忠肅集》卷十七；《全宋詩》第十二册，第七九五九頁）

《憶靈泉山寄龔輔之諫議丈》

不到靈房二十年，背依叢嶺面平山。風吹檜柏周遭雨，地蹙岡巒寸尺煙。合有高亭臨緑篠，恨無長甃引清泉。攜笻占得頻來往，誰似香山白樂天。(《四庫全書》本《忠肅集》卷十九；《全宋詩》第十二册，第七九八三頁)

《次韻酬李秬》

公幹長迷簿領書，渥言那似阮元瑜。闇投子有夜光璧，次報吾無明月珠。急景壯懷悲劍鍔，西風高興夢蓬壺。勉强豈使今惭古，元白鄒枚亦此都。(《四庫全書》本《忠肅集》卷十七；《叢書集成初編》本《忠肅集》卷十七，第二五三頁)

智按：劉摯，字莘老，永靜軍東光（今屬河北）人。仁宗嘉祐四年（一〇五九）進士，試南宫令，徙江陵觀察推官。英宗治平中，以韓琦薦補館閣校勘。神宗熙寧四年（一〇七一），遷監察御史裏行，屢上書論列新法不便，貶監衡州鹽倉。數年後，召入同知太常禮院。元豐初，為開封府推官，遷右司郎中。因建議執政合廳辦事，被言者劾以他故，罷官歸鄉。明年，起知滑州。哲宗立，召為吏部郎中，擢侍御史、御史中丞。元祐六年（一〇九一）。拜尚書右僕射。摯性峭直，勇於去惡，旋為讒者羅織，出知鄆州，徙青州。紹聖初哲宗親政，以元祐黨人累貶鼎州團練副使，新州安置。四年，卒於貶所，年六十八。有《忠肅集》四十卷，已佚。清四庫館臣據《永樂大典》所録，輯為二十卷。《宋史》卷三四〇有傳。

王讜（一〇三〇？～一一〇〇？）

《唐語林》

白居易，長慶二年以中書舍人為杭州刺史，替嚴員外休復。休復有時名，居易喜為之代。時吴興守錢徽、吴郡守李穰皆文學士，悉生平舊友，日以詩酒寄興（興一作贈）。官妓高玲瓏、謝好好，巧於應對，善歌舞。從元稹鎮會稽，參其酬唱。每以筒竹盛詩來往。居易在杭，始築堤捍錢塘潮，鍾聚其水，溉田千頃。復浚李泌六井，民賴其汲。在蘇作詩，有「使君全未厭錢塘」之句。及罷，俸錢多留守庫。繼守者公用不足，則假而復填，如是五十餘年。及黃巢至郡，文籍多焚燒，其俸遂亡。（卷二《文學》，周勳初《唐語林校證》上册，第一四四～一四五頁）

裴晉公自為志銘曰：「裴子為子之道，備存乎家牒；為臣之道，備存乎國史。」杜牧亦自銘曰：「嗟爾小子，亦克厥修。」此二銘詞簡而備。白居易亦自為銘。顔魯公在蔡州，知必禍及，自為志銘置左右。（卷二《文學》，周勳初《唐語林校證》上册，第一四八頁）

文宗尚賢樂善罕比。每宰臣學士論政，必稱才術文學之士，故當時多以文進。上每視事後，即閲群書，至亂世之君，則必扼腕嗟歎；讀堯、舜、禹、湯事，即灌手斂衽，謂左右曰：「若不甲夜視事，乙夜觀書，即何以為君？」試進士，上多自出題目。及所司試，覽之終日忘倦。嘗召學士於内庭論經，較量文章，宫人已下侍茶湯飲饌。李訓講《周易》，頗葉上意。時方盛夏，遂取犀如意賜訓，上曰：「與卿為譚柄。」讀高郢《無聲樂賦》、白居易《求玄珠賦》，謂之「玄祖」。水部員外郎賈嵩説云。（卷二《文學》，周勳初《唐語林校證》上册，第一四八～一四九頁）

文宗好五言詩，品格與肅、代、憲宗同，而古調尤清峻。嘗欲置詩學士七十二員，學士中有薦人姓名者，宰相楊嗣復曰：「今之能詩，無若賓客分司劉禹錫。」上無言。李珏奏曰：「當今起置詩學士，名稍不嘉。况詩人多窮薄之士，昧於識理。今翰林學士皆有文詞，陛下得以覽古今作者，可怡悦其間；有疑，顧問學士可也。陛下昔者命王起、許康佐為侍講，天下謂陛下好古宗儒，敦揚樸厚。臣聞憲宗為詩，格合前古，當時輕薄之徒，摛章繪句，聱牙崛奇，譏諷時事，爾後鼓扇名聲，謂之『元和體』，實非聖意好尚如此。今陛下更置詩學士，臣慮輕薄小人，競為嘲詠之詞，屬意於雲山草木，亦不謂之『開成體』乎？玷黯皇化，實非小事。」（卷二《文學》「文宗欲置詩學士」，周勳初《唐語林校證》上册，第一四九～一五〇頁）

智按：胡應麟《詩藪》外編卷三「（唐）上」引録此文後云：「文宗不答楊奏，當以劉黨叔文故耶？」（王國安校補本，第一七三頁）《資治通鑑》卷二百四十六：「（文宗開成三年）上好詩，嘗欲置詩學士；李珏曰：『今之詩人浮薄，無益於理。』乃止。」

元和已後，文筆學奇於韓愈，學澀於樊宗師。歌行則學流蕩於張籍，詩章則學矯激於孟郊，學淺切於白居易，學淫靡於元稹，俱名元和體。大抵天寶之風尚黨，大曆之風尚浮，貞元之風尚蕩，元和之風尚怪也。（卷二《文學》，周勳初《唐語林校證》上册，第一八七頁）

白居易應舉，初至京，以詩謁顧著作況。況睹姓名，熟視曰：「米價方貴，居亦不易。」及披卷，首篇曰：「咸陽原上草，一歲一枯榮；野火燒不盡，春風吹又生。」乃嗟賞曰：「道得箇語，居即易也。」因為之延譽，聲名遂振。（卷三《賞譽》，周勳初《唐語林校證》上册，第二七七頁）

劉侍郎三復，初為金壇尉，李衛公鎮浙西，三復代草表云：「山名北固，長懷戀闕之心；地接東溟，卻羡朝宗之路。」衛公嘉歎，遂辟為賓佐。時杭州有蕭協律悅，善畫竹，家酷貧，白居易典郡，嘗敘云：「悅之竹舉世無倫，頗自秘重，有終歲求其一竿一枝不得者。」又遺之歌曰：「餘杭邑客多羈貧，其中甚者蕭與殷，天寒身上猶衣葛，日高甑中未掃塵。」悅年老多病，有一女未適。他日，病且亟，謂其女曰：「吾聞長史劉從事，非有通家之舊，復無舉薦之力。欻自（案：此下原闕一字）眾為賢侯幕府，必有足觀者。今知未婚，吾雖未識，當以書托汝。」三復覽其書，數日未決。會夜夢有黃衣使，致槁一束於其門。翊日，言於衛公，公曰：「槁，蕭也。此固定矣。」三復遂成婚。（卷三《賞譽》，周勳初《唐語林校證》上册，第二七七～二七八頁）

大中末，諫官獻疏，請賜白居易謚。上曰：「何不讀《醉吟先生墓表》?」卒不賜謚。弟敏中在相位，奏立神道碑，使李商隱為之。（卷三《賞譽》，周勳初《唐語林校證》上册，第二八一頁）

尚書白舍人初到錢塘，令訪牡丹。獨開元寺僧惠澄近於京得此花，始栽植於庭，欄圍甚密，他亦未知有也。時春景方深，惠澄設油幕覆其上。牡丹自東越分而種之也，會稽徐凝自富春來，未識白公，先題詩曰：「此花南地知誰種，慚愧僧門用意栽；海燕解憐頻睥睨，胡蜂未識更徘徊。虛生芍藥徒勞妒，羞殺玫瑰不敢開；唯有數苞紅蕚在，含芳只待舍人來。」白尋到寺看花，乃命徐生同醉而歸。時張祜榜舟而至，甚若疏誕，然張、徐二生，未之習稔，各希首薦焉。中舍曰：「二君論文，若廉、白之鬬鼠穴，較勝負於一戰也。」遂試《長劍倚天賦》、《餘霞散成綺》詩。既解送，以凝為先，祜其次耳。

張祜詩有「地勢遙尊嶽，河流側讓關。」多士以陳後主「日月光天德，山河壯帝居」比，徒有前名矣。祜題《金山寺》詩曰：「樹影中流見，鐘聲兩岸聞」，雖綦毋潛云「塔影掛青漢，鐘聲扣白雲」，此二句未為佳也。祜又有《觀獵》四句及《宮詞》，白公曰：「張三作獵詩以擬王右丞，予則未敢優劣也。」王維詩曰：「風勁角弓鳴，將軍獵渭城；草枯鷹眼疾，雪盡馬蹄輕。忽過新豐市，還歸細柳營。回看落雁處，千里暮雲平。」張祜詩曰：「晚出禁城東，分圍淺草中；紅旗開向日，白馬驟臨風。背手抽金鏃，翻身控角弓，萬人齊指處，一雁落寒空。」白公又以《宮詞》四句之中皆偶對，何足奇乎？不如徐生「今古常如白練飛，一條界破青山色。」徐凝賦曰：「譙周室裏，定游、夏於邱、虔；馬守帷中，分《易》、《禮》於盧、鄭。如我明公薦拔，豈惟偏黨乎？」張祜亦曰：「《虞韶》九奏，非瑞馬之至音；荊玉三投，佇良工之必鑒。且洪鐘《韶》擊，瓦缶雷鳴；榮辱糺繩，復何定分！」祜遂行歌而邁，凝亦鼓枻而歸。自是二生終身偃仰，不隨鄉試矣。

先是李補闕林宗、杜殿中牧，與白公輦下較文，具言元白體舛雜，而為清苦者見嗤，因茲有恨也。白為河南尹，李為河陽令，道上相遇，尹乃乘馬，令則肩輿，似乖趨事之禮。嘗謂樂天為「囁嚅公」，聞者皆笑，樂天之名稍減。白曰：「李直木（原注：林宗字也），吾之獬子也，其鋒不可當。」

後杜舍人之守秋浦，與張生為詩文交，酷愛祜《宮詞》，亦知錢塘之歲，自有是非之論，懷不平之色，為詩二首以高之，曰：「誰人得似張公子，千首詩輕萬戶侯。」又云：「如何故國三千里，虛唱歌辭滿六宮。」（卷三《賞譽》，周勳初《唐語林校證》上册，第二九六頁）

智按：此則出自晚唐范攄《雲溪友議》卷中（古典文學出版社，一九五七年四月版）「錢塘論」所載張祜和徐凝爭解元、樂天薦徐凝屈張祜事，有一處與原文不同，即：「元白體」，《雲溪友議》作「元白詩體」。見《叢書集成初編》本《雲溪友議》卷四，第二八三二册，第二十五頁，參見《太平廣記》卷一百九十九（中華書局本第四册，第一四九三頁）。古典文學出版社本卷中（一九五七年四月，第三二頁）斷為「元、白詩體」。又，《欽定四庫全書總目提要》（整理本）下册，第二〇二〇頁，點校者引録此則文字，後尚有：「牧又著論，言近有元、白者，喜為淫言媟語，鼓扇浮囂，吾恨方在下位，未能以法治之。」祖保泉《司空圖詩文研究》第六五頁（安徽教育出版社，一九九八年十二月）所引亦然，惟字句小異。前書點校者與祖氏皆將杜牧《隴西李府君墓誌銘》引述李戡之語誤作范攄《雲溪友議》之語。

李相紳督大梁日，……先是白居易寄元相詩（琴按：即《代書詩一百韻寄微之》）曰：「悶（一作笑）勸迂辛酒，閒吟短李詩。」且曰：「辛大丘度性迂嗜酒，李二十紳短而能詩。」辛氏郎君，即丘度之子也。因謂李公曰：「小子每憶白二十二丈詩曰：『悶勸疇昔酒，閑吟廿丈詩。』」李曰：「辛大有此狂兒，吾敢不存舊乎？」凡諸宦族，快辛子之能忤，丞相之受侮。……（卷四《豪爽》，周勳初《唐語林校證》上册，第三三七～三四〇頁）

智按：此則出自唐范攄《雲溪友議》卷上「江都事」（古典文學出版社，一九五七年四月版）。

開元以後，不以姓名而可稱者：燕公、魯公；不以名而可稱者：宋開府、陸兗州、王右丞、房太尉、郭令公、崔太尉、楊司徒、劉忠州、楊崖州、段太尉；位卑而名著者：李北海、王江寧、李館陶、鄭廣文、元魯山、蕭功曹、獨孤常州、崔比部、張水部、梁補闕、韋蘇州；二人連呼者：歧薛、燕許（原注：大手筆）、李杜、姚宋（原注曰：蘇宋）、蕭李（原注：文章）。元和後，不以名可稱者：李太尉、韋中令、裴晉公、白太傅、賈僕射、路侍中、杜紫薇；位卑名著者：賈長江、趙渭南；二人連呼者：元白；又有羅鉗吉網（原注：酷吏），員推韋狀（原注：能吏），又有四夔、四凶。（卷四《企羡》，周勳初《唐語林校證》上册，第三五八～三五九頁）

白居易葬龍門山。河南尹盧貞刻《醉吟先生傳》於石，立於墓側。相傳洛陽士人及四方游人過矚墓者，必奠以卮酒，故塚前方丈之土常成渥。（卷四《企羡》，周勳初《唐語林校證》上册，第三八一頁）

白居易少傅分司東都，以詩酒自娱，著《醉吟先生傳》以自敍。盧尚書簡辭有别墅，近伊水，亭榭清峻。方冬，與群從子侄同登眺嵩洛。既而霰雪微下，説鎮金陵時，江南山水，每見居人以葉舟浮泛，就食菰米鱸魚，思之不忘。逡巡，忽有二人，衣蓑笠，循岸而來，牽引篷艇。船頭覆青幕，中有白衣人與衲僧偶坐；船後有小竈，安銅甑而炊，卯角僕烹魚煮茗，泝流過於檻前。聞舟中吟笑方甚。盧歎其高逸，不知何人。從而問之，乃告居易與僧佛光，自建春門往香山精舍。（卷四《棲逸》，周勳初《唐語林校證》上册，第三九七～三九八頁）

琴按：此則又見《劇談録》。《白香山詩集》後集卷三第九頁，汪立名亦有轉載。

皇甫湜氣貌剛質，性褊直。為尚書郎，乘酒使氣，忤同列；及醒，不自適，求分務洛都。值洛中仍歲乏食，正郎滯曹不遷，俸甚微，困悴甚。嘗因積雪，門無轍跡，廚突無煙。裴晉公保釐洛宅，人有以為言者，由是辟為留府從事，公常優容之。先是，公討淮西日，恩賜鉅萬，貯於集賢私第。公素奉佛，因盡舍所得，再修福先寺。既成，將請白居易為碑。湜曰：「近舍湜而遠徵白，信獲戾於門下矣！」公曰：「初不敢以仰煩，慮為大手筆見拒，是所願也。」因請斗酒而歸，獨飲其半，乘醉揮毫，立就。又明日，挈本以獻。文思高古，字復怪僻。公尋繹久之，歎曰：「木玄虚、郭景純、《江》、《海》之流也！」（原注：其碑在寺西北廊玉石幢院，洛中人家往往有本）命小將以車馬繒彩器玩約千餘緡酬之。湜省書，擲於地，面叱小將曰：「寄謝侍中，何相待之薄也！湜之文，非常流之文也，曾與顧況為《集序》外，未嘗造次許人者；請制此碑，蓋受恩深厚耳，其詞約三千餘字，每字三匹絹，更減五分錢不得。」小校具以白，公笑曰：「真不羈之才。」立遣依數酬之（原注：其字共三千二百五十有四，計送絹九千七百六十有二。後寺之老僧曰師約者，細為人説，其數亦同）。自居守府及湜里第，輦負相屬，洛人聚觀之。湜褊急之性，獨異於人。嘗為蜂螫手指，因大躁忿，命奴僕及里中小兒，箕斂蜂窠，以厚價購之。頃之，聚於庭，則命以砧臼絞取其汁，以塗所痛。又其子松，嘗録詩數首，字小誤，大罵躍呼，取杖不及，齒齧其臂，血流及肘。（卷六《補遺》「起德宗至文宗」，周勳初《唐語林校證》下册，第五六九～五七〇頁）

于司空以樂曲有《想夫憐》，其名不雅，將改之，客笑曰：「南朝相府曾有瑞蓮，故歌曰『相府蓮』，自是後人語訛。」乃不改。古解題曰：「《相府蓮》者，王儉為南齊相，一時所辟皆才名之士，時人以入儉府為入蓮花池，謂如紅蓮映緑水，今號『蓮幕』者自儉始。其後語訛為《想夫憐》，亦名之醜爾。」又有《簇拍相府蓮》，《樂苑》曰：「《想夫憐》，羽調曲也。」白居易詩曰：「玉管朱弦莫急催，客廳歌送十分杯；長愛夫憐第二句，倩君重唱夕陽開。」王維右丞詞云「秦川一半夕陽開」是也。「夜聞鄰婦泣，切切有餘哀。即問緣何事，征人戰未回。」《簇拍相府蓮》：「莫以今時寵，寧忘舊日恩。看花滿眼淚，不共楚王言。」「閨燭無人影，羅屏有夢魂。近來音耗絕，終日望應門。」（卷六《補遺》「起德宗至文宗」，周勳初《唐語林校證》下册，第五七六～五七七頁）

白太傅與元相國友善，以詩道著名，時號「元白」。其集内有詩説元相公云：「相看掩淚應無説，離別傷心事豈知？想得咸陽原上樹，已抽三丈白楊枝。」洎自撰墓誌，云與劉夢得為詩友，殊不言元相公，時人疑其隙終也。（卷六《補遺》「起德宗至文宗」，周勳初《唐語林校證》下册，第五八八頁）

唐人酒令：白樂天詩：「鞍馬呼教住，骰槃喝遣輸，長驅波卷白，連擲采盛盧。」（原注：骰盤、卷白波、莫走、鞍馬，皆當時酒令。）予按，皇甫松所著《醉鄉日月》三卷，載骰子令云：聚十隻骰子齊擲，自出手六人，依采飲焉。堂印，本采人勸合席；碧油，勸擲外三人。骰子聚於一處，謂之「酒星」。依采聚散，骰子令中，改易不過三章，次改鞍馬令，不過一章。又有旗幡令、閃壓令、拋打令。今人不復曉其法矣，唯優伶家猶用手打令以為戲云。（卷八《補遺》「無時代」，周勳初《唐語林校證》下册，第七四三～七四四頁）

智按：王讜，字正甫。長安（今陝西西安）人。宰相呂大防之婿。哲宗元祐間爲東京排岸司，元祐四年（一〇八九）改爲國子監丞，又改少府監丞等職。元祐之後，出任郊州通判。與蘇軾及其門人關係很密切。有《唐語林》八卷。

沈括（一〇三一～一〇九五）

《夢溪筆談》

《霓裳羽衣曲》。劉禹錫詩云：「三鄉陌上望仙山，歸作《霓裳羽衣曲》。」又王建詩云：「聽風聽水作《霓裳》。」白樂天詩注云：「開元中，西涼府節度使楊敬述造。」鄭嵎《津陽門詩》注云：「葉法善嘗引上入月宫，聞仙樂。及上歸，但記其半，遂於笛中寫之。會西涼府都督楊敬述進《婆羅門曲》，與其聲調相符，遂以月中所聞為散序，用敬述所進為其腔，而名《霓裳羽衣曲》。」諸説各不同。今蒲中逍遙樓楣上有唐人横書，類梵字，相傳是《霓裳譜》，字訓不通，莫知是非。或謂今燕部有《獻仙音曲》，乃其遺聲。然《霓裳》本謂之道調法曲，今《獻仙音》乃小石調耳，未知孰是。（卷五「樂律」一，上海古籍出版社《夢溪筆談校證》，第二三五頁）

智按：《苕溪漁隠叢話》卷二十四引《西清詩話》云：「歐陽公《歸田録》論王建《霓裳詞》『弟子部中留一色，聽風聽水作《霓裳》。』以不曉聽風聽水為恨。余嘗觀唐人《西域記》云：『龜兹國王與臣庶知樂者，於大山間聽風水之聲，均節成音，後翻入中國，如《伊州》、《涼州》、《甘州》，皆龜兹至也。』此説近之，但不及《霓裳》耳。鄭嵎《津陽門詩》注：『葉法善引明皇入月宫，聞樂歸，笛寫其半，會西涼府楊敬遠進《婆羅門曲》，聲調脗合，按之便韻，乃合二者制《霓裳羽衣曲》。』則知《霓裳》亦來自西域云。」參見《碧雞漫志》卷三、《詩話總龜》卷四十、《學林新編》卷五。

唐白樂天居洛，與高年者八人游，謂之「九老」。洛中士大夫至今居者為多，斷而為九老之會者再矣。元豐五年，文潞公守洛，又為「耆年會」，人為一詩，命畫工鄭奐圖於妙覺佛寺，凡十三人：守司徒致仕韓國公富弼，年七十九；守太尉判河南府潞國公文彦博，年七十七；司封郎中致仕席汝言，年七十七；朝議大夫致仕王尚恭，年七十六；太常少卿致仕趙丙，年七十五；秘書監劉几，年七十五；衛州防禦使馮行已（己），年七十五；太中大夫充天章閣待制楚建中，年七十三；朝議大夫致仕王慎言，年七十二；宣徽南院使檢校太尉判大名府王拱辰，年七十一；太中大夫張問，年七十；龍圖閣直學士通議大夫張燾，年七十；端明殿學士兼翰林侍讀學士太中大夫司馬光，年六十四。（卷九「人事」一，上海古籍出版社《夢溪筆談校證》第三五二頁）

晚唐士人，專以小詩著名，而讀書滅裂。如白樂天《題座隅》詩云：「俱化為餓殍。」作孚字押韻。杜牧《杜秋娘詩》云：「厭飫不能飴。」飴乃餳耳，若作飲食，當音飤。又陸龜蒙作《藥名詩》云：「烏啄蠹根回。」乃是烏喙，非烏啄也。又「斷續玉琴哀」，藥名止有續斷，無斷續。此類極多。如杜牧《阿房宮賦》誤用「龍見而雩」事，宇文時斛斯椿已有此謬，蓋牧未嘗讀《周》、《隋書》也。（卷十四「藝文」一，上海古籍出版社《夢溪筆談校證》，第四九六頁）

智按：王觀國《學林》卷八、王楙《野客叢書》卷二十駁沈存中之說，謂殍字有二音，一音芳無切，一音平表切，其義則皆餓死也。樂天於平聲押，音孚，不誤矣。詳見後文所録。

《國史補》言：「客有以《按樂圖》示王維，維曰：『此《霓裳》第三疊第一拍也。』客未然；引工按曲，乃信。」此好奇者為之。凡畫奏樂，止能畫一聲，不過金石管弦同用「一」字耳，何曲無此聲，豈獨《霓裳》第三疊第一拍也？或疑舞節及他舉動拍法中，別有奇聲可驗，此亦不然。《霓裳曲》凡十三疊，前六疊無拍，至第七疊方謂之疊遍，自此始有拍而舞作。故白樂天詩云：「中序擘騞初入拍。」中序即第七疊也，第三疊安得有拍？但言「第三疊第一拍」，即知其妄也。或說：嘗有人觀畫《彈琴圖》，曰：「此彈《廣陵散》也。」此或可信。《廣陵散》中有數聲，他曲皆無，如潑攦聲之類是也。（卷十七「書畫」，上海古籍出版社《夢溪筆談校證》，第五四四～五四五頁）

……彈棋，今人罕為之。有譜一卷，蓋唐人所為。其局方二尺，中心高，如覆盂；其巔為小壺，四角微隆起。今大名開元寺佛殿上有一石局，亦唐時物也。李商隱詩曰：「玉作彈棋局，中心最不平。」謂其中高也。白樂天詩：「彈棋局上事，最妙是長斜。」長斜謂抹角斜彈，一發過半局，今譜中具有此法。柳子厚敘棋用二十四棋者，即此戲也。《漢書注》云：「兩人對局，白、黑子各六枚。」與子厚所記小異。如弈棋，古局用十七道，合二百八十九道，黑白棋各百五十，亦與後世法不同。（卷十八「技藝」，上海古籍出版社《夢溪筆談校證》，第五九一頁）

司馬相如敘上林諸水曰：丹水、紫淵，灞滻、涇渭，「八川分流，相背而異態」，「灝溔潢漾」，「東注太湖」。李善注：「太湖，所謂震澤。」按八水皆入大河，如何得東注震澤？又白樂天《長恨歌》云：「峨嵋山下少人行，旌旗無光日色薄。」峨嵋在嘉州，與幸蜀路全無交涉。杜甫《武侯廟柏》詩云：「霜皮溜雨四十圍，黛色參天二千尺。」四十圍乃是徑七尺，無乃太細長乎？防風氏身廣九畝，長三尺，姬室畝廣六尺，九畝乃五丈四尺，如此防風之身，乃一餅餤耳。此亦文章之病也。（卷二十三「譏謔」，上海古籍出版社《夢溪筆談校證》，第七二九頁）

琴按：郭紹虞《宋詩話輯佚》卷上録宋范溫《潛溪詩眼》。《長恨歌用事之誤》一則云：「白樂天《長恨歌》，工矣，而用事猶誤。峨嵋山下少人行，明皇幸蜀，不行峨嵋山也。當改云劍門山」。

蔡君謨嘗書小吳箋云：「李及知杭州，市《白集》一部，乃為終身之恨，此君殊清節，可為世戒。張乖崖鎮蜀，當遨游時，士女環左右，終三年未嘗回顧。此君殊重厚，可以為薄夫之檢押。」此帖今在張乖崖之孫堯夫家。予以謂買書而為終身之恨，近於過激。苟其性如此，亦可尚也。（卷二十五「雜誌二」，上海古籍出版社《夢溪筆談校證》第八〇七頁）

古法採草藥多用二月、八月，此殊未當。但二月草已芽，八月苗未枯，採掇者易辯識耳，在藥則未為良時。大率用根者，若有宿根，須取無莖葉時採，則津澤皆歸其根。欲驗之，但取蘆菔、地黄輩觀，無苗時採，則實而沉；有苗時採，則虛而浮。其無宿根者，即候苗成而未有花時採，則根生已足而又未衰。如今之紫草，未花時採，則根色鮮澤；過而採，則根色黯惡，此其效也。用葉者取葉初長足時，用芽者自從本說，用花者取花初敷時，用實者成實時採。皆不可限以時月。緣土氣有早晚，天時有愆伏。如平地三月花者，深山中則四月花。白樂在《游大林寺》詩云:「人間四月芳菲盡,山寺桃花始盛開。」蓋常理也,此地勢高下之不同也。(卷二十六「藥議」,上海古籍出版社《夢溪筆談校證》第八三四～八三五頁)

今之門狀稱「牒件狀如前,謹牒」,此唐人都堂見宰相之禮。唐人都堂見宰相,或參辭謝□事□先具事因,申取處分。有非一事,故稱「件狀如前」。宰相狀後判「引」方許見。後人漸施於執政私第。小説記施於私宅,自李德裕始。近世諂敬者,無高下一例用之,謂之大狀。予曾見白樂天詩稿,乃是新除壽州刺史李(忘其名)門狀,其前序住京因宜,及改易差遣數十言,其末乃言「謹祗候辭,某官」。至如稽首之禮,唯施於人君。大夫家臣不稽首,避人君也。今則雖交游皆稽首。此皆生於諂事上官者始為,流傳至今,不可復革。(補筆談卷一「故事」,上海古籍出版社《夢溪筆談校證》第八九七頁)

世人用莽草,種類最多,有葉大如手掌者,有細葉者,有葉光厚堅脆可拉者,有柔軟而薄者,有蔓生者,多是謬誤。按《本草》:「若石南,而葉稀,無花實。」今考木若石南,信然;葉稀、無花實,亦誤也。今莽草,蜀道、襄、漢、浙、江湖間山中有,枝葉稠密,團欒可愛,葉光厚而香烈;花紅色,大小如杏花,六出,反卷向上,中心有新紅蕊,倒垂下,滿樹垂動搖搖然,極可玩。襄、漢間漁人競採以搗飯飴魚,皆翻上,乃撈取之。南人謂之石桂。白樂天有《廬山桂》詩,其序曰:「廬山多桂樹。」又曰:「手攀青桂樹。」蓋此木也。唐人謂之紅桂,以其花紅故也。李德裕《詩序》曰:「龍門敬善寺有紅桂樹,獨秀伊川,移植郊園,眾芳色沮。乃是蜀道莽草,徒得佳名耳。」衛公此説亦甚明。自古用此一類,仍毒魚有驗。《本草・木部》所收,不如何緣謂之草,獨此未喻。(補筆談卷三「藥議」,上海古籍出版社《夢溪筆談校證》,第一〇二一頁)

《自誌》

翁年三十許時,嘗夢至一處,登小山,花木如覆錦。山之下有水澄澈,極目而喬木翳其上。夢中樂之,將謀居焉。自爾歲一再夢,或三四夢至其處,習之如平生之游。後十餘年,翁謫居宣城,有道人無外,謂京口山川之勝,邑之人有圃求售者。及翁以錢三十緡得之，然未知圃何在。又後六年，翁坐邊議謫廢，乃廬於潯陽之熨斗洞，為廬山之游以終身焉。元祐元年，道京口，登道人所置之圃，怳然乃夢中所游之地。翁歎曰：「吾缘在是矣。」於是棄潯陽之居，築室於京口之陲。巨木蓊然，水出峡中，渟瀠沓冥，繚繞地之一偏者，目之曰夢溪。溪之上聳然為邱，千本之花缘焉者，百花堆也。覆堆而廬其間者，翁之棲也。其西蔭於花木之間，翁之所憩殼軒也。軒之瞰有閣俯於阡陌，巨木百尋聞其上者，花堆之閣也。據堆之巔，集茅以舍者，岸花之堂也。背堂而俯於夢溪之顔者，蒼峡之亭也。而花堆有竹萬箇，環以激波者，竹塢也。度竹而南，介途濱河、鋭而垣者杏觜也。竹間之可燕者，蕭蕭堂也。蔭竹之南，軒於水澨者，深齋也。封高而締，可以眺者，遠亭也。居在城邑，而荒蕪古木，與豖鹿雜處。客有至者，皆頓遏而去，而翁獨樂焉。魚於泉，舫於淵俯，仰於茂木美蔭之間。所慕於古人者，陶潛、白居易、李約，謂之三悦。與之酬酢於心目之所寓者，琴、碁、禪、墨、丹、茶、吟、談、酒，謂之九客。四年而翁病，涉歲而益羸，濱柩木矣。豈翁將蜕於此乎？（《長興集》卷三十，中國社會科學院文學研究所圖書館藏光緒二十二年刻本《沈氏三先生文集》本；乾隆《江南通志》卷三十二；《全宋文》二〇〇六年版第七七册，卷一六九三，第三六九～三七〇頁）

智按：沈括，字存中，錢塘（今浙江杭州）人。年雖幼于沈遘，但輩分為遘之叔。仁宗至和元年（一〇五四），以父周蔭為海州沭陽主簿。嘉祐八年（一〇六三）舉進士。英宗治平三年（一〇六六），為館閣校勘。神宗熙寧五年（一〇七二），提舉司天監。六年，奉使察訪兩浙。七年，為河北西路察訪使。八年，為翰林學士、權三司使，次年罷知宣州。元豐三年（一〇八〇）知延州，加任鄜延路經略安撫使。兩年後因徐禧失陷永樂城，謫均州團練副使。哲宗元祐初徙秀州，後移居潤州。紹聖二年卒，年六十五。著有《長興集》四十一卷及《夢溪筆談》等。南宋高布曾合沈遘《西溪集》、沈遼《雲巢集》為《吳興沈氏三先生集》，至明中葉時重刻，惜《長興集》已散失大半，詩一篇不存。《宋史》卷三三一有傳。

蔣之奇（一〇三一～一一〇四）

《楞伽阿跋多羅寶經序》

之奇嘗苦《楞伽經》難讀，又難得善本。會南都太子太保致政張公施此經，而眉山蘇子瞻為書而刻之板，以為金山常住。金山長老佛印大師了元持以見寄，之奇為之言曰：佛之所説經總十二部，而其多至於五千卷。方其正法流行之時，人有聞半偈得一句而悟入者，蓋不可為量數。至於像法、末法之後，去聖既遠，人始溺於文字，有入海算沙之困，而於一真之體，乃漫不省解。於是有祖師出焉，直指人心，見性成佛，以為教外別傳，於動容發語之頃，而上根利器之人，已目擊而得之矣。故雲門至於罵佛，而藥山至戒人不得讀經，皆此意也。由是去佛而謂之禪，離義而謂之玄。故學佛者，必詆禪。而諱義者，亦必宗玄。二家之徒，更相非而不知。其相為用也。且禪者，六度之一也，顧豈異於佛哉。之奇以為，禪出於佛，而玄出於義。不以佛廢禪，不以玄廢義，則其近之矣。

冉求問聞斯行諸，孔子曰：聞斯行之。子路問：聞斯行諸，曰有父兄在，如之何其「聞斯行之」？求也退故進之，由也兼人故退之。説豈有常哉，救其偏而已。學佛之敝，至於溺經文惑句義，而人不體玄，則言禪以救之。學禪之敝，至於馳空言玩琦辯，而人不了義，則言佛以救之。二者更相救，而佛法完矣。

昔達磨西來，既已傳心印於二祖。且云：吾有《楞伽經》四卷，亦用付汝，即是如來心地要門。令諸眾生開示悟入，此亦佛與禪並傳，而玄與義俱付也。至五祖，始易以《金剛經》傳授。故六祖聞客讀《金剛經》，而問其所從來，客云：我從蘄州黄梅縣東五祖山來。五祖大師常勸僧俗，但持《金剛經》，即自見性成佛矣。則是持《金剛經》者，始於五祖。故《金剛》以是盛行於世，而《楞伽》遂無傳焉。今之傳者，寔自張公倡之。之奇過南都，謁張公，親聞公説《楞伽》因緣。始，張公自三司使、翰林學士出守滁，一日，入琅琊僧舍，見一經函，發而視之，乃《楞伽經》也。恍然覺其前生之所書，筆畫宛然，其殆神先受之甚明也。之奇聞，羊叔子五歲時，令乳母取所弄金鐶。乳母謂之，汝初無是物。祐即自詣隣人李氏東垣桑木中，探得之。主人驚曰：「此吾亡兒所失物也，云何持去?」乳母具言之。知祐之前身為李氏子也。白樂天始生七月，姆指「之」「無」兩字，雖試百數不差。九歲諳識聲律，史氏以為篤於才章，蓋天稟，然而樂天固自以為宿習之緣矣。人之以是一真不滅之性，而死生去來於天地之間，其為世數，雖折天下之草木以為籌箸，不能算之矣。然以淪於死生，神識疲耗，不能復記。惟圓明不昧之人知焉。有如張公，以高文大册，再中制舉，登侍從，秉鈞軸，出入朝廷，逾四十年，風烈事業，播人耳目。則其前身，嘗為大善知識，無足疑者。其能記憶前世之事，豈不謂信然哉?故因讀《楞伽》新經，而記其因緣於經之端云。(《大正新脩大藏經》第十六册；清唐時《如來香》卷二，《四庫未收書輯刊》影印清康熙孫丕璨刻本)

智按：蔣之奇，字穎叔，常州宜興（今屬江蘇）人。仁宗嘉祐二年（一〇五七）進士。英宗初，擢監察御史。神宗立，轉殿中侍御史。因劾歐陽修傾側反覆，貶監道州酒稅。熙寧中，歷江西、河北、陝西、江、淮、荊、浙發運副使。哲宗元祐初，進天章閣待制、知潭州，改廣、瀛、熙州。紹聖中，召為中書舍人、知開封府，進翰林學士兼侍讀。元符末，責守汝、慶州。徽宗崇甯元年（一一〇二），同知樞密院事，以觀文殿學士出知杭州，以疾告歸。三年卒，年七十四。有文集雜著百餘卷，已佚。今《兩宋名賢小集》中存有《三徑集》一卷，清光緒盛宣懷《春卿遺稿》中有輯本一卷。《咸淳毗陵志》卷十七、《宋史》卷三四三有傳。

王闢之（一〇三一～?）

《澠水燕談録》

孫宣公奭以太子少傅致仕，居於鄆。一日置，宴詩廳（仁宗嘗賜詩刻石所居之廳壁上），語客曰：「白傅有言：『多少朱門鎖空宅，主人到老不曾歸。』今老夫歸矣。」喜動於色。復顧石守道，諷《易》離卦九三爻辭（按，「辭」原脱。據《類苑》卷四一、《言行録前集》卷九引《澠水談》補），且曰:「樂以忘憂,自得小人之志;歌而鼓缶,不興大耋之嗟。」公以淳德奥學,勸講禁中二十餘年,晚節勇退,優游里中,終始全德,近世少匹。(《四庫全書》本卷五;吕友仁校點《澠水燕談録》卷四「高逸」,第四五頁)

陝右魏處士野,蒲中李徵君瀆乃中表也,俱有高節,以吟詠相善。野於東郊鑿土室方丈,蔭以脩竹,泉流其前,曰樂天洞;瀆結茅齋中條之陰,曰浮雲堂;皆有瀟灑之趣。每乘興相過,賦詩飲酒,累日乃去。一日,瀆過野曰:「前夕恍惚若夢中,林下有人曰:『行到水窮處,未知天盡時。』即正其誤曰:『盍云:坐看雲起時。』對曰:『此浮雲安得興起邪?』瀆命此必死期,故來訪别。」還家,未幾年卒。(《四庫全書》本卷五;吕友仁校點《澠水燕談録》卷四「高逸」,第四七頁)

富韓公,熙寧四年以司空歸洛,時年六十八。是年,司馬端明不拜樞密副使,求判西臺,時年五十三。二公安居沖默,不交世務。後十一年,當元豐五年,文潞公留守西京,慕唐白樂天九老會,於是悉聚洛中士大夫賢而老自逸者,於韓公第置酒相樂,凡十二人。即又命鄭奂圖形妙覺僧舍,各賦詩一首,時人呼之曰「洛陽耆英會」,而司馬為之序。其相聚也,用洛中舊俗,敘齒不尚官。時韓公年七十九,潞公與司封郎中席汝言皆七十七,朝議大夫王尚恭七十六,太常卿趙丙、秘書監劉几、衛州防禦使馮行己皆七十五,天章閣待制楚建中七十三,朝議大夫王慎言七十二,太中大夫張問、龍圖閣直學士張燾皆七十,司馬六十四。故潞公詩云:「當年尚齒尤多幸,十二人中第二人。」韓公贈潞公詩云:「顧我年齡雖第一,在公勳德自無雙。」潞公再答韓公詩云:「惟公福禄並功德,合是人間第一人。」是時宣徽使王公拱宸年七十,留守大名,貽詩二公,預其數,凡十三人也。(《四庫全書》本卷五;吕友仁校點《澠水燕談録》卷四「高逸」,第四九頁)

司馬公優游洛中,不屑世務,棄物我,一窮通,自稱曰「齊物子」。元豐中秋,與樂令(全)子訪親洛汭,並轡過韓城,抵登封,憩峻極下院;趨嵩陽,造崇福宫,至紫霄觀,尋會善寺。過轘轅,遽達西洛,少留廣度寺。歷龍門,至伊陽,以訪奉先寺,登華嚴閣,觀千佛巖;躡山徑,瞻高公真堂;步潛溪,還保應,觀文、富二公庵。之廣化寺,拜邠陽堂;下涉伊水,登香山,到白公影堂,詣黄龕院,倚石樓,臨八節灘,還伊口。凡所經游,發為詠歌，歸叙録之以為《洛游録》，士大夫爭傳之。(《四庫全書》本卷五；吕友仁校點《澠水燕談録》卷四「高逸」，第四九～五〇頁)

白樂天嘗謫官江州，多游東林，即今廬山寺。有天祐中僧《修睦記》云：「寺有蓮花藏，藏有《白集》七十卷，傳云居易自寫，同遠大師文集不許出寺。廣明初，高駢強取去以遺相。」後四十餘年，有王長史者，遍求善本校正，録而藏之。旋又為長史易去，頗多舛謬。真宗詔取至都下，令侍臣以諸本參校繕寫，付寺僧謹藏之。時真宗對侍臣語及居易與元稹齊名，而居易保持名節，終始不易，故不至相位。嘆惜久之。(吕友仁校點《澠水燕談録》卷六「文儒」，第七〇～七一頁)

智按：《四庫全書》本卷七只云：「廬山寺有蓮花藏，藏有白集七十卷。傳云：『居易自冩，同遠大師文集不許出寺。廣明初，高駢强取去。』後四十餘年，有王長史者，徧求善本，校正而藏之。旋又為長史易去，頗多舛謬。真宗詔取至都下，令侍臣以諸本叅校繕寫，付寺僧謹藏之。」

《修夫子廟記》

唐貞觀八年，以蔓子、嚴顔故，改臨州為忠州。名雖開郡，地處邊徼，一時輔臣以罪遷者多委置之，劉晏、李吉甫、房式、白居易、陸贄、第五琦，先後以讒貶，其較著者。是其荒凉僻陋，與聲教未訖者相處，不啻伯仲，而學校更未專設。紹聖三年，余領符是邦。城郭塌廢，市井凋殘，民情尤為倔強，白香山所謂「吏人生硬都如鹿，城市蕭疏只抵村」，迄今猶相沿未化也。越一年，訟庭草生，冷廨香爐，爰進國之溫雅子弟賦質可教者，日與講論君臣、父子、夫婦、昆弟、朋友之道，莫不于於而聽。其聰穎者，尤能大叩小叩，一有所得，更形手舞足蹈之樂。余瞿然喜曰：「是可以進於道矣。」然欲使之進於道，使不尊修夫子之廟，其何以廣教化哉？於是捐稍禄，集鄉老，觀流泉，度夕陽，得之於城東北隅，玉屏山麓，翕然謀始，三月集事。其地高敞壯闊，氣象崢嶸，子弟圓冠方領，絃誦其間，足以牖靈明，而卻蕪穢。其地山環水抱，古木挺生，子弟俯仰其下，足以植道德而沃根本。牧者更刻程以課，計月以稽，詎澆瀉者不能使之厚，喬野者不能使之文，窮鄉僻壤不能化民成俗、進於聲名文物之邦耶？落成，鄉老向上達，磨石求紀其事，余曰：「此始基也，猶未也。後之牧者如不以刑名法術，是尚更闊而大之，俾展禮釋菜，無所缺略，勢必說禮敦詩，比於鄒魯。」今如鄉老之請，勒諸貞珉，用詔來學。（同治《忠州直隸州志》卷十二；《全宋文》二〇〇六年版第八五册，卷一八四七，第九三～九四頁）

智按：王闢之，字聖塗，山東臨淄人。治平四年（一〇六七）進士。元豐中調博州高唐令，監察御史黄夷仲賦詩餞别。哲宗朝歷知河東縣、忠州。後退居澠水，與士大夫游，撰《澠水燕談録》十卷。生平見黄庭堅《豫章黄先生文集》卷一七、晁補之《鷄肋集》卷二九、《宋史》卷一五、《宋詩紀事》卷二九。

王令（一〇三二～一〇五九）

《何處難忘酒十首》

何處難忘酒，君臣草昧初。謀臣偷賊膽，力士斡凶鋤。日月明將霽，乾坤害欲除。此時無一盞，何以壯雄圖。

何處難忘酒，天心渴太平。焚山急賢出，拔草惡奸生。議盡芻蕘口，歌回雅頌音。此時無一盞，何以快輿情。

何處難忘酒，登賢入用初。一身兼禹稷，四海再唐虞。去聖千年恨，明時一日舒。此時無一盞，何以酹享衢。

何處難忘酒，王朝四海中。魚鳶上下樂，羌狄朔南通。萬玉叢丹陛，千簪合辟雍。此時無一盞，何以樂成功。

何處難忘酒，君王宴豫年。群謀安一統，無口議將然。閒暇開元後，優游大業前。此時無一盞，何以慰遺賢。

何處難忘酒，王臣立蓋方。群邪終自直，萬死不摧剛。社鼠旁難塞，龍鱗逆易傷。此時無一盞，何以洗憂腸。

何處難忘酒，窮邊壯士歌。寒弓彎未試，秋劍拔新磨。月落陰山暗，沙昏伏甲多。此時無一盞，何以陷前戈。

何處難忘酒，欃槍世不平。孤兒未勝甲，孀母送為兵。氣絕心肝裂，號窮血淚横。此時無一盞，何以活餘生。

何處難忘酒，窮才世不知。出門無直道，開口礙當時。白髮無端速，青山不忍期。此時無一盞，何以慰憂思。

何處難忘酒，亡君復舊游。黍離經故國，麥秀悼前羞。遠目何勝盡，行車逆自留。此時無一盞，何以謝悠悠。(《四庫全書》本《廣陵集》卷十四)

智按：師法白居易《何處難忘酒》詩(《白氏長慶集》卷五七)。

《讀白樂天集》

北邙山下一孤墳，流落三千綺麗文。後世聲名高白日，當年榮利等浮雲。屏除憂憤歸禪寂，消遣光陰在酒醺。若使篇章深李杜，竹符還不到君分。(《四庫全書》本《廣陵集》卷十七)

智按：王令，字逢原，初字鍾美，原籍元城(今河北大名)。因幼年喪父，育於游宦廣陵之叔父王乙，遂占籍廣陵(今江蘇揚州)。少時尚意氣，後折節力學。不求仕進，以教授生徒為生，往來於瓜州、天長、高郵、潤州、江陰等地。仁宗至和元年(一〇五四)，王安石奉召晉京，途經高郵，令投贈詩文，獲安石賞識，結為知己，遂以文學知名。卒於嘉祐四年，年二十八。有《廣陵先生文集》，長期以抄本流傳，分卷多寡不一。生平見王安石《王逢原墓誌銘》及門人劉發《廣陵先生傳》(見《廣陵集》附録)。

黄希旦(一〇三三~一〇七四)

《寄益老侍官南康》

匡山勝概昔賢欽，今日多君復訪尋。李白書堂螢自照，樂天禪室月空臨。澗松巖檜當年色，霧鶴霜猿此際音。莫對他山忘故里，武夷秋晚洞雲深。(《四庫全書》本《石倉歷代詩選》卷二百二十五；《全宋詩》第十二册，第八三五五頁)

智按：黄希旦，字姬仲，號支離子，邵武（今屬福建）人。九龍觀道士。神宗熙寧五年（一〇七二）召至京師，後二年逝於太乙宫，年四十二。有《支離子詩集》一卷，已佚。《宋詩紀事》卷九十引其詩出《竹堂集》，或為其文集，今未見，且不見著録。生平見明弘治《八閩通志》卷七十。

韋驤（一〇三三～一一〇五）

《過白公堂》

四百餘年兵火後，至今遺搆葺如新。謫官豈是多恩惠，誰謂文章不動人。（《四庫全書》本《錢塘集》卷二）

《和顔長道寄三首·閱武川倡酬》

往還賡唱百餘篇，草草編聯後或前。語氣有時凌夜月，詞源何啻瀉春泉。須知吏隱能遺俗，不獨山棲解樂天。屈指代期秋信逼，封人莫厭屢馳牋。（《四庫全書》本《錢塘集》卷三；《全宋詩》第十三册，第八四七二頁）

智按：山棲，一作「山溪」。

《和鄧温伯内翰九月七日約游北高峯》

幸奉清游入翠微，陰雲漏日照旌旗。登高預整孟嘉帽，訪古閒尋白傅詩。桂子正傳飄岩客，菊英先喜泛瑠璃。公歸留宿湖山暮，恐誤郊關竹馬兒。（《四庫全書》本《錢塘集》卷五）

《永壽縣君史氏墓誌銘》（元符三年十月）

夫人姓史氏，世家於剡。……夫人生而聰慧，父母鍾愛，擇所宜適，為中大夫石公諱衍之之配，實朝散大夫諱待舉之塚婦也。初，夫人先君與中大公之考居邑相鄰，雅相友善。及天聖中同登進士第，情誠愈密，而擇對如所欲，遂成婚姻焉。夫人及笄而歸，移事親之孝以奉舅姑，敬長撫幼，避厚處薄，閨門之内，一無間言。推之婦道，可謂無愧矣。中大公幼失所恃，暨先大夫公捐館，而繼母德興君柳氏守志寡居，每以諸女俱幼憂形於色。……夫人性識高遠，動必中禮。平居泊如也，人不見其喜慍。協睦宗族，出於誠心，助祀奉先，莫非身率。石氏巨族望於東南，外則朱金輝映，內則簪珥華靡，夫人一不介懷，乃獨以《詩》、《易》典墳為樂。自其子至於曾孫，方幼學時皆親自訓督。平居喜白傅文章，讀其集，至於簡編屢絕。舍婦人女子之好而專玩聖賢之言，其趨尚過人遠甚。每戒其子孫，必先之以學問，繼之以忠孝……將葬，諸孤乞銘於餘杭韋驤，豈以其老於葭莩之末而稔聞夫人之德，且有以取信於後世乎？某雖不敏，義不得以淺陋辭。……（《武林往哲遺著》本《錢塘韋先生文集》卷十六；《全宋文》二〇〇六年版第八二册，卷一七八〇，第六七～六九頁）

智按：韋驤，原名讓，字子駿，世居衢州（今屬浙江），父徙錢塘（今浙江杭州）。仁宗皇祐五年（一〇五三）進士，調睦州壽縣尉，以母喪不赴。服闋後官興國軍司理參軍，歷知婺州武義縣、袁州萍鄉縣、通州海門縣，通判滁州、楚州。入為少府監主簿。哲宗元祐元年（一〇八六），擢利州路轉運判官，移福建路。元祐七年，召為主客郎中。久之，出為夔州路提點刑獄，知明州。晚年提舉杭州洞霄宫。徽宗崇寧四年卒，年七十三。有文集二十卷，賦二十卷，今存《錢塘集》有缺佚。《咸淳臨安志》卷六十六有傳。

馮山（？～一〇九四）

《琵琶亭》

片石胡琴槽，構亭事登臨。考功閒中樂，非好世俗音。（《四庫全書》本《安岳集》卷一）

《題馮公舉郎中清音亭》

山水清音遶翠微，一亭風物里中稀。為憐魚釣生平處，還向功名事了歸。白傅歌童聊自適，莊生鷗鳥自相依。區區貧阮長嗟嘆，纔有林居便拂衣。（《四庫全書》本《安岳集》卷十二）

智按：馮山，字允南，初名獻能，安嶽（今屬四川）人。仁宗嘉祐二年

（一〇五七）進士。神宗熙甯中為秘書丞、通判梓州。九年（一〇七六），鄧綰薦為臺官，不就。哲宗元祐間，范祖禹薦於朝。紹聖元年卒，官終祠部郎中，追贈太師。有文集三十卷，今存詩十二卷。生平見《宋史》卷三七一《馮澥傳》。

王安禮（一〇三四～一〇九五）

《為愛》

為愛詩家景，分題畫幕褰。寒生洞庭石，翠滴華峯蓮。刷羽天門過，潛鱗海窟眠。未饒元白輩，爭購百金傳。（《四庫全書》本《王魏公集》卷一）

智按：王安禮，字和甫，撫州臨川（今屬江西）人，安石弟。仁宗嘉祐六年（一〇六一）進士。從河東唐介辟。神宗熙寧五年（一〇七二），為著作佐郎、崇文院校書。八年，遷直集賢院，出知潤州、湖州，召為開封府判官，直舍人院，同修起居注。進知制誥。元豐四年（一〇八一），為翰林學士，知開封府。七年，以端明殿學士知江甯府，出知揚、青、蔡三州。哲宗元祐六年（一〇九一），知舒州。七年，知宣州。紹聖初知永興軍。二年，知太原府。卒，年六十二。有文集二十卷，已佚。清四庫館臣據《永樂大典》輯為《王魏公集》七卷。《宋史》卷三二七、《東都事略》卷七十九有傳。

錢勰（一〇三四～一〇九七）

《赴越詩》

鑑湖清泚對胥山，兩地相望一水間。共佩天涯太守印，猶聯丹陛侍臣班。君方白傅才何愧，我比微之思苦慳。莫把舊詩猶見詑，繁雄未必勝清閒。（樂天寄微之詩云：「知君暗數江南郡，除卻錢唐盡不如。」）（《四庫全書》本《寶真齋法書贊》卷十七）

智按：錢勰，字穆父，行四，吳越王後裔，惟演從孫。以蔭為將作監主簿。仁宗皇祐三年（一〇五二），監陳州糧料院。神宗熙寧三年（一〇七〇），知尉氏縣，擢流内銓主簿，除三司鹽鐵判官。歷京西、河北、京東提刑。元豐三年（一〇八〇），除陝西都轉運使。六年，奉使高麗，還，拜中書舍人。哲宗元祐元年（一〇八六），遷給事中，除龍圖閣待制、權知開封府。三年，知越州。四年，徙瀛州。七年，權户部尚書。八年，加龍圖閣直學士再知開封府。紹聖元年（一〇九四），除翰林學士、知制誥兼侍讀。罷知池州。四年卒，年六十四。後入元祐黨籍。生平見《梁溪集》卷一六七《錢公墓誌銘》及《宋史》卷三一七《錢惟演傳》,《東都事略》卷四十八有傳。

王汝舟（一〇三四～一一一二）

《蘆花》

琵琶亭前夜泊舟，荻花瑟瑟風颼颼。潯陽夜静月如晝，琵琶寂寞江空流。（宋陳景沂《全芳備祖前集》卷十四;《全宋詩》第十三册，第八七〇二頁）

智按:《全芳備祖前集》署王溪雲。王汝舟，字公濟，晚號雲溪翁，婺源武口（今屬江西）人。弱冠舉仁宗皇祐五年（一〇五三）進士。神宗熙甯中知舒城縣。哲宗元祐間知南劍州。八年（一〇九三），知建州，移知虔州。擢京東路轉運判官，移河北、江西，徙夔州路提點刑獄。告老歸。徽宗政和二年卒，年七十九。有《雲溪文集》百卷，已佚。宋趙不悔《新安志》卷七有傳。

林希（一〇三五～一一〇一）

《初至吴門示諸弟兼呈伯原教授》

夢寐家山忽五春，君恩乞與守符新。便推白傅為前政，更得梁鴻作部民。入境喜逢餘秉穗，舉杯無復歎鱸蓴。左司西掖誠非據，非是詩情媿昔人。（《宋詩紀事》卷二十一引《吴郡志》，上海古籍出版社本第五三四頁）

智按:《四庫全書》本《吳都文粹》卷十有林希初《至吳門示諸弟兼呈伯原教授》,即此詩,則與林希當為一人。

《將之宣城留别吳門效白樂天體》

被召守東吳,夜渡揚子津。拭目迎家山,洗我京洛塵。此邦多賢豪,況復平生親。初欲循故事,公宴月三旬。庶以叙契闊,豈徒樂吾身。臨州未閲月,吏牘方紛紜。避嫌俄得請,主地翻為賔。樽酒未重持,行樂知何因。物理可勝歎,俯仰迹已陳。趣整震澤帆,遥挹敬亭春。五月而報政,速哉彼齊人。今我若置郵,何德於吳民。舉手謝吳民,自笑行役頻。使君不能詩,煩汝迎送勤。來慙白太守,去媿謝宣城。(《四庫全書》本《吳郡志》卷四十九;《宋詩紀事》卷二十一引《吳郡志》,上海古籍出版社本第五三四頁;《全宋詩》第十三册,第八七二〇頁)

智按:《四庫全書》本《吳都文粹》卷十有林希初《將之宣城吳門效樂天體》,即此詩,則與林希當為一人。

《吳興贈賈收二絶句》(其一)

樂天遺句滿吳門,謝朓窻中列岫存。試問白蘋洲上客,詩人賈島有曾孫。(《四庫全書》本《寶真齋法書贊》卷十七;《全宋詩》第十三册,第八七二〇頁)

智按:林希,字子中,號醒老,福州(今屬福建)人。仁宗嘉祐二年(一〇五七)進士,為館閣校勘、集賢校理。神宗朝同知太常禮院,以懼出使高麗,貶監杭州樓店務。哲宗時為中書舍人,歷知蘇、宣、湖、潤、杭、亳諸州。紹聖初為翰林學士,預修《神宗實録》,並草詔醜詆元祐諸臣,擢同知樞密院,以叛章惇罷知亳州,移杭州、太原府。徽宗時遷大名府,後奪職知揚州,徙舒州,未幾卒,年六十七,謚文節。《宋史》卷三四三、《東都事略》卷九十七有傳。

郭祥正（一〇三五～一一一三）

《子中修撰疊嶂樓致酒》

重山複水碧相連，勝地欣逢太守賢。欲倒樽罍秋色裹，故邀賓客畫圖邊。丹青迴壓王摩詰，騷雅仍兼白樂天。莫戀宣城風物美，玉堂提取筆如椽。（《四庫全書》本《青山集》卷二十二；《全宋詩》第十三册，第八九五一頁）

《和楊公濟錢塘西湖百題·白公石函》

開函測深淺，啟閉以時均。欲識白公惠，堂堂勒翠珉。（《四庫全書》本《青山集》卷二十五；《全宋詩》第十三册，第九〇〇七頁）

《浪士歌》

郭子棄官合肥，歸隱姑孰，一吟一酌，婆娑溪上，自號曰醉吟先生。居五年，或者謂其未老，可仕，以事薦於上。上即召之，復序於朝，俾監閩汀郡，尋攝守漳南，上復召之，行至半道，閩使者狀其罪以聞，遂下吏留於漳，幾三年。郭子一吟一酌，逍遥乎一室之中，未嘗有憂色，又自號曰漳南浪士。客或疑而問焉，郭子曰：士有可以憂，有不足以憂者。仰愧於天，俯愧於人，内愧於心，此可以憂矣。反是夫何憂之有？作浪士歌以釋客問。

江上浪如屋，海中浪如山。浪士乘浪舟，兀兀在浪間。浪頭幾時息，士心殊自閒。死生生死爾，浪歌聊破顔。（《四庫全書》本《青山續集》卷二）

智按：郭祥正，字功父（甫），自號醉吟居士，謝公山人、漳南浪士，當塗（今屬安徽）人。據本集推知，約舉仁宗皇祐五年（一〇五三）進士，為德化尉。神宗熙寧五年（一〇七二）權邵州防禦判官。六年，為太子中舍，與江東路家便差遣，為桐城令。後任簽書保信軍節度判官，未幾棄官，隠姑孰青山。元豐四年（一〇八一）前後，通判汀州。五年，攝守漳州。七年，因事勒停。哲宗元祐三年（一〇八八），起知端州。四年，致仕。卒年七十九。祥正詩格俊逸似李白，同時人梅堯臣譽之為「真太白後身」。《宋史》卷四四四有傳。

魏泰（一〇三五後～一一〇九後）

《臨漢隱居詩話》

世言韓愈、白居易無往來之詩，非也。退之招樂天詩云：「曲江水滿花千樹，有底忙時不肯來。」又《送靈師》詩云：「開忠二州牧，詩賦時多傳。失職不把筆，珠璣為誰篇。」按韓集作「為君編」。是時韋處厚守開州，白樂天守忠州也。（琴按《韓文考異》方云：魏道輔謂二牧，韋處厚、白居易也。二公出守在元和末，此詩作於貞元二十年間，考其時，非也。近席氏刻昌黎詩，以二語注題下，竟似韓自注，謬甚。趙甌江云：「開牧，謂唐次；忠牧，李吉甫也。」）又有「放朝曾不報，半夜踏泥歸」之句。樂天和云：「仍聞放朝夜，誤出到街頭。」樂天有《寄退之》詩云：「近來韓閣老，疎我我先知。量大嫌甜酒，才高笑小詩。」（《歷代詩話》第三一九～三二〇頁）

琴按：「近來韓閣老」五律一首，題為《久不見韓侍郎戲題四韻以寄之》，見《白香山詩集》卷十九。後又有《和韓侍郎題楊舍人林池見寄》一絕。餘見清趙翼《甌北詩話》中所録一則。除趙翼所舉而外，《昌黎集》卷十律詩中有《同水部張員外曲江春游寄白二十二舍人》一絕，編者並注云：「後世傳韓、白無往來之詩，非也。」又韓亦稱白為閣老，如《昌黎集》三律詩中有《早春與張十八博士籍游楊尚書林亭寄第三閣老兼呈白馮二閣老》，白、馮謂白居易、馮宿也。第三閣老楊於陵之子嗣復也。白和詩只作楊舍人林池。閣老二字，按《楊綰傳》故事中書舍人年久者為閣老云。凡此，皆為韓、白有往來詩之證明。

《白氏長慶集》十一有《同韓侍郎游鄭家池吟詩小飲》五古一首。

後集卷九第十頁有《老戒》一首：「……我有白頭戒，聞於韓侍郎。」

《白氏長慶集》卷十九第五頁有《和韓侍郎苦雨》一律。

《白氏長慶集》卷十九第十頁有《酬韓侍郎張博士雨後游曲江見寄》一絕。

後集四有江州時作《送毛仙翁》，有韓愈序。（元和十四年作）

韓昌黎《奉和裴相公東征途經女几山下作》系和白居易過女几山下之作

(律詩三第四十五頁)。

又昌黎《韋處厚盛山十二詩序》亦提到白居易。

唐人亦多為樂府,若張籍、王建、元稹、白居易以此得名。其述情敘怨,委曲周詳,言盡意盡,更無餘味。及其末也,或是詼諧,便使人發笑,此曾不足以宣諷。愬之情況,欲使聞者感動而自戒乎?甚者或譎怪,或俚俗,所謂惡詩也,亦何足道哉!(《歷代詩話》第三二二頁)

唐人詠馬嵬之事者多矣。世所稱者,劉禹錫曰:「官軍誅佞幸,天子舍妖姬。群臣伏門屏,貴人牽帝衣。低回轉美目,風日為無輝。」白居易曰:「六軍不發爭(無)奈何,宛轉蛾眉馬前死。」此乃歌詠祿山能使官軍皆叛,逼迫明皇,明皇不得已而誅楊妃也。噫!豈特不曉文章體裁,而造語惷拙,抑已失臣下事君之禮矣。老杜則不然,其《北征》詩曰:「憶昨狼狽初,事與古先別。(一本云:「惟昔艱難初,事與前世別。」)……不聞夏商衰,中自誅褒妲。」乃見明皇鑒夏、商之敗,畏天悔過,賜妃子死,官軍何預焉?(按《苕溪漁隱》曰:「予觀《冷齋夜話》所論與此相同,但《隱居詩話》乃魏泰道輔所撰,道輔於覺范為前輩,必覺範述其説耳。然老杜謂夏、商誅褒、妲,褒姒,周幽王后也,疑『夏』字為誤,當云『商周』可也。」)《唐闕史》載鄭畋《馬嵬詩》,命意似矣,而詞句凡下,比説無狀,不足道也。(按畋詩云:「終是聖明天子事,景陽宮井又何人?」)(《歷代詩話》第三二四頁)

琴按:此種議論又見宋釋惠洪《冷齋夜話》,大同而小異。汪立名有辯駁,見《白香山詩·長慶集》卷十二《長恨歌》後評語。略云:「此論為推尊少陵則可,若以此貶樂天,則不可。論詩須相題,《長恨歌》本與陳鴻、王質夫話楊妃始終而作,猶慮詩有未詳,陳鴻又作《長恨歌傳》,所謂不特感其事,亦欲懲尤物、窒亂階,垂於將來也,自與《北征》詩不同。諱馬嵬事實,則『長恨』二字便無著落矣。讀書全不理會作詩本末,而執片詞肆議古人,已屬太過,至謂歌詠祿山能使官軍云云,則尤近乎鍛煉矣。宋人多文字吹求之禍,皆釀於此等議論。若唐人作詩,本無所謂忌諱,忠厚之風,自可慕也。然陳傳中敘貢妃進於壽邸,而白詩諱之,但云『楊家有女初長成,養在深閨人未識，天生麗質難自棄，一朝選在君王側。』安得謂樂天不知文章大體耶！倘有詛其謬以羅織少陵者，必將以少陵《憶昔》詩『張後不樂天子忙』句，為失以臣事君之禮；『百官跣足隨天王』句，為歌詠吐蕃追逼代宗，又豈通論乎?」

杜甫善評詩，其稱薛稷云：「驅車越陝郊，北顧臨大河」，美矣。又稱李邕《六公篇》，恨不見之。皇甫湜《題浯溪頌》云：「次山有文章，可惋只在碎。」亦善評文者。若白居易殊不善評詩，其稱徐凝《瀑布詩》云：「千古長如白練飛，一條界破青山色」；又稱劉禹錫「雪裏高山頭白早，海中仙果子生遲」，「沉舟側畔千帆過，病樹前頭萬木春」，此皆常語也。禹錫自有可稱之句甚多，顧不能知之爾。（按「皇甫湜」云云，至「亦善評文者」二十三字，元本自為一條，今據《漁隱叢話》入此則。）（《歷代詩話》第三二六頁）

石延年長韻律詩善敘事，其他無大好處，《籌筆驛》、《銅雀臺》、《留侯廟》詩為一集之冠。五言小詩，如「海雲含雨重，江樹帶蟬疏」，「平蕪遠更緑，斜日寒無輝」者，幾矣。白居易亦善作長韻敘事，但格制不高，局於淺切，又不能更風操，雖百篇之意，只如一篇，故使人讀而易厭也。（《歷代詩話》第三二七頁）

智按：明高棅《唐詩品彙》卷二十一「五言古詩」引此則作「樂天善長篇，但格製不高，局於淺切，又不能變風操，故讀而易厭。」明胡震亨《唐音癸籤》卷七「評彙三」同，但均認為是蘇東坡之評。《唐音癸籤》引文之後又云：「子由嘗舉《大雅緜》之八九章，事文不相屬，而脈絡自一者，最得為文高致。樂天拙於紀事，寸步不遺，猶恐失之，由不得詩人遺法，附離不以鑿枘也。此正大蘇不能變風操之意。」

白樂天《海圖詩》（《漁隱叢話》作《海圖屏風詩》。）略曰：「或者不量力，謂茲鼇可求。贔屭牽不動，綸絕沉其鉤。一鼇既頓頷，諸鼇齊掉頭。……噴風激飛廉，鼓波怒陽侯。……遂使百川心，（一作「遂使江漢水」）朝宗意亦休。」吾讀此詩，感劉隗、李訓、薛文通等事，為之太息。（《歷代詩話》第三三四頁）

《東軒筆録》

蘇易簡特受太宗顧遇，在翰林恩禮尤渥，其子作《續翰林誌》敘之詳矣。然性特躁進，罷參政，為禮部侍郎、知鄧州，纔逾壯歲（「壯歲」，原作「北室」，據稗海本、四庫全書本、小説本改），而其心欝悒，有不勝閑冷之歎。鄧州有老僧，獨處郊寺（「獨」，原作「猶」，據稗海本、四庫全書本改），蘇贈詩曰：「憔悴貳卿三十六，與師氣味不爭多。」又移書於舊友曰：「退位菩薩難做。」竟不登強仕而卒。世言躁進者有夏侯嘉正，以右拾遺為館職，平生好燒銀而樂文字之職，常語人曰：「吾得見水銀銀壹錢、知制誥一日，無恨矣。」然二事俱不諧而卒。錢僖公惟演自樞密使為使相，而恨不得為真宰，居常歎曰：「使我得於黃紙盡處押一箇字，足矣。」亦竟不登此位。舊制，學士以上，並有一人朱衣吏引馬，所服帶用黃金，而無魚，至入兩府，則朱衣二人引馬，謂之雙引，金帶懸魚，謂之重金矣。世傳館閣望為學士者賦詩云：「眼裏何時赤，腰間甚日黃。」及為學士，又作詩曰：「眼赤何時兩，腰黃幾日重。」謂雙引重金也（此條末，稗海本、四庫全書本、小説本有小注「眼前何日赤，腰下幾時黃，白樂天詩也」十五字）。（卷二，李裕民點校《東軒筆録》，第一九～二〇頁）

智按：魏泰，字道輔，號漢上丈人，襄陽（今屬湖北）人。曾布婦弟。嘗於試院中忿爭，毆主文幾死，坐是不許取應。遂隱居，自號臨漢隱居。博極群書，與吕惠卿、王安石、黄庭堅等有交。徽宗崇甯、大觀間章惇為相，欲官之，不就。有《襄陽題詠》二卷（《宋史・藝文志》卷八），已佚。今存《臨漢隱居詩話》一卷，《東軒筆録》十五卷。事見《苕溪漁隱叢話》前集卷十二、《楚紀》卷四十七。《東軒筆録序》署「元祐九年上元日臨漢隱居魏泰序」。

王欽臣（一〇三六～一一〇二）

《韋蘇州集原序》

韋蘇州，唐史不載其行事。林寶《姓纂》云：「周逍遥公敻之後，左僕射扶陽公待價生司門郎中令儀，令儀生鑾，鑾生應物，應物生監察御史、河東節度掌書記慶復。」李肇《國史補》云：「為性高潔，鮮食寡欲，所居焚香掃地而坐。其為詩馳驟，建安已還，各得風韻。」詳其集中詩，天寶時，扈從遊幸，疑為三衛。永泰中，任洛陽丞、京兆府功曹。大曆十四年，自鄠縣令制除櫟陽令，以疾辭，歸善福精舍。建中二年，由前資除比部員外郎，出為滁州刺史，改刺江州，追赴闕，改左司郎中。貞元初，又歷蘇州，罷守，寓居永定精舍。其後事迹，究尋無所見。肇又云：「開元以後，位卑而著名者：李北海、王江寧、李館陶、鄭廣文、元魯山、蕭功曹、張長史、獨孤常州、崔比部、梁補闕、韋蘇州。」以集中事及時人所稱，考其仕宦本末，得非遂止於蘇邪？案，白居易《蘇州答劉禹錫》詩云：「敢有文章替左司。」左司，蓋謂應物也。官稱亦止此。有集十卷，而綴叙猥并，非舊次矣。今取諸本校定，仍所部居，去其雜厠，分十五總類，合五百七十一篇，題曰《韋蘇州集》（舊或云《古風集》，別號《澧上西齋吟藁》者，又數卷），可以繕寫。嘉祐元年十二月二十二日，太原王欽臣序。（《四庫全書》本《韋蘇州集》卷首；《皕宋樓藏書志》卷六九；《全宋文》二〇〇六年版第七二册，卷一五八〇，第三一四頁）

智按：王欽臣，字仲至，宋城（今河南商丘南）人，洙子。文彦博薦試學士院。神宗熙寧三年（一〇七〇），賜進士及第。元豐六年（一〇八三），為陝西轉運副使。哲宗元祐初，為工部員外郎。奉使高麗，還，進太僕少卿，遷秘書監。代錢勰為開封尹，改集賢修撰，知和州，徙饒州，斥提舉太平觀。徽宗立，知成德軍。卒，年六十七。有《廣諷味集》五卷，已佚。事見《宋史》卷二九四《王洙傳》。

王得臣（一〇三六～一一一六）

《麈史》

牛李之黨，唐之名卿、才士大夫孰非其徒。獨退之卓然無所附麗，樂天以高退不近禍。二公各行其所學，可謂一代之偉人。（《四庫全書》本卷中）

杜子美善於用事，及常語多離析或倒句，則語峻而體健，意亦深穩。如「露從今夜白，月是故鄉明」是也。白樂天工於對屬，《寄元微之》曰：「白

頭吟處變，青眼望中穿。」然不若杜云「別來頭並白，相見眼終青」，尤佳。(《四庫全書》本卷中)

白傅自九江赴忠州，過江夏，有《與盧侍御於黃鶴樓宴罷同望》詩曰：「白花浪濺頭陀寺，紅葉林籠鸚鵡洲。」句則美矣，然頭陀寺在郡城之東絕頂處，西去大江最遠，風濤雖惡，何由及之？或曰：「甚之之辭，如『峻極於天』之謂也。」予以謂世稱子美為詩史，蓋實録也。(《四庫全書》本卷中；俞宗憲點校本《麈史》，第四三～四四頁)

令狐先生曰：「唐白傅以丞相李德裕貶崖州為三絕句，便不免世人訾毀。」予以謂《詩三百》皆出聖賢發憤而為，又何傷哉？後嘗語於客，會安陸令李楚老翹叟在坐上，曰：「非白公之詩也。白公卒於李貶之前。」予因按《唐史》，會昌六年白公卒，是歲宣宗即位，明年改元大中。又明年，李貶。蓋當時疾李者託名為之，附於集。詩曰：「樂天當任蘇州日，要勒須教用禮儀。從此結成千萬恨，今朝果中白家詩。」「昨夜新生黃雀兒，飛來直上紫藤枝。擺頭撼腦花園裏，將謂春光總屬伊。」「田園不解栽桃李，滿地惟聞種蒺藜。萬里崖州君自去，臨行惆悵欲冤誰？」予觀其詞意鄙淺，白為雜律詩譏世人，故人得以輕效之。(《四庫全書》本卷中；俞宗憲點校本《麈史》，第四六～四七頁)

唐元微之「何處春深好」二十篇，用「家」、「花」、「車」、「斜」韻，夢得亦和焉。予亦和之，寄黃雲叟以書。古人用韻未盡，知白樂天「春深貧賤家。荒凉三徑草，冷落四隣花。」又如「妻愁出賃車」之語，烏足稱哉？(《四庫全書》本卷中；俞宗憲點校本《麈史》，第四九～五〇頁)

智按：王得臣，字彥輔，自號鳳臺子，安陸（今屬湖北）人。仁宗嘉祐四年（一〇五九）進士。歷知岳州巴陵，管幹京西漕司文字，提舉開封府界常平，開封府判官，知唐州、邠州、鄂州、黃州。哲宗元祐八年（一〇九三），為福建轉運司判官。官至司農少卿。紹聖四年（一〇九七）致仕。徽宗政和六年卒，年八十一。有《麈史》三卷傳世。《宋史·藝文志》著録其《江夏辨疑》、《鳳臺子和杜詩》、《江夏古今紀詠集》，皆佚。

蘇軾（一〇三七～一一〇一）

《弔天竺海月辯師三首》（其二）

生死猶如臂屈伸，情鍾我輩一酸辛。樂天不是蓬萊客，憑仗西方作主人。（《蘇文忠公全集》卷五，孔凡禮點校本《蘇軾詩集》第二册，第四七九頁）

《孤山二詠（並引）》

孤山有陳時柏二株。其一為人所薪，山下老人自為兒時，已見其枯矣，然堅悍如金石，愈於未枯者。僧志詮作堂於其側，名之曰柏堂。堂與白公居易竹閣相連。屬余作二詩以記之。

〇柏堂

道人手種幾生前，鶴骨龍姿尚宛然。雙幹一先神物化，九朝三見太平年。忽驚華構依岩出，乞與佳名到處傳。此柏未枯君記取，灰心聊伴小乘禪。

〇竹閣

海山兜率兩茫然，古寺無人竹滿軒。白鶴不留歸後語，蒼龍猶是種時孫。兩叢卻似蕭郎筆，千畝空懷渭上村。欲把新詩問遺像，病維摩詰更無言。（《蘇文忠公全集》卷五，孔凡禮點校本《蘇軾詩集》第二册，第四八〇頁）

《古纏頭曲》

鵾絃鐵撥世無有，樂府舊工惟尚叟。一生喙硬眼無人，坐此困窮今白首。翠鬟女子年十七，指法已似呼韓婦。輕帆渡海風掣迴，滿面沙塵和淚垢。青衫不逢湓浦客，紅袖漫插曹綱手。爾來一見哀駘佗，便著臂韝躬井臼。我慚貧病百不足，强對黄花飲白酒。轉關濩索動有神，雷輥空堂戰窓牖。四絃一抹擁袂立，再拜十分為我壽。世人只解錦纏頭，與汝作詩傳不朽。（《蘇文忠公全集》卷五，孔凡禮點校本《蘇軾詩集》第二册，第五三五頁）

智按：王文誥《蘇海識餘》卷一：「公作《古纏頭曲》，猶白傅《琵琶行》也。白詩宛轉多姿，極千呼萬喚之態。公詩以簡古出之，一洗元和體段。白云『四弦一聲如裂帛』，公云『四弦一抹擁袂立』，蓋明與之爭長矣。」（《蘇文忠公詩編注集成總案》附《蘇海識餘》卷一，第五葉）

《除夜病中贈段屯田》

龍鍾三十九，勞生已強半。歲暮日斜時，還為昔人歎。（樂天詩云：行年三十九，歲暮日斜時。）今年一線在，那復堪把玩。欲起強持酒，故交雲雨散。惟有病相尋，空齋為老伴。蕭條燈火冷，寒夜何時旦。倦僕觸屏風，飢鼯嗅空案。數朝閉閣卧，霜髮秋蓬亂。傳聞使者來，策杖就梳盥。書來苦安慰，不怪造請緩。大夫忠烈後，高義金石貫。要當擊權豪，未肯覷衰懦。此生何所似，暗盡灰中炭。歸田計已決，此邦聊假館。三徑粗成資，一枝有餘暖。願君留信宿，庶奉一笑粲。（《蘇文忠公全集》卷六，孔凡禮點校本《蘇軾詩集》第二册，第六〇七頁）

《蘇州閭丘江君二家雨中飲酒二首》（其二）

五紀歸來鬢未霜，十眉環列坐生光。喚船渡口迎秋女，駐馬橋邊問泰娘。曾把四弦娛白傅，敢將百草鬬吳王。從今卻笑風流守，畫戟空凝宴寢香。（《蘇文忠公全集》卷六，孔凡禮點校本《蘇軾詩集》第二册，第五六一頁）

智按：宴寢，或作燕寢。白樂天《夜游西虎丘寺》詩：「搖曳雙紅旆，娉婷十翠娥。」自注：「容、滿、蟬、態等十妓從游也。」白樂天《聽琵琶妓彈略略》詩：「四弦千遍語，一曲萬重情。」

《和張子野見寄三絶句·竹閣見憶》

柏堂南畔竹如雲，此閣何人是主人？但遣先生披鶴氅，不須更畫樂天真。（《世說》：「孟昶家在京口，嘗見王恭乘高輿，披鶴氅裘，於時微雪，昶於籬間窺之，歎曰此真神仙中人。」竹閣有樂天祠堂）（《蘇文忠公全集》卷七，孔凡禮點校本《蘇軾詩集》第二册，第六五三頁）

《和孔周翰二絶·觀淨觀堂效韋蘇州詩》

弱羽巢林在一枝，幽人蝸舍兩相宜。樂天長短三千首，卻愛韋郎五字詩。（《蘇文忠公全集》卷八，孔凡禮點校本《蘇軾詩集》第三册，第七五三頁）

《李公擇過高郵見施大夫與孫莘老賞花詩，憶與僕去歲會於彭門折花饋筍故事，作詩二十四韵見戲，依韵奉答，亦以戲公擇云》

汝陽真天人，絹帽著紅槿。纏頭三百萬，不買一微哂。共誇青山峰，曲盡花不隕。當時謫仙人，逸韵謝封畛。詩成天一笑，萬象解寒窘。驚開小桃杏，不待雷發軫。餘波尚涓滴，乞與居易稹。爾來誰復見，前輩風流盡。寂寞兩詩人，殘紅對櫻筍。飢腸得一醉，妙語傳不泯。君來恨不與，更復相牽引。我老心已灰，空煩扇餘燼。天游照六鑿，虛室掃充牣。懸知色竟空，那復嗜烏吻。蕭然一方丈，居士老龐藴。散花從滿裓，不答天女問。故人猶故目，怨句寫餘恨。疑我此心在，遮防費欄楯。應虞已斃蛇，折尾時一蠢。仄聞孟光賢，未學處仲忍。寄招應已足，左右侍雲鬢。何時花月夜，羊酒謝不敏。此生如幻耳，戲語君勿慍。應同亡是公，一對子虛听。（《蘇文忠公全集》卷十一，孔凡禮點校本《蘇軾詩集》第三册，第九六二頁）

《世傳徐凝瀑布詩云：「一條界破青山色。」至為塵陋，又僞作樂天詩稱美此句，有「賽不得」之語，樂天雖涉淺易，然豈至是哉？乃戲作一絕》

帝遣銀河一派垂，古來惟有謫仙詞。飛流濺沫知多少，不與徐凝洗惡詩。（《蘇文忠公全集》卷十三，孔凡禮點校本《蘇軾詩集》第四册，第一二一〇頁）

《至真州再和二首》（其二）

公顔如雪柏，千載故依然。笑我無根柳，空中不待年。肯留歸闕旆，坐待逆風船。特許門傳鑰，那知箭起蓮。相逢月上後，小語坐西偏。流落千帆側，追思百尺巔。躬耕懷谷口，水石羡平泉。茅屋歸元亮，霓裳醉樂天。行聞宣室召，歸近御爐煙。未用歌池上，隨宜教李娟。（《蘇文忠公全集》卷十四，孔凡禮點校本《蘇軾詩集》第四册，第一二六〇頁）

《戲周正孺二絕》（其一）

折臂三公未可知，會當千鎰訪權奇。勸君鬻駱猶閑事，腸斷閨中楊柳枝。（《蘇文忠公全集》卷十六，孔凡禮點校本《蘇軾詩集》第五册，第一四七四頁）

《次韻張昌言給事省宿》

馮顛久已欹殘雪，戎眼何曾眩落暉。朔野按行猶雀躍，東臺瞑坐覺烏飛。（道家有烏飛入兔宮之説。）漫誇年少容吾在，（樂天詩云：猶有誇張少年處，笑呼張丈唤殷兄。）若斗樽前舉世稀。待向嵩陽求水竹，一犁煙雨伴公歸。（《蘇文忠公全集》卷十六，孔凡禮點校本《蘇軾詩集》第五册，第一四八四頁）

《軾以去歲春夏侍立邇英，而秋冬之交子由相繼入侍，次韻絶句四首，各述所懷》（其四）

微生偶脱風波地，晚歲猶存鐵石心。定是香山老居士（定是，一作定似），世緣終淺道根深。（樂天自江州司馬，除忠州刺史，旋以主客郎中知制誥，遂拜中書舍人。軾雖不敢自比，然謫居黄州，起知文登，召為儀曹，遂忝侍從，出處老少，大略相似，庶幾復享此翁晚節閒適之樂焉。）（《蘇文忠公全集》卷十六，孔凡禮點校本《蘇軾詩集》第五册，第一五〇五頁）

《贈李道士（並敘）》

駕部員外郎李君宗固，景祐中良吏也，守漢州。有道士尹可元，精練善畫，以遺火得罪，當死。君緩其獄，會赦，獲免，時可元年八十一，自誓且死必為李氏子以報。可元既死二十餘年，而君子世昌之婦，夢可元入其室，生子曰得柔，小名蜀孫。幼而善畫，既長，讀莊、老，喜之，遂為道士，賜號妙應，事母以孝謹聞。其寫真，蓋妙絶一時云。

世人只數曹將軍，誰知虎頭非癡人。腰間大羽何足道，頰上三毛自有神。平生狎侮諸公子，戲著幼輿岩石裏。故教世世作黄冠，布襪青鞋弄雲水。千年鼻祖守關門，一念還為李耳孫。香火舊緣何日盡，丹青餘習至今存。五十之年初過二，衰顔記我今如此。他時要指集賢人，知是香山老居士。（樂天為翰林學士，奉詔寫真集賢院。）（《蘇文忠公全集》卷十七，孔凡禮點校本《蘇軾詩集》第五册，第一五三三頁）

《九月十五日邇英講〈論語〉終篇，賜執政講讀史官燕于東宫，又遣中使就賜御書詩各一首，臣軾得紫薇花絶句，其詞云：「絲綸閣下文書静，鐘鼓樓中刻漏長。獨坐黄昏誰是伴，紫薇花對紫薇郎。」翌日，各以表謝。又進詩一篇，臣軾詩云》

綉裳畫衮雲垂地，不作成王剪桐戲。日高黄傘下西清，風動槐龍舞交翠。

（邇英閣前有雙槐，樛然屬地如龍形。）壁中蠹簡今千年，漆書蝌蚪光射天。諸儒不復憂吻燥，東宮賜酒如流泉。酒酣復拜千金賜，一紙鷩鸞回鳳字。蒼顔白髮便生光，袖有驪珠三十四。（臣所賜詩并題目及臣姓名，凡三十四字。）歸來車馬已喧闐，爭看銀鈎墨色鮮。人間一日傳萬口，喜見雲章第一篇。（上前此未嘗以御書賜群臣。）玉堂晝掩文書靜，鈴索不搖鐘漏永。莫言弄筆數行書，須信時平由主聖。犬羊散盡沙漠空，捷烽夜到甘泉宫。似聞指麾築上郡，已覺談笑無西戎。（時熙河新獲鬼章。是日，涇原復奏夏賊數十萬人皆遁去。）文思天子師文母，終閉玉關辭馬武。小臣願對紫薇花，試草尺書招贊普。（謹案唐制：翰林學士帶知制誥，許綴中書舍人班。今臣以知制誥待罪禁林，故得以紫薇爲故事。）（《蘇文忠公全集》卷十七，孔凡禮點校本《蘇軾詩集》第五册，第一五四一頁）

智按：《初白菴詩評》卷中云：「白樂天詩也。」

《次韻劉景文周次元寒食同游西湖》

絮飛春減不成年，老境同乘下瀨船。藍尾忽驚新火後，（白樂天《寒食》詩云：三杯藍尾酒，一碟膠牙餳。）遨頭要及浣花前。（成都太守自正月二日出游，謂之遨頭，至四月十九日浣花乃止。）山西老將詩無敵，洛下書生語更妍。共向北山尋二士，畫橈鼉鼓聒清眠。（《蘇文忠公全集》卷十八，孔凡禮點校本《蘇軾詩集》第五册，第一五三三頁）

《贈善相程傑》

心傳異學不謀身，自要清時閲搢紳。火色上騰雖有數，急流勇退豈無人。書中苦覓元非訣，醉裏微言卻近真。我似樂天君記取，華顛賞遍洛陽春。（《蘇文忠公全集》卷十八，孔凡禮點校本《蘇軾詩集》第五册，第一六八〇頁）

《次京師韻送表弟程懿叔赴夔州運判》

與子甥舅氏，摧頽各蒼顔。並為東諸侯，長此佳江山。寒松無時花，安得插髻鬟。惟將老不死，一笑榮枯間。我甚似樂天，但無素與蠻。掛冠及未耄，當獲一紀閑。子亦拙進取，才高命堅頑。譬如萬斛舟，行此九折灣。仲氏新得道，一漚自塵寰。（君之兄德孺，自言近於佛法有得。）歲晚家鄉路，莫遣生榛菅。（《蘇文忠公全集》卷十八，孔凡禮點校本《蘇軾詩集》第五册，第一六九八頁）

《次韻錢穆父紫薇花二首》

虛白堂前合抱花，秋風落日照横斜。閲人此地知多少，物化無涯生有涯。（虛白堂前紫薇兩株，俗云樂天所種。）

折得芳蕤兩眼花，題詩相報字傾斜。篋中尚有絲綸句，坐覺天光照海涯。（樂天詩云：絲綸閣下文章静，鐘鼓樓中刻漏長。獨坐黄昏誰是伴，紫薇花對紫薇郎。上嘗書此詩以賜軾。）（《蘇文忠公全集》卷十八，孔凡禮點校本《蘇軾詩集》第五册，第一七〇八頁）

《予去杭十六年而復來，留二年而去。平日自覺出處老少，粗似樂天，雖才名相遠，而安分寡求亦庶幾焉。三月六日，來别南北山諸道人，而下天竺惠淨師以醜石贈行，作三絶句》

當年衫鬢兩青青，强説重臨慰别情。衰髮只今無可白，故應相對話來生。

出處依稀似樂天，敢將衰朽較前賢。便從洛社休官去，猶有閒居二十年。

在郡依前六百日，山中不記幾回來。還將天竺一峰去，欲把雲根到處栽。（《蘇文忠公全集》卷十九，孔凡禮點校本《蘇軾詩集》第六册，第一七六一頁）

《次韻答黄安中兼簡林子中》

老去心灰不復然，一麾江海意方堅。那堪黄散付子度，空羡蘇杭養樂天。病肺一春難白酒，别腸三夜繞朱弦。群仙正欲吾歸去，共把清風借玉川。（《蘇文忠公全集》卷十九，孔凡禮點校本《蘇軾詩集》第六册，第一七六四頁）

《劉景文家藏樂天身心問答三首，戲書一絶其後》

淵明形神自我，樂天身心相物。而今月下三人，他日當成幾佛。（《蘇文忠公全集》卷十九，孔凡禮點校本《蘇軾詩集》第六册，第一八一七頁）

《次韻子由清汶老龍珠丹》

天公不解防癡龍，玉函寶方出龍宫。雷霆下索無處避，逃入先生衣袂中。

先生不作金椎袖，玩世徜徉隱屠酒。夜光明月空自投，一鍛何勞緯蕭手。黄門寡好心易足，荊棘不生梨棗熟。玄珠白璧兩無求，無脛金丹來入腹。區區分別笑樂天，那知空門不是仙。（《蘇文忠公全集》卷二十二，孔凡禮點校本《蘇軾詩集》第六册，第二〇〇六頁）

《天竺寺（並引）》

予年十二，先君自虔州歸，為予言：「近城山中天竺寺，有樂天親書詩云：『一山門作兩山門，兩寺原從一寺分。東澗水流西澗水，南山雲起北山雲。前臺花發後臺見，上界鐘清下界聞。遥想吾師行道處，天香桂子落紛紛。』筆勢奇逸，墨蹟如新。」今四十七年矣。予來訪之，則詩已亡，有石刻存耳，感涕不已，而作是詩。

香山居士留遺跡，天竺禪師有故家。空詠連珠吟疊壁，已亡飛鳥失驚蛇。林深野桂寒無子，雨浥山薑病有花。四十七年真一夢，天涯流落涕横斜。（《蘇文忠公全集》卷二十二，孔凡禮點校本《蘇軾詩集》第六册，第二〇五六頁）

《朝雲詩（並引）》

世謂樂天有粥駱馬放楊柳枝詞，嘉其主老病不忍去也。然夢得有詩云：「春盡絮飛留不得，隨風好去落誰家。」樂天亦云：「病與樂天相伴住，春隨樊子一時歸。」則是樊素竟去也。予家有數妾，四五年相繼辭去，獨朝雲者隨予南遷。因讀樂天集，戲作此詩。朝雲姓王氏，錢唐人，嘗有子曰幹兒，未期而夭云。

不似楊枝別樂天，恰如通德伴伶玄。阿奴絡秀不同老，天女維摩總解禪。經卷藥爐新活計，舞衫歌扇舊因緣。丹成逐我三山去，不作巫陽雲雨仙。（《蘇文忠公全集》卷二十二，孔凡禮點校本《蘇軾詩集》第六册，第二〇七三頁）

《再用前韻》

樂天雙鬢如霜菅，始知謝遣素與蠻。我兄緑髮蔚如故，已了夢幻齊人間。蛾眉勸酒聊爾耳，處仲太忍茂弘孱。三杯徑醉便歸卧，海上知復幾往還。連娟六幺趁蹋鞠，杳眇三疊縈陽關。酒醒夢斷何所有，落花流水空青山。忽驚鐃鼓發半夜，明月不許幽人攀。贈行無物惟一語，莫遣瘴霧侵雲鬟。羅浮道人一傾蓋，欲繫白日留君顔。應知我是香案吏，他年許綴蓬萊班。（《蘇文忠公全集》卷二十三，孔凡禮點校本《蘇軾詩集》第七册，第二一一〇頁）

智按：前韻指《追餞正輔表兄至博羅賦詩為别》。

《小圃五詠·地黄》

地黄飼老馬，可使光鑒人。吾聞樂天語，喻馬施之身。我衰正伏櫪，垂耳氣不振。移栽附沃壤，蕃茂爭新春。沉水得稚根，重湯養陳薪。投以東阿清，和以北海醇。崖蜜助甘冷，山薑發芳辛。融為寒食餳，嚥作瑞露珍。丹田自宿火，渴肺還生津。願餉内熱子，一洗胸中塵。(《蘇文忠公全集》卷二十三，孔凡禮點校本《蘇軾詩集》第七册，第二一五六頁)

智按：《全宋詩》第三十五册，第二二二一九頁又置於宋高宗趙構（一一〇七～一一八七）名下，題為《詩二首》(其二)，恐誤。

《次韻韶守狄大夫見贈二首》

華髪蕭蕭老遂良（褚河南帖云：即日遂良鬚髪盡白，蓋謫長沙時也），一身萍桂海中央。無錢種菜為家業，有病安身是藥方。才疏正類孔文舉（縯：《後漢》：孔融字文舉。本傳云：融負其高氣，志在靖難，而才疏意廣，迄無成功)，癡絕還同顧長康（厚：顧愷之字長康，晋代人，本傳云：有三絕，才絕、書絕、癡絕）。萬里歸來空泣血，七年供奉殿西郎（厚：邇英閣在延和殿西廊下）。

森森畫戟擁朱輪（縯：韋蘇州詩云「兵衛森畫戟，宴寢凝清香」)，坐詠梁公竟有神（援：梁公狄仁傑也）。白傅閑游空誦句（見樂天《吳郡詩石序》〇次公：樂天為蘇州時，有句宴詩刻序云：韋在此州歌詩甚多，有郡宴詩云：「兵衛森畫戟，宴寢凝清香。」最為警策。今刻此篇於石，傳於將來，因以予旬宴一章，亦附於後也。詩句蓋誦其森戟凝香之句也)，拾遺窮老敢論親（見子美贈狄明府詩〇厚：子美贈狄博斉詩云：「梁公曾孫我姨弟，不見十年官済済」)。東海莫懷疏受意（縯：《前漢》：疏受不待年而從其叔廣致仕，帰於東海)，西風幸免庾公塵（援：晋王導惡庾亮專權，每遇西風，嘗以扇障面，曰元規塵汙人)。為公過嶺傳新唱，催發寒梅一信春（趙：梅謂之信，以其報春之信息也）。(《蘇文忠公全集》卷二十五，孔凡禮點校本《蘇軾詩集》第七

册，第二四〇七頁）

《李伯時畫其弟亮功舊宅圖》

樂天早退今安有，摩詰長閑古亦無。五畝自栽池上竹，十年空看輞川圖。近聞陶令開三徑，應許揚雄寄一區。晚歲與君同活計，如雲牲鴨散平湖。（《蘇文忠公全集》卷二十五，孔凡禮點校本《蘇軾詩集》第七册，第二四一三頁）

《無題》

引手攀紅櫻，紅櫻落如綫。仰首看紅日，紅日走如箭。年光與時景，頃刻互衰變。何當血肉身，安得常强健。人心苦執迷，富貴憂貧賤。憂色常在眉，歡容不上面。吾今頭半白，把鏡非不見。惟應花下杯，更待他人勸。（《蘇文忠公全集》卷二十六，孔凡禮點校本《蘇軾詩集》第八册，第二七〇四頁）

智按：此乃白居易《花下對酒二首》其二：「引手攀紅櫻，紅櫻落似霰。仰首看白日，白日走如箭。年芳與時景，頃刻猶衰變。况是血肉身，安能長强健？人心苦迷執，慕貴憂貧賤。愁色常在眉，歡容不上面。况吾頭半白，把鏡非不見。何必花下杯，更待他人勸?」元和十五年作於忠州刺史任上，略有異文，見《白居易集箋校》第五九五頁。《初白菴詩評》卷中云：「白香山詩。」

《池上二首》（其二）

不作太白夢日邊，還同樂天賦池上。池上新年有荷葉，細雨魚兒噞輕浪。男兒學易不應舉，幽人一友吾得尚。此池便可當長江，欲榜茅齋來蕩漾。（《蘇文忠公全集》卷二十六，孔凡禮點校本《蘇軾詩集》第八册，第二七一六頁）

智按：一作晁補之《家池雨中二首》（《雞肋集》卷十四；《全宋詩》第十九册，第一二八三二頁）。

《次韻致遠（一作：和葉濤）》

長笑右軍稱草聖，不如東野以詩鳴。樂天自愛（一作欲）吟淮月，懷祖無勞聽角聲。（《蘇文忠公全集》卷二十九，孔凡禮點校本《蘇軾詩集》第四册，第一二五五頁）

《與郭生游寒溪主簿吴亮置酒，郭生喜作挽歌，酒酣發聲，坐為淒然。郭生言吾恨無佳詞，因為略改樂天寒食詩歌之，坐客有泣者，其詞曰》

烏啼鵲噪昏喬木，清明寒食誰家哭。風吹曠野紙錢飛，古墓累累春草緑。棠梨花映白楊路，儘是死生離別處。冥漠重泉哭不聞，蕭蕭暮雨人歸去。（《蘇文忠公全集》補遺，孔凡禮點校本《蘇軾詩集》第八册，第二六一八頁）

智按：此詩檃括白居易《寒食歌》，又題《玉樓春（或木蘭花令）·游寒溪改樂天詩》，收入《東坡樂府》。

《南鄉子·集句》

寒玉細凝膚（吴融），清歌一曲倒金壺（鄭谷）。杏葉菖條遍相（李商隱），爭如，豆蔻花梢二月初（杜牧）。年少即須臾（白居易），芳時偷得醉工夫（白居易）。羅帳細垂銀燭背（韓偓），歡娱，豁得平生俊氣無（杜牧）。（《蘇文忠公全集》補遺，《全宋詞》第二九二頁）

智按：「年少即須臾」點化自白居易《東南行一百韻》「歲華何倏忽，年少不須臾」，元和十二年作於江州司馬任上。「芳時偷得醉工夫」應出自鄭遨《招友人遊春》「難把長繩繫日烏，芳時偷取醉工夫」（《全唐詩》卷八百五十五，一作杜光庭詩）。

《書樂天宅壁》

元和元年中，盜殺武丞相。京師方皇皇，搢紳拱相望。是時香山公，上疏索言壯。朝隮九天邊，暮貶九江上。此廬公所居，凜凜見遺像。梁棟雖已非，江上尚無恙。細讀壁上詩，悠然起遐想。九原不可作，風埃重迷莽。整

棹歸去來，離騷為君廣。（見宋孫紹遠《聲畫集》卷八，《四庫全書》本）

智按：《聲畫集》卷八「題壁雜畫」收蘇軾詩二首，其一爲《子由新修汝州龍興寺吴道子畫壁》，下題蘇子瞻；其二即《書樂天宅壁》，題下空白不署撰人；再下是《王維吴道子畫》，下題蘇子由。依該書體例，不署名者，應是前詩同一作者（蘇子瞻）所寫。從詩題和內容可知，蘇軾至九江廬山，所憑弔白居易故居，應即白公草堂。見壁上白居易畫像及題詩，有感而作。蘇軾再上廬山，在紹聖元年自定州往惠州任時，此期間所寫《朝雲詩引》有「讀樂天集」云云，故上詩應寫于此時。詳見李棲《聲畫集所收三首蘇軾佚詩的討論》（東海大學《中國文化月刊》第一二三期，一九八〇年一月）。

《錢塘六井記》

潮水避錢塘而東擊西陵，所從來遠矣。沮洳斥鹵，化為桑麻之區，而久乃為城邑聚落，凡今州之平陸，皆江之故地。其水苦惡，惟負山鑿井，乃得甘泉，而所及不廣。唐宰相李公長源始作六井，引西湖水以足民用。其後刺史白公樂天治湖浚井，刻石湖上，至於今賴之。（《蘇文忠公全集》卷三十五，孔凡禮點校本《蘇軾文集》第二册，第三七九頁）

《醉白堂記》

故魏國忠獻韓公作堂於私第之池上，名之曰醉白。取樂天《池上》之詩，以為醉白堂之歌。意若有羨於樂天而不及者。天下之士，聞而疑之，以為公既已無愧於伊、周矣，而猶有羨於樂天，何哉？

軾聞而笑曰：公豈獨有羨於樂天而已乎？方且願為尋常無聞之人而不可得者。天之生是人也，將使任天下之重，則寒者求衣，飢者求食，凡不獲者求得。茍有以與之，將不勝其求。是以終身處乎憂患之域，而行乎利害之塗，豈其所欲哉！夫忠獻公既已相三帝安天下矣，浩然將歸老於家，而天下共挽而留之，莫釋也。當是時，其有羨於樂天，無足怪者。然以樂天之平生而求之於公，較其所得之厚薄淺深，孰有孰無，則後世之論，有不可欺者矣。文致太平，武定亂略，謀安宗廟，而不自以為功。急賢才，輕爵禄，而士不知其恩。殺伐果敢，而六軍安之。四夷八蠻想聞其風采，而天下以其身為安危。

此公之所有，而樂天之所無也。乞身於強健之時，退居十有五年，日與其朋友賦詩飲酒，盡山水園池之樂。府有餘帛，廩有餘粟，而家有聲伎之奉。此樂天之所有，而公之所無也。忠言嘉謀，效於當時，而文采表於後世。死生窮達，不易其操，而道德高於古人。此公與樂天之所同也。公既不以其所有自多，亦不以其所無自少，將推其同者而自托焉。方其寓形於一醉也，齊得喪，忘禍福，混貴賤，等賢愚，同乎萬物，而與造物者游，非獨自比於樂天而已。古之君子，其處己也厚，其取名也廉。是以實浮於名，而世誦其美不厭。以孔子之聖，而自比於老彭，自同於丘明，自以為不如顏淵。後之君子，實則不至，而皆有侈心焉。臧武仲自以為聖，白圭自以為禹，司馬長卿自以為相如，揚雄自以為孟軻，崔浩自以為子房，然世終莫之許也。由此觀之，忠獻公之賢於人也遠矣。(《蘇文忠公全集》卷三十六，孔凡禮點校本《蘇軾文集》第二册，第三四四頁)

智按：宋名相韓琦，封魏國公，辭官回到故里河南安陽，羡慕白居易晚年回洛陽取樂於水池邊上，建「醉白堂」。清順治七年（一六五〇）邑紳書家顧大申（一六二〇～?）仿韓意興，掘地開池，取名「醉白池」，遂成園林勝景。黃之雋《醉白池詩序》載：「韓魏公慕白（居易）而築醉白堂於私第之池，水部君（指顧大申）又仿韓而以堂名其池。」（《唐堂集》卷十三記二，《四庫全書存目叢書》影印清乾隆間刻本，集部第二七一册，第三四九頁。又見《清文匯》甲集卷五一、嘉慶《松江府志》卷七十八婁縣第宅附記園林）醉白池後來曾幾易園主，乾隆年間歸稟貢生顧思照所有，曾作池園使用。

元初李淦《文章精義》：「子瞻作《醉白堂記》，一段是說魏公之所有，樂天之所無；一段是樂天之所有，又魏公之所無；一段是樂天魏公之所同，方纔說是為韓魏公作《醉白堂記》。王介甫乃謂『韓白優劣論』，不亦謬乎?」清人劉大櫆評此文「精神籠蓋一世」（見《百家評古文辭類纂》卷五十七）。

《杭州乞度牒開西湖狀》

元祐五年四月二十九日，龍圖閣學士左朝奉郎知杭州蘇軾狀奏。右臣聞天下所在陂湖河渠之利，廢興成毀，皆若有數。惟聖人在上，則興利除害，易成而難廢。昔西漢之末，翟方進為丞相，始決壞汝南鴻隙陂，父老怨之，歌曰：「壞陂誰？翟子威。飯我豆食羹芋魁。反乎覆，陂當復。誰言者？兩黄鵠。」蓋民心之所欲，而託之天，以為有神下告我也。孫皓時，吴郡上言，臨平湖自漢末草穢壅塞，今忽開通，長老相傳，此湖開，天下平，皓以為己瑞，已而晉武帝平吴。由此觀之，陂湖河渠之類，久廢復開，事關興運。雖天道難知，而民心所欲，天必從之。

杭州之有西湖，如人之有眉目，蓋不可廢也。唐長慶中，白居易為刺史。方是時，湖溉田千餘頃。及錢氏有國，置撩湖兵士千人，日夜開浚。自國初以來，稍廢不治，水涸草生，漸成葑田。熙寧中，臣通判本州，則湖之葑合，蓋十二三耳。至今才十六七年之間，遂堙塞其半。父老皆言十年以來，水淺葑合，如雲翳空，倏忽便滿，更二十年，無西湖矣。使杭州而無西湖，如人去其眉目，豈復為人乎？

臣愚無知，竊謂西湖有不可廢者五。天禧中，故相王欽若始奏以西湖為放生池，禁捕魚鳥，為人主祈福。自是以來，每歲四月八日，郡人數萬會於湖上，所活放羽毛鱗介以百萬數，皆西北向稽首，仰祝千萬歲壽。若一旦堙塞，使蛟龍魚鱉同為涸轍之鮒，臣子坐觀，亦何心哉！此西湖之不可廢者，一也。杭之為州，本江海故地，水泉鹹苦，居民零落，自唐李泌始引湖水作六井，然後民足于水，井邑日富，百萬生聚，待此而後食。今湖狹水淺，六井漸壞，若二十年之後，盡為葑田，則舉城之人，復飲鹹苦，其勢必自耗散。此西湖之不可廢者，二也。白居易作《西湖石函記》云：「放水溉田，每減一寸，可溉十五頃；每一伏時，可溉五十頃。若蓄泄及時，則瀕河千頃，可無凶歲。」今歲不及千頃，而下湖數十里間，茭菱谷米，所獲不貲。此西湖之不可廢者，三也。西湖深闊，則運河可以取足於湖水。若湖水不足，則必取足于江潮。潮之所過，泥沙渾濁，一石五斗。不出三歲，輒調兵夫十餘萬工開濬，而河行市井中蓋十餘里，吏卒搔擾，泥水狼籍，為居民莫大之患。此西湖之不可廢者，四也。天下酒税之盛，未有如杭者也，歲課二十餘萬緡。而水泉之用，仰給於湖，若湖漸淺狹，水不應溝，則當勞人遠取山泉，歲不下二十萬工。此西湖之不可廢者，五也。

臣以侍從，出膺寵寄，目睹西湖有必廢之漸，有五不可廢之憂，豈得苟安歲月，不任其責。輒已差官打量湖上葑田，計二十五萬餘丈，度用夫二十餘萬工。近者伏蒙皇帝陛下、太皇太后陛下以本路饑饉，特寬轉運司上供額斛五十餘萬石，出糶常平米亦數十萬石，約敕諸路，不取五穀力勝稅錢，東南之民，所活不可勝計。今又特賜本路度牒三百，而杭獨得百道。臣謹以聖意增價召入中，米減價出賣以濟饑民，而增減耗折之餘，尚得錢米約共一萬餘貫石。臣輒以此錢米募民開湖，度可得十萬工。自今月二十八日興工，農民父老，縱觀太息，以謂二聖既捐利與民，活此一方，而又以其餘棄，興久廢無窮之利，使數千人得食其力，以度此凶歲，蓋有泣下者。臣伏見民情如此，而錢米有限，所募未廣，葑合之地，尚存大半，若來者不嗣，則前功復棄，深可痛惜。若更得度牒百道，則一舉募民除去淨盡，不復遺患矣。

伏望皇帝陛下、太皇太后陛下少賜詳覽，察臣所論西湖五不可廢之狀，利害較然，特出聖斷，別賜臣度牒五十道，仍敕轉運、提刑司，於前來所賜諸州度牒二百道內，契勘賑濟支用不盡者，更撥五十道價錢與臣，通成一百道。使臣得盡力畢志，半年之間，目見西湖復唐之舊，環三十里，際山為岸，則農民父老，與羽毛鱗介，同泳聖澤，無有窮已。臣不勝大願，謹録奏聞，伏候敕旨。

貼黃。目下浙中梅雨，葑根浮動，易為除去。及六七月，大雨時行，利以殺草，芟夷蘊崇，使不復滋蔓。又浙中農民皆言八月斷葑根，則死不復生。伏乞聖慈早賜開允，及此良時興工，不勝幸甚。

又貼黃。本州自去年至今開浚運河，引西湖水灌注其中，今來開除葑田逐一利害，臣不敢一一煩瀆天聽，別具狀申三省去訖。（《蘇文忠公全集》卷五十七，孔凡禮點校本《蘇軾文集》第三册，第八六三頁）

《答劉沔都曹書》

……李太白、韓退之、白樂天詩文，皆為庸俗所亂，可為太息。……（《蘇文忠公全集》卷七十六，孔凡禮點校本《蘇軾文集》第四册，第一四二九頁）

《祭柳子玉文》

猗歟子玉，南國之秀。甚敏而文，聲發自幼。從横武庫，炳蔚文囿。獨以詩鳴，天錫雄咮。元輕白俗，郊寒島瘦。嘹然一吟，衆作卑陋。凡今卿相，伊昔朋舊。平視青雲，可到寧驟。孰云坎軻，白髪垂脰。才高絕俗，性疏來詬。謫居窮山，遂侶猩狖。夜衾不絮，朝甑絕餾。慨然懷歸，投棄纓綬。潛山之麓，往事神后。道味自飴，世芬莫嗅。凡世所欲，有避無就。謂當乘除，並畀之壽。云何不淑，命也誰咎。頃在錢塘，惠然我覯。相從半歲，日飲醇酎。朝游南屏，莫宿靈鷲。雪窗飢坐，清闋間奏。沙河夜歸，霜月如晝。綸巾鶴氅，驚笑吳婦。會合之難，如次組繡。翻然失去，覆水何救。維子耆老，名德俱茂。嗟我後來，匪友惟媾。子有令子，將大子後。頎然二孫，則謂我舅。念子永歸，涕如懸溜。歌此奠詩，一樽往侑。尚享。（《蘇文忠公全集》卷九十一，孔凡禮點校本《蘇軾文集》第五册，第一九三八頁）

《鍾子翼哀詞（並引）》

軾年始十二，先君宮師歸自江南，曰：「吾南游至虔，有隱君子鍾君，與其弟概從吾游，同登馬祖岩，入天竺寺，觀樂天墨蹟。吾不飲酒，君嘗置醴焉。」……（《蘇文忠公全集》卷九十一，孔凡禮點校本《蘇軾文集》第五册，第一九六六頁）

《白樂天不欲伐淮蔡》

吳元濟以蔡叛，犯許、汝以驚東都，此豈可不討者也。當時議者欲置之，固為非策，然不得武、裴二傑士，事亦未易辦也。白樂天豈庸人哉！然其議論，亦似欲置之者。其詩有《海圖屏風》者，可見其意。且注云：「時方討淮、蔡叛。」吾以是知仁人君子之於兵，蓋不忍輕用如此。淮、蔡且欲以德懷，况欲弊所恃以勤無用乎？悲夫，此未易與俗士談也。（《蘇文忠公全集》卷九十二，孔凡禮點校本《蘇軾文集》第五册，第二〇三七頁）

智按：又見《東坡志林》卷四（《四庫全書》本、商務印書館排印本。《東坡志林·仇池筆記》華東師范大學古籍研究所點校注釋本未見）。《苕溪漁隠叢話前集》卷二十一、《詩人玉屑》卷十六亦稱引此則。汪立名《白香山詩集》卷一《題海圖屏風》詩後引此，並按云：「東坡此語，定有為，特借是以發之耳。然今本並無淮蔡叛之注，况元濟反在元和十年，縱兵侵掠，不容不討者。詩中『不量力』『鼇可求』等語，殊不相涉。是詩之作，確是元和四年，然則宋本亦有謬誤，東坡以注為據，遂不復推考也。」

《醉吟先生畫贊》

黃金斗，碧玉壺。足踏東流水，目送西飛鳧。擁髻顧影者，真子幹之侍妾；奮髯直睎者，非列仙之臞儒。（《蘇文忠公全集》卷九十四，孔凡禮點校本《蘇軾文集》第二册，第六〇二頁）

《與翟東玉》

馬，火也。故將火而夢馬。火就燥，燥而不已則窮，故膏油所以為無窮也。藥之膏油者，莫如地黃，以啖老馬，皆復為駒。樂天《贈採地黃者》詩云：「與君啖老馬，可使照地光。」今人不復知此法。吾晚覺血氣衰耗如老馬矣，欲多食生地黃而不可常致。近見人言，循州興寧令歐陽叔向於縣圃中，多種此藥。意欲作書干求而未敢，君與叔向故人，可為致此意否？此藥以二八月采者良。如許以此時寄惠，為幸，欲烹以為煎也。不罪！不罪！（《蘇文忠公全集》補遺，孔凡禮點校本《蘇軾文集》第四册，第一七四六頁）

《東坡志林》

⊙樂天燒丹

樂天作廬山草堂，蓋亦燒丹也，欲成而爐鼎敗。來日，忠州刺史除書到。乃知世間、出世間事，不兩立也。僕有此志久矣，而終無成者，亦以世間事未敗故也，今日真敗矣。書曰：「民之所欲，天必從之。」信而有征。（卷一，華東師范大學古籍研究所點校注釋《東坡志林·仇池筆記》，第二三頁）

⊙張平叔制詞

樂天行《張平叔戶部侍郎判度支制誥》云：「吾坐而決事，丞相以下，不過四五，而主計之臣在焉。」以此知唐制，主計蓋坐而論事也，不知四五者悉何人？平叔議鹽法，至為割剝，事見《退之集》；今樂天制誥亦云「計能析秋毫，吏畏如夏日」，其人必小人也。（卷二，華東師范大學古籍研究所點校注釋《東坡志林·仇池筆記》，第五四頁）

⊙題海圖屏風

吳元濟以蔡叛，犯許、汝以驚東都，此不可不討者也。當時議者欲置之，固為非策。然不得武、裴二傑士，事亦未易辦也。白樂天豈庸人哉！然其議論，亦似欲置之者。其詩有《海圖屏風》者，可見其意。且注云：「時方討淮、蔡叛。」吾以是知仁人君子之於兵，蓋不忍輕用如此。淮、蔡且欲以德懷，况欲弊所恃以勤無用乎？悲夫，此未易與世士談也。（商務印書館排印本《東坡志林》卷四）

智按：又見《蘇文忠公全集》卷九十二，題為《白樂天不欲伐淮蔡》。《苕溪漁隱叢話前集》卷二十一、《詩人玉屑》卷十六亦稱引此則。《東坡志林·仇池筆記》華東師范大學古籍研究所點校注釋本未見。「不可不討者也」，《四庫全書》本《東坡志林》卷四、《蘇文忠公全集》、《苕溪漁隱叢話前集》、《詩人玉屑》作「豈可不討者也」；「世士談」，《苕溪漁隱叢話前集》、《詩人玉屑》同，《四庫全書》本《東坡志林》作「世士説」，《蘇文忠公全集》作「俗士談」。

⊙汴河斗門

數年前，朝廷作汴河斗門以淤田，議者皆以為不可。竟為之，然卒亦無功。方樊山水盛時放斗門，則河田墳墓廬舍皆被害；及秋深水退而放，則淤不能厚，謂之「蒸餅淤」。朝廷亦厭之而罷。偶讀白居易《甲乙判》，有云「得轉運使，以汴河水淺不通運，請築塞兩河斗門，節度使以當管營田悉在河次，在斗門築塞無以供軍。」乃知唐時汴河兩岸皆有營田斗門，若遇水不乏，即可沃灌。古有之而不能，何也？當更問知者。（卷七，華東師范大學古籍研究所點校注釋《東坡志林·仇池筆記》，第一二四頁）

《仇池筆記》

⊙陽關三疊

舊傳《陽關三疊》，今歌者每句再疊而已，若通一首，又是四疊，皆非是。每句三唱以應三疊，則叢然無復節奏。有文勳者，得古本《陽關》，每句皆再唱，而第一句不疊，乃知唐本三疊如此。樂天詩云：「相逢且莫推辭醉，聽唱陽關第四聲。」注：「第四聲：勸君更盡一杯酒。」以此驗之，若一句再疊，則此句為第五聲。今為第四，則一句不疊，審矣。（卷上，華東師范大學古籍研究所點校注釋《東坡志林·仇池筆記》，第二〇六~二〇七頁）

智按：又見《蘇文忠公全集》補遺，題為《記陽關第四聲》。「樂天詩云」前有「及在黃州，偶讀」六字。

⊙論詩

唐末五代，文物衰盡，詩有貫休，書有亞棲，村俗之氣，大率相似。蘇子美家有長史書，云：「隔簾歌已俊，對坐貌彌精。」語既凡惡，而字無法，真亞棲之流。曾子固編《李太白集》而有《贈僧懷素草書歌》及「笑已乎」數首，皆貫休以下，格調卑陋。子固號有知識者，故深可怪。如白樂天贈徐凝、退之贈賈島，皆世俗無知者所託，不足多怪。（卷上，華東師范大學古籍研究所點校注釋《東坡志林·仇池筆記》，第二一〇~二一一頁）

智按：又見《蘇文忠公全集》書後五百六首，題為《書諸集偽謬》。「而有」前有「自謂頗獲遺亡」六字，「笑已乎」作「笑矣乎」（《李太白文集》卷五《笑歌行》：「笑矣乎，笑矣乎……」），「子固號有知識者」作「二人皆號有識知者」。

⊙白樂天詩

白樂天為王涯所讒，謫江州司馬。甘露之禍，樂天在洛，適游香山寺，有詩云：「當君白首同歸日，是我青山獨往時。」不知者，以樂天為幸之，樂天豈幸人之禍者哉，蓋悲之也！（卷上，華東師范大學古籍研究所點校注釋《東坡志林·仇池筆記》，第二一八頁）

《東坡題跋》

⊙書樂天詩

「一山門（一作分）作兩山門，兩寺原從一寺分。東澗水流西澗水，南山雲起北山雲。前臺花發後臺見，上界鐘清下界聞。遙想高僧（一作吾師）行道處，天香桂子落紛紛。」唐韜光禪師自錢塘天竺來住此山，樂天守蘇日，以此詩寄之。慶曆中，先君游此山，猶見樂天真跡。後四十七年，軾南遷過虔，復經此寺，徒見石刻而已。紹聖元年八月十七日。（《津逮秘書》本卷二）

琴按：清人宋長白《柳亭詩話》卷二十一有云：「『一山門作兩山門，兩寺原從一寺分。』此香山為韜光靈隱而作。然於越州之雲門廣孝尤切，以韜光尚踞山顛也。蘇子美雲門寺起句云：『翠障環合封白雲，中有蕭寺三為鄰。』自注云：『雲門為梁武所作，今分為三寺相連。』意北宋時尚有一支（招）提相雜其間，今止二寺列，猶狺狺不置也。東坡有《天竺寺》詩，序云：『予年十二，先君自虔州歸。言近城天竺寺，有樂天親書詩，筆勢奇麗，墨蹟如新。今四十七年，予來訪之，則詩已亡，有石刻存耳。』然考之《長慶集》，此詩非虔州所詠，何以遂有石刻，而明允尚見之耶？《贛州志》謂是寄韜光禪師詩，或當時流傳至彼耳。」

又按：韜光《謝白樂天招》詩云：「山僧野性好林皋，每向岩阿倚（倚一作枕）石眠。不解栽松陪玉勒，惟能引水種金蓮。白雲乍可來青嶂，明月誰教下碧天。城市不能飛錫去，恐妨鶯囀翠樓前。」韜光，蜀人，卓錫靈隱之巢溝塢。白居易守郡時，題其堂曰法安。

⊙記樂天詩西掖通東省詩

元祐元年，予為中書舍人，時執政患本省事多漏泄，欲以舍人廳後作露籬，禁同省往來。予白執政，應須簡要清通，何必樹籬插棘？諸公笑而止。明年，竟作之。暇日，偶讀《樂天集》，有云：「西省北院，新構小亭，種竹開窗，東通騎省，與李常侍隔窗小飲作詩。」乃知唐時得西掖作窗以通東省，而今日本省不得往來，可歎也。（《津逮秘書》本卷三）

智按：又見《東坡志林》卷一，題為「禁同省往來」，字句略異：「元祐元年，余為中書舍人，時執政患本省事多漏泄，欲於舍人廳後作露籬，禁同省往來。余曰：『諸公應須簡要清通，何必栽籬插棘！』諸公笑而止。明年，竟作之。暇日讀《樂天集》，有云：『西省北院，新構小亭，種竹開窗，東通騎省，與李常侍窗下飲酒作詩。』乃知唐時得西掖作窗以通東省，而今日本省

不得往來，可歎也。」（華東師范大學古籍研究所點校注釋《東坡志林·仇池筆記》，第五二頁）

《西省北院新構小亭種竹開窗東通騎省與李常侍隔窗小飲各題》：「結托白鬚伴，因依青竹叢。題詩新壁上，過酒小窗中。深院晚無白，虛簷涼有風。金貂醉看好，回首紫垣東。」［長慶元年（八二一），五十歲，長安，主客郎中、知制誥。《白居易集箋校》第三册第一二四九頁；《白居易詩集校注》第四册第一五二四頁］

宋程大昌《雍録》卷八「職官·唐兩省」：

東坡云：「元祐元年，余為中書舍人，時執政患本省事多漏泄，欲於舍人廳後作露籬，禁同省往來。余曰：『諸公應須簡要清通，何必栽籬插棘！』諸公笑而止。明年，竟作之。暇日讀《樂天集》，有云：『西省北院，新構小亭，種竹開窗，東通騎省，與李常侍窗下飲酒作詩。』乃知唐時得西掖作窗以通東省，而今日本省不得往來，可歎也。」（智按：見《蘇文忠公全集》卷一百二《志林·禁同省往來》）予按，樂天《西掖》詩云：「結託白鬚伴，因依青竹叢。題詩新壁上，過酒小窗中。」其謂開窗過酒者，是從本省之地開窗，以通本省右常侍之直，而隔窗對飲，非能自西掖開窗，以與東省之左常侍對飲也。按《六典》，宣政殿前有兩廡，兩廡各自有門，其東曰「日華」，日華之東則門下省也。以其地居殿廡之左，故又曰左省也。凡兩省官繫銜以左者，如左散騎、左諫議、給事中，皆其屬也。西廊有門曰「月華」，月華之西即中書省也。凡繫銜為右者，如右諫議、右常侍、中書舍人，則其屬也。故東西兩省，皆有騎省，為其各分左右，而常侍亦分左右也。樂天之為舍人也，雖嘗自西掖北院開牕以通騎省，而其所通者本省散騎之直，非東省常侍之直也。東騎省自在日華門之東，而西騎省亦在月華門之西。日華月華門，內有宣政殿據間其中。而兩省又遂分處日華月華之外，無由止隔一窗，而可以度酒對飲也。其曰開窗通東騎省者，當是右騎省直舍在舍人院東，其南面有戶，而北面無之，故樂天遂於省北剏亭，而鑿右騎省牖以過酒巵也。凡此所引，皆宣政殿下東西兩省位置也，別有中書門下外省者，又在承天門外，兩省官亦分左右，各為廨舍。而承天門前，有朱雀街，東省則處街左，西省則處街右，中間正隔通衢，愈無鑿壁過酒之理也。老杜詩曰：「退朝花底散，歸院柳邊迷。」其曰散者，分班而出，東西各歸其廨也，然則東坡所謂西掖可通騎省者，恐別有所見也。

附：［日］近藤元粹（一八五〇～一九二二）輯《蘇詩記事》

宋時杭州府治，虛白堂前，有紫薇花兩株，初傳白樂天所植，蘇子瞻守郡時，神宗嘗書樂天紫薇花詩以賜之。（《螢雲軒叢書》本卷上）

蘇公謫居黃州，始自稱東坡居士。詳考其意，蓋專慕白樂天而然。白公有《東坡種花》二詩云：「持錢買花樹，城東坡下栽。」又云：「東坡向春慕，樹木今何如。」又有《步東坡》詩云：「朝上東坡步，夕上東坡步。東坡何所愛？愛此新成樹。」又有《別東坡花樹》詩云：「何處殷勤重回首？東坡桃李種新成。」皆為忠州刺史時所作也。蘇公在黃，正與白公忠州相似。因憶蘇詩，如《贈寫真李道士》云：「他時要指集賢人，知是香山老居士。」《贈善相程傑》云：「我似樂天君記取，華顛賞遍洛陽春。」《送程懿叔》云：「我甚似樂天，但無素與蠻。」《入侍邇英》云：「定似（一作是）香山老居士，世緣終淺道緣深。」而跋：白樂天自江州司馬除忠州刺史，旋以主客郎中知制誥，遂拜中書舍人。某（一作軾）雖不敢自比，然謫居黃，起知文登，召為儀曹，遂忝侍從。出處老少，大略相比（一作似）。庶幾復享（此翁）晚節閒適之樂（焉）。《去杭》云：「出處依稀似樂天，敢將衰朽較前賢。」序曰：「平生自覺出處老少，粗似樂天。」則公之所以景仰者，不止一再言之。又云：「淵明形神似我，樂天心相似我。」（《螢雲軒叢書》本卷下）

智按：上引近藤元粹輯《蘇詩記事》卷下「蘇公謫居黃州」，見宋洪邁《容齋三筆》卷五「東坡慕樂天」條。「而跋」云云為東坡《軾以去歲春夏侍立邇英而秋冬之交子由相繼入侍次韻絕句四首各述所懷》詩之注，非《蘇詩記事》文。

蘇軾，字子瞻，一字和仲，自號東坡居士，眉山（今屬四川）人。仁宗嘉祐二年（一〇五七）進士。六年，試製科，授簽書鳳翔府節度判官廳事。英宗治平二年（一〇六五），除判登聞鼓院，尋試館職，除直史館。三年，父洵卒，護喪歸蜀。神宗熙寧二年（一〇六九），服除，除判官告院兼判尚書祠部，權開封府推官。四年，通判杭州。歷知密州、徐州。元豐二年（一〇七九），移知湖州，烏臺詩案獄起，貶黃州團練副使。四年，移汝州團練副使。八年春，得請常州居住，十月知登州。尋召除起居舍人。哲宗元祐元年（一〇八六）遷中書舍人，改翰林學士。四年，知杭州。六年，除翰林學士承旨，尋知穎州。歷知揚州、定州。紹聖元年（一〇九四），貶惠州。四年，再貶儋州。徽宗即位，赦還，提舉玉局觀。建中靖國元年，卒於常州，年六十六。孝宗時謚文忠。有《東坡集》四十卷、《後集》二十卷、《和陶詩》四卷等。《宋史》卷三三八有傳。

朱長文（一〇三九～一〇九八）

《次韻司封使君和給事寒食城外感事》

花如步障草如茵，萬景繁華在此旬。金印誰來誇故里，密章燔了賁慈親。莫看白髮興千感，好共朱轓醉一春。俱是詩人兼富貴，只疑元白是前身。（《四庫全書》本《樂圃餘稿》卷三；《四庫全書》本《兩宋名賢小集》卷六十二；《全宋詩》第十五册，第九七九九頁）

《元厚之少保生日》

四紀勳榮動冕旒，倦趨黃閣傍滄洲。名如白傅身尤貴，才繼微之德更優。千載神龜巢葉穩，九霄老鳳帶雛游。蓬萊水淺公猶健，輝照東南對斗牛。（《四庫全書》本《樂圃餘稿》卷四）

《次韵徐中散丙寅二月見訪之什》

數年解紱隱林扉，乘興頻來訪習池。老似樂天兼少病，官如叔夜又能詩。身閑幸與耆英接，學淺虚蒙國士知。白雪佳章難復繼，策駑追驥自嫌疲。（《四庫全書》本《樂圃餘稿》卷四；《全宋詩》第十五册，第九八〇二頁）

《秋月乘興游松江至垂虹亭登長橋夜泊南岸旦游寧境院因成十絕呈君勉且寄子通》（其五）

兩山映日磨蒼玉，萬頃涵虛皺碧羅。不會樂天猶近俗，謾將絃管雜煙波。（《四庫全書》本《樂圃餘稿》卷五；《全宋詩》第十五册，第九八〇七頁）

《太守召陪諸公游虎丘》

海湧一小山，遠視如陵丘。中藏天下奇，巖谷峻且幽。石壁老萬古，劍池照千秋。蕞爾小吳會，隱然瞰瀛洲。能令軒冕客，到此忘沉憂。樂天擁千騎，一月常一游。高賢愛絕景，塵事莫可留。我公初下車，明斷速如流。千里滿和氣，訟庭無繫囚。三英皆膚使，金節憩南州。同聲約真賞，相應如鳴球。半刺富文雅，嘉賓張與劉。清晨出西閶，山翠逼蘭舟。耕叟迎彩旆，佳禽和鳴騶。憑闌共四顧，湖海入危樓。雲低未作雨，萬象圍寸眸。憲老揮散隸，妙絕與古儔。河漢淡輕靄，天門跳驚虬。才名三十年，餘事及銀鈎。兹游雖偶然，千載仰芳猷。日暮下危磴，玉杯相獻酬。一篇間一局，豪放不自休。樂哉文字飲，相與喜賢侯。短篇春事勝，可與吳兒謳。（《四庫全書》本《樂圃餘稿》補遺；《全宋詩》第十五册，第九八一〇頁）

《墨池編》

唐崔浮碑。白居易撰。（《四庫全書》本卷六）

唐修香山寺記。白居易撰并書。（《四庫全書》本卷六）

唐龍門十二韻詩。（《四庫全書》本卷六）

唐香山寺八節灘詩。白居易書。（《四庫全書》本卷六）

賀馱甚（憲宗時人）。唐修香山寺詩（白居易撰。賀馱甚書）。（《四庫全書》本卷六）

唐白居易碑（白敏中書）。（《四庫全書》本卷六）

唐白居易與劉夢（智按：原作「孟」，疑誤）得書（在鬬州）。（《四庫全書》本卷六）

唐白居易《紫毫筆》樂府詞：「紫毫筆，尖如錐兮利如刀。江南石上有老兔，喫竹飲泉生紫毫。宣城工人採為筆，千萬毛中擇一毫。良工任重。管勒工名充歲貢，君兮勿輕用。勿輕用，將何如？願賜東西府御史，願頒左右臺起居。搦管趨入黃金殿，抽毫立在白玉除。臣有姦雄正敷奏，君有動言直筆書。起居郎，侍御史，爾知紫毫不易置。每歲宣城進筆時，紫毫之價如金貴。慎勿空將彈失儀，慎勿空將録制詞。」（《四庫全書》本卷六）

《吴郡圖經續記》

《郡國志》云：今太守所居室，即春申君之子為假君之殿也。因數失火，塗以雄黄，故曰黄堂。又傳吳宫至秦時猶存，守宫吏以火視燕窟，遂火焉。其遺蹟雖無存者，其地則未聞或改也。漢會稽太守治於吳，朱買臣載其故妻到太守舍，置園中，給食之，即此地也。今郡廨承有唐五代之後，昔韋蘇州詩云：「海上風雨至，逍遥池閣涼。」白樂天於西樓命宴，齊雲樓晚望，皆有篇什。所謂池閣者，蓋今之後池是也；西樓者，蓋今之觀風樓也；齊雲樓者，蓋今之飛雲閣也。白公詩云：「欲辭南園去，重上北城看。」木蘭堂之名亦久矣。皮陸唱和詩有木蘭後池，即此也。池中有老檜，婆娑尚存。父老云：白公手植，已二百餘載矣。詢之士子，云：張刑部太初作山陰堂，蔣密直治後池、諸亭及瞰野亭、見山閣，吕光禄建按武堂，蔡秘閣子直置射堂，裴校理如晦立飛雲閣，韓度支子文植恠石二於便廳後，牓曰介軒，近晏大夫處善葺故亭於城西北隅，號曰月臺，以便登覽，餘則未悉聞也。（《四庫全書》本卷上「州宅上」）

昔漢會稽太守治於吳，自朱買臣見遇武帝引章之部，世歆其榮，光武時有任延者，稱爲循吏。延字長孫，年十九爲會稽都尉，迎官驚其壯，及到，静泊無爲，惟先遣饋禮祠延陵季子聘請高行，如董子儀、嚴子陵等，待以師友之禮。椽史貧者，輒分俸禄，以賑給之。省諸卒，令耕公田，以周窮急，所行縣，輒使慰勉孝子，就飡飯之。吳有龍丘萇者，隱居太末，志不降辱，椽史請召之，延曰：龍丘先生躬德履義，有原憲、伯夷之節，都尉掃灑其門，猶懼辱焉。召之不可，遣功曹奉謁修書，記致醫藥，相望於道，積一歲，萇乃詣府，願得備録，遂命爲議曹祭酒，是以郡中賢士大夫爭往官焉。自晉至唐，牧守之良者，已載《圖經》矣。於《新唐史》又得數事焉。史稱王仲舒之為刺史也，隄松江為路，變屋瓦，絶火災，賦調常與民為期，不擾自辦。于頔之為刺史也，罷淫祠，浚溝澮，端路衢，為政有績。楊發之為刺史也，其治以恭長慈幼為先，是皆可述者也。若韋應物、白居易、劉禹錫，亦可謂循吏，而世獨知其能詩耳。韋公以清德為唐人所重，天下號曰韋蘇州，當貞元時為郡於此，人賴以安。又能賔儒士，招隱獨，顧況、劉長卿、丘丹、秦系、皎然之儔，類見旌引，與之詶唱，其賢於人遠矣。樂天高行美才，其於簿領，宜不以屑意，然觀其勤瘁，非旬休不設宴，見於題咏。嘗作虎丘路，免於病涉，亦可以障流潦，未幾求去。夢得贈詩云：「姑蘇十萬户，皆作嬰兒啼。」蓋其實也。夢得之爲州，當災疫之後，民無流徙，朝廷以其課最賜三品服。此三人者，至今以爲美談。……（《四庫全書》本卷上「牧守」）

吳郡昔多橋梁，自白樂天詩嘗云「紅欄三百九十橋」矣，其名已載圖經，逮今增建者益多。皆疊石甃甓，工奇緻密，不復用紅欄矣，然其名未嘗遍録也。近度支韓公子文為守，命每橋刻名於旁，憧憧往來，莫不見之。其有名自古昔，或近事可述者，為記於此。（右一）（《四庫全書》本卷中「橋梁」）

烏鵲橋。在郡前，舊傳有古館八，曰全吳、通波、龍門、臨頓、昇羽、烏鵲、江風、夷亭，此橋因館得名，白樂天詩嘗及之。（右二）（《四庫全書》本卷中「橋梁」）

天平寺。在吳縣西南天平山下，山有白雲泉，始見於白公詩，其寺建於寶曆二年，乃樂天為蘇州刺史之歲，蓋因泉以興寺也。范文正公之先葬其旁，賜額曰白雲寺，中有文正公祠堂。（右二十一）（《四庫全書》本卷中「寺院」）

楞伽寺。在吳縣西南横山下，其上有塔，據横山之巔，隋時所建，有石記存焉。白樂天及皮陸有詩，載集中。寺旁有巨井，深不可測。井有石闌，闌側有隋人記刻，蓋楊素移郡横山下，嘗居此地。又有寶積、治平二寺相連，皆近建也。（右二十六）（《四庫全書》本卷中「寺院」）

天平山。在吳縣西二十里，巍然特高，羣峰拱揖，郡之鎮也。林木秀潤，瞻之可愛。遊者陟危磴，攀巨石，乃至山腹。其上有亭，亭側清泉，泠泠不竭，所謂白雲泉也。自白樂天題以絶句，范文正公繼之大篇，名遂顯於世。有卓筆峰，卧龍峰，巾子峰，五丈峰，石龜照湖，鑑毛魚池，大小石屋，蓋因好事者得名。（右十一）（《四庫全書》本卷中「山」）

東城桂。白樂天云：蘇之東城，吳都城也。今為樵牧埸，有桂一株，生乎城下，惜其不得地也。詩載總集。（右二十一）（《四庫全書》本卷下「往跡」）

《琴史》

⊙白樂天

白居易，字樂天，太原人。以文章德範稱於憲、穆、文、武之間。自云：嗜酒耽琴淫詩，凡酒徒琴侶詩客，多與之游。每良辰美景，或花朝月夕，好事者相過，必為之先拂酒罍，次開詩篋，酒既酣，乃自援琴操宮聲，弄秋思一遍。若興發，命家僮調法部絲竹，合奏霓裳羽衣一曲，放情自娛，酩酊而後已。肩舁適野，舁中置一琴一枕，陶謝詩數卷，竿左右懸雙酒壺，尋水望山，率情便去，抱琴引酌，興盡而返。其曠適如此。又嘗云：博陵崔晦叔與琴，韻甚清，蜀客姜發授秋思，聲甚澹。夫樂天之於琴，其工拙未可知，而高情所好，寓情於此，樂以亡憂，亦可尚也。已官至刑部尚書。其詩篇言琴者頗多，載之琴臺志。（清康熙楝亭藏書十二種本《琴史》卷四）

⊙郭虛舟

郭虛舟，昔白樂天為江州司馬，時與之游，嘗有詩贈別云：「師年三十餘，白晳好容儀。專心在鉛汞，餘力工琴棊。靜彈弦歌聲，閑飲酒一巵。」虛舟乃江南道士也。（清康熙楝亭藏書十二種本《琴史》卷四）

⊙先祖尚書公

先祖尚書公，諱億，字延年，越州剡縣人也。少有雅趣，邃於琴道。卜居四明，有姊以淑行婉質，尤工琴書，後賜號廣慧大夫者也。吳越王既納籍有司，至道元年，天子命使者裴愈至二浙訪圖書，聞廣慧既藝且賢，以名聞，且命之至京師。廣慧既入宮掖，尚書被召對鼓琴，太宗嘉悅，使待詔翰林。其後歷仕繁劇，多以才選，雖王事靡盬，而絲桐不離於前。篤好而精學，雖老無倦斁。明道二年，以內殿崇班閤門祇候知雒州。卒。以家君光祿貴贈刑部尚書。年六十。尚書嘗寶一古琴，聲甚清池。中書曰上元，濱題曰玉罄上元，乃唐肅宗所紀年也。昔崔晦叔嘗以玉磬琴遺白樂天，此殆是耶？尚書既喪此琴，假於老舅惠玉，玉嘗授琴於尚書，音靜而不流，東南罕及者。舅復以此琴歸余，遂名曰玉磬。既銘且詩之云。（清康熙楝亭藏書十二種本《琴史》卷五）

⊙盡美

琴有四美，一曰良質，二曰善斲，三曰妙指，四曰正心。四美既備，則為天下之善琴，而可以感格幽冥，充被萬物，况於人乎？况於己乎？昔司馬子微謂伏羲以諧八音，皆相假合思一器而備律吕者，徧斲衆木，得之於梧桐，盖聖人之於萬物也，亦各辨其材而為之器也。既知其材矣，又常求其良者，以待於用，養其小者，以致於大……相如之緑綺，蔡邕之焦尾，傳於天下久矣。唐相李勉以響泉韵磬聞，白樂天以玉磬聞，而世稱有雷氏者，有張越者，尤精斲琴，歷代寶傳，以至於今。非力足而篤好，不能致也。……（清康熙楝亭藏書十二種本《琴史》卷六）

智按：朱長文，字伯原，吴郡（今江蘇蘇州）人。仁宗嘉祐二年（一〇五七）進士，因年未及冠，吏部限年未即用。次年授許州司戶參軍，又因墜馬傷足，遂不仕。家有舊圃，多臺榭池沼竹石花木之勝，士大夫樂於往游，知州章伯望名其居處為樂圃坊，人稱樂圃先生。哲宗元祐元年（一〇八六），以薦為蘇州州學教授。八年，召為太學博士。紹聖四年（一〇九七），遷秘書省正字，樞密院編修文字。五年，卒，年六十。有《樂圃集》百卷，北宋末毀於兵火。南宋時侄孫朱思裒集遺文，編為《吴郡樂圃朱先生餘稿》十卷（今有明抄本，藏中國國家圖書館）。《宋史》卷四四四有傳。

蘇轍（一〇三九～一一一二）

《李簡夫挽詞二首》（其一）

老成渾欲盡，弔客一潸然。遺事人人記，清詩句句傳（清詩，一作新詩）。掛冠疏傅早，樂世白公賢。嘆息風流在，埋文得細鐫。（《四庫全書》本《欒城集》卷四；《全宋詩》第十五册，第九八六一頁；曾棗莊、馬德富校點《欒城集》上册，第八十頁；陳宏天、高秀芳點校《蘇轍集》第一册，第六五頁）

《次王適韻送張耒赴壽安尉二首》（其二）

魏紅深淺配姚黄，洛水家家自作塘。游客賈生多感槩，閑官白傅足篇章。

山分少室雲煙老，宮廢連昌草木長。路出嵩高應少駐，孱顏新過一番霜。（《四庫全書》本《欒城集》卷九；曾棗莊、馬德富校點《欒城集》上册，第二〇五頁；陳宏天、高秀芳點校《蘇轍集》第一册，第一六五頁）

《江州五詠・琵琶亭》

湓江莫雨晴，孤舟瞑將發。夜聞胡琴語，輾轉不成別。草堂寄東林，雅意存北闕。潸然涕泗下，安用無生說？（《四庫全書》本《欒城集》卷十；曾棗莊、馬德富校點《欒城集》上册，第二二八頁；陳宏天、高秀芳點校《蘇轍集》第一册，第一八三頁）

《再和（毛君山房即事）十首》

張公詩社見公名（公昔與張伯達為唱和之友），白首山城嘆不平。坐客要聞新樂府，應須湓口琵琶聲。（四部叢刊景明嘉靖蜀藩活字本《欒城集》卷十）

《次韻孔平仲著作見寄四首》（其一）

昔在京城南，成均對茅屋。清晨屣履過，不顧車擊轂。時有江南生，能使多士服。同儕畏鋒鋭，兄弟更馳逐。文成劇翻水，賦罷有餘燭。連收頷底髭，未耗髀中肉。飛騰困中路，黽勉啄場粟。歸來九江上，家有十畝竹。一官粗包裹，萬卷中自足。還如白司馬，日聽杜鵑哭。我來萬里外，命與江波觸。罪重慙故人，囊空仰微禄。已為達士笑，尚謂愚者福。米鹽已草草，奔走常碌碌（常，一作長）。尺書慰貧病，佳句爛珪玉。多難畏人知，胡為強題目。徂年慕桑梓，歸念寄鴻鵠。但願洗餘愆，躬耕江一曲。（《四庫全書》本《欒城集》卷十一；曾棗莊、馬德富校點《欒城集》上册，第二六六～二六七頁；陳宏天、高秀芳點校《蘇轍集》第一册，第二一五頁）

《次韵朱光庭司諫喜雨》

焦枯連夏火，洗濯待秋霖。都邑溝渠淨，郊原黍豆深。流膏侵地軸，晴意動風琴。誰似臣居易，先成喜雨箴。（《四庫全書》本《欒城集》卷十四；《全宋詩》第十五册，第一〇〇一九頁；曾棗莊、馬德富校點《欒城集》上册，第三四四頁；陳宏天、高秀芳點校《蘇轍集》第一册，第二七九頁）

《送文太師致仕還洛三首》（其二）

齊魯元勳古太師，寂寥千載恐無之。昔歸蹔縮經邦手，復起還當問道時。入謁何曾須掖侍，到家依舊擁旌麾。孔公靈壽固應在，秋晚香山訪佛祠。(《四庫全書》本《欒城集》卷十六；《全宋詩》第十五册，第一〇〇五三頁；曾棗莊、馬德富校點《欒城集》上册，第四〇一頁；陳宏天、高秀芳點校《蘇轍集》第一册，第三二三～三二四頁）

《李簡夫少卿詩集引》

熙甯初，予從張公安道以弦誦教陳之士大夫。方是時，朝廷以徭役、溝洫事責成郡邑，陳雖號少事，而官吏奔走，以不及為憂。予獨以詩書諷議竊禄其間，雖幸得脱於簡書，而出無所與游，蓋亦無以為樂也。時太常少鄉李君簡夫歸老於家，出入於鄉黨者十有五年矣，間而往從之。其居處被服，約而不陋，豐而不餘。聽其言，未嘗及世俗；徐誦其所為詩，曠然閑放，往往脱略繩墨，有遺我忘物之思。問其所與游，多慶曆名卿，而元獻晏公深知之。求其平生之志，則曰：「樂天，吾師也。吾慕其為人，而學其詩，患莫能及耳。」予退而質其里人，曰：「君少好學，詳於吏道，蓋嘗使諸部矣。未老而得疾，不至於廢而棄其官。」其家蕭然，饘粥之不給，而君居之泰然。其子君武，始棄官以謀養，浮沉里閭，不避勞辱，未幾而家以足聞。陳人喜種花，比於洛陽。每歲春夏，游者相屬彌月。君攜壺命侶，無一日不在其間，口未嘗問家事。晚歲，其詩尤高，信乎其似樂天也。予時方以游宦為累，以謂士雖不遇，如樂天，入為從官，以諫爭顯，出為牧守，以循良稱，歸老泉石，憂患不及其身，而文詞足以名後世，可以老死無憾矣。君仕雖不逮樂天，而始終類焉，夫又將何求？蓋予未去陳而君亡。其後十有七年，元祐辛未，予以幸遇與聞國政，禄浮於昔人，而令名不聞。老將至矣，而國恩未報，未敢言去。蓋嘗恐兹心之不從也。君之孫宣德郎公輔以君詩集來告，願得予文以冠其首。予素高君之行，嘉其止足，而懼不能蹈也，故具道疇昔之意以授之。凡君詩古律若干篇，分為二十卷。(《四庫全書》本《欒城後集》卷二十一；曾棗莊、馬德富校點《欒城集》下册，第一三九九～一四〇〇頁；陳宏天、高秀芳點校《蘇轍集》第三册，第一一〇八～一一〇九頁）

智按：李宗易（？～一〇七五），字簡夫，宛丘（今河南淮陽）人。真宗天禧三年（一〇一九）進士。仁宗慶曆間，以尚書屯田員外郎知光化軍。神宗熙寧八年卒，有《少卿詩集》二十卷，已佚。為詩效白樂天。如《閒居有感》：「進退荷君恩，孤懷豈易論。以閒銷日月，何力報乾坤。架上書千卷，花前酒一尊。相持兩成癖，此外盡忘言。」《靜居》：「大都心足身還足，秖恐身閒心未閒。但得心閒隨處樂，不須朝市與雲山。」《題峴山石幢》：「叔子祠荒歲已深，異時賢守重登臨。峴山岑寂瞻風槩，漢水靈長想德音。奉詔始聞新締葺，有知那復歎湮沈。又刋翠琰留南夏，先後功名照古今。」可見一斑。

《書白樂天集後》（二首）

⊙其一

元符二年夏六月，予自海康再謫龍川（智按：康，一作嶺），冒大暑，水陸行數千里，至羅浮。水益小，舟益庳，惕然有瘴暍之慮。乃留家於山下，獨與幼子遠，葛衫布被乘葉舟，秋八月而至。既至，廬於城東聖壽僧舍，閉門索然，無以終日。欲借書於居人，而民家無畜書者。獨西鄰黃氏世為儒，粗有簡册，乃得樂天文集閱之。

樂天少年知讀佛書，習禪定，既涉世履憂患，胸中了然，照諸幻之空也。故其還朝為從官，小不合，即捨去，分司東洛，優游終老。蓋唐世士大夫，達者如樂天，寡矣。予方流轉風浪，未知所止息，觀其遺文，中甚愧之。然樂天處世，不幸在牛、李黨中，觀其平生，端而不倚，非有所附麗者也。蓋勢有所至，而不能已耳。會昌之初，李文饒用事，樂天適已七十，遂求致仕，不一二年而歿。嗟夫！文饒尚不能置一樂天於分司中耶？然樂天每閒冷衰病，發於詠歎，輒以公卿投荒、僇死不獲其終者自解。予亦鄙之。至其《聞文饒謫朱崖三絕句》，刻覈尤甚。樂天雖陋，蓋不至此也。且樂天死於會昌之初，而文饒之竄，在會昌末年，此決非樂天之詩。豈樂天之徒淺陋不學者附益之耶？樂天之賢，當為辨之。

⊙其二

《圓覺經》云：「動念息念，皆歸迷悶。」世間諸修行人，不墮動念中，即墮息念中矣。欲兩不墮，必先辨真妄，使真不滅，則妄不起。妄不起，而六根之源湛如止水，則未嘗息念而念自靜矣；如此乃為真定。真定既立，則真惠自生。定惠圓滿，而眾善自至，此諸佛心要也。《金剛經》云：「應無所住，而生其心。」既不住六塵，亦不住靜。六塵日夜游於六根，而兩不相染。此樂天所謂「六根之源湛如止水」也。六祖嘗告大弟子：假使坐而不動，除得妄起心。法同無情，即能障道。道須流通，何以卻住心？心不住即流通，住即被縛。故五祖告牛頭亦云：「妄念既不起，真心任遍知。」皆所謂應無住而生其心者也。佛祖舊説，符合如此。而樂天《八漸偈》，亦似見此事。故書其後，寄子瞻兄。（《四庫全書》本《欒城後集》卷二十一；《四部叢刊》影印明嘉靖活字本《欒城後集》卷二十一；曾棗莊、馬德富校點《欒城集》下册，第一四〇七～一四〇八頁；陳宏天、高秀芳點校《蘇轍集》第三册，第一一一四～一一一六頁）

琴按：蘇轍此文關於年代有一些誤記：李德裕的被貶，是在宣宗大中元年。不是像蘇轍所説的「文饒之竄在會昌末年。《舊唐書》卷一百七十四《李德裕傳》：「大中初，敏中復薦鉉在中書，乃相與掎摭構致，令其黨人李咸者，訟德裕輔政時陰事。乃罷德裕留守，以太子少保分司東都，時大中元年秋。尋再貶潮州司馬。……明年冬，又貶潮州司戶。德裕既貶，大中二年，自洛陽水路經江、淮赴潮州。其年冬，至潮陽，又貶崖州司戶。至三年正月，方達珠崖郡。十二月卒，時年六十三。」

白居易的死，是在武宗會昌六年。會昌只有六年，並不是像蘇轍所説的「死於會昌之初」。又所謂「會昌之初，李文饒用事，樂天適已七十，遂求致仕，不一二年而歿」，也是不準確的説法。據汪立名《白香山年譜》文宗開成五年庚申九月，李德裕同平章事，白居易時年六十九。會昌二年，年七十一，罷太子少傅，以刑部尚書致仕。死時已七十五歲。蘇轍的「不一二年而歿」等記載，也是錯誤的。後來葛立方在《韻語陽秋》卷二十里面説：「以唐史考之，樂天卒於會昌之初，武宗時也。」所謂「會昌之初」的説法？也是沿襲蘇轍之誤。

又按宋胡仔《苕溪漁隱叢話》後集卷十三書蘇子由此文後云：「余以《元和録》考之，居易年長於德裕，視德裕為晚進。方德裕任浙西觀察使，居易為蘇州刺史，德裕以使職自居，不少假借，居易不得已，以卑禮見，及其貶也，故為詩云：『昨夜新生黃雀兒，飛來直上紫藤枝，擺頭撼腦花園裏，將為春光總屬伊。』『開園不解栽桃李（「開」，宋本、徐抄本作「閑」），滿地惟開種蒺藜。萬里崖州君自去，臨行惆悵欲怨誰。』『樂天曾任蘇州日，要勒煩文用禮儀（「煩文」，宋本作「須交」）。從此結成千萬恨，今朝果中白家詩。』然《醉吟先生傳》及《實録》皆謂居易會昌六年卒，而德裕貶於大中二年，或謂此詩為偽。余又以《新唐書》二人本傳考之，會昌初，白居易以刑部尚書致政，六年卒。李德裕大中二年貶崖州司戶參軍，會昌盡六年，距大中二年，正隔三年，則此三詩非樂天所作明甚。但蘇子由以謂樂天死於會昌之初，而文饒竄於會昌之末，偶一時所記之誤耳。」

智按：宋刻大字本《蘇文定公文集》作「且樂天死於會昌末年，而文饒之竄，在大中之初」。

《亡兄子瞻端明墓誌銘》

予兄子瞻，謫居海南。四年春正月，今天子即位，推恩海內，澤及鳥獸。夏六月，公被命渡海北歸。明年，舟至淮、浙。秋七月，被病，卒於毗陵。吳越之民，相與哭於市，其君子相弔于家，訃聞四方，無賢愚皆諮嗟出涕。太學之士數百人，相率飯僧慧林佛舍。嗚呼！斯文墜矣，後生安所復仰？公始病，以書屬轍曰：「即死，葬我嵩山下，子為我銘。」轍執書哭曰：「小子忍銘吾兄！」

公諱軾，姓蘇，字子瞻，一字和仲，世家眉山。曾大父諱杲，贈太子太保。妣宋氏，追封昌國太夫人。大父諱序，贈太子太傅。妣史氏，追封嘉國太夫人。考諱洵，贈太子太師。妣程氏，追封成國太夫人。公生十年，而先君宦學四方。太夫人親授以書，聞古今成敗，輒能語其要。太夫人嘗讀《東漢史》至《范滂傳》，慨然太息。公侍側曰：「軾若為滂，夫人亦許之否乎？」太夫人曰：「汝能為滂，吾顧不能為滂母耶？」公亦奮厲，有當世志，太夫人喜曰：「吾有子矣！」

比冠，學通經史，屬文日數千言。嘉祐二年，歐陽文忠公考試禮部進士，疾時文之詭異，思有以救之。梅聖俞時與其事，得公《論刑賞》，以示文忠。文忠驚喜，以為異人，欲以冠多士。疑曾子固所為，子固，文忠門下士也，乃置公第二。復以《春秋》對義，居第一，殿試中乙科。以書謝諸公。文忠見之，以書語聖俞曰：「老夫當避此人，放出一頭地。」……

時臺諫官多君實之人，皆希合以求進，惡公以直形己，爭求公瑕疵。既不可得，則因緣熙寧謗訕之說，以病公。公自是不安於朝矣。尋除翰林學士。二年，復除侍讀。每進讀至治亂盛衰、邪正得失之際，未嘗不反覆開導，覬上有所覺悟。上雖恭默不言，聞公所論說，輒首肯喜之。三年，權知禮部貢舉。會大雪苦寒，士坐庭中，噤不能言。公寬其禁約，使得盡其技。而巡鋪內臣伺其坐起，過為凌辱。公以其傷動士心、虧損國體奏之。有旨送內侍省撻而逐之，士皆悅服。嘗侍上讀祖宗寶訓，因及時事，公歷言今賞罰不明，善惡無所勸沮，又黃河勢方西流，而強之使東；夏人寇鎮戎，殺掠幾萬人，帥臣掩蔽不以聞，朝廷亦不問。事每如此，恐浸成衰亂之漸。當軸者恨之，公知不見容，乞外任。四年，以龍圖閣學士知杭州。……

及至杭，吏民習公舊政，不勞而治。歲適大旱，饑疫並作，公請於朝，免本路上供米三之一，故米不翔貴。復得賜度僧牒百，易米以救饑者。明年方春，即減價糶常平米，民遂免大旱之苦。公又多作饘粥、藥劑，遣吏挾醫，分坊治病，活者甚眾。公曰：「杭，水陸之會，因疫病死，比他處常多。」乃裒羨緡得二千，復發私橐，得黃金五十兩，以作病坊，稍畜錢糧以待之，至於今不廢。是秋復大雨，太湖泛溢害稼。公度來歲必饑，復請於朝，乞免上供米半，又多乞度牒以糴常平米，並義倉所有，皆以備來歲出糶。朝廷多從之。由是吳越之民復免流散。

杭本江海之地，水泉咸苦，居民稀少。唐刺史李泌始引西湖水作六井，民足于水，故井邑日富。及白居易復浚西湖，放水入運河，自河入田，所溉至千頃。然湖水多葑，自唐及錢氏，歲輒開治，故湖水足用。近歲廢而不理，至是湖中葑田，積二十五萬餘丈，而水無幾矣。運河失湖水之利，則取給于江潮。潮渾濁多淤，河行闤闠中，三年一淘，為市井大患，而六井亦幾廢。公始至，濬茅山、鹽橋二河。以茅山一河，專受江潮，以鹽橋一河，專受湖水，復造堰閘，以為湖水畜泄之限，然後潮不入市。且以餘力復完六井，民稍獲其利矣。公間至湖上，周視良久曰：「今欲去葑田。葑田如雲，將安所置之？湖南北三十里，環湖往來，終日不達，若取葑田積之湖中為長堤，以通南北，則葑田去，而行者便矣。吳人種菱，春輒芟除，不遺寸草，葑田若去，募人種菱，收其利，以備修湖，則湖當不復堙塞。」乃取救荒之餘，得錢糧以貫石數者萬。復請於朝，得百僧度牒以募役者。堤成，植芙蓉、楊柳其上，望之如圖畫，杭人名之「蘇公堤」。

杭僧有淨源者，舊居海濱，與舶客交通牟利。舶至高麗，交譽之。元豐末，其王子義天來朝，因往拜焉。至是，源死，其徒竊持其畫像，附舶往告。義天亦使其徒附舶來祭。祭訖，乃言國母使以金塔二，祝皇帝、太皇太后壽。公不納而奏之曰：「高麗久不入貢，失賜予厚利，意欲來朝矣，未測朝廷所以待之薄厚，故因祭亡僧而行祝壽之禮。禮意鮮薄，蓋可見矣。若受而不答，則遠夷或以怨怒；因而厚賜之，正墮其計。臣謂朝廷宜勿與知，而使州郡以理卻之。然庸僧猾商，敢擅招誘外夷，邀求厚利，為國生事，其漸不可長，宜痛加懲創。」朝廷皆從之。未幾，高麗貢使果至。公按舊例，使之所至吳越七州，實費二萬四千餘緡。而民間之費不在，乃令諸郡量事裁損。比至，民獲交易之利，而無侵撓之害。浙江潮自海門東來，勢如雷霆，百浮山峙于江中，與漁浦諸山犬牙相錯，洄洑激射，歲敗公私船不可勝計。公議自浙江上流地名石門，並山而東，鑿為運河，引浙江及溪谷諸水二十餘里……

建中靖國元年六月，請老，以本官致仕。遂以不起。未終旬日，獨以諸子侍側曰：「吾生無惡，死必不墜，慎無哭泣以怛化。」問以後事，不答，湛然而逝，實七月丁亥也。公娶王氏，追封通義郡君。繼室以其女弟，封同安郡君，亦先公而卒。子三人：長曰邁，雄州防禦推官，知河間縣事，次曰迨，次曰過，皆承務郎。孫男六人，簞、符、箕、籥、筌、籌。明年閏六月癸酉，葬於汝州郟城縣釣臺鄉上瑞里。

公之于文，得之於天，少與轍皆師先君。初好賈誼、陸贄書，論古今治亂，不為空言。既而讀《莊子》，喟然歎息曰：「吾昔有見於中，口未能言，今見《莊子》，得吾心矣。」乃出《中庸論》，其言微妙，皆古人所未喻。嘗謂轍曰：「吾視今世學者，獨子可與我上下耳。」既而謫居於黃，杜門深居，馳騁翰墨，其文一變，如川之方至，而轍瞠然不能及矣。後讀釋氏書，深悟實相，參之孔、老，博辯無礙，浩然不見其涯也。先君晚歲讀《易》，玩其爻象，得其剛柔遠近、喜怒逆順之情，以觀其詞，皆迎刃而解。作《易傳》，未完。疾革，命公述其志。公泣受命，卒以成書，然後千載之微言，煥然可知也。復作《論語說》，時發孔氏之秘。最後居海南，作《書傳》，推明上古之絕學，多先儒所未達。既成三書，撫之歎曰：「今世要未能信，後有君子當知我矣。」至其遇事所為詩、騷、銘、記、書、檄、論、撰，率皆過人。

有《東坡集》四十卷，《後集》二十卷，《奏議》十五卷，《內制》十卷，《外制》三卷。公詩本似李、杜，晚喜陶淵明，追和之者幾遍，凡四卷。幼而好書，老而不倦，自言不及晉人，至唐褚、薛、顏、柳，仿佛近之。平生篤于孝友，輕財好施。伯父太白早亡，子孫未立，杜氏姑卒，未葬，先君沒，有遺言。公既除喪，即以禮葬姑；及官可蔭補，復以奏伯父之曾孫彭。其於人，見善稱之如恐不及，見不善斥之如恐不盡，見義勇於敢為，而不顧其害。用此數困於世，然終不以為恨。孔子謂伯夷、叔齊古之賢人，曰：「求仁而得仁，又何怨？」公實有焉。……（《四庫全書》本《欒城後集》卷二十二；曾棗莊、馬德富校點《欒城集》下册，第一四一〇～一四二二頁；陳宏天、高秀芳點校《蘇轍集》第三册，第一一一七～一一二七頁）

《生日》

扶杖今年見國人，懸弧早歲憶兹晨。佛身三世歸依地，鄰寺百僧清淨因。蘧子知非慚已晚，白公起定惜餘春。舞雩一濯平湖水，鄉黨驚呼白髮新。（原注：是日南堂供三世佛，西寺齋僧百人）（《四庫全書》本《欒城三集》卷一；《全宋詩》第十五册，第一〇一二四頁；曾棗莊、馬德富校點《欒城集》下册，第一四六八頁；陳宏天、高秀芳點校《蘇轍集》第三册，第一一六三～一一一六頁）

《讀樂天集戲作五絕》

樂天夢得老相從，洛下詩流得二雄。自笑索居朋友絕，偶然得句與誰同？

樂天得法老凝師，後院猶存楊柳枝。春盡絮飛餘一念，我今無累日無思。（日，一作百）

樂天投老刺杭蘇，溪石胎禽載舳艫。我昔不為二千石，四方異物固應無。

樂天引洛注池塘，畫舫飛橋映緑楊。漠水隔城來不得，不辭策杖看湖光。

樂天種竹自成園，我亦牆陰數百竿。不共伊家鬬多少，也能不畏雪霜寒。（《四庫全書》本《欒城三集》卷三；《全宋詩》第十五册，第一〇一四九頁；曾棗莊、馬德富校點《欒城集》下册，第一五〇八～一五〇九頁；陳宏天、高秀芳點校《蘇轍集》第三册，第一一九四頁）

《除日二首》（其二）

七十四年明日是，三千里外未歸人。酒蒭泉涌如迎節，詩句雲生喜見春。賀客不來知我病，鄰家竊語笑吾真。時人莫作樂天看，燕坐端能畢此身。（原注：樂天居洛陽日，正與予年相若，非齋居道場，輒攜酒尋花，游賞泉石，略無暇日。予性拙且懶，杜門養病，已僅十年，樂天未必能爾也）（《四庫全書》本《欒城三集》卷三；《全宋詩》第十五册，第一〇一五〇頁；曾棗莊、馬德富校點《欒城集》下册，第一五一〇頁；陳宏天、高秀芳點校《蘇轍集》第三册，第一一九五頁）

《詩病五事》

《大雅・緜》九章，初誦太王遷豳、建都邑、營宮室而已。至其八章乃曰「肆不殄厥愠，亦不隕厥問」，始及昆夷之怨，尚可也。至其九章乃曰：「虞芮質厥成，文王蹶厥生。予曰有疏附，予曰有先後，予曰有奔奏，予曰有禦侮。」事不接，文不屬，如連山斷嶺，雖相去絕遠，而氣象聯絡，觀者知其脈理之為一也。蓋附離不以鑿枘，此最為文之高致耳。老杜陷賊時有詩曰：「少陵野老吞聲哭，春日潛行曲江曲。江頭宮殿鎖千門，細柳新蒲為誰緑？憶昔霓旌下南苑，苑中萬物生顏色。昭陽殿裏第一人，同輦隨君侍君側。輦前才人帶弓箭，白馬嚼齧黃金勒。翻身向天仰射雲，一箭正墜雙飛翼。明眸皓齒今何在？血污游魂歸不得。清渭東流劍閣深，去住彼此無消息。人生有情淚沾臆，江水江花豈終極？黃昏胡騎塵滿城，欲往城南望城北。」予愛其詞氣如百金戰馬，注坡驀澗，如履平地，得詩人之遺法。如白樂天詩，詞甚工，然拙於紀事，寸步不遺（寸步，一作尺寸），獨恐失之，此所以望老杜之藩垣而不及也。（《四庫全書》本《欒城三集》卷八；曾棗莊、馬德富校點《欒城集》下册，第一五五三頁；陳宏天、高秀芳點

校《蘇轍集》第三册，第一二二八～一二二九頁）

智按：蘇轍，字子由，一字同叔，晚號潁濱遺老，眉州眉山（今屬四川）人。與父洵、兄軾同以文學知名。仁宗嘉祐二年（一〇五七）進士。六年，又舉才識兼茂明於體用科，因乞侍父未仕。英宗治平二年（一〇六五），為大名府留守推官。神宗熙寧二年（一〇六九），召為制置三司條例司檢詳文字，議事每與王安石不合，出為河南推官，歷陳州教授、齊州掌書記、簽書應天府判官。元豐二年（一〇七九），兄軾被罪，轍亦坐貶監筠州鹽酒稅。哲宗元祐元年（一〇八六），入為右司諫，尋遷起居郎、中書舍人，累遷尚書右丞。七年，擢大中大夫守門下侍郎。八年，哲宗親政，起用新黨。紹聖元年（一〇九四），以元祐黨人落職，出知汝州、袁州，又降授朝議大夫、分司南京，筠州居住。四年，責授化州別駕，雷州安置。元符元年（一〇九八），遷循州。徽宗即位，北徙永州、岳州，復大中大夫，提舉鳳翔上清太平宫，定居潁昌府。崇寧中重開黨禁，罷祠。大觀二年（一一〇八），復朝議大夫，遷中大夫。政和二年（一一一二），轉大中大夫致仕，同年十月卒，年七十四。孝宗淳熙中，追謚文定。有《詩傳》、《春秋傳》、《欒城集》等，並行於世。《名臣碑傳琬琰集》下集卷十一、《宋史》卷三三九有傳。

彭汝礪（一〇四一～一〇九五）

《和范學士韵》（其一）

大府池臺能近郭，鄰家花木巧當顔。叢篁著雨初成徑，巨石浮烟恰是山。御氣即能馳碧落，戰文誰敢敵黄間。樂天自得三無惱，易地何殊五不還。（《四庫全書》本《鄱陽集》卷四；《全宋詩》第十六册，第一〇五〇〇頁）

《醉極有感》

飲極人之樂，余心反自傷。氣因人憤激，情與酒飛颺。淚落侵雙鬢，愁多鬱寸腸。空贏山簡醉，不似樂天狂。（《四庫全書》本《鄱陽集》卷八；《全宋詩》第十六册，第一〇五六九頁）

智按：彭汝礪，字器資，饒州鄱陽（今江西波陽）人。英宗治平二年（一〇六五）進士，授保信軍推官，武安軍掌書記。神宗熙甯初，召為監察御史裹行。元豐初，出為江西轉運判官，徙提點京西刑獄。哲宗元祐二年（一〇八七），為起居舍人，逾年遷中書舍人。以言事落職知徐州，旋加集賢殿修撰，入權兵、刑二部侍郎，進吏部尚書。因劉贄事出知江州，紹聖二年（一〇九五）正月，召為樞密都承旨，未及赴而卒，年五十四。著有《易義》、《詩義》及詩文五十卷（《宋史・藝文志》著録四十卷），已佚。後人收輯遺詩為《鄱陽集》十二卷，編次多舛誤重復。《名臣碑傳琬琰集》中集卷三十一、《宋史》卷三四六有傳。

范祖禹（一〇四一～一〇九八）

《唐鑑》

帝以久旱，欲降德音，李絳、白居易上言，欲令實惠及人，無如減其租税。又請出宫人，禁諸道横斂以進奉，及嶺南黔中福建掠賣人為奴婢。閏月己酉，制降天下繫囚，餘皆如二臣之請。己未雨。絳表賀曰：乃知憂先於事，故能無憂；事至而憂，無救於事。

臣祖禹曰：古之救災，必施舍已責，逮鰥寡，賑乏絶，至漢之時，恤民者猶賜之田租（前文紀二年九月詔賜天下民今年田租之半，十二年詔賜農民今年租税之半，十三年詔除田之租税。食貨志文帝賜民十二年租税之半，明年除民田之租税，孝景二年，令民無出田税二十而税一）。後世人君，惟赦有罪及有爵而已，德澤不加於百姓也。絳、居易以為，欲令實惠及民，無如減其租税，使憲宗詔令不為空文，賢人之謀，豈不信哉。（《四庫全書》本卷十七）

十月制削奪王承宗官爵，以左神策中尉吐突承璀為左、右神策、河中、河陽、浙西、宣歙等道行營兵馬使、諸路招討處置等使。翰林學士白居易上奏，以為：「自古及今，未有徵天下之兵，專令中使統領。今承璀之任，乃制將都統也。陛下忍令後代相傳云以中官為制將、都統自陛下始乎?」時諫官、御史論承璀職名太重者相屬，帝皆不聽。戊子，帝御延英殿，度支使李元素、鹽鐵使李鄘、京兆尹許孟容、御史中丞李夷簡、諫議大夫孟簡、給事中吕元膺、穆質、右補闕獨孤郁等，極言其不可，帝不得已，明日削承璀四道兵馬使，改處置為宣慰而已。

臣祖禹曰：憲宗以中官為大將，此亂政也。然其羣臣皆以為不可，彊諫而力爭者相屬於朝，此則治世之事也，亦足以見其賢臣之多矣。天下之禍，莫大於人君過舉，而下莫敢言。如皆莫敢言，則至於亡而不自知也。（《四庫全書》本卷十七）

《和張二十五春日見寄五首》（其五）

流水家家入，脩篁處處同。城南履道宅，白傅有遺風。（《四庫全書》本《范太史集》卷一）

《朝議大夫致仕程公墓誌銘》

公諱嗣弼，字夢符。其先居中山博野，自文簡公葬河南伊闕，今為河南人。曾祖諱贊明，太子右贊善大夫，贈太師中書。令妣吳氏，秦國夫人。祖諱元白，袁州宜春縣令，贈太師中書令兼尚書令，追封冀國公。妣楚氏晉國夫人。考諱琳，鎮安軍節度使、同中書門下平章事，是為魏國文簡公。……熙寧初，朝廷更法令，上大夫進拔不以次，執政以公才可用，且與公有舊，召之。公終不往，乃自通判擢守郡，又辭，不行。求管勾嵩山崇福宫，杜門静默，貴要罕識其面，方衆人趨競，而公不動其心，獨引避退處，雖在市朝，聲迹不接於人，若山林隱遯之士，生於富貴而恬於榮利乃如此，其可謂君子矣。喜為歌詩，效長慶體，慕白樂天之為人，有文集二十卷。……（《四庫全書》本《范太史集》卷三十八，《四庫全書》第一一〇〇册，第四二八頁）

智按：程嗣弼（一〇二七～一〇八六），字夢符，博野（今河北蠡縣）人，徙洛陽（今屬河南）。琳子。以父蔭為秘書省正字，再補將作監丞。神宗元豐中，遷尚書郎，為彰信軍節度判官。後知光州，以疾致仕。哲宗元祐元年卒，年六十。上述程嗣弼經歷中「河南伊闕」與「祖諱元白」，是其「效長慶體，慕白樂天之爲人」的重要因緣。

《天章閣待制楊公墓誌銘（楊繪）》

公諱繪，字元素。……李憲爲安南副招討，公上疏，以唐白居易諫用吐突承璀爲言，憲卒不行。……公因謫居荊南，夫人與諸孤奉公之柩，以元祐四年十一月十七日葬荊南江陵縣龍山鄉全家村。……（《四庫全書》本《范太史集》卷三十九）

智按：范祖禹，字淳甫（一作淳夫、純父），一字夢得，華陽（今四川成都）人。仁宗嘉祐八年（一〇六三）進士。初仕資州龍水令，後從司馬光編修《資治通鑑》，居洛陽十二年。神宗元豐元年（一〇七八），為秘書省正字。哲宗元祐元年（一〇八六），除著作佐郎、修《神宗實録》檢討，遷著作郎兼侍講。四年，拜右諫議大夫，遷給事中，兼國史院修撰，為禮部侍郎。六年，拜翰林學士，因叔百禄在中書，改侍講學士。八年，因反對章惇入相，以龍圖閣學士出知陝州。後以元祐黨籍連貶武安軍節度副使、昭州别駕，安置永州、賀州，又徙賓州、化州。元符元年卒，年五十八。高宗建炎二年（一一二八），追復龍圖閣學士，甯宗時謚正獻。有《唐鑑》二十四卷、《帝學》八卷，及《范太史集》五十五卷等。《名臣碑傳琬琰集》下集卷十九、《宋史》卷三三七有傳。

舒亶（一〇四一～一一〇三）

《題雲湖慶安院》

門前屏障繞潺湲，付與林僧夜定還。松蓋作雲連十里，竹龍行雨出千山。白公香火蓮紅後，謝氏池塘草碧間。我亦鳳凰臺上客，圖閒卻笑未能閒。（《全宋詩》第十五册，第一〇四〇一頁）

智按：參見宋陳郁《藏一話腴》外編卷下（《四庫全書》本）。

舒亶，字通道，號懶堂、亦樂居士，明州慈溪（今屬浙江）人。英宗治平二年（一〇六五）進士。授臨海尉，因手刃犯人自劾棄官。神宗熙寧中，王安石當國，召為審官西院主簿。七年（一〇七四），使熙河括田，還，以功改提舉兩浙常平。八年，入為權監察御史裏行，加集賢校理。元豐二年（一〇七九），論奏蘇軾謝表譏切時事，并上其詩三卷，釀成「烏臺詩案」。三年，擢同修起居注，改知諫院。是年，權侍御史知雜事、知制誥、兼判國子監、判司農寺。五年，試給事中，權直學士院，為御史中丞。六年，以奏事詐偽追兩秩勒停。哲宗紹聖元年（一〇九四），復通直郎，管勾洞霄宫。徽宗崇甯元年（一一〇二），起知南康軍。改知荊南，以功遷龍圖閣待制。有文集一百卷，已佚。近人張壽鏞輯有《舒懶堂詩文存》三卷，收入《四明叢書》。《宋史》卷三二九有傳。

鄭俠（一〇四一～一一一九）

《和荊公何處難忘酒詩》

何處難緘口，熙寧政失中。四方三面戰，十室九家空。見佞眸如水，聞忠耳似聾。君門深萬里，安得此言通。（《四庫全書》本《西塘集》卷九）

智按：蓋師法白樂天《何處難忘酒》詩（《白氏長慶集》卷五七）。

鄭俠，字介夫，號大慶居士，又號西塘老人、一拂居士，祖籍光州固始（今屬河南），後入閩，為福清（今屬福建）人。英宗治平四年（一〇六七）進士。調光州司法參軍，入監安上門。神宗熙寧中，因繪《流民圖》、《正直君子邪曲小人事業圖跡》上奏，指斥新法弊竇，編管汀州，改英州。哲宗立，放還，除泉州教授。元祐八年（一〇九三），授泉州録事參軍。元符元年（一〇九八），再竄英州。徽宗即位，復泉州教授，改監潭州南嶽廟，未被赦，復追毀前命。崇寧五年（一一〇六），復將仕郎，不復出。宣和元年卒，年七十九。光宗紹熙初，追贈朝奉郎。甯宗嘉定六年（一二一三），賜謚介。有《西塘集》十卷。《景定建康志》卷四十八、《東都事略》卷一一七、《宋史》卷三二一有傳。

孔武仲（一〇四二～一〇九八）

《白公草堂》

達士因忘世，非求高尚名。林泉得佳處，風物有餘清。貝錦傷讒舌，浮雲寄宦情。詩才今古備，性理死生明。蓮沼秋芳合，香山晚翠横。黄蘆繞官舍，不復念青城。（《四庫全書》本《清江三孔集》卷四；《全宋詩》第十五册，第一〇二四五頁）

《陶子駿佚老堂》

不逐漁商不問農，悠然今作鹿皮翁。地臨白傅荒臺畔，人在華胥樂國中。一榻遠分廬阜月，兩軒平揖廣寒風。杖藜亦欲頻還往，肯使清閒併屬公。（《四庫全書》本《清江三孔集》卷七）

《蘄春聽琵琶五首》（其二）

新自潯陽江上來，雖聞此曲不悲哀。輕攏細撚俱清絶，指法何慙二善才。（《四庫全書》本《清江三孔集》卷七）

《張子厚睦州唱和集序》

余友毗陵張子厚，出其《睦州唱和詩》一編，曰為我序之。余往年在太學，子厚尚未冠，其為詩已有駿逸驚人之言，其後學之益有所到，而棄官不就，歸養於家，縱觀羣書，與賢士大夫相上下議論，閒則虚弄筆墨，發為歌吟，紆徐曲折，窮古人深處，而與之應和者，又多東南之才。未幾，得詩若干篇。夫詩之用於世，久矣。其言隱約而出入於風諭比興之間，使人可以喜，可以愠。三代之際，會同燕享，必賦詩以見其志，所以察否臧，省禍福，為國者又以此占治亂，知興亡，至於怨傷譏刺，道人情之所難言，而莫以為忌。後世風俗寖衰，士之克己好善者少，於是有因詩之一言，而得罪於世者。劉夢得棄置累年，白樂天謗及母子，凡坐此也。甚者父子相語，朋友相戒曰：詩不利於身，不可為也。是亦不善處之而已。如子厚興（智按：當作「與」）諸君之作，優游樂易，摹寫風物，自為嬉好，人亦知其不與世競，讀其言者，雖在朝市，而超然有泛江海、入山林之心，方且喜慕稱嘆，欲追而從之，又

何怨怒之有？余于是益知詩之不能為害也。元豐六年正月日。（《四庫全書》本《清江三孔集》卷十五）

智按：孔武仲，字常父（甫），臨江新喻（今江西新餘）人。仁宗嘉祐八年（一〇六三）進士，調穀城主簿，選教授齊州，為國子直講。哲宗元祐初，歷集賢校理，著作郎，國子司業。嘗論科舉之弊，攻擊王安石經義。進起居郎兼侍講邇英殿，除起居舍人，改中書舍人，直學士院。擢給事中，遷禮部侍郎，以寶文閣待制知洪州，徙宣州。紹聖四年（一〇九七），坐元祐黨奪職，管勾洪州玉隆觀、池州居住，卒，年五十七。與兄文仲（一〇三三～一〇八八）、弟平仲並稱「三孔」。黄庭堅有「二蘇聯璧，三孔分鼎」之譽。有《詩書論語説》等百餘卷，已佚。南宋王蓮收輯孔氏兄弟詩文合刊為《清江三孔集》，武仲詩文共十七卷。《宋史》卷三四四有傳。

陸佃（一〇四二～一一〇二）

《埤雅》

⊙芍藥

……牡丹初不載文字，惟以藥載《本草》。然於華中不為高第，大抵丹延已西及褒斜道中尤多，與荊棘無異，土中皆取以為薪，自則天已後，洛陽牡丹始盛，然未聞有以名者。如沈宋、元白之流，皆善詠華，當時有一華之異者，彼必形於篇什，而寂無傳焉。惟劉夢得有《詠魚朝恩宅牡丹》詩，但云「一叢千朵」而已，亦不云其美且異也。謝靈運言永嘉竹間水際多牡丹，今越華不及洛陽甚遠，是洛華自古未有若今之盛也。（《四庫全書》本卷十八，《叢書集成初編》本第四八三頁）

⊙飛雲履

白樂天以玄綾爲質，以素綃作雲朵，染以四選香，振履如雲霧。樂天示道友曰：吾足下生雲，計不久上昇矣。（樵人直説）（《增修埤雅廣要》卷三十二什物門，《續修四庫全書》影印明萬曆三十八年孫弘範刻本）

《適南亭記》

會稽為越之絕，而山川之秀，甲於東南。自晉以來，高曠宏放之士，多在於此。至唐，餘杭始盛，而與越爭勝，見元白之稱。然杭之習俗華媚，善占形勝，而丹樓翠閣，映輝湖山，如畫工小屏，細巧易好，故四方之賓客，過而覽者，往往後越。夫越之美，豈至此而窮哉！意者，江山之勝雖在，而昔賢往矣，距今千歲，幽深寂寞，殆有鬱而不發者也。熙寧十年，給事中程公出守是邦。公，吏師也，所至輒治。故其下車未幾，弗出庭户之間，而政成訟清，州以無事。……（《陶山集》卷一一；《皇朝文鑑》卷八三；《方輿勝覽》卷六；《名山勝概記》卷一七；康熙《山陰縣志》卷六；雍正《浙江通志》卷四五；《古今圖書集成》考工典第一百七卷亭部藝文三第三四頁；《全宋文》二〇〇六年版第一〇一册，卷二二〇八，第二二三頁）

智按：陸佃，字農師，越州山陰（今浙江紹興）人。陸游祖父。神宗熙寧三年（一〇七〇）進士，授蔡州推官。初置五路學，選為鄆州教授。召補國子監直講，加集賢校理、崇政殿說書。元豐定官制，擢中書舍人、給事中。哲宗立，遷吏部侍郎，徙禮部。以龍圖閣待制知潁州，徙知鄧州。元祐七年（一〇九二），知江寧府。紹聖初知泰州，改海州，移蔡州。徽宗即位，召為禮部侍郎，遷吏部尚書。建中靖國元年（一一〇一），除中大夫、尚書右丞，轉尚書左丞。崇甯元年，出知亳州，數月卒，年六十一。贈太師、楚國公。有《陶山集》二十卷（《直齋書録解題》），已佚，清四庫館臣據《永樂大典》輯為十六卷；並有《爾雅新義》、《埤雅》傳世。《宋史》卷三四三有傳。

張商英（一〇四三～一一二一）

《護法論》

……又白樂天問寬禪師，無修無證，何異凡夫？師曰：凡夫無明，二乘執著。離此二病，是曰真修。真修者不得勤，不得忘；勤則近執著，忘則落無明。此為心要耳。此真初學入道之法門也。……（《大正新脩大藏經》第五十二册）

智按：張商英，字天覺，號無盡居士，蜀州新津（今屬四川）人。唐英弟。英宗治平二年（一〇六五）進士，調通川縣主簿，知南川縣。神宗熙寧四年（一〇七一），權檢正中書禮房公事。五年，權監察御史裏行。貶監荊南稅。元豐初，除館閣校勘。三年（一〇八〇），檢正中書刑房，尋責監江陵縣稅。哲宗元祐元年（一〇八六），為開封府推官。二年，出提點河東刑獄，連使河北、江南、淮南路。紹聖中，召為右正言、左司諫，因事責監江寧酒稅。起知洪州。元符元年（一〇九八），為江淮荊浙等路發運使。召為工部侍郎，遷中書舍人。徽宗立，出為河北路都轉運使，降知隨州。崇甯初，為翰林學士，拜尚書右丞轉左丞。罷知亳州，入元祐黨籍。大觀四年（一一一〇），除資政殿學士，中太一宮使，頃除中書侍郎，拜尚書右僕射。政和元年（一一一一），出知河南府，尋落職知鄧州，再謫汝州團練副使，衡州安置。宣和三年卒，年七十九。贈少保。有文集一百卷（《宋史·藝文志》），已佚，《兩宋名賢小集》輯有《友松閣遺稿》一卷。《宋史》卷三五一、《東都事略》卷一〇二有傳。

吳則禮（？～一一二一）

《贈醉吟先生許體之》

種種未似哦北窗，頭頭不如喚酒觴。論文處度過裴迪，覓句介然真佛光。曲肱飽作南山夢，提鉢徑坐僧伽床。時時裹脛著兩履，盱眙城底淮聲長。（裴廸、佛光，樂天友也。體之晚得處度、介然二友，自以為社中人，無媿白老也。）（《四庫全書》本《北湖集》卷二）

智按：吳則禮，字子副，號北湖居士，興國永興（今湖北陽新）人。以父中復蔭入仕，曾官軍器監主簿。哲宗元祐初，入河東經略使幕。徽宗崇甯初，以事貶荊南。五年（一一〇六），遇赦歸潤州，後定居盱眙。宣和初起知虢州。三年，卒於任。遺著由其子坰綴輯為《北湖集》三十卷，已佚。清四庫館臣據《永樂大典》輯為五卷。生平見四庫輯本卷首宋韓駒《北湖集序》。

釋道潛（一〇四三～?）

《廬山雜興》十五首（其四）

山南信美矣，山北尤增奇。春風錦繡谷，紅素自相依。梯空上絕巘，雲日驚倒窺。巖壁暈祥光，五色成頗梨。旁通大林寺，松竹短且欹。樂天當日游，四月桃始披。餘齡願寄此，永與人世違。（《四部叢刊》本《參寥子詩集》卷一；《全宋詩》第十六册，第一〇七一六頁）

《次韻閻永仁博士同飲蜀井》

潭潭古甃閟高岡，脩綆低懸百尺長。廋語樂天推絕特，第泉鴻漸許甘凉。金盤謾説溥秋露，玉盌休誇沃蔗漿。更有碧梧盤爽蔭，坐驚亭午失驕陽。（《四部叢刊》本《參寥子詩集》卷二；《全宋詩》第十六册，第一〇七二五頁）

《次韻莘老贈顯之》

盤盤秀嶺遶曾簷，方丈門開挹翠嵐。風激松梢聲間發，月留泉底影相涵。大機清曉猊臺震，險句窮宵虎穴探。白傅異時修故事，杖藜應許到雲庵。（《四部叢刊》本《參寥子詩集》卷三）

《次韻聞復湖上秋日六言》十首（其四）

西湖發揮有素，最盛唯誇樂天。遺愛到今不朽，長隄一道如弦。（《四部叢刊》本《參寥子詩集》卷十；《全宋詩》第十六册，第一〇七八九頁）

《東坡先生挽詞》

西湖卷葑拓漪漣，十里橫吞碧玉天。自謂前身真白傅，至今陳迹尚依然。（公平生出處多與樂天同，樂天在杭治湖葉隄，爲政十六箇月，公亦如之。）（《四部叢刊》本《參寥子詩集》卷十一）

《次韻通守楊叔豐大夫游狼山》二首（其二）

吳楚封疆一望間，時平無事可相關。樂天標致元非俗，靈運襟懷本愛山。蠟屐斜穿橫嶺上，角巾相對野僧閑。扁舟却恨南來晚，勝事風流不預攀。（《四部叢刊》本《參寥子詩集》卷十二；《全宋詩》第十六册，第一〇八一三頁）

智按：釋道潛，本名曇潛，號參寥子，賜號妙總大師。俗姓王，錢塘（今浙江杭州）人。一説姓何，於潛（今浙江臨安西南）人。幼即出家為僧，能文章，尤喜為詩。與蘇軾、秦觀友善，常有倡和。哲宗紹聖間，蘇軾貶海南，道潛亦因詩獲罪，責令還俗。徽宗建中靖國元年（一一〇一），曾肇為之辯解，復為僧。崇甯末，歸老江湖。其徒法潁編有《參寥子詩集》十二卷，行於世。

黄裳（一〇四四～一一三〇）

《道倫竹閣》

曾看孤山翠微麓，回環閣下千莖竹。醉吟先生唐室賢，灑落情懷出流俗。赤城德士攀高風，特借嘉名榜山腹。雪霜難犯爲心虛，直節凌雲聳蒼玉。月華弄影無纖塵，合有丹霄鳳來宿。趙州庭柏如已知，掃却閒言且觀獨。九年當作無生游，慎勿窺紅墮私欲。况是天台掌仙籙，煉礦成金石龍谷。落花流水好尋真，豈特蕭蕭閣前緑。（《四庫全書》本《演山集》卷三；《全宋詩》第十六册，第一一〇三〇頁）

《泛湖》

放船初向白公樓，渺渺天光簇簇洲。緑竹岸深疑士隠，紫烟波遠恐仙游。賓朋欲散且看月，風俗雖忙猶買舟。最好四山環繞處，一家中占五湖秋。（《四庫全書》本《演山集》卷六；《全宋詩》第十六册，第一一〇五四頁）

《六祖傳付偈頌·二祖》（其二）

受果時來合見仙，香山禪定想多年。少林得旨圓融了，不在中間與兩邊。（《四庫全書》本《演山集》卷三十六；《全宋詩》第十六册，第一一一一三頁）

《陳商老詩集序》

讀杜甫詩，如看羲之法帖，備衆體而求之無所不有，大幾乎有詩之道者。自餘諸子，各就其所長，取名於世。故工於書者必言羲之，工於詩者必取杜甫。蓋彼無所不有，則感之者各中其所好故也。然使諸子才之靡麗者不至於元積，率易者不至於居易，新奇飄逸者不至於李白，寒苦者不至於孟郊，譎怪奇邁者不至於賀、牧、商隱輩，亦無足取者，安能得名於世哉？故無諸子則不知有杜，無杜則亦不知諸子各有得焉。（《四庫全書》本《演山集》卷二十一）

智按：黃裳，字冕仲，號演山，延平（今福建南平）人。神宗元豐五年（一〇八二）進士。歷越州簽判。哲宗元祐四年（一〇八九）為校書郎，六年轉集賢校理，後知潁昌府。紹聖二年（一〇九五）為太常少卿，權尚書禮部侍郎。徽宗崇甯初知青州。五年（一一〇六），由知鄆州落職提舉杭州洞霄宫。政和四年（一一一四），知福州。高宗建炎二年（一一二八）致仕，次年卒，年八十七。謚忠文。有《演山先生文集》六十卷。生平見《演山先生文集》附録《黃公神道碑》。

張舜民（一〇四四？～？）

《所寓開利寺小池有四色蓮花青黃白紅紅者千葉皆北土所未見者也惜其遐陬有此異卉》

深山草木自幽奇，四色荷花世所稀。孤獨園中瞻佛眼，凝祥池上捧天衣。白公沒後禪林在，王儉歸來幕府非。水冷風高人不到，却憐鷗鳥日相依。（東京五嶽觀後凝祥池有黃蓮）（《四庫全書》本《畫墁集》卷三；《全宋詩》第十四册，第九六七九頁）

智按：張舜民，字芸叟，自號浮休居士（白居易《永崇里觀居》：「何必待衰老，然後悟浮休」，又《重修香山寺畢》：「先宜知止足，次要悟浮休。」），又號矴齋，長安（今陝西西安）人。英宗治平二年（一〇六五）進士，為襄樂令。神宗元豐中，應環慶帥高遵裕辟掌機宜文字。元豐六年（一〇八三），因作《西征回途中》詩，貶監邕州鹽米倉，改監郴州酒稅。哲宗元祐元年（一〇八六）授秘閣校理，次年以司馬光薦，為監察御史，又因言事出通判虢州。元祐九年（一〇九四），以秘書少監出使遼國，使回為陝西轉運使，歷知陝、潭、青三州，元符中罷。徽宗即位，召為右諫議大夫，旋出知定州，改同州。入元祐黨籍，貶楚州團練副使、商州安置，後復集賢殿修撰，卒於政和中。能文詞，嗜畫，尤工詩。詩學白居易，多譏刺時事之作，語言通俗。著有《畫墁集》，已佚。清四庫館臣據《永樂大典》所録，輯為八卷。《宋史》卷三四七有傳。

晁端稟（一〇四五～一〇九〇）

《醉眠亭》

吏部甕閒眠，先生窗下卧。夜偷緑醑飲，晝喜清風過。人爲清風快於酒，擺落煩襟洗塵垢。吾知醉寢勝閑睡，可以寄天真兮忘世累。溝瀆超江漢，幕席視天地。蝴蝶不知緣變化，黄粱未熟虛營利。從來閑處得閑樂，何者功成與名遂。隴西夫子稱世賢，世家自是酒中仙。作亭占得松陵地，東坡名之爲醉眠。醉復眠兮眠復醉，頤養鄒軻浩然氣。賢人爲濁聖人清，昏昏夢寐都忘形。花影滿身猶未覺，竹風吹面不知醒。憶昔樂天貪醉吟，吟哦未免勞其心。不如醉睡了無事，其樂陶陶得趣深。我身走塵埃，羈鞅殊未息。有所思兮在高軒，欲往從之路艱塞。無緣一榻同醉眠，空禿千毫揮醉筆。（元徐碩《至元嘉禾志》卷二十九，《四庫全書》本；《全宋詩》第十七册，第一一三二五頁）

智按：晁端稟，字大受，號寂默居士，清豐（今屬河南）人。仲衍子。神宗熙寧六年（一〇七三）進士。調博野主簿，保德軍、洺州推官，知堯山縣。哲宗元祐五年卒，年四十六。生平見《雞肋集》卷六十三《寂默居士晁君墓表》。

黄庭堅（一〇四五～一一〇五）

《子瞻去歲春侍立邇英，子由秋冬間相繼入侍，作詩各述所懷，予亦次韻四首》（其四）

樂天名位聊相似，卻是初無富貴心。只欠小蠻樊素在，我知造物愛公深。

（任淵註：東坡詩云：定似香山老居士，世緣終淺道根深。自注曰：出處老少，大畧似樂天。《雲溪友議》載樂天詩曰：櫻桃樊素口，楊柳小蠻腰。蓋其家二姬也。）（《四部叢刊》本《豫章黄先生文集》卷九；《四庫全書》本《山谷内集詩注》卷七；《全宋詩》第十七册，第一一三六五頁；劉尚榮點校《黄庭堅詩集注》第二六〇頁；黄寶華校點《山谷詩集注》第一七〇頁）

《乞姚花二首》（其二）

青春日月鳥飛過，汗簡文書山疊重。（任淵註：樂天詩：「百年青天過鳥翼」，下句意見前篇注。《後漢·吳祐傳》注曰：「殺青者，以火炙簡，令汗取其青易書，復不蠹，謂之殺青，亦謂之汗簡。」《文選》沈休文詩：「山嶂遠重疊。」《笛賦》曰：「密櫛疊重。）乞取好花天上看，宫衣黄帶御爐烘。（任淵註：天上謂史局。李賀詩：「宫衣水濺黄。」賈至詩：「衣冠身惹御爐香。」烘，音呼公反。《說文》：「燎也。」）（《四庫全書》本《山谷内集詩注》卷九；劉尚榮點校《黄庭堅詩集注》第三三〇頁；黄寶華校點《山谷詩集注》第二二二頁）

智按：任淵註所引「樂天詩」，白集未見。

《謫居黔南十首》（摘樂天句）

近世曾慥端伯作《詩選》，載潘邠老事云：「張文潛晚喜樂天詩，邠老聞其稱美，輒不樂。嘗誦山谷十絕句，以為不可跂及。其一云：『老色日上面，歡悰日去心。今既不如昔，後當不如今。』文潛一日召邠老飯，預設樂天詩一帙，置書室牀枕間，邠老少焉假榻翻閱，良久纔悟：山谷十絕詩，盡用樂天大篇裁為絕句，蓋樂天長于敷衍，而山谷巧于剪裁，自是不敢復言。」端伯所載如此，必有依據，然敷衍翦裁之説非是。蓋山谷謫居黔南時，取樂天江州、忠州等詩偶有會于心者，摘其數語，寫置齋閣，或嘗為人書，世因傳以為山谷自作，然亦非有意與樂天較工拙也。詩中改易數字，可為作詩之法，故因附見於此。前五篇今《豫章集》有之，後五篇得之《脩水集》。

相望六千里，天地隔江山。十書九不到，何用一開顔。（此樂天集第十卷中《寄行簡》詩。原作：相去六千里，地絶天邈然。十書九不達，何以開憂顔。）

霜降水反壑，風落木歸山。冉冉歲華晚，昆蟲皆閉關。（此十一卷中《歲晚》詩後兩句。原作：冉冉歲將晏，物皆復本源。）

泠淡病心情，暄和好時節。故園音信斷，遠郡親賓絶。（此十一卷中《花下對酒》詩）

山郭燈火稀，峽天星漢少。年光東流水，生計南枝鳥。（此十一卷中《西樓夜》詩）

冥懷齊遠近，委順隨南北。歸去誠可憐，天涯住亦得。（此十一卷中《委順》詩）

老色日上面，歡悰日去心。今既不如昔，後當不如今。（此十一卷中《東城尋春》詩，歡悰，原作懽情。）

嘖嘖雀引雛，梢梢笋成竹。時物感人情，憶我故鄉曲。（此第十卷中《孟夏思渭村舊居》詩）

苦雨初入梅，瘴雲稍含毒。泥秧水畦稻，灰種畬田粟。（與前篇同）

輕紗一幅巾，小簟六尺牀。無客盡日静，有風終夜凉。（此十一卷中《竹窻》詩）

病人多夢醫，囚人多夢赦。如何春來夢，合眼在鄉社。（一本作：秋來何所夢，合眼見鄉社。樂天集第十卷《寄行簡》詩原作：渴人多夢飲，饑人多夢餐。春夢夢何處，合眼到東川。）（《四庫全書》本《山谷内集詩注》卷十二；劉尚榮點校《黄庭堅詩集注》第四四二～四四六頁；黄寶華校點《山谷詩集注》第三〇四～三〇六頁）

《萬州太守高仲本宿約遊岑公洞而夜雨連明戲作二首》（其二）

蓬蒽高卧雨如繩，恰似糟牀壓酒聲。（任淵註：老杜詩：「賴知禾黍收，已覺糟牀注。」）今日岑公不能飲，吾儕聞健且頻傾。（任淵註：樂天詩：「聞健偷閒且勤飲。」又云：「園林亦要聞閒置。」其義猶今人言「聞早」也）（《四庫全書》本《山谷内集詩注》卷十四；劉尚榮點校《黄庭堅詩集注》第五〇七頁；黄寶華校點《山谷詩集注》第三五〇頁）

智按：任淵註樂天詩：「聞健偷閒且勤飲。」出《十二月二十三日作兼呈晦叔》，見《白氏長慶集》卷三十一。所引「樂天詩『園林亦要聞閒置』」，白集未見。

《池口風雨留三日》

孤城三日風吹雨，小市人家只菜蔬。水遠山長雙屬玉，身閒心苦一舂鋤。翁從旁舍來收網，我適臨淵不羨魚。俛仰之間已陳迹，暮窗歸了讀殘書。（《四部叢刊》本《山谷外集詩注》卷十一；《四庫全書》本《山谷外集》卷八；劉尚榮點校《黃庭堅詩集注》第一〇一六頁；黃寶華校點《山谷詩集注》第七三五頁）

智按：「身閒心苦一舂鋤」，點化自白居易《池上寓興二絕》其二：「水淺魚稀白鷺飢，勞心瞪目待魚時。外容閑暇中心苦，似是而非誰得知。」又，皮日休《夏首病愈因招魯望》「數點舂鋤烟雨微」。

《侯尉家聽琵琶》

舫齋蒼竹雨聲中，一曲琵琶酒一鍾。恰似潯陽江上聽，只無明月與丹楓。（史容註：白樂天《琵琶引》其略云：「潯陽江頭夜送客，楓葉荻花秋索索。主人下馬客在船，舉酒欲飲無管弦。醉不成歡慘將別，別時茫茫江浸月。」云云）（《四部叢刊》本《山谷外集詩注》卷十三；《四庫全書》本《山谷外集》卷七；《全宋詩》第十七册，第一一五二四頁；劉尚榮點校《黃庭堅詩集注》第一一〇七頁；黃寶華校點《山谷詩集注》第八〇六頁）

《戲書效樂天（熙寧四年葉縣作）》

造物生成嵇叔嬾，好人容縱接輿狂。鳥飛魚泳隨高下，蟻集蜂衙聽典常。母惜此兒長道路，兄嗟予弟困冰霜。酒壺自是華胥國，一醉從他四大忙。（《四庫全書》本《山谷外集》卷十四；《全宋詩》第十七册，第一一六七四頁；劉尚榮點校《黃庭堅詩集注》第一七一〇頁；黃寶華校點《山谷詩集注》第一三一二頁）

《題司門李文園亭》

白氏草堂元自葺，陶公三徑不教荒。青蕉雨後開書卷，黃菊霜前碎鵠裳。落日看山凭曲檻，清風談道據胡床。此來遂得歸休意，却莫翻然起相湯。（《四庫全書》本《山谷外集》卷十四；《全宋詩》第十七册，第一一六七八

頁；劉尚榮點校《黃庭堅詩集注》第一七二四頁；黃寶華校點《山谷詩集注》第一三二五頁）

《品令》（送黔守曹伯達）

敗葉霜天曉。漸鼓吹、催行棹。栽成桃李未開，便解銀章歸報。去取麒麟圖畫，要及年少。　勸公醉倒。別語怎向醒時道。楚山千里暮雲，正鎖離人情抱。記取江州司馬，坐中最老。（《四庫全書》本《山谷詞》；《全宋詞》第三八八頁）

《醉落魄》

陶陶兀兀。尊前是我華胥國。爭名爭利休休莫。雪月風花，不醉怎生得。

邯鄲一枕誰憂樂。新詩新事因閑適。東山小妓攜絲竹。家裹樂天，村裹謝安石。（《四庫全書》本《山谷詞》；《全宋詞》第三九五頁）

《調笑歌》（并詩）

海上神仙字太真，昭陽殿裹稱心人。猶思一曲霓裳舞，散作中原胡馬塵。方士歸來説風度，梨花一枝春帶雨。分釵半鈿愁殺人，上皇倚欄獨無語。

無語。恨如許。方士歸時腸斷處。梨花一枝春帶雨。半鈿分釵親付。天長地久相思苦。渺渺鯨波無路。（《四庫全書》本《山谷詞》；《全宋詞》第三九九頁）

智按：《山谷詞》題為《調笑令》。

《雪花飛》

攜手青雲路穩，天聲迤邐傳呼。袍笏恩章乍賜，春滿皇都。　何處難忘酒，瓊花照玉壺。歸裊絲梢競醉，雪舞郊衢。（《四庫全書》本《山谷詞》；《全宋詞》第四一一頁）

智按：「何處難忘酒」，出自白樂天《何處難忘酒》詩（《白氏長慶集》卷五七）。

《書樂天忠州詩遺王聖徒》

營丘王聖徒，守忠州，其治民事，如庖丁之解牛；其樀（擿）吏姦，如痀僂之承蜩。故不幾時，郡中無一事。頗以樽俎求樂天平生行樂處，集歌舞，醉其僚。予故書樂天忠州得意詩遺之，使知予欲粲然於其間而不得也。紹聖三年十二月初七日涪翁書。（《四庫全書》本《山谷別集》卷十一；《津逮秘書》本《山谷題跋》卷八）

《題三游洞》

鍾陵黃魯直弟嗣直，同道人唐坦之游三游洞，與子相姪俱建中靖國元年二月庚寅，往来皆休此寺，正午烈日，遣騎汲澗泉以解渴。（古皆石刻）（《四庫全書》本《山谷別集》卷十一；《津逮秘書》本《山谷題跋》卷八）

《跋自書樂天三游洞序》

元和初，盜殺武丞相於通衢。樂天以贊善大夫，是日上疏論天下根本，所言忤君相按劍之意，謫江州司馬數年。平淮西之明年，乃遷忠州刺史。觀其言行，藹然君子也。余往來三游洞下，未嘗不想見其人。門人唐履因請書樂天序，刻之夷陵；向賓聞之，欣然買石，具其費，遂與之。建中靖國元年七月，涪翁題。（《四庫全書》本《山谷別集》卷十二；《津逮秘書》本《山谷題跋》卷九）

《又書自草竹枝歌後》

劉夢得《竹枝》九篇，盖詩人中工道人意中事者也。使白居易、張籍為之，未必能也。（右有石刻）（《四庫全書》本《山谷別集》卷十二）

《書王元之竹樓記後》

或傳王荆公稱《竹樓記》勝歐陽公《醉翁亭記》，或曰此非荆公之言也。某以謂荆公出此言，未失也。荆公評文章，常先體制而後文之工拙。蓋嘗觀蘇子瞻《醉白堂記》，戲曰：「文詞雖極工，然不是《醉白堂記》，乃是韓白優劣論耳。」以此考之，優《竹樓記》而劣《醉翁亭記》是荆公之言不疑也。（《四庫全書》本《山谷集》卷二十六）

《忠州復古記》

忠州，漢巴郡之臨江、墊江縣也。其治所在臨江，故梁以為臨州。後周以為南賓郡。唐貞觀八年，始為忠州。其地荒遠瘴癘，近臣得罪，多出為刺史、司馬，故劉尚書以刺史貶，一年死。陸宣公以别駕貶，十年死。李忠懿公以刺史居六年。白文公以刺史居二年。其後憙事者，以四公俱賢，圖象為四賢閣。故相贈司徒鄭州刺史南華劉晏士安、故相贈兵部尚書嘉興陸贄敬輿、中書侍郎平章事贈司徒安邑李吉甫宏憲、刑部尚書致仕贈右僕射下邽白居易樂天。由開元以來，訖於會昌，四君子相望，凛然猶有生氣。忠民常以此自負，而郡守至者，必矜式焉。

紹聖三年正月，知州事營丘王君闢之聖涂，下車問民疾苦，曰吏驁而民困，故聖涂為州，拊養柔良，知其飽飢，鉏治姦猾，幾於傷手，治聲翕然。邑中豪吏，故時受賕舞文法者，相與謀曰：「屬且無類。」即以智籠小駿吏，群訴於部使者，聖涂不為變。且歎曰：「白頭老翁，安能録録畏吏苛民耶?」亦會部使者察其為姦。而聖涂治郡，政成時休，車騎野次，咨問故老，訪四賢之逸事，而三君之政，寂寥無聞。蓋士安即賜死，而敬輿别駕不治民，宏憲雖在州六年，亦嘿耳。樂天由江州司馬除刺史，為稍遷，故為郡最豫暇有聲迹，又其在州時詩見傳，東樓以宴賓佐，西樓以瞰鳴玉溪，登龍昌上寺，以望江南諸山，張樂巴子臺，以會竹枝歌女。東坡種花，東澗種柳，皆相傳識其處所。於是一花一竹，皆考於詩，復其舊貫，種荔支數百株，移木連且十本，忠於一時遂為三峽名郡。

聖涂乃以書誇涪翁曰：為我記之。涪翁曰：聖涂急鰥寡之病，使遠方民沐浴縣官之澤，可謂知務矣；掃除四賢之室，思欲追配古人，可謂樂善矣。樂天去忠州，於今為二百七十有九年，在官者鰓鰓然，常憂瘴癘之病已，數日求去，故樂天之遺事，蕪沒欲盡。聖涂齊人也，蓋不能巴峽之風土，又其擊強撥煩，材有餘地，而晚暮爲遠郡守，迺能慨然不倦，興舊起廢，使郡中池觀花竹，鬱然如元和己亥時，追樂天而與之友，聖涂於是賢於人遠矣。聖涂爲州之明年六月，而涪翁爲之記。（《四部叢刊》本《豫章黄先生文集》卷十七；《四庫全書》本《山谷集》卷十七）

智按：《方輿勝覽》卷六十一「咸淳府·四賢閣」下全録此文。明周復俊編《全蜀藝文志》卷三十四題為《四賢閣記》。《四川通志》卷二十八上：

「四賢祠，在忠州南，祀唐劉晏、陸贄、李吉甫、白居易。白文公祠，在巴臺。」清李元《蜀水經》卷六《續修四庫全書》影印清嘉慶傳經堂刻本)：「白居易、劉晏、李吉甫皆刺忠州。宋紹聖四年，知州王闢之建四賢閣，祀劉、李、白、陸四賢也。」

《跋書柳子厚詩》

予友生王觀復作詩，有古人態度，雖氣格已超俗，但未能從容中玉珮之音，左準繩、右規矩爾。意者讀書未破萬卷，觀古人之文章未能盡得其規摹，及所揔覽籠絡，但知玩其山龍黼黻成章耶？故手書柳子厚詩數篇遺之，欲知子厚如此學陶淵明，乃爲能近之耳。如白樂天自云效陶淵明數十篇，終不近也。(《四部叢刊》本《豫章黄先生文集》卷二十六，第二九一頁；《四庫全書》本《山谷集》卷二十六)

《跋劉夢得〈淮陰行〉》

《淮陰行》，情調殊麗，語氣尤穩切，白樂天、元微之為之，皆不入此律也。唯「無耐脱萊時」不可解，當待博物洽聞者説也（自注：後見古本作「挑菜時」)。(《四部叢刊》本《豫章黄先生文集》卷二十六，第二九二頁；《四庫全書》本《山谷集》卷二十六)

《跋自書東坡乳泉賦》

紫極宫道士胡洞微明之，少入道于廬山康王觀，嘗從容趨事余伯祖父寶之。寶之，人豪也，少名茂先，故往時江淮之間詩云：「江南黄茂先，江北段少連。」明之猶能道其言論風旨，故其見余喜甚，相從忽忘日暮也。東坡公所作《乳泉賦》，數百年之文章也。明之又好東坡，故書遺之，可深藏以待識者。崇寧元年八月己未，泊舟琵琶亭西書。（黄罃《山谷年譜》卷二十九，《四庫全書》本）

智按：《山谷年譜》卷二十九述黄庭堅崇寧元年八月復至江州，黄罃注云：「又先生有《跋自書東坡乳泉賦》云……」，即此。

黄庭堅，字魯直，號山谷道人，又號涪翁，洪州分寧（今江西修水）人。

英宗治平四年（一〇六七）進士。神宗熙寧五年（一〇七二）除北京國子監教授。元豐三年（一〇八〇）知吉州太和縣。哲宗元祐二年（一〇八七）除著作佐郎，六年遷起居舍人，八年除秘書丞兼國史編修官，參編《神宗實録》。自此成爲蘇軾密友，以詩爲蘇軾所稱賞，和秦觀、張耒、晁補之齊名，後人并稱爲「蘇門四學士」。紹聖元年（一〇九四）舊黨失勢，貶涪州（今四川涪陵）别駕，黔州（今四川彭水）安置。元符元年（一〇九八）移戎州（今四川宜賓）。徽宗建中靖國元年（一一〇一）起知舒州。崇寧二年（一一〇三）再謫宜州（今廣西宜山）。卒於貶所。謚文節。詩歌生新瘦硬，倡「奪胎换骨、點鐵成金」，「無一字無來處」，開「江西詩派」，影響頗大。詞風近柳永、秦觀，亦有遒勁、清新之作。擅行、草書，以側險取勢，縱横奇倔，自成風格，為「宋四家」之一。有《山谷内集》三十卷、《外集》十四卷、《别集》二十卷、《山谷琴趣外篇》三卷等。《宋史》卷四四四有傳。

孔平仲（一〇四六？～一一〇四）

《珩璜新論》

孔子為文宣王，隋長孫覽祖稚為太師，亦謂之文宣王。唐蘇珦、白居易、韋湊、韋叔夏、馬懷素、褚無量、劉子玄、劉知柔、盧從愿、權德輿、王超、令狐楚、崔融皆謚文，惟韓退之為韓文公，獨顯焉。李翱為李文公，又次之。……（《四庫全書》本卷上）

韓退之晚年，遂有聲樂，而服金石藥。張籍《祭文》云：「乃出二侍女，合彈琵琶筝。」既而遂曰：「公疾日浸加，孺人侍湯藥。」白樂天《思舊》詩云：「退之服硫黄，一病訖不痊。微之鍊秋石，未老身溘然。」退之嘗譏人不解文字飲，而自敗於女妓乎？作《李博士墓誌》，切戒人勿服金石藥，而自餌硫黄乎？（《四庫全書》本卷上）

《談苑》

白樂天每作詩，令一老嫗解之，問曰解否，嫗曰解則録之，不解則又改之，故唐末之詩近於鄙俚。（《四庫全書》本卷四）

《續世説》

白居易生六七月時，乳母抱弄於書屏下，直指「之」字「無」字示居易。口未能言，心已默識。其宿習之緣，已在文字中矣。（卷四「夙慧」，《續修四庫全書》第一一六六册，第五三頁）

白居易以詩謁顧況，況曰：「米價方貴，居亦不易。」及見首篇：「離離原上草，一歲一枯榮。野火燒不盡，春風吹又生。」乃曰：「道得箇語，居即易矣。」為之稱譽，聲名大振。（卷五「賞譽」，《續修四庫全書》第一一六六册，第五八頁）

元稹為東臺御史，召還京，宿敷水驛。内官劉士元後至爭廳，士元怒排其戶，稹襪而走廳後。士元追之，以棰擊傷稹面，執政以稹年少後輩務作威福，貶為江陵府士曹參軍。白居易為拾遺，上疏云：「況聞士元蹋破驛門，奪將鞍馬，仍索弓箭，嚇辱朝臣。承前已來，未有此事。今中官有罪，未聞處置，御史無過，卻先貶官。遠近聞知，實損聖德。」

白居易為翰林學士，嘗因論事，言：「陛下錯。」憲宗色莊而罷，密召承旨李絳，謂曰：「居易小臣不遜，須令出院。」絳曰：「陛下容納直言，故群臣敢竭誠無隱。居易言雖少思，志在納忠。陛下若罪之，臣恐天下各思箝口，非所以廣聰明、昭聖德也。」上悦，待居易如初。（卷十「直諫」，《續修四庫全書》第一一六六册，第一二二頁）

智按：孔平仲，字義甫，一作毅父，臨江新喻（今江西新餘）人。英宗治平二年（一〇六五）進士。神宗熙寧中為密州教授。元豐二年（一〇七九）為都水監勾當公事。哲宗元祐元年（一〇八六）召試學士院。二年擢秘書丞、集賢校理。三年為江南東路轉運判官。後遷提點江浙鑄錢、京西南路刑獄。紹聖中坐元祐時附會當路，削校理，知衡州。又以不推行常平法，失陷官米錢，責惠州別駕，英州安置。徽宗立，復朝散大夫，召為戶部、金部郎中，出提舉永興路刑獄。崇寧元年（一一〇二），以元祐黨籍落職，管勾兗州景靈宫，卒。有《續世説》、《孔氏談苑》、《珩璜新論》、《釋稗》等。《宋史》卷三四四有傳。

郭茂倩（一〇四六？～？）

《樂府詩集·近代曲辭》

⊙楊柳枝

《楊柳枝》，白居易洛中所製也。《本事詩》曰：白尚書有妓樊素善歌，小蠻善舞，嘗為詩曰：「櫻桃樊素口，楊柳小蠻腰。」年既高邁，而小蠻方豐豔，乃作《楊柳枝辭》以託意，曰：「永豐西角荒園裏，盡日無人屬阿誰？」及宣宗朝，國樂唱是辭，帝問誰辭，永豐在何處，左右具以對。時永豐坊西南角園中有垂柳一株，柔條極茂，因東使命取兩枝，植於禁中。居易感上知名，且好尚風雅，又作辭一章云：「定知玄象今春後，柳宿光中添兩星。」河南盧尹時亦繼和。薛能曰：「楊柳枝者，古題所謂折楊柳也。」乾符五年，能為許州刺史，飲酣，令部妓少女作楊柳枝健舞，復賦其辭，為楊柳枝新聲云。（卷八十一；余冠英等校點本第一一四二～一一四三頁）

《樂府詩集·新樂府辭》

樂府之名，起於漢、魏。自孝惠帝時，夏侯寬為樂府令，始以名官。至武帝，乃立樂府，采詩夜誦，有趙、代、秦、楚之謳。則采歌謠，被聲樂，其來蓋亦遠矣。凡樂府歌辭，有因聲而作歌者，若魏之三調歌詩，因弦管金石，造歌以被之是也。有因歌而造聲者，若清商、吳聲諸曲，始皆徒歌，既而被之弦管是也。有有聲有辭者，若郊廟、相和、鐃歌、橫吹等曲是也。有有辭無聲者，若後人之所述作，未必盡被於金石是也。新樂府者，皆唐世之新歌也。以其辭實樂府，而未常被於聲，故曰新樂府也。元微之病後人沿襲古題，唱和重複，謂不如寓意古題，刺美見事，猶有詩人引古以諷之義。近代唯杜甫《悲陳陶》、《哀江頭》、《兵車》、《麗人》等歌行，率皆即事名篇，無復倚旁。乃與白樂天、李公垂輩，謂是為當，遂不復更擬古題。因劉猛、李餘賦樂府詩，咸有新意，乃作《出門》等行十餘篇。其有雖用古題，全無古義，則《出門行》不言離別，《將進酒》特書列女。其或頗同古義，全創新詞，則《田家》止述軍輸，《捉捕》請先螻蟻。如此之類，皆名樂府。由是觀之，自風雅之作，以至於今，莫非諷興當時

之事，以貽後世之審音者。儻采歌謠以被聲樂，則新樂府其庶幾焉。（卷九十；余冠英等校點本第一二六二～一二六三頁）

智按：郭茂倩，字德粲，鄆州須城（今山東東平）人。生於名門望族之家。祖郭勸、父郭源明（一〇二二～一〇七六）皆舉進士，正直清廉，博學多識。神宗元豐七年（一〇八四）時為河南府法曹參軍，時約三十八歲。編有《樂府詩集》百卷傳世。

呂南公（一〇四七～一〇八六）

《送子發赴江州司理》

湓江湛湛照闤闠，廬岳蟠蟠蔭郭郛。此地一官雖鬱屈，異人當日亦踟躕。元規樓下隨紅旆，居易祠前看白鬚。才調似君真不薄，有詩無吝寄雲夫。（《四庫全書》本《灌園集》卷五；《全宋詩》第十八册，第一一八六一頁）

《讀白司馬江州詩》

四年司馬滯江邊，机杖茅堂自說閑。倘使金鑾不遷謫，知君未暇愛廬山。（《輿地紀勝》卷三十《江南西路·江州》「琵琶亭詩」，江蘇廣陵古籍刻印社一九九一年版，第三五九頁）

智按：呂南公，字次儒，建昌南城（今屬江西）人。神宗熙甯初，曾舉進士不第，會以新經取士，遂罷舉，以著書講學為事。《宋史》言熙甯中士方推崇馬融、王肅、許慎之業，剽掠補拆臨摹之藝大行，南公度不能逐時好，遂罷舉。《四庫總目提要》已駁正其謬。哲宗元祐初，獲曾肇等人推薦，未及授官而卒，年四十。其子呂郁收拾遺稿編成《灌園集》三十卷，已佚。清四庫館臣據《永樂大典》所録，輯為二十卷。《宋史》卷四四四有傳。

釋元照（一〇四八～一一一六）

《無量院造彌陀像記》

彌陀教觀，載於大藏，不為不多。然佛化東流，數百年間，世人殆無知者。晉慧遠法師，居廬山之東林，神機獨拔，為天下倡。鑿池栽蓮，建堂立誓，專崇淨業，號為白蓮社。當時名僧巨儒，不期而自至：慧持、道生，釋門之後彦；劉遺民、雷次宗，文士之豪傑，皆伏膺請教，而預其社焉。是故後世言淨社者，必以東林為始。厥後，善導、懷感，大闡於長安；智覺、慈雲，盛振於浙右。末流狂妄，正道梗塞。或束縛於名相，或沈冥於豁達。故有貶念佛為麁行，忽淨業為小道，執隅自蔽，盲無所聞。雖聞而不信，雖信而不修，雖修而不勤，於是淨土教門，或幾乎息矣。嗚呼！明教觀，孰如智者乎？臨終舉觀經、讚淨土而長逝矣。達法界孰如杜順乎？勸四衆念佛陀，感勝相而西邁矣。參禪見性，孰如高玉、智覺乎？皆結社念佛，而俱登上品矣。業儒有才，孰如劉雷、柳子厚、白樂天乎？然皆秉筆書誠，而願生彼土矣。以是觀之，自非負剛明卓拔之識，達生死變化之數者，其孰能信於此哉！近世宗師，公心無黨者，率用此法，誨誘其徒。由是在處立殿造像，結社建會，無豪賤、無少長，莫不歸誠淨土。若觀想，若持名，若禮誦，若齋戒，至有見光華，覩相好，生身流於舍利，垂終感於善相者，不可勝數。淨業之盛，往古無以加焉。生當此時，得不知幸乎？

臨安縣實杭之巨邑，九仙山乃邑之佳境，無量院又境之精舍。先是，道者於院之東南隅建觀音堂，復於堂後建彌陀殿。其徒（用淵）乃募士女一千人，率財計三百緡，雕造八尺彌陀像。元祐八年上元日，集衆瞻禮。淵乃述誠説偈，發大弘誓，寘像腹中。是日供五百羅漢，設會飯僧以落之。越明年四月八日，莊嚴圓備，儀相妙好，輝彩煥發。由是一方之人得以歸向，百世之下得以流通。其有禮足瞻顔，稱名送想，莫不拔業根於苦海，投蓮種於寶池。若夫畫地聚沙，皆成佛道；低頭舉手，同歸一乘。而況竭力經營，存誠繫念，克論其利，尚可量耶？（淵）聞予屬意此道，累以記文為請，遂援毫直書，以塞其命。（宋釋宗曉編《樂邦文類》卷三；《大正新脩大藏經》第四十七册，第一八七頁）

智按：釋元照，字湛如，號安忍子，俗姓唐，錢塘（今浙江杭州）人。傳天台教觀，深明教律。神宗元豐中住靈芝崇福寺，歷三十年。徽宗政和六年卒，年六十九。賜謚大智律師。有《芝園集》二卷、《補續芝園集》一卷、《芝園遺編》三卷傳世。事見《嘉定赤城志》卷三十五，《咸淳臨安志》卷七十、七九。

李之儀（一〇四八～一一一八）

《過雨飲臨潁何希仲家蒙督詩即席爲贈》

君不見張子房，素書未授抵游俠。又不見蕭望之，不能碌碌反抱關。漢業已成赤松去，殺吾賢傅終感嘆。乘時致用固不免，要須繒繳無由攀。八十釣渭濱，揮旄仗鉞輿艱難。臂鷹上蔡市，復得不可空多言。周傾秦得漢亦起，虎噬鯨吞羝觸藩。一興一廢竟誰有，要之有數歸元元。元元亦何爲，與君論子細。須將劇孟作敵國，未信葉公真勇士。竊借聲名人自歎，白公梟首方爲是。乾旋坤轉只等閒，收放僅在毫端耳。何郎目如電，奮髯兒童驚。眼光在酒裏，一飲黃河傾。不作么麽貴公子，横行欲得十萬兵。吾語何郎少卑之，犀有角兮麝有臍。果知有累不早計，抑揚畢竟何所之。滿酌勸君飲，吾語無文章。鞭笞六龍駕扶桑，上朝元君陪紫皇。霞衣玉簡鬢如霜，俯仰八極何茫茫。方時與君俱此舉，如何煩君蹔起舞。舞徹聽我歌，我歌端爲我輩作。蠢蠢萬類隨江河，肯同兒女戰蝸角，酒酣雨淚揮滂沱。（《四庫全書》本《姑溪居士前集》卷四；《全宋詩》第十七册，第一一二三五頁）

《次韻雪》

臘日頻年未嘗雪，今春雪與臘俱來。暖歸白傅金蕉葉，寒逼温郎玉鏡臺。幾處歡聲動絲竹，一番佳思近離堆。新詩不以尋梅見，萬里豐登氣已回。（《四庫全書》本《姑溪居士前集》卷六）

《跋醉吟先生書》

醉吟老人固善書，而未嘗以書自名，真善書者也。正行蓋嘗見之矣，獨小字今始得之。使古人復作，余未知其先後也。（《四庫全書》本《姑溪居士前集》卷四十二）

《常愛東坡去年花落在徐州對月酣歌美清夜今夜黃州見落花小院閉門風露下二詩因即其韻聊寄目前》（其一）

老來不慣離家久，獨卧一庵今八夜。抵搔十爪垢已滿，降伏千魔心未下。

熒熒病眼日更昏，皎皎孤懷誰與瀉。恨無鸞帳與誰俱，獨有笻枝伴身亞。華嚴性海偶深味，兆率陁天聊復借。平生好書陋顔柳，近日作詩幾沈謝。百年旅夢行將覺，萬里家園猶未舍。妄缘儻或未嘗膽，佳境安得如食蔗。從來少味燕偏知，早已忘機鼠休怕。行當遂作重屏圖，闒茸凡材任譏罵。（世圖白老，謂之重屏圖）（《四庫全書》本《姑溪居士後集》卷三）

智按：李之儀，字端叔，自號姑溪居士，滄州無棣（今山東無棣西北）人。神宗熙寧六年（一〇七三）進士。元豐六年（一〇八三），曾辟為祭奠高麗國使書狀官。哲宗紹聖初蘇軾知定州，辟為管勾機宜文字。四年（一〇九七）因折可適兵敗事連累，罷原州通判。後以元祐黨籍貶惠州。元符元年（一〇九八）召監内香藥庫，旋因從蘇軾辟事勒停。徽宗崇甯初提舉河東常平，又以代作范純仁遺表忤蔡京，編管太平州，遂居姑熟。久之，徙唐州。官終朝請大夫。有《姑溪居士前集》五十卷，《後集》二十卷。《宋史》卷三四四有傳。

蔡肇（？～一一一九）

《江州》

潯陽江上陶彭澤，五株楊柳青山宅。元和之中白司馬，送客江頭明月下。當時盡作廬山客，林下題詩石上眠。（《輿地紀勝》卷三十「江南西路・江州」，《全宋詩》第二十册，第一三六五三頁）

《游浮玉三首》（其二）

中濡南畔大叢林，龍象初排四衆欽。一月遍收銀色界，兩山相擊海潮音。安心已竟元無法，舉意全抛莫浪尋。且使後來誰措手，樂天贏得掉頭吟。（《全宋詩》第二十册，第一三六五九頁）

智按：蔡肇，字天啟，潤州丹陽（今江蘇鎮江）人。淵子。神宗元豐二年（一〇七九）進士，歷明州司户參軍、江陵推官。哲宗元祐中，為太學正，出通判常州。紹聖中，召為衛尉寺丞。元符元年（一〇九八），提舉永興軍路常平。徽宗即位，入為戶部、吏部員外郎，兼編修國史。以事出提舉兩浙刑獄。大觀四年（一一一〇）張商英入相，召為禮部員外郎，進起居郎，拜中書舍人。未幾，以草制不稱，出知明州。政和元年（一一一一）落職提舉杭州洞霄宮。會赦，復職。宣和元年卒。有《丹陽集》三十卷，已佚。僅《兩宋名賢小集》中存有《據梧小集》一卷。《東都事略》卷一一六、《宋史》卷四四四、《京口耆舊傳》卷四有傳。

秦觀（一〇四九～一一〇〇）

《和程給事賢闍黎化去之什》

風流雲散越王城，珍重闍黎願力成。不使鄧尼驚倒化，祇教白傅歎先行。早因妙契窺曹洞，竟以清芬繼肇生。廻首中庭旌騎散，月華還可一方明。（《四庫全書》本《淮海集》卷九）

《呈公闢》

東歸行路歎賢哉，碧落新除寵上才。白傅林塘隨晝去，吳山花鳥入詩來。唱酬自有微之在，談笑應容逸少陪。除此兩翁相見外，不知三徑為誰開?（《四部叢刊》本《淮海後集》卷三）

智按：又見王安石《臨川先生文集》卷十七，題為《送程公闢得謝歸姑蘇》，字句略異。「談笑應容逸少陪」下注：「少保元絳謝事居姑蘇。又王中甫善歌詞，與相唱酬燕集。」

《秋興九首：擬白樂天》

不因霜葉辭林去，的當山翁未覺秋。北里酒錢煩屢索，南州詩債懶頻酬。欲歌金縷羞紅粉，擬插黃花避白頭。底事登臨好時節，等閑收拾許多愁。（《四庫全書》本《淮海後集》卷四；《全宋詩》第十八册，第一二一四六頁）

《蝶戀花》

舟泊潯陽城下住。杳藹昏鴉，點點雲邊樹。九派江分從此去。烟波一望空無際。　　今夜月明風細細。楓葉蘆花，的是淒涼地。不必琵琶能觸意。一樽自濕青衫淚。（《全宋詞》第四七八頁；徐培均校注《淮海居士長短句》第二一四頁）

智按：秦觀，字少游，一字太虛，號淮海居士，高郵（今屬江蘇）人。神宗元豐八年（一〇八五）進士，授蔡州教授。哲宗元祐二年（一〇八七），以薦應賢良方正能直言極諫科試，未第。五年，召為秘書省校對黄本書籍。六年，遷正字，兼國史院編修官。紹聖元年（一〇九四），坐黨籍，出為杭州通判，道貶處州監鹽酒稅。三年，削秩徙郴州。四年，編管横州。元符元年（一〇九八），除名，移雷州。三年，放還，至藤州卒，年五十二。有《淮海集》四十卷，《後集》六卷，《長短句》三卷。《宋史》卷四四四有傳。

韓潭（一〇五〇～一一一三）

《自撰墓誌銘》

韓其姓，潭其名，仲孚其字也。世居定陶，曾大父溏，故贈大理寺丞；大父道，故殿中丞；父輯，故不仕。潭幼而穎悟，喜讀書，日誦千言……嘗觀唐人白樂天、杜牧之將啓手足，皆自銘其墓。愚斯人之不及也，姑敘平生，以貽後世。（同治《霍邱縣志》卷一五，同治九年活字本；《全宋文》二〇〇六年版第一二〇册，卷二五九五，第二七六頁）

智按：韓潭，字仲孚，曹州定陶（今山東定陶西北）人。自幼好學，博覽經史諸子。既長，遊歷梁宋陳蔡，至於壽春之霍丘，遂卜居。一生困於場屋，至政和二年，特授榮州文學，繼授將仕郎，調延州延縣主簿，未赴。次年卒，年六十四。潭耽於吟詠，有詩千餘篇，編爲十卷，號《南翔類稿》；詞百餘首，分兩卷，號《安樂雜編》；又有啓、文、論三卷，藏於家。

陳暘（一〇五〇～一一一七）

《樂書》

唐天寶中，廢泗濱磬而以華原石代之，卒致禄山之禍。元白賦詩以譏之，誠有意於去鄭存雅矣。自時而後，有取華陽響石為七縣焉，豈亦得泗濵浮磬之遺乎？徐景安謂浮磬擊有五音，以七音言之非也。（《四庫全書》本《樂書》卷一一二）

智按：陳暘，字晉之，福州（今屬福建）人。哲宗紹聖元年（一〇九四）中制科，授順昌軍節度推官。徽宗即位，除太學博士、秘書省正字。上《樂書》，遷太常丞、禮部員外郎、講議司參詳禮樂官，進鴻臚太常少卿，禮部侍郎。以顯謨閣待制提舉洞霄宫，卒，年六十八。《東都事略》卷一一四、《淳熙三山志》卷二七、《宋史》卷四三二有傳。

米芾（一〇五一～一一〇七）

《書史》

無錫唐氏有雙鉤右軍十七帖，有精彩，錢塘僧了性收一卷，楮紙一同，唐坰家有一卷，是錢氏物，紙白。唐氏又收碧綾《黄庭經》，云是褚遂良書，非也。上有江南李重光「清輝」二字小印，云是丁晉公家族人所質，錢氏所收《浩博帖》云：臣節分嚴外無典掌之所，故不簿上，而諸位咸有法書，臨搨甚多。常州使君景湛房下，往往為人購去，薛紹彭收肅宗千文是也，上皆有「希聖」字印，「忠孝之家」圓錢印，「錢氏書堂」印，錢勰房下有史孝山《出師頌》，題作蕭子雲，亦奇古。又有寫白樂天詩一首，是唐人書，亦秀潤。《天氣殊未佳》，顔魯公帖，緑棗花綾，是唐人勾填，圈深墨淺。夫金玉為器，毀之則再作，何代無工，字者使其身在再寫，則未必復工。蓋天真自然，不可預想，想字形大小，不為篤論，人人若同此中妙。懷素自言，初不知，却是造妙語；既再作，不可復得。搨而藏諸，何陋之有。（《四庫全書》本；明刻百川學海本）

智按：米芾，字元章，號襄陽漫士、鹿門居士、海岳外史等，因曾官禮部員外郎，世稱米南宫。原籍太原（今屬山西），徙居襄陽、丹徒。宋代著名書畫家，書法與蘇軾、黄庭堅、蔡襄（一説蔡京）並稱四大家。以恩補浛光尉。歷知雍丘、漣水縣，江淮荊浙等路制置發運司勾當公事，知無為軍。徽宗崇寧間召為書畫學博士，擢禮部員外郎。大觀元年，出知淮陽軍，卒，年五十七。有《山林集》一百卷（《寶晉英光集序》），已佚。宋岳珂輯有《寶晉英光集》，後人續輯有《寶晉山林集拾遺》。事見《寶晉山林集拾遺》附《故南宫舍人米公墓志》，《東都事略》卷一一六、《宋史》卷四四四有傳。

華鎮（一〇五一～一一一四?）

《送越帥程給事赴詔》

清華仙殿圖書府，（自注：公職集賢殿修撰。）貴近東臺侍從郎。寵被買臣榮遇紱，來臨安石宴游鄉。下車建設先條教，暖席施為盡紀綱。鑑物净明齊上水，臨機鋒鋭踰干將。威稜直為摧姦宄，德惠陰知佑善良。意匠經營真有趣，軸機裁處動非常。謹嚴庭訟情無失，（自注：公遷都廳於府内西樓下，以舊所近外，獄情多泄。）檢察民輸弊已亡。（自注：公創和買夏税場於府門左右，以絕往日之弊。）坐使姦胥難用巧，默令雅俗盡知方。淳和只有興廉遜，肅治應無敢寇攘。蓮幕終朝閑筆削，圜扉經歲絕桁楊。精藍振起都城美，（自注：公重建寶林寺，寺為城中勝概。）新館增延使者光。（自注：公築館以待往來使者，目為皇華館。）翦拂散材充大匠，吹噓寒谷變春陽。（自注：鎮自公薦送，即遂塵忝。）三年治最騰歌頌，千里聲和協雨暘。（自注：時累年風雨時若。）何但編氓稱五袴，已令比屋有千箱。（自注：時年穀屢登。）風流自得篇章樂，（自注：公當世詩匠，在越尤多唱和。）閑暇人驚日月長。彩舫有時羅綺繡，朱轓到處擁絲簧。尋窮萬壑幽深趣，踏徧千巖紫翠芳。（自注：公政成多暇，雲門、蘭亭常得游從。）絕唱未饒元相國，（原注：元微之在越，與副使竇鞏賡和，號蘭亭絕唱，公與僚屬實繼之），遺風獨揖賀知章。（自注：賀公故宅頽毁已久，公命緝之。）香山圖畫知嘗預，（自注：公與致政少師、致政少保二趙公，繪為三老圖。）魏闕心誠想未忘。下國可能留近侍，雄材自合在巖廊。祥光一夜生台座，優詔平明出未央。漢殿果深思董、賈，越人那久得龔、黄？丹書東下隨秋雁，畫鷁西征拂曉霜。不獨飛章留去轍，（自注：時監司交章乞公再任。）况多扶老擁歸艎。已知子翼終難借，猶擬曹侯且緩裝。送目未能看竹馬，傾思惟只詠甘棠。既當帝闕鹽梅望，可戀吳門繡晝堂。（自注：公姑蘇方成新第。）前席虛心方注想，據鞍壯氣正康强。七城異績雖云遠，（自注：會稽經總浙東七州。）萬室蒼生佇有望。蹇步有心隨軌轍，夢魂終夜倚門墻。（《四庫全書》本《雲溪居士集》卷十二；《全宋詩》第十八册，第一二三五六頁）

智按：華鎮，字安仁，號雲溪居士，會稽（今浙江紹興）人。神宗元豐二年（一〇七九）進士，調高郵尉。哲宗元祐元年（一〇八六），監溫州永嘉鹽場。七年，為道州司法參軍。元符二年（一〇九九），知海門。徽宗崇寧三年（一一〇四），知新安。政和初，知漳州，官終朝奉大夫。有《雲溪居士集》一百卷及《揚子法言訓解》等，已佚。清四庫館臣據《永樂大典》輯為《雲溪居士集》三十卷。事見本集有關詩文及附録其子初成進書表、行狀，《寶慶會稽續志》卷五有傳。

陳師道（一〇五二～一一〇二）

《戲元弼四首》（其二）

濁涇清渭不同源，世好因循到子孫。只待白頭能潦倒，不虞青眼已瀾翻。山頭落日着窗明，花裏來禽起笑聲。豈有詩成須白傅，獨於酒可置公榮。（《四庫全書》本《後山集》卷八）

《讀白樂天〈臨水坐〉詩》

西方社裏收身早，白髮人中得計長。不作北門東掖客，更無閑事可思量。（《四庫全書》本《後山集》卷八；《全宋詩》第十九册，第一二七四六頁；冒廣生《後山詩注補箋》，下册，第五七四頁）

智按：白居易《臨水坐》：「昔為東掖垣中客，今作西方社内人。手把楊枝臨水坐，閒思往事似前身。」元和十二年（八一七），四十六歲，任江州司馬。《白居易集箋校》第一〇三三頁。

《思白堂記》（元豐六年八月）

元豐四年，予游吳，過秀，見林侯。侯家于蘇而宦學于杭，能道其江湖山林之美、游覽之樂，而甚愛思白堂也。其秋八月，就舍錢塘，問思白之堂而往觀焉。臨淵而望，西山樓觀出焉。淵昧而林茂，魚鳥樂焉。江海山澤林廬之氣相錯，風林水麓鳥獸之聲相亂，而雨暘寒暑晝夜之變不齊也。慨然懷顧昔人之風聲，而自樂一時之得意，宜侯之甚愛而不忘也。而耆老豪傑文學之士，請載之石，以侈其賜，予未有以辭也。湖之東州保寧之寺，故唐刺史白公居易燕游之所也。近時律師某治其後堂而請于侯，於是名之，以致其思。又大書之以表其處，而思白之號，聞於吳中。夫前世游居之士有傳於後者多矣，獨有意於白公何耶？進則效其忠，退則存其身，仁以成政，文以成言，此公之行，而侯與士大夫之所思也。公爲刺史，知民之嗇於水也，築塘浚井，其利至今，豈特士大夫之思哉！夫怨其所惡，思其所好，人之所同；士以德言，民以功利，其所異也。而吏無全能，故上下之論不一，若公則思者衆矣。士之爲善誠無事於言，而行終其身，功盡於事，必待言而後傳，則又不可已也。公言見于書，行見于史，故今有以思之。此言之不亡，而記之所以作也。林侯常以集賢校理通判秀州，今爲尚書禮部郎中，其文學行治略與公等，後之人又將思之，其可辭乎！明年而余北歸，又明年而爲之記，不知余文使人思之如兩侯否？六年八月十日，彭城陳師道記。（宋刻本《後山居士文集》卷一四；《全宋文》二〇〇六年版第一二三册，卷二六六九，第三六三頁）

《後山詩話》

白樂天云：「笙歌歸院落，燈火下樓臺。」又云：「歸來未放笙歌散，畫戟門前蠟燭紅。」非富貴語，看人富貴也。（《歷代詩話》第三〇三頁）

黄魯直謂：「白樂天云『笙歌歸院落，燈火下樓臺』，不如杜子美云『落花游絲白日靜，鳴鳩乳燕青春深』也。」（《歷代詩話》第三〇三頁）

智按：「笙歌歸院落，燈火下樓臺」見白居易《宴散》，《白居易集箋校》

第一七七四頁。大和五年（八三一），六十歲，洛陽，河南尹。「歸來未放笙歌散，畫戟門前蠟燭紅」，見白居易《夜歸》，《白居易集箋校》第一三四〇頁。長慶二年（八二二），五十一歲，任杭州刺史。

學詩當以子美為師，有規矩故可學。退之於詩，本無解處，以才高而好學爾。淵明不為詩，寫其胸中之妙爾。學杜不成，不失為工。無韓之才與陶之妙，而學其詩，終為白樂天爾。（《歷代詩話》第三〇四頁）

智按：又見南宋何汶《竹莊詩話》卷一。「白」字，據《後山集》卷二十三「詩話」補。

退之詩云：「長安衆富兒，盤饌羅羶葷。不解文字飲，惟能醉紅裙。」然此老有二妓，號絳桃、柳枝，故張文昌云「為出二侍女，合彈琵琶筝」也。又為李於志敘當世名貴，服金石藥，欲生而死者數輩，著之石，藏之地下，豈為一世戒耶！而竟以藥死。故白傅云「退之服硫黃，一病竟不痊」也。荊公詩云：「力去陳言誇未俗，可憐無補費精神。」而公平生文體數變，暮年詩益工，用意益苦，故知言不可不慎也。（《歷代詩話》第三〇四頁）

智按：陳師道，字履常，一字無己，自號後山居士，學者稱後山先生，彭城（今江蘇徐州）人。家貧，苦志好學。年十六，以文謁曾鞏，遂留受業。神宗熙寧中，王安石經學盛行，師道心非其說，絕意仕進。元豐四年（一〇八一），曾鞏奉詔修史，薦入史館，以布衣未果。哲宗元祐二年（一〇八七）四月，以蘇軾等薦，起為亳州司戶參軍，充徐州教授。七月，除太學博士，因五月間曾托疾乞假到南京見蘇軾，仍罷為徐州教授。五年，移潁州教授。紹聖元年（一〇九四），坐蘇軾餘黨，謫監海陵酒稅。二年，調彭澤令，以母喪未行，家居六年。元符三年（一一〇〇），除棣州教授，未赴，召為秘書省正字（《後山年譜》）。徽宗建中靖國元年（一一〇一），扈從南郊，天寒無綿衣，以寒疾卒於十二月二十九日，年四十九。遺著由門人魏衍編為《彭城陳先生集》二十卷，其中詩六卷，四百五十六篇，已佚。有《後山居士文集》（二十卷，收詩多於魏本）、《後山先生集》（二十卷）傳世。《宋史》卷四四四有傳。陳師道詩用典取自白居易詩者甚多，宋人任淵《後山詩注》所注即有九十四處。

李復（一〇五二～?）

《西溪酬孫倚李珪二同年依韻》

水部張員外，中書白舍人。曾聞三絶句，同賞曲江春。且逐追隨舊，休悲老大身。花今千樹發，有底不來因?（《四庫全書》本《潏水集》卷十三）

智按：李復，字履中，號潏水先生，原籍開封祥符（今河南開封），因其先人累官關右，遂為長安（今陝西西安）人。與張舜民、李昭玘等為文字交。神宗元豐二年（一〇七九）進士。五年，攝夏陽令。哲宗元祐、紹聖間歷知潞、亳、夔等州。元符二年（一〇九九），以朝散郎管勾熙河路經略安撫司機宜文字。徽宗崇甯初，遷直秘閣、熙河轉運使。三年（一一〇四）知鄭、陳二州。四年，改知冀州；秋，除河東轉運副使。靖康之難後卒。撰有《潏水集》四十卷，已佚。清四庫館臣據《永樂大典》輯為十六卷。生平見《潏水集》附録宋錢端禮撰《書潏水集後》及清錢大昕《十駕齋養新録》卷十四，《宋元學案》卷三十一有傳。

晁補之（一〇五三～一一一〇）

《家池雨中二首》（其二）

不作太白夢日邊，還同樂天賦池上。池上今年有荷葉，細雨游魚噞輕浪。教兒讀易不應舉，幽人一爻吾得尚。此池便可當長江，欲榜茅齋來蕩漾。（《四庫全書》本《雞肋集》卷十四；《全宋詩》第十九册，第一二八三二頁）

智按：一作蘇軾《池上二首》（《蘇文忠公全集》卷二十六）。

《和二叔父少監入館見賜詩》

楩柟（楠）要是晚方成，雄朔遺風世共驚。屑去未驚容必去，逃名還自得高名。歌行元白辭濤壯，書畫鍾王筆勢精。乘馬輜車何足算，不將稽古愧桓榮。(《四部叢刊》本《濟北晁先生雞肋集》卷十七；《全宋詩》第十九册，第一二八五二頁)

智按：哲宗元祐二年（一〇八七）寫與二叔晁端彦（一〇三五～一〇九五)。晁補之父親早逝，他得到二叔照顧最多。晁補之《祭陝州二叔父文》曰：「先君早世（逝)，孰憐其孤，亦叔父志，教之譽之，人莫間之。」(《雞肋集》卷六十）晁補之對這位叔父撫卹之恩，銘感於心。

《和王拱辰觀梨花二首》(其一)

海棠十韵詫芬芳，慚愧梨花冷似霜。頼有樂天春雨句，寂寥從此亦馨香。(《四庫全書》本《雞肋集》卷二十；《全宋詩》第十九册，第一二八六八頁)

《謫宋徙亳初聞周璠琵琶》

棗園憀慄檜廳寒，醉倚琵琶倒鶡冠。不似江州白司馬，只成怨恨不成歡。(《四庫全書》本《雞肋集》卷二十二；《全宋詩》第十九册，第一二八八二頁)

智按：哲宗紹聖二年（一〇九五）坐修《神宗實録》失實，降應天府，改貶亳州通判時作。後二句典出白居易《琵琶行》「座中泣下誰最多，江州司馬青衫濕」。

《驀山溪》

蘭臺仙史，好在多情否。不寄一行書，過西風、飛鴻去後。功名心事，千載與君同，只狂飲，只狂吟，緑鬢殊非舊。　　山歌村館，愁醉潯陽叟。且借兩州春，看一曲、樽前舞袖。古來畢竟，何處是功名，不同飲，不同吟，也勸時開口。(《全宋詞》第五六六頁)

智按：哲宗紹聖二年（一〇九五)，在亳州寄張耒。晁補之在亳州時，因為等不到張耒書信，特别懷念這位曾在京師同飲同吟之友，「功名心事，千載與君同」正是兩人深厚情誼之寫照。而如今晁補之遠在亳州，張耒遷起居舍人，以白居易自況，故有「山歌村館，愁醉潯陽叟」句，化用白居易《琵琶行》「我從去年辭帝京，謫居卧病潯陽城。潯陽地僻無音樂，終歲不聞絲竹聲。……期間旦暮聞何物？杜鵑啼血猿哀鳴。春江花朝秋月夜，往往取酒還獨傾。豈無山歌與村笛，嘔啞嘲哳難為聽」。二人因政局變化，各自淪落天涯，緑鬢已斑，青春不再，最感慨者，豈是山歌嘔啞難為聽？同飲同吟之友久無音訊，晁補之非常掛念。詞尾「古來畢竟，何處是功名」，感傷中強作曠達，再勸這位功名心事、千載同心之友，往昔同飲同吟之時光不再，猶能時時開口飲酒吟詩，一如當年同在館閣之時。

《安公子（次膺叔）》

少日狂游好。閬苑花間同低帽。不恨千金輕散盡，恨花殘鶯老。命小轡、翩翩隨處金尊倒。從市人、拍手攔街笑。鎮瓊樓歸卧，麗日三竿未覺。
迷路桃源了。亂山沈水何由到。撥斷朱絃成底事，痛知音人悄。似近日、曾教青鳥傳佳耗。學鳳簫、擬入煙蘿道。問劉郎何計，解使紅顔卻少。（《全宋詞》第五七一頁）

智按：膺叔指十二叔晁端禮。「低帽」語出白居易《東城晚歸》詩「晚入東城誰識我，短靴低帽白蕉衫」。

《緑頭鴨（韓師朴相公會上觀佳妓輕盈彈琵琶）》

新秋近，晋公别館開筵。喜清時、銜杯樂聖，未饒緑野堂邊。綉屏深、麗人乍出，坐中雷雨起鵾弦。花暖間關，冰凝幽咽，寶釵搖動墜金鈿。未彈了、昭君遺怨，四坐已凄然。西風裏、香街駐馬，嬉笑微傳。　　算從來、司空慣，斷腸初對雲鬟。夜將闌、井梧下葉，砌蛩收響悄林蟬。賴得多愁，潯陽司馬，當時不在綺筵前。競嘆賞、檀槽倚困，沈醉到觥船。芳春調、紅英翠萼，重變新妍。（《全宋詞》第五七一頁）

《水龍吟》

滿湖高柳搖風，坐看驟雨來湖面。跳珠濺玉，圓荷翻倒，輕鷗驚散。堂上涼生，檻前暑退，羅裾淩亂。想東山謝守，綸巾羽扇，高歌下、青天半。

應記狂吟司馬，去年時、黃花高宴。竹枝苦怨，琵琶多淚，新年鬢換。常恐歸時，眼中物是，日邊人遠。望隋河一帶，傷心霧靄，遣離魂斷。(《全宋詞》第五七一頁)

智按：哲宗紹聖二年（一〇九五）九月，晁補之改通判亳州，初到亳州時，有《水龍吟》詞寄趙君錫。上片寫景，從景中追憶離開應天府時，趙君錫設宴相送情景，晁補之以東山謝安比喻趙君錫。下片用劉禹錫、白居易、晉明帝等前人事跡，澆自家胸中塊壘，寫來沈鬱頓挫。「狂吟司馬」指劉禹錫因王叔文獲罪，受連坐懲處，貶為連州刺史，尚未到任又再貶為朗州司馬，十年始還。「竹枝苦怨」也是指劉禹錫被貶夔州時，因聽里中唱竹枝詞，仿之寫成《竹枝詞》九篇。「琵琶多淚」指白居易貶江州所寫《琵琶行》，有「座中泣下誰最多，江州司馬青衫濕」。「日邊人遠」引《世説新語》所載晉明帝認為日近人遠，暗喻如今身在亳州，朝廷對他而言，也是日近人遠。晁補之亳州詞作，每每以劉禹錫、白居易自況，如《行香子》〔梅〕詞：「揚州應記，東閣逢時，恨劉郎誤，題詩句，怨桃溪。」《驀山溪》〔譙園飲酒為守令作〕詞：「劉郎莫問，去後桃花事。司馬更堪憐，掩金觴。琵琶催淚。」《驀山溪》〔亳社寄文潛舍人〕詞：「山歌村館，愁醉潯陽叟」等都是。

《跋蘭亭序》

始余幼時讀《太平廣記》，見唐太宗遣蕭翼購《蘭亭叙》事，蓋譎以出之，輒嘆息曰：「《蘭亭叙》若是貴耶？至使萬乘之主，捐信於匹夫！」傳稱子貢詐而全魯，弦高誕而存鄭，遺一言之細，建二國之業，猶不可以為常；以太宗之賢，巍巍乎近古所無，奈何溺小嗜好，而輕喪其非常之寶，異於得原失信，不圍而去者矣。晚多閒居，頗屏世好，獨於古人筆墨之遺，猶愛而不能置，甚於少年喜官爵，遲暮營田宅者，與前論異矣。因誦白居易《七德歌》曰：「功成理定何其速，速在推心致人腹（智按：集作「置人腹」）。……怨女三千放出宮，死囚四百來歸獄。」復嘆曰：「太宗以一旅取天下，惟信爾。夫不吝三千女而放出宮，自信也；不約四百囚而來歸獄，人信也。晉捨原，何足道哉？全魯存鄭，利重於譎也；愛《蘭亭叙》，事小於欺也。其老而將傳，至從其子求書從葬，亦累矣。累物鈞病於行，若太宗，不累者大，累者小，則世將曰：此何足以論諸信不信之間？士之行己，亦若此而已，然則此書雖以石刻傳，可寶也。崇寧丙戌前冬至五日，緡東皐流憩洞李季良出之，晁補之題。（《四庫全書》本《雞肋集》卷三十三；桑世昌《蘭亭考》卷八，知不足齋叢書本）

《寂默居士晁君墓表》

寂默居士晁氏，諱端稟，字大受，居開封之昭德坊，太子少保文元公曾祖也，給事中叅知政事文莊公祖也。其世家爵里謚諱詳於國史。……愛西湖琅邪山水，曰是可以忘老。有詩數十百首，至今傳杭滁間，善為長歌，怪處似玉川子，平處似香山居士，至雜文數千言，叙事極古今得失之辯，則唐人獨以詩名如郊、島者，不能逮也。……（《四庫全書》本《雞肋集》卷六十三）

《文安郡君陳氏墓誌銘》

太中大夫權判北京留司御史臺韓公璹之夫人陳氏，泉州晉江縣人，三司户部副使尚書兵部員外郎贈兵部尚書諱詁之女，夫人幼警惠，嘗閱白居易詩，一過能誦，其兄汝奭異之。韓公未冠，舉進士有聲，尚書曰：「吾女宜歸斯人。」乃妻韓公。丞相申國吕公，當朝夫人，母家隆盛，歲時集會，内外命婦，十數環坐，綺紈曄然。夫人以儒者妻在末座，衣無繢繡，語言容止不矜慕，一座皆聳。舅苦風痺，侍疾，憂見於色。居舅喪，盡禮焉。韓公以材遇主，仕寖顯……（《四庫全書》本《雞肋集》卷六十四）

智按：晁補之，字無咎，號歸來子，濟州巨野（今山東巨野）人。神宗元豐二年（一〇七九）進士，調澶州司戶參軍。召試學官，除北京國子監教授，遷太學正。哲宗元祐初，召試學士院，以秘閣校理通判揚州，遷知齊州。與黄庭堅等並稱蘇門四學士。紹聖元年（一〇九四），坐黨籍累貶監信州酒稅。徽宗即位，召為著作佐郎，擢吏部郎中。出知河中府，徙湖州、密州。崇寧間黨論復起，奉祠禄居家，葺歸來園，慕晉陶潛為人。大觀四年起知達州，改泗州，卒于任，年五十八。有《雞肋集》七十卷。事見《柯山集拾遺》卷十二《晁無咎墓誌銘》,《宋史》卷四四四有傳。

張耒（一〇五五～一一一四）

《白公祠》

斯人不可見，千古懷清風。猶想鸞鳳姿，翛然山水中。空祠遺像儼，過者為肅恭。同時富貴人，泯滅知何窮。公惜得所遇，慨然屢輸忠。一傷巧舌刀，泯默類瘖聾。出處竟無禍，卷舒詎知蹤。被獲空歎麟，不制方為龍。(《四庫全書》本《柯山集》卷七；《張耒集》上册，第八六～八七頁)

《次韵淵明飲酒詩》（其十七）

樂天好飲者，少亦登貴仕。八年潯陽謫，學道乃忘己。與時雖寡怨，行己終有恥。抗言立朝廷，放志傲閭里。優游禍福間，出處皆可紀。乘流與偕逝，遇坎輒復止。酣歌盡百年，天理端可恃。（宋邵浩《坡門酬唱集》卷十五,《四庫全書》本；《全宋詩》第二十册，第一三〇七六頁）

《白樂天有渭上雨中獨樂十餘首倣淵明，予寓宛丘，居多暇日，時屢秋雨，倣白之作，得三章》（獨樂，一作獨酌）

寒極則有暑，晦久則有明。開闢迄今兹，此理信可憑。炎炎者易滅，巍巍者必傾。聖智無奈何，況此愚昏氓。設羅以獵獸，切骨陷其膺。重勢以鎮物，懸絕壓其肱。縱使賁與育，力有不獲呈。物情千萬變，可盡得經營。不如寂寞士，葛帶而蘭纓。無求復無憂。容貌甚和平。況兹積雨餘，秋氣日姿清。悠然有佳興，美酒時一傾。

罷官卧窮巷，值此雲物稠。連延經旬雨，城市欲行舟。柱礎變坳塘，瓦溝成暴流。蕭然殘暑退，寒事戒衣裘。老人朝睡足，起坐梳白頭。呼童飭晨餐，薪濕爨婦愁。洗我朱提杯，不復具肴羞。一觴已徑醉，萬事良悠悠。

故人遺我酒，氣味芳以清。置之屋壁間，興至時一傾。銀杯度一合，三釂已徹觥。既免戒沉湎，且無憂病酲。嵇阮愧令德，劉石無遐齡。荒狂有何樂，徒以酒自名。吾倖免困此，庶幾盡平生。(《四庫全書》本《柯山集》卷八；《全宋詩》第二十册，第一三〇八二頁；《張耒集》上册，第一〇五頁)

《冬日放言二十一首》（其七）

酒聖卯時歡，此語聞樂天。安用苦了了，白日供憂煎。浮世本幻妄，空花電露然。人間無實事，惟醉庶幾焉。（《四庫全書》本《柯山集》卷八；《全宋詩》第二十册，第一三〇九〇頁；《張耒集》上册，第一一四頁）

《題江州琵琶亭》

危亭古榜名琵琶，尚有楓葉連荻花。嗚呼司馬則已矣，行人往來皆歎嗟。司馬風流映千古，當日琵琶傳樂府。江山寂寞三百年，潯陽風月知誰主。我今單舸犯江潭（犯，一作泛），往來略已遍東南。可憐千里傷心目（心目，一作春眠），不待琵琶淚滿衫。（《四庫全書》本《柯山集》卷十一；《張耒集》上册，第二二二頁）

《宿譙東逆旅夜聞歌白公琵琶行》

元和才子悲流落，一聽琵琶謂天樂。青衫裛淚作長歌，誰取篇章和宮角。譙東夜久行人稀，卧聞此歌歌者誰。歌侶舊時人不見，舉頭欲聽淚雙垂。畫堂青瑣春無事，幾聽此歌還幾醉。東風桃李作黃埃，寶篋塵昏譜間字。一聲一聽一情傷，未老應知幾斷腸。展轉曲終燈燼落，荒城寒月夜飛霜。（《四庫全書》本《柯山集》卷十三；《張耒集》上册，第二六二頁）

《何處春深好二首》

何處春深好，春深禪宿家。茶爐寒夙火，佛案曉添花。壞宅無妖火，通途有寶車。院深人不到，幡影逐風斜。

何處春深好，春深居士家。荒園幾畦菜，環堵數株花。自蠟登山屐，仍驅下澤車。時時客問字，醉帽任傾斜。（《四庫全書》本《柯山集》卷十四；《張耒集》上册，第二八五頁）

智按：此乃效仿白居易《和春深二十首》「何處春深好」所作。

《效白體二首》

功名富貴付悠悠，高卧山城又過秋。燕坐香燈為靜侶，閑行麋鹿是同游。青黃草木新霜過，瀟灑溪山夜雨收。回首十年梁苑客，枉教白卻少年頭。

州貧須惜尊罍費，俗陋兼無妓樂名。幸有蒲團供燕坐，不妨藜杖助閑行。看炊香稻供齋飯，自采寒蔬試野羹。身外無營内無事，近來心氣盡和平。（《四部叢刊》影印舊抄本《張右史文集》卷二十六；《四庫全書》本《柯山集》卷十九；《張耒集》上册，第四三〇頁）

《效白體贈楊補之》

青衫居士斷葷血，一榻蕭然如在山。堂下黄花驚歲晚，尊中緑酒覺官閑。胸中已了一事大，鏡裏莫驚兩鬢斑。我亦久懷伊洛興，煩君先為卜禪關。（《四部叢刊》影印舊抄本《張右史文集》卷二十六；《四庫全書》本《柯山集》卷十九；《張耒集》上册，第四三一頁）

《效白體贈晁無咎白公守蘇時劉夢得守和有歲暮贈劉詩三首因效其體寄齊州知府無咎學士二哥雖愧仰聲華亦不慚分義》

過去生中作弟兄，依然骨肉有餘情。青衫校正同三館，白髮東南各一城。君比酇生多事業，我方謝朓欠詩名。想當把酒笙歌裏，亦記長安痛飲生。

江南歲晚水風寒，鈴閣無人晝掩關。過雨樓臺宛溪市，新霜松竹敬亭山。不悲仕宦從來拙，所喜形骸絕得閒。山妓村醪君莫笑，亦勝苜蓿滿朝盤。

關河戰國東秦地，風月南朝小謝城。妓樂比君拈不出，溪山許我賭來贏。真珠金線真無比，疊嶺雙溪亦有聲。一事與君宵壤別，板輿時從老人行。（《張耒集》上册，第四五三～四五四頁）

《雜書》

予自金陵月堂謁蔣帝祠，初出北門，始辨色，行平野中。時暮春，人家桃李未謝，西望城壁壕水，或絶或流，多鵁鶄白鷺，邐迤近山，風物夭秀，如行錦繡圖畫中。舊讀荆公詩，多稱蔣山景物，信不誣也。白公少客杭州，自言欲得守杭，卒如其言，予亦云。（《柯山集》卷四十四；四部叢刊景舊抄本《張右史文集》卷四十七；《張耒集》下册，卷五十三，第八〇七頁；《全宋文》二〇〇六年版第一二八册，卷二七六八，第一一二頁）

《題吴德仁詩卷》

陶元亮雖嗜酒，家貧不能常飲，而況必飲美酒乎？其所與飲，多田野樵漁之人，班坐林間，所以奉身而悦口腹者蓋畧矣。白樂天亦嗜酒，其家釀黄醅者，蓋善酒也。又每飲必有絲竹童妓之奉。洛陽山水風物甲天下，其所與游，如裴度、劉禹錫之徒，皆一時名士也。夫欲為元亮，則窘陋而難安；欲為樂天，則備足而難成。德仁居二人之間，真率僅似陶，而奉養略如白，至其放達，則並有之，豈非賢哉！（《四庫全書》本《柯山集》卷四十四；四部叢刊景舊抄本《張右史文集》卷四十七；《張耒集》下册，卷五十三，第八〇八頁）

《題賈長卿讀高彥休讀白樂天事》

高彥休作《唐闕史》，辨白樂天無因毋墜井作賞花、新井詩，賈子又從而續辨之。張子曰：二子謂之愛白公則可矣，未可謂知白公也。古之聖賢，誰能無謗，何獨樂天也哉！有謂舜囚堯而奪之位，伊尹放太甲而王，世未嘗有辨舜與伊尹之非篡者也。其心誠知其不然，則辨無自而萌於心，是其為說無待而自然。人之飽者，人誣之以飢，未有自疑而辨其非飢者。人知舜與伊尹之非篡，如自信其飽，雖或從而誣之，而不在辨之之域矣。故凡世之辨已與辨人，其言雖工，而察其心之始萌，蓋其於信嘗有所不足，而後不能無言。彼雖不能無疑於其初，其考於理，較於跡，而後能消其不信之心，於是乎有辨。故曰：二子未可謂知白公者也。嗚呼！小人之害君子也，亦多術矣。謗之於意外，惑之於疑似，世之君子傍視而不平者，起而與之辨，起於知之所不足，故縱言極口而益召天下之多言，多言繁興，而是非足以兩行於世。夫惟真知而泯言者，而後謗止。夫世之真知君子者纔幾人，則小人之毀賢敗善，何時而止耶？悲夫！（《四部叢刊》影印舊抄本《張右史文集》卷四十八；《四庫全書》本《柯山集》卷四十五；《張耒集》下册，卷五十四，第八二四頁）

《賀錢内翰啓》

伏承内翰侍讀四丈罷直内閣，升華禁林，解天府之浩繁，侍經帷之清燕。雖衆望所屬，理固當然，而成命既行，士以相賀。伏以學士號為職親地要，實儒者之至榮；訓辭欲其言近指深，必文人為充運（選）。設官雖專於書詔，儲才常用於鈞衡，被選益艱，因人增重。雖從容入侍，獨高太白、樂天之詞華；而論議經邦，復重德裕、敬輿之術業。苟擅一長於此，皆為

稱職之才。……（《四庫全書》本《柯山集》卷四十七；《張耒集》下册，卷五十七，第八五三頁）

《明道雜誌》

白樂天作《紫毫筆》詩云：「宣城石上有老兔，食竹飲泉生紫毫。」余守宣時，問筆工，毫用何處兔？答云：「皆陳、亳、宿數州客所販。宣自有兔毫不堪用，蓋兔居原田則毫全，以出入無傷也。宣兔居山，出入為荊棘樹石所傷，毫例短禿。則白詩所云，非也。白公宣州發解進士，宜知之，偶不問耳。（《顧氏文房小説》本；《説郛》卷四十三下）

智按：《新樂府五十首·紫毫筆》：「江南石上有老兔，吃竹飲泉生紫毫。」宋嚴有翼《藝苑雌黄》對此復有辨析，見《苕溪漁隠叢話後集》卷十（廖德明校點，虞行、周本淳重訂本，第七十一頁）。

張耒，字文潛，號柯山，人稱宛丘先生，祖籍亳州譙縣（今安徽亳州），生長於楚州淮陰（今江蘇淮陰西南）。為詩文服膺蘇軾，與黄庭堅、晁補之、秦觀並稱「蘇門四學士」。神宗熙寧六年（一〇七三）進士，授臨淮主簿。元豐元年（一〇七八），為壽安尉。七年，遷咸平丞。哲宗元祐元年（一〇八六），以太學録召試館職，歷秘書丞、著作郎、史館檢討。元祐末，擢起居舍人。哲宗親政，以直龍圖閣學士出知潤州，未幾，改宣州。紹聖三年（一〇九六），管勾明道宫。四年，坐黨籍落職，謫監黄州酒税。元符二年（一〇九九），改監復州酒税。徽宗即位，起通判黄州，遷知兖州，召為太常少卿，出知潁州、汝州。崇甯元年（一一〇二），因黨論復起，貶房州别駕，黄州安置。五年，歸淮陰。大觀二年（一一〇八）居陳州，政和四年卒。有《柯山集》五十卷（另有拾遺十二卷、續拾遺一卷），《張右史文集》六十卷，《宛丘先生文集》七十六卷。《宋史》卷四四四有傳。詩學白居易、張籍，平易舒坦，不尚雕琢，但常失之粗疏草率。《宋詩鈔》卷三十云：「史稱其詩效白居易，樂府效張籍，然近體工警不及白，而醖藉閒遠别有神韻。樂府古詩用意古雅，亦長慶爲多耳。子瞻謂：秦得吾工，張得吾易。謾相壓也，要在秦、晁以上。」

張邦基（一〇五六~一一〇九）

《墨莊漫録》

⊙朱勔進石

宣和癸卯，平江朱勔採石太湖黿山，得一石，長四丈有奇，廣得其半，玲瓏嵌空，竅穴百千，非雕刻所能成也。并郡宅後池光亭臺上白公檜，世傳白樂天手植也。創造二大舟，費八千緡以獻，時常、潤間河渠淺澀，重載不前。乃先繪圖以聞。宸翰賜石名神運昭功敷慶萬年之峰，時人莫不目擊。余時初至吳中，亦獲一觀。是秋方至京師，置於艮嶽。（《四部叢刊》本卷一；《四庫全書》本卷二，孔凡禮點校《墨莊漫録 過庭録 可書》，第三二頁）

⊙王禹玉送文潞公詩

文潞公丞相出鎮西京，奉詔於瓊林苑燕餞，從列皆預，賦詩送行。王禹玉時為内相，詩云：「都門秋色滿旌旗，祖帳容陪醉御巵。功業迥高嘉祐末，精神如破貝州時。匣中寶劍騰霜鍔，海上仙桃壓露枝。昨日更聞褒詔下，別刊名姓入周彝。」時以為警絕。曾紘伯容為予言：此詩第一句，便見體面之大，若非上公大僚，詎敢於都門而張旌旗耶！此餘人所不可當也。白居易《獻裴度丞相詩》云：「聞説風情筋力在，只如初破蔡州時。」禹玉用此事也。（《四部叢刊》本卷四；《四庫全書》本卷四，孔凡禮點校《墨莊漫録 過庭録 可書》，第一二一頁）

智按：清潘永因《宋稗類鈔》卷三：「文潞公出鎮西京，奉詔於瓊林苑燕餞，從列皆預，賦詩送行。王禹玉時為内相，詩云：『都門秋色滿旌旗，祖帳容陪醉御巵。功業迥高元祐日，精神如破貝州時。匣中寶劍騰霜鍔，海上仙桃壓露枝。昨日更聞褒詔下，別刋名姓入周彝。』時以為警絶。白居易獻裴晉公詩云：『聞説風情筋力在，只如初破蔡州時。』禹玉蓋步武此作也。」（《四庫全書》本）

⊙杜子美、白樂天、曾子固、道君《荔枝》詩

「金釵雙捧玉纖纖，星宿光芒動滿奩。解笑詩人誇博物，祇知紅果味酸

甜。」曾子固《荔枝》詩也。白樂天《荔枝》詩曰：「津液甘酸如醴酪。」杜子美詩云：「紅顆甜酸祇自知。」故前詩譏二公也。政和初，閩中貢連株者移植禁中，次年，結實不減土出。道君御製詩云：「玉液乍凝仙掌露，絳紗初脱水晶丸。」盖體物之工矣，時羣臣皆應制焉。(《四部叢刊》本卷四；《四庫全書》本卷四，孔凡禮點校《墨莊漫録 過庭録 可書》，第一二四～一二五頁)

智按：白居易《荔枝圖序》云：「荔枝生巴峽間，……瓤肉瑩白如冰雪，漿液甘酸如醴酪。」并非詩句。

⊙元微之《連昌宫詞》

白樂天作《長恨歌》，元微之作《連昌宫詞》，皆紀明皇時事也。予以謂微之之作過樂天。白之歌，止於荒淫之語，終篇無所規正。元之詞，乃微而顯，其荒縱之意皆可考，卒章乃不忘箴諷，為優也。其詞有云：「上皇正在望仙樓，太真同憑欄干立。樓上樓前盡珠翠，炫轉熒煌照天地。」又云：「初過寒食一百六，店舍無煙宫樹緑。夜半月高絃索鳴，賀老琵琶定場屋。力士傳呼覓念奴，念奴潛伴諸郎宿。須臾覓得又連催，特敕街中許燃燭。」又云：「飛上九天歌一聲，二十五郎吹管逐。逡巡大遍《梁州》徹，色色《龜兹》轟録續。李謩擪笛傍宫墻，偷得新翻數般曲。」又云：「平明大駕發行宫，萬人鼓舞途路中。百官隊仗避岐薛，楊氏諸姨車鬬風。明年十月東都破，御路猶存禄山過。」云云。禄山以天寶十四載反於漁陽，陷東京，則幸連山時，乃十三載也。巡幸而諸弟、諸姨悉扈從，百司供頓亦擾矣。

念奴，名妓也。帝歲幸華清，時巡東洛，有司潛遣隨行，以備宣喚。而每為諸王所邀致，方寒食火禁，而中夜宫中張樂不已，聲聞於外。遣中官傳呼，追覓念奴，特呼燃燭於御街，呼叫於静夜，皆不可以訓。既終夕喧樂，黎明六飛，又復西去。王者慎動，當如是乎？此詩深譏其荒淫無度也。

是歲帝年七十一，而太真年三十六矣。然考之《本紀》，十三載乃無幸洛之事，豈史逸耶？微之去天寶不遠，必不鑿空而云也。李謩「擪笛」字，《玉篇》云：「擪，烏協切，指按也。」於笛而云「擪」，此一字之妙也。(《四部叢刊》本卷六；《四庫全書》本卷六，孔凡禮點校《墨莊漫録 過庭録 可書》，

第一七七頁）

琴按:《唐音癸籤》卷十一「評匯七」引此段，原文改作:「或問《長恨歌》與《連昌宮詞》孰勝? 余曰: 元之詞微著其荒縱之跡，而卒章乃不忘箴諷。若白作止敘情語顛末，誦之雖柔情欲斷，何益勸戒乎?」(周本淳校點本，第一一二～一一三頁）與邦基原文不同。

智按: 一本作「……予以為微之之作，過白樂天之歌。白止於荒淫之語……」。

智按: 張邦基，字子賢，高郵（今屬江蘇）人。宣和癸卯在吳中見朱勔所採太湖鼋山石，紹興十八年見趙不棄除侍郎。《墨莊漫録》前自序稱「性喜藏書，隨所寓榜曰『墨莊』，故以為名」。

劉跂（一〇五六～一一一八）

《惠山寺》

從來未到山頭寺，應在武陵深處藏。漢水文人生自拙，香山居士興何長。四旁島嶼娟娟緑，萬頃菰蒲靡靡香。且醉尊中眼前物，瀛洲蓬島兩微茫。(《四庫全書》本《學易集》卷三;《全宋詩》第十八册，第一二二〇三頁）

《題醉吟先生傳》

河間劉某，徃歲浮舟南邁，與岳州太守許公實同塗，相約為江行棲宿守望之侶，致相樂也。居亡何，公欲之官，相別去。今年到泗上，聞醉吟先生聲稱籍籍，一日見過，愛其風尚蕭散，問之家世，則固許岳州之後，又出諸公所為傳贊集叙酬贈書跋之語，甚衆。嗚呼！岳州有賢子，世之名士交口稱述之固宜。而某也幸知其父子於先後二十餘年之間。今先生所養超越，不汲汲於富貴，此政朝廷所欲待以不次。行矣，强飯，勉之，遂將有立於世，非但賦詩飲酒，如是而止。某雖衰晚多病，尚庶幾及見之，惟日望之。(《四庫全書》本《學易集》卷六）

智按: 劉跂，字斯立，時稱學易先生，東光（今屬河北）人。摯子。神宗元豐二年（一〇七九）進士，釋褐亳州教授。哲宗元祐初，移曹州教授。歷雄州防禦推官，知彭澤、管城、蘄水縣。以其父為御史中丞，不得仕朝官。紹聖初，又因其父入黨籍，牽連免官。徽宗立始復官，卒於政和末，官終朝奉郎。有《學易集》二十卷，已佚。清四庫館臣據《永樂大典》輯為八卷。生平見《宋史》卷三四〇《劉摯傳》。

邵伯溫（一〇五六～一一三四）

《邵氏聞見録》

太宗一日謂宰輔曰：「朕如何唐太宗?」衆人皆曰：「陛下堯、舜也，何太宗可比?」丞相文正公李昉獨無言，徐誦白樂天詩云：「怨女三千放出宮，死囚八百來歸獄。」太宗曰：「朕不如也。」神宗序溫公《資治通鑑》曰：「若唐之太宗，孔子所謂『禹吾無間焉』者。」神宗可謂無愧於太宗矣。至召見王荊公，首建每事當法堯、舜之論，神宗信之。荊公與其黨始務為高大之説，至厭薄祖宗以為不足法，況唐之太宗乎？文正公之言可拜也。（卷六，李劍雄、劉德權點校《邵氏聞見録》，第五四～五五頁）

天聖、明道中，錢文僖公自樞密留守西都，謝希深為通判，歐陽永叔為推官，尹師魯為掌書記，梅聖俞為主簿，皆天下之士，錢相遇之甚厚。一日，會於普明院，白樂天故宅也，有《唐九老畫像》，錢相（智按：錢惟演）與希深（智按：謝絳）而下，亦畫其旁。因府第起雙桂樓，西城建臨圜驛，命永叔、師魯作記。永叔文先成，凡千餘言。師魯曰：「某止用五百字可記。」及成，永叔服其簡古。永叔自此始為古文。錢相謂希深曰：「君輩臺閣禁從之選也，當用意史學，以所聞見擬之。」故有一書，謂之《都廳閒話》者，諸公之所著也。一時幕府之盛，天下稱之。又有知名進士十人，游希深、永叔之門生，王復、王尚恭為稱首。時科舉法寬，秋試府園醮廳，希深監試，永叔、聖俞為試官。王復欲往請懷州解，永叔曰：「王尚恭作解元矣。」王復不行，則又曰：「解元非王復不可。」蓋諸生文賦，平日已次第之矣，其公如此。當朝廷無事，郡府多暇，錢相與諸公行樂無虛日。一日出長夏門，屏騎從，同步至午橋訪郭君隱君，郭君不知為錢相也，草具置酒。錢甚喜，不忍去。至晚，衙騎從來，郭君亦不為動，亦不加禮。抵暮別去，送及門曰：「野人未嘗至府廷，無從謁謝。」錢相悵然謂諸公曰：「斯人視富貴為如何？可愧也！」郭君名延卿，時年逾八十，少從張文定公、呂文穆公游，以文行稱。張、呂二公相繼入相，薦於朝，命以職官，不出。洛人至今呼為郭五秀才莊云。（卷八，李劍雄、劉德權點校《邵氏聞見録》，第八一～八二頁）

洛城之南東午橋，距長夏門五里，蔡君謨為記，蓋自唐已來為游觀之地。裴晉公緑野莊今為文定張公別墅，白樂天白蓮莊今為少師任公別墅，池臺故基猶在。二莊雖隔城，高槐古柳，高下相連接。午橋西南二十里，分洛堰司洛水；正南十八里，龍門堰引伊水，以大石為杠，互受二水。洛水一支自後載門入城，分諸園，復合一渠，由天門街北天津、引龍二橋之南，東至羅門；伊水一支正北入城，又一支東南入城，皆北行，分諸園，復合一渠，由長夏門以東、以北至羅門，皆入於漕河。所以洛中公卿庶士園宅，多有水竹花木之勝。元豐初，開清、汴，禁伊、洛水入城，諸園為廢，花木皆枯死，故都形勢遂減，四年，文潞公留守，以漕河故道湮塞，復引伊、洛水入城，入漕河，至偃師與伊、洛匯，以通漕運，隸白波輦運司，詔可之。自是由洛舟行河至京師，公私便之。洛城園圃復盛。公作亭河上，榜曰「漕河新亭」。元祐間，公還政歸第，以幾杖樽俎臨是亭，都人士女從公游洛焉。（卷十，李劍雄、劉德權點校《邵氏聞見録》，第一〇三～一〇四頁）

元豐五年，文潞公以太尉留守西都，時富韓公以司徒致仕，潞公慕唐白樂天九老會，乃集洛中卿大夫年德高者為耆英會。以洛中風俗尚齒不尚官，就資勝院建大廈曰耆英堂，命閩人鄭奐繪像其中。時富韓公年七十九，文潞公與司封郎中席汝言皆七十七，朝議大夫王尚恭年七十六，太常少卿趙丙、秘書監劉几、衛州防禦使馮行已（己）皆年七十五，天章閣待制楚建中、朝議大夫王慎言皆七十二，太中大夫張問、龍圖閣直學士張燾皆年七十。時宣徽使王公拱辰留守北京，貽書潞公，願預其會，年七十一。獨司馬溫公年未七十，潞公素重其人，用唐九老狄兼謨故事，請入會。溫公辭以晚進，不敢班富、文二公之後。潞公不從，令鄭奐自幕後傳溫公像，又至北京傳王公像，於是預其會者凡十三人。潞公以地主攜妓樂就富公宅，作第一會。至富公會，送羊酒不出；餘皆次為會。洛陽多名園古刹，有水竹林亭之勝，諸老鬚眉皓白，衣冠甚偉，每宴集，都人隨觀之。潞公又為同甲會，司馬郎中旦、程太中珦、席司封汝言，皆丙午人也，亦繪像資勝院。其後司馬公與數公又為真率會，有約：酒不過五行，食不過五味，惟菜無限。楚正議違約增飲食之數，罰一會。皆洛陽太平盛事也。洛之士庶，又生祠潞公於資勝院，溫公取神宗送潞公河南詩，隸書於榜，曰竚瞻堂，塑公像其中，冠劍偉然，都人事之甚肅。初，溫公自以晚輩不敢預富、文二公之會，潞公會溫公曰：「某留守北京，遣人入大遼偵事回，云見虜主大宴群臣，伶人劇戲，作衣冠者，見物必攫取懷之，有從其後以梃撲之者，曰：『司馬端明耶？』君實清名在夷狄如此。」溫公愧謝。方潞公作耆英會時，康節先生已下世，有中散大夫吳執中者，少年登科，皇祐初已作秘書丞，不樂仕進，早休致，其年德不在諸公下，居洛多杜門，人不識其面，獨與康節相善。執中未嘗一至公府，其不預會者，非潞公遺之也。文潞公嘗曰：「人但以某長年為慶，獨不知閱世既久，内外親戚皆亡，一時交游凋零殆盡，所接皆藐然少年，無可論舊事者，正亦無足慶也。」范忠宣公亦曰：「或相勉以攝生之理，不知人非久在世之物。假如丁令威千歲化鶴歸鄉，見城郭人民皆非，則獨存何足樂者？」嗚呼！皆達理之言也。（卷十，李劍雄、劉德權點校《邵氏聞見録》，第一〇四~一〇五頁）

司馬溫公既居洛時，往夏院展墓，省其兄郎中公，為其群從鄉人説書講學。或乘輿游荊、華諸山以歸。多游壽安山，買瓷窯畔為休息之地。嘗同范景仁過韓城，抵登封，憩峻極下院，登嵩頂，入崇福宮會善寺，由轘轅道至龍門，游廣愛、奉先諸寺，上華嚴閣、千佛岩，尋高公堂，渡潛溪，入廣化寺，觀唐郭汾陽鐵像，涉伊水至香山皇龕，憩石樓，臨八節灘，過白公影堂（智按：影堂，原作顯堂）。凡所經從多有詩什，自作序曰《游山録》，士大夫爭傳之。公不喜肩輿，山中亦乘馬，路險策杖以行，故嵩山題字曰：「登山有道：徐行則不困，措足於平穩之地則不跌，慎之哉！」其旨遠矣。方公退居於洛也，齊物我，一窮通，若將終身焉。一日出相天下，則功被社稷，澤及生靈。嗚呼！真古所謂大丈夫矣。（卷十一，李劍雄、劉德權點校《邵氏聞見録》，第一〇四~一〇五頁）

智按：邵伯溫，字子文，洛陽（今屬河南）人。雍子。哲宗元祐中以薦授大名府助教，調潞州長子縣尉。紹聖初，章惇為相，欲用之，避不就，監永興軍鑄錢監。徽宗時，知陝州靈寶縣，政和間徙芮城縣。丁母憂，服除，主管永興軍耀州三白渠公事。除知果州，擢提點成都路刑獄，利州路轉運副使。晚年提舉太平觀。高宗紹興四年卒，年七十八。著有《邵氏聞見録》、《辨誣》等。《宋史》卷四三三有傳。

陳瓘（一〇五七～一一二四）

《廬山詩二首》（其二）

廬山景何如，勝迹多已古。水石相回旋，天地巧排布。我本天涯人，未知有廬阜。恨不早經過，西征一何暮。香爐在何許，縹緲凌高空。却入白蓮沼，令人思遠公。高巖草堂在，吏隱居其中。至今三尺童，猶能話白公。可想不可見，山色空重重。水流來何遠，所過生苔蘚。自古垂飛簾，至今不能捲。此外猶足觀，足力已困竭。僧居本靜閒，群鳥爭囀舌。恰欲高枕眠，魂夢恐遭聒。知是乘雨來，山路泥滑滑。陰雲猶未收，明朝又西發。（《全宋詩》第二十册，第一三四七四頁）

《寄題黄及之谷神館》

昔日傳聞構館新，標名今已幾經春。心安即是長生路，世樂無過自在身。虚室久扃閑歲月，白頭不減舊精神。蓬萊未要香山客，且作潛溪百歲人。（《全宋詩》第二十册，第一三四七五頁）

《減字木蘭花》

華胥月色。萬水千山同一白。南北相望。獨醉香山舊草堂。淮岑妙境。十載醺酣猶未醒。一腹便便。也讀春秋也愛眠。（《全宋詞》第六三二頁）

智按：陳瓘，字瑩中，號了翁，南劍州沙縣（今屬福建）人。神宗元豐二年（一〇七九）進士，調招慶軍掌書記，湖州州學教授。七年，知濠州定遠縣。哲宗元祐四年（一〇八九），簽書越州判官，通判明州。紹聖元年（一常平。徽宗即位，入為戶部、吏部員外郎，兼編修國史。以事出提舉兩浙刑獄。大觀四年（一一一〇）張商英入相，召為禮部員外郎，進起居郎，拜中書舍人。未幾，以草制不稱，出知明州。政和元年（一一一一）落職提舉杭州洞霄宮。會赦，復職。宣和元年卒。有《丹陽集》三十卷，已佚。僅《兩宋名賢小集》中存有《攄梧小集》一卷。《東都事略》卷一一六、《宋史》卷四四四、《京口耆舊傳》卷四有傳。

秦觀（一〇四九～一一〇〇）

《和程給事賢闍黎化去之什》

風流雲散越王城，珍重闍黎願力成。不使鄧尼驚倒化，祇教白傅歎先行。早因妙契窺曹洞，竟以清芬繼肇生。廻首中庭旌騎散，月華還可一方明。（《四庫全書》本《淮海集》卷九）

《呈公闢》

東歸行路歎賢哉，碧落新除寵上才。白傅林塘隨畫去，吳山花鳥入詩來。唱酬自有微之在，談笑應容逸少陪。除此兩翁相見外，不知三徑為誰開？（《四部叢刊》本《淮海後集》卷三）

智按：又見王安石《臨川先生文集》卷十七，題為《送程公闢得謝歸姑蘇》，字句略異。「談笑應容逸少陪」下注：「少保元絳謝事居姑蘇。又王中甫善歌詞，與相唱酬燕集。」

《秋興九首：擬白樂天》

不因霜葉辭林去，的當山翁未覺秋。北里酒錢煩屢索，南州詩債懶頻酬。欲歌金縷羞紅粉，擬插黃花避白頭。底事登臨好時節，等閑收拾許多愁。（《四庫全書》本《淮海後集》卷四；《全宋詩》第十八册，第一二一四六頁）

《蝶戀花》

舟泊潯陽城下住。杳藹昏鴉，點點雲邊樹。九派江分從此去。烟波一望空無際。　　今夜月明風細細。楓葉蘆花，的是淒涼地。不必琵琶能觸意。一樽自濕青衫淚。（《全宋詞》第四七八頁；徐培均校注《淮海居士長短句》第二一四頁）

智按：秦觀，字少遊，一字太虛，號淮海居士，高郵（今屬江蘇）人。神宗元豐八年（一〇八五）進士，授蔡州教授。哲宗元祐二年（一〇八七），以薦應賢良方正能直言極諫科試，未第。五年，召為秘書省校對黄本書籍。六年，遷正字，兼國史院編修官。紹聖元年（一〇九四），坐黨籍，出為杭州通判，道貶處州監鹽酒稅。三年，削秩徙郴州。四年，編管橫州。元符元年（一〇九八），除名，移雷州。三年，放還，至藤州卒，年五十二。有《淮海集》四十卷，《後集》六卷，《長短句》三卷。《宋史》卷四四四有傳。

韓潭（一〇五〇～一一一三）

《自撰墓誌銘》

韓其姓，潭其名，仲孚其字也。世居定陶，曾大父溏，故贈大理寺丞；大父道，故殿中丞；父輯，故不仕。潭幼而穎悟，喜讀書，日誦千言……嘗觀唐人白樂天、杜牧之將啓手足，皆自銘其墓。愚斯人之不及也，姑叙平生，以貽後世。（同治《霍邱縣志》卷一五，同治九年活字本；《全宋文》二〇〇六年版第一二〇册，卷二五九五，第二七六頁）

智按：韓潭，字仲孚，曹州定陶（今山東定陶西北）人。自幼好學，博覽經史諸子。既長，遊歷梁宋陳蔡，至於壽春之霍丘，遂卜居。一生困於場屋，至政和二年，特授榮州文學，繼授將仕郎，調延州延縣主簿，未赴。次年卒，年六十四。潭耽於吟詠，有詩千餘篇，編爲十卷，號《南翔類稿》；詞百餘首，分兩卷，號《安樂雜編》；又有啓、文、論三卷，藏於家。

陳暘（一〇五〇～一一一七）

《樂書》

唐天寶中，廢泗濵磬而以華原石代之，卒致禄山之禍。元白賦詩以譏之，誠有意於去鄭存雅矣。自時而後，有取華陽響石為七縣焉，豈亦得泗濵浮磬之遺乎？徐景安謂浮磬擊有五音，以七音言之非也。（《四庫全書》本《樂書》卷一一二）

智按：陳暘，字晉之，福州（今屬福建）人。哲宗紹聖元年（一〇九四）中制科，授順昌軍節度推官。徽宗即位，除太學博士、秘書省正字。上《樂書》，遷太常丞、禮部員外郎、講議司參詳禮樂官，進鴻臚太常少卿，禮部侍郎。以顯謨閣待制提舉洞霄宫，卒，年六十八。《東都事略》卷一一四、《淳熙三山志》卷二七、《宋史》卷四三二有傳。

米芾（一〇五一～一一〇七）

《書史》

無錫唐氏有雙鈎右軍十七帖，有精彩，錢塘僧了性收一卷，楮紙一同，唐坰家有一卷，是錢氏物，紙白。唐氏又收碧綾《黄庭經》，云是褚遂良書，非也。上有江南李重光「清輝」二字小印，云是丁晉公家族人所質，錢氏所收《浩博帖》云：臣節分嚴外無典掌之所，故不簿上，而諸位咸有法書，臨搨甚多。常州使君景湛房下，往往為人購去，薛紹彭收肅宗千文是也，上皆有「希聖」字印，「忠孝之家」圓錢印，「錢氏書堂」印，錢勰房下有史孝山《出師頌》，題作蕭子雲，亦奇古。又有寫白樂天詩一首，是唐人書，亦秀潤。《天氣殊未佳》，顔魯公帖，緑棗花綾，是唐人勾填，圈深墨淺。夫金玉為器，毁之則再作，何代無工，字者使其身在再寫，則未必復工。蓋天真自然，不可預想，想字形大小，不為篤論，人人若同此中妙。懷素自言，初不知，却是造妙語；既再作，不可復得。搨而藏諸，何陋之有。（《四庫全書》本；明刻百川學海本）

智按：米芾，字元章，號襄陽漫士、鹿門居士、海岳外史等，因曾官禮部員外郎，世稱米南宫。原籍太原（今屬山西），徙居襄陽、丹徒。宋代著名書畫家，書法與蘇軾、黃庭堅、蔡襄（一説蔡京）並稱四大家。以恩補浛光尉。歷知雍丘、漣水縣，江淮荊浙等路制置發運司勾當公事，知無為軍。徽宗崇寧間召為書畫學博士，擢禮部員外郎。大觀元年，出知淮陽軍，卒，年五十七。有《山林集》一百卷（《寶晉英光集序》），已佚。宋岳珂輯有《寶晉英光集》，後人續輯有《寶晉山林集拾遺》。事見《寶晉山林集拾遺》附《故南宫舍人米公墓志》，《東都事略》卷一一六、《宋史》卷四四四有傳。

華鎮（一〇五一～一一一四?）

《送越帥程給事赴詔》

清華仙殿圖書府，（自注：公職集賢殿修撰。）貴近東臺侍從郎。寵被買臣榮遇紱，來臨安石宴游鄉。下車建設先條教，暖席施為盡紀綱。鑑物浄明齊上水，臨機鋒鋭踰干將。威稜直為摧姦宄，德惠陰知佑善良。意匠經營真有趣，軸機裁處動非常。謹嚴庭訟情無失，（自注：公遷都廳於府内西樓下，以舊所近外，獄情多泄。）檢察民輸弊已亡。（自注：公創和買夏税場於府門左右，以絶往日之弊。）坐使姦胥難用巧，默令雅俗盡知方。淳和只有興廉遜，肅治應無敢寇攘。蓮幕終朝閑筆削，圜扉經歲絶桁楊。精藍振起都城美，（自注：公重建寶林寺，寺為城中勝概。）新館增延使者光。（自注：公築館以待往來使者，目為皇華館。）翦拂散材充大匠，吹嘘寒谷變春陽。（自注：鎮自公薦送，即遂塵忝。）三年治最騰歌頌，千里聲和協雨暘。（自注：時累年風雨時若。）何但編氓稱五袴，已令比屋有千箱。（自注：時年穀屢登。）風流自得篇章樂，（自注：公當世詩匠，在越尤多唱和。）閑暇人驚日月長。彩舫有時羅綺繡，朱幡到處擁絲簧。尋窮萬壑幽深趣，踏徧千巖紫翠芳。（自注：公政成多暇，雲門、蘭亭常得游從。）絶唱未饒元相國，（原注：元微之在越，與副使竇鞏賡和，號蘭亭絶唱，公與僚屬實繼之），遺風獨揖賀知章。（自注：賀公故宅頹毁已久，公命緝之。）香山圖畫知嘗預，（自注：公與致政少師、致政少保二趙公，繪為三老圖。）魏闕心誠想未忘。下國可能留近侍，雄材自合在巖廊。祥光一夜生台座，優詔平明出未央。漢殿果深思董、賈，越人那久得龔、黃？丹書東下隨秋雁，畫鷁西征拂曉霜。不獨飛章留去轍，（自注：時監司交章乞公再任。）況多扶老擁歸艎。已知子翼終難借，猶擬曹侯且緩裝。送目未能看竹馬，傾思惟只詠甘棠。既當帝闕鹽梅望，可戀吳門繡畫堂。（自注：公姑蘇方成新第。）前席虛心方注想，據鞍壯氣正康强。七城異績雖云遠，（自注：會稽經總浙東七州。）萬室蒼生佇有望。蹇步有心隨軌轍，夢魂終夜倚門墻。（《四庫全書》本《雲溪居士集》卷十二；《全宋詩》第十八册，第一二三五六頁）

智按：華鎮，字安仁，號雲溪居士，會稽（今浙江紹興）人。神宗元豐二年（一〇七九）進士，調高郵尉。哲宗元祐元年（一〇八六），監溫州永嘉鹽場。七年，為道州司法參軍。元符二年（一〇九九），知海門。徽宗崇寧三年（一一〇四），知新安。政和初，知漳州，官終朝奉大夫。有《雲溪居士集》一百卷及《揚子法言訓解》等，已佚。清四庫館臣據《永樂大典》輯為《雲溪居士集》三十卷。事見本集有關詩文及附録其子初成進書表、行狀，《寶慶會稽續志》卷五有傳。

陳師道（一〇五二～一一〇二）

《戲元弼四首》（其二）

濁涇清渭不同源，世好因循到子孫。只待白頭能潦倒，不虞青眼已瀾翻。山頭落日着窗明，花裹來禽起笑聲。豈有詩成須白傅，獨於酒可置公榮。（《四庫全書》本《後山集》卷八）

《讀白樂天〈臨水坐〉詩》

西方社裏收身早，白髮人中得計長。不作北門東掖客，更無閑事可思量。（《四庫全書》本《後山集》卷八；《全宋詩》第十九册，第一二七四六頁；冒廣生《後山詩注補箋》，下册，第五七四頁）

智按：白居易《臨水坐》：「昔為東掖垣中客，今作西方社內人。手把楊枝臨水坐，閒思往事似前身。」元和十二年（八一七），四十六歲，任江州司馬。《白居易集箋校》第一〇三三頁。

《思白堂記》（元豐六年八月）

元豐四年，予游吳，過秀，見林侯。侯家于蘇而宦學于杭，能道其江湖山林之美、游覽之樂，而甚愛思白堂也。其秋八月，就舍錢塘，問思白之堂而往觀焉。臨淵而望，西山樓觀出焉。淵昧而林茂，魚鳥樂焉。江海山澤林廬之氣相錯，風林水麓鳥獸之聲相亂，而雨暘寒暑晝夜之變不齊也。慨然懷顧昔人之風聲，而自樂一時之得意，宜侯之甚愛而不忘也。而耆老豪傑文學之士，請載之石，以侈其賜，予未有以辭也。湖之東州保寧之寺，故唐刺史白公居易燕游之所也。近時律師某治其後堂而請于侯，於是名之，以致其思。又大書之以表其處，而思白之號，聞於吳中。夫前世游居之士有傳於後者多矣，獨有意於白公何耶？進則效其忠，退則存其身，仁以成政，文以成言，此公之行，而侯與士大夫之所思也。公爲刺史，知民之嗇於水也，築塘浚井，其利至今，豈特士大夫之思哉！夫怨其所惡，思其所好，人之所同；士以德言，民以功利，其所異也。而吏無全能，故上下之論不一，若公則思者衆矣。士之爲善誠無事於言，而行終其身，功盡於事，必待言而後傳，則又不可已也。公言見于書，行見于史，故今有以思之。此言之不亡，而記之所以作也。林侯常以集賢校理通判秀州，今爲尚書禮部郎中，其文學行治略與公等，後之人又將思之，其可辭乎！明年而余北歸，又明年而爲之記，不知余文使人思之如兩侯否？六年八月十日，彭城陳師道記。（宋刻本《後山居士文集》卷一四；《全宋文》二〇〇六年版第一二三册，卷二六六九，第三六三頁）

《後山詩話》

白樂天云：「笙歌歸院落，燈火下樓臺。」又云：「歸來未放笙歌散，畫戟門前蠟燭紅。」非富貴語，看人富貴也。（《歷代詩話》第三〇三頁）

黄魯直謂：「白樂天云『笙歌歸院落，燈火下樓臺』，不如杜子美云『落花游絲白日静，鳴鳩乳燕青春深』也。」（《歷代詩話》第三〇三頁）

智按：「笙歌歸院落，燈火下樓臺」見白居易《宴散》，《白居易集箋校》

第一七七四頁。大和五年（八三一），六十歲，洛陽，河南尹。「歸來未放笙歌散，畫戟門前蠟燭紅」，見白居易《夜歸》，《白居易集箋校》第一三四〇頁。長慶二年（八二二），五十一歲，任杭州刺史。

學詩當以子美為師，有規矩故可學。退之於詩，本無解處，以才高而好學爾。淵明不為詩，寫其胸中之妙爾。學杜不成，不失為工。無韓之才與陶之妙，而學其詩，終為白樂天爾。(《歷代詩話》第三〇四頁)

智按：又見南宋何汶《竹莊詩話》卷一。「白」字，據《後山集》卷二十三「詩話」補。

退之詩云：「長安衆富兒，盤饌羅羶葷。不解文字飲，惟能醉紅裙。」然此老有二妓，號絳桃、柳枝，故張文昌云「為出二侍女，合彈琵琶箏」也。又為李於志敘當世名貴，服金石藥，欲生而死者數輩，著之石，藏之地下，豈為一世戒耶！而竟以藥死。故白傅云「退之服硫黃，一病竟不痊」也。荊公詩云：「力去陳言誇末俗，可憐無補費精神。」而公平生文體數變，暮年詩益工，用意益苦，故知言不可不慎也。(《歷代詩話》第三〇四頁)

智按：陳師道，字履常，一字無己，自號後山居士，學者稱後山先生，彭城（今江蘇徐州）人。家貧，苦志好學。年十六，以文謁曾鞏，遂留受業。神宗熙寧中，王安石經學盛行，師道心非其說，絕意仕進。元豐四年（一〇八一），曾鞏奉詔修史，薦入史館，以布衣未果。哲宗元祐二年（一〇八七）四月，以蘇軾等薦，起為亳州司戶參軍，充徐州教授。七月，除太學博士，因五月間曾托疾乞假到南京見蘇軾，仍罷為徐州教授。五年，移潁州教授。紹聖元年（一〇九四），坐蘇軾餘黨，謫監海陵酒稅。二年，調彭澤令，以母喪未行，家居六年。元符三年（一一〇〇），除棣州教授，未赴，召為秘書省正字（《後山年譜》）。徽宗建中靖國元年（一一〇一），扈從南郊，天寒無綿衣，以寒疾卒於十二月二十九日，年四十九。遺著由門人魏衍編為《彭城陳先生集》二十卷，其中詩六卷，四百五十六篇，已佚。有《後山居士文集》（二十卷，收詩多於魏本）、《後山先生集》（二十卷）傳世。《宋史》卷四四四有傳。陳師道詩用典取自白居易詩者甚多，宋人任淵《後山詩注》所注即有九十四處。

李復（一〇五二～?）

《西溪酬孫倚李珪二同年依韻》

水部張員外，中書白舍人。曾聞三絶句，同賞曲江春。且逐追隨舊，休悲老大身。花今千樹發，有底不來因?（《四庫全書》本《潏水集》卷十三）

智按：李復，字履中，號潏水先生，原籍開封祥符（今河南開封），因其先人累官關右，遂為長安（今陜西西安）人。與張舜民、李昭玘等為文字交。神宗元豐二年（一〇七九）進士。五年，攝夏陽令。哲宗元祐、紹聖間歷知潞、亳、夔等州。元符二年（一〇九九），以朝散郎管勾熙河路經略安撫司機宜文字。徽宗崇甯初，遷直秘閣、熙河轉運使。三年（一一〇四）知鄭、陳二州。四年，改知冀州；秋，除河東轉運副使。靖康之難後卒。撰有《潏水集》四十卷，已佚。清四庫館臣據《永樂大典》輯為十六卷。生平見《潏水集》附録宋錢端禮撰《書潏水集後》及清錢大昕《十駕齋養新録》卷十四，《宋元學案》卷三十一有傳。

晁補之（一〇五三～一一一〇）

《家池雨中二首》（其二）

不作太白夢日邊，還同樂天賦池上。池上今年有荷葉，細雨游魚噞輕浪。教兒讀易不應舉，幽人一爻吾得尚。此池便可當長江，欲榜茅齋來蕩漾。（《四庫全書》本《雞肋集》卷十四；《全宋詩》第十九册，第一二八三二頁）

智按：一作蘇軾《池上二首》（《蘇文忠公全集》卷二十六）。

《和二叔父少監入館見賜詩》

楩柟（楠）要是晚方成，雄朔遺風世共驚。屑去未驚容必去，逃名還自

⊙樂天詩言作鮓

吳中作鮓，多用龍溪池中蓮葉包為之，後數日取食，此鉼中氣味特妙。樂天詩：「就荷葉上包魚鮓，當石渠中浸酒尊。」蓋昔人已有此法也。（引自《苕溪漁隱叢話》後集卷十三《醉吟先生》；《宋詩話輯佚》下册，第四一一頁）

智按：又見《嘉泰吳興志》卷一八。

「采菊東籬下，悠然見南山。」此其閒遠自得之意，直若超然邈出宇宙之外，俗本多以「見」為「望」字，若爾，則便有褰裳濡足之態矣。乃知一字之誤，害理有如此者。東坡云：「此詩景與意會，故可喜也。無識者以『見』為『望』，白樂天效淵明詩有云：『時傾一樽酒，坐望終南山。』則流俗之失久矣。惟韋蘇州《答長安丞裴棁》詩云：『采菊露未晞，舉頭見秋山。』乃眞得淵明詩意。」（引自《詩林廣記》前集卷一）

退之和裴晉公征淮西時過女几山詩云：「旗穿曉日雲霞雜，山倚秋空劍戟明。敢請相公平賊後，暫攜諸吏上崢嶸。」而晉公之詩無見，惟白樂天集載其一聯云：「待平賊壘報天子，莫指仙山示老夫。」方時意氣自信不疑如此，豈容令狐楚輩沮撓乎？晉公文字世不傳，晚年與劉、白放浪緑野橋，多為唱和，間見人文集，語多質直渾厚，計應似其為人。如「灰心緣忍事，霜鬢為論兵」之類，可謂深婉。李文定公迪在中書，嘗諷誦此兩句，親書於壁。（引自《詩人玉屑》卷十五；《詩林廣記》前集卷五）

《詩史》

⊙樂天詩

沈存中謂樂天詩不必皆好，然識趣可尚。章子厚謂不然，樂天識趣最淺狹，謂詩中言甘露事處，幾如幸災，雖私讐可快，然朝廷當此不幸，臣子不當形歌詠也。如「當公白首同歸日，是我青衫獨往時」之類。（引自《詩話總龜》前集卷五《評論門》一；《詩人玉屑》卷十六；《文獻通考·經籍考》卷六十；《宋詩話輯佚》下册，第四六二～四六三頁）

⊙蘇子容愛元、白、劉詩

蘇子容愛元、白、劉賓客輩詩，如《汝洛唱和》，皆往往成誦；苦不愛太白輩詩。曾誦《汝洛集·九日送人》云：「清秋方落帽，子夏正離群。」以為假對工夫，無及此聯。又舉劉夢得《送李文饒再鎮浙西》詩，以為最著題。（引自《詩話總龜》前集卷六《評論門》二；《宋詩話輯佚》下册，第四四二~四四三頁）

⊙樂天夢得詩

昔蘇子美言，樂天《琵琶行》中云：「夜深忽夢少年事，覺來粉淚紅闌干。」此聯真佳句。余謂夢得《武昌老人吹（一作説）笛歌》云：「……如今老去語猶遲，音韻高低耳不知。氣力已無聲尚在，時時一曲夢中吹。」不減樂天。（引自《詩話總龜》前集卷六《評論門》二；《竹莊詩話》卷二十；《宋詩話輯佚》下册，第四四三頁）

智按：蔡居厚，字寬夫，臨安（今屬浙江）人。紹聖元年（一〇九四）進士。徽宗大觀初拜右正言，遷右諫議大夫，改戶部侍郎，出知秦州，坐事罷。蔡京再相，起知滄、陳、齊三州，應天、河南二府，後徙汝州。久之，知東平府，宣和七年（一一二五）知青州，病不能赴，未幾卒。《宋史》卷三五六有傳。

李廌（一〇五九~一一〇九）

《汝州王學士射弓行》

汝陽使君如孫武，文章絕人喜軍旅。要知談笑能治兵，戲教紅妝樂營女。白氈新袍錦臂韝，條脫掛弓腰白羽。彩錯旌旗照地明，傍花映柳陳部伍。須臾觀者如堵牆，彷佛如臨矍相圃。一人中的萬人呼，絲管呶嘈間鉦鼓。臂弓上為使君壽，遍及四筵樂具舉。使君一笑萬眾喜，堂上酒行堂下舞。錦段銀荷翠玉鈿，意氣揚揚皆自許。儻令被甲執蛇矛，恐可橫行擒贊普。大勝吳宮申令嚴，兩隊宮娃啼且怖。闔閭臺上呼甘休，將軍雖賢亦鹵莽。豈知使君不忘戰，聊以戎容娛樽俎。夕陽卷旗去翩翩，使君要客登畫船。美人不暇別妝洗，戰士結束圍華筵。皆疑征南漢將帥，樓船下瀨方凱還。軍中不應有女子，偏裨校尉何其儇。使君湖光照樓觀，一碧不辨水與天。漸看暝色著疏柳，已見白蘋浮暮煙。銀漢斜横北斗淡，明月碧玉疏星聯。舟人罷唱時弄笛，艇子趁魚行扣舷。隔浦熒熒見漁火，意中竹籬青旆懸。雖無荻花與楓葉，全似送客湓江壖。亟令周娘作新曲，周娘琵琶京洛傳。不惜千呼與萬唤，便時轉軸仍撥弦。馮夷陽侯或静聽，穹黿大魚或後先。且言白傅時落寞，草草會遇仍嫣然。使君聞名滿臺閣，虎符麃軾聊周旋。風流樂事雖可記，皆過孫白二子前。會看和戎竟先列，鐵騎百萬臨三邊。報功女樂賜二八，粉白黛緑皆嬋娟。青雲乞身歸舊里，汾城故地依林泉。琵琶亭中望汝海，無忘飲中今八仙。（《四庫全書》本《濟南集》卷三）

《千齡檜》

岡頭老檜不記年，古父約以千齡傳。高枝凌兢倚北斗，低枝猶藏萬歲烟。蟠根直與地爭固，不許蚓穴通黃泉。陰森古怪神物附，雨晦每見蛟龍騫。賢哉樂天真逸者，手植蒼檜今宛然。元和元豐五十紀，婆娑下委纔及肩。信此千齡尚虚云，幾見海變丘陵遷。乃知不爲斤斧夭，不在澗底與山巔。（《四庫全書》本《濟南集》卷三；《全宋詩》第二十册，第一三六〇〇頁）

智按：李廌，字方叔，號太華逸民、濟南先生，祖先由鄆州遷華州，遂為華州（今陝西華縣）人。早年以文章受知蘇軾。哲宗元祐三年（一〇八八），蘇軾知貢舉，得試卷以為廌作，置之首選，而是科廌竟下第，所以軾有「平生漫説古戰場，過眼還迷日五色」（《送李方叔下第》）之歎。後再舉亦失利，遂絶意仕進，定居長社。徽宗大觀三年卒，年五十一。有《濟南集》（一名《月岩集》）二十卷（《直齋書録解題》），已佚。清四庫館臣據《永樂大典》輯為八卷。《宋史》卷四四四有傳。

晁説之（一〇五九～一一二九）

《送顧彌邵朝奉知錢塘》

錢塘宰是會稽客，一身見盡元與白。元白風流且置之，是家尊翁勇金石。早受申公國士知，誰任東坡邦人責。之子敢嗟官不達，惟慙家世無踵迹。大才小試亦丹青，衆前獨却自朝夕。童稚欣欣新有謡，湖山藹藹舊相識。定知不用酒遣閒，流行舉要百代曆。（原注：温公有《資治通鑑舉要》，曆未出。彌邵欲刊於錢塘。）（《四庫全書》本《景迂生集》卷五）

《水仙》

水仙踰月駐芳馨，人物誰堪眼共青。白傅有詩皆入律，腥鹹聲裏亦須聽（事見白詩）。（《四庫全書》本《景迂生集》卷六；《四部叢刊》本《嵩山文集》卷六）

《塗中寄城中諸公》

孤飛弱羽真難可，作底徘徊去住間。柳影生風歸曲渚，雷聲送雨過前山。庾郎有待復何待，白傅求閒而得閒。回首玳筵醒醉伴，曾將幽憤唱陽關。（《四庫全書》本《景迂生集》卷七；《四部叢刊》本《嵩山文集》卷七；《全宋詩》第二十册，卷五，第一三七〇三頁）

《圓机和邵大及予二詩可謂壓倒五更枕上誦歎不已復作謝之足見來章之美能發人情思也》

借問高吟何所歸，元和格律定同時。折除官職知多少，兼領才名孰盛衰。奏疏不為黄閣計，結廬且共白雲期。君家博士歸依佛，可笑夫君得計遲。（郭恕先詩云：「為逢末刼歸依佛，不就新恩叙理官。」建隆初詔五代時命官，投狀叙理，復命之。）（《四庫全書》本《景迂生集》卷八；《四部叢刊》本《嵩山文集》卷八）

《和陶引辨》

東坡先生《和陶詩》不見老人衰憊之氣，如何？曰：孰敢以血氣之盛衰而論盛德之士耶？又有《擬古》之作，而未有追和古人者，如何？曰：亦所未喻。梁吴均和梁鴻在會稽贈友人，高伯達和郭林宗贈徐子孺，和揚雄就人乞酒不得，作詩嘲之。唐李賀追和何、謝銅雀妓，追和柳惲「汀洲白蘋」章，盖亦多矣。雖然，和不次韻，奈何？曰：時也。方觀鳥跡時，可責以鍾、張之法度乎？又問：曹、劉、鮑、謝、李、杜諸詩人，皆莫及陶淵明，如何？曰：未之前聞也。若其所聞者，梁鍾嶸作《詩品》，其中品陶彭澤，出於應璩、左思，文體省靜，辭興婉愜，每觀其文，想其人之德，世歎其直（智按：《四庫》本作「想其人之温柔而易直」），如「歡言醉春酒」，「日暮天無雲」，風華清靡，豈直為田舍語耶？古今隱逸詩人之宗也。如嶸之論，則彭澤為隱逸詩人之宗，而曹、劉、鮑、謝、李、杜者，巖廊詩人之宗也。竊嘗譬之，曹、劉、鮑、謝、李、杜之詩，五經也，天下之大中正也；彭澤之詩，老氏也，雖可以抗五經，而未免為一家之言也。嗟夫！應璩之激，左思之放，本出於劉，而祖於曹，未易容後來者之勝之也，又安得而措一言於李、杜間耶！或以東坡之詩，勝李、杜而比淵明者，其言大可懼哉！如以為篤愛陶詩而服勤焉，唯見於東坡，則江淹之所擬，今泛濫入於陶之集中，未有辨之者。韋蘇州、白樂天之所効者，皆極閒遠之致，亦皆優於曹、劉、鮑、謝、李、杜耶！又問：區區之迹，未足以論士。如何？曰：是心與迹判之論也，吾溫公斥之矣。盖論士者，必以區區之迹。吾友有喜和陶詩者，因為辨之云爾。（《四庫全書》本《景迂生集》；《四部叢刊》本《嵩山文集》卷十四）

《成州同谷縣杜工部祠堂記》

……彼元微之，讒諂小人也，身不知裴度、李宗閔之邪正，尚何有於李杜之優劣也邪？然前乎韓而詩名之重者錢起，後有李商隱、杜牧、張祜，晚惟司空圖，是五子之詩，其源皆出諸杜者也。以故杜之獨尊於大夫學士，其論不易矣。而在本朝，王元之學白公，楊大年矯之，專尚李義山，歐陽公又矯楊而歸韓門，而梅聖俞則法韋蘇州者也。實自王原叔始勤於工部之數集，定著一書，懸諸日月矣。……宣和五年五月己未，朝請大夫、知成州晁説之記并書。（《四庫全書》本《景迂生集》；《四部叢刊》本《嵩山文集》卷十六）

《跋張芸叟諫議字題》

唐青錢張學士，自號浮休子，今張芸叟丈亦浮休稱，何耶？泗上許體之，自名醉吟先生，無乃與白公類耶？年月日嵩山晁説之題。（《四庫全書》本《景迂生集》；《四部叢刊》本《嵩山文集》卷十八）

《晁氏客語》

石子殖説，吕申公因哲宗賜御筆白樂天詩與二蘇及進詩表謝，申公遂集古經句，作一册進云：比似寫唐人無益詩，不如寫聖人語。曰：君子作事婉而成章，詩也，須進，但中間有説爾。此恐非申公所為。（《四庫全書》本

《晁氏客語》)

智按：晁説之，字以道，一字伯以，濟州巨野（今山東巨野）人。因慕司馬光為人，自號景迂生。神宗元豐五年（一〇八二）進士。哲宗元祐初，官兖州司法參軍，紹聖時為宿州教授，元符中知磁州武安縣。徽宗崇寧二年（一一〇三），知定州無極縣。後入黨籍。大觀、政和間臨明州造船場，起通判鄜州。宣和時知成州，未幾致仕。欽宗即位，以著作郎召，除秘書少監、中書舍人，復以議論不合，落職。高宗立，召為侍讀，後提舉杭州洞霄宫。建炎三年卒，年七十一。有《嵩山文集》（又名《景迂生集》）二十卷。事見《嵩山文集》附録其孫子健所作文集後記，《晁氏世譜節録》，及集中有關詩文。

鄒浩（一〇六〇～一一一一）

《馬叔寶寄種竹詩次其韻》

窮年不揮斧（斧，一作斤），歎息無妙質。誰知深眇中，環堵以爲室。紛筆如萬牛，力挽未曾出。論交餘此君，聊爲拂巾櫛。人間方好竽，蕭蕭乃鳴瑟。玆焉得所投，陳雷信難匹。昨來面墻心，舉倡有風日。莫似白樂天，殷勤在兜率。(《四庫全書》本《道鄉集》卷三；《全宋詩》第二十一册，第一三九四〇頁)

《曾氏北園》（其六）

白蓮香火久凋零，還似樂天今服膺。我有一言人不解，請君問取北來僧。(《四庫全書》本《道鄉集》卷八；《全宋詩》第二十一册，第一三九九九頁)

《壽昌縣太君嚴氏墓誌銘》

夫人嚴氏，其先成都人。後因宦游，徙貫姑蘇。曾祖諫尚書虞部員外郎，祖穎職方郎中、京東路轉運使，父孟堅衡州軍事判官，母甄氏夫人。甫笄，歸毘陵張公次元，繼其室。公之父，天章閣待制昷之，與其姪太常少卿鑄，同時以光禄卿老於里第，號為二卿，其族甚盛，然上下内外，靡不以夫人為賢。公自大理寺丞積官至朝請郎，自監楚州糧料，歷任至提點鑄錢，出處進退，事多故矣。初不少貶，以追時好，山陽徐先生積，考公所尚，以謂有志於古之所謂剛者，夫人休戚同焉。盖三十年未嘗有一毫動公念。公之姊妹，皆喪夫子幼，公取以歸夫人，待遇之甚厚，家事稟而後行，擇名士以嫁其女。比夫人不幸，其女號赴，若喪所親曰：「恨無以報德。」判官既沒，即迎繼母張氏，竭力致養，張臨終曰：「吾死於此無憾。」提點既葬，攜諸孤還里第問學，有客造門，必詢賢否；誠賢即縱從之游，促家人為具，笑語異常日，喜《長慶集》，幾成誦。愛泉石，不樂世榮。嘗中秋為歌詞示子孫。其所稱慕，乃陶淵明、白樂天而已。……（《四庫全書》本《道鄉集》卷三十七）

智按：鄒浩，字志完，自號道鄉，晉陵（今江蘇常州）人。神宗元豐五年（一〇八二）進士。調揚州、潁昌府教授。哲宗元祐中為太常博士，出為襄州教授。元符元年（一〇九八），召對，除右正言，因忤章惇，並論罷立劉後，除名勒停，羈管新州。徽宗即位，添監袁州酒稅，尋復右正言，遷左司諫，改起居舍人，進中書舍人。歷吏部、兵部侍郎。崇甯元年（一一〇二），又因忤蔡京，以寶文閣待制出知江寧府，改杭、越二州，重理罷立後事，責衡州別駕，永州安置。後半年，除名勒停，竄昭州。四年，移漢陽軍。五年，歸常州。大觀間復直龍圖閣。政和元年卒，年五十二。有《道鄉集》四十卷。《宋史》卷三四五、《東都事略》卷一百、《咸淳毗陵志》卷十七有傳。

潘淳

《潘子真詩話》

曾子固……又言《津陽門詩》、《長恨歌》、《連昌宮詞》俱載開元、天寶間事。微之之詞不獨富豔，至「長官清平太守好，揀選皆言由相公」，委任責成，治之所興也。「禄山宮裏養作兒，虢國門前鬧如市」，險詖私謁，無所不至，安得不亂？稹之敍事，遠過二子。（《宋詩話輯佚》上册，第三〇三頁）

智按：明楊慎《升庵詩話》卷六：「曾子固云：『白樂天《長恨歌》、元微之《連昌宫詞》、鄭嵎《津陽門詩》，皆以韻語紀常事。』」

潘淳，一作潘惇（生卒年不詳），字子真，新建（今屬江西）人。潘興嗣孫。少穎異，好學不倦，師事黄庭堅。與潘大臨（一〇六〇～一一〇八?）、徐俯（一〇七五～一一四一）等交善。元符三年（一一〇〇），尚書右丞黄履乞録潘興嗣之後，遂授官太廟齋郎，調南康軍星子縣尉。陳瓘劾蔡京，言者目淳為瓘親黨，坐奪官，不以介意，歸自稱谷口小隱。所著詩并詩話補遺傳世。《［萬曆］新修南昌府志》、《［雍正］江西通志》有傳。

毛滂（一〇六一～一一二四後）

《累蒙周開祖使君貺示佳章才拙思荒愧不能報謹勉次韻一篇少叙敬避老匠之意》

居士稱陸蓮，香山本流亞。舌端元和風，吹倒兩鮑謝。游戲筆硯間，盤礴湖山下。過眼盡詩材，有欲天必借。句源發肝膈，輸瀉每不暇。欬唾生江河，奔放那可壩。我詩沮洳爾，欲過不足跨。數煩見波瀾，意作蹄涔嚇。平生望洋眼，癡膽不知怕。亦識明月珠，相投况非夜。（《四庫全書》本《東堂集》卷一；《全宋詩》第二十一册，第一四〇八〇頁）

《銅山》

擬共孤雲結往還，更名居士小香山。他年誰復尋遺賞，爲到雲山杳靄間。（《全宋詩》第二十一册，第一四一三三頁）

智按：毛滂，字澤民，號東堂居士，衢州江山（今屬浙江）人。以父蔭入仕，神宗元豐七年（一〇八四），官郢州長壽尉。哲宗元祐中，為杭州司法參軍，移饒州。紹聖四年（一〇九七），知武康縣。徽宗崇甯初，召為删定官。政和四年（一一一四），以祠部員外郎知秀州。宣和六年（一一二四）尚存世。生平見《東堂集》有關詩文。有《東堂集》六卷，詩四卷，書簡二卷，樂府二卷及《東堂詞》一卷，已佚。清四庫館臣據《永樂大典》輯成《東堂集》十卷。

李新（一〇六二~一一二五）

《目擊》

懸知九折自成醫，瘦骨綿綿尚勝肥。引睡文書滿床榻，病兒猶枕樂天詩。（《四庫全書》本《跨鼇集》卷十；《全宋詩》第二十一册，第一四二二二頁）

《送程公明》（其四）

不羈風韻有蕭郎，白傅新詩已滿筐。煙薄露寒雖寫瘦，自應清節也凌霜。（《四庫全書》本《跨鼇集》卷十）

《送陳公朝序》

倚柱而笑，女子之私憂；以牛犒師，商人之過計。嘗謂食肉有大臣，而女子以魯為憂，憂非其職也；謀國有强將，而商人為鄭之計，計非其職也。然而非私憂過計者，盖魯亂則及身，鄭亡則及家，與其救末，寧若救本，則其智愈遠矣。……釀白酒，割黄鷄，一觴一詠，與父老相娱樂。攜妓登山，可以規謝公之游；插花起舞，可以盡白傅之樂，前日之風，苟視足下，若此寧不少愧歟？……（《四庫全書》本《跨鼇集》卷十八）

《與張君實第二書》

五月日，李某再拜獻書君實明公閤下。某愚不自揆比，嘗為書汙下執事，而辭語迂放，為它人言，皆不省會。……借使問災異，必闇於《春秋》、《洪範》之學，詢存亡則蔑通漢唐歷世之為，而麞頭鼠目之子，揚然自得。夫然後知制舉所以責備於儒者，而其人必有異於士，故愚志此久矣。手不釋方册，目不置簡牘，居與書為鄰而充棟宇，出與書為行而汗馬牛，楚精神，磨筋力，十年于兹矣。然志大而謀不售，事左而身益困，雖於進士之選不能一得，而私自鄙之，以謂不過異於流俗而已。此豪傑之士所以既得而又歉焉。伏惟閤下馳騁書傳，轇轕古今，俯仰目仲舒，笑談却劉蕡，兒蓄公孫弘，吏役牛僧孺，如晁錯、谷永、杜欽、元稹、白居易之屬，雖累千百，緩急安可望哉？且吾蜀自有宋已來，應此選者不過十二三，而其間甚顯者又不過四五人而已。頃者，蘇氏兄弟一日過關而聲馳四海，是時有韓忠獻公、歐文忠公為之後先，而宋廷文章，遂無出其右者，蓋其志必欲異於士而已也。雖然，入朝爭名者愈於錐刀，而一有不羈之才，則必為肩出者所害，往往齊與鄭兩大以家而不肯借門户，鳳與鳶相高以飛而不肯借羽翼，是又不可不戒也。某今日之言，將以求知，而後日之進，將以求教，何者？閤下既已異於士矣，而某猶不得異於流俗，木植而水導之，使之不後陵之儒者，在閤下也。駑駘蹇服，知所趨嚮，而伸於知己者，復何人哉！下情所操，索言於此，俯伏待命。（《四庫全書》本《跨鼇集》卷二十一）

智按：李新，字元應，號跨鼇先生，仙井（今四川仁壽）人。神宗元豐七年（一〇八四）入太學，時年二十三。哲宗元祐五年（一〇九〇）進士，官南鄭縣丞。元符三年（一一〇〇），在南鄭應詔上萬言書，奪官貶遂州。徽宗崇甯元年（一一〇二），入黨籍。大觀元年（一一〇七）遇赦，攝梓州司法參軍。宣和五年（一一二三），為茂州通判。高宗紹興八年（一一三八），應其子時雨請，追贈一官。有《跨鼇集》五十卷，已佚。清四庫館臣據《永樂大典》輯為三十卷。

釋克勤（一〇六三～一一三五）

《示胡尚書悟性勸善文》

……要須先悟了此心，然後修一切善。豈不見白樂天問鳥窠：「如何是道?」窠云:「諸惡莫作，衆善奉行。」白云:「三歲孩兒也道得。」窠云:「三歲孩兒雖道得，八十老翁行不得。」故應探過，正要修行。如目足相資，若能不作諸惡，精修衆善，只持五戒十善之人，亦可以不淪墜。何況先悟妙明真心，堅固正體，然後隨力修行，作諸善行。令一切人不迷因果，知地獄天堂之因，皆自本心作成。當平持此心，無我人，無愛憎，無取舍，無得失，漸漸長養三十、二十年，逢順違境界，得不退轉到生死之際，自然翛然無諸怖畏。所謂理須頓悟，事要漸修。多見學佛之儔，唯以世智辯聰，於佛祖言教中，逴掠奇妙語句，以資譚柄，逞能逞解，此非正見也，應當棄舍。冥心静坐，忘緣體究，逗到徹底玲瓏，於自家無價無盡寶藏中運出，何有不真實者哉！却須先悟了本來，明見即心即佛正體，離諸妄緣，翛然澄浄，然後奉行一切衆善，起大悲，饒益有情，隨所作爲，皆是平等，無我無著，妙智顯發，通徹本體善行，豈不妙哉！所以道：但辦肯心，必不相賺。以悟爲則，莫嫌遲晚。珍重。(《佛果圓悟真覺禪師心要》卷上；《全宋文》二〇〇六年版第一三四册，卷二九〇一，第二六〇頁)

《送雷公達教授》

……至如居貴勢，作卿相，如裴相國、陳操尚書、白樂天、王常侍，本朝楊大年文公、李都尉駙馬，驚群敵聖，信徹見透，受用無盡，率皆禀奇謀異見，不蹈襲世間，而圖出世間津梁，乃如此。山僧所禀寡昧，偶憤發欲攀躋先哲所造詣，殊無過人作略。但操守久之，以微有信，因不善晦，出而爲人，蹉跎四十餘載。……(《佛果圓悟真覺禪師心要》卷下；《全宋文》二〇〇六年版第一三四册，卷二九〇二，第二六九頁)

智按：釋克勤，字無著，俗姓駱，彭州（治今四川彭州）人。祝髮從成都僧文照，復參五祖法演禪師得法，住昭覺寺。出蜀住長沙道林，賜號佛果。政和中住建康蔣山，移天寧萬壽禪寺。建炎初住金山龍遊寺，召對，賜號圓悟，改住廬山。還蜀住昭覺，紹興五年卒，年七十三。謚真覺禪師。有《佛果擊節録》二卷、《碧巖集》十卷、《圓悟佛果禪師語録》二十卷、《佛果圓悟真覺禪師心要》四卷。生平見孫覿《圓悟禪師傳》(《鴻慶居士集》卷四二)，《新續高僧傳四集》卷一二。

趙令畤（一〇六四～一一三四）

《侯鯖録》

⊙曹綱裴興奴善琵琶

白樂天《琵琶行》云：「曲罷曾令善才伏。」而「善才」不知出處。《琵琶録》云：「元和中，王芬、曹保，保有子善才，其孫曹綱，皆習此藝。次有裴興奴，與曹同時，其曹綱善為運撥若風雷，不長於提弦；興奴則長於攏撚，下撥稍軟。時人謂綱有右手，興奴有左手。」樂天又有《聽曹綱琵琶示重蓮》

詩云:「撥撥弦弦意不同,胡啼番語兩玲瓏。誰能截得曹綱手,插向重蓮紅袖中?」(卷一,孔凡禮點校《侯鯖録 墨客揮犀 續墨客揮犀》,第三五頁)

智按:參見《苕溪漁隱叢話》前集卷十六引曾慥《高齋詩話》。

⊙辨《傳奇》鶯鶯事

王性之作《傳奇辨正》云。

嘗讀蘇翰林贈張子野詩,有云:「詩人老去鶯鶯在。」注言:「所謂張生,乃張籍也。」僕按,元微之所傳奇鶯鶯事,在貞元十六年春。又言:「明年,生文戰不利」,乃在十七年。而唐《登科記》,張籍以貞元十五年商(高)郢下登科。既先二年,决非張籍明矣。每觀其文,撫卷歎息,未知張生果為何人,意其非微之一等人不可當也。會清源莊季裕為僕言:友人楊阜公,嘗得(海虞本作讀)微之所作《姨母鄭氏墓誌》,云其既喪夫,遭軍亂,微之為保護其家備至。則所謂傳奇者,蓋微之自敘,特假他姓以自避(自避,海虞本作避就)耳。

僕退而考微之《長慶集》,不見所謂鄭氏誌文,豈僕家所收未完,或別有他本爾?然細味微之所序,及考於他書,則與季裕所説皆合。蓋昔人事有悖於義者,多託之鬼神夢寐,或假之他人,或云見他書,後世猶可考也。微之心不自聊,既出之翰墨,姑易其姓氏耳。不然,為人敘事,安能委曲詳盡如此?

按:樂天作《微之墓誌》,以大和五年薨,年五十三,則當以大曆十四年己未生。至貞元十六年庚辰,正二十二歲矣(原注:《傳奇》言生年二十二,未知女色)。

又,韓退之作微之妻《韋叢墓誌》文,作壻韋氏時,微之始以選為校書郎,正傳奇所謂「後歲餘,生亦有所娶」者也。(原注:貞元十八年,微之始中書判拔萃,授校書郎,二十四歲矣)。

又,微之作《陸氏姊誌》云:「予外祖父授睦州刺史鄭濟。」白樂天作《微之母鄭夫人誌》,亦言鄭濟女。而唐《崔氏譜》,永寧尉鵬亦娶鄭濟女。則鶯鶯者,乃崔鵬之女,於微之為中表,正《傳奇》所謂鄭氏為異派之從母者也。

非特此而已，僕家有微之作元氏古艷詩百餘篇，中有《春詞》二首，其間皆隱「鶯」字（原注：《傳奇》言：立綴《春詞》二首以授之。不書諱字者，即此意）。及自有《鶯鶯詩》、《離思詩》、《離憶詩》，與《傳奇》所載，猶一家說也。

又有《古决絶詞》、《夢遊春詞》，前叙所遇，後言捨之以義，又叙娶韋氏之年，與此無少異者（原注：《夢遊春詞》云：「當年二紀初，佳節三星度。韋門正全盛，出入多歡裕。」「二紀初」，謂二十四歲也）。其詩中多言雙文，意謂二鶯字為雙文也。併書于後，使覽之者可考焉。

又，意古艷詩，多微之專因鶯鶯而作無疑。

又，微之《百韵詩寄樂天》云：「山岫當階翠，墻花拂面枝。鶯聲愛嬌小，燕翼玩逶迤。」注云：「昔予賦詩云：『為見墻頭拂面花。』時唯樂天知此事。」

又云：「幼年與蒲中詩人楊巨源友善，日課詩（原注：《傳奇言》：生發其書於所知，予亦聞其說，生所善楊巨源為賦《崔娘詩》一絶）。」

凡是數端，有一於此，可驗决為微之無疑，况於如是之衆也？然必更以張生者，豈元與張受姓命氏，本同所自出耶？（原注：張姓出黄帝之後，元姓亦然。後為拓跋氏，後魏有國，改姓元）

僕性喜討論，考合同異，每聞一事，隱而未見，或可見而不同，如瓦礫之在懷，必欲討閲，歸於一説而後已。嘗謂讀千載之書，而探千載之迹，必須盡見當時事理，如身履其間，絲分縷解，始終備盡，乃可以置議論。若略執一言一事，未見其餘，則事之相戾者多矣。又謂前世之事，無不可考者，特學者觀書少而未見爾。微之所遇合，雖涉於流宕自放，不中禮義，然名輩風流餘韻，照映後世，亦人間可喜事，而士之臻此者，特鮮也。雖巧為避就，然意微而顯，見於微之其他文辭者，彰著又如此，故反復抑揚，張而明之，以信其說。他時見所謂姨母鄭氏誌文，當詳載於後云。

微之古艷詩《春詞》云：「春来頻到宋家東，垂袖開懷待好風。鶯藏柳暗無人語，唯有墻花滿樹紅。」「深院無人草樹光，嬌鶯不語趁陰藏。等閑弄水浮花片，流出門前賺阮郎。」

《鶯鶯詩》云：「殷紅淺碧舊衣裳，取次梳頭暗淡粧。夜合帶烟籠曉月，牡丹經雨泣殘陽。依稀似笑還非笑，彷彿聞香不是香。頻勸横波嗔不語，等閑教見小兒郎。」

《離思》云：「自愛殘粧曉鏡中，鐶釵謾篸緑絲叢。須臾日射胭脂頰，一朵紅酥旋欲融。」「山泉散漫繞階流，萬樹桃花映小樓。閑讀道書慵未起，水晶簾下看梳頭。」「紅羅著壓逐時新，杏子花紗嫩麴塵。第一莫嫌才地弱，些些紕縵最宜人。」「曾經滄海難為水，除却巫山不是雲。取次花叢懶回首，半緣修道半緣君。」「尋常百種花齊發，偏摘梨花與白人。今日江頭兩三樹，可憐枝葉度殘春。」

《春曉》云：「半欲天明半未明，醉聞花氣睡聞鶯。娃兒撼（海虞本作促）起鐘聲動，二十年前曉寺情。」

《古决絶詞》云：「乍可為天上牽牛織女星，不願為庭前紅槿枝。七月七日一相見，相見故心終不移。那能朝開暮飛去，一任東西南北吹。分不兩相守，恨不兩相思。對面且如此，背面當可知。春風撩亂百勞語，况是此時抛去時。握手苦相問，竟不言後期。君情既决絶，妾意已（海虞本作亦）參差。借如死生别，安得長苦悲。」

又云：「噫！春冰之將泮，何余懷之獨結。有美一人，於焉曠絶。一日不見，比一日於三年，况三年之間别。水得風兮小而已波，笋在苞兮高不見節。矧桃李之當春，競衆人而攀折。我自願悠悠而若雲，又安能保君皓皓之如雪？感破鏡之分明，覩淚痕之餘血。幸它人之既不我先，又安能使他人之終不我奪？已焉哉！織女别黄姑，一年一度暫相見，彼此隔河何事無？」

又云：「夜夜相抱眠，幽懷尚沈結。那堪一年事，長遣一宵説。但感久相思，何暇暫相悦？虹橋薄夜成，龍駕侵晨列。生憎野鵲性遲回，死恨天雞識時節。曙色漸曈曨，華星欲明滅。一去又一年，一年何可撤？有此迢遞期，不如死生别。天公信（海虞本作既，《才調集》作隔）是妬相憐，何不便教相决絕！」

《雜憶》云：「今年寒食月無光，夜色纔侵已上床。憶得雙文通内裏，玉櫳深處暗聞香。」「花籠微月竹籠烟，百尺絲繩拂地懸。憶得雙文人静後，潛教桃葉送秋遷。」「寒輕夜淺遶回廊，不辨花叢暗辨香。憶得雙文籠月下，小樓前後捉迷藏。」「山榴似火葉相兼，半拂低（芸窗本作雕）墻半拂簷。憶得雙文獨披掩，滿頭花草倚新簾。」「春冰消盡碧波湖，漾影殘霞似有無。憶得雙文衫子薄，鈿頭雲映褪紅酥。」

《贈雙文》云：「艷極翻含態，憐多轉自嬌。有時還暫笑，閑坐更無聊。曉月行堪墜（海虞本作墮），春酥見欲消。何因肯垂手，不敢望回腰。」

《夢遊春》云：「昔歲夢遊春，夢遊何所遇。夢入深洞中，果遂平生趣。清泠淺漫流，畫舸蘭篙渡。過盡萬株桃，盤旋竹林路。長廊抱小樓，門牖相回互。樓下雜花叢，叢邊繞鴛鷺。池光漾霞影，曉日初明煦。未敢上階行，頻移曲池步。烏龍不作聲，碧玉曾相慕。漸到簾幕間，徘徊意猶懼。閑窺東西閣，奇玩參差布。隔子碧油糊，駝鈎紫金鍍。逡巡日漸高，影響人將寤。鸚鵡飢亂鳴，嬌娃睡猶怒。簾開侍兒起，見我遥相諭。鋪設繡紅裀，施張鈿裝具。潛褰翡翠帷，瞥見珊瑚樹。不辨花貌人，空驚香若霧。身回夜合偏，態斂晨霞聚。睡臉桃破風，汗妝蓮委露。叢梳百葉髻，金蹙重臺屨。紕軟鈿頭裙，玲瓏合懽袴。鮮妍脂粉薄，暗淡衣裳故。最似紅牡丹，雨来春欲暮。夢魂良易驚，靈境難久寓。夜夜望天河，無由重沿泝。結念心所期，返如禪頓悟。覺来八九年，不向花回顧。雜合兩經春，喧闐衆禽護。我到看花時，但作懷仙句。浮生轉經歷，道性尤堅固。近作夢仙詩，亦知勞肺腑。一夢何足云，良時事婚娶。當年二紀初，嘉節三星度。朝蕣玉佩迎，高松女蘿附。韋門正全盛，出入多歡裕。」云云（原注：元云：樂天《和微之夢遊仙詩序》云：「斯言也，不可使不知吾者知，知吾者亦不可使不知。樂天知吾者也，吾不敢不使吾子知。予辱斯言，三復其旨，大抵悔既往而悟將来也。」云云，正謂此事，非張籍益明矣）。（卷五，孔凡禮點校《侯鯖録 墨客揮犀 續墨客揮犀》，第一二六頁）

⊙元微之崔鶯鶯商調蝶戀花

逍遙子曰：「樂天謂微之能道人意中語。」（卷五，孔凡禮點校《侯鯖録墨客揮犀 續墨客揮犀》，第一四二頁）

智按：潘閬（？～一〇〇九），字逍遥，自號逍遥子。

⊙劉遺民曾作柴桑令

近見士子多使柴桑翁為陶淵明，不知劉遺民曾作柴桑令也。白樂天《宿西林寺》詩云：「木落天晴山翠開，愛山騎馬入山來。心知不及柴桑令，一宿西林便卻回。」注：「柴桑令，劉遺民是也。」（卷六，孔凡禮點校《侯鯖録 墨客揮犀 續墨客揮犀》，第一五一頁）

⊙東坡云白公晚年詩極高妙

東坡云：「白公晚年詩極高妙。」余請其妙處，坡云：「如『風生古木晴天雨，月照平沙夏夜霜』，此少時不到也。」（卷七，孔凡禮點校《侯鯖録 墨客揮犀 續墨客揮犀》，第一八二頁）

智按：趙令畤，初字景貺，蘇軾為改字德麟。宋宗室。哲宗元祐六年（一〇九一），簽書潁州節度判官。蘇軾知潁，與之遊，後以此入元祐黨籍。高宗紹興初，官至右監門衛大將軍，權知行在大宗正事。紹興二年（一一三二），封安定郡王。三年，同知行在大宗正事。四年卒，年七十四。《宋史》卷二四四有傳。有《侯鯖録》，另《聊復集》有趙萬里輯本。

釋如璧（一〇六五～一一二九）

《新廣冷泉亭記》

靈隱冷泉，其源出於寺西南百步之近，直寺之前，潴而爲池。唐刺史河南元藇作亭池上，後刺史白公居易記之，刻石亭中，其叙勝槩甚備。然士大夫有識者，猶以池量狹陋，爲未足以盡冷泉之美，蓋三百年於此矣。政和初，兵部尚書張公以龍圖閣學士出守是郡，暇日醼客池上，徜徉不忍去，意將廓而大之。長老雲公樂然用其説。撤屋斸地，伐石爲堤。東西三倍其初，南北半之。長松巨檜，不改其列，而池已浩乎大矣。池傍故有巖竇，嵌空洞，如刻如斲。至是揚波石中，倒影水面，湛浄明碧。不以育魚鼈而豢蛟龍，使人登此亭者，超然有絶人遺物之意。餘波渺瀰，浮閘而下者，雷奔電激，飛雪噀霧，使人臨是池者，恍然如在天台廬阜。窺石橋而睨三峽，莫知其在湖山俯仰之間也。嗟夫！天下之物，用之有不極其材。駭鷄之犀，夜光之璧，世得高名。歌行元白辭濤壯，書畫鍾王筆勢精。乘馬輜車何足算，不將稽古愧桓榮。(《四部叢刊》本《濟北晁先生雞肋集》卷十七；《全宋詩》第十九册，第一二八五二頁)

智按：哲宗元祐二年（一〇八七）寫與二叔晁端彦（一〇三五～一〇九五）。晁補之父親早逝，他得到二叔照顧最多。晁補之《祭陝州二叔父文》曰：「先君早世（逝），孰憐其孤，亦叔父志，教之譽之，人莫間之。」（《雞肋集》卷六十）晁補之對這位叔父撫卹之恩，銘感於心。

《和王拱辰觀梨花二首》（其一）

海棠十韵詫芬芳，慚愧梨花冷似霜。頼有樂天春雨句，寂寥從此亦馨香。(《四庫全書》本《雞肋集》卷二十；《全宋詩》第十九册，第一二八六八頁)

《謫宋徙亳初聞周璠琵琶》

棗園憭慄檜廳寒，醉倚琵琶倒鶡冠。不似江州白司馬，只成怨恨不成歡。(《四庫全書》本《雞肋集》卷二十二；《全宋詩》第十九册，第一二八八二頁)

智按：哲宗紹聖二年（一〇九五）坐修《神宗實録》失實，降應天府，改貶亳州通判時作。後二句典出白居易《琵琶行》「座中泣下誰最多，江州司馬青衫濕」。

《驀山溪》

蘭臺仙史，好在多情否。不寄一行書，過西風、飛鴻去後。功名心事，千載與君同，只狂飲，只狂吟，緑鬢殊非舊。　　山歌村館，愁醉潯陽叟。且借兩州春，看一曲、樽前舞袖。古來畢竟，何處是功名，不同飲，不同吟，也勸時開口。(《全宋詞》第五六六頁)

智按：哲宗紹聖二年（一〇九五），在亳州寄張耒。晁補之在亳州時，因為等不到張耒書信，特別懷念這位曾在京師同飲同吟之友，「功名心事，千載與君同」正是兩人深厚情誼之寫照。而如今晁補之遠在亳州，張耒遷起居舍人，以白居易自況，故有「山歌村館，愁醉潯陽叟」句，化用白居易《琵琶行》「我從去年辭帝京，謫居卧病潯陽城。潯陽地僻無音樂，終歲不聞絲竹聲。……期間旦暮聞何物？杜鵑啼血猿哀鳴。春江花朝秋月夜，往往取酒還獨傾。豈無山歌與村笛，嘔啞嘲哳難為聽」。二人因政局變化，各自淪落天涯，緑鬢已斑，青春不再，最感慨者，豈是山歌嘔啞難為聽？同飲同吟之友久無音訊，晁補之非常掛念。詞尾「古來畢竟，何處是功名」，感傷中強作曠達，再勸這位功名心事、千載同心之友，往昔同飲同吟之時光不再，猶能時時開口飲酒吟詩，一如當年同在館閣之時。

《安公子（次膺叔）》

少日狂游好。閬苑花間同低帽。不恨千金輕散盡，恨花殘鶯老。命小轡、翩翩隨處金尊倒。從市人、拍手攔街笑。鎮瓊樓歸卧，麗日三竿未覺。
迷路桃源了。亂山沈水何由到。撥斷朱絃成底事，痛知音人悄。似近日、曾教青鳥傳佳耗。學鳳簫、擬入煙蘿道。問劉郎何計，解使紅顏卻少。（《全宋詞》第五七一頁）

智按：膺叔指十二叔晁端禮。「低帽」語出白居易《東城晚歸》詩「晚入東城誰識我，短靴低帽白蕉衫」。

《緑頭鴨（韓師朴相公會上觀佳妓輕盈彈琵琶）》

新秋近，晋公別館開筵。喜清時、銜杯樂聖，未饒緑野堂邊。綉屏深、麗人乍出，坐中雷雨起鵾弦。花暖間關，冰凝幽咽，寶釵搖動墜金鈿。未彈了、昭君遺怨，四坐已凄然。西風裏、香街駐馬，嬉笑微傳。　　算從來、司空慣，斷腸初對雲鬟。夜將闌、井梧下葉，砌蛩收響悄林蟬。賴得多愁，潯陽司馬，當時不在綺筵前。競嘆賞、檀槽倚困，沈醉到觥船。芳春調、紅英翠萼，重變新妍。（《全宋詞》第五七一頁）

《水龍吟》

滿湖高柳搖風，坐看驟雨來湖面。跳珠濺玉，圓荷翻倒，輕鷗驚散。堂上涼生，檻前暑退，羅裾淩亂。想東山謝守，綸巾羽扇，高歌下、青天半。

應記狂吟司馬，去年時、黃花高宴。竹枝苦怨，琵琶多淚，新年鬢換。常恐歸時，眼中物是，日邊人遠。望隋河一帶，傷心霧靄，遣離魂斷。（《全宋詞》第五七一頁）

智按：哲宗紹聖二年（一〇九五）九月，晁補之改通判亳州，初到亳州時，有《水龍吟》詞寄趙君錫。上片寫景，從景中追憶離開應天府時，趙君錫設宴相送情景，晁補之以東山謝安比喻趙君錫。下片用劉禹錫、白居易、晉明帝等前人事跡，澆自家胸中塊壘，寫來沈鬱頓挫。「狂吟司馬」指劉禹錫因王叔文獲罪，受連坐懲處，貶為連州刺史，尚未到任又再貶為朗州司馬，十年始還。「竹枝苦怨」也是指劉禹錫被貶夔州時，因聽里中唱竹枝詞，仿之寫成《竹枝詞》九篇。「琵琶多淚」指白居易貶江州所寫《琵琶行》，有「座中泣下誰最多，江州司馬青衫濕」。「日邊人遠」引《世説新語》所載晉明帝認為日近人遠，暗喻如今身在亳州，朝廷對他而言，也是日近人遠。晁補之亳州詞作，每每以劉禹錫、白居易自況，如《行香子》〔梅〕詞：「揚州應記，東閣逢時，恨劉郎誤，題詩句，怨桃溪。」《驀山溪》〔譙園飲酒為守令作〕詞：「劉郎莫問，去後桃花事。司馬更堪憐，掩金觴。琵琶催淚。」《驀山溪》〔亳社寄文潛舍人〕詞：「山歌村館，愁醉潯陽叟」等都是。

《跋蘭亭序》

始余幼時讀《太平廣記》，見唐太宗遣蕭翼購《蘭亭叙》事，蓋譎以出之，輒嘆息曰：「《蘭亭叙》若是貴耶？至使萬乘之主，捐信於匹夫！」傳稱子貢詐而全魯，弦高誕而存鄭，遺一言之細，建二國之業，猶不可以為常；以太宗之賢，巍巍乎近古所無，奈何溺小嗜好，而輕喪其非常之寶，異於得原失信，不圍而去者矣。晚多閒居，頗屏世好，獨於古人筆墨之遺，猶愛而不能置，甚於少年喜官爵，遲暮營田宅者，與前論異矣。因誦白居易《七德歌》曰：「功成理定何其速，速在推心致人腹（智按：集作「置人腹」）。……怨女三千放出宮，死囚四百來歸獄。」復嘆曰：「太宗以一旅取天下，惟信爾。夫不吝三千女而放出宮，自信也；不約四百囚而來歸獄，人信也。晉捨原，何足道哉？全魯存鄭，利重於譎也；愛《蘭亭叙》，事小於欺也。其老而將傳，至從其子求書從葬，亦累矣。累物鈞病於行，若太宗，不累者大，累者小，則世將曰：此何足以論諸信不信之間？士之行己，亦若此而已，然則此書雖以石刻傳，可寶也。崇寧丙戌前冬至五日，緡東臯流憩洞李季良出之，晁補之題。(《四庫全書》本《雞肋集》卷三十三；桑世昌《蘭亭考》卷八，知不足齋叢書本)

《寂默居士晁君墓表》

寂默居士晁氏，諱端稟，字大受，居開封之昭德坊，太子少保文元公曾祖也，給事中叅知政事文莊公祖也。其世家爵里謚諱詳於國史。……愛西湖琅邪山水，曰是可以忘老。有詩數十百首，至今傳杭滁間，善為長歌，怪處似玉川子，平處似香山居士，至雜文數千言，叙事極古今得失之辯，則唐人獨以詩名如郊、島者，不能逮也。……(《四庫全書》本《雞肋集》卷六十三)

《文安郡君陳氏墓誌銘》

太中大夫權判北京留司御史臺韓公璹之夫人陳氏，泉州晉江縣人，三司户部副使尚書兵部員外郎贈兵部尚書諱詁之女，夫人幼警惠，嘗閲白居易詩，一過能誦，其兄汝奭異之。韓公未冠，舉進士有聲，尚書曰：「吾女宜歸斯人。」乃妻韓公。丞相申國呂公，當朝夫人，母家隆盛，歲時集會，内外命婦，十數環坐，綺紈曄然。夫人以儒者妻在末座，衣無繢繡，語言容止不矜慕，一座皆聳。舅苦風痺，侍疾，憂見於色。居舅喪，盡禮焉。韓公以材遇主，仕寖顯……(《四庫全書》本《雞肋集》卷六十四)

智按：晁補之，字無咎，號歸來子，濟州巨野（今山東巨野）人。神宗元豐二年（一〇七九）進士，調澶州司戶參軍。召試學官，除北京國子監教授，遷太學正。哲宗元祐初，召試學士院，以秘閣校理通判揚州，遷知齊州。與黃庭堅等並稱蘇門四學士。紹聖元年（一〇九四），坐黨籍累貶監信州酒稅。徽宗即位，召為著作佐郎，擢吏部郎中。出知河中府，徙湖州、密州。崇寧間黨論復起，奉祠禄居家，葺歸來園，慕晉陶潛為人。大觀四年起知達州，改泗州，卒于任，年五十八。有《雞肋集》七十卷。事見《柯山集拾遺》卷十二《晁無咎墓誌銘》,《宋史》卷四四四有傳。

張耒（一〇五五～一一一四）

《白公祠》

斯人不可見，千古懷清風。猶想鸞鳳姿，翛然山水中。空祠遺像儼，過者為肅恭。同時富貴人，泯滅知何窮。公惜得所遇，慨然屢輸忠。一傷巧舌刀，泯默類瘖聾。出處竟無禍，卷舒詎知蹤。被獲空歎麟，不制方為龍。（《四庫全書》本《柯山集》卷七;《張耒集》上册，第八六～八七頁）

《次韵淵明飲酒詩》（其十七）

樂天好飲者，少亦登貴仕。八年潯陽謫，學道乃忘己。與時雖寡怨，行己終有恥。抗言立朝廷，放志傲閭里。優游禍福間，出處皆可紀。乘流與偕逝，遇坎輒復止。酣歌盡百年，天理端可恃。（宋邵浩《坡門酬唱集》卷十五,《四庫全書》本;《全宋詩》第二十册，第一三〇七六頁）

《白樂天有渭上雨中獨樂十餘首倣淵明，予寓宛丘，居多暇日，時屢秋雨，倣白之作，得三章》（獨樂，一作獨酌）

寒極則有暑，晦久則有明。開闢迄今兹，此理信可憑。炎炎者易滅，巍巍者必傾。聖智無奈何，况此愚昏氓。設羅以獵獸，切骨陷其膺。重勢以鎮物，懸絕壓其肱。縱使賁與育，力有不獲呈。物情千萬變，可盡得經營。不如寂寞士，葛帶而蘭纓。無求復無憂。容貌甚和平。况兹積雨餘，秋氣日姿清。悠然有佳興，美酒時一傾。

罷官卧窮巷，值此雲物稠。連延經旬雨，城市欲行舟。柱礎變坳塘，瓦溝成暴流。蕭然殘暑退，寒事戒衣裘。老人朝睡足，起坐梳白頭。呼童飭晨餐，薪濕爨婦愁。洗我朱提杯，不復具肴羞。一觴已徑醉，萬事良悠悠。

故人遺我酒，氣味芳以清。置之屋壁間，興至時一傾。銀杯度一合，三釂已徹觥。既免戒沉湎，且無憂病酲。嵇阮愧令德，劉石無遐齡。荒狂有何樂，徒以酒自名。吾倖免困此，庶幾盡平生。（《四庫全書》本《柯山集》卷八;《全宋詩》第二十册，第一三〇八二頁;《張耒集》上册，第一〇五頁）

《冬日放言二十一首》（其七）

酒聖卯時歡，此語聞樂天。安用苦了了，白日供憂煎。浮世本幻妄，空花電露然。人間無實事，惟醉庶幾焉。（《四庫全書》本《柯山集》卷八；《全宋詩》第二十册，第一三〇九〇頁；《張耒集》上册，第一一四頁）

《題江州琵琶亭》

危亭古榜名琵琶，尚有楓葉連荻花。嗚呼司馬則已矣，行人往來皆歎嗟。司馬風流映千古，當日琵琶傳樂府。江山寂寞三百年，潯陽風月知誰主。我今單舸犯江潭（犯，一作泛），往來略已遍東南。可憐千里傷心目（心目，一作春眠），不待琵琶淚滿衫。（《四庫全書》本《柯山集》卷十一；《張耒集》上册，第二二二頁）

《宿譙東逆旅夜聞歌白公琵琶行》

元和才子悲流落，一聽琵琶謂天樂。青衫裛淚作長歌，誰取篇章和宫角。譙東夜久行人稀，卧聞此歌歌者誰。歌侶舊時人不見，舉頭欲聽淚雙垂。畫堂青瑣春無事，幾聽此歌還幾醉。東風桃李作黄埃，寶篋塵昏譜間字。一聲一聽一情傷，未老應知幾斷腸。展轉曲終燈燼落，荒城寒月夜飛霜。（《四庫全書》本《柯山集》卷十三；《張耒集》上册，第二六二頁）

《何處春深好二首》

何處春深好，春深禪宿家。茶爐寒夙火，佛案曉添花。壞宅無妖火，通途有寶車。院深人不到，幡影逐風斜。

何處春深好，春深居士家。荒園幾畦菜，環堵數株花。自蠟登山屐，仍驅下澤車。時時客問字，醉帽任傾斜。（《四庫全書》本《柯山集》卷十四；《張耒集》上册，第二八五頁）

智按：此乃效仿白居易《和春深二十首》「何處春深好」所作。

《效白體二首》

功名富貴付悠悠，高卧山城又過秋。燕坐香燈為靜侶，閑行麋鹿是同游。青黄草木新霜過，瀟灑溪山夜雨收。回首十年梁苑客，枉教白卻少年頭。

州貧須惜尊罍費，俗陋兼無妓樂名。幸有蒲團供燕坐，不妨藜杖助閑行。看炊香稻供齋飯，自采寒蔬試野羹。身外無營内無事，近來心氣盡和平。（《四部叢刊》影印舊抄本《張右史文集》卷二十六；《四庫全書》本《柯山集》卷十九；《張耒集》上册，第四三〇頁）

《效白體贈楊補之》

青衫居士斷葷血，一榻蕭然如在山。堂下黄花驚歲晚，尊中緑酒覺官閑。胸中已了一事大，鏡裏莫驚兩鬢斑。我亦久懷伊洛興，煩君先為卜禪關。（《四部叢刊》影印舊抄本《張右史文集》卷二十六；《四庫全書》本《柯山集》卷十九；《張耒集》上册，第四三一頁）

《效白體贈晁無咎白公守蘇時劉夢得守和有歲暮贈劉詩三首因效其體寄齊州知府無咎學士二哥雖愧仰聲華亦不慚分義》

過去生中作弟兄，依然骨肉有餘情。青衫校正同三館，白髮東南各一城。君比酈生多事業，我方謝朓欠詩名。想當把酒笙歌裏，亦記長安痛飲生。

江南歲晚水風寒，鈴閣無人晝掩關。過雨樓臺宛溪市，新霜松竹敬亭山。不悲仕宦從來拙，所喜形骸絕得閒。山妓村醪君莫笑，亦勝苜蓿滿朝盤。

關河戰國東秦地，風月南朝小謝城。妓樂比君拈不出，溪山許我賭來贏。真珠金線真無比，疊嶺雙溪亦有聲。一事與君宵壤別，板輿時從老人行。（《張耒集》上册，第四五三～四五四頁）

《雜書》

予自金陵月堂謁蔣帝祠，初出北門，始辨色，行平野中。時暮春，人家桃李未謝，西望城壁壕水，或絕或流，多鵁鶄白鷺，邐迤近山，風物夭秀，如行錦繡圖畫中。舊讀荆公詩，多稱蔣山景物，信不誣也。白公少客杭州，自言欲得守杭，卒如其言，予亦云。（《柯山集》卷四十四；四部叢刊景舊抄本《張右史文集》卷四十七；《張耒集》下册，卷五十三，第八〇七頁；《全宋文》二〇〇六年版第一二八册，卷二七六八，第一一二頁）

《題吳德仁詩卷》

陶元亮雖嗜酒，家貧不能常飲，而况必飲美酒乎？其所與飲，多田野樵漁之人，班坐林間，所以奉身而悦口腹者蓋畧矣。白樂天亦嗜酒，其家釀黄醅者，蓋善酒也。又每飲必有絲竹童妓之奉。洛陽山水風物甲天下，其所與游，如裴度、劉禹錫之徒，皆一時名士也。夫欲為元亮，則窘陋而難安；欲為樂天，則備足而難成。德仁居二人之間，真率僅似陶，而奉養略如白，至其放達，則並有之，豈非賢哉！（《四庫全書》本《柯山集》卷四十四；四部叢刊景舊抄本《張右史文集》卷四十七；《張耒集》下册，卷五十三，第八〇八頁）

《題賈長卿讀高彦休讀白樂天事》

高彦休作《唐闕史》，辨白樂天無因毋墜井作賞花、新井詩，賈子又從而續辨之。張子曰：二子謂之愛白公則可矣，未可謂知白公也。古之聖賢，誰能無謗，何獨樂天也哉！有謂舜囚堯而奪之位，伊尹放太甲而王，世未嘗有辨舜與伊尹之非篡者也。其心誠知其不然，則辨無自而萌於心，是其為説無待而自然。人之飽者，人誣之以飢，未有自疑而辨其非飢者。人知舜與伊尹之非篡，如自信其飽，雖或從而誣之，而不在辨之之域矣。故凡世之辨已與辨人，其言雖工，而察其心之始萌，蓋其於信嘗有所不足，而後不能無言。彼雖不能無疑於其初，其考於理，較於跡，而後能消其不信之心，於是乎有辨。故曰：二子未可謂知白公者也。嗚呼！小人之害君子也，亦多術矣。謗之於意外，惑之於疑似，世之君子傍視而不平者，起而與之辨，起於知之所不足，故縱言極口而益召天下之多言，多言繁興，而是非足以兩行於世。夫惟真知而泯言者，而後謗止。夫世之真知君子者纔幾人，則小人之毁賢敗善，何時而止耶？悲夫！（《四部叢刊》影印舊抄本《張右史文集》卷四十八；《四庫全書》本《柯山集》卷四十五；《張耒集》下册，卷五十四，第八二四頁）

《賀錢内翰啓》

伏承内翰侍讀四丈罷直内閣，升華禁林，解天府之浩繁，侍經帷之清燕。雖衆望所屬，理固當然，而成命既行，士以相賀。伏以學士號為職親地要，實儒者之至榮；訓辭欲其言近指深，必文人為充運（選）。設官雖專於書詔，儲才常用於鈞衡，被選益艱，因人增重。雖從容入侍，獨高太白、樂天之詞華；而論議經邦，復重德裕、敬輿之術業。苟擅一長於此，皆為載亦云：「顔師古注《漢書》，請或音才性反，或不音，唐或以請作平聲，誤矣。」（引自《詩話總龜》前集卷三十一《正訛門》；《宋詩話輯佚》上册，第七六～七七頁）

⊙樂天《開成大行挽詞》

「帝與九齡雖吉夢，山呼萬歲是虛聲」，此樂天作《開成大行挽詞》，對事親切，少有其比也。（引自《苕溪漁隱叢話》前集卷二十一；《詩人玉屑》卷七；《宋詩話輯佚》上册，第八八頁）

⊙半夜鐘

歐公言唐人有「姑蘇城外寒山寺，半夜鐘聲到客船」之句，説者云：「句則佳也，其如三更不是撞鐘時。」余觀于鵠《送宫人入道》詩云：「定知别後宫中伴，應聽緱山半夜鐘。」而白樂天亦云：「新秋松影下，半夜鐘聲後。」豈唐人多用此語也。倘非遞相沿襲，恐必有説耳。」（引自《苕溪漁隱叢話》前集卷二十三；《詩林廣記》前集卷十；《宋詩話輯佚》上册，第八八頁）

⊙牡丹詩

賓護《尚書故實》云：「牡丹蓋近有，國朝文士集中無牡丹詩。云嘗言楊子華有畫牡丹處極分明。子華北齊人，則知牡丹花亦已久矣。」予觀文忠公所為《花品序》云：「牡丹初不載文字，自則天以後始盛，然未聞有以名者，如沈、宋、元、白，皆善詠花，當時有一花之異，必形篇什，而寂無傳焉。唯劉夢得有詩，但云『一叢千朵』，亦不云其美且異也。」然余猶以此説為非。「惟有牡丹真國色，花開時節動京城。」豈不云美也？白樂天詩：「人人散後君須記，歸到江南無此花。」又唐人詩云：「國色朝酣酒，天香夜染衣。」豈得為無人形於篇什？（引自《能改齋漫録》卷五；《宋詩話輯佚》上册，第九八頁）

⊙寒食詩

東坡云：與郭生游寒溪，主簿吴亮置酒，郭生善作挽歌，酒酣發聲，坐為淒然。郭生言恨無佳詞，因改樂天寒食詩歌之，坐客有泣者。其詞曰：「烏啼鵲噪昏喬木，清明寒食誰家哭！風吹曠野紙錢飛，古墓累累春草緑。棠梨花映白楊路，儘是死生離别處。冥寞重泉哭不聞，蕭蕭暮雨人歸去。」每句雜以散聲。（引自《詩人玉屑》卷十六；《宋詩話輯佚》上册，第一〇二頁）

⊙白香山詩稿

在一人家，見白公詩草數紙，點竄塗抹，及其成篇，殆與初作不侔也。（引自元王構《修辭鑑衡》卷一引《詩文發源》；《宋詩話輯佚》上册，第一〇二頁）

智按：參見《詩人玉屑》卷八。

⊙張祜宫詞

張祜有《觀獵》詩並《宫詞》，白傅稱之。《宫詞》云：「故國三千里，深宫二十年。一聲《何滿子》，雙淚落君前。」小杜守秋浦，與祜為詩友，酷愛祜《宫詞》，贈詩曰：「如何『故國三千里』，虚唱歌詞滿六宫？」又詩寄祜云：「睫在眼前人不見，道於身外更何求。誰人得似張公子，千首詩輕萬户侯？」（引自清伍涵芬《説詩樂趣》卷三，楊軍《説詩樂趣校注》，第一三三～一三四頁；《宋詩話輯佚》上册，第一〇五頁）

智按：參見《古今詩話》（節録）。

王直方，字立之，號歸叟，密縣（今屬河南）人。棫子。以假承奉郎監懷州酒稅，尋易冀州糴官，僅累月，投劾歸侍不復出，居汴京凡十五年。徽宗大觀三年卒，年四十一。事見《景迂生集》卷十九《王立之墓誌銘》。有《詩話》並集，已佚。

吴可（一〇六九？～一一四八？）

《廬山香林訪趙德麟》

艤舟星渚得幽尋，問訊先生隱翠岑。欲禮光明依净社，便隨氣類老香林。貂金且换陶潛醉，囊錦聊追白傅吟。坡客飄零有公在，與誰揮淚説知音。（《藏海居士集》卷下，民國宋人集本）

《藏海詩話》

白樂天詩云：「紫藤花下怯黄昏。」荆公作《苑中》絕句，其卒章云「海

棠花下怯黄昏」，乃是用樂天語，而易「紫藤」為「海棠」，便覺風韻超然。（《歷代詩話續編》第三三〇頁）

「量大嫌甜酒，才高笑小詩。」「卑枝低結子，接葉暗巢鶯。」雙聲字對。（《歷代詩話續編》第三三二頁）

智按：「戶大嫌甜酒，才高笑小詩」見《久不見韓侍郎戲題四韻以寄之》，《白居易集箋校》第一二七四頁。「卑枝低結子，接葉暗巢鶯」見杜甫《陪鄭廣文游何將軍山林十首》。

東坡《玉盤盂》一聯，極似樂天。又《次韻李端叔謝送牛戩畫》：「笑指塵壁間，此是老牛戩。」牛戩做不著，此一句蓋語意不足也。（《歷代詩話續編》第三三五頁）

智按：吴可，字思道，金陵（今江蘇南京）人。官至團練使，曾諂附權宦梁師成。徽宗宣和末師成敗，黜致仕。宋室南渡後，流寓東南。吴可係武官，但潛心文翰，與李之儀交頗密，詩為蘇軾、劉安世等人稱譽。有《藏海居士集》、《藏海詩話》，已佚。清四庫館臣據《永樂大典》輯為詩集二卷，詩話一卷。事見元《至正金陵新志》卷十三。

李子正

《减蘭十梅·雨》

瀟瀟細雨，雨歇芳菲猶淡竚。密灑輕籠，濕遍柔枝香更濃。　瓊腮微膩，疑是凝酥初點綴。冷艷相宜，不似梨花帶雨時。（宋黄大輿編《梅苑》卷六；《全宋詞》第九九六頁）

智按：李子正，生平不詳。《梅苑》卷六入選其十首聯章《减蘭》詞，《全宋詞》據以録入。

曾旼（一〇七三進士）

《天峰院記》

闔閭城西二十餘里，山之巔有禪院，祥符詔書賜名天峰。考於圖記，所謂報恩山南峰院者是也。記言：晉僧支道林因石室林泉置報恩院，唐之大中改爲支山禪院，晉之天福改南峰額。予先世松櫝在羊腸山之朝陽，歲時展省，屢過天峰，嘗訪遺詩舊刻，求其地之所在以參驗之。而唐人劉長卿游支硎山寺，皮日休、陸龜蒙宿報恩寺水閣，題支山、南峰，皆爲賦詩。寶曆以後，州刺史白居易、劉禹錫，亦有報恩寺詩。按長卿至德中嘗爲監察御史；日休、龜蒙，松陵唱和，出咸通年。又言南峰院額，故相國裴休所書也。休乃大中宰相，於是一時而報恩、支山、南峰三名並存，則知《記》所載大中、天福更名者誤也。今山下楞伽院有石刻，言院即報恩遺址。原田中有報恩惠敏律師塔碑，言建塔於寺之西南隅，當八隅泉池之上，中峰蘭若之下。碑望楞伽，正在東北，而《記》所謂石室者，亦在楞伽，人猶謂之支遁菴。自菴前西向登山，可數百步，林中一徑，入中峰院。自徑前南行，其登彌高，又數百步，乃至天峰北僧院。其依一山，而道周有石，盤薄平廣，泉流其上，清泚可愛。居易詩云：「淨石堪敷坐，清泉可濯巾。」其謂是也。昔莊周言，庖丁之刀，十九年若新發於硎。陸德明釋硎，磨石也。余謂此石，其平如砥，支硎之名，宜取諸此。……若山下石室，山半石門，天峰之傍，有待月嶺，下有碧琳泉，又有放鶴亭，其址猶在。而劉、白、皮、陸之所賦詠，皆不及之。此又不可考者也。……予謂沃洲，居易爲之記矣，而報恩寂寥，未有記者，因爲考論本末，書以畀之。元豐六年，龍谿曾旼記，吳郡朱長文書。（《吳都文粹》卷八；《吳都法乘》卷一〇；《吳郡志》卷三二；正德《姑蘇志》卷二九；道光《蘇州府志》卷四一；《全宋文》二〇〇六年版第一〇二册，卷二二三六，第二七九頁）

智按：曾旼，字彦和，龍溪（今福建漳州）人。神宗熙寧六年（一〇七三）進士。七年，由吳縣尉提舉修撰經義所檢討。八年，坐諂媚吕惠卿，罷為潭州州學教授。哲宗元符二年（一〇九九）提舉編修《刑名斷例》，試秘書監。曾官潤州倉曹、知滁州。有講義三十卷、《潤州類集》十卷等，已佚。

事見《江西詩征》卷十,《宋詩紀事》卷二五,《宋元學案補遺別附》卷二,《宋會要輯稿》禮一四之五九、二八之六四,《宋史・藝文志》一、三、八。

郭若虛（一〇七四前後）

《圖畫見聞志》

⊙三花馬

唐開元、天寶之間，承平日久，世尚輕肥，三花飾馬。舊有家藏韓幹畫「貴戚閱馬圖」，中有三花馬，兼曾見蘇大枀家有韓幹畫三花禦馬，晏元獻家張萱畫「虢國出行圖」，中亦有三花馬。三花者，剪騣爲三辮，白樂天詩云：「鳳牋書五色，馬鬣剪三花。」(《四庫全書》本卷五)

智按：郭若虛，生卒年不詳。《圖畫見聞志》以張彥遠《歷代名畫記》絕筆唐末，因續為裒輯，自五代至熙寧七年（一〇七四）而止，分敘論、紀藝、故事拾遺、近事四門。書中有「熙寧辛亥冬，被命接勞北使，為輔行」語，則嘗為朝官，故得預接伴。

李格非（一〇七六進士）

《大字寺園》

大字寺園，唐白樂天舊園也。樂天云「吾有第，在履道坊。五畝之宅，十畝之園，有水一池，有竹千竿」是也。今張氏得其半，為會隱園，水竹尚甲洛陽。但以其圖攷之，則某堂有某水，某亭有某木，其水其木，至今猶存，而曰堂曰亭者，無復彷彿矣。豈因于天理者可久，而成於人力者不可恃耶？寺中樂天石刻，存者尚多。(明古今逸史本、《四庫全書》本《洛陽名園記》)

智按：李格非，字文叔，濟南（今屬山東）人。神宗熙寧九年（一〇七六）進士，調冀州司戶參軍、鄆州教授。入補太學録，轉太學博士，以文章受知于蘇軾。哲宗紹聖中，通判廣信軍。召為校書郎，遷著作佐郎、禮部員外郎，出提點京東刑獄。徽宗建中靖國元年入元祐黨籍。卒年六十一。有詩文四十五卷，已佚。《東都事略》卷一一六、《宋史》卷四四四有傳。

廖侁（熙寧間）

《横龍寺記》

記者，載事之言也，事有創建之本末，興復之次第，增置之多寡，有記則皆可叅考，且使來者見其經營非一日，成就非一人也。嶽西有寺曰横龍……若横龍之命名，世未知所祖，昔白樂天常從佛光遊，有題舊寺詩云：「月射冷光新殿閣，風搖清韻古杉松，問師寶額因何立，笑指横溪有卧龍。」意謂是歟？乙卯熙寧九年十月望日記。（宛委别藏《南獄總勝集》卷中；道光《衡山縣志》卷四九；《(光緒）湖南通志》卷二百三十九方外志二，清光緒十一年刻本；《全宋文》二〇〇六年版第八四册，卷一八三九，第三三四頁）

智按：横龍寺，《清一統志》卷二八一衡州府：「横龍寺，在衡山縣西北祝融峯後。唐貞元間建。宋天禧間建於寺右二里。」《湖廣通志》卷八十衡山縣：「横龍寺，在紫蓋鄉。唐貞元初，僧如滿賜號佛光大師，由洛陽至衡開山建此寺。」所引「題舊寺詩」，白集未見。朱金城《白居易集箋校》據《南岳志》卷十九收録於詩文補遺二（第三八九五頁），題爲《遊横龍寺》，詩云：「月射金光新殿開，風摇清韻古杉松。問師寶刹因何立，笑指横谿有卧龍。」字句略異。「開」字應爲仄聲，疑誤。《南嶽總勝集》作「冷光新殿宇」，「風摇」《南嶽總勝集》作「風敲」，「寶刹」《南嶽總勝集》作「寶額」。陳尚君輯録《全唐詩續拾》卷二八注出《南嶽總勝集》卷中。

廖侁，號西溪退叟，熙寧間居於衡山。生平見所作《横龍寺記》。

李頎（熙寧間）

《古今詩話》

⊙無聲詩

白樂天以詩名，與元微之同時，號元、白。詩詞多比圖畫。如《重屏圖》，自唐迄今傳焉；乃樂天《醉眠》詩也。詩曰：「放杯書案上，枕臂火爐前。老愛尋思睡，慵便取次眠。妻教卸烏帽，婢與展青氈。便是屏風樣，何勞畫古賢！」且詩之所以能盡人情物態者，非筆端有口，未易到也。詩家以畫為無聲詩，誠哉是言！（引自《詩話總龜前集》卷二十《詠物門》上；《宋詩話輯佚》上册，第一一三頁）

琴按：今人郭紹虞所編《宋詩話輯佚》(《燕京學報》專號三十四》上册一一九頁有《無聲詩》一則。前面總序中有云：「《古今詩話》所載白樂天《醉眠》詩，《白香山集》中無此詩，《全唐詩》無此詩，即汪立名所輯的《白香山詩集》補遺二卷中也無此詩」（序文第六頁）云云。編者查此詩見汪立名編《白香山詩集》後集卷八第五頁，題作《偶眠》，下注「一作《醉眠》」後並附録《詩話總龜》一則，即根據李頎原文者。何得云「無此詩」？又查《四部叢刊》那波道圓本第五十五卷第八頁亦有此詩，「老愛尋思睡」作「老愛尋思事」。又查《全唐詩》七函第二十五卷第六頁亦有此詩，題作《偶眠》，下注「偶一作醉」，詩中「病多」，「多」一作「便」。據此足證郭先生並未查明。

智按：《宋詩話輯佚》中華書局一九八〇年九月版已修改。此則又見元陸友仁《硯北雜誌》、清孫濤《全唐詩話續編》。

⊙探驪獲珠

元稹、劉禹錫、韋楚客同會樂天舍，各賦金陵懷古。劉詩先成，白曰：「四人探驪，子先獲珠，所餘鱗角何用？」三公乃遂罷作。（引自《類説》卷五十六；《宋詩話輯佚》上册，第一一四頁）

⊙樂天之宫

有商客過海遇（一作值）風，俄抵一所，門宇聳秀，珍器爛然，云是樂天之居。樂天聞之，作二絕云：「近有人從海上回，海山深處是樓臺。中有仙龕開一室，皆言此待樂天來。」又云：「吾學空門不學仙，恐君此語是虛傳。海山不是吾居處，歸則惟歸兜率天。」（引自《詩話總龜前集》卷四十七《神仙門》下；《宋詩話輯佚》上册，第一一七～一一八頁）

智按：宋李昉等所編《太平廣記》卷四十八「神仙類」，記以上一事較詳，附録於下：

唐會昌元年，李師稷中丞為浙東觀察使。有商客遭風飄蕩，不知所止。月餘，至一大山。瑞雲奇花，白鶴異樹，盡非人間所睹。山側有人迎問曰：「安得至此?」具言之。令維舟上岸。云：「須謁天師。」遂引至一處，若大寺觀，通一道（明抄本「道」下有「士」字）入。道士鬚眉悉白。侍衛數十。坐大殿上，與語曰：「汝中國人，兹地有緣方得一到，此蓬萊山也。既至，莫要看否?」遣左右引於宫内游觀。玉臺翠樹，光彩奪目，院宇數十，皆有名號。至一院，扃鎖甚嚴，因窺之。衆花滿庭，堂有裀褥，焚香階下。客問之。答曰：「此是白樂天院，樂天在中國未來耳。」乃潛記之，遂别之歸。旬日至越，具白廉使。李公盡録以報白公。先是，白公平生唯修上坐業，及覽李公所報，乃自為詩二首，以記其事及答李浙東云：「近有人從海上回，海山深處見樓臺。中有仙籠（明抄本「籠」作「龕」。）開一室，皆言此待樂天來。」又曰：「吾學空門不學仙，恐君此語是虚傳。海山不是吾歸處，歸即應歸兜率天。」然白公脱屣煙埃，投棄軒冕，與夫昧昧者固不同也，安知非謫仙哉！（出《逸史》）

又按宋葉夢得《避暑録話》卷上有一記載，與上文略有不同，可作補充。原文云：

白樂天集自載李浙東言海上有仙館待其來之説，作詩云「吾學空門非學仙，恐君此説是虚傳。海山不是吾歸處，歸則須歸兜率天。」頃讀盧肇《逸史》，記此事差詳。李浙東，李君稷（即《太平廣記》中之李師稷）也。會昌初為浙東觀察使，言有海賈遭風，飄海中一大山，視其殿，榜曰蓬萊，旁有一院，扃鐍甚嚴，花木盈庭，中設几案，或人告之曰：此白樂天院，在中國未來耳。唐小説事多誕，此既自見於樂天詩，當不謬。近世多傳王平甫館宿夢至靈芝宫，亦自為詩紀之曰：「萬頃波濤木葉飛，笙歌宫殿號靈芝。揮毫不似人間世，長樂鐘聲夢覺時。」與白樂天院絶相類，乃知天地間英靈之氣亦無幾，為人為仙，不在此則在彼，更去迭來，無足怪者。

又，宋曾慥編《類説》卷五十六「樂天之宫」云：

有客商過海，值風，抵一闕，云是樂天之宫。白聞遂賦詩云：「近有人從海上回，海山深處見樓臺，中有仙龕藏一室，皆言此待樂天來。」又云：「吾學空門不學仙，恐君此語是虛傳。海山不是吾歸處，歸則須歸兜率天。」

⊙馬三花

唐開元、天寶間，承平日久，世尚輕微，多愛三花飾馬。郭若虛家藏《貴戚閱馬圖》中有三花馬，蘇大參家有韓幹畫三花御馬，晏元獻家藏一畫《虢國出行圖》，亦有三花馬。三花者剪鬃為三瓣。白樂天詩云「舞衣裁四葉，馬鬣剪三花」是也。（引自《詩話總龜前集》卷三十《故事門》；《宋詩話輯佚》上册，第一一九～一二〇頁）

智按：參見郭若虛《圖畫見聞志》卷五「三花馬」一則（《四庫全書》本）。

⊙張祜徐凝較詩高下

樂天典杭日，江東學子奔杭取解。張祜自負詩名，而徐凝亦至，燕於郡中。樂天諷二子矛盾，祜曰：「僕宜為解首。」凝曰：「有何佳句？」祜曰：「《甘露寺詩》曰：『日月光先到，山河勢盡來。』《金山寺詩》曰：『樹影中流見，鐘聲兩岸聞。』」凝曰：「善則善矣，奈無野人《瀑布詩》曰『千古長如白練飛，一條界破青山色』？」祜愕然，一座盡傾。（引自《詩話總龜前集》卷三《志氣門》；《宋詩話輯佚》上册，第一四一頁）

智按：此則原出《唐摭言》卷二，參見《雲溪友議》卷中（古典文學出版社，一九五七年四月版）。

⊙劉夢得論詩

劉夢得每吟張籍詩云：「新酒欲開期好客，朝衣才脱見閑身。」又吟王維詩云：「興闌啼鳥喚，坐久落花多。」嘗言：「樂天苦好余《秋水詠》曰：『東屯滄海闊，南瀁洞庭寬。』又《石頭城下作》云：『山圍故國周遭在，潮打空城寂寞回。』自知不及韋蘇州『春潮帶雨晚來急，野渡無人舟自横』。又杜少陵《過洞庭》詩云：『白蘋愁殺白頭人。』鄙夫之言，亦愧杜公。」（引自《詩話總龜前集》卷五《評論門》一；《宋詩話輯佚》上册，第一五三～一五四頁）

⊙巫山詩

繁知一聞樂天將過巫山，先於神女祠粉壁大書曰：「忠州太守今才子，行到巫山必有詩。為報高唐神女道，速排雲雨待清詞。」白公見詩，邀知一曰：「劉夢得理白帝，欲留一詩於此，怯而不敢。罷郡經過，悉去詩千餘首，只留四篇。沈佺期曰：『巫山高不極，合遝狀奇新。暗谷疑風雨，幽崖若鬼神。月明三峽曉，潮落九江春。為問陽臺客，應知入夢人。』王無競曰：『神女向高唐，巫山下夕陽。徘徊作行雨，婉孌逐荊王。電影江前落，雷聲峽外長。霽雲無處所，台館峙蒼蒼。』李端曰：『巫山十二峰，皆在碧虛中。回合雲藏日，霏微雨帶風。猿聲寒渡水，樹色遠連空。愁向高唐去，千秋見楚宮。』皇甫冉曰：『巫峽見巴東，迢迢出半空。雲藏神女館，雨到楚王宮。朝暮泉聲落，寒暄樹色同。清猿不可聽，偏在九秋中。』」（引自《詩話總龜前集》卷十六《留題門》下；《宋詩話輯佚》上册，第一五九～一六〇頁）

智按：此則原出《雲溪友議》卷上（古典文學出版社，一九五七年四月版）。

⊙唐人詩用半夜鐘事

歐陽文忠公云：唐人有「姑蘇臺下寒山寺，夜半鐘聲到客船」之句，説者云：「句則佳也，其如三更不是撞鐘時?」于鵠《送宮人入道詩》云：「定知別後宮中伴，遙聽緱山半夜鐘。」而白樂天亦云：「新秋松影下，半夜鐘聲後。」溫庭筠亦云：「悠然旅榜閑回首，無復松窗半夜鐘。」豈唐人多用此語耶？倘非遞相沿襲，恐必有説。（引自《詩話總龜前集》卷七《評論門》三；《宋詩話輯佚》上册，第一六一頁）

⊙琵琶亭詩

江州琵琶亭題者，惟夏鄭公、梅公儀詩佳。夏詩曰：「年光過眼如車轂，職事羈人似馬銜。若遇琵琶應大笑，何煩涕淚滿青衫!」梅詩云：「陶令歸來為逸賦，樂天謫宦起悲歌。有絃應被無絃笑，何況臨絃泣更多!」又葉氏女郎詩云：「樂天當日最多情，淚滴青衫酒重傾。明月滿船無處問，更聞商婦琵琶

聲。」(引自《詩話總龜前集》卷十五《留題門》上；《宋詩話輯佚》上册，第一七〇頁)

⊙虜中好樂天詩

雄州安撫都監稱宣事云：「虜中好樂天詩。聞虜有詩云：『樂天詩集是吾師。』」(引自《詩話總龜前集》卷十七《紀實門》上；《宋詩話輯佚》上册，第一七八頁)

⊙白樂天少年登第作詩

白樂天一舉登第，作詩曰：「慈恩塔下題名處，十九人中最少年。」時年二十七。(引自《詩話總龜前集》卷十七《紀實門》上；《宋詩話輯佚》上册，第一七八～一七九頁)

智按：此則原出《唐摭言》卷三。

⊙楊汝士詩壓倒元白

寶曆中，楊嗣復相(公)，具慶下繼放甲榜。時先僕射自東洛入覲，嗣復率生徒迎於潼關，宴於新昌里第，元白在焉，皆即席賦詩。楊汝士詩後成，元白覽之失色。詩曰：「隔座應須賜御屏，盡將仙翰入高冥。文章舊價留鸞掖，桃李新陰在鯉庭。再歲生徒陳賀宴，一時良史盡傳馨。當時疏傅雖云盛，詎有兹筵醉醁醽！」汝士是日大醉，歸謂諸子曰：「今日壓倒元白。」(引自《詩話總龜前集》卷十七《紀實門》上；《宋詩話輯佚》上册，第一七九頁)

⊙樂天《游大林寺》詩

土氣有早晚，天時有愆伏，如平地三月花者，深山四月方花。樂天《游大林寺》云：「人間四月芳菲盡，山寺桃花始盛開。」(引自《詩話總龜前集》卷十八《紀實門》中；《宋詩話輯佚》上册，第一八二頁)

智按：此則又見《夢溪筆談》卷二十六「藥議」。

⊙徐凝題牡丹詩

白樂天初到杭州，令訪牡丹。會開元寺惠澄近自都下得之。時花初開，徐凝自富春來謁公，先題牡丹云：「唯有數包紅襆在，含芳只待舍人來。」（引自《詩話總龜前集》卷二十《詠物門》上；《宋詩話輯佚》上册，第一八七頁）

⊙白樂天裴晉公宴賦詩

白樂天致仕時，裴晉公夜宴諸進士官，樂天賦詩云：「九燭臺前十二姝，主人留醉任歡娛。飄飖舞袖雙飛蝶，宛轉歌喉一索珠。坐久欲醒還酩酊，夜深臨去更踟躕。南山賓客東山妓，此會人間曾有無？」（引自《詩話總龜前集》卷二十二《宴游門》；《宋詩話輯佚》上册，第一九〇～一九一頁）

智按：此則又見清孫濤《全唐詩話續編》。

⊙白樂天聯句不勝楊侍郎

裴令公守東洛，夜宴半酣，公索聯句，元白有得色，公為破題，至楊侍郎，曰：「昔日蘭亭無豔質，此時金谷有高人。」白知不能加，遽裂紙曰：「笙歌鼎沸，勿作此冷淡生活。」元顧白曰：「樂天可謂全其名也。」（引自《詩話總龜前集》卷二十二《宴游門》；《宋詩話輯佚》上册，第一九一頁）

智按：此則原出《唐摭言》卷十三。參見《唐音癸籤》卷二十六「談叢」二。

⊙樂天詩咏樊素小蠻

樂天姬樊素善歌，小蠻善舞。嘗為詩曰：「櫻桃樊素口，楊柳小蠻腰。」樊素年既長，小蠻方豐豔，因為《楊柳詞》曰：「一樹春風萬萬枝，嫩於金色軟於絲。」（引自《詩話總龜前集》卷二十三《寓情門》；《宋詩話輯佚》上册，第一九七頁）

智按：此則原出《本事詩》卷二「事感」。

⊙詩咏彈棋

彈棋，今人罕為之。有譜一卷，蓋唐賢所為。其局方二尺，中心高如覆盂，其顛為小壺，四角微起。李商隱詩云：「玉作彈棋局，中心最不平。」謂其中高也。樂天詩云：「彈棋局上事，最妙是長斜。」謂抹角長斜，一發過半局，今譜中具有此法。柳子厚《敘》用二十四棋者，即此謂也。（引自《詩話總龜前集》卷三十《故事門》；《宋詩話輯佚》上册，第二〇九頁）

⊙語音不同

【白樂天詩云：「請錢不早朝」，請作平聲，唐人語也。】今人不用廝字，唐人作斯音，五代時作入聲。陶穀詩云「尖簷帽子卑凡廝」是也。樂天又云：「金屑琵琶槽，雪擺胡騰衫。」琵琶胡語與今人同。（引自《詩話總龜前集》卷三十一《正訛門》；《宋詩話輯佚》上册，第二一七頁）

⊙始字音

少陵詩云「皂雕寒始急」，白公歌云「千呼萬喚始出來」，皆以為語病，其實不然。事之終始則音上聲，有所宿留則音去聲，二公詩非語病也。（引自《詩話總龜前集》卷三十一《正訛門》；《宋詩話輯佚》上册，第二一八頁）

⊙長安居大不易

樂天初舉，名未振，以歌詩投顧況，況戲之曰：長安物貴，居大不易。及讀至《原上草》云：「野火燒不盡，春風吹又生。」曰：有句如此，居亦何難？老夫前言戲之耳！（引自《詩人玉屑》卷十；《宋詩話輯佚》上册，第二五八～二五九頁）

⊙張祜詩

張祜有《觀獵》詩并《宮詞》，白傅稱之小杜。（引自《竹莊詩話》卷十三雜編三；《宋詩話輯佚》上册，第二五九頁）

智按：參見《王直方詩話》。

⊙杜集

陳從易詩類白樂天，盖自楊、劉唱和西崑行，後進爭效之，風雅之變，謂之崑體。陳公偶得杜集舊本，文多脱誤，至「身輕一鳥」，下脱一字，各與數客各用一字補之，或云疾，或云落，或云起，或云下，後得一本，乃「身輕一鳥過」。陳公嘆服，雖一字，諸君亦不能到也。（引自《類説》卷五十六）

元微之為御史，鞫獄梓潼。時白樂天尚書在都下，與名輩游慈恩寺，花下小酌，作詩寄微之曰：「花時同醉破春愁，醉把花枝當酒籌。忽憶故人天際去，計程今日到梁州。」元果至褒城，亦寄《夢游詩》曰：「夢公兄弟曲江頭，又向慈恩寺裹游。驛吏喚人驅馬去，忽驚身已在梁州。」千里神游，若合符節。朋友之道，不其至歟！（引自《詩話總龜前集》卷二十七《寄贈門》中）

開成中，楊汝土以戶部侍郎檢校尚書鎮東川，白樂天即其妹婿也。時樂天以太子少傅分洛，戲代内子賀兄嫂曰：「劉剛與婦共升仙，弄玉隨夫亦上天。何似沙歌領崔嫂，碧油幢引向東川。」沙歌，汝士小字。又云：「金花銀碗饒兄用，彩畫羅裙任嫂裁。嫁得黔婁為妹婿，可能空寄蜀箋來?」（引自《詩話總龜前集》卷二十七《寄贈門》中）

智按：以上三則《宋詩話輯佚》漏輯。

李頎，字粹老。少舉進士，後棄官為道人，遍歷湖湘。晚居臨安大滌洞天。善丹青，神宗熙寧間嘗畫春山橫軸且書詩於後，投杭州通判蘇軾。事見《蘇軾詩集》卷十一《李頎秀才善畫山以兩軸見寄仍有詩次韻答之》注。

竇苹（一〇八四前後）

《酒譜》

⊙醉聖

李白每醉為文，未嘗差，人目為醉聖。白樂天自稱醉尹，皮日休自稱醉士。(《四庫全書》本《酒譜》)

樂天在河南，自稱爲醉尹，以户小飲薄酒。（《四庫全書》本《山西通志》卷二百二十九引《酒譜》)

智按：竇苹，字子野，汶上（今屬山東）人。宋神宗時任大理寺詳斷官，哲宗元祐間任大理寺司直。有《新唐書音訓》四卷（晁公武《讀書志》）。其《酒譜》撰于神宗元豐七年（一〇八四）。

阮閲（一〇八五進士）

《詩話總龜》

余與郭生游寒溪，主簿吴亮置酒。郭生善作挽歌，酒酣發聲，座為淒然。郭生言：「恨無佳詞。」因為略改樂天《寒食詩》歌之。坐客有泣者。其詞曰：「烏（智按：當為烏）啼鴉噪昏喬木，清明寒食誰家哭？風吹曠野紙錢飛，古墓累累春草緑。棠梨花映白楊路，儘是死生離别處。冥漠重泉哭不聞，蕭蕭暮雨人歸去。」每句雜以散聲。（《百斛文》［《百斛明珠》］，前集卷二《達理門》，周本淳校點本，第十六頁）

樂天典杭日，江東學子奔杭取解。張祜自負詩名，而徐凝亦至，燕於郡中。樂天諷二子矛盾，祜曰：「僕宜為解首。」凝曰：「有何佳句？」祜曰：「《甘露寺詩》曰：『日月光先到，山河勢盡來。』《金山寺詩》曰：『樹影中流見，鐘聲兩岸聞。』」凝曰：「善則善矣，奈無野人《瀑布詩》曰『千古長如白練飛，一條界破青山色』？」祜愕然，一座盡傾。（《古今詩話》，前集卷三《志氣門》，周本淳校點本，第二十八頁）

樂天初舉，名未振，以歌詩投顧況。戲之曰：「長安物貴，居亦不易。」及讀至《原上草》云：「野火燒不盡，春風吹又生。」歎曰：「有句如此，居亦何難！老夫前言戲之耳。」（前集卷四《稱賞門》，周本淳校點本，第三九頁）

白樂天詩云：「無事日月長，不羈天地闊。」此達者之詞也。孟東野詩曰：「出門即有礙，誰謂天地寬？」此偏狹者之詞，然則天地何嘗礙，郊自礙耳。（《青箱雜記》，前集卷五《評論門》一，周本淳校點本，第五一頁）

沈存中謂樂天詩不必皆好，然識趣可尚。章子厚謂不然，樂天識趣最淺狹，謂詩中言甘露事處，幾如幸災，雖私讐可快，然朝廷當此不幸，臣子不當形歌詠也。如「當公白首同歸日，是我青衫獨往時」之類。（《詩史》，前集卷五《評論門》一，周本淳校點本，第五四頁）

劉夢得每吟張籍詩云：「新酒欲開期好客，朝衣才脱見閑身。」又吟王維詩云：「興闌啼鳥喚，坐久落花多。」嘗言：「樂天苦好余《秋水詠》曰：『東屯滄海闊，南漾洞庭寬。』又《石頭城下作》云：『山圍故國周遭在，潮打空城寂寞回。』自知不及韋蘇州『春潮帶雨晚來急，野渡無人舟自橫』。又杜少陵《過洞庭》詩云：『白蘋愁殺白頭人。』鄙夫之言，亦愧杜公。」（《古今詩話》，前集卷五《評論門》一，周本淳校點本，第五六頁）

舒王云：「梨花一枝春帶雨」，「桃花亂落如紅雨」，「珠簾暮卷西山雨」，皆警句也；然不若「院落深沉杏花雨」為佳。（《古今詩話》，前集卷六《評論門》二，周本淳校點本，第六十頁）

蘇子容愛元、白、劉賓客輩詩，如《汝洛唱和》，皆往往成誦；苦不愛太白輩詩。曾誦《汝洛集·九日送人》云：「清秋方落帽，子夏正離群。」以為假對工夫，無及此聯。又舉劉夢得《送李文饒再鎮浙西》詩，以為最著題。（《詩史》，前集卷六《評論門》二，周本淳校點本，第六三頁）

樂天看牡丹於錢塘開元寺，同徐凝醉歸；張祜榜舟而至，各希首薦。樂天曰：「二公論文，在於一戰。」遂試《長劍倚天外》賦、《餘霞散成綺》詩，以凝為首，祜次之。曰：「『地勢遙高嶽，河流側讓關』，多士謂陳叔寶曰『日月光天德，山河壯帝居』徒有前名；又祜《題金山寺》云『樹影中流見，鐘聲兩岸聞』，雖綦毋潛云『塔影掛清漢，鐘聲和白雲』，此句未為佳。」祜《觀獵》四韻及《宮詞》，樂天曰：「張三作獵詩，比王右丞，予則未敢優劣。」王摩詰詩曰：「風勁角弓鳴，將軍獵渭城。草枯鷹眼疾，雪盡馬蹄輕。忽過新城戍，還歸細柳營。回看落雁處，千里暮雲平。」祜詩曰：「曉出禁城東，分圍淺草中。紅旗開向日，白馬驟迎風。背手抽金鏃，翻身控角弓。萬人齊指處，一雁落寒空。」白公云：「人謂《宮詞》之中皆數對，何足奇也！然無徐生『千古長如白練飛，一條界破青山色』。」祜遂行歌而邁，凝亦鼓枻而去。二生終身偃蹇，不隨鄉試。

前此，李林宗補闕、杜牧之舍人與樂天輦下較文，具言元、白詩體舛雜，而為清苦者見嗤，因兹恨之。樂天為河南尹，李為河南令，相遇於道。尹乘馬，令肩輿，乖趨走之禮。亦曾謂樂天為「囁嚅公」，聞者皆笑，樂天名減矣。尹曰：「李直木（林宗字也），吾視之猘子也，其鋒不可當。」

後牧之守秋浦，與祜為詩酒之交，酷吟祜《宮詞》，亦知錢塘之試，自有是非之論，懷不平之色。為詩二章以高之曰：「誰人得似張公子，千首詩輕萬戶侯?」又云:「如何『故國三千里』，虛唱歌詞滿六宮?」祜詩曰:「故國三千里，深宮二十年。一聲《何滿子》，雙淚落君前。」此詩宮娥諷念思鄉，起長門之悲。祜復游甘露寺，觀盧肇題詩，曰:「不謂三吳經此詩人也!」祜曰:「日月光先到，山河勢盡來。」盧曰:「地從京口斷，山到海門回。」因而仰伏，願交於此士矣。(《雲溪友議》，前集卷六《評論門》二，周本淳校點本，第六七～六八頁)

昔蘇子美言，樂天《琵琶行》中云:「夜深忽夢少年事，覺來粉淚紅闌干。」此聯真佳句。余謂夢得《武昌老人吹(一作説)笛歌》云:「……如今老去語猶遲，音韻高低耳不知。氣力已無聲尚在，時時一曲夢中吹。」不減樂天。(《詩史》，前集卷六《評論門》二，周本淳校點本，第六九頁)

智按:「覺來粉」，集作「夢啼妝」。「紅闌干」，《竹莊詩話》作「濕闌干」。「真佳句」，原作「有佳句」，《説詩樂趣》作「誠佳句」。「氣力已無聲尚在」，《全唐詩》作「氣力已微心尚在」。

樂天為王涯所誣，謫江州司馬。甘露之禍，樂天在洛，適游香山寺，有詩云:「當君白首同歸日，是我青山獨往時。」不知者以樂天為幸之，樂天豈幸人之禍者?蓋悲之也。(《百斛明珠》，前集卷七《評論門》三，周本淳校點本，第七四頁)

唐末五代文章衰盡。詩有貫休，書有亞棲，村俗之氣大率相似。如蘇子美家收藏張長史書云:「隔簾歌已俊，對面貌彌精。」語既凡惡，而字畫真亞棲之流。近見曾子固編李太白詩，自謂頗獲遺亡，而有《贈懷素草書歌》及《笑矣乎》數百篇，皆貫休以下詞格。二人者皆號有識，故知者深可怪。如白樂天《贈徐凝》，韓退之《贈賈島》之類，皆世俗無知者所托，此不足怪。(《百斛明珠》，前集卷七《評論門》三，周本淳校點本，第七五頁)

歐陽文忠公云:唐人有「姑蘇臺下寒山寺，夜半鐘聲到客船」之句，説者云:「句則佳也，其如三更不是撞鐘時?」于鵠《送宮人入道詩》云:「定知別後宮中伴，遙聽緱山半夜鐘。」而白樂天亦云:「新秋松影下，半夜鐘聲後。」溫庭筠亦云:「悠然旅榜閑回首，無復松窗半夜鐘。」豈唐人多用此語

耶？倘非遞相沿襲，恐必有説。（《古今詩話》，前集卷七《評論門》三，周本淳校點本，第八四頁）

韋蘇州云：「誰知風雨夜，復此對床眠。」最為世所稱重。而白樂天《招張司業》云：「能來同宿否？聽雨對床眠。」（智按：原題為《雨中招張司業宿》）意亦相類，然不為人知。老杜云：「眼前無俗物，多病也身輕。」而樂天有「眼前無俗物，身外即僧居」之句，世亦獨稱老杜。（《王直方詩話》，前集卷八《評論門》四，周本淳校點本，第八五頁）

樂天云：「哺歠眠糟甕，流涎見麴車。」杜甫有「路逢麴車口流涎」。而張文潛有寄予詩云：「須看遠山相對蹙，莫欺病齒惱衰翁。」自注云：「黃九《謝人遺梅子》詩有『遠山對蹙』之句。」乃知詩人取當時作者之語便以為故事；此無他，以其人重也。（《王直方詩話》，前集卷八《評論門》四，周本淳校點本，第八五頁）

古今人作《昭君詞》多矣。余獨愛樂天一絕云：「漢使卻回傳寄語，黃金何日贖蛾眉？君王若問妾顏色，莫道不如宮裏時。」其意優游而不迫切。樂天賦此時年甚少。（《王直方詩話》，前集卷八《評論門》四，周本淳校點本，第八七頁）

智按：此則又見《竹莊詩話》卷十五、《苕溪漁隱叢話》前集卷二十一、《詩人玉屑》卷十六。

東坡平生最慕樂天之為人，故有詩云：「我甚似樂天，但無素與蠻。」又云：「我似樂天君記取，華顛賞遍洛陽春。」又云：「他時要指集賢人，知是香山老居士。」又云：「定似香山老居士。」又云：「淵明形神似我，樂天心相似我。」東坡在杭，又與樂天所留歲月略相似。（《王直方詩話》，前集卷九《評論門》五，周本淳校點本，第九九頁）

智按：末句，《苕溪漁隱叢話》前集卷二十一、《詩人玉屑》卷十六尚有「其詩云『在郡依前六百日』者是也」數字。《次京師韻送表弟程懿叔赴夔州運判》：「我甚似樂天，但無素與蠻。」見《蘇文忠公全集》卷十八；《贈善相程傑》：「我似樂天君記取，華顛賞遍洛陽春。」見《蘇文忠公全集》卷十八；

《贈李道士》:「他時要指集賢人，知是香山老居士。」見《蘇文忠公全集》卷十七;《軾以去歲春夏侍立邇英而秋冬之交子由相繼入侍次韻絕句四首各述所懷》(其四):「定是香山老居士，世緣終淺道緣深。」見《蘇文忠公全集》卷十六;《予去杭十六年而復來留二年而去平生自覺出處老少粗似樂天雖才名相遠而安分寡求亦庶幾焉三月六日來別南北山諸道人而下天竺惠淨師以醜石贈行作三絕句（其三)》:「在郡依前六百日，山中不記幾回來。」見《蘇文忠公全集》卷十六。《留題天竺靈隱兩寺》:「在郡六百日，入山十二回。」長慶四年（八二四)，五十三歲，任杭州刺史。《白居易集箋校》第一五六四頁。

《摭言》載:「白樂天在江東，進士多奔往。時張祜負時名，既而徐凝至，二子相矛盾。祜稱其佳句云:『樹影中流見，鐘聲兩岸聞。』凝以為奈無野人『千古長如白練飛，一條界破青山色』? 祜愕然不對，於是一座盡傾。」其後，東坡云:「世傳徐凝《瀑布詩》，至為塵陋，又偽作樂天詩，稱美此句，有『賽不得』之語，樂天雖涉淺易，豈至是哉!」乃作絕句云:「帝遣銀河一派垂，古來惟有謫仙詞。飛流濺沫知多少，不與徐凝洗惡詩。」余以為此之相去，何啻九牛一毛也。(《王直方詩話》，前集卷九《評論門》五，周本淳校點本，第一〇〇頁)

樂天有詩云:「醉貌如霜葉，雖紅不是春。」東坡有詩云:「兒童誤喜朱顏在，一笑那知是酒紅。」鄭谷云:「衰鬢霜供白，愁顏酒借紅。」老杜云:「髮少何勞白，顏衰肯更紅!」無己出此一聯，大為諸公稱賞。(《王直方詩話》，前集卷九《評論門》五，周本淳校點本，第一〇二頁)

智按:《苕溪漁隱叢話》前集卷五十一、《詩人玉屑》卷十八「無己出此一聯」前有「無己詩云:『髮短愁催白，顏衰酒借紅。』皆相類也。然」數字。

山谷云:「詩意無窮，人之才有限。以有限之才，追無窮之意，雖少陵淵明，不得工也。然不易其意而造其語，謂之換骨法;規模其意而形容之，謂之奪胎法。」……樂天曰:「臨風杪秋樹，對酒長年身。醉貌如霜葉，雖紅不是春。」東坡南中詩曰:「兒童誤喜朱顏在，一笑那知是酒紅。」凡此皆奪胎

法。(《冷齋夜話》，前集卷九《評論門》五，周本淳校點本，第一〇六頁)

王安國平甫作詩多使酒樓。語宋次道曰：「楊文公詩有酒樓：『江南堤柳拂人頭，李白題詩遍酒樓。』錢昭度亦有一酒樓：『長憶錢塘江上望，酒樓人散雨千絲。』今子詩有幾酒樓?」次道曰：「吾詩有二酒樓。《九江琵琶亭》云：『夜泊潯陽宿酒樓，琵琶亭畔荻花秋。雲沉鳥没事已往，月白風清江自流。』又《送客西陵》云：『若耶溪畔醉秋風，獵獵船旗照水紅。後夜錢塘酒樓上，夢魂應遶浙江東。』」(《青箱雜記》，前集卷十《雅什門》上，周本淳校點本，第一一〇頁)

智按：二詩作者當為吴處厚。詳見拙撰《〈題琵琶亭〉、〈送客西陵〉作者考》，載《中國典籍與文化》二〇一五年第一期。

陳舍人從易，當時文方盛之際，獨以醇儒古學見稱，詩類白樂天。蓋自楊、劉唱和《西崑集》行，後進學者爭效之，風雅一變，謂之崑體。由是，唐賢諸集幾廢而不行。陳公時偶得《杜集》舊本，文多脱誤。至《送蔡都尉》詩云：「身輕一鳥」，其下脱一字，陳公與數客各用一字補之。或云疾、去、落，或云下，莫能定。後得一善本，乃是「身輕一鳥過」。陳公嘆服，以為雖一字，諸君亦不能到。(《歐公詩話》，前集卷十一《苦吟門》，周本淳校點本，第一二九～一三〇頁)

長安慈恩寺浮屠，前後題詩多矣。唐文宗朝，元微之、白樂天到塔下，見章八元所留詩，悉令除去諸家牌，惟留章詩。詩云：「十層突兀在虚空，四十門開面面同。卻怪鳥飛平地上，自驚人語半天中。回梯暗踏如穿洞，絕頂初攀似出籠。落日鳳城佳氣合，滿城香樹雨濛濛。」(《鑒戒録》，前集卷十五《留題門》上，周本淳校點本，第一七二～一七三頁)

江州琵琶亭題者，惟夏鄭公、梅公儀詩佳。夏詩曰：「年光過眼如車轂，職事羈人似馬銜。若遇琵琶應大笑，何煩涕淚滿青衫!」梅詩云：「陶令歸來為逸賦，樂天謫宦起悲歌。有絃應被無絃笑，何况臨絃泣更多!」又葉氏女郎詩云：「樂天當日最多情，淚滴青衫酒重傾。明月滿船無處問，更聞商婦琵琶聲。」(《古今詩話》，前集卷十五《留題門》上，周本淳校點

本，第一七九頁）

繁知一聞樂天將過巫山，先於神女祠粉壁大書曰：「忠州太守今才子，行到巫山必有詩。為報高唐神女道，速排雲雨待清詞。」白公見詩，邀知一曰：「劉夢得理白帝，欲留一詩於此，怯而不敢。罷郡經過，悉去詩千餘首，只留四篇。沈佺期曰：『巫山高不極，合遝狀奇新。暗谷疑風雨，幽崖若鬼神。月明三峽曉，潮落九江春。為問陽臺客，應知入夢人。』王無競曰：『神女向高唐，巫山下夕陽。徘徊作行雨，婉孌逐荊王。電影江前落，雷聲峽外長。霽雲無處所，臺館峙蒼蒼。』李端曰：『巫山十二峰，皆在碧虛中。回合雲藏日，霏微雨帶風。猿聲寒渡水，樹色遠連空。愁向高唐去，千秋見楚宮。』皇甫冉曰：『巫峽見巴東，迢迢出半空。雲藏神女館，雨到楚王宮。朝暮泉聲落，寒暄樹色同。清猿不可聽，偏在九秋中。』」（《古今詩話》，前集卷十六《留題門》下，周本淳校點本，第一八三頁）

雄州安撫都監稱宣事云：「虜中好樂天詩。聞虜有詩云：『樂天詩集是吾師。』」（《古今詩話》，前集卷十七《紀實門》上，周本淳校點本，第一九九頁）

智按：陳述輯校《全遼文》卷一（中華書局一九八二年版，第十八頁）據此題為《題樂天詩佚句》，署「遼聖宗」作。《全史宮詞》卷十八：「唐宗事要不停披，聲律篇章擅妙計。帳外分排南北面，侍臣同譯白詩句。」《契丹國志·聖宗紀》載，帝好讀書。其「貞觀事要」又親以契丹字譯成。又曾譯「白居易諷諫詩」，昭番臣讀之。（又）載，帝律呂音聲，特所精妙，又喜吟詩。（又）載，番臣謂之「北面」，以其在牙帳之北，以主番事。漢臣謂之「南面」，以其在牙帳之南，以主漢事。《四庫全書》本《詩話總龜》「虜」改作「金人」。

白樂天一舉登第，作詩曰：「慈恩塔下題名處，十九人中最少年。」時年二十七。（《古今詩話》，前集卷十七《紀實門》上，周本淳校點本，第一九九頁）

寶曆中，楊嗣復相（公），具慶下繼放甲榜。時【先】僕射自東洛入覲，嗣復率生徒迎於潼關，宴於新昌里第，元白在焉，皆即席賦詩。楊汝士詩後成，元白覽之失色。詩曰：「隔座應須賜御屏，盡將仙翰入高冥。文章舊價留鸞掖，桃李新陰在鯉庭。再歲生徒陳賀宴，一時良史盡傳馨。當時疏傅雖云盛，詎有茲筵醉醁醽！」汝士是日大醉，歸謂諸子曰：「今日壓倒元白。」（《古今詩話》，前集卷十七《紀實門》上，周本淳校點本，第一九九頁）

土氣有早晚，天時有愆伏，如平地三月花者，深山四月方花。樂天《游大林寺》云：「人間四月芳菲盡，山寺桃花始盛開。」（《古今詩話》，前集卷十八《紀實門》中，周本淳校點本，第二〇二頁）

智按：此則又見《夢溪筆談》卷二十六「藥議」。

白樂天初到杭州，令訪牡丹。會開元寺惠澄近自都下得之。時花初開，徐凝自富春來謁公，先題牡丹云：「唯有數包紅襆在，含芳只待舍人來。」（前集卷二十《詠物門》上，周本淳校點本，第二二二頁）

白樂天以詩名，與元微之同，時號元白。詩詞多比圖畫。如《重屏圖》，自唐迄今傳焉；乃樂天《醉眠詩》也。詩曰：「放杯書案上，枕臂火爐前。老愛尋思睡，慵便取次眠。妻教卸烏帽，婢與展青氈。便是屏風樣，何勞畫古賢！」且詩之所以能盡人情物態者，非筆端有口，未易到也。詩家以畫為無聲詩，誠哉是言！（《古今詩話》，前集卷二十《詠物門》上，周本淳校點本，第二二四頁）

白傅《柳詩》二首云：「青青一樹傷心色，曾入幾人離恨中。為道都門多送別，長條折盡減春風。」又：「一樹春風萬萬枝，嫩於金色軟於絲。永豐西角荒煙裹，盡日無人屬阿誰？」又顧雲詩云：「灞岸晴來送別頻，相偎相倚不勝春。自家飛絮猶無定，爭把長條絆得人！」（《唐宋詩》云羅隱作）（《續本事詩》，前集卷二十一《詠物門》下，周本淳校點本，第二三〇頁）

老杜《北征》詩曰：「惟昔艱難初，事與前世別。不聞夏商衰，中自誅褒妲。」意者明皇鑒夏商之敗，畏天悔過，賜妃子死也。而劉禹錫《馬嵬詩》曰：「官軍誅佞幸，天子舍妖姬。群吏伏門屏，貴人牽帝衣。」白樂天《長恨歌》曰：「六軍不發無奈何，宛轉蛾眉馬前死。」乃官軍迫使殺妃子，歌詠祿山叛逆耳。孰謂劉、白能詩哉！《北征》詩識君臣大體，可貴也。（《冷齋夜語》，前集卷二十一《詠物門》下，周本淳校點本，第二三六頁）

白樂天致仕時，裴晉公夜宴諸致仕官，樂天賦詩云：「九燭臺前十二姝，主人留醉任歡娛。飄飖舞袖雙飛蝶，宛轉歌喉一索珠。坐久欲醒還酩酊，夜深臨去更踟躕。南山賓客東山妓，此會人間曾有無。」（《古今詩話》，前集卷二十二《宴游門》，周本淳校點本，第二四〇頁）

裴令公守東洛，夜宴半酣，公索聯句，元白有得色，公為破題，至楊侍郎，曰：「昔日蘭亭無豔質，此時金谷有高人。」白知不能加，遽裂紙曰：「笙歌鼎沸，勿作此冷淡生活。」元顧白曰：「樂天可謂全其名也。」（《古今詩話》，前集卷二十二《宴游門》，周本淳校點本，第二四一頁）

智按：此則原出《摭言》卷十三。參見《唐音癸籤》卷二十六「談叢」二。

白樂天任杭州刺史，攜妓還洛，後卻遣回錢唐。劉禹錫有詩曰：「其奈錢唐蘇小小，憶君淚點石榴裙！」（《南部新書》，前集卷二十三《寓情門》，周本淳校點本，第二四七頁）

樂天姬樊素善歌，小蠻善舞。嘗為詩曰：「櫻桃樊素口，楊柳小蠻腰。」樊素年既長，小蠻方豐豔，因為《楊柳詞》曰：「一樹春風萬萬枝，嫩於金色軟於絲。」（《古今詩話》，前集卷二十三《寓情門》，周本淳校點本，第二五一頁）

元微之、劉夢得、韋楚客會於樂天之居，因論南朝興廢事，各賦《金陵懷古詩》。夢得方在郎省，元公已居北門。夢得騁其才，略無遜意，滿引一觴，請為首唱，一揮而成。白公覽詩，曰：「四人探驪龍，而子先得其珠，其餘鱗甲將何為？」三公於是罷吟。夢得詩曰：「王浚樓船下益州，金陵王氣黯然收。千尋鐵鎖沉江底，一片降幡出石頭。荒苑至今生茂草，古城依舊枕寒流。如今四海歸皇化，兩岸蕭蕭蘆荻秋。」（《鑒戒録》，前集卷二十四《感事門》上，周本淳校點本，第二五五～二五六頁）

樞密邵公堯謂余詩似樂天。一日，閱相藍書肆，得馮瀛王詩集歸，公與余語曰：「子詩似樂天，又愛馮集，將來拈取個豁達李老。慶曆中，京師有人號豁達李老，每好吟詩而辭多鄙俚，以此戲之。」遂皆大笑。熙寧中，余辟定武帥幕，公自鄆附所作詩一軸並寄余詩曰：「流年真似隙中駒，別後情懷懶更疏。天上又頒新曆日，床頭未答故人書。殷勤羔雁功曹檄，狼藉杯盤上客魚。好在仲宣家萬里，從軍苦樂定何如！」（《青箱雜記》，前集卷二十六《寄贈門》上，周本淳校點本，第二七一頁）

元微之為御史，鞠獄梓潼。時白樂天尚書在都下，與名輩游慈恩寺，花下小酌，作詩寄微之曰：「花時同醉破春愁，醉把花枝當酒籌。忽憶故人天際去，計程今日到梁州。」元果至褒城，亦寄《夢游詩》曰：「夢公兄弟曲江頭，又向慈恩寺裏游。驛吏喚人驅馬去，忽驚身已在梁州。」千里神游，若合符節。朋友之道，不其至歟！（《古今詩話》，前集卷二十七《寄贈門》中，周本淳校點本，第二七九頁）

開成中，楊汝士以戶部侍郎檢校尚書鎮東川，白樂天即其妹婿也。時樂天以太子少傅分洛，戲代內子賀兄嫂曰：「劉剛與婦共升仙，弄玉隨夫亦上天。何似沙歌領崔嫂，碧油幢引向東川。」沙歌，汝士小字。又云：「金花銀碗饒兄用，彩畫羅裙任嫂裁。嫁得黔婁為妹婿，可能空寄蜀箋來？」（《古今詩話》，前集卷二十七《寄贈門》中，周本淳校點本，第二七九頁）

白樂天洛中高退十有餘年，度日娛情，惟詩與酒。追游唱和一輩名流，著在文籍，不復備載。《醉後寄裴晉公》詩云：「抖擻塵纓捋白鬚，半酣扶起問司徒：不知詔下懸車後，醉倒狂歌有例無？」又云：「綠潑新醅酒，紅泥小火爐。晚來天欲雪，能飲一杯無？」（《雅言雜載》，前集卷二十七《寄贈門》中，周本淳校點本，第二八一頁）

元白交道臻至，酬唱盈編。微之為御史，奉使往蜀，路傍見山花，吟寄樂天曰：「深紅山木豔彤雲，路遠無由摘寄君。恰似牡丹如許大，淺深看取石榴裙。」又曰：「向前已說深紅木，更有輕紅說向君。深葉淺花何所似，薄妝愁坐碧羅裙。」白因南遷回，過商山層峰驛，忽睹元題跡，寄元詩曰：「與君前後多遷逐，七度曾過此路隅。笑問階前老桐木：這回歸去免來無？」後微之鎮浙東，樂天牧杭州，更迭唱和，末句有云「任添鐺腳作三人」，逸趣如此。「鐺腳」事見《國史》。（《唐賢抒情》，前集卷二十七《寄贈門》中，周本淳

校點本，第二八一頁）

智按：《唐賢抒情》，即唐僖宗、昭宗時盧瓌所編《抒情集》（一名《杼情集》）。此二詩《全唐詩》及今傳本元稹集未收，陳尚君《全唐詩續拾》輯入，擬題為《奉使往蜀路旁見山花吟寄樂天》（《全唐詩補編》第一〇三三頁）。據周相録考證，二詩作於元和五年（八一〇），時赴江陵任士曹參軍，《詩話總龜》前集卷二十七〈寄贈門〉引《抒情集》言元稹「爲御史，奉使往蜀」並不準確。周相録將二詩擬題爲《貶江陵途中見山石榴花吟寄樂天》，又輯入「任添鐺脚作三人」爲殘句。（《元稹集校注》，上海古籍出版社，二〇一一年，第一五八三頁）「『鐺脚』事見《國史》」，應是指國史中所載薛大鼎、賈敦頤、鄭德本三人爲良吏事。《舊唐書》卷一八五薛大鼎傳載，薛大鼎貞觀中爲滄州刺史，「時與瀛州刺史賈敦頤、曹州刺史鄭德本，俱有美政，河北稱為『鐺脚刺史』。」長慶三年（八二三），元稹爲越州刺史，白居易爲杭州刺史，元稹詩云「任添鐺脚作三人」，乃是以良吏自期，言如更有一人作附近州郡之刺史，則可再現「鐺脚刺史」之美名。同年十一月，崔玄亮爲湖州刺史，與白居易、元稹唱和，有《三州唱和集》。

江南人多畬田，先熂爐，熂音餼，縱火燎草也。爐，火燒山界也；俟經雨乃下種。歷三歲，土脈竭，不可復種藝，但生草木，復熂旁山。宋西陽王子尚所部鄞縣有𡊨田，音嘐留，畬田也，子尚言山湖之俗熂山封水澤，山須熂爐後種。劉禹錫謫連州，作《畬田詩》云：「團團縵山腹。鑽龜得兩卦，上山燒卧木。」又云：「下種暖灰中，乘陽拆芽蘖。蒼蒼一雨後，苕穎如雲髮。」白樂天《子規歌》云：「畬田有粟何不啄？石楠有枝何不棲？」畬音羊諸反，《爾雅》云：「一歲曰菑，二歲曰新，三歲曰畬。」《易》曰：「不菑畬。」皆同音。凡三歲而不可復種，蓋取畬之義也。（《談苑》，前集卷二十九《書事門》，周本淳校點本，第二九一～二九二頁）

白樂天云：「羌管吹《楊柳》，燕姬酌葡萄。」謂太原出葡萄酒也。然此乃律詩，用平聲讀則太不律，用側聲讀則近俗耳。（《王直方詩話》，前集卷二十九《書事門》，周本淳校點本，第二九五頁）

東坡南遷，有侍兒王朝雲請從行，坡佳之，作詩，有序曰：「世謂樂天有《鬻駱馬放楊枝》詞，佳其至老病不忍去也。然夢得詩云：『春盡絮飛留不得，隨風好去落誰家?』樂天亦曰：『病與樂天相伴住，春同樊素一時歸。』則樊素竟去也。余有數妾，四五年相繼辭去。獨朝雲隨余南遷。因讀樂天詩，戲作此贈之：『不學楊枝別樂天，且同通德伴伶玄。伯仁絡秀方同老，天女維摩總解禪。經卷藥爐新活計，舞裙歌板舊因緣。丹成隨我三山去，不作巫山雲雨仙。』」蓋紹聖元年十一月也。三年七月，朝雲卒，葬於西禪寺松林中，直大聖塔，和前詩曰：『苗而不秀豈其天，不使烏童與我玄。駐景恨無千歲藥，贈行唯有小乘禪。傷心一念償前債，彈指三聲斷後緣。歸臥竹根無遠近，夜燈勤禮塔中仙。』（《冷齋夜話》，前集卷二十九《書事門》，周本淳校點本，第二九九頁）

唐開元、天寶間，承平日久，世尚輕微，多愛三花飾馬。郭若虛家藏《貴戚閱馬圖》中有三花馬，蘇大參家有韓幹畫三花御馬，晏元獻家藏一畫《虢國出行圖》，亦有三花馬。三花者剪鬃為三瓣。白樂天詩云「舞衣裁四葉，馬鬣剪三花」是也。（《古今詩話》，前集卷三十《故事門》，周本淳校點本，第三〇四頁）

彈棋，今人罕為之。有譜一卷，蓋唐賢所為。其局方二尺，中心高如覆盂，其顛為小壺，四角微起。李商隱詩云：「玉作彈棋局，中心最不平。」謂其中高也。樂天詩云：「彈棋局上事，最妙是長斜。」謂抹角長斜，一發過半局，今譜中具有此法。柳子厚《敘》用二十四棋者，即此謂也。（《古今詩話》，前集卷三十《故事門》，周本淳校點本，第三〇五頁）

貢父又云：「白樂天詩云『請錢不早朝』，請作平聲，唐人語也。」江子載亦云：「顏師古注《漢書》，請或音才性反，或不音，唐或以請作平聲，誤矣。」（《王直方詩話》，前集卷三十一《正訛門》，周本淳校點本，第三一四~三一五頁）

今人不用廝字，唐人作斯音，五代時作入聲。陶穀詩云「尖簷帽子卑凡廝」是也。樂天又云：「金屑琵琶槽，雪擺胡騰衫。」琵琶胡語與今人同。（《古今詩話》，前集卷三十一《正訛門》，周本淳校點本，第三一六頁）

少陵詩云「皂雕寒始急」，白公歌云「千呼萬喚始出來」，皆以為語病，其實不然。事之終始則音上聲，有所宿留則音去聲，二公詩非語病也。（《古今詩話》，前集卷三十一《正訛門》，周本淳校點本，第三一六頁）

韓魏公起堂於北池上，效樂天，因名曰醉白堂。五月堂成，公賦詩二篇，其一卒章云：「《霓裳》時事非吾事，且學熏酣石上眠。」自爾寢疾，以六月二十五日薨，此詩遂為絕筆。既而神廟遣使特為石藏以葬，始悟「石上眠」之句若讖云。公薨，士大夫恨勳德之難名，知與不知，皆為泫然而歎曰：「天何不為我留歐陽公為魏公作志文而後死也！」（《韓魏公別録》，前集卷三十四《詩讖門》下，周本淳校點本，第三三九頁）

金沙池泉在常州宜興縣罨畫溪之東，有寺，寺有碑，載當時杭湖常三州貢茶唱和。樂天云：「十隻畫船何處宿，洞庭山腳大（疑作「太」）湖心。」常州太守忘其姓名，和云：「殷勤為報春風道，不貢新茶只貢心。」（前集卷三十六《紀夢門》下，周本淳校點本，第三五一～三五二頁）

至和間，有數達官以詩知名，常慕樂天體多得於容易。曾有一聯云：「有禄肥妻子，無恩及吏民。」有人戲之曰：「昨日通衢，遇一輜軿車載極重，羸牛甚苦，豈非足下妻子乎？」聞者傳以為笑。（《歐公詩話》，前集卷三十八《譏誚門》中，周本淳校點本，第三六八頁）

《水調》第五遍五言調聲最愁苦，故樂天詩曰：「五言一遍最辛勤，調少情多似有因。不會當時翻曲意，此時腸斷為何人！」舊説《水調》、《河傳》，隋煬帝將幸江都宮時所制。曲成奏之，聲韻悲切，煬帝喜之，樂工王令言聞而止之，謂其弟子曰：「不返矣。」後竟如其説。或詰其何知，曰：「《水調》、《河傳》但有去聲。」（《搢紳脞説》，前集卷四十二《樂府門》，周本淳校點本，第四〇七頁）

何滿子，開元中犯罪繫獄中撰此曲。白樂天云：滄州人姓何名滿子，鞫獄者湣而為奏之，明皇弗許，竟坐。白樂天曰：「世稱何滿是人名，臨就罪時曲始成。一曲回音並八疊，從頭總是斷腸聲。」（《搢紳脞説》，前集卷四十二《樂府門》，周本淳校點本，第四〇八頁）

商玲瓏，餘杭之歌者。白公守郡日與歌曰：「罷胡琴，掩瑤瑟（瑤一作秦），玲瓏再拜當歌出（一作歌初畢）。莫為使君不解歌（莫為一作誰道），聽唱《黃雞》與《白日》。《黃雞》催曉丑前鳴（一作時），《白日》催人

（一作年）酉後（一作前）沒。腰間紅（一作紫）綬繫未穩，照（一作鏡）裏朱顏看已失。玲瓏玲瓏奈老何，使君歌了汝更（一作還）歌。」元微之在越州聞之，厚幣來邀，樂天即時遣去，到越州住月餘，使盡歌所唱之曲，即賞之。後遣之歸，作詩送行，兼寄樂天曰：「休遣玲瓏唱我詞，我詞都是寄君詩。卻向江邊整回棹，月落潮平是去時。」（《搢紳脞説》，前集卷四十二《樂府門》，周本淳校點本，第四〇八頁）

智按：此則又見《苕溪漁隱叢話後集》卷十三、《詩人玉屑》卷十六。

僕去錢塘十六年而又來，留二年乃去。平生自覺出處老少相似樂天，雖才名相遠，而安分寡求亦庶幾焉。二月六日來别南北山，惠淨上人以天竺醜石見贈，乃作絕句三首以全樂天之好，曰：「當年衫鬢兩青青，強説重臨刷别情。衰發只今無可白，故應相對話來生。」其二曰：「出處依稀似樂天，敢將衰朽校前賢。便從洛社休官去，猶有閒居二十年。」其三曰：「在郡依前六百日，山中不記幾回來。還將天竺一峰去，欲把雲根到處栽。」（《紀詩》，前集卷四十三《送别門》，周本淳校點本，第四一五頁）

王元之精於四六，同時在玉堂而大拜者，元之啓賀曰：「三神山上，曾陪鶴駕之游；六學士中，空有漁翁之歎。」以白樂天嘗有詩云：「元和六學士，五相一漁翁。」（《青箱雜記》，前集卷四十四《怨嗟門》，周本淳校點本，第四一七頁）

白樂天去世，人以詩弔之曰：「綴玉聯珠六十年，誰教冥路作詩仙。浮雲不繫名居易，造化無為字樂天。童子解吟《長恨》曲，胡兒能唱《琵琶》篇。文章已滿行人耳，一度思卿一愴然。」（《唐摭言》卷十五，前集卷四十五《傷悼門》，周本淳校點本，第四三〇頁）

有商客過海遇風，俄抵一所，門宇聳秀，珍器爛然，云是樂天之居。樂天聞之作二絕云：「近有人從海上回，海山深處是樓臺。中有仙龕開一室，皆言此待樂天來。」又云：「吾學空門不學仙，恐君此語是虛傳。海山不是吾居處，歸則惟歸兜率天。」（《古今詩話》，前集卷四十七《神仙門》下，周本淳校點本，第四五五頁）

樂天《九日思杭州》云：「笙歌委曲聲延耳，金翠動搖光照身。」子瞻《有懷錢塘》云：「剩看新番眉倒暈，未應泣别臉消紅。」黎元耆舊，何遽忘之也［耶］？徐考其集，白《送杭州姚（三字作「姚杭州赴任」）因思舊游》云：「閭里固宜勤撫恤，樓臺亦要數躋攀。」蘇亦云：「細雨暗時一百六，畫橈鼍鼓莫遺民。」（智按：《蘇文忠公全集》卷六《常潤道中有懷錢塘寄述古五首》之一，暗作晴；鼍作鼉；遺作違）是未嘗無意於民庶也。然白又有「故妓數人憑問訊，新詩兩首倩流傳」，坡又有「休驚歲歲年年貌，且對朝朝暮暮人」。大抵淫樂之語，多於撫養之語耳。夫子稱「未見好德如好色」，而傷之曰「已矣乎」，二公不能免俗，餘人不必言。（《砻溪詩話》卷八，後集卷九《評論門》，周本淳校點本，第五六頁）

士人程文，窮日力作一論，既不限聲律，復不拘詩（語）句，尚罕得反復折難，使其理判然［者］。觀《赴奉先咏懷五百言》，乃聲律中老杜心迹論一篇也。自「杜陵有布衣，老大意轉拙，許身一何愚，自比［以］稷與契」，其［心］術祈向，自是稷、契等人。「窮年憂黎元，嘆息腸内熱」，與飢渴由己也（者）何異？然常爲不知者所病，故曰：「取笑同學翁」。世不我知，而所守不變，故曰「浩歌彌激烈」。又云：「非無江海志，瀟灑送日月。……當今廊廟具，建厦豈云缺。葵藿傾太陽，物性固莫奪。」言非不知隱遁爲高也，亦非以國無其人也，特廢義亂倫，有所不忍。「以兹誤生理，獨耻事干謁。」言志大術疏，未始阿附以借勢也。爲下士所笑，而浩歌自若，皇皇慕君，而雅志棲道（遁）。既不合時，而又不少低屈，皆設疑互答，屢致意焉。非巨刃有餘，孰能之乎！中間鋪叙，間關酸辛，宜不勝其戚戚，而「默思失業途（徒），因念遠戍卒」，所謂憂在天下，而不爲小（一）己失得也。禹、稷、顔子，不害爲同道，少陵之迹江湖而心稷、契，豈爲過哉！孟子曰：「窮則獨善其身，達則兼善天下。」其窮也，未嘗無志于國與民；其達也，未嘗不抗其易退之節：密（蚤）謀先定，出處一致矣。是時（詩）先後周復，正合乎此。昔人目元和《賀雨》詩爲諫書，余特目此詩爲心迹論也。（《砻溪》卷十，後集卷十《評論門》，周本淳校點本，第六〇～六一頁）

杜《茅屋爲［秋］風所破歌》云：「自經喪亂少睡眠，長夜沾濕何由徹！安得廣厦千萬間，大庇天下寒士俱歡顔，風雨不動安如山。烏乎，何時眼前突兀見此屋，吾廬獨破受凍死亦足。」白樂天《新制布裘》云：「安得萬里裘，蓋裹周四垠。穩暖皆如我，天下無寒人。」《新制綾襖（襖）成》［云］「百姓多寒無可救，一身獨暖亦何情！心中爲念農桑苦，耳裏如聞饑凍聲。爭得大裘長萬丈，與君都蓋洛陽城。」皆伊尹自（身）任一夫不獲之辜也。或謂子美詩意寧苦身以利人，樂天詩意推身利以利人，二者較之，少陵爲難。然老杜饑寒而憫人饑寒者也，白氏飽暖而憫人饑寒者也；憂勞者易生于善慮，安樂者易（多）失于不思，樂天疑（宜）優。或人又謂白氏之官稍達而少陵尤卑，子美之語在前，而《長慶》在後。達者宜急，卑者可緩也。前者唱導，後者和之耳。同合而論，則老杜之心蓋（差）賢矣。（《砦溪》卷九，後集卷十二《評論門》，周本淳校點本，第七二～七三頁）

《蔡寬夫詩話》云：司空圖善論前人詩，如謂「元、白為力勍氣孱，乃都會之豪估」，「郊、島非附於寒澀，無所置才」，皆切中其病。及自評其作，乃以「南樓山最秀，北路邑偏清」為「假令作者復生，亦當以著題見許」，此殆不可曉。當局者迷，固人情之通患。如樂天所謂「屬（劚）石破山，先觀鑱跡；發矢中的，兼聽弦聲」。使不見其詩而聞此語，當以為如何哉！（《漁隱叢話》前集卷十九，後集卷二十下《苦吟門》，周本淳校點本，第一二六頁）

《蔡寬夫詩話》云：「子厚之貶，其憂悲憔悴之欲（歎），發於詩者，特為酸楚。閔已傷志，固君子所不免，然亦何至是，卒以憤死，未為達理也。樂天既遇（退）閑，放浪物外，若其能脫屣軒冕者，然榮辱得失之際，銖銖校量，而自矜其達，每詩未嘗不著此意，是豈真能忘之者哉？亦（力）勝之耳。惟淵明則不然。觀其《貧士》、《責子》與其他所作，當憂則憂，遇喜則喜，忽然憂樂兩忘，則隨所遇而皆適，未嘗有擇於其間，所謂超世遺物者，要當如是而後可也。觀三人之詩，以意逆志，人豈難定（見）。以是論賢不肖之實，亦何可欺乎？」（《漁隱叢話》前集卷十九，後集卷二十一《感事門》，周本淳校點本，第一三五頁）

韓子蒼《題昭君圖詩》：「寄語雙鬟負薪女，灸面謹勿輕離家。」余考《唐逸士傳》云：「昭君［村］至今生女必灸其面。」白樂天詩：「至今村女面，燒灼成瘢痕。」乃知灸面之事，樂天已先道之也（矣）。（《復齋漫録》，

後集卷四十一下《歌詠門》，周本淳校點本，第二六四頁）

世稱白樂天學佛，得佛光如滿時趣，觀其「吾學空門不學仙，……歸則須歸兜率天」之句，則豈解脱語耶？元微之詩，雖不及樂天遠甚，然其得處，豈樂天所能及哉？其《遣病》詩云：「况我早師佛，屋宅此身形。復舍彼就此，去留何所縈？前身為過跡，來世即前程。蜕骨龍不死，蜕皮蟬自鳴。」則與賈誼「忽然為人，何足控持，化為異物，又何足患」之語何遠耶？孟郊未嘗留意於此，而《弔元魯山》詩有「苟含天地秀，皆是天地身」之句（智按：見《全唐詩》卷三八一），亦可嘉矣。（《西清詩話》，後集卷四十五《釋氏門》，周本淳校點本，第二八三～二八四頁）

智按：此則又見宋葛立方撰《韻語陽秋》卷十二，「時趣」，作旨趣；「復舍彼」，作舍彼復；「控持」，作控摶。

韋應物《奉酬［謝］處士叔詩》云：「高齋樂宴罷，清夜道相存。」東坡次王鞏韻云：「那能廢詩酒，亦未妨禪寂。」（智按：《蘇文忠公全集》卷十三《次韻王鞏南遷初歸二首》其一）子由《春盡》詩云：「《楞嚴》十卷幾回讀，法酒三升是客同。」道貴沖寂，寞（宴）主歡暢，二者恐不能相兼也。白樂天延樂命醽之時，不忘於佛事，至今達者（達者至今）譏之。（葛常之《韻語陽秋》卷四，後集卷四十六《釋氏門》，周本淳校點本，第二八八頁）

樂天云：「報道前驅少呵喝，恐驚黄鳥不成啼。」坡云：「鬢絲只好對禪榻，湖亭不用張旌旗。」蔡君謨云：「因傍堤（低）松却飛蓋，爲聞山鳥撤（輟）鳴騶。」若俗士務此誇張俗眼，又豈識數公意。（黄常明《砻溪詩話》卷七，後集卷五十《拾遺門》，周本淳校點本，第三一一頁）

智按：阮閲，字閎休，一字美成，號散翁，又號松菊道人，舒城（今屬安徽）人。神宗元豐八年（一〇八五）進士，初為錢塘幕官。曾自戶部郎責知巢縣。徽宗崇寧二年（一一〇三）知晉陵縣。宣和間知郴州。高宗建炎初知袁州。著有《巢令君阮戶部詞》一卷，《總龜先生松菊集》五卷，均佚；《詩話總龜》、《郴江百詠》，行於世。

高承（元豐間）

《事物紀原》

⊙次韻

顏延年、謝玄暉作詩相倡和，皆不次韻。至唐元稹作《春深二十首》，並「家」、「花」、「車」、「斜」四字為韻，白居易、劉禹錫和之，亦用其韻，及令狐楚和詩，多次其韻。宋朝真宗時楊内翰億謂，次韻于此也，見《談苑》。（《四庫全書》本《事物紀原》卷四）

智按：彭大翼《山堂肆考》「顏延年、謝玄暉作詩相」作「齊、梁間」（《四庫全書》本卷一百二十八）。又見明王三聘《事物考》卷二（《續修四庫全書》影印明嘉靖四十二年刻本）。

高承，元豐間開封人。

趙鼎臣（一〇七一～一一二三至一一二五間）

《中秋夜楊時可與狄端叔載酒見過月下聯句》

月固不可得，客亦未易逢（原注：鼎臣）。相看且一笑，劇飲須千鍾（原注：時可）。石交事綺語，辯口如劍鋒（原注：流）。血指遇巧匠，今夕獲從容（原注：鼎臣）。我出元白後，敢躡李杜蹤（原注：流）。競誇詞激烈，已覺醉蒙茸（原注：鼎臣）。虛文矜畫虎，利口極雕龍。誰能望塵拜，初不希侯封（原注：時可）。雲披蟾影白，露浥桂香濃。（原注：鼎臣）。河漢淡無色，烏鵲迷所從。要為青女約，從使蜚廉功（原注：時可）。渡河天女懶，搗藥玉兔慵（原注：鼎臣）。秋凝霜悒悒，晴解雲重重。論功用詞客，誤曉驚惰農。興從庾亮發，景為仲宣供（原注：鼎臣）。夜氣凄以冷，斗杓橫復縱（原注：時可）。文章餘所短，翰墨子之丰。酒渴思朝政，腸飢聞夜舂（原注：鼎臣）。寧盡杯中蟻，勿聽床下蛩（原注：時可）。思溜慚追驥，篇成類采葑。我眠君且去，莫待鼓鼕鼕。（《四庫全書》本《竹隱畸士集》卷二；《全宋詩》第二十二册，第一四八七二頁）

智按：趙鼎臣，字承之，自號葦溪翁，韋城（今河南滑縣東南）人。哲宗元祐六年（一〇九一）進士，調真定府戶曹參軍，以親老不赴。紹聖中，復舉宏詞科，曾官越州。李邦直帥真定，辟為僚屬。徽宗政和八年（一一一八），官度支員外郎。宣和四年（一一二二），出知鄧州。卒於宣和五年至七年之間。有《竹隱畸士集》四十卷，已佚。清四庫館臣據《永樂大典》輯為二十卷。

釋惠洪（一〇七一～一一二八）

《次韻君武中秋月下》

秋光一半去無迹，萬里陰晴占此夕。書生醉語哦月詩，想見看朱眩成碧。白公初擕佳句歸，便覺草露寒霑衣。夜晴蘭室亦懷古，領略太白懷玄暉。千字一揮纔瞬息，流珠走盤紛的皪。故應奇韻自天成，此詩如女有正色。風鑒從來别俗氛，吐詞句句含煙雲。坐令一日傳萬口，不減長吉題高軒。君家客皆天下士，放意高談飲文字。江左風流掃地空，今日追游可無媿。嗟予秃鬢欲逃名，揭來百慮霜雪凝。世間垢習揩磨盡，但餘猨鶴哀吟聲。劉生餐痂亦何美，玄德結毦應有旨。平生清境吾所嗜，正如翔鸞飲須醴。君看清河夜升鏡，微雲滅盡如磨瑩。定當先生度青冥，思冷魂澄亦幽興。笑中筆陣横詞鋒，照人秀色煙茸茸。調高未數紫芝曲，酒味且卧黄金鍾。人生一笑如電掣，豈特山舟藏歲月。自慙陋句類無鹽，敢並高人天下白。（《四部叢刊》本《石門文字禪》卷二；《全宋詩》第二十三册，第一五〇七八頁）

《示超然》

秋光滿鬢萬事死，慚愧眼明牙齒牢。野寺閑眠聽風雨，海山猶夢渡雲濤。事非白傅方驚鼎，迹隱庖丁已善刀。一徑莓苔三十載，未容此老獨奇豪。（《四部叢刊》本《石門文字禪》卷十一）

《袁州聞東坡歿於毗陵書精進寺壁三首》

濁世肯留竟何意，玉芙蓉出淤泥中。誰謂秋來亦零落，病收衰淚泣西風。

姓名自可磨千古，文字收藏付六丁。唾霧珠消君勿笑，夢回比物鎮長靈。

才疎意廣孔文舉，身健長貧白樂天。一代風流今已矣，三吳雲水固悠然。

(《四部叢刊》本《石門文字禪》卷十五；《全宋詩》第二十三册，第一五二八五頁)

《湓江宿舟中》

琵琶亭下孤舟宿，夜静風清水四圍。蝴蝶夢中江月白，蘆花嗚笛釣船歸。(《四部叢刊》本《石門文字禪》卷十六)

《題佛鑑蓄文字禪》

余幼孤，知讀書爲樂，而不得其要。落筆嘗如人掣其肘，又如瘖者之欲語，而意窒舌大，而濃笑者數數然。年十六七，從洞山雲庵學出世法，忽自信而不疑。誦生書七千，下筆千言，跬步可待也。嗚呼，學道之益人，未論其死生之際，益其文字語言如此，益可自信也。今三十八年矣，而見雲庵平時親愛之人佛鑑大師浄因於湘中，頽然相向，俱老矣，而故意特未老，又出余少時詩句讀之。想見山林之舊游處，誦白公詩曰：「手把楊枝臨水坐，閑思往事似前身。」(《四部叢刊》本《石門文字禪》卷二十六)

《跋了翁書》

宣和二年夏，得翁書，前去無日矣，能復一來相見乎？翁平生剛方，吐言如刀鋸，而此書若悽冷，私怪之。明年四月遣書走山陽，八月，人還，云：「翁方發書日下世矣。」蓋四月九日也。聞之酸鼻累日。翁視死生一戲耳。予重爲天下惜此人品。翁知國如陸忠公，臨大節不奪如顔魯公，文章光明贍博如白樂天，通達宗教如裴公美，然四公者，皆享富貴、建功名，死無遺恨，而翁兼四公之長，而以一斥不能復，遂坐廢三十年，予所以追悼而不去心也。……(《四部叢刊》本《石門文字禪》卷二十七)

《冷齋夜話》

⊙東坡南遷朝雲隨侍作詩以佳之詩

東坡南遷，侍兒王朝雲者請從行。東坡佳之，作詩，有序曰：「世謂樂天有鬻駱放楊枝詞，佳其至老病不忍去也。然夢得詩云：『春盡絮飛留不得，隨風好去落誰家？』樂天亦云：『病與樂天相共住，春同樊素一時歸。』則是樊素竟去也。予家有數妾，四五年相繼辭去，獨朝雲隨予南遷。因讀樂天詩，戲作此贈之云：『不學楊枝別樂天，且同通德伴伶玄。伯仁絡秀不同老，天女維摩總解禪。經卷藥爐新活計，舞裙歌板舊因緣。丹成隨我三山去，不作巫陽雲雨仙。』」蓋紹聖元年十一月也。三年七月五日，朝雲卒，葬於棲禪寺松林中，直大聖塔。又和詩曰：「苗而不秀豈其天，不使童烏與我玄。駐景恨無千歲藥，贈行唯有小乘禪。傷心一念償前債，彈指三生斷後緣。歸卧竹根無遠近，夜燈懃禮塔中仙。」又作《梅花》詞曰「玉骨那愁瘴霧」者，其寓意為朝雲作也。秦少游曰：「唐詩閨怨詞曰：『繡閣開金鎖，銀臺點夜燈。長征君自慣，獨卧妾何曾。』此正語病之著者，而選詩自謂精之，果精乎?」參廖子曰：「林下人好言詩，纔見誦貫休、齊己詩，便不必問。」（卷一，陳新點校《冷齋夜話 風月堂詩話 環溪詩話》，第十二頁）

⊙換骨奪胎法

山谷云：「詩意無窮，而人之才有限。以有限之才，追無窮之意，雖淵明、少陵不得工也。然不易其意而造其語，謂之換骨法；規模其意形容之，謂之奪胎法。」如鄭谷《十日菊》曰：「自緣今日人心別，未必秋香一夜衰。」此意甚佳，而病在氣不長。西漢文章雄深雅健者，其氣長故也。曾子固曰：「詩當使人一覽語盡而意有餘，乃古人用心處。」所以荊公作《菊詩》則曰：「千花百卉雕零後，始見閒人把一支。」東坡則曰：「萬事到頭終是夢，休，休，休，明日黃花蝶也愁。」又如李翰林詩曰：「鳥飛不盡暮天碧。」又曰：「青天盡處沒孤鴻。」然其病如前所論。山谷作《登達觀臺》詩曰：「瘦藤拄到風煙上，乞與游人眼界開。不知眼界闊多少，白鳥去盡青天回。」凡此之類，皆換骨法也。顧況詩曰：「一別二十年，人堪幾回別。」其詩簡緩而立意精確。舒王作《與故人詩》曰：「一日君家把酒杯，六年波浪與塵埃。不知烏石江頭路，到老相逢得幾回。」樂天詩曰：「臨風杪秋樹，對酒長年身。醉貌如霜葉，雖紅不是春。」東坡《南中作》詩曰：「兒童悞喜朱顏在，一笑那知是醉紅。」凡此之類，皆奪胎法也。學者不可不知。（卷一，陳新點校《冷齋夜話 風月堂詩話 環溪詩話》，第一五～一六頁）

⊙老嫗解詩

白樂天每作詩，令一老嫗解之，問曰：「解否?」嫗曰解，則録之；不解，則易之。故唐末之詩，近於鄙俚。（卷一，陳新點校《冷齋夜話 風月堂詩話

環溪詩話》，第一六～一七頁）

智按：此則又見宋彭□《墨客揮犀》卷三。《唐宋詩醇》曾辯是説之妄。汪立名編《白香山詩集》後集卷五「詩解」一律之後，也曾引證，並録周必大之説，末云：「……試舉公晚年長律，其根柢之博，立格煉句之妙，果皆老嫗所能解否邪？其説之邪繆，真可付一噱也。」

又按《詩人玉屑》卷八「煅煉類」：《冷齋夜話》云：「白樂天每作詩，令一老嫗解之，問曰，解否？嫗曰解，則録之；不解，則又復易之。故唐末之詩，近於鄙俚。」又張文潛云：「世以樂天詩為得於容易，而耒嘗於洛中一士人家，見白公詩草數紙，點竄塗抹，及其成篇，殆與初作不侔。」苕溪漁隠曰：「樂天詩雖涉淺近，不至盡如冷齋所云，余舊嘗於一小説中曾見此説，心不然之，惠洪乃取而載之詩話，是豈不思詩至於老嫗解，烏得成詩也哉！余故以文潛所言，正其謬耳。」（上海古籍出版社本上册第一七五頁）

⊙老杜劉禹錫白居易詩言妃子死

老杜《北征》詩曰：「惟昔艱難初，事與前世別。不聞夏商衰，終（《詩話總龜》前集卷二十一《詠物門》下作「中」）自誅褒妲。」意者明皇鑒夏商之敗，畏天悔過，賜妃子死也。而劉禹錫《馬嵬》詩曰：「官軍誅佞幸，天子舍夭姬。群吏伏門屏，貴人牽帝衣。」白樂天《長恨》詞曰：「六軍不發爭奈何，宛轉蛾眉馬前死。」乃是官軍迫使殺妃子，歌詠禄山叛逆耳。孰謂劉、白能詩哉！其去老杜何啻九牛毛耶。（智按：《詩話總龜》前集卷二十一《詠物門》下無「其去老杜何啻九牛毛耶」）《北征》詩識君臣之大體，忠義之氣與秋色爭高（智按：《詩話總龜》前集卷二十一《詠物門》下無「忠義之氣與秋色爭高」），可貴也。（卷二，陳新點校《冷齋夜話 風月堂詩話 環溪詩話》，第二十二頁）

⊙（米）元章瀑布詩

米芾元章豪放，戲謔有味，士大夫多能言其作止。有書名，嘗大字書曰：「君有《瀑布》詩，古今賽不得。最好是『一條，界破青山色』。」人固以怪之，其後題云：「蘇子瞻曰：『此是白樂天奴子詩。』」見者莫不大笑。（卷四，陳新點校《冷齋夜話 風月堂詩話 環溪詩話》，第三四頁）

智按：清獨逸窩退士《笑笑録》卷二題「樂天奴子」(《續修四庫全書》影印清光緒五年鉛印申報館叢書本)。

《林間録》

香山居士白樂天，醉心内典，與之游者，多高人勝士。觀其與濟上人書，鉤深索隱，精確高妙，未嘗不置卷長嘆，想見其為人，恨不見濟公所答耳。因作補濟上人答樂天書一首，并樂天問詞，録於此。

月日，弟子太原白居易白濟上人侍者：昨者頂謁時，不以愚蒙，言及佛法，或未了者，許重討論。今經典間未諭者，其義有二，欲面問答，恐彼此卒卒，語言不盡，故粗形於文字，願詳覽之，敬佇報章，以開未悟，所望所望。

佛以無上大慧，觀一切衆生，知其根性大小不等，而以方便智説方便法，故為闡提説十善法，為小乘説四諦法，為中乘説十二因緣法，為大乘説六波羅蜜法，皆對病根，投以良藥，此盖方便教中不易之典也。何者？若為小乘人説大乘法，心則狂亂狐疑不信，所謂無以大海内於牛跡也；若為大乘人説小乘法，是以穢食置於寶器，所謂彼自無瘡，勿傷之也。故《維摩經》總其義云：「為大醫王，應病與藥。」又《首楞嚴三昧經》云：「不先思量，而説何法，隨其所應，而為説法。」正是此義耳。猶恐説法者不隨人之根性也，故又《法華經》戒云：「若但贊佛乘，衆生沒在苦，不能信是法，破法不信故。」如此，非獨慮説者不能救病，亦恐聞者不信，沒在罪苦也。則佛之付囑，豈不丁寧耶？何則？《法王經》云：「若定根基，為小乘人説小乘法，為大乘人説大乘説（法），為闡提人説闡提説（法），是斷佛性，是滅佛身。是説法人，當歷百千萬刦，墮諸地獄，縱佛出世，猶未得出。若生人中缺唇無舌，獲如是報。何以故？衆生之性，即是法性，從本已來，無有增減。云何於中，分別病藥？」又云：「於諸法中，若説高下，即名邪説，其口當破，其舌當裂。何以故？一切衆生，心垢同一垢，心凈同一凈。衆生若病，應同一病，衆生須藥，應同一藥。若説多法，即名顛倒。何以故？為妄分別，圻（析）善惡法，破一切法故，隨機説法，斷佛道故。」此又了然不壞之義也。

《金剛三昧經》云：「皆以一味道終，不以小乘，無有諸雜味，猶如一雨潤。」又《金剛經》云：「是法平等，無有高下，是名阿耨多羅三藐三菩提。」據此，後三經則與前三經義甚相戾也。其故何哉？苦云依維摩詰謂富樓那云「先當入定，觀此人心，然後説法。」又云：「不觀人根，不應説法。」夫以富樓那之通慧，又親奉如來為大弟子，尚未能觀知人心，况後五百歲末法中弟子，豈能盡觀知人心而後説法乎？設使觀知人心，若彼發小乘心，而為説大乘法，可乎？若未能觀彼心，而率已意説，又可乎？既未能觀，與默然不説，又可乎？若云「依義不依語」，則上六經之義，互相違反，其將孰依乎？若云「依了義經」，則三世諸佛，一切善法，皆從此經出，孰名為不了義經乎？况諸經中與《維摩》、《法華》、《首楞嚴》之説同者，非一也，與《法王》、《金剛》、《三昧》之説同者，亦非一也，不可偏舉。故於二義中，各舉三經。此六經皆上人常所講讀者，今故引以為問，必有甚深之旨焉。今且有人，忽問法於上人，上人或能觀知其心，或未能觀知其心，將應病與藥而為説耶，將同一病一藥而為説耶？若應病與藥，又是有高下，是有雜味，即反《法王》等三經之義。豈徒反其義，又獲如上所説之罪報矣。若同一病一藥為説，必當説大乘。大乘即佛乘也，若贊佛乘，且不隨應，且不救病，即反《維摩》等三經之義。豈徒反其義，又使衆生没在罪苦矣。六者皆如來説，如來是真語者，是實語、不誑語、不異語者。今隨此則反彼，順彼則逆此，設有問上人，其將何法以對焉？此其未諭者一也。

又五藴者，色、受、想、行、識是也。十二因緣者，無明緣行、行緣識、識緣名、色名、色緣六入、六入緣觸、觸緣受、受緣愛、愛緣取、取緣有、有緣生、生緣老死憂悲苦惱是也。夫五藴、十二因緣，蓋一法也，蓋一義也，略言之則為五，詳言之則為十二，雖名數多少或殊，其於倫次轉遷，合同條貫。今五藴中，則色、受、想、行、識相次，而十二緣中，則行、識、色、入、觸、受相緣，一則色在行前，一則色次行後，正序之既不類，逆倫之又不同。若佛次第而言，則不應有此雜亂，若謂偶然而説，則不當名為因緣。前後不倫，其義安在？此其未諭者二也。

上人耆年大德，後學宗師，就出家中，又以説法而作佛事，必能研精二義，合而通之。仍望指陳，著於翰墨。蓋欲藏諸篋笥，永永不忘也。其餘疑義，亦續咨問。居易頓首。

予補其答曰：

辱賜書，蒙以教乘為問。顧惟魯鈍之資，何足以當天縱之辯？然敢不竭疲陋，以塞外護為法之勤耶？如居士所論六經二義，與夫行色不倫之説，為不通者，在不痛思自所問端，方便智三言而已。了此三言，則雖百千妙義、無盡法門，可不究而解，矧所謂《維摩》、《法王》前後六經相戾之義乎？方便智者，如將將兵，權謀所施，非有定式，其發如雷霆，如機括，故能消禍於未然，折衝於千里，在一時耳，豈據典故哉！夫軍勢之虛實，將氣之勇怯，陣形之可否，成敗之先見，或有定論，例吾教三乘，以觀根授法，不可參亂是也。以勇怯之氣，為虛實之勢，以施其事，則誤矣。例吾法，謂不可以大乘之法授小乘之人，而小乘之人終不堪授大乘之法，如《維摩》、《法華》等三經，所以丁寧告諭者是也。《法王》等三經，又明告直指，纖悉蕩除之，亦所當爾。何以知之？如將兵者，意在濟亂以安國，則如來之意，豈非欲開迷以顯智乎？執三乘之語言，違佛之方便智者，失之甚矣。彼持品第衆生根器之説，不能了者，反墮常見，即外道非佛道也。執衆生佛性，自無始以來，無有是事者，又墮斷見，即外道非佛道也。

《華嚴經》曰：「凡愚之人，迷佛方便，執有三乘。」《法華經》曰：「尋念過去佛，亦應説三乘。」來書，所疑可以釋矣。《涅槃經》曰：「欲得早成佛者與早，欲遲成者與遲成。」《起信論》曰：「世尊為勇猛衆生説成佛在一念，為懈怠衆生説得果須滿僧祇」者，真方便智之旨。神而明之，則能變通與奪，施之以成就衆生也。一代時教，以三宗攝之，所謂法相、破相、性宗也。前之六經二義，乃法相、破相二宗所攝，此二宗自不許相難以建立蕩除宗異故也。又疑為法師者，不能定觀人之根過，慮誤授人以法，且有罪苦。夫知法比丘，雖凡夫具足煩惱之軀，然其志好明達，慧辯猛利，非果位小乘可比。如迦陵鳥在鷇，則聲壓衆鳥，如堅好木茁地，則已秀群木。又况維摩所訶？富樓那自言其過，有以也哉！

如是而論，恐尚紆疑，請借近事以明之。王公大人之閲天下士，非必能章玉山，其必先以言語。言語者，德行之候，故曰「有德者必有言。」又曰：「觀其所由，察其所安，人焉廋哉?」雖古之聖人，莫能外此，則知法者，觀人之根大小，又豈有他術乎? 如居士所疑，色、受、想、行、識，與夫十二有支因緣之法，名次不倫，互有錯謬者，未辨名目之理故也。夫色等五蘊，乃三苦已成之軀；十二有支，乃三世生因之法，如《華嚴・十地品》云「於第一義不了，故名無明。」所作業果是行，行依止初心，是識共生。四取蘊，為名色等者，其叙本末沿襲，理固然也。《般若經》則曰「色即是空，空即是色，色不異空，空不異色。受想行識，亦復如是」者，破有法不真故也。且色體尚爾，况四蘊但名（一本有色字）而已哉！《般若》諸經，破有之教，故言五蘊，則色居行之前，《華嚴・十地品》諸經，叙沿襲之因，故色在行之後。非略言則五，詳言則十二也。法之所本，要本於理，而當於義，不必守名句以自滯。多病久廢講，前之所陳者，皆教乘之深旨，非敢臆斷意諭。至於言謂之不及，而可以楧鑄魔佛、了辨異同者，又未可遽言也。(《四庫全書》本卷下)

智按：白居易與濟上人書即《與濟法師書》，見《白氏長慶集》卷四十五，《白居易集箋校》第五册第二八〇九～二八一二頁。東晉天竺三藏佛馱跋陀羅譯《大方廣佛華嚴經卷》第二十五《十地品第》二十二之三：「不如實知第一義故有無明，無明起業是名行，依行有初識，與識共生有四取陰，依止取陰有名色，名色成就有六入。」見《大正新脩大藏經》第九册。

釋惠洪，一名德洪，號覺範，筠州新昌（今江西宜豐）人。俗姓喻（或言彭）。年十四，父母雙成，依三峰靘禪師為童子。哲宗元祐四年（一〇八九），試經於東京天王寺，冒惠洪名得度為僧。四年後南歸，依真淨禪師於廬山歸宗寺，隨真淨遷洪州石門。二十九歲始，游方東吳、衡山、金陵等地，住金陵清涼寺。冒名剃度事發，入獄一年，勒令還俗。後至東京，入丞相張商英、樞密郭天信門下，再得度，賜名寶覺圓明禪師。徽宗政和元年（一一一一），張、郭貶黜，亦受牽連，發配朱崖軍（今海南三亞）。三年，得釋。四年，返筠州，館於荷塘寺。後又被誣以張懷素黨繫留南昌獄百餘日，遇赦，歸湘上南臺。高宗建炎二年卒，年五十八。惠洪工書善畫，尤擅繪梅竹（《圖繪寶鑒》)，多與當時知名士大夫交游，於北宋僧人中詩名最盛（《四庫全書·林間録》提要）。有《石門文字禪》、《天廚禁臠》、《冷齋夜話》、《林間録》、《禪林僧寶傳》等。生平見《石門文字禪·寂音自序》，《僧寶正續傳》卷二、《嘉泰普燈録》卷七、《五燈會元》卷十七有傳。

吕頤浩（一〇七一～一一三九）

《燕魏雜記》

陳彦升資政篇什尤高，嘗為《彭門八詠》，士大夫傳誦。彭門，今徐州也。南通垓下，北連豐沛，有范增墓。又，唐張建封嘗為徐泗節度使，有燕子樓。《垓下》詩云：「九里山南楚漢爭，風波翻覆走長鯨。霸圖欲斷中宵失，帝業時來一戰成。懶渡滄江漸（智按：疑作慚）父老，更無勍敵壓韓彭。農人不識當時意，衹得春霖事耦耕。」《范增墓》詩云：「藏名羞立虎狼朝，乘變東依項籍豪。惜失壯圖撞玉斗，不知天命與金刀。還家落日埋英氣，回首浮雲委舊勞。百步西連陵母塚，峨峨先識泰山高。」《燕子樓》詩云：「僕射松楸狐兔游，侍兒猶在水邊樓。風清玉簟愁欹枕，月滿珠簾懶上鉤。舊事欲論鄉夢斷，新詩吟就海潭秋。樂天才似春深雨，斷送殘花一夕休。」燕子樓事，白樂天《長慶集》載之甚詳，此不具述。《彭門八詠》，兵火以來失之，惟記此三篇。(《永樂大典》卷三千一百四十一「陳」字韻引《吕忠穆公集》，中華書局線裝影印本第四十五册，頁十二上；中華書局精裝影印本，第三一四一頁；《全宋文》二〇〇六年版第一四一册，卷三〇五〇，第三七五頁，題為《記陳彦升事》)

智按：陳薦（一〇一六～一〇八四），字彦升，沙河（今河北沙河北）人。舉進士，為華陽尉。從韓琦定州、河東幕府，後薦為秘閣校理、判登聞檢院、知太常禮院。神宗時拜天章閣待制，進知制誥、知諫院。除龍圖閣直學士、河北都轉運使。後知蔡州。召為寶文閣學士兼侍讀，累進資政殿學士。《宋史》卷三二二有傳。

吕頤浩，字元直，世居滄州樂陵（今山東樂陵西南），五世祖官於齊州，遂為齊州（今山東濟南）人。哲宗紹聖元年（一〇九四）進士。歷成安尉，密州司戶參軍，邠州教授。徽宗宣和末燕山之役，以轉輸功累官河北都轉運使。以病辭，提舉崇福宮。高宗建炎元年（一一二七），起知揚州。三年，金人犯揚州，拜同簽書樞密院事、江淮兩浙制置使，改江南東路安撫制置使兼知建康府。未幾，拜同中書門下平章事兼禦營使。四年，罷充醴泉觀使，旋為建康府路安撫大使，兼知池州。紹興元年（一一三一），以江東安撫制置大使兼宣撫淮南，旋拜同中書門下平章事兼知樞密院事。三年罷，提舉臨安府洞霄宮。五年，為荊南路安撫制置大使兼知潭州。六年十二月，改兩浙西路安撫制置大使兼知臨安府。八年，因疾充醴泉觀使。九年卒，年六十九。贈秦國公，謚忠穆。有《忠穆集》十五卷，已佚。清四庫館臣據《永樂大典》輯為八卷。《景定建康志》卷四十八、《宋史》卷三六二有傳。

廖剛（一〇七一～一一四三）

《除中丞上殿劄子》

臣嘗聞唐文宗擢丁居晦為御史中丞，謂宰相鄭覃曰：「朕嘗與居晦論世人，言李、杜、元、白為四絕，如何？居晦曰：『此非君上合論之事。』朕以此記得居晦。可為御史中丞。」（《四庫全書》本《高峯文集》卷二）

《次韻望闕臺作》

妙齡聲價壓羣英，誰似青雲早致身。帝闕日邊迷遠目，使星天上拱居辰。牟心肯向江湖老，衍律聊回澗谷春。萬里夕紅歸去後，可能開府但清新。（一云：霜節暫遲還戀月，星軺遥共更尊辰。白樂天《岳陽樓》詩云：夕波紅）（《四庫全書》本《高峯文集》卷十）

智按：白居易《題岳陽樓》：「春岸綠時連夢澤，夕波紅處近長安。」見《白居易集箋校》第一一四一頁。元和十四年（八一九），四十八歲，江州至忠州途中作。夕波：一作夕陽。

廖剛，字中用，號高峰居士，南劍州順昌（今屬福建）人。少從陳瓘、楊時學。徽宗崇寧五年（一一〇六）進士。宣和元年（一一一九），由漳州司錄召為太學錄，擢監察御史。以忤蔡京，出知興化軍。欽宗立，以右正言召。高宗紹興元年（一一三一），除福建路提點刑獄，旋招為吏部員外郎，遷起居舍人、權吏部侍郎兼侍講，除給事中。六年，出知漳州。八年，召拜御史中丞。因論事為秦檜銜，以徽猷閣直學士提舉亳州明道宫。次年致仕。十三年卒，年七十三。有《高峰文集》十二卷傳世。事見張栻《工部尚書廖公墓誌銘》，《宋史》卷三七四有傳。

王庠（一〇七一～？）

《雅州蒙頂茶記》

自古茶本出巴蜀，晋孫參軍楚作歌，嘗言之矣。唐陸羽著《茶經》，言當時出茶之郡四十有三，劍南則稱彭、綿、蜀、邛、雅、瀘、眉、漢。及驗於《唐志》，貢茶之郡止十有六，劍南道惟雅安一郡而已。以天下奉一人，固必獻其尤者，雅茶之冠蜀，固可知矣。……鴻漸之後四十餘年，長慶、大和間，韋齊休佐使雲南，過蒙山下，《行記》云「蜀茶盡出於此」。李丞相德裕入蜀，得蒙茶沃于湯研之上，移時盡化，以驗其真。白樂天復有《琴茶詩》云：「琴裏知聞惟緑水，茶中故舊是蒙山。窮通行止常相伴，誰道吾今無往還。」天下茶品多矣，樂天特言蒙山，是知後人嘆幽振滯，稍稍升賞，得爲天下之最，决無疑也。鴻漸《茶經》云：「生爛石沃土者上，紫者上，筍者上，葉卷而若薇始抽者上。」……（《國朝二百家名賢文粹》卷一四六；《全宋文》二〇〇六年版第一三四册，卷二九〇二，第二六九頁）

智按：王庠，字周彦，榮州（今四川榮縣）人。夢易子。蘇軾侄婿。年十三喪父，哀憒深切，閉户讀書，其文爲吕陶、蘇轍所器重。徽宗崇寧元年（一一〇二）應能書科試，爲首選，下第徑歸，不應舉者八年。後復舉八行，大司成考爲天下第一，賜號廉遜處士，尋改潼川府教授，賜出身及章服，終不受，隱居山林而卒。孝宗淳熙元年謚曰賢節。有文集五十卷（《宋史·藝文志》著録，已佚）。《宋史》卷三七七有傳，生平又見張商英《大宋故贈通議大夫王公（王夢易）墓表》（《宋代蜀文輯存》卷一四；清道光《榮縣誌》卷一七），《宋會要輯稿》禮五八之一一五，《宋史》卷二〇八《藝文志》七，

《宋史新編》卷一七七,《宋元學案補遺》卷九七。

蘇過（一〇七二～一一二三）

《僕以事至洛言還過龍門少留一宿自藥寮度廣化潛溪入寶應翼日過水東謁白傳祠游皇龕看經兩寺登八節尤愛之復至奉先作此詩以示同行僧超暉》

崢嶸兩山門，共挹一水秀。灘聲千鼓鼙，石壁萬龕竇。何人植翠柏，幽徑出塵囿。金銀佛寺古，夜籟笙竽奏。僧稀梵唄少，石險松竹瘦。惟當效樂天，早晚棄冠綬。(《斜川集》卷一，清知不足齋叢書本；《全宋詩》第二十三册，第一五四五五頁)

智按：蘇過，字叔黨，號斜川居士，眉州眉山（今屬四川）人。軾第三子。哲宗元祐六年（一〇九一），曾應禮部試，未第。紹聖元年（一〇九四），軾謫惠州，四年，復謫儋州，皆隨行。元符三年（一一〇〇），隨父北歸。軾卒後，依叔父轍居潁昌。營湖陰地數畝，名為小斜川。徽宗政和二年（一一一二），監太原稅。五年，知郾城。宣和五年，通判定州，卒。有《斜川集》，已佚。清乾隆時人吴長元得舊鈔殘本，並從他書纂輯，厘為六卷。事見《永樂大典》卷二四〇一引《宋故通直郎眉山蘇叔黨墓誌銘》,《宋史》卷三三八有傳。

樓异（？～一一二三）

《嵩山三十六峰賦・序》

余少聞洛邑之盛，在唐宋為東西都，而山川形勝之富，視他州為傑觀。昔韓退之、白樂天見於歌詩，形容勝槩，有詠歎不足之意。後歐陽文忠與梅、謝諸賢，相繼為僚友，數游嵩少間，至今以為美談。……(《四庫全書》本《歷代賦彙》卷十五；清葉封《嵩陽石刻集記》卷下；《古今圖書集成》山川典第五十八卷嵩山部藝文一第四九頁)

智按：樓异，字試可，人稱墨莊先生，奉化（今屬浙江）人。神宗元豐八年（一〇八五）進士。哲宗元符二年（一〇九九），知登封縣。後除直秘閣，知秀州。徽宗政和七年（一一一七），知隨州，入辭，改知明州。宣和三年（一一二一），知平江府。五年，卒，贈太師、齊國公。《宋史》卷三五四有傳。

許景衡（一〇七二～一一二八）

《康師贈臣閣黎次韻》

樂天西湖誇竹閣，寂寞百年風隕籜。師今燕坐最勝處，翛然日誦山中樂。富貴易致閒難得，造物畀渠良不薄。老康游戲作偈言，使我怊悵心茫然。（《四庫全書》本《橫塘集》卷二；《全宋詩》第二十三册，第一五五二二頁）

《再和敏叔二首》（其二）

固知島可是詩奴，何況區區杜與吳。舉世徒能循覆轍，先生今為翦蘩蕪。淵明松菊還堪賦，白傅園池亦有圖。莫把五湖都占了，也須留與故人俱。（《四庫全書》本《橫塘集》卷四；《全宋詩》第二十三册，第一五五四六頁）

智按：許景衡，字少伊，溫州瑞安（今屬浙江）人。早年縱學程頤，哲宗元祐九年（一〇九四）進士。徽宗大觀中為敕令所删定官。久之，除通判大名府，未行，改逮判福州。後奉祠館。宣和二年（一一二〇），除殿中侍史。以忤王黼去官。欽宗嗣位，以左正言召，避親嫌改太常少卿，兼太子論德，旋試中書舍人。以為李光等辨白，罷與宮祠。高宗即位，除御史中丞，拜尚書右丞。為黄潛善等排沮，罷為資政殿大學士、提舉杭州洞霄宮。至京口，得暍疾卒，年五十七。謚忠簡。有《橫塘集》三十卷，已佚。四庫館臣據《永樂大典》輯為《橫塘集》二十卷。生平見《斐然集》卷二十六《許公墓誌銘》，《宋史》卷三六三有傳。

葛勝仲（一〇七二～一一四四）

《策問・藩鎮》

問：唐自天寶失御，寇盜内訌，桀黠為亂，方鎮割裂，史家雖具著于篇，而制禦得失之方，論述猶未備也。魏博七州，傳襲六姓，不沾王化者，一失於僕固懷恩，再失於馬希倩，三失於李懷光，四失於馬燧，五失於田布，六失於李，聽其說信乎？章武以元和九年秋討蔡，至十有二年冬十月，然後元濟授首。嘗怪其以英鋭絶人之姿，團天下之兵，據人主之勢，與三州之孺子敵，顧乃老師曠日，僅能克之。杜牧謂由五敗不去。詳考事實，殆真有之。至討成德，出入十年，叛涣之臣，訖不能羈致闕下，或謂丁未詔書赦承宗而班師者，謀失於白居易，庚辰詔承宗受地者，謀失於田洪正，其是非又何如也？盧龍之地已得復失，議者皆歸咎崔植、杜元穎不知制將，蕭俛、段文昌不知制兵。或又曰：始不用裴度，而用張宏靖，燕薊所以亡；終不用裴度，而視賊弗討，燕薊所以不能復。矛盾之説，又將安據也？會昌澤、潞之功，李德裕一人耳。觀其抵排浮議，要結外援，訓師使整而壯，御將使專而勇，謀猷有足稱者。願并論之，以觀諸君慱古之藴焉。（《四庫全書》本《丹陽集》卷六）

《論鎮冀》

憲宗再駕成德，出入十年，叛涣之臣訖不能羈致闕下。問罪之師方興，含糊之詔已行，偷安留毒，縱虵豕而勿之搏。元和史策，未嘗書某日克趙，而司農賦入，卒無鎮、冀之半菽焉。論者皆以厭兵縱敵、威令不振歸過章武，愚則以為，羣臣謀筭乖失，謗有所分矣。丁未詔書赦承宗而班師者，謀失於白居易；庚辰詔書赦承宗而受地者，謀失於田宏正。初，承宗拒命，刼囚薛昌朝，拒御景忠信。於是，詔削官秩，遣神策、河中、河陽、浙西、宣歙兵進討，時元和四年冬十月也。雖吐突承璀非制將之才，酈定進有喪師之悔，然精兵剽師，雲翔電合，張茂昭有木刀溝之勝，劉濟有饒陽、束鹿之捷，高霞寓多獲鎧仗，田季安自辦餉億，盧從史逗橈顧望，陰相嘯結，又已縛送京師矣，賊勢困蹙，上書請罪，譬釜魚喘息，勢不支久。朝廷誠能遣名將督戰，以代承璀，則削平逋冦，咳唾間爾。居易反謂不亟罷兵，且有四害，其說與李絳權德輿相表裏。於是五年秋七月，詔罷兵，而全以六郡付之矣。嗚呼！居易風節挺正，唐名臣也，至此則不得無罪。其後承宗益桀，謀援蔡兵，燔河陽倉，斷建陵戟，殺丞相，傷御史，於是詔絶其朝貢，出河東、義武、盧龍、魏愽之師進討，時元和十年秋七月也。時雖營屯離置，主總不一，然諸鎮鋭兵凱捷踵至，燕人敗之於武彊，魏人敗之於南宫，郗士美兵鋭整，最有功，帝以為能辦我事，於是殷侑招諭而聽命，柏耆脅説而承宗已破膽矣。于時齊、蔡既平，而賊無脣齒之援，譬如破竹數節之後，迎刃而解。朝廷誠能遣一乘之使，緩頰鈎説，使籍地自効，不聽則舉兵勦滅之，臨菑、渤海之地可全有也。宏正反因其請救而表于上，欲効三郡、質二子而緩兵，朝議不欲忤宏正而猥狥其請，於是十三年四月，詔罷兵而赦承宗矣。嗚呼！宏正去汙効順，唐功臣也。至此則不得無罪。機會一跌，百年不復。承宗得完首領，憲宗有失刑之議，成德之地終唐不能有，不於二子而誰責乎！帝之討蔡也，沮議百出，錢徽、蕭俛之徒，交請罷兵，惟韓愈謂持之不堅，傷威損費，毅然致誅，由是師出有功，至成德之役，則摇於浮議，而志不堅決。所謂師老力憊，而訖無成也。成敗異變，功業相反，無他，斷與不斷而已。（《四庫全書》本《丹陽集》卷七）

《陳去非詩集序》

世言詩能窮人。唐李太白號謫仙，然以樂府忤妃子，卒阨窮不振；劉夢得坐種桃句，黜刺連州；白樂天坐新井篇，黜佐溢浦；孟浩然、賈閬仙輩俱有能詩聲，然以詩忤明皇、宣宗，終坎懍州縣，故言詩能窮人者，取是為左驗。……（《四庫全書》本《丹陽集》卷八）

《江陰胡君墓誌銘》

君諱哲，字明叔，常州江陰人。少為諸生，力學問。嘗試於鄉，又嘗試廣文館，不售，即謝去，隱居啓山之陽。泛觀典籍以求志，二親春秋高，念所以娱其意者，乃築圃結亭，藝木芍藥千本，服老萊衣，日侍杖，屨容與其間，州里稱其孝，後益喜交賢士，賔至如歸，修具甚設資業，為替弗計也。性勁正而曠達，聞人不善，必面折之，緩急叩門者，不以有無為解，一時巨公名德，多從之周旋，因得其筆牘，藏之甚富，常語人曰：吾窮於世老矣。然於古人知慕醉吟先生，於今人獲從東坡。公樂飲，於西湖之上，竊自幸也。晚節刻意宗乘，聞道於大通禪師，得死生之理……（《四庫全書》本《丹陽集》卷十四）

《再和涉汝詩呈去非伯仲》

清汝如荆溪，不異我州里。奔流相㕦蹙，敢謂衣帶水。攜賓泛漫汗，畫鷁延緣葦。出城散腰脚，朱墨逃紛委。却望城中塔，烟林隱孤峙。何人貌清景，墨筆可就泚。幽尋要關楗，善飽未遺矢。塵纓政堪濯，凡髓亦可洗。不須學東山，韶顔載桃李。顧當似白傅，玉粒炊船尾。膾縷斫鮮鱗，遣客動食指。風流得意事，一官不願徙。脱有戚戚時，晤言消之耳。（《四庫全書》本《丹陽集》卷十七）

《諸人各見和復和一首》

我祖還笏歸樂天，不羡戴冕兼乘軒。掃門笑傲寄玄趣，一龕相對惟金仙。辭藻翩翩能析理，字字清奇中商徵。響泉韻磬初不施，見色聞聲自真意。從來家學傳青箱，禄侈萬石今方將。此篇不愁暫飛去，天相斯文終不亡。孫曾秀傑今層出，餘慶仰承君子澤。莫言臨絶似獲麟，請看筆頭扛鼎力。（《四庫全書》本《丹陽集》卷十八；《全宋詩》第二十四册，第一五六二九頁）

《次韻德升再講酬唱》

蓮社追攀每愧心，詩盟此假偶重尋。孤高舊壓元和體，清警新聞正始音。鼂洛賦成應奪錦，雞林價重定酬金。自憐潦倒無佳製，東望家山但越吟。（《四庫全書》本《丹陽集》卷十九；《全宋詩》第二十四册，第一五六四九頁）

《次韻工部兄除夕見寄三首》（其二）

霜毛垂領病摧頽，歲晚流年四秩催。一自貶官瞻日遠，兩經除夕歎星回。梅吹畫角餘寒盡，柏欲飛觴暖律來。歲莫日斜還隱几，心同白傅守寒灰。（《四庫全書》本《丹陽集》卷二十）

《白樂天》

平生趣操號安恬，退亦怡然進不貪。何事潯陽恨遷謫，輕將清淚濕青衫。

及泉曾改莊公誓，勝母終回曾子車。素綆銀牀堪淚墮，更能賦詠獨何如。（葛立方《韻語陽秋》卷九，《歷代詩話》第五五二頁；《全宋詩》第二十四册，第一五七〇二～一五七〇三頁）

智按：葛勝仲，字魯卿，常州江陰（今屬江蘇）人。哲宗紹聖四年（一〇九七）進士。元符二年（一〇九七），官杭州司理參軍。徽宗建中靖國元年（一一〇一），為兖州教授。崇寧二年（一一〇三），入為太學正。大觀元年（一一〇七），充提舉議歷所檢討，兼宗正丞。二年，遷禮部員外郎，以事責知歙州休寧。政和三年（一一一三），召復原職。四年，擢國子司業。六年，除國子祭酒，以言事落職提舉江州太平觀。宣和元年（一一一九），起知汝州，因拒宦官李彥括田，徙湖州。六年，移鄧州，以在湖州時忤朱勔，落職食祠禄。高宗建炎四年（一一三〇），起再知湖州。紹興元年（一一三一），致仕歸。十四年，卒，年七十三，謚文康。有《丹陽集》八十卷、外集二十卷，已佚。清四庫館臣據《永樂大典》輯為二十四卷。事見本集卷末附其婿章倧《文康葛公行狀》，《宋史》卷四四五有傳。

黄伯思（一〇七三～一一一二）

《跋白傳書後》

樂天書不名世，然投筆皆契繩矩，時有佳趣。乃知唐士（一作世）書學之盛如此。乙酉歲閏月八日書。（《四庫全書》本《東觀餘論》卷下）

智按：黄伯思，字長睿，别號霄賓，自號雲林子，邵武（今屬福建）人。哲宗時以銓試高等調磁州司法參軍。元符三年（一一〇〇）進士。改通州司戶，河南戶曹參軍。曾為秘書郎。徽宗政和二年卒，年四十。有《東觀餘論》二卷、《法帖刊誤》一卷傳世。生平見《梁溪集》卷一六八《故秘書郎黄以墓誌銘》，《宋史》卷四四三有傳。

附：《跋滕子濟所藏貘圖後》

按《山海經圖》：「南方山谷中有獸，曰貘。象鼻，犀目，牛尾，虎足，人寢其皮，辟温。圖其形，辟邪。嗜銅鐵，弗食他物。」昔白樂天嘗作小屏衛首，據此像圖而贊之，載於集中。今觀此畫，夷考其形，與《山海圖》、樂天集所載同，豈非白屏畫蹟之遺範乎？政和丁酉歲十二月十日，武陽黄某長孺

觀於子濟之書齋。(《四庫全書》本《東觀餘論》卷下)

智按：政和丁酉（一一一七），黄伯思已卒，黄長孺或為其族人。

晁沖之（一〇七三～一一二六）

《香山示孔處厚》

我來南經幾山過，馬行似衝山色破。風煙席卷巖穴開，澗花縈廻水流左。懸崖彷彿聞松聲，下瞰幽深鳥飛墮。老夫他年有所歸，定結白茅依紫邏。日高下馬古寺門，魚鼓欣聞脱清餓。道人碧眼照川谷，雲起盤陀藉高坐。慇勤勸我更莫歸，淚鶴啼猿亦相和。窻前笑唤祁孔賔，世間安用招魂些。(《晁具茨先生詩集》卷一古詩，《叢書集成初編》據海山仙館叢書本排印，文學類，第二二五四册，第四頁；《宋詩鈔》卷三十二《具茨集鈔》)

智按：紫邏山在河南汝陽縣東北，南鄰洛陽。《晁具茨先生詩集》清佚名注：「《九域志》：『紫邏山，在汝州梁縣。』按，梁縣即寶豐縣。」香山有多處，此處香山指今平頂山市寶豐縣香山寺之香山。《晁具茨先生詩集》清佚名注：「《寰宇記》：『香山舊名火珠山，大悲菩薩證道所也，在汝州寶豐縣東。』白居易詩：『六月灘聲如猛雨，香山樓北暢歸房。夜深起凭欄干立，滿耳潺湲滿面涼。』」白居易詩即《香山避暑二絶》，開成元年（八三六）作於洛陽。

《傷心（原註：時籍潞公宅）》

沙路朱轓想馭軒（唐故事：凡拜相，禮絶班行，府縣載沙填路，自私第至子城東街，名曰沙堤。《白帖》「皂蓋朱轓」注：漢二千石車，朱兩轓；千石至六百石，朱左轓。《增韻》：車箱曰軒），傷心歲月似星奔（杜甫：「西南失大將，商旅自星奔」）。平泉有墅空流水（《賈氏談録》：李衛公德裕平泉莊，周衛十里，堂榭百餘，奇花異草，珍松怪石，靡不畢致），緑野無人但繞垣（《唐書》：裴度居東都，作緑野堂，與劉、白諸公樂飲其中）。九老書圖傳盛事（洛陽故事：白居易晚節自稱香山居士，嘗與胡杲、吉旼、劉眞、鄭據、盧愼、張渾、李元爽、僧如滿九人，結香山社，人慕之，為繪《九老圖》。《文彦博傳》：公留守西都，時富鄭公以司徒致仕，公慕香山九老會，乃集洛中年德高者爲耆英會，就資聖院，建耆英堂，命閩人鄭奐繪像堂中，凡十三人。文、富二公暨席汝言、王尚恭、趙丙、劉几、馮行己、楚建中、王慎言、張問、張燾、王君貺、司馬光），四朝書史載殊恩（《宋史》：文彦博，字寬夫，介休人，進士及第，累仕四朝，出入將相五十餘年，再相時，與富弼並命士夫相賀於庭。公立朝端重，顧盼有威，契丹使望見，改容拱手曰：天下異人也。官至大師，封潞國公。年九十二，謚忠烈。八子皆歷要官）。如何圬者持鏝過，已向比隣問子孫（韓愈《圬者王承福傳》曰：吾操鏝以入富貴之家有年矣。有一至者焉，又往過之則爲墟矣，有再至三至者焉，而往過之則爲城矣。問之，其隣或曰刑戮也，或曰身既死，而其子孫不能有也，或曰死而歸之官也）。（《晁具茨先生詩集》卷八近體，《叢書集成初編》據海山仙館叢書本排印，文學類，第二二五四册，第三〇頁）

智按：晁沖之，字叔用，一作用道，濟州巨野（今山東巨野）人。説之、補之從弟。晁氏以文學世家，沖之一未中第。哲宗紹聖黨事起，説之、補之俱罹黨籍，沖之獨隱居具茨山下，世稱具茨先生。約卒于宋南渡時，官終承務郎。有《晁具茨先生詩集》，吕本中以之列入《江西詩派圖》。事見俞汝礪撰《晁具茨先生詩集序》。

李昭玘（？～一一二六）

《觀劉孝嗣寫真》

程生高價傳兩都，劉子骨相真丈夫。呼兒當軒試一展，噱噱指點相驚呼。此應前日坐頭客，何乃不語嚴襟裾。胸中豪氣不可狀，但見粉墨無紆餘。虎頭食肉亦天賦，尺面封侯宜不誣。須知中令有真相，忽效香山悲故吾。凌烟功臣易磨滅，貞觀學士猶傳模。當時人物不易得，曾看風神有此無。（《四庫全書》本《聲畫集》卷一；《宋詩紀事》卷二十八；《全宋詩》第二十二册，第一四六四五頁）

智按：李昭玘，字成季，濟州巨野（今山東巨野）人。神宗元豐二年（一〇七九）進士，任徐州教授。哲宗元祐五年（一〇九〇），自秘書省正字除校書郎。通判潞州，入為秘書丞、開封府推官。出提點永興、京西、京東路刑獄。徽宗立，召為右司員外郎，遷太常少卿，出知滄州。崇甯初，入黨籍，居閒十五年，自號樂靜先生。欽宗靖康元年，以起居舍人召，未赴而卒。有《樂靜集》三十卷傳世。《宋史》卷三四七有傳。

趙明誠（？～一一二九？）

《白居易書楞嚴經跋》

淄川邢□氏之村，丘地平瀰，水林晶淯，牆麓磽确布錯，疑有隱君子居焉。問之，玆一村皆邢姓，而邢君有嘉，故潭長，好禮，遂造其廬。院中繁花正發，主人出接，不厭余為玆州守，而重余有素心之馨也。夏首後相經過，遂出樂天所書《楞嚴》相示。因上馬疾馳，歸與細君共賞。時已二鼓下矣。酒渴甚，烹小龍團，相對展玩，狂喜不支。兩見燭跋，猶不欲寐，便下筆為之記。趙明誠。（繆荃孫《雲自在龕隨筆》卷二，商務印書館一九五八年版，第三四頁）

智按：《雲自在龕隨筆》卷二云：「此册想見趙德夫夫妇相賞之樂。自序云：『靖康丙午，侯守淄川。』當跋於此時，固俞理初所未見者。」靖康丙午，為靖康元年（一一二六）。趙德夫，當為趙德父。參見張照等《秘殿珠林》卷二。徐邦達《古書畫僞訛考辨》（江蘇古籍出版社，一九八四年十一月，上册文字版，第一四一頁）據明李日華《味水軒日記》卷二，認為所謂白居易書《楞嚴經》，實為宋人張即之書；所謂趙明誠《白居易書楞嚴經跋》大概是明人馮權奇、朱實僞造。參見高二適《論淳熙續帖白香山書之僞》（《藝林叢録》第十編，商務印書館香港分館，一九七四年三月，第七六～八十頁；《中國藝林叢論七》，臺北文馨出版社，一九七六年版）。

《金石録》

第一千七百三十四：唐上弘和尚塔碑。（白居易撰。李克恭正書。元和十三年。）（《四庫全書》本《金石録》卷九）

第一千七百五十一：唐張誠碑。（白居易撰。武翊黄正書。姪孫磻篆。長

慶二年六月。）（《四庫全書》本《金石録》卷九）

第一千七百五十二：唐律大德湊公塔銘。（白居易撰。僧雲臯正書。長慶二年閏十月。）（《四庫全書》本《金石録》卷九）

第一千七百九十：唐裴度、白居易聯句。（正書。無姓名。太和三年十二月。）（《四庫全書》本《金石録》卷九）

智按：《寶刻叢編》卷二十據此引録。朱金城《白居易集箋校·外集》卷上（第三八六四頁）收此詩，題爲《宴興化池亭送白二十二東歸聯句》，箋云：「此詩爲大和三年（八二九）三月居易辭刑部侍郎歸洛陽時作，録自汪本《補遺》卷下，又見《劉集》外集，《全唐詩》卷七九〇《聯句》三。」《金石録》著録大和三年十二月，當爲刻石年月。

第一千八百三：唐白居易《游濟源詩》。（正書。太和五年九月。馮宿詩附。）（《四庫全書》本《金石録》卷十）

智按：《寶刻叢編》、《天下金石志》據此引録。《游濟源詩》即《游坊口懸泉偶題石上》。參見畢沅《中州金石記》卷四及卷五、孫星衍《寰宇訪碑録》卷十、黄本驥《金石萃編補目》卷一。白居易大和五年與六年都曾游濟原。《白居易集》卷二五有《題崔常侍濟原莊》，朱金城《白居易年譜》系于大和五年。又《白居易集》外集卷中有《濟源上枉舒員外兩篇因酬六韵》詩，作于大和六年。所謂馮宿詩，當指馮宿《酬白樂天劉夢得》，一作《尹河南酬樂天夢得》詩，載《全唐詩》卷二七五馮宿詩卷。馮爲河南尹在大和二年十月至四年十二月，見《舊唐書》卷一七《文宗紀》上。

第一千八百十三：唐游王屋詩。（白居易撰。正書。太和六年十月。）（《四庫全書》本《金石録》卷十）

智按：據《寶刻叢編》卷五所引《復齋碑録》載，此碑爲道士張弘明所書。明萬曆間會稽人周錫珪《唐碑帖跋》卷四《白居易》下亦著録：「游王屋詩，太和六年十月，公撰並正書。」（《四庫全書存目叢書》第二七八册，第二四八頁）則此碑明代尚存，但云此碑爲居易所書，當是對《金石録》著録之誤解。《白居易集》卷二二有《早冬游王屋，自靈都抵陽臺上方望天壇，偶吟成章，寄溫谷周尊師、中書李相公》，當即此詩。因詩有「霜降山水清，王屋十月時」語。

第一千八百二十四：唐東林寺白氏文集記。（白居易撰。僧雲臯正書。太和九年八月。）（《四庫全書》本《金石録》卷十）

第一千八百三十八：唐白蘋洲五亭記。（白居易撰。馬纘正書。開成四年十月。）（《四庫全書》本《金石録》卷十）

第一千八百八十二：唐醉吟先生傳并墓誌傳。（白居易自撰碑。李商隱撰。譚郊正書。大中五年四月。）（《四庫全書》本《金石録》卷十）

第一千九百六十四：唐白居易與劉禹錫書。（行書。）（《四庫全書》本《金石録》卷十）

智按：趙明誠，字德父，密州諸城（今屬山東）人。歷官知湖州軍州事。

李正民（一〇七三～一一五一）

《再答書》

在唐則有王楊盧駱、沈宋、陳子昂、李嶠、燕許、元白、皇甫湜、孫樵，此尤其卓犖著見於世者。（《四庫全書》本《大隱集》卷六）

《再領宫祠》

流落天涯任轉蓬，三千竊禄愧無功。身游烏帽黄塵外，名在丹臺紫府中。賴有俸錢優白傅，且教閒處着司空。揮毫擬就歸田賦，檢點山資苦未豐。（《四庫全書》本《大隱集》卷九）

《自嘲》

寥落羈栖向海隅，終年局促卧蝸廬。閑如白傅不飲酒，窮似虞卿懶著書。永夜悲涼聽蟋蟀，幾回圓缺看蟾蜍。扶摇何日乘風去，獨跨鯨魚上碧虚。（《四庫全書》本《大隱集》卷十）

《次韻葉舍人》（其一）

宣室君王欲受釐，斯民將見少休期。閒中把卷空遮眼，亂後操心甚累棋。郵置未傳殷浩信，�先寄樂天詩。壺中日月公應惜，拚醉樽前十樣眉。（《全宋詩》第二十七册，第一七四八七頁）

智按：李正民，字方叔，江都（今江蘇揚州）人。徽宗大觀元年（一一〇七）入宣城學，政和二年（一一一二）進士。曾知吉、筠、洪、温、婺、淮寧等州府。高宗紹興十年（一一四〇）知陳州時，為金人所執。十二年和議成，放歸。回朝後，歷任給事中、禮部、吏部侍郎、中書舍人等職。官終徽猷閣待制。有《大隱集》三十卷（《宋史・藝文志》），已佚。清四庫館臣據《永樂大典》輯為十卷。

謝薖（一〇七四～一一一六）

《次汪信民寄無逸韻》

詩翁索莫閉門居，珍重山陽信不疏。但報七言當玉案，何須千里駕柴車。樂天官滿應歸早，揚子家貧只晏如。他日往來隨二老，共甘盂飯與盤蔬。（《四庫全書》本《竹友集》卷六；《全宋詩》第二十四册，第一五八〇二頁）

《書元稹遺事》

予觀司馬遷遭李陵之禍，蓋出於無辜，竊怪在廷之臣，無有爭之者。而遷亦自歎恨，以為交遊莫救，左右親近，不為一言，故作《史記》之書，大抵欲寓其憂憤之懷。為《晏平仲列傳》，書其解左驂以贖越石父之罪，而卒稱之曰：「假令晏子而在，雖為之執鞭，所欣慕焉。」予讀其書至此，三復其辭而悲之。使漢廷臣有一晏平仲，豈忍坐視遷之無辜以受刑，而不一引手而救之耶！及觀《韓愈傳》，見王廷湊之圍牛元翼也，朝廷命愈使，而人莫不危之。是時廷湊擁強兵，恣睢跋扈，天子遣一介之臣，投餌虎狼之口，若萬一無生還理，得不謂朝廷失一賢士耶？得不詒天下後世笑耶？然當時公卿大臣，無為愈言者，獨元稹言韓愈可惜，穆宗亦稍稍悔之。嗚呼！誰謂元稹而能如是哉！世之君子少，而小人常多，小人不特偷安於朝，又沮毀以害君子，與君子一有受其害從而擠之者皆是也。而稹乃能知愈之賢，不忍視其身之危，將無援以死，且重為朝廷惜之，是亦可謂難能也已。觀稹之於愈如此，使其在漢廷，必能出一言，以救司馬遷之禍。使後世復有司馬遷，亦必特書其事，且願為之執鞭焉。彼作史者乃不載之本傳，而特見於愈事之末，是可歎也。稹與白居易同時，俱以詩名天下，然多纖豔無實之語，其不足論明矣。觀其立朝大概，交結魏弘簡，沮抑裴度之言，以浮躁險薄於時。至於知賢救難，奮激敢言，凜凜有古直臣之風。夫以元稹而猶能如是，又況不為元稹者乎？（小萬卷樓叢書本《謝幼槃文集》卷九；《全宋文》二〇〇六年版第一三三册，卷二九四五，第三五六～三五七頁）

智按：謝薖，字幼槃，號竹友，臨川（今屬江西）人。曾舉進士不第，家居不仕。詩文與從兄謝逸齊名，時稱二謝。其名亦列入呂本中《江西詩社宗派圖》。徽宗政和六年卒，年四十三。著有《謝幼槃文集》（又名《竹友集》）十卷。

何薳（一〇七七～一一四五）

《春渚紀聞》

⊙作文不憚屢改

自昔詞人琢磨之苦，至有一字窮歲月，十年成一賦者。白樂天詩詞，疑皆衝口而成，及見今人所藏遺稿，塗竄甚多。歐陽文忠公作文既畢，貼之墻壁，坐卧觀之，改正盡善，方出以示人。薳嘗於文忠公諸孫望之處，得東坡先生數詩稿，其和歐叔弼詩云：「淵明為小邑。」繼圈去「為」字，改作「求」字。又連塗「小邑」二字，作「縣令」字，凡二改，乃成今句。至「胡椒銖兩多，安用八百斛」，初云「胡椒亦安用，乃貯八百斛」，若如初語，未免後人疵議。又知雖大手筆，不以一時筆快為定，而憚於屢改也。（《四庫全書》本卷七「詩詞事略」，張明華點校本第一〇二頁）

智按：何䈏，字子楚，一字子遠，晚號韓青老農，浦城（今屬福建）人。去非子。高宗紹興十五年卒，年六十九。著有《春渚紀聞》。事見《東牟集》卷十四《隱士何君墓誌銘》、清嘉慶《浦城縣誌》卷二十三。

葉夢得（一〇七七～一一四八）

《水調歌頭》

何處難忘酒，朱夏日偏長。湖山地勝瀟湘，十里芰荷香。柳外新蟬驚晚，樓上疏簾垂翠，簟枕晚生涼。紈扇搖霜月，曲水泛流觴。　　流年去，今古夢，幾千場。虛名浮利，輸卻幾許好時光。幸有碧雲深處，存取朱顏綠鬢，流落又何妨。莫厭人世間，頻入醉中鄉。（《全宋詞》第三九〇八頁）

智按：「何處難忘酒」，出自白樂天《何處難忘酒》詩（《白氏長慶集》卷五七）。

《石林詩話・拾遺》

⊙韋蘇州詩

蘇州詩律深妙，白樂天輩固皆尊稱之，而行事略不見《唐史》為可恨。以其詩語觀之，其人物亦當高勝不凡。《劉禹錫集》中有大和六年舉自代一狀，然應物《溫泉行》云：「北風慘慘投溫泉，忽憶先皇巡幸年。身騎廏馬引天仗，直至華清列御前。」則嘗逮事天寶間也，不應及大和時，蓋別是一人，或集之誤。（葉廷琯輯自趙與旹《賓退録》。葉廷琯按：《賓退録》引此條作葉石林《南宮詩話》，似別是一書而佚不傳者，以其同為詩話，坿采於此。是録又引《漁隱叢話》指此條為蔡寬夫語，與旹夾注云：《南宮詩話》世誤傳蔡寬夫作，漁隱故云。）（《歷代詩話》第四三八頁）

《石林燕語》

白樂天詩「三杯藍尾酒，一楪膠牙餳」。唐人言「藍尾」多不同，「藍」字多作「啉」，云出於侯白《酒律》。謂酒巡匝，末坐者連飲三杯，為「藍尾」。蓋末坐遠酒，得到常遲，故連飲以慰之。以「啉」為貪婪之意，或謂

「啉」為「燣」，如鐵入火，貴其出色，此尤無稽。則唐人自不能曉此義也。（卷八，侯忠義點校《石林燕語》，第一一七頁）

《避暑録話》

《白樂天集》自載李浙東言海上有仙館待其來之説，作詩云「吾學空門非學仙，恐君此説是虛傳。海山不是吾歸處，歸則須歸兜率天。」頃讀盧肇《逸史》，記此事差詳。李浙東，李君稷（即《太平廣記》中之李師稷）也。會昌初為浙東觀察使，言有海賈遭風，飄海中一大山，視其殿，榜曰蓬萊，旁有一院，扃鐍甚嚴，花木盈庭，中設几案，或人告之曰：此白樂天院，在中國未來耳。唐小説事多誕，此既自見於樂天詩，當不謬。近世多傳王平甫館宿夢至靈芝宮，亦自為詩紀之曰：「萬頃波濤木葉飛，笙歌宮殿號靈芝。揮毫不似人間世，長樂鐘聲夢覺時。」與白樂天院絕相類，乃知天地間英靈之氣亦無幾，為人為仙，不在此則在彼，更去迭來，無足怪者。（《四庫全書》本卷上）

白樂天與楊虞卿為姻家，而不累於虞卿；與元稹、牛僧孺相厚善，而不黨於元稹、僧孺；為裴晉公所愛重，而不因晉公以進；李文饒素不樂，而不為文饒所深害者。處世（智按：《津逮秘書》本作處世者）如是人，亦足矣。推其所由得，惟不汲汲於進，而志在於退，是以能安於去就。愛憎之際，每裕然有餘也。自刑部侍郎以病求分司，時年纔五十八，自是蓋不復出。中間一為河南尹，期年輒去。再除同州刺史，不拜。雍容無事，順適其意，而滿足其欲者，十有六年。方太（大）和、開成、會昌之間，天下變故，所更不一。元稹以廢黜死，李文饒以讒嫉死，雖裴晉公猶懷疑畏，而牛僧孺、李宗閔皆不免萬里之行。所謂李逢吉、令狐楚、李珏之徒，泛泛非素與游者，其冰炭低昂，未嘗有虛日，顧樂天所得，豈不多哉！然吾猶有微恨，似未能全忘聲色杯酒之類，賞物太深，若猶有待而後遣者，故小蠻、樊素，每見於歌詠，至甘露十家之禍，乃有「當君白首同歸日，是我青山獨往時」之句，得非為王涯發乎？覽之使人太息。空花妄想，初何所有，而況冤親相尋，繳繞何已，樂天不唯能外世故，固自以為深得於佛氏，猶不能曠然一洗，電埽冰釋於無所有之地。習氣難除至是。要之，若飄瓦之擊，虛舟之觸，莊周以為至人之用心也，宜乎！（《四庫全書》本卷上）

智按：參見羅大經《鶴林玉露》丙編·卷三（王瑞來點校本第二八七頁）。

蘇州白樂天手植檜，在州宅後池（闕）光亭前。余政和初嘗見之，已槁瘁，高不滿二丈，意非四百年物，真僞未知也。後為朱沖取獻，聞槁死於道中，乃以他檜易之，禁中多不知。又有言華亭悟空禪師塔前檜，亦唐物，詔沖取之，檜大，不可越橋梁，乃以大舟即華亭，泛海出楚州，以入汴。即行一日，張帆風猛，檜枝與帆低昂不可制，舟與人皆没。長興大雄寺陳霸先宅庭，亦有大檜，中空，裂為四枝，蔭半庭，質如金石。相傳以為霸先所植，又欲取以獻，會聞悟空檜沉海乃已。賢者因物幸託以不朽，然此三檜，一槁死於道，一沉於海，一僅以免，蓋欲為道旁櫪株，不可得也。（《四庫全書》本卷上）

程光禄師孟，吴下人，樂易純質，喜為詩，效白樂天，而尤簡直，至老不改吴語。與王荆公有塲屋之舊，荆公頗喜之，晚相遇，猶如布衣時。自洪州致仕，歸吴，過荆公蔣山，留數日，時已年七十餘。荆公戲之曰：「公尚欲仕乎?」曰：「猶可更作一郡。」荆公大笑，知其無隱情也。（《四庫全書》本卷下）

智按：又見元陸友仁《吴中舊事》（清墨海金壺本）；明何良俊《語林》卷三十（《四庫全書》本）。

裴休得道於黄蘗圓覺經等諸序文，皆深入佛理，雖為佛者，亦假其言以行，而吾儒不道，以其為言者佛也。李翺《復性書》即佛氏所常言，而一以吾儒之説文之。……吾謂唐人善學佛，而能不失其為儒者，無如翺。若王縉、杜鴻漸，以宰相傾心為佛事，蓋本於因果報應之説，猶有意徼幸以求福，乃其流之下，槩而王摩詰、白樂天為佛則可矣，而非儒也。是召干戈而求不鬭，雖欲使退之不作，可乎？孟簡反欲乘其間而屈之，亦陋矣。……（《四庫全書》本卷下）

杜牧作李戡墓誌，載戡詆元白詩語，所謂「非莊人雅士所為，淫言媟語，入人肌骨」者。元稹所不論，如樂天諷諫、閒適之辭，可概謂淫言媟語耶?戡不知何人。而牧稱之過甚。古今妄人不自量。好抑揚子（予）奪，而人輒信之，類爾。觀牧詩纖豔淫媟，乃正其所言，而自不知也。《新唐書》取為牧語論樂天，傳以為救失不得不然，蓋過矣！牧記戡母夢有偉男子，持雙兒授之云：「予孔丘，以是與爾。」及生戡，因字之天授。晁無咎每舉以為戲，曰：「孔夫子乃為人作九子母耶?」此必戡平日自言者，其詭妄不言，可知也。(《四庫全書》本卷下)

智按：葉夢得，字少蘊，吳縣（今江蘇蘇州）人。後定居吳興弁山，家有石林園，因號石林居士。哲宗紹聖四年（一〇九七），除起居郎，二年，遷翰林學士，三年，出知汝州，尋落職，提舉洞霄宮。政和五年（一一一五），起知蔡州，移帥穎昌府。忤楊戩、李彥，提舉鴻慶宮。欽宗靖康元年（一一二六），知杭州。高宗建炎元年（一一二七）落職，提舉太平觀。二年，為翰林學士兼侍讀。三年，罷歸湖州。紹興元年（一一三一），起為江東安撫大使兼知建康府，兼壽春等六州宣撫使，抗擊金兵。十二年冬，移知福州，兼福建安撫使。十四年，請老，提舉洞霄宮。十六年，致仕。十八年，卒於湖州。葉氏家富藏書，著述繁多，《石林總集》一百卷等，已佚；有《石林居士建康集》(《直齋書録解題》著録十卷，今存八卷，系帥建康時詩文)、《石林燕語》、《避暑録話》、《岩下放言》等傳世。《宋史》卷四四五有傳。

王賞（？ ~一一四九）

《書東坡帖後》

觀東坡二帖，皆遊戲仙釋語，乃知此翁胸中廓周無餘，為佛為老，隨用自在。若白樂天不作蓬萊仙，猶為釋迦所縛也。(《國朝二百家名賢文萃》卷一九六；《全宋文》二〇〇六年版第一四五册，卷三一二八，第二三一頁)

智按：王賞，字望之，眉山（今屬四川）人。崇寧二年（一一〇三）進士。官至禮部侍郎。有《玉臺集》四十卷（已佚）。

李彭（一〇七七至一〇八二間～一一二七後）

《小憩琵琶亭呈環中養正》

香山居士骨已冷，文采風流今未遙。捍撥何勞作胡語，寒江璧月想前朝。

濤波竟夕相喧豗，吳檣楚柁爭傾欹。老夫何暇知許事，但飲松醪炰蛤蜊。（《四庫全書》本《日涉園集》卷六；《全宋詩》第二十四册，第一五九〇八頁）

《喚渡亭》

草風兼沙雨，依約渭河邊。昔人曾喚渡，絶唱頗清縣。（《四庫全書》本《日涉園集》卷九；《全宋詩》第二十四册，第一五九四六頁）

智按：李彭，字商老，建昌（今江西永修西北）人。因家有日涉園，自號日涉翁。生平與韓駒（一〇八〇～一一三五）、洪芻（紹聖元年一〇九四進士）、徐俯（一〇七五～一一四一）等人交善，名列呂本中《江西宗派圖》。《兩宋名賢小集》卷一一五存《玉澗小集》一卷。

程俱（一〇七八～一一四四）

《觀白公蘭若寓居詩如寫余懷但不能晨游夜息如彼自由耳輒用韻作》

生非廊廟姿，雅志在林野。擬作耆摩他，疾至薩芸若。身心溈山牛，得失塞翁馬。城南寄僧坊，一室謝掃灑。當時醉吟翁，高謝香山下。安知衰病夫，亦有如翁者。（《四庫全書》本《北山集》卷六；《全宋詩》第二十五册，第一六三〇七頁）

《自寬吟戲效白樂天體》

武陵謫九年，下惠仕三已。或窘如拘囚，或了無慍喜。吾生憂患餘，年忽及耆指。偏痱未全安，抱病更五祺。進為心已灰，棄置甘如薺。坐狂合投閒，佚老宜知止。向令身安健，不過如是耳。每思古窮人，我幸亦多矣。照隣嬰惡疾，羈卧空山裏。纏綿竟不堪，抱恨赴潁水。文昌兩目盲，無復見天地。簡編既長辭，游覽永無冀。吾今雖抱病，蹇曳非頓委。時時扶杖行，積步可數里。校之卧床席，欲坐不能起。雖扶不能行，懸絕安可比。時從親故談，亦不廢書史。右臂故依然，運筆亦持匕。籃輿時出游，初不廢牢體。况無他證候，色脈若無異。詳觀動息間，倘有安全理。侍祠了無庸，竊禄愧索米。借居浮屠宫，非村亦非市。廷堂甚爽塏，高屋敞窗几。郊林接溪水，眼界頗清美。嘗聞天地間，禍福更伏倚。藉令衰蹇身，終老只如此。何須苦嗟咨，未必非受祉。形如支離疏，飽食逸終世。目盲如宋人，全生免傜使。平生嘆遠游，今我在桑梓。田園接家山，區處及耘耔。平生困鞅掌，今我恬無事。寢興縱所如，出處不違已。病來益尊生，對境空相似。永無貪欲過，稍習衛生旨。不為六賊牽，豈受三彭毁。人言病壓身，往往延壽紀。太鈞默乘除，萬一理如是。安全固自佳，蹇廢亦可爾。死生猶寤寐，况此一支體。細思安否間，相去亦無幾。如何不釋然，萬事付疑始。（《四庫全書》本《北山集》卷八；《全宋詩》第二十五册，第一六三二三頁）

《叔問録示樂天篘字詩韻余和以簡叔問》

槽滴真珠不用篘，塵飛華棟發清謳。時危尚想承平態，勝會那從戰鬬求（戰鬬求，見《世説》桓南郡挾彈事）。遺物方將期汗漫，苦心何必志窮愁。憑君牋作消憂計，痛飲狂歌爛熳游。（《四庫全書》本《北山集》卷十；《全宋詩》第二十五册，第一六三四七頁）

《和白樂天二首寫懷仍效其體》

莫把蓍龜更問天，向來心事已蕭然。塵中惝怳常如失，夢裹呻吟半不眠。三徑松筠終問舍，五湖煙水不須錢。艾耆相去能多少，早擬懸車十五年。

中臺退食每逡廵，不向重華即浮因。豈但語言多少味，亦知才術不如人。五雲華闕通閨籍，萬頃煙波擲幽尋。舊游回首成春夢，太息憑誰寫寸心。（《四庫全書》本《北山集》卷十；《全宋詩》第二十五册，第一六三五六頁）

智按：《四部叢刊》續編所收影宋抄本《北山小集》卷十同。唯《宋詩鈔》卷五十六，「浮因」作「浄因」，「萬頃煙波擲幽尋。舊游回首成春夢，太息憑誰寫寸心」作「萬里煙波擲釣綸。鳧雁去來何足道。從容居士宰官身」。《宋詩鈔》本較勝。末三句，《四部叢刊》及《四庫全書》本疑與同卷程俱《和趙子雍游石園》「長嘯西風一散襟，重陰疎影静相臨。水通笠澤秋容浄，竹種元池野思深。石磴埽雲留晚步，松蹊隨鶴盡幽尋。舊游回首成春夢，太息憑誰寫寸心」一詩末三句抄混。又「五雲華闕」，《莫友芝詩文集·集聯》作「五華雲闕」，未知何據。

《題隆師山水短軸二首六言》（其二）

能畫所畫皆幻，是心是境無還。未暇法師蓮社，且從居士香山。（《四庫全書》本《北山集》卷十一；《全宋詩》第二十五册，第一六三六五頁）

《何瞻聖博士兖新年八十口號奉和三首》

懸弧嘉祐太平年，壽帙行開第九編。可但天公錫難老，棗梨仙樹植三田。

漆書行復開藏壁，金版方思得釣璜。何似懸車無一事，逍遥塵表壽而康。

四朝冠蓋三更變，萬國兵戈百戰塲。屈指鄉閭數耆舊，幾人能似魯靈光。（白樂天言，時俗謂七十以上為開第八帙，故是詩有「行開第九帙」之句。伏生年九十，漢文帝使晁錯往授《尚書》。四朝謂元豐、元祐、崇寧、靖康）（《四庫全書》本《北山集》卷十一；《全宋詩》第二十五册，第一六三七一頁）

《偶觀樂天酬楊八絶句有慨於心者因追和贈叔問》

君以曠懷宜静境，我因蹇步稱閒官。閉門足病非高士，勞作雲心鶴眼看。（樂天）

老壯榮衰才命別，如何同作侍祠官。幾春桃李開還落，贏得閒人冷地看。（余和仍效樂天之體）（《四庫全書》本《北山集》卷十一；《全宋詩》第二十五册，第一六三七一頁）

《謝克家差知泉州》

勑：朕惟甌閩之區，實居嶺海之會，督府之外，泉為大邦。四方游寓之所棲，百貨懋遷之自出。頃者，盜發旁郡，士民震驚，師出淹時，調度繁廣。顧艱危之未息，豈安集之可稽。苟非重臣，孰任憂寄。具官文學政事，儀於朝端；寬裕疏通，達於治體。比擢糸於大政，方允賴於嘉猷，遽陳辭劇之章，且申均逸之請。重違雅志，俾侍殊庭。屬深軫於遐方，因即勤於卧治。昔白傳退居於西洛，亦即拜於尹釐；若畢公身在於東郊，尚無忘於入告。朕命不易，往其欽哉！可。(《四庫全書》本《北山集》卷二十四)

智按：程俱，字致道，衢州開化（今屬浙江）人。哲宗紹聖四年（一〇九七），以外祖蔭補蘇州吳江縣主簿，監舒州太湖鹽場，以上書論事罷。徽宗政和元年（一一一一），起知泗州臨淮縣，官滿後寓吳。因葉夢得薦為著作佐郎，未幾出管勾岱嶽觀。宣和二年（一一二〇），賜上舍上第。三年，除禮部員外郎，以病告歸。高宗建炎三年（一一二九），自太常少卿知秀州，金兵據臨安，棄城退保華亭。紹興元年（一一三一），為秘書少監，上《麟臺故事》五卷，擢中書舍人。二年，因言事為言官論棄秀州事，罷職求舉江州太平觀。秦檜當政，詔除集英殿修撰、徽猷閣待制，皆不赴。十四年，卒，年六十七。有《北山小集》四十卷。生平見宋程瑀《程公行狀》（四部叢刊續本《北山小集》附録），《宋史》卷四四五有傳。

李光（一〇七八～一一五九）

《秋日雜詠十首》（其十）

可笑餘生習氣纏，時時吟詠偶盈編。心閑身老趨平淡，不是新來效樂天。(《四庫全書》本《莊簡集》卷七；《全宋詩》第二十五册，第一六四五九頁)

《與趙元鎮書 七》

某再覆，今歲暑氣異甚，自入六月時得急雨清風，夜輒颯然有秋意，想鈞體自此一成輕快，有病固當攻以葯石，然不若調飲食，使日中二餐如意，乃康濟上策也。白樂天所謂「食後一杯茶，茶罷一覺睡。」此是要法，日長無事，未能如方外達生之士，宴坐納息，若於一經一史，隨力探閲，亦是消磨日月之術。比之聲色，不有間乎？……（《四庫全書》本《莊簡集》卷十四）

《捨黃蘗裴公真像（并偈)》

宣州廣教禪寺，實唐裴公故宅，黃蘗道場，二公像設存焉，氣韻森嚴，筆法簡古。予守郡日，命工摹得之，顧私家不能嚴净，適通公律師訪予五松山，一見若有宿契，因請留寘鐵磬堂。或曰静凝學徒，皆宗律教，以南山為祖師，得無異議乎？予曰不然，禪律二宗，本相因依，後學末師，妄自分別。昔寬禪師謂白樂天曰：無上菩提者，被於身為律；說於口為法，得於心為禪，應用者三，其致一也。故如來所説大乘諸經，以文殊為問答之首者，皆明法身妙慧之門，以普賢為問答之首者，皆明妙智之萬行，諸佛菩薩皆依此二尊者，以為師範。然後成菩薩之極。果處如來之上乘，豈有二哉！……（《四庫全書》本《莊簡集》卷十七）

智按：李光，字泰發，一作字泰定，號轉物老人，越州上虞（今浙江紹興）人。徽宗崇寧五年（一一〇六）進士，調知開化縣，移知常熟縣。入為符寶郎，以言事貶監汀州酒稅。欽宗即位，擢右司諫，遷侍御史。高宗建炎元年（一一二七），擢秘書少監。三年，知宣州。改知臨安府。紹興元年（一一三一），除知婺州，甫至郡，擢吏部侍郎。二年，授淮西招撫使，改江東安撫大使、知建康府兼壽春府，落職提舉台州崇道觀。尋知湖州，歷知平江府、台州、溫州。七年，為江南西路安撫制置大使兼知洪州。八年，拜參知政事。九年，因與秦檜不合，出知紹興府，改提舉洞霄宫。十一年，貶藤州安置；十四年，移瓊州；二十年，移昌化軍；二十五年秦檜死，内遷郴州；二十八年，復左朝奉大夫，任便居住。二十九年，致仕，行至江州卒，年八十二。孝宗即位，賜諡莊簡。有前後集三十卷，已佚。《兩宋名賢小集》卷一五八存《椒亭小集》一卷，清四庫館臣據《永樂大典》輯有《莊簡集》十八卷。《宋史》卷三六三有傳。

王以寧（一〇七八？～一一四〇後）

《念奴嬌》

晚煙凝碧。漸漁村山市，人歸寂寂。有客飛舟還顧訪，應訝綸巾攲側。得意忘年，推誠投分，高論追元白。英標逸氣，笑予窮抱真策。　興盡又復言歸，秋風分袂，浩蕩思無極。咫尺昭山明翠壁，那知中隱咸籍。説夢難

聽，閉門尋夢，肯念棲萍迹。浪吟狂醉，幾時還共重得。（《全宋詞》第一〇六四頁）

智按：王以寧，字周士，湘潭（今屬湖南）人。徽宗宣和三年（一一二一）以武職换文資，為樞密院編修官。高宗建炎初出知鼎州。建炎四年（一一三〇），張浚辟為川陝宣撫處置司參議官，京西制置使，兵敗，以所部走潭州。紹興元年（一一三一）落職，監台州酒務。二年，責永州别駕，潮州安置。十年，復右朝奉郎，起知全州。能詞，《文獻通考》著録《王周士詞》。參見《宋才子傳箋證·詞人卷·王以寧傳》。

宇文虚中（一〇七九～一一四六）

《鄭下趙光道與余有十五年家世之舊，守官代郡之崞縣，聞余以使事羈留平城，與諸公相從，皆一時英彦，遂以應舉自免去，駕短轅下澤車驅一僮二驢，扶病以來，相聚凡旬日而歸。昔白樂天與元微之偶相遇於夷陵峽口，既而作詩敘別，雖憔悴哀傷，感念存沒，至歎泣不能自已，而終篇之意，蓋亦自開慰。况吾輩今日，可無片言以識一時之事邪？因各題數句，而余為之敘。夜將半，各有酒，所語不復鍛鍊，要之皆肺腑中流出也》

（光道名晦，時為代州士曹，善篆隸，詩筆高雅，有集傳河東，今不復見矣）

窮愁詩滿篋，孤憤氣填胸。脱身枳棘下，顧我雪窖中。竟日朋盍簪，論文一樽同。飜然南飛燕，卻背北歸鴻。人生悲與樂，倚伏如張弓。莫言竟憒憒，作書怨天公。（《四庫全書》本《中州集》卷一；《全宋詩》第二十五册，第一六四九六頁）

《予寫金剛經與王正道正道與朱少章復以詩來輒次二公韻》（其一）

平生幸識繫珠衣，窮走他鄉未得歸。有客爲傳祇樹法，此心便息漢陰機。百千三昧一門入，四十九年諸事非。寄與香山老居士，要憑二義發餘輝。（《四庫全書》本《中州集》卷一；《全宋詩》第二十五册，第一六四九七頁）

智按：宇文虚中，原名黄中，字叔通，别號龍溪老人，華陽（今四川成都）人。徽宗大觀三年（一一〇九）進士。政和五年（一一一五），除起居舍人、國史院編修官，六年遷中書舍人，出為河北河東陝西宣撫使司參謀事。宣和間帥慶陽，尋罷知亳州。宣和末為翰林學士，多次奉使至金軍營談判。高宗建炎二年（一一二八），以祈請使金，被留，後仕金，為翰林學士承旨。紹興十五年，因以蠟書與宋通消息，並謀奪兵仗南奔，被察覺，全家被害。年六十七。生平見《三朝北盟會編》卷二一四、二一五，《宋史》卷三七一有傳。

張擴（? ~一一四七）

《奉和朱新仲祠部六月晦日省宿用白樂天詩無波古井水有節秋竹竿十字為韻》

漫郎省中宿，展轉良夜徂。過雨忽催詩，君詩不可無。夜闌風轉高，秋聲倒江湖。前對百尺井，夢中聞轆轤。

六月忽已晦，餘月復幾何。紈扇暫去手，簟紋欲生波。詰朝天門開，冠劍爭巍峩。駑馬策不入，獰劣如騎騾。

街鼓肅市喧，爐薰起煙縷。掩關一繩床，坐穩得處所。風前數莖竹，偃蹇不受暑。初無兒女姿，氣貌頗高古。

我乃抱俗人，老蛙窺坎井。從君已再暑，造席謾三請。倒床輒靁鳴，便腹費嘲哂。君豈録我者，胸次涵萬頃。

玉壺貯層冰，憐子清徹底。對之三伏中，愧我汗如水。謬呼同舍郎，坐席更論齒。從今痛自戒，子出則我止。

昨者東觀游，歲月未覺久。對床屢忘形，持論相可否。君年雖減我，文字稱祭酒。十篇亦奇偉，乞我未曾有。

陰陽無停機，百物競時節。燠寒更事爾，氣至自融結。炎天勿怨嗟，歲晏見霜雪。此時衣褐單，但恨不得熱。

爼豆能折衝，儒冠或兜鍪。六月早奏功，豈待防高秋。俗士懷晏安，所至買人留。襆被應自疏，未知幾宜休。

疾風掃蚊雷，勢力如破竹。青奴冷侵肌，此乃我所欲。周旋蝸舍中，未用歎跧伏。亦莫問馬曹，微文禁離局。

祠曹秉史筆，翰墨窺金鑾。燈火漸可親，蠹稿字未漫。玉殿行奏書，秋暉上旌竿。君文永有託，九廟方如盤。（《四庫全書》本《東窻集》卷一；《全宋詩》第二十四册，第一六〇五三頁）

《景蕃復和再次韻》

詩壇乳臭妨賢路，寄食將軍慚漂絮。君今自築五言城，坐遣降俘嘆來暮。從來白俗不入眼，并案閨房累蠻素（公新遣愛姬，故云也）。連篇贈我剎那頃，更陋建安誇七步。珍藏敢比飛鳥章，字脱無人正訛誤。為君傳寫不得辭，政恐終隨靁電去。（《四庫全書》本《東窻集》卷二）

《老白堂》

君不見三朝魏公拓天手，旌節言歸介眉壽。築堂自榜醉白名，自借清風洗塵垢。又不見峨眉山中謫仙人，玉堂詞翰生風雲。每評香山輒自喜，欲向集賢重寫真。古人名懸日杲杲，千載貽人不貪寶。君今誦味佚老句，乞身投閒不待老。草堂寂寂松桂生，溪山四時供醉吟。未必翛然便忘世，新詩時亦過雞林。（《四庫全書》本《東窻集》卷二；《全宋詩》第二十四册，第一六〇六八頁）

《次韻徐端明師川清明見訪小集》

撩人春色浩無邊，多病清羸挽不前。書舍忽陪金殿客，花時猶記漢宮烟。翰林劇飲賦千首，焦遂高談驚四筵。更著新聲定塲屋，元輕白俗浪争先。（《四庫全書》本《東窻集》卷四）

《代謝周中丞論薦啓》

伏以效官無補，久愧素餐；論薦甚優，猥私下品。孰料張季十年之滯，遽玷山公一字之知。得不待求，勞祇以懼。且寒士雖伸於知己，而小官或困於謀身。凡更相汲引，而仕於朝，必預在聞知，而得其實，豈謂德信未達於義氣，蹤跡素昧於平生，而乃陰借吹噓，驟加翦拂，溢以齒牙之譽，踰於衮繡之榮，此殆非俗吏之所能為，蓋亦是衆人之所不識。矧中執法，以觸邪為職，厥選甚高；而侍從官無外交之私，靡容苟合。宜得非常之彦，迺當特達之知。如某者，江湖廢人，麋鹿與友，未能免俗，亦漫為官，但知餬口於四方，敢愧折腰於五斗。屬有東南之役，謬更簿領之繁，亡益官私，寖移歲月，深虞李守，或以冗逐。裴琰之敢意晉公，乃能遠取；白居易退量忝冒，夙有夤緣。玆蓋伏遇某官先生，學師聖人，行滿天下，渾金璞玉，器用莫名，玄酒太羹，文章近古。久居風憲之任，獨著忠良之稱，舉善無遺，待人甚恕，下體兼收，葑菲先容，不問梯媒，遂俾庸虛，亦蒙采録。某敢不勉尋舊學，益勵初心，未識紫芝，雖負蘇源明之恥見稱；文舉頓伸，禰處士之狂，誓不廢於檢身，庶無忘於報德。(《四庫全書》本《東窻集》卷十六)

智按：張擴，字彥實，一字子微，德興（今屬江西）人。徽宗崇寧五年（一一〇六）進士。歷國子簿，國子博士，河北轉運副使。高宗時官處州工曹，知廣德軍，提舉兩浙市舶。入為中書舍人，因事罷，提舉江州太平觀。生平見本集謝表。有《東窻集》四十卷，已佚。清四庫館臣據《永樂大典》輯為十六卷。

汪藻（一〇七九～一一五四）

《柯山張文潛集書後》

右文潛詩千一百六十有四，序記論誌文贊等，又百八十有四，第為三十卷。余嘗患世傳文潛詩文人人殊，屏居毗陵，因得從士大夫借其所藏，聚而校之，去其複重，定為此書，皆可繕寫。文潛名耒，譙郡人，仕至起居舍人，嘗為宣、潤、汝、潁、兗五州太守，又嘗謫居黄州、復州，最後居陳以歿。其集以《鴻軒》、《柯山》為名者，居復、黄時所作也。元祐中，兩蘇公以文倡天下，從之游者，公與黄魯直、秦少游、晁无咎，號四學士，而文潛之年為最少。公於詩文兼長，雖當時鮮復公比。兩蘇公、諸學士既相繼以歿，公巋然獨存，故詩文傳於世者尤多。若其體製敷腴、音節疎亮，則後之學公者，皆莫能仿佛。公詩晚更效白樂天體，而世之淺易者，往往以此亂真，皆棄而不取。其采獲之遺者，自如別録云。(《四庫全書》本《浮溪集》卷十七)

智按：《永樂大典》卷二萬二千五百三十七題為《柯山張文潛集序》，末云：「宣和五年五月日，新安汪某序。」

《題折樞密保真草堂》

軒冕有何樂，書生分尤慳。都盧百年中，強半墮險艱。能著屐幾兩，恨無茅三間。儻非身世忘，那得方寸閑。不見葆真老，功成鬢毛斑。飄然日邊來，復作晝掩關。所至書滿屋，鉛黃不停刪。開窗尋丈餘，要看湘南山。夕待明月至，朝期白雲還。醉吟如樂天，但少素與蠻。嗟哉道脩阻，無由結朱顏。惟應夢見之，千里同躋攀。（《四庫全書》本《浮溪集》卷二十九；《全宋詩》第二十五册，第一六五〇五頁）

《次韻賈仲遠還浮溪猥稿之什》

我家浮溪溪水頭，一褐一裘聊玩世。誰教去踏曉鼓朝，也學兒童攻偶儷。憶身曾是掖垣客，歲晚猶期樂天似。兩年漂泊萬里餘，老矣始於魚得計。欣逢賈傅古湘口，城郭雖非人物是。連臺拗倒時一醉，醉後還爲五禽戲。慇懃爲我出新詩，金石因聲泉湧思。年來處處飽葵莧，染鼎忽驚嘗異味。荷花開已三四紅，有酒無過行樂耳。與公同嚼三百杯，莫負便便五經笥。（《四庫全書》本《浮溪集》卷三十；《全宋詩》第二十五册，第一六五二三）頁

《德劭親迎而歸乃有打包辟穀之興以詩見貽戲用其韻》

解事無人似樂天，玉簪舊語世相傳。打包就使從前話，彈指安能斷後緣。寂寂空房惟法喜，茫茫何處問臞仙。冬之夜永宜長慮，百計真從若箇邊。（《四庫全書》本《浮溪集》卷三十一；《全宋詩》第二十五册，第一六五四〇頁）

《題張資政汝川圖九首·甘陂莊》

蕭散香山與輞川，功名緑野及平泉。有田種秫供春醉，五柳先生似更賢。（《四庫全書》本《浮溪集》卷三十二；《全宋詩》第二十五册，第一六五五〇頁）

《答從正書》

從正足下：辱在宗族，尋常得聲名於士大夫之口，得文字於方册間，蓋

夙期甚久，而無一日邂逅之。因乃者禍患漂零，獲見為幸，而蒙開示胸臆，所與語皆超然世味之外者。既荷不鄙，且知當家有人也。……唐韓愈、柳宗元、白樂天、元稹，皆當時知名士也。愈、樂天之名，至今與日月爭光，而稹、宗元，雖庸人亦羞為之。無他，愈、樂天以道終始，而宗元輩，冒沒聲利，附其非人。不然，韓、柳、元、白之文章，並駕爭馳，未知孰為先後，所以若冠屨者，皆由名節不立也。自漢唐以來，士大夫不以名節為意，未有如今日之盛者也。朝廷非不加意作成，而風俗靡靡，日入於浮薄。豈世無其人哉，殆公論不立耳。公論立則風俗正，風俗正則名節興。慶賞威刑，所以附此而為治者也。嗚呼，名節之在天下，如四支之有筋骨，宮室之有棟榱，不可一日而廢。而今士大夫忽之，意者未之思耶？君子立身自有本末，使福可為而禍可去，猶不當少貶以就，況命懸於大史，非人力所能增損。而相時射利者自以為計得，豈非惑歟！吾見其徒為此紛紛也。比繕完廬舍，遂無所居，因泊近寺，飯蔬抄經，以遠喧雜。知被檄到府，咫尺無緣走見，臨書增情。向暄，惟萬萬厚重，以亢吾宗。（《國朝二百家名賢文萃》卷一一二；《全宋文》二〇〇六年版第一五七册，卷三三八〇，第一六五～一六六頁）

智按：汪藻，字彦章，饒州德興（今屬江西）人。徽宗崇寧二年（一一〇三）進士，調婺州觀察推官，改宣州教授。除《九域圖志》所編修官，遷著作佐郎。政和八年（一一一八），因忤宰相王黼，出通判宣州，罷，提點江州太平觀。欽宗即位，召為起屬舍人。高宗即位，試中書舍人。建炎二年（一一二八），為宰相黃潛善所惡，罷。未幾，復召為中書舍人，擢給事中、兵部侍郎。紹興元年（一一三一），兼侍講，拜翰林學士；出知湖州，因事停官。起知撫州，歲餘罷，聽辟屬纂修日曆。八年，上所編書，除顯謨閣學士知徽州。十二年，知泉州，移宣州。以嘗為蔡京、王黼門客，奪職居永州。二十四年卒，年七十六。有《浮溪集》六十卷及《猥稿外集》一卷、《裔夷謀夏録》三卷等，大多佚亡。明洪武時，趙子常輯《浮溪文粹》十五卷，清四庫館臣據《永樂大典》輯為《浮溪集》三十二卷。生平見《鴻慶居士集》卷三十四《汪公墓誌銘》，《宋史》卷四四五有傳。

吴坰（？～一一五四）

《五總志》

唐人謂李白爲天才絕，白居易爲人才絕，李賀爲鬼才絕。白傅與贊皇不協，白每有所寄，李緘之一篋，未嘗開視，劉三復或請之，答曰：「若見詞翰，則回吾心矣。」東坡云：「文章如精金美玉，市而有價，未易以私口舌貴賤。」誠哉是言也。（《四庫全書》本）

智按：吴坰，一作吴炯，永興（今湖北陽新）人。則禮子。高宗紹興十三年（一一四三）由樞密院編修官出提舉浙西茶鹽。十五年，改兩浙轉運判官。二十二年，為成都路轉運副使，次年，改知荊南府。未幾卒。有《五總志》一卷，事見《儀顧堂題跋》卷八《五總志跋》。

韓駒（一〇八〇～一一三五）

《白孔六帖序》

唐白居易攟摭諸書，事提其要，區分彙聚，有益於世。或謂白公文采道德，自足以托不朽，顧為此何歟？古之君子，學則與人共之，未有獨善其身者也。且其大者，尚將發明以示後世，况其細乎？使學者不執業，不佔畢，而有博聞之益，此仁人之心也。由唐至吾宋，幾四百年，故事畔散不屬。東魯孔侯，宣聖之裔，中丞公之孫也。數試藝於有司，輒不售。退為新書，以倣白公之意。方侯著書時，士皆挾一經，不治他技，而侯獨奮不顧，自詩頌銘贊，奇編秘録，窮探歷討，纖芥不遺，斯亦勤矣。書成而當建炎、紹興之際，主上復古救弊，士知博學。孔侯之書，如富家之儲材，楝椽枅栱，雲委山積，匠者得之，應手不窮，功用豈小哉！若夫貪多務得，晦而不出，幸人之不知，以成己之名者，此侯之所恥也。余見侯臨川，閱其書而善之，侯之言曰：「古之學者，必世其家。吾惟宣聖之後，而子思《中庸》，雜於《大戴氏禮》，及子高、子國始立訓傳，闕然至今，吾甚懼焉。於是綴緝，使無墜厥緒。」則侯之意，非獨倣白公而已也。故余樂為之序。陵陽韓駒子蒼。（《四庫

全書》本《白孔六帖》卷首）

《請立文章模楷疏》

臣聞士為科舉之文，其工拙若無所繫於國家，而臣諄諄為陛下言之者，不獨以格氣卑弱負陛下教育之意，且陛下立政造事，皆將復三代之盛。臣愚以謂，典謨訓誥，所以播之四方，傳之萬世，亦當盡如六經而後為稱。士生於此時，不能自振拔於頹波之中，使至治之世文事缺然，此賤臣所深惜也。夫文章雖小技，而古人未有不苦心勤力，而後僅能工者，甚非可以一旦把筆而學為也。如是，則陛下亦無怪乎學者之不能文也。彼志於禄而已，故自為兒童，而父兄教之以義格，比十餘歲，則已誦數百篇。稍長而能執筆，則皆不治它技，惟以模擬為工。已而試于有司，則固足以得禄矣。及其入官之後，年日加長，而志不加專，偶儷漫汗之文，已熟於其手，而古文奇字，或未始識也。夫文之體，固不一矣，而今之為文者則一之。何則？其素所積畜者然也。然陛下它日使掌西掖之誥，視北門之草，與夫紬石室金匱之書者，例皆取此。今不教之於初學之時，而欲責之於入官之後，臣以為難矣。及失職不稱，然後擯斥之，此又非學者之罪也。士方未仕，固不可使雜治它技，以妨其業。誠如臣言，使為科舉之文，已略倣依三代之體，則它日遣言立意，自當不愧於古人。且臣非敢厚誣天下之進士也，陛下何不試於清閒之燕，取義格而觀之。觀其遣言立意，它日有能為陛下編年記，事如劉向、班固者乎？有能為陛下陳謨奏議，如馬周、賈誼者乎？有能歌功頌德，如柳宗元、韓愈者乎？有能發誥施命，如權德輿、白居易者乎？臣有以知其不能為也。此六七公尚不可及，況其上者乎？今之學者，則以為此等皆不足為也，曰通經而已。甚乎其不思也！臣不敢借古人以為諭，今之所尊師者，莫如王安石文集，數十百卷，其間箴銘歌詩、賦頌表奏之類，無不皆善，經術特其文章之一端爾。……陛下留意微臣之言，詳延俊彦，以助聖化，不勝幸甚！（《歷代名臣奏議》卷一百十五；《全宋文》二〇〇六年版第一六一册，卷三五〇九，第三七四～三七六頁）

智按：韓駒，字子蒼，蜀仙井監（今四川仁壽）人。早年從蘇轍學。徽宗政和初以獻賦召試舍人院，賜進士出身，除秘書省正字。旋因曾為蘇氏學，謫監蒲城市易務，遷知分寧縣。召為著作郎。宣和五年（一一二三），除秘書少監。六年，遷中書舍人兼修國史，擢權直學士院。欽宗靖康元年（一一二六），由知應天府移知黄州，尋又因蘇氏學提舉江州太平觀。高宗即位，知江州。紹興五年卒於撫州，年五十六。蘇轍稱其詩如儲光羲，吕本中亦引之入江西詩派。有《陵陽集》四卷傳世。《宋史》卷四四五有傳。

李彌大（一〇八〇～一一四〇）

《游洞庭山》（并序）

昔白樂天為姑蘇太守，游洞庭山，題詩翠峯寺，有「笙歌畫舟」之句。紹興壬子，李彌大守平江，越月而張片帆来（游洞庭），首訪翠峯，追懷古昔，擬樂天體，聊繼其韵，時異事别，各遂所適之樂云耳。

山浮羣玉碧空沉，萬頃光涵幾許深。梵刹樓臺嘘海蜃，洞天日月浴丹金。秋林結緑流連賞，春塢藏紅次第吟。擬汎一舟追范蠡，從来世味不關心。（《四庫全書》本《吴郡志》卷十五；《四庫全書》本《吴都文粹》卷四；《宋詩紀事》卷三十六）

智按：李彌大，字似矩，號無礙居士，吴縣（今江蘇蘇州）人。徽宗崇寧三年（一一〇四）進士。除校書郎，遷監察御史。假太常少卿充契丹賀正旦使，還為起居郎，試中書舍人，同修國史。出知光、鄂二州，復召為給事中兼校正御前文籍詳定官。宣和七年（一一二五），為河東宣撫副使、知陝州。高宗建炎元年（一一二七），知淮寧府。紹興二年（一一三二），權知紹興府，歷知平江、靜江二府，入為工部尚書，未幾罷。十年，卒，年六十一。《宋史》卷三八二有傳。

劉一止（一〇八〇～一一六一）

《吴彦和朝散挽詩二首》（其一）

挂冠歸去何曾老，賢達誰如此大夫。白傅寧惟結香火，季鷹初不為蓴鱸。岸巾扶杖方行樂，尋壑經丘失步趨。惆悵眼中前輩少，更憐鄉國後生孤。

(《四庫全書》本《苕溪集》卷八)

《代會高麗國信樂語》

鳳檢十行，往賁三韓之國；鯨波萬里，少勞一葦之航。恭惟國信某官，驚代人豪，柱天賢業。處漢廷諸公之右，受上聖非常之知。眷彼遐方，夙殫臣節。肆奉光華之命，往宣問勞之恩；念將聳異域之榮觀，顧必極中朝之妙選。二三子莫出，孰為安魯之謀；第一人肯来，自足增唐之氣。而況問文武之安否，傳白傅之篇章。雖曰賢勞，實資重望。仗平生之忠信，席大國之威靈；涉雲海之浩茫，望神山之咫尺，一何壯也，不亦快哉！知府某官，喜接行艫，宏開雅宴，願盡舉觴之禮，少延揮塵之歡。某不揆荒蕪，上獻口號令：「聞說清臺入夜觀，文星今合照三韓。頗知禮樂尊周室，更遣威儀識漢官。海若驅龍迎瑞節，飛廉隨鷁借輕翰。歸来玉殿承新渥，準擬黄麻仔細看。」(《四庫全書》本《苕溪集》卷二十八)

智按：劉一止，字行簡，號太簡居士，歸安（今浙江湖州）人。徽宗宣和三年（一一二一）進士。監秀州都酒務，遷越州教授。高宗建炎四年（一一三〇），詳定一司敕令所删定官。紹興間，歷秘書省校書郎，監察御史，起居郎，以言事罷，主管台州崇道觀。起知袁州，改浙東路提點刑獄。召為中書舍人兼侍講，遷給事中，又以言事罷，提舉江州太平觀。一止以忤秦檜，兩次奉祠，秦檜死，以敷文閣直學士致仕。紹興三十年十二月卒，年八十二(據《閣學劉公行狀》，《宋史》本傳作八十三)。有《苕溪集》五十五卷傳世。生平見《苕溪集》卷五十四《閣學劉公行狀》，《宋史》卷三七八有傳。

王庭珪（一〇八〇～一一七二）

《謝向提刑見訪》二首

某自貶所東歸，伏辱提刑直閣千里命駕來訪，死生感激高義，輒成長句，聊伸謝悃。

夜郎逐客遇生還，秘閣老翁來扣關。坐聽犀揮妙言語，慚非檑具偉衣冠。高名業已照六合，賤子窮當隱半山。陸納家風元冷澹，口將茶果薦杯盤。

渡湘千里憶分攜，因誦癡兒不了詩。送我出門還作惡，今朝會面豈前期。

樂天獨往青山日，裴相閑居緑野時。從此功名恐相逼，伊山安得久棲遲。（李訓、王涯排陷樂天。訓等死日，樂天正游洛下青龍寺，有詩云：「當君白首同歸日，是我青山獨往時。」或謂白公樂禍，東坡云：樂天豈樂禍者，特悲之耳。余今亦然。）（《四庫全書》本《盧溪文集》卷十九；《全宋詩》第二十五册，第一六八三二頁）

《游廬山記》

江出蜀東，會於潯陽，雲濤雪浪相撞擊，而下是為九江。九江之上有巨山崛起，名甲天下，自外望之，巍然高大，與他山未有以異也。環視其中，磅礴鬱積。……復從巖東北下三里至賨林，即唐大林寺，白樂天嘗序此地，實羌廬間第一境，人迹罕至，古今識游者鑱刻未泯也。……白樂天貶潯陽，慕淵明之為人，樂之而不去，是皆人與山相得於一時者也。……（《四庫全書》本《盧溪文集》卷三十四）

智按：王庭珪，字民瞻，自號盧溪真逸，吉州安福（今屬江西）人。徽宗政和八年（一一一八）進士，調衡州茶陵縣丞。宣和末年退居鄉里。高宗紹興十二年（一一四二），胡銓上疏斥秦檜，貶嶺南，庭珪獨以詩送，後以此於十九年除名編管辰州。二十五年，秦檜死，許自便。孝宗隆興元年（一一六三），召對，改左承奉郎，除國子監主簿。以年老力辭，主管台州崇道觀。乾道六年（一一七〇），再召見。七年，至闕，除直敷文閣，領祠如故。八年，卒，年九十三。傳世有《盧溪集》，此外著述頗多，均已佚。生平見《省齋文稿》卷二十九《王公行狀》、本集卷首《王公墓誌銘》。《宋史翼》卷七十有傳。

劉斧（仁宗、哲宗時）

《青瑣高議》

⊙劉煇（默禱白氏乞聰明）

劉煇，信州人，祖父世力稼穡，家貧。煇好遊學，寓於江州之東林佛舍中，有白公（樂天）影堂存焉。煇常以薰果薦於堂，默禱之：儻得才性類公十之一二，即荷神賜。一日，煇出寺院，行於溪旁，俄有叟坐於石上，顔貌温粹，宛若士人。燀知非田翁，就與之語，議論精通，無所不至。燀但唯喏柔順而已。既久，燀曰：「叟真有道者也，何故寓此?」叟笑曰：「吾即白居易，蒙子厚意，愧無以報。子之所請，將有説焉。夫才者，繫乎性之所賦之厚薄，玆所謂青出於藍而青於藍、冰生於水而寒於水者也。若記問，可以積累而至焉。如人一能之，己百之；人十能之，己千之之類是也。人之才，乃天相禀，不能勉强。若其聞見之博，落筆無凝滯若宿搆，繫乎人出入生死間，得為人世數多也。吾生唐德、順朝，已二十一世為人矣。其所聞所見，莫非稔熟乎耳目，故命思（一作意）為文，蹈厲風發，莫不出入九經百氏。蘊其遠者為事業，發其清者為歌詩，刓割風月，搜窮造化，耳目若素得之也。今子為人方六世，固未甚出乎人也。然子亦有禄，科名極巍峨。」燀乃再拜曰：「禄已知矣，壽數修短，可得聞乎?」叟曰：「此陰吏自有籍主之，吾不知也。」叟乃去，入於竹圃不見。後燀果為殿元。(《四庫全書存目叢書》影印清紅藥山房抄本《青瑣高議》後集卷六；上海古籍出版社版，第一五八～一五九頁)

智按：劉斧，北宋中葉人，生平事迹不詳。孫沔知杭州時，斧嘗自京城至杭謁見，求爲其《青瑣高議》作序。

黄朝英（哲宗、徽宗時）

《靖康緗素雜記》

⊙婪尾

蘇鶚《演義》云：「今人以酒巡匝為啉尾，即再命其爵也，云南朝有異國，進貢藍牛，其尾長三丈，一云藍穎水，其尾三丈。時人倣之，以為酒令，今兩盞，從其簡也，此皆非正。行酒巡匝，即重其盞，盖慰勞其得酒在後也。又云啉者，貪也，謂處於座末，得酒最晚，腹癢於酒，既得酒巡匝，更貪婪之，故曰啉尾。啉字從口，足明貪婪之意。此説近之。」余觀宋景文公《守歲詩》云：「迎新送故只如此，且盡燈前婪尾盃。」又云：「稍倦持螯手，猶殘婪尾觴。」又東坡《寒食詩》云：「藍尾忽驚新火後，遨頭要及浣花前。」注引樂天《寒食詩》云：「三盃藍尾酒，一楪膠牙餳。」乃用「藍」字，盖

「婁」、「藍」一也。(《四庫全書》本卷三)

智按：又見《苕溪漁隱叢話前集》、《容齋隨筆》、《石林燕語》、《砻溪詩話》。

唐故事，中書省植紫薇花，歷世循用之，不以為非。至今舍人院紫薇閣前植紫薇花，用唐故事也。樂天詩云：「獨坐黄昏誰是伴，紫薇花對紫薇郎。」按《天文志》，紫薇，大帝之坐也，天子之常居也。主命主度也，何關紫薇花事？(引自《苕溪漁隱叢話前集》卷二十一《香山居士》)

智按：黄朝英，字士俊，建安（今福建建甌）人。哲宗、徽宗時人，紹聖後舉子，為王安石之學。有《靖康緗素雜記》十卷傳世。事見《郡齋讀書志》卷十三、《直齋書録解題》卷十。

孫次翁（北宋中葉）

《嬌娘行》

楚宫女兒身姓孫，十五緑鬢堆濃雲。臉花歌笑艷杏發，肌玉纔近紅瓊溫。仙源曾引劉郎悟，天教謫下風塵去。策金堤上起青樓，照水花間開繡戶。山陽天下居要衝，春行處處皆香風。花名樂府三千輩，惟君第一嬌姿容。畫舫驕馬日過門，過者知名求見君。侍君顔色肯一顧，方肯延入羅芳樽。遏雲數聲貫珠善，驚鴻舞態流風轉。不是當朝朱紫人，歌舞筵中難得見。朝英國士相歡久，學詩染翰顔兼柳。衛尉卿男號富兒，黄金滿載來見之。朝歡夕宴奉歌酒，春去秋來情愈厚。青絲偷剪結郎心，暗發深誠誓婚偶。深更不與家人露，藏頭掩面隨郎去。千里相從人不知，鴛鴦比翼凌雲飛。帝城風物正春色，與郎遍賞游芳菲。郎去高堂負父意，父親惜子情難制。六禮安排迎入門，且圖繼嗣延家世。銓行補吏任忠州，整袖長江同泝流。瞿塘灩澦遍經歷，二年惟愛居蠻陬。解官入京重調轉，空閨獨坐居京輦。傷離感疾時召醫，無何楚客皆聞知。急具高堂報阿母，母怒大發如風雨。來見嬌娘大嗟怨，怒聲肆罵千千遍。扶奪上馬去如飛，爭奈郎蹤相去遠。回到娘家三四春，雙眸盈疾愁見人。蕙心蘭性欲枯死，盤金匣玉都埃塵。阿母養身今已報，從今所得多金竇。誓心不嫁待郎音，烟波萬里難尋耗。邇來泛迹渡金陵，住近儀真江外亭。北提征轡過花院，分明認得嬌娘面。舊家雲鬟慵理妝，淚裹羅襟金縷濺。燈前相顧問行年，一別音容何杳然。君今三十未爲老，昔時青髮今華顛。君容若入襄王夢，我才曾試光明殿。秋江夜醉話平生，坐抱琵琶船上宴。嬌娘嬌娘真可惜，自小情多好風格。只恐情多悮爾身，休把身心亂抛擲。君不見：樂天井底引銀瓶，瓶沉簪折爭奈何！（劉斧《青瑣高議》前集卷三，《四庫全書存目叢書》影印清紅藥山房抄本；上海古籍出版社本，第三四～三五頁；《全宋詩》第十八册，第一一七八四頁）

智按：孫次翁，名未詳，劉斧友。生平見《青瑣高議》前集卷三（《四庫全書存目叢書》影印清紅藥山房抄本；上海古籍出版社本，第三三頁）。

王山

《答盈盈》

東風豔豔桃李松，花園春入屠酥濃。龍腦透縷鮫綃紅，鴛鴦十二羅芙蓉。盈盈初見十五六，眉試青膏鬟垂緑。道字不正嬌滿懷，學得襄陽大隄曲。阿母偏憐掌上看，自此風流難管束。鶯啄含桃未嚥時，便會郎時風動竹。日高一丈羅窗晚，啼鳥壓花新睡短。膩雲纖指攏還偏，半被可憐留翠暖。淡黄衫袖仙衣輕，紅玉欄干粧粉淺。酒痕落臉梅忍寒，春羞入眼横波豔。一縷未消山枕紅，斜睇整衣移步嬾。才如韓壽潘安亞，擲果竊香心暗嫁。小花静院酒闌珊，别有私言銀燭下。簾聲浪皺金泥額，六尺牙牀羅帳窄。釵横啼笑兩不分，歷盡風期腰一搦。若教飛上九天歌，一聲自可傾人國。嬌多必是春工與，有能動人情幾許。前年按舞使君筵，睡起忍羞頭不舉。鳳凰簫冷曲成遲，凝醉桃花過風雨。阿盈阿盈聽我語，勸君休向陽臺住。一生縱得楚王憐，宋玉才多誰解賦。洛陽無限青樓女，袖籠紅牙金鳳縷。春衫粉面誰家郎，只把黄金買歌舞。就中薄倖五陵兒，一日冷心玉如土。雲零雨落正堪悲，空入他人夢來去。浣花溪上海棠灣，薛濤朱戶皆金鐶。韋皋筆逸玳瑁落，張佑盞滑琉璃乾。壓倒念奴價百倍，興來奇怪生毫端。醉眸覷紙聊一掃，落花飛雪聲漫漫。夢得見之爲改觀，樂天更敢尋常看。花間不肯下翠幕，竟日烜赫羅雕鞍。掃眉塗粉迨七十，老大始頂菖蒲冠（薛濤壽七十，始頂菖蒲冠，學謝自然上升之術）。至今愁人錦江口，秋蛩露草孤墳寒。盈盈大雅真可惜，爾身此後不可得。滿天風月獨倚闌，醉岸濃雲呼佚墨。久之不見予心憶，高城去天無幾尺。斜陽衡山雲半紅，遠水無風天一碧。望眼空遙沈翠翼，銀河易闊天南北。瘦盡休文帶眼移，忍向小樓清淚滴。（洪邁《夷堅三志己》卷一，中華書局本《夷堅志》，第一三〇六頁；《宋詩紀事》卷三十；《全宋詩》第二十一册，第一三九一二頁）

智按：《夷堅三志・己》卷一：「魏人王山能爲詩，標韻清卓。因省試下第，薄游東海，値吳女盈盈者來，年方十六，善歌舞，尤工彈箏。容貌甚冶，詞翰情思（《宋詩紀事》作清思），翹翹出羣。少年子爭登其門，不惜金帛。盈遴簡嘉耦，乃許一笑。府守田龍圖召使侍宴，山預賔列，相得於樽俎之間，從之驩處累月。山辭歸，盈垂泣悲啼，不能自止。明年，寄《傷春曲》示山……山作長歌答之……又明年，山適淄川，遇王通判於邸舍，出盈盈簡，欲偕游東山（《宋詩紀事》作山東）。……時方初夏，山以病不克赴其約。秋中再如山東，盈已死。」（中華書局本《夷堅志》，第一三〇六～一三〇八頁）王山乃登岱岳，至絕頂玉女池題詩於石弔之：「浮世繁華一夢休，登臨因憶昔年游。人歸依舊野花笑，玉冷幾經墳樹秋。風月過情須感慨，江山多恨即遲留。如今縱擬誇才思，事往情多特地愁。」王山有《筆奩録》七卷，詳記所遇，今不傳。

佚名

《二色宮桃》

鏤玉香苞酥點萼。正萬木、園林蕭索。惟有一枝雪裏開，江南有信憑誰托。　前年記賞登高閣。嘆年來、舊歡如昨。聽取樂天一句云，花開處、且須行樂。（《全宋詞》第三六四三頁）

佚名

《浪淘沙》

雪裏暗香濃。乍吐瓊英。橫斜疏影月明中。學傅胭脂桃與杏，虚廢春工。

素艷有誰同。不并妖紅。應如褒姒笑時容。絕勝梨花春帶雨，旖旎春風。（《全宋詞》第三六四四頁）

佚名

《伊州曲》

金雞障下胡雛戲。樂極禍來，漁陽兵起。鸞輿幸蜀，玉環縊死。馬嵬坡下塵滓。夜對行宮皓月，恨最恨、春風桃李。洪都方士。念君縈繫。妃子。蓬萊殿裏。覓尋太真，宮中睡起。遙謝君意。淚流瓊臉，梨花帶雨，仿佛霓裳初試。寄鈿合、共金釵，私言徒爾。在天願爲、比翼同飛。居地應爲、連理雙枝。天長與地久，唯此恨無已。（《全宋詞》第三六七四頁）

佚名

《沁園春》

眼底高年，如老曾仙，斗南一人。能持齋守戒，香山居士，樂天知命，康節先生。滿眼兒孫，滿堂金玉，多寶如來現後身。真堪羨，有許多福力，越見精神。　　慶公今日生申。喜漸近中秋對月明。這平生積善，三千功行，前程享福，八百椿齡。見説壽筵，大開佛事，煮鶴炮龍烙鳳麟。從今後，願年年長健，事事如心。（《全宋詞》第三七六〇頁）

佚名

《香山會》

向神前發願，燒香做咒。斷了去、娼家吃酒。果子錢早是遭他毒手。更一個、瓶兒滲漏。　　才斟兩盞三盞，早斟不勾。又添和、薄漓半斗。奴哥有我，奴哥道有。有我時、當面蕩酒。（《全宋詞》第三八四一頁）

佚名

《下黄私記》

白太傅女金鑾十歲，忽書《北山移文》。樂天方買終南紫石，欲開文士傳，遂輟以録之。(《説郛》卷三十一下)

馬涓（一〇九一進士）

《孝廉閣記》

皇祐二年春，仁宗肇講明堂故事。越九月，大饗禮成，制詔天下舉孝廉有聞之士，於是樞密直學士田公況守成都，採石室諸生之議，而表上之，其略曰：布衣李甲，信誼急物，愷悌肥家，純誠不浮，美行可述。臣謹以名聞朝廷，嘉之而重其敦，遣詔即其家，賜束帛羊酒，長吏勞問，一時士人欣慕焉，而孝廉之名，遂暴著於西南。孝廉字申之，著籍雙流縣，縣郭之南有山曰宜城，茂林鬱然其下，即孝廉居也。縣宰徐九思曰：鄭公名鄉，高陽名里，此前世旌賢之美事也，因以孝廉名其坊。孝廉少年，嘗補廣文館生，比請舉，不中有司選，即拂衣歸曰：「共為子職，可遠遊乎?」由是終身不復出，其事親誠慤，無容親沒，即廬於墓，除喪然後去。家本饒財，而性喜周急，當其可予，一切不校。以是暮年貧匱，人所不堪，而孝廉處之淡如也。平生嗜讀書，務通經適用，不治章句，尤刻意於《易》，鈎索精微，後學所不及。晚遊息於老佛之書，得其深趣，慕白樂天，飲酒賦詩，集成二十卷，當時鄉里巨公，如范内相景仁、李紫微才元，皆其交友周旋者；觀其所與遊，則其為人大概可知矣。孝廉有弟，朝請郎，名羣，字介夫，以才俠稱。介夫二子，長公朝，字夢得，未冠登科，為朝散郎，通判綿州；次公清，字彦通，以累舉授涇州文學。夢得以詩自名家，彦通以能賦擅場屋，而故尚書金部郎中宋公承之，即孝廉之婿也。金部風韻高明，如晉宋間王、謝輩，辨論博洽，筆下鋒起，人莫敢當，而古文詩句為士子矜式，仕終陝府西路計度轉運使。當金部少時，孝廉固已異之，常曰：「吾季女賢而文，捨宋氏子，非其配也。」遂以歸之。……閣成，繪事畢，主僧以書來請記其事。涓嘗獲遊於金部少卿父子之間，義不可辭也，謹為書之，以示來觀者，庶有所考云。（《四庫全書》本《成都文類》卷四十三；傅增湘原輯，吳洪澤補輯《宋代蜀文輯存校補》第三册，重慶大學出版社，二〇一四年九月，第一〇一三頁）

智按：田況（一〇〇五～一〇六三），字元均，其先京兆人，後徙信都（今河北冀縣）。仁宗天聖八年（一〇三〇）進士。舉賢良方正，累擢知制誥，遷右諫議大夫、知成都府。至和元年（一〇五四），充樞密副使。嘉祐三年（一〇五八）轉樞密使，次年因疾求退，以太子少傅致仕。八年卒，年五十九。謚宣簡。有《金岩集》二卷，已佚，今存《儒林公議》二卷。事見《臨川集》卷九十一《田公墓誌銘》，《宋史》卷二九二有傳。

徐九思（一〇一三～?），字公謹，崇安（今福建武夷山）人。仁宗慶曆二年（一〇四二）進士。調蘄水尉，歷知雙流、宣州、南陵三縣。哲宗元祐初召為江淮諸路發運副使，以中散大夫致仕。著有《新豐集》，已佚。事見清嘉慶《崇安縣誌》卷七、卷九。

范鎮（一〇〇八～一〇八九），字景仁，成都華陽（今四川成都）人。仁宗寶元元年（一〇三八）進士，調新安主簿。召試學士院，授直秘閣、判吏部南曹，開封府推官。擢起居舍人、知諫院，改集賢殿修撰，糾察在京刑獄，同修起居注，遂知制誥。英宗立，遷翰林學士。明年，出知陳州。神宗即位，召復翰林學士兼侍讀、知通進銀臺司。因與王安石政見不合，熙寧三年（一〇七〇）以戶部侍郎致仕。哲宗立，起提舉中太一宫兼侍讀，懇辭不就，改提舉崇福宫。數月復告老，再致仕，累封蜀郡公。元祐三年閏十二月卒，年八十一。謚忠文。有文集百卷，已佚。事見宋韓維《南陽集》卷三十《忠文范公神道碑》。《宋史》卷三三七有傳。

李大臨（一〇一〇～一〇八六），字才元，華陽（今四川成都）人。仁宗景祐五年（一〇三八）進士。知廣安軍，徙邛州。神宗熙寧四年（一〇七一），知汝州，徙知梓州。八年，復天章閣待制。哲宗元祐元年卒，年七十七。《宋史》卷三三一有傳。

宋構，字承之，成都（今屬四川）人。神宗元豐七年（一〇八四），為夔州路轉運判官。哲宗元祐時以朝散郎知彭州。紹聖間，為金部員外郎，權都大提舉川茶事。

馬涓，字巨濟，閬州南部（今屬四川）人。其父從政，初未有子，買一妾，詢知其父母死不克葬，故自鬻，遂歸妾，不責所負。後夢一翁謝曰：「我，妾父也，聞之上蒼矣。願君家富貴，涓涓不絕。」及生先生，因以夢中語為名。元祐六年（一〇九一）中進士第一，授承事郎、簽書雄武軍節度判官公事。紹聖中，遷承議郎、通判遂州。元符中，為監察御史。崇甯二年（一一〇三），入元祐黨籍，除名勒停，編管澧州，其文集印板遭焚毀。崇寧四年（一一〇五），移荊門軍。次年，敘復承事郎。宣和中，累官至應天府少尹，與劉安世相遊甚歡。靖康中，授起居舍人，未及赴任而卒。

雷抗（一〇九三進士）

《處士李巘墓誌銘》（宣和四年正月）

居士姓李，系出贊皇，諱巘，元明其字也。其先自廣陵徙居丹徒。高祖德誠，當五季時，事李氏為潤州刺史，歷鎮洪撫、虔郡，官至中書令。其功閱具載《江南別録》。子建忠，克紹風烈，位亦崇顯。曾祖沖虛，善屬文，本朝咸平中，以累舉推主桃源簿，權岳州平江令，遂為臨湘人，致仕得潤州司馬。祖册、父宗望，皆修德就間。居士幼而嗜學，淹貫墳籍。熙寧間，朝廷始以經術取士，居士深索理致，究聖人指歸，為諸儒倡。人皆謂，其所學可以有行於世矣，迨群試有司，未終場而被疾。俄復失所怙，居喪盡哀，奭然癯瘠。時年方強仕，遂慨然起山林之興，無復以功名干慮。因其先之所好，葺居側為園，揭之曰「養浩」，以示嘉遁閑居之志。即園之中，築臺榭，構亭館，以備燕遊之適；植松竹、蒔花藥，以供賞玩之娛。景物瀟灑，有塵外趣，時時幅巾藜杖，徜徉其間，自號默堂居士。每風月佳時，未嘗不具觴豆，會親友，以留連光景，其胸中常豁如也。性好吟詠，慕元白體，二十年間作歌詩、偈頌、碑誌、書啟，手自纂集，僅五千篇，號《兌齋編》。如李康年、彭仂輩，實當時名士，皆與之唱酬，由是士大夫多與之遊。其談論皆原經史，宗名教，未嘗臧否人物，有及人之是非，則漠然假寐，若無所聞。生事粗足，不求贏餘。嘗開書室、延師儒以教諸子，時或自為講解，故諸子遵承義方，服膺詩禮。鄉黨之士慕義，輻輳就學者，幾百人，而成材間出，抑公樂善之所致也。又欲置監書以資博約，顧力有未暇。好著述，雖醫方試之有效者，亦類聚而藏之，將以施人。晚年深悟佛乘，潛心內典，視死生猶夜旦，怡然自適，嘗語所厚曰：「余不博弈，不殺戮，言不阿，行不偽，俯仰無愧怍，異時當趺坐而去。」宣和三年七月乙酉早作，曳杖逍遙于園，指揮僮僕如常日，歸召家人，囑後事，語畢而逝，曾不怛化，果如其言。享年六十六。平昔雖與有位交，然終身未嘗以絲髮事請求。其待人也，無親疏賢不肖，始終一遇之以禮，上下所以皆愛之。娶同邑林素女，婉淑有賢德。生四男子：擴、振早卒，拓、摭承家謹願。女適劉鑒、武翼郎吳震、賀湘、林利用、林尚志，在室者尚三人。孫思孝、思問。宣和元年仲夏，抗受命來宰是邑，始得與公遊，相從逾二年。凡游觀燕集，未嘗相舍，多公之高義，雖久而無厭，豈期一朝成千古也。越明年正月壬申，孤請即養浩園散木亭之下，營奉窀穸，以從宿好。邑人林大節狀公行事，拓、摭奉以請銘。顧公之行實可紀，抗雖不敏，義不得辭。遂泣而銘之。銘曰：

吁嗟居士，湖湘之美。操行有常，清談詣理。少敏於學，醉心經史。挺節孤高，遺榮強仕。棲心物表，養浩林泉。冲襟逸韻，暢於詩篇。盈編湛軸，珠玉爛然。好客喜士，杯酒留連。隱不沽名，學非為利。齊物逍遙，優遊遂志。晚究內典，精通理致。宛若蛻蟬，脱然而寐。嗚呼！散木之東，默堂之旁。生平所樂，于焉是藏。慶流苗裔，俾熾而昌。我作銘詩，永播芬芳。（光緒《湖南通志》卷三九；《全宋文》二〇〇六年版第一八三册，卷四〇二九，第三七〇～三七二頁）

智按：雷抗，元祐八年（一〇九三）進士，宣和初知岳州臨湘縣。李巘（一〇五六～一一二一），字元明，自號黙堂居士，臨湘（今屬湖南）人，桃源主簿李冲虛曾孫。熙寧間，郡試遘疾，慨然有山林之志，無復以功名于慮。葺居側爲園，顔曰養浩園，性好吟詠，慕元白體，當時名流如李康年等，皆與之唱酬。手自纂集其著作，曰《兌齋編》。宣和三年卒，次年邑令雷抗為墓誌銘。事跡參見［康熙］《臨湘縣志》、《岳州府志》等。

唐慎微（元祐間）

《證類本草》

荔枝。子味甘平，無毒，止渴，益人顏色。生嶺南及巴中，其樹高一二丈，葉青陰，淩冬不凋，形如松子，大殼，朱若，紅羅紋，肉青白，若水精，甘美如蜜，四五月熟，百鳥食之，皆肥矣。（今附）

《圖經》曰：荔枝子生嶺南及巴中。今泉、福、漳、嘉、蜀、渝、涪州、興化軍及二廣州郡皆有之，其品閩中第一，蜀川次之，嶺南為下。《扶南記》云：此木以荔枝為名者，以其結實時，枝弱而蔕牢，不可摘取，以刀斧劙（音利）取其枝，故以為名耳。其木高二三丈，自徑尺至於合抱，頗類桂木、冬青之屬，葉蓬蓬然，四時榮茂不凋。其木性至堅勁，工人取其根，作節音槽，及彈棊局。木之大者，子至百斛，其花青白，狀若冠之蕤緌，實如松花之初生者，殼若羅文，初青漸紅，肉淡白，如肪玉，味甘而多汁。五六月盛熟時，彼方皆燕會其下以賞之，賓主極量取噉，雖多亦不傷人，少過度則飲蜜漿，一盃便解。荔枝始傳於漢世，初惟出嶺南，後出蜀中。《蜀都賦》所云「旁挺龍目，側生荔枝」是也。蜀中之品，在唐尤盛，白居易《圖序》論之詳矣。今閩中四郡所出特奇，而種類僅至三十餘品，肌肉甚厚，甘香瑩白，非廣、蜀之比也。福唐歲貢白暴荔枝，并蜜煎荔枝肉，俱為上方之珍果。白暴須佳實乃堪，其市貨者多用雜色荔枝，久鹽梅，暴之成，而皮深紅，味亦少酸，殊失本真。凡經暴，皆可經歲。好者寄至都下，及關陝河外諸處，味猶不歇。百果流布之盛，皆不及此。又有焦核荔枝，味更甜美。或云是木生背陽，結實不完就者。白暴之尤佳，又有綠色、蠟色，皆其品之奇者，本土亦自難得。其蜀、嶺荔枝，初生亦小酢，肉薄不堪暴，花及根亦入藥。崔玄亮《海上方》治喉痺腫痛，以荔枝花并根，共十二分，以水三升煑，去滓，含，細細嚥之，差止。

陳藏器：味酸，子如卵。《廣州記》云：荔枝精者，子如雞卵，大殼，朱肉，白核，如雞舌香。《廣記》曰：荔枝、冬青，實如雞子，核黃黑，似熟蓮子，實白，如肪脂，甘而多汁，美極，益人也。

海藥云：謹按，《廣州記》云：生嶺南及波斯國，樹似青木，香味甘酸，主煩渴，頭重，心躁，背膊，勞悶，並宜食之。嘉州已下，渝州並有。其實熱甘美，荔枝熟，人未採，則百蟲不敢近。人才採之，烏鳥蝙蝠之類，無不殘傷，故採荔枝者，日中而衆採之。荔枝子一日色變，二日味變，三日色味俱變。古詩云：「色味不踰三日變。」員安宇《荔枝詩》云：「香味三日變。」今瀘渝人食之，多則發熱瘡。（《四庫全書》本《證類本草》卷二十三）

智按：唐慎微，字審元，華陽（今四川成都）人。「治病百不失一，為士人療病，不取一錢，但以名方祕籙為請。以此士人尤喜之，每於經史諸書中得一藥名、一方論，必録以告，遂集為此書。尚書左丞蒲傳正欲以執政恩例奏與一官，拒而不受。」「元祐間，虛中為兒童時，見慎微治其父風毒，預期某年月日再發。緘方以俟，臨期服之神驗。」（《證類本草》書末金皇統三年翰林學士宇文虛中跋）然考趙與旹《賓退録》，則稱「唐慎微，蜀州晉原人。世為醫，深於經方。元祐間蜀帥李端伯招之，居成都。嘗著《證類備急本草》三十一卷，艾晟序其書，謂慎微不知何許人，故為表出。蜀州今為崇慶府」云云。所序履貫小異，豈虛中兒時見之，但知其寄籍歟？（《四庫提要》）

周遵道（一〇九七進士）

《豹隱紀談》

杜工部詩云：「髮短何勞白，顏衰肯更紅。」鄭都官云：「衰鬓霜供白，愁顔酒借紅。」白太傅云：「鬓為愁先白，顔因醉後赬。」陳后山云：「髮短愁催白，顔衰酒借紅。」語意相類，必有定其優劣。（《四庫全書》本《說郛》卷二十下）

智按：周遵道，臨川（今屬江西）人。紹聖四年（一〇九七）進士。北宋元祐黨人，名見馬純《陶朱新録》所載「元祐黨籍碑」。所著《豹隱紀談》，引及徐清叟詩、吳潛詞，蓋南宋末年人。當爲後人增補。清王仁俊《經籍佚文》輯有《豹隱紀談佚文》一卷。是書雜記異聞，多論詩之語，其論范成大詩多用鄉語，又謂：「但俗之語，得之為難。」

吳幵（一〇九七制科）

《優古堂詩話》

⊙野火燒不盡

樂天初舉，名未振，以歌詩投顧況，況戲之曰：「長安物貴，居大不易。」及讀至《原上草》云：「野火燒不盡，春風吹又生。」曰：「有句如此，居亦何難，老夫前言戲之耳。」（《歷代詩話續編》第二二六頁）

⊙青裙白面初相識

陳去非《茶花》詩後兩句云：「青裙白面初相識，十月茶花滿路開。」蓋用白樂天《江岸梨花》詩意：「梨花有思緣和葉，一樹江頭惱殺君。最似孀閨少年婦，白妝素面碧紗裙。」（《歷代詩話續編》第二三三頁）

智按：此則又見《能改齋漫録》卷八（上海古籍出版社，一九七九年版上册，第二二四頁）。

⊙一意兩用

樂天：「自從苦學空門法，銷盡平生種種心。惟有詩魔降未得，每逢風月一閑吟。」又云：「人各有一癖，我癖在章句。萬緣皆已銷，此病獨未去。」此意凡兩用也。太白：「舉杯邀明月，對影成三人。」又云：「獨酌勸孤影。」此意亦兩用也。然太白本取淵明「揮杯勸孤影」之句。（《歷代詩話續編》第二三五頁）

智按：此則又見《能改齋漫録》卷八（上海古籍出版社，一九七九年版上册，第二二六～二二七頁）。

⊙回眸一笑百媚生

白樂天《長恨歌》云：「回眸一笑百媚生，六宮粉黛無顏色。」蓋用李太白應制《清平樂》詞云：「女伴莫話孤眠，六宮羅綺三千。一笑皆生百媚，宸

衷教在誰邊。」（《歷代詩話續編》第二三八頁）

智按：此則又見《能改齋漫録》卷八（上海古籍出版社，一九七九年版上册，第二二九頁），「宸衷」作「宸游」。

⊙兩蝸角

白樂天云：「相爭兩蝸角，所得一牛毛。」後之使蝸角事悉稽之，而偶對各有所長。吕吉甫云：「南北戰爭蝸兩角，古今興慶貉同丘。」山谷云：「千里追奔兩角蝸，百年得意大槐宫。」又云：「功名富貴兩蝸角，險阻艱難一酒杯。」洪龜父云：「一朝厭蝸角，萬里騎鯨背。」（《歷代詩話續編》第二四八頁）

智按：此則又見《能改齋漫録》卷八（上海古籍出版社，一九七九年版上册，第二一二頁）。

⊙日月跳躑

元微之《遣興》云「日月東西跳」，又云「光陰本跳躑」，又《答胡靈之》詩序云「日月跳躑，於今行二十年矣」，幾與退之「日月如跳丸」大同小異也。杜牧之《寄韓》又云「跳丸日月十經秋」，又《送孟池》云「月於何處去，日於何處來，跳丸相趁走」，蓋用退之意。元微之《憶遠曲》云「水中書字無字痕」，白樂天《新昌新居》云「浮榮水畫字」，意又相類。（《歷代詩話續編》第二五九頁）

智按：此則又見《能改齋漫録》卷八（上海古籍出版社，一九七九年版上册，第二三二頁）。

⊙海風吹不斷

顧况喜白樂天《送友人原上草》詩「野火燒不盡，春風吹又生」，乃是李太白《瀑布》詩「海風吹不斷，江月照還空」意。（《歷代詩話續編》第二五九頁）

智按：此則又見《能改齋漫録》卷八（上海古籍出版社，一九七九年版上册，第二三三～二三四頁）。

⊙此心安處便是吾鄉

東坡作《定風波序》云：「王定國歌兒曰柔奴，姓宇文氏。定國南遷歸，予問柔廣南風土應是不好？柔對曰：『此心安處，便是吾鄉。』因用其語綴詞云：『試問嶺南應不好？卻道，此心安處是吾鄉。』」予嘗以此語本出於白樂天，東坡偶忘之耶！白（一作樂天）《吾土》詩云：「身心安處為吾土，豈限長安與洛陽。」又《出城留別》詩云：「我生本無鄉，心安是歸處。」又《重題》詩云：「心泰身寧是歸處，故鄉可獨在長安？」又《種桃杏》詩云：「無論海角與天涯，大抵心安即是家。」（《歷代詩話續編》第二六二頁）

智按：此則又見《能改齋漫録》卷八（上海古籍出版社，一九七九年版上册，第二三五～二三六頁）。

⊙繫日

白樂天：「既無長繩繫白日，又無大藥駐朱顏。」蓋本陳沈炯《幽庭賦》：「那得長繩繫白日，年年月月俱如春。」然江總《歲暮還宅》詩亦云：「長繩豈繫日，濁酒傾一杯。」（《歷代詩話續編》第二七一頁）

智按：此則又見《能改齋漫録》卷八（上海古籍出版社，一九七九年版上册，第二四三頁）。

吴幵，字正仲，汀州清流（今屬福建）人。初為澶州司理參軍。哲宗紹聖四年（一〇九七）中宏詞科。徽宗政和三年（一一一三），為宗正少卿，以言者論放罷。宣和七年（一一二五），以給事中兼資善堂贊讀。欽宗靖康元年（一一二六），為翰林學士承旨使金被留，金人議立張邦昌，令其往返傳導指意，京師人謂之捷疾鬼。二年，張邦昌立楚，以之權尚書左丞相。高宗建炎元年（一一二七）六月，奪龍圖閣學士，責授昭化軍節度副使、永州安置。七月，移韶州。紹興二年（一一三二），送南雄州。十四年（一一四四），赦還，寓居贛上。《宋史翼》卷四十有傳。吴幵生年較吴曾（一一一七～一一九〇前不久）要早，但《優古堂詩話》之成書不知是否早於《能改齋漫録》。

朱敦儒（一〇八一～一一五九）

《減字木蘭花》

劉郎已老。不管桃花依舊笑。要聽琵琶。重院鶯啼覓謝家。　　曲終人醉。多似潯陽江上淚。萬里東風。國破山河落照紅。（《全宋詞》第八五七頁）

智按：朱敦儒，字希真，號岩壑，河南（今河南洛陽）人。欽宗靖康初召授學官，辭歸。高宗建炎二年（一一二八），再召不就。紹興三年（一一三三），特補迪功郎。五年，賜進士出身，守秘書省正字。六年，兼權兵部郎中。通判臨安府。八年，為樞密行府諮議參軍。十四年，提點兩浙東路刑獄，十六年罷，十九年致仕。二十五年，因秦檜推挽，起除鴻臚少卿，檜死依舊致仕。二十九年，卒於秀州，年七十九。一說卒于孝宗淳熙五年至十四年之間，享年百歲左右（劉揚忠《關於朱敦儒的生卒年》）。今存詞集《樵歌》三卷。《宋史》卷四四五有傳。

孫覿（一〇八一～一一六九）

《內簡尺牘·與胡尚書帖 二》

某用新舊麤細雜木築一室，歲前當入居之。聞公大木數千章方自儀真來，而召節已行矣。昔白公丹竈敗之，明日忠州刺史除書至，殆此類也。（《四庫全書》本《內簡尺牘》卷三）

《內簡尺牘·與蘇守季文帖》

《欒城三集》，黃門手自編次，固無遺矣。《東坡後集》，或云即劉元忠所集，二十卷則容有未盡也。奏議制誥，世間所傳，初無定本，公家集可以一見乎？比臨川刻荊公詩文，贋本居十之一，而錯謬不可讀。江左諸人紀次《豫章》，欲與一時文宗方駕並馳，而文多於詩三倍，皆可惜也。杜子美、李太白、白樂天之文，為庸俗所亂，先生嘗太息於此。如制誥、奏議及二集所不載者，願季文速出，與天下共之，不惟一新學者耳目，庶幾不為庸俗所亂，

亦先生之志也。(《四庫全書》本《内簡尺牘》卷七)

《與曾端伯書》

……白公詩所謂辭達,大抵能道意之所欲言者。蘇黄門詩已不逮諸公,北歸後效白公體,益不逮,惟四字詩最善。張文潛晚年詩不見(逮)前作,意謂亦效白公(詩)者。荆公述潘邠老言:「文潛晚喜白公詩。」信矣,如所料也。東坡論陶詩:「精能之至,乃造平淡。如佛説蜜中邊皆甜,若中與邊皆枯淡,亦何用。陶詩外枯而中腴,若淡而實美也。」……(《四庫全書》本《鴻慶居士集》卷十二)

智按:趙與旹《賓退録》卷六:「曾端伯(慥)以所編《百家詩選》遺孫仲益(覿),仲益復書云云」。

《謝榮太守太監啟》

窮愁自屏,久安寂寞之濵;慶賜初行,亦預麗鴻之施。伏念某早居爭地,卒踐畏途。朝辭城南尺五之天,夕貶潮陽八千之路。上蔡相君之憾,空悲犬耳之黄;江州司馬之歸,應待烏頭之白。雷行奮地,霧披盡天。肆開祝網之恩,盡返西山之客。兹蓋伏遇知府高情振薄,大度矜愚。出名論於月旦之評,哀感音於土風之操。念泥塗之久,辱仁惟推轂之先;悼縲絏之非辜,義有解驂之贖。其為感悦,難盡敷陳。(《四庫全書》本《鴻慶居士集》卷十七)

《謝平江守洪内翰啟》

急景凋年,已迫西山之暮;上恩佚老,俾諧東海之歸。實由羣公援手之仁,獲遂一老乞身之願,感深刺骨,愧溢汗顔。伏念某仕歷三朝,年逾八秩。雖殘息奄奄,待盡田廬,而一心惓惓,尚存帝室。孰是急流勇退,踐角巾東路之言,惟有去後見思,詠華屋西州之句,類騶朱儒無益而不任事,若支離疏有疾而不受功。徒費十束之薪,空索一囊之粟。故應辭仕,詎敢妨功?不圖軫簪履故物之遺,猶進冒爵齒達尊之寵。兹蓋伏遇某官,兩京循吏,三國名臣,虎觀論經,鼇扉視草,寓大學士圖書之直,聽東諸侯皷角之雄,猥以庸虚,適相先後。比還禁路,復厠英躔。雖龍猪異間已不侔,而虎鼠同宫亦

何間！圖齊雲之象，固難并韋郎、白傅之賢；凝燕寢之香，猶堪置枚叟、鄒生之右。（《四庫全書》本《鴻慶居士集》卷十九）

智按：此啟除前兩句外，略同於宋王之望《除郡謝宣撫開府啟》（《四庫全書》本《漢濱集》卷十三）。據文中「仕歷三朝，年逾八十」語，與孫覿（一〇八一～一一六九）相符。

《平江府楓橋普明禪院興造記》

平江自唐白公爲刺史時，即事賦詩，已有八門六十坊、三百橋、十萬户，爲東南之冠。逮乾符、光啓間，大盜蠭出，争爲强雄，而武肅王錢鏐以破黃巢、誅董昌之功，盡有淛東西地。五代分裂，諸藩據數州自王，王獨常順事中國。有宋受命，盡籍土地府庫，帥屬朝京師，遂去其國。有宋受命，盡籍土地府庫，帥屬朝京師，遂去其國。蓋自長慶訖宣和，更七代三百年，吳人老死不見兵革……紹興十六年八月日，晉陵孫某記。（《四庫全書》本《鴻慶居士集》卷二十二；《吳都法乘》卷一〇上之下；《吳郡志》卷三三；《吳都文粹》卷八；《姑蘇志》卷二九；《寒山寺志》卷一；光緒《蘇州府志》卷四〇；《全宋文》二〇〇六年版第一六〇册，卷三四八一，第三七八頁）

《書泉山贈言後》

故樞密劉公，通經學古，以聖賢為師，而有得於孟子「我善養吾浩然之氣」，味其言，想見其人，於千百歲之後，剛毅沉塞，志節偉然，以此終其身而名後世。公之子唐稽宗林宗（智按：一作公之子唐稽，字林宗），少年時，以（智按：一作已）能嗣守家學，治一室曰「養浩齋」，此吾先君子所以遺子孫者。饘於是，粥於是，造次必於是，吾不敢舍是一日而嬉。當是時，翰林學士汪公彦章，以文學名天下，會朝廷設十科選士，彦章獨推林宗，薦之朝，又發明浩然之説，為記刻之。其畧曰：子劉子，年二十餘，居昔谿之上，有室數椽，先疇數百畝，父書千卷餘。居其室，食其田，讀其書，惟聖人之道是求，先人之志是承，非其事不問，非其人不友也。已乃出佐閩，舶於泉南，官閒事少，益務記覽，博極羣書；文辭燦然，與古作者並，所與交，一時名人善士舉集焉，無一不如己者。蠻舶之來，外國之貨，珠泉象犀，光怪溢目，視之如無也。歲滿代歸，囊中無南方一物，獨有諸公餞行詩文數十解，集而録之為一編，號《山泉贈言》。距今二十年，或登法從，或踐臺省，典方州，或刺一路，比比焉出為時用，而林宗亦以隆名碩實在議中。侍從諸公，聯名論薦，遂由宗司丞，擢守常州。則彦章所記，讀書求道，以承先志，非其人不友，蓋實録也。昔韓吏部序盛山韋侯處厚十二詩，盛山蓋開州僻陋之國，應而和者十人，如元稹、許康佐、白居易、李景儉、嚴武、温造之疇，亦在江淮巴蜀殊州異縣之間。未幾，韋侯召還，侍讀六經禁中，而十人者位宰相，尹京兆，進諫垣，登詞掖，典中秘，侍殿坳，皆集闕下，而盛山十二詩行於時。俗言古今人不相及，今林宗取友必端，則泉山之作，與韋侯十二詩唱酬之盛，所謂越宇宙以同時，異天壤而並處者也。隆興甲午歲四月日，左朝奉郎充敷文閣待制致仕孫某書。(《四庫全書》本《鴻慶居士集》卷三十二書跋銘贊)

《宋故右大中大夫敷文閣待制贈正議大夫蔣公墓誌銘》

義興蔣氏，以東漢函亭侯澄為鼻祖，距今千餘年，兵氣侵擾，國勢遷移，名臣巨屋，捐墳墓棄，印綬老死巖谷，何可勝數。而後世之興，往往不知其族之所自出。義興之蔣，祖孫相望，名迹班班，然以官學世，其家為聞姓，奕世顯融以至宋興，尚占數義興，譜函亭之昭穆，為三十一世祖，今常州宜興縣函亭鄉是也。……自朝廷表奏疏議箋記，部使者書檄之文，與夫朋友族姻寒温之問，一不以屬記室，皆自手出，客至命酒，即席賦長短句，畀歌者持杯勸侑，巧麗清新，不襲蹈前人一言一句。府治有唐刺史韋應物、白居易、劉禹錫遺像，號三賢，廢于兵火久矣。公即故地，繕治祠堂，繪賢像，自書三榜揭之，以示邦人尊賢尚德之意，公從祖太尉公堂，與從父大夫公之翰，嘗典此州，至是，公以西清法從踵其後，衣冠之盛，搢紳嘆慕，以為口實。公善書，得古人用筆意，大者徑尺，細者如蠅頭，怪奇偉麗，獨步一時，凡今仙宫佛廬，窮堂奥殿，層臺崇榭，得公書榜，以為壯觀。(《四庫全書》本《鴻慶居士集》卷三十七墓誌銘)

《回平江沈師度帖 二》

某再拜：某頃守吳門，城内八廂户口四十三萬，過錢塘一倍。白公詩云：

「雪川殊寂寞，茂苑太繁雄。唯有錢塘郡，閒忙恰適中。」由唐已來，號繁雄矣。而大家巨室、豪富商賈與夫俠少姦盜，雜處其閒，唯嚴可以致平。公據席未幾，疾惡之聲振旁郡，亦隨舟車至日邊矣。歲序更端，納履新之慶，不在玆乎？（《鴻慶居士集補遺》卷六；《全宋文》二〇〇六年版第一五九册，卷三四四九，第三七四頁）

《與常州太守帖 六》

雄文寵存，復不能去手。白公閑適之篇，衛武康寧之福，屬對奇麗，專以褒借衰謝，非定温之常談也。家學淵源有自，至公益復光新，第非老退所當得於左右。時序，里門問遺紛然，不敢附來使，草草言謝。朝夕牽課，别具記塵省覽。（《鴻慶居士集補遺》卷九；《全宋文》二〇〇六年版第一五九册，卷三四五六，第四八六頁）

《跋張安國疏後》

紫薇舍人張公安國，舟過望亭。遊普利寺，至方丈小愒。長老達明曰：「此一方大檀越，欲施田供僧飯而未果，乞公一言助施。」公欣然。命聯十紙為一大卷，索筆書數十語遺之。不點定一字，皆佛菩薩語。明老一日攜以示余，余曰：「安國，今天下第一人，文學蓋出於天分，故落紙生煙，咳唾為珠玉，非若臞儒墨客撚鬚鬞、琢肝腎、樹肩皺眉，求一言一句之工者也。」世傳白樂天十八世為儒，出而從事，則現官身；退而談空，則現大居士身。縱横所植，無一不可，故余於安國亦云。乾道初元，十二月日，晉陵孫某書。（《鴻慶居士集補遺》卷二〇；《全宋文》二〇〇六年版第一六〇册，卷三四七八，第三四二頁）

《跋邵仲恭帖後》

龍圖公前輩盛德，余不及見也。以書法稱天下，一時道宫佛寺、隆樓傑閣多其書榜，而不知其能詩也。公叔孫曾裕中出公詩稿，讀之清新雅奥，自成一家。開卷數過，因誦白公詩曰：「破柏作書櫃，自題白樂天。前後七十卷，大小三千篇。身是鄧伯道，世非王仲宣。只應無分付，留與叔孫傳。」故余於公亦云。（《鴻慶居士集補遺》卷二〇；《全宋文》二〇〇六年版第一六〇册，卷三四七八，第三四四頁）

智按：孫覿，字仲益，號鴻慶居士，晉陵（今江蘇常州）人。徽宗大觀三年（一一〇九）進士。政和四年（一一一四）又中詞科，為秘書省校書郎。欽宗即位，由國子司業擢侍御史，以論太學生伏闕事，出知和州。未幾召試中書舍人，權直學士院。金兵破汴京，曾草降表。高宗即位，以降表事斥罷，歸州安置。未幾再試中書舍人。建炎二年（一一二八），知平江府。歷試給事中、吏部侍郎，兼權直學士院。三年，出知溫州，改知平江府，以擾民奪職，提舉鴻慶居。紹興元年（一一三一），起知臨安府。二年，以盜用軍錢除名，象州羈管。四年，放還，居太湖二十餘年，致仕。孝宗乾道五年卒，年八十九。孫覿為人依違無操，《宋史》無傳。有《鴻慶居士集》、《內簡尺牘》傳世。

朱勝非（一〇八二～一一四四）

《紺珠集》

⊙文章風尚

元和之後，文章則學奇於韓愈，學澁於樊宗師，歌行則學流蕩於張籍，詩則學矯激於孟郊，學淺於白居易。大抵天寶之風尚黨，大歷之風尚浮，貞元之風尚蕩，元和之風尚怪，因人倡之爾。（《四庫全書》本卷三）

⊙迂辛短李

白居易詩云：「悶勸迂辛酒，閒吟短李詩。」言辛丘度、李紳也。（《四庫全書》本卷四）

⊙白舍人行詩圖

荆中街子葛清，自頸以下，皆刺白舍人詩，如「花中偏愛菊」，即一人持盃賞菊，訖三十餘事，號「白舍人行詩圖」矣。（《四庫全書》本卷六）

⊙白傅舟

盧簡辭游伊水別墅，忽見二童操篷艇，中有白衣人與僧偶坐後，以銅甑而炊，宛若神仙，問之乃白傅，舟往行香山也。（《四庫全書》本卷八）

⊙不語先生

《牛羊日曆》以白居易《六帖》為不語先生。（《四庫全書》本卷十一）

⊙炙面女

昭君邨生女皆炙其面，白居易詩云：「至今邨女面，燒灼成斑痕。」（《四庫全書》本卷十一）

智按：朱勝非，字藏一，蔡州（今河南汝南）人。一説姑蘇（今江蘇蘇州）人。徽宗崇寧二年（一一〇三）登上舍第。欽宗靖康元年（一一二六），為東道副總管，權應天府。高宗建炎改元（一一二七），試中書舍人兼權直學士院。二年，除尚書右丞，遷中書侍郎。三年，為尚書右僕射兼禦營使。內侍苗傅等逼高宗退位，事平，出知洪州，尋除江西安撫大使，兼知江州。紹興元年（一一三一），馬進陷江州，降分司南京。二年，除兼侍讀，尋拜尚書右僕射，同中書門下平章事。丁母憂去，起復右僕射兼知樞密院事。五年，提舉臨安府洞霄宮。七年，起知宣州。八年，又奉祠。九年，再知湖州，尋引疾去。因與秦檜不合，前後廢居八年，十四年卒，年六十三。有《秀水閒居録》一卷。《宋史》卷三六二有傳。

周紫芝（一〇八二～一一五五）

《食瓜二首》（之二）

元和數才子，例（原注：小集、徐本作倒）指到元白。香山詆中奄，進寸輒退尺。元侯躐要塗，崔子實卵翼。兩公賢與愚，何啻白與黑。二武有直氣，詆評恣呵斥。蒼蠅從何來，汙我盤中食。想像懷昔人，撫几三歎息。（《四庫全書》本《太倉稊米集》卷三；《全宋詩》第二十六册，第一七一〇〇頁）

《次韻劉元亢讀白樂天與劉夢得書》

香山天下士，直道可事君。口語作奇禍，後來成積薪。巨棟雖已捐，白璧原自珍。百年付春夢，千載期斯人。可憐肉食子，議者空反脣。文華一照耀，今古無搢紳。才高固不世，盛德終少隣。鹿鹿數餘子，瑣瑣非公倫。豐盈與名譽，詎可鍾一身。暮年林壑意，觴詠全天真。君子與小人，兩者自此分。寄言顏巷徒，勿語傷哉貧。（《四庫全書》本《太倉稊米集》卷六；《全

宋詩》第二十六册，第一七一二三頁）

《次韻道卿瑞香》

春意催花不自禁，紫團猶復畏輕陰。蘭蓀有意窺芳馥，桃李含羞漫淺深。鬬鴨並欄風冉冉，紅油垂幕月沉沉。任郎便是花東道，不學香山夢後尋。（《四庫全書》本《太倉稊米集》卷十八；《全宋詩》第二十六册，第一七二三五頁）

《次韻黄文若春日山行過秦德久六首》（其六）

鳥啼花發未春闌，日飲無何意自閑。更喚小蠻娯醉客，主人風味似香山。（《四庫全書》本《太倉稊米集》卷二十一；《全宋詩》第二十六册，第一七二五七頁）

《孤山新作三賢祠》（白樂天、蘇東坡、林和靖）

兩公才力盡驊騮，俱得東南第一州。易濕青衫江上淚，難禁白髮海邊秋。此生名字依然在，晚歲功名亦未酧。處士若無當日節，更將何物配風流。（《四庫全書》本《太倉稊米集》卷二十二）

《次韻季共再賦》

住作山中居，懶甚不出屋。誰知五斗腰，須用作鈎曲。索米無如何，問舍豈不欲。空懷西谿魚，紅鱗膾寒玉。不知坐中山，修眉為誰緑。敝裘裹粗繒，隨分了寒燠。儻忍作海夫，雖臭亦可逐。如其不能然，未可歎沉陸。此事誰當論，唾面恐自速。如君秀芝蘭，非世閒草木。交蓋久已傾，談舌未易縮。不知人謂何，此念吾已熟。年來有新游，妙語敵嶽麓。縣知南屏謙，頗為調茗粥。何人餘羊羔，金帳意有屬。淺斟醉糢糊，低唱聲斷續。誰同白傅春，樓下雪中竹。更題竹上詩，傷神想幽獨。但恐世間求，此樂未容復。況乃籋雲姿，自是千里足。行看鏘八鸞，何止芻一束。應憐老病翁，短髮悲曲局。（《四庫全書》本《太倉稊米集》卷三十二）

《次韻林察院賀章正言得子》

海中仙果著新枝，可是香山得子遲。雛鳳遠從丹穴至，神駒初出渥洼時。平生種德無遺恨，他日傳家有是兒。聞道長庚曾入夢，已應能作上樓詩。

（《四庫全書》本《太倉稊米集》卷三十四；《全宋詩》第二十六册，第一七三七二頁）

《琵琶亭二絶》

舊事無人作短行，湓江空自繞湓城。黄蘆苦竹依然在，猶替琵琶作怨聲。

捍撥難傳不盡情，琵聲裁盡繼琶聲。風流掃地無人説，只有空江舊月明。（《四庫全書》本《太倉稊米集》卷三十五）

《題東林香山像》

大唐受歷三百年，文士輩出俱可傳。情雖嫵媚中骨鯁，當時只有香山賢。香山年少謫湓浦，卧聽琵琶心獨苦。想得回舟夜半時，半濕青衫淚如雨。别來江月幾番圓，黄蘆苦竹空凄然。風流掃地那復有，但見東風吹白髯。可憐畫手無前輩，欲倩虎頭呼不起。瓊枝玉樹了無蹤，鐵撥鵾絃何用爾。明朝一舸下潯陽，月明依舊空江水。（《四庫全書》本《太倉稊米集》卷三十五；《全宋詩》第二十六册，第一七三八〇頁）

《次韻郭元壽泊舟琵琶亭下夜聞吹簫》

舟在琵琶舊日亭，玉簫更弄月微明。湓江故事新歌曲，便是香山此夜情。（《四庫全書》本《太倉稊米集》卷三十九；《全宋詩》第二十六册，第一七四一五頁）

《不吟翁贊》

昔者先生抱負伊鬱，拂然不平。一寓於詩，以寫其情。有如草木，風擊而鳴。雨寂風恬，倏然無聲。乃知先生游戲於三昧，熟醉而不求名。彼香山之號醉吟，又何足以為先生之稱乎？（《四庫全書》本《太倉稊米集》卷四十三）

《溪堂文集序》

昔人以文章為小技，謂天之付與，於君子小人無定分，唯能者得之。唐之文士，班班詞藻，精至妙絕一世者，非無其人，而責以君子之行，或鮮焉。雖高才如柳子厚、劉夢得、元微之之流，皆附非其人，進不以正，則蒙躁進浮薄之譏，其它固所不論也。求文章操行兼修並立，如韓退之、白樂天輩，且未易

得，況立節明義於刀鋸鼎鑊之下，不吝一死以負其平生，顧不難哉？……（《四庫全書》本《太倉稊米集》卷五十一）

智按：「天之付與，於君子小人無常分，惟能者得之」見《新唐書·文藝傳》。

《見王提刑》

某嘗觀漢李少卿，一變風雅五字，更魏以來，詩人班班不絕，然去當代益遠，惟唐為最近。唐之詩人自宋之問、沈佺期、杜甫、李白唱之於前，至元和、長慶間，諸子並作，韓、柳、元、白、劉夢得之輩，其風流騷雅，清艷俊發，自有體制，讀之可喜，味之無窮。往時歐陽文忠公一出，扶五季之頹風，接唐人之遺緒，炳然如日星之在天，誰不仰睇而拭目？……（《四庫全書》本《太倉稊米集》卷五十九）

《賀新郎》

白首歸何晚。笑一椽、天教負與，楚江南岸。門外春山晚無數，只有匡廬似染。但想像、紅妝不見。誰念香山當日事，漫青衫、淚濕人誰管。歌舊曲，空淒怨。　　將軍未老身歸漢。算功名、過了唯有，古詞（祠）塵滿。誰似淵明拚得老，飽看雲山萬點。況此老、斜川不遠。終待我他年，自剪黃花、一酹重陽盞。君爲我，休辭勸。（《四庫全書》本《竹坡詞》卷三；《全宋詞》第八九一頁）

《竹坡詩話》

徐陵《玉臺新詠序》云：「南都石黛，最發雙蛾；北地燕支，偏開兩靨。」崔正熊《古今注》云：「燕支出西方，土人以染，中國謂之紅藍，以染粉為婦人色。」而俗乃用煙脂或臙脂字，不知其何義也？杜少陵「林花著雨臙脂溼」，亦用此二字，而白樂天「三千宮女燕支面」，卻用此二字，殊不可曉。（《歷代詩話》第三四二頁）

王荊公作集句，得「江州司馬青衫濕」之句，欲以全句作對，久而未得。一日問蔡天啓：「『江州司馬青衫溼』，可對甚句？」天啓應聲曰：「何不對

『梨園弟子白髮新。』」公大喜。(《歷代詩話》第三四四頁)

琴按：此則又見樓鑰《攻媿集》卷七十五《跋郭適之集句梅雪詩》一文中，後人轉録者甚多，應以《竹坡詩話》為較早。

智按：宋樓鑰《攻媿集》卷七十五《跋郭適之集句梅雪詩》：

集句始於近世，莫盛於半山，而葛公亞卿繼之，後有作者，鮮能及也。吾鄉郭君適之，舉業餘暇，為梅雪集絕句，至六百餘篇。雖曰以詩為戲，非博記詳取，未易為也。然亦有擇之未精者，至下取鄙句，何耶？昔有刺字，至半山之前，自稱集句詩人，坐客駭然，公寘之，坐末問曰：「『江州司馬青衫濕』，何以為對？」應聲曰：「『梨園弟子白髮新』。」公甚悦。觀此篇者，其可輕視之耶！

白樂天《長恨歌》云：「玉容寂寞淚闌干，梨花一枝春帶雨。」人皆喜其工，而不知其氣韻之近俗也。東坡作送小人詞云：「故將別語調佳人，要看梨花枝上雨。」雖用樂天語，而別有一種風味，非點鐵成黄金手，不能為此也。(《歷代詩話》第三四六頁)

琴按：清人薛生白《一瓢詩話》云：「白香山『玉容寂寞淚闌干，梨花一枝春帶雨』，有喜其工，有詆其俗。東坡小詞：『故將別語調佳人，要看梨花枝上雨』，人謂其用香山語，點鐵成金，殊不然也。香山冠冕，東坡尖新，夫人婢子，各有態度。」編者以為應該説東坡此二句不是尖新，實屬儇薄，遠不如香山原句之麗而正也。方虚谷云：「澹處藏美麗，處處著工夫。」香山原句足以當之。

智按：周紫芝，字少隱，號竹坡居士、静觀老人、蠅館主人，宣城（今屬安徽）人。早年兩次赴禮部試，不第。高宗建炎元年（一一二七)，曾應詔上書。紹興十二年（一一四二)，以廷對第三釋褐，時年六十一。十五年，以右迪功郎為尚書禮、兵部架閣。十七年為詳定一司敕令所删定官兼權實録院檢討。二十一年，出知興國軍。秩滿定居九江。有集七十卷，取白居易《和思歸樂》「太倉一稊米」、黄庭堅「文章直是太倉一稊米耳」語，命為《太倉稊米集》，又有《竹坡詩話》一卷傳世。事見本集卷首宋陳天麟序。

李綱（一〇八三～一一四〇）

《次韻羅修撰古風》

某比以衡華二嶽圖歸之書府，因賦詩二篇以見意，伏承宮使修撰寵示古風一首，調高旨深，諷味之餘，不勝歎服，謹次嚴韻拜呈，伏幸笑覽。

衡嶽臨清湘，欲往吾無航。側身長太息，心逐鴈南翔。洪河擘太華，欲往吾無馬。何當御風游，揮手與世謝。公家藏二圖，尤物伴閒暇。那知造化工，寓此粉墨假。一見慰我心，試使畫工寫。崢嶸峻極姿，慘澹生筆下。舊游得窺尋，真賞寄持把。輕雲出層峯，飛瀑落高罅。川原藹林莅，山崦露臺榭。幽討窮雙眸，駐立勞兩髀。圖成掛虛堂，秋色忽改夏。清風掃涼朝，明月映深夜。怳然疑斷取，無乃資幻化。作詩聊謝公，更辱報章灑。清新鄙元白，風流追屈賈。氣象嶽爭雄，諷玩手忘捨。觀圖更得詩，端如飽膾炙。什襲藏篋中，光鋩照林野。（《四庫全書》本《梁谿集》卷十）

《次韻志宏贈丹霞師》

傾蓋相逢亦有緣，那堪心契更同年。六根淨處三生現，一點通時萬法全。蓮社子能知舊侶，香山我亦學癯仙。丹霞妙悟思良覿，千偈瀾翻看湧泉。（《四庫全書》本《梁谿集》卷九；《全宋詩》第二十七册，第一七五六七頁）

《吳親寄甆枕香罏頗佳以詩答之・甆罏》

華藏初游願力堅，寶罏已現佛陀前。神通何似維摩詰，熏習聊同白樂天。沈水香焚煙縷細，卷雲花透月輪圓。愧煩遠示將何用，聊伴虛堂晏坐禪。（《四庫全書》本《梁谿集》卷九；《全宋詩》第二十七册，第一七五七〇頁）

《六月十八日同陳興宗鄧成彦志宏早會凝翠閣晚游泛碧齋》

高閣凝虛翠，虛齋泛碧川。七峰連秀色，萬户鎖晴煙。風物悲游子，登臨集衆賢。伊蒲修淨供，香霧繚芳筵。嗜酒陶元亮，狂吟白樂天。嫩菱披紫角，新荔擘紅圓。文字真清飲，溪山結勝緣。畫橋橫蝃蝀，繡嶺卧蜿蜒。落日生氣靄，移舟信泝沿。星河光耿耿，風露氣涓涓。山吐三更月，人游半夜船。亂螢行熠燿，宿鷺立聯拳。盡興忘歸櫂，銜盃約倒蓮。乘槎疑犯漢，御氣欲登僊。但有詩千首，何妨謫九年。深慚二三子，陪我亦蕭然。（《四庫全

書》本《梁谿集》卷十；《全宋詩》第二十七册，第一七五八一頁）

《白公草堂》

樂天平生不可及，謫官乃作廬中集。香爐峰下結草堂，石屏紙帳隨時給。維摩丈室亦何有，天女散花空結習。何須江上聽琵琶，泫然淚滴青衫濕。（《四庫全書》本《梁谿集》卷十八；《全宋詩》第二十七册，第一七六七二頁）

《琵琶亭》

去年假道潯陽城，扁舟夜泊琵琶亭。却憶當時醉司馬，送客江頭秋月明。今年謫官又重到，掃地乃緣蜂冦經。軒楹回首已不見，况欲更聞絃索鳴。西風蕭蕭蘆葦響，月色下照江波清。秖應風月長不老，坐閱塵世猶流萍。我生多病苦憂患，未能忘世那忘情。移船相近夜悄悄，側聽疑有檀槽聲。（《四庫全書》本《梁谿集》卷十八；《全宋詩》第二十七册，第一七六七二頁）

《送錢申伯如邵武》

錢郎與世苦不諧，胸次徒抱經綸才。行年五十猶未試，蟠蟄雖久愆風雷。掃除習氣趣空寂，華藏重重恣游歷。世間幻妄此道真，未必亨通勝窮阨。我方卧病南海濱，喜君襟抱時相親。胡爲乘興有所適，使我悵望歸飛雲。兵戈格鬬何時息，田園將蕪歸未得。同是天涯流落人，此心炯炯君應識。閩山六月丹荔枝，火齊堆盤侑一巵。願言及此復過我，歲晚勿負滄海期。醉鄉我已成真隱，君亦逃禪學蘇晉。樂天不醉即談禪，此外悠悠真須忍。（《四庫全書》本《梁谿集》卷三十一；《全宋詩》第二十七册，第一七八〇六頁）

《宋故追復龍圖閣直學士贈少師錢公（勰）墓誌銘》

……（元祐）三年春，以獄空遷秩，公辭不得已乃受，而言者復論獄空非實，公不自明，力丐補外，迺以本職知越州，兼兩浙東路兵馬鈐轄。公既懷紱故鄉，過家上冢，揮金親舊，日引賓朋，飲酒賦詩，訟庭蕭然，至終日無一事。蘇翰林軾時帥錢塘，唱和往來無虛日，當時以比元、白。……（《四庫全書》本《梁谿集》卷一百六十七）

智按：李綱，字伯紀，號梁溪居士，邵武（今屬福建）人，自其祖始居無錫（今屬江蘇）。徽宗政和二年（一一一二）進士。積官至監察御史兼權殿中侍御史，因忤權貴，改比部員外郎，遷起居郎。宣和元年（一一一九），因言事謫監南劍州沙縣稅務。七年，為太常少卿。欽宗即位，除兵部侍郎，為行營參謀官，力主抗金，以姚平仲兵敗罷。尋復尚書右丞，充京城四壁守禦使，除知樞密院事。後因反對和議，落職提舉亳州明道宫，建昌軍安置，再謫甯江。金兵再至，除資政殿大學士，領開封府事。綱行次長沙受命，率湖南勤王師入援，未而而開封已陷。高宗即位，拜尚書右僕射兼中書侍郎。因反對避地東南，落職居鄂州。紹興二年（一一三二），除觀文殿學士、湖廣宣撫使兼知潭州。未幾罷提舉西京崇福宫。五年，疏奏攻戰、守備、措置、綏懷之策，除江西安撫制置大使兼知洪州。九年，除知潭州、荊湖南路安撫大使，力辭。十年卒，年五十八。贈少師。謚忠定。綱為著名抗金志士，將領如宗澤、韓世忠或得其扶掖，或在其麾下。有《梁谿集》一百八十卷。本集附有行狀及年譜多種，《宋史》卷三五八、三五九有傳。

胡舜陟（一〇八三～一一四三）

《三山老人語録》

白樂天《寄劉夢得詩》，有「歎蚤白無兒」之句，劉贈詩曰：「莫嗟華髮與無兒，卻是人間久遠期。雪裹高山頭蚤白，海中仙菓子生遲。于公必有高門慶，謝守何煩曉鏡悲。倖免如新分非淺，祝君長詠夢熊詩。」注云：「高山本高，于門使之高，二義殊，古之詩流曉此。」唐人忌重疊用字如此。今人詩疊用字者甚多，東坡一詩猶兩「耳」字韻，亦曰義不同。（《胡少師總集》卷六，《續修四庫全書》影印清道光十九年刻本；《苕溪漁隱叢話前集》卷十七，廖德明校點，虞行、周本淳重訂本，第一一二頁）

智按：《詩人玉屑》卷六（王仲聞校勘本第一四三頁）亦引此，無「今人詩疊用字者甚多」九字；「東坡一詩猶」，作「東坡一詩有」。參見《詩林廣記》前集卷四，常振國、絳雲點校本第七七頁。劉詩即《蘇州白舍人寄新詩，有歎早白無兒之句，因以贈之》（《劉禹錫集》下册第四一九頁；《劉禹錫集箋證》第一〇三八頁；陶敏等《劉禹錫全集編年校注》，第三五九頁）。

胡舜陟，字汝明，晚號三山老人，績溪（今屬安徽）人。徽宗大觀三年（一一〇九）進士，調山陰主簿。歷秀州教授，選為睦親宅宗子博士，遷監察御史。欽宗靖康元年（一一二六），擢侍御史。高宗建炎元年（一一二七），出知廬州。三年，移建康府。四年，改臨安府，以事奪職提舉江州太平觀。紹興元年（一一三一），起充京畿數略安撫使。二年，再知廬州。五年，移靜江府。八年，以事罷；十年，再知靜江。十三年，以忤秦檜死于靜江獄，年六十一。秦檜敗後追贈少師。著有《三山老人語録》等，已佚。清道光十九年裔孫胡培翬輯有《胡少師總集》六卷。《宋史》卷三七八、《新安文獻志》卷七八有傳。

張澂（？～一一四三）

《建炎丞相成國呂忠穆公退老堂》（其一）

均佚歸來一品崇，赤城新野煥仙風。功存社稷今全德，身佩安危本至公。寧似樂天丹竈破，不令北海酒樽空。中原未靖戎氛惡，會有訏謨沃舜聰。（《四庫全書》本《天台續集》別編卷一；《全宋詩》第二十七册，第一七九二八頁）

智按：張澂，一作張徵，字如瑩，一字達明，號澹岩，舒城（今屬安徽）人。徽宗大觀元年（一一〇七），知臨川縣。欽宗靖康元年（一一二六），為監察御史。高宗建炎元年（一一二七），任中書舍人。二年，試御史中丞。三年，拜尚書右丞。旋因苗傅、劉正彥迫高宗退位，坐朋附罪罷知江州，兼江東湖北制置使。尋責授秘書少鹽，分司西京，衡州居住。紹興元年（一一三一），落分司，提舉嵩山崇福寺。寓居撫州。十三年卒。有集，已佚。明弘治《撫州府志》卷二十四有傳。

王銍（？～一一四四）

《送和斜川詩二首序》

歲後五日，僕欲從西湖追和斜川詩。是旦，江子我居新市，招張仲宗同游，後（闕）雨止，亦和此詩見寄，事之脗合有若此者。昔白樂天游慈恩寺，元微之在梁州，同日夢其地，各賦詩相寄，議者謂相望千里而神會，誠心流通，無足怪者。輒再和二篇為寄，且識其異焉。……（《四庫全書》本《雪溪集》卷一；《全宋詩》卷一，第二一二九一頁）

《四六話》

譚昉，曲江人，荆公少年仕宦韶州之友也，特善牋表。荆公在金陵，稱其一對云：「車斜韻險，競病聲難。」「競」、「病」二字，曹景宗故事也。白樂天《與元微之書》曰：「何處春深好。」詩以「斜」、「車」二字為韻，往來幾百篇。（《四庫全書》本卷上，《叢書集成初編》本第四頁）

《〈傳奇〉鶯鶯事辨正》

嘗讀蘇翰林贈張子野詩，有云：「詩人老去鶯鶯在。」注言：「所謂張生，乃張籍也。」僕按，元微之所傳奇鶯鶯事，在貞元十六年春。又言：「明年，生文戰不利」，乃在十七年。而唐《登科記》，張籍以貞元十五年商（高）郢下登科。既先二年，决非張籍明矣。每觀其文，撫卷歎息，未知張生果為何人，意其非微之一等人不可當也。會清源莊季裕為僕言：友人楊阜公，嘗得（海虞本作讀）微之所作《姨母鄭氏墓誌》，云其既喪夫，遭軍亂，微之為保護其家備至。則所謂傳奇者，蓋微之自敘，特假他姓以自避（自避，海虞本作避就）耳。

僕退而考微之《長慶集》，不見所謂鄭氏誌文，豈僕家所收未完，或別有他本爾？然細味微之所序，及考於他書，則與季裕所説皆合。蓋昔人事有悖於義者，多託之鬼神夢寐，或假之他人，或云見他書，後世猶可考也。微之心不自聊，既出之翰墨，姑易其姓氏耳。不然，為人敘事，安能委曲詳盡如此？

按：樂天作《微之墓誌》，以大和五年薨，年五十三，則當以大曆十四年己未生。至貞元十六年庚辰，正二十二歲矣（原注：《傳奇》言生年二十二，未知女色）。

又，韓退之作微之妻《韋叢墓誌》文，作壻韋氏時，微之始以選為校書郎，正傳奇所謂「後歲餘，生亦有所娶」者也。（原注：貞元十八年，微之始中書判拔萃，授校書郎，二十四歲矣）。

又，微之作《陸氏姊誌》云：「予外祖父授睦州刺史鄭濟。」白樂天作《微之母鄭夫人誌》，亦言鄭濟女。而唐《崔氏譜》，永寧尉鵬亦娶鄭濟女。則鶯鶯者，乃崔鵬之女，於微之為中表，正《傳奇》所謂鄭氏為異派之從母者也。

非特此而已，僕家有微之作元氏古艷詩百餘篇，中有《春詞》二首，其間皆隱「鶯」字（原注：《傳奇》言：立綴《春詞》二首以授之。不書諱字者，即此意）。及自有《鶯鶯詩》、《離思詩》、《離憶詩》，與《傳奇》所載，猶一家說也。

又有《古决絕詞》、《夢遊春詞》，前敘所遇，後言捨之以義，又敘娶韋氏之年，與此無少異者（原注：《夢遊春詞》云：「當年二紀初，佳節三星度。韋門正全盛，出入多歡裕。」「二紀初」，謂二十四歲也）。其詩中多言雙文，意謂二鶯字為雙文也。併書于後，使覽之者可考焉。

又，意古艷詩，多微之專因鶯鶯而作無疑。

又，微之《百韵詩寄樂天》云：「山岫當階翠，墻花拂面枝。鶯聲愛嬌小，燕翼玩逶迤。」注云：「昔予賦詩云：『為見墻頭拂面花。』時唯樂天知此事。」

又云：「幼年與蒲中詩人楊巨源友善，日課詩（原注：《傳奇言》：生發其書於所知，予亦聞其說，生所善楊巨源為賦《崔娘詩》一絶）。」

凡是數端，有一於此，可驗决為微之無疑，况於如是之衆也？然必更以張生者，豈元與張受姓命氏，本同所自出耶？（原注：張姓出黄帝之後，元姓亦然。後為拓跋氏，後魏有國，改姓元）

僕性喜討論，考合同異，每聞一事，隱而未見，或可見而不同，如瓦礫之在懷，必欲討閱，歸於一說而後已。嘗謂讀千載之書，而探千載之迹，必須盡見當時事理，如身履其間，絲分縷解，始終備盡，乃可以置議論。若略執一言一事，未見其餘，則事之相戾者多矣。又謂前世之事，無不可考者，特學者觀書少而未見爾。微之所遇合，雖涉於流宕自放，不中禮義，然名輩風流餘韻，照映後世，亦人間可喜事，而士之臻此者，特鮮也。雖巧為避就，然意微而顯，見於微之其他文辭者，彰著又如此，故反復抑揚，張而明之，以信其說。他時見所謂姨母鄭氏誌文，當詳載於後云。(《侯鯖録》卷五，孔凡禮點校《侯鯖録 墨客揮犀 續墨客揮犀》，第一二六頁)

智按：王銍，字性之，自號汝陰老民，人稱雪溪先生，汝陰（今安徽阜陽）人。生於元祐中，嘗從歐陽修學。高宗建炎四年（一一三〇），權樞密院編修官，纂集太宗以來兵制。紹興四年（一一三四）書成，賜名《樞庭備檢》。罷，主管台州崇道觀，續上《七朝國史》等。九年，為湖南安撫司參議官。卒於紹興十四年（一一四四）。著有《默記》一卷、《雜纂續》一卷、《侍兒小名録》一卷、《國老談苑》二卷、《王公四六話》二卷、《雪溪集》八卷（今存五卷）等。《宋史翼》卷二七有傳。參見張劍《王銍及其家族事迹考辨》，《中國社會科學院文學研究所所刊》二〇〇八年卷，中國社會科學出版社二〇〇八年版。

陳淵（？～一一四五）

《跋子靜所藏魯直書樂天八字偈》

凝師八字源則豐，樂天説偈流無窮。山谷眼明如日中，落筆驚電馳蛟龍。誰其得之建溪翁（子靜姓也），取人所棄豈俗同。搜奇抉怪晉餘風，嫉邪憤世髮上衝。自我觀之案兩重，巧偷豪奪願不逢。好語傳播人所攻，斯言有味當見容。(政和六年七月，無諍道人書附子靜所跋之後)(《四庫全書》本《默堂集》卷五；《全宋詩》第二十八册，第一八三五五頁)

智按：陳淵，字知默，初名漸，字幾叟，學者稱默堂先生，南劍州沙縣（今屬福建）人。瓘從孫。早年師事楊時，時以女妻之。徽宗宣和六年（一一二四），以恩為吉州永豐簿。高宗建炎中攝永新令。紹興二年（一一三二），充樞密院計議官。七年，以事出監潭州南嶽廟。李綱辟為江南西路制置司機宜文字。八年，召對，賜進士出身，除秘書丞。九年，除監察御史，遷右正言。十年，以忤秦檜，主管台州崇道觀。十五年卒。遺著由婿沈度編刻《默堂集》二十二卷。《宋史》卷三七六及《永樂大典》卷三一五〇引《延平志》有傳。

張綱（一〇八三～一一六六）

《書刁倪老挂劍帖後》

刁倪老行年七十有五，而氣貌不衰，出入起居如少壯。一日，攜八座胡公《挂劍帖》來示余，曰：「吾老矣，嘗預作死計，求挽詩於胡，乃得此，他日吾有不諱，胡以詩來，即瞑矣。」余竊怪之曰：「輓詩所以寫哀，特為死者作也。公方矍鑠，示人意象，未肯服老。何忽須是？不祥莫大焉。」公曰：「然寓形宇内，百年一瞬，人苦不自悟也。今吾幸有田疇，足以給衣食，有詩書，足以遺子孫。結廬數椽，青山相對，翛然終日。家自釀酒，不問美惡，客來輒醉。自謂如此，已足了一生，尚何求？獨送死一段，正須料理，念於胡有葭莩親，知我平生，莫胡詳也。吾故欲其有作，以慰地下。嘗見陶淵明既述《五柳傳》，又作文以自祭；白樂天亦傳醉吟本末，而自銘其墓。二公皆前世賢者，猶汲汲於身後。老夫不能文也，求詩於人以待盡，雖愧陶、白，不猶愈於貪生而忘死者乎？」余三復斯言，然後知公為達。因語公曰：「公壽骨高，當享期頤。誰能為公移書以謝季子寶劍，誠大惠也。欲挂在二十年外，且請洗削藏之，毋以迫人。」公大笑，因命書於帖後。（《四部叢刊》本《華陽集》卷三十三；《四庫全書》本《華陽集》卷三十三）

《老夫辭榮里居行年八十酒間漫成拙句二首述意而已不以示外也》（其一）

莫笑樽前白髮翁，曾騎竹馬戲元豐。年彌八帙癡頑在，身荷三朝寵眷隆。緑野敢將前哲比，香山幸有老人同。興來尚欲尋幽去，收拾殘春杖屨中。（《四部叢刊》本《華陽集》卷三十七；《四庫全書》本《華陽集》卷三十七；《全宋詩》第二十七册，第一七九一二頁）

智按：張綱，字彦正，晚號華陽老人，金壇（今屬江蘇）人。徽宗政和四年（一一一四），試上舍及第，釋褐授承事郎。五年，為國子正。六年，除太學博士、秘書省校書郎。八年因忤蔡京出主管成都玉局觀。宣和三年（一一二一），再除秘書省校書郎，兼修國朝會要。四年，除著作佐郎。五年，為屯田員外郎。高宗建炎元年（一一二七），除兩浙提點刑獄。紹興二年（一一三二），改江東提點刑獄。三年，召為中書舍人。四年，遷給事中，以言事罷，提舉江州太平觀。二十三年，以左中奉大夫致仕。二十五年，秦檜死，起為給事中。二十六年，除吏部侍郎，兼侍講。二十七年五月為參知政事，九月，以年老辭機務，除資政殿學士，出知婺州。二十八年，轉左大中大夫，依前充資政殿學士致仕。孝宗乾道二年卒，年八十四，謚章簡。有《華陽集》四十卷。又有《瀛洲唱和集》八卷等，已佚。生平見本集卷四十附洪箴《張公行狀》,《宋史》卷三九〇有傳。

張守（一〇八四～一一四五）

《余舊供觀音比得蔣穎叔所傳香山成道因緣歎仰靈異因爲贊於後》

大哉觀世音，願力不思議。化身千百億，於一刹那頃。香山大因緣，愍念苦海衆。慈悲示修證，欲同到彼岸。受辱不退轉，是乃忍辱仙。抉眼斷兩手，不啻棄涕唾。欻然千手眼，照用無邊際。至人見與執，不在千手眼。向來棄去時，初無一毫欠。乃至以千記，我亦無贏餘。是故將示寂，還復本來相。猶如大虚空，雲電或風霾。須臾各霽止，太虚自寥廓。我今仰靈蹤，歡喜發洪願。今生未喪世，誓願永歸依。更與見聞者，同登無上法。（《四庫全書》本《毘陵集》卷十；《全宋詩》第二十八册，第一八〇〇九頁）

智按：張守，字子固，一字全真，晉陵（今江蘇常州）人。徽宗崇甯二年（一一〇三）進士。政和八年（一一一八）舉詞學兼茂科。除詳定《九域圖志》編修官，擢監察御史。高宗建炎三年（一一二九），遷御史中丞。四年，除參知政事。紹興二年（一一三二）出知紹興府，改知福州。六年，再除參知政事兼權樞密院事。八年，出知洪州。十年，改知紹興府，以忤秦檜乞退奉祠。十四年，起知建康府，卒於任。謚文靖。著有《毘陵集》五十卷，已佚。清四庫館臣據《永樂大典》輯為十五卷（其中詩二卷）。《宋史》卷三七五有傳。

呂本中（一〇八四～一一四五）

《讀太眞外傳》

上盡馬嵬路，東風吹舊京。乾坤已新主，草木自秋聲。錦韈千年恨，皇

輿萬里程。寧知挽船士，亦有别離情。(《四庫全書》本《東萊詩集》卷三)

《學視》

學視覩懸虱，病耳聞鬬蟻。紛然酬六鑿，萬劫費揩洗。君看杯中蛇，妄想從何起。忽然一妙語，初無强料理。回觀積年疾，乃是一念使。誰能明此心，香山老居士。(《四庫全書》本《東萊詩集》卷四；《全宋詩》第二十八册，第一八〇七〇頁)

《寒食二絶》

梨花雪白柳深青，也似中原舊驛亭。猶記往來寒食下，客房無酒卧空缾。

今年春物更忽忽，野杏山桃取次紅。底事無錢作寒食，可無新語記車公。(白樂天與河南尹詩云：明朝欲出須謀樂，不泥車公更泥誰。)(《四部叢刊續編》景宋本《東萊先生詩集》卷十九)

《即事六言七首》(其三)

不入樂天歡會，不隨淵明酒徒。看取簞瓢陋巷，十分晝夜工夫。(《四庫全書》本《東萊詩集》卷十九；《全宋詩》第二十八册，第一八二一五頁)

《送范十八還江西效白樂天體》

與君此别重依然，再得相逢又幾年。無使人言長似舊，况教人道不如前。窮通軒輊皆由命，貴賤高低總是天。只有脩身全屬我，少遲留處更加鞭。(《四庫全書》本《東萊詩集》卷十九；《全宋詩》第二十八册，第一八二一九頁)

《白公守蘇時劉夢得守杭(和)有歲暮贈劉詩三首因效其體寄齊州無咎二哥》

過去生中作兄弟，……

江南歲晚水風寒，……

關河戰國東秦地，……(《永樂大典》卷一四三八〇；《全宋詩》第二十八册，第一八二六六頁)

智按：此乃張耒《效白體贈晁無咎》(《張耒集》上册，第四五三頁)。

吕本中，字居仁，學者稱東萊先生，開封(今屬河南)人。幼以蔭授承務郎。徽宗政和、宣和間，官濟陰主簿、泰州士曹掾。宣和六年（一一二四），除樞密院編修。欽宗靖康元年（一一二六），遷職方員外郎。高宗紹興六年（一一三六），召為起居舍人，賜進士出身。八年，擢中書舍人，兼侍讀，權直學士院。同年十月，因反對和議，罷職，提舉太平觀。卒，謚文清。曾作《江西詩社宗派圖》，後人亦將其附入江西詩派。有《東萊先生詩集》二十卷、《外集》三卷，及《紫微詩話》等。《宋史》卷三七六有傳。

朱弁（一〇八五～一一四四）

《風月堂詩話》

白樂天自中書舍人出知蘇州，《劉夢得外集》有《戲酧白舍人曹長寄詩言游宴之盛》一篇，破題云：「蘇州刺史例能詩，西掖今來替左司。」左司，謂韋應物也。（明陳眉公訂正本卷上，陳新點校《冷齋夜話 風月堂詩話 環溪詩話》，第一〇三頁）

「閉門覓句陳無己，對客揮毫秦少游。正字不知温飽未，春風吹淚古藤州。」此黄魯直詩也。魯直作此詩時，無己作正字，尚無恙。建中靖國間，樓异試可知襄邑縣，夢無己來相別，且云：「東坡少游在杏園相待久矣。」明日無己之訃至，乃大驚異，作詩與參寥，言其事。杏園見道家書，海上神仙所居之地也。仙龕虚室以待白樂天之説，豈不信然耶。（明陳眉公訂正本卷上，陳新點校《冷齋夜話 風月堂詩話 環溪詩話》，第一〇四頁）

東坡知貢舉，李豸方叔久為東坡所知，其年到省，諸路舉子人人欲識其面，考試官莫不欲得方叔也。坡亦自言有司以第一拔方叔耳。既拆號，十名前不見方叔；眾已失色；逮寫盡榜，無不駭歎。方叔歸陽翟，黄魯直以詩敘其事送之，東坡和焉，如「平生漫説古戰場，過眼真迷日五色」之句，其用事精切，雖老杜、白樂天集中，未嘗見也。（明陳眉公訂正本卷上，陳新點校《冷齋夜話 風月堂詩話 環溪詩話》，第一〇四～一〇五頁）

王介甫在館閣時，僦居春明坊，與宋次道宅相鄰。次道父祖以來，藏書最多，介甫借唐人詩集日閲之，過眼有會於心者，必手録之，歲久殆遍。或取其本鏤行於世，謂之《百家詩選》，既非介甫本意，而作序者曰：「公獨不選杜、李與韓退之，其意甚深。」則又厚誣介甫而欺世人也。不知李、杜、韓退之外，如元、白、劉長卿、李義山輩尚有二十餘家。以余觀之，介甫固不可厚誣，而世人豈可盡欺哉！蓋自欺耳。（明陳眉公訂正本卷下，陳新點校《冷齋夜話 風月堂詩話 環溪詩話》，第一〇七頁）

智按：周煇《清波雜誌》卷八「唐詩選」：「王荊公與宋次道同為三司判官，時次道出其家藏唐詩百餘編，託荊公選其佳者，荊公乃僉出，俾吏抄録。吏每遇長篇字多，倦於筆力，隨手削去。荊公醇德，不疑其欺也。今世所傳本，乃羣牧吏所刪者。歐陽公《歸田録》未出而序先傳，神宗宣取，公時致仕居潁。《廬陵集》所載，上下纔兩卷，乃進本也。」劉永翔《清波雜誌校注》（中華書局，一九九四年九月，第三五〇～三五三頁）云：

《聞見後録》卷十九云：「晁以道言：王荊公與宋次道同為羣牧司判官，次道家多唐人詩集，荊公盡即其本擇善者籤帖其上，令吏鈔之；吏厭書字多，輒移荊公所取長詩籤，置所不取小詩上。荊公性忽略，不復更視。唐人衆詩集，以經荊公去取皆廢。今世所謂《唐百家詩選》，曰荊公定者，乃羣牧司吏人定也。」清王士禛《分甘餘話》卷二駁之曰：「余觀新刊百家詩選，又不盡然：如刪長篇，則王建一人入選者凡三卷，樂府長篇悉載，何未刊削？王右丞、韋蘇州十數大家何以絶句亦不存一字？余謂介甫一生好惡拂人之性，是選亦然。庶幾持平之論爾。」《郡齋讀書志》卷二十總集類《唐百家詩選》則云：「次道為三司判官，嘗取其家所藏唐人一百八家詩選擇其佳者，凡一千二百四十六首為一編。王介甫觀之，因再有所去取，且題曰：欲觀唐詩者，觀此足矣。世遂以為介甫所纂。」《直齋書録解題》卷十五「總集類」《唐百家詩選》云：「意荊公所選特世所罕見，其顯然共知者，固不待選耶？抑宋次道家獨有此一百五集，據而擇之，他不復及耶？未可以臆斷也。」宋嚴羽《滄浪詩話·考證》：「王荊公《百家詩選》，蓋本於唐人《英靈》、《間氣集》，其初明皇、德宗、薛稷、劉希夷、韋述之詩，無少增損，次序亦同。孟浩然止增其數。儲光義後，方是荊公自去取。前卷讀之盡佳，非其選擇之精，蓋盛唐人詩無不可觀者。至於大曆已後，其去取深不滿人意。況唐人如沈、宋、王、楊、盧、駱、陳拾遺、張燕公、張曲江、賈至、王維、獨孤及、韋應物、孫逖、祖詠、劉眘虛、綦毋潛、劉長卿、李長吉諸公，皆大名家（李、杜、韓、柳以家有其集，故不載），而此集無之。荊公當時所選，當據宋次道之所有耳。」《苕溪漁隱叢話前集》卷三六引《遯齋閒覽》則以為：「公選此詩，自有微旨，但恨觀者不能詳究耳。」《四庫提要辨證》卷二十四《唐百家詩選》則就諸説而別白之曰：「安石借詩集於宋敏求，欲讀未見書耳。若李、杜、韓及諸名家集，安石固宜自有其書，亦既熟讀而精究之矣，故又別有杜、韓、歐、李四家詩選。」「人之好惡，不可強同，見智見仁，各有取義。惟其學問能自名家，斯其讀書別有冥契，往往性之所獨嗜，非衆人所能解。其意見之偏在此，其會心之處亦在此。况安石平生好自用，於同時人之議論輒詆為流俗之見，則其選詩之與衆異趣，無足怪者。」「説之、公武於其所選有所不概於心，又疑安石之謬不至此，因強為之説，歸其咎於羣牧司吏人及宋次道。此不過因安石選詩時正為羣牧司判官，又借書於次道，遂想像其如此，非真有所據也。此書之為安石所選無可疑。」《雲麓漫鈔》卷八則謂安石取唐人行卷刪而為唐百家詩。今人程千帆《唐代進士行卷與文學》六《行卷對唐代詩歌發展的影響》則進而考定《唐百家詩選》卷一至卷四儲光羲止，出自某一唐人選唐詩總集，自卷四崔國輔起（除卷六採自元結《篋中集》之二十四首外）大致出於唐代舉子行卷。

有論詩者曰：「老杜以稷契自許，而有志於斯人者。故於《茅屋為秋風所拔歌》其詞云：『安得廣廈數千間，大庇天下寒士俱歡顔。』又云：『嗚呼，眼前何如突兀見此屋，吾廬獨破受凍死亦足。』意在是也。」予曰：「孟子論士，窮則獨善其身，達則兼善天下。又言得志事雖不兩立，而窮能不忘兼善，不得志而能不忘澤民，乃仁人君子之用心也。」白樂天《新製布裘》詩云：「安得萬里裘，溫暖被四垠」，亦其例也。然韓退之作《謝鄭羣簟》詩則曰：「側身甘寢百疾愈，卻願天日長炎曦。」其意與子美、樂天絕不相似。然退之豈是無意於斯人者，但於援毫之際，偶輸二老一著耳。客大笑曰：「退之文章不喜蹈襲前人，其用意豈出於此耶。抑為人木強，於吟詠猶然，果如歐、梅所論也。」（明陳眉公訂正本卷下，陳新點校《冷齋夜話 風月堂詩話 環溪詩

話》，第一一四～一一五頁）

《曲洧舊聞》

東坡因與方士論内外丹偶有所得，喜而曰：白樂天作廬山草堂，盖亦燒丹也。丹欲成而爐鼎敗。明日，忠州除書到，乃知出世間事不兩立也。僕有此志久矣，而終無成。亦以世間事未敗故也。今日真敗矣。《書》曰：「民之所欲，天必從之。」信而有徵，君輩為我誌之。（《四庫全書》本《曲洧舊聞》卷五）

智按：朱弁，字少章，號觀如居士，婺源（今屬江西）人，移居新鄭（今屬河南）。欽宗靖康末避亂江南。高空建炎元年（一一二七），以修武郎、合門宣贊舍人為通問副使，隨正使王倫赴金探問徽、欽二宗，留金十七年，持節不屈。紹興十三年（一一四三），宋金和議成，纔與洪皓、張邵同時遣返。遷宣教郎、直秘閣，主管佑神觀。十四年卒，年六十。著有《聘遊集》、《輶軒唱和集》，已佚；《曲洧舊聞》、《風月堂詩話》等，今存。事見《晦庵先生朱文公集》卷九十八《奉使直秘閣朱公行狀》，《宋史》卷三七三有傳。

趙鼎（一〇八五～一一四七）

《六月十三日書呈元長》

心遠由來絕世紛，更尋邱壑避囂塵。門闌已覺貧無事，賓客應憐老畏人。詩不名家免招謗，酒雖作病要全身。香山千載流風在，鷄黍他年早卜鄰。（《四庫全書》本《忠正德文集》卷五；《全宋詩》第二十八册，第一八四〇九頁）

智按：趙鼎，字元鎮，號得全居士，解州聞喜（今屬山西）人。徽宗崇寧五年（一一〇六）進士，累官河南洛陽令，開封府士曹參軍。高宗建炎三年（一一二九），除司勳員外郎，擢右司諫，遷侍御史。金兵逼長江，陳戰守避三策，拜御史中丞。紹興二年（一一三二），除端明殿學士、簽書樞密院事。出知平江、改知建康，移知洪州。四年，襄陽陷，召拜參知政事。都督川、陝諸軍事。同年九月，拜尚書右僕射、同中書門下平章事，兼知樞密院事。五年，晉守左僕射、知樞密院事，與張浚并相。監修神宗、哲宗實録，書成，高宗親書「忠正德文」四字賜之。六年，出知紹興。七年，召拜尚書左僕射、同中書門下平章事，兼樞密使。八年，為秦檜所擠，再知紹興。九年，徙知泉州。屢謫清遠軍節度副使，潮州居住。十四年，移吉陽軍，在吉陽三年，不食而卒，年六十三。孝宗即位，追謚忠簡。有《忠正德文集》十卷、《得全居士集》三卷，已佚。清四庫館臣據《永樂大典》輯成《忠正德文集》十卷。生平見《宋元學案》卷四十四，《宋史》卷三六〇有傳。

向子諲（一〇八五~一一五二）

《題樂天真》

香山與薌林，相去幾百祀。丘壑有深情，市朝多見忌。杭州總看山，蘇州俱慢仕。才名固不同，出處略相似。（見樓鑰《薌林居士文集序》引，《四部叢刊》本《攻媿集》卷五十二）

《鷓鴣天》

舊史載白樂天歸洛陽，得楊常侍舊第，有林泉之致，占一都之勝。薌林居士卜築清江，乃楊遵道光禄故居也。昔文安先生之所可，而竹木池館，亦甚似之。其子孫與兩蘇、山谷從游。所謂百花洲者，因東坡而得名，嘗為絕句以紀其事。後戲廣其聲，為是詞云。

莫問清江與洛陽。山林總是一般香。兩家地占西南勝，可是前人例姓楊。

石作枕，醉為鄉。藕花菱角滿池塘。雖無中島霓裳奏，獨鶴隨人意自長。（《全宋詞》第九五六頁）

智按：向子諲，字伯恭，開封（今屬河南）人。哲宗元符三年（一一〇〇）以外戚恩補假承奉郎。徽宗宣和初，除江淮發運司主管文字。七年（一一二五），為京畿轉運副使兼發運副使。高宗建炎二年（一一二八）知潭州。紹興元年（一一三一）知鄂州，主管荊湖東路安撫司。因曹成兵變事，提舉江州太平觀。起知廣州，未幾致仕。尋起知江州，改江東轉運使。八年，徙兩浙路轉運使，除戶部侍郎，尋出知平江府。時金使議和將入境，不肯金詔，乃致仕。卜居臨江軍清江，號所居曰薌林。生平見《文定集》卷二十一《徽猷閣直學右大中大夫向公墓誌銘》、《五峰集》卷三《向侍郎行狀》，《宋史》卷三七七有傳。

沈與求（一〇八六～一一三七）

《次韻學士兄見一亭》（其一）

自稱居士擬香山，隻影江湖得暫閑。大隱可能追褦襶，小亭聊欲對孱顔。持盃有月同歌舞，策杖無人共往還。聞道修篁解新籜，密遮門逕不須刪。（《四庫全書》本《龜谿集》卷三；《全宋詩》第二十九册，第一八七九三頁）

智按：沈與求，字必先，德清（今屬浙江）人。徽宗政和五年（一一一五）進士，補歸安（今浙江湖州）尉，累遷通判明州。高宗召對，除監察御史。歷兵部員外郎、殿中侍御史，以議遷都事，出知台州。召還，再除侍御史，遷御史中丞，移吏部尚書兼權翰林學士兼侍讀。出為荊湖南路安撫使、知潭州，未幾奉祠。紹興四年（一一三四），起知鎮江府兼兩浙西路安撫使，召除參知政事。五年，兼權知樞密院事。七年，隨高宗至建康，遷知樞密院事，卒，年五十二。謚忠敏。著有《龜溪集》十二卷。《宋史》卷三七二有傳。

劉才邵（一〇八六～一一五八）

《官舍有梅花一株偶賦絕句》

已洗方清爲有塵，無塵因洗更清新。香山謾説工纖艷，錯把梨花比太真。（《四庫全書》本《檆溪居士集》卷三；《全宋詩》第二十九册，第一八八七一頁）

智按：劉才邵，字美中，自號檆溪居士，吉州廬陵（今江西吉安）人。徽宗大觀三年（一一〇九），上舍釋褐，時年二十四，調贛、汝二州教授，湖北提舉學事管幹文字。宣和二年（一一二〇），中宏詞科，遷司農寺丞。欽宗靖康元年（一一二六），遷校書郎。高宗即位，乞養親閒居十年。以御史中丞廖剛薦，為秘書丞，遷吏部員外郎、典侍右選事。紹興十一年（一一四一），遷軍器監丞。十四年，由起居舍人擢中書舍人，兼權直學士院。以忤秦檜，出知漳州，官滿奉祠。二十五年檜卒，召拜工部侍郎兼直學士院，尋權吏部尚書。以疾請祠，卒年七十二。有《檆溪居士集》二十二卷，已佚。清四庫館臣據《永樂大典》輯為十二卷。生平見宋周必大《檆溪居士集序》，《宋史》卷四二二有傳。

王洋（一〇八七？～一一五四？）

《和李希言仙書事》

五年萍梗蹤，所向隨波流。請言初起時，皇輿向吳頭。觸目多變異，論心鮮朋儔。願借谷生筆，隨非奕者秋。憶昨元年中，紫墟拜松楸。搶攘逃賊庭，斂退勇自收。況知踣駿才，豈副英俊求。摧折縱府仰，旋澀難調柔。放意山水間，恐合成窮搜。人事喜乖誤，奔茫赴南州。每緣身外交，不愜心事幽。有時塵壤際，獨羡滄海舟。平生欲往願，夢想從之游。近者明詔寬，汰核真良謀。飛集任鳧雁，縱遣無半留。乃得陪高人，一散百慮憂。艱難健兒貴，武爵輕公侯。吾徒合何如，甘分宜相投。況彼四士者，高清懷遠邱。雍容秦中吟，激烈塞上謳。得失有如此，飄零晤良游。（《四庫全書》本《東牟集》卷一）

《寄何子楚》

江如淨練山如幕，人道老何得真樂。寒溫語後再拜前，每得書來話寂寞。米鹽細碎百慮寬，自昔仁賢學道難。詩書可樂卷胸臆，啼號不救如飢寒。去年嘉興租不足，今年山田米炊玉。稍須酒肉療枯腸，雪老凌霜不從欲。丈夫功名無後先，請翁拭眼看前賢。西湖處士竦吟骨，飢乞僧飯紓長年。香山居士箕尾客，東坡老子金鑾仙。生前千騎不招買，身後一盞同寒泉。我意何翁亦如此，高人不飲無錢水。忍飢徹老守清臞，它年配食赤松子。（《四庫全書》

本《東牟集》卷二；《全宋詩》第三十册，第一八九五四頁）

《和平甫》

八節灘頭老醉吟，年來愁也不勝禁。須知到處難忘酒，有意來時且抱琴。欲與君游忘世慮，若非吾事莫關心。相期早晚塵緣外，共訪毗耶聽梵音。（《四庫全書》本《東牟集》卷五）

《魯吉父以詩招客次韻》

醉吟居士桃李曲，忠孝相家鸚鵡杯。情隨蘭畹碧香注，詩送茶山煙雨來。溪邊官柳意欲盡，枝上海棠紅半開。不應物色相攜手，驚喚南池春夢回。（《四庫全書》本《東牟集》卷五）

《曾吉父出示和鄭固道病中詩次韻》

行藥蕭晨放步遲，嘯臺秋色飽秋時。樂天何意病爲伴，樊素不收春自隨。舊雨故人頻問疾，茅君使者凈窺棋。拂衣身健丹楓路，積壓風光剩費詩。（《四庫全書》本《東牟集》卷五；《全宋詩》第三十册，第一九〇〇三頁）

《琵琶洲》

塞外烽煙能記否，天涯淪落自心知。眼中風物參差是，只欠江州司馬詩。（《容齋隨筆·三筆》卷六「琵琶亭詩」引）

智按：詩題據《宋詩紀事》卷四十（上海古籍出版社本第一〇四一頁）。此詩又見汪應辰（一一一八～一一七六）《文定集》卷二十四，烽煙，作「風烟」；淪落，作「落日」；風物，作「景物」。

王洋，字元渤，原籍東牟（今山東蓬萊），僑居山陽（今江蘇淮安）。徽宗宣和六年（一一二四）進士。高宗紹興元年（一一三一），召為秘書省正字。歷校書郎，吏部員外郎，守起屬舍人，坐事免。十年，由權發遣吉州改知邵武軍。十七年，由知饒州任罷。二十三年，以直徽猷閣主管台州崇道觀卒。一説十二月卒，年六十七。其子易祖收輯遺文為《東牟集》三十卷（《宋史·藝文志》作二十九卷），孝宗淳熙元年（一一七四）周必大為之序，已佚。清四庫館臣據《永樂大典》輯為十四卷。生平見《周文忠公集》卷二十《王元渤右史文集序》、《南宋館閣録》卷八。

鄭剛中（一〇八八～一一五四）

《白居易有望闕雲遮眼思鄉雨滴心之句用其韻為秋思十首》

積雨蕩闌暑，一涼纔有望。夜氣入燈花，細影摇書幌。楓葉飛紅薄，夢到吳江上。孤笛過蒹葭，鱸魚出煙浪。覺來空惘然，猿子啼青嶂。

頃隨千官羣，曉入丹鳳闕。侍立近金爐，下殿香未歇。宮槐零露清，馬穩寧憂蹶。日近長安遠，福過難辭拙。聖主骨肉恩，孤臣眼中血。

天高不礙眼，矯首見堯云。况復煙霧清，八荒靜無塵。垂空不可狀，變化何輪囷。遥知五色光，上下藏北辰。我今在人世，悵望那得親。

涼至欲飲酒，此興不可遮。手提皤腹罌，傾之若流霞。可但飲文字，搜尋到魚蝦。忽焉見妙理，眼亂皆成花。方知水底眠，杜老言不誇。

天邊定何物，洗此瘴鄉眼。初如黄金盤，便似白玉椀。明河注其中，無處光不滿。舉杯對之飲，萬慮覺蕭散。竹風吹我睡，不得終夜欵。

西風催户西，落葉動相思。柏香穿石鼎，孤起學游絲。簾垂草亭靜，籬菊弄幽姿。萬物同一氣，榮悴只如斯。哦詩詩未成，覽鏡添霜髭。

南方秋不悲，奈我居異鄉。不見楓葉丹，但憐菊花黄。掃跡燕如客，斜書雁成行。夢中清愁闊，云此是瀟湘。瀟湘連洞庭，何處是東陽。

憶昨離帝都，一别遂如雨。莊舄雖不病，亦作越人語。茅屋終夜寒，單衣晝還暑。荷葉未全蛀，桃花已微吐。西湖蓮藕香，今也在何許。

日落紅練淨，山近空翠滴。爭枝鳥未棲，閉户人先息。孤坐明月中，寒光入胸臆。衣潤毛骨冷，萬刼塵土滌。誰知茅簷下，我獨對姑射。

老松成偃蓋，瘦竹抱虚心。清風度其中，瑟瑟韶濩音。聽之遂熟寐，飄然歸故林。三洞既微欵，赤松亦幽尋。高樓訪沈約，四牕桐葉陰。

（《四庫全書》本《北山集》卷二十一；《全宋詩》第一九一二六頁）

智按：鄭剛中，字亨仲，一字漢章，號北山，又號觀如，婺州金華（今屬浙江）人。高宗紹興二年（一一三二）進士，授溫州軍事判官。六年，除樞密院編修官。八年，遷殿中侍御史。九年，為樞密行府參謀出諭京陝，歸除權禮部侍郎，尋兼詳定一司又兼權刑部侍郎。十年，除試禮部侍郎。十一年，擢樞密都承旨，為川陝宣諭使。十二年，遷川陝宣撫副使兼營田。十七年，以忤秦檜罷，提舉江州太平興國宫，桂陽居住，徙復州、封州安置。二十四年卒，年六十七。有《北山集》三十卷。事見本集卷末附録鄭良嗣《鄭公年表》，宋何耕《宋故資政殿學士鄭公墓誌銘》，《宋史》卷三七〇有傳。

洪皓（一〇八八～一一五五）

《彦清彈琵琶有感》

黄金捍撥紫檀槽，推引柔荑品調高。妃子和親瞻馬首，樂天送客駐江皋。一時聽罷嗟流落，千古聲存訴切嘈。青塚青前蕪沒久，寧知孤旅更蕭騷。（《四庫全書》本《鄱陽集》卷一；《全宋詩》第三十册，第一九一六九頁）

智按：洪皓，字光弼，饒州鄱陽（今江西波陽）人。徽宗政和五年（一一一五）進士。歷台州寧海主簿，秀州録事參軍。高宗建炎三年（一一二九），以徽猷閣待制假禮部尚書使金被留，紹興十三年（一一四三）始歸。遷徽猷閣直學士，提舉萬壽觀，兼權直學士院。尋因忤秦檜，出知饒州。十七年，責授濠州團練副使，英州安置。二十五年，主管台州崇道觀，卒謚忠宣。有文集五十卷等，已佚。清四庫館臣據《永樂大典》輯為《鄱陽集》四卷，另有《松漠紀聞》二卷行世。事見《盤洲文集》卷七四《先君述》，《宋史》卷三七三有傳。

李處權（？～一一五五）

《彦修席上命賦何處難忘酒》

何處難忘酒，南州盜賊多。黄巾方裂眥，白日敢持戈。不見韓擒虎，甯聞馬伏波。此時無一盞，其奈客愁何。（《四庫全書》本《崧庵集》卷四）

智按：何處難忘酒，出自白樂天《何處難忘酒》詩（《白氏長慶集》卷五七）。

《舟中偶書》

兩山相對似香山，灘響渾如八節灘。安得高風從此去，載醪猶是菊花殘。（《四庫全書》本《崧庵集》卷六；《全宋詩》第三十二册，第二〇四三四頁）

智按：李處權，字巽伯，號崧庵惰夫，洛（今河南洛陽）人。淑曾孫。南渡後定居溧陽。生平未獲顯仕，轉輾各地為幕僚，以詩游士大夫間。高宗紹興二十五年卒於荊州年逾七十。著作曾自編有《崧庵集》，不傳。孝宗淳熙六年（一一七九），由其堂弟處全收輯遺著四百餘篇刊行，已佚。清四庫館臣據《永樂大典》輯為《崧庵集》六卷。生平見本集自序及李處全序。

李彌遜（一〇八九～一一五三）

《暇日約諸友生飯於石泉以講居貧之策樞密富丈欣然肯顧賓至者七人次方德順和貧士韻人賦一章》

樞君有美子，酷愛柳柳州。作詩陋元白，欲擬晉魏儔。情知鸞鳳穴，不宿燕雀流。簡編正在目，冠冕奚足憂。傳家一經力，造物行見酬。江蘺與辟芷，終當荐靈修。（原注：子立）（《四庫全書》本《筠溪集》卷十二；《全宋詩》第一九二四七頁）

《舍人林公時旉集句後序》

章句之士，溺於所長，以自窘束，不肯棄繩度，壞藩維，放乎大肆，求夫忘其所能，寓於不得已，合衆巧，收天地萬物之奇以為功，未有也。介翁深於詩，不自立户牖，其欣於所遇，悲於所感，賦事體物，酬餞贄贈，一取它人語，而檃括之，章成，千態萬狀，貫穿妥帖，不見罅隙，皆足以發難顯之情。至其奔放曲折，莫可排障，浩浩汨汨，行於地中，是豈章句士所能為哉！

自風雅之變，建安諸子，南朝鮑、庾、謝輩，至唐，以詩鳴者，何止數百人。獨杜子美上薄風騷，盡得古今體勢，其它旁門異派，如沈宋、韓柳、賀白、韋應物、劉禹錫、李商隱、杜牧、張籍、盧仝、韓偓、溫庭筠之流，其精深、雄健、閒淡、放逸、綺麗、軟美、變怪，各自為家，而元輕白俗，郊寒島瘦，後世或以為譏，乃欲奴僕命之，拔其尤，揉而置之闕紐間，使出一口，如將狼，如探虎，如陣市人，噫！可以為難矣。

集句，唐人號為四體。國朝石曼卿，始以為名。至元豐，臨川王文公進乎技矣。東坡好為高世說，雅不與臨川相能，故有鴻鵠家雞之比。自是靡然不復相尚。其後學詩者流，閩於膏馥之餘，爬羅牽挽，僅相比屬，則揣意語近似而命之題，雖形模具存，真木偶人，愔愔無復生氣。

觀介翁之作，失喜自賀，不意復見前輩。向使坐筌蘅蘭蕊之室，享笙竽琴瑟之奏，登魴鯉牛心熊掌而膾炙之，不足喻其美且樂也。介翁敏博而文，讀書過眼輒誦，自著及訓解，卷百有奇。煨燼之餘，唯此藁存。其所用詩，上下數百年，凡二百八十家，且曰：「惜哉，使我不得置東坡、山谷語於其間也。」其受才廓達雄鶩，大而難用，立朝不避怨嫉，宦不遂，抱其蘊以死。樂天嘗嘆陳子昂、杜甫各死於一拾遺，詩人之蹇，古以為恨。翁為泮宮先生於東平，僕時在諸生中。及後讐書天禄，翁為道山長。翁没二十年，得其子敭（駿）妻之。嗚呼！僕也從翁之久之親，而不得見此詩於翁之未没，而親炙論辨範模之，慽焉不解於心，故書其後以誌。（《四庫全書》本《筠溪集》卷二十二）

《十月桃》

一枝三四，弄疏英秀色，特地生寒。刻楮三年，謾誇煮石成丹。梨花帶雨難并，似玉妃、寂寞微潸。瑤臺空闊，露下星墜，零亂風鬟。　　記前回、擁蓋西園。花信被山烟，著意邀闌。盞面横斜，大家月底頽然。如今萬點難綴，共蒼苔、打合成班。詩翁何似，勸春莫交，粉淡香殘。（《全宋詞》第一〇五一頁）

智按：李彌遜，字似之，號筠溪居士，又號普現居士，吴縣（今江蘇蘇州）人。徽宗大觀三年（一一〇九）進士，調單州司戶。政和四年（一一一四）除國朝會要所檢閱文字。八年，擢起居郎，因上封事剴切，貶知盧山縣。宣和七年（一一二五），知冀州。欽宗靖康元年（一一二六），召為衛尉少卿，出知端州。高宗建炎元年（一一二七），除淮南路轉運副使。紹興二年（一一三二），知饒州。五年，知吉州。七年，遷起居郎，試中書舍人。八年，試戶部侍郎。九年，因反對議和忤秦檜，出知漳州。十年奉祠，歸隱福建連江西山。二十三年卒。有《筠溪集》二十四卷，又《甘露集》，已佚。《宋史》卷三八二有傳。

釋宗杲（一〇八九～一一六三）

《大慧普覺禪師住徑山能仁禪院語録》

昔道林禪師，居秦望山長松之上，時人謂之鳥窠和尚。白居易侍郎鎮錢塘，特入山謁之。乃問：禪師坐處甚危險。師曰：老僧有甚危險，侍郎險尤甚。曰：弟子位鎮江山，何險之有？師曰：薪火相交，識性不停，得非險乎？又問：如何是佛法大意？師曰：諸惡莫作，衆善奉行。曰：三歲孩兒也解恁麼道。師曰：三歲孩兒雖道得，八十老人行不得。白遂作禮而去。今欲省心力，莫管他三歲孩兒道得道不得，八十老人行得行不得，但諸惡莫作，便了此語。信也著，不信也著，請思之。（《大正新脩大藏經》第四十七册；《全宋文》二〇〇六年版第一七九册，卷三九三二，第三三九頁，題為《示清净居士（李提舉獻臣）》）

智按：釋宗杲，號大慧，俗姓奚，宣州甯國（今安徽宣城）人。年十七出家，從曹洞諸老宿遊，既得其説，去之謁準湛堂。準死，謁丞相張商英，一言而契，名其庵曰妙喜，字之曰曇晦，並受薦往建康天寧寺見圜悟克勤。後克勤主雲居席，命杲居第一座。後張浚延住臨安徑山能仁禪院。高宗紹興七年（一一三七），于臨安府明慶院開堂。十一年，因結識張九成，為秦檜所惡，斥還俗，屏居衡州。二十年，移梅州。二十五年檜卒，特恩放還，復僧服，住明州阿育王山廣利禪寺。二十八年，再住徑山能仁總之禪院。又遷江西雲門庵、福州洋嶼庵。孝宗隆興元年卒于徑山明月堂，年七十五，賜謚普覺。為南嶽下十五世，圜悟克勤禪師法嗣。著有《指源集》（《四明宋僧詩》），已佚。有宋釋藴聞編《大慧普覺禪師語録》，收入《大藏經》。事見本《語録》、張浚《大慧普覺禪師塔銘》，《僧寶正續傳》卷六、《咸淳臨安志》卷七十、《嘉泰普燈録》卷十五、《五燈會元》卷十九有傳。

陳與義（一〇九〇～一一三九）

《寄若拙弟兼呈二十家叔》

退之送窮窮不去，樂天待富富不來。政須青山映黑髮，願著皂蓋爭黃埃。何如父子共一壑，龐家活計良不惡。阿奴況自不録録，白鷗之盟可同諾。三間瓦屋亦易求，著子東頭我西頭。中間共作老萊戲，世上樂復有此不。問夢膏肓應已瘳，歸來歸來無久留。竹林步兵非俗流，爲道此意思同游。（《四庫全書》本《簡齋集》卷七；《全宋詩》第三十一册，第一九四七七頁；吳書蔭、金德厚校點《陳與義集》，上册，第七七頁）

智按：白居易《浩歌行》：「欲留年少待富貴，富貴不來年少去。」元和十三年（八一八），四十七歲，任江州司馬。《白居易集箋校》第六二九頁。

《某竊慕東坡以鐵拄杖爲樂全生日之壽今以大銅瓶上判府待制庶幾因物以露區區且作詩二首將之亦東坡故事》（其二）

不與觀音伴柳枝，要令奇相解公頤。會逢白氏編書日，猶夢陶家貯粟時。安用作盤供歃血，也勝爲鉢困催詩。千年秀結重重緑，長映先生鬢與眉。（《四庫全書》本《簡齋集》卷十二；《全宋詩》第三十一册，第一九五七八頁）

《次韻家弟所賦》

曹劉方駕信優為，不廢東郊坐保釐。投蚓問公逢老手，聯珠及我愧連枝。定知來者傾三歎，共了流年費幾詩。瘀絮車斜敢將去，樂天那畏一微之。（《四庫全書》本《簡齋集》卷十二；《全宋詩》第三十一册，第一九五八一頁；吳書蔭、金德厚校點《陳與義集》，下册，第五二八頁～五二九頁）

智按：陳與義，字去非，號簡齋，洛陽（今屬河南）人。徽宗政和三年（一一一三）登上舍甲科，授開德府教授。宣和四年（一一二二）擢太學博士、著作佐郎。謫監陳留酒稅。南渡後，避亂襄漢湖湘。高宗建炎四年（一一三〇），召為兵部員外郎。紹興元年（一一三一）遷中書舍人，兼掌內制。拜吏部侍郎，改禮部。四年，出知湖州。五年，召為給事中。以病告，提舉江州太平觀。復為中書舍人。六年，拜翰林學士、知制誥。七年，為參知政事。八年，以資政殿學士知湖州，因病，提舉臨安府洞霄宮。卒，年四十九。有《簡齋集》三十卷、《無住詞》一卷傳世。《宋史》卷四四五有傳。

鄧肅（一〇九一～一一三二）

《質夫和來》

我生不顧四壁空，千金買笑醉春風。半夜酒紅朝玉頰，亭亭秋水影芙蓉。作文忽慕元和格，遂入賢關親眉白。遽聞皇甫語穿天，淵源盖是退之客。琢句出人數等高，要令天下無英豪。擊節一覩百憂失，不覺此身猶布袍。平生自足牛蹄水，為公辟易數百里。願得佳句時飛来，此間幸有子期耳。雨意朝来猶許重，安得相從恣嘲弄。虀鹽充腹燈一螢，兀坐亡聊真夢夢。會鞭匹馬城東陬，對床臭味兩相投。歸来筆下飽奇怪，不須更事子長遊。（《四庫全書》本《栟櫚集》卷五）

《次韵王信州》

煤炱飛上天，沉沉三日霧。銀河一壓摧，狂雨恣横騖。我恐鐵騎來，疾馳不納屨。氣豪如項羽，勢猛似黥布。瀰漫江海接高穹，石牛未洗血泥紅。天吳八首真奇怪，咄嗟平地作銀宫。我貧家火不星竈，赤脚滅沒泥塗中。目斷曉風生少女，又復茅檐飛白龍。慚愧北來王夫子，籍籍聲名滿都鄙。朝吟千賦暮千詩，松腴亦須枯海水。莫倚文章似孟堅，未用風流追樂天。且以光芒破陰晦，挽回日色到桑田。樂歲天公有嚴約，斥落旄頭沉貫索。從公日醉三百杯，不怕西風動旗脚。（《四庫全書》本《栟櫚集》卷八；《全宋詩》第三十一册，第一九七一六頁）

《再次韵謝之》（其二）

昌黎論佛骨，南行氣亦壯。獻書請鏤玉，却起北歸望。香山最風流，詩酒事夷曠。那知聞琵琶，淚濺九江浪。此身苦海中，風波隨蕩漾。妄見分南北，無乃眼中障。嗟我果何人，楚狂本天放。外物不須論，有身今已長。斥歸水雲鄉，日醉蓮花釀。茗飲過陸羽，禪悦得文暢。安此更何求，萬里脱氈帳。死生則置之，北邙豈俱瘴。使君憐我愚，了無逐客愴。謂我耕白雲，不獨齊眉餉。詩來覓歡處，光芒不可仰。欲醉桃李春，那憂貝錦謗。赤脚敢云無，社舞非時尚。侯門列蛾眉，一見吾其儽。抛磚此當先，積薪君在上。更爲李與蘇，兩家按新唱。(《四庫全書》本《栟櫚集》卷十；《全宋詩》第三十一册，第一九七二七頁)

《書樂天事》

王涯譏樂天出為江州司馬，及甘露之禍，朝士殆無遺者，而樂天方在洛中游香山寺，然則涯果能陷樂天否乎？小人無知，欲以人勝天，類皆如此，但可憐耳。(《四庫全書》本《栟櫚集》卷二十五「題跋」)

《詩評》

或人問詩於鄧子，鄧子曰：「詩有四忌，學白居易者忌平易，學李長吉者忌奇僻，學李太白者忌怪誕，若學作舉子詩者，尤忌説功名。平易之過，如抄録帳目，了無精采；奇僻之過，如作隱語，專以罔人；怪誕之過，有類乞丐，道人作飛仙無根論；語功名之過，如諂諛卦影詩，不説青紫，則必論旌麾，此尤可羞也。若能不作此數格，然後可以論詩。東坡曰：『要知西掖承平事，記取劉郎種竹初。』此雖平易，自有精采。又曰：『陽蟲陨羿喪厥喙，羽淵之化帝祝尾。』此雖奇僻，自非隱語。又曰：『歲寒冰冷天地閉，為我起蟄鞭魚龍。』此雖怪誕，要非乞丐道人所能近似也。至論功名，則曰：『正與羣帝驂龍翔，獨留杞梓扶明堂。』是豈復有卦影氣味乎？此四者，不可以筆墨求之，要運於筆墨之外者，自有所謂浩然之氣，充塞乎天地之間，學者不可不知也。」(《四庫全書》本《栟櫚集》卷二十五「評論」)

智按：鄧肅，初字至宏，改德恭，號栟櫚，南劍州沙縣（今屬福建）人。師事李綱，入太學。徽宗宣和元年（一一一九）作詩諷諫花石綱，詔放歸。欽宗嗣位，授鴻臚寺主簿。嘗詣金營，留五十日而還。金人立張邦昌，奔赴南京。高宗建炎元年（一一二七）守右正言，不三月凡抗二十疏。會李綱罷相，上疏爭之，忤執政，送吏部。紹興元年（一一三一）主管江州太平觀。

二年，避寇福唐，以疾卒，年四十二。有《栟櫚集》二十五卷。《宋史》卷三七五有傳。

許顗（一〇九一～一一五〇後）

《彥周詩話》

東坡《祭柳子玉文》：「郊寒島瘦，元輕白俗。」此語具眼。客見詰曰：「子盛稱白樂天、孟東野詩，又愛元微之詩，而取此語，何也?」僕曰：「論道當嚴，取人當恕。此八字，東坡論道之語也。」（明津逮秘書本《彥周詩話》；《歷代詩話》第三八四頁）

本朝王元之詩可重，大抵語迫切而意雍容，如「身後聲名文集草，眼前衣食簿書堆」。又云：「澤畔騷人正憔悴，道旁山鬼謾揶揄。」（揶揄一作揶揄）大類樂天也。（明津逮秘書本《彥周詩話》；《歷代詩話》第三八八頁）

白樂天詩云：「春色辭門柳，秋聲到井梧。」此語未易及。（明津逮秘書本《彥周詩話》；《歷代詩話》第三八九頁）

琴按：《詩人玉屑》「井梧」作「井桐」，誤。

元撰作《樹萱録》，載有人入夫差墓中，見白居易、張籍、李賀、杜牧諸人賦詩，皆能記憶，句法亦各相似。最後老杜亦來賦詩。記其前四句云：「紫領寬袍漉酒巾，江頭蕭散作閒人。秋風有意吹蘆葉，落日無情下水濱。」嗟乎！若數君子，皆不能脱然高蹈，猶為鬼耶？殊不可曉也。若以為元撰自造此詞，則數公之詩，尚可庶幾，而少陵四句，非元所能道也。（明津逮秘書本《彥周詩話》；《歷代詩話》第三九一頁）

智按：許顗，字彥周，襄邑（今河南睢縣）人。高宗紹興間為永州軍事判官，十八年（一一四八），曾同何麒游陽華岩。著《彥周詩話》。事見《八瓊室金石補正》卷一〇六、一一三。

徐兢（一〇九一～一一五三）

《宣和奉使高麗圖經》

⊙儒學

東國性仁，而其地有君子不死之國。又箕子所封朝鮮之境，習俗素稔八條之教。其男子出於禮義，婦人由於正信，飲食以豆籩，行路者相遜，固異乎蠻貉雜類，押頭胼趾，辮幅父子，同寢親族，同㮰僻怪也。自漢武帝列置四郡，臣妾内屬，而中華政化所嘗漸被，雖更魏歷晉，視時汙隆，乍離乍合，然義理之根諸中者，未嘗泯也。唐貞觀初，太宗用魏鄭公之一言，以仁義為治，恢廣學校，崇尚師儒，當是時，與議大臣猶有疑未知其為益者，彼國乃遽遣其英秀子弟，請教京師。後長慶中，白居易善作歌行，雞林之人，引領嘆慕，至以（以下闕）風從，勃然雨化，誾誾秩秩，服膺儒學，雖居燕韓之左僻，而有齊魯之氣韻矣。比者使人到彼，詢知臨川閣藏書至數萬卷。又有清燕閣，亦實以經史子集四部之書，立國子監，而選擇儒官甚備。新敞黌舍，頗遵太學月書季考之制，次第諸生，上而朝列官吏，閑威儀而足辭采，下而閭閻陋巷間，經館書社，三兩相望，其民之子弟未昏者，則羣居而從師授經。既稍長，則擇友各以其類。……（《四庫全書》本、清知不足齋叢書本《宣和奉使高麗圖經》卷四十）

智按：徐兢，字明叔，號自信居士，建州甌甯（今福建建甌）人。徙居和州歷陽（今安徽和縣）。年十八入太學，長於歌詩書畫。徽宗政和四年（一一一四）以蔭補將仕郎，授通州司法參軍。攝知鄭州原武縣，調濟州士曹參軍，監元豐庫。宣和六年（一一二四）以奉議郎充奉使高麗國信所提轄人船禮物官。還，撰《高麗圖經》上之，召對，賜同進士出身，擢知大宗正丞事兼掌書學，遷刑部員外郎。謫監池州永豐監，授沿江制置司參謀官，主管南京鴻慶宮。高宗紹興二十三年卒，年六十三。事見《宣和奉使高麗圖經》徐蕆序及附録張孝伯《徐公行狀》。

張元幹（一〇九一～一一六一）

《次仲彌性所知陳丈大卿韻》

伏波晚歲思少游，萬事過眼如雲浮。我生不樂城市隘，受性但愜林泉幽。稍同臭味自投合，肯與流俗相對酬。旅懷久已乏佳趣，白日政覺多閑愁。春容大篇忽旁及，氣象楚澤涵新秋。律嚴雖許强續尾，韻險豈復能畫籌。逍遥一舸白太傅，蹴踏五字韋蘇州。主人頻誇小鬟舞，勸客且聽吳娃謳。從來誰數折巾郭，重到似是栽桃劉。夢入江湖渺春水，何如此念隨輕鷗。（《四庫全書》本《蘆川歸來集》卷一；《全宋詩》第三十一册，第一九八九六頁）

《宫使樞密富丈和篇高妙所謂壓倒元白末句許予尤非所敢承謹用前韻敘謝》

修門一出十經春，相業時來自奮身。袖手深謀終活國，揮毫佳句且驚人。話言每許聞前輩，賓客何堪接後塵。待掃欃槍洗兵馬，兩翁玄語記天津。（《四庫全書》本《蘆川歸來集》卷三；《宋詩鈔》卷四十八《蘆川歸來集鈔》）

智按：張元幹，字仲宗，號真隱山人、蘆川居士，永福（今福建永泰）人。早歲隨父宦游，嘗從徐俯學詩。徽宗政和間以上舍釋褐。宣和七年（一一二五）為陳留縣丞。欽宗靖康元年（一一二六）應東京留守兼親征行營使李綱辟，旋與綱同日遭貶。金兵陷汴，避難吳越間。高宗建炎中起為將作監，撫諭使，隨高宗避兵明州，因事得罪，紹興元年（一一三一）以右朝奉郎致仕。十二年，胡銓上書乞斬秦檜，貶新州編管，元幹在福州作《賀新郎》詞壯其行。二十一年，坐作詞事追赴臨安大理寺，削籍除名。有《蘆川歸來集》、《蘆川詞》。生平見今人曹濟平《張元幹年譜簡編》、王兆鵬《張元幹年譜》。

蘇籀（一〇九一～一一六四後）

《李隱卿名谷與青城劉翁同舟至蘭溪卿大夫修生者館之道侶贈李詩云李郎涉世似虚舟片帆來渡楚江秋之句又毗陵家弟季文和此篇云夢蝶豈知真是蝶騎牛何必更尋牛老夫亦慕道者次韻和之記劉李事迹劉本書生工詩奇異飄然塵外也》

白公枉識郭虚舟，劉李飛符袓劍裘。輿軼壺中身混世，氣酣酒裏意横秋。運調朱鳳啄白石，耕蒔金錢掣牯牛。赤子返真標指妙，阿伽陀藥肯言不。（《四庫全書》本《雙溪集》卷四；《全宋詩》第三十一册，第一九六五四頁）

智按：此詩又見元耶律鑄《雙溪醉隱集》卷四，殆由二集皆名「雙溪」乎？

《賤楊參政》

伏審舉任中宸，參毗大政，通吳蜀之中外，鼓命令而懌欣，在於下風，孰不竦慶。丕欽進賢之禮，咨嗟理世之圖，明良相求，魚水合契，所以答斯民之望。固當先寰海而憂禮貌之，嘉注特殊僉同之，推予專屬，以其得十而舉一，殆非小能而大知。訏謨萃於清衷，絶識明乎畢覩。適時之傑，捨我而誰？恭惟參政，六事之貴，夏官納言，萬人之英，春闈舉首，内庭書命之雲委，臺閣撥劇之鼎新，百篇奏御而副憂勤，十策發揮而破疑滯；公正如白居易，篤實如鄭文明。喜籌筭而敦簡編，規繩管、葛；探索丘而稽經律，根蔕孟、荀，深乎帷幄之言，至矣樽俎之畫！彌綸廟論，弼佑國鈞。機柄得人，猷為濟治。方且燮理至和之氣，扶持大化之源；毗厚太平之基，振起偷薄之俗。藴懷建事，其巧妙而功多；酌古制今，必天同而神比。鍾稟岷峩之靈，秀肇新旌節之閈。閎由危科而寤睿文，夙有故事；居複門而升二府，亦若前修。謙恭愈崇，静密不伐。文武之宗慕彌固，才節之齊量無涯。何止於咸乂軍民，殆將以永安夷夏。致緝熙光明之效，皆謨明弼亮之諧。籀瑣瑣卑凡，拳拳傾嚮，藉鄉枌而瞻几杖，蒙顧接而先品流。幸待次而僑居，政屏身而退

伏。霖雨之渥無間，權衡之審願遵。長鋏每彈，竿牘小智。欣屬之切，敷叙奚殫。(《四庫全書》本《雙溪集》卷十四)

《欒城遺言》

公（蘇轍）曰：「唐士大夫少知道，知道惟李習之、白樂天。」喜《復性書》三篇，嘗寫《八漸偈》於屏風。(《四庫全書》本《欒城遺言》)

智按：蘇籀，字仲滋，眉山（今屬四川）人，僑居婺州（今浙江金華）。轍孫、適子。以祖蔭補陝州儀曹掾，曾入轉運使幕。徽宗宣和四年（一一二二），為迪功郎。官南劍州添差通判。高宗紹興三年（一一三三），以右宣義郎為大宗正丞。十四年，為將作監丞。十九年，以左朝奉大夫為台州添差通判。三十年前後尚在世。卒於隆興二年（一一六四）稍後。有《雙溪集》十五卷、《欒城遺言》一卷。生平見《敬鄉録》卷七、《宋史翼》卷四有傳。

趙彦材（？～一一六四）

《杜詩先後解》

頃者蘇黄門嘗謂其侄在庭曰：《哀江頭》即《長恨歌》也。《長恨》費數百言而後成歌，杜公言太真之被寵，則「昭陽殿裏第一人」足矣。言富貴，則「輦前才人帶弓箭」，「白馬嚼齧黄金勒」足矣。言馬嵬之死，只「血污遊魂歸不得」足矣。觀《常武》與《桓》二詩，言用兵而煩簡異，則可見。此聞之石耆公云。(宋真德秀《文章正宗》卷二十四引；林繼中《杜詩趙次公先後解輯校》第一七八頁)

智按：蘇轍與其姪孫蘇元老（一〇七八～一一二四）之語，又見《老學庵筆記》卷七：「蜀人石耆公言：蘇黄門嘗語其姪孫在庭少卿曰：『《哀江頭》即《長恨歌》也。《長恨》冗而凡，《哀江頭》簡而高。』在庭曰：『《常武》與《桓》二詩，皆言用兵，而繁簡不同，蓋此意乎?』黄門摇手曰：『不然。』」(李劍雄、劉德權點校本，第九五頁）宋黄大輿編《梅苑》卷八收録石耆翁《蝶戀花》三首，《全宋詞》第九九八頁收録蜀人石耆翁《鷓鴣天》

《蝶戀花》各一首，或亦石耆公。宋王灼《碧鷄漫志》卷二云：「蘇在庭、石耆翁入東坡之門矣，短氣跼步，不能進也。」（唐圭璋《詞話叢編》，中華書局一九八六年版，第一册第八三頁）

石耆公，疑即趙次公。趙彦材，字次公。一説名次公，字彦材。蜀人。與邵博、晁公武交遊。紹興二十九年（一一五九）十月，在衡州與楊萬里有交游，紹興三十年至紹興三十二年間，任融州或融水副職，與楊萬里有交游。隆興元年（一一六三）任隆州司法，隆興二年（一一六四）任封川太守，春三月卒于任。（郭如貞《從楊萬里詩考趙次公卒年及交游》，《杜甫研究學刊》二〇一二年第一期）著有《杜詩正誤》及蘇軾詩注。南宋陳思《海棠譜》載趙次公《和東坡海棠》與《和東坡定惠院海棠》兩首，南宋袁說友編《成都文類》卷四十二載趙次公《杜工部草堂記》。其《杜詩先後解》撰於紹興四年至十七年（一一三四至一一四七）間，以杜詩寫作時間先後編排，是現存最早之杜集編年本，刊刻于南宋，原刻本已亡佚。今人林繼中有《杜詩趙次公先後解輯校》，上海古籍出版社一九九四年出版。

龔明之（一〇九一～一一八二）

《中吴紀聞》

⊙白樂天

白樂天為郡時，嘗攜容、滿、蟬、態等十妓，夜游西武丘寺，嘗賦紀游詩，其末云：「領郡時將久，游山數幾何。一年十二度，非少亦非多。」可見當時郡政多暇，而吏議甚寬，使在今日，必以罪去矣。（《四庫全書》本卷一）

⊙木蘭堂詩

木蘭堂多為太守燕游之地，范文正公作守時，嘗賦詩云：「堂上列歌鍾，多慚不如古。卻羡木蘭花，曾見霓裳舞。」白樂天在蘇嘗教倡人為此舞也。（堂之前後，皆植木蘭，榦極高大，兵火後不存。）（《四庫全書》本卷一）

琴按：《白香山詩後集》卷一有《霓裳羽衣舞歌》，末云：「……李娟張態君莫嫌，亦擬隨宜且教取。（自注：娟、態，蘇妓之名。）」又後集卷五《戲題木蘭花》：「紫房日照胭脂折，素豔風吹膩粉開。怪得獨饒脂粉態，木蘭曾作女郎來。」

⊙中隱堂三老

曾大父（智按：龔宗元）自都官員外郎分司南京，謝事家居（所居在大酒巷）。取白樂天「大隱住朝市，小隱入邱樊。不如作中隱，隱在留司間」之詩，建中隱堂，與尚書屯田員外郎程適、太子中允陳之奇，相與游從，日為琴酒之樂，至於窮夜而忘其歸。二公皆耆德碩儒，致政於家，吳人謂之三老。（《四庫全書》本卷二）

⊙海湧山

虎邱舊名海湧山，闔閭王既葬之後，金精之氣，化為虎，踞其墳，故號虎邱。山椒有二伽藍，列為東西。白樂天有《東武邱西武邱》詩。顏魯公亦云：「不到東西寺，於今五十春。」今之西菴西武邱也，虎字避唐諱，改曰武。（《四庫全書》本卷二）

⊙徐都官九老會

徐祐字受天，擢進士第，為吏以清白著聲。慶歷中，屏居於吳，日涉園廬以自適。時葉公參亦退老於家，同為九老會。晏元獻、杜正獻皆寓詩，以高其趣。晏之首題云：「買得梧宮數畝秋，便追黃綺作朋儔。」杜之卒章云：「如何九老人猶少，應許東歸伴醉吟。」時與會者纔五人，故杜詩及之。享年七十有五，終都官員外郎。（子仲謀屢把麾持節，女適樞密直學士施昌言）（《四庫全書》本卷二）

⊙白公檜

白樂天為守時，恩信及民，皆敬而愛之，嘗植檜數本於郡圃，後人目之為白公檜，以況甘棠焉。（《四庫全書》本卷三）

⊙觀風樓

子城之西，舊建樓其上，名觀風，范文正公作守時，嘗賦詩云：「高壓郡西城，觀風不浪名。山川千里色，語笑萬家聲。」碧寺煙中靜，紅橋柳際明。登臨豈劉白，滿目是詩情。」在唐但謂之西樓，白樂天有西樓命宴詩，後改為

觀風，今復名西樓矣。(《四庫全書》本卷三)

樂天有西樓命宴詩，後改為觀風，今復名西樓矣。(《四庫全書》本卷三)

⊙思賢堂

郡齋後舊有思賢堂，以祠韋、白、劉三太守，後更名三賢。紹興末，洪內相景嚴為郡，益以唐王常侍仲舒、本朝范文正之像，復號為思賢堂。今參政范公作記。(郡庠亦有三賢堂，繪文正范公，并安定胡先生及光祿朱公像於其中)(《四庫全書》本卷四)

⊙元少保

元絳，字厚之，居第在帶城橋。登天聖五年進士甲科。……以太子少保致仕，歸吳中。公既還鄉，與程光禄諸公為九老會，日以詩酒自娱，年七十餘卒。有《玉堂集》三十卷。……(《四庫全書》本卷四)

⊙徐朝議

徐師閔，字聖徒，仕至朝議大夫，退老於家，日治園亭，以文酒自娱樂。時太子少保元公絳，正議大夫程公師孟，朝議大夫閭丘公孝終，亦以安車歸老，因相與繼會昌洛中故事，作九老會。章岵為郡守，大置酒，合樂，會諸老於廣化寺。又有朝請大夫王琉，承議郎通判蘇湜與焉。公賦詩為倡，諸公皆屬而和之，以為吳門盛事。元公少保和篇云：「五日佳辰郡政閑，延賓談笑豁幽關。閶門歌舞尊罍上，林屋烟霞指顧間。德應華星臨潁尾，年均皓髮下商顔。名花美酒踈鐘永，坐見斜暉隠半山。」方子通亦有和篇云：「使君瀟灑上賓閑，金地無人晝敞關。風静簫聲来世外，日長仙境在人間。詩成郢客爭揮翰，曲罷吳姬一破顔。此際東南無此會，高名千古映湖山。」章守以五日開宴，故二詩皆及之。(《四庫全書》本卷四)

⊙姑蘇百題詩

楊備郎中，天聖中為長溪令，夢中忽作詩曰：「月俸蚨錢數甚微，不知從宦幾時歸。東吳一片烟波在，欲問何人買釣磯。」及寤，心潛異之。明道初，宰華亭，俄丁内艱，遂家于吳中，樂其風俗之美，安而弗遷，因悟夢中所作，幾於前定。嘗效白體，作「我愛姑蘇好」十章。居吳中既久，土風人物，皆深詳之。又作《姑蘇百題詩》，每題箋釋其事，至今行於世。(《四庫全書》本卷五)

天平山有白雲泉，雖大旱不竭，或云此龍湫也。唐刺史白樂天有詩云：「天平山上白雲泉，雲自無心水自閑。何必奔衝下山去，更添波浪在人間。」蘇子美嘗至山中，為賦長篇，范貫之亦有和章。(《四庫全書》本卷五)

⊙蘇民三百年不識兵

姑蘇自白、劉、韋爲太守時，風物雄麗，爲東南之冠。乾符間，雖大盜蠭起，而武肅錢王以破黃巢，誅董昌，盡有浙東西。五代分裂，諸藩據數州自王，獨錢氏常順事中國。本朝既受命，盡籍土地府庫，帥其屬朝京師，遂去其國。蓋自長慶以來，更七代三百年，吳人老死不見兵革。承平時，太伯廟棟猶有唐昭宗時寧海、鎮東軍節度使錢鏐姓名書其上，可謂盛矣。……(《四庫全書》本卷六)

智按：明張昶《吳中人物志》卷七亦云：「楊備，天聖中為長溪令，後宰華亭，丁內艱，歸家于吳，樂風俗之美，效白體作《姑蘇好》十章。又作姑蘇為題，每題箋釋其事，至今行于世。范成大脩志，亦多采之。」(《續修四庫全書》影印明隆慶張鳳翼、張燕翼刻本)

⊙閭丘大夫

閭丘孝終，字公顯，東坡謫黃州時，公為太守，與之往来甚密。未幾，掛其冠而歸，與諸名人為九老之會。東坡過蘇必見之。今蘇集有詩詞各二篇，皆為公作也。公後房有懿卿者，頗具才色，詩詞俱及之。東坡嘗云：「蘇州有二丘，不到虎丘，即到閭丘。」(《四庫全書》本卷五)

⊙白雲泉

天平山有白雲泉，雖大旱不竭，或云此龍湫也。唐刺史白樂天有詩云：「天平山上白雲泉，雲自無心水自閑。何必奔衝下山去，更添波浪在人間。」蘇子美嘗至山中，為賦長篇，范貫之亦有和章。(《四庫全書》本卷五)

智按：龔明之，字希仲，崑山（今屬江蘇）人。屢試不中，年八十二時以特恩廷試，授高州文學。得監南嶽廟。孝宗淳熙五年（一一七八）以宣教郎致仕。居崑山黃姑別墅，作期頤堂，日飲其間。九年，采吳中故老嘉言懿行，及其風土人文為新舊圖經、《吳郡志》所不載者，口授子昱，成《中吳紀聞》六卷行世。卒年九十二。事見《中吳紀聞自序》,《吳郡志》卷二十七有傳。

黄徹(一〇九三~一一五八)

《碧溪詩話》

林和靖贈人詩云:「馬從同事借,妻怕罷官貧。」頗能狀寒廉態,抑又有意。所謂怕貧者,婦人女子耳,大丈夫之不移,何隕獲之有?子美「長貧任婦愁」,亦以男子未嘗愁也。「讓粟不謀妻」,以明謀及婦人,則不得辭也。又云:「浮生有定分,飢飽豈可逃。歎息謂妻子,我何隨汝曹?」樂天云:「妻孥不悦生怪問,而我醉卧方陶然。」退之曰:「莫為兒女態,戚嗟憂賤貧。」(卷二,《歷代詩話續編》第三五三頁)

昔人用五馬事,多因游遨動出處方用之,如老杜賦《王閬州餞蕭遂州》云:「二天開寵餞,五馬爛生光。」其賓主去住分矣。又《送李梓州》:「五馬何時到」,《贈嚴武》:「五馬舊曾諳小徑」,《送賈閣老出汝州》:「人生五馬貴」;太白:「五馬莫留連」;岑參:「門外不須催五馬」;戎昱:「五馬幾時朝魏闕」;子厚:「五馬助征騑」;樂天:「五馬無由入酒家」;〔東〕坡:「鼓吹未容迎五馬」;介甫:「尚得使君驅五馬」。近人於太守安居閑合,例稱五馬,此理恐未安也。(卷二,《歷代詩話續編》第三五五頁)

《賓客集》:「添爐搗雞舌,灑水淨龍鬚。」駱賓王:「桃花嘶別路,竹葉瀉離尊。」此體甚眾。惟柳子厚《從崔中丞過盧少府郊居》一聯最工,云:「蒔藥閒庭延國老,開尊虛室值賢人。」只似稱坐客,而有兩意,蓋甘草為「國老」,濁酒為「賢人」故也。夢得又有「藥爐燒姹女,酒甕貯賢人」,近於「湯燖右軍」矣!余嘗為《郊行詩》云:「江干食息呼扶老,木末攀緣訝宛童。」乃《古今注》:「禿鶖,一名扶老」,《爾雅》:「女蘿,謂之宛童也」。又題一士人所居云:「但遣一枝居巧婦,不殊大廈賀嘉賓。」蓋用《爾雅》注:「鷦鷯,俗呼巧婦」,《炙轂子》:「雀,一名嘉賓,言集人屋如嘉賓也」。樂天曾用「巧婦」對「慈姑」。(卷三,《歷代詩話續編》第三五七頁)

智按：《爾雅·釋草》：「女蘿，菟絲。」《爾雅·釋木》：「寓木，宛童。」郭璞注云：「寄生樹，一名蔦。」《詩·小雅·頍弁》：「蔦與女蘿。」

老杜：「十暑岷山葛，三霜楚戶砧」，「九鑽巴噀火，三蟄楚祠雷」，其書歲月也新矣。樂天云：「吳郡兩回逢九月，越州四度見重陽。」「去年八月十五夜，曲江池畔杏園邊；今年八月十五夜，湓浦沙頭水館前。」又：「前年九日餘杭郡，呼賓命宴虛白堂；去年九日到東洛，今年九日來吳鄉。兩邊蓬鬢一時白，三處菊花同色黃。」其質直敘事，又是一格。（卷三，《歷代詩話續編》第三五八頁）

張文潛《法雲懷無咎》云：「獨覺欠此公。」或傳某生語，文潛自以「欠」字為得意。然夢得《送皇甫》云：「從玆洛陽社，吟詠欠書生。」樂天：「可憐閒氣味，惟欠與君同。」「得君更有無厭意，猶恨尊前欠老劉。」退之云：「今者誠自幸，所懷無一欠。」張何得意之有？（卷三，《歷代詩話續編》第三六〇頁）

《寄李員外》云：「遠行無自苦，內熱比如何？」《寄旻上人》云：「舊來好事今能否，老去新詩誰與傳？」岑參云：「喬生作尉別來久，因君為問平生否？魏侯校理復何如？前月人來不得書。」「夫子素多疾，別來未得書。北庭苦寒地，體內今何如？」樂天《寄夢得》云：「病後能吟否？秋來曾醉無？」退之《贈崔立之》云：「長女當及事，誰助出帨縭？諸男皆秀朗，幾能守家規？」亦皆書一通也。（卷四，《歷代詩話續編》第三六二頁）

古人作詩，有用經傳全句。《選》詩云：「小人計其功，君子道其常。」樂天：「疾惡若《巷伯》，好賢如《緇衣》。」乃兩句渾用之。韓：「無妄之憂勿藥喜。」杜：「誰謂荼苦甘如薺」，「富貴於我如浮雲」。近人亦用史語。坡云：「人言盧似奸邪，我見鄭公但嫵媚。」嘗觀《南史》載王宜興云：「為劫不須伴。」甚似一側韻五言，但無題目耳。（卷四，《歷代詩話續編》第三六三頁）

用自己詩為故事，須作詩多者乃有之。太白云：「滄浪吾有曲，相子棹歌聲。」樂天：「須知菊酒登高會，從此多無二十場。」明年云：「去秋共數登高會，又被今年減一場。」《過栗里》云：「昔嘗詠遺風，著為十六篇。」蓋居渭上，醞熟獨飲，曾效淵明體為十六篇。又《贈微之》云：「昔我十年前，曾與君相識，曾將秋竹竿，比君孤且直。」蓋舊詩云「有節秋竹竿」也。坡赴黄州，過春風嶺，有兩絕句，後詩云：「去年今日關山路，細雨梅花正斷魂。」至海外，又云：「春風嶺下淮南村，昔年梅花曾斷魂。」又云：「柯邱海棠吾有詩，獨笑深林誰敢侮。」又《畫竹》云：「吾詩固云爾，可使食無肉。」（卷四，《歷代詩話續編》第三六六頁）

樂天云：「報導前驅少呵喝，恐驚黄鳥不成啼。」坡云：「鬢絲只好對禪榻，湖亭不用張旌旗。」蔡君謨云：「因傍低松卻飛蓋，為聞山鳥輟鳴騶。」若俗士正務以此誇張俗眼，又豈識數公意。（卷七，《歷代詩話續編》第三八一頁）

「散員疏去未為貴，小邑陶休何足云。」惟樂天早退，乃可語此。（卷七，《歷代詩話續編》第三八一頁）

子美有「朱紱負平生」；樂天有「金帶縋腰衫委地」，「紫綬相輝應不惡」，「赤紱金章盡到身」，如此尚多。然亦有歎云：「實事漸消虛事在，銀魚金帶繞腰光」，又有「簪纓假合虛名在，筋力消磨實事空」，皆自作解嘲也。嘗愛韋蘇州云：「除書忽到門，冠帶便拘束。」又有《謝東林居士寄松英丹》云：「一拜藍峯送還使，腰間銅印與心違。」言與意俱自在也。（卷七，《歷代詩話續編》第三八一頁）

樂天《及第後歸覲留别同年》云：「擢第未為貴，拜親方始榮。」此毛義得檄而喜之意也。論者以「春風得意馬蹄疾」決非孟郊語，其氣格亦不類。而白公亦有「得意減别恨，半酣輕遠程。翩翩馬蹄疾，春日歸鄉情」。此又不可曉也。（卷七，《歷代詩話續編》第三八二頁）

白公《送崔考功》云：「稱意新官又少年，秋涼身健好朝天。青雲上了無多路，卻要徐驅穩著鞭。」余謂新進少年，躁鋭不已，往往自取傾覆，此詩可謂忠誨矣。又有云：「竿頭已到應難久，局勢雖遲未必輸。」嘗三復之，豈椎稚鈍者偏樂聞此等語耶？（卷八，《歷代詩話續編》第三八四頁）

樂天《九日思杭州》云：「笙歌委曲聲延耳，金翠動搖光照身。」子瞻《有懷錢塘》云：「剩看新番眉倒暈，未應泣别臉銷紅。」（智按：《蘇文忠公全集》卷六《常潤道中有懷錢塘寄述古五首》之三，番，一作翻）黎元耆舊，何遽忘之耶？徐考其集，白《送姚杭州赴任因思舊游》云：「閭里固宜勤撫恤，樓臺亦要數躋攀。」蘇亦云：「細雨晴時一百六，畫船鼉鼓莫違民。」是未嘗無意於民庶也。然白又有「故妓數人憑問訊，新詩兩首倩留傳」，坡又有「休驚歲歲年年貌，且對朝朝莫莫人」。大抵淫樂之語，多於撫養之語耳。夫子稱：「未見好德如好色」，而傷之曰：「已矣乎！」二公不能免俗，餘人不必言。（卷八，《歷代詩話續編》第三八六頁）

智按：《蘇文忠公全集》卷十八《次韻劉景文周次元寒食同游西湖》第二聯出句「藍尾忽驚新火後」自注：白樂天《寒食》詩云：「三杯藍尾酒，一楪膠牙餳。」

白云：「趁涼行繞竹，引睡卧觀（一作看）書。」坡：「引睡文書信手翻。」書引睡魔，誠人人所同也。（卷八，《歷代詩話續編》第三八六頁）

辰人以藤代篘酒，名「鉤藤」，俗傳他處即不可用。或謂但恐釀造之法異耳，所在皆可。樂天《忠州春至》詩云：「閑拈蕉葉題詩詠，悶取藤枝引酒嘗。」則巴蜀亦有之。（卷八，《歷代詩話續編》第三八六頁）

樂天謫潯陽，稹寄在絳詩云：「殘燈無焰影幢幢，此夕聞君謫九江。垂死病中驚起坐，暗風吹雨入寒窗。」白謂：「此句他人尚不可聞，況僕心哉！至今每吟，猶惻惻耳。」復貽三韻云：「憶昔封書與君夜，金鑾殿後欲明天。今夜封書在何處？廬山庵裏曉燈前。」去來乃士之常，二公不應如此之戚戚也。子瞻《送文與可》云：「奪官遣去不自覺，曉梳脫髮誰能收？」推之前詩，厥論高矣。然居易答元書，以「三泰」為報，且云：可以樂之終身者。悲歎之語，恐特傷離索耳。白公罷郡，亦嘗有云：「睡到午時歡到夜，回看官職是泥沙。」（卷八，《歷代詩話續編》第三八七頁）

琴按：「在絳」二字應是「左降」之誤。元稹詩原題是《聞樂天左降江州司馬》。

老杜《茅屋為秋風所破歌》云：「自經喪亂少睡眠，長夜沾濕何由徹？安得廣廈千萬間，大庇天下寒士多歡顔，風雨不動安如山？嗚呼！何時眼前突兀見此屋，吾廬獨破受凍死亦足。」樂天《新制布裘》云：「安得萬里裘，蓋裹週四垠？穩暖皆如我，天下無寒人。」《新制綾襖成》云：「百姓多寒無可救，一身獨暖亦何情！心中為念農桑苦，耳裏如聞飢凍聲。爭得大裘長萬丈？與君都蓋洛陽城！」皆伊尹身任一夫不獲之辜也。或謂：子美詩意，寧苦身以利人，樂天詩意，推身利以利人；二者較之，少陵為難。然老杜飢寒而憫人飢寒者也，白氏飽暖而憫人飢寒者也；憂勞者易生於善慮，安樂者多失於不思，樂天宜優。或又謂：白氏之官稍達，而少陵尤卑，子美之語在前，而長慶在後，達者宜急，卑者可緩也，前者唱導，後者和之耳。同合而論，則老杜之仁心差賢矣。（卷九，湯新祥校注本，第一四五頁；《歷代詩話續編》第三八九頁）

坡：「藍尾忽驚新火後，遨頭要及浣花前。」注引樂天：「三杯藍尾酒，一楪膠牙餳。」觀《長慶集》，此詩題云《七年元日對酒》，非鑽火時事也。宋景文《守歲》云：「且盡燈前藍尾杯。」（卷九，《歷代詩話續編》第三九〇頁）

王元之《到任表》有「全家飽暖，盡荷君恩」之語，到今傳誦。永叔用為詩云：「諸縣豐登少公事，全家飽暖荷君恩。」夢得亦嘗有云：「一生不得文章力，百口空為飽暖家。」白云：「不才空飽暖，無力及飢貧。」（卷九，《歷代詩話續編》第三九〇頁）

溫公自稱「迂叟」，香山居士亦嘗以自號，其詩云：「初時被目為迂叟，近日蒙呼作隱人。」司馬豈慕其洛居有閒適之樂耶？（卷九，湯新祥校注本，第一六三頁；《歷代詩話續編》第三九三頁）

白樂天云：「身閑當貴真天爵，官散無憂即地仙。」蓋用顏蠋晚食當肉，早眠當富，無事當貴也。（卷九，湯新祥校注本，第一六三頁；《歷代詩話續編》第三九三頁）

白獻晉公云：「聞説風情筋力在，只如初破蔡州時。」雖敘其功業與壽康，其語緩而不迫，此可為作詩法也。（卷九，湯新祥校注本，第一六三頁；《歷代詩話續編》第三九三頁）

齊謝嘏出守建安，於宣猷堂飲餞，並召時才賦詩，用十五劇韻。蕭愷詩先就，其辭又美。簡文曰：「王筠本自舊手，後進有蕭愷可稱。」《長慶》云：「萬言舊手才難敵，五字新題思有餘。」（卷九，湯新祥校注本，第一六三頁；《歷代詩話續編》第三九三頁）

智按：「萬言舊手才難敵，五字新題思有餘。」見《歲暮枉衢州張使君書並詩因以長句報之》，長慶二年（八二二），五十一歲，任杭州刺史。《白居易集箋校》第一三四六頁。

樂天云：「樂可理心應不謬，酒能陶性信無疑。」「陶冶性靈存底物」，固詩人語。古人所謂「樂以治心」者，相去遠矣，此語不作可也。（卷九，湯新祥校注本，第一六三頁；《歷代詩話續編》第三九三頁）

山谷云：「詩者，人之性情也，非強諫爭於庭，怨詈於道，怒鄰罵坐之所為也。」余謂「怒鄰罵坐」，固非詩本指，若《小弁》親親，未嘗無怨，《何人斯》、「取彼譖人，投畀豺虎」，未嘗不憤。謂不可諫爭，則又甚矣。箴規刺誨，何為而作？古者帝王尚許百工各執藝事以諫，詩獨不得與工技等哉？故譎諫而不斥者，惟《風》為然。如《雅》云：「匪面命之，言提其耳。」「彼童而角，實訌小子。」「憂心慘慘，念國之為虐。」「亂匪降自天，生自婦人。」忠臣義士，欲正君定國，惟恐所陳不激切，豈盡優柔婉晦乎？故樂天《寄唐生》詩云：「篇篇無空文，句句必盡規。」（卷十，《歷代詩話續編》第三九五頁）

山澤之儒多臞，詩人尤甚。子美有「思君令人瘦」。樂天云：「形容瘦薄詩情苦，豈是人間有相人？」又云：「貌將松共瘦，心與竹俱空。」李商隱：「瘦盡東陽姓沈人。」掉頭撚髭之苦，豈有張頤豐頰者哉！沈昭略嘗戲王約以「肥而癡」，答以「瘦而狂」，昭略喜曰：「瘦已勝肥，狂應勝癡。」（卷十，《歷代詩話續編》第三九八頁）

汲長孺、段太尉，皆義勇奮不顧身之人，至於仁愛撫養，則矜憐惻怛，無所不至，所謂剛者必仁，仁者必勇也。嘗觀樂天云：「況多剛狷性，難與世同塵。」希文云：「吾生豈不幸，所稟多剛腸。」皆心中語也。白則有「敢辭為俗吏，且欲活疲民」，又云：「心中為念農桑苦，耳裏如聞飢凍聲。」范又有：「寸懷如春風，思與天下芳。」《赴姑蘇》云：「豈辭雲水三千里，因濟瘡痍十萬民。」與汲、段正相似。（卷十，《歷代詩話續編》第三九九頁）

長慶論：「詩之豪者，世稱李、杜，李之作，才矣奇矣，人不逮矣。……索其風雅比興，十無一焉。杜詩最多，可傳者千餘首。至於貫穿古今，覼縷格律，盡工盡善，又過於李焉。然撮其《新安》、《石壕》、《潼關吏》、《蘆子》、《花門》之章，『朱門酒肉臭，路有凍死骨』之句，亦不過三四十。杜尚如此，況其下乎？」今觀《杜集》，憂戰伐，呼蒼生，憫瘡痍者，往往而是，豈直三四十而已哉？豈樂天未嘗熟考之耶？（卷十，湯新祥校注本，第一八五頁；《歷代詩話續編》上册，第四〇〇頁）

智按：《歷代詩話續編》斷為：「長慶：『論詩之豪者，世稱李、杜……』」小誤。

琴按：黄常明所述，其中存在一個問題。究竟《與元九書》中是説「十三四」還是「三四十」？《白氏長慶集》諸本都作「十三四」（日本刊本、《四部叢刊》本、汪立名編校一隅草堂本，均作「十三四」）《舊唐書》本傳原作「三四十」，明萬曆三十二年松江馬元調刻本作「亦不通三四十首」。南宋紹興本作「亦不過三四十」。應該説，作「十三四」是對的。所謂「十三四」是十有三四的意思，杜集中有十分之三四是「憂戰伐，呼蒼生，憫瘡痍」的，這樣估計是很接近正確的。如果説，「不過三四十首」，那的確有如黄常明所批評的「樂天未嘗熟考之」了。我是相信「十三四」是樂天的原文，被後人纏錯了的。又原文作「況不逮杜者乎」，黄常明改作「況其下乎」，也是不對的。

士人程文，窮日力作一論，不限聲律，不拘詩句，尚罕得反復折難，使其理判然者。觀《赴奉先詠懷五百言》，乃聲律中老杜一篇心迹論也。自「杜陵有布衣，老大意轉拙。許身一何愚，竊比稷與契」，其心術祈嚮，自是稷、契等人。「窮年憂黎元，歎息腸内熱」，與飢溺由己者何異。然嘗為不知者所病，故曰「取笑同學翁」，世不我知，而所守不變，故曰「浩歌彌激烈」。又云「非無江海志，瀟灑送日月。……當今廊廟具，構厦豈云缺。葵藿傾太陽，物性固莫奪」，亦非不知隱遯為高，亦非以國無其人也，特廢義亂倫，有所不忍，「以兹悮生理，獨恥事干謁」，言志大術踈，未始阿附以借勢也。為下士所笑，而浩歌自若，皇皇慕君，而雅志棲遁。既不合時，而又不少低屈，皆設疑互答，屢致意焉。非巨刄有餘，孰能之乎。中間鋪叙，間關酸辛，宜不勝其戚戚，而「默思失業徒，因念遠戍卒」，所謂憂在天下，而不為小己失得也。禹、稷、顔子，不害為同道，少陵之迹江湖，而心稷、契，豈為過哉。孟子曰：「窮則獨善其身，達則兼善天下。」其窮也，未嘗無志於國與民；其達也，未嘗不抗其易退之節。蚤謀先定，出處一致矣。是詩先後周復，正合乎此。昔人目元和《賀雨》詩為諫書，余特目此詩為心迹論也。（卷十，湯新祥校注本，第一八六～一八七頁；《歷代詩話續編》上册，第四〇〇～四〇一頁）

智按：黄徹，字常明，莆田（今屬福建）人。徽宗宣和六年（一一二四）進士。歷辰溪丞、辰溪令，沅州軍事判官、攝通判事，知麻陽、嘉魚、平沙縣。後棄官歸。有《䂬溪詩話》十卷傳世。事見《䂬溪詩話》附其孫黄燾跋。陳應鸞《黄徹卒年及其詩話作時初考》（《文學遺產》一九九一年第四期）考訂黄徹卒於南宋高宗紹興二十八年（一一五八），約生於北宋徽宗崇寧年間（一一〇二～一一〇六）；其詩話作於紹興五年（一一三五）下半年至紹興十年（一一四〇）上半年之間。

邵博（？～一一五八）

《邵氏聞見後録》

牛僧孺自伊闕尉試賢良方正，深詆時政之失。宰相李吉甫忌之，泣訴於憲宗，以考官為不公，罷之。考官，白樂天也，故並為吉甫父子所惡。予謂牛、李之黨基於此。嘉祐中，蘇子由制策，上自禁省，歷言其闕不少避，至謂宰相不肖，思得婁師德、郝處俊而用之。宰相魏公亟以國士遇之，非但不忌也。嗚呼，賢於李吉甫遠矣！（卷九，劉德權、李劍雄點校《邵氏聞見後録》，第六八頁）

慶曆中，翰林侍讀學士李淑守鄭州，題周少主陵云：「弄耜牽車晚鼓催，不知門外倒戈回。荒墳斷隴才三尺，剛道房陵半仗來。」時上命淑作《陳文惠公堯佐墓銘》，淑書「堯佐好為小詩，間有奇句」，及有「庇愎弗咸」等語。陳氏子弟請易去，淑以文先奏御，不可易。陳氏子弟恨之，刻淑《周陵詩》於石，指「倒戈」為謗。上亦以藝祖應天順人，非逼伐而取之，落淑學士。

淑上章辨《尚書》之義，蓋紂之前徒，自倒戈攻紂，非武王倒戈也。上知淑深於經術，待之如初。宋内翰祁曰：「白公云：『戶大嫌甜酒，才高笑小詩。』其獻臣之謂乎?」獻臣，淑字也。為文尤古奥，有樊宗師體。（卷十七，劉德權、李劍雄點校《邵氏聞見後録》，第一三六頁）

劉夢得作《九日詩》，欲用糕字，以《五經》中無之，輟不復為。宋子京以為不然。故子京《九日食糕》有詠云：「飆館輕霜拂曙袍，糗餈花飲鬬分曹。劉郎不敢題糕字，虛負詩中一世豪。」遂為古本絕唱。「糗餌粉餈」，糕類也，出《周禮》。「詩豪」，白樂天目夢得云。（卷十九，劉德權、李劍雄點校《邵氏聞見後録》，第一四八頁）

白樂天《長恨歌》有「夕殿螢飛思悄然，孤燈挑燈未成眠」之句，寧有興慶宮中，夜不燒蠟油，明皇帝自挑燈者乎？書生之見可笑耳。（卷十九，劉德權、李劍雄點校《邵氏聞見後録》，第一四九頁）

元和中，處士唐衢善哭，聞白樂天謫，輒大哭。衢後死，樂天有詩云：「何當向墳前，還君一掬淚。」（卷十九，劉德權、李劍雄點校《邵氏聞見後録》第一四九頁）

智按：白居易元和十年八月謫江州司馬，時唐衢已卒，故居易《與元九書》云：「有唐衢者，見僕詩而泣，未幾而衢死。」《與元九書》作於元和十年歲暮。又白居易《傷唐衢》詩云：「悲端從東來，觸我心惻惻。……君歸向東鄭，我來遊上國。」可知唐衢死時，居易正在長安。邵博所記失考。

憲成李公及為杭州，不游宴。一日遇雪，命促飲具，郡僚不無意於歌舞高會也，乃訪林和靖於孤山，清談同賞。又曰飲食外，不市一物。至去官，唯買《白樂天集》一部。（卷二十，劉德權、李劍雄點校《邵氏聞見後録》，第一五四頁）

智按：宋彭□《墨客揮犀》卷七：「李侍郎性清介簡重，知杭州，惡其俗輕靡，不事游燕，一日微雪，遽命出郊，衆謂當召賓朋為高會，乃獨訪林逋處士清談，至暮而歸。任中未嘗買物，及去，惟市《白樂天集》一部而已。」

⊙大字寺園

大字寺園，唐白樂天園也。樂天云：「吾有第在履道坊，五畝之宅，十畝之園，有水一池，有竹千竿」者是也。今張氏得其半，為會隱園，水竹尚在洛陽，但以其圖考之，則凡曰某堂有某水，某亭有某木，至今猶在，而曰堂曰亭者，無復仿佛矣。豈因數天理者可久，而成於人力者不足恃也，寺中樂天刻尚多。（卷二十五，劉德權、李劍雄點校《邵氏聞見後録》，第一九九～二〇〇頁）

智按：參見李格非《洛陽名園記·大字寺園》。

《白樂天畫像記》

景德詔書：「唐白樂天江州溢浦宅、廬山草堂，皆有畫像，有司以時繕治，其勿廢。」又取東林樂天文集入秘閣，兼別本校定，襲以瑞綺、俾益謹其藏。凡學士大夫至其地，必就觀焉。余南遊，則溢浦、廬山，悉壞於兵火矣。會東林更作樂天草堂，其所繪像，出庸史之手，殊不類，余歎息而去。既累年所，往來於中不忘，間摹東都普明寺樂天像，因東林之人置草堂中。普明，樂天履道坊故宅也。按，樂天元和元年為左拾遺，翰林學士，寫真集賢書院，年三十七矣。又五年，降江州司馬；又二十八年，以太子賓客分司東都；又五年，卒。則景德所存樂天畫像，當與集賢書院本相近，今亡矣。然樂天既老，尚追思廬山，其詩語中，類多見之。東林文集，亦分司時所送。今置東都像於廬山草堂，庶幾樂天本趣云。年月日，河南邵博記。（《國朝二百家名賢文萃》卷一四五；《全宋文》二〇〇六年版第一八四册，卷四〇五六，第四一二～四一三頁）

智按：邵博，字公濟，號西山，洛陽（今屬河南）人。伯溫子。高宗紹興八年（一一三八），以趙鼎薦賜同進士出身。九年，除秘書省校書郎兼實録院檢討官，出知果州。二十二年在知眉州任被誣過惡，降三官。二十八年，卒於犍為縣。有《西山集》五十七卷，已佚，有《邵氏聞見後録》傳世。《宋史翼》卷十有傳。

王之道（一〇九三～一一六九）

《寄白香巖縣丞》

香山譽望不可攀，香山之後傳香巖。香巖磚矼聳人目，香巖秀氣超塵凡。香巖之風清可掬，終日哦松適幽獨。媿我無能老杜門，何時一笑披青雲。（《四庫全書》本《相山集》卷六；《全宋詩》第三十二册，第二〇一七六頁）

智按：王之道，字彦猷，自號相山居士，無為（今屬安徽）人。與兄之義、弟之深同河徽宗宣和六年（一一二四）進士第，因對策極言聯金伐遼之非，抑置下列。欽宗靖康初調和州歷陽縣丞，攝烏江令，以奉親罷。金兵南侵，率鄉人退保胡避山。鎮撫使趙霖命攝無為軍，朝命為鎮撫司參謀官。高宗紹興間通判滁州，因上疏反對和議忤秦檜，責監南雄州溪堂鎮鹽稅，會赦不果行，居相山近二十年。秦檜死後，起知信陽軍，歷提舉湖北常平茶鹽、湖南轉運判官，以朝奉大夫致仕。孝宗乾道五年卒，年七十七。有《相山集》三十卷，已佚。清四庫館臣從《永樂大典》輯為三十卷。生平見本集卷三十附録宋尤袤《故太師王公神道碑》。

石孝友（一〇九三？～？）

《水調歌頭》

高情邈雲漢，長揖謝君侯。脱遺軒冕，籂弄泉石下清幽。心契匡廬猿鶴，淚染固陵松柏，一衲且蒙頭。風月感平發，魂夢繞神州。　　漾一葉，横孤管，去來休。琵琶亭畔，正是風葉荻花秋。點檢詩囊酒碗，擡貼舞裀歌扇，收盡兩眉愁。回望碧雲合，相伴赤松游。（《全宋詞》第二〇四七頁）

智按：石孝友，字次仲，南昌（今屬江西）人。孝宗乾道二年（一一六六）進士。大約登第後不久即去世。有《金谷遺音》一卷，已佚。生平見清道光《南昌縣誌》卷二十二。參見張再林《石孝友生卒年考》，《廣西師範學院學報》二〇〇一年第一期。

張嵲（一〇九六～一一四八）

《周參謀以詩催再游末章戲賦二首》（其二）

競説楊枝傾上國，樂天題品付歌行。但同學語雛鶯小，未見回眸剪水明。席舍主人能顧曲，曉來粧燭想銷檠。海棠何必尋龍井，願聽周詩賦鹿鳴。（《四庫全書》本《紫微集》卷七；《全宋詩》第三十二册，第二〇五一八頁）

《如吴興舟中讀白樂天詩有作》

離離雲樹泛朝曦，十月江南未變衰。縱櫂千尋霅溪水，散懷一卷樂天詩。平生名宦休回顧，隨分追游且自欺。不敢將心比餘事，逍遥何似洛川時。（《四庫全書》本《紫微集》卷七；《全宋詩》第三十二册，第二〇五一九頁）

《挽張全真詩二首》（其二）

玉質清臞似列仙，人間亦合得長年。功名不竟如壺遂，冲淡空嗟似樂天。胡不慭遺緣國老，憂深殄瘁爲時賢。含毫誰作名臣傳，要使風流後世傳。（《四庫全書》本《紫微集》卷八；《全宋詩》第三十二册，第二〇五二五頁）

智按：張嵲，字巨山，襄陽（今屬湖北）人。徽宗宣和三年（一一二一）上舍中第，調唐州方城尉，改房州司法參軍，辟利州路安撫司幹辦公事。高宗紹興五年（一一三五）召試，除秘書省正字。七年，遷校書郎、著作郎。八年，出為福建路轉運判官。十年，兼實録院檢討、守起居舍人、兼侍講、試中書舍人。升實録院同修撰，十一年，罷。起知衢州。十八年，提舉江州太平興國宫，獻《紹興中興復古詩》以希進用，尋卒，年五十三。有《紫微集》（一作《張巨山集》）三十卷，久佚。清四庫館臣據《永樂大典》輯為三十六卷。《宋史》卷四四五有傳。

歐陽澈（一〇九七～一一二七）

《醉中食鱠歌》

君不見秋風未發鱸正肥，張翰思歸心欲飛。又不見田文有客歌彈鋏，爲歎無魚聲激烈。水晶細鱠落金盤，須信江南味中絕。山谷曾名醒酒冰，一筯未嘗延俗客。助盤橙橘薦甘酸，入口瓊瑶碎牙頰。扶起嵇康頽玉山，滌破樂天醉吟魄。烹龍炮鳳未云珍，策勳終是愧霜鱗。江湖散人興不淺，爲羡此品常垂綸。有時舉竿獲錦鯉，玉屑花中拚爛醉。笑他大嚼市廛流，浪説屠門能快意。靈運池中蓄頗多，揚鬐鼓鬣戲清波。知我平生嗜此癖，霜刀細縷紅玉搓。典衣沽酒試轟飲，纈紋入面春風和。男兒大抵皆忼慨，功名未必常蹉跎。醉來擊劍歌白雪，閒愁萬斛俱消磨。杯盤雖冷落，風月輸吟哦。逸氣射斗牛，無人識太阿。俗態翻雲仍覆雨，世情炙手擾張羅。丈夫富貴當自致，恥傍權門効女蘿。雄圖自許羞俯仰，請看毫端食鱠歌。（《四庫全書》本《歐陽修撰集》卷四；《全宋詩》第三十二册，第二〇六五八頁）

《謝人惠紫竹杖》

王猷珍重惠龍孫，策險扶危價莫論。爛醉懸錢游酒域，狂吟步月打僧門。虚心尚有凌雲操，勁節元無染涙痕。寄語香山居士道，朱藤從此未爲尊。（《四庫全書》本《歐陽修撰集》卷四；《全宋詩》第三十二册，第二〇六六八頁）

《世弼讀白樂天放言詩倣其體依前韻作數首見寄因和答之亦倣樂天之體》

如簧巧語何須聽，似海侯門豈足游。太華崇高無棄土，滄浪合併納纖流。未要季子榮親印，已買陶朱佚老舟。藏器待時須大用，耻爭蝸角與蠅頭。

駟馬華軒終得志，簞瓢捽茹且潛身。隋珠莫彈排空雀，和璧休投按劍人。畫史解衣須遇鑑，齊門鼓瑟信難親。索瘢洗垢從教謗，澡雪襟懷與道隣。

摶鵬休笑蓬蒿適，燕雀豈知鴻鵠游。顔蹠賢愚終莫域，渭涇清濁自殊流。綆長方可探深井，水淺安能泛大舟。獨愛樂天吟著句，輸贏待看局終頭。

言行樞機宜慎發，利名韁鎖苦縈身。無非入市攫金客，誰似臨畦抱甕人。鴻雁弟兄猶列序，虎狼父子尚相親。刀錐不用爭蝸角，請學當時鬬黨隣。

（《四庫全書》本《歐陽修撰集》卷五；《全宋詩》第三十二册，第二〇六七一頁）

《傅巖小酌於草堂因繼前韵紀贈巖叟》（其二）

磊落胸襟造道真，江湖十載自由身。雖無偉績留當世，恰有清名異衆人。

甪里先生常願友，香山居士每求親。摳衣顧我雖幾數，賴得詩翁誘善鄰。（《四庫全書》本《歐陽修撰集》卷五；《全宋詩》第三十二册，第二〇六七一頁）

智按：歐陽澈，字德明，撫州崇仁（今屬江西）人。欽宗靖康初發布衣應詔上書。高宗建炎元年（一一二七）復徒步伏闕上書，與太學生陳東同時被殺，年三十一。三年，贈承事郎。紹興四年（一一三四）贈秘閣修撰。有《歐陽修撰集》七卷（其中詩集《飄然集》三卷）。生平見本集卷首宋吳沆序，《宋史》卷四五五有傳。

吴激（？～一一四二）

《人月圓》

南朝千古傷心事，猶唱後庭花。舊時王謝，堂前燕子，飛向誰家？
恍然一夢，仙肌勝雪，宮髻堆鴉，江州司馬，青衫淚濕，同是天涯。（《四庫全書》本《中州集·中州樂府》）

智按：吴激，字彦高，號東山，甌甯（今福建建甌）人。栻子。舉進士，曾知蘇州。工詩善畫能文，字畫得其岳父米芾（一〇五一～一一〇七）筆意。北宋末使金，以知名留不遣，後仕金為翰林待制。金熙宗皇統二年（一一四二）出知深州，到官三日卒。有《東山集》十卷，已佚。事見《中州集》卷一，《金史》卷一二五有傳。《全宋詩》録其詩二十五首。所作頗多憶國懷鄉之什。洪邁（一一二三～一二〇二）《容齋隨筆》卷十三「吴激小詞」：「先公在燕山，赴北人張總侍御家集。出侍兒佐酒，中有一人，意狀摧抑可憐，叩其故，乃宣和殿小宮姬也。坐客翰林直學士吴激賦長短句紀之，聞者揮涕。其詞曰：『南朝千古傷心地，還唱《後庭花》。舊時王謝，堂前燕子，飛向誰家？　恍然相遇，仙姿勝雪，宮髻堆鴉。江州司馬，青衫濕淚，同是天涯。』激字彦高，米元章婿也。」《歸潛志》卷八：「先翰林嘗談國初宇文太學叔通主文盟時，吴深州彦高視宇文為後進，宇文止呼為小吴。因會飲酒間，有一婦人，宋宗室子，流落，諸公感嘆，皆作樂章一闋。宇文作《念奴嬌》，有「宗室家姬，陳王幼女，曾嫁欽慈族。干戈浩蕩，事隨天地翻覆」之語。次及彥高，作《人月圓》詞云：『南朝千古傷心事，猶唱後庭花。舊時王謝，堂前燕子，飛向誰家？　偶然相見，仙肌勝雪，雲髻堆鴉。江州司馬，青衫濕淚，同是天涯。』宇文覽之大驚，自是人乞詞，輒曰：『當詣彥高也。』彥高詞集篇數雖不多，皆精微盡善。雖多用前人詩句，其剪截綴點若天成，真奇作也。先人嘗云，詩不宜用前人語。若夫樂章，則剪截古人語亦無害，但要能使用爾。如彥高《人月圓》半是古人句，其思致含蓄甚遠，不露圭角，不猶勝於宇文自作者哉？」（《宋人軼事彙編》卷十六：「按宇文詞，《買愁集》謂為張孝純作。又《容齋隨筆》謂吳詞為宣和殿小宮姬作，則非宗室女也。」）《中州集·中州樂府》云：「彥高北遷後，為故宮人賦此時，宇文叔通亦賦《念奴嬌》先成，而頗近鄙俚，及見彥高此作，茫然自失，是後，人有求作樂府者，叔通即批云：『吳郎近以樂府名天下，可往求之。』」

朱松（一〇九七～一一四三）

《次徐謝韻還江公詩卷》

大條祠官閑日月，絕知聖處著功深。榮枯舉世爭盧白，枉直何人較尺尋。身比香山差得計，詩看正始有遺音。應容下客游東閣，要話朱游夙昔心。（《四庫全書》本《韋齋集》卷四；《全宋詩》第三十三册，第二〇七三六頁）

智按：朱松，字喬年，號韋齋，徽州婺源（今屬江西）人。熹父。徽宗政和八年（一一一八）同上舍出身，授建州政和尉，調南劍州尤溪尉，監泉州石井鎮。高宗紹興四年（一一三四）除秘書省正字，累遷承議郎。十年，因反對和議忤秦檜，出知饒州，未就，主管台州崇道觀。十三年卒。有《韋齋集》十二卷，外集十卷，外集已佚。生平見本集卷首行狀、《宋史》卷四二九《朱熹傳》。

蔡絛（一〇九七～一一五六或稍後）

《鐵圍山叢談》

王晉卿家舊實徐處士碧檻《蜀葵圖》，但二幅。……迨至末年，上方所藏率舉千計，實熙朝之盛事也。吾以宣和歲癸卯，嘗得見其目，若唐人用硬黄臨二王帖至三千八百餘幅，顔魯公墨跡至八百餘幅，大凡歐、虞、褚、薛及唐名臣李太白、白樂天等書字，不可勝會。獨兩晉人則有數矣。至二王《破羌》、《洛神》諸帖，眞蹟殆絕，蓋亦僞多焉……（《知不足齋叢書》本卷四；《四庫全書》本卷五；馮惠民、沈錫麟點校《鐵圍山叢談》，第七八頁）

《西清詩話》

世稱白樂天學佛，得佛光如滿時趣，觀其「吾學空門不學仙，……歸則須歸兜率天」之句，則豈解脱語耶？元微之詩，雖不及樂天遠甚，然其得處，豈樂天所能及哉？其《遣病》詩云：「况我早師佛，屋宅此身形。復舍彼就此，去留何所縈？前身為過跡，來世即前程。蛻骨龍不死，蛻皮蟬自鳴。」則與賈誼「忽然為人，何足控持，化為異物，又何足患」之語何遠耶？孟郊未嘗留意於此，而《弔元魯山》詩有「苟含天地秀，皆是天地身」之句（智按：見《全唐詩》卷三八一），亦可嘉矣。（《詩話總龜》後集卷四十五《釋氏門》，周本淳校點本，第二八三～二八四頁）

智按：此則又見宋葛立方撰《韻語陽秋》卷十二，「時趣」，作旨趣；「復舍彼」，作舍彼復；「控持」，作控摶。

王文公見東坡《醉白堂記》云：「此乃是韓白優劣論。」東坡聞之曰：「不若介甫《虔州學記》，乃學校策耳。」二公相誚或如此，然勝處未嘗不相傾慕。元祐間，東坡奉祠西太一宫，見公舊詩云：「楊柳鳴蜩緑暗，荷花落日紅酣。三十六陂春水，白頭想見江南。」注目久之，曰：「此老野狐精也。」（《苕溪漁隠叢話》前集卷三十五《半山老人三》，廖德明校點，虞行、周本淳重訂本，第二三六頁）

智按：又見宋王正德（一一八二至一一九三前後）《餘師録》（《四庫全書》本卷四）。宋江少虞《事實類苑》卷四十引《西清詩話》「王蘇更相是非」：「王文公見東坡《醉白堂記》，徐曰：『此非是韓白優劣論?』東坡答之曰：『不若介甫《度州學記》，乃學校策耳。』二公相誚或如此，然勝處未嘗不相傾慕。元祐間，東坡奉祠西嶽，一見公舊題：『楊柳鳴蜩緑暗，荷花落日紅酣。三十六陂春水，白頭想見江南。』炷目久之，曰：『此老野狐精也。』」《山堂肆考》卷一百二十六「王蘇相誚」條，「度州」作「虔州」。

柳子厚詩，雄深簡淡，迥拔流俗，至味自高，直揖陶謝；然似入武庫，但覺森嚴。王摩詰詩，渾厚一段，覆蓋古今。但如久隱山林之人，徒成曠淡。杜少陵詩，自與造化同流，孰可擬議，至若君子高處廊廟，動成法言，恨終欠風韻。黄太史詩，妙脱蹊徑，言謀鬼神，唯胸中無一點塵，故能吐出世間語；所恨務高，一似參曹洞下禪，尚墮在玄妙窟裏。東坡詩，天才宏放，宜與日月爭光，凡古人所不到處，發明殆盡，萬斛泉源，未為過也；然頗恨方朔極諫，時雜以滑稽，故罕逢醞藉。韋蘇州詩，如渾金璞玉，不假雕琢成妍，唐人有不能到；至其過處，大似村寺高僧，奈時有野態。劉夢得詩，典則既高，滋味亦厚；但正若巧匠矜能，不見少拙。白樂天詩，自擅天然，貴在近俗；恨如蘇小雖美，終帶風塵。李太白詩，逸態淩雲，照映千載；然時作齊梁間人體段，略不近渾厚。韓退之詩，山立霆碎，自成一法；然譬之樊侯冠佩，微露粗疎。柳柳州詩，若捕龍蛇，搏虎豹，急與之角，而力不敢暇，非輕蕩也。薛許昌詩，天分有限，不逮諸公遠矣；至合人意處，正若芻豢，時復咀嚼自佳。王介甫詩，雖乏豐骨，一番出清新，方似學語之小兒，酷令人愛。歐陽公詩，溫麗深穩，自是學者所宗；然似三館畫手，未免多與古人傳神。杜牧之詩，風調高華，片言不俗，有類新及第少年，略無少退藏處，固難求一唱而三歎也。右此十四公，皆吾生平宗師追仰，所不能及者，留心既久，故閑得而議之。至若古今詩人，自是珠聯玉映，則又有不得而知也已。（《苕溪漁隱叢話》後集卷三十三，廖德明校點，虞行、周本淳重訂本，第二五七～二五八頁）

智按：又見宋何汶《竹莊詩話》卷一，常振國、絳雲點校本，第十一頁；南宋魏慶之《詩人玉屑》卷十二，王仲聞校勘本上册，第二五九頁。元劉壎《隱居通議》卷六、清鄭方坤《全閩詩話》卷三亦有稱引。

名山福地，古來題詠傳諷於世者尤鮮。緱氏，王子晉昇仙之地，有祠在焉。像設塵昏，奠獻不繼，然宛存山川古色。鄭工部文寶嘗題一絕：「秋陰漠漠秋雲輕，緱氏山頭月正明。帝子西飛仙馭遠，不知何處夜吹笙。」後晏元獻守洛，過見之，取白樂天語書其後，云：「此詩在在有神物護持。」（明抄本蔡絛《西清詩話》卷中）

智按：參見宋何汶《竹莊詩話》卷十六雜編六，常振國、絳雲點校本第三一九頁。

徐州燕子樓直郡舍後，乃唐節度使張建封為侍兒眄眄者建。白樂天贈詩自誓而死者也。陳彦升嘗留詩，辭致清絕：「僕射荒阡狐兔游，侍兒猶住水西樓。風清玉簟慵歌枕，月好珠簾懶上鈎。寒夢覺來滄海濶，新愁吟罷紫蘭秋。樂天才似春深雨，斷送殘花一夕休。」後東坡守徐，移書彦升曰：「彭城八詠，如《燕子樓》篇，直使鮑謝歛手、温李變色也。」（明抄本蔡絛《西清詩話》卷中）

韓退之作李干墓誌，叙李虚中輩以藥敗，且戒人服金石，復躬蹈之。白樂天詩：「閑日一思舊，舊游如目前。徵之煉秋石，未老身溘然。退之服硫黄，一病竟不痊。」又張籍《哭退之》詩：「中夜十五夜，圓魄天差晴。為出二侍女，合彈琵琶筝。」《唐語林》云：二侍妾名柳枝、絳桃，其使王庭凑有《壽陽驛》絕句：「不見園花兼柳巷，馬頭惟有月團圓。」盖寄意二妹逮歸，而柳枝竄去。又有《鎮州初歸》詩：「別來楊柳街頭樹，擺亂東風只欲飛。惟有小園桃李在，留花不發待郎歸。」自是專屬意絳桃矣。文公，鉅儒也，乃以侍兒故敗於藥耶？（明抄本蔡絛《西清詩話》卷下）

智按：蔡絛，字約之，號百衲居士，仙遊（今屬福建）人。京次子。徽宗宣和六年（一一二四），京再起領三省，年老不能事事，奏判皆絛為之。七年，賜進士出身，未幾勒停。欽宗靖康元年（一一二六），流邵州，徙白州。高宗紹興末尚存世。有《西清詩話》（又名《金玉詩話》）三卷。《鐵圍山叢談》六卷。事見《宋史》卷四七二《蔡京傳》。

朱翌（一〇九七～一一六七）

《送山芥與徐稚山》

北風撼坤軸，飛雪封高崖。萬草坐凍死，不復存根荄。蔚然蒼山底，有此紫玉釵。本無塵土侵，寧畏霜霰埋。偶爲樵牧知，遂與薇蕨偕。堅瘦故耐久，苦森終怒俳。未免一時出，肯事衆口諧。可以寄樂天，時供八關齋。可以送庾郎，三九代食鮭。朱門厭焊爛，嘉蔬日詭差。飛觴失行次，可口相推排。爾來走缾罌，遂費登山鞋。文昌列宿光，騎省後人佳。居官乃退步，養氣能實骸。一箸須子同，苦硬求吾儕。（《四庫全書》本《灊山集》卷一；《全宋詩》第三十三册，第二〇八一〇頁）

《聞鄰舟琵琶》

檣烏逐風不停飛，尾燕掠水東復西。鸞弦金撥竊私語，行客轉頭聲更悲。擾擾雲吹寶鬟緑，新妝半隱朱簾曲。無限柔情指下生，誰道彈絲不如竹。谷兒指法來帝城，曹供奉傳新曲名。香山居士家有此，何况更聞江上聲。路轉溪回雙櫓咽，彈盡胡笳十八拍。山頭日落暮潮平，一帶荷花自秋色。（《四庫全書》本《灊山集》卷一；《全宋詩》第三十三册，第二〇八二三頁）

《輴歸自五羊得承可舊詩一編書其後》

君不見，香山居士居洛陽，遠借五寺收文章。又不見，巢父詩卷何所藏，留之天地同久長。鑄金琢石非不强，金流石泐不可防。以人傳人策甚良，世人顧未知其方。我昔宦游淩大江，年少從君璧一雙。勝時一詠同一觴，頗亦自愧搶榆枋。劫火不肯留青囊，日往月來心不忘。大兒南歸自五羊，袖中乃有萬丈光。伏而讀之喜莫量，重到虎踞龍盤鄉。今年貢舶早放洋，明珠大貝光溢箱。答賜不敢煩吾皇，願得君詩歸獻王。（《永樂大典》卷八百九十九引《灊山集》；《全宋詩》第三十三册，第二〇八七四頁）

《宣城書懷》

高爽清涼郡，登臨佳麗都。上連三蜀重，旁挾兩淮趨。天分光牛斗，溪行走舳艫。新林天際浦，青草柳邊湖。丁令鶴歸晚，琴高鯉疾驅。高城布渠答，近市表浮屠。龍具深耕雨，牛車富入租。鐘魚廣教飯，簫鼓敬亭巫。禱請俱先詣，齋修必盡愚。虔恭問杯珓，疇昔夢摴蒱。桃李萬家邑，魚鹽百賈區。棋爭三品勝，錢爲七郎輸。湖上同皇甫，樓中記獨孤。五雲裘可作，天馬錦應無。射的穿雲白，蓮房照水烏。山精今及采，鷹爪得同拘。右史隸題榜，太和存漏壺。劘牙虞吏像，衣褐卯神圖。蝎走收宵螫，蜂讙保穴雛。泉甘黃蘗舊，茶雋白雲腴。幽寂谷留馬，凌歊舟若梟。山登天柱石，沙暖句溪蒲。洞啟三天秘，灘愁六剌迂。輕煙藏石女，微雨浴花姑。半夜笛聲起，臨軒桂影敷。謝公亭別范，孔子井猶洙。舟起鷺前導，橋橫龍未雩。子安飛遠近，杜宇訴朝晡。示爽歸田約，懷冰洒篆娛。白公謝霞綺，荀媪進彫胡。神王能旁達，心閑免外虞。白黿飛入楚，赤馬棹通吳。孤枕喧鼯鼠，南亭聽蟪蛄。貢先紅毯貴，俗尚褐袍麤。蟬蜕裴丞相，聰明陸大夫。劉詩送拄杖，班傳出葫蘆。露柱從師指，金杯受賜殊。漢書國史法，心要藏經郛。鮒活有奇術，歸還真夢驅。苦心思懿老，一鉢走元孚。潛隱大中主，躬行外域膜。儲神天北極，繫念水西隅。内屏如來地，當陽造化鑪。千年猶可想，一絕定非諛。昔在中書省，親聞大禹謨。土階臨黼座，文石上絲絇。紅繞當階藥，陰留一院梧。不才持史筆，有愧但書厨。卜築隨鯤徙，因山與鵬俱。忘懷從北院，歸命只南廬。作賦先招隱，移文卒謝逋。晚歸真發覆，豈意辱噓枯。黃屋南巡岳，侯圭畢會塗。時持莘野鼎，來采會稽菰。聖主新更化，羈臣首辨誣。書修天禄閣，游並道山儒。汩沒顏容改，因循歲月徂。此生甘泛梗，餘論許分符。節近書雲日，輪驅畫鹿朱。川華冰片合，山曲卧屏紆。入臘占三白，登堂展七扶。人家多露積，村鼓不鳴桴。身奉三年最，魂收一紀逾。可無人歎息，粗免鬼揶揄。夜引星朝斗，晨瞻日出嵎。兩旗歎潦倒，五馬忘崎嶇。嚴瀨猶如睦，崑山恐是蘇。深憐百口逐，只辦四方餬。旋磨魚千里，彌縫金十奴。何如今守馥，猶愧舊官呼。笏有看山拄，歌無擊缶嗚。江山真肺腑，魚鳥自葭莩。正賴管城子，能招墨客徒。李梅詩格律，斑竹政規模。事省囚寬縶，年豐酒易沽。近分天駟監，遣牧决波騟。苗獮申軍法，蕃宣奉帝俞。校旗推妙手，嗤鏃視張弧。杼軋絲雙繭，篁包米一桴。遇風專戒火，聽雨甚憂圩。酒盞經旬把，歌茵特地鋪。賜金誇魏絳，顧曲少周瑜。碩果園林密，春山雨露濡。木瓜紅鏤體，銀杏緑勻膚。栗發風前罅，柑垂霜後株。蟻侵梨釀蜜，盤走芡圓珠。野蔌多將葅，春盤細剪蔞。誰同九日菊，難得一枝萸。水闊尋魚鶩，沙連合陣鷉。愛閑多閉閣，因事或操觚。敏捷慚銅鉢，工夫體轆轤。僧談曾接會，老境合師瞿。窗月重重鏡，松風一一竽。飫餐佳境蔗，旋鱠早秋鱸。本是烟霞痼，何疑山澤癯。計難出柏馬，收必在桑榆。舊事論新事，今吾非故吾。意中不足致，身外復何須。朝市安能隱，田園久已蕪。斯言誠有味，端不減醍醐。(《四庫全書》本《灊山集》卷三;《全宋詩》第三十三册，第二〇八六四頁)

《猗覺寮雜記》

燕作巢避戊己日，又惡艾，雀欲奪其巢，則銜艾在其中，燕即去，見《白樂天集》。顧况《燕于巢》詩序云:「不以甲乙銜泥。」其詩云:「燕燕于巢，綴緝維戊。」與樂天所言不同。(《四庫全書》本卷上)

退之《寄周循州》云:「陸孟丘楊久作塵，同時存者更誰人? 金丹別後知傳得，乞取刀圭救病身。」四人皆董晉幕中同官，陸長源、孟叔度、丘穎、楊凝，退之戒人服丹，其言甚切，乃乞丹於循州。樂天云:「退之服硫黄」，信矣。(《四庫全書》本卷上)

人生如寄，見《高僧傳》，又南齊劉善明云:「人生如寄，來會幾何?」樂天《感時》云:「人生詎幾何，在世猶如寄。」《秋山》云:「人生無幾何，如寄天地間。」東坡云:「人生如寄耳，嶺海亦閒游。」多用此事云。(《四庫全書》本卷上)

太白云:「恨不掛長繩於青天，繫西飛之白日。」李長吉云:「長繩繫日樂當年。」樂天云:「既無長繩繫白日。」二公用太白意也。(《四庫全書》本卷上)

《抱朴子》云:「韓子子治嘗以地黄、甘草哺五十歲老馬，生三駒，百三十歲乃死。」東坡《地黄》詩云:「地黄飼老馬，可使光鑑人。吾聞樂天語，喻馬施之身。」非樂天語也。樂天用《抱朴子》事耳。吴淑《馬賦》亦引

《抱樸》之言，《雜俎》亦云：「方言以甘草、地黄噉五十歲馬，生三駒。」(《四庫全書》本卷上)

智按：《雜俎》所云，見段成式《酉陽雜俎》前集卷十六，方南生點校本，第一五九頁。

魯直云：「百年中半夜分去，一歲無多春暫來。」全用樂天。《寄元九》一聯云：「百年夜分半，一歲春無多。」亦演爲七言。(《四庫全書》本卷上)

樂天云：「鍾乳三千兩，金釵十二行。」以言聲妓之多，蓋用古樂府云：「頭上金釵十二行，足下絲履五文章。」是一人頭插十二行釵耳，非聲妓之多十二重行也。(《四庫全書》本卷上)

蜀人云：「灩澦如馬，瞿塘莫下；灩澦如象，瞿塘莫上。」杜云：「如馬戒舟航。」白樂天云：「五月斷行舟，灩澦正如馬。」(《四庫全書》本卷上)

白云：「前月浮梁買茶去。」《舊唐史》：「風俗貴茶之名劍南之蒙頂云云，浮梁之商貨不在焉。」是唐之茶商，多在浮梁也。(《四庫全書》本卷上)

「親家翁」、「開素」、「鵲填河」，皆俗語。白樂天用俗語為多。《贈皇甫郎中親家翁》：「晚接嘉姻不失親。」又云：「月終齋滿誰開素，須記奇章置一筵。」又云：「秃似鵲填河。」(《四庫全書》本卷上)

杜預自表：營首陽之南，為將來兆域，取制於邢山鄭祭仲之墓。陶淵明自作挽辭，自祭文。杜牧之、白樂天、辛秘、李棲筠、王績、嚴挺之、柳子華，皆自撰墓誌。盧照鄰、李適、司空圖，自作墓誌。衛大經自鑿墓，自為誌。顔魯公在蔡州，度必死，乃作遺表墓誌祭文，謂之達亦可，謂之近名亦可。處死，若魯公可也。(《四庫全書》本卷下)

智按：朱翌，字新仲，自號灊山道人、省事老人，桐城（今屬安徽）人，晚年定居鄞縣（今浙江寧波）。徽宗政和八年（一一一八），賜同上舍出身。歷溧水縣主簿，敕令所刪定官，秘書省正字，實録院檢討官試秘書少監，試起居舍人，高宗紹興十一年（一一四一），擢中書舍人兼實録院修撰，尋以言事忤秦檜，責韶州居住。二十五年，起充秘閣修撰，出知宣州、平江府。孝宗乾道三年卒。有《灊山文集》四十卷，已佚，清四庫館臣據《永樂大典》

輯為三卷。另有《猗覺寮雜記》二卷行於世。事見《寶慶四明志》卷八、《延祐四明志》卷四。

胡寅（一〇九八～一一五六）

《過方廣不遇主僧留示》

崎嶇犖确梁復矼，赬肩四力流汗杠。笋輿軋軋三十里，乃值道人游近邦。倦軀且借禪榻卧，仰睇傑閣丹青龐。泉湍夜挾風雨壯，撼床殷枕如濤江。晴戀空濛染佛髻，白月皓皓團僧窗。高杉大松間修竹，烟旆霧蓋參雲幢。要須酒壺綴羊羫，哀簫怨笛歌鬟雙。緬懷東岩謝太傅，提攜靚艷凌崆峣。不學香山白居士，只與如滿相敦厖。想君聞之笑且哤（哤），西東分流嶺頭瀧。歸來亦復有何好，方寸坐以鐘魚降。留詩六反皆震動，魚誰考擊鐘誰撞。（《四庫全書》本《斐然集》卷一；《全宋詩》第三十三册，第二〇九三六頁）

《和劉彥沖白髮》

避炎掃浄室，卧看浮爐烟。讀君五字詩，鶴髮驚臞仙。緬懷少壯日，意氣横無邊。春風鬱雙鬢，緑草爭芳妍。酒豪既跌宕，花惱仍狂顛。涉境如刺繡，針行久忘邅。中路一線通，悟彼稱世賢。不知老將至，此道聞尼宣。高山戴雪早，從人嘲樂天。青青復種種，榮謝理固然。市翁一彈鑷，意眇飛鴻前。何況大丈夫，乃顧兒女憐。爲語偓佺輩，癡心莫攀緣。褭蹄諒可鑄，此物無由玄。（《四庫全書》本《斐然集》卷二；《全宋詩》第三十三册，第二〇九三九頁）

《泝江濡滯》

何處難忘酒，舟行不進時。漫流迷繂道，數日誚篙師。近樹久猶見，遠山都未移。此時無一盞，吾意亦紓遲。（《四庫全書》本《斐然集》卷四）

智按：何處難忘酒，出自白樂天《何處難忘酒》詩（《白氏長慶集》卷五七）。

《致堂讀史管見》

淮南節度使王諤厚進奉及賂宦官，求平章事，翰林學士白居易諫，事遂寢。

任宦官，喜進奉，德宗之大弊，終身之膏肓也。憲宗遠慕貞觀之治，而近循正元之失，何也？殆亦幼少出入乃祖，左右習聞熟見，固以是爲常事，而不之恠歟。夫官吏不滌之罪，莫汙於受賕，百代不變之法也。杜黄裳有經濟大略，而以通餽謝無清白稱，遂罷相位。人君以一身表正萬邦，乃納藩鎮賄賂，又欲以宰相賞之，尚何官吏之責哉！必以爲無害，則監臨受賄之法可廢，苟一行一否，又何以示天下之至公，以此言之，庶有豸乎。故嘗觀天地之德，天德主施萬物資始，而清明粹精，一毫不係也。坤爲吝嗇，雖化貸萬物，其益無方，而歸根糞本，皆反於土，故淆於物欲者其趣汙，達於理義者其志潔，故人君當位乎天德也。（《致堂讀史管見》卷二十四，《續修四庫全書》影印宛委別藏宋寶祐二年宛陵郡齋刻本）

山南東道節度使裴均於德音後首進奉，李絳、白居易請却之，上令付度支，既而有旨進奏院，自今諸道進奉，無得申御史臺，居易復以爲言，上不聽。

攻病者，不去病源，而徒飲以藥；藥不對，病雖曼澤怡面，膚革充盈，病固自存也。任宦官，喜進奉，憲宗之大病也，李絳、白居易於此二者，當朝夕納誨，必期於格君非心，如晉元之覆盃，如苻堅之止獵，終身不爲，則天下之治，始可望矣。病本不除，今日勸以用賢，用之必不力；明日勸以去不肖，去之必不果。雖目前暫得治安之效，亦終於危亂而已矣。祖甲不義，一聽師保之訓，克終允德，成王信讒，一悟周公之忠，無敢昏逾，夫豈過而不改，改而復作哉！雖二君天質美茂，良由伊尹、周公治病有方耳。由是觀之，李、白諸公斥救之道，抑未至歟。（《致堂讀史管見》卷二十四，《續修四庫全書》影印宛委別藏宋寶祐二年宛陵郡齋刻本）

以吐突承璀爲左、右神策、河中、河陽、浙西、宣歙等道行營兵馬使、招討處置等使，白居易奏曰：陛下念承璀勤勞，富貴之可也。至於軍國權柄，動關理亂，豈可徇一時之情，而取笑萬代乎。

人君欲富其臣，非厚禄不可；欲貴其臣，非高位不可。加厚禄、高位於奄尹，以報其勤勞，先王無是也。白居易於是失言。孟子曰：「不直則道不見。」盍亦直舉太宗故事，内侍省不置三品官，黄衣廩食守門傳命而已。自中宗明皇隳壞光烈，而甚於德宗，將有弑君亡國之禍，願盡剗此弊，追復貞觀。憲宗方欲中興唐室，心雖有蔽，未至於昏，可爲忠言，安知其不遂開納耶？（《致堂讀史管見》卷二十四，《續修四庫全書》影印宛委别藏宋寶祐二年宛陵郡齋刻本）

白居易嘗因論事言陛下錯，上色莊而罷，密謂李絳曰：居易不遜，須令出院。絳曰：居易言雖少思，志在納忠，今日罪之，恐天下箝口矣。上悦，待居易如初。

《成湯》有言：「萬方有罪，在予一人。」《盤庚》亦曰：「邦之不臧，惟予有佚。」罰况過誤，出於己則。聖賢之君，深自克悔。宜如何哉？憲宗求諫納忠，號爲英主，而猶駭聞錯之一字，况庸庸者乎？雖然，始怒居易以直忤己，終從李絳以忠相益，去非從是，如反覆手，使每每如斯，貞觀之治，貴可跂而及也。（《致堂讀史管見》卷二十四，《續修四庫全書》影印宛委别藏宋寶祐二年宛陵郡齋刻本）

弓箭庫使劉希光受賂事覺，賜死，事連吐突承璀，貶淮南監軍，上問李絳曰：朕出承璀何如？對曰：「外人不意陛下遽能如是。」上曰：「此家奴耳，鄉以驅使之久，故假以恩私。若有違犯，去之如一毛耳。」憲宗心實難於去承璀，而言之何其易也。誠以爲易者，李絳、白居易、李元素、李鄘、許孟容、李夷簡、孟簡、吕元膺、獨孤郁、裴垍、段平仲前後陳列甚力，帝皆不聽，而自謂猶去一毛，斯毛之難拔，不幾於劉更生所謂佞山乎。今以他人事涉，遽能出之，非帝惡承璀也，姑以謝劉希光耳。希光亦内侍也，受人金錢，罪抵死。承璀與其事，縱不殺之，豈不當配流，而猶得出監方鎮之軍，刑法太頗，然憲宗則以爲重典矣。既以謝希光，又以遏外議，不自覺其情之泄於言也。去一奄尹，若驕兒墮齒，欣然以語于人，且其言又有失者，曰「鄉以驅使之久，故假以恩私。若有違犯，去之輕如一毛。」夫授以禁兵，出爲制將，曷重如之，以是爲恩私，可乎？師出無功，使叛臣益肆侮玩，比之與受賂者通情，豈可同日語也？才得降爲監軍，未幾又爲左衛大將軍，知内侍省矣。

以是知憲宗實眷眷於承璀，不得已而暫出之，當時不能自克其私，垂之簡册，使後人得以尋究，見其心事，豈不爲英明之累哉！（《致堂讀史管見》卷二十四，《續修四庫全書》影印宛委別藏宋寶祐二年宛陵郡齋刻本）

正月丙午上即位二月丁丑，御丹鳳門樓，赦天下。事畢，盛陳倡優雜戲觀之。丁亥，幸神策軍，觀手搏雜戲，羣臣多諫，上不聽。憲宗不知帝王之學，初即位，喜對諸學士李絳、白居易、崔羣等，亦隨事納忠而已，未有極論大學本末，使帝服膺拳拳而勿失者也已。既不得學力，又安能擇人，使教其子哉！穆宗踐祚，年二十有五矣。若憲宗，知周公傅成王之道，自其幼學而輔導之，居仁由義，通古知今，十五年之久，豈不爲賢主乎？一旦居非民之上，身在大喪，柩方在殯，已與羣臣吉服游戲無度，若膏梁騃子，初無所知者，不旋踵而即世。周公曰：自時厥後立王，生則逸，生則逸亦罔克壽，或五六年，或四三年，其穆敬之類歟。是故善爲國家遠慮者，必以輔導太子爲急，周公之於成王，幼而習之，所見必正事，所聞必正言，左右前後皆正人，故習與智長，化與心成，所謂輔導者非告詔以言過而後諫也，在乎薰陶涵養而已矣。一日之間，接賢士大夫之時多，親閹寺嬪御之時少，則氣質自化，德器自成，蓋與近習久熟則生褻慢，與賢士大夫久熟則生愛敬。故也，三代人君，必有師保傅之官，後世舉事，無本知求治而不知正君，知規過而不知養德，傅道既踈，保職又闕。夫傅德義者，在乎防聞見之非，節嗜慾之過；保身體者，在乎適起居之宜，存畏慎之心。蓋人君居崇高之位，持威福之柄，百官祇慄，而莫敢仰視，萬方承奉而所求必得，苟非知道畏義，所養如此，其成可知矣。……（《致堂讀史管見》卷二十五，《續修四庫全書》影印宛委別藏宋寶祐二年宛陵郡齋刻本）

元稹怨裴度，欲解其兵柄，故勸上雪王庭湊而罷兵，以度爲司空留守東都。

元微之以詩名，其名出白居易上，夫詩雖小技，豈無知識者所能爲也。託意於諷諫，則可以觀其事君，寓情於美刺，則可以觀其達政。若無識則其言背理傷道，雖有華藻，不能獨勝，而不爲人所賞重矣。王庭湊，逆亂之賊臣也。裴晉公，忠勲之元老也。崔潭峻、魏弘簡，刀鋸之賤人也。深結崔、魏，左右庭湊，而沮抑晉公，其所見如此，則其詩雖凌駕七子，而追攀四始，亦何足貴歟？不特稹也，如柳子厚、劉夢得，何獨不然，故君子以有識爲貴。（《致堂讀史管見》卷二十五，《續修四庫全書》影印宛委别藏宋寶祐二年宛陵郡齋刻本）

上聞白居易名欲相之，李德裕素惡之，乃言居易衰病，其弟敏中詞學不減居易，且有器識，遂以爲翰林學士。

白居易清修忠諒，自元和以來爲名臣，而敏中無聞焉。李德裕惡居易，好敏中，豈非以其附己不附己爲辨乎？居易實不衰病，而言其衰病，沮上欲用之之意。敏中實無器識，而譽其器識，伸己欲援之之心，此非取信人主師表百僚之道也。他日見擯，有器識者出力最多，故曰：「言無實不祥，不祥之實，蔽賢者當之。」（《致堂讀史管見》卷二十五，《續修四庫全書》影印宛委别藏宋寶祐二年宛陵郡齋刻本）

智按：胡寅，字明仲，學者稱致堂先生，建州崇安（今福建武夷山）人。安國子。徽宗宣和三年（一一二一）進士。欽宗靖康元年（一一二六），除秘書省校書郎，遷司門員外郎。汴京陷，棄官歸。高宗建炎三年（一一二九），為駕部員外郎，尋除起居郎，以上萬言劄子忤時相，主管江州太平觀。紹興四年（一一三四），復為起居郎，遷中書舍人。出知永州、邵州、嚴州。八年，除禮部侍郎，兼侍講，尋直學士院。丁父憂，服除奉祠，俄致仕，居衡山。二十年，以忤秦檜，責新州安置。檜死，詔自便，尋復舊官。二十六年卒，年五十九。有《斐然集》三十卷。《宋史》卷四三五有傳。

葛立方（一〇九八～一一六四）

《胡樞横山堂》（其五）

天然平遠染百幅，泚筆底須東絹傳。窗戶吐吞新日月，風煙出沒舊山川。白公築室地三一，楊子草玄文五千。筋力尚堪驅使在，異時重泛白蘋船。（《四庫全書》本《兩宋名賢小集》卷八十二；《全宋詩》第三十四册，第二一七九六頁）

《小樓上梁文》

兒郎偉，考成版屋，何慙南嶽先生；未辦石樓，終愧香山居士。歸愚老人上韓愈宜春之印，歸肩吾雪水之廬，芟薙北隅，經營後圃，將使樾蔭几席，花艶壷觴，雖無佛國之優雲，尚欠仙家之旌節，然鉢盂傳杜鵑之種，羯鼓開繁杏之柯；牡丹送婺女之星，芍藥醉楚狂之子；漁郎漾舟於桃花之側，孺人戛瑟於辛夷之前；亦足以暢敘幽情，淹留歡緒。爰興層屋，下視綺原，裊裊露梢，蒸綵霞而拂檻；重重煙葉，展翠幄以承欞。有是賞心，何辭屬役。既謀龜筴，用舉虹梁。

兒郎偉，抛梁東。曲港飛橋一葦通，鹿苑寺前魚酒市，趂虛時有杖藜翁。

兒郎偉，抛梁西。倒影千峯落畫溪，一望滄浪芳薄裏，幾番騣裹緑楊嘶。

兒郎偉，抛梁南。鐵鳳華鯨響浄藍，飛錫何方來白足，爲人時演後三三。

兒郎偉，抛梁北。蒼卞峩峩生翠滴，山人莫遣曉猿驚，驛路須防德璋勒。

兒郎偉，抛梁上。醿幄醽空薇作帳，凭欄細細翫花梢，要看春工雕刻相。

兒郎偉，抛梁下。閑裏光陰買無價，蒼苔綉地長鋤痕，智井汲泉生石罅。

伏願上梁之後，享衛武之百年，朋魯僖之三壽；一百九十策，榮及孫曾；三萬六千場，醉同賔友。繇兹福筭，波及里閭。（《侍郎葛公歸愚集》卷九，《續修四庫全書》影印宋刻本）

《謝先人賜謚文康啓》

……白公掌制，唐朝止著於文稱；黔子辭封，戰國僅加於康號。獲兼二懿，實邁前芳，而況神聖撫中興之朝，賢傑運上公之枋？……（《侍郎葛公歸愚集》卷十，《續修四庫全書》影印宋刻本）

《韻語陽秋》

韋應物詩平平處甚多，至於五字句，則超然出於畦徑之外。如游溪詩「野水煙鶴唳，楚天雲雨空。」南齋詩「春水不生煙，荒崗筠翳石」。詠聲詩「萬物自生聽，太空常寂寥」。如此等句，豈下於「兵衛森畫戟，燕寢凝清香」哉。故白樂天云：「韋蘇州五言詩，高雅閒淡，自成一家之體。」東坡亦云：「樂天長短三千首，卻愛韋郎五字詩。」（卷一，《歷代詩話》第四八七頁）

「水田飛白鷺，夏木囀黃鸝。」李嘉祐詩也。王摩詰衍之為七言曰：「漠漠水田飛白鷺，陰陰夏木囀黃鸝。」而興益遠。「九天閶闔開宮殿，萬國衣冠拜冕旒。」王摩詰詩也。杜子美刪之為五言句，「閶闔開黃道，衣冠拜紫宸。」而語益工。近觀山谷《黔南十絕》，七篇全用樂天《花下對酒》、《渭川舊居》、《東城》、《尋春》、《西樓》、《委順》、《竹窗》等詩，餘三篇用其詩略點化而已。樂天云：「相去六千里，地絕天邈然。十書九不到，何以開憂顏。」山谷則云：「相望六千里，天地隔江山。十書九不到，何用一開顏。」樂天云：「霜降水反壑，風落木歸山。苒苒歲時晏，物皆復本原。」山谷云：「霜降水反壑，風落木歸山。苒苒歲華晚，昆蟲皆閉關。」樂天詩云：「渴人多夢飲，飢人多夢餐。春來夢何處？合眼到東川。」山谷云：「病人多夢醫，囚人多夢赦。如何春來夢，合眼見鄉社。」葉少蘊云：「詩人點化前作，正如李光弼將郭子儀之軍，重經號令，精彩數倍。」今觀三公所作，此語殆誠然也。（卷一，《歷代詩話》第四八九～四九〇頁）

張籍，韓愈高弟也。愈嘗作《此日足可惜》贈之，八百餘言。又作《喜侯喜至》之篇贈之，二百餘言；又有《贈張籍》一篇，二百言，皆不稱其能詩。獨有《調張籍》一篇大尊李杜，而末章有「顧語地上友，經營無太忙」之句。《病中贈張籍》一篇有「半塗喜開鑿，派別失大江。吾欲盈其氣，不令見麾幢」之句。《醉贈張徹》有「張籍學古淡，軒鶴避雞羣」之句。則知籍有意於慕大，而實無可取者也。及取其集而讀之，如《送越客》詩云：「春雲剡溪口，殘月鏡湖西。」《逢故人》詩云：「海上見花發，瘴中聞鳥飛。」《送海客》詩云：「入國自獻寶，逢人多贈珠。」「紫掖發章句，青闈更詠歌。」如此之類，皆駢句也。至於語言拙惡，如：「寺貧無施利，僧老足慈悲。」「收拾新琴譜，封題舊藥方。」「多申請假牒，衹送賀官書。」此尤可笑。至於樂府，則稍超矣。姚祕監嘗稱之曰：「妙絕江南曲，淒涼怨女詩。」白太傅嘗稱之曰：「尤攻樂府詞，舉代少其倫。」由是論之，則人士所稱者非以詩也。（卷二，《歷代詩話》第四九七～四九八頁）

孟郊詩云：「食薺腸亦苦，強歌聲無歡。出門即有礙，誰謂天地寬。」許渾詩云：「萬里碧波魚戀釣，九重青漢鶴愁籠。」皆是窮蹙之語。白樂天詩云：「無事日月長，不羈天地闊。」與二子殆天壤矣。（卷二，《歷代詩

話》第五〇一頁）

元白齊名，有自來矣。元微之寫白詩於閬州西寺，白樂天寫元詩百篇，合為屏風，更相傾慕如此。而樂天必言微之詩得己格律更進，所謂「每被老元偷格律」是也。然微之《江陵放言》與《送客嶺南》詩，樂天皆擬其作，何邪？東坡嘗效山谷體作「江」字韻詩，山谷謂坡收斂光芒，入此窘步。余於樂天亦云。（卷三，《歷代詩話》第五〇二頁）

作詩貴彫琢，又畏有斧鑿痕；貴破的，又畏黏皮骨。此所以爲難。李商隱柳詩云：「動春何限葉，撼曉幾多枝。」恨其有斧鑿痕也。石曼卿梅詩云：「認桃無緑葉，辨杏有青枝。」恨其黏皮骨也。能脱此二病，始可以言詩矣。劉夢得稱白樂天詩云：「郢人斤斲無痕迹，仙人衣裳棄刀尺。世人方内欲相從（智按：集作尋），行盡四維無處覓。」若能如是，雖終日斲而鼻不傷，終日射而鵠必中，終日行於規矩之中，而其迹未嘗滯也。山谷嘗與楊明叔論詩，謂以俗爲雅，以故爲新，百戰百勝。如孫吳之兵，棘端可以破鏃；如甘蠅飛衛之射，捏聚放開，在我掌握。與劉所論，殆一轍矣。（卷三，《歷代詩話》第五〇四頁）

唐朝人士，以詩名者甚衆，往往因一篇之善，一句之工，名公先達為之游談延譽，遂至聲聞四馳。「曲終人不見，江上數峯青」，錢起以是得名。「故國三千里，深宫二十年」，張祜以是得名。「微雲淡河漢，疏雨滴梧桐」，孟浩然以是得名。「兵衛森畫戟，宴寢凝清香」，韋應物以是得名。「野火燒不盡，東風吹又生」，白居易以是得名。「敲門風動竹，疑是故人來」，李益以是得名。「鳥宿池邊樹，僧敲月下門」，賈島以是得名。「畫棟朝飛南浦雲，珠簾暮捲西山雨」，王勃以是得名。「華裾織翠青如葱，入門下馬氣如虹。」李賀以是得名。然觀各人詩集，平平處甚多，豈皆如此句哉？古人所謂嘗鼎一臠，可以盡知其味，恐未必然爾。杜子美云：「為人性僻耽佳句，語不驚人死不休。」則是凡子美胸中流出者，無非驚人語矣。讀其集者，當知此言不妄，殆非前數公之可比倫也。（卷四，《歷代詩話》第五一六～五一七頁）

韋應物《奉謝處士叔詩》云：「高齋樂宴罷，清夜道相存。」東坡《次王鞏韻》云：「那能廢詩酒，亦未妨禪寂。」子由《春盡》詩云：「楞嚴十卷幾回讀，法酒三升是客同。」道貴沖寂，宴主懽暢，二者恐不能相兼也。

白樂天延樂命醽之時，不忘於佛事，達者至今譏之。（卷四，《歷代詩話》第五一八頁）

樂天以長慶二年，自中書舍人為杭州刺史。冬十月至治時，仍服緋，故《游恩德寺詩序》云：「俯視朱紱，仰睇白雲，有愧於心。」及觀《自歎》詩云：「實事漸銷虛事在，銀魚金帶繞腰光。」《戊申詠懷》云：「紫泥丹筆皆經手，赤紱金章盡到身。」以今觀之，金帶不應用銀魚，而金章不應用赤紱，人皆以為疑，而不知唐制與今不同也。按唐制，紫為三品之服，緋為四品之服，淺緋為五品之服，各服金帶。又制，衣紫者魚袋以金飾，衣緋者魚袋以銀飾。樂天時為五品，淺緋金帶佩銀魚，宜矣。劉長卿有《袁郎中喜章服詩》云：「手詔來筵上，腰金向粉闈。勳名傳舊閤，舞蹈著新衣。」郎中亦是五品，故其身章與樂天同。（卷五，《歷代詩話》第五二九頁）

韓退之作《李干墓誌》云：「余不知服食之説自何起，殺人不可計，而慕尚之益至，臨死乃悔其為。」而退之乃躬自蹈之，以至於死。白樂天所謂「退之服硫黃，一病訖不痊」是已。陳後山作《嗟哉行》云：「張生服石為石奴，下潦上乾如渴鳥。……韓子作志還自屠，白笑未竟人復吁。」蓋謂此也。然樂天《與刑部李侍郎詩》云：「金丹同學都無益」，「姹女丹砂燒即飛。」則樂天深知服食之無驗，其肯以身試藥以自斃乎？則「白笑未竟人復吁」之句，未必然爾。山谷在貶所，曾公袞有書勸其勿服金石藥，山谷報云：「公袞疽根在旁，乃不可食。庭堅服之，如晴雲之在川谷，安得有霹靂火也。」則知服金石者，尤當屏去粉白黛綠之輩；或者用以資色力，其斃宜哉。《丹陽集》（卷六，《歷代詩話》第五三八頁）

孔子謂：「寧武子，邦有道則智，邦無道則愚。其智可及也，其愚不可及也。」所謂及者，繼也，非企及之及。謂寧武之愚，而後人不可繼爾。居亂世而愚，則天下塗炭將孰拯？屈原事楚懷王，不得志則悲吟澤畔，卒從彭咸之居。究其初心，安知拯世之意不得伸，而至於是乎？賈生謫長沙傅，渡湘水為賦以弔之，所遭之時，雖與原不同，蓋亦原之志也。白樂天詠史詩，乃謂「士生一代間，誰不有浮沉。良時真可惜，亂世何足欽。乃知汨羅恨，未抵長沙深。」信如樂天言，則是以亂世為不足拯也，而可乎？議者謂誼所欲為，文帝不能用者，以絳、灌、東陽之屬讒之爾，故誼之賦有云：「鏌鎁為鈍，鉛刀為銛，斡棄周鼎，寶康瓠兮。」觀此是有憾於絳、灌、東陽者。雖然，勃也，嬰也，敬也，皆素有長者之譽，必不肯害賢而利己。楚漢春秋別有絳、灌，豈其是邪？（卷七，《歷代詩話》第五三九～五四〇頁）

陽城德行道義，為士林之所敬服。德宗以銀印赤紱，起於隱所，驟拜諫官，可謂賢且遇矣。故學生聞道州之貶，投業而叫閽，賢士愴驛名之同，摛詞而頌德，可以知其賢不誣也。然韓退之諍臣論乃極口貶之，何哉？其言曰：「今陽子實一匹夫，在諫位不為不久，而未嘗一言及與政。視政之得失，若越人視秦人之肥瘠。問其官，則曰諫議也。問其政，則曰我不知也。有道之士固如是乎！」考之本傳，以謂他諫官論事苛細，帝厭苦。城浸聞得失且熟，猶未肯言。客屢諫之，第醉以酒而不答，蓋其意有所待也。至德宗逐陸贄，欲相裴延齡，而城伏蒲之疏始上。廷爭懇至，累日不解。故元微之詩云：「貞元歲云暮，朝有曲如鈎。飛章八九上，皆若珠暗投。且曰事不止，臣諫誓不休。」而白樂天亦云：「陽城為諫議，以正事其君。其手如屈軼，舉必指佞臣。卒使不仁者，不得秉國鈞。」柳子厚亦云：「抗志厲義，直道是陳。」蓋退之諍臣論乃在止裴延齡為相之前，而三子頌美之言乃在陽城極諫之後爾。（卷七，《歷代詩話》第五四〇～五四一頁）

謝靈運在永嘉、臨川，作山水詩甚多，往往皆佳句。然其人浮躁不羈，亦何足道哉！方景平天子踐祚，靈運已扇搖異同，非毀執政矣。及文帝召為秘書監，自以名輩應參時政，而王曇首、王華等名位踰之，意既不平，多稱疾不朝，則無君之心已見於此時矣。後以游放無度，為有司所糾，朝廷遣使收之，而靈運有「韓亡子房奮，秦帝魯連耻」之詠，竟不免東市之戮。而白樂天乃謂「謝公才廓落，與世不相遇。壯志鬱不用，須有所洩處。洩為山水詩，逸韻諧奇趣」，何也？武帝文帝兩朝遇之甚厚，内而卿監，外而二千石，亦不為不逢矣，豈可謂與世不相遇乎？少須之，安知不至黄散，而褊躁至是，惜哉！其作《登石門》詩云：「心契九秋幹，目翫三春荑。居常以待終，處順故安排。」不知桃墟之洩，能處順乎，五年之禍，能待終邪？亦可謂心語相違矣。（卷八，《歷代詩話》第五四七～五四八頁）

盜殺武元衡也，白樂天為京兆掾，初非言責，而請捕盜，以必得為期。時宰惡其出位，坐賦新井篇，逐之九江。故因聞琵琶，乃有天涯流落之感，至於淚濕青衫之上，何憊如此哉！余先文康公嘗有詩云：「平生趣操號安恬，退亦怡然進不貪。何事潯陽恨遷謫，輕將清淚濕青衫。」又云：「及泉曾改莊公誓，勝母終回曾子車。素綆銀牀堪淚墮，更能賦詠獨何如。」（卷九，《歷代詩話》第五五二頁）

智按：「余先文康公」指葛勝仲（一〇七二～一一四四）。

白樂天、元微之皆老而無子，屢見於詩章。樂天五十八歲始得阿崔，微之五十一歲始得道保，同時得嗣，相與酬唱喜甚。樂天詩云：「膩剃新胎髮，香綳小繡襦。玉牙開手爪，蘇顆點肌膚。」微之云：「且有承家望，誰論得力時。」又云：「嘉名稱道保，乞姓號崔兒。」後崔兒三歲而亡，白賦詩曰：「懷抱又空天默默，依前仍作鄧攸身。」傷哉微之，五十三而亡。按墓誌有子道護，年三歲而卒。以歲月考之，即道保也。孟東野連產三子，不數日皆失之，韓退之嘗有詩，假天命以寬其憂。三人者皆人豪，而不能忘情如此，信知割愛為難也。若使學道者遭此，則又何必黑衣巾者闖然入其戶，而後喻哉？（卷十，《歷代詩話》第五六〇～五六一頁）

智按：「且有承家望，誰論得力時」，「嘉名稱道保，乞姓號崔兒」，出自白居易《和微之道保生三日》詩，非微之詩句。

楊六尚書，白樂天妻兄也。初除東川節度，代妻賀兄云：「覓得黔婁為妹婿，可能空寄蜀茶來。」又寒食寄詩曰：「鑾旗似火行隨馬，蜀妓如花坐繞身。不百黔婁夫婦看，誇張富貴向何人。」皆責望之言也。（卷十，《歷代詩話》第五六二頁）

白樂天號為知理者，而於仕宦升沈之際，悲喜輒繫之。自中書舍人出知杭州，未甚左也。而其詩曰：「朝從紫禁歸，暮出青門去。」又曰：「委順隨行止。」又曰：「退身江海應無用，憂國朝廷自有賢。」自江州司馬為忠州刺史，未為超也。而其詩曰：「正聽山鳥向陽眠，黃紙除書落枕前。」又云：「五十專城未是遲。」又云：「三車猶夕會，五馬已晨裝。」及被召中書，則曰：「紫微今日煙霄地，赤嶺前年泥土身。得水魚還動鱗鬣，乘軒鶴亦長精神。」觀此數詩，是未能忘情於仕宦者。東坡謫瓊州有詩云：「平生學道真實意，豈與窮達俱存亡。」要當如是爾。（卷十，《歷代詩話》第五六六頁）

歐陽永叔詩文中好説金帶，初寒詩云：「若能知此樂，何必戀腰金。」寄江十詩云：「白髮垂兩鬢，黃金腰九環。」答王禹玉詩云：「喜君所賜黃金帶，故我宜為白髮翁。」而謝表又云：「頭垂兩鬢之霜毛，腰束九環之金帶。」或謂未免矜服銜寵，而况下於金帶者乎！杜子美、白樂天皆詩豪，器識皆不凡，得一緋衫何足道，而詩句及之不一何邪？子美詩云：「挈帶看朱紱，開箱覩黑裘。」贈盧參謀云：「素髮乾垂領，銀章破在腰。」江村詩云：「扶病垂朱紱，歸休步紫苔。」樂天寄荔子詩云：「映我緋衫渾不見，對公銀印最相鮮。」初除忠州云：「魚綴白金隨步躍，鵠銜紅綬繞身飛。」又云：「徒使花袍紅似火，其如蓬鬢白成絲。」脫刺史緋云：「便留朱紱還鈴閤，卻著青袍侍玉除。」加朝散大夫得品緋云：「五品足為婚嫁主，緋袍著了好歸田。」又云：「那知垂白日，始是著緋年。」蓋命服章身，人情所甚喜，故心聲所發如是。退之云：「峩峩進賢冠，耿耿水蒼珮。服章非不好，不與德相對。」其必有以稱之哉。（卷十一，《歷代詩話》第五六八～五六九頁）

杜子美云：「鐘鼎山林各天性。」天性之所欲，夫豈可強也哉！白樂天前有《讀史》詩云：「馬遷下蠶室，嵇康就囹圄。當彼戮辱時，奮飛無翅羽。商山有黃綺，潁川有巢許。何不從之游，超然離網罟。」後又有《詠史》詩云：「秦磨利刀斬李斯，齊燒沸鼎烹酈其。可憐黃綺入商洛，閒卧白雲歌紫芝。」二詩意絕相類，但未知樂天果能舍彼而就此不？世之人乾沒於名利之場，鮮不陷於禍難，樂天之論，真可書紳。（卷十一，《歷代詩話》第五七一頁）

世稱白樂天學佛，得佛光如滿旨趣，觀其「吾學空門不學仙，歸則須歸兜率天」之句，則豈解脫語邪！元微之詩雖不及樂天遠甚，然其得處豈樂天所能及哉？其《遣病》詩云：「况我早師佛，屋宅此身形。舍彼復就此，去留何所縈。前身為過跡，來世即前程。蛻骨龍不死，蛻皮蟬自鳴。」則與賈誼「忽然為人，何足控摶，化為異物，又何足患」之語何遠邪？孟郊未嘗留意於此，而弔元魯山詩有「苟含天地秀，皆是天地身」之句，亦可嘉矣。（卷十二，《歷代詩話》第五七五頁）

佛氏經律論，合五千四十八卷，置之大藏，所以傳佛心印，作將來眼，所補大矣。樂天詩詞，其間何所不有，而置大藏何邪？東都聖善寺、蘇州南禪院各有之，且自著集序。李公垂作詩美之曰：「永添鴻寶集，莫雜小乘經。」所謂盜憎主人者邪？又觀題文集云：「身是鄧伯道，世無王仲宣。只應分付女，留與外孫傳。」於身後名亦太孜孜矣。（卷十二，《歷代詩話》第五八〇頁）

杜甫詩云：「萬古仇池穴，潛通小有天。」則仇池者必真仙所舍之地。東坡在潁州，夢至一官府，顧視堂上，榜曰仇池。自後作詩，往往自稱仇池。如「記取和詩三益友，他年弭節過仇池。」按唐書志，成州同谷縣有仇池，與秦州接壤，故老杜《秦州雜詩》嘗曰：「藏書聞禹穴，讀記憶仇池。」《送韋十六赴同谷郡》嘗曰：「受詞太白腳，走馬仇池頭」是已。歐陽仲醇父語人曰：「嘗夢上帝命我為長白山主，此何祥也？」明年，仲醇父亡。故東坡有詩云：「死為長白主，名字書絳闕。」《松漠紀聞》云：「長白山在冷山東南，白衣觀音所居，其山禽獸皆白，人或穢其間，則致蛇虺之害。」則知福地何處無之。白樂天之蓬萊山，王平甫之靈芝宮，歐陽永叔之神清洞，皆有詩章以紀其異，其亦仇池、長白之類與。（卷十三，《歷代詩話》第五八三頁）

錢塘風物湖山之美，自古詩人，標榜為多，如謝靈運云「定山緬雲霧，赤亭無滯薄」，鄭谷云「潮來無別浦，木落見他山」，張祜云「青壁遠光淩鳥峻，碧湖深影鑒人寒」。錢起云「漁浦浪花搖素壁，西陵樹色入秋窗」之類，皆錢塘城外江湖之景，蓋行人客子於解鞍繫纜頃刻所見爾。城中之景，惟白樂天所賦最多，所謂「潮聲夜入伍員廟，柳色春藏蘇小家」，「大屋簷多裝雁齒，小航船亦畫龍頭」，「燈火萬家城四畔，星河一道水中央」，至今尚有可考。（卷十三，《歷代詩話》第五八五頁）

白樂天九江春望詩云：「罏煙豈異終南色，盆草寧殊渭北春。」蓋不忘蔡渡舊居也。老杜偶題云：「故山迷白閣，秋水憶皇陂。」蓋不忘秦中舊居也。東坡橫翠閣詩云：「已見西湖懷濯錦，更看橫翠憶峨眉。」殆亦此意。（卷十三，《歷代詩話》第五八六頁）

白樂天所至處必築居，在渭上有蔡渡之居，在江州有草堂之居，在長安有新昌之居，在洛中有履道之居，皆有詩以紀勝。故其自謂云：「余自幼迨老，若白屋，若朱門，凡所止雖一日二日，輒覆簣土為臺，聚拳石為山，環

斗水為池。」所謂君子之居，一日必葺者邪？（卷十三，《歷代詩話》第五八八頁）

徐凝瀑布詩云：「千古猶疑白練飛，一條界破青山色。」或謂樂天有「賽不得」之語，獨未見李白詩耳。李白《望廬山瀑布》詩云：「飛流直下三千尺，疑是銀河落九天。」故東坡云：「帝遣銀河一派垂，古來惟有謫仙詞。」以余觀之，銀河一派，猶涉比類，未若白前篇云：「海風吹不斷，江月照還空。」鑿空道出，為可喜也。（卷十三，《歷代詩話》第五九〇頁）

霓裳羽衣舞，始於開元，盛於天寶，今寂不傳矣。白樂天作歌和元微之云：「今年五月至蘇州，朝鐘暮角催白頭。貪看案牘常侵夜，不聽笙歌直到秋。秋來無事多閒悶，忽憶霓裳無處問。聞君部内多樂徒，問有霓裳舞者無？答云十縣十萬戶，無人知有霓裳舞。惟寄長歌與我來，題作霓裳羽衣譜。」想其千姿萬狀，綴兆音聲，具載於長歌，按歌而譜可傳也。今元集不載此，惜哉！賴有白詩，可見一二爾。「虹裳霞帔步搖冠，鈿瓔纍纍佩珊珊」者，言所飾之服也。又曰：「散序六奏未動衣」，「中序擘騞初入拍」，「繁音急節十二遍」，「唳鶴曲終長引聲。」言所奏之曲也。而《唐會要》謂《破陣樂》、《赤白桃李花》、《望瀛》、《霓裳羽衣》，總名法曲。今世所傳《望瀛》，亦十二遍，散序無拍，曲終亦長引聲。若樂奏《望瀛》，亦可髣髴其遺意也。又曰：「君言此舞難得人，須是傾城可憐女。」言所用之人也。然所用之人，未詳其數。若曰：「玉鉤欄下香案前，案前舞者顏如玉。」則疑用一人。若曰：「李娟張態君莫嫌，亦擬隨宜且教取。」則又疑用二人。然明皇每用楊太真舞，故《長恨詞》云：「風吹仙袂飄飄舉，猶似霓裳羽衣舞。」則當以一人為正。鄭嵎《津陽門詩》註，葉法善引明皇入月宮，聞樂歸，笛寫其半。會西涼府楊敬述進婆羅門曲，聲調脗合，按之便韻，乃合二者製霓裳羽衣之曲。沈存中云：霓裳曲用葉法善月中所聞為散序，以楊敬述所進為其腔。未知所據也。又謂霓裳乃道調法曲。若以為道調，則誤矣。樂天《嵩陽觀夜奏霓裳》云：「開元遺曲自淒涼，況近秋天調是商。」則霓裳用商調，非道調明矣。厥後文人往往指霓裳為亡國之音，故杜牧詩云：「霓裳一曲千峯上，舞破中原始下來。」（卷十五，《歷代詩話》第六〇二頁）

《明皇雜録》云：「天寶中，上命宮中女子數百人為梨園弟子，皆居宜春北院。上素曉音律，時有馬仙期、李龜年、賀懷智，皆洞知律度，而龜年恩寵尤盛。自禄山之亂，散亡無幾。」老杜逢李龜年云：「岐王宅裏尋常見，崔九堂前幾度聞。正是江南好風景，落花時節又逢君。」白樂天云：「白頭病叟泣且言，禄山未亂入梨園。歡娛未足燕寇至，萬人死盡一身存。」又有梨園弟子詩云：「白頭垂淚語梨園，五十年前雨露恩。莫問華清今日事，滿山紅葉鎖宮門。」讀之可為悽愴。（卷十五，《歷代詩話》第六〇三頁）

書生作文，務強此弱彼，謂之尊題。至於品藻高下，亦略存公論可也。白樂天在江州，聞商婦琵琶，則曰：「豈無山歌與村笛，嘔啞嘲哳難為聽。今夜聞君琵琶語，如聽仙樂耳暫明。」在巴峽聞琵琶云：「絃清撥利語錚錚，背卻殘燈就月明。賴是無心惆悵事，不然爭奈子絃聲。」至其後作《霓裳羽衣歌》，乃曰：「湓城但聽山魈語，巴峽惟聞杜鵑哭。」乍賢乍佞，何至如此之甚乎？韓退之美石鼓之篆，至有「羲之俗書逞姿媚」之語，亦強此弱彼之過也。（卷十五，《歷代詩話》第六〇三頁）

清廟之瑟，朱弦而疏越，一倡而三歎，豈若後世務為哇淫綺靡之音哉？楊惲云：「家本秦也，能為秦聲；婦，趙女也，雅善鼓瑟。」韓愈曰：「已令孺人戛鳴瑟，更遣稚子傳清盃。」杜甫云：「何時詔此金錢會，暫醉佳人錦瑟旁。」是皆作於婦人之手，而用於酒酣之時，已非朱弦疏越之意矣。錢起《為湘靈鼓瑟》詩云：「馮夷空自舞，楚客不堪聽。」鮑溶云：「絲減悲不減，器新聲更古。一弦有餘哀，何況二十五。」二公之詠，於一倡三歎之旨幾矣。善哉白樂天之論也，「正始之音其若何？朱弦疏越清廟歌。一彈一唱再三歎，曲淡節稀聲不多。人情重今多賤古，古琴有弦人不撫。自從趙璧藝成來，二十五弦不如五。」（卷十五，《歷代詩話》第六〇八～六〇九頁）

《晉書·阮咸傳》云，咸善琵琶。今有圓槽而十三柱者，世號「阮」，亦謂「阮咸」，相傳謂阮咸所作，故以為名，而咸傳乃不及此。山谷《聽宋宗儒摘阮歌》云：「手揮琵琶送飛鴻，促弦聒醉驚客起。圓璧庚庚有横理，閉門三月傳國工，身今親見阮仲容。」則亦以為仲容所作。豈咸用琵琶餘製而作「阮」邪？又有所謂「五弦」者，《唐書·樂志》云：「如琵琶而小，北國所出。樂工裴神符初以手彈，太宗悦甚，後人習為搊琵琶。」則五弦之製，亦出於琵琶也。樂天有《五弦彈》詩云：「趙璧知君入骨愛，五弦一一為君調。」

又云：「惟憂趙璧白髮生，老死人間無此聲。」想其撥彈之妙，冠古絶今，人未易企及也。嘗觀《國史補》云：「人問璧彈五弦之術，璧曰：『我之於五弦也，始則神遇之，終則天隨之，眼如耳，耳如鼻，不知五絃之為璧，璧之為五絃也。』」其莊周所謂「用志不紛，乃疑於神」者乎？韋應物云：「古刀幽磬初相觸，千珠貫斷落寒玉。」張祜云：「小小月輪中，斜抽半袖紅。」元稹云：「促節頻催漸繁撥，珠幢斗絶金鈴掉。」亦可見五絃聲韻製作之彷彿矣。（卷十五，《歷代詩話》第六〇七頁）

彈絲之法，妙在左手，脱右優而左劣，亦何足論乎？嘗觀《琵琶録》云：「元和中，曹保有子善才，善才有子綱，皆能琵琶。又有裴興奴長於攏撚，時人謂綱有右手，興有左手。蓋攏撚在左手也。」綱劣於左手，則琵琶之妙處逝矣。白樂天有《聽彈琵琶示重蓮詩》云：「誰能截此曹綱手，插向重蓮紅袖中。」惜乎樂天未知截興奴妙手之妙也。（卷十五，《歷代詩話》第六〇八頁）

白樂天云：「《河滿子》，開元中，滄州歌者臨刑進此曲以贖死，竟不得免。」故樂天為詩曰：「世傳滿子是人名，臨就刑時曲始成。一曲四詞歌八疊，從頭便是斷腸聲。」張祜集載，武宗疾篤，孟才人以歌笙獲寵，密侍左右。上目之曰：「我當不諱，爾何為哉？」才人指笙囊泣曰：「請以此就縊。」復曰：「妾嘗藝歌，願歌一曲。」上許之，乃歌一聲《河滿子》，氣亟立殞。上令醫候之，曰：「脈尚溫而腸已絶。」則是《河滿子》真能斷人腸者。祜為詩云：「偶因歌態詠嬌嚬，傳唱宮中十二春。卻為一聲河滿子，下泉須弔舊才人。」又有「故國三千里，深宮二十年。一聲河滿子，雙淚落君前」之詠。一稱十二春，一稱二十年，未知孰是也。杜牧之有酬祜長句，其末句云：「可憐故國三千里，虛唱歌詞滿六宮。」言祜詩名如此，而惜其未遇也。元微之嘗於張湖南座為唐有態作《河滿子歌》云：「梨園弟子奏明皇，一唱承恩羈網緩。使將河滿為曲名，御譜親題樂府纂。魚家入内本領絶，葉氏有年聲氣短。」又敘製曲之因，與樂天之説同。（卷十五，《歷代詩話》第六〇九頁）

智按：參見清沈雄《古今詞話》（《詞話叢編》第一册，第八九六頁）。

白樂天詩多説別花，如紫薇花詩云：「除卻微之見應愛，世間少有別花人。」薔薇花詩云：「移他到此須為主，不別花人莫使看。」今好事之家，有奇花多矣，所謂別花人，未之見也。鮑溶作仙檀花詩寄袁德師侍御，有「欲求御史更分別」之句，豈謂是邪？（卷十六，《歷代詩話》第六一〇頁）

琴按：所謂「別花」即辨別得花、識別得花之意。樂天《謝李六郎中寄新蜀茶》詩末云：「不寄他人先寄我，應緣我是別茶人。」「別茶」亦即辨別得茶、識別得茶之意。「別花人」之別與「別茶人」之別涵義正同。

惟另有《除蘇州刺史別洛城東花》詩云：「別花何用伴，勸酒有殘鶯。」《游趙村杏花》詩云：「七十三人難再到，今春來是別花來。」此等處「別花」二字則是與花分別之意。放翁《春興》詩：「雖非愛酒伴，論是別花人。」今人黃逸之《陸游詩》注云：「別花人猶言惜花人也。白樂天《紫薇花》詩：『不別花人不與看』。」（《陸游詩》六八頁）別，似無惜字意。「別花人」和「惜花人」似不同。

白樂天作中書舍人，入直西省，對紫薇花而有詠曰：「絲綸閣下文章靜，鐘鼓樓中刻漏長。獨坐黃昏誰是伴？紫薇花對紫薇郎。」後又云：「紫薇花對紫薇翁，名目雖同貌不同。」則此花之珍艷可知矣。爪其本則枝葉俱動，俗謂之「不耐癢花」。自五月開至九月尚爛熳，俗又謂之「百日紅」。唐人賦詠，未有及此二事者。本朝梅聖俞時注意此花，一詩贈韓子華，則曰：「薄膚癢不勝輕爪，嫩幹生宜近禁廬。」一詩贈王景彝，則曰：「薄薄嫩膚搔鳥爪，離離碎葉剪城霞。」然皆著不耐癢事，而未有及百日紅者。胡文恭在西掖前亦有三詩，其一云：「雅當翻藥地，繁極曝衣天。」注云：「花至七夕猶繁。」似有百日紅之意。可見當時此花之盛。省吏相傳，咸平中，李昌武自別墅移植於此。晏元獻嘗作賦題於省中，所謂「得自羊墅，來從召園。有昔日之絳，無當時之仲文」是也。（卷十六，《歷代詩話》第六一〇頁）

白樂天賦《有木》八章，其六章託弱柳、櫻桃、枳橘、杜梨、野葛、水檉以諷在位者，至第七章則曰：「有木名淩霄，擢秀非孤標。偶依一株樹，遂抽百尺條。自謂得其勢，無因有動搖。一旦樹摧倒，獨立忽飄飖。疾風從東來，吹折不終朝。」專又以諷附麗權勢者。其八章則曰：「有木名丹桂，四時香馥馥。風影清如水，霜華冷如玉。獨占小山幽，不容凡鳥宿。重任雖大過，直心自不曲。縱非樑棟材，猶勝尋常木。」蓋樂天自謂也。樂天素善李紳而不入德裕之黨，素善牛僧孺、楊虞卿而不入宗閔之黨，素善劉禹錫而不入伾文之黨，中立不倚，峻節凜然。於八木之中，而自比於桂，殆未為過也。（卷十六，《歷代詩話》第六一四頁）

珍木奇卉，生於深山窮谷之中，不遇賞音，與凡木俱腐，好事者之所深惜也。唐招賢寺有山花，色紫氣香，穠麗可愛，以託根招提，偶赦於樵斧，固為幸矣，而人莫有知其名者。白樂天一日過之，而標其名曰「紫陽」。於是天下識所謂紫陽花者，其珍如是也。豈不為尤幸乎！樂天之詩曰：「何年植向仙壇上，早晚移栽到梵家。雖在人間人不識，與君名作紫陽花。」忠州鳴玉溪有花如蓮，葉如桂，香色艷膩，當時亦無有識之者。樂天又賦詩云：「如折芙蓉栽旱地，似抛芍藥掛高枝。雲埋人隔無人識，惟有南賓太守知。」嗚呼，抱道懷才之士，埋光鏟采於山林皋壤之間，如此花者多矣，求如樂天之賞鑒者，孰謂無其人乎！（卷十六，《歷代詩話》第六一五～六一六頁）

元微之謫通州，白樂天有詩云：「寅年籬下多逢虎，亥日沙頭始賣魚。」後人有《東南行》云：「亥日饒蝦蟹，寅年足虎貙。」張籍云：「江村亥日長為市。」山谷亦有「魚收亥日妻到市」之句。（卷十六，《歷代詩話》第六一七頁）

智按：「後人」疑為「後又」之誤。「寅年籬下多逢虎，亥日沙頭始賣魚」見白居易《得微之到官後書備知通州之事悵然有感因成四章》（其二），《白居易集箋校》第九二三頁。「江村亥日長為市」見張籍《江南曲》，《張司業集》卷二。「魚收亥日妻到市」見黃庭堅《古漁父》，《山谷外集》卷十三，「魚」作「漁」。

老杜《白小》詩云：「白小羣分命，天然二寸魚。細微霑水族，風俗當園蔬。」言白小與菜無異，豈復有厚味哉？故白樂天亦有「下飯腥鹹白小魚」之句。余謂魚始二寸已就烹，魚之窮也。寒士又從而食之，其窮抑甚。梅聖俞有《琴高魚》詩云：「大魚人騎上天去，留得少鱗來按觴。」又有《針口魚賦》云：「有魚針喙形甚小，常乘春波來不少。取之一掬，不重銖秒。」則白小之魚，尚為丈人行也。（卷十六，《歷代詩話》第六一八頁）

湖州上強精舍寺有陳朝觀音，殷仲容書寺額，三門高百尺，謂之三絕。又池有金鯽魚，數年一現，故白樂天詩有「惟有上強精舍寺，最堪游處未曾游」之句，蓋謂此也。（卷十六，《歷代詩話》第六一九頁）

蒙恬造筆，《博物志》云：以狐狸毛為心，兔毛為副，心柱遒勁，鋒鋩調利，故難乏而易使。白樂天作《雞距筆賦》云：「中山之明，視勁而俊；汝陰之翰，音勇而雄。雙美是合，兩揆相同。不得兔毛，無以成起草之用；不為雞距，無以表入墨之功。」蓋亦兼而用之也。（卷十七，《歷代詩話》第六二四頁）

長慶初，錢徽為考官，取鄭明等三十三人，以所取不當，再命白居易試《孤行管賦》，試者皆不知本事，遂落十一人，而錢徽貶江州刺史。（卷十八，《歷代詩話》第六三五頁）

歲時有袚除不祥之具，而元日尤多，如桃版、葦索、磔雞之類是也。飲屠蘇酒，亦所以袚瘟禳惡，而法必自幼飲，何邪？顧光（況）《歲日口號》云：「還丹寂寞羞明鏡，手把屠蘇先少年。」白樂天《元日贈劉夢得》詩亦云：「與君同甲子，歲酒合誰先？」元日飲酒，則先卑而後尊，自唐以來已如此矣。（卷十九，《歷代詩話》第六三六頁）

白樂天居洛陽履道里，與胡杲、吉皎、鄭據、劉真、盧真、張渾、狄兼謨、盧貞燕集，皆高年不事事者，人慕之，繪為《九老圖》。至本朝李昉再入相，以司空致仕，慕樂天之為，得宋琪等八人，年七十餘，將為九老會，未果而卒。自後洛中諸公，圖形普明僧舍。文潞公留守西都，富鄭公納政居里第，與席汝言、王尚恭、趙丙、劉几、馮行己、楚建中、王慎言、王拱辰、張問、張燾、司馬光共十三人，置酒相樂，謂之耆英會，劉几詩所謂「制舉省元推二相，龍頭昔日屬宗猷。人間盛事并遐算，一席幾盈九百籌」是也。後潞公與程伯溫、司馬伯、康席君從之又作同甲會，潞公詩所謂「四人三百十二歲，况是同生丙午年。招得梁園同賦客，合成商嶺采芝仙」是也。潞公又與范鎮、張宗益、張周史招為五老會，公詩所謂「四個老兒三百歲，當提此會已離倫。如今白髮游河叟，半是清朝解紱人」是也。潞公以勳德享大耋，功成名遂，優游皋壤，日與賢士大夫讌笑，而飲食起居，端類少壯，非天畀全福，疇能若是。司馬溫公在洛，作真率會，杜祁公在睢陽，作五老會，趙閱道在三衢，作三老會，各有詩詠傳焉。（卷十九，《歷代詩話》第六三八頁）

張衡曰：「客賦醉言歸，主稱露未晞。」王式曰：「客歌驪駒，主人歌客無庸歸。」賓主之情，可謂粲然者。至李太白、陶淵明則不然。李嘗以陶語為詩曰：「我醉欲眠君且去。」雖曰任真之言，然亦太無主人之情矣。司馬溫公《北園樂飲》云：「浩歌縱飲任天機，莫使歡娛與性違。玉枕醉人從獨卧，金羈倦客聽先歸。」其亦二子之意也。白樂天《招客飲》云：「客告暮將歸，主稱日未仄。又命小奚輩，長跪謝貴客。」（「仄」原作「斜」，「小奚輩」原作「小青賦」，均據《類編》本改）其視張衡、王式尤為有委曲相者。然《置酒送呂漳州詩》乃曰：「獨醉似無名，借君作題目。」又何與《招客飲》之詩異乎？東坡《醉眠亭詩》云：「醉中對客眠何害，須信陶潛未若賢。」山谷云：「欲眠不遣客，佳處更難忘。」如是則既不失賓主之禮，而又可以適我之情，是賓主之情兩得也。（卷十九，《歷代詩話》第六三九頁）

酒之種類多矣，有以緑為貴者，白樂天所謂「傾如竹葉盈尊緑」是也。有以黄為貴者，老杜所謂「鵝兒黄似酒」是也。有以白為貴者，樂天所謂「玉液黄金巵」是也。有以碧為貴者，老杜所謂「重碧酤新酒」是也。有以紅為貴者，李賀所謂「小槽酒滴珍珠紅」是也。（卷十九，《歷代詩話》第六三九～六四〇頁）

柳比婦人尚矣，條以比腰，葉以比眉，大垂手、小垂手以比舞態，故自古命侍兒，多喜以柳為名。白樂天侍兒名柳枝，所謂「兩枝楊柳小樓中，嫋嫋多年伴醉翁」是也。韓退之侍兒亦名柳枝，所謂「別來楊柳街頭樹，擺撼春風只欲飛」是也。洛中里娘亦名柳枝，李義山欲至其家久矣，以其兄讓山在焉，故不及昵。義山有柳枝五首，其間怨句甚多，所謂「畫屏繡步障，物物自成雙。如何湖上望，只是見鴛鴦」之類是也。嗚呼，天倫同氣之重，共聚於子女揉雜之所，已為名教之罪人，而一不得其欲，又作為詩章，顯形怨讟，且自彰其醜，遺臭無窮，所謂滅天理而窮人欲者，無大於此。如李商隱者，又何足道哉！（卷十九，《歷代詩話》第六四二頁）

古今人詠王昭君多矣，王介甫云：「意態由來畫不成，當時枉殺毛延壽。」歐陽永叔云：「耳目所及尚如此，萬里安能制夷狄。」白樂天云：「愁苦辛勤盡顦顇，如今卻似畫圖中。」後有詩云：「自是君恩薄於紙，不須一向恨丹青。」李義山云：「毛延壽畫欲通神，忍為黃金不為人。」意各不同，而皆有議論，非若石季倫、駱賓王輩徒序事而已也。邢惇夫十四歲作《明君引》，謂「天上仙人骨法別，人間畫工畫不得。」亦稍有思致。（卷十九，《歷代詩話》第六四三～六四四頁）

老杜《北征》詩云：「憶昨狼狽初，事與古先別。不聞夏殷衰，中自誅褒妲。」其意謂明皇英斷，自誅妃子，與夏、商之誅褒、妲不同。老杜此語，出於愛君，而曲文其過，非至公之論也。白樂天詩云：「六軍不發無奈何，宛轉蛾眉馬前死。」非逼迫而何哉？然明皇能割一己之愛，使六軍之情帖然，亦可謂知所輕重矣，故前輩有詩云：「畢竟聖明天子事，景陽宮井是何人？」小説《盧環抒情》載，唐僖宗幸蜀，詞人題於馬嵬驛云：「馬嵬煙柳正依依，重見鑾輿幸蜀歸。泉下阿瞞應有語，這回休更怨楊妃。」雖一時戲語，亦無乃厚誣阿瞞乎？（卷十九，《歷代詩話》第六四五頁）

郎基在潁川，不置木枕，裴濳在兗州，不取胡牀，居官清操，要當如是。白樂天在杭州，取天竺片石，受代攜歸，故其詩曰：「三年為刺史，飲冰復食蘗。惟向天竺山，取得兩片石。此抵有千金，無乃傷清白。」暨守吳門，復取洞庭雙石，一以支琴，一以貯酒，故《雙石》詩有「萬古遺水濱，一朝入吾手」之句。洎罷府，支琴石遂歸履道舊居，故作詩云：「天上定應勝地上，支機未必及支琴。」嗚呼，泉石膏肓，人士之逸韻，若樂天者，豈潘子義所謂風流罪定也邪！（卷二十，《歷代詩話》第六四八頁）

白樂天作《八漸偈》云：「苦既非真，悲亦是假。」則世間悲歡人我，必能忘情。始憲宗欲以樂天為刺史，王涯以資淺為言，遂得江州司馬。及涯敗，作詩快之，有「當君白首同歸日，是我青山獨往時」之句。李德裕於樂天，不見有隙，德裕貶崖州，亦作三絕快之。其一篇云：「樂天嘗任蘇州日，要勒須教用禮儀。從此結成千萬恨，今朝果中白家詩。」蓋嘗以唐史考之，樂天卒於會昌之初，武宗時也。而德裕之貶，乃在宣宗大中年，則德裕之謫，樂天死已久，非樂天之詩明矣。以是準之，快王涯之句，恐亦未必然也。（卷二

十，《歷代詩話》第六五〇頁）

智按：葛立方，字常之，號懶真子，江陰（今屬江蘇）人。勝仲子。高宗紹興八年（一一三八）進士。十七年，為秘書省正字。十九年，遷校書郎。二十一年，除考功員外郎。以忤秦檜得罪。檜死召用，二十六年以左司郎中充賀金國生辰使。二十七年，權吏部侍郎。二十九年，出知袁州，未幾以事罷，退居吳興。孝宗隆興二年卒。著《歸愚集》、《韻語陽秋》。事見《韻語陽秋》自序及宋徐林序、《南宋館閣録》卷八。

曹勛（一〇九八～一一七四）

《休致後效樂天體》

從來受性豈其天，遇物常隨處處緣。未病遽為辭職去，欲歸亟引掛冠年。冒寒須放尋梅步，更窘常留買藥錢。恩許天台遂幽築，清風一棹送歸船。（《永樂大典》卷一萬三千四百九十五引《松隱集》；《全宋詩》第三十三册，第二一一三八頁）

智按：「常隨」，民國嘉業堂叢書本《松隱集》卷十四作「惟隨」。

《山居雜詩九十首》（其五十一）

莫怪游春頻，只被老逼身。念此樂天語，誠哉辭甚真。遵行我不倦，治具汝勿嗔。持炬接迎我，村醉攲冠巾。（《四庫全書》本《松隱集》卷二十一；《全宋詩》第三十三册，第二一二〇四頁）

智按：曹勛，字公顯，一作功顯，陽翟（今河南禹州）人。以恩補承信郎，徽宗宣和五年（一一二三）賜同進士出身，仍為武官。靖康之變，從徽宗北遷，至燕山，受密旨間行詣康王。高宗建炎元年（一一二七）至南京，以建言忤執政，出於外。紹興十一年（一一四一），副劉光遠使金，中途還，又充館伴副使。未幾，為報謝副使使金，十二年至金，得請還梓宮及太后。十三年，兼樞密副都承旨。十五年奉祠。二十五年，起知合門事兼幹辦皇城司。二十九年，再為稱謝副使使金。三十年，提舉萬壽觀。孝宗乾道七年（一一七一）起提舉皇城司。淳熙元年卒。遺著由子耜輯為《松隠集》，《宋史·藝文志》著録為四十卷。其中，卷二至卷六爲古樂府。生平見《攻媿集》卷五十二《曹忠靖公松隠集序》，《宋史》卷三七九有傳。

高晦叟（崇寧後）

《珍席放談》

吕文靖慶歷在相府久病，昭陵手詔曰：「古人言髭可療疾，雖無痊驗，今朕剪髭，與夷簡合湯藥，表予意也。」昔白傅詠唐太宗：「剪髭燒藥賜功臣，李勣嗚咽思殺身。」其渥儷矣。君臣之間，至恩如此。雖殺身詎足以報。況勣之阿諛，但為謀身之地哉！白傅之言，不亦過歟。（《四庫全書》本《珍席放談》卷上）

智按：參見宋張淏《雲谷雜紀》卷二。

高晦叟仕履無可考。其《珍席放談》所記為朝廷典章制度沿革損益，及士大夫遺聞軼事。上自宋太祖，下及宋哲宗時事。有關時政議論，傾向王安石。所記名流軼事，往往為本傳所未祥，可補史文之闕。此書《宋史·藝文志》失載。有《四庫全書》本，係從《永樂大典》輯録成書。

盧襄（一一〇七進士）

《石橋道中三首》（其二）

枕底雞聲月影殘，搖鞭驅馬上巑岏。路高蜀道九折坂，水急香山八節灘。茶異雪花生篩底，眼明金雀舞林端。凌晨只怪貂裘薄，山近天門分外寒。（《四庫全書》本《天台續集》卷下；《全宋詩》第二十四册，第一六二一七頁）

智按：盧襄，原名天驥，字駿元。徽宗朝避諱改名襄，字贊元，衢州（今屬浙江）人。徽宗大觀元年（一一〇七）進士。政和末為兩浙路提點刑獄。宣和七年（一一二五），由知江寧府遷江南東路提點刑獄。欽宗靖康初拜吏部侍郎。因册立張邦昌事，高宗建炎元年（一一二七）奪職，衡州安置。有《西徵記》一卷。

馬永卿（一一〇九進士）

《嬾真子》

舊說載王禹玉久在翰苑，曾有詩云：「晨光未動曉騶催，又向壇頭飲社盃。自笑治聾終不是，明年强健更重來。」或曰：古人之詩，有此意乎？僕曰：白樂天為忠州刺史，九日題塗溪云：「蕃草席鋪楓岸葉，竹枝歌送菊花盃。明年尚作南賓守，或值重陽更一來。」亦此意也。但古人作詩，必有所擬，謂之神仙換骨法，然非深於此道者，亦不能也。(《四庫全書》本》卷二)

詩人之言，為用固寡，然大有益於世者。若《長恨歌》是也。明皇太真之事，本有新臺之惡，而歌云：「楊家有女初長成，養在深閨人不識。」故世人罕知其為壽王瑁之妃也。《春秋》為尊者諱，此歌真得之。（《四庫全書》本》卷二）

「葭灰秋吹季月管，日出卯南暉景短。友生招我佛寺行，正直萬株紅葉滿。光華閃壁見神鬼，赫赫炎官張火傘。然雲燒樹火實駢，金烏下啄頳虬卵。魂翻眼暈忘處所，赤氣冲融無間斷。有如流傳上古時，九龍照燭乾坤旱。」右韓退之《游青龍寺》詩，僕舊讀此詩，以為此言乃喻畫壁之狀，後見《長安志》云：「青龍寺有柿萬株。」此蓋言柿熟之狀。火傘，頳虬卵，赤氣冲融，九龍照燭，皆其似也。青龍寺在長安城中。白樂天《新昌新居》詩云：「丹鳳樓當後，青龍寺在前。」以此可知長安諸寺多柿，故鄭虔知慈恩寺，有柿葉數屋，取之學書。僕仕於關陝，行村落間，常見柿連數里，欲作一詩，竟不能奇，每嗟「火傘」等語，誠為善喻。(《四庫全書》本》卷三)

「禍福茫茫不可思，大都早退是先知。當君白首同歸日，是我青山獨往。時顧索素琴應不，暇憶牽黃犬定難期。蛟龍作醢麟為脯，何似泥中拽尾龜。」右白樂天《游玉泉寺》詩。李訓、鄭注初用事，公知其必敗，輒自刑部侍郎乞分司，而歸時，宰相王涯好琴，舒元輿好獵，故及之。而拽尾

龜，所以自諭也。龍醢事，見《左氏》。麟脯事見《列仙傳》。（《四庫全書》本》卷四）

漢時送葬之禮極厚，武帝之葬，昭帝幼弱，霍光不學，取金錢財物，鳥獸魚鼈，牛馬虎豹生禽，凡百九十物，盡瘞藏之。又以後宫守園陵，於是園妾自此始矣。後世因之，遂不復變。白樂天有《園陵妾》詩，讀者傷之。（《四庫全書》本》卷四）

蘇秀道中有地名五木，出佳酒，故人以五木名之。然白樂天為杭州太守日，有詩序云：「錢湖州以箬下酒，李蘇州以五酘酒相次寄到。」詩云：「勞將箬下忘憂物，寄與江城愛酒翁。鐺脚三州何處會，甕頭一盞幾時同。傾如竹葉盈樽緑，飲作桃花上面紅。莫恠慇懃最相憶，曾陪西省與南宫。」僕嘗以此問於僕之七舅氏，云：酘字與羖同意，乃今之羊羔兒酒也。詳其詩意，當以五羔為之，以是酒名，故從西云。樂天詩云：「竹葉盈樽緑」，謂箬下酒取竹有緑之意也；「桃花上面紅」，謂五酘酒取桃花五葉也。後人不知，轉其名為五木，蓋失之矣。僕檢韻中酘字，乃竇同音，注云重釀酒也，恐酘難轉而為木。（《四庫全書》本》卷五）

智按：「五酘酒取桃花五葉也」，恐誤。酘，酒再釀也。五酘酒，五釀也。宋范成大《吳郡志·土物上》：「今里人釀酒，麯米與漿水已入瓮，翌日，又以米投之，有至一再投者，謂之酘。其酒則清洌異常，今謂之五酘。是米五投之耶?」

馬永卿，字大年，自號嬾真子，揚州（今屬江蘇）人。流寓鉛山（今屬江西）。徽宗大觀三年（一一〇九）進士。自亳州永城主簿、江都丞、淅川令、夏縣令至知達州凡六任，仕宦四十年，官終左朝散大夫。有《嬾真子》五卷、《元城語録解》二卷傳世。生平見《鉛書》卷三、卷八。

王觀國（一一一五進士）

《學林》

⊙言行

聖賢言行，要當顧踐，無使自相矛盾。……白樂天《代宰相請上尊號表》，至外國求婚，則以稟命為天子神武；白樂天作《策林》，欲官吏清廉，然又謂凍餒切於身，雖巢、由不能固其節。何其言之不類耶？……（《四庫全書》本卷七）

智按：《湖海樓叢書》本《學林》卷七无「白樂天《代宰相請上尊號表》，至外國求婚，則以稟命為天子神武」（田瑞娟點校《學林》，第二三三頁）。

⊙詩重韻

杜子美《飲中八仙歌》曰「知章騎馬似乘船」，又曰「天子呼來不上船」，歌曰「眼花落井水底眠」，又曰「長安市上酒家眠」，歌曰「汝陽三斗始朝天」，又曰「舉觴白眼望青天」，歌曰「皎如玉樹臨風前」，又曰「蘇晉長齋繡佛前」，又曰「脱帽露頂王公前」，此歌三十二句，而押二船字，二眠字，二天字，三前字。近時論詩者曰：「此歌自是八段，不嫌於重韻也。」觀國按：子美此詩，以飲中八仙歌五字為題，則是一歌。此歌首尾於船字韻中押，未嘗移別韻，則非分為八段。蓋子美古律詩重用韻者亦多，況於歌乎？如《園人送瓜》詩曰：「沉浮亂冰玉，愛惜如芝草。」又曰：「園人非故侯，種此何草草。」一篇押二草字也。……韓退之《贈張籍》詩，一篇二更字，二陽字。又《岳陽樓別竇司直》詩，押二何字。又《李花》詩，押二花字。又《雙鳥》詩，押二州字，二頭字，二秋字，二休字。又《和盧郎中送盤谷子》詩，押二行字。又《示爽》詩，押二愁字。又《叉魚》詩，押二銷字。《寄孟郊》詩，押二奥字。《此日足可惜》詩，押二光字。白樂天《渭村退居》詩，押二房字。《夢游春》詩，押二復字。《元微之》詩，押二夷字。《出守杭州路次藍溪》詩，押二水字。《游悟真寺詩》，押二槩字。其餘詩人，如此疊用韻者甚多，不可具舉，意到即押耳，奚獨於《飲中八仙歌》而致怪耶？（《四庫全書》本卷八；田瑞娟點校《學林》，第二四九頁）

⊙飴殍

杜牧《杜秋娘》詩曰：「厭飫不能飴。」沈存中曰：「飴乃餳耳，若作飲食，當音飤。」觀國案：《南史·梁武帝紀》曰：「有男子於大衆中，自割身以飴飢鳥。」晉王薈除吳國内史，時年饑，粟貴，人多餓死。薈以私米作饘粥以飴餓者，所濟活甚衆。以此觀之，則飴雖餳也，至於詩文中言甘食之，則謂之飴。所謂飴飢鳥者，使飢鳥甘食之也。所謂飴餓者，使餓者甘食之也。杜牧詩曰「厭飫不能飴」者，既厭飫矣，不能復甘食之也。杜牧詩用平聲，怡字韻，而飤音嗣，存中欲以飤字當之，如之何其可也。存中又謂：「唐人以小詩著名，而讀書滅裂。如白樂天《題座隅詩》云：『俱化為餓殍。』作孚音。」觀國案：字書殍字兩音，一音芳無切，一音平表切，其義則皆餓死也。樂天於平聲押，音孚，不誤矣。（《四庫全書》本卷八；田瑞娟點校《學林》，第二六一頁）

⊙張祜宫詞

唐張祜有詩名《宫詞》，詩曰：「故國三千里，深宫二十年。一聲何滿子，雙淚落君前。」當時人頗稱賞此詩，然後人讀之，多不曉其句意。唐人小説云：宣宗時，孟才人者，本東南人，入宫二十年，以善歌得寵。宣宗不豫，才人侍帝，使歌，才人歌何滿子，一聲而泣下，故祜宫詞專為此發，當時人知其事者，無不以為切當也。白樂天詩注云：明皇時有姓何名滿者，因事對獄，而案牘奏上，猶不免死，人憐，為作曲，名何滿子。故白樂天詩曰：「人言何滿是人名」，乃為此也。張祜在宣宗大中時有詩名。《唐書·藝文志》有張祜詩一卷，注曰：祜字承吉，為處士。（《四庫全書》本卷八；田瑞娟點校《學林》第二六二頁）

⊙始

李希聲《詩話》曰：「『皂鵰寒始急』，『千呼萬喚始出』来，人皆以為語病，然『始』有二音，有所宿留，而今甫然者，當從去聲，二詩自非語病。」觀國嘗考其故矣。「始終」之「始」，則音上聲，有所宿留，而今甫然者，則音去聲。所謂有太始，所謂萬物資始，所謂始畫八卦，所謂有始有卒，此皆「始終」之「始」也。杜子美《安西兵》詩曰：「臨危經久戰，用意始知神。」韓退之《月臺》詩曰：「直須臺上看，始奈月明何。」此皆有所宿留，而今甫然者也。如《禮記·月令》「蟬始鳴」，陸德明《音義》：「始作試。」則李希聲之説不妄矣。（《四庫全書》本卷九；田瑞娟點校《學林》第二八五～二百六頁）

智按：王觀國，字彦賓，長沙（今屬湖南）人。《沅湘耆舊集》前編卷二十一謂其徽宗政和五年（一一一五）進士，陆心源《儀顧堂題跋》卷八謂其政和九年（一一一九）進士，俟考。簽書川陜節度判官。高宗紹興初知汀州寧化縣（《宋詩紀事小傳補正》卷二）。紹興十四年（一一四四）於知邵州任被劾罷。著有《學林》十卷。

郭印（一一一五進士）

《忠州懷古》

連日追游笑語同，一樽能遣百愁空。唐賢閣上秋風冷，巴子臺邊夕照紅。木落荒坡思白傅，草深頽墓憶宣公。只憐地狹難成市，依舊沙頭作小叢。（《四庫全書》本《雲溪集》卷十一）

智按：郭印，號亦樂居士，成都（今屬四川）人。二十歲入太學肄業。徽宗政和五年（一一一五）進士。歷攝銅梁縣，知仁壽縣，州府管庫，學校教官，亦任過短期朝官。積階至左請大夫。官終知州。一生活動主要在蜀地。高宗紹興四年（一一三四）前後即在故鄉雲溪營別業，後即退老於此，年八十尚存世。所著《雲溪集》，不見宋人著録，且於明代失傳。清四庫館臣據《永樂大典》輯為十二卷。

葉廷珪（一一一五進士）

《海録碎事》

⊙玉兎金蟾

「照他幾許人腸斷，玉兎金蟾遠不知。」（白居易《月詩》）。（《四庫全書》本卷一「天部上・月門」；李之亮校點本第七頁）

⊙白模糊

「連夜江雲黄慘澹，平明山雪白模糊。」（白居易詩）。（《四庫全書》本卷一「天部上・雪門」；李之亮校點本第二〇頁）

⊙古上饒

白居易《送人貶信州》：「地僻山深古上饒。」（《四庫全書》本卷三上「地部上・地門」；李之亮校點本第六六頁）

⊙越首剡面

白居易《沃州山記》云：「東南山水，越為首，剡為面，沃州天姥為眉目。」（《四庫全書》本卷三上「地部上・總載山門」；李之亮校點本第七二頁）

⊙麯塵波

白樂天：「晴沙金屑色，春水麯塵波。紅簇交枝杏，青含卷葉荷。」（《四庫全書》本卷三下「地部上・河海門」；李之亮校點本第八九頁）

⊙白雲泉

白雲泉在天平山，白樂天題以絶句，范文正繼作，名遂著。在吳縣。（《圖經》）。（《四庫全書》本卷三下「地部上・水泉門」；李之亮校點本第九四頁）

⊙奇章嗜石

白樂天《太湖石記》云：「玄晏先生嗜書，嵇中散嗜琴，靖節先生嗜酒，奇章在洛陽多蓄奇石。」（《唐文粹》）。（《四庫全書》本卷三下「地部上・沙石門」；李之亮校點本第一〇四頁）

⊙銀臺

「銀臺南畔路，始是到人間。」（白樂天詩）。（《四庫全書》本卷四下「地部下・樓臺門」；李之亮校點本第一五一頁）

⊙荔枝樓

在忠州，白樂天置。（《四庫全書》本卷四下「地部下・樓臺門」；李之亮校點本第一五二頁）

⊙緑野堂

裴晉公留守東都，於集賢里之第起涼臺暑館，名曰緑野堂，日與詩人白居易、劉禹錫酣晏其中。（《四庫全書》本卷四下「地部下・廳堂門」；李之亮校點本第一五六頁）

⊙生菜樣

白樂天：「蘇家女子簡簡吟，玲瓏雲髻生菜樣，飄飖風袖薔薇香。」（《四庫全書》本卷五「衣冠服用部・釵珥門」；李之亮校點本第一八七頁）

⊙醉王醉士

李白每醉為文，未常差，人目為醉聖。白樂天自稱醉王，皮日休自稱醉士。(《四庫全書》本卷六「飲食器用部・酒門」；李之亮校點本第二一八頁）

⊙酒膓

「為君開酒膓，顛倒舞相飲。」（白居易）。(《四庫全書》本卷六「飲食器用部・酒門」；李之亮校點本第二二〇頁）

⊙扶頭酒

「一榼扶頭酒，泓澄瀉玉壺。十分醮甲酌，瀲灩滿銀盂。」（白樂天）。(《四庫全書》本卷六「飲食器用部・酒門」；李之亮校點本第二二〇頁）

⊙十二姝

「九燭臺前十二姝，主人留醉任歡娛。」（白樂天詩）(《四庫全書》本卷七上「聖賢人事部上・婦人門」；李之亮校點本第二七二頁）

⊙盃酒英雄

白居易《哭劉夢得》詩曰：「盃酒英雄君與操。」(《四庫全書》本卷七下「聖賢人事部上・敏慧門」；李之亮校點本第二八八頁）

⊙長年人

「臨風杪秋樹，對酒長年人。」（白樂天詩）。(《四庫全書》本卷八上「聖賢人事部中・老稚門」；李之亮校點本第三一七～三一八頁）

⊙六事思君

白居易：「遊山玩水攜詩卷，看月尋花把酒盃。六事盡思君作伴，幾時歸得洛陽來。」(《四庫全書》本卷九下「聖賢人事部下・游覽門」；李之亮校點本第四五一頁）

⊙相車

「林館經春瑞氣浮，當時曾約相車遊。」（白樂天）。(《四庫全書》本卷十一上「臣職部上・宰相門」；李之亮校點本第五六一頁）

⊙兵署

白居易《和李相公任兵部日移四松詩》：「右相歷兵署，四松皆手栽。」(《四庫全書》本卷十一上「臣職部上・兵部門」；李之亮校點本第五八二頁）

⊙諫紙

白居易《與元稹書》云：「身是諫官，日請諫紙。」（《四庫全書》本卷十二「臣職部下・諫諍門」；李之亮校點本第六三三頁）

⊙佩蘇印

白樂天詩序云：「予去年脱杭印，今年佩蘇印。」（《四庫全書》本卷十二「臣職部下・刺史門」；李之亮校點本第六四一頁）

⊙聽三樂

「尤宜聽三樂，安慰白頭翁。」（白樂天詩）。（《四庫全書》本卷十六「音樂部・琴瑟門」；李之亮校點本第七八五頁）

⊙嵬峩

音我。白居易《九老詩》：「嵬峩狂歌教婢拍，婆娑醉舞遣孫扶。」（《四庫全書》本卷十六「音樂部・歌舞門」；李之亮校點本第七九二頁）

⊙天才絶

唐人以李白為天才絕，白樂天人才絕，李賀鬼才絕。（《四庫全書》本卷十八「文學部上・文章門」；李之亮校點本第八二三頁）

⊙文章風尚

元和之後，文章則學奇於韓愈，學澁於樊宗師，歌行則學放於張籍，詩則學矯激於孟郊，學淺於白居易，學淫靡於元微之，俱號元和體。大抵天寶之風尚黨，大歷之風尚浮，貞元之風尚蕩，元和之風尚恠，皆因而倡之。（《國史補》）。（《四庫全書》本卷十八「文學部上・文章門」；李之亮校點本第八二四頁）

⊙不語先生

《牛羊日歷》以白居易《六帖》為不語先生。出《談助》。（《四庫全書》本卷十八「文學部上・圖籍門」；李之亮校點本第八三三頁）

⊙詩魔

白居易《與元稹書》曰：「知我者以為詩仙，不知我者以為詩魔。」（《四庫全書》本卷十九「文學部下・詩門」；李之亮校點本第八四三頁）

⊙詩豪

白居易以詩自名者，常推劉禹錫為詩豪。（《四庫全書》本卷十九「文學

部下・詩門」；李之亮校點本第八四三～八四四頁）

⊙詩人命蹇

白居易書云：「詩人命蹇。如陳子昂、杜甫各授一拾遺，而屯剝至死。」（《四庫全書》本卷十九「文學部下・詩門」；李之亮校點本第八四四頁）

⊙詩債

白樂天：「走筆還詩債。」（《四庫全書》本卷十九「文學部下・詩門」；李之亮校點本第八四四頁）

⊙詩仙

大中皇帝弔白居易云：「誰教冥路作詩仙。」退之云：「為有詩仙鳳沼來。」（《四庫全書》本卷十九「文學部下・詩門」；李之亮校點本第八四四頁）

⊙北窗三友

白樂天以詩、琴、酒為北窗三友，詩云：「三友遞相引，循環無已時。」（《四庫全書》本卷十九「文學部下・詩門」；李之亮校點本第八四四頁）

⊙折官職

白樂天《贈楊給事》：「不用更教詩句好，折君官職是聲名。」王禹玉《和石昌言雪詩》云：「官職聲名君自有，何妨更絶郢中吟。」（《四庫全書》本卷十九「文學部下・詩門」；李之亮校點本第八四五頁）

⊙雞林求市

白樂天詩，雞林賈人求市頗切，自云：本國宰相每以千金換一篇，其偽者宰相輒能辨別之。（《四庫全書》本卷十九「文學部下・詩門」；李之亮校點本第八四七頁）

⊙唱黃雞

白樂天詩：「誰道使君不解歌，聽唱黃雞與白日。黃雞催曉丑時鳴，白日催年酉時没。」（《四庫全書》本卷十九「文學部下・樂府門」；李之亮校點本第八七一頁）

⊙黃夾襭林

白樂天詩：「黃夾襭林寒有葉，碧琉璃水浄無風。」（《四庫全書》本卷二十二下「鳥獸草木部・木門」；李之亮校點本第一〇〇八頁）

⊙卷葉荷

白樂天：「晴沙金屑色，春水麴塵波。紅簇交枝杏，青含卷葉荷。」（《四庫全書》本卷二十二下「鳥獸草木部·蓮門」；李之亮校點本第一〇一六頁）

智按：葉廷珪，字嗣忠，號翠岩，甌甯（今福建建甌）人。徽宗政和五年（一一一五）進士，除武邑丞。轉知德興縣。高宗紹興中知知福清縣，召為太常寺丞，遷兵部郎中。十八年（一一四八），以左朝請大夫知泉州，後移漳州。著有《海録碎事》二十二卷。事見《宋史翼》卷二十七、《閩中理學淵源考》卷十四。

董逌（政和間）

《廣川畫跋》

⊙書李元本華木圖

樂天言：「畫無常工，以似為工。」畫之貴似，豈其形似之貴邪？要必期於所以似者貴也。今畫師圈墨設色，摹取形類，見其似者，踉蹡其處而嘉矣，則色以紅白青紫，華房蕚莖蕊華以尖圓斜直，雖尋常者猶不失，曰此為日精，此為木芍藥。至於百華異英，皆按形得之，豈徒曰似之為貴，則知無心於畫者，求於造物之先。凡賦形出象，發於生意，得之自然，待見於胸中者。若華若葉，分布而出矣。然後發之於外，假之手而寄色焉，未嘗求其似者而託意也。元本學畫於徐熙，而微覺用意求似者，既遁天機不若熙之進乎技。（《四庫全書》本卷五）

智按：白居易《記畫》：「畫無常工，以似為工。」

《廣川書跋》

⊙徐浩寶林寺詩

李邦彦出《會稽寶林寺》詩，黄庭堅書其後曰：「法士多瓌能（奴來反），乃是僧為鼇爾。孤岫龜形在，謂山有穴而特，不可謂山。」余評曰：此詩未有工處，特以書貴。季海書名唐世，而此石乃公平生書，不得不尚。如「高閣無恢㒵」（音苔），乃詩人會意誤處。黄子抉而警之，是一快事。謂瓌能孤岫，不害於詩，黄子求人已細。張子曰：因進非哀，表賢選能（奴來切）。馮相觀祲，祈禳攘災。古人已如此音，況能有所合謂之能，自有據耶。《尔雅》曰：山有穴岫，不必謂如神瀵。凡山有竅穿可見者皆是，故謝康樂言：「牕間列遠岫」，玄暉言：「雲表吳岫徹」，杜甫言：「自多窮岫雨」，韓愈言：「點點露數岫」，豈盡失也？若白居易言「岫合雲初吐」，則不可謂山聳而出者，世人多託人見聞，以為己是。黄子説嘗勝，人亦未深考，余不得不辯。政和元年四月十三日。（《四庫全書》本卷八）

⊙李干墓誌

唐太學博士李干誌，河南李仲微得其碑以傳，然其文自見《昌黎集》中，惟碑少見，故仲微貴之。其書李翺，亦可臧也。志曰：「字子漸。」集無此。又以柳賁為泌，與集本異者。《唐憲宗紀》自作柳泌，知李道古誌與此皆誤。此誌甚罪干以丹砂受賁之術以死，且以為世戒也。又敘歸登食水銀火射竅節以出，李虚中服硫黄致疽發於背，李遜且死，始知藥誤。孟簡自以得不死藥，二年卒。盧垣溺出血肉，李道古亦以柳泌藥死海上。觀其説者，自令聳懼震恐，可終身守之，且世亦知尊生矣。其壽宜不死，卒以得死，雖甚暗庸，不此為也。或傳退之晚歲，頗嗜硫黄，卒以此死。白居易曰：「退之服硫黄，一病竟不痊。」居易言可信也。立論以戒世，求世必信，公乃自蹈於此，何哉？余意以血氣既耗，不得如向之時，方幸扶衰救疾，以冀朝夕近功，不知其患已如干也，可以一歎哉。（《四庫全書》本卷九）

智按：董逌，字彦遠，東平（今屬山東）人，題曰廣川，從郡望也。政和中，官徽猷閣待制。靖康二年（一一二七）為國子監祭酒。四月，曾率太學諸生至南京（今河南商丘南）向康王趙構勸進，除宗正少卿。王明清《玉照新志》載宋齊愈獄牘稱「司業董逌在坐」，則靖康末尚官司業。後任中書舍人等職。曾敏行《獨醒雜志》稱「建炎己酉，逌從駕」，則南渡時尚存。（《四庫提要》）博學好古，對先秦鐘鼎款識、秦漢、銘刻及歷代碑帖、畫跡尤有研究，長於考訂鑒别。有《廣川書跋》、《廣川畫跋》等。

佚名（一一二〇前後）

《宣和畫譜》

蕭悦，不知何許人也，時官為協律郎，人皆以官稱其名，謂之蕭協律。唯喜畫竹，深得竹之生意，名擅當世。白居易詩名擅當世，一經題品者，價增數倍。題悦畫竹詩云：「舉頭忽見不似畫，低耳静聽疑有聲。」其被推稱如此，悦之畫可想見矣。今御府所藏五。（《四庫全書》本卷十五）

宗室仲佺，字隱夫，太宗玄孫。仲佺明敏，無他嗜好，獨愛漢晉人之文章，至於品藻人物，通貫義理，雖老師巨儒，皆與其進。作詩平易，効白居易體，不沉酣於綺紈犬馬，而一意於文詞翰墨間，至於寫難狀之景，則寄興於丹青，故其畫中有詩。至其作草木禽鳥，皆詩人之思致也，非畫史極巧力之所能到，其亦翩翩佳公子耶？歷官至潤州管内觀察使，持節潤州諸軍事，潤州刺史，贈開府儀同三司，追封和國公，謚惠孝，今御府所藏十有四：杏花繡纓圖一，秋荷鷺鷥圖一，蓼岸鷺鷥圖一，戎葵鶺燕圖一，葵竹鸂鶒圖一，筍竹戀鳩圖一，寫生雜禽圖四，寫生牡丹圖一，乳牛圖一，鵲竹圖二。（《四庫全書》本卷十六花鳥二）

智按：又見《宣和書譜》卷十六。

崔慤字子中，崔白弟也。官至左班殿直，工畫花鳥，推譽於時。其兄白尤先得名，慤之所畫，筆法規模，與白相若，凡造景寫物，必放手鋪張，而為圖未嘗瑣碎。作花竹，多在於水邊沙外之趣，至於寫蘆汀葦岸，風鴛雪雁，有未起先改之意，殆有得於地偏無人之態也。尤喜作兔，自成一家。大抵四方之兔，賦形雖同，而毛色小異。山林原野，所處不一，如山林間者，往往無毫，而腹下不白；平原淺草，則毫多而腹白，大率如此相異也。白居易曾作宣州筆詩，謂：「江南石上有老兔，食竹飲泉生紫毫。」此大不知物之理。聞江南之兔，未嘗有毫，宣州筆工復取青齊中山兔毫作筆耳。畫家雖游藝，至於窮理處，當須知此。因慤畫兔，故及之云。至如翰林圖畫院中，較藝優劣，必以黄筌父子之筆法為程式，自慤及其兄白之出，而畫格乃變，今御府

所藏六十有七。(《四庫全書》本卷十八)

智按：書前有宣和庚子（一一二〇）御製序。蔡絛《鐵圍山叢談》曰：「崇寧初，命宋喬年值御前書畫所，喬年後罷去，繼以米芾輩，迨至末年，上方所藏率至千計，吾以宣和癸卯歲嘗得見其目。」《四庫提要》云：「癸卯在庚子後三年，當時書、畫二《譜》，蓋卽就其目排比成書歟?」

佚名（一一二〇前後）

《宣和書譜》

⊙寶林寺詩

元稹，字微之。河南人也。相穆宗，贈尚書右僕射。少孤，授學於母，十五以明經中第，相繼應制科，擢第一。及典詞誥，務在純厚，時流慕之，文體為之一變。所長惟歌詩，歆豔一時，天下稱「元和體」。其詩名與白居易相上下，人目之為「元白」。及其在越，與詩人竇群賡酬，又稱蘭亭絕唱，每一詞出，往往播之樂府。其楷字蓋自有風流蘊藉，俠才子之氣，而動人眉睫也。要之詩中有筆，筆中有詩，而心畫使之然耳，今御府所藏正書一。(《四庫全書》本卷三；《叢書集成初編》第一六三二册，第九六～九七頁)

⊙宛陵帖

白居易，字樂天，家翰城，以刑部尚書致仕。居易敏悟絕人，工為文章，顧況一見其文，不覺自失曰：「吾謂斯文已絕，今復見子矣。」擢進士，拔萃，入為翰林。後貶江州司馬。然雖失志，能順適所遇，若忘形骸者。會昌初，家東都履道里居第，疏沼植木，龍門構石樓，香山鑿八節灘，自號醉吟先生。或經月不茹葷，又稱香山居士。與胡杲、吉旼、鄭據、劉真、盧真、張渾、狄兼謨、盧貞燕集，皆高年不仕，人慕之，繪為《九老圖》。居易文章精切，然最工詩，長於諷諫得失，名傳雞林。初與元稹酬詠，故號元白。復與劉禹錫齊名，又號劉白。始生七月，能指之無二字，蓋以天稟。觀其書，豐年、洛下兩帖，與夫雜詩，筆勢翩翩，大抵唐人作字，無有不工者。如居易以文章名世，至於字畫，不失書家法度，作行書妙處，與時名流相後先。蓋胸中淵著，流出筆下，便過人數等。觀之者，亦想見其風槩云。今御府所藏行書五：《豐年帖》，《洛下帖》，《生涯帖》，《劉郎中帖》，《送敏中歸邠寧幕》等詩。（《四庫全書》本卷九）

⊙深慰帖

徐凝，進士也，亡其系。喜作詩，當時賦廬山瀑布泉者，無慮千百輩，而凝為詩韻，頗為時輩所推許。其卒章云：「今古長如白練飛，一條界破青山色。」白居易以元老詞客，為時領袖，亦作詩美之，以為不可跂及。自爾凝聲名籍甚，而後世想見其風采者，獨得此一詩也。蓋其宗居易者，其論如此。而或者有惡詩之目，以此方之李杜之域，則特為凡陋耳。凝之字畫，有行法，固當因時而見，況其筆意，自具儒家風範，非規規於學字者，存而論之，亦一種人物也。今御府所藏行書二。（《四庫全書》本卷十）

⊙叙論

……蓋唐之諸臣，扶持王室，落落有奇節者，其取日虞淵，洗光咸池，則有若狄仁傑；以安社稷，名曰具臣，則有若郭元振；繫其用否，治亂以分，則有若張九齡；仗義秉鉞，以戡多難，則有若渾瑊；浮沉一節，為時名儒，則有若白居易；佐武中興，比迹姚宋，則有若李德裕，諸子在人耳目，固已班班，皆後世樂聞而喜道者，況其當時告命哉。藏之書府，亦有以表其實耳。……（《四庫全書》本卷二十）

智按：《四庫提要》云：「不著撰人名氏，記宋徽宗時內府所藏諸帖，蓋與《畫譜》同時作也。首列帝王諸書為一卷，次列篆隸為一卷，次列正書四卷，次列行書六卷，次列草書七卷，末列分書一卷，而制誥附焉。宋人之書，終於蔡京、蔡卞、米芾，殆即三人所定歟？」

計有功（一一二一進士）

《唐詩紀事》

⊙裴度

公出討淮西，過女几山下，刻石題詩，後果尅期平賊。其詩云：「待平賊壘報天子，莫指仙山示武夫。」由是淮蔡底平，民安生業。白居易作詩二百言，繼公篇之末：「何處畫功業？何處題詩篇？麒麟高閣上，女几小山前。爾後多少時，四朝二十年。賊骨化為土，賊壘犂為田。一從賊壘平，陳蔡民晏然。騾軍成牛戶，鬼火變人煙。生子已嫁娶，種桑亦絲綿。皆云公之德，欲報無由緣。公今在何處，守都鎮三川。舊宅留永樂，新居開集賢。今公在何官？被衮珥貂蟬。戰袍破猶在，髀肉生欲圓。」（卷三十三，王仲鏞《唐詩紀事校箋》上册，第九一九頁）

琴按：《唐詩紀事》至此即止，未録完全詩。查本集此下續云：「襟懷轉蕭灑，氣力彌精堅。登山不拄杖，上馬能掉鞭。利澤浸入池，福降升自天。昔號天下將，今稱地上仙。勿追赤松游，勿拍洪崖肩。商山有遺老，可以奉周旋。」

樂天求馬，裴度贈以馬，因戲云：「君若有心求逸足，我還留意在名姝。」引妾换馬之事。樂天答云：「安石風流無奈何，欲將赤驥换青娥。不辭便送東山去，臨老何人與唱歌？」（卷三十三，王仲鏞《唐詩紀事校箋》上册，第九二〇頁）

⊙楊巨源

《寄江州白司馬》云：「江州司馬平安否？惠遠東林住得無？湓浦曾聞似衣帶，廬峰見説勝香爐。題詩歲晏離鴻斷，望闕天遙病鶴孤。莫謾勾牽雨花社，青雲依舊是前途。」（卷三十五，王仲鏞《唐詩紀事校箋》上册，第九七五頁）

⊙白居易

張為以居易為廣大教化主，取其《讀史》詩云：「含沙射人影，雖病人不知。巧言誣人罪，至死人不疑。掇蜂殺愛子，掩鼻戮寵姬。弘恭陷蕭望，趙高謀李斯。陰德既必報，陽禍豈虚施。人事雖可罔，天道終難欺。明即有刑辟，陰即有神祇。苟免勿私喜，鬼得而誅之。」

琴按：本集兩即字俱作則字。

又取《秦中吟》云:「厚地植桑麻,所用濟生民。生民理布帛,所求活一身。身外充征賦,上以奉君親。國家定兩稅,本意在憂人。厥初防其淫,明勑内外臣。稅外加一物,皆以枉法論。奈何歲月久,貪吏得因循。浚我以求寵,斂求無冬春。織絹未盈疋,繰絲未盈斤。里胥迫我納,不許蹔逡廵。歲暮天地閉,陰風生破村。夜深煙火盡,霰雪白紛紛。幼者形不蔽,老者體無温。悲喘與寒氣,併入鼻頭辛。昨日輸殘稅,因窺官庫門。繒帛如山積,絲絮如雲屯。號為羨餘物,隨日獻至尊。奪我身上暖,買爾眼前恩。進入瓊林庫,歲久化為塵。」

又取《寓意》云:「豫章生深山,七年而後知。挺高二百尺,本末皆十圍。天子建明堂,此材獨中規。匠人執斤墨,采度將有期。孟冬草木枯,烈火燎于陂。狂風吹猛焰,從根燒到枝。養培二十年,方成棟梁姿。一朝為灰燼,柯葉無孑遺。地雖生爾材,天不與爾時。不如糞上芝,猶有人掇之。已矣勿重陳,重陳令人悲。勿悲焚燒苦,但悲採用遲。」

又取「赫赫京内史,奕奕(一作炎炎)中書郎。昨傳征拜日,恩私顧(一作頗)殊常。貂冠水蒼玉,紫綬黃金章。佩服身未暖,已聞竄炎荒(一作遐荒)。親戚不得別,吞聲泣路旁。賓客亦已散,門前雀羅張。富貴來未久,倏如瓦溝霜。權勢去尤速,瞥若石火光。不如守貧賤,貧賤可久長。傳語宦游子(一作者),且來歸故鄉。」

琴按:此《寓意》詩第二首。

又取「得意減別恨,半酣還遠程」之句。

琴按:此《及第後歸覲留別諸同年》詩,還,本集作輕。

又:「人吏留不得,直入故山雲」之句。

又:「長生不似無生理,休向青山學煉丹」之句。

又:「白髮鑷不盡,根在愁腸中」之句。

又《與薛濤》云:「峨眉山勢接雲霓,欲逐劉郎此路迷。若似剡中容易到,春風猶隔武陵溪。」

已上皆《主客圖》。

按樂天生於代宗大曆七年壬子（正月二十日）。大和七年，樂天尹河南，《元日對酒》詩云：「今朝吳與洛，相憶一欣然。夢得君知否，俱過本命年。」又詩云：「何事同生壬子歲，老於崔相及劉郎。」序云：余注云：「余與蘇州劉郎中同生壬子歲。今年六十三。」退之生於大曆三年戊申，微之生於德宗建中元年庚申，卒於大和五年，時年五十三，少樂天八歲。

德宗貞元十六年庚辰，中書舍人高郢下及第第四人，省試《性習相近遠》賦、《玉水記方流》詩。時年二十八。樂天《送侯權秀才序》云：「貞元十五年，予與侯生俱為宣城守所貢。明年春，予中春官第。」（傳云年二十七，李商隱銘云年二十六）

十七年辛巳，試中書判拔萃，補校書郎。樂天《泛渭賦序》云：「右丞相高公之掌貢舉也，予以鄉貢進士舉及第。左丞相鄭公（珣瑜）之領選部也，予以書判拔萃選登科。」十九年，天子並命二公對掌鈞軸（是年齊抗罷，崔損薨，二公入相）。

憲宗元和元年丙戌，四月，以賢良方正對策，乙等。冬十二月，尉盩厔，為集賢校理。賦《長恨歌》於盩厔。是月召入翰林為學士，遷左拾遺（元和二年為拾遺）。樂天《曲江感秋》詩云：「元和二年秋，我年三十七。長慶二年秋，我年五十一。」序云：「元和二年、三年、四年，予每歲有《曲江感秋》詩，是時，予為左拾遺、翰林學士。」

《賀雨》詩，元和三年冬作。（智按：白居易《賀雨》，元和四年作，三十八歲，長安，左拾遺、翰林學士。《白居易集箋校》第一頁。）

諷諭樂府詞，元和四年作（凡九千二百五十言，分為五十首），《秦中吟》等詩皆拾遺時。拾遺歲滿當遷，憲宗聽自擇官，樂天請如姜公輔以學士兼京兆戶曹參軍，以便親養，詔可。

五年，以母喪解還，有《渭上》等詩，洎《效陶淵明詩》十六首。

七年，拜左贊善大夫，居昭國里，《酬張十八訪宿》云：「昔我為近臣，君常稀到門。今我官職冷，唯君來往頻。」又《寄元八》云：「進入閣前拜，退就廊下飡。歸來昭國里，人卧馬歇鞍。卻坐至日午，起坐心浩然。」又十年《贈杓直》云：「已年四十四，又為五品官。」蓋為贊善大夫，首尾四年。

十年秋，或言居易母墮井死，賦新井詩，出為刺史。王涯言其不可，乃貶江州司馬（論盜殺武元衡事，宰相嫌其出位故也）。樂天《東南行一百韻》，其間云：「憐望移門籍，潯陽佐郡符。」注云：「十年春，微之移佐通州。其年秋，予出佐潯陽。」

十一年秋，賦《琵琶行》，時年四十五矣。詩云：「行年四十五，兩鬢半蒼蒼。清瘦詩成癖，粗豪酒放狂。老來尤委命，安處即為鄉。或擬廬山下，來春結草堂。」

十二年，裴度平淮西。

十三年，冬，移刺忠州，《三游洞庭序》云：「平淮西之明年，冬，予自江州司馬授忠州刺史，微之自通州司馬授虢州長史。又明年春，各祗命之郡，與知退偕行。三月十一日，參會於夷陵。」又賦詩云「澧水店頭春盡日，送君馬上謫通川。夷陵峽口明月夜，此處逢君是偶然。一別五年方見面，相攜三宿未回舡」是也。

十五年，正月，憲（原作德）宗崩，穆宗立，召為司門員外郎。是年《寒食夜》詩云：「四十九年身老日，一百五夜月明天。抱膝思量何事在，癡男騃女喚秋千。」又《初除尚書郎脱刺史緋》詩云：「頭白喜抛黄草峽，眼明驚拆紫泥書。便留朱紱還銓閣，卻著青袍侍玉除。」是歲下峽，自商山路還朝，有《商山路》詩云：「萬里路長在，六年身始歸。所經多舊館，大半主人非。（自十年至是六年矣）」

明年，除主客郎中，知制誥（長慶元年）。以詩贈王十一、李七、元九、王舍人云：「紫垣曹局聯華地，白鬢郎官老丑時。莫怪不如君氣味，此中來校十年遲。（時元微之亦以中人之薦，入為舍人）」

是年，除中書舍人，有「絲綸閣下文章靜」等詩。

長慶二年七月，自舍人匄外出守杭州（時河北復亂，謀趙國急，樂天論事不合，乃匄外遷）。《次藍溪》詩云：「既居可言地，願助朝廷理。伏閣三上章，戇愚不稱旨。聖人存大體，優貸容不死。鳳詔停舍人，魚書除刺史。」

長慶三年，《二月五日杭州花下作》云：「二月五日花如雪，五十二人頭似霜。聞有酒時須笑樂，不關身事莫思量。」

長慶四年，以太子左庶子分司東都（是歲正月，穆宗崩，敬宗立）。「三年為刺史，無政在人口。唯向郡城中，題詩十餘首。慚為甘棠詠，豈有思人不。」又：「三年為刺史，飲冰復食蘗。唯向天竺山，取得兩片石。此祗有千金，無乃傷清白。」（三月，作《錢塘湖石記》，時猶在杭州，則分司當在秋時）《洛中詩》云：「五年職翰林，四年莅潯陽。一年巴郡守，半年南宮郎。二年直綸閣，三年刺史堂。凡此十五載，有詩千餘章。」

寶曆元年，三月，除守蘇州。是年七月，有《吳郡詩石記》。明年，病免。（《華嚴經社石記》云：「寶曆二年九月二十五日，前蘇州刺史曰白居易記。」是歲十二月，敬帝崩，文宗立。）樂天欲去郡，有《自詠》五章。其一云：「官舍非我廬，官園非我樹。洛中有小宅，渭上有別墅。既無婚嫁累，幸有歸休處。歸去誠已遲，猶勝不歸去。」又《宿滎陽》詩云：「生長在滎陽，少小辭鄉曲。迢迢四十載，復到滎陽宿。去時年十二，今年五十六。（時文宗大和元年也）」

文宗大和元年，以秘書監召。十月上旬，誕聖之日，樂天以秘書監與沙門義林、道士楊洪元，發問酬難。是歲，遷刑部侍郎。微之於浙東就拜尚書，樂天詩云：「我為憲部入南宮，君作尚書鎮浙東。老去一時成白首，別來七度換春風。」是也。

二年，《歲暮詠懷》云：「窮冬月末兩三日，半百年過六七時。龍尾趂朝無氣力，牛頭参道有心期。榮華外物終須悟，老病傍人豈得知。猶被妻兒教漸退，莫求致仕且分司。」時二李黨事興，樂天畏禍求退，故《詠懷》云：「人間禍福愚難料，世上風波老不禁。萬一差池似前事，又應追悔不抽簪。」

三年春，移病還東都，是年夏，得請為太子賓客分司（見《池上篇序》。自是不出東都［琴按：原作吳］矣）。《將至東都，先寄令狐留守》云：「東都添個狂賓客，先報壺觴風月知。」《歸履道宅》詩云：「往時多暫住，今日是長歸。」（自是劉、白、令狐、裴相唱和甚多）

四年，作《自嘲》詩云：「五十八翁方有後，靜思堪喜亦堪嗟。」自後「何處難忘酒」、「不如來飲酒」詩篇，皆東都作也。

五年，拜河南尹，樂天詩云：「六十河南尹，前途足可知。老應無處避，病不與人期。」是年六十矣。

七年，復以賓客分司。序《洛詩》云：大和二年，詔授刑部侍郎。明年，病免歸洛，旋授太子賓客、分司東都。居二年，就領河南尹事。又三年，病免，歸履道里第，再授賓客分司。

開成元年，起為同州刺史，不拜，改太子少傅。

二年三月，河南尹李待價禊於洛濵，啓留守裴令公。公召居易、劉禹錫等一十五人宴舟中。樂天賦「三月草萋萋，黃鶯歇又啼」之作。

四年，賦《病中詩》，序云：「開元己未歲，余蒲柳之年，六十有八，冬十月，甲寅，始得風痹之疾。因成十五首，題為《病中詩》，且貽所知，兼用自廣。」

五年，《春盡獨吟》云：「病共樂天相伴住，春隨樊素一時歸。」（是年文宗崩，武宗立）樂天妓樊素也，善歌楊柳枝，人多以曲名名之。樂天病，去之，夢得詩云：「春盡絮飛留不得，隨風好去落誰家？」

會昌元年辛酉，年七十，以刑部尚書致仕。《達哉樂天行》云：「分司東都十三年，七旬纔滿冠已掛。」又《香山寫真贊序》云：會昌二年，罷太子少傅，為白衣居士，寫真香山寺藏經臺。又《初致仕贈留守牛丞相》，時年七十一。則樂天七十致仕矣。《致仕》詩云：「南北東西無所羈，掛冠自在勝分司。探花嘗酒多先到，拜表行香盡不知。炮笋烹魚飽飧後，擁袍枕臂醉眠時。報君一語君應笑，兼亦無心羨保釐。」又《醉中吟》「一生躭酒客，五度棄官人。」（注云：「蘇州、刑侍、河南尹、同州刺史、太子少傅，皆以病免）

五年，為東都九老會，時年七十四。

六年，八月，薨東都。贈右僕射，時年七十五。樂天寄王起、李紳詩云：「予與山南王僕射、淮南李僕射，仕歷五朝，年踰三紀。海内年輩，今唯三人。」故詩云：「故交海内只三人，二坐巖廊一卧雲。」時會昌六年也。微之卒於大和五年。明年，崔玄亮卒。會昌二年，劉夢得卒。樂天之卒最後。（以上見卷三十八至卷三十九；王仲鏞《唐詩紀事校箋》上册，第一〇二六～一〇四五頁）

琴按：汪立名云：「《唐詩紀事》中寥寥數語，不編年而多紕繆。」説得很對。

⊙崔玄亮

玄亮在洛，與白樂天相從醉吟之樂，曾有詩云：「共相呼喚醉歸來。」樂天答云：「居士忘筌默默坐，先生枕麴昏昏睡。早晚相從入醉鄉，醉鄉此去無多地。」（卷三十九，王仲鏞《唐詩紀事校箋》上册，第一〇五〇頁）

玄亮與元微之、白樂天，皆貞元初同年生也。玄亮名最後，自詠云：「人間不會雲間事，應笑蓬萊最後仙。」後白刺杭州，元為浙東廉使刺越，而崔刺湖州，白以詩戲之曰：「越國封彊吞碧海，杭城樓閣入青天。吳興卑小君應屈，為是蓬萊最後仙。」三郡有唱和詩，謂之《三州唱和集》。（卷三十九，王仲鏞《唐詩紀事校箋》上册，第一〇五〇～一〇五一頁）

樂天誌玄亮墓云：「公晚年師六祖，以無相為心地。易簀之夕，大怖將至，如入三昧，恬然自安，於遺疏之末，手筆題云：『暫榮暫悴石敲火，即空即色眼生花。許時為客今歸去，大曆元年是我家。』」諸子中芻言、罕言登進士第。（卷三十九，王仲鏞《唐詩紀事校箋》上册，第一〇五一頁）

⊙牛僧孺

樂天、夢得有《除夜》詩，僧孺和云：「惜歲歲今盡，少年應不知。淒凉數流輩，歡喜見孫兒。暗減一身力，潛添滿鬢絲。莫愁花笑老，花自幾多時。」

元和三年，宣政殿試賢良方正能直言極諫科，一十人登科，其後僧孺、李宗閔、王起、賈餗四人，皆相次拜相。先是白居易在翰林為考校官，後僧孺罷相，出鎮揚州，居易在洛中有詩送云：「北闕至東京，風光十六程。坐移丞相閣，春入武陵城。紅旆擁雙節，白髪無一莖。萬人開路看，百吏立班迎。閫外君彌重，樽前我亦榮。何須身自得，將相是門生。」（卷三十九，王仲鏞《唐詩紀事校箋》上册，第一〇五三頁）

樂天在香山，時僧孺在廣陵，有詩曰：「唯羨東都白居士，年年香積問禪師。」樂天答云：「支許徒思遊白日，夔龍未放下青天。應須且為蒼生住，猶去懸車十四年。」時僧孺年五十七。（卷三十九，王仲鏞《唐詩紀事校箋》上册，第一〇五三～一〇五四頁）

樂天求筝於維揚，僧孺先有詩曰：「但愁封寄去，魔物或驚禪。」樂天云：「會教魔女弄，不動是禪心。」樂天云：「思黯自誇前後服鍾乳三千兩，而歌舞之妓甚多，乃謔予衰老。」故答思黯詩云：「鍾乳三千兩，金釵十二行。妬他心似火，欺我鬢如霜。慰老資歌笑，銷愁仰酒漿。眼看狂不得，狂得且須狂。」奇章又有詩云：「不是道公狂不得，恨公逢我不教狂。」（卷三十九，王仲鏞《唐詩紀事校箋》上册，第一〇五四頁）

⊙李紳

《奉酬樂天立秋日有懷見寄》云：「深夜星漢靜，秋風初報涼。篁堦淅瀝響，露葉參差光。冰兔半升魄，銅壺微滴長。薄帷乍飄卷，襟帶輕摇揚。北除魂夢清，斜月滿軒房。屜履步前楹，劒戟森在行。重城宵正分，號鼓互相望。獨坐有所思，夫君鸞鳳章。天津落星河，一葦安可航？龍泉白玉首，魚服黄金裝。報國未知效，維鵜徒在梁。徘徊顧戎旃，顥氣生東方。衰葉滿欄草，斑毛盈鏡霜。羸牛未脱轅，老馬强騰驤。吟君白雪唱，慙愧巴人腸。」（卷三十九，王仲鏞《唐詩紀事校箋》上册，第一〇五九頁）

樂天贈紳詩云：「一篇長恨有風情，十首秦吟近正聲。剛被老元偷格律，苦教短李伏歌行。」注云：「元九往江陵，余以詩一軸贈行，自是格變。李二十嘗自負歌行，近見余樂府五十首，默然心伏。」樂天藏書東都聖善寺，號《白氏文集》，紳有詩以美之云：「寄玉蓮花藏，緘珠貝葉扃。院閑容客讀，講倦許僧聽。部列雕金牓，題名刻石銘。永添鴻寶集，莫雜小乘經。」（卷三十九，王仲鏞《唐詩紀事校箋》上册，第一〇五九頁）

樂天詩曰：「悶勸迂辛酒，閑吟短李詩。」迂辛，辛丘度也。度之子一日自云辛氏子，來見紳曰：「小子每憶白二十二丈詩『悶勸疇昔酒，閑吟廿丈詩』。」紳笑曰：「辛大有此狂兒，吾敢不存舊。」（卷三十九，王仲鏞《唐詩紀事校箋》上册，第一〇六三頁）

⊙劉禹錫

長慶中，元微之、夢得、韋楚客同會樂天舍，論南朝興廢，各賦《金陵懷古》詩，劉滿引一盃，飲已即成，曰：「王濬樓船下益州，金陵王氣黯然收。千尋鐵鏁沉江底，一片降幡出石頭。人世幾回傷往事，山形依舊枕寒流。而今四海為家日，故壘蕭蕭蘆荻秋。」白公覽詩曰：「四人探驪龍，子先獲珠，所餘鱗爪何用耶？」於是罷唱。（卷三十九，王仲鏞《唐詩紀事校箋》上册，第一〇七〇～一〇七一頁）

白樂天任杭州刺史，攜數妓還洛陽，後却還錢塘，故禹錫戲答云：「無那錢塘蘇小小，憶君淚黯石榴裙。」（卷三十九，王仲鏞《唐詩紀事校箋》上册，第一〇七二頁）

「山圍故國周遭在，潮打空城寂寞廻。淮水東邊舊時月，夜深還過女墻來。」樂天掉頭苦吟，嘆賞良久，曰：「石頭詩云：『潮打空城寂寞回』，吾知後之詩人，不復措辭矣。」（禹錫《金陵五題》自叙云）（卷三十九，王仲鏞《唐詩紀事校箋》上册，第一〇七二頁）

禹錫與樂天唱和，號《劉白唱和集》；與裴度唱和，號《汝洛集》；與令狐楚唱和，號《彭陽唱和集》；與李德裕唱和，號《吳蜀集》。（卷三十九，王仲鏞《唐詩紀事校箋》上册，第一〇七二頁）

禹錫晚年與白傅友善，詩筆文章時無在其右者。常與禹錫唱和往來，因集其詩而序之曰：「彭城劉夢得，詩豪者也。其鋒森然，少敢當者。予不量力，往往犯之。夫合應者聲同，交争者力敵，一往一復，欲罷不能。由是每制一篇，先於視草，視竟則興作，興作則文成。一二年來，日尋筆研，同和贈答，不覺滋多。大和三年春已前，紙墨所存者，凡一百三十八首，其餘乘興仗醉、卒然口號者，不在此數。因而命小姪龜兒，編勒成兩軸，仍寫二本，一付龜兒，一授夢得小男崑郎，各令收藏，附兩家文集。予頃與元微之唱和頗多，或在人口。嘗戲微之云：僕與足下，二十年來為文友詩敵，幸也，亦不幸也。吟詠情性，播揚名聲，其適遺形，其樂忘老，幸也。然江南士女語才子者，多云元白；以子之故，僕不得獨步於吳越間，此亦不幸也。今垂老復遇夢得，非重不幸耶！夢得！夢得！文之神妙，莫先於詩。若妙與神，則吾豈敢。如夢得『雪裹高山頭白早，海中仙果子生遲』、『沉舟側畔千帆過，病樹前頭萬木春』之句之類，真謂神妙矣。在在處處，應有靈物護持，豈兩家子弟祕藏而已。」其為名流許與如此。（卷三十九，王仲鏞《唐詩紀事校箋》上册，第一〇七三頁）

⊙賈島

字浪仙，范陽人。初為浮屠，名無本。能詩，獨變格入僻，以矯浮艷於元、白。……（卷四十，王仲鏞《唐詩紀事校箋》上册，第一〇八五頁）

⊙白行簡

《在巴南望郡南山》云：「臨江一嶂白雲間，紅緑層層錦繡斑。不作巴南天外意，何殊昭應望驪山。」樂天和云：「返照前山雲樹明，從君苦道似華清。試聽腸斷巴猿叫，早晚驪山有此聲。」時樂天在忠州。

行簡小字阿憐，樂天《同宿湖亭》詩云：「潯陽少有風情客，招宿湖亭盡卻回。水檻虛涼風月好，夜深惟有阿憐來。」

行簡恩賜章服，樂天以詩寄之云：「吾年五十加朝散，爾亦今年賜服章。齒髮恰同知命歲，官銜俱是客曹郎（予兄弟年五十，賜緋，俱是主客郎官）。榮傳錦帳花聯萼，彩動綾袍鴈趁行。大抵著緋宜老大，莫嫌秋鬢數莖霜。」（以上均見卷四十一；王仲鏞《唐詩紀事校箋》下册，第一一一五～一一一六頁）

⊙令狐楚

《節度宣武酬樂天夢得》云：「蓬萊仙監（樂天）客曹郎（劉為主客），曾枉高車客大梁。見擁旌旃治軍旅，知親筆硯事文章。愁看柳色懸離恨，憶遞花枝助酒狂。洛下相逢肯相寄，南金璀錯玉淒涼。」劉詩云：「曾經謝病客游梁，今日相逢憶孝王。少有一身兼將相，更能四面占文章。」白詩云：「馬頭拂柳時回轡，豹尾穿花暫亞槍。誰引相公開口笑，不逢白傅與劉郎。」（卷四十二，王仲鏞《唐詩紀事校箋》下册，第一一四六頁）

⊙李諒

樂天《和李中丞元日寄詩兼呈微之》云：「領郡慚當潦倒年，鄰州喜得平生友。」又云：「憑鶯傳語報李六，倩鴈將書與元九。莫嗟一日日催人，且貴一年年入手。」（卷四十三）

樂天草《諒泗州刺史制》云：「諒自澄城長訖尚書郎，中間再為州牧，三宰劇縣，苦心恤隱，仁恕及物，操刀决滯，砉騞有聲。」諒後為京兆尹。（卷四十三，王仲鏞《唐詩紀事校箋》下册，第一一六六頁）

⊙王建

（王）建赴陝州司馬。樂天、夢得以詩送之。夢得詩云：「暫輟清嚴出太常，空攜詩卷赴甘棠。府公既有朝中舊，司馬應容酒後狂。案牘來時唯署字，風煙入興便成章。兩京大道多游客，每遇詞人戰一場。」樂天詩云：「陝州司馬去何如，養靜資貧兩有餘。公事閑忙同少尹，俸錢多少敵尚書。只攜美酒閑為伴，惟作新詩趁下車。自有鐵牛無詠者，計君投刃必應虛。」（卷四十四，王仲鏞《唐詩紀事校箋》下册，第一二〇三頁）

⊙鄭俞

俞登貞元十六年進士第，杜元穎、吳丹、白樂天，皆同年登科。樂天為河南尹，俞始受長水縣令，樂天《四雖吟》云：「命雖薄，猶勝於鄭長水。」（卷四十五，王仲鏞《唐詩紀事校箋》下册，第一二二四頁）

⊙吳丹

樂天《花前歎》云：「前歲花前五十二，今年花前五十五。歲課年功頭髮知，從霜成雪君看取。幾人得老莫自嫌，樊李吳韋盡成土。」注云：樊絳州宗師、李諫議景儉、吳饒州丹、韋侍郎顗，皆舊往還，相次喪逝。

丹字真存，登第，歷職至鎮州宣慰副使、匭函使、尚書郎，卒於饒州，葬於常州，樂天為志。（卷四十五，王仲鏞《唐詩紀事校箋》下册，第一二二七頁）

⊙楊虞卿

樂天（《和楊師皋傷小姬英英墓》）云：「人間有夢何曾入，泉下無家豈是歸。墳上少啼留取淚，明年寒食更沾衣。」

虞卿醉後善歌《掃市詞》，又有小妓攻琵琶，虞卿死，遂辭去。樂天《哭虞卿》詩云：「何日重聞掃市歌，誰家收得琵琶妓?」（卷四十六，王仲鏞《唐詩紀事校箋》下册，第一二六三頁）

⊙白居易（刑部尚書致仕，年七十四）

《九老會》云：「七人五百八十四，拖紫紆朱垂白鬚。囊裹無金莫嗟嘆，樽中有酒且歡娱。吟成六韻神還王，飲到三盃氣尚粗。嵬峩狂歌教婢拍，婆娑醉舞遣孫扶。天年高邁二疎傳，人數多於四皓圖。除却三山五天竺，人間此會且應無。」

樂天退居洛中，作尚齒九老之會，其序曰：「胡、吉、鄭、劉、盧、張等六賢，皆多壽，余亦次焉，於東都弊居履道坊，合尚齒之會。七老相顧，既醉且歡，静而思之，此會希有，因各成七言六韻詩一章以記之，或傳諸好事者。時會昌五年三月二十一日。」樂天云：「其年夏，又有二老，年貌絶倫，同歸故鄉，亦來斯會，續命書姓名年齒，寫其形貌，附於圖右，與前七老題為九老圖。仍以一絶贈之云：『雪作鬚眉雲作衣，遼東華表暮雙歸。當時一鶴猶希有，何况今逢兩令威。』（二老謂洛中遺老李元爽，年一百三十六，禪僧如滿歸洛，年九十五歲）」又云：「時秘書監狄兼謨，河南尹盧貞，以年未七十，雖與會而不及列。」（卷四十九，王仲鏞《唐詩紀事校箋》下册，第一三二三頁）

⊙徐凝

樂天薦徐凝，屈張祜，論者至今鬱鬱，或歸白之妒才也。余讀皮日休論祜云：祜初得名，乃作樂府艷發之詞，其不羈之狀，往往間見。凝之操履不見於史，然方干學詩於凝，贈之詩曰：「吟得新詩草裹論。」戲反其辭，謂村裹老也。方干，世所謂簡古者，且能譏凝，則凝之朴略椎魯，從可知矣。樂天方以實行求才，薦凝而抑祜，其在當時，理其然也。令狐楚以祜詩三百篇上之，元稹曰：「雕蟲小技，或奬激之，恐害風教。」祜在元、白時，其譽不甚持重。杜牧之刺池州，祜且老矣，詩益高，名益重。然牧之少年所為，亦近於祜，為祜恨白，理亦有之。余嘗謂文章之難，在發源之難也。元、白之心本乎立教，乃寓意於樂府雍容宛轉之詞，謂之諷諭，謂之閑適。既持是取大名，時士翕然從之，師其詞，失其旨，凡言之浮靡艷麗者，謂之元白體。二子規規攘臂解辨，而習俗既深，牢不可破，非二子之心也，所以發源者非也。可不戒哉！（卷五十二，王仲鏞《唐詩紀事校箋》下册，第一四一四頁）

⊙高璩

白敏中自劍南節度移荆南，經忠州，追尋樂天遺迹，有詩云：「南浦花臨水，東樓月映風。」璩時為書記，有詩云：「公齋一到人非舊，詩板重尋墨尚新。」……（卷五十三，王仲鏞《唐詩紀事校箋》下册，第一四四五頁）

⊙張建封妓

樂天有和燕子樓詩，其序云：徐州張尚書有愛妓盼盼，善歌舞，雅多風態。予為校書郎時，遊淮泗間，張尚書宴予。酒酣，出盼盼佐歡。予因贈詩，落句云：「醉嬌勝不得，風嫋牡丹花。」一歡而去。爾後絶不復知，兹一紀矣。昨日司勳員外郎張仲素繪之訪余，因吟新詩，有燕子樓詩三首，辭甚婉麗。詰其由，乃盼盼所作也。繪之從事武寧累年，頗知盼盼始末，云：「張尚書既歿，彭城有張氏舊第，中有小樓，名燕子。盼盼念舊愛而不嫁，居是樓十餘年，于今尚在。」盼盼詩云：「樓上殘燈伴曉霜，獨眠人起合歡床。相思一夜情多少，地角天涯不是長。」又云：「北邙松栢鎖愁烟，燕子樓中思悄然。自埋劍履歌塵散，紅袖香銷一十年。」又云：「適看鴻鴈岳陽廻，又覩玄禽逼社來。瑶瑟玉簫無意緒，任從蛛網任從灰。」余嘗愛其新作，乃和之云：「滿窻明月滿簾霜，被冷燈殘拂卧床。燕子樓中寒月夜，愁來衹為一人長。」「鈿帶羅衫色似烟，幾回欲起即潸然。自從不舞霓裳曲，疊在空箱一十年。」「今春有客洛陽回，曾到尚書墓上來。見説白楊堪作柱，忍教紅粉不成灰。」又贈之絶句：「黄金不惜賣娥眉，揀得如花四五枝。歌舞教成心力盡，一朝身去不相隨。」後仲素以余詩示盼盼，乃反覆讀之，泣曰：「自公薨背，妾非不能死，恐百載之後，人以我公重色，有從死之妾，是玷我公清範也，所以偷生爾。」乃和白公詩云：「自守空樓斂恨眉，形同春後牡丹枝。舍人不會人深意，訝道泉臺不去隨。」盼盼得詩後，怏怏旬日，不食而卒。但吟詩云：「兒童不識冲天物，謾把青泥污雪毫。」（卷七十八，王仲鏞《唐詩紀事校箋》下册，第二〇二四～二〇二五頁）

智按：計有功，字敏夫，自號灌園居士。蜀邛州臨邛郡安仁縣（今四川邛崍東北）人，張浚從舅。宣和三年（一一二一）進士。紹興五年（一一三五）秋七月戊子，以右承議郎任簡州知縣，提舉兩浙西路常平茶鹽公事（李心傳《建炎以來繫年要録》）。後居張浚幕府中。獻上所著《晉鑒》。《唐詩紀事》作於紹興十六年（一一四六）至二十六年（一一五六）間。紹興三十一年（一一六一）移知嘉州（《建炎以來紀年要録》卷一百九十三）。卒於孝宗時。

孫邦（一一二一進士）

《寶乘寺結界記》（建炎二年正月）

大緣勝事，興之實難，自非有大比邱佛所授記，與神爲謀，鮮有不爲群魔所攻而敗其成者。杭之新城佛殿三十有七寶乘，自隋距今，凡三易其額。……寶乘之在山川，蓋數百年。唐羅紹權記聖像寺甚詳，恨其文不足傳。

而白公樂天與崔鄯皆有詩以贈巨川上人，亦尚如前日，其人必可稱；然未聞有大界相，亦未聞僧徒之盛如今日者。全師爲衆竭力成此勝事，寧知非巨川後身？欽公爲此山間垂此大緣，五百年後道價益重。……建炎二年正月吉日記。（民國《新登縣志》卷八，民國十一年鉛印本；道光《新建縣志》卷二一；民國《杭州府志》卷三八；《全宋文》二〇〇六年版第一八一册，卷三九八〇，第三七四頁）

智按：孫邦，杭州新城（今浙江富陽西南）人，宣和三年（一一二一）進士。建炎中爲婺州州學教授。紹興中歷敕令所删令官、常州通判。六年移平江府通判，次年爲太常博士。歷户部員外郎、考功郎中。紹興十一年七月以在考功日强買田産及爲孫近死黨，放罷。見《宋會要輯稿》禮二四之九一、職官六七之四七、職官七〇之二三、食貨三一之三，《建炎以來繫年要録》卷三〇、七二、一四一，雍正《浙江通志》卷一二四。

嚴有翼（一一二四進士）

《藝苑雌黄》

⊙縣令用彭澤、五柳事

士人言縣令事，多用彭澤、五柳，雖白樂天《六帖》亦然。以余考之：陶淵明，潯陽柴桑人也，宅邊有五柳樹，因號五柳先生。後為彭澤令，去官百里，則彭澤未嘗有五柳也。予初論此，人或不然其説。比觀《南部新書》云：「《晉書》陶潛本傳云：潛少懷高尚，博學善屬文，嘗作《五柳先生傳》以自況。先生不知何許人，不詳姓字，宅邊有五柳樹，因以為號焉。則非彭澤令時所栽。人多於縣令事使五柳，誤也。」豈所謂先得我心之所同然者歟？（引自《苕溪漁隱叢話》後集卷三《陶靖節》；《宋詩話輯佚》下册，第五四二頁）

⊙荔枝

庾信謂魏使尉瑾曰：「昔在鄴食蒲萄，殊美。」陳昭曰：「作何狀？」徐君房曰：「有類軟棗。」信曰：「君殊不善體物，何不言似生荔枝？」荔枝之味，果中之至珍，蓋有不可名言者。故蔡君謨云：「剥之凝如冰精，食之消如絳雪。其味之至，不可得而狀也。」魏文帝方之蒲萄，世譏其謬。庾信亦復有此語。彼《廣志》謂子如石榴，其謬愈甚。唐人形於賦詠者頗多，然亦未始遇夫真荔枝。故張曲江作《荔枝賦》，是南海郡荔枝耳。白樂天作《荔枝圖序》，是巴、峽間荔枝耳。杜子美詩所謂「紅顆酸甜只自知」者，是瀘戎荔枝耳。（引自《苕溪漁隱叢話》後集卷七《杜子美三》；《宋詩話輯佚》下册，第五四八頁）

⊙中山毫

《寰宇記》言：「溧水縣中山又名獨山，在縣東南十里，不與羣山連接。古老相傳，中山有白兔，世稱為筆最精。」韓退之《毛穎傳》云：「唯居中山者，能繼父祖業。」李太白《懷素草書歌》云：「筆鋒殺盡中山兔。」得非此乎？比觀張文潛《明道雜誌》，首載白樂天《紫毫筆》詩云：「宣城石上有老兔，食竹飲泉生紫毫。」「余守宣，問筆工：毫用何處兔？答云：皆陳、亳、宿州客所販。宣自有兔，毫不堪用。蓋兔居原田則毫全，以出入無傷也。宣兔居山中，出入為荆棘樹石所傷，毫例短禿。則白詩所云，非也。白公宣州發解進士，宜知，偶不問耳。」予按，《北戶録》説兔毛處云：「宣城歲貢青毫六兩，紫毫三兩。」其後又云：「王羲之歎江東下濕，兔毫不及中山。」由是而言，則宣城亦有兔毫，要之不及北方者勁健可用也。然則《毛穎傳》、李太白詩所言中山，非溧水之中山，明矣。（引自《苕溪漁隱叢話》後集卷十《韓退之》；《宋詩話輯佚》下册，第五五二頁）

⊙蝦蟆陵

《琵琶行》云：「家在蝦蟇陵下住。」予按，《國史補》云：「舊説董仲舒墓門下，人至皆下馬，故謂之下馬陵，語訛為蝦蟇陵。」故東坡詩云：「雋雞敢忘喬公語，下馬聊尋董相墳。」又《謝徐朝奉啓》云：「過而下馬，空瞻董相之陵。」蓋用此事。郭氏《佩觿》亦嘗論此云：「長安董仲舒墓，名曰下馬陵，今轉語為蝦蟆陵，事出《兩京紀》（「兩」原作「黃」，今據宋本校改），白氏《琵琶行》，蓋徇俗之過也。」予謂世俗訛謬極多，《古樂府》有《相府蓮》者，其後訛而為《想夫憐》，藥名有補骨脂者，其後訛而為破故紙，亦豈下馬陵之類歟？（引自《苕溪漁隱叢話》後集卷十三《醉吟先生》；《宋詩話輯佚》下册，第五六〇～五六一頁）

⊙王右軍換鵝故事

老杜《房公池鵝詩》:「鳳凰池上應回首，為報籠隨王右軍。」山谷《題劉將軍畫鵝詩》:「還似山陰書罷，舉群馳向王家。」而前輩詩又有「鵝費羲之墨」,「書罷籠鵝去」,「數紙尚可博白鵝」,「山陰不見換鵝經」,「白鵝曾換右軍書」，皆不斥言所書者何經。《西清詩話》載李白詩:「山陰道士如相訪，為寫《黄庭》換白鵝。」考之《晉史》，逸少所寫乃《道德經》，非《黄庭》也。太白蓋誤用此事。比觀梅聖俞《謝宋元憲贈鵝詩》:「昔居鳳池上，曾食鳳池萍。乞與江湖去，從敬養素翎。不同王逸少，辛苦寫《黄庭》。」聖俞此語，豈亦承太白之誤歟？又觀《白氏六帖》所載，亦言《黄庭經》，則古人誤用此事，非獨太白為然也。(引自《苕溪漁隱叢話》後集卷二十七《東坡二》;《宋詩話輯佚》下册，第五七三頁)

智按：嚴有翼，建安（今福建建甌）人。徽宗宣和六年（一一二四）進士。歷南劍州、泉州教授。有《藝苑雌黄》二十卷，已佚。《宋詩話輯佚》輯得八十四則。

陸蒙老（宣和間）

《嘉禾八詠·蘇小小墓》

瑶臺歸去鶴空還，一曲霓裳落世間。秋雨幾番黄葉落，朝雲應欠到香山。(元徐碩《至元嘉禾志》卷三十一,《四庫全書》本;《全宋詩》第三十册，第一九四三五頁)

智按：陸蒙老，字元光，一字元中，歸安（今浙江湖州）人。徽宗宣和初知嘉興，後調晉陵（今江蘇常州)。生平見《庚溪詩話》卷下。

馬永易（徽宗時）

《實賓録》

⊙鐺脚刺史

唐薛大鼎為滄州刺史，時鄭德本為瀛州，賈敦頤為冀州，皆有治名，故

河北稱「鐺脚刺史」。白居易任蘇州，寄賈常州、崔湖州詩曰：「愧無鐺脚政，徒忝犬牙鄰。」盖取諸此。(《四庫全書》本卷一)

智按：《舊唐書·薛大鼎傳》：「時與瀛洲刺史賈敦頤、曹州刺史鄭德本，俱有美政，河北稱爲鐺脚刺史。」

⊙關東男子

唐白居易以書示元稹曰：「僕自思關東一男子爾，除讀書屬文外，其他瞢然無知。乃至書畫棊博，可以接人之歡者，一無通曉。」(《四庫全書》本卷二)

⊙陳白舍人

五代江南陳濬尚書，自言其父在鄉里，好為詩，里人謂之「陳白舍人」，比之白樂天也。(《四庫全書》本卷二)

⊙孝張里

唐白居易為《河州刺史張擇神道碑》曰：「張（之）為著姓，尚矣。自漢太傅良、侍中肱、晉司空華、丞相嘉以降，勳賢軒冕，歷代不乏。肱避地渡江，始居於吴，故其子孫稱吴郡人。嘉以孝弟聞於郡，故其所居，號孝張里。」(《四庫全書》本卷三)

⊙詩仙 詩魔

唐白居易與元稹論文曰：「今年春，游城南，與足下馬上相戲。因各誦新艷小律，不雜他篇，迭吟遞唱，不絶聲者二十里餘。樊李在傍，無所措口。知我者以為詩仙，不知我者以為詩魔，何則？勞心慮役，聲氣連朝接夕，不自知其苦，非魔而何？（按上云「詩仙詩魔」，似不應祇録「詩魔」一段，今據《舊唐書》補入）偶同人當美景，或花時宴罷，或月夜酒酣，一咏一吟，不覺老之將至。雖驂鸞鶴游蓬瀛者之樂，無以加於此也，又非仙而何？」(《四庫全書》本卷五)

⊙新豐折臂翁

唐天寳徵兵討雲南，户有三丁點一丁，新豐縣有人年二十四，當赴兵役，夜以大石鎚折臂，遂免行。時楊國忠為相，重構閣羅鳳之難，後募人討之。前後發二十餘萬衆，去無返者，又捉人連枷赴役，天下怨哭，民不聊生，故

禄山得乘人心，而盗天下。元和初，折臂翁猶存，白樂天因歌之云（詩略）。（《四庫全書》本卷七）

⊙囁嚅翁

唐李補闕林宗、杜殿中牧與白公輦下較文，具言元白詩體舛雜，而為清苦者見嗤，因兹有恨。白為河南尹，李為河陽令，道上相遇，尹乃乘馬，令則肩輿，似乖趨事之禮。常謂樂天為囁嚅翁，聞者笑之。樂天之名稍減矣。白尹曰：「李君，吾之猘子也。其鋒不可當。」（按《舊唐書・竇鞏傳》：「白居易以鞏不能持論，亦目為囁嚅翁。」）（《四庫全書》本卷七）

⊙醉吟先生

白居易遭幼君不合，放意文酒，居東都，所居履道里，疏池種樹，構石樓香山，鑿八節灘，自號「醉吟先生」，又稱「香山居士」，為之傳，謂醉吟相仍，若循環然。（《四庫全書》本卷十一）

⊙盃酒英雄

白居易《哭劉尚書夢得》詩曰：「盃酒英雄君與操，文章微婉我知君。」（《四庫全書》本卷十三）

智按：馬永易，字明叟，揚州（今屬江蘇）人。徽宗時嘗官池州石埭尉。《文獻通考》、《宋史・藝文志》載所著有《唐職林》、《元和朋黨録》、《壽春雜志》諸書。《實賓録》，晁公武《讀書志》稱《異號録》二十卷，陳振孫《書録解題》作《實賓録》，謂永易所撰，蜀人句龍材校正，文彪增廣，凡本書三十卷，後集三十卷。《宋史・藝文志》又分《實賓録》、《異號録》各三十卷，皆題永易所撰。《四庫提要》云：「疑陳氏所稱本書，乃永易原撰，本名《異號録》，陳氏所稱後集，卽文彪所續，始取名為『實賓』之義，併本書亦改題今名。《宋志》蓋誤分為兩書。而晁公武所見，則為未經增廣之本，故尚題為《異號録》也。」

余知閣（紹興初）

《絕句三首》（其二）

洛邑名園歌舞沈，亂鴉啼破幾深林。何人學得香山老，千載精廬有梵音。

（《宋詩紀事》卷九十六；《全宋詩》第七十二册，第四五五五六頁）

智按：明吳之鯨《武林梵志》卷二：「雲棲寺在梵村天柱寺旁……紹興初，有余知閣者，扈蹕南渡，隱於寺側，後捨宅歸寺。」《宋詩紀事》卷九十六引《雲棲寺志》：「寺近掘地，得斷碑，題曰：宋隨龍余知閣宅界。旁有石，隱隱有詩，蓋護蹕南來，因家于此，後捨宅為寺也。」隨龍，謂東宫僚佐官吏隨太子即位而得重用。清陶元藻《全浙詩話》卷三十九云：「按雲棲舊寺爲宋乾德五年吳越所建，治平中改棲眞院，自後不名雲棲。明弘治間，洪發寺廢。隆慶時，釋袾宏行脚至，拓新蘭若，因掘地得詩，知爲雲棲故址，復名雲棲，其顛末詳見董文敏及先文簡兩記中。然細玩《紀事》中語，但云隱隱有詩，則三詩必非余知閣原詞，疑袾宏以意補葺而成，輯宋詩者編爲余作，蓋亦未之詳審矣。」（清嘉慶元年怡雲閣刻本）

莊綽（一一三一前後）

《雞肋編》

白樂天《地黄詩》云：「與君啖老馬，可使照地光。」二者當俱可信也。漢水魚者取蠶腸以作釣絲，云雖掛千斤亦不斷。長只數寸，蓋皆未吐之絲耳。南人養蠶室中，以熾火逼之，欲其早老而省食，此其絲細弱，不逮於北方也。《本草》謂蠶婦不可食苦蕒，令蠶爛壞。處州人言，此菜家家養蠶，不聞有損。方書有治蠶齧藥，亦未嘗聞見被傷者。（《四庫全書》本卷上）

本朝借緋紫服者，皆不佩魚。紹聖中，有引白樂天《罷忠州刺史還朝》詩云：「無奈嬌癡三歲女，繞腰啼哭覓銀魚。」自是始并魚皆借。然未赴、已替、在朝皆不服，出國門乃衣。而唐牛叢以司勳員外郎為睦州刺史，帝面賜金紫。謝曰：「臣今衣刺史所假緋，即賜紫為越等。」乃賜銀緋。豈唐制赴日許服於朝，罷日則否，與今為異乎？（《四庫全書》本卷上）

白樂天詩云：「歲盞後推藍尾酒，辛盤先勸膠牙餳。」又云：「三杯藍尾酒，一碟膠牙餳。」而東坡亦云：「藍尾忽驚新火後（自注：樂天《寒食》詩云：『三杯藍尾酒』），遨頭要及浣花前（自注：成都太守自正月二日出游，至四月十九日浣花乃止)。」皆用藍字。余嘗見唐小説，載有翁姥共食一餅，忽有客至云:「使秀才婪尾。」於是二人所啖甚微，末乃授客，其得獨多，故用貪婪之字。如歲盞屠酥酒，自小飲至大，老人最後，所餘為多，則亦有貪婪之意。以餳膠牙，俗亦於歲旦嚼琥珀餳，以驗齒之堅脱，故或用較字。然二者又施之寒食，豈唐世與今異乎?(《四庫全書》本卷中)

天下之事，有不學而能者，儒家則謂之天性，釋氏則以為宿習，其事甚眾。唐以文稱，如白樂天七月而識「之無」二字。權德輿三歲知變四聲，四歲能為詩。韓退之自云「七歲讀書，十三而能文」。杜子美亦自謂「七齡思即壯，開口詠鳳皇。九齡書大字，有作成一囊」。若李泌之賦「方圓動靜」，劉晏之正「朋」字，豈學之所能至哉?以羊祜識庋環之處推之，則宿習為言，信矣!(《四庫全書》本卷下)

智按:莊綽，字季裕，清源(今山西清徐)人。其父元祐中與蘇軾、黄庭堅等人遊，故其學問頗有淵源。其狀貌清臒，人目為「細腰宫院子」。高宗紹興元年(一一三一)官朝奉郎、通判建昌軍。又曾任右朝請郎、充江南西路安撫制置使司參謀官。有《杜集援證》、《炙膏肓法》、《筮法新儀》，已佚，有《雞肋編》三卷傳世。

張牧(一一三二進士)

《方是閒居士小稿跋》

「白也詩無敵，飄然思不羣。」此少陵詩也。「李杜文章在，光焰萬丈長。」此昌黎詩也。元微之、白樂天之互相推明，歐陽公、梅聖俞之遞相許可，豈有他哉?蓋惟己之高，則足以窺人之高。使我胸中之造化不足，焉能發人之巧耶?……枯山張牧書。(《四庫全書》本《方是閒居士小稿》卷末)

智按:《方是閒居士小稿》，劉子翬孫劉學箕著。

張牧，字逸叟，羅源(今屬福建)人。高宗紹興二年(一一三二)進士，授韶州簽判。事見清《羅源縣誌》卷三。

仲并（一一三二進士）

《吴郡三賢堂記》（紹興二十八年五月）

紹興二十八年春，敷文閣待制陽羨蔣公之鎮吴門也，既期年矣。治最上聞，帝用褒寵。民安初政，郡以無事，公唯益勤不懈。事有關於風教，纖悉必舉。前人遺蹤勝概，以次復焉。又以前政信安孟玉之意，嘗捐金欲興三賢堂。蓋唐左司郎中曰洛陽韋公、太子少傅曰太原白公、太子賓客曰中山劉公，皆嘗牧此邦者，邦人尊之曰三賢。曩歲爲堂以祀之，毁于兵火垂三十年，邦人念之歎息。公訪其遺基，得於郡治故木蘭堂之左，攘剔榛翳，掄材庀工。百姓不知，僚屬皆樂從也。三月辛酉堂成，制度古雅，不陋不奢，稱三賢之居焉。塑其像，以次位置于堂，南向東上。并嘗一再從公過焉。公曰：「其爲我記歲月。」固辭不獲。并每獨怪《唐史》，如文藝、儒學、循吏三傳，幾二百人。韋公法當處一焉，乃獨不爲立傳，亦史册之遺恨也。惜哉！公貞元初，由左司郎得郡于此。清德臨民，民樂其政。暇日賓禮名流，與之酬唱。于時白公客遊郡下，盛稱公風流雅韻，播於吴中，至有詩仙之目。自以不得與公遊宴爲不滿。已而罷郡，寓永定僧廬。羈旅蕭然，欲求田課耕而未得。每端居焚香掃地而坐，清風峻節，可想而知。其後白公自杭移蘇，實寶曆初元也。首以公郡宴詩鑱之石，酷愛慕之，每自謂不及。韋公大概可見於此。史不傳，不得不致詳焉。若白與劉，行事始終則有本傳在。二公共生大曆壬子歲，真輩行也。晚益相厚，世謂劉白。白之去郡，劉以詩遺之，有「千家萬户嬰兒啼」之句。雖三代遺愛，何以加焉？後六七年，當太和中，劉亦繼來。乘郡荒疫之餘，撫摩安輯，免民於轉徙，文宗錫服以寵之。白公時在河南，猶以詩爲劉賀。三賢平時道義相先，分相好，誠相與也。而文聲政績，兼優並著，且俱爲有意於民者。名藩巨屏，得一師帥，吾民幸矣。乃接踵來臨，歲月未遠，聲名風采，炳乎其輝。一時盛事，他郡所未有也。去之三四百歲，邦人懷慕之不衰，宜哉！公復振起而一新之，是將傳之愈久而愈無窮也。蔣氏代以儒學顯，至公而守兹土者三世矣。公少受知於世父樞密太師魏公，翰墨篇章，悉有家法。晚逢明天子擢登法從，處劇以簡，中扃湛然，到郡今踰年矣。

鋤荒植廢，皆如此堂，未易一二書也。并聞元祐中魏公帥南海，郡人繪前刺史吴公隱之、宋公璟而下八人，築室以祠之。魏公閲圖籍所載，又得滕公修、王公林，合前八人者號十賢，各爲之贊叙。公今新斯堂也，視十賢之舉，蓋不謀而契。益知公之心，真魏公之心哉。敢併書以告來者。五月庚申朔，左朝奉郎、前差通判信州軍州、主管學事江都仲并記。廣平程紹祖書。（《吴郡志》卷六；《吴都文粹》卷二；《永樂大典》卷七二三六；正德《姑蘇志》卷二二；道光《蘇州府志》卷一九；同治《蘇州府志》卷二一；民國《吴縣志》卷二九；《全宋文》二〇〇六年版第一九二册，卷四二四三，第三二六頁）

智按：仲并，字彌性，江都（今江蘇揚州）人。自幼好學强記，嘗從胡安國游。紹興二年（一一三二）進士及第，授平江府府學教授。紹興四年以薦得召對改官，以事補外。七年，又以張浚薦召至闕，爲秦檜所阻，出爲鎮江府通判，自是棲遲閒退二十年。後曾通判湖州。十六年，言者希秦檜旨，劾其在湖州日爲籍中妓作生朝青詞，坐謫官。後又曾通判信州。孝宗初，擢光禄丞。晚知蘄州，官終左朝奉大夫。工詩文，著有《浮山集》十六卷。生平見周必大《仲并文集序》（《周文忠公集》卷五四），《建炎以來繫年要録》卷八〇、一五五，《直齋書録解題》卷一八，《吴郡志》卷六。

鄭厚（一一三五進士）

《藝圃折中》

⊙評李杜陶白四家詩

李謫仙，詩中龍也，矯矯焉不受約束。杜則麟游靈囿，鳳鳴朝陽，自是人間瑞物，施諸工用，則力牛服箱，德驥駕輅，李亦不能為也。陶淵明則逸鶴翻風，閒鷗忘海；鮑明遠則高鴻決漢，孤鶻破霜；孟東野則秋蛩草根，白樂天則春鶯柳陰，皆造化中一妙。餘皆象龍刻鳳，雖美無情，無取正焉。（《古今圖書集成》文學典第一百九十一卷詩部總論二第四一頁；王世貞《藝苑卮言》增補藝苑卮言卷之四，明萬曆十七年武林樵雲書舍刻本）

智按：鄭厚，字景韋，莆田（今屬福建）人，樵從兄。高宗紹興五年（一一三五）進士。為泉州觀察推官、廣南東路茶鹽司幹辦，因忤秦檜罷。檜死，起昭信軍節度判官。終知潭州湘鄉縣，卒於官，年六十一。《宋史翼》卷二十七有傳。

陳巖肖（一一三八進士）

《庚溪詩話》

白樂天有《新制綾襖》詩曰：「水波文襖造新成，綾軟綿勻溫復輕。百姓多寒無可救，一身獨暖亦何情。」卒章曰：「爭得大裘長萬丈，與君都蓋洛陽城。」可謂有善推其所為之心矣。又觀《新制布裘》詩曰：「桂布白似雪，吳綿軟於雲。布重綿且厚，為裘有餘溫。誰知嚴冬月，支體暖如春。中夕忽有念，撫裘起逡巡。丈夫貴兼濟，豈獨善一身。安得萬里裘，盖裹週四垠？穩暖皆如我，天下無寒人！」後詩正與杜子美《茅屋為秋風所破歌》曰「安得廣夏千萬間，大庇天下寒士俱歡顔，風雨不動安如山」同。觀樂天前詩，則與「楚人亡弓、楚人得之」相類，觀樂天後詩及子美詩，可與「人亡弓、人得之」其意同也。（卷上，《歷代詩話續編》第一六九頁）

智按：又見《菊坡叢話》卷二十一「服飾類」（《全明詩話》第一册，第三九〇頁）。

姑蘇楓橋寺，唐張繼留詩曰：「月落烏啼霜滿天，江楓漁火對愁眠。姑蘇城外寒山寺，夜半鐘聲到客船。」六一居士《詩話》謂「句則佳矣，奈半夜非鳴鐘時。」然余昔官姑蘇，每三鼓盡四鼓初，即諸寺鐘皆鳴，想自唐時已然也。後觀于鵠詩云：「定知別後家中伴，遥聽維山半夜鐘。」白樂天云：「新秋松影下，半夜鐘聲後。」溫庭筠云：「悠然旅榜頻回首，無復松窗半夜鐘。」則前人言之，不獨張繼也。又皇甫冉《秋夜宿嚴維宅》云：「昔聞開元寺，門向會稽峰。君住東湖下，清風繼舊蹤。秋深臨水月，夜半隔山鐘。」陳羽《梓州與溫商夜別》亦曰：「隔水悠悠午夜鐘。」然則豈詩人承襲用此語耶？抑他處

亦如姑蘇半夜鳴鐘耶？（卷上，《歷代詩話續編》第一七一～一七二頁）

衆禽中，唯鶴標致高逸，其次鷺亦閑野不俗，又皆嘗見於《六經》，如「鳴鶴在陰，其子和之」，「鶴鳴于九皋，聲聞于天」，「振鷺于飛，于彼西雝」。《易》與《詩》取之矣，後之人形於賦詠者不少，而規規然袛及羽毛飛鳴之間。如《詠鶴》云：「低頭乍恐丹砂落，曬翅常疑白雪銷。」此白樂天詩。「丹頂西施頰，霜毛四皓鬚。」此杜牧之詩。此皆格插無遠韻也。至於鮑明遠《鶴賦》云「長唳風宵，寂立霜曉」，劉禹錫云「徐引竹間步，遠含雲外情」，此乃奇語也。如《詠鷺》云：「拂日疑星落，淩風似雪飛。」此李文饒詩。「立當青草人先見，行近白蓮魚未知。」此雍陶詩。亦格卑無遠韻也。至於杜牧之《晚晴賦》云：「忽八九之紅芰，如婦如女，墮蕊黦顔，似見放棄。白鷺潛來，邈風標之公子，窺此美人兮，如慕悦其容媚。」雖語近於纖豔，然亦善比興者。至於許渾云：「雲漢知心遠，林塘覺思孤。」僧惠崇云：「曝翎沙日暖，引步島風清。照水千尋迥，棲煙一點明。」此乃奇語也。（卷下，《歷代詩話續編》第一八三～一八四頁）

士人程文，窮日力作一論，不限聲律，不拘詩句，尚罕得反復折難，使其理判然者。觀《赴奉先詠懷五百言》，乃聲律中老杜一篇心迹論也。自「杜陵有布衣，老大意轉拙。許身一何愚，竊比稷與契」，其心術祈嚮，自是稷、契等人。「窮年憂黎元，歎息腸内熱」，與飢渴由己者何異。然嘗為不知者所病，故曰「取笑同學翁」，世不我知，而所守不變，故曰「浩歌彌激烈」。又云「非無江海志，瀟灑送日月。……當今廊廟具，構厦豈云缺。葵藿傾太陽，物性固莫奪」，亦非不知隱遯為高，亦非以國無其人也，特廢義亂倫，有所不忍，「以兹悞生理，獨恥事干謁」，言志大術踈，未始阿附以借勢也。為下士所笑，而浩歌自若，皇皇慕君，而雅志棲遁。既不合時，而又不少低屈，皆設疑互答，屢致意焉。非巨刄有餘，孰能之乎。中間鋪叙，間關酸辛，宜不勝其戚戚，而「默思失業徒，因念遠戍卒」，所謂憂在天下，而不為小己失得也。禹、稷、顔子，不害為同道，少陵之迹江湖，而心稷、契，豈為過哉。孟子曰：「窮則獨善其身，達則兼善天下。」其窮也，未嘗無志於國與民；其達也，未嘗不抗其易退之節。蚤謀先定，出處一致矣。是詩先後周復，正合乎此。昔人目元和《賀雨》詩為諫書，余特目此詩為心迹論也。（宋蔡夢弼

《杜工部草堂詩話》卷二引，《歷代詩話續編》第二二二～二二三頁）

智按：陳巖肖，字子象，金華（今屬浙江）人。高宗紹興八年（一一三八）賜同進士出身。二十五年，由秀州教授改諸王宫大小學教授，俄兼權考功郎官，為禮部員外郎，尋兼權中書門下省檢正諸房公事。孝宗乾道元年（一一六五），除秘書少監，二年，權工部侍郎。旋遷兵部侍郎。四年，知台州。卒於淳熙十六年（一一八九）前。著有《庚溪詩話》二卷。事見《金華先民傳》卷四。

鄧深（一一四二進士）

《三游洞》（唐元微之、白樂天、韓退之嘗游，故以取名）

詰曲山蹊晚，清冷石澗秋。三門儼呀豁，四壁極瑚鎪。上穴重巖闕，中龕一室幽。斐然成五字，聊爾繼三游。（《四庫全書》本《大隱居士詩集》卷上）

《遡峽詩》

峽山之勝，千態萬狀，妙不可窮，有指其形似，而寫行記者，吳仲方、黄正臣之説相繼而出，乃復檃括其語，以賦詩，詩成凡五十韻，庸以祈教於月湖先生。

臚言峽山天下奇，欲觀愁隔三千里。常恐因循孤此興，非假夤緣那得至。偶逢月湖起仕宦，正指夔門愁凋敝。忻然謂我便登陟，久矣與予同臭味。何嘗佳處倦扶藜，莫憚西征共行李。繡旆前驅抵江陵，畫鷁迎車艤沙市。長年槌鼓轉船頭，川后回風送旂尾。侵尋崖石愜幽賞，洶湧波濤反輕視。霧船烟纜恣深游，露宿風餐浥清氣。百巧千奇類神工，紛至沓來惱吟思。取句未佳恐難操，傳筆欲書還復止。去歲延陵駭心目，指摘形容寫行記。今年江夏襲見聞，掇拾緒餘循故事。試以七言用檃括，庶幾二妙相表裏。或若洞戶之谽谺，或若樓臺之峻峙。或若香山之插爐，或若筆架之横几。或遮護如重簾幙，或張展如大旂幟。或戍削如城堞高，或森列如刀劍鋭。或若蕉葉之斜紋，或若蓮花之疊起。或若頂相之初浄，或若蓬頭之未理。或剝落爲枯松身，或刻畫爲古篆體。或斧傷而痕跡亂，或鋸解而縫罅細。或如秋瓜作四分，或如籠餅裂十字。或如白鹽之浮霜，或如紅霞之散綺。或陳寶藏之所珍，或堆鐵冶之所棄。或纍萬塊而不危，或懸一髮而欲墜。或飛磴而可捫天，或斷崖而無立地。或窩如狐兔之穴，或窈如龍蛇之閟。或整如排立之衙，或髻如對鬟之髻。或皎如日光玉潔，或靄如雲碧烟翠。或蜂腰而或螟吻，或牛頭而或馬耳。或鸞飄而或鳳翥，或貓伏而或羊跪。或如皷卧如盤擎，或如幢垂如蓋倚。或如塔孤如橋拱，或如壁立如屏翳。或激卧鯨之衝波，八月潮生怒不已。或送垂虹之飛瀑，四時雪縞瑩無比。或如壯士之宵征，十十五五相擁蔽。或如醉人之春游，兩兩三三互牽拽。變怪紛然莫窮狀，約略陳之可推類。百篇須賦謫仙才，一石難施王宰技。是時致身何蕭爽，幾月清魂無夢寐。弱水蓬萊何用到，孤岸落伽寧有此。由來介性不婚宦，聊寓閒情在山水。既貪清致豁心胸，仍須長語琢肝肺。糟糠雖惡飢者厭，土炭無味病者嗜。萬事終然總是空，一物未忘猶有累。况聞南山韓退之，不及北征杜子美。議論從公何足憑，唯阿相去真能幾。浮屠公案無盡話，維摩法門不容喙。昭文不鼓無成虧，乞就先生參此意。（《四庫全書》本《大隱居士詩集》卷上；《全宋詩》第三十七册，第二三三三六頁）

《夔府長至諸州之酒畢集每品嘗之或有味而無香或有香而無色月湖一日命酒匠置大甕悉以酒投其中而和之不費麯蘖逡巡而化洗盞一吸奇絕出於意外於是從新封泥名之曰十州春請以七言賦之》

樽中賢聖雜然陳，點化須臾清且醇。味壓宜城九醖酒，名高夔府十州春。投丸仙子難爭手，合麯香山未盡神。從事有靈應自慶，而今十部萃吾身。（《四庫全書》本《大隱居士詩集》卷下；《全宋詩》第三十七册，第二三三五八頁）

智按：鄧深，字資道，一字紳伯，湘陰（今屬湖南）人。高宗紹興十二年（一一四二）進士。十七年（一一四七），以從政郎通判郴州。入為太府丞。二十七年，以輪對稱旨，提舉廣西市舶。三十年，知衡州。擢潼川路轉運使。晚年居家，構軒曰大隱，因號大隱居士。有文集十卷，已佚。清四庫館臣據《永樂大典》輯為《大隱居士詩集》二卷。生平見《永樂大典》鄧字韻引《古羅志》，《萬姓統譜》卷一〇九、《宋史翼》卷二十一有傳。

佚名（一一四三前後）

《秘書省續編到四庫闕書目》

白樂天《百節判》一卷。(《郎園先生全書》本卷一别集，臺北新文豐出版公司《叢書集成續編》第三册，第二五九頁)

《九老詩》一卷（闕）。(《郎園先生全書》本卷一總集，臺北新文豐出版公司《叢書集成續編》第三册，第二六五頁)

《杭越寄和詩》一卷（闕）。(葉德輝按：《宋志》云：元稹、白居易、李谅撰）(《郎園先生全書》本卷一總集，臺北新文豐出版公司《叢書集成續編》第三册，第二六八頁)

智按：《秘書省續編到四庫闕書目》系秘書省陸續采編到的四庫原闕圖書之目録，著録北宋元祐二年至政和間秘書省陸續訪求秘閣原闕之書。陳振孫《直齋書録解題》卷八稱其為紹興改定。南宋紹興十三年（一一四三），采用向子固建議，在《新唐書・藝文志》、《崇文總目》、《秘書省續編到四庫闕書目》南渡後秘閣所闕之書下，注明闕字，由國子監刻印，頒行全國。

江少虞（一一四五前後）

《事實類苑》

⊙霓裳羽衣曲

《霓裳羽衣曲》。劉禹錫詩云：「三鄉陌上望仙山，歸作《霓裳羽衣曲》。」又王建詩云：「聽風聽水作《霓裳》。」白樂天詩注云：「開元中，西涼府節度使楊敬述造。」鄭嵎《津陽門詩》注云：「葉法善嘗引上入月宫，聞仙樂。及上歸，但記其半，遂於笛中寫之。會西涼府都督楊敬述進《婆羅門曲》，與其聲調相符，遂以月中所聞爲散序，用敬述所進爲其腔，而名《霓裳羽衣曲》。」諸説各不同。今蒲中逍遙樓楣上，有唐人横書，類梵字，相傳是《霓裳譜》，字訓不通，莫知是非。或謂今燕部有《獻仙音曲》，乃其遺聲。然《霓裳》本謂之道調法曲，今《獻仙音》乃小石調耳，未知孰是。(並筆談)。(《四庫

全書》本卷十九，瞿濟蒼點校本第二三一頁）

智按：出《夢溪筆談》卷五「樂律」一。

⊙洛陽耆英會

富鄭公，熙寧四年以司徒歸洛陽，時年六十八。是時司馬端明不拜樞密副使，求判西臺，時年五十三。二公安閒冲默，不交世務。後十一年，當元豐五年，文潞公留守西都，慕唐白樂天九老會，於是悉聚洛中士大夫賢而以老自逸者，於鄭公第置酒相樂，凡十二人。既又命鄭奐圖形妙覺僧舍，各賦一詩，時人目之曰「洛陽耆英會」，而司馬公為之序。其相聚也，因洛中舊俗，序齒不尚官。時鄭公年七十九，潞公與司封郎中席汝言皆七十七，朝議大夫王尚恭七十六，太常卿趙丙、秘書監劉几、衛州防禦使馮行已（己）皆七十五，天章閣待制楚建中七十三，朝議大夫王慎言七十二，大中大夫張問、龍圖閣直學士張燾七十，司馬公六十四。故潞公詩云：「當筵尚齒尤多幸，十二人中第一人。」鄭公贈潞公詩云：「顧我齡年須第一，在公勲德自無雙。」潞公再答曰：「惟公福壽并勲德，合是人間第一流。」是時宣徽使王拱辰年七十一，留守大名，貽書二人，願預其數，凡十三人也。（《四庫全書》本卷二十四，瞿濟蒼點校本第二九六頁）

智按：出《澠水燕談録》卷五。

⊙太常卿秘書監

先公嘗言，太常卿不是卿，秘書監不是監，以其職列清重，不與諸卿、監侔耳。唐室士大夫多尚臺省官，不樂九卿，故目秘書監為宰相病坊，少監為給舍病坊，然中秘書崇典籍，有麒麟、天禄二閣為藏書之所，歷代名居禁中，亦曰中書。兩漢劉向、楊雄皆典校於其内。東漢班固為蘭臺令，史尚為美職，况監令乎？故其秩甚重，迄今班在太常、宗正之下，七寺卿之上。是以名儒宿老，不務趨競者，多樂就此任。唐白樂天、劉夢得、薛逢皆歘歷焉，不可一一悉記。吾為翰林學士承旨，日厲以病，嘗語同列云：「禁中視草，非養病之地。他日解職，得遂大監之拜，歸十數畝之園，入就三品之列，為國

家典掌圖籍，於九流百氏之中，優游以為老，則甚幸也。」……（《四庫全書》本卷二十七，瞿濟蒼點校本第三四三頁）

⊙李文肅

李昉再入相，以司空致仕，為詩慕白居易之淺，初所居有園林，畜五禽，以客為名。白鷴為閑客，鷺為雪客，鶴為仙客，孔雀為南客，鸚鵡為隴客，昉各為詩一章，畫五客圖，傳於好事者。又慕居易西京九老之會，得宋琪等八人，皆年七十餘，時為九老會，未果而卒。（《四庫全書》本卷三十四，瞿濟蒼點校本第四三四～四三五頁）

智按：又見宋朱勝非《紺珠集》卷十一。

⊙邵樞密

樞密邵公亦蒙見知，屢加論薦，嘗謂余詩淺近，有似白樂天。一日閱相國寺書肆，得馮瀛王詩一帙而歸以語之，公曰：子詩格似白樂天，今又愛馮瀛王，將來捻取箇豁達李老。慶歷中，京師有自號豁達李老，好吟而詞甚俚，故公以戲之。遂皆大笑。然余賦才鄙拙，不能強為豪英，今齒已老，而詩格定，時時遣興，實有李老之風，足見公之知也。余辟定武，主管機宜文字，公時牧鄆州，附所作詩一大軸，并寄余詩曰：「流年真似隙中駒，別後情懷懶更疎。天下又頒新歲歷，牀頭喜達故人書。慇懃羔雁功曹檄，狼藉盃盤上客魚。好在仲宣家萬里，從軍苦樂定何如。」未幾，公即捐館。迄今追念知己，每增感愴。（《四庫全書》本卷三十六，瞿濟蒼點校本第四六〇頁）

智按：又見宋吳處厚《青箱雜記》卷二。

⊙唱和聯句

唱和聯句之起，其源遠矣。自舜作歌，皐陶颺言賡載，及柏梁聯句，顏延年有《和謝監玄暉》，有《和伏武昌登孫權故城》等篇。梁何遜集中多聯句，至唐朝，文士唱和聯句固多。元稹作《春深》題二十篇，並用「家」、「花」、「車」、「斜」四字為韻，白居易、劉禹錫和之，亦同此四句。令狐楚所和詩，多次韻，起於此。凡聯句，或兩句、四句，亦有對一句者，謂之轆

艫體。(見《楊文公談苑》)。(《四庫全書》本卷三十八，瞿濟蒼點校本第四三四~四八二頁)

⊙杜工部詩

陳舍(人)從易，當時文方盛之際，獨以醇儒古學見稱。其詩多類白樂天。蓋自楊、劉唱和，《西崑集》行，後進學者爭效之。風雅之變，謂之「崑體」。由是唐時諸詩集幾廢而不行。陳公時偶得杜集舊本，文多脱誤，至《送蔡都尉詩》云:「身輕一鳥」，其下脱一字，陳公因與數客各拈一字補之。或云「疾」，或云「落」，或云「趂」「下」，莫能定。其後得一善本，乃是「身輕一鳥過」。陳公歎服，以為雖一字，諸君亦莫到也。(《四庫全書》本卷三十八，瞿濟蒼點校本第四八三頁)

智按：出《六一詩話》。

⊙詩人使酒樓語

王安國作詩，多使「酒樓」語。嘗語余曰：「楊文公詩有一『酒樓』，『江南堤柳拂人頭，李白題詩遍酒樓』，錢昭度詩亦有一『酒樓』，『長憶錢塘江上路，酒樓人散雨千絲』。今子詩有幾酒樓?」余答曰：「吾詩有二酒樓。」安國曰:「足矣。」蓋余有《題九江琵琶亭》小詩云:「夜泊潯陽宿酒樓，琵琶亭畔荻花秋。雲沉鳥没事已往，月白風清江自流。」又余昔年嘗送客西陵，亦作小詩曰:「若耶溪畔醉秋風，獵獵船旗照水紅。後夜錢塘酒樓上，夢魂應遶浙江東。」(《四庫全書》本卷三十九，瞿濟蒼點校本第四九二頁)

智按：出《青箱雜記》卷十。二詩作者當為吴處厚。詳見拙撰《〈題琵琶亭〉、〈送客西陵〉作者考》，載《中國典籍與文化》二〇一五年第一期。

⊙贈孫可久詩

仁宗朝内臣孫可久，賦性恬淡，年踰五十，乞致仕，都下有居第，堂北有小園，城南有別墅，每良辰美景，以小車載酒，優游自適。石曼卿嘗過其居，題詩曰:「南北沾河潤，幽深在禁城。叠山資遠意，讓俸買閒名。閉户斷蛛網，折花移鳥聲。誰人識高趣?朝隱石渠生。」屯田員外郎柳永亦贈詩曰:

「故侯幽隱百城東，草木扶踈一畝宮。曾珥貂璫為近侍，却紆絛褐作閒翁。高吟擁鼻詩懷壯，雅論持衡道氣充。厭盡繁華天上樂，始將踪跡學冥鴻。」可久好吟詠，効白樂天格，嘗為陝西駐泊，為樂天造祠堂於郡城大阜之頂，中安繪像，仍繕寫平生歌詩警策之句，徧於四墉。晚年著《歸休集》行於世，年七十餘卒。(《四庫全書》本卷三十九，瞿濟蒼點校本第四九二頁)

智按：出《青箱雜記》卷十。

⊙沈存中論文（四）

晚唐士人，專以小詩著名，而讀書滅裂。如白樂天《座隅》詩云：「俱化為餓莩。」作孚字押韻。杜牧之《秋娘詩》云：「麼飫不能飴。」飴乃餳耳，若作飲食，當音飤。又陸龜蒙作《藥名詩》云：「烏啄蠹根回。」乃是烏喙，非烏啄也。又「斷續玉琴哀」，樂上有斷續，無斷續。此類極多。如杜牧《阿房宮賦》誤用「龍見而雩」事，宇文時解斯椿已有此謬，蓋牧未嘗讀《周》、《隋書》也。(《四庫全書》本卷四十，瞿濟蒼點校本第五〇〇頁)

智按：出《夢溪筆談》卷十四。

⊙用字音

詩人不以字害意。古者用字簡而當，亦不以字害句。故韻清濁，隨時措意。「流在束薪中」，入張韻；「留晏（宴）汾陰西」，入先韻，直取意順而已。唐人以律格自拘，不復敢用。唯居易作詩疑易其音於語中，如「照地麒麟（用信音麟）袍」，「雪擺胡（用鶻音）〔騰〕衫，「紅欄三百九十橋」，用諶音十，往往有之。晏丞相殊嘗評之曰：「詩人乘語，後當如此用字。」(《四庫全書》本卷四十，瞿濟蒼點校本第五一一頁)

智按：參見宋祁《宋景文筆記》卷中、陳鵠《耆舊續聞》卷八。

⊙王元之

王禹偁尤精四六，有同時與之在翰林而大拜者，王以啓賀之曰：「三神山上，常陪鶴駕之游；六學士中，獨有漁翁之嘆。」以白樂天嘗有詩云「元和六

學士，五相一漁翁」故也。（《四庫全書》本卷四十一，瞿濟蒼點校本第五一八頁）

智按：出《青箱雜記》卷六。

⊙李昭君

陝郊魏處士野，蒲中李昭君瀆乃中表也，俱有高節，以吟詠相善。於東郊鑿石方丈，蔭以修竹，泉流其前，曰樂天洞；瀆結茆中條之陰，曰浮雲堂；皆有瀟灑之趣。每乘輿相過，賦詩飲酒，累日乃去。一日，瀆過野曰：「前夕恍惚如夢中，床下有人曰：『行到水窮處，未知天盡時。』即正語曰：『盍云：坐看雲起時。』對曰：『浮雲安能起耶？』瀆水命，此必死期，故來訪別。」還家，未幾卒。（《四庫全書》本卷四十三，瞿濟蒼點校本第五三八頁）

智按：出《澠水燕談録》卷五。

⊙司馬温公

司馬温公優游洛中，不屑世務，齊物我，一窮通，自稱曰「齊物子」。元豐中秋，與樂全子訪親洛汭，並轡過韓城，抵登封，憩峻極下院；趨嵩陽，造崇福宫、紫極觀，至紫虚谷，尋會善寺。過軒轅，遽達西洛，留廣度寺。歷龍門，至伊陽，以訪奉先寺，登華巖閣，觀千佛巖，躡山徑，瞻高公真堂；步潛溪，還寶應，觀富文二公（闕）。之廣化寺，拜汾陽祠；步伊水，登香山，到白公影堂，詣黄龕院；倚石樓，臨節灘，還伊口。凡所經游，發為詠歌，歸序之，以為《洛游録》，士大夫爭傳之。（《四庫全書》本卷四十三，瞿濟蒼點校本第五四一頁）

智按：出《澠水燕談録》卷五。

⊙孫宣公

孫宣公奭以太子少傅致仕，居於鄆。一日，置宴御詩廳，語客曰：「白傅有言：『多少朱門鎖空宅，主人到老不曾歸。』今老夫歸矣。」喜動於色。

復顧石守道，講易離卦九三爻辭，且曰：「樂以忘憂，自得小人之志；歌而鼓缶，不興大耋之嗟。」公以醇德奧學，勤講禁中二十餘年，晚節勇退，優游里中，始終全德，近世少比。（《四庫全書》本卷四十三，瞿濟蒼點校本第五四四頁）

智按：出《澠水燕談録》卷五。

⊙按樂圖

《國史譜》言：「客有以按樂圖示王維，維曰：『此《霓裳》第三疊第一拍也。』客未然之，引工按曲，乃信。」此好奇者為之，凡畫奏樂，止能畫一聲，不過金石管絃同用一字耳，何曲無此聲，豈獨《霓裳》第三疊第一拍也？或疑舞節及他舉動拍法中，則有奇聲可驗，此亦不然。《霓裳曲》凡十三疊，前六疊無拍，至第七疊方謂之疊遍，自此始有拍而舞作。故白樂天詩云：「中序擘騞初入拍。」中序即第七疊也，第三疊安得有拍？但言「第三疊第一拍」，即知其妄也。或説：嘗有人觀畫《彈琴圖》，曰：「此彈廣陵散也。」此或可信，《廣陵散》中有數聲異他曲，如潑攦之類是也。（《四庫全書》本卷五十二，瞿濟蒼點校本第六六二頁）

智按：出《夢溪筆談》卷十七「書畫」。

⊙彈棋

……彈棋，今人罕為之。有譜一卷，蓋唐人所為。棋局方二尺，中心高，如覆盂；其巔為小壺，四角微隆起。李商隱詩曰：「玉作彈棋局，中心最不平。」謂中央高也。白樂天詩：「彈棋局上事，最妙是長斜。」長斜謂抹角斜彈，一發過半局，今譜中具有此法。柳子厚叙棋用二十四棋者，即此戲也。《漢書注》云：「兩人對局，黑白子各六枚。」與子厚所記小異。如奕棋，古局用十七道，合二百八十九道，黑白棋各百五十，亦與後世法不同。（筆談）。（《四庫全書》本卷五十四，瞿濟蒼點校本第六八七頁）

智按：出《夢溪筆談》卷十七「書畫」。

⊙酒令

唐人飲酒，喜以令為罰，韓吏部詩曰：「令徵前事為。」白傅詩云：「醉翻襴衫拋小令。」今人以絲管歌謳為令者，即白傅所謂。大都欲以酒勸，故始言送，而繼承者辭之，搖首按舞之屬，皆却之也。至八遍而窮，斯可受矣。其舉故事物色，則韓詩所謂耳。近歲有以進士為舉首者，其黨人意侮之，會其人出令，以字偏旁為率，曰：「金銀釵釧鋪。」次一人曰：「絲綿綢絹網。」至其黨人，曰：「鬼魅魍魎魁。」俗有謎語曰：「急打急圓，慢打慢圓，分為四段，送在窰前。」初以陶元乃為令耳。（劉貢父詩話）。（《四庫全書》本卷六十三，瞿濟蒼點校本第八三二頁）

智按：出劉攽《中山詩話》（《歷代詩話》第二九八頁）。

江少虞，字虞仲，衢州常山（今屬浙江）人，政和間進士。調天台學官，歷知建、饒、吉三州。紹興間，摘諸史雜記編著《皇朝事實類苑》，歷十四年，成於紹興十五年（一一四五），紹興二十三年（一一五三），麻沙書坊曾刊刻此書。以宋代朝野事迹見於諸家記録者甚多，而畔散不屬，難於稽考，因為選擇類次之。北宋一代遺文逸事，略具於斯。據序首自題，稱左朝請大夫權發遣吉州軍州事。清修《四庫全書》，僅搜集到抄本六十三卷。明天啓元年，日本元和七年（一六二一），日本用木活字翻印宋刻麻沙本。一九一一年，日本木活字本傳至中國，武進董康據此重刻。從此又有七十八卷本流行。六十三卷本有宋紹興二十八年（一一五八）江少虞自序，稱總六十三卷。二書內容前六十三卷皆同。六十三卷本序文寫在麻沙本刊行之後，二本關係及區别不詳。今有上海古籍出版社一九八一年版《宋朝事實類苑》校點本（七十八卷）。

吴聿（一一四七前後）

《觀林詩話》

婪尾酒，出《佛圖澄傳》。婪尾者，最後飲酒也。東坡《除夜》詩云：「不辭最後飲屠蘇。」是以樂天詩以「婪」作「藍」云：「三杯藍尾酒，一楪膠牙餳。」皆更歲之事。而東坡詩有「藍尾忽驚新火後，遨頭及要浣花前」之語，自注云：樂天《寒食》詩云：「三杯藍尾酒。」當是誤記。（《歷代詩話續編》第一一七頁）

秦太虛用樂天《木藤謠》「吾獨一身，賴爾為二」，作六言云：「身與杖藜為二，影將明月為三。」真奇對也。（《歷代詩話續編》第一一九頁）

樂天云：「眉月晚生神女浦，臉波春傍窕娘堤。」涪翁用此意作《漁父詞》云：「新婦磯邊眉黛愁，女兒浦口眼波秋。」然新婦磯、女兒浦，顧况六言已作對矣。（《歷代詩話續編》第一一九頁）

樂天云：「近世韋蘇州歌行，才麗之外，頗近興諷。其五言詩文，又高雅閑淡，自成一家之體，今之秉筆者，誰能及之。」故東坡有「樂天長短三千首，卻愛韋郎五字詩」之句。然樂天既知韋應物之詩，而乃自甘心於淺俗，何耶？豈才有所限乎？（《歷代詩話續編》第一三一頁）

智按：吳聿，字子書，自署楚東人。宋高宗紹興中前後在世。曾居都下，家有聽雨軒。有《觀林詩話》，作于南宋初，所論至賀鑄、汪藻、王宣而止。多爲考證，間述逸事，多稱述蘇黃。

董弅（紹興間）

《嚴陵集序》

《詩》三百篇，大抵多本其土風而有作，聖人删取，各繫其國。如二南皆正風也，周、召既分陜而治，則繫詩有不得而同。三國當變風之始，邶鄘既并于衛。邶居衛北，而《詩》有《北門》，以興出門而北歸于邶也；鄘居衛東，而《詩》有載馳，以興東徙渡河而廬于漕也；衛在河之北，而《詩》有《河廣》，以興杭葦而南適于宋也。是三者，皆衛詩，而以所收之異，隨其國繫之，其它蓋可類見。使夫後世觀《詩》者，因土風而知國俗，則秦勇豳儉，鄭淫魏褊，皆自乎此而得之矣。近代有裒類一州古今文章，叙次以傳者，其亦得聖人之遺意歟？自東漢之末，孫氏據有吳粤之墟，始分歙縣之地，建為新安郡。逮隋而更郡名新定，大業改為睦州。唐初，即桐廬縣别置嚴州，尋廢州，以縣來隸。至國朝宣和中，始復今名。蓋以子陵釣臺為是邦重，故以名州。州境山水清絶，著稱自古。歷攷前代，朱太守以文學備應對之臣於西京，後世則有皇甫持正、方雄飛、李德新、施肩吾、徐凝，咸以詞章名世，文為世傳，而紀詠其鄉里為多。今代如江民表全名直節，見推于時，文采蓋其餘事。至于騷人名士過焉而賦者，在晉則謝康樂，梁則沈隱侯，唐則李太白、孟浩然、白樂天、羅隱。國朝則梅聖俞、蘇子美、麗莊敏公、王文公。其牧守之有文，在梁則任彦昇，唐則杜紫微，國朝則范文正公、趙清獻公，以至吕子進、蔡天啓，又如張伯玉、錢穆父，皆嘗官于此者，率多賦詠。邦人傳諷，迨今不絶，而獨未有裒類而為集者。雖有《桐江集》，止載桐廬一邑之文，而又繁冗不倫，人不甚傳。兹者，弅與僚屬修是州圖經，搜訪境内斷殘碑版，及脱遺簡編，稽攷訂正，既成書矣，因得逸文甚多；復得郡人喻君彦先，悉家所藏書討閲相示；又屬州學教授沈君�，與諸生廣求備録，時以見遺，乃為整比而詳擇。……乃若釣臺雙峙，高風絶企，古今歌詩銘記居多，編之此集，有不容略，故總以州名，而為之標目云。紹興九年夏四月壬申，知軍州事廣川董弅序。(《四庫全書》本《嚴陵集》卷首)

智按：董弅，字令升，東平（今屬山東）人。董逌子。紹興三年（一一三三），提點廣西刑獄公事。五年正月，為度支員外郎，左朝奉大夫。八月，為吏部員外郎。九月，試太常少卿。十月，任右司員外郎。六年正月，為起居舍人。三月，兼權中書舍人。六月，試中書舍人。七年正月辛未，充集英殿修撰，知衢州。五月，提舉江州太平觀。閏十月，充徽猷閣待制，知嚴州。九年七月，罷知嚴州。二十二年（一一五二）三月，落職寓居宜興。二十六年四月，知婺州。三十二年閏二月，引年告老，詔復敷文閣待制。降集英殿修撰。有《嚴陵集》、《淳熙嚴州圖經》、《閒燕常談》傳世。生平見陸心源《宋史翼》卷二十七及《建炎以來繫年要録》。

張表臣（紹興間）

《珊瑚鉤詩話》

詩以意為主，又須篇中鍊句，句中鍊字，乃得工耳。以氣韻清高深眇者

絕，以格力雅健雄豪者勝。元輕白俗，郊寒島瘦，皆其病也。（卷一，《歷代詩話》第四五五頁）

智按：此則又見宋張鎡《仕學規范》卷三十六、何汶《竹莊詩話》卷一「講論」（常振國、絳雲點校本，第九頁）、元王構《修辭鑑衡》卷一、明宋孟清《詩學體要類編》卷二（《續修四庫全書》影印明弘治刻本）、明唐順之《荊川稗編》卷七十四文藝三。

劉禹錫作金陵詩云：「千尋鐵鎖沈江底，一片降旗出石頭。」當時號爲絕倡。又六朝中石頭城詩云：「山圍故國周遭在，潮打空城寂寞回。」白樂天讀之曰：「我知後人不復措筆矣。」其自矜云：「餘雖不及，然亦不孤樂天之賞耳。」（卷一，《歷代詩話》第四五八頁）

前人作詩，未始和韻。自唐白樂天為杭州刺史，元微之為浙東觀察，往來置郵筒倡和，始依韻，而多至千言，少或百數十言，篇章甚富。其自耀云：「曹公謂劉玄德曰：『天下英雄，惟使君與操耳。』予於微之亦云。」豈詩人豪氣，例愛矜誇邪？安知後世士有異論？（卷一，《歷代詩話》第四五八頁）

琴按：白居易《和微之詩二十三首》，其前有小序，中有云：「以足下來章，惟求相困；故老僕報語。不覺大誇。況曩者唱酬，近來因繼，已十六卷，凡千餘首矣。其為敵也，當今不見；其為多也，從古未聞。所謂天下英雄，唯使君與操耳。戲及此者，亦欲三千里外一破愁顏，勿示他人，以取笑誚。樂天白。」（見《白香山詩後集》卷二）張表臣所述之時與地，按之事實不甚準確。白居易與元微之在杭越兩地唱和，據汪立名所編《白香山年譜》，乃長慶三年至四年間事，居易年正五十二至五十三。至引用「天下英雄，惟使君與操耳」等語，實見於《和微之二十三首》詩小序中。作此詩序時，居易已在洛，年五十七歲，「和詩」中有「我年五十七」三章，可以證明。

智按：大和二年（八二八），白居易《和微之詩二十三首》序：「曩者唱酬，近來因繼，已十六卷，凡千餘首矣。其為敵也，當今不見；其為多也，從古未聞。所謂天下英雄，唯使君與操耳！」（《白居易集箋校》第三册，第一四六三頁）

白樂天有《西省北院新作小軒東通騎省與李常侍飲詩》。東坡為中書舍人，歎本省不得來往，以道書楊大年館宿詩示余曰：「嚴更初道爭傳鼓，下直朱門對掩關。夜半不聞宣室召，水沉香斷漆書閒。」且云：「嘗宿閣下矣，乃在司馬門外，使人恨生身之晚，不得見太平之風也。」余因和其詩云：「翰林歷歷侵華蓋，禁掖明明侍紫微。自昔詞臣最清切，帝宸高拱借光輝。」（卷一，《歷代詩話》第四五九頁）

智按：張表臣，字正民，單父（今山東單縣南）人。靖康元年（一一二六）為宋城主簿。高宗紹興十三年（一一四三）通判常州。十五年罷官。事見《宋詩紀事》卷四六。

李攸（紹興間）

《宋朝事實》

景祐四年三月，詔自今尚書省議事應帶職官三司副使以上，並不赴。如集議大事，詔特赴者，即別設坐。……秘書省著作郎直集賢院同知太常禮院吳育言……知制誥稱中書省奏班簿，是謂絕班，可以不赴本省。如翰林學士，亦知制誥，而不絕班簿。此皆因循之制，參差不倫，未可取為確據。縱絕班有例，而絕曹無聞。謹按，《唐六典》：「中書舍人以他官兼者，謂之兼制誥。」故白居易草《楊嗣復授庫部郎中知制誥》辭云：「前代制誥，中書令、侍郎、舍人通掌之。國朝以來，或以他官兼領。」又，《授元稹中書舍人》辭云：「元稹自祠曹員外試知制誥。」謂之兼，則豈絕本官？謂之試，則明未正職。斯皆章灼不疑之事也。……（《四庫全書》本卷九；中華書局一九五五年版《宋朝事實》，第一四〇～一四三頁）

智按：李攸，字好德，蜀人，曾任承議郎。紹興四年（一一三四），張浚自川陝宣撫使召還入朝，約李攸與俱，以家事辭。

陳田夫（紹興間）

《南嶽總勝集》

〔橫龍寺〕在中洞，有開山佛光禪師舊菴基在焉。唐白居易有詩一絕云：「月射冷光新殿宇，風敲清韻古杉松。問師寶額因何立，笑指橫溪有卧龍。」（《續修四庫全書》影印宛委别藏明影宋抄本卷中；《大正新脩大藏經》第五十一册；《全唐詩續拾》卷二十八）

智按：所引之詩，白集未見。《全唐詩續拾》卷二十八題爲《南嶽横龍寺》。

陳田夫，字耕叟，號蒼野子，又稱閬中道人。閬中（今屬四川）人。高宗紹興中，居衡山紫蓋峰下九真洞老圃庵，往來七十二峰間三十餘年。輯《南嶽總勝集》，有孝宗隆興元年（一一六三）自序。

辛斆（紹興、隆興間）

《再刊寇萊公詩集後序》

萊公兩朝大臣，勳業之盛，掀天揭地，人皆知有其名，而往往或不知有其詩，何也？蓋勳業有以揜之也。伊尹之訓、周公之誥，著在方册，表裏典謨，而自古及今，論文者必曰孔孟，而不曰伊周。蓋伊周之可稱，在於興商輔周，《訓》、《誥》之作，不足道也。……昔白居易謂，劉禹錫之詩在處應有神物護持。禹錫一文人，徒以句韻之工，識者奇之尚且如此，況公文章所在當如何哉！吾又知自有不可得而漫滅者存焉爾。隆興改元七月日，長樂辛斆書。（宋人集本《忠愍公詩集》後序；《全宋文》二〇〇六年版第二二一册，卷四八九六，第一〇七頁）

智按：辛斆，長樂（今屬福建）人，隆興初知道州。見其隆興元年（一一六三）七月所撰《再刊寇萊公詩集後序》。

劉子翬（一一〇一～一一四七）

《蒼庭筠傳》

……贊曰：善哉，白樂天之言曰：「此君有賢人之槩四焉：其本固，固以樹德；其性直，直以立身；其心空，空以體道；其節貞，貞以礪志。」夫豈溢美之辭哉！嘗聞斯人深造理窟，或叩擊之，默其妙。《詩》云：「言念君子，温其如玉。」余宜其有為之執鞭，而忻慕者矣。（《四庫全書》本《屏山集》卷六）

《居仁與季言論養生方往叩之而原仲詩有金花充膝之語乃知致中妙用如此近捨皇甫遠取居易豈不迂耶以詩請事》

紫微談道渺無津，逸步超然嘆絕塵。但向函關迎老子，不知鄭圃有真人。數絲雪髮神彌瑩，一點金花意自春。莫謂子衰難語此，胸中勇氣尚輪囷。（《四庫全書》本《屏山集》卷十九；《全宋詩》第二一四四七頁）

智按：劉子翬，字彦沖，號病翁，崇安（今屬福建）人。韐仲子。以蔭補承務郎，辟為真定府幕屬。高宗建炎四年（一一三〇），通判興化軍（本集卷五《送張當世序》）。後以疾退居故鄉屏山，學者稱為屏山先生，朱熹嘗從其問學。紹興十七年卒，年四十七。遺著由其子玶編為《屏山集》二十卷，胡憲為之序，朱熹跋。《宋史》卷四三四有傳。

范浚（一一〇二～一一五〇）

《戲效白傅體送姚删定》

倦客長年嗟久客，交游此地喜偕游。後溪水接前溪碧，小轡峯連大轡幽。千里家山千里夢，一春風月一春愁。今朝共話明朝別，取醉君無不醉休。（《四庫全書》本《香溪集》卷四；《全宋詩》第二一五〇七頁）

《朋黨》

言朋黨，不過曰君子，曰小人。自昔朋黨之興，小人未嘗不得其志，以勝取於君子；君子不勝而受禍，亦未嘗不酷。……昔唐文宗恭儉自喜，其區區圖治之心，初非不切，然卒至危弱，而不復奮。原其所自，實猶朋黨亂之，每大謀議，甲可乙否，紛然盈廷，迭相侵詆，如市人賈夫相與爭言於闤闠，天子顧爲軟語解釋，其人早朝晏罷，日惟朋黨之論，至謂去河北賊易，去朝廷朋黨難。而唐史言其是非排陷，朝昇暮黜，天子亦無如之何。是君子小人鬨於前，莫明其孰是孰非，而無可奈何也。

臣嘗詳求當時朋黨之患，蓋起於李德裕、李宗閔、牛僧孺等。德裕固賢相，然宗閔、僧孺初亦奇才，有名於時，及黨與一分，遂相傾賣，至為小人所不為者，而流波浸滋，為縉紳禍，幾四十年。若楊嗣復、陳夷行、李珏、鄭覃輩，豈皆小人哉？亦為黨勢磨軋而已。夫其始也，皆非小人，及為黨勢磨軋，則有互相魚肉之心。是君子與小人分黨者，理之常則（《四部叢刊》本作「而」），君子亦各自以其所親愛為黨者，禍（《四部叢刊》本作「禍」）之大也。宗閔、僧孺同秉政，相唱和，去異己者，德裕所善，悉逐之。及德裕在相位，非其黨者，皆不容於會昌中。使賢如白居易，猶懼斥不自安，固求致身散地，冀於遠害。德裕罷相，則凡德裕所薄，皆不次用之。至德裕之與，則雖草制，不盡言，亦且貶黜。嗟夫！宰相之職，固將為天子求人材而進之，士非天子所自識擢，則不以宰相進，何由登於朝而用於上？苟一相去位，門生故吏與所親愛，無論賢不肖，率以其類相次廢黜，否則自疑而引去。雖天子所自識擢之士，於罷相有一日雅，亦必見逐，曾不得少留於班列之下，夫人材由宰相進，雖未必皆賢，亦未必無奇能異士卓然可以資世者，類以朋黨廢不用，則人主雖有籲俊之心，安得而器使之。夫以一相去位，士坐朋黨廢者，不知幾人，而又鼎軸之任，未幾輒易，則人材之沈滯閑散，可勝計耶？此人材常患乎乏使之因，而牛、李所以禍世者也。臣故曰：君子與小人分黨者，理之常；而君子亦各自以其所親愛為黨者，禍之大。然則人主其可不念，而為臣者可不戒哉！（《四部叢刊》本《范香溪先生文集》卷十三；《四庫全書》本《香溪集》卷十三）

《賀鄭侍郎移鎮平江府啟》

伏審報政疇庸，祗恩移鎮。攀轅塞路，惠大洽於朱方；換印班條，榮遠踰於白傅。冀帝城之蒙福，示朝廷之深知，詳試近州，將加大用。凡居庥覆，

舉劇懽愉。恭以某官學探聖真，望隆師表。……（《四庫全書》本《香溪集》卷二十）

智按：范浚，字茂明，蘭溪（今屬浙江）人。學者稱香溪先生。高宗紹興元年（一一三一）舉賢良方正，不起，閉門講學。朱熹以浚所撰《心箴》全載入《孟子集注》，由是知名。二十年卒，年四十九。遺文由其侄端臣（字元卿，號蒙齋）編為《香溪先生文集》二十二卷。事見本集吴師道後序、明童品《香溪先生傳》。

胡銓（一一〇二～一一八〇）

《葛司成祠堂記》（乾道元年八月）

廬陵古稱多士，而郡學祠堂惟歐陽文忠公、忠襄楊公、紹興初太守舍人王公三公而已。文忠以道德文章伏一世，前哲推爲天人，邈乎其不可及已。……抑嘗考唐忠州繪劉司徒晏、陸宣公贄、李忠懿公吉甫、白文公居易像，爲四賢閣。至國朝紹聖初，太守王闢之始作《復古記》，士艷其美。夫忠州由開元迄會昌，不知閲幾寒暑，而遼遼相望者四賢耳。廬陵自慶曆迄今，亦不知閲幾寒暑，而遼遼相望者亦四賢而已。吁，亦難矣！然南賓之閣建於郡齋，曷若此邦建於庠序之爲公？南賓之記，號爲《復古》，曷若大夫奉先思孝之爲榮哉？（清道光十三年胡文思重刊本《胡澹庵先生文集》卷一九；《全宋文》二〇〇六年版第一九六册，卷四三二二，第二頁）

智按：胡銓，字邦衡，號澹庵，吉州廬陵（今江西吉安）人。高宗建炎二年（一一二八）進士。紹興五年（一一三五），除樞密院編修官。八年，以上書斥和議，乞斬王倫、秦檜、孫近，除名編管昭州。十八年，改新州，移吉陽軍。二十五年檜卒，移衡州。孝宗即位，復奉議郎、知饒州。歷國史院編修官、宗正少卿。隆興二年（一一六四），兼國子祭酒，權兵部侍郎，以本職措置淅西淮東海道。乾道初知漳州，改泉州，留為工部侍郎。七年（一一七一）以敷文閣直學士奉祠。淳熙六年（一一七九）召歸經筵，引疾力辭。七年，以資政殿學士致仕，卒。著有《澹庵集》一百卷（本集宋楊萬里序作《澹庵文集》七十卷），已佚。今存《澹庵文集》六卷。《宋史》卷三七四有傳。

晁公武（一一〇二至一一〇六間～一一八七前）

《郡齋讀書志》

⊙《六帖》三十卷

右唐白居易撰。以天地事物分門類爲聲偶，而不載所出書。曾祖父祕閣公爲之注，行于世。世傳居易作《六帖》，以陶家缾數千，各題名目，置齋中，命諸生採集其事類，投缾内。倒取之，抄録成書。故所記時代多無次序云。（卷十四，孫猛《郡齋讀書志校證》，第六五二頁）

⊙《劉禹錫集》三十卷外集十卷

右唐劉禹錫夢得也。中山人，貞元九年進士，登博學宏詞科。貶朗州司馬。元和十年召還。欲任以南省郎，作《玄都觀看花詩》，譏忿當路，出為播州刺史。裴度以母老為請，得易連州，入為主客郎中，復作《游玄都詩》，以詆權近，俄分司東都，遷賔客。會昌時加檢校禮部尚書。卒。禹錫少工文章，恃才而廢，老年寡所合，乃以文章自適，素善詩，晚節尤精。白居易推為「詩豪」，嘗言：「其詩在處，應有神物護持。」禹錫早與柳宗元為文章之友，稱劉柳，晚與居易為詩友，號劉白，雖詩文似少不及，然能抗衡二人間，信天下之奇才也。（卷十七，孫猛《郡齋讀書志校證》，第八八二頁）

⊙《張籍詩集》五卷

籍性狷急，為詩長於樂府，多警句。元和中，與白樂天、孟東野相酬唱，天下宗之，謂之「元和體」云。其集五卷，張洎為之編次。（卷十七，孫猛《郡齋讀書志校證》，第八八六頁）

⊙《白居易長慶集》七十一卷

右唐白居易樂天也。太原人。居易自序生於鄭州滎陽。貞元十七年進士，中拔萃科。元和初，制策一等，調盩厔尉，入翰林為學士。太（大）和初，遷刑部侍郎。會昌初，以刑部尚書致仕。居易於文章最為精切，然尤工詩，當時士人爭傳，雞林賈國（一作國賈）相率篇易一金。在杭州時，自類詩稿，分諷諭、閒適、感傷、雜律四類。《前集》五十卷，有元稹序。《後集》二十卷，自為序、紀。又有《續後集》五卷，今亡三卷矣。

予嘗謂樂天進退以義，風流高矣。與劉禹錫游，人謂之「劉、白」，而不陷入司馬黨中，及與元稹游，人謂之「元、白」，而不蹈北司黨中，又與楊虞卿為姻家，而不陷牛、李黨中。嗚呼！叔世有如斯人之髣髴者乎？獨集後載《聞李崖州貶》二絕句，其言淺俗，似幸其禍敗者，余固疑非樂天之語，及以唐史攷之，崖州貶時，樂天沒將逾年，或曰浮屠某所作也。（卷十八，孫猛《郡齋讀書志校證》，第八八八頁）

琴按：《四部叢刊》本《白氏長慶集》有《聞李崖州貶》三絕句，非二絕句。

智按：清沈青峰《(雍正）陝西通志》卷七十五（《四庫全書》本）云：「按《唐書》本傳，居易其先蓋太原人，北齊時五兵尚書建有功賜田韓城，子孫家焉。又徙下邽。據此則白氏世為陝人。晁氏引唐史所云太原人，固自其先世言之，即詩中自序生於鄭州滎陽，特自述其所生之地，非遂家於滎陽也。」

⊙《元稹長慶集》六十卷、《外集》一卷。

右唐元稹微之也。河南人。擢明經，書判入等，授校書郎。元和初，舉制科，對策第一，拜左拾遺。在江陵，與監軍崔潭峻善，潭峻以稹歌詩奏御，穆宗賞悅，除祠部郎中知制誥。未幾，入翰林，為中書舍人、承旨學士。長慶二年，拜同中書門下平章事。稹為文長於詩，與白居易齊名，號「元和體」，往往播樂府。穆宗在東宫，妃嬪近習皆誦之，宮中呼為「元才子」。及知制誥，變詔書體，務純厚明切，盛傳一時。有《長慶集》百卷，今亡其四十卷。又有外集一卷，詩五十二篇，皆宮體也。（卷十八，孫猛《郡齋讀書志校證》，第八九六頁）

⊙《皇甫湜文》六卷

右唐皇甫湜持正也。睦州人。元和元年進士，仕至工部郎中。裴度辟東都判官。度修福先寺，欲求碑文於白居易。湜怒曰：「近舍湜而遠取居易，請從此辭！」度謝之。湜即酣飲，援筆立就。度贈車馬繒采甚厚，湜怒曰：「吾自為《顧況集序》，未嘗許人，今碑字三千，一字三縑，何遇我薄耶？」度笑曰：「不羈之才也。」從而酬之。今集雜文三十八篇而已。《況集序》在焉，而碑已亡矣。（卷十八，孫猛《郡齋讀書志校證》，第八九七頁）

⊙《晁文元道院集要》三卷

右皇朝王古編。其序云：「文元晁公，博觀内書，不徒力行，復勤於撰述，以開導後學。其書曰《道院別集》，曰《自擇增修百法》，曰《法藏碎金》，曰《隨因記述》，曰《耄智餘書》。余嘗遍閱之，以為名理之妙，雖白樂天不逮也。輒刪去重複，總集精粹，以便觀覽」云。古，元祐中侍從。（卷十九，孫猛《郡齋讀書志校證》，第九六六頁）

⊙《張文潛柯山集》一百卷

右皇朝張耒文潛，譙郡人。仕至起居舍人。嘗為宣、潤、汝、潁、兗五州守，又嘗謫居黄州、復州，最後居陳以沒。元祐中，蘇氏兄弟以文倡天下，號長公、少公，其門人號「四學士」。文潛，少公客也。諸人多早沒，文潛獨後亡，故詩文傳於世者尤多。其於詩文兼長，雖同時鮮復其比，而晚年更喜白樂天，詩體多效之云。（卷十九，孫猛《郡齋讀書志校證》，第一〇一六頁）

⊙《唐賦》二十卷

右唐科舉之文也。蕭穎士、裴度、白居易、薛逢、陸龜蒙之作皆在焉。（卷二十，孫猛《郡齋讀書志校證》，第一〇六三頁）

⊙《金鍼詩格》三卷

右唐白居易撰。居易自謂與劉禹錫、元稹皆以詩擅名當世，撮詩之體要為一格。以病得針而愈，詩亦猶是也，故曰《金鍼集》。（卷二十，孫猛《郡齋讀書志校證》，第一〇七八頁）

⊙《續金鍼詩格》一卷

右皇朝梅堯臣聖俞撰。聖俞游廬山，宿西林，與僧希白談詩，因廣樂天所述云。（卷二十，孫猛《郡齋讀書志校證》，第一〇七八頁）

⊙《唐賢絶句》一卷

右莆田柯夢得所選。李白、杜甫、元結、王維、韋應物、賀知章、岑參、靈徹、張繼、郎士兀（元）、盧綸、司空文明、韓愈、柳宗元、張籍、賈島、陳羽、劉禹錫、元稹、白居易、杜牧、竇庠、竇鞏、張祜、徐凝、王建、于鵠、朱絳、許渾、雍陶、陳陶、李播、劉商、羊士諤、楊敬之、司空圖、薛能、鄭谷、王涯、李涉、楊憑、崔櫓、劉昭屬、陸龜蒙、狄歸昌、章碣、劉得仁、許纏、吉師老、張顛、杜荀鶴、吳融、韓偓、韋莊五十四人之作，白止四首，甫六首，愈八首，宗元四首，惟牧二十五首云。（附志卷二，孫猛《郡齋讀書志校證》，第一二三六頁）

智按：晁公武，字子止，號昭德先生，巨野（今山東巨野）人。沖之子。靖康之亂入蜀。高宗紹興中進士，調榮州司戶，辟為四川宣撫司錢糧所主管文字。歷知恭州、榮州、合州。為潼川府路轉運判官，二十七年為言官論罷。孝宗隆興二年（一一六四），除樞密院檢詳諸房文字，尋為殿中侍御史。乾道元年（一一六五），出知瀘州，三年，知興元府，充利州東路安撫使。四年，為四川安撫制置使。六年，改淮南東路安撫使，七年，知揚州。除臨安府少尹，旋罷。卒於嘉州。《宋史・藝文志》載其著述甚富，均散佚，唯存《郡齋讀書志》四卷（一本作二十卷）。

陳正敏（一一〇二至一一一〇前後）

《遯齋閑覽・雜評・編詩》

或問王荆公云：「編《四家詩》，『以杜甫為第一，李白為第四』，豈白之才格詞致不逮甫耶?」公曰：「白之歌詩，豪放飄逸，人固莫及，然其格止於此而已，而不知變也。至於甫，則悲歡窮達，發斂抑揚，疾徐縱横，無施不可，故其詩有平淡易簡者，有綿麗精確者，有嚴重威武若三軍之師者，有奮迅馳驟若汎駕之馬者，有寂泊閒静如山谷隱士者，有風流醖藉若貴介公子者，盖其詩緒密而思深，觀者苟不能臻其閫奧，未易識其妙處，夫豈淺近者所能窺哉！此甫之所以光掩前人，而後來無繼也。元稹以語兼人人所獨專，斯言信矣。」或者又曰：「唐人之呼，何以李加杜先，而謂之李杜，豈當時之論，有所未當歟？」公笑曰：「名姓先後之呼，豈足以優劣人哉！蓋漢之時有李固、杜喬者，世號李杜，又有李膺、杜密，亦謂之李杜，當時甫白，復以能詩齊名，因亦謂之李杜，取其稱呼之便耳。退之詩有曰：『李杜文章在』，又曰：『昔年嘗讀李白、杜甫詩』，則李在杜先，若曰『遠追甫白感至誠』，又曰『少陵無人謫仙死』，則李居杜後如此，則孰為優劣？如今人呼其姓，則謂之班馬；呼其名，則謂之遷固。先時白居易與元稹同時唱和，人號『元白』，後與劉禹錫唱和，則謂之曰『劉白』。居易之才，豈真下二子哉！若曰『王楊盧駱』，楊炯固嘗自言：『余愧在盧前，恥居王後。』益知稱呼前後，不足以優劣人也。晉王遵嘗戲諸葛恢云：『人言王葛，不言葛王，何邪？』恢答曰：『譬言驢馬，豈驢能勝馬邪？』君若執稱呼以為優劣，將復有以此戲君者矣。」或者又曰：「評詩者謂甫欺白太過，反為白所誚。」公曰：「不然。甫贈白詩云：『清新庾開府，俊逸鮑参軍。』但比之庾信、鮑昭而已。又云：『李侯有佳句，往往似陰鏗。』陰鏗之詩，又在庾鮑下矣。飯顆之嘲，雖一時戲劇之談。然二人者名既相逼，亦不能無相忌也。」（《遯齋閑覽》卷三，《四庫全書》本《説郛》卷二十五上）

智按：此則雜評又見郭子章（一五四三～一六一八）《豫章詩話》卷三（《全明詩話》第三册，第二二八九頁），字句略異。

陳正敏，號遯翁，延平（今屬福建）人。另著有《劍溪野語》。《遯齋閒覽》十四卷，成書于宋徽宗崇甯、大觀間（一一〇二至一一一〇）。《説郛》（涵芬樓本）卷二十五上題為范正敏作，僅四十四則。《郡齋讀書志》云：「《遯齋閒覽》十四卷，右皇朝陳正敏崇觀間撰。正敏自號遯翁，録其平昔所見聞，分十門為小説一篇，以備異日披閲。」《文獻通考》、《宋史·藝文志》、《四庫提要》亦作陳正敏（一作陳正晦，疑誤）。

鄭樵（一一〇四～一一六二）

《通志》

⊙《琴操》

右十二操，韓愈取十操以為文王、周公、孔子、曾子、伯奇、犢牧子所作，則聖賢之事也，故取之。《水僊》、《懷陵》二操，皆伯牙所作，則工技之為也，故削之。嗚呼！尋聲徇迹，不識其所由者如此。九流之學皆有義，所述者無非聖賢之事，然而君子不取焉者，為多誣言飾事以實其意。所貴乎儒者，為能通今古，審是非，胷中了然，異端邪説無得而惑也。退之平日所以自待為如何，所以作十操以貽訓後世者為如何，臣有以知其為邪説異端所襲，愚師瞽史所移也。《琴操》所言者，何嘗有是事！琴之始也，有聲無辭，但善音之人，欲寫其幽懷隱思，而無所憑依，故取古之人悲憂不遇之事，而以命操。或有其人而無其事，或有其事又非其人，或得古人之影響，又從而滋蔓之。君子之所取者，但取其聲而已，取其聲之義，而非取其事之義。君子之於世多不遇，小人之於世多得志，故君子之於琴瑟，取其聲而寫所寓焉，豈尚於事辭哉！若以事辭為尚，則自有六經聖人所説之言，而何取於工伎所志之事哉！琴工之為是説者，亦不敢鑿空以厚誣於人，但借古人姓名而引其所寓耳，何獨琴哉！百家九流，皆有如此。惟儒家開大道，紀實事，為天下後世所取正也。蓋百家九流之書皆載理，無所繫着，則取古之聖賢之名，而以己意納之於其事之域也。且以卜筮家論之，最與此相近也。如以文王拘羑里而得《明夷》，文王拘羑里或有之，何嘗有《明夷》乎？又何嘗有箕子遇害之事乎？孔子問伯牛而得益，孔子問伯牛實有之，何嘗有益乎？又何嘗有過其祖之語乎？《琴操》之所紀者，皆此類也。又如稗官之流，其理只在唇舌間，而其事亦有記載，虞舜之父，杞梁之妻，於經傳所言者，數十言耳，彼則演成萬千言。東方朔三山之求，諸葛亮九曲之勢，於史籍無其事，彼則肆為出入。《琴操》之所紀者，又此類也。顧彼亦豈欲為此誣罔之事乎，正為彼之意向如此，不得不如此，不説無以暢其胷中也。又如兎園之學，其來已久，其所言者，無非周孔之事，而不得為正學，不為學者所取信者，以意卑淺而言陋俗也。今觀琴曲之言，正兎園之流也，但其遺聲流雅，不與他樂並肩，故君子所尚焉。或曰退之之意，不為其事而作也，為時事而作也，曰，如此所言，則白樂天之諷諭是矣。若懲古事以為言，則《隋堤柳》可以戒亡國；若指今事以為言，則《井底引銀瓶》可以止淫奔，何必取異端邪説、街談巷語以寓其意乎？同是誕言，同是飾説，伯牙何誅焉？臣今論此，非好攻古人也，正欲憑此開學者見識之門，使是非不雜揉其間，故所得則精，所見則明，無古無今，無愚無智，無是無非，無彼無己，無異無同，槩之以正道，爍爍乎如太陽正照，妖氛邪氣不可干也。（《四庫全書》本《通志》卷四十九；《通志二十略・樂略第一》，王樹民點校本第九一〇～九一一頁）

八漸通真議一卷。白居易撰。（《四庫全書》本《通志》卷六十七藝文略第五）

百道判一卷。白樂天撰。（《四庫全書》本《通志》卷七十藝文略第八）

元和制策三卷。賢良。元稹、獨孤郁、白居易三人制策。（《四庫全書》本《通志》卷七十藝文略第八）

禮部策十卷。唐白居易應制舉自著策問，而以禮部試策附于卷末。（《四庫全書》本《通志》卷七十藝文略第八）

制朴三卷。白居易撰。（《四庫全書》本《通志》卷七十藝文略第八）

送白監歸東都詩一卷。

劉白唱和集三卷。（《四庫全書》本《通志》卷七十藝文略第八）

白居易墓誌。刑部尚書致仕白居易碑。譚郃書。（《四庫全書》本《通志》卷七十三金石略第一）

白居易與劉夢得唱和。蘇州。（《四庫全書》本《通志》卷七十三金石略第一；《通志二十略》，王樹民點校本第一八七二頁）

龍門二十韻詩，醉吟先生傳，香山寺八節灘詩。白居易。（《四庫全書》本《通志》卷七十三金石略第一）

重修香山寺詩三十韻。白居易作。賀拔基書。（《四庫全書》本《通志》卷七十三金石略第一）

東林寺白氏文集記。江州。右僧雲皐。（《四庫全書》本《通志》卷七十三金石略第一）

《上宰相書》

十一月十二日，興化軍布衣鄭樵，以衰老之病，不任道途，再行遺書，獻于相公鈞座。樵生為天地間一窮民，而無所恨者：以一介之士，見盡天下之圖書，識盡先儒之闞奧，山林三十年，著書千卷，以彼易此，所得良已多，而斯心所不能自已者，其説有三。故人曾入京華，載書詣相府。其一，為樵暮齡餘齒，形單影隻，鉛槧之業甫就，汗簡之功已成，既無子弟可傳，又無名山石室可藏。每誦白樂天「恐君百歲後，滅泯人不聞。賴中藏秘書，百代無湮淪」之句，未嘗不嗚咽流涕。會兹天理，不負夙心，仰荷鈞慈，果得就秘書省投納。蓬山高迥，自隔塵埃；芸草芬香，永離蠹朽。百代之下，復何憂焉！其二，為兵火之後，文物蕩然。恭惟相公撥灰燼而收簡編，障橫流而主吾道；使周孔之業，不墜于地。士生此時，寧無奮發？樵也，願討理圖書以自効，使東南之圖書已盡，今古之圖譜無遺，金石之文，鼎彝之志，莫不陳于前。前年五月十三日投納，是月二十七日，伏蒙提省之晨，特與嘉歎。既歲終，會計指揮，收入校讐之籍，與先儒之書等。嗟乎！伯牙之琴，為審音而鼓；馮驩之鋏，為知己而彈。此某所以甘心焉。其三，為修書自是一家，作文自是一家。修書之人必能文，能文之人未必能修書。若之何後世皆以文人修書。天文之賦萬物也，皆不同形，故人心之不同猶人面。凡賦物不同形，然後為造化之妙；修書不同體，然後為自得之工。仲尼取虞、夏、商、周、秦、晉之書為一書，每書之篇，語言既殊，體制亦異。及乎《春秋》，則又異于《書》矣。襲《書》、《春秋》之作者，司馬遷也。又與二書不同體，以其自成一家言，始為自得之書。後之史家，初無所得，自同于馬遷。馬遷之書，遷之面也。假遷之面而為己之面，可乎？使遷不作，則班、范以来，皆無作矣。按馬遷之法，得處在表，用處在紀傳；以其至要者，條而為綱；以其滋蔓者，釐而為目。後之史家，既自不通司馬遷作表之意，是未知遷書之所在也。且天下之理，不可以不會；古今之道，不可以不通。會通之義，大矣哉！仲尼之為書也，凡典謨訓誥誓命之書，散在天下，仲尼會其書而為一，舉而推之，上通于堯舜，旁通于秦魯，使天下無逸書，世代無絶緒，然後為成書。史家據一代之史，不能通前代之史；本一書而修，不能會天下之書而修。故後代與前代之事，不相因依。……（《四庫全書》本《夾漈遺稿》卷三；清抄本《夾漈遺稿》卷下）

智按：鄭樵，字漁仲，號溪西遺民，莆田（今屬福建）人。居夾漈山，學者稱夾漈先生。高宗紹興間多次獻書，二十八年（一一五八），授右迪功郎、禮兵二部架閣。尋改監潭州南嶽廟。給劄歸鈔所著《通志》。三十一年，《通志》成，授樞密院編修，兼攝檢詳諸房文字。次年病卒，年五十九。著述繁富，所著《通志》與唐杜佑《通典》、元馬端臨《文獻通考》並稱三通，此外尚有《爾雅注》、《夾漈遺稿》等。《宋史》卷四三六有傳。

員興宗（？～一一七〇）

《資治通鑑策》

或謂先正司馬子曰：衆人雖尚子書，惜乎言雖多而太迂也。司馬子曰：聖人之言似乎迂，高而不能卑也，奥而不能邇也。是以齟齬而或窮，子患不迂耳矣。嗚呼！司馬不患衆謗，而自患其學，不畏衆言，而畏聖言，是以在元豐之際，勞形怵心，馳騁上下千載間，討正諸史，當時未免病乎迂也。故深研窮諦，於是時有是事善可法，而惡可戒，然後取之世，謂之編年。……此天道之疏合，有以取正也。按舊志之言曹爽窮治何晏，使晏書獄；肅宗面叱李、郭，李、郭仆地；錢鏐坐笞諸吏，諸吏怨望；《考異》以今志為正，則人事之怪異，於此可詳也。太平用事，宰相七人，五出其門，唐歷以為四人，未見其五也；劉守光為六鎮推尊，即拜尚父；舊志以為晉氏所推，未見所以為六鎮也；穆宗二年，集諸道兵六七八萬，白居易以為計七八十萬，未見所謂六七八也。此先志之不一，與變故之推移，於是可明也。（《四庫全書》本《九華集》卷十一）

智按：員興宗，字顯道，自號九華子，仁壽（今屬四川）人。高宗紹興二十七年（一一五七）進士。孝宗初為太學教授。乾道四年（一一六八），擢校書郎兼國史編修官。五年，遷著作佐郎。六年，兼實禄院檢討官，以抗疏言事去職，主管台州崇道館，卒。著《九華集》五十卷，已佚。清四庫館臣據《永樂大典》輯為二十五卷。事見本集卷首宋李心傳序、附録金山住持印老祭文，《南宋館閣録》卷七、八。

王之望（一一〇四~一一七一）

《書白氏長慶集》

我愛樂天文，平易更精切。筆端應有口，心事無不説。游戲供日用，工巧疑天設。述情悉毫釐，辨理窮曲折。如我本欲言，挽我開齒頰。如人病瘖啞，代我傳喉舌。駑駘擬舉步，駿足過如瞥。弱弧未及彎，強絜已穿劄。撫才初自愧，適意還深愜。讀盡一編詩，胸懷消百結。（《四庫全書》本《漢濱集》卷一；《全宋詩》第三十四册，第二一六八五頁）

《次韻陳庭藻赴天申燕詩二首》（其二）

天申上壽開明堂，羣公祝聖多新章。不論南山成帶礪，要看東海生禾桑。君恩中臺燕百辟，金罍兕觥雕玉觴。飯抄香粳雲子白，酒瀉法釀鵝兒黄。宫衣拜賜近端午，輕疊香羅如雪霜。功臣影甲奉朝請，貂冠峩峩來異王。中興盛事須記述，樂府宜得張文昌。感寓諸孫今列宿，詩鳴省户為時祥。每逢朝家有慶瑞，輒以篇詠賡休光。腐儒白首謬通籍，博士一經慚后蒼。敢陪詩人論風雅，衹與漁父歌滄浪。昇平頌聲還大手，白傅才力兼諸長。（《四庫全書》本《漢濱集》卷一）

《賀劉侍郎三首》（其一）

早歲儒林俊譽流，中年持橐侍宸游。論思清禁三朝遇，閒散殊庭二紀投。迹與香山齊出處，詩將彭澤盡賡酬。似聞璧水求三老，行起蒲輪慰九州。（《四庫全書》本《漢濱集》卷二；《全宋詩》第三十四册，第二一七〇三頁）

《除郡謝宣撫開府啟》

注安危之意，有嚴制閫之雄；布寬大之條，猥預殿邦之重。伏念某仕歷三朝，年逾八十。雖殘年奄奄，待盡田廬，而一心惓惓，尚存帝室。孰是急流勇退，踐角巾東路之言，惟有去後見思，詠華屋西州之句，蓋騶侏儒亡益而不任事，若支離疏有疾而不受功。徒費十束之薪，空索一囊之粟。故應辭仕，詎敢妨功？不圖軫簪履故物之遺，猶進冒爵齒達尊之寵。茲盖伏遇某官，兩京循吏，三國名臣，虎觀論經，鼇扉視草，寓大學士圖書之直，聽東諸侯鼓角之雄，猥以庸虚，適相先後。比還禁路，復厠英躔。雖龍豬異間已不侔，而虎鼠同宫亦何間！圖齊雲之像，固難並韋郎、白傅之賢；凝燕寢之香，猶堪佇枚叟、鄒生之召。（《四庫全書》本《漢濱集》卷十三）

智按：此啟《五百家播芳大全文粹》卷二十九作者闕名，字句略異。除前兩句外，又略同於宋孫覿《謝平江守洪内翰啟》（《四庫全書》本《鴻慶居士集》卷十九）。據文中「仕歷三朝，年逾八十」語，與孫覿（一〇八一～一一六九）相符。

王之望，字瞻叔，襄陽穀城（今屬湖北）人。高宗紹興八年（一一三八）進士，調處州教授。入為太學録，遷博士。十八年，出知荊門軍。提舉荊湖南常平茶鹽公事，改潼川府路轉運判官。三十年，總領四川財賦軍馬錢糧。三十二年，為川陝宣諭使。孝宗即位，除户部侍郎。隆興初，提舉江州太平興國宫。未幾，權江淮都督府參贊軍事，俄兼直學士院。二年（一一六四）拜參知政事，兼同知樞密院事，提舉江州太平興國宫，居天台。乾道元年（一一六五）起知福州、福建路安撫使。移知溫州，尋復罷。六年冬卒。謚敏肅。有《漢濱集》六十卷，已佚。清四庫館臣據《永樂大典》輯為十六卷。《宋史》卷三七二有傳。

吳芾（一一〇四～一一八三）

《述懷》

我愛白樂天，千載共稱賢。行年七十五，奄忽遂溘先。我愛范忠宣，一代名德全。年齡甫至此，亦復成棄捐。二公雖已逝，四海至今傳。顧我百無事，幸及二公年。今夏疾疢作，已分歸黄泉。偶然得無事，固荷天見憐。但我有一語，恰欲與天言。有生則有死，如行者言旋。我是久行客，亦自應息肩。念人處一世，動爲世網纏。開口罕歡笑，觸緒多憂煎。縱使至百歲，終困塵俗緣。不如早瞑目，庶以全吾天。是非與寵辱，總不到我前。一心亦安靜，却得返自然。况我辦歸計，久已卜新阡。（《四庫全書》本《湖山集》卷三；《全宋詩》第三十五册，第二一八六三頁）

《和林大任勸耕》

有客有客歌賢業，詞爛春葩光煒燁。一時酬唱已清新，四坐朋從更和叶。酒酣諧笑應云云，元白李杜疑前身。想當揮毫落紙時，筆端往往俱有神。我本觸緒未暇給，首覩明珠千百粒。豁然兩眼頓增明，更覺慢心無目人。已幸從今日往還，况復賦詩賓客間。只恐使君丹詔下，擢歸青瑣點朝班。（《四庫全書》本《湖山集》卷四；《全宋詩》第三十五册，第二一八六五頁）

《三老圖既成久欲作詩未果因次任漕韻》

我久欲作三老詩，苦無佳句能解頤。抽軋鄙思成無期，有語欲吐還茹之。忽得新篇向此詩，恍如春草生謝池。明珠萬斛光陸離，璀璨不減珊瑚枝。壓倒元白頭欲垂，直與李杜肩相差，使我手把不停披。憶昨梅花吐瓊蕤，枝頭愛日仍舒遲。雖恨捧觴無翠眉，吾人臭味自相宜，花下清歡聊共追。嗟我老來意氣衰，歸心已决不復疑。雖來江右把一麾，但知痛飲真吾師。尊前况逢冰雪姿，豈容不醉負屈巵。二老攬轡方並馳，一氣相和如壎篪。百城感化熏蘭芝，不事威怒轟雷椎。後園探春容我隨，開懷笑語何熙熙。丹青寫此一段奇，未羡九老洛水湄。何日歸去山之厓，時命柴車載鴟夷。相逢徑醉莫問誰，飲盡不妨尋酒旗。（《四庫全書》本《湖山集》卷四；《全宋詩》第三十五册，第二一八七四頁）

《和范遷善見寄三首》（之三）

新詩勞遠寄，深識子憐余。句法追元白，交情笑耳餘。飄零疎酒盞，離亂足兵車。何日相從去，白雲深處居。（《四庫全書》本《湖山集》卷五；《全宋詩》第三十五册，第二一八八〇頁）

《余年七十輒和樂天詩以自廣》

已是年齡及七旬，田園稍給未全貧。兒孫初識傳儒業，世俗還稱作貴人。門外湖山渾可樂，沙頭鷗鷺更相親。莫將塵事干吾慮，已向君王乞此身。（《四庫全書》本《湖山集》卷七；《全宋詩》第三十五册，第二一九四〇頁）

《曾元伯以余七十用韻見慶復和之》

迂踈如我世間稀，自笑於時百不宜。但欲平生無鬼責，豈期長命有天知。

七句雖慰白司馬，三黜空慚柳士師。多謝君詩遠相慶，一披頓解老人頤。（《四庫全書》本《湖山集》卷七）

《余既和樂天詩而喜於年及之心猶不能自已又復再和八首》

坐閱流年已七旬，從前憂道不憂貧。肯教世指為癡漢，只願鄉稱作善人。老去固應忘物我，歸來豈是負君親。嘗聞知進須知退，庶得終全不辱身。

乞得行年到七旬，歸田不問富和貧。初非潔已為高士，但欲頤心如古人。每對青山常意適，纔逢白叟便情親。靜中百念俱灰滅，識破浮生夢幻身。

封章上達已經旬，所乞原非為賤貧。七秩自知非久客，一心只欲作閒人。雖慚緑鬢朱顔改，卻喜清泉白石親。榮辱是非都不問，尊前且樂自由身。

先子春秋僅八旬，一生多難只安貧。豈期有子登清禁，亦復如今作老人。共羨浮榮光故里，自慚實德忝吾親。從前萬事皆踰分，只合歸休保此身。

新歲妻孥慶七旬，徧賙鄰里及孤貧。高年滿坐有醉客，丐者塞塗無餒人。平日要同人喜樂，此時寧間物疏親。餘生自度渾能幾，詎可徒勞負此身。

故園春到已三旬，滿目繁華未覺貧。年老得逢無事日，心閒不類有官人。戴花休管頭無那，酌酒何妨手自親。七十人生從古少，安知來歲有吾身。

憶在霜臺未六旬，嘗陳仕宦縱家貧。豈容七十不納禄，卻為斗升猶牧人。年齒幸吾今已及，官曹從此不應親。願天許遂終焉志，養此疎慵老大身。

一年三百有餘旬，舉世棲棲苦迫貧。得享安寧七十歲，已勝衰謝萬千人。好官縱使登三事，榮養何由及二親。爭似山間林下坐，無憂無毀足全身。（《四庫全書》本《湖山集》卷七；《全宋詩》第三十五册，第二一九四〇頁）

《乞身不獲再和》

老合休官况七旬，我非辭富欲居貧。也知光景無多日，更覺筋骸不逮人。豈謂九重恩未替，復頒一劄意猶親。囊封再上終期允，已對蒼穹誓此身。（《四庫全書》本《湖山集》卷七；《全宋詩》第三十五册，第二一九四〇頁）

《趙默卿用拙者所和樂天七旬詩賦二篇見寄因狀山中之景復成一首以報之》

買山將近一由旬，若比淵明未是貧。萬疊峰巒俱入眼，四時景物總宜人。花開自足供心賞，酒熟何妨與客親。何日杖藜能過我，竹林深處共藏身。（《四庫全書》本《湖山集》卷八；《全宋詩》第三十五册，第二一九四八頁）

《澤民因誦樂天欲留年少待富貴富貴不來年少去之句慨然有感遂廣此意作詩相示余以謂人之會遇各自有時年少固不可留而時亦何可待樂天自不應出此語而澤民亦不應為此詩因反其意以和之》

老去疎慵厭仕途，歸來林下學真如。不思身外千般事，只占人間一味愚。但得清尊長對客，縱添白髮亦從渠。世間達宦多憂畏，胸次還能似我無。

勸君且醉甕頭春，休把升沉累此身。自古功名須遇主，到頭富貴不由人。蟠胸器業元高世，落筆詞章更出塵。道在何憂年少去，九重前席會相親。（《四庫全書》本《湖山集》卷八；《全宋詩》第三十五册，第二一九五〇頁）

《和楊季恪景疏希白二首》（其二）

人譏（一作議）居士老來迂，與世依違總不符。雖似子牟懷魏闕，却同居易學浮屠。鋤荒只欲開三徑，適意寧論泛五湖。胸次更無塵一點，且同高士話虛無。（《四庫全書》本《湖山集》卷八；《全宋詩》第三十五册，第二一九五一頁）

《予赴官當塗絕江而西夜宿慈嚴秉燭游三洞時主僧出示諸公留題因用樂天韻成一絕》

洞中風水鏁松筠，一見都忘老病身。安得結茅長此住，臨風臨水作閒人。（《四庫全書》本《湖山集》卷九；《全宋詩》第三十五册，第二一九八〇頁）

《再和》

諸公得得走車輪，要向忙中樂此身。我昔不來今日到，始知枉作把麾人。（昔白公、蘇公、祖公在郡之日，皆領客游是刹，留詩而去。余甲申之冬，雖自天官出守是郡，竟無此暇日，故有感而賦）（《四庫全書》本《湖山集》卷九；《全宋詩》第三十五册，第二一九八〇頁）

《自祭文》

歲在戊戌，律應黃鐘。寒雲翳目，古木號風。疏櫺霜透，虛室塵蒙。湖山居士，乃於是月，舍其舊宅，歸於幽宫。親戚傷其永訣，而相送於山中。酒在尊而雖旨，餚在俎而雖豐，但聞笳鼓，莫睹音容，於乎哀哉！我自幼為田舍兒，偶因把卷，遂免扶犁。既參末宦，四十七期。入陪兩禁，出把六麾。雖無玷缺，為人所嗤。第念報國，曾乏毫釐。不應叨冒，度越等夷。復慮狷介，不能脂韋。久而不退，必觸禍機。旁無寸援，救之者誰？賴我此心，不昧神祇。迨至晚節，乃得放歸。既歸林下，獲脱羇羈。終日笑傲，飲酒賦詩。山湖照映，妻子追隨。時挐小艇，遊於漣漪。臨風對月，其樂無涯。自顧何德，福至於斯？亦有何功，可以當之？又念一世，日月如馳。人生浮脆，未老先衰。如我長命，在世亦稀。若不知足，將欲何為！若更不死，又待何時！況營墳壙，有年於兹。復與二親，邱隴相依。今得歸往，以慰孝思。且有精舍，在旁護持。花竹競秀，泉石爭輝。魂魄時遊，亦足自怡。昔白樂天，千載所推，年齡至此，亦與世違。白之曠達，素為吾師。得與同壽，喜又可知。寄語親舊，不須涕洟。如我存沒，皆過所期。我既無憾，爾又何悲？已戒兒曹，莫求挽詞，亦莫稱述，輒立墓碑。（《光緒仙居縣志·仙居集一三》；《全宋文》二〇〇六年版第一九七册，卷四三五〇，第一一一頁）

智按：吴芾，字明可，號湖山居士，台州仙居（今屬浙江）人。高宗紹興二年（一一三二）進士，歷刪定官，秘書正字。以不附秦檜，罷。後通判處、婺、越三州，知處州。三十一年，召為監察御史，遷殿中侍御史、戶部侍郎，出知婺州。孝宗即位，知紹興府，未幾，召權刑部侍郎，遷給事中，以敷文閣直學士知臨安府。以事提舉太平興國宫。乾道三年（一一六七）起知太平州。五年，改知隆興府。六年，以年老奉祠。淳熙元年（一一七四），以龍圖閣學士致仕。十年卒，年八十。有《湖山集》二十五卷，長短句三卷，别集一卷，奏議八卷（本集附宋周必大序），已佚。清四庫館臣據《永樂大典》輯為《湖山集》十卷。《嘉定赤城志》卷三十三、《宋史》卷三八七有傳。

曾慥（一一〇四？～一一五五）

《題蘇養直詞翰巨軸》

元祐文章絕代無，爲盟主者眉山蘇。舊聞宗匠爲詩匠，今見東湖説後湖

（原注：徐師川號東湖居士）。寂寞香山老居士，浩蕩煙波古釣徒。瀾翻翰墨驚人眼，一段清冰在玉壺。（《四庫全書》本《趙氏鐵網珊瑚》卷四；《宋詩紀事》卷四十八；《全宋詩》第三十二册，第二〇四三八頁）

《高齋詩話》

白樂天《琵琶行》云：「曲罷曾令善才伏」，而善才姓名不見於傳記，後見《琵琶録》云：「元和中，曹保有子善才，善才有子綱，皆能琵琶。」又有裴興奴，與曹同時，《樂府雜録》云：「綱善為運撥，興奴長於攏撚，時人謂綱有右手，興有左手。」樂天又有《聽曹綱琵琶示重蓮詩》曰：「誰能截得曹綱手，插向重蓮紅袖中？」（引自《苕溪漁隱叢話》前集卷十六；《宋詩話輯佚》下册，第四八九～四九〇頁）

智按：參見《侯鯖録》卷一「曹綱裴興奴善琵琶」。

樂天詩：「相爭兩蝸角，所得一牛毛。」後之使蝸角事悉稽之，而偶對各有所長。呂吉甫云：「南北戰爭蝸兩角，古今興廢貉同丘。」山谷云：「千里追奔兩蝸角，百年得意大槐宫。」又云：「功名富貴兩蝸角，險阻艱難酒一杯。」洪龜父云：「一朝厭蝸角，萬里騎鯨背。」（引自《苕溪漁隱叢話》後集卷十三「醉吟先生」；《宋詩話輯佚》下册，第四九六頁）

《類説》

⊙生女灸面

昭君村至今生女必灸其面，白樂天詩云：「至今村女面，燒灼成瘢痕。」（《四庫全書》本卷二）

智按：原出《復齋漫録》（《詩話總龜》後集卷四十一引）。

⊙謝絳

謝絳，字希深，章獻臨朝日久，頗信方術之士，出入禁中，絳上言此皆左道，亂政之本，自古衰亂之世，女謁用事，方有此等事。又引褒姒滅周以諫，廢郭后，皆合經旨。擢知制誥，文章有元白風，為郡務在教化，時以比

杜詩。(《四庫全書》本卷二)

⊙白孟二詩

白居易詩曰:「無事日月長,不羇天地闊。」此曠達者之詞也。孟郊詩曰:「出門即有礙,誰謂天地寬?」此褊隘者之詞也。天地又何嘗礙郊,郊自礙耳。(《四庫全書》本卷四)

智按:原出《青箱雜記》卷七。

⊙論詩

唐末五代文物衰盡,詩有貫休、齊己,書有亞栖,村俗之氣,大率相似。蘇子美有張長史書云:「隔簾歌已俊,對坐貌彌精。」語既凡惡,而字法真亞栖之流。曾子固編李白集,有《贈懷素草書歌》及「笑巳(已)乎」數首,皆貫休、齊己辭格,二子號有知識者,故深可恠。如白樂天贈徐凝,退之贈賈島,皆世俗無知者所託,不足多恠。(《四庫全書》本卷九)

智按:原出《仇池筆記》卷上。

⊙禁同省往來

元祐元年,余為中書舍人,執政患省事多漏泄,欲於舍人廳後作露籬,禁同省往來。余曰:「執政應須簡要清通,何必樹籬插棘!」諸公笑而止。明年,竟作之。暇日偶讀《白樂天詩》,有「西省北院,新建小亭,種竹開牕,東通騎省,與李常侍隔牕小飲作詩。」乃知唐時得西掖作牕以通東省,而今日本省不得往來,可嘆也。(《四庫全書》本卷九)

智按:原出《東坡志林》卷二。

⊙白樂天詩

白樂天為王涯所讒,謫江州司馬。甘露之禍,樂天有詩云:「當君白首同歸日,是我青山獨往時。」不知者以為幸亡,樂天豈幸人之禍者哉?蓋悲之也。(《四庫全書》本卷九)

智按：原出《仇池筆記》卷上。

⊙後人誣作

《才命論》稱張燕公，《革華傳》稱韓文公，《老牛歌》稱白樂天，《佛骨詩》稱鄭司徒，皆後人之所誣也。（《四庫全書》本卷十四）

智按：原出《因話録》卷四。

⊙白傅泛舟往香山

盧簡辭游伊川別墅，忽有二童子操篷艇中，有白衣人與僧偶坐船後，以桐甑而炊，吟笑宛若神仙，問之乃白傅泛舟往香山也。（《四庫全書》本卷十五）

智按：原出《劇談録》卷下。

⊙白傅塚

白傅葬龍門山，四方過者，必奠卮酒，塚前方丈之土，常成泥濘。（《四庫全書》本卷十五）

智按：原出《賈氏談録》。

⊙白傅不賜謚

白傅大中末有奏疏請賜謚，上曰：「何不取《醉吟先生墓表》看。」卒不賜謚。弟敏中奏立神道碑，李義山文也。（《四庫全書》本卷十五）

⊙五弦彈

貞觀中，趙壁妙於五弦，白傅諷諫有《五弦彈》。（《四庫全書》本卷十六）

⊙望江南

李衛公為亡妓謝秋娘撰，《望江南》亦名《夢江南》，白傅作《楊柳枝》。（《四庫全書》本卷十六）

⊙鵲巢和尚　布毛侍者

杭州道林禪師初至秦望山，見長松枝葉蟠屈如蓋，遂棲止其上，時謂之鳥窠禪師，復有鵲巢其側，人目為鵲巢和尚，有侍者會通欲辭去。師曰：「何往?」曰:「往諸方學佛法。」師曰:「若是佛法,此中亦有少許。」於身上拈起布毛吹之,遂悟。時謂布毛侍者。

元和中,太守白居易入山,曰:「師住處甚危險。」師曰:「太守危險尤甚。」曰:「弟子位鎮江山,何險之有?」師曰:「薪火相交,識性不停,得非險乎?」又問佛法大意,師曰:「諸惡莫作,衆善奉行。」白曰:「三歲孩兒也解恁麽道。」師曰:「三歲孩兒雖道得,八十老人行不得。」(《四庫全書》本卷二十)

⊙白傅《琵琶行》

李守愚聞人誦白傅《琵琶行》,笑曰:「此婦本長安娼女,嫁茶商在外,而居易輒於夜巾移船就之,聽其琵琶以佐歡,得非姦狀,顯然耶。」(《四庫全書》本卷二十二)

智按:夜巾,疑為「夜中」。

⊙元和體

元和後,文筆學奇於韓愈,學澁於樊宗師,歌行則學流蕩於張籍,詩則學矯激於孟郊,學淺切於白居易,學淫靡於元稹,俱名元和體,大抵天寶之風尚實,大曆之風尚浮,貞元之風尚蕩,元和之風尚怪也。(《四庫全書》本卷二十六)

⊙黄居難

有舉子好為詩章,每通名刺,云「鄉貢進士黄居難,字樂地」,欲比白居易字樂天也。又有張碧者,業歌詩,云與李白為對。(《四庫全書》本卷二十六)

⊙燕子樓

張建封僕射節制武寧,舞妓盼盼,公納之燕子樓,白樂天使經徐,與詩曰:「醉嬌無氣力,風裊牡丹花。」公薨,盼盼誓不他適。多以詩代問答,有詩近三百首,名《燕子樓集》,嘗作三詩云:「樓上殘燈伴曉霜,獨眠人起合歡床。相思一夜情多少,地角天涯不是長。」「北邙松柏鎖愁烟,燕子樓中思悄然。自埋劍履歌塵散,紅軟香銷一十年。」「適看鳴雁岳陽回,又覩玄禽過社來。瑶瑟玉簫無意緒,任從蟲網任從灰。」

樂天和曰:「滿窗明月滿簾霜,被冷香銷獨卧床。燕子樓前清月夜,秋來只為一人長。」「鈿暈羅衫色似烟，一回看著一潸然。自從不舞霓裳曲，疊在空箱得幾年。」「今年有客洛陽回，曾到尚書塚上來。見説白楊堪作柱，爭教紅粉不成灰。」又一絕云：「黄金不惜買蛾眉，揀得如花四五枝。歌舞教成心力盡，一朝身去不相隨。」

盼盼泣曰：「妾非不能死，恐百載之後，人以我公重於色。」乃和白詩云：「自守空樓歛恨眉，形同春後牡丹枝。舍人不會人深意，剛道泉臺不去隨。」（《四庫全書》本卷二十九）

⊙銀佛

聖善寺有銀佛，為賊截去一耳。白居易奉佛，用銀三錠補之，猶不及舊。會昌拆寺，命中貴人毁像收送内庫，人以白公所添，比舊鑄少數十兩，遂詣居易取餘銀。（《四庫全書》本卷三十二）

⊙張祐（祜）徐凝詩

白樂天守杭，江東進士多奔杭取解，時張祐（祜）、徐凝俱至。祐（祜）曰：「僕為解元宜矣。」凝曰：「君有何佳句?」祐（祜）曰：「甘露寺有『日月光先到，河山勢盡來。』金山寺有『樹影中流見，鐘聲兩岸聞。』」凝曰：「善則善矣，奈無野人句云：『千古長如白練飛，一條界破青山色。』」祐（祜）愕然，凝果獲選。（《四庫全書》本卷三十四）

⊙壓倒元白

寶曆中，楊相嗣復具慶下繼放兩榜，時先僕射自東洛入覲。嗣復率生徒迎於潼關，既回，大宴新昌里第，諸生翼坐，元白具在。賦詩，惟楊汝士詩後成，最佳。元白歎服，汝士醉歸曰：「我今日壓倒元白。」其詩警句云：「文章舊價留鸞掖，桃李新陰在鯉庭。」（《四庫全書》本卷三十四）

⊙一舉及第

白樂天一舉及第。詩曰：「慈恩塔下題名處，十七人中最少年。」時年二十七，省試《性習相近遠》賦、《玉水記方流》詩，攜謁李逢吉，初不為意，及覽賦頭曰：「噫，下自人上，達君咸德以順立，性由習分。」逢吉大奇之。（《四庫全書》本卷三十四）

⊙斬白蛇賦

貞元中，白樂天應宏詞，試漢高祖斬白蛇賦，考落，盖賦有「知我者斬

白帝，不知我者斬白蛇也。」登科之人，賦並無聞，白公之賦，傳於天下。（《四庫全書》本卷三十四）

⊙目蓮訪母

張祐（祜）憶亡妓詩曰：「鴛鴦鈿帶抛何處？孔雀羅衫屬阿誰？」白樂天呼為「問頭」。祐曰：「明公亦有目蓮訪母，《長恨詞》云：『上窮碧落下黄泉，兩處茫茫皆不見。』此不是目蓮訪母耶？」（《四庫全書》本卷三十四）

⊙章孝標及第詩

章孝標及第後，寄白樂天曰：「及第全勝十政官，金湯鍍了出長安。馬頭漸入揚州路，為報時人洗眼看。」答曰：「假金方用真金鍍，若是真金不鍍金。十載長安得一第，何須空腹用高心。」（《四庫全書》本卷三十四）

⊙冷淡生活

裴令公居東洛，夜宴聯句，元白有得色，及至楊汝士曰：「昔日蘭亭無艷質，此時金谷有高人。」白曰：「笙歌鼎沸，勿作此冷淡生活。」元曰：「樂天能全其名。」（《四庫全書》本卷三十四）

⊙弔白傳詩

宣宗弔白樂天詩云：「綴玉聯珠三十年，誰教冥路作詩仙。」（《四庫全書》本卷三十四）

⊙三絕

李白為天才絕，白居易為人才絕，李賀為鬼才絕。（《四庫全書》本卷四十一）

⊙白舍人行詩圖

荊州街子葛清，自頸以下遍刺白居易詩。「不是此人偏愛菊」，則有一人持杯臨菊叢。又「黄夾纈林寒有葉」，則一樹上掛纈。凡刻三十餘處，人呼為「白舍人行詩圖」。（《四庫全書》本卷四十二）

⊙不覽白氏文章

劉禹錫謁李德裕曰：「曾得白居易文集否？」德裕曰：「吾於此人不足久矣，其文章何必覽焉。」（《四庫全書》本卷四十三）

⊙米價方貴居亦不易

白居易初以詩謁顧况，况熟視姓名曰：「米價方貴，居亦弗易。」披卷首，曰：「咸陽原上草，一歲一枯榮。野火燒不盡，春風吹又生。」況曰：「道得個語，居即易矣。」因為延譽，聲名大振。（《四庫全書》本卷四十三）

⊙退之有聲樂服金石

韓退之晚年有聲樂，而服金石藥，張籍祭文曰：「乃出二侍女，合弹琵琶箏。」既而公疾浸，加孺人侍湯藥。白樂天思舊詩云：「退之服硫黃，一病訖不痊。微之煉秋石，未老身溘然。」退之嘗譏人不解文字飲，而自敗於女妓乎？作李博士墓銘，戒人服金石藥，而自餌硫黃乎。（《四庫全書》本卷五十）

⊙月中桂子

白樂天題靈隱詩云：「在郡三百日，入山十二回。宿因桂子下，醉為海棠開。」又云：「山寺月中尋桂子，郡城樓上看潮頭。」祥符中，君房為錢塘令，宿月輪山寺，僧報云：「桂子下塔。」遽出，登塔望之，紛紛如烟霧，轉旋成穏，散墜塔上，如牽牛子，黃白相間，咀之無味。（《四庫全書》本卷五十）

⊙樊素小蠻

白尚書姬妓樊素善歌，小蠻善舞，嘗有詩曰：「櫻桃樊素口，楊柳小蠻腰。」又為《楊柳枝詞》曰：「一樹春風萬萬枝，嫩於金色軟如絲。永豐坊里東南角，盡日無人屬阿誰？」後宣宗朝唱是詞，命取永豐柳兩枝植禁中，白感上知其名，又為詩云：「定知此後天文裏，柳宿光中添兩枝。」（《四庫全書》本卷五十一）

⊙白樂天詩

白樂天諷諭之詩長於激，閒適之詩長於遣，感傷之詩長於切，律詩百言以上長於贍，五字七字百言以下長於情。（《四庫全書》本卷五十一）

⊙元白詩

元稹為御史，鞫獄梓潼，時白居易在京，與名輩游慈恩小酌，花下為詩，寄元曰：「花時同醉破春愁，醉折花枝作酒籌。忽憶故人天際外，計程今日到梁州。」是日，元果及褒城。亦寄夢游詩曰：「夢君兄弟曲江頭，也向慈恩院内游。驛吏喚人排馬去，忽驚身在古梁州。」千里魂交，若合符契。（《四庫全書》本卷五十一）

⊙白二十韋十九

劉禹錫嘗云：「白二十苦愛予石頭城作，云：『山圍故國周遭在，潮打空

城寂寞回。』予知不及韋十九『春潮帶雨晚來急，野渡無人舟自横。』」（《四庫全書》本卷五十一）

智按：白二十，當為白二十二。

⊙元白酧和千篇

元守浙東，白牧蘇臺，置驛遞詩筒，有云：「有月多同賞，無盃不共持。」其句皆是暗合。（《四庫全書》本卷五十二）

⊙嵩山見李白

白龜年至嵩山，遥望東岩，古木嵰幕窣地。步至其旁，樽俎羅列，有一人前曰：「李翰林相召。」龜年趨進，其人褒衣博帶，色澤秀發，曰：「吾則唐李白也，子之祖乃白居易也。雖不同代，亦一時人。以其道同，今相往復。吾自水解，放遁山水之間，因思故鄉，西歸嵩峯。中帝飛章上奏，見辟於此，掌牋奏，已百年矣。近過潼，適有詞曰：『誤入桃源深洞，一曲妙歌舞鳳。常記欲别時，明月落，花烟重。如夢。如夢。和淚出門相送。』」龜年曰：「吾祖今在何處?」曰：「在臺上功德，所從昔日之志也。」又出書一卷，遺龜年，曰：「讀之，可辨九天禽語、大地獸言。更修功行，可得仙也。」

後龜年游潞州，太守知有異術，召而詢之。庭下有二雀啾唧而過，太守曰：「彼何言也?」曰：「城西民家閒廩，有餘粟在地，共食之。」使人驗之，果然。又見廐馬仰首而嘶，問曰：「此又何言?」曰：「槽中料熱不可食。」時近清明，將吏驅羊二十餘，曰後一羊不行，鞭之有聲。太守曰：「羊不行，有説乎?」曰：「羊言腹内羔將産，待其生子，然後就死。」守乃留羊月餘，果産。龜年放迹方外，時有人見之者。（《四庫全書》本卷五十二）

智按：「誤入桃源深洞」云云，乃後唐莊宗李存勖（八八五～九二六）作也。《苕溪漁隱叢話後集》卷三十九云：「苕溪漁隱曰：東坡言：『《如夢令》曲名，本唐莊宗制，一名《憶仙姿》，嫌其不雅，改云《如夢》。莊宗作此詞，卒章云：如夢如夢，和淚出門相送。取以為之名。』《古今詞話》云：『後唐莊宗修内苑，掘得斷碑，中有字三十二曰：曾宴桃源深洞（「曾」字原無，今據徐抄本、明抄本校補），一曲舞鸞歌鳳。長記欲别時，殘月落花煙重。如夢。如夢。和淚出門相送。莊宗使樂工入律歌之，名曰《古記》。』但《詞話》所記，多是臆說，初無所據，故不可信，當以坡言為正。」《花草粹編》卷一引《古今詞話》作：「曾宴桃源仙洞，一曲清歌舞鳳。長記欲別時，和淚出門相送。如夢。如夢。殘月落花煙重。」（《詞話叢編》，中華書局一九八五年版第一九頁）明胡震亨《唐音癸籤》卷十三：「按，莊宗知音，能度曲，自為優名曰李天下。至今汾晉之俗，往往能歌其聲，通謂之御製曲。」明陳霆《渚山堂詞話》卷一：「唐莊宗早年甚英果，晚乃溺於情欲，不勝其宴昵之私。嘗見其如夢令云：『曾宴桃源深洞。一曲舞鸞歌鳳。酒散別離時，殘月落花煙重。如夢。如夢。和淚出門相送。』詳味詞旨，所謂亡國之音哀以思者也。奄忽喪敗，實讖於此。」清褚人穫《堅瓠續集》卷四「李黃書翰」云：「李存勗搽畫粉墨，與鏡新磨等日鬧優場，粗獷之極，豈有清思者？乃其作《如夢令》詞云：『曾宴桃源深洞，一曲舞鸞歌鳳。長記別伊時，和淚出門相送。如夢。如夢。殘月落花煙重。』抑何婉麗如此。又，黃幡綽亦是詼諢之雄，未聞嫺於藻翰，而手書《霓裳羽衣曲》，刻石河中府，大有韵致。」（又見王士禛《五代詩話》卷一引，人民文學出版社一九八九年版第二頁，字句略異）張璋、黃畬《全唐五代詞》云：「《宴桃源》即《如夢令》，本後唐莊宗自度曲，因『曾宴桃源深洞』句而得名。」（上海古籍出版社一九八六年版第一三四頁）

⊙六帖

白居易作六帖，以陶家瓶數千，各題門目，作七層架，列齋中，命諸生采集事類，投瓶中，倒取抄録成書，故所記時代無次。（《四庫全書》本卷五十三）

⊙五禽以客名

李昉為詩慕白居易，園林畜五禽，皆以客名，白鷴曰佳客，鷺鷥曰白雪，客鶴曰仙客，孔雀曰南客，鸚鵡曰隴客。又慕居易七老之會，得宋琪等八人為九老會。（《四庫全書》本卷五十三）

⊙北征詩

老杜《北征》詩曰：「不聞夏商衰，中自誅褒妲。」意著（者）明皇鑒夏商之衰敗，能悔過，賜妃子死也。劉禹錫《馬嵬》詩曰：「官軍誅佞卒，天子矜妖姬。郡吏仗門屏，貴人牽帝衣。」白樂天《長恨歌》曰：「六軍不發無奈何，宛轉蛾眉馬前死。」乃是官軍迫使妃子，歌咏禄山叛逆耳。其去老杜何啻九牛毛耶。（《四庫全書》本卷五十五）

智按：參見《冷齋夜話》卷二「老杜劉禹錫白居易詩言妃子死」（陳新點校本，第二十二頁）。

⊙白樂天詩

白樂天每作詩，令一老嫗解之，問曰解否，嫗曰解則録之，不解則又易之。故唐末之詩近於鄙俚。（《四庫全書》本卷五十五）

智按：此則重見於卷四十八。參見《冷齋夜話》卷一「老嫗解詩」（陳新點校本，第一六～一七頁）。

⊙探驪獲珠

元稹、劉禹錫、韋楚客同會樂天舍，各賦金陵懷古。劉詩先成，白曰：「四人探驪，子先獲珠，所餘鱗角何用?」三公乃遂罷作。（《四庫全書》本卷五十六）

⊙樂天之宮

有客商過海，值風，抵一闕，云是樂天之宮。白聞遂賦詩云：「近有人從海上回，海山深處見樓臺，中有仙龕藏一室，皆言此待樂天來。」又云：「吾學空門不學仙，恐君此語是虚傳。海山不是吾歸處，歸則須歸兜率天。」（《四庫全書》本卷五十六）

⊙杜集

陳從易詩類白樂天，盖自楊、劉唱和西崑行，後進爭效之，風雅之變，謂之崑體。陳公偶得杜集舊本，文多脱誤，至「身輕一鳥」，下脱一字，各與數客各用一字補之，或云疾，或云落，或云起，或云下，後得一本，乃「身輕一鳥過」。陳公嘆服，雖一字，諸君亦不能到也。（《四庫全書》本卷五十六）

⊙老野狐精

王荊公見東坡《醉白堂記》云：「此定是韓白優劣論。」東坡曰：「不若介甫《處州學記》乃學校策耳。」然二公勝處，心相傾慕。東坡奉祠西太一，見公舊題：「楊柳鳴蜩緑暗，荷花落日紅酣。三十六陂春水，白頭想見江南。」注目久之，曰：「老野狐精也。」（王直方詩話）（《四庫全書》本卷五十七）

智按：宋江少虞《事實類苑》卷四十引《西清詩話》「王蘇更相是非」：「王文公見東坡《醉白堂記》，徐曰：『此非是韓白優劣論?』東坡答之曰：『不若介甫《虔州學記》，乃學校策耳。』二公相誚或如此，然勝處未嘗不相傾慕。元祐間，東坡奉祠西太一，見公舊題：『楊柳鳴蜩緑暗，荷花落日紅酣。三十六陂春水，白頭想見江南。』注目久之，曰：『此老野狐精也。』」《山堂肆考》卷一百二十六「王蘇相誚」條，「處州」作「虔州」。

⊙醉聖

李白每醉為文，未嘗差，人因名酒聖。白樂天自稱醉尹（吟），皮日休自稱醉士。（《四庫全書》本卷五十九）

⊙四友

《醉吟先生傳》：「與嵩山僧如滿為空門友，平泉客韋楚為山水友，劉夢得為詩友，皇甫明之為酒友。」（《四庫全書》本卷六十）

智按：曾慥，字端伯，號至游居士，晉江（今福建南安）人。欽宗靖康二年（一一二七），為倉部員外郎。高宗紹興元年（一一三一）除江南西路轉運判官，九年，為戶部總領應辦湖北京西路宣撫使司大軍錢糧。十一年，以疾提舉洪州玉龍觀。十四年，起知虔州（今江西贛州）。十八年，改知荊南。二十一年，知夔州。二十三年，移知廬州。二十五年卒。家富藏書，學識廣博，勤於纂集，輯有《樂府雅詞》、《宋百家詩選》、《類說》、《集仙傳》等，著有《高齋漫録》、《高齋詩話》等，均佚，唯《樂府雅詞》和《類說》有完本傳世。

姚寬（一一〇五～一一六二）

《西溪叢語》

⊙麴塵乃鞠塵之誤

白公《種柳三詠》之一有云：「更想五年後，千千條麴塵。」唐人詠柳，使麴塵字者極多。《禮記·月令》：「薦鞠衣於上帝告桑事。」注云：如鞠塵色。《周禮》：「内司服……鞠衣。」鄭司農云：「鞠衣，黄桑服也。色如鞠塵，象桑葉始生。」此用之柳，又象其花絮之穗耳。（《涵芬樓秘笈》本卷上）

智按：「更想五年後，千千條麴塵」，見白居易《種柳三詠》（其三），大和九年（八三五）作，六十四歲，洛陽，太子賓客分司。見《白居易集箋校》第二二一九頁。《御選唐宋詩醇》卷二十六所引姚寬《叢語》同。孔凡禮點校本《西溪叢語 家世舊聞》（中華書局，一九九三年十二月版，第四一頁），及明胡震亨撰《唐音癸籤》卷二十詁箋五「麴塵」所引姚寬《叢語》，字句不同，未引白居易《種柳三詠》，而引劉禹錫《楊柳枝詞九首》（其三）：「龍墀遙望麴塵絲」。墀，《全唐詩》卷三六五作池。

⊙選家選詩各有意

殷璠為《河嶽英靈集》不載杜甫詩，高仲武為《中興間氣集》不取李白詩，顧陶為《唐詩類選》如元白、劉柳、杜牧、李賀、張祜、趙嘏皆不收，姚合作《極玄集》亦不收杜甫、李白。彼必各有意也。（《涵芬樓秘笈》本卷上，孔凡禮點校《西溪叢語 家世舊聞》，第五九頁）

⊙白樂天由留意金丹至歸依内典

白樂天《自詠》詩云：「朱砂賤如土，不解燒為丹。玄鬢化為雪，不解休為官。」又《不二門》詩云：「亦曾燒大藥，消息乖火候。至今殘丹砂，燒乾不成就。」《潯陽晚歲寄元八郎中庾三十二員外》詩云：「商水年將暮，燒金道未成。丹砂不肯死，白髮自須生。」《對酒》云：「謾把參同契，難燒伏火砂。有時成白首，無處問黄芽。」（智按：下云：「幻世如泡影，浮生抵眼花。唯將綠醅酒，且替紫河車。」）《赴忠州至江陵舟中示舍弟》云：「幼學將何用？丹燒竟不成。」《酬元郎中書懷》云：「終身擬作卧雲伴，逐月須收燒藥錢。」《與故刑部李侍郎早結道友以藥術為事》詩云：「金丹同學都無益，水竹鄰居竟不成。」《贈江州李使君》云：「跡為燒丹隱，家緣嗜酒貧。」《題別遺愛草堂》云：「曾在廬峯下，書堂對藥臺。」《竹樓宿》詩：「小書樓下千竿竹，深火爐前一盞燈。此處與誰相伴宿，燒丹道士坐禪僧。」

《後集》第五十一卷《同微之贈別郭虛舟鍊師五十韻》敘燒丹事甚詳，有云：「簡寂館鐘後，紫霄峯曉時。心塵未淨潔，火候遂參差。萬壽覬刀圭，千功失毫釐。先生彈指起，姹女隨煙飛。始知緣會間，陰隙不可移。藥竈今夕罷，詔書明日追。」《對酒》云：「丹砂見火去無跡，白髮泥人來未休。」《贈杜録事》云：「河車九轉宜精鍊，火候三年在好看。」《酬夢得》云：「丹砂鍊作三銖土，玄髮看成一把絲。」又《燒藥不成命酒獨酌》云：「白髮逢秋至，丹砂見火空。不能留姹女，爭免作衰翁。」是樂天久留意金丹，為之而不成也。

又有《感事》詩云：「服氣崔常侍，燒丹鄭舍人。」又云：「唯知戀杯酒，不解煉金銀。無憂亦無喜，六十六年春。」又作《醉吟先生傳》云：「設不幸吾好藥，治衣削食，鍊鉛燒汞，至於無所成，有所誤，奈之何！今吾幸不好彼。」又《答客》詩云：「海山亦是吾歸處，歸即應歸兜率天。」則是晚年藥術竟無所得，乃歸依内典耳。（《涵芬樓秘笈》本卷下，孔凡禮點校《西溪叢語 家世舊聞》，第九九～一〇〇頁）

智按：「海山亦是吾歸處」，《四庫全書》本作「海山不是吾歸處。」

琴按：此則見《涵芬樓秘笈》第八集，原為嘉靖戊申臨溪楊子武昌刊本，即《帶經堂集》所稱鶺鳴館舊刻也。末所引「海山亦是吾歸處」，「亦」字誤，應為「不」。

又按白氏後集卷四《戒藥》詩：「促促急景中，蠢蠢微塵裏。生涯有分限，愛戀無終已。早夭羨中年，中年羨暮齒。暮齒又貪生，服食求不死。朝吞太陽精，夕吸秋石髓。徼福反成災，藥誤者多矣。以之資嗜欲，又望延甲子。天人陰騭間，亦恐無此理。域中有真道，所説不如此。後身始身存，吾聞諸老氏。」讀此詩可以見白氏早已悔悟燒丹服藥之非是矣，姚令威不引此詩，何耶？

汪編《白香山詩長慶集》卷十六《尋王道士藥堂因有題贈》:「行行覓路緣松嶠，步步尋花到杏壇。白石先生小有洞，黄芽姹女大還丹。常悲東郭千家塚，欲乞西山五色丸。但恐長生須有籍，仙臺試為撿名看。」此乞丹服藥之始也 。

又後集卷十《早服雲母散》云:「曉服雲英漱井華，寥然身若在煙霞。藥銷日晏三匙飯，酒渴春深一碗茶。每夜坐禪觀水月，有時行醉玩風花。淨名事理人難解，身不出家心出家。」由此可見白氏朝服藥而夜坐禪，佛道同時信仰。

《劉夢得文集》外集卷四有《和樂天燒藥不成命酒獨醉》詩云:「九轉欲成就，百神應主持。嬰啼鼎上去，老貌鏡前悲。卻顧空丹竈，回心向酒卮。醺然耳熱後，暫似少年時。」

又按宋人撰《續墨客揮犀》有《服金石藥者多被毒》一則云:「周東老嘗言退之痛斥道釋，以至貶謫。然在潮州乃參大顛，其後與孟簡書，雖深自辨釋教，終不能掩也。又好言人服金石藥者多被毒病而死，必為世誡。而樂天詩云:『退之服硫磺，一病迄不痊。』(白集卷六十二《思舊》)則知退之晚年，亦因服金石致病死矣。以之立言垂教則可，豈可謂亦允蹈之者乎?」由此足見當時服金石藥實為當時士大夫之風氣。

但亦有為白公作辯護者。《白香山詩集》後集卷十四《燒藥不成命酒獨醉》五律云:「白髮逢秋王，丹砂見火空。不能留姹女，爭免作衰翁。賴有杯中緑，能為面上紅。少年心不遠，只在半酣中。」汪立名按:《丹陽集》:韓退之作《李干墓誌》云:「余不知服食之説自何（原文有一世字，立名引時遺漏）起，殺人不可計，而其尚之益至，臨死乃悔。」(原文作「而世慕尚之益至，此共惑也」)而退之乃躬自蹈之，以至於死。白樂天所謂「退之服硫磺，一病訖不痊」是也。陳後山作《嗟哉行》云:「張生服石為石奴，下潦上乾如渴烏。……韓子作志還自屠，白笑未竟人復吁。」蓋謂此也。然樂天《與刑部李侍郎》詩:「金丹同學都無益。」(智按:《予與故刑部李侍郎早結道友，以藥術為事，與故京兆元尹晚為詩侶，有林泉之期，周歲之間，二君長逝，李住曲江北，元居升平西，追感舊游，因貽同志》)「姹女丹砂燒即飛。」(智按:《醉吟二首》其一)則樂天深知服食之無驗，其肯以身試藥以自斃乎？則「白笑未竟人復吁」之句，未必然爾。（按《丹陽集》此段末有云：「……則知服金石者，尤當屏去粉白黛緑之輩，或者用以資色力，其斃宜哉！」為汪立名所節略）

智按：參見後引《韻語陽秋》卷六（《歷代詩話》第五三八頁）、《韓子年譜》方崧卿辯證、李季可《松窗百説》、《十駕齋養新録》卷十六「衛中立字退之」等。

⊙韋蘇州生平大略

葛蘩校蘇州《韋刺史集》十卷，今平江板本是也。刺史，洛陽人，姓韋氏，名應物。貞元中，以左司郎中出為蘇州刺史。書目、姓名，略見《唐書·藝文志》，其詳不載於正史，不可得而考也。今觀其《逢楊開府詩》云：「少事武皇帝，無賴恃恩私。身作里中横，家藏亡命兒。朝持摴蒱局，暮竊東鄰姬。司隸不敢捕，立在白玉墀。驪山風雪夜，長楊羽獵時。一字都不識，飲酒肆頑癡。武皇升僊去，憔悴被人欺。讀書事已晚，把筆學題詩。兩府始收跡，南宫謬見推。非才果不容，出守撫惸嫠。忽逢楊開府，論舊涕俱垂。坐客何由識，唯有故人知。」又《温泉行》云：「出身天寶今年幾？頑鈍如鎚命如紙。作官不了却來歸，還是杜陵一男子。」又云：「身騎廄馬引天仗，直入華清列御前。」是嘗為三衛，而蹤跡不羈也。《燕李録事》詩云：「與君十五侍皇闈。」又《京師叛亂寄諸弟》云：「弱冠遭世難，二紀猶未平。」當天寶十五載六月，明皇避安禄山之難。是年，應物年二十。至寶應元年建巳月，上皇崩，則武皇升僊之時，應物年二十七。又《示從子河南尉班》詩序云：「永泰中，予任洛陽丞。」則應物年二十九。及其《來吳贈舊識》云：「少年游太學，負氣蔑諸生。蹉跎三十載，今日海隅行。」則少嘗游太學。蓋武皇升僊後二年入太學，遂為丞也。自洛陽丞為京兆府功曹，大曆十四年，自鄠縣令別除櫟陽令，以疾歸善福精舍。建中二年，由前資除比部員外郎，出為滁州，改判江州，改左司郎中。貞元初，又歷蘇州，罷守，寓居永定精舍。以詩考之，歷官次序如此。廣德二年，乃為洛陽丞。自京師叛亂之後，至德、乾元、上元、寶應數年間，折節讀書，遂入仕，而因請之微官也。《善福精舍書》注：建中二年，除比部。則應物年四十五。建中四年十月三日，京師兵亂，自滁州間道遣使，明年，興元甲子歲，五月九日使還，寄諸弟，作詩云：

「歲暮兵戈亂京國，帛書間道訪存亡。」乃德宗幸奉天時，應物年四十八。自後守九江，至為蘇州刺史，計其年五十餘矣。以集中事及時人所稱，考其仕官如此，得非遂止於蘇耶。按，白居易蘇州《答劉禹錫》詩云：「敢有文章替左司。」左司，蓋謂應物也。官稱止如此。其集中詩，《寄大梁諸友》云：「分竹守南譙，弭節過梁地。」則是守亳時也。篇末云：「相敦在勤事，海内方勞師。」似與興元甲子不遠也（按：「也」原脱，據繆校補。此上有「蓋謂應物也」、「則是守亳時也」，此處「也」不可少）。又唐小説載與諸公倡和，稱韋十九，林寶《姓纂》云：「周逍遥公夐之後，左僕射扶陽公持價生司門郎中令儀，令儀生鑾，鑾生應物，應物生監察御史、河東節度掌書記慶復。」李肇《國史補》云：「爲人性高潔，鮮食寡慾，所居焚香掃地而坐，其為詩馳驟建安已還，各得風韻。」又云：「開元以後，位卑而著名者：李北海、王江寧、李館陶、鄭廣文、元魯山、蕭功曹、張長史、獨孤常州、崔比部、梁補闕、韋蘇州。」其大略可見如此。（《涵芬樓秘笈》本卷下，孔凡禮點校《西溪叢語 家世舊聞》，第一一八頁）

智按：姚寬，字令威，號西溪，嵊縣（今屬浙江）人，舜明子。以父蔭補官，初監進奏院六部門，官至權戶部員外郎、樞密院編修官。高宗紹興三十二年召對時卒於殿廷，年五十八。有《西溪集》十卷，已佚，傳世有《西溪叢語》二卷。《寶慶會稽續志》卷五有傳。

王灼（一一〇五或一一〇六～一一七六後）

《碧雞漫志》

⊙唐絕句定為歌曲

唐時古意亦未全喪，《竹枝》、《浪淘沙》、《拋毬樂》、《楊柳枝》，乃詩中絕句，而定為歌曲，故李太白《清平調詞》三章，皆絕句。元、白諸詩，亦為知音者協律作歌。白樂天守杭，元微之贈云：「休遣玲瓏唱我詩，我詩多是別君辭。」自注云：「樂人高玲瓏能歌，歌予數十詩。」樂天亦醉戲諸妓云：「席上爭飛使君酒，歌中多唱舍人詩。」又聞歌妓唱前郡守嚴郎中詩云：

「已留舊政布中和，又付新詩與艷歌。」元微之《見人詠韓舍人新律詩戲贈》云：「輕新便妓唱，凝妙入僧禪。」沈亞之送人序云：「故友李賀，善撰南北朝樂府古詞，其所賦尤多怨鬱悽艷之句，誠以蓋古排今，使為詞者莫能偶矣。惜乎其終亦不備聲歌弦唱。」然唐史稱李賀樂府數十篇，雲韶諸工皆合之弦管。又稱李益詩名與賀相埒，每一篇成，樂工爭以賂求取之，被聲歌供奉天子。又稱元微之詩，往往播樂府。（卷一，中華書局上海編輯所《碧雞漫志》第五五頁）

⊙易安居士詞

易安居士，京東路提刑李格非文叔之女，建康守趙明誠德甫之妻。自少年便有詩名，才力華贍，逼近前輩，在士大夫中已不多得。若本朝婦人，當推詞采第一。趙死，再嫁某氏，訟而離之，晚節流蕩無歸。作長短句，能曲折盡人意，輕巧尖新，姿態百出，閭巷荒淫之語，肆意落筆，自古縉紳之家能文婦女，未見如此無顧忌也。陳後主游宴，使女學士狎客賦詩相贈答，采其尤豔麗者，被以新聲，不過「璧月夜夜滿，瓊樹朝朝新」等語。李戡嘗痛元白詩纖豔不逞，非莊士雅人，多為其破壞，流於民間，子父女母，交口教授，淫言媟語，冬寒夏熱，入人肌骨，不可除去。二公集尚存可考也。元與白書，自謂近世婦人，暈淡眉目，綰約頭鬟，衣服脩廣之度，匀配色澤，尤劇怪豔，因為豔詩百餘首。今集中不載。元《會真詩》，白《夢游春》詩，所謂纖豔不逞，淫言媟語，止此耳。溫飛卿號多作側辭豔曲，其甚者「合歡桃葉終堪恨，裹許元來別有人」，「玲瓏骰子安紅豆，入骨相思知不知」，亦止此耳。今之士大夫學曹組諸人鄙穢歌詞，則為豔麗如陳之女學士狎客，為纖豔不逞淫言媟語如元白，為側詞豔曲如溫飛卿，皆不敢也。其風至閨房婦女，誇張筆墨，無所羞畏，殆不可使李戡見也。（卷二，《詞話叢編》第一册，第八八頁）

⊙霓裳羽衣曲

《霓裳羽衣曲》，說者多異，予斷之曰：西涼創作，明皇潤色，又為易美名，其他飾以神怪者，皆不足信也。《唐史》云：河西節度使楊敬述獻，凡十二遍。白樂天和元微之《霓裳羽衣曲歌》云：「由來能事各有主，楊氏創聲君造譜。」自注云：「開元中，西涼節度使楊敬述造。」鄭嵎《津陽門詩》注，亦稱西涼府都督楊敬述進。予又考《唐史·突厥傳》，開元間，涼州都督楊敬述為暾煌谷所敗，白衣檢校涼州事。樂天、鄭愚之説是也。劉夢得詩云：「開元天子萬事足，惟惜當年光景促，三卿陌上望仙山，歸作霓裳羽衣曲。」李祐《霓裳羽衣曲》詩云：「開元太平時，萬國賀豐歲，梨園進舊曲，玉座流新製，鳳管迭參差，霞裳競摇曳。」元微之《法曲》詩云：「明皇度曲多新態，宛轉浸淫易沈著，赤白桃李取花名，霓裳羽衣號天樂。」劉詩謂明皇望女几山，持志求仙，固退作此曲。當時詩今無傳，疑是西涼獻曲之後，明皇三鄉眺望，發興求仙，因以名曲；「忽乘白雲去，空有秋風詞」，譏其無成也。李詩謂明皇厭梨園舊曲，故有此新製。元詩謂明皇作此曲多新態，霓裳羽衣非人閑服，故號天樂。然元指為法曲，而樂天亦云：「法曲法曲歌霓裳，政和世理音洋洋，開元之人樂且康。」又知其為法曲一類也。夫西涼既獻此曲，而三人者又謂明皇製作，予以是知為西涼創作，明皇潤色者也。

杜佑《理道要訣》云：「天寶十三載七月改諸樂名，中使輔璆琳宣進旨，令於太常寺刊石，内黄鐘商婆羅門曲，改為霓裳羽衣曲。」《津陽門詩》注：「葉法善引明皇入月宫，聞樂歸，笛寫其半，會西涼都督楊敬述進婆羅門，聲調吻合，遂以月中所聞為散序，敬述所進為其腔，制霓裳羽衣。」月宫事荒誕，惟西涼進婆羅門曲，明皇潤色，又為易美名，最明白無疑。《異人録》云：「開元六年，上皇與申天師中秋夜同游月中，見一大宫府，榜曰，廣寒清虚之府。兵衛守門，不得入。天師引上皇躍超煙霧中，下視玉城，仙人、道士乘雲駕鶴往來其間，素娥十餘人，舞笑於廣庭大樹下，樂音嘈雜清麗。上皇歸，編律成音，制霓裳羽衣曲。」《逸史》云：「羅公遠中秋侍明皇宫中玩月，以拄杖向空擲之，化為銀橋，與帝升橋，寒氣侵人，遂至月宫。女仙數百，素練霓衣，舞於廣庭。上問曲名，曰，霓裳羽衣。上記其音，歸作霓裳羽衣曲。」《鹿革事類》云：「八月望夜，葉法善與明皇游月宫，聆月中天樂，問曲名，曰，紫雲回。默記其聲，歸傳之，名曰霓裳羽衣。」此三家者，皆志明皇游月宫，其一申天師同游，初不得曲名。其一羅公遠同游，得今曲名。其一葉法善同游，得《紫雲回》曲名易之。雖大同小異，要皆荒誕無可稽據。杜牧之《華清宫》詩：「月聞仙曲調，霓作舞衣裳。」詩家搜奇入句，非決然信之也。又有甚者，《開元傳信記》云：「帝夢游月宫，聞樂聲，記其曲名紫雲回。」《楊妃外傳》云：「上夢仙子十餘輩，各執樂器，禦雲而下。一人曰，此曲神仙紫雲回，今授陛下。」《明皇雜録》及《仙傳拾遺》云：「明皇用葉法善術，上元夜自上陽宮往西涼州觀燈，以鐵如意質酒而還，遣使取之不誣。」《幽怪録》云：「開元正月望夜，帝欲與葉天師觀廣陵，俄虹橋起殿前，師奏請行，但無回顧。帝步上，高力士樂官數十從，頃之，到廣陵。士女仰望，曰，仙人現。師請令樂官奏霓裳羽衣一曲，乃回。後廣陵奏，上元夜仙人乘雲西來，臨孝感寺，奏霓裳羽衣曲而去。上大悅。」唐人喜言開元、天寶事，而荒誕相淩奪如此，將使誰信之。予以是知其他飾以神怪者，皆不足信也。王建詩云：「弟子歌中留一色，聽風聽水作霓裳。」歐陽永叔詩話以不曉聽風聽水為恨。《蔡條詩話》云出唐人《西域記》。龜兹國王與臣庶知樂者，於大山間聽風水聲，均節成音。後翻入中國，如《伊州》、《甘州》、《涼州》，皆自龜兹致。此説近之，但不及《霓裳》。予謂《涼州》定從西涼來，若伊與甘，自龜兹致，而龜兹聽風水造諸曲，皆未可知。王建全章，余亦未見。但「弟子歌中留一色」，恐是指梨園弟子，則何豫於龜兹，置之勿論可也。按唐史及唐人諸集、諸家小説，楊太真進見之日，奏此曲導之。妃亦善此舞，帝嘗以趙飛燕身輕，成帝為置七寶避風臺事［事，一作偶］，戲妃曰：「爾則任吹多少。」妃曰：「霓裳一曲，足掩前古。」而宮妓佩七寶瓔珞舞此曲，曲終珠翠可掃。故詩人云：「貴妃宛轉侍君側，體弱不勝珠翠繁。冬雪飄飖錦袍暖，春風蕩瀾霓裳翻。」又云：「朱閣沈沈夜未央，碧雲仙曲舞霓裳。一聲玉笛向空盡，月滿驪山宮漏長。」又云：「霓裳一曲千峰上，舞破中原始下來。」又云：「漁陽鼙鼓動地來，驚破霓裳羽衣曲。」又云：「世人莫重霓裳曲，曾致干戈是此中。」又云：「雲雨馬嵬分散後，驪宮無復聽霓裳。」又云：「霓裳滿天月，粉骨幾春風。」帝為太上皇，就養南宮，遷於西宮，梨園弟子玉琯發音，聞此曲一聲，則天顔不怡，左右歔欷。其後憲宗時，每大宴，間作此舞。文宗時，詔太常卿馮定，采開元雅樂，制雲韶雅樂及霓裳羽衣曲。是時四方大都邑及士大夫家，已多按習，而文宗乃令馮定制舞曲者，疑曲存而舞節非舊，故就加整頓焉。李後主作昭惠后誄云：「霓裳羽衣曲，綿兹喪亂，世罕聞者。獲其舊譜，殘缺頗甚。暇日與后詳定，去彼淫繁，定其缺墜。」［按馬令《南唐書·昭惠后傳》載後主誄云：「霓裳舊曲，韜音淪世。失味齊音，猶傷孔氏。故國遺聲，忍乎湮墜。我稽其美，爾揚其秘。程度餘律，重新雅制。」云云。灼所引似是誄後注文，今失傳云。〕蓋唐末始不全。《蜀檮杌》稱：「三月上巳，王衍宴怡神亭，衍自執板唱霓裳羽衣、後庭花、思越人曲。」決非開元全章。《洞微志》稱：「五代時，齊州章丘北村任六郎，愛讀道書，好湯餅，得犯天麥毒疾，多唱異曲。八月望夜，待月私第，六郎執板大噪一曲。有水鳥、野雀數百，集其舍屋傾聽。自適曰：『此即昔人霓裳羽衣者。』眾請于何得，笑而不答。」既得之邪疾，使此聲果傳，亦未足信。按明皇改婆羅門為霓裳羽衣，屬黄鐘商云，時號越調，即今之越調是也。白樂天《嵩陽觀夜奏霓裳》詩云：「開元遺曲自淒涼。況近秋天調是商。」又知其為黄鐘商無疑。歐陽永叔云：「人間有瀛府、獻仙音二曲，此其遺聲。」瀛府屬黄鐘宫，獻仙音屬小石調，了不相干。永叔知霓裳羽衣為法曲，而瀛府、獻仙音為法曲中遺聲，今合兩個宫調，作霓裳羽衣一曲遺聲，亦太疏矣。《筆談》云：「蒲中逍遥樓楣上，有唐人横書，類梵字，相傳是霓裳譜，字訓不通，莫知是非。或謂今燕部有《獻仙音》曲，乃其遺聲。然《霓裳》本謂之道調曲，《獻仙音》乃小石調爾。」又《嘉祐雜誌》云：「同州樂工翻河中黄幡綽《霓裳》譜，鈞容樂工程士守以為非是，別依法曲造成。教坊伶人花日新見之，題其後云：『法曲雖精，莫近望瀛。』」予謂《筆談》知《獻仙曲》非是，乃指為道調法曲，則無所著見。獨《理道要訣》所載，系當時朝旨，可信不誣。《雜誌》謂同州樂工翻河中黄幡綽譜，雖不載何宫調，安知非逍遥樓楣上横書耶？今並程士守譜皆不傳。

樂天和元微之《霓裳羽衣曲歌》云：「磬簫箏笛遞相攙，擊彈吹聲邐迤。」注云：「凡法曲之初，衆樂不齊，惟金石絲竹次第發聲，霓裳序初亦復如此。」又云：「散序六奏未動衣，陽臺宿雲慵不飛。中序擘騞初入拍，秋竹竿裂春冰坼。」注云：「散序六遍無拍，故不舞，中序始有拍，亦名拍序。」又云：「繁音急節十二遍，跳珠撼玉何鏗錚；翔鸞舞了卻收翅，唳鶴曲終長引聲。」注云：「霓裳十二遍而曲終，凡曲將終，皆聲派促速，惟霓裳之末，長引一聲。」《筆談》云：「霓裳曲凡十二叠，前六疊無拍，至第七疊方謂之疊編，自此始有拍而舞。」《筆談》，沈存中撰，沈指霓裳羽衣為道調法曲，則是未嘗見舊譜，今所云豈亦得之樂天乎？世有般涉調拂霓裳曲，因石曼卿取作傳踏，述開元、天寶舊事。曼卿云本是月宮之陰，翻作人間之曲。近夔帥曾端伯，曾損其辭，為勾遣隊口號，亦云開、寶遺音。蓋二公不知此曲自屬黃鐘商，而拂霓裳則般涉調也。宣和初，普府（智按：一作普州，錢〔遵王〕校晉府，見《詞話叢編》第一册第九八頁）守山東人王平，詞學華贍，自言得夷則商霓裳羽衣譜，取陳鴻、白樂天《長恨歌》、《傳》，並樂天寄元微之《霓裳羽衣曲歌》，又雜取唐人小詩長句，及明皇太真事，終以微之《連昌宮詞》補綴成曲，刻板流傳，曲十一段，起第四遍、第五遍、第六遍、正攧、入破、虛催衮、實催衮、歇拍、殺衮，音律節奏與白氏歌注大異，則知唐曲今世決不復見，亦可恨也。又《唐史》稱，客有以按樂圖示王維者，無題識。維徐曰：「此霓裳第三疊最初拍也。」客未然，引工按曲，乃信。予嘗笑之，霓裳第一至第六疊無拍者，皆散序故也。類音家所行大品，安得有拍。樂圖必作舞女，而霓裳散序六疊，以無拍故不舞。又畫師於樂器上，或吹或彈，止能畫一個字，諸曲皆有此一字，豈獨霓裳。唐孔緯拜官教坊，優伶求利市，緯呼使前，索其笛，指竅問曰：「何者是浣溪沙孔籠子。」諸伶大笑。此與畫圖上定曲名何異。（卷三，中華書局上海編輯所《碧雞漫志》第七〇～七四頁）

⊙涼州曲

涼州曲，唐史及傳載，稱天寶樂曲，皆以邊地為名，若《涼州》、《伊州》、《甘州》之類。曲遍聲繁，名入破。又詔道調、法曲，與胡部新聲合作。明年，安禄山反，涼、伊、甘皆陷。《吐蕃史》及《開元傳信記》亦云，西涼州獻此曲。寧王憲曰：「音始於宮，散於商，成於角徵羽。斯曲也，宮離而不屬，商亂而加暴君卑逼下，臣僭犯上，臣恐一日有播遷之禍。」及安史之亂，世頗思憲審音。而《楊妃外傳》乃謂上皇居南内，夜與妃侍者紅桃歌妃所制《涼州詞》，上因廣其曲，今流傳者益加。

《明皇雜録》亦云：「上初自巴蜀回，夜來乘月登樓，命妃侍者紅桃歌涼州，即妃所制，上親御玉笛為倚樓曲，曲罷無不感泣。因廣其曲，傳於人間。」予謂皆非也。涼州在天寶時已盛行，上皇巴蜀回，居南内，乃肅宗時，那得始廣此曲。或曰，因妃所制詞而廣其曲者，亦詞也，則流傳者益加，豈亦詞乎。舊史及諸家小説謂妃善舞，邃曉音律，不稱善制詞。今

《妃外傳》及《明皇雜録》所云，誇誕無實，獨帝御玉笛為倚樓曲，因廣之，流傳人間，似可信，但非涼州耳。唐史又云，其聲本宮調，今涼州見於世者凡七宮曲，曰黄鐘宮、道調宮、無射宮、中吕宮、南吕宮、仙吕宮、高宮，不知西涼所獻何宮也。然七曲中，知其三是唐曲，黄鐘、道調、高宮者是也。《脞説》云：「西涼州本在正宮，貞元初，康昆侖翻入琵琶玉宸宮調，初進在玉宸殿，故以命名，合眾樂即黄鐘也。」予謂黄鐘即俗呼正宮，昆侖豈能舍正宮外，別制黄鐘涼州乎。因玉宸殿奏琵琶，就易美名，此樂工誇大之常態。而《脞説》便謂翻入琵琶玉宸宮調。新史雖取其説，止云康昆侖寓其聲於琵琶，奏於玉宸殿，因號玉宸宮調，合諸樂則用黄鐘宮，得之矣。張祜詩云：「春風南内百花時。道調涼州急遍吹。揭手便拈金碗舞，上皇驚笑悖拏兒。」

又《幽閒鼓吹》云：「元載子伯和，勢傾中外，福州觀察使奇樂妓數十人，使者半歲不得通。窺伺門下，有琵琶康昆侖出入，乃厚遺求通，伯和一試，盡付昆侖。段和上者，自製道調涼州，昆侖求譜，不許，以樂之半為贈，乃傳。」據張祜詩，上皇時已有此曲，而《幽閒鼓吹》為段師自製，未知孰是。白樂天《秋夜聽高調涼州》詩云：「樓上金風聲漸緊，月中銀字韻初調。促張弦柱吹高管，一曲涼州入泬寥。」大吕宮，俗呼高宮，其商為高大石，其羽為高般涉，所謂高調，乃高宮也。史及《脞説》又云「涼州有大遍、小遍」，非也。凡大曲有散序、靸、排、遍、攧、正攧、入破、虚催、實催、衮遍、歇指、殺衮［一本實催下云，滚拍、遍歇、殺滚］，始成一曲，此謂大遍。而涼州排遍，予曾見一本有二十四段。後世就大曲制詞者，類從簡省，而管弦家又不肯從首至尾聲吹彈，甚者學不能盡，元微之詩云：「逡巡大遍梁州徹。」又云：「梁州大遍最豪嘈。」及《脞説》謂有大遍小遍，其誤識此乎。（卷三，中華書局上海編輯所《碧雞漫志》第七五頁）

⊙六么

六么，一名緑腰，一名樂世，一名録要；元微之《琵琶歌》云：「緑腰散序多攏撚。」又云：「管兒還為彈緑腰，緑腰依舊聲迢迢。」又云：「逡巡彈得六么徹，霜刀破竹無殘節。」沈亞之《歌者葉記》云：「合韻奏緑腰。」又《志盧金蘭墓》云：「為緑腰玉樹之舞。」《唐史・吐蕃傳》云：「奏涼州、胡渭、録要雜曲。」段安節《琵琶録》云：「緑腰，本録要也，樂工進曲，上令録其要者。」白樂天《楊柳枝詞》云：「六么水調家家唱，白雪梅花處處吹。」又《聽歌六絶句》内《樂世》一篇云：「管急絃繁拍漸稠，緑腰宛轉曲終頭，試知樂世聲聲樂，老病殘軀未免愁。」注云：「樂世一名六么。」王建《宫詞》云：「琵琶先排六么頭。」故知唐人以腰作么者，惟樂天與王建耳。或云：此曲拍無過六字者，故曰六么，至樂天獨謂之樂世，他書不見也。《青箱雜記》云：「曲有《録腰》者，録《霓裳羽衣曲》之要拍。」（智按：宋吳處厚《青箱雜記》卷八：「曲有録要者，録《霓裳羽衣曲》之要拍。即《唐書・吐蕃傳》所謂涼州胡謂録要雜曲，而今世語訛謂之録要。」）《霓裳羽衣曲》乃宫調，與此曲了不相關，士大夫論議，常患講之未詳，卒然而發，事與理交違，幸有證之者，不過如聚訟耳。若無人攻擊，後世隨此憒憒，或遺禍於天下樂曲不足道也。」《琵琶録》又云：「正元中，康崑崙琵琶第一手，兩市樓抵鬭聲樂，崑崙登東綵樓，彈新翻羽調緑腰，必謂無敵。曲罷，西市樓上出一女郎抱樂器云：『我亦彈此曲。』兼移在楓香調中，下撥聲如雷，絶妙入神。崑崙拜請為師，女郎更衣出，乃僧善本，俗姓段。」今六么行於世者四，曰黄鍾羽，即俗呼般涉調；曰夾鍾羽，即俗呼中吕調；曰林鍾羽，即俗呼高平調；曰夷則羽，即俗呼仙吕調；皆羽調也。崑崙所謂新翻，今四曲中一類乎？或他羽調乎？是未可知也。段師所謂楓香調，無所著見，今四曲中一類乎？或他調乎？亦未可知也。歐陽永叔云：「貪看六么花十八。」此曲内一疊名花十八，前後十八拍，又四花拍，共二十二拍。樂家者流所謂花拍，蓋非正也；曲節抑揚可喜，舞亦隨之，而舞筑毬六么，至花十八益奇。（卷三，中華書局上海編輯所《碧雞漫志》第七八頁）

智按：參見清沈雄《古今詞話・詞品》下卷（《詞話叢編》第一册，第九三九頁）。

⊙水調歌與河傳

水調歌，《理道要記》所載唐樂曲南吕商，時號水調。予數見唐人説水調，各有不同。予因疑水調非曲名，乃俗呼音調之異名，今决矣。按《隋唐嘉話》：煬帝鑿汴河，自製水調歌，即是水調中制歌也。世以今曲水調歌為煬帝自製，今曲乃中吕調，而唐所謂南吕商，則今俗呼中管林鍾商也。《脞説》云：「水調、河傳，煬帝將幸江都時舊，聲韻悲切，帝喜之。樂工王令言謂其弟子曰，不返矣。水調、河傳，但有去聲。」此説與安公子事相類，蓋水調中河傳也。《明皇雜録》云：「禄山犯順，議欲遷幸。帝置酒樓上，命作樂，有進水調歌者曰：『山川滿目淚沾衣。富貴榮華能幾時。不見只今汾水上，惟有年年秋雁飛。』上問誰為此曲，曰李嶠。上曰真才子。不終飲而罷。」此水調中一句七字曲也。白樂天《聽水調》詩云：「五言一遍最殷勤。調少情多似有因。不會當時翻曲意，此聲腸斷為何人。」

《脞説》亦云：「水調第五遍最殷勤五言調，聲最愁苦。」此水調中一句一字曲，又有多遍，似是大曲也。樂天詩又云：「時唱一聲新水調，謾人道是采菱歌。」此水調中新腔也。《南唐近事》云：「玄宗留心内寵，宴私擊鞠無虚日。嘗命樂工楊花飛奏水調詞進酒，花飛惟唱『南朝天子好風流』一句，如是數四，上悟，覆栝賜金帛。」此又一句七字。然既曰命奏水調詞，則是令楊花飛水調中撰詞也。《外史檮杌》云：「王衍泛舟巡閬中，舟子皆衣錦繡，自製水調銀漢曲。」［自製上一有偶字。］此水調中制銀漢曲也。今世所唱中吕調水調歌，乃是以俗呼音調異名者名曲，雖首尾亦各有五言兩句，決非樂天所聞之曲。河傳，唐詞存者二，其一屬南吕宫，凡前段平韻，後仄韻。其一乃今怨王孫曲，屬無肘宫。以此知煬帝所制河傳，不傳已久。然歐陽永叔所集詞内河傳，附越調，亦怨五孫曲。今世河傳，乃仙吕調，皆令也。（卷四，中華書局上海編輯所《碧雞漫志》第八十頁）

⊙何滿子

何滿子，白樂天詩云：「世傳滿子是人名，臨就刑時曲始成，一曲四詞歌八疊，從頭便是斷腸聲。」自注云：「開元中，滄州歌者姓名，臨刑進此曲以贖死，上竟不免。」元微之《何滿子歌》云：「何滿能歌能宛轉，天寶年中世稱罕，攖刑繫在囹圄間，下調哀音歌憤懣。梨園弟子奏玄宗，一唱承恩羈紲緩，便將何滿為曲名，御府新題樂府纂。」甚矣，帝王不可妄有嗜好也，明皇喜音律，而罪人遂欲進曲贖死。然元、白平生，交友聞見率同，獨紀此事少異。

《盧氏雜説》云：「甘露事後，文宗便殿觀牡丹，誦舒元輿牡丹賦，嘆息泣下，命樂適情。宮人沈翹翹舞《何滿子》詞云：『浮雲蔽白日。』上曰：『汝知書耶?』乃賜金臂環。」又薛逢《何滿子》詞云：「繫馬宮槐老，持栖店菊黄，故交今不見，流恨滿川光。」五字四句，樂天所謂一曲四詞，庶幾是也。歌八疊，疑有和聲，如《漁父》、《小秦王》之類。今詞屬雙調，兩段各六句，内五句各六字，一句七字。五代時尹鶚、李詢亦同此，其他諸公所作，往往只一段，而六句各六字，皆無復有五字者。句字既異，即知非舊曲。

《樂府雜録》云：「靈武刺史李靈曜置酒，坐客姓駱，唱《何滿子》，皆稱妙絕。白秀才者曰：『家有聲奴，歌此曲，音調不同。』召至，令歌，發聲清越，殆非常音。駱遽問曰：『莫是宮中胡二字否?』妓熟視曰：『君豈梨園駱供奉邪?』相對泣下，皆明皇時人也。張祐（祜）作《孟才人歎》云：『偶因歌態詠嬌嚬，傳唱宮中十二春。却為一聲《何滿子》，下泉須弔孟才人。』其序稱武宗疾篤，孟才人以笙歌獲寵者，密侍左右，上目之曰：『吾當不諱，爾何為哉?』指笙囊泣曰：『請以此就縊。』上憫然，復曰：『竊嘗藝歌，願對上歌一曲，以泄憤。』許之，乃歌一聲《何滿子》，氣亟立殞。上令醫候之，曰：『肌尚温，而腸已絕。』上崩，將徙柩，舉之愈重，議者曰：『非候才人乎?』命其襯至，乃舉。祐（祜）有宮詞云：『故國三千里，深宮二十年。一聲《何滿子》，雙淚落君前。』其詳不可得而聞也。」（卷四，中華書局上海編輯所《碧雞漫志》第八四頁）

⊙望江南

望江南，《樂府雜録》云：李衛公為亡妓謝秋娘撰《望江南》，亦名《夢江南》。白樂天作《憶江南》三首，第一江南好，第二第三江南憶。自注云：「此曲亦名謝秋娘，每首五句。」予考此曲，自唐至今，皆南吕宮，字句亦同。止是今曲兩段，蓋近世曲子無單遍者。然衛公為謝秋娘作此曲，已出兩名。樂天又名以《憶江南》，又名以《謝秋娘》。近世又取樂天首句名以《江南好》。予嘗歎世間有改易錯亂誤人者，是也。（卷五，中華書局上海編輯所《碧雞漫志》第八九頁）

⊙楊柳枝

楊柳枝，《鑒戒録》云：「柳枝歌，亡隋之曲也。」前輩詩云：「萬里長江一旦開，岸邊楊柳幾千栽。錦帆未落干戈起，惆悵龍舟更不回。」又云：「樂苑隋堤事已空，萬條猶舞舊春風。」皆指汴渠事。而張祜《折楊柳枝》兩絕句，其一云：「莫折宮前楊柳枝，玄宗曾向笛中吹。傷心日暮煙霞起，無限春愁生翠眉。」則知隋有此曲，傳至開元。《樂府雜録》云：「白傅作《楊柳枝》。予考樂天晚年，與劉夢得唱和此曲詞，白云：『古歌舊曲君休聽，聽取新翻楊柳枝。』又作《楊柳枝》二十韻云：『樂童翻怨調，才子與妍詞。』注云：『洛下新聲也。』劉夢得亦云：『請君莫奏前朝曲，聽唱新翻楊柳枝。』蓋後來始變新聲，而所謂樂天作《楊柳枝》者，稱其別創詞也。今黄鐘商有《楊柳枝》曲，仍是七字四句詩，與劉白及五代諸子所制並同。但每句下各增三字一句，此乃唐時和聲，如竹枝、漁父，今皆有和聲也。舊詞多側字起頭，平字起頭者，十之一二。今詞盡皆側字起頭，第三句亦復側字起，聲度差穩耳。」（卷五，中華書局上海編輯所《碧雞漫志》第九一頁）

智按：王灼，字晦叔，號頤堂，遂寧（今屬四川）人。南渡前曾入太學，後轉輾各地為幕僚，仕宦不顯。高宗紹興十五年（一一四五），寓成都碧雞坊妙勝院時，著《碧雞漫志》，十九年改定。《宋史·藝文志》著録《頤堂文集》五十七卷，已佚。傳世有孝宗乾道八年（一一七二）其侄傳編刊《頤堂先生文集》五卷，及《糖霜譜》、《碧雞漫志》。

沈作喆（一一〇六～一一七五後）

《寓簡》

古老尊宿語意玄遠，非可以有思惟心世間義理所能測度。然其間自有近人情語句直指心原，學者粗可曉解，或得入處。如僧教童子讀經畢，令持卷著函内，童子曰：「某念者著什麼處？」達磨云：「將心來與汝安。」求心了不可得。曰：「吾與汝安心竟。」道信乞解脱法門，僧璨曰：「誰縛汝？」「無人縛。」曰：「何更求解脱？」曹溪云：「不思善，不思惡，正恁麼時，哪個是明上座本來面目？」或問實相，慧忠國師云：「把將虚底來。」「虚底不可得。」

曰：「問實相作麽？」或問邪正，曰：「心逐物為邪，物隨心為正。」白樂天問何以修心？曰：「心無損傷，云何要修？」李渤疑芥子納須彌，智常云：「人言使君讀萬卷書，身如椰子大，萬卷書向何處著？」或問如何不被諸境惑？藥山云：「何境惑汝？聽他何礙？」或問淨土，曰：「誰垢汝？」問涅槃，曰：「誰將生死與汝？」大顛問石頭：「何者是心？」曰：「將心來。」曰：「無心可將來。」石頭曰：「原來有心。」龍潭以餅餉天皇，常留一餅，反以遺之。曰：「是汝將來，復汝何咎？」僧念經，雲居問：「念者什麽經？」曰：「《維摩》。」曰：「不問《維摩經》，念者是什麽經？」嚴陽尊者問本來無一物，趙州云：「放下著。」曰：「本來無一物，放下個什麽？」曰：「恁麽則擔取去。」或問得個什麽即休歇去？答曰：「汝得個什麽，即不休歇去？」是或可以推求妙處，然猶未免隔津也。（《四庫全書》本卷七）

《補韋刺史傳》

韋應物，京兆長安縣人也（見《崔都水》及《休日還長安胄貴里》及《歲日寄弟并答崔甥》詩）。……久之，白居易自中書舍人出守吳門，應物罷郡。……應物性高潔，善為詩，氣質閒妙，渾然天成，初若不用工，而近世詩人莫及也。白居易嘗語元稹曰：「韋蘇州歌行，才麗之外，深得諷諫之意，而五言尤為高遠，雅淡自成一家。」其為時人推重如此。浮屠皎然者，頗工近詩，嘗擬應物體格，得數解為贄，應物弗善也。明日録舊贄以見，始被領畧。曰：「人各有能有不能，蓋自天分學力有限，子而為我，且失其故步矣。但以所詣自名可也。」皎然心服焉。（見《因話録》、《長慶集》等）應物鮮食寡欲，所居焚香，掃地而坐。（見李肇《國史補》）為吳門時，年已老矣，而詩益造微，世亦莫能知之也。（亦白詩）。……（四部叢刊初編本《韋江州集》附録；《賓退録》卷九；《南宋文録》卷二二）

智按：沈作喆，字明遠，號寓山，歸安（今浙江湖州）人。高宗紹興五年（一一三五）進士。為江南西路轉運使屬官。曾為岳飛作謝表忤秦檜。有《寓山集》，已佚；《寓簡》十卷，傳世。事見《南澗甲乙稿》卷十四《送沈明遠序》、《嘉泰吳興志》卷十七、《直齋書録解題》卷二十、《吳興掌故集》卷二、四。

史浩（一一〇六～一一九四）

《王參政》

某官道德宗師，文章元老，議論為四海之標的，進退係一時之重輕。頃膺睿主之知，參總台衡之重，年高而德彌卲，是孔子之徒歟！位貴而身愈恭，則周公其人也。方期秉軸，遽請挂冠。風月香山，時講白樂天之會；烟霞留邑，果從赤松子之游。方中興圖任於老成，顧上哲曷宜於韜晦，未許浮沈之晉國，思庸矍鑠之伏波，凡素服於下風，悉許歸於東閣。致兹孱瑣，猥遇甄收。（《四庫全書》本《鄮峯真隱漫録》卷二十六）

智按：文題一作《得解謝王參政啟》。

《寄居為諸鄉老慶壽致語（就吴舍人宅）》

海宇熙熙壽域中，耆儒最盛甬勾東。共開樽俎為高會，尤喜鄉閭有義風。九老未應多白傅，四明何止一黄公。行看聯璧安車上，盡是當筵鶴髮翁。（《四庫全書》本《鄮峯真隱漫録》卷三十八）

《念奴嬌・次韻樓友觀潮》

銀塘江上，展鮫綃初見，長天一色。風拭菱花光照眼，誰許紅塵輕積。轉盼馮夷，奔雲起電，兩岸驚濤拍。振空破地，水龍爭噴吟笛。　客有步屧江干，胸吞奇觀，寄英詞元白。素壁淋浪翻醉墨，飄灑神仙蹤跡。好待波勻，横飛小艇，快引香筒碧。煙消月出，不眠拚了通夕。（《全宋詞》第一二八一頁）

智按：史浩，字直翁，自號真隱居士，鄞縣（今浙江寧波）人。高宗紹興十五年（一一四五）進士，為餘姚尉。歷溫州教授，召為太學正，遷國子博士。三十年，權建王府教授。建王為太子，兼太子右庶子。孝宗即位，為中書舍人，遷翰林學士、知制誥，尋除參知政事。隆興元年（一一六三），拜尚書右僕射、同中書門下平章事兼樞密使。乾道四年（一一六八），知紹興府。八年，判福州。淳熙四年（一一七七），召為侍讀學士。

五年，拜右丞相。十年，致仕。封魏國公。光宗紹熙五年（一一九四）卒，年八十九，封會稽郡王，謚文惠。有《鄮峰真隱漫録》五十卷。《寶慶四明志》卷九、《宋史》卷三九六有傳。

陳長方（一一〇八～一一四八）

《步里客談》

自古稱齊名甚多，其實未必然，如姚、宋，則宋之守正，非姚比也。韓、柳、元、白四人，出處邪正不同。人言劉、白，而劉之詩文亦勝白公。至如近代歐、梅、蘇、黄，而子瞻文章去黄遠甚。黄之詩律，蘇亦不逮也。（《四庫全書》本《步里客談》卷下）

智按：陳長方，字齊之，學者稱唯室先生，侯官（今福建福州）人。高宗紹興八年（一一三八）進士，調蕪湖尉，江陰軍學教授。十八年卒，年四十一。有《唯室集》十四卷，已佚。清四庫館臣據《永樂大典》輯為四卷，並輯有《步裏客談》二卷。事見本集附録宋胡百能《陳唯室先生行狀》。

錢端禮（一一〇九～一一七七）

《諸史提要》

今復得子矣。白居易，字樂天，敏晤絕人，工文章。未冠，謁顧況。況，吳人，恃才少推可，見其文，自失曰：吾謂斯文遂絕，今復得子矣。

醉吟先生。居易弟行簡、敏中友愛，東都所居履道里，疏沼種樹，搆石樓香山，鑿八節灘，號醉吟先生。

香山居士。暮節惑浮圖道經，月不食葷，號香山居士。

九老圖。與胡杲、吉旼、鄭據、劉眞、盧眞、張渾、狄兼謨、盧貞宴集，皆高年不仕，人慕之，繪為《九老圖》。

詩一篇易一金。文章精切，最工詩，初頗以規諷得失，及其多，更下偶俗好，至數千篇，當時士人争傳，雞林行賈，售其國相，率一篇易一金。甚僞者，相輒能辨之。

元白劉白。初與元稹酬詠，故號元白。又與劉禹錫齊名，號劉白。

之無兩字。生七月，能展書姆，指「之」「無」兩字，雖百試不差。九歲暗識聲律，其篤於才章，蓋天稟。（《諸史提要》卷十二，《四庫全書存目叢書》影印宋乾道紹興府學刻本）

其詩在處應有神物護持。禹錫恃才而褊心，不能無怨望，年益晏，偃蹇寡合，乃以文掌自適。素善詩，晚節尤精。與白居易酬復頗多，居易以詩自名者，嘗推為詩豪。又言其詩在處應有神物護持。

詩豪。見上。（《諸史提要》卷十三，《四庫全書存目叢書》影印宋乾道紹興府學刻本）

元和體。元稹字微之，長於詩，與白居易名相埒，天下傳諷，號「元和體」。

元才子。穆宗在東宮，妃嬪近習皆誦之，宮中呼「元才子」。（《諸史提要》卷十四，《四庫全書存目叢書》影印宋乾道紹興府學刻本）

近捨湜而遠取居易。皇甫湜字持正，裴度為東都留守，辟為判官。度修福先寺，將立碑，求文於白居易，湜怒曰：「近捨湜而遠取居易，請從此辭。」度謝之，是即請斗者飲酣，援筆立就，度贈以車馬繒綵甚厚，湜大怒曰：「自吾為顧況集序，未嘗許人，今碑字三千字，三縑何遇我薄耶？」度笑曰：「不羈之才也，從而酬之。」（《諸史提要》卷十四，《四庫全書存目叢書》影印宋乾道紹興府學刻本）

智按：錢端禮，字處和，號松窗，錢塘（今浙江杭州）人，惟演曾孫。以蔭授官，欽宗靖康元年（一一二六）監登聞鼓院。高宗紹興七年（一一三七）通判明州。十五年，提舉淮東茶鹽，改兩浙轉運判官。十七年，為淮東轉運副使。三十年，除知臨安府，始行會子。孝宗即位，張浚于符離失利，遂劾張浚，參定和議，隆興二年（一一六四）賜同進士出身。除參知政事兼權知樞密院事，因其女適皇太子引嫌奉祠。四年，起知甯國府，移紹興府。以貪墨被黜。淳熙四年卒，年六十九。有《松窗集》，已佚。事見《攻媿集》卷九十二《觀文殿學士錢公行狀》。《宋史》卷三八五有傳。

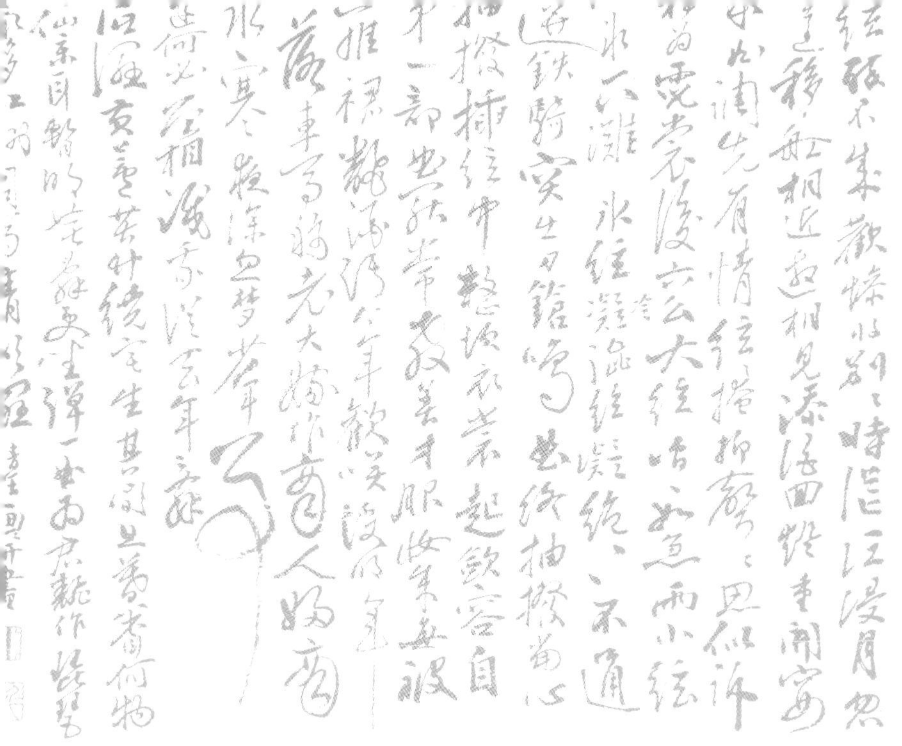

白居易資料新編

第三冊

陳才智　編著

中国社会科学出版社

目　　錄

宋代卷·下

胡仔（一一一〇～一一七〇）

《苕溪漁隱叢話》

《蔡寬夫詩話》云：「聲韻之興，自謝莊、沈約以來，其變日多。四聲中又別其清濁，以為雙聲，一韻者以為疊韻。蓋以輕重為清濁爾，所謂『前有浮聲則後有切響』是也。王融《雙聲詩》云：『園蘅昡紅藹，湖荇燁黄華。迴鶴横淮翰，遠越合雲霞。』以此求之可見。自唐以來，雙聲不復用，而疊韻間有，杜子美『卑枝低結子，接葉暗巢鶯』，白樂天『戶大嫌甜酒，才高笑小詩』之類，皆因其語意所到，輒就成之，要不以是為工也。陸龜蒙輩遂以皆用一音，引『後牖有朽柳，梁王長康強』為始於梁武帝，不知復何所據。所謂蜂腰鶴膝者，蓋又出於雙聲之變，若五字首尾皆濁音，而中一字清，即為蜂腰，首尾皆清音，而中一字濁，即為鶴膝，尤可笑也。」（前集卷二，廖德明校點，虞行、周本淳重訂本，第九～一〇頁）

《蔡寬夫詩話》云：「淵明詩，唐人絕無知其奥者，惟韋蘇州、白樂天嘗有效其體之作，而樂天去之亦自遠甚。大和後，風格頓衰，不特不知淵明而已。然薛能、鄭谷乃皆自言師淵明，能詩云：『李白終無敵，陶公固不刊。』谷詩云：『愛日滿階看古集，只應陶集是吾師。』」（前集卷四《五柳先生下》，廖德明校點，虞行、周本淳重訂本，第二十二頁）

《冷齋夜話》云：「白樂天每作詩，令一老嫗解之，問曰：『解否?』嫗曰解，則録之，不解，則又復易之。故唐末之詩，近于鄙俚。」又張文潛云：「世以樂天詩爲得于容易而來，嘗于洛中一士人家見白公詩草數紙，點竄塗之，及其成篇，殆與初作不侔。」苕溪漁隱曰：「樂天詩雖涉淺近，不至盡如冷齋所云。余舊嘗于一小說中曾見此說，心不然之，惠洪乃取而載之《詩話》，是豈不思詩至于老嫗解，烏得成詩也哉？余故以文潛所言正其謬耳。」（「惠」原作「德」，今改。）（前集卷八《杜少陵三》，廖德明校點，虞行、周本淳重訂本，第五十頁）

《陳輔之詩話》云：「荊公嘗言：『世間好語言，已被老杜道盡；世間俗言語，已被樂天道盡。』然李贊皇云：『譬之清風明月，四時常有，而光景常

新。』又似不乏也。」（前集卷十四《杜少陵九》，廖德明校點，虞行、周本淳重訂本，第九十頁）

《蔡寬夫詩話》云：「蘇州詩律深妙，白樂天輩固皆尊稱之，而行事略不見《唐史》為可恨。以其詩語觀之，其人物亦當高勝不凡。《劉禹錫集》中有《大和六年舉自代》一狀，然應物《溫泉行》云：『北風慘慘投溫泉，忽憶先皇巡幸年，身騎廐馬引天仗，直至華清列御前。』則嘗逮事天寶間也，不應猶及大和，恐別是一人，或《集》之誤。」（前集卷十五，廖德明校點，虞行、周本淳重訂本，第九九頁）

《蔡寬夫詩話》云：「……白樂天晚極喜李義山詩文，嘗謂我死得為爾子足矣。義山生子，遂以白老字之，即長，略無文性。溫庭筠嘗戲之曰：『以爾為樂天後身，不亦忝乎?』然義山有『袞師我嬌兒，美秀乃無匹』之句，其譽之亦不減退之，不知詩之所稱，乃此二子否乎？不然，二人之後，何其無聞也。」（前集卷十六，廖德明校點，虞行、周本淳重訂本，第一〇二頁）

智按：朱鶴齡《李義山詩集注》附録：「白樂天晚年極喜義山詩，云：『我死得為爾子足矣。』義山生子，遂以白老名之，既長，略無文性，溫庭筠嘗戲之曰：『以爾為樂天後身，不亦忝乎?』然義山有『袞師我嬌兒，美秀乃無匹』之句，不知詩之所稱，即此二子否乎？不然，後何其無聞也。」

《孔毅夫雜説》云：「退之晚年有聲妓，而服金石藥，張籍《哭退之詩》云：『中秋十五夜，圓魄天差清。為出二侍女，合彈琵琶箏。』白樂天《思舊詩》云：『閑日一思舊，舊游如目前。』『微之煉秋石，未老身溘然。退之服硫磺，一病竟不痊。』退之嘗譏人『不解文字飲』，而自敗於女妓乎？作李博士墓誌，戒人服金石藥，而自餌硫磺乎?」（前集卷十六，廖德明校點，虞行、周本淳重訂本，第一〇三頁）

《高齋詩話》云：「白樂天《琵琶行》云：『曲罷曾令善才伏』，而善才姓名不見於傳記，後見《琵琶録》云：『元和中，曹保有子善才，善才有子綱，皆能琵琶。』又有裴興奴，與曹同時，《樂府雜録》云：『綱善為運撥，興奴長於攏撚，時人謂綱有右手，興有左手。』樂天又有《聽曹綱琵琶示重蓮詩》

曰：『誰能截得曹綱手，插向重蓮紅袖中？』」（前集卷十六，廖德明校點，虞行、周本淳重訂本，第一〇六頁）

《蔡寬夫詩話》云：「近時樂家，多為新聲，其音譜轉移，類以新奇相勝，故古曲多不存。頃見一教坊老工，言惟大曲不敢增損，往往猶是唐本，而絃索家守之尤嚴。故言《涼州》者，謂之濩索，取其音節緐雄；言《六幺》者，謂之轉關，取其聲調閑婉。元微之詩云：『《涼州》大遍最豪嘈，《録要》散序多籠撚。』濩索轉關，豈所謂豪嘈籠撚者邪？唐起樂皆以絲聲，竹聲次之，樂家所謂細抹將來者是也。故王建《宮詞》云：『琵琶先抹《緑腰》頭，小管丁寧側調愁。』近世以管色起樂，而猶存細抹之語，蓋沿襲弗悟爾。《緑腰》本名《録要》，後訛為此名，今又謂之《六幺》。然《六幺》自白樂天時，已若此云，不知何義也。」（前集卷十六，廖德明校點，虞行、周本淳重訂本，第一〇六～一〇七頁）

智按：宋袁文《甕牖閒評》卷五：「此曲先名《録要》，後改名《緑腰》，而今曲名《六幺》者，偶從省耳，非有他説也。」清王士禛《香祖筆記》卷四：「《琵琶録》云：『羽調緑腰。』注云：即録要也。本自樂工進曲，上令録出要者，以為名，誤為緑腰也。白樂天詩注又譌為六幺，乃其曲。又有高平、仙呂，非羽調。吳楚材《強識略》云然。」（湛之點校本，上海古籍出版社，一九八二年十二月版，第六七～六八頁）

《學林新編》云：「杜子美《飲中八仙歌》曰：『知章騎馬似乘船。』又曰：『天子呼來不上船。』一曰：『眼花落井水底眠。』又曰：『長安市上酒家眠。』一曰：『汝陽三斗始朝天。』又曰：『舉觴白眼望青天。』一曰：『皎如玉樹臨風前。』又曰：『蘇晉長齋繡佛前。』又曰：『脱帽露頂王公前。』此歌三十二句，而押二船字，二眠字，二天字，三前字。近時論詩者曰：『此歌一首是八段，不嫌於重用韻也。』某案：子美此歌，以飲中八仙歌五字為題，則是一歌也。此歌首尾於船字韻中押，未嘗移別韻，則非分為八段。蓋子美古律詩重用韻者亦多，况於歌乎？如《園人送瓜》詩曰：『沈浮亂冰玉，愛惜如芝草。』又曰：『園人非故侯，種此何草草。』一篇押二草字也。《上後園山脚》

詩曰：『蓐收困用事，玄冥蔚彊梁。』又曰：『登高欲有往，蕩析川無梁。』一篇押二梁字也。《北征》詩曰：『維時遇艱虞，朝野少暇日。』又曰：『老夫情懷惡，嘔泄卧數日。』一篇押二日字也。《夔府詠懷》詩曰：『雖云隔禮數，不敢墜周旋。』又曰：『淡交隨聚散，澤國遶回旋。』一篇押二旋字也。《贈李八秘書》詩曰：『事殊迎代邸，喜異賞朱虛。』又曰：『風煙巫峽遠，臺榭楚宫虛。』一篇押二虛字也。《贈李邕》詩曰：『放逐早聯翩，低垂困炎厲。』又曰：『哀贈終蕭條，恩波延揭厲。』一篇押二厲字也。《贈汝陽王》詩曰：『自多親棣蕚，誰敢問山陵？』又曰：『鴻寶今寧祕，丹梯庶可陵！』一篇押二陵字也。……古人詩自有體格，杜子美亦效古人之作耳。韓退之《贈張籍》詩二篇押二更字、二陽字。又《岳陽樓別竇司直》詩押二向字，又《李花》詩押二花字，又《雙鳥》詩押二州字、二頭字、二秋字、二休字，又《和盧郎中送槃谷子》詩押二行字，又《示爽》詩押二愁字，又《叉魚》詩押二銷字，《寄孟郊》詩押二奥字，《此日足可惜》詩押二光字。白樂天《渭村退居》詩押二房字，《夢游春》詩押二行字，《寄元微之》詩押二夷字，《出守杭州路次藍溪》詩押二水字，《游悟真寺詩》押二槃字。其餘詩人如此疊用韻者甚多。」（前集卷十七，廖德明校點，虞行、周本淳重訂本，第一一〇～一一一頁）

《三山老人語録》云：「白樂天《寄劉夢得詩》，有歎蚤白無兒之句，劉贈詩曰：『莫嗟華髮與無兒，卻是人間久遠期。雪裏高山頭蚤白，海中仙菓子生遲。于公必有高門慶，謝守何煩曉鏡悲。倖免如新分非淺，祝君長詠夢熊詩。』注云：『高山本高，于門使之高，二義殊，古之詩流曉此。』唐人忌重疊用字如此。今人詩疊用字者甚多，東坡一詩猶兩『耳』字韻，亦曰義不同。」（前集卷十七，廖德明校點，虞行、周本淳重訂本，第一一二頁）

《蔡寬夫詩話》云：「子厚之貶，其憂悲憔悴之歎，發於詩者，特為酸楚。閔已傷志，固君子所不免，然亦何至是，卒以憤死，未為達理也。樂天既退閑（一作遇閑），放浪物外，若其能脱屣軒冕者，然榮辱得失之際，銖銖校量，而自矜其達，每詩未嘗不著此意，是豈真能忘之者哉？亦力勝之耳。惟淵明則不然。觀其《貧士》、《責子》，與其他所作，當憂則憂，遇喜則喜，忽然憂樂兩忘，則隨所遇而皆適，未嘗有擇於其間，所謂超世遺物者，要當如是而後可也。觀三人之詩，以意逆志，人豈難見（一作定）。以是論賢不肖之實，亦何可欺乎?」（前集卷十九，廖德明校點，虞行、周本淳重訂本，第一二三～一二四頁）

智按：此則又見《詩話總龜》後集卷二十一、《詩人玉屑》卷十二、《竹莊詩話》卷四。

《蔡寬夫詩話》云：「司空圖善論前人詩，如謂『元、白為力勍氣孱，乃都會之豪估』，『郊、島非附於寒澀，無所置才』，皆切中其病。及自評其作，乃以『南樓山最秀，北路邑偏清』為『假令作者復生，亦當以著題見許』，此殆不可曉。當局者迷，固人情之通患。如樂天所謂『屬（劚）石破山，先觀鑱跡；發矢中的，兼聽弦聲』。使不見其詩而聞此語，當以為如何哉!」（前集卷十九，廖德明校點，虞行、周本淳重訂本，第一二五～一二六頁）

山谷云：「劉夢得《竹枝》九章，詞意高妙，元和間誠可以獨步。道風俗而不俚，追古昔而不愧，比之杜子美夔州歌，所謂同工而異曲也。昔子瞻嘗聞余詠第一篇，歎曰：『此奔軼絕塵不可追也。』」「《淮陰行》情調殊麗，語氣尤穩切，白樂天、元微之為之，皆不入此律也。唯『無耐脫菜時』不可解，當待博物洽聞者説也。」「《三閣辭》四章，可以配《黍離》之詩，有國存亡之鑑也。大槩夢得樂府小章優於大篇，詩優於它文耳。」（前集卷二十《劉賓客》，廖德明校點，虞行、周本淳重訂本，第一三四～一三五頁）

王直方《詩話》云：「古今人作《昭君詞》多矣，余獨愛白樂天一絕，云：『漢使卻回憑寄語，黃金何日贖蛾眉？君王若問妾顏色，莫道不如宮裏時。』蓋其意優游而不迫切故也。然樂天賦此時年甚少。」（前集卷二十一《香山居士》）

智按：此則又見《竹莊詩話》卷十五；《詩話總龜》前集卷八「評論門」四、《詩人玉屑》卷十六。

《桐江詩話》云：「樂天與弟敏中、行簡，三人相繼皆中第，樂天作詩云：『自憐郡姓為儒少，豈料詞場中第頻，桂折一枝先許我，楊穿三箭盡驚人。』

其自言兄弟中第曲折盡矣。樂天自作墓誌，以白起為祖，故曰『自憐郡姓為儒少』也。」（前集卷二十一《香山居士》）

《雞肋集》云：「予幼時讀《太平廣記》，見唐太宗遣蕭翼購《蘭亭敘》事，蓋譎以出之，輒歎息曰：『《蘭亭敘》若是貴邪？至使萬乘之主，捐信於匹夫。傳稱子貢詐而全魯，弦高誕而存鄭，遺一言之細，建二國之業，猶不可以為常。以太宗之賢，巍巍乎近古所無，奈何溺小耆好，而輕喪其所常之寶，異於得原失信，不圍而去矣。晚多閒居，頗屏世好，獨於古人筆墨之遺，愛而不能置，顧甚於少年喜官爵，遲暮營田宅者，與前論異矣。』因誦白居易《七德歌》曰：『功成理定何神速，速在推心致（智按：集作置）人腹。……怨女三千放出宮，死囚四百來歸獄。』復歎曰：『太宗以一旅取大下，惟信爾。夫不吝三千女而放出宮，自信也；不約四百囚而來歸獄，人信也。晉舍原，何足道哉！』」（前集卷二十一《香山居士》）

《蔡寬夫詩話》云：「唐制：百官服色，不視職事官，而視其階官，九品與今制特異。樂天為中書舍人知制誥，元宗簡為京兆少尹，官皆六品，故猶著綠。其詩所謂『鳳閣舍人京兆尹，白頭猶未著緋衫，南宮啓請無消息，朝散何時復入銜』是也。後與元微之同制，加朝散大夫，始登五品，故其詩曰：『命服雖同黃紙上，官班不共紫微前，青衫脱早差三日，白髮生遲校九年。』中書古人雖正五品，必待加朝散而後易緋，此知其不繫於職事官也。前輩記張嘉貞為中書令，著緋，傅游藝為相，著綠，蓋以此也。唐借服色，皆併魚假之。樂天自江州司馬除忠州刺史，有《謝裴常侍贈袍魚袋詩》云：『魚綴白金隨步躍，鵠銜瑞草繞腰飛。』其後除尚書郎，復有《脱刺史緋》詩云：『便留朱紱還鈴閣，卻著青袍侍玉除，無奈嬌癡三歲女，繞腰啼哭覓銀魚。』此與今制特異也。其特賜者，疑亦不相越。《唐書》載牛叢為睦州刺史，賜余紫，辭曰：『臣今衣刺史所假緋，即賜紫為越等。』乃賜銀緋。」（前集卷二十一《香山居士》）

東坡云：「予年十二，先君自虔州為予言：『近城山中天竺寺，有樂天親書詩云：一山門作兩山門，兩寺元從一寺分。東澗水流西澗水，南山雲起北山雲。前臺花發後臺見，上界鐘清下界聞。遙想吾師行道處，天香桂子落紛紛。筆勢奇逸，墨蹟如新。』今四十七年矣，予來訪之，則詩已亡，有刻石存

耳，故有詩云：『空詠連珠呼疊壁，已亡飛鳥失驚蛇』，蓋為是也。」（前集卷二十一《香山居士》）

《蔡寬夫詩話》云：「詩人用事，有乘語意到處，輒從其方言為之者，亦自一體，但不可為常耳。吳人以作為佐音，淮、楚之間以十為忱音，不通四方。然退之『非閣復非橋，可居兼可過，君欲問方橋，方橋如此作』。樂天『綠浪東西南北水，紅欄三百九十橋』，乃皆用二音，不知當時所呼通爾，或是姑為戲也。呼兒為囝，音蹇。父為郎罷，此閩人語也。顧況作《補亡訓傳》十三章，其哀閩之詞曰：『囝別郎罷心摧血』，況善諧謔，故特取其方言為戲，至今觀者，為之發笑。然五方之音各不同，自古文字，曷嘗不隨用之。楚人發語之辭曰羌、曰蹇，平語之詞曰些，一經屈、宋採用，後世遂為佳句。但世俗常情，不能無貴遠鄙近耳。今毗陵人平語皆曰鐘，京口人曰兜，淮南人曰塢，猶楚人曰些。嘗有士人學為騷詞，皆用此三語，聞者無不拊掌。」苕溪漁隱曰：「老杜詩有『主人送客無所作（音佐），行酒賦詩殊未央』之句，則老杜固已先用此方言矣。」（前集卷二十一《香山居士》）

苕溪漁隱曰：「富貴於人，造物所靳；自古以來，多不在（一本在下有於字）少年，嘗在於晚景。若少年富貴者，非曰無之，蓋亦鮮矣。人至晚景得富貴，未免置第宅，售妓妾，以償其平生所不足者。如樂天詩云：『多少朱門鎖空宅，主人到了不曾歸。』司空曙詩云：『黃金用盡教歌舞，留與他人樂少年。』讀此二詩，使人淒然，誠不必為此也。」（前集卷二十一《香山居士》）

東坡云：「樂天為王涯所讒，謫江州司馬。甘露之禍，樂天在洛，適游香山寺，有詩云：『當君白首同歸日，是我青山獨往時。』不知者以樂天為幸之，樂天豈幸人之禍也哉？蓋悲之也。」（前集卷二十一《香山居士》）

《蔡寬夫詩話》云：「劉禹錫、柳子厚與武元衡素不叶，二人之貶，元衡為相時也。禹錫《為靖共佳人怨》以悼元衡之死，其實蓋快之。子厚《古東門行》云：『赤丸夜語飛電光，徼巡司隸眠如羊，當街一叱百吏走，馮敬胸中函匕首。』雖不著所以，當亦與禹錫同意。《古東門》用袁盎事也。樂天江州之謫，王涯實為之，故甘露之禍，樂天亦有『當君白首同歸日，是我青山獨往時』之句。」（前集卷二十一《香山居士》）

《蔡寬夫詩話》云：「樂天《聽歌》詩云：『長愛《夫憐》第二句，請君重唱夕陽開。』（「開」原作「關」，今據《白氏長慶集》校改。）注謂：『王右丞辭「秦川一半夕陽開」，（「開」原作「關」，今據徐抄本、明抄本校改。）此句尤佳。』今《摩詰集》載此詩，所謂『漢主離宫接露臺』者是也。然題乃是《和太常韋主簿溫陽寓目》，不知何以指為《想夫憐》之辭。大抵唐人歌曲，本不隨聲為長短句，多是五言或七言詩，歌者取其辭，與和聲相迭成音耳。予家有《古涼州》、《伊州》辭，與今遍數悉同，而皆絕句詩也。豈非當時人之辭，為一時所稱者，皆為歌人竊取而播之曲調乎？」（前集卷二十一《香山居士》）

《緗素雜記》云：「蘇鶚《演義》云：『今人以酒巡匝為啉尾，即再命其爵也，云南朝有異國，進貢藍牛，其尾長三丈，一云藍穎水牛，其尾三丈。時人仿之，以為酒令，今兩盞，從其簡也，此皆非正。行酒巡匝，即重其盞，蓋慰勞其得酒在後也。又啉云者，貪也，謂處於座末，得酒最晚，腹癢於酒，既得酒巡匝，更貪婪之，故曰啉尾。啉字從口，是明貪婪之意。此說近之。』余觀宋景文公《守歲詩》云：『迎新送故只如此，且盡燈前婪尾杯。』又云：『稍倦持螯手，猶殘婪尾觴。』又東坡《寒食詩》云：『藍尾忽驚新火後，遨頭要及浣花前。』注引樂天《寒食詩》云：『三杯藍尾酒，一楪膠牙餳』，乃用『藍』字，蓋『婪』『藍』一也。」（前集卷二十一《香山居士》）

琴按：《緗素雜記》這一則又見洪邁《容齋隨筆》、葉夢得《石林燕語》、黄徹常明《䂬溪詩話》。因内容有不同於各書之處，故存之。

東坡云：「與郭生游寒溪，主簿吳亮置酒，郭生善作挽歌，酒酣發聲，坐為淒然。郭生言恨無佳詞，因改樂天《寒食詩》歌之，坐客有泣者。其詞曰：『烏啼鵲噪昏喬木，清明寒食誰家哭？風吹曠野紙錢飛，古墓累累春草綠。棠梨花映白楊路，儘是死生離別處，冥寞重泉哭不聞，蕭蕭暮雨人歸去。』每句雜以散聲。」（前集卷二十一《香山居士》）

《後史補》云：「河中桑落坊有井，每至桑落時，取其寒暄得所，以井水釀酒，甚佳，故號桑落酒，舊京人呼為桑郎，蓋語訛耳。庾信詩云：『蒲城桑落酒，灞岸菊花秋。』白居易詩云：『桑落氣熏珠翠暖，《柘枝》聲引筦弦

高。』」（前集卷二十一《香山居士》）

《隱居詩話》云：「樂天《題海圖屏風詩》略曰：『或者不量力，謂兹鼇可求。贔屭牽不動，綸絕沉其鉤。一鼇既頓頷，諸鼇齊掉頭。噴風激飛廉，鼓波怒陽侯。遂使江漢水，朝宗意亦休。』吾讀此詩，感劉隗、李訓、薛文通等事，為之太息。」東坡云：「吳元濟以蔡叛，犯許、汝以驚東都，此豈可不討者也。當時議者欲置之，固為非策，然不得武、裴二傑，事亦未易辨也。樂天豈庸人哉，然其議論，亦似欲置之者，其詩有《海圖屏風》者，可見其意。且注云：『時方討淮、蔡。』吾以是知仁人君子之於兵，蓋不忍輕用如此。淮、蔡且欲以德懷，况欲獘所恃以勤無用乎？悲夫！此未易與世士談也。」二説未知孰是。（前集卷二十一《香山居士》）

《緗素雜記》云：「唐故事，中書省植紫薇花，歷世循用之，不以為非。至今舍人院紫薇閣前植紫薇花，用唐故事也。樂天詩云：『獨坐黃昏誰是伴，紫薇花對紫薇郎。』按《天文志》，紫薇，大帝之坐也，天子之常居也。主命主度也，何關紫薇花事?」（前集卷二十一《香山居士》）

王直方《詩話》云：「東坡平日最愛樂天之為人，故有詩云：『我甚似樂天，但無素與蠻。』又：『我似樂天君記取，華顛賞遍洛陽春。』又：『他時要指集賢人，知是香山老居士。』又：『定似香山老居士，世緣終淺道根深。』而坡在錢塘，與樂天所留歲月略相似，其詩云『在郡依前六百日』者是也。」（前集卷二十一《香山居士》）

《蔡寬夫詩話》云：「官名有因人而重，遂為故事者。何遜為水部員外郎，以詩稱，至張籍自博士復拜此官，樂天詩賀之云：『老何歿後吟詩絕，雖有郎官不愛詩，……今日聞君除水部，喜於身得省郎時。』籍答詩亦云：『幸有紫薇郎見愛，獨稱官與古人同。』自是遂為詩人故事。劉原甫嘗以鄭谷戲梅聖俞為梅都官，然谷詩有云：『都官雖未是名郎，踐歷曾聞薛許昌，復有李公陪雅躅，豈宜鄭子忝餘光。』其《自序》以為『薛能、李頻皆嘗歷拜其曹，由之振盛。』則都官之重，自谷時已云然也。」（前集卷二十一《香山居士》）

洪駒父《詩話》云：「世傳樂天詩云：『文誇蓋世徒為爾，命壓人頭不奈何。』予見李侍郎家收得樂天墨蹟詩草，乃云『病壓人頭。』」（前集卷二十一《香山居士》）

智按：此則又見《詩人玉屑》卷七。洪芻，字駒父，南昌（今屬江西）人。與兄朋，弟炎、羽並稱「四洪」。哲宗紹聖元年（一〇九四）進士。徽宗崇寧三年（一一〇四）入黨籍，貶謫閩南。五年，復宣德郎。欽宗靖康元年（一一二六），官諫議大夫。高宗建炎元年（一一二七），坐事長流沙門島，卒於貶所。有《老圃集》一卷及《豫章職方乘》、《後乘》等，已佚。清四庫館臣據《永樂大典》輯為《老圃集》二卷，光緒二年朱氏惜分陰齋校刊本輯有補遺。

《蔡寬夫詩話》云：「唐人飲酒，必為令以佐歡，其變不一，樂天所謂『閑徵雅令窮經史』，韓退之『令徵前事為』者，今猶有其遺習也。嘗有人舉令云：『馬援以馬革裹屍，死而後已。』答者乃云：『李耳指李樹為姓，生而知之。』又：『鉏麑觸槐，死作木邊之鬼』，答者以『豫讓吞炭，終為山下之灰』，皆可謂精的也。復有舉經句字相屬而文重者曰：『火炎昆岡』，乃有『土圭測影』酬之，此亦不可多得也。」（前集卷二十一《香山居士》）

王直方《詩話》云：「『帝與九齡雖吉夢，山呼萬歲是虛聲』，此樂天作《開成大行挽詞》，對事親切，少有其比也。」（前集卷二十一《香山居士》）

苕溪漁隱曰：「江南人家造紅酒，色味兩絕。李賀《將進酒》云：『小槽酒滴真珠紅』，蓋謂此也。樂天詩亦云：『燕脂酌蒲萄。』蒲萄，酒名也，出太原。得非亦與江南紅酒相類者乎？」（前集卷二十一《香山居士》）

王直方《詩話》云：「韋蘇州云：『誰知風雨夜，復此對床眠。』樂天《招張司業》云：『能來同宿否，聽雨對床眠』，意亦相類，然不為人所稱也。老杜云：『眼前無俗物，多病也身輕』，而樂天有『眼前無俗物，身外即僧居』之句，世亦獨稱老杜。」（前集卷二十一《香山居士》）

苕溪漁隱曰：「樂天《次楞伽寺》詩云：『照水姿容雖已老，上山筋力未全衰。』陳子高《病起詩》云：『照水姿容非復我，上樓腰腳不如人。』時稱為佳句，殊不知乃體樂天詩也。」（前集卷二十一《香山居士》，以上見廖德明校點，虞行、周本淳重訂本，第一三七～一四三頁）

《蔡寬夫詩話》云：「國初沿襲五代之餘，士大夫皆宗白樂天詩，故王黃州主盟一時。祥符、天禧之間，楊文公、劉中山、錢思公專喜李義山，故崑體之作，翕然一變；而文公尤酷嗜唐彥謙詩，至親書以自隨。景祐、慶曆後，天下知尚古文，於是李太白、韋蘇州諸人，始雜見於世。杜子美最為晚出，三十年來，學詩者非子美不道，雖武夫女子，皆知尊異之。李太白而下，殆莫與抗。文章隱顯，固自有時哉。今太白諸集猶兼行，獨彥謙殆罕有知其姓名者。詩亦不多，格力極卑弱，僅與羅隱相先後，不知文公何以取之？當是時以偶儷為工耳。老杜詩既為世所重，宿學舊儒，猶不肯深與之。嘗有士大夫稱杜詩用事廣，傍有一經生忽憤然曰：『諸公安得為公論乎？且其詩云：濁醪誰造汝，一酌散千憂。彼尚不知酒是杜康作，何得言用事廣？』聞者無不絕倒。予為進士時，嘗舍於汴中逆旅，數同行亦論杜詩，旁有一押糧運使臣，或顧之曰：『嘗亦觀乎？』曰：『平生好觀，然多不解。』因舉『白也詩無敵，飄然思不群』相問，曰：『既言無敵，安得卻似鮑照、庾信？』時座中雖笑之，然亦不能遽對，則似亦不可忽也。」苕溪漁隱曰：「庾不能俊逸，鮑不能清新，白能兼之，此無敵也。武弁何足以知之。」（前集卷二十二，廖德明校點，虞行、周本淳重訂本，第一四四～一四五頁）

《蔡寬夫詩話》云：「《霓裳》之始，世多以白樂天所記與劉禹錫、王建二詩不同為疑。按《明皇雜録》云：『道士葉法善嘗引上至月宮，聆天樂。上自曉音律，默記其音為霓裳羽衣曲。』此説雖怪，然唐人大抵如此言。元微之詩云：『明皇度曲多新態，宛轉侵淫易沈著。赤白桃李取花名，霓裳羽衣號天落。』《霓裳》之始，自當以此為證也。鄭嵎《津陽門詩》，以謂上歸但記其半，會西涼府都督楊敬遠進《婆羅門曲》，與其聲調相符，遂以月中所聞為散序，敬遠所進作腔，此則與樂天之説符矣。但不知禹錫、建皆與此數人同時，何從復得異説也。唐有兩《霓裳曲》，開成初，尉遲璋嘗放（仿）古作《霓裳羽衣曲》以獻，詔以曲名賜貢院為題，此自一曲也。是歲牓首李肱所試詩，即此題，其詩始言：『開元太平時，萬國賀豐歲。梨園獻舊曲，玉座流新製。』末言『蓬壺事已空，仙樂功無替。詎肯聽遺音，聖功知善繼。』則亦是祖述開元遺聲耳。此曲世無譜，好事者每惜之。《江表志》載周后獨能按譜求之。徐常侍鉉有《聽霓裳送以詩》云：『此是開元太平曲，莫教偏作別離聲。』則江南時猶在也。」（前集卷二十四，廖德明校點，虞行、周本淳重訂本，第一五九頁）

《蔡寬夫詩話》云：「元之本學白樂天詩，在商州嘗賦《春日雜興》云：『兩株桃杏映籬斜，裝點商州副使家。何事春風容不得，和鶯吹折數枝花。』其子嘉祐云：『老杜嘗有「恰似春風相欺得，夜來吹折數枝花」之句，語頗相近。』因請易之。王元之忻然曰：『吾詩精詣，遂能暗合子美邪?』更為詩曰：『本與樂天為後進，敢期杜甫是前身。』卒不復易。」（前集卷二十五，廖德明校點，虞行、周本淳重訂本，第一七〇頁）

《後山詩話》云：「白樂天云：『笙歌歸院落，燈火下樓臺』，又云：『歸來未放笙歌散，畫戟門前蠟燭紅』，非富貴語，看人富貴者也。」「黄魯直謂白樂天『笙歌歸院落，燈火下樓臺』，不如杜子美『落花游絲白日靜，鳴鳩乳燕青春深』也。」（前集卷二十六，廖德明校點，虞行、周本淳重訂本，第一七六頁）

《詩眼》云：「晏叔原見蒲傳正云：『先公平日小詞雖多，未嘗作婦人語也。』傳正云：『綠楊芳草長亭路，年少抛人容易去』，豈非婦人語乎?晏曰：『公謂年少為何語?』傳正曰：『豈不謂其所歡乎?』晏曰：『因公之言，遂曉樂天詩兩句。』云『欲留年少待富貴，富貴不來年少去。』傳正笑而悟。然如此語，意自高雅爾。」（前集卷二十六，廖德明校點，虞行、周本淳重訂本，第一七八頁）

苕溪漁隱曰：「歐公花品序云：『牡丹初不載文字，自則天已後始盛，如沈宋、元白之流，皆喜咏花，當時有一花之異，彼必形於篇什，而此寂無傳焉。惟劉夢得有詠魚朝恩宅牡丹，但云一叢千朵而已。』余謂歐公此言非是，觀劉夢得、元微之、白樂天三人，其以牡丹形於篇什者甚衆，烏得謂之寂無傳焉?劉夢得乃是詠渾侍中牡丹，非詠魚朝恩宅者，此亦歐公誤記耳。其詩云：『徑尺千餘朵，人間有此花。今朝見顔色，更不向諸家。』又《賞牡丹》詩云：『庭前芍藥妖無格，池上芙蕖淨少情。唯有牡丹真國色，花開時節動京城。』又云：『有此傾城好顔色，天教晚發賽諸花。』其詩若是，非獨但云「一叢千朵」而已。元微之《看牡丹》古詩云：『蝶舞香暫飄，蜂牽蕊難正。籠處綵雲合，露湛紅珠瑩。』又《西明寺絕句》云：『花向琉璃地上生，光風眩轉紫雲英。自從天女盤中見，直至今朝眼更明。』若白樂天凡有此詩數十首，其《牡丹芳》長篇云：『千片赤英霞爛爛，百枝絳艷燈煌煌。照地初開錦繡段，當風不結麝臍囊。映葉多情隱羞面，卧叢無力含醉粧。』又《看渾家牡丹戲贈李二十》云：『香勝燒蘭紅勝霞，城中最數令公家。人人散後君須看，歸到江南無此花。』又《買花詩》云：『灼灼百朵花，戔戔五束素。』又云：『一叢深色花，十戶中人賦。』則當時此花之貴斷可知矣。《花品序》又云：『牡丹自則天已後始盛。』歐公此言信然。余今因以開元時牡丹二事驗之，蓋開元正是則天已後也。其一事，即《李翰林集後序》云：『開元中，禁中初重木芍藥，即今牡丹也，得四本，紅、紫、淺紅、通白者，上因移植於興慶池東沈香亭前，會花方繁開，上乘照夜車，太真妃以步輦從，詔選梨園弟子中尤者，得樂十六色，李龜年以歌擅一時之名，手捧檀板，押衆樂前，將歌之，上曰：『賞名花，對妃子，焉用舊樂詞為？遽命李龜年持金花牋賜翰林供奉李白，立進《清平調》辭三章。白欣然承詔，猶若宿酲未解，因援筆賦之，其一曰：『雲想衣裳花想容，春風拂檻露華濃。若非羣玉山頭見，會向瑤臺月下逢。』其二曰：『一枝紅艷露凝香，雲雨巫山枉斷腸。借問漢宮誰得似，可憐飛燕倚新粧。』其三曰：『名花傾國兩相歡，長得君王帶笑看。解釋春風無限恨，沈香亭北倚闌干。』龜年以歌辭進，上命梨園弟子，略約調撫絲竹，遂促龜年歌之，太真妃持玻瓈七寶杯酌西涼州蒲萄酒，笑領歌辭，意甚厚。上因調玉笛以倚曲，每曲徧將換，則遲其聲以媚之。太真妃飲罷，斂繡巾重拜。上自是顧李翰林尤異於諸學士。其一事，即《松窗雜録》云：『明皇内殿賞牡丹，問侍臣曰：牡丹詩誰為首？奏云：李正封，詩曰：國色朝酣酒，天香夜染衣。帝謂妃子曰：粧臺前飲一紫金盞酒，則正封之詩可見矣。』（智按：見《唐五代筆記小說大觀》，下册，第一二一五～一二一六頁）余嘗謂二李之詩，詞格騷雅，真可壓倒元白，歐公亦遺之而不言，獨稱劉夢得有此詩，殊不可曉也。……」（前集卷三十《六一居士下》，廖德明校點，虞行、周本淳重訂本，第二〇六～二〇八頁）

《隱居詩話》云：「石延年長韻律詩善敘事，其它無大好處，《籌筆驛》、《銅雀臺》、《留侯廟詩》，為一集之冠。五言小詩，如『海雲含雨重，江樹帶蟬疏』，『平蕪遠更緑，斜日寒無暉』者，幾矣。白居易亦善作長韻敘事詩，但格制不高，局於淺切，又不能更風操，雖眾篇之意，只如一篇，故使人讀而易厭也。」（前集卷三十二《石曼卿》，廖德明校點，虞行、周本淳重訂本，

第二二一頁）

《西清詩話》云：「王文公見東坡《醉白堂記》云：『此乃是韓白優劣論。』東坡聞之曰：『不若介甫《虔州學記》，乃學校策耳。』二公相誚或如此，然勝處未嘗不相傾慕。元祐間，東坡奉祠西太一宫，見公舊詩云：『楊柳鳴蜩緑暗，荷花落日紅酣。三十六陂春水，白頭想見江南。』注目久之，曰：『此老野狐精也。』」（前集卷三十五《半山老人三》，廖德明校點，虞行、周本淳重訂本，第二三六頁）

《遯齋閒覽》云：「荆公《百家詩選序》云：『予與宋次道同為三司判官，次道出其家所藏唐百家詩，請予擇其善者。廢目力於此，良可悔也。雖然，欲觀唐人詩，觀此足矣。』今世所傳百家詩選印本，已不載此序矣。然唐之詩人，有如宋之問、白居易、元稹、劉禹錫、李益、韋應物、韓翃、王維、杜牧、孟郊之流，皆無一篇入選者。或謂公但據當時所見之集詮擇，蓋有未盡見者，故不得而徧録。其實不然。公選此詩，自有微旨，但恨觀者不能詳究耳。公後復以杜、歐、韓、李别有四家詩選，則其意可見。」（前集卷三十六《半山老人四》，廖德明校點，虞行、周本淳重訂本，第二四二頁）

《蔡寬夫詩話》云：「白樂天，楊虞卿之姑夫，故世言與李文饒不相能。文饒藏其文集不肯看，以為看則必好之。文饒鎮京口，時樂天正在蘇州，元微之在越州，劉禹錫在和州，元、劉與文饒唱和往來甚多，謂之《吳越唱和集》，樂天惟首載《和文饒薛童觱栗歌》一篇，後遂不復有，亦可見情也。」苕溪漁隱曰：「熙寧間，介甫當國，力行新法，子瞻譏誚其非，形於文章者多矣，介甫豈能不芥蔕於胸次，想亦未必深喜其文章。今《冷齋》與子真所筆，恐非其實。然子瞻文章，豈待介甫譽之然後傳於世哉？觀李文饒之與白樂天，其事亦可見。古今人情不遠，余是以辨之。」（前集卷三十八《東坡一》，廖德明校點，虞行、周本淳重訂本，第二五八頁）

王直方《詩話》云：「樂天有詩云：『醉貌如霜葉，雖紅不是春。』東坡有詩云：『兒童誤喜朱顔在，一笑那知是酒紅。』鄭谷有詩云：『衰鬢霜供白，愁顔酒借紅。』老杜有詩云：『髮少何勞白，顔衰肯更紅！』無己詩云：『髮短愁催白，顔衰酒借紅。』皆相類也。然無己初出此一聯，大為當時諸公所稱賞。」（前集卷五十一《後山居士》，廖德明校點，虞行、周本淳重訂本，第

三四五頁）

《高齋詩話》云：「趙企循道，以長短句得名，所為詩亦工，恨不多見。嘗記其警句云：『愁從竹葉杯中去，老向菱花鏡裏來。』『幾夜已生蝴蝶夢，三年辜負鵷鴣班。』『青鏡不覽一兩日，白髮又添三四莖。』」苕溪漁隱曰：「『愁從竹葉杯中去，老向菱花鏡裏來。』乃用雍熙間楊黎州詩：『剛腸欺竹葉，衰鬢怯菱花』之語也。余亦嘗有一聯云：『愁隨竹葉消春盞，喜入燈花綴夜缸。』大觀間，循道嘗宰績溪，績溪乃余桑梓之邦，因此傳録，得趙循道詩多，大率體格全學白樂天，故句語皆平易。如『青燈影冷碁三戰，紅火爐溫酒一杯。』『四山來不斷，一水去無窮。』餘不及此者亦多。」（前集卷五十二《趙循道》，廖德明校點，虞行、周本淳重訂本，第三五八頁）

《蔡寬夫詩話》云：「今世所藏韓幹畫馬，多分其鬃為三，莫曉何意。惟白樂天《春深學士家詩》云：『鳳書裁五色，馬鬣剪三花。』唐學士例借飛龍廐馬，則應是時國馬皆如此也。李伯時喜學韓幹畫，每不知三鬃之意，常難於下筆，有得樂天詩者，先為誦之而不言所出，伯時力請之，乃使為盡工作數馬，始以集示之云。」（前集卷五十七，廖德明校點，虞行、周本淳重訂本，第三九一頁）

《藝苑雌黄》云：「士人言縣令事，多用彭澤、五柳，雖白樂天《六帖》亦然。以余考之：陶淵明，潯陽柴桑人也，宅邊有五柳樹，因號五柳先生。後為彭澤令，去官百里，則彭澤未嘗有五柳也。予初論此，人或不然其説。比觀《南部新書》云：『《晉書》陶潛本傳云：潛少懷高尚，博學善屬文，嘗作《五柳先生傳》以自況。先生不知何許人，不詳姓字，宅邊有五柳樹，因以為號焉。則非彭澤令時所栽。人多於縣令事使五柳，誤也。』豈所謂先得我心之所同然者歟？」苕溪漁隱曰：「沈彬詩：『陶潛彭澤五株柳，潘岳河陽一縣花。』蘇子由詩：『指點縣城如掌大，門前五柳正搖春。』皆誤用也。」（後集卷三《陶靖節》，廖德明校點，虞行、周本淳重訂本，第十八頁）

《藝苑雌黄》云：「庾信謂魏使尉瑾曰：『昔在鄴食蒲萄，殊美。』陳昭曰：『作何狀？』徐君房曰：『有類軟棗。』信曰：『君殊不善體物，何不言似生荔枝？』荔枝之味，果中之至珍，蓋有不可名言者。故蔡君謨云：『剝之凝如冰精，食之消如絳雪。其味之至，不可得而狀也。』魏文帝方之蒲萄，世譏其謬。庾信亦復有此語。彼《廣志》謂子如石榴，（「志」原作「誌」，今據宋本、徐抄本校改。）其謬愈甚。唐人形於賦詠者頗多，然亦未始遇夫真荔枝。故張曲江作《荔枝賦》，是南海郡荔枝耳。白樂天作《荔枝圖序》，是巴、峽間荔枝耳。杜子美詩所謂『紅顆酸甜只自知』者，是瀘戎荔枝耳。」（後集卷七《杜子美三》，廖德明校點，虞行、周本淳重訂本，第四四頁）

《藝苑雌黄》云：「《寰宇記》言：『溧水縣中山又名獨山，在縣東南十里，不與羣山連接。古老相傳，中山有白兔，世稱為筆最精。』韓退之《毛穎傳》云：『唯居中山者，能繼父祖業。』李太白《懷素草書歌》云：『筆鋒殺盡中山兔。』得非此乎？比觀張文潛《明道雜誌》，首載白樂天《紫毫筆》詩云：『宣城石上有老兔，食竹飲泉生紫毫。』『余守宣，問筆工：毫用何處兔？答云：皆陳、亳、宿州客所販。宣自有兔，毫不堪用。蓋兔居原田則毫全，以出入無傷也。宣兔居山中，出入為荆棘樹石所傷，毫例短禿。則白詩所云，非也。白公宣州發解進士，宜知，偶不問耳。』予按，《北戶録》説兔毛處云：『宣城歲貢青毫六兩，紫毫三兩。』其後又云：『王羲之歎江東下濕，兔毫不及中山。』由是而言，則宣城亦有兔毫，要之不及北方者勁健可用也。然則《毛穎傳》、李太白詩所言中山，非溧水之中山，明矣。」（後集卷十《韓退之》，廖德明校點，虞行、周本淳重訂本，第七一頁）

許彦周《詩話》云：「東坡《祭柳子玉文》：『郊寒島瘦，元輕白俗。』此語具眼。客見詰曰：『子盛稱白樂天、孟東野詩，又愛元微之詩，而取此語，何也？』僕曰：『論道當嚴，取人當恕。此八字，東坡論道之語也。』」（後集卷十一《東野　浪仙》，廖德明校點，虞行、周本淳重訂本，第七九頁）

《法藏碎金》云：「余嘗愛樂天有詩云：『未得無生心，白頭亦為夭。』及看《韻對》第四有説：（「及」字原無，今據宋本、徐抄本校補。）『宋蕭惠開曾為益州刺史，有所取求而不得，遂誣告其人訕毁朝政，先戳而後奏，孝武稱快。及明帝即位，惠開因四方反叛，後雖歸順，負釁不得志，每謂人曰：人生不得行胸臆，雖百歲猶為夭。未幾病發，嘔血吐物如肺肝而死。』因詳白蕭二人之言，各歎人生心無所得，雖壽為夭，而善惡智愚，相背絕遠，何啻天壤之殊也。」（後集卷十三《醉吟先生》）

《復齋漫録》云：「樂天以詩謁顧況，況喜其《咸陽原上草》云：『野火

燒不盡，春風吹又生。』予以為不若劉長卿『春入燒痕青』之句，語簡而意盡。」（後集卷十三《醉吟先生》）

蘇子由云：「元符二年，予自海嶺再謫龍川，既至，廬於城西聖壽僧舍，閉門索然，無以終日；欲借書於居人，而民家無蓄書者，獨西鄰黄氏世為儒，粗有簡册，乃得樂天文集閲之。樂天少年知讀佛書，習禪定，既涉世，履憂患，胸中了然，照諸幻之空，故其還朝為從官，小不合即舍去，分司東洛，優游終老。蓋唐世士大夫達者，如白樂天寡矣。予方流轉風浪，未知所止息，觀其遺文，中甚愧之。然樂天處世，不幸在牛李黨中，觀其平生，端而不倚，非有所附麗者也，蓋勢有所至而不能已耳。會昌之初，李文饒用事，樂天適已七十，遂致仕，不三年而沒。嗟夫，文饒尚不能置一樂天於分司中邪？然樂天每閑吟衰病，發於詠歎，輒以公卿投荒僇死，不獲其終者自解；余亦不鄙之。至其《聞文饒謫朱崖三絕句》，刻核尤甚，樂天雖陋，蓋不至此也。且樂天死於會昌之初，而文饒之竄，在會昌末年，此決非樂天之詩，豈樂天之徒，淺陋不學者附益之邪？樂天之賢，當為辨之。」苕溪漁隱曰：「余以《元和録》考之，居易年長於德裕，視德裕為晚進。方德裕任浙西觀察使，居易為蘇州刺史，德裕以使職自居，不少假借，居易不得已以卑禮見，及其貶也，故為詩云：『昨夜新生黄雀兒，飛來直上紫藤枝，擺頭撼腦花園裏，將為春光總屬伊。』『開園不解栽桃李（「開」宋本、徐抄本作「閑」），滿地惟開種蒺藜。萬里崖州君自去，臨行惆悵欲怨誰。』『樂天曾任蘇州日，要勒煩文用禮儀（「煩文」宋本作「須交」）。從此結成千萬恨，今朝果中白家詩。』然《醉吟先生傳》及《實録》皆謂居易會昌六年卒，而德裕貶於大中二年，或謂此詩為僞。余又以《新唐書》二人本傳考之，會昌初，白居易以刑部尚書致政，六年卒。李德裕大中二年貶崖州司戶參軍，會昌盡六年，距大中二年，正隔三年，則此三詩非樂天所作明甚。但蘇子由以謂樂天死於會昌之初，而文饒竄於會昌之末，偶一時所記之誤耳。（後集卷十三《醉吟先生》）

《藝苑雌黄》云：「《琵琶行》云：『家在蝦蟇陵下住。』予按，《國史補》云：『舊説董仲舒墓門下，人至皆下馬，故謂之下馬陵，語訛為蝦蟇陵。』故東坡詩云：『隻雞敢忘喬公語，下馬聊尋董相墳。』又《謝徐朝奉啓》云：『過而下馬，空瞻董相之陵。』蓋用此事。郭氏《佩觿》亦嘗論此云：『長安董仲舒墓，名曰下馬陵，今轉語為蝦蟇陵，事出《兩京紀》（「兩」原作「黄」，今據宋本校改），白氏《琵琶行》，蓋徇俗之過也。』予謂世俗訛謬極多，《古樂府》有《相府蓮》者，其後訛而為《想夫憐》，藥名有補骨脂者，其後訛而為破故紙，亦豈下馬陵之類歟？」（後集卷十三《醉吟先生》）

《法藏碎金》云：「余嘗愛樂天詞旨曠達，沃人胸中，有句云：『我無奈命何，委順以待終，命無奈我何，方寸如虛空。』夫如是則造化均偏，不足為休戚，而况時情物態，安能刺鯁其心乎？」（後集卷十三《醉吟先生》）

苕溪漁隱曰：「『梨花一枝春帶雨』，『桃花亂落如紅雨』，『小院深沉杏花雨』，『黄梅時節家家雨』（宋本、徐抄本此句作「梅子黄時雨」），皆古今詩詞之警句也。予嘗欲作一亭子，四面皆植花一色，榜曰四雨，豈不佳哉！秦少游《題扇頭小詩》云：『絕島煙生樹，秋江浪拍空，憑君添小艇，畫我作漁翁。』余嘗用此寫真，則玄真子家風也。」（後集卷十三《醉吟先生》）

智按：清朱鶴齡《重過四雨閣有感》序：「王荆公稱『梨花一枝春帶雨』、『珠簾暮卷西山雨』、『院落深沉杏花雨』、『桃花亂落如紅雨』皆警句。嘉隆間，周文學公瑕以四雨榜其閣，一時文士多讌集于此，三十年前，余嘗館其地。」（《愚菴小集》卷三）

《脞説》云：「商玲瓏，餘杭歌者，樂天作郡日，賦歌與之云：『罷胡琴，掩秦瑟，玲瓏再拜歌初畢，誰道使君不解歌，聽唱《黄雞》與《白日》。《黄雞》催曉丑時鳴，《白日》催年酉前沒，（「前」原作「時」，今據宋本校改。）腰間紫綬繫未隱，鏡裏朱顏看已失。玲瓏玲瓏奈老何，使君歌罷汝還歌。』時元微之在越州，厚幣邀五月餘，使盡歌所唱之曲，作詩送行，兼寄樂天云：『休遣玲瓏唱我辭，我辭多是寄君詩，卻向江邊整回棹，月落潮平是去時。』」苕溪漁隱曰：「東坡用此歌，《夜飲次韻畢推官》云：『紅燭照庭嘶騕褭，（「騕」原作「腰」，今據宋本校改。）《黄雞》催曉唱玲瓏。』又《次韻蘇伯固主簿重九日》云：『只有《黄雞》與《白日》，玲瓏應識使君歌。』又樂天《與劉十九同宿》詩：『紅旗破賊非吾事，黄紙除書無我名，惟共嵩陽劉處士，圍棋賭酒到天明。』故東坡《題杜介熙熙堂》云：『白砂碧玉味方永，黄紙

紅旗心已灰。』白砂碧玉事，見《續神仙傳》。」（後集卷十三《醉吟先生》）

《高齋詩話》云：「樂天詩：『相爭兩蝸角，所得一牛毛。』後之使蝸角事悉稽之，而偶對各有所長。呂吉甫云：『南北戰爭蝸兩角，古今興廢貉同丘。』山谷云：『千里追奔兩蝸角，百年得意大槐宮。』又云：『功名富貴兩蝸角，險阻艱難酒一杯。』洪龜父云：『一朝厭蝸角，萬里騎鯨背。』」（後集卷十三《醉吟先生》）

《蔡寬夫詩話》云：「唐制：諫議大夫班給事中上，中書舍人班又次之。然自外入為諫議者，歲滿始遷給事中，給事中歲滿始遷舍人，蓋以下為進，故有上坡下坡之説。樂天《贈於給事詩》所謂『雲彩誤居青瑣地，風流合在紫薇天，東曹漸去西垣近，鶴駕無妨更著鞭。』雖以為戲，亦當時實事也。」（後集卷十三《醉吟先生》）

苕溪漁隱曰：「樂天有句云：『放眼看青山，任頭生白髮。』其超放如此。先君亦嘗有句云：『人有悲歡頭易白，山無今古色長青。』」（後集卷十三《醉吟先生》）

《塵史》云：「杜子美善於用故事及常語，多離析，改倒用其句，蓋如此，則語峻而體健，意亦深穩矣。如『露從今夜白，月是故鄉明』之類是也。樂天工於用對，《寄微之詩》云：『白頭吟處變，青眼望中穿。』可為佳句，然不若『別來頭並白，相見眼終青』，尤為工也。」（後集卷十三《醉吟先生》）

東坡云：「元祐元年，予為中書舍人，時執政患本省事多洩漏，欲於舍人廳後作露籬，禁同省往來。予白諸公：『應須簡要清通，何必栽籬插棘。』公笑而止。明年竟作之。暇日讀《樂天集》，有云：『西省北苑，新作小亭，種竹開窗，東通騎省，與李常侍隔窗小飲作詩。』乃知唐時西掖後作窗以通東省，而今日本省不得往來，可歎也。」苕溪漁隱曰：「《長慶集》詩云：『結托白頭伴，相依青竹叢。題詩新壁上，酌酒小窗中。深院晚無日，虛簷晝有風。金貂醉看好，回首紫垣東。』」（後集卷十三《醉吟先生》）

《蔡寬夫詩話》云：「吳中作鮓，多用龍溪池中蓮葉包為之，後數日取食，此餅中氣味特妙。樂天詩：『就荷葉上包魚鮓，當石渠中浸酒尊。』蓋昔人已有此法也。」（後集卷十三《醉吟先生》）

《法藏碎金》云：「樂天有云：『此身不欲多強健，強健多生人我心。』于

良史有云：『僻居人事少，多病道心生。』是知體中微苦，未可心情不足。」（後集卷十三《醉吟先生》）

《復齋漫録》云：「樂天詩句：『自從苦學空門法，銷盡平生種種心，惟有詩魔除未得，每逢風月一閑吟。』又云：『人各有一癖，我癖在章句，萬緣皆已銷，此病猶未去。』此意凡兩用也。太白：『舉杯邀明月，對影成三人。』又云：『獨酌勸孤影。』此意亦兩用也。太白本取淵明『揮杯勸孤影』之句。」（後集卷十三《醉吟先生》）

《復齋漫録》云：「《思竹窗詩》云：『不憶西窗松，不憶南園菊，惟憶新昌居，蕭蕭北窗竹。』又《題沈子明壁間》云：『不愛君池東十叢菊，不愛君池南萬竿竹，愛君簾下唱歌人，色似芙蓉聲似玉。』二詩相反如此。」（後集卷十三《醉吟先生》）

《法藏碎金》云：「醉吟先生有句云：『歸去卧雲人，謀身計非誤。』又有句云：『回首語秋光，東來應不錯。』人謂先生率爾成章，予謂先生的然有理。」（後集卷十三《醉吟先生》）

《東皋雜録》云：「《詩》：『伐木丁丁，鳥鳴嚶嚶，出自幽谷，遷於喬木。』鄭箋云：『嚶嚶，兩鳥聲。』正文與注皆未嘗及黄鳥。自白樂天作《六帖》，始類入鶯門中，又作詩每用之，如『谷幽鶯暫遷』，『不失遷鶯侶』，『鶯遷各異年』，『樹集鶯朋友』之類，其後人多祖述用之也。」《緗素雜記》云：「劉夢得《嘉話》云：『今謂進士登第為遷鶯者久矣，蓋自《毛詩·伐木篇》云：伐木丁丁，鳥鳴嚶嚶，出自幽谷，遷於喬木。又曰：嚶其鳴矣，求其友聲。並無鶯字。頃歲省試《早鶯求友詩》，《又鶯出谷》詩，別書固無證據，斯大誤也。』余謂今人吟詠多用遷鶯出谷之事，又曲名《喜遷鶯》者，皆循襲唐人之誤也。故宋景文公詩云『曉報谷鶯朋友動』，又云『杏園初日待鶯遷』，舒王云『鶯猶尋舊友』。惟漢梁鴻《東游作思友人詩》曰：『鳥嚶嚶兮友之期，念高子兮僕懷思。』《南史》劉孝標《廣絕交論》云：『嚶嚶相召，星流電激。』是真得《毛詩》之意。」苕溪漁隠曰：「涪翁《和答元明詩》云：『千林風月鶯求友，萬里雲山雁斷行。』亦承唐人之誤。然自唐至今，誤用者甚眾，為時碩儒尚猶如此，余何足怪邪。」（後集卷十三《醉吟先生》）

智按：「谷幽鶯暫還」，見《和鄭方及第後秋歸洛下閒居（同高侍郎下，隔年及第）》（《白居易集箋校》第七一五頁）；「不失遷鶯侶」，見《與諸同年賀座主侍郎新拜太常同宴蕭尚書亭子（座主于蕭尚書下及第，得群字韻）》（《白居易集箋校》第七一六頁）；「鶯遷各異年」，見《東都冬日會諸同年宴鄭家林亭（得先字）》（《白居易集箋校》第七一七頁），皆貞元十七年（八〇一）作於洛陽。

洪駒父《詩話》云：「古今詩人，誤用忘憂為萱草，出谷遷鶯為黃鶯，按《詩》云：『焉得諼草，言樹之背。』諼，忘也，《詩》言焉得芳草可以忘憂，植之於北堂，本非庭萱也。《詩》曰：『伐木丁丁，鳥鳴嚶嚶，出自幽谷，遷於喬木。』注云：『嚶嚶，兩鳥聲也。』非鶯也。崔豹《古今注》云『萱草忘憂』，與《禽經》稱『鶯鳴嚶嚶』，（「鳴」原作「鳩」，今據宋本校改。）然要是後人傅會，非《詩》本意。」苕溪漁隱曰：「余觀《詩》注云：『諼草，令人忘憂；背，北堂也。』箋云：『憂以生疾，恐將危身，欲忘之。』又嵇康《養生論》云：『合歡蠲忿，萱草忘憂。』李善引毛萇《詩傳》與《詩注》同，然則駒父之言真誤矣。」（後集卷十三《醉吟先生》）

《法藏碎金》云：「白氏集中，頗有遺懷之作，故達道之人，率多愛之。余友李公維，録出其詩，名曰《養恬集》，余亦如之，名曰《助道》，其詞語蓋於經教法門，用此彌縫其闕，而直截曉悟於人也。予愛其詩云：『羲和走馭趁年光，不許人間日月長，遂使四時都是電，爭教兩鬢不成霜。榮銷枯至無非命，壯盡衰來亦是常，已共身心要約定，窮通生死不驚忙。』予今擬其語句，聊加變易，入於別韻，前述時景之迅遷，後述世態之不一，而終篇亦斷之以不驚也。詩云：『羲和走馭趁年華，不許人間歲月賒。春正豔陽春即老，日方亭午日還斜。時情莫測深如海，世事難齊亂似麻。已共身心要約定，古今如此勿驚嗟。』」（後集卷十三《醉吟先生》）

許彥周《詩話》云：「樂天詩云：『春色辭門柳，秋聲到井梧。』此語未易及也。」（後集卷十三《醉吟先生》，以上見廖德明校點，虞行、周本淳重訂本，第九五～一〇〇頁）

苕溪漁隱曰：「《摭言》載：楊汝士侍郎，在楊嗣復宴集坐上，與元白同賦詩，汝士詩後成，有『文章舊價留鸞掖，桃李新陰在鯉庭』之句，元白覽之失色。汝士歸，謂子弟曰：『我今日壓倒元白。』《古今詩話》載：裴令公夜宴，半酣，索聯句，元白有得色，時公為破題，次至楊侍郎，曰：『昔日蘭亭無豔質，此時金谷有高人。』元白自知不能加，遽裂紙曰：『笙歌鼎沸，勿作此冷淡生活。』《古今詩話》不載楊侍郎之名，得非《摭言》所載楊汝士侍郎乎？楊在當時，不以詩名，此二聯即席所作，並為佳句，其傳於後世者，恨不多見之。」（後集卷十七《唐人雜紀下》，廖德明校點，虞行、周本淳重訂本，第一二四頁）

山谷云：「或傳王荊公稱《竹樓記》勝歐陽公《醉翁亭記》，或曰此非荊公之言也。庭堅以為，荊公出此言，未失也。荊公評文章，先體製而後論文之工拙，蓋嘗觀蘇子瞻《醉白堂記》，戲曰：『文詞雖極工，然不是醉白堂記，乃是韓白優劣論耳。』以此考之，優《竹樓記》而劣《醉翁亭記》，是荊公之言不疑也。」（後集卷十九《本朝》，廖德明校點，虞行、周本淳重訂本，第一三五頁）

苕溪漁隱曰：「洛中尚齒會，起於唐白樂天，至本朝君實亦居洛中，遂繼為之，謂之真率會。好事者寫成圖，傳於世，所謂《九老圖》者也。《長慶集》云：『會昌五年，三月二十一日，履道弊居同宴，胡果年八十九（智按：「胡果」當為胡杲），吉昉年八十六（智按：「吉昉」當為吉旼），鄭據年八十四，劉貞年八十一，盧真年八十二，張渾年七十四，白居易年七十四，已上七人，合五百七十歲，成尚齒之會，七老相顧，既醉甚歡，靜而思之，此會甚稀。秘書狄兼謨、河南尹盧真（《全唐詩》「真」作「貞」），以年未七十，雖與會而不及列。』賦詩云：『七人五百七十歲，拖紫紆朱垂白鬚。手裏無金莫嗟歎，樽中有酒且歡娛。詩吟兩句神還旺，酒飲三杯氣尚粗。嵬峨狂歌教婢拍，婆娑醉舞遣孫扶。天年高過二疏傅，人數多於《四皓圖》。除卻三山五天竺，人間此會更應無。』溫公集云：『三月二十六日作真率會，伯康與君從七十八歲，安之七十七歲，正叔七十四歲，不疑七十三歲，叔達七十歲，光六十五歲，合五百一十五歲，用安之韻，招諸子西園為會（「招諸子」句，宋本作「招諸公南園為真率會」），云：榆錢零亂柳花飛，枝上紅英漸漸稀，莫厭銜杯不虛日，須知共力惜春暉。真率春來頻宴集，不過東里只西家，小園容易邀佳客，饌具雖無已有花。』《會約》云：『一，序齒不序官；一，為具務簡素；一，朝夕食不過五味；一，菜果脯醢之類，各不過三十器；一，酒巡無算，深淺自酙，主人不勸，客亦不辭，逐巡無下酒時，作菜羹不禁；一，召客共作一簡，客注可否於字下，不別作簡，或因事分簡者聽；一，會中早赴不待促；一，違約者每事罰一巨觥。』而七人合五百一十五歲，再成詩，用前韻云：『七人五百有餘歲，同醉花前今古稀，走馬鬪雞非我事，紵衣絲發且相暉。』『經春無事連翩醉，彼此往來能幾家，切莫辭斟十分酒，盡教人笑滿頭花。』真率會中止有七人，而《九老圖像》有九人，不知彼二人者果何人，集中不載也。」（後集卷二十二《迂叟》，廖德明校點，虞行、周本淳重訂本，第一五三～一五四頁）

《筆談》云：「唐白樂天居洛，與高年者八人游，謂之九老。洛中士大夫，至今居者，多繼而為九老之會者再矣。元豐五年，文潞公守洛，又為耆年會，人為一詩，命畫工鄭奐圖於妙覺寺，凡十三人；守司徒致仕韓國公富弼年七十九，守太尉判河南府潞國公文彥博年七十七，司封郎中致仕席汝言年七十七，朝議大夫致仕王尚恭年七十六，太常少卿致仕趙丙年七十五，秘書監劉几年七十五，衛州防禦使馮行已（己）年七十三，大中大夫充天章閣待制楚建中年七十三，朝議大夫致仕王慎言年七十二，宣徽南院使檢校太尉判大名府王拱辰年七十一，大中大夫張問年七十，龍圖閣直學士通議大夫張燾年七十，端明殿兼翰林侍讀學士大中大夫司馬光年六十四。」苕溪漁隱曰：「溫公集有《洛陽耆英會序》，正紀此事，《筆談》以為耆年會，非是。」（後集卷二十二《迂叟》，廖德明校點，虞行、周本淳重訂本，第一五四～一五五頁）

苕溪漁隱曰：「《石林詩話》云：『許昌崔象之舊第柱間，（「崔」原作「雀」，據宋本校改。）有持國《海棠詩》：濯錦江頭千萬枝，當年未解惜芳菲。韓忠獻嘗帥蜀，持國兄弟皆侍行尚少，故前句云爾。』又《復齋漫録》云：『持國家門有梧桐木，京師人呼為桐木韓家，以別魏公。』又《韓忠獻別録》云：『得請鄉郡，歐公《晝錦堂記》云：「公，相人也。」（此注文原無，據宋本、明抄本校補。）起堂于北池上，以效樂天，名曰醉白堂。五月堂成，賦詩三章，其一卒章云：霓裳舊舞非吾事，且事醺酣石上眠。自爾寢疾，六月遂薨，此詩為絕筆。』此相州韓家也。兼《別録》止載忠獻歷帥中山、維揚、大名，及守相臺，不言帥蜀，《石林》乃謂『韓忠獻嘗帥蜀，持國兄弟皆侍行』，俱誤矣。」（後集卷二十二《韓持國》，廖德明校點，虞行、周本淳重訂本，第一六二～一六三頁）

《藝苑雌黃》云：「老杜《房公池鵝詩》：『鳳凰池上應回首，為報籠隨王右軍。』山谷《題劉將軍畫鵝詩》：『還似山陰書罷，舉群馳向王家。』而前輩詩又有『鵝費羲之墨』，『書罷籠鵝去』，『數紙尚可博白鵝』，『山陰不見换鵝經』，『白鵝曾换右軍書』，皆不斥言所書者何經。《西清詩話》載李白詩：『山陰道士如相訪，為寫《黄庭》换白鵝。』考之《晉史》，逸少所寫乃《道德經》，非《黄庭》也。太白蓋誤用此事。比觀梅聖俞《謝宋元憲贈鵝詩》：『昔居鳳池上，曾食鳳池萍。乞與江湖去，從敬養素翎。不同王逸少，辛苦寫《黄庭》。』聖俞此語，豈亦承太白之誤歟？又觀《白氏六帖》所載，亦言《黄庭經》，則古人誤用此事，非獨太白為然也。」苕溪漁隱曰：「呂居仁《寄朱希真詩》云：『主人鵝可换，更為寫《黄庭》。』亦沿襲誤用也。余謂太白又有詩云：『掃素寫《道經》，筆精妙入神，書罷籠鵝去，何曾別主人。』則又謂《道德經》矣。」（後集卷二十七《東坡二》，廖德明校點，虞行、周本淳重訂本，第一九九頁）

苕溪漁隱曰：「《西清詩話》，蔡百衲絛所撰也，已嘗行於世矣。余舊録得百衲所作詩評，今列於此，云：『柳子厚詩，雄深簡淡，迥拔流俗，至味自高，直揖陶謝；然似入武庫，但覺森嚴。王摩詰詩，渾厚一段，覆蓋古今。但如久隱山林之人，徒成曠淡。杜少陵詩，自與造化同流，孰可擬議，至若君子高處廊廟，動成法言，恨終欠風韻。黄太史詩，妙脱蹊徑，言謀鬼神，唯胸中無一點塵，故能吐出世間語；所恨務高，一似參曹洞下禪，尚墮在玄妙窟裏。東坡詩，天才宏放，宜與日月爭光，凡古人所不到處，（「處」字原無，今據宋本、明抄本校補。）發明殆盡，萬斛泉源，（「源」原作「流」，今據宋本、明抄本校改。）未為過也；然頗恨方朔極諫，時雜以滑稽，故罕逢醞藉。韋蘇州詩，如渾金璞玉，不假雕琢成妍，唐人有不能到；至其過處，大似村寺高僧，奈時有野態。劉夢得詩，典則既高，滋味亦厚；但正若巧匠矜能，不見少拙。白樂天詩，自擅天然，貴在近俗；恨如蘇小雖美，終帶風塵。李太白詩，逸態淩雲，照映千載；然時作齊梁間人體段，略不近渾厚。韓退之詩，山立霆碎，自成一法；然譬之樊侯冠佩，微露粗疎。柳柳州詩，若捕龍蛇，搏虎豹，急與之角，而力不敢暇，非輕蕩也。薛許昌詩，天分有限，不逮諸公遠矣；至合人意處，正若芻豢，時復咀嚼自佳。王介甫詩，雖乏豐骨，一番出清新，方似學語之小兒，酷令人愛。歐陽公詩，溫麗深穩，自是學者所宗；然似三館畫手，未免多與古人傳神。杜牧之詩，風調高華，片言不俗，有類新及第少年，略無少退藏處，固難求一唱而三歎也。右此十四公，皆吾生平宗師追仰，所不能及者，留心既久，故閑得而議之。至若古今詩人，自是珠聯玉映，則又有不得而知也已。』」（後集卷三十三，廖德明校點，虞行、周本淳重訂本，第二五七～二五八頁）

智按：北宋蔡絛（一〇九七～一一五六或稍後）《蔡百衲詩評》，又見南宋何汶《竹莊詩話》卷一，常振國、絳雲點校本，第十一頁；南宋魏慶之《詩人玉屑》卷十二，王仲聞校勘本上册，第二五九頁。元劉壎《隱居通議》卷六、清鄭方坤《全閩詩話》卷三亦有稱引。

胡仔，字元任，績溪（今屬安徽）人，舜陟次子。以父蔭補官。高宗紹興六年（一一三六），為廣西經略安撫司書寫機宜文字，就差廣西提刑司幹辦公事。居嶺外七年。丁憂，投閒二十載，卜居苕溪，自號苕溪漁隱。三十二年，起差福建轉運司幹辦公事，任滿歸苕溪。除知常州晉陵縣，未赴，孝宗乾道六年卒。有《苕溪漁隱叢話》百卷行世。事見清胡培翬《胡少師年譜》，清道光《徽州府志》卷十一有傳。

王十朋（一一一二～一一七一）

《用前韻贈劉全之》

一聲啼鳥簷間過，喚起幽人午窗卧。甕頭一滴價如珠，窮愁衮衮憑誰驅！溪畔相逢盡詩客，豪邁獨輸劉夢得。篇章自有神誰何，詎須元白參吟哦。（《四庫全書》本《梅溪集》前集卷二；《四部叢刊》本《梅溪王先生文集》前集卷二，第七八頁）

《讀孫子尚舊所寄書》

故人之書不易得，片紙隻字皆可惜。收拾永為巾笥藏，縱得千金不願易。開緘展轉時一讀，又未能終涙横臆。之人門地盛衣冠，萬里家居帝王宅。干戈繚繞飄吾鄉，傾盖論交似疇昔。我年初冠君猶少，握手游從忝聯璧。金溪風月供醉吟，君唱我酬常即席。君詩句句清且新，高壓曹劉倒元白。我才短淺何足論，彊伴寧容小生敵？追風駿足横海鱗，暫困鹽車與汙澤。掉頭一去不可尋，南北茫茫烟水隔。往年雁字時復傳，近日詩筒杳難覓。眼中不見故人面，紙上空懷故人迹。人生會合能幾回，一别八年同瞬息。我去無由君不來，尊酒相逢更何夕！（《四庫全書》本《梅溪集》前集卷三；《四部叢刊》本《梅溪王先生文集》前集卷三，第八五頁）

《陳景公挽詞》（其二）

先子於公分頗深，晚年出處恨商參。雖脩北海通家好，未遂香山會老心。盡道吉人俱未艾，誰知凶訃遽相尋。三年落盡思親涙，今日登門又滿襟。（《四庫全書》本《梅溪集》前集卷三；《全宋詩》第三十六册，第二二六〇九頁）

《鄭遜志胡叔成謝鵬劉敦信萬廓鄔一唯和詩復用前韻》

前日中秋一壺酒，交朋解散歸南畝。把盃邀月止三人，中有客來從谷口（鄭）。首登詩壇出險語，張我孤軍真畏友。重陽佳句更奇絶，西風猛向松關吼。中庸伯始遥遥胄（胡），穎然作賦吟詩手。謝客篇章似春草，分得家傳才一斗（謝）。句法天然自圓熟，長慶詩豪今有後（劉）。妙齡能作老成語，必大奇兒亦希有（萬）。鄔郡太守司馬孫，文與其人兩温厚（鄔）。我與數子無薰蕕，文字相從十常九。（《四庫全書》本《梅溪集》前集卷五）

《策問 十五》

……自漢室之東，而西方之教流入於中國，時君世主尊尚其説，遂與孔老並立，而王公卿士庶陷溺滋甚。王通，隋大儒也，猶稱其為聖人。白居易，唐賢人也，猶酷嗜之，晚節用其教以理性，况衆人乎！當時不惑其説，毅然而力排者，一韓愈氏而已。夫異端邪説之移人也，愚者信之可也，而智者惑之，何耶？不肖者信之可也，而賢者惑之，何耶？里巷之人信之可也，而縉紳士大夫惑之，何耶？豈異端之學，亦有以過人，而其道誠可與堯舜周孔抗衡於世耶？豈賈誼、司馬遷、王通、白居易之徒，明之尚之尊之者是，而孟子、揚雄、韓愈，闢之麾之排之者非耶？夫以其説為真可信也，則與吾堯舜周孔之道大不相似；以其説為妄也，則世之屈已以尊崇之者，又皆吾儒之傑然者焉。孟、楊、韓三君子不世出，無有與之辯者，願與諸君論之。……（《四庫全書》本《梅溪集》前集卷十五）

《會稽風俗賦並敍》

唐元微之一代奇才，罷侍玉皇，謫居蓬萊，賓竇鄰白，唱酬往來。繇是鑑湖、秦望之奇益開，故其俗至今好吟詠而多風騷之才。（原注：唐元積，字微之，罷相為浙東觀察使，辟竇鞏為副。鞏工於詩，與之酬和，故鑑湖、秦望之奇益傳，時號蘭亭絕唱。微之《州宅》詩云：「我是玉皇香案吏，謫居猶得小蓬萊。」時白樂天守杭，常以詩筒往來。後白赴闕，留贈云：「從此舟人應省事，寂寥無復遞詩筒。」）（《四庫全書》本《梅溪集》後集卷一；《四部叢刊》本《梅溪王先生文集》後集卷一，第二六四頁）

《和喻叔奇游天衣四十韵》

稽山高入雲，鑑湖闊浮空。禹秦有遺迹，晉宋多鉅公。我來歲及周，夢寐懷清風。兹欣天氣佳，扶桑欲曈曨。駕言天衣游，盍簪盡鴛鴻。經夕戒行李，如期集仙宫（原注：早會於天長觀）。聯騎出城南，行行指秦峰。千巖競吐秀，眼界清無窮。招提在何許？十里松陰濃。林端忽鐘磬，與客為先容。羣簪擁花界，雙佩鳴寒空。試將比天台，大略如思豐（原注：天台國清山水秀絕，有思豐堂，尤可觀覽）。首讀邕浩碑，妙理開昏蒙。細觀元白詩，丘壑羅胸中。蕭壁尚堪面（原注：寺有「面壁」二大字），梁薪幾經烘（原注：寺有梁時薪火，見李公垂詩）。兹宫現有相，禪客談無同。朝陽最嶄絕，白雲抹其胸（原注：朝陽峰最奇）。杜鵑天下無，至今映山紅。鷄僧始開山，道業聞清衷。思舉照不起，高價傾江東。袈裟縷黃金，宫女自針工。昭明親抱送，禮意何太恭！白馬忽渡江，臺城喪英雄。國破遺衣在，丹青落塵容（原注：寺舊有梁昭明太子畫像）。我輩皆書生，意氣飄如虹。蠟屐共尋幽，寧求香火功？載酒懷賀老，招隱思戴顒。賦詩效吹臺，一飯敢不忠。况我賢使君，德宇尤疏通。楚醴餉百榼，白衣走山中。嗟余何為者？天資媿倥侗。謬與酒中仙，偶同蕺山松（原注：蕺山有八松）。同年妙詞章，况有山水供。古詩如古琴，山高水溶溶。背囊小奚奴，捧硯長鬚僮（原注：叔奇題名）。勝游與佳作，二美今具逢。品題徧羣英，波瀾及孤蹤。掬水弄華句，比擬何凡庸（原注：掬水月在手，弄花香滿衣。乃于良史《游天衣寺》詩也）。兹會如蘭亭，同行類荀龍。盛事在詩史，奚用呼畫工。（《四庫全書》本《梅溪集》後集卷三；《四部叢刊》本《梅溪王先生文集》後集卷三，第二七八頁）

《陳商英挽詞》

貴似金張富石崇，紛紛老死利名中。退居不見香山老，肥遁誰知秀野翁。溪上園因種花闢，牀頭金爲好賓空。潸然痛念公兄弟，二十年前筆硯同。（《四庫全書》本《梅溪集》後集卷七；《全宋詩》第三十六册，第二二七六四頁）

《陳阜卿書云聞詩筒甚盛可使流傳江西否戲用竹萠韵以寄》

江西大帥本仙官，餘事篇章過定安。欲遣詩筒寄詩伯，恐嫌白俗孟郊寒。（《四庫全書》本《梅溪集》後集卷八；《四部叢刊》本《梅溪王先生文集》後集卷八）

《次韵李懷安贈何憲五絶》（之五）

元白詩筒數往還，小生閣筆媿言艱。異時應起鄱江念，公在金華我雁山。（《四庫全書》本《梅溪集》後集卷八；《四部叢刊》本《梅溪王先生文集》後集卷八，第三一三頁）

《白公草堂》

廬阜雙林寺，爐峯幾瓣香。日烘烟嫋紫，敬爲白公堂。（《四庫全書》本《梅溪集》後集卷十；《全宋詩》第三十六册，第二二七九五頁）

《夔路十賢·白文公（居易）》

賦詠窮三峽，樂天在忠州。苟不以直道，亦如元與劉。（《四庫全書》本《梅溪集》後集卷十四；《四部叢刊》本《梅溪王先生文集》後集卷十四；《全宋詩》第三十六册，第二二八六二頁）

《拾荔枝核欲種之戲成一首》

海味正思瑶柱美，夔門又見荔枝紅。炎方入貢自妃子，郡圃欲栽如白公。官滿猶爲十年計，實成須待二星終。不須更論何時喫，前種後收人我同。(《四庫全書》本《梅溪集》後集卷十四；《全宋詩》第三十六册，第二二八六五頁)

《詩史堂荔枝歌》

君不見詩人以來一子美，莫年流落來夔子。賦詩三百六十篇，西瀼東屯客愁裹。何人作堂畫遺像，收拾光芒榜詩史。堂前何有有荔枝，樹猶未老熟獨遲。世人貴早不貴晚，倘非我輩誰賞之。涪陵昔遭妃子污，萬顆包羞莫能訴。瀘戎一經少陵擘，至今傳誦輕紅句。少陵傷時淚成血，一點丹心不磨滅。散成朱實滿炎方，風味如詩兩奇絕。樂天曾畫忠州圖，自言香味人間無。君謨亦作閩中譜，陳紫聲名重南土。何如詩史堂前株，正是一飯孤忠餘。人爲世重物亦重，端如丈人屋上烏。巴圖閩譜合避路，奚用品第分錙銖。攙先熟者如楊盧，但可與之作前驅。閩娘十八婢妾爾，將軍大樹真傭奴。我生四百餘年後，來作先生游處守。登堂三嘆荔正丹，聊效柳人祠子厚。安得先生今復生，添賦夔州歌一首，要使荔枝之名長不朽。(《四庫全書》本《梅溪集》後集卷十四；《全宋詩》第三十六册，第二二八六五頁)

《別夔州三絕》(其一)

揭來夔子兩經年，恰是忠州白樂天。種柳栽花一般意，愧無名德比前賢。(《四庫全書》本《梅溪集》後集卷十四；《全宋詩》第三十六册，第二二八六九頁)

《哭陳阜卿》(之三)

我守番君國，公時帥豫章。詩筒續元白，治境接龔黄。流落來夔子，傳聞侍玉皇。北門方臥護，帝忽遣巫陽。(《四庫全書》本《梅溪集》後集卷十四；《四部叢刊》本《梅溪王先生文集》後集卷十四，第三五七頁)

《游東坡十一絕》(其二)

出處平生慕樂天，東坡名自樂天傳。文章均得江山助，但覺前賢畏後賢。

(《四庫全書》本《梅溪集》後集卷十五;《全宋詩》第三十六册,第二二八八〇頁)

《琵琶亭》

繫舟琵琶秋水深,夜静不聞琵琶音。往来多少商婦怨,世無司馬誰沾巾。(《四庫全書》本《梅溪集》後集卷十五;《全宋詩》第三十六册,第二二八八一頁)

《元宵貢院張燈會客知宗即席賦詩次韻》

欲送群英入帝鄉,預燒燈燭趣仙裝。銀花初合萬枝火,金榜已含千佛光。出海靈鼇駕蓬島,逐人明月散天香。笙歌鼎沸吟篇出,元白於詩媿未昌(原注:是夕無即席和者,故云)。(《四庫全書》本《梅溪集》後集卷十九;《四部叢刊》本《梅溪王先生文集》後集卷十九,第四〇一頁)

《答白待制》

某官逮事三朝,榮聯次對。典刑猶在,有靖康賢相之風;文采可觀,本長慶詩豪之裔。奉真祠於番水,繼高躅於香山。頤養遐齡,鼎來多福。况聖君思故國之喬木,而先正有克家之象賢,行以蒲輪,召還荷橐。(《四庫全書》本《梅溪集》後集卷二十三)

《游天衣詩序》

紹興戊寅冬十有一月己卯日,南至後二日,游天衣者八人,皆前進士宦游於越者。黎明戒裝,集於賀監之故居。天氣既佳,愛日初長。籃輿出蠡城之南,道乎稽山之陰。徉徜乎秦望、鑑湖,千岩萬壑之間。有松陰十里,林麓静深,山轉徑迂,烟藹出沒。初行若迷,俄有鍾磬聲,出乎翠微之端,蓋天衣寺也。十峰堆秀,雙澗涵碧。朝陽、法華二峰,尤蒼然嶄絕乎其中。寺有唐人李泰和、徐季海、元微之、白樂天、李公垂諸作者詩文,其碑刻尚無恙。有化身普賢飛來銅像、蕭梁衣鉢、雙烏故事,緇徒頗能道之。方杖屨尋幽,有府吏將使君之命,餉以百榼。既拜賜,有舉杯而言者曰:「今日之集,蓋不偶然也。昔王謝蘭亭之游,羣賢少長畢集,可謂雅會矣。然賦詩不就者,十有六人,豈若吾儕臭味之同,游從之勝乎?白衣之來,非王洪之酒,乃楚元之醴也。歡其可以不記於是，舉白飛觴，唱酬交作，雜以諧笑，咸有餘適。僧有勸游雲門者，夕陽薄山，遂不果往。乃舍車聯騎，探梅而還。晚集於泮宫，飲文字也。初登山，某首賦一章，同行即席而和。既而吟詠者多，不記篇目，遂列書於招提，諸公命某序之。（《四庫全書》本《梅溪集》後集卷二十七；《四部叢刊》本《梅溪王先生文集》後集卷二十七，第四六二頁）

《點絳唇》

春色融融，東風吹散花千樹。雪香飄處。寒食江村暮。　　左掖看花，多少詞人賦。花無語。一枝春雨。惟有香山句。（《全宋詞》第一三五二頁）

智按：王十朋，字龜齡，號梅溪，溫州樂清（今屬浙江）人。高宗紹興二十七年（一一五七）登進士第一人。初添差紹興府僉判，三十年，除秘書省校書郎，尋兼建王府小學教授。三十一年，遷著作佐郎、大宗正丞，得請主管台州崇道觀。孝宗即位，除司封員外郎兼國史院編修官，累遷國子司業、起居舍人，改兼侍講、侍御史。隆興二年（一一六四），知饒州。乾道元年（一一六五），知夔州。三年，知湖州。四年，知泉州。七年，除太子詹事，以龍圖閣學士致仕。七月卒，年六十。謚忠文。有《梅溪前後集》及奏議等五十四卷。事見本集附録《龍圖閣學士王公墓誌銘》，《宋史》卷三八七有傳。

林之奇（一一一二～一一七六）

《觀瀾集後序》

右《觀瀾集》所編，百二十有九篇，皆瀾之動也，余於是觀焉，亦聊足以稱是區區聞見之所及者，發吾管蠡之陋識，作吾金鼓之懦氣也而已，非以古作者之文，為止於是也。代有不録之人，人有不收之文，蓋塵有存者，故不以世次列敘先後，且虚其左方，以待之。繼此復有會於予心，而可以廣予傳者，固將特書大書屢書，不一書而止也。夫《文選》不收《蘭亭記》，《文粹》不收《長恨歌》，識者于今以為二書之遺恨。由其所取乎斯文者，以為盡於其書，故其所遺者，人得而恨之。余方收《選》、《粹》之所遺，其敢自謂無所闕軼乎？昔孔子之始删《詩》也，得周之《國風》、《雅》、《頌》於自衛反魯之初，既列而敘之矣，末乃得魯、商二頌，又從而附益之，不以世次之先後為嫌也。……余之觀瀾，非曰能之，亦徒為過屠之嚼、望洋之嘆耳。(《四庫全書》本《拙齋文集》卷十六)

智按：據林之奇弟子吕祖謙（一一三七～一一八一）之《東萊集注類編觀瀾文集》，《觀瀾集》選白居易詩文作品九篇：《江南遇天寶樂叟歌》、《無可奈何歌》、《長恨歌》、《太行路》、《座右銘並序》、《養竹記》、《太湖石記》、《廬山草堂記》、《饒州刺史吴府君神道碑銘》。

林之奇，字少穎，自號拙齋，學者稱三山先生，侯官（今福建福州）人。從吕本中學。高宗紹興二十一年（一一五一）進士，調莆田主簿、長汀尉。二十六年，為秘書省正字。二十九年，守校書郎。以疾由大宗正丞提舉福建路市舶司。遂以祠禄家居。孝宗淳熙三年卒，年六十五。有《拙齋文集》二十卷等。《宋史》卷四三三有傳。

周淙（一一一三～一一七二）

《乾道臨安志》

⊙樟亭驛

晏殊《輿地志》云：「在錢唐縣舊治之南五里。」白居易有《宿樟亭驛》詩。羅隱乾符五年夏登是驛，看潮有詩。（廢）(《四庫全書》本卷二「館驛」)

⊙虛白堂

舊圖經云：在舊治。晏殊《輿地志》云：為刺史，在官清嚴，人無犯者。唐長慶中，刺史白居易有詩刻石堂上。羅隱《虛白堂牡丹》詩云：「莫背欄杆便相笑，與君俱受主人恩。」蓋謂白太傅手植此花也。郡守梅摯十詩，皆以「堂有虛白閑」為首章，堂前有紫薇兩本，世傳居易所植。蘇軾有虛白堂、紫薇花詩。廢。(《四庫全書》本卷二「堂」)

⊙三賢堂

在孤山竹閣。有白樂天、林君復、蘇子瞻三賢像。後廢不存。乾道五年，郡守周淙重建于水仙王廟之東廡。(《四庫全書》本卷二「堂」)

⊙白公竹閣

在孤山。與栢堂相連。有唐刺史白居易祠堂。蘇軾有《竹閣》、《栢堂》二詩。(《四庫全書》本卷二「閣」)

⊙白居易

字樂天，事唐穆宗為中書舍人。長慶二年七月，出為杭州刺史。始築堤捍錢塘湖，鍾洩其水，溉田千頃，復濬李泌六井，民賴其汲。久之，以太子左庶子分司東都，封馮翊縣侯。(《四庫全書》本卷三「牧守」)

⊙裴常棣

兵部郎中，杭州刺史，河東聞喜人。白居易《冷泉亭記》云：「觀風亭，常棣所建。」(《四庫全書》本卷三「牧守」)

⊙李及

乾興元年三月壬申，以樞密直學士給事中李及知杭州。天聖元年九月丁亥，徙知應天府兼南京留守司。本傳：字知幾，資性清介，所治尚簡嚴，喜慰薦下吏，而樂道人之善。在杭州，惡其風俗輕靡，未嘗事燕游。一日微雪，遽出郊，衆謂當命賓朋為高會。乃獨造處士林逋清談，至暮而歸。任中不市物，及去，惟買《白樂天集》一部。(《四庫全書》本卷三「牧守」)

⊙王濟

景德四年九月辛巳，以工部員外郎兼侍御史知雜事王濟為工部郎中知杭州。本傳：字巨川，性剛直，無所畏避。出知杭州，真宗面加慰諭。大中祥符四年，遷刑部。郡城西有錢塘湖，可溉田千餘頃，歲久湮塞，命工濬治，增置斗門，以備潰溢之患，仍以白居易舊記刻石湖側。民頗利之。徙知洪州。(《四庫全書》本卷三「牧守」)

智按：周淙，字彥廣，湖州長興（今屬浙江）人。乾道五年以右文殿修撰知臨安府，創為《乾道臨安志》。原本凡十五卷，見《宋史·藝文志》。其後淳祐間施諤、咸淳間潛説友歷事編纂，皆有成書。今惟潛志尚存鈔帙，周、施二志世已無傳。此本為杭州孫仰曾家所藏宋槧本。淙尹京時，撩湖浚渠，頗留心於地利，故所著述亦具有條理。今其書雖殘闕不完，而於南宋地志中為最古之本。考武林掌故者，要必以是書稱首焉。(《四庫提要》)《宋史》卷三百九十周淙本傳：「魏王出鎮，移守婺州。明年春，復奉祠，亟告老。十月卒，年六十。」據《宋史》卷三十四，魏王出鎮甯國府在乾道七年（一一七一），則周淙卒於一一七二，上推周淙生年為一一一三年。

陳俊卿（一一一三～一一八六）

《知稼翁集序》

乾道五年冬，順昌令黃君沃書抵中都，來告曰：先君考功，力學半世，雖得一第，而仕不克顯。平生所為文，僅十一通，願得序引以冠其首。余方備機政未暇也。越明年，出守長樂郡，復多事少暇隙。又明年，順昌使其弟洧來責前諾。仲秋既望，積雨乍晴，天氣澄爽，退食郡齋，因取考功文，徧觀之。典重溫雅，如其為人。其詩格律森嚴，興寄深遠，雖未盡追古作，要自成一家。間與予里居唱和數篇，余讀而深悲之。公以文章魁，多士有盛名，於時賀中灑落，議論宏壯，識者期之甚遠，而官止外郎，年四十八以殞。所以傳世垂後者，止此而已，是可傷也。昔白樂天與元居敬善，及序其遺文有曰：「黃壤豈知我，白頭猶念君。唯將老年淚，一灑故人文。」執筆愴然，蓋有感於斯言。公諱公度，字師憲，戊午同年進士也。莆陽陳俊卿序。(《四庫全書》本《知稼翁集》卷首)

智按：《知稼翁集》，黃公度（一一〇九～一一五六）著。黃公度，字師憲，號知稼翁，莆田（今屬福建）人。有《知稼翁集》二卷。事見本集附録宋林大鼐《宋尚書考功員外郎黃公墓誌銘》。

陳俊卿，字應求，莆田（今屬福建）人。高宗紹興八年（一一三八）進士，授泉州觀察推官。二十六年，召為秘書省校書郎，累遷監察御史、殿中侍御史。三十一年，權兵部侍郎。孝宗即位，遷中書舍人，充江、淮宣撫判官兼權建康府事。隆興元年（一一六三），建都督府，除禮部侍郎參贊軍事，為湯思退忌，出知泉州。乾道元年（一一六五）復召，又為錢端禮所忌，出知漳州，改建寧府。三年，召為同知樞密院事兼參知政事。四年，拜尚書右僕射、同中書門下平章事兼樞密使。與虞允文不協，出知福州，兼福建路安撫使。領祠禄。淳熙二年（一一七五），再命知福州。力求去，提舉臨安府洞霄宫。五年，起判建康府、江南東路安撫使兼行宫留守。九年，致仕，十三年卒，年七十四。謚正獻。有遺文二十卷、奏議二十卷，均佚。事見《晦庵集》卷九六《正獻陳公行狀》、《誠齋集》卷一二三《正獻陳公墓誌銘》，《宋史》卷三八三有傳。

林光朝（一一一四～一一七八）

《策問二十首》（其六）

問：《三百篇》之詩，而繫之以《國風》、《雅》、《頌》，猶天之有二十八舍，地之有五嶽四瀆也。季札聘於魯，請觀周樂，魯人為之歌《風》，歌《大雅》、《小雅》，歌《頌》，當是時，夫子尚幼，是《國風》、《雅》、《頌》，季札已能辨之，不待刪削而後定也。……其外又有《鐃歌》，有《横吹曲》。今所存者，《鐃歌》二十二曲，而其四曲無傳。《横吹》舊有二十八章，自魏晉以來，已不復存。如《朱鷺》，如《戰城南》，張籍、李白嘗有是作。此《鐃歌》詞也。如《入關》，如《出塞》，張祜、杜甫嘗有是作，此横吹曲也。其外又有相和三調，皆周人房中所作之樂也。如《長歌》，如《燕歌》，此平調也；如《苦寒》，如《秋胡》，此清調也；如《公無渡河》，如《飲馬長城窟》，此瑟調也；三調之變，又有所謂清商樂者，如《巴渝》、《明君》、《白鳩》、《白紵》之屬是也。隋有七部，唐有十部，而獨以清商為中土正聲也，仰惟主上，纂累聖之洪圖，修百王之逸典，功成治定，樂律畢陳，今太常所用，求之於歷代，其損益可知也。周人有燕樂縵樂，《三百篇》之詩，其亦用之於燕樂縵樂者乎？然而《九德》之歌，《九夏》之奏，《貍首》之節，與夫《豳風》、《豳》雅，皆曉然見之於經，而求之《三百篇》之中，則無有也。如《九德》、《九夏》，則雅頌之流也；《貍首》則風也；豳之雅頌，猶《魯頌》也；然豳一國之事，不容有所謂雅者，周公之所載，仲尼獨闕而不取者，又何耶？如《黄雀》四曲，此漢《鐃歌》也，有其義而亡其辭，後世作者，或雜之於三調，無乃三調之於鼓吹，清商之於三調，同出一本者乎？如元結所作《五莖》、《六英》，皮日休所作《王夏》、《肆夏》，此可以用之於郊廟燕射也。王維有《平戎辭》，陸龜蒙有《雙吹管》，皮日休有《農父謡》，元稹、白居易有《馴犀》、《法曲》，若此數者，其在樂府，當何所隷也？願併聞其説。（《四庫全書》本《艾軒集》卷三）

智按：林光朝，字謙之，號艾軒，興化軍莆田（今屬福建）人。曾再試禮部不第，往從尹焞遊。通六經百氏，從學者數百人，伊洛之學倡于東南自光朝始。孝宗隆興元年（一一六三）進士及第，調袁州司户參軍，知永福縣。召試館職。乾道五年（一一六九）為秘書省正字兼國史院編修官、實録院檢討官。歷著作佐郎、著作郎、國子司業兼太子侍讀。九年，出為廣南西路提點刑獄。淳熙元年（一一七四），改廣南東路。二年，因督捕茶寇有勞，召拜國子祭酒兼太子左諭德。四年，為孝宗講解《中庸》稱善，除中書舍人。因封還謝廓然遷殿中侍御史詞頭，出知婺州，引疾奉祠。五年卒，年六十五。有《艾軒集》二十卷（本集宋劉克莊序），已佚。明正德十六年鄭嶽據傳録本選刊為十卷。事見《周文忠集》卷六十三《林公神道碑》，《宋史》卷四三三有傳。

張戒（？～一一七八）

《歲寒堂詩話》

建安陶、阮以前詩，專以言志。潘、陸以後詩，專以詠物。兼而有之者，李、杜也。言志乃詩人之本意，詠物特詩人之餘事。古詩、蘇、李、曹、劉、陶、阮本不期於詠物，而詠物之工，卓然天成，不可復及。其情真，其味長，其氣勝，視《三百篇》幾於無愧，凡以得詩人之本意也。潘、陸以後，專意詠物，雕鎸刻鏤之工日以增，而詩人之本旨掃地盡矣。謝康樂「池塘生春草」，顔延之「明月照積雪」（按：「明月照積雪」乃謝靈運詩，此誤），謝玄暉「澄江靜如練」，江文通「日暮碧雲合」，王籍「鳥鳴山更幽」，謝真「風定花猶落」，柳惲「亭皋木葉下」，何遜「夜雨滴空階」，就其一篇之中，稍免雕鐫，粗足意味，便稱佳句，然比之陶、阮以前，蘇、李古詩，曹、劉之作，九牛一毛也。大抵句中若無意味，譬之山無煙雲，春無草樹，豈復可觀。阮嗣宗詩，專以意勝；陶淵明詩，專以味勝；曹子建詩，專以韻勝；杜子美詩，專以氣勝。然意可學也，味亦可學也，若夫韻有高下，氣有強弱，則不可強矣。此韓退之之文，曹子建、杜子美之詩，後世所以莫能及也。世徒見子美詩多粗俗，不知粗俗語在詩句中最難，非粗俗，乃高古之極也。自曹劉死至今一千年，惟子美一人能之。中間鮑照雖有此作，然僅稱俊快，未至高古。元、白、張籍、王建樂府，專以道得人心中事為工，然其詞淺近，其氣卑弱。至於盧仝，遂有「不唧溜鈍漢」、「七椀喫不得」之句，乃信口亂道，不足言詩也。近世蘇黃亦喜用俗語，然時用之亦頗安排勉強，不能如子美胸襟流出也。子美之詩，顏魯公之書，雄姿傑出，千古獨步，可仰而不可及耳。（卷上，《歷代詩話續編》第四五〇頁）

國朝諸人詩為一等，唐人詩為一等，六朝詩為一等，陶、阮、建安七子、兩漢為一等，《風》、《騷》為一等，學者須以次參究，盈科而後進，可也。黃魯直自言學杜子美，子瞻自言學陶淵明，二人好惡，已自不同。魯直學子美，但得其格律耳；子瞻則又專稱淵明，且曰「曹、劉、鮑、謝、李、杜諸子皆不及也」，夫鮑、謝不及則有之，若子建、李、杜之詩，亦何愧於淵明？即淵明之詩，妙在有味耳，而子建詩，微婉之情、灑落之韻、抑揚頓挫之氣，固不可以優劣論也。古今詩人推陳王及《古詩》第一，此乃不易之論。至於李、杜，尤不可輕議。歐陽公喜太白詩，乃稱其「清風明月不用一錢買，玉山自倒非人推」之句。此等句雖奇逸，然在太白詩中，特其淺淺者。魯直云：「太白詩與漢魏樂府爭衡」，此語乃真知太白者。王介甫云：「白詩多説婦人，識見污下。」介甫之論過矣。孔子刪詩三百五篇，説婦人者過半，豈可亦謂之識見污下耶？元微之嘗謂自詩人以來，未有如子美者，而復以太白為不及，故退之云：「不知羣兒愚，那用故謗傷。」退之於李、杜但極口推尊，而未嘗優劣，此乃公論也。子美詩奄有古今，學者能識國風騷人之旨，然後知子美用意處，識漢魏詩，然後知子美遣詞處。至於掩顏、謝之孤高，雜徐、庾之流麗，在子美不足道耳。歐陽公詩學退之，又學李太白。王介甫詩，山谷以為學三謝。蘇子瞻學劉夢得，學白樂天、太白，晚而學淵明。魯直自言學子美。人才高下，固有分限，然亦在所習，不可不謹，其始也學之，其終也豈能過之。屋下架屋，愈見其小，後有作者出，必欲與李杜爭衡，當復從漢魏詩中出爾。（卷上，《歷代詩話續編》第四五一～四五二頁）

「蕭蕭馬鳴，悠悠旆旌」，以「蕭蕭」、「悠悠」字，而出師整暇之情狀，宛在目前。此語非惟創始之為難，乃中的之為工也。荊軻云：「風蕭蕭兮易水寒，壯士一去兮不復還。」自常人觀之，語既不多，又無新巧，然而此二語遂能寫出天地愁慘之狀，極壯士赴死如歸之情，此亦所謂中的也。古詩「白楊多悲風，蕭蕭愁殺人」，「蕭蕭」兩字，處處可用，然惟墳墓之間，白楊悲風，尤為至切，所以為奇。

樂天云：「說喜不得言喜，說怨不得言怨。」樂天特得其粗爾。此句用「悲」、「愁」字，乃愈見其親切處，何可少耶？詩人之工，特在一時情味，固不可預設法式也。（卷上，《歷代詩話續編》第四五三頁）

《國風》云：「愛而不見，搔首踟躕。」「瞻望弗及，佇立以泣。」其詞婉，其意微，不迫不露，此其所以可貴也。《古詩》云：「馨香盈懷袖，路遠莫致之。」李太白云：「皓齒終不發，芳心空自持。」皆無愧於《國風》矣。杜牧之云：「多情卻是總無情，惟覺尊前笑不成。」意非不佳，然而詞意淺露，略無餘蘊。元、白、張籍，其病正在此，只知道得人心中事，而不知道盡則又淺露也。後來詩人能道得人心中事者少爾，尚何無餘蘊之責哉。（卷上，《歷代詩話續編》第四五四頁）

楊太真事，唐人吟詠至多，然類皆無禮。太真配至尊，豈可以兒女語黷之耶？惟杜子美則不然，《哀江頭》云：「昭陽殿裏第一人，同輦隨君侍君側。」不待云「嬌侍夜」、「醉和春」，而太真之專寵可知，不待云「玉容」、「梨花」，而太真之絕色可想也。至於言一時行樂事，不斥言太真，而但言輦前才人，此意尤不可及。如云：「翻身向天仰射雲，一笑正墜雙飛翼。」不待云「緩歌慢舞凝絲竹，盡日君王看不足」，而一時行樂可喜事，筆端畫出，宛在目前。「江水江花豈終極」，不待云「比翼鳥」、「連理枝」，「此恨綿綿無盡期」，而無窮之恨，《黍離》、《麥秀》之悲，寄於言外。題云《哀江頭》，乃子美在賊中時，潛行曲江，睹江水江花，哀思而作。其詞婉而雅，其意微而有禮，真可謂得詩人之旨者。《長恨歌》在樂天詩中為最下，《連昌宮詞》在元微之詩中乃最得意者，二詩工拙雖殊，皆不若子美詩微而婉也。元、白數十百言，竭力摹寫，不若子美一句，人才高下乃如此。（卷上，陳應鸞《歲寒堂詩話校箋》，第四五～四六頁；《歷代詩話續編》第四五七頁）

梅聖俞云：「狀難寫之景，如在目前。」元微之云：「道得人心中事。」此固白樂天長處，然情意失於太詳，景物失於太露，遂成淺近，略無餘蘊，此其所短處。如《長恨歌》，雖播於樂府，人人稱誦，然其實乃樂天少作，雖欲悔而不可追者也。其敘楊妃進見專寵行樂事，皆穢褻之語。首云「漢皇重色思傾國，御宇多年求不得」，後云「漁陽鼙鼓動地來，驚破《霓裳羽衣曲》」，又云「君王掩面救不得，回看血淚相和流」，（按：白居易詩刊本「回看」或作「回首」）此固無禮之甚。「侍兒扶起嬌無力，始是新承恩澤時」，此下云云，殆可掩耳也。「遂令天下父母心，不重生男重生女」，此等語乃樂天自以為得意處，然而亦淺陋甚。「夕殿螢飛思悄然，孤燈挑盡未成眠」，此尤可笑，南内雖淒涼，何至挑孤燈耶？惟敘上皇還京云：「天旋日轉回龍馭，到此躊躇不能去。馬嵬坡下泥土中，不見玉顏空死處。君臣相顧盡沾衣，東望都門信馬歸。歸來池苑皆依舊，太液芙蓉未央柳。」敘太真見方士云：「風吹仙袂飄飄舉，猶似《霓裳羽衣》舞。玉容寂寞淚闌干，梨花一枝春帶雨。」一篇之中，惟此數語稍佳爾。《長恨歌》，元和元年尉盩厔時作，是時年三十五，謫江州，（元和）十一年，作《琵琶行》，二詩工拙，遠不侔矣。如《琵琶行》雖未免於煩悉，然其語意甚當，後來作者，未易超越也。（卷上，《歷代詩話續編》第四五七～四五八頁）

世言白少傅詩格卑，雖誠有之，然亦不可不察也。元、白、張籍詩，皆自陶、阮中出，專以道得人心中事為工，本不應格卑，但其詞傷於太煩，其意傷於太盡，遂成冗長卑陋爾。比之吳融、韓偓俳優之詞，號為格卑，則有間矣。若收斂其詞，而少加含蓄，其意味豈復可及也。蘇端明子瞻喜之，良有由然。皮日休曰：「天下皆汲汲，樂天獨恬然；天下皆悶悶，樂天獨舍旃。仕若不得志，可為龜鑒焉。」此語得之。（卷上，《歷代詩話續編》第四五九頁）

張司業詩，與元、白一律，專以道得人心中事為工，但白才多而意切，張思深而語精，元體輕而詞躁爾。籍律詩雖有味，而少文，遠不逮李義山、

劉夢得、杜牧之，然籍之樂府，諸人未必能也。（卷上，《歷代詩話續編》第四六〇頁）

往年過華清宮，見杜牧之、溫庭筠二詩，俱刻石於浴殿之側，必欲較其優劣而不能。近偶讀庭筠詩，乃知牧之之工，庭筠小子，無禮甚矣。劉夢得《扶風歌》、白樂天《長恨歌》及庭筠此詩，皆無禮於其君者。庭筠語皆新巧，初似可喜，而其意無禮，其格至卑，其筋骨淺露，與牧之詩不可同年而語也。其首敘開元勝游，固已無稽，其末乃云「豔笑雙飛斷，香魂一哭休」，此語豈可以瀆至尊耶？人才氣格，自有高下，雖欲強學不能，如庭筠豈識《風》、《雅》之旨也？牧之才豪華，此詩初敘事甚可喜，而其中乃云：「泉暖涵窗鏡，雲嬌惹粉囊。嫩嵐滋翠葆，清渭照紅妝。」是亦庭筠語耳。（卷上，《歷代詩話續編》第四六一～四六二頁）

杜牧之序李賀詩云：「騷人之苗裔。」又云：「少加以理，奴僕命《騷》可也。」牧之論太過。賀詩乃李白樂府中出，瑰奇譎怪則似之，秀逸天拔則不及也。賀有太白之語，而無太白之韻。元、白、張籍以意為主，而失於少文，賀以詞為主，而失於少理，各得其一偏。故曰：「文質彬彬，然後君子。」（卷上，《歷代詩話續編》第四六二頁）

《鹿頭山》云「游子出京華，劍門不可越」，（按：此詩刊本「京華」或作「咸京」）《七歌》云「山中儒生舊相識，但話宿昔傷懷抱」，《遭田父泥飲》云「久客惜人情，如何拒鄰叟」，《又上後園山腳》云「到今事反覆，故老淚萬行。龜蒙不可見，況乃懷故鄉」，（按：此詩刊本「不可」或作「不復」，「懷故」或作「復舊」）皆人心中事而口不能言者，而子美能言之，然詞高雅，不若元、白之淺近也。（卷下，《歷代詩話續編》第四七〇頁）

智按：張戒，字定復（一作夫），河東絳州正平（今山西新絳）人。宣和六年（一一二四）進士。紹興五年（一一三五）四月，以趙鼎薦，得召對，授國子監丞。鼎稱其登第十餘年，曾作縣令。紹興八年三月，以兵部員外郎守監察御史。是年八月，守殿中侍御史。十一月，為司農少卿。旋坐疏留趙鼎，改外任十二年。羅汝楫劾其沮和議，黨於趙鼎、岳飛，特勒停。二十七年九月，以佐宣教郎主管台州崇道觀。（李心傳《建炎以來繫年要録》）

釋印肅（一一一五～一一六九）

《重陽日頌》

去歲逢重九，風流主得賓。黃花談般若，白法樂天真。今夕當良會，高峰沒四鄰。孤笻挑日月，何道不通津。（《全宋詩》第三十七册，第二三一六八頁）

智按：釋印肅，號普庵，俗姓余，袁州宜春（今屬江西）人。六歲從壽隆院賢和尚出家，年二十七落髮，高宗紹興十二年（一一四二），於袁州開元寺受戒。游湖湘，謁大溈牧庵忠公，有省。十三年，歸壽隆。二十三年，主慈化寺。孝宗乾道二年（一一六六），始謍梵宇。五年卒，年五十五。有《普庵印肅禪師語録》，收入《續藏經》。生平見《語録》卷上《年譜》、《悟道因緣》、《塔銘》。

胡堅（一一一五～一一七八）

《臨安北廳壁記》

官府有題名，古也；郡有倅貳，亦古也。臨安為郡，東南第一都會，湖山之勝，妙絶天下。承平盛時，風俗絶厚，獄訟稀少，視比他州為樂土。前此良二千石，如唐白傅，國朝蘇翰林，其政事妙敏，如庖丁解牛，奏刀砉騞，固已磔然四解矣。公退之暇，則放意詩酒，寓興於湖山之間。至今蒼崖斷壁，二公之墨寶猶有存者，則古人為郡之樂，二公固自得之。想夫所謂半刺史者，亦得以平分風月焉。越自六飛南渡，而臨安遂為輦轂之地。守倅之選，雖視古為重，然風俗日益偷，獄訟日益繁。加之六宫百司、軍旅郊祀，無一不取辦於是郡，太守窮日力有不能給，倅貳方且奉令承教之不暇。雖其選甚重，而其勞殆與諸州上佐等。而堅常不肖，承乏北倅，自惟綿薄，固不足以比方古人。然辱在此位，恨不得周旋揖遜於白傅、蘇翰林之時。蓋所謂半刺史之樂，未易得也。位有南北二廳，南廳自紹興初，分治於府治之前，獨北廳遷徙不常，故自建炎庚戌，至於隆興甲申，凡三十有六年，自郭君至堅常，凡二十有二人，而題名記迄未能立，遂使姓氏與夫去來日月，了不可考，蓋闕文也。於是伐石記之，以貽後之來者云。（《咸淳臨安志》卷五十「倅貳·北廳」；《全宋文》二〇〇六年版第二一〇册，卷四六七一，第三五六頁）

智按：《咸淳臨安志》卷五十：「大平興國，杭歸版圖，倅與守俱置。至建炎庚戌以後，名氏始有可次第者。乾道元年，通判胡堅常為壁記。」

胡堅常，字秉彝，祖籍豫章，後爲常州晋陵（今江蘇常州）人。胡宿曾孫。少以蔭補官，初尉建昌之南城。兩除兩浙轉運副使，除江東轉運判官，陞副使。淳熙四年爲户部郎中，明年遷將作監，太府少卿。丐外，以直寶文閣提點浙西刑獄。未赴，以疾免，尋得祠。終，享年六十有四，官至朝議大夫。事見蔡戡《朝議大夫直寶文閣學士胡公墓誌銘》（《定齋集》卷一五）。

李燾（一一一五～一一八四）

《續資治通鑑長編》

（太宗至道二年）二月壬申朔，贈司徒謚文正李昉卒。昉温和無城府，寬厚多恕，為文章慕白居易，尤淺近易曉。江南平，士大夫歸朝，昉多與游，雅厚善張洎，而薄張佖。及昉罷相，洎草制，力攻昉之短。佖朔望嘗詣昉第，人或謂佖曰：「李公待君素不厚，何數詣之？」佖曰：「我掌廷尉日，李公方秉政，未嘗有所請求於我，我故重之。」昉素病心悸，每一發，必彌年不瘳，嘗謂諸子曰：「我前後典誥命三十年，勞役思慮，而致是疾爾。」卒後，上嘗謂近臣曰：「昉本以文章進用，及居相位，自知才微任重，無所彌綸，但憂愧而已。」（卷三十九）

（真宗景德四年春正月）辛巳，以唐刑部尚書致仕白居易孫利用，為河南府助教，常令修奉墳塋影堂。（卷六十五）

（真宗大中祥符二年十二月）癸卯，命江州葺唐白居易舊第。上與輔臣言及居易，嘉其能保名節，故有是命。（卷七十二）

真宗天禧元年六月戊辰朔，上封者言：「伏見召太常博士許式、武定基欲以擢陞臺省。伏緣曲臺博士，若踐諫垣，即拜司諫，唐之拾遺、補闕，如陳子昂、元稹、白居易，皆以文學兼人賢良入等，乃充是選。自後非髦英秀偉之士，罕聞輕授。臣與許式等，素無憎嫌，又非深熟相識，止為朝廷重惜名器式等，雖無諫臣之體，必有幹事之能，乃方得名達睿聰，獲預嚴召，如臣言，可采望改一郎曹，優與外任，進退之間，事理無爽。」上言式等雖無詞藻，然皆勤幹，朝行中多所稱薦耳。既而止進秩，停其差使。（卷九十）

（真宗乾興元年）三月壬申，以樞密直學士給事中李及知杭州，及性清介，所治簡嚴，喜慰薦下吏，而樂道人之善。惡錢塘風俗輕靡，不事宴游。一旦冒雪出郊，衆謂當置酒召客；乃獨造林逋清談，至暮而歸。居官數年，未嘗市吳物。比去，惟市《白樂天集》。（卷九十八）

（仁宗慶曆四年三月）乙亥，詔曰：儒者通天地人之理，明古今治亂之源，可謂博矣。然學者不得騁其説，而有司務先聲病章句以拘牽之，則吾憂英俊奇偉之士，何以奮焉！士有純明朴茂之美，而無教學養成之法，其飭身勵節者，使與不肖之人，雜而並進，則夫懿德敏行之賢，何以見焉！此取士之甚弊，而學者自以為患。議者屢以為言，比令詳酌，仍詔政事府參定，皆謂本學校以教之，然後可求其行實。先策論，則辨理者得盡其説；簡程式，則閎博者可見其才。至於經術之家，稍增新製，兼行舊式，以勉中人。煩法細文，一皆罷去。明其賞罰，俾各勸焉。如此則待才之意周，取人之道廣。夫遇人以薄者，不可責其厚也。今朕建學興善，以尊子大夫之行，而更制革弊，以盡學者之才，教育之方，勤亦至矣。有司其務嚴訓導，精察舉以稱朕意，學者其進德修業，無失其時。凡所科條，可為永式。其令曰州若縣，皆立學，本道使者，選屬部官為教授，三年而代；選於吏員不足，取於鄉里宿學有道業者，三年無私譴，以名聞。士須在學習業三百日，乃聽預秋賦；舊嘗充賦者，百日而止。親老無兼侍，取保任，聽學於家。而令試於州者，相保任所禁有七，曰隱憂匿服，曰嘗犯刑責，曰行虧孝弟有狀可指，曰明觸憲法，兩經贖銅，或不經贖罰，而為害鄉黨，曰籍非本土，假戶冒名，曰父祖犯十惡四等以上罪，曰工商雜類，或嘗為僧道，皆不得預。進士試三場，先策，次論，次詩賦，通考為去取，而罷帖經墨義。又以舊制用詞賦，聲病偶切，立為考式，一字違忤，已在紬格，使博識之士，臨文拘忌，俯就規檢，美文善意，鬱而不伸。如白居易《性習相近遠》賦，獨孤綬《放馴象》賦，皆當時試禮部，對偶之外，自有義意可觀，宜許倣唐體，使馳騁於其間。士子通經術，願對大義者，試十道，以曉析意義為通，五通為中格；三史科取其明史意而文理可采者；明法科試斷案，假立甲乙罪，合律令知法意文理優為上等。（此即仲淹等十事其三曰精貢舉也。畧已見三年九月丁卯）。（卷一百四十七）

（仁宗慶曆六年六月）參知政事吳育與宰相賈昌朝不相能，監察御史唐詢既怨育，遂希昌朝意上奏曰：「賢良方正、直言極諫、茂材異等科，由漢涉唐，皆不常置。若天見災異，政有闕失，則詔在位薦之本朝，稽用舊文。訖真宗世，三建此科。陛下即位，增科為六，令兩省若少卿監以上奏舉，後又止用賢良茂材二科，隨進士科設之，近年率不用。保任之臣，皆自名科目，且賢良方正、茂材異等，名號至美，使舉而為之，猶曰近古即自顯其美，顧所未聞。……請自今不與進士同時設科，若因災異非時舉擢，宜如漢故事，親策當世要務，罷祕閣之試疏上帝，刊其名付中書。」

育奏疏駁之曰：「三代以來，取士之盛，莫若漢、唐。漢文帝十五年，詔舉賢良文學之士，上親策之，則有如鼂錯者出焉，是時非有災異而舉也。武帝建元元年，詔舉賢良方正、直言極諫之士，元光元年詔賢良對策，則有若董仲舒、公孫宏者出焉，所舉亦非因災異，但策中語或及者，亦陳事之一端爾。唐開元二年六月甲子制：『其有茂材異等，或令自舉。』是年設直言極諫科。逮憲宗元和間，制科尤盛，有若元稹、白居易，皆特出之材。觀當時策目，所訪者皇王之要道，邦國之大務，可以覆視，固不專於災異也。此漢唐故事有足據者，其間或因天變，又非時親策者則亦有之。厥後時君，或居常自逸，謂毋闕政，及天災已著，時蠹已形，然後下詔舉之，欲救於臨事，此則取士之弊風，而後王之末造也，豈足法哉！陛下自復制科，於兹累年，隨貢舉而開，疎數適中，若必俟災譴然後詔舉，非惟失設科本意，且尤不可者有三：一則使天下賢俊滯淹之士，待災異而進，非所以養廉耻也。二則平居不詢造形，乃問非所以，懼天災也。三則輕改信令，示天下毋渴士之心，非所以廣賢路也。且漢唐所立孝廉及進士等科，皆每歲常選，故制舉不隨而開。今禮部進士，數年一舉，因以制舉隨之，則事適其宜，何害於時，須此紛易？況災異之出不常，厥期或彌年所無，則此舉奚設？或比歲而有，則於事太煩。

既不因乎天災，又不隨乎貢部，而曰非時詔舉，浩無端倪，乃是遂廢此科，芻蕘稍詢，則言路有寄，餼羊一去，則禮意都忘。今無故而更張，使遺材絕望，其傷國體，不亦大乎！乞并下臣，奏兩制詳定。」

上是育言，不復下兩制，即詔禮部，自今制科，隨進士貢舉，其著為令，仍須近臣論薦，毋得自舉。……（卷一百五十八，中華書局《續資治通鑑長編》，第一四六五頁）

智按：吳育奏疏又見《太平治蹟統類》卷二十六、《宋名臣奏議》卷八十二，《御選古文淵鑑》卷四十三。

（哲宗元祐五年）令杭州開西湖（《政目》：二十八日事）從知州蘇軾請也。杭本江海之地，水泉鹹苦，民居稀少，唐刺史李泌，始引西湖，作六井，民足水，故井邑日富。及白居易復浚西湖，放水入運河，自河入田，所溉至千頃，然湖水多葑，自唐及錢氏，歲輒開治，故湖水足用，近歲廢而不理。至是湖中葑田，積二十五萬餘丈，而水無幾。運河失湖水之利，則取給於潮。潮水渾濁多淤，河行闤闠中，三年一淘，為市井大患，而六井亦幾廢。軾始至，濬茆山、鹽橋二河，以茆山一河專受江潮，以鹽橋一河專受湖水，造堰閘以為潮水，蓄洩之限，然後潮不入市，且以餘力復治六井，民稍獲其利。軾間至湖上，周視良久，曰：「今欲去葑田，葑田如雲，將安所置之？湖南北三十里，環湖往來，終日不達，若取葑田積之湖中，而行者便矣。人喜種菱，若種菱收其利，以備修湖，則湖當不復堙塞。」乃取救荒之餘得錢糧，以貫石數者萬，復請於朝，得度牒半百，以募役者。堤成，植芙蓉楊柳其上，望之如圖畫，杭人名之蘇公堤。（軾墓誌云：僧度牒百，今從《政目》）（卷四百四十二）

智按：李燾，字仁甫，一字子真，號巽岩，眉州丹稜（今屬四川）人。高宗紹興八年（一一三八）進士，授成都府華陽縣主簿，未上，讀書丹稜龍鶴山（或作龍鵠山）。十二年秋，始赴任。歷官州縣及朝廷史職多年。孝宗朝仕至同修國史，北宋典故，尤為該洽。淳熙十一年，以敷文閣學士致仕，尋卒，年七十，謚文簡。著有《續資治通鑑長編》千卷，用力垂四十年，葉適以為《春秋》之後纔有此書；詩文集五十卷，已佚。事見《周文忠集》卷六十六《敷文閣學士李文簡公神道碑》,《宋史》卷三八八有傳。

吳沆（一一一六～一一七二）

《環溪詩話》

何遠時仲兄方節韓文，欽玉川子之風，遍借《玉川集》，又令環溪録本，環溪亦喜其狂怪，會乙卯正旦日蝕（環溪生於丙申，至乙卯乃二十歲，前此所作，皆十五六時詩也），遂作《日蝕》，以擬《月蝕》，又作《文房四子相贈答》，以擬《井石蝦　贈答》。後見白樂天《諷諫》，喜其有補，稍諷誦之。未幾，又作《磻溪石》、《歐冶子》、《金在鎔》等數詩，以擬樂天，録在私集。伯兄一日看《磻溪石》，至「江流回轉石不移，釣絲捲盡生鬓絲」，便言好。又看《金在鎔》，至「為兵不願作刀鋸，刑人未必皆不忠；為器不願作鍾鼎，銘勳未必皆元功」，即云：「樂天於此有媿色矣。」（《學海類編》本卷上，陳新點校《冷齋夜話 風月堂詩話 環溪詩話》，第一二二頁）

環溪自岳陽回，始往見張右丞，奉詩一册，以書序慕效四子之意云：「某方其幼也，情性虛靜，無事營為，則慕淵明。及其少長，志氣稍動，務為飄逸，則慕太白。辭氣一縱，非大快無已也，則慕盧仝。覺其狂甚，稍歸純正，則慕樂天。自是出此入彼，罔知攸濟。又念以四子之才，不能無累。如淵明得之清，而失之淡；太白得之豪，而失之放；盧仝得之狂，而失之怪；樂天得之和，而失之易，且不雅（《四庫全書》本作「知」）。所謂詩者，止於此乎，猶有大於此也。」翌日復見，右丞云：「夜來略觀盛製，大抵近淵明、太白處多佳，亦是公之天性，想不緣慕效而得。至盧仝、樂天，乃不足法。然《唐史》云：『詩人以來，未有如杜甫者』，更當於此留心，方到極處。」環溪退而學杜詩，連夜熟讀，精選得五百有八十篇。（《學海類編》本卷上，陳新點校《冷齋夜話 風月堂詩話 環溪詩話》，第一二三～一二四頁）

香山詩云：「游山弄水攜詩卷，看月尋花把酒盃。六事盡思君作伴，幾時歸到岳陽來。」此寫寄友之情，亦可為格。（《學海類編》本卷下，陳新點校《冷齋夜話 風月堂詩話 環溪詩話》，第一四五頁）

智按：「岳陽」，抄本及《白居易集》作洛陽。

琵琶詩當看《琵琶行》及歐陽公、王介甫《明妃曲》，卻雖用事時，不犯正位，不隨古人言語走。(《學海類編》本卷下，陳新點校《冷齋夜話 風月堂詩話 環溪詩話》，第一四七頁)

智按：吴沆，字德遠，號無莫居士，撫州崇仁（今屬江西）人。高宗紹興十六年（一一四六）曾獻書於朝，因誤書帝諱被黜。遂不仕，築室環溪，著書以終。孝宗乾道八年卒，年五十七。私諡環溪居士文通先生。著有《環溪集》、《環溪詩話》等。事見《環溪詩話》。

傅自得（一一一六～一一八三）

《海録碎事後序》

予幼學為詩，嘗從先生長者質問為詩之利病。或告之曰：詩當博當專。能專能博，未有不造其妙者也。韓退之言：張旭善草書，不治他技。喜怒窘窮，憂悲愉佚，怨恨慕思，酣醉無聊，有動於心，必於草書發之，故其書變動猶鬼神，不可端倪。謂詩為當專者之論如此。夫詩之為用，所以摹狀四時之造化，陶寫平生喜怒哀樂之性靈。前輩言：凡天下之書，雖山經地誌、花譜藥録、小説細碎，當無所不觀；古今之詩，雖巖棲谷隠、漏篇缺句，當無所不講。謂詩為當博者之論又如此。予深然其言。曩時為高澐者作送行序，私竊識焉。曲折累數千百字，其説甚備。……未幾，予來佐臨漳郡事，侯送之以詩，有「戍兵數有流星遞，元白詩筒幸寄將」之句，予益知侯專於詩，未嘗頃刻忘也。雖然，使侯平昔不能博極羣書，撮其機要，廣録而儲用之，雖能專如此，吾恐發而為詩，事不足以副才，枯而不腴，華而不實，未必能如是之工也。然則所謂《海録》者，其可謂之小補云乎哉！侯既自序此書，登載門類、卷帙之目詳矣，又以書謁予文，乃為具道少時所以聞於先生長者之説，及屬者與侯酬唱論議之益，著于篇之首。夫《春秋》美君子樂道人之善，况於會心之知乎？此則予之意也，覽觀者其自知之。紹興十有九年冬十

一月十九日，河陽傅自得安道叙。(《四庫全書》本《海録碎事》卷末；李之亮校點本第三頁)

智按：傅自得，字安道，南渡後僑居泉州（今屬福建）。察子。以蔭為福建路提點刑獄司幹辦公事。主管台州崇道觀，通判漳州，知興化軍，以忤秦檜罷。孝宗即位，再知興化軍。召為吏部郎中。出為福建路轉運副使，改兩浙東路提點刑獄，尋主管武夷山沖佑觀。淳熙十年卒，年六十八。有《至樂齋集》四十卷，已佚。事見《晦庵集》卷九八《朝奉大夫直秘閣主管武夷山沖佑觀傅公行狀》。

洪适（一一一七～一一八四）

《跋元微之集》

右，《元微之集》六十卷。微之以長慶癸卯鎮越，大和己酉召還，坐嘯是邦，閱六寒暑。今種山之喬木數十百章，豈亦有甘棠存其間乎？横空傑閣，蓋一城偉觀。扁表所書，則其《州宅》之卒章也。微之以文章鼓行當時，謂之「元和體」。在越則有詩人入幕府，故鏡湖、秦望之奇益傳。所謂蘭亭絶唱，陳迹猶可想。《唐志》著録有《長慶集》一百卷，《小集》十卷。傳於今者，惟閩、蜀刻本，為六十卷。三館所藏，獨有《小集》，其文蓋已雜之六十卷矣。微之嘗彙其詩為十體，曰：「旨意可觀，詞近往者為古諷，流在樂府者為樂諷。詞雖近古而止於吟寫性情者為古體。詞實樂流而止於模象物色者為新題樂府。聲勢沿順屬對穩切者為律詩。以七言、五言為兩體。稍存寄興與諷為流者為律諷。撫存感往者，取潘子悼亡為題。暈眉約鬢，匹配色澤，劇婦人之怪艷者為艷詩。今、古兩體。」其自叙如此。今之所編，頗又律吕乖次，惜矣舊規之不能存也。元、白才名相埒，樂天守吴纔歲餘，吴郡屢刊其文。微之留越許久，其書獨闕，可乎？予來踵後塵，蓋相去三百三十七年矣，乃求而刻之，略能讎正脱誤之一二，不暇復為詮次也。書成，寘之蓬萊閣。（乾道四年歲在戊子二月二十四日，觀文殿學士、左通奉大夫知紹興府、兩浙東路安撫使、鄱陽郡公洪适景伯書。——楊本卷末）(《四庫全書》、《四部叢刊》本《盤洲文集》卷六十三；《元氏長慶集》文學古籍刊行社影印本，第二册，第七四五頁；冀勤點校《元稹集》下册，第七三四頁）

智按：南宋乾道四年（一一六八），洪适在紹興覆刻《元氏長慶集》後跋。

《好事近·席上用景裴詠黄海棠韻》

睡足淡梳粧，喜見詩人元白，不覺艷紅妖紫，壞花仙飛格。　　須知玉骨本天然，不是借人力。準擬小春重看，望秋灰無射。（《全宋詞》第一三八六頁；《四部叢刊》本《盤洲文集》卷八十，第五一一頁）

智按：洪适，字景伯，號盤洲。初名造，字溫伯，一字景溫，鄱陽（今江西波陽）人。皓子，與弟遵、邁皆知名于時。初以皓出使恩，補修職郎，調嚴州録事參軍。高宗紹興十二年（一一四二），中博學宏詞科，為敕令所删定官，改秘書正字。明年，因皓忤秦檜出為饒州通判，適亦出為台州通判。後皓謫英州，適亦免官，往來于英奉父。二十七年，知荊門軍，歷知徽州，提舉江東路常平茶鹽，總領淮東軍馬錢糧。孝宗隆興二年（一一六四），召為太常少卿兼權直學士院，尋除中書舍人，為賀生辰使使金。乾道元年（一一六五），遷翰林學士，累遷尚書右僕射、同中書門下平章事兼樞密使。二年，提舉太平興國宫，尋起知紹興府，未幾再奉祠。淳熙十一年卒，年六十八，謚文惠。有《盤洲文集》八十卷。事見本集附録宋許及之《洪公行狀》，《宋史》卷三七三有傳。

吴曾（一一一七～一一九〇前不久）

《能改齋漫録》

⊙「蘭若」若字兩音

「蘭若」若字，白樂天詩作惹字押，爾者切。余按，上官儀《酬薛舍人萬年宫晚景寓直懷友》詩中四句云：「東望安仁省，西臨子雲閣。長嘯披煙霞，

高步尋蘭若。」此又作日灼切押。（卷三，上海古籍出版社《能改齋漫録》第四四頁）

⊙日暮碧雲合

《文選》有江文通《雜擬》詩，如《擬休上人》云：「日暮碧雲合，佳人殊未來。」非休上人作也。白樂天《題道宗上人》詩云：「不似休上人，空多碧雲思。」又唐休上人亦有詩與白云：「聞有餘霞千萬首，何妨一句乞閒人。」白答之曰：「禪心不合生分別，莫愛餘霞嫌碧雲。」則白直以「碧雲合」之句為湯惠休作矣。如文通擬淵明一詩，編者至載於陶集中。是皆不明考之過。（卷三，上海古籍出版社《能改齋漫録》第五六～五七頁）

⊙漢以牡丹為木芍藥

《王立之詩話》載：「賓護《尚書故實》云：『牡丹蓋近有，國朝文士集中無牡丹詩。云嘗言楊子華有畫牡丹處極分明。子華北齊人，則知牡丹花亦已久矣。』予觀文忠公所為《花品序》云：『牡丹初不載文字，自則天以後始盛，然未聞有以名者，如沈、宋、元、白，皆善詠花，當時有一花之異，必形篇什，而寂無傳焉。唯劉夢得有詩，但云「一叢千朵」，亦不云其美且異也。』然余猶以此説為非。『惟有牡丹真國色，花開時節動京城。』豈不云美也？白樂天詩：『人人散後君須記，歸到江南無此花。』又唐人詩云：『國色朝酣酒，天香夜染衣。』豈得為無人形於篇什？」以上立之説。余按崔豹《古今注》云：「芍藥有二種，有草芍藥，有木芍藥。木者花大而色深，俗呼為牡丹。」又《安期生服錬法》：「芍藥二種，一者金芍藥，二者木芍藥。救病，金芍藥，色白多脂肉。木芍藥，色紫瘦多味苦。」以此知由漢以來，以牡丹為木芍藥耳。故温庭筠詩云：「山寺明媚木芍藥，野田叫噪官蝦蟇。」温猶襲舊名，則知前此非不載牡丹也。乃知名字顯晦，更變所致。大抵牡丹佳者，有自丹延州來，前輩多以因此得名。（卷五，上海古籍出版社《能改齋漫録》第一二四～一二五頁）

⊙紫微郎

劉莘老贊賀宋舍人啟曰：「總為贊書，其任乃古之内史；觀諸上象，其文猶天之紫微。」《唐六典》：「中書令，開元元年，改為紫微令。五年復舊。」《唐會要》：「中書舍人，開元元年十二月一日，改為紫微舍人。五年復為中書舍人。故開元二年十二月二十日，紫微令姚崇奏，紫微舍人六員，每頭商量事，諸舍人同押。」蓋紫微，皇居，以比天文紫微宮。有令、有舍人，紫微宮中官屬也。白樂天為舍人詩云：「獨坐黄昏誰是伴？紫微花對紫微郎。」然則以紫微為舍人，不可也。（卷五，上海古籍出版社《能改齋漫録》第一二五～一二六頁）

⊙張平叔贓吏

東坡云：「白樂天行《張平叔户部侍郎判度支制誥》云：『坐而決事，丞相以下，不過四五，而主計之臣在焉。』以此知唐制主計，蓋坐而論事也。不知四五者悉何人？平叔議鹽法至為割剥，事見《退之集》。今樂天制誥亦云：『計能析秋毫，吏畏如夏日。』其人必小人也。」以上皆東坡語。余讀唐柳氏家訓載：「柳公綽為中丞日，張平叔以僥倖承寵。及罪發，鞫於憲司，吏引曰張侍郎。公綽叱曰：『贓吏豈可呼官！』據案復引曰：『囚張平叔，繫於别圄。』遂窮竟其失官錢四十萬緡，以具獄聞。」此事東坡蓋未之見耶？（卷六，上海古籍出版社《能改齋漫録》第一三八～一三九頁）

⊙獨酌謡

陳沈炯《獨酌謡》曰：「獨酌謡，獨酌獨長謡。智者不我顧，愚夫余不邀。不愚復不智，誰當余見招？所以成獨酌，一酌傾一瓢。」白樂天以吳祕監有美酒，多獨酌，但蒙書報，不以飲招，故云：「君稱名士誇能飲，我是愚夫肯見招？」蓋用王孝伯讀《離騷》，痛飲酒，對此事用也。（卷六，上海古籍出版社《能改齋漫録》第一四五～一四六頁）

⊙白雲司職

胡武平宿，賀晏元獻轉刑部侍郎啟云：「紫詔疏恩，白雲登秩。」孫逖作《裴敦復刑部尚書制》云：「俾踐白雲之司。」按，《左氏傳》：「郯子曰：『黄帝以雲紀，故為雲師而雲名職。』」林注云：「黄帝受命，有雲瑞，故以雲紀事。春官為青雲，夏官為縉雲，秋官為白雲，冬官為黑雲，中官為黄雲。」故《類要・刑部》曰：「白雲司職，人命是懸。」而白樂天詩亦云：「清光莫獨占，亦對白雲司。」乃秋雲詩也。劉禹錫《送鶴》詩：「昨日看成送鶴詩，高籠攜出白雲司。」李嘉祐詩：「漏長丹鳳闕，秋冷白雲司。」（卷六，上海古籍出版社《能改齋漫録》第一九三～一九四頁）

⊙野火燒不盡

白樂天以詩謁顧況，況喜其《咸陽原上草》詩云：「野火燒不盡，春風吹又生。」余以為不若劉長卿「春入燒痕青」之句，語簡而意盡。（卷八，上海古籍出版社《能改齋漫録》第二〇六頁）

⊙兩蝸角

白樂天云：「相爭兩蝸角，所得一牛毛。」後之使蝸角事悉稽之，而偶對各有所長。呂吉甫云：「南北戰爭蝸兩角，古今興廢貉同丘。」山谷云：「千里追奔兩蝸角，百年得意大槐宮。」又云：「功名富貴兩蝸角（一作蝸兩角），險阻艱難一酒盃（一作酒一盃）」。洪龜父云：「一朝厭蝸角，萬里騎鯨背」。（卷八，上海古籍出版社《能改齋漫録》第二一二頁）

智按：此則亦見吳幵《優古堂詩話》及胡仔《苕溪漁隱叢話》。

⊙青裙白面初相識

陳去非《茶花》詩，後兩句云：「青裙白面初相識，十月茶花滿路開。」蓋用白樂天《江岸梨花》詩意「梨花有思緣和葉，一樹江頭惱殺君。最似孀閨少年婦，白粧素面碧紗裙。」（卷八，上海古籍出版社《能改齋漫録》第二二四頁）

智按：此則亦見吳幵《優古堂詩話》。

⊙一意兩用

樂天「自從苦學空門法，銷盡平生種種心。唯有詩魔降未得，每逢風月一閒吟。」又云：「人各有一癖，我癖在章句。萬緣皆已銷，此病獨未去。」此意凡兩用也。太白「舉杯邀明月，對影成三人。」又云：「獨酌勸孤影。」此意亦兩用也。然太白本取淵明「揮杯勸孤影」之句。（卷八，上海古籍出版社《能改齋漫録》第二二六～二二七頁）

智按：此則亦見吳幵《優古堂詩話》（《歷代詩話續編》第二三五頁）。

⊙回眸一笑百媚生

白樂天《長恨歌》云：「回眸一笑百媚生，六宮粉黛無顏色。」蓋用李太白應制《清平樂》詞云：「女伴莫話孤眠，六宮羅綺三千。一笑皆生百媚，宸游教在誰邊。」（卷八，上海古籍出版社《能改齋漫録》第二二九頁）

智按：此則亦見吳幵《優古堂詩話》（《歷代詩話續編》第二三八頁），「宸游」作「宸衷」。

⊙日月跳躑

元微之《遣興》云：「日月東西跳。」又云：「光陰本跳躑。」又《答胡靈之詩》序云：「日月跳躑，於今行二十年矣」，幾與退之「日月如跳丸」大同小異也。杜牧之《寄韓乂》云：「跳丸日月十經秋」，又《送孟池》云：「月於何處去，日於何處來，跳丸相趁走。」蓋用退之意。元微之《憶遠曲》云「水中書字無字痕」，白樂天《新昌新居》云「浮榮水畫字」，意又相類。（卷八，上海古籍出版社《能改齋漫録》第二三三頁）

智按：此則亦見吳幵《優古堂詩話》（《歷代詩話續編》第二五九頁）。

⊙海風吹不斷，江月照還空

顧况喜白樂天《送友人原上草》詩「野火燒不盡，春風吹又生」，乃是李太白《瀑布》詩「海風吹不斷，江月照還空」。（卷八，上海古籍出版社《能改齋漫録》第二三三～二三四頁）

智按：此則亦見吳幵《優古堂詩話》（《歷代詩話續編》第二五九頁）。

⊙此心安處便是吾鄉

東坡作《定風波》序云：「王定國歌兒曰柔奴，姓宇文氏。定國南遷歸，余問柔：『廣南風土，應是不好？』柔對曰：『此心安處，便是吾鄉。』因用其語綴詞云：『試問嶺南應不好？却道此心安處是吾鄉。』」余嘗以此語本出於白樂天，東坡偶忘之耳。白《吾土》詩云：「身心安處為吾土，豈限長安與洛陽。」又《出城留别》詩云：「我生本無鄉，心安是歸處。」又《重題》詩云：

「心泰身寧是歸，處故鄉可獨在長安。」又《種桃杏》詩云：「無論海角與天涯，大抵心安即是家。」（卷八，上海古籍出版社《能改齋漫録》第二三五～二三六頁）

智按：此則亦見吳幵《優古堂詩話》（《歷代詩話續編》第二六二頁）。

⊙繫日

白樂天：「既無長繩繫白日，又無大藥駐朱顔。」蓋本陳沈炯《幽庭賦》：「那得長繩繫白日，年年月月俱如春。」然江總《歲暮還宅》詩亦云：「長繩豈繫日，濁酒傾一杯。」（卷八，上海古籍出版社《能改齋漫録》第二四三頁）

智按：此則亦見吳幵《優古堂詩話》（《歷代詩話續編》第二七一頁）。

⊙澄江一道

東萊先生吕居仁，愛豫章少年時作《泰和縣樓》詩：「木葉千山天遠大，澄江一道月分明。」然白樂天亦有《江樓夕望》詩云「燈火萬家城四畔，星河一道水中央」之句。（卷八，上海古籍出版社《能改齋漫録》第二四七～二四八頁）

⊙陳橋

陳橋距舊城二十里，即古之板橋。太祖北征，次陳橋，軍士推戴，即其地也。白居易板橋路詩曰：「梁苑城西二十里，一渠春水柳千條。若為此路應重過，十五年前舊板橋。曾共玉顔橋上别，不知消息到今朝。」李義山《板橋曉别》云：「迴望高城落曉河，長亭窗戶壓微波。水仙欲上鯉魚去，一夜芙蓉紅淚多。」王荆公《陳橋》詩云：「走馬黄昏渡河水，夜爭歸路春風裏。指點韋城太白高，投鞭日午陳橋市。楊柳初回陌上塵，胭脂洗出杏花勻。紛紛塞路堪追惜，失却新年一半春。」（卷九，上海古籍出版社《能改齋漫録》第二六六頁）

⊙琵琶洲

饒州餘干水口有洲，形如琵琶，謂之琵琶洲。洲有亭，在岸，謂之琵琶亭，過客留詩非一人也。予按《洽聞記》：「吳太平二年，長沙大飢，殺人不可勝數。孫權使趙達占之云：『天地川澤相通，如人四體，鼻衄灸脚而愈。今餘干水口常暴起，一洲形如鼈，食彼郡風氣，可祠而掘之。』權乃遣人祭以太牢，斷其背。故老傳云飢遂止。其洲在饒州餘干縣。」予乃知洲形如鼈，轉以為琵琶，蓋肇於吳也。（卷九，上海古籍出版社《能改齋漫録》第二六九頁）

⊙天姥山

會稽剡縣，自晋、宋以來，人始稱傳。故沃州天姥，號稱山水奇絶處。自吳僧帛道猷來自西天竺，賦詩云：「連峰數十里，修竹帶平津。茅茨隱不見，雞鳴知有人。」其後支道林之徒，相斷而居，凡十八僧。而名流如戴逵、王羲之者，又十八人。大概白樂天記之爲詳。蓋《道經》云：「兩火一刀可以逃。」以其名山之多，可以避世。故晋、宋之世，隱逸之爲多，亦爲陽明洞天也。（卷九，上海古籍出版社《能改齋漫録》第二七一頁）

⊙樂天二詩相反

白樂天《思竹窗》詩：「不憶西窗松，不憶南宫菊，惟憶新昌堂，蕭蕭北窗竹。」又《題沈子明壁》云：「不愛君池東十叢菊，不愛君池南萬竿竹。愛君簾下唱歌人，色似芙蓉聲似玉。」二詩相反如此。（卷十，上海古籍出版社《能改齋漫録》第二七六頁）

⊙花月句

白樂天有《答元微之》詩云：「垂老休吟花月句，恐君更結後身緣。」初未悟其説。元微之集《李著作園醉後寄李十》云：「朦朧春月照花枝，花下音聲是管兒。卻笑西京李員外，五更騎馬趁朝時。」（卷十一，上海古籍出版社《能改齋漫録》第三一二頁）

⊙綿州緑茶

茶之貴白，東破能言之。獨綿州彰明縣茶色緑，白樂天詩云：「渴嘗一盞緑昌明。」彰明即唐昌明縣。盧仝詩云：「天子初嘗陽羨茶。」當時建茶未有名也。（卷十五，上海古籍出版社《能改齋漫録》第四三八頁）

⊙吉了禽

唐萬年縣尉段公路撰《北户録》，紀廉州民獲赤白吉了者。赤者尋卒，白者久而能言，笑語效人，禽之珍者也。予考鄭熊所作《番禺記》云：「秦吉了，出藤州風縣。身紺，觜丹，兩眼旁有眉，如臙脂抹，彎環垂下，秀媚可愛，深類鴝鵒（注云：南中亦呼鴝鵒為牛吉了）。頭上微有冠，如雞然。舌辨而語清。所食惟魚肉。凡賓客奴僕，一過而皆知其名位。苟飼之或不如所欲，家有弊事，亦以告人。」熊以為秦吉了，段以為吉了，而更分以赤白兩種，何耶？白樂天亦有《秦吉了》詩。了音料。（卷十五，上海古籍出版社《能改齋漫録》第四四四頁）

⊙兀兀陶陶詞

豫章云：醉醒醒醉一曲，乃醉落魄也。其詞云：「醉醒醒醉。憑君會取些滋味。濃斟琥珀香浮蟻。一入愁腸，便有陽春意。　須將幕席為天地。歌前起舞花前睡。從他兀兀陶陶裏。猶勝惺惺，惹得閒憔悴。」此詞亦有佳句，而多斧鑿痕，又語高下不甚入律。或傳是東坡語，非也。與「蝸角虚名，解下癡條」之曲相似，疑是王仲父作。因戲作二篇示吴原作之，據趙本改。元祥、黄中行，其一云：「陶陶兀兀。樽前是我華胥國。爭名爭利休休莫。雪月風花，不醉怎歸得。　邯鄲一枕誰憂樂。新詩新事因閒適。東山小妓攜絲竹。家裏樂天，村裏謝安石。」又云：「陶陶兀兀。人生無累何由得。杯中三萬六千日。悶損旁觀，我但醉落魄。　扶頭不起還頽玉。日高春睡平生足。誰門可款新篘熟。安樂春泉，玉醴荔枝緑。」其曰「安樂春泉，玉醴荔枝緑」者，親賢宅四酒名也。其曰「家裏樂天，村裏謝安石」者，蓋石曼卿自嘲云：「村裏黄幡綽，家中白侍郎。」（卷十七，上海古籍出版社《能改齋漫録》第四九三～四九四頁；《能改齋詞話》卷二，《詞話叢編》第一册，第一四八頁）

⊙宋景文劉原父送别詞

侍讀劉原父守維揚，宋景文赴壽春，道出治下，原父為具以待。又為《踏莎行》詞以侑歡云：「蠟炬高，龍煙細細。玉樓十二門初閉。疏簾不卷水晶寒，小屏半掩琉璃翠。　桃葉新聲，榴花美味。南山賓客東山伎。利名不肯放人閑，忙中偷取工夫醉。」宋即席為《浪淘沙近》以别原父，云：「少年不管，流光如箭。因循不覺韶華换。到如今，始惜月滿、花滿、酒滿。　扁舟欲解垂楊岸。尚同歡宴。日斜歌闋將分散。倚蘭橈，望水遠、天遠、人遠。」「南山賓客東山伎」，本白樂天詩。（卷十七，上海古籍出版社

《能改齋漫録》第四九四～四九五頁；《能改齋詞話》卷二，《詞話叢編》第一册，第一四九頁）

智按：吴曾，字虎臣，撫州崇仁（今屬江西）人。高宗紹興十一年（一一四一），獻所著《左氏發揮》，以布衣特補右迪功郎。二十二年，充敕令所删定官。二十三年，改奉常主簿，為玉牒所檢討官。三十年，試太常丞，兼權吏部郎官，被劾，領在外宮觀。久之，除知靖州、全州、嚴州，遂退居鄉里。有《得閒文集》、《君臣論》、《負暄策》、《南北事類》等近二百卷，均佚。明弘治《撫州府志》卷二十一、《宋史翼》卷二十九有傳。其《能改齋漫録》所載關於白樂天詩數則，多與吴幵《優古堂詩話》重複。由雲龍（一八七七～一九六一）《定庵詩話》卷下云：「宋吴曾《能改齋漫録》，考證詳確，諸家多徵引之（錢蒙叟注杜詩屢引其書）。顧其第八卷『沿襲類』，自『桃花亂落如紅雨』至『太液披香』共四十六條，全録吴幵（正仲）《優古堂詩話》，即次第亦仍其舊。蓋其書雖系雜記，辨正經史詩文，而詩話特多，恐餘類中鈔襲他種詩話，亦不少也。吴幵在徽宗時使金被留，金人欲立張邦昌，令其與莫儔往返傳道意旨，時人譏之為捷疾鬼，故其書亦不甚傳。虎臣以荀彧為忠臣，以馮道為大人，孫仲鱉有《秦檜詩》，亦經載入。是非乖刺，黨附權奸，為《四庫提要》所指斥。特以其記誦淵博，考據精核，故仍著録其書。後之讀其書者，咸稱道之。」（《民國詩話叢編》第三册，第五八一頁）

晁公遡（一一一七～？）

《中巖文老和予游字韻見寄用韻爲報》

我雖券内士，常思方外游。未見夫鐵脚，況逢通鑁頭。癯然祇樹老，隱此陰崖幽。脩竹不知夏，青松不知秋。甚欲效柳子，冉溪買西丘。又欲追白傅，香山尋石樓。忽開化人書，書中有鳴球。其鳴疑飛泉，清絶或可侔。乃是寄我詩，恨我昔莫留。觀者勿疵瑕，謂以聲音求。句法傳叢林，五言如湯休。（《四庫全書》本《嵩山集》卷二；《全宋詩》第三十五册，第二二三六四頁）

智按：晁公遡，字子西，濟州巨野（今山東巨野）人，公武弟。高宗紹興八年（一一三八）進士。史籍無傳，據本集詩文，知其舉進士後歷官梁山尉、洛州軍事判官、通判施州，紹興末知梁山軍。孝宗乾道初知眉州，後為提點潼川府路刑獄，累遷兵部員外郎。有《嵩山居士文集》五十四卷，刊於乾道四年（一一六八），又有《抱經堂稿》，已佚。

周麟之（一一一八～一一六四）

《賦張參政四老堂》（其一）

散策相從倚玉鳩，不須更伴赤松游。林塘在眼供舒嘯，花鳥催詩好勸酬。一座幾盈三百歲，四翁宜壽八千秋。堂前風物如伊洛，尚欠香山與石樓。（《四庫全書》本《海陵集》卷一；《全宋詩》第三十八册，第二三五四二頁）

《見孫尚書啟》

連年避地，久鍾慕藺之情；昔日膺門，已遂識韓之願。與聞末論，大慰夙心，有稽奉雉之趨，猶覬登龍之列。挽車而見，永歎無欺；懷刺而投，復慚不敏。恭惟某官，南州望重，北斗名尊，流道德之淵源，蔚言談之林藪。勁氣沮金石，高義薄雲天。智能海内無雙，風華江左第一。蚤歲掇兩科之選，雄文起百代之衰。䌷汗簡於蘭臺，四部之書畢讀；演綸言於鳳閣，五王之册分占。薦登喉舌之司，屢鎮股肱之郡，搢紳聳聞其風采，草木知畏其威名，不虞盈篋之書，未即覆甌之拜；燕居自適，清譽益高；詠白傅之詩，偃息香山之第；舉晉公之酒，優游緑野之堂。佇膺宸命以趣歸，當為蒼生而復起，某斗筲小器，樗櫟散材。（《四庫全書》本《海陵集》卷八）

智按：周麟之，字茂振，祖為郫（今四川郫縣）人，因仕宦徙居海陵（今江蘇泰州）。高宗紹興十五年（一一四五）進士，調常州武進尉。十八年，又舉博學宏詞科，授太學録兼秘書省校勘。累遷權中書舍人。二十五年，出通判徽州。尋除著作郎。二十九年，除翰林學士兼侍讀，為哀謝使使金。三十年，同知樞密院事。三十一年，因辭再使金責筠州居住。孝宗即位，許自便。隆興二年卒，年四十七。遺著由子準輯為《海陵集》二十三卷，另有外集一卷。生平見本集卷首周必大序，《宋名臣言行録別集》上卷三有傳。

曾敏行（一一一八～一一七五）

《獨醒雜誌》

徐公師川嘗言東坡長短句有云：「山下蘭芽短浸溪，松間沙路淨無泥。」白樂天詩云：「柳橋晴有絮，沙路潤無泥。」淨潤兩字，當有能辯之者。（《四庫全書》本卷二）

卜水旱疾疫，有禱輒應。遠近數百里舉子當秋賦，亦皆往謁。如因劉公美中嘗致禱，神降之夢，有詩云：「來年三月春盛時，驊騮穩步金街西。」劉公自是舉進士，中詞科，出入中外，終於兵部尚書，顯謨閣學士，故皆以為夢之符如是。外舅謝公世林方舍法盛時，再貢不第，其居距祠下不數里，歲時奉祠惟謹。一日，以科目禱焉，夢中亦得詩句云：「欲留年少待富貴，富貴不來年少去。」乃樂天詩也。外舅自是不復南宮大廷之試，尋以疾終。（《四庫全書》本卷三）

智按：曾敏行，字達臣，自號浮雲居士，又曰獨醒道人，又曰歸愚老人，吉水（今屬江西）人。吉水屬廬陵郡，故又自題曰廬陵。曾祖孝先、祖君彦，皆當熙寧之時，不肯以新學干科第，故敏行守其家法，多與正士遊，胡銓、楊萬里、謝諤皆其友也。年甫二十，以病廢，不能仕進，遂專意學問，積所聞見成《獨醒雜誌》。（《四庫提要》）

汪應辰（一一一八～一一七六）

《琵琶洲》

塞外風烟能記否，天涯落日自心知。眼中景物參差是，只欠江州司馬詩。（《四庫全書》本《文定集》卷二十四）

智按：此詩《容齋隨筆·三筆》卷六「琵琶亭詩」作王洋（一〇八七？～一一五四?）之作，風烟，作「烽煙」；落日，作「淪落」；景物，作「風物」。

汪應辰，字聖錫，初名洋，登第時高宗為改今名。信州玉山（今屬江西）人。高宗紹興五年（一一三五）進士。授鎮東軍簽判，召為秘書省正字。九年，因反對議和，出通判建州。奉祠，寓居常山，起通判袁州、靜江府、廣州。檜死，召為吏部郎官，未幾，出知婺州。二十九年，召除秘書少監，遷權吏部尚書、權戶部侍郎兼侍講。三十二年，知福州。孝宗隆興元年（一一六三），除四川安撫制置使兼知成都府。乾道四年（一一六八）召除吏部尚書，尋兼侍讀，因言事多與中貴不合，力求去。六年，以端明殿學士出知平江府。淳熙三年卒，年五十九。謚文定。《宋史》卷三八七有傳。

汪應辰文集，宋代諸書目均未著録，宋人序跋亦未存留，是以編刊情況無以稽考。《郡齋讀書志》卷五下載《玉山先生表奏》六卷，《直齋書録解題》卷十八亦著録《玉山翰林詞草》五卷，蓋皆集外單行之本，今亦不傳。至明，應辰文集始見著録，《文淵閣書目》卷九著録：「汪應辰《玉山文集》一部十三册，全。」《内閣藏書目録》卷三亦載：「《玉山汪文定公文集》十三册，全。宋孝宗朝汪應辰著，凡四十三卷。」考卷末程敏政《題汪文定公集鈔》云：「《玉山汪文定公集》五十卷，舊有刻本，今亡，而秘閣獨存。」其卷帙與《内閣藏書目録》所載異，不詳何故。又《萬卷堂書目》卷四著録四十卷，《澹生堂藏書目》卷十三著録十三卷，蓋非完帙。弘治六年，程敏政選抄是集秘閣藏本，僅十二卷，遺漏大半。嘉靖五年，夏浚以程抄本刊之，冠以廷試策，附以遺事及傳，編爲十四卷。萬曆間，夏九州又重刊此本。清修《四庫全書》，以夏浚刻本爲基礎，又據《永樂大典》輯補，增所未備，勒爲二十四卷，較程抄本幾倍之。

此詩「《永樂大典》内已佚不收」（四庫提要），然《容齋隨筆》屬之王洋（元渤）之作，證據時代較早，當可據信。大概因汪應辰初名洋，明彭大翼《山堂肆考》卷二十四乃將此詩作者誤屬汪洋（《［雍正］江西通志》卷四十一更直道「汪洋元渤一絶句」云云），《文定集》編者未暇詳考，乃王冠汪戴，將《琵琶洲》一詩混入《文定集》。然只是推斷，故仍舊兩存之。

曾季貍（一一一八～一一七九前不久）

《艇齋詩話》

「老色日上面，歡蹤日去心。今既不如昔，後當不如今。」此白樂天詩也。山谷嘗書此詩，今遂誤入《山谷集》。（《歷代詩話續編》第三〇四頁）

東坡「江上秋風無限浪，枕中春夢不多時」，蓋用白樂天詩。白樂天云：「秋風江上浪無限，夜雨舟中酒一樽。」（《歷代詩話續編》第三〇六頁）

東坡《杭州》詩云「在郡依前六百日」，用白樂天事。樂天詩云：「在郡六百日，游山二十回。」（《歷代詩話續編》第三〇八頁）

東坡《梅花》詩云：「裙腰芳草抱山斜。」即白樂天詩「誰開湖寺西南徑，草緑裙腰一道斜」是也。（《歷代詩話續編》第三〇八頁）

東坡「電光時掣紫金蛇」，用白樂天詩。（《歷代詩話續編》第三一〇頁）

汪思溫少卿，明州人。年八十，其鄉人作慶八十致語，一聯云：「九老未應高白傅，四時豈止數黃公。」對甚的切。夏黃公，四明人，事見《虞翻傳注》。鄉人蓋史直翁丞相也。（《歷代詩話續編》第三一一～三一二頁）

山谷《謝人惠筆》詩云「莫將空寫吏文書」，用樂天《紫毫筆》詩「慎勿空將彈失儀，慎勿空將録製詞」。

老杜：「野航恰受兩三人。」樂天云：「野艇容三人。」

歐公詞云：「杏花紅處青山缺。」本樂天詩：「花枝缺處青樓開。」

荊公《梅詩》云「肌雪參差冷太真」，出樂天詩「中有一人字太真，雪膚花貌參差是」。東坡「揚州近日紅千葉，自是風流時世妝」，出樂天諷諫詩，云：「元和時世妝。」

山谷詠明皇時事云：「扶風喬木夏陰合，斜谷鈴聲秋夜深。人到愁來無處會，不關情處亦（亦一作總）傷心。」全用樂天詩意。樂天云：「峽猿亦無意，隴水復何情。為到愁人耳，皆為斷腸聲。」此所謂奪胎換骨者是也。（以上見《歷代詩話續編》第三一四頁）

樂天《鹽商婦》詩云：「南北東西不失家，風水為鄉舟作宅。」東坡《魚蠻子》詩，正取此意。

山谷「百年中半夜分去，一歲無多春再來」，全用樂天兩句：「百年夜分半，一歲春無多。」

東坡《放魚》詩「不用辛苦泥沙底」，出樂天詩「不須泥沙底，辛苦覓明珠」。（以上見《歷代詩話續編》第三一五頁）

東坡詩云「公是主人身是客，舉觴登望得無愁」，用樂天「心是主人身是客」。「身是」字本諺語。「身」猶言「我」也，如張飛自言「身是張翼德，可共來決死」，及宋彭城王義真自關中逃歸，謂段宏曰：「身在此，可刎身頭以南，使家公望絕。」謝瀹云：「身家太傅老。」此類甚多，皆以「身」為「我」也。韓子蒼詩云：「身今老病投炎瘴，最憶冰盤貯蔗漿。」亦用「身」字。（《歷代詩話續編》第三一七頁）

韓退之詩：「梢梢新月偃。」俗本作「稍稍」，荊公改作「梢梢」。蓋令狐澄本作「梢梢」，澄本最善，荊公用此改定。梢梢者，細也，見《方言》。白樂天詩亦用：「梢梢筍成竹。」（《歷代詩話續編》第三二〇頁）

元豐中，王禹□《餞文潞公》詩云：「功業獨高嘉祐末，精神如破貝州時。」最為的當。然此語亦本白樂天《上裴晉公》：「聞説風情筋力在，只如初破蔡州時。」世間佳語，未有無來歷也。（《歷代詩話續編》第三二六頁）

智按：王禹□當為王禹玉。王珪，字禹玉，「功業獨高嘉祐末，精神如破貝州時」見其《奉詔赴瓊林苑燕餞太尉潞國文公出鎮西都》，《華陽集》卷三。宋鄭獬《鄖溪集》卷二十七、《兩宋名賢小集》卷一三三、明李蓘《宋藝圃集》卷十四作鄭獬之詩，宋張邦基《墨莊漫録》卷四、宋趙與虤《娱書堂詩話》、宋龔頤正《芥隠筆記》、宋魏泰《東軒筆録》卷十、宋陸游《老學庵筆記》卷十、厲鶚《宋詩紀事》卷十五均作王珪之詩。

曾季貍，字裘父，號艇齋，臨川（今屬江西）人。一作南豐（今屬江西）人。宰曾孫。嘗舉進士不第，終身不仕。師事韓駒、吕本中、徐俯，又與朱熹、張栻書問往復，有聲孝宗乾道、淳熙間。有《艇齋雜著》一卷，已佚。今存《艇齋詩話》一卷。事見《渭南文集》卷十五《曾裘父詩集序》、《直齋書録解題》卷十八、《兩宋名賢小集》卷一二五《艇齋小集》附傳。

韓元吉（一一一八～一一八七）

《致政龍圖給事吳公挽詞二首》（其二）

勇退湖山地，心期白傅論。仙風占蒼嶺，樂土並桃源。壯節傳交舊，儒科付子孫。脩齡纔八十，殄瘁只聲吞。（《四庫全書》本《南澗甲乙稿》卷三）

《投贈徐平江三十韻》

上聖恢方域，吳門翊帝京。千秋季子國，百雉闔閭城。屏翰資良牧，文昌輟貳卿。龍墀虛紫橐，虎節駐紅旌。河潤功初洽，棠陰政已成。農桑歸愷悌，絃管樂升平。世仰韋公譽，人高白傅名。雲樓凌月府，花島爛蓬瀛。香霧凝春晝，橋虹卧曉晴。清規三不惑，盛事二難并。舊俗寧論化，重臨倍有聲。向來宣使指，曾是格刑清。自覿銅魚拜，欣聞竹馬迎。五湖歌吹滿，兩郡吏民爭（公嘗按刑浙右，而自明移蘇）。……（《四庫全書》本《南澗甲乙稿》卷五）

智按：韓元吉，字無咎，號南澗翁，祖籍開封雍丘（今河南杞縣），南渡後居信州上饒（今屬江西），維玄孫，滮父。早年嘗師事尹焞，初與從兄元龍試詞科不利，後舉進士，為南劍州主簿。高宗紹興二十八年（一一五八），知建安縣。孝宗乾道元年（一一六五），為江南東路轉運判官。後出入中外，兩知婺州，一知建寧府等，入朝為中書舍人、大理少卿、龍圖閣學士、吏部侍郎等，中間曾出使金國。官至吏部尚書、潁川郡公。晚年退居信州。有《南澗甲乙稿》七十卷（《直齋書録解題》卷十九），已佚。清四庫館臣據《永樂大典》輯為二十二卷。

曾協（一一一九～一一七三）

《飲沈氏園得僻字》

會心足勝侶，暇日訪春色。慵尋剡溪榜，厭曳永嘉屐。名園可徘徊，勝概在咫尺。峰巒起平地，村落墮城壁。梅橫前嶺峻，柳列長堤直。最愛臨水亭，欲背依山石。沉沉想潛鱗，錚錚聽仙弈。初無杖屨勞，具享山林適。一尊供笑語，四座列豪逸。規摹西洛舊，髣髴香山昔。愛酒太白狂，耽詩少陵僻。始靜姑縱談，中喧或爭席。殘鐘咽林際，新月掛簷隙。飲散興未厭，人歸境愈寂。何必記昔游，虛空了無迹。（《四庫全書》本《雲莊集》卷一；《全宋詩》第三十七册，第二三〇〇一頁）

《有翼有詩督真率第二會次韻》

滿眼春光處處山，妨人行樂幾多端。絕憐玄圃一步地，便勝香山八節灘。莫放賞心閑裏過，擬將物化靜中觀。未開桃李留春事，可是芳苞不耐寒。（《四庫全書》本《雲莊集》卷二；《全宋詩》第三十七册，第二三〇一九頁）

智按：曾協，字同季，號雲莊，南豐（今屬江西）人。肇孫。早年應試不第，以蔭入仕，歷長興、嵊縣丞，鎮江、臨安通判。孝宗乾道七年（一一七一），知吉州，改撫州，終知永州。九年卒。有集二十卷，已佚。清四庫館臣據《永樂大典》輯為《雲莊集》五卷。生平見本集有關詩文及所附傅伯壽序。

袁文（一一一九～一一九〇）

《甕牖閑評》

《容齋續筆》云：「世言白樂天侍兒，惟小蠻、樊素二人。余讀《小庭亦有月》詩云：『菱角執笙簧，谷兒抹琵琶。紅綃信手舞，紫綃隨意歌。』樂天自注云：『菱、谷、紅、紫，皆小臧獲名。』若爾，則紅紫二綃，亦女奴。」然余又見樂天詩云：「如何斷取曹綱手，插向重蓮紅袖中。」如此，則樂天女奴乃五人，蓋又不止如前四人也。他日容齋聞之，寧免一笑耶？（卷三，李偉國點校本，第三十頁）

白樂天詩云：「病與樂天相伴住，春隨樊素一時歸。」余每讀至此，未嘗不為之淒然。嗟乎！無情者，其草木也，若猶有情，當此時其何以自處耶？余然後知情之惑人甚矣，自非胸中有大過人者，而能以理自遣，不為其所陷溺者幾希矣。夫石崇、喬知之輩，非無過人之才，絕俗之智，一為所惑，遂至喪家亡身，況下於二人者乎？壽禪師垂誡云：「但能消除情念，斷絕妄緣，對世間一切愛欲境界，心如木石，雖復未明道眼，自然成就淨身。」與夫胡僧法調將終與衆別云：「山河大地皆變滅，而況人身，安得長久！但能專心清淨，屏去三毒，形數雖乖，其會必同。」如此等語言，端不可不留意也。（卷三，李偉國點校本，第三十頁）

白樂天好以俗語作詩，改易字之平仄。如「雪擺胡衫紅」，此以俗語「胡」字作「鶻」字也；「燕姬酌蒲桃」，此以俗語「蒲」字作「勃」字也；「忽聞水上琵琶聲」，此以俗語「琵」字作「弼」字也。又有不因俗語而亦改易字之平仄者，如「為問長安月，如何不相離」，自注云：「相音思必切。」乃以相字為入聲。「緑浪東西南北路，紅欄三百九十橋」，乃以十字為平聲；「四十著緋軍司馬，男兒官職未蹉跎」，「一為州司馬，三見歲重陽」，乃以司字為入聲。自蘇李以來，未見此格調也。（卷五，李偉國點校本，第四四頁）

《説文》：「筠字，從竹，竹皮也。」孔穎達亦以為竹外青皮。蘇東坡作《臨江仙》詞云：「無波眞古井，有節是秋筠。」乃用白樂天詩「無波古井水，有節秋竹竿」。詩雖承樂天之語，而改竹為筠，遂覺差遜。（卷五，李偉國點校本，第四九頁）

白樂天《茶詩》云：「渴嘗一盞緑昌明。」昌明乃地名，在綿州，人便謂昌明茶緑，非也。此正與「黃金碾畔緑塵飛」之句相似，蓋是時未知所以造茶，制作不精，故茶之色猶緑，而好事者録其茶之妙，亦未以白色為貴，其詩故如此。使樂天見今日之茶之美，而肯為是語耶！（卷六，李偉國點校本，第五六頁）

琵琶不謂之彈，而謂之抹，故王建詩云：「琵琶先抹緑腰頭。」白樂天詩云：「谷兒抹琵琶。」則知細抹將來，正謂琵琶也。（卷六，李偉國點校本，第六一頁）

宋景文公作《仲商晦日集晏相國西園》詩末句云：「三入功名始白頭。」始下音「試」，以是知杜工部詩「皁雕寒始急」，白樂天詩「千呼萬喚始出來」，如此等「始」字，當皆音「試」可也。（《永樂大典》卷八百二十一引，李偉國點校本，第九二頁）

白樂天詩云：「而今格在頸成雪。」（智按：《白居易集箋校》第一三〇六頁《聽夜箏有感》作「如今格是頭成雪」）元微之詩云：「隔是身如夢。」「格」、「隔」二字，殊不曉其義。二公用之又不同。《容齋隋筆》云：「猶言已是也。」余謂只是「已是」，不須作「猶言」，第未知出處耳。且如「差池」二字，前漢中自作「柴池」，注云：柴音差。「委蛇」二字，横塘詩中自作「委羽」，注云：羽音俱依切。以是知「隔」、「格」二字，二公用之雖别，皆只是「已是」，更詳考之。（《永樂大典》卷八百二十一引，李偉國點校本，第九三頁）

智按：袁文，字質甫，四明鄞人。幼喜讀書，不汲汲於科名，而惟務勤學。

喻良能（一一一九～一一九〇稍後）

《都丞李侍郎叔永和予小園二十六詩因成古詩一首奉謝》

黄昏兀坐對疎竹，欻有寒光臨蔀屋。焚香發軸得新詩，炯炯驪珠二十六。三唐妙音久已斷，輞川麗藻今能續。報爪何必枉瓊華，抵鵲奚須費明玉。韓豪蘇仙吁可畏，白俗元輕何足録。從此磬湖三畝園，絶勝李愿一盤谷。（《四庫全書》本《香山集》卷三）

《九月五日周少府衛秀才會飲吴波亭周有詩因次韻》

碧水初微落，黄花亦未簪。三人千里客，尊酒五年心。我獨年齊白（樂天云：「不覺身年四十七。」余今年與之齊矣），君皆句似陰。不妨鐺脚坐，聊作夜深吟。（《四庫全書》本《香山集》卷五）

《再用彝公長老韻贈嗣宗教授》

居易青衫舊，安仁素髪新。愁思中酒聖，貧忍論錢神。白也詩誰敵，潮乎筆更親。生辰宿南斗，同是數奇人。（《四庫全書》本《香山集》卷六；《全宋詩》第四十三册，第二六九六三頁）

《次韻李大著春日雜詩十首》（其三）

賤子知何幸，萊衣老更斑。白頭居杜曲，清夢到香山（余所居山名）。琢句愁雕腎，銜杯喜渥顔。此身慚暮翼，飛倦未知還。（《四庫全書》本《香山

集》卷七；《全宋詩》第四十三册，第二六九七一頁）

《李大著惠示詩卷次韻首篇為謝獻之》

辱贈春容卷軸新，懸知蚤歲擅詩聲。千林有韻霜風勁，一點無塵霽月清。細味班香兼宋艷，自慚白俗與元輕。欲哦惡語賡妍倡，一夜昏花對短檠。（《四庫全書》本《香山集》卷十）

《琵琶亭》

琵琶人去幾經秋，司馬青衫亦故丘。唯有當時亭下水，無情依舊更東流。（《四庫全書》本《香山集》卷十三）

《六月十日偕夏卿兄季野孟明仲文季直弟游香山因得小詩書僧堂壁》

夏木陰陰翠竹疏，相攜蕭寺饌伊蒲。他年細味禪房句，便是香山六老圖。（《四庫全書》本《香山集》卷十四；《全宋詩》第四十三册，第二七〇四一頁）

《登清音堂》（三首其二）

洲以檀槽舊得名，風來草木自成聲。青衫司馬令人恨，只作潯陽送客行。（《四庫全書》本《香山集》卷十四）

《次韻王待制游東坡留題十一絕》（其七）

前代樂天今復見，後身元亮更何疑。百年人物有誰在，千古聲名無盡時。（《四庫全書》本《香山集》卷十五；《全宋詩》第四十三册，第二七〇五一頁）

《讀樂天詩》

樂天古律三千首，下筆當年不自休。平水兒童猶誦習，雞林賈客亦爭求。（《四庫全書》本《香山集》卷十五；《全宋詩》第四十三册，第二七〇五三頁）

《二月二十八日周提宮葉致政樓司理過訪錦園》（其一）

錦園春色滿西東，一笑相歡四老翁。八秩總開三百歲，樂天風味此時同。（《四庫全書》本《香山集》卷十六；《全宋詩》第四十三册，第二七〇五九頁）

《次韻王待制題予廬山記後二絕》（其二）

山阿詩刻照雲松，到處逢人問我公。白傳蘇仙名不滅，公名今在兩賢中。（《四庫全書》本《香山集》卷十六）

《評詩》

予嘗評唐諸家詩，杜子美如司馬温公，自是三代以還第一等人，無毫髮可議。韓退之如藺相如、顏平原，雖死向千載，凜凜尚有生意。李太白如謝安石，雖紆身朝紱，而志在林泉；或攜妓自娱，不拘小節，要之蕭然有出塵之姿，自不可掩。揚子雲著書，悔其少作，韜藏偃仰，不願人知；皓鶴冲天，閒鷗戲海，回視前日，始知烏鳶攫肉，鵲鳩爭巢，蓋不啻糞壤爾。孟浩然、王維、韋應物，如志和雪水，和靖孤山，雖未能追蹤高隱，要不得為俗氛所蔽。白樂天如《公羊》傳經，羽翼聖道，根本教化，然其失也，不能不俗。杜牧之如荆卿匕首，子房鐵錐，豪健勇决，吁可畏乎，其駭人也。孟東野如翳桑餓人，形影相弔，悲鳴憔悴，有辛酸可憐之狀，雖膏粱狐貉，亦不能不為之惘然動心。李長吉如汲冢古書，茫然異物，雖瓌詭奇恠，動人耳目，然莫能名狀，不知其適用與否也。（引自《四庫全書》本《敬鄉録》卷十）

智按：喻良能，字叔奇，號錦園，人稱香山先生，義烏（今屬浙江）人。高宗紹興二十七年（一一五七）進士，補廣德尉。歷鄱陽丞、星源令，通判紹興府。孝宗乾道七年（一一七一），為建寧府學官。累官國子主簿，工部郎中、太常丞。出知處州，尋奉祠，以朝請大夫致仕。有《香山集》、《忠義傳》等，均佚。清四庫館臣據《永樂大典》輯為《香山集》十六卷。生平見《敬鄉集》卷十、《兩宋名賢小集》卷一七九《香山集》跋及本集有關詩篇。

汪大猷（一一二〇～一二〇〇）

《題樂天居士詩集後時謫居廬山》

居士當年謫九江，高懷往往寓篇章。多言世上風波惡，不似閒中氣味長。

千載聲名雖莫及，一時蹤跡偶相望。若容俗駕追遺矩，待看南山結草堂。（《四庫全書》本《新安文獻志》卷五十四；《全宋詩》第二三七三五頁）

智按：汪大猷，字仲嘉，慶元府鄞縣（今浙江寧波）人。高宗紹興七年（一一三七），以父蔭授江山尉。十五年，第進士。歷婺州金華、嚴州建德縣丞，知崑山縣。孝宗乾道四年（一一六八），累官權刑部侍郎。七年，奉祠。起知泉州，改知隆興府。以事落職，南康軍居住。光宗紹熙二年（一一九一）致仕。甯宗慶元五年（一一九九），進敷文閣學士，六年卒，年八十一。有《適齋存稿》，已佚。事見《攻媿集》卷八八《敷文閣學士宣奉大夫致仕贈特進汪公行狀》，《宋史》卷四〇〇有傳。

趙彥端（一一二一～一一七五）

《水龍吟》

兩山空翠烟霏，幾□又入東君□。□□但見，肉紅染杏，眉黃著柳。彩燕風輕，寶燈月滿，歡連清晝。是香山行處，蘇仙座上，春不老，人依舊。

聞道新騎白鳳，過章臺、天香滿袖。英姿不向，通明宮殿，人間未有。况是從來，愛留南國，名高北斗。看君恩，卻與西湖漲緑，作長生酒。（《全宋詞》第三九頁）

智按：趙彥端，字德莊，號介庵，宋宗室。高宗紹興八年（一一三八）進士，調建州觀察推官。孝宗乾道三年（一一六七），為江南東路轉運副使，六年，知建甯府、權發遣福建路轉運副使。有《介庵集》十卷，外三卷（《宋史・藝文志》七），已佚。事見《南澗甲乙稿》卷二十一《直寶文閣趙公墓誌銘》。

李流謙（一一二三～一一七六）

《一春無日不飲遂作肺嗽效樂天體》

生與酒俱生，長與酒俱長。行時酒在樽，坐時酒在盎。一日不舉酒，一日眉不放。春來身無事，結客鏖勝賞。南山步新堤，西湖撑彩舫。或飛名園蓋，或祖都門帳。大酌須淋漓，小酌猶酣暢。家山忽入夢，江頭問兩槳。友社惜我去，共和驪駒唱。劇飲連晝夜，大似灌鼠壤。不往慍眉鬚，好意難棄忘。平生無肺病，因兹作微恙。終夕勞喘呀，如吹竹筒樣。積痰動盈缶，噈吐不停吭。童奴更諷諫，浸恐傷府藏。萬里寄一身，節宣豈宜爽。蒭蕘不可遺，予心默云當。飲食著聖經，觀頤識爻象。慣習未易奪，剛制乃所尚。初如鍵弩牙，又類遏溪漲。稍稍撤觴斝，久之絕悵望。腸枯與吻燥，但當吸瀣沆。宵枕遂小康，其效疾影響。遽言終止之，未敢保其往。酒頌我文章，酒徒我鈎黨。有時倚危樓，搔首獨惆悵。大藥不可求，此物足凴仗。陶謝匪沉酗，遺意覘彿彷。下士聞道笑，識者眉睫上。更欲買黃金，歸鑄杜康像。（《四庫全書》本《澹齋集》卷二；《全宋詩》第三十八册，第二三八七五頁）

《文約用韻請別作此留之并柬簽判李丈》

平生心知我與君，餘子碌碌耳未聞。相思輒命嵇呂駕，醉飲仍開孟公門。山城牢落情易動，翻然便作思家夢。笑言伏臘未一有，歸辦黃虀三百甕。君才何止吞四溟，新詩誦過牙生津。猗那清廟復在眼，此作未許秦火焚。吾家丈人似居易，落筆成章了無諱。相從更作百篇詩，且盡中山千日醉。（《四庫全書》本《澹齋集》卷四；《全宋詩》第三十八册，第二三九〇六頁）

《偶成》（其七）

樂天已貴盃常把，元亮雖貧飲亦豪。等是逍遥吾自擇，不能爲白但爲陶。（《四庫全書》本《澹齋集》卷八；《全宋詩》第三十八册，第二三九八〇頁）

智按：李流謙，字無變，號澹齋，德陽（今屬四川）人。良臣子。高宗紹興中以父蔭補將仕郎，授成都靈泉尉，秩滿，調雅州教授。虞允文宣撫蜀，招置幕下。尋以薦除諸王宮大小學教授。出通判潼州府。孝宗淳熙三年卒，年五十四。遺著由子廉椝編次為《澹齋集》八十九卷，已佚。清四庫館臣據《永樂大典》輯為十八卷（其中詩八卷）。事見本集附録其兄益謙所撰《行狀》及子廉檗《跋滄齋集後》。

程大昌（一一二三~一一九五）

《考古編》

⊙唐試通晝夜

唐人嘗有題詩試闈者，曰：「三條燭盡鐘初動，九轉丹成鼎未開。殘月漸低人擾擾，不知誰是謫仙才。」讀此知其為夜試矣。而未知自夜以始耶？抑通晝夜也？《白樂天集》長慶元年《重考試進士事宜狀伏》：「準禮部試進士例：許用書策，兼得通宵。得通宵則思慮精，用書策文字不錯。然重試之日，書策不容一字，錯燭只許兩條。迫促驚忙，幸皆成就。與禮部所試不同，縱有瑕病，或可矜量。」其曰通宵，則知自晝達夜。前詩言盡三燭，而此止得兩燭，皆可略存唐制也。（《四庫全書》本卷七，程毅中主編《宋人詩話外編》下册，第七五七頁，徐俊編録）

⊙古詩分韻

梁天監中，曹景宗立功還，武帝宴華光殿聯句，令沈約賦韻，獨景宗不預。固啓求賦，時韻已盡，惟餘「競」、「病」二字，景宗操筆而成，所謂「歸來笳鼓競」者是已。初讀此，了未曉賦韻韻盡為何等格法。偶閲《陳後主集》，見其序宣猷堂宴集五言曰：「披鉤賦詠，逐韻多少，次第而用。」座有江總、陸瑜、孔範等三人，後主韻得「迮」、「格」、「白」、「赫」、「易」、「夕」、「擲」、「斥」、「折」、「措」字，其詩用韻與所得韻次，前後正同，曾不攙亂一字。乃知其説，是先書韻為鉤，坐客均探，各據所得，循序賦之，正後世次韻格也。唐世次韻，起元微之、白樂天二公，自號「元和體」，曰古未之有也。抑不知梁、陳間已嘗出此，但其所次之韻，以探鉤所得，而非酬和先唱者，是小異耳。又楊衒之《洛陽伽藍記》載王肅入魏，舍江南故妻謝氏，而娶元魏帝女，其故妻贈之詩曰：「本為薄上蠶，今為機上絲。得繭遂勝去，頗憶纏綿時。」其繼室代肅答謝，正次用「絲」、「時」兩韻，則亦以唱和為次矣。（《四庫全書》本卷七，程毅中主編《宋人詩話外編》下册，第七五七頁，徐俊編録）

智按：《叢書集成初編》第二九二册，第五二頁，斷為：「唐世次韻，起元微之白樂天，二公自號元和體。」又，唐世次韻，非「起元微之、白樂天」，詳見拙著《元白詩派研究》第二三八～二四〇頁（社會科學文獻出版社，二〇〇七年五月版）。

⊙詩窮乃工

白樂天題李杜詩卷，歷叙二公流落而詩名動四夷者，末乃曰：「天意君須會，人間要好詩。」此歐公所謂「非詩窮人，窮而後工者」也。（《四庫全書》本卷七，程毅中主編《宋人詩話外編》下册，第七五八頁，徐俊編録）

智按：白居易《答劉和州禹錫》：「不教才展休明代，爲罚詩争造化功。」《序洛詩·序》：「予歷覽古今歌詩，……多因讒冤譴逐，征戍行旅、凍餒病老、存殁别離，……世所謂：『文士多數奇，詩人尤命薄』，於斯見矣」；《與元九書》：「何有志於詩者，不利若此之甚耶？」韓愈《送孟東野序》：「物不得其平則鳴」；《柳子厚墓志銘》：「然子厚斥不久，窮不極，其文學詞章必不能自力」；《貞曜先生墓志銘》：「維卒不施，以昌其詩」；《上兵部李侍郎書》：「性本好文學，因困厄悲愁，無所告語，遂得……奮發乎文章」；《荆潭唱和詩序》：「夫和平之音淡薄，而愁思之聲要眇，歡愉之詞難工，而窮苦之言易好。」

⊙華清宫生荔枝

「長安回望繡成堆，山頂千門次第開。一騎紅塵妃子笑，無人知道荔枝來。」説者非之，謂明皇帝以十月幸華清宫，涉春輒回，是荔枝熟時未嘗在驪山。然咸通中，有袁郊者，作《甘澤謡》，載許雲封所得《荔枝香》笛曲曰：「天寶十四年六月一日，貴妃誕辰，駕幸驪山。命小部音聲奏樂長生殿，進新曲，未有名。會南海獻荔枝，因名《荔枝香》。」《開元遺事》：「帝與妃每至七月七日夜，在華清宫游宴。」而白樂天《長恨歌》亦言：「七月七日長生殿。夜半無人私語時。」則知杜牧之詩，乃當時傳信語也。世人但見唐史所載，遽以傳聞而疑傳信，最不可也。（《四庫全書》本卷八，程毅中主編《宋人詩話外編》下册，第七五八頁，徐俊編録）

⊙魏徵寢

《封氏見聞録》:「魏徵正寢,輟太宗小殿為之。開元中,焚於火。子孫哭三日,朝士皆弔。」然白樂天請出内帑錢贖還此第,乃云:「此寢太宗輟殿材所建,不可不自朝廷與贖。」即似是貞觀初,所賜尚在。封氏顧云,開元時,已燼於火,兩説必有一誤,未知孰是。(《四庫全書》本卷八)

⊙六典

韋述《集賢記》注:「開元十年,陸堅為起居舍人,奉詔修《六典》,張燕公以委徐堅。後繼張始興李右相,開元二十六年,奏草上,遂廢,詔下有司百僚表賀,至今在院,亦不曾行用。」據述此言,即《六典》書成,而不以頒用也。然白樂天詩:陽城不進矮奴,曰:「城云臣案《六典》書,任土貢有不貢無。道州水土所生者,止有矮民無矮奴。吾君感悟璽書下,歲貢矮奴宜悉罷。」即是陽城嘗援《六典》為奏,得罷貢矮奴,豈是成而不用耶?《桑維翰傳》:「晉天福五年,詔廢翰林學士,按《唐六典》歸其職於中書舍人,而端明殿學士、樞密院學士皆廢。」則《六典》之書,五代猶遵用之,不知韋述何以言不用也。元祐諸公議更元豐故事,則痛詆《六典》,以為未嘗頒用,殆有激而云耳。(《四庫全書》本卷九)

智按:白樂天《道州民》:「一自陽城來守郡,不進矮奴頻詔問。城云臣按六典書,任土貢有不貢無。」

⊙郝靈荃

開元間得默啜者,《唐史》為「郝靈荃」。白樂天《新豐折臂翁》詩注云:「郝雲岑」,雲岑者,豈其字,或藩官耶?(《四庫全書》本卷九,程毅中主編《宋人詩話外編》下册,第七五八頁,徐俊編録)

《演繁露》

⊙六帖

白樂天作類書名《六帖》。《通典・選舉門》載唐制曰:開元中舉行課試之法,帖經者以所習經,掩其兩端,中間惟開一行,裁紙為帖,凡帖三字,隨時增損,可否不一,或得四得五得六者為通,此六帖之名所從起也。

「六帖」云者，取中得之數，以名其書，期於必遂中選也。（《四庫全書》本卷二）

智按：《四庫全書》本《秋澗集》卷四十四「辨説·六帖説」、卷九十六《玉堂嘉話》卷之四「六帖説」袭之，文字略異。

⊙五馬

「太守五馬」，莫知的據。《古樂府》：「五馬立躊躕」，即其來已久。或言《詩》有「良馬五之，侯國事也」，然上言「良馬四之」，下言「良馬六之」，則或四或六，元非定制也。漢有駟馬車，正用四馬。而鄭玄注《詩》曰：「《周禮》：『州長建旟』，漢太守比州長，法御五馬。」玄以州長比方漢州，大小相絕遠矣。周之州，乃反統隸於縣，比漢太守品秩殊不侔，不足為據。然鄭後漢時人，則太守之用五馬，後漢已然矣。至唐白樂天《和深春二十詩》曰：「五匹鳴珂馬，雙輪畫戟車。」至其自杭分司，有詩曰：「錢塘五馬留三匹，還擬騎來攬擾春。」老杜亦曰：「使君五馬一馬驄」，則是真有五馬矣。若其制之所始，則未有知者。（《四庫全書》本卷二）

⊙進士試徹夜

《五代會要》二十一曰：「清泰二年，禮部奏：奉長興二年敕，進士引試，早入晚出，今請依舊例試雜文，並點門入省，經宿就試。」唐試連夜，以燭三條為限。《白樂天集》曰：試許燒木燭三條，燭盡，不許更續。至此，因禮部奏，乃始達旦也。（《四庫全書》本卷七）

⊙霓裳

樂天《和元微之霓裳羽衣歌》略曰：「移領錢塘第二年。始有心情問絲竹。玲瓏箜篌附好箏，教得霓裳一曲成。前後秖應三度案，聞道而今各星散。今年五月至蘇州，忽憶霓裳無處問。聞君部内多樂徒，問有霓裳舞者無。」元答云：「七州十萬戸，無人知有霓裳舞。惟寄長歌與我來，題作霓裳羽衣譜。」案此乃樂天守杭日自教官妓玲瓏習為《霓裳舞》，至樂天鎮蘇時，習舞者已皆不存。元微之為越守，樂天求此舞人於越，而越中無之，但寄得《霓裳歌》以為之譜耳。元、白距明皇不遠，此時此曲已自無傳，況今日乎。（《四庫全

書》本卷七）

⊙白蓮花

洛陽無白蓮花，白樂天自吳中帶種歸，乃始有之。集五有《白蓮泛舟》詩曰：「白藕新花照水開，紅窗小舫信風廻。誰教一片江南興，逐我殷勤萬里來。」又《種白蓮》詩曰：「吳中白藕洛中栽，莫戀江南花懶開。萬里攜歸爾知否，紅蕉朱槿不將來。」（見《長慶集》卷五）（《四庫全書》本卷九）

⊙浮石

衢州之下十里許深潭中，有石兀立水面，土人命為浮石。《白樂天集》三卷有《謝衢州張使君》詩曰：「浮石潭邊停五馬。」則此水之有浮石，其來久矣。先是，土人嘗有謠讖曰：「水打浮石圓，龍游出狀元。」口口相傳，亦莫知其語之為何自也。石之出水也，本甚嶄巖不齊。紹興甲子歲，兩浙大水，漫滅垠岸，浮石沒焉。水退石仍出，而嶄巖者皆去。蓋為猛浪沙石之所淙鑿乃此圜渾也。又一年，歲在乙丑，龍游縣人劉端明章魁廷試。（《四庫全書》本卷九）

⊙竹篾

《白樂天集》十一《入峽》詩曰：「苒蒻竹篾篾，欹危檝師趾。」（篾即百丈也）（《四庫全書》本卷九）

⊙半池

《白樂天集》五十三《池上竹下作》云：「穿籬遶舍碧逶迤，十畝閒居半是池。」（《四庫全書》本卷九）

⊙左右史螭陛侍立

本朝置左右史，正沿唐制。而近者二史更日入侍，概立殿上東南偏，不執筆，則皆不與唐合。按唐《志》天子御正殿，則郎、舍人分左右立，有命則俯陛以聽，退而書之。若仗在紫宸內閣，則夾香案分立殿下，直第二螭首，和墨濡筆，皆即坳處，時號螭頭。李肇《國史補》有兩省謔起居即為螭頭，以其立近石螭首也。《鄭覃傳》曰，記注操筆在赤墀下。楊嗣復言，故事正衙起居注在前。《張次宗傳》文宗始詔左右史立螭頭下。則今立殿上東南偏，非唐制也。既曰：郎、舍人分立左右操筆，則今更日入侍，又不執筆，皆非也。唐去今雖不遠，而殿螭位置史無詳制，顧雜載中時有可以參考者耳。王仁裕《入洛記》記含元殿所見甚詳，曰玉階三級，第一級可高二丈許，每間引出一石螭頭，東西鱗次而排，一一皆存，猶不傾墊。第二、三級各高五尺許，連花石頂亦存。階兩面龍尾道各上六七十步，方達第一級。皆花磚，微有虧損。《賈黄中談録》，含元殿前龍道自平地凡詰曲七轉，由丹鳳門北望，宛如龍尾，下垂於地，兩垠欄悉以青石為之，至今石柱猶有存者。仁裕所見，後唐時也。黄中所見，本朝初也。合二説驗之，則龍尾道夾殿階旁上，而玉階正在道中，階凡三大層，每層又自疏為小級，其下二大層兩旁雖皆設扶欄，欄柱之上但刻為連花形，無壓頂横石。其上一大層者，每小級固皆有欄，欄柱頂更有横石，通亘壓之，而刻其端為螭頭，溢出柱外，是其殿陛所謂螭首者也。然唐之大内有二太極西内也，含元東内也，高宗别營大明宮於故宮，為東南偏，是名南内，自高宗後，累朝多居其地，故凡唐史所載朝會，多大明制也。宮據龍首山趾而高，自丹鳳門入第一重，為含元殿。殿陛從平地直上四十餘尺，方與殿平。王、賈所見階陛皆含元制，而唐《志》記二史所立螭陛，則非含元也。含元第次甲於諸殿，惟元正、冬至受朝，始出御之，他朝會否也。含元直北方，得宣政。宣政者，正殿，亦名正衙，蓋朔望受朝之地。宣政之左，則為東上閤，右為西上閤，而宣政又北始為紫宸。自開元後，每遇朔望薦獻宗廟，天子謙避正殿，輒虚宣政不御，而退御紫宸。紫宸無仗，則從宣政唤仗，自東西二閤而入，百官隨之，所謂入閤也。唐《志》言在正殿則俯陛聽命者，謂宣政也。言仗在内閤而夾香案分立第二螭者，謂紫宸也。是唐《志》二史所立，皆不在含元殿，故王、賈所記螭陛，第可因之以想他殿，而不可憑之以證定唐《志》也。宣政、紫宸，相為南北，合大明一宮，俱在龍首東麓，凡殿以次退而之北，則址亦以次北而加高，每殿必為峻道乃始可升，則宣政、紫宸，每陛每級壓欄悉應有螭，故有第二螭首也。是二史所立，下乎赤墀而高乎前庭，故在宣政則俯陛乃可聽命，在紫宸則正直次二螭首，其地、其制皆相應也。和墨濡筆，皆即坳處，坳，陛石之窪曲而可以受墨者也。今人用螭坳則可，謂立殿坳則誤矣。唐《志》宣政殿朝日，殿上設黻扆、躡席、熏爐、香案，而宰相兩省官對班於香案前，百官班於殿庭。人主既御黻坐，宰相兩省官拜訖，乃始升殿。則是香案也者，正在殿上，而對班案前者，乃從殿下準望言之。其曰拜已升殿即可見，已及其入閣而夾侍香案，亦從左右準望而言，非真夾並香案也。白樂天和元稹《霓裳羽衣歌》曰：「舞時寒食春風天，玉欄干下香案前。案前舞者顔如玉」，推此言也，則香案似在玉欄干之下，而實不然也。欄出庭上，則舞庭者自在欄下，庭在案南，則在庭者孰非香案之前，豈其欄楯之下別設香案也耶！元稹自言：「我是玉皇香案吏」，其亦準望而為之言歟。《宋景文筆記》曰：「予領門下省，會天子排正仗，吏供洞案，設於前殿兩螭首間。案上設燎爐，修注官夾案立。」則此時二史已誤立殿上矣，然猶在御座前而分左右夾侍也。王容季敍事記國朝駕坐則修《起居注》立於御座後，慶曆中，歐陽修以諫官修注，始立上前，北面以視上。閣門用故事諭之使退，修曰：「起居注非殿中祗候人，不當立於座後！」閣門疑其有故事，不敢彈奏。修既罷，其後修注者乃復退立於座後，歐文忠所執，其殆唐制乎！然猶立殿上者，國朝殿陛之制不與唐同也。唐殿據龍首而高，故降殿而立，直二螭。其立者之首，猶微出殿墀，故俯陛而聽於事為宜。汴京大内正在平地，殿級不越尋丈，自上達下，欄頂壓石通竟止用一螭，若降殿而立，使直第一螭首，則立處已在殿庭，不能俯陛聽事。其勢不容不與唐異也。徽宗朝李誡《營造法式》有「殿陛螭首圖」，繪載極詳，其言曰：「螭首，施之對柱及殿四角，隨階斜出，其長七尺。」然則宋景文記洞案直兩螭間，其對柱之螭歟？今二史更直，而皆立東南偏，其並殿角隨階之螭歟？以其皆有石螭壓之，因遂認以為唐螭，而實非其地也。螭頭所施，雖異其處，而又因誤生誤，故二史更侍皆立東南偏，全與唐異也。然慶曆間雖不立御座之前，而立於其後，於今又不同。特不知今立東南偏，復起於何時也。（《四庫全書》本卷十一）

⊙七秩

《樂天集》三十一卷《元日對酒》曰：「衆老憂添歲，余衰喜入春。年開第七秩，屈指幾多人。」又同日一首云：「夢得君知否，俱過本命年。」注曰：「余與蘇州劉郎中同壬子歲，今年六十二。」（《四庫全書》本卷十一）

⊙六幺

段安節《琵琶録》云：貞元中，康崑崙善琵琶，彈一曲新翻羽調《緑腰》。注云：緑腰即録要也。本自樂工進曲，上令録出要者，乃以為名，誤言緑腰也。據此即録要已訛為緑腰。而《白樂天集》有《聽緑腰》詩注云：「即《六么》也。」今世亦有《六么》，然其曲己（已）自有高平、仙吕兩調，又不與羽調相協，抑不知是唐世遺聲否耶？（《四庫全書》本卷十二）

⊙百子帳

唐人昏禮多用百子帳，特貴其名與昏宜，而其制度則非有子孫眾多之義，蓋其制本出塞外，特穹廬、拂廬之具體而微者耳。棬柳為圈，以相連瑣，可張可闔，為其圈之多也，故以百子總之，亦非真有百圈也。其施張既成，大抵如今尖頂圓亭子，而用青氈通冒四隅上下，便於移置耳。白樂天有《青氈帳詩》，其規模可考也。其詩始曰：「合聚千羊毳，施張百子弮。骨盤邊柳健，色染塞藍鮮。」其下注文自引《史記》「張空弮」為證。即是以柳為圈，而青氈冒之也。又曰：「有頂中央聳，無隅四向圓。」是頂聳旁圓也。既曰：「影孤明月夜。」又曰：「最宜霜後地。」則是以之馳張，移置於月、於霜，隨處悉可也。又曰：「側置低歌座，平鋪小舞筵。」則其中亦差寬矣。既曰：「銀囊帶火懸。」又曰：「獸炭休親近。」則是其間不設燎爐，但用銀囊貯火，虛懸其中也。又曰：「蕙帳徒招隠，茅庵浪坐禪。」其所稱比，但言蕙帳、茅庵，而不正比穹廬，知其制出穹廬也。樂天詩最為平易，至其鋪敘物制，如有韻之記，則豈世之徒綴聲音者所能希哉！唐德宗時，皇女下降，顏真卿為禮儀使，如俗傳障車、卻扇、花燭之禮，顏皆遵用不廢，獨言：「氈帳本塞外穹廬遺制，請皆不設。」其言氈帳，即樂天所賦，而宋之問所謂「催鋪百子帳」者是也。丙申十月十一日夜，醉後讀《白集》，信筆以書。（《四庫全書》本卷十三）

智按：宋之問詩無「催鋪百子帳」之句，而陸暢《雲安公主下降奉詔作催妝詩》云：「雲安公主貴，出嫁五侯家。天母親調粉，日兄憐賜花。催鋪百子帳，待障七香車。借問妝成未？東方欲曉霞。」（《全唐詩》卷四七八，第十四册，第五四四一頁）題下注稱：「順宗女下嫁劉士涇，百僚舉暢爲儐相。」程大昌「醉後」、「信筆」，乃陸冠宋戴。

⊙唐緋章服以花綾為之

白樂天聞白行簡服緋，有詩云：「榮傳錦帳花聯萼，彩動綾袍鴈趁行。」注云：「緋多以鴈銜瑞莎為之。」則知唐章服以綾且用織花者，與今制不同。（《四庫全書》本卷十五）

⊙木蘭

樂府有《木蘭》，迺女子代父征戍，十年而歸，不受爵賞，人為作詩。然不著何代人，獨詩中有「可汗大點兵」語，知其生世，非隋即唐也。女子能為許事，其義且武，在緹縈上。或者疑為寓言，然白樂天《題木蘭花》云：「怪得獨饒脂粉態，木蘭曾作女郎來。」又杜牧有《題木蘭廟》詩曰：「彎弓征戰作男兒，夢裏曾經與畫眉。幾度思歸還把酒，拂雲堆上祝明妃。」既有廟貌，又曾作女郎，則誠有其人矣。亦異哉！（《四庫全書》本卷十六）

⊙六帖

白樂天取凡書精語可備賦詞制文采用者，各以門目類粹，而總名其書為六帖。白既不自釋所以名，後人亦無辨者。偶閱唐制其時取士，凡六科，科別其所試條件，每一事名一帖，其多者明經，試至十帖。而《說文》極於六帖，白之書為應科第設，則以帖為名，其取此矣。白書不止六類，而帖之取數，止於用六者，《說文》小學也，試小學又試之小者也，取極其嚴而名其書者，兼取其少也。（《四庫全書》本卷十六）

⊙魚袋

《六典》「符寶」即載隨身魚符之制左二右一，太子以玉，親王以金，庶官以銀，佩以金飾。……然唐制有二種。有隨身符，即以給其人者，故書其人姓名。及其致仕，即以納官。有傳符，即不刻某官姓名，但言某司符契。《六典》注文所謂「皆須遞相付十月内申禮部」是也。白樂天嘗暫為拾遺佩銀魚，已而不為此官，則不佩。故其詩曰：「親朋相見問何如，物色恩光盡反初。無奈嬌癡三歲女，遶腰啼哭覓銀魚。」即《六典》謂六品以下、守五品以上不佩者。而白雖暫借，尋亦歸之於官也。黃繙綽服緋無魚，故取獺尾垂著腰上，作俳語謂明皇曰：「賜緋毛魚袋。」毛，語反，即無為也。帝喻其意，以言卻止之曰：「魚袋者，五品以上入閤合符即用之，汝何可得？」……（《四庫全書》本卷十六）

⊙使君公

東坡離徐州詩曰：「父老拜馬前請壽，使君公君即公也。」語似重出，今見《白樂天集》十五卷《送劉江州》曰：「遥見朱輪來出郭，相迎勞動使君公。」坡蓋用白語云。（《四庫全書》本續集卷四）

⊙樂天知蘇州久方開宴

《白樂天集》二十一《蘇州郡宴呈同僚》曰：「下車已二月，開筵始今晨。」以樂天風流詩酒，而閲兩月方燕飲，可謂知本末也已。（《四庫全書》本續集卷六）

⊙李娟

李義山詩曰：「隨宜教李娟。」《樂天集》（二十）《霓裳詩》曰：「妍媸優劣寧相遠，大都只在人擡舉。李娟張態君莫嫌，亦擬隨宜教歌舞。」注：「娟、態，蘇妓也。」（《四庫全書》本續集卷六）

⊙鄭玄牛識字

白樂天詩：「鄭牛識字吾常歎。」注云：「諺云：鄭玄家牛，觸牆成八字。」（《樂天集》）五十六。（《四庫全書》本續集卷六）

《雍録》

⊙温泉説

温泉在麗【驪】山，與帝都密。邇自秦漢隋唐，人主皆嘗游幸，惟玄宗特侈。蓋即山建宫，百司庶府，皆行各有寓止。自十月往，至歲盡乃還宫。又緣楊妃之故，其奢蕩特為章著。大抵宫殿包裹麗【驪】山一山，而繚墻周徧其外。觀風樓下，又有夾城可通禁中。白居易追咎其事，作歌以為後監，世喜傳誦。然詩多不得其實也。華清宫者，本太宗温泉宫也。天寶六載，始名華清；而楊妃入宫，以太真得幸，已在三載，則華清未名，而妃已先幸。今曰：「春寒賜浴華清池」「始是初承恩幸時」，此已誤矣。而又記其欸昵，則曰：「七月七日長生殿」，華清宫固有長生殿矣，而其地乃齋宿禮神之所，本非寢殿，帝又未嘗以七月至麗【驪】山，則白歌皆不審也。杜牧詩亦曰：「一騎紅塵妃子笑，無人知道荔枝來。」玄宗亦未嘗以六、七月幸華清宫，則遞進荔枝，亦不在幸山時也。案《樂天集・長恨歌》

不自為敘，以陳鴻所傳麗【驪】山事為叙。樂天所歌，謂妃得幸在賜浴華清之時，及方士傳道妃語，皆本鴻傳以為之説也。歌之作也，在元和元年冬，盖王質夫用鴻説，勸樂天為之，而鴻自言，亦謂得之傳聞，非《玄宗本紀》所載也。則樂天之誤，出於陳鴻也。然而事有不可專執故常者，觀風殿有複道，可以潛通大明，則微行間出，亦不必正在十月矣。《唐志》記荔枝香曲所起，曰貴妃生日，燕長生殿，南方適進荔枝，因以荔枝香為曲，則荔枝熟時，亦自可幸麗【驪】山也。故予謂不可執守故常也。凡左方所録宮殿方向，《長安志》率取《津陽詩》注為據，《津陽詩》者，鄭愚【嵎】之所作也。(《四庫全書》本卷四)

⊙馬嵬

馬嵬故城，在興平縣西北二十三里，雍都西九十里。城本是馬嵬築以避難。馬嵬者，姓名也。有驛。楊妃死於驛。白居易詩曰：「西出都城百里餘。」(《四庫全書》本卷六)

⊙玉蕊名鄭花

唐昌觀玉蕊花，長安惟有一株，或詩之曰：「一樹瓏松玉刻成。」則其葩蕊形似，略可想矣。春花盛時，傾城來賞，至謂有仙女降焉。元、白皆賦詩以實其事，則為時貴重可知矣。曾端伯曰：「韋應物帖云：『京師重玉蕊花，比至江南，漫山皆是，土人取以供染事，不甚愛惜。』則是江南有花瓏松而白其葉，可用以染者，眞唐昌之玉蕊矣。」(原注：《高齋詩話》又云是楊汝士帖，未知孰是。) 山谷曰：「江南野中有一種小白花，木高數夭，春開極香，野人謂之鄭花。王荊公陋其名，予請名曰山礬。此花之葉自可染黄，不借礬而成色，故以名。」又《高齋詩話》曰：「玉蕊，即今瑒花也。」予按瑒，雉杏反，玉圭名也，瑒、鄭音近而呼訛耳。吾鄉又呼烏朕花，朕、鄭、瑒音亦相近，知一物也。江南凡有山處，即有此花，其葉類木犀，而花白心黄，三四月間著花，芬香滿野，人家籬援，皆斫其枝帶葉束之，稍稍受日，葉遂變黄，取以供染，不籍礬石，自成黄色，則魯直之言信矣。至謂僅高三二尺者，蓋土人不以為材，稍可燃燎，亟樵之不容其長。惟長安以為貴異，故其幹大於他處，非別種也。予家塾之西，有山礬一株，高可五七丈，春花盛時，瓏松耀日，如冬雪凝積，闔一里人家，香風皆滿，比予辛未得第而歸，則為人

所伐矣。乃知唐玉蕊正是人能護養所致，非他處無此之木也。（《四庫全書》本卷十）

《感皇恩（代妹答）》

畫舸白蘋洲，如歸故里。老幼歡迎僮婢喜。較量心事，歲歲春風弧矢。今年稱壽處，尤歡美。　　嫁得黔婁（白樂天代内子寄兄嫂詩云：「嫁得黔婁為妹婿」），苦耽書史。文字流傳曾貴紙。便同黼黻，何似實頭龜紫。天公聞此語，應憐許。（《全宋詞》第一五二七頁）

《潛藩盛德録》

今道士修老子教者，舍道本不言，而及方藥祈禳等事，其謬失本意，又益太遠。惟唐人白居易詩語能明其確，曰：「何况玄元皇帝道德五千言，不言藥，不言仙，不言白日升青天。」玄元皇帝即老子也，道家以老子為教祖，而八十一章，自清净寡欲之外，别無一語他及，如何鑿空妄云，有藥有仙及祈禳勝厭等事邪？恭蒙聖諭，以某言為是，且明誦白詩上語全文，益深嘉居易之談老子能得要妙也。（見彭耜《道德真經集注·雜説》卷下，《叢書集成三編》本；張繼禹主編《中華道藏》第十一册，第四九四～四九五頁；《古今圖書集成》經籍典卷四三三；《全宋文》二〇〇六年版第二二一册，卷四九〇八，第三〇四頁）

智按：程大昌，字泰之，徽州休寧（今屬安徽）人。高宗紹興二十一年（一一五一）進士。二十六年，除太平州教授。二十七年，召為太學正。三十年，遷秘書省正字。孝宗即位，擢著作佐郎，歷國子司業兼權禮部侍郎、直學士院。出為浙東提點刑獄、江西轉運副使。淳熙二年（一一七五），召為秘書少監。三年，權刑部侍郎。累遷權吏部尚書。出知泉州、建寧府。光宗即位，徙知明州。慶元元年卒，年七十三。謚文簡。有《程文簡集》二十卷，已佚。今存《詩論》、《演繁露》、《考古編》等。事見《周文忠公集》卷六十二《程公神道碑》，《宋史》卷四三三有傳。

洪邁（一一二三～一二〇二）

《泳澤亭記》

錢塘西湖自唐刺史白居易斥而大之，其名震四方。錢氏有國，尤致意設險，至於屯清湖千兵以爲之護，他可見矣。天禧中，郡守故相王欽若始奏請爲放生池，邦人歲以四月八日，用釋氏法，稱家有無，隨願深淺，買禽魚而放之，謂爲誦聖。元祐中，蘇軾復請鬻祠部牒，顧民去葑，將使際山皆湖，既而莫能成。今郡爲行都垂歷五紀，天波涵濡，品彙闓懌。天子所至曰幸，民既被賜矣，萬物一理也，則鳥獸魚鱉，遂其生性，豈不有幾乎芒芴之間哉！於是敷文閣直學士張子顏，乃即湧金門之外木榭故址，締爲新亭，取蘇軾語揭之，曰「泳澤」。歲四月丙寅，萃鱗翼二十四萬，朝服敬禱，一一而縱之，祝曰：爲兩宫千萬歲壽。既訖役，以書囑婺州守洪邁紀其事。竊惟《天保》之詩六章，百四十有八言，皆所以歸美報上，惟子顏受恩奕世，不自同於衆臣。……（宋祝穆《事文類聚》後集卷三十四鱗蟲部，《四庫全書》本；《全宋文》二〇〇六年版第二二二册，卷四九一九，第九四頁）

《容齋隨筆》

⊙黄魯直詩

徐陵《鴛鴦賦》云：「山雞映水那相得，孤鸞照鏡不成雙。天下真成長會合，無勝比翼兩鴛鴦。」黄魯直《題畫睡鴨》曰：「山雞照影空自愛，孤鸞舞鏡不作雙。天下真成長會合，兩鳧相倚睡秋江。」全用徐語點化之，末句尤精工。又有《黔南十絕》，盡取白樂天語，其七篇全用之，其三篇頗有改易處。樂天《寄行簡》詩，凡八韻，後四韻云：「相去六千里，地絕天邈然。十書九不達，何以開憂顔！渴人多夢飲，飢人多夢餐。春來夢何處？合眼到東川。」魯直翦為兩首，其一云：「相望六千里，天地隔江山。十書九不到，何用一開顔？」其二云：「病人多夢醫，囚人多夢赦。如何春來夢，合眼在鄉社！」樂天《歲晚》詩七韻，首句云：「霜降水返壑，風落木歸山。冉冉歲將晏，物皆復本源。」魯直改後兩句七字，作「冉冉歲華晚，昆蟲皆閉關」。（《隨筆》卷一，上海古籍出版社《容齋隨筆》，第四～五頁）

⊙樂天侍兒

世言白樂天侍兒唯小蠻、樊素二人。予讀集中《小庭亦有月》一篇云：「菱角執笙簧，谷兒抹琵琶，紅綃信手舞，紫絹隨意歌。」自注曰：「菱、谷、紫、紅皆小臧獲名。」若然，則紅、紫二絹亦女奴也。（《隨筆》卷一，上海古籍出版社《容齋隨筆》，第十頁）

⊙白公詠史

東坡《志林》云：「白樂天嘗為王涯所讒，貶江州司馬。甘露之禍，樂天有詩云：『當君白首同歸日，是我青山獨往時。』不知者以樂天為幸之，樂天豈幸人之禍者哉？蓋悲之也。」予讀白集有《詠史》一篇，注云：「九年十一月作。」其詞曰：「秦磨利刃斬李斯，齊燒沸鼎烹酈其。可憐黄綺入商洛，閑卧白雲歌紫芝。彼為葅醢机上盡，此作鸞凰天外飛。去者逍遙來者死，乃知禍福非天為。」正為甘露事而作，其悲之之意可見矣。（《隨筆》卷一，上海古籍出版社《容齋隨筆》，第十一頁）

⊙十年為一秩

白公詩云：「已開第七秩，飽食仍安眠。」又云：「年開第七秩，屈指幾多人。」是時年六十二，元日詩也。又一篇云：「行開第八秩，可謂盡天年。」注曰：「時俗謂七十以上，為開第八秩。」蓋以十年為一秩云。司馬溫公作《慶文潞公八十會致語》云「歲歷行開九帙新」，亦用此也。（《隨筆》卷一，上海古籍出版社《容齋隨筆》，第十一頁）

⊙裴晉公禊事

唐開成二年三月三日，河南尹李待價將禊於洛濱，前一日啓留守裴令公。公明日召太子少傅白居易，太子賓客蕭籍、李仍叔、劉禹錫，中書舍人鄭居中等十五人合宴於舟中，自晨及暮，前水嬉而後妓樂，左筆硯而右壺觴，望之若仙，觀者如堵。裴公首賦一章，四坐繼和，樂天為十二韻以獻，見於集中。今人賦上巳，鮮有用其事者。予按《裴公傳》，是年起節度河東，三年以病乞還東都。文宗上巳宴群臣曲江，度不赴，帝賜以詩，使者及門而度薨。與前事相去正一年。然樂天又有一篇，題云《奉和裴令公三月上巳日游太原龍泉憶去歲禊洛之作》，是開成三年詩，則度以四年三月始薨。《新史》以為三年，誤也。《宰相表》卻載其三年十二月為中書令，四年三月薨。而帝紀全

失書，獨《舊史》紀、傳為是。（《隨筆》卷一，上海古籍出版社《容齋隨筆》，第一一～一二頁）

⊙司字作入聲

白樂天詩，好以「司」字作入聲讀，如云「四十著緋軍司馬，男兒官職未蹉跎」，「一為州司馬，三見歲重陽」是也。又以「相」字作入聲，如云「為問長安月，誰教不相離」是也。「相」字之下，自注云：「思必切。」以「十」字作平聲讀，如云「在郡六百日，入山十二回」，「綠浪東西南北路，紅欄三百九十橋」是也。以「琵」字作入聲讀，如云「四弦不似琵琶聲，亂寫真珠細撼鈴」，「忽聞水上琵琶聲」是也。武元衡亦有句云：「唯有白鬚張司馬，不言名利尚相從。」（《隨筆》卷一，上海古籍出版社《容齋隨筆》，第十二頁）

⊙樂天新居詩

白樂天自杭州刺史分司東都，有《題新居呈王尹兼簡府中三掾》詩云：「弊宅須重葺，貧家乏羨財。橋憑州守造，樹倩府寮栽。朱板新猶濕，紅英暖漸開。仍期更攜酒，倚檻看花來。」乃知唐世風俗尚為可喜。今人居閑，而郡守為之造橋，府寮為之栽樹，必遭譏議，又肯形之篇詠哉？（《隨筆》卷一，上海古籍出版社《容齋隨筆》，第十三頁）

⊙黃紙除書

樂天好用「黃紙除書」字，如：「紅旗破賊非吾事，黃紙除書無我名」，「正聽山鳥向陽眠，黃紙除書落枕前」，「黃紙除書到，青宮詔命催」。（《隨筆》卷一，上海古籍出版社《容齋隨筆》，第十三頁）

⊙白用杜句

杜子美詩云：「夜足沾沙雨，春多逆水風。」白樂天詩「巫山暮足沾花雨，隴水春多逆浪風」，全用之。（《隨筆》卷一，上海古籍出版社《容齋隨筆》，第十三頁）

⊙詩讖不然

今人富貴中作不如意語，少壯時作衰病語，詩家往往以為讖。白公十八歲，病中作絕句云：「久為勞生事，不學攝生道。少年已多病，此身豈堪老？」然白公壽七十五。（《隨筆》卷一，上海古籍出版社《容齋隨筆》，第十四頁）

⊙青龍寺詩

樂天《和錢員外青龍寺上方望舊山》詩云:「舊峰松雪舊溪雲,悵望今朝遥屬君。共道使君(一作臣)非俗吏,南山莫動《北山文》。」頃於乾道四年講筵開日,蒙上書此章於扇以賜,改「使君(一作臣)」為「侍臣」云。(《隨筆》卷一,上海古籍出版社《容齋隨筆》,第十五頁)

⊙唐重牡丹

歐陽公《牡丹釋名》云:「牡丹初不載文字,唐人如沈、宋、元、白之流,皆善詠花,當時有一花之異者,彼必形於篇什,而寂無傳焉,唯劉夢得有《詠魚朝恩宅牡丹》詩,但云一叢千朵而已,亦不云其美且異也。」予按,白公集有《白牡丹》一篇十四韻,又《秦中吟》十篇,内《買花》一章,凡百言,云:「共道牡丹時,相隨買花去。……一叢深色花,十户中人賦。」而《諷諭・樂府》有《牡丹芳》一篇,三百四十七字,絕道花之妖豔,至有「遂使王公與卿士,游花冠蓋日相望」,「花開花落二十日,一城之人皆若狂」之語。又《寄微之百韻》詩云:「唐昌玉蕊會,崇敬牡丹期。」注:「崇敬寺牡丹花,多與微之有期。」又《惜牡丹》詩云:「明朝風起應吹盡,夜惜衰紅把火看。」《醉歸盩厔》詩云:「數日非關王事繫,牡丹花盡始歸來。」元微之有《入永壽寺看牡丹》詩八韻,《和樂天秋題牡丹叢》三韻,《酬胡三詠牡丹》一絕,又有五言二絕句。許渾亦有詩云:「近來無奈牡丹何,數十千錢買一窠。」徐凝云:「三條九陌花時節,萬馬千車看牡丹。」又云:「何人不愛牡丹花,占斷城中好物華。」然則元、白未嘗無詩,唐人未嘗不重此花也。(《隨筆》卷二,上海古籍出版社《容齋隨筆》,第一七~一八頁)

⊙長歌之哀

嬉笑之怒,甚於裂眥,長歌之哀,過於慟哭。此語誠然。元微之在江陵,病中聞白樂天左降江州,作絕句云:「殘燈無焰影幢幢,此夕聞君謫九江。垂死病中驚起坐,暗風吹雨入寒窗。」樂天以為:「此句他人尚不可聞,况僕心哉!」微之集作「垂死病中仍悵望」,此三字既不佳,又不題為病中作,失其意矣。東坡守彭城,子由來訪之,留百餘日而去,作二小詩曰:「逍遥堂後千尋木,長送中宵風雨聲。誤喜對床尋舊約,不知漂泊在彭城。」「秋來東閣涼如水,客去山公醉似泥。困卧北窗呼不醒,風吹松竹雨淒淒。」東坡以為讀之

殆不可為懷，乃和其詩以自解。至今觀之，尚能使人淒然也。(《隨筆》卷二，上海古籍出版社《容齋隨筆》，第十八頁)

⊙古行宮詩

白樂天《長恨歌》、《上陽人》歌，元微之《連昌宮詞》，道開元間宮禁事，最為深切矣。然微之有《行宮》一絕句云：「寥落古行宮，宮花寂寞紅。白頭宮女在，閑坐説玄宗。」語少意足，有無窮之味。(《隨筆》卷二，上海古籍出版社《容齋隨筆》，第十九頁)

⊙隔是

樂天詩云：「江州去日聽筝夜，白髮新生不願聞。如今格是頭成雪，彈到天明亦任君。」元微之詩云：「隔是身如夢，頻來不為名。憐君近（一作水）南住，時得到山行。」「格」與「隔」二字義同，「格是」猶言「已是」也。(《隨筆》卷二，上海古籍出版社《容齋隨筆》，第十九頁)

⊙進士試題

唐穆宗長慶元年，禮部侍郎錢徽知舉，放進士鄭朗等三十二人，後以段文昌言其不公，詔中書舍人王起、知制誥白居易重試，駁放盧公亮等十人，貶徽江州刺史。白公集有奏狀論此事，大略云：「伏料自欲重試進士以來，論奏者甚眾。蓋以禮部試進士，例許用書策，兼得通宵，得通宵則思慮必周，用書册則文字不錯。昨重試之日，書策不容一字，木燭只許兩條，迫促驚忙，幸皆成就，若比禮部所試，事校不同。」及駁放公亮等敕文，以為《孤竹管賦》出於《周禮》正經，閱其程試之文，多是不知本末。乃知唐試進士許挾書及見燭如此。國朝淳化三年，太宗試進士，出《危言日出賦》題，孫何等不知所出，相率扣殿檻乞上指示之，上為陳大義。景德二年，御試《天道猶張弓賦》。後禮部貢院言，近年進士惟鈔略古今文賦，懷挾入試，昨者御試以正經命題，多懵所出，則知題目不示以出處也。大中祥符元年，試禮部進士，内出《清明象天賦》等題。仍録題解，摹印以示之。至景祐元年，始詔御藥院，御試日進士題目，具經史所出，摹印給之，更不許上請。(《隨筆》卷三，上海古籍出版社《容齋隨筆》，第三一～三二頁)

⊙詩中用茱萸字

劉夢得云：「詩中用茱萸字者凡三人。杜甫云『醉把茱萸子細看』，王維云『插遍茱萸少一人』，朱放云『學他年少插茱萸』，三君所用，杜公為優。」予觀唐人七言，用此者又十餘家，漫録於後。王昌齡「茱萸插鬢花宜壽」，戴叔倫「插鬢茱萸來未盡」，盧綸「茱萸一朵映華簪」，權德輿「酒泛茱萸晚易醺」，白居易「舞鬟擺落茱萸房」，「茱萸色淺未經霜」，楊衡「強插茱萸隨衆人」，張諤「茱萸凡作幾年新」，耿𣳇「髮稀那敢插茱萸」，劉商「郵筒不解獻茱萸」，崔櫓「茱萸冷吹溪口香」，周賀「茱萸城裏一尊前」，比之杜句，真不侔矣。（《隨筆》卷四，上海古籍出版社《容齋隨筆》，第四七頁）

⊙翰苑親近

白樂天《渭村退居寄錢翰林詩》，敘翰苑之親近云：「曉從朝興慶，春陪宴柏梁。分庭皆命婦，對院即儲皇。貴主冠浮動，親王轡鬧裝。金鈿相照耀，朱紫間熒煌。毬簇桃花騎，歌巡竹葉觴。窪銀中貴帶，昂黛内人妝。賜禊東城下，頒酺曲水傍。樽罍分聖酒，妓樂借仙倡。」蓋唐世宮禁與外廷不至相隔絕，故杜子美詩：「戶外昭容紫袖垂，雙瞻御座引朝儀。」又云：「舍人退食收封事，宮女開函近御筵。」而學士獨稱内相，至於與命婦分庭，見貴主冠服、内人黛妝，假仙倡以佐酒，他司無比也。（《隨筆》卷四，上海古籍出版社《容齋隨筆》，第四九頁）

智按：「桃花騎」，《白氏長慶集》馬本、《唐音統籤》作桃花綺，非也。當從《容齋隨筆》及宋潘自牧《記纂淵海》等。王穉登《正月十六夜長安步月簡朱少傅》：「桃花騎出胡名馬，竹葉携來魯上尊。」（明刻本《王百穀集十九種》燕市集卷下）亦可旁證。

⊙薛能詩

薛能者，晚唐詩人，格調不能高，而妄自尊大。……有《柳枝詞》五首，最後一章曰，「劉白蘇臺總近時，當初章句是誰推？纖腰舞盡春楊柳，未有儂家一首詩。」自注云：「劉、白二尚書繼為蘇州刺史，皆賦《楊柳枝詞》，世多傳唱，雖有才語，但文字太僻，宫商不高耳。」能之大言如此，但稍推杜陵，視劉、白以下蔑如也。今讀其詩，正堪一笑。劉之詞曰：「城外春風吹酒旗，行人揮袂日西時。長安陌上無窮樹，唯有垂楊管別離。」白之詞云：「紅板江橋清酒旗，館娃宮暖日斜時。可憐雨歇東風定，萬樹幹條各自垂。」其風流氣概，豈能所可髣髴哉！（《隨筆》卷七，上海古籍出版社《容齋隨筆》，第九五頁）

⊙朋友之義

朋友之義甚重，天下之達道五，君臣、父子、兄弟、夫婦而至朋友之交。故天子至於庶人，未有不須友以成者。「天下俗薄，而朋友道絕。」見於《詩》。「不信乎朋友，弗獲乎上。」見於《中庸》、《孟子》。「朋友信之」，孔子之志也；「車馬衣裘，與朋友共」，子路之志也；「與朋友交而信」，曾子之志也。《周禮》六行，五曰任，謂信於友也。漢、唐以來，猶有范張、陳雷、元白、劉柳之徒，始終相與，不以死生貴賤易其心。本朝百年間，此風尚存。嗚呼，今亡矣！（卷九，上海古籍出版社《容齋隨筆》，第一一九頁）

⊙唐書判

唐銓選擇人之法有四：一曰身，謂體貌豐偉；二曰言，言辭辯正；三曰書，楷法遒美；四曰判，文理優長。凡試判登科謂之入等，甚拙者謂之藍縷，選未滿而試文三篇謂之宏辭，試判三條謂之拔萃。中者即授官。既以書為藝，故唐人無不工楷法，以判為貴，故無不習熟。而判語必駢儷，今所傳《龍筋鳳髓判》及《白樂天集·甲乙判》是也。自朝廷至縣邑，莫不皆然，非讀書善文不可也。宰臣每啓擬一事，亦必偶數十語，今鄭畋敕語、堂判猶存。世俗喜道瑣細遺事，參以滑稽，目為花判，其實乃如此，非若今人握筆據案，只署一字亦可。國初尚有唐餘波，久而革去之。但體貌豐偉，用以取人，未為至論。（《隨筆》卷十，上海古籍出版社《容齋隨筆》，第一二七頁）

⊙徐凝詩

徐凝以「瀑布界破青山」之句，東坡指為惡詩，故不為詩人所稱說。予家有凝集，觀其餘篇，亦自有佳處，今漫紀數絕於此。《漢宮曲》云：「水色簾前流玉霜，趙家飛燕侍昭陽。掌中舞罷簫聲絕，三十六宮秋夜長。」《憶揚州》云：「蕭娘臉下難勝淚，桃葉眉頭易得愁。天下三分明月夜，二分無賴是揚州。」《相思林》云：「遠客遠游新過嶺，每逢芳樹問芳名。長林遍是相思樹，爭遣愁人獨自行。」《玩花》云：「一樹梨花春向暮，雪枝殘處怨風來。

明朝漸校無多去，看到黃昏不欲回。」《將歸江外辭韓侍郎》云：「一生所遇唯元白，天下無人重布衣。欲別朱門淚先盡，白頭游子白身歸。」皆有情致，宜其見知於微之、樂天也。但俗子妄作樂天詩，繆為賞激，以起東坡之誚耳。（《隨筆》卷十，上海古籍出版社《容齋隨筆》，第一二九頁）

⊙絕唱不可和

韋應物在滁州，以酒寄全椒山中道士，作詩曰：「今朝郡齋冷，忽念山中客。澗底束荊薪，歸來煮白石。欲持一樽酒，遠慰風雨夕。落葉滿空山，何處尋行跡？」其為高妙超詣，固不容誇説，而結尾兩句，非復語言思索可到。東坡在惠州，依其韻作詩寄羅浮鄧道士曰：「一杯羅浮春，遠餉采薇客。遙知獨酌罷，醉卧松下石。幽人不可見，清嘯聞月夕。聊戲庵中人，空飛本無跡。」劉夢得「山圍故國周遭在，潮打空城寂寞回」之句，白樂天以為後之詩人，無復措詞。坡公仿之曰：「山圍故國城空在，潮打西陵意未平。」坡公天才，出語驚世，如追和陶詩，真與之齊驅，獨此二者，比之韋、劉為不侔，豈非絕唱寡和，理自應爾邪。（《隨筆》卷十四，上海古籍出版社《容齋隨筆》，第一八三頁）

⊙連昌宮詞

元微之、白樂天，在唐元和、長慶間齊名。其賦詠天寶時事，《連昌宮詞》、《長恨歌》皆膾炙人口，使讀之者情性蕩搖，如身生其時，親見其事，殆未易以優劣論也。然《長恨歌》不過述明皇追愴貴妃始末，無他激揚，不若《連昌詞》有監戒規諷之意，如云：「姚崇、宋璟作相公，勸諫上皇言語切。長官清貧太守好，揀選皆言由相公。開元之末姚、宋死，朝廷漸漸由妃子。禄山宮裏養作兒，虢國門前鬧如市。弄權宰相不記名，依稀憶得楊與李。廟謨顛倒四海搖，五十年來作瘡痏。」其末章及官軍討淮西，乞「廟謨休用兵」之語，蓋元和十一、二年間所作，殊得風人之旨，非《長恨》比云。（《隨筆》卷十五，上海古籍出版社《容齋隨筆》，第一九八頁）

⊙唐人詩不傳

韓文公《送李礎序》云：「李生溫然為君子，有詩八百篇，傳詠於時。」又《盧尉墓誌》云：「君能為詩，自少至老，詩可録傳者，在紙凡千餘篇。無書不讀，然止用以資為詩。任登封尉，盡寫所為詩，投留守鄭餘慶，鄭以書薦於宰相。」觀此，則李、盧二子之詩多而可傳。又裴迪與王維同賦輞川諸絕，載於維集，此外更無存者。杜子美有寄裴十詩云「知君苦思緣詩瘦」，乃迪也，其能詩可知。今考之《唐史·藝文志》，凡別集數百家，無其書，其姓名亦不見於他人文集，諸類詩文中亦無一篇。白樂天作《元宗簡集序》云：「著格詩一百八十五，律詩五百九。」至悼其死，曰：「遺文三十軸，軸軸金玉聲。」謂其古常而不鄙，新奇而不怪。今世知其名者寡矣，而況於詩乎！乃知前賢遺稿，湮役非一，真可惜也！（《續筆》卷一，上海古籍出版社《容齋隨筆》，第二二〇頁）

⊙歲旦飲酒

今人元日飲屠酥酒，自小者起，相傳已久，然固有來處。後漢李膺、杜密以黨人同繫獄，值元日，於獄中飲酒，曰：「正旦從小起。」《時鏡新書》晉董勳云：「正旦飲酒，先從小者，何也？勳曰：『俗以小者得歲，故先酒賀之；老者失時，故後飲酒。』」《初學記》載《四民月令》云：「正旦進酒次第，當從小起，以年小者起先。」唐劉夢得、白樂天元日舉酒賦詩，劉云：「與君同甲子，壽酒讓先杯。」白云：「與君同甲子，歲酒合誰先？」白又有《歲假內命酒》一篇云：「歲酒先拈辭不得，被君推作少年人。」顧況云：「不覺老將春共至，更悲攜手幾人全。還丹寂寞羞明鏡，手把屠蘇讓少年。」裴夷直云：「自知年幾偏應少，先把屠蘇不讓春。倘更數年逢此日，還應惆悵羡他人。」成文幹云：「戴星先捧祝堯觴，鏡裏堪驚兩鬢霜。好是燈前偷失笑，屠蘇應不得先嘗。」方干云：「才酌屠蘇定年齒，坐中皆笑鬢毛斑。」然則尚矣。東坡亦云：「但把窮愁博長健，不辭最後飲屠酥。」其義亦然。（《續筆》卷一，上海古籍出版社《容齋隨筆》，第二三〇頁）

⊙唐詩無諱避

唐人歌詩，其於先世及當時事，直辭詠寄，略無避隱。至宮禁嬖昵，非外間所應知者，皆反復極言，而上之人亦不以為罪。如白樂天《長恨歌》諷諫諸章，元微之《連昌宮詞》，始末皆為明皇而發。杜子美尤多，如《兵車行》、前後《出塞》、《新安吏》、《潼關吏》、《石壕吏》、《新婚別》、《垂老別》、《無家別》、《哀王孫》、《悲陳陶》、《哀江頭》、《麗人行》、《悲青阪》、《公孫舞劍器行》，終篇皆是。其他波及者，五言如……今之詩人不敢爾也。

(《續筆》卷二，上海古籍出版社《容齋隨筆》，第二三六～二三七頁)

⊙元和六學士

白樂天分司東都，有詩《上李留守相公》，其序言：「公見過池上，泛舟舉酒，話及翰林舊事，因成四韻。」後兩聯云：「白首故情在，青雲往事空。同時六學士，五相一漁翁。」此詩蓋與李絳者，其詞正記元和二年至六年事。予以其時考之，所謂五相者，裴垍、王涯、杜元穎、崔群及絳也。紹興二十八年三月，予入館，明年八月，除吏部郎官，一時同舍秘書丞虞雍公並甫、著作郎陳魏公應求、秘書郎史魏公直翁、校書郎王魯公季海，皆至宰相，汪莊敏公明遠至樞密使，恩數與宰相等，甚類元和事云。(《續筆》卷二，上海古籍出版社《容齋隨筆》，第二三八頁)

⊙栽松詩

白樂天《栽松詩》云：「小松未盈尺，心愛手自移。蒼然澗底色，雲濕煙霏霏。栽植我年晚，長成君性遲。如何過四十，種此數寸枝？得見成陰否？人生七十稀。」予治圃於鄉里，乾道己丑歲，正年四十七矣。自伯兄山居，手移稚松數十本，其高僅四五寸，植之雲壑石上，擁土以為固，不能保其必活也。過二十年，蔚然成林，皆有干霄之勢，偶閱白公（一作翁）集，感而書之。(《續筆》卷三，上海古籍出版社《容齋隨筆》，第二五四頁)

⊙烏鵲鳴

北人以烏聲為喜，鵲聲為非。南人聞鵲噪則喜，聞烏聲則唾而逐之，至於弦弩挾彈，擊使遠去。《北齊書》，奚永洛與張子信對坐，有鵲正鳴於庭樹間，子信曰：「鵲言不善，當有口舌事，今夜有喚，必不得往。」子信去後，高嚴使召之，且云敕喚，永洛詐稱墮馬，遂免於難。白樂天在江州，《答元郎中楊員外喜烏見寄》，曰：「南宮鴛鴦地，何忽烏來止。故人錦帳郎，聞烏笑相視。疑烏報消息，望我歸鄉里。我歸應待烏頭白，慚愧元郎誤歡喜。」然則鵲言固不善，而烏亦能報喜也。又有和元微之《大觜烏》一篇云：「老巫生奸計，與烏意潛通。云此非凡鳥，遙見起敬恭。千歲乃一出，喜賀主人翁。此烏所止家，家產日夜豐。上以致壽考，下可宜田農。」按微之所賦云：「巫言此烏至，財產日豐宜。主人一心惑，誘引不知疲。轉見烏來集，自言家轉孳。專職烏喜怒，信受若長離。」今之烏則然也。世有傳《陰陽局鴉經》，謂東方朔所著，大略言凡占鳥之鳴，先數其聲，然後定其方位，假如甲日一聲，即是甲聲，第二聲為乙聲，以十於數之，乃辨其急緩，以定吉凶，蓋不專於一説也。(《續筆》卷三，上海古籍出版社《容齋隨筆》，第二五四頁)

⊙文字潤筆

作文受謝，自晉、宋以來有之，至唐始盛。《李邕傳》：「邕尤長碑頌，中朝衣冠及天下寺觀，多齎持金帛，往求其文。前後所制，凡數百首，受納饋遺，亦至巨萬。時議以為自古鬻文獲財，未有如邕者。」故杜詩云：「干謁滿其門，碑版照四裔。豐屋珊瑚鉤，騏驎織成罽。紫騮隨劍幾，義取無虛歲。」又有《送斛斯六官詩》云：「故人南郡去，去索作碑錢。本賣文為活，翻令室倒懸。」蓋笑之也。韓愈撰《平淮西碑》，憲宗以石本賜韓宏，宏寄絹五百匹：作王用碑，用男寄鞍馬並白玉帶。劉義持愈金數斤去，曰：「此諛墓中人得耳，不若與劉君為壽。」愈不能止。劉禹錫祭愈文云：「公鼎侯碑，志隧表阡，一字之價，輦金如山。」皇甫湜為裴度作《福先寺碑》，度贈以車馬繒彩甚厚，湜大怒曰：「碑三千字，字三縑，何遇我薄邪？」度笑酬以絹九千匹。穆宗詔蕭俛撰成德王士真碑，俛辭曰：「王承宗事無可書。又撰進之後，例得貺遺，若邑勉受之，則非平生之志。」帝從其請。文宗時，長安中爭為碑誌，若市買然。大官卒，其門如市，至有喧競爭致，不由喪家。裴均之子，持萬縑詣韋貫之求銘，貫之曰：「吾寧餓死，豈忍為此哉？」白居易《修香山寺記》，曰：「予與元微之，定交於生死之間。微之將薨，以墓誌文見托，既而元氏之老，狀其臧獲、輿馬、綾帛，洎銀鞍、玉帶之物，價當六七十萬，為謝文之贄。予念平生分，贄不當納，往反再三，訖不得已，因施兹寺。凡此利益功德，應歸微之。」柳玭善書，自御史大夫貶瀘州刺史，東川節度使顧彥暉請書德政碑。玭曰：「若以潤筆為贈，即不敢從命。」本朝此風猶存，唯蘇坡公於天下未嘗銘墓，獨銘五人，皆盛德故，謂富韓公、司馬溫公、趙清獻公、范蜀公、張文定公也。此外趙康靖公、滕元發二銘，乃代文定所為者。在翰林日，詔撰同知樞密院趙瞻神道碑，亦辭不作。曾子開與彭器資為執友，彭之亡，曾公作銘，彭之子以金帶縑帛為謝。卻之至再，曰：「此文本以盡朋友之義，若以貨見投，非足下所以事父執之道也。」彭子皇懼而止。此帖今藏其家。(《續筆》卷六，上海古籍出版社《容齋隨筆》，第二八五頁)

⊙伾文用事

……白樂天諷諫，元和四年作，其中《賣炭翁》一篇，蓋為宮市，然則未嘗能絕也。(《續筆》卷七，上海古籍出版社《容齋隨筆》，第二九九頁)

⊙龍筋鳳髓判

唐史稱張鷟早慧絕倫，以文章瑞朝廷，屬文下筆輒成，八應制舉，皆甲科。今其書傳於世者，《朝野僉載》、《龍筋鳳髓判》也。《僉載》紀事，皆瑣尾擿裂，且多媟語。百判純是當時文格，全類俳體，但知堆垛故事，而於蔽罪議法處不能深切，殆是無一篇可讀，一聯可味。如白樂天《甲乙判》則讀之愈多，使人不厭。聊載數端於此：「甲去妻，後妻犯罪，請用子蔭贖罪，甲不許。判云：『不安爾室，盡孝猶慰母心；薄送我畿，贖罪寧辭子蔭？縱下山之有怨，曷陟屺之無情？』」「辛夫遇盜而死，求殺盜者，而為之妻。或責其失節，不伏。判云：『夫讐不報，未足為非；婦道有虧，誠宜自恥。《詩》著靡他之誓，百代可知；《禮》垂不嫁之文，一言以蔽。』」「丙居喪，年老毀瘠，或非其過禮，曰：『哀情所鍾。』判云：『況血氣之既衰，老夫耄矣；縱哀情之罔極，吾子忍之。』」「丙妻有喪，丙於妻側奏樂，妻責之，不伏。判云：『儼衰麻之在躬，是吾憂也；調絲竹以盈耳，於汝安乎？』」「甲夜行，所由執之，辭云：『有公事，欲早趨朝，所由以犯禁不聽。』判云：『非巫馬為政，焉用出以戴星？同宣子俟朝，胡不退而假寐？』」「乙貴達，有故人至，坐之堂下，進以僕妾之食，曰：『故辱而激之。』判云：『安實敗名，重耳竟慚於舅犯；感而成事，張儀終謝於蘇秦。』」「丙娶妻，無子，父母將出之，辭曰：『歸無所從。』判云：『雖配無生育，誠合比於斷絃；而歸靡適從，度可同於束緼。』」「乙為三品，見本州刺史不拜，或非之，稱：『品同』。判云：『或商、周不敵，敢不盡禮事君；今晉、鄭同儕，安得降階卑我？』」若此之類，不背人情，合於法意，援經引史，比喻甚明，非「青錢學士」所能及也。元微之有百餘判，亦不能工。余襄公集中，亦有判兩卷，粲然可觀。張鷟，字文成，史云：「調露中，登進士第，考功員外郎騫味道見所對，稱天下無雙。」按《登科記》，乃上元二年，去調露尚六歲。是年，進士四十五人，鷟名在二十九，既以為無雙，而不列高第？神龍元年，中才膺管、樂科，於九人中為第五。景雲二年，中賢良方正科，於二十人中為第三。所謂制舉八中甲科者，亦不然

也。(《續筆》卷十二，上海古籍出版社《容齋隨筆》，第三五八~三五九頁)

⊙詩要點檢

作詩至百韻，詞意既多，故有失於點檢者。如杜老《夔府詠懷》，前云「滿坐涕潺湲」，後又云「伏臘涕漣漣」。白公《寄元微之》，既云「無杯不共持」，又云「笑勸迂辛酒」，「華樽逐勝移」，「觥飛白玉卮」，「飲訝《卷波》遲」，「歸鞍酩酊馳（智按：集作騎），酡顏烏帽側，醉袖玉鞭垂」，「白醪充夜酌」，「嫌醒自啜醨」，「不飲長如醉」，一篇之中，説酒者十一句。東坡賦《中隱堂》五詩各四韻，亦有「坡垂似伏鼇」，「崩崖露伏龜」之語，近於意重。(《續筆》卷十四，上海古籍出版社《容齋隨筆》，第三八六~三八七頁)

⊙紫閣山北村詩（一作紫閣山村詩）

宣和間，朱勔挾花石進奉之名，以固寵規利。東南部使者郡守多出其門，如徐鑄、應安道、王仲閎輩，濟其惡，豪奪漁取，士民家一石一木，稍堪玩，即領健卒直入其家，用黃封表志，而未即取，護視微不謹，則被以大不恭罪，及發行，必撤屋決牆而出。人有一物小異，共指為不祥，唯恐芟夷之不速。楊戩、李彥創汝州西城所，任輝彥、李士渙，王滸、毛孝立之徒，亦助之發物供奉，大抵類勔，而又有甚焉者。徽宗患其擾，屢禁止之，然覆出為惡，不能絕也。偶讀白樂天《紫閣山北村》詩，乃知唐世固有是事。漫録於此：「晨游紫閣峰，暮宿山下村。村老見予喜，為予開一樽。舉杯未及飲，暴卒來入門。紫衣挾刀斧，草草十餘人。奪我席上酒，掣我盤中饗。主人退後立，斂手反如賓。中庭有奇樹，種來三十春。主人惜不得，持斧斷其根。口稱采造家，身屬神策軍。主人切勿語，中尉正承恩。」蓋貞元、元和間也。(《續筆》卷十五，上海古籍出版社《容齋隨筆》，第三九一頁)

⊙澗松山苗

詩文當有所本，若用古人語意，別出機杼，曲而暢之，自足以傳示來世。左太沖《詠史》詩曰：「鬱鬱澗底松，離離山上苗。以彼徑寸莖，蔭此百尺條。世胄躡高位，英俊沉下僚。地勢使之然，由來非一朝。」白樂天《續古》一篇，全用之，曰：「雨露長纖草，山苗高入雲。風雪折勁木，澗松摧為薪。風摧此何意，風長彼何因？百尺澗底死，寸莖山上春。」語意皆出太沖，然其含蓄頓挫，則不逮也。(《續筆》卷十五，上海古籍出版社《容齋隨筆》，第

四〇〇頁）

⊙唐朝士俸微

唐世朝士俸錢至微，除一項之外，更無所謂料券、添給之類者。白樂天為校書郎，作詩曰：「幸逢太平代，天子好文儒。小才難大用，典校在秘書。俸錢萬六千，月給亦有餘。遂使少年心，日日常晏如。」及為翰林學士，當遷官，援姜公輔故事，但乞兼京兆府戶曹參軍，既除此職，喜而言志，至云：「詔授戶曹掾，捧詔感君恩。弟兄俱簪笏，新婦儼衣巾。羅列高堂下，拜慶正紛紛。喧喧車馬來，賀客滿我門。置酒延賀客，不復憂空樽。」而其所得者，亦俸錢四五萬，廩禄二百石而已。今之主簿、尉，占優飫處，固有倍蓰於此者矣，亦未嘗以為足，古今異宜，不可一概論也。楊文公在真宗朝為翰林學士，而云：「虛忝甘泉之從臣，終作若敖之餒鬼。」蓋是時尚為鮮薄，非後來比也。（《續筆》卷十六，上海古籍出版社《容齋隨筆》，第四〇三頁）

⊙唐人酒令

白樂天詩：「鞍馬呼教住，骰盤喝遣輸。長驅波卷白，連擲采成盧。」注云：「骰盤、卷白波、莫走、鞍馬，皆當時酒令。」予按皇甫松所著《醉鄉日月》三卷，載骰子令云：聚十隻骰子齊擲，自出手六人，依采飲焉。堂印，本采人勸合席，碧油，勸擲外三人。骰子聚於一處，謂之酒星，依采聚散。骰子令中，改易不過三章，次改鞍馬令，不過一章。又有旗幡令、閃壓令、抛打令。今人不復曉其法矣，唯優伶家，猶用手打令以為戲云。（《續筆》卷十六，上海古籍出版社《容齋隨筆》，第四一五頁）

⊙東坡慕樂天

蘇公謫居黄州，始自稱東坡居士。詳考其意，蓋專慕白樂天而然。白公有《東坡種花》二詩云：「持錢買花樹，城東坡上栽。」又云：「東坡春向暮，樹木今何如？」又有《步東坡》詩云：「朝上東坡步，夕上東坡步。東坡何所愛？愛此新成樹。」又有《別東坡花樹》詩云：「何處殷勤重回首？東坡桃李種新成。」皆為忠州刺史時所作也。蘇公在黄，正與白公忠州相似，因憶蘇詩，如《贈寫真李道士》云：「他時要指集賢人，知是香山老居士。」《贈善相程傑》云：「我似樂天君記取，華顛賞遍洛陽春。」《送程懿叔》云：「我甚似樂天，但無素與蠻。」《入侍邇英》云：「定似香山老居士，世緣終淺道根深。」而跋曰：「樂天自江州司馬除忠州刺史，旋以主客郎中知制誥，遂拜中書舍人。某雖不敢自比，然謫居黃州，起知文登，召為儀曹，遂忝侍從。出處老少，大略相似，庶幾復享晚節閒適之樂。」《去杭州》云：「出處依稀似樂天，敢將衰朽較前賢。」序曰：「平生自覺出處老少粗似樂天。」則公之所以景仰者，不止一再言之，非東坡之名偶爾暗合也。（《三筆》卷五，上海古籍出版社《容齋隨筆》，第四七四頁）

智按：《升庵集》卷五十「東坡慕樂天」云：「洪容齋隨筆言東坡慕白樂天，因以為號。慎按《南賓志》云：東坡西坡皆白文公故跡。樊漢炳詩曰：『忠、黃江上兩東坡，二老遺風凜不磨。人得矜誇知地勝，天教流落為才多。』以此驗之，信然。惜容齋未之引耳。」

⊙東坡詩用老字

東坡賦詩，用人姓名，多以老字足成句。如《壽州龍潭》云「觀魚並記老莊周」，《病不赴會》云「空對親春老孟光」，《看潮》云「猶似浮江老阿童」，《贈黃山人》云「說禪長笑老浮屠」，《元長老衲裙》云「乞與佯狂老萬回」，《東軒》云「掛冠知有老蕭郎」，《侍立邇英》云「定似香山老居士」，《贈李道士》云「知是香山老居士」，《蒜山亭》云「奇逸多聞老敬通」，《汶公東堂》云「一帖空存老遂良」，《次韻韶守》云「華髮蕭蕭老遂良」，《游羅浮》云「還須略報老同叔」，《贈辯才》云「中有老法師」，《寄子由》云「青山老從事」，《贈眼醫》云「忘言老尊宿」，《妙高臺》【云】「【臺】中老比丘」，《謝惠酒》云「青州老從事」，《謝餉魚》云「誰似老方朔」，《贈吳子野扇》云「得之老月師」，《次韻李端叔》云「此是老牛戩」。是皆以為助語，非真謂其老也。大抵七言則於第五字用之，五言則於第三字用之。若其他錯出，如「再說走老瞞」，「故人餘老龐」，「老濞宮妝傳父祖」，「便腹從人笑老韶」，「老可能為竹寫真」，「不知老奘幾時歸」之類，皆隨語勢而然。白樂天云「每被老元偷格律」，蓋亦有自來矣。（《三筆》卷六，上海古籍出版社《容齋隨筆》，第四八三～四八四頁）

⊙李衛公輞川圖跋

《輞川圖》一軸，李趙公題其末云：「藍田縣鹿苑寺主僧子良贄於予，且曰：『鹿苑即王右丞輞川之第也。右丞篤志奉佛，妻死不再娶，潔居逾三十載。母夫人卒，表宅爲寺。今冢墓在寺之西南隅，其圖實右丞之親筆。』予閲玩珍重，永爲家藏。」弘憲題其前一行云：「元和四年八月十三日弘憲題。」弘憲者，吉甫字也。其後衛公又跋云：「乘閑閲篋書中，得先公相國所收王右丞畫《輞川圖》，實家世之寶也。先公凡更三十六鎮，故所藏書畫多用方鎮印記。太和二年戊申正月四日，浙江西道觀察等使、檢校禮部尚書兼潤州刺史李德裕恭題。」又一行云：「開成二年秋七月望日，文饒記。」前後五印：曰淮南節度使印、浙江西道觀察處置等使之印、劍南西川節度使印、山南西道節度使印、鄭滑節度使印，并贊皇二字。又内合同印，建業文房之印，集賢院藏書印，此三者南唐李氏所用，故後一行曰：「開元二年十一月三日。」雖今所傳爲臨本，然正自超妙。但衛公所志，殊爲可疑。《唐書・李吉甫傳》云：「德宗以來，姑息藩鎮，有終身不易地者。吉甫爲相歲餘，凡易三十六鎮。」吉甫平生只爲淮南節度耳，今乃言身更三十六鎮，誠大不然。所用印記，如浙西、西川、山西、鄭滑，皆衛公所歷也；且書其父手澤，不言第幾子，而有李字；又自標其字，皆非是，蓋好事者妄爲之。白樂天詩所説清源寺，即輞川云。洪慶善作《丹陽洪氏家譜序》云：「丹陽之洪本姓弘，避唐諱改。有弘憲者，元和四年跋《輞川圖》。」亦大錯也。（《三筆》卷六，上海古籍出版社《容齋隨筆》，第四八六頁）

智按：白居易《宿清源寺》：「往謫潯陽去，夜憩輞溪曲。今爲錢塘行，重經兹寺宿。」《代書詩一百韵寄微之》：「水過清源寺，山經綺季祠。」

⊙白公夜聞歌者

白樂天《琵琶行》，蓋在潯陽江上為商人婦所作。而商乃買茶於浮梁，婦對客奏曲，樂天移船，夜登其舟與飲，了無所忌，豈非以其長安故倡女，不以為嫌邪？集中又有一篇題云《夜聞歌者》，時自京城謫潯陽，宿於鄂州，又在《琵琶》之前。其詞曰：「夜泊鸚鵡洲，秋江月澄澈。鄰船有歌者，發調堪愁絕！歌罷繼以泣，泣聲通復咽。尋聲見其人，有婦顏如雪。獨倚帆檣立，娉婷十七八。夜淚似真珠，雙雙墮明月。借問誰家婦，歌泣何淒切？一問一沾襟，低眉終不說。」陳鴻《長恨傳序》云：「樂天深於詩，多於情者也。」故所遇必寄之吟詠，非有意於漁色。然鄂州所見，亦一女子獨處，夫不在焉，瓜田李下之疑，唐人不譏也。今詩人罕談此章，聊復表出。（《三筆》卷六，上海古籍出版社《容齋隨筆》，第四八六頁）

智按：陳寅恪《白香山〈琵琶行〉箋證》（《嶺南大學學報》第十二卷第二期，一九五〇年六月；上海古籍出版社一九八二年二月版《元白詩箋證稿》第五〇～五二頁）反駁洪邁此段涉及文字敘述和唐代社會風俗方面不妥之處，可供參考。

⊙琵琶亭詩

江州琵琶亭，下臨江津，國朝以來，往來者多題詠，其工者輒為人所傳。淳熙己亥歲，蜀士郭明復以中元日至亭，賦《古風》一章，其前云：「白樂天流落湓溢，作《琵琶行》，其放懷適意，視憂患死生、禍福得喪為何物，非深於道者能之乎？賈傅謫長沙，抑鬱致死；陸相竄南賓，屏絕人事，至從狗竇中度食飲。兩公猶有累乎世，未能如樂天逍遙自得也。予過九江，維舟琵琶亭下，為賦此章。」「香山居士頭欲白，秋風吹作湓城客。眼看世事等虛空，雲夢胸中無一物。舉觴獨醉天為家，詩成萬象遭梳爬。不管時人皆欲殺，夜深江上聽琵琶。賈胡老婦兒女語，淚濕青衫如著雨。此公豈作少狂夢？與世浮沉聊爾汝。我來後公三百年，潯陽至今無管弦（公詩有『潯陽小處無音樂』之句）。長安不見遺音寂，依舊康廬翠掃天。」郭君，成都人，隆興癸未登科，仕不甚達。但賈誼自長沙召還，後為梁王傅乃卒，前所云少誤矣。吾州餘干縣東干越亭有琵琶洲在下，唐劉長卿、張祜輩，皆留題。紹興中，王洋元勃一絕句云：「塞外烽煙能記否，天涯淪落自心知。眼中風物參差是，只欠江州司馬詩。」真佳句也！（《三筆》卷六，上海古籍出版社《容齋隨筆》，第四八八頁）

智按：《養一齋詩話》卷九：「洪容齋考訂他書極詳，于唐、宋詩證據亦核；獨其所録同時人詩，不盡得風旨。如以蔡天任《漆塘村》四絶、劉彦沖《游絲書》七古，為題詠絶唱。予讀之，但見其多議論耳。又録童敏德《題顔魯公祠》七古、葉晦叔《和容齋》七古，《送客齋别》二七律，皆贊之不容口。然多用虚字折轉，筋骨盡露，沿西江派之末流，而自云得老杜之秘要者也。又録郭明復《琵琶亭》詩云：『賈胡老婦兒女語，淚濕青衫如著雨。』此妓自言其夫浮梁為商，未嘗云『賈胡』也。……」

⊙君臣事蹟屏風

唐憲宗元和二年，制《君臣事蹟》。上以天下無事，留意典墳，每覽前代興亡得失之事，皆三復其言。遂采《尚書》、《春秋後傳》、《史記》、《漢書》、《三國志》、《晏子春秋》、《吳越春秋》、《新序》、《説苑》等書君臣行事可為龜鑒者，集成十四篇，自製其序，寫於屏風，列之御座之右，書屏風六扇於中，宣示宰臣。李藩等皆進表稱賀，白居易翰林制詔有批李夷簡及百寮嚴綬等賀表，其略云：「取而作鑒，書以為屏。與其散在圖書，心存而景慕，不若列之繪素，目睹而躬行，庶將為後事之師，不獨觀古人之象。」又云：「森然在目，如見其人。論列是非，既庶幾為坐隅之戒；發揮獻納，亦足以開臣下之心。」居易代言，可謂詳盡。又以見唐世人主作一事而中外至於表賀，又答詔勤渠如此，亦幾於叢脞矣。憲宗此書，有《辨邪正》、《去奢泰》兩篇，而末年用皇甫鎛而去裴度，荒於游宴，死於宦侍之手，屏風本意，果安在哉？（《三筆》卷九，上海古籍出版社《容齋隨筆》，第五二一頁）

⊙唐夜試進士

唐進士入舉場得用燭，故或者以為自平旦至通宵。劉虚白有「二十年前此夜中，一般燈燭一般風」之句，及三條燭盡之説。按《舊五代史・選舉志》云：「長興二年，禮部貢院奏當司奉堂帖夜試進士，有何條格者。敕旨：『秋來赴舉，備有常程，夜後為文，曾無舊制。王道以明規是設，公事須白晝顯行，其進士並令排門齊入就試，至閉門時試畢，内有先了者，上歷晝時，旋令先出，其入策亦須晝試，應諸科對策，並依此例。』」則晝試進士，非前例也。清泰二年，貢院又請進士試雜文，並點門入省，經宿就試。至晉開運元年，又因禮部尚書知貢舉竇貞固奏，自前考試進士，皆以三條燭為限，並諸色舉人有懷藏書册不令就試。未知於何時復有更革。《白樂天集》中奏狀云:「進士許用書册,兼得通宵。」但不明言入試朝暮也。(《三筆》卷十,上海古籍出版社《容齋隨筆》,第五二八頁)

智按:清孫承澤《天府廣記》卷十七「考唐夜試進士」全録此則,後云:「明制舉人黎明入場,至晚納卷,未畢者給燭三枝。」

⊙眄泰秋娘三女

白樂天《燕子樓詩序》云:「徐州故張尚書,有愛妓曰眄眄,善歌舞,雅多風態。尚書既歿,彭城有舊第,第中有小樓名燕子。眄眄念舊愛而不嫁,居是樓十餘年,幽獨塊然。」白公嘗識之,感舊游,作二絕句,首章云:「滿窗明月滿簾霜,被冷燈殘拂卧床。燕子樓中霜月苦,秋來只為一人長。」末章云:「今春有客洛陽回,曾到尚書塚上來。見説白楊堪作柱,爭教紅粉不成灰。」讀者傷惻。劉夢得《泰娘歌》云:「泰娘本韋尚書家主謳者,尚書為吴郡,得之,海以琵琶,使之歌且舞,攜歸京師。尚書薨,出居民間,為蘄州刺史張愻所得。愻謫居武陵而卒,泰娘無所歸。地荒且遠,無有能知其容與藝者,故日抱樂器而哭。」劉公為歌其事云:「繁華一旦有消歇,題劍無光履聲絕。蘄州刺史張公子,白馬新到銅駝里。自言買笑擲黄金,月墮雲中從此始。山城少人江水碧,斷雁哀弦風雨夕。朱弦已絕為知音,雲鬟未秋私自惜。舉目風煙非舊時,夢尋歸路多參差。如何將此千行淚,更灑湘江斑竹枝!」杜牧之《張好好詩》云:「牧佐故吏部沈公在江西幕,好好年十三,以善歌來樂籍中,隨公移置宣城,後為沈著作所納。見之於洛陽東城,感舊傷懷,題詩以贈曰:君為豫章姝,十三才有餘。主公再三歎,謂言天下無。自此每相見,三日已為疏。身外任塵土,尊前極歡娱。飄然集仙客,載以紫雲車。爾來未幾歲,散盡高陽徒。洛城重相見,綽綽為當壚。朋游今在否,落拓更能無?門館慟哭後,水雲秋景初。灑盡滿襟淚,短歌聊一書。」予謂婦人女子,華落色衰,至於失主無依,如此多矣。是三人者,特見紀於英辭鴻筆,故名傳到今。况於士君子終身不遇而與草木俱腐者,可勝歎哉!然眄眄節義,非泰娘、好好可及也。(「眄眄」,館本作「盼盼」,與《香山集》合。)(《三筆》卷十

二，上海古籍出版社《容齋隨筆》，第五五一頁）

⊙人當知足

予年過七十，法當致仕，紹熙之末，以新天子臨御，未敢遽有請，故玉隆滿秩，只以本官職居里。鄉衮趙子直不忍使絕禄粟，俾之因任，方用贅食太倉為愧，而親朋謂予爵位不逮二兄，以為耿耿。予誦白樂天《初授拾遺詩》以語之曰：「奉詔登左掖，束帶參朝議。何言初命卑，且脫風塵吏。杜甫、陳子昂，才名括天地。當時非不遇，尚無過斯位。」其安分知足之意，終身不渝。因略考國朝以來，名卿偉人負一時重望而不躋大用者，如王黄州禹偁，楊文公億，李章武宗諤，張乖崖詠，孫宣公奭，晁少保迥，劉子儀筠，宋景文祁，范蜀公鎮，鄭毅夫獬，滕元發甫，東坡先生，范淳父祖禹，曾子開肇，彭器資汝礪，劉原甫敞，蔡君謨襄，孫莘老覺，近世汪彦章藻，孫仲益覿，諸公皆不過尚書學士，或中年即世，或遷謫留落，或無田以食，或無宅以居，况若我忠宣公者，尚忍言之！則予之吞竊亦已多矣。（《三筆》卷十二，上海古籍出版社《容齋隨筆》，第五五五頁）

⊙饒州刺史

饒州良牧守，自吳至今，以政績著者有九賢，郡圃立祠以事，此外知名者蓋鮮。《白樂天集》有《吳府君碑》云：「君諱丹，字真存，以進士第入官。讀書數千卷，著文數萬言。生四五歲，所作戲輒象道家法事。既冠，喜道書，奉真籙，每專氣入静，不粒食者數歲，飄然有出世心。既壯，在家為長屬，有三幼弟、八稚侄，不忍見其飢寒，慨然有干禄意。求名得名，家無長物，澹乎自處，與天和始終。享壽命八十二歲，無室家累，無子孫憂，終於饒州。」官次大略如此。吳君在饒，雖無遺事可紀，以其邦君之故，姑志於書。吳為人清淨恬寂，所謂達士，然年過八十尚領郡符，又非為妻子計者，良不可曉。唐之治不播棄黎老，故其居職不自以為過云。（《三筆》卷十二，上海古籍出版社《容齋隨筆》，第五五六頁）

⊙三教論衡

唐德宗以誕日歲歲詔佛、老者大論麟德殿，並召給事中徐岱及趙需、許孟容、韋渠牟講説。始三家若矛盾，然卒而同歸於善，帝大悦，賚予有差。此《新書》列傳所載也。白樂天集有《三教論衡》一篇云：「太和元年十月，皇帝降誕日，奉敕召入麟德殿内道場對御三教談論，略録大端。第一座：秘書監白居易，安國寺引駕沙門義林，太清宮道士楊弘元。」其序曰：「談論之先，多陳三教，讚揚演説，以啓談端。臣學淺才微，猥登講座。竊以義林法師明大小乘，通内外學，於大眾中能師子吼。臣稽先王典籍，假陛下威靈，發問既來，敢不響答。」然予觀義林所問，首以《毛詩》稱六義，《論語》列四科，請備陳名數而已。居易對以孔門之徒三千，其賢者列為四科，《毛詩》之篇三百，其要者分為六義。然後言六義之數，四科之目，十哲之名。復引佛法比方，以六義可比十二部經，四科可比六度，以十哲可比十大弟子。僧難云：「曾參至孝，百行之先，何故不列於四科？」居易又為辯析，乃曰：「儒書奥義，既已討論，釋典微言，亦宜發問。」然所問者不過芥子納須彌山一節而已。後問道士《黄庭經》中養氣存神長生久視之道，道士卻問敬一人而千萬人悦。觀其問答旨意，初非幽深微妙，不可測知，唐帝歲以此為誕日上儀，殊為可省。國朝命僧升座祝聖，蓋本於此。（《三筆》卷十四，上海古籍出版社《容齋隨筆》，第五七五頁）

⊙狄監盧尹

文潞公留守西京，年七十七，為耆英會，凡十有二人。時富韓公年七十九，最長，至於太中大夫張問，年七十，唯司馬公方六十四歲，用狄監、盧尹故事，亦預於會。或問狄、盧之説，乃見唐白樂天集，今所謂《九老圖》者。懷州司馬胡杲年八十九，衛尉卿吉皎年八十六，龍武長史鄭據八十四，慈州刺史劉嘉、侍御史盧貞皆八十二，其年皆在元豐諸公之上。永州刺史張渾、刑部尚書白居易皆七十四。時會昌五年。白公序云：「六賢皆多年壽，予亦次焉。秘書監狄兼暮（謨），河南尹盧貞，以年未七十，雖與會而不及列。」故温公紀韓公至張昌言，而自不書。今士大夫皆熟知此事，姑志狄、盧二賢，以示兒輩。但唐兩盧貞，而又同會，疑文字或誤云。（《四筆》卷八，上海古籍出版社《容齋隨筆》，第七〇二頁）

⊙藍尾酒

白樂天元日對酒詩云：「三杯藍尾酒，一楪膠牙餳。」又云：「老過占他藍尾酒，病餘收得到頭身。」（按此二句見白集東本六十九卷二十五頁《喜入新年自詠》）「歲盞後推藍尾酒，春盤先勸膠牙餳。」《荊楚歲時記》云，「膠牙者，取其堅固如膠也。」而藍尾之義，殊不可曉。《河東記》載，申屠澄與路傍茅舍中老父、嫗及處女環火而坐，嫗自外挈酒壺至曰：「以君冒寒，且進一杯。」澄因揖，遜曰：「始自主人。」翁即巡澄，當婪尾。蓋以藍為婪，當婪尾者，謂最在後飲也。葉少藴《石林燕語》云：「唐人言藍尾多不同，藍字多作啉，出於侯白《酒律》，謂酒巡匝，末坐者連飲三杯，為藍尾，蓋末坐遠，酒行到常遲，故連飲以慰之，以啉為貪婪之意。或謂啉為燷，如鐵入火，貴其出色，此尤無稽。則唐人自不能曉此義。」葉之説如此。予謂不然，白公三杯之句，只為酒之巡數耳，安有連飲者哉？侯白滑稽之語，見於《啓顔録》。《唐·藝文志》，白有《啓顔録》十卷、《雜語》五卷，不聞有《酒律》之書也。蘇鶚《演義》亦引其説。（《四筆》卷九，上海古籍出版社《容齋隨筆》，第七一五頁）

⊙至道九老

李文正公昉罷相後，只居京師，以司空致仕。至道元年，年七十一矣，思白樂天洛中九老之會。適交游中有此數，曰太子中允張好問，年八十五；太常少卿李運，年八十；故相吏部尚書宋琪、廬州節度副使武允成，皆七十九；吳僧贊寧，年七十八；鄭州刺史魏丕，年七十六；左諫議大夫楊徽之，年七十五；水部郎中朱昂與昉，皆七十一。欲繼其事為宴集，會蜀寇起而罷。其中兩宰相乃著一僧，唐世及元豐耆英所無也。次年，李公即世，此事竟不成。耋老康寧，相與燕嬉於升平之世，而雅懷弗遂，造物豈亦吝此耶！（《四筆》卷十二，上海古籍出版社《容齋隨筆》，第七五八頁）

⊙元微之詩

《唐書·藝文志》：「元稹《長慶集》一百卷，《小集》十卷。」而傳於今者，惟閩、蜀刻本為六十卷。三館所藏，獨有《小集》。文惠公鎮越，以其舊治，而文集蓋缺，乃求而刻之。外《春游》一篇云：「酒戶年年減，山行漸漸難。欲終心懶慢，轉恐興闌散。鏡水波猶冷，稽峰雪尚殘。不能辜物色，乍可怯春寒。遠目傷千里，新年思萬端。無人知此意，閒凭小闌干。」白樂天書之，題云：「元相公《春游》。」錢思公藏其真跡。穆父守越時，摹刻於蓬萊閣下，今不復存。集中逸此詩，文惠為列之於集外。李端民平叔嘗和其韻寄公云：「東閣經年別，窮愁客路難。望塵驚岳峙，懷舊各雲散。茵醉恩逾厚，檣歌興未殘。馮唐嗟已老，范叔敢言寒。玉燭調魁柄，陽春在筆端。應憐掃門役，白首滯江干。」樂天所書，予少時得其石刻，後亦失之。(《五筆》卷二，上海古籍出版社《容齋隨筆》第八二八～八二九頁)

智按:《春遊》詩，《元氏長慶集》收入集外文章，《全唐詩》卷四二三收入元稹詩。顧學頡據歷史博物館藏明王氏藏宋拓本四名人法書册頁及朱彝尊《白樂天草書春游詩拓本跋》(《四部叢刊》本《曝書亭集》卷四十九)、朱金城《白居易集箋校》據朱彝尊説，以爲白氏之作。陳尚君修訂《全唐詩外編》引此，云:「錢思公指錢惟演，穆父指錢勰，爲北宋前中期人。其言似比明清人所説更可靠些。此詩是否白作，恐尚難論定。」按，據洪邁説，此詩爲白居易書元稹詩，宋人刻《元氏長慶集》既已列入集外。朱彝尊等因其爲白氏所書，便以爲白居易詩，實誤。

⊙元正父子忠死

唐安禄山表權皋入幕府，皋度禄山且叛，以其猜虐不可諫，欲行，慮禍及親，因獻俘京師，在道詐死，既含斂而逸去。皋母謂實死，慟哭感行路，故禄山不之虞，歸其母。皋潛奉侍晝夜南奔。既渡江而禄山反。天下聞其名，爭取以為屬。甄濟居青岩山，諸府五辟，詔十至，堅卧不起。安禄山入朝，求濟於玄宗，授范陽掌書記，濟不得已而起。察禄山有反謀，不可諫，因謁歸，陽歐血不支，舁歸舊廬。禄山反，使封刀召之。曰:「即不起，斷其首。」濟引頸待之。使以實病告，慶緒復使強輿至東都。會廣平王平東都，詣軍門上謁，肅宗使汙賊官羅拜，以愧其心。《唐書》列二人於《卓行傳》，褒之至矣。有元正者，在河南幕府，史思明陷河、洛，輦父匿山中。賊以名召之，正度事急，謂弟曰:「賊禄不可養親，彼利吾名，難免矣。然不汙身而死，吾猶生也。」賊既得，誘以高位，瞋目固拒，兄弟皆遇害。父聞，仰藥死。事平，詔録伏節十一姓，而正為冠。皋、濟之終，與正皆贈秘書少監。予謂皋、濟得生，而正一門皆并命，故當時以為伏節之冠。而《唐史》不列之《忠義》、《卓行》中，但附見於其祖萬頃《文藝》之末，《資治通鑑》亦不載其事，使正之名寂寥不章顯，為可恨也！白樂天作張誠碑云:「以左武衛參軍分司東都，屬安禄山陷覆洛京，以偽職淫刑，脅劫士庶，公與同官盧巽潛遁於陸渾山，食木實，飲泉水者二年，訖不為逆命所汙。肅宗詔河南搜訪不仕賊庭、隱藏山谷者，得六人以應詔，公與巽在焉。繇是名節聞於朝，優詔褒美，特授密縣主簿。」（《五筆》卷三，上海古籍出版社《容齋隨筆》，第八三三頁）

⊙開元宮嬪

自漢以來，帝王妃妾之多，唯漢靈帝、吳歸命侯、晉武帝、宋蒼梧王、齊東昏、陳後主。晉武至於萬人。唐世明皇為盛，白樂天《長恨歌》云「後宮佳麗三千人」，杜子美《劍器行》云「先帝侍女八千人」，蓋言其多也。《新唐史》所敘，謂開元、天寶中，宮嬪大率至四萬。嘻，其甚矣！隋大業高官遍天下，所在皆置宮女。故裴寂為晉陽宮監，以私侍高祖。及高祖義師經過處，悉罷之。其多可想。（《五筆》卷三，上海古籍出版社《容齋隨筆》，第八三五頁）

⊙作詩旨意

《詩》三百篇中，其譽婦人者至多。……其詞可謂盡善矣。魏晉六朝，流連光景，不可勝述。唐人播之歌詩，固亦極摯。若「態濃意遠淑且真，肌理細膩骨肉勻。繡羅衣裳照暮春，蹙金孔雀銀麒麟」，「翠微㔩葉垂鬢脣，珠壓腰衱穩稱身」，「深宮高樓入紫清，金作蛟龍盤繡楹。佳人當窗弄白日，絃將手語彈鳴箏」，「回眸一笑百媚生，六宮粉黛無顏色」，「後宮佳麗三千人，三千寵愛在一身」，「金屋妝成嬌侍夜，玉樓宴罷醉和春」，「樓上樓前盡珠翠，眩轉熒煌照天地」。此皆李杜、元白之麗句也。予獨愛朱慶餘《閨意》一絕句上張籍水部者，曰：「洞房昨夜停紅燭，待曉堂前拜舅姑。妝罷低聲問夫婿，畫眉深淺入時無？」細味此章，元不談量女之容貌，而其華艷韶好，體態溫柔，風流醞藉，非第一人不足當也。歐陽公所謂：「狀難寫之景，如在目前，含不盡之意，見于言外，然後爲工。」斯之謂也。慶餘名可久，以字行。登寶曆進士第，而官不達。著録于《藝文志》者，只一卷，予家有之，他不逮此。張籍酬其篇云：「越女新妝出鏡心，自知明艷更沉吟。齊紈未是人間貴，一曲菱歌直萬金。」其愛之重之，可見矣。然比之慶餘，殊爲不及。（《五筆》卷四，上海古籍出版社《容齋隨筆》，第八四五～八四六頁）

⊙書麴信陵事

夜讀白樂天《秦中吟》十詩，其《立碑》篇云：「我聞望江縣，麴令撫煢嫠。在官有仁政，名不聞京師。身殁欲歸葬，百姓遮路歧。攀轅不得去，留葬此江湄。至今道其名，男女涕皆垂。無人立碑碣，唯有邑人知。」予因憶少年寓無錫時，從錢伸仲大夫借書，正得信陵遺集，財有詩三十三首，《祈雨文》三首。信陵以貞元元年鮑防下及第，為四人，以六年作望江令。讀其《投石祝江文》云：「必也私欲之求，行於邑里，慘黷之政，施於黎元，令長之罪也。神得而誅之，豈可移於人以害其歲?」詳味此言，其為政無愧於神天可見矣。至大中十一年，寄客鄉貢進士姚輦，以其文示縣令蕭縝，縝輟俸買石刊之。樂天十詩，作於貞元、元和之際，距其亡十五年耳，而名已不傳。《新唐・藝文志》但記詩一卷，略無它説。非樂天之詩，幾於與草木俱腐。乾道二年，歷陽陸同為望江令，得其詩於汝陰王廉清，為刊板而致之郡庫，但無《祈雨文》也。(《五筆》卷七，上海古籍出版社《容齋隨筆》，第八八六頁)

智按：清章履仁《姓史人物考》卷十五（清乾隆二十年刻本）「麴西平今歷陽有此姓」條：「晋麴崇裕著《郊祀志》十卷。唐麴信陵，吳人。貞元中為望江令，有惠政，亢旱祈雨即應，民為之立祠。白居易為作《秦中吟》。宋麴靖，眉州人，紹興進士。」

⊙琵琶行、海棠詩

白樂天《琵琶行》一篇，讀者但羨其風致，敬其詞章，至形於樂府，詠歌之不足，遂以謂真為長安故倡所作。予竊疑之。唐世法網雖於此為寬，然樂天嘗居禁密，且謫官未久，必不肯乘夜入獨處婦人船中，相從飲酒，至於極彈絲之樂，中夕方去，豈不虞商人者它日議其後乎？樂天之意，直欲攄寫天涯淪落之恨爾。東坡謫黄州，賦《定惠院海棠》詩，有「陋邦何處得此花，無乃好事移西蜀」、「天涯流落俱可念，為飲一尊歌此曲」之句，其意亦爾也。或謂殊無一話一言與之相似，是不然。此真能用樂天之意者，何必效常人章摹句寫而後已哉？(《五筆》卷七，上海古籍出版社《容齋隨筆》，第八八七頁)

智按：陳寅恪《白香山〈琵琶行〉箋證》(《嶺南大學學報》第十二卷第二期，一九五〇年六月；上海古籍出版社一九八二年二月版《元白詩箋證稿》第五〇～五二頁）反駁洪邁此段涉及文字敘述和唐代社會風俗不妥之處。

⊙東坡不隨人後

自屈原詞賦假為漁父、日者問答之後，後人作者悉相規仿。司馬相如《子虛》、《上林賦》以子虛、烏有先生、亡是公，揚子雲《長楊賦》以翰林主人、子墨客卿，班孟堅《兩都賦》以西都賓、東都主人，張平子《兩都賦》以憑虛公子、安處先生，左太沖《三都賦》以西蜀公子、東吳王孫、魏國先生，皆改名換字，蹈襲一律，無復超然新意稍出於法度規矩者。晉人成公綏《嘯賦》，無所賓主，必假逸群公子，乃能遣詞。枚乘《七發》，本只以楚太子、吳客為言，而曹子建《七啓》，遂有玄微子、鏡機子。張景陽《七命》，有沖漠公子、殉華大夫之名。言語非不工也，而此習根著未之或改。若東坡公作《後杞菊賦》，破題直云：「吁嗟先生，誰使汝坐堂上稱太守?」殆如飛龍搏鵬，騫翔扶搖於煙霄九萬里之外，不可搏詰，豈區區巢林翾羽者所能窺探其涯涘哉？於詩亦然，樂天云：「醉貌如霜葉，雖紅不是春。」坡則曰：「兒童誤喜朱顏在，一笑那知是酒紅。」杜老云：「休將短髮還吹帽，笑倩傍人為正冠。」坡則曰：「酒力漸消風力軟，颼颼，破帽多情卻戀頭。」鄭谷《十日菊》云：「自緣今日人心別，未必秋香一夜衰。」坡則曰：「相逢不用忙歸去，明日黃花蝶也愁。」又曰：「萬事到頭都是夢，休休，明日黃花蝶也愁。」正采舊公案，而機杼一新，前無古人，於是為至。與夫用「見他桃李樹，思憶後園春」之意，以為「長因送人處，憶得別家時」，為一僧所嗤者有間矣。(《五筆》卷七，上海古籍出版社《容齋隨筆》，第八八八頁）

⊙元白習制科

白樂天、元微之同習制科，中第之後，白公《寄微之》詩曰：「皆當少壯日，同惜盛明時。光景嗟虛擲，雲霄竊暗窺。攻文朝矻矻，講學夜孜孜。策目穿如札，毫鋒銳若錐。」注云：「時與微之結集策略之目，其數至百十，各有纖鋒細管筆，攜以就試，相顧輒笑，目為毫錐。」乃知士子待敵，編綴應用，自唐以來則然，毫錐筆之名起於此也。(《五筆》卷七，上海古籍出版社

《容齋隨筆》，第八八九頁）

⊙門生門下見門生

……白樂天詩，有《與諸同年賀座主高侍郎新拜太常同宴蕭尚書亭子》一篇。注云：「座主於蕭尚書下及第。」予考《登科記》，樂天以貞元十六年庚辰中書舍人高郢下第四人登科，郢以寶應二年癸卯禮部侍郎蕭昕下第九人登科，迨郢拜太常時，幾四十年矣。昕自癸卯放進士之後，二十四年丁卯，又以禮部尚書再知貢舉，可謂壽俊。觀白公所賦，益可見唐世舉子之尊尚主司也。（《五筆》卷七，上海古籍出版社《容齋隨筆》，第八八九頁）

⊙風災霜旱

慶元四年，饒州盛夏中，時雨頻降，六七月之間未嘗請禱，農家水車龍具，倚之於壁，父老以為所未見，指期西成有秋，當倍常歲，而低下之田，遂以潦告。餘干、安仁乃於八月罹地火之厄。地火者，蓋苗根及心，孽蟲生之，莖榦焦枯，如火烈烈，正古之所謂蟊賊也。九月十四日，嚴霜連降，晚稻未實者，皆為所薄，不能復生，諸縣多然。有常產者，訴於郡縣，郡守孜孜愛民，有意蠲租，然僚吏多云：「在法無此兩項。」又云：「九月正是霜降節，不足為異。」案白樂天諷諫《杜陵叟》一篇曰：「九月霜降秋早寒，禾穗未熟皆青乾。長吏明知不申破，急斂暴征求考課。」此明證也。予因記元祐五年蘇公守杭日，與宰相呂汲公書，論浙西災傷曰：「賢哲一聞此言，理無不行，但恐世俗諂薄成風，揣所樂聞與所忌諱，爭言無災，或有災而不甚損。八月之末，秀州數千人訴風災，吏以為法有訴水旱而無訴風災，閉拒不納，老幼相騰踐，死者十一人。由此言之，吏不喜言災者，蓋十人而九，不可不察也。」蘇公及此，可謂仁人之言。豈非昔人立法之初，如所謂風災、所謂旱霜之類，非如水旱之田可以稽考，懼貪民乘時，或成冒濫，故不輕啓其端。今日之計，固難添創條式。但凡有災傷，出於水旱之外者，專委良守令推而行之，則實惠及民，可以救其流亡之禍，仁政之上也。（《五筆》卷七，上海古籍出版社《容齋隨筆》，第八九一頁）

⊙白蘇詩紀年歲

白樂天為人誠實洞達，故作詩述懷，好紀年歲。因閲其集，輒抒録之：「此生知負少年心，不展愁眉欲三十」，「莫言三十是年少，百歲三分已一分」，「何况纔中年，又過三十二」，「不覺明鏡中，忽年三十四」，「我年三十六，冉冉昏復旦」，「非老亦非少，年過三紀餘」，「行年欲四十，有女曰金鑾」，「我今欲四十，秋懷亦可知」。「行年三十九，歲暮日斜時」，「忽因時節驚年歲，四十如今欠一年」，「四十為野夫，田中學鋤谷」，「四十官七品，拙宦非由它」，「毛鬢早改變，四十白髮生」，「况我今四十，本來形貌羸」，「衰病四十身，嬌癡三歲女」，「自問今年幾，春秋四十初」，「四十未為老，憂傷早衰惡」，「莫學二郎吟太苦，纔年四十鬢如霜」，「下有獨立人，年來四十一」，「若為重入華陽院，病鬢愁心四十三」，「已年四十四，又為五品官」，「面瘦頭斑四十四，遠謫江州為郡吏」，「行年四十五，兩鬢半蒼蒼」，「四十六時三月盡，送春爭得不殷勤」，「我今四十六，衰悴卧江城」，「鬢髮蒼浪牙齒疏，不覺身年四十七」，「明朝四十九，應轉悟前非」，「四十九年身老日，一百五夜月明天」，「衰鬢蹉跎將五十，關河迢遞過三千」，「青山舉眼三千里，白髮平頭五十人」，「宦途氣味已諳盡，五十不休何日休」，「五十江城守，停杯忽自思」，「莫學爾兄年五十，蹉跎始得掌絲綸」，「五十未全老，尚可且歡娱」，「長慶二年秋，我年五十一」，「二月五日花如雪，五十二人頭似霜」，「老校於君合先退，明年半百又加三」，「前歲花前五十二，今年花前五十五」，「倘年七十猶強健，尚得閒行十五春」，「去時十一二，今年五十六」，「我年五十七，榮名得幾許」，「我年五十七，歸去誠已遲」，「身為三品官，年已五十八」，「五十八翁方有後，靜思堪喜亦堪嗟」，「半百過九年，豔陽殘一日」，「火銷燈盡天明後，便是平頭六十人」，「六十河南尹，前途足可知」，「不准擬身年六十，上山仍未要人扶」，「不准擬身年六十，游春猶自有心情」，「我今悟已晚，六十方退閑」，「今歲日餘二十六，來歲年登六十二」，「心情多少在，六十二三人」，「六十三翁頭雪白，假如醒黠欲何為」，「行年六十四，安得不衰羸」，「我今六十五，走若下坡輪」，「年開第七秩，屈指幾多人」，「五十八歸來，今年六十六」，「無憂亦無喜，六十六年春」，「共把十千沽一斗，相看七十欠三年」，「七十欠四歲，此生那足論」，「六十八衰翁，乘衰百疾攻」，「又問年幾何，七十行欠二」，「更過今年年七十，假如無病亦宜休」，「今日行年將七十，猶須慚愧病來遲」，「且喜同年滿七十，莫嫌衰病莫嫌貧」，「舊語相傳聊自慰，世間七十老人稀」，「皤然七十翁，亦足稱壽考」,「昨日復今辰,悠悠七十春」,「人生七十希,我年幸過之」,「白鬚如雪五朝臣,又入新正第七旬(時年七十一)」,「行開第八秩,可謂盡天年」,「吾今已年七十一,眼昏鬚白頭風眩」,「七十人難到,過三更較稀」,「七十三人難再到,今春來是別花來」,「七十三翁旦暮身,誓開險路作通津」,「風光拋得也,七十四年春」,「壽及七十五,俸沾五十千」,其多如此。蘇公素重樂天,故間亦效之,如「龍鍾三十九,勞生已強半,歲莫日斜時,還為昔人歎」,正引用其語。又「四十豈不知頭顱,畏人不出何其愚」,「我今四十二,衰髮不滿梳」,「憶在錢塘正如此,回頭四十二年非」,「行年四十九,還此北窗宿」,「吾年四十九,賴此一笑喜」,「嗟我與君皆丙子,四十九年窮不死」,「五十之年初過二,衰顏記我今如此」,「白髮蒼顏五十三,家人強遣試春衫」,「先生年來六十化,道眼已入不二門」,「紛紛華髮不足道,當返六十過去魂」,「我年六十一,頹景薄西山」,「結髮事文史,俯仰六十逾」,「與君皆丙子,各已三萬日」。玩味莊誦,便如閱年譜也。(《五筆》卷八,上海古籍出版社《容齋隨筆》,第八九三頁)

⊙天將富此翁

唐劉仁軌任給事中,為宰相李義府所惡,出為青州刺史。及代還,欲斥以罪,又坐清船覆沒免官。其後百濟叛,詔以白衣檢校帶方州刺史。仁軌謂人曰:「天將富貴此翁邪!」果削平遼海。白樂天有《自題酒庫》一篇,云:「身更求何事,天將富此翁。此翁何處富,酒庫不曾空。」注云:「劉仁軌詩:『天將富此翁。』以一醉為富也。」然則唐史以此為仁軌之語,而不言其詩,為未審耳。(《五筆》卷八,上海古籍出版社《容齋隨筆》,第八九五頁)

⊙白公説俸禄

白樂天仕宦,從壯至老,凡俸禄多寡之數,悉載於詩,雖波及他人亦然。其立身廉清,家無餘積,可以概見矣。因讀其集,輒敘而列之。其為校書郎,曰:「俸錢萬六千,月給亦有餘。」為左拾遺,曰:「月慚諫紙二千張,歲愧俸錢三十萬。」兼京兆戶曹,曰:「俸錢四五萬,月可奉晨昏。廩禄二百石,歲可盈倉囷。」貶江州司馬,曰:「散員足庇身,薄俸可資家。」《壁記》曰:「歲廩數百石,月俸六七萬。」罷杭州刺史,曰:「三年請禄俸,頗有餘衣食。」「移家入新宅,罷郡有餘資。」為蘇州刺史,曰:「十萬戶州尤覺貴,二千石禄敢言貧。」為賓客分司，曰：「俸錢八九萬，給受無虚月。」「嵩洛供雲水，朝廷乞俸錢。」「老宜官冷静，貧賴俸優饒。」「官優有禄料，職散無羈縻。」「官銜依口得，俸禄逐身來。」為河南尹，曰：「厚俸如何用，閒居不可忘。」不赴同州，曰：「誠貪俸錢厚，其如身力衰！」為太子少傅，曰：「月俸百千官二品，朝廷雇我作閒人。」「又問俸厚薄，百千隨月至。」「七年為少傅，品高俸不薄。」其致仕，曰：「全家遁此曾無悶，半俸資身亦有餘。」「俸隨日計錢盈貫，禄逐年支粟滿囷。」「壽及七十五，俸占五十千。」其泛敘曰：「歷官凡五六，禄俸及妻孥。」「料錢隨官用，生計逐年營。」「形骸僶俛班行内，骨肉勾留俸禄中。」其他人者，如陝州王司馬曰：「公事閑忙同少尹，俸錢多少敵尚書。」劉夢得罷賓客，除秘監，禄俸略同，曰：「日望揮金賀新命，俸錢依舊又如何！」歎洛陽、長水二縣令曰：「朱紱洛陽官位屈，青袍長水俸錢貧。」其將下世，有《達哉樂天行》，曰：「先賣南坊十畝園，次賣東郭五頃田。然後兼賣所居宅，髣髴獲緡二三千。但恐此錢用不盡，即先朝露歸夜泉。」後之君子試一味其言，雖日飲貪泉，亦知斟酌矣。觀其生涯如是，東坡云：「公廪有餘粟，府有餘帛。」殆亦不然。（《五筆》卷八，上海古籍出版社《容齋隨筆》，第八九六頁）

⊙白居易出位

白居易為左贊善大夫，盜殺武元衡，京都震擾。居易首上疏，請亟捕賊，刷朝廷耻，以必得為期。宰相嫌其出位，不悦，因是貶江州司馬。此《唐書》本傳語也。案是時宰相張弘靖、韋貫之，弘靖不足道，貫之於是為失矣。白集載《與楊虞卿書》云：「左降詔下，明日而東，思欲一陳於左右。去年六月，盜殺右丞相於通衢中，迸血髓，磔發肉，所不忍道。合朝震栗，不知所云，僕以書籍以來，未有此事。苟有所見，雖畎畝皂隸之臣，不當默默，况在班列，而能勝其痛憤耶？故武丞相之氣平明絕，僕之書奏日午入。兩日之内，滿城知之，其不與者，或語以偽言，或陷以非語，皆曰：『丞、郎、給、舍、諫宫、御史，尚未論請，而贊善大夫何反憂國之甚也？』僕聞此語，退而思之，贊善大夫誠賤冗耳。朝廷有非常事，即日獨進封章，謂之忠，謂之憤，亦無愧矣！謂之妄，謂之狂，又敢逃乎？以此獲辜，顧何如耳，况又不以此為罪名乎！」白之自述如此。然則一時指為出位者，不但宰相而已也。史又曰:「居易母墜井死，而賦《新井篇》，以是左降。」前書所謂不以此為罪名者，是已。(《五筆》卷八，上海古籍出版社《容齋隨筆》，第八九七頁)

⊙白公感石

白樂天有《奉和牛思黯以李蘇州所寄太湖石奇狀絕倫因作詩兼呈劉夢得》，其末云:「共嗟無此分，虚管太湖來。」注:「與夢得俱典姑蘇，而不獲此石。」又有《感石上舊字》云:「太湖石上鐫三字，十五年前陳結之。」案陳結之並無所經見，全不可曉。後觀其《對酒有懷寄李郎中》一絕句，曰:「往年江外抛桃葉，去歲樓中别柳枝。寂寞春來一杯酒，此情唯有李君知。」注曰:「桃葉，結之也；柳枝，樊素也。」然後結之之義始明。樂天以病而去柳枝，故作詩云:「兩枝楊柳小樓中，嫋娜多年伴醉翁。明日放歸歸去後，世間應不要春風。」因劉夢得有戲之之句，又答之云:「誰能更學孩童戲，尋逐春風捉柳花。」然其鍾情處竟不能忘，如云「病共樂天相伴住，春隨樊子一時歸」，「金羈駱馬近貰卻，羅袖柳枝尋放還」，「觴詠罷來賓閣閉，笙歌散後妓房空」皆是也，讀之使人悽然。(《五筆》卷八，上海古籍出版社《容齋隨筆》，第八九九頁)

⊙長慶表章

唐自大曆以河北三鎮為悍藩所據，至元和中，田弘正以魏歸國，長慶初王承元、劉總去鎮、幽，於是河北略定。而穆宗以昏君，崔植、杜元穎、王播以庸相，不能建久長之策，輕徙田弘正，以啓王庭湊之亂；繆用張弘靖，以啓朱克融之亂。朝廷以諸道十五萬衆，裴度元臣宿望，烏重嗣(胤)、李光顔當時名將，屯守踰年，竟無成功，財竭力盡，遂以節鉞授二賊，再失河朔，訖於唐亡。觀一時事勢，何止可為痛哭！而宰相請上尊號表云:「陛下自即大位，及此二年，無巾車汗馬之勞，而坐平鎮、冀；無亡弓遺鏃之費，而立定幽、燕。以謂威靈四及，請為『神武』。」君臣上下，其亦云無羞恥矣。此表乃白居易所作。又翰林學士元稹求為宰相，恐裴度復有功大用，妨己進取，多從中沮壞之。度上表極陳其狀，帝不得已，解稹翰林，恩遇如故。稹怨度，欲解其兵柄，勸上罷兵。未幾拜相，居易代作謝表，其略云:「臣遭遇聖明，不因人進，擢居禁内，訪以密謀。恩獎太深，讒謗並至。雖内省行事，無所愧心，然上黷宸聽，合當死責。」其文過飾非如此。居

易二表，誠為有玷盛德。（《五筆》卷八，上海古籍出版社《容齋隨筆》，第九〇三～九〇四頁）

⊙元白制科

元、白習制科，其書後分為四卷，命曰《策林》。其《策頭》、《策項》各二道，《策尾》三道，此外曰《美謙遜》、《塞人望》、《教必成》、《不勞而理》、《風化澆樸》、《復雍熙》、《感人心》之類，凡七十五門，言所應對者百不用其一二，備載於文集云。（《五筆》卷八，上海古籍出版社《容齋隨筆》，第九〇四頁）

⊙八種經典

開士悟入諸佛知見，以了義度無邊，以圓教垂無窮，莫尊於《妙法蓮華經》，凡六萬九千五百五字。證無生忍，造不二門，住不可思議解脫，莫極於《維摩經》，凡二萬七千九十二字，攝四生九類，入無餘涅槃，實無得度者，莫先於《金剛般若波羅密經》，凡五千二百八十七字。壞罪集福，淨一切惡道，莫急於《佛頂尊勝陀羅尼經》，凡三千二十字。應念順願，願生極樂土，莫疾於《阿彌陀經》，凡一千八百字。用正見，觀真相，莫出於《觀音普賢菩薩法行經》，凡六千九百九十字。詮自性，認本覺，莫深於《實相法密經》，凡三千一百五字。空法塵，依佛智，莫過於《般若波羅密多心經》，凡二百五十八字。是八種經典十二部，合一十一萬六千八百五十七字。三乘之要旨，萬佛之秘藏，盡矣。唐長慶三年，蘇州重玄寺法華院石壁所刻金字經，白樂天為作碑文，其敘如此。予竊愛其簡明潔亮，故備録之。（《五筆》卷八，上海古籍出版社《容齋隨筆》第九〇四頁）

智按：《容齊隨筆》所云「唐長慶三年」殆誤，應為唐大和三年（八二九），白居易時在洛陽。

⊙畏人索報書

士大夫得交朋書問，有懶傲不肯即答者。記白樂天《老慵》一絕句曰：「豈是交親向我疏，老慵自愛閉門居。近來漸喜知聞斷，免惱嵇康索報書。」按嵇康《與山濤絕交書》云：「素不便書，又不喜作書，而人間多事，堆案盈几。不相酬答，則犯教傷義；欲自勉強，則不能久。」樂天所云，正此也。乃知畏於答書，其來久矣。(《五筆》卷九，上海古籍出版社《容齋隨筆》，第九〇七頁)

⊙不能忘情吟

予既書白公鍾情蠻、素於前卷，今復見其《不能忘情吟》一篇，尤為之感歎，輒載其文，因以自警。其《序》云：「樂天既老，又病風。乃録家事，會經費，去長物。妓有樊素者，年二十餘，綽綽有歌舞態，善唱《楊柳枝》，人多以曲名名之，由是名聞洛下，籍在經費中，將放之。馬有駱者，籍在長物中，將鬻之。馬出門，驤首反顧。素聞馬嘶，慘然立且拜，婉孌有辭，辭畢涕下。予亦愍然不能對，且命反袂，飲之酒，自飲一杯，快吟數十聲，聲成文，文無定句。予非聖達，不能忘情，又不至於不及情者，事來攪情，情動不可柅，因自哂，題其篇曰《不能忘情吟》。」《吟》曰：「鬻駱馬兮，放楊柳枝。掩翠黛兮，頓金羈。馬不能言兮，長鳴而卻顧。楊柳枝再拜長跪而致辭。辭曰：『素事主十年，凡三千有六百日。巾櫛之間，無違無失。今素貌雖陋，未至衰摧。駱力猶壯，又無虺隤。即駱之力，尚可以代主一步，素之歌，亦可以送主一杯。一旦雙去，有去無回。故素將去，其辭也苦，駱將去，其鳴也哀。此人之情也，馬之情也。豈主君獨無情哉?』予俯而歎，仰而咍，且曰駱駱爾勿嘶，素素爾勿啼，駱反廄，素反閨。吾疾雖作年雖頽，幸未及項籍之將死，亦何必一日之内棄騅兮而別虞兮。乃曰素兮，素兮為我歌《楊柳枝》，我姑酌彼金罍，我與爾歸醉鄉去來。」觀公之文，固以遣情釋意耳，素竟去也。此文在一集最後卷，故讀之者未必記憶。東坡猶以為柳枝不忍去，因劉夢得「春盡絮飛」之句方知之。於是美朝雲之獨留，為之作詩，有「不似楊枝別樂天，恰如通德伴伶玄」之語。然不及二年而病亡，為可歎也。(《五筆》卷九，上海古籍出版社《容齋隨筆》，第九〇七頁)

⊙燕賞逢知己

白樂天為河南尹日，有《答舒員外》云：「員外游香山寺，數日不歸，兼辱尺書，大誇勝事，時正值坐衙慮囚之際，走筆題長句以贈之，曰：『黄菊繁時好客到，碧雲合處佳人來(謂遣英、蒨二妓與舒君同游也)。酡顏一笑夭桃綻，清冷秋聲寒玉哀。軒騎透迤棹容與，留連三日不能回。白頭老尹府中坐，早衙才退暮衙催。』」謝希深、歐陽公官洛陽，同游嵩山歸，暮抵龍門香山，雪作，留守錢文僖公遣吏以廚傳歌妓至，且勞之曰：「山行良勞，當少留龍門賞雪，府事簡，無遽歸也。」王定國訪東坡公子彭城，一日，棹小舟與顏長道攜盼、英、卿三子游泗水，南下百步洪，吹笛飲酒，乘月而來。坡時以事不得往，夜著羽衣，佇立黃樓上，相視而笑，以為李太白死，世間無此樂三百餘年矣。定國既去，逾月，復與參寥師泛舟洪下，追憶曩游，作詩曰：「輕舟弄水買一笑，醉中蕩槳肩相摩。歸來笛聲滿山谷，明月正照金叵羅。」味此三游之勝，今之燕賓者寧復有之？蓋亦值知己也。（《五筆》卷九，上海古籍出版社《容齋隨筆》，第九一六頁）

⊙端午貼子詞

唐世五月五日揚州於江心鑄鏡以進，故國朝翰苑撰端午貼子詞，多用其事，然遣詞命意，工拙不同。王禹玉云：「紫閣曈曨隱曉霞，瑤墀九御薦菖華。何時又進江心鑑，試與君王卻眾邪。」李邦直云：「艾葉成人後，榴花結子初。江心新得鏡，龍瑞護仙居。」趙彥若云：「揚子江中方鑄鏡，未央宮裏更飛符。菱花欲共朱靈合，驅盡神奸又得無？」又「揚子江中百煉金，寶奩疑是月華沉。爭如聖後無私鑑，明照人間萬善心。」又「江心百煉青銅鏡，架上雙紉翠縷衣。」李士美云：「何須百煉鑑，自勝五兵符。」傅墨卿云：「百煉鑑從江上鑄，五時花向帳前施。」許沖元云：「江中今日成龍鑑，苑外多年廢鷺陂。合照乾坤共作鏡，放生河海盡為池。」蘇子由云：「揚子江中寫鏡龍，波如細縠不搖風。宮中驚捧秋天月，長照人間助至公。」大概如此。唯東坡不然，曰：「講餘交翟轉回廊，始覺深宮夏日長。揚子江心空百煉，只將《無逸》監興亡。」其輝光氣焰，可畏而仰也。若白樂天諷諫《百煉鏡》篇云：「江心波上舟中鑄，五月五日日午時。」「背有九五飛天龍，人人呼為天子鏡。」又云：「太宗常以人為鏡，監古監今不監容。」「乃知天子別有鏡，不是揚州百煉銅。」用意正與坡合。予亦嘗有一聯云：「願儲醫國三年艾，不博江心百煉銅。」然去之遠矣。端午故事，莫如楚人競渡之的，蓋以其非吉祥，不可施諸祝頌，故必用鏡事云。（《五筆》卷九，上海古籍出版社《容齋隨筆》，第九一六頁）

《夷堅志》

⊙存心齋

趙善璉與其弟居衢州，肄業城内一寺，榜小室曰「亦樂齋」。是歲獲解，而絀於春官。或為言：樂與落同音，士子所深諱，而以名其居，宜不利矣，乃改為「居易齋」。久之，夢老翁高冠雪髯來相訪，指而言曰：「子所以易此者，正以樂字為不美，獨不思居易者，唐白樂天之名乎？白樂之稱，尤為未韙。」璉謝曰：「然則何為而可？」曰：「當命為存心齋可矣。」覺而更之，遂以乾道五年登第，調章貢幕官為予言。（《夷堅丁志》卷十四，中華書局本《夷堅志》，第六五五頁）

⊙蔡箏娘

陳道光，字不矜，南城人。自桂林罷官，歸過洞庭，夢綵衣童，自言是洞中龍子，奉命告君：「勿食蒜韭及犬，後三年當有所遇。」及期六月，河中幕府檄使如商州，道經藍田，宿於藍橋驛，夢向所見童執節而來曰：「仙子候君至。」遂導以行，到一處峻崖峭壁。童以節叩石壁，聞鎗然掣鎖聲。俄入洞户，棟宇華煥，金璧絢赫，佳花美木，世所未覩。稍進，抵中堂，望一麗女，方笄歲，姿態縹緲，宛若神仙中人，正隱几寫佛書，顧客至甚喜，延相對席，談詞如雲。陳乘間調之曰：「獨居悶乎？」笑曰：「神聖無悶。」既而置酒同飲，累十觴，引坐於室。室中皆錦綺文繡之飾，燒蠟炬大如椽。女子曰：「人間方三伏，此處則無暑氣。」陳但覺清涼如深秋。從容言：「吾蔡真人女。今住吉邑，以塵緣未盡，當與人會。我之氏族，見於《春秋》，名嫿，字婧娘，小名次心。幼時善秦箏，父母以其與彭氏女名嫌，更字曰箏娘。得與君接，幸矣。君仙材也，但世故膠膠，不容久居此。」又言：「司命不欲與君大官，恐復墮落爾。」因出白玉牌授之，請曰：「君既游物外，不可無紀。」陳操筆立成十絕句。

其一曰：「玉貌青童洞裏回，洞中仙子有書催。書詞問我何多事，何不驂鸞早早來。」

其二：「長恐凡材不合仙，喜逢神女執姻緣。雲中隱隱開金鎖，路入麻姑小有天。」

其三：「海石榴花映綺窗，碧芙蓉朵亞銀塘。青鸞不舞蒼蛇卧，滿院春風白日長。」

其四：「沈沈香霧映房櫳，翦翦簷頭盡日風。汗雨頓稀塵慮息，始知身在蕊珠宫。」

其五：「老耼西逝即浮屠，莫怪窗間貝葉書。長哂楊妃仙格劣，却教鸚鵡誦真如。」

其六：「常怪樂天長恨詞，釵鈿寄語太傷悲。於今始信蓬山上，有憶人間音問時。」

其七：「一到仙宫白玉堂，氛氲香澤滿衣裳。非龍非麝非沈水，疑是諸天異國香。」

其八：「玉女倚天多喜笑，素娥如月與精神。假饒不許長年住，猶勝人間不遇人。」

其九：「瓊漿飲罷日西沈，瞬息歡游直萬金。塵慮滿懷那住得，鳳簫休作别離音。」

其十：「玉水本流三島上，蟠桃生在五雲間。若非彼處皆凡猥，劉阮迷昏錯往還。」

寫畢復吟，女命侍兒以簫度《離鳳之曲》，曲終而寤，簫聲故在耳。後兩夕，復夢童攜詩牌白曰：「仙子謝君：玉女，即天女也，素蛾月精以見況，甚無謂。劉、阮、太真，列仙也，常相往還，君何訾詆之甚，老子為九天最尊，奈何輒斥其名？今為易『老耼』二字為『道家』，『仙格劣』三字為『苦輕肆』，『皆凡猥』三字為『那真實』。」陳悉依其語，童遂去，且行且言曰：「人間文士輕薄，好譏毁人。」回頭微笑而去，自是不復再逢。陳自作文記其事。女與陳飲欸終宵，曾不及亂，非唐稗説所紀諸仙比，其真玉妃輩乎？（支甲卷七，中華書局本《夷堅志》，第七六二～七六三頁）

智按：又見《堅瓠四集》卷一。

⊙道州侏儒

道州民侏儒，見於白樂天諷諫，今州城罕有，唯江華、寧遠兩縣最多。孫少魏過其處，詢諸土人，云皆感獮猴氣而生者也。猴性畏竹扇聲，富家婦每妊娠就寢，必命婢以扇鞭扣其腹，則猴不敢。近貧下之妻無力為此，既然熟睡，往往夢猴來與交，及生子，乃矮小成侏儒。兩縣境接昭賀，去九疑山五十里，皆瘴癘之地，山嶺之上，猴千百為羣相挽引，殊不畏人。其精魄又能為人害如此。（支丙卷六，中華書局本《夷堅志》，第九二六頁）

智按：洪邁，字景盧，號容齋，鄱陽（今江西波陽）人。皓子，適、遵弟。高宗紹興十五年（一一四五）進士，授兩浙轉運司幹辦公事。入為敕令所删定官。以父忤秦檜，出教授福州。累遷左司員外郎。三十二年，進起居舍人，假翰林學士使金，不屈被拘，回朝後以辱命論罷。起知泉州。孝宗乾道二年（一一六六），知吉州。三年，遷起居郎，拜中書舍人兼侍讀，直學士院，仍參史事。六年，知贛州，尋知建寧府。淳熙十一年（一一八四），知婺州。十二年，以提舉佑神觀同修國史。十三年，拜翰林學士，上《四朝史》。光宗紹熙元年（一一九〇），知紹興府，提舉玉隆萬壽宮。二年，以端明殿學士致仕。甯宗嘉泰二年卒，年八十。謚文敏。有《容齋隨筆》、《夷堅志》、《萬首唐人絕句》、《野處類稿》等行於世。《宋史》卷三七三有傳。

尤袤（一一二四~一一九四）

《全唐詩話》

⊙宣宗

帝（宣宗）好進士及第，每對朝臣問及第，苟有科名對者，必大喜，便問所試賦題目并主司姓名。或佳人物偶不中第，必嘆息移時。嘗於内自題鄉貢進士李道龍。白居易之死，帝以詩弔之曰：「綴玉聯珠六十年，誰教冥路作詩仙？浮雲不繫名居易，造化無為字樂天。童子解吟長恨曲，胡兒能唱琵琶篇。文章已滿行人耳，一度思卿一愴然。」（卷一，《歷代詩話》第五九頁）

⊙王之涣

《出塞》詩云：「黄沙直上白雲間，一片孤城萬仞山。羌笛何須怨楊柳？春風不渡玉門關。」之涣，并州人，與兄之咸、之賁皆有文名，天寶間人。樂天作《滁州刺史鄭昈墓誌》云：「與王昌齡、王之涣、崔國輔連唱迭和，名動一時。」（卷二，《歷代詩話》第八四頁）

⊙章八元

八元《題慈恩塔》云：「七層突兀在虚空，四十門開面面風。卻怪鳥飛平地上，自驚人語半天中。迴梯暗踏如穿洞，絕頂初攀似出籠。落日鳳城佳氣合，滿城春樹雨濛濛。」或云：元白見其詩曰：「不謂嚴維出此弟子。」（卷二，《歷代詩話》第八六頁）

⊙韋應物

李肇《國史補》云：「開元後，位卑而名著：李北海邕、王江寧昌齡、李館陶□、鄭廣文虔、元魯山德秀、蕭功曹穎士、張長史旭、獨孤常州，及崔比部元翰、梁補闕肅，韋蘇州。」其一也，應物，仕宦本末，似止於蘇。按白傳答禹錫云：「敢有文章替左司」，謂應物也，官稱亦止此。（卷二，《歷代詩話》第八七頁）

⊙裴度

樂天求馬，裴贈以馬，因戲云：「君若有心求逸足，我還留意在名姝。」引妾換馬之事。樂天答曰：「安石風流無奈何，欲將赤驥換青娥。不辭便送東山去，臨老何人與唱歌？」（卷二，《歷代詩話》第一〇九頁）

⊙張籍

白樂天讀籍詩集云：「張公何為者？業文三十春。尤工樂府詞，舉代少其倫。」姚合讀籍詩，有詩云：「妙絕江南曲，淒涼怨女詩。古風無敵手，新語是人知。」（卷二，《歷代詩話》第一一一頁）

⊙楊巨源

楊巨源以「三刀夢益州，一箭取遼城」得名，故樂天詩云：「早聞一箭取遼城，相識雖新有故情。清句三朝誰是敵？白鬚四海半為兄。貧家薙草時時入，瘦馬尋花處處行。不用更教詩過好，折君官職是空名。」巨源後拜省郎，樂天復以詩賀云：「文昌新入有光輝，紫界宫牆白粉闈。曉日雞人傳漏箭，春

風侍女護朝衣。雪飄歌曲高難和，鶴拂煙霄老慣飛。官職聲名俱入手，近來詩客似君稀。」（卷二，《歷代詩話》第一一六頁）

⊙元稹

樂天在洛，太和中，稹拜左丞相，自越過洛，以二詩別樂天云：「君應怪我留連久，我欲與君辭別難。白頭徒侶漸稀少，明日恐君無此歡。」又云：「自識君來三度別，這回白盡老髭鬚。戀君不去君須會，知得後回相見無？」未幾，死於鄂。樂天哭之曰：「始以詩交，終以詩訣，絃筆相絕，其今日乎！」（卷二，《歷代詩話》第一二〇頁）

⊙白居易

張為以居易為廣大教化主，取其《讀史詩》云：「含沙射人影，雖病人不知。巧言誣人罪，至死人不疑。掇蜂殺愛子，掩鼻戮寵姬。弘恭陷蕭望，趙高謀李斯。陰德既必報，陽禍豈虛施。人事雖可罔，天道終難欺。明即（一作則）有刑辟，陰即（一作則）有神祇。苟免勿私喜，鬼得而誅之。」（卷二，《歷代詩話》第一二一頁）

又取「得意減別恨，半酣還遠程」之句。又「人吏留不得，直入故山雲」之句。又「長生不似無生理，休向青山學煉丹」之句。又「白髮鑷不盡，根在愁腸中」之句。又：《與薛濤》云：「峨眉山勢接雲霓，欲逐劉郎此路迷。若似剡中容易到，春風猶隔武陵溪。」（卷二，《歷代詩話》第一二一頁）

樂天不為贊皇公（按指李德裕而言）所喜，每寄文章，李緘之一篋，未嘗開。劉夢得或請之，曰：「見詞則迴我心矣。」（卷二，《歷代詩話》第一二一頁）

樂天未冠，以文謁顧況，況睹姓名，熟視曰：「長安米貴，居大不易。」及披卷讀芳草詩，至「野火燒不盡，春風吹又生」，歎曰：「我謂斯文遂絕，今復得子矣，前言戲之耳。」（卷二，《歷代詩話》第一二一頁）

智按：此則各書頗多雷同。《唐摭言》、《幽閒鼓吹》及《古今詩話》、《優古堂詩話》、《唐語林》所載只字句間略有不同。阮閱《詩話總龜》編入《稱賞門》。

樂天賦性曠達，其詩曰：「無事日月長，不羈天地闊。」此曠達之詞也。孟郊賦性褊狹，其詩曰：「出門即有礙，誰謂天地寬。」此褊狹之詞也。然則天地又何嘗礙郊，郊自礙耳。（卷二，《歷代詩話》第一二一頁）

樊素善歌，小蠻善舞，樂天賦詩曰：「櫻桃樊素口，楊柳小蠻腰。」至於高年，又賦詩曰：「失盡白頭伴，長成紅粉娃。」因為《楊柳詞》以託意云：「一樹春風萬萬枝，嫩於金色軟於絲。永豐東角荒園裏，盡日無人屬阿誰。」及宣宗朝，國樂唱是詞，帝問永豐在何處？左右具以對，遂因命取永豐柳兩枝，植於禁中。白感上知，又為詩曰：「一樹衰殘委泥土，雙枝移種植天庭。定知此後天文裏，柳宿光中添兩星。」洛下文士無不繼作。韓常侍琮時為留守，亦有詩和云：「折柳歌中得翠條，遠移金殿種青霄。上陽宮女吞聲送，不分先歸舞細腰。」盧貞和云：「一樹依依在永豐，兩枝飛去杳無蹤。玉皇曾采人間曲，應逐歌聲入九重。」示意也。（卷二，《歷代詩話》第一二一～一二二頁）

⊙牛僧孺

樂天、夢得有《除夜詩》，僧孺和云：「惜歲歲今盡，少年應不知。淒涼數流輩，懽喜見孫兒。暗減一身力，潛添滿鬢絲。莫愁花笑老，花自幾多時。」（卷三，《歷代詩話》第一二三頁）

元和三年，宣政殿試賢良方正能直言極諫科，一十人登科。其後僧孺、李宗閔、王起、賈餗四人皆相次拜相。先是白居易在翰林為考校官，後僧孺罷相，出鎮揚州，居易在洛中有詩送云：「北闕至東京，風光十六程，坐移丞相閣，春入廣陵城。紅旆擁雙節，白鬢無一莖。萬人開路看，百吏立班迎。閫外君彌重，樽前我亦榮。何須身自得，將相是門生。」（卷三，《歷代詩話》第一二三頁）

樂天求箏於維揚，僧孺先有詩曰：「但愁封寄去，魔物或驚禪。」樂天云：「會教魔女弄，不動是禪心。」樂天云：「思黯自誇前後服鍾乳三千兩，而歌舞之妓甚多，乃謔予衰老，故答思黯詩云：『鍾乳三千兩，金釵十二行。妬他心似火，欺我鬢如霜。慰老資歌笑，消愁仰酒漿。眼看狂不得，狂得且須狂。』」奇章又有詩云：「不是道公狂不得，恨公逢我不教狂。」（卷三，《歷代詩話》第一二四頁）

⊙劉禹錫

長慶中，元微之、夢得、韋楚客同會樂天舍，論南朝興廢，各賦《金陵懷古詩》。劉滿引一杯，飲已即成，曰：「王濬樓船下益州，金陵王氣黯然收。千尋鐵鎖沉江底，一片降幡出石頭。人世幾回傷往事，山形依舊枕寒流。而今四海為家日，故壘蕭蕭蘆荻秋。」白公覽詩曰：「四人探驪龍，子先獲珠，所餘鱗爪何用邪?」於是罷唱。(卷三，《歷代詩話》第一二五頁)

白樂天任杭州刺史，攜數妓還洛陽，後卻還錢塘，故禹錫戲答云：「其那錢塘蘇小小，憶君淚點石榴裙。」(卷三，《歷代詩話》第一二六頁)

「山圍故國周遭在，潮打空城寂寞回。淮水東邊舊時月，夜深還過女牆來。」樂天掉頭苦吟，歎賞良久，曰：「《石頭詩》云：『潮打空城寂寞回』，我知後之詩人，不復措詞矣。」(禹錫《金陵五題》自序云。)(卷三，《歷代詩話》第一二六頁)

⊙陳潤

潤，大曆間人，終坊州鄜城縣令，樂天之外祖也。(卷三)

「丈夫不感恩，感恩寧有淚。心頭感恩血，一滴染天地。」右張為取作《主客圖》。(卷三，《歷代詩話》第一二八頁)

⊙賈島

島字浪仙（一作閬仙），范陽人。初為浮屠，名無本。能詩，獨變格入僻，以矯艷於元、白。……（卷三，《歷代詩話》第一二八頁）

⊙徐凝

范攄言：樂天為杭州刺史，令訪牡丹，獨開元寺僧惠澄近於京師得之，植於庭。時春景方深，惠澄設油幕覆其上。會凝自富春來，未識白，先題詩曰：「此花南地知難種，慚愧僧閒用意栽。海燕解憐頻睥睨，胡蜂未識兩徘徊。虛生芍藥徒勞妒，羞殺玫瑰不敢開。惟有數苞紅萼在，含芳直待舍人來。」白尋到寺看花，乃命徐同醉而歸。時張祜榜舟而至，二生各希首薦，白曰：「二君論文，若廉藺之鬪鼠穴，勝負在此一戰也。」遂試《長劍倚天外》賦、《餘霞散成綺》詩。試訖解送，凝為元。祜曰：「祜詩有『地勢遙尊岳，河流側讓關』，又題金山寺詩曰：『樹影中流見，鐘聲兩岸聞。』雖綦毋潛云：『塔影掛青漢，鐘聲和白雲。』此句未為佳也。」凝曰：「美則美矣，爭如老夫

『今古長如白練飛，一條界破青山色』。」凝遂擅場。祜歎曰：「榮辱糾紛，亦何常也！」遂行歌而邁，凝亦鼓枻而歸，自是二生不隨鄉賦矣。白又以祜《宮詞》四句皆數對，未足奇也。後杜牧守秋浦，與祜為詩酒友，酷吟祜宮詞，以白有非祜之論，常不平之，乃為詩以高之曰：「睫在眼前人不見，道於身外更何求。誰人得似張公子，千首詩輕萬戶侯？」又曰：「如何故國三千里，虛唱歌詞滿六宮？」杜盛言其美者，欲以苟異於白，而曲成於張也。故牧又著論，言近有元白者，喜為淫言媟語，鼓扇浮囂。吾恨方在位下位，未能以法治之，斯亦敷佐於祜耳。（卷三，《歷代詩話》第一三六～一三七頁）

⊙嚴休復

元和中，見一女子，從以二女冠，三小僕，直造花所。佇立良久，命小童折花數枝，謂黃冠者曰：「曩有玉峯之期，自是可以行矣。」行百步許，遂不復見。休復有詩，元微之和云：「弄玉潛歸玉樹時，不教青鳥出花枝。的應未有諸人覺，只恐嚴郎卜得知。」樂天詩云：「嬴女偷乘鳳下時，洞中潛歇弄花枝。不緣啼鳥春饒舌，青瑣仙郎可得知。」（卷三，《歷代詩話》第一五一頁）

⊙楊虞卿

過小妓英英墓云：「凌晨騎馬出皇都，聞說埋花在路隅。別我已為泉下土，思君猶似掌中珠。四弦品柱聲初絕，三尺孤墳草已枯。蘭質蕙心何所在？焉知過者是狂夫。」樂天、夢得皆有和章。樂天云：「人間有夢何曾入，泉下無家豈是歸。墳上少啼留取淚，明年寒食更沾衣。」夢得云：「但見好花皆易落，從來尤物不長生。鸞臺夜直衣衾冷，雲雨無因入禁城。」（卷三，《歷代詩話》第一五二頁）

⊙楊汝士

寶曆中，楊於陵僕射入覲，其子嗣復率兩榜門生迎於潼關，宴新昌第。僕射與所執坐正寢，嗣復領諸生翼兩序。元白俱在，賦詩席上。汝士詩後成，元白覽之失色。詩曰：「隔座應須賜御屏，盡將仙翰入高冥。文章舊價留鸞掖，桃李新陰在鯉庭。再歲生徒陳賀宴，一時良史盡傳馨。當年疏廣雖云盛，詎有茲筵醉醁醽。」其日，大醉歸，謂其子弟曰：「吾今日壓倒元白。」（時為刑侍。）（卷三，《歷代詩話》第一五三頁）

裴令公居守東洛，夜宴半酣，公索句，元白有得色。時公為破題，次至汝士，曰：「昔日蘭亭無艷質，此時金谷有高人。」白知不能加，遽裂之曰：『笙歌鼎沸，勿作冷淡生活。』元顧白曰：「樂天所謂能全其名者也。」（卷三，《歷代詩話》第一五三頁）

⊙白居易

「七人五百八十四，拖紫紆朱垂白鬚。囊裹無金莫嗟嘆，尊中有酒且歡娛。吟成六韻神還壯，飲到三杯氣尚粗。嵬峨狂歌教婢拍，婆娑醉舞遣孫扶。天年高邁二疏傅，人數多於四皓圖。除卻三山五天竺，人間此會且應無。」（居易，刑部尚書致仕，年七十四。）（卷三，《歷代詩話》第一五八～一五九頁）

樂天退居洛中，作尚齒九老之會，其序曰：「胡、吉、劉、鄭、盧、張等六賢，皆多年壽，余亦次焉。於東都弊居履道坊，為尚齒之會。七老相顧，既醉且歡。靜而思之，此會稀有，因各賦七言六韻詩一章以記之，或傳諸好事者，時會昌五年三月二十四日。」樂天云：「其年夏，又有二老年貌絕倫，同歸故鄉，亦來斯會，續命書姓名年齒，寫其形貌，附於圖右，與前七老，題為《九老圖》。仍以一絕贈之云：『雪作鬢眉雲作衣，遼東華表暮雙歸。當時一鶴猶稀有，何况今逢兩令威?』」（洛中遺老李元爽，年一百三十六；禪僧如滿，年九十五歲。）又云：「時祕書狄兼謨、河南尹盧貞，以年未及七十，雖與會而不及列。」（卷三，《歷代詩話》第一五九頁）

⊙陳彥博

《恩賜魏文貞公諸孫舊第以導直臣》云：「阿衡隨逝水，池館主他人。天意能酬德，雲孫喜庇身。生前由直道，沒後振芳塵。雨露新恩日，芝蘭故里春。勳庸流十代，光彩映諸鄰。共喜升平際，從茲得諫臣。」

白居易為翰林學士，奏云：「今日奏宣令撰李師道請收贖魏徵宅，還其子孫，甚合朕心。允其來奏。臣伏以魏徵太宗宰相，盡心輔佐，以致太平，在其子孫，宜加優卹。事關激勸，合出朝廷，師道何人，輒掠此美。伏願明敕有司，特以官錢收贖，使還後嗣，以勸忠臣，則事出皇恩，美歸聖德。」憲宗深然之。其後有司以為詩題試進士。（卷四，《歷代詩話》第一六三～一六四頁）

⊙繁知一

樂天除蘇州刺史，自峽沿流赴郡。時秭歸縣繁知一聞居易將過巫山，先於神女祠粉壁大書之，曰：「忠州刺史今才子，行到巫山必有詩。為報高唐神女道，速排雲雨待清詞。」居易覩之悵然，邀知一至，曰：「歷陽劉郎中禹錫三年理白帝，欲作一詩而不能。罷郡經過，悉去千餘詩，但留四詩而已。」沈佺期詩曰：「巫山高不極，合遝狀奇新。闇谷疑風雨，幽崖若鬼神。月明三峽曙，潮滿九江春。為問陽臺客，應知入夢人。」王無競詩曰：「神女向高唐，巫山下夕陽。徘徊作行雨，婉孌夢荊王。電影江前落，雷聲峽外長。朝雲無處所，臺館曉蒼蒼。」皇甫冉詩曰：「巫峽見巴東，迢迢出半空。雲藏神女館，雨到楚王宮。朝暮泉聲落，寒暄樹色同。清猿不可聽，偏在九秋中。」李端詩曰：「巫山十二峯，皆在碧虚中。迴合雲藏日，霏微雨帶風。猿聲寒度水，樹色暮連空。悲向高唐去，千秋見楚宮。」居易吟四篇，與繁生同濟，卒不賦詩。（卷四，《歷代詩話》第一七〇～一七一頁）

⊙張為

為，唐末江南詩人，與周朴齊名。如「到處即閉戶，逢君方展眉」，最有詩稱。

杜光庭載毛仙翁事，名于，字鴻漸。元和間，劉禹錫、李紳、白樂天輩皆贈詩。至大中戊寅，五十餘年矣。是歲，張為薄游長沙，不汲汲隨計，獲女奴於岳麓山下，惑之，歲餘成羸疾。仙翁一見曰：「子妖氣邪光，浹遍肌骨，苟不相值，殞於旦夕也。」以丹一粒授為，於香爐焚之，郁烈之氣，聞百步，魅妾一號而斃，乃木偶人也。又吞以丹砂如黍者三，疾遂瘳。為作詩別之曰：「羸形感神爽，削骨生豐肌。蘭炷飄靈烟，妖怪立誅夷。重睹日月光，何報父母慈。黃河濁滚滚，別淚流澌澌。黃河清有時，別淚無收期。」為後入釣臺山，訪道而去。（卷五，《歷代詩話》第二一三頁）

⊙張建封妓

樂天有和燕子樓詩，其序云：徐州張尚書有愛妓盼盼，善歌舞，雅多風態。余為校書郎時，游淮泗間，張尚書宴余。酒酣，出盼盼以佐飲，歡甚。余因贈詩，落句云：「醉嬌勝不得，風嫋牡丹花。」盡歡而去。爾後絕不復知，玆一紀矣。昨日司勳外郎張仲素繪之訪余，因吟新詩，有燕子樓詩三首，詞甚婉麗。詰其由，乃盼盼所作也。繪之從事武寧軍累年，頗知盼盼始末，云：「張尚書既沒，彭城有張氏舊第，中有小樓，名燕子。盼盼念舊愛而不嫁，居是樓十餘年，於今尚在。」盼盼詩云：「樓上殘燈伴曉霜，獨眠人起合歡牀。相思一夜情多少，地角天涯未是長。」又云：「北邙松柏鎖愁煙，燕子樓中思悄然。自埋劍履歌塵散，紅袖香消一十年。」又云：「適看鴻雁岳陽回，又覩玄禽逼社來。瑤瑟玉簫無意緒，任從蛛網任從灰。」余嘗愛其新作，乃和之云：「滿窗明月滿簾霜，被冷燈殘拂卧牀。燕子樓中寒月夜，秋來祇為一人長。」「鈿帶羅衫色似煙，幾回欲起即潸然。自從不舞霓裳曲，疊在空箱十二年。」又：「今春有客洛陽迴，曾到尚書墓上來。見説白楊堪作柱，爭教紅粉不成灰。」又贈之絕句：「黃金不惜買蛾眉，揀得如花四五枝。歌舞教成心力盡，一朝身去不相隨。」後仲素以余詩示盼盼，乃反覆讀之，泣曰：「自公薨背，妾非不能死，恐百載之後，以我公重色，有從死之妾，是玷我公清範也，所以偷生耳。」乃和曰：「自守空樓斂恨眉，形同春後牡丹枝。舍人不會人深意，訝道泉臺不去隨。」盼盼得詩後，怏怏旬日，不食而卒。但吟云：「兒童不識沖天物，漫把青泥汙雪毫。」（出《長慶集》。）（卷六，《歷代詩話》第二五六～二五七頁）

唐中葉，長安少年，多以詩句鑱涅肌膚，誇詭力，剽奪坊間，更有取名賢詩中意，細刺樹木人物，至有周身用白樂天詩意刺涅，人呼為「白舍人行圖」者，名為「劄青」云。（《四庫全書》本《陝西通志》卷九十九引）

智按：《全唐詩話》，有《津逮秘書》本、《歷代詩話》本。舊題南宋尤袤撰，書前並有託名遂初堂之序文，詳述其書成之狀。但今人皆以為其誤，但作者謂誰，諸家所説不同。《四庫總目存目提要》指其為賈似道作，且假手廖瑩中之筆，後人改題袤名，郭紹虞支持此説，丁福保則考證為尤袤之孫尤焴撰。是書內容與《唐詩紀事》頗有相同，故有人指其乃後人從中刺取影射，其卷數也頗為淆亂，有二卷、三卷、五卷、六卷、十卷諸本。

《遂初堂書目》

白居易《長慶集》。（《四庫全書》本《遂初堂書目》）

智按：尤袤，字延之，號遂初，無錫（今屬江蘇）人。高宗紹興十八年

（一一四八）進士。三十一年，知泰興縣。孝宗隆興間注江陰軍教授，需次七年。乾道五年（一一六九），除將作監丞。七年，遷秘書丞兼實録院檢討。淳熙二年（一一七五）出知台州，五年，提舉淮南東路常平，改江南東路。八年，為江南西路轉運判官，遷轉運使兼知隆興府。十年，召為吏部員外郎兼太子侍講，十四年，遷太子左諭德，除太常少卿。因論姜特立罷。光宗紹熙元年（一一九〇），起知婺州，改太平州，召除給事中，兼侍講。四年，除禮部尚書兼侍讀。謚文簡。有《遂初小稿》六十卷等，已佚。清康熙間尤侗收輯遺文，刊有《梁溪遺稿》二卷；民國尤桐續刊《梁溪遺稿詩鈔補編》。生平見《梁溪遺稿》卷首《家譜本傳》，《宋史》卷三八九有傳。

姜特立（一一二五～一二〇三）

《和鞏宰送牡丹三首》（其二）

唐世花名寖顯時，才如韓白尚無詩。本朝盛賞唯西雒，萬幄千庖泣玉脂。（《四庫全書》本《梅山續稿》卷五）

《歸老》

歸老得閒渾可事，最憐白傅更能詩。舞餘歌罷賓朋去，八節灘頭醉卧時。（《四庫全書》本《梅山續稿》卷七）

《效樂天體》

田宅不多終是有，園池雖小勝如無。三平二滿人間少，此樂唯應屬老夫。（《四庫全書》本《梅山續稿》卷八；《全宋詩》第三十八册，第二四一三七頁）

《適齋先生續樂天達哉行因繼其後詩雖不工聊抒鄙意而已》

樂天吾所敬，掛冠方一年。家事能幾何，處置有後先。始賣南坊園，次賣東郭田。末乃貨其廬，緡錢可三千。不為子孫計，冀可了目前。嗚呼古之人，未易相比肩。顏子附郭外，不聞鬻其阡。淵明松菊逕，仲蔚蓬萊間。闕一尚不可，而況盡棄捐。先生果何心，達者未必然。適齋賢主人，歸卧甬水邊。家中無留貿，饑食困即眠。不可學其可，已省區中緣。嗟哉我何人，愛慕此二賢。素貧乏常産，晚有屋數椽。聖君不忍棄，未許車高懸。月散官中粟，不蓄俸餘錢。性復喜賓客，日日羅樂筵。萬事不掛眼，尚為詩所纏。山上列花木，山下疏清泉。終日自逍遙，濠上樂亦全。起予者誰歟，三誦達哉篇。（《四庫全書》本《梅山續稿》卷九；《全宋詩》第三十八册，第二四一四七頁）

《東坡除夜三十九遂引樂天行年三十九歲暮日斜時之句賦詩余亦於生朝有感》

昔人三十九，已歎日斜時。吾今七十六，屈指一倍之。豈唯桑榆晚，正自入崦嵫。灰中炭暗盡，豈不心自知。且飲生朝酒，更賦梅山詩。（《四庫全書》本《梅山續稿》卷八；《全宋詩》第三十八册，第二四一五一頁）

《晨起信筆》

姜子胸中有至樂，青山白雲也不惡。不求作佛不求仙，卻笑時人用心錯。樂天兜率墮渺茫，徐福神山更遼邈。丈夫天地要同流，俯仰隨化吾何求。太虛為體隘九州，不須更述逍遙游。（《四庫全書》本《梅山續稿》卷十；《全宋詩》第三十八册，第二四一五〇頁）

《戲題》

樂天妙語過雞林，平處猶為治世音。豁達如今唯李老，不妨風月自閒吟。（慶曆中京師有民，自號豁達李老。好吟詩詞，多鄙俚，一時貴人戲語多及之）（《四庫全書》本《梅山續稿》卷十一；《全宋詩》第三十八册，第二四一六〇頁）

《致政張教授晚而買妾有女戲贈》

隱君無婦幾經時，暮景鰥居却未宜。且喜中郎新有女，豈容白傅老無兒。閨中不著玉川婢，天下應傳京兆眉。無計去陪湯餅客，花卿有子待歌詩。（《四庫全書》本《梅山續稿》卷十一）

《野意》

謝安高卧向東山，白傅分司雒水灣。賓朋歌舞歡娛處，只在山光水色間。（《四庫全書》本《梅山續稿》卷十一）

《汪尚書輓章二首》（其二）

文章事業蓋羣工，盛世明良喜會同。千首歌詩如白傅，百篇奏議似宣公。

貳師失道違中制，元帥基謀喪後功。二十年間遂高志，鴟夷一舸鑑湖東。（《四庫全書》本《梅山續稿》卷十三）

《和樂天為張建封侍兒盼盼作仍繼五篇》

樂天為張建封侍兒盼盼作詩四首，今録其末章，蓋歎也。仍繼五篇。

黄金不惜買蛾眉，揀得如花四五枝。歌舞教成心力盡，可憐身去不相隨。

和（借用兩句）

黄金不惜買蛾眉，揀得如花四五枝。撒手行時無罣礙，更無一物可相隨。

黄金不惜買蛾眉，揀得如花四五枝。遇有酒時須飲酒，得吟詩處且吟詩。

黄金不惜買蛾眉，揀得如花四五枝。日月其除歲雲暮，詩人此意報君知。

黄金不惜買蛾眉，揀得如花四五枝。池塹臺傾何足怪，雍門彈處不須悲。

黄金不惜買蛾眉，揀得如花四五枝。可笑曹瞞空狡獪，西陵作伎一何癡。（《四庫全書》本《梅山續稿》卷十七；《全宋詩》第三十八册，第二四二〇三頁）

智按：姜特立，字邦傑，號梅山老人，麗水（今屬浙江）人。以父綬靖康中殉難恩，補承信郎，累遷福建路兵馬副都監。孝宗淳熙十一年（一一八四），獻所為詩百篇，召試中書，時年六十。除閤門舍人，充太子宮左右春坊兼皇孫平陽王伴讀。光宗即位，除知閤門事。恃恩無所忌憚，招權納賄，遂被奪職。帝念舊情，復除浙東馬步軍副總管。寧宗即位，遷和州防禦使，再奉祠，拜慶遠軍節度使。姜特立以能詩稱，與陸游、楊萬里、范成大等多有唱和。有《梅山集》，已佚，傳世有《梅山續稿》，系淳熙十一年後詩，亦有脱漏（《永樂大典》殘本中引《梅山續稿》詩，有多首不見今本）。《宋史》卷四七〇入《佞幸傳》。

陸游（一一二五～一二一〇）

《跋呂成叔和東坡尖义韻雪詩》

古詩有倡有和，有雜擬追和之類，而無和韻者。唐始有之，而不盡同。有用韻者，謂同用此韻耳。後乃有依韻者，謂如首倡之韻，然不以次也。最後始有次韻，則一皆如其韻之次。自元白至皮陸，此體乃成，天下靡然從之。今蘇文忠集中有《雪詩》，用「尖」、「义」二字。王文公集中又有次蘇韻詩。議者謂非二公莫能為也。通判澧州吕文之成朩乃頓和百篇，字字工妙，無牽强湊泊之病。成朩詩成後四十餘年，其子栻乃以示予。予固好詩者，然讀書有限，用力尠薄，觀此集有愧而已，乃書集後而歸其本吕氏。開禧元年乙丑十一月丙申笠澤陸某務觀書。（《渭南文集》卷三十，《四部叢刊》本第二六七頁）

《題閻郎中溧水東皋園亭》

省中地禁清晝長，侍史深注熏籠香。榮名挽公公不住，東皋歸去栽花忙。毵毵華髪映朱紱，同舍半已排雲翔。正如少陵入嚴幕，本自不用尚書郎。向令封侯佩金印，不然草詔直玉堂。萬鍾會作夢幻過，三徑空歎松菊荒。樂天十年履道宅，贊皇一夕平泉莊。公看富貴定何物，一笑乃復坐此妨。東皋樂哉日成趣，簪花起舞當自強。知公能容賤子狂，請賦式微之二章。（《四庫全書》本《劍南詩稿》卷一；《全宋詩》第三十九册，第二四二五一頁）

《同王無玷羅用之訪臨邛道士墓》

樂天詩句本嘲詼，那有人從碧海來。五百年間逢好日，披榛來訪此崔嵬。（《四庫全書》本《劍南詩稿》卷八；《全宋詩》第三十九册，第二四四三一頁）

《葉相最高亭》

高亭新築冠鼇峯，眼力超然信不同。膚寸油雲澤天下，大千沙（一作法）界納胷中。春遊到處羣花擁，夜宴歡時百榼空。劉白老来忘世味，只思詩酒伴裴公（裴晉公留守東都，白樂天、劉夢得以分務，與晉公倡酬）。（《四庫全書》本《劍南詩稿》卷十一）

《予秋夜觀月得瘧疾枕上賦小詩自戲》

貪看霜月步亭皐，不覺寒侵范叔袍。且倚誦詩驅瘧鬼，斷無人寄碧腴膏。（唐小説載，鄭虔妻病瘧，杜子美教誦子璋髑髏血模糊等句以却之。又元微之謫江陵病瘴，白樂天自長安寄以碧腴膏）（《四庫全書》本《劍南詩

稿》卷十五）

《春興》

萬事不關身，翛然一幅巾。雖非愛酒伴，猶是別花人。（杜詩：「走覓南隣愛酒伴。」白樂天《紫薇花》詩：「不別花人不與看。」）領畧琴書意，掃空車馬塵。東阡與南陌，隨處夢殘春。（《四庫全書》本《劍南詩稿》卷十七）

《雜題六首》（其五）

年華偃蹇留不住，鬢雪縱横耘更多。樂天不生夢得死，恨無人續竹枝歌。（《四庫全書》本《劍南詩稿》卷三十六；《全宋詩》第四十册，第二四九六三頁）

《白樂天詩云：「倦倚繡床愁不動，緩垂緑帶髻鬟低。遼陽春盡無消息，夜合花前日又西。」好事者畫之為倦繡圖，此花以五六月開，山中多於茨棘，人殊不貴之，為賦小詩，以寄感歎》

王室東遷歲月賒，兩京漠漠暗胡沙。繡牀倦倚人何在？風雨漫山夜合花！（《四庫全書》本《劍南詩稿》卷三十九；《全宋詩》第四十册，第二五〇二一頁）

《試筆二首》（其二）

紅絲玉斗紫毫鋩，歲晚相從味更長。不似樂天歸老日，柳枝駱馬兩堪傷。（《四庫全書》本《劍南詩稿》卷四十；《全宋詩》第四十册，第二五〇三九頁）

《秋懷十首末章稍自振起亦古義也》（其九）

短蓑榜輕舟，時過野僧舍。長衫掛數珠，亦入法華社。平生無揀擇，生死均早夜。餘年猶幾何，久已付造化。常嫌樂天佞，卻肯退之罵。君看佛骨表，自是無生話。（《四庫全書》本《劍南詩稿》卷四十；《全宋詩》第四十册，第二五〇四一頁）

《自詠》

朋舊凋零盡，乾坤偶脱遺。食新心竊喜，話舊語多悲。泥醉醒常少，貪眠起獨遲。閉門誰共處，枕藉樂天詩。（《四庫全書》本《劍南詩稿》卷四十一；《全宋詩》第四十册，第二五〇五〇頁）

《道室試筆六首》（其五）

死來尚戀游金谷，病廢猶難放柳枝。等是胸中不浩浩，樂天莫笑季倫癡。（《四庫全書》本《劍南詩稿》卷六十；《全宋詩》第四十册，第二五三五一頁）

《懷舊》

身是人間一斷蓬，半生南北任秋風。琴書昔作天涯客，蓑笠今成澤畔翁。夢破江亭山驛外，詩成燈影雨聲中。不須強覓前人比，道似香山實不同。（《四庫全書》本《劍南詩稿》卷六十四；《全宋詩》第四十册，第二五四〇四頁）

《偶觀舊詩書嘆》

吾道運無積，何至墮畦畛。醯雞舞甕天，乃復自拘窘。外物豈移人，子顧不少忍。鵲井與狐妖，正可付一哂。繁華夢境鬧，零亂空花隕。可憐憨書生，尚學居易稹。我昔亦未免，吟哦琢肝腎。落筆過白雨，聚稿森束筍。幸能悟差早，念念常自憫。安得從碩儒，稽首謝不敏。（《四庫全書》本《劍南詩稿》卷七十一；《全宋詩》第四十一册，第二五五二〇頁）

《王子猷謂竹為此君白樂天謂酒為此君余野處無客每對竹獨酌得小詩》

新種疏篁對小軒，旋沽薄酒實空尊。門無車轍亦何恨，有此兩君堪與言。（《四庫全書》本《劍南詩稿》卷七十五；《全宋詩》第四十一册，第二五五七〇頁）

《示子遹》

我初學詩日，但欲工藻繪；中年始少悟，漸若窺宏大。怪奇亦間出，如石漱湍瀨。數仞李杜墻，常恨欠領會。元白纔倚門，温李真自鄶。正令筆扛鼎，亦未造三昧。詩為六藝一，豈用資狡獪？（原注：晉人謂戲為狡獪，今閩語尚爾）汝果欲學詩，工夫在詩外。（《四庫全書》本《劍南詩稿》卷七十八；錢仲聯《劍南詩稿校注》第四二六三頁）

《宋都曹屢寄詩且督和答作此示之》

古詩三千篇，刪取財十一。每讀先再拜，若聽清廟瑟。詩降為楚騷，猶足中六律。天未喪斯文，杜老乃獨出。陵遲至元白，固已可憤疾。及觀晚唐作，令人欲焚筆。此風近復熾，隙穴始難窒。淫哇解移人，往往喪妙質。苦言告學者，切勿為所怵。杭川必至海，為道當擇術。(《四庫全書》本《劍南詩稿》卷七十九；錢仲聯《劍南詩稿校注》第四二七六頁)

《讀樂天詩》

放姬鬻駱初何有？常笑香山恨不攄。輸與此翁容易死，一身之外更無餘。(《四庫全書》本《劍南詩稿》卷八十二；《全宋詩》第四十一册，第二五六七三頁)

《齒髮嘆》

樂天悲脱髮，退之嘆墮齒。吾年垂九十，此事已晚矣。髮脱妨危冠，齒墮廢大嚼。晨興對清鏡，何以慰寂寞。造物本無心，豈欲使汝衰。曷不望長空，兩曜無停時。(《四庫全書》本《劍南詩稿》卷八十二；《全宋詩》第四十一册，第二五六七三頁)

《古壽人至聞五郎頗有老態作長句自遣》

齒落髮斑兒亦老，志衰力惰我寧悲？埋盆便可為池看，折竹何妨作馬騎。點誦内篇莊叟語，長歌半格白公詩。此身未死須安頓，除卻山村百不宜。(《四庫全書》本《劍南詩稿》卷八十二；《全宋詩》第四十一册，第二五六七四頁)

《老學庵筆記》

白樂天有《忠州木蓮詩》。予游臨邛白鶴山寺，佛殿前有兩株，其高數丈，葉堅厚如桂，以中夏發花，狀如芙蕖，香亦酷似。寺僧云：花拆時有聲如破竹。然一郡止此二株，不知何自至也。成都多奇花，亦未嘗見。(卷四，李劍雄、劉德權點校《老學庵筆記》，第四七頁)

琴按：《長慶集》卷十八有《木蓮樹圖》並序，三絕句。又有《畫木蓮花圖寄元郎中》一絕句。《木蓮樹圖》三絕句第三首云：「已愁花落荒岩底，復恨根生亂石間。幾度欲移移不得，天教抛擲在深山。」感慨身世，蓋以木蓮自比云。

故都里巷間人，言利之小者，曰：八文十二，謂十為諶。蓋語急，故以平聲呼之。白傅詩曰：「緑浪東西南北路，紅欄三百九十橋。」宋文安公宮詞曰：「三十六所春宮館，一一香風送管絃。」鼂以道詩亦云：「煩君一日殷勤意，示我十年感遇詩。」則詩亦以十為諶矣。（卷五，李劍雄、劉德權點校《老學庵筆記》，第六三頁）

智按：《正月三日閒行》：「緑浪東西南北水，紅欄三百九十橋。」寶曆二年（八二六），五十五歲，任蘇州刺史。《白居易集箋校》第一六五三頁。

忠州在陝路，與萬州最號窮陋，豈復有為郡之樂。白樂天詩乃云：「唯有緑樽紅燭下，暫時不似在忠州。」又云：「今夜酒醺羅綺暖，被君融盡玉壺冰。」以今觀之，忠州那得此光景耶？當是不堪司馬閑冷，驟易刺史，故亦見其樂爾，可憐哉！（卷五，李劍雄、劉德權點校《老學庵筆記》，第六八頁）

唐人喜赤酒甜酒灰酒，皆不可解。李長吉云：「琉璃鍾，琥珀濃，小槽酒滴真珠紅。」白樂天云：「荔枝新熟雞冠色，燒酒初開琥珀香。」杜子美云：「不放香醪如蜜甜。」陸魯望云：「酒滴灰香似去年。」（卷五，李劍雄、劉德權點校《老學庵筆記》，第六九頁）

謝景魚家有陳無己手簡一編，有十餘帖，皆與酒務官，托買浮炭，其貧可知。浮炭者，謂投之水中而浮。今人謂之桴炭，恐亦以投之水中則浮故也。白樂天詩云：「日暮半爐桴炭火。」［智按：《和自勸二首》：「日暮半爐麩炭火，夜深一盞紗籠燭。」大和三年（八二九），五十八歲，長安，刑部侍郎。《白居易集箋校》第一四八四頁］則其語亦已久矣。（卷六，李劍雄、劉德權點校《老學庵筆記》，第七七頁）

蜀人石耆公言：「蘇黄門嘗語其姪孫在庭少卿曰：『《哀江頭》即《長恨歌》也。《長恨》冗而凡，《哀江頭》簡而高。』在庭曰：『《常武》與《桓》二詩，皆言用兵，而繁簡不同，蓋此意乎？』黄門摇手曰：『不然。』」（卷七，李劍雄、劉德權點校《老學庵筆記》，第九五頁）

智按：蘇轍與其姪孫蘇元老（一〇七八～一一二四）之語，又見宋真德秀《文章正宗》卷二十四。石耆公，疑即趙次公（？～一一六四）。趙彦材，字次公。一説名次公，字彦材。紹興四年至十七年（一一三四至一一四七）間，撰《杜詩先後解》，以杜詩寫作時間先後編排，是現存最早之杜集編年本，刊刻於南宋，原刻本已亡佚。今人林繼中有《杜詩趙次公先後解輯校》，上海古籍出版社一九九四年出版。

白樂天詩云：「四十著緋軍司馬，男兒官職未蹉跎。」「一為州司馬，三見歲重陽。」本朝太宗時，宋太素尚書自翰苑謫鄜州行軍司馬。有詩云：「鄜州軍司馬，也好畫為屏。」又云：「官為軍司馬，身是謫仙人。」蓋此音司字作入聲讀。（卷八，李劍雄、劉德權點校《老學庵筆記》，第一〇三頁）

《唐高祖實録》：武德二年正月甲子，下詔：自今每年正月、五月、九月十直日，並不得行刑。所在公私宜斷屠殺。此三長月斷屠殺之始也。唐士大夫如白居易輩，蓋有遇此三齋月，杜門謝客，專延緇流作佛事者。今法至此月亦減去食羊錢，蓋其遺制。（卷八，李劍雄、劉德權點校《老學庵筆記》，第一一〇頁）

琴按：《白香山詩集》後集卷十五有《酬夢得以（予）五月長齋延僧徒絕賓友見戲十韻》詩中有句云：「葷血遺休食，杯觴亦罷傾。三春多放逸，五月暫修行。」（又後集卷四有《二年三月五日齋畢開素當食偶吟贈妻弘農郡君》一詩）

世多言白樂天用「相」字，多從俗語，作思必切，如「為問長安月，如何不相離」是也。然北人大抵以相字作入聲，至今猶然，不獨樂天。老杜云：「恰似春風相欺得，夜來吹折數枝花。」亦從入聲讀，乃不失律。俗謂南人入京師，效北語。過相藍，輒讀其牓曰大廝國寺，傳以為笑。（卷十，李劍雄、劉德權點校《老學庵筆記》，第一二四頁）

琴按：宋羅大經《鶴林玉露》卷十五有云：「為問長安月，誰教不相離。相字下自注云：思移切。乃知今俗作廝字者非也。」「相」讀為思必切，有一至今還存在的例子。安徽涇縣土話稱妻為「老相得」，「相」即讀入聲思必切。

芰，菱也，今人謂卷荷為伎荷。伎，立也。卷荷出水面，亭亭植立，故謂之伎荷。或作芰，非是。白樂天《池上早秋》詩云：「荷芰緑参差，新秋水满池。」乃是言荷及菱二物耳。（卷十，李劍雄、劉德權點校《老學庵筆記》，第一二六頁）

白樂天云：「微月初三夜，新蟬第一聲。」晏元獻云：「緑樹新蟬第一聲。」王荊公云：「去年今日青松路，憶似聞蟬第一聲。」三用而愈工，信詩之無窮也。（卷十，李劍雄、劉德權點校《老學庵筆記》，第一二七頁）

白樂天《寄裴晉公詩》云：「聞説風情筋力在，只如初破蔡州時。」王禹玉《送文太師詩》云：「精神如破貝州時。」用白語而加工，信乎善用事也。（卷十，李劍雄、劉德權點校《老學庵筆記》，第一三五頁）

《入蜀記》

十九日，金山長老寶印來，字坦叔，嘉州人，自言峽州以西灘不可勝計。白傅詩所謂：「白狗到黄牛，灘如竹節稠」是也。……（《四庫全書》本《入蜀記》卷一；《渭南文集》卷四十三）

五日，郡集於庾樓，樓正對廬山之雙劒峯，北臨大江，氣象雄麗，自京口以西，登覽之地多矣，無出庾樓右者。樓不甚高，而覺江山烟雲皆在几席間，真絶景也。庾亮嘗為江荊豫州刺史，其實則治武昌。若武昌南樓名庾樓，猶有理。今江州治所，在晉特柴桑縣之湓口關耳，此樓附會甚明，然白樂天詩固已云：「潯陽欲到思無窮，庾亮樓南湓口東。」則承誤亦久矣。張芸叟《南遷録》云：「庾亮鎮潯陽，經始此樓。」其誤尤甚。（《四庫全書》本《入蜀記》卷二；《渭南文集》卷四十五）

八日。早，由山路至太平興國宫，門庭氣象極閎壯。正殿為九天采訪使者像，衮冕如帝者。……太平規模，大槩類南昌之玉隆。然玉隆不經焚，尚有古趣，為勝也。遂至東林太平興龍寺，寺正對香爐峰。峰分一支東行，自北而西，環合四抱，有如城郭，東林在其中，相地者謂之倒掛龍格。寺門外虎溪，本小澗，比年甃以塼，但若一溝，無復古趣。予勸其主僧法才去塼，使少近自然，不知能用吾言否。食已，煑觀音泉啜茶。登華嚴羅漢閣。閣與盧舍閣、鐘樓鼎峙，皆極天下之壯麗，雖閩浙名藍，所不能逮。

遂至上方、五杉閣、舍利塔、白公草堂。上方者，自寺後支徑，穿松陰，躡石磴而上，亦不甚高。五杉閣前，舊有老杉五本，傳以為晉時物，白傅所謂大十尺圍者，今又數百年，其老可知矣。近歲，主僧了然輒伐去，殊可惜也。塔中作如來示寂像，本宋佛駝跋陀尊者，自西域持舍利五粒，來瘞於此。草堂，以白公《記》考之，略是故處。三間兩注，亦如《記》所云。其它如瀑水、蓮池，亦皆在。高風逸韻，尚可想見。白公嘗以文集留草堂，後屢亡逸，真宗皇帝嘗令崇文院寫校，包以斑竹帙送寺。建炎中又壞於兵。今獨有姑蘇版本一帙備故事耳。草堂之旁，又有一故址，云是王子醇樞密菴基。蓋東林為禪苑，始於王公，而照覺禪師常總實第一祖。總公有塑像，嚴重英特人也。宿東林。（《四庫全書》本《入蜀記》卷二；《渭南文集》卷四十五）

智按：陸游，字務觀，越州山陰（今浙江紹興）人。宰子。年十二能詩文，以蔭補登仕郎。高宗紹興二十三年（一一五三）兩浙轉運司鎖廳試第一，以秦檜孫塤居其次，抑置為末。明年禮部試，主司復置前列，為檜黜落。檜死，二十八年始為福州寧德主簿。三十年，力除敕令所删定官。三十一年，遷大理寺司直兼宗正簿。孝宗即位，遷樞密院編修官兼編類聖政所檢討官，賜進士出身。因論龍大淵、曾覿招權植黨，出通判建康府，乾道元年（一一六五），改通判隆興府，以交結臺諫，鼓唱是非，力說張浚用兵論罷。六年，起通判夔州。八年，應王炎辟，為四川宣撫使幹辦公事。其後曾攝通判蜀州，知嘉州、榮州。淳熙二年（一一七五），范成大帥蜀，為成都路安撫司參議官。三年，被劾攝知嘉州時燕飲頹放，罷職奉祠，因自號放翁。五年，提舉福建路常平茶監。六年，改提舉江南西路。以奏發粟賑濟災民，被劾奉祠。十三年，起知嚴州。十五年，召除軍器少監。光宗即位，遷禮部郎中兼實録院檢討官，未幾，復被劾免。甯宗嘉泰二年（一二〇二），詔同修國史，實録院同修撰，兼秘書監。三年，致仕。開禧三年（一二〇七），進爵渭南縣伯。嘉定二年卒，年八十五。有《渭南文集》五十卷，《劍南詩稿》八十五卷等。《宋史》卷三九五有傳。

范成大（一一二六～一一九三）

《續長恨歌七首》

金杯瀲灩曉粧寒，國色天香勝牡丹。白鳳詔書來已暮，六宮鉛粉半春闌。

紫薇金屋閉春陽，石竹山花却自芳。莫道故情無覓處，領巾猶有隔生香。

聞道蓬壺重見時，瘦來全不耐風吹。無端却作塵間念，已被仙官聖得知。

別後相思夢亦難，東虛雲路海漫漫。仙凡頓隔銀屏影，不似當時取次看。

人似飛花去不歸，蘭昌宮殿幾斜暉。百年只有雲容姊，留得當時舊舞衣。

驪山六十二高樓，突兀華清最上頭。玉羽川長湘浦暗，三郎無事更神遊。

帝鄉雲馭若為留，八景三清好在不。玉笛不隨雙鶴去，人間猶得聽梁州。

(《四庫全書》本《石湖詩集》卷一；富壽蓀校點《范石湖集》，第四～五頁)

《刈麥行》

梅花開時我種麥，桃李花飛麥叢碧。多病經旬不出門，東陂已作黃雲色。腰鐮刈熟趁晴歸，明朝雨來麥沾泥。犁田待雨插晚稻，朝出移秧夜食麨。(《四庫全書》本《石湖詩集》卷十一；富壽蓀校點《范石湖集》，第一三九頁)

智按：此詩直承白居易《觀刈麥》。

《有感今昔二首》(其二)

飄風驟雨謾驚春，掃蕩何煩臂屈伸。天識不衷宜不恕，神歆非類即非仁。休讎地下枯魚骨，且鬬尊前健犢身。靜看可憐還可笑，香山寧是幸災人？(《四庫全書》本《石湖詩集》卷二十二；富壽蓀校點《范石湖集》，第三二〇頁；《全宋詩》第四十一册，第二五九六五頁)

《煙江疊嶂》

煙江叠嶂，太湖石也。鱗次重複，巧出天然。王晉卿嘗畫《煙江叠嶂圖》，東坡作詩，今借以為名。此石里人方氏所藏故物，非近年以人功雕斲者比，尤可貴。

太湖嵌根藏洞宮，槎牙石生奫淪中。波濤投隙漱且囓，歲久缺罅深重重。

水空發聲夜鏜鞳，中有晴江煙嶂疊。誰歟斸取來何時，山客自言藏奕葉。江上愁心惟畫圖，蘇仙作詩畫不如。當年此石若並世，雪浪仇池何足書。我無俊語對巨麗，欲定等差誰與議。直須具眼老香山，來爲平章作新記。（《四庫全書》本《石湖詩集》卷二十五；富壽蓀校點《范石湖集》，第三四八頁；《全宋詩》第四十一册，第二五九八五頁）

《丙午新正書懷十首》（其八）

經過掃軌但幽棲，巢穩林深寄一枝。栗里歸來窗下卧，香山老去病中詩。東風馬耳塵勞後，半夜雞聲睡熟時。俯仰平生盡塵迹，恰如膈膊幾枰棋。（《四庫全書》本《石湖詩集》卷二十六；富壽蓀校點《范石湖集》，第三六一～三六三頁；《全宋詩》第四十一册，第二五九九五頁）

《親鄰招集强往便歸》

樂天漸老欲謀歡，大似蒸砂不作團。已覺笙歌無煖熱，仍嫌風月太清寒。氣衰況復三而竭，心賞尤於四者難。却恐人嫌情太薄，聊將花作霧中看。（《四庫全書》本《石湖詩集》卷二十九；富壽蓀校點《范石湖集》，第四〇三頁；《全宋詩》第四十一册，第二六〇二五頁）

《讀白傅洛中老病後詩戲書》

樂天號達道，晚境猶作惡。陶寫賴歌酒，意象頗沉著。謂言老將至，不飲何時樂。未能忘暖熱，要是怕冷落。我老乃多戒，頗似僧律縛。閒心灰不然，壯氣鼓難作。豈惟背聲塵，亦自屏杯酌。日課數行書，生經一囊藥。或使白公見，應譏太蕭索。當否竟如何？我友試商略！（《四部叢刊》本《石湖居士詩集》卷三十一；《四庫全書》本《石湖詩集》卷三十一；富壽蓀校點《范石湖集》，第四一九頁；《全宋詩》第四十一册，第二六〇三六頁）

《再題白傅詩》

香山晚歲惜芳辰，索酒尋花一笑欣。列子御風猶有待，鄒生吹律強生春。若將外物關舒慘，直恐中途混主賓。此老故應深解此，逢場聊戲眼前人。（《四部叢刊》本《石湖居士詩集》卷三十一；《四庫全書》本《石湖詩集》卷三十一；富壽蓀校點《范石湖集》，第四二〇頁；《全宋詩》第四十一册，

第二六〇三七頁)

《自箴》(三首)

有對易成畛域，無情那有從違。癡人妄認逆境，平地自生鐵圍。

白傅病猶牽愛，晁公老未斷嗔。莫問是情是性，但參無我無人。

俗物汩陳大好，家奴倒迕何誅。泡幻初無典要，光陰況已桑榆。(《四部叢刊》本《石湖居士詩集》卷三十一；富壽蓀校點《范石湖集》，第四二二頁)

《偶至東堂》

岸幘蕭騷雪滿簪，一閒真是直千金。歸來栗里多情話，病後香山少醉吟。久坐蒲團蕉葉放，閒拖藜杖蘚花深。飢時喫飯慵時睡，何暇將心更覓心。(《四庫全書》本《石湖詩集》卷三十二；富壽蓀校點《范石湖集》，第四三二頁；《全宋詩》第四十一册，第二六〇四五頁)

《重貂館銘序》

嶠南風土常燠，惟桂林最善，唐人喜詠歌之。杜子美以謂「宜人」，白樂天以謂「無瘴」，然皆聞而知之者。戎昱實從事幕府，始有「重著貂裘」之句。乾道九年，余辱帥事。臘後大雪盈尺，苦寒如中州。一坐屢索衣，至盡用頃使朔庭時所服，乃掇昱語，名西偏擁鑪之室，且銘之。此獨以御冬，非所常居，故謂之館云。(《永樂大典》卷一一三一三；《范成大佚著輯存》第一二九頁；《全宋文》二〇〇六年版第二二四册，卷四九八五，第四一一頁)

《吳郡志》

慶歷九老會。都官員外郎徐祐，與少卿葉参俱以耆德告老而歸，約為九老會。晏元獻公、杜正獻公皆寄詩贊之。晏詩首句云:「買得梧宮數畝秋，便追黃綺作朋儔。」杜詩卒章云:「如何九老人猶少應，許東歸伴醉吟時。」會者纔五人，故杜詩云爾。(《四庫全書》本《吳郡志》卷二「風俗」)

九老會。後更名耆英，又名真率。元豐間，章岵守郡，與郡之長老游從，各飲酒賦詩，時米黻禮部以杭州從事罷，經由為作敘，敘諸老之德甚詳。十老謂太中大夫致仕上護軍濮陽縣開國子盧革仲新，年八十二；奉議郎致仕騎都尉賜緋魚袋黄挺公操，年八十二；正議大夫充集賢殿修撰致仕上柱國廣平郡開國侯程師孟公闢，年七十七；朝散大夫致仕上輕車都尉鄭方平道卿，年七十三；朝議大夫致仕護軍清豐縣開國子賜紫金魚袋閭丘孝終公顯，年七十三；中散大夫知蘇州軍州事河間縣開國伯護軍賜紫金魚袋章岵伯望，年七十三；朝請大夫主管建州武夷山冲佑觀賜紫金魚袋徐九思公謹，年七十三；朝議大夫致仕上柱國彭城縣開國子賜紫金魚袋徐師閔聖徒，年七十二；承議郎致仕騎都尉賜緋魚袋崇大年静之，年七十一；龍圖閣直學士正議大夫提舉杭州洞霄宫清河郡開國侯張詵樞言，年七十。十人合七百四十六歲。十老各有詩，米芾序之（中散大夫河間公清德傑氣，惟時老成，高誼勁節，縉紳所仰，静鎮吴國，四周星紀，威孚惠洽，訟庭晨虚，迺闢郡齋，會九俊老。惟内閣清河公神宇軒拔，德章昭融，名威羌夷，勳書册府。正議大夫廣平公秀實孤映，清標邁遠，鬱建功利，焕於汗青。太中大夫濮陽公冲襟爽澈，淑質端靖，積厚施衍，父子顯榮。朝議大夫清豐公、朝議大夫彭城公、朝議大夫徐公、朝散大夫鄭公，並道韻虚曠，内德淳耀，或中臺耆彦，或四方膚使，出處有裕，終始一德，愷悌利愛，布在世間。承議郎崇君、奉議郎黄君素行潔修，里閈標準，早解簪紱，仕路式瞻，咸頎頎碩德，天錫難老，貌若遼鶴，言為龜鑑，於時羽觴屢酬，雅章迭作，敘懷感遇，樂時休明，顧眄之間，穆如清徵，薰如太和。夫學本美身，仕欲行志，名節既立，榮利後之，若諸公積儲淵深，未極經緯而不苟於得，進退從容，千祀可垂，後生仰止，以襄陽米芾倦游四海，多出賔僚，刻繪既傳，屬為序引。嗚呼！樂道人善，君子有之，顧歉何堪，忝於承命。謹序）。（《四庫全書》本《吴郡志》卷二「風俗」）

思賢堂，舊名思賢亭，以祠韋應物、白居易、劉禹錫，後改曰三賢堂。紹興二十八年，郡守蔣璨建，三十二年，郡守洪遵又益以王仲舒及范文正公二像，更名思賢。（《四庫全書》本《吴郡志》卷六「官宇」）

韋應物，貞元初為蘇州刺史。工詩，世號韋蘇州，《唐史》不為立傳，識者恨焉。詳見《辯證門》并白居易《吴郡詩石記》論韋事為確。（《四庫全書》本《吴郡志》卷十一「牧守」）

白居易，字樂天，穆宗時以太子左庶子分司東都。拜蘇州刺史，病免。居易為郡時，多燕游，嘗攜蟬態、容滿、點茶十妓，夜游西虎邱山。又賦紀游詩云：「領郡時將久，游山數幾何？一年十二度，非少亦非多。」（《四庫全書》本《吳郡志》卷十一「牧守」）

唐白居易詩曰：「紅欄三百九十橋。」本朝楊備詩亦云：「畫橋四百。」則吳門橋梁之盛，自昔固然。今圖籍所載者，三百五十九橋，在郡城者，今以正中樂橋為準，分而為四達，隨方敘之。門外及外縣略附見焉。（《四庫全書》本《吳郡志》卷十七「橋梁」）

孫老橋，在運河上，唐白頭橋也。郡守白居易所建，因是名之。本朝天聖初郡守孫冕重修，故易今名。（《四庫全書》本《吳郡志》卷十七「橋梁」）

元絳，字厚之，居帶城橋。天聖五年進士。屢典大藩，以文章政譽名一時。神宗欲選翰苑之才，王荊公曰有真翰林學士，恐不能用耳。遂自外召入翰林。未幾，叅知政事。事詳在國史。後以太子少保致仕，還吳中。與程公闢諸公為九老會。鄉人號其居曰衮繡坊。卒年七十餘，有《玉堂集》三十卷。（《四庫全書》本《吳郡志》卷二十五「人物」）

程師孟，字公闢，郡人。其高祖思為錢氏營田使，遂居吳。師孟居南園側，號晝錦坊。景祐元年舉進士，累遷判三班院給事中，判將作都水監，歷知楚、遂、洪、福、廣、越、青州，為政簡而嚴，剸煩制劇，才力有餘，罪非死者，不以屬有司，獄每為空，寬猛得中，所至人悅。性樂易純質，言無隱情，喜為詩，效白樂天，而尤簡直。至老不改吳語。累官光禄大夫，致仕，年七十八。樂圃朱先生伯原少許可，言師孟為政，則曰：「雖韋丹治豫章，孔戣帥嶺南，常衮化七閩，無以加也。天下以為才卿吏師。」米芾亦云：「廣平公以文學登科，以政事躋顯，以言語出疆，以恬退告老，足之所及，功利蔚起」云。有詩集二十卷，奏議十五卷。（《四庫全書》本《吳郡志》卷二十五「人物」）

龔宗元，字會之，慎儀之孫。幼穎悟絶人，讀書虎丘，為鄉貢首選。天聖五年擢第。范文正公謂之曰：「君器業清修，他日必為令器，謹勿因人以進。」宗元後登朝，未嘗游公卿門，文正之教也。終都官員外郎。宗元始以都官分司，南京謝事，取白居易詩作中隱堂語，在園亭條，子程孫況，皆繼登科。（《四庫全書》本《吳郡志》卷二十五「人物」）

閭丘孝終，字公顯，郡人。嘗守黃州。蘇文忠公在東坡時，與交從甚密。公後經從，必訪孝終，賦詩為樂。孝終既挂冠，與諸名人耆艾為九老會。

(《四庫全書》本《吴郡志》卷二十六「人物」)

白居易，自杭徙蘇，首尾五年。自云:「兩地江山游得遍，五年風月詠將殘。」可謂極宦游之適矣。其在蘇夜游西武丘詩云:「領郡時將久，游山數幾何？一年十二度，非少亦非多。」盖一月一游武丘矣。此詩中又識侍行容滿、蟬態十妓姓名，殊不以為嫌。又因黄橘夜汎太湖，其詩云:「十隻畫船何處宿？洞庭山脚太湖心。」又自太湖寄元稹詩云:「報君一事君應羡，五宿澄波皓月中」，則是連五日夜在洞庭汎舟，雖白公風格高邁，好事不窘束，亦當時文法網疎，不以為怪。古今時異事異有如此者。其後，劉禹錫守蘇，白為河南尹，又作《憶舊游》詩寄禹錫，又有《夢蘇州寄馮侍御》詩，眷眷此邦甚厚，則知吴在當時為名邦樂國，能使賢者思之而不忘。今録其詩，以見一時人情物態之大略。(白居易《憶舊游》:「憶舊游，舊游安在哉？舊游之人半白首，舊游之地多蒼苔。江南舊游凡幾處，就中最憶吴江隈。長洲苑緑柳萬樹，齊雲樓春酒一盃。閶門曉嚴旗鼓出，皐橋夕鬧船舫迴。脩娥慢臉燈下醉，急管繁絃頭上催。六七年前狂爛熳，三千里外思徘徊。李娟張態一春夢，周五殷三歸夜臺。虎丘月色為誰好？娃宫花枝應夜開。賴得劉郎解吟詠，江山氣色合歸來。」又《夢蘇州水閣寄馮侍御》:「揚州驛裏夢蘇州，夢到花橋水閣頭。覺後不知馮侍御，此中昨夜共誰游?」)(《四庫全書》本《吴郡志》卷五十「雜志」)

楊備郎中，天聖中為長溪令，忽夢作詩云:「月俸蚨錢數甚微，不知從宦幾時歸。東吴一片輕波在，欲問何人買釣磯。」意甚異之。明道初為華亭令，丁内艱，遂家吴中。樂其土風，安之，因悟夢中語。嘗效白樂天，作「我愛姑蘇好」十章，又作《姑蘇百題詩》行於世。(《四庫全書》本《吴郡志》卷五十「雜志」)

《吴船録》

……(淳熙四年七月)癸丑。發竹平。七十里，至忠州。有四賢閣，繪劉晏、陸贄、李吉甫、白居易像，皆嘗謫此州者。又有荔枝樓，樂天所作。……(淳熙四年八月)癸巳。發馬頭。百二十五里，至江州。泊琵琶亭，前守曹訓子序新作，通判吕勝己隸書《琵琶行》刻石左方。甲午，泊江州，登庾樓，前臨大江，後對匡廬，背面皆登臨奇絶。又名山大川，悉萃此樓，他處不能兼有，此獨擅之。庾元亮故事，本是武昌南樓，後人以元亮嘗刺江州，故亦以庾名此樓。然景物則有南樓不逮者。樓下思白堂，正直廬山雙劍峰。相傳此名最不利，郡中每二百年輒有兵禍。父老久願更名，而無定論。余欲取東西二林所立，名之雙林。……（淳熙五年）夏六月，次於東林。仰廬阜之爐峰，想遠公之遺烈，升神運殿，禮僧伽衣，觀生法師麈尾扇、謝靈運翻《涅槃經》、貝多梵筴，忻慕不足，聊寓刻於張、李二公耶舍禪師之碑側，自魯公題後，世因傳此石為張李碑。又有柳公權復寺碑，大中十一年作，書法尤遒麗。又有李肇、蔡京、苗紳等碑，皆佳。遠師塔寺西數十步，晉杉存焉。出虎溪門，隔路有澗從東來，澗上峰如屏障，翠樾蒙密，絶似杭之靈隱之飛來峰下。余囑主僧法才作亭，名曰過溪，呼山夫耡治作址，一夕畢，僧約以冬初可斷手，自是東林增一勝處，而余於山中，亦附晉唐諸賢以不朽矣。寺東北隅有新作白樂天草堂。樂天元和十年為州司馬，作堂香爐峰北，遺愛寺南，往來遊處焉。後與寺並廢。今所作，非元和故處也。遠師塔西即西林寺，惠永師道場也。案，諸碑始於偽趙時竺曇現而成於惠永，規摹大略似東林而微小，此地舊名香谷，永先作此寺，遠徙而為鄰，號東林，至今稱二林焉。主寺久不得人，廊廡缺壞，榛蔓生之，獨殿堂僅存，獨餘主院一僧，余入山時，亦藏逃不見。寺有西林道場碑，隋太常博士渤海歐陽詢撰，大業十二年作，而不著書人姓名，筆意清潤，微有肉，酷似虞永興，然結字之體，則全是率更法，疑詢在隋時作此體，入唐始加勁瘦刻削也。……（《四庫全書》本《吳船録》卷下；《范成大筆記六種·吳船録》孔凡禮點校本，第二一六頁）

智按：范成大，字致能，號石湖居士，吳（今江蘇蘇州）人。高宗紹興二十四年（一一五四）進士，除徽州司戶參軍。三十二年，入監太平惠民和劑局。孝宗隆興元年（一一六三），為編類高宗聖政所兼勅令所檢討官。乾道元年（一一六五），累遷著作佐郎。二年，除吏部員外郎，為言者論罷。三年，起知處州。五年，除禮部員外郎兼崇政殿說書，兼國史院編修官。六年，以起居郎假資政殿大學士使金。使歸，遷中書舍人，同修國史及實録院同修撰。七年，知靜江府兼廣西經略安撫使。淳熙二年（一一七五），除四川安撫制置使。四年召對，權禮部尚書。五年，拜參知政事，尋罷。七年，知明州兼沿海制置使。八年，知建康府。十年，以疾奉祠。十五年，起知福州，未赴。光宗紹熙三年（一一九二）加資政殿大學士知太平州。四年卒，年六十八。有《石湖大全集》一百三十六卷（《宋史·藝文志》），已佚。今傳《石湖居士詩集》三十四卷，及《吳郡志》、《吳船録》、《攬轡録》、《驂鸞録》、《桂海虞衡志》等。事見《周文忠公集》卷六十一《范公成大神道碑》，《宋史》卷三八六有傳。

劉應時（與范成大同時）

《和史魏公酬北山壽老》

黃髮了國事，歸來雙頰紅。園林白日靜，樂事何豐融。更許柏庭友，來依春桂叢。境勝香山遠，辭高支遁同。眷兹達尊地，綽有古人風。梅林洗煩暑，霽色摩蒼空。煙霞琢秀句，咀嚼味無窮。徒紀盛山燕，來羡昌黎公。（《四庫全書》本《頤庵居士集》卷上；《全宋詩》第三十八册，第二四二二八頁）

智按：劉應時，字良佐，號頤庵，慈溪（今屬浙江）人。隱居不仕，刻意為詩，同時人范成大深賞之，慶元六年（一二〇〇），嘉泰元年（一二〇一），陸游、楊萬里分别為其詩集《頤菴詩藁》作序。有《頤庵居士集》二卷。清雍正《寧波府志》卷二十八有傳。

鄭興裔（一一二六～一一九九）

《瓊花辨》

揚州后土廟，有瓊花一株，天下無雙。昨因散騎侵軼，或謂所存非舊，疑黃冠輩以聚八僊花，種其處，及覩郡圃中聚八僊花，與瓊花不同者有三。瓊花大而瓣厚，其色淡黃；聚八僊花小而瓣薄，其色微青，不同者一也。瓊花葉柔平瑩澤，聚八僊花葉粗而有芒，不同者二也。瓊花蕊與花平，不結子而香，聚八僊花蕊低於花，結子而不香，不同者三也。余尚未敢自信。嘗取二花褉示兒孫輩，皆能識之，乃始無疑。又觀紹興中金華杜游記言，自京口過揚州，尋訪舊事，往謁蕃禧觀，故瓊花猶在然。余聞紹興辛巳之變，敵人入揚州，已揭其本而去，何從復得此種也。有老道士自言，生於崇寧間，今八十有六載，能敘今花本末。道士姓唐，名大寧，具言紹興二十四年十一月金兵渡江入觀取花本去，小者亦剪而誅之。敵既退，十二月間，有一小根微見地面，可識認，某默禱后土移植無花處，日往護之。越明年，二月既望，夜中天大雷雨，所植根旁，勃然三蘖從根出，自是遂條達不已，至今三十年之久，婆娑偃蓋，常不忘斷根時也。尤可異者，宋次道《春明退朝録》云：「瓊花，即唐之玉蕊。」《宋子京筆記》云：「維揚后土廟有花，名玉蕊。王禹偁愛之，更稱曰瓊花。」按，唐朝唐昌觀有玉蕊花。王建詩所謂「女冠夜覓香来處，惟見堦前碎月明」，楊巨源詩「晴空素艷照霞新，香灑天風不到塵。持贈昔聞將白雪，蕊珠今上玉華春」是也。長安觀亦有玉蕊花，劉禹錫所謂「玉女来看玉樹花，異香先引七香車」是也。集賢院亦有玉蕊花，白居易詩「集賢讐校無閒日，落盡瑶華君不知」是也。翰林院亦有玉蕊花，李德裕與沈傳師草詔之夕，屢同玩賞。德裕詩云：「玉蕊天中樹，金閨香共窺。」傳師和云：「會對金鑾直，同依玉樹陰」是也。招隱山亦有玉蕊花，李德裕所謂「吳人初不識，因予玩賞，乃得此名」是也。玉蕊花非一處有，其非瓊花明矣。……（《四庫全書》本《鄭忠肅奏議遺集》卷下）

智按：鄭興裔，字光錫，初名興宗，顯肅皇后外家三世孫。由成忠郎歷官江東路鈐轄，遷均州防禦使、保靜軍節度使，召領内祠、武康軍節度使，贈太尉，謚忠肅。

周必大（一一二六～一二〇四）

《游廬山弔大林》

上盡諸峯地轉平，天低雲近日多陰。古來南北通雙徑，此去東西啟二林。虞世南碑從泯沒，白居易序合推尋。匡廬第一真僊境，忍使如今遂陸沉。

（《四庫全書》本《文忠集》卷四省齋文稿四；《全宋詩》第四十三册，第二六七一二頁）

《走筆次七兄韻戲奉新新莊》

臘月更兼逢臘日，滿江飛雪兆豐年。從兄預借南昌米，多釀新醪醉樂天。（《四庫全書》本《文忠集》卷四省齋文稿四；《全宋詩》第四十三册，第二六七一三頁）

《己丑二月七日雨中讀漢元帝紀效樂天體》

昭君顔如花，萬里度鷄漉。古今罪畫手，妍醜亂羣目。誰知漢天子，袨服自列屋。有如公主親，尚許穹廬辱。况乃嬪嬙微，未得當獯鬻。奈何弄文士，太息爭度曲。生傳琵琶聲，死對青塚哭。向令老後宫，安得載簡牘。一時抱微恨，千古留膹馥。因嗟當時事，賢佞手反覆。守道蕭傳死，効忠京房戮。史臣一張紙，此外誰復録。有琴何人操（去聲），有塚何人肅。重色不重德，聊以砭世俗（古今賦昭君曲，雖大賢所不免，僕矯其説，無乃過乎）。（《四庫全書》本《文忠集》卷四省齋文稿四；陳焯編《宋元詩會》卷三十八；《宋詩鈔》卷五十八；《全宋詩》第四十三册，第二六七一七頁）

《邦衡侍郎留金陵再用津字韻賦詩謝送賜茗復以丙申小春四銙寄贈》

淳熙又頁第三春，驛騎新馳度劍津。七祖師泉難話舊，八功德水且嘗新。雪亭烹處休裝景，火閣煎時却可人。只恐春從官柳動，樂天還欲醉精醇。（《四庫全書》本《文忠集》卷六省齋文稾六；《全宋詩》第四十三册，第二六七三五頁）

《進謝御書古詩》

臣伏蒙聖恩，賜臣御書白居易《七德舞》樂府一軸。天光賁餙，蓽室輝華。臣榮感之餘，謹用蘇軾謝御書居易紫薇花絶句故事，齋沐課成古詩一篇，少見戴恩之意。輕瀆宸嚴，伏地俟罪。某官臣周某上進。

允文元祐詞臣軾，勁節名章世無敵。御前曾賜紫薇詩，袖裏驪珠光的爍。小臣謬直白玉堂，也紆皇眷摛雲章。雲章元是七德舞，字字筆法超鍾王。兩朝相望九十祀，《長慶集》中偏屬意。咸池日照草木光，天門龍躍魚蝦悸。我皇英鋭真太宗，文武神聖功德隆。黄鉞指期擒頡利，捷書先獻大安宫。元和學士白居易，臣非其才私有志。願隨班賀四海清，續唐之歌詩萬世。（《四庫全書》本《文忠集》卷七省齋文藁七；《文忠集》卷一百四玉堂類稿四；《全宋詩》第四十三册，第二六七四六頁）

《讀樂天詩戲效其體（乙巳秋）》

側足二三神，平頭六十人。胸中冰與炭，鏡裏雪兼銀。豈有花經眼，何嘗酒入脣。勞生成底事，何不早抽身。（《四庫全書》本《文忠集》卷七省齋文藁七；《全宋詩》第四十三册，第二六七五三頁）

《程元成待制寵示和篇其自序用樂天尹洛並一漁翁事可謂精切嘆服不已再次韻奉酬（癸丑三月）》

侍冠早已掛朝堂，鄉縣榮標晝錦坊。尚記香山曾尹洛，更同魯國欲漁棠。春風醉客金絲緩，夜燭彈棊玉石忙。應笑汲卿猶未去，強扶衰病理淮陽。（《四庫全書》本《文忠集》卷七省齋文藁七；《全宋詩》第四十三册，第二六七六〇頁）

《寄題髙仲一夔殿撰識山堂長韻》

買老一山間，乃識山之容。愛山無古今，此論誰非同。仇仙来匡廬，一轉語獨工。不識山面目，只缘在山中。譬之塵漠漠，又如水溶溶。人魚居其間，孰識碍與通。我昔少年日，自擕七尺笻。盤旋山南北，憇息林西東。朝看山之横，暮看山之縱。貪多眼為乏，陟險足已慵。拱揖且不暇，賞識良自蒙。方悟白司馬，草堂對穹隆。彼既共獻状，此亦如發蒙。秀甲天下山，至言出心胸。今君欲繼之，築堂會奇峯。何嘗遠城市，而能日迎逢。山形不動體，山色含真空。風雲有蓄洩，氣象無終窮。雨餘四面翠，日麗千仞紅。氤氳香爐烟，挺拔雙劍鋒。最愛五老人，峻嶒美所鍾。可望不可即，有意容相從。羅列皆兒孫，几席次第供。山雖跨兩邦，兹焉實長雄。不為堂上客，詎信山有宗。寄語游仙者，毋徒走憧憧。（《四庫全書》本《文忠集》卷四十一平園續稿一；《宋詩鈔・平園續集鈔》）

《蕭彦育虞卿頃年示詩且求次誠齋待制所贈佳句之韵嘗許赴省時勉為之適相過以七十步見窘就坐呈老醜聊述本意》（庚申二月二十九日）

詩勿驚人日以昌，巍科只待賦阿旁。源深元自流三峡，榦老今誰敵豫章。

肯向洛陽尋白傅，曾從江夏學黄香。漢廷結綬君家事，不羨彈冠貢與王。（《四庫全書》本《文忠集》卷四十二平園續稿二）

《戊午仲春同甲小集次舊韻》

會老三人似潁川，同生絳縣免疑年。尊常有酒何妨醉，事每無心即是仙。儉欲固應知足足，忘形誰問是肩肩。香山已寫丹青像，洛誦仍憑副墨傳。（《四庫全書》本《文忠集》卷四十二平園續稿二；《全宋詩》第四十三册，第二六七七七頁）

《賀升卿年垂八十以詩寄平園新詠二十二篇又録十年前簡予四詩尚有訪戴之興謹次最後一章韻爲謝》

文與年高豈樂天，字隨心正亦公權。吟詩作賦晴窗裏，問柳尋花野水邊。喜我新巢三徑就，勞君舊句一時編。雪舟有興休回棹，共載期追李郭仙。（《四庫全書》本《文忠集》卷四十二平園續稿二；《全宋詩》第四十三册，第二六七七九頁）

《仲嘉致政敷學尚書汪兄寵和鄙句且寄適軒記詩銘等皆慕白樂天語也敬以來意盡用樂天事次韻》

鄞川人物擬三川，公似香山更永年。楊柳夭桃俱是幻，蓬萊兜率孰非仙。平生名脱虞卿歷，歲晚詩齊夢得肩。近岸連檣多賈客，定攜新句海東傳。（《四庫全書》本《文忠集》卷四十二平園續稿二；《全宋詩》第四十三册，第二六七七九頁）

智按：《四庫全書》本鄞川誤作蘄川，名脱誤作多脱，歲晚作晚歲。

《楊子直秘書以一詩送小兒歸省又一絕及平園花木校文苑英華併次韵發笑》（其二）

栽花種竹滿平園，人道安閒似樂天。自笑鉛黄消永日，何如鑾素樂華年。（《四庫全書》本《文忠集》卷四十三平園續稿三；《全宋詩》第四十三册，第二六七九四頁）

《香山樓銘（嘉泰辛酉二月）》

寺碣峻拔廣袤中，一峯尤奇，秀諺所謂文筆者，胡氏世居其下。至忠簡公遂以直節修能，名震當世，歸即舊地，築冠霞樓，坐致爽氣，其孫桯復為小樓於東，求名於予，命曰香山。盖因持正之言，寓白樂天高致，為之銘曰：

節彼香山，屹然中峯。是生秀傑，惟忠簡公。危言危行，嵩嵩兩宗。有開文孫，復閣於宫。瞻宜祖烈，推本化工。崧高降神，申甫實鍾。錦屏不磨，英靈無窮。咨爾胡氏，永亢其宗。(《四庫全書》本《文忠集》卷四十四平園續稿四)

《太和貢士陳誠之記予顏欲置遠明樓昔白傅年七十一寫真詩云鶴毳變緑髪雞膚換朱顏予今年適同感而賦此（慶元丙辰六月八日)》

巍樓必欲稱元龍，須寫褒公與鄂公。鶴毳雞膚吾老矣，祇宜簑笠釣船中。(《四庫全書》本《文忠集》卷四十五平園續稿五；《全宋詩》第四十三册，第二六八〇一頁)

《廬陵道士羅尚逸能醫眼善弈自湘中歸寫予真求贊復游湘中》

黄冠多藝從仇仙，處士圍棋伴樂天。我不即師師即我，胡爲邀我泛湘船。(《四庫全書》本《文忠集》卷四十五平園續稿五；《全宋詩》第四十三册，第二六八〇七頁)

《立春帖子·太上皇帝閣·七言三首》(其三)

大巧都無迹可闚，春來物物自芳菲。不因親御香山賦，誰識當年造化機。(太上皇帝近書白居易《大巧若拙賦》賜夏執中)《四庫全書》本《文忠集》卷一百十八；《全宋詩》第四十三册，第二六八一一頁)

《御書白居易詩跋》

右唐白居易太（大）和八年，以太子賓客分司東都，賦《飽食閒坐》詩一首。淳熙五年，皇帝親御翰墨，下臣拜受而寶藏之。謹按：居易先以長慶二（别本誤作三）年，過漢江，賦詩云：「秋水淅紅稻，朝煙烹白鱗（智按：一作魚）。」今復云：「紅粒陸渾稻，白鱗伊水魴。」蓋於一飲食間，默寓忠愛不忘君之意，所謂造次必於是者。時文宗雖恭儉儒雅，而中人之禍已萌。其云：「朝廷重經術，草澤搜賢良。」殆譏不能用劉蕡也。又云：「堯舜求理切，夔龍啓沃忙。」言上雖鋭意於治，而王涯輩為相，非徒無益也。又云：「懷才抱智者，無不走遑遑。」指李訓、鄭注等也。明年而甘露之亂果作，居易其知幾乎！雖不逢其時（一本「雖」上有「生」），孰知三百餘載之後，乃遭遇聖明，發揮其語，光榮多矣。臣叨陪近侍，獲此宸奎，敬題卷末，以示來裔。翰林學士臣周某謹記。

後七年，當淳熙乙巳歲四月戊辰，某稽首重觀於西府。（《四庫全書》本《文忠集》卷十四省齋文藁十四）

《題吕吉甫帖》

白樂天持心忠厚，安肯幸時宰之禍識者。讀詩便知真僞。不待考歲月先後也。吕吉甫幸災乃爾，於温文正公何損？直自駡耳。其視樂天，可分顔跖，表而出之，使觀者畧窺其心術。淳熙丙申上巳。（《四庫全書》本《文忠集》卷十五省齋文稿十五）

《跋宋景文唐史稿》

香山詩語平易，六一文辭（一作體）清駛，疑若信手而成者，間（一作閑）觀遺稿，則竄定甚多。景文之於《唐史》，刪煩為簡，變今以古，用功既至，尤宜不苟也。如吳兢一傳，具稿不知其幾，此本似定矣。然以《新史》校之，亦復不同。杜詩云：「更覺良工用心苦。」兹可嘗鼎也，自不足累德。而上頗有脱簡，惜哉。淳熙丙午二月二十二日，新安程叔達、清江蕭燧、上饒楊恂、東里周某同觀於東宫直舍闕。（《四庫全書》本《文忠集》卷十六省齋文稿十六）

智按：陳維崧（一六二六～一六八二）《題龕山丙午詩卷首二絶句》其一：「字字精工費剪裁，篇篇陶冶極悲哀。白家老嫗休輕誦，曾見元和槁本來。（張文潛以五百金購白香山詩本，見其竄改塗乙，幾不存一字，蓋其苦心如此）」（《湖海樓詩集》卷二，方文號龕山）袁枚（一七一六～一七九八）《隨園詩話》卷六：「周元公云：『白香山詩似平易；閒觀所存遺稿，塗改甚多，竟有終篇不留一字者。』余讀公詩云：『舊句時時改，無妨悦性情。』然則元公之言信矣。」

《謝到任啟》

文塲被選，已慚崔氏之美庄；黌舍充員，復近鄭公之道德。星言命駕，晨也入官。欲陳一介之愚，盍致小夫之牘。……某謹當感深知而次骨，省厚幸以捫心。鐘響豐山，何止効喬潭之賦；舟浮渭水，更當陳白傅之辭。過此以還，未知所措。(《四庫全書》本《文忠集》卷二十一省齋文稿二十一)

《朝請大夫知潼川府何君耕墓誌銘（淳熙十四年）》

公諱耕，字道夫，姓何氏，世居漢州之綿竹縣。……朝廷進退蜀士，多以公言為輕重。學省蓬山，極道德文章之選，公俱為之長，視禁途跬步可登。一旦悼亡，浩然有歸志，日夜求去，人爭欲留公。予時為承轄，諒公誠懇，莫敢遏也。蓋公之行誼文學，出處去就，大略慕唐白樂天，而躭玩釋氏，躬持齋戒，尤與之同，嗚呼！斯亦賢矣。……（《四庫全書》本《文忠集》卷三十五省齋文稿三十五）

《陸氏翼孟音解序》

……予每歎恨不得質疑於韓門，而喜嘉材嗜古著書，有益後覺，藏其本殆三十年，今嗣子新融水尉孝溥，追叙先志，請題卷首，始爲推而廣之，昔唐彭城劉軻慕孟子而命名，著《翼孟》三卷，白樂天記其事，賴以不朽，嘉材視劉何愧，特予非樂天比，其能使嘉材不朽乎？慶元六年四月戊戌序。(《四庫全書》本《文忠集》卷五十三平園續稿十三)

《書曾無疑匹紙》

蘇文忠公素慕白樂天之爲人，蓋二公文章皆以辭達爲主，其忠厚樂施，剛直盡言，與人有情，與物無著，亦畧相似。樂天爲忠州刺史，作《東坡種花》二詩，又有《步東坡》詩云：「朝上東坡步，夕上東坡步。東坡何所愛？愛此新成樹。」文忠公中年謫黃州，偶因築室，號東坡居士，嘗賦八詩，其屬意有自來矣。後爲從官，羡樂天口之不置，如云：「定似香山老居士，世緣終淺道根深。」又云：「我似樂天君記取。」又云：「出處依稀似樂天。」其他形於詩者尚多。惜乎閒居二十年之志，迄（一作逮）莫能遂。黃門公不云乎：「子瞻之仕，其出入進退，猶可考也。後之君子，其必有以處之矣。」慶元己未二（一作三）月三日，友人曾無疑出示匹紙，爲書此說。(《四庫全書》本《文忠集》卷五十一平園續稿十一；重見於卷五十五)

《文苑英華序》

臣伏覩太宗皇帝，丁時太平，以文化成天下，既得諸國圖籍，聚名士於朝，詔脩三大書，曰《太平御覽》，曰《册府元龜》，曰《文苑英華》，各一千卷，今二書閩蜀已刊，惟《文苑英華》，士大夫家絕無而僅有。

蓋所集止唐文章，如南北朝間存一二。是時印本絕少，雖韓、柳、元、白之文，尚未甚傳，其他如陳子昂、張説、九齡、李翺等諸名士文集，世尤罕見，故脩書官於宗元、居易、權德輿、李商隱、顧雲、羅隱輩，或全卷取入。

當真宗朝，姚鉉銓擇十一，號《唐文粹》，由簡故精，所以盛行。近歲唐文摹印浸多，不假《英華》而傳，况卷帙浩繁，人力難及，其不行於世則宜。臣事孝宗皇帝，間聞聖論，欲刻江鈿《文海》，臣奏其去取差謬，不足觀。帝乃詔館職裒集皇朝文鑑，臣因及《英華》雖祕閣有本，然舛誤不可讀，俄聞傳旨，取入遂經乙覽。

時御前置校正書籍一、二十員，皆書生稍習文墨者，月給餐錢，滿數歲補進武校尉。既得此為課程，往往妄加塗注。繕寫裝餚，付之祕閣，後世將遂為定本。

臣過計有三不可：國初文集，雖寫本，然讎校頗精，後來淺學改易，浸失本指，今乃盡以印本易舊書，是非相亂，一也。凡廟諱未祧，止當闕筆，而校正者於賦中以商易殷，以洪易弘，或值押韻，全韻隨之。至於唐諱及本朝諱，存改不定，二也。元闕一句或數句，或頗用古語，乃以不知為知，擅自增損，使前代遺文幸存者，轉增疵纇，三也。頃嘗屬荆帥范仲藝、均倅、丁介稍加校正。

晚幸退休，徧求別本，與士友詳議，疑則闕之。凡經史子集傳注、《通典》、《通鑑》及《藝文類聚》、《初學記》，下至樂府、釋老、小説之類，無不參用。惟是元脩書時歷年頗多，非出一手。叢脞重複，首尾衡決。一詩或析為二，二詩或合為一。姓氏差誤，先後顛倒，不可勝計。其間賦多用員來，非讀《秦誓》正義，安知之云字乃員之省文。以堯韭對舜榮，非讀《本草》注，安知其為菖蒲。又如切磋之磋，馳驅之驅，掛帆之帆，仙裝之裝，《廣韻》各有側音，而流俗改切磋為効課，以駐易驅，以席易帆，以仗易裝。今皆正之，詳注逐篇之下。不復徧舉。

始雕於嘉泰改元春，至四年秋訖工。蓋欲流傳斯世，廣雍熙右文之盛，彰阜陵好善之優，成老臣發端之志，深懼來者，莫知其由，故列興國至雍熙成書歲月，而述證誤本末如此，闕疑尚多，謹俟來哲。七月七日具位臣周某謹記。(《四庫全書》本《文忠集》卷五十五)

智按：據《文苑英華》所收詩文統計，白居易計七〇二篇，韓愈一六三篇，柳宗元二〇〇篇，白居易作品數量數倍於韓柳。

《敷文閣學士宣奉大夫贈特進汪公（大猷）神道》

……凡里中義事，悉為主盟，不喜飲，而喜延客，坐上常滿，各得其懽心。平居慕白樂天為人，未六十，即退閒。以適名齋，宜静名室。時作歌詩，平澹造理。從容二十有五年，庶幾樂天之出處，壽則過之。立朝好延譽後進，識樞密葉公翥於掌故之中……（《四庫全書》本《文忠集》卷六十七平園續稿二十七）

《武泰軍節度使贈太尉鄭公（興裔）神道碑（嘉泰四年）》

……平生寡嗜慾，每從榮公講論朝儀，退語諸子，喜誦白樂天詩，取言行可法者為《聞見録》，故其逝也，九重震悼，宰執暨文武朝士皆賦哀挽。……（《四庫全書》本《文忠集》卷七十平園續稿三十）

《謝御書劄子（淳熙五年十一月二十五日）**》**

臣適蒙聖恩，召至選德殿，面賜訓諭，欲以御書光寵下臣，尋準中使李裕文傳示聖旨，頒賜唐白居易「七德舞七德歌」一軸，龍蟠鳳翔，眩駭凡目，仰惟皇帝陛下，睿文英武，同符太宗，選用將相，内修政事，將欲定兩京，致太平，故有感於居易之言，形諸翰墨，少見聖意，抑臣何幸，乃祗拜此賜者。本朝太宗皇帝以宋玉《大言賦》賜蘇易簡，哲宗皇帝以白居易《紫薇花》詩賜蘇軾，皆以寵待詞臣，垂光簡册。今臣榮遇，殆且過之，謹當什襲珍藏，傳示子孫，侈遭逢之盛。其於報塞，惟誓糜捐。謹具手劄奏謝，伏乞

睿照。(《四庫全書》本《文忠集》卷一百四玉堂類稿四;《文忠集》卷一百二十四歷官表奏三)

《跋御書》

淳熙五年十一月甲申，臣逓直禁林中，漏上三刻，蒙宣召至選德殿，有中使諭旨云：内翰所作殿記（上燕見多呼官），詞義甚美，令刻石立殿上，特命觀覽。讀已，趨至後幄。上面南坐，起居畢，詣榻前再拜謝，天音奨諭如初。因泛論三代以来，人君知道與否。遂評六經諸子，下至道釋，精粗累數百言。臣偶及聖人之言，異乎賢人。即訓臣曰：聖賢氣象，廣狹極相遠，如孔子謂，飽食終日，無所用心，不有博奕者乎，為之猶賢乎已。至孟子則云：人飽食煖衣，逸居無教，近於禽獸。夫人為萬物之靈，安可輕比禽獸？又論《易・繫辭》，復數百言，皆老生宿儒沒世窮年晝思夕讀所不能至者。臣第知俯首傾耳服膺而已。將退，命坐，賜巵酒，侑以時果。飲釂欲興，復宣坐賜茶。上曰：「待以惡札賜卿。」（聖語不敢易，以著謙德）臣頓首稱謝。薄暮歸院，而奎畫隨至，蓋書白居易《七德舞》一軸。鸞翔鳳騰，體備八法，鍾繇羲獻，方之蔑矣。其後仍注「賜必大」三字，加御寶焉。朱墨猶未乾也。臣伏思元祐中，太宗皇帝嘗書居易紫薇花絶句，以寵學士蘇軾。今臣亦拜樂府之賜，雖庸愚不肖，視前人無能為役，然兩朝相望，殆且百年。聖心所屬，其揆則一。意者以居易為元和學士時，非特文字過人，而忠純諒直自能光明厥職，後世惟軾為無愧，故欲下臣師慕兩賢之萬一以為報答效歟？臣既摹刻之石，俾有目者咸仰聖天子游藝入神，動存至戒。又略記謨訓於後，使萬世而下，知聖學淵懿，仁民愛物，高出帝王之表盖如此。若夫陛下功德兼隆，同符太宗，天下將誦而歌舞之，固非臣謇訥所能宣也。翰林學士、中奉大夫、知制誥兼侍讀兼太子詹事、兼修國史、管城縣開國子、食邑五百户、賜紫金魚袋臣周某謹記。(《四庫全書》本《文忠集》卷一百四玉堂類稿四)

《繳張説王之奇辭免西府奏》

乾道八年二月十六日，準御封付院張説、王之奇辭免各除簽書樞密院事奏劄，並奉御批降詔不允。臣流落之餘，蒙陛下收拾拔拭，寘在華近，踰一年半矣，碌碌備位，補報闕然，夙夜慚懼，無以自處。倘有所見，若又不言，陛下雖欲赦之，如衆論何？……昔唐元和間，白居易在翰林，奉宣草嚴綬江寧節度使、孟元陽右羽林統軍制，皆奏請裁量，未敢便撰。本朝元祐中，帥臣避免拜之禮，執政辭遷秩之命，蘇軾當撰答詔，亦嘗言其不可，卒如所請。今除用執政，非節度、統軍、免拜遷秩比也。臣雖視居易、軾無能爲役，顧職守其可廢哉？所有二人辭免，不允詔書，臣未敢具草。取進止。（《四庫全書》本《文忠集》卷一百六玉堂類稿六）

《東宫故事十首　八月八日》

某聞自古人君爲治，往往鋭於初，怠於中，肆於後，此歷代之通患也。試以唐論之，所可稱者三宗。如明皇始用姚崇、宋璟之言而定禍亂，繼納韓休、張九齡之説而致太平。及其久也，專信李林甫，蔽塞視聽，至謂諫官曰：「明主在上，群臣將順之不暇，烏用多言？」卒使明皇不聞其過，馴致幸蜀之役。憲宗始聽李絳、白居易之忠告，繼用崔群、裴度之至計，削平僭叛，再興唐室。及其久也，坐受皇甫鎛之欺而不疑，深惡裴潾之諫而加貶，卒至於輕信方士，服餌金丹，不得其終。……（《四庫全書》本《文忠集》卷一百五十八；《全宋文》二〇〇六年版第二三一册，卷五一四四，第一六四頁）

《東宫故事十首　某月某日》

某觀唐自太宗納諫之後，能繼之者其惟憲宗乎！知李絳數論朝政得失則擢在左右，見白居易詩篇規諷時事則召入翰林，今又宣諭宰相如此，真得太宗之用心矣。雖然，非知之艱，行之惟艱。夫策試賢良方正，本以求鯁切之論也，及牛僧孺等言直則反行斥逐，至於考官亦坐譴謫。其不能繼太宗一也。裴均違約束進銀器，絳等請却之，不惟不從，又諭進奏院自今諸道進奉無得申御史臺。其不能繼太宗二也。絳數言吐突承璀之姦，既出爲淮南監軍矣，一旦奪絳相位而召承璀爲中尉。其不能繼太宗三也。淮西既平，浸以驕侈，皇甫鎛、程异曉其意，數進羡餘，并得同平章事。裴度力言不可，乃疑爲朋黨。其不能繼太宗四也。信方士之説，求金石之藥，起居舍人裴論其無益，貶爲江陵令。其不能繼太宗五也。嗟乎！憲宗號爲聽言納諫者，猶不能自克，失其初心，又况於無意者乎！然則貞觀之治比隆成、康，元和之政不得其終，於此大可見矣。（《四庫全書》本《文忠集》卷一百五十八；《全宋文》二

〇〇六年版第二三一册，卷五一四四，第一六七頁）

《與程元成給事劄子　三》（慶元二年）

某自蒙恩得謝，本可閑適，而禀賦素弱，老益多病，近復耳聵目昏，步履亦蹇。來諭神明不衰，豈夫子自道耶？匡廬奇秀甲天下，白樂天殆非虚語。春暖杖履，若再至彭澤，則趁四月游覽，五月避暑，秋凉言旋，似爲得策，未審有此意否？廷秀相去數十里，非經昔不可往還，歲才一會面，却常常通問。因臺諭輒及之。（《四庫全書》本《文忠集》卷一百九十八；《書稿》卷十三；《全宋文》二〇〇六年版第二三〇册，卷五一一三，第七二頁）

《泛舟游山録》

丙辰，早以香茶供智積殿，周行寺宇，惟倦於登塔。【塔】乃吳越平江節度使孫承祐為光國妃所造，成於太平興國二年丁丑歲，猶未納土，今一百九十【一年】矣。卿老具飯，人力輩能鼓笛，【用】徑【山例】呼而奏之。登諸天閣，烹至能雪液。步至後門，觀大井，其徑丈餘。正東望崑山縣，百里皆平田，惟一山突起，蓋縣郭之馬鞍山，山寺在焉。東北連山其長，常熟縣之虞山也。自此升小車，過天平下嶺，甚峻。約數里，至白雲寺。《圖經》云：唐寶歷二年置，在縣西南二十五里。本遠公道場，今為范文正公功德院，義倉在其中。文正公父祖葬山下，故范氏多寓傍近，或居寺廊，【不振】。寺有白樂天、蘇子美、王君玉、蔣希魯詩刻，久闕主僧，庶事不治，欲同致遠登山，而脚力頓疲，頗難之。然思至能簡中語，恐遺恨他年，遂奮衣右轉而上，酌白雲泉，甚白而甘，躡石磴，至卓筆峰，峰高數丈，截然立雙石之上，附着甚臬兀，疑其將墜，【餘】如屏如矗，或插或倚，備極奇怪。行十之七，石愈衆，而力愈疲。乃循左徑，訪石室。三面壁立，覆【以】二大石，少休其中。下至小石屋，一石覆之。又下至飛来峰，高二丈，上鋭削，微附磐石，前臨崖谷，兹其異也。……（《四庫全書》本《文忠集》卷一百六十七泛舟游山録）

智按：《四庫全書》本《吳都文粹續集》卷十九、《姑蘇志》卷八題為《游山記》，字句略簡。《四部叢刊》本《范文正公集》附《范文正公鄱陽遺事·遺跡》載：「白雲寺在天平山下，右石刻刺史白居易詩。慶曆四年，文正公奏本家松楸在此，實籍此寺照管，請賜額爲白雲寺。盖以白雲泉而名也。寺有無量壽佛閣住山。」又，「中書門下牒蘇州白雲寺右諫議大夫叅知政事范仲淹劄子奏：蘇州天平山有白雲泉，南有寺，寺中有刺史白居易詠白雲泉詩，明古寺也。臣本家松楸，實在其側，常令此寺照管，准先降條貫，應寺院及五十間已上，至乾元節並得賜額。上件古寺屋宇，已應得條貫，伏望特賜一名額，取進止。牒奉敕宜賜白雲寺爲額，牒至准敕，故牒。慶曆四年四月二十五日牒。」

甲寅，早，楊德起同其婦來，留食。……又過陳準主簿宅，登樓望廬山及星灣，有甲秀堂（用白樂天語）。對瀑布、香爐峰，其家藏黄太史絹寫《金剛經》十七分。（《全宋文》二〇〇六年版第二三一册，卷五一五九，第四～五頁；《四庫全書》本《文忠集》卷一百六十九泛舟游山録）

丁巳，早謁圓通殿（舊但樟木觀音，今亡，乃設釋迦、觀音、文殊三像於中，而環以二十五圓通），會食於東軒，殆因慎老與東坡兄弟唱和而建歟？……予按白樂天詩，心實慕之，物色乃能至其傍小徑，即山下南棲賢路也。地在山頂而反平衍，謝靈運詩云：「冬夏共霜雪。」其高可知。予作《弔大林》詩云：「上盡諸峯地轉平，天低雲近日多陰。古來南北通雙徑，此去東西啟二林。虞世南碑徒泯沒，白居易序合推尋。康廬第一金仙境，忽使如今遂陸沉。」黄昏，歸至天池，禮文殊……（《全宋文》二〇〇六年版第二三一册，卷五一五九，第七頁；《四庫全書》本《文忠集》卷一百六十九泛舟游山録）

戊午，早，同道徹望羅漢巖即下山，山上微雪，山半乃爲雨矣。由石門側出官路，稍前即岳家市（岳飛葬母於此，故爲市）。自此可上化城。不惟足力有限，又（陳賢良）《山記》止言石盆之美，而樓閣已非昔，遙睇而去。回視文殊亭渺在峰頂，主簿塔僅如枯木，佛手巖屋仿佛可辨，始嘆昨日登涉之不易也。午時至林口市（謂二林之口）。過香谷慧永禪師塔（義熙十年化）。入西林寺，即慧永道場也。……《山記》云清溪有亭（今廢）。牛僧孺太和四年書神運之殿（今殿非其舊），南唐玄宗題神運木（今亡）。流泉匝寺，下入虎溪（如故）。殿後白蓮池（如故）、晉輦（或云政和間太守焚之）、經藏院（經卷尚存，古經生所寫)、白公草堂(《記》云非元和故基,今又焚毁,但存堦墄。前對兩大流池,左對香爐峰,其側則,鷄冠峰,右望天池,四旁多水)、雙玉澗(《記》云草堂半山二泉出石間,故曰雙玉。寺僧無知者,予按記而得之。此處望見蓮花峰、雙劍峰)、明皇銅像(今作傅大士裝飾,觀其豐下,真明皇也)、唐壁畫等(今亡)。……(《全宋文》二〇〇六年版第二三一册,卷五一五九,第九頁;《四庫全書》本《文忠集》卷一百六十九泛舟游山録)

辛酉,拂曉,自寺後渡澗。行里許,過百藥灘,……回望山色奇甚,倒載而觀之,紫霄峰劍立衆峰之間,鐵塔僅如一綫。將至軍城一里,有承天院臨溪湖,僧嘗被盗殺三人,今遂不振。入西門,日已暮,聞新成都漕鄭少嘉察院相待移時,留書而去。昔白樂天記匡廬奇秀甲天下,誠非虚語。陳氏《山記》北起江州,盡圓通,乃轉山南,起康王觀,迄於吳章嶺,其序如此。(《全宋文》二〇〇六年版第二三一册,卷五一五九,第二三~二四頁;《四庫全書》本《文忠集》卷一百六十九泛舟游山録)

《二老堂詩話》

⊙東坡立名

白樂天為忠州刺史,有《東坡種花》二詩。又有《步東坡》詩云:「朝上東坡步,夕上東坡步。東坡何所愛,愛此新成樹。」本朝蘇文忠公不輕許可,獨敬愛樂天,屢形詩篇。蓋其文章皆主辭達,而忠厚好施,剛直盡言,與人有情,於物無著,大略相似。謫居黄州,始號東坡,其原必起於樂天忠州之作也。(《歷代詩話》第六五六頁)

⊙劉禹錫《淮陰行》

「簇簇淮陰市,竹樓緣岸上。好日起檣竿,烏飛驚五兩。」「今日轉船頭,金烏指西北。煙波與春草,千里同一色。」「船頭大銅鐶,摩挲光陣陣。早晚便風來,沙頭一眼認。」「何物令儂羨?羨郎船尾燕。銜尾趁檣竿,宿食長相見。」「隔浦望郎船,頭昂尾𢤱𢤱。無奈脱菜時,清淮春浪軟。」黄魯直云:「《淮陰行》情調殊麗,語氣尤穩切。白樂天、元微之為之,皆不入律也。惟『無奈脱菜時』不可解,當待博物洽聞者説也。」余嘗見古本作「挑菜時」,東坡惠州《新年》詩「水生挑菜渚」,恐用此字。(《歷代詩話》第六五八頁)

⊙唐酒價

昔人應急，謂唐之酒價，每斗三百，引杜詩：「速宜相就飲一斗，恰有三百青銅錢」為證。然白樂天為河南尹，《自勸》絕句云：「憶昔羈貧應舉年，脫衣典酒曲江邊。十千一斗猶賒飲，何況官供不著錢。」又古詩亦有：「金尊美酒斗十千。」大抵詩人一時用事，未必實價也。(《歷代詩話》第六五八頁)

⊙白樂天詩

《白樂天集》第十五卷《宴散》詩云：「小宴追涼散，平橋步月迴。笙歌歸院落，燈火下樓臺。殘暑蟬催盡，新秋雁載來。將何迎睡興，臨睡舉殘杯。」此詩殊未覩富貴氣象，第二聯偶經晏元獻公拈出，乃迥然不同。(《歷代詩話》第六五九頁)

⊙木芙蓉詩

唐人裒《劉禹錫嘉話》云：「進士陳摽詩，詠黄蜀葵詩云：『能共牡丹爭幾許，得人憎處只緣多。』」余嘗語客，花多固取輕於人，何憎嫌之有？因論木芙蓉全似芍藥，但患無兩平字易牡丹字，欲改此句作「得人輕處只緣多」。衆以為善，且謂移「芍藥」二字在句首則可矣。余以失全句為疑。或云：「《本草》：芍藥一名餘容。」因綴一絕云：「花如人面映秋波，拒傲清霜色更和。能共餘容爭幾許，得人輕處只緣多。」白樂天《和錢學士白牡丹》詩云：「唐昌玉蕊花，攀玩衆所爭。折來比顔色，一樹如瑶瓊。彼因稀見貴，此以多為輕。」固知輕字為勝。(《歷代詩話》第六六一頁)

⊙程祁陳從古梅花詩

政和中，廬陵太守程祁，學有淵源，尤工詩。在郡六年，郡人段子沖，字謙叔，學問過人，自號潛叟。郡以遺逸八行薦，力辭。與程唱酬《梅花》絕句，展轉千首，識者已歎其博。近歲有同年陳從古，字希顔，裒古今梅花詩八百篇，一一次韻，其自序云：「在漢晉未之或聞，自宋鮑照以下，僅得十七人，共二十一首，唐詩人最盛，杜少陵才二首，白樂天四首，元微之、韓退之、柳子厚、劉夢得、杜牧之各一首。自餘不過一二，如李翰林、韋蘇州、孟東野、皮日休諸人，則又寂無一篇。至本朝方盛行，而余日積月累，酬和千篇云。」(《歷代詩話》第六七二頁)

智按：周必大，字子充，一字洪道，晚年自號平園老叟，原籍管城（今河南鄭州），高宗建炎二年（一一二八）祖詵通判廬陵（今江西吉安），因家焉。紹興二十一年（一一五一）進士，調徽州司戶參軍。二十七年，舉博學宏詞科，差充建康府教授。三十年，召為太學録，累遷編類聖政所詳定官兼權中書舍人兼權給事中。孝宗隆興元年（一一六三），因繳駁龍大淵、曾覿除知合門事，奉祠。乾道四年（一一六八），起知南劍州。六年，除秘書少監兼直學士院。八年，兼權中書舍人時以事奉祠。淳熙二年（一一七五），除敷文閣待制、侍講，累遷吏部尚書兼翰林學士承旨。七年，除參知政事。九年，除知樞密院事。十六年，由左丞相出判潭州。紹熙四年（一一九三），改判隆興府。甯宗慶元元年（一一九五），以觀文殿大學士、益國公致仕。未幾，為韓侂胄指為偽學罪首。嘉泰四年卒，年七十九。開禧三年（一二〇七），賜謚文忠。生平著書八十一種，有《平園集》二百卷。生平見本集卷首年譜，《宋史》卷三九一有傳。《宋詩鈔》卷五十八稱其「詩格澹雅，由白傅而溯源浣花者也」。

徐夢莘（一一二六～一二〇七）

《三朝北盟會編》

政和初，童貫承蔡京意旨，大啟苑囿，以娛樂導上為遊幸之事。貫率楊戩、賈詳、藍從熙、何訢，共五大閹，徙大内之外諸庫，遷二僧寺，徙二軍營，而改築延福宫。五閹各有分地，自為制度，務尚華侈，不相沿襲。樓殿相望，築山引水，草木怪石，岩壑幽勝。又跨舊城，取濠外地，作景龍江、芙蓉城、蓬壺閣、擷芳園、曲江池，各有複道，以通宫禁。又為鹿砦、鶴莊、文禽、孔翠諸柵，多聚遠方珍怪蹄尾，動數千實之。又効江浙為白屋，村居野店，酒肆青帘，其間景龍門，冬十二月，張燈至上元，名曰預賞。又寶籙宫山中，皆包平地，環以嘉木清流，列諸舘舍臺閣，多以美材為楹棟，不施五采，有自然之勝。上下立亭宇，不可勝數。若江南陳後主三品石，姑蘇白樂天手植檜，太湖靈壁，慈溪武康諸石，二浙花竹雜木海錯，福建荔枝、龍眼、橄欖，海南椰實，湖湘大竹、文竹，江南諸果，登萊溜沂、文石，二廣、四川異花奇果，率入其中，總名曰艮岳。後又曰壽嶽門，號華陽。自華陽門入，兩傍有丹荔十八枝，大石曰神運昭功者，立其中。旁有雙檜，一夭矯者名曰朝日升龍之檜，一偃蹇者名曰卧雲伏龍之檜，皆玉牌填金字書之。……(《三朝北盟會編》卷五十二，《四庫全書》本；清許涵度校刻本)

智按：徐夢莘，字商老，清江（今江西樟樹西南）人。高宗紹興二十四年（一一五四）進士。連遭父母之喪，不克赴官。後為江陵司戶，孝宗乾道四年（一一六八）移南安軍教授，知潭州湘陰縣。授廣南西路轉運司主管文字，知賓州，因議鹽法不合，罷領宫觀。光宗紹熙元年（一一九〇），為荊湖北路安撫司參議官，甯宗慶元元年（一一九五）引年致仕。因撰《三朝北盟會編》，二年特旨詔除直秘閣。開禧三年卒，年八十二。此外著述甚多，均佚。事見《攻媿集》卷一〇八《直秘閣徐公墓誌銘》，《宋史》卷四三八有傳。

周煇（一一二七～一一九八後）

《清波雜誌》

⊙諸公前身

房次律為永禪師，白樂天海中山；本朝陳文惠南庵，歐陽公神清洞，韓魏公紫府真人，富韓公崑崙真人，蘇東坡戒和尚，王平甫靈芝宫。近時所傳尤衆，第欲印證今古名輩，皆自仙佛中去來。然其説類得於夢寐渺茫中，恐止可為篇什裝點之助。(卷二，劉永翔《清波雜誌校注》，第五六頁)

智按：唐會昌元年，有商客遭風飄至海中一大山，乃蓬萊也。有一院扃鎖甚嚴，人告之曰：「此是白樂天院，樂天在中國未來耳。」白聞此事，為詩二首以記其事。詳見《太平廣記》卷四八「白樂天」引唐盧肇《逸史》，及《白氏長慶集》卷六十九《客有説》、《答客説》二詩。

⊙日者談休咎

晁文元平生不喜術數之説，每謂：「自然之分，天命也；樂天不憂，知命也；推理安常，委命也。何必逆計未然哉！」(卷三，劉永翔《清波雜誌校

注》，第一〇四頁）

智按：晁迥（九五一～一〇三四），字明遠，卒謚文元。最愛白樂天。「自然之分」云云，見《宋史》卷三〇五《晁迥傳》。

⊙章持及第

紹聖丁丑，章持魁南省，時有詩：「何處難忘酒？南宫放牓時。有才如杜牧，無勢似章持。不取通經士，先收執政兒。此時無一盞，何以展愁眉？」紹興間，秦伯暘魁多士，汪彦章啟賀其父，以「南宫進士」對「東閤郎君」，尚疑為譏己，其敢顯斥如前之詩乎？韓持國（維）寶元間偕兄弟應進士舉，預南省奏名。而下第士子有「韓家四子連名」之嘲，蓋以其父忠憲公見在政路也。時殿試尚黜落，有司因故黜之。公後遂不復試，而兄弟皆再登第。故潞公薦公，謂南省曾預高薦。繼歷内外制，知貢舉，至登門下省，不更賜出身。初亦召試玉堂，不就。公之五世孫元吉尚書，特書此于桐陰舊話甚詳。貴游子弟，當考其素業，不應例待以膏粱。唐李德裕初不繇科甲顯。（卷四，劉永翔《清波雜誌校注》，第一六八～一六九頁）

智按：章持，章惇次子。自白樂天始為「何處難忘酒」詩（《白氏長慶集》卷五七），其後詩人多效之，如王安石《臨川先生文集》卷十五（《四部叢刊》本）、王令《廣陵集》卷十四、鄭俠《西塘集》卷九皆有此題之詩。

⊙池魚

張無盡（智按：張商英，字天覺，號無盡居士，蜀州新津人。崇寧初，為吏部、刑部侍郎、翰林學士。傳見《宋史》卷三五一。）作一表云：「魯酒薄而邯鄲圍，城門火而池魚禍。」上句出《莊子》（智按：《莊子·胠篋》。陸德明釋文：「楚宣王朝諸侯，魯恭公後至，而酒薄；宣王怒，欲辱之。恭公不受命。……宣王怒，乃發兵與齊攻魯。梁惠王常欲擊趙，而畏楚救。楚以魯為事，故梁得圍邯鄲。」又引許慎注淮南曰：「楚會諸侯，魯、趙俱獻酒於楚王，魯酒薄而趙酒厚。楚之主酒吏求酒於趙，趙不與。吏怒，乃以趙厚酒易魯薄酒，奏之。楚王以趙酒薄，故圍邯鄲也。」），下句不知所出。以意推之，當是城門失火，以池水救之，池竭而魚死也。《廣韻》「池」字韻注云:「池,水沼也。古有姓池名仲魚者,城門失火,燒死。諺曰:『城門失火,殃及池魚。』」白樂天詩:「火發城頭魚水裹,救火竭池魚失水。」初不主姓名之説。然《廣韻》所載當有所據。【「當有所據」,文淵閣本作「當必有據」】(卷九,劉永翔《清波雜誌校注》,第四一〇頁)

智按:顧炎武《日知録》卷二十五「池魚」云:「按《淮南子》云:『楚王亡其猿,而林木為之殘;宋君亡其珠,池中魚為之殫。故澤失火而林憂。』則失火與池魚自是兩事,後人誤合為一耳。」又曰:「考池魚事本於《吕氏春秋·必己篇》,曰:『宋桓司馬有寶珠,抵罪出亡。王使人問珠之所在,曰:「投之池中。」於是竭池而求之,無得,魚死焉。此言禍福之相及也。』此後人用池魚事之祖。」原注云:「祖君彦為李密檄文曰:『燕巢衛幕,魚游宋池。』」清杜文瀾《古謡諺》卷三池魚諺云:「謹案百家書曰:『宋城門失火,因汲池水以沃灌之,池中空竭,魚悉露死。喻惡之滋,并中傷良謹也。』……《義府》卷下:『城門失火,殃及池魚;楚國亡猿,禍延林木。今俗多稱此四句,不知本侯景反時東魏移梁檄文中語。然此語又出淮南子。……《廣韻》「池」字注乃造池仲魚姓名,而引諺云云,宋初修書諸儒之陋如此,何異唐之注《文選》者,以芋為著毛蘿蔔乎?』」劉永翔《清波雜誌校注》:按《廣韻》所載「池仲魚」云云,實出《風俗通》,見《太平廣記》卷四六六池中魚引,其本意乃謂古有池姓耳,非考「池魚」之義,固無所謂陋與不陋也。

周煇,字昭禮,錢塘(今浙江杭州)人,周邦彦之子。南宋紹興間應試博學鴻詞科,後曾至金國,晚年隱居錢塘清波門,以藏書爲事,父子以師友相稱,當世名公卿多折節下之,亦簡亢自高,不予報謝。有《清波雜志》十二卷、《清波别志》三卷、《北轅録》一卷。

楊萬里(一一二七~一二〇六)

《誠齋詩話》

詩有(《誠齋集》作人)驚人句。杜《山水障》:「堂上不合生楓樹,怪底江山起煙霧。」又：「斫卻月中桂，清光應更多。」白樂天云：「遙憐天上桂華孤，為問姮娥更有無。月中應有閒田地，何不中央種兩株。」韓子蒼《衡嶽圖》：「故人來自天柱峯，手提石廩與祝融。兩地陂陀幾百里，安得置之行李中。」此亦是用東坡云：「我持此石歸，袖中有東海。」杜牧之云：「我欲東召龍伯公（《誠齋集》作翁），上天揭取北斗柄。」「蓬萊頂上斡海水，水盡到底看海空。」李賀云：「女媧鍊石補天處，石破天驚逗秋雨。」（《誠齋集》卷一百十五「詩話」；《歷代詩話續編》第一三八頁）

智按：又見宋魏慶之《詩人玉屑》卷三·句法「誠齋論驚人句」條。

五言長韻古詩，如（《誠齋集》作云）白樂天《游悟真寺一百韻》，真絕唱也。五言古詩，句雅淡而味深長者，陶淵明、柳子厚也。如少陵《羌村》、後山《送内》，皆有一唱三嘆之聲。（《誠齋集》卷一百十五「詩話」；《歷代詩話續編》第一四二頁）

智按：又見宋魏慶之《詩人玉屑》卷十二·古詩。

白樂天《女道士》詩云：「姑山半峰雪，瑤水一枝蓮。」此以花比美婦人也。東坡《海棠》云：「朱唇得酒暈生臉，翠袖捲紗紅映肉。」此以美婦人比花也；山谷《酴醿》云：「露溼何郎試湯餅，日烘荀令炷爐香。」此以美丈夫比花也。山谷此詩出奇，古人所未有，然亦是用荷花似六郎之意。（《誠齋集》卷一百十五「詩話」；《歷代詩話續編》第一四八頁）

智按：又見宋魏慶之《詩人玉屑》卷九·托物「誠齋論比擬」條。樂天詩原題《玉真張觀主下小女冠阿容》；東坡詩原題《寓居定惠院之東，雜花滿山，有海棠一株，土人不知貴也》；山谷詩原題《觀王主簿家酴醾》。

《閑居初夏午睡起二絶句》（其一）

梅子留酸軟齒牙，芭蕉分緑與窗紗。日長睡起無情思，閑看兒童捉柳花。（《四庫全書》本《誠齋集》卷三；《四部叢刊》本《誠齋集》卷三）

智按：語句源自白居易《前有別柳枝絶句夢得繼和云春盡絮飛留不得隨風好去落誰家又復戲答》：「柳老春深日又斜，任他飛向別人家。誰能更學孩童戲，尋逐春風捉柳花。」葉寘《愛日齋叢抄》謂：「『誰能更學孩童戲，尋逐春風捉柳花。』樂天《放柳枝答劉夢得》詩也。誠齋楊氏乃有『日長睡起無情思，閒看兒童捉柳花』之句，得非默閲世變中有感傷，此静中見動意。」（《四庫全書》本卷三，孔凡禮點校本，第六八頁）

《讀元白長慶二集詩》

讀徧元詩與白詩，一生少傅重微之。再三不曉渠何意，半是交情半是私。（《四庫全書》本《誠齋集》卷十；《四部叢刊》本《誠齋集》卷十，第九二頁）

《戲用禅觀答曾無逸問山谷語》

昨日評諸家詩，偶入禪觀。如杜之詩法出審言，句法出庾信，但過之耳。白樂天云：「笙歌歸院落，燈火下樓臺。」不如杜子美云「落花游絲白日静，鳴鳩乳燕青春深」也。孟浩然云：「氣蒸雲夢澤，波撼岳陽城。」不如九僧云「雲間下蔡邑，林際春申君」也。漫及之，右山谷語。無逸云：「見墨蹟於張功父處。」功父云：「屢問人不曉。」

前世人間無漏仙，後説世上無眼禪。衲子若全信佛語，生天定在靈運前。（《四庫全書》本《誠齋集》卷三十二）

《趙村》

白樂天《洛陽春》詩云：「明日期何處？杏花游趙村。」自注云：「洛陽城東，地名趙村，有杏花千樹。」又《游趙村杏花》詩云：「趙村紅杏每年開，十五年來看幾回。」予東園杏花徑亭子，因命曰趙村。

杏花千樹洛陽春，白傅年年愛趙村。月蕊晴葩風露格，老夫移得在東園。（《四庫全書》本《誠齋集》卷三十六；《全宋詩》第四十二册，第二六五六五頁）

《丞相周公招王才臣中秋賞梅花寄以長句》

素娥大作中秋節，一夜廣寒桂花發。天風吹墮緑野堂，夜半瑶階丈深雪。梅仙不知天尚秋，只驚香雪點搔頭。笑隨玉妃照粉水，洗粧同入月中游。晉公賞梅仍賞桂，獨招子猷雪前醉。明朝有客訴天公，不喚香山病居士。（《四庫全書》本《誠齋集》卷三十七；《全宋詩》第四十二册，第二六五七六頁）

《太守趙山父命劉秀才寫予老醜索贊》

香山有箇狂客，恣游三十六峰。不是河南賢尹，誰贈明月清風。（《四庫全書》本《誠齋集》卷三十九；《全宋詩》第四十二册，第二六六一一頁）

《讀白氏長慶集》

每讀樂天詩，一讀一回好。少時不知愛，知愛今已老。初哦殊歡欣，熟味忽煩惱。多方遣外累，半已動中抱。事去何必追，心淨不須掃。追歎欲埽愁，自遣還自擾。不如卷此詩，喚酒一醉倒。狂歌謫仙詩，三杯通大道。（《四庫全書》本《誠齋集》卷三十九；《全宋詩》第四十二册，第二六六一四頁）

《謝蘇州史君張子儀尚書贈衣服送酒錢》

香山老益窶，欲賣宅與田。荆南贈春服，侍中送酒錢。何如韋蘇州，一日兼兩賢。酒錢隨春服，併至南溪邊。寄物已不輕，意更在物先。僕也拙生理，巧亦營不前。病廢非爲高，抛官餘十年。紙田蝸牛廬，縱賣誰作緣。故人豈云少，衮衮青雲端。王弘不可作，范叔空自寒。忽攬蘇州書，冷窗回春暄。急褫九月絺，徑追八酒仙。竹煙爲我喜，波月爲我妍。籬菊凍不花，一笑亦粲然。醉中化爲蝶，飛墮虎丘山。齊雲已在眼，忽然遠於天。（《四庫全書》本《誠齋集》卷四十一；《全宋詩》第四十二册，第二六六三八頁）

《端午病中止酒》

病裏無聊費掃除，節中不飲更愁予。偶然一讀香山集，不但無愁病亦無。（《四庫全書》本《誠齋集》卷四十二；《全宋詩》第四十二册，第二六六六五頁）

《春盡夜坐》

疾痛呼天天豈知，知而不管亦何為？偶拈白傅長慶集，又得歡欣片子時。（《四庫全書》本《誠齋集》卷四十二）

《答建康府大軍庫監門徐達書》

大抵詩之作也，興上也，賦次也，賽和不得已也。我初無意於作是詩，而是物是事適然觸乎我，我之意亦適然感乎是物是事。觸焉感焉，而是詩出焉，我何與哉？天也，斯之謂興。或屬意一花，或分題一山，指某物，課一詠，立某題，徵一篇，是已非天矣，然猶專乎我也，斯之謂賦。至於賽和，則孰觸之，孰感之，孰題之哉？人而已矣。出乎天猶懼戕乎天，專乎我猶懼强乎，我今牽乎人而已矣，尚異其有一銖之天、一黍之我乎？蓋我嘗覯是物，而逆追彼之覯；我不欲用是韵，而抑從彼之用，雖李杜能之乎？而李杜之不為也，是故李杜之集無牽率之句，而元白有和韵之作。詩至和韵，而詩始大壞矣，故韓子蒼以和韵為詩之大戒也。……（《四部叢刊》本《誠齋集》卷六十七，第五五五頁）

《陳晞顔和簡齋詩集序》

古之詩，倡必有賡，意焉而已矣，韻焉而已矣，非古也，自唐人元白始也。然猶加少也，至吾宋蘇、黄，倡一而十賡焉。然猶加少也，至於舉古人之全書而盡賡焉，如東坡之和陶是也。然猶加少也，蓋淵明之詩纔百餘篇爾，至有舉前人數百篇之詩而盡賡焉，如吾友敦復先生陳晞顔之於簡齋者，不既富矣乎？昔韓子蒼答士友書，謂詩不可賡也，作詩則可矣，故蘇、黄賡韻之體不可學也，豈不以作焉者安、賡焉者勉故歟？不惟勉也，而又困焉。意流而韻止，韻所有，意所無也，夫焉得而不困？（今晞顔是詩，賡乎人者也，而非賡乎人者也寬乎其不逼也，暢乎其不塞也。然則子蒼之所艱，晞顔之所易，豈惟易子蒼之所艱，又將增和陶之所少也。大抵夷則遜，險則競，此文人之奇也，亦文人之病也，而詩人此病為尤焉。惟其病之尤，故其奇之尤，蓋病行於大逵，窮高於千仞之山，九縈之蹊，二者孰奇孰不奇也？然奇則奇矣，而詩人至於犯風雪，忘飢渴，竭一生之心，思以與古人爭險以出奇，則亦可憐矣。然則險愈競，詩愈奇；詩愈奇，病愈痼矣。今是詩也，韻聽乎簡齋，而詞出乎晞顔；辭出乎晞顔，而韻若未始聽乎簡齋者，不以其爭險故歟？使晞顔不與簡齋競於險以搴其奇，此其心必有所鬱於中而不快，而其辭必有所渟於蘊而不決也。……）（《四部叢刊》本《誠齋集》卷九十九，第六六二頁）

《答太常虞少卿》

某頃寄奉懷之唐律，情之所至而形為聲畫者，正如苑柳嘒嘒之蜩，草根嘤嘤之蟲耳。若繩之以敲金擊石《雲和》、《孤竹》之大音，則陋且麽矣。賡句下逮，所謂突過黄初，壓倒元白不啻也。……（《四部叢刊》本《誠齋集》卷一〇八，第九二三頁）

《胡英彦墓誌銘》

性嗜文，尤工於詩，其句法祖元白而宗蘇黄，追琢光景，繪事萬彙，金舂玉應，山高水深，獨造其極。……（《四部叢刊》本《誠齋集》卷一二八，第一一六八頁）

智按：楊萬里，字廷秀，號誠齋，吉州吉水（今屬江西）人。高宗紹興二十四年（一一五四）進士，調贛州司户參軍。歷永州零陵丞、知隆興府奉新縣。孝宗乾道六年（一一七〇），召為國子博士，遷太常博士、將作少監。出知漳州，改常州。淳熙六年（一一七九），提舉廣東常平茶鹽，尋除本路提點刑獄。召為尚左郎官。十二年以地震應詔上書，擢東宫侍讀。十四年，遷秘書少監。十五年，因上疏駁洪邁太廟高宗室配饗議，出知筠州。光宗即位，召為秘書監。紹熙元年（一一九〇），兼實録院檢討官，會孝宗日曆成，宰臣令他人為序，遂以失職丐去，出為江東轉運副使，權總領淮西江東軍馬錢糧。因論江南行鐵錢不便，忤宰相意，改知贛州，未赴。甯宗即位，屢召屢辭。慶元五年（一一九九）致仕。開禧二年卒，年八十。謚文節。有《誠齋集》、《易傳》等傳世。事見其子長孺撰墓誌（清乾隆刊《楊文節公文集》卷末附）。《宋史》卷四三三有傳。

王子俊（與楊萬里同時）

《賀彦澤新得子》

君不見白居易，五十八歲方得嗣。當時立名曰阿崔，香綳綉襦胎髮膩。又不見元微之，五十八歲方生兒。當時立名曰道保，可望成家得力時。西鄰有親曰彦澤，天與明珠堪愛惜。今年年方四十三，甲庚少似唐元白。葛仙溪前燕子樓，燕子未老人風流。一年一度作湯餅，但願年年逢麥秋。（《翰墨大全》）（《宋詩紀事》卷五十七，上海古籍出版社本第一四四四頁；《全宋詩》

第五十册，第三一四九七頁）

智按：王子俊，字才臣，號格齋，吉水（今屬江西）人。與周必大、楊萬里、陸游、朱熹遊。嘗應蜀帥黄疇若辟。甯宗嘉定七年（一二一四）辭歸，辟三松書院。有《三松類稿》等，已佚。今存《格齋四六》（一名《格齋先生三松集》）一卷。事見《誠齋集》卷七十七《送王才臣赴秋試序》，清光緒《吉水縣誌》卷二十二有傳。

王明清（一一二七～一二一四）

《揮麈録》

明清少游外家，年十八九時，從舅氏曾宏父守台州。有筆吏楊滌者，能詩，亦可觀，言其外氏唐元相國之裔，一日持告身來，乃微之拜相綸軸也。銷金雲鳳，綾新若手未觸，白樂天行并書，後有畢文簡、夏文莊、元章簡諸公跋識甚多。尋聞為秦熺所取，恨當時不能入石，至今往來於中也。又，丹陽呂城閘北委巷竹林中，有李格秀才者，自云唐宗室，系本大鄭王房。出其遠祖武德、貞觀以來告命敕書凡百餘，亦有薛少保、顔魯公書者，奇甚。明清每語親舊，經繇不惜一訪而閲之，李生亦不靳人之觀也。（前録卷三，上海書店出版社版第二十頁）

東坡先生爲韓魏公作《醉白堂記》，王荆公讀之云：「此韓白優劣論爾。」元祐中，東坡知貢舉，以「光武何如高帝」爲論題，張文潛作參詳官，以一卷子攜呈東坡云：「此文甚佳。」蓋以先生《醉白堂記》爲法，東坡一覽，喜曰：「誠哉是言。」擢寘魁等。後拆封，迺劉燾無言也。（後録卷七，上海書店出版社版第一三〇頁）

鄒志完既以元符抗疏徙新州，繼又遭溫益、鍾正甫之困辱，禍患憂畏，瀕於死所。建中靖國之初召還，自流人不及一年，遂代言西掖。傷兮之後，噤不出一語。吳興劉希范（智按：劉珏）時為太學生，以書責之，陳義甚高，云：「珏少而學經，究觀《春秋》責備賢者之意，私切疑之。以謂世之賢者，不易得也。求之百餘年間，所得不過十數人。求之億萬人間，所得不過一二人。苟有未至，猶當掩蔽以全其名，奈何反責其備哉。及長，式觀史氏，眇睹昔人，特立獨行以自著見者甚眾，然靡不有初，鮮克有終。其能終始一德，以全忠公之節者幾希。稱其當年，罕全令名；著於史氏，鮮有完傳。豈特賢者之過哉，亦當時君子不能相與輔其不及之罪也。然則《春秋》責備之意，是乃垂戒萬世，欲全賢者之善。此某所以不避僭易，輒獻所疑於門下也。某自為兒童，即聞閣下場屋之名。及有知識，又誦閣下場屋之文。固以閣下為當今辭人，然未敢直以古人大節望閣下也。暨游太學，在諸生中往往有言前數年有博士鄒公，經甚明，文甚高，行甚修，不能低回當世，以直去位，方且歎息，願見風采而不可得。未几閣下被遇泰陵，進列諫垣，極言時政，萬里遠謫。方是之時，某亦東下，所過郡縣，每見親朋故舊，下及田夫里婦，必問閣下貌孰似？年今幾？逢天子之怒，誰與解之？家累之重，誰與恤之？莫不咨嗟稱誦，或至泣下。前此以言得罪者眾矣，閣下之名獨隱然特出，不知何以致此？豈忠信之誠，感於人心者深而然耶！則天下所以待閣下，雅亦不為不重矣！今天子嗣位，首加褒擢，授以舊職，繼拜司諫，乃直起居，乃典文誥，歲未再周，職已五易，越録超等，罕見其比。則天子所以望閣下，雅亦不為不大矣！爰自入朝以來，天下之士翹首跂踵，冀閣下日以忠言摩上，不謂若今之為起居舍人者，止司記録而已也；不謂若今之為起居舍人者，止事文筆而已也。逾年之間，不過言一張寅亮之不可罪爾，其佗不聞有所發明，言某事可行，某事不可行，某人可用，某人不可用。有識之士，私切疑之！始閣下之為博士，不顧爵位，力言經術取士之美，拂衣而歸，非知有紹聖之報也；其為諫官，不畏誅責，極陳中宮廢立之失，遠貶蠻徼，非知有今日之報也；誠以信其所學，行其所志耳。然昔以博士而言之，今以侍從而不言；昔未信於君而言之，今信於君而不言，此人之所以疑也。為閣下解者曰：『閣下之不言，以職非臺諫也。』疑者曰：『唐文宗命魏謩以兩省屬皆可論朝廷事，故范希文為秘閣校理，則言人主不宜北面為壽；為東南安撫，則言郭后不宜以小過廢；為天章閣待制，則言時政所以得失；為開封尹，則言遷進所以公私。後世之議希文者，必稱其愛君忠國，不聞罪其侵官也。今以職非臺諫而不言，是不以希文自處也。』為閣下解者又曰：『閣下之不言，以當今無大得失也。』疑者曰：『唐太宗嘗怪舜作漆器、禹雕其俎諫者數十不止，褚遂良謂諫者救其源，不使得開横流，則無復事矣。當今庶政之行，雖曰盡善，亦豈無過舉者乎？百官之間，雖曰多才，亦豈無奸佞者乎？從官相繼而出，豈皆以不稱職乎？言官相繼而逐，豈皆以其罪乎？事之若制器、雕俎者尚多也。乃以非大政事而不言，是不以舜、禹事其君也。則閣下不免天下之疑必矣。』方閣下有正言之命，人人相賀。其君子曰：『為我寄聲正言公。柳宜城堅於守政，不以久位為心，自謂舌不可禁，故能全其名。白居易力爭安危，不以被斥介意，晚益不衰，故能全其節。公其勿倚勿跛，引明主於三代之隆，以全令名，以利天下。』其小人曰：『為我善祝正言公。汲直以數切諫，不得久留内；爰絲以數直諫，不得久居中。公其慎言，毋去朝廷。』今閣下未肯力言時事，豈亦哀憐小人，不忍違其所請乎？豈亦有意君子所謂有待而言乎？伏願閣下上思聖主進用之意，下思君子跂望之心，數陳讜言，以輔聖政，使堯、舜、成、康之治，復於一朝，閣下之功，豈淺淺哉！某性介且僻，動與世忤，又惡奔競之風，往來京師幾五歲矣，某於公卿權貴，雖有父兄之舊，未嘗一登其門。輒造門下，以獻所疑，非敢求之也，蓋以天子仁聖，切於治正，古人所謂難得之時，每欲自為一書以獻，又耻與覬覦恩賞者同受疑於世，私念當今天子素所深信，莫如閣下者，公忠直道而行，亦莫如閣下者，閣下不言，誰為吾君言之？故陳所疑，以裨萬一。狂易之罪，誠無所逃。然區區之意，非獨為閣下計也，為朝廷計也；非獨為朝廷計，為天下計也。未識能賜垂聽否？」志完繇是復進讜論，曾文肅薦之祐陵，欲令再位言路，不契上指。文肅云：「臣近日屢探賾，其議論極通疏，兼稍成名時，願更優容。」上云：「何可得它如此。」上又云：「宰相、執政所引人才，如浩前年是宣德郎，今作兩制已多時。朕所欲主張人才，又卻似難。」蓋崇恩以宿憾，言先入矣。未幾，文肅罷政，志完再竄昭州。此文肅手記云爾。希範名珏，後登第，浸登華要。建炎初，拜同知三省樞密院，竟以勁節聞於時，為中興之名臣。子唐稽、孫三傑也。（三録卷一，上海書店出版社版第一八一～一八三頁）

明清晚識遂初尤延之先生，一見傾蓋，若平生歡，借舉引重，恩誼非輕。公任文昌，一日忽問云：「天臨殿在於何時邪？」明清云：「自昔以來，蓋未有之。紹聖初，米元章為令畿邑之雍丘，游治下古寺，寺僧指方丈云：『頃章聖幸亳社，千乘萬騎經從，嘗愒宿於中。』元章即命彩飾建鴟，嚴其羽衛，自書榜之曰天臨殿。時呂升卿為提點開封府縣鎮公事，以謂下邑不白朝廷，擅創殿立名，將按治之。蔡元長作内相，營救獲免。聞有自製殿贊，恨未見之。」尤即從袖間出文書，乃元章所書贊也。云：「才方得之。公可謂博物洽聞矣。」翌日入省，形言稱道於稠人廣眾中焉。樓大防作夕郎，出示其近得周文榘所畫《重屏圖》，祐陵親題白樂天詩於上，有衣帽中央而坐者，指以相問云：「此何人邪？」明清云：「頃歲大父牧九江，於廬山圓通寺橅江南李中主像藏於家。今此繪容即其人。文榘丹青之妙，在當日列神品，蓋畫一時之景也。」亟走介往會稽，取舊收李像以呈，似面貌冠服，無毫髮之少異。因為跋其後。樓深以賞激。繼而明清丐外得請，以詩送行，後一篇云：「遂初陳跡遽淒涼，擊節青箱極薦揚。談笑於儂情易厚，典刑使我意差強。《重屏》唐畫論中主，古殿遺文話阿章。舊事從今向誰問，尺書時許到淮鄉。」（三録卷三，上海書店出版社版第二〇六～二〇七頁）

智按：周文矩，建康句容（今屬江蘇）人。美風度，學丹青，精思入神，仕李煜，為待詔，能畫冕服車器，人物子女。偽昇元中，命圖南莊，最為精備。開寶中，煜貢之，藏于祕府，為上寶重。（《清河書畫舫》卷六下引《聖朝名畫評》）

《玉照新志》

王彥國獻臣，招信人，居縣之近郊。建炎初，金人將渡淮，獻臣坐於所居小樓，望見一老士大夫，徬徨阡陌間，攜一小僕，負一匣，埋於空迥之所。獻臣默然識之。事定，往掘其地，宛然尚存。啓匣，乃白樂天手書詩一紙，云：「石榴枝上花千朵，荷葉盃中酒十分。滿院弟兄皆痛飲，就中大戶不如君。」獻臣後南渡，寓居餘姚，嘗出以示余，真奇物也。後聞以歸劉綱公舉矣。（《四庫全書》本卷四；汪新森、朱菊如校點本卷三，第四八頁）

智按：王明清，字仲言，汝陰（今安徽阜陽）人。銍子。孝宗即位，得補官。乾道初，奉祠居山陰。淳熙十二年（一一八五），以朝請大夫主管台州崇道觀。光宗紹熙三年（一一九二），為雜買務雜買場提轄官。四年，為甯國府軍節度判官。甯宗慶元元年（一一九五），添差泰州通判。嘉泰初，為浙西參議官。有《揮麈録》、《玉照新志》、《投轄録》等。

王寂（一一二八～一一九四）

《題中隱軒》

君不見，嚴君平，梅子真，成都卜肆吳市門。萬人如海一身隱，外聽車馬爭馳奔。又不見，介之推，屈大夫，綿山澤畔何區區，孤高與世自冰炭，甘焚就溺捐微軀，兩公朝市大喧噪，二子山林更牢落，混俗變姓良自欺。賣身買名何太錯，我則願師白樂天。終身衮衮留司官，伏臘粗給憂患少，妻孥飽煖身心安。况有民社可行道，隨分歌酒陶餘懽。經邦論道不我責，除書破賊非吾干。折腰束帶莫恥五斗粟，猶勝元載胡椒八百斛。一朝事敗竟赤族，嗟爾安得爲孤犢。塵靴汗板莫厭時奔走，猶勝李斯相秦印如斗。一朝禍起遭鞭杻，却思上蔡牽黄狗。况知富貴不可求，儌求縱得終身憂。不如中隱軒中，日日醉倒不省萬事休。（《四庫全書》本《拙軒集》卷一）

《中秋月下有感戲傚樂天》

此夜十分滿，中秋萬古情。素娥應不老，蒼鬢可憐生。追想懽呼處，翻成歎息聲。悲歡人自爾，月是一般明。（《四庫全書》本《拙軒集》卷一）

《題香山寺》

平生居士愛香山，百歲神遊定此間。黄卷既能探妙理，青衫安用拭餘潸。櫻桃笑日艷樊素，楊柳舞風嬌小蠻。尚想夜深攜滿老，幅巾來聽水潺潺。（《四庫全書》本《拙軒集》卷三）

智按：王寂，字元老，薊州玉田人。登天德二年進士，世宗大定二年為太原祁縣令，十五年嘗奉使往白霫治獄，十七年以父艱歸，明年起復眞定少尹，兼河北西路兵馬副都總管，遷通州刺史兼知軍事，又遷中都副留守。二十六年冬，由戶部郎出守蔡州，二十九年被命提點遼東路刑獄。章宗明昌初召還，終於中都路轉運使。謚文肅。

釋寶曇（一一二九～一一九七）

《爲王師宣子壽》（其二）

已辦香山鐵石心，未妨富貴日侵尋。荔枝黄壓腰圍重，琥珀紅添盞暈深。鸞鏡黛眉無此畫，雁行銀甲有餘音。剩呼歌舞爲君壽，道眼何曾外物侵。（《全宋詩》第四十三册，第二七〇九四頁）

智按：釋寶曇，字少雲，俗姓許，嘉定龍游（今四川樂山）人。幼習章句業，已而棄家從一時經論老師游。後出蜀，從大慧於徑山、育王，又從東林卍庵、蔣山應庵，遂出世，住四明仗錫山。歸蜀葬親，住無為寺。復至四明，為史浩深敬，築橘洲使居，因自號橘洲老人。甯宗慶元三年示寂，年六十九。曇為詩慕蘇軾、黄庭堅，有《橘洲文集》十卷。《寶慶四明志》卷九有傳。

項安世（一一二九～一二〇八）

《次韻吳襄陽寄示游楚山詩》

漢江南北何縈紆，千山萬山肩相扶。中間偉然一丈夫，峴山之楚鹿門蘇。我行一舍到蘇嶺，憶與許子同奔趨（許晉之教授）。楚山只在城南隅，一月不到何其迂。遠求白傅近舍湜，人情未怪瑟與竽。梯飆自到絕徑處，使君定是昌黎徒。想當伐山開道時，野鳥驚去窮猿呼。獨攜千古兩耆舊，卧龍鳳雛與之俱。下看海内無所見，淚落漢水心長吁。我雖不得從公輿，誦公之詩讀公書。掛之高堂心目舒，便是居士游山圖。（《全宋詩》第四十四册，第二七三六六頁）

《宿東林寺》

借宅星江上，山南已遍尋。猶餘湓浦路，未快白公心。屬國陳三表，歸帆拂二林。遠師堂上酒，可以恣狂吟。（《全宋詩》第四十四册，第二七三八

一頁）

《詩賦》

嘗讀漢人之賦，鋪張閎麗，唐至於宋朝，未有及者。蓋自唐以後，文士之才力盡用於詩，如李杜之歌行，元白之唱和，序事叢蔚，寫物雄麗，小者十餘韻，大者百餘韻，皆用賦體作詩，此亦漢人之所未有也。予嘗謂賈誼之《過秦》，陸機之《辯亡》，皆賦體也。大抵屈宋以前，以賦為文。莊周、荀卿子二書，體義聲律，下句用字，無非賦者。自屈宋以後為賦，而二漢特盛，遂不可加。唐至於宋朝，復變為詩，皆賦之變體也。（《四庫全書》本《項氏家説》卷八；《叢書集成初編》本《項氏家説》卷八，第九二頁）

智按：項安世，字平甫，號平庵，其先括蒼（今浙江麗水）人，後家江陵（今屬湖北）。孝宗淳熙二年（一一七五）進士，調紹興府教授。光宗紹熙四年（一一九三）除秘書省正字，五年，為校書郎兼實録院檢討官。甯宗慶元元年（一一九五）出通判池州，移通判重慶府。入慶元黨籍，還江陵家居。開禧二年（一二〇六）起知鄂州，遷戸部員外郎、湖廣總領。三年權安撫使，以事免。起為湖南轉運判官，未上，用臺章奪職而罷。嘉定元年卒。有《易玩辭》、《項氏家説》、《平庵悔稿》等。《宋史》卷三九七有傳。

王阮（？ ~一二〇八）

《上九江唐舍人（文若）一首五十韻》

江左承南渡，潯陽控上流。平時稱用武，今日更防秋。六代規摹古，三江險阨周。高憑隆屏翰，下瞰握襟喉。呼吸聞吳楚，封疆矗斗牛。循良渡虎跡，神武射蛟游。勝事餘蓮社，風光足庾樓。倚天開峻極，倒影湛飛浮。鼎敗香山往，官輕靖節休。義門十世美，將業二王優。頃歲承平久，斯民習俗修。究心依學校，服力事田疇。獄淨苔荒砌，山深麥掛丘。共知忠義篤，肯陷矯誣羞。不料腥羶起（腥羶，《四庫全書》本作「戈鋋」），能令日月幽。雲屯滿赤縣，天意卒鴻溝。郡邑生荊棘，江湖識冕旒。竟捐形勢地，聚作虎狼陬（紹興初李成盜此）。昔計何勝辱，群生亦暫偷。奇功思赫赫，内治頗悠悠。法令中間弊，流移不可留（經界法行始有交居之弊，産去税存，德安一縣歲逃移千七百户）。未經真撫恤，還已困虔劉。對壘緣淮甸，長蛇致虜酋（致虜酋，《四庫全書》本作「集戟矛」）（金兵南下其臣有欲首取江州者）。雷聲忽天狗，旗尾又蚩尤。隔岸幾航葦，孤城亦綴斿。兵戈閒耒耜，戰艦奪松楸。天下雖同擾，江西又不侔。宿師惟此地（江南獨此屯戍），履畝倍他州（曹翰治江州獨用僞唐全税）。諸將紛紛是，攸司日日掊。文符競旁午，膏血罄誅求。戰闘連年永，瘡痍幾日瘳。孽芽中作梗，氣習遂成婾。情動穿墉鼠，風行借父耰（風俗舊淳今狡）。秉彝均物則，失德自乾餱。近世凡臨鎮（鎮，《四庫全書》本作「政」），何人解撫柔。帝爲輟近侍，人喜得賢侯。父子文章偉，君臣契分投。王言資潤色，國是仗謀猷（國是，《四庫全書》本作「國事」）。詩似丘傳鯉，書如固續彪。鳳毛宜鷟鷟，驥種自騂騮。增重依蓮幕，尤煩借箸籌。折衝皆婉畫，賜履又分憂。奕奕長江上，源源數路頭。若非煩柱石，何以鎮貔貅。南土驚新事，西清擁碧油。春風回野色，江月靜簾鉤。地借長城望，塵清奕世讎。有生皆固結，無士不冥搜（公下車之始即問姓名）。立國須才用，聞公鋭意收。龍門如可上，敢請與荀儔。（《四庫全書》本《義豐集》；《全宋詩》第五十册，第三一一一一頁）

《題東林一首（并序）**》**

遠公示寂讖記曰：「後七百年，當有肉身大士，革創吾道場。」晉義熙十二年八月六日也。元豐三年，先襄敏公請於朝，照覺總公，崇成法席，中燼野燒，今復一新，敬賦古風，仰致讚嘆。

屏迹敷淺原，注目香爐峯。飽聞送客溪，鼎新古梵宮。緬懷結社人，豈止避俗翁。一念薰戒香，千年仰玄蹤。蜂房始義熙，鳳歷當元豐。果有大士出，一與遺言同。堂堂照覺師，赫赫襄敏公。徹彼毗尼藏，揭我臨濟宗。元曰立成佛，坡曰僧中龍（坡曰，一作玻曰）。少林來於西，雙林振以東。冥數其理暗，野燒中宵紅。天遣真道人，夜役衆鬼工。幻出翬飛簷，化成雷吼鐘。神運儼若初，佛法豈有終。余生慕真乘，願力愧祖風。再窺拈花座，駭歎折草功。請續香山堂，老此平臺中。白撫生池蓮，青友夾澗松。永劫不出門，寂照涵虚空。（《四庫全書》本《義豐集》；《全宋詩》第五十册，第三一一一八頁）

智按：王阮，字南卿，德安（今屬江西）人。孝宗隆興元年（一一六三）進士，調都昌主簿，移永州教授。淳熙六年（一一七九），知新昌縣。光宗紹熙中知濠州，改知撫州。甯宗慶元初韓侂胄當政，聞其名，特命入奏，遣客誘以美官，王對畢即出關，侂胄怒，批旨予奉祠，於是歸隱廬山。嘉定元年卒。有《義豐集》一卷。《宋史》卷三九七、明嘉靖《九江府志》卷十三有傳。

李洪（一一二九～?）

《殤幼賦序》

余稚子直均，未字而夭，余與妻盛哭之，哀而不成聲。嗚呼！吾兒踰朞而能行，聰悟而敏慧，甫三歲，已能捉筆模字，效兄姊誦書不忘。生之歲月，時幹全甲，戊庚皆居寅，合於日之亥。不幸遇疾，余有五林之役，歸自外，疾革，視之，形神離矣。嗚呼痛哉！昔羊祜五歲探桑木，中金環，白樂天七月能識「之」「無」，古皆謂再來，嗟乎！人稟一真之性，幻滅幻生，汩於生死大苦海中，自非上根頓悟，通其夙命者，孰能超出輪迴？非幻不滅，而脫離生死，究竟真諦也哉！余視其母悲傷弗忍忘，作殤幼之詞，極於性命生死之說，塞余悲焉。(《四庫全書》本《芸庵類稿》卷一)

《慶陵季文尚書休致會者三十一人各賦詩》

尚書妙德望，曳履聞直聲。獻納雨露邊，斯文有統盟。重席侍經幄，藻鑒持銓衡。不憚推轂士，規摹漢西京。五色深補衮，三入厭承明。欻起尊鱸思，徑作吳松行。名位九牧聳，富貴一毫輕。徜徉霅溪上，結廬依化城。擺落軒冕累，白屋倒屣迎。實際契禪宗，虛靜合僊經。聖朝亟圖舊，世臣重典刑。蒼生望東山，鹽梅待調羹。引年章屢却，勇决非矯情。雍容進退間，夷惠和且清。出綸冠奎文，安車示尊榮。樂天宅池臺，翁仲金餘籯。公貴無留資，韓宣有卿名。時方需大老，復當佐昇平。它年秉旄地，堂上有奇兵。恢復還舊都，翠華駕云亭。賤子荷英盼，鍊句愧陰鏗。請歌公歸兮，盍使季札聽。(《四庫全書》本《芸庵類稿》卷一；《全宋詩》第四十三册，第二七一

三六頁）

《哭幼子二首》（其二）

苗而不秀實天年，亭近千秋瘞袓阡。季札於嬴稱達禮，樂天學佛尚成篇。情鍾我輩誠難遣，古有東門豈信然。恩重詎堪耘愛草，擬將苦諦問南泉。（《四庫全書》本《芸庵類稿》卷三；《全宋詩》第四十三册，第二七一六三頁）

《子都録示近作成白體一首奉寄》

别日江梅半透春，梨花開後獨愁人。欲將芳草萋萋恨，寄向滄江六六鱗。兩處吟當看雪夜，數篇抄值落花晨。未輸謝客池塘夢，千里賡酬句要新。（《四庫全書》本《芸庵類稿》卷四）

《沈時仲畫贊有序》

錢唐沈時仲，老成篤學。予頃官海昌，即與之游。乾道乙酉，訪予于都城，因出寫照，時踰耳順，談古今，閲細書，雖少壯所不逮，一時輩流，皆騫騰不肯俛首求仕，以衡嶽禄隱自佚因為贊之。鶴髪緇衣，香山之皤叟；幅巾植杖，斜川之逸民。腹有萬卷書，而羞折腰于五斗；年開第八秩，而獨尋樂于天真。彼忌鵬畏犧，全生者益寡，則求田問舍，自放于寂寞之濵。（《四庫全書》本《芸庵類稿》卷六）

智按：白居易《寫真》詩：「勿嘆韶華子，俄成皤叟仙。」

《石碣傳》

石碣，字文炳，其先居岐山，周宣王太史籀從王蒐于岐陽，得礬昆弟十人薦，見稽蒼頡鳥跡之制，誦及逸詩，其詞古雅，遂封于岐周，末無知者，隱居草澤。裔孫篆，始皇時為丞相李斯舍人。二十六年初，并天下，命篆以昆吾刻和氏璧，為受命璽，拜尚璽郎將，講封禪東行郡縣，上鄒嶧山，既封泰山，禪梁父，諸儒稱頌功德，斯獨奏篆文最工，刻石泰山，第功封倫侯，後從上會稽，探禹穴，遂不知所終。劉項戰争，高皇帝馬上得天下，獨萬石君以戚里顯，後漢中郎蔡邕以經籍去聖人遠，文字多謬，俗儒穿鑿，疑誤後學，乃奏求正訂六經，置大學……晚為姚元崇賄玩所賣，終身恨之，顔魯公真卿、元道州結，文翰表世，嘗共游浯溪，頌中興，咤曰：名字託石生，信磨不磷，湼不淄矣。其見重如此，至于王公家廟德政，佛老祠宇所至，每加礱礪折衷，厥後昌黎韓愈主盟，古學少許可，亦稱仰如泰山，晚節詆訶浮屠，乃諛墓中人，取白金，佐淮西軍，見仆于石烈士。石氏重厚衰矣。在嶧山，有棗氏子肥，謂石氏自出，尚有典刑，嘗見詩人杜子美，或謂遭野火焚死，今無聞焉，贊曰：石氏苗裔尚矣，衛大夫碏，列於春秋，秦漢以来，嗣續多賢，文采不泯，廬陵歐陽子會稡金石，刻辭至千卷，嗚呼盛哉！至碣之嗣，亦可謂卓犖巨人矣。惟白居易賦北邙寓諷，而皮日休亦悲野廟，蓋警夫竊弁纓而尸禄位，抑所以責備賢者，後之君子，盍思自勉于不朽歟！（《四庫全書》本《芸庵類稿》卷六）

智按：李洪，字可大，揚州（今屬江蘇）人。正民子。宋室南渡後僑寓海鹽、湖州。高宗紹興二十五年（一一五五），官監鹽官縣稅。孝宗隆興元年（一一六三），為永嘉監倉。未幾，奉召入臨安任京職，官終知藤州。有《芸庵類稿》二十卷，已佚。清四庫館臣據《永樂大典》輯為六卷。生平見宋陳貴謙《芸庵類稿序》及本集詩文。

朱熹（一一三〇～一二〇〇）

《朱子語類》

問「知至而後意誠」。曰：「知則知其是非。到意誠實，則無不是，無有非，無一毫錯，此已是七八分人。然又不是今日知至，意亂發不妨，待明日方誠。如言孔子『七十而從心』，不成未七十心皆不可從！只是説次第如此。白居易詩云：『行年三十九，歲暮日斜時。孟子心不動，吾今其庶幾！』詩人玩弄至此！」可學。璘録别出。（卷十五）

舜功問：「致知、誠意是如何先後？」曰：「此是當初一發同時做底工夫，及到成時，知至而後意誠耳。不是方其致知，則脱空妄語，猖狂妄行，及到誠意方始旋收拾也。孔子『三十而立』，亦豈三十歲正月初一日乃立乎！白樂天有詩：「吾年三十九，歲暮日斜時。孟子心不動，吾今其庶幾！』此詩人滑

稽耳!」璘。(卷十五)

晉人詩惟謝靈運用古韻，如「祐」字協「燭」字之類。唐人惟韓退之、柳子厚、白居易用古韻，如《毛穎傳》「牙」字、「資」字、「毛」字皆協「魚」字韻是也。人傑。(卷一百四十《論文》下「詩」)

「行年三十九，歲莫日斜時。孟子心不動，吾今其庶幾!」此樂天以文滑稽也。然猶雅馴，非若今之作者村里雜劇也！方子。佐同。(卷一百四十《論文》下「詩」)

白樂天《琵琶行》云「嘈嘈切切錯雜彈，大珠小珠落玉盤」云云，這是和而淫；至「淒淒不似向前聲，滿坐重聞皆掩泣」！這是淡而傷。道夫。(卷一百四十《論文》下「詩」)

唐文人皆不可曉。如劉禹錫作詩，説張曲江無後，及武元衡被刺，亦作詩快之。白樂天亦有一詩暢快李德裕。樂天，人多説其清高，其實愛官職。詩中凡及富貴處，皆説得口津津地涎出。杜子美以稷、契自許，未知做得與否？然子美卻高，其救房琯，亦正。必大。(卷一百四十《論文》下「詩」)

《山北紀行十二章章八句》

……深尋兩林間，清波貫華屋。蓮社有遺蹤，草堂非舊築。修廊餘古刻，好醜雜珉玉。亦復記經行，深慙後人讀。(五日下山，至東西林兩寺，相去不百步。一溪清駛，橫貫其間，皆自方丈前南廡下過，他處所無有也。白蓮池在東林法堂前，白公草堂基在寺東，久廢，近歲復刱數椽，制殊狹陋，然亦非其正處矣。是日題名，屬寺僧刻於咸通莊田記石)……(《四庫全書》本《晦庵集》卷七)

《偶讀漫記》

韋蘇州集載秦系詩，自署東海釣客，試秘書省校書郎，而詩有「久卧雲間已息機，青袍忽著狎鷗飛」之句，蓋系嘗隱泉州九日山，故有東海之號。「青袍忽著」，自謂其新授校書郎爾。故韋和詩云:「知掩山扉二十秋，魚須翠碧弄床頭。」正答其意也，或者乃謂青袍翠碧，皆為韋發，既失詩意，又謂唐刺史不借服色，則又誤矣。牛叢對宣宗云:「臣今服緋，是刺史所借。」而白樂天忠州被召時詩，言之極詳，何考之不審耶？(《四庫全書》本《晦庵集》

卷七十一）

《開阡陌辨》

《漢志》言秦廢井田，開阡陌。說者之意，皆以「開」爲開置之開，言秦廢井田而始置阡陌也。故白居易云：「人稀土曠者，宜修阡陌；户繁鄉狹者，則復井田。」盖亦以阡陌爲秦制，井田爲古法，此恐皆未得其事之實也。按阡陌者，舊說以為田間之道，盖因田之疆畔，制其廣狹，辨其横從，以通人物之往來，即《周禮》所謂「遂上之徑，溝上之畛，洫上之涂，澮上之道」也。然《風俗通》云：「南北曰阡，東西曰陌。」又云：「河南以東西爲阡，南北為陌。」二說不同。今以遂人田畝、夫家之數考之，則當以後說為正。盖陌之爲言，百也。遂洫從，而徑涂亦從，則遂間百畝，洫間百夫，而徑涂為陌矣；阡之為言，千也。溝澮横，而畛道亦横，則溝間千畝，澮間千夫，而畛道爲阡矣。阡陌之名，由此而得。至於萬夫有川，而川上之路，周於其外，與夫《匠人》井田之制，遂、溝、洫、澮，亦皆四周，則阡陌之名，疑亦因其横從而命之也。然遂廣二尺，溝四尺，洫八尺，澮二尋，則丈有六尺矣。徑容牛馬，畛容大車，塗容乘車一軌，道二軌，路三軌，則幾二丈矣。此其水陸占地，不得為田者頗多，先王之意，非不惜而虚棄之也，所以正經界，止侵爭，時蓄泄，備水旱，為永久之計，有不得不然者，其意深矣。……（《四部叢刊》本《晦庵先生朱文公文集》卷七十二）

《西江月》

睡處林風瑟瑟，覺來山月團團。身心無累久輕安。況有清池涼館。
句穩翻嫌白俗，情高卻笑郊寒。蘭膏元自少陵殘。好處金章不换。（《四部叢刊》本《晦庵先生朱文公文集》卷十；《全宋詞》第一六七三頁）

智按：朱熹，字元晦，一字仲晦，號晦庵、晦翁、考亭先生、雲谷老人、滄洲病叟、遯翁，祖籍徽州婺源（今屬江西），生於南劍州尤溪（今屬福建）。高宗紹興十八年（一一四八）進士，授泉州同安主簿。罷歸請祠，監潭州南嶽廟。孝宗朝，歷官秘書郎，知南康軍，直秘閣，提舉江西、浙東常平茶鹽，江西提刑，秘閣修撰。光宗即位，知漳州。紹熙四年（一一九三），知潭州兼荊湖南路安撫。甯宗即位，除焕章閣待制兼侍講，尋提舉南京鴻慶宫。慶元二年（一一九六），韓侂胄專政，行僞學黨禁，落職罷祠。六年，卒，年七十一。嘉定二年（一二〇九），追謚文。生平見《勉齋集》卷三十六《文公朱先生行狀》，《宋史》四二九有傳。

袁樞（一一三一～一二〇五）

《通鑑紀事本末》

上遣中使諭王承宗，使遣薛昌朝還鎮。承宗不奉詔。冬，十月，癸未，制削奪承宗官爵，以左神策中尉吐突承璀為左、右神策、河中、河陽、浙西、宣歙等道行營兵馬使、招討處置等使。翰林學士白居易上奏，以為：「國家征伐，當責成將帥，近歲始以中使為監軍。自古及今，未有徵天下之兵，專令中使統領者也。今神策軍既不置行營節度使，則承璀乃制將也。又充諸軍招討處置使，則承璀乃都統也。臣恐四方聞之，必輕朝廷；四夷聞之，必笑中國。陛下忍令後代相傳云以中官為制將、都統自陛下始乎？臣又恐劉濟、茂昭及希朝、從史乃至諸道將校皆恥受承璀指麾，心既不齊，功何由立！此是資承宗之計而挫諸將之勢也。陛下念承璀勤勞，貴之可也；憐其忠赤，富之可也。至於軍國權柄，動關理亂，朝廷制度，出自祖宗，陛下寧忍徇下之情而自隳法制，從人之欲而自損聖明，何不思於一時之間而取笑於萬代之後乎！」時諫官御史論承璀職名太重者相屬，上皆不聽。戊子，上御延英殿，度支使李元素、鹽鐵使李鄘、京兆尹許孟容、御史中丞李夷簡、諫議大夫孟簡、給事中吕元膺、穆質、右補闕獨孤郁等，極言其不可。上不得已，明日，削承璀四道兵馬使，改處置為宣慰而已。（《四部叢刊》景宋刻大字本《通鑑紀事本末》卷三十四）

智按：袁樞，字機仲，建安（今福建建甌）人。孝宗隆興元年（一一六三）進士。乾道七年（一一七一）除太學録，出為嚴州教授。撰《通鑑紀事本末》成，以大宗正簿召，遷太府丞，兼國史院編修官。淳熙九年（一一八二）遷軍器少監，出提舉江東常平茶鹽，改知處州。入為大理少卿，因事貶秩。光宗紹熙元年（一一九〇）知常德府。甯宗慶元元年（一一九五），知江陵府，尋罷，自是閒居十載。開禧元年卒，年七十五。《宋史》卷三八九有傳。

張孝祥（一一三二～一一六九）

《琵琶亭》二首

江州司馬舊知音，流落江湖感更深。萬里故人明月夜，琵琶不作亦沾襟。

潯陽江上琵琶月，彭澤門前楊柳風。兩賢抵許不相似，哀樂雖殊吾意同。(《四庫全書》本《于湖集》卷十一；徐鵬校點《于湖居士文集》，第一一一頁；《全宋詩》第四十五册，第一七七九六頁)

《減字木蘭花・琵琶亭林守王倅送別》

江頭送客，楓葉荻花秋瑟瑟（《全宋詞》作索索)。弦索休彈，清淚無多怕濕衫。　　故人相遇，不醉如何歸得去。我醉忘歸（《全宋詞》作望歸)，烟滿空江月滿堤。(《四庫全書》本《于湖集》卷三十四；徐鵬校點《于湖居士文集》，第三四八頁；《全宋詞》第一七一〇頁)

智按：張孝祥，字安國，號于湖居士，歷陽烏江（今安徽和縣東北）人。高宗紹興二十四年（一一五四）進士第一。方第，即上疏言岳飛冤獄，忤秦檜，授簽書鎮東軍節度判官。檜死，召為秘書省正字，累遷起居舍人、權中書舍人，為御史中丞汪徹劾罷。尋起知撫州。孝宗即位，知平江府。召為中書舍人，遷直學士院兼都督府參贊軍事。領建康留守。力贊張浚主戰，為宰相湯思退所忌，以張浚黨落職。思退罷，起知靜江府兼廣南西路經略安撫使，復以言者罷。俄起知潭州，權荊湖南路提點刑獄，遷知荊南、荊湖北路安撫使。乾道五年（一一六九），因疾力請歸養侍親，以顯謨閣直學士致仕。五年，卒。有《于湖集》四十卷。事見本集附録《宣城張氏信譜傳》，《宋史》卷三八九有傳。

釋崇嶽（一一三二～一二〇二）

《偈頌一百二十三首》（其六一）

五祖老人好語，只爲探頭太過。香山有箇方便，也要諸人共知。透得金剛圈，細嚼鐵餕餡。一飽忘百飢，始信不相賺。（《全宋詩》第四十五册，第二七八一九頁；《續藏經》第一二一册，中國撰述·禪宗語録别集部，新文豐出版股份有限公司，一九九四年十二月版，第五九二頁）

智按：釋崇嶽，號松源，俗姓吴，處州龍泉（今屬浙江）人。二十三歲受戒於大明寺。首謁靈石妙禪師，繼見大慧杲禪師於徑山。孝宗隆興二年（一一六四），得度於臨安西湖白蓮精舍，此後遍歷江浙諸老宿之門。後入閩見乾元木庵永禪師，逾年，見密庵於衢之西山，從之移蔣山、華藏、徑山。密庵遷靈隱，命為首座。不久出世於平江府陽山澄照寺。後徙江陰軍君山報恩之光孝寺、無為軍冶父山實際寺、饒州薦福寺、明州香山智度寺、平江府虎丘山雲岩寺。甯宗慶元三年（一一九七），詔住臨安府景德靈隱寺，居六年，道盛行，得法者眾。嘉泰二年卒，年七十一。為南嶽下十八世，密庵傑禪師法嗣。有《松源崇嶽禪師語録》二卷，收入《續藏經》。生平見《語録》及所附陸游撰《塔銘》。

陳造（一一三三～一二〇三）

《題陳主管奥廣樓》

卷舒樂天游，仕宦甘吏隱。吾宗大雅士，爲學先究本。樓居盤礴地，超然寄妙藴。沉沉一機深，納納萬象泯。人方窺端倪，我自絕畦畛。胡寧山川麗，詩卷規束攟。彼哉狹且露，之世坐拘窘。曹焉登斯樓，不博粲然䫜。（《四庫全書》本《江湖長翁集》卷四；《全宋詩》第四十五册，第二七九九〇頁）

《贈鹽城諸友》

鹽城偪海，不可井飲。城西有池，甚近，人狃習俗，置不省，袪蔽起俗，非當官君子不可，且舟致之易足，意為此必有道，不然無為貴政術矣。長句呈二三友，或可以告為邑者也。

泉脈不通海濱土，人家轆轤上鹹鹵。新秔本自玉爲粒，薦熟便如猩血煮。初嘗已嘆失香味，久食更憂戕肺腑。城西禆海百頃寬，紺碧瀰瀰含霧雨。我者艤梔酌清泠，潔比盤冰味牛乳。得非天意補此乏，跬步可斢殊不苦。但令十舟玄津致，坐遣千室皆甘茹。迄今俗習不自拔，如食置傍飢不取。銅章師帥盡時賢，盍有教條祛惰窳。君不見樂天六筦挽西湖，惠利可容今愧古。（《四庫全書》本《江湖長翁集》卷八；《全宋詩》第四十五册，第二八〇四五頁）

《琵琶亭》

抱愁莫遣朱絃鳴，此聲更與愁人聽。江邊一聞琵琶語，月慘風悽如動情。何况思婦傷幽獨，少年多藝顔如玉。江州司馬廊廟人，暮上諫書朝放逐。輕攏細撚忍淚彈，開樽側耳思惘然。一詩説盡兩心事，遺音翻入歌舞筵。此翁詩名自千古，誦詩亦歎琵琶女。誰惜亭前泊舟客，頗為漂零動悽楚。鄰家故妓春風手，此曲每侑澆愁酒。今宵月影秖三人，倚欄長嘯空搔首。（《四庫全書》本《江湖長翁集》卷八）

《次韻高殿撰題東山》

廬山佳處雲英英，鶴歸誰識丁佐卿。東林遺址倏興廢，未害諸老傳清名。向來杖屨孰游歷，猿鳥近人鷗不驚。樂天本願祇兜率，思邈不忘聽化城。一從棘位復帥閫，晉酌白獸懸旄旌。先生本自遠公輩，夢繫蓮社松竹行。即今上品已補處，妙句留并山崢嶸。未下飲光領一笑，曾是圓澤論三生。何人著語嗣絕響，浪許伯起新有聲。尚憶詩翁運椽筆，坐排九派咸東傾。（《四庫全書》本《江湖長翁集》卷九；《全宋詩》第四十五册，第二八〇六九頁）

《徐南卿招飯》（其三）

白晝曲肱睨東壁，鸒斯空復賊糧食。晚途自笑硯生埃，少日頗嘗韋串册。生世恐隨草木腐，忍使功言兩無得。長安寧無翕絶者，自疑有鐵關腰膝。樂天任運時近酒，子房逃榮猶却粒。求窮我者迄未知，夫此誰怨夫誰德。擬訪鶯花豁襟抱，門外雨餘泥一尺。山陰不待興盡回，掠面東風寒策策。（《四庫全書》本《江湖長翁集》卷九；《全宋詩》第四十五册，第二八〇七一頁）

《病中書懷二首》

少日清孤效樂天，諫書未落世間傳。曾圓八節灘頭夢，重了三生石上緣。雪竹霜林便老境，蒲團禪板付臞仙。詩篇把玩真聊爾，古井無波敢自賢。

促促浮生忽二毛，安心有法賴禪逃。夢知二豎今相避，仇問三彭底許饕。世路從今蝸兩角，燈窗姑置兔千毫。破顔細點功名録，秖許淵明酒處高。（《四庫全書》本《江湖長翁集》卷十二；《全宋詩》第四十五册，第二八一二五頁）

《寄鄉中親舊》

攜書憶上上江船，撚指官曹欲二年。白傅病多空自歎，老坡仙去却虚傳。人生脩短庸非命，我判浮休不問天。來歲過君定驚笑，尚堪詩酒與周旋（鄉中有傳僕物故者）。（《四庫全書》本《江湖長翁集》卷十二）

《再次韻贈張德恭》（其一）

老尋詩法得良朋，轉處驪珠悟後僧。帝所宫商中夜奏，仙盤沆瀣未秋凝。樂天不幸逢元稹，季友而來有彦升。交手當家親父子，爲君别本記傳燈。（《四庫全書》本《江湖長翁集》卷十四；《全宋詩》第四十五册，第二八一五二頁）

《贈黄國器二首》其二（予仕窮山故人黄國器亦奔走湖湘予官滿相值鄂渚敘舊喜甚約連舟東歸二詩贈之）

簿書叢裹久囚拘，鷗鷺羣邊忽自如。白傅已甘多病過，安仁况復悼亡餘。歸田且辦充腸米，遮眼非無插架書。如子功名方廹逐，未應偕我問樵漁。（《四庫全書》本《江湖長翁集》卷十五）

《題九老圖二首》

凉亭燠館塵埃外，野鳥溪花俎豆前。但愛林泉映華髮，豈知勛烈載青編。

帝憐憂國許歸田，猶得幽居俯澗瀍。應笑詩人賦招隱，茹芝帶索只臞僊。（《四庫全書》本《江湖長翁集》卷十九）

《小菟裘記》

進而忘退，古今墮此病。曷其病？夫彼惟知賤不如貴，貧不如富，閑寂幽獨，不如頤指如意；冒譏評不暇顧，獨不知屈不如信也，宜其病！食禄而乘其車，恂慄乎職業之或墮，疢懷乎上官大吏之訶譴詰奭，而陰忌旁嫉不皆無，仕而得歸，心休休焉。此累冰釋，信於久屈，信可賀！士顧瞢此，所以多可議。父子出關東歸，時人感歎或泣，二疏所以獨稱於漢也。張公仲思賢而才，齒髮未衰，聲望方隆，士論所期，未副千一，名所居則曰「小菟裘居」，為他日歸老計。夫以好進者之鋭且多也，士之退者，君子貴之。適可進而預計其退，其賢於人尤遠。繼此鼎彝竹帛，深刻屢書，幅巾西歸，吾知不待孔戣之「二宜去」，不貽譏樂天之《秦中吟》，客間謝道兒，亦無庸聲其喙。(《四庫全書》本《江湖長翁集》卷二十一)

智按:《新唐書·孔戣傳》:「穆宗立，以吏部侍郎召，改右散騎常侍，還為左丞，以老自乞。雅善韓愈，謂曰:『公尚壯，上三留，何去之果?』戣曰:『吾豈要君者? 吾年，一宜去；吾為左丞，不能進退郎官，二宜去。』愈曰:『公無留資，何恃而歸?』曰:『吾負二宜去，尚奚顧子言?』」樂天之《秦中吟·不致仕》:「七十而致仕，禮法有明文。何乃貪榮者，斯言如不聞? 可憐八九十，齒墜雙眸昏。朝露貪名利，夕陽憂子孫。掛冠顧翠緌，懸車惜朱輪。金章腰不勝，傴僂入君門。誰不愛富貴? 誰不戀君恩? 年高須告老，名遂合退身。少時共嗤誚，晚歲多因循。賢哉漢二疏，彼獨是何人? 寂寞東門路，無人繼去塵。」《宋書·謝述傳》:「述字景先，少有志行，……元嘉二年，徵拜中書侍郎。明年，出為武陵太守，彭城王義康驃騎長史，領南郡太守。……尚書僕射殷景仁、領軍將軍劉湛並與述為異常之交。美風姿，善舉止，湛每謂人曰:『我見謝道兒，未嘗足。』道兒，述小字也。……述有心虚疾，性理時或乖謬。除吳郡太守，以疾不之官。病差，補吳興太守。在郡清省，為吏民所懷。十二年，卒，時年四十六。喪還京師，未至數十里，殷景仁、劉湛同乘迎赴，望船流涕。十七年，劉湛誅，義康外鎮，將行，歎曰:『謝述唯勸吾退，劉湛唯勸吾進，今述亡而湛存，吾所以得罪也。』太祖亦曰:『謝述若存，義康必不至此。』」

《遊山後記》

杭人喜遨，蓋自《緩緩歸曲》始盛，而極于今。今爲帝都，則其益務侈靡相誇，佚樂自肆也宜。……凡羈人俠客，與夫遺埃墟、工賦詠者，尤不能忘情於此。使其遠於闤闠，非作意聚糧莫至，則樂不償勞，雖所欲，將不能不然。見於六一翁之記，而聲於白、蘇二公之清詩妙曲，何其誦詠褒予之不小靳耶？予尚留計時泛湖波，且涉其瀕以細訪，緩閱其煙水嵐霏清麗勝絶之趣，以滿酬夙素。以予揆之，則杭人之俗未易可議。紹興（智按：疑當作紹熙）元年二月二十二日。（《四庫全書》本《江湖長翁集》卷二十二；《全宋文》二〇〇六年版第二五六册，卷五七六五，第三七五頁）

《題長慶集》

樂天人中龍，其學粹詣（一作「其學詣粹」，是）。其操守卓偉，盡愛君憂人之心，而不害為放達超勝。讀其遺文，如挹清揚，而親譚麈也。此板在平江公庫，歲久漫滅，予以意補葺之，遂為嘉本。時與蒙莊宣公之書，表裏誦之，莫知其孰為優劣也。（《四庫全書》本《江湖長翁集》卷三十一；明仁和李之藻校，梅廷玉刊本《江湖長翁文集》卷四十一）

《題長慶集》

樂天一代鉅儒，讀天下書無遺，而發諸其用，其道自事君行身，即功揚名，有餘裕矣。會粹此書，淑諸人，法後世，偉哉，可師仰也。此本板在四明，予印得之，暇輒課數紙，振發舊聞之遺忘者，其益不貲。其間差誤，亦改定一二，紙緊好，壽百年未艾也。子孫其寶之。（《四庫全書》本《江湖長翁集》卷三十一；明仁和李之藻校，梅廷玉刊本《江湖長翁文集》卷四十一）

《寄柴教授啓》

楓陛臚傳，竊有聯名之喜；芹宫教事，偶叨交印之榮。……某官器凝塵表，價擅斗南，粹然冰玉之天資，副以淵源之家學。胷中河漢，蟠五千卷而有餘；筆底煙雲，眇二百年而無此。家誦太冲之賦，人知白傅之名。小淹簿領之司，旋試師儒之職，惟此邦蕞爾之甚陋，而名士向來之獨多。……（《四庫全書》本《江湖長翁集》卷三十七）

《答潘解元啓（潘石湖甥）》

滿聽粲花之論，徐披振綺之文。種種擅長無忌，固知似舅，諄諄見屬柳子，豈堪為師。雅意莫酬，厚顏可諱。某人儒林挺秀，學海窮源，犀一角以標奇，軀五揔而擅富。外家書傳，向來親得於傳衣；平世功名，政恐不容於袖手。况石湖老仙之重望，廼香山居士之後身。語默繫夷夏之觀瞻，欬唾為天人之珍祕。……（《四庫全書》本《江湖長翁集》卷三十七）

《鹿鳴宴致語》

鶚牘登名，庸餞觀光之客；鹿鳴侑酒，式將勸駕之誠。挽春意於壺天，圍香風於錦席，初筵有秩，樂事可涯。恭惟某官，名世鉅儒，爽邦哲輔，陳陳胷次。……惟姑蘇之名郡，據浙水之上游。物阜民蕃，地靈人傑，文風比屋，尚白樂天、韋應物之餘；名教百年，儼范文正、胡安定之舊。雖再占褎然之選，方競蜚作者之聲。矧海潮尚過於維亭，而魁宿未離於吳分，佇異人之輩出，副明詔之旁求。……（《四庫全書》本《江湖長翁集》卷四十）

智按：陳造，字唐卿，高郵（今屬江蘇）人。孝宗淳熙二年（一一七五）進士，調太平州繁昌尉。歷平江府教授，知明州定海縣，通判房州並權知州事。房州秩滿，為浙西路安撫司參議，改淮南西路安撫司參議。自以轉輾州縣幕僚，無補於世，置江湖乃宜，遂自號江湖長翁。甯宗嘉泰三年卒，年七十一。有《江湖長翁文集》四十卷，由子師文刊刻行世，陸游為之序，已佚。明神宗萬曆四十六年（一六一八）仁和李之藻獲抄本，與秦觀集同刊於高郵。生平見本集卷首自序及元申屠駉《宋故淮南夫子陳公墓誌銘》。

周去非（一一三四～一一八八）

《嶺外代答》

⊙秦吉了

秦吉了，如鴝鵒，紺黑色，丹味黃距，目下連項，有深黃文。頂毛有縫，如人分髮。能人言及咳嗽謳吟，聞百蟲音，隨輒效學，比鸚鵡尤慧。大抵鸚鵡聲如兒女，秦吉了聲則如丈夫。出邕州溪峒中。《唐書》：「林邑出結遼鳥。」林邑，今占城，去邕欽州，但隔交址，疑卽吉了也。白樂天《諷諫》又自有《秦吉了》詩。（《四庫全書》本《嶺外代答》卷十）

智按：周去非，字直夫，永嘉（今浙江溫州）人。孝宗隆興元年（一一六三）進士。歷欽州教授、靜江府通判。官終紹興府通判（明弘治《溫州府志》卷一三）。有《嶺外代答》十卷。

何異（一一三四～一二一四）

《周文忠公（必大）祭文》

凡寓形於大化，委一粒於萬鍾。嗟分量之不齊，紛嬴踦之靡同。或昌於文，而功不足以及物；或侈於爵，而名不足以垂鴻。或身之清，而福未必厚；或施之豐，而報未必隆。故蕭、曹功足以造漢，而無丹青之黼藻；班、揚文足以華國，而無鐘鼎之勲庸。香山之白傅，清名輝映於千古，而未能捐乎聲色之累；緑野之裴公，冀從容於晚歲，而猶凜凜乎風波之衝。偉我公之全德，眇千萬而一逢。登庸亮采，為四朝之元老，而猶克勤於小物；潤色皇度，定一王之成法，而了不見於矜容。……（《四庫全書》本《文忠集》附録卷一）

智按：何異，字同叔，號月湖，撫州崇仁（今屬江西）人。高宗紹興二十四年（一一五四）進士。調石城主簿。孝宗淳熙十年（一一八三）知萍鄉縣。歷監察御史，右正言，浙西提點刑獄，知夔州兼本路安撫。甯宗嘉定元年（一二〇八），召為刑部侍郎，權工部尚書。出知泉州，旋致仕。卒年八十一。有《月湖詩集》，已佚。《宋史》卷四〇一有傳。《祭文》署「朝請大夫寶謨閣待制知潭州何異撰。」

周孚（一一三五～一一七七）

《寄蘇庭藻二首》（其二）

雙井原頭秋草合，峨眉山下莫煙深。看人競改元和格，期子重賡正始音。高論與時終落落，新詩過我太駸駸。著鞭一語君須記，世事由来畏有心。（《四庫全書》本《蠹齋鉛刀編》卷四）

智按：周孚，字通道，先世濟南（今屬山東），寓居丹徒（今屬江蘇）人。孝宗乾道二年（一一六六）進士，登第十年始官真州教授。淳熙四年卒於官，年四十三。曾著書駁鄭樵《詩辨妄》。有《蠹齋鉛刀編》三十卷、《非詩辨妄》二卷。事見《嘉定鎮江志》附録、《至順鎮江志》卷十八。

王質（一一三五～一一八九）

《何處難忘酒》

何處難忘酒？蠻夷大不庭。有心扶白日，無力洗滄溟。豪傑將斑白【「斑」原作「班」，據張端義《貴耳集》引文校改】，功名未汗青。此時無一盞，壯氣激雷霆。

何處難忘酒？奸邪大陸梁。腐儒空有鄙【《貴耳集》作「腐儒還有鄙」】，好漢總無張。曹趙扶開寶【《貴耳集》作「曹趙扶開國」】，王徐賣靖康。此時無一盞，淚與海茫茫【《貴耳集》引此詩作「淚滴海茫茫」】。

何處難忘酒？英雄太屈蟠。時違聊置畚，運至即登壇。梁甫吟聲苦，干將寶氣寒。此時無一盞，拍碎石闌干【《叢書集成初編》及《四庫全書》本《雪山集》卷十三、張端義《貴耳集》均作「拍碎玉闌干」】。

何處難忘酒？生民太困窮。百無一人飽，十有九家空。人説天方解，時和歲自豐。此時無一盞，入地訴英雄。（《四庫全書》本《桯史》卷四）

智按：師法白樂天《何處難忘酒》詩（《白氏長慶集》卷五七）。

《西江月》（和王道一韻促畫屏）

蹙蹙紅中烟潤，梢梢翠尾風斜。閑軒幽樹少啼鴉。此處最宜君畫。
望眼不知天闊，歸心常恨山遮。見君江浦到蘆花。意在琵琶亭下。（軒外有石榴芭蕉，壁間有所畫江浦蘆鴈）（《全宋詞》第一六三八頁；《四庫全書》本《雪山集》卷十六）

《滿江紅》（春日）

慘淡輕陰，都養就、朱朱白白。最好是、梨花帶雨，海棠映日。暖霧烘成芳草色，嬌風分與垂楊力。聽紅邊、翠杪囀清圓，曾相識。　　春緒亂，還如織。春夢斷，還堪覓。看青梅下有，游人嘖嘖。愛酒正香須滿泛，憐花太嫩休輕摘。把領巾、收聚衆香濃，憑風立。（《全宋詞》第一六四三頁；《四庫全書》本《雪山集》卷十六）

《詩總聞》

總聞曰：古稱昏亂之時，如幽，如厲，蓋無以加也。然觀發為篇章，抒為歌咏，有不諱之朝所難言者，至唐猶有此風，白居易、元稹反以此得名，而時君世貴未有遑憾者也，至其亡也，鄭綮猶以此結，驟知躐大位，古風雖替而未盡絶也。自後有造詩獄，有興史禁，有嚴著書之科，有峻尺牘之律，讀詩，可興嘆也。（清武英殿聚珍版叢書本《詩總聞》卷十九）

智按：王質，字景文，號雪山，其先鄆州（今山東東平）人，後徙興國軍（今湖北陽新）。年二十三游太學，與九江王阮齊名。高宗紹興三十年（一一六〇）進士，召試館職，為言者論罷。先後入汪澈荊襄、張浚江淮幕。孝宗乾道二年（一一六六），入為太學正，旋以建言罷。會虞允文宣撫川陝，辟質偕行。入為敕令所删定官，遷樞密院編修官，時虞允文當國，薦可右正言，復為曾覿所沮，出通判荊南府，改吉州，皆不行，奉祠山居。淳熙十六年卒，年五十五。有《雪山集》、《紹陶録》、《詩總聞》等傳世。生平見《雪山集》卷首王阮序、卷五《退文序》、卷八《與趙丞相書》，《宋史》卷三九五有傳。

方崧卿（一一三五～一一九四）

《洪興祖韓子年譜·元和十年辯證》

《衛府君墓誌》，今本皆作「衛之玄」，故洪（興祖）從之。閣本舊本只作「君諱某字某，葬某處某所」，蓋公誌初成本文也。及質之善本，則「君諱某」者，實中立也，非之玄也。衛晏三子，長之玄，字造微；次中立，字退之；次中行，字大受。……墓誌首云「兄弟三人」，後只云「與弟中行别」，則其為中立誌無疑矣。中立餌奇藥，求不死，而卒死。故白樂天詩謂「退之服硫黄，一病訖不痊」者，乃中立也。孔毅夫、陳無己之徒皆指以為公晚年惑金石藥，獨近世李季可謂公長慶三年作《李干墓誌》，力詆六七公皆以藥敗，明年則公卒，豈咫尺之間身試其禍哉！……況白氏所紀退之、微之、杜子、崔君三四公，蓋非皆有聞於時者，適以中立字之偶同，遂歸過於公。千載之誣，庶自茲一洗，故敢並及之。（《韓文類譜》卷四，徐敏霞校輯《韓愈年譜》，第六二頁～六三頁）

智按：方崧卿，莆田（今屬福建）人，孝宗時嘗知台州軍事。

程洵（一一三五～一一九六）

《薛使君生日》

春來一雨不終日，處處野田龜兆坼。使君閔雨雨應期，插水新秧緑如織。人言秧好歲定豐，民感使君慈父同。生朝共上千歲壽，酒酌流霞花裊紅。使君爲德豈但此，念念愛民如愛子。陰功無數只天知，報以長年固其理。青衫短簿人莫知，索米不充方朔飢。香山松鶴舉無有，但采民言成頌詩。（《全宋詩》第四十六册，第二八九〇六頁）

智按：程洵，字欽國，後更字允夫，號克庵，婺源（今屬江西）人。朱熹内弟，從熹學，家有道問學齋，熹為之易名為尊德性齋。累舉進士不第，後以特恩授信州文學，歷衡陽主簿、吉州録事參軍。甯宗慶元二年卒於官，年六十二。著作不見著録，明嘉靖九年（一五三〇）裔從孫程資得敝稿於其伯父孟河家，並由其友梅鶚補脱訂訛，刊為《尊德性齋小集》三卷。生平見本集卷首程資序及補遺程曈《程克庵傳》。

趙公豫（一一三五～一二一二）

《琵琶亭》

誰把琵琶清夜彈，香山靜聽譜無難。江州自古成佳話，亭上於今美大觀。溢浦新流春漲碧，匡廬徐轉朔風寒。游人不乏留題興，孰擅騷情踞坫壇？（《四庫全書》本《燕堂詩稿》；《全宋詩》第四十六册，第二八九四二頁）

智按：趙公豫，字仲謙，常熟（今屬江蘇）人。高宗紹興二十四年（一一五四）進士。調無為尉。歷知仁和縣、餘姚縣、高郵軍、真州、常州、提舉浙東常平茶鹽，江東轉運副使，官至集英殿修撰，以寶謨閣待制致仕。甯宗嘉定五年卒，年七十八。有《燕堂類稿》等，已佚，今存《燕堂詩稿》一卷。《重修琴川志》卷八有傳。

桑世昌（一一三五？～一二二四後）

《回文類聚》

⊙《遊紫霄宫》【藏頭拆字詩 七言八句】白居易

水洗塵埃道味嘗，甘於名利兩相忘。心懷六洞丹霞客，口誦三清紫府章。十里採蓮歌達旦，一輪明月桂飄香。日高公子還相覓，見得山中好酒漿。（《四庫全書》本《回文類聚》卷二；《全唐詩續拾》卷二十八）

智按：《回文類聚》此詩爲環行排列，各句首字略去，附《讀法》云：「每句取第一字下半爲起字，從右轉，首句用『漿』字之下半『水』字讀起，如『水洗塵埃道味嘗，甘於名利兩相忘』是也。」所引《遊紫霄宫》詩，白集未見。朱金城《白居易集箋校》據《回文類聚》卷一（智按：當為卷二）收録於詩文補遺二（第三八九四頁），題爲《遊紫霄宫》。

桑世昌，字澤卿，淮海（今江蘇揚州）人，世居天台。桑莊子，陸游諸甥（《劍南詩稿》卷十六《初夏同桑甥世昌過鄰家》），從高似孫游三十年（高似孫《蘭亭考序》）。輯有《蘭亭考》、《回文類聚》等。有《莫庵集》，已佚。《全宋詩》卷二六五〇録其詩二首。文收入《全宋文》卷五八二六。事見《回文類聚》自序及《天台續集别編》卷五、《嘉定赤城志》卷三十四。

羅願（一一三六～一一八四）

《爾雅翼》

⊙貘

貘，白豹，似熊，小頭。一云銳髾庳，脚黑白駮，能舐食銅鐵及竹，骨節強直，中實少髓，皮辟濕寢，其皮可以驅瘟癘。貘今出建寧郡，毛黑白，臆似熊而小，能食蛇，以舌舐鐵，可頓進數十斤。溺能消鐵為水，有誤食針鐵在腹者，服其溺，則化。取其糞為刀，可以切玉。夫玉乃陽氣之精瑩，物無能勝焉。鐵為至剛，能斷制萬物，然與之相磨，則玉無所損，而鐵之磨者屑屑然。今以貘化鐵，則玉可切鐵，不可挫此，類之不可推者也。……《說文》曰：「貘，似熊而黃黑色，出蜀中。」今蜀人云：峨眉山多有之。其上浮屠所居，往往有懸釜而炊者，懼鐵器為所食，皮略如虎，其色深黑，能折醒。唐世多畫貘作屏，白居易有贊序之。今黔、蜀中，時有之。象鼻犀目，牛尾虎足，土人鼎釜，多為所食，頗為山居之患，亦捕以為藥，其齒骨極堅，以刀斧椎鍜鐵，皆碎落，火不能燒，人得之，詐為佛牙佛骨，以誑俚俗。（唐永徽元年，吐火羅獻大獸，如駞，高七尺，日行三百里，食銅鐵。《周書》：王會不令支玄貘。）（《四庫全書》本卷十八）

智按：羅願，字端良，號存齋，歙縣（今屬安徽）人。頌弟。高宗紹興二十五年（一一五五），以蔭補承務郎，歷監新城縣、景德鎮稅。孝宗乾道二年（一一六六）進士。授知饒州鄱陽縣，未上，主管台州崇道觀。八年，通判贛州，攝州事。秩滿，差知南劍州。淳熙六年（一一七九）陛對，為孝宗賞異，命知鄂州，十一年卒於官，年四十九。有《羅鄂州小集》六卷、《新安志》、《爾雅翼》傳世。事見本集附録元曹宏齋《鄂州太守存齋羅公願傳》，《宋史》卷三八〇有傳。

呂祖謙（一一三七～一一八一）

《詩律武庫後集》

⊙黃雞白日

唐白樂天為蘇杭守日，嘗作《醉歌》云：「歌罷胡琴掩秦瑟，玲瓏再拜歌應畢。誰道使君不解歌，聽唱《黃雞》與《白日》。《黃雞》催曉丑時鳴，《白日》催年酉時沒。腰間紅綬掛未穩，鏡裏紅顏看已失。玲瓏玲瓏老奈何，使君歌了汝更歌。」故東坡《和蘇伯固九日》詩云：「只有《黃雞》與《白日》，玲瓏應識使君歌。」此也。（《叢書集成初編》本卷一）

智按：《醉歌》（示妓人商玲瓏）：「罷胡琴，掩秦瑟，玲瓏再拜歌初畢。誰道使君不解歌？聽唱《黃雞》與《白日》。《黃雞》催曉丑時鳴，《白日》催年酉前沒。腰間紅綬繫未穩，鏡裏朱顏看已失。玲瓏玲瓏奈老何？使君歌了汝更歌。」長慶三年（八二三），五十二歲，任杭州刺史。《白居易集箋校》第七〇一頁。

⊙藍尾

《太平廣記・虎部》申屠龍曰：婪尾酒，最後飲也。元日飲酒，自少至長，蓋祝壽之意。年最高者飲藍尾杯。眾勸三杯，喜其壽之高也。藍尾猶吳越人稱臨尾，蓋鄉語也。白樂天詩備矣。樂天《元日贈夢得》云：「與君同甲子，歲酒合誰先？」而劉禹錫《元日樂天見過因舉酒為賀》云：「與君同甲子，壽酒讓先杯。」而樂天又有《歲假內命酒贈周判官蕭協律》云：「共知欲老流年急，且喜新正假日頻。聞健此時相勸醉，偷閒何處共尋春。腳隨周叟行猶疾，頭比蕭翁白未勻。歲酒先拈辭不得，被君推作少年人。」又《歲日家宴戲示弟侄》云：「歲盞後推藍尾酒，春盤先勸膠（去聲）牙餳。」又《元日對酒》：「三杯藍尾酒，一碟膠牙餳。除卻崔常侍，無人共我爭。」又《喜入新年》：「老過占他藍尾酒，病餘收得到頭身。」（《叢書集成初編》本卷一）

智按：《太平廣記》云云，見卷四百二十九「虎四」。《新歲贈夢得》：「與君同甲子，歲酒合誰先?」開成三年（八三八），六十七歲，洛陽，太子少傅分司。《白居易集箋校》第二三三五頁；《歲假内命酒贈周判官蕭協律》，長慶四年（八二四），五十三歲，任杭州刺史。《白居易集箋校》第一三八二頁；《歲日家宴戲示弟侄等兼呈張侍御二十八丈殷判官二十三兄》，寶曆二年（八二六），五十五歲，任蘇州刺史。《白居易集箋校》第一六五一頁；《七年元日對酒五首》（其三），大和七年（八三三），六十二歲，洛陽，河南尹。《白居易集箋校》第二〇九九頁；《喜入新年自詠》（時年七十一），會昌二年（八四二），七十一歲，洛陽。《白居易集箋校》第二五一七頁。

《蘇仁仲計議挽章二首》（其一）

幽棲略具便休官，帝遣蒲輪喚不還。大似文元居道院，又如白傅過香山（智按：白傅，一作退傅）。夢回帷幄青冥上（原注：嘗為密院計議官），醉墮風波浩蕩間（原注：嘗謫汀州）。向使胸中有榮辱，那能八十鬢毛斑。（《四庫全書》本《東萊集》卷一；《四庫全書》本《石倉歷代詩選》卷一百七十九上；《四庫全書》本《宋元詩會》卷四十；《全宋詩》第四十七册，第二九一四五頁）

《深閨》

深閨寂寞幾經春，自學琵琶曲調新。雪滿寥天悲入塞，聲傳漢月遠隨人。芳心有怨聲聲促，纖指關情字字真。莫向潯陽江上聽，空教司馬淚沾巾。（《四庫全書》本《宋藝圃集》卷十四；《四庫全書》本《石倉歷代詩選》卷一百七十九上）

《東萊集注類編觀瀾文集》

⊙《江南遇天寶樂叟歌》（白居易）

白頭病叟泣且言，禄山未亂入梨園。能彈琵琶和法曲，多在華清隨至尊。是時天下太平久，年年十月坐朝元。（《楊貴妃傳》：帝每年十月，駕幸華清宮）千官起居環珮合，萬國會同車馬奔。金鈿照耀石甕寺，蘭麝薰煑温湯源。貴妃宛轉侍君側，體弱不勝珠翠繁。冬雪飄颻錦袍煖，春風蕩漾霓裳飜。歡娱未足燕寇至（安禄山反，詭言奉密詔討楊國忠，凡七日反。帝在華清宫，中外失色。《本傳》），弓勁馬肥笑語喧。豳土人遷避夷狄，鼎湖龍去哭軒轅。（《前・郊祀志》：黄帝采首山之銅，鑄鼎於荆山之下，鼎成，有龍垂髯下，迎黄帝，黄帝上騎，群臣從官從上龍七十餘人，龍乃去，餘小臣不得上，乃悉特龍髯髯拔墜，墜黄帝之弓。帝既上天，百姓仰望，乃抱其弓，與龍髯號，故後世因名其處曰鼎湖，弓曰烏號。）從此漂淪到南土，萬人死盡一身存。秋風江上浪無畏（或作際），暮雨舟中酒一尊。涸魚久失風波勢，枯草曾霑雨露恩。我自秦來君莫問，驪山渭水如荒村。新豐樹老籠明月，長生殿暗鏁黄昏。紅葉紛紛蓋欹瓦，緑苔重重封壞垣。惟有中官作宫使，每年寒食一開門。（《東萊集注類編觀瀾文集》甲集卷九歌，清嘉慶宛委別藏本）

⊙《無可奈何歌》（白居易）

無可奈何兮，白日走而朱顔頽。少日往兮老日催，生者不住兮死者不回。况乎寵辱豐顇之外物，又何嘗不十去而一來。去不可挽兮，來不可推。無可奈何兮，已焉哉，惟天長而地久。前無始兮後無終，嗟吾生之幾何，寄瞬息乎其中。又如大倉之梯米，委一粒於萬鍾。何不與道逍遥委化，從容縱心放志，洩洩融融。胡為乎分愛惡於生死，繫憂喜於窮通？倔強其骨髓，齟齬其心胸，合冰炭以交戰，秖自苦乎厥躬，彼造物者于何不為此，與化者云何不隨，或煦或吹，或盛或衰，雖千變與萬化，委一順以貫之，為彼何非，為此何是，誰冥此心，夢蝶之子。（莊《齊物論》：昔者莊周之夢為蝴蝶，俄然覺，則蘧二然周也，不知周之夢為蝴蹀與，蝴蝶之夢為周與）何禍非福，何吉非凶。誰達此觀，喪馬之翁。（北叟，塞上翁也。馬無故亡入，人弔之。翁曰：安知非福乎？其馬果將駿馬歸，人賀之。翁曰：安知非禍乎？後其子騎墮而折髀，人弔之，翁曰：安知非福乎？後軍兵大出，丁壯者戰而死，其子以跛故得父子相保哉，以此叟知禍福相因猗而生也。班孟堅《幽通賦》）俾吾為秋毫之杪，吾亦自足不見其小，俾吾為泰山之阿，吾亦無餘不見其多，是以達人静則脗然，與陰合迹，動則浩然，與陽同波，委順而已，孰知其他，時邪命邪，吾其無奈彼何，委邪順邪，彼亦無奈吾何，夫兩無可奈何，然後能冥至順，而合太和，故吾所以飲太和，扣至順，而為無可奈何之歌。（《東萊集注類編觀瀾文集》甲集卷九歌，清嘉慶宛委別藏本）

⊙《長恨歌》（白居易）

（《唐書・玄宗貴妃楊氏傳》：開元二十四年，召內禁中，號太真，遂專房。天寶初，進楊貴妃，追贈父元玉太尉齊國公，從祖兄國忠亦寖顯。李林甫死，代為右相。三姊皆美劭，帝呼為姨，封韓，號秦三夫人，出入禁闥，恩寵震天下。）

漢皇重色思傾國，御宇多年求不得。（《前・孝武》李夫人本以倡進，初夫人兄延年侍上起舞，歌曰：「北方有佳人，絕世而獨立。一顧傾人城，再顧傾人國。寧不知傾城興傾國，佳人難再得。」上曰善，世豈有此人乎？平陽主因言延年有女弟，上召見之，寔妙麗善舞，由是得幸）楊家有女初長成，養在深閨人未識。天生麗質難自棄，一朝選在君王側。回頭一笑百媚生，六宮粉黛無顏色。春寒賜浴華清池，温泉水滑洗凝脂。侍兒扶起嬌無力，始是新承恩澤時。雲鬢花顔金步摇，芙蓉帳暖度春宵。春宵苦短日高起，從此君王不早朝。承歡侍宴無閑暇，春從春游夜專夜。後宮佳麗三千人，三千寵愛在一身。金屋粧成嬌侍夜，玉樓宴罷醉和春。姊妹弟兄皆列土，可憐光彩生門户。遂令天下父母心，不重生男重生女。驪宮高處入青雲，仙樂風飄處處聞。緩歌縵舞凝絲竹，盡日君王看不足。漁陽鞞鼓動地來，驚破霓裳羽衣曲。九重城闕煙塵生，千乘萬騎西南行。（《玄宗紀》：天寶十四年六月，安禄山陷京師。七月，帝幸蜀）翠華搖摇行復止，西出都門百餘里。六軍不發無奈何，宛轉蛾眉馬前死。花鈿委地無人收，翠翹金雀玉搔頭。君王掩面救不得，回首血淚相和流。黄埃散漫風蕭索，雲棧縈紆登劍閣。峨眉山下少人行，旌旗無光日色薄。蜀江水碧蜀山青，聖主朝朝暮暮情。行宫見月傷心色，夜雨聞鈴腸斷聲。天旋日轉回龍馭，到此躊躇不能去。馬嵬坡下泥土中，不見玉顔空死處。君臣相顧盡沾衣，東望都門信馬歸。歸來池苑皆依舊，太液芙蓉未央柳。芙蓉如面柳如眉，對此如何不淚垂。春風桃李花開夜，秋雨梧桐葉落時。西宫南苑多秋草，宫葉滿堦紅不掃。梨園弟子白髮新，椒房阿監青娥老。夕殿螢飛思悄然，孤燈挑盡未成眠。遲遲鍾鼓初長夜，耿耿星河欲曙天。鴛鴦瓦冷霜華重，翡翠衾寒誰與共？悠悠生死别經年，魂魄不曾來入夢。臨邛道士鴻都客，能以精神致魂魄。為感君王展轉思，遂教方士殷勤覓。排空馭氣奔如電，升天入地求之徧。上窮碧落下黄泉，兩處茫茫皆不見。忽聞海上有仙山，山在虛无縹緲間。樓殿玲瓏五雲起，其中綽約多仙子。中有一人字玉眞，雪膚花貌參差是。金闕西廂叩玉扃，轉教小玉報雙成。聞道漢家天子使，九華帳裏夢魂驚。攬衣推枕起徘徊，珠箔銀屏邐迤開。雲鬢半偏新睡覺，花冠不整下堂來。風吹仙袂飄飄舉，猶似霓裳羽衣舞。玉容寂寞淚闌干，梨花一枝春帶雨。含情凝睇謝君王，一別音容兩渺茫。昭陽殿裏恩愛絕，蓬萊宮中日月長。回頭下望人寰處，不見長安見塵霧。唯將舊物表深情，鈿盒金釵寄將去。釵留一股合一扇，釵擘黃金合分鈿。但令心似金鈿堅，天上人間會相見。臨別殷勤重寄詞，詞中有誓兩心知。七月七日長生殿，夜半无人私語時。在天願作比翼鳥，在地願為連理枝。天長地久有時盡，此恨緜緜無絕期。(《東萊集注類編觀瀾文集》甲集卷九歌，清嘉慶宛委別藏本)

⊙《太湖石記》(白居易)

(唐牛僧孺，工屬文，第進士，元和中，以賢良對策，與李宗閔、皇甫湜俱第一，條指大政，其言鯁許，不避宰相，敬宗立，進僧孺，以封奇章公，性嗜石。)

古之達人，皆有所嗜，玄晏先生嗜書(《晉書》：皇甫謐自號為玄晏先生，耽翫典籍，忘寢與食，時人謂之「書淫」)，嵇中散嗜琴(晉嵇康與魏宗室婚，拜中散大夫，彈琴詠詩，自足於懷)，靖節先生嗜酒(晉陶淵明，梁昭明太子稱曰靖節先生，性嗜酒，或置酒招之，造飲必盡，期在必醉)。今丞相奇章公嗜石。石無文無聲，無臭無味，與三物不同，而公嗜之，何也？衆皆怪之，走獨知之(《史記・司馬相如傳》「牛馬走」注云：牛馬之僕)。昔故友李生名約有云：「苟適吾意，其用則多。」誠哉是言，適意而已。公之所嗜，可知之矣。公以司徒保釐河雒，治家無珍産，奉身無長物，惟東城置一第，南郭營一墅，精葺宮宇，慎擇賓客。性不苟合，居當寡徒，游息之時，與石為伍。石有族聚，太湖為甲，羅浮、天竺之徒次焉。今公之所嗜者，甲也。先是，公之僚吏，多鎮守江湖，知公之心，惟石是好，乃鈎深致遠，獻瑰納奇，四五年間，纍纍而至。公於此物，獨不廉讓，東第南墅，列而致之。富哉石乎，厥狀非一：有盤拗秀世，如靈邱鮮雲者；有端儼挺立，如眞官神人者；有縝潤削成，如珪瓚者；有廉稜鋭劌，如劍戟者；又有如虬如鳳，若跧若動，將翔將踴，如鬼如獸，若行若驟，將攫將鬭，風烈雨晦之夕，洞穴開嗌，若斂雲歕雷，嶷嶷然有可望而畏之者；煙霽景麗之旦，巖崿霮䨴，若拂嵐撲黛，靄靄然有可神而翫之者。昏曉之交，名狀不可。撮要而言，則三山五岳，百洞千壑，覼縷簇縮，盡在其中。百仭一拳，千里一瞬，坐而得之。此所以為公適意之用也。與公迫觀熟察，相顧而言，豈造物者有意於其間乎？將胚渾凝結，偶然成功乎？然而自一成不變已來，不知幾千萬年，或委海隅，或淪湖底，高者僅數仞，重者殆千鈞。一旦不鞭而來，無脛而至，争奇騁怪，為公眼中之物，公又待之如賔友，親之如賢哲，重之如寶玉，愛之如兒孫，不知精意有所召耶？將尤物有所歸耶？孰不為而來耶？必有以也。石有大小，其數四等。以甲乙丙丁品之，每品有上中下，各刻于石陰，曰牛氏石甲之上，丙之中，乙之下。噫！是石也，百千載後，散在天壤之内，轉徙隱見，誰復知之？欲使將來與我同好者，覩斯石，覽斯文，知公之嗜石之自。會昌三年五月丁丑記。(《東萊集注類編觀瀾文集》甲集卷二十記，清嘉慶宛委別藏本)

⊙《廬山草堂記》(白居易)

匡廬奇秀，甲天下大山，山北峰曰香爐峰，北寺曰遺愛寺，介峰寺間，其境勝絕，又甲廬山。元和十一年秋，太原人白樂天見而愛之，若遠行客過故鄉，戀戀不能去。因面峰腋寺，作為草堂。明年春，草堂成，三間兩柱，二室四牖，廣袤豐殺，一稱心力。洞北户，來陰風，防徂暑也；敞南甍，納陽日，虞祁寒也。木斵而已，不加丹，墻圬而已，不加白，墄階用石，冪窗用紙，竹簾、紵幃，率稱是焉。堂中設木榻四，素屏二，漆琴一張，儒、道、佛書各三兩卷。樂天既來為主，仰觀山，俯聽泉，傍睨竹樹雲石，自辰及酉，應接不暇。俄而物誘氣隨，外適内和，一宿體寧，再宿心恬，三宿後頹然嗒然，不知其然而然。自問其故，答曰：「是居也，前有平地，輪廣十丈，中有平臺半平地，臺南有方池倍平臺，環池多山竹野卉，池中生白蓮白魚。又南抵石澗，夾澗有古松老杉，大僅十人圍，高不知幾百尺，修柯戛雲，低枝拂潭，如幢豎，如蓋張，如龍蛇走。松下多灌叢，蘿蔦葉蔓，駢織暢染，日月光不到地，盛夏風氣如八九月時，下鋪白石，為出入道。堂北五步，據層崖積石，嵌空垤塊，雜木異草，蓋覆其上，緑陰濛濛，朱實離離，不識其名，四時一色。又有飛泉植茗，就以烹燀，好事者見可以永日。堂東有瀑布，水懸三尺，瀉階隅，落石渠，昏曉如練色，夜中如環珮琴筑聲。堂西倚北崖右趾，以剖竹架空，引崖上泉，脈分線懸，自簷注砌，累累如貫珠，霏微如雨露，滴瀝飄灑，隨風遠去。其四傍耳目杖屨可及者，春有錦繡谷花，夏有石門澗雲，秋有虎溪月，冬有爐峰雪，陰晴顯晦，昏旦含吐，千變萬狀，不可殫紀。覼縷而言，故云甲廬山者。噫！凡人豐一屋，華一簣，而起居其間，尚不免有驕矜之態，今我為是物主，物至致知，各以類至，又安得不外適內和，體寧心恬哉？昔永遠、宗雷輩十八人同入此山，老死不反，去我千載，我知其心以是哉！矧予自思從幼迨老，若白屋，若朱門，凡所止雖一日二日，輒覆簣土為臺，聚拳石為山，環斗水為池，其喜山水病癖如此，一旦蹇剝，來佐江郡，郡守以優容撫我，廬山以靈勝待我，是天與我時，地與我所，卒獲所好，又何以求焉？尚以冗員所羈，餘累未盡，或往或來，未遑寧處。待予異日弟妹婚嫁畢，司馬歲秩滿，出處行止，得以自遂，則必左手引妻子，右手抱琴書，終老於斯，以成就我平生之志。清泉白石，實聞此言。」時二月二十七日，始居新堂，四月九日，與河南元集虛、范陽張允中、南陽張深之、東西二林寺長老湊公、朗、滿、晦、堅等凡二十有二人，具齋施茶果以落之，因為草堂記。（《東萊集注類編觀瀾文集》甲集卷二十一記，清嘉慶宛委別藏本）

⊙《太行路》（白居易）

太行之路能摧車，若比君心是坦途。巫峽之水能覆舟，若比君心是安流。君心好惡苦不常，好生毛羽惡生瘡。與君結髮未五載，豈期牛女為參商。古稱色衰相棄背，當時美人猶怨悔。何況如今鸞鏡中，妾顏未改君心改。為君薰衣裳，君聞蘭麝不馨香。為君盛容飾，君看珠翠無顏色。行路難，難重陳。人生莫作婦人身，百年苦樂由他人。行路難，難於山，險於水，不獨人間夫與妻，近代君臣亦如此。君不見：左納言，右納史，朝承恩，暮賜死。行路難，不在水，不在山，秖在人情反覆間。（《東萊集注類編觀瀾文集》乙集卷六詩辭，清嘉慶宛委別藏本）

智按：呂祖謙，字伯恭，學者稱東萊先生，婺州（今浙江金華）人。孝宗隆興元年（一一六三）進士，復中博學宏詞科，調南外宗學教授。乾道五年（一一六九），添差嚴州教授。六年，召為太學博士兼國史院編修官，實録院檢討官。淳熙元年（一一七四），主管台州崇道觀。二年，參與朱熹、陸九淵鵝湖之會。三年，召為秘書郎，兼職如前。重修《徽宗實録》成，遷著作佐郎。先是奉詔編類《皇朝文海》，六年，書成，賜名《皇朝文鑑》，除直秘閣，主管武夷山沖佑觀。八年，卒，年四十五。著有《東萊呂太史文集》十五卷、别集十六卷、外集五卷等，並輯有《近思録》。生平見《東萊集附録》卷一《年譜》，《宋史》卷四三四有傳。

崔敦禮（？～一一八一）

《韋蘇州集序》

韋蘇州詩集十卷，并續添七篇，大丞相觀文魏公守平江，命教官所校也。自大雅微闕，作詩者並驅爭馳，其才思風韻，固不可一槩。惟自優游平易中來，天理渾融，若無意於詩者，此體最為高絶，韋蘇州以詩鳴唐，其辭清深閒遠，自成一家，至歌行益高古，近風雅，非天趣雅澹、禀賦自然者不能作。至今觀其《逢楊開府》詩云：「朝持摴蒱局，莫竊東隣姬。一字都不識，飲酒肆頑癡。武皇升僊去，憔悴被人欺。讀書事已晚，把筆學題詩。」乃少年豪縱之人耳。按蘇州在廣德中，已為洛陽丞，去武皇升仙才歲餘，當時作詩尤稱絶唱，豈初識字把筆學為者。又《廣德中洛陽作》云：「生長太平日，不知太平歡。」《野居》云：「結髮累辭秩。」則其少年在太平時，本自恬静。至作漢武帝詩，力詆神仙畋游之事，又似在天寶間譏諷時政者，豈蘇州心知天寶之時亂，欲去不能，嘗為是穢迹自晦之計與？不然，亦自序之過也。方蘇州在時，其詩未甚貴重。後三十餘年，白樂天始愛之。東坡先生亦云：「樂天長短三千首，却愛韋郎五字詩。」坡豈薄蘇州者，以樂天之文之華麗，宜於無不愛也。大凡浮靡之詞易説，平淡之音難聽，理固然耳。今丞相觀文公，貴本尚古，嗜好與衆絶殊，顧於此耽玩所甚好，不少置其職斯文者，曷敢不敬以承，詩之本不一，以葛蘩本正，參以諸本，是正凡三百處而嬴，又得九日一詩附於卷末，若蘇州之名氏與仕與年，則有姚君令威之所書在云。乾道辛卯，左從政郎添差充平江府府學教授崔敦禮書。（四部叢刊本《韋江州集》附録；《四庫全書》本《宫教集》卷六）

智按：四部叢刊本《韋江州集》附録題為《乾道平江校韋集十卷并拾遺七篇跋尾》。

《念奴嬌》

吳松江畔，對烟波浩渺，相忘鷗鳥。日日籃輿湖上路，十里珠簾驚笑。高下樓臺，淺深溪塢，著此香山老。輞川圖上，好風吹夢曾到。　　不用金谷繁華，碧城修竹，自比封君號。萬壑千岩天付與，一洗寒酸郊島。霖雨方思，烟塵未掃，合挽三江倒。功成名遂，卻來依舊華表。（《全宋詞》第一七二五頁）

智按：崔敦禮，字仲由，通州靜海（今江蘇南通）人。高宗紹興三十年（一一六〇）進士。歷江甯尉、平江府教授、江東撫幹、諸王宮大小學教授。官至宣教郎。晚年定居溧陽。孝宗淳熙八年卒。著有《芻言》（存）、《宮教集》（已佚）。清四庫館臣從《永樂大典》輯為十二卷。生平見《景定建康志》卷四十九，《南宋文範作者考》上。

廖行之（一一三七～一一八九）

《和人乞朱櫻十首》（其三）

當年上苑得殊觀，爾許勻圓訝走盤。容易香山白居士，漫同樊素等閑看。（《四庫全書》本《省齋集》卷四；《全宋詩》第四十七册，第二九二一一頁）

智按：廖行之，字天民，號省齋，衡陽（今屬湖南）人。孝宗淳熙十一年（一一八四）進士，調岳州巴陵尉。未數月，以母老歸養。告滿，注授潭州寧鄉主簿，未赴而卒，時淳熙十六年，年五十三。遺著由其子謙編為《省齋文集》十卷，已佚。清四庫館臣據《永樂大典》輯為《省齋集》十卷（其中詩四卷）。生平見本集卷首宋戴溪序及附録田奇《宋故寧鄉主簿廖公行狀》。

陳傅良（一一三七～一二〇三）

《和汪仲嘉樓大防二尚書賀鄭貴和華文休致韻》（其一）

簪笏相摩入殿廬，人皆自笑此區區。豈無隻字踰華衮，未必千鍾勝飯蔬。吾見北山多後倦，誰如東里竟先驅。追隨曳履枌榆社，猶及香山退傅無。（《四庫全書》本《止齋集》卷八；《全宋詩》第四十七册，第二九二九八頁）

《跋樓大防重屏圖》

右《重屏圖》。其一圖，繭然衰疾人也，識者以詩知其為白傅無疑。其一圖，衣冠容貌皆甚偉，必王公大人，而莫知之者。王君明清，以所嘗見廬山祠堂，其夜並圖書像，謂其二人為李中主、韓熙載，更二人，亦不知為誰也。嗟乎！名字之著不著如此哉！孔子所論伯夷、叔齊，齊景公，萬世不可易矣。（《四庫全書》本《止齋集》卷四十二）

智按：陳傅良，字君舉，溫州瑞安（今屬浙江）人。早師事鄭伯熊、薛季宣，為永嘉學派巨擘。孝宗乾道八年（一一七二）進士，授太學録。歷通判福州、知桂陽軍。光宗禪位，遷提舉湖南常平茶鹽、轉運判官，改提點浙西刑獄，過闕，留為吏部員外郎。紹熙三年（一一九二）遷秘書少監兼實録院檢討官，嘉王府贊讀，起居舍人，四年，兼權中書舍人，因建言調和兩宮矛盾不應，自免而歸。甯宗即位，召為中書舍人兼侍讀、直學士院、同實録院修撰。尋與韓侂胄不合，出提舉江州太平興國宮。慶元二年（一一九六），削秩罷宮觀，杜門韜晦，榜所居室為止齋。嘉泰三年卒，年六十九，謚文節。有《止齋先生文集》五十二卷等。生平見本集附録宋樓鑰《陳公神道碑》、蔡幼學《陳公行狀》，《宋史》卷四三四有傳。

樓鑰（一一三七～一二一三）

《風琴》

淵明有琴本無絃，白傅偏喜聽人彈。不如空中風度曲，隨風往來聲斷續。

非宫非商從君聽，不中律吕無虧成。大如角韻來孤城，細似蚓竅蒼蠅聲。華亭夜鶴圓吭清，顫動長引寒蟬鳴。或疑鳳味叫霄漢，又恐僊佩雲中行。使其似曲無别調，安得自在聲泠泠。蛙喧尚謂勝鼓吹，牛鳴猶以黄鍾稱。絲不如竹亦漫語，賴此七竅俱瓏玲。幽人院静新凉生，八風不問來縱横。短簞六尺午睡足，拂拂神來傳廣陵。（《四部叢刊》本《攻媿集》卷四）

《朱季公寄詩有懷真率之集次韻》

伊昔羊尹臨丹陽，真率之名初濫觴。香山尚齒當會昌，卧雲不羨坐巖廊。七人各列官與鄉，年德俱高世所臧。丙午同甲遥相望，清談生風想琅琅。耆英人物尤軒昂，賦詩遠追白侍郎。文富歸休壽而康，衣冠十二何鏘鏘。吾鄉五老如鴈行，至今月評尚推揚。家舅仕宦接王楊，眉壽遂及渭水姜。我如傷禽趁鸞凰，忽驚騎箕歸銀潢。向來雅約猶寶藏，菜羹草具烹彘肪。四皓中間有夏黄，藹藹義風誇句章。年來抱痾久在牀，同社闊别如河梁。君嘗遠宦踰沅湘，又向封川憩甘棠。瘴雨蠻煙暗桄榔，何時歸安朝士坊。忽傳新詩几生光，斂衽正色而寒芒。詩境幾成破天荒，徐爲續貂未須忙。静揣歸期應未央，歸縱未衰亦老蒼。莫年甘與子同裳，何事相望天一方。（《四部叢刊》本《攻媿集》卷四；《全宋詩》第四十七册，第二九三八三頁）

《舅氏適齋汪公尚書慕香山之高續達哉行集香山詩句次韻》

脱衣典酒曲江邊，不作閒遊即醉眠。大抵浮雲何足道，生理何曾得自全。朝廷雇我作閒人，髣髴緡錢三二千。一種共君官職冷，收得身來已五年。五年炎凉凡十變，老後誰能惜酒錢。塵纓世網重重縛，七十八十百病纏。千萬人中無一人，自喜天教我少緣。六十三翁頭雪白，貧家强健亦天憐。每愧尚書情眷眷，為君一醉一陶然。其間氣味多相似，猶在病羸昏耄前。月夜徐行石橋上，累累棟宇相連延。歲種薄田一頃餘，薄産處置有後先。更無俗物當人眼，遊魚潑潑荷田田。為君舉酒歌短歌，不妨兼有散花天。（《四部叢刊》本《攻媿集》卷六）

智按：適齋即汪大猷（一一二〇～一二〇〇），字仲嘉，慶元府鄞縣（今浙江寧波）人。高宗紹興七年（一一三七），以父蔭授江山尉。十五年，第進士。歷婺州金華、嚴州建德縣丞，知崑山縣。孝宗乾道四年（一一六八），累官權刑部侍郎。七年，奉祠。起知泉州，改知隆興府。以事落職，南康軍居住。光宗紹熙二年（一一九一）致仕。甯宗慶元五年（一一九九），進敷文閣學士，六年卒，年八十一。有《適齋存稿》，已佚。生平見《攻媿集》卷八十八《敷文閣學士宣奉大夫致仕贈特進汪公行狀》，《宋史》卷四〇〇有傳。

《適齋示池水大篇效元白體相答》

適齋一片心，世人難與比。少時發此念，樂施到暮齒。婚姻成者眾，葬埋不知幾。義氣追古人，仁風動桑梓。利益及物物，方便形事事。先正有此言，源流固有自。外家有天池，清波照叢桂。來者不問誰，小大聽盈器。及其旱將涸，一雨復清泚。我舅為欣然，作詩自言志。平生欲濟人，往往多割己。向來俸可分，掛冠踰一紀。心勤力不逮，不得盡如意。安得有貲財，如此池中水。來求則應之，吾心斯足矣。長篇筆餘力，亹亹遂滿紙，病足正僵卧。三誦為之起。韻險不容次，愚言不能止。公曰汝答我，只用元白體。公心與天通，言合孟軻氏。菽粟如水火，此意豈不美。黃金土同價，但恐無此理。求水易足用，近止及鄰里。上不過飲食，下亦止濯洗。求財則無厭，來不問遠邇。應者力已竭，求者殊未已。有如一富翁，獨處百家市。始焉逐什一，貧富本相濟。餘波被四鄰，人情皆可喜。久之責望重，爭訟隨謗毀。不言理曲直，但謂富者鄙。堯舜有至仁，獨病在博濟。所以漢昭烈，其言有深旨。富者民之怨，百萬輒散棄。貧富各有分，取予尤不易。生長在舅側，義事熟於耳。頗亦知為人，緩急力不計。舅言出於仁，甥言裁以義。二者若不同，同歸於一際。愛苟無差等，兼愛幾墨子。豈惟道非中，安有力及此。仁民而愛物，要自親親始。（《四部叢刊》本《攻媿集》卷六）

《天竺禱晴》

早奉天香禱白衣，遲明宿霧故凄迷。忽驚紅日穿林薄，無數碧山明澗溪。上竺寺連中竺寺，蘇公堤映白公堤。湖光一碧幾千頃，賸捲荷香送馬蹄。（《四部叢刊》本《攻媿集》卷八；《全宋詩》第四十七册，第二九四三七頁）

《次盧國華提刑所寄韵》

持節歸來上粉闈，衹今一節又何之。樂天好句追長慶，元亮高風挹義熙。我恨別多仍會少，君雖去速豈來遲。閩山荔子燻晴晝，莫惜登臨賸賦詩。（《四部叢刊》本《攻媿集》卷九；《全宋詩》第四十七册，第二九四四〇頁）

《病足戲效樂天體》

課得退連茹，藥逢新太醫。居閒幸餘暇，養病任多時。步屧雖非便，調琴足自怡。晚來風雨急，高卧到晨炊。（《四部叢刊》本《攻媿集》卷九；《全宋詩》第四十七册，第二九四四三頁）

《題施武子所藏醉白堂記》（有序）

《醉白堂記》相臺舊刻已不多見。施武子得太清樓所藏真蹟，一代奇寶也。魏王尚友香山，坡翁詞翰兩絶。書錦故居，昔嘗以假吏過其門巷，恨不一到其處。太清圖書流傳至此，撫卷無非可歎者。事至今日，歎又不足為之，慟哭可也。

堂名醉白尚存不，詞翰輝光射兩眸。天下曾除蘇氏學，禁中卻有太清樓。舊碑于世已難見，真蹟惟君乃得收。感歎不堪衰淚落，林慮山下水空流。（魏王以相州城中無水，于林慮山引水入城，貫第中，溢為灌溉之利）。（《四部叢刊》本《攻媿集》卷十一）

《彭宜義（汝知，子復之父）挽詞》（二首其一）

種德不在大，至誠天所親。但能存一念，何用活千人。經笥儒風遠，香山句法新。功名付兒輩，不必在吾身。（《四部叢刊》本《攻媿集》卷十四；《全宋詩》第四十七册，第二九五一三頁）

《次韵十詩・讀香山詩》

詩到香山不計篇，想逢佳處輒欣然。明知無子可傳業，每遇爲文自入編。舉世慕名多諷誦，惟公著句得純全。胸中相似詩方似，一等不爲名利牽。（《四部叢刊》本《攻媿集》卷十二；《全宋詩》第四十七册，第二九五五九頁）

《檗菴居士文集序》

江都李氏，名族也。紹興間，名之從民者，尚多俊茂。余生晚，猶及識將作監端民、平叔及其子泳，皆有詩聲。又有名璜字德劭者，平原公之從孫，將作之再從弟。少負雋才，而頗誕放，恥從進士舉，里人或誚之，則曰：「我非不欲試，但恐奪爾曹魁爾。」又嗤笑之，乃曰：「爾曹不信，我將試矣。」一試，果魁維揚。後寓四明，筆力雄邁，人所罕及。時初脫兵火之厄，郡縣庠校記文，多出其手。太守仇公泰然悆、周公元舉綱、潘公子賤良貴，皆一時名公，莫不低簪禮之。侍御史王公伯禮、伯庠為教官，與之游，最厚，蓋文字之友也。明多禪刹，往來其間，或以書來，云：「孟信安欲招為壻，資送特豐，且可得官。」擲於地，曰：「老大乃復爲此耶?」竟不報。既不得志場屋，蕭散骯髒，以終其身。不娶，無子。晚從宏智禪師，於言下有省，益耽内典。以其筆耕之餘，買田一頃，施於阿育王山，使奉嘗我，寫照而題其上，今至留水陸堂中，遇薦羞則為設伊蒲，其贊有云：「分明便是龐居士，又卻無人賣罩籬。」不可謂無所得，然亦可哀也已。嘗見侍御言，德劭病革，往候之，問向為文，用僧騰客，為何事？曰：「侯景臺城是也。」又問：「平日了達，今何所見?」曰：「都無所見，但覺神氣消散爾。」出書一囊，乃其遺藁，猶顧而言曰：「以屬吾子，勿竊吾詩文，以為己作。」平時相忘，方繇惙時，戲調尚如此。里人戴伯與，權雅士也，託館王氏，慕其文名，從侍御諸子借囊出藁，而手編之，又多殘紙，斷壞不可盡録，故所存十之二三。僅得詩文雜著幾二百篇，釐為十二卷，俾余為序。久未暇，及嘗取其《白氏長慶詩譜録》，寄吳門使君李諫議，既為刋於集後，又索其詩文，且曰：「近為建寧，當為版行。」余喜其文之將就泯没而有傳也，為序其大槩而記之。嗚呼！世之騷人才士，耽嗜成癖，哦詩屬文，皆欲有聞於世，而因仍埋没與草木同腐，不得以一語自見，由古以來，不知其幾。德劭之集，藏於侍御之家，傳於伯與，又因余與諫議而行於世，玆非幸歟！若其詩句之工妙，文體之高勝，出入古今，追配前良，不待余言，覽者當自知之。檗菴其自號云。(《四部叢刊》本《攻媿集》卷五十二)

智按：《直齋書録解題》卷十六云：「《年譜》，維揚李璜德劭所作，樓大防參政得之，以遺吳郡守李伯珍諫議刻之。余嘗病其疏略抵啎，又號為年譜而不繫年，乃别為新譜，刊附集首。」(徐小鑾、顧美華校點本，第四七九頁)李璜，字德劭，自號檗庵居士，江都（今江蘇揚州）人。少負雋才，恥從進士舉。南渡後流寓四明，晚從宏智禪師游。有《檗庵居士文集》十二卷，已佚。《墨莊漫録》卷七存其詩二首。

《薌林居士文集序》

……公雅志退休，抗疏面陳，不一而足。卜居臨江，古木無藝，多植岩桂。又素慕香山，自號曰薌林。……又言香山得洛陽履道坊楊常侍舊宅，薌林得臨江五柳坊楊遵道光禄别墅，有詩云：「莫問清江與洛陽，山林總是一般香。兩家地占西南勝，可是前人例姓楊。」又《題樂天真》云：「香山與薌林，相去幾百祀。丘壑有深情，市朝多見忌。杭州總看山，蘇州俱慢仕。才名固不同，出處略相似。」……（《四部叢刊》本《攻媿集》卷五十二）

智按：《薌林居士文集》，向子諲（一〇八五～一一五二）撰。子諲晚年卜居臨江軍清江，號所居曰薌林。

《安巖華嚴院記》（代仲舅汪尚書）

吾鄉僧刹最衆，奉川一邑，凡七十有二，雪竇古道場為冠。其次則安巖山也，林壑幽邃，非餘山比。出縣治三十里，創於唐之大歷，而廢於會昌。五季漢之乾祐，僧清聳義仙入山求卓菴之地，登高四望，投以一石，誓曰：「石所住處，吾其止焉。」既得之，曰：「此五龍之地，居此者當利見大人。」皇朝乾德，錢氏猶在吳越，聞聳之名，命住杭之靈隱寺，號了悟禪師，乃以此菴為四明道場。爾後寖為徒弟廢壞。天聖中，有老禪伯，其名上曰居，下與泰陵廟諱同字，久住天童山，邑有汪居士湜，自號和静先生，以其好佛，里人稱為汪長老。率信士十人，力挽師為此來。既至，尤與居士契合，遂相與營度形勢，遷立寺基，相去二百步。有蔣宗盛施錢十萬，鑿山平址。汪君鳩合衆力，建寺宇百餘楹，殿堂宏敞，中嚴像設。康定元年，括囊山人志全為之記，大率稱其地之勝，東接奉川，西連台嶠，南臨滄海，北倚四明。言其興造之速，則曰：「霜暑不再，金碧相輝。」師又自作十方遺戒，謂永為十方宗師說法道場。語論深切，蓋凜然可畏人也。手植松六千本，自葛隩至門，約十餘里，亦有《松門記》。三碑皆居士所立，稱為檀越主，則施財出力為多矣。慶歷三年，賜「華嚴禪院」之額。外建玉澗、流峽、望春、濯塵四橋，中有釣臺、緑蘿、望海亭，皆為佳境。距今百六十餘載，間有興作，支傾補壞，視舊不能有所增益。今住持僧無盡，俗姓汪氏，寔居士五世孫也，出或菴體公會下，三住名藍，來主華嚴，十年矣。念居士經始之勤，益務興起。族弟智德捨俗為僧，與之勠力，有蓬道奧山，緜亘三千畝，岡壟險絶，莽為盜區，僻在此山之西，德之已業也。至是捨入山中，别立一菴，以謹護守。林巒映發，又一勝處。於北名馬跡，開廢田八頃，又以衣盂增置三十畝，以贍塔菴。盡公既已重建僧堂、鐘樓等，比舊加壯，創為舂碓，機輪激水，為無窮之利，又將增廣大殿香積。地之廢興，固自有時，居士植福深厚，厥後族處雙谿，為大家，其興未艾，豈苟然哉！余家久與之通譜，視之猶南阮也。族子伋與宗黨求記於余。余笑曰：嘗觀白樂天《沃洲禪院記》，謂晉宋以來，白道猷始居此山，中間寖荒。大和有頭陀僧白寂然卜築，遂為禪院。寂然謂樂天為從叔，乞為之記，樂天系以詞云：「道猷肇開，寂然嗣興，今日樂天又垂文兹山，異乎哉！沃洲與白氏其世有缘乎？」今安巖大刹居士，建立於前，無盡嗣興於後，又委余以記。余有從子清一，方禮盡公為師，其於汪氏，又不止如沃洲之與白氏也。因慨然為書之。（《四庫全書》本《攻媿集》卷五十七）

《代賀汪舍人啓》

恭審光膺宸綍，進拜詞垣。紳欽稽古之榮，制誥見代言之體。正人登用，善類依歸。恭惟某官識際天人，道隆今昔。淵源奥學，倡諸儒以六經之文；挺特高風，立懦夫于百世之下。秉赤心而自許，箴丹扆以結知。堂堂堅許國之忠，蹇蹇有愛君之節。密居螭陛，非堯舜之道不敢陳；進批龍鱗，雖賁育之勇不能過。伏蒲論事，名重日邊；埋輪繫姦，風生江水。亟被賜環之寵，載歸珥筆之聯。承親擢于中宸，陟清班于西掖。階翻紅藥，謝公徒詫于風流；日對紫薇，白傅漫矜于清貴。兹惟盛德，高視古人。首正官聯，用明舊制；大開公道，以塞倖門。聖君深納其忠嘉，多士想聞于風采。究觀今日謀謨之懿，可見異時經濟之功。號令一新，固已追踪于姚姒；規橅素定，便將接武于臯夔。某假守何堪，依仁有幸。大厦成而燕雀賀，知無風雨之虞；靈丹化而雞犬升，自有雲霄之望。（《四庫全書》本《攻媿集》卷六十三）

《跋龍眠二馬》

余家藏《白氏長慶集》久矣，近又得吳門大字者。周伯范模欲得舊本，以所藏龍眠二馬遺余，古有以妾換馬者矣，以書換馬，自攻媿始，可博一笑。（《四部叢刊》本《攻媿集》卷七十）

《跋郭適之集句梅雪詩》

集句始於近世，莫盛於半山，而葛公亞卿繼之，後有作者，鮮能及也。吾鄉郭君適之舉業餘暇，為梅雪集絶句至六百餘篇。雖曰以詩為戲，非博記詳取，未易為也。然亦有擇之未精者，至下取鄙句，何耶？昔有刺字，至半山之前，自稱集句詩人，坐客駭然。公寘之坐末，問曰：「江州司馬青衫濕，何以為對？」應聲曰：「梨園弟子白髮新。」公甚悦。觀此篇者，其可輕視之耶？（《四部叢刊》本《攻媿集》卷七十五）

《跋白樂天集目録》

香山居士之詩，愛之者衆，亦有輕之者。山谷由貶所寄十小詩，如：「老色日上面，歡情日去心。今既不如昔，後當不如今。」又：「輕紗一幅巾，短簟六尺床。無客日自靜，有風終夕涼。」妙絕一時。皆香山詩中句也。「周公恐懼流言日，王莽謙恭下士時。若使當時身便死，一生真僞有誰知。」今在王文公集中，不知亦香山詩也。此特其佳句爾。其間安時處順，造理齊物，履憂患，嬰疾苦，而其詞意，愈益平澹曠達，有古人所不易到，後來不可及者，未容悉數。琴詩亦多，有曰：「自彈不及聽人彈。」又曰：「近來漸喜無人聽，琴意高低心自知。」皆有自得難言之秘。道德二經，世所尊尚。《讀老子》詩云：「言者不知知者默，此語吾聞於老君。若道老君是知者，緣何自著五千文？」其所見超詣如此。留侯之在漢，無敢訾之者。《四皓廟》詩云：「子房得沛公，自謂相遇遲。終雜霸者道，徒稱帝者師。子房爾則能，此非吾所宜。」立論至此，尤為高勝，而可輕之乎！余平日佩服其妙處，手編目録，寄吳門使君李公諫議，並以所聞録寄之。李德邵璜有《白氏年譜》，尚當訪求，以成此書云。（《四部叢刊》本《攻媿集》卷七十六）

《黄州雪堂建思賢寺疏》（代錢文季作）

長公之隱，實在黄岡；東坡之名，本由白傅。望竹樓而不遠，築雪堂以定居。甘爲坡下老農夫，自謂樽前狂副使。武昌南岸，曾夢紅樓；故壘西邊，屢游赤壁。岷峨雪浪，錦江春色，日過乎前；四望後丘，北山微泉，時游其上。坐見再閏，若將終身；晚游四方，不忘此土。江山如故，歲月幾何，陳迹雖已就荒，行人無不加敬。頃因使節，欲結僧廬，此語一聞，衆心争奮。文章具在，孰非沾丐於殘膏；翰墨尚多，所至流傳於遺蹟。先帝親爲之序贊，遠夷尤重其聲名。矧在吾曹，敢忘師表？從今創立，一新鐘鼓之音；自爾相承，永爲香火之奉。惟檀越之施如墉崇而櫛比，則先生之風愈山高而水長。庶幾萬口同詞，足爲一段奇事。（《四部叢刊》本《攻媿集》卷八十二）

《敷文閣學士宣奉大夫致仕贈特進汪公行狀》

曾祖元吉，不仕，妣何氏。祖洙，皇明州助教，累贈正奉大夫，妣陳氏，累贈太碩人。父思温，皇左朝議大夫，直顯謨閣致仕，累贈少師，妣王氏，封恭人，累贈越國夫人。本貫慶元府，鄞縣武康鄉沿江里，汪大猷，字仲嘉，年八十有一。……

平時慕白樂天之為人，仕俱至尚書。白以五十八歸休，猶一出為京尹；公之歸又先二年，而壽過之，以適名齋，宜静名室，畫履道宅圖於屏，且書《池上》等篇於其顔，後又易以無可奈何之歌。詩造平淡，能道人情曲折。和《達哉樂天行》等篇，置之集中，殆莫能辨也。鑰嘗與公同閲石林《避暑録話》，論樂天事甚詳。公歷言出處大槩，慨然而歎，謂：「吾非敢追配古人，而大略偶似之。」鑰遂録於册，益公見之，賦詩甚工，以公比樂天尤切，公曰：「雖不敢當，然足為不朽之榮矣。」遂礱石寘適齋中。

公既有疾，時問安否。一日奉版輿過公，笑語竟日，不見少異。纔隔再宿，有報公之疾變者，亟走牀下，則已不可為矣。藥石禬禳，皆所不及。嗚呼！公豈厭塵世而徑仙耶？何去之速也。内行修飾，名節純全。壽考令終，幾無可憾。惟仙風道骨，必謂上壽，禍起非意，最為驚痛。聞公之亡者，無問貴賤大小，駭怛赴弔，相向而哭，俱為盡哀。鄉之達尊，郡太守而下，至庠校之士，相與設奠，而寓哀於文，皆盛德之感也。鑰痛徹肺肝，固已不堪，若太夫人之悲慟，罙不忍聞。行道之人所共歎也。……（《四部叢刊》本《攻媿集》卷八十八）

《忠文耆德之碑》

（奉敕撰。案標題一本與後卷自撰者同。在當日原題應只此六字）

嘉泰四年十月庚寅朔，故左丞相少傅觀文殿大學士益國周公年七十有九，薨於吉州之里第，十二月丙申葬於廬陵縣斗岡之原。……四年，除翰林學士。奏自唐至本朝，優待詞臣，以其無簿書之冗，可以朝夕論思，或有補於治道，得人固多，最可慕者，陸贄、歐陽修也。五年，為御試詳定官，得旨，撰《選德殿記》及《皇朝文鑑序》，上尤稱之，賜御書白居易《七德舞》。墨猶濕也，除禮部尚書兼翰林學士。……（《四部叢刊》本《攻媿集》卷九十三）

智按：《攻媿集》卷九十四《少傅觀文殿大學士致仕益國公贈太師謚文忠周公神道碑》（案前卷《忠文耆德之碑》作於此篇後二年，原目以奉敕撰，列前，今仍之），文同。

《龍圖閣待制趙公（粹中）神道碑》

孝宗皇帝在位之十三年，吏部侍郎趙公粹中奏乞正太祖東嚮之位，上攷三代六經之制，旁引漢魏晋唐之規，近取本朝馮公京、司馬公光、范公鎮、孫公固，中興以來董公弅、王公普、朱公震以下及公之叔父涣奏議，參訂其説，集而成編。謂「太祖當居太廟第一室，永爲不祧之祖。太宗居第二室，永爲不祧之宗。遇祫饗當奉太祖居中東嚮，尊無與二。昭穆旁列，以侍所尊，實允萬世公議。久而未正，願陛下一定廟制，上當天心，光昭祖烈。」上極向之。……學有原本，文有體要。表章雅健，追配前人。尤喜論治道，古今典章，無不該貫。論事剴切通暢，能動人主之聽。詩律酷似唐人，杜詩韓筆，深造精詣，劉、白之作，誦習無遺。不爲艱深奇澀之言，矯激崖異之行，貌若介而有容，交雖淡而能久。位既通顯，專以薦士爲己任，片善必欲揚之使達。所舉至多，皆知名之彦，有至公輔者。文集十卷，奏議二卷，《梅堂雜誌》五卷，《史評》五卷及《廟議》諸書藏于家。晚猶取歷朝實録纂提綱目，當世之志未衰也。……（《四部叢刊》本《攻媿集》卷九十八）

智按：樓鑰，字大防，舊字啟伯，自號攻媿主人，明州鄞縣（今浙江寧波）人。孝宗隆興元年（一一六三）進士，調溫州教授。乾道五年（一一六九），以書狀官隨舅汪大猷使金。累官知溫州。光宗朝，召為考功郎，改國子司業，累遷中書舍人兼直學士院，給事中。甯宗受禪，遷吏部尚書，因忤韓侂胄，提舉江州太平興國宮。尋知婺州，移甯國府，仍奪職致仕。侂胄誅，起為翰林學士，累遷簽書樞密院事、參知政事。嘉定六年卒，年七十七。贈少師，謚宣獻。有《攻媿集》一百二十卷、《范文正公年譜》等。生平見《絜齋集》卷十一《資政殿大學士贈少師樓公行狀》，《宋史》卷三九五有傳。

俞烈（？～一二一三）

《洪氏可庵記》

臨安天目山之西麓，有逸民洪載，字彥積，自號耐翁。以力農起，衣食厘厘，給愛泉石，若嗜欲相攸。紫薇巖之左，得佳山峭壁，稜層圭角，冒土欲出，荔薜碧潤，班班呈露。翁放杖太息曰：「是必有異。」呼奴具畚揷，厲斤斧，剪雉榛翳，鞏除土礫，則峯巒效奇，直如立筍，平若截肪，岑鋭巘叠，争見姿態。既有端緒，則鋭意欲成之。湊歲儉飢，鳩旁近村民，用一錢移擔土，以漫治凹下，灌栵蔽翳，既芟除之，泉脉欲流。復釃導之，則平衍清深，嵌巖宛曲，各有奇状。於是名其石之翼然欲升者曰飛雲，峭然凝竚者曰玉筍；窈然清深，命曰藥洞；呀然深啟，名曰經龕；山有峭立石壁，而有形贔蹲負其下者曰金鼇；泉眼流珠濺沫，不為旱潦增損，命曰靈泉；闕微徑上，飛雲頂築亭，其巔名曰盤雲，取樂天《牛氏石記》「盤坳秀出，如靈邱鮮雲」之意。巖石之下，小築數椽，扁曰「可庵」，翁燕遊藏息之地。庵之東數步，曰長春塢，西瞰清池，曰含暉。徑直前，依山植桃數千百株。方春和時，霞錦燦爛，名曰小桃源。稍西，則為歸藏之塋。始翁得此地，神怡意適，謂：「是已足吾心計，當生死此中。」坐而對石，則眼恍然明；困而支石，則意洒然醒。客或扣門，管領登山，擊鮮醉醲，必極其酣適然後已。聞客譽之石詞，則喜津津見顏面。每疑其嗜好之異，其中必有自得，而人不能言者。昔白樂天謂：「石無聲無文，無臭無味，而奇章公待之如賓友，親之如賢哲，重之如寶玉。」意其趋向之偏，亦如人之嗜好醎酸，非澹適和平之正。王涯別墅，有流泉佳木，而重墻複壁，顧不能庇書畫，卒赤其宗。嗜尤物而錮之，其近禍乃如此。獨翁清不近名，錮不近禍，今亡矣，竟葬其下。其道機轉物，能與此石俱存亡者歟？詣吾廬，請記不已者，翁之孫咨夔。以儒學登第，且試學官，中其科，今分教饒學，與予交好，遂為之記其巔末如此。（宋潛説友《咸淳臨安志》卷二十六；《全宋文》二〇〇六年版第二八三册，卷六四一三，第五頁）

智按：俞烈，字若晦，號盤隱居士，臨安（今屬浙江）人。孝宗淳熙八年（一一八一）進士。十五年，以太學録轉對。遷太常博士。光宗紹熙元年（一一九〇），進國子博士。甯宗慶元三年（一一九七），為秘書郎，出知嘉興府。嘉泰元年（一二〇一），除起居舍人。四年，除中書舍人，以忤韓侂胄論去。嘉定元年（一二〇八），起為沿海制置使，改知鎮江府。五年，為吏部侍郎兼中書舍人兼侍讀。六年，卒。著有《盤隱詩編》、《北徵集》等，已佚。《咸淳臨安志》卷六七有傳。

舒邦佐（一一三七～一二一四）

《雙峰堂記》

余竊第歸，厭舉子業。平生纏繞肺腑，欲以古書一瀚之。家近市囂，耳聒心蕩。一日，窺後園古木環合，桑柘蒙密，平林高峰，如竦如揖，出没隱見，去城市不步武，而得幽人隱士之勝概。……或過予曰：「淵明之松菊，彼仕者而思此時之不可仕也。白公之石樓，彼功名粗了，奉身早退，爲身適者也。子于二者無有，奚翫于此？」曰：「不然。退爲進基，静爲動主。静與退，不錮于心。而一于動而進也，則射利抵巇，舐痔嘗糞，亦恐不免。何則，誘乎外，無以制乎内也。若軒冕之念輕，山林之意重，則儻來之富貴，于我如浮雲，而涖官行政，必不肯少負名教。故能成天下之大功名者，每每于心在富貴之外者得之。余將植根本于斯也。若夫出而爲雲乎，爲雨乎，爲鵬乎，爲鷃乎，則又聽造物者處之而已，無適不可也。」客曰：「有是哉！」退而書之。（抄本《雙峰猥稿》卷九；《宋元學案補遺》卷四九；同治《靖安縣志》

卷一二；《全宋文》二〇〇六年版第二六九册，卷六〇八二，第二三九頁）

智按：舒邦佐，字輔國，後更字平叔，隆興府靖安（今屬江西）人。孝宗淳熙八年（一一八一）進士。初授鄂州蒲圻簿，改潭州善化簿，遷衡州録事參軍。所至以廉稱，甚得民心。紹熙五年（一一九四），以疾告歸。甯宗嘉泰二年（一二〇二）致仕。嘉定七年卒，年七十八。有抄本《雙峰猥稿》九卷傳世。事迹見《雙峰猥稿》卷首《譜系》及卷末李大異《故致政通直舒公墓誌銘》。

滕岑（一一三七～一二二四）

《次韻樂天目昏》

百年今已八十五，此去光陰能幾多。足病半生為我祟，目昏今日奈渠何。也知亂膜無方法，正為軀書被折磨。瞽者欲行須用杖，不如安穩坐盤陀。（《全宋詩》第四十七册，第二九六〇三頁）

《次韻樂天山居》

不能蚕歲作農夫，強學為儒途路迂。老有微官沾薄禄，鈍無捷徑上榮衢。遙峰窣堵似屏展，近岸拒霜如錦鋪。莫笑吾廬大幽寂，眼前此景一村無。（《全宋詩》第四十七册，第二九六一一頁）

《次韻樂天村居》

池水浮黃葉，窗扉列翠嵐。蟻歷新夢破，鷗已舊盟寒。足病喜安坐，目昏愁遠看。無人來問道，不用倒幡竿。（《全宋詩》第四十七册，第二九六一一頁）

《次韻樂天村居卧病》

平林卷宿霧，白日行黃道。窗横四圍山，門掩三徑草。老人苦夜永，褰衣起常早。既無姬妾侍，寧有衾裯抱。身心兩清淨，衰病反為好。問我年幾何，年已踰綽老。瓦盞茅柴濁，磚爐榾柮紅。味如飲醽醁，暖勝燎蒿蓬。萬種皆幻事，一真惟太空。舊氈敷故絮，小合臣衰翁。（《全宋詩》第四十七册，

第二九六一二頁）

《樂天狂歌詞》

憶昔少狂逸，舞酒即典衣。痛飲至爛醉，危坐讀楚詞。今我已衰老，不復如前癡。尚要飲酒醪，聊用度歲時。為儒不登第，為郎又乏貲。無衣以準酒，狂歌徒爾為。（《全宋詩》第四十七册，第二九六一四頁）

智按：滕岑，字元秀，嚴州建德（今浙江建德東北）人。高宗紹興二十九年（一一五九）領鄉薦，屢試進士不第。光宗紹熙元年（一一九〇）特奏名，調徽州歙縣尉。終母憂，再調溫州平陽縣丞，秩滿監南嶽廟。甯宗嘉定十七年卒，年八十八。有詩集，已佚。《全宋詩》據《瀛奎律髓》、《永樂大典》等書所録，編為一卷。生平見《桐江集》卷一《滕元秀詩集序》。

王炎（一一三八～一二一八）

《雙溪園記》

婺源縣治東十有五里，雙溪匯爲一潭，潭西北樊之以蓺竹木，王氏叟晦叔游衍之地也，題其門曰雙溪之園。……雙溪之境大略如此。客或曰：「公摘《池上》篇中語名堂若菴、若寮，意欲自擬于白傅乎？彼爲近臣，爲宫師，公不如其達也。東皋所入，一歲千斛，公不如其富也。取進士、賢良兩科以才稱，爲天子諫官以直聞，篇章膾炙，傳誦于幽閨婦女、草埜兒童之口而外達夷裔，公不如其名垂世、文行遠也。甲第在觚稜側，池臺之勝聞于京師，公于荒山野水間有園數畝，不如其居之麗也。樊素、小蠻能歌善舞，飲酣樂作，繼以霓裳之奏，公雖黄頭之奴、赤脚之婢且無之，歌舞管弦復何如其處之樂也？引以自比，將爲人嗤。」晦叔曰：「吾視白公不如者六，而勝之者三。白公生以龜□自隨，没以姪孫爲嗣，吾有子有孫，時温凊，奉烝嘗，視彼孰俞？」曰：「勝之。」「白公棲心禪梵，自謂安閑，暮年得風緩之疾，遣蠻、素二姬，意復悽愴。吾雖多病，行步未傴僂，耳目未昏瞶，視彼孰俞？」曰：「勝之。」「白公七十有六而終，吾今七十有四，若窒嗜欲以養精，息思慮以養神，薄滋味以養氣，體未遽溘先朝露，視我孰愈？」曰：「勝之。」「然則，有無相方，無愧也。窮達貧富得喪毁譽皆身外事，何較爲?」客退，因識其説，又系之曰：吾歙中一布衣書生耳，攜書一束，干進有司。既仕，不敢一日捨書不觀，學雖不及古人，文雖不過今人，前輩頗相許可，得于人者多矣。少時家立四壁，宦游四十餘年，有田以食，有宅以居，得于上者多矣。同登第者十不一存，同改秩者五不一存，同升兩學、游三館者亦多入鬼録，吾幸無恙，得于天者多矣。上焉不能自拔于俗以爲高，下焉不能自媚于世以爲容，既老，退爲清時幸民，一丘一壑，專而有之，他尚何求？夫壯則宜出，老則宜退處，理然也。出不勞無以立事，處不逸無以存身，亦理然也。吾將返鎖門關，不與物接，以養頹齡，挾争氣、好臧否者不可入吾門，尚勢利、計有無者不可登吾堂，好聲名、矜才智者不可入吾庵，論文字、談世事者不可入吾寮。有踰此言，山靈將以俗誚，溪神將爲愚羞，戒之哉！（清康熙五十七年重校刻十二卷本《宋王雙溪先生集》卷四；《全宋文》二〇〇六年版第二七〇册，卷六一一一，第三二三頁）

《水西風光賦并序》

隆興癸未冬，龍圖閣待制吕公來守新安。覽其山川而樂之，後八年卜居于城西南隅，榜其樓曰水西風光。門下客王炎賦之，附于衆作之末，其詞曰：

古歙為郡，山水奇秀，飛仙徃徃窟宅於其中，號居江左十州之右。至於水西之勝槩，又稱甲於一州挾。以披雲之孤峯，遶以漾沙之寒流。昔翰林之詩伯，騎鯨魚而来遊。至今墨客騷人無不劇談其高風，而漁翁樵老亦能尋訪其遺迹。人與景而俱勝，首尾三百餘年，而不可再得。那知神崧夫子之卜居，而氣象反高乎疇昔。豈非人物為主，山川為賔，故風光雖滿於天下，然大半落莫而無聞。苟有恃而獲傳，歷千載而不朽。有白傅而知香灘（智按：《歷代賦彙》卷八十四作香山），因叔子而知峴首；浣花寄聲於工部醉吟之篇，輞川託跡於右丞丹青之手。……（《四庫全書》本《雙溪類稿》卷一；清康熙五十七年重校刻十二卷本《宋王雙溪先生集》卷九）

《中隱賦并序》

三衢留侯以中隱自處，范石湖爲書二大字以表章之，侯有《中隱對》，自叙甚詳。夫若隱若顯，内心泰然，不爲圭組所累，侯之志高矣。顧進於世，功大名白，民受其賜，侯未可辭此責也。乃賦之曰：

子留子道高而位下，豐蓄而嗇施。發揮所有，可以雷霆一世，而畏人知之。沈酣自得於理義之府，盤薄不騖於功名之塗，迺以「中隱」，扁其室廬。團蒲、曲几，詩編、酒壺，凡世間尤物一切無有，蓋淡乎如逋客之舍、幽子之居。吾見其鼻間栩栩，翛豢顔色。殆將貴吾身於隨侯之珠，眇外物於秋蟬之翼。此所謂與道逶迤，一龍一蛇，不露文彩，如玉如石者耶。夫孤竹二子，采薇西山，揭日月於百世之上，可望而不可攀。槁項黄馘，山澤下士，徒悦其風，未喻斯旨。友麋鹿於閒曠之墟，玩魚鳥於泬寥之涘。惟陸沈而無用，徒牢關而固拒。故荷蕢與耦耕，均聖門所不許。萬夫一賢，天地間氣。海涵岳負以育德，游刃迎解以爲智。陽潛于泉則草木無色，雲出于山則膏澤千里。古之抱此道者屣脱富貴而無累，蟬蜕塵埃而不緇。然燕坐一室而經營四海，未嘗泊然與世而相遺。投耒耜而執玉，釋版築而乘車，萬物賓從，受其寵綏。蕭條陋巷之布衣，詰屈乘田之小吏，非爲我而不爲，蓋欲爲而不遂。先生彈冠而出，曳履而趨，豈無意於斯人，而何以隱爲？漆園傲睨，達近乎詭；金馬玩世，和失之鄙。準繩以中，又安取此？有如樂天，可謂賢矣：不膏盲於邱壑之下，不柴柵於紳脩之間，招釋子於匡廬之阜，呼酒徒於香林之灘，得喪兩忘，去就俱閒，無乃欲眇今世而尚友，與斯人而比肩。雖然，進退有正，以義為主；可否無固，因時為度。元和之際，猶莫盡其所懷；長慶之後，可飄然而引去。時既異而轍殊，何必追其故步。曲阜之野麟出而非，岐山之陽鳳鳴而宜。可隱而見，其中躁；可見而隱，其德孤。吾欲與白傅異議，迺申以招隱之詩。其詩曰：「白銀雙闕高巍巍，佩印如斗生光輝。藥石之妙國可醫，縮手未試衆遲之。前旒側席九天上，青雲發軔遄其驅。」（《四庫全書》本《雙溪類稿》卷一；清康熙五十七年重校刻十二卷本《宋王雙溪先生集》卷九）

《用元韻答楊大著李校書》

蓬萊雲氣依海鼇，中有詩仙流品高。子雲抄書自點勘，方瞳炯炯分纖毫。仲元公退便燕坐，日涉藝輔當游遨。烏衣裔孫不解此，但摘青蕊斟官醪。壯年落筆無好語，況復衰颯垂霜毛。二豪拔足立塵表，下視流俗徒滔滔。詞鋒健鬬取一快，往復險韻不憚勞。旁觀微之敵白傅，自分司馬優枚皋。倡而不和當受罰，丐公酌酒羞二螯。(《四庫全書》本《雙溪類稿》卷七)

《子大有游東山之約以詩相趣因次其韻》四首（其四）

猛省香山及輞川，句中摹寫共流傳。煩公檢點遺編看，二老元曾賦幾篇。(《四庫全書》本《雙溪類稿》卷八；《全宋詩》第四十八册，第二九七九一頁)

智按：王炎，字晦叔，號雙溪，婺源（今屬江西）人。孝宗乾道五年（一一六九）進士，調崇陽縣主簿。歷紹興府戶曹參軍，知臨湘縣。應辟入張栻江陵帥幕。淳熙十年（一一八三），為潭州教授，遷通判臨江軍，並權知軍。甯宗慶元初，召為太學博士，三年（一一九七），遷秘書郎，實録院檢討，著作佐郎。五年，為軍器少監。以事出知饒州，未數月罷，閒居七年。開禧三年（一二〇七），起知湖州，任滿後引年告退。嘉定十一年卒，年八十一。有《雙溪類稿》二十七卷。《新安文獻志》卷六十九有傳。

虞儔（一一三九或一一四〇～?）

《用山門記游韻賦酴醾簡林子長不蒙寵和豈不復作書生調度耶因以詩督之》

嬝娜柔條不自持，鎖窗深處最相宜。試教纖手簪雙鬢，莫遣新愁上兩眉。子建洛神空有賦，樂天楊柳可無詩。爲君喚起溫柔夢，春草池塘日正遲。(《四庫全書》本《尊白堂集》卷二；《全宋詩》第四十六册，第二八五二四頁)

《聞六月十五日廳屋以二絕句寄衢》（其一）

履道宅圖還似否，樂天歸計但茫然。人生閒適須聞早，屈指今過本命年。(《四庫全書》本《尊白堂集》卷四；《全宋詩》第四十六册，第二八五七一頁)

《呈吳守》

風流正始孰追回，沈謝曹劉豈乏才。詩律恢長憐我老，吟編端的賴君開。

秋懷拍拍須千首，世事悠悠付一杯。已是醉吟輸白傅，雪霜頭上更相催。（《四庫全書》本《尊白堂集》卷二）

《讀白樂天詩集》

詳觀白傅一篇詩，長日何須一局碁。字細縱然勞眼力，理長尤是契心期。誇張歌酒渾相似，消遣窮愁亦自知。大節更思公出處，寥寥千載是吾師。（《四庫全書》本《尊白堂集》卷三；《全宋詩》第四十六册，第二八五三四頁）

《讀樂天詩戲效其體》

杖屨南坡路不賒，就中景物四時佳。春林競秀烘遲日，雪岫初晴眩曉霞。炎夏清風横一榻，澄秋明月滿千家。人生適意須行樂，况是樽前鬢未華。（《四庫全書》本《尊白堂集》卷三；《全宋詩》第四十六册，第二八五五四頁）

《姜邦傑以四絕見寄因和之》（其二）

州縣豐登公事少，凝香燕寢只吟哦。樂天長短三千首，爭似斯民擊壤歌。（《四庫全書》本《尊白堂集》卷四；《全宋詩》第四十六册，第二八五七四頁）

《以〈長慶集〉送潘接伴》

樂天長短三千首，唐室聲名四百年。大字正堪遮老眼，向來刻畫恐無傳。（《四庫全書》本《尊白堂集》卷四；《全宋詩》第四十六册，第二八五八三頁）

《余在吴門再刊此集》

妙處由來識者誰，詩盟千載不應寒。牙籤縹帙虛拈出，付與詩人仔細看。（《四庫全書》本《尊白堂集》卷四；《萬首論詩絕句》第一册，第一〇二頁）

智按：虞儔，字壽老，寧國（今屬安徽）人。孝宗隆興元年（一一六三）進士。初為廣德、吴興二郡教官，歷績溪令，知湖州、婺州。淳熙十六年（一一八九），為太學博士，遷監察御史，光宗紹熙元年（一一九〇），為國子監丞，甯宗慶元二年（一一九六），為淮南東路轉運副使。三年，轉江南西路轉運副使兼知平江府。四年，改知廬州。嘉泰元年（一二〇一），除中書舍人。二年，遷兵部侍郎。生平崇敬唐白居易，家建尊白堂，有《尊白堂集》二十二卷，已佚。清四庫館臣據《永樂大典》輯為六卷。明嘉靖《寧國府志》卷八有傳。

龔頤正（一一四〇～一二〇一）

《芥隱筆記》

⊙樂天詩

醉翁、迂叟、東坡之名，皆出於白樂天詩云。

⊙唐朝酒價（眞廟問左右唐朝酒價，衆莫能對，丁晉公以三百青銅錢對）

丁晉公對眞廟唐酒價以三百，亦出於一時耳。若李白「金樽清酒斗十千」，白樂天「共把十千酤一斗」，又「軟美仇家酒，十千方得斗」，又「十千一斗猶賒飲，何況官供不著錢」。又崔輔國「與酤一斗酒，恰用十千錢」。（曹子建《樂府》「歸來宴平樂，美酒斗十千」，十千恐未必酒價，言酒美而價貴耳）

⊙八十為八秩

《禮》「年八十日有秩」，故以八十為八秩。又道家流用此語，白樂天屢用之，自注：「行開第八秩，可謂盡天年。」（時俗謂七十以上，為開第八秩）又云：「已開第七秩，屈指幾多人?」

智按：「年八十日」疑為「年八十曰」。

⊙蒲（仄聲）桃、琵（仄聲）琶、調（仄聲）笑、司（仄聲）馬

樂天詩：「羌管吹楊柳，燕姬酌蒲桃（蒲桃，太原酒名）。銀含鑿落盞，金屑琵琶槽。」秦再思《記異録》：溫州朱史君有一妓，善胡琴，忽亡，念之追悼，詩云：「魂飛寥廓魄歸煙，只住人間十八年。昨日施僧裙帶上，斷腸猶繫琵琶絃。」「琵」字亦從仄聲。（《晉書·阮咸傳》、唐《元行沖傳》，琵琶字並無音。《唐書》音訓《外戚傳》調笑，音調。）「打嫌調笑易，飲訝卷波

遲。」（《調笑》，抛打曲名；《卷白波》，酒令）「燭淚連盤疊蒲桃。」「又對東溪野枇杷。」《上林賦》枇杷蒲桃，皆無音。「四十著緋軍司馬，男兒官職未蹉跎。」「一為州司馬，三見歲重陽。」武元衡亦有「唯有白鬚張司馬，不言名利尚相從」。

⊙樂天用淵明詩（淵明有《責子》詩：「雖有五男兒，總不好紙筆。」淵明豈特有女，或者謂此詩作於未得子之前，容有是理。）

淵明詩：「弱女雖非男，慰情良勝無。」故樂天云：「衰病四十身，嬌癡三歲女。非男猶勝無，慰情時一撫。」

⊙東坡用樂天詩格

東坡詩：「斯人乃德星，遣出虛危間。」用樂天「德星降人福，時雨助歲功，福似歲星移，望如時雨至」意。（《永樂大典》卷八百二十一引，中華書局影印本，第二五〇頁）

樂天詩：「去歲暮春上巳，共泛洛水中流。今歲暮春上巳，獨立香山下頭。」東坡用之為海外《上元》詩。（東坡《惠州上元夜》詩：「前年侍玉輦，端門萬枝燈」云云，「今年江海上，雲房寄山僧」。）

⊙樂天與子美詩一意

老杜：「安得廣廈千萬間，大庇天下寒士俱歡顔。嗚呼，何時眼前突兀見此屋，吾廬獨破受凍死亦足。」樂天：「百姓多寒誰可救，一身雖煖亦何情。……安得大裘長萬丈，一時都蓋洛陽城。」

⊙詩中用愛閒字

「多病愛閒」始見《南史・王儉傳》。樂天有「經忙始愛閒」，劉夢得有「功成卻愛閒」，杜牧之有「愛閒能有幾人來」。

⊙老杜樂天詩語

詩中用「而今」、「匹如」、「些些」、「耳冷」、「妬他」、「欺我」、「生憎」、「勿留」、「羸垂」、「溫暾」，皆樂天語。「相（仄聲）欺」、「有底」、「也自」、「也知」、「差底」、「斬新」、「遮莫」，皆老杜詩。

琴按：樂天亦有「斬新蘿徑合」之句，見《白香山詩集・長慶集》卷二十。胡震亨《遯叟詩話》云：「白樂天用斬新，亦出杜『斬新花蕊未應飛』，嶄字正形容其新，在可解不可解之間」。按「嶄新」今作「嶄新」。俗語亦作「簇嶄新」。今仍為通用詞語。

⊙北征詩（韓詩：「元和庚寅斗插子」）

《北征》詩：「皇帝二載秋，閏八月初吉。」盧仝《月蝕》詩：「元和庚寅，斗柄插子，律調黃鍾。」白樂天《賀雨》詩：「皇帝嗣寶歷，元和三年冬。」又《苦寒》詩：「八年十二月，五日雪紛紛。」

⊙樂天《長恨歌》

樂天有「玉容寂寞淚闌干，梨花一枝春帶雨。」不知又有《薔薇詩》：「露垂紅萼淚闌干。」

⊙王岐公宗樂天詩

王岐公元豐中餞文潞公歸洛詩，有「精神如破貝州時」。蓋用樂天《上裴晉公》詩「聞説風情筋力健，只如初破蔡州時」語。

⊙飢鷹待一呼

老杜有「飢鷹待一呼」，白樂天「呼鷹正及飢」，温庭筠「飢鷹不待呼」，吳融「飢鷹只待呼」。

⊙金斗熨波

白樂天：「金斗熨波刀剪紋。」陸龜蒙：「波平熨不如。」又：「天如重熨皺。」溫庭筠：「緑波如熨豁愁腸。」王君玉：「金斗熨沉香。」又：「金斗熨秋江。」

⊙牧之劻勷字

牧之詩：「塵土驚劻勷。」樂天：「委命不劻勷。」

⊙詩用鬬在字

詩中用「鬬在」，蓋出樂天詩：「世上爭先從盡（上聲）汝，人間鬬在不如吾。」（樂天用格是字）

⊙轉席

今新婦轉席，唐人已爾。樂天《春深娶婦家》詩云：「青衣轉（上聲）氈褥，錦繡一條斜。」

琴按：樂天此詩見《白香山詩集》後集卷九《和春深二十首》第十八首，應作「春深嫁女家」，《芥隱筆記》誤為「春深娶婦家」。至於「春深娶婦家」末韻乃是「催妝詩未了，星斗漸傾斜」。龔頤正偶誤記耳。

智按：上聲，一作去聲。舊時婚俗，迎接新婦入門時，「不可得地」，須以氈席、褥席鋪地，新婦腳踏氈褥走進夫家，直到嘉禮完成，進入洞房為止，謂之「轉氈」或「轉席」。宋孟元老《東京夢華録》卷五《娶婦》：「新人下車簷，踏青布條或氈席，不得踏地。一人捧鏡倒行，引新人跨鞍，驀草及秤上過。」元陶宗儀《南村輟耕録》卷十七：「今人家娶婦，輿轎迎至大門，則傳席以入，弗令履地。然唐人已爾。樂天《春深娶婦家》詩云：『青衣轉（去聲）氈褥，錦繡一條斜。』」清褚人穫《堅瓠續集》卷四「傳席撒帳」：「又新婦入門，不踏光地，必傳席始行，唐人呼爲轉席。」

⊙蘇小小

樂天詩：「揚州蘇小小，人道是夭斜（音伊邪反）。」（《顧氏文房小說》本；《四庫全書》本）

琴按：揚州疑是杭州之誤。明人周嬰方叔《卮林・疑白》，即辨此事。見後抄《卮林》一則。亦有謂「揚州蘇小小」不誤者，因同名蘇小小者頗多。

智按：龔頤正，原名敦頤，因避光宗諱改，字養正，歷陽（今安徽和縣）人。孝宗淳熙十四年（一一八七），以薦入仕。甯宗嘉泰元年（一二〇一），為樞密院編修官兼實録院檢討官，遷秘書丞。尋致仕。有《芥隱筆記》。生平見《南宋館閣續録》卷七、九。

袁說友（一一四〇～一二〇四）

《用陳和父太博韻題江州高遠亭四首》（其三）

潯陽名郡敢言支，最愛江山左右之。松蓋前傾渾似故，詩兵捷出愈稱奇。案頭朱墨無多事，亭面東風足四時。相與平分賸遺愛，未饒白傅去時思。（《四庫全書》本《東塘集》卷五）

智按：袁說友，字起岩，號東塘居士，建安（今福建建甌）人。僑居湖州（今屬浙江）。孝宗隆興元年（一一六三）進士，調溧陽簿。歷主管刑工部架閣文字、國子正、太常寺主簿、樞密院編修官、秘書丞。淳熙間，知池州。改知衢州。光宗紹熙元年（一一九〇），由提點浙西刑獄改提舉浙西常平茶鹽。二年，知平江府。三年，知臨安府。甯宗慶元元年（一一九五），遷戶部侍郎，權戶部尚書。三年，為四川制置使兼知成都府。召為吏部尚書兼侍讀，出知紹興府兼浙東路安撫使。嘉泰二年（一二〇二），同知樞密院事。三年，遷參知政事。尋加大學士致仕。四年卒，年六十五。有《東塘集》，已佚。清四庫館臣據《永樂大典》輯為二十卷。生平見本集附録《家傳》。

辛棄疾（一一四〇～一二〇七）

《鶴鳴偶作》

朝陽照屋小窗低，百鳥呼簷起更遲。飯飽且尋三益友，淵明康節樂天詩。（《詩淵》第二八一一頁；《辛稼軒詩文箋注》第二五五頁）

《滿江紅（贛州席上呈太守陳李陵侍郎）》

落日蒼茫，風纔定、片帆無力。還記得、眉來眼去，水光山色。倦客不知身近遠，佳人已卜歸消息。便歸來、只是賦行雲，襄王客。　　些個事，如何得。知有恨，休重憶。但楚天特地，暮雲凝碧。過眼不如人意事，十常八九今頭白。笑江州、司馬太多情，青衫濕。（《全宋詞》第一八七〇頁）

《賀新郎（聽琵琶）》

鳳尾龍香撥。自開元、霓裳曲罷，幾番風月。最苦潯陽江頭客，畫舸亭亭待發。記出塞、黃雲堆雪。馬上離愁三萬里，望昭陽、宮殿孤鴻沒。弦解語，恨難說。　　遼陽驛使音塵絕。瑣窗寒、輕攏慢撚，淚珠盈睫。推手含情還卻手，一抹梁州哀徹。千古事、雲飛烟滅。賀老定場無消息，想沈香亭北繁華歇。彈到此，爲嗚咽。（《全宋詞》第一八九〇頁）

《水龍吟（盤園任子嚴安撫挂冠得請客以高風名其堂書來索詞為賦）》

斷崖千丈孤松，挂冠更在松高處。平生袖手，故應休矣，功名良苦。笑指兒曹，人間醉夢，莫嗔驚汝。問黄金餘幾，旁人欲説，田園計、君推去。

嘆息薌林舊隱，對先生、竹窗松戶。一花一草，一觴一咏，風流杖屨。野馬塵埃，扶摇下視，蒼然如許。恨當年、九老圖中，忘卻畫、盤園路。(《全宋詞》第一八九三頁)

智按：「忘卻畫、盤園路」，《稼軒詞》卷二「忘却花盤園林路」。

《最高樓（慶洪景盧内翰七十）》

金閨老，眉壽正如川。七十且華筵。樂天詩句香山裏，杜陵酒債曲江邊。問何如，歌窈窕，舞嬋娟。　更十歲、太公方出將。又十歲、武公才入相。留盛事，看明年。直須腰下添金印，莫教頭上欠貂蟬。向人間，長富貴，地行仙。(《全宋詞》第一八九五頁)

《念奴嬌（賦傅巖叟香月堂兩梅）》

未須草草，賦梅花，多少騷人詞客。總被西湖林處士，不肯分留風月。疏影横斜，暗香浮動，□□春消息。尚餘花品，未忝今古人物。　看取香月堂前，歲寒相對，楚兩龔之潔。自與詩家成一種，不系南昌仙籍。怕是當年，香山老子，姓白來江國。謫仙人，字太白，還又名白。(《全宋詞》第一九一六頁)

《玉樓春（效白樂天體）》

少年才把笙歌醆。夏日非長秋夜短。因他老病不相饒，把好心情都做懶。

故人别後書來勸。乍可停杯强吃飯。云何相遇酒邊時，卻道達人須飲滿。(《全宋詞》第一九四二頁)

《鷓鴣天（鄭守厚卿席上謝余伯山用其韻）》

夢斷京華故倦游。只今芳草替人愁。陽關莫作三叠唱，越女應須爲我留。

看逸韵，自名流。青衫司馬且江州。君家兄弟真堪笑，個個能修五鳳樓。(《全宋詞》第一九六二頁)

《玉樓春（有自九江以石作觀音像持送者因以詞賦之）》

琵琶亭畔多芳草。時對香爐峰一笑。偶然重傍玉溪東（東，一作行），不是白頭誰覺老。　　普陀大士神通妙。影入石頭光了了。看來持獻可無言（持，一作將），長似慈悲顏色好。（《全宋詞》第一九六五頁）

《菩薩蠻》

江搖病眼昏如霧（江搖，一作江山）。送愁直到津頭路。歸念樂天詩。人生足別離。　　雲屏深夜語。夢到君知否。玉箸莫偷垂。斷腸天不知。（《全宋詞》第一九六六頁）

智按：辛棄疾，字坦夫，改字幼安，號稼軒，齊州歷城（今山東濟南）人。欽宗靖康末中原淪陷，棄疾于青年時即率眾抗金。高宗紹興三十一年（一一六一），投忠義軍耿京部，為掌書記。三十二年奉表歸宋，高宗勞師建康，授天平軍節度掌書記，並以節度使印告召京。時京部將張安國殺京降金，棄疾還海州，約忠義軍人徑趨金營，縛張安國以歸，改差簽判江陰軍。孝宗乾道四年（一一六八）通判建康府。歷知滁州，提點江西刑獄，京西轉運判官，知江陵府兼湖北安撫，知隆興府兼江西安撫，知潭州兼湖南安撫。後於再知隆興府任上因擅撥糧舟救荒，為言者論罷。光宗紹熙二年（一一九一），起提點福建刑獄，遷知福州兼福建安撫，未幾又為言者論罷。甯宗嘉泰三年（一二〇三），起知紹興府兼浙東安撫。四年遷知鎮江府，旋坐謬舉落職。開禧三年召赴行在奏事，未受命卒。清嘉慶間辛啟泰輯有《稼軒集抄存》，近人鄧廣銘增輯為《辛稼軒詩文抄存》。《宋史》卷四〇一有傳，近人陳思有《辛稼軒年譜》。

趙彥衛（一一四〇？～一二一〇？）

《雲麓漫鈔》

白雲一也，而有數義。郯子以秋官為白雲，《類要》云：「白雲司職，人命是懸。」皆言官名也。陶弘景詩：「山中何所有，隴上多白雲。只可自怡悅，不堪持寄君。」狀景也。狄人傑見白雲孤飛，曰：「吾親舍其下。」人以為思親事。梁瑄不歸，弟璟每見東南白雲，即立望，慘然久之，復以為思兄事。白樂天詩：「清光莫獨占，亦對白雲司。」蓋指秋雲言也。（《四庫全書》本《雲

麓漫鈔》卷十；傅根清點校本，第一七五頁）

《國語》又曰：「董因迎公於河，公問焉，曰：『吾其濟乎？』對曰：『臣筮之，得泰之八。曰：是謂天地配亨，小往大來。今及之矣，何不濟矣？』」（案，《國語·晉語四》作「何不濟之有」）韋昭云：「泰三至五震象為侯（案，今《國語》韋昭注無「象」字），陰爻不動，其數皆八，與貞屯、悔豫義同（案，「與」上《國語》韋昭注有「故得泰之八」五字；「豫」下有「皆八」二字）。」劉子曰：「昭此說用互體有震。按董因之言，天地配亨，是『六五：帝乙歸妹以祉，元吉』之爻。夫泰，乾坤體全，内外位正，内為身，外為事，卜得國事也。以外卦為占，六五居尊位，故統論卦下辭，曰『小往大來』，爻遇『歸妹』，故曰『天地配亨。』何必取互體也。」右白樂天與董生言《易》。（《四庫全書》本《雲麓漫鈔》卷十一；傅根清點校本，第一九〇～一九一頁）

「十隻畫船何處宿，洞庭山腳太湖心。」此白樂天守姑蘇游太湖詩（智按：題為《宿湖中》），想見當時氣象。紹興初，金人犯江浙，蘇守移治洞庭，前後守臣孫仲益覿、胡茂老松年皆罷守寓彼。胡有詩曰：「白蘋風靜碧波沉，畫舸來游著意深。願覓靈文窺秘鑰，更追遺范寫良金，姓名便合聯真隱，出處何妨擬醉吟？疇昔光陰費行樂，中原鼙鼓正傷心。」時節不同如此。（《四庫全書》本《雲麓漫鈔》卷十四；傅根清點校本，第二四八頁）

智按：趙彦衛，字景安，浚儀（今河南開封）人。魏王廷美七世孫。孝宗隆興元年（一一六三）進士。光宗紹熙間知烏程縣。甯宗慶元二年（一一九六）通判台州。嘉泰二年（一二〇二），權知隨州。開禧元年（一二〇五）以朝議大夫知徽州。有《雲麓漫鈔》二十卷、續鈔二卷。

楊簡（一一四一～一二二六）

《慈湖詩傳》

考槃在澗，碩人之寬。獨寐寤言，永矢弗諼。考槃在阿，碩人之薖。獨寐寤歌，永矢弗過。考槃在陸，碩人之軸。獨寐寤宿，永矢弗告。

寬，《補音》：「區權切。」韓愈《閔已賦》「平寬」與「賢」叶。白居易詩「王家庭院寬」與「天」叶。簡謂，寬音輕清，宜枯爰切，殆今讀「寬」音之轉，自與「言」叶，亦不必「枯爰切」也。與《關雎》「芼」、「樂」叶、《君子偕老》「翟」、「髢」叶之類同。薖，苦禾反。過，音戈。告，音谷。《毛傳》曰：「考，成。槃，樂也。山夾水曰澗。曲陵曰阿。」《爾雅》曰：「高平曰陸。」山夾水之處迫矣，碩人居之，自以為寬。獨寐及寤而言曰「永矢弗諼」矣。諠，音喧，諼者，字訛也。諠，言也。《鄭箋》釋「諼」曰「忘」，盖誤從《淇奥》毛傳，不知毛傳之已誤也。薖，《韓詩》作過，意者其草徑歟？碩人常所往來經過歟？當與「永矢弗過」同音。凡制字，皆有義。軸，旋轉之謂，言其步武回旋其中，不復他往宿卧也。歌，自樂也。離此而之彼曰過，今世謂相往來曰相過。賢者困窮之時，有言不信，於是退處之義甚明，不復疑貳，故決其辭，矢其誓曰「弗諼」，曰「弗告」，亦「弗過」彼矣。《論語》：「夫子矢之曰：『予所否者，天厭之。』」則知「矢」有「誓」意。《毛詩序》曰：「考槃，刺莊公也。不能繼先公之業，使賢者退而窮處。」《序》每失詩旨，於此又見。此詩自決於退處，豈有刺君之意？君雖有過，豈可以刺？言碩人知時而退，正也，道也。衛宏不知道，故其作《序》，率外求其説。《毛傳》亦不言刺莊公，以是益驗衛宏作《毛詩序》，漢史可信。宏雖多祖毛説，而又以己意成之歟！（《四庫全書》本《慈湖詩傳》卷五）

狼跋其胡，載疐其尾。公孫碩膚，赤舄几几。狼疐其尾，載跋其胡。公孫碩膚，德音不瑕。

……《補音》：「不瑕，洪孤切。」《史記・龜筴（策）傳》：「日辰不全，故有孤虚。黄金有疵，白玉有瑕。事有所疾，亦有所徐。」《太玄・衆首》：「軍或纍車，文人摧孥，内蹈之瑕。」《禮記》引《詩》「瑕不謂矣」，鄭云，「瑕」之為言胡也。秦晉以前，凡從叚者，在平則讀如胡，魏晉之間讀如何，齊梁之後讀為胡加切，《楚辭・遠遊》：「漱正陽而含朝霞，精神入而粗氣除。」司馬相如《大人賦》：「回車朅來兮，會食幽都；呼吸沆瀣兮，餐朝霞。」曹植《洛神賦》「升朝霞」與「出渌波」叶。左思《蜀都賦》「霞」與「峩峩」叶，此以霞為何也。又《魏都賦》「遐」與「羅」叶，陸機《應嘉賦》「遐」與「波」叶，此以「遐」為何也。韓愈《元和聖德詩》「瑕」與

「拊」叶，又以「遐」為古，白居易《效陶詩》「暇」與「坐」叶。(《四庫全書》本《慈湖詩傳》卷十一)

智按：楊簡，字敬仲，學者稱慈湖先生，慈溪（今屬浙江）人。孝宗乾道五年（一一六九）進士，授富陽主簿。會陸九淵道過富陽，遂師事陸。歷紹興府司理參軍，知嵊縣、樂平縣。光宗紹熙五年（一一九四），召為國子博士。以上書辯宰相趙汝愚去國事，主管崇道觀。甯宗嘉泰四年（一二〇四），起權發遣全州，又以上言未及對，論罷。嘉定元年（一二〇八）授秘書郎，累遷將作少監兼國史院編修、實録院檢討。出知溫州。召為駕部員外郎，遷將作監。理宗即位，進寶謨閣直學士。寶慶二年卒，年八十六。著有《甲稿》、《乙稿》等，今存《慈湖先生遺書》二十卷，補編、新增附録各一卷。事見清馮可鏞《慈湖先生年譜》、《寶慶四明志》卷九、《宋史》卷四〇七有傳。

蔡戡（一一四一～?）

《效白樂天體自詠二十韻》

人生七十稀，我今六十六。幼小承門資，長大竊科目。平步登瀛洲，超遷應郎宿。省寺久徊翔，京華厭馳逐。七持使者節，三剖刺史竹。晚玷兩禁班，濫紆三品服。游宦四十年，徒糜太倉粟。君恩無以報，捫心自慙恧。吾聞老氏言，知足乃不辱。力辭會稽組，願賦祠庭禄。舉首謝鵷鴻，甘心友麋鹿。家有十頃田，居多數椽屋。長子通朝籍，二女歸仕族。貤恩沾弟姪，餘俸贍親屬。始望豈及此，平生不啻足。無奈百病侵，齒豁頭已禿。指攣足蹣跚，背駞腰屈曲。消長自乘除，禍福多倚伏。枚數親舊間，十九登鬼録。自憐衰病翁，詎知不為福。(《四庫全書》本《定齋集》卷十六；《全宋詩》第四十八册，第三〇〇三八頁)

智按：《欽定四庫全書考證》卷八十二云：「開禧二年所作」。

《又自詠效樂天體》

我家曾高來，享年稀六十。吾祖逾九齡，屈指十之一。嗟予蒲柳姿，不覺開七秩。雖幸延殘年，其奈嬰末疾。人生一世間，無異駒過隙。孔蹠俱塵埃，彭殤漫欣戚。苟免饑寒憂，况又婚嫁畢。生亦何可戀，死固不足惜。棺槨已素具，墳壠漸加葺。委順以待時，臘月三十日。（《四庫全書》本《定齋集》卷十六；《全宋詩》第四十八册，第三〇〇三九頁）

《朱朝宗割愛嫁遣侍兒忘情如此是可尚也因作忘情吟以道哀怨之意》

風流漢署尚書郎，蛾眉列屋呈新粧。中有一人十四五，雪膚花艷傾後房。妒寵負恃亦常理，何乃棄置行路傍。妾如桃李眩顔色，君如鐵石爲心腸。憶昔贈君緑綺琴，佳期密意寓琴心。白雪陽春世寡和，高山流水誰知音。燕子樓中空寂寞，鳳凰臺上忍登臨。瓶沉簪斷不堪説，釵分鏡破何由尋。君不見韓退之，絳桃柳枝二侍兒。别來柳枝已飛去，故作鎮州初歸詩。又不見白樂天，小蠻樊素爭取憐。晚年樊素欲謝遣，因賦不能忘情篇。從來我輩情所鍾，綿綿此恨今古同。世間尤物最爲累，須信萬事浮雲空。二公號爲知道者，未免愛慾纏胸中。果能脱去如敝屣，自古未有賢於公。料得文君對長卿，小窗時鼓一再行。幽愁暗恨欲備寫，離鸞别鶴難成聲。知君手種堂前柳，春風披拂還輕盈。憐新棄舊似淺薄，如君未必真忘情。（《四庫全書》本《定齋集》卷十六；《續修四庫全書》影印清光緒刻本陸心源《宋詩紀事補遺》卷七十四；《全宋詩》第四十八册，第三〇〇四三頁）

《丁未立春日讀白樂天浩歌行不覺身年四十七之句時方悼亡有感而作》

不覺身年四十七，此身雖在鬢如霜。平生意氣空摧索，老去功名付渺茫。愁裏不知佳節至，尊前那復少年狂。梅花紙帳焚香坐，感舊傷懷淚兩行。（《四庫全書》本《定齋集》卷十八；《續修四庫全書》影印清光緒刻本陸心源《宋詩紀事補遺》卷七十四；《全宋詩》第四十八册，第三〇〇五九頁）

智按：蔡戡，字定夫，仙游（今屬福建）人，居武進（今江蘇常州）。襄四世孫。初以蔭補溧陽尉。孝宗乾道二年（一一六六）進士。七年，召試館職，授秘書省正字。八年，知江陰軍。歷廣東、京西轉運判官，廣東、湖南提刑。淳熙十年（一一八三）由湖廣總領徙建康府總領，尋徙淮西總領。光宗紹熙元年（一一九〇）為浙東提刑，召除中書門下檢正諸房公事。五年，兼知臨安府，再任湖廣總領。甯宗慶元二年（一一九六）知隆興府。嘉泰元年（一二〇一）知靜江府兼廣西經略安撫使。有《靜江府圖志》十二卷、《定齋集》四十卷，皆佚。清四庫館臣據《永樂大典》等輯成《定齋集》二十卷。《咸淳毗陵志》卷十七有傳。

曾豐（一一四二～？）

《策問一四》

……漢蕭望之身爲儒宗，近古社稷臣也，而取持禄保位之匡衡、張禹。白居易以直道奮，而取行如市人之牛僧孺。李宗閔奮私昵黨，人指爲盜，而取知名士之唐冲、薛庠、袁郁。則國之於士，豈可以主司賢不肖卜哉？歐陽文忠公，文章主盟也，素疾劉暉輕薄，及試乃見録；蘇文忠公，文章宗工也，素善李方叔俊邁，及試乃見遺。則士之於試，豈可以主司明不明卜哉？主上自即位，凡八舉士于兹矣。每舉去取不當，士必以主司爲譁：某不賢，某不明。輿論以爲所取士某非賢者，則執事者又曰殆主司不得其人。不得其人，莫如李宗閔；賢且明，莫如蕭、白、歐、蘇。而陞黜去取，其得失乃如彼，則不獨主司難，其選主司亦難矣。諸君懷藝待舉，既有望於斯，必有處于斯，幸見告，勿徒譁也。（《緣督集》卷一六；《全宋文》二〇〇六年版第二七七册，卷六二八五，第三七六頁）

智按：曾豐，字幼度，號撙齋，吉州永豐（今江西永豐）人。乾道五年（一一六九）登進士第。淳熙七年（一一八〇）爲贛縣丞。九年，假贛州會昌縣令。十二年，除廣東轉運司幹辦公事。十五年，知静江府義寧縣。光宗紹熙中，知浦城縣。寧宗慶元中通判瓊州。嘉泰初，朝臣劾其「搜求星説，傳習妖祥」，放罷奉祠。後以朝散大夫知德慶府，嘉定二年（一二〇九）復坐言官論其「一意聚斂」放罷。晚年無意於仕進，築室曰撙齋，以詩酒自娱。以文章名世，著有《緣督集》，南京圖書館藏清抄本《撙齋先生緣督集》四十卷，尚存原集之舊，然文字訛誤特甚。《文淵閣四庫全書》二十卷本輯自《永樂大典》，《全宋文》據之與清抄本互補，釐爲二十一卷。真德秀幼嘗受學於豐，及執政，奏取其集入崇文四部。事迹見本集諸文及《宋會要輯稿》職官七四之一〇、七四之三三，《宋史》卷六五、二〇八，元虞集《道園學古録》卷四三《曾撙齋緣督集序》，《宋史翼》卷二八。

陳謙（一一四四～一二一六）

《續琵琶行》（句）

青衫夜半何曾著，引興參差雜椒糈。（趙與旹《賓退録》卷三引；《全宋詩》第四十九册，第三一〇二二頁）

智按：趙與旹《賓退録》卷三云：「近時陳益之待制（謙）又賦《續琵琶行》，有云：『青衫夜半何曾著，引興參差雜椒糈。』亦皆有新意。」

陳謙，字益之，號水雲，又號易庵，永嘉（今浙江溫州）人。孝宗乾道八年（一一七二）進士，授福州司户。淳熙十六年（一一八九），通判江州。光宗紹熙二年（一一九一），知常州。歷提舉湖北常平，夔州轉運判官。甯宗慶元元年（一一九五），提點湖北刑獄。二年，除户部郎中、湖廣總領。嘉泰二年（一二〇二），提點成都路刑獄，移京西轉運判官。開禧二年（一二〇六），為湖廣總領，除湖北、京西宣撫副使，尋罷。嘉定元年（一二〇八），起知江州，未幾復罷。八年，提舉太平興國宫。九年卒，年七十三。有《易庵文集》等，已佚。生平見《水心集》卷二十五《朝請大夫提舉江州太平興國宫陳公墓誌銘》，《宋史》卷三九六有傳。

劉爚（一一四四～一二一六）

《賜朝議大夫權工部尚書兼修國史兼實録院同修撰兼太子詹事戴溪乞許納禄或畀祠禄不允》

昔唐白居易以直道不容於時，故年甫六十九辭宫傅之秩，而歸休焉。

清名高行，後世所慕，望而不可及也。雖然，居易則誠賢矣，苟時君能挽而留之，用其言以顯其身，使居易無勇退之名，而唐室獲任賢之福，豈不尤可尚耶？今卿以白傅之年，而數上凋槃之請，豈非聞其風而興起者乎？夫年未至而告歸，在卿固為高致；知賢而不盡用，天下其謂朕何？勉從吾游，毋使識者窺朝廷也。所請宜不允。（《四庫全書》本《雲莊集》卷九「答詔」）

智按：重見於真德秀（一一七八～一二三五）《西山文集》卷二十一。

劉爚，字晦伯，號雲莊，建陽（今屬福建）人。早年從朱熹學。孝宗乾道八年（一一七二）進士，調山陰縣主簿。歷饒州録事參軍，知連城縣、閩縣。甯宗慶元中，通判潭州。嘉定元年（一二〇八），知德慶府，提舉廣東常平。二年召對，除浙西提刑。四年，召為國子司業。五年，試國子祭酒兼太子左諭德、同修國史實録院同修撰。六年，除刑部侍郎。八年，權工部尚書兼太子右庶子、仍兼講讀。九年卒，年七十三。謚文簡。有《東宮詩解》、《雲莊外稿》等，已佚。九世孫煇始裒集遺文為《雲莊集》二十卷。生平見《西山文集》卷四十一《劉文簡公神道碑》，《宋史》卷四〇一有傳。

楊炎正（一一四五～？）

《壽周益公》（其一）

一相今年老，三孤只舊班。鼎彝都刻了，杖屨不勝閑。青遍人間眼，朱生鏡裏顔。君王記弧節，應賜壽香山。（《全宋詩》第五十册，第三一〇三六頁）

智按：楊炎正，字濟翁，廬陵（今江西吉安）人。萬里族弟。甯宗慶元二年（一一九六）進士，調甯遠簿。五年，詔除架閣，未上即被劾落。嘉定初遷大理司直，三年（一二一〇），出知藤州，七年，罷。後以事戍瓊州，十年，始北歸。有《西樵語業》一卷。生平見《誠齋集》卷七六《靜庵記》、卷一一四《詩話》。

釋正受（一一四六～一二〇八）

《進聖宋嘉泰普燈録上皇帝書》

……裴休契機于黄檗，白居易悟心于鳥窠，丹霞出于名儒，龐蘊生于俗俚。古之劉鐵磨、末山尼、靈照女、凌行婆，皆載之諸集，系之祀圖。獨是録未嘗及之，燈雖曰續，惜其照之不普。……（《嘉泰普燈録·目録》卷上，續藏經第二編乙第十套第一册；《全宋文》二〇〇六年版第二八二册，卷六三九三，第九十頁）

智按：釋正受，字虚中，號雷庵，平江府常熟（今江蘇常熟）人，俗姓邵。少肄儒業，後出家依浄慈寺月堂昌禪師。慶元初駐湖州壽星院，後遁迹藏密庵。嘉定元年卒，年六十三。著有《嘉泰普燈録》、《楞嚴經注》、《楞伽經集注》等，並行於世。見黄汝霖《雷庵受禪師行業記》（《嘉泰普燈録》目録卷首）。

葉適（一一五〇～一二二三）

《湖州勝賞樓記》

凡城邑據江海陂澤之勝，皆即以爲賞，盍物常聚於大矣。吴興三面切太湖，涉足稍峻偉，浸可几席盡也。然四水會於霅溪，鏡波籃浪，梁梠動揺，而靚粧靚服之倒影，互爲散合……國風廢，王道息，柳惲以《江南曲》名於時。古之採蘋，莒盈而釜熟，薦於大宗，禮至敬也。主於少女，教至行也。惲之採蘋，徒詠而已。其思蕩，其志滛，豈《召南》本指哉！然而詞人藝士，爭共誇述。郡之勝賞，由是而治，敞堂奥舘，益盛於今。太守趙君，既新白蘋亭，復樓於側。其言曰：清風水遁，碧瀾山隱，兼之者，斯樓也。力能見湖而不爲者，民方與我游於麗密之内，我不敢與民縱於青冥之外也。雖然，以道講民，見湖可哉！白居易論謝、柳樂山水，多高情，不聞善政。按史，惲守吳興，前後十年，其政清靜，吏民所懷，病去而乞留千餘人。居易偶不詳也。政在平，平在久，加以不倦，瘠土可使沃，窮閻可使富。况蒲魚豊衍，明山媚水，素稱勝絶乎？君初至，損稅直，增學廩，親不葬，女不嫁，廢疾無醫，死無斂棺，皆助之恐不及，可謂有志矣。惜其暫不得久，近惠而未及遠利也，故録以次惲。君名希蒼，字漢英。嘉定十五年三月。（《四部叢刊》本《水心先生文集》卷十一前集）

《習學記言序目》

白居易論詩謂：「周衰秦興，六義始刓，及江鮑，則六義盡去。」按《周官》教六詩，不言詩有六義；主文譎諫，蓋後人顛倒其説，孔子教詩，但言興觀羣怨而已，居易專以諷為主，固已失之。白既以此致謗，至本朝蘇、蔡，遂成詩禍矣。（《四庫全書》本《習學記言》卷四十三；中華書局《習學記言序目》，第六〇九～六一〇頁）

元稹本與白居易同稱，然一儌節取卿相，則不得齒於士類，遂與裴延齡、皇甫鎛等，古今人受病處，皆以身之材能、外之官職對立，一念既偏，至於失其身，而不能救，是真可哀也！（《四庫全書》本《習學記言》卷四十三；中華書局《習學記言序目》，第六二九頁）

張衡《四愁》雖在蘇、李後，得古人意則過之。建安至晉高遠，宋齊麗密，梁陳稍放靡，大抵辭意終未盡。唐變為近體，雖白居易、元稹以多為能，觀其論叙，亦未失《詩》意。而韓愈盡廢之，至有亂雜蟬噪之譏。此語未經昔人評量，或以為是，而叫呼怒罵之態，濫溢不可禦。所以後世詩去古益遠，雖如愈所謂亂雜蟬噪者尚不能到，况欲求風雅之萬一乎！孟郊謂「詩骨聳東野，詩濤洶退之」，而愈亦自謂「還當三千秋，更起鳴相酬」。嗚呼！以豪氣言詩，憑陵古今，與孔子之論，何異指哉！（《四庫全書》本卷四十七；中華書局《習學記言序目》，第七〇一～七〇二頁）

智按：葉適，字正則，號水心，溫州永嘉（今浙江溫州）人。孝宗淳熙五年（一一七八）進士。授平江節度推官，改武昌軍節度判官，浙西提刑司幹辦。召為太學正，遷太常博士。兼實録院檢討。光宗即位，出知蘄州。入為尚書左選郎官，遷國子司業。除太府卿，總領淮東軍馬錢糧。甯宗立，韓侂冑專政，宰相趙汝愚貶，亦被劾主管沖佑觀。起為湖南轉運判官。遷知泉州。開禧初，除權工部侍郎。北徵兵敗，除知建康府兼沿江制置使。侂冑誅，以附侂冑用兵，奪職奉祠凡十三年。嘉定十六年卒，年七十四。《宋史》卷四三四有傳。

陳藻（一一五〇？～一二二五）

《薌巒》

香山白樂天，香草荊屈平。釋氏定而慧，道家直且清。儒臣司燮理，至治薰神明。不然岩谷間，亦作蘭茝馨。郁郁若沉水，茫茫夷島生。人從韓壽徒，去就焉知輕。詎如賢達門，氣類全精誠。鮑肆不肯入，結交皆羣英。男以芳自持，女以烈主盟。時雖付衰歿，久亦騰褒旌。自古葬枯骨，阿誰埋令聲。所以薌巒上，遺芬始崢嶸。一字可爲謚，雙魂無愧情。寧馨把仙桂，已在月中行。迤邐銜雞舌，筆花對長檠。紫薇引當坐，紅藥歡相迎。（《四庫全書》本《樂軒集》卷三；《全宋詩》第五十册，第三一三三五頁）

智按：陳藻，字元潔，號樂軒，長樂（今屬福建）人，僑居福清（今屬福建）之橫塘。屢舉進士不第，終身布衣。師事林光朝高弟林亦之，並稱城山三先生，倡行伊、洛之學於東南。閉門授徒，不足自給，游食東南各地。後林亦之四十年卒，年七十六尚在世。理宗景定四年（一二六三）贈迪功郎，謚文遠。著作由門人林希逸編為《樂軒集》八卷。清乾隆《福州府志》卷五十九、光緒《福清縣誌》卷十三有傳。

王楙（一一五一～一二一三）

《野客叢書》

⊙漢唐酒價

歷陽郭次象多聞，嘗與僕論唐酒價。郭謂前輩引老杜詩「速令相就飲一斗，恰有三百青銅錢」，以此知當時酒價，然白樂天《與劉夢得沽酒閒飲》詩曰：「共把十千沽一斗，相看七十欠三年。」當劉白之時酒價，何太不廉哉！僕謂不然。十千一斗乃詩人寓言，此曹子建樂府中語耳。唐人引此甚多，如李白詩曰：「金尊沽酒斗十千。」王維詩曰：「新豐美酒斗十千。」崔輔國詩曰：「與沽一斗酒，恰用十千錢。」許渾詩曰：「十千沽酒留君醉。」權德輿詩曰：「十千斗酒不知貴。」陸龜蒙詩曰：「若得奉君歡，十千沽一斗。」唐人言十千一斗，類然，一斗三百錢，獨見子美所云，故引以定當時之價。然詩人所言，出於一時，又未知果否？一斗三百，別無可據，《唐・食貨志》云：「德宗建中三年，禁民酤，以佐軍費，置肆釀酒，斛收直三千。」此可驗乎？又觀楊松玠《談藪》：「北齊盧思道嘗云：長安酒賤，斗價三百。」杜詩引此，亦未可知。僕因謂郭曰：「曾知漢酒價否？」郭無以應。僕謂：「漢酒價，每斗一千。」郭謂：「出於何書？」僕曰：「此見《典論》，曰：『孝靈帝末年，百司湎酒，一斗直千文。』此可證也。」（《四庫全書》本卷三）

⊙唐人言牡丹

歐公謂牡丹初不載文字，自則天已後始盛。唐人如沈、宋、元、白之流，皆善詠花，寂無傳焉，惟劉夢得有《詠魚朝恩宅牡丹》一詩，初不言其異。《苕溪漁隱》引劉夢得、元微之、白樂天數詩，以證歐公之誤，且引開元時牡丹事，以證歐公所謂則天已後始盛為信然。近時《容齋隨筆》亦引元白數詩，以證歐公之誤，且謂元白未嘗無詩，唐人未嘗不重此花。容齋蓋未見漁隱所言故爾。僕嘗取《唐六十家詩集》觀之，其為牡丹作者幾半。僕不暇縷數，且以《劉禹錫集》觀之，有數篇：《渾侍中宅看牡丹》、《唐郎中宅看牡丹》、《自賞牡丹》，皆有作，豈得謂惟有一篇？歐公不應如是鹵莽，得非或者假歐公之説乎？二公引元白數詩，以證歐公之誤，要未廣也。《龍城録》載高宗宴羣臣，賞雙頭牡丹。舒元輿序謂西河精舍有牡丹，天后命移植焉，由是京國日盛。則知牡丹在唐，已見於高宗之時，又不可引開元事為證也。閲李綽《尚書故實》，言北齊楊子華畫牡丹；《謝康樂集》，言水際竹間多牡丹；陸農師作《埤雅》，拾歐公之説，亦謂牡丹不載文字，自則天已後始盛，如沈宋元白之流，寂無篇什，惟劉夢得一篇，亦不深考耳。（《四庫全書》本卷五；《叢書集成初編》本第四一頁）

⊙二公言宫殿

詩人諷詠，自有主意，觀者不可泥其區區之詞。《聞見録》曰：「樂天《長恨歌》『夕殿螢飛思悄然，孤燈挑盡未成眠』，豈有興慶宫中夜不點燭，明皇自挑燈之理?」《步里客談》曰：「陳無己《古墨行》謂：『睿思殿裏春將半，燈火闌殘歌舞散。自書小字答邊臣，萬國風煙入長算。』『燈火闌殘歌舞散』，乃村鎮夜深景致，睿思殿不應如是。」二説甚相類。僕謂二詞正所以狀宫中向夜蕭索之意，非以形容盛麗之為，固雖天上非人間比，使言高燒畫燭，貴則貴矣，豈復有「長恨」等意邪？觀者味其情旨，斯可矣。(《四庫全書》本卷五)

琴按：明人胡震亨《唐音癸籤》卷十一引王楙此言，與張戒《歲寒堂詩話》所言混。王楙與張戒原意並不一致，讀者參閲自知。

智按：所引《步里客談》，《四庫全書》本未見。陳無己《古墨行》原詩作：「睿思殿裏春夜半，燈火闌殘歌舞散。自書細字答邊臣，萬里風塵入長筭。」(《後山集》卷三)

⊙王維詩誤

《西清詩話》曰：「唐人以詩為專門之學，雖名世善用故事，不免小誤。王維詩曰：『衛青不敗由天幸，李廣無功為數奇。』不敗由天幸，乃霍去病，非衛青也。」《邵氏聞見録》亦如此言，乃以此詩為張籍之作，且云《漢書音義》「數」作「朔」，則亦不可對天矣。僕謂此詩誤用天幸事，固已無疑，然考山谷之言，謂顔師古以「數奇」為命隻不耦，則數乃命數之數，非疏數之數也。宋景文公《筆録》得江南《漢書》本，乃「所具反」傳寫誤以「所具反」為「所角反」耳。僕觀黄、宋二公之説，則知此詩以天幸對數奇，不為失也。又觀杜子美詩曰：「數奇謫關塞，道廣存箕潁。」白樂天詩集序曰：「文士每數奇，詩人尤命薄。」樂天以數奇對命薄，子美以數奇對道廣，益信黄、宋二公之言為有驗，是皆以數為命數之數。若柳子厚碑曰：「不遇興時，鬱駝眉之都尉；數奇見惜，挫猿臂之將軍。」楊蟠詩曰：「仲父嘗三逐，將軍老數奇。」此乃為疏數字用也。(《四庫全書》本卷五)

⊙樂天姬侍

《隨筆》云：「世言樂天侍兒惟小蠻、樊素二人，予讀集中有詩曰：『菱角執笙簧，谷兒抹琵琶。紅綃信手舞，紫綃隨意歌。』自注云：『菱，谷，紫，紅，皆臧獲名。』若然，紅紫二綃，亦妓也。」僕謂樂天之妓，又不止此。觀劉夢得集中有《贈小樊》一詩曰：「花面丫頭十三四，春來綽約向人時。終須買取名春草，處處將行步步隨。」又《同州與樂天》詩，注曰：「春草，白君之舞妓也。」則知樂天姬侍，又有本集所不言者。白詩曰：「小奴搥我足，小婢搥我背。」又不知小奴、小婢者，是何名也？（《四庫全書》本卷六）

⊙蘇杭妓名

蘇杭妓名見於樂天詩中（者），姑録出以資好事者一笑。其詩曰：「移領錢塘第二橋，始有心情問絲竹。玲瓏箜篌謝好箏，陳寵觱栗沈平笙。」又曰：「長洲茂苑緑萬樹，齊雲樓高酒一杯。李娟張態一春夢，周五殷三歸夜臺。」又曰：「李娟張態君莫嫌，亦擬隨宜且教取。」又曰：「花前置酒誰相勸，滿坐唱歌容起舞。」又曰：「黄菊繁時佳客到，碧雲合處美人來。」注謂：「遣英、倩二妓，與舒員外同游。」又曰：「真娘墓頭春草碧，心奴頭上秋霜白。就中惟有楊瓊在，堪上東山伴謝公。」又曰：「心奴已死胡容老，後輩風流是阿誰？」又《憶杭州因叙舊游》有曰：「沈謝雙飛出故鄉。」又有《九日代羅樊二妓招舒著作》詩則所謂玲瓏、謝好、陳寵、沈平、李娟、張態、真娘、心奴、楊瓊、容、滿、英、倩、羅等皆當時妓姓名。所謂黄四娘之名，因杜子美而著也。（《四庫全書》本卷六）

⊙損益前人詩語

《詩眼》曰：沈佺期詩「人如天上坐，魚似鏡中懸。」子美詩「春水船如天上坐，老年花似霧中看。」不免蹈襲。

《隨筆》曰：子美詩「夜足沾沙雨，春多逆水風。」樂天詩「巫山夜足沾沙雨，隴水春多逆水風。」白用杜句如此。

僕謂此非襲用前人句也。以前人詩語而以己意損益之，在當時自有此體，不特此二者。

如李嘉祐詩「水田飛白鷺，夏木囀黄鸝」，而王維詩「漠漠水田飛白鷺，陰陰夏木囀黃鸝」；薛據詩「省署開文苑，滄浪學釣翁」，而子美詩「獨當省署開文苑，兼泛滄浪學釣翁」；劉長卿詩「柳色孤城外，鶯聲細雨中」，而武伯蒼詩「千條翠柳衡門裏，百囀黃鸝細雨中」。增前人之語者如此。

又有損前人句語者，如王維詩「九天閶闔開宮殿，萬國衣冠拜冕旒」，而杜子美詩「閶闔開黃道，衣冠拜紫宸」是也。

有全用前人一句，而以己意貼之者，如沈雲卿「雲白山青千萬里，幾時重謁聖明君」，而子美則曰「雲白山青萬餘里，愁看直北是長安」是也。

有以前人五字句衍為七字句者，如沈佺期詩「秦地平如掌」，而李白詩「秦川四面平如掌」是也。

李肇謂王維好竊人對，范元實謂，老杜不免蹈襲，斯見謬矣。抑又考之。沈佺期「人如天上坐，魚似鏡中懸」，此語又有所自；觀陳釋慧標詩「舟如空裏泛，人似鏡中行」，王逸少詩「山陰道上行，如在鏡中游」，得非祖此乎？杜子美詩曰：「春水船如天上坐。」李白曰：「人行明鏡中，鳥度屏風裏。」盧懷慎曰：「樓臺影就波中出，日月光疑鏡裏懸。」是皆體貼此意。（《四庫全書》本卷七）

⊙蒼茫作上聲

東坡詩曰：「蒼茫瞰奔流」，又曰「愁度奔河蒼茫間」，趙注謂：「蒼茫」兩字，古人用之，皆是平聲，而先生所用，乃是仄聲。「蒼」字，《廣韻》音麤朗反，而「茫」字，上聲皆不收。不知先生所用出處，以竢博聞。僕觀揚雄《校獵賦》「鴻濛沆茫」字音莽，白樂天《雪詩》「寒銷春蒼茫」，又曰：「野道何茫蒼」，注：「竝音上聲。」近時蘇子美詩亦曰：「淮天蒼茫背殘臘，江上委蛇逢舊春。」自注：「蒼茫，仄聲。」茫作仄用，似此甚多。（《四庫全書》本卷八）

⊙元白韓柳

世稱元白，而元之所為，視白為甚慙。世稱韓柳，而韓之所守，非柳之所及。僕常求之元白韓柳，始未嘗不同，所以異者，中道而變耳。元稹為監察御史，動皆守正。及其召還，次敷水驛，與中使抗，略不少貶，由是獲罪。當是之時，李絳、崔羣之徒，皆力言其枉，是其所以與樂天同也。使稹自此確然不變，終始一節，亦何愧於樂天哉？奈何不能自守，及附其徒，平生志節，於是掃地。子厚為文章，卓偉精緻，一時輩行推仰，是其與退之同。為監察御史，與王叔文相附，此所以與退之異也。使子厚自入仕後不附叔文之黨，又何慙於退之也？元稹附會小人，遂得入相；子厚附會小人，反為終身之累。是稹做著，子厚做不著。且子厚一廢不起，較其所圖，孰得孰失？善乎！劉高尚曰：「君子贏得做君子，小人枉了做小人。」（《四庫全書》本卷九；《叢書集成初編》本第八二頁）

⊙缾粟鬢絲

東坡曰：「淵明《歸去來辭》『缾無儲粟』，使缾有儲粟，亦無幾。此翁只於缾中見粟。」歐公曰：「孟郊詩『鬢邊雖有絲，不堪織寒衣』，就令織得，能幾何?」二公戲言之耳！非真譏之也。僕謂詩固言志，然才人志士，筆端造化，抑揚高下，不可以一律觀。譬之水泉，揚之可以滔天，抑之不過涓涓於溝洫間爾。文章亦猶是。且如樂天詩句，率多優游不迫，至言窮苦無聊之狀，則曰：「塵埃常滿甑，錢帛少盈囊。侍衣甚藍縷，妻愁不出房。」樂天之窘，豈至是邪？則知詩人一時之言，不可便以為信。其託諷之意，蓋亦有在，正與宋玉《大言小言賦》之意同。（《四庫全書》本卷九）

⊙夜雨對牀

人多以夜雨對牀為兄弟事，用如東坡與子由詩引此，蓋祖韋蘇州《示元真元常》詩「寧知風雨夜，復此對牀眠」之句也。然韋又有詩贈令狐士曹曰：「秋簷滴滴對牀寢，山路迢迢聯騎行。」則是當時對牀夜雨，不特兄弟為然，於朋友亦然。異時白樂天《招張司業》詩云：「能來同宿者，聽雨對牀眠。」此善用韋意，不膠於兄弟也。僕又觀鄭谷《訪元秀上人》詩曰：「且共高僧對榻眠。」《思圓昉上人》詩曰：「每思聞静話，雨夜對禪牀。」施於僧亦不為無自然，則聽雨對牀不止一事，今人但知為兄弟事，而莫知其他，蓋此詩因東坡拈出故爾。樂天非不拈出別章之意，然已灰埃矣。大抵人之文章，不論是否，得當代名賢提拂，雖輕亦重，不然雖重亦輕，韋詩固佳，重以東坡引以為用，此其所以顯然著在耳目，為兄弟故事。（《四庫全書》本卷十）

⊙石涷春

東坡云：唐人名酒，多以春名，退之詩「勸買抛青春」，《國史補》注「滎陽土窟春，富平石涷春，劍南燒春」。子美詩：「雲安麴米春。」僕觀鄭谷

《贈富平宰》詩曰：「易博連宵醉，千缸石凍春。」知「富平石凍春」，信矣。觀白樂天杭州詩有「青旗沽酒趁梨花」之句，注：其俗釀酒趁梨花時，熟號為梨花春。是又有「梨花春」之名。李白詩「甕中百斛金陵春」，劉夢得詩「鸚鵡杯中若下春」。(《四庫全書》本卷十一)

⊙開八袠

以十年為一袠，其說見白樂天集中。詩曰：「年開第七袠，指屈幾多人。」是時六十三。《元日》詩也又曰：「行開第八袠，可謂盡天年。」注曰：「時俗謂七十以上，為開第八袠。」蓋以十年為一袠爾。近時壽聖皇太后慶八十，而廟堂有《辭免恩例劄子》曰：「昌運協千齡之會，東朝開八袠之期。」又曰：「慶闈開八袠之算，三世奉萬年之觴。」盍改「開」為「登」字。(《四庫全書》本卷十二)

⊙美事不兩全

腰纏十萬貫，騎鶴上揚州。天下美事，安有兼得之理。夏侯嘉正喜丹竈，又欲為知制誥。嘗曰：使我得水銀銀半兩，知制誥三日，平生足矣，二願竟不遂而卒。白樂天棄冠冕而歸，鍛煉丹竈未成，除書已到，世事相妨，每每如此。蓋造化之工，不容兼取，既欲為官，又欲為仙，安有是理耶？(《四庫全書》本卷十三)

⊙唐時揚州通州

唐時揚州為盛，通州為惡。當時有揚一益二之語，十里珠簾，二十四橋風月，其氣象可知。張祜詩曰：「十里長街市井連，月明橋上有神仙。人生只合揚州死，禪智山光好墓田。」王建詩曰：「夜市千燈照碧雲，高樓紅袖客紛紛。如今不是承平日，猶自笙歌徹曉聞。」徐凝詩曰：「天下三分明月夜，二分明月在揚州。」其盛如此。通州不然。白樂天詩曰：「通州海内恓惶地，司馬人間冗長官。」元微之詩曰：「折君災難是通州。」又曰：「黃泉便是通州郡。」其不美如此。一謂神仙，一謂黃泉，相去霄壤矣。(《四庫全書》本卷十五，《叢書集成初編》本第一四五頁)

⊙漢唐俸禄

唐初禄制，正一品米七百石，錢九千八百。正二品米五百石，錢八千。正三品米四百石，錢七千。大率如此。自艱難以來，增置使額。大曆中，權臣月俸有至九千貫，刺史無大小皆千貫。其視兩漢，不啻數倍，而兩漢職田無聞。唐一品十二頃，二品十頃，以下皆有差。唐之俸禄，多於兩漢如此。當時詞人，見於歌詩，如元微之在政府與妻詩曰：「今日俸錢過十萬，與君朝暮復營齋。」通州司馬詩曰：「月儲三萬養教閑。」白樂天詩曰：「典校在祕書，一馬兩僕夫。俸錢萬六千，月給亦有餘。」孟郊詩曰：「贛人年六十，每月請三千。」見於詩者往往如此。僕謂唐人俸禄，守佐以上，有不待言。簿尉下僚，未免為薄。觀孟郊所謂「每月請三千」之説，可以類推矣。然考唐九品，月得五十七石，使果得此，亦足用度。而郊以吟詩廢務，上官差官以攝其職，分其半禄，酸寒之状，可想而知。（《四庫全書》本卷十六，《叢書集成初編》本第一五二頁）

⊙黄鳥嚶嚶

《東皋雜録》曰：「《詩》：『伐木丁丁，鳥鳴嚶嚶。出自幽谷，遷於喬木。』《鄭箋》云：『嚶嚶，鳥聲。』正文與注皆未嘗及黄鳥。自樂天作《六帖》，始類鶯門中。又作詩每用之，其後多祖述之也。洪駒父謂《禽經》稱『鶯鳴嚶嚶』，要是後人附合。僕觀張平子《東京賦》『雎鳩麗黄，關關嚶嚶』，然則以嚶嚶為黄麗用，自漢已然，不可謂自樂天始也。」（《四庫全書》本卷十六）

智按：亦見鄭方坤《經稗》。

⊙語益精明

韋蘇州詩曰：「西施且一笑，衆女安得妍。」而白樂天詩曰：「迴眸一笑百媚生，六宫粉黛無顔色。」杜子美詩曰：「須臾九重真龍出，一洗萬古凡馬空。」而東坡頌曰：「奮鬣長鳴，萬馬皆瘖」等，一意耳。其後用之，益精明。僕嘗用是語為一聯云：「六宫無色迴眸笑，萬馬皆瘖奮鬣鳴。」吴曾《漫録》謂：「樂天『迴眸一笑百媚生』，盖祖李白《清平詞》『一笑皆生百媚』之語。」僕謂李白之語，又有所自，觀江總「迴身轉佩百媚生，插花照鏡千嬌出」，意又出此。（《四庫全書》本卷十七）

⊙司字作去聲

《容齋隨筆》云：「白樂天好以『司』字作入聲讀，如云『四十著緋軍司馬，男兒官職未蹉跎』，『一為軍司馬，三見歲重陽』是也。又以『相』字作入聲，如云『為問長安月，誰教不相離』是也，「相」字下，自注云：『思必切。』以『十』字作平聲讀，如云『在郡六十日，入山十二回』，『綠漲東西南北水，紅欄三百九十橋』是也。以『琵』字作入聲讀，如云『四絃不似琵琶聲』是也。武元衡亦有句云：『惟有白鬚張司馬，不言名利尚相從。』」僕謂二詩「司」字非入聲，乃去聲耳。觀白詩無注，《廣韻》入聲不收，《集韻》去聲伺字韻收，曰：「司，主也。」僕觀西漢敘傳與夫《文選》，「司」字作「伺」字協，疑此詩亦以「司」為「伺」，如「琵」字「相」字，洪謂作入聲，此説是已。白詩多犯鄙俗語，又如枇杷之枇，蒲萄之蒲，亦協入聲，如請召之請，協平聲，諒闇之闇，協去聲，似此之類甚多。其詩句有曰：「況對東谿野枇杷，燭淚粘盤累蒲萄」，「燕姬酌蒲萄」，是協入聲者也，又曰：「當時綺季不請錢」，「商宗諒闇中」，是協平聲去聲者也。僕又考之，不特白詩為然，唐人之詩，多有如是者。如張祜曰：「生摘枇杷酸」，曰：「宮樓一曲琵琶聲」，姚合曰：「每月請錢共客分」，張文昌曰：「錦江樓下三江流」，是皆隨其律而用之。（《四庫全書》本卷十九）

⊙白用杜句

杜詩：「甲第紛紛厭粱肉，廣文先生飯不足。」白詩：「靖節先生尊長空，廣文先生飯不足。」杜詩：「眼前無俗物，多病也身輕。」白詩：「眼前無俗物，身外即僧居。」杜詩：「酒債尋常行處有，人生七十古來稀。」白詩：「舊語相傳聊自慰，世間七十古來稀。」（《四庫全書》本卷十九）

⊙殍飴二字

沈存中《筆談》曰：「（晚）唐士人專以小詩著名，而讀書滅裂，如樂天《題坐隅》詩『俱化為餓殍』，作『夫（殍）』字押（韻）。杜牧之《杜秋娘》詩『厭飫不能飴』，飴乃餳，非飲食也。」僕觀晉王薈以私粟作粥飴饑者。郗鑒甚窮，鄉人共飴之，飴字豈不作飲食用。然考晉音，乃音嗣，非貽字也。僕謂牧之用作貽字，必別有所據。又觀《後漢・許楊傳》謠歌曰：「飴我大豆，亨我芋魁。」飴字無音，乃知牧之用字有所祖也。餓殍之殍，作夫字用。

按《唐韻》數字韻收撫俱切，又平表切，皆言餓死也。是則殍字有二音，樂天所押，蓋從唐韻之平聲者，二字皆有所據。存中自不深考，安可以讀書滅裂非之，揚雄《箴》曰：「野有餓殍。」（《四庫全書》本卷二十）

智按：見《夢溪筆談》卷十四。

⊙詞句祖古人意

《後山詩話》載王平甫子游謂秦少游「愁如海」之句，出於江南李後主「問君還有幾多愁，恰似一江春水向東流」之意。僕謂李後主之意，又有所自。樂天詩曰：「欲識愁多少，高於灩澦堆。」劉禹錫詩曰：「蜀江春水拍山流，水流無限似儂愁。」得非祖此乎？則知好處前人皆已道過。後人但翻而用之耳。又少游詞有「天還知道，和天也瘦」之語，伊川先生聞之，以為媟黷上天，是則然矣，不知此語蓋祖李賀「天若有情天亦老」之意爾。類而推之，如晏叔原「今宵剩把銀釭照，猶恐相逢是夢中」蓋出於老杜「夜闌更秉燭，相對如夢寐」，戴叔倫「還作江南夢，翻疑夢裏逢」。司空曙「乍見翻疑夢，相悲各問年」之意，謝無逸詞「我共扁舟，江上兩萍葉」，出於樂天「與君相遇知何處，兩葉浮萍大海中」之意。魯直詩「趁此花開須一醉，明朝化作玉塵飛」，出於潘佑「勸君此醉直須歡，明朝又是花狼籍」之意。此類極多。（《四庫全書》本卷二十）

⊙張良有後

《隨筆》論張良無後，謂有二事，其一勸沛公因懈而擊秦軍，既解而追項羽，此事甚於殺降，宜其無後。僕謂不然，良既仕漢，則盡忠於漢，奚暇他恤哉！觀其借箸前籌，從容弭七國之爭，通四老人，談笑定儲君之位，其功德為如何，高帝亦曰：吾所以有天下者三傑，而運籌決勝，得子房之力，則是基四百年之漢。子房之功，為不薄矣。豈得以無後報哉！僕因考之，後漢司空皓、晉司空華、唐宰相嘉貞、延賞、弘靖、九齡，皆良之後也。蕃衍盛大如此，安得謂之無後哉！《後漢·張皓傳》曰：六世祖良。僕考世系，皓正良九世孫，非六世也。良生不疑，不疑生典，典生默，默生金，金生千秋，千秋生嵩，嵩生睦，睦生嗣，嗣生皓，自不疑以下數至皓，恰九世。《吳郡圖經》亦曰：良七世孫睦，後漢為蜀郡太守，始居吳郡，張氏皆其後。白樂天作《張公碑》曰：良後睦，避地渡江，始居於吳，其子孫稱吳郡人。然則吳郡之張，正良之後爾。《隨筆》之說，正與劉夢得謂張曲江無後之意同。案曲江之後，初亦未嘗絕也。(《四庫全書》本卷二十一)

⊙楓橋

杜牧之詩曰：「長洲茂苑草蕭蕭，暮煙秋雨過楓橋。」近時孫尚書仲益、尤侍郎延之作《楓橋修造記》，與夫《楓橋植楓記》，皆引唐人張繼、張祜詩為證，以謂楓橋之名，著天下者，由二公之詩，而不及牧之。按，牧與祜正同時也。又怪白樂天、韋應物嘗典吳郡，又以詩名。皮日休、陸魯望與吳中士大夫賡詠景物，如臯橋、烏鵲橋之屬，亦班班見録，顧不及「楓橋」二字，何也？崔信明詩「楓落吳江冷」，江淹詩「吳江泛丘墟，饒桂復多楓」，又知吳中自來多楓樹。(《四庫全書》本卷二十三)

⊙韓白詩意同

樂天詩有紀年月日者，於以見當時之氣令，亦足以裨史之闕。如曰：「皇帝嗣寶曆，元和三年冬。自冬及春夏，不雨旱爞爞。」有以見憲宗即位三年，久旱如此。又詩曰：「元和歲在卯，六年春二月。月晦寒食天，天陰夜飛雪。連宵復竟日，浩浩殊未歇。」又以見元和六年二月晦，為寒食當和暖之時，而霧霈大雪，其氣候乖謬如此。又詩曰：「八年十二月，五日雪紛紛。竹柏皆凍死，況彼無衣民。」又見元和八年十二月五日大雪寒凍，民不聊生如此。僕按東漢書延熹間大寒，洛陽竹柏凍死。襄楷曰：「聞之師曰，柏傷竹槁，不出三年，天子當之。」樂天此語，正所以紀異也。又觀韓退之《辛卯年雪詩》，亦曰：「元和六年春，寒甚不肯歸。河南二月末，雪花一尺圍。」此説正與樂天同。(《四庫全書》本卷二十三)

⊙金釵十二

唐人詩句多用金釵十二事，如樂天詩「鍾乳三千兩，金釵十二行」是也。《南史》周盤龍有功上送金釵二十枚與其愛妾阿杜，其事甚佳，罕有用者。今多言金釵十二，不聞用金釵二十，亦循襲而然。「金釵十二行」，或言六鬟耳，齊肩比立，為釵十二行。白詩《酬牛思黯》有「金釵十二行」之句。自注：思黯之妓頗多，故云似協或者之説。然梁武帝《河中之水》歌曰：「洛陽女兒

名莫愁，頭上金釵十二行。」是以一人帶十二釵，此説為不同。（《四庫全書》本卷二十三）

⊙以鄙俗語入詩中用

唐人有以俗字入詩中用者，如張祜詩「銀注紫衣擎」，許渾詩「橘邊沽酒半壜空」，元微之詩「櫓窸動揺妨客夢」，杜子美詩「遮莫鄰雞下五更」，權德輿詩「遮莫雪霜撩亂下」，杜荀鶴詩「子細尋思底模樣」，曰「帝鄉吾土一般般」，曰「萬般無染耳邊風」，張祜詩「歸來不把一文錢」，曰「酒引嬌娃活牡丹」，戴叔倫詩「秋風裹許杏花開，杏樹旁邊醉客來」，王建詩「楊柳宮前忽地春」，曰「萬事風吹過耳輪」，曰「朝回不向諸餘處」，曰「若教更解諸餘語」，曰「新晴草色暖温暾」，白樂天詩「池水暖温暾」，此類甚多。「旁」、「邊」二字，見徐陵《雜曲》。（《四庫全書》本卷二十四，《叢書集成初編》本第二三四～二三五頁）

⊙文帝薄葬

漢文帝遺詔：「霸陵山川因其故，無有所改，示從儉也。」班固贊帝治霸陵皆瓦器，不得以金銀銅錫為飾，因其山不起墳。劉向亦曰：文帝去墳，薄葬以儉安神，可謂知帝矣。觀《晉・索琳傳》，不能無疑。三秦人發漢霸、杜二陵，多獲珍寶。晉帝問琳曰：「漢陵中物何多邪？」琳對以漢天子即位一年而為陵，天下貢賦，三分之一供宗廟，一供賔客，一充山陵。漢武帝享年久長，比崩而茂陵不復容物，木皆已拱。赤眉取陵中物，不能減半，於今猶有朽帛委積，金玉未盡，此二陵是儉者耳。僕觀此説，以謂武帝固應如是，多藏金錢財物，已見於貢禹所陳矣。宣帝不得而知，然以貢禹杜陵宮人數百之言推之，恐亦未免。惟文帝平生節儉，人無間言。臨終遺至薄之制，微至銅錫，不以為飾，炳然載諸史册，以薄送終，而山陵中畜積如此之富，是不可曉。得非景帝違治命之意乎？又考《晉・愍帝紀》建興二年，盜發霸、杜陵及薄太后陵，金玉綵帛，不可勝計，敕收其餘，以實内庫，可驗畜積之多也，是文帝之陵果不免矣。然而沈炯賦曰：「咄嗟驪山之阜，惆悵霸陵之原，文若儉而無隙，嬴發掘其何言？」鮑溶詩曰：「儉風本自張廷尉，霸陵一代無毁發。」白樂天詩亦曰：「驪山脚下秦皇墓，一朝盜掘墳陵破。可憐寶玉歸人間，暫借泉中買身禍。奢者狼狽儉者存，一凶一吉在眼前。憑君回首向南望，漢

文葬在霸陵原。」如烱白等所言，則霸陵初未嘗發也，不知前説何以紛紛如此。(《四庫全書》本卷二十五)

⊙左右丞相

古者以右丞相為尊，左丞相次之。如湯以伊尹為右相，以仲虺為左相；漢以陳平功第一，為右丞相，周勃功第二，為左丞相之例是也。後世以左丞相為上，右丞相次之。如晉以王睿為左丞相，以王保為右丞相；《北史》斛律金進位右丞相，遷左丞相之例是也。官以左為上，其來久矣，馴至於今日，僕觀國家班次，與夫鄉黨齒序之類，無以左為尊。至於官職名號，又往往為重者，如文武之有左右選，中書之有左右司，記注之有左右史，是皆先左而後右者，初不可一概論也。白樂天制曰：「魏晉以還，右卑於左。」(《四庫全書》本卷二十五)

⊙唐袍服用花綾

唐人袍服用花綾，僕觀白樂天《謝裴常侍贈鶻銜瑞草緋袍魚袋》詩曰：「魚綴白金隨步躍，鶻銜紅綬繞腰飛。」《弟行簡賜章服》詩曰：「榮傳錦帳花聯萼，彩動綾袍鴈趁行。」注：「緋多以鴈銜瑞莎為之。」《喜劉蘇州賜金紫》詩曰：「魚佩葺鱗光照地，鶻銜瑞草勢沖天。」《方鎮》詩曰：「通犀排帶胯，瑞草勒袍花。」白詩多言此。按《唐會要》：「德宗詔，頃來賜衣，文綵不常，非制也。今宜有定制，節度使宜以鶻銜綬帶，取其武毅以靖封内。觀察使宜以鴈銜威儀，取其行列有序，牧人有威儀也。」威儀，謂瑞草也。唐志亦詳。(《四庫全書》本卷二十六)

⊙半夜鐘

歐公云：「唐人有『姑蘇城外寒山寺，夜半鐘聲到客船』之句，説者云：『句則佳也，其如三更不是打鐘時。』」王直方《詩話》引于鵠、白樂天、温庭筠半夜鐘句，以謂唐人多用此語。《詩眼》又引齊武帝景陽樓有「三更鐘」，丘仲孚讀書限中宵鐘，阮景仲守吳興，禁半夜鐘為證，或者以為無常鐘。僕觀唐詩言半夜鐘甚多，不但此也。如司空文明詩曰：「杳杳疎鐘發，中宵獨聽時。」王建《宫詞》曰：「未卧嘗聞半夜鐘。」陳羽詩曰：「隔水悠揚半夜鐘。」許渾詩曰：「月照千山半夜鐘。」按許渾居朱方，而詩為華嚴寺作，正在吳中，益可驗吳中半夜鐘為信然。又觀《江南野録》載，李昪受禪之初，忽夜半一僧撞鐘，滿州皆驚。召將斬之，曰偶得月詩云云，遂釋之。或者謂，如《野録》所載，則吳中以半夜鐘為異。僕謂非也，所謂半夜鐘，盖有處有之，有處無之，非謂吳中皆如此也。今之蘇州能仁寺鐘，亦鳴半夜，不特楓橋爾。又人定鐘事，見唐柳公綽傳。（《四庫全書》本卷二十六）

⊙唐階官之制

唐制服色不視職事官，而視階官之品。至朝散大夫，方換五品服色，衣銀緋，封贈蔭子。未至朝散，雖職事官高，未許易服色。封贈之制，雖宰相只許封一代，其封二代，非特恩不可。光禄大夫許門設棨戟，吏三十考，轉銀青，此其大略也。僕觀白樂天為中書舍人，知制誥，元簡為京兆尹，官皆六品，尚猶著緑，其詩所謂「鳳閣舍人京兆尹，白頭猶未脱青衫。南宫啓請無多日，朝散何時復入銜。」劉夢得《賀給事加五品》詩曰：「入舍郎官換緑衣。」元微之作武儒衡陞朝散大夫制曰：「今由是級則服色驟加，誠足貴矣。」樂天授朝散大夫制曰：「蔭子封妻，豈惟腰白金而已。」權德輿罷相，為檢校尚書興元節度使，改葬其父，因表納檢校尚書，請回贈祖官，不許納官，特贈祖倕禮部郎中。吕温代鄭相公《謝戟十二枝表》曰：「吏考三十始秩銀青，戰勲十二乃號柱國。」（《四庫全書》本卷二十七）

⊙白樂天詩紀歲時

白樂天詩多紀歲時，每歲必紀其氣血之如何，與夫一時之事，後人能以其詩，次第而考之，則樂天平生，大略可睹，亦可謂詩史者焉。僕不暇詳摘其語，姑摭其略。如曰：「未年三十生白髮」，「不展愁眉欲三十」，「三十生二毛」，「三十為近臣」，「又過三十二」，「憶昔初年三十二」，「忽年三十四」，「年已三紀餘」，「我年三十六」，「元和二年三十七」，「行年三十九」，「四十如今欠一年」，「四十有女名金鑾」，「衰病四十身」，「四十官七品」，「四十已如此」，「四十心如七十人」，「年來四十一」，「病鬢愁心四十三」，「面瘦頭斑四十四」，「髮鬢蒼蒼四十五」，「衰顔江城四十六」，「四十六時三月盡」，「鬢髮蒼蒼四十七」，「應悟前非四十九」，「四十九年身老日」，「五十蹉跎得掌綸」，「吾年五十加朝散」，「五十江城守白髮」，「平頭五十人」，「長慶二年五十一」，「五旬已過不為夭」，「前歲花前五十二」，「五十二人頭似霜」，「明年半百又加三」，「今年花前五十五」，「猶去懸車十五載」，「每思兒戲五十六」，「今年五十六」，「蘇杭兩州五十七」，「只欠三年未六旬」，「半百年過六年時」，「身為三品五十八」，「我初五十八」，「五十八翁方有後」，「欲年六十始歸來」，「天明平頭六十人」，「六十衰翁兒女悲」，「不準擬身年六十」，「六旬猶健天亦憐」，「冉冉老去過六十」，「位踰三品過六旬」，「已過潘安三十年」，「來歲年登六十二」，「六十二三人」，「六十三翁頭雪白」，「六十四年明日催」，「行年六十四」，「七十我今欠五歲」，「無喜無憂六十六」，「相看七十欠三年」，「六十八衰翁」，「今日行年將七十」，「今年登七秩」，「已開第八秩」，「悠悠七十春外翁」，「七十孫三歲」，「七十我年幸過之」，「吾今已年七十一」，「眼昏鬚白七十一」，「七十三人難再到」，「七十三翁旦暮身」，「七十過三更較希」，「七十四年身」，「壽及七十五」，考《本傳》，白公年七十五薨，自三十至七十五，往往必見於詩。又有「去時十二三」之句，及「數行鄉淚一封書」，則題曰：「年十五時作。」《王昭君詞》則題曰：「年十七時作。」「少年已多病」則題曰：「年十八時作。」「我年二十君三十」，又紀其少年之所作如此。僕觀白公年十八時，謂：「少年已多病，此身豈堪老。」（智按：白集《病中作》作「年少已多病」）然安彊壽考，至於七十有五，而後不禄，既有姬侍，不能無耗蝕氣血，故壽夭雖係所稟，然方寸泰然，不汲汲於榮利，是亦養壽一端。今士大夫精耗於内，而神騖於外，所以罕終天年。觀白公之詩，率多寬適，有以驗其壽云。（《四庫全書》本卷二十七）

⊙諒闇登遐

吳曾《漫録》曰：孫綽表哀作詩，其序云：自丁荼毒，不勝哀號。作詩一首，敢冒諒闇之譏，以申罔極之痛。雖人臣亦可以言「諒闇」也。僕謂人臣而稱「諒闇」，不特孫綽也。晉人如山濤居母喪，詔曰：山太常居諒闇，情在難奪。蓋當時未甚避忌故爾。又如，「登遐」二字，晉人臣下亦多稱之。如夏侯湛曰：「我王母登遐。」孫楚《除婦服》詩曰：「神爽登遐，忽已一周。」又誅王驃騎曰：「奄忽登遐。」自此稱登遐者不少，亦當時未避忌爾。然不可謂臣下亦可稱也。案，闇字，何休讀為音，鄭氏讀為諳。白樂天詩曰：「商宗諒闇中」，讀為暗。（《四庫全書》本卷二十八）

⊙棠陰鑾榼

頌人惠愛，用棠陰事，本《召伯》「蔽芾甘棠」之義，據詩，無「陰」字，然用「棠陰」字久矣。如謝莊策文「棠陰虛館」，梁簡文詩「棠陰君詎鄰」是也。又有一棠陰事，見沈約碑，曰：「痛棠陰之不留」，注：落棠山，日入之地。今人類知棠陰為甘棠之陰，而落棠山事，鮮有知者。白樂天詩，有兩小蠻事，如「楊柳小蠻腰」即公侍姬也，如曰「小花蠻榼二三升」，曰「還攜小蠻去，試覓老劉看」，此小蠻，乃酒榼名耳。（《四庫全書》本卷二十九）

⊙白樸

僕讀元微之詩，有曰：「白樸流傳用轉新。」注云：「樂天於翰林中，專取書詔批答詞，撰為矜式，禁中號為白樸。每新入學士，求訪寶重，過於《六典》。」（智按：《元氏長慶集》卷二十二《酬樂天餘思不盡加為六韻之作》「白樸流傳用轉新」注云：「樂天於翰林中書，取書詔批答詞等，撰為程式，禁中號曰『白樸』。每有新入學士，求訪寶重，過於《六典》也。」）檢《唐・藝文志》及《崇文總目》無聞。每訪此書不獲。適有以一編求售，號曰：《制樸》，開帙覽之，即微之所謂「白樸」者是也。為卷上中下三，上卷文武階勳等，中卷制頭、制肩、制腹、制腰、制尾，下卷將相、刺史、節度之類。此蓋樂天取當時制文編類，以規後學者。（《四庫全書》本卷三十）

智按：王楙，字勉夫，祖籍福清（今屬福建），居笠澤（今江蘇吳江）。少失父，刻苦嗜學，杜門著書，有《野客叢書》三十卷傳世。甯宗嘉定六年卒，年六十三。事見《野客叢書》附《宋王勉夫壙銘》。

李仁老（一一五二～一二二〇）

《崔太尉雙明亭》

謂公巢許寓城郭，謂公夔龍愛林壑。千金買斷數畝陰，碧瓦朱欄開小閣。清風泠泠午枕涼，蒼雪陣陣空庭落。求閑得閑識閑味，舊遊不夢翻階藥。群花落盡一株松，白雲深處青田鶴。回首區區夢幻場，千里追奔兩蝸角。醉吟先生醉龍門，八節灘流手自鑿。六一居士居潁川，著書詑琴自書樂。豈如庭院得蓬瀛，不煩鸞鶴遊寥廓。雙明亭上望遙岑，寸碧依然如有約。（徐居正《東文選》卷六，首爾：太學社，一九七五年）

《白樂天真呈崔太尉》

唐文渾渾世莫及，三變終爲一王法。韓公逸氣吞荀楊，詭然虎鳳謝羈馽。柳州柳子亦精敏，倣雅依騷多綴緝。二公於文俱有功，唯韓直節千仞立。是時元白亦齊驅，金春玉應工篇什。花坊酒肆競吟諷，馬走牛童盡收拾。雷轟雖負一時譽，正如韓柳不同級。瓜上青蠅何處來，慙顔奚啻十重甲。唯公逸氣獨軒軒，雪山一朵雲閒插。草堂曾占香爐峰，穿雲欲把琴書入。白頭遍賞洛陽春，遇酒便作鯨鱿吸。海山兜率安足歸，宰樹煙昏唯馬鬣。玉皇特賜醉吟號，一片翠石蛟蛇蟄。問時何人拂袖歸，八折灘頭手一執。千年遺像若生年，瓊樹森然映眉睫。遠慕相如有長卿，欲比荀鶴聞杜鴨。我非昔日黄居難，只期方寸與公合。（徐居正《東文選》卷六，首爾：太學社，一九七五年）

《破閑集》

碧蘿老人，嘗以睡居士所畫墨竹小屏贈僕，題白傅詩一句於後云：「管領好風煙，欺淩凡草木。」筆跡尤奇妙。（《破閑集》卷上，首爾：亞細亞文化社，一九七二年）

智按：李仁老，初名得玉，字眉叟，號雙明齋，高麗仁川人。一一七〇年鄭仲夫等武臣兵變時曾隱居深山佛寺。一一八〇年文科狀元及第，以賀正使崔永濡之書狀官出使中國。歷任吏部員外郎、秘書監右諫議大夫等職。與林椿、吳世才、趙通、皇甫抗、咸淳、李湛之結為忘年之交，仿「江左七賢」，稱為「海東七賢」，是以酒和詩同武人政權相抗衡之「竹林高會」中心人物。其主張對李奎報、崔滋有直接影響。所著《銀臺集》、《雙明齋集》已散失，現存《破閑集》。徐居正《東文選》載其詩文九十八篇。

黄榦（一一五二～一二二一）

《與鄭成叔書　三》

榦昨入城，特留一兩日。復入山，今尚可為半月之留，漸迫俗務，不容久享清福也。朋友去盡，雖無講切，亦頗得自温習業，與世違不足道也。昨望之歸，以一書附之浼達，不審曾至否？子羽尚未來，秋試甚近，計淬厲日進，以成叔詞氣，當無復堅敵，但更放平，令明白，如白居易詩，雖婆子亦可曉，庶讀者不甚費思索耳。不知如何？但榦豈足議及此耶？……（《四庫全書》本《勉齋集》卷九；元刻延祐二年重修本《勉齋集》卷七）

《紹熙庚戌十月偕趙仲宗舜和潘謙之曾魯仲游九峰芙蓉壽山紀行十首·夜宿九峰寺》

冥逐歸雲入遠山，九峰環立似人間。摩挲石刻元和體，矍鑠僧譚宣政間。往古來今渾昨夢，隻雞斗酒强開顔。明朝酌取龍湫水，直上層霄不復還。（《四庫全書》本《勉齋集》卷四十；《全宋詩》第五十册，第三一四七〇頁）

智按：黄榦，字直卿，號勉齋，福州閩縣（今福建福州）人。早年受業朱熹、後為熹婿。甯宗即位，以妻父蔭補官。調監台州酒務、嘉興府石門酒庫，入荊湖安撫使幕。歷知臨川、新淦縣，漢陽軍，安慶府。嘉定十四年卒，年七十。有《禮記集注》十四卷、《論語通釋》十卷、《勉齋集》四十卷等。生平見宋鄭元肅《勉齋黄文肅公年譜》，《宋史》卷四三〇有傳。

張鎡（一一五三～一二三五）

《雜興》（其三九）

風月屬漁樵，真味豈能領。雍容補國手，斯宜理烟艇。樂天未歸時，極口獻忠鯁。十上九不行，回身避機穽。酒徒與詩伴，共煮香山茗。流傳畫九人，公貌粹而整。（《四庫全書》本《南湖集》卷一；《全宋詩》第五十册，第三一五二八頁）

《戲效樂天體》

去日不可再，來日焉可虞。直待百事足，漫把四大拘。黄河幾曾清，白髮莫旋烏。全福貴安然，真樂難強圖。樸直自許我，才能不如渠。已盟方寸心，免苦六尺軀。登臺值明時，擊壤容匹夫。輕車歷野寺，小船泛晴湖。金鯽池内觀，白猿洞前呼。孤山未學林，長堤且懷蘇。珍實不滿器，醇醪只攜壺。更帶兩耳鐺，旋煮四腮魚。意均飽煖適，跡或升沉殊。達人曠大觀，萬象歸一途。丹鼎鷄變化，佛性狗有無。快答此話頭，擬議計即疎。（《四庫全書》本《南湖集》卷一；《全宋詩》第五十册，第三一五三六頁）

《簡喻叔奇工部沈無隱寺簿》

園居懶成癖，駕言何所之。出門無妨看好雪，粉地玉天相範圍。氣增坐車熱，旋換白鹿騎。不須攜古囊，詩句隨雪飛。故人昨還官，過我睡掩扉。登堂謝不敏，款話俄移時。咨詢玉照三百樹，縱未放花堪舉卮。當約香山翁，共了此段奇。喜歸步林曲，問梅梅有辭。相看兩經年，非無主人知。去春偶晴多，昏曉無不宜。靜來藜杖橫，笑去綸巾欹。琉璃巨鍾深數指，月底四弦驚鵲起。興濃何必斷吟鬚，快寫新詞歌皓齒。燭遥照路不照花，三更露壓星斗斜。明牀氈穩半酣寢，頭上最愛香雲遮。明朝再來看，亦復送落霞。尤物到了奇，飄英覆泥沙。非徒隨步白錦茵，轉首緑蔭森交加。於今雪見五六白，斂衽何辭讓渠色。但催佳客犯寒來，我自有花開頃刻。言餘試摇枝上凍，已覺欣欣芳萼動。或如紅豆或如椒，若説供詩儘禁用。星郎農簿辭林鳳，素有聲名過屈宋。訪余必待巧乘閒，却恐梅花解嘲弄。（《四庫全書》本《南湖集》卷三；《全宋詩》第五十册，第三一五五五頁）

《讀樂天詩》

詩到香山老，方無斧鑿痕。目前能轉物，筆下盡逢源。學博才兼裕，心平氣自溫。隨人稱白俗，真是小兒言。（《四庫全書》本《南湖集》卷四；《全宋詩》第五十册，第三一五六八頁）

《真珠園和淨慈僧韻》

冒寒畦菜青黄色，意到春風才一息。踏雪山僧折簡來，不學渡江攜履只。我方開樽酒如泉，浩然得味無中邊。何須隨喜楞伽講，始似閒行白樂天。（《四庫全書》本《南湖集》卷三；《全宋詩》第五十册，第三一六二五頁）

《題尚友軒》

作者無如八老詩，古今模軌更求誰。淵明次及寒山子，太白還同杜拾遺。白傅東坡俱可法，涪翁無己總堪師。胸中活底仍須悟，若泥陳言卻是癡。

（《四庫全書》本《南湖集》卷五）

《榜書軒曰景白以爐香事樂天像因題律詩六韻其上》

賢如文正及文忠，迂叟東坡盡學公。自願人才雖太遠，仰希閒樂或相同。墅邱寺觀游須遍（公《醉吟先生傳》云：「洛陽内外，凡觀寺邱墅，有泉石花竹者靡不游。」），臺榭舟橋樂未窮。酩酊酒拼猶欠量，平夷詩効竟無功。子遲髮白如先約，官達名高定不逢。賴有香山類東刹，西方内院各心空（公有詩云：「海山不是吾鄉處，歸即須歸兜率天。」僕每勸人修淨土業，捨東宅為蘭若，嘗回向本願云）。（《四庫全書》本《南湖集》卷六；《全宋詩》第五十册，第三一六二五頁）

《誠齋以南海朝天兩集詩見惠因書卷末》

筆端有口古來稀，妙悟奚煩用力追。南紀山川題欲遍，中朝文物寫無遺。後山格律非窮苦，白傅風流造坦夷。霜鬢未聞登翰苑，緩公高步或因詩。（《四庫全書》本《南湖集》卷六）

《湖南午坐雨作歸山堂共成四絕句》（其二）

或擬香山或擬陶，有時無句只蟲號。作詩藞苴猶之可，字寫不成方是高。（《四庫全書》本《南湖集》卷八；《全宋詩》第五十册，第三一六五三頁）

《漫興》

樂天閒適文章累，陶令歸來兒子憂。兩事吾今渾放下，看山臨水更何愁。

茆舍絲瓜弱蔓堆，漫陂鶇鴨去仍回。開簾正恨詩情少，風捲野香迎面來。（《四庫全書》本《南湖集》卷九；《全宋詩》第五十册，第三一六六六頁）

《風入松》

小樊標韵稱香山。壓盡花間。便須著個樓兒住，彩鸞看、飛舞妖閑。珠佩時因醉解，雲扉常爲春關。　　耳邊屬付話兒奸。休放鑾檀。緑窗惟怕今宵夢，鶯聲巧、春滿闌干。待把衷腸教與，卻愁長遠都難。（《全宋詞》第二一三四頁）

《仕學規範》

孫宣公奭以太子太傅致仕，居於鄆。一日，置宴御詩廳（仁宗嘗賜詩刻石所居之廳壁）語客曰：「白傅有言：『多少朱門鎖空宅，主人到了不曾歸。』今老夫歸矣。」喜動於色。復顧石守道，諷易離卦九三爻辭，且曰：「樂以忘憂，自得小人之志；歌而鼓缶，不興大耋之嗟。」公以醇德奧學，勸講禁中二十餘年，晚節勇退，優游里中，始終全德，近世少比。（《四庫全書》本卷六）

智按：原出《澠水燕談録》卷五。

杭本江海之地，水泉鹹苦，唐刺史李泌，始引西湖水，作六井，民足於水。及白居易復浚西湖淤水，入運河，自河入田，所溉至千頃，然湖水多葑，久廢開治，至是積二十五萬餘丈，而水無幾矣。運河失湖水之利，取給於江潮。潮濁多淤，河行闤闠中，三年一淘，為市井大患，而六井亦幾廢。蘇文忠公始至，浚二河，以茅山一河受江潮，以鹽橋一河受湖水，復造堰閘，以為湖水畜洩之限，然後潮不入市，且以餘力復修六井，又取葑田積湖中為長堤，以通南北，募人種菱湖中而收其利，以備修湖，杭人名其堤曰「蘇公堤」云。（《四庫全書》本卷二十二）

智按：原出《續資治通鑑長編》卷四百四十二。

詩以意為主，又須篇中練句，句中練字，乃得工耳。以氣韻清高深眇者絶，以格力雅健雄豪者勝，元輕白俗，郊寒島瘦，皆其病也。（《四庫全書》本卷三十六）

智按：原出張表臣《珊瑚鉤詩話》卷一。

《大雅·緜》九章，初頌太王遷豳、建都邑、營宮室而已。其九章乃曰：「虞芮質厥成，文王蹶厥生。予曰有疏附，予曰有先後，予曰有奔奏，予曰有禦侮。」事不接，文不屬，如連山斷嶺，雖相去絶遠，而氣象聯絡，觀者知其脈理之為一也。蓋附離不以鑿枘，此最為文之高致也。老杜陷賊詩有曰：「少陵野老吞聲哭，春日潛行曲江曲。江頭宮殿鎖千門，細柳新蒲為誰緑？憶昔霓旌下南苑，苑中萬物生顏色。昭陽殿裏第一人，同輦隨君侍君側。輦前才人帶弓箭，白馬爵齧黃金勒。翻身向天仰射雲，一箭正墜雙飛翼。明眸皓齒今何在？血汙游魂歸不得。清渭東流劍閣深，去住彼此無消息。人生有情淚沾臆，江水江花豈終極？黃昏胡騎塵滿城，欲往城南望城北。」予愛其詞氣如百金戰馬，注坡驀澗，如履平地，得詩人之遺法。如白樂天詩，詞甚工，然拙於紀事，寸步不遺，猶恐失之，此所以望老杜之藩垣而不及也。（已上出《古今總類詩話》）。（《四庫全書》本卷三十七）

智按：原出《欒城三集》卷八「詩病五事」。

《冷齋夜話》載：「魯直云：『詩意無窮，人才有限。以有限之才，追無窮之意，雖少陵、淵明，不得工也。然不易其意而造其語，謂之換骨法；規模其意而形容之，謂之奪胎法。』如鄭谷《十日菊》曰：『自緣今日人心別，未必秋香一夜衰。』此意甚佳，病在氣不長。曾子固曰：『詩當使人一覽，語盡而意有餘。』荆公菊詩云：『千花百卉凋零後，始見閑人把一枝。』東坡則曰：『萬事到頭都是夢，休休，明日黃花蝶也愁。』又如李白詩曰：『鳥飛不盡暮天碧』，又『青天盡處沒孤鴻』。然其病如前所論。山谷詩云：『不知眼界闊多少，白鳥去盡青天回。』荆公云：『一日君家把酒盃，六年波浪與塵埃。不知烏石江邊路，到老相尋得幾回。』樂天詩曰：『臨風杪秋木，對酒長年人。醉兒（智按：應作貌）如霜葉，雖紅不是春。』東坡云：『兒童悞喜朱顏在，一笑那知是酒紅。』凡此之類皆奪胎法也。」（《四庫全書》本卷三十八）

白樂天賦性曠達，其詩曰：「無事日月長，不羈天地闊。」此曠達者之詞也。孟東野賦性褊隘，其詩曰：「出門即有礙，誰謂天地寬？」此褊隘者之詞也。然則天地又何嘗礙郊，蓋郊自礙耳。（《四庫全書》本卷三十八）

智按：原出《全唐詩話》卷二、《青箱雜記》卷七。

王荆公云：「『梨花一枝春帶雨』，『桃花亂落如紅雨』，『珠簾暮捲西山雨』，皆警句也。然終不若『院落深沉杏花雨』為優，言盡而意有餘也。」（已上出《古今總類詩話》）。（《四庫全書》本卷三十八）

智按：宋胡仔《苕溪漁隱叢話》後集卷十三曰：「『梨花一枝春帶雨』，『桃花亂落如紅雨』，『小院深沉杏花雨』，『黄梅時節家家雨』，皆古今詩詞之警句也。予嘗欲作一亭子，四面皆植花一色，榜曰四雨，豈不佳哉！秦少游《題扇頭小詩》云：『絕島煙生樹，秋江浪拍空，憑君添小艇，畫我作漁翁。』余嘗用此寫真，則玄真子家風也。」清朱鶴齡《重過四雨閣有感》序：「王荆公稱『梨花一枝春帶雨』、『珠簾暮卷西山雨』、『院落深沉杏花雨』、『桃花亂落如紅雨』皆警句。嘉隆間，周文學公瑕以四雨榜其閣，一時文士多讌集于此，三十年前，余嘗館其地。」（《愚菴小集》卷三）

歐陽詩話言：陳舍人從易，當時文方盛之際，獨以醇儒古學見稱。其詩多類白樂天，蓋自楊、劉唱和，《西崑集》行後，學者爭效之，風雅一變，謂之「崑體」。由是唐賢諸詩集幾廢而不行。獨是時，舍人陳公偶收得杜集舊本，文多脱誤，至《送蔡都尉詩》云：「身輕一鳥」其下脱一字，陳公因與數客各用一字補之。或云疾，或云落，或云下，莫能定。其後得一善本，乃是「身輕一鳥過」。陳公嘆服，以為雖一字，諸君亦不能到也。（《四庫全書》本卷三十九）

智按：「歐陽詩話」即《六一詩話》。

「水田飛白鷺，夏木囀黄鸝。」李嘉祐詩也。王摩詰衍之為七言曰：「漠漠水田飛白鷺，陰陰夏木囀黄鸝。」而興益遠。「九天閶闔開宮殿，萬國衣冠拜冕旒。」王摩詰詩也。杜子美刪之為五言，曰「閶闔開黄道，衣冠拜紫宸。」而語益工。近觀山谷《黔南十絕》，七篇全用樂天《花下對酒》、《渭川舊居》、《東城》、《尋春》、《西樓》、《委順》、《竹窗》等詩，餘三篇用其詩略點化而已。樂天云：「相去六千里，地絕天邈然。十書九不到，何以開憂顔。」山谷則云：「相望六千里，天地隔江山。十書九不到，何用一開顔。」樂天云：「霜降水反壑，風落木歸山。苒苒歲時晏，物皆復本原。」山谷云：「霜降水反壑，風落木歸山。苒苒歲華晚，昆蟲皆閉關。」樂天詩云：「渴人多夢飲，飢人多夢飡。春來夢何處？合眼到東川。」山谷云：「病人多夢醫，囚人多夢赦。如何春來夢，合眼見鄉社。」葉少藴云：「詩人點化前作，正如李光弼將郭子

儀之軍，重經號令，精彩數倍。」今觀三公所作，此語殆誠然也。（《四庫全書》本卷四十）

智按：原出《韻語陽秋》卷一。

作詩貴雕琢，又畏有斧鑿痕，貴破的，又畏黏皮骨，此所以爲難。李商隱柳詩云：「動春何限葉，撼曉幾多枝。」恨其有斧鑿痕也。石曼卿梅詩云：「認桃無緑葉，辨杏有青枝。」恨其黏皮骨也。能脱此等病，始可以工（言）詩矣。劉夢得稱白樂天詩云：「郢人斤斲無痕迹，仙人衣裳棄刀尺。世人方内欲相從（智按：集作尋），行盡四維無處覓。」若能如是，雖終日斲而鼻不傷，終日射而鵠必中，終日行於規矩之中，而其迹未嘗滯也。山谷嘗與楊明叔論詩，謂以俗爲雅，以故爲新，百戰百勝。如孫吳之兵，棘端可以破鏃；如甘蠅飛衛之射，捏聚放開，在我掌握，與劉所論，殆一轍矣。（《四庫全書》本卷四十）

智按：原出《韻語陽秋》卷三。

張鎡，字功甫，又字時可，號約齋居士，祖籍成紀（今甘肅天水），南渡後居臨安（今浙江杭州）。俊曾孫。以蔭官奉議郎，直秘閣、權通判臨安府。甯宗開禧三年（一二〇七）為司農少卿，因預殺韓侂胄密謀，為史彌遠所忌，一再貶竄。嘉定四年（一二一一），除名編管象州，死於貶所。鎡藉父祖遺蔭，生活侈汰，于孝宗淳熙十二年（一一八五）構園林于南湖之濱。曾先後從楊萬里、陸游學詩，並多倡和。有《南湖集》二十五卷，已佚。清四庫館臣據《永樂大典》輯為十卷（其中詩九卷）。事見《誠齋集》卷八一《約齋南湖集序》，《齊東野語》卷二、十五、二十。

白玉蟾（一一五三？～一二四三？）

《西湖大醉走筆百韻》

廼先天皇君，萬有七千祀。迄彼大庭時，對於葛天氏。邈計幾何年，是生余小子。上清太極公，造道窮天髓。有晉勾漏侯，煉丹極地肺。豈曰其雲仍，容或有肖似。阿亡昔吞月，誕日非指李。少長異強裒，世家得源委。誰言空桑生，乃嗣白仲理。少傅仕唐朝，香山號居士。不曾受衣盂，漫自訪根柢。長是娛林泉，靡復閔都鄙。光景長如絲，功名大似米。留情十種仙，托契五窮鬼。塵埃日以遙，富貴雲而已。允矣躬清明，聽之自贊毀。且非筆不鋒，自信文甚綺。接踵李杜壇，信威屈賈壘。既而倦釣鰲，何以更呼蝸。此念輕萬鍾，所懽在四美。青帝御山河，東風管紅紫。煙寒綠柳顰，日暖黃鸝喜。當此醉則歌，悠然起而舞。槐陰清晝長，蟬噪新聲止。修竹森群賢，瑞蓮立萬妓。頓忘蝸蠅心，坐洗笙笛耳。月色凝冰壺，桂花落金蟻。風松嘯長林，霜雁過寒水。於心豁然淒，有酒多且旨。及無蟋蟀吟，漸至芙蓉死。臘雪飛鵝毛，江梅吐玉蕊。吟詩三嗅之，對景一莞爾。亦以寸心堅，於焉百念弛。往時丱角間，縱步禪關裏。香象截河流，凍蠅透窗紙。洞搜到戶庭，何異喪考妣。手接祕魔杈，胸當石砮矢。最初悟苦空，旋復學久視。雖殊斲雪功，同一標月指。鑿井求丹砂，斸雲種枸杞。矧當偷蟠桃，亦欲追騄駬。神授嘸日書，帝錫驅雷璽。那知天可階，是蓋道在邇。吾生詎已而，君子誠樂只。回首三十年，如之何也矣。舊嘗習騎射，馬鞍謾傷髀。亦嘗習劍擊，鐔鄭屨擣齒。籌略成無庸，韜鈐誰可比。東方罷奏書，南郭歸隱几。澡慮服茯苓，潔身佩蘭芷。然雖羨簪纓，奚若就刀匕。展也趣清虛，終焉知本始。頃年事四方，重趼啻萬里。海嶽靡不周，風煙莫能紀。東游衡廬顛，北逮瀟皖趾。南登蒼梧脊，西瞰青城觜。雲伴金華棲，月依玉笥艤。羅浮山以南，彭蠡水之涘。橫笛岳陽樓，飛觴金山寺。武夷猿相呼，委羽鶴久俟。禹穴郁嶆，秦城就頹靡。桂林嵐光嬌，甌越海氣詭。閤皂青崔峨，麻姑翠迤邐。醉尋張陵孫，走遇許遜婢。澎浪若山高，浯溪與天峙。曾樵雁蕩中，亦釣太湖底。所交皆英豪，初不介彼此。素志驂龍鸞，寒廚赦犬豕。苦吟思嘔心，俗狀厭擎跽。徘述煮笋經，笑補遺民史。風騷追蘇黃，寂寞造陶姒。饑寒莫熒惑，煉養有憑恃。余有黃芽田，旦暮舉耒耜。余有白雪甕，左右置箱篚。盡使閑姓名，浩然滿朝市。方將山水蒙，毋怪天地否。顏舜足儕晞，廣聃敢肩擬。但令心以灰，世事盡糠秕。造物神與游，天公氣可使。伏槽待賞音，焦尾叫知己。投合辱太玄，舞雩風一唯。行藏固不同，領略貴有以。浮海慨槎仙，臨風喚月姊。或疑有戾孱，豈謂惟薏苡。若士乘大鵬，跫音卜嫩嬉。陰陽諉曰深，血脈微可揣。畔岸諉曰遐，舟車容可庀。孤鴉喚晴暉，拱鼠濯清泚。龜蛇伏劍蟠，雞犬待鼎舐。不愁松柏凋，只畏桑榆徙。意馬息驅馳，心兵遂消弭。身中玉樓臺，赤子處非侈。身外金埤堄，虎臣治不圮。疇能弗鴻鵠，而又戀枌梓。未免畏白圭，禔身蹈廉恥。非將獻黃金，賂天丐福祉。決之西則西，可以仕則仕。荷鍤死便埋，歸園生為誄。愴神眺高遐，懷寶謹操履。我往蓬萊山，世人勞所企。（《全宋詩》第六十册，第三七五〇三頁）

《琵琶行》

長江浩浩送千古，江流不斷魚龍舞。蘆花荻花愁暮雲，天風吹我客湓浦。移舟回首思故人，淒然一登琵琶亭。琵琶亭上秦天遠，琵琶亭下楚江横。嗚呼我祖唐少傅，兜率天中已歸去。客來倚棹問漁翁，香山居士今何處。冰魂雪魄挽不回，濤山浪屋空崔嵬。檣烏驚起水鷗睡，繞船明月夜徘徊。謫官江左秋風慘，江上黄昏月黯黯。那堪送客聞琵琶，况對怨女不傷感。洛陽城外蝦蟆陵，下有甲妓何娉婷。花落色衰婚舶客，獨守孤舟伴月明。手撫琵琶意嗚咽，挑攏撚抹緩復急。大弦哀哀小弦悲，孤舟嫠婦豈不泣。霓裳纔歇六幺鳴，四弦盡作裂帛聲。碧落黄泉兩淒苦，幽愁暗恨不堪聽。凜如猿咽梧桐晚，款若鶯啼春晝暖。鵾弦轉處如胡笳，宫調彈時若羌管。江州司馬一斷腸，燈前老淚如雨滂。老婦低眉嬌滴滴，琵琶掩面羅衣香。初彈如珠後如縷，一聲兩聲落花雨。訴盡平生雲雨生，儘是春花秋月語。羅衣揾淚向人啼，妾是秦樓浪子妻。流落煙塵歸未得，青樓昔在洛陽西。今嫁商人豈妾意，一曲蕭騷夜無寐。秋風吹破居士心。琵琶聲聲墮珠淚。居士左遷鬱小邦，鼎鼐志願猶未降。聞其曲聲見其語，萬斛愁腸如秋江。江花江草廬山下，春江花朝秋月夜。江風颼颼江水寒，不見長安十年話。當時風月亦有情，為伊翻作琵琶行。居士悲樂似此婦，此婦激發居士情。居士還朝此婦死，琵琶古聲今已矣。邦人江上建此亭，古往今來亭下水。柿葉翻紅楓葉黄，荒煙壓蓬月墮檣。星霜磨老香山句，香山骨冷今如霜。亭空江闊情何極，一思古人一歎息。兩岸黄蘆今畫樓，山水窟中安樂國。江國淒涼人自愁，香山一去三百秋。長江不管愁人恨，淚與江波還共流。九江風月嗟無主，孤月依然幾今古。江頭愁絕到三更，琵琶不作亦淒苦。我來適是九世孫，思賢懷古獨銷魂。悲風如舞琵琶調，哀鳥如歌琵琶弦。古人去去不復返，孤亭寂寂寒江遠。琵琶無聲萬艇橫，留得廬山遮醉眼。（《全宋詩》第六十册，第三七五六五頁）

《種桃齋寫神贊》

南海瓊山子，香山居士孫。習文不若陸賈，習武不如孫臏。八千餘里琴劍，二十一年水雲。偶過廬山之下，痛飲蟾溪之濱。縱饒畫得十分似，何似天邊一月輪。（《全宋詩》第六十册，第三七六三六頁）

《寄蘇侍郎》

往古來今如換肩，我疑公便是坡仙。滿城都沒個伯樂，一日可能無樂天。方且論文俄判袂，不知握手又何年。忽然鐵笛一聲響，響到金華古洞邊。（《全宋詩》第六十册，第三七六四二頁）

《茶歌》

柳眼偷看梅花飛，百花頭上東風吹。壑源春到不知時，霹歷一聲驚曉枝。枝頭未敢展鎗旗，吐玉綴金先獻奇。雀舌含春不解語，只有曉露晨煙知。帶露和煙摘歸去，蒸來細搗幾千杵。捏作月團三百片，火候調匀文與武。碾邊飛絮捲玉塵，磨下落珠散金縷。首山黃銅鑄小鐺，活火新泉自烹煮。蟹眼已沒魚眼浮，垚垚松聲送風雨。定州紅玉琢花甆，瑞雪滿甌浮白乳。緑雲入口生香風，滿口蘭芷香無窮。兩腋颼颼毛竅通，洗盡枯腸萬事空。君不見孟諫議，送茶驚起盧仝睡。又不見白居易，餽茶喚醒禹錫醉。陸羽作茶經，曹暉作茶銘。文正范公對茶笑，紗帽籠頭煎石銚。素虛見雨如丹砂，點作滿盞菖蒲花。東坡深得煎水法，酒闌往往覓一呷。趙州夢裹見南泉，愛結焚香瀹茗緣。吾儕烹茶有滋味，華池神水先調試。丹田一畒自栽培，金翁姹女採歸來。天爐地鼎依時節，煉作黃芽烹白雪。味如甘露勝醍醐，服之頓覺沉痾甦。身輕便欲登天衢，不知天上有茶無。（《全宋詩》第六十册，第三七六五六頁）

《湧翠亭記》（嘉定十一年）

騷翁逸人，品藻山水，平章風月，皆曰江南山水窟，江西風月窩。嘉定戊寅，瓊山白玉蟾攜劍過玉隆，訪富川，道經武城。雙梟凌烟，一龍批月。憩武城之西，望大江之東，撫劍而長呼，顧天而長嘯。環武城皆山也，蒼崖翠甃，青松白石，寒猿叫樹，古澗生風，峭壁數層，斷岸千尺，翼然如舞天之鶴，婉然如罩烟之龍者柳山也。白蘋紅蓼，紫竹蒼沙，魚浮碧波，鷗卧素月，瑠璃萬頃，舳艫千梭，窈然如霞姬之帔，湛然如湘娥之縠者，脩江也。山之下而江，江之上而亭。亭曰湧翠，蓋取東坡「山爲翠浪湧」之句。觀其風物，披其景象，如章貢之鬱孤臺，如潯陽之琵琶亭者，湧翠亭也。飛翬際天，倒影醮水。天光水色，上下如鏡。烟柳雲絲，高低如幕。緑窗漏蟾，朱檐咬雨，華椽躍鳳，鱗瓦鋪鴛。四榻無塵，一間如畫。……明日追思世事如電沫，人生如雲萍，蓬萊在何處，黃鶴杳不來，抱琴攖劍，復起舞于亭之上。神霄散吏書。（《修真十書·玉隆集》卷三一；《瓊琯白先生集》卷九；《文章辨體彙選》卷五七〇；同治《武寧縣志》卷三〇；《全宋文》二〇〇六年版第二九六册，卷六七五一，第二二八頁）

智按：白玉蟾，本名葛長庚，因繼雷州白氏為後，改今名。字白叟、以閲、衆甫，號海瓊子、海南翁、瓊山道人、蠙庵、武夷散人、神霄散吏、紫清真人，閩清（今屬福建）人，生於瓊山（今屬海南）。師事陳楠學道，遍歷名山。甯宗嘉定中詔赴闕，命館太乙宫，賜號紫清明道真人。全真教尊為南五祖之一。擅書畫。有《海瓊集》、《武夷集》、《上清集》、《玉隆集》等，由其徒彭耜合纂為《海瓊玉蟾先生文集》四十卷。生平見本集卷首彭耜《海瓊玉蟾先生事實》。

留元長

《海瓊問道集序》

讀韓昌黎桃源之句，則起神仙渺茫之念；讀白居易海山之辭，則起兜率歸去之思。人心無根，隨語生智。噫！吾聞之，神仙可以學得，不死可以力致，非曰能之，願學焉。幼時業愛修仙，鞭心於茲，不覺壬子又丁丑矣。人間歲月如許，頭顱皮袋又安以頓哉。天貸其逢，而於道有可聞之漸。是年春，遭遇真師海瓊君，姓白諱玉蟾，或云海南人，疑其家於襄沔也。……元長自惟曩者獲罪於天，失身墮世，何以得此？誓糜軀以修之焉，期不負所學矣。

謹集問酬警悟之一二，以鋟諸木，使四海同志之士，有所啟發也。白君得之於陳泥丸，陳得於薛道光，薛得於石泰，石得於張平叔，張得於劉海蟾，劉得於呂洞賓。況人皆知其為人，而讀其書也，吾何贅以敘哉。紫元子留元長稽首再拜序。（張繼禹主編《中華道藏》第十九册，第五二九頁）

智按：《海瓊問道集》一卷，白玉蟾述，留元長編集，見《正統道藏》正一部。留元長，號紫元子，晋江（今福建泉州）人，碩子。歷知邵武縣，佐漕嶺南，知新州，端平元年（一二三四），知連州，嘉熙初累官朝散郎、知全州軍州事。召爲太府寺丞，出知撫州，改知汀州。元長篤信道教，曾從白玉蟾受道術。著有《金丹世系記》，輯有《海瓊問道集》一卷。見《羅浮志》卷六，道光《福建通志》卷一七六。

孫應時（一一五四～一二〇六）

《和樓尚書賦趙大資重樓柏梁體》

浙中巖壑天下雄，越絕宛委吳穹窿。鍾奇角秀勞神工，復有四明冠南東。雲南雲北森橫縱，僊聖所宅光璁瓏。公樓極覽面面同，江霏海日開冥濛。翠屏列立千萬峰，勝畫孔雀繡芙蓉。春晴百花度香風，秋原下瞰禾黍芃。城郭游人紛蝶蜂，笙歌間發羅綺叢。我公心鏡百鍊銅，眼底萬物歸陶鎔。姬公胡留曲阜封，東平驃騎合侍中。小出勳業垂無窮，手扶日轂駕六龍。丹心正色羞容容，飄然謝出明光宮。坐收全名擅高蹤，錦衣故里還過逢。築室百堵聲隆隆，雅素不窮丹雘功。移花種竹親圃農，直嫌看山隔崇墉。層樓開豁星斗胸，晨登坐達夕鼓鼕。有書滿架酒不空，眼明脚健顔頰紅。身佩安危唐晉公，何妨緑野對洛嵩。文昌更似香山翁，與公勝日長相從。一談一笑如春濃，清歡不奏淫樂矇。高山流水操遞鍾，新篇絡繹疲奴僮。寒生感公恩義重，草根竊亦吟秋蟲。扁舟登門頻宿舂，敢逐炎涼如燕鴻。（《四庫全書》本《燭湖集》卷十五；《全宋詩》第五十一册，第三一七二〇頁）

智按：孫應時，字季和，自號燭湖居士，餘姚（今屬浙江）人。早年從陸九淵學。孝宗淳熙二年（一一七五）進士，調台州黄岩尉。歷秦州海陵丞、知嚴州遂安縣。光宗紹熙三年（一一九二），應辟入密幕。後知常熟縣。甯宗開禧二年改通判邵武軍，未赴而卒，年五十三。有文集十卷等，已佚。清四庫館臣據《永樂大典》輯為《燭湖集》二十卷。生平見本集附編宋楊簡《孫燭湖壙志》、張淏《孫應時傳》。

劉過（一一五四～一二〇六）

《南康邂逅江西吴運判》（其一）

一節西來已駭傳，不堪歸去便湘川。舟行彭蠡輕文種，酒到潯陽醉樂天。臺諫久無公議論，朝廷新有驟除遷。臣心畢竟終憂國，不敢瞻烏涕泫然。（《四庫全書》本《龍洲集》卷五；楊明整理《龍洲集》，第三五頁；《全宋詩》第五十一册，第三一八三三頁）

《對雪效樂天》

匣中雷吼一長劍，溪上月明多少舟。無賊可平閑李愬，有人不訪倦王猷。銀杯縞帶從渠便，瑶樹瓊林得自由。衣敝獨嫌灰絮料，簾高想見月垂鉤。（《四庫全書》本《宋百家詩存》卷二十二；楊明整理《龍洲集》，第四八頁；《全宋詩》第五十一册，第三一八四三頁）

智按：《四庫全書》本《龍洲集》卷六題為《對雪》。

《沁園春》（寄辛承旨時承旨招不赴）

斗酒彘肩，風雨渡江，豈不快哉。被香山居士，約林和靖，與東坡老，駕勒吾回。坡謂「西湖，正如西子，濃抹淡妝臨鏡臺」。二公者，皆掉頭不顧，只管銜杯。　　白云「天竺飛來。圖畫裏、峥嶸樓觀開。愛東西雙澗，縱横水繞，兩峰南北，高下雲堆」。逋曰「不然，暗香浮動，爭似孤山先探梅？須晴去，訪稼軒未晚，且此徘徊」。（《四庫全書》本《龍洲集》卷十一；楊明整理《龍洲集》，第八八～八九頁；《全宋詞》第二一四三頁）

《水龍吟》（寄陸放翁）

謫仙狂客何如，看來畢竟歸田好。玉堂無比，三山海上，虛無飄緲。讀罷《離騷》，酒香猶在，覺人間小。任菜花葵麥，劉郎去後，桃開處、春多少。　　一夜雪迷蘭棹。傍寒溪、欲尋安道。而今縱有，新詩《冰柱》，有知音否。想見鸞飛，如椽健筆，檄書親草。算平生、白傅風流，未可向、香山老。（《全宋詞》第二一五〇頁；楊明整理《龍洲集》，第一〇〇頁；《四庫全書》本《龍洲集》卷十二）

智按：《四庫全書》本《龍洲集》卷十二，無「寄陸放翁」；玉堂無比，作「玉堂無此」；酒香，作「暗香」；葵麥，作「薺麥」；新詩《冰柱》，作「劉郎《冰柱》」；親草，作「視草」；未可向，作「未肯讓」。

劉過，字改之，號龍洲道人，吉州太和（今江西泰和）人。多次應舉不第，終生未仕。劉過是抗金志士，曾上書朝廷提出恢復中原方略，未被採納。漂泊江淮間，與主張抗戰之陸游、陳亮、辛棄疾等多有唱和。晚年定居崑山。甯宗開禧二年卒，年五十三。有《龍洲道人集》十五卷。生平見元殷奎《復劉改之先生墓事狀》、楊維楨《宋龍洲先生劉公墓表》、明萬曆《崑山志》卷三。

敖陶孫（一一五四～一二二七）

《詩評》

因暇日與弟姪輩評古今諸名人詩，魏武帝如幽燕老將，氣韻沉雄。曹子建如三河少年，風流自賞。鮑明遠如饑鷹獨出，奇矯無前。謝康樂如東海揚帆，風日流麗。陶彭澤如絳雲在霄，舒卷自如。王右丞如秋水芙蕖，倚風自笑。韋蘇州如園客獨繭，暗合音徽。孟浩然如洞庭始波，木葉微脱。杜牧之如銅丸走坂，駿馬注坡。白樂天如山東父老課農桑，言言皆實。元微之如李龜年説天寶遺事，貌悴而神不傷。劉夢得如鏤冰雕瓊，流光自照。李太白如劉安鷄犬，遺響白雲，覈其歸存，恍無定處。韓退之如囊沙背水，惟韓信獨能。李長吉如武帝食露槃，無補多慾。孟東野如埋泉斷劍，卧壑寒松。張籍如優工行鄉，飲醻獻秩，如時有詼氣。柳子厚如高秋獨眺，霽晚孤吹。李義山如百寶流蘇，千絲鐵網，綺密瓌妍，要非適用。本朝蘇東坡如屈注天潢，倒連滄海，變眩百怪，終歸雄渾。歐公如四瑚八璉，止可施之宗廟。荆公如鄧艾縋兵入蜀，要以崄絶為功。山谷如陶弘景祇詔入宫，析理談玄，而松風之夢故在。梅聖俞如關河放溜，瞬息無聲。秦少游如時女步春，終傷婉弱。後山如九皋獨唳，深林孤芳，沖寂自妍，不來識賞。韓子蒼如梨園按樂，排比得倫。吕居仁如散聖安禪，自能奇逸。其它作者，未易殫陳。獨唐杜工部，如周公制作，後世莫能擬議。

此評子姪得之為多，外自寫兩紙，其一以遺莆陽劉潛夫，其一以遺同舍朱仁叔。二公皆知詩者，且其語亹亹逼人，故為之書。嘉定八年夏至後二日，長樂敖陶孫。（《四庫全書》本《江湖小集》卷四十五）

智按：宋魏慶之《詩人玉屑》卷二、宋趙與旹《賓退録》卷二、宋王應麟《玉海》卷五十九、元劉壎《隱居通議》卷六、元佚名《南溪筆録群賢詩話》續集、明楊慎《升庵詩話》卷八、明王世貞《藝苑卮言》卷五（《弇州四部稿》卷一百四十八）、明唐順之《稗編》卷七十四、明賀復徵《文章辨體彙選》卷四百三十八、明張岱《夜航船》卷八、清鄭方坤《全閩詩話》卷五亦有稱引。

敖陶孫，字器之，號臞庵、臞翁，長樂（今屬福建）人。孝宗淳熙七年（一一八〇）鄉薦第一，省試下第，客居崑山。後在太學時因作詩悼趙汝愚，忤韓侂胄。甯宗慶元五年（一一九九）進士。歷海門主簿，漳州教授，廣東轉運司主管文字，平海軍節度判官兼南外崇正簿。理宗即位，奉祠歸鄉。寶慶三年卒，年七十四。陶孫以詩名於時，有《臞翁詩集》，已佚。遺詩見收於《江湖集》、《江湖後集》。事見《後村先生大全集》卷一四八《臞庵敖先生墓誌銘》。

曾三異（一一五四～一二四三）

《周文忠公（必大）祭文》

間世生賢，昔難其期，代不數人，繄天所為。中古以還，俗靡風漓，文章事業，塗是兩岐。常（袞）、楊（炎）、元（稹）、白（居易），文鳴一時。

制誥詔册，編簡具垂。或正或邪，有醇有疵。或用或舍，有美有譏。……（《四庫全書》本《文忠集》附録卷一）

智按：曾三異，字無疑，號雲巢，臨江軍新淦（今江西新幹）人。三聘（一一四四～一二一〇）弟。孝宗淳熙間鄉貢進士。少有詩名，為周必大門人，嘗從朱熹問學。端平元年（一二三四），年八十餘（劉克莊《直焕章閣林公墓誌銘》），授承務郎、主管潭州南嶽廟，差充館閣校勘。二年，為太社令。奉祠歸，卒年九十。博學工文，尤精考訂，有《宋新舊官制通考》等，今惟《同話録》（一作《因話録》）一卷傳世。生平見《鶴林玉露》乙編卷五，明隆慶《臨江府志》卷十二有傳。《祭文》署「免解進士曾三異、鄉貢進士曾三疑撰。」

陳淳（一一五五～一二一九）

《横逆自廣三絕》（其二）

樂天一説見軻書，豈是高談强解渠。牛馬蚊虻無足校，不須芥蔕此襟裾。（《全宋詩》第五十二册，第三二三五三頁）

《北溪字義》

士大夫平日讀書，只是要畧知古今事變，把來做文章，使其實聖賢學問精察做工夫處，全不理會，緣是無這一段工夫，胷中無定見識，但見他説心説性，便為之竦動，便招服。如韓文公、白樂天，資稟甚高，但平日亦只是文字詩酒中做工夫，所以看他亦不破。文公闢其無父無君，雖是根本，然猶未知所以受病之本。（《四庫全書》本《北溪字義》卷下）

智按：陳淳，字安卿，學者稱北溪先生，龍溪北溪（今福建漳州）人。孝宗淳熙十六年（一一八九）鄉貢進士。光宗紹熙元年（一一九〇），朱熹知漳州，淳執贄從學，延置學宫。曾權長泰簿。甯宗嘉定十年（一二一七）預特試，明年授安溪簿，未及上，十二年卒，年六十五。有《北溪大全集》五十卷等。事見本集附録宋陳宓《北溪先生墓誌銘》、門生陳沂《北溪先生敍述》，《宋史》卷四三〇有傳。

姜夔（一一五五？～一二二一）

《霓裳中序》

丙午歲，留長沙，登祝融，因得其祠神之曲曰黃帝鹽、蘇合香。又於樂工故書中得商調霓裳曲十八闋，皆虛譜無辭。按沈氏樂律，霓裳道調，此乃商調。樂天詩云「散序六闋」，此特兩闋，未知孰是。然音節閒雅，不類今曲。予不暇盡作，作中序一闋傳於世。予方羈游，感此古音，不自知其辭之怨抑也。（《四庫全書》本《白石道人歌曲》卷三「慢」）

智按：姜夔，字堯章，鄱陽（今江西波陽）人。父噩，高宗紹興進士，歷新喻丞，知漢陽縣，卒於官。夔孩幼隨父宦，繼居姊家，往來沔、鄂近二十年。孝宗淳熙間客湖南，識閩清蕭德藻。德藻以其兄子妻之，攜之同寓湖州。居與白石洞天為鄰，因號白石道人，又號石帚。晚年自編詩集三卷，已佚。今存《白石道人詩集》、《白石道人歌曲》、《白石詩說》等。事見夏承燾《姜白石繫年》，《宋史翼》卷二十八有傳。

葛天民（與姜夔同時）

《寄楊誠齋》

參禪學詩無兩法，死蛇解弄活潑潑。氣正心空眼自高，吹毛不動全生殺。生機熟語卻不排，近代獨有楊誠齋。才名萬古付公論。風月四時輸好懷。知公別具頂門竅，參得徹兮吟得到。趙州禪在口皮邊，淵明詩寫胸中妙。用則致君堯舜前，舍時便灌廬陵園。六十四卦只兩畫，三百五篇惟一言。我與誠齋略相識，亦不知他好官職。但知拚得忍飢七十年，脊梁如鐵心如石。不曾屈膝不皺眉，不把文章做出詩。玉川後身卻不怪，樂天再世尤能奇。隔千里兮共明月，何似寒灰相對撥。公亦何須要我知，我只欠公頭上髮。（《四庫全書》本《江湖小集》卷六七；《四庫全書》本《兩宋名賢小集》卷二八五；《四庫全書》本《宋百家詩存》卷三三；《全宋詩》第五十一冊，第三二〇六二頁）

智按：葛天民，字無懷，越州山陰（今浙江紹興）人，徙台州黄岩（今屬浙江）。曾為僧，法名義銛，字朴翁，其後返初服，居杭州西湖。與姜夔、趙師秀等多有唱和。有《無懷小集》。事見《癸辛雜識》別集卷上。

蕭貢（一一五八～一二二三）

《荒田擬白樂天》

荒田幾歲闕人耕，欲種穈薥趂晚晴。急手剪除荆與棘，一科才了十科生。（《四庫全書》本《中州集》卷五）

《楊侯畫晉公臨江賞梅樂天與鳥窠禪師汎舟談玄不顧而去戲為一絶以代晉公招樂天同飲云》

明糙冷蕊兩清新，面纈浮光數爵頻。拉捃風前寒鼻液，快來同醉雪中春。（《四庫全書》本《御選金詩》卷二十）

智按：蕭貢，字真卿，京兆咸陽人。大定二十二年進士，調鎮戎州判官，涇陽令，涇州觀察判官。補尚書省令史。擢監察御史。遷北京轉運副使。左丞董師中、右丞楊伯通薦其文學，除翰林修撰。丁父憂，起復，改右司員外郎，尋轉郎中，遷國子祭酒，兼太常少卿，與陳大任刊修《遼史》。改刑部侍郎，歷同知大興府事、德州防禦使，三遷河東北路按察轉運使。大安末，改彰德軍節度事。坐兵興不能守城，亡失百姓，降同知通遠軍節度使。未幾，改靜難軍節度使，歷河東北路、南京路轉運使、御史中丞，戶部尚書。南京戒嚴，坐乏軍儲，詔釋不問。興定元年，致仕。元光二年卒，謚文簡。有注《史記》一百卷。

高似孫（一一五八～一二三一）

《句》（其六五）

晉書好傳偏安石，唐世諸人且樂天。（《全宋詩》第五十一册，第三二〇一一頁）

《緯略》

⊙古人文章

虞世南文章婉縟，趙涓翰藻豪邁，麗嚴詞章峭麗，崔文為文華麗，張説屬思精壯，封敖屬辭贍敏，吕温藻翰精富，楊炎文藻雄蔚，韓愈雄深雅健（古似司馬子長，崔、蔡不足多也），柳宗元卓偉精緻，元幹用思精緻（崔元幹馳騁班固、蔡邕間），白居易文章精切，陸扆屬文敏速，李賀辭尚奇詭，李商隱瑰邁奇，李白清雄奔放，徐堅屬文典厚，柳渾屬文簡拔，李翰為文精密，王勃文章宏放，歐陽詹文章切深回復，李華文辭縣麗，韋承慶為文迅捷，許景先屬辭豐美，得中和之氣。(《四庫全書》本卷三)

⊙守庚申

唐時衣冠，往往守庚申，如皮日休、白樂天諸公是也。道士程紫霄有朝士夜會終南太乙觀拉師同守庚申，師作詩曰：「不守庚申亦不疑，此心良與道相依。玉皇已自知行止，任汝三彭説是非。」(《洛中記異》)(《四庫全書》本卷十)

⊙詩用六經字

……白居易詩：「烏頭因感白，魚尾為勞赬」，詩注曰：「魚勞則尾赬。」用詩中字尤奇。……(《四庫全書》本卷十一)

《(嘉定)剡録》

⊙高僧

白道猷，羅漢僧，來自西天竺，居沃州山。白居易《沃州山記》曰：「道猷肇開兹山。」(《四庫全書》本卷九)

⊙四季桂

予雪館嘗植四季桂，白居易詩：「有木名丹桂，四時常馥馥。」棗據詩：「芳林挺芳榦，一歲三四花。」據，晉人也。(《四庫全書》本卷九)

⊙凌霄

元稹詩：「寒竹秋雨重，凌霄晚花落。」白居易詩：「有木名凌霄，擢秀非孤標。」陸游詩：「庭中青松四無鄰，凌霄百尺依松身。」(《四庫全書》本卷九)

⊙雲母石

剡山接地壁嶺道間所生，石色晶瑩。葛洪丹經用雲子者，雲母也。白居易詩：「朝餐雲母散，夜吸沆瀣精。」張籍詩：「鍊成雲母休煩爨，占得雷公當吏兵。」皮日休詩：「深夜數甌唯柏葉，清晨一器是雲華。」注曰：「雲華，雲母別名。」（《四庫全書》本卷十）

⊙啄木

《爾雅》曰：「啄木，鴷也。」白居易詩：「豈無啄木鳥，嘴長將何為？」賈島詩：「經年抱疾誰來問，野鳥相過啄木頻。」（《四庫全書》本卷十）

⊙山鷓鴣

白居易《山鷓鴣》詩：「山鷓鴣，朝朝暮暮啼復啼。啼時露白風凄凄。黄茅岡頭秋日晚，苦竹嶺下秋日低。」山中最多。（《四庫全書》本卷十）

⊙白魚

嶀山下巨潭，白魚所聚，大者二三尺，頭昂者第一，尾頳者謂之追紅白。杜甫詩：「白魚困密網，黄鳥喧佳音。」方干詩：「山鳥踏枝紅果落，家童引釣白魚驚。」韋應物詩：「沃野收紅稻，長江釣白魚。」白居易詩：「青青芹蕨下，疊卧雙白魚。」（《四庫全書》本卷十）

智按：高似孫，字續古，號疎寮，鄞縣（今浙江寧波）人。孝宗淳熙十一年（一一八四）進士，調會稽縣主簿。甯宗慶元六年（一二〇〇）通判徽州，嘉定十七年（一二二四）為著作佐郎。理宗寶慶元年（一二二五）知處州。晚家於越，為嵊令史安之作《剡録》。有《文選句圖》，又稱《選詩句圖》，丁丙《善本書室藏書志》卷三十八（清光緒刻本）謂：「此書似孫仿張爲《主客圖》之例爲之。」又有《疎寮小集》、《子略》、《蟹略》、《騷略》、《緯略》等。事見《南宋館閣續録》卷八、《宋史翼》卷二十九。

周南（一一五九～一二一三）

《横山寺楞伽塔詩》（其一）

白傅游春得幾迴，寺門還對海門開。行人莫問（一作如今莫上）横山塔，

曾見開皇混一来。(《四庫全書》本《山房集》卷一)

智按：周南，字南仲，平江（今江蘇蘇州）人。黄度婿。早年從葉適學。光宗紹熙元年（一一九〇）進士，調池州教授。召為秘書省正字。甯宗慶元初，韓侂胄用事，度以忤意罷右正言，南亦罷，俱入偽學黨。開禧三年（一二〇七），召試館職，為秘書省正字。未幾，又以對策詆權要罷。嘉定六年，卒於家，年五十五。有《山房集》二十卷、《後集》二十卷，已佚。清四庫館臣據《永樂大典》輯為《山房集》八卷、《山房後稿》一卷。生平見《水心集》卷二十《周君南仲墓誌銘》，《宋史》卷三九三有傳。

韓淲（一一五九～一二二四）

《天竺靈隱觀鴻漸寺記白香山泉碑》

靈隱天竺山，清流漱奇石。草木鬱青葱，巖洞耀丹碧。有時閑聯騎，盡日為散策。蕭條懷古心，髣髴問遺跡。勝士多去來，流年幾今昔。寺記喜逢陸，泉碑尚餘白。因知幽絶處，得之乃無斁。所以千載後，山名轉輝赫。二子有逸韻，煙霞本其癖。想當落筆時，無地著清適。嗟我復何人，長歌想英魄。(《四庫全書》本《澗泉集》卷一)

《勞去姬》

香溫寶鴨枕痕收，眉黛空攢一點愁。春盡絮飛留不住，樂天猶自説風流。(《四庫全書》本《澗泉集》卷十七；《全宋詩》第五十二册，第三二七三六頁)

《澗泉日記》

晏殊云：龍泓洞，在福建汀州府靈隱山下，吳赤烏二年，葛仙翁于此得道。又有煉丹井，在下天竺寺藏院。又云：靈隱山有白少傅烹茗井。（案，《咸淳臨安志》：龍泓洞在靈隱山下，吳赤烏二年，葛仙于此得道，有石洞徹浙江。《武林舊事》云：龍井，吳赤烏中，葛洪煉丹于此。石竇一泓，深不可測，相傳與江海通，有龍居之。秦觀《龍井記》亦云：龍井，舊名龍泓，距錢唐十里。然則龍泓即龍井，在錢唐無疑也。又攷《閩書》：汀州寧化縣有靈隱洞，無靈隱山，並無所謂龍泓龍井之名者。淲述晏殊之言，乃以爲在汀州靈隱山，蓋傳聞記憶之誤也。）（《澗泉日記》卷下，《叢書集成初編》據聚珍版叢書本排印）

智按：韓淲，字仲止，號澗泉，祖籍開封，南渡後隸籍上饒（今屬江西）。元吉子。早年以父蔭入仕，為平江府屬官，後做過朝官，集中有制詞一道，當官學士。甯宗慶元六年（一二〇〇）藥局官滿，嘉泰元年（一二〇一）曾入吳應試。未幾被斥，家居二十年。淲清廉狷介，與同時知名詩人多有交游，並與趙蕃（章泉）並稱「二泉」。清四庫館臣據《永樂大典》輯有《澗泉集》二十卷、《澗泉日記》三卷。

趙秉文（一一五九~一二三二）

《龍門》

洛陽三日雨，不見龍門面。流水入野田，歸雲抱幽巘。因尋商山眠，遂就石樓飯。山川宛如昔，白傅不可見。（《四部叢刊》本《閑閑老人滏水文集》卷三）

《做樂天新宅》

吉凶翻覆兩何如，新貴移來舊貴居。昨日弓刀圍舊宅，今朝車馬慶新除。兔驚尚顧罝中兔，魚逸還尋罩下魚。富貴貧窮皆有命，大都覆轍戒前車。（《四部叢刊》本《閑閑老人滏水文集》卷四）

《題郝運使榮歸堂》

翰墨聲名四十年，歸來還作地行仙。柴桑問路陶元亮，洛社休官白樂天。柱杖扶兒還客拜，盡圖繪老聽人傳。窮秋雨慘陂田出，想見騎驢興渺然。（《四部叢刊》本《閑閑老人滏水文集》卷七）

《石樓》

月約風期屢往還，水聲山色石樓間。大家也入香山去，那得心知白傅閑。（《四部叢刊》本《閑閑老人滏水文集》卷八）

《答李天英書》

天英足下，自足下失意東歸，無日不思，况如三歲，何得來音具悉，動静為慰，可望所寄雜詩，疾讀數過，擊節屢嘆。足下天才英逸，不假繩削，豈復老夫所可擬議。然似受之天而不受之人，屢欲貢悃誠，山川間之，坐成浮沉，况勤厚如此，遇望點化（《欽定四庫全書考證》卷八十五：「原本過訛遇」）。僕非其人，筆拙思荒，自濡其涸，况望餘波耶？豈以犬馬齒在前，欲俯就先後進禮耶？布一工所聞於師友間者，幸恕不揆，嘗謂古人之詩，各得其一偏，又多其性之似者。若陶淵明、謝靈運、韋蘇州、王維、柳子厚、白樂天得其冲淡，江淹、鮑明遠、李白、李賀得其峭峻，孟東野、賈浪仙又得其幽憂不平之氣，若老杜可謂兼之矣。然杜陵知詩之為詩，未知不詩之為詩。而韓愈又以古文之渾浩，溢而為詩，然後古今之變盡矣。太白詞勝於理，樂天理勝於詞，東坡又以太白之豪、樂天之理，合而為一，是以高視古人，然尔不能廢古人。

足下以唐宋詩人得處，雖能免俗，殊乏風雅，過矣，所謂近風雅，豈規規然如晋宋詞人，蹈襲用一律耶。若曰子厚近古，退之變古，此屏山守株之論，非僕所敢知也。詩至於李杜，以為未足是，畫至於無形，聽至於無聲，其為怪且迂也，甚矣。其於書也尔，然足下之言措意，不蹈襲前人一語，此最詩人妙處。然尔從古人中入。譬如弹琴不師譜，稱物不師衡，上匠不師繩墨，獨自師心，雖終身無成可也。故為文當師六經、左丘明、莊周、太史公、賈誼、劉向、揚雄、韓愈，為詩當師《三百篇》、《離騷》、《文選》、《古詩十九首》，下及李杜，學書當師三代金石，鍾王歐虞顔柳，盡得諸人所長，然後卓然自成一家，非有意於專師古人也，尔非有意於專擯古人也，自書契以來，未有撰古人而獨立者，若楊子雲不師古人，然尔有擬相如四賦。韓退之惟陳言之務去，若《進學解》，則客難之變也；《南山》詩，則子厚之餘也。豈遽汗漫，自師胸臆，至不成語，然後為快哉。然此詩人造語之工，古人謂之一藝可也，至於詩文之意，當以明王道、輔教化為主，六經，吾師也，可以一藝名之哉。賈誼、董仲舒、司馬遷、楊子雲、韓愈、歐陽、司馬温公，大儒之文也，僕未之能學焉。梁蕭、裴休、晁迥、張無盡，名理之文也。吾師之太白、杜陵、東坡，詞人之文也，吾師其辭，不師其意。淵明、樂天，高士之詩也，吾師其意，不師其辭。然吾老矣，眼昏力薾，雖欲力學古人，力不足也。……（《四部叢刊》本《閑閑老人滏水文集》卷十九；《四庫全書》本《滏水集》卷十九）

《跋東坡四達齋銘》

東坡先生，人中麟鳳也。其文似《戰國策》，間之以談道，如莊周。其詩似李太白，而補之以名理似樂天。其書似顔魯公，而飛揚韵勝，出新意於南（法）度之中，寄妙理於豪放之外。嘗以為書仙，屹然屓屭巨鼇之欲前，軒然飛動，大鵬之孤騫，狠石當道，長松臨淵，其嚴勁之象，雄渾之狀，大臣正色，抑不可屈，懔然如見。其叱希烈而誚禄山也，千石之鐘，萬石之虡，鏗鋐鏜鞳，俨然如見，其宫廟之懸也，如偃而復植，如墮而反妍，秋風水坡，春山雲烟，此猶可畧而言，至於字外匠成風之妙，筆端透具眼之禪，盖不可得而傳也。觀其胸中，空洞無物尔。如此齋廊焉，四達獨有忠義，數百年之氣象，引筆著紙與心，俱化不自知，其所以然而然，其有得於此，而形之於彼，豈非得古人之大全也耶？（《四部叢刊》本《閑閑老人滏水文集》卷二十；《四庫全書》本《滏水集》卷二十）

智按：趙秉文，字周臣，自號閒閒老人，磁州滏陽（今河北磁縣）人。大定二十五年進士，歷官翰林侍讀學士，拜禮部尚書。事迹具《金史》本傳。好問《中州集》稱其自幼至老，未嘗一日廢書，著《易叢說》十卷，《中庸說》一卷，《揚子發微》一卷，《太元贊》六卷，《文中子類說》一卷，《南華略釋》一卷，《列子補註》一卷，《删集論語》、《孟子說》各十卷，《資暇録》十五卷，今皆未見，惟存《閒閒老人滏水文集》。

衛涇（一一六〇～一二二六）

《上經筵箚子》

唐憲宗欲庶幾太宗、玄宗道德風烈，因李絳言，詔絳等搜次君臣成敗五十種，為連屏張便坐。唐憲宗嘗曰：「惟太宗、玄宗之盛，朕不佞欲庶幾二祖之道德風烈，何行而至此乎？」絳曰：「陛下誠能正身勵己，尊道德，遠邪佞，進忠直，與大臣言，敬而信，無使小人參焉；與賢者游，親而禮，無使不肖與焉。去官之無益于治者，則材能出；斥宮女之希御者，則怨曠銷。將帥擇，士卒勇矣；官師公，吏治輯矣。法令行而下不違，教化篤而俗必遷，如是，可與祖宗合德，號稱中興，夫何遠之有？言之不行，無益也；行之不至，無益也。」帝曰：「美哉斯言，朕將書諸紳。」即詔絳與崔群、錢徽、韋洪景、白居易等，搜次羣臣成敗五十種，為連屏。帝每閱視，顧左右曰：「而等宜作意，勿為如此事。」臣聞始於憂勤，終于逸樂。言國治于始而享成于終，逸樂非晏安謂也。仲虺之告湯曰：「謹厥終，惟其始。」伊尹之告太甲曰：「終始惟一，時乃日新。」蓋始勤終怠者，人之常情。故昔日君臣，相與警戒，未嘗不致謹于斯也。憲宗元和初，鋭意有為，慨慕貞觀、開元之盛，李絳告以正身勵己，進忠遠佞，敬大臣親賢者，擇將帥而任官師，行法令而崇教化，初非驚世駭俗之説，亦無甚高難行之論，而皆修身治國之要道，古今不易之至理。又謂：言之不行，行之不盡，而無益。帝既嘉納，又詔搜次君臣成敗列之連屏，以便觀覽，且每顧左右，戒以勿為如此事。惟帝因絳之言，心知警懼，故一事委用忠賢，不惑羣議，削平僭叛，威令幾于復振，其剛明果斷，雖天資之美，亦憂勤之效也。使帝盡行其言，殆不止于度越二祖而已。……（《四庫全書》本《後樂集》卷十一）

《悼倪尚書》（其一）

歷事三朝久，清居一世尊。心惟在王室，手不炙權門。橫浦流風好，香山逸興存。經綸未渠展，此意向誰論。（《四庫全書》本《後樂集》卷二十；《全宋詩》第五十二册，第三二八〇一頁）

智按：衛涇，字清叔，初號拙齋居士，改號西園居士，崑山（今屬江蘇）人。孝宗淳熙十一年（一一八四）進士，授添差鎮東軍簽判。十四年，除秘書省正字。光宗即位，因應詔上書激切，出提舉淮東、浙東二路。甯宗慶元初，召為尚書郎，以起居舍人假工部尚書使金，還，除沿海制置使，以言者論罷。返鄉於石浦辟西園，名後樂，因改號後樂居士。開禧元年（一二〇五），召為中書舍人兼直學士院，累遷禮部尚書、御史中丞、簽書樞密院事、參知政事。嘉定元年（一二〇八），為史彌遠所構，出知漳州，歷知隆慶府、福州。理宗寶慶二年卒。有《後樂集》七十卷，已佚。清四庫館臣據《永樂大典》輯為二十卷。生平見《宋歷科狀元録》卷六，《至正崑山郡志》卷四、明正德《姑蘇志》卷五十一有傳。

徐僑（一一六〇～一二三七）

《常自在歌因讀白樂天〈無可奈何歌〉》

常自在，常自歌，莫受物觸隨變改。心常澄太虛，胸常涵滄海。志常明秋霜，氣常融春靄。常自在，常自在，莫或欺心旋遮蓋。此心常與天地通，日月神明環内外。萬物森森在吾下，我自小之自傷害。常自在，常自在，詩書樂處安精神，道義合時行身世。貧何足嗟，賤何□（足）慨；富何足滛，貴何足泰。靜惟飭身而無愧，動惟利□（人）而盡愛。常自在，常自在，此外何求哉？有時詩一篇，有時酒一杯，庭花野草為賓友，清風明月相追陪，陶吾眞兮適吾性。常自在，常自在，何處有愁來？（《毅齋詩集別録》，清嘉慶宛委別藏本；《全宋詩》第五十二册，第三二八一〇頁）

智按：徐僑，字崇甫，號毅齋，婺州義烏（今屬浙江）人。初從學于呂祖謙門人葉邽。孝宗淳熙十四年（一一八七）進士，授信州上饒簿，始登朱熹之門。入為秘書省正字，歷吳、益王府教授，提點江東刑獄。以忤史彌遠罷。理宗端平初，召為秘書少監，二年（一二三五）知樞密院事。以寶謨閣待制奉祠。嘉熙元年（一二三七）卒，年七十八，謚文清。有《毅齋文集》十卷，明弘治間毀於火。明正德六年裔孫徐興刻有《毅齋詩集別録》一卷。事見本集附録《徐文清公家傳》及徐興序，《宋史》卷四二二有傳。

趙汝談（？～一二三七）

《吳郡志序》（紹定二年十一月）

初，石湖范公爲《吳郡志》成，守具木欲刻矣，時有求附某事于籍而弗得者，因譁曰：「是書非石湖筆也。」守憚莫敢辨，亦弗敢刻，遂以書藏學宫。愚按風土必志，尚矣。吴郡自闔廬以霸，更千數百年，號稱雖數易，常爲東南大都。會當中興，其地視漢扶馮，人物魁倬，井賦蕃溢，談者至與杭等，蓋益盛矣。而舊圖經蕪漫失考，朱公長文雖重作亦略，是豈非大缺者？何幸此筆屬公，條章粲然，成一郡鉅典，辭與事稱矣。而流俗乃復擠阨，使不得行，豈不使人甚太息哉！紹定初元冬，廣德李侯壽朋以尚書郎出守，其先度支公嘉言，石湖客也。是以侯習知之，及謁學問故，驚曰：「是書猶未刊耶？」他日拜石湖祠，退從其家求遺書，得數種，而斯志與焉，校學本無少異。……侯父子世儒有聞，其治吴未期，百墜交舉，既上此職方氏，將復刊《石湖集》，與《白氏長慶集》並行，而改命漕湖北矣。余故併志，以申後覬焉。紹定二年十一月朔，汴人趙汝談序。（《吴郡志》卷首；《吴都文粹》卷一；《姑蘇志》卷首；《古今圖書集成》職方典卷六八五；道光《蘇州府志》卷一五〇；《全宋文》二〇〇六年版第二八九册，卷六五六九，第一〇二頁）

智按：趙汝談，字履常，號南塘，臨安府餘杭（今浙江杭州）人。太宗八世孫。年十五，以大父恩補將仕郎。孝宗淳熙十一年（一一八四）進士。調汀州教授，召除太社令。甯宗開禧三年（一二〇七）擢秘書正字。嘉定間通判嘉興府，改知無為軍、溫州，遷江西提舉常平。理宗端平元年（一二三四）遷宗正少卿。權吏部侍郎，升侍讀，以言去。三年，起知婺州。官至權刑部尚書。嘉熙元年卒。後謚文懿。有《南塘集》九卷（《千頃堂書目》），已佚。事見《宋史》卷四一三本傳、《咸淳臨安志》卷六七、《南宋館閣續録》卷九。

甄良友（一一五四進士）

《蝶戀花》

照水綺霞明木杪。彩翼雙棲，未覺桐陰少。正是一年秋光好。世間重睹香山老。　　祝壽人如群玉繞。滿酌金蓮，願永諧歌笑。仙客莫疑來不早。

洞中日月天昏曉。(《全宋詞補輯》第五六頁)

智按：甄龍友，後改良友，字雲卿，永嘉（今浙江溫州）人，遷居樂清（今屬浙江）。高宗紹興二十四年（一一五四）進士。官國子監簿。事見清光緒《樂清縣誌》卷八。

姚述堯（一一五四進士）

《如夢令》

雅淡輕盈如語。碧玉枝頭嬌處。鈎月襯淩波，仿佛湘江烟路。凝佇。凝佇。不似梨花帶雨。(《全宋詞》第一五五七頁)

智按：姚述堯，字進道，錢塘（今浙江杭州）人。高宗紹興二十四年（一一五四）進士。孝宗乾道四年（一一六八）知樂清縣。九年，權發遣處州。淳熙九年（一一八二）于知鄂州任放罷。十五年，起知信州，旋改主管亳州明道宫。

王千秋（一一五四前後）

《念奴嬌（水仙）》

開花借水，信天姿高勝，都無俗格。玉隴娟娟黄點小（道書：玉女鼻端有黄點）。依約西湖清魄。緑帶垂腰，碧簪篸髻，索句撩元白。西清微笑，為渠模寫香色。　　常記月底風前，水沉肌骨，瘦不禁憐惜。生怕因循紛委地，仙去難尋蹤跡。縹檻深栽，彤幃密護，不肯輕抛釋。等差休問，未容梅品懸隔。(《全宋詞》第一四七〇頁)

智按：王千秋，字錫老，號審齋，東平（今屬山東）人，寓居金陵（今江蘇南京）。梁安世知衡山縣時與有唱酬。有《審齋詞》一卷。事見明毛晉《審齋詞跋》。

陳葆光（一一五四前後）

《三洞群仙録》

⊙龜年辨禽

《翰府名談》：白龜年乃白居易之孫，於嵩山遇李太白，招之與語曰：「吾自水解之後，放遁山水間，因思故鄉，西歸嵩峰。中帝飛章上奏，見辟掌牋奏於此，今已百年矣。近過潼關，有詞曰：『曾宴桃源深洞，一曲歌鸞舞鳳。常記欲别時，明月落，花煙重。如夢。如夢。和淚出門相送。』」乃出書一卷，遺之曰：「讀此可辨九天大地禽獸語言，汝更修陰德，可作地仙也。」（《三洞群仙録》卷十，《續修四庫全書》，第一二九四册，子部，第一〇四頁；張繼禹主編《中華道藏》第四十五册，第三四〇頁）

智按：「曾宴桃源深洞」云云，乃後唐莊宗李存勖（八八五～九二六）作也。

陳葆光，江陰靜應庵道士。《三洞群仙録》二十卷，題「正一道士陳葆光撰集」，序後題「紹興甲戌（一一五四）中元日譽里竹軒書」。此書成于南宋初，採摭起自盤古，迄於北宋一千餘人得道成仙之故事，彙編而成。

韓希甫（一一五五前後）

《清涼洞記跋》

鄧先生爲人也，自束髮以來，志在君子儒，才高日進，試太學，優爽，時人比白樂天才業，大丞相呂公奇之，蘇學士子瞻所知，與之倡和。公輕名利，歸耕故里，樂性著書，適值章子厚拜相秉政，書召欲命以官，公惡其爲人也，匿書不赴召。公住山洞，聚徒解釋老，講道德，教儒生，化鄉民，以孝悌行節儉，勤耕桑，潔己節，行超逸，有古之遺賢七人之餘風，言行法則，足爲人師。痛惜公考古厥記，可鐫刻於洞首山石像，其記不墜於世，後人知清涼洞秦梁元造，不惑於他説。公之子孫當爲之公之所知，亦當爲之奈何，悉紹城邑村落有力，及好古抱義英哲，又捐三十千刊石，鄧公泉下足矣哉！大定二十一年七月二十八日，鉅野韓希甫書。（石刻拓本）（清張金吾《金文最》卷二十四跋，《續修四庫全書》影印清光緒二十一年重刻本）

智按：韓希甫，鉅野（今屬山東）人。曾任河內知縣。金貞元三年（一一五五）為京兆尹。

張淏（一一五七進士）

《雲谷雜紀》

太宗翦鬚賜李勣，白樂天《七德舞》歌云：「翦鬚燒藥賜功臣，李勣嗚咽思殺身。」白自注云：「李勣病亟，醫云得龍鬚灰，方可療。太宗自翦鬚，燒灰賜之。服訖而愈。勣叩頭泣涕而謝。」今《舊史·勣傳》俱云：「嘗暴疾。醫曰：『用鬚灰可治。』帝乃自翦鬚以和藥。」而不言用龍鬚事。二史但據吳兢等所記，故不復旁考，遂至於謬。然樂天之言，必得其實。蓋當時醫言得龍鬚灰方可療，龍鬚未易得，太宗以君上猶龍也，故翦鬚以賜。若醫只言用人鬚，則咄嗟已辦，何待太宗之賜，方始和藥，此理甚曉然。或謂：龍鬚，醫既罕用，又世間豈真有是物哉？此殆聞見未至爾。《杜陽編》云：「元載有龍髯，拂得於洞庭道士張知和，紫色如爛椹，或風雷雨晦冥，淋漓沾濕，則光采動揺，奮然如怒，可謂其無耶？」此事當以樂天之言為正，若從史氏，則意義全失矣。（《四庫全書》本《雲谷雜紀》卷二；張宗祥校録本，第一七頁）

智按：參見宋高晦叟《珍席放談》卷上。

《寶慶會稽續志》

天衣寺：在縣西南三十里，寺有唐人徐季海、元微之、白樂天、李公垂諸作者詩文碑刻，有化身普賢及飛來銅像。（《四庫全書》本、清嘉慶十三年刻本卷三）

四季桂：有植於剡之雪館者，城圃亦有之。白居易詩：「有木名丹桂，四

時常馥馥。」棗據詩「芳林挺芳幹，一歲三四花。」（《四庫全書》本、清嘉慶十三年刻本卷四）

智按：宋高似孫《剡録》卷九：「四季桂。予雪館嘗植四季桂，白居易詩：『有木名丹桂，四時常馥馥。』棗據詩：『芳林挺芳榦，一歲三四花。』據晉人也。」

張淏，字清源，號雲谷，寓居婺州武義（今屬浙江）。甯宗慶元三年（一一九七），預鄉薦。嘉定三年（一二一〇），監安慶府樅陽倉，歷監潭州永豐倉，嘗主管吏部架閣文字。理宗紹定五年（一二三二）致仕。有《寶慶會稽續志》、《雲谷雜記》傳世。事見清康熙《武義縣誌》卷八。

熊克（一一五七進士）

《除郡謝宣撫開府啓》

注安危之意，有嚴制閫之雄；布寬大之條，猥預殿邦之重。伏念某仕歷三朝，年逾八秩。雖殘年奄奄，待盡田廬；而一心惓惓，尚存帝室。孰是急流勇退，踐角巾東路之言；惟有去後見思，詠華屋西州之句。蓋侏儒飽欲死而不任事，若支離疏有疾而不受功。徒費十束之薪，空索一囊之粟。故應辭仕，詎敢妨功？不圖軫簪履故物之遺，猶進冒爵齒達尊之寵。兹盖伏遇某官，兩京循吏，三國名臣。虎觀論經，鼇扉視草。寓大學士圖書之直，聽東諸侯鼓角之雄。猥以庸虛，適承先後。比還禁路，復厠英躔。雖龍豬異問已不侔，而虎鼠同宫亦何間？圖齊雲之像，固難並韋郎、白傅之賢；凝燕寢之香，猶堪置枚叟、鄒生之右。（《五百家播芳大全文粹》卷二十九；《宋四六選》卷十七；《全宋文》二〇〇六年版第二二五册，卷五〇〇六，第三三六頁）

智按：此啟《五百家播芳大全文粹》卷二十九作者闕名。清彭元瑞等編《宋四六選》卷十七署爲熊克，姑從之。此啟又見王之望（一一〇四～一一七一）《漢濱集》卷十三《四庫全書》本。另，除前兩句外，又略同於宋孫覿《謝平江守洪内翰啟》（《四庫全書》本《鴻慶居士集》卷十九）。據文中

「仕歷三朝，年逾八十」語，與孫覿（一〇八一～一一六九）相符。

熊克，字子復，建寧建陽（今屬福建）人。高宗紹興二十七年（一一五七）進士，知紹興府諸暨縣，有惠政，入朝提轄文思院。以文章見知於孝宗，除校書郎，遷起居郎兼直學士院。孝宗淳熙十一年（一一八四），爲言者論列，出知台州，後奉祠，卒年七十三。克博聞强記，喜著述，尤淹習宋朝典故，著有《九朝通略》、《諸子精華》、《中興小紀》等。見《宋史》卷四四五本傳。

李季可（一一五七前後）

《松窗百説》

⊙退之

白樂天詩云：「退之服硫磺，一病身不痊。」世遂以退之戒人服金石言最勤切，而晚年躬蹈其害，莫不怪歎之。蓋亦默默疑念，久無以辨。及按退之集長慶三年作太學博士李干墓誌，略不及他事，唯説受方士柳賁藥服之，下血死。乃引當時目見親與游者歸登、李虛中、孟簡之徒七人，俱以服食斃，臨終痛楚之狀。明年，退之卒，是豈有咫尺之間而肯身試其禍哉！古人已没，遭誣毁，以白為黑，靡所不至者多矣。今偶因前人文字之同，或傳寫之謬，使賢者蒙污，故三復歎息而書之。（《續修四庫全書》影印《宛委别藏》清抄本，第一一二二册，第一四七〇頁）

智按：李季可，永嘉（今浙江溫州）人。摭拾古今事實，成《松窗百説》一卷，高宗紹興二十七年（一一五七）王十朋撰跋，次年尹大任為之付梓。紹興三十一年（一一六一），史浩《跋李季可百説》：「季可《百説》如蜂房醞蜜，中邊皆甜，食者能知其採擷衆芳，飄泊乎風煙雨露之變，得之勤而成之不易，庶乎旨其餘味。季可，洛人，居錢塘城中，一室空空無，有惟作書史活計，即之似無意於世者，至語用兵理財，治劇之方，亹亹有緒，乃知季可不為無用之學，使得行其學，《百説》殆其善者機也。紹興辛巳六月吉日，四明史某書。」（《四庫全書》本《鄮峯真隠漫録》卷三十六）事見《松窗百説》附録。

白居易在懷念好友元稹之《思舊》詩中説：「閒日一思舊，舊游如目前。再思今何在，零落歸下泉。退之服硫黄，一病訖不痊。微之煉秋石，未老身溘然。杜子得丹訣，終日斷腥膻。崔君誇藥力，經冬不衣綿。或疾或暴夭，悉不過中年。惟予不服食，老命反遲延。」(《白氏長慶集》卷六十二)

五代陶穀《清異録》卷二「火靈庫」條説：「昌黎公愈晚年頗親脂粉，故事服食，用硫磺末攪粥飯啖雞男，不使交，千日烹庖，名『火靈庫』。公間日進一隻焉。始亦見功，終至絕命。」陶穀對韓愈死於硫磺之前因後果作了説明，其根據雖不得而知，但影響和流傳卻很廣泛。宋葛立方《韻語陽秋》亦主此説。按照這一推論，韓愈本來身體就不很健壯，在袁州同朝路中向周君巢乞取煉丹藥方，就是為補強身體。

據唐人筆記，韓愈晚年曾蓄買姬妾多人，或善彈琵琶，或長於調箏，其中還有名字可考——「退之有二妾，一曰絳桃，一曰柳枝，皆能歌舞」(王讜《唐語林》卷六)。後來柳枝不滿意這種處境，曾「逾垣遁去」，但被韓愈「家人追獲」，此後，韓愈乃「專寵絳桃」。據説為了這件事，他還寫過一首詩：「別來楊柳街頭樹，擺弄春風只欲飛。還有小園桃李在，留花不放待郎歸。」(《鎮州初歸》) 蘇軾曾寫詩譏諷：「退之身外無窮事，子美生前有盡花。更有多情君來識，不隨柳絮落人家。」(《蘇東坡續集》卷二《藏春塢三首》) 所謂「柳絮落人家」，或指柳枝潛逃一事。

與聲色不離，更須設法使精力旺盛。當然，服食丹藥，及「晚年頗親脂粉」，與吟詩寫作一樣，都是娛悦晚年，在當時來看，不致有違情理，更無妨韓愈晚年聲譽。不過，方崧卿、李季可、錢大昕等人，卻都認為陶穀之説不過是「文人樂聞邪説，以誣謗前賢」。錢大昕《十駕齋養新録》卷十六就白居易詩「為昌黎晚年惑金石藥之證」，舉出洪慶善《韓子年譜》中方崧卿一條辯證，對此表示質疑。方崧卿據《衛府君墓誌》説，當時也有一字「退之」之衛中立，「奇藥術不死，而卒死」，白居易詩中「退之服硫黄」者「乃中立也」。錢大昕更引李季可説法進一步提出：「韓愈長慶三年作《李干墓誌》，力詆六七公皆以藥敗。明年則公卒，豈咫尺之間身試其禍哉?」韓愈不可能表面上斥責別人服丹藥，而暗裏卻自己吃丹藥企求長生不死。

韓愈《李干墓誌》確曾舉出工部尚書歸登因食水銀，病時如燒鐵杖自顛貫其下，唾血而死；殿中侍御史李虛中，背發疽而死；襄陽節度使、工部尚書孟簡得秘煉水銀藥方，病二年而死；東川節度使盧垣，溺出血肉，求生不得，只有求死才得死。但韓氏所舉諸人，大多是服水銀所制之藥致死，與韓愈所服丹藥迥異，因為丹藥之煉製，其主要原料性質大有分別。據葛洪《抱朴子内篇》卷十一《仙藥篇》載，被視為仙藥最上品者是丹砂，其次為黃金，再次為水銀，推下去依次為諸芝、五玉、雲母、明珠、雄黃、太乙禹餘糧、石中黃子、石桂、石腦、石英、硫磺、曾青、松柏脂、茯苓、地黃麥、門冬木、巨勝重樓、黃連、石韋、象柴等，共二十五種之多，照藥性分析，水銀、黃金性極強烈，雖經配合他藥煉製，其穿腸破胃之性仍在；硫磺配合他藥煉製，其性則較為和平。韓愈所服硫磺丹藥，如非過量或長久服用，當不致有如服水銀、黃金而吐血溺血之危害。也許韓愈用間接服用法，即以硫磺喂雄雞，然後殺雞熬汁而食，所以死時未感痛苦，如張籍《祭退之》所云「意色亦不荒」，從容而逝。

鮑贇（一一五七前後）

《靈惠廟記》

皇帝駐蹕於臨安之十有二年冬，臨安府耆老陳德誠等狀於有司曰：「化度寺有皐亭神祠，自隋以來事之，至今不絶。旱乾水溢，有禱必應，郡民事無鉅細，皆請於神，應若影響。朝廷歲時降香祈請，不異他祠。而封爵無加，廟額未立，蓋闕典也。」有司以聞。明年秋，詔用奉常議，以靈惠名其廟。遠近鼓舞，願刻諸石，侈大神休，以昭天子之寵命。寺僧行藴以其記來請，某不得辭。謹按，神姓陳氏，諱某，字行嵩，會稽人也。事東晋，歷青、揚、荆、廣四州刺史，以武功食錢唐、海鹽、鹽官三邑，見於李宗諤之圖經者如此。梁大同二年，敕封興善王。後改封崇善王，而失其時代歲月，見於桑衍之圖經者如此。隋僧真觀講於衆安寺，夜夢神求受浄戒，仍舍廟屋五間爲佛殿，見於《高僧傳》者又如此。爾後遂寢血食，專供伊蒲塞饌，見於白居易之祝辭者又如此。神嘗使虜，留三年，乃斷左臂求還，遂以胡服報命居喪，哀毁過制。既卒，人嘉其忠且孝，立廟於皐亭山之西南而祠之，聞於耆舊之傳者如此。神既事僧真觀，願護伽藍，始建廟寺中。惟化度寺在唐爲「重雲」，更曰「承雲」。本朝皇祐中，始改今名，疑即隋之衆安寺也，聞於耆舊之傳者又如此。考之《禮經》聖人之制祭祀，非有功烈於民者不在祀典。而神生則勤於國，死則爲國家民物禦捍灾患，其功烈宜祭祀。故當中興盡毁淫祀之際，獨以衆請，廟得賜額，載在祀典，與百神受職。……（《咸淳臨安志》卷七二；又見《淳祐臨安志輯佚》卷一；《全宋文》二〇〇六年版第二一二册，卷四七〇五，第一八〇頁）

智按：鮑甕，海州朐山（今江蘇連雲港西南）人。紹興二十七年（一一五七）累官右宣教郎、主管官告院。刑部侍郎張礿稱其博學有文，優於吏事，召對，不稱旨。生平見《建炎以來繫年要録》卷一七六。

沈瀛（一一六〇進士）

《集註楞伽阿跋多羅寶經序》（慶元二年五月）

我佛以一大事因緣出現於世，三百餘會説法度衆生，本無二致，以衆生性有上中下之别，故佛語有淺深之異。於諸經中如《楞嚴》、《圓覺》皆爲上根者説，故其語深遠，惟上根之人方可了解，而初機者未易究也。至若《楞伽》一經，以楞伽爲名，實相爲體。佛語心爲宗，目覺聖，智爲用，其語深遠，又在《楞嚴》、《圓覺》諸經之上。故目今所説上根之人無如内翰蘇公，尚曰《楞伽》義趣幽眇，文字簡古，讀者尚不能句，而況遺文以得義，忘義以了心？所以寂寥於世，幾廢而僅存，而況餘人乎？少傅白公樂天《與常禪師》詩，有「求師治此病，惟勸讀《楞伽》」。又曰：「人間此病治無藥，惟有《楞伽》四卷經。」荆國王公介甫亦曰：「《楞伽》我亦見髣髴。」是知此經惟上上根人所深好而研窮之，其它人莫識也。達磨謂二祖曰：「吾觀震旦所有經教，惟《楞伽》四卷可以印心。」祖祖相授，心爲心法，則知傳心之印無出此經，有自來矣。今世談禪者浩浩，而於此經謾不知有。非不知有，正以所見不高，不能深識義趣，故不敢啓口耳。蘇内翰又謂近世學者各宗其師，務從簡便，得一句一偈，自謂了證，至使婦人孺子抵掌嬉笑，争談禪悦，高者爲名，下者爲利，而佛法微矣。乃謂此經句句皆理，字字皆法，如醫之有《難經》。……慶元二年重午日序。(《楞嚴經集注》卷首，《續藏經》第一編第二五套第四册；《全宋文》二〇〇六年版第二四二册，卷五四一九，第二八一頁)

智按：題下原署：「朝議大夫、新淮東安撫司參議官竹齋沈瀛撰。」

沈瀛，字子壽，號竹齋，湖州歸安（今浙江湖州）人。自太學登紹興三十年（一一六〇）進士。歷任太平州、常州教授，主管吏部架閣文字，樞密院編修官，知梧州、江州，三佐帥幕。平生嗜文字若性命。有《沈子壽文集》、《竹齋詞》。生平見《水心文集》卷一二《沈子壽文集序》，《于湖集》卷一三，《艾軒集》卷二，《攻媿集》卷三七，《貴耳集》卷中，《入蜀記》卷一，《宋會要輯稿》職官七二之一七、選舉二〇之二二，雍正《浙江通志》卷一二五。

陳善（一一六〇進士）

《捫蝨新話》

⊙詩有四雨句優劣

予與林邦翰論詩及四雨字句，邦翰云：「『梨花一枝春帶雨』句雖佳，不免有脂粉氣。不似『朱簾暮捲西山雨』，多少豪傑。」予因謂：「樂天句似茉莉花，王勃句似含笑花，李長吉『桃花亂落如紅雨』似薝蔔花，而王荆公以為總不似『院落深沉杏花雨』，乃似闍提花。」邦翰撫掌曰：「吾子此論不獨詩評，乃花譜也。」(《四庫全書》本《說郛》卷二十二上)

⊙論詩人下句優劣

詩中有俱指一物，而下句不同者。以類觀之，方見優劣。王右丞云：「遍插茱萸少一人。」朱放云：「學他年少插茱萸。」子美云：「好把茱萸仔細看。」此三句皆言茱萸，而杜當為優。又如子美云：「魚吹細浪搖歌扇。」李侗云：「魚搖清影上簾櫳。」韓偓云：「池面魚吹柳絮行。」此三句皆言魚戲，而韓當為優。又白公云：「梨花一枝春帶雨。」李賀云：「桃花亂落如紅雨。」王勃云：「珠簾暮捲西山雨。」此三句皆言雨，而王當為優。學詩者以此求之，思過半矣。（上集卷一，《古今圖書集成》文學典第二百二十七卷詩部雜録十二第二四頁；程毅中主編《宋人詩話外編》上册，第四二二頁）

⊙孫樵文白樂天黄魯直詩

黄魯直詩本是規模老杜，至今遂别立宗派，所謂當仁不讓者也。若乃學退之而不至者為孫樵，學淵明而不至者為白樂天，則又所謂減師半青也耶。（下集卷四，《古今圖書集成》文學典第四卷文學總部總論四第二一頁；程毅中主編《宋人詩話外編》上册，第四三五頁）

智按：民國校刻儒學警悟本作「右軍書東坡字魯直詩」：「右軍書本學衛夫人，其後遂妙天下，所謂風斯在下也。東坡字本出顔魯公，其後遂自名家，所謂青出於藍也。黄魯直詩本是規模老杜，至今遂别立宗派，所謂當仁不讓者也。若乃學退之而不至者爲孫樵，學淵明而不至者爲白樂天，則又所謂減師半德也耶?」

⊙擬淵明作詩

山谷嘗曰：「白樂天、柳子厚俱效陶淵明作詩，而唯子厚詩為近。」然以予觀之，子厚語近而氣不近，樂天學近而語不近。子厚氣悽愴，樂天語散緩，各得其一，要於淵明詩未能盡似也。東坡亦嘗和陶詩百餘篇，自謂不甚愧淵明，然坡詩語亦微傷巧，不若陶詩體合自然也。要知陶淵明詩，須觀江文通《雜體》詩中擬淵明作者，方是逼真。（下集卷四，《古今圖書集成》文學典第二百二十七卷詩部雜録十二第一二～一三頁；程毅中主編《宋人詩話外編》上册，第四三五頁）

⊙作詩狂怪似豁達李老

東坡嘗言：作詩狂怪，至盧仝、馬異極矣；若更求奇，便作杜默默之歌詩。坡以為，山東學究飲村酒，食瘴死牛肉，醉飽後所發者也，尚足言詩乎?予聞慶曆中，京師有民，自號豁達李老者，每好吟詠，而詞多鄙俚，故予亦戲謂：作詩平易至白樂天、杜荀鶴，極矣；若更淺近，又是豁達李老。（下集卷四，《古今圖書集成》文學典第二百二十七卷詩部雜録十二第二四頁；程毅中主編《宋人詩話外編》上册，第四三五頁）

智按：陳善，字子兼（一作謙），自號潮溪先生，羅源（今屬福建）人。

高宗紹興間為太學生，力詆和議，主司畏秦檜，不敢録。及檜死，始登紹興三十年（一一六〇）進士第，授太學録。孝宗乾道五年（一一六九），為左迪功郎。生平見清道光《羅源縣誌》卷十七、十九。

陳鵠（一一六〇至一二一五前後）

《耆舊續聞》

唐人以格律自拘，唯白居易敢易其音於語中。如「照地騏麟袍」（騏音佶），「雪摧胡（音鶻）欄干」，「三百六十（音諶）橋」。晏殊嘗評之曰：「詩人乘俊語，當如此用字。」故晏公與鄭俠詩云：「春風不是長來客，主張（去聲）繁華能幾時？」然杜詩中如此用字亦多，「將軍只數漢嫖姚」，《漢書》音漂鷂，而杜作平聲之類。李嘉祐詩：「門臨蒼茫經年閉，身逐嫖姚幾日歸？」又張祜詩：「洛水暮天横蒼茫，邙山落日露崔嵬。」東坡詩：「峥嶸依絕壁，蒼茫瞰奔流。」「蒼茫」二字，古人用之，皆是平聲，而此作仄聲。又《石鼻城》詩：「獨穿暗月朦朧裏，恐度關河蒼茫間。」亦作側聲。魯直亦多如此用字。（《四庫全書》本卷八）

智按：參見宋祁《宋景文筆記》卷中、江少虞《宋朝事實類苑》卷四十。

東坡論：柳子厚詩在淵明下，韋蘇州上，退之豪放奇險則過之，而温麗精深則不及也。所貴於枯淡者，謂其外枯而中膏，似淡而實美。淵明子厚之類是也。若中邊皆枯淡，亦何足道。譬如食蜜，中邊皆甜，人食五味，知其甘苦者皆是，能分别其中邊者，百無一也。周少隱云：詩人多喜效淵明體者，非不多，但使淵明媿其雄麗耳。韋蘇州詩云：「霜露悴百草，時菊獨研華。物性有如此，寒暑其奈何。掇英泛濁醪，日夕會田家。盡醉茅簷下，一生豈在多。」非惟語似，而意亦大似。故東坡論柳子厚詩晚年極似陶淵明，知詩病者也。詩之用事，當以故為新，以俗為雅，好奇務新乃詩之病。子厚南遷詩有云：「秋氣集南澗，獨游亭午時。」深邃紆餘，大率類此，故謂子厚詩在淵明下，蘇州上。山谷書柳子厚詩數篇與王觀，後欲知子厚如此，學淵明乃能近之耳。如白樂天自云：「效淵明數十篇，終不近也。」（《四庫全書》本卷十）

《國史補》云：「元和之後，文章學奇於韓愈，學澁於樊宗師，歌行則學矯激於孟郊，學淺於白居易，學淫靡於元稹，俱名『元和體』。大抵天寶之風尚黨，大歷之風尚浮，貞元之風尚蕩，元和之風尚怪也。」（《四庫全書》本卷十）

魯直書《王元之竹樓記後》：「或傳云王荆公稱《竹樓記》勝歐陽公《醉翁亭記》，或曰此非荆公之言也。某謂出此言未失，荆公評文章當先體制而後論文之工拙，盖嘗觀子瞻《醉白堂記》，戲曰：『文詞雖極工，然不是醉白堂記，乃是韓白優劣論耳。』以此考之，優竹樓而劣醉翁記，是荆公言無疑也。」（智按：見《四庫全書》本《山谷集》卷二十六。）（《四庫全書》本卷十）

智按：陳鵠，號西塘，南陽（今屬河南）人。與陸淞交往甚密。所著《耆舊續聞》十卷，記録北宋汴京以及宋南渡後，蘇軾、陸游、辛棄疾等名人之遺聞舊事，間有詩文評論。其中卷七有「余聞英華之事舊矣，歲在庚辰，道出縉雲」及「余淳熙甲辰，初識曾于臨安郡庠」云云，庚辰，為紹興三十年（一一六〇）；甲辰，為淳熙十一年（一一八四）。又卷六謂「余乙亥歲為滁教」，乙亥為嘉定八年（一二一五），是年為滁州教授。據知可略知其人之生活年代。

毛晃（一一六二前後）

《禹貢指南》

⊙岷山之陽，至于衡山。過九江，至于敷淺原。

敷淺原。《水經》：敷淺山，地在豫章歷陵縣西南。有傅陽山，即敷淺原。《漢志》：敷淺原，一名傅昜山。在豫章郡歷陵縣。傅昜川在南。顏師古曰：傅讀曰敷，昜，古陽字。今觀所謂傅昜山甚庳小，恐非經所記者，或謂衡山東至廬阜，極于大江彭蠡之交而止，疑此為敷淺原。白居易以為，江入海處為敷淺原，則丹陽、京口之間殆非也。（《禹貢指南》卷三，清武英殿聚珍版

叢書本）

⊙龍門

《水經》:「河水又南，過河東北屈縣西。」注云:「屈縣故城西十里，有風山，西四十里河南，有孟門山。」《淮南子》曰：龍門未闢，呂梁未鑿。河出孟門之上，大溢逆流，無有丘陵高阜滅之，名曰洪水。大禹疏通，謂之孟門。……《司馬遷傳》:「遷生龍門。」顏師古曰:「龍門山其東，則在今泰州龍門縣北，其西則在今同州韓城縣北，而河從其中下流。」《馮衍傳》注：「龍門，河所經，今絳州縣也。」案，龍門山有二名，隋煬帝營宮洛陽，登印山望伊闕，曰此豈非龍門邪？因謂之龍門。非《禹貢》之龍門也。伊闕龍門，其下有灘，名八節灘，白居易所開。《域志》：今河中府龍門縣有龍門山。《書》云「導河至龍門」是也。（《禹貢指南》卷三，清武英殿聚珍版叢書本）

⊙九河逆河

又以為潯亦江之一名者，亦誤也。其後以武昌柴桑縣與江北同為九江郡，既又移治江南為江州，因號尋陽，實非本地。白樂天為江州司馬作《琵琶行》，直以今江州之江為尋陽江頭，其誤尤甚。説者引司馬遷登廬山以望九江，遂以為九江近廬山，然則齊威公登跨河龍門山以望江漢，豈亦近之耶？大抵登高望遠，苟非有大山障蔽，雖數千里，盡在目中。况柴桑本屬武昌，去洞庭九江不甚遠，宜可望也。南北大川支派，可疑者唯九河九江，故併論之。（《禹貢指南》卷三，清武英殿聚珍版叢書本）

智按：毛晃，衢州江山（今屬浙江）人。紹興進士。「自署曰衢州免解進士，蓋高宗末年人也。」（《四庫提要》）閉門著書，硯為之穿，學者稱為鐵硯先生。有《禹貢指南》，今存四卷，為清人所輯。於紹興三十二年（一一六二）撰成《增修互注禮部韻略》五卷，簡稱《增韻》。

衛博（一一六二前後）

《明日出城愛其平沙淺水有錢塘西湖氣象借前韻呈諸公》

花紅水綠鬬春妍，長望江南憶樂天。黄栗留鳴山寂靜，野棠梨發樹薦綿。樓臺三竺將歸路，氣象西湖欲晚烟。風物不殊鄉國異，好尋歸馬問長阡。（《四庫全書》本《定庵類稿》卷一；《全宋詩》第四十五册，第二七八一二頁）

智按：衛博，歷城（今山東濟南）人。高宗紹興三十二年（一一六二）為左承奉郎。孝宗乾道三年（一一六七），主管禮兵部架閣文字。四年，為樞密院編修官，旋致仕。有《定庵類稿》十二卷，已佚。清四庫館臣據《永樂大典》輯為四卷。

郭明復（一一六三進士）

《題琵琶亭》（並序）

白樂天流落湓浦，作《琵琶行》，其放懷適意，視憂患死生、禍福得喪為何物，非深於道者能之乎？賈傅謫長沙，抑鬱致死；陸相竄南賓，屏絶人事，至從狗竇中度食飲。兩公猶有累乎世，未能如樂天逍遙自得也。予過九江，維舟琵琶亭下，為賦此章。時淳熙己亥中元日。

香山居士頭欲白，秋風吹作湓城客。眼看世事等虚空，雲夢胸中無一物。舉觴獨醉天為家，詩成萬象遭梳爬。不管時人皆欲殺，夜深江上聽琵琶。賈胡老婦兒女語，淚濕青衫如著雨。此公豈作少狂夢？與世浮沉聊爾汝。我來後公三百年，潯陽至今無管絃（自注：公詩有「潯陽小處無音樂」之句）。長安不見遺音寂，依舊康廬翠掃天。（《宋詩紀事》卷五十三，上海古籍出版社本第一三四六頁；《全宋詩》第四十五册，第二八二七九頁）

智按：郭明復，成都（今屬四川）人。郭印子。隆興元年癸未（一一六三）進士，仕為宗丞。淳熙四年，入成都帥范成大幕。六年，召為敕令所删定官。嘗知崇慶府。事見《吳船録》卷上。參見宋洪邁《容齋隨筆·三筆》卷六；宋趙與旹《賓退録》卷三；明李蓘編《宋藝圃集》卷十八。《全宋詩》第三十八册，第二四〇〇七頁誤作洪邁詩。

王謙（一一六三進士）

《通留經略啓》

西洛耆英，嘯傲三公之府；南宗冷宦，依棲數仞之墻。先上日以通名，望下風而起敬。竊以先達之于後進，世族之于素門，勢分固殊，投合亦寡。惟元城之在宋，問業有徒；與了翁之居淮，及門者衆。而况三朝元老之嫡嗣，一代人物之宗師，稍有知識，皆思歸嚮。恭惟某官文章奎璧，德望華嵩，忠孝通於神明，出處關於世運。故國謂有喬木，稱到于今；後人猶愛甘棠，何况其子。方春秋之鼎盛，歷中外以游揚。……勁草當疾風而不改，寒花於晚節以尤香。種樹山中，白傅唱風流于九老；植槐庭下，魏公傳事業于三郎。傲睨軒裳，追隨觴詠，勝事園林，清時鐘鼓。如許清閑，上天將相；孰爲輕重，平地神仙。……（《五百家播芳大全文粹》卷四十九；《全宋文》二〇〇六年版第二七一册，卷六一一八，第六二頁）

智按：宋魏齊賢《五百家播芳大全文粹》卷四十九署「王弱翁」。宋佚名《翰苑新書續集》卷二十四寄居類（《四庫全書》本）題為《通留經畧》，署「王臞軒」。又見王邁（一一八四～一二四八）《臞軒集》卷八（《四庫全書》本），題為《上鎦經畧啓》。明俞安期《啓雋類函》卷五十五（《四庫全書存目叢書》影印明萬曆間刻本，第三五〇册，第三七二頁）題為《通留經略啓》，署「宋王邁」。卷首四庫館臣按云：「按此卷調南外睦宗教授作。」亦斷為王邁所作。

王謙，字弱翁，撫州臨川（今江西撫州）人。隆興元年（一一六三）進士。淳熙二年（一一七五），知萍鄉縣事，建勞拙堂、飛泳樓。歷通判澧州，入爲將作監簿。除湖北、湖南提刑，在任有風力，勇于摧奸，士論重之。丐祠歸。生平見《攻媿集》卷三八、四〇，《淳熙薦士録》，《五百家播芳大全文粹》卷首，《［正德］袁州府志》卷六，《［雍正］江西通志》卷五〇、八〇。

何澹（一一六六進士）

《宋故瓊管安撫提舉郭公（晞宗）墓誌銘》（嘉定二年）

嘉泰四年十月晦，故瓊管安撫郭公卒于泉南市舶之官舍。……澹適假守三山，見公貌不衰。其丐閑也，書疏往復，見公筆力尚健，方爲泉人勉留，而生死隔矣。嗚呼公乎，其去而仙乎？抑如白傅之歸兜率乎？銘曰：善足名里，馬少游之處世；仕而知止，邴蔓容之爲吏。躬實自厚，人不求備。不肥乎人，寧瘠諸己。終身安行，匪激匪利。人爵弗酬，天報有地。子子孫孫，尚承遺祉。（《台州金石録》卷八；光緒《僊居縣志》卷二一；《全宋文》二〇〇六年版第二八二册，卷六四〇〇，二〇九頁）

《鷓鴣天・燈夕雨雪》

好景良辰造物慳。一年燈火遽摧殘。雨淋夾道星千點，雪阻游人路九盤。

停社舞，撤賓筵。謾燒銀燭照金蓮。不如我入香山社，一盞青燈說夜禪。（《全宋詞》第二〇二〇頁）

智按：何澹，字自然，龍泉（今屬浙江）人。孝宗乾道二年（一一六六）進士。淳熙二年（一一七五）除秘書省正字，累遷著作郎，十二年為將作少監，十五年為國子祭酒，除兵部侍郎，十六年擢右諫議大夫。光宗紹熙元年（一一九〇）除御史中丞。甯宗慶元二年（一一九六）除同知樞密院事兼參知政事，嘉泰元年（一二〇一）罷知樞密院事。嘉定元年（一二〇八）出知建康。移知江陵，奉祠卒。有《小山雜録》八卷，已佚。《宋史》卷三九四有傳。生平見《南宋館閣續録》卷七、八、九。

沈端節（一一六七至一一七六前後）

《西江月》

幸自心腸穩審，怎禁眼腦迷奚。招愁買恨帶人疑。一味笑吟吟地。

閑趁鶯來日下，卻隨燕入烏衣。阿蠻風味有誰知。認得樂天詞意。（《全宋詞》第一六八五頁）

智按：沈端節，字約之，號克齋，吳興（今浙江湖州）人，遷居溧陽（今屬江蘇）。孝宗乾道三年（一一六七），知蕪湖縣，以詩謁周必大。乾道八年（一一七二），主管官告院。淳熙三年（一一七六），知衡州。提舉江東茶鹽。累官朝散大夫、江東提刑。著有《克齋集》，已佚。清《溧陽縣誌》卷十三有傳。

楊潛（一一七二進士）

《雲間志》

⊙風月堂

在舊舶司。前瞰瑁湖，水光風月，在几案間，盖一勝致也。初，毗陵胡公承美為之名。盖取白樂天「水檻虛涼風月好」之語。後鄱陽洪君邦佐，始葺而新之。曾文清公幾有詩曰：「雖多不用一錢買，縱少足供千首詩。」今廢。（卷上，《續修四庫全書》第六八七册，第一三頁）

⊙陳朝檜

在滬瀆靜安寺殿庭之左右，世傳以為陳朝檜，對植殿庭之左右。陸龜蒙、皮日休有《重玄寺雙檜詩》，即此也。政和間，朱勔圖以進，有旨遣中使取之。時中使欲毀三門而去，一夕，風雨震雷，忽碎其一，今殿右者尚存。葉夢得《避暑録》以為朱沖畫旨，取平江白樂天手植檜，與華亭悟空禪師塔前檜，皆唐時故物。石林以為悟空禪師塔前，誤矣。按，《臨安志》悟空塔亦有雙檜，東坡詩所謂「當年雙檜似雙童」者，然在鹽官耳。（卷上，《續修四庫全書》第六八七册，第一九頁）

智按：楊潛，義烏（今屬浙江）人。孝宗乾道八年（一一七二）進士。光宗紹熙四年（一一九三），知秀州華亭縣。甯宗慶元五年（一一九九），為太府寺丞。有《雲間志》三卷存世，同纂者還有朱端常、林至、胡林卿。事見清嘉慶《義烏縣誌》卷十。

余禹績（一一七五進士）

《江州重建烟水亭記》（紹熙五年十月）

出城南三百步，舊有亭，扁曰烟水亭。其址臨道旁，跨于甘棠、李渤湖之間，廬阜崒嵂倚於東南，林巒周遭，中護一水，山澤通氣，呈巧獻奇，行道之人，咸可寄目，蔚乎澤國之偉觀也。考驗圖册，而開迹弗詳焉。故老相傳，濂溪先生之嗣子司封郎官壽所賦名，時則紹聖、元符間也，去今百餘載矣。中更名。故亭宇傾圮，廢而興，興而廢，莫爲永圖。十年以來，腐甍敗甓無存者，且其地暴於水，日就罅缺，孰能治而新之？紹興甲寅春，吳興沈公祖德以列卿之望來涖兹郡，治荒剔蠹，殆閲三時，教條事緒，亦既整整有法，乃訪城邑觀臺之故，而於修舊起廢有志焉。……客或慨而言曰：「今夫天地之間，山川之廣，達觀偉踐，若此景者不少矣，而物換星移，率不過數十年，遠者百年，葵麥春風，回首易感。惟有功而傳，則采久采著，蓋吾邦庾公、白公之所遺，風流光景，至今猶未泯也，是尚可以歲計之哉！始公來，文書煩壅，帑庾無儲，克勤于理，宵興聽訟，率漏下未盡四刻，而寮衆奔走，亦莫敢有懈意。既又罷燕樂，紀他用以惜民力，公上之供，賴以不匱。浚池垤抵潦漲，里閭利害，悉興悉除。今又以餘力經理斯亭，追復昔人之舊觀，則公之規範，可謂炳炳卓卓，而斯亭又待公而傳，豈其興起，固自有數耶？」僉願斲石，以昭不朽。公曰：「可。」乃命書其事云。紹熙甲寅孟冬望日記。文林郎、充江州州學教授余禹績撰。（《永樂大典》卷六六九七；《全宋文》二〇〇六年版第二九〇册，卷六五九七，第二一〇頁）

智按：余禹績，信州上饒（今屬江西）人。淳熙二年（一一七五）進士，紹熙中，以文林郎充江州州學教授。見《［雍正］江西通志》卷五〇。

王象之（一一六三～一二三〇）

《輿地碑記目》

⊙臨安府碑記

冷泉亭記。（唐長慶二年。白居易文。）（《四庫全書》本卷一）

西湖石函記。（《唐史》：長慶四年，白居易文。）（《四庫全書》本卷一）

龍興寺華嚴經石記。（寶歷三年九月二十五日，蘇州刺史白居易撰。寺僧南操立。）（《四庫全書》本卷一）

唐白舍人鳥窠禪師問答頌（在定業院）。（《四庫全書》本卷一）

⊙安吉州碑記

白蘋洲五亭記。（在墨妙亭，唐白居易撰，馬纘書，開成四年建。又見《金石録》。）（《四庫全書》本卷一）

⊙平江府碑記

重玄寺法華院石壁經碑文。（太和三年春。郡守白居易記。）（《四庫全書》本卷一）

南禪院千佛堂轉輪經石記。（開成二年二月一日。白樂天撰。）（《四庫全書》本卷一）

⊙紹興府碑記

元威明《陽明洞天》詩（太和三年立。石龍瑞宫。）。白居易《陽明洞天》詩（太和三年）。（《四庫全書》本卷一）

沃洲山禪院記。（晉宋以來，有羅漢僧西天竺人白道猷居焉。次有高僧竺法潛、支道林居焉。又有乾、興、淵、文、遁、開、成、藴、崇、實、光、識、裴、藏、濟、度、逞、印凡一十八僧居焉。高士名人有戴逵、王洽、劉恢、許玄度、殷融、郗超、孫綽、柏彦表、王敬仁、何次道、王文度、謝長霞、袁彦伯、王蒙、衛玠、謝萬石、蔡叔子、王羲之凡十八人，或游焉，或止焉。）（《四庫全書》本卷一）

⊙衢州碑記

唐白居易大徹禪師傳法堂記，在西安縣北玉泉鄉明果禪寺。（《四庫全書》

本卷一）

⊙撫州碑記

唐撫州景雲寺故律大德上弘和尚石塔碑銘。白樂天撰。（《四庫全書》本卷二）

⊙江州碑記

唐興果寺湊公塔。元和十二年。白居易撰碑。（《四庫全書》本卷二）

唐上弘和尚石墳。元和十年。白居易撰碑。（《四庫全書》本卷二）

江州司馬廳記。元和十三年七月八日。白樂天撰。（《四庫全書》本卷二）

⊙建昌軍碑記

唐大德和尚石塔碑銘并序。白居易撰。（《四庫全書》本卷二）

⊙蘄州碑記

唐震覺大師碑。（白居易文。見《九域志》）（《四庫全書》本卷二）

⊙贛州碑記

天竺寺。白樂天詩。（在水東三里。白樂天贈韜光禪師墨迹舊存，眉山老蘇嘗至寺觀焉。後四十七年，東坡南遷再訪，惟見石刻，因賦詩云：「香山居士留遺迹，天竺禪師有故家。空詠連珠并疊璧，已無飛鳥及驚蛇。」）（《四庫全書》本卷二）

⊙忠州碑記

荔枝圖序。（白文公序）（《四庫全書》本卷二）

⊙韶州碑記

張尚書碑銘。（尚書諱伸【仲】方。白居易撰。）（《四庫全書》本卷三）

⊙開州碑記

盛山十二題詩。（唐韋處厚撰。韓文序云：「韋侯所為十二詩，其詩其意，以入谿谷，上巖石，追逐雲月，不足日為事。讀而詠歌之，令人欲棄百事往與之游。」和者元稹、許康佐、白居易、李景儉、嚴謩、溫造，於是盛山十二詩與其和者廣行於時。）（《四庫全書》本卷四）

《輿地紀勝》

⊙景物上

竹閣。孤山有白居易竹閣。東坡《竹閣見憶》詩云：「栢堂南畔竹如雲，此閣何人是主人。但遣先生披鶴氅，不須史畫樂天真。」

栢堂。東坡《孤山二詠》，引云：「孤山有陳時栢二株，僧志詮作栢堂，與白居易竹閣相連。属予作詩記之。」「道人手種幾生前，鶴骨龍姿尚宛然。双幹一先神物化，九朝三見太平年。」

杭印。白樂天詩序云：「余去年脱杭印。」

⊙景物下

虚白堂。在舊治。白居易有詩刻石堂上。羅隱《虚白堂牡丹》詩云：「莫背欄竿便相笑，與君俱受主人恩。」盖謂白太傅手植此花也。郡守梅摯十詩，皆以「堂有虚白閑」爲首云。蘇軾亦有虚白堂紫薇花詩。

風水洞。在錢塘之楊林慈嵓院。白樂天長慶三年來游，留詩。又東坡詩云：「風轉鳴空穴，泉幽瀉石門。虚心聞地籟，妄意覓桃源。」

三賢堂。在孤山竹閣。有白樂天、林君復、蘇子瞻像。

七葉堂。在天竺寺。白樂天夜宿于此，留詩而返。

金沙井。在延祥觀。白樂天飲之而名。

紫楊花。禪宗院有花，一本色紫而香，無人知其名。白樂天詩云：「雖在人間人不識，與君名作紫楊花。」

萬松嶺。去錢塘一十里。夾道栽松。白居易詩云：「萬株松木青山上，十里沙堤明月中。」

⊙官吏上

白居易，字樂天。長慶中，爲杭州刺史。始築堤錢塘湖，鍾泄其水，溉田千頃，復李泌六井。

⊙碑記

冷泉亭記。唐長慶二年，白居易文。

西湖石函記。《唐史》：長慶四年，白居易文。

龍興寺華嚴經社石記。寶曆三年九月二十五日，蘇州刺史白居易撰，寺

僧南操立。(《輿地紀勝》卷二「两浙西路·臨安府」,《續修四庫全書》影印北圖藏清影宋抄本)

⊙古蹟

白少傅烹茗井。《晏公類要》云：在靈隱山。

參寥泉。在智果院。東坡詩云：「遂名參寥泉，可以濯塵襟。」……(《輿地紀勝》卷二「两浙西路·臨安府」，《續修四庫全書》影印北圖藏清影宋抄本；江蘇廣陵古籍刻印社一九九一年版，第四五頁)

⊙景物下

白蘋亭。在白蘋洲上。唐正元中建。白居易記。

白蘋洲。在霅溪東。顔真卿茅亭上。有梁太守柳惲詩。洲内有池，池中有千葉蓮，有三園。唐開成中楊漢公立。見白居易記。徐仲謀有詩曰：「風流人物兩相逢，白傅高文紀漢公。三圃五亭裝郡景，千花萬卉媚春風。」杜牧詩云：「山鳥飛紅帶，亭薇折紫花。溪光初透徹，秋色正清華。静處知生樂，喧中見死誇。無多珪組累，終不負煙霞。」

精舍院。在歸安縣施渚。青州刺史管聚捨宅爲院。白樂天寄題詩云：「慣游山水住南州，行盡天台及虎丘。惟有上强精舍寺，最堪游處未曾游。」《夷堅乙志》云：「壁間有詩云：昔作梁朝相，今爲普静神。千年英魄在，代代護僧人。」

下箬酒。白居易有《錢湖州寄下箬酒詩》曰：「勞將下箬忘憂物，寄與江城愛酉翁。」劉夢得詩云：「鸚鵡杯中箬下春。」

葉上包。唐白居易詩曰：「就荷葉上包魚鮓，當石渠中浸酒罇。」(《輿地紀勝》卷四「两浙西路·安吉州」,《續修四庫全書》影印北圖藏清影宋抄本)

⊙碑記

白蘋洲五亭記。在墨妙亭。唐白居易撰。馬纘書。開成四年建。又見《金石録》。(《輿地紀勝》卷四「两浙西路·安吉州」,《續修四庫全書》影印北圖藏清影宋抄本)

⊙景物下

天平山。在吳縣西二十里。巍然特高，羣峯拱揖，郡之鎮也。又有天平泉，在天平山。見白居易詩。又楊備詩云：「人間多少嶮巇路，縱是天平還不平。」

洞庭山。在吳縣西南一百二十里太湖中，與社下山對峙，周回四十里。唐李頻詩云：「平湖乘早月，中路入踈鍾。」王禹偁詩云：「萬頃湖光裏千家橘熟詩。」白樂天詩云：「一隻畫船何處宿，洞庭山脚太湖心。」樂天又云：「報君一事君須羡，五宿波濤皓月中。」

靈巖山。在吳縣西南三十里。有秀峯寺。占故宫之境，景物清絶。白樂天題靈巖山詩：「娃宫屧廊尋已傾，硯池香徑又欲平。二三月時但草绿，幾百年来空月明。」注：「寺即吳館娃宫，鳴屧廊、硯池、採香徑遺跡在。」

烏鵲橋。在郡前。樂天詩嘗及之。

虎丘山。在吳縣西北九里。《吳越春秋》云：「闔閭葬于此。葬三日，金精山揭爲白虎，因名。」《元和郡縣志》云：「秦皇鑿永珎異，莫知所在。孫權穿之，亦無所得。」《吳地記》云：「入山則泉石奇詭，應接不暇，其最者劒池，千人坐也。劒池，浙中絶景，两岸劃開，中涵石泉，深不可測。千人坐，生公講經處也。大石盤陀，数畝高下如刻削。」白樂天《題東武丘寺》云：「恠石千僧坐，靈池一劒沉。海當亭两面，山在寺中心。」白樂天詩云：「虎丘月色爲誰好？娃宫花枝應夜開。」又云：「莫忘使君吟詠處，女墳湖北虎丘西。」王禹偁詩云：「不是虎丘多勝槩，拂衣歸去已多時。」

三百九十橋。見白樂天詩。（《輿地紀勝》卷五「两浙西路·平江府」，《續修四庫全書》影印北圖藏清影宋抄本）

⊙古蹟

吳王城。白樂天詩云：「三月春風江上来，水精波動碎樓臺。吳王宫殿柳含翠，蘇小宅房花正開。解舞細腰何處往，能歌姹女逐千回。千秋萬古無消息，國作荒原人作灰。（《輿地紀勝》卷五「两浙西路·平江府」，《續修四庫全書》影印北圖藏清影宋抄本）

智按：此詩實為杜牧《悲吳王城》，見四部叢刊景明翻宋本《樊川外集》。「三月」，作「二月」；「千回」，作「誰廻」。

⊙官吏

白居易。本傳：自杭州移蘇州。又有蘇州刺史詩云：「十萬户家尤覺貴，二十石禄敢言貧。」（《輿地紀勝》卷五「两浙西路・平江府」，《續修四庫全書》影印北圖藏清影宋抄本）

⊙碑記

重玄寺法華院石壁經碑文。太和三年春，郡守白居易記。

南禪院千佛堂轉輪經石記。開成二年二月一日，白樂天撰。（《輿地紀勝》卷五「两浙西路・平江府」，《續修四庫全書》影印北圖藏清影宋抄本）

⊙景物上

山舘。白居易桐廬館詩：「雨滴梧桐山舘秋」。（《輿地紀勝》卷八「两浙西路・嚴州」，《續修四庫全書》影印北圖藏清影宋抄本）

⊙碑記

白居易陽明洞天詩。大和三年。（《輿地紀勝》卷十「两浙東路・紹興府」，《續修四庫全書》影印北圖藏清影宋抄本）

⊙景物下

沃洲山。皇朝郡縣志云：在鄞縣東二十里。唐白居易有院記，以為越州山川之首。然沃洲自古名勝，以為在越。今兩存之。（《輿地紀勝》卷十一「两浙東路・慶元府」，《續修四庫全書》影印北圖藏清影宋抄本）

⊙滕王閣詩

路人指點滕王閣，看送忠州白使君。（白居易）（《輿地紀勝》卷二十六「江南西路・隆興府」，《續修四庫全書》影印北圖藏清影宋抄本）

⊙外邑詩

靖安院裏新荑下，醉笑狂吟氣最麤。莫問別來多少苦，低頭看取白髭鬚。（白居易《逢熊孺登》）（《輿地紀勝》卷二十六「江南西路・隆興府」，《續修四庫全書》影印北圖藏清影宋抄本）

⊙碑記

唐撫州景雲寺故律大德上弘和尚石塔碑銘。白樂天撰。（《輿地紀勝》卷二十九「江南西路・撫州」，《續修四庫全書》影印北圖藏清影宋抄本）

⊙景物上

湓亭。唐白居易《江州司馬廳壁記》載其名。又有《八月十五夜湓亭望月詩》。

新樓。白樂天《崔使君新樓》詩云：「憂人何處可稍憂，碧甃紅欄湓水頭。從此潯陽風月夜，崔公樓替庾公樓。」

盆口。盆水。盆江。《晉志》及《四蕃志》作盆字。隋唐志作湓字，不同。又白樂天詩云：「湖山處處好，最愛湓水頭。湓水從東來，一派入江流。」

湯泉。白樂天《題廬山山下湯泉詩》：「一眼湯泉流向東，浸泥燒草熳無功。驪山温水因何事，流入金鋪玉梵中。」

北亭。樂天《北亭》詩：「廬宮山下州，湓浦沙邊宅。宅北倚高岡，迢迢数千尺。茅亭居上頭，豁達門四闢。江風萬里來，吹我涼淅淅。」

⊙景物下

三賢堂。在州治後圃。靖節先生陶潛、狄梁公仁傑、白居易。

琵琶亭。在西門外。面大江。白居易爲江州司馬，夜送客湓浦口，聞鄰舟琵琶聲，過商婦，爲《琵琶行》之地，故名其亭。

疊翠亭。在倅廳，其下爲白居易宅。然無詞以紀此。止有北亭詩。

思白堂。楊允作新記，乃宣和間，則此堂思白之號久矣。

雙玉澗。在德化縣南三十五里。按，《廬山記》云：「過白居易草堂，半山有二泉出石間。名曰雙玉澗。」

東林寺。《潯陽志》云：東林寺自唐開元以來，迄于保大、顯德間，文士碑志，遊人歌詠，題名班班猶在。自淳熙己酉回禄之後，往往不存。白樂天集云：「東林寺，即鴈門遠大師舊道場，有甘露壇、白蓮社在焉。」李白《廬山東林寺夜懷》詩云：「我尋青蓮宇，獨往謝城闕。霜清東林鐘，水白虎溪月。」

西林寺。晉太和二年建。水石之美，亦東林之亞。白樂天詩云：「木落天晴山翠開，爱山騎馬入山來。心知不及柴桑令，一宿西林却復回。」

石門澗。《太平寰宇記》云：「在山西，西崖對聳，形如門闕。當雙石之間，垂流數丈，有一石，可坐二十詩（許）人。」白樂天《遊石門澗》詩：「石門無舊徑，披榛訪遺跡。時逢山水秋，清輝如古昔。嘗聞慧遠輩，題詩此巖壁。雲覆莓苔封，蒼然無處覔。」

寶林寺。在德化縣東南六十里。晋謝靈運、唐白居易皆有詩。

黄石巖。《樂天集》云：《白雲期》詩，作於黄石巖下。

遺愛寺。白樂天《遺愛寺》詩：「弄石臨溪坐，尋花遶寺行。時時聞鳥語，處處是泉聲。」

⊙古蹟

白家池。白居易草堂前開一池，養魚種荷。詩云：「已被山中客，呼作白家池。」

白公草堂。有儒化縣（智按：有，疑作在）。元和中，白居易建此堂於香爐峯北，往來遊處焉。自有記。後改建於東林寺。《樂天集·草堂即事》云：「香爐峯北面，遺爱寺西偏。其下無人居，終日空風煙。時有沈冥子，姓白字樂天。傲然意自足，箕踞於其間。舍此欲焉往，人間多險艱。」

白居易宅。白居易爲司馬時所居。有湖，大江之勝。

白居易祠。在湓江門内。唐時以諫官言事，宰相嫌其出位，左遷江州司馬。徐鉉爲撰祠堂記。

⊙官吏

白居易。元和中貶江州。詩云：「可憐白司馬，老大在湓城。」唐志云：「渤，穆宗長慶二年爲刺史。築堤，號李渤湖。又名甘棠湖。」

⊙碑記

唐興果寺湊公塔。元和十二年白居易撰碑。

唐（上）弘和尚石墳。元和十年白居易撰碑。

江州司馬廳記。元和十三年七月八日，白樂天撰。（《輿地紀勝》卷三十「江南西路·江州」，《續修四庫全書》影印北圖藏清影宋抄本）

⊙總江州詩

潯陽江上陶彭澤，五株楊柳青山宅。元和之中白司馬，送客江頭明月下。當時盡作廬山客，林下題詩石上眠。（蔡肇）

⊙庾樓詩

獨憑朱檻立凌晨，山色初明水色新。竹霧曉籠銜嶺月，蘋風暖送過江春。子城陰處猶殘雪，衙鼓聲前未有塵。三百年來庾樓上，曾經多少望鄉人。白樂天。

每登高處長相憶，何况兹樓屬庾家。前人。

潯陽欲到思無窮，庾亮樓南湓口東。前人。

歲時銷旅貌，風景觸鄉愁。牢落江湖意，新年上庾楼。前人。

春遊慧遠寺，秋上庾公樓。貧賤亦有樂，樂在身自由。前人。

從此潯陽風月夜，崔公樓替庾公樓。前人《題崔使君新樓》。（《輿地紀勝》卷三十「江南西路・江州」，《續修四庫全書》影印北圖藏清影宋抄本）

⊙琵琶亭詩

潯陽江頭夜送客，楓葉荻花秋瑟瑟。主人下馬客在船，舉酒欲飲無管弦。醉不成歡慘將別，別時茫茫江浸月。忽聞水上琵琶聲，主人忘歸客不發。尋聲暗問彈者誰？琵琶聲停欲語遲。移船相近邀相見，添酒回燈重開宴。千呼萬喚始出來，猶抱琵琶半遮面。……今夜聞君琵琶語，如聽仙樂耳暫明。莫辭更坐彈一曲，為君翻作琵琶行。感我此言良久立，卻坐促弦弦轉急。淒淒不似向前聲，滿座重聞皆掩泣。座中泣下誰最多，江州司馬青衫濕。（白樂天《琵琶行》）

花臉雲鬟坐玉樓，十三弦裏一時愁。憑君向道休彈去，白盡江州司馬頭。（白居易《聽妓人箏》）

江州去日聽箏夜，白髮新生不願聞。如今格是頭成雪，彈到天明亦任君。（前人《聽夜箏有感》）

四年司馬滯江邊，机杖茅堂自説閑。倘使金鑾不遷謫，知君未暇愛廬山。（呂次儒《讀白司馬江州詩》）

香山居士頭欲白，秋風吹作湓城客。眼看世事等虛空，雲夢胸中無一物。舉觴獨醉天為家，詩成萬象遭梳爬。不管時人皆欲殺，夜深江上聽琵琶。……我來後公三百年，潯陽至今無管弦。長安不見遺音寂，依舊匡廬翠掃天。（洪邁《容齋三筆》云：予過九江，維舟琵琶亭下，賦此詩）

夜泊潯陽宿酒樓，琵琶亭畔荻花秋。雲沉鳥沒事已往，月白風清江自流。（《皇朝類苑》王安國《題琵琶亭》）

智按：此詩作者當為吴處厚。詳見拙撰《〈題琵琶亭〉、〈送客西陵〉作者考》，載《中國典籍與文化》二〇一五年第一期。

移船商婦顔空老，送客監州鬢已華。命薄才高共流落，沾衣應不為琵琶。（博陵崔吉父《題琵琶亭》）（《輿地紀勝》卷三十「江南西路・江州」，《續修四庫全書》影印北圖藏清影宋抄本；江蘇廣陵古籍刻印社一九九一年版，第三五九頁）

⊙碑記

天竺寺。白樂天詩。（在水東三里。白樂天贈韜光禪師墨迹舊存，眉山老蘇嘗至寺觀焉。後四十七年，東坡南遷再訪，惟見石刻，因賦詩云：「香山居士留遺迹，天竺禪師有故家。空詠連珠并疊璧，已無飛鳥及驚蛇。」）（《輿地紀勝》卷三十二「江南西路・贛州」，《續修四庫全書》影印北圖藏清影宋抄本）

⊙景物下

景德寺。在軍治之東。舊名景雲。唐景雲大師隸業之地。白居易《撫州景雲寺律和尚碑》載之甚詳。今闔寺小院凡十。

⊙碑記

唐大德和尚石塔碑銘并序。白居易撰。（《輿地紀勝》卷三十五「江南西路・建昌軍」，《續修四庫全書》影印北圖藏清影宋抄本）

⊙景物下

浸月亭。在郡治。（《輿地紀勝》卷三十六「江南西路・南安軍」南康縣，《續修四庫全書》影印北圖藏清影宋抄本）

⊙景物下

浸月亭。在郡齋。（《輿地紀勝》卷四十七，《續修四庫全書》影印北圖藏清影宋抄本）

⊙景物下

欣欣亭。在州治後。取白樂天《道州民歌行》「老者幼者何粲粲」之意。（《輿地紀勝》卷五十八「荆湖南路・道州」，《續修四庫全書》影印北圖藏清影宋抄本）

⊙景物下

夕波亭。即合江亭也。舊名夕波。白樂天詩云：「夕波紅處是長安。」（《輿地紀勝》卷六十九「荆湖北路・岳州」，《續修四庫全書》影印北圖藏清

影宋抄本）

⊙岳陽樓詩

岳陽城下水漫漫，獨上危樓凭曲欄。春草緑時連夢澤，夕波紅處是長安。白居易《登岳陽樓》（《輿地紀勝》卷六十九「荆湖北路·岳州」，《續修四庫全書》影印北圖藏清影宋抄本）

⊙景物下

三游洞。白樂天與弟知退及元微之參會於夷陵，尋幽踐勝。知退曰：「斯景勝絶，天地間有幾乎?」賦古調二十韻，書石壁。樂天序而記。見《三游序》。今洞在夷陵縣。（《輿地紀勝》卷七十三「荆湖北路·峡州」，《續修四庫全書》影印北圖藏清影宋抄本）

⊙總襄陽詩

楚山碧巖巖，漢水碧湯湯。秀氣結成象，孟氏之文章。南望鹿門山，藹若有餘芳。舊隱不知處，雲深樹蒼蒼。白樂天《懷孟浩然》。

秋水淅紅粒，朝煙烹白鱗。白樂天。

⊙峴山漢水詩

莫戀漢江風景好，峴山花盡早歸來。白居易。

⊙沉碑墮淚碑詩

心摇漢臯佩，淚墮峴亭碑。白居易。

⊙龐德公諸葛亮孟浩然詩

故人今不見，日夕漢江流。借問襄陽老，江山空蔡州。此詩《唐詩紀事》作王維詩，而别本又作白居易詩，不同。象之謹按：詩中有「故人不可見」之語，則是作詩之人與浩然相識也。浩然與王維同生於玄宗之世。按，《唐書》王維過襄陽，曾畫浩然之像於亭上，則故人今不見之語，必王維所作也。（《輿地紀勝》卷八十三「京西南路·襄陽府」，《續修四庫全書》影印北圖藏清影宋抄本）

⊙碑記

張尚書碑銘。尚書諱仲方。白居易撰。（《輿地紀勝》卷九十「廣南東路·【韶州」，《續修四庫全書》影印北圖藏清影宋抄本）

⊙古蹟

道濟院畫像。長江縣西三十里，道濟禪院，有司馬相如、嚴君平、楊雄、諸葛亮、韋臯、杜黄裳、高崇文、楊嗣復、白居易、李德裕、王先主、夏侯孜、陳敬瑄、蕭鄴、羅隱、王禹偁十六人畫像，乃憑都官積得善本，命工摹寫於此。(《輿地紀勝》卷一百五十五「潼川府路·遂寧府，《續修四庫全書》影印北圖藏清影宋抄本；《永樂大典》卷一萬八千二百二十三引，中華書局影印本，第七一三九頁）

智按：王象之，字儀父，婺州金華（今屬浙江）人。南宋慶元元年（一一九五）進士。曾為長寧軍文學、江寧知縣。《宋史》無傳。元吴師道《敬鄉集》卷一二有《王象之傳》。《輿地紀勝》主要作於嘉定年間（一二〇八~一二二四），定稿約在紹定年間（一二二八~一二三三）。

施宿（一一六四~一二一五?）等

《嘉泰會稽志》

沃州真覺院：在縣東四十里。方新昌未為縣時，在剡縣南三十里，居沃州之陽，天姥之陰，南對天台山之華頂、赤城，北對四明山之金庭、石鼓，西北有支遁養馬坡、放鶴峰，東南有石橋溪，溪源出天台石橋，故以為名。晉帛（清嘉慶十三年刻本作「白」）道猷、竺法潛、支道林、乾、興、淵、支、道、開、威、蘊、崇、實、光、誠、斐、藏、濟、度、逞【遑】、印，皆常（清嘉慶十三年刻本作「嘗」）居焉。會昌廢，大中二年，有頭陀白寂然來游，戀戀不能去，廉使元微之始為卜築，白樂天為作記。以為東南山水，越為首，剡為面，沃州、天姥為眉目。其稱之如此，舊名真封寺，不知其始，治平三年賜今額。(《四庫全書》本卷八）

平水：在縣東二十五里，鏡湖所受三十六源水，平水其一也。唐元微之撰《長慶集序》云：「嘗出游平水市中，見村校諸童競習詩。召問之，曰：先生教我樂天、微之詩也。」水南有村市，橋、渡皆以平水名。（《四庫全書》本卷十）

會稽縣：陽明洞天在宛委山龍瑞宫。《舊經》云：三十六洞天之十一洞也。一名極玄太女之天。唐觀察使元稹以春分日投金簡於此。詩云：「偶因投秘簡，聊得泛平湖。穴為探符坼，潭因失箭刳。」白樂天和云：「去為投金簡，來因挈玉壺。」洞外飛來石，下為禹穴。傳云禹藏書處，一云禹得玉匱金書於此。……（《四庫全書》本卷十一）

白居易繼《春分投簡陽明洞天》詩，王璹分書，太和三年八月十五日。（《四庫全書》本卷十六）

智按：施宿，字武子，湖州（今屬浙江）人，司諫元之子。嘗知餘姚縣，遷紹興府通判。

程珌（一一六四～一二四二）

《喜遷鶯（別陳新恩）》

少年意氣，腦燕兵胡騄，虜王區脱。眼底矇曨，腹中空洞，不著曹劉元白。聞道殊科八中，也要彩盧連擲。收拾盡，到如今但有，寸心如鐵。　天付，真奇特。口静神充，雙眼西僧碧。楚國離騷，唐朝詞學，未信芳塵□歇。結取佳人香佩，截斷兒曹綺舌。歸去也，且斕斑戲彩，好春長日。（《全宋詞》第二二九五頁）

智按：「腦燕兵胡騄，虜王區脱」，明崇禎元年刻本《洺水集》卷三十樂府、《四庫全書》本《洺水集》卷三十作「但投鞍盤羽，結場奪槊」。

《西湖禊事記》

寶慶三年上巳，京尹户部尚書袁公招從班十三人，修禊事于西湖。僕因言上巳之集，自蘭亭之後，惟裴、白洛濱之游爲盛。蓋唐開成三年，河南尹李待價召留守裴晋公、太子少傅白公、太子賓客李仍叔、蕭籍、劉禹錫、中書舍人鄭居中等十五人，合燕舟中。自晨及莫，前水嬉，後音樂，左筆研，右壺觴，望之若仙，觀者如堵。晋公賦詩，四座皆和，而白公又爲十二韻。當時人物之盛、游觀之樂，至今想之，令人羨慕，僉曰：古今上巳之游多矣，獨晋永和、唐開成燁然至今者，皆由當時有以紀之，不然幾何不埃滅邪？且今日之遊，羣賢畢至，舉觴張圃之池，艤棹蘇堤之柳，謁先賢之祠，仰千載之風，羽衣蹁躚，抱琴而來，彈有虞《南薰》之歌，弄《空山白雲》之操。已而聯轡孤山之館，引滿海棠之下。是日也，曉烟空濛，晝景澄豁，睹物情之咸暢，喜春意之日新，却弦斷管，一塵不侵，越嶂吳山，盡入清賞。凡販夫所粥，畢售于公，左右遊橈，不令亦舞。此京尹之仁，都民之和，而太平之觀也。於是樂甚，獻酬交舉，或哦坡仙之什，或論晚唐之詩。頹然西景，放舟中流，九日清明，且期再集。顧唐人上巳命改十三，矧九日又如清明乎！是集也，儻有以紀之，寧能多遜蘭亭、洛濱邪？雖然，吾儕亦豈燕安於是哉，他日輿圖盡版，護蹕上京，則追洛水之遊，尋曲江之勝，未央也，尚當續紀之。（《洺水集》卷一〇；《西湖志》卷三一；《名山勝概記》卷一三；康熙《錢塘縣志》卷七；《全宋文》二〇〇六年版第二九八册，卷六七九二，第一〇四頁）

智按：程珌，字懷古，號洺水遺民，休甯（今屬安徽）人。光宗紹熙四年（一一九三）進士。授昌化主簿。甯宗嘉泰元年（一二〇一）除建康府教授。嘉定二年（一二〇九）改知富陽縣。七年除主管官誥院，歷宗正寺主簿，樞密院編修官，兼權右司郎官，秘書丞。十二年除浙西提舉常平。次年復除秘書丞，累遷守禮部侍郎兼直學士院、同修國史。理宗寶慶元年（一二二五）除試禮部尚書。二年，除翰林學士知制誥兼修玉牒官。紹定元年（一二二八），出知建寧府，尋除福建路招捕使節制軍馬。三年，提舉隆興府玉隆萬壽宫。淳祐二年以端明殿學士致仕，尋卒，年七十九。有《洺水集》六十卷，已佚，明嘉靖三十五年程元昞搜刻為二十六卷。事見《新安文獻志》卷九十四宋吕午《程公行狀》，《宋史》卷四二二有傳。

釋居簡（一一六四～一二四六）

《韜光庵修造榜》

喚韜光歸舊隱，安用草北山之移；思白傅詠甘棠，尚可明南國之教。花偈曾煩招隱，白鷗終不寒盟。排闥送青來，知何日了；問春從此去，更幾時回。宜速加鞭，未堪勒駕。把茆欲墜，隻力奚為。萬間倘遂帡幪，一蓋儘歌藜藿。飦援臺畔，起四三橡栗之翁；布地園中，須百萬撑蒲之手。（《四庫全書》本《北磵集》卷八）

智按：釋居簡，字敬叟，號北磵，潼川（今四川三台）人。俗姓龍。依邑之廣福院圓澄得度，參別峯塗毒於徑山，謁育王佛照德光，走江西訪諸祖遺跡。歷住台之般若報恩。後居杭之飛來峯北磵十年。起應雪之鐵佛、西佘，常之顯慶、碧雲，蘇之慧日，湖之道場，詔遷淨慈，晚居天台。理宗淳祐六年卒，年八十三，僧臘六十二。《補續高僧傳》卷二十四、《淨慈寺志》卷八、《靈隱寺志》卷三、《新續高僧傳》四集卷三有傳。

劉宰（一一六六～一二三九）

《用前五字韻趣劉聖與建第》

君不見茅屋下，四壁床敷窄。又不見朱門中，金碧鎖空宅。宅成更欲致良材，水浮陸走空山澤。茅屋區區誠已疎，朱門汲汲彼何迫。勸君勿學伏波老，自詭裹屍須馬革。又勿學金谷人，綺窗阿閣綿阡陌。但令庭宇潔，頗與塵囂隔。市聲不至亂琴書，厨煙可免衝咽啞。庶幾家人安，亦使我心獲。吾宗開敏姿，富有濟時策。棟宇著易象，義不假探索。况聞玉堂直，視草須元白。所期不日成，毋使中道畫。庶奉紫芝泥，即刷青雲翮。（《四庫全書》本《漫塘集》卷四；《全宋詩》第五十三册，第三三四一九頁）

《挽齊齋倪尚書》

南山有孤松，屹立幾尋丈。雪根雨露滋，藤蘿巧相傍。高柯撑青空，落落不可上。遼東白鶴歸，城郭固無恙。飢烏拾餘粒，巢燕倚飛幌。芝田杳何許，鼓翮超蓬閬。尚書千載人，餘子豈輩行。方時鄙俗學，制行多矯亢。我獨道其常，曰彼非至當。世事有翻覆，陰陽日消長。誰其倡攻僞，欲使盡一網。我獨持其平，要辨直與枉。前瞻豈尚同，後顧亦非黨。介然兩不合，蘭佩拂千嶂。惟皇思建極，正直首延訪。幾趨鑾禁直，屢侍金華講。三黜柳士師，一念齊得喪。歲晚復來歸，舊德世所仰。文昌豈不貴，台星連兩掌。貞元朝士少，正始遺風蕩。淹留感時事，去去得初尚。湖光浮醆斝，巖花開步障。意行無物累，靜寄絕塵想。寥寥香山翁，勝處畧相倣。雖臨大化盡，不改葵藿向。遺奏手自書，治忽猶指掌。内欲八柄專，外欲四聰廣。國本欲先定，以繫四海望。國勢欲自强，不受夷虜誑。於今一開卷，星斗照穹壤。奄奄氣將微，耿耿神愈王。更爲一夕留，泰然須昧爽。庶幾華封祝，不使臣子曠。從容有如此，此豈智力强。平生剛大氣，胸次妙沖養。我生不及門，知敬如達巷。九京不可作，千古恨悢悢。（《四庫全書》本《漫塘集》卷三十六；《全宋詩》第五十三册，第三三四二一頁）

智按：劉宰，字平國，自號漫塘病叟，金壇（今屬江蘇）人。光宗紹熙元年（一一九〇）進士，調江甯尉。歷真州司法參軍、知泰興縣、浙東倉使幹官。以不樂韓侂胄用兵，遂引退，屏居雲茅山之漫塘三十年。其間雖一再徵召，皆不就。理宗嘉熙三年（一二三九）卒，年七十四。有《漫塘文集》三十六卷。《至順鎮江志》卷十九、《宋史》卷四〇一有傳。

李心傳（一一六六～一二四三）

《舊聞證誤》

白樂天《聞白行簡服緋》詩有「緑動綾袍為趂（當作雁趁）行」之句，注云：「緋多以雁銜瑞莎為之。」則知唐章服以綾且用綾花者，與今制不同。今宗室外戚之親貴者，或賜花羅公服，亦此意也。宣政間，又有紗公服，今廢。（闕書名。出程大昌《演繁録》。脱心傳按語。）（卷四，崔文印點校本，第五七頁）

唐制，翰林學士本職在官下，五代趙鳳為之，始諷宰相任圜移在官上。（出葉夢得《石林燕語》）按，唐劉瑑撰王巨鏞碑，稱「翰林學士、中散大夫、守中書舍人劉瑑」；柳公權撰《何進滔（碑）》（據《函海》本、《榕園叢書》本補），稱「翰林學士承旨兼侍書、朝議大夫、守工部侍郎、知制誥柳公權」；白居易集載初除拾遺書，稱「翰林學士、將仕郎、守左拾遺白居易」。據此類皆職在官上。又按，元稹《祭李尚書文》，稱「中散大夫、守中書舍人、翰林學士元稹」；崔羣《謝官狀》稱「朝議郎、守尚書庫部員外郎、翰林學士崔羣」；王源中撰李藏用碑，稱「中散大夫、守尚書戶部侍郎、知制誥、翰林學士王源中」。據此類皆職在官下。五代趙鳳所移，乃端明殿學士，葉誤記也。（卷四，崔文印點校本，第五八頁）

台州筆吏楊滌者，能詩，亦可觀。其外氏，唐元相國之裔，偶持告身來，乃微之拜相綸軸也。銷金雲鳳，綾新若手未觸。白樂天作并書，後有畢文簡、夏文莊、元章簡（詣）〔諸〕（據《函海》本、《榕園叢書》本改）公跋識甚多。尋聞為秦熺所取，恨當時不能入石也。（闕書名，出王明清《揮麈前録》）按，考唐白傅集，其在翰林嘗當五相制，乃裴垍、張弘靖、李絳、韋貫之、武元衡爾。其在中書嘗草微之《諭德》及《翰林》兩制。蓋樂天以元和初為學士，而微之長慶二年始入中書，其相去遠矣。此所記必有誤。（卷四，崔文印點校本，第五九～六〇頁）

智按：李心傳，字微之，號秀巖，隆州（今四川井研）人。寶慶二年以布衣召補從政郎，差充祕閣校勘，歷官至工部侍郎，兼祕書監。事迹具《宋史・儒林傳》。

戴復古（一一六八～一二五〇?）

《靈壁石歌為方岩王侍郎作》

靈壁一峰天下奇，體勢雄偉身巍巍。巨靈怒拗天柱擲，平地蒼龍驤首尾。兩片黑雲腰夾之，聲如青銅色碧玉。秀潤四時嵐翠濕，乾坤所寶落世間。鬼神上訴天公泣，謂有非常人，致此非常物。可磨斫賊劍，可倚擊姦笏，可祝不老年，可比至剛德。自從突兀在眼前，溪山日夜生顏色。君不見，杭州風流白使君，雅愛天竺雙雲根。又不見，奇章公家太湖碧。高下品題分甲乙，二公名與石不磨。今到方巖有靈壁，我來欲作靈壁歌。擊石一唱三摩挲，秋風蕭蕭淮水波。中分南北橫干戈，邊塵埋没漢山河。泗濱靈壁今如何，安得此石來巖阿。鬱然盤礴中原氣，對此令人感慨多。（《四庫全書》本《石屏詩集》卷一）

《刈麥行》

腰鎌上壠刈黄雲，東家西家麥滿門。前村寡婦拾滯穟，饘粥有餘炊餅餌。我聞淮南麥最多，麥田今歲屯干戈。飽飯不知征戰苦，生長此方真樂土。（《四庫全書》本《石屏詩集》卷一）

智按：此詩直承白居易《觀刈麥》。

《章泉二老歌》

在昔商山傳四皓，又聞香山圖九老。異鄉異姓適同時，爭如章泉一家兄弟登耆頤。章泉之上兩山下，有地可宮田可稼。伯也早休官，季也相約歸林泉。名動京口耕谷口，山中有詩天下傳。一生得閑兼得壽，皓首龎眉世稀有。竹隱先生八十三，定庵居士七十九。客從遠方來，亦是六十叟。手把一枝梅，奉勸兩翁酒。問公何以致遐齡，請翁細説吾細聽。不燒丹，不學仙。五行有常數，天所稟賦焉。人生一氣統四體，衆人斲喪吾能全。要知養生無他術，日多喫飯夜獨眠。承翁見教謝翁去，兩翁慇懃留我住，是夜醉眠苔竹軒。夢見山靈向我言，翁之所説皆不然。兩翁盛德合乎天，天與遐齡五百年。（《四庫全書》本《石屏詩集》卷一；《全宋詩》第五十四册，第三三四六一頁）

《琵琶行》

潯陽江頭秋月明，黄蘆葉底秋風聲。銀龍行酒送歸客，丈夫不為兒女情。隔船琵琶自愁思，何預江州司馬事。為渠感激作歌行，一寫六百六十字。白樂天，白樂天，平生多為達者語，到此胡為不釋然。弗堪謫宦便歸去，廬山政接柴桑路。不尋黄菊伴淵明，忍泣青衫對商婦。（《四庫全書》本《石屏詩集》卷一；《全宋詩》第五十四册，第三三四六三頁）

智按：詩題《琵琶行》，《兩宋名賢小集》卷二百七十三作《琵琶亭》；「一寫六百六十字」，《兩宋名賢小集》卷二百七十三作「一寫六百一十字」；「謫宦」，《兩宋名賢小集》卷二百七十三作「謫官」。

《嘉定甲戌孟秋二十有七日起居舍人兼直學士院真德秀上殿直前奏邊事不顧忌諱一疏萬言援引古今鋪陳方略忠誼感激辭章浩瀚誠有補於國家天台戴復古獲見此疏伏讀再三竊有所感敬效白樂天體以紀其事録於野史》

禁城雞唱金門開，起居舍人攜疏來。榻前一奏一萬字，歷歷寫出忠義懷。頓首惶恐臣昧死，越録敢言天下事。百年河洛廢漢朔，恨滿東南天一角。夷甫諸人責未酬，志士愁眠劍鋒落。天意未回事難舉，鄉來一試成千誤。此曹頻歲自相屠，盛衰大抵由天數。昨臣銜命出疆時，自期有去必無歸。屈膝穹廬當憤死，天相孤忠半道回。金山之下長江水，擊楫中流書壯志。東風吹上妙高臺，略望江淮見形勢。形勢從來秖如此，幾年待得天時至。朝廷為計保萬全，往往忘卻前朝耻。臣今未暇論規恢，勍敵已亡何慮哉。中原曠地無人管，政恐英雄生草萊。北方苦饑民骨立，萬一東來竊吾粟。邊頭諸州無鐵壁，借問誰能備倉卒。請朝廷厲精兵，擇良將，辨多多，策上上，更選人材，老練通達，分守要衝，講明方略。一賢可作萬里城，一人可當百萬兵。坐令國勢九鼎重，所賴君心一點明。長牋奏徹龍顔悦，繼言臣愚進此説。言雖甚鄙用甚切，宸斷必行天下福，勿謂儒生論迂闊。臣之肝膽與人别。讀書豈為文章設。王師若出定中原，玉堂敢草平羌策。（《四庫全書》本《石屏詩集》卷一；《全宋詩》第三三四六九頁）

《望江南》（七首之三）

壺山好，文字滿胸中。詩律變成長慶體，歌詞漸有稼軒風。最會説窮通。

中年後，雖老未成翁。兒大相傳書種在，客來不放酒尊空。相對醉顔紅。（《全宋詞》第四册，第二三〇九頁）

智按：「漸」，明毛緡輯《宋六十名家詞》本、《四部叢刊》本之《石屏詩集》卷八「詞」和《四庫全書》本之《石屏詞》作「綽」。「尊」，《四部叢刊》本作「樽」。《四庫全書》本乃毛緡所刻别行本，此詞見第一一四八册，第六一八頁。

戴復古，字式之，黄岩（今屬浙江）人，居南塘石屏山，因號石屏。敏子。少孤，篤志於詩，從林憲、徐似道遊，又登陸游之門。後以詩遊江湖間幾五十年，僅于理宗紹定五年（一二三二）為邵武教授。年近八十，始由其子琦自鎮江迎還，又數年後卒。其詩由友人趙汝讜選為《石屏小集》，袁甫選為《續集》，蕭泰來選為《第三稿》，李賈、姚鏞選為《第四稿》。又有《石屏新語》一卷。今存《石屏詩集》十卷、《石屏詞》一卷。明嘉靖《太平縣誌》卷六、萬曆《黃岩縣誌》卷六有傳。

李奎報（一一六九～一二四一）

《東明王篇》

世多說東明王神異之事，雖愚夫騃婦，亦頗能說其事。僕嘗聞之，笑曰：先師仲尼，不語怪力亂神，此實荒唐奇詭之事，非吾曹所說，及讀《魏書》、《通典》，亦載其事，然略而未詳，豈詳內略外之意耶？越癸丑四月，得舊三國史，見東明王本紀。其神異之迹，踰世之所說者。然亦初不能信之，意以爲鬼幻。及三復耽味，漸涉其源，非幻也，乃聖也；非鬼也，乃神也。況國史直筆之書，豈妄傳之哉？金公富軾重撰國史，頗略其事，意者公以爲國史矯世之書，不可以大異之事爲示於後世而略之耶。按唐玄宗本紀、楊貴妃傳，並無方士升天入地之事，唯詩人白樂天恐其事淪沒，作歌以志之。彼實荒淫奇誕之事，猶且詠之，以示于後。矧東明之事，非以變化神異眩惑衆目，乃實創國之神迹，則此而不述，後將何觀。……（《東國李相國集》卷三，《高麗名賢集》第一册，首爾：大東文化研究院，一九八〇年）

《呈內省諸郎·起居舍人白光臣》

珠璣咳唾到頭新，復見元和白舍人。夜聽金胥傳刻漏，朝陪玉帝草絲綸。圖南鵬翼凌蒼海，拱北星芒耀紫宸。幸是青雲知己在，不應虛掉自鳴脣。（《東國李相國集》卷五，《高麗名賢集》第一册，首爾：大東文化研究院，一九八〇年）

《訪盧秀才永祺，用白樂天韻同賦》

半岸烏紗帽，閑敲綠玉扉。柳深鶯百囀，林晚鳥雙歸。太白甘時後，陶潛悟昨非。紛華方戰退，始覺卜商肥。（《東國李相國集》卷七，《高麗名賢集》第一册，首爾：大東文化研究院，一九八〇年）

《白雲居士語録》

李叟欲晦名，思有以代其名者曰：古之人以號代名者多矣，有就其所居而號之者，有因其所蓄，或以其所得之實而號之者。若王績之東皐子，杜子美之草堂先生，賀知章之四明狂客，白樂天之香山居士，是則就其所居而號之也。其或陶潛之五柳先生，鄭熏之七松處士，歐陽子之六一居士，皆因其所蓄也。張志和之玄眞子。元結之漫浪叟。則所得之實也。……（《東國李相國集》卷二十，《高麗名賢集》第一册，首爾：大東文化研究院，一九八〇年）

《有乞退心有作》

我欲乞殘身，得解腰間綬。退閑一室中，日用宜何取。時弄伽耶琴（我國琴名，肖秦箏，予好弄之），連斟杜康酒。何以祛塵襟？樂天詩在手。何以修淨業？楞嚴經在口。此樂若果成，不落南面後。耆舊餘幾人？邀為老境友。（《東國李相國集》後集卷一，《高麗名賢集》第一册，首爾：大東文化研究院，一九八〇年）

《觀白樂天集，家釀新熟，每嘗輒醉，妻姪等勸令少飲之詩，此亦類予，故和之云》

兒曹亦解得傾卮，真味何曾仔細知。早失山林長往計，未忘杯酒半酣時。我年雖老猶能飲，浮世長醒即大癡。白首殘翁經事了，如今方聽爾言為。（《東國李相國集》後集卷二，《高麗名賢集》第一册，首爾：大東文化研究院，一九八〇年）

《次韻和白樂天病中十五首并序》

余本嗜詩，雖宿負也，至病中尤酷好，倍於平日，亦不知所然。每寓興觸物，無日不吟，欲罷不得，因謂曰：此亦病也。曾著《詩癖》篇以見志，盖自傷也。又每食不過數匙，唯飲酒而已，常以此爲患。及見《白樂天後集》之老境所著，則多是病中所作，飲酒亦然。其一詩略云：「我亦定中觀宿命，多生債負是歌詩。不然何故狂吟詠，病後多於未病時。」酬夢得詩云：「昏昏布衾底，病醉睡相和。」服雲母散詩云：「藥消日晏三匙食。」其餘亦倣此（亦，舊本亦下有多字）。予然後頗自寬之曰：「非獨予也，古人亦爾，此皆宿負所致，無可奈何矣。」又白公病暇滿一百日，解綬。予於某日將乞退。計病暇一百有十日，其不期相類如此但所欠者，樊素、少蠻耳。然二妾亦於公年六十八，皆見放，則何與於此時哉！噫，才名德望，雖不及白公遠矣。其於老境病中之事，往往多有類予者。因和《病中十五首》，以紓其情。

《初病風》（順和）

天方猒此翁，虛熱幸而攻（疼癢滿身。是虛熱所致）。癢似通身疥，搖嫌顫手風（往往手搖）。案唯堆藥餌，庭不剗蒿蓬。冬暖蠅猶在，相謀到枕中。

《枕上》作（順和）

曉寒衾底怯擡頭。漸近烘爐手足柔。閉却幽房猶未出。悔他當日不窮遊。官如弊屣何妨脫。身似孤雲本自浮。莫信夢中蕉覆鹿。那知夜半壑移舟。憶曾閑跨尋花騎。不惜輕抛換酒裘。年少狂顛眞可詑。病中追記頗寬憂。

《答閑上人問病》（以答客問病代之）

愁入眉頭鎖不開。只緣無客挈壺來。此身微恙何須問。七十衰羸未是灾。

《病中五絶》（順和）

當年步捷鮮人隨，語與詩然世共知（昔朋伴間目予爲三捷。步捷語捷詩捷也）。平日謾誇三捷在，獨於沈瘵得痊遲。

餘喘雖微欲絶絲，壽殤脩短在天爲。世人只抱貪生志，老死猶同夭死時。

酒澆焦涸吻長濡，詩引風流思不枯。唯是癯身肥不得，患緣身有不如無。

算量千事暫妨眠，不是觀空衲子禪。唯喜得添閑氣味，簿書那到退翁前。

豈爲微痾特地憂，步欹唯礙出門遊。出門未必心開豁，猶望滄溟去去舟。

《送嵩客》（以送族僧之南代之）

適來京輦似前期（甲午年，自南來寓予家，今方還），千里之南又訪誰。此去能傳消息否，天涯生死杳難知。

《罷灸》（以退藥與食代之）

兒勤進藥猶慵應，妻勸加飧亦莫聞。養得此身何處用，聚如漚點散如雲。

《賣駱》（以傷瘦馬代之）

白沙堤上幾年行，破廄天寒叫數聲。汝與主人俱老矣，相看瘦骨忽傷情。

《放柳枝》（以憶舊妓代之）

少年携妓夢魂中，已是蕭然白首翁。紅頰翠娥何處散，落花飄蕩摠隨風。

《就暖偶酌》（以睡起酌酒代之）

睡罷南軒六尺床，欠伸方起已殘陽。閑傾緑醑霞昇臉，細嚼黄柑雪入腸。醉興暫來歌亦可，病客猶在臥何妨。莫言神思都昏喪，二十年前事不忘。

《歲暮呈思黯》（以曉贈來客代之）

幸訪懸車老大夫（制未下，然已乞退故云），曉寒能飲一盃無。身欹步仄君休笑，已免君門吏挾扶（漢相蔡義事）。

《自解》（順和）

老境忘懷履坦夷，樂天可作我爲師。雖然未及才超世，偶爾相侔病嗜詩。較得當年身退日，類予今歲乞骸時。（《東國李相國集》後集卷二，《高麗名賢集》第一册，首爾：大東文化研究院，一九八〇年）

智按：白居易《病中詩十五首序》云：「開成己未歲，余蒲柳之年六十有八。得風痹之疾，體顫目眩，左足不支，蓋老病相乘時而至耳。余早棲心釋梵，浪跡老莊，因疾觀身，果有所得。何則？外形骸而内忘憂恚，先禪觀而後順醫治。旬月以還，厥疾少間，杜門高枕，澹然安閒，吟諷興來，亦不能遏，因成十五首，題為《病中詩》。」

《既和白樂天十五首詩因書集背》

今古相懸地各殊，詞人襟韻暗如符。樂天曾唱吾追和，何問詩朋有也無。（《東國李相國集》後集卷二，《高麗名賢集》第一册，首爾：大東文化研究院，一九八〇年）

智按：此亦李奎報病中和白居易《病中十五首》之作。李奎報還有許多詩歌明顯受到白居易影響，如《九月苦酒》、《漏窗獨坐》、《塗窗》等。

《又和樂天心身問答》

《心問身》

世路煩君久擾然，從今但許醉兼眠。如何先我多衰弱，我壯猶如始冠年。

《身報心》

多幸如今作爾宮，知應捨去六天中。凌烟閣上如圖像，我獨留眞自擅功。

《心復答身》

人行底處不爲家，所宅殘頹棄者多。兜率天中吾若去，古宮雖在奈如何。（《東國李相國集》後集卷二，《高麗名賢集》第一册，首爾：大東文化研究院，一九八〇年）

《花報主人效樂天體》

予雖未語將心報，相國年來不樂何。一笑欲供公一笑，莫辭時復把盃歌。

《主人答花》

爾將娱我意誠嘉，其奈心情索寞何。年老家貧賓客少，可無盃酒對君歌。

《花復答》

懸車半俸猶堪釀，報導盃空意奈何。我逐風歸無幾日，要公賒酒一高歌。

《主人復答》

俸少盃空無足怪，爾猶勤責又如何。此時若有携壺客，我老莫歌鸎亦歌。（《東國李相國集》後集卷三，《高麗名賢集》第一册，首爾：大東文化研究院，一九八〇年）

智按：《花報主人效樂天體》由《花報主人》、《主人答花》、《花復答》、《主人復答》四首構成連作詩。所謂「樂天體」，指白居易以問答形式寫成之連作詩體。如白居易《自戲三絶句》，由《心問身》、《身報心》、《重答身》三首。李奎報還有《己亥五月七日家泉復出戲成問答》五首，也屬於此類作品。

《既和樂天詩獨飲戲作》

孤斟獨詠君休笑，好事何人訪退翁。酌勸杜康吟和白，詩朋酒友不全空。（《東國李相國集》後集卷三，《高麗名賢集》第一册，首爾：大東文化研究院，一九八〇年）

《次韻白樂天老來生計詩》

殘身不省老侵尋，度日唯知覓句吟。但有忘憂盈甕酒，何思遺子滿籯金。

一錢勿蓄塵情少，萬事都抛道味深。誰道吾生無長物，本來明鏡在中心。（《東國李相國集》後集卷三，《高麗名賢集》第一册，首爾：大東文化研究院，一九八〇年）

智按：白居易《老來生計》：「老來生計君看取，白日遊行夜醉吟。陶令有田唯種黍，鄧家無子不留金。人間榮耀因緣淺，林下幽閒氣味深。煩慮漸消虛白長，一年心勝一年心。」

《次韻白樂天在家出家詩》

端坐觀空萬慮澄，老禪肌骨髮唯仍。在家未礙先成佛，披毳何須要作僧。自始腰抛丞相印，廻看心有祖師燈。箇中一段堪嘲事，妻置杯呼忽錯膺。（《東國李相國集》後集卷三，《高麗名賢集》第一册，首爾：大東文化研究院，一九八〇年）

智按：白居易《在家出家》：「衣食支吾婚嫁畢，從今家事不相仍。夜眠身是投林鳥，朝飯心同乞食僧。清唳數聲松下鶴，寒光一點竹間燈。中宵入定跏趺坐，女喚妻呼多不應。」

《次韻白樂天負春詩》

病後身猶坐慹然，非癡非醉亦非禪。無端自負芳菲節，誤認春光曠此年。（《東國李相國集》後集卷三，《高麗名賢集》第一册，首爾：大東文化研究院，一九八〇年）

《次韻白樂天春日閑居》

春風扇芳園，朝旭炤高屋。兒扶行不孤，客絶坐成獨。林花吐微紅，庭草布深緑。藝蘭三畝餘，種藥一畦足。樹木添華滋，昨夜新雨沐。莫怪菜甲遲，吾家土少肉。甘薺自生繁，宜羹中吾欲。攬枕偃南窓，頭髮散不束。無聲娱我耳，無色悦我目。聊復呼平頭，洗盞酌醽淥。（《東國李相國集》後集卷三，《高麗名賢集》第一册，首爾：大東文化研究院，一九八〇年）

《次韻白樂天出齋日喜皇甫十訪》

飢喫慵眠渴飲盃，寧關佛法有遮開（佛法有遮門開門）。樂天齋出眞堪

笑，齋在何邊更出來。（《東國李相國集》後集卷三，《高麗名賢集》第一册，首爾：大東文化研究院，一九八〇年）

《看汁酒用樂天韻》

新醪壓罷強澄清，所得難過四五瓶。計盞計時滋燥吻，猶勝大渴望旗亭。（《東國李相國集》後集卷三，《高麗名賢集》第一册，首爾：大東文化研究院，一九八〇年）

智按：《東國李相國集》中和韻白詩之作，共計十六題三十二首，多半為承襲白詩韻字與先後順序之次韻詩。

《次韻金壯元見和菜種詩，來訪贈之》

平生未作富民侯，退欲營私又莫符。理圃初期親手足，灌泉猶畏濺眉鬚。慵誅旅草從教長，坐望繁蔬是亦愚。不若大抛遮計活，枯腸端借筆耕濡。解官尋拜醉鄉侯，將老糟丘望已符。俗客難青阮籍眼，春風謾白樂天鬚。知君早富三多學，記我猶爲一得愚。滿把珠璣聊見貺，足教枯草得滋濡。（《東國李相國集》後集卷三，《高麗名賢集》第一册，首爾：大東文化研究院，一九八〇年）

《書白樂天集後》

予嘗以為，殘年老境，消日之樂，莫若讀白樂天詩、時或彈伽耶琴耳。伽耶琴，蓋古秦箏之類，但欠一弦耳。弦不傷指，其聲切切，令衰情易蕩也。白公詩，讀不滯口，其辭平澹和易，意若對面諄諄詳告者。雖不見當時事，想親睹之也，是亦一家體也。古之人或以白公詩頗涉淺近，有以囁嚅翁目之者，此必詩人相輕之説耳，何必爾也。其若《琵琶行》、《長恨歌》，當時已盛傳華夷。至於樂公倡妓，以不學此歌行為耻。若淺近之辭，能至是耶？嗚呼！凡譏議樂天者，皆不知樂天者也，吾不取已。但伽耶琴，予於老境好彈耳。且不可令人人皆同吾口嗜也。彈亦不工，可笑。（《東國李相國集》後集卷十一，《高麗名賢集》第一册，首爾：大東文化研究院，一九八〇年）

智按：李奎報，字春卿，號白雲山人，朝鮮京畿道驪州人。上層士族家庭出身。母親出自有「三韓甲族」、「海東第一高門」盛譽之開京姚氏。一生性喜詩、酒、琴，自稱「三嗜好先生」。有《東國李相國集》五十三卷。

趙汝适（一一七〇～一二三一）

《諸蕃志・倭國》

倭國在泉之東北，今號日本國，以其國近日出故名，或曰惡舊名改之……亦有中國典籍，如「五經」、《白樂天文集》之類，皆自中國得之。(《四庫全書》本《諸蕃志》卷上)

智按：趙汝适始末見《文物》一九八七年第三期所載浙江一九八三年出土墓誌。據《宋史・宗室世系表》知其為岐王仲忽之玄孫、安康郡王士説之曾孫、銀青光禄大夫不柔之孫、善待之子，出於簡王元份房。上距太宗八世耳。(《四庫提要》)

蘇泂（一一七〇～?）

《即席呈趙大資》

裴公非緑野，白傅喜青山。富貴何如老，功名不似閒。半生知己地，每見立談間。歲歲須來省，從教載雪還。(《四庫全書》本《泠然齋集》卷三)

《正月二十七日陪唐子耆登卧龍時稼軒已去令人懷之》

晴雨煙雲態，高深會見聞。亂山依越定，一水向吳分。元白諸侯表，楊王俊士羣。春風到紅緑，花草總能文。(《四庫全書》本《泠然齋集》卷四；《全宋詩》，第三三三四二頁)

《金陵雜興二百首》（其八）

蔞蒿登盤朝飯美，河魨入市晚羹香。應無白傅思春草，却有東坡賦海棠。(《四庫全書》本《泠然齋集》卷六)

智按：蘇泂，字召叟，山陰（今浙江紹興）人。頌四世孫。早年隨祖師德宦游成都，曾任過短期朝官，在荊湖、金陵等地作幕賓，身經甯宗開禧初之北征。曾從陸游學詩，與當時著名詩人辛棄疾、劉過、王柟、趙師秀、姜夔等多有唱和。卒年七十餘。有《泠然齋集》十二卷、《泠然齋詩餘》一卷，已佚。清四庫館臣據《永樂大典》輯為《泠然齋詩集》八卷。

李廷忠（一一八一進士）

《賀俞大監除中書舍人》

……雅有元、白之風，鼓舞羣動（原注：《唐書》：元和主盟，實在元白。宋謝絳，字希深，權知制誥，有元、白風）。……（《四庫全書》本《橘山四六》卷二）

《賀顔中書》

……書僮供簡札之不暇，藝臣識模範之有歸。服在禁聯，允穆僉論。宜為帝誥，得常、楊、元、白之全才（原注：韓文：穆宗嘗言，王仲舒之文可思，最宜為誥。《唐藝文傳》序：「制册則常衮、楊炎，言詩則元稹、白居易。宋李迪薦鄭戩：「訓詞深雅，有常楊風。」謝絳權知制誥：「文章曲（典）雅，有元、白風。」陳讜啓：「文宜為誥，制可舉行。」）。……（《四庫全書》本《橘山四六》卷五）

《賀婁正言》

……名器濫與，不足以勸功；命令輕出，不足以示信，此有智識者所深慮，而司言責者或隱情，諫紙徒有百張，慚起樂天之誚（原注：白居易《與元稹書》：僕為諫官，月請諫紙。居易詩：「月慙諫紙二百張。」）補衮曾無一字，愧形杜老之吟。（原注：杜詩：「衮職曾無一字補，許身愧比雙南金。」）。……（《四庫全書》本《橘山四六》卷八）

《嚴府判》

……户豐穲稏，悉由康海之功；守馥蘭蓀，同得行春之樂，宜將治理，播在聲詩，雖香山公，有吏隱之志焉。（原注：白居易致仕，與香山僧如滿結

香火社，每肩輿往來，白衣鳩杖，自號香山居士。詳見後及上條。）而荆州佐，乃宰相之材也。……（卷九）

《賀樓尚書兼内翰》

秩冠上卿，職參内相。曩也，忤權豪而去國，久從香山緑野之勝游（原注：白居易自號醉吟先生，稱香山居士，裴度治第東都集賢里，作别墅，具涼臺燠館，號緑野堂，與居易、劉禹錫把酒著文，盡夜相懽，不問人間事，號曲江公。詳見别條）。今焉，徵耆哲以還朝，復尋紫極清霄之故步（原注：《李尋傳》：「紫宫極樞，通位帝紀。」李肇《志》：「居翰林者，皆謂凌玉，清遡紫霄，豈止於登瀛洲哉。」）……（《四庫全書》本《橘山四六》卷十二）

《賀新除婁給事兼擢工部尚書兼詹事》

……絲綸王命，則元、白而常、楊（原注：言為中書舍人）。……（《四庫全書》本《橘山四六》卷十二）

《謝李制帥舉陞陟》

十乘啓行，妄作龍門之想；一言題坐，榮踰麟筆之褒。謂屬部久託於澄清，而推賢貴及於寒素。既無蚍蜉蟻子之援，况在塵埃泥滓之中。得於心知，特以事舉。出隻手而甚易，動羣目以皆驚。此道蕭瑟者幾年，何意光明於今日。第慚濫吹，弗稱華褒。如某者翰羽非強，骨體不媚。思古人靜俟之義，忘世俗競趨之心。寒女之乏杼機，難施巧妙；農夫之勤穮蓘，粗免饉饑。在天一涯，分地千里。豈容江州司馬，獨從容山水之間；每與皇華使車，共馳驅原隰之上。問民疾苦，察吏奸媮。軍輸免於稽逋，酒榷為之增羨。慮云一得，技有五窮。誤兩臺之賞音，污公朝之薦牘。……（《四庫全書》本《橘山四六》卷十七）

《謝趙倉使舉陞陟》

辱天子之使，親布上恩；過海沂之邦，猥收下乘。俾有晉陞之序，借為賁飾之辭。然雖至公，寧弗自愧，如某者林邊塌翅（原注：李太白集：塌翅瑶島，空留别名），石上枯根，甘為寂寞之游，恥作趦趄之進，雖居官而不治，惟奉法以自脩，長沙令妄欲綴鴛鷺之班，固知無分，香山老乃得乘箯篂之駕，誰曰非宜（原注：香山在洛都龍門。白居易晚年自稱香山居士，言以儒教飾其身，佛教治其心，道教養其壽。互見前）？……（《四庫全書》本《橘山四六》卷十七）

智按：李廷忠，字居厚，號橘山，於潛（今浙江臨安西南）人。孝宗淳熙八年（一一八一）進士。官於潛教授。有《橘山四六集》二十卷。

談鑰（一一八一進士）

《嘉泰吳興志》

披雲亭、仰高亭、鏡會亭。以上三亭見舊編。云：仰高亭在顧諸山頂，披雲亭在官山上，鏡會亭在啄木嶺。唐刺史于頔建。取白居易《寄賈常州崔湖州詩》題其上。（《嘉泰吳興志》卷九長興縣，《續修四庫全書》影印民國三年劉氏刻吳興叢書本）

精舍禪院。在歸安縣施渚，清州刺史管敍捨宅為寺，白樂天寄題詩云：「慣遊山水住南州，行盡天台及虎丘。惟有上强精舍寺，最堪遊處未曾遊。」《夷堅志》云：「壁間有詩云：昔作梁朝相，今為普靜神。千年英魄在，代代護僧人。」

上下箬。在州西，谿上生箭箬，南岸曰上箬，北岸曰下箬，二箬皆村名，士人取下箬水釀酒，醇美勝於雲陽，俗稱下箬酒。韋昭《吳録》云：「箬下酒有名。」又，《吳興記》云：「上箬下箬並出美酒。」白樂天詩云：「勞將下箬忘憂物，寄與江城愛酒翁。」又，劉夢得詩云：「鸚鵡杯中箬下春。」（《嘉泰吳興志》卷十二，《續修四庫全書》影印民國三年劉氏刻吳興叢書本）

白蘋洲五亭記。在墨妙亭。唐太子少傅分司東都、馮詡縣開國侯、賜紫金魚袋白居易撰，知州事馬纘書。開成四年十月建。又見《金石録》。（《嘉泰吳興志》卷十八，《續修四庫全書》影印民國三年劉氏刻吳興叢書本）

吳興靈鶴贊。在天慶觀，唐白居易之作也。宋朝雍熙四年，知州事鄭建爲之序，始刻石焉。（《嘉泰吳興志》卷十八，《續修四庫全書》影印民國三年劉氏刻吳興叢書本）

智按：談鑰，字元時，安吉州歸安（今浙江湖州）人。淳熙八年（一一八一）進士，官樞密院編修。慶元五年（一一九九），李景和任湖州知州，邀談鑰重纂《吳興志》。嘉泰元年（一二〇一）成書。

王朋壽（一一六一至一一九三）

《重刊增廣分門類林雜說》

白樂天。唐會昌中，李師稷中丞為浙東觀察使，時有商客遭風飄蕩，不知所之。月餘，至一大山，瑞雲奇花，白鶴異樹，非人間所有。山側有人迎問曰：「安得至此?」具言之。令維舟上岸，云須謁天師。遂引至一處，若大宮觀。通，入見一道士，鬚眉皓白，復有一處，院宇扃鎖，云白樂天所居，在中國，未來耳。其人回以語樂天，題詩云：「吾學眞空不學仙，恐君此語是虛傳。海山不是吾歸處，歸則須歸兜率天。」「極樂世界清淨土，無諸惡道及眾苦。願如我身病苦者，同生無量壽佛所。」（《重刊增廣分門類林雜說》卷十二神仙下篇第六十八，《續修四庫全書》影印民國九年劉氏嘉業堂刻嘉業堂叢書本）

智按：王朋壽，平陽（今山西臨汾）人。金世宗完顏雍大定間（一一六一至一一九三）人。

劉渙（一一八六前後）

《誠齋先生南海集跋》

詩人之作，類皆流于一偏，如樂天之俗，孟郊之寒，賈島之窮苦。是豈不欲變而通之，去其偏而蹈于全?由其技之所局，不能改耳。至如韓昌黎，則無施而不可，其發談笑、助諧謔，叙人情、狀物態，一寓于詩，而曲盡其妙，初不見其諸子之偏，蓋其所稟之高，所蘊之富，則形之吟咏者，自然日光玉潔，周情孔思，千態萬貌，豈一偏之所能囿哉！侍讀誠齋先生，乃今日之昌黎公也，爲詩之多，至于一千八百餘首，分爲五集，而其風雅之變有三焉。世之論文者嘗謂：自漢至魏四百餘年，文體三變。史臣亦謂：唐有天下三百年，文體無慮三變。文之在天下，其變亦如此之艱，而先生自紹興壬午以迄于今，方歷二紀，抑何變之之易，常非胸中涵蓄者淵泫澄深，無以異于昌黎，則詞源之溢，横流逆折，紆徐迅激，新奇百出。宜夫變之之亟，而非一體之可定也。先生之詩，既與昌黎并駕，則知比諸劉夢得者，亦未爲確論。渙幸出于先生之門，今得南海一集，總四百篇，不敢掩爲家藏，刊而傳之，以爲騷人之規範。餘四集，將繼以請，則又當與學者共之。淳熙丙午十二月朔，門生承事郎新權通判肇慶軍府兼管内勸農事劉渙謹跋。（日本宫内廳書陵部藏《誠齋先生南海集》卷末）

智按：劉渙，字伯順，又字明甫，海陽東津（今廣東潮陽）人。祖父爲潮州八賢之一劉允，父劉景。淳熙間，初仕梅州尉，淳熙九年（一一八二），任清遠宰，尊楊萬里爲師。淳熙十三年（一一八六），權通判肇慶軍府兼管内勸農事。慶元元年（一一九五）乙卯通判瓊州。慶元五年（一一九九）己未仲冬，以朝散郎知梅州。開禧二年（一二〇六）知惠州府。其淳熙十三年丙午十二月所刻《誠齋先生南海集》，共二册，每半葉十行，每行十八字，注文雙行。白口，左右雙邊。録楊萬里詩凡三百九十二首。日本宫内廳書陵部藏，系佐伯侯幕府獻書之一種，卷中有「佐伯侯毛利高標字培松藏書畫之印」印記。楊萬里《誠齋集》卷八十一《誠齋南海詩集序》：「潮陽劉渙伯順為清遠宰，時嘗為予求所謂《南海集》四百首者，至再見於中都，伯順復請不懈，乃克與之。……予詩自壬午至今，凡二千一百餘首，曰江湖集，曰荆溪集，曰西歸集，曰南海集，曰朝天集，餘四集伯順尚欲之，他日當續寄也。丙午六月十八日，誠齋野客楊萬里廷秀序。」

王偁（一一八六前後）

《東都事略》

李昉，字明遠，深州饒陽人也。……太宗嘗語輔臣曰：「朕何如唐太宗?」皆曰：「陛下堯舜之主也，何太宗之足云?」昉獨無言，徐誦白居易詩云：「怨女三千放出宫，死囚四百來歸獄。」太宗拱手曰：「朕不及也。」……至道元年正月，望太宗御乾元樓觀燈，召昉賜坐於御榻之側，太宗親酌御罇飲之，顧謂侍臣曰：「李昉可謂善人君子矣。」卒年七十二，贈司徒，謚曰文正。昉温和循謹，為文慕白居易，所居有園亭，又葺郊外宴游之地，多蓄聲妓娛樂親友，與張洎、盧多遜善，而薄張佖。太宗嘗問多遜所為，昉頗為辨釋，太宗曰：「多遜嘗毁卿不直一錢。」昉曰：「臣不敢誣。」張洎草昉罷相制，深攻其短，而張佖時時造其第。或以問佖，佖曰：「我為廷尉，獨李公未嘗以私事見干，今雖退可見也。」……（《四庫全書》本卷三十二列傳十五）

李及，字幼幾，鄭州人也。舉進士，寇準薦其才，擢知興化軍，通判曹州。……及資性清介，治尚簡嚴，喜慰薦下吏，而樂道人之善。忌杭風俗輕靡，未嘗事宴游。一日微雪，遽出郊，衆謂當命賓朋爲高會；乃獨造林逋清談，至暮而歸。在杭未嘗市物，惟置白樂天一集而已。徙知應天府，遷工部侍郎，知鄆州。又徙河南，召拜御史中丞，卒年七十，贈禮部尚書，謚曰恭惠。(《四庫全書》本卷四十五列傳二十八)

文彥博，字寬夫，汾州介休人也。少舉進士，為大理評事。……彥博凝簡莊重，有大臣體。位將相者五十餘年，徧歷公孤，兩以太師致仕，雖位貌隆貴，而平居接物謙抑尊德，樂善如恐不及。邵雍、程顥、程頤以道學名世，居洛陽，而彥博與之游。元豐中，與富弼及當時老成而有賢德者十一人，用白居易故事，就弼第置酒相樂，尚齒不尚官，已而圖形妙覺僧舍，謂之洛陽耆英會。司馬光為文，序其事。王拱辰守北都，以書來諗曰：「拱辰亦家洛，位與年不居數客後，顧以官守不得執巵酒在坐席，願與名其間，幸無我遺。」其為時所嘉羡如此。……（《四庫全書》本卷六十七列傳五十）

蘇軾，字子瞻，眉州眉山人也。……杭瀕海水，泉鹹苦。唐刺史李泌始導西湖，作六井民，以足用。及白居易，復浚西湖，引水入運河，復引溉田至千頃。湖水多葑，自唐及錢氏後，廢而不理，至是葑積二十五萬餘丈，而水無幾矣。運河失湖水之利，而取給於江潮。潮水淤河泛溢，闤闠三年一浚，爲市井大患，故六井亦幾廢。……（《四庫全書》本卷九十三上列傳七十六上）

智按：王偁，一作稱，字季平，眉州（今四川眉山）人。孝宗淳熙十三年（一一八六）於知龍州任進《東都事略》。慶元間，官至吏部郎中。有詩四卷，已佚。生平見清嘉慶《眉州府志》卷十一。

王容（一一八七進士）

《楊萬里為寶謨閣直學士告詞》

勅：直諒之臣，國家所賴。進陪論議，其言常有益於朝廷；歸老江湖，當代亦想聞其風采。宜嘉異數，以聳羣公。通議大夫充寶文閣待制致仕吉水縣開國伯食邑七百户楊萬里，學欲濟時，心常憂國。封章剴切，有賈誼、陸贄之風；篇什流傳，得白傅、杜甫之意。凛乎難進而易退，浩然獨樂而無求。身歷四朝，年將八袠；有名一世，如爾幾人？束帛蒲輪，未講優賢之禮；幅巾藜杖，有嘉知止之高。爰陞高士之華，以示老臣之貴。雖已掛冠於神武，此固儻來，依然列閣於西清，所期增重。往祗成命，益介壽祺，可特授寶謨閣直學士致仕。（《誠齋集》卷一百三十三附録）

智按：《誠齋集》卷一百三十三附録署「嘉泰三年八月十六日中書舍人王容行」。王容，字南強，長沙湘陰（今屬湖南）人。孝宗淳熙十四年（一一八七）進士第一。光宗紹熙元年（一一九〇）為秘書省正字，累遷著作郎兼實録院檢討官。甯宗慶元元年（一一九五）提舉江西常平。嘉泰元年（一二〇一）為起居郎。二年，以中書舍人兼實録院同修撰、同修國史。開禧二年（一二〇六）知靜江府。官至禮部侍郎。事見《宋歷科狀元録》卷六，《南宋館閣續録》卷八、九，《宋史》卷三五、三八。

危稹（一一八七進士）

《水龍吟（慶齊年諸丈）》

洛陽九老圖中，當時司馬年猶小。爭如今夕，舉盃相勸，十人齊壽。已幸同庚，何分雌甲，本無多少。但有頭可白，無愁可解，只如此、都赢了。

慶禮十年還又，更十年、依前難老。儘教百歲，做人高祖，見孫白首。却要從今，探梅脚健，看山眼好。賴天公，頓得東園長在，陪歌陪酒。（《四庫全書》本《花菴詞選續集》卷四；《全宋詞》第二二七五頁）

智按：危稹，原名科，字逢吉，號巽齋，又號驪塘，撫州臨川（今屬江西）人。孝宗淳熙十四年（一一八七）進士，調南康教授。移臨安府教授，入為武學諭，改太學録。甯宗嘉定九年（一二一六）建宗子學，充宗學博士。累遷著作郎兼屯田郎官。因撰詩送柴中行去國，忤宰相，出知潮州。嘉定十六年（一二二三）移知漳州。紹定間（一二二八至一二三三）請老，提舉建康崇禧觀。卒年七十四。有《巽齋集》等，已佚。今存《巽齋小集》一卷。《宋史》卷四一五有傳。

朱俊民（乾道進士）

《角頭巡檢司序》（乾道七年八月）

角頭山據太湖，湖之廣三萬六千頃，周五百里，逕二三百里。唐白樂天詩云：「十隻畫船何處宿，洞庭山脚太湖心。」蓋太湖山若洞庭者七十二，角頭山又據其心，乃山之勝境。漢四皓角里先生家焉，角山之名始此。山迴百餘里，谷邃川廣，盜徒剽掠，往往有之，民遭患者數。元祐八年，有司請罷呂山巡檢徙角頭，與馬跡、香蘭事例同立酬獎。經百八十餘載，兩山之民咸受其惠。營寨兵級固壯，善於水勢，長於勇敢，雖有盜徒，無所施其暴。……乾道七年中秋後三日，福州進士朱俊民撰。（康熙《具區志》卷九，康熙刻本；道光《蘇州府志》卷二一；民國《吳縣志》卷二九上；《全宋文》二〇〇六年版第二七六册，卷六二六二，第四〇七頁）

智按：朱俊民，福州（治今福建福州）人。乾道中進士。

林椿（淳熙間）

《追悼鄭學士》

先生瀟灑出塵埃，忽歎風前玉樹摧。上帝已教長吉去，海山會待樂天來。當年翰墨為人寶，高世聲名造物猜。從此四明無賀監，誰能知我謫仙才。（徐居正《東文選》卷十三，首爾：太學社，一九七五年）

《次韻金藴珪題觀音院》

往事悠悠墮渺茫，側書詩句兩三行。那嫌舉目江山異，賴有高樓似岳陽。郡樓登眺遠蒼茫，戀國情深淚數行。誰識多情白司馬，天涯流落老潯陽。（《西河集》卷二，《韓國文集叢刊》第一輯，首爾：民族文化促進會，一九八六年）

《次韻贈李上人覺天》（二首其二）

落髮辭家在妙年，法門深種善因緣。時時大振金毛吼，往往長齋繡佛前。居易須歸兜率界，嵇康不是洞天仙。羡他明日青山路，竹杖芒鞋去浩然。（《西河集》卷二，《韓國文集叢刊》第一輯，首爾：民族文化促進會，一九八六年）

《諸公餞皇甫若水赴中原書記僕以病不往作詩寄之》

詩人自古多羈困，倒着青衫佐州鎮。君不見太原居易位尚卑，白頭始得河南尹。又不見眉山子瞻老更貧，上章自請餘杭郡。先生磊落負高懷，故乞此官爲吏隱。況是中原眞劇邑，世説地靈人物俊。近來幕府厭凡才，雲水溪山長有恨。詔書今下命時賢，千里先聲應已振。好帶腰錢十萬歸，洛下春風初發軫。欲唱陽關第四聲，未解勸君杯更盡。何當依約作南遊，共膾鮒魚烹苦筍。舊聞紅粉盛都邑，燕寢凝香侍雲鬟。休矜自有鐵石腸，忍學當時處仲忍。送君江頭泣更多，恐君更續琵琶引。（《西河集》卷三，《韓國文集叢刊》第一輯，首爾：民族文化促進會，一九八六年）

《次韻崔相國惟清留題四絶》（其一）

當年古寺覓餘春，唯有能詩白舍人。兜率海山何處去，姓名空掛壁間塵。（《西河集》卷三，《韓國文集叢刊》第一輯，首爾：民族文化促進會，一九八六年）

《與皇甫若水書》

某啓，昨於梁君之廬，得足下所撰樂章六篇。手披目覩，反覆成誦，且欣且慶，輒用歎服。……蓋虞夏之歌，殷周之頌，皆被管弦流金石，以動天地感鬼神者也。至後世作歌詞調引，以合之律吕者皆是也。若李白之樂府，白居易之諷諭之類，非復有辨清濁審疾徐度長短曲折之異也，皆可以歌之，則何獨疑於此乎。僕嘗歎世無作者，屢欲爲之，而力不暇久矣。……（《西河集》卷四書簡 十八，《韓國文集叢刊》第一輯，首爾：民族文化促進會，一九八六年；《東文選》卷五十九）

《小林寺重修記》

聖人之道迭興於世，而化成天下。……若白居易，有唐巨儒也，深信內典，躬行服習，至其晚年，自號香山居士，乃結社於山中，精勤佛事，則其信之可謂篤矣。今錢塘金君令義素奉眞風，慕樂天之爲人，常欲結一精社，著衲衣而居之，必能脫去穢累，超詣覺路，此豈所謂從佛法生，得佛法分者耶。其言曰：軒冕者人之所貴，吾未嘗得，而用之則行，捨之則藏者，吾志也。遂退家于功成縣，有宅一區，有田數頃，樹之麻藝之穀，豐足其家，不以非義。而旣歸誠法門，以施捨爲事。縣之西北隅有佛祠，曰小林。……（《西河集》卷五，《韓國文集叢刊》第一輯，首爾：民族文化促進會，一九八六年）

智按：林椿，字耆之，號西河。醴泉林氏始祖。高麗王朝仁宗年間人。曾多次參加科舉，但屢試不中，後與學士李仁老等組織竹林高會，以文章聞名於天下。孝宗淳熙時任畫院待詔，賜金帶。擅長畫花卉、禽鳥、草蟲、果品，師法趙昌當時贊為「極寫生之妙，鶯飛欲起，宛然欲活」。傳世作品有《果熟來禽圖》册頁、《梅竹寒禽圖》册頁、《緑橘圖》紈扇等。詩友李仁老收集其遺稿，刊行《西河先生集》，詩文收録在《三韓詩龜鑒》中。

詹初（淳熙間）

《書白樂天〈琵琶行〉後》

潯陽夜泊送客船，船上誰人白樂天。坐聞一曲琵琶奏，青衫何用涕泗漣。

豈知通窮良有命，君子當之無怨焉，虚使歌行世上傳。（《四庫全書》本《寒松閣集》卷三；《全宋詩》第六十册，第三七八四四頁）

智按：詹初，字以元，休寧（今屬安徽）人。體仁宗侄。為學崇奉朱熹。始為縣尉，淳熙間薦為太學録。因上疏乞辨邪正，忤韓侂冑，罷歸，遂以講學為事。所著凡二十一卷，因所居曰流塘里，故名《流塘集》，其集毀於火。後其子陽於詹體仁家得殘稿，編為一卷，已佚。明嘉靖三十七年（一五五八），裔孫景鳳等重刊於初讀書故址寒松草閣，分為三卷，因名《寒松閣集》。

張掄（乾道、淳熙間）

《菩薩蠻》

人間何處難忘酒，遲遲暖日群花秀。紅紫鬬芳菲，滿園張錦機。春光能幾許，多少閑風雨。一盞此時疏，非痴即是愚。

人間何處難忘酒，小舟□□□楊柳。柳影蘸湖光，熏風拂□□。□□□□□，□□□□□。一盞此時傾，□□□□□。（《全宋詞》第一四一八頁）

人間何處難忘酒，中秋皓月明如晝。銀漢洗晴空，清輝萬古同。凉風生玉宇，只怕雲來去。一盞此時遲，陰晴未可知。

人間何處難忘酒，素秋令節逢重九。步屧繞東籬，金英爛漫時。折來驚歲晚，心與南山遠。一盞此時休，高懷何以酬。

人間何處難忘酒，六花投隙瓊瑤透。火滿地爐紅，蕭蕭屋角風。飄搖飛絮亂，浩蕩銀濤卷。一盞此時乾，清吟可那寒。

人間何處難忘酒，閉門永日無交友。何以樂天真，雲山發興新。聽風松下坐，趁蝶花邊過。一盞此時空，幽懷誰與同。

人間何處難忘酒，□□□□□□鬬。不是慕榮華，惟愁月□□。□□□□□，□□□□□。一盞此時慳，□□□□□。

人間何處難忘酒，山村野店清明後。滿路野花紅，一簾楊柳風。田家春最好，簫鼓村村鬧。一盞此時辭，將何樂聖時。

人間何處難忘酒，興來獨步登岩岫。倚杖看雲生，時聞流水聲。山花明照眼，更有提壺勸。一盞此時斟，都忘名利心。

人間何處難忘酒，水邊石上逢山友。相約老山林，幽居不怕深。浮名心已盡，傾倒都無隱。一盞此時無，交情何以舒。(《全宋詞》第一四一九頁)

智按：師法白樂天《何處難忘酒》詩(《白氏長慶集》卷五七)。

張掄，字材甫，自號蓮社居士，開封(今屬河南)人。太宗玄孫瓊王趙仲儡之婿。紹興十五年(一一四五)，因獻書籍，以忠訓郎遷一官，後多次使金及爲金使之接伴使。爲兩浙西路馬步軍副都統總管。三十年，遷知閤門事。三十二年，再以假鎮東軍節度使領閤門事副洪邁使金。歸，以奉使失措，與邁并放罷。乾道間，知池州。淳熙五年(一一七八)，爲寧武軍承宣使，再知閤門事，兼客省四方館事。《南宋書》有傳。事迹散見《建炎以來繫年要録》、《武林舊事》等。有《道情鼓子詞》一卷，《蓮社詞》一卷。周密《武林舊事》載：乾道三年三月，高宗幸聚景園，知閤張掄進《柳梢青》詞，蒙宣賜。淳熙六年三月再幸聚景園，掄進《壺中天慢》詞，賜金盃盤法錦。是年九月，孝宗幸絳華宫，掄進《臨江仙》詞。則亦能文之士矣。(《四庫提要》)

陳槱(一一九〇進士)

《負暄野録》

⊙毫錐名筆

世稱筆之鋒短而毫鋭者，謂之「毫錐」。蓋本唐白傅詩云：「有毫鋒鋭君之錐」語，白自注云：「時與元微之各有鋒纖細管筆，攜以就試。相顧輒笑目曰毫錐。」(《四庫全書》本《負暄野録》卷下)

智按：陳槱，福州長樂(今屬福建)人。光宗紹熙元年(一一九〇)進士。

楊長孺（一一九〇前後）

《句》（其七）

一封無己帖，兩首樂天詩。（《四庫全書》本《全閩詩話》卷五引《閩書》；《全宋詩》第五十一册，第三二一一七頁）

智按：《全閩詩話》卷五引《閩書》：「陳經，字叔綸，知福清縣，首務教化，歷官循州，知欽、封二州。工詩文，一時文士若趙汝讜、敖陶孫、危稹、傅伯成皆推服之，威惠廟建通仙樓，衆屬經記經對，客援筆以『丈夫當廟食，仙人好樓居』為發端，楊長孺帥廣，得其封州軫民訓兵二詩，謝之曰：『一封無已（己）帖，兩首樂天詩。』」

楊長孺，原名壽仁，字伯子，號東山，吉州吉水（今屬江西）人。萬里子。光宗紹熙元年（一一九〇）以蔭補永州零陵簿。甯宗嘉定間知湖州，尋改贛州。九年（一二一六），遷廣東經略安撫使兼知廣州。十三年，改福建安撫使兼知福州。理宗端平中，以忤權貴致仕。卒年八十。有《東山集》，已佚。生平見《誠齋集》卷二十八《大兒長孺赴零陵簿示以雜言》注，清光緒《吉水縣誌》卷三十四有傳。

彭叔夏（一一九二鄉貢進士）

《文苑英華辨證》

白居易《元稹誌》：六代祖岩封武平公。集作「昌平」，當從《文粹》作「平昌」。見《隋書》本傳及《唐世系表》。（卷三《官爵二》；中華書局一九六六年影印本第十二頁）

元稹《白氏長慶集叙》：「長慶四年，樂天手自排纘，成五十卷。予以為皇帝明年當改元，長慶訖於是。」集作「明年秋當改元」。按長慶四年，穆宗崩，敬宗即位，明年改元，即正月也。按詔制内寶厤（曆）赦書：長慶五年正月七日，改寶厤（曆）元年，安得謂之秋乎？（卷四《年月一》；中華書局一九六六年影印本第二十八頁）

白居易《請不用姦臣表》：按表言元稹尚居台司，裴度為東都留守事，又云職當諫列。然元白交分，始終不替，方元傾裴時，白亦不在諫列，而本集亦無之。（卷六《名氏三》；中華書局一九六六年影印本第五二八一頁）

羅隱《薛（原注：陽陶）觱篥歌》：平泉上相東征日，曾為陽陶歌觱篥。烏江太守會稽侯，相次三篇皆俊逸。平泉謂李德裕，曾作此歌。蘇州刺史白居易，越州刺史元稹，並有和篇。此言烏江，恐是吳江，乃蘇州也。（卷九《雜録三》；中華書局一九六六年影印本第五二九六頁）

智按：彭叔夏，廬陵（今江西吉安）人，自署鄉貢進士。《［雍正］江西通志》列其名於紹熙三年壬子（一一九二）鄉舉條下。《文苑英華辨證》十卷，因周必大所校《文苑英華》而作，嘉泰四年（一二〇四）撰成。

錢宏（一一九二前後）

《山谷外集詩注序》

書存于世，惟六經、諸子及遷固之史，有注其下方者，以其古今之變，詁訓之不相通也。而今人之文，今人乃隨而注之，則自蘇黄之詩始也。詩動乎情，發乎言，而成乎音。人為之，人誦之，宜無難知也。而蘇黄二公，乃以今人博古之書，譬楚大夫，而居于齊，應對唯諾，無非齊言，則楚人莫喻也。如將以齊言，而喻楚人，非其素嘗徃来莊嶽之間，其孰能之？山谷之詩，與蘇同律，而語尤雅健，所援引者，乃多于蘇。其詩集，已有任淵、史會更注之矣，而公所自編，謂之《外集》者，猶不易通，史公儀甫遂繼而為之注。上自六經、諸子、歷代之史，下及釋老之藏、稗官之録，語所關涉，無不盡究。予官成都，得于公之子叔廉而徧閲之。其於山谷之詩，既悉疏理，無復凝結，而古文舊事因公之注，所發明者多矣。夫讀古人之書，得之於心，應之于手，固非區區采之簡册而後用之也，而為之注者，乃即羣書而究其所自来，則注者之功，宜難于作。而公以博洽之能，乃隨作者為之訓釋，此其追慕先輩，嘉惠後學之意，殆非世俗之所能識也。昔白樂天作詩，使媪讀之，務令易知；而揚子雲草《太玄》，其詞艱深，人不能通，乃曰：「後有揚子雲，必好之矣。」古之君子，固有不徇世俗，而自信於後世之知我者。若公於山谷，既以子雲而知子雲，其為之訓釋，則又諄諄然為人言之，是亦樂天之志也。公，蜀青衣人，名容，號薌室居士，仕至太中大夫。晚謝事，著書不自休，嘗為《補韻》及《三國地名》，皆極精密。今年餘七十，耳目清明，齒髪不衰。他日傳于世者，又將不止于數書而已也。嘉定元年十二月乙酉，晉陵錢文子序。（《四庫全書》本《山谷外集詩注》卷首；《全宋文》二〇〇六年版第三〇二册，卷六八八八，第五二頁）

智按：錢宏，字文子（一説錢文子，字文季），號白石，晉陵（今江蘇常州）籍，温州樂清（今屬浙江）人。入太學，有盛名。光宗紹熙三年（一一九二）上舍釋褐出身，授醴陵令。後曾知台州。嘉定三年（一二一〇）九月，以吏部員外郎兼國史院編修官、實録院檢討官。四年四月爲宗正少卿。嘉定後，名儒多歿，文子巋然爲正學宗師。後退居白石山下，自號白石山人。著有《白石詩傳》二十卷、《詩訓詁》三卷、《中庸集傳》一卷、《論語傳贊》二十卷、《孟子傳贊》十四卷、《漢唐事要》二十卷、《補漢兵志》一卷。生平見《東甌詩存》卷四、《南宋館閣續録》卷九，《直齋書録解題》卷二，《玉海》卷四九，《宋史》卷二〇二、二〇五，《宋元學案》卷六一，雍正《浙江通志》卷四六。

何汶（一一九六進士）

《竹莊詩話》

《詩眼》云：「世俗所謂樂天《金鍼集》殊鄙淺，然其中亦有可取者。『鍊句不如鍊意』，非老於文學不能道此。又云『鍊字不如鍊句』，則未安也，好句要須好字。」（卷一講論，常振國、絳雲點校本《竹莊詩話》，第九頁）

智按：此則又見魏慶之《詩人玉屑》卷八「鍊意」；《漁隠叢話》前集卷八。

《珊瑚鉤詩話》云:「詩以意為主，又須篇中鍊句，句中鍊字，乃得工耳。以氣韻清高深妙者絕，以格力雅健雄豪者勝。元輕白俗，郊寒島瘦，皆其病也。」(卷一講論，常振國、絳雲點校本《竹莊詩話》，第九頁)

《蔡百衲詩評》云:「柳子厚詩，雄深簡淡，迥拔流俗，至味自高，直揖陶謝；然似入武庫，但覺森嚴。王摩詰詩，渾厚一段，覆蓋古今。但如久隱山林之人，徒成曠淡。杜少陵詩，自與造化同流，孰可擬議，至若君子高處廊廟，動成法言，恨終欠風韻。黃太史詩，妙脫蹊徑，言謀鬼神，唯胸中無一點塵，故能吐出世間語；所恨務高，一似參曹洞下禪，尚墮在玄妙窟裏。東坡詩，天才宏放，宜與日月爭光，凡古人所不到處，發明殆盡，萬斛泉源，未為過也；然頗恨方朔極諫，時雜以滑稽，故罕逢醞藉。韋蘇州詩，如渾金璞玉，不假雕琢成妍，唐人有不能到；至其過處，大似村寺高僧，奈時有野態。劉夢得詩，典則既高，滋味亦厚；但正若巧匠矜能，不見少拙。白樂天詩，自擅天然，貴在近俗；恨如蘇小雖美，終帶風塵。李太白詩，逸態淩雲，照映千載；然時作齊梁間人體段，略不近渾厚。韓退之詩，山立霆碎，自成一法；然譬之樊侯冠佩，微露粗疎。柳柳州詩，若捕龍蛇，搏虎豹，急與之角，而力不敢暇，非輕蕩也。薛許昌詩，天分有限，不逮諸公遠矣；至合人意處，正若芻豢，時復咀嚼自佳。王介甫詩，雖乏豐骨，一番出清新，方似學語之小兒，酷令人愛。歐陽公詩，溫麗深穩，自是學者所宗；然似三館畫手，未免多與古人傳神。杜牧之詩，風調高華，片言不俗，有類新及第少年，略無少退藏處，固難求一唱而三歎也。」(卷一講論，常振國、絳雲點校本《竹莊詩話》，第十一頁)

《永叔餘話》云:「學者品藻當今名賢詩，方之唐人，皆云王元之似樂天，歐陽永叔似退之，梅聖俞似孟東野，蘇子美似李正封，王禹玉似元微之，石曼卿似杜牧之，或以斯言為中的。」(卷一講論，常振國、絳雲點校本《竹莊詩話》，第十二頁)

《蔡寬夫詩話》云:「子厚之貶，其憂悲憔悴之歎，發於詩者，特為酸楚。閔己傷志，固君子所不免，然亦何至是，卒以憤死，未為達理也。樂天既遇閑，放浪物外，若其能脫屣軒冕者，然榮辱得失之際，銖銖校量，而自矜其達，每詩未嘗不著此意，是豈真能忘之者哉？亦力勝之耳。惟淵明則不然。

觀其《貧士》、《責子》與其他所作，當憂則憂，遇喜則喜，忽然憂樂兩忘，則隨所遇而皆適，未嘗有擇於其間，所謂超世遺物者，要當如是而後可也。觀三人之詩，以意逆志，人豈難見？以是論賢不肖之實，亦何可欺乎？」（卷四六代下，常振國、絳雲點校本《竹莊詩話》，第七九頁）

蘇子由云：「……老杜陷賊時，有《哀江頭》詩。予愛其詞氣如百金戰馬，注坡驀澗，如履平地。得詩人之遺法。如白樂天詩，詞甚工，然拙於紀事，寸步不遺，猶恐失之，此所以望老杜之藩垣而不及也。」（卷六杜子美下，常振國、絳雲點校本《竹莊詩話》，第一一二～一一三頁）

智按：此則又見魏慶之《詩人玉屑》卷十四「詞氣如百金戰馬」。

⊙韓退之《同張籍遊曲江》

《蒼梧雜志》云：「退之盡是直道，更無斧鑿痕。人多嫌退之律詩不工，使魯直為之，未必能得如是氣象。唐人謂此四句可敵一部《長慶集》，誠然。」

漠漠輕陰曉自開，青春白日映樓臺。曲江水滿花千樹，有底忙時不肯來。（卷七韓退之上，常振國、絳雲點校本《竹莊詩話》，第一四二頁）

⊙山谷《謫居黔南十首》（摘樂天句）

《集註》云：近世曾慥端伯作《詩選》，載潘邠老事云：「張文潛晚喜樂天詩，邠老聞其稱美，輒不樂。嘗誦山谷十絕句，以為不可跂及。其一云：『老色日上面，歡悰日去心。今既不如昔，後當不如今。』潛一日召邠老飯，預設樂天詩一帙，置書室牀枕間，邠老少焉假榻翻閱，良久纔悟：山谷十絕詩，盡用樂天大篇裁為絕句，蓋樂天長於敷衍，而山谷巧於剪裁，自是不敢復言。」端伯所載如此，必有所依據，然敷衍剪裁之說非是。蓋山谷謫居黔南時，取樂天江州等詩偶有會於心者，摘其數語寫置齋閣，或嘗為人書，世因傳以為山谷自作，然亦非有意與樂天較工拙也。詩中改易數字，可為作詩之法，故因附見於此。（卷十東坡居士下，常振國、絳雲點校本《竹莊詩話》，第一九七頁）

《禁臠》云：「若不得流水，還應過別山」者，題野燒也。「嚴霜百草白，深院一株青」，題小松也，前人以為工，是題其意耳，非能狀其體態也。如子美題雨則曰：「紫崖奔處黑，白鳥去邊明。」樂天題琵琶曰：「銀瓶忽破水漿迸，鐵騎突出刀鎗鳴。」又曰：「四絃一聲如裂帛」，此皆曲盡萬物之情狀，若音聲不可把玩，如石火雷光，而人之才力能攬取之，然此但得其情狀，非能寫其不傳之妙，如山谷《題蘆鴈圖》則妙絕矣。（卷十東坡居士下，常振國、絳雲點校本《竹莊詩話》，第二〇〇頁）

智按：山谷《題蘆鴈圖》：「惠崇煙雨蘆鴈，坐我瀟湘洞庭。欲喚扁舟歸去，傍人謂是丹青。」

《古今詩話》云：「張祜有《觀獵》詩并《宫詞》，白傅稱之小杜。」（卷十三雜編三，常振國、絳雲點校本《竹莊詩話》，第二六六頁）

《法藏碎金》云：白氏集中頗有遣懷之作，故達之人率多愛之。余友李公維録出其詩，名曰《養浩集》，余亦如之，名曰《助道》，其詞語，蓋於經教法門，用此彌縫其闕，而直截曉悟於人也。余愛其詩云云。（卷十五雜編五，常振國、絳雲點校本《竹莊詩話》，第三〇七頁）

智按：此處與晁迥《法藏碎金録》卷五文字略異。白居易《遣懷》：「羲和走馭趁年光，不許人間日月長。遂使四時都似電，爭教兩鬢不成霜。榮銷枯至非關命，壯盡衰來亦是常。已共身心要約定，窮通生死不驚忙。」

《蔡寬夫詩話》云：國初沿襲五代之餘，士大夫皆宗白樂天詩，故王黄州主盟一時。（卷十六雜編六，常振國、絳雲點校本《竹莊詩話》，第三一二頁）

《西清詩話》云：緱氏，王子晉升仙之地，有祠在焉。鄭文寶嘗題一絕後，晏元獻見之，取白樂天語，書其後云：此詩在在處處，有神物護持。（卷十六雜編六，常振國、絳雲點校本《竹莊詩話》，第三一九頁）

《漫齋語録》云：劉禹錫長於歌行並絕句，如《武昌老人説笛歌》，山谷云：使宋玉、馬融復生，亦當許之。《金陵懷古》等五絕，樂天云：「在在處處，當有神物護持。」不虛語也。

山谷云：「《淮陰行》情調殊麗，語氣尤穩切，白樂天、元微之為之，皆

不入此律也。惟『無奈脱莱時』不可解，當待博物洽聞者説也。」（卷二十雜編十，常振國、絳雲點校本《竹莊詩話》，第三八九頁）

《詩史》云：蘇子美言，樂天《琵琶行》中云：「夜深忽夢少年事，覺來粉淚濕闌干。」此聯有佳句。今謂夢得説笛歌云：「如今老去語猶遲，音韻高低耳不知。氣力已無心尚在，時時一曲夢中吹。」不減樂天。（卷二十雜編十，常振國、絳雲點校本《竹莊詩話》，第三九一～三九二頁）

《禁臠》云：詩分三種趣：一曰奇趣，二天趣，三勝趣。……《大林寺》云：「人間四月芳菲盡，山寺桃花始盛開。長恨春歸無覓處，不知轉入此中來。」其詞終如水流花開，不假工力，此謂之天趣。天趣者，自然之趣耳。……《東林寺》云：「昔為東掖垣中客，今日西方社裏人。手把楊枝臨水坐，閑思往事似前身。」吐詞氣宛在事物之外，殆所謂勝趣也。（卷二十雜編十，常振國、絳雲點校本《竹莊詩話》，第三九五～三九六頁）

「青燈影冷碁三戰，紅火爐溫酒一盃。」《漁隱叢話》云：循道得文章體格，全學樂天，故句語皆平易，如云云，餘不及此者亦多。（卷二十四警句下，常振國、絳雲點校本《竹莊詩話》，第四五二頁）

智按：見《漁隱叢話》前集卷五十二《趙循道》（廖德明校點，虞行、周本淳重訂本，第三五八頁）。

何汶，號竹莊，處州龍泉（今屬浙江）人。慶元二年（一一九六）進士。開禧二年（一二〇六）丙寅，任新德安府教授，纂《竹莊備全詩話》二十七卷。今本爲二十四卷。

王夢龍（一一九七進士）

《僧文聳刻白樂天沃洲山記跋》（嘉熙四年）

石城以池涵佛窟之奇，而劉勰為之製碑；沃洲以列巘平津之勝，而樂天為之作記。二刹為南明冠，不專在泉石，而在二公之詞章矣。會昌中，用道士說毀浮圖，劉侍中碑乃從而沒。後數百年，有□書衲子墨其文於寺壁。至嘉祐己亥，長老宗幼文始鐫之翠琰，邑尉吳處厚特紀詩碑陰，美好事也。建炎間，以草竊發據寺院，白太傅記亦遭其毁。後數十年，有能文行者書其詞於佛殿。至嘉熙庚子，住持聳别峰乃勒之堅珉，里人王夢龍遂與之題跋，重好古也。夫文之顯晦係於時，時之淹速係於人。宗解笑□□□□為爾寂寂，隨人作計，余豈免□公一抵掌也。（《越中金石記》卷五；《全宋文》二〇〇六年版第三〇八册，卷七〇四三，第三六三頁）

智按：王夢龍，字慶翔，紹州府新昌（今屬浙江）人。慶元三年（一一九七）進士。歷知龍游、金華二縣，咸有惠政，遷大理寺丞。極言和好不可恃，攻守不可弛。言甚懇切，上嘉納之。擢監察御史。後召除司農卿、權户部侍郎。以疾辭歸。晚憩龜潭，人稱龜潭先生。生平見乾隆《浙江通志》卷一百六十引《兩浙名賢録》。

郭允喆（一一九七前後）

《勸農文》

仰惟聖天子專任守令爲親民之官，著於名銜，主勸農之事，載之甲令，又有仲春出郊酒殽之賜，所以待爾農者蓋不薄也。念一谷不登，一夫失業，則在位者之責。當職自守兹土，行滿二年，南北西郊告諭已徧，獨塗井一方，前後郡守未嘗一至焉。……使異日皆曰自唐白文公以來，郡守至吾井者實自郭始，使當職亦曰自有宋以來勸耕至此者亦自予始，使後之來者無以塗溪爲遠而外我井民。爾享其利，我享其名，此勸課本意，各體而行之。慶元丁巳二月立石。朝請大夫、知忠州兼管勸農事、金紫郭允喆。（萬曆《重慶府志》卷八五，萬曆四十三年刻本；《全宋文》二〇〇六年版第二九二册，卷六六四九，第二二九頁）

智按：郭允喆，慶元三年（一一九七）以朝請大夫知忠州。

白清臣（一一九八前後）

《許州重修宣聖廟碑（明昌九年）》

上卽位之初，歲在庚戌，改元曰明昌……（九年）五月，功畢一日，係籍儒生，摳衣升階而請之曰：「今廟貌奕奕然，聖容穆穆然，黌館綽綽然，實許昌之壯觀，學者之深幸焉。茲皆出於提刑使李公創始，而郡僚克終，故能成此一段奇事，豈可泯而不傳，蓋廟之所居，從昔至今，凡四遷矣。初則置於兌隅，次則遷於震位。靖康之亂，焚滅無餘。逮本朝，復其疆土，又遷於鄧洵仁之故宅，而僻居郭外，連郊牧之地。其殿宇卑微，齋舍湫隘，甚不副國家右文養士之意。猶有唐代故碑，乃劉夢得所製之文也。」余徐應之曰：「舊廟之碑，亦嘗見矣。雖時代遼邈，兵火屢遭，龜趺不存，而碑文獨在。考其年禩，計今之相距，凡六丙辰矣。噫！事之興廢，物之消長，亦時之待焉，豈白樂天謂劉禹錫之文『所在有神物護持之』，誠哉是言也。今若督余繼作，其所謂刻畫無鹽，唐突西施。」生曰：「時異事異，豈以此而固辭，況先生名列學宮，申稟之事，皆親見之，安可反求他人乎？」由是不敢拒眾人所請，亦樂道人之善，因瀹硯奮筆直書其歲月云。（《許州志》）（清張金吾《金文最》卷三十九碑，《續修四庫全書》影印清光緒二十一年重刻本；《金文最》卷七七，中華書局，一九九〇年八月版，第一一二九～一一三〇頁；《全遼金文》中册，山西古籍出版社，二〇〇二年九月版，第二〇〇六頁）

智按：白清臣，金明昌九年，官許州州學教授。

陳應行（舊題）

《文苑詩格》（白樂天撰）

⊙刱結束

爲詩須刱入意，解題目，然後放曠辭理。若爲大詩，十六字一度結束。若爲小詩，首末辭理相解，末句一時束，不離刱意。

⊙依帶境

爲詩實在對屬，今學者但知虚實爲妙。古詩云：「日暮碧雲合，佳人殊未來。」此上句先敘其事，下句拂之。古詩：「昏旦變氣候，山水含光輝。」此並先勢，然後解之也。

⊙菁華章

詩有屬對，方知學之淺深。古詩：「金波麗鳷鵲，玉繩低建章。」此名對爲麗也。

⊙宣暢騷雅

爲詩之體，切在裨益《國風》。古詩：「明月澄清景，列宿正參差。」今詩：「手持雙鯉魚，目送千里鴻。」此雅意，無有浮艷也。

⊙影帶宗旨

文體直敘其意，語成文，影帶回合，三向四通，悉皆流美。

古詩云：「花飛織錦處，月落擣衣邊。」又古詩：「朱門日照金生翠，粉蝶雲橫月放光。」

⊙雕藻文字

夫文字須雕藻三两字文彩，不得全真致，恐傷鄙朴。古詩云：「初篁包綠籜，新蒲含紫茸。」又古詩：「日户晝輝靜，月林霞影明。」有此勢，可精求之。

⊙聯環文藻

爲詩不論小大，須聯環文藻，得隔句相解。古詩云：「擾擾羈遊子，營營市井人。懷金近從利，負劍遠辭親。」此第四句解第一句，第三句解二句。今詩云：「青山碾爲塵，白日無閑人。自古推高車，争利入西秦。」此第三句解第一句，第四句解第二句。

⊙杼柝入境意

或先境而入意，或入意而後境。古詩：「路遠喜行盡，家貧愁到時。」「家貧」是境，「愁到」是意。又詩：「殘月生秋水，悲風慘古臺。」「月」、「臺」是境，「生」、「慘」是意。若空言境，入浮艷；若空言意，又重滯。

⊙招二境意

或于一句之中用物色，第五字招第二字爲上格。今詩云：「亂石不知數，積雪如到門。」

⊙精頤以事

若古文用事，又傷浮灩；不用事，又不精華。用古事似今事，爲上格也。古詩云：「朝採南澗草，夕息西山足。」

⊙褒贊《國風》

爲詩之道，義在裨益，言意皆有所爲。古詩云：「美人贈我錦綉段，何以報之青玉案。」

⊙諷諫

爲詩不裨益，即須諷諫，依《離騷》、《雅》。古詩云：「蒼鷹獨立行，衆鳥不敢飛。」此乃自喻也。

⊙語窮意遠

爲詩須精搜，不得語剩而智窮，須令語盡而意遠。古詩云：「餘霞散成綺，澄江净如練。」又古詩：「前有寒泉井，了然水中月。」此語盡意未窮也。

⊙束麗常格

爲詩有當面敘事，隱一字，古語皆有此體。古詩云：「糾糾葛屨，可以履霜。」此云不可以履霜也，隱一「不」字也。又古詩：「海水知天寒。」此言不知也。又古詩：「黄鳥不戀枝。」此言豈不戀也。

⊙敘舊意

每見爲詩者，多於本事中更説舊意，須舊意更説新意。古詩：「細雨濕衣看不見，餘花落地更無聲。」此是消息，不合更説。又古詩：「如何百年内，不見一人閑。」此舊意説新景爲佳矣。

⊙重疊敘事

每見爲詩，上句説了，下句又説。文不相依帶，只傷重疊。

今詩云：「夜久冰輪側，更深珠露懸。」「夜久」、「更深」是重也。

⊙明五七言

凡爲七言詩，七言減爲五言不得，始是工夫。

今詩云：「風散池篁聞戲鳥，霞光粉壁見題詩。」今但言「池篁聞戲鳥，粉壁見題詩」亦得。

又詩云:「金鈿來往當春風，玉繩嗟咤下秋漢。」此七言去兩字不成也。(《吟窗雜録》卷四，明嘉靖二十七年崇文書堂刻本；中華書局影印本，第一九七～二〇六頁)

《風騷要式》(徐衍述)

夫詩之要道，是上聖古人之樞機，故可以頌，可以諷，邇之事父，遠之事君。今之辭人，往往自諷自刺，而不能覺；前代詩人，亦曾微露天機，少彰要道。白樂天云:「鴛鴦綉了從交看，莫把金針度與人。」禅月亦云:「千人萬人中，一人兩人知。」以是而論，不可妄授。(《吟窗雜録》卷十，明嘉靖二十七年崇文書堂刻本；中華書局影印本，第三五七頁)

《金針詩格》(白居易撰)

元和中有詩友數十人，愛相酬唱，獨得詩之深者。劉夢得、元微之二公，尤知其理，曉人多以元劉爲先，號曰劉白、元白，故知元、劉之詩，知詩之骨髓，而播在人口，莫非騷雅者也。夢得相寄云:「沉舟側畔千帆過，病樹前頭萬木春。」「雪裏青山頭白老，海中仙菓子生遲此。」二聯神助之句，自能詩者鮮到於此，豈非夢得之深者乎!

詩有内外意:

一曰内意。

欲盡其理。理謂義理之理，美刺箴誨之類是也。

二曰外意。

欲盡其象。象謂物象之象，日月山河蟲魚草木之意也。内外意皆有含蓄，方入詩格。

詩有三本:

一曰有竅，二曰有骨，三曰有髓。

以聲律爲竅。

以物象爲骨。

以意格爲髓。

凡爲詩須具此三者。

詩有四格:

一曰十字句格。

二曰十四字句格。

三曰五隻字句格。

四曰拗背字句格。

詩有四得：

一曰句欲得健。二曰字欲得清。

三曰意欲得圓。四曰格欲得高。

詩有四鍊：

一曰鍊句。二曰鍊字。

三曰鍊意。四曰鍊格。

鍊句不如鍊字，鍊字不如鍊意，鍊意不如鍊格。

詩有五忌：

一曰忌格懦。二曰忌字俗。

三曰忌才浮。四曰忌理短。

五曰忌意雜。

詩有五理：

一曰有美。二曰有刺。三曰有規。四曰有箴。五曰有誨。

詩有三體：

紀帝德曰頌。千王道曰雅。諷上曰風。

詩有四得：

一曰有意而得之者。二曰有怒而得之者。

三曰有哀而得之者。四曰有樂而得之者。

喜而得之其辭麗。

怒而得之其辭憤。

哀而得之其辭悲。

樂而得之其辭逸。

詩有四失：

一曰失之太喜其思放。

二曰失之太怒其思躁。

三曰失之太哀其思傷。

四曰失之太樂其思蕩。

詩有上中下三等：

一曰純而歸正者上等也。

二曰淡而有味者中等也。

三曰華而不浮者下等也。

詩有齊梁格：

四平頭：謂四句皆平字入是也。

兩平頭：謂第一句、第三句用平字入是也。

詩有扇對：第一句對第三，第二句對第四句。

詩有魔：

好吟而無功者才卑也。

好奇而不純者格卑也。

詩有三般句：

一曰自然句。二曰容易句。三曰苦求句。

命題屬意如有神助歸於自然也。

命題率意遂成一章歸於容易也。

命題用意求之不得歸於苦求也。

詩有四字對：

一曰疊韻字對。

二曰疊語字對。

三曰骨肉字對。

四曰借聲字對。

詩有義例七：

一曰説見不得言見。

二曰説聞不得言聞。

三曰説遠不得言遠。

四曰説静不得言静。

五曰説苦不得言苦。

六曰說樂不得言樂。

七曰說恨不得言恨。

破題：

欲似狂風捲浪勢欲滔天。

落句：

欲似高山放石一去無廻。

詩有二家：

一曰有詩人之詩。

二曰有詞人之詩。

詩人之詩雅而正。

詞人之詩才而辯。（《吟窗雜録》卷十八上，明嘉靖二十七年崇文書堂刻本；中華書局影印本，第五四七～五五五頁）

《歷代吟譜》

⊙唐宣宗

白居易卒，帝以詩弔之曰：「綴玉聯珠六十年，誰於冥路作詩仙。」（《吟窗雜録》卷二十三，明嘉靖二十七年崇文書堂刻本；中華書局影印本，第六七四頁）

⊙白居易

字樂天，被遇唐憲宗，為當路所忌，遂擯斥，乃放意文酒，自為《醉吟先生傳》，暮節稱香山居士，與狄兼謨等游，人慕之，繪《九老圖》。士人爭傳，雞林行賈售其國相，率篇易一金。杜牧謂：「纖豔不逞，非莊士雅人所為。流傳人間，子父女母交口教授，淫言媟語入人肌骨不可去。」蓋救所失，不得不云。

樂天《寄元微之書》曰：

文尚矣，云（三）才各有文，天之文三光首之，地之文五材首之，人之文六《經》首之。就六《經》而言，《詩》文首之。何者？聖人感人心，而天下和平。感人心者，莫先乎情，莫始乎言，莫切乎聲，莫深乎义。詩者，根情苗言華义。又上自聖賢，下至愚騃，微及豚魚，幽及鬼神，群分而氣同，形異而情一，未有聲入而不應，情交而不感者。聖人知其然，因其言，經之以六義；緣其聲，緯之以五音。音有韻，義有類，韻協則言順，言順則聲易入；類舉則情見，情見則感易交。於是乎孕大含深，貫微洞密，上下通而一氣泰，憂樂合而百志熙，五帝三皇所以直道而行，垂拱而理者，揭此以為大柄，決此以為大寶也。

樂天自序洛詩曰：

予歷覽古今歌詩，自風騷之後，蘇李以還，次及鮑謝徒，迄於李杜輩，其間詞人聞知者累百，詩章流傳者鉅萬。憤憂怨傷之作，通計古今，什八九焉。世所謂文士多數奇，詩人尤命薄，於斯見矣。

元微之序樂天詩曰：

人之文各有所長，樂天之長，可以為多矣。諷諭之詩長於激，閒適之詩長於遣，感傷之詩長於切，五字律詩，百言而上長於贍；五字、七字，百言而下長於情；賦贊、箴戒之類長於當；碑記、敘事、制誥長於實；啓奏、表狀長於直；書檄、詞策、剖判長於盡。總而言之，不亦多乎哉！

《摭言》曰：

裴晉公夜宴諸仕宦，樂天有詩曰：「九燭臺前十二姝，主人留醉任歡娛。」

盧貞曰：

樂天曾賦永豐柳詩曰：「一樹香風千萬枝，嫩如金色軟於絲。永豐西角流園裹，盡日無人屬阿誰。」傳入樂府，有詔取兩枝植於禁苑。

樂天《偶眠》詩：

放盃書案上，枕臂火爐前。（《吟窗雜録》卷二十六，中華書局影印本，第七四五～七四八頁）

⊙元稹

字微之，詩與白樂天相埒，天下傳諷，尊「元和體」。與竇鞏酬唱，時號「蘭亭絕唱」。

自序樂府曰：

《詩》迄於周，《離騷》迄於楚，是後詩之流為二十四名，賦、頌、銘、贊、文、誄、箴、詩、行、詠、吟、題、怨、嘆、章、篇、操、引、謠、謳、歌、曲、詞、調，皆詩人六義之餘。劉補闕云：樂府肇於漢魏。按仲尼學

《文王操》，伯牙作《山水操》，則不於漢魏而後始，亦以明矣。

又《序詩寄樂天》曰：

……每公私感憤，道義激揚，朋友切磨，古今成敗，日月遷逝，光景舒慘，山川勝勢，風雲氣色，當花對酒，樂罷哀餘，通滯屈伸，悲歡合散，至於疾恙其身，悼懷昔游，凡所對遇異於常者，則欲賦詩。……僕聞上士立德，其次立事，其次立言。凡人急位，其次急利，最下急食。僕天與不厚，既乏全然之德，命與不偶，未遇可為之事，性與不慧，復無垂範之言，兀兀狂癡，行近四十，徼名取位，不過於第八品，而冒憲已六七年。……但恐一旦與急食者相扶而終。……

又《上令狐相公啓》曰：

惟杯酒光景間屢為小碎篇章，以自吟暢，然以為律體卑下，格力不揚，苟無姿態，則陷流俗，常欲得思深語近，韻律調新，屬對無差，而風情自遠，而病未能也。

《寄白樂天》詩曰：

殘燈無焰影幢幢，此夕聞君謫九江。垂死病中驚坐起，暗風吹雨入寒窗。

樂天《祭微之哀詞二首》其一：

八月涼風吹白幕，寢門廊下哭微之。妻孥親串來相弔，唯道皇天無所知。

其二：

文章卓犖生無敵，風骨精靈殁有神。哭送咸陽北原上，可能隨例作塵埃。

微之悼妻詩：

顧我無衣搜畫篋，泥他沽酒拔金釵。（《吟窗雜録》卷二十六，中華書局影印本，第七四八～七五一頁）

智按：陳應行，字季陸，建安（今福建建甌）人。乾道七年（一一七一），游荊湖間，得張孝祥《于湖集》，爲作序。淳熙二年（一一七五）考中特科狀元。著有《陳學士吟窗雜録》五十卷，有明嘉靖二十七年崇文書堂刻本，故宫博物院藏明刻本爲二十卷；又有清抄本《歷代吟譜》四卷，舊題陳應行撰，《四庫全書總目》卷一九七已辨其僞。

王暐（舊題）

《道山清話》

曾紆云：山谷用樂天語作黔南詩。白云：「霜降水返壑，風落木歸山。冉冉歲將晏，物皆復本原（源）。」山谷云：「霜降水返壑，風落木歸山，冉冉歲華晚，昆蟲皆閉關。」白云：「渴人多夢飲，飢人多夢餐。春來夢何處？合眼到東川。」山谷云：「病人多夢醫，囚人多夢赦。如何春來夢，合眼在鄉社？」白云：「相去六千里，地絕天邈然。十書九不到，何以開憂顏？」山谷云：「相望六千里，天地隔江山。十書九不到，何用一開顏？」紆愛之。每對人口誦，謂是點鐵成金也。范寥云：寥在宜州，嘗問山谷，山谷云：「庭堅少時誦熟，久而忘其為何人詩也。嘗阻雨衡山尉廳，偶然無事，信筆戲書爾。」寥以紆點鐵之語告之，山谷大笑曰：「烏有是理？便如此點鐵！」（《四庫全書》本《道山清話》）

智按：樂天《歲晚》：「霜降水返壑，風落木歸山。冉冉歲將宴，物皆復本源。」元和十四年（八一九），四十八歲，任忠州刺史。《白居易集箋校》第六一三頁；《寄行簡》：「相去六千里，地絕天邈然。十書九不到，何以開憂顏？渴人多夢飲，飢人多夢餐。春來夢何處？合眼到東川。」元和十一年（八一六），四十五歲，任江州司馬。《白居易集箋校》第五五八頁。

《四庫提要・道山清話》云：「不著撰人名氏。《説郛》撰其數條刻之，題曰宋王暐。案書末有暐跋語，云：『先大父國史在館閣最久，多識前輩，嘗以聞見著《館祕録》、《曝書記》，並此書為三。仍歲兵火，散失不存，近方得此書於南豐曾仲存家，因手鈔藏示子孫。』後題『建炎四年庚戌，孫朝奉大夫、主管亳州明道宮、賜紫金魚袋暐書』。則撰此書者，乃暐之祖，非暐也。周煇《清波雜誌》稱：『《成都富春坊火詩》乃洛中名德之後、號道山公子者所作。』亦不言其姓氏。書中記元祐五年，其父為賀遼國正旦使，論范純仁、呂公著事，歸奏哲宗，哲宗命寄書純仁，後純仁再相，哲宗問曾見李某書否？則撰此書者李姓，非王姓也。然考李燾《通鑑長編》，是年八月庚戌，命吏部郎中蘇注、戶部郎中劉昱為正旦使，供備庫使郭宗顏、西京左藏庫副使畢可濟副之，後郭宗顔病，改遣西頭供奉官閤門陸孝立。無李姓者在其間。而所稱『去年范純仁出守潁昌，吕公著卒於位事』，考二人本傳，實均在元祐四年，則五年字又不誤，不審其何故也。或蘇字、劉字傳寫譌為李歟？所記終於崇寧五年，則成書當在徽宗時。」

關於黄山谷書唐人詩句於扇上，被人誤羼為山谷本人作品一事，陸游《老學庵筆記》卷四云：「魯直詩有題扇『草色青青柳色黄』一首，唐人賈至、趙嘏詩中皆有之，山谷蓋偶書扇上耳。至詩中作吹愁去，嘏詩中作吹愁卻，卻字為是。蓋唐人語猶云吹卻愁也。」參看洪邁《容齋隨筆》卷一。

王正德（一一八二至一一九三前後）

《餘師録》

⊙黄魯直

……又云：或傳王荆公稱《竹樓記》勝歐陽公《醉翁亭記》，或曰此非荆公之言也。某以謂，荆公出此言未失也。荆公評文章，常先體制而後工拙，盖嘗觀蘇子瞻《醉白堂記》，戲曰：『文辭雖極工，然不是醉白堂記，乃是韓白優劣論耳。』以此考之，優《竹樓記》而劣《醉翁亭記》，是荆公之説不疑也。(《四庫全書》本《餘師録》卷二)

⊙李朴

李朴《送徐行中序》云：「吾嘗論唐人文章，下韓退之為柳子厚，下柳子厚為劉夢得，下劉夢得為杜牧，下杜牧為李翺、皇甫湜，最下者為元稹、白居易。盖元白以澄澹簡質為工，而流入於鄙，譬如哇淫之歌，雖足以快心便耳，而類乏《韶》、《濩》。翺、湜優柔泛濫，而詞不掩理。杜牧清深勁峻，而體乏步驟。夢得俊逸麗縟，而時窘邊幅。子厚雄健飄肆，有縣崖峭壑之勢，不幸不發於仁義，而發於躁誕。至退之而後，淳粹温潤，駸駸乎為六經之苗裔。何則？文章者，天地之奇氣，造物者常嗇於與人，故愚者終身而不得，智者得其幽微之思，勇者得其果敢之氣，辨者得其玲瓏之聲，巧者得其藻繪之容。是數者，雖能得而不能盡，然猶足以取高於斯世，盖必有兼是數者之才，而後得其純全中正之氣，經緯五藏，雕鏤萬化，明以寓物象之形容，幽以露鬼神之奇怪，小而歌詠乎蟲魚鳥獸之情，大而羽翼乎禮樂刑政之具。隨時抑揚，為歌頌譏刺之音，以舒發其懽愉愁嘆堙鬱之志，而終始出入於仁義，為禹稷之謨，伊周之訓，箕子之疇，伏羲之《易》，孔子之《春秋》，而天地之藴始盡矣。」

《謁顧子敦侍郎書》云：「文章涉秦漢而病，夫《六經》之於道，譬猶一氣之運，産出萬化。孟軻、揚雄爲之五行四時之用。盖《書》道治亂興廢之迹，故其辭顯，春秋賞善絶惡，歸諸正，故其辭微。《易》以四象告吉凶，故其辭深而通。《禮》以齋莊恭敬之心，達於籩豆玉帛，故其辭典而嚴。《詩》以君臣父子之情，詠於竹，絃於絲，故其辭婉而順。下三代，而道德之意不傳。在戰國則蘇秦、張儀以縱横病，韓非、申商以刑名病，莊周、列禦寇又取仁義法度，而搥提絶滅之爲窈茫荒怪之説。漢司馬遷得其汪洋峻逸之氣，以馳騁上下數千載，而顛倒横斜，識不逮理。歷晉魏齊梁，而光沉氣塞，埋藏腐蝕，頹波横流，滔靡一轍。唐興，三光五嶽之氣不分，文風復起，韓愈得其温淳深潤，以爲貫道之器，柳子厚得其豪健雄肆，飄逸果決者，僅足窺馬遷之藩鍵，而類發於躁誕。下至孫樵、杜牧，峻峯激流，景出象外，而裂窘邊幅。李翺、劉禹錫，刮垢見奇，清勁可愛，而體乏雄渾。皇甫湜、白居易閑澹簡質，斵去雕篆，而拙迹每見，回宫轉角之音，隨時間作，類乏韶夏，皆淫哇而不可聽。某駑鈍，竊亦有志於古者，側聞閤下以德行文章，取名於時士之有志於道者，爭出所長來筮，駑駿聽於下風，竊自增氣，不識龍門之下，可以衽草褐而一叩乎？」（《四庫全書》本《餘師録》卷三；《叢書集成初編》本，第三五頁；《古今事文類聚别集》卷五；《記纂淵海》卷七十五）

⊙蔡絛

蔡絛《西清詩話》云：「王文公見東坡《醉白堂記》云：『此乃是韓白優劣論。』東坡聞之曰：『不若介甫《虔州學記》，乃學校策耳。』二公相誚或如此，然勝處未嘗不相傾慕。元祐間，東坡奉祠西太一宫，見公舊時詩云：『楊柳鳴蜩緑暗，荷花落日紅酣。三十六陂春水，白頭想見江南。』注目久之，曰：『此老野狐精也。』」（《四庫全書》本《餘師録》卷四）

智按：王正德，《宋史》無傳，其爵里皆未詳。《餘師録》書前有自序，稱紹熙四年（一一九三），則光宗時人也。

魏搏霄（一一九〇至一一九五前後）

《田若虚游龍門寶應用天隨子體賦詩因次其韻》（二首）

少室右臂禹所斷，開排清伊來高寒。土肉養石自古秀，山腰流泉無時乾。佛髻滴滴染濕翠，松風颼颼鳴驚湍。白傅已矣不可見，予誰從之投歸鞍。

闕塞若廐馬，奔騰多奇庬。慦爾不可沮，西來何悾悾。駿足忽勒破，英才如拘龐。有客善體物，新詩留僧窗。晏輩豈足道？微瀾生盆缸。徑續杞菊意，來浮玻璃江。吏部昔竄謫，猶能題臨瀧。况此六大寺，磓堂時鳴椿。紫翠出萬瓦，天風旋珠幢。興寄百斛鼎，無才誰其扛。會聽項籍約，吾將從之降。（《四部叢刊》本《翰苑英華中州集》卷四）

智按：魏搏霄，字飛卿。初以蔭補官，以薦從事史館。金章宗明昌中中宏詞選，授應奉翰林文字。詩以富豔稱，党懷英許其在劉迎之上。今存詩三首，生平及作品均見《中州集》卷四。

葉大慶（一一九五？～一二六四間）

《考古質疑》

吴氏《漫録》云：「豫章《漁父詩》：『范蠡歸來思狡兔，吕翁何意兆非熊。』又：『巖居大士是龍象，草堂丈人非熊羆。』按《六韜》、《史記》：『非龍非彲，非虎非羆。』無熊字，恐豫章別有所本。」大慶觀李翰《蒙求》云：「吕望非熊。」徐狀元補注且引《後漢・崔駰傳》注云：「西伯出獵，卜之曰：『所獲非龍非彲，非熊非羆。』所謂非熊，蓋本於此。然《六韜》及《史記》本是虎字，唐人多作非熊。」杜詩：「田獵舊非熊。」又《夔府秋日書懷》云：「熊羆載吕望，鴻雁美周宣。」《白氏六帖》於熊部、獵部、卜部皆作非熊非羆。蓋虎字乃唐高祖諱，所以章懷注《東漢書》雖引《史記》之文，特改非熊之字。杜甫、李翰、白居易，皆唐人也，故相傳皆作非熊，而豫章亦本諸此而已，何必更別求所本哉！或謂漢桓寬《鹽鐵論》云：「起磻溪熊羆之士。」則漢人固嘗以熊羆為言，豈必因國諱而改？蓋熊羆乃世之常言，如《詩》云「維熊維羆」，《書》云「如熊如羆」，又云「則亦有熊羆之士」，故人皆以熊羆為言。至於特改非虎為非熊，實起於唐也。若夫李善注《文選》，其於《賓戲》則引《史記》曰：「所獲非龍非虎，非熊非羆。」於「非有先生論」則引《六韜》曰：「非熊非羆，非虎非狼。」其實非《史記》、《六韜》之文，特彷彿記憶而為之注爾，不足為據也。（《四庫全書》本《考古質疑》卷三，李偉國點校本，第十九頁）

「對牀」、「聽雨」，二蘇兄弟酬答多用之。坡有《東府雨中別子由》詩曰：「對牀定悠悠，夜雨空蕭瑟。」《初秋寄子由》云：「雪堂風雨夜，已作對牀聲。」《在鄭別子由》云：「寒燈相對記疇昔，夜雨何時聽蕭瑟。」《在御史獄》云：「他年夜雨獨傷神。」《李公擇故居》詩：「對牀老兄弟，夜雨聽竹屋。」又《初秋子由與坡相從彭城賦詩》云：「逍遥堂後千章木，長送中宵風雨聲。誤喜對牀尋舊約，不知飄泊在彭城。」又子由《使遼在神水館》云：「夜雨從來對榻眠，兹行萬里隔冰天。」子由《舟次磁湖》云：「夜深魂夢先飛去，風雨對牀聞曉鐘。」此其兄弟所賦也，故後人多以為兄弟事。坡詩注：「子由與坡在懷遠驛，讀韋蘇州詩，至『寧知風雨夜，復此對牀眠』，惻然感之，乃相約早退，為閒居之樂。」大慶觀蘇州此詩，乃贈元常全真二甥，又《贈令狐士曹》云：「秋霖滴滴對牀寢，山路迢迢聯騎行。」至白樂天，亦有《招張司業》詩：「能來同宿否？聽雨對牀眠。」故坡《送劉寺丞》云：「中和堂後石楠樹，與君對牀聽夜雨。」以是觀之，非獨兄弟可用也。（《四庫全書》本《考古質疑》卷四，李偉國點校本，第三八～三九頁）

《東皋雜録》：「《詩》：『伐木丁丁，鳥鳴嚶嚶。出自幽谷，遷於喬木。』又曰：『嚶其鳴矣，求其友聲。』《鄭箋》云：『嚶嚶，兩鳥聲。』正文與注皆未嘗及黃鳥。自白樂天作《六帖》，始類入鶯門。又作詩每用之。如『谷幽鶯暫遷』、『不失遷鶯侶』、『鶯遷各異年』、『樹集鶯朋友』之類。後人多祖述用之。」《緗素雜記》載：「劉夢得《嘉話》云：『今謂進士登第為遷鶯者久矣。蓋自《詩》云「伐木丁丁，鳥鳴嚶嚶。出自幽谷，遷於喬木。」又曰：「嚶其鳴矣，求其友聲。」並無鶯字。頃歲省試《早鶯求友詩》，又《鶯出谷詩》，別書固無證據，斯大誤也。』余謂今人吟詠，多用遷鶯出谷事，又曲名《喜遷鶯》，皆循襲唐人之誤。故宋景文云：『曉報谷鶯朋友動』。又『杏園初日待鶯遷』。舒王云：『鶯猶尋舊友。』惟漢梁鴻《思友人》詩曰：『鳥嚶嚶兮友之期，念高子兮僕懷思。』《南史》劉孝標《絕交論》云：『嚶鳴相召，星流電激。』是真得詩意。」苕溪漁隱曰：「涪翁詩：『千林風月鶯求友』，亦承唐人之誤。然自唐至今，誤用者眾，為時碩儒尚猶如此，餘何足怪?」洪駒父云：「古今詩人誤用出谷遷喬為黃鶯。按《詩》注：『嚶嚶，兩鳥聲。』非鶯也。《禽經》稱『鶯嚶嚶然』，要是後人傅會，非詩本意。」已上諸公議論如此。大慶按，《詩》「嚶嚶」雖非指鶯，然漢張衡《歸田賦》「王雎鼓翼，倉庚哀鳴。交頸頡頏，關關嚶嚶」，又《東都賦》「雎鳩鸝黃，關關嚶嚶」。蓋倉庚、鸝黃，即所謂鶯也。張衡皆以嚶嚶言之，則唐人以嚶嚶為鶯，又未必不本於此。若以為樂天始誤，竊謂不然。蓋李嶠《鶯詩》「乍離幽谷日，先囀上林風」，李白《荊門望蜀江詩》「花飛出谷鶯」，二李蓋先於樂天矣。況梁元帝《言志賦》「聞鶯鳴而懷友」，陳楊謹《從駕祀麓山廟詩》「牕幽細網合，階靜落花明，簷巢始入燕，軒樹已遷鶯」，自梁、陳已用遷鶯事。而曰承襲唐人之誤，非也。(《四庫全書》本《考古質疑》卷四，李偉國點校本，第三九～四〇頁)

智按：葉大慶，字榮甫，以詞賦知名，嘗官建州州學教授。

孫奕（一二〇五前後）

《履齋示兒編》

⊙史異文

《太宗實録》云：「正觀四年，天下斷死罪二十九人。七年，天下死囚凡三百九十人自詣。」《朝堂實録》乃云二百九十人。白居易《樂府》云：「死囚四百來歸獄。」舊本紀、統紀、年代記皆云「二百九十人」。（温公《考異》曰：今從《新書刑法志》）……

《白居易傳》云：「九歲暗識聲律。」（元稹）《白氏長慶集》云：「五六歲識聲韻。」又《白氏長慶集》云：「雞林賈人求市其詩頗切。自云：本國宰相，每以百金換一篇。」《本傳》乃云：「雞林行賈售其國相，率篇易一金。」（《四庫全書》本卷八）

⊙用古今句法

杜詩……《戲題畫山水圖》云：「焉得并州快剪刀，剪取吳松半江水。」即白樂天《聽曹綱琵琶兼示重蓮》云：「誰能截得曹綱手，插向重蓮紅袖中。」「眼前無俗物，多病也身輕。」

樂天「眼前無俗物，身外即僧居」。「為人性癖耽佳句，語不驚人死不休。」即樂天「人各有一癖，我癖在章句」。……文弨云：樂天在後，安得謂杜取其句。（《四庫全書》本卷九）

智按：《聽曹剛琵琶兼示重蓮》：「誰能截得曹剛手，插向重蓮衣袖中?」［大和二年（八二八），五十七歲，長安，刑部侍郎。《白居易集箋校》第一八一六頁］《仲夏齋居偶題八韻寄微之及崔湖州》：「眼前無俗物，身外即僧居。」［寶曆二年（八二六），五十五歲，任蘇州刺史。《白居易集箋校》第一六六九頁］《山中獨吟》：「人各有一癖，我癖在章句。」［元和十三年（八一八），四十七歲，任江州司馬。《白居易集箋校》第四〇七頁］

⊙類前人句

……樂天《琵琶行》云：「間關鶯語花底滑，幽咽泉流水下灘。」醉翁《聽箏》云：「綿蠻巧囀花間舌，嗚咽交流水下泉。」（《四庫全書》本卷九）

智按：歐陽修《李留後家聞箏坐上作》：「緜蠻巧囀花間舌，嗚咽交流冰下泉。」

⊙甜酒

三山老人語録曰：「唐人好甜酒，殆不可曉。子美云：『人生幾何春已夏，不放香醪如蜜甜。』退之云：『一尊春酒甘若飴，丈人此樂無人知。』余嘗味樂天詩有曰：『量（一作户）大厭（一作嫌）甜酒，才高笑小詩。』則又似不

然。」（《四庫全書》本卷十）

⊙禽水

苕溪叢話曰：「聖俞云：『南嶺禽過北嶺叫，高田水入低田流。』魯直曰：『野水自添田水滿，晴鳩却喚雨鳩歸。』詩意皆相類，然魯直造語又工，優於聖俞。」余謂盧溪先生云民《瞻禱雨有應》云：「東嶺雲遮西嶺黑，高田水與低田通。」石湖居士范至能《墊江縣》云：「舊雨已招新雨至，高田水入下田鳴。」雖皆沿襲二公，語意相屬又過之。直與荆公云「北澗欲通南澗水，南山正遶北山雲」、樂天《題天竺寺》云「東澗水流西澗水，南山雲起北山雲」之句無間然矣。然合六詩觀之，唯招之一字為尤長。（《四庫全書》本卷十）

⊙事類

唐白居易補逸書一篇（《湯征》）。（《四庫全書》本卷十六）

⊙事同

崔子美為座右銘，白樂天為座右銘（李至《續座右銘序》）。（《四庫全書》本卷十七）

智按：崔子美，當為崔子玉。漢崔瑗（字子玉）《座右銘》見《文選》卷五十六。白居易《續座右銘》見《白氏長慶集》卷三十九。續，原文誤作德。李至《續座右銘序》見《四部叢刊》本《皇朝文鑑》卷七十三。

⊙仙

白居易詩仙（唐），夏侯隠者睡仙，王績酒仙（唐），杜牧之茶仙（牧之《春日樂山病》詩云：「誰對病太守，猶得作茶仙。」），老杜歌飲中八仙（本集），李成水墨仙（李成，北海營邱人，能画山水。東坡云：公名為水墨仙），崔微之蓬萊最後仙（白居易《寄崔十八曹長兼寄崔微之》詩云：吳興卑小君應屈，為是蓬萊最後仙。注云：貞元間登科者八人，崔之名居末，自詠云：「人間不會雲間事，應笑蓬萊最後仙。」故今有落句戲之），李白自號酒仙翁，又號謫仙（李白為金陵與諸賢送莊十一序，自號酒仙翁）。（《四庫全書》本卷十七）

智按：孫奕，字季昭，號履齋，廬陵（今江西吉安）人。《履齋示兒編》

書前有開禧元年（一二〇五）自序，稱「考評經傳，漁獵訓詁，非敢以污當代英明之眼。姑以示之子孫，故名曰《示兒編》」。

費衮（一二〇六進士）

《梁谿漫志》

⊙辨唐太宗臂鷂事

《通鑑》載，唐太宗嘗自臂鷂，望見魏徵來，納之懷。徵奏事故久不已，鷂竟死懷中。按，白樂天元和十五年獻《續虞人箴》云：「降及宋璟，亦諫玄宗。温顔聽納，獻替從容。及璟趨出，鷂死握中。故開元事，播於無窮。」則是宋璟諫明皇，非魏徵諫太宗也。樂天在當時耳目相接，必有據依，殆史之誤，抑豈二事皆然，適相似耶？（《四庫全書》本《梁谿漫志》卷五）

⊙明妃曲

古今人作《明妃曲》多矣，皆道其思歸之意。歐陽公作兩篇，語固傑出，然大槩亦歸於幽怨。白樂天有絕句云：「漢使若回煩寄語，黄金何日贖蛾眉。君王若問妾顔色，莫道不如宫裏時。」其措意頗新，然問「黄金何日贖蛾眉」，則亦寓思歸之意，要當言其志在為國和戎，而不以身之流落為念，則詩人之旨也。（《四庫全書》本《梁谿漫志》卷七）

⊙張芸叟詞

張芸叟（舜民）詞云：「回首夕陽紅盡處，應是長安。」人喜誦之。樂天題岳陽樓詩云：「春岸緑時連夢澤，夕陽紅處近長安。」蓋芸叟用此換骨也。（《四庫全書》本《梁谿漫志》卷七）

⊙樹稼靈佺誤

《唐會要》：「開元二十九年冬十月，京城寒甚，凝霜封樹。學者以為，春秋雨木冰卽是，亦名樹介，言其象介胄也，寧王見而歎曰：『此所謂樹架者也。諺云：樹架達官，怕必有大臣當之，吾其死矣。』」《新唐書·五行志》記永徽年凝凍封樹，引劉向語，亦謂之「樹介」，而《舊唐書》作「樹稼」。白樂天樂府《新豐折臂翁》云：「君不見，開元宰相宋開府，不賞邊功防黷武。」注云：「開元初，突厥數寇邊，天武軍子將郝雲岑斬默啜，獻首闕下，自謂有不世之功。時宋璟為相，以天子好武，恐徼功者生心，痛抑其賞。逾年，始授郎將，雲岑遂慟哭，嘔血而死。」按此則名「雲岑」，而《舊唐書》作「靈儉」，《新唐書》作「靈佺」，《資治通鑑》作「靈荃」，《考異》中亦無之。（《四庫全書》本《梁谿漫志》卷八）

智按：費衮，字補之，無錫（今屬江蘇）人。《梁谿漫志》淳熙十五年（一一八八）前成書，嘉泰元年（一二〇一）刊刻。

戴栩（一二〇八進士）

《刈麥行自靈巖歸示趙丞》

大兒牽衣鐮在手，小兒攜篝並畦走。陌翁語嫗切莫遲，梅風温雲晴不久。兩手便熟鐮無聲，黃雲捲地蒼坡平。一聲長歌出臺笠，麥蛾飛起緣其纓。炊煙幕幕暗楊柳，大婦壺飧仍榼酒。酒沉飧冷未暇嘗，腰骨酸辛一驤首。（《四庫全書》本《浣川集》卷二）

智按：此詩直承白居易《觀刈麥》。

戴栩，字文子，永嘉（今浙江溫州）人。溪（？～一二一五）族子。嘗學於葉適。甯宗嘉定元年（一二〇八）進士。十六年，以監草料場門檢點試卷。歷官太學録、通判信州。理宗淳祐四年（一二四四）以實録院檢討官除秘書郎，出為湖南安撫司參議官。有《浣川集》十八卷，已佚。清四庫館臣據《永樂大典》輯為十卷。生平見本集詩文及《南宋館閣續録》卷八、明弘治《溫州府志》卷十。

趙善璙（一二〇八進士）

《自警編》

元豐五年，文潞公以太尉留守西都，時富韓公以司徒致仕。文潞公慕白樂天九老會，乃集洛中公卿大夫年德高者，為耆英會。以洛中風俗尚齒不尚官，就資聖院建大厦，曰耆英堂，命閩人鄭奐繪像堂中。時富韓公年七十九，文公與司封郎中席汝言皆七十七，朝議大夫王尚恭年七十六，太常少卿趙丙、祕書監劉几、衛州防禦使馮行已（己）皆年七十五，天章閣待制楚建中、朝議大夫王慎言皆年七十二，太中大夫張問、龍圖閣直學士張燾皆年七十，時宣徽使王拱辰留守北京，貽書潞公，願預其會，年七十一。獨司馬温公年未七十，文公素重其人，用唐九老狄兼謩故事，請入會。温公辭以晚進，不敢班文、富二公之後，文公不從。今鄭奐自幕後傳温公像，又之北京傳王公像，於是預其會者，凡十二人。文公以地主擕妓樂就富公宅，作第一會。至富公會，送羊酒，餘不出；餘皆次為會。洛陽多名園古剎，有水竹林亭之勝，諸老鬢眉皓白，衣冠甚偉，每宴集，都人隨觀之。文公又為同甲會，司馬郎中旦、程太中珦、席司封叔言，皆丙午人也，亦繪像於資聖院。其後司馬公與數公又為真率會，有約：酒不過五行，食不過五味，唯菜無限。楚正議違約，增飲食之數，罰一會。皆洛陽盛事也。洛之士庶，又生祠潞公於資聖院，温公取神宗送潞公判河南詩，隸於牓，曰竚瞻堂，塑公像其中，冠劍偉然，都人事之甚肅。(《四庫全書》本《自警編》卷五)

智按：趙善璙，字德純，歙縣（今屬安徽）人。宋宗室。甯宗嘉定元年（一二〇八）進士，調德清縣主簿。復中法科。六年，除大理評事。歷知武寧縣，通判廣德軍，知興國軍、江州。明弘治《徽州府志》卷八有傳。

彭百川（一二〇九前後）

《太平治迹統類》

（慶曆）六年六月，叅知政事吳育與宰相賈昌朝不相能，監察御史唐詢既怨育，遂希昌朝意上奏曰：「賢良方正、直言極諫、茂材異等科，由漢涉唐，皆不常置。若天見灾異，政有闕失，則詔在位薦之本朝，稽用舊文。訖真宗世，三建此科。陛下即位，增科為六，令兩省若少卿監以上奏舉，後又止用賢良茂材三科，隨進士科設之，邇年率不任。保用之官，皆自名科目，且賢良方正、茂材異等，名號至美，使舉而為之，猶曰近古即自顯其美，顧所未聞。又有經親試，前集有司，而所出論目全用經史名數，及對詔策，不過條別義例，稽合注解，至於强記博聞，虚辭泛説而已，若輔國本陳治道，則未見其有補也。初應詔纔數人，後乃至十餘人，今殆至三十餘人，一中此科，曾未累歲，悉至顯官，雖非其人，例不可抑，疏上帝刋其名付中書。」

育奏疏駁之曰：「三代以來，取士之盛，莫若漢唐。漢文帝上元五年，詔舉賢良文學之士，上親策之，則有若晁錯者出焉，是非有灾異而舉也。武帝建元元年，詔舉賢良方正、直言極諫之士，元光元年詔賢良對策，則有若董仲舒、公孫弘者出焉，所舉者非因灾異，但策中語或及者，亦陳事之一端爾。唐開元二年六月甲子制：『其有茂材異等，咸令自舉。』是年設直言極諫科。逮憲宗元和間，制科尤盛，有若元稹、白居易，皆特出之才。觀當日策目，所訪者皇王之要道，邦家之大務，可以覆視，固不可專於灾異也。……陛下自復制科，於兹累年，隨貢舉而開，疎數適中，若必俟灾譴然後詔舉，非惟失設科本意，且尤不可者有三：一則使夫賢舊滯淹之士，待灾異而進，非所以養廉恥也。二則平居不詢造形，乃問非所以，懼譴灾也。三則輕改信令，示天下無渴士之心，非所以廣賢路也。且漢唐所立孝廉及進士等科，皆每歲常選，故制舉隨時而開。今禮部進士，數年一舉，因以制舉隨之，則事適其宜，何害於時，須此紛易？况灾異之出不常，厥期或彌年所無，則制舉奚設？或比歲而有，則於事不煩。既不因乎天灾，又不隨乎貢部，而曰非時詔舉，浩無端倪，乃是遂廢此科，芻蕘稍詢，則言路有寄，彌年不舉，則禮意都忘。今無故而更張，使遺材絶望，其傷國體多矣，乞陛下下臣，奏兩制詳定。」

上是其言，不復下兩制，即詔禮部，自今制科，隨進士貢舉，其著為令，仍須邇臣論薦，毋得自舉。……（《四庫全書》本卷二十六）

（慶曆）四年春，范仲淹等意欲復古勸學，常言興學校本行實，詔近臣議，於是翰林宋祈（祁）、御史王拱辰、知制誥張方平、歐陽修、侍御史梅摯、侍講曾公亮、王洙、右正言孫甫、監察御史劉湜（此乃李清臣史藁）合奏曰：伏奉詔，有曰取士當求其實，用人當盡其才。今教不本於學校，士不察於鄉里，則不能覈名實，有司束以聲病，學者專於記誦，則不足盡人才，此乃議者所共為言也。謹參考衆説，取其便於今者，莫若使士皆土著，而教之於學校，然後州縣察其履行，則學者修飭矣。故為設立學舍，保薦舉送之法，夫上之所好，下之所向，今先策論，則文詞者留心於治亂；簡程式，則閎博者得以馳騁矣；取大義，則執經者不專於記誦矣。其詩賦之未能肄者，雜用今體；經術之未能亟通者，尚如舊科；則中常之人，皆可勉及矣。此所以盡人之才者也。故為先策論過落，用詩賦考式，問諸科大義之法，此數者，其大要也。其州縣封彌謄録進士諸科帖經之類，皆苛細而無益，一切罷之。法行則申之以賞罰，如此養士，有本取才，不乏為治之本也。

乙亥，詔曰：儒者通天地人之理，明古今治亂之原，可謂博矣。然學者不得騁其説，而有司務先聲病章句以拘牽之，則吾豪俊奇偉之士，何以奮焉！士有純明茂材之美，而無文學作成之法，其飭身立節者，使與不肖之人，雜而並進，則無文德敏行之才，可以見焉。此取士之甚弊，而學者自以為患。亦嘗屢以為言，比今詳酌，仍令政事府參定，皆謂本學校以教之，然後可求其行實。先策論，則辨理者得盡其説；簡程式，則閎博者可見其才。至於經術之家，稍增新制，兼行古法，以勉中人。煩法細文，一皆罷去。明其賞罰，俾各勸焉。如此則待人之意周，取人之意大。夫遇人以薄者，不可責其厚也。今朕建學興善，以尊士大夫之行，而更制革弊，以盡學者之才，教育之方，勤亦至矣。有司其務嚴訓導，精察舉以稱朕意，學者其進德修業，不失其時。凡所科條，可為永式。其令曰州若縣，皆立學，本道使者，以屬部官為教授，三年而代；選於吏員不定，取於鄉里宿業有道德者，三年無私遣，以名聞。士須在學習業三百日，乃聽預秋試；舊常充試者，百日而止。親老無嫌特，取保任，聽學於家。而令試於州者，相保任所禁有七，曰隱憂匿服，曰嘗犯刑責，曰行虧孝弟，有狀可指，曰明觸憲法，而經贖罰，或不經贖罰，而為害鄉黨，曰籍非本土，假户冒名，曰祖父犯十惡四等以上罪，曰工商褉類，或嘗為僧道，皆不得預。進士試三場，先策，次論，次詩，通考為去取，而罷帖經墨義。又以舊制用詞賦，聲病偶切，立為考式，一字違忤，已在紬落，使博識之士，臨文拘忌，俯就規檢，美文善意，鬱而不伸。如白居易《性習相近遠》賦、獨孤綬《放馴象》賦，皆當時試禮部，對偶之外，自有意義可觀，宜詳倣唐體，使馳騁於其間。士子通經術，願對大義者，試十道，以曉析意義為通，五通為

中格；三史科取其明史意而文理可采者；明法科試斷案，假立甲乙罪，合律令如法意文理優為上等。（《四庫全書》本卷二十七）

智按：彭百川，字叔融，眉州丹稜（今屬四川）人。宋魏了翁《鶴山集》卷五十九《跋丹稜彭君墓誌銘》：「丹稜彭百川始欲以紹熙之元，葬其親于墓之左。其宗人洋川通守亘，嘗為之銘，尋牽於陰陽拘畏之説，乃改卜。逮嘉定之二年十二月壬午，蔡始食月日，既與銘牾，則俾予識其末。」

王大烈（一二一一進士）

《賀人生女》

祥光子夜都明徹，婷婷仙子來仙闕。精神玉雪比不如，猶帶蓬萊秋夜月。郎罷今晨莫世情（《文粹》：閩人呼子爲囝，父爲郎罷），那知便不顯門庭。我來只誦香山句：不重生男重生女。（《續修四庫全書》影印清光緒刻本陸心源《宋詩紀事補遺》卷六十三；《全宋詩》第五十六册，第三五二三八頁）

智按：王大烈，晉江（今福建泉州）人。甯宗嘉定四年（一二一一）進士。

袁甫（一二一四進士）

《和韓履善韻》

談經説史謾支離，大道寧容小智窺。山峙川流俱是妙，鳶飛魚躍兩忘機。識天乃樂天之樂，非我安知我不知。細讀新詩消息好，桃花見後更無疑。（《四庫全書》本《蒙齋集》卷二十；《全宋詩》第五十七册，第三五八五五頁）

智按：袁甫，字廣微，鄞縣（今浙江寧波）人。燮子。曾從楊簡學。甯宗嘉定七年（一二一四）進士，授簽書建康軍節度判官。十年，召為秘書省正字，十二年，出通判湖州。十四年除秘書郎，十六年，出知徽州，歷知衢州。理宗紹定中召為將作監，六年（一二三三），兼國史院編修官、實録院檢討官。同年，出提舉江南東路常平兼提點刑獄。端平元年（一二三四）理宗親政，知建甯府兼福建路轉運判官。以秘書少監召，累遷起居郎兼中書舍人。嘉熙元年（一二三七）除中書舍人，權吏部侍郎。官至權兵部尚書，暫兼吏部尚書，卒年六十七，謚正肅。有文集，久佚，清四庫館臣據《永樂大典》輯為《蒙齋集》二十卷。《宋史》卷四〇五有傳。

李俊甫（一二一七進士）

《莆陽比事》

黄補《詩解》、《論語解》、《人物志》十卷，《白樂天詩年譜》一卷（字彦博，號吾軒，滔之後，乾道奏名）。（《莆陽比事》卷三，《續修四庫全書》影印宛委别藏清影抄明萬曆三十三年刻本）

智按：黄補，字季全，號吾軒，莆田（今屬福建）人。端子。紹興進士。高宗紹興中從父宦游惠州，得永嘉陳鵬飛師友之。已而以其學教授於鄉，及門者數百人。時林光朝講學城南，補在城東，幾與齊名。官至高要尉。有《九經解》、《論語人物志》。《宋元學案》卷四四有傳。《福建通志》卷六十八「藝文」亦著録「黄補《詩解》、《九經解》、《人物志》十卷，《白樂天詩年譜》一卷。」

李俊甫，字幼傑，莆田（今屬福建）人，嘉定十年（一二一七）進士。《莆陽比事》上考史記，旁摭紀録，下至諸家文集，行實碑碣書牘，悉心採掇，叅諸故老，積十餘年始成，釐為七卷，儷詞偶事，珠聯璧合，林瑑、陳讜為之序。

綦奎（一二二一前後）

《白檜軒記》（嘉定十四年）

姑蘇爲二浙望郡，乃今密拱行闕。其土沃，其民醇，控江湖於左右，授淮海以綿屬，秀鍾人傑，衣冠雲盛，而昔之牧是邦者，類多賢哲。郡治之後，囊有堂，以奉韋、白、劉三賢之像。紹興二十八年戊寅，陽羨蔣公更新之。越四年，鄱陽洪公益以唐王常侍、本朝范文正公二像，復堂舊名曰「思賢」，皆有功德於民而卓然冠冕也。今二碑對峙，巉然可考。祠堂之前，即郡地後池，池中有島，島上有檜，歲久池湮，島圮，而檜亦爲藤蔓所蒙。嘉定十三年庚辰冬，久不雨，浚池封島，芟夷其下，得一湖石，上有篆刻，蓋紹興三十一年辛巳洪公所記，斯知是檜昔傳樂天手植，而洪公復植之，且曰：毋忘白公之德，是不可不繼其志。予既嵌斯刻於稜玉之巓，仍新思賢堂於池光亭西偏之故址。竊謂甘棠勿剪，懷其人也，蓋公名堂，師其言也。所憩之木，猶敬愛之，矧白公手植之檜邪！所避之舍，猶欽慕之，矧五賢親所治郡邪！詎可不致其所以尊尚之實？檜島直南，有堂五楹，庳陋且將壓。明年春，葺而高之，翼以兩廡，闢一軒於堂北，以挹是島，榜以「白檜」，將於是聽訟焉。惟五賢高標英氣，凜凜如生，今祠像相望於斯咫尺間，則居乎此者，不特見斯檜，瞻斯祠，想像五賢之風采，凡一念慮，一施爲，當常若五賢之參乎其前，鑑乎其後，而求無愧於此心者，是則予之志也。故并述思賢堂之本末云。嘉定辛巳十一月朔，朝奉大夫、知平江軍府北海綦奎記。（洪武《蘇州府志》卷四七；道光《蘇州府志》卷一九；《全宋文》二〇〇六年版第二九九册，卷六八一九，第一三二頁）

智按：嘉定辛巳，即嘉定十四年（一二二一）。

綦奎，字仲文，北海（今山東濰坊）人。寧宗時歷知建陽縣，知衢州，湖廣總領，又知平江府、太平州，福建運判。見《宋史》卷四一、四〇八，《吳郡志》卷一一，雍正《浙江通志》卷二四，雍正《福建通志》卷二一。

嚴粲（一二二三進士）

《詩緝》

⊙東山

我徂東山，慆慆不歸。我來自東，零雨其濛。鸛鳴于垤，婦歎于室。洒埽穹窒，我征聿至。有敦瓜苦，烝在栗薪。自我不見，于今三年。

天將陰雨，鸛性好水，長鳴于丘垤之上，亦道間遇雨所見也。此時想其婦在家，必念行人而悲歎，且曰今當洒埽其室，窮塞鼠穴，我征夫將至矣。望我之歸也，聿者將遂之辭，實未至也。又想其婦見有瓜之苦者，人所不取，敦然圓成，久在栗薪之上，如我之匏繫于東，必歎曰：自我不見者今三年矣。此皆想其婦在家之歎望，蓋行人念家之情。如白居易詩云：「想得家中夜深坐，還應説著遠行人」也。此説歸士有室家者，即末章所言「其舊如之何」也。(《四庫全書》本《詩緝》卷十六)

智按：嚴粲，字坦叔，一字明卿，學者稱華谷先生，邵武（今屬福建）人。羽（一一九二？～一二五五?）族弟。嘉定十六年（一二二三）登進士第。曾為饒州掾，知清湘縣。理宗紹定間為徽州掾，與袁甫同寮三年。淳祐間寓臨安。精《毛詩》，著《詩緝》三十六卷。詩文集已佚，僅《兩宋名賢小集》存《華谷集》一卷。生平見《詩緝》卷首林希逸序及自序，明嘉靖《邵武府志》卷十四、《閩中理學淵源考》卷八有傳。

陳宓（一一七一～一二三〇）

《招劉學録》

去年八月登高集，今歲依然共此筵。莫訝霜毛成種種，且欣露蕊已鮮鮮。小橋擬換香山版，曲岸新成范蠡船。少年青春還易度，不如來看晚秋天。(《全宋詩》第五十四册，第三四〇九四頁)

《和白居易西亭詩韻》

白詩云：「多見朱門富貴人，林園未畢即無身。」吾自甲申閒居，作東湖恰五年，有感斯言。

不是清高辭好爵，都緣衰病乞閑身。年來印曆依然在，批上東湖第五春。(《復齋先生龍圖陳公文集》卷五，《續修四庫全書》影印清抄本；《全宋詩》第五十四册，第三四〇九九頁)

智按：陳宓，字師復，學者稱復齋先生，莆田（今屬福建）人。俊卿子。

少及登朱熹之門，長從黃榦學。以父蔭入仕。甯宗慶元三年（一一九七），調監南安鹽稅。歷主管南外睦宗院，再主管西外。嘉定三年（一二一〇），知安溪縣。七年，入監進奏院，遷軍器監簿。九年，因建言忤史彌遠，出知南康軍。任滿，改知南劍州，創延平書院。十七年，命知漳州，聞甯宗卒，乞致仕。理宗寶慶二年（一二二六），起提點廣東刑獄，未上，主管崇禧觀。紹定三年卒，年六十。追贈直龍圖閣。有《復齋先生龍圖陳公文集》二十三卷。生平見清乾隆《福建通志》卷四十四，《宋史》卷四〇八有傳。

倪思（一一七四～一二二〇）

《經鉏堂雜志》

⊙白樂天

樂天平生，無一不可人意者。詩文既高，立朝議論，忠直而有用，為郡守，所至有遺愛。處謫地，不少挫屈。於牛李二黨，取其長，棄其短，雖與之從游，而不為所汙，亦不深為所害。晚年優游分司，有泉林勝景之樂，而又深明佛理，洞究性原，而其所得者全，名高壽禄，位亦不為不貴，是眞可慕羡者也。

又

樂天直節全名，深識遠見，眞可師慕。弟不免有聲色之好，平生事事皆如意，時以無子為苦，以此知佛謂此土為闕陷世界，眞不妄也。（《經鉏堂雜志》卷一，《續修四庫全書》影印明萬曆潘大復刻本）

⊙甘露之禍

甘露之禍，王涯、賈餗、舒元輿等皆遭屠戮，樂天是時優遊洛中，故吟「麒麟作脯龍為醢」詩。或謂樂天快之，樂天豈快人者哉！憐其無知，不早退而蹊禍機也。（《經鉏堂雜志》卷一，《續修四庫全書》影印明萬曆潘大復刻本）

⊙自臨安歸

余以開禧三年嘉平月趨召，嘉定元年八月初五日正外得請而歸。按履故園，松竹無恙，如實未嘗出也。中間立朝數月，殆類短夢。以是推之，生死大變，亦由是矣。所可喜者，謂其不失故廬耳，而吾亦不失故吾耳。若出而無所建明，從叨廩禄，及其歸也，寧不愧於猿鶴也哉！（粗足之陶淵明，有子之白樂天，啟官之林和靖，不謫之黄魯直）（《經鉏堂雜志》卷八，《續修四庫全書》影印明萬曆潘大復刻本）

智按：倪思，字正甫，歸安（今浙江湖州）人。孝宗乾道二年（一一六六）進士。淳熙四年（一一七七）為瑞州判官，五年，中博學宏詞科。累遷將作少監。光宗紹熙間，升中書舍人，尋兼侍講。甯宗即位，出知紹興府，召除吏部侍郎兼直學士院，繼為言官劾罷，出知太平州、泉州、建寧府。召還，試禮部侍郎兼直學士院，忤韓侂冑，予祠。開禧三年（一二〇七），復召除權兵部尚書兼侍讀，又因論史彌遠專權，出知鎮江府，移福州。嘉定十三年卒，年七十四。有《齊齋甲乙稿》、《兼山集》等，已佚。事見《鶴山集》卷八十五《倪公墓誌銘》，《宋史》卷三七八有傳。

王若虛（一一七四～一二四三）

《新唐書辨（下）》

《李栖筠傳》云：「關中舊仰鄭白二渠溉田，而豪戚壅上游取磑利，奪農用十七。栖筠請皆撤毀，歲得租二百萬，民賴其入。白居易為杭州刺史，浚李泌六井，民賴其汲。」曷若只云「賴其利」也。《蘇弁傳》曰：「平賦緩役，略煩苛，人賴其寬。」寬字尤贅。（胡傳志、李定乾《滹南遺老集校注》卷二十四，第二七三頁）

《文辨》

荆公謂東坡《醉白堂記》為韓白優劣論，蓋以擬倫之語差多，故戲云爾，而後人遂為口實。夫文豈有定法哉？意所至則為之，題意適然，殊無害也。（胡傳志、李定乾《滹南遺老集校注》卷三十六，第四一四～四一五頁）

《高思誠詠白堂記》

有所慕於人者，必有所悦乎其事也。或取其性情、德行、才能、技藝之所長，與夫衣服、儀度之如何，以想見其髣髴。甚者至有易名變姓，以自比而同之，此其嗜好趨向，自有合焉而不奪也。

吾友高君思誠，葺其所居之堂，以為讀書之所，擇樂天絕句之詩，列之壁間，而榜以「詠白」。蓋將日玩諸其目，而諷誦諸其口也。一日，見告曰：「吾平生深慕樂天之為人，而尤愛其詩，故以是云，何如?」予曰：「人物如樂天，吾復何議? 子能於是而存心，其嗜好趨向，亦豈不佳? 然慕之者欲其學之，而學之者欲其似之也。慕焉而不學，學焉而不似，亦何取乎其人耶? 蓋樂天之為人，沖和靜退，達理而任命，不為榮喜，不為窮憂，所謂『無入而不自得』者。今子方遑遑干祿之計，求進甚急，而得喪之念，交戰於胸中，是未可以樂天論也。樂天之詩，坦白平易，直以寫自然之趣，合乎天造，厭（饜）乎人意，而不為奇詭，以駭末俗之耳目。子則雕鐫粉飾，未免有侈心而馳騁乎其外，是又未可以樂天論也。雖然，其所慕在此者，其所歸必在此。子以少年豪邁，如川之方增，而未有涯涘，則其勢固有不得不然者。若其加之歲年，而博以學，至於心平氣定，盡天下之變，而返乎自得之場，則樂天之妙，庶乎其可同矣。姑俟他日，復為子一觀而評之。」（胡傳志、李定乾《滹南遺老集校注》卷四十三，第五二三～五二四頁）

《王子端云：「近來陡覺無佳思，縱有詩成似樂天。」其小樂天甚矣。予亦嘗和為四絕》

功夫費盡謾窮年，病入膏肓不可鐫。寄語雪溪王處士，恐君猶是管窺天。

東塗西抹鬬新妍，時世梳粧亦可憐。人物世衰如鼠尾，後生未可議前賢。

妙理宜人入肺肝，麻姑搔癢豈勝便。世間筆墨成何事，此老胸中具一天。

百斛明珠一一圓，絲毫無恨徹中邊。從渠屢受群兒謗，不害三光萬古懸。

（胡傳志、李定乾《滹南遺老集校注》卷四十五，第五五二頁）

智按：《四部叢刊》本《翰苑英華中州集》卷六題為《王內翰子端詩「近來陡覺無佳思，縱有詩成似樂天」，其小樂天甚矣。漫賦三詩，為白傅解嘲》，無最後一首。

《滹南詩話》

近代詩話云：「杜詩云：『皂鵰寒始急。』白氏歌云：『千呼萬喚始出來。』

人皆以為語病，其實非也。事之終始則音上聲，有所宿留則音去聲。」予謂不然，古人淳至，初無俗忌之嫌，蓋亦不必辨也。（胡傳志、李定乾《滹南遺老集校注》卷三十八，第四四二頁；《歷代詩話續編》第五〇九頁《滹南詩話》卷一）

智按：「近代詩話」，參見《中山詩話》（《歷代詩話》第二八八頁），《古今詩話》（《宋詩話輯佚》上册，第二一八頁）。

退之詩云：「豈不旦夕念，為爾惜居諸。」「居諸」，語辭耳，遂以為日月之名，既已無謂，而樂天復云：「廢興相催逼，日月互居諸。」「恩光未報答，日月空居諸。」老杜又有「童丱聯居諸」之句，何也？（胡傳志、李定乾《滹南遺老集校注》卷三十八，第四四四頁；《歷代詩話續編》第五一〇頁《滹南詩話》卷一）

樂天詩云：「楚王疑忠臣，江南放屈平。晉朝輕高士，林下棄劉伶。一人常獨醉，一人常獨醒。醒者多苦志，醉者多歡情。歡情信獨善，苦志竟何成。」夫屈子所謂「獨醒」者，特以為孤潔不同俗之喻耳，非真言飲酒也。詞人往往作實事用，豈不誤哉！（胡傳志、李定乾《滹南遺老集校注》卷三十八，第四四八頁；《歷代詩話續編》第五一一頁《滹南詩話》卷一）

智按：此詩即《效陶潛體》詩十六首之一，見《白居易集箋校》卷五。「苦志竟何成」下云：「兀傲甕間卧，憔悴澤畔行。彼憂而此樂，道理甚分明。願君且飲酒，勿思身後名。」末句「勿思身後名」，與李白《將進酒》「古來聖賢皆寂寞，惟有飲者留其名」同意，而略為改變句法。

樂天之詩，情致曲盡，入人肝脾，隨物賦形，所在充滿，殆與元氣相侔。至長韻大篇，動數百千言，而順適愜當，句句如一，無爭張牽強之態。此豈撚斷吟鬚悲鳴口吻者之所能至哉！而世或以淺易輕之，蓋不足與言矣。（胡傳志、李定乾《滹南遺老集校注》卷三十八，第四四八頁；《歷代詩話續編》第五一一～五一二頁《滹南詩話》卷一）

郊寒白俗，詩人類鄙薄之。然鄭厚評詩，荊公、蘇、黄輩曾不比數，而云：「樂天如柳陰春鶯，東野如草根秋蟲，皆造化中一妙。何哉？哀樂之真，發乎情性。」此詩之正理也。（胡傳志、李定乾《滹南遺老集校注》卷三十八，第四四九頁；《歷代詩話續編》第五一二頁《滹南詩話》卷一）

《唐子西語録》云：「古之作者，初無意於造語，所謂因事陳辭。老杜《北征》一篇，直紀行役耳，忽云『或紅如丹砂，或黑如點漆。雨露之所濡，甘苦齊結實。』此類是也。文章即如人作家書乃是。」慵夫曰：「子西談何容易，工部之詩，工巧精深者，何可勝數，而摘其一二，遂以為訓哉？正如冷齋言樂天詩必使老嫗盡解也。夫《三百篇》中亦有如家書及老嫗能解者，而可謂其盡然乎？且子西又嘗有所論曰：『詩在與人商論，深求其疵而去之，等閑一字放過則不可，殆近法家難以言恕，故謂之詩律。立意之初，必有難易二塗，學者不能強所劣，往往舍難而趨易，文章不工，每坐此也。』」（胡傳志、李定乾《滹南遺老集校注》卷三十九，第四五〇頁；《歷代詩話續編》第五一三頁《滹南詩話》卷二）

「且食莫踟躕，南風吹作竹」，此樂天《食筍》詩也。朱喬年因之曰：「南風吹起籜龍兒，戢戢滿山人未知。急喚蒼頭斸煙雨，明朝吹作碧參差。」「年年乞與人間巧，不道人間巧更多此。」楊朴《七夕》詩也。劉夷叔因之曰：「只應將巧畀人間，定卻向人間乞取。」此江西之餘派，欲益反損，正堪一笑。而曾端伯以喬年為點化精巧，茆（茅）荊産以夷叔為文婉而意尤長。嗚呼！世之末作，方日趨於詭異，而議者又從而簧鼓之，其為弊何所不至哉！（胡傳志、李定乾《滹南遺老集校注》卷四十，第四八一頁；《歷代詩話續編》第五二四頁《滹南詩話》卷三）

張舜民謂樂天《新樂府》幾乎罵，乃為《孤憤吟》五十篇以壓之。然其詩不傳，亦略無稱道者，而樂天之作自若也。公詩雖涉淺易，要是大才，殆與元氣相侔。而狂斐之徒，僅能動筆，類敢謗傷，所謂「爾曹身與名俱滅，不廢江河萬古流」也。（胡傳志、李定乾《滹南遺老集校注》卷四十，第四八九頁；《歷代詩話續編》第五二六～五二七頁《滹南詩話》卷三）

樂天《望瞿塘》詩云：「欲識愁多少，高於灩澦堆。」蕭閑《送高子文》詞云：「歸興高於灩澦堆。」雷溪漫注，蓋不知此出處耳。然樂天因望瞿塘，故即其所見而言，泛用之，則不切矣。（胡傳志、李定乾《滹南遺老集校注》

卷四十，第四九一頁；《歷代詩話續編》第五二七頁《滹南詩話》卷三）

智按：王若虛，字從之，號慵夫，晚號滹南遺老，槁城（今屬河北）人。金章宗承安二年（一一九七）經義進士。調鄜州録事，正大年間仕至翰林直學士。天興元年（一二三二），金哀宗避蒙古兵鋒走歸德，次年春金將崔立擁立梁王，自任太師、都元帥，以汴京降蒙古。附和崔立之大臣請爲其立「紀功碑」，命王若虛撰碑文，若虛自知作則名節掃地，不作則死，反覆拖延，直到蒙古入城，也沒有寫出碑文。金亡，北歸鎮陽。在出游泰山時垂足坐大石上，瞑目而逝。有《五經辨惑》等十餘種及《滹南集》（全名《滹南遺老王先生文集》）四十五卷，續集一卷，其中包括《滹南詩話》三卷。論詩主張辭達理順，反對模擬雕琢，推重杜甫、白居易、蘇軾，以爲黄庭堅詩一無是處。

趙與旹（一一七五～一二三一）

《賓退録》

王建以宫詞著名，然好事者多以他人之詩雜之。今世所傳百篇，不皆建作也。余觀詩不多，所知者如……「淚盡羅巾夢不成，夜深前殿按歌聲。紅顔未老恩先斷，斜倚熏籠坐到明。」白樂天《後宫詞》也。……（《四庫全書》本卷一；齐治平校點本，第一頁）

《詩眼》云：「晏叔原見蒲傳正云：『先公平日小詞雖多，未嘗作婦人語也。』傳正云：『緑楊芳草長亭路，年少抛人容易去』，豈非婦人語乎？晏曰：『公謂年少為何語?』傳正曰：『豈不謂其所歡乎?』晏曰：『因公之言，遂曉樂天詩兩句。』蓋『欲留所歡待富貴，富貴不來所歡去。』傳正笑而悟。」余按全篇云：「緑楊芳草長亭路，年少抛人容易去。樓頭殘夢五更鐘，花底離愁三月雨。無情不似多情苦，一寸還成千萬縷。天涯地角有窮時，只有相思無盡處。」蓋真謂「所歡」者，與樂天「欲留年少待富貴，富貴不來年少去」之句不同，叔原之言失之。(《四庫全書》本卷一；齐治平校點本，第二頁）

智按：《詩人玉屑》卷二十一、《苕溪漁隱叢話前集》卷二十六、《花草稡編》卷十一、《歷代詩餘》卷一百十四、《詞苑叢談》卷三亦有稱引，字句及詳略不盡相同。

……今主管廣東漕司文字長樂敖器之（陶孫），遂盡取魏晉而下詩人，演而為《詩評》曰：「因暇日與弟姪輩評古今諸名人詩：魏武帝如幽燕老將，氣韻沈雄；曹子建如三河少年，風流自賞；鮑明遠如飢鷹獨出，奇矯無前；謝康樂如東海揚帆，風日流麗；陶彭澤如絳雲在霄，舒卷自如；王右丞如秋水芙蕖，倚風自笑；韋蘇州如園客獨繭，時合音徽；孟浩然如洞庭始波，木葉微脱；杜牧之如銅丸走坂，駿馬注坡；白樂天如山東父老課農桑，言言皆實；元微之如李龜年説天寶遺事，貌悴而神不傷；劉夢得如鏤冰雕瓊，流光自照；李太白如劉安雞犬，遺響白雲，覈其歸存，恍無定處；韓退之如囊沙背水，惟韓信獨能；李長吉如武帝食露槃，無補多慾；孟東野如埋泉斷劍，卧壑寒松；張籍如優工行鄉飲，酬獻秩如，時有詼氣；柳子厚如高秋獨眺，霽晚孤吹；李義山如百寶流蘇，千絲鐵網，綺密瓌妍，要非適用。……獨唐杜工部如周公制作，後世莫能擬議。」（《四庫全書》本卷二；齐治平校點本，第二一～二二頁）

智按：宋陳起《江湖小集》卷四十五、宋王應麟《玉海》卷五十九、元劉壎《隱居通議》卷六、明王世貞《藝苑卮言》卷五（《弇州四部稿》卷一百四十八）、明唐順之《稗編》卷七十四、明賀復徵《文章辨體彙選》卷四百三十八、清鄭方坤《全閩詩話》卷五亦有稱引。

白樂天於潯陽舟中見商婦，賦《琵琶行》，其中有云：「商人重利輕别離，前月浮梁買茶去。」是時此商留家潯陽，而遠取茶於浮梁，始知潯陽之茶，唐未有也。今其行幾徧天下，而浮梁所産反不著。時代推移，而土地所生，亦復變遷如此。（《四庫全書》本卷三；齐治平校點本，第三〇頁）

《玉壺清話》：「真宗問近臣，唐酒價幾何？丁晉公奏曰：『每升三十。』杜甫詩曰：『速須相就飲一斗，恰有三百青銅錢。』」與旹嘗因是戲考前代酒價，多無傳焉。惟漢昭帝罷榷酤之時，賣酒升四錢，明著於史。劉貢父云

「所以限民，不得厚射利」是已。《典論》謂：「孝靈末，百司湎酒，酒千文一斗。」曹子建樂府：「歸來宴平樂，美酒斗十千。」此三國之時也。然唐詩人率用此語。如李白「金樽清酒斗十千」，王維「新豐美酒斗十千」，白樂天「共把十千酤一斗」，又「軟美仇家酒，十千方得斗」，又「十千一斗猶賒飲，何況官供不著錢」，崔輔國「與沽一斗酒，恰用十千錢」，郎士元六言絕句「十千提攜一斗，遠送瀟湘故人」，皆不與杜詩合。或謂詩人之言，不皆如詩史之可信，然樂天詩最號紀實者，豈酒有美惡，價不同歟？抑何其遼絕耶？穆宗朝，王仲舒為江西觀察使，時穀數斛易斗酒，尤可怪。楊凝詩：「湘陰直與地陰連，此日相逢憶醉年。美酒非如平樂貴，十升不用一千錢。」《嶺表録異》云：「廣州人多好酒，生酒行兩面羅列，皆是女人，招呼鄙夫，先令嘗酒。盎上白瓷甌，謂之甋，一甋三文。不持一錢，來去嘗酒致醉者，當壚嫗但笑弄而已。」《嶺表録異》，唐之書也，今必不然。甋字不見於字書，《説文》云：「甌瓿謂之瓵。瓵，盈之切。」（智按：「甌瓿謂之瓵」，見《爾雅·釋器》；「瓵，盈之切」，見《集韻》《韻會》）疑是瓵字傳寫之誤。或南方俗字自有甋字，亦不可知。若梁元帝《長歌行》「當壚擅旨酒，一卮堪十千」，謂之堪，則非眞十千也。（《四庫全書》本卷三；齐治平校點本，第三四頁）

九江琵琶亭壁間，題詠甚多，嘉泰初，撤而新之，俱不復存。時族父石埭府君丞德化，被郡檄督工，獨取成都郭宗丞（明復）一詩刻之石，真絕唱也。其詩云：「香山居士頭欲白，秋風吹作溢城客。眼看世事等虛空，雲夢胸中無一物。舉觴獨醉天為家，詩成萬象遭梳爬。不管時人皆欲殺，夜深江上聽琵琶。賈胡老婦兒女語，淚濕青衫如著雨。此公豈作少狂夢，與世浮沉聊爾汝。我來後公三百年，潯陽至今無管絃。長安不見遺音寂，依舊康廬翠掃天。」夏文莊嘗有《寄題琵琶亭》一絕云：「流光過眼如車轂，薄宦拘人甚馬銜。若遇琵琶應大笑，何須泣淚滿青衫。」近時陳益之待制（謙）又賦《續琵琶行》有云：「青衫夜半何曾著，引興參差雜椒糈。」亦皆有新意。《倦游雜録》載，史沆嘗題詩亭上：「坐上騷人雖有淚，江邊寡婦不難欺。若使王涯聞此曲，織羅應過賞花詩。」沆早登進士第，坐事遷謫而死，平生好持人短長，世以凶人目之。故雖古人，亦妄肆詆訾云。（《四庫全書》本卷三；齐治平校點本，第三九頁）

《容齋續筆》云：「白樂天詩：『鞍馬呼教住，骰盤喝遣輸。長驅波卷白，連擲采成盧。』注云：骰盤、卷白波、莫走、鞍馬，皆當時酒令。予按皇甫松所著《醉鄉日月》三卷，載《骰子令》云：聚十隻骰子齊擲，自出手六人，依采飲焉。堂印，本采人勸合席，碧油，勸擲外三人。骰子聚於一處，謂之酒星，依采聚散。《骰子令》中，改易不過三章，次改《鞍馬令》，不過一章。又有《旗幡令》、《閃壓令》、《拋打令》。今人不復曉其法矣，唯優伶家，猶用手打令以為戲云。」以上皆洪説。余謂酒令蓋始於投壺之禮，雖其制皆不同，而勝飲不勝者則一。後漢賈逵亦嘗作酒令，唐世最勝。樂天詩如「籌插紅螺椀，觥飛白玉巵，打嫌調笑易，飲訝卷波遲。碧籌攢米椀，紅袖拂骰盤」之句不一，不特如洪所云也。……古靈陳述古亦嘗作《酒令》，每用紙帖子，其一書司舉，其二書祕閣，其三書隱君子，其餘書士。令在座默探之，得司舉則司貢舉，得祕閣則助司舉搜尋隱君子進於朝，搜不得則司舉并祕閣自受罰酒，後復增置新格，聘使、館主各一員，若搜出隱君子，則此二人伴飲，二人直候隱君子出，即時自陳，不待尋問，隱君子未出之前，即不得先言。違此二條，各倍罰酒。注云：聘使，蓋賞其能聘賢之義；館主，兼取其館伴之義。唐有昭文館學士，時人號為館主。又云：祕閣雖同搜訪隱君子，或司舉不用其言，亦不得爭權，或偶失之，即不得以司舉不用己言而辭同罰也。然則倍罰，司舉祕閣既探得，即各明言之，不待人發問，如違，先罰一觴。司舉、祕閣止得三搜，客滿二十人，則五搜，餘人探得帖子，並默然。若妄宣傳，罰巨觴，別行令。《古靈集》載，潘家山同章衡飲次行令，探得隱君子，為章衡搜出，賦詩云：「吾聞隱君子，大隱廛市間。道義充諸中，測度非在顔。堯帝神且智，知人亦孔艱。勉哉二祕閣，賢行如高山。」……又有《捉卧甕人格》，皇朝李建中撰。以畢卓、嵇康、劉伶、阮孚、山簡、阮籍、儀狄、顔回、屈原、陶潛、孔融、陶侃、張翰、李白、白樂天為目，蓋與陳、李之格大同小異，特各更其名耳。……（《四庫全書》本卷四；齐治平校點本，第四四頁）

曾端伯（慥）以所編《百家詩選》遺孫仲益（覿），仲益復書云：「……白公詩所謂辭達，大抵能道意之所欲言者。蘇黄門詩已不逮諸公，北歸後效白公體，益不逮，惟四字詩最善。張文潛晚年詩不逮前作，意謂亦效白公詩

者。（荆）公述潘邠老言，文潛晚喜白公詩。信矣，如所料也。……」（《四庫全書》本卷六；齐治平校點本，第七五～七六頁）

《楊文公談苑》謂元稹作《春深》題二十篇，並用「家」、「花」、「車」、「斜」四字為韻，白居易、劉禹錫和之，亦同此韻，次韻起於此。高承著《事物紀原》取其説。余按，《梁書・王規傳》：「普通六年，高祖於文德殿餞廣州刺史元景隆，詔群臣賦詩，同用五十韻。」則唐以前固有之矣。（《四庫全書》本卷九；《叢書集成初編》本卷九，第一〇三頁；齐治平校點本，第一一四頁）

白樂天《長恨歌》書太真本末詳矣，殊不為魯諱。然太真本壽王妃。顧云「楊家有女初長成，養在深閨人未識」，何邪？蓋宴昵之私猶可以書，而大惡不容不隱，陳鴻傳則略言之矣。（《四庫全書》本卷九；齐治平校點本，第一一五頁）

韓子蒼云：「韋蘇州少時以三衛郎事玄宗，豪縱不羈，玄宗崩，始折節務讀書。然余觀其人，為性高潔，鮮食寡欲，所居掃地焚香而坐，與豪縱者不類。其詩清深妙麗，雖唐詩人之盛，亦少其比。又豈似晚節學為者。豈蘇州自序之過歟？然天寶間不聞蘇州詩，則其詩晚乃工，為無足怪。」葉石林《南宫詩話》云：「蘇州詩律深妙，白樂天輩固皆尊稱之，而行事略不見《唐史》為可恨。以其詩語觀之，其人物亦當高勝不凡。《劉禹錫集》中有太和六年舉自代一狀，然應物《温泉行》云：『北風慘慘投温泉，忽憶先皇巡幸年。身騎厩馬引天仗，直至華清列御前。』則嘗逮事天寶間也，不應猶及太和時，蓋別是一人，或集之誤。」苕溪漁隠云：「蘇州集有《燕李録事》詩云：『與君十五侍皇闈，曉拂爐烟上玉墀。』又《温泉行》云：『出身天寶今幾年，頑鈍如鎚命如紙。』余以編年通載考之，天寶元年至太和六年計九十一年，應物於天寶間已年十五，及有出身之語，不應能至太和間也。蔡寬夫云（《南宫詩話》世誤傳蔡寬夫作，漁隠故云）：『劉禹錫所舉，別是一人，可以無疑矣。』」《容齋隨筆》云：「《韋蘇州集》中有《逢楊開府》詩云：『少事武皇帝，無賴恃恩私。身作里中横，家藏亡命兒。朝持摴蒱局，暮竊東鄰姬。司隸不敢捕，立在白玉墀。驪山風雪夜，長楊羽獵時。一字都不識，飲酒肆頑癡。武皇升仙去，憔悴被人欺。讀書事已晚，把筆學題詩。兩府始收跡，南宫謬見推。

非才果不容，出守撫惸嫠。忽逢楊開府，論舊涕俱垂。』味此詩，蓋應物自叙其少年事也，其不羈乃如此。李肇《國史補》云：『應物為性高潔，鮮食寡欲，所居焚香掃地而坐，其為詩馳驟，建安已還，各得風韻。』蓋記其折節後來也。……應物為三衛，正天寶間，所為如是，而吏不敢捕，又以見時政矣。」（智按：見《容齋隨筆》卷二）與旹謂，應物行事散軼，《唐史》失不立傳，故諸家之説，未能會於一，近世沈明遠（作喆）始檃括應物集及它書為傳，甚詳，然論斷中亦以劉賓客所舉為疑，今筆於此。韋應物，京兆長安縣人也（見《崔都水及休日還長安冑貴里》及《歲日寄弟并答崔甥》詩）。……久之，白居易自中書舍人出守吳門，應物罷郡。（見《劉禹錫集》中《酬白舍人詩》云：「蘇州刺史例能詩，西掖今來替左司。」）……應物性高潔（見李肇《國史補》），善為詩，氣質閒妙，渾然天成，初若不用工，而近世詩人莫及也。白居易嘗語元稹曰：「韋蘇州歌行，才麗之外，深得諷諫之意，而五言尤為高遠雅淡，自成一家。」其為時人推重如此……（《四庫全書》本卷九；齐治平校點本，第一一八～一二一頁）

智按：趙與旹（趙與時），字行之，又字德行，寓臨江（今江西樟樹西南）。太祖十世孫。弱冠應舉不第，甯宗時補官右選。理宗寶慶二年（一二二六）第進士，官麗水丞。紹定四年十一月卒。生平見《彝齋文編》卷四《從伯故麗水丞趙公墓銘》。

史秉直（一一七五～一二四五）

《莊靖集序》

史稱唐文三變，至韓昌黎而後，稍稍可述，誠確論也。以其當世文世類皆流於一偏，如白樂天之平易，李長吉之放逸，孟東野之酸寒，賈浪仙之窮苦，是豈不欲去其偏，而就其全乎？蓋以平日所賦之性，所養之氣，所守之學，迂踈局促，執之而不能變之耳。唯韓昌黎則不然，中正之學，發為文章，粹然一出於正，其於觴詠之間，給談笑，助諧謔，叙人情，狀物態，鉤玄提要，據古論今，左右逢原，意各有寓，為時人之宗師，豈一偏之所能囿哉！

我鶴鳴先生，今之昌黎公也。其出處事業，自有年譜；德行才學，自有公論。雄文傑句，板行於世，名儒鉅公，又從而備序之，尚何待僕之諜諜也。然承先生之教，游先生之門，誦其詩，閲其文者，三十餘年矣。覩兹偉事，安敢默然，姑道其萬一，亦涓塵裨益之意也。故喜而書之，癸卯年四月望日，門人史秉直謹序。(《四庫全書》本《莊靖集》卷首)

智按：史秉直，永清（今屬河北）人，字正道。世爲土豪。元太祖八年（一二一三)，蒙古軍南下，領數千人赴涿州降木華黎，奉命領降人家屬屯霸州，各地來附者達十萬家。又選壯勇萬人爲清樂軍，由其子天倪率領。木華黎北返，皆隨同徙居漠北。次年秋，從木華黎攻北京（今内蒙古寧城西大名城)。十年春，金北京守將降，任北京路行六部尚書事，供應軍餉。太宗二年（一二三〇）告老，隨第三子萬戶天澤等居真定。

洪咨夔（一一七六～一二三六)

《又用韻》

雲漢應地紀，尾艮首起坤。直坤導岷江，略艮赴海門。我家海之角，我行江之源。秋月幾改弦，落漲頻移痕。金山手可挈，牛渚氣欲吞。追前趣倍道，殿後虞策奔。主賓會面適，兒女問事繁。舡燈半悲喜，村醪雜清渾。王陽正懷親，石洪未報恩。飈帆鵬翼飽，浪柂鷹尾飜。姑熟人物遠，秋浦風景存。彭郎飫牲酒，小姑黯幢幡。兩磯峭植柱，萬壑譁吹塤。潯陽蕩波光，赤壁盤雲根。莫追白傅夢，空招老坡魂。黄鶴矗河漢，南樓頫川原。劉郎别浦横，孫媛荒臺蹲。雄心漫裹甲，餒魄誰薦膰。弔古君雅志，懷人兒新婚。等為身名謀，難以世俗論。沌口出百盤，水府迷三元。沙市俗更凋，渚宫名徒尊。樓艦郤長鯨，艬舟進伏鼉。夷陵曉未霜，秭歸冬猶温。玉虛想奇崛，蓮碚辭囂喧。楚些風骨變，巴歌舌齶反。屈平坐落寞，昭君苦悲酸。懸知鳳鎩翮，不如鶴乘軒。巫峯又鬱起，赤甲方横騫。直登黄牛堡，極目秦關昏。(《四部叢刊》本《平齋文集》卷三)

智按：前一首乃《答及甫和》。

《萬景樓次韵》（其二）

金谷白頭誰石友，香山青眼幾殷兄。三峨九頂知人意，長與江樓酒面平。(《四部叢刊》本《平齋文集》卷四；《全宋詩》第五十五册，第三四五〇五頁)

《題劉忠肅和洗竹詩帖》

洗竹和篇，與白樂天《養竹記》同意，闢邪衛正，嚴矣。異時罷相，乃出於所善之楊畏，何薈翳託根之深耶？（《四部叢刊》本《平齋文集》卷十；《四庫全書》本《平齋集》卷三十）

《念奴嬌·老人用僧仲殊韻詠荷花横披謹和》

香山老矣，正商量不下，去留蠻素。獨立躊躇腸欲斷，一段若耶溪女。水底新妝，空中香袖，斜日疏風浦。向人欲語，垂楊清蔭多處。　　便好花裏喚船，碧筒白酒，微吸荷心苦。佳月一鉤天四碧，隱約明波横注。雪藕逢絲，擘蓮見薏，枕簟涼如雨。一雙宿鷺，伴人永夜翹佇。(《全宋詞》第二四六五頁)

智按：洪咨夔，字舜俞，號平齋，於潛（今浙江臨安）人。甯宗嘉泰二年（一二〇二）進士，授如皋簿。繼中教官，調饒州教授。崔與之帥淮東，辟置幕府。後隨崔至蜀，歷通判成都府，知龍州。理宗朝，召為秘書郎，以言事忤史彌遠，罷。彌遠死，以禮部員外郎召，遷監察御史，殿中侍御史，給事中。官至刑部尚書，翰林學士、知制誥。端平三年（一二三六）卒，年六十一，謚文忠。有《平齋文集》三十二卷。《咸淳臨安志》卷六十七、《宋史》卷四〇六有傳。

鄭清之（一一七六～一二五一）

《白公竹閣記》（紹定元年七月）

竹閣，白公樂天之遺跡也。按《唐史》及《長慶集》：樂天以中書舍人出守杭，暇日，有《宿竹閣》詩，此竹閣之始見也。又按《東坡集》：白公竹閣在孤山廣化寺，與栢臺鄰，此竹閣之所在也。東坡至杭，嘗爲賦詩，有「古寺無人竹滿軒」之句。此閣至我朝而猶存也。六飛南渡，紹興間，以孤山爲四聖觀，有旨令守臣遷竹閣與寺于北山。此竹閣遷徙之大略也。天府雄劇，曩以能政稱者，猶百適是懼，閣廢不具，漫弗訾省。今京尹户部尚書袁公韶填拊清暇，援其舊以請，廟朝悦從之，畀以成材，亟就規度，秖視倍蓰。此竹閣之既圮而復建也。先是上美公治行冠壓後前，隆以職秩而久其任。歲更三閏，吏肅民和，服習其威惠，勸趨其唯諾。凡所營繕，落成而後人知之。修仆植僵，徧于四境。西湖最章章焉。頃，既哀此邦之先賢，廬以居寓，討其軼闕，碣而贊之，祠而祝之，三賢之堂，水仙之宫，左右映發，清標獨韻，衣被輦下。神州奥區，山加秀而水增明矣。公猶欿然，搜攬幽邃，網羅放失，而竹閣之建與寺俱新。鏡清流，屏翠巘，晨光夕霏，千態萬貌。撫物興懷，樂天如可作也。公方以碩才用世，助熙庶績，則表賢厲俗，首善始于京師，是不可以無紀。公不鄙，謂清之，俾繹樂天所以繫邦人之思者壽之于石。清之既輯顛末于前，復爲之言曰：《召南》之棠、峴首之碑、白之渠、預之橋，惠也，人思之宜也。若子陵釣石、鄴侯書堂，庾于樓，陶于菊，寓也，人思之何也？賢者所至，其游居憩笑之所，人必錮而留之，有甚于肖形覆武者。不然，章華虒祈之麗偉，阿房驪宫之雄勝，闔闢陰陽，吞吐日月，既埃滅而無餘。樂天之閣，墁以白雲，黼以緑净，祓以清風，與煙飄漁屋相爲隱見，直南柯一息耳，乃數百年而復顯。樂天文章氣節，固昭然莫掩者。杭之多秀民也，能人誦其詩，戶觀其傳，而一談樂天，奕奕若前日事？斷碑瘴墨，流落野亭荒寺間，過者徘徊顧瞻，雖蜑夫胡賈，亦摩抄太息而去。樂天涖是邦，獨治潮浚井，見于紀載，非有大功捍大患，而人愛之如此，吾是以知竹閣之賢于靈光也。方其自放于寬閑之境，幅巾短簟，逍遙事外，吟肩茶吻，塵視圭爵，幾于齊物。我泯智愚，豈自知人間世有樂天者，况閣乎？噫！古今之變多矣。陵谷之屢遷、人物之數化，廢興代謝，相禪于無窮，而賢者之名終不磨滅，是必有以致之。後之登斯閣也，挹香山之高風，思京尹之雅德，當相須不朽云。紹定改元戊子上秋初吉，鄭清之記。（《咸淳臨安志》卷七九；《淳祐臨安志·輯佚》卷五，《安晚堂集輯補》；《全宋文》二〇〇六年版第三

〇八册，卷七〇三七，第二五七頁）

《謝虚齋和詩》

關心穡事恐春遲，蹔許花風入繡旗。翠浪半天岐麥詠，玉簪數節刈蕘詩（見山谷過土山塞詩）。野亭寄韻追唐什（嚴鄭公有寄題野亭見杜集），秋菊餐芳敵楚辭。早晚催歸漢廷右，西湖深處樂天碑。（《四庫全書》本《安晚堂集》卷七；《全宋詩》第五十五册，第三四六二六頁）

《再和前韻》（六首其六）

茂先博物懵星台，世味沈酣酷鴆懷。風月自為無盡藏，湖山誰肯愛閒來。競知疾下多車乘，豈悟機危蹈廪階。幸與樂天相伴住，休論達者謂何哉（病與樂天相伴住，春隨樊素一齊歸）。（《四庫全書》本《安晚堂集》卷七；《全宋詩》第五十五册，第三四六二九頁）

智按：前詩為《按病後和黄玉泉韻》。

《和鄭制幹謝借居且惠朋樽醉螯詩》

平生愛山林，里居想王屋。孤月自無朋，斷雲曾不族。詎知莊遵市，儵有賈誼卜。西河就索居，漆園問尊足。翟門羅可去，軻宅仁已熟。似聞結駟多，每見後騎屬。魯臺時遣餽，監侯已發粟。競懽王儉蓮，肯問顏子粥。家貧願隣富，蒹葭欣倚玉。頗容滑稽叟，來篷堂上燭。猶能辨絲簧，漸近不如竹。濯醪慁兵醞，庸行參聖讀。願為善頌禱，既醉備五福。謀婦擬提壺，敲門驚啄木。持螯兩從事，來就桑下宿。美味均適口，雙明喜增目。命駕匪千里，星言媿不夙。聯句乏追韓，補詩聊繼東。終當效樂天，駱馬為酒鬻。（《四庫全書》本《安晚堂集》卷十；《全宋詩》第五十五册，第三四六四九頁）

《調雲岑》

戲將鶡弁博緇衣，般若叢中賸作癡。鵝頸肯爲羅隱笑，鶏林能辨樂天詩。好從休處求安逸，莫向閒中覓住持。覺際湖山最佳趣，藕花洲渚菊東籬。（《四庫全書》本《江湖後集》卷六；《全宋詩》第五十五册，第三四

六七二頁）

智按：鄭清之，字德源，初名燮，字文叔，别號安晚，鄞縣（今浙江寧波）人。南宋嘉定十年進士，累官至左丞相，卒謚忠定。鄭清之爲南宋名相，四登揆席，黻黼二朝，召還真德秀、魏了翁諸君子，時號「小元祐」。高文大册，布流人間。前人評其詩多「俚俗之體」，「詩多禪語」，而《四庫全書總目》卷一百六十二謂：「今觀所作，大都直抒性情，於白居易爲近。」劉克莊《丞相忠定鄭公行狀》謂：「自場屋之作，至宗廟朝廷典册之文，莫不精妙，傳者紙貴。」李之鼎《宋人集本安晚堂詩集跋》亦謂：「其詩翹出時輩，清穩樸茂，未可以多用禪語薄之。」《宋史》卷四一四有傳。

李俊民（一一七六～一二六〇）

《和秦彦容韻（五首）》（其四）

彦容寄詩，有「先生高見真吾師，速營菟裘猶恨遲。牕明炕暖十笏地，松風蕭蕭和陶詩。山野已尋雲外路，直入天壇最深處。踏開李愿舊游蹤，請君自草盤谷序」之句，故依韻和之。

不嫌瓠葉日猶烹，不羡公子染指爭黿羹。不把荷衣等閒裂，不羡曹人共服麻如雪。愛身肯似賤場師，凡骨只愁輕舉遲。北山未出移休勒，東老雖貧樂有詩。望中雲海蓬萊路，誰道樂天無歸處。一千年鶴再來時，行鴈難將弟兄序。（《四庫全書》本《莊靖集》卷一）

智按：李俊民，字用章，號鶴鳴老人，澤州（今山西晉城）人。金章宗承安五年（一二〇〇）狀元，授翰林應奉，不久棄官授徒為生。金宣宗南遷，隠於嵩山、鳴皋山，又北渡客居覃懷，不久潛入山西，皆為避蒙古兵鋒。元世祖在潛邸，以劉秉忠薦其精於術數，曾召問休咎，後皆應驗，頗信從之。卒，賜謚「莊靖（或作靜）先生」。

趙汝騰（？～一二六一）

《挽竹湖李端明》（其二）

淡似香山老，臞於涑水翁。政須將及子，心孰不爲公。後進師清儉，前旒譽直空。墓陵手所築，過者式高風。（《四庫全書》本《庸齋集》卷一；《全宋詩》第六十二册，第三八八七九頁）

智按：趙汝騰，字茂實，號庸齋，晚年又號紫霞翁，太宗七世孫，居福州（今屬福建）。理宗寶慶二年（一二二六）進士，歷禮、兵部架閣，籍田令。召試館職，授秘書省正字，累遷玉牒所檢討官。出知溫州，遷提點江東刑獄，知婺州。召為起居舍人，累遷權工部尚書兼權中書舍人，以事罷。未幾，起為禮部尚書兼給事中，出知紹興府、泉州。官至翰林學士承旨。景定二年卒。著作未見載籍著録，清四庫館臣據《永樂大典》輯為《庸齋集》六卷。《宋史》卷四二四有傳。

李純甫（一一七七～一二二三?）

《西嵓集序》

人心不同如面，其心之聲發而為言。言中理謂之文，文而有節謂之詩。然則詩者，文之變也，豈有定體哉？故《三百篇》，什無定章，章無定句，句無定字，字無定音。大小長短，險易輕重，惟意所適，雖役夫室妾悲憤感激之語，與聖賢相雜而無愧，亦各言其志也已矣，何後世議論之不公耶！齊梁以降，病以聲律，類俳優然。沈宋而下，裁其句讀，又俚俗之甚者。自謂靈均以來，此祕未睹，此可笑者一也。李義山喜用僻事，下奇字，晚唐人多效之，號西崑體，殊無典雅渾厚之氣，反詈杜少陵為村夫子，此可笑者二也。黃魯直天資峭拔，擺出翰墨畦逕，以俗為雅，以故為新，不犯正位，如衲禪著末後句為具眼。江西諸君子，翕然推重，別為一派，高者雕鐫尖刻，下者模影剽竄。公言：「韓退之以文為詩，如教坊雷大使舞。」又云：「學退之不至，即一白樂天耳。」此可笑者三也。嗟乎！此說既行，天下寧復有詩耶！

比讀劉西嵓詩，質而不野，清而不寒，簡而有理，澹而有味，蓋學樂天而酷似之，觀其為人，必傲世而自重者。頗喜浮屠，邃於性理之説，凡一篇一詠，必有深意，能道退居之樂，皆詩人之自得，不為後世論議所奪，真豪傑之士也。(《四庫全書》本《中州集》卷二)

智按：《西嵓集》，劉汲著。汲字伯深，南山翁劉撝之子。天德三年進士。釋褐慶州軍事判官。入翰林為供奉。自號西嵓老人。有《西嵓集》。《金詩選》卷一云「西嵓詩擬樂天，而未離宋調」，「猶是江西餘習也」。《四庫全書總目提要》卷一二八《雕邱雜録》（清梁清遠撰）謂：「九卷載李屏山所作《西嵓集序》，稱『李義山喜用僻事，下奇字，晚唐人多效之，號西崑體，殊無典雅渾厚之氣，反詈杜少陵為村夫子』。以楊億事為李商隱事，殆唐、宋不辨。又引黄庭堅之言，謂『韓退之詩如教坊雷大使舞』，『學退之不至即為白樂天』。是以陳師道所評蘇軾詞、蘇軾所評陶潛詩，併誤為庭堅評韓愈詩之詞。顛舛尤甚。」

李純甫，字之純，號屏山居士，弘州襄陽（今河北陽原）人。金章宗承安二年（一一九七）進士。喜談兵，屢上疏論時事。嘗三入翰林，後卒于京兆府判官任上。有《楞嚴經解》、《金剛經别解》、《老子集解》、《莊子集解》、《中庸集解》、《鳴道集説》，均佚。《中州集》卷四録其詩二十九首，《金文最》收其文七篇。《庶齋老學叢談》卷中録其詞一首。生平事迹見《金史》卷一二六、《中州集》卷四、耶律楚材《屏山居士鳴道集説序》(《湛然居士文集》卷一四)、《歸潛志》卷一。

真德秀（一一七八～一二三五）

《奏劄子》

臣恭覩陛下以東宫册禮告成，明詔疏恩，戚里之賢，寵數優隆，加以王爵，稽諸典故，所未前聞，然其老成静重，公論素所推予，身爲外屬，而避遠權勢，不居京師，治家教子，風聲凛然，誠近世戚畹之所未有。意其賢德夙簡，聖心故因鉅典之誠，特示寵擢。臣承命草制，亦能推明陛下所爲褒表之意，播告中外矣。然臣伏觀古今載籍之傳，莫不以恩寵太盛，爲外家之深戒，漢世賢戚，無出樊宏、陰興右者。宏之言曰：「富貴盈溢，未有能終，天道惡滿好謙，前代貴戚，皆明戒也。」興亦有云：「外戚家苦，不知謙退。富貴有極，人當知止。夸奢益為觀聽所譏。」惟二人者，其所操持若是。故其子孫昌熾，世有令聞，為史册之光。臣愚，竊謂二人之言，蓋陛下所當知而戚里所當鑒也。夫倚伏無常，古今所畏，祟猶塵積，釁若駭機，不可不深圖，不可不豫慮。伏惟陛下清燕之間，省觀樊陰之所由，得追跡梁竇之所由失常，思所以安全外族，俾蒙謙靖之福，而不蹈滿盈之咎，斯誠宗廟社稷，無疆之休。臣以非材，承乏詞禁，官雖甚卑，其職則有唐供奉之舊，故敢因事陳，愚妄希李絳、白居易之萬一，惟陛下裁赦，臣不勝大幸。謹具劄子，陳奏以聞，伏乞睿照。（《四部叢刊》本《西山先生真文忠公文集》卷十九）

《賜朝議大夫權工部尚書兼修國史兼實録院同修撰兼太子詹事戴溪乞許納禄或畀祠禄不允詔》

敕：具悉。昔唐白居易以直道不容于時，故年甫六十九，辭宫傅之秩而歸休焉，清名高行，後世所慕望而不可及也。雖然，居易則誠賢矣，苟時君能挽而留之，用其言以顯其身，使居易無勇退之名而唐室獲任賢之福，豈不尤可尚耶？今卿以白傅之年而數上淵槩之請，豈非聞其風而興起者乎！夫年未至而告歸，在卿固爲高致；知賢而不盡用，天下其謂朕何？勉從吾遊，毋使識者窺朝廷也。所請宜不允。（《四部叢刊》本《西山先生真文忠公文集》卷二十一）

智按：真德秀，字希元，浦城（今屬福建）人。慶元五年（一一七八）進士。開禧元年（一二〇五）中博學宏詞科。端平二年（一二三五）拜參知政事。卒謚文忠。事迹具《宋史·儒林傳》。

魏了翁（一一七八～一二三七）

《領客君子軒木芙蓉盛開分韻得紅字》

白煒司節，青女戒霜，草木落而變衰，春秋忽其代序，偶偕勝引，往踐蕭辰，得之若驚，褰芙蓉於木末，懷哉無斁，知松栢於歲寒。客有誦韓公叢紅之章，或遂舉白傅車斜之例，觥籌多叉，詩令載嚴既訖，賡酬寧無序引。

天公富萬有，盈宇何充充。秋風一摇落，所得緣手空。忽於臞悴中，覩此寒露叢。天然真富貴，送盡人間窮。雅傳與騷經，凡卉亦見容。胡為抱昭質，一盻獨未蒙。或訝木末褰，或比水間紅。至近前上處，至明日方中。碩人亦俣俣，於此猶不逢。莫我知矣夫，佇立看秋風。(《四庫全書》本《鶴山集》卷三)

《約客木犀下有賦》

茂樹幽花兀老蒼，不隨衆卉入詞場。虎頭點點開金粟，犀首纍纍佩印章(公孫衍佩五國相印)。明月上時疑白傅，清風度處越黃香。人才生世元如此，不為無人不肯芳。(《四庫全書》本《鶴山集》卷八)

《艤舟琵琶亭次福士張元龍以詩代柬韻》(二首)

人生行止莫非天，萬里風波一葉船。時有賓朋慰牢落，寧論遠道困行躔。

樂天未信果知天，枉為琵琶紘繫船。須識屈信常事耳，暑寒代序月移躔。(《四庫全書》本《鶴山集》卷十；《全宋詩》第五十六册，第三四九五六頁)

《王常博寄示沌路七詩李肩吾用韻為予壽因次韻(七首)》(其六)

湓浦猿哀杜宇啼，琵琶彈淚送人歸。誰言蘇白名相似，識(一作試)看風騷赤壁磯。(《四庫全書》本《鶴山集》卷十一)

《某曩在遂寧嘗賦木犀云茂樹幽花兀老蒼不隨衆卉入詞場虎頭點點開金粟犀首纍纍佩印章明月上時疑白傅清風度處看黃香人才生世元如此不為無人不肯芳今十數年矣偶憶前作未免兒戲用韻再賦呈諸友》

洞煙谿月楚山蒼，萬木辭林稼滌場。老桂挾秋清入骨，明河倚樹爛成章。城隅靜女閒逾美，澤畔纍臣晚更香。若數秋花饒此品，未容陶菊逞孤芳。(《四庫全書》本《鶴山集》卷十一；《全宋詩》第三四九七〇頁)

《用張子益教授韻送虞退夫西歸》

子已江頭戒櫂郎，印須何事未乘方。須看此意關時數，不為斯人自肺腸。白傅徒然泣商婦，毛生豈解出王嬙(嬙字據《漢紀》從木)。印雖不敏眞知得，為子臨岐釂一觴。(《四庫全書》本《鶴山集》卷十一；《四部叢刊》本

《重校鶴山先生大全文集》卷十一）

《楊少逸不欺集序》

人之言曰：「尚詞章者乏風骨，尚氣節者窘辭令。」某謂不然。辭雖末伎，然根於性，命於氣，發於情，止於道，非無本者能之。且孔明之忠忱，元亮之静退，不以文辭自命也。若表若辭肆筆脱口，無復雕繢之工，人謂可配訓誥雅頌，此可强而能哉？唐之辭章，稱韓柳元白，而柳不如韓，元不如白，則皆於大節焉觀之。蘇文忠論近世辭章之浮靡，無如楊大年，而大年以文名，則以其忠清鯁亮，大節可考，不以末伎為文也。眉山自長蘇公，以辭章自成一家，歐尹諸公，賴之以變文體。後来作者相望，人知蘇氏為辭章之宗也，孰知其忠清鯁亮，臨死生利害而不易其守，此蘇氏之所以為文也。……（《四庫全書》本《鶴山集》卷五十五；《四部叢刊》本《重校鶴山先生大全文集》卷五十五）

《跋山谷所書香山七德舞》

黄太史得書之變者，今此帖又因觀《海怪圖》以發其趣，故視他書尤更沈着痛快。然不出其氏名稱號，豈猶有所靳於戴錬師邪？此詩舊本，「子夜」作「夫子」，「今來」作「爾來」，「治定」作「理定」，以「子夜」對「辰日」，則今本為是。惟廿有九、廿有五，以字書及秦漢銘文證之，只當作一字讀，今乃併二字為一，成六言，其偶然邪？今藏於資中李氏，誠為可寶云。（《四庫全書》本《鶴山集》卷六十一；《四部叢刊》本《重校鶴山先生大全文集》卷六十一）

《生日謝人惠詩詞》

身年四十七，正感懷白傅之詩；眉壽萬有千，敢辱貺魯侯之頌？先施厚矣，自揣缺然。伏念某才能不及於中庸，名實未加於上下。素餐奚補，孤天地亭育之仁；嗜學無成，虧父母生全之德。矧此誕彌之候，尤深罔極之思。而禁（一作某）官懷舊不遺，好仁無倦。記此蓬矢桑弧之日，貽以鉤章棘句之文。揆余初度，錫余嘉名，正懼所生之忝；俾爾單厚，俾爾多益，敢當善頌之詞！徒劌銘心，莫知報德。（《四庫全書》本《鶴山集》卷六十七）

《生日謝守倅以下惠詩詞》

止離騷之國，三閱流年；誦皇覽之篇，四經初度。於焉信處，豈不懷歸。深虞罪罟之靡夷，復念劬勞之罔極。有來善頌，垂賁孤蹤。爛其朝采之貽，記此門弧之始。今朝五十初過二，正哦蘇子之詩；明年半百又加三，徒重白公之嘆。更期終誨，益勵後圖。(《四庫全書》本《鶴山集》卷六十八)

《答靖州時官士人惠生日啟》

百年强半，叶黄州再閏之時；五十加三，起白傅懷歸之詠。豈但父兮母兮之感，寧忘國爾公爾之憂！報稱未能，省循莫措。曾謂始生之旦，驟蒙善頌之辭。疑甲子之紀年，問庚寅之初度。羊牛下括，雖見思行役之無期；鴻雁于飛，正興念劬勞之安宅。願言終誨，益勵後圖。(《四庫全書》本《鶴山集》卷六十八)

《經外雜抄》

劉禹錫詩:「向來行哭里門道，昨夜畫堂歌舞人。」白樂天《燕子樓》詩亦此意。陳後山:「起舞為主壽，相送南陽阡。忍着主衣裳，為人作春妍。」又云:「向來歌舞地，夜雨鳴寒蛩。」(《四庫全書》本《經外雜抄》卷一)

白樂天詩:「性將時共背，病與老俱來。」後山:「老將衰疾至，人與歲時遷。」(題魯直深明閣陳留)(《四庫全書》本《經外雜抄》卷一)

《醉蓬萊》

又一番雨過，倚閣炎威，探支秋色。前度劉郎，爲故園一出。黄髮絲絲，赤心片片，儼中朝人物。詩裏香山，酒中六一，花前康節。　倦客才歸，新亭恰就，萱徑蔭濃，卜林香發。尊酒相逢，看露花風葉。躍躍靜神，生生意思，入眼渾如潑。更祝天公，收回積潦，放開晴日。(《全宋詞》第二三八二頁)

智按：魏了翁，字華父，號鶴山，邛州蒲江（今屬四川）人。甯宗慶元五年（一一九九）進士，授簽書劍南西川節度判官。嘉泰二年（一二〇二），召為國子正，次年改武學博士。開禧元年（一二〇五），召試學士院，以阻開邊之議忤韓侂胄，改秘書省正字。次年出知嘉定府。史彌遠當國，力辭召命。

丁父憂，築室白鶴山下，開門授徒。起知漢州、眉州。嘉定四年（一二一一）擢潼川路提點刑獄，歷知遂寧、瀘州、潼川府。十五年，召為兵部郎中，累遷秘書監、起居舍人。理宗寶慶元年（一二二五），因言事以首倡異論、朋邪謗國黜靖州居住。紹定五年（一二三二），起為潼川路安撫使、知瀘州。端平元年（一二三四），召權禮部尚書兼直學士院，以端明殿學士、同簽書樞密院事督視江淮京湖軍馬。嘉熙元年（一二三七）卒，年六十。謚文靖。遺稿由其子近思、近愚刊行，傳世有《鶴山先生大全文集》一百九卷。事見本集卷首宋淳祐九年吳淵序、清繆荃孫《魏文靖公年譜》，《宋史》卷四三七有傳。

李劉（一一七九～一二四九）

《壽友人》

探勝東風一夜先，燕堂絲管沸華筵。魚軒並壽歡何極，鳳穴添雛慶愈綿。獨樂園中閑日月，香山圖裏永神仙。磻溪自有安車到，屈指佳期祇六年。（《全宋詩》第五十六册，第三五一三二頁）

《回士人投生日詩》

生我劬勞，曾莫報昊天之德；俾爾昌熾，詎敢當《泮水》之歌？有勤黄絹之辭，但重朱絃之歎。伏惟某官，文如翻水，思若涌泉。憐白傅五十七之齡，已遲歸計；比絳人三分一之數，大似疑年。贈以徽言，寵其初度。某不知所賀，藏弆為榮。愛之欲其生，倍有加於布帛；施不求其報愧，莫辦于瓊琚。（《四部叢刊》本《梅亭先生四六標準》卷十四）

《回三江文將仕》

誦白傅五十七之詩，已遲歸計；辱魯侯萬有千之頌，俾試壽胥。愧非所蒙，竊願有復。恭惟某官，瑰文發藻，瓊翰嘘枯。贈汝好辭，磨厲桑蓬之志；揆余初度，堅凝松栢之心。得非愛之欲其生，所謂交以久其道。某自憐單獨，倍感劬勞。維摩想日邊之朝，難陪雄甲；謫仙尋夜郎之夢，且伴長庚。（《四部叢刊》本《梅亭先生四六標準》卷十四）

《回學職二十四人投詩》

香山五十七歲，歎歸計之已遲；淩煙二十四賢，惠歌詩之不類。揆余初度，懷我好音。伏惟某官，氣應歲躔，才堪郎署。比周家八士之數，價喜倍三；較魯頌四篇之文，數幾用六。冠以鱣堂之序，寵茲鯉饋之辰。小人不知紀年，自甘雌甲；君子善為頌禱，誤擬長庚。……（《四部叢刊》本《梅亭先生四六標準》卷十四）

《回同官上壽詩詞》

揆余初度，終身惟切於慕親；及爾同僚，君子顧多於善頌。過情可恥，佩意亦勤。伏惟某官，義篤官聯，材雄筆陣。憐白傅五十七之感，歸計已遲；比絳老三分一之年，輿人何筭。既加膏沃，復借品題。某自顧衰殘，難當獎予。加桑弧於蓬矢之六，空走四方；報綺琴以南金之雙，僅憑尺牘。（《四部叢刊》本《梅亭先生四六標準》卷十四）

《謝鄉官寄居士人賀生日詩啓》

伏以匪莪伊蒿，增劬勞勞瘁之感；維桑與梓，辱熾昌昌大之詞。何以報木瓜之三，用是光蓬矢之六。恭惟某官嘘枯意厚，發藻才雄。半百過九年，笑白傅艷陽之已老；分寸落千丈，憐韓公牛斗之不神。贈汝好辭，揆余初度。某安知燕喜，但笑龍鍾。一唱三嘆而音有遺，難和朱弦之疏越；萬有千歲而眉無害，還祈黃髮之壽胥。（《四部叢刊》本《梅亭先生四六標準》卷十四）

《回鄉官上壽啓（庚寅）》

伏以我生之辰，與王瓜而同日；物出於甲，忝雌木之非材。何勤黃絹幼婦之辭，更爲絳縣老人之祝。恭惟某官英文發藻，厚德嘘枯。五十七之歸遲，每憐白傅；二千石之强直，俯念朱卿。假以徽言，寵其初度。某不知所賀，藏弆爲榮。吾黨小子之斐然，乏瓊琚之效報；是邦大夫之賢者，希藥石以相生。（《四部叢刊》本《梅亭先生四六標準》卷十四）

《代回翟峽州（畯）》

象刑贊治，自媿罔功；矬正共工，猥令攝長。愧未申於巽謝，遽先辱於謙撝。恭惟某官，燕譽甚休。駟除不遠，閑香山之白傅；歲月已深，起東海之蕭生。風雲胥會，有如衰朽。諒借吹嘘，某自揣頭顱，不堪指目，聊復爾耳。少陪鳴履之班行，或使之即控挂冠之請。（《四部叢刊》本《梅亭先生四六標準》卷二十八）

《代回程監簿》

重來及芳菲，笑逢春之白傅；誰能更拘束，羨守歲之杜陵。三壽作朋，百禄是總。恭惟某官，以道怡性，未老得閑。櫪馬盍簪，看破塞翁之馬；畫鷄貼户，望成渻子之鷄。宜對新年，益裒盛福。某過勤尺牘，更枉五詩。負三宜休，愴歸日之已晚；况四多懼，何善頌之敢當。（《四部叢刊》本《梅亭先生四六標準》卷三十九）

智按：李劉，字公甫，號梅亭，崇仁（今屬江西）人。甯宗嘉定元年（一二〇八）進士。為寧鄉主簿，入曹彦約幕府。董居誼帥蜀，辟為屬官。秩滿，南還為兩浙運幹，復通判武岡軍，歷知榮州、眉州，除成都運判，帥成都，守本路提點刑獄、都大茶馬。召除中書舍人、崇政殿説書、起居舍人。卒年七十一。有《詩文類稿》、《續類稿》，均佚，今存《四六標準》四十卷。生平見《道園學古録》卷三十三《李梅亭續類稿序》，明弘治《撫州府志》卷二十二、《宋史翼》卷二十九有傳。

謝采伯（一一七九～一二五一）

《密齋筆記》

杜子美説早上嚴武，尤為偉論。孟郊《上盧使君養生書》、李義山作《李賀小傳》、《白樂天墓碑》、《劉義傳》，文體奇逸，不應止取其詩。（《四庫全書》本《密齋筆記》卷三）

杜牧之《自撰墓誌銘》言注孫子，推五星，説相法，文學之士多能如此。甥裴延翰爲集序，文似李翺。唐之文風，大振於貞元、元和之時，韓柳倡其端，劉白繼其軌，當時學者涵泳攬其英華，洗濯磨淬，輝光日新。苟有作者，皆足以拔於流俗，自成一家之語。延翰是已。（《四庫全書》本《密齋筆記》卷三）

智按：謝采伯，字元若，臨海（今屬浙江）人。甯宗嘉泰二年（一二〇二）進士。嘉定五年（一二一二），通判嚴州。十五年，知湖州，召監尚書六部門。理宗寶慶元年（一二二五），知嚴州。紹定初，提舉福建市舶司。四年（一二三一），知徽州。召為大理丞，遷大理正。淳祐元年（一二四一）致仕，卒年七十三。有《密齋筆記》。事見《淳熙嚴州圖經》卷一、《嘉定赤城志》卷三十三。

釋普濟（一一七九～一二五三）

《五燈會元》

⊙徑山國一欽禪師法嗣

⊙鳥窠道林禪師

杭州鳥窠道林禪師，本郡富陽人也。……元和中，白居易侍郎出守玆郡，因入山謁師。問曰：「禪師住處甚危險。」師曰：「太守危險尤甚！」白曰：「弟子位鎮江山，何險之有！」師曰：「薪火相交，識性不停，得非險乎？」又問：「如何是佛法大意？」師曰：「諸惡莫作，衆善奉行。」白曰：「三歲孩兒也解恁麼道。」師曰：「三歲孩兒雖道得，八十老人行不得。」白作禮而退。師於長慶四年二月十日告侍者曰：「吾今報盡。」言訖坐亡。〔有云師名圓修者，恐是謚號。〕（《五燈會元》卷二，蘇淵雷點校本，第七十頁）

⊙馬祖一禪師法嗣

⊙興善惟寬禪師

京兆興善寺惟寬禪師，衢州信安祝氏子。……元和四年憲宗詔至闕下，侍郎白居易嘗問曰：「既曰禪師，何以説法？」師曰：「無上菩提者，被於身為律，説於口為法，行於心為禪。應用者三，其致一也。譬如江湖淮漢，在處立名。名雖不一，水性無二。律即是法，法不離禪。云何於中妄起分別？」曰：「既無分別，何以修心？」師曰：「心本無損傷，云何要修理？無論垢與淨，一切勿念起。」曰：「垢即不可念，淨無念可乎？」師曰：「如人眼睛上，一物不可住。金屑雖珍寶，在眼亦為病。」曰：「無修無念，又何異凡夫邪？」師曰：「凡夫無明，二乘執著，離此二病，是曰真修。真修者不得勤，不得忘。勤即近執著，忘即落無明。此為心要云爾。」（《五燈會元》卷三，蘇淵

雷點校本，第一六六頁）

⊙佛光滿禪師法嗣

⊙白居易侍郎

杭州刺史白居易，字樂天，久參佛光，得心法，兼稟大乘金剛寶戒。元和中，造於京兆興善法堂，致四問〔語見興善章〕。十五年，牧杭州，訪鳥窠和尚。有問答語句〔見鳥窠章〕。

嘗致書於濟法師，以佛無上大慧演出教理，安有徇機高下、應病不同、與平等一味之説相反。援引《維摩》及《金剛三昧》等六經，辟二義而難之。又以五蘊十二緣説名色，前後不類，立理而徵之。並鉤深索隱，通幽洞微，然未睹法師酬對，後來亦鮮有代答者。

復受東都凝禪師八漸之目，各廣一言，而為一偈，釋其旨趣。自淺之深，猶貫珠焉。凡守任處，多訪祖道。學無常師，後為賓客，分司東都。罄己俸，修龍門香山寺。寺成，自撰記。凡為文，動關教化，無不讚美佛乘，見於本集。其歷官次第，歸全代祀，即史傳存焉。（《五燈會元》卷四，蘇淵雷點校本，第二二一頁）

智按：釋普濟，號大川，俗姓張，四明奉化（今屬浙江）人。年十九，依香林院文憲師受具戒，初遊本郡湖心、赤城諸禪院，遍歷無用全、佛照光、浙翁琰、松源嶽、肯堂充諸老之門。甯宗嘉定十年（一二一七），住慶元府妙勝禪院，後歷住寶陀觀音、岳林大中、嘉興府報恩光孝、慶元府大慈教忠報國、紹興府天章十方、臨安府淨慈報恩光孝、靈隱諸寺。理宗寶祐元年正月卒，年七十五。有《五燈會元》二十卷，《靈隱大川濟禪師語録》一卷，收入《續藏經》。事見《語録》及所附大觀撰《靈隱大川禪師行狀》。

吕午（一一七九～一二五五）

《楊伯嵒〈六帖補〉序》（淳祐二年二月）

類書之便於撿閲，惟白居易氏《六帖》最備，大抵皆載唐以前事。至皇朝紹興初，有孔傳世文，宣聖四十七代孫也，復為《孔氏六帖》繼之，故於舊事獨詳。今百餘年，莫有增者。泳齋楊君伯喦，乃輯白氏、孔氏之遺，而為之補。泳齋，楊和王曾孫，而刻志好學，多見異書，下筆皆驚人語。予嘗為寮，寓郊關外，復出關，時一相覔，高談袞袞，與夫長篇短章，更倡迭和，有疑事質之，嘗叩「雲璈璈」字所出，即答以《太平廣記》，考之果然。一日，出所輯《六帖補》相示，凡二十卷，搜奇拔異，事富語新，如入建章宫，千門萬户，使心洞目駭，應接不暇，是可不與二氏《六帖》並行乎？泳齋曰：「幸為我序篇首。」昔束晳《補亡詩》，乃其自作，於亡詩何補？今所補《六帖》，字字皆有依據，其補於二氏為多。泳齋作《九經補韻》尤精詳，非博聞強記，不能也。竊意西墅君子堂前，草必生書帶，魚生墨頭，午將問諸園丁。壬寅二月十五日竹坡呂午序。（《四庫全書》本《六帖補》卷首；《全宋文》二〇〇六年版第三一五册，卷七二一五，第八七～八八頁）

智按：「紹興初」後「百餘年」之壬寅，為淳祐二年（一二四二）。

《靈山院記》（嘉熙三年二月）

……予方謀退處竹坡，日對湖山間，徜徉靈隱、天竺，以適吾性。又念信美而非吾土，鄉夢栩栩，未嘗不在靈山之下。縱不能效白樂天于香山大有布施，可無一轉以塞遠請？夫山以靈名，而寺以山名，則寺靈可知。……嘉熙三年二月旦日，朝請大夫、守宗正少卿、兼國史院編修官、實録院檢討官呂某記。（《續修四庫全書》影印北藏清抄本《竹坡類稿》卷二；《全宋文》二〇〇六年版第三一五册，卷七二一七，第一三二頁）

《跋漕司僉廳壁書白樂天養竹記》（嘉定六年閏九月）

僉所改造既成，靚深閎麗，于王畿漕幕為稱。堂後有隙地，同官相與種竹，僅百箇，翠葉交加，秀色可餐。每朱墨餘閒，啟牕視之，心目開明，俗塵一洗。竹之有助於人如此。乃書白樂天《養竹記》於壁，庶幾來者知所封植云。嘉定五年閏九月某日，新安某書。（《續修四庫全書》影印北藏清抄本《竹坡類稿》卷三；《全宋文》二〇〇六年版第三一五册，卷七二一五，第九四頁）

智按：嘉定五年無閏月，或為嘉定六年。

《竹坡記》（紹定六年五月）

古人愛竹，隨寓而名者多矣，而其顯則因人。竹林以七賢顯，竹溪以六逸顯，竹里以王摩詰顯，竹閣以白樂天顯，竹洞以韓昌黎詩顯，竹樓以王元之記顯。至如竹所未聞扁題，以袁景倩嘗造亦顯。余愛竹如古人，寓居坐起處皆以竹名。後有小圃，圃有坡，坡有竹，僅千箇，因結亭其間，牓曰「竹坡」。顧聲望不能企古人萬分之一，不足以使是竹坡顯於今、顯於後，則數此坡者，衹以辱此竹耳。雖然，王子猷才不掩行，有愧坦之，而以愛竹，故人稱之至今。是子猷之名反以竹顯。然則，余姓名湮微，或庶幾由是竹坡顯耶！紹定六年五月日，新安吕某記。（《續修四庫全書》影印北藏清抄本《竹坡類稿》卷二；《全宋文》二〇〇六年版第三一五册，卷七二一六，第一一二頁）

《清泉院記》（嘉熙四年五月）

清泉院在歙縣西三十里，按《新安志》，唐大中二年建，入我朝，宣和癸卯釋常照始建法堂。建炎戊申，釋常富稍遷而西。……友人方山甫家連端，相去二百里而近，好學喜賓客，有燕集亦必朝會于斯。如是者三世矣。近來訪馬城寓舍，曰：「君與靈山寺僅有一日雅，便效白樂天香山爲之記。清泉，君舊教游，乃闕傳遠之刻，獨無意乎？且燈之鋭志于閣也，君嘗惠以疏文，邦之名公鉅人若善知識見輒樂施。顧工役艱大，未即既事。願并著一語，堅其勇猛，毋有退轉，亦成人之美也。」予念是寺實鄰外家，自孩提距今周一甲，予與諸舅親朋不知幾到焉。……嘉熙庚子夏至日，里人朝請大夫、新知全州軍州兼管内勸農事、借紫吕午記。（《續修四庫全書》影印北藏清抄本《竹坡類稿》卷二；《全宋文》二〇〇六年版第三一五册，卷七二一七，第一三四頁）

智按：吕午，字伯可，歙縣（今屬安徽）人。甯宗嘉定四年（一二一一）進士，調烏程簿。歷當塗丞，監溫州天富北監鹽場，知餘杭縣。理宗寶慶三年（一二二七）以言罷。入浙東提舉常平章良朋幕，旋兼沿海制置司事，知龍陽縣，為兩浙轉運司主管文字，監三省樞密院門兼提轄封樁上庫。嘉熙元年（一二三七），除太府寺簿，遷監察御史。三年，遷宗正少卿兼國史院編修官、實録院檢討官。淳祐元年（一二四一），出知泉州。二年，除浙東提點刑獄。三年，復入為監察御史，遷起居郎兼史院官。四年，丁母憂。閒居十二年，寶祐三年卒，年七十七。有《竹坡類稿》、《左史諫草》。事見方回《左史吕公家傳》（《左史諫草》附），《宋史》卷四〇七有傳。

張端義（一一七九～?）

《貴耳集》

蓁内相崇禮，在太學前廊，裕陵有進枸杞，根如犬大，作賀表，學官令前廊撰述，皆不下筆，蓁欣然當之，其用一句，靈根夜吠，舉學皆服，用東坡詩云：「靈厖或夜吠。」又出白樂天《枸杞》詩，因此後登玉堂。（《四庫全書》本《貴耳集》卷上）

智按：張端義，字正夫，號荃翁，鄭州（今屬河南）人，居姑蘇（今江蘇蘇州）。曾官真州録事參軍。理宗端平中應詔上書，黜韶州安置。有《荃翁集》，已佚，今存《貴耳集》三卷。事見《貴耳集》卷上所附自傳。

陳耆卿（一一八〇～一二三六）

《嘉定赤城志》

元相國墓：在縣東一十五里。舊傳唐元稹之後，嘗為州通判，而死葬於此。按，今城東有元其姓者居之，藏其祖拜相麻，乃白居易行詞并書。後有守取以遺秦熺，此其為稹後無疑，但稱相國者訛也。（《四庫全書》本《赤城志》卷三十八；清嘉慶十三年《台州叢書》本卷三十八，第七五五六頁）

智按：陳耆卿，字壽老，號篔窗，臨海（今屬浙江）人。從葉適學。甯宗嘉定七年（一二一四）進士，時年三十五。十一年，為青田簿，十三年，改慶元府教授。歷舒州教授。理宗寶慶二年（一二二六）除秘書省正字。端平元年（一二三四），累遷著作郎兼國史院編修、實録院檢討。官終國子司業。三年卒。有《篔窗集》初集三十卷、續集三十卷，已佚。清四庫館臣據

《永樂大典》輯為十卷。另纂有《嘉定赤城志》四十卷。事見本集自序及有關詩文。

吴泳（一一八〇～?）

《讀黄子實詩卷》

香山居士讀張文昌詩編，以樂府詞為工。雪堂老僊讀孟東野詩，秖愛銅斗歌為近古。昔之以詩名世者，盖不盡好也。子實以詩卷託同幕轉，似一編之中，粲莫可耘，而其《閒游》有云：「賸擕尊酒斟藍尾，惜不杯羹薦墨頭。」則屬辭之工也。《題豐都》云：「履痕莫辨陰王跡，敢去多題漢晉年。」則致趣之遠也。……（《四庫全書》本《鶴林集》卷三）

《壽安宣相》（其一）

皛然老子本冲夷，起為蒼生護北陲。邊吏皆能問司馬，市人曾不識安期。拊摩鮐背應耆艾，舒卷龍韜自崛奇。九老圖中張白後，合添同甲一篇詩。（《四庫全書》本《鶴林集》卷四）

《度郎中鄉會詩跋》

牽儷偶以為律，剽聲病以為工，詩之下也。今起部郎合陽度周卿，以鄉會冠纓之盛，賦詩紀事，有曰「選入周官未厭多」，真可謂一篇警策矣。而客有訪余者，則曰：「多字不與家韻叶，且非進退體，豈其誤耶?」余曰：「古人有之。」客曰：「古詩有之，而律則亡也。」余曰：「子豈不嘗讀白樂天《春去》之詩乎?『一從澤畔為遷客，兩度江頭見暮春。白髮更添今日鬢，青衫不改去年身。百川未有回流水，一老終無却少人。四十六時三月盡，送春爭得不殷勤?』『勤』與『春』二韻也。又豈不觀邵堯夫《首尾吟》耶?『堯夫非是愛吟詩，為見帝王俱有時。日月星辰堯則了，江河淮濟禹平之。皇王帝伯經褒貶，雪月風花入品題。豈謂古人無缺典，堯夫非是愛吟詩。』『題』與『詩』異音也。間有『天』字韻押『言』字，『饒』字韻押『豪』字，『陳』字韻押『論』字，如此類例，弗可枚舉。雖文公老先生《密庵分韻》、《鄉社次韻》，亦多取旁韻通押，皆律詩也，而子獨何以謂之亡哉！……」（《四庫

全書》本《鶴林集》卷三十八）

《沁園春（生日和蓬萊仙降詞）》

春事闌斑，桐花爛漫，不堪鳳棲。嘆交枰世道，容容是福，危航宦海，了了成痴。邵子豪情，樂天狂態，六十六年才覺非（邵堯夫有六十六歲吟，白樂天有六十六歲詩）。溪山畔，要看承風月，捨我其誰。　　文章高下隨時。料織錦應須用錦機。愧老無健筆，高淩月脅，病無佳句，下解人頤。君昔東坡，我今韓愈（仙自云：某即坡仙。還以韓愈相戲），造化一爐如小兒。都休管，看龜翻荷露，燕落芹泥。（《全宋詞》第二五〇六頁）

《滿江紅（洪都生日不張樂自述）》

手摘桐花，悵還是、春風婪尾。按錦瑟、一弦一柱，又添一歲。紫馬西來疑是夢，朱衣雙引渾如醉。較香山、七十欠三年，吾衰矣。　　紅袖卻，青尊止。檀板住，瓊杯廢。淡香凝一室，自觀生意。事業不堪霜滿鏡，文章底用花如綺。笑江濱、游女尚高歌，滕王記。（白樂天六十七歲詩云：共把十千沽一斗，相看七十欠三年）（《全宋詞》第二五〇六頁）

智按：吳泳，字叔永，潼川人。嘉定元年（一二〇八）進士，理宗朝歷官起居舍人兼直學士院，權刑部尚書，終寶章閣學士、知泉州。事迹具《宋史》本傳。

陳振孫（一一八〇至一一八九～？）

《直齋書録解題》

⊙《六帖》三十卷

唐太子少傅太原白居易撰。《唐志》作《白氏經史事類》，一名《六帖》。《醉吟先生墓誌》云：又著《事類集要》三十部，時人目為《白氏六帖》。（《四庫全書》本卷十四，徐小鸞、顧美華校點《直齋書録解題》，第四二四頁）

⊙《後六帖》三十卷

知撫州孔傳撰。以續白氏之後也。傳襲封衍聖公。(《四庫全書》本卷十四，徐小鑾、顧美華校點《直齋書録解題》，第四二七頁)

⊙《杜詩六帖》十八卷

建安陳應行季陵撰。用白氏門類，編類杜詩語。(《四庫全書》本卷十四，徐小鑾、顧美華校點《直齋書録解題》，第四三一頁)

⊙《庾樓紀述》三卷、《琵琶亭詩》一卷

不知集者。(《四庫全書》本卷十五，徐小鑾、顧美華校點《直齋書録解題》，第四五六頁)

⊙《元氏長慶集》六十卷

唐宰相河南元稹微之撰。《中興書目》止四十八卷，又有《逸詩》二卷。稹嘗自彙其詩為十體，其末為艷詩。暈眉約實，匹配色澤，劇婦人之怪艷者，今世所傳《李娃》、《鶯鶯》、《夢游春》、《古決絕句》、《贈雙文》、《示楊瓊》諸詩，皆不見於六十卷中。意館中所謂《逸詩》者，即其艷體者耶? 稹初與白樂天齊名，文章相上下，出處亦不相悖，晚而欲速比，依奄宦得相，卒為小人之歸，而居易始終全節。嗚呼！為士者可以鑒矣。(《四庫全書》本卷十六，《叢書集成初編》本第四五二頁；徐小鑾、顧美華校點《直齋書録解題》，第四七八~四七九頁)

⊙《白氏長慶集》七十一卷，《年譜》一卷，又《新譜》一卷。

唐太子少傅太原白居易樂天撰。案：《集》後記稱：前著《長慶集》五十卷，元微之為序；《後集》二十卷，自為序；今又《續後集》五卷，自為記：前後七十五卷。時會昌五年也。墓誌乃云「集前後七十卷」。當時預為志，時未有續後集。今本七十一卷，蘇本、蜀本編次亦不同，蜀本又有外集一卷，往往皆非樂天自記之舊矣。《年譜》，維揚李璜德劭所作，樓大防參政得之，以遺吳郡守李伯珍諫議刻之。余嘗病其疏略抵晤，又號為年譜而不繫年，乃別為新譜，刊附集首。(《四庫全書》本卷十六，《叢書集成初編》本第四五二頁；徐小鑾、顧美華校點《直齋書録解題》，第四七九頁)

⊙《白集年譜》一卷。

知忠州漢嘉何友諒，以居易舊治，既刊其《文集》，又作《年譜》，刊之集首。始余為譜既成，妹夫王栐叔永守忠，録寄之，則忠已有此譜，視余《譜》詳略互見，亦各有發明。其辨李崖州三絕非樂天作，及載晁子止之語，謂與楊虞卿為姻家，與牛僧孺為師生，而不陷牛李黨中，與余暗合，因並存之。詳見新譜末章。（《四庫全書》本卷十六，《叢書集成初編》本第四五二頁；徐小饗、顧美華校點《直齋書録解題》，第四七九頁）

智按：《古今圖書集成》文學典第八十卷文學總部列傳六十八何友諒引《四川總志》云：「友諒，嘉定人，知忠州，作《白居易年譜》，與陳傳良所作各有發明。」

⊙《金鍼詩格》一卷

白居易撰。

⊙《續金針格》一卷

梅堯臣撰。大抵皆假託也。（《四庫全書》本卷二十二，徐小饗、顧美華校點《直齋書録解題》，第六四四頁）

⊙《唐詩主客圖》一卷

唐張為撰。所謂主者，白居易、孟雲卿、李益、鮑溶、孟郊、武元衡，各有標目。餘有升堂、及門、入室之殊，皆所謂客也。近世詩派之詩，殆出於此，要皆有未然者。（《四庫全書》本卷二十二，徐小饗、顧美華校點《直齋書録解題》，第六四五頁）

《白文公年譜》

公名居易，字樂天。白氏系出白起，為秦將，死杜郵。始皇思其功，封其子於太原，故子孫世為太原人。二十三世孫邕為後魏太原太守，邕五世孫建北齊五兵尚書，賜田於韓城，因家焉，始移籍同州。建生士通，唐利州都督。生志善，尚衣奉御。生温，檢校都官郎中，徙華州下邽，遂為下邽人。生鍠，鞏縣令。生季庚，襄州别駕，公皇考也。見《舊史傳》、《新史·宰相世系表》及公所述《鞏縣府君事狀》。其不同者，《表》稱虞公族百里奚媵秦穆姬，生孟明視。視生二子，曰西乞術、白乙丙，其後以為氏。而《事狀》稱楚大子建之子勝，號白公，其子奔秦，代為秦將，白乙以降是也。如《表》

言，則白出姬姓，如《狀》言，則出羋姓。按《左氏傳》晉敗秦于殽，獲百里孟明視、西乞術、白乙丙。孟明氏百里，謂為奚之子可也。術、丙與孟明號為三帥，烏知其為孟明之子邪？且萬無父子三人並將之理，此其為說固已疎矣。若《事狀》則又合白乙、白勝為一族，白乙為秦穆將，去白勝幾二百年，而云白乙以降，則反以為白勝之後裔，又何其考之不詳也。《元和姓纂》載《風俗通》以白乙為嬴姓，盖亦以其為秦人意之爾。《姓纂》復泛舉秦白起、楚白勝、周白圭、漢白生等數人，而皆不能言其自出。大抵世祀緜邈，譜諜散亡，惟當用《春秋》見聞傳聞之義，斷自近始，若必遠推古昔，傅會本支，則固不能亡牴牾矣。

代宗大曆七年壬子

正月二十日，公始生於鄭州新鄭縣東郭宅，見公自為《墓誌》。新鄭，公祖鞏縣府君所居也。杭、蘇集本皆作「六年」，歲在辛亥。而公嘗有詩云：「何事同生壬子歲，老於崔相及劉郎。」謂崔羣、劉禹錫皆同庚，則非辛亥明矣，集本誤也。生六七月，乳母抱立屏下，指之無二字，百試不差見。（公《與元九書》）

八年癸丑

是歲，鞏縣府君卒於新鄭。

九年甲寅

十年乙卯

十一年丙辰

十二年丁巳

《與元九書》云：「年五六歲，便學為詩。」

十三年戊午

十四年己未

德宗建中元年庚申

《與元九書》云：「年九歲，始識聲韻。」

二年辛酉

三年壬戌

四年癸亥

興元元年甲子

貞元元年乙丑

二年丙寅

公年十五，有《江南送北客寄徐州兄弟》詩。自此始有文見於集。公父襄州府君，建中初令彭城，東平叛命與李洧謀以徐州歸國，就擢本州別駕，至是猶在徐。公時遊江南，故以詩寄兄弟也。然公未仕以前，家常在徐，豈以府君嘗有功於徐故耶？集中又有《宿桐廬館》詩、《避難越中江樓望歸》詩、《除夜寄弟妹》詩，大抵皆南游所作，但莫能考其歲月爾。盖公自少往来江南，侍其兄，官浮梁，遂以宣州解及第，既第復至宣城。集中是以多江南詩也。

三年丁卯

《與元九書》云：「年十五六，始知有進士。」《舊史》云：「年十五六時，袖詩謁顧况。况迎門禮謁曰：『吾謂斯文遂絶，今復得子矣。』」《摭言》云：「况謔公曰：『長安物貴，居大不易。』及讀原上草詩『野火燒不盡，春風吹又生』，乃曰：『有句如此，居亦何難？』」

四年戊辰

有《王昭君》二絶。所謂「君王若問妾顔色，莫道不如宫裏時」者也。時年十七。

五年己巳

有《病中作詩》。是歲初置中和節。集有《中和節頌》，未及第時所作。而序云：「臣某忝就賓貢之列。」則未必作於是年也。

六年庚午

七年辛未

八年壬申

九年癸酉

十年甲戌

五月，襄州府君卒於襄陽官舍。府君自徐徙佐衢，又徙襄。公有《游襄陽懷孟浩然》詩，或是随侍時作。

十一年乙亥

十二年丙子

十三年丁丑

十四年戊寅

十五年己卯

公兄幼文為浮梁主簿，留家於此，公實從之。有《將之饒州江浦夜泊》詩云：「身病向番陽，家貧寄徐州。」當作於此時。是歲舉進士於宣州，試《射中正鵠》賦、《窗中列遠岫》詩。公預薦送，有《傷遠行賦》云：「分微禄以歸養，自鄱陽而歸洛陽。」又云：「今我来兮，秋風其凉。」蓋公既被薦，乃歸省，而其家當復自徐徙寓洛也。

十六年庚辰

二月十四日，中書舍人高郢下第四人及第。試《性習相近遠》賦、《玉水記方流》詩。《摭言》云：「攜謁校書郎，李逢吉初不為意，及覽賦頭云『下自人，上達君，咸德以慎立，而性由習分。』大奇之。元稹為《集序》云：「貞元末，進士尚馳競，高郢始用經藝為進退，樂天一舉擢上第，明年拔萃甲科。由是《性習相近遠》、《求玄珠》、《斬白蛇》等賦及百道判，新進士競相傳於京師矣。」《摭言》又云：「時年二十七，有詩曰：『慈恩塔下題名處，十七人中最少年。』」按《舊史》：「貞元十四年，始以進士試禮部，擢甲科。」公生壬子，至戊寅恰二十七歲，與《摭言》合。今以集考之，實不然。試賦既明著歲月，而《箴言序》云：「十五年，天子命渤海公領禮部貢舉事，明年春，一上登第。」又《送侯權序》亦云：「十五年秋，予始舉進士，與侯生俱為宣城守所貢。明年春，予中春官第。」則其非十四年，審矣。蓋公《與元九書》自言：「年二十七，方從鄉賦。」《集序》因之。《摭言》之誤，殆由此。然書但云「從鄉賦」爾，不云「及第也」。李璜《舊譜》云：「樂天年二十九猶未第，故有詩云：『此生知負少年春，不展愁眉欲三十。』時貞元十五年也。明年始登第。」按，十五年，公方二十八，其曰「欲三十」者，大約言之；便以為二十九，亦誤矣。及第後，有《留別同年》詩云：「及第未為貴，拜親方始榮。」又有《憶舊山》、《與同年賀坐主拜太常》、《冬日宴鄭家亭》等詩，有《哀二良》文，為陸長源、鄭通誠作也。序云：「十五年，隴西薨，浹辰而師亂。十六年夏，南陽薨，翌日而難作。」隴西，董晉；南陽，張建封也。汴徐之變，陸、鄭皆戎，倅死焉。

十七年辛巳

《祭符離六兄》文云：「去年春，居易南游，兄亦東適。黟歙之間，欣然一覿。」又在宣州《祭烏江十五兄》文云：「及兄辭滿淮南，薄游江東，居易亦以行邁，忽逆旅而逢。」蓋公及第後，即游江南，復至宣城。有《敘德書情四十韻上宣歙崔中丞》云：「幸穿楊遠葉，謬折桂高枝。」又云：「磨鉛重剸割，策蹇再奔馳。相馬須憐瘦，呼鷹正及飢。」當是此年所作，詩意欲求辟舉者。崔中丞，名衍。

十八年壬午

有詩云：「何况鏡中年，又逼三十二。」時年三十一也。《舊譜》以為校書時作，非是。

十九年癸未

以拔萃選登科，時鄭珣瑜為吏部。李商隱撰公墓碑云：「前進士避祖諱，選書判拔萃。」蓋公祖名鍠，與宏同音，言所以不應宏辭也。《摭言》云：「白公試宏詞賦考落，以賦有『不知我者，謂我斬白蛇；知我者，謂我斬白帝也』。」登科之人，賦皆無聞。白公之賦，傳於天下。按，公未嘗試宏詞，此賦或是行卷所作。《摭言》誤也。始仕為校書郎，《集》有《代書寄微之百韻》，首云：「憶昔貞元歲，初登典校司。身名同日授，心事一言知。」注云：「貞元中，與微之同登科，俱授校書，始相識。」公及第於是四年，年三十二矣。歲有《養竹記》、《許昌令壁記》及《記畫》。

二十年甲申

《泂渭賦》序云：「右丞相高公之掌貢舉也，予以鄉貢進士舉及第。左丞相鄭公之領選部也，予以書判拔萃選登科。十九年，天子並命二公對掌鈞軸，明年春，予為校書郎，始徙家秦中，卜居於渭上。」蓋公未仕時，家多在徐，至是始居秦。又有《八漸偈》。二月，在東都作。當是迎家時也。又《燕子樓詩序》云：「予為校書郎，時游徐泗間，張尚書宴予。酒酣，出盼盼以佐歡，歡甚。予因贈詩云：『醉嬌勝不得，風裊牡丹花。』」意亦在此年。燕子樓事，世傳為張建封。按建封死在貞元十六年，且其官為司空，非尚書也。尚書乃其子愔。《麗情集》誤以為建封爾。此雖細事，亦可以正千載傳聞之謬。

順宗永貞元年乙酉

有《感時》詩云：「不覺明鏡中，忽年三十二。勿言身未老，冉冉行將至。」

憲宗元和元年丙戌

罷校書郎。四月，應材識兼茂明於體用科，入第四等。是時順宗未葬，以制舉人皆先朝所召，命宰相監試，元稹入第三等。《策林序》云：「與微之俱應制舉，閉户累月，揣摩當代之事，造成策目七十五門。微之首登科，予次焉。」授盩厔尉。《代書百韻》詩云：「東垣君諫爭，西邑我驅馳。」謂微之拜拾遺也。《權攝昭應早秋書事》亦云：「丹殿子司諫，赤縣我徒勞。」墓碑云：「以對策語切，不得為諫官。」然第四等自當入赤尉，謂語切不得入第三等乃可也。有《北樓望山》、《醉中歸盩厔》等詩。《長恨歌》。

二年丁亥

有《曲江早秋》詩云：「我年三十六，冉冉復旦暮。」碑云：「試進士，取蕭澥為第一。事畢，帖集賢校理。月中由右銀臺召入翰林院試文。明日，以所試制加涇原段佑，遂為學士。」時十一月也。入院後，有《寄題盩厔雙松》詩云：「忽奉宣室召，徵為文苑臣。」《舊譜》以爲與哥舒大詩，不知何據。是歲，元稹母鄭氏死，公為墓銘。又有《祭楊氏夫人文》，公「維私之眷每深」，公，姨也。公夫人弘農郡君，於虞卿汝士為從兄弟。

三年戊子

四月二十八日，授左拾遺，有《謝官狀》，與學士崔羣同進。羣時遷庫部員外郎。五月，有《初授拾遺獻書》。《舊譜》云：「二年上書，授拾遺。又一年，年三十七。公時在諫省，命寓直集賢殿。月中召為學士。」按，公二年自校理入翰林，明年為諫官。既拜，乃上書。不知《譜》所云何為乖誤若此。有《論制科人狀》。時牛僧孺、皇甫湜、李宗閔對策切直，宰相李吉甫泣訴於上，考官韋貫之等皆坐貶。故公極論之。公時亦為考覆官。唐朋黨之禍，盖始此。而公與李德裕不咸，亦始此。又有《論王鍔除官》、《裴均進奉》等狀。

四年己丑

有《賀雨》詩。自去冬旱，至春始得雨。有《德宗賢妃韋氏墓誌》，有《論魏徵舊宅狀》，《論吐突承璀職名狀》。有《海圖屏風》詩。時方討王承宗，公意不然，故借巨鼇以風。是歲生女，曰金鑾。

五年庚寅

《寒食》詩云：「忽因時節驚年幾，四十如今欠一年。」有《金鑾女晬日》詩，有《論元稹左降狀》。請罷恒州兵二狀。四月，求京兆府判司得士曹參軍，有《謝官狀》。公在諫省，數言事，忤憲宗，意其論吐突承璀，尤不悦，至有「小子無禮」之語，賴李絳救解。及當改官，喻崔羣使求自便，又俾中人梁守謙宣旨，於是有《陳情狀》，盖亦承上意爾。《舊譜》謂「在翰苑久不遷，故求補外」者，非也。有《初除戶曹喜而言志》詩。未幾，退居渭上，有《寄禮部崔侍郎、翰林錢舍人一百韻》云：「五年同晝夜，一別似參商。」自二年為學士，至此五年。崔謂崔羣，嘗同狀謝官，故又云「共詞加寵命，合表謝恩光」也。又有《適意》詩云：「三年作諫官，復多尸素羞。一朝歸渭上，泛如不繫舟。」又《隱几》詩云：「行年三十九，歲暮日斜時。」又《歸田》詩云：「三十為近臣，腰間鳴佩玉。四十為野夫，田中學鋤穀。」盖自小諫為戶曹，但解諫職而已，至是則併翰苑皆解去，是必移疾求退，而史失載爾。但《集》有拜裴垍、李絳、張弘靖、武元衡、韋貫之五相制，考裴垍相，在元和三年。公正居翰苑；絳以六年相，元衡八年；弘靖、貫之，九年，皆當公退閑憂居之日，此又不可曉也。是歲，金鑾女死。有詩云：「衰病四十身，嬌癡三歲女。」又云：「病来纔十日，養得已三年。」

六年辛卯

有《沐浴》詩云：「自問今年幾，春秋四十初。」又《栽松》詩云：「如何過四十，種此數寸枝。」又《白髮》詩云：「况今我四十。」《春雪》詩云：「元和歲在卯，六年春二月。」此即韓愈集所謂辛卯年雪也。四月五日，太夫人陳氏卒。始鞏縣府君窆新鄭，襄州府君窆襄陽，至是皆遷護於下邽。以十一月八日襄事而陳夫人祔焉。有《白氏事狀》二道。

七年壬辰

有《秋日》詩云：「下有獨立人，年来四十一。」

八年癸巳

二月，有陳府君夫人白氏及弟金剛奴墓誌。夫人，公之祖姑，且外祖母也。金剛奴，公之幼弟。公既卜葬祖禰，至是亦遷祔焉。又有《祭金剛奴文》。是歲除喪。九月有《記異》，冬有《村居苦寒》詩。

九年甲午

有《重到華陽舊居》詩云：「若為重入華陽院，病鬢愁心四十三。」華陽觀，公應制舉時所居也。有《遊悟真寺詩》云：「元和九年秋，八月月上弦。」冬，除右贊善大夫。有《酬盧秘書早朝》、《寄李二十助教》詩。《舊譜》云：「自渭南丁憂，至十年喪除，為贊善。」按，丁憂在六年，八年除喪。又二年，乃拜官耳。

十年乙未

有《贈杓直》詩云：「已年四十四，又為五品官。」杓直，李建也。《醉中却寄元九》詩云：「蒲池村裏匆匆別，灃水橋邊兀兀回。」時微之量移通州司馬，三月三十日與公別於灃上，見《十四年夷陵相遇詩序》。又，是冬在江州《與元九書》亦云：「今年春，游城南時，與足下馬上相戲，各誦新豔小律。」又云：「言未終，而足下左轉。不數月，而僕又繼行。」微之自江陵移通州，即令達州也。曷不自江陵徑入蜀，豈嘗追赴京師，而後改授乎？有《白牡丹》詩云：「應似東宮白贊善，被人還喚作朝官。」

六月，盜殺宰相武元衡，公首上疏，請急捕賊，以雪國恥，宰相以非諫職言事，惡之。會有惡公者，言其母看花墮井死，而作賞花及新井詩，貶江州刺史。中書舍人王涯言其新（一作所）犯，不可復理郡，又改司馬。宰相，韋貫之、張弘靖也。《舊譜》併及裴度，非是。度方為中丞，亦遇盜不死，既愈，迺相耳。新井之事，世莫知其實，史氏亦不辨其有無，獨高彦休《闕史》言之甚詳：

公母有心疾，因悍妬得之。及嫠，家苦貧，公與弟不獲安居，常索米丐衣於鄰郡邑。母晝夜念之，病益甚。公隨計宣州，母因憂憤發狂，以葦刀自剄，人救之得免。後徧訪醫藥，或發或瘳。常恃二壯婢，厚給衣食，俾扶衛之。一旦稍怠，斃於坎井。時裴晉公為三省，本廳對客，京兆府申堂狀至，四坐驚愕。薛給事存誠曰：「某所居與白鄰，聞其母久苦心疾，叫呼往往達於鄰里。」坐客意稍釋。他日，晉公獨見夕拜（智按：即給事中薛存誠）謂曰：「前時衆中之言，可謂存朝廷大體矣。」夕拜正色曰：「言其實也，非大體也。」由是晉公信其事。後除河南尹、刑部侍郎，皆晉公所擬。凡曰墜井，必恚恨也，隕穫也。凡曰看花，必怡暢也，閒適也。安有怡暢閒適之際，遽致顛沛廢墜之事？樂天長於情，無一春無詠花之什，因欲巇藻其罪，又驗新井篇，是尉盩厔時作，隔官三政，不同時矣。

彦休所記，大略如此。聞之東都聖善寺老僧。僧故佛光和尚弟子也。今考集中，亦無所謂新井詩者，意其刪去，然則公母死以心疾，固人倫之大不幸，而傅致詩篇，以成讒謗，則憸壬娼嫉者為之也。故刪述彦休之語，以告來者。

赴貶所，有《初出藍田》、《過望秦嶺》、《發商州》等詩。再到襄陽，有《訪問舊居》詩。宿鄂州，有《夜聞歌者》詩。初到江州有詩云：「樹木凋疎山雨後。」又《江樓聞砧》詩云：「江人授衣晚，十月始聞砧。」當是秋末冬初始到也。有《謫居》詩云：「面瘦頭斑四十四，遠謫江州爲郡吏。」臘月，有《與元九書》。《舊史本傳》全載。

十一年丙申

二月十日，有《送春歸》詩。秋，送客湓浦，有《琵琶引》。又有《始游廬山》詩。八月二十日，《夢微之》詩。《四十五》詩云：「或擬廬山下，来春結草堂。」有《與楊虞卿書》。《答崔侍郎書》云：「自到潯陽，或已周歲。」

十二年丁酉

草堂成。三月二十七日，始居之。有記。有《祭匡山廬山神》文。有《潯陽春》詩云：「四十六時三月盡。」《寫真》詩云：「我昔三十六，寫貌在丹青。我今四十六，衰顏在江城。」四月，有《遊大林寺序》。閏五月，公兄幼文卒。有《祭浮梁大兄》文。幼文為浮梁主簿，在貞元十五年，今二十年矣，而以舊官終。未識中間何以不調也。

十三年戊戌

七月八日，有《司馬廳壁記》云：「予佐是郡，行四年矣。」有《浩歌行》云：「不覺身年四十七。」十二月二十日，除忠州刺史。有《荷聖澤》及《謝崔相公》、《初著刺史緋》詩。

十四年己亥

春，發江州。有《别草堂》及《潯陽宴别》等詩。三月十一日，至夷陵，遇微之，停舟三宿，有詩，有《三游洞序》。時微之自通州移虢州長史，而公弟知退同行，三人始游，故目為三游洞。知退名行簡。二十八日，到忠州。有謝上表。有《登東樓寄楊萬州》及《西樓夜》、《東樓晚（智按：集作東樓曉）》、《郡齋即事》等詩。州有白蓮花，命道士毋邱元志寫為圖，作二絶句，末云：「天教抛擲在深山。」傳於都下。除夜有詩云：「明朝四十九。」

十五年庚子

初春有《東坡種花》詩。二月，有《郡中春燕》詩。《寒食夜》詩云：「四十九年身老日，一百五夜月明天。」是歲正月二十八日，憲宗崩。有《酬李相公》詩云：「涕淚滿襟君莫怪，甘泉侍從最多時。」時初聞國哀也。夏，有《荔枝圖序》。冬，召為司馬員外郎。有《初脱刺史緋》、《别東坡》、《發白狗》、《黄牛峽》等詩。十二月二十八日，除主客郎中，知制誥。

穆宗長慶元年辛丑

正月四日，有《舉楊嗣復自代狀》。三月，與中書舍人王起覆試錢徽下及第人。有《論事宜狀》。時以鄭朗等十四人，謂之子弟，不當在選中。宰相段文昌、學士李紳以囑託不行，元稹以私憾，共唱其事。内出《孤竹管賦》題，重試不能成文。徽等皆坐貶。公意大抵欲從寛也。李建死，公為墓碑，謂之善人碑。又有《同元稹祭杓直文》。十月，為中書舍人。有《新昌新居書事》云：「冒寵已三遷，歸朝始二年。」「三遷」，謂司門、主客、中書也。是歲，公弟行簡授拾遺。從弟敏中及第。皆有詩。

二年壬寅

正月，有《論行營事宜狀》。七月十日，有《曲江感秋》詩云：「元和二年秋，我年三十七。長慶二年秋，我年五十一。中間十四年，六年居譴黜。」

是月，除杭州刺史。《舊史》云：「時河朔復亂，數上書論其事，天子不能用，遂求外任。」盖穆宗荒縱，宰相王播、蕭俛、杜元穎、崔植等，皆齷齪無遠略，宜公之不樂居朝也。《墓碑》云：「貶杭州。」杭，江南大藩，不得言貶。有《初罷中書舍人》詩。時汴軍亂，逐李愿，汴路不通，故由襄漢赴任，有《路次藍溪題内鄉縣》及《經商山鄧州漢江重到江州》等詩。十月一日，到任，有《謝上表》。有《初到郡政》、《衙退》等詩。《語林》云：「替嚴員外休復。休復有時名，公喜為之代。」

三年癸卯

有《立春後五日》等詩。又《二月五日花下忙》（智按：忙，集作「作」）云：「二月五日花如雪，五十二人頭似霜。」七月，有《祈皋亭神文》。八月，有《祭龍文》、《禱仇王神文》、《冷泉亭記》。九月，有《遊恩德寺泉洞》詩。是時，元稹自同州至浙東，有《喜為鄰郡先寄微之》詩。過杭，有《席上及留別贈答》詩。既至越，微之有《誇州宅》詩，所謂「謫居猶得住蓬萊」者，公答之云：「知君暗數江南郡，除却錢塘總不如。」自是兩郡常以詩筒往来，故有詩云：「為向兩川郵吏道，莫辭来往遞詩筒。」《舊譜》謂元九已在越者，非也。除夜，有《寄微之》詩云：「明朝半百又加三。」

四年甲辰

三月，有《錢塘湖石記》。五月，有《祭浙江文》。是月，除右庶子。有《除官去未間》及《三年為刺史》詩，《留題靈隱天竺》、《留贈微之》等詩。至洛，求分司。有《寄牛相公》及《分司》詩。始卜居履道坊，得故散騎常侍楊憑宅，有《卜居》詩云：「遂就無塵坊，仍求有水宅。未請中庶禄，且脱雙驂易。」注云：「買宅價不足，以兩馬償之。」又有《移家》詩云：「移家入新宅，罷郡有餘資。」又有《履道新居二十韻》。盖公平生從仕，至是始有俸餘。於是定居于洛，以為終焉之計。《唐語林》云：「公罷杭，俸多留官庫，繼守者公用不足，則假而復填，如是五十餘年。及黄巢至郡，文籍多焚，其俸乃亡。」公自言「罷郡有餘資」，而猶有寄留官庫者，豈亦如今世有事例，而法不應得者乎？公宅地方十七畝，屋室三之一水，五之一竹，九之一而島，樹橋道間之，《池上篇序》言之詳矣。至後唐，為普明禪院，有秦王從榮所施大字經藏，及寫公集寘藏中，洛人但曰大字寺。其園，張氏得其半，為會隱園，水竹尚在寺中。有公石刻甚多，見宋敏求《河南志》、李格非《洛陽名園記》。其南鄰即崔家池，故有《題新居寄宣州崔相公》詩。崔相，羣也。《河南志》於履道坊亦載羣宅而云：「今不知所在，公之居，猶可識者，不獨以名重，亦以有水竹，且為佛廬故也。」

敬宗寶曆元年乙巳

三月四日，除蘇州刺史。二十九日，發東都。有《別洛城東花》詩、《和汴州令狐相公》、《答劉和州》、《賈常州》、《寄微之》等詩。五月五日，到任，有謝表。七月，有《吳郡詩石記》。有《九日》詩云：「前年九日餘杭郡，呼賓命宴清白堂。去年九日到東洛，今年九日来吳鄉。」有《赴洞庭》及《揀貢橘》詩。盖以貢橘為名游太湖也。或者唐守臣修貢，皆當躬親，如湖常貢茶故事邪？有《寄微之》詩云：「五宿澄波皓月中。」有《霓裳羽衣歌》云：「玲瓏空侯謝好箏，陳寵觱栗沈平笙。清弦脆管纖纖手，教得霓裳一曲成。」末云：「李娟張態君莫嫌，亦擬随宜且教取。」玲瓏以下，杭妓名。娟、態，蘇妓名。《唐語林》云：「官妓高玲瓏、謝好好，巧於應對，善歌舞。居易在杭，樂於蘇，詩有『使君全未厭錢塘』之句。張君房《脞說》云：「高玲瓏，餘杭歌者。樂天作郡日，賦歌與之云：『罷胡琴，掩秦瑟，玲瓏再拜歌初畢。』末云：『玲瓏玲瓏奈老何，使君歌了汝更歌。』元微之在越，厚幣邀至月餘，使盡歌所唱之曲，作詩送行，兼寄樂天云：『休遣玲瓏唱我詞，我詞都是寄君詩。』」冬，有《西樓喜雪夜宴》詩、《京兆元少尹文集序》。

二年丙午

《歲日家宴》詩云：「歲盞復推藍尾酒，春盤先占膠牙餳。」《正月三日閒行》詩云：「赤欄三百六十橋。」《花前歎》云：「前歲花前五十二，今歲花前五十五。」有《百日假滿》詩，盖欲移病歸洛故也。劉禹錫有《白太守行》云：「聞有白太守，抛官歸舊谿。」公答云：「昨乞百日告，起吟五篇詩。去年到郡時，麥穗黄離離。今年去郡日，稻花白霏霏。」《舊譜》云「劉與公為代」，非也。夢得時在和州，歲暮罷歸洛，與公相遇於揚楚間，其為蘇州，乃在大和六年。《齊雲晚望》詩云：「欲辭南國去，重上北城看。九月全無熱，西風亦未寒。」《河亭晚望》詩：「郡靜官初罷，鄉遥信未回。明朝是重九，誰勸菊花盃。」是九月猶在郡，公之去蘇，盖在秋冬之交。有《自問行何遲》

詩。除日，有《答夢得同發楚州》詩。是冬，弟行簡死。

文宗大和元年

丁未，《宿滎陽》詩云：「生長在滎陽，少長辭鄉曲。去時十一二，今年五十六。」公生於新鄭，自蘇還，道過之。初到洛陽，有《閑遊》詩。三月，召為秘書監，有《初除賜金紫》詩。《舊譜》云「祕丞」，大悞。有《秘書省後廳》詩。十月，有《三教論文》。宗誕日，與僧惟澄、道士趙常盈麟德殿講論也。

二年戊申

正月，除刑部侍郎，有《文集後序》云：「二年秋，余春秋五十有七。」是歲，大有年有《詔賜百官出城觀稼》詩、《和微之五十七》三首。又《和除夜》詩云：「君提七郡籍，我按三尺書。」盖微之在越凡七年。除夜，知退大祥，有祭文。

三年己酉

春，以病免官，除太子賓客分司。有《喜除賓客》詩。將至東都，有《寄令狐留守》詩云：「惜逢金谷三春盡。」盖以春暮至洛也。《歸履道宅》詩云：「今日是長歸。」自是迄公薨，凡十八年在洛，終不渝長歸之語。《舊史》云：「太和後，宗閔、德裕朋黨事起，穎士、虞卿與宗閔善，居易妻，穎士從父妹也。居易懼以黨人見斥，乃求置身散地，凡所居官，未嘗終秩，率以病免，識者多之。」有《劉白唱和集解》，有《偶作》詩云：「身為三品官，年已五十八。」夏，有《祭韋相公文》，處厚也。有《池上篇》。是冬，與元稹各生子，有《賀微之》詩。又有《自嘲》詩云：「五十八翁方有後，靜思堪喜亦堪嗟。」又《阿崔》詩云：「豈料鬢成雪，方看掌弄珠。」

四年庚戌

有《三月三十日》詩云：「半百過九年，豔陽殘一日。」有《同李翺祭李司徒文》，李絳也，是歲遇害於興元。十二月，除河南尹，有《醉中除尹敕到》詩，有《除夜》詩云：「火銷燈盡天明後，便是平頭六十人。」

五年辛亥

有《六十拜河南尹》詩、《不準擬身年六十》詩、《府中夜賞》詩。阿崔年三歲死，有《哭崔兒》詩、《報微之、晦叔》及《酬夢得》詩。七月，元稹薨，有《哭微之》詩。十月，有祭文。

六年壬子

春，有《贈分司諸公》詩。《寒食宴游贈馮李二尹》詩、《府酒》五絶。夏，有《沃州禪院記》。六月，有《薦韋晏李楚狀》。秋七月，有《元稹墓誌》。八月一日，有《修香山寺記》，寺在龍門山，後魏熙平元年建。公自為庶子賓客分司，數往游焉，慨然有葺完之願，及是為微之誌墓潤筆之直六七十萬，義不受，以施此寺。開成五年，又為作經藏，盖嘗自稱香山居士云。康駢《劇談録》曰：「盧簡辭游伊水別墅，方冬，霰雪微下，忽有蓑笠，牽蓬艇，中有白衣與衲僧同坐船後，以小竈安桐甑而炊，烹魚煮茗，泝流吟嘯，使人問之，乃白傅同佛光往香山也。」冬，劉禹錫除蘇州，過洛，留十五日，朝觴夕詠，頗極平生之歡，各賦數篇，視草而別。崔羣薨，有《祭崔相文》。有《憶舊遊》詩寄劉蘇州，有《贈崔常侍晦叔》詩。十二月四日，有《答崔賓客》詩云：「今歲日餘二十六，来歲年登六十二。」又有《二十三日呈晦叔》云：「案頭曆日雖未盡，向後惟殘六七行。」

七年癸丑

《元日勸酒》詩云：「三盃藍尾酒，一楪膠牙餳。」此對嘗再用之。又云：「夢得君知否，俱過本命年。」公與夢得皆壬子生也。有《早春醉吟》詩寄太原令狐公及劉蘇州。又《醉送李二十常侍赴鎮浙東》詩，李紳也。公嘗有詩云：「悶勸迂辛酒，閒吟短李詩。」時李自壽陽分司，甫至洛，而刺越。有《春題府廳》詩云：「潦倒三川守，因循涉四年。」四月，罷河南尹，歸履道舊第，有《解印出公府》詩五首，及《罷府歸舊居》、《再授賓客分司》等詩。七月，崔玄亮卒。有《哭晦叔》詩，又有《微之、敦詩、晦叔相繼長逝巋然自傷因成二絶》。劉蘇州寄釀酒糯米，李常侍寄楊柳枝舞衫，有詩謝之。

八年甲寅

有《早春憶蘇州寄夢得》詩。有《感春詩》云：「心情多少在，六十二三人。」寒食日，有《翫半開花》詩贈皇甫郎中，有《家釀新熟》詩：「六十三翁頭雪白，假如醒黠欲何為?」三月，裴度為東都留守，有《侍中晉公欲到東洛先蒙書問期宿龍門》詩。七月，有《洛詩序》云：「自三年春至八年夏，在洛凡五周歲，作詩四百三十六首。」是歲，有《溧水令白君墓誌銘》，府君名季康，敏中之父，至今溧水城隍神相傳為白君也。

九年乙卯

有《覽鏡喜老》詩云：「行年六十四，安得不衰老。」夏，有《崔晦叔墓誌》，有《東林寺文集記》，集凡六十卷。九月，除同州刺史，不拜。有《詠懷》詩。十月，改授太子少傅分司，有詩云：「承華東署三分務，履道西池七遇春。」於是劉禹錫自汝州移同州，實與公為代。有《喜見劉同州》詩。劉集亦有酬公詩，云「舊託松心契，新交竹使符」也。十一月，有《詠史》詩云：「彼為葅醢几上肉，我作鸞皇天外飛。」又有《二十日獨游香山感事》詩云：「當君白首同歸日，是我青山獨往時。」時新有甘露之禍。初江州之貶，王涯有力焉，說者因是謂公幸之，惟東坡蘇公云：「樂天豈幸人之禍者哉？蓋悲之也！」以愚觀之，其悲涯輩之禍，而幸己之不與者乎？鸞皇蓋自況也。公又嘗有詩云：「今日憐君嶺南去，當時笑我洛中来。」未知為何人作，亦此意也。

開成元年丙辰

有《春游》詩云：「我年六十五，走若下坡輪。」有《春盡日天津橋醉吟》詩呈李尹，時李紳自分司新除尹。閏五月，有《聖善寺文集記》，凡六十五卷。秋，劉禹錫分司，有《喜夢白馮翊歸洛》詩。十月，有《皇甫鏞墓誌銘》。是歲，楊虞卿死於虔州，有《哭師皋》詩。楊汝士授東川，有《代妻戲兄嫂》詩。

二年丁巳

春，有《感事》詩云：「無憂六十六年春。」又有《六十六》詩云：「五十八歸来，今来六十六。」又云：「七十欠四歲，此生何足論。」有《落齒辭》。三月三日，尹李待價啓留守，裴侍中修禊合宴於舟中，有詩十二韻。待價，李珏也。有《蘇州南禪寺藏記》。有《聞新蟬贈夢得》詩。五月，裴度尹太原，牛僧孺為留守，有《同夢得牛相初到小飲見貽》詩。

三年戊午

春，有《櫻桃花下有感而作》詩。有《醉吟先生傳》。《北夢瑣言》云：「白公與元相友善，集有詩云：『相看掩淚俱無語，別有傷心事豈知。想得咸陽原上樹，已抽三丈白楊枝。』洎自撰《墓誌》云：『與彭城劉夢得為詩友。』不言元公，時人疑其隙終也。」按，此非《墓誌》語，乃《醉吟傳》中語。

時元之亡久矣。其言與僧如滿為空門友，韋楚為山水友，皇甫朗之為酒友，皆一時見在人，則其於詩友，自不應復及死者。又嘗為《劉白唱和集序》，且與劉書云：「微之先我去矣，詩敵之勍者，非夢得而誰?」此尤可證公與元同升科第，俱負直聲，中歲復俱蹇連，晚而元撓節速化，得罪清議；公獨終始如一，二人賢否，固不可概論。而其交情，死生不渝。觀《香山寺記》，尚欲結他生緣。風誼之美，可厲薄俗。掩淚傷心之句，旨意甚哀。而或者臆度，疑似乃有隙終之論，小人之不樂成人之美如是哉！有《題河南内廳》詩云：「盃嘗七尹酒。」盖自罷河南，六年換七尹，酒味皆不同。七尹者，嚴休復、王質、鄭澣、李紳、李珏、裴璘、韋長也。除夜，有詩云：「七十期漸近，萬緣心已忘。」

四年己未

有《四年春》詩云：「又入開成第四春。」二月，有《蘇州南禪院集記》，凡六十七卷。十月，旦得風痺疾，有《病中詩》十首并序，鬻駱馬，別柳枝詩在焉。別詩云：「明日放歸歸去後，世間應不要春風。」而又有《不能忘情吟》云：「駱反厩，素反閨。」又云：「素兮素兮為我歌，楊柳枝，與爾歸醉鄉去来。」按，劉禹錫和公詩云：「春盡絮飛留不得，随風好去落誰家?」公又戲答云：「柳老春深日又斜，任它飛入別人家。」他日，又有「春随樊子一時歸」之句，則是柳枝竟去也。意其初疾欲放，而復留，至明年乃春去耳。有《白蘋洲五亭記》，稱十月十五日，則病後所作也。

五年庚申

有《病入新正》、《强起迎春寄思黯》及《病後寒食》等詩。三月三十日，有《燕罷感事吟》詩云：「病與樂天相伴住，春随樊子一時歸。」按《不能忘情吟序》云：「妓有樊素者，年二十餘，綽綽有歌舞態，善唱楊柳曲，人多以曲名之。」其辭曰：「素事主十年，凡三千有六百日。」公年五十八，自刑部侍郎分司歸洛，至六十八而得疾，於是十年矣。當是初歸洛時得之。公嘗有《楊柳枝詞》八首，又有《楊柳枝》二十韻，自注云「楊柳枝，洛下新聲也。洛之小妓，有善歌者，詞章音韻，聽可動人，故賦之。」《本事集》云：「白尚書姬人樊素善歌，小蠻善舞，嘗為詩云：『櫻桃樊素口，楊柳小蠻腰。』白公年邁而小，蠻方豐豔，因為楊柳枝以寄意，曰：『一樹春風萬萬枝，嫩於金色軟於絲。永豐坊里東南角，盡日無言屬阿誰?」如《本事集》之說，則樊素、小蠻為二人。以集考之，不見此二句詩，亦無所謂小蠻者，而柳枝即樊素也。《舊譜》引公詩「兩枝楊柳小樓中，嫋娜多年伴醉翁」，「兩枝楊柳」，必非一人。又有《九日代羅樊二妓招舒著作》云：「羅敷斂雙袂，楚姬獻一盃。」意所謂「兩枝楊柳」者，然皆臆說，未必然也。又按，劉禹錫有《寄小樊》詩云：「終須買取名春草。」又《憶春草》詩云：「河南大尹頻出難，只得池塘十步看。府門閉後滿街月，幾處游人草頭歇。」則春草似是府妓。又公《喜見劉同州》詩云：「應須為春草，五馬立踟躕。」夢得答云：「今朝停五馬，不是為羅敷。」注云：「前章所言春草，白君之舞妓也。」然則春草與柳枝，似各是一人，偶同姓樊爾。漫詳及之資雅話。公又嘗有詩云：「菱角執笙簧，谷兒抹琵琶，紅綃信手舞，紫綃随意歌。」注云：「菱谷、紅紫，皆小蠻名也。」是秋，有《病後獨宿香山》二絶云：「更過今年年七十。」十一月，有《香山洛中集記》，凡十卷。

武宗會昌元年

辛酉春，有《病後喜過劉家》等五絶。又《偶吟呈夢得》云：「且喜開年滿七旬。」為李紳作家廟碑云「開成會昌之際」，當在此時。有《百日假滿少傅官停自喜言懷》詩。除刑部尚書，致仕，時李德裕初用事也。有《官俸初罷諭親故》詩，《戲酬牛相呈諸寮友》詩，《與夢得同致仕裴賓客王尚書飲》詩云：「四箇老人三百歲。」有《逸老》詩云：「我初五十八，息老雖非早。一閑十三年，所得亦不少。皤然七十翁，亦足稱壽考。」是歲，李程為留守，過公池上，汎舟話及翰林舊事，公有詩云：「同時六學士，五相一漁翁。」五相，謂李吉、裴垍、崔羣、及程也，與公皆元和初學士。《舊譜》以為李逄吉，非是。考《翰林記》，逄吉未嘗為學士，考《河南志》，其為留守乃大和中也。

二年壬戌

有《喜入新年自詠》云：「大曆年中騎竹馬，幾人得見會昌春。」有《宿府中水堂贈盧尹中丞》詩云：「從我到君十一尹，相看自置府来無。」前已見七尹，外有高銖、孫簡、盧貞，并公為十一人。有《香山寺寫真》詩。三月五日，齋素畢，開素。有《贈妻弘農郡君》詩。有《達哉樂天行》。秋，劉禹錫卒，有《哭夢得》詩。又有《感舊》，為李杓直、元微之、崔晦叔及夢得作，皆執（摯）友也。有《送敏中為戶部員外郎》詩云：「前鴻後鴈行相續，相去迢迢二十年。」注云：「長慶初，為主客員外郎，到今二十年。」《歲暮聞盧尹夜宴以詩戲之為来日張本》云：「府中歡笑勝尋常，明朝强出須謀樂。」

三年癸亥

《送王使君赴蘇州》詩云：「一别蘇州十八載。」公以寶曆丙午去蘇，於今十八年。

四年甲子

有《游趙村杏花》詩云：「七十三人難再到，今春来是别花来。」有《問諸親友》詩云：「七十人難到，過三更較稀。」有《開龍門八節灘九硝》詩云：「七十三翁旦暮身，誓開險路作通津。」

五年乙丑

有《齋居春夕（智按：集作久）感事遣懷》詩云：「風光抛得也，七十四年春。」三月二十一日，與前懷州司馬胡杲、衛尉卿吉皎、前右觀武軍長史鄭據、慈州刺史劉真、御史盧貞、永州刺史張渾及公，共七人，為齒會於履道宅，詩云：「七人五百七十歲。」秘書監狄兼謩、河南尹盧貞，以年未七十，雖預會而不及列，故又稱九老會。是會盖有兩盧貞也。本朝洛中九老會，蓋倣此，而司馬公未七十預會，亦用狄監盧尹故事云。

六年丙寅

有《自詠示諸家屬》詩云：「壽及七十五，俸霑五十千。」有《立春日》《人日》詩，又有《詠身》詩云：「自中風来三歷閏。」盧尹和公永豐坊柳詩，公亦和云：「定知天象今春後，柳宿光中添兩星。」按，《本事集》云：宣宗聞唱是詞，問永豐所在，及何人所作，因東使命取兩枝植於禁中。宣宗以是歲三月即位。藉曰於會昌為叔父，且有宿憾然，亦不當於授受危疑之際聞歌植柳，如是其急者。盧貞為尹，在四年七月，或只是五年春武宗在位時事，以《本事集》指為宣宗，故記之於此。八月，公薨，贈尚書左僕射。有自為《墓誌銘》。公卒之歲，《新史》及《墓碑》所載皆同。獨《舊史》云：「大中元年，年七十六。」非也。當以墓碑為定。公自喪阿崔，終身無子，《墓誌》

云：「以姪孫阿新為後。」又云三姪，曰味道、景回、晦之，《世系表》載，公子景受以從子繼。《碑》亦云：「大中三年，景受自穎陽（智按：當作潁陽）尉典治集賢書，奉太夫人楊氏来京師，……命客取文刻碑。」按，公舍其姪，而以姪孫為後，既不可解，而所謂「阿新」者即景受乎？則昭穆為失次，不然則治命終不用耶？碑云：「十一月葬龍門。」而《墓誌》云：「葬於華州下邽，祔先塋也。」則治命亦本不於龍門。《賈氏談録》云：「四方過者，必奠巵酒，冢前方丈，常成泥濘。」《墓誌》又云：「毋請太常謚，毋建神道碑。」《新史》云：「敏中為相，請謚曰文。」

《賈氏談録》云：「有司請賜謚，上曰：何不取《醉吟先生墓表》看。卒不賜謚。」弟敏中奏立神道碑。據此，則但立碑，而未嘗賜謚也。《新史》當别有據。《新史》又云：「宣宗以詩弔之。」今其詩見《摭言》，略云：「綴玉聯珠三千首，誰教冥路作詩仙。」《舊譜》云：「李德裕貶崖州，公有詩三首，其一云：『樂天嘗任蘇州日，要勒須教用禮儀。從此結成千萬恨，這回果中白家詩。』」六年四月，德裕貶崖，而公之卒，不記其月。按，此蓋未嘗見《神道碑》，而此詩集中無有，見於《漁隱叢話》，謂考之《元和録》，居易年長於德裕，視德裕為晚進，德裕為浙西觀察使，居易刺蘇州，德裕以使職自居，不少假借，居易不得已以軍禮見。及其貶也，故為詩云。《元和録》者，世不見其書，不知漁隱從何得之也。德裕以四月罷相，為江陵尹，其自潮貶崖，蓋在明年之冬，公薨固已久矣。審如詩意，則為幸灾快忿，非青山獨往之比，故潁濱蘇公力辨之，以爲刻核太甚，樂天不至此也。蓋不待考其年月而可知其偽矣。况年月復甚明白，《舊譜》何其不深考耶？要之，小說所載，自難盡信。公與德裕，本無深怨。蓋自元和中，其父吉甫為相，而牛僧孺、李宗閔對策切直，吉甫泣訴於憲宗，考官坐貶，而公嘗上書救之。李絳與吉甫友叶，而公又與絳善。其後，牛李與德裕迭為相，其黨亦迭為軒輊。楊虞卿、汝士與宗閔尤厚，號黨魁，而公夫人，虞卿從妹矣，故德裕惡公。武宗聞公名，欲召以為相。德裕言，居易衰病。其弟敏中，文詞不減居易，且有器識，遂以為翰林學士。孫光憲《北夢瑣言》云：「劉禹錫大和中與德裕同在東都分司，禹錫謁德裕，曰：『曾得白居易文集否？』德裕曰：『累有相示，未嘗一披，今為吾子覽之。』既啓，復卷曰：『吾於斯人不足久矣，其文章精絶，何必覽之？但恐回吾之心。』其見抑也如此。」楊虞卿、牛僧孺，公皆密友也。其不引翼，義在於斯。按，唐朋黨之禍，始於元和之初，而極於大和、開成、會昌之際。三十年間，士大夫無賢不肖，出此必入彼，未有能自脱者。權位逼軋，福禍伏倚，大則身死家滅，小亦不免萬里投荒。獨公超然利害之外，雖不登大位，而能以名節始終。惟其在朋黨之時，不累於朋黨故也。故元稹，裴度之深仇也，公雖厚於稹，而亦親於晉公。晉公在位，公為丞郎。李宗閔，牛僧孺之死黨也，公雖厚於僧孺，而未嘗昵於宗閔。僧孺當國，公方自杭州求分司。李紳，德裕之至交也，公雖惡於德裕，而與紳唱酬往来，情分極不薄。公於交游，無所適莫，可見於此矣。然則公之論牛李，自是舉諫爭之職，而非以内私交。其師皋、慕巢厚善，自是篤姻婭之好，而非以徇權勢。公能信於裴度、李紳，而不能信於德裕，何哉？晉公之德量，固非公垂之比；而文饒之忌刻，又在公垂之上。其進敏中以抑居易，自以為得策。及其失勢，擠之而下石焉者，乃其所謂有器識者也。自古朋黨雖起於小人之傾危，而成於小人之剛褊。以文饒之才略，號稱賢相，而不免禍者，其心未能休休有容故也。然文饒雖惡公，不過使之不為相，而公亦卒無他禍。詩云：「既明且哲，以保其身。」白公有焉。嗚呼！可不謂賢乎？（附於《四庫全書》本汪立名《白香山詩集》卷首）

《白文公年譜跋》

白公文集行於世者，皆有年譜，與集並行，得以考其平生之出處、歲月之後先。吳門所刊《白氏長慶集》，首載李璜德劭所為譜（闕），參政樓公（鑰）稱之，以屬諫議李公訪求而刻焉。紹定庚寅，余始得其本而觀之。既曰譜矣，而不繫年，其疎略抵捂，有不可枚舉者（闕）。攻媿號博洽，不知何獨取此。家居無事，因取新舊史、實録等書，及諸家傳記所載，參稽互考，別為此譜，自其始生之年，以及考終之歲，次第審訂，粗得詳確。猶恨孤學謏聞，未必能逃目睫之譏，不敢傳之他人，惟以自備觀覽而已。孟夏十有二日譜成，直齋陳振孫伯玉父。（《四庫全書》本汪立名《白香山詩集》卷首）

智按：陳振孫，初名瑗，字伯玉，號直齋，安吉（今屬浙江）人。一作永嘉（今浙江溫州）人。甯宗嘉定四年（一二一一），為溧水教授。八年，調紹興府教授，知南城縣。召為軍器監簿、諸王宫大小學教授。理宗寶慶三年（一二二七），通判興化府。端平三年（一二三六），知台州兼權浙東提舉。嘉熙元年（一二三七），知嘉興府。淳祐四年（一二四四），為國子司業。九年致仕。有《直齋書録解題》傳世。清同治《安吉縣誌》卷十二有傳。

劉從益（一一八一～一二二四）

《送儀提點西歸》

自斷平生不問天，拂衣歸去任吾年。五侯鯖飽無多味，九老圖成又一傳。回首京華瞻日遠，放懷鄉社得天全。綸巾醉卧咸陽市，始信人間有散仙。（《四庫全書》本《中州集》卷六）

智按：劉從益，字雲卿，渾源（今屬山西）人。大安元年（一二〇九）詞賦進士，拜監察御史，坐罪去官。起為葉縣令，召授翰林應奉文字。有《蓬門先生集》。

杜範（一一八二～一二四五）

《太師平章喬文惠公挽歌詞三首》（其二）

名在洪鈞上，身游緑野中。社方娱白傅，城遽閉滕公。國勢關輕重，君恩著始終。堪嗟典刑盡，羣木剌寒空。（《四庫全書》本《清獻集》卷二）

智按：杜範，初字儀甫，改字成己（《漫塘集》卷十九《杜成己字序》，《宋史》本傳作成之），學者稱立齋先生，黄岩（今屬浙江）人。甯宗嘉定元年（一二〇八）進士，調金壇尉，再調婺州司法參軍。理宗紹定三年（一二三〇），為主管戶部架閣文字。端平元年（一二三四），授軍器監丞。累遷監察御史。以劾鄭清之，出為江東提點刑獄。嘉熙二年（一二三八）知甯國府。四年，遷權吏部侍郎兼侍講，改禮部尚書兼中書舍人。淳祐二年（一二四二)，擢同簽書樞密院事，四年，遷同知樞密院事。五年卒，年六十四，謚清獻。有《清獻集》十九卷。生平見清同治吴縣孫氏刻《杜清獻公集》卷首黄裳《戊辰修史丞相杜范傳》，《宋史》卷四〇七有傳。

程公許（一一八二～一二五二）

《上後樂劉先生左史十首用襄陽詩兩句行藏堅晚節進退法先民爲韻》（其二）

峩豸凜霜簡，立螭迫荷囊。從渠衆醉酣，我自深林芳。歲晚髮雪白，德稱腰鞓黄。世無香山老，誰與論行藏。（《四庫全書》本《滄洲塵缶編》卷四；《全宋詩》第五十七册，第三五五一三頁）

《青山高爲宋郎中德之作》

青山高，六六峰。瑶鐫嵂崒千萬仞，斗起西南天半空。蒸嵐噴薄不得洩，翠屏掩靄深幾重。不知丹梯委曲到何許，飛樓傑觀縹緲疑神功。丈人天上足官府，愛此疊嶂高巃嵸。奏疏白玉京，此山上帝之離宫。臣請爲帝守宫鑰，檢課列仙功行之異同。帝憑玉几頷其奏，導以絳節雙青童。岳靈嵲峩遠奔命，其下瀆鬼趨濛鴻。丹書校録曉繼夕，朱衣執侍嚴且恭。赤明龍漢屈指今幾劫，珠幢羽帔可想不可蹤。雲璈鏗鍧洞天曉，步虚寥亮閶闔風。有時山空夜永斗柄出復沒，眩眼千炬煜煜燈吐紅。嗚呼！青山高兮六六峰，丈人宫闕兮遠層穹，飛仙來往兮安得逢。山中人兮媚幽獨，烜山緒兮雪谿翁。形癯霄漢舞皓鶴，神茂晴巒森老松。三生曾侍丈人之左右，出入孔老竺乾之學該以通。把茅山間二十年，幽棲活計那諱窮。白雲四壁兮風月窗櫳，玉泉如飴兮柏實可饔。丈人憫世日混濁，敕遣下山開瞽矇。被髮鞭麒麟，駕霆呵靈霳。高岡一鳴衆鳥瘖不吐，修門再入九虎獰以攻。飄然整我飛霞佩，佳山水處挾册從。仙槎尚有樓突兀，蕩漾萬頃風濤中。酒酣浩歌蕊珠三疊之險韻，出沒蛟蜃悲魚龍。道逢仇池老仙伯，握手一笑蓋鼻烟溟濛。混成菴中據梧默數息，明霞閣上彈鋏看飛鴻。丈人嗔不歸，鸞歌鳳舞瞻聽慵。我聞至人離世不忘世，肯學山澤之臞塊獨守此虎豹叢。歐子來自神清洞，樂天故棲蓬海東。手攜天孫雲漢之機杼，下與世俗一洗組纂之拙工。後先相望幾百年，帝命何獨私與公。

青山之阻烟霞濃，六時滴水聲玲瓏。猿鶴何知强悽怨，祝公不用思𪘲𪘲。我願飛章夜扣丈人九仙之寶室，世路荆棘人心蓬。洗氛滌祲待雨露，驚聵醒醉須笙鏞。乞公且住千百歲，要使民有司命儒有宗。色絲不盡今古胸，帝衮何闕須彌縫，笑談變俗爲時雍。青山青山長好在，洞天氣物何曾改。歸來瑶簡朝丈人，坐看桑田變滄海。（《四庫全書》本《滄洲塵缶編》卷六；《全宋詩》第五十七册，第三五五三四頁）

《和樓大參韻贊史伯謙少弼二同年掛冠》（其二）

琴自無絃不用彈，歲寒姱節傲蒼官。青衫吏隱非吾願，綵服兒啼畏色難。三徑歸尋元約在，萬緣回向自心觀。何時款竹雲莊去，洗耳香山八節灘。（《四庫全書》本《滄洲塵缶編》卷八；《全宋詩》第五十七册，第三五五七五頁）

智按：程公許，字季與，一字希穎，人稱滄洲先生，眉州（今四川眉山）人，寄籍敘州宣化（今四川宜賓西北）。甯宗嘉定四年（一二一一）進士。歷華陽尉，綿州教授，知崇寧縣，通判簡州、施州。理宗端平初，授大理司直，遷太常博士。嘉熙元年（一二三七），遷秘書丞兼考功郎官，二年，因言事劾去。三年，以著作佐郎召，兼權尚書左郎官，累遷將作少監，兼國史館編修官，實録院檢討官。淳祐元年（一二四一）遷秘書少監，兼直學士院，拜太常少卿。出知袁州。以杜範薦，召拜宗正少卿，為權幸所格，退處二年。擢起居郎兼直學士院，累官中書舍人，禮部侍郎。鄭清之再相，屏居湖州四年。官終權刑部尚書。約淳祐十二年（一二五二）卒，有《塵缶文集》等，已佚。清四庫館臣據《永樂大典》輯為《滄洲塵缶編》十四卷。《宋史》卷四一五有傳。

陳貴誼（一一八三～一二三四）

《尊白堂集序》

紹定己丑（智按：紹定二年）秋八月，武岡守朝請郎虞君衡遣介奉一編書謁余序其首。啓而視之，曰《尊白堂集》，乃其先人兵部侍郎諱儔字壽老所作也，卷二十有二，詞制奏議之卷七，詩之卷十五。衍裕雅重，根柢經術，緒密思清，非苟作者，獨未諭「尊白」之意何謂也。侍郎平日常曰：「韓魏公有醉白堂，坡公有『我似樂天』之句，此吾所不敢，惟知尊之敬之，故扁以爲堂。」吁，安得此長者之言哉！宜其詞章粹厚不迂，有樂天之遺風也。唐史臣贊樂天，謂其最長於詩。今侍郎詩亦獨到，讀之者知其爲莊士雅人，所謂略無杜牧之所譏者，顧乃扁而尊之，可謂廉於取名矣。歷事三朝，出藩入從，始終全德，使獲盡展所藴，功業克就，則賡醉白之歌，又將與魏同志，而惜其不盡著也。武岡守繼家學政和，惠知其親之善，顯而傳之，有足嘉者。抑嘗因是以觀白公之爲人，位不登乎丞弼，功不著乎鼎彝，而百世之下，殊勛偉業、名德文學之彦，率願尚友慨慕而不可得。是其可尊者，必有出於文章事業之外，覽者遡其原焉可也。朝請大夫、權刑部尚書、兼直學士院、兼修玉牒官、兼侍讀長樂陳貴誼序。（《尊白堂集》卷首；《全宋文》二〇〇六年版第三二二册，卷七四〇九，第三八五頁）

智按：陳貴誼，字正甫，長樂（今屬福建）人。慶元五年（一一九九）進士，歷幕職，中博學宏詞科，授江南東路安撫司機宜文字。遷太學博士，將作監丞。出知江陰軍，提舉江西常平，入爲禮部郎官。爲言者論罷，主管崇禧觀。起知徽州，召授司封郎官兼翰林權直。理宗即位，以爲宗正少卿兼侍講，兼權直學士院。遷起居舍人、中書舍人，刑部、禮部尚書，擢簽書樞密院事。紹定六年（一二三三），進參知政事。端平元年卒，年五十二，謚文定。見魏了翁《參知政事陳公神道碑》（《鶴山大全集》卷八七），《宋史》卷四一九本傳。

王遂（一一八三～一二四九）

《五賢堂記》

二仙堂者，祠齊尚書郎謝公朓、唐供奉翰林李公白也。五賢堂者，增宣州觀察使顔公真卿、太子賓客白公居易、吏部侍郎韓公愈也。祠事二仙而增三賢爲五者，所以追仰高風，景行先哲，非徒設也。由吳晉以至於齊，東南人物何止一謝公哉，自梁隋以至於唐，亦非獨四賢也。謝公住青山而守宣城，觀其「天際識歸舟」之句，非食煙火者所能及。而李公乘舟采石，讀「惟有敬亭山」之句，亦非謫仙人所不能道。陳公卓誦其詩，名之二仙，而吳公潛刻碑以紀其事。夫仙非人力所能至也，耿介絶俗之標、瀟洒出塵之姿，有非言語之所能形容。而文以貫道，夫豈偓佺喬松所能盡？謝公仕非其時，卒死非辜，李公不及陪開元之盛，避地姑孰，非貪生者。然唐自平隋，罷去昇州，置浙西觀察使於宛陵，而顔公以剛直之節往蒞之，忠烈名存，百歲不泯。白公由宣州奉詔擢第，清名直節，見於諷諫，遭時賢相，不及附録會昌之盛，獨有高文大册，流落外夷。惟大曆、貞元之間，乾清坤奠，號爲中興，韓公振起八代，實就食於江水（《寧國府志》作江東），孔孟之後一人而已。然則五賢之祀，不於其行事而於其文，不於其仙而於其賢。外設二楹，内取一室，青山流水，四面環繞，珠河横流，浮圖對峙，信矣神明之所憑藉。亭舊有二仙像，乃求白公於平江、韓公於郡學，而顔公之像未之得，劉汝進來自金壇，因使求焉，道過牛耳山，瞿然若有驚者，問之，則顔公祠堂也。入室瞻謁，得其像歸，與夢若合，容詎知祠像之不當合一耶？因記其事，使後來者有考云。（《永樂大典》卷七三二六；嘉慶《寧國府志》卷二一；《全宋文》二〇〇六年版第三〇四册，卷六九五二，第三二六頁）

智按：王遂，初字穎叔，少慕戰國策士，真德秀勉其志予道，爲改字去非，號實齋。鎮江府金壇（今屬江蘇）人，王韶後裔。嘉泰二年（一二〇二）進士，調富陽主簿，知當塗、溧水、山陰縣，理宗紹定三年（一二三〇），差知邵武軍，改知安豐軍。遷國子監主簿，拜監察御史，除右正言、殿中侍御史，端平三年（一二三六），擢户部侍郎兼同修國史、實録院同修撰，權左侍郎。歷知遂寧、成都、平江、慶元府，改知太平、泉、温諸州，徙寧國、建寧府。爲江西轉運副使，更安撫使。召赴闕，授權工部尚書。後以龍圖閣直學士致仕，卒年六十七，謚正肅。時人稱其爲文雅健，無世俗浮靡之氣。有《實齋文稿》（明正德《姑蘇志》卷四），已佚。事見《京口耆舊傳》卷七，《宋史》卷四一五有傳。

岳珂（一一八三～？）

《次韻喬江州琵琶亭詩二首》（有序）

繡史秘閣兵部牧九江之再歲，新築琵琶亭，復樂天故事。兵部生于壬子，正與樂天同。其在郡月日，亦有脗合者。按樂天以元和乙未為江州典午，次年丙申始作此歌。戊戌歲，改刺忠州，其行當作己亥春。故《宴别》詩有「春寒散醉顔」之句。莫春遂入峽，四月作《木蓮》詩，則始至忠南，又有「南國秋猶熱，西齋夜漸涼」之句。則合莬時已秋矣。兵部亦以戊戌歲出守，至己亥夏乘四馬車，計交篆而去，當亦在秋，若合質劑盖如此。名篇紀叙，不鄙録教，因繼絶倡，以後鄉邦盛事。嘉熙三祺中元日，郡人岳珂。

共生壬子兩仙翁，不為離春惜斷蓬。鐵撥鹍弦遺響在，繡衣龍節賞音同。穆曹技埒名俱勝，唐宋詩傳句並工。擊節雲篋定誰是，茫茫江月思何窮。

一葉西歸老倦翁，高樓突兀記推蓬。景隨溢浦江山改，人與香山歲月同。異世剖符傳事比，出門合轍見詩工。我來君去如鴻燕，休歎長安目力窮。（《四庫全書》本《玉楮集》卷三；《全宋詩》第五十六册，第三五三四八頁）

《予自武昌攜二猿歸夜聞清嘯偶成》

樂天聽琵琶，嘗賦猿哀鳴。物産無古今，均此潯陽城。我居廬山趾，日夕游郊坰。步足歷幽谷，登山窮絶陘。經行徧巖岫，未始聞此聲。相望三百年，山水同虞衡。詎可風氣殊，乃亦殊所生。矯矯長臂公，相從東歸舲。皎皎白玉面，玄衣吟嘯清。綫垂黄金衣，詭侍誇異形。不縶李約鐵，悲風動南溟。不把碧玉環，峽山棲杳冥。楚賓攀樹枝，腸斷不堪聽。變化倏異塗，更作巴西稱。突兀見眼前，兒童不知名。西軒驟雨過，東牖初月明。循階聞夜蛩，有酒仍獨傾。忽聞湘水吟，頓覺凄然驚。吾方笑樂天，爲此外物攖。反觀還自笑，翁倦非忘情。（《四庫全書》本《玉楮集》卷三；《全宋詩》第五十六册，第三五三五一頁）

《趙季茂通判惠詩走筆奉和十篇》（其五）

草堂無不宜，猶記樂天詩。尚有驚猿怨，莫教司馬知。上宫仙闕近，左

蠡客帆吹。欲涉窮陘步，玆狂何悔爲。（《四庫全書》本《玉楮集》卷四；《全宋詩》第五十六册，第三五三五八頁）

《山中奉寄通判楊宗博二首》（其二）

步壑斗堪摘，登樓雲與齊。未應隨日涉，猶欠樂天題。舊覽開青眼，新編寫赫蹏。便須聯和軸，寄我小山西。（《四庫全書》本《玉楮集》卷四；《全宋詩》第五十六册，第三五三六〇頁）

《病中午後登山閒步遥見園亭有翠帟張欄處久而識之爲張孝顯成趣軒蓋與緹屏油幙高會予病不得銜宴悵惘移時因以中孚澤所網鮮鯿侑以棠漪家醖併成四絶呈在席諸人》（其二）

滿山桃李鬧紅霞，曾約香山白鹿車。堪笑東風欺病客，攙先且到别人家。（《四庫全書》本《玉楮集》卷六；《全宋詩》第五十六册，第三五三七四頁）

《比聞趙季茂奉板輿行春甚樂予躍然效之是日乃值大風雨昏後倦歸則素月流天仍復晴矣自此連日春色尤濃杏已過雨紅英滿地悵然有作因寄》

棠湖有病客，破鼎支藥糜。青陽動新晴，兀兀厭坐馳。静聞簫鼓鬧，翠幰行春堤。柔風吹簾旌，杲日浮屏緹。行廚依竹裏，繡幙聯江湄。為問來者誰，板輿雙侍姬。光彩照路傍，拍舞襄陽兒。病翁禅定心，久矣沾絮泥。一念忽隨喜，聊復相追隨。家人治尊罍，夜漏覘晨晞。擁被起躍然，不知筋力痿。破曉始三弄，衝寒纔一巵。爚如滿天星，湛湛開青池。晨光透户牖，纖塵寂不吹。倏焉雲頭催，随以兩脚垂。汀蘋振淅瀝，岸柳驚紛披。度塘如度橋，跬步窘且危。往謁乘驛使，席間如鼓鼙。主賓無軟語，僮僕侵寒肌。一坐禮敬疎，四顧面色黧。亟就兒女曹，疾駕掀重帷。擁爐共炙手，悔游仍攢眉。須臾呼酒炙，稍覺春融怡。棠湖暫紓望，苜盤充療飢。一杯復兩杯，膚栗欣平治。先登潯陽樓，次讀琵琶詩。來往信底忙，吟哦聊自欺。江柁晝搖兀，市聲晚啞咿。估客維岸傍，樵徑行歌歸。宿靄了未收，溟濛沾人衣。落莫興易闌，扶輿力將疲。却從名園游，款户訪故知。蔬甲拆青嫩，池光搖碧漪。桑顛宿雞鳴，柳畔新鶯啼。主人相顧笑，謂此亦足棲。曾留長者轍，更著名人題。廬山三萬峰，一碧天與齊。千古真面目，庶幾今見之。遂開成趣軒，夕宴陳尊彝。庖鯖詫彫俎，幻火後眩奇。沙苑出細肋，好音來赫蹏。紙尾有醉字，恍如寫烏絲。意者天機全，落筆驚傾欹。長鱷白浪捲，踞蛤青雲期。佳客不我從，逸興何所為。整鞅固已屢，鳴漏將何其。九衢月似霜，烏鵲仍遶枝。風乾路猶濕，雲淡星不移。已成歸兮賦，更作悵然疑。詰朝益明媚，一瞬變四時。天機豈易測，我惑寧不滋。嘗聞士之遭，皋夔異周伊。如何不後先，翻覆成噂唏。昨何為而寒，今何為而熙。中間出一夕，乃爾變慘悽。吾昨解印綬，一舸來自西。天道皆自然，肯以陰晴窺。況此瞬息觀，詎可分兩岐。為言獨醒者，今昔無町畦。從今好天色，更請還一鴟。東尋五雲谷，西渡三峽溪。杏開董奉壇，桃映匡俗祠。景物看吐吞，冷暖隨呵撝。以此青田釀，酌之滄海蠡。藍輿乘兩肩，倒載白接羅。真意浹三益，和氣重四支。持之藥吾疾，正可扶衰羸。明窻睡久酣，舊業荒於嬉。正當出囈語，走筆縈虹蜺。追書浹旬事，幸免然豆萁。（《四庫全書》本《玉楮集》卷六；《全宋詩》第五十六册，第三五三七五頁）

《簡吳季謙堅他日柴桑之約時季謙有潭帥之命二首》（其二）

君今西上我東馳，一醉相從又幾時。星變十年占軫野，風寒兩地説江湄。憂時有慮慮須早，了事欲歸歸未遲。年齒官班略相似，伴閒頻記樂天詩。（《四庫全書》本《玉楮集》卷七；《全宋詩》第五十六册，第三五三八二頁）

《將發琵琶亭》

前歲西泝鄂，今歲東入吳。同一琵琶亭，行客各異塗。當時白傅根，陳跡久榛蕪。豈特無遺音，榛蕪今亦無。突兀眼前屋，丹堊塗欂（檗）櫨。廢興曾幾時，傳舍同蘧廬。已見兩折柳，於此餞老夫。昔持使者節，今發追鋒車。我則齊出處，世自分榮枯。而況天地間，萬變同須臾。我觀商婦者，瑣瑣豈足書。琵琶本常技，何地無此徒。夫販浮梁茶，婦即空舟居。長吏濕青衫，禮法毋乃疎。樂天子牟心，一念存江湖。詎關蝦蟆陵，維以懷故都。譬之澤畔吟，此語非寓歟。蓋嘗考遺集，一事曾同符。聞歌鸚鵡洲，尋聲得幼姝。倚檣泣明月，清淚垂真珠。夫君當此時，正屬典午初。不應奇謗後，無復思廉隅。六義有比興，觀洧傳洵盱。託物皆一理，實事那相須。人情伏與妬，所值分賢愚。低眉終不説，正恥悻悻俱。初意祗如此，膠柱何足拘。子折武昌柳，予宅潯陽廬。二詩端可識，一笑聊洗誣。明朝重回首，摑鼓催征

艫。（《四庫全書》本《玉楮集》卷七；《全宋詩》第五十六册，第三五三八三頁）

《浩歌行》

浩然一氣古到今，古人無愧惟此心。青天爲幕地爲席，醉裏聊作烏烏吟。君不見人生所重獨名謚，一代簡書耀青史。當時命名偶然耳，跖聖丘愚果誰是。又不見人生所願在貴豪，汾陽鐘鼎顏簞瓢。秖今等是一堆土，寧識生前時所遭。或言惟勢可凌物，旦作參軍暮蒼鶻。富方煉炭貧牛衣，上下升沈總飄忽。又言有才堪動人，文章不過紙上塵。卿雲復生鮑謝作，我亦不識知誰真。書函闔開古所患，萬札千緘漫堆案。當年京洛驛走塵，未見遠官救劉晏。人情炎涼今所同，鞠醵却讐壽迺公。小兒坐睡觸屏風，亦復諂語無所容。回思一拙勝百巧，囊粟侏儒先亦飽。纔從埽軌學敵門，邊上鋤犁不相保。又思三窟寄一身，東來入淛南入閩。已慚下車馮婦笑，又恐顧影癡兒嗔。一壺一鍤醒復醉，便作劉伶藉糟計。易園蓊蔚棠湖清，席上老兵未渠異。一花一柳春復秋，更效凝式東西游。池荷漸衰棗紅近，卹緯那免孤嫠憂。噫嚱人生萬事大似繭抽縷，百緒千端無物不如許。歸歟一曲浩浩歌，堯舜揖遜湯武興干戈。從來劍佩常相磨，天地萬物如予何。淵明嗜酒稱第一，不知寄傲義熙除酒更何術。雍端但愛栗與梨，借使無此未應對酒成白癡。樂天僅識廬山奇，肯信琴書泉石不堪引妻兒。青山獨往苦不早，自是金谷白首同歸有何好。浩歌對山開酒罇，看到月墮黃金盆。往來正爾勞季布，賢佞豈必關王尊。胸中浩浩顧所存，貫珠擊節何足論。我不能苦身刻骨爲名抵死求媚嫵，又不能南柯北牖指夢所歷爲喜怒。權勢文章共生死，諛書囈語相推許。爲身擇地已爲累，隨戲逢場亦何補。凛然浩氣天地間，眇視萬古同人寰。滄溟易狹杯芥寬，北斗柄爛銀河乾。浩歌正爾吐天籟，風月笙竽均一噫。來者浩浩不可期，指此無愧惟心知。青山白雲隨所之，浩歌更賦歸來兮。（《四庫全書》本《玉楮集》卷七；《全宋詩》第五十六册，第三五三八九頁）

《道中思廬山》

廬山三百里，巨浸壓宫亭。勢接九江匯，峯連萬古青。淵源開道術，咙幻雜仙靈。厚地蟠奇秀，雄標動杳冥。濃嵐晨歷歷，流水夜泠泠。雪擁瓊瑤障，花繁錦繡屏。吾居嘗静對，親處異空聆。瀑布手自酌，斜川身所經。龍淵敲短策，鳥道絶危陘。正派尊涵泳，高山有典型。揭來三涉徑，知閲幾周星。白傅松猶在，陶潛菊未零。堅高思並轍，今古共忘形。便擬安圭竇，終期老澗坰。忽嚴大君詔，言駕小侯軿。一别門垂柳，重觀階换蓂。出山羞小草，浮海又流萍。頗覺登山屐，翻成泛宅舲。回頭看豹霧，望眼隔鷺汀。縱抱知還志，何時振倦翎。（《四庫全書》本《玉楮集》卷八）

《桯史》

⊙劉改之詩詞

廬陵劉改之（過）以詩鳴江西，厄于韋布，放浪荆、楚，客食諸侯間。……嘉泰癸亥歲，改之在中都，時辛稼軒（棄疾）帥越，聞其名，遣介招之。適以事不及行，作書歸輅者。因效辛體《沁園春》一詞，併緘往，下筆便逼真。其詞曰：「斗酒彘肩，醉渡浙江，豈不快哉！被香山居士，約林和靖，與蘇公等，駕勒吾回。坡謂西湖正如西子，濃抹淡妝臨照臺。諸人者，都掉頭不顧，只管傳杯。　白云天竺去來，圖畫裏，崢嶸樓觀開。看縱横一澗（智按：白居易《寄韜光禪師》：「東澗水流西澗水，南山雲起北山雲」。《四部備要》本《宋六十名家詞·龍洲詞》作「縱横二澗」，與原詩意合），東西水繞，兩山南北，高下雲堆。逋曰不然，暗香疏影，只可孤山先探梅。蓬萊閣，訪稼軒未晚，且此徘徊。」辛得之大喜，致餽數百千，竟邀之去。館燕彌月，酬唱亹亹，皆似之，逾喜。垂别，賙之千緡，曰：「以是為求田資。」改之歸，竟蕩於酒，不問也。詞語峻拔如尾腔，對偶錯綜，蓋出唐王勃體而又變之。余時與之飲西園，改之中席自言，掀髯有得色，余率然應之曰：「詞句固佳，然恨無刀圭藥，療君白日見鬼證耳！」坐中烘堂一笑。……（《四庫全書》本《桯史》卷二，吳企明點校本，第二二 ~ 二三頁）

⊙何處難忘酒

自唐白樂天始為「何處難忘酒」詩，其後詩人多效之。獨近世王景文【質】所作，雋放豪逸，如其為人。余得其四篇【王質《雪山集》僅收「何處難忘酒」（其三）一篇，張端義《貴耳集》載「何處難忘酒」四篇，與此合，岳珂或即據《貴耳集》】，曰：「何處難忘酒？蠻夷大不庭。有心扶白日，無力洗滄溟。豪傑將斑白【「斑」原作「班」，據張端義《貴耳集》引文校改】，功名未汗青。此時無一盞，壯氣激雷霆。」「何處難忘酒？奸邪大陸梁。腐儒空有鄙【《貴耳集》作「腐儒還有鄙」】，好漢總無張。曹趙扶開寶【《貴耳集》作「曹趙扶開國」】，王徐賣靖康。此時無一盞，淚與海茫茫【《貴耳集》引此詩作「淚滴海茫茫」】。」「何處難忘酒？英雄太屈蟠。時違聊置畚，運至即登壇。梁甫吟聲苦，干將寶氣寒。此時無一盞，拍碎石闌干【叢書集成本《雪山集》、張端義《貴耳集》均作「拍碎玉闌干」】。」「何處難忘酒？生民太困窮。百無一人飽，十有九家空。人說天方解，時和歲自豐。此時無一盞，入地訴英雄。」景文它文極多，號《雪山集》【《雪山集》原作「雪齋集」，誤。按陳振孫《直齋書録解題》卷二十：「《雪山集》，富川王質景文撰。」王阮《雪山集序》：「紹興中，阮游成均，與東平王君景文同隸時中齋。……其家勒以遺藁見囑，乃為搜羅删次，厘為四十卷，名曰雪山。」《四庫全書總目提要》雪山集提要：「張端義《貴耳集》載其「何處難忘酒」詩，稱所撰有《雪齋集》，則又刊本流傳，訛山為齋耳。」岳珂或即承張端義之誤。今據王阮序校改】，大略似是。余又讀王荊公《臨川集》，亦有二篇，其一篇特典重，曰：「何處難忘酒？君臣會合時。深堂拱堯舜，密席坐臯夔。和氣襲萬物，歡聲連四夷。此時無一盞，真負鹿鳴詩。」二公同一題，而暗嗚叱咤，一轉於俎豆間，便覺閒雅不侔矣。余嘗作一室，環寫此詩，恨不多見云。（《四庫全書》本《桯史》卷五，吴企明點校本，第五七頁）

⊙蟻蝶圖

黨禍既起，山谷居黔。有以屏圖遺之者，繪雙蝶翾舞，罥於蛛絲而隊，蟻憧憧其間，題六言於上曰：「蝴蝶雙飛得意，偶然畢命網羅。羣蟻爭收墜翼，策勳歸去南柯。」崇寧間，又遷於宜，圖偶為人攜入京，鬻於相國寺肆。蔡客得之，以示元長，元長大怒，將指為怨望，重其貶，會以訃奏僅免。其在黔，嘗摘香山句為十詩，卒章曰：「病人多夢醫，囚人多夢赦。如何春來夢，合眼在鄉社。」一時網羅之味，蓋可想見。然余觀其前篇，又有「冥懷齊遠近，委順隨南北。歸去誠可憐，天涯住亦得」之句，浩然之氣又有百折而不衰者，存蟻計左矣。（《四庫全書》本《桯史》卷十一，吴企明點校本，第一二三頁）

《寶真齋法書贊》

⊙《錢穆父赴越詩帖》（行書五行，尾記三行）

鑑湖清泚對胥山，兩地相望一水間。共佩天涯太守印，猶聯丹陛侍臣班。君方白傅才何愧，我比微之思苦慳。莫把舊詩猶見詫，繁雄未必勝清閒。（樂天寄微之詩云：「知君暗數江南郡，除卻錢唐盡不如。」）（《四庫全書》本《寶真齋法書贊》卷十七）

智按：岳珂，字肅之，號亦齋、東几，晚號倦翁，湯陰（今屬河南）人，僑居江州（今江西九江）。飛孫，霖子。甯宗嘉泰二年（一二〇二），以蔭監鎮江府戶部大軍倉，曾預開禧北征之役。因預知北征之弊，於戰敗後召為朝官，歷司農寺主簿、光禄丞、太官令。嘉定十年（一二一七），由大農丞權知嘉興府。十二年，為江南東路轉運判官。十四年，除軍器監丞、淮南東路總領，並多次攝知鎮江府。理宗紹定六年（一二三三），因元夕詩為門人韓正倫文致告訐，獲罪罷官。嘉熙二年（一二三八），起為湖廣總領。三年，提舉江州太平興國宮。四年，復起為淮南江浙荊湖八路制置茶鹽使、兼知太平州。淳祐元年（一二四一），以言官劾橫斂罷，居吳門。卒年六十餘。珂好文學、喜書法，與劉過、辛棄疾等有交往。有《岳鄂王行實編年》二卷，《金佗粹編》二十八卷、續編三十卷，《桯史》十五卷、《愧郯録》十五卷等傳世。《玉楮集》八卷，系自編嘉熙二年至四年之詩，取《列子》刻玉為楮三年而成之意。另《棠湖詩稿》一卷，收《宮詞》百首。又有《寶真齋法書贊》二十八卷，其中保存有不少文獻。事迹散見本人有關著作、並附見《宋史》卷三六五《岳飛傳》。

王邁（一一八四～一二四八）

《題趙別駕委齋詩》

別駕來訪別，徵我委齋詩。敢問委之説，別駕自發揮。萬事悉委分，吾何容心爲。抱槧游文屋，去取委所司。一戰偶得雋，敢誇詞藻奇。隨牒走仕途，薦舉委所知。一朝獲通籍，敢恃妍媚姿。不見百里奚，非黠亦非癡。爵禄委倘來，飯牛牛自肥。不見塞上翁，無喜亦無悲。得喪委自然，失馬馬復歸。委懷在琴書，栗里真吾師。委順聽時命，香山不吾欺。吾以名吾齋，曰委不亦宜。王子曰不然，我言異於斯。人性涵萬善，其位配兩儀。凡天所委付，受者不得辭。行藏道汙隆，進退時安危。委禹以治水，胼胝敢言疲。委尹以復辟，寵利非謀私。經制委姬旦，述作委仲尼。今古理無二，聖賢人可希。綱常或淪斁，委我開訓彝。楊墨路必闢，韓莊門宜麾。宇宙或傾仆，委我力扶持。補天出媧石，浴日升咸池。饑者委我食，寒者委我衣。一或負所委，是謂天職虧。若君所言者，莊老同一岐。梁以苦空壞，晉以清談隳。流弊至委棄，往事真來規。世道真險隘，天將委之誰。上不能使爾，夫豈無良醫。因詩重感慨，當有評是非。（《四庫全書》本《臞軒集》卷二；《全宋詩》第五十七册，第三五七一〇頁）

《陳侍郎見激字韻和以見寄復用韻謝》

先生德量萬頃波，撓之不濁無湍激。文章亦如萬斛泉，酌之不竭何慳惜。滄浪亭下把釣竿，雙筆堂前看蒼壁。時逢問字客及門，倒屣不要人扶出。飲酣戲索烏欄書，吟罷笑拈麟脯擘。一詩直萬雞林金，衙官坡谷奴劉石。得者須熏玉蕤香，覽而玩之痊百疾。堂堂元帥坐詞壇，餘子誰堪承羽檄。許侯端是忘年交，具眼朗然爲賞識。雲岫詩卷盈錦囊，自欣邂逅有勝特。先生筋力似裴公，侯比香山才更逸。凉臺燠館富唱酬，如見古人今之夕。斐然小子謾成章，所美信美安敢溢。有來珍翰費吹噓，展閱再三感千百。當偕巨帙什襲藏，寒谷先期有春色。新年更擬打作碑，薦福莫教雷霹靂。（《四庫全書》本《臞軒集》卷十三；《全宋詩》第五十七册，第三五七三七頁）

《輓崇清陳侍郎五首》（其四）

勇退歸雲岫，投閒十四年。莆中無此様，地上有行仙。健筆凌坡老，清詩輩樂天。何人綴遺稿，與作不刊傳。（《四庫全書》本《臞軒集》卷十四；《全宋詩》第五十七册，第三五七五七頁）

《上鎦經署啓》

西洛耆英，嘯傲三台之府；南宗冷宦，依栖數仞之墻。先上日以通名，望下風而起敬。竊以先達之於後進，世族之於素門，勢分固殊，投合亦寡。

惟元城之在宋，問業有徒；與了翁之居淮，及門者衆。而况三朝元老之嫡嗣，一代人物之宗師，稍有知識，皆思歸嚮。恭惟某官文章奎璧，德望華嵩，忠孝通於神明，出處關於世運。故國謂有喬木，稱到于今；後人猶愛甘棠，何况其子。方春秋之鼎盛，歷中外以游揚。……勁草當疾風而不改，寒花於晚節以尤香。種樹山中，白傅倡風流於九老；植槐庭下，晉公付事業於二郎。傲睨軒裳，追隨觴詠，勝事園林，清時鐘鼓。如許清閑，上天將相；平地神仙，孰爲輕重。……（《四庫全書》本《臞軒集》卷八；《四庫全書存目叢書》影印清抄本《臞軒先生四六》卷二；《五百家播芳大全文粹》卷四十九；《啓雋類函》卷五十五；《宋四六選》卷二十一；《全宋文》二〇〇六年版第三二四册，卷七四四八，第二一六頁）

智按：宋佚名《翰苑新書續集》卷二十四寄居類（《四庫全書》本）題為《通留經畧》，署「王臞軒」。宋魏齊賢《五百家播芳大全文粹》卷四十九題為《通留經畧啓》，署「王弱翁」。明俞安期《啓雋類函》卷五十五（《四庫全書存目叢書》影印明萬曆間刻本，第三五〇册，第三七二頁）題為《通留經略啓》，署「宋王邁」。卷首四庫館臣按云：「按此卷調南外睦宗教授作。」亦斷為王邁所作。

《沁園春》（鳳山出二寵姬歌余詞）

夜來斗庵，左顧綠雲，右盼素娥。好態濃意遠，隨宜梳洗，輕輕蓮步，艷艷秋波。妒寵爭妍，嬌痴無際，齊勸詩翁金叵羅。翁微笑、□一時飲盡，誰少誰多。　　月娥。唱後顏酡。莫也怕、浮雲妒月麽。問蘇州刺史，舊歡如夢，江州司馬，衫濕如何。翠幕空垂，唾花無迹，忍聽樽前飛燕歌。銷凝處，正瀟瀟烟雨，偏惱東坡。（《全宋詞》第二五二五頁）

智按：王邁（《永樂大典》引作王君實），字實之，一作貫之，號臞軒，仙游（今屬福建）人。甯宗嘉定十年（一二一七）進士，調潭州觀察推官，改浙西安撫司幹官。理宗紹定三年（一二三〇）為考試官，因顯擿詳定官不公被黜。調南外睦宗院教授，時真德秀知福州，力為之助。端平元年（一二三四）召試館職，次年，為秘書省正字，輪對直言，忤旨，出通判漳州。又因應詔言事，削秩免官。久之，復通判漳州。淳祐元年（一二四一）通判吉州，遷知邵武軍。八年卒，年六十五。有《臞軒集》二十卷，已佚。清四庫館臣據《永樂大典》等輯為十六卷。《宋史》卷四二三有傳。

許棐（？～一二四九）

《讀南嶽新稿》

春來游未遍湖山，已是風光一半殘。細把劉郎詩讀後，鶯花雖好不須看。（《四庫全書》本《梅屋集》卷一）

智按：像此詩這樣淺易清新之作，《梅屋集》屢見不鮮，且多為律絕。

《融春室記》

予多病畏寒，未冬為縮殼蝸矣。陋室第三桁下分立四槅，中垂一簾，對懸樂天、東坡二先生像。當窗晴日暖，飢骨暢柔，壚溫火深，神氣和浹，未信天地間別有春也。嗚呼！室，舊室也；歲，殘歲也，何昨也冬而今也春？吾疑二先生在焉，霜雪不敢犯。又疑葉葉春風，自書卷中流出。不然，是造物者憐我寒痼，異令于一室也。然不敢私一室之春，願融而為天下之春。貧褐富裘，同一溫纊。家居客寓，同一熙臺。此予之心也，二先生之心也。（《獻醜集》，《叢書集成初編》本，第四頁）

智按：許棐，字忱夫，海鹽（今屬浙江）人。理宗嘉熙間隱居秦溪，於水南種梅數十樹，構屋讀書，因自號梅屋。室中於三楹（桁）下分四槅，中垂一簾，對懸白香山、蘇東坡二像事之。藏書數千卷，人有奇編，見無不録，嘗曰：「四壁天地，萬卷春風，庾嶺香，孤山玉，樂而可以忘死。」《宋史翼》卷三十六、《檇李詩繫》卷三、清光緒《海鹽縣志》卷十九有傳。

陳郁（一一八四～一二七五）

《藏一話腴》

彭門左泗右汴，負抱齊楚，古今豪傑，登眺寄慷慨於詩歌者，不可悉數。惟范司諫一首補紀其全，云：「徐方舊鎮多興廢，懷古觀今思莫收。地勢北來連海岱，天文西轉接奎婁。竝興或見稱戎國，列號元聞屬禹州。官紀雲龍天子學，水憑忠信丈人游。田文故邑高臺盡，靖節荒墳蔓草稠。楚漢定雄分沛郡，姬任爭長遜滕侯。舘平石氏荆蓁合，都廢韓王雉堞秋。劍斷白蛇終滅項，書傳黄石願封留。萬重山勢通河過，十里灘聲遶郭流。宫殿雲中分等級，笙歌空裏鬧哇謳。薛能愛上臺頭寺，白傅曾題燕子樓。若向彭門訪遺事，我詩吟讀當曾游。」（《四庫全書》本外編卷上）

明之慈溪縣西北有慶安寺。寺之前有古松夾道，綿亘數里，望之如蒼雲，其一最巨而奇，蜿蜒若龍，飛偃如盖，臨池之上。寺後有泉，出於深谷，僧以巨竹連筩（筒）引行數里，支分千松下（智按：一作「于松下」），石池溢入干溪。舒龍圖亶有詩云：「門前屏障遶潺湲，付與林僧夜定還。松盖作雲散十里，竹龍行雨出千山。白公香火蓮開後，謝氏池塘草夢間。我亦鳳凰臺上客，圖閒却笑未能閒。」其後邑長沈時升有造舟之役，睥睨兹松，將斤焉。里士馮文學輗作詩以遺沈，賴以不伐，松因詩而壽焉。曰：「寒松一幹老蒼蒼，古寺門前歲月長。匠伯偶圖舟楫利，禪翁方患斧斤傷。得全此日同齊櫟，勿剪他年比召棠。可但與君期久遠，相將俱列大夫行。」（《四庫全書》本外編卷下）

智按：陳郁，字仲文，號藏一，崇仁（今屬江西）人。世崇父。理宗時充緝熙殿應制。景定間為東宫講堂掌書兼撰述。恭帝德祐元年卒，年九十二。生平見清同治《崇仁縣誌》卷八。

廖瑩中（？～一二七五）

《江行雜録》

白樂天詩云:「倦倚繡床愁不動，緩垂緑帶髻鬟低。遼陽春盡無消息，夜合花開日又西。」好事者畫為《倦繡圖》。（《百川學海》本《江行雜録》；《四庫全書》本《説郛》卷四十七上）

智按:《閨婦》:「斜憑繡床愁不動，紅銷帶緩緑鬟低。遼陽春盡無消息，夜合花前日又西。」元和十一年（八一六）至長慶二年（八二二）。《白居易集箋校》第一三〇五頁。《才調集》卷二、《唐詩紀事》卷八十歸為無名氏作。陸游有《白樂天詩云倦倚繡床愁不動緩垂緑帶髻鬟低遼陽春盡無消息夜合花前日又西好事者畫之為倦繡圖此花以五六月開山中多於茨棘人殊不貴之為賦小詩以寄感嘆》,《劍南詩稿》卷三十九。

廖瑩中，字羣玉，號藥洲。邵武（今屬福建）人。登進士第。初為賈似道幕客。開慶元年（一二五九）賈似道向忽必烈乞和，請納幣稱臣，廖作《福華編》予以歌功頌德。宋度宗時，賈似道擅權，廖為之出謀劃策，並代決政事。嘗除太府丞，知某州，皆不赴。好書法，咸淳中，命善工翻刻淳化閣帖、絳州潘氏帖，以真本丹書入石，皆逼真。又嘗刻《昌黎先生集》和《河東先生集》，稱世彩堂本。賈似道待罪還越，日惶恐不安，館客皆散去，獨廖仍朝夕相從。德祐元年（一二七五）七月一夕，與似道痛飲終宵，悲歌雨泣，五更歸舍，服冰腦而死。（見周密《癸辛雜識後集》）詩文多不傳。事迹見《宋史·賈似道傳》。

彭耜（一一八四～？）

《道德真經集注·雜説》

光廟在潛邸，程文簡公大昌時為官僚，嘗索其所著《易老通言》。大昌以劄子繳納，其略曰:「夫老子之可重者，何也？秉執樞要，而能以道御物，是其長也。貴無賤有，而罕言世故者，亦非其或短於此也。故師老子而得者為漢文帝，蓋其為治，大抵清心寡欲，而淵默朴厚以涵養天下，其非不事事之謂也，則漢以大治，而基業綿固者，得其要、用其長故也。至於西晉，則聞其言，常以無為為治本，而不知無為者如何。其無為也，意謂解縱法度，拱手無營，可以坐治。無何，紀綱大壞，而天下因以大亂，故王通論之曰：『清虛長而晉室亂，非老子之罪也。蓋不得其要，而昧其所長也。』區區之意，深望殿下采其秉要之理，而以西漢為法，鑒其談治之略，而以西晉不事事為戒，則老子之精言妙道，皆在殿下運用之中矣。」

又嘗著《潛藩盛德録》，内一篇曰：「某舊得侍談，凡及大道，常取《易·繫》道器與孔子下學上達之語而參言，蓋道器學達可從，上下立為形容，正如燒火，薪能生焰，是上形之道，必資下形之器，學乎下，可以達乎上，是薪雖麤實，而其英華能炎能上者也。六經論孟説器多，而説道少，是蓄薪以求生焰者也。老莊之書，説無多於説有，是謂六經説薪已多，不必贅言者也。儒者之於求道，自有六經，宜若無藉於老莊矣。然老莊之書，言微趣深，助發道秘，尤為精要。苟能博取，當大有補。特不可如晉人談虛，直謂棄捐禮樂刑政，而天下可以自治焉耳。天下嘗有無薪而能自起火焰者邪？」

又曰：「今道士修老子教者，舍道本不言，而及方藥祈禳等事，其謬失本意，又益太遠。惟唐人白居易詩語能明其確，曰：『何况玄元皇帝道德五千言，不言藥，不言仙，不言白日升青天。』玄元皇帝即老子也，道家以老子為教祖，而八十一章自清浄寡欲之外，別無一語他及，如何鑿空妄云，有藥有仙及祈禳勝厭等事邪？恭蒙聖諭，以某言為是，且明誦白詩上語全文，益深嘉居易之談老子能得要妙也。」並見本集。（卷下，《叢書集成三編》本；張繼禹主編《中華道藏》第十一册，第四九四～四九五頁）

智按：又見明焦竑《老子翼》（《四庫全書》本卷三附録；《中華道藏》本《老子翼》卷六，第十二册，第八六〇頁）。

釋智愚（一一八五～一二六九）

《萬松山贈張省元》

鑽仰無門扉不通，靜如古井鑑秋容。樂天自得道中術，時引清風吹萬松。（《全宋詩》第五十七册，第三五九四三頁）

智按：釋智愚，號虛堂，俗姓陳，四明象山（今屬浙江）人。十六歲依近邑之普明寺僧師蘊出家。後辭親出鄉，首依雪竇煥和尚、净慈中庵皎和尚。過金山，掩室和尚一見甚器重。從運庵和尚薙染，自此遍歷諸老宿之門。游江淮湘漢，經荊門玉泉，過廬山東林。依福嚴無二月和尚，為典藏。參有修首座於南嶽，深相契合。又訪北禪禮和尚。回浙到净慈，見淨和尚。由靈隱笑翁和尚薦為虎丘典藏。理宗紹定二年（一二二九），出世嘉興府興聖寺。端平二年（一二三五），遷報恩光孝寺。又移慶元府顯孝寺。復遷瑞岩開善寺，居二年乞退，住萬松山延福寺。繼遷婺州雲黄山寶林寺，居五年嬰強寇之難，應東谷和尚舉，入主冷泉寺。寶祐四年（一二五六，此據《語録》，《行狀》作六年），在靈隱鷲峯庵受請入住慶元府阿育王山廣利寺。景定元年（一二六〇），入住柏岩慧照寺。五年，受詔住臨安府净慈報恩光孝寺。度宗咸淳元年（一二六五，此據《語録》，《行狀》作三年），遷徑山興聖萬壽寺。五年卒，年八十五。為運庵禪師法嗣。有《虛堂智愚禪師語録》十卷，收入《續藏經》。生平見《語録》及所附法雲撰《行狀》。

趙葵（一一八六～一二六六）

《葦航紀談》

錢塘西湖三賢堂兩處，而皆有東坡先生。其一在孤山竹閣，乃香山居士白樂天、和靖先生林君復、東坡先生蘇子瞻三賢像，中興建都，孤山為延祥觀，而閣與像俱廢。乾道五年，郡守周琮建于水仙王廟之東廡，親染于額，蓋取坡詩「配食水仙王」之意，後慶元間，守臣趙從善于廟前湖隄下浚井，以庭覆之，名曰薦菊，亦取坡詩「一盃寒泉薦秋菊」之意，運漕所有，三君石刻，並附于堂中。暨寶慶間，袁彦淳尹天府，請于朝，依會稽金陵舊制，遂即蘇隄中新亭，增築園地，廣建堂室，移水仙王廟三賢像于中，前後布設亭軒，以其石刻並分寘于下。大丞相魯國公書額，為西湖之壯觀。其一在龍井壽聖院方圓菴東，即趙清獻公閒堂，而為三賢堂，乃清獻公閱道、蘇東坡、辯才法師若訥像，而寺在龍井之西北數里羣山中，寺門有歸隱橋，下有滁心沼，遊人多不到彼，是以少有語及者。（《四庫全書》本《説郛》卷二十下）

智按：《四庫全書》本《説郛》卷二十下引為蔣津《葦杭紀談》，恐誤。蔣津，元祐間人，上文提及「寶慶間」云云，故從《千頃堂書目》卷十五及清汪孟鋗《龍井見聞録》卷九軼聞（《四庫未收書輯刊》影印清乾隆刻本），歸為趙葵之作。《龍井見聞録》略有節略。

趙葵，字南仲，號信庵，一號庸齋，衡山（今屬湖南）人。父方為京湖制置使，葵少年即隨父軍中。甯宗嘉定十四年（一二二一）以戰功知棗陽軍。十五年，通判廬州。理宗寶慶三年（一二二七）為將作監丞。紹定元年（一二二八）出知滁州。六年，授淮東制置使兼知揚州。端平元年（一二三四）為京河制置使，知應天府、南京留守兼淮東制置使。嘉熙元年（一二三七）知揚州。淳祐二年（一二四二）知潭州、湖南安撫使。改福州。七年，除樞密使兼參知政事，督事江淮京西湖北軍馬。尋知建康府、江東安撫使。寶祐二年（一二五四）為廣西宣撫使。開慶元年（一二五九）判慶元府、沿海制置使。景定元年（一二六〇）授兩淮宣撫使、判揚州。度宗咸淳二年（一二六六）卒，年八十一。工詩文，有集，已佚。《宋史》卷四一七有傳。

陳元晉（一一八六～?）

《安分齋銘》

大鈞坱圠，品制萬殊。鵬背摩雲，龜尾曳塗。夔則不足，蚿則有餘。窮通豐嗇，工拙知愚。造物何心，分量爾拘。宰相歇後，將軍人奴。夫子轍環，終老匹夫。冶銅弄臣，飽死侏儒。原憲肘見，窮栖繩樞。達人大觀，其中石如。嗟世之人，役知劬劬。效尤畫虎，助長續鳧。為鼠發機，為雀投珠。曾

不却顧，不資其軀。吾儕樂天，厚養燕需。患不自信，鏤之坐隅。（《四庫全書》本《漁墅類稿》卷五）

智按：陳元晉，字明父，崇仁（今屬江西）人。甯宗嘉定四年（一二一一）進士。十年，為雩都主簿。十六年，為增城縣丞。理宗寶慶元年（一二二五），知奉化縣。歷知福州、融州、南安軍，遷廣東經略使，累官邕管安撫使。曾建漁墅書院，因名其集為《漁墅類稿》，久佚。清四庫館臣據《永樂大典》輯為八卷。清同治《崇仁縣誌》卷八之二有傳。

劉克莊（一一八七～一二六九）

《敖茂才論詩》

詩道不勝玄，難於問性天。莫求鄰媪誦，姑付後儒箋。至質翻如俚，尤癯始似仙。吾非肝肺異，先得子同然。（《四部叢刊》本《後村先生大全集》卷七）

《送葉尚書奉祠二首》（其一）

先生清夢繞林泉，黄紙除書拜地仙。報答吾君吾相子，徜徉某水某邱邊。事光白傅求閒後，銜似温公約史年（温公領崇福祠十五年）。笑向故山猿鶴説，古來晚節幾人全。（《四部叢刊》本《後村先生大全集》卷八）

智按：《兩宋名賢小集》卷三百十一，吾相子，作吾相了；求閒，作求賢。

《戊午元日二首》（其一）

過去光陰箭離弦，河清易俟鬢難玄。再加孔子從心歲，三倍周郎破賊年。耄齒阻陪鳩杖列，瞽言曾獻獸樽前。磻溪淇澳吾何敢，且學香山也自賢。（《四部叢刊》本《後村先生大全集》卷二十六；《全宋詩》第五十八册，第三六四八六頁）

智按：「三倍周郎破賊年」句，原註：「赤壁之捷，瑜二十四。」「捷」字原無，據《瀛奎律髓》卷十六及《菊坡叢話》卷三（《全明詩話》第一册，第二〇二頁）補。

《憶昔二首》（其一）

憶惜金鞭觀玉臺，當年並駕盡龍騋。恰逢居易投詩去，又報奇章袖贄來。病謝交游空感舊，老無氣力尚憐才。孟陽殘錦都能幾，莫爲諸君更剪裁。（《四部叢刊》本《後村先生大全集》卷三十；《全宋詩》第五十八册，第三六五三〇頁）

《和吴警齋侍郎二首》（其二）

帝憫龍鍾許放還，夢魂尚記侍威顔。難陪貢禹王陽後，猶在申公轅固間。昔領羣仙上蓬島，今爲居士老香山。癡年八十官三品，不欠浮名只欠閑。（《四部叢刊》本《後村先生大全集》卷三十二；《全宋詩》第五十八册，第三六五五八頁）

《七十八咏六言十首》（其十）

泛愛親疎平等，任吟古律不拘。武公耄猶戲謔，白公老尚囁嚅。（《四部叢刊》本《後村先生大全集》卷三十三；《全宋詩》第五十八册，第三六五六七頁）

《寒食清明十首》（其九）

村酒家家熟，溪船處處通。香山妄分別，學士與誰翁。（《四部叢刊》本《後村先生大全集》卷三十三；《全宋詩》第五十八册，第三六五七二頁）

《四和》（其二）

白公自號老居士，疎傅史稱賢大夫。膾鯽不妨留客飲，擘麟何必享天厨。清池澡沐端溪石，素壁彰施洛社圖。帝賜後村奎畫在，作堂安用扁青塗（陳端仁給事家有青塗堂）。（《四部叢刊》本《後村先生大全集》卷三十七；《全宋詩》第五十八册，第三六六一六頁）

《石竺山二十詠》（其九）

白公詩酒人，惜也未聞道。乍可無除書，不可壞丹竈。（《四部叢刊》本《後村先生大全集》卷三十七；《全宋詩》第五十八册，第三六六二〇頁）

《樂天》

眾評白傅諡，誰得樂天心。小太宗英主，臨朝諡醉吟。（《四部叢刊》本《後村先生大全集》卷四十七；《全宋詩》第五十八册，第三六七三七頁）

《白髮後賦》

昔人有三十二而見二毛者，有四十而鬢如霜者。今余之年平頭八秩，顔貌黧老，皮肉槁枯。晨起盥沐，自鏡朽質，遂理短髮，星星滿櫛。……吾觀白公之自稱皤叟，賢於陸辰之求媚側室，乃施帽絮，改容謝客。（《四部叢刊》本《後村先生大全集》卷四十九）

智按：白居易《寫真》詩：「勿嘆韶華子，俄成皤叟仙。」

《漢宫春（呈張別駕）》

京輦相逢，憶茂陵臨御，俱詣天官。絳紗玉斧咫尺，先引頭班。桃花滿觀，與貞元、朝士同看。歸騎晚，春城笳吹，冶游侵曉方還。　　回首龍髯何在，漫共談前事，淚灑橋山。誰憐白頭柱史，獨出函關。君如春柳，到而今、也帶蒼顔。憑寄語，江州司馬，琵瑟且止休彈。（《全宋詞》第二六〇一頁）

《念奴嬌》

自填曲子，自歌之、豈是行家官樣。眼瞎背駝方引去，羞殺陳摶种放。摺起殘編，寄聲太乙，不必煩藜杖。陳人束閣，讓他來者居上。　　安樂值幾多錢，且幅巾絳褐，準雲臺象。長扇矮壺山南北，忘卻曉隨天仗。六逸七賢，五更三老，元不論資望。香山誤矣，漁翁何減爲相。（《全宋詞》第二六〇六頁）

《解連環》

懸弧之旦。憶爭騎竹馬，各懷金彈。恨歲月、去我堂堂，向酒畔愁生，鏡中顔换。竈壞丹飛，慢追悔、鄴侯婚宦。已發心懺悔，免去猴冠，卸下麟楦。　　依稀僕家鐵漢。雖未梢老壽，初節魔難。幸聞早、省了柳枝，更送了朝雲，塵念俱斷。丈室蕭然，獨病與、樂天相伴。但歸依西方，拈起向來

一瓣。(《全宋詞》第二六〇七頁)

《水龍吟》

此翁飽閱人間，三生似是劉賓客。若論輩行，早陪韓柳，晚交元白。老矣安能，為人取履，與人爭屐。歎酒泉郡遠，醉鄉路絕，今何處、堪開國。

解去冰銜華職。遍空山、難尋行跡。道旁喘月，田間卧草，也勝郊特。宰相□□，周公留召，婁公容狄。喜時平身健，三行社飲，一聲樵笛。(《全宋詞》第二六二二頁)

《賀新郎》

宿雨輕飄灑。少年時、追歡記節，同人于野。老去登臨無脚力，徙倚屋東籬榭。但極目、海山如畫。千古惟傳吹帽漢，大將軍、野馬塵埃也。須彩筆，爲陶寫。　　鶴歸舊裏空悲咤。嘆原頭、累累高冢，洛英雕謝。留得香山病居士，卻入漁翁保社。悵誰伴、先生情話。樽有葡萄簪有菊，西涼州、不似東籬下。休喚醒，利名者。(《全宋詞》第二六三三頁)

《鵲橋仙》

御屏録了，冰銜換了，酷似香山居士。草堂丹竈莫留他，且領取、忠州刺史。　　移來芳樹，摘來珍果，壓盡來禽青李。三千年一薦金盤，又不是、玄都栽底。(《全宋詞》第二六四〇頁)

《唐人五七言絶句序》

野處洪公編唐人絶句僅萬首，有一家數百首，並取而不遺者，亦有複出者，疑其但取唐人文集雜説，令人抄類而成書，非必有所去取也。余家童子初入塾，始選五七各百首，口授之切情詣理之作，匹士寒女不棄也，否則巨人作家不録也。惟李杜當別論。童子請曰：「昔杜牧譏元白誨淫，今所取多邊情春思宫怨之什，然乎?」余曰：「《詩大序》曰：發乎情，止乎理義。古今論詩，至是而止。夫發乎情者，天理不容。泯止乎理義者，聖筆不能删也。小子識之。」(《四部叢刊》本《後村先生大全集》卷九十四「序」；《四庫全書》本《後村集》卷二十四)

《曹東畎集》

故待制文恭東畎曹公殁……節麾所至，條陳民瘼，臧否吏治，纚言細語，皆有義味，詩直公餘事爾。他人為之，有欲嘔出心肝者，有斷數髭而成五字者，公古風，調㞐流麗，得元白之意，律體精切帖妥，拍姚賈之肩，非若小家數然。余嘗接公議論，魁然厚重長者，與人處油油然，與之皆若無所異同者。及在人主前，辨忠邪，決去就，則義形於色，不可屈指。自閩還里，召不復出……（《四部叢刊》本《後村先生大全集》卷九十八「序」）

《林子㬠》

余敬其人，得其詩若干首，皆五言也。無郊島之難深，而有元白之曠達。惜湖山寂寞，不及與四靈上下其論。……（《四部叢刊》本《後村先生大全集》卷九十八「序」）

《宋氏絕句詩序》

兩年前，余選唐人及本朝七言絕句各得百篇，五言絕句亦如之。今鋟行於泉、於建陽、於臨安，元、白絕句最多，白止取三二首，元止取五言一首。惟竇氏兄弟曰羣，曰牟，曰鞏，所作極少，然皆可存。夫合兩朝六七百年間，冥搜精擇，僅四百首，信矣，絕句之難工也。昔王筠自謂其家七葉，文章人人有集，由今觀之，集惡乎在？蓋詩之傳，以工不以多也。金華宋吉甫祖子孫三世八人，所作詩何翅萬首，或者止摘取其絕句一百七十一篇行於世。余謂竇氏之少，足以勝王氏之多。它日宋氏此編必傳，談者必曰：「後村眼毒」。（《四部叢刊》本《後村先生大全集》卷一百零一「題跋」）

智按：《四庫全書》本《後村集》卷三十一題為《跋宋氏絕句詩》。

《跋柯豈文詩》

觀人言語，可以驗其通塞。郊、島詩，極天下之工，亦極天下之窮。方其苦吟也，有先得上句，經年始足下句者，有斷數鬚而下一字者，做成此一種文字，其人雖欲不窮，不可得也。元、白變其體，求以諧俗，茗坊酒壚，往往傳誦，詩稍濫觴矣。然元至宰相，白亦侍從，余所謂通塞之驗，非耶？抱甕翁，蓋嘉泰、開禧間大詩人，集中奇古刻深者本色，人讀十過方解。然生有高名，歿不沾寸祿，詩雖工，何為者？豈文頗趨平夷，務使人易曉，或謂其與乃翁機軸相反。余曰：「士一身之通塞，六親之休戚繫焉。使人人學郊島，則詩人之家，皆當咽於陵之李，而食首陽之薇矣。孔子曰：辭達而已矣，豈惟辭哉！」余既哀抱甕翁之窮，又將賀豈文之達矣。（《四部叢刊》本《後村先生大全集》卷一百零一「題跋」；《四庫全書》本《後村集》卷三十一；《古今圖書集成》文學典第二百卷詩部藝文六第一一～一二頁）

《術者施元龍行卷》

《太史公傳》日者不三二人，揚子雲以嚴君平與李士元並稱，其為世所貴重如此。今挾術浪走四方者如麻粟，而世反賤之，何歟？蓋古之士，不必蓬掖；雖業一技，而甚貧窶者，亦莫不自重。屈原楚大夫，賈誼、宋忠漢名卿，皆即詹尹，季主而卜，有來而問，無往而告也。史君君平垂簾閉肆，國初麻衣道者，非陳希夷不能致。今術士異於是，有盤街不售，有守門不得見，有不問而告者矣。上饒施君伯山，過余談天，其學兼日者、龜筴之長，決以風鑑，倫類貫串，談論泉涌，品其儕輩，皆在下風，然客四方，游三邊，進不能取一命，退不能謀把茅丘田。別我南轅，姑與之飲。嗚呼！安得有氣力貴人如燕昭，為築黄金之臺，如杜工部茈以突兀之厦，如白傅盖以萬大之裘，使君不以飢寒累心，術益精，語益驗，為鉄戶限，非輦金帛而來叩者勿納。（《四部叢刊》本《後村先生大全集》卷一百零九「題跋」）

《通安撫王侍郎》

叔子名高，小煩裘帶，淵明食少，聊欲弦歌，隃瞻戟級之威，冒贄箋題之敬，恭惟某官，三朝耆俊，萬古人豪，行世雄文，若鯨魚之掣海；立朝正色，猶猛虎之在山。當慶元則不合於慶元，至嘉定則弗容於嘉定，中年勇退，有君實、晦叔之風，晚節後凋，負元城、了翁之望，客傳詩句，史載諫書，開白傅之草堂，追遠公之蓮社，生天成佛，亦惟寓意於彼宗，臨水登山，真若忘情於斯世。……（《四部叢刊》本《後村先生大全集》卷一百十六「啟」；《四庫全書》本《後村集》卷二十五）

《致仕謝丞相》

散地引年，上价藩之符竹；清朝優老，陟奎閣之圖書。遂孤生全璧之心，皆上宰播鈞之賜。竊以弘景挂冠而去，隱居華陽；白傅懸車之餘，醉吟洛社，彼皆强健，自請退閑，用能竹帛流傳，丹青模寫。……（《四部叢刊》本《後村先生大全集》卷一百二十「啟」）

《宴吉倅王實之樂語》

瀛洲學士，為江鄉半刺之行；句曲山人，惜親友中年之別。將秣馬膏車而去矣，乃殺雞為黍以留之。恭惟某官，志節日烈而霜嚴，文章水湧而山出。聲名蚤著，不數黃香之無雙；科目小低，猶壓杜牧之第五。元化孕此，五百年之間氣，同輩立於九萬里之下風。每以直道而事人，未嘗曲學以阿世。……我崇禧吏部少同受業於河汾，晚共尋盟於洛社。辭暴公子之繡斧，未敢披襟；聽白司馬之琵琶，何須掩袂。素蒙鮑叔之知己，詎忍卜商之離羣。肯顧茅堂，不嫌草具。南轅北轍，車輪慣見於別離；東主西賓，翰墨未妨於游戲。俯陳下里，仰獻初筵：去國還山忽十期，看人著盡幾枰棋。碧雞金馬非吾事，白鷺青猿欠子詩。魯國兩生肯行否，海濱二老莫來遲。暮雲春樹嗟脩阻，得句從今舉向誰。（《四部叢刊》本《後村先生大全集》卷一百二十七「樂語」；《四庫全書》本《後村集》卷二十九）

《馮巽甫（墓誌銘）》

自蜀有狄難，而衣冠名族避地者，布滿于荆楚江浙，然南轅者尚少。嘉熙末，余使粤，馮君開先來為連山令。視其爵里，嘆曰：天荒地老，蜀珎胡為至哉！既而聞連山之民與君相安，會余召去，不果荐。後君出嶺僑于莆，始識君面，介而通，和而毅，開口見肺肝，無所囬隱，直諒友也。淳祐末，余行，後又見之于建，自此不復相聞。余歸老數載，足不越户限，君之子邵賢，忽来求君埋辭。余驚曰：君客死不及知，丧歸不及弔，余之愧不可澣矣，銘其可辭！按君家譜，本長安人。上世有仕唐季為綿州彰明令者，遂家于普之安岳，為郡大姓。有西北二宗，君西宗之後，自始祖接傳至君，登進士第者，五十有七人。……君嘗周旋李公某、度公正之間，講朱氏之學甚精□，□慕元白體，有集若干卷。性薄榮利，拙仕進，世莫□□。辟薦君者，臬使涂公巽揚、經畧使劉公伯正、方公三人也；以京狀爲君破白者，劉連州燧叔也，繼之者□□二庾使也，成之者節齋趙公、鳳山李公、清獻鄭公也。微此六七公，則君終老選調矣，然則士之欲遇合于世者，不其難乎！……（《四部叢刊》本《後村先生大全集》卷一百五十七「墓誌銘」）

《直寶章閣羅公（必元）墓誌銘》

羅氏世居隆興之進賢。曾大父諱先，以勤儉成家，當建炎初鄉國亂離，多所全活。祖諱俊臣。武穆岳公討楊么，過師豫章，後軍裨將道斃，衆散，亟以便宜招集，歸之行營。……親族候問，公坐起言笑如常時。晨興猶正衣冠，覺氣息寖微，翛然而逝，十月己丑也，年九十一。……公年四十餘，即故居楊園兩山環合處開元谷，綿蕝草草，族有力者爲創亭榭橋堤，公日遊其間，自號北谷山人。又營東臯爲壽藏，闢西疇爲南山亭，竹萬竿，蓮萬柄，長夏無暑。晚慕樂天自誌醉吟先生故事，作《北谷山人誌銘》。暇日惟玩周、程、朱、陸之書，杜陵、康節、坡、谷諸詩，倦則命二僮對奕。遇佳風月，必與親朋子姪徜徉谷中。性不嗜酒，而屬客必霑醉。雖老，倚胡牀歌古調，音節豪宕。客談外事，不答；聞朝廷用一君子，行一善政，則屢稱好，否則太息。深居却掃，而後林李公、省身雷公皆舂糧越邑來訪。後學口語筆授、賢士大夫相問訊，不以爵氏，皆曰老先生。……莫長於千載兮莫短於一生，早令而晚繆兮不如後凋之全。懷古心翁之妙語兮，吾取以銘公之阡。曰：通塞隱顯之際，一世不能盡，愛者觀□正論焉，觀士之極致焉。（《四部叢刊》本《後村先生大全集》卷一百六十二「墓誌銘」）

《後村詩話》

柳子厚才高，他文惟韓可對壘，古律詩精妙，韓不及也。當舉世為元和體，韓猶未免諧俗，而子厚獨能為一家之言，豈非豪傑之士乎？（《後村詩話》前集卷一；《後村詩話》王秀梅點校本，第十頁）

唐詩人與李、杜同時者，有岑參、高適、王維，後李、杜者，有韋、柳，中間有盧綸、李益、兩皇甫、五竇，最後有姚、賈諸人。學者學此足矣。長慶體太易，不必學。王逢原《題樂天墓》末云：「若使篇章深李杜，竹符還不到君分。」豈亦病其詩之淺耶！（《後村詩話》前集卷二；《後村詩話》王秀梅點校本，第二十頁）

智按：王令詩原題《讀白樂天集》：「北邙山下一孤墳，流落三千綺麗文。

後世聲名高白日，當年榮利等浮雲。屏除憂憤歸禪寂，消遣光陰在酒醺。若使篇章深李杜，竹符還不到君分。」（《四庫全書》本《廣陵集》卷十七）

山谷與坡公云：「只欠小蠻樊素在，我知造物愛公深」；屏山問李漢老疾云：「欲袖雲門竹篦子，室中驅出散花人」；愛朋友之言也。白公云：「病與樂天相伴住，春同樊素一時歸」；放翁云：「九十老農緣底健，一生强半是單栖」；自愛之言也。（《後村詩話》前集卷二；《後村詩話》王秀梅點校本，第三十三頁）

劉駕《古意》云：「新人莫歡喜，故人曾如此。燕趙猶生女，郎豈有終始。」比之香山「更有新人勝於汝」之句稍含蓄。（《後村詩話》後集卷一；《四部叢刊》影印舊抄本《後村先生大全集》卷一百七十五；《後村詩話》王秀梅點校本，第四十七頁）

杜牧罪元、白詩歌傳播，使子父女母交口誨淫。且曰：「恨吾無位不得以法繩之。」余謂此論合是元魯山、陽道州輩人口中語。牧風情不淺，如《杜秋娘》、《張好好》諸篇，青樓薄倖之句，街吏平安之報，未知去元、白幾何？以燕伐燕，元、白豈肯心服。（《後村詩話》後集卷二；《後村先生大全集》卷一百七十六；《後村詩話》王秀梅點校本，第六十六頁）

鄭左司子敬家有《玉臺後集》，天寶間李康成所選，自陳後主、隋煬帝、江總、庾信、沈、宋、王、楊、盧、駱而下二百九人，詩六百七十首，匯為十卷，與前集等，皆徐陵所遺落者。往往其時諸人之集尚存。今不能悉録，姑摘其可存者於後。詠王昭君，「忽見天山雪，還疑上苑春。」（張文琮）「漢月正南遠，燕山直北寒。」（董思恭）「厭踐冰霜域，嗟為邊塞人。思從漠南獵，一見漢家塵。」又云：「自嫁單于國，長銜漢掖悲。容顏日憔悴，有甚畫圖時。」（郭元振，三首，内一首已入詩選，香山云「愁苦辛勤憔悴盡，而今卻似畫圖中」之句本此）……（《後村詩話》續集卷一；《後村先生大全集》卷一百七十七；《後村詩話》王秀梅點校本，第八十四頁）

（杜甫）《舞劍器行》，世所膾炙絕妙好詞也。内云：「先帝侍女八千人，公孫劍器稱第一。五十年間似反掌，風塵澒洞昏王室。梨園弟子散如煙，女樂餘姿映寒日。金粟堆南木已拱，瞿塘石城草蕭瑟。玳筵急管曲復終，樂極哀來月東出。」余謂此篇與《琵琶行》，一如壯士軒昂赴敵場，一如兒女恩怨相爾汝。杜有建安、黄初氣骨，白未脱長慶體耳。（《後村詩話》新集卷一；《後村先生大全集》卷一百八十一「詩話新集」；《後村詩話》王秀梅點校本，第一六五頁）

（杜甫）《客至》云：「舍南舍北皆春水，但見群鷗日日來。花徑不曾緣客掃，蓬門今始為君開。盤飧市遠無兼味，樽酒家貧只舊醅。肯與鄰翁相對飲，隔籬呼取盡餘杯。」此篇若戲效元白體者。（《後村詩話》新集卷二；《後村先生大全集》卷一百八十二「詩話新集」；《後村詩話》王秀梅點校本，第一七六頁）

……夢得德宗朝已為郎官御史，坐伾文之黨，久斥於外。晚與白樂天皆為午橋賓客，累官至侍從，然年已八十餘矣。既死，微之有五言云：「併失鴛鸞侶，空餘麋鹿身。只應嵩少下，長作獨遊人。」（《後村詩話》新集卷五；《後村先生大全集》卷一百八十五「詩話」；《後村詩話》王秀梅點校本，第二二九頁）

智按：此則所誤有二。其一，夢得（劉禹錫）生於大曆七年（七七二），卒於會昌二年（八四二），享年七十一歲。其二，所引五言詩非微之所作，乃白居易大和七年（八三三）所作《微之敦詩晦叔相次長逝巋然自傷因成二絶》之一，見《白居易集箋校》第二一一九頁。

白居易《原上草》云：「野火燒不盡，春風吹又生。」《清明》云：「留餳和冷粥，出火煮新茶。」《扇》云：「引秋生手裹，藏月入懷中。」《太湖石》云：「峰駢仙掌出，罅拆劍門開。」又云：「常恐國史上，但記鳳與麟。」又云：「昨日延英對，今日崖州去。」又云：「所恨薄命身，嫁遲别日迫。」又云：「為君一日恩，誤妾百年身。」又云：「我無縮地術，君非馭風仙。」又云：「行年三十九，歲暮日斜時。」《讀靈運詩》：「大必籠天海，細不遺草樹。」又云：「未得無生心，白頭亦為夭。」又云：「戀月夜同宿，愛山晴共看。」《江州》云：「野水多於地，人煙半在船。」又云：「老色日上面，歡悰時去心。今既不如昔，後當不如今。」又云：「欲識往來頻，青蕪成白路。」又云：「笑勸狂伶酒，閒吟短李詩。」又云：「犬吠村胥鬧，蟬鳴織婦忙。」又云：「成人男作草，事鬼女為巫。」又云：「吏徵魚戶税，人納火田租。」又曰：「醉曾衝宰相，驕不揖金吾。」又云：「散吏閒如客，貧州冷似村。」又云：「憂方知酒聖，貧始覺錢神。」又云：「雞鳴一覺睡，不博早朝人。」又云：「量大嫌甜酒，才高笑小詩。」又云：「性靈閒似鶴，顔狀古於松。」又云：「若不為松喬，即須作臯夔。」又云：「微月初三夜，新蟬第一聲。」又云：「病聞和藥氣，渴聽碾茶聲。」又云：「小巢織巧婦，新葉長慈姑。」又云：「玉柄鶴翎扇，銀甖雲母漿。」又云：「秋風滿衫淚，泉下故人多。」又云：「佛容為弟子，天許作閒人。」又云：「闘閒僧尚鬧，較瘦鶴為肥。」又云：「不能留姹女，爭免作衰翁。」又云：「婢能尋本草，犬不吠醫人。」又云：「同時六學士，五相一漁翁。」又云：「園葵烹佐飯，林葉掃添薪。」又云：「有一燕趙士，言貌甚奇瓌。日日酒家去，脱衣典數杯。問君何落拓，云僕生草萊。地寒命且薄……君門乏良媒。……亦有同門生，先升青雲梯。貴賤交道絶，朱門扣不開。及歸種禾黍，三歲旱為災。入山燒黄白，一旦化為灰。……處處去不得，卻歸酒中來。」

陶詩云：「夷齊各一身，窮餓未為難。」先生有「五男與之同饑寒」同此意。又云：「三年典郡歸，所得非金帛。天竺石兩片，華亭鶴一隻。還就無塵坊，仍求有水宅。豈獨為身謀，安吾鶴與石。」又云：「榮名與壯齒，相避如朝暮。時命始欲來，顔色已先去。」又云：「泥壇方合矩，鑄鼎圓中規。鑪槖一以動，瑞氣紅輝輝。二物正訢合，厥狀何恠奇。綢繆夫婦體，狎獵魚龍姿。」又云：「試問池臺主，多為將相官。終身不曾到，惟展宅圖看。」又云：「昔作少學士，圖形入集賢。今為老居士，寫貌寄香山。鶴毳變玄髪，雞膚換朱顔。前形與後貌，相去三十年。」

七言云：「一叢暗淡將何比？淺碧籠裙襯紫巾。」又云：「藥圃茶園為産業，野麋林鶴是交游。」又云：「失寵故姬歸院夜，沒番老將上樓時。照他幾許人腸斷，玉兔銀蟾遠不知。」又云：「曾犯龍鱗容不死，欲騎鶴背覓長生。」又云：「每被老元偷格律，苦教短李伏歌行。」又云：「猶嫌小户長先醒，不得多時住醉鄉。」又云：「洛陽女兒面似花，河南大尹頭如雪。」又云：「琴書何必求生産，與女猶勝與外人。」又云：「綺羅二八圍寶榻，組練三千夾將壇。」

又云：「爭得大裘長萬丈，與君都蓋洛陽城。」又云：「大有高門鏁空宅，主人到老不曾歸。」又云：「貧添莊舄吟聲苦，病欠韓康藥債多。」又云：「柘枝紫袖教丸藥，羯鼓蒼頭遣種蔬。」又云：「直應人世無風月，始是心中忘卻時。」又云：「冷落若為留客住，冰池霜竹雪髯翁。」又云：「漢容黄綺為逋客，堯放巢由作外臣。」《哭劉夢得》云：「盃酒英雄君與操，文章微婉我知丘。賢豪雖殁精靈在，應共微之地下游。」又：「蟭螟殺敵蚊巢上，蠻觸交爭蝸角中。應似諸天觀下界，一微塵内鬭英雄。」又云：「秦磨利刀斬李斯，齊燒沸鼎烹酈其。可憐黄綺入商洛，閒卧白雲歌紫芝。彼為菹醢几上盡，此作鸞凰天外飛。去者逍遙來者死，乃知禍福非天為。」又云：「禍福茫茫不可期，大都早退以先知。當君白首同歸日，是我青山獨往時。顧索素琴應不暇，憶牽黄犬定難追。麒麟作脯龍為醢，何似泥中曳尾龜。」《新豐折臂翁》云：「新豐老人八十八，頭鬢眉鬚皆似雪。玄孫扶向店前行，左臂憑肩右臂折。問翁臂折來幾年？兼問致折何因緣？翁云貫屬新豐縣，生逢聖代無征戰。慣聽梨園歌管聲，不識旗槍與弓箭。無何天寶大徵兵，戶有三丁點一丁。點得驅將何處去？五月萬里雲南行。聞道雲南有瀘水，椒花落時瘴煙起。大軍徒涉水如湯，未過十人二三死。村南村北哭聲哀，兒别爺娘夫别妻。皆云前後征蠻者，千萬人行無一回。是時翁年二十四，兵部牒中有名字。夜深不敢使人知，偷將大石鎚折臂。張弓簸旗俱不堪，從兹始免征雲南。骨碎筋傷非不苦，且圖揀退歸鄉土。此臂折來六十年，一肢雖廢一身全。至今風雨陰寒夜，直到天明痛不眠。痛不眠，終不悔，且喜老人今獨在。不然當時瀘水頭身死魂飛骨不收，應作雲南望鄉鬼，萬人塚上哭呦呦。老人言，君聽取，君不聞開元宰相宋開府，不賞邊功防黷武；又不聞天寶宰相楊國忠，欲求恩幸立邊功。邊功未立生人怨，請問新豐折臂翁。」《八駿圖》云：「穆王八駿天馬駒，後人愛之寫為圖。背如龍兮頸如象，骨竦筋高脂肉壯。日行萬里速如飛，穆王獨乘何所之？四荒八極踏欲遍，三十二蹄無歇時。屬車軸折趁不及，黄屋草生棄若棄（遺）。瑶池西赴王母宴，七廟經年不親薦。璧台南與盛姬游，明堂不復朝諸侯。白雲黄竹歌聲動，一人荒樂萬人愁。周從后稷至文武，積德累功世勤苦。豈知才及四代孫，心輕王業如灰土。由來尤物不在大，能蕩君心則為害。文帝卻之不肯乘，千里馬去漢道興。穆王得之不為戒，八駿駒來周室壞。

至今此物世稱珍，不知房星之精下為祲（怪）。八駿圖，君莫愛。」《賣炭翁》云：「賣炭翁，伐薪燒炭南山中。滿面塵灰煙火色，兩鬢蒼蒼十指黑。賣炭得錢何所營？身上衣裳口中食。可憐身上衣正單，心憂炭賤願天寒。夜來城外一尺雪，曉駕炭車輾冰轍。牛困人飢日已高，市南門外泥中歇。翩翩兩騎來是誰？黃衣使者白衫兒。手把文書口稱敕，回車叱牛牽向北。一車炭，千餘斤，官使驅將惜不得。半匹紅紗一丈綾，繫向牛頭充炭直。」《官牛》云：「官牛官牛駕官車，滻水岸邊搬載沙。一石沙，幾斤重？朝載暮載將何用？載向五門官道西，綠槐陰下鋪沙堤。昨來新拜右丞相，恐怕泥塗汙馬蹄。右丞相，馬蹄踏沙雖淨潔，牛領牽車欲流血。右丞相，但能濟人治國調陰陽，官牛領穿亦無妨。」《鹽商婦》云：「鹽商婦，多金帛，不事田農與蠶績。南北東西不失家，風水為鄉船作宅。本是揚州小家女，嫁得西江大商客。綠鬟富去金釵多，皓腕肥來銀釧窄。前呼蒼頭後叱婢，問爾因何得如此？婿作鹽商十五年，不屬州縣屬天子。每年鹽利入官時，少入官家多入私。官家利薄私家厚，鹽鐵尚書遠不知。何況江頭魚米賤，紅膾黃橙香稻飯。飽食濃妝倚柁樓，兩朵紅腮花欲綻。鹽商婦，有幸嫁鹽商。終朝美飯食，終歲好衣裳。好衣美食有來處，亦須慚愧桑弘羊。桑弘羊，死已久，不獨漢時今亦有。」（《後村詩話》新集卷六；《後村先生大全集》卷一百八十六；《後村詩話》王秀梅點校本，第二三五～二三九頁）

元稹《榴花》五言云：「委作金爐焰，飄成玉砌瑕。」《憲宗挽歌》云：「狼星如要射，猶有鼎湖弓。」又云：「俊鶻度海食，應龍昇天行。」又云：「漸恐鯨鯤大，波濤及九州。」又云：「新筍踴犀株，落梅翻蝶翅。」又云：「箏絃玉指調，粉汗紅綃拭。」又云：「綵縷碧筠糉，香秔白玉團。」又云：「佞存真妾婦，諫死是男兒。」又云：「義魚江火合，喚客谷神應。」又云：「花態繁於綺，閨情軟似綿。」又云：「勁芟鼇足斷，精貫虱心穿。」又云：「望夫身化石，為伯首如蓬。」又云：「不如元不識，俱作路人行。」又云：「乘我牂牁馬，蒙茸大如羝。」又云：「亭亭巧於削，一一大如拱。槎枒矛戟合，屹仡龍蛇動。風朝竽籟過，雨夜鬼神恐。」《蜘蛛》云：「縈纏傷竹柏，吞噬及蟲蛾。為送佳人喜，珠櫳無奈何。」《小兒》云：「亂騎殘爆竹，爭唾小旋風。罵雨愁妨走，呵冰喜旋融。」《估客樂》云：「估客無住著，有利身即行。一解市頭語，便無鄉里情。子本頻蕃息，貨販日兼併。求珠駕滄海，採玉上荊衡。北買党項馬，西擒吐番鷹。越婢脂肉滑，奚僮眉眼明。經游天下徧，卻到長安城。先問十常侍，次求百公卿。侯家與主第，點綴無不精。歸來始安坐，富與王者勍。大兒販材木，巧識梁棟形。小兒販鹽鹵，不入州縣征。一身偃市利，突若截海鯨。七言云：「他時定葬燒缸地，賣與人家得酒盛。」又云：「初過寒時一百六，店舍無煙空樹緑。」又云：「四五年前作拾遺，諫書不密丞相知。」《夢上天》云：「來時畏有他人上，截斷龍胡斬鵬翼。」《越州》云：「星河似向簷前落，鼓角驚從地底迴。我是玉皇香案吏，謫居猶得住蓬萊。」《夫遠征》云：「趙卒四十萬，盡為坑中鬼。趙王未信趙母言，猶點新兵更填死。阬中之鬼妻在營，髽麻帶絰鵞鴈鳴。送夫之婦又行哭，哭聲送死非送行。夫遠行，遠行不必成長城，出門便不知死生。」

元、白皆唐詩大家（一作皆唐大詩人），余觀古作者必以艱深文淺近，必以尖新革塵腐，二公獨不然。世傳其有賦詠，元語多犯白，固有「偷格律」之嘲。白遇有賦詠，必使老嫗聞而曉解者。兩《長慶集》，部帙數倍韓柳，其間大篇如《連昌宮詞》、如《琵琶行》之類，不可勝書。姑録其尤警策者於編。元初與仇士良爭驛，劾嚴厲苛歛（「厲」應作「礪」），忤時相意。賴李絳、崔羣論救，其詩有「佞存真妾婦，諫死是男兒」之句，初節甚高。及為學士，有上眷，中人爭與之交，遂黨中人，以沮裴度，非復昔日微之矣。其卒甫五十三。故白哀詩云：「因知早貴兼才子，不得多時在世間。」白天資近道，多稱人之善，然「當君白首同歸日，是我青山獨往時」之句，不哀彼之冤，而幸我之免。文饒不存輩行，不分雅俗，但欲以浙西觀察臨蘇州刺史道眼觀之，只堪一笑。集中數絕，余常疑好事者為之，香山未必有此作也。（《後村詩話》新集卷六；《後村先生大全集》卷一百八十六；《後村詩話》王秀梅點校本，第二四〇～二四一頁）

……昔之和詩者，和意而已，惟皮、陸必和韻，有累至百韻者。皮（日休）有《七愛詩》，為房、杜、李西平、盧鴻、元魯山、李太白、白居易七人而作。以嵩山處士、魯山令次三大臣。李翰林、白少傅名位不輕，列於處士、縣令之下，其高致卓識如此。（《後村詩話》新集卷六；《後村先生大全集》卷一百八十六；《後村詩話》王秀梅點校本，第二四六頁）

智按：劉克莊，初名灼，字潛夫，號後村，莆田（今屬福建）人。甯宗嘉定二年（一二〇九）以蔭補將仕郎，初仕靖安主簿、真州録事。後游幕于江浙閩廣等地。十二年監南嶽廟。十七年知建陽縣。以詠《落梅》詩得禍，閒廢十年。理宗端平元年（一二三四）為帥司參議官，二年除樞密院編修官，兼權侍右郎官，尋罷。淳祐六年（一二四六），以「文名久著，史學尤精」，賜同進士出身，除秘書少監，兼國史院編修官、實録院檢討官。七年出知漳州。八年遷福建提刑。景定三年（一二六二）權工部尚書、兼侍讀，旋出知建寧府。五年因目疾以煥章閣學士致仕。度宗咸淳四年（一二六八）除龍圖閣學士。五年卒，年八十三，謚文定。生前曾自編文集，林希逸作序，繼有後、續、新三集。後由其季子山甫彙編為《大全集》二百卷。事見宋林希逸《後村先生劉公行狀》、洪天錫《後村先生墓誌銘》。《後村詩話》寫作年代，在淳祐六年（一二四六）和咸淳四年（一二六八）之間。

崔滋（一一八八～一二六〇）

《補閑集》

【安淳之（智按：生卒年不詳，與李奎報［一一六九～一二四一］同時）評白詩云】「余近得樂天集閱之，縱橫和裕，而無鍛煉之跡，似近而遠，既華而實，詩之六義備矣。」白詩於風雅頌之義，深淺異耳，其關於教化一也。

杜枚自負文章俊逸，譏樂天之詩尨雜淺陋。當時狸德若視日者，皆從而作謗，譁然同辭。故至於今，詩人雖不及知古人所謂白俗之意者，猶曰：「長慶雜說，何足看也」，笑哉。

凡新學詩，欲壯其氣力，雖不讀可矣，若措紳先覺，閒居覽閱，樂天忘憂，非白詩莫可。古人以白公為人才者，蓋其辭和易，言風俗敘物理甚的於人情也。今觀文順公詩，雖氣韻逸越，侔於李太白，其明道德，陳風諭，輅與白公契合。（以上皆見《補閑集》卷中，韓國大洋書籍，一九七八年十月）

智按：崔滋，初名宗裕、宗安，字樹德，號東山叟，雅號文清。原籍高麗海州。康宗時文科及第。初任尚州司録。為李奎報所賞識，推薦掌管文翰，官至中書門下平章事、判吏部事。有《三都賦》、《補閒集》等。

俞文豹（一一八八？～？）

《吹劍録》

唐天寶之亂，兆於楊貴妃，杜子美身罹其禍，《北征》詩止曰：「不聞夏殷衰，中自誅褒妲。」《哀江頭》詩雖稍述其事，而惻然有黍離閔周之意。至白樂天《長恨歌》、元微之《連昌宫詞》，直播其惡於衆，略無忌憚。（張宗祥校訂《吹劍録全編·吹劍録》，第六頁）

近世詩人好爲晚唐體，不知唐祚至此，氣脉浸微，士生斯時，無他事業，精神伎倆，悉見于詩。局促于一題，拘攣于律切，風容色澤，清淺纖微，無復渾涵氣象。求如中葉之全盛，李、杜、元、白之瑰奇，長章大篇之雄偉，或歌或行之豪放，則無此力量矣。故體成而唐祚亦盡，蓋文章之正氣竭矣。今不爲中唐全盛之體，而爲晚唐哀思之音，豈習矣而不察邪？（張宗祥校訂《吹劍録全編·吹劍録》，第三二頁）

《長恨歌》「上窮碧落下黄泉，兩處茫茫都不見」，人謂是目連救母；孟浩然詩「春眠不覺曉，處處聞啼鳥。夜來風雨聲，花落知多少」，人謂是盲子。荆公宅乃謝安所居地，有謝公墩。公賦詩曰：「我坊名字偶相同，我宅公墩在眼中。公去我來墩屬我，不應墩姓尚隨公」，人謂與死人争地界。（《吹劍録》，《四庫全書》本《説郛》卷二十七上；張宗祥校訂《吹劍録全編·吹劍録》，第三四頁）

作文援經須對經，史須對史，三代須對三代，漢唐須對漢唐，荊公詩：「一水護田將緑繞，兩山排闥送青來。」護田排闥，皆漢事。東坡詩：「嵇紹似康為有子，郗超叛鑒似（是）無孫。」皆晉人。稼軒上梁文：「吾亦愛吾廬，卿自用卿法。」皆晉語。若樂天詩：「周公恐懼流言日，王莽謙恭下士時。」則非類矣。……（張宗祥校訂《吹劍録全編·吹劍三録》，第五三頁）

樂天同元稹編《制科策林》七十五門，即懷挾也。淳祐七年殿試，上訝士人入遲，左右言：「尚書鄭起潛建議搜懷挾。」上曰：「非所以待士。」詔勿搜，後半入者幸而免。（張宗祥校訂《吹劍録全編·吹劍四録》，第九一頁）

唐文宗問「食野之蘋」，蘋是何草。李珏曰：「藾蕭。」上曰：「《詩疏》云：葉圓花白，恐非藾蕭。」陸璣云：「葉青白色，莖似芸香而輕肥，可生食及蒸食。」余謂：次章云「食野之蒿」，蒿即蕭艾也，不應蘋又謂之蕭。陸德明注作水藻，尤錯。蓋《詩》稱鳥獸草木，俗各異呼，非周行天下，豈能盡詳？如蘋者生水濵，莖葉差似木芙蓉而弱小，花白。《韓詩》乃云：沉者曰蘋，浮者曰藻。陳藏器及《白氏六帖》遂以萍、蘋為一種。《詩》不云乎，「于以采蘋，南澗之濵。」宋玉云：「風起於青蘋之末」，若沉水中，安能起風！（《四庫全書》本《吹劍録外集》；張宗祥校訂《吹劍録全編·吹劍四録》，第一二一頁）

智按：俞文豹，字文蔚，括蒼（今浙江麗水西）人。浪跡江湖四十年，理宗淳祐三年（一二四三），索居京國，著《吹劍録》。十年，著《吹劍録外集》（即張宗祥校訂《吹劍録全編》之《吹劍四録》）。生平見二書卷首自序。按十五歲開始「浪跡江湖」，淳祐三年結束浪跡生活，大約生於一一八八年。

張侃（一一八九～一二三八後）

《秋日閒居十首》（其四）

秋崖一段清，秋水暗生池。眼力所盡處，不特宋玉悲。化工爾許巧，閒花糝枯枝。凉生細細吐，月緩重重垂。但恨古之人，未能鑄好辭。從叟悲秋語，如石不可移。獨愛白樂天，酌酒細吟詩。漸喜無人聽，格外只自知。（《四庫全書》本《張氏拙軒集》卷一；《全宋詩》第五十九册，第三七一〇五頁）

《三高祠》

武侯出師表，子陵釣魚磯。達則濟天下，窮則歛所施。凄凉數間屋，荒草碧離離。功名挂人口，毀譽復隨之。艤舟三高堂，快讀石湖碑。不有君子生，何以立國基。夫君守定見，遯野身自肥。儻不爲時用，猶當師仲尼。血指恐及己，旁觀付盛衰。汎湖誠僞計，思鱸設虛辭。區區務力作，反蒙樵人譏。松江水不窮，那能洗瑕疵。石湖擬小山，三招何逶迤。字字春秋筆，史氏當憑依。武林有西湖，湖上水仙祠。君復隱孤山，清名敵伯夷。死無封禪書，小詩揚京師。坡翁刺是邦，寒泉薦江蘺。在郡六百日，遂踵居易規。終焉配水仙，事定分是非。邦人思坡翁，要和甘棠時。遂肖三賢像，相與祝其尸。三賢得其操，三高得其微。篙師催我行，日落江水湄。（《四庫全書》本《張氏拙軒集》卷一；《全宋詩》第五十九册，第三七一〇九頁）

《病起》

秋深雨意轉連綿，聲到枯荷清未眠。久悟是非姑掩卷，且看童稚互攤錢。園蔬土潤青堪饌，徑竹行疎翠可憐。賸喜病夫今已健，碧腴膏莫問人傳。（原注：元微之病瘴，白樂天自長安寄碧腴膏。）（《四庫全書》本《張氏拙軒集》卷三；《全宋詩》第五十九册，第三七一四五頁）

《偶書二絕》（其二）

久知鳧短鶴長語，誰賦花榮竹脆詩。物理無窮難測識，且傾美酒樂天時。（《四庫全書》本《張氏拙軒集》卷四；《全宋詩》第五十九册，第三七一六二頁）

《跋揀詞》

陸務觀自製近體樂府叙云：「倚聲起於唐之季世。」後見周文忠《題譚該樂府》云：「世謂樂府起於漢魏，蓋由惠帝有樂府令，武帝立樂府采詩夜誦也。唐元稹則以仲尼《文王操》、伯牙《水仙操》、齊牧犢《雉朝飛》、衛女《思歸引》為樂府之始。以予考之，乃賡載歌薰兮解愠，在虞舜時，此體固已萌芽，豈止三代遺韻而已？」二公之言盡矣，然樂府之壞，始於《玉臺》雜體。而《後庭花》等曲，流入淫侈。極而變為倚聲，則李太白、温飛卿、白樂天所作《清平樂》、《菩薩蠻》、《長相思》。我朝之士，晁補之取《漁家傲》、《御街行》、《豆葉黄》，作五七字句，東萊呂伯恭編入《文鑑》，為後人矜式。又見學舍老儒云：「《詩三百五篇》可諧律呂。」李唐《送舉人歌》、《鹿鳴》，則近體可除也。（《四庫全書》本《張氏拙軒集》卷五；《詞話叢編》第一册，第一八九頁《拙軒詞話·倚聲起源》）

智按：張侃，字直夫，號拙軒，祖籍大梁（今河南開封），徙家揚州（今屬江蘇)，高宗紹興末渡江居湖州（今屬浙江)。岩子。據集中詩文，知其于甯宗嘉定十四年（一二二一）監常州奔牛酒税，調上虞丞。理宗寶慶二年(一二二六)，知句容縣。有《拙軒集》、《拙軒初稿》，已佚。清四庫館臣據《永樂大典》所録，輯為《拙軒集》六卷。

徐鹿卿（一一八九～一二五一）

《寄題胡叔軫香山樓詩》

笑問香山似舊邪，風流宛是更詞華。由江距洛路千驛，以宋繼唐詩一家。今日重簷窺斗柄，向來遺趾面湖沙。莫忘先世規恢策，贏取芳名並冠霞。(《四庫全書》本《清正存稿》卷六；《全宋詩》第五十九册，第三六九五八頁）

《林府判和前三蘇圖詩再依韻爲謝》

蜀道山川鬼斸開，文星屢謫北中來。凌雲賦客邀難住，捉月仙人喚不迴。坡潁與泉同一姓，漢唐比宋孰多材。公詩狀出眉州畫，不學香山詠馬嵬。(《四庫全書》本《清正存稿》卷六；《全宋詩》第五十九册，第三六九五九頁）

《壽馮宫教》（其三）

公占金華寶婺躔，我生劍氣斗牛邊。雲山闊遠一千里，歲紀參差三十年。初度謾言同日月，榮枯相去異天淵。香山不鄙兼耆少，名節當參九老傳。(《四庫全書》本《清正存稿》卷六；《全宋詩》第五十九册，第三六九六四頁）

智按：徐鹿卿，字德夫，號泉谷樵友，豐城（今屬江西）人。甯宗嘉定十六年（一二二三）進士，調南安軍學教授。理宗寶慶三年（一二二七）為福建安撫使幹辦。紹定六年（一二三三）知南安縣。嘉熙元年（一二三七）為行在諸司審計司幹辦。二年，知建昌軍。四年，召除右司郎官，出為江東轉運判官，歷浙東、浙西提刑、知甯國府。淳祐五年（一二四五）除太府少卿兼崇政殿説書。六年，出知平江府。七年，除國子監祭酒，尋兼侍講、權給事中。九年致仕，十一年卒，謚清正。有《泉谷文集》等，已佚。明萬曆中，裔孫徐鑒據家乘輯為《清正存稿》六卷。生平見本集附録年譜，《宋史》卷四二四有傳。

釋廣聞（一一八九～一二六三）

《偈頌一百四十二首》（其二九）

雲門行棒，不可放過。香山禮拜，放過不可。從來獻佛，不在香多。（《全宋詩》第五十九册，第三六九九五頁）

智按：釋廣聞，賜名佛智，號偃溪，俗姓林，侯官（今福建福州）人。年十五從智隆於宛陵光孝寺。十八受具戒。初謁印鐵牛。追隨少室睦、無際派甚久。後謁浙翁琰於天童、雙徑，師之。理宗紹定元年（一二二八），住慶元府顯應山淨慈禪寺。移住香山智度禪寺、萬壽禪寺。淳祐五年（一二四五），移住雪竇資聖禪寺。八年，住育王山廣利禪寺。十一年，住淨慈報恩光孝禪寺。寶祐二年（一二五四），住景德靈隠禪寺。四年，住徑山興聖萬壽禪寺。景定四年卒，年七十五。為南嶽下十八世，浙翁琰法嗣。有《偃溪廣聞禪師語録》，收入《續藏經》。生平見《語録》及所附林希逸撰《塔銘》。

釋元肇（一一八九～？）

《上水心先生三首》（其二）

華髮蕭騒減帶圍，可勝憂國更傷時。樂天名位微堪酒，靈運池塘不廢詩。架上牙籤燒燭短，窗間花影轉春遲。天教惜取如椽筆，要勒磨崖大字碑。（《全宋詩》第五十九册，第三六九〇五頁）

《洞庭用白樂天韻》

兩丸跳擲幾升沉，誰識僊源洞府深。月在波間明片玉，舟從水口出横金。夫差醉後無吳舞，范蠡來時有越吟。千古煙波興廢事，白鷗漁叟是知心。

(《全宋詩》第五十九册，第三六九一八頁)

《挽高鼓院》

葉墮遥空萬景沈，致芻誰不重傷心。仕當釣石歸來蚤，閑比香山樂更深。一片新碑難載德，百年故土絕遺音。定從兜率天中去，莫向桃源路上尋。(《全宋詩》第五十九册，第三六九一九頁)

智按：釋元肇，字聖徒（日刻本本集署名），號淮海，通州静海（今江蘇南通）人，俗姓潘。年十九薙染受具。參浙翁於徑山，命為掌記。出世通之光孝，歷住吳城雙塔、金陵清涼、天台萬年、蘇之萬壽、永嘉江心、杭之淨慈、靈隠等寺，圓寂於徑山。有《淮海拏音》二卷。生平見《武林梵志》卷九。

釋可旻

《漁家傲》

西望樂邦雲杳隔，一鈎新月彎彎白，意欲往生何計策。勞魂魄，彌陀一念聲千百。　　金殿玉樓爲屋宅，七重行樹強松柏，華里托生非血脉。真高格，樂天不是蓬萊客。(《全宋詞》第二四二九頁)

智按：東坡《弔天竺海月辯師三首》其二：「樂天不是蓬萊客，憑仗西方作主人。」(《蘇文忠公全集》卷五)

釋可旻，南宋人。生平不詳，稱北山法師、北山講僧。《樂邦文類》卷五録其《懷西方詩》及《贊淨土漁家傲》詞。詩詞內容俱表現出淨土思想。《全宋詞》自《大正新脩大藏經》卷四七《樂邦文獻》卷五輯其詞二十首。

祝穆（？～一二五六）

《賀新郎》

此木生林野。自唐家、絲綸置閣，托根其下。長伴詞臣揮帝制，因號紫微堪詫。常縹緲、紫微仙駕。料想紫微垣降種。紫微郎、况是名同者。兼二美，作佳話。　　一株乃肯臨茅舍。肌膚薄、長身挺立，扶疏瀟灑。定怯麻姑爬癢爪，只許素商陶冶。擎絳雪、柔枝低亞。我憶香山東坡老，只小詩、便爲增聲價。後當有，繼風雅。（《全宋詞》第二六九九頁）

《方輿勝覽》

⊙臨安府

【堂亭】虚白堂。白居易詩刻石堂上。○羅隱《虚白堂牡丹詩》云：「莫背欄杆便相笑，與君俱受主人恩。」盖謂居易植此花。又有紫微兩本，亦謂居易所植。蘇子瞻有詩。堂今廢。（《四庫全書》本卷一，施和金點校本，第一四頁）

【堂亭】三賢堂。在孤山竹閣。今在湖上。盖樂天、君復、子瞻也。（《四庫全書》本卷一，施和金點校本，第一四頁）

⊙浙西路臨安府

【名宦】白居易（為刺史，築堤捍錢塘）。（《四庫全書》本卷一，施和金點校本，第一九頁）

⊙浙西路平江府

【名宦】白居易（作虎丘路）。（《四庫全書》本卷二，施和金點校本，第四六頁）

⊙江西路贛州

【寺院】天竺寺。在水東三里。白居易贈韜光禪師墨迹舊存。眉山老蘇嘗至寺觀焉。後四十七年，東坡南遷再訪。惟見石刻。○因賦詩云：「香山居士留遺跡，天竺禪師有故家。空詠連珠并疊璧，已無飛鳥及驚蛇。」（《四庫全書》本卷二十，施和金點校本，第三五七頁）

⊙江西路江州

【亭軒】琵琶亭。在西門之外，其下臨大江。○白居易貶江州司馬，自序云：「送客湓浦聞，舟中夜弹琵琶，問其人，本長安娼女，年長色衰，嫁為商人婦，為作《琵琶行》。」「潯陽江頭夜送客，楓葉荻花秋瑟瑟。主人下馬客在船，舉酒欲飲無管弦。忽聞水上琵琶聲，主人忘歸客不行。移船相近邀相見，添酒回燈重開宴。千呼萬喚始出来，猶抱琵琶半遮面。……我聞琵琶已嘆息，又聞斯語重唧唧。同是天涯淪落人，相逢何必曾相識。莫辭更坐弹一曲，為君翻作琵琶泣。坐中泣下誰最多？江州司馬青衫濕。」○蘇子由詩：「湓江暮雨晴，孤舟瞑將發。夜聞胡琴語，展轉不成別。草堂寄東林，雅意存北闕。潸然涕泗下，安用無生説。」（《四庫全書》本卷二十二，施和金點校本，第三九四頁）

【祠廟】白公祠。在湓江門，徐鉉為記。（《四庫全書》本卷二十二，施和金點校本，第三九六頁）

【名宦】白居易（以言事貶江州司馬）○自作壁記云：自武德已來，庶官以便宜制事，大攝小，重侵輕，郡守之職，總於諸侯帥，郡佐之職，移於部從事。故自五大都督府至於上中下郡，司馬之事盡去，唯員與俸在，凡内外文武官左遷右移者遞居之，凡執役事上與給事於省寺軍府者遙署之，凡仕久資高耄昏軟弱不任事而時不忍棄者實蒞之。蒞之者，進不課其能，退不殿其不能，才不才一也。若有人蓄器貯用急於兼濟者居之，雖一日不樂；若有人養志忘名安於獨善者處之，雖終身無悶。官不官，繫乎時也；適不適，在乎人也。江州左匡廬，右江湖，土高氣清，富有佳境。刺史守土臣，不可遠觀游，群吏執事官，不敢自暇佚，惟司馬綽綽，可以從容於山水詩酒間。由是郡南樓、山北樓、水溢亭、百花亭、風篁、石岩、瀑布、廬宮、源潭洞、東西二林寺、泉石、松雪，司馬盡有之矣。苟有志於吏隱者，舍此官何求焉？案《唐典》，上州司馬秩五品，歲廩數百石，月俸六七萬。官足以庇身。食足以給家，州民康非司馬功，郡政壞非司馬罪，無言責，無事憂。噫！為國謀則尸素之尤蠹者，為身謀則禄仕之優穩者。予佐是郡，行四年矣，其心休休如一日二日。何哉？識時知命而已。又安知後之司馬，不有與吾同志者乎？因書所得，以告來者。（《四庫全書》本卷二十二，施和金點校本，第三九七頁）

⊙淮西路蘄州

烏牙山。在黄梅東北五十里，有靈峯院。白居易、張商英碑記存焉。（《四庫全書》本卷四十九，施和金點校本，第八八一頁）

⊙夔州路達州

【樓亭】勝江亭。在州西三里，郡守王蕃因讀江州司馬白居易寄通州司馬元稹詩，有「通州猶似勝江州」之句，因以名亭。（《四庫全書》本卷五十

九，施和金點校本，第一〇四一～一〇四二頁）

⊙夔州路咸淳府

【名宦】白居易（初盜殺武元衡，公首請捕賊，貶江州司馬。久之，徙忠州刺史。居忠二年，政事之美，吟詠之什，至今忠人以夸耀四方）。（《四庫全書》本卷六十一，施和金點校本，第一〇七六頁）

智按：祝穆，字和甫，初名丙，其先新安（今安徽歙縣）人，徙居崇安（今屬福建）。洙（一二二一～?）父。與弟癸同從朱熹受業，後被薦為迪功郎。著《古今事文類聚》前後續別四集、《方輿勝覽》七十卷，始刊於理宗嘉熙二年（一二三八），後經其子祝洙增訂，於度宗咸淳三年（一二六七）重刊。《閩中理學淵源考》卷一〇有傳。

元好問（一一九〇～一二五七）

《龍門雜詩二首》

石樓繞清伊，塵土天所限。人言無僧久，草滿不復剗。灘聲激悲壯，山意出高蹇。當年香山老，掛冠遂忘返。高情留詩軸，清話入禪版。誰言海山去，蕭散仍在眼。溪寒不可涉，倚杖西林晚。

不見木庵師，胸中滿泥塵。西窓一握手，大笑傾冠巾。青山有佳招，一游負因循。老筇動高興，萬景森前陳。乾元先有期，清伊亦知津。細看潛溪樹，高卧香山雲。學詩二十年，鈍筆死不神。乞靈白少傅，佳句儻能新。遥遥洛陽城，梅花千樹春。山中有忙事，寄謝城中人。（《四庫全書》本《遺山集》卷一）

《常山姝生四十月能搦管作字筆意開廓有成人之量喜為賦詩使洛誦之》

大兒小兒舞商羊，東家西家捉迷藏。牙牙作羣鴈鴈行，是中乃有常山郎。常山嬌嬌可憐蟲，四歲未有三歲強。黑鷹破殼自神駿，黄犢放脚須跳梁。只知見紙即塗抹，誰謂轉腕能低昂。渠家兩公破天荒，劉煇夢靈果專場。滎鄉亭中詩版在，岐山名字香山香。此郎晚出西樞房，虎穴虎子不可當。天驚地怪見落筆，便合抱送中書堂。文星煌煌照燕南，青青子衿滿恒陽。教官連被鳳尾詔，瑞物多生金粟岡。兒曹變化不作難，何必二十始乖張。明年作字一丈大，當有稜角垂光芒。迴頭却看元叔綱，鼻涕過口尺許長。（常山，白寓齋第三子；叔綱，遺山之季子也。）（《四庫全書》本《遺山集》卷四）

《送弋唐佐還平陽》

我從商餘之山過庵羅，聞君六經百家富研摩。會撮上指冠巍峩，豈肯俯首春官科。覃懷變生十載後，我時避兵方北走。通家弋宋共有無，行輩許之為老友。晉州一書君肯來，握手大笑心顔開。春風看人不覺醉，快卷更須三百杯。鶴骨騫飛法當壽，况是丹房藥鏡留心久。崑崙神泉浸术芝，乞與餘膏潤衰朽。天府學士登瀛洲，松頂仙人垂直鈎。愛君直欲抵死留，自言世事非所求。千古黄金鑛中淚，不獨盧仝并馬異。蘇州韋郎交分深，香山白傅金玉音，借渠兩詩寫我心。相知非不多，但苦心不同。同心一人去，坐覺長安空。離愁何從生？生從情愛中。不見行路人，拂袖自西東。汾流滔滔兮日千里，青眼高歌吾老矣。（竇豐山中有庵羅寺，唐佐嘗從程内翰天益問學於此）（《四庫全書》本《遺山集》卷五）

智按：「相知非不多，但苦心不同。同心一人去，坐覺長安空」四句，襲用白居易《别元九後詠所懷》「相知豈在多，但問同不同。同心一人去，坐覺長安空」。

《别王使君丈從之》

謝公每見皆名語，白傅相看只故情。尊酒風流有今夕，玉堂人物記升平。太山北斗千年在，和氣春風四座傾。别後殷勤更誰接，只應偏憶老門生。（《四庫全書》本《遺山集》卷八）

智按：《御訂全金詩增補中州集》卷六十九「尊」作「樽」，「太山」作「泰山」。

《寄楊弟正卿》

馬迹車塵漫白頭，蒼生初不待君憂。且從少傅論中隱，儘要元規擁上流。

東閣官梅動詩興，洞庭春色入新篘。歸程未覺西菴遠，夜夜清伊繞石樓。（自注：正卿西菴以名酒甲洛中，嘗賦觀漲詩有「狂瀾竟逐西風落，依舊清伊繞石樓」之句，故兼及之。）（《四庫全書》本《遺山集》卷九）

智按：施國祁注：「中隱，白居易詩：『大隱在朝市，小隱在邱樊。不如作中隱，隱在留司間。」

《答定齋李兄》

小山藂桂姓名香，舉世何人得鴈行。滄海揚塵幾今昔，長庚配月獨凄凉。虚勞裴相求白傅，正倚源明識漫郎。十載相從未言晚，城南泉石有雲庄。（《四庫全書》本《遺山集》卷十）

《論詩三十首》（之四）

一語天然萬古新，豪華落盡見真淳。南窗白日羲皇上，未害淵明是晉人。

「一語天然萬古新」下自注：「柳子厚，唐之謝靈運；陶淵明，晉之白樂天。」（《四部叢刊初編》影明刊《遺山先生文集》卷十一）

智按：《御選金詩》卷二十三、《御訂全金詩增補中州集》卷六十六、《元詩選》初集卷三、《山西通志》卷二百三十同。惟《四庫全書》本《遺山集》卷十一作「柳子厚，晉之謝靈運；陶淵明，唐之白樂天」；清施國祁《元遺山詩集箋注》作「柳子厚，唐之謝靈運；陶淵明，唐之白樂天」。翁方綱《石洲詩話》卷七：「此章論陶詩也。而注先以柳繼謝者，後章『謝客風容』一詩具其義矣。蓋陶、謝體格，並高出六朝，而以天然閒適者歸之陶，以藴釀神秀者歸之謝，此所以為『初日芙蓉』，他家莫及也。東坡謂柳在韋上，意亦如此，未可以後來王漁洋謂韋在柳上，輒能翻此案也。遺山於論杜不服元微之，而於繼謝者獨推柳州。四十年前，愚在粤東藥洲亭上與諸門人論詩，嘗有《韋柳詩話》一卷，意亦竊取於此。」（《清詩話續編》第一四九六頁）

《感興四首》（之二）

詩印高提教外禪，幾人針芥得心傳。并州未是風流域，五百年中一樂天。

(《四庫全書》本《遺山集》卷十三)

智按：風流域，《四部叢刊初編》影明刊《遺山先生文集》卷十三作「風流減」。

《樂天不能忘情圖二首》

得便宜是落便宜，木石癡兒自不知。就使此情忘得了，可能長在老頭皮。(《侯鯖録》楊朴詩：今日捉將官裏去，者回斷送老頭皮。)

芙蓉脂肉紫霞漿，別是仙家煖老方。只枉柳枝拚不得，忘情一馬亦何妨。(《四庫全書》本《遺山集》卷十三)

智按：清木刻本《元遺山詩集箋注》施國祁注：樂天《不能忘情吟》序云：「樂天既老又病風，乃録家事，會經費，去長物。妓有樊素者，年二十餘，綽綽有歌舞態，善唱《楊柳枝》，人多以曲名名之。由是名聞洛下，籍在經費中，將放之。馬有駱者，……籍在經物中，將鬻之。……馬出門，驤首反顧……素聞馬嘶慘然，立且拜，婉孌有詞。詞畢泣下，予……亦愍然不能對。且命……反袂，飲之（智按：集作素）酒，自飲一杯，快吟數十聲。聲不（智按：集無「不」字）成文，文無定句……予非聖達，不能忘情，又不至於不及情者，事來攪情，情動不可柅，因自哂，題其篇曰《不能忘情吟》。」

《秋澗集·題圖詩》云：「病來心事轉蹉跎，身外猶嫌長物多。況是春歸留不得，侍兒無用蹙雙蛾。」「里陌鳴珂歲月深，柳枝清唱伴長吟。一朝並逐春風散，卻是維摩示病心。」「悲鳴絡馬莫回頭，説似余情久倦游。滿眼清伊石樓月，杖藜來往亦風流。」「龍門八節鑿來平，千首新詩貯佛經。只為暮年無可做，又留公案入丹青。」「青衫憔悴老江州，放逐歸來萬事休。止有醉吟情未減，又翻新様柳枝愁。」「春風不到豸冠霜，甚是溫柔與醉鄉。展放畫圖還自笑，鬢絲先比樂天蒼（年四十二髮已上白）。」又詩：「駱馬悲鳴頓玉珂，停杯重聽柳枝歌。做成一段閒公案，轉覺香山長物多。」「楊柳新聲滿洛陽，尊前風味老難忘。筆端拈出新詩句，似為樊姬作嫁裝。」

《内相楊文獻公哀挽三章效白少傅體》

征南諫疏無多語，大度高皇有至仁。留得青囊一丸藥，異時猶可活斯民。

中臺啓事山吏部，東閣詞臣何水曹。松柏瀟瀟一丘土，龍門依舊泰山高。

姓名三字金甌重，事業千年片簡青。試向雲間望光彩，看從何地現文星。（《四庫全書》本《遺山集》卷十四）

《内翰王公墓表》

……文以歐蘇為正脉，詩學白樂天，作雖不多，而頗能似之。……其秉心也磨而不磷，其及民也静而無譁。慕樂天之高而不禪逃，挾東方之雄而不辭夸。……（《四庫全書》本《遺山集》卷十九）

智按：内翰王公指王若虚（一一七四～一二四三）。

《東平賈氏千秋録後記》

東平賈氏自真定三祖始見譜牒，……次為山東東路按察司知事炤，明昌五年經義進士，嗜古學，尚友嚴子陵、陶淵明、白樂天、邵堯夫，號四友居士，故詩有高風，希四友古學，守三玄之句。……（《四庫全書》本《遺山集》卷三十四）

《陶然集詩序》

……詩之極致可以動天地，感鬼神，故傳之師，本之經，真積之力久，而有不能復古者。自「匪我愆期，子無良媒」，「自伯之東，首如飛蓬」，「愛而不見，搔首踟躕」，「既見復關，載笑載言」之什觀之，皆以小夫賤婦滿心而發，肆口而成，見取於采詩之官，而聖人删詩亦不敢盡廢。後世雖傳之師，本之經，真積力久，而不能至焉者，何古今難易不相侔之如是耶？……故文字以來，詩為難；魏、晉以來，復古為難；唐以來，合規矩準繩尤難。……

今就子美而下論之。後世果以詩為專門之學，求追配古人，欲不死生於詩，其可已乎？雖然，方外之學有為道日損之説，又有學至於無學之説，詩家亦有之。子美夔州以後、樂天香山以後、東坡海南以後，皆不煩繩削而自合，非技進於道者，能之乎？詩家所以異於方外者。渠輩談道不在文字不離文字，詩家

聖處不離文字不在文字，唐賢所謂情性之外，不知有文字云耳。……（《四庫全書》本《遺山集》卷三十七）

《溪南詩老辛愿》

愿字敬之，福昌人，其大父自鳳翔來居縣西南女几山下，以力田爲業，敬之自號女几野人。年二十五，始知讀書，取白氏《諷諫集》自試，一日便能背誦，乃聚書環堵中讀之，《書》至《伊訓》，《詩》至《河廣》，頗若有所省，欲罷不能，因更致力焉……（《中州集》癸集第十，四部叢刊景元刊本）

智按：元脱脱《金史》卷一百二十七《辛愿傳》（百衲本景印元至正刊本）襲此。

元好問，字裕之，號遺山，秀容（今山西忻縣）。祖系出自北魏拓跋氏。興定五年（一二二一）進士，曾任行尚書省左司員外郎等職。金亡不仕。工詩文，于金、元之際頗負重望。著有《遺山集》，編有《中州集》。

楊雲鵬（與元好問同時）

《白樂天影堂》

晚慕浮屠半衲衣，至今高牓揭巖扉。夢中身世元無有，壁上形容果是非。但得蓬蒿猶可住，何須兜率是眞歸。渺茫兩地知何在？滿眼春波白鷺飛。（元蔣易《皇元風雅》卷二十六，建陽張氏梅溪書院刻本；清顧嗣立《元詩選》三集卷一）

智按：伴衲衣，《元詩選》作「半衲衣」。

楊雲鵬，一名楊鵬，字飛卿，韓城（今屬陝西）人。生於金，金末曾任詳議官。早年從師李獻能。入元後，客居東平（今屬山東）將二十年，每有所作，必寄示元好問，以為知己。有《詩述》二十首，號《陶然集》。所賦《青梅》、《瑞蓮》、《瓶聲》、《雪意》，或多至十餘首。元好問《陶然集序》（《遺山集》卷三十七）云：「貞祐南渡後，詩學為盛。洛西辛敬之、淄川楊叔能、太原李長源、龍坊雷伯威、北平王子正之等，不啻十數人，稱號專門。

就諸人中，其死生於詩者，汝海楊飛卿一人而已。」生平事迹見《元詩選》三集。

趙元（金泰和間）

《書懷繼元弟裕之韻》

嵩箕有奇姿，出雲何悠然。雲山足佳處，留客今幾年。有子罷讀書，求種山間田。栗里愧淵明，香山慚樂天。二老已古人，相望雲泥懸。得酒邀月來，對影空自憐。攝衣欲起舞，稚子不須牽。（《四庫全書》本《中州集》卷五；《遺山集》附録）

《讀樂天無可奈何歌》

鳧脛苦太短，蚿足何其多。物理斬不齊，利劍空自磨。老跖富且壽，元惡天不訶。伯夷豈不仁，餓死西山阿。天意寓冥邈，人心徒揣摩。不如且飲酒，流年付蹉跎。酒酣登高原，浩歌無奈何。（《四庫全書》本《中州集》卷五）

智按：趙元，字宜之，定襄（今屬山西）人。經童出身。舉進士不中。以年及調鞏西簿。未幾，失明。自少日博通書傳，作詩有規矩。泰和（一二〇一～一二〇八）以後有詩名。河東李屏山為賦愚軒，有「落筆突兀無黄初」之句，愚軒，宜之自號也，用是名益重。南渡以後，往來洛西山中，閑閑公、雷御史、王子文、許至忠、崔懷祖皆愛之，所至必虚左以待。為人有材幹，處事詳雅。既病廢，無所營為，萬慮一歸于詩，故詩益工。若其五言平淡處，他人未易造也。宜之之父名淑，字清臣，由門資叙，與先隴城為莫逆交，故好問交游間得宜之之詩為多。（《四庫全書》本《中州集》卷五）

尤焴（一一九〇～一二七二）

《西湖置酒短歌》

春雲薄，淡將落。我心良與然，浩蕩杳無著。黄鳥枝頭語太工，可能唤起東坡翁。眼前妙景供妙咏，鈞天吹下乘長風。醉而復醒醒復醉，香山居士

今安在。濡首狂歌無限情，一齊付與雲山外。（《全宋詩》第五十九册，第三七〇二五頁）

智按：尤焴，字伯晦，號木石，無錫（今屬江蘇）人。袤孫。甯宗嘉定元年（一二〇八）進士，時年十九。歷樞密院編修官，將作監主簿。理宗嘉熙四年（一二四〇），為淮西總領。淳祐二年（一二四二），權管沿江淮西留司，知建康府兼江東安撫使。十二年擢工部尚書，官至翰林學士。卒年八十三。生平見《咸淳毗陵志》卷十七、《宋元學案》卷五十五。

李治（一一九二～一二七九）

《敬齋古今黈》

《難經》說：「老人寤而不寐，少壯寐而不寤，以為少壯者，血氣盛，榮衞之行，不失其常，故晝日精，夜不寤也。老人血氣衰，榮衞之道濇，故晝日不能精，夜不得寐也。」以予思之，不特如此。大抵晝作夜息，人之常也。是在晝則當有經營之事，在夜則當無縈滯之慮，精神資稟，雖各不同，然用之得其常，則於其不用之時，亦得其常。苟用之不得其常，則一切反是矣。衰老之人，經事既多，遭變不少，筋骸尫骳，目秏耳重，一毫之營，若負泰華，度前揣後，於利害之表，商是榷非，於與奪之間，憂未眹而已憂，患已銷而猶患，衆人皆息，己獨勿休。所以正晝昏昏，夜反無寐。此蓋精神用反其常，而寤寐亦反其常也。而年少之人，志剛氣鋭，神壯膽犆，鬬力則膂力有餘，角智則智思無勸，劃然而動，屹然而止，事之未至也，利害無所撓其慮；事之既往也，是非無所留其懷。衆休而休，衆作而作，所以晝日常精，夜則常寐，此蓋精神用得其常，而寤寐亦得其常也。故男女十四五以下，纔得枕即穩睡，亦以其無情欲也。白樂天、司馬君實皆明哲過人，而樂天有詩云：「年衰自無寐，不是守庚申。」溫公有詩云：「蘇秦六國印，力取鴻毛輕。白圭黃金產，運智立可營。如何五更睡，百方終不成。」此二公亦當是精神疲敝而然，若夫子元圖爽，卧內酣寐，忠愍扞賊，省中安寢，軒轅畢詠，倚牆熟睡，涪翁削官，投牀鼻鼾，闊通照徹，遇物了了，又不當以老少論也。……（《四庫全

書》本卷六）

王摩詰《送元安西》詩云：「渭城朝雨浥輕塵，客舍青青柳色新。勸君更盡一盃酒，西出陽關無故人。」其後送別者，多以此詩附腔，作小秦王唱之。亦名古陽關。予在廣寧時，學唱此曲於一老樂工某乙云：「渭城朝雨浥輕塵（和剌里離賴），客舍青青柳色新（和剌里離賴）。勸君更盡一盃酒（不和），西出陽關無故人（和剌里來離來）。」當時予以為樂天詩有「聽唱陽關第四聲」，必指「西出陽關無故人」一句耳。又誤以所和剌里離賴等聲，便謂之疊，舊稱陽關三疊，今此曲前後三和，是疊與和一也。後讀樂天集詩中自注云：「第四聲謂勸君更盡一盃酒。」又《東坡志林》亦辨此云以樂天自注驗之，則一句不疊為審，然則「勸君更盡一盃酒」，前兩句中果有一句不疊，此句及落句皆疊，又疊者不指和聲，乃重其全句而歌之。予始悟曏日某乙所教者，未得其正也。因博訪諸譜，或有取《古今詞話》中所載疊為十數句者，或又有疊作八句而歌之者。予謂《詞話》所載，其辭麤鄙重複，既不足采，而疊作八句，雖若近似，而句句皆疊，非三疊本體，且有遠於白注，蘇志亦不足徵，乃與知音者再譜之，為定其第一聲云：「渭城朝雨浥輕塵」，依某乙中和而不疊。第二聲云：「客舍青青柳色新。」直舉不和。第三聲云：「客舍青青柳色新。」依某乙中和之。第四聲云：「勸君更盡一盃酒。」直舉不和。第五聲云：「勸君更盡一盃酒。」依某乙中和之。第六聲云：「西出陽關無故人。」及第七聲云：「西出陽關無故人。」皆依某乙中和之，止為七句，然後聲諧意圓，所謂三疊者，與樂天之注合矣。（《四庫全書》本卷七）

歐陽永叔作詩，少小時頗類李白，中年全學退之，至於暮年則甚似樂天矣。夫李白、韓愈、白居易之詩，其詞句格律各有體，而歐公詩乃具之，但歲時老少，差不同，故其文字亦從而化之耳。（《四庫全書》本卷八）

李白《瀑布詩》云：「海風吹不斷，江月照還空。」而陸蟾《詠瀑布》云：「嶽色染不得，神工裁亦難。」可謂天冠地屨矣。樂天《詠草》云：「野火燒不盡，春風吹又生。」狄燠《詠柳》云：「翠色折不盡，離情生更多。」蓋皆摸寫李白體。而蜀妓《贈陳希夷》則云：「帝王師不得，日月老應難。」是又其變也。（《永樂大典》卷八百二十一引，中華書局影印本，

第二四六頁）

智按：李冶，字仁卿，號敬齋。欒城（今屬河北）人。金末登進士，入元官翰林學士。事迹具《元史》本傳。

嚴羽（一一九二？～一二五五?）

《答吳景仙書》

……又謂韓、柳不得為盛唐，猶未落晚唐，以其時，則可矣。韓退之固當別論，若柳子厚五言古詩，尚在韋蘇州之上，豈元、白同時諸公所可望耶？高見如此，毋怪來書有甚不喜分諸體製之說。我叔誠於此未瞭然也。作詩正須辨盡諸家體製，然後不為旁門所惑。今人作詩差入門戶者，正以體製莫辨也。……（《歷代詩話》第七〇七頁）

《滄浪詩話》

國初之詩，尚沿襲唐人，王黃州學白樂天，楊文公、劉中山學李商隱，盛文肅學韋蘇州，歐陽公學韓退之古詩，梅聖俞學唐人平淡處。至東坡、山谷，始自出己意以為詩，唐人之風變矣。（《滄浪詩話・詩辯》，郭紹虞《滄浪詩話校釋》第二十六頁；《歷代詩話》第六八八頁）

以時而論，則有：建安體（漢末年號。曹子建父子及鄴中七子之詩），黃初體（魏年號。與建安相接。其體一也。）……大曆體（大曆十才子之詩），元和體（元白諸公）。晚唐體，本朝體。（通前後而言之）……

以人而論，則有：蘇李體（李陵蘇武），曹劉體（子建公幹），陶體（淵明）……盧仝體，白樂天體，元白體（微之、樂天，其體一也）……（《滄浪詩話・詩體》，郭紹虞《滄浪詩話校釋》第七三頁；《歷代詩話》第六八九頁）

有律詩至百五十韻者（少陵有百韻律詩〖「百」原作「古」，據《談藝珠叢》本改。〗，白樂天亦有之，而本朝王黃州有百五十韻五言律）。（《滄浪詩話・詩體》，郭紹虞《滄浪詩話校釋》第七三頁；《歷代詩話》第六九一頁）

顧況詩多在元、白之上，稍有盛唐風骨處。（《滄浪詩話・詩評》，郭紹虞

《滄浪詩話校釋》第一六一頁；《歷代詩話》第六九七頁）

智按：據《詩人玉屑》卷二引《滄浪詩評》（王仲聞校勘本，第二十頁）；《嚴羽集》，陳定玉輯校本，第二十九頁。

和韻最害人詩，古人酬唱不次韻，此風始盛於元、白、皮、陸，而本朝諸賢，乃以此而鬬工，遂至往復有八九和者。（《滄浪詩話·詩評》，郭紹虞《滄浪詩話校釋》第一九三頁；《歷代詩話》第六九九頁）

「迎旦東風騎蹇驢」絕句，決非盛唐人氣象，只似白樂天言語。今世俗圖畫以為少陵詩，漁隱亦辯其非矣，而黄伯思編入杜集，何也？（《滄浪詩話·考證》，郭紹虞《滄浪詩話校釋》第二二九頁；《歷代詩話》第七〇三頁）

琴按：杜甫《上韋左丞丈》自説「騎驢三十載」。又王琦《李太白集注》卷三十六亦有騎驢故事。

智按：嚴羽，字儀卿，一字丹邱，自號滄浪逋客，邵武（今屬福建）人。一生隱居不仕，曾浪跡江、楚等地，為戴復古所獎重。以《滄浪詩話》著稱於世。詩多散逸，邑人李南敘收録其詩及詩話為《滄浪吟》，度宗咸淳間黄公紹序而傳之。參王士博《嚴羽的生平》（載《文學遺產》一九八五年第四期），明嘉靖《邵武府志》卷十四有傳。《滄浪詩話》寫作時間，下限不遲于淳祐四年（一二四四）。參見顧易生、蔣凡、劉明今《中國文學批評通史·宋金元卷》（上海古籍出版社，一九九六年十二月，第三七七頁）、李裕民《宋詩話叢考》（《文史》第二十三輯，中華書局，一九八四年十一月，第一九九頁）、陳定玉《嚴羽學術討論會綜述》（收入《嚴羽學術論文選》，鷺江出版社，一九八七年十月，第三七〇頁）、張健《〈滄浪詩話〉非嚴羽所編——〈滄浪詩話〉成書問題考辨》（《北京大學學報》一九九九年第四期）。

林希逸（一一九三～一二七一）

《石鼎聯句圖》

畫意不畫形，形勝意不足。正如九方臯，相馬不相肉。此筆誰爲之，纖藉以錦玉。一几共三人，彌明喜師服。賡酬夜何其，漏箭在銀燭。誰如豕腹脹，誰作龍頭縮。始胡爲頡頏，末胡爲屈伏。彼既鼻撩天，避席徒局束。去者俄翩然，二子睡正熟。豕戶問童奴，曉雲凄古木。質之昌黎篇，段段皆實録。用意豈不精，或者疑近俗。我聞文章家，同工而異曲。或如駿歷險，千里在一蹙。或寸步不遺，句句必連屬。在詩則樂天，在文則永叔。畫品恐亦然，願言寶此軸。毋使歎巧心，受嗤於拙目。（《江湖後集》卷十；《全宋詩》第五十九册，第三七二三六頁）

《四和除字》

白髮餘生甘寂寞，丹書微累幸蠲除。天留老眼諒人只，雲本無心於我如。千歲不知棋幾局，二乘且論寶三車。香山見徹人間事，斷道爲龍苦似魚。（《四庫全書》本《竹溪鬳齋十一稿續集》卷二；《全宋詩》第五十九册，第三七二六一頁）

《金天移文（時友人以喪偶自號在家僧戲作贈之嘉定庚辰）》

……證身如來，可同李白；思歸兜率，何異樂天。……（《四庫全書》本《竹溪鬳齋十一稿續集》卷七）

《次雲方先生詩集序》

余嘗因論世尚友之言，而後知古人所以慨惜人物者。夫以友天下之士為未足，而必求之詩書，是豈忽近而騖遠哉，蓋宇宙茫茫，人物能幾……下乃若其詩，則或長或短，可興可觀，是謂學問之鼓吹也。其飄灑即謫仙，其渾重即子美，得遺音於《風》、《雅》，寄逸思於《莊》、《騷》，雖元、白、郊、島，亦當北面，餘子何數焉？……（《四庫全書》本《竹溪鬳齋十一稿續集》卷十二）

《跋玉融林鏻詩》

詩，雅道也，幾敗於唐，唐人以為進士業也。然而不敗者，李、杜、韓、柳、元、白諸賢，不可得而束縛也。今世之詩盛矣，不用之場屋而用之江湖，至有以為游謁之具者。少則成卷，多則成集；長而序，短而跋。雖其間諸老，亦有密寓箴諷者，而人人不自覺，所以後村有錦裹刀之喻，余常恐雅道微矣。今玉融林鏻，吾邑佳子弟。郭外之田足以自給，原夫之技亦頗自力，而喜為詩。親袖此册，不遠訪余，是其意蓋有所慕，而非江湖友朋之比。余讀而喜之，曰：詩有鍊字鍊句者，有鍊意鍊格者，此香山居士舊法也，然不止是。風雅之傳幾千載，古今作者幾百家，或喻以彈丸，或喻以組繡，或以比洞庭之合樂，或以比龍淵之探珠。先後形容，猶可置喙。至如樂軒先師嘗論《芣苢》三章，曰：「譬如晴空一聲霹靂。」今人言詩，豈知有此境界。子其以是求之，幸而有得，則四鍊之工固在於詩之中，而自喻之樂則在於詩之外矣。（《四庫全書》本《竹溪鬳齋十一稿續集》卷十三）

《題徐先輩家傳》

正字徐公，以文名於唐末，誦其賦者，與樊川、香山共夸詡也。遇非其時，名高位下，釣磯固在，而文緒浸微。直至建炎，始有族孫著作一序，又寂寂焉。雖詩賦儷語，數卷探龍，雅道諸集，而世莫之見，至有遺佚不存者。寶祐以來，十一世孫平父始收拾其書，採摭遺事，求其年月而譜之，辨世俗訛傳，列所作先後於是。……（《四庫全書》本《竹溪鬳齋十一稿續集》卷十三）

《賀馬右相》

……雖愧田中之老，亦為門下之人，慶世道以激昂，企台垣而鼓舞。千官百辟之選，信永叔之知言；一翁六士之詩，笑樂天之癡語。（《四庫全書》本《竹溪鬳齋十一稿續集》卷十五）

《丙寅回生日啟·後村劉尚書》

……生男子而縣六矢，老慙戴氏之格言；寄禄官而呼大蓬，年比陸翁而自誚。豈伊衰槁，猶足品題，汗顔錦卷之貽，鏤瞻荷囊之賜，此盖某官，以真法從為太宗師。先皇看坡老之文，每聞停筯；外國愛樂天之集，不吝捐金。未忘撰履之徒，曲借濡毫之潤。某雖有附青雲之喜，愧難酬白雪之高。……（《四庫全書》本《竹溪鬳齋十一稿續集》卷十五）

《新劔浦鄭主簿》

僕守五窮，已愧老夫之耄；君名三絶，肯貽幼婦之詞。把翫箋題，拂拭弧矢。伏惟某官，學叅諸老，才壓羣英。身為鸞棘之棲，方將奮翮；念及漁樵之叟，不厭低眉。雙緘之華，三舍其遠。某思候迎之一失，有欠負之百慚。敢意英流，未忘遁蹟。暮齒九老圖之白，才則歉焉；新腔太史氏之黄，褒之過矣。（《四庫全書》本《竹溪鬳齋十一稿續集》卷十五）

智按：文題一作《回新劍浦鄭主簿生日啓》，咸淳二年作。

《劉智翁》

城東住處，誰尋白傅之家；門外交情，兄異翟公之客。念其寂寂，示以拳拳。七字論工，真半山之絶句；三文得友，勝子美之殘年。（《四庫全書》本《竹溪鬳齋十一稿續集》卷十五）

智按：文題一作《回劉智翁生日啟》，咸淳三年作。

《黄汀教（龍應年八十七矣）》

僕誦子平之《易》，自樂一貧；公守伏生之《書》，只爭三歲。眷眷兩卿之二老，鏗鏗初度之七言。共惟某官，經師人師，意散形散，龜手之方奇秘，久已韜藏；蠅頭之字傾欹，不妨吟詠。念其岑寂，侈此賁存。卜鄰雖慕於羊求，所嗟遠矣。敵已愧非於元、白，何以和之？（《四庫全書》本《竹溪鬳齋十一稿續集》卷十六）

《後村先生大全集序》

後村先生以文章名當世。初，集本未刊時，四方之士隨所得，爭傳録之，而見者恨未廣也。予戊申備數守莆，方得前集，刊之郡庠，於時紙價倍常。及後村兩自京還，石塘、小孤山二友始求公近稿（下缺）二十年共成後、續、新三集。今此書傳流遍江左矣，後村（下缺）任送終之責，各盡其心。季子季高既成負土之役，又（下缺）為一部而彙聚之，名以《大全》，共二百本。其本差小，將（下缺）誦也。將成，先以寄余。余曰：太白沒，伯禽尚幼，遂以文稿（下缺）陽冰；樂天因佳兒蚤夭，自以文集録為三本，分寄聖善南（下缺）寺諸上人。珍愛其文如此，而不能有子以傳之，死生之際、遺憾蓋可知也。今先生之文既行於世，而季高又拳拳及此，先生之無遺憾，謫仙、醉吟所不及多矣。季高名山甫，先生第三子也。咸淳六年歲庚午秋九月菊日，竹溪林希逸書。（《四部叢刊》本《後村先生大全集》卷首；《全宋文》二〇〇六年版第三三五册，卷七七三二，第三四六～三四七頁）

智按：林希逸，字肅翁，號鬳齋，又號竹溪，福清（今屬福建）人。理宗端平二年（一二三五）進士。淳祐六年（一二四六）召為秘書省正字，七年，遷樞密院編修官。尋出知饒州。景定中官至中書舍人。著有《竹溪十一稿》九十卷，已佚。今存《竹溪十一稿詩選》一卷、《竹溪鬳齋十一稿續集》三十卷。事見《宋元學案》卷四七。

釋善珍（一一九四～一二七七）

《望梅詞》

寸陰堪惜。趁身強健去，結茅蒼壁。錯料事、臨老方知，國師與高僧，二途俱失。識字吟詩，敵不得、死生何益。看寒山著語，李杜也輸，莫道元白。　　千年過如瞬息。共飛鴻縹緲，沉沒空碧。問懶瓚、因甚遭逢，芋魁亦聯翩，著名金石。遺臭流芳，老子勿、許多心力。旋消磨、數百甕齏，掩關入寂。(《全宋詞》第四〇一二頁)

智按：釋善珍，字藏叟，泉州南安（今福建南安東）人，俗姓呂。年十三落髮，十六游方，至杭，受具足戒。謁妙峰善公於靈隱，入室悟旨。後詔移四明之育王、臨安之徑山。有《藏叟摘稿》二卷。生平見《補續高僧傳》卷十一、《續燈正統》卷十一。

潛説友（？～一二七七）

《(咸淳）臨安志》

⊙秦望山

《兩朝國史志》：錢塘有秦望山。舊志云：在錢塘縣舊治之南一十二里一百步，高一百六十丈，周廻一百步。晏元獻公《輿地志》：「秦始皇東遊登此山，欲度會稽。後唐同光中，錢氏於秦望山建上清宫，有巨石二十餘株，自然成行，名曰金洞門。」晏公云：「近東南有羅刹石，大石崔巍，横截江濤，商船海舶經此，多為風浪傾覆，因呼為羅刹。每歲仲秋既望，必迎潮設祭，樂工鼓舞其上。」李建勲詩曰：「何年遺禹鑿，半里大江中。」白居易詩曰：「嵌空石面標羅刹，壓捺潮頭敵子胥。」後改名鎮江石。五代開平中，為潮沙漲沒。羅隱詩：「羅刹江邊地欲浮。」（《四庫全書》本《咸淳臨安志》卷二十三）

⊙冷泉亭

在飛來峰下，唐刺史河南元藇建。刺史白居易記刻石亭上。政和中，僧慧雲又於前作小亭，郡守毛友命去之，見後詩序。（《四庫全書》本《咸淳臨安志》卷二十三）

⊙柏堂

陳文帝天嘉二年建廣化寺，寺有當時所植二柏，其一已枯。東坡作《孤山二詠序》云：「柏二株，其一為人所薪，山下老人自為兒時，見其枯矣。然堅悍如金石，愈於未枯者。僧志詮作堂於其側，名曰柏堂。堂與白居易竹閣相連，屬余作二詩記之。」堂久廢，今基在西太一宫，有孝宗皇帝御書軾詩刻石，覆以小亭。

⊙白公竹閣

舊有廣化寺，柏堂之後有小閣，多植竹，白公每偃息其間，仍有詩，遂以名。今與寺俱徙。

⊙金沙井

舊在廣化寺。白樂天嘗酌此泉，甘美可愛，視其地沙光燦如金，撥以杖，皆黑。今在延祥觀。（《四庫全書》本《咸淳臨安志》卷二十三）

⊙新婦石

白樂天有《新婦石》詩：「堂堂不語望夫君，四畔無家石作鄰。蟬鬢一梳千歲髻，蛾眉長掃萬年春。雪為輕粉憑風拂，霞作胭脂使日暾。莫道面前無寶鏡，月来山下照夫人。」（《四庫全書》本《咸淳臨安志》卷二十六）

智按：又見明吴之鯨《武林梵志》卷六（《四庫全書》本）。所引之詩，白集未見。朱金城《白居易集箋校》收録於詩文補遺二（第三八九三頁）。清陳瓊修《民國杭州府志》卷九十八：「白居易新婦石詩。《於潛縣志》：詩鐫石上。」（《中國地方志集成》本，第七三六頁）

⊙西巖山

在縣西北三十里，巖有洞。洞口有池。早晚與潮應。石有葛仙翁足指，前有煉丹鼎。山下有石，扣之鏗然，人號石鼓。世傳有僧坐於巖前。一日，葛仙翁求其地煉丹，僧遂退西巖。丹成上昇，僧亦仙去。今號日昇里。

題詠。樂天詩：「千古仙居物象饒，道成丹熟晝昇霄。巖前寶磬傳松韻，洞口靈池應海潮。崖折百花遲日晚，鶴歸清夜唳聲遥。登臨漸到希夷境，手拂行雲渡石橋。」（《四庫全書》本《咸淳臨安志》卷二十七）

智按：又見明吴之鯨《武林梵志》卷六（《四庫全書》本），謂「白居易西巖寺詩」云云，「渡」作「度」。所引之詩，白集未見。朱金城《白居易集箋校》收録於詩文補遺二（第三八九四頁），題為《西巖山》，謂作於長慶二年至四年任杭州刺史時，《全唐詩續拾》卷二十八據以轉録。

⊙水樂洞

在南山烟霞嶺下，舊為錢氏西關浄化院。至淳熙六年，以其地賜李隶，仍建佛宇，四望林巒聳秀，巖石磻峙，有洞虚窈，渟涵如淵，泉味清甘，與龍井埒。洞中有水，聲如金石音。熙寧二年，守鄭公獬名之曰水樂洞。後二年，東坡來為倅，遂賦詩。

題詠。東坡《水樂洞》詩：「君不學白公引涇東注渭，五斗黄泥一鐘水。又不學哥舒横行四海頭，歸來羯鼓打梁州。但向空山石壁下，愛此有聲無用之清流。流泉無絃石無竅，强名水樂人人笑。慣見山僧已厭聽，多情海月空流照。洞庭不復來軒轅，至今魚龍舞鈞天。聞道磬襄東入海，遺聲恐來海山間。鏘然澗谷含宫徵，節奏未成君獨喜。不須寫入薰風絃，縱有此聲無此耳。」（《四庫全書》本《咸淳臨安志》卷二十九）

⊙風水洞

在楊村慈巖院，院舊名恩德，有洞極大，流水不竭。頂上又一洞，立夏清風自生，立秋則止，故名。多石子，紅點如丹，持出即隱，置於内如故。

題詠。白樂天《遊恩德寺詩并序》云：「予到郡周歲，方來入寺，半日復去，俯視朱綬，仰睇白雲，有愧於心，遂留絶句。」「雲水埋藏恩德洞，簪裾束縛使君身。暫來不宿歸州去，應被山呼作俗人。」（《四庫全書》本《咸淳臨安志》卷二十九）

⊙捍海塘

江挾海潮，為杭人患，其來已久。白樂天刺郡日，嘗為文禱於江神，然人力未及施也。……（《四庫全書》本《咸淳臨安志》卷三十一）

⊙西湖

在郡西。舊名錢塘湖，源出於武林泉，周廻三十里。自唐及國朝號游觀勝地，及中興以來，衣冠之集，舟車之舍，民物阜蕃，宫室鉅麗，尤非昔比。先是城中以斥鹵，苦於無水，唐刺史李鄴侯泌引湖水入城，為六井，以便民汲。刺史白文公居易又築堤捍湖，鍾洩其水，溉田千頃，自為石記。然歲久，浚治不時，往往湮塞。錢氏始置撩湖兵士千人。至國朝大中祥符初，郡守王濟增置斗門，以白公舊記刻石湖上焉。……唐長慶中，白居易為刺史，方是時，湖溉田千餘頃。及錢氏有國，置撩湖兵士千人，日夜開濬。自國初以來，稍廢不治，水涸草生，漸成葑田。……白居易作《西湖石函記》云：「放水溉田，瀕河千頃，可無凶歲。」今雖不及千頃，而下湖數十里間，菱芡穀米所獲不貲，此西湖之不可廢者三也。……（《四庫全書》本《咸淳臨安志》卷三十二）

⊙三賢堂

孤山竹閣舊有白樂天、林和靖、蘇東坡三像，後廢。乾道五年，周安撫淙即水仙王廟之東廡祠焉。嘉定十五年，袁安撫韶請於朝，竊見本府三賢堂，實為尊禮名勝之所。考之圖經，更易非一，其始孤山廣化寺有白公竹閣，因其遺跡而祀。白公後人以東坡、和靖附焉。南渡之後，就孤山剏延祥觀遷廣化於北山路口，僅移竹閣，而堂廢不存。乾道五年，知府事周淙乃重建於普安寺側，水仙王廟之東廡，蓋取東坡詩「配食水仙王」之意，殊不知此詩之作，特為和靖，而樂天東坡併以配食，大失本旨。況水仙王儼居其中，三賢俛居廡下，郡守謁晴禱雨幄帷迫近，固已不敢安處，而吏卒喧囂，箕踞自若，慢賢滋甚，何以祀為？竊惟三賢道德名節，震耀今古，而祠宇未嚴，何以崇教化而厲風俗？又其勝踐陳蹤，咸在西湖孤山大隄之間，今乃僻處巖阿，與湖光敻不相接，榛莽蔽翳，棟宇傾頹，位置尤為弗稱。韶假守以來，即欲更建，未得爽塏，搜訪久之，近踏逐到廢花塢一所，正當蘇隄之中，前挹平湖，氣象清曠；背負長岡，林樾深窈。南北諸峯，嵐翠環合，遂於此地築叠基址，且闢大逵，與蘇隄貫連，鳩材命工，建立堂宇，奉安三賢，庶幾妥魂得地，復還古蹟。都邑人士知所尊敬，其祠堂之外，參錯亭舘，周植花竹，以顯清概，續竢工役了畢，製畫圖本繳申從之，又有堂三，曰水西雲北，曰月香水影，曰晴光雨色，吏部侍郎程珌為記。（《四庫全書》本《咸淳臨安志》卷三十二）

⊙虚白堂

唐長慶中刺史白文公有詩，刻石堂上。

⊙因巖亭

見白文公詩。

⊙忘筌亭

見白文公詩。

⊙清輝樓

唐郡守嚴郎中建。見白文公詩。（以上《四庫全書》本《咸淳臨安志》卷五十二）

⊙樟亭驛

晏元獻《輿地志》云，在錢塘縣舊治之南五里，今為浙江亭。

北郭驛亭。舊在餘杭門外北郭税務側。淳祐六年趙與安撫𡺸重建。

題詠。白樂天《樟亭驛見楊九詩》：「往恨今愁應不殊，題詩梁下又踟躕。羨君獨夢見兄弟，我到天明睡亦無。」《樟亭雙櫻詩》：「南舘西軒兩樹櫻，春條長是夏陰成。素華朱實今雖盡，碧葉風來别有情。」《宿樟亭驛詩》：「夜半樟亭驛，愁人起望鄉。月明何處見，潮水白茫茫。」（《四庫全書》本《咸淳臨安志》卷五十五）

智按：「往恨今愁應不殊」一絕，乃居易長慶二年赴杭州途中所作《赴杭州重宿棣華驛見楊八舊詩感題一絶》。前此元和十五年，居易自忠州返長安途中，又有《棣華驛見楊八題夢兄弟詩》：「遙開旅宿夢兄弟，應為郵亭名棣華。名作棣華來早晚，自題詩後屬楊家。」（「楊八」為楊虞卿，字師臯，居易妻楊氏之從兄，《舊唐書》及《新唐書》俱有傳）其後為《商山路有感》：「萬里路長在，六年身始歸。所經多舊館，太半主人非。」可見兩次行程往返，均經由長安至襄陽之商山路。據嚴耕望《唐代交通圖考》第六五一頁，棣華驛在商洛與武關之間，屬唐商洛縣（今陝西商洛丹鳳縣棣花鎮）。（參嚴耕望編著《唐史研究叢稿》，新亞研究所一九六九年版，第六二四頁）

⊙圓修

鳥窠道林禪師富陽人。衣衲敝甚，寒暑不更，棲止山間，有鵲巢於其側，經四十秋未嘗下山，時人謂之鳥窠禪師。元和中，白居易出守兹郡，入山謁禮。（《四庫全書》本《咸淳臨安志》卷七十）

⊙慧琳

唐大曆中。僧字抱玉，居天目山二十餘年。元和初，郡守杜陟請至永福寺，登壇三年。刺史裴常棣請至天竺，登壇二十年間。前後刺史杜陟、裴常棣、陸則、楊憑、盧元輔、白居易、李幼、崔鄯、路異，凡九人，皆造慧琳之室，論心要。（《四庫全書》本《咸淳臨安志》卷七十）

⊙白文公廟

見西湖門三賢堂。（《四庫全書》本《咸淳臨安志》卷七十二）

⊙定業院

唐元和元年刺史裴常棣建。鳥窠禪師山門。按舊志有環峰堂、襲夢軒、鳥窠道林禪師塔銘、唐白舍人鳥窠禪師問答頌，今並不存。古蹟有石甑山、君子泉。淳祐四年，趙安撫與簒始造鳥窠禪師塔亭。（《四庫全書》本《咸淳臨安志》卷七十九）

⊙廣化院

在北山。舊在孤山。天嘉元年建，名永福。大中祥符改今額。有白公竹閣，栢堂，水鑑堂，涵輝亭，凌雲閣，金沙井，辟支佛骨塔（陳文帝天嘉元年，有天竺僧持支佛頷骨舍利至杭，遂於孤山建永福寺立塔，會昌之難，歸於郡庫。大中之後，僧方簡建廣化寺，奉迎佛骨於塔）。永福慧琳和尚塔。紹興間改刱四聖觀，徙今處。紹定間守袁同知韶重建竹閣，淳祐六年，趙安撫與篙建白公祠堂於閣後。（《四庫全書》本《咸淳臨安志》卷七十九）

⊙法安院

在靈隱寺西。天福三年，吳越王建舊額廣嚴。唐長慶中，有詩僧結庵於院之西，自號韜光，嘗與樂天唱和。大中祥符元年，改今額。乾道九年，充咸安郡王士銖功德院。（《四庫全書》本《咸淳臨安志》卷七十九）

⊙寶乘寺

在縣西十八里，舊為靈遠寺。上元二年建。初，梓州刺史羅石朔掘地，得銅鑄佛像二并鐘，載之以歸。一旦，失鐘與像所在。而新城人獲之於野。因建寺焉。新登鄉有佛嶺，事由此。會昌間廢。大中十三年，復建為聖像寺，吳越王迎其像入城。大中祥符元年，改今額。有妙香堂、深静堂、鑑軒、緑竹軒、分秀軒，寺後有蜕龍洞、濯龍池、嘘雲亭、刺史白居易《贈休糧開士巨川上人》詩。

題詠。白樂天《贈休糧巨川上人》詩：「三十餘年坐對山，只將無事化人間。齋時往往聞鐘笑，一食何如不食閑。」（《四庫全書》本《咸淳臨安志》卷八十五）

⊙記

白樂天《華嚴經社石記》。《吳郡詩石記》。（《四庫全書》本《咸淳臨安志》卷九十七）

智按：潛說友，字君高，縉雲（今屬浙江）人。理宗淳祐四年（一二四四）進士。歷知南康軍。度宗咸淳二年（一二六六）除秘書丞，遷軍器少監，出為兩浙路轉運判官。三年，遷轉運副使。四年，知臨安府兼兩浙路安撫使。八年，知平江府。恭帝德祐元年（一二七五），元兵逼境，以乞降輸財犒軍全城，削職貶南安軍。後隨二王入閩，留守福州。降元，為元守城，死於兵變。有《咸淳臨安志》。

周弼（一一九四～一二五五）

《韜光庵》

谷鳥與我言，怨殺白太傅。借問何以然，攜却山僧去。山僧未去時，前盤一尾蛇，後踞一頭虎，吸雲嘯風遶窗戶。山僧已去了，鶴來踏翻藤。猿到拗折樹，亂篠枯柴塞行路。抑將廬於嵩高之陽，瀍洛之滸，諸天散花復呵護。抑將慕羶逐臭，亡魂喪魄，委枯骸於北邙之狐兔。荒臺兮尚存，破屋兮如故，惟有山僧不知處。世間萬事誰始終，極目寒江起煙霧。（《四庫全書》本《端平詩雋》卷一；《全宋詩》第六十册，第三七七三五頁）

《琵琶亭》

蕭蕭楓林青，要出間椅檟。尚思送行舟，繫此木葉下。雲開星垂山，水蕩月在野。江空夜棖棖，淚復誰滿把。汀洲泥沙换，葭葦顔色假。變遷斐然殊，感慨益以寡。黄煙飛高桅，絳雪當道灑。餘春去不盡，並放湓浦瀉。豈無夜深彈，寂寞少聽者。尚有沙灘人，時時説司馬。（《四庫全書》本《端平詩雋》卷一；《四庫全書》本《江湖後集》卷一；《四庫全書》本《兩宋名賢小集》卷二百七十七）

智按：周弼，字伯弜（又作伯弼，正卿），祖籍汶陽（今山東汶上）。文璞子。與菏澤李龏同庚同里。甯宗嘉定間進士。十七年（一二二四）即解官。以後仍漫游東南各地，是否復官不詳。卒於理宗寶祐五年（一二五七）前。詩書畫皆工。生前刊有《端平集》十二卷，已佚。寶祐五年，李龏摘其古律體詩近二百首，編為《汶陽端平詩雋》四卷。生平見本集卷首李龏《汶陽端平詩雋序》。

徐元傑（一一九四？～一二四五）

《上江陵別帥啟》

囿身藥籠，雖久登夫子之牆；厠迹醲營，兹始事元戎之幕。顧小草獲依歸之地，方大鈞託覆幬之天，不矢諸辭，曷鳴斯感！竊以朝家選用之路，莫重閫屬辟舉之權。白傅制詞，謂臺閣僅下於一等；杜陵播詠，則旌麾不出於十年。……（《四庫全書》本《楳埜集》卷九）

智按：此文重見於李曾伯《可齋雜稿》卷七，題為《上江陵別帥》。

徐元傑，字仁伯，號楳埜，信州上饒（今屬江西）人。早從朱熹門人陳文蔚學，後師事真德秀。理宗紹定五年（一二三二）進士，調簽書鎮東軍節度判官。嘉熙二年（一二三八），召為秘書省正字，累遷著作佐郎兼兵部郎官。淳祐元年（一二四一），知南劍州。丁母憂去官，服除，授侍左郎官，遷將作監。三年，丞相史嵩之服父喪未滿，有詔起復，元傑適輪對，力沮成命，遷兼給事中、國子祭酒、權中書舍人。五年，中毒暴卒，傳為嵩之下毒。官至工部侍郎，謚忠湣。有文集二十五卷，景定三年（一二六二）由其子直諒刊於興化，已佚。清四庫館臣據《永樂大典》輯為《楳埜集》十二卷。生平見本集卷首趙汝騰序、卷末徐直諒跋，《宋史》卷四二四有傳。

吴潛（一一九五～一二六二）

《謝世頌》三首（其一）

夫子曳杖逍遥，曾子易簀兢戰。聖賢樂天畏天，吴子中通一線。（《四庫全書》本《履齋遺稿》卷一；《全宋詩》第六十册，第三七八六一頁）

《二仙堂記》

宗正亞卿陳公作屏于宣居，無何政平訟理，迺以其暇日，凭高送目，顧客而言曰：宣為清爽之邦，雄甲江左，吾東北而望，清溪灣環，波光滉瀁，孤帆隱見，白鳥出沒，若有若無，恍然畫圖，豈非玄暉之詩「澄江浮如練」乎？吾又西北而望，千林競妍，萬山呈技，中有一峰，巍然獨尊，朝暮晦瞑，變態難狀，豈非太白之詩「相看兩不厭，惟有敬亭山」乎？此二公者，以神仙中人物，為溪山主，徽音逸韻，浸漬薰蒸，草木泉石，尚出光怪，而況人耶？……二公之靈爽，戀戀如在，祠而祀之，蓋不特慰邦人士之思而已也。今玄暉像，雖龕郡樓，隘陋塵壒，香火弗肅，而太白祠留青山，自分當塗為郡，青山不隸宣，二百年宣無他祠，非缺歟！昔白傅守杭，歷五代至我宋和靖處士，始以詩名西湖，後之人合而尸之，二公獨不可耶！於是薙後圃，築新堂，敞中侈外，繪事儼然，所以振既往之流芳，昌斯文於方來也。太白有云：「我家敬亭下，輙繼謝公作。相去數百年，風期宛如昨。」異世同調，宜其可以並祠。……（《四庫全書》本《履齋遺稿》卷三）

《四用喜雨韻》三首（其二）

背人歲月苦難禁，烏兔相追互起沈。點檢平生如夢事，保全晚節是真心。圍腰減削那勝帶，種髮蕭疎不上簪。久悟盈虛消息理，香山蓮社擬追尋。（《四庫全書》本《四明續志》卷九；《全宋詩》第六十册，第三七八六八頁）

《又山偈就寄善知識》

傳語當年白侍郎，住行坐卧只尋常。須彌山子才翻却，便是人天大法王。（《四庫全書》本《四明續志》卷十；《全宋詩》第六十册，第三七八八七頁）

《久雨喜晴檢閱計院紀以春容之篇敬用韻為謝》

夜來坐客有蜀人鄧君莘起，勉余為全晚節計，故末句云然。

樂天何愛詠，堯夫非好吟。愧乏康濟術，粗懷飢溺心。彌旬雨翻屋，耄倪泣蒼旻。微臣職芻牧，瘝痛入肌深。行若負刺芒，坐如隱氊針。再拜告（入聲）神明，寸心秉堅金。蠲租還已債，議獄並弛刑。但求講實政，何暇競虛名。天威咫尺臨，昏翳忽開明。宿苗既豐碩，稚秧靡飄淫。阿香亦効靈，排陰吐洪音。推出太陽輝，天外旋收聲。老守寬近憂，濁醪呼客斟。客有勸翁歸，前身豈傅霖。（《四庫全書》本《四明續志》卷十；《全宋詩》第六十册，第三七八八九頁）

《念奴嬌》

一般妙質，笑樂天、誇詫小蠻樊素。萬炳參差羅翠扇，全隊西方靚女。不假施朱，也非塗碧，所樂惟幽浦。神仙姑射，算來合共游處。　一任冶妓穠姬，採蓮歌裏，儘是相思苦。花氣荷馨清入骨，長傍銀河東注。月淡風輕，霧曦烟細，忽灑霏微雨。此時心事，美人澤畔停佇。（《全宋詞》第二七五七頁）

智按：吳潛，字毅夫，號履齋，甯國（今屬安徽）人。淵弟。甯宗嘉定十年（一二一七）進士。授鎮東軍節度簽判，改廣德軍。召為秘書省正字，遷校書郎。理宗紹定二年（一二二九）通判嘉興府，權發遣府事。五年，遷淮西總領。歷知建康府、隆興府、太平州、慶元府、平江府、鎮江府、臨安府。以言官論列，請致仕。起為翰林學士知制誥兼侍讀，改簽書樞密院事，兼權參知政事。出知福州、兼福建安撫使，徙知紹興府、兼浙東安撫使。淳祐十一年（一二五一）入為參知政事，拜右丞相兼樞密使。十二年罷。寶祐四年（一二五六）再判慶元府，移判甯國府。開慶元年（一二五九）進封許國公。景定元年（一二六〇）以諫阻賈似道建儲之議，謫建昌軍，尋徙潮州。二年，責循州安置。三年卒於貶所。有《許國公奏議》四卷。詩文集已佚，明末梅鼎祚收輯遺文編為《履齋遺稿》四卷。生平見《宋歷科狀元録》卷七，《宋史》卷四一八有傳。

羅大經（一一九五？～一二五三後）

《鶴林玉露》

⊙蘇白

東坡希慕樂天，其詩云：「應似香山老居士，世緣終淺道根深。」然樂天醞藉，東坡超邁，正自不同。魏鶴山詩云：「湓浦猿啼杜宇悲，琵琶彈淚送人歸。誰言蘇白名相似，試看風騷赤壁磯。」此論得之矣。（《四庫全書》本卷十三，王瑞來點校《鶴林玉露》甲編·卷三，第五二頁）

智按：宋魏了翁《鶴山集》卷十一《王常博寄示沌路七詩李肩吾用韻爲予壽因次韻》（其六）作：「湓浦猿哀杜宇嘑」。

⊙誠齋退休

楊誠齋自秘書監將漕江東，年未七十，退休南溪之上。老屋一區，僅庇風雨。長鬚赤腳，才三四人。徐靈暉贈公詩云：「清得門如水，貧唯帶有金。」蓋紀實也。聰明強健，享清閒之福十有六年。寧皇初元，與朱文公同召。文公出，公獨不出。文公與公書云：「更能不以樂天知命之樂，而忘與人同憂之憂，毋過於優游，毋決於遁思，則區區者，猶有望於斯世也。」然公高蹈之志，已不可回矣。嘗自贊云：「江風索我吟，山月喚我飲，醉倒落花前，天地為衾枕。」又云：「青白不形眼底，雌黃不出口中。只有一罪不赦，唐突明月清風。」（《四庫全書》本卷十四，王瑞來點校《鶴林玉露》甲編・卷四，第六三頁）

⊙試進士見燭

唐人詩云：「三條燭盡鐘初動，九轉丹成鼎未開，明月漸低人擾擾，不知誰是謫仙才。」此唐試進士見燭之驗也。白樂天奏狀云：「禮部試進士，例許用書册，兼得通宵。」蓋亦不禁懷挾矣。（《四庫全書》本補遺，王瑞來點校《鶴林玉露》甲編・卷四，第七三頁）

⊙相字音廝

白樂天詩云：「為問長安月，誰教不相離。」「相」字下自注云：「思必切。」乃知今俗作「廝」字者，非也。（《四庫全書》本卷十五，王瑞來點校《鶴林玉露》甲編・卷五，第七八頁）

⊙李太白《去婦詞》

李太白《去婦詞》云：「憶昔初嫁君，小姑才倚床。今日妾辭君，小姑如妾長。回頭語小姑，莫嫁如兄夫。」古今以為絕唱。然以余觀之，特忿恨決絕之詞耳，豈若《谷風》去婦之詞曰「毋逝我梁，毋發我笱」，雖遭放棄，而猶反顧其家，戀戀不忍乎！乃知《國風》優柔忠厚，信非後世詩人所能仿佛也。古今賦昭君詞多矣，唯白樂天云：「漢使卻回憑寄語，黃金何日贖蛾眉？君王若問妾顏色，莫道不如宮裏時。」前輩以為高出眾作之上，亦謂其有戀戀不忘君之意也。歐陽公《明妃詞》自以為勝太白，而實不及樂天。至於荆公云「漢恩自淺胡自深，人生樂在相知心」，則悖理傷道甚矣。杜子美儒冠忍餓，垂翅青冥，殘杯冷炙，酸辛萬狀，不得已而去秦，然其詩曰，「尚憐終南山，回首清渭濱」，戀君之意，藹然溢於言外。其為千載詩人之冠冕，良有以也。魏鶴山云：「處人倫之變，當以《三百五篇》為正。《考槃》、《小宛》之為臣，《小弁》、《凱風》之為子，《燕燕》、《谷風》之為婦，《終風》之為母，《柏舟》之為宗臣，《何人斯》之為友，皆不遇者也。而責己重以周，待人輕以約，優柔諄切，怨而不怒，憂而不敢疏也。東坡在黄在惠在儋，不患不偉，患其傷於太豪，便欠畏威敬怒之意。如『兹游最奇絕，所欠唯一死』之類，詞氣不甚平，又如《韓文公廟碑》詩云：『作書詆佛譏君王，要觀南海窺衡湘。』方作諫書時，亦冀諫行而跡隱，豈是故為詆訐，要為南海之行。蓋後世詞人多有此意，如『去國一身，高名千古』之類，十有八九若此。不知君臣義重，家國憂深。聖賢去魯去齊，不若是恝者，非以一去為難也。」此論精矣。（《四庫全書》本卷八，王瑞來點校《鶴林玉露》乙編・卷二，第一四一～一四二頁）

⊙楊太真

武惠妃薨，明皇悼念不已，後宮數千，無當意者。或言壽王妃楊氏之美，絕世無雙。帝見而悅之，乃令妃自以其意乞為女官，號「太真」，更為壽王娶韋昭訓女。潛納太真宮中，寵遇如惠妃，册為貴妃，與衛宣公納伋之妻無以異。白樂天《長恨歌》云：「楊家有女初長成，養在深閨人未識。天生麗質難自棄，一朝選在君王側。」為尊者諱也。近時楊誠齋《題武惠妃傳》云：「桂折秋風露折蘭，千花無朵可天顔。壽王不忍金宮冷，獨獻君王一玉環。」詞雖工，意亦未婉。唯李商隱云：「龍池賜酒敞雲屏，羯鼓聲高衆樂停。夜半宴歸宮漏永，薛王沉醉壽王醒。」其詞微而顯，得風人之體。（《四庫全書》本卷八，王瑞來點校《鶴林玉露》乙編・卷二，第一四二～一四三頁）

⊙以學為詩

趙昌父云：「古人以學為詩，今人以詩為學。」夫以詩為學，自唐以來則然。如嘔出心肝，掏擢胃腎，此生精力盡於詩者，是誠弊精神於無用矣。乃若古人，亦何嘗以學為詩哉！今觀《國風》，間出於小夫賤隸婦人女子之口，未必皆學也。而其言優柔諄切，忠厚雅正。後之經生學士，雖窮年畢世，未必能措一辭。正使以後世之學為詩，其胸中之不醇不正，必有不能掩者矣。雖貪者賦廉詩，仕者賦隱逸詩，亦豈能逃識者之眼哉！如白樂天之詩，曠達閒適，意輕軒冕，孰不信之？然朱文公猶謂：「樂天人多説其清高，其實愛官職，詩中及富貴處，皆説得口津津地涎出。」可謂能窺見其微矣。嗟夫！樂天之言，且不可盡信，況餘人乎！楊誠齋云：「古人之詩，天也；後世之詩，人焉而已矣。」此論得之。（《四庫全書》本卷九，王瑞來點校《鶴林玉露》乙

編・卷三，第一六二～一六三頁）

⊙「糕」字

劉禹錫作《九日》詩，欲用「糕」字，以其不經見，迄不敢用。故宋子京詩云：「劉郎不敢題糕字，虛負詩中一世豪。」然白樂天詩云：「移坐就菊叢，糕酒前羅列」，則固已用之矣。劉、白唱和之時，不知曾談及此否？（《四庫全書》本卷九，王瑞來點校《鶴林玉露》乙編・卷三，第一七〇頁）

⊙竹

松柏之貫四時，傲雪霜，皆自拱把以至合抱。惟竹生長於旬日之間，而干霄入雲，其挺特堅貞，乃與松柏等。此草木靈異之尤者也。白樂天、東坡、潁濱與近時劉子翬論竹甚詳，皆未及此。杜陵詩云：「平生憩息地，必種數竿竹。」梅聖俞云：「買山須買泉，種樹須種竹。」信哉！（《四庫全書》本卷十，王瑞來點校《鶴林玉露》乙編・卷四，第一八四頁）

⊙荊公議論

荊公詩云：「謀臣本自繫安危，賤妾何能作禍基。但願君王誅宰嚭，不愁宮裏有西施。」夫妲己者，飛廉、惡來之所寄也。褒姒者，聚子、膳夫之所寄也。太真者，林甫、國忠之所寄也。女寵蠱君心，而後憸壬階之以進，依之以安。大臣格君之事，必以遠聲色為第一義。而謂「不愁宮裏有西施」何哉？范蠡霸越之後，脫屣富貴，扁舟五湖，可謂一塵不染矣。然猶挾西施以行，蠡非悅其色也，蓋懼其復以蠱吳者而蠱越，則越不可保矣。於是挾之以行，以絕越之禍基，是蠡雖去越，未嘗忘越也。曾謂荊公之見而不及蠡乎？惟管仲之告齊桓公，以豎刁、易牙、開方為不可用，而謂聲色為不害霸，與荊公之論略同。其論商鞅曰：「今人未可非商鞅，商鞅能令政必行。」夫二帝三王之政，何嘗不行，奚獨有取於鞅哉？東坡曰：「商鞅、韓非之刑，非舜之刑，而所以用刑者，則舜之術也。」此說猶回護，不如荊公之直截無忌憚。其詠昭君曰：「漢恩自淺胡自深，人生樂在相知心。」推此言也，苟心不相知，臣可以叛其君，妻可以棄其夫乎？其視白樂天「黃金何日贖娥眉」之句，真天淵懸絕也。其論馮道曰：「屈己利人，有諸佛菩薩之行。」唐質肅折之曰：「道事十主，更四姓，安得謂之純臣？」荊公乃曰：「伊尹五就湯，五就桀，亦可謂之非純臣乎？」其強辨如此。又曰：「有伊尹之志，則放其君可也。有周公之志，則誅其兄可也。有周后妃之志，則求賢審官可也。」似此議論，豈特執拗而已，真悖理傷道也。荀卿立「性惡」之論、「法後王」之論，李斯得其說，遂以亡秦。今荊公議論過於荀卿，身試其說，天下既受其毒矣。章、蔡祖其說，而推演之，加以兇險，安得不產靖康之禍乎！荊公論韓信曰：「貧賤侵陵富貴驕，功名無復在芻蕘。將軍北面師降虜，此事人間久寂寥。」論曹參曰：「束髮山河百戰功，白頭富貴亦成空。華堂不著新歌舞，卻要區區一老翁。」二詩意卻甚正。然其當國也，偏執己見，凡諸君子之論，一切指為流俗，曾不如韓信之師李左車，曹參之師蓋公，又何也？（《四庫全書》本卷十，王瑞來點校《鶴林玉露》乙編・卷四，第一八六～一八七頁）

⊙鬻祠廟

荊公行新法，鬻坊場河渡，司農又請並祠廟鬻之。官既得錢，聽民為賈區，廟中穢雜喧踐，無所不至。張安道知南京，上疏言：「宋王業所基也，而以火德王。閼伯封於商丘，以主大火，微子為宋始封，此二祠者，獨不可免於鬻乎？」神考覽之震怒，批曰：「慢神辱國，無甚於斯！」於是天下祠廟皆得免鬻。近時豫章嘗於孺子亭賣酒，劉潛夫題詩云：「孺子亭前插酒旗，游人那解薦江蘺。白鷗欲下還飛起，曾見當年解榻時。」帥聞之，亟令住賣。嘉定間，臨安西湖上三賢堂亦賣酒，太學士人題詩云：「和靖東坡白樂天，幾年秋菊薦寒泉。如今往事都休問，且為官司趁酒錢。」府尹聞之，亦愧而止。（《四庫全書》本卷十二，王瑞來點校《鶴林玉露》乙編・卷四，第二〇六～二〇七頁）

⊙詩疊字

詩有一句疊三字者，如吳融《秋樹》詩云「一聲南雁已先紅，摵摵淒淒葉葉同」是也。有一句連三字者，如劉駕云「樹樹樹梢啼曉鶯，夜夜夜深聞子規」是也。有兩句連三字者，如白樂天云「新詩三十軸，軸軸金玉聲」是也。有三聯疊字者，如古詩云「青青河畔草，鬱鬱園中柳，盈盈樓上女，皎皎當窗牖，娥娥紅粉妝，纖纖出素手」是也。有七聯疊字者，昌黎《南山》詩云「延延離又屬，夬夬叛還遘，喁喁魚闖萍，落落月經宿，誾誾樹牆垣，巘巘架庫廄，參參削劍戟，煥煥銜瑩琇，敷敷花披萼，闟闟屋摧霤，悠悠舒而安，兀兀狂以狃，超超出猶奔，蠢蠢駭不懋」是也。近時李易安詞云：「尋尋覓覓，冷冷清清，淒淒慘慘戚戚」，起頭連疊七字，以一婦人，乃能創意出

奇如此。(《四庫全書》本卷十二，王瑞來點校《鶴林玉露》乙編·卷六，第二二六~二二七頁)

⊙黃綿襖

何斯舉云：壬寅正月，雨雪連旬，忽爾開霽，閭里翁媼相呼賀曰：「黃綿襖子出矣！」因作歌以紀之。此名甚新，但所以作歌未甚愜人意。乃更為補作一絕句云：「范叔綿袍暖一身，大裘只蓋洛陽人。九州四海黃綿襖，誰似天公賜予均。」白樂天詩云：「安得大裘長萬丈，與君都蓋洛陽人。」(《四庫全書》本卷一，王瑞來點校《鶴林玉露》丙編·卷一，第二五四頁)

⊙樂天對酒詩

古詩多矣，夫子獨取《三百篇》，存勸誡也。吾輩所作詩，亦須有勸誡之意，庶幾不為徒作。彼有繪畫琱刻，無益勸誡者，固為枉費精力矣。乃若吟賞物華，流連光景，過於求適，幾於誨淫教偷，則又不可之甚者矣。白樂天《對酒》詩曰：「蝸牛角上爭何事？石火光中寄此身。隨富隨貧且歡喜，不開口笑是癡人。」又曰：「百歲無多時壯健，一春能幾日晴明？相逢且莫推辭醉，聽唱陽關第四聲。」又曰：「昨日低眉問疾來，今朝收淚弔人回。眼前見例君看取，且遣琵琶送一杯。」自詩家言之，可謂流麗曠達，詞旨俱美矣。然讀之者，將必起其頹墮廢放之意，而汲汲於取快樂，惜流光，則人之職分，與夫古之所謂三不朽者，將何時而可為哉！且如《唐風·蟋蟀》之詩，蓋勸晉僖公以自虞樂也，然纔曰：「今我不樂，日月其除」，卽曰「無已太康，職思其居。」呂成公釋之曰：「凡人之情，解其拘者，或失於縱；廣其儉者，或流於奢；故疾未已，而新疾復生者多矣。」信矣！《唐風》之憂深思遠也。樂天之見，豈及是乎？(《四庫全書》本卷三，王瑞來點校《鶴林玉露》丙編·卷三，第二八七頁)

智按：又見明葉廷秀（？~一六五一）《詩譚續録》，《全明詩話》第五册，第四三五二頁；清蔡鈞（一六九四~?）輯《詩法指南》卷一（《續修四庫全書》影印清乾隆刻本）。

本朝士大夫多慕樂天，東坡尤甚。近時葉石林謂：「樂天與楊虞卿為姻家，而不累於虞卿；與元稹、牛僧孺相厚善，而不黨於元稹、僧孺；為裴晉公之所愛重，而不因晉公以進；李文饒素不相樂，而不為文饒所深害。推其所由，惟不汲汲於進而志在於退，是以能安於去就愛憎之際，每裕然而有餘也。」此論固已得之，然樂天非是不愛富貴者，特畏禍之心甚於愛富貴耳。其詩中於官職聲色事，極其形容，殊不能掩其戀嫪之意。其平生所善者，元稹、劉禹錫輩，亦皆逐逐聲利之徒，至一聞李文饒之敗，便作詩暢快之，豈非冤親未忘，心有偏黨乎？慕樂天者，愛而知其疵，可也。（《四庫全書》本卷三，王瑞來點校《鶴林玉露》丙編·卷三，第二八七頁）

智按：參見葉夢得《避暑録話》卷上。

羅大經，字景綸，廬陵（今江西吉安）人。約生於慶元初年，卒於淳祐末年以後。（據王瑞來《鶴林玉露·點校説明》）理宗寶慶二年（一二二六）進士，官容州法曹。淳祐十一年（一二五一），為撫州軍事推官。

魏慶之（一一九六？～一二七三？）

《詩人玉屑》

⊙詩辨第一·滄浪謂當學古人之詩

國初之詩，尚沿襲唐人，王黄州學白樂天，楊文公、劉中山學李商隱，盛文肅學韋蘇州，歐陽公學韓退之古詩，梅聖俞學唐人平澹處。至東坡、山谷，始自出己法以為詩，唐人之風變矣。（卷一，王仲聞校勘《詩人玉屑》，第三頁）

⊙臞翁詩評

因暇日與弟侄輩評古今諸名人詩：魏武帝如幽燕老將，氣韻沉雄；曹子建如三河少年，風流自賞；鮑明遠如饑鷹獨出，奇矯無前；謝康樂如東海揚帆，風日流麗；陶彭澤如絳雲在霄，舒卷自如；王右丞如秋水芙蕖，倚風自笑；韋蘇州如園客獨繭，暗合音徽；孟浩然如洞庭始波，木葉微脱；杜牧之如銅丸走阪，駿馬注坡；白樂天如山東父老課農桑，言言皆實；元微之如李龜年説天寶遺事，貌悴而神不傷；劉夢得如鏤冰雕瓊，流光自照；

李太白如劉安雞犬，遺響白雲，覈其歸存，恍無定處；韓退之如囊沙背水，惟韓信獨能；李長吉如武帝食露盤，無補多欲；孟東野如埋泉斷劍，卧壑寒松；張籍如優工行鄉飲，酬獻秩如，時有詼氣；柳子厚如高秋獨眺，霽晚孤吹；李義山如百寶流蘇，千絲鐵網，綺密瓌妍，要非適用。本朝蘇東坡如屈注天潢，倒連滄海，變眩百怪，終歸雄渾；歐公如四瑚八璉，止可施之宗廟；荊公如鄧艾縋兵入蜀，要以險絕為功；山谷如陶弘景祗詔入宮，析理談玄，而松風之夢故在；梅聖俞如關河放溜，瞬息無聲；秦少游如時女步春，終傷婉弱；後山如九皋獨唳，深林孤芳，沖寂自妍，不求識賞；韓子蒼如梨園按樂，排比得倫；呂居仁如散聖安禪，自能奇逸。其他作者，未易殫陳。獨唐杜工部，如周公制作，後世莫能擬議。（卷二，王仲聞校勘《詩人玉屑》，第十八頁）

智按：參見敖陶孫（一一五四～一二二七）《詩評》（《四庫全書》本《江湖小集》卷四十五）；《升庵詩話》卷八「孫器之評詩」。

⊙滄浪詩評

顧況詩多在元、白之上，稍有盛唐風骨處。（卷二，王仲聞校勘《詩人玉屑》，第二十頁）

和韻最害人詩，古人酬唱不次韻，此風始盛於元、白、皮、陸，而本朝諸賢，乃以此而鬬工，遂至往復有八九和者。（卷二，王仲聞校勘《詩人玉屑》，第二十一頁）

⊙詩體（上）

以時而論，則有：建安體（漢末年號。曹子建父子及鄴中七子之詩），黄初體（魏年號。與建安相接。其體一也。）……大曆體（大曆十才子之詩），元和體（元白諸公）。晚唐體，本朝體。（通前後而言之。〇按：《滄浪詩話》「晚唐體」、「本朝體」分列。）……（卷二，王仲聞校勘《詩人玉屑》，第二十四頁）

以人而論，則有：蘇李體（李陵蘇武），曹劉體（子建公幹），陶體（淵明）……盧仝體，白樂天體，元白體（微之、樂天，其體一也。〇按：《滄浪

詩話》三體分列。)(王仲聞校勘《詩人玉屑》，第二十五頁)

有律詩至百五十韻者(少陵有百韻律詩，白樂天亦有之，而本朝王黄州有百五十韻五言律)。(卷二，王仲聞校勘《詩人玉屑》，第二十九頁)

⊙句法·誠齋論驚人句

詩有驚人句。杜《山水障》:「堂上不合生楓樹，怪底江山起煙霧。」又:「斫卻月中桂，清光應更多。」白樂天云:「遙憐天上桂華孤，為問姮娥更有無。月中應有閒田地，何不中央種兩株。」韓子蒼《衡嶽圖》:「故人來自天柱峯，手提石廩與祝融。兩地陂陀幾百里，安得置之行李中。」此亦是用東坡云:「我持此石歸，袖中有東海。」杜牧之云:「我欲東召龍伯公，上天揭取北斗柄。」「蓬萊頂上斡海水，水盡到底看海空。」李賀云:「女媧鍊石補天處，石破天驚逗秋雨。」(卷三，王仲聞校勘《詩人玉屑》，第五十頁)

⊙句法·唐人句法

(唐人句法)清新(者)，白居易《聞蟬》:「微月初三夜，新蟬第一聲。」白居易《途中成秋》:「樹初黄葉日，人欲白頭時。」(卷三，王仲聞校勘《詩人玉屑》，第六二頁)

綺麗者，白居易《獻裴令公》:「舞鬟金翡翠，歌頸玉蠐螬。」(卷三，王仲聞校勘《詩人玉屑》，第六三頁)

警策者，《松江亭》:「雁斷知風急，湖平得月多。」白居易《贈韋山人》:「客為忙多去，僧因飯暫留。」(卷三，王仲聞校勘《詩人玉屑》，第七二頁)

合璧句中意相關:白居易《獻裴令公》:「徑滑苔粘屐，潭深水沒篙。」(卷三，王仲聞校勘《詩人玉屑》，第七四頁)

眼用實字，白居易《避地越地江樓望歸》:「旅愁春入越，鄉夢夜歸秦。」白居易《宴散》:「殘暑蟬催盡，新秋雁帶來。」(卷三，王仲聞校勘《詩人玉屑》，第七七~七八頁)

⊙初學蹊徑·向背

學詩當以子美為師，有規矩，故可學。退之於詩，本無解處，以才高而好耳。淵明不為詩，寫其胸中之妙耳。學杜無成，不失為工，無韓之才，與陶之妙，而學其詩，終樂天耳。(後山)(卷五，王仲聞校勘《詩人玉屑》，第一一六頁)

⊙命意·詩要有野意

人之為詩，要有野意。蓋詩非文不腴，非質不枯，能始腴而終枯，無中邊之殊，意味自長。風人以來，得野意者，惟淵明耳。如太白之豪放，樂天之淺陋，至於郊寒島瘦，去之益遠。子嘗欲作野意亭以居，一日題山石云：「山花有空相，江月多清暉。野意寫不盡，微吟浩忘歸。」人多與之，吾終恐其不似也。(《休齋詩話》)（卷六，王仲聞校勘《詩人玉屑》，第一二九頁）

⊙下字·忌重疊字

白樂天寄劉夢得詩，有「歎蚤白無兒」之句，劉贈詩曰：「莫嗟華髮與無兒，卻是人間久遠期。雪裏高山頭白蚤，海中仙果子生遲。于公必有高門處，謝守何煩曉鏡悲。倖免如斯他非淺，祝君長詠夢熊詩。」注云：「高山本高，于門使之高，二字意殊，古之詩流曉此。」唐人忌重疊用字者甚多。東坡一詩有兩字「耳」字韻，亦曰義不同。（《三山老人語録》）（卷六，王仲聞校勘《詩人玉屑》第一四三頁）

智按：清吳景旭《歷代詩話》卷五十「重用字」：

夢得《贈樂天》中兩聯云：「雪裏高山頭早白，海中仙果子生遲。于公必有高門慶，謝守何煩曉鏡悲」。吳旦生曰：夢得自注：「高山本高，高門使之高，二字為義不同」。《三山老人語録》云：「樂天寄劉詩有『歎早白無兒』之語，劉以此詩贈之，自注二高字。唐人忌重疊用字，今人則疊用字甚多。」楊升庵謂：「此類為旁犯之例」。謝茂秦謂：「兩聯最忌重字，或犯首尾可矣。子美：『江閣邀賓許馬迎』，『醉於馬上往來輕』。摩詰：『尚衣方進翠雲裘』，『萬國衣冠拜冕旒』。二公重字，不害為大家。」

東坡《送江公著》詩云：「忽憶釣臺歸洗耳」；又云：「亦念人生行樂耳」。自注：「二耳義不同，故得重用」。因按古人一字二義，往往重押，如古詩：「晨風懷苦心，蟋蟀傷局促」；又云：「音響一何悲，弦悲知柱促」。曹子建《美女篇》：「明珠交玉體，珊瑚間木難」；又云：「佳人慕高義，求賢良獨難」。謝靈運《初去郡》詩：「或可優貪競，豈足稱達生」；又云：「畢娶類尚子，薄遊似邴生」。陸士衡《豫章行》：「泛舟清川渚，遙望江山陰」；又云：「寄世將幾何，日昃無停陰」。江淹《雜體詩》：「韓公淪賣藥，梅生隱市門」；

又云：「太平多歡款，飛蓋東都門」。王仲宣《從軍》詩：「連舫逾萬艘，帶甲千萬人」；又云：「我有素餐責，誠愧伐檀人」。至唐時，效此重押者不一，而老杜之詩尤多。

⊙用事・皆用古語

荊公賦梅花云：「肌冰綽約如姑謝，膚雪參差是玉真。」莊子曰：「藐姑射之山，有神人居焉：肌膚若冰雪，綽約若處子。」樂天《長恨歌》曰：「中有一人字玉真，雪膚花貌參差是。」兩句皆用古語，但易一「如」字爾。（《東平雜録》）（卷七，王仲聞校勘《詩人玉屑》，第一五四頁）

⊙屬對・對偶親切

「帝與九齡雖吉夢，山呼萬歲是虛聲。」此樂天作開成大行挽詞，對事親切，少有其比也。（《王直方詩話》）（卷七，王仲聞校勘《詩人玉屑》，第一六七頁）

⊙煆煉・樂天

《冷齋夜話》云：「白樂天每作詩，令一老嫗解之，問曰，解否？嫗曰解，則録之；不解，則又復易之。故唐末之詩，近於鄙俚。」又張文潛云：「世以樂天詩為得於容易，而耒嘗於洛中一士人家，見白公詩草數紙，點竄塗抹，及其成篇，殆與初作不侔。」苕溪漁隱曰：「樂天詩雖涉淺近，不至盡如冷齋所云，余舊嘗於一小説中曾見此説，心不然之，惠洪乃取而載之詩話，是豈不思詩至於老嫗解，烏得成詩也哉！余故以文潛所言，正其謬耳。」（卷八，王仲聞校勘《詩人玉屑》，第一七五頁）

⊙奪胎換骨・總説

山谷言：「詩意無窮，而人才有限；以有限之才，追無窮之意，雖淵明、少陵，不得工也。不易其意而造其語，謂之換骨法；規摹其意而形容之，謂之奪胎法。」如鄭谷詩：「自缘今日人心別，未必秋香一夜衰。」（智按：《十日菊》）此意甚佳，而病在氣不長。西漢文章雄深雅健，其氣長故也。曾子固曰：「詩當使人一覽語盡，卻意有餘，乃古人用心處。」荊公菊詩曰：「千花百卉雕零後，始見閒人把一枝。」東坡曰：「萬事到頭都是夢，休休，明日黃花蝶也愁。」又李翰林曰：「鳥飛不盡暮天碧」，又曰「青天盡處沒孤鴻。」其病如前所論。山谷達觀臺詩曰：「瘦藤拄到風煙上，乞與游人眼豁開。不知眼界闊多少，白鳥去盡青天回。」凡此之類，皆換骨法也。顧況詩曰：「一別二十年，人堪幾回別。」其詩簡緩而意精確。荊公與故人詩曰：「一日君家把酒杯，六年波浪與塵埃。不知烏石岡頭路，到老相尋得幾回。」樂天詩：「臨風杪秋樹，對酒長年身。醉貌如霜葉，雖紅不是春。」東坡詩：「兒童誤喜朱顏在，一笑那知是酒紅。」凡此之類，皆奪胎法也。(《冷齋夜話》)（卷八，王仲聞校勘《詩人玉屑》，第一九〇頁）

⊙點化·尤更精巧

詩選云：朱喬年絕句：「春風吹起籜龍兒，戢戢滿山人未知。急喚蒼頭斸煙雨，明朝吹作碧參差。」蓋前人有詠筍云：「急忙且吃莫踟躕，一夜南風變成竹。」喬年點化，乃爾精巧。余觀魯直已先有此句，《從斌老乞苦筍》云：「煩君更致蒼玉束，明日風雨皆成竹。」前詩並蹈襲魯直也。(《漁隱》)

玉林云：按白樂天筍詩云：「且契莫踟躕，南風吹作竹。」亦襲此語耳。

詩家有換骨法，謂用古人意而點化之，使加工也。李白詩云：「白髮三千丈，緣愁似個長」，荊公點化之則云：「繅成白髮三千丈」。劉禹錫云：「遙望洞庭湖面水，白銀盤裹一青螺」，山谷點化之云：「可惜不當湖水面，銀山堆裹看青山」。孔稚圭《白苧歌》云：「山虛鍾響徹」，山谷點化之云：「山空響管弦」。盧仝詩云：「草石是親情」，山谷點化之云：「小山作友朋，香草當姬妾」。學詩者不可不知此。（卷八，王仲聞校勘《詩人玉屑》，第一九二頁）

⊙點化·精彩數倍

山谷《黔南十絕》，七篇全用樂天《花下對酒》、《渭川舊居》、《東城尋春》、《西樓》、《委順》、《竹窗》等詩，餘三篇用其詩略點化而已。葉少蘊云：「詩人點化前作，正如李光弼將郭子儀之軍，重經號令，精彩數倍。」此語誠然。(《韻語陽秋》)（卷八，王仲聞校勘《詩人玉屑》，第一九三頁）

⊙托物·誠齋論比擬

白樂天女道士詩云：「姑山半峰雪，瑤水一枝蓮。」此以花比美婦人也。東坡海棠云：「朱唇得酒暈生臉，翠袖卷紗紅映肉。」此以美婦人比花也。山谷酴醿云：「露濕何郎試湯餅，日烘荀令炷爐香。」此以美丈夫花也。山谷此

詩出奇，古人所未有。然亦是用荷花似六郎之意。（卷九，王仲聞校勘《詩人玉屑》，第一九五頁）

⊙含蓄·句含蓄意含蓄

詩有句含蓄者，老杜曰：「動業頻看鏡，行藏獨倚樓。」鄭雲叟曰：「相看臨遠水，獨自上孤舟」是也。有意含蓄者，如《宮詞》曰：「銀燭秋光冷畫屏，輕羅小扇撲流螢。天階夜色涼如水，卧看牽牛織女星。」又《嘲人》詩曰：「怪來莊閣閉，朝下不相迎。總向春園裏，花間笑語聲」是也。有句意俱含蓄者，如《九日》詩曰：「明年此會知誰健，更把茱萸子細看。」又《宮怨》曰：「賓仗平明宮殿開，暫將紈扇共徘徊。玉容不及寒鴉色，猶帶昭陽日影來」是也。又白樂天云：「淚滿羅巾蘿不成，夜深前殿按歌聲。紅顔未老恩先斷，斜倚薰籠坐到明。」（卷十，王仲聞校勘《詩人玉屑》，第二〇九～二一〇頁）

⊙體用·如詠禽須言其標緻祇及羽毛飛鳴則陋矣

眾禽中，唯鶴標緻高逸，其次鷺亦閑野不俗。又嘗見於六經，後之詩人，形於賦詠者不少，而規規然祇及羽毛飛鳴之間。如詠鶴云：「低頭乍恐丹砂落，歙翅常疑白雪銷。」此白樂天詩；「丹頂西施頰，霜毛四皓鬢。」此杜牧之詩；皆格卑無遠韻也。至於鮑明《遠鶴賦》云：「鍾浮曠之藻思，抱清迥之明心」；杜子美云：「老鶴萬里心」；李太白《畫鶴贊》云：「長唳風宵，寂立霜曉」；劉禹錫云：「徐引竹間步，遠含雲外情」，此乃奇語也。如詠鷺云：「拂日疑星落，淩風訝雪飛。」此李文饒詩；「立當青草人先見，行近白連魚未知。」此雍陶詩；亦格卑無遠韻。至於《晚晴賦》云：「忽八九之紅芰，如婦如女，墮蕊黦顔，似見放棄；白鷺潛來，邈風標之公子，窺此美人兮，如慕悦其容媚。」雖語近於纖豔，然亦善比興者。至於許渾云：「雲漢知心遠，林塘覺思孤」；僧惠崇云：「曝翎沙日暖，引步島風清。照水千尋迥，棲煙一點明。」此乃奇語也。（《庚溪詩話》）（卷十，王仲聞校勘《詩人玉屑》，第二一六頁）

⊙風調·薛能劉白

薛能，晚唐詩人，格調不高，而妄自尊大。有《柳枝詞》五首，最後一章曰：「劉白蘇臺總近時，當初章句是誰推？纖腰舞盡春楊柳，未有儂家一首詩。」自注云：「劉、白二尚書繼為蘇州刺史，皆賦楊柳枝詞，世多傳唱；但文字太僻，宮商不高耳。」能之大言如此。但稍推杜陵，視劉、白蔑如也。今讀其詩，正堪一笑。劉之詞云：「城外春風吹酒旗，行人揮袂日西時。長安陌上無窮樹，惟有垂楊管別離。」白之詞云：「紅板江橋青酒旗，館娃宮暖日斜時。可憐雨歇東風定，萬樹千條各自垂。」其風流氣概，豈能所可彷彿哉！（《隨筆》）（卷十，王仲聞校勘《詩人玉屑》，第二一七頁）

⊙知音·白樂天

樂天初舉，名未振，以歌詩投顧況，況戲之曰：「長安物貴，居大不易。」及讀至《原上草》云：「野火燒不盡，春風吹又生。」曰：「有句如此，居亦何難？老夫前言戲之耳！」（《古今詩話》）（卷十，王仲聞校勘《詩人玉屑》，第二二七頁）

⊙礙理·長恨歌 古柏行

白樂天《長恨歌》云：「峨眉山下少人行。」峨眉在嘉州，與幸蜀全無交涉。杜詩云：「霜皮溜雨四十圍，黛色參天二千尺。」四十圍乃是徑十尺，無乃太細長乎！皆文章之病也。（卷十一，王仲聞校勘《詩人玉屑》，第二四二頁）

⊙考證

「迎旦東風騎蹇驢」絕句，決非盛唐人氣象，只似白樂天言語。今世俗圖畫以為少陵詩，漁隱亦辯其非矣，而黃伯思編入杜集，何也？（卷十一，王仲聞校勘《詩人玉屑》，第二四五頁）

荊公《百家詩選》，蓋本於唐人《英靈》、《間氣》集。其初明皇、德宗、薛稷、劉希夷、王適、韋述之詩，無少增損，次序亦同。孟浩然但增其數，儲光羲後方是荊公自去取。前卷讀之盡佳，非其選擇之精，蓋盛唐人之詩無不可觀者。至於大曆以後，其去取深不滿人意。況唐人如沈、宋、王、楊、盧、駱、陳拾遺、張曲江、賈至、王維、獨孤及、韋應物、孫逖、祖詠、劉昚虛、綦毋潛、劉長卿、李長吉諸公，皆大名家；李、杜、韓、柳、元、白，以家有其集，故不載，而此集無之。荊公當時所選，但據宋次道家之所有耳。其序乃言觀唐詩者，觀此足矣，豈不誣哉？今人但以荊公所選，斂衽而莫敢議，可歎也。（卷十一，王仲聞校勘《詩人玉屑》，第二四七～二四八頁）

◎品藻古今人物

⊙論子厚樂天淵明詩

子厚之貶，其尤悲憔悴之歎，發於詩者，特為酸楚。閔己傷志，固君子所不免，然亦何至是！卒以憤死，未為達理也。樂天既退閑，放蕩物外，若真能脱屣軒冕者；然榮辱得失之際，銖銖棱量面自矜其達，每詩未嘗不著此意，是豈真能忘之者哉！亦力勝之耳。惟淵明則不然，觀其貧士、責子與其他所作，當尤則尤，遇喜則喜，忽然尤樂兩忘，則隋所遇面皆適，未嘗有擇於其間；所謂超世遺物者，要當如是面後可也。觀三人之詩，以意逆志，人豈難見！以是論賢不肖之實，亦何可欺乎！（《蔡寬夫詩話》）（卷十二，王仲聞校勘《詩人玉屑》，第二五二～二五三頁）

⊙韓杜

杜之詩，韓之文，法也。詩文各有體，韓以文為詩，杜以詩為文，故不工耳。蘇子瞻曰：子美之詩，退之之文，魯公之書，皆集大成者也。學詩當以子美為師；有規矩，故可學。退之於詩，本無解處，以才高而好耳。淵明之為詩，寫其胸中之妙耳。學杜不成，不失為工；無韓之才，與陶之妙，而學其詩，終為樂天耳。（《後山詩話》）（卷十二，王仲聞校勘《詩人玉屑》，第二五三頁）

⊙老杜之仁心優於樂天

老杜《茅屋為秋風所破歌》云：「自經喪亂少睡眠，長夜沾濕何由徹。安得廣廈千萬間，大庇天下寒士俱歡顔，風雨不動安如山。嗚呼！何時眼前突兀見此屋，吾廬獨破受凍死亦足。」樂天《新制布裘》云：「安得萬里裘，蓋裹週四垠。穩暖皆如我，天下無寒人。」《新制綾襖成》：「百姓多寒無可救，一身獨暖亦何情。心中為念農桑苦，耳裏如聞饑凍聲。爭得大裘長萬丈，與君都蓋洛陽城。」皆伊尹自任一夫不獲之辜也。或謂子美詩意，寧苦身以利人，樂天詩意，推身利以利人。二者較之，少陵為難。然老杜，饑寒而憫人饑寒者也。白氏，飽暖而憫人饑寒者也。尤勞者易生於善慮，安樂者多失於不思，樂天疑優。或人又謂曰：白氏之官稍達，而少陵尤卑。子美之語在前，而長慶在後。達者宜急而卑者可緩也。前者唱導，後者和之爾。同合而論，則老杜之仁心差賢矣。（《砦溪》）（卷十二，王仲聞校勘《詩人玉屑》，第二

五四頁）

⊙蔡伯衲詩評

柳子厚詩雄深簡澹，迥拔流俗，至味自高，直揖陶謝，然似入武庫，但覺森嚴。王摩詰詩渾厚一段，覆蓋古今，但如久隱山林之人，徒成曠淡。杜少陵詩自與造化同流，孰可擬議。至若君子高處廊廟，動成法言，恨終欠風韻。黄太史詩妙脱蹊逕，言侔鬼神，唯胸中無一點塵，故能吐出世間語，所恨務高，一似參曹洞下禪，尚墮在玄妙窟裏。東坡公詩天才宏放，宜與日月爭光，凡古人所不到處，發明殆盡，萬斛泉源，未為過也。然頗恨方朔極諫，時雜滑稽，故罕逢蘊藉。韋蘇州詩如渾金璞玉，不假雕琢成妍，唐人有不能到。至其過處，大似村寺高僧，奈時有野態。劉夢得詩法則既高，滋味亦厚，但正若巧匠矜能，不見少拙。白樂天詩自擅天然，貴在近俗，恨如蘇小雖美，終帶風塵。李太白詩逸態淩雲，照映千載，然時作齊梁間人體段，略不近溫厚。韓退之詩山立霆碎，自成一法，然譬之樊侯冠，微露粗疏，與柳州詩若捕龍蛇，搏虎豹，急與之角，而力不敢暇，非輕蕩也。薛許昌詩天分有限，不逮諸公遠矣。至合人意處，正若芻豢，時復咀嚼自佳。王介甫詩雖乏風骨，一番去清新，似方學語小兒，酷令人愛。歐陽公詩溫麗深穩，自是學者所宗，然似三館畫手，未免多與古人傳神。杜牧之詩風調高華，片言不俗，有類新及第少年，略無少退藏處，固難成一唱而三歎也。右此十四公，皆吾平生宗師，追仰所不能及者，留心既久，故間得以議之。至若古今詩人，自是珠聯玉映，則又有不得而知也已。（《西清詩話》）（卷十二，王仲聞校勘《詩人玉屑》，第二五九～二六〇頁）

⊙四雨

介甫云：「梨花一枝春帶雨」，「桃花亂落如紅雨」，「朱簾暮卷西山雨」，皆警句也。然不若「院落深沉杏花雨」為佳。予謂「杏花雨」固佳，然而「梨花院落溶溶月，柳絮池塘淡淡風」，卻於風月上寫出柳絮梨花，尤有精神。然嘗欲轉移兩句，作「溶溶院落梨花月，淡淡池塘柳絮風」，此老杜「紅稻啄餘鸚鵡粒，碧梧棲老鳳凰枝」格也。（休齋）（卷十二，王仲聞校勘《詩人玉屑》，第二六二頁）

⊙誠齋評五言長韻

五言長韻古詩，如白樂天《游悟真寺詩》一百韻，真絕倡（唱）也。（卷十二，王仲聞校勘《詩人玉屑》，第二六四頁）

⊙悠然見南山

東坡以淵明有「采菊東籬下，悠然見南山」，而無識者以「見」為「望」，不啻碔砆之與美玉。予觀樂天效淵明詩，有云：「時傾一樽酒，坐望東南山。」然則流俗之失久矣。惟韋蘇州《答長安丞裴稅（智按：一作説）》詩，有云：「采菊露未晞，舉頭見秋山。」乃知真得淵明詩意，而東坡之説為可信。（《復齋漫録》）（卷十三，王仲聞校勘《詩人玉屑》，第二八一頁）

智按：此則又見宋吳曾撰《能改齋漫録》卷三、宋蔡正孫編《詩林廣記》卷一、宋胡仔撰《苕溪漁隠叢話後集》卷三、宋阮閱撰《詩話總龜後集》卷二十五「傚法門」、明鐂績撰《霏雪録》卷下，文字不盡相同。

⊙草堂·詞氣如百金戰馬

老杜陷賊時，有《哀江頭》詩曰：「少陵野老吞聲哭，春日潛行曲江曲。江頭宮殿鎖千門，細柳新蒲為誰緑！憶昔霓旌下南苑，苑中萬物生顏色。昭陽殿裏第一人，同輦隨君侍君側。輦前才人帶弓箭，白馬嚼齧黃金勒。翻身向天仰射雲，一箭正墜雙飛翼。明眸皓齒今何在？血污游魂歸不得。清渭東流劍閣深，去住彼此無消息。人生有情淚沾臆，江水江花豈終極！黃昏胡騎塵滿城，欲往城南忘城北。」予愛其詞氣如百金戰馬，注坡驀澗，如履平地。得詩人之遺法。如白樂天詩，詞甚工，然拙於紀事，寸步不遺，猶恐失之，此所以望老杜之藩垣而不及也。（卷十四，王仲聞校勘《詩人玉屑》，第三一一頁）

⊙韓文公·晉公賡酬

退之和裴晉公征淮西時過女兒山詩云：「旗穿曉日雲霞雜，山倚秋空劍戟明。敢請相公平賊後，暫擢諸吏上崢嶸。」而晉公之詩無見，惟白樂天集載其一聯云：「待平賊壘報天子，莫指仙山示老夫。」方時意氣自信不疑如此，豈容令狐楚輩沮撓乎，晉公文字世不傳，晚年與劉、白放浪緑野橋，多為唱和，間見人文集，語多質直運厚，計應似其為人。如「灰心緣忍事，霜鬢為論兵」

之類，可謂深婉。李文定公迪在中書，嘗諷誦此兩句，親書於壁。(《蔡寬夫詩話》)（卷十五，王仲聞校勘《詩人玉屑》，第三二二頁）

⊙孟東野·寒澁

司空圖善論前人詩。如謂元、白為力勍氣孱，乃都會之豪估；郊、島非附於寒澁，無所置才；皆切中其病。及自評其作，乃以「南樓山最秀，北路邑偏清」為假令作者復生，亦當以著題見許。此殆不可曉。當局者迷，固人情之通患。如樂天所謂斸石破山，先觀鑱迹；發矢中的，兼聽弦聲。使不見其詩，而聞此語，當以為如何哉！（《蔡寬夫詩話》）（卷十五，王仲聞校勘《詩人玉屑》，第三二九頁）

⊙孟東野·郊之胸次形於詩句

孟東野一不第而有「出門即有礙，誰謂天地寬」語，若無所容其身者。老杜雖落魄不偶，而氣常自若，如「納納乾坤大」，何其壯哉！白樂天亦云：「無事日月長，不羈天地闊。」與郊異矣。然未若邵康節「靜處乾坤大，閒中日月長。」尤有味也。(《休齋》)（卷十五，王仲聞校勘《詩人玉屑》，第三三一頁）

⊙孟東野·郊寒島瘦

東坡《祭柳子玉文》：「郊寒島瘦，元輕白俗。」此語具眼。客見詰曰：「子盛稱白樂天、孟東野詩，又愛元微之詩，而取此語何也?」僕曰：「論道當嚴，取人當恕。此八字，東坡論道之語也。」(《許彥周詩話》)（卷十五，王仲聞校勘《詩人玉屑》，第三三二頁）

⊙劉賓客·獨步元和

劉夢得竹枝九章，詞意高妙，元和間誠可以獨步。道風欲而不俚，追古昔而不愧；比之杜子美夔州歌，所謂同工而異曲也。昔子瞻嘗聞余詠第一篇，歎曰：此奔軼絕塵，不可追也。《淮陰行》情調殊麗，語意尤穩切，白樂天、元微之為之，皆不入此律也。唯「無耐脫菜時」不可解，當待博物洽聞者説也。《三閣詞》四章，可以配黍離之詩，有國存亡之鑒也。大概夢得樂府小章優於大篇，詩優於它文耳。（山谷）（卷十五，王仲聞校勘《詩人玉屑》，第三三七頁）

⊙劉賓客·樂天評詩

杜甫善評詩，其稱薛稷詩云：「驅中越陝郊，北顧臨大河。」美矣。又稱李邕《六公篇》，恨不見之，皇甫湜《題浯溪頌》云：「次山有文章，可惋只在碎！」亦善評文者。若白居易，殊不善評詩。其稱徐凝《瀑布》詩云：「千古長如白練飛，一條界破青山色。」又稱劉禹錫「雪裏高山頭白早，海中仙果子生遲。」「沉舟側畔千帆過，病樹前頭萬木春。」此皆常語也，禹錫自有可稱之句甚多，顧不能知之耳！（《隱居詩話》）（卷十五，王仲聞校勘《詩人玉屑》，第三三九頁）

◎香山

⊙五長

白樂天諷論之詩長於激，閒適之詩長於遣，感傷之詩長於切。律詩百言以上長於贍，五字七字百言以下長於情。（《詩苑類格》）

⊙造理

富貴於人，造物所靳。自古以來，多不在於少年，常在於晚景，若少年富貴者，非曰無之，蓋亦鮮矣。人至晚景，得富貴未免置第宅，售奴妾，以償其平生所不足者。如樂天詩云：「多少朱門鎖空宅，主人到了不曾歸。」司空曙詩：「黄金用盡教歌舞，留與他人樂少年。」讀此二詩，使人淒然，誠不足為此也。（《漁隱》）

⊙達道

白氏集中，頗有遣懷之作，故達道之人，率多愛之。余友李公維録出其詩，名曰《養恬集》；余亦如之，名曰助道。其詞語蓋於經教法門，用此彌縫其闕，而直截曉悟於人也。余愛其詩云：「義和走馭趁年光，不許人間日月長。遂使四時都似電，爭教兩鬢不成霜！榮銷枯至無非命，壯盡衰來亦是常。已共身心要約定，窮通生死不驚忙。」予今擬其句語，聊加變易，入於別韻，前述時景之迅遷，後述世態之不一，而終篇亦斷之以『不驚』也。詩云：「義和走馭趁年華，不使人間歲月賒。春正豔陽春即老，日方亭午日還斜。時情莫測深如海，世事難齊亂似麻。已共身心要約定，古今如此勿驚嗟。」（《法藏碎金》）

⊙達者之詞

白樂天詩曰：「無事日月長，不羈天地闊。」此達者之詞也。孟東野詩曰：「出門即有礙，誰謂天地寬！」此褊狹者之詞也。（《青箱雜記》）

⊙秀句

樂天詩：「春色辭門柳，秋聲到井桐。」此語未易及。（《許彦周詩話》）

⊙工於對

杜子美善於用故事及當語，多離析或倒其句而用之。蓋如此則語峻而體健，意亦深穩矣。如『露從今夜白，月是故鄉明』之類是也。樂天工於用對，寄微之詩云：「白頭吟處變，青眼望中穿。」可為佳句。然不若『別來頭並白，相見眼終青』尤為工也。（《麈史》）

⊙草詩

樂天以詩謁顧況，况喜其《咸陽原上草》云：「野火燒不盡，春風吹又生。」予以為不若劉長卿『春入燒痕青』之句語簡而意蓋。（《復齋漫録》）

⊙昭君詞

古今人作昭君詞多矣，余獨愛白樂天一絕云：「漢使卻回憑寄語，黄金何日贖蛾眉？君王若問妾顔色，莫道不如宫裏時。」蓋其意優游而不迫切故也。然樂天賦此詩，年甚少。（《王直方詩話》）

⊙寒食詩

東坡云：與郭生游寒溪，主簿吴亮置酒，郭生善作挽歌，酒酣發聲，坐為淒然。郭生言恨無佳詞，因改樂天寒食詩歌之，坐客有泣者。其詞曰：「烏啼鵲噪昏喬木，清明寒食誰家哭！風吹曠野紙錢飛，古墓纍纍春草緑。棠梨花映白楊路，儘是死生離別處。冥寞重泉哭不聞，蕭蕭暮雨人歸去。」每句雜以散聲。（王直方）

⊙桑落酒

河中桑落坊有井，每至桑落時，取其寒暄得所，以井水釀酒甚佳，故號桑落酒。舊京人呼為桑郎，蓋語訛耳。庾信詩云：「蒲城桑落酒，灞岸菊花秋。」白居易詩云：「桑落氣薰珠翠暖，柘枝聲引管弦高。」（《國史補》）

⊙海圖屏風詩

樂天題海圖屏風詩，略曰：「或者不量力，謂兹鼇可求。贔屭牽不動，綸絕沉其鉤。一鼇既頓頷，諸鼇齊掉頭。噴風激飛廉，鼓波怒陽侯。遂使江漢水，朝宗意亦休。」吾讀此詩，感劉隗、李訓、薛文通等事，為之太息。（《隱居詩話》）

吳元濟以蔡叛，犯許汝以驚東都，此豈可不討者也。當時議者欲置之，固為非策；然不得武、裴二傑，事亦未易辨也。樂天豈庸人哉，然其議論，亦似欲置之者。其詩有《海圖屏風》者，可見其意。且注云：「時方討淮蔡。」吾以是知仁人君子之於兵，蓋不忍輕用如此。淮蔡且欲以德懷，況欲弊所恃以勤無用乎？悲夫！此未易與世士談也。二説未知孰是。（東坡）

智按：「二説未知孰是」六字，乃宋胡仔《苕溪漁隱叢話前集》卷二十一語，非東坡語。

⊙玲瓏歌

商玲瓏，餘杭歌者，樂天作郡日賦歌與之云：「龍胡琴，掩秦瑟，玲瓏再拜歌初畢。誰道使君不解歌，聽唱黃雞與白日。黃雞催曉丑時鳴，白日催年酉前沒。腰間紫綬繫未穩，鏡裏朱顏看已失。玲瓏玲瓏奈老何，使君歌了汝還歌。」時元微之在越州，厚幣邀至，月餘使盡歌所唱之曲，作詩送行，兼寄樂天云：「休遣玲瓏唱我詞，我詞多是寄君詩。卻向江邊整回棹，月落潮平是去時。」苕溪漁隱曰。東坡用此歌，夜飲次韻畢推官云：「紅燭照庭嘶騕嫋，黃雞催曉唱玲瓏。」又《次韻蘇伯固主簿重九日》云：「只有黃雞與白日，玲瓏應識使君歌。」又樂天《與劉十九同宿》詩：「紅旗破賊非吾事，黃紙除書無我名。惟共嵩陽劉處士，圍棋賭酒到天明。」故東坡《題杜介熙熙堂》云：「白砂碧玉味方永，黃紙紅旗心已灰。」「白砂」、「碧玉」，見《續仙傳》。（《脞説》）

⊙東坡似樂天

東坡平日最愛樂天之為人，故有詩云：「我甚似樂天，但無素與蠻。」又「我似樂天君記取，華顛賞遍洛陽春。」又「他時要指集賢人，知是香山老居士。」又「定似香山老居士，世緣終淺道根深。」而坡在錢塘，與樂天所留歲月略相似，其句云：「在郡依前六百日」，是也。（《王直方詩話》）

⊙老嫗解詩

白樂天每作詩，令老嫗解之，問曰：「解否？」嫗曰解，則録之；不解，又改之。故唐末之詩，近於鄙俚也。（《墨客揮犀》）

⊙纖豔不逞

杜牧謂白居易詩纖豔不逞，非莊人雅士所為；淫言媟語，入人肌骨不可去。（唐本贊）

⊙甘露詩

沈存中謂：樂天詩不必皆好，然識趣可尚。章子厚謂不然，樂天識趣最淺狹，謂詩中言甘露事處，幾如幸災，雖私讎可快，然朝廷當此不幸，臣子不當形之歌詠也。如「當公白首同歸日，是我青山狂往時」之類。（《詩史》）

樂天為王涯所讒，謫江州司馬，甘露之禍，樂天在洛，適游香山寺，有詩云：「當君白首同歸日，是我青山獨往時。」不知者以樂天為幸之，樂天豈幸人之禍也哉！蓋悲之也。（東坡）

⊙陵陽重厚之論

公嘗曰：白樂天詩，今人多輕易之，大可憫矣。大率不曾道得一言半句，乃輕薄至於非笑古人，此所不遠到。僕曰：杜子美云：「楊王盧駱當時體，輕薄為文哂未休。」正公之意也。公曰：當時人已如此。（《室中語》）（以上卷十六，王仲聞校勘《詩人玉屑》，第三四一～三四六頁）

智按：范季隨，字周士。高宗紹興二十二年（一一五二）任建昌軍教授，學詩于韓駒（字子蒼），輯《韓子蒼語録》（《渭南文集》卷三十一《跋韓子蒼語録》），《陵陽先生室中語》（《說郛》卷二十七）。

⊙王建・宮詞雜他人詩

余閱王建宮詞，選其佳者，亦自少得，只世所膾炙者數詞而已。其間雜以他人之詞，如：「閑吹玉殿昭華管，醉折梨園縹蒂花。十年一夢歸人世，絳縷猶封繫臂紗。」「銀燭秋光冷畫屏，輕羅小扇撲流螢。天階夜色涼如水，卧看牽牛織女星。」此並杜牧之也。「淚滿羅山夢不成，夜深前殿按歌聲。紅顏未老恩先斷，斜倚薰籠坐到明。」此白樂天也。「賓仗平明金殿開，暫將紈扇共徘徊。玉顏不及寒鴉色，猶帶昭陽日影來。」此王昌齡也。建詞凡百有四篇，又逸詞九篇。或云，元微之亦有詞雜於其間，余以《元氏長慶集》檢尋，卻無之。或者之言誤矣。（《漁隱》）（卷十六，王仲聞校勘《詩人玉屑》，第三五一頁）

⊙雪堂・詩意佳絕

東坡云：世謂樂天有鬻駱馬放楊柳枝詞，嘉其主老病不忍去也。然夢得有詩云：「春盡絮飛留不得，隨風好去落誰家?」樂天亦云：「病與樂天相伴住，春隨樊子一時歸。」則是樊素竟去也。予家有數妾，四五年相繼辭去，獨朝雲者隨予南遷，因讀樂天集，戲作此詩。朝雲姓王氏，錢塘人，嘗有子曰幹兒，未期而夭，云：「不似楊枝別樂天，恰如通德伴伶玄。阿奴絡秀不同老，天女維摩總解禪。經卷藥爐新活計，舞衫歌扇舊因緣。丹成逐我三山去，不作巫陽雲雨仙。」苕溪漁隱曰：詩意佳絕，善於為戲，略去洞房之氣味，翻為道人之家風。非若樂天所云：「櫻桃樊素口，楊柳小蠻腰。」但自詫其佳麗。塵俗哉！（卷十七，王仲聞校勘《詩人玉屑》，第三八七頁）

琴按：白居易「櫻桃樊素口，楊柳小蠻腰」，僅見於唐孟啓《本事詩》，不見於白氏原集，見前引沈濤《匏廬詩話》。

⊙陳履常・相似句

樂天有詩云：「醉貌如霜葉，雖紅不是春。」東坡有詩云：「兒童誤喜朱顏在，一笑那知是酒紅。」鄭谷有詩云：「衰鬢霜供白，愁顏酒借紅。」老杜有詩云：「髮少何勞白，顏衰肯更紅！」無己詩云：「髮短愁催白，顏衰酒借紅。」皆相類也。然無己初出此一聯，大為當時諸公所稱賞。（《王直方詩話》）（卷十八，王仲聞校勘《詩人玉屑》，第三八七頁）

⊙中興諸賢・蕭梅坡

誠齋跋蕭梅坡詩卷云：「西昌有客學南昌，衣缽真傳快閣旁。坡底詩人梅底醉，花為句子蕊為章。想應踏月枝枝瘦，贈我盈編字字香。若畫江西後宗派，不愁擒賊不擒王。」周益公和云：「詩句驚人日以昌，巍科只待賦阿旁。源深元自流三峽，幹老今誰敵豫章。肯向香山尋白傅（自謂也），曾從江夏學黃香。漢庭結綬君家事，休羨彈冠貢與王。」（坡詩云：「妙語有黃香」，正指山谷，君姓字又與蕭育適同。）徐竹隱和云：「知君得法自南昌，作舍何須問道旁。二老未嘗輕許可，兩詩固已為平章。曾橫雲舳無窮意，語帶梅坡不盡香。政乏綺紈相嫵媚，不妨風氣似諸王。」君名彥毓，其《西湖雜詠》云：「花心亭上坐，滿眼是湖光。只為便幽趣，能來倚夕陽。水邊春寺靜，柳下小舟藏。不待清明近，鶯花已自忙。」其《梁家渡》云：「遠水環沙翠作灣，紅塵飛不入青山。涼風一枕秋宵夢，夢繞千岩萬壑間。」其《清明日早出太平門》云：「江頭楊柳暗藏鴉，江上鵝兒沿淺沙。早起一風如此惡，路傍落盡拆桐花。」嘗鼎一臠，其旨可知，況有三老為之印可乎！（玉林）（卷十九，王仲聞校勘《詩人玉屑》，第四二七頁）

⊙詩餘·晏叔原

晏叔原見蒲傳正，言先公平日小詞雖多，未嘗作婦人語也。傳正云：「綠楊芳草長亭路，年少拋人容易去。」豈非婦人語乎？晏曰：公謂年少為何語？傳正曰：豈不謂其所歡乎！晏曰：因公之言，遂曉樂天詩兩句，云：「欲留所歡待富貴，富貴不來所歡去。」傳正笑而悟，然如此語意自高雅耳。（《詩眼》）（卷二十一，王仲聞校勘《詩人玉屑》，第四七四頁）

⊙中興詞話·龍洲道人

劉改之，豪爽之士。辛稼軒帥越，劉寓西湖，稼軒招之，值雨，答以《沁園春》詞，甚奇偉。云：「斗酒彘肩，風雨渡江，豈不快哉。被香山居士，約林和靖，與坡仙老，駕勒吾回。坡謂西湖，正如西子，濃抹淡妝臨照臺。二公者，皆掉頭不顧，只管傳杯。　　白云天竺去來，圖畫裏、崢嶸樓閣開。愛縱橫二澗，東西水繞；兩山南北，高下雲堆。逋曰不然，暗香疏影，不若孤山先訪梅。須晴去，訪稼軒未晚，且此徘徊。」（《柳溪》）（卷二十一，王仲聞校勘《詩人玉屑》，第四八二頁）

智按：魏慶之，字醇甫，號菊莊，建安（今福建建甌）人。有《詩人玉屑》，黃昇于理宗淳祐四年（一二四四）為之序。事見《梅磵詩話》卷中。生卒年據張健《魏慶之〈詩人玉屑〉考》，《人文中國學報》第十期，上海古籍出版社，二〇〇四年，第一二三～一六七頁；劉瀏《魏慶之及〈詩人玉屑〉考六則》（《紹興文理學院學報》二〇一〇年第三期）及《魏慶之及〈詩人玉屑〉叢考》（《安慶師範學院學報》二〇一〇年第四期）。《詩人玉屑》論及樂天者不少，有些與他人重複，但因時代較早，文字可供校勘，故未盡刪削。

王柏（一一九七～一二七四）

《古賢像贊》（并序）

先祖侍講，平時無玩好，守鄱陽，日於洪丞相家摹傳古賢像六十餘軸，皆紙本也。其原出於秘府，有手澤題其上，不幸收藏太密，蟻蠹幾盡。得全者無幾，而又散留它位。某嘗傳寫二十餘本，初未之奇也。舊本既失，益可寶愛。近囑潘伯遠篆題其姓名，暇時因各贊數語，懸之素壁，典刑凜然。六一居士嘗謂，《七賢圖》，歐陽氏之舊物也，且使子孫不忘先世之清風。某質凡學陋，固不足以發揮往哲，抑以寓高山仰止之詠，尚庶幾來者識先世之清風云。

⊙醉吟先生（白居易）

江州司馬，元和諍臣。鶴林聲價，鑾殿規箴。鑾素去矣，詩酒陶情。西湖浩渺，雲水流聲。（《四庫全書》本《魯齋集》卷六）

《題九老圖後》

唐有《洛陽九老圖》，傳於世久矣。我朝洛之諸公，繼者凡三，其二圖形於普明僧舍，蓋樂天之故第也。元豐中，又集於韓富公之第，凡十有一人，圖形於妙覺僧舍，時人謂之洛陽耆英圖。此則普明之本，亦九人。對奕者文潞公、司馬溫公，觀者富鄭公，舞者趙公正南諱丙，回視持書人則王公君貺諱拱辰也。餘則忘其姓名矣。此乃花溪胡氏表所摹，當時已悞書棋局為戲笑，今四十餘年，憂患薰心，笑不上於眉端，欲如往時，不可得。而此書亦復流落廢棄於道左，見之惻然，收而表褫之，書其本末於後，時展玩以自警。後之觀者，亦有感於予言者乎？（《四庫全書》本《魯齋集》卷十一）

智按：王柏，字會之，少慕諸葛亮為人，自號長嘯，三十歲後以為「長嘯非聖門持敬之道」，遂改號魯齋，金華（今屬浙江）人。從何基學，以教授為業，曾受聘主麗澤、上蔡等書院。度宗咸淳十年卒，年七十八，謚文憲。柏著述繁富，有《詩疑》、《書疑》等，大多已佚。其詩文集《甲寅稿》亦已佚，明正統間六世孫王迪哀集為《王文憲公文集》二十卷，由義烏縣正劉同於正統八年（一四四三）刊行。生平見《續金華叢書》本卷末附《王文憲公壙志》，《宋史》卷四三八有傳。

吴子良（一一九八～一二五六）

《重建青青堂記》

趙君幾道既新録事，廳之西軒，更名「與清」。顧其前青青堂，舊環以竹，竹廢堂寖毁，清趣安在？於是併新堂，重植竹。語余曰：堂以竹名，而吾典獄事，翠色籠烟靄，詎能滌簿書之垢氛？雅韻含宫商，詎能掩叫號之慘戚？雖獨清於竹，亦難清於獄，為民司命，欲厭煩劇、專幽閒，得哉！雖然，神勞斯昏，力疲斯惰，少舒吾神，少休吾力，昏可醒，惰可彊，斯堂斯竹，獨無助乎！而況夫衛武公之詩、白樂天之記，吾左右揭而朝夕觀焉。非特吾助，又吾師也。嗟乎！世稱王子猷嗜竹，以之障郡囂、寄幽賞止耳，亦嘗聞君之言乎！夫澄心所以應事，乃欲無事以為高，而置心於事之表，觀物所以會理，乃徒翫物以為適，而尊理於物之上，是皆當時風味，子猷未能免也。今君先堂之陋，以竹代葩卉，吏退，净几焚香，環古書金石刻，悠然孤詠，語懸明水，閒弄絲桐，送飛鴻雲外，其孰能溷君！而言乃爾，蓋澄事之源，觀理之寓，竹匪獨清，而獄匪難清矣。然則其剖判明，其轉旋敏，其磨鍊熟，未足盡君，而君當有賢於此者。庶幾異日君子既去，居是堂者，對竹如對君哉！（《四庫全書》本《赤城集》卷十二）

智按：吴子良，字明輔，號荊溪，臨海（今屬浙江）人。理宗寶慶二年（一二二六）進士。淳祐二年（一二四二）除淮東提舉，四年除秘書丞。五年為兩浙轉運判官。八年以江南兩路轉運判官兼權隆興府。官至太府少卿。寶祐四年（一二五六）因忤史嵩之罷。有《荊溪集》，已佚，今存《荊溪林下偶談》四卷。《宋元學案》卷五十五、民國《臨海縣誌》卷二十二有傳。

李曾伯（一一九八～一二六八）

《上江陵別帥》

囿身藥籠，雖久登夫子之牆；厠迹釀營，兹始事元戎之幕。顧小草獲依歸之地，方大鈞託覆幬之天，不矢諸辭，曷鳴斯感！竊以朝家選用之路，莫

重闈屬辟舉之權。白傅制詞，謂臺閣僅下於一等；杜陵播詠，則旌麾不出於十年。……（《四庫全書》本《可齋雜稿》卷七）

智按：此文重見於徐元傑（一一九四？～一二四五）《楳埜集》卷九，題為《上江陵別帥啟》。

《過廬山》

問訊匡廬幾度經，何時袖手摘天星。世如春夢空頭白，山似故人終眼青。便欲移文尋鶴帳，又還呼渡過鷗汀。它年學得香山士，定結茅庵入翠屏。（《四庫全書》本《可齋雜稿》卷二十八；《全宋詩》第六十二册，第三八七二九頁）

《和疏軒琵琶亭韻》

高亭俯瞰蓼蘋洲，人老香山月自秋。過耳好音堪一笑，傷心往事只輕漚。休嗟塞上明妃調，且送江頭過客舟。壯士肯爲兒女淚，柔腸一任惱蘇州。（《四庫全書》本《可齋續藁後》卷十；《全宋詩》第六十二册，第三八七八三頁）

《醉蓬萊》（丁酉春題江州琵琶亭時自兵間還幕有焚舟之驚）

倚欄干一笑，舊日琵琶，何處尋覓。獨立東風，吹未醒狂客。沙外青歸，柳邊黄淺，依舊自春色。極目長淮，晴烟一抹，不堪重憶。　老子平生，萍流蓬轉，昔去今來，鷗鷺都識。拍拍輕舟，烟浪暗天北。自有乾坤，江山如此，多少等陳迹。世事從來，付之杯酒，青衫休濕。（《全宋詞》第二七八七頁；《四庫全書》本《可齋續稿後》卷三十一）

智按：嘉熙元年（一二三七）春，過江州琵琶亭時作。

《滿江紅》（用韻餞朔齋）

把繡成吟，真壓倒、古之元白。佳句有、雪車冰柱，曾無矜色。一點不留煙火氣，詩脾時有清風入。更嶺邊、多少活人恩，于公德。　公自是，朝天客。應笑我，為人役。看時猶多事，公須一出。琅腹細披忠抱寸，龍顔

密侍天威尺。借筆端、從此潤皇猷，翰林伯。（《全宋詞》第二八二四頁；《四庫全書》本《可齋續稿後》卷十一）

《滿江紅》

今歲垂弧，欲自壽、一辭莫措。何可擬、翁頭如雪，香山白傅。首夏一番罹重病，去秋數月攖狂虜。賴天公、肯爲保餘生，逢初度。　今幸釋，千鈞負。尤可喜，歸田去。但蹣跚勃窣，龍鍾如許。薇柳諸闕成底事，菊松三徑猶堪主。辦籃輿、尚可檄漁樵，盟鷗鷺。（《全宋詞》第二八二八頁；《四庫全書》本《可齋續稿後》卷十一）

智按：李曾伯，字長孺，號可齋，祖籍覃懷（今河南沁陽），僑居嘉興（今屬浙江）。理宗紹定三年（一二三〇），知襄陽縣。嘉熙元年（一二三七），為沿江制置司參議官。三年，遷江東轉運判官、淮西總領。淳祐二年（一二四二），為兩淮制置使兼知揚州。九年，知靜江府兼廣西經略安撫使、轉運使。移京湖制置使兼知江陵府。寶祐二年（一二五四），改夔路策應大使、四川宣撫使。以事奉祠。起為湖南安撫大使兼知潭州。六年，再知靜江府。復以事罷。景定五年（一二六四），起知慶元府兼沿海制置使。曾伯以文臣主軍，長於邊事，為賈似道所嫉，於度宗咸淳元年（一二六五）褫職。尋卒。有《可齋雜稿》三十四卷，《續稿》前八卷、後十二卷。《宋史》卷四二〇有傳。

胡升（一一九八～一二八一）

《王大監（炎）傳》

王大監炎，字晦叔，婺源武口人。自幼篤學，登乾道五年進士第，調明州司法參軍。丁母憂，再調鄂州崇陽簿。時南軒張栻帥江陵，聞而器之。檄於幕府，議論相得。秩滿，授潭州教授。以教養為己責，提學蘇詡補一學職。炎辨之，不從，蘇怒，欲易教武岡，炎遂投劾出關，諸生卷齋乞留，不獲，大帥李椿親出關挽之，並車而回。蘇悟，乃以特立有守，薦改秩宰岳之臨湘，邑在蘆葦中，蕭條特甚。賦出無名，會朝廷下蠲減之，令條陳宿弊，得旨，歲減二千八百餘緡，邑賴以寬。通判臨江軍，三攝郡政，庭無留訟。除太學博士，遷秘書郎，著作佐郎，兼實録院檢討官，陞著作郎，兼考功郎，吳興郡王府教授，又兼侍左郎官，又兼禮部員外郎，除軍器少監，主管武夷山沖佑觀。起知饒州，尋與部使者不合去，改知湖州。湖甲浙右，素號難理，炎不畏强禦，邸第貴介有撓政者，炎注於牘曰：「汝為天子親，亂天子法；炎為天子臣，正天子法。」浙右人多誦之，竟以謗罷，再奉祠。積官至中奉大夫軍器監，賜金紫，嘉定十一年，卒於家，年八十一。所居有雙溪，築亭寄興，以白樂天自比。所著書有《讀易筆記》、《尚書傳》、《禮記、論語、孝經、老子解》、《春秋衍義》、《象數稽疑》、《禹貢辨》、《考工記鄉飲酒儀諸經考疑》、《編年通紀》、《紀年提要》、《天對解》、《韓柳辨證》、《傷寒論》，總曰《雙溪類藁》。初著《易解》，未竟，病革，夜分祝天，願須臾無死，以成書，卒如其言。（按文公集《與黃直卿書》有僞學之章，前此劉元秀力薦王炎作察官之語，今考雙溪傳及家集，雙溪未嘗作察官也。豈別一王炎，世以其名姓之同，而誤歸之雙溪邪？審爾，則受誣甚矣）（《四庫全書》本《新安文獻志》卷六十九；明弘治刻本《（弘治）徽州府志》卷七；《續修四庫全書》影印清光緒刻潛園總集本《宋史翼》卷二十四列傳第二十四）

智按：胡升，字潛夫，號定庵，徽州婺源（今屬江西）人，淳祐十二年（一二五二）進士，授國史編修。寶祐四年（一二五六）丁大全逐尤焴，升遭牽連，謫九江，徙臨汝，再徙南安。咸淳九年（一二七三）被旨叙復，丐祠。調太平州司户參軍。元至元十八年卒，年八十四。著有《四書增釋》、《丁巳雜稿》等。生平見方回《跋國史定菴胡公升丁巳雜稿》（《桐江集》卷三），弘治《徽州府志》卷八，《宋元學案補遺》卷四九。

方岳（一一九九～一二六二）

《戲簡王尉》（其一）

半床明月老秋風，未必詩人一例窮。比似樂天猶欠在，是非已落酒杯中。（《四庫全書》本《秋崖集》卷三；《全宋詩》第六十一册，第三八二九五頁）

《劉遜子架閣餉江茶》（其一）

琵琶亭下春寒夜，濕盡青衫竟為誰？江草江花恨何極，雪甌如此却無詩。（《四庫全書》本《秋崖集》卷三）

《梅花十絕》（其八）

三分香有七分清，月冷霜寒太瘦生。山澤之儒君識否，樂天姓氏謫僊名。（《四庫全書》本《秋崖集》卷四；《全宋詩》第六十一册，第三八三一七頁）

《郡宅舊有飛泉湮廢不治予接竹重理之》

竹泉重理舊潺湲，能費亭前玉幾竿。雲卧半簷晴亦雨，雪飛六月午猶寒。野人久有煙霞癖，官屋何如天地寬。白傅極知兒戲耳，一生水石作奇觀。（《四庫全書》本《秋崖集》卷八）

《讀白詩效其體》

我貧良亦甐，未老生白鬚。策名奉常第，年已三十餘。半生苦無幾，寧不欲疾驅。山麇野而僻，所至皆崎嶇。一登督視府，兩駕太守車。意見有不合，索去不待炊。所以二十載，同一優侏儒。豈如雲水身，自適瓜芋區。夕吾酒一瓢，朝吾飯一盂。貧賤與富貴，本自無差殊。寄語劉伯龍，毋煩鬼揶揄。

人生有窮達，不係才不才。造物所付與，聖賢不能回。君看孔孟氏，遇世何如哉。豈其有不如，王驩與桓魋。以兹自忖度，所遭已踰涯。前瞻固不反，後顧又可咍。同時第進士，或未離蒿萊。歸來亦云幸，瀟散月下盃。山池芰荷過，野岸芙蓉開。幅巾一筇竹，適可眠秋厓。

左耳聽比鄰，哀哀哭其夫。家破肉未寒，欲與死者俱。右耳聽嫠婦，呱呱哀其雛。夫亡僅一女，不自禁毒痡。攬衣夜向晨，鐃鼓何喧呼。誰何過喪車，送骨荒山隅。中年自多感，人世何所娛。聞見又如此，坐歎歲月徂。明朝計安出，痛飲真良圖。（《四庫全書》本《秋崖集》卷十二）

《江城子》（丙辰生日）

幾年詩骨雪槎牙。痼烟霞。老生涯。五十八翁，堪喜亦堪嗟。忽憶香山居士語，還失笑，較爭些。　　荒寒梅塢月横斜。短籬遮。野人家。枝北枝

南，須有兩三花。緊閉竹門傳語客，那得暇，盡由他。（《四庫全書》本《秋崖集》卷十六；《全宋詞》第八三頁）

《謝制使趙端明》

伏以無補玉垣，滿當解去。誤塵金耀，趣使復來。蓋三騰薦禰之章，喜再有依劉之幸。自嘲元、白，倍費雌黃。……（《四庫全書》本《秋崖集》卷十九）

智按：方岳，字巨山，號秋崖，祁門（今屬安徽）人。理宗紹定五年（一二三二）進士，歷南康軍、滁州教授，淮東安撫司幹官，進禮、兵部架閣，添差淮東制司幹官。因代淮帥趙葵書稿責史嵩之，史嗾言者論罷，閒居四年。范鍾為左丞相，除太學博士兼景獻府教授。淳祐六年（一二四六）遷宗學博士，以宗正丞權三部郎官。出知南康軍，移知邵武軍，寶祐三年（一二五五）改知饒州、甯國府，未上而罷，閒居七年。程元鳳當國，起知袁州。丁大全當國，以忤命劾罷。賈似道當國，起知撫州，辭不赴。景定三年卒，年六十四。生平見《秋崖先生小稿》卷首元洪焱祖《秋崖先生傳》。

李廷（一一九九～一二八二）

《讀樂天詩》

寒齋坐無事，閑觀樂天詩。一篇復一篇，終帙不知疲。撫卷想其人，百慮春水澌。便如飲醇酎，心體俱融怡。夫君古達者，聞道超希夷。胸中浩然氣，不為富貴移。立朝著直節，終始無磷緇。窮通等一致，未見喜與悲。放浪林野間，自比榮落期。香出月明夜，洛水花開時。沉酣溺杯杓，諷詠多詩辭。襟懷既夷曠，文字無嶔崎。雖言未嘗言，真是忘言師。人生能幾時，飄若風中絲。巧拙仝一死，虛名亦奚為？得酒且開顏，萬事姑置之。作詩不必工，醉墨徒淋漓。襪翻我自穩，任使俗人嗤。（《永樂大典》卷九〇二引李廷《寓庵詩稿》，中華書局影印本，第三六四～三六五頁）

智按：「香出月明夜」之「香出」，疑當作「香山」。

《水龍吟》〔蕭公弼生朝〕

喜逢天上天人，一尊共醉梅花底。朝元已了，讀書未遍，復來人世。憩鶴臺邊，景龍門外，十年游戲。自歸來，卻過趙州橋上，閱橋下，東流水。

盡道翱翔物外，解牛刀、刃游餘地。誰知別有，香山遠韻、謫仙豪氣。應笑蹉跎，半生書劍，今猶如此。待西風，拂口貂裘塵土，進黃公履。（《全金元詞》第六〇七頁）

智按：李廷，一作李庭，字顯卿，號寓庵，華州奉先（今陝西蒲城）人。幼罹兵亂，十多歲已有能詩之名。十六歲應詞賦進士舉，成年時兩預鄉薦。金亡，避兵商鄧山中。金亡，徙居平陽。後辟為陝右議事官，不久辭官還鄉。中統元年署陝西講義。至元七年授京兆教授。十年為安西王府諮議。有《寓庵集》、《林群玉山集》等，今存《寓庵集》八卷。詞結為《寓庵詞》一卷。今存《永樂大典》卷七二四二引李庭詩，均云出自「李廷《寓庵集》」。另，《録鬼簿》卷下有李顯卿，東平（今屬山東）人。父爲浙省掾，因居杭州。通辭章，善制曲。至正元年以父蔭爲錢穀官。

韋居安（？～一二八二後）

《梅磵詩話》

杜子美《茅屋為秋風所破歌》云：「安得廣廈千萬間，大庇天下寒士俱歡顔。」白樂天《制綾襖》詩云：「安得大裘長萬丈，與君都蓋洛陽城。」《砦溪詩話》云：「觀子美、樂天詩意，直欲推身利以利人。」余近閱遺山元好問《酒》詩云：「去古日已遠，百偽無一真。獨惟醉鄉地，中有羲皇淳。聖教難為功，乃見酒力神。論證能釀滄海，盡醉區中民。」詩意宏闊，亦非苟作。（卷上，《歷代詩話續編》第五三三頁）

杜子美《戎州》詩有「重碧黏春酒，輕紅擘荔枝」之句。范石湖《吳船録》云：「印本『黏』或作『酤』，郡有碑本，乃作『黏』字。當以碑本為正。」石湖之説固有所據，然考之元微之《元日》詩云：「羞看稚子先拈酒。」白樂天詩云：「歲酒先拈辭不得。」「拈」指取物也，乃唐人語。作「黏」作

「酤」皆非。（卷上，《歷代詩話續編》第五三三頁）

「隋堤柳，歲久年深盡衰朽。風飄飄兮雨蕭蕭，三株兩株汴河口。老枝病葉愁殺人，曾經大業年中春。蕭牆禍生人事變，晏駕不得歸秦中。土墳數尺何處葬？吳公臺下多愁風。二百年來汴河路，莎草和煙朝復暮。後王何以鑒前王，請看隋堤亡國樹。」此白樂天《隋堤柳》詩也，感物懷古，可為後世鑒戒。宋開禧丁柳，權臣韓侂胄誅死，劉淮叔通《詠韓家府》詩云：「寶蓮山下韓家府，鬱鬱沉沉深幾許。主人飛頭去和虜，緑戶玄牆鎖風雨。九世卿家一朝覆，太師之誅魏公辱。後人不信有前車，突兀眼前看此屋。」末意與樂天詩相似，章泉趙昌父甚稱賞之。（卷上，《歷代詩話續編》第五三四頁）

七言律詩有上三下四格，謂之折腰句。白樂天守吳門日，答客問杭州詩云：「大屋簷多裝雁齒，小航船亦畫龍頭。」歐陽公詩云：「靜愛竹時來野寺，獨尋春偶到溪橋。」盧贊元《雨》詩：「想行客過溪橋滑，免老農憂麥隴乾。」劉後村《衛生》詩云：「采下菊宜為枕睡，碾來芎可入茶嘗。」《胡琴》詩云：「出山雲各行其志，近水梅先得我心。」皆此格也。（卷上，《歷代詩話續編》第五四五頁）

昔有題虎丘真娘墓詩云：「虎丘山下塚纍纍，舉目松楸盡可悲。何事世人偏重色，真娘墓上獨留詩。」呂成公《登八詠樓有感》云：「仲舒舊事無人記，家令風流一世傾。天下何曾識真吏，古來幾許尚虛名。」呂自注云：「王仲舒守婺，有異政。」蕭冰崖《琵琶亭》詩云：「魯男子事無人記，此地琵琶更結亭。獨倚闌干成一笑，晚風低雁著寒汀。」三詩皆有意味。（卷中，《歷代詩話續編》第五五二頁）

智按：蕭冰崖，蕭立之（一二〇三～?），號冰崖。

劉卞加字子民，濱州安定人。弱不好弄，六歲誤觸甕碎，家人更譙之，神色自若曰：「俟釘鉸者來，當全之。」復譙其妄，曰：「人破尚可修，矧甕耶！」釘鉸者至，料理如新。自是築環堵於家之後圃，不出不語者三十餘年，或食或不食。徽宗聞其名，數敕郡縣津致，間馳近侍召之，對曰：「吾有嚴願，不出此門。」上知不可奪，賜號高尚先生。後村七十四，吟云：「生慚族老封高尚，死慕先賢諡醉吟。」上句用下加事，下句自注云：「有司議樂天諡，宣宗曰：『醉吟先生足矣。』」（卷中，《歷代詩話續編》第五六一頁）

智按：韋居安，號梅磵，吳興（今浙江湖州）人。其《梅磵詩話》卷上云：「余景定壬戌冬，得數椽于城南慈感渡側。」度宗咸淳四年（一二六八）進士。八年，攝教歷陽。端宗景炎元年（一二七六）司糾三衢。（《梅磵詩話》卷下云：「余甲戌歲薄宦三衢。」「余丙子歲司糾三衢。」）至元年間撰《梅磵詩話》三卷。事見《梅磵詩話》卷下、清同治《湖州府志》卷五七。

趙孟堅（一一九九～一二九五）

《拜范文正公祠》

瘦石插半天，玲瓏聳蒼翠。想從混沌初，有此紛破碎。斷截不分離，欹危不顛墜。乃於其中間，穿沿石路細。頻勞謝屐行，捫撫足幻怪。下有泉溶溶，根來從石背。香山纔品題，名得因人貴。瘦筇行清秋，西風吹我袂。躋攀幸未疲，俯仰一歎喟。下山拜范祠，遺像儼如在。胸中萬甲兵，曾使西夏畏。巖瞻石不移，可想鐵肝肺。嘻其羣小人，風林犬空吠。於今孰存亡，取捨良亦易。但堅自力心，歲寒見節槩。卓爾彼何人，晞之則亦是。（《四庫全書》本《彝齋文編》卷一；《全宋詩》第六十一册，第三八六六五頁）

《及書六考喜效白體》

無庸下考又三書，知愧知慚意少舒。儻便盍簪叨墨綬，縱然休仕亦緋魚。何人不願重金服，那箇無心駟馬車。修短洪纖應賦定，好存方寸一由渠。（《四庫全書》本《彝齋文編》卷二）

《凌愚谷集序》

文章至唐而體備，其情態宛委，肌理豐澤，腴而密，婉而麗，斯亦世代至此而盛乎？故自貞元、元和而上李、杜、韓、柳，以至乎長慶元、白，皆唐文之懿也。大中以降，瑣溢滋過，固一病也。而又浸淫於以俗為雅之流，代號作者，或不免是，況浸淫於末流者乎？杜荀鶴於詩，接五季之碑碣，可

槩觀矣。然則論唐文者，不得因其流而訾其源也。……（《四庫全書》本《彝齋文編》卷三）

《孫雪窗詩序》

詩者，英氣之發見於人者也。鄙夫猥徒定無詩，高人韻士有詩。名臣鉅公皆有詩，感遇事物，英英氣槩，形而成詩，亦猶天有英氣、景星、慶雲，地有英氣、朱草、紫芝是也。然何嘗體製限哉？竊怪夫今之言詩者，江西、晚唐之交相詆也，彼病此冗，此訾彼拘，胡不合杜、李、元、白、歐、王、蘇、黃諸公，而並觀諸公衆體該具，弗拘一也？可古則古，可律則律，可樂府雜言則樂府雜言，初未聞舉一而廢一也。今之習江西、晚唐者，謂拘一耳。究江西、晚唐，亦未始拘也。鴛湖、雪窗、孫君志古工吟，持編過訪，嘉其體備而不時世粧也。因與之言，雪窗其感而寓興，以有韻之文春容大篇，《北征》、《廬山》高其行輩乎？精密簡短，《秋浦》其流麗乎？載揚古風，一洗靡習，吾其望子。（《四庫全書》本《彝齋文編》卷三）

智按：趙孟堅，字子固，號彝齋居士，海鹽（今屬浙江）人。宋宗室，孟頫從兄。理宗寶慶二年（一二二六）進士。為湖州掾，入浙西轉運使和淮南幕。淳祐四年（一二四四），知諸暨縣，又知豐城縣，以事罷歸。後起知嚴州，命下已卒。孟堅好學，工書畫，善收藏名跡，時人比之米芾。有集，已佚。清四庫館臣據《永樂大典》輯為《彝齋文集》四卷。生平見《癸辛雜識》前集。

宋伯仁（一一九九～？）

《席上有舉東坡集歸去來字成詩十首醉中戲續一首》

傲世欲何求，歸來已倦游。琴詩聊自嘯，丘壑復相留。問菊時攜酒，乘風或棹舟。樂天良有以，心事老田疇。（《四庫全書》本《西塍集》；《全宋詩》第六十一册，第三八一八四頁）

《梅花喜神譜·小蕊一十六枝》（其二）

樊素艷而歌，樂天何所羡。須結帝王知，拜寵明光殿。（《全宋詩》第六

十一册，第三八一八八頁）

智按：宋伯仁，字器之，湖州（今屬浙江）人。嘉熙中為鹽運司屬官，多與高九萬、孫季蕃唱和，亦江湖派中人也。是編卷首題《雪巖吟草》，下註「西塍集」，又《寓西馬塍》詩題下註云：「嘉熙丁酉五月二十一日，寓京遭熱，僑居西馬塍」。其曰「西塍」，蓋由於是。是《雪巖吟草》乃全集之總名，「西塍」特集中之一種。（《四庫提要》）

黄昇（一二〇〇前～一二四九後）

《花庵詞選·唐宋諸賢絕妙詞選》

⊙《長相思》白居易

深畫眉，淺畫眉。蟬鬢鬅鬙雲滿衣。陽臺行雨回。　　巫山高，巫山低。暮雨蕭蕭郎不歸。空房獨守時。

閨怨二詞。非後世作者所及。

⊙《長相思》白居易

汴水流，泗水流。流到瓜州古渡頭，吳山點點愁。　　思悠悠，恨悠悠。恨到歸時方始休，月明人倚樓。

此詞上四句，皆談錢塘景。（中華書局上海編輯所編輯《花庵詞選》，第一二～一三頁）

智按：黄昇，字叔暘，號玉林，又號花庵詞客，閩（今屬福建）人。早棄科舉，以詞著稱，有《散花庵詞》一卷。理宗淳祐九年（一二四九）選有《絕妙詞選》二十卷。事見《絕妙詞選》自序、胡德方序。

高斯得（一二〇一～一二七五後）

《白氏長慶集序》

予早歲讀白傅詩，疑其得之太易，若寡深沉之思者，不深嗜也。晚見世之為詩者，鑽礪太工，雖清越可喜，而沉浸醲郁之風衰矣。乃復取白集，日翻十數紙，則見其温柔平淡，冲曠坦夷，凡世之肩摩轂擊而爭者，視之泊如也。然後知其見遠識微，一時之士，皆莫能及。其生平交友，如元微之、劉夢得輩，文章雖略相似，而心事則判然殊矣。公平生凡五棄官，姑蘇來歸，年方五十有八，已無復當世志，優游退避，嘯傲泉石，幾二十年。朝廷嘗強起之，尹洛師，非其志也。抑觀其詩，頗悼世塗。吕梁、太行之艱，觸事生感，屢致其意，豈其尚友蠡、潛，而非果於忘世者歟？或又謂，公晚歲嗜浮圖寀劇，而風情亦不少衰，二者相背而馳，公則一之，不知此其所以為達也。嗚呼稀矣！是豈易與俗人言哉？詩凡三千餘篇，予老不能悉記，摭其尤者，日諷詠之，且以授季女，凡五百九十五篇，為十卷云。（《叢書集成初編》本《耻堂存稿》卷三，第五四～五五頁；《四庫全書》本《耻堂存稿》卷四）

智按：高斯得，本名斯信，字不妄，邛州蒲江（今屬四川）人。理宗紹定二年（一二二九）進士，授利州路觀察推官。端平末佐李心傳修四朝史。因冬雷封事忤史嵩之，出通判紹興府，踰年添差通判台州。淳祐初召為太常博士，遷秘書郎。以言事出知嚴州。遷浙東、湖南提點刑獄。召為禮部郎中，逾年，出為福建路計度轉運副使。度宗即位，以秘書監召，擢起居舍人，兼國史院編修官、實録院檢討官兼侍講。出知建寧府。度宗卒，陳宜中入相，以權兵部尚書召，累遷簽書樞密院事兼參知政事。因處置賈似道事為留夢炎所構，罷。有《恥堂文集》等，已佚。清四庫館臣據《永樂大典》輯為《耻堂存稿》八卷。《宋史》卷四〇九有傳。

蕭立之（一二〇三～？）

《琵琶亭二首》

天涯偶爾傷流落，聊復吟情寄水雲。說夢癡兒千載後，郵亭有曲不堪聞。

魯男子事無人記，此地琵琶更結亭。獨倚闌干成一笑，晚風低鴈著寒汀。（《四部叢刊》本《蕭冰崖詩集拾遺》卷中）

智按：後一首又見於韋居安《梅磵詩話》（《歷代詩話續編》第五五二

頁)。魯男子,《詩·小雅·巷伯》「哆兮侈兮,成是南箕」,毛傳:「魯人有男子獨處于室,鄰之釐婦又獨處于室。夜,暴風雨至而室壞,婦人趨而託之,男子閉户而不納。婦人自牖與之言曰:『子何爲不納我乎?』男子曰:『吾聞之也,男子不六十不閒居。今子幼,吾亦幼,不可以納子!』婦人曰:『子何不若柳下惠然?嫗不逮門之女,國人不稱其亂。』男子曰:『柳下惠固可,吾固不可。吾將以吾不可,學柳下惠之可。』」

蕭立之,一名立等,字斯立,號冰崖,寧都(今屬江西)人。淳祐十年(一二五〇)進士,知南城縣,歷南昌推官、辰州判。宋亡,闔門歸隠。今存《蕭冰崖詩集拾遺》三卷。其子蕭士贇有《李太白詩集注》。

羅椅(一二〇四~一二七六)

《祭楊狀元》

名人魁士,古有此稱。名未必魁,魁不必名。孰如蘭坡,斯二者并。詞傾洪河,筆撼巨靈。不爲靡曼,不爲微冥。不爲崖異,自然天成。下董之帷,抱盧之經。……謂公不遇耶,一虎再龍,天子之廷;前鵷後鸞,宗英之黌。金閨曉上,泥軾夕憑。補償涸轍,凌厲太清。謂公遇耶,廬山白傅,望望不來,而目斷於蕙靈矣。嗚呼悲夫!紛紛索遊,焉能重輕?立鵠候門,行馬拒人。聞公在里,倒裳迎賓。薦進侯喜,吹噓子雲。客意未慊,我眉長顰。袞袞臺省,孰甘隱淪?矧持魁券,立上要津。聞公在朝,竊語所親。舌瘖莫吐,志鬱弗伸。不如其已,吾蘭堪紉。……(《豫章叢書》本《澗谷遺集》卷三;民國六年廬陵羅嘉瑞刻本《澗谷遺集》卷四;《全宋文》二〇〇六年版第三四五册,卷七九六二,第一五頁)

智按:羅椅,字子遠,號澗谷,廬陵(今江西吉安)人。博學能文,精於辭賦,又就饒魯習朱熹之學。後以四賦舉漕司,年五十三登寶祐四年進士第。歷官長沙教授、信豐宰,擢京榷提舉、朝請大夫。將拜監察御史,爲賈似道所抑。曾爲書謂似道一日立朝,虜有一日之幸。文天祥起兵勤王,開府南劍州,又以家資助軍。德祐二年卒。著有《澗上委稿》,編有《放翁詩選前集》。今本

《澗谷遺集》三卷，爲明人羅洪先所集，有《豫章叢書》本、民國六年廬陵羅嘉瑞刻本。生平見所撰《祭長子二十郎文》，《寶祐四年登科録》（作四十三進士及第），明人羅洪先《族祖榷院府君傳》（《澗谷遺集》卷首附）。

歐陽守道（一二〇八～一二七二）

《陳舜功詩序》

……吉甫與舜功為詩交最久，故集中用吉甫韻為多。吉甫屬予為序，余謂吉甫曰：君與舜功詩何似？吉甫曰：「韻隱於山，詞順於水，和詩至此，不亦可乎？」予以吉甫為知言。抑予聞元、白千里相思，作詩寄贈，用韻至於不謀而同，此固非屬和之詩也。吉甫與舜功定交，屬和之詩則予既見之矣。若夫不謀而同韻，則元、白後予未之聞。二君交情甚至，予他日尚幾見之，以為長慶後一段佳話。（《四庫全書》本《巽齋文集》卷十二）

智按：歐陽守道，字公權，初名巽，字迂父，晚號巽齋，學者稱巽齋先生，吉州（今江西吉安）人。理宗淳祐元年（一二四一）進士。歷雩都主簿、贛州司戶。後講學白鷺洲書院，為岳麓書院副山長。文天祥、劉辰翁、鄧光薦曾受學其門。景定初，召試館職，除秘書省正字，遷校書郎兼景憲府教授。遷秘書郎，以言罷。度宗咸淳三年（一二六七），以薦添差通判建昌軍，辭不就，遷著作佐郎兼崇政殿說書。官終著作郎，卒年六十五。有《易故》、《巽齋文集》。《宋史》卷四一一有傳。生卒年據陳元、張玉玲《白鷺洲書院山長歐陽守道生卒年考》（《江西教育學院學報》二〇一一年第一期）。

陳模（一二〇九～？）

《懷古録》

唐絕句多，好者亦不過二三人而已。如李商隱、杜牧之、劉禹錫之外，則白樂天之類是也。（鄭必俊《懷古録校注》卷上，第十六頁）

前輩論李商隱《詠驪山》云：「海外徒聞更九州，他生未卜此生休。空聞虎旅鳴宵柝，無復雞人報曉籌。」以為白樂天《長恨歌》費一篇，而不如商隱數句包括得許多意。蓋述得事情出，則不必言垂淚斷腸，而自不能不垂淚斷腸也。（鄭必俊《懷古録校注》卷中，第二十二頁）

智按：「前輩」云云，當指宋范温《詩眼》：「義山云：『海外徒聞更九州，他生未卜此生休』，語既親切高雅，故不用愁怨墮淚等字，而聞者為之深悲。」（宋胡仔《苕溪漁隱叢話前集》卷二十二）

白樂天最不能忘情者，故發而為詩，彊身驅道，其實不悟此理。陶淵明窮而至於乞食，其視樂天富貴聲色之樂，豈可同年而語？然淵明陶然自得，未嘗數數留意於外物，蓋其實有得於心者，與徒事虛言者不同。……（鄭必俊《懷古録校注》卷中，第五四頁）

智按：陳模，字子宏，號月庭，廬陵（今江西吉安）人。有《懷古録》三卷，卷前有寶祐二年（一二五四）自序。事迹見《懷古録》卷前自序。生年據卞東波《南宋陳模〈懷古録〉考論》（《中國典籍與文化》二〇一二年第三期）。

車若水（一二一〇～一二七五）

《腳氣集》

唐明皇天寶之事，詩人極其形容，如《長恨歌》，全是調笑君父，無悲哀惻怛之意。《連昌宮詞》差勝，故東坡喜書之。杜子美《北征》云：「憶昨狼狽初，事與古先別。姦臣競葅醢，同惡隨蕩析。不聞夏殷衰，中自誅褒妲。」讀之使人感泣，有功名教。

白樂天《長恨歌》叙事詳贍，後人得知當時實事，有功紀録，然以敗亡為戲，更無惻怛憂愛之意。身為唐臣，亦當知《春秋》所以存魯之法，便是草木，亦將不忍。蓋祖父與身皆朝廷長養，不可謂草茅不知朝廷。吾之此説，不是不容臣下做此語，但有惻怛憂愛之心，語言自重。

東坡每健羨白樂天，樂天如何敢望東坡。東坡大節照映古今，樂天些小

升沈，便動色力。(《四庫全書》本《腳氣集》)

智按：車若水，字清臣，號玉峰山民，黄岩（今屬浙江）人。初師陳耆卿學古文，後從杜範游，遂潛心理學。度宗咸淳十一年卒（《腳氣集》車惟一跋）。有《腳氣集》傳世。明萬曆《黄岩縣誌》卷五、《宋元學案》卷六十六有傳。

釋文珦（一二一〇～?）

《山中》（其一）

世獨休分渭與涇，鴻飛衹合自冥冥。也知鬢髮變霜雪，終愛山光來戶庭。蠆傍花陰窺蛺蝶，蜾歸筠管祝螟蛉。從今萬事都拋棄，盡讀香山一藏經。(《全宋詩》第六十三册，第三九六八二頁)

智按：釋文珦，字叔向，自號潛山老叟，於潛（今浙江臨安西南）人。早歲出家，遍游東南各地，游蹤略見集中《閒中多暇追敍舊游成一百十韻》詩，有「題詠詩三百，經行路四千」之句。後以事下獄，久之得免，遂遁跡不出。終年八十餘。詩集已佚，清四庫館臣據《永樂大典》輯為《潛山集》十二卷。

陳仁玉（一二一二～?）

《(淳祐) 臨安志》

⊙秦望山

每歲仲秋既望，必迎潮設祭，樂工鼓舞其上。李建勲詩曰：「何年遺禹鑿，半里大江中。」白居易詩曰：「嵌空石面標羅刹，壓捺潮頭敵子胥。」後改名鎮江石，五代開平中，為潮沙漲沒，羅隱詩「羅刹江邊地欲浮」是也。(《(淳祐) 臨安志》卷八山川，清嘉慶宛委別藏本)

⊙亭館

候仙亭。韓僕射臯建。白公樂天詩云：「蹇步垂朱綬，華纓映白鬚。何因

駐衰老，只有且歡娛。酒興還仍在，詩情可便無。登山與臨水，猶未要人扶。」（《（淳祐）臨安志》卷八山川，清嘉慶宛委別藏本）

冷泉亭。在飛來峰下，唐右司郎中杭州刺史河南元蕒建。長慶三年，刺史白居易撰記，刻石亭上。政和中，住山僧惠雲增廣水池，亭前又有小亭。郡守毛友以為疣贅，命去之。（《（淳祐）臨安志》卷八山川，清嘉慶宛委別藏本）

觀風亭。唐庶子河東裴常棣造。白居易記云：「五亭相望，如指之列。」（《（淳祐）臨安志》卷八山川，清嘉慶宛委別藏本）

⊙萬松嶺

舊圖經云：在錢塘舊治正南，到縣一十里，嶺上夾道栽松。白居易《夜歸》詩云：「萬株松樹青山上，十里沙堤明月中。」翰林蘇公軾《蠟梅》詩亦有「萬松嶺下黄千葉」之句，今在大内之西，皆為第宅民居，層壘駢積，直至巔頂焉。（《（淳祐）臨安志》卷九山川，清嘉慶宛委別藏本）

智按：陳仁玉，字德公，又作德翁、德韜、德翰，號碧棲，仙居縣南黃村（今浙江仙居關鎮小南門）人。幼習《春秋》，攻經史，博覽天文地理諸籍，每有心得必記之。淳祐三年（一二四三）秋，輯成《游志篇》，薈萃歷代名流游覽泰山、沂水、武夷、秦淮等名山大川游記，凡八十八篇，刊行之。同年寫成《永鑒稿》（已佚）。仙居縣盛産合蕈、稠膏蕈、松蕈、竹蕈（竹蓀）、麥蕈、玉蕈、黃蕈、紫蕈、四季蕈、鵝膏蕈等十餘種食用菌，仁玉通過觀察、品嘗，于淳祐五年寫成《菌譜》，爲目前所知世界最早食用菌專著。淳祐十一年，以白衣受詔爲經筵講官。開慶元年（一二五九），賜同進士出身。九月，任軍器監丞兼國史院編修官。十一月，任浙東提刑，兼知衢州。後歷任浙東安撫使、兵部侍郎等職。德祐元年（一二七五），謝太后下詔降元。時仁玉已告老歸寓台州，與權知台州事王珏相議拒詔，招募義民築城，死守台州。景炎元年（一二七六）二月城破，退隱黃岩縣石塘山（今屬溫嶺）海中。臨終戒子孫永不仕元。後移葬仙居城郊南峰山桃花洞側。

《（淳祐）臨安志》五十二卷，淳祐九年（一二四九），南宋府尹趙與𥲅修，仙居陳仁玉等纂。陳仁玉先與通判吳革，後與王亞夫「晝訪夜思，參與書傳所省憶，耳目所睹記，得古今事迹千數百條，釐爲門者十有二，爲類者九十有九，爲卷者五十有二，總之數十萬言，亦略備」。十年十二月書成付刊。後宋刊本久佚。清嘉慶十四年（一八〇九）陳鱣（仲魚）始于吴中購得殘本，原題《臨安志》（四册），後加淳祐二字。今僅存六卷（題作一至六卷，然前尚有缺卷，實爲五至十卷），僅府城、山川兩類。每類冠以總論一篇，下分細目，叙述詳晰，多他志所未及，爲藏書家所重。所收詩文金石，與《咸淳臨安志》互有詳略。清胡敬又從《永樂大典》輯出佚文十六卷四册，後亦散佚，僅存祠廟（卷一）、寺（卷二至卷四）、院（卷五至卷七）、宫觀（卷八）等四類，編爲《淳祐臨安志輯逸》八卷，刊入《武林掌故叢書》。一九八三年，浙江人民出版社據《武林掌故叢書》本標點出版，與《乾道臨安志》一起，合稱《南宋臨安兩志》。

《(淳祐）臨安志》歷傳爲施諤纂輯，近年洪煥椿發現《永樂大典》卷七千六百零三「杭」字韵收録陳仁玉《淳祐臨安志序》，已在其《浙江方志考》中訂正，應爲陳仁玉纂，通判吴革，王亞夫參與編輯。施諤，婺州進士（《建炎以来繫年要録》卷一百五十六）。紹興十七年（一一四七）十二月十三日，進《中興頌》一篇，《紹興雅》十篇，《行都賦》一首，免解。（《玉海》卷五十九）

吴文英（一二一二？～一二七二?）

《聲聲慢》

鶯圍橙徑，鱸躍蒓波，重來雨過中秋。酒市漁鄉，西風勝似春柔。宿春去年村墅，看黄雲、還委西疇。鳳池去，信吴人有分，借與遲留。　　應是香山續夢，又凝香追咏，重到蘇州。青鬢江山，足成千歲風流。圍腰御仙花底，襯月中、金粟香浮。夜宴久，攬秋雲、平倚畫樓。（《全宋詞》第二九二一頁）

智按：吴文英，字君特，號夢窗、覺翁，四明（今浙江寧波）人。往來江浙間，曾爲吴潛浙東安撫使幕僚，復爲宗室趙與芮門客。曾以詞諂媚權相賈似道。知音律，能自度曲。其詞講究字句工麗，音律和諧，喜堆砌典故辭藻。有《夢窗詞》。

釋道璨（一二一三～一二七一）

《與息庵湯侍郎書》

生髪未燥，便知大江之東有隱君子，道參天人之奥，學造聖賢之域，起敬起慕，願學焉而未能也。……言動中度而不愆，精神内守而不浮，抱道足德之氣見於冠屨而溢於眉目，望之而意消心醉，不爲無得也。人品如白傅而有子，風流如謝傅而休官，此蓋得於國人之論，某不敢道古今而譽盛德。某禀違東還，老親促歸之舟已至。留庭闈兩月，歲晚方回。竊承侍郎爲東湖千載計，繡使語次咄咄不絶口，而不腆之人亦挂齒牙餘論間。某何人斯，辱侍郎知遇如此，凛乎其不敢當也。某積二十年宗仰之懷，而疇昔侍坐不能移頃，至今如負大欠。秋凉當謀專扣門墻，從容參扣，庶幾乎梱載而往，垂橐而歸者。侍郎不麾之於大門之外，幸甚。（《無文印》卷十五；《全宋文》二〇〇六年版第三四九册，卷八〇七三，第二〇一頁）

《與山泉吴提舉書》

去春專价至義曹，恰遲兩月，而朝天車馬已次廬山之下。前辱賜書，謂方上丐免之章，而三節在道，終不容自已。昔者侍坐時，細視熟察，精神念慮多在歌行風賦間，語及仕宦，若將浼焉。何物功名，乃逼人如此！白傅幅巾藜杖，從容草堂，誦詩讀書，燒丹煮藥，真若無意於人間矣。丹成竈破，而忠州刺史除書適至。世間、出世間，二法不可兼得。提舉風味人品視白傅無異，故出處亦大略相似。然白傅於蠻素尚未能忘情，提舉意地翛然於此，又過白傅一籌也。某妄意經理廢寺，窮一歲之力，甫竟八九。恕翁小泊豫章，某候迎南浦，相語甚款。雲壑屬京漕，山雲參制府，長翁少翁麾節相望，二季宦遊率不遠數百里，功名之盛萃於一門，耳目所及，殆不可屈第二指也。恕翁在章貢，某既不能為其一行，扁舟順流而東，往來兩臺之下，臨別之語極丁寧也。春初東舟入手，當敬造臺治之下。（《無文印》卷十七；《全宋文》

二〇〇六年版第三四九册，卷八〇七五，第二四一頁）

智按：釋道璨，字無文，俗姓陶，南昌（今屬江西）人。游方十七年，涉足閩浙。理宗嘉熙三年（一二三九），遊東山。淳祐八年（一二四八），自西湖至四明，復歸徑山。寶祐二年（一二五四），住饒州薦福寺，後移住廬山開先華嚴寺，再住薦福。為退庵空禪師法嗣。張即之等甚重之。有《柳塘外集》四卷，其中詩一卷；又有文集《無文印》二十卷，末附宋維康編《語録》一卷，事見《語録》及妙葉堂刊本《柳堂外集》大雷慶盤序、元宏燈岱跋。

黃震（一二一三～一二八〇）

《黃氏日抄》

《醉白堂記》反覆將白樂天、韓魏公參錯相形，而終之以取名也廉之説，尊韓之意，隱然自見於言外矣。(《四庫全書》本《黃氏日抄》卷六十二「讀文集・蘇文」)

乾道九年，桂林大雪盈尺，公作重貂館，謂杜子美謂「宜人」，白樂天謂「無瘴」，然皆聞而知，戎昱實從事幕府，有「重著貂裘」之句，故掇以名。(《四庫全書》本《黃氏日抄》卷六十七「讀文集九・范石湖文」)

⊙《崇壽宫記》

四明固山水奇絶處也。慈溪之西，踰二十里，其地薄海，氣勢益磅礴，有峯特起，爲五磊山，突兀撑天，猶若奮乎其不可遏……俄一日書來，述其居已大備，屬余記之。且曰：吾非求以記吾勤也，記吾居之所自始也。吾之居日廣，而吾之所自始日泯，非所以篤既往，昭方來也。吾師老子之入西域也，嘗化爲摩尼佛，其法於戒行尤嚴，日惟一食，齋居不出户，不但如今世清净之云，吾所居初名道院，正以奉摩尼香火，以其本老子也。紹興元年十一月，冲素太師陳立正始請今勑賜額。嘉定四年九月，住持道士張悟真始建今三清殿，嶽祠建於端平之乙未，法堂建於淳祐之壬子，藏殿建於寶祐之乙卯，而山門建於景定之癸亥。與夫建丈室以集簪佩，建舫齋以列琴書，下至庖湢，色色粗備，則又皆吾銖積以成，未嘗以干人，故雖工役之繁，貲費之多，皆所不必記。獨念新之增者舊之忘，身之舒者心之肆。摩尼之法之嚴，雖久已莫能行，而其法尚存，庶幾記之以自警，且以警後之人也。余讀之曰：嘻！此有識之言，亦無窮之思也。然吾儒與佛老固冰炭，佛與老又自冰炭。今謂老爲佛，而又屬記於學儒者，將何辭以合之，且何據耶？因書詰之，則報曰：吾説豈無據者？《老子化胡經》明言「我乘自然光明道氣飛入西那玉界，降爲太子，捨家入道，號末摩尼，説戒律定惠等法」，則道經之據如此。釋氏古法華經卷之八九，正與化胡經所載合。佛法廣大，何所不通，而限於町畦者始或秘之不以出。白樂天晚年酷嗜内典，至其《題摩尼經》，亦有「五佛繼光明」之句，是必有得於貫通之素者矣，則釋氏之據如此。唐憲宗元和元年十一月，回鶻入貢，始以摩尼偕來，置寺處之，其事載於温公之《通鑑》，述於晦翁之《綱目》，則儒書之據又如此。余既審之，果然。希聲復緘示所謂《衡鑑集》，載我宋大中祥符九年、天禧三年，兩嘗勅福州，政和七年及宣和二年，兩嘗自禮部牒温州，皆宣取《摩尼經》頒入道藏，其文尤悉。余始復書謂之曰：「信矣，是可記也。」夫天下事，不過是與非、善與惡兩端而止。自古立言垂訓者，莫不使人明是而別非，絶惡而修善，故能輔人心而裨世教，説久而弊，始或紛之。老子寶慈儉而後世事清談，釋氏恃戒定而後世譏執着，是豈其初然哉！老子再化爲摩尼，而説法獨嚴於自律。如師所云，殆其初之未變者。師而念之，而傳之，則道之初在是，釋之初亦在是，且有近於吾儒之所謂敬，於以發山川之靈異，恢道俗之見聞，所（斯）琳宫仙館千萬年憑藉無窮，豈徒在今輪奐間？師曰：諾哉！因録其往復之詳如此。是爲記。景定五年五月記。(《四庫全書》本《黄氏日抄》卷八十六「記」)

⊙《差知撫州謝廟堂》(辛未二月)

易地贊丞，未能朞月，自天疏渥，忽畀專城，方申控免之辭，已拜趣行之命。蒙恩過厚，撫已奚堪。伏念某人品最卑，資格尤淺，嘗窺史籍，曾無披閲之勞；甫載倅車，已有迂疎之誚。正令終棄，夫亦何言。乃一（一作亦）轉於洪鈞，俾再承於會府，頗驚往事，浸失初心，進不能追曾南豐賑恤田里之風，退不敢效白樂天從容山水之興，懲羹太甚，正愧吹齏；得隴已多，何敢望蜀。况聞臨汝，夙號名藩，右軍、康樂之舊游，風流尚在；元獻、荆公之故里，人物尤繁。……（《四庫全書》本《黃氏日抄》卷九十三「啓」）

《古今紀要》

⊙白居易

憲宗初與元稹中制科，樂府諷時事，遂入翰林。久旱，與李絳乞免江淮兩賦，出宫人，絶進奉，禁掠買。諫勿受于頔歌舞人。論不當使李師道贖魏徵孫故第。論楊於陵以取牛僧孺直言遭斥，盧坦以揖退，裴均黜。諫以獻羡，加王鍔平章事。與李絳乞却裴均銀器。孫璹以禁衛勞擢節度，張奉國以定徐州、平李錡功，遷金吾，乞罷，璹進奉國，竦天下忠臣。乞免度支，久繫囚，諫以承璀討王承宗。諫赦吳少陽，為留後。乞亟捕武元衡賊，宰相嫌之。或言居易母墮井而賦新井篇，浮華無實行，出為州刺史。王涯追言之，貶江州司馬。托浮屠生死說自適。續虞人箴諫。穆宗畋游，進忠，不見聽，貶外刺杭州。無事不言，言多見聽，當路忌之，故多擯斥。復用，又皆幼君。醉吟先生。香山居士與胡杲、吉旼等九人，年高不仕者集，人繪為《九老圖》。鷄林賈以其文售其相國。初與元稹號「元白」，後與劉禹錫號「劉白」。宗閔權勢震赫，終不附離。弟敏中相宣懿。（《四庫全書》本《古今紀要》卷十三）

智按：黃震，字東發，慈谿（今屬浙江）人。寶祐四年（一二五六）進士，調吳縣尉。吳多豪勢家，告私債則以屬尉，民多饑凍窘苦，死尉卒手。震至，不受貴家告。府檄攝其縣。及攝長洲、華亭，皆有聲。官至浙東提舉。事迹具《宋史·儒林傳八》。

陳著（一二一四～一二九七）

《次韻前人取别二首》（其二）

雲旆吹晴踏翠巔，寫成詩卷思翻然。誰知同賦有齊己，人指醉吟爲樂天。意自源頭水中湧，語如山色雨餘鮮。尾貂分付歸鴻去，欲便尋盟未有緣。（《四庫全書》本《本堂集》卷十六；《全宋詩》第六十四册，第四〇二〇一頁）

《次韻戴帥初見寄》

兒造從來自不情，百千萬變底人驚。人生水上浮漚影，物論風前亂葉聲。自笑醉吟空贅傳，誰知橘影竟無名。況今衰老知何用，惟有關門答五行。（《四庫全書》本《本堂集》卷十七）

《次韻張子開次子試晬》

聞昔甯馨兒，如馬千里馳。或秀如芝蘭，或如飣坐梨。居易生七月，已能指無之。又比令狐楚，五歲善屬辭。是皆非偶爾，陰有造物司。吾黨正氣旺，楊泣墨子悲。誰知世變極，所見及所期。卓哉子張子，不問今何時。種德以種子，愈出而愈奇。元方既及冠，可寶已不貲。經史日研精，甚於渴與饑。百發當百中，善射如由基。亦曰厚自積，王魏不仕隋。再索又得兒，照室光陸離。今朝歲一周，岐嶷傲娥羲。叢珍試初步，動覺應矩規。粲粲文在手，炯炯白在眉。但喜家傳昌，浮機豈終危。宙宇一開泰，扶植須人爲。在外寄藩屏，在朝資棟儀。雖當保抱中，方來事可龜。風埃自澒洞，庭階且燕熙。眼底雙鳳雛，笑唾燕雀卑。而況表獨立，硬脊非韋脂。觀志既有人，一脈如抽絲。作室必肯堂，何患不塈茨。此事真慶事，他事非所怡。我老拙已固，無能説項斯。來詩走風檣，難用蠡管窺。趁筆聊示耳，深愧無精思。（《四庫全書》本《本堂集》卷二十五；《全宋詩》第六十四册，第四〇二六六頁）

《謝沿江姚制使（希得）從叟前辟啟》

化臚舊物，冥心師造之歸；榷幕贅員，轉手王人之辟。飲泉知脈，指海銜恩。竊念某伎倆全無，夤緣獨到，南宫濫第，實誤玷於公衡；東湧涷曹，又密依於大纛。……兹蓋恭遇某官學聖人事，踏實地行；泰山巖巖，以靜重鎮浮俗；洞庭浩浩，以寬平容衆流，故好賢有甚於緇衣，而見善必收於夾袋，至今濩落，重累斡旋。某勉循塵容，終懷本色。竹猶有節，每欲賡居易之吟；蓮不染泥，當無辱濂溪之愛。庶其異日，濯以清風。（《四庫全書》本《本堂集》卷五十六）

《謝門人江東漕副辟運準啟》

……狄公屢薦，胡為終愛於柬之；黄忠驟遷，能不見疑於關羽。兹榮秪懼，欲報良難。玆蓋恭遇某官先生，國之棟梁，儒者標準；文氣清於白傅，歌舞之計本疎；人望雅於謝公，山林之興尤重。玆領竹梧之道院，是為桃李之主人，謂將揚激於諸賢，要且挈提於小物。遂令吳下始忝廬前。某重念昨是何官，今而此地。依蓮泛水，頓消濁宦之塵埃；食檗飲冰，永屬清門之造化。私心自慶，流俗寧知！（《四庫全書》本《本堂集》卷五十七）

《代族姪孫（楝）聘張氏劄》

……「一村惟兩姓，世世為婚姻」，樂天之詩，若為吾黨發也。特南山之南，北山之北，一片雲隔，不得時揖長風，此心當如之何。某仰惟親家，鸞鷟之瑞，松柏其姿；富貴功名，待以達人之見；山林泉石，偃然隱者之風。雖當世路之艱難，正驗平生之素志，賦庚寅如靈均叟，衆醉獨醒；書甲子如淵明翁，流行坎止。……（《四庫全書》本《本堂集》卷八十三）

《答趙景文餽生日》

讀樂天醉吟之傳，偶與同年；感屈平初度之經，此為何日。我方凜凜乎餘息，君乃惓惓其眷懷。特枉頌言，適玆愧汗。且水珍之朋集，與玉塵而偕来。方命則難，强顔而拜。（《四庫全書》本《本堂集》卷八十五）

《代兄答慶壽娶婦》

感田豫鐘鳴之語，凜凜偷生；誦樂天枕疾之詩，奄奄送日。以逢此百罹之際，奚揆予初度之為特，為承宗遂嚴，醮子眷珍，何其過厚寵遺，如是豐盈，却則不情，受之局眷，銘肺肝而曷已，非筆舌之可殫。（《四庫全書》本《本堂集》卷八十五）

《挽曹泰宇居士三首》（其二）

滔滔彼居士，誰得似君真。盍駐香山社，俄抛病室身。首邱存故我，手澤付何人。此理本来悟，浮生一窖塵。（《四庫全書》本《本堂集》卷九十；《全宋詩》第六十四册，第四〇三一〇頁）

智按：陳著，字謙之，一字子微，號本堂，晚年號嵩溪遺耄，鄞縣（今浙江寧波）人，寄籍奉化。理宗寶祐四年（一二五六）進士，調監饒州商稅。景定元年（一二六〇），為白鷺書院山長，知安福縣。四年，除著作郎。以忤賈似道，出知嘉興縣。度宗咸淳三年（一二六七），知嵊縣。七年，遷通判揚州，尋改臨安府簽判轉運判，擢太學博士。十年，以監察御史知台州（樊傳作合州）。宋亡，隱居四明山中。元大德元年卒，年八十四。有《本堂文集》九十四卷，各本文字多殘缺错漏，其中詩缺二卷。生平見清樊景瑞撰《宋太傅陳本堂先生傳》（見清光緒本卷首），清光緒《奉化縣誌》卷二十三有傳。

大休正念（一二一五～一二八九）

《白樂天二首》

樂吾天知受命返真，常順至正全乎自性。得全樂于劫壺之中，寓萬物而形之歌咏。

數竿金鳳竹，一縷玉爐烟。居塵塵不混，獨自樂先天。（見《白居易研究講座》第四卷，第二八〇頁）

智按：大休正念，溫州（浙江永嘉）人。南宋臨濟宗石溪心月之法嗣，嗣临济宗松源系禅法。咸淳五年（一二六九），與日僧無象靜照（石溪心月徒弟）東渡日本鐮倉，受到蘭溪道隆歡迎，應北條時宗之請，歷住禪興、建長、壽福等刹。正應元年至圓覺寺，接替無學祖元法席，爲圓覺寺第二代住持。正應二年示寂，享年七十五。謚號佛源禪師。其流派稱大休派（又作佛源門徒），爲日本禪宗二十四流之一。遺著有《大休和尚語録》六卷。

姚勉（一二一六～一二六二）

《癸丑廷對》

……臣於今日，正不滿於是二者，敢以二說為陛下獻焉：一曰立中道以用天下之賢，二曰獎直言以作天下之氣。何謂立中道以用天下之賢？湯之執中也，曰立賢無方；武王之建極也，曰無偏無黨。是故周而不比，和而不同，而後可謂之君子。君子者，未嘗有所謂黨，而上之人亦不當以黨視之。禹、皋叶忠於事舜，而言焉不合，則有吁咈，不苟同也；旦、奭同心於輔周，而事有不可，則或不悦，不詭隨也。唐有白居易，不附僧孺，亦不附德裕。本朝有蘇軾，不徇熙豐，亦不阿元祐。君子之所自立者如此，若之何而以黨視之？小人之欲空人之國者，必惑其君，而指君子以為黨，空黨錮以危漢，空清流以禍唐，而指元祐臣寮為姦黨者。宣、靖之時，空國而無君子，其禍尤不忍言也。……（《四庫全書》本《雪坡集》卷七）

《題胡景顔雙清堂》

盤桓松菊陶元亮，俯仰山泉白樂天。長謂若人無復有，後身却在石溪邊。（《四庫全書》本《雪坡集》卷十二；《全宋詩》第六十四册，第四〇四四一頁）

《别西湖》（其一）

别了東坡更樂天，重來薦菊又明年。欲行且止真難去，再泛西湖半日船。（《四庫全書》本《雪坡集》卷十二；《全宋詩》第六十四册，第四〇四四三頁）

《題西湖竹閣寺》（其二）

千古清風白樂天，昔時曾此飽談禪。自從西閣無吟跡，惟有東坡嗣舊傳。來往祇應湖上寺，聽聞誤説海中僊。我來再拜祠堂下，笑摘巖花薦井泉。（《四庫全書》本《雪坡集》卷十四；《全宋詩》第六十四册，第四〇四六三頁）

《送鄭編修（偘）罷任》

江城雪作陰如莫，兒樣老翁啼塞路。雲深日隱天不知，驅馬蕭蕭使君去。使君四海鄭村邊，人是白玉堂中僊。君謨政事文永叔，五花為筆蒲為鞭。民酣醇酎春風裏，吏姦如魚在寒水。横江立石霓截流，要使千年履如砥。瓜時且及報政成，漢法選表宜公卿。況今世號天清明，如何饑烏啼夜聲。饑烏聒聒正攫肉，驚起鸞鳳騰去速。世間公論竟有否，汙此無瑕雪團玉。杭州白傅亦自無，若有薏苡猶疑珠。中湖築堤到今賜，當時憸兒羣謗蘇。先生去住輕蟬翼，一笑歸歟黜如陟。但民失母士失師，欲取讒人投有北。浮雲豈解終為昏，先生即來直北門。偏州畢竟着不得，滂沛霖雨蘇乾坤。（《四庫全書》本

《雪坡集》卷十五）

《黃氏好山記》

清江黃君唐卿，字其室曰好山，取陳文惠公「好山雲歛，明月雨晴」句。唐卿郭其處者也，而山是愛趣清矣。閤峯清江之望，天下之奇山也。唐卿有室焉，實對之，每推窻揭簾，即與山面，欣然神會，如見故人，字山之意矣，蓋以此觀之，山蒼岑碧巘，簪植屏列，朝霏暮嵐，紫翠蒨絢，雪立清峻，雨藏冥濛，應貌千萬，皆山之好也。而雲歛雨晴之時，殆與幽人爽士胸次一，故山之好，於是時為冠。雖然，山不能自好也，人實好之：首陽山之好也，以夷、齊；商於山之好也，以四皓；東山有謝安載酒游，而東山重；南山有陶淵明采菊見，而南山高；壽山有李太白樓其間，壽山顯；飯顆山有杜少陵過其下，飯顆山名；廬山好，以白樂天、劉凝之；孤山好，以林和靖、東坡，老子山固多好，亦未盡好也，人則好之矣。終南山而捷徑，少室山而索價，北山而辱人移文，奇章讀書於後隆之山，韉郎騎驢於鍾山之半，山之好固自若，而又有累其好者矣。是故人必不貪多錢好官，必不好便宜田宅，必不溺人之所欲之好色。去物慾以好其心，謹踐履以好其躬。新好之詩，大好之文，時出間作，羽翼風雅不，止為黃絹幼婦之好，而造理窟，詣道闖，夫子之門，且未安於肩牆室家之好焉，則視山無愧，與山俱好矣。人未有無好者也，多為所不好者雜，必去其所不好者，而後好者粹。文惠之詩，雖意主於景，然以理會之，雲歛而山好，雨晴而月明，斯非人慾蟬蛻，天理春融之境乎？「生香不斷」之語，以浩然氣取；「天水相通」之語，與「苗格鳳儀」觀可也。五峯先生見紫陽夫子「甕牖翠屏」之詩，而答以「山中出雲雨太虛，一洗晴空山更好」之句，體立用具，視「雲歛月明」之語，有以異乎？未可徒以詩觀也。仁者静之樂山，主静求仁。學者先務前之好其山者，猶未足多尚。巍乎程子，龍門山有遺歌；卓乎紫陽，武夷山有道韻。相與共學可也。唐卿得於《易》者也，養山泉之蒙，止兼山之艮，用工蓋久矣。予尚奚贅。雖然，友道貴切切偲偲，故願唐卿亦自好以好此山，不敢為每事好之司馬。（《四庫全書》本《雪坡集》卷三十四）

《愛竹軒記》

竹以賢，愛賢故愛竹。三代後人物，可愛者有幾？大義自任，利鈍不知，吾愛諸葛孔明；勁氣如龍，傲睨奸獪，吾愛孔文舉；高風遠韻，不折於時，吾愛陶淵明。下是已矣。李唐來，苦瘦自甘，窮老忠義，吾愛杜子美；俊逸踔發，雄隘九州，吾愛李太白；虚心體道，不落朋黨，吾愛白樂天；文古氣雄，正大自許，吾愛韓退之。宋以來，賢尤盛，剛直如寇平仲，偉器如范希文，任重如韓稚圭，豪健如歐陽永叔，超邁如蘇子瞻，清遠如黄魯直，近時勁峭如楊廷秀，又皆可愛之尤者。嗚呼！今皆不可復見矣！而是竹也，傲雪霜，排雲霄，簸雷霆，扞風日，凛然似諸君子氣象。愛竹，愛其似也。嗚呼！今人可見不可愛，古人可愛不可見。見是竹，如見諸君子，予何幸日與諸君子游耶！嗚呼！見似君子者，猶愛若此，况得與真君子游耶！（《四庫全書》本《雪坡集》卷三十五）

《靈源天境記》

……予嘗觀白樂天記太湖石，非不侈特，然皆遠取而後得之，故其聚也，必散是境也。石不移而自具，水不引而自環，山不邀而自獻，松竹梅桂，若蘭與草木等，皆不植而自有，莫之為而為者。非天也乎？天固遺之，人固閟之，是孤此奇觀，盍修治而呈露之。……（《四庫全書》本《雪坡集》卷三十五）

《豫章新建浄社院記》

……夫寺之所以名浄社者，蓋必合淨土蓮社之名而名之也。瞿曇氏言，西方有淨土，有蓮花，凡皈嚮其法者，死必生彼土蓮花中。以是説鼓動天下。中國人有樂其説者，結集為蓮社。日誦佛名號，以祈生於厥土。在晉陶淵明、唐白樂天諸君子，亦為之，以是尊信日衆。夫淵明、樂天，豈真不達死生晝夜之理、信此茫昧不可詰之説、而幸生此身於蓮花者哉？其意蓋有在矣。淵明之時，温、裕强臣更擅而迭霸也；樂天之時，牛、李二黨爭傾而互軋也。二公也，自知不可以有為於斯世，故一以彭澤折腰去，一以香山退老歸。當時孔孟之大學未明，無以自適其心，晦其迹，故混身於蓮社，寄情於淨土，特託焉耳。豈實以為有淨土之可游、蓮花之可生哉？瞿曇氏説三乘，其上乘高妙者，超然無所染着，視所謂生淨土蓮花，必曰幻化妄想。蓋心地淨明，即是淨土，何必西方？迥脱泥穢，即是蓮花，何必淨土？何佛非我，何我非佛。生之日誦厥名，死之日冀生彼土。佛學之高者，固已黙笑是説矣，况吾儒乎。吾儒之所謂淨者，在《書》為精一執中，在《易》為洗心藏密，在《語》為克己復禮，在《孟》為盡心知性。所謂蓮者，在周子之説，曰「出淤泥而不染，濯清漣而不妖，中通外直，不蔓不枝，香遠益清，亭亭淨植」。嗚呼！此吾之所謂淨土蓮社者也。夫宏甫，吾儒之英，其必然乎予之說。苟然已，其以是為記。(《四庫全書》本《雪坡集》卷三十六)

《草堂記》

杜子美居浣花谿，有草堂；白樂天居廬山，亦有草堂。二公，詩人也，皆有草堂之適。蹇驢破帽，扶醉晚歸，與抱琴書、引妻子、老泉石趣同也。世徒以俗豔少樂天詩，不知其清逸之妙，不減子美。草堂同矣，詩異乎？雖然，不徒詩也，子美一飯亦君，樂天《諷諫》諸篇，可《國風》比，詩云乎哉！二公古矣，二堂墟矣。名至今重天下，詩云乎哉！必有由致矣。幸君端中學詩者也，心二公之慕，營草堂於廬之西，興趣高矣。由古人《三百篇》之詩，求二公所以為詩，由二公數百篇之詩，求二公所以為人，草堂庶乎！退之有言曰：「富貴無能，磨滅誰記。」天地萬古，百年須臾，盍謀與草堂不朽者。使後之人，指今之草堂，如游浣花谿，曰斯子美也；如過匡廬山，曰斯樂天也，則草堂三矣。(《四庫全書》本《雪坡集》卷三十六)

《秋崖毛應父詩序》

劍江毛應父以詩集来教予，求序之，予曰：詩不以序傳也。《三百五篇》皆有序，朱夫子猶使人捨序而求詩，序不足據也，姑舍是。後世詩亦爾：杜子美、李太白、白樂天，唐詩人之冠冕者，各以其詩傳，不以元微之、李陽冰序傳也。東坡之詩，無敢序；山谷之詩，無敢序；近時誠齋之詩，無敢序。信乎，詩不以序傳，而以詩傳也；詩不以詩傳，以人傳也。人可傳，詩必可傳矣。李、杜而白，蘇、黄而楊，其詩何如哉？其人何如哉？應父詩，思清而句逸，生於劍川，鍾泉阿之英，其人品自異，他日所進未已，能如六君子之可傳，詩不患不傳也，又安用序？况應父之詩，其首篇曰：「時人作詩自有體，卷頭品題必名士。儂詩無體無品題，不作東家效西子。」夫不效時人，求品題於卷頭，見自高也；而今求序焉，是亦效時

人矣。言未既，或啞然笑於旁，曰：「如子非名士何?」於是乎序。(《四庫全書》本《雪坡集》卷三十七)

《念奴嬌》（和尹司門與蔡侯詠雪）

雕裘夜冷，怪地爐煨酒，經時難熱。曉起盤風天舞絮，拍手兒童歡悦。客裏新吟，天葩翦巧，思與梅爭發。使君屬和，雪花同是三絕。　未説賦就梁園，陽春拍調，壓倒唐元白。早晚聯鑣花底去，共看朝霞銀闕。朝退歸來，清虚堂裏，醉酒淋漓墨。而今且對，聚星堂上賓客。（《四庫全書》本《雪坡集》卷四十四；《全宋詞》第三〇九一頁）

智按：姚勉，字成一，號雪坡，筠州高安（今屬江西）人。理宗寶祐元年（一二五三）進士，授平江節度判官。丁母憂服闋，除秘書省正字，因言事免歸。召為校書郎兼太子舍人，以忤賈似道，被劾為吳潛黨，罷。景定三年卒，年四十七（《豫章叢書》本《雪坡舍人集》末附胡仲雲《祭雪坡姚公文》，本集文及翁序作年四十六）。遺著由侄龍起編為《雪坡集》五十卷（本集卷首文及翁序）。生平見《宋歷科狀元録》卷八。

許月卿（一二一六～一二八五）

《樂天》

樂天歌裏商人婦，子美詩中黄四娘。莫向癡人前説夢，世間萬事海茫茫。(《四部叢刊》本《先天集》卷六；《全宋詩》第六十五册，第四〇五七三頁)

智按：第二句源自蘇軾《正月二十六日偶與數客野步嘉祐僧舍東南野人家雜花盛開扣門求觀主人林氏媪出應白髮青裙少寡獨居三十年矣感歎之餘作詩記之》：「縹帶緗枝出絳房，緑陰青子送春忙。涓涓泣露紫含笑，焰焰燒空紅佛桑。落日孤煙知客恨，短籬破屋為誰香。主人白髮青裙袂，子美詩中黄四娘。」(《蘇文忠公全集》卷二十三)

許月卿，字太空，學者稱山屋先生，婺源（今屬江西）人。從魏了翁學。早年入趙葵幕，理宗嘉熙四年（一二四〇）以軍功補校尉，為江東轉運司屬官。淳祐四年（一二四四）進士，授濠州司戶參軍，七年，兼本州教授。呂文德辟為淮西安撫司準備差遣。遷臨安府教授，以言事罷。寶祐三年（一二五五）為江南西路轉運司幹辦，攝提舉常平。召試館職，以忤賈似道罷，歸隱，自號泉田子。宋亡，改字宋士，深居不言。元至元二十二年卒，年七十。有《先天集》十卷、《百官箴》六卷。生平見本集附録《宋運幹山屋許先生行狀》。

陳人傑（一二一八～一二四三）

《沁園春》

草滿姑蘇，問訊夫差，今安在哉。望虎丘蒼莽，愁隨月上，蠡湖浩渺，興逐潮來。自古男兒，可人心事，惆悵要離招不回。離之後，似舞陽幾個，成甚人才。　　西風斜照徘徊。比舊日江南尤可哀。嘆茫茫馬腹，黃塵如許，紛紛牛背，青眼難開。應物香銷，樂天句杳，無限風情成死灰。都休問，向客邊解後，衹好拈杯。（《全宋詞》第三〇八〇頁）

智按：陳人傑，一作陳經國，字剛父，號龜峰，長樂（今福建福州）人。曾游江淮兩湖間，後寓臨安。宋代詞壇上最短命之詞人，享年僅二十六歲。有《龜峰詞》。現存詞作三十一首，全用《沁園春》調，兩宋詞史所罕見。其生平事跡參胡念貽《陳人傑和他的詞》（載《文學評論叢刊》第七輯，中國社會科學出版社一九八〇年版）；饒宗頤《詞籍考》卷六（中華書局一九九二年版，第二二〇～二二二頁）。

舒岳祥（一二一九～一二九八）

《十六夜月色佳甚對酒效樂天體招酒伴賞月》

八月十六夜，清涼明月天。新酒雖未熟，陳酒喜未乾。早稻有餘飯，輕衫未為寒。傍人見我醉，胸中故朗然。有詩不自作，但詠古人篇。喚取故山甫，醉即對牀眠。（《四庫全書》本《閬風集》卷一；《全宋詩》第四〇八九七頁）

《桂臺》

神龍不知身變化，猶認潛鱗爲故我。先生曾出雨八紘，浪靜波恬歸海卧。先生兩處領桂臺，夢寐一生游學舍。阿宜移扁就山窗，鐵畫銀鈎金鈕鏁。緑陰閉戶不知春，長日觀書誰覺夏。天上吹香遍遠山，月中散影流清夜。先生見扁如坐齋，隨行不用木上座。攀枝踏影弄猿鶴，萬事不到桂叢下。天下清芬是此花，世間最俗惟檀麝。後車還許樂天陪，吟筆更須侯喜把。幾人名遂不知幾，一日倉皇方淚墮。人知德祐不出高，豈識咸淳歸計果。平生一瓣桂臺香，口誦翁詩幾百過。舊臺何在桂凋零，日暮哀禽自相和。今臺喜見桂婆娑，往來不礙江鷗社。舊臺不見見今臺，依舊風流壓江左。他年人訪桂臺游，舊名更復因今播。月中桂樹最久長，此樹還如月輪大。（《四庫全書》本《閬風集》卷二；《全宋詩》第六十五册，第四〇九一九頁）

《三月二十三日效樂天體》

習習東風白苧裘，餘寒未盡滯清愁。柳疑楚舞腰偏細，鶯學吳音舌更柔。好景良辰千古在，騷人墨客幾時休。一年佳致惟春莫，可惜花飛人白頭。（《四庫全書》本《閬風集》卷七；《全宋詩》第四〇九八七頁）

《劉正仲和陶集序》

自唐以來，效淵明為詩者皆大家數。王摩詰得其清妍，韋蘇州得其散遠，柳予厚得其幽潔，白樂天得其平淡。正如屈原之騷，自宋玉、景差、賈誼、相如、子雲、退之而下，各得其一體耳。東坡蘇氏和陶而不學陶，乃真陶也。……正仲名莊孫，台州寧海人。戊寅九月望日。（《四庫全書》本《閬風集》卷十）

智按：戊寅，祥興元年。

《養志堂記》

賞勝者領其要，攄幽者當其機，是故神山秀嶽，假高逸以揚輝，當其機也；朗士俊人托遐邈而含耀，領其要也。白樂天謂，會稽為首，剡為面，沃洲天姥為眉目，誠領其賞勝之要也。……至元二十八年四月十七日，閬風舒

某撰。(《四庫全書》本《閬風集》卷十一)

智按：舒岳祥，字舜侯，以舊字景薛行，寧海（今屬浙江）人。因家居閬風里，學者稱閬風先生。理宗寶祐四年（一二五六）進士。攝知定海縣，為霅州掌書記，先後入金陵總餉陳蒙、沿海制置使鮑度幕。鮑罷，亦歸鄉不仕，教授田里，覃思著述。元世祖大德二年卒，年八十。有《蓀墅稿》、《辟地稿》、《篆畦稿》等，詩文集總名為《閬風集》，曾版行，已佚。清四庫館臣據《永樂大典》輯為《閬風集》十二卷。生平見清光緒《寧海縣誌》卷二十門人劉莊孫《舒閬風先生行狀》，本集卷首胡長孺、王應麟序。

林駉（嘉定間）

《古今源流至論》

⊙文選、文粹、文鑑

韓、柳之邃古，李、杜之風雅，元、白之雄深，而反雜以釋子蘭《飲馬長城窟》、道士吳筠《游仙》、《步虛》而不倫，若是何也？此鉉之編次，不能揜天下之公也。(《四庫全書》本《古今源流至論》前集卷二)

⊙杜詩

白樂天《海圖屏風》之作，前輩窺見其心之不忍用兵（東坡《讀白樂天海圖屏風詩》謂：樂天心不忍用兵），劉禹錫三閣詩四章，識者謂可以配《黍離》（山谷《讀劉禹錫三閣詩》曰：此詩可以配黍離），後之讀工部詩者，安可不求詩之意哉！吾觀公之氣節高邁，秋霜爭嚴，風標屹立，砥柱中流，嗜殺人如嚴武，則瞪睨而兒戲之（嚴武守蜀，杜甫訪武，醉捋其鬚曰：子非嚴挺之子耶？武大怒），房琯毁師公乃排衆，而申救之（再上疏救琯），而議者不挈置於仁人之列，至於沈宋謟諛，温李淫艷者為伍，前輩深以是為恨，惜哉！夫公之詩，蓋愛君之盛心也。……(《四庫全書》本《古今源流至論》前集卷二)

⊙策試

唐以策著者，始於裴垍。自垍而下，如牛，如元、白，如劉蕡，皆以策顯也。其間筆勢翩翩，言論灑灑，鏗鏘於漢唐之間，亦皆足取也。然君子求其有關於天下之大計，有裨國家之大議，期無愧於切時之論，則仲舒、劉蕡上策也。而弘、欽、永、裴、元、白之流，特下策耳。方武帝即位之初，其時務莫切於正始也。今觀三篇之對，議論淵源，理義醖藉，勉強行道之論，正心正官之論，其有裨帝之初政也不少，彼公孫、欽、永何為哉？且武帝中年，元、成末代之際，其策賢良之意，正為災異權臣而發也。宏則誣水旱以獻策，其與仲舒天心仁愛之意為孰切？欽則援申伯以附鳳，其視仲舒正朝廷之意為孰優？永則托後宮以市直，其與仲舒論初政之意為孰明？嗚呼！捨心腹之疾，而論皮膚之患，君子謂之不知務。方文宗即位之初，其時務亦莫切於謹始也。今觀方正一篇，勁氣直節，凜凜逼人，力攻藩鎮之強，痛斥閹寺之横，其有益於唐之初政也不誣，彼僧孺、元、白何為哉？且憲宗元和之時，其策制科之意，正為強藩強閹而發也。僧孺之言法令、詔令，其與蕡之攻藩臣者為如何？稹之論通經設科，其與蕡之排閹寺者為如何？白之條正觀開元禮樂，其與蕡之談謹始者又如何？嗚呼！棄豺狼而問狐狸，君子尤謂之不知務。嗟夫！士君子之平居暇日，擊節伊、周，高談孔、孟，議論動人，灑然可聽。去取念重，卷舌自默，此所謂修於家而壞於天子之庭也，尚安有所學哉？國朝之策試有二，曰制科，曰進士。國初以詩賦取士，蓋循唐制之舊。所謂策試者，特施之制科耳。熙寧三年，以策取士，蓋因吕公著之請。所謂制科者，已罷策試耳。此其沿革之由也。然觀其名公碩望輩出，科目議論表表洋乎董、劉之對，蓋非欽、永、元、白望其下風，張方平《平戎十策》傑然於賢良之科，蘇子由直言君相拔出於方正之對，此制科之得人也。……（《四庫全書》本《古今源流至論》前集卷三）

⊙兵權

白居易為《江州司馬壁記》，自稱郡佐，然其言云：自武德以來，郡守之職，總於諸侯帥；郡佐之職，移於部從事，然則豈復有漢都尉哉？（原注：白居易《江州司馬壁記》曰：「自武德以來，庶官以便宜從事。大攝小，重攝輕。郡守之職，總於諸侯帥；郡佐之職，移於部從事。故自立五大都督府，至於上中下郡司馬之事，盡去，惟員與俸在。）（《四庫全書》本《古今源流至論》續集卷二）

智按：又見《古今源流至論》續集卷七《郡守》。

⊙文行

唐士馳翰墨之場者，辭章則柳河東、劉中山，酬奉則宋之問、沈佺期，制策則楊炎、德裕，言詩則李白、元稹，豈不聲價增重，為唐之巨擘？（原注：《唐・文藝傳》：大曆、貞元間，美才輩出，於是韓愈唱之，柳宗元、皇甫湜、李翺等和之，此其極也。若侍從酬奉，則李嶠、宋之問、沈佺期、王維；制策則常衮、楊炎、陸贄、權德輿、王仲舒、李德裕；言詩則李白、杜甫、元稹、白居易、劉禹錫；譎怪則李賀、杜牧、李商隱，皆卓然以所長為一世冠，然嘗言之，夫子之門以文學為之科，何哉？）（《四庫全書》本《古今源流至論》後集卷六）

⊙論詩

觀詩之為美為箴，原於虞廷君臣之詠；觀詩之為譏為諷，原於夏人昆弟之歌。嗟夫！周詩三百，蓋經聖人手也。一歌一詠，尚有源流，則後之騷人墨客，與盟詩壇者，其可不祖風雅之體乎？是故，詩言志，歌永言，後世傚之以為歌，一曰風，二曰賦，後世擬之以為賦，吟詠情性，轉而為吟，故嗟嘆之易而為嘆，自詩變為樂府之後，孔子作《龜山操》（韓文：孔子以季桓子受齊女樂諫不從，望龜山而作操），伯奇作《履霜操》（尹吉甫子名伯奇，無罪，為後母譖而見逐，自傷，作《履霜操》），牧犢子作《雉朝飛》（齊牧犢子七十無妻，見雉雙飛，感而作《雉朝飛操》），即或憂或思之詩。自詩變為《離騷》之後，賈誼之弔湘（賈誼在長沙作《弔湘賦》），楊雄之畔牢愁（本傳），即或哀或愁之詩，凡此皆詩之體制源流也。「振振鷺」，三言之所起；「關關雎鳩」，四言之所起；「維以不永懷」，五言之所起；「魚麗于罶魴鯉」，六言之所起；「交交黃鳥止于棘」，七言之所起；「我不敢傚，我友自逸」（劉馮事始云：詩三字至八字，皆自《毛詩》，如三字若「鼓淵淵，醉言歸」之類，四字若「關關雎鳩，在河之洲」之類，五字「若誰謂雀無角，何以穿我屋」之類，六字若「俟我於庭乎而，充耳以青乎而」之類，七字若「交交黃鳥止于棘」之類，八字若《節南山》云：「我不敢傚，我友自逸」），八言之所起（注見上），凡此，皆詩之句讀源流也。然自已删之後，詩雅蕭條，有如蘇、李之高妙，嵇、阮之冲澹，曹、劉之豪逸，謝、鮑之清奥，徐陵、庾信之靡麗華藻，白樂天、柳宗元之放蕩嘲怨，此數子，非不可與言詩，嘲詠風月，亡裨風教；夸耀煙雲，無關政體，其視詩人愛君憂國之情，無有也，此邵康節謂其删後無詩，宜矣！（邵康節詩云：「須信畫前原有易，自從删後更無詩。」）雖然，諸葛武侯出師一表，尚有傅説訓誨之辭，陸宣公論諫之奏，猶有孟子仁義之談，孰謂周詩以後絶唱寡和之甚邪！……（《四庫全書》本《古今源流至論》後集卷九）

⊙字音

……白樂天《題坐隅》詩曰：「俱化為餓殍」，殍非孚也，而押之可乎？杜牧《杜秋娘詩》曰：「厭飫不能飴」，飴乃餳也，而訛之可乎？（沈存中《筆談》：晚唐士人專以小詩著名，而讀書滅裂。如白樂天《題座隅》詩曰：俱化為餓殍，殍作孚，作押韻，杜牧《杜秋娘詩》云：厭飫不能飴，飴乃餳耳，若作飲音，當音飲）……（《四庫全書》本《古今源流至論》後集卷九）

智按：林駉，字德頌，寧德（今屬福建）人。嘗以《易》魁鄉薦，事迹具《閩書》。（《四庫提要》）

葉寘（嘉定間）

《愛日齋叢鈔》

司馬光為《耆英會序》云：「樂天在洛，與高年者八人游，時人慕之，圖傳於世。宋興，洛中諸公，繼而為之，再矣。圖形普明僧舍，樂天之故第也。」（智按：見《傳家集》卷六十八）《筆談》亦謂：「樂天居洛，與高年者八人游，謂之九老。洛中士大夫至今居者，繼而為九老之會者，再矣。」（智按：見《容齋隨筆·四筆》卷十二）今考修香山故事，惟至道初李文正公罷相後，以司空致仕，年七十七，思樂天洛中之會，適交游中有此數，欲繼其事為宴集。故相宋惠安公吳僧贊寧預焉，會蜀寇起，而罷其事。當在京師至和間，杜正獻公亦已致仕，與凡老年得謝者，為五老會，其事又在南都，謂再為洛，未能詳。後是如米元章《九雋老會序》云：「中散大夫河間公靖鎮吳，俗乃闢羣齋會九雋老。」（智按：見米芾《寶晉英光集》卷六）則其事在吳，名氏且未悉著，獨潞公以元豐五年尹洛為耆年會，凡十三人，可以踐唐賢遺躅，而過之矣。又元豐初，趙清獻守杭，趙康靖自南都來，年八十一，共游湖山，為二老圖，清獻時七十一，程給事師孟守越，又減清獻一歲，嘗同唱和。清獻謝事過之，因增程公為三老圖。盛哉！承平典型也。渡江以來，有若史忠定六老圖，周益公二老堂會，清時勝事，各擅一門，豈惟家庭之慶。又有劉汭者，寫益公與兄乘成居士、必正楊文節為三老圖，平園《誠齋集》有詩，亦廬陵佳話也。（《四庫全書》本卷二，孔凡禮點校本，第四二頁）

近時稱白石者，樂清錢文子文季、番陽姜夔堯章、三山黃景說巖老，各因其居號之爾，故堯章以謂居苕溪上，與白石洞天為隣，潘德久字之曰白石道人。詩云：「屋角梅花樹，花前白石生。」或評樂天黃醅酒對白侍郎，陳去非簡齋老對月桂花，此祖其格者，然白石生見《神仙傳》中，黃大人弟子也，至彭祖時已年二千餘歲，煮白石為糧，因就白石山居，時號曰白石生，堯章稱此三字，蓋有據而後用，文季宗正巖老大理皆少卿，當嘉定間，姜止布衣。（《四庫全書》本卷二，孔凡禮點校本，第四八頁）

「誰能更學孩童戲，尋逐春風捉柳花。」樂天《放柳枝答劉夢得》詩也。誠齋楊氏乃有「日長睡起無情思，閒看兒童捉柳花」之句，得非默閲世變中有感傷，此靜中見動意。（《四庫全書》本卷三，孔凡禮點校本，第六八頁）

王直方《詩話》：「東坡平日最愛樂天之為人，故有詩云：『我甚似樂天，但無素與蠻。』又：『我似樂天君記取，華顛賞遍洛陽春。』又：『它時要指集賢人，知是香山老居士。』又：『定似香山老居士，世緣終淺道根深。』而坡在錢塘，與樂天所留歲月略相似，其詩云『在郡依前六百日』者是也。」

洪氏《三筆》論蘇公謫黃州始稱東坡居士，其意盖專慕白樂天，白公有《東坡種花》詩，《步東坡》詩，《別東坡花樹》詩，皆為忠州刺史時作。蘇公在黃，正與白公忠州相似，因憶蘇詩，《贈寫真李道士》云：「知是香山老居士」，《贈善相陳傑》云：「我似樂天君記取」，《送程懿叔》云：「我甚似樂天」，《入侍邇英》云：「定似香山老居士。」而跋云：「樂天自江州司馬除忠州刺史，旋以主客郎中知制誥，遂拜中書舍人。某雖不敢自比，然謫居黃州，起知文登，召為儀曹，遂忝侍從。出處老少，大畧相似，庶幾復享晚節閒適之樂焉。」《去杭州》云：「出處依稀似樂天，敢將衰朽較前賢。」序曰：「平生自覺出處老少粗似樂天。」才名相遠，而安分寡求亦庶幾焉，則東坡之名非偶爾暗合也。

益公《雜誌》亦稱蘇公不輕許可，獨敬愛樂天，屢形詩篇，盖其文章，皆主辭達而忠厚好施，剛直盡言，與人有情，於物無著，大畧相似。謫居黄州始號東坡，其原必起於樂天忠州之作，予因諸詩之作而考之。

東坡之慕樂天，似不盡始黄州。《弔海月辨師》云：「樂天不是蓬萊客，憑仗西方作主人。」倅杭時作，已有慕白之意矣。坡詩注：《盧子逸史》，會昌元年，有南客飄至大山，有人引至一處，見道士坐大殿，曰：「此蓬萊山也。」宮内院宇數十，而一院扃鎖，曰：「此白樂天宮。樂天在中國未來耳。」樂天聞之，遂作《答客説》詩：「海山不是吾歸處，歸則應歸兜率天。」（詳見前引《太平廣記》等書）又《與果上人》詩：「不須惆悵從師去，先請西方作主人。」觀引用此事，知其已慕白也。守膠西《和張子野竹閣見憶》云：「柏堂南畔竹如雲，此閣何人是主人。但遣先生被鶴氅，不須更畫樂天真。」或謂此自屬之子野元祐經筵賜御書樂天《紫薇花》絶句，又不獨公以此自擬也。記韓魏公醉白堂，以所得之厚薄深淺、孰有孰無，較勳名富樂之不同，而以忠言嘉謨效於當時，文采表於後世，死生窮達不易其操，道德高於古人為同。迨其自處，則謂才名相遠，不敢自比，而以由謫籍起為守，登侍從，庶幾出處老少，晚節閒適，安分寡求為同。若樂天聲伎之奉，固蘇公所無。坡後賦朝云：「不似楊枝别樂天。」豈誠過之，戲言也。况已云「但無素與蠻」矣。子由暮年賦詩，亦謂：「時人莫作樂天看，燕望端能畢此身。」自注：「樂天居洛陽日，正與予年相若。非齋居道場，輒攜酒尋花，游賞泉石，略無暇日。予性拙且懶，杜門養病，已近十年，樂天未必能爾也。」或當日又以樂天稱子由。香山一老，而兩蘇公共之。子由讀白集五絶句，極論所處同異，今盡鈔其詩云：「樂天夢得老相從，洛下詩流得二雄。自笑索居朋友絶，偶然得句與誰同。」「樂天得法老凝師，後院猶存楊柳枝。春盡絮飛餘一念，我今無累日無思。」「樂天投老刺杭蘇，溪石胎禽載舳艫。我昔不為二千石，四方異物固應無。」「樂天引洛注池塘，畫舫飛橋映緑楊。漠水隔城來不得，不辭策杖看湖光。」「樂

天種竹自成園，我亦牆陰數百竿。不共伊家鬬多少，也能不畏雪霜寒。」(《四庫全書》本卷三，孔凡禮點校本，第六八～七〇頁)

智按：蘇轍《讀樂天集戲作五絶》，見《欒城三集》卷三。

楊廷秀《木犀》詩：「系從犀首名干木，派别黄金字子金。」後《鶴山集》亦賦此花云：「虎頭點點開金粟，犀首累累佩印章。明月上時疑白傅，清風席處越黄香。」集古人姓字為對偶，又自注：「顧虎頭善畫金粟。」用之正佳，犀首配虎頭愈工，而誠齋詩句殆為花補傳也。(《四庫全書》本卷三，孔凡禮點校本，第七四頁)

陸務觀云：「楚詞所謂桂，數見於唐人詩句及圖畫間，今不復見矣。屬山僧野人試求之。賦絶句云：『丹葩緑葉鬱團團，消得姮娥種廣寒。行盡天涯年八十，至今未得一枝看。』」又别記其説云：「桂花已春芳，其色丹，亦或紫。《南部新書》云錢塘靈隱山多有之，香紫可愛，白樂天謂之紫楊華，今不復見。雖問靈隱山僧，亦莫知矣。往往妄指木犀為之。草木顯晦，亦有時如此，可付一嘆。」諸老品題芳卉多矣，少問及此。或指木犀之紅者為桂而已，李衛公《平泉草木記》中列桂之品三，其一紅桂樹，云此樹白花紅心，因以為號；其一月桂，云出蔣山，淺黄色；其一山桂，云此花紫色，英蕊繁縟。三者未詳孰是。《爾雅》「梫，木桂」郭景純注：「白華不言丹紫也。如《選》詩：『秋風生桂枝』，亦鮮言春也。」孫少魏《東皋雜録》：「自邵州至全州，道傍多巖，桂冬初花，發芬馥特，異俗謂之九里香。又謂之木犀，以其文理黑，而潤殊類犀角也。」此謂冬初花發，固由土氣有異，以桂與木犀一種相傳久矣。陸氏之説，孤而不章，草木之顯晦，感慨所託何已哉，余不足以知之，以俟博識。(《四庫全書》本卷五，孔凡禮點校本，第一一一頁)

……晉淵明之五柳、南齊臧榮緒之被褐、唐王無功之五斗、樂天之醉吟、魯望之甫里，又皆寓其自號者歟。……(《四庫全書》本補遺，孔凡禮點校本，第一三四頁)

智按：葉寘，字子真，號坦齋，池州青陽(今屬安徽)人。與洪咨夔、魏了翁多唱酬。後以薦為池州簽判。有《愛日齋叢鈔》十卷、《坦齋筆衡》

一卷，已佚。清四庫館臣據《永樂大典》輯《愛日齋叢鈔》為五卷。

佚名（嘉定間）

《題三賢堂》

和靖東坡白樂天，幾年秋菊薦寒泉。如今往事都休問，且為官司趁酒錢。(《宋詩紀事》卷九十六，上海古籍出版社本第二二九三頁；《全宋詩》第五十七册，第三六〇六七頁)

智按：事見羅大經《鶴林玉露》：「嘉定間，臨安西湖上三賢堂亦賣酒，太學士人題詩云云。府尹聞之，亦愧而止。」(《四庫全書》本卷十二）又見元李有《古杭雜記》(《説郛》卷四十七下)、元劉一清《錢塘遺事》卷一(《四庫全書》本)、元劉壎《隱居通議》卷十一（《四庫全書》本)，詩句略異。

趙與虤（甯宗以後）

《娱書堂詩話》

白樂天《獻裴晉公》詩云：「聞説風情筋力在，只如初破蔡州時。」王禹玉《上文潞公》詩云：「功業特高嘉祐末，精神如破貝州時。」隱括樂天語也。(《歷代詩話續編》本卷上，第四九二頁）

白樂天詩云：「倦倚綉床愁不動，緩垂絲帶髻鬟低。遼陽春盡無消息，夜合花前日又西。」好事者畫為倦繡圖。(《四庫全書》本《娱書堂詩話》)

智按：此則為《歷代詩話續編》所無，《宋詩話考》第一〇二頁據《説郛》本補。實則《四庫全書》本《娱書堂詩話》已録。白樂天《閨婦》：「斜憑繡床愁不動，紅銷帶緩緑鬟低。遼陽春盡無消息，夜合花前日又西。」

牡丹篇詠，至唐人始盛。如李正封、羅鄴之句，尤膾炙人口。白樂天有「映葉多情隠羞面，含叢無力倚新粧。」(《四庫全書》本《娱書堂詩話》)

白樂天云：「周公恐懼流言日，王莽謙恭未篡時。若使當時身便死，一生真偽有誰知?」此詩乃二十八字史論。(《四庫全書》本《娛書堂詩話》)

智按：趙與虤，字威伯。以《宋史·宗室表》連名次第考之，蓋太祖十世孫也。書中多稱陸游、楊萬里、樓鑰晚年之作，又稱宗人紫芝，是甯宗以後人矣。(《四庫提要》)

趙善書（一二二六進士）

《白文公年譜跋》

香山居士《長慶集》舊刊於郡之思白堂，因以一帙遺湖南林灃，復書乃以陳直齋所編年譜見囑，謂有文集而無年譜，不幾於缺典乎？得此喜為完書，鋟梓以冠於集首，亦可以訂香山之出處云。端平甲午重午漢國趙善書。(《四庫全書》本汪立名《白香山詩集》卷首)

智按：端平甲午，即端平元年（一二三四）。趙善書，字崇文，善滄之從弟，福建晋江人。寶慶二年（一二二六）王會龍榜進士。歷任漳浦縣知縣、肇慶、建德知州。

蕭元之（一二二六前後）

《渡江雲》

流蘇垂翠幰，高低一色，紅紫等泥沙。香山居士老，柳枝桃葉，飛梗屬誰家。好音過耳，任啼鳥、怨入芳華。心情懶，筆床吟卷，醉墨戲翻鴉。

堪嗟。雕弓快馬，敕勒追踪，向夕陽坡下。休更憶，青絲絡轡，紅袖裁紗。司空見慣渾如夢。笑幾回、索葦吹葭。山中樂，從渠恣賞鶯花。(《全宋詞》第三一七六頁)

智按：蕭元之，字體仁，號鶴皋，臨江（今江西樟樹西南）人。與湯中（一二二六年進士）同時。有《鶴皋小稿》，已佚。生平見《江湖後集》卷十五。

陳思（一二二九前後）

《小字録》

⊙龜兒

《白樂天集》載《見小姪龜兒詠燈詩并臘嬢製衣因寄行簡》：「已知臘子能裁服，復報龜兒解詠燈。巧婦才人常薄命，莫教男女苦多能。」俱本傳。（《小字録》四部叢刊三編景明活字印本）

智按：《見小姪龜兒詠燈詩并臘嬢製衣因寄行簡》作於寶曆二年（八二六），五十五歲，蘇州刺史，見《白居易集箋校》第一六九一頁。

《寶刻叢編》

⊙唐照公塔銘

唐太子少傅分司東都白居易撰。劉禹錫為秘書監分司東都時書。照公名神照，姓張氏，蜀州青城人。居東都奉國寺。碑以開成三年立。（《集古録目》）（《四庫全書》本卷四）

⊙唐香山寺碑

唐白居易撰。（《諸道石刻録》）（《四庫全書》本卷四）

⊙唐修香山寺詩三十韻

唐白居易撰。賀拔惎書。（《訪碑録》）（《四庫全書》本卷四）

智按：白居易《修香山寺詩三十韵》詩，今集中未見。而《白居易集》卷三一有《重修香山寺畢題二十二韵以紀之》詩，是重修時所作詩，蓋其初修時，白氏已作三十韵詩。

⊙唐醉吟先生傳

唐白居易撰。譚邠正書。大中五年四月。（《金石録》）（《四庫全書》本卷四）

⊙唐八節灘詩并龍門二十韻

唐白居易撰。（《訪碑録》）（《四庫全書》本卷四）

⊙唐白居易碑

唐李商隱撰。譚郃書。大中五年四月。（《金石録》）（《四庫全書》本卷四）

⊙唐醉吟先生白公西北巖石碣

樂天自著墓碣也。白敏中書。會昌六年十一月立。（《復齋碑録》）（《四庫全書》本卷四）

⊙唐崔弘禮碑

唐白居易撰并書。（《訪碑録》）（《四庫全書》本卷四）

⊙唐白樂天游王屋山詩

唐白居易撰，道士張弘明正書，大和六年十月題。（《復齋碑録》）（《四庫全書》本卷五）

⊙白敏中

醉吟先生白公西北巖石碣。樂天自著墓碣也。會昌六年十一月立。洛。（《四庫全書》本卷六）

⊙唐武昌軍節度使元稹碑

唐白居易撰，元和中立。（《金石録》）（《四庫全書》本卷八）

智按：《叢書集成初編》本卷十一，第二六五頁引作《京兆金石録》。

⊙唐春分投簡陽明洞天並繼作

唐元威明、白居易撰，王禱分書，劉蔚篆額，大和三年正月十五日立，在龍瑞宮。（《復齋碑録》）（《四庫全書》本卷十三；《叢書集成初編》本卷十三，第三三五頁）

智按：《嘉泰會稽志》卷十六云，元稹詩于正月十五日立石，白居易繼詩立于同年八月十五日，則元稹與白居易詩刻並非同時，而《復齋碑録》合二人刻石于大和三年正月十五日，微誤。

⊙唐新造白蘋洲五亭記

唐白居易撰，馬纘正書，開成四年十月立。（《金石録》）（《四庫全書》本卷十四）

⊙華山精舍記明聖湖記白樂天與劉禹錫書

三碑，《諸道石刻録》。（《四庫全書》本卷十四）

⊙唐興果寺律大德湊公塔碣

唐白居易撰，僧雲臯正書，長慶二年閏十月一日建，武宗時廢，宣宗大中八年七月十五日重立。（《復齋碑録》）（《四庫全書》本卷十五）

⊙唐東林寺德化王重置白氏文集記

僧匡白記，余文真正書，倪臣明篆額。太和六年八月十二日。（諸道石刻録）（《四庫全書》本卷十五）

⊙唐東林寺白氏文集記

唐白居易記，僧雲臯正書，太和九年八月。（《金石録》）（《四庫全書》本卷十五）

⊙唐撫州景雲寺上弘和尚石塔碑

唐白居易撰，李克恭正書，段全緯篆額，大中八年七月十五日重立，在東林寺。（《復齋碑録》）（《四庫全書》本卷十五）

⊙張諴碑

白居易撰，武翊黄正書，姪孫磻篆額，長慶二年六月。（《金石録》）（《四庫全書》本卷二十）

⊙裴度、白居易聯句

正書，無姓名，太和三年十二月。（《金石録》）（《四庫全書》本卷二十）

智按：陳思，字續芸，臨安（今屬浙江）人。理宗時，官成忠郎、國史實録院秘書省搜訪。所著《小字録》，前有結銜稱「成忠郎緝熙殿國史實録院祕書省搜訪」。又有《海棠譜自序》，題開慶元年。性嗜古，喜收羅古籍以藏。於臨安棚北大街，與父陳起開設「陳宅書籍鋪」，編書、刻書、售書和藏書，幾十年間刻遍唐、宋人詩集，流通古籍甚多。編刊《寶刻叢編》、《海棠譜》、《書苑英華》、《小字録》及《兩宋名賢小集》。《寶刻叢編》編成于宋理宗紹定二年（一二二九），有魏了翁、陳振孫、孔山居士三篇序。此書按地登載碑刻，以《元豐九域志》京府州縣爲綱，凡石刻可考郡縣者，均分別輯入各路之下。每碑之下均引録前人考證，並注明其出處。其中所引《寰宇訪碑録》、

《諸道石刻録》、《集古後録》、《復齋碑録》、《京兆金石録》、《元豐碑目》等書，今皆散佚不傳，借此可見其涯略。

羅濬（寶慶間）

《寶慶四明志》

張孝子祠。孝子諱無擇，唐人，事父至孝，父死葬縣之金川鄉虎胛山，廬于墓側，朝夕哀慕，七日絶漿，三年不櫛，感芝草醴泉之瑞，其後仕至中散大夫，終和州刺史。白樂天志其墓。皇朝嘉定十四年，邑人請於縣立祠宇，於純德董君廟側春秋配享，著作郎張處記。（《四庫全書》本《寶慶四明志》卷十七）

智按：羅濬，廬陵（今江西吉安）人。官贛州録事參軍。

趙希楷（寶慶間）

《竹閣》

古寺因人重，清風尚可尋。斜陽明晚閣，老竹暗秋林。兜率西歸久，香山北望深。登臨成感慨，烟月獨知心。（《四庫全書》本《江湖小集》卷六十三；《全宋詩》第五十三册，第三三三二三頁）

智按：趙希楷，字誼父，太祖九世孫。理宗寶慶間有詩名，與李龏相倡和。有《抱拙小稿》一卷。生平見《兩宋名賢小集》卷三一九。

劉植（一二三〇至一二三八前後）

《琵琶亭問舟》

西亭問津處，白傅此曾游。無復錦弦曲，空停估客舟。拋江春浪靜，傳柝夜烽收。最愛廬峰峭，相隨過別舟。（《四庫全書》本《江湖後集》卷十四）

《瓜廬詩跋》（題擬）

竊歎古今知名士，非文字言語，固無以垂後，而後之人乃以其人之賢與否，而定去取之自，則所重者，蓋不特文字言語間也。陶靖節之潔操絕俗，杜工部之忠恪愛君，李太白、白樂天皆先頌其人，而後及其詩。若瓜廬耕釣於會昌湖上，隱然古君子，融液羣書，於世味澹無所羡，故於詩肥遯之辭，舒性情之正，得象外之趣，酌繩尺之嚴。想其人晉宋人也，讀其詩止於唐，可乎？交道寥落，無所統盟，拊卷重感。嘉熙二年立夏日，荆山劉植。（讀畫齋刊本《南宋羣賢小集·瓜廬詩》卷末；孫詒讓《温州經籍志》卷二十二集部，《續修四庫全書》影印民國十年刻本）

智按：薛師石（一一七八～一二二八），字景石，號瓜廬，永嘉（今浙江溫州）人。工詩善書，生平未仕，築室會昌湖上，與趙師秀、徐璣等多有唱和。理宗紹定元年卒，年五十一。有《瓜廬集》。事見本集附録宋王綽《薛瓜廬墓誌銘》。

劉植，字成道。安上曾孫。理宗紹定三年（一二三〇）曹豳官大理寺簿時有唱和。有《漁屋集》，已佚。事見《江湖後集》卷十四。《全宋詩》録詩二十五首。《江湖後集》卷十四稱劉植爲永嘉（今浙江溫州）人。而此處之《瓜廬詩跋》劉植自稱「荊山」人，當更可據信。

施樞（一二三二至一二四三前後）

《小瓊花》（臨安縣齋山花一株四月盛開無識之者效樂天招賢寺花體以小瓊花賦之或謂娑羅花）

合是孤根在廣庭，世間那得此雲英。霓裳一曲天香散，惆悵瑶堦月自明。（《四庫全書》本《芸隱勌游稿》；《江湖小集》卷二十三；《兩宋名賢小集》卷二百九十五）

智按：《南部新書》卷庚云：「杭州靈隠山（寺）多桂，寺僧云：『此月中種也。』至今中秋望夜，往往子墜。寺僧亦嘗拾得，而巖頂崖根復産奇花，氣香而色紫，芳麗可愛，人無有知其名者，招賢寺僧取而植之，郡守白樂天尤愛賞，因名曰紫陽花。」（黄壽成點校本，第一〇〇頁）《韻語陽秋》卷十六云：「珍木奇卉，生於深山窮谷之中，不遇賞音，與凡木俱腐，好事者之所深惜也。唐招賢寺有山花，色紫氣香，穠麗可愛，以託根招提，偶赦於樵斧，固為幸矣，而人莫有知其名者。白樂天一日過之，而標其名曰『紫陽』。於是天下識所謂紫陽花者，其珍如是也。豈不為尤幸乎！樂天之詩曰：『何年植向仙壇上，早晚移栽到梵家。雖在人間人不識，與君名作紫陽花。』……嗚呼，抱道懷才之士，埋光鏟采於山林皋壤之間，如此花者多矣，求如樂天之賞鑒者，孰謂無其人乎！」（《歷代詩話》第六一五～六一六頁）《（民國）杭州府志》卷七十八（民國十一年本）云：「按，施樞字知言，號浮玉，南宋丹徒人。有《芸隱舟横稿》、《芸隱倦稿》。其在臨安，以樂天自況，為郡為縣，《職官志》無可考。或客游于此也。小瓊花者，本名鄭花，亦名瑒花、椳花、椗花，山谷始詠之。周益公、洪容齋、胡漁隱諸人皆考辨之，亦有以為瓊花玉蕊者，木如海桐，葉似柘而尖，初夏放白花，幽香，如小淨瓶，即今瓶兒花也，亦呼瓶蘭，又呼瓶花。康熙間，吳尺鳧徵君齋庭有之，故曰瓶花齋，今老屋猶存，庭柯無恙，秋結朱實，纍纍然如山柿而小，此花此果，皆非經見者。」

施樞，字知言，號芸隱，丹徒（今江蘇鎮江）人。理宗紹定五年（一二三二）應鄉試，未第。端平元年（一二三四）入浙東轉運司幕。淳祐三年（一二四三）知溧陽縣。自編有《芸隱倦游稿》（端平三年）及《芸隱横舟稿》（嘉熙三年）。

俞桂（一二三二進士）

《夏中即事》

青青梅子已添肥，犢角新抽晚筍遲。茶罷日長消睡處，案頭一卷樂天詩。（《四庫全書》本《江湖小集》卷五十三《俞桂漁溪詩藁》；《四庫全書》本《兩宋名賢小集》卷三百八《漁溪詩稿》；《四庫全書》本《宋百家詩存》卷十八；《全宋詩》第六十二册，第三九〇四五頁）

《和樂天初夏韻》

雨腳來山岫，溪痕漲岸沙。插旗多酒戶，掛網盡漁家。

地出綳兒筍，園收菜子花。春歸鶯囀嬾，風急燕飛斜。

盃瀉青荷葉，甌煎白玉茶。孤村流水晚，數點有歸鴉。（《四庫全書》本《江湖小集》卷五十四《俞桂漁溪乙藁》；《四庫全書》本《兩宋名賢小集》卷三百九《漁溪詩稿》；《四庫全書》本《宋百家詩存》卷十八；《全宋詩》第六十二册，第三九〇五三頁）

智按：俞桂，字晞郤，仁和（今浙江杭州）人。理宗紹定五年（一二三二）進士。有《漁溪詩槁》二卷、《漁溪乙稿》一卷。

黄履翁（一二三二進士）

《歷代人才（論歷代人才得失）》

唐人當百年清明之會，則當轉移人心，變化風俗，乃增設課試，窘束天下士於章句之間。士夫風俗不本於行已者，實自科目累之。但聞唐文之變至於還淳，則士夫所急亦可知矣。而尚望其忠信習成、廉耻道立哉！夫王勃、楊炯、盧照鄰、駱賓王之長於文，李白、杜甫、元稹、白居易之長於詩，沈佺期、宋之問之精於文學，常衮、楊炎之長於制誥，杜牧、李程優於詞賦，挺然於科目之中者，不少焉。黨永王而名節蔑聞（李白），附叔文而才猷靡卲（柳宗元）。德行不謹，文章何功焉？吾之所稱者，惟韓昌黎一人而已。回異端之狂瀾，聳後學之北斗。忠犯人主之怒，勇奪三軍之氣。義可以開衡山之雲，節可以馴潮陽之鱷。屹為吾道之砥柱，其有益三百年之治者，大矣。此豈區區科目詞章所能染其習哉！（《四庫全書》本《古今源流至論》别集卷四）

智按：黄履翁，字吉甫，號西峰，寧德（今屬福建）人。理宗紹定五年（一二三二）進士。事見清乾隆《寧德縣誌》卷七。

劉克（一二三二前後）

《詩説》

⊙小弁

莫高匪山，莫浚匪泉，君子無易由言，耳屬于垣，無逝我梁，無發我笱，我躬不閲，遑恤我後。

山高泉深，正如白居易詩：「大行之路可摧車，若比君心是坦途。巫峽之水可覆舟，若比君心是安流。」喻其險而而不可測也。說者以人之為讒，常屬耳於垣以伺之，可謂得其情。此詩非刺讒也。卒章言聽讒，不應及此也。似若戒其人當察其心之險，如山之高，泉之深，無輕易用其言，當屬其耳於垣墻，如不聞可也，以正義救其君也，乃深自省其言之不能入，終上章他往之義，不敢顧計也，由之訓用經文為多。（《詩説》卷八，《續修四庫全書》影印宋刻本，第五七册）

智按：劉克，衢州信安人，生平無考。卷首劉克自序署「绍定壬辰十月」。绍定壬辰，绍定五年（一二三二）。卷首及卷末又有其子迪功郎郴州州學教授劉坦序跋，署「淳祐六年（一二四六）人日」。

楊伯嵒（一二三五前後）

《臆乘》

白居易侄曰羅兒、龜兒，皆是小字也。（《説郛》卷十一上，《叢書集成初編》據龍威秘書本排印，總類，第〇三一九册）

智按：楊伯嵒，字彦瞻，號泳齋，楊和王曾孫，自稱代郡人，居臨安（今屬浙江）。理宗端平二年（一二三五）通判衢州（明弘治《衢州府志》卷八）。「周密《雲煙過眼録》載伯嵒家所見古器，列高克恭、胡泳之後，似入元尚在矣。」（《四庫提要》）有《六帖補》二十卷，《九經補韻》一卷。

周梅叟（一二三八進士）

《**新建後圃亭院記**（淳祐十二年三月）》

春陵，古郡也。佩虎符、坐黄堂者，不知其幾。其間以善狀稱者班班焉，其德澤之深長，未有如五刺史者。蓋其為政，寧緩供具，其不忍施□科之威；寧其下下考，不忍峻催科之令。明□□□□□□□□□□□□□民心，故民到於今□之。容貌不可得見，則既像而祠之矣。乃於憩息遊覽之所，尤起瞻起敬，如睹甘棠而思召公，過峴山而思叔子也。郡之有圃，得非其所憩息遊覽之地歟？載稽圖籍，元次山於郡治後為菊圃，今之圃是也。我朝宣和間，王侯次翁於圃中創四亭：取杜子美《春陵行》「粲粲元道州」，而名其亭曰「粲粲」；取白樂天歌行「老者幼者何欣欣」，而名其亭曰「欣欣」；取柳子厚《文宣王廟碑》「振振薛公」，杜子美《餞裴道州》「肅肅秋初筵」，而以「振振」「肅肅」為二亭之名。昔人所以景慕前賢，以有此也。歲久亭圮，邦人咸共惜之。淳祐辛亥（智按：淳祐十二年）春，太社陶侯到郡，政暇歷覽兹圃，喟然歎曰：「天子使我典是州，蓋欲我以五刺史所以治民者治民也。聞五刺史憩息遊覽之地，而聽其亭宇之隳廢，吾心歉焉。」乃命披蒙茸，燔蔨翳，得四亭故址，乃度材戒事而一新之。……（洪武《永州府志》卷六；《全宋文》二〇〇六年版第三四一册，卷七八七三，第一九五～一九六頁）

智按：周梅叟，名亮，以字行，改字春卿，道州營通（今湖北道縣）人。周敦頤後裔。理宗嘉熙二年（一二三八）進士。淳祐七年（一二四七）除秘書郎，改著作郎。八年，出知潮州。寶祐中爲廣東提刑、轉運判官。生平見《南宋館閣續録》卷八、《鐵菴集》卷四、康熙《永州府志》卷一〇。

戴埴（一二三八進士）

《**鼠璞**》

⊙緑野堂白蓮社

閑居用緑野，乃裴度於文宗時留守東都治堂，雖野服蕭散，不問事時，尚保鳌留臺，非閑居事也。宫觀用蓮社，乃白居易致仕，與僧如滿在香山修净土，號白蓮社，是致仕後事。（《鼠璞》卷上，宋《百川學海》本；《四庫全書》本）

智按：戴埴，字仲培，鄞縣（今浙江寧波）人。機孫。理宗嘉熙二年（一二三八）進士。曾為知州、轉運使。詩文集已佚，清四庫館臣據《永樂大典》所輯《江湖後集》中存詩五首，文、賦各一首。事見《儀顧堂題跋》卷四《新修鄞縣誌跋》。

韓境（一二三八進士）

《全芳備祖集序》

類書之作，其來尚矣！自唐率更有《藝文類聚》，白傅有《六帖》，至我朝，元獻有《類要》，宜無復加矣。近世乃有《建章萬花谷》、《事類本末》諸書，大概誇多於品彙，競美於纂輯，而原本祖、萃羣芳者闕焉。天台陳君，少負傑特，讀書數萬卷，目力所及，如富人坐日中之肆，細大涵蓄，感萬物敷榮，乃獨致意於草木蕃廡，積而為書……寶祐元年癸丑中秋，安陽老圃韓境序。（《四庫全書》本《全芳備祖集》卷首）

智按：韓境，字仲容，號安陽老圃，會稽（今浙江紹興）人，韓琦六世孫，冠卿從子。嘉熙二年（一二三八）進士，調江陰軍司户參軍。官至直史館、秘閣。嘗以尚書省架閣官言事，被貶於婺州。與從兄燮齊名，稱二仲，傳劉清之學，詩書筆札皆工。生平見《魯齋集》卷一二《跋韓初堂帖》，《寶慶會稽續志》卷六，《宋元學案》卷五九，嘉靖《江陰縣志》卷一二，雍正《浙江通志》卷一二八。

史能之（一二四一進士）

《（咸淳）重修毗陵志》

賈餗字子美，河南人，美文辭，開敏有斷，累遷考功郎，知制誥，拜常州刺史。舊制兩省官出使，得朱衣吏前導，因用之，白居易有《戲和醉中》二絕云：「聞道毗陵詩酒興，近來積漸學蘇州。」

楊虞卿字師臯，弘農人，累遷給事中。出爲常州刺史，白居易《送別》詩云：「無嗟別青瑣，且喜擁朱輪。」劉禹錫詩云：「曾主魚書輕刺史，令朝自請左符來。」（《（咸淳）重修毗陵志》卷七秩官，《續修四庫全書》影印明初刻本）

運河東自望亭風波橋，入郡界，西至奔牛堰，凡百七十里有奇。《史記》云：禹治水于吴，通渠貫江湖。《齊地志》云：丹徒水道通吴會，六朝都建業，自云陽西城，今丹陽鑿運瀆，經抵都下，隋初嘗廢。大業六年，詔自京口至餘杭，穿河八百里，廣十餘丈，欲通龍舟，巡會稽。唐白居易有「平河七百里」之句。（《（咸淳）重修毗陵志》卷十五山水，《續修四庫全書》影印明初刻本）

唐吴刺史丹墓，在仁和卿北原。按《長慶集》：刺史字眞存，階至中大夫，終饒州刺史。銘曰：「漢中大夫東方曼倩，夏侯湛高之，作《廟貌贊》；中大夫眞存先生，白樂天知之，作《神道銘》。嗚呼！二大夫異代而同符，其皆達者乎。」（《（咸淳）重修毗陵志》卷二十六陵墓，《續修四庫全書》影印明初刻本）

垂脚、喙木二嶺，在縣南，唐遇春貢湖常二守會境上。白樂天詩云：「盤下中分兩州界，燈前各作一家春。」（《（咸淳）重修毗陵志》卷二十七古蹟，《續修四庫全書》影印明初刻本）

智按：史能之，字子善，四明人。咸淳元年（一二六五），知常州，不數月，州治清理。撙節浮費，以浚後河三百餘，里民賴其利。重修郡志，義例精審，爲世所稱。（《江南通志》卷一百十四引《常州府志》）

武衍（一二四一前後）

《湖亭席上贈商素》

一曲春風已擅場，淺顰低囀更傳觴。令人憶殺香山老，舊日玲瓏也姓商。

(《四庫全書》本《江湖小集》卷九十三；《四庫全書》本《兩宋名賢小集》卷三百三十二；《全宋詩》第六十二册，第三八九六九頁)

智按：武衍，字朝宗，原籍汴梁（今河南開封），南渡後寓臨安（今浙江杭州）清湖河。所居有池亭竹木之勝，命曰適安。有《適安藏拙餘稿》、《適安藏拙乙稿》。理宗淳祐元年（一二四一）自序其集。生平見《南宋古蹟考》卷下。

史繩祖（一二四一至一二六七前後）

《學齋佔畢》

⊙詩諱國惡

洪氏《容齋隨筆》謂元稹《連昌宮詞》有規諷，勝如白居易《長恨歌》。然余竊謂前賢歌詠前世之事，可以直言，而當代君臣，則宜諱國惡。如陳司敗問昭公：「知禮乎?」子曰：「知禮。」蓋為國惡諱也。司敗曾不知之，乃云：「君取於吳，為同姓，謂之吳孟子。君而知禮，孰不知禮? 何其謬哉！唐明皇納壽王妃楊氏，本陷新臺之惡，而白樂天所賦《長恨歌》，乃謂「楊家有女初長成，養在深閨人未識。天生麗質難自棄，一朝選在君王側。」則深沒壽邸一段，蓋得孔子答司敗之遺意矣。《春秋》為尊者諱，此歌深得之。(《四庫全書》本《學齋佔畢》卷一；《叢書集成初編》本，第二十頁)

⊙酒價緋魚

丁謂參知政事，真宗嘗問唐酒價幾何。謂對以每升三十，上曰：「何以知?」謂引杜詩云：「速來相就飲一斗，恰有三百青銅錢。」上喜其對。又蔡嶷廷試第一，俄召對。徽宗問：唐京官五品，方賜緋佩魚，借緋即不佩，國朝因循其制。嶷對曰：「在唐借緋亦佩魚。」因誦白居易詩為證曰：「親朋相慶問何如? 服色恩光盡反初。投老喜抛黄草峽，眼明驚拆紫泥書。便將朱紱還鈴閣，却著青袍侍玉除。無奈嬌癡三歲女，遶腰啼哭覓銀魚。」上尤喜其對之捷。二事正相類。但佩魚之對，尤切於典故，信大臣占對，不可無學也。謂字謂之，姑蘇人。嶷字文饒，河內人。並見於曾慥《詩選》紀載。後余因看李太白詩，有「金樽美酒斗十千」之句，以為李杜同時，何故詩句所言酒價頓異，客有戲噱者曰：「太白謂美酒耳，恐杜老不擇飲，而醉村店壓茅柴耳。」坐皆大笑，然亦近理也。（《四庫全書》本《學齋佔畢》卷二）

⊙中書繳詞當始於唐人

《邵氏聞見録》：「唐制惟給事中得封還制書，國朝康定間，富弼知制誥，封還詞頭，中書舍人繳詞頭自公始。」又王鞏《聞見録》：「富弼知制誥，封還遂國夫人詞頭，朝論謂無近比，然多是弼。」以余考之，則是殊不知《續通典》中所載長慶元年中書舍人白居易繳還獨孤朗、温造、李肇、王鎰四人除刺史詞頭云：「臣未敢撰進。」則唐中書舍人已有封還詞頭故事，非始於本朝富弼也。王鞏、邵博俱號該洽之士，而俱不知此，何耶？（《四庫全書》本《學齋佔畢》卷二）

智按：史繩祖，字慶長，眉山（今屬四川）人。從魏了翁學。嘗為江西提舉，官終秘書監。著有《孝經解》一卷、《學齋佔畢》四卷。事見《宋元學案》卷八十。

俞仕禮（一二四四前後）

《楊伯嵒〈六帖補〉跋》

唐世類書，傳於今者，有徐常侍《初學記》、白少傅《六帖》。《記》所遺者，《帖》采綴甚富，然自六經諸子，逮秦漢魏晉而止耳。本朝名儒纂輯，如晏元獻公《類要》等書，可謂浩博，特未聞有繼《六帖》而作者。炎、紹中興，乃有孔侯《六帖新書》，隋唐五代咸著於篇，而白傅所未取者，不敢過而問焉。今泳齋楊先生復成《六帖補》二十卷，然後向之軼於二公者，燦然在目。先生博覽古今，見聞該洽，雖治郡叢劇，而手不釋卷。石渠玉府，盈溢胷襟，隨取而充，其用畢具，非假是以夸涉獵、備遺亡者，其志固在於續古也。白傅之後，歷三百年，而後有《新書》。孔侯絶筆，又百年而後有是補。可不謂之有志於續古歟？此仕禮之所敬嘆也。因刻梓於學宮，以廣其傳，俞仕禮跋。（《四庫全書》本《六帖補》卷末）

智按：「俞仕禮跋」，一作「淳祐甲辰孟冬朔日，門生文林郎充衢州州學教授俞仕禮敬書」，見陸心源《皕宋樓藏書志》卷六十一子部（《續修四庫全書》影印清光緒萬卷樓藏本）。淳祐甲辰，為淳祐四年（一二四四）。

劉達可（一二四五前後）

《璧水群英待問會元》

【策段】《易》曰：君子以遠，小人不惡，而嚴嚴者，謹其身也。不惡者，平其心也。漢唐君子，往往得志之時而被患反甚焉者，良以不能謹其身，平其心，以防小人之奸，而反墮小人之計爾。蕭望之常得政矣，而乃夸己自高，不防恭顯之窺伺，非平心之道也。喜人附己，而輕信鄭朋之容悦，非謹身之道也，則望之之敗，望之有以取之矣。如陳竇之得政，敢上書斥奸，以宣布於天下，即其疾惡之尤甚，則非平心之道矣。竇武封爵子弟，未免過制，即其處事之可議，則非謹身之道矣。然則陳蕃竇武之敗，亦豈非有以自取之乎？會昌之際，德裕爲相，一時善類，固恃以爲宗主矣。而德裕恃己自驕，待人太忌，恃己自驕則不能謹其身，待人大忌則不能平其心。白居易賢者也，而乃以黨人排之；白敏中佞人也，而乃以私意悦之，此德裕所以不免也。……（《璧水群英待問會元》卷二，《續修四庫全書》影印明麗澤堂活字印本）

爰自春秋以來，歷漢魏晋隋，而暨乎唐，區宇一定，三光五嶽之氣，渾然大振，文治日興，異才輩出，乃有西掖代言，北門視草之任，馬周、岑文本，取譽於正觀；元積、白居易，濟名於元和。常衮、楊炎有除書德音之稱，張燕、蘇許有大手筆之號。下山東詔令，使武夫悍卒，莫不流涕，則陸贄爲之也；賜魏博詔書，使王元逵等肅然效順，則李德裕爲之也。慰陣傷之詔曰：傷居爾體，痛在朕躬，而武宗賞以宫錦。草德裕之制曰：計皆予同，言不他惑，而德裕贈以玉帶，則封敖爲之也；以至思若涌泉，文不加黙，五花判事，禁中頗牧，皆顯顯然，爲前史美談之人也，顧不爲詞臣之巨擘歟。（《璧水群英待問會元》卷三十六，《續修四庫全書》影印明麗澤堂活字印本）

【策段】漢後元天子臨軒拊髀，而遠想頗、牧；唐長慶之君當饋歎息，而恨無蕭、曹。愚閲史至此，切怪當時士大夫，與在廷公卿間，果無英偉可以備官使者，及反覆漢傳，乃見後元時，洛陽年少遠投長沙，雲中太守方挂吏議；天下無雙如李廣，猶未握將軍印也。然則謂之乏才，可乎？熟讀《唐實録》，乃見長慶時，少室山人久在諫垣；香山居士外遷刺史，三朝元老如裴晉公者，尚無恙也。然則謂之乏材，可乎？試取而用之，何遽不若頗、牧、蕭、曹。彼漢唐之君，方且以謂天下無材，而不知有材而不能用也。此馮唐所以面議，而處厚所以深譏歟！（《壁水群英待問會元》卷三十七，《續修四庫全書》影印明麗澤堂活字印本）

智按：《壁水群英待問會元選要》，宋建安劉達可編。元華亭沈子淮選，寧州查仲孺、吴江徐珩批點。為太學諸生答策而設，故有「壁水群英待問」之名。前有淳祐五年（一二四五）乙巳前進士建安陳子和序。

葉隆禮（一二四七進士）

《契丹國志》

（辛未）太平十一年。先是，太后未歸政前，帝已長立，每事拱手府庫中需一物，必詰其所用，賜及文武僚庶者，允之，不然不與，帝既不預朝政，縱心弋獵，左右狎邪，與帝為笑謔者，太后知之，重行杖責。帝亦不免詰問，御服御馬，皆太后檢校焉。或宫嬪讒帝，太后信之，必庭辱帝。帝每承認，畧無怨辭。好讀唐《貞觀政要》，至太宗明皇實録，則欽伏，故御名連明皇，諱上一字。又親以契丹字譯白居易《諷諫集》，詔臣下讀之。嘗云：「五百年來中國之英主，遠則唐太宗，次則後唐明宗，近則今宋太祖、太宗也。」或諸道貢進珍奇，一無所取，皆讓於弟。親政後方一月，太后暴崩，帝哀毁骨立，哭必嘔血。蕃漢羣臣上言：「山陵已畢，宜改元。」帝曰：「改元，吉禮也。居喪行吉，乃不孝子也。」羣臣曰：「古之帝王，以日易月，宜法古制。」帝曰：「吾契丹主也，寧違古制，不為不孝之人。」終制三年。（《四庫全書》本《契丹國志》卷七；上海古籍出版社，一九八五年版，第七一頁）

智按：葉隆禮，號漁林，嘉興（今屬浙江）人。淳祐七年（一二四七）進士，由建康府通判，歷官祕書丞。奉詔撰次遼事為《契丹國志》。

林泳（一二五〇進士）

《雜述》（其八）

身無用處法當隱，詩要工時例是窮。東海校書稱釣客，香山學士作漁翁。（《全宋詩》第六十六册，第四一三〇七頁）

智按：林泳，號弓寮，平陽（今屬浙江）人。理宗淳祐十年（一二五〇）進士。

釋永頤（一二五〇前後）

《雪中送僧還竹閣》（其一）

白公竹閣雲生晚，城市人歸夜雪平。燈在北高峯頂上，塔如千尺玉長檠。（《全宋詩》第五十七册，第三五九八六頁）

智按：釋永頤，字山老，號雲泉，錢塘（今浙江杭州）人。居唐棲寺。與江湖詩人周晉仙、周伯弜父子等多有唱和。理宗淳祐十年（一二五〇），上天竺佛光法師抗拒權貴侵佔寺產，憤而渡江東歸時，頤曾遺書慰問。有《雲泉詩集》一卷傳世。生平見本集末附《上天竺志》永頤小傳。

吕中（淳祐進士）

《宋大事記講義》

⊙諸老君子致仕投閒

熙寧六年三月，文彥博致仕，時判河陽府，與富弼等。用白居易故事，就弼置酒相樂，尚齒不尚官，已而圖形妙覺僧舍，號洛社耆英會。司馬光年未及六十，亦與焉。

此皆仁宗所養之君子，至是告老矣。升降消長之會。過此甚可畏也。

（《四庫全書》本卷十四）

智按：吕中，字時可，晉江（今福建泉州）人。淳祐間進士，遷國子監丞兼崇政殿説書，徙肇慶教授。

曾宏父（淳祐間）

《淳熙祕閣續帖》

十卷。十二年三月被旨摹勒入石，皆南渡後續得唐朝遺墨。首卷則鍾繇、王羲之帖，次則羲、獻書《内黄庭經》小楷，後有「臣遂良臨」四字。三卷歐陽詢、蕭瑀、褚庭誨、孫思邈、狄仁傑、張旭、顔真卿七賢書。四卷則明皇批答裴耀卿等奏狀。五卷李白、胡英、李邕、白居易帖。六則張九齡三相暨李紳告身。七則李陽冰篆、李德裕、畢諴（智按：《淳化祕閣法帖考正》卷十一、《六藝之一録》卷一百三十四及卷一百四十六、《佩文齋書畫譜》卷八十九作畢諴）、李商隱書。八則懷素顛草。九則高閒、亞栖、齊己書。末卷則楊凝式并無名人帖。上皆有内府圖書、宣和及紹興小字印章，或睿思殿印，如李紳告身高廟後，有親筆跋語，《黄庭經》、懷素顛草，則有李主建業文房之印，視今長沙所鐫筆法迥殊，非若前帖但翻淳化所鐫閣帖。（《四庫全書》本《石刻鋪叙》卷下）

智按：曾宏父，字幼卿，廬陵（今江西吉安）人。理宗淳祐間創鳳山書院，自稱鳳墅逸客。生平見《四庫提要·石刻鋪敍提要》、清同治《廬陵縣誌》卷十六。

史鑄（淳祐間）

《種菊》

春初種菊助盤蔬（蘇子由），益氣輕身載舊圖（劉摯舊圖謂本草也）。終藉九秋扶正色（鄭剛中），芳時偷得醉工夫（白居易）。（《四庫全書》本《百菊集譜》補遺）

智按：史鑄，字顔甫，號愚齋，山陰（今浙江紹興）人。晚年愛菊，有

《百菊集譜》六卷，補遺一卷，成于理宗淳祐二年至十年（一二四二～一二五〇）。事見本集卷首自序。

佚名（理宗前）

《歷代名賢確論》

⊙白居易

東坡《論樂天不欲討蔡》曰：吳元濟以蔡叛，犯許、汝以驚東都，此豈不可討者也。當時議者欲置之，固為非策。然不得武、裴二傑士，事亦未易辦也。白樂天豈庸人哉！然其議論，亦似欲置之者。其詩有「海圖屏風」者，可見其意。且注云：「時方討淮、蔡叛。」吾以是知仁人君子之於兵，蓋不忍輕用如此。淮、蔡且欲以德懷，况欲弊所恃以勤無用乎？悲夫，此未易與世士説也。

子由曰：樂天少年知讀佛書，習禪定，既涉世履憂患，胸中了然，照諸幻之空也。故其還朝為從官，小不合，即捨去，分司東洛，優游終老。蓋唐世士大夫，達者如樂天，寡矣。……然（樂天）處世，不幸在牛、李黨中，觀其平生，端而不倚，非有所附麗者也。蓋勢有所至，而不能已耳。會昌之初，李德裕用事，樂天適已七十，遂求致仕，不一二年而歿。嗟夫！文饒尚不能置一樂天於分司中耶？然樂天每閒冷衰病，發於詠歎，輒以公卿投荒、繆（僇）死不獲其終者自解。予亦鄙之。至其《聞文饒謫朱崖三絕句》，刻覈尤甚。樂天雖陋，蓋不至此也。且樂天死於會昌之初，而文饒之竄在會昌末年，此決非樂天之詩。豈樂天之徒淺陋不學者附益之耶？樂天之賢，當為辨之。

元稹論樂天之文章曰：大凡人之文，各有所長，樂天之長，可以為多矣。夫諷諭之詩長於激，閒適之詩長於遣，感傷之詩長於切，五字律詩百言而上長於贍，五字七字百言而下長於情，賦贊、箴戒之類長於當，碑記、敍事、制誥長於實，啓奏、表狀長於直，書檄、詞策、剖判長於盡。總而言之，不亦多乎哉！（《四庫全書》本《歷代名賢確論》卷八十七）

智按：《歷代名賢確論》一百卷，不著撰人名氏。前有明吳寬序，稱「皆唐宋人所著，其説散見文集中，或病其不歸於一，輯成此編，以便觀覽。錫山錢孟濬因其書不能家有，刊以傳世」云云。亦不詳作者為誰。所採諸家論著，皆至北宋而止。其書萇宏作萇洪，猶避宋宣祖廟諱，則理宗以前人所作也。(《四庫提要》)

林洪（理宗時）

《山家清供・詩筒》

白樂天與元微之常以竹筒貯詩，往來賡唱。和靖翁故有「帶斑猶恐俗，和節不防山」之句。每謂既有詩筒，可毋吟咏以助清灑。一日，許判司執中，遠以葵牋分惠緑色而澤入墨，覺有精采，詢其法，乃得之北司劉廉靖，蹲采帶露葵葉研汁，用布擦竹紙上，候少乾，用温火熨之。許嘗有詩云：「不取傾陽色，那知戀主心。」此法不獨便於山家，且知二公俱有葵藿向陽之意，又豈不愈於題芭蕉、書柿葉者乎？(《説郛》卷七十四上；明《顧氏文房小説》本)

智按：林洪，字龍發，號可山，泉州（今屬福建）人。自稱和靖七世孫。理宗時肄業杭泮，冒杭貫取鄉薦(《梅磵詩話》卷中)。

陳元靚（理宗時）

《歲時廣記》

⊙屠蘇散

《歲華紀麗》：俗説屠蘇者，草庵之名也。昔有人居草庵之中，每歲除夕，遺里閭藥一貼，令囊浸井中，至元日取水，置於酒樽，合家飲之，不病瘟疫。今人得其方而不識名，但曰屠蘇而已。孫眞人《屠蘇飲論》云：屠者言其屠絕鬼炁，蘇者言其蘇省人魂，其方用藥八品，合而為劑，故亦名八神散。大黄、蜀椒、桔梗、桂心、防風各半兩，白术、虎杖各一分，烏頭半分，㕮咀以絳囊貯之。除日薄暮，懸井中，令至泥，正旦出之，和囊浸酒中，頃時捧杯呪之曰：一人飲之，一家無疾；一家飲之，一里無病。先少後長，東向進飲。取其滓，懸於中門，以辟瘟氣。三日外棄於井中。此軒轅黃帝神方。李漢老詞云：「一年滴盡蓮花漏，翠井屠蘇沉凍酒。」洪舍人邁《容齋續筆》云：「今人元日飲屠蘇，自小者起，相傳已久，然固有來處。後漢李膺、杜密以黨人同繫獄，值元日於獄中飲酒，曰：『正旦從小起。』《時鏡新書》：晉董勛云：『正旦飲酒，先飲小者，何也?』勛曰：『俗以小者得歲，故先酒賀之；老者失歲，故後飲殿之。』《初學記》載：《四民月令》云：『正旦進酒次第，當從小起，以年小者起。』唐劉夢得、白樂天元日舉酒賦詩，劉云：『與君同甲子，壽酒讓先杯。』白云：『與君同甲子，歲酒合誰先?』白又有《歲假內命酒》一篇云：『歲酒先拈辭不得，被君推作少年人。』顧况云：『不覺老將春其至，更悲攜手幾人全。還丹寂寞羞明鏡，手把屠蘇讓少年。』裴夷直云：『自知年幾偏應少，先把屠蘇不讓春。儻更數年逢此日，還應惆悵羨他人。』成文幹云：『戴星先捧祝堯觴，鏡裏堪驚兩鬢霜。好是燈前偷失笑，屠蘇應不得先嘗。』方干詩云：『纔酌屠蘇定年齒，坐中皆笑鬢毛斑。』然則尚矣。東坡亦云：『但把窮悉博長健，不辭最後飲屠蘇。』其義亦然。」潁濱詩云：「井底屠蘇浸舊方，牀頭冬釀壓瓊漿。」（《歲時廣記》卷五，《續修四庫全書》影印清光緒十萬卷樓叢書本）

⊙膠牙餳

《荊楚歲時記》：元日食膠牙餳，取膠固不動之義，今北人亦如之。白樂天詩云：「一楪膠牙餳。」（《歲時廣記》卷五，《續修四庫全書》影印清光緒十萬卷樓叢書本）

⊙作麥粥

《玉燭寶典》：今人寒食悉為大麥粥，研杏仁為酪，引餳以沃之。白樂天詩云：「留餳和冷粥，出火煮新茶。」李義山詩云：「粥香餳白杏花天。」宋子京詩云：「漠漠輕花著早桐，客甌餳粥對禺中。」歐陽公詩云：「杯盤餳粥春風冷，池館榆錢夜雨新。」又云：「多病正愁餳粥冷。」又云：「已改煎茶火，猶調入粥餳。」（《歲時廣記》卷十五，《續修四庫全書》影印清光緒十萬卷樓叢書本）

⊙煑新茶

白樂天《清明》詩云：「出火煑新茶。」東坡詩云：「已改煎茶火。」又云：「且將新火試新茶。」又云：「紅焙淺甌新活火，龍團小碾鬬晴窗。」又云：「新火發茶乳。」（《歲時廣記》卷十七，《續修四庫全書》影印清光緒十萬卷樓叢書本）

⊙撰閤帖

《容齋五筆》云：唐世五月五日揚州於江心鑄鏡以進，故國朝翰苑撰端午帖子詞，多用其事，然遣詞命意，工拙不同。王禹玉云：「紫閣曈曨隱曉霞，瑶墀九御薦菖華。何時又進江心鑑，試與君王卻衆邪。」李邦直云：「艾葉成人後，榴花結子初。江心新得鏡，龍瑞護仙居。」趙彦若云：「揚子江中方鑄鏡，未央宫裏更飛符。菱花欲共朱靈合，驅盡神姦又得無？」又云：「揚子江中百煉金，寶奩疑是月華沈。爭如聖后無私鑑，明照人間萬善心。」又云：「江心百鍊青銅鏡，架上雙紉翠縷衣。」李士美云：「何須百鍊鑑，自勝五兵符。」傅墨卿云：「百鍊鑑從江上鑄，五時花向帳前施。」許沖元云：「江中今日成龍鑑，苑外多年廢鷺陂。合照乾坤共作鏡，放生河海盡爲池。」蘇子由云：「揚子江中寫鏡龍，波如細縠不揺風。宫中驚捧秋天月，長照人間助至公。」大概如此，唯東坡不然，曰：「講餘交翟轉回廊，始覺深宫夏日長。揚子江心空百鍊，只將無逸鑑興亡。」其輝光氣焰，可畏而仰也。若白樂天諷諫《百鍊鏡》篇云：「江心渡上舟中鑄，五月五日日午時。……背有九五飛天龍，人人呼為天子鏡。」又云：「太宗但以人爲鏡，監古監今不見容。……乃知天子別有鏡，不是揚州百鍊銅。」用意正與坡合。予亦嘗有一聯云：「願儲醫國三年艾，不博江心百鍊銅。」然去之遠矣。端午故事，莫如楚人競渡之的，蓋以其非吉祥，不可施諸祝頌，故必用鏡事云。（《歲時廣記》卷二十三，《續修四庫全書》影印清光緒十萬卷樓叢書本）

智按：見《容齋五筆》卷九，上海古籍出版社《容齋隨筆》，第九一六頁。

⊙拾桂子

《南部新書》：杭州靈隱山多桂，寺僧云月中種也。至今中秋夜往往子墜，寺僧亦嘗拾得。《漢武洞冥記》云：有遠飛雞，朝往夕還，常銜桂實歸南土，所以北方無。今江東諸處每四五月後，多于衢路間得之。大如貍豆，破之辛香。古老相傳，是月中下也。《本草》云：「取月桂子碎傅耳後，月蝕耳瘡。」白樂天《題靈隱》詩云：「山寺月中尋桂子。」宋之問《遊靈隱寺行吟》云：「桂子月中落，天香雲外飄。」又云：「唐垂拱中，天台桂子落十餘日方止。」東坡《八月十七夜》詩云：「天台桂子為誰香?」白樂天詩云：「天台桂子落紛紛。」蘇子美《中秋對月》詩云：「風應落桂子，露恐滴金波。」（《歲時廣記》卷三十一，《續修四庫全書》影印清光緒十萬卷樓叢書本）

智按：陳元靚，自署「廣寒仙裔」，劉純後序稱為「隱君子」。《歲時廣記》書前有「知無為軍巢縣事朱鑑」《序》。鑑乃朱熹之孫，「即嘗輯《詩傳遺說》者，後仕至湖廣總領。元靚與之相識，則理宗時人矣。」（《四庫提要》）

袁立儒（理宗時）

《題駙馬都尉王晉卿所作夢游瀛山圖卷》

珍木文禽玉佩環，清都絳闕色闌玕。香山居士蓬萊院，借與王郎夢裹看。（《清河書畫舫》卷九上；《石渠寶笈》卷四十三；《歷代題畫詩類》卷六十四；《宋詩紀事》卷六十六；《全宋詩》第六十二册，第三九二九六頁）

智按：袁立儒，號溪翁，建安（今福建建甌）人。理宗時提點兩浙刑獄。累除大宗正丞（《蒙齋集》卷八）。

石宗祁（理宗時）

《重刻沃州山記跋》

天下佳山水，沃洲獨稱於東南，晉宋名勝，一時萃集，因人而高，故甚盛也。既而日月消歇，林泉榛蕪，來者深有羊太傅登峴山之歎。嗟乎！人生天地間，真若草木之飄風，隨時興滅，本不足較。然欲垂聲猷於千載者，獨可托於文字，顧香山之記其可泯乎？寺有主僧文聳，能領此意，傾橐中金，規工泐石，載新其傳，可謂知所尚矣。聳師且能□志起弊，大有功於玆山，是特其小者爾。沃洲茨隱石宗祁用嘉其能，敬為之跋。（《越中金石記》卷五；

《全宋文》二〇〇六年版第三〇八册，卷七〇四三，第三六四頁）

智按：石宗祁，號沃洲茨隱，理宗時紹州府新昌（今屬浙江）人。

佚名（理宗後）

《寶刻類編》

⊙劉禹錫（禮部郎中，集賢院學士，祕書監）

照公塔銘（白居易撰。開成五年立。洛）。（《四庫全書》本卷五）

⊙段全緯

景雲寺正宏和尚石塔碑（白居易撰。李克恭正書。全緯篆額。元和十三年立。大中八年七月十五日重立。江，撫）。（《四庫全書》本卷五）

⊙武翊黄

張誠碑（白居易撰。武翊黄正書。姪孫磻篆額。長慶二年六月）。（《四庫全書》本卷五）

⊙李球

圓震禪師碑（白居易撰。元和十二年書。會昌三年鐫。蘄）。（《四庫全書》本卷五）

⊙李克恭

景雲寺正宏和尚石塔碑（白居易撰。段全緯篆額。元和十三年立。撫。一碑大中八年七月十五日重立）。（《四庫全書》本卷五）

⊙賀拔惎

修香山寺詩三十韻（白居易撰。洛）。（《四庫全書》本卷五）

⊙倪匡明

東林寺大師真堂記，書并篆額，太和三年。江。

東林寺德化王重置白氏文集記，僧匡白記，余文真正書，匡明篆額。太和六年八月十二日立。同上。（《四庫全書》本卷五）

⊙余文真

白氏文集記。注見上。（《四庫全書》本卷五）

⊙劉蔚

春分投簡陽明洞天並繼作（元威明、白居易撰。王璹八分書，篆額。太和三年正月十五日立）。(《四庫全書》本卷五;《叢書集成初編》本第一六八頁)

智按：倪濤《六藝之一録》卷八十八：「《春分投簡陽明洞天詩》：元威明、白居易撰，王璹分書，劉蔚篆額，太和三年正月十五日立，在越州龍瑞宫（原注：《復齋碑録》）。」

⊙馬纘

新造白蘋洲五亭記（白居易撰。開成四年十月立。明）。(《四庫全書》本卷五)

⊙譚郃

醉吟先生傳（白居易撰。大中五年四月。洛）。白居易碑（李商隱撰。大中五年四月。同上）。(《四庫全書》本卷六)

⊙白居易

崔宏禮碑（撰并書洛）。與劉禹錫書（杭）。詩簡（越）。(《四庫全書》本卷七)

⊙王宗懿

太宗文皇帝帝範（武成元年。成都。行書）。白居易題袍詩（武成元年二月二十三日立。同上）。(《四庫全書》本卷七)

智按：王宗懿爲五代人，白集有《初除官蒙裴常侍贈鶻銜瑞草緋袍魚袋因謝惠貺兼抒離情》。

⊙靈皐

興果寺律大德湊公塔碣（白居易撰。長慶二年閏十月一日建。大中八年七月十五日重建。江）。(《四庫全書》本卷八)

東林寺白氏文集記（白居易記。太和九年八月。江）。(《四庫全書》本卷八)

⊙張宏明

白樂天游王屋山詩（白居易撰。太和六年十月題。孟）。（《四庫全書》本卷八）

智按：《寶刻類編》八卷，不著撰人名氏。《宋史・藝文志》不載其名，諸家書目亦未著録，惟《文淵閣書目》有之。然世無傳本，僅見於《永樂大典》中。以書者別列舉古刻石，斷自周、秦，訖於五季，並記及宣和、靖康年號，知為南宋人所撰。又宋理宗寶慶元年（一二二五），始改筠州為瑞州，而是編多以瑞州標目，則理宗以後人矣。碑刻分爲帝王、太子諸王、國主、名臣、釋氏、道士、婦人以及姓名殘缺等八類。每類以書碑人爲綱，而載所書碑目，其下各繫以年月、地名、書體、存亡，並考證書碑人家世、官爵等。搜集頗豐，敘述亦詳，足資參稽，較鄭樵《通志・金石略》、王象之《輿地碑目》增廣幾至數倍。然其中錯誤亦不少。分類方法較爲獨特，但顯得淩亂。原本屢經傳寫，訛脱較多。所刊嘉蔭簃本（《四庫全書》本），屬道光十八年劉喜海據顧廣圻手校，刻於臨汀郡署十七樹梅華山館者。另有咸豐十一年《粤雅堂叢書》本、《叢書集成》本。北京圖書館珍藏宋鈔殘本，藉此可校正諸刻本之譌誤。

衛宗武（？～一二八九）

《挽常蒲溪端明二首》（其二）

巽邑阻登門，因風輒寄聲。方馳咫尺牘，已奠兩間楹。模倣楚人些，摩挲白傅銘。貞元朝士幾，三嘆重傷情。（《四庫全書》本《秋聲集》卷三）

《山行》（其五）

樂天不廢空門友，杜老猶交贊上人。茶竈筆床時一到，研譚盡日與僧親。（《四庫全書》本《秋聲集》卷四；《全宋詩》第六十三册，第三九四九一頁）

智按：衛宗武，字淇父，自號九山，華亭（今上海松江）人。出身世家，理宗淳祐間曾為朝官，出知常州。未幾，「自毘陵投紱歸垂三十載」（本集卷五《劉藥莊詩集序》)。卒於元世祖至元二十六年，年逾八十。有《秋聲集》，都為退居後所作，已佚。清四庫館臣據《永樂大典》輯為六卷。生平見本集卷首元至元甲午重九日張之翰序。

馬廷鸞（一二二二～一二八九）

《賀劉中書（後村）啟》

賢哉大夫，祈致君事，斐然小子，辱代王言，古今莫難，明哲之全，賢達未忘，爵禄之嗣，有二宜去，見一何曾，是以必天下之雄文，乃足明君子之高致。白樂天行《杜司徒制》，殊嘉知止之風；裴中立草《高貞公詞》，用作寡廉之訓。昔嘗有此，今則未然。……（《四庫全書》本《碧梧玩芳集》卷十）

《老學道院記》

玩芳病叟結小樓於林居之後，棲書其上，而挾册其下，以「老學道院」名之。……晉、宋之際，唐、五代之際，則徐野民、司空表聖，其人也。劉之興，一老之涕滿頤；李之亡，六臣之顙不泚。集於枯，與集菀者，異也。然而人自覩謝宣明面，我不受其詆訶；人自書徐千木紙尾，我無與其軒輊。八齡所讀者，遺經三十卷。所成者，舊史而已。儒失其柄，武玩其威。中條之居，滌煩濟勝；禎溪之人，知非耐辱。亭曰擬倫，志所著也；亭曰修史，勉所職也。年六十七，自傳休休，以與靖節、醉吟。第其品級于千載之下，不亦卓乎！此七八君子者，代則易，年則耆，學則二千數百年一日也。蓋陸放翁嘗以「老學」名庵矣，吾嘗欲纂古今儒學之旄期稱道不亂者，起三代而下，至我朝諸公，爲《老學傳》，疾病未能也。姑書七八君子之云爲，誌于石。少須臾無死，以贊頌其萬一，且效通德公，取吾腐敗羣書禮堂所欲寫定者，雖不足傳其人，猶足託吾子孫於千歲云。著雍困敦之歲無射之月晦日，余年六十有七，表聖著傳之年也。（《四庫全書》本《碧梧玩芳集》卷十八；《靜嘉堂秘笈志》卷三）

《次韻朱堉實甫見壽》

南華參透解天刑，夜夜心香禱玉衡。紫蓋十年違帝闕，青山九瑣夢雲京。

緇郎寧忍忘天祐，白傅空令羡普明。人以壽歡臣以戚，孤懷借酒為澆平。（《四庫全書》本《碧梧玩芳集》卷二十三）

《示程介夫》（其一）

流年何必共君參，九瑣青山老一庵。試檢樂天詩集看，明年半百又加三。（《四庫全書》本《碧梧玩芳集》卷二十四；《全宋詩》第六十六册，第四一二六〇頁）

智按：馬廷鸞，字翔仲，晚年號玩芳病叟，饒州樂平（今屬江西）人。端臨父。理宗淳祐七年（一二四七）進士，調池州教授。開慶元年（一二五九）召為校書郎。景定四年（一二六三）進中書舍人。五年，遷禮部侍郎。度宗咸淳元年（一二六五）進簽書樞密院事。五年，拜右丞相兼樞密使。八年，因與賈似道不合，九疏乞罷。九年，為浙東安撫使、知紹興府。十年，辭免，奉祠。至元二十六年卒。著有《玩芳集》、《木心集》，已佚。清四庫館臣據《永樂大典》輯成《碧梧玩芳集》二十四卷，今人續輯《碧梧玩芳詩餘》一卷。《宋史》卷四一四有傳。

范晞文（？～一二九一？）

《對床夜語》

白樂天「想得家中夜深坐，還應説著遠行人」，語頗直，不如王建「家中見月望我歸，正是道上思家時」，有曲折之意。劉商《柳》詩「幾回離別折欲盡，一夜春風吹又長」，卻不如樂天《草》詩「野火燒不盡，春風吹又生」，語簡而思暢。或又謂樂天此聯不如「春入燒痕青」之句。（卷三，《歷代詩話續編》第四三〇頁）

智按：明李東陽《懷麓堂詩話》云：「『南山與秋色，氣勢兩相高』不如『千崖秋氣高』，『野火燒不盡，春風吹又生』不如『春入燒痕青』，謂其簡而盡也。」

唐人絕句有意相襲者，有句相襲者。……杜牧《沈下賢》云：「一夕小敷山下路。水如環佩月如襟。」白樂天《暮江吟》云：「可憐九月初三夜，露似真珠月似弓。」……此皆意相襲者。（卷四，《歷代詩話續編》第四三一頁）

詩人發興造語，往往不約而合。如「雨中山果落，燈下草蟲鳴」，王維也；「樹初黄葉日，人欲白頭時」，樂天也。司空曙有云：「雨中黄葉樹，燈下白頭人。」句法王而意參白，然詩家不以為襲也。（卷四，《歷代詩話續編》第四三三頁）

潘安仁《悼亡》云：「望廬思其人，入室想所歷。」悲有餘而意無盡。江文通擬之云：「明月入綺窗，彷彿想蕙質。」工於述者也。白樂天用之云：「手攜稚子夜歸院，月冷房空不見人。」又任彥升哭人云：「寧知安歌日，非君徹瑟晨。」樂天亦用之云：「當君白首同歸日，是我青山獨往時。」（卷五，《歷代詩話續編》第四四一頁）

白樂天《楊柳枝》云：「陶令門前四五樹，亞夫營裏百千條。何似東都正二月，黄金枝映洛陽橋。」劉禹錫云：「金谷園中鶯亂啼，銅駝陌上好風吹。城東桃李須臾盡，爭似垂楊無限時。」張祜云：「凝碧池邊斂翠眉，景陽樓下綰青絲。那勝妃子朝元閣，玉手和煙弄一枝。」薛能云：「和風煙樹九重城，夾路春陰十萬營。惟向邊頭不堪望，一株憔悴少人行。」三詩皆仿白，獨薛能一首變為悽楚耳。李商隱亦有二絕，立意頗新，其辭云：「暫憑樽酒送無憀，莫損愁眉與細腰。人世死前惟有別，春風爭擬惜長條。」「含煙惹霧每依依，萬緒千條拂落暉。為報行人休盡折，半留相送半迎歸。」（卷五，《歷代詩話續編》第四四二頁）

戎昱詩云：「遠客歸去來，在家貧亦好。」樂天云：「始知為客苦，不及在家貧。」唐僧善生云：「縱然為客樂，爭似在家貧。」皆本古詩：「客行雖云樂，不如早旋歸。」太白亦有：「錦城雖云樂，不如早還家。」（卷五，《歷代詩話續編》第四四五頁）

智按：范晞文，字景文，錢塘（今浙江杭州）人。理宗景定中太學生，與葉李上書劾賈似道，竄瓊州。元至元間，以薦授江浙儒學提舉，未赴，後流寓無錫以終。事見清嘉慶《無錫金匱縣誌》卷三十。

王應麟（一二二三～一二九六）

《困學紀聞》

韓子謂：「鍾鼎之銘，皆番吾之跡，華山之博也。」蔡邕謂「唯郭有道無愧」。昌黎猶不免諛。白樂天《立碑》詩曰：「豈獨賢者嗤，仍傳後代疑。」(《四部叢刊》影印元刊本；《四庫全書》本卷十；《全校本困學紀聞》，第一二八〇頁)

劉闢亂於蜀，其嫂庾氏，棄絕不為親。白樂天為詩贈樊著作與陽城，元稹、孔戡並稱，欲其著書，編為一家言，而唐史於庾氏無述焉，故表而出之。(《四部叢刊》影印元刊本；《四庫全書》本卷十四；商務印書館一九三五年版第一一三七頁；《全校本困學紀聞》，第一六一六頁)

韓、柳方駕，而其行殊；元、白齊名，而其操異（原注：管、華，嵇、阮亦然）。(《四部叢刊》影印元刊本；《四庫全書》本卷十四；商務印書館一九三五年版第一一四八頁；《全校本困學紀聞》，第一六三一頁)

乾道中，張説、王之奇簽書樞密院事，辭免降詔，直學士院周必大奏：「唐元和間，白居易在翰林，奉宣草嚴綬江陵節度使、孟元陽右羽林統軍制，皆奏請裁量，未敢便撰。元祐中，師（智按：疑作帥）臣避免拜之禮，執政辭遷秩之命，蘇軾當撰答詔，言其不可，卒如所請。今除用執政，非節度、統軍、免拜遷秩比，二人辭免，不允詔書，臣未敢具草。」紹熙（若璩按，光宗初即位，庚戌改元）中，譙熙載自遥郡觀察使除正任，辭免，降詔，倪思封還詞頭，亦引蘇軾論不當撰，辭免不允詔者凡三。嘉定中，師𢍰知臨安府，辭免，蔡幼學當草詔，奏曰：「不允，必有褒語，臣無詞以草。」淳祐（若璩按理宗在位十七年，辛丑改元）中，别之傑參知政事，尤焴不草答詔。此禁林繳奏故事也。唐末，韋貽範起復，命韓偓草制。偓曰：「腕可斷，麻不可草。」上疏論之。明日，百官至，而麻不出。此非盛世事，故前輩不以為故實。(《四部叢刊》影印元刊本；《四庫全書》本卷十五；《全校本困學紀聞》，第一七一〇頁)

白樂天云：「壽於顔回，飽於伯夷，樂於榮啓期，健於衛叔寶。」達人之言也。（若璩按，出《醉吟先生傳》，首云「富於黔婁」）（《四部叢刊》影印元刊本；《四庫全書》本卷十七；《全校本困學紀聞》，第一八六三頁）

張碧字太碧，黃居難字樂地，慕太白、樂天也，亦李赤之類歟？（《四部叢刊》影印元刊本；《四庫全書》本卷十八；《全校本困學紀聞》，第一九三四頁）

「一叢深色花，十戶中人賦。」，白樂天謂牡丹也。「豈知兩片雲，戴卻數鄉稅。」，鄭雲叟謂珠翠也。侈靡之蠹甚矣。（《四部叢刊》影印元刊本；《四庫全書》本卷十八；《全校本困學紀聞》，第一九四一頁）

白樂天《迂叟》詩：「初時被目為迂叟，近日蒙呼作隱人。」又云：「自哂此迂叟，少迂老更迂。」則迂叟之名，不獨司馬公也。（《四部叢刊》影印元刊本；《四庫全書》本卷十八；《全校本困學紀聞》，第一九四三頁）

鄧志宏曰：「詩有四忌：學白樂天者忌平易，學李長吉者忌奇僻，學李太白者忌怪誕，學舉子詩者忌說功名。」（《四部叢刊》影印元刊本；《四庫全書》本卷十八；《全校本困學紀聞》，第二〇二三頁）

《玉海》

⊙唐中和節賜尺 鏤牙尺 紫檀尺

白居易《謝賜尺表》：「紅牙為尺，白銀為寸，美而有度，煥以相宣。……咫尺之顏不違，分寸之功未効。」（《四庫全書》本卷八）

⊙祥符錢塘江隄

唐《白居易傳》：為杭州刺史，築隄捍錢塘湖。（《四庫全書》本卷二十三）

⊙唐六井

《白居易傳》：長慶二年為杭州刺史，始築隄捍錢塘湖，鍾洩井水，溉田千頃，復浚李泌六井，民賴其汲。（《四庫全書》本卷二十四）

⊙唐前代君臣事跡連屏君臣事跡屏

《李絳傳》：因進諫，憲宗曰：「美哉斯言，朕將書紳。」即詔絳與崔羣、錢徽、韋弘景、白居易等捜次君臣成敗五十種，為連屏，張便坐。帝每閱視，顧左右曰：「而等作意，勿為如此事。」

《白居易集》有《批賀御撰君臣事跡屏風表》。（《四庫全書》本卷二十八）

⊙淳熙書七德舞 御書扇

元年五月一日，書唐元稹《牡丹詩》扇，賜吳琚。六月一日，書劉禹錫詩，賜張子仁。五年五月十五日，書楊傑《二軒記》，賜子仁。十一月二十五日，書白居易《七德舞》，賜翰林學士周必大。六年五月十五日，御書梅詩，賜步帥岳建壽；御書扇，賜殿帥郭棣。（《四庫全書》本卷三十四）

⊙淳熙太上皇帝御書

三年九月十五日，太上書白居易《大巧若拙賦》賜夏執中。（《四庫全書》本卷三十四）

⊙淳熙書詩賦 製春晝詩

十二年九月癸巳，洪邁直禁林，賜宸翰唐白居易詩二首。（《四庫全書》本卷三十四）

⊙唐續尚書 文中子續書

白居易補《湯征》。（《四庫全書》本卷三十七）

⊙唐白氏經史事類

志類書《白氏經史事類》三十卷，白居易撰，一名《六帖》。（居易著《事類集要》三十部，合一千一百三十門，時人目為《六帖》。）盛均十三家帖。以白氏六帖未備而廣之（《四庫全書》本卷亡）。元稹類集三百卷（集古今刑政之書）。《中興書目》：「居易採經傳百家之語，摘其英華，以類分門，悉注所出、卷帙、名氏於其下。」（孔傳亦有《六帖》，合為一書）皇朝陳紹《重廣六帖學林》三十卷。紹興中陳天麟類班史為《前漢六帖》十二卷。（《四庫全書》本卷四十二）

⊙唐白氏經史事類

《志》：「三十卷，白居易，一名《六帖》。」《書目》：「白居易以天地事分門類為聲偶，而不載所出。」（《四庫全書》本卷五十四）

⊙皇祐邇英閣無逸圖 孝經圖序

一云仁宗初建邇英閣，書《無逸》於屏間，歲久而弊，以白居易賦代之。侍講楊安國請復書《無逸》，上欣然命王洙書之，置之左方，又命丁度取《孝經》之天子聖治孝治廣要道四章（一本無聖治有至德），對為右圖，命蔡襄書之。（《四庫全書》本卷五十六）

⊙唐九老圖

《白居易傳》稱，香山居士嘗與胡杲、吉晈（旼）、鄭據、劉真、盧真、張渾、狄兼謩（謨）、盧貞燕集，皆高年不仕，人慕之，繪為《九老圖》。（《四庫全書》本卷五十七）

⊙唐續虞人箴

《白居易傳》穆宗好畋游，獻《續虞人箴》以諷，曰：「唐受天命，十有二聖。兢兢業業，咸勤厥政。鳥生深林，獸在豐草。春蒐冬狩，取之以道。鳥獸蟲魚，各遂其生。民野君朝，亦克用寧。在昔玄祖，厥訓孔彰。『馳騁田獵，俾心發狂。』何以效之？曰羿與康。曾不是戒，終然覆亡。高祖方獵，蘇長進言：『不滿十旬，未足為歡。』上心既悟，為之輟畋。降及宋璟，亦諫玄宗。温顏聽納，獻替從容。璟趨以出，鷂死握中。噫！逐獸於野，走馬於路。豈不快哉，銜橛可懼。審其安危，惟聖之慮。（集云，元和十五年）。（《四庫全書》本卷五十九）

⊙景德續丹扆箴 景祐斧扆箴 紹興黼扆箴

景德元年二月，進士柳察續李德裕《丹扆箴》五篇以獻。庚申召試賜出身。察又擬白居易作《策問》七十五篇，目為《贊聖策材》。（《四庫全書》本卷五十九）

⊙唐元和制策

《志》：揔集類，三卷，元稹、獨孤郁、白居易（崇文目同）。（《四庫全書》本卷六十一）

⊙景德策林

景德中，設賢良方正科，錢易擬白居易《策林》十篇上之，召赴中書試六論，又見箴類。（《四庫全書》本卷六十一）

⊙唐華原磬 石磬

唐石磬，天寶中始廢泗濵磬，用華原石代之。詢諸磬人，則曰：「故老云，泗濵磬下調之不能和，得華原石考之乃和。由是不改。」白居易作《華原磬》詩，刺樂工非其人。（《四庫全書》本卷一百九）

⊙唐進士舉

白居易《性習相近遠賦》，獨孤授（智按：應作綬）《放馴象賦》皆當時試

禮部，對偶之外，意義可觀。(《四庫全書》本卷一百十五)

⊙唐文章三變

《文藝傳序》：唐有天下三百年，文章三變。高祖、太宗，大難始夷，沿江左餘風，故王、楊為之伯。玄宗好經術，崇雅黜浮，則燕、許擅其宗。……大曆、貞元間，美才輩出，韓愈唱之，柳宗元、李翺、皇甫湜等和之，唐之文為一王法，此其極也。若侍從酬奉則李嶠、宋之問、沈佺期、王維，制册則常袞、楊炎、陸贄、權德輿、王仲舒、李德裕，言詩則杜甫、李白、元稹、白居易、劉禹錫，譎怪則李賀、杜牧、李商隱，皆卓然以所長為一世冠。(《四庫全書》本卷一百三十四)

⊙開寶禮賢宅

祥符二年十二月癸卯，令江州修唐白居易舊第。以廬山有居易書堂，江州有舊宅，畫像猶存，故命葺之。(《四庫全書》本卷一百七十五)

⊙辭學指南・制

唐王言有七，其二曰制書，大除授用之。學士初入院，試制書批答有三篇。又詩賦各一道，號曰五題。後唐停詩賦。白居易入翰林，以所試制《加段祐兵部尚書領涇州》，韓偓試《武臣授東川節度制》，此試制之始也。舍人不試，多自學士遷。(《四庫全書》本卷二百二)

《小學紺珠》

元和制策。元稹、獨孤郁、白居易。《唐・藝文志》：三卷。(明津逮秘書本《小學紺珠》卷四藝文類)

⊙七愛

房杜眞相，李晟眞將，盧鴻眞隱，元德秀眞吏，李白眞放，白居易眞才。(《文粹》皮日休《七愛詩》)(明津逮秘書本《小學紺珠》卷六名臣類)

⊙九老（唐）

胡杲八十九，吉旼八十六，鄭據八十四，劉眞（一作嘉）、盧眞皆八十二，張渾、白居易皆七十四，狄兼謨、盧貞皆未七十（《唐書》），皆高年，讌集，人繪為《九老圖》。(明津逮秘書本《小學紺珠》卷六名臣類)

《四明七觀》

璜也自謂似麗，藴僧騰客之該洽，故老稱美。

李璜老于韋布，有詩曰：「此身便是龐居士，也更無人賣笊籬。」爲文用僧騰客事，或問爲何事，曰：侯景臺城事也。著《白樂天年譜》，事見《攻媿集》。……浚儀深寧老人王伯厚父述。（《深寧先生文抄摭餘編》卷三；天順《寧波郡志》卷一；嘉靖《寧波府志》卷四；雍正《浙江通志》卷二七〇）

智按：王應麟，字伯厚，號厚齋，鄞縣（今浙江寧波）人。理宗淳祐元年（一二四一）進士，調西安主簿。寶祐四年（一二五六）中博學宏詞科，累遷太常寺主簿。以言事忤丁大全，罷。丁敗，起通判台州。景定元年（一二六〇）召為太常博士，遷著作佐郎。度宗咸淳元年（一二六五）兼禮部郎官、兼直學士院，以忤賈似道奉祠。六年，起知徽州。七年，召為秘書監，遷起居郎。八年，權吏部侍郎。恭宗德祐元年（一二七五），授中書舍人兼直學士院。官至禮部尚書兼給事中。因封駁留夢炎薦章不報，遂東歸，自號深甯老人。元成宗元貞二年卒，年七十四。王應麟是宋末著名學者，著作繁富，影響較大者有《困學紀聞》，《玉海》等。另有《深寧集》，已佚。僅《兩宋名賢小集》卷三七八存《王尚書遺稿》。事見清錢大昕《深甯先生年譜》，《宋史》卷四三八有傳。

無學祖元（一二二六～一二八六）

《白樂天像贊》

若人兮幅巾遨游，眉目如畫兮香山欲秋。考金鐘於清廟，吹玉簫於法樓。綴貞觀之雅頌，截天孫之雲裘。跨黃鶴於冥漠，抉飛龍於雙輈。齊一物於萬化，剖藩籬於九疇。舉百世之上，百世之下，其孰與儔？唯靖節東坡兮，不貽公之羞。

右樂天畫像。弘安七年六月十六無學翁書贊於得月樓。（日本鎌倉國寶館《特別展佛光國師無學祖元的遺墨與圓覺寺資料》第二九頁）

智按：無學祖元，初拜北澗居簡出家，後依於徑山無準師範，成爲無準門下翹楚。無準寂後，祖元歷參諸方，參訪杭州靈隱寺石溪心月、虛堂智愚，寧波育王山廣利寺偃溪廣聞。住持東湖白雲庵七年，再住台州真如寺、溫州能仁寺，再參四明環溪惟一。宋祥興二年（一二七九），日本北條時宗請祖元渡日，遂隨日僧榮西、道元從寧波出發，東渡扶桑，住建長寺，出任鐮倉建長寺第五世住持。祥興四年（日本弘安五年，一二八二），時宗建圓覺寺，無學祖元爲開山初祖。開堂之日曾感群鹿出現之祥瑞，因號瑞鹿山。七年，時宗去世，師欲辭歸，然緇素固留不放。弘安九年八月罹疾，溘然示寂，年六十一。有《佛光國師語録》。

謝枋得（一二二六～一二八九）

《乞醯》

平生忍酸寒，鼻吸醋三斗。先民耻乞字，乞醯良可醜。賣鷄買魚烹，鷄魚誰舍取。將爲水晶鱠，聊悦苦吟口。主人曰無醯，調和只宜酒。一夜嚴霜寒，池冰堅可扣。誰知酒不冰，流澌魚可走。旁觀粲然笑，易牙知此否。始知五味和，鹹酸必相有。提壺我有求，君甕肯發瓿。宿諾惠未來，望梅渴已久。似聞君釀醯，巧心出楊柳。楊柳屬他人，腸斷香山叟。舉瓢酌醯時，又憶玉纖手。一顧一心酸，淚珠滿翠袖。此亦人至情，何不告朋友。古人有乞漿，得酒意愈厚。又恐酒俱來，太歲正在西。（《四庫全書》本《叠山集》卷一；《全宋詩》第六十六册，第四一四一〇頁）

《註解章泉澗泉二先生選唐詩》

《王昭君》白居易

漢使卻回憑寄語，黃金何日贖蛾眉？君王若問妾顏色，莫道不知宮裏時。

此詩從《漢武帝・李夫人傳》變化來。李夫人病革，上問疾，欲見其面。李夫人以帳掩面，上終不得見而去。左右怪之。夫人曰：「上之愛我者，色也。我病久色衰，上見我形容非昔，寵愛必衰，不復思念我也。」（卷五，《宛委别藏》第一〇九册第七九～八〇頁；黃屏點校《謝註唐詩絕句》第七二頁）

智按：章泉，趙蕃（一一四三～一二二九）；澗泉，韓淲（一一五九～一二二四)。《詩林廣記》前集卷十引謝疊山云:「此詩從《漢武帝李夫人傳》變化來。夫人病篤,上臨候之,夫人謝不可見,願以兄弟為托。姊妹讓之,夫人曰:『我以容貌得幸,今見我毀壞,必畏惡棄我,尚肯追思閔録其兄弟哉!』」(常振國、絳雲點校《詩林廣記》,第一七〇~一七一頁)

謝枋得,字君直,號迭山,弋陽(今屬江西)人。理宗寶祐四年(一二五六)進士,對策極攻宰相董槐與宦官董宋臣,抑為二甲,即棄去。五年,試教官,除教授建甯府,未上,江東西宣撫司吳潛辟為幹辦。景定五年(一二六四)為江東漕試試官,發策十問摘賈似道誤國,謫興國軍安置,貶所知州、知縣皆及門執弟子禮。度宗咸淳三年(一二六七)放歸。恭宗德祐元年(一二七五)以江東提刑、江西招諭使知信州。二年,信州陷,遂變姓名入閩,隱于卜。元世祖至元二十六年,參政魏天祐強之而北,至燕不食死,年六十四。門人誄之為文節先生。有《叠山集》。事見本集末附《迭山先生行實》、《文節先生謝公神道碑》,《宋史》卷四二五有傳。

牟巘(一二二七~一三一一)

《宴黃倅樂語口號》

向來南岳鳳曾鳴,再駕緹屏又一星。文物君謨丹荔譜,江山白傅百花亭。春容相與頻呼斝,肯綮爭看妙發硎。紫橐青氈吾舊物,孔鸞行矣集明廷。(清乾隆十二年周永年刻本《陵陽先生集》卷三;民國吳興叢書本《陵陽集》卷二十三;《全宋文》二〇〇六年版第三五六册,卷八二三八,第三二頁)

《夢會圖》(其二)

洛僧加滿九十五,也向香山畫作圖。況是東坡曾囑付,壽年多似手中珠。(《四庫全書》本《陵陽集》卷六;《全宋詩》第六十七册,第四一九七五頁)

《薦楊少監疏》

治鳳載翔,方歎漂漂之舉;歲蛇多厄,遽興起起之嗟。訃音遠聞,善類短氣。近故軍器少監梅坡楊公,立朝雅望,治郡最聲。吳會相羊,諒方膺於追詔；參墟蕭瑟，胡又殞於奎躔。平生未究其設施，有識皆為之痛愕。長身玉立，寧復斯人；滿眼棠陰，已成陳迹。輒哀遺愛，仰叩真乘。以紓此邦父老之思，以見奕世交游之誼。伏願真靈不昧，白香山徑歸兜率之天；惠利無窮，朱仲卿永顧桐鄉之地。（《四庫全書》本《陵陽集》卷二十二）

《千秋歲》

平分敏手。更覺山城小。聊岸幘，時舒嘯。當年溢浦月，偏照香山老。頭未白，而今半百才逾九。　　共説東園好。問春餘多少。紅藥晚，金沙早。花須風日耐，人看功名久。催洗盞，對花一笑爲君壽。（《全宋詞》第三一四三頁）

智按：牟巘，字獻甫，一字獻之，學者稱陵陽先生，井研（今屬四川）人，徙居湖州（今屬浙江）。以父蔭入仕，曾為浙東提刑。理宗朝，累官大理少卿，以忤賈似道去官。恭宗德祐二年（一二七六）元兵陷臨安，即杜門不出，隱居凡三十六年，卒年八十五。有《陵陽集》二十四卷（其中詩六卷）。生平見《宋元學案》卷八十，清光緒《井研縣誌》卷三十一有傳。

何夢桂（一二二九～一三〇四後）

《贈唐樂天星翁》

有客傲今世，去古見是人。得姓遺唐譜，自號樂天民。毋乃香山老，重來現後身。問君何能解，滿口談天星。術高價難酬，索詩抵千金。我政坐詩窮，敢以窮累君。君謂窮不憂，詩賦樂我貧。不見石友死，錦帆不斂形。不見鄧侯餓，銅山化為塵。命固受於天，誰能躍陶鈞。外物不可必，吾已反吾真。君看世上兒，疾走方紜紜。（《四庫全書》本《潛齋集》卷一；《全宋詩》第六十七册，第四二一三七頁）

《和寄可庵盧教諭》

平生浪説齊諧志，杞國有天驚墮地。不周摧折天柱傾，咄咄古今真怪事。元氣不死橋運輿，千古日月長懸奔。照見可庵一片心脾真硉兀，揮斥八極游天根。兩眼癡藭不能食，坐觀蟆動自形色。獨吸泠風飲沆瀣，去向南溟六月息。不學神仙慕安期，陶潛曠達其庶幾。卜築前宦從與老，太行世路從顛危。桓魋石槨嘻未達，昭陵玉匣荒丘垤。東門樹櫝四時青，獨對青山問明月。孤山梅，逋仙一去喚不回。三逕竹，空懷二仲人如玉。處士松，世無鄭老遺高風。何如及今收拾千岩萬壑秀，飛廉道前豐隆後。美人服薜帶女蘿，自起傞傞舞長袖。得時爲鳴鳳，失時爲卧龍，且問君王乞三峰。百年三萬六千日，倏忽起滅天際虹。散髮披襟任坦率，時澆磊磈斟寒碧。眼高一世四海空，婢膝奴顔死人役。君不見烏棲曲、白紵歌，長繩不繫白日梭，時耶命耶將奈何。前有香山翁，後有洛陽老。嘉會不數逢，千載誰復道。蛟翁此來游，三珠炯相照。憑誰畫作五老圖，著我坐隅添一笑。（《四庫全書》本《潛齋集》卷一；《全宋詩》第六十七册，第四二一五四頁）

《挽方中立同舍》

回首爐亭夢已非，英雄老盡壯心違。鈞天雲散蒼龍墮，華表風寒白鶴歸。往事悠悠川水逝，故人落落曙星稀。樂天無子留孫在，多少龍門客淚揮。（《四庫全書》本《潛齋集》卷二；《全宋詩》第六十七册，第四二一八七頁）

《和韻問魏石川疾》（其三）

靈山何許問巫凡，狹地知難旋舞衫。枕上病雖憂白傅，床前教肯媿陳咸。君宜借力寬詩課，我亦埋頭事藥械。種朮養皃隨分足，豈因富貴墮涎饞。（《四庫全書》本《潛齋集》卷二）

《挽閤門唐中齋》

英州別駕老昭陵，尚有錢塘八代孫。三畧兵書生未識，百篇詩史死猶存。羊公峴首行人淚，白傅龍門過客樽。盂飯寢園誰是主，鳳亭霜露有雞豚。（《四庫全書》本《潛齋集》卷二）

《白鷗詩盟序》

一日，有客欵門，右手挾黃册，左手持丹雞，請於余曰：「吾將與諸生尋詩盟，敢載册歃雞翼。君為盟主，尚涖斯盟耶?」余語之曰：「詩難。子將於何詩?」客曰:「君不見劉禹錫玄都篇,與白樂天新井篇,囀喉荆棘,抑世之黄間固紛紛也。吾求天地間,無心可與為盟者,惟江上白鷗。白浪蒼煙,浩蕩萬里,興亡理亂,榮辱毁譽,一不與人世預,吾將相從浮游,以寫宇宙萬物之所自適,何如?」余矍然起曰:「子將此與鷗盟,鷗必無子疑矣。顧余方乘莽渺,游混茫,以天地為一鷗,尚復能為江上主人哉?」客曰:「唯命。」(《四庫全書》本《潛齋集》卷五)

《姪煜之詩序》

猶子煜之,一日持所業詩来前,請所以教。夫堦庭子弟,操觚弄墨,從事詞章,愈於綴珠作鳳,拾香為囊,以嬉玩於諸父間者,多矣。詩不易作,亦不易談也。古之詩人,名蓋一時,而流芳百代,惟杜工部一人。後世雌黄,所不敢到。若元輕白俗、島瘦郊寒,率不免譏議,况其下者乎?故詩,古今視為難事。童而習之,有皓首不得其閫域者。今汝以年少學詩,當如前輩所謂熟讀《三百篇》及楚詞至漢魏間詩人好處,以博其識,而後約而歸諸理,殆庶幾乎?嘗誦少陵贈阿勤詩有云:「汝身已見唾成珠,汝伯何由髮如漆。」予老矣,無能為矣,汝其勉旃。他日坐使玄輩以八千輕師,破百萬於淮淝水上,亦騷壇一奇也。(《四庫全書》本《潛齋集》卷六)

智按:何夢桂,字巖叟,幼名應祈,字申甫,别號潛齋,嚴州淳安(今屬浙江)人。度宗咸淳元年(一二六五)進士。授台州軍事判官,改太學録,遷博士,通判吉州。召為太常博士,累遷大理寺卿,知時事不可為,引疾去。入元累徵不起。有《潛齋集》十一卷。事見本集附録《何先生家傳》、明嘉靖《淳安縣誌》卷十一。

胡次焱(一二二九~一三〇六)

《明經先世省墓序　二》

熊持登詩曰:「拜掃無過骨肉親,一年惟有兩三辰。」白香山詩曰:「風吹曠野紙錢飛,瀟瀟暮雨人歸去。」此皆省墓而作也。昔襄陽有選人劉其姓者,入京師逢一舉人,語言相得,藉草同飲,舉人因賦詩曰:「荒村無人作寒食,殯宮空對棠梨花。」明年劉歸襄陽，尋訪舉人，惟殯宮存焉。乃知墓無子孫省拜，故九京有靈，而其詩如此。借此觀之，省墓之禮，非特子孫之所當行，而亦祖宗之所深望也。子孫立志不堅，持登、香山之句不作，則祖宗魂靈如在，寧不動「空對梨花」之句乎？此句一作，為子孫者何若？吾門其勉之。謹序。……己卯正月上元日，因整簿而書，幸毋以次炎之言爲贅。（《四庫全書》本《梅巖文集》卷三；《全宋文》二〇〇六年版第三五六册，卷八二四三，第一一八頁）

智按：胡次焱，字濟鼎，號梅巖，晚號餘學，婺源（今屬江西）人。度宗咸淳四年（一二六八）進士，授湖口簿，改貴池尉。恭宗德祐元年（一二七五）池州降元，逃歸，教授鄉里。元成宗大德十年卒。明嘉靖中族孫璉搜輯遺文，編為《梅巖文集》十卷。明弘治《徽州府志》卷八有傳。

胡三省（一二三〇～一三〇二）

《資治通鑑音注》

【初，魏高陽王斌有庶妹玉儀，不為其家所齒，為孫騰妓，騰又棄之；高澄遇諸塗，悦而納之，遂有殊寵。】

白居易詩云：「天下無正色，悦目即為姝。」誠有是事。盖玉儀所乏者非色，必妖媚善蠱惑，故所如衆女謠諑而不見容。（《資治通鑑》卷一百五十九「梁紀十五」，中華書局版，第十一册，第四九二七頁）

【太后寢疾，居長生院。】

長生院，即長生殿；明年，五王誅二張，進至太后所寢長生殿，同此處也。盖唐寢殿皆謂之長生殿。此武后寢疾之長生殿，洛陽宮寢殿也。肅宗大漸，越王係授甲長生殿，長安大明宮之寢殿也。白居易《長恨歌》所謂「七月七日長生殿，夜半無人私語時」，華清宮之長生殿也。（《資治通鑑》卷二百七「唐紀二十三」，中華書局版，第十四册，第六五七五頁）

【楊貴妃方有寵，每乘馬則高力士執轡授鞭，織繡之工專供貴妃院者七百人，中外爭獻器服珍玩。嶺南經略使張九章，廣陵長史王翼，以所獻精美，

九章加三品，翼入為戶部侍郎；天下從風而靡。民間歌之曰：「生男勿喜女勿悲，君今看女作門楣。」】

凡人作室，自外至者，見其門楣宏敞，則為壯觀。言楊家因生女而宗門崇顯也。或曰：門以楣而撐拄，言生女能撐拄門户也。

【妃欲得生荔支，歲命嶺南馳驛致之。】

自蘇軾諸人皆云：此時荔支自涪州致之，非嶺南也。

【比至長安，色味不變。】

白居易曰：荔支生巴、峽間，樹形團團如帷蓋，葉如冬青，華如橘，春榮；實如丹，夏熟；朶如蒲萄，核如枇杷，殼如紅繒，膜如紫綃，瓤肉潔白如冰雪，漿液甘酸如醴酪。大略如彼，其實過之。若離本枝，一日而色變，二日而香變，四五日外，色香味盡去矣。（《資治通鑑》卷二百十五「唐紀三十一」，中華書局版，第十五册，第六八七二頁）

【上欲使王忠嗣攻吐蕃石堡城，忠嗣上言：「石堡險固，吐蕃舉國守之。今頓兵其下，非殺數萬人不能克。臣恐所得不如所亡，不如且厲兵秣馬，俟其有釁，然後取之。」上意不快。將軍董延光自請將兵取石堡城，上命忠嗣分兵助之。忠嗣不得已奉詔，而不盡副延光所欲，延光怨之。李光弼言於忠嗣曰：「大夫以愛士卒之故，不欲成延光之功，雖迫於制書，實奪其謀也。何以知之？今以數萬眾授之而不立重賞，士卒安肯為之盡力乎！然此天子意也，彼無功，必歸罪於大夫。大夫軍府充牣，何愛數萬段帛不以杜其讒口乎！」】

唐中世以前，率呼將帥為大夫。白居易詩所謂「武官稱大夫」是也。（《資治通鑑》卷二百十五「唐紀三十一」，中華書局版，第十五册，第六八七二頁）

【郭子儀、李光弼還常山，史思明收散卒數萬踵其後。……壬午，戰於嘉山，大破之，斬首四萬級，捕虜千餘人。思明墜馬，露髻跣足步走，至暮，杖折槍歸營，奔於博陵；光弼就圍之，軍聲大振。於是河北十餘郡皆殺賊守將而降。漁陽路再絕，賊往來者皆輕騎竊過，多為官軍所獲，將士家在漁陽者無不搖心。】

漁陽，即謂范陽也。范陽郡，幽州。其後又分置薊州漁陽郡，二郡始各有分界。然范陽節度盡統幽、易、平、檀、嬀、燕等州，賊之根本實在范陽也。唐人於此時多以范陽、漁陽通言之，白居易詩所謂「漁陽鼙鼓動地來」，是以范陽通為漁陽也。前此顔杲卿以常山返正，漁陽路絶矣；杲卿敗而復通。今郭、李破史思明，故再絶。（《資治通鑑》卷二百十八「唐紀三十四」，中華書局版，第十五册，第六九六五頁）

【（元和四年九月）上遣中使諭王承宗，使遣薛昌朝還鎮。承宗不奉詔。冬，十月，癸未，制削奪承宗官爵，以左神策中尉吐突承璀為左、右神策、河中、河陽、浙西、宣歙等道行營兵馬使、招討處置等使。翰林學士白居易上奏，以為：「國家征伐，當責成將帥，近歲始以中使為監軍。自古及今，未有征天下之兵，專令中使統領者也。今神策軍既不置行營節度使，即承璀乃制將也。又充諸軍招討處置使，即承璀乃都統也。臣恐四方聞之，必輕朝廷；四夷聞之，必笑中國。……」】

白居易之言自《春秋》書「多魚漏師」，《左傳》「夙沙衛殿齊師」來。况吐突承璀以寺人專征乎！崇、觀間，金人有所侮而動正如此。（《資治通鑑》卷二百三十八「唐紀五十四」，中華書局版，第十六册，第七六六七頁）

【（元和五年三月）諸軍討王承宗者久無功，白居易上言，以為：「河北本不當用兵，今既出師，承璀未嘗苦戰，已失大將，與從史兩軍入賊境，遷延進退，不惟意在逗留，亦是力難支敵。希朝、茂昭至新市鎮，竟不能過。劉濟引全軍攻圍樂壽，久不能下。師道、季安元不可保，察其情狀，似相計會，各收一縣，遂不進軍。……」】

譚忠之為田季安計者，白居易已窺見之矣。（《資治通鑑》卷二百三十八「唐紀五十四」，中華書局版，第十六册，第七六七二頁）

【（長慶二年）春，正月，丁酉，幽州兵陷弓高。先是，弓高守備甚嚴，有中使夜至，守將不內，旦，乃得入，中使大詬怒。賊諜知之，他日，僞遣人為中使，投夜至城下，守將遽内之，賊眾隨之，遂陷弓高。又圍下博。中書舍人白居易上言，以為：「自幽、鎮逆命，朝廷征諸道兵，計十七八萬，四面攻圍，已逾半年，王師無功，賊勢猶盛。弓高既陷，糧道不通，下博、深州，饑窮日急。蓋由節將太眾，其心不齊，莫肯率先，遞相顧望。又，朝廷賞罰，近日不行，未立功者或已拜官，已敗衄者不聞得罪。既無懲勸，以至遷延，若不改張，必無所望。請令李光顔將諸道勁兵約三四萬人從東速進，開弓高糧路，合下博諸軍解深、邢重圍，與元翼合勢。令裴度將太原全軍兼招討舊職，西面壓境，觀釁而動。若乘虛得便，即令同力翦除；若戰勝賊窮，亦許受降納款。如此，則夾攻以分其力，招諭以動其心，必未及誅夷，自生變故。又請詔光顏選諸道兵精鋭者留之，其餘不可用者悉遣歸本道，自守土疆。蓋兵多而不精，豈唯虛費資糧，兼恐撓敗軍陳故也。今既只留東西二帥，請各置都監一人，諸道監軍，一時停罷。如此，則衆齊令一，必有成功。又，朝廷本用田布，令報父讐，今領全師出界，供給度支，數月已來，都不進討，非田布固欲如此，抑有其由。聞魏博一軍，屢經優賞，兵驕將富，莫肯為用。況其軍一月之費，計實錢二十八萬緡，若更遷延，將何供給？此尤宜早令退軍者也。若兩道止共留兵六萬，所費無多，既易支持，自然豐足。今事宜日急，其間變故遠不可知。苟兵數不抽，軍費不減，食既不足，衆何以安！不安之中，何事不有！況有司迫於供軍，百端斂率，不許即用度交闕，盡許則人心無憀。自古安危皆繫於此，伏乞聖慮察而念之。」疏奏，不省。】

白居易之論事，李絳之流亞歟？顧憲穆有用不用耳。（《資治通鑑》卷二百四十二「唐紀五十八」，中華書局版，第十七册，第七八〇六頁）

【壬申，唐主還至河陽，命諸將分守南、北城。張延朗請幸滑州，庶與魏博聲勢相接，唐主不能决。趙德鈞、趙延壽南奔潞州，唐敗兵稍稍從之，其將時賽帥盧龍輕騎東還漁陽。】

漁陽，即謂幽州，唐人多言之。安禄山反於幽州，南向京輔，白居易歌之，以為「漁陽鼙鼓動地來」是也。（《資治通鑑》卷二百八十「後晉紀一」，中華書局版，第十九册，第九一六〇頁）

智按：胡三省，原名滿孫，字身之，號梅澗，寧海（今屬浙江）人。寶祐四年（一二五六），與文天祥、陸秀夫、謝枋得等同登進士第，授吉州泰和尉。釋《資治通鑑》三十年，至元二十三年（一二八六），成《資治通鑑音注》，於典章、音訓、地理考稽精詳，訂謬甚多，為後人研習《通鑑》之必備。有《竹素園集》一百卷，已佚。

黃仲元（一二三一～一三一二）

《篔（音員，竹名）谷記》

莆之支邑曰游洋，其西有山。兩谷對峙，俗號谷目。境與人勝，而陳氏族於斯。西軒先生與老艾同一輩人，邑庠祠之裔孫仲和，名以節字，屋後有竹一畝，取文與可名竹之名，自號篔谷。兩為儒祭酒，今兹再調鄞江學正，此豈足為以節榮哉！將之戍，告別於叟，叟贈言曰：竹之類三十九，而名亦夥，篔簹其一也。房千里竹室，以氣為主；白樂天養竹，以賢為異，然皆不如衛詩之興。君子去之二千餘載，想其人而不可見，而竹亦無知音者。……（《四部叢刊》本《莆陽黃仲元四如先生文藁》卷一；《四庫全書》本《四如集》卷二）

《萬竹胡希道見思堂記》

歲甲申夏六月，莆黃淵天叟、異姓兄可山陳文翁客溫陵胡君希道所，以書抵叟，吾主人文雅醞藉，美無可揀，吾里如心陳公奇貴之，今為相國尊客，所居有玉槊萬（玉槊，竹也。東坡云：「千株玉槊攙雲立」），堂顏見思，字羨尺（言匾字大也）。日坐其下，使意也消願，屬叟記其秋（句）。叟愛友平山姚勉至，自泉申主人之辭曰：「天地間，何物最韻?」曰：「抱節君。」晉士雅愛此君，自子猷諸賢始（晋王徽之，字子猷，寄居空宅中，便令種竹。嘯詠曰：「何可一日無此君?」），然其弊也不恭。後三百年，唐詞人俱喜吟詠，少陵「淨香」一聯，郤退餘子。然未免求於聲色臭味間。

香山老坐東亭（香山老，白居易也。香山有九老會），以人觀物，不以物觀物。是時年壯氣鋭，猶以遭不遭為幸不幸。洎居洛第，靜對寒碧，吟醉醉吟，浮雲富貴矣。退省此老平生，初以直道爭安危，中不附離權勢，終完節自高。異日想像，四等人物，今皆歷歷踐言。元（微之）、劉（夢得）視之顙泚（微之始峭直，欲立名。中見斥，喪所守。附宦貴得相，晚節彌喪，加廉節不餙。夢得初附王叔文，多中傷士類。憲宗嗣位，坐貶朗州。久召還，作詩譏忿當路，出播州。後又召還，作詩詆權近，聞者益薄之。褊心怨望。晚年益偃蹇寡合）。

雖然，此猶唐士（句），奮百世上，風百世下者誰（句）。衛武公之詩三（句），賓筵（一詩），譬如《新篁》（句），「得時張王勢，欲騰騫懿戒」（二詩），又如《修林》（句），「禁持風雨猶，欠料簡淇奧」（三詩），則如「遠根宿幹聲揚質，亮老歲月飽風霜」（此三段敷演武公三詩，言竹之美如此）。

然後以美君子瞻嚮慕之切猗猗（句）盛美之極，詩人工於興物如此。君子成德之名，不可諼不能忘之至。詩人深於愛賢如此（此段説詩人以竹稱美衛武公，約上三詩之意）後來者子曾子猶好，他人不好。余十四五時，有晉士（王子猷）之雅，而無晉士之弊。年強仕，慕香山（白居易）之節，而得香山之趣。今耆老，誦武公之詩，則師武公之德。叟，吾同甲，又同好，敢濫前請。叟讀已，逌然曰：此人有此韻，煩吾兩山（可山平山）問信希道。叟號韻鄉，有圃種讀，歲寒老伴數竿，自足彼美丈夫，盈庭鸞鵠，誰歟户外羊裘（解見上）隣卜，人各天方，娟娟在目，彼心我心，我竹彼竹。晉風流迂，唐文章俗，大學典刑，老成淇奧，鶴鳴子和，君倡余讀，努力華皓，元身圭玉，幽人之貞，大過之獨，黨印斯言，持扣九曲，兩山曰是，即見思堂，記當為叟，報希道龕於壁（此文始王子猷，中白樂天，終衛武公。立三柱以形容愛竹之意，復以自己愛竹，轉應三事。末又諷詠，以足其意）。（《四部叢刊》本《莆陽黃仲元四如先生文藁》卷一；《四庫全書》本《四如集》卷二）

智按：注文為黃仲元之子黃梓所作。

黃仲元，字善甫，號四如，入元更名淵，字天叟，號韻鄉老人，莆田（今屬福建）人。度宗咸淳七年（一二七一）賜同進士出身，調監瑞安府。九年，知劍州。恭宗德祐元年（一二七五）招致芝山書院。二年，充益王府撰述官，兼制置司幹辦。宋亡隱居，教授鄉里以終。元皇慶元年卒，年八十二。生平見《宋季忠義録》卷十二。

俞德鄰（一二三二～一二九三）

《秋殘》

樂天老矣放樊蠻，鷗羡忘機鶴羡閒。緩步當車休下澤，澆愁得酒即中山。

些騷豈敢奴僕命，伊呂元非伯仲間。兀兀支頤秋又晚，亂雲斜日澹煙鬟。（《四庫全書》本《佩韋齋集》卷四；《全宋詩》第六十七册，第四二四二五頁）

《泊閶橋有懷》

青鏡霜刀杳莫尋，陳留巷陌故陰陰。鴻飛猶記東西跡，燕去難留下上音。多病樂天悲老近，三生杜牧恨春深。浮雲柳絮元無準，慚愧人間兒女心。（《四庫全書》本《佩韋齋集》卷六；《全宋詩》第六十七册，第四二四四二頁）

《答臺郡賀生辰劄子》

誦白傅六十三之詩，頭雖未雪；贈魯侯萬有千之頌，壽俾如岡。顧此衰遲，誰歟奬予？兹盖某官，高情邁古，盛德蘇枯，憐絳縣之老人，已泥塗之久辱；笑昌黎之薄命，獨牛斗之不神。故侈多儀，以光初度。第某方切劬勞之念，敢叨餽問之勤。返璧受飱，姑俾安于辭拜；借書沽酒，誓不擾于公私。率控謝箋，尚徼原鑒。（《四庫全書》本《佩韋齋集》卷十六）

《佩韋齋輯聞》

杜子美詩曰：「人生幾何春又夏，不放香醪如密甜。」退之亦曰：「一尊春酒甘若飴，丈人此樂無人知。」後世遂以唐人好飲甜酒，然考退之詩，又自有「酒味泠冽」之語，而樂天曰：「甘露太甜非正味，醴泉雖好不芳馨。」又曰：「户大嫌甜酒，才高笑小詩。」又曰：「揭甕聞時香酷烈，封缾貯後味甘辛。」則甘辛苦烈，乃酒味之至佳者。唐賢與今人之好，大抵相類，所謂至于口，天下期于易牙者，密餳之喻，不過取其醇醲而已。

《典論》：「漢孝靈末年，百司湎酒，一斗直千文。」楊松玠《談藪》記：「北齊盧思道語：長安酒賤，斗價三百。」《唐·食貨志》：「德宗建中三年，禁民酤，以佐軍費，置肆釀酒，斛收直三千。」斛直三千，是史識酒價之貴也。白樂天《與劉夢得閒飲》詩曰：「共把十千沽一斗，相看七十欠三年。」李白詩：「金罍清酒價十千。」王維詩：「新豐美酒斗十千。」崔國輔詩：「與沽一斗酒，恰用十千錢。」許渾詩：「十千沽酒留君醉。」權德輿詩：「十千斗酒不知貴。」陸龜蒙詩：「若得奉君讙，十千沽一斗。」抑何酒價之不廉如此。先儒或謂此乃詩人寓言，不過取曹子建樂府中語。予以諸賢詩考之，似皆摭當時之實，非寓言比。然杜少陵詩「街頭酒價常苦貴，坊外酒徒稀醉眠。」「速宜相就飲一斗，恰有三百青銅錢。」三百一斗，少陵猶以為貴，而諸賢皆以一斗十千為詠，又何貴賤懸絶如此。（《四庫全書》本《佩韋齋輯聞》卷一；《佩韋齋集》卷十七）

智按：俞德鄰，字宗大，自號太玉山人，原籍永嘉平陽（今屬浙江），僑居京口（今江蘇鎮江）。度宗咸淳九年（一二七三）浙江轉運司解試第一，未幾宋亡。入元，累受辟薦，皆不應。因性剛狷，名其齋為佩韋。元世祖至元三十年卒，年六十二。遺著由其子庸輯為《佩韋齋文集》十六卷（其中詩七卷），於元仁宗皇慶元年（一三一二）刊行，另有《佩韋齋輯聞》四卷。生平見本集卷首元建安熊禾序，《至順鎮江志》卷十九有傳。

劉辰翁（一二三二～一二九七）

《百字令（壽陳靜山少吾一歲）》

洞房停燭，似新歲，數到上元時節。一盞屠蘇千歲酒，添得新人羅列。昨日迎長，今朝獻壽，嘗團團佳月。永和春好，用之不竭嘉客。（聞其新造酒永和鎮百石）　見説海上歸來，有如瓜大棗，無人分得。六十二三劉夢得，輸與香山樂色。菱谷二綃，楊枝春草，歌舞琵琶笛。只愁元日，玉龍催上金驛。（《四庫全書》本《須溪集》卷九；段大林校點《劉辰翁集》第三五四頁；《全宋詞》第三二三〇頁）

《鶯啼序（趙宜可以余譏其韻苦心改為之復和之）》

愁人更堪秋日，長似歲難度。相攜去、畹晚登高，高極正犯愁處。常是恨、古人無計，看今人痴絕如許。但東籬半醉，殘燈自修菊譜。　歸去來兮，怨調又苦。有寒螿餘賦。湖山外、風笛闌干，胡床夜月誰據。恨當時、青雲跌宕，天路斷、險艱如許。便橋邊，賣鏡重圓，斷腸無數。　是誰玉斧，驚墮團團，失上界樓宇。甚天誤、嬋娟餘誤。悔卻初念，不合夢他，霓裳楚楚。而今安在，楓林關塞，回頭憶著神仙處，漫斷魂飛過湖江去。時時説與，地上群兒，青瑣瑤台，閬風懸圃。　琵琶往往，憑鞍勸酒，千載能胡語。嘆自古、宮花薄命，漢月無情，戰地難青，故人成土。江南憔悴，荒村流落，傷心自失梨園部，渺空江、淚隔蘆花雨。相逢司馬風流，濕盡青衫，

欲歸無路。(《四庫全書》本《須溪集》卷九；段大林校點《劉辰翁集》第三五五頁；《全宋詞》第三二三二頁)

《金縷曲（寄番總管周耐軒生日)》

春入番江雨。滿湖山、鶯啼燕雨，前歌後舞。聞道行驄行且止，卻聽譙樓更鼓。正未卜，陰晴同否。老子胸中高小范，這精神、堪更開封府。新治足，舊民苦。　　扁舟浩蕩乘風去。看萊衣、思賢堂上，壽觴朝舉。六十二三前度者，敢望香山老傅。又過了、午年端午。采采菖蒲三三節，寄我公、矯矯扶天路。重歸袞，到相圃。(《四庫全書》本《須溪集》卷十；段大林校點《劉辰翁集》第三七二頁；《全宋詞》第三二四二頁)

智按：寄番總管，一作奇番總管。

劉辰翁，字會孟，號須溪，吉州廬陵（今江西吉安）人。理宗景定三年（一二六二）進士，因母老，請為贛州濂溪書院山長。五年，應江萬里邀，入福建轉運司幕。未幾，隨江入福建安撫司幕。度宗咸淳元年（一二六五），為臨安府教授。四年，入江東轉運司幕。五年，為中書省架閣，丁母憂去。元成宗大德元年卒。遺著由子將孫編為《須溪先生集》，《宋史・藝文志》著録為一百卷，已佚。清四庫館臣據《永樂大典》、《天下同文集》等書所録，輯為十卷，另有《須溪先生四景詩集》傳世。《新元史》卷二三七、《宋季忠義録》卷十六有傳。

周密（一二三二～一二九八)

《蠟梅》(題擬)

蠟本花所作，作花應更香。目參無味禪，不作有色妝。未知香山白，何似江夏黃。坐令彼粲者，難擅春風場。(《永樂大典》卷二千八百十一引《蠟屐集》，中華書局影印本，第一四八三頁)

《齊東野語》

⊙避諱

……元稹以陽城驛與陽道州名同，更之曰避賢驛，且作詩以記之。白樂天和之云：「荊人愛羊祜，戶曹改為詞。一字不忍道，况兼姓呼之。」是也。鄭諴過郢州浩然亭，謂賢者名不可斥，更名孟亭。歙有任昉寺，任昉村，以任所游之地故也。虞藩為刺史日，更為任公寺，任公村。此則後人避前賢名也。……（卷四，張茂鵬點校《齊東野語》，第六一頁）

⊙曝日

袁安卧負暄，令兒搔背，曰：「甚快人意。」趙勝負暄風簷，候樵牧之歸。故杜詩云「負暄候樵牧」，又云「負暄近牆壁」。又《西閣曝日》云：「凜冽倦元冬，負暄嗜飛閣。」又云：「毛髮且自和，肌膚潛沃若。太陽信深仁，衰氣欻有托。欹傾煩注眼，容易收病腳。」樂天《負日》詩云：「杲杲冬日出，照我屋南隅。負暄閉目坐，和氣生肌膚。初似飲醇醪，又如蟄者蘇。外融百骸暢，中適一念無。曠然忘所在，心與虛空俱。」此皆深知負暄之味者也。……（卷四，張茂鵬點校《齊東野語》，第六五頁）

⊙六幺羽調

《演繁露》云：「唐有新翻羽調《綠腰》。《白樂天詩集》自注云：即《六幺》也。今世亦有六幺，而其曲有高平、仙呂調，又不與羽調相協，不知是唐遺聲否?」按今《六幺》中，呂調亦有之，非特高平、仙呂也。《唐禮樂志》：俗樂二十八調，中呂、高平、仙呂在七羽之數。蓋中呂、夾鐘，羽也；高平、林鐘，羽也；仙呂、夷則，羽也。安得謂之不與羽調相協？蓋未之考爾。（卷八，張茂鵬點校《齊東野語》，第一四五頁）

智按：二十八調：凡宮、商、角、羽，各七調。七羽之數為中呂調、正平調、高平調、仙呂調、黃鐘羽、般若調、高般涉。

琴按：《元氏長慶集·琵琶歌寄管兒兼誨蟻山》有云：「……管兒久别今方覩，管兒還為彈六幺。六幺依舊聲迢迢。猿鳴雪岫來三峽，鶴唳晴空聞九霄。逶迤彈得六幺徹，霜刀破竹無殘節：…」亦均作「六幺」，可作參考。又白詩後集卷十六《聽歌六絕句》之一「樂世」下注云：「一名六幺」。詩云：「管急弦繁拍漸稠，綠腰宛轉曲終頭。誠知樂世聲聲樂，老病人聽未免愁。」

⊙形影身心詩

靖節作形影相贈、《神釋》之詩。謂貴賤賢愚，莫不營營惜生。故極陳形影之苦，而以神辨自然，以釋其惑。《形贈影》曰：「願君取吾言，得酒莫苟辭。」《影答形》曰：「立善有遺愛，胡可不自竭。」形累養而欲飲，影役名而求善，皆惜生之惑也。神乃釋之曰：「大鈞無私力，萬理自森著。人為三才中，豈不以我故。」此神自謂也。又曰：「日醉或能忘，將非趣齡具。」所以辨養之累。又曰：「立善常所忻，誰當與汝譽？」所以解名之役，然亦僅在趣齡與無譽而已。設使為善見知，飲酒得壽，則亦將從之耶？於是又極其釋曰：「縱浪大化中，不喜亦不懼。應盡便須盡，無事勿多慮。」此乃不以死生禍福動其心，泰然委順，乃得神之自然，釋氏所謂斷常見者也。

坡翁從而反之曰：「予知神非形，何復異人天。豈惟三才中，所在靡不然。」又云：「委順憂傷生，憂死生亦遷。縱浪大化中，正為化所纏。應盡便須盡，寧復俟此言。」

白樂天因之作《心問身》詩云：「心問身云何泰然，嚴冬暖被日高眠。放君快活知恩否，不早朝來十一年。」身答心曰：「心是身王身是宮，君今居在我宮中，是君家舍君須愛，何事論恩自說功。」心復答身曰：「因我疏慵休罷早，遣君安樂歲時多。世間老苦人何限，不放君閑奈我何。」此則以心為吾身之君，而身乃心之役也。

坡翁又從而賦六言曰：「淵明形神自我，樂天身心於物。而今月下三人，他日當成幾佛？」

然二公之説雖不同，而皆祖之列子力命之論。力謂命曰：「若之功，奚若我哉？」命曰：「汝奚功於物，而欲比朕？」力曰：「壽夭窮達，貴賤富貧，我力之所能也。」命遂歷陳彭祖之壽，顏淵之夭，仲尼之困，殷紂之君，季劄無爵於君，田恒專有齊國，夷、齊之餓，季氏之富：「若是，汝力之所能，奈何壽彼而夭此，窮聖而達逆，賤賢而貴愚，貧善而富惡耶？」力曰：「若如是言，我固無功於物，而物若此耶？此則若之所制耶？」命曰：「既謂之命，奈何有制之者？朕直而推之，曲而任之。自壽自夭，自窮自達，自貴自賤，自富自貧，朕豈能識之哉！」此蓋言壽夭窮達，貴賤富貧，雖曰莫非天命，而亦非造物者所能制之，直付之自然耳。此則淵明神釋，所謂「大鈞無私力」之論也。

其後楊龜山有《讀東坡和陶影答形》詩云：「君如煙上火，火盡君乃別；我如鏡中像，鏡壞我不滅。」蓋言影因形而有，無是生滅相。故佛云：「一切有為法，如夢幻泡影。」正言其非實有也，何謂不滅？此則又墮虛無之論矣。（卷九，張茂鵬點校《齊東野語》，第一五四～一五六頁）

智按：文末所引楊龜山語所謂「君如煙上火」云云，其實是東坡和陶詩，非楊時之作。「又墮虛無之論矣」云云，乃楊時批評蘇詩之語。《苕溪漁隱叢話後集》卷三作：「《龜山語錄》云：『因讀東坡《和淵明形影神詩》，其影答形云：君如煙上火，火盡君乃別。我如鏡中像，鏡壞我不滅。影因形而有，無是生滅相。故佛嘗云：一切有為法，如夢幻泡影。正言非實有也，何謂不滅？他日讀《九成臺銘》云：此說得之莊周。然以江山吐吞，草木俯仰，眾竅呼吸，鳥獸鳴號為天籟，此乃周所謂地籟也。但其文精妙，讀之者鹹不之察耳。』」分辨明晰。點校本《齊東野語》未察此誤；《全宋詩》第十九冊第一二九五九頁以「君如煙上火」四句為楊時之詩，與周密同誤。

⊙輕容 方空

紗之至輕者，有所謂輕容，出《唐類苑》，云：「輕容，無花薄紗也。」王建《宮詞》云：「嫌羅不著愛輕容。」元微之有寄白樂天白輕容，樂天製而為衣。而詩中「容」字乃為流俗妄改為「庸」，又作「榕」，蓋不知其所出。《元豐九域志》「越州歲貢輕容紗五疋」是也。

又有所謂方空者。《漢元帝紀》：「罷齊三服官。」注云：「春獻冠幘，縰為首服，紈素為冬服，輕綃為夏服，凡三。」師古曰：「縰與纚同音，山爾反，即今之方目紗也。」又後漢建初二年，詔齊相省冰紈、方空縠、吹綸絮。紈，素也。冰，言色鮮潔如冰。《釋名》曰：「縠，綅。方空者，紗薄如空也。」或曰：「空，孔也。即今之方目紗也。綸，如絮而細，吹者，言吹嘘可成，此紗也。」荊公詩云「春衫猶未著方空」者是也。

二紗名，世少知，故表出之。（卷十，張茂鵬點校《齊東野語》，第一七六頁）

智按：亦見《說略》卷二十一。《白氏長慶集》卷十七《元九以綠絲布

白輕容見寄製成衣服以詩報知》一律，起句為「緑絲文布素輕容」。明楊慎《升庵集》(《四庫全書》本）卷六十九「輕容」:

《齊東野語》云:「紗之至輕者曰輕容。」《唐類苑》云:「輕容，無花薄紗也。」蓋今俗云銀條紗之類。王建《宮詞》:「嫌羅不著愛輕容。」李賀詩:「蜀烟飛重錦，峽雨濺輕容。」元微之有《寄白樂天白輕容》詩是也。又《方言》襜褕曰:「童容，而字或作褣。」

明方以智《通雅》卷三十七「衣服」(中國書店，一九九〇年影印版第四四九頁）:

織素為文曰綺，光者曰綾。冰素、方空、縠、羅，皆紗也。紗至輕者曰輕容。綈，厚繒也。纏，綿紬也。紬之粗者曰絓，精者曰綿，甚粗曰絮。綺，文繒也，織素為文曰綺。《魏都賦》:「羅綺朝歌」,《子虛賦》:「雜纖羅」，已明是今紗羅之羅矣。陸務觀曰:「遂寧出越羅，似會稽尼羅，今三梭羅。」師古曰:「綾，今之雜小綾也。」戴氏曰:「絁地而織文者也。」唐潤州貢方碁水波綾，豫州灘鷳綾，定州兩窠綾，澧州龜子綾，閬州重蓮綾。《釋名》曰:「縠，紗也。所云霧縠，言其細而起雲耳。」章紀詔:「齊省冰素、方空、縠吹、綸絮，皆紗。」許氏曰:「細絹不如劉熙矣。紗之至輕者曰輕容。」《唐類苑》云:「輕容，無花薄紗也。」王建《宮詞》:「嫌羅不著愛輕容。」李賀詩:「蜀烟飛重錦，峽雨濺輕容。」元微之《寄白樂天》詩:「白輕容」，是也。《賓退録》言宋貢輕容方紋紗。伯厚以縐與縠并稱，曰紡絲而織之。《詩》有縐絺，蓋今之縐紗，實雙絲紡線而織者也。重三斤五兩，謂之平紬。范雎:綈袍。注:蓋今之絁也。絡即生繡，繡即纏字，俗作絁。一曰今之綿紬是也。《説文》:「纏，粗緒也。」《廣韻》:「纏，繒，似布繭。」

清吴景旭《歷代詩話》卷五十「輕容」(陳衛平、徐傑點校本，第五八四頁）:

吴旦生曰:《齊東野語》:「紗之輕者曰輕容。」《唐類苑》云:「輕容，無花薄紗也。」《元豐九域志》云:「越州歲貢輕容紗五匹。」元微之寄樂天白輕容，樂天製以為衣，有詠輕褣詩云:「袴花白似秋雲薄，衫色青於春草濃」，而「褣」字俗本改為鏞，又作「庯」、「榕」，皆誤。又《方物考》云:「緜州巴西縣，紗子一匹重二兩，婦人以為暑服。」李長吉詩:「蜀煙飛重錦，峽雨濺輕容。」

⊙《史記》無燕昭築臺事

王文公詩云：「功謝蕭規慚漢第，恩從隗使愧燕臺。」然《史記》止云：「為隗改築宮而師事之。」初無「臺」字。而李白詩有「何人為築黃金臺」之語，吳虎臣《漫録》，以此為據。

按《新序》、《通鑑》亦皆云「築宮」，不言「臺」也。然李白屢慣用黃金臺事，如「誰人更埽黃金臺」，「燕昭延郭隗，遂築黃金臺」，「埽灑黃金臺，招邀廣平客」，「如登黃金臺，遙謁紫霞仙」，「侍宴黃金臺，傳觴青玉案」。杜甫亦有「楊梅結義黃金臺」，「黃金臺貯賢俊多」。柳子厚亦云：「燕有黃金臺，遠致望諸君。」《白氏六帖》有：「燕昭王置千金於臺上，以延天下士，謂之黃金臺。」此語唐人相承用者甚多，不特本於白也。

又按《唐文粹》有皇甫松《登郭隗臺》詩。又梁任昉《述異記》：「燕昭為郭隗築臺，今在幽州燕王故城中。土人呼賢士臺，亦為招賢臺。」然則必有所謂臺矣。後漢孔文舉《論盛孝章書》曰：「昭築臺以延郭隗。」然皆無黃金字。宋鮑照《放歌行》云：「豈伊白屋賜，將起黃金臺。」然則黃金臺之名，始見於此。李善注引王隱《晉書》：「段匹磾討石勒，屯故燕太子丹黃金臺。」又引《上谷郡圖經》曰：「黃金臺在易水東南十八里，昭王置千金臺上，以延天下士。」且燕臺事多以為昭王，而王隱以為燕丹，何也？余後見《水經注》云：「固安縣有黃金臺，耆舊言昭王禮賢，廣延方士，故修建下都館之南陲。燕昭創於前，子丹踵於後」云云，以此知王隱以為燕丹者，蓋如此也。（卷十八，張茂鵬點校《齊東野語》，第三二九～三三〇頁）

⊙耆英諸會

前輩耆年碩德，閒居里舍，游從詩酒之樂，風流雅韻，一時歆羡，後世想慕，繪而為圖，傳之好事，蓋不可一二數也。今姑摭其表表者於此，致景行仰止之意云。唐香山九老則集於洛陽，樂天序之。胡杲（懷州司馬，年八十九）、吉文【皎】（衛尉卿，致仕八十八）、劉真（磁州刺史，八十七）、鄭據（龍武長史，八十五）、盧真（侍御史内供奉，八十三）、張渾【渾】（永州刺史，八十七）、白居易（刑部尚書，致仕七十四），所謂七人五百八十四者是也。又續會者二人：李元爽（洛中遺老，一百三十六歲）、僧如滿（九十五），或又云狄兼謨（祕書監）、盧貞（河南尹）二人，以年未七十，雖與會而不及列云。

宋至道九老，則集於京師。張好問（太子中允，八十五）、李運（太常少卿，八十）、宋祺（丞相，七十九）、武允成（廬州節度副使，七十九）、吳僧贊寧（七十八）、魏丕（郢州刺史，七十六）、楊徽之（諫議大夫，七十五）、朱昂（水部郎中，七十一）、李昉（故相，七十）。然此集竟不成。

至和五老，則杜衍（丞相，祁國公，八十）、王渙（禮部侍郎，九十）、畢世長（司農卿，九十四）、朱貫（兵部郎中，八十八）、馮平（駕部郎中，八十八）。時錢明逸留鑰睢陽，為之圖像而序之。

元豐洛陽耆英會。凡十有二人。富弼（丞相，韓國公，七十九）、文彥博（丞相，潞國公，七十七）、席汝言（司封郎中，七十七）、王尚恭（朝議大夫，七十六）、趙丙（太常少卿，七十五）、劉凡（秘書監，七十五）、馮行己（衛州防禦使，七十五）、楚建中（天章待制，七十三）、王謹言（司農少卿，七十二）、王拱辰（檢校太尉，判大名府，以家居洛，願寓名會中，七十一）、張問（大中大夫，龍圖直閣，七十），司馬光（端明學士，兼翰林侍讀學士，六十四），用唐狄兼謨故事預焉，溫公序之，圖形妙覺僧舍。其後，又改為真率會云。

吳興六老之會，則慶曆六年集於南園。郎簡（工部侍郎，七十七）、范鋭（司封員外，六十六）、張維（衛尉寺丞，九十七，都管張先之父）、劉餘慶（殿中丞，九十二，述仲之父）、周守中（大理寺丞，九十，頌之父）、吳琰（大理寺丞，七十二，知幾之父）。時太守馬尋主之，胡安定教授湖學，為之序焉。

吳中則元豐有十老之集，為盧革（大中大夫，八十二）、黃挺（奉議郎，八十二）、程師孟（正議大夫，集賢修撰，七十七）、鄭方平（朝散大夫，七十二）、閭丘孝終（朝議大夫，七十三）、章岵（蘇州太守，七十三）、徐九思（朝請大夫，七十三）、徐師閔（朝議大夫，七十三）、崇大年（承議郎，七十一）、張詵（龍圖直學，七十），米芾元章為之序焉。（卷二十，張茂鵬點校《齊東野語》，第三六六～三六七頁）

《弁陽詩話》

余家向有小廨，在杭之曲阜橋，每夕五鼓，聞早朝傳呼之聲，雖大雨風雪中亦然。於是慨歎虚名之役人也如此。既而於壁間得一絕云：「霜拂金鞍玉墜腰，鄰雞催喚紫宸朝。爭如林下飽清夢，殘月半牕松影搖。」頗得予心之同。因以類得數篇，併書於此。樂天《寄陳山人》云：「待漏五門外，候對三殿裏。髭鬚凍生冰，衣裳冷如水。忽思仙游客，暗謝陳居士。暖覆褐衣眠，日高應未起。」又詩云：「重裘暖帽寬氈履，小閣低牕深地爐。身穩心安眠未起，西京朝士得知無?」「軟綾腰褥薄綿被，涼冷秋天穩暖身。一覺曉眠殊有味，無因説與早朝人。」又云：「雞鳴一覺睡，不博早朝人。」諺云：「骨邊肉，五更睡，雖不多，最有味。」正此意也。

智按：又見周密《浩然齋雅談》卷中。

白傅詩云：「曾家機上聞投杼，尹氏園中見掇蜂，但以恩情生罅隙，何人不解作江充。」小坡《思子臺賦》云：「彼楊公之愛修兮，豈減吾之蒼舒。」皆深中人情。

智按：又見周密《浩然齋雅談》卷中。

白傅詩：「天黄生颶母，雨黑長楓人。」（案此白居易《送客游嶺南》詩，原本誤作太白詩，雨字誤作雷，今校正）注云：「颶母，如斷虹，有大風即見。楓人，因夜黑雲雨暗，長數丈。」比見李仲賓云：「往年在東平舟夜行，殘夜微月，擁篷眺望，忽有黑雲起天角，漸成巨人，其長數十丈，掉臂闊步行水上，掠舟而西，一舟皆驚魘。羣起視之，其去如飛。」得非所謂楓人耶?（瑩雪軒叢書本《弁陽詩話》）

智按：又見周密《浩然齋雅談》卷中。白傅詩見《白香山詩集》卷十七《送客春游嶺南》二十韻。元和十三年（八一八），四十七歲，任江州司馬。《白居易集箋校》第一〇六七頁。汪立名本注「有大風」作「欲大風」，「因夜黑雲雨暗」一作「因夜雷爾輒暗」。《朝野僉載》卷六：「江東江西山中多有楓木人，於楓樹下生，似人形，長三四尺。夜雷雨，即長與樹齊，見人即縮依舊。」《太平廣記》卷四百七引《十道記》：「楓樹數千年者有人形，眼鼻口臂，而無腳，入山者見之，或有斫之者，皆出血。」又《化書》卷一云：「老楓化為羽人。」又元稹《遭風二十韻》：「楓人夜長吼春雷。」

《武林舊事》

三賢堂（祠白樂天、林和靖、蘇東坡。後有三堂，曰水西雲北、月香水影、晴光雨色。後有小亭，曰虛舟，曰雲梯【宋廷佐刻本「雲錦」】）。

斷橋（又名「段家橋」。萬柳如雲，望如裙帶。白樂天詩云：「誰開湖寺西南路，草緑裙腰一帶斜。」）。

喜鵲寺（即禪宗院。以鳥窠禪師得名。魏婉儀殯所。白樂天有《紫楊花》詩）。

廣化院（舊名永福，自孤山遷於此。舊有白公竹閣，栢堂，水鑑堂，涵暉亭，淩雲閣，金沙井，辟支佛骨塔，慧琳塔，白公祠堂。黄宜山詩云：「移自孤山占此山，荒涼老屋萬琅玕。櫻桃楊柳空花夢，千古清風滿閣寒。」）。

靈隱天竺寺門（俗呼「二寺門」。袁居中書白樂天詩：「一山門作兩山門，兩寺元從一寺分。」正此也）。

冷泉（有亭在泉上。「冷泉」二字，乃白樂天書；「亭」字乃東坡續書。詩扁充棟，不能悉録。林丹山詩云：「一泓清可沁詩脾，冷暖年來只自知。流向西湖載歌舞，回頭不似在山時。」）。

韜光庵（韜光禪師道場。與樂天同時。周伯弜有詩，前後諸賢留題甚多。舊有僧嘗於此降仙，請至釋子蘭以下十人，凡七士、三釋，皆唐人能詩者，各書一詩，語極奇絕，曲盡其景。今詩尚存壁間）。

下天竺靈山教寺（在隋號南天竺，五代時號五百羅漢院。祥符初號靈山，天禧復名天竺寺，紹興改賜天竺。……「法堂」二字，乃雲房鍾離權書，甚奇古。金光明三昧堂，神御殿，瑞光塔，普賢殿，無量壽閣，回軒亭，七葉堂，客兒亭，大悲泉，重榮檜，葛仙丹井，白少傅烹茶井，石梁翻經臺，望海閣，香林亭，香林洞，無根藤，鬬鷄巖，夜講堂，登嘯亭，靈山後塔，慈雲懺主榻，七寶普賢閣，旃檀觀音瑞像有記。大抵靈竺之勝，周回數十里，巖壑尤美，實聚於下天竺寺。自飛來峰轉至寺後，諸巖洞皆嵌空玲瓏，瑩滑清潤，如虬龍瑞鳳，如層華吐萼，如皺縠疊浪，穿幽透深，不可容貌。林木皆自巖骨拔起，不土而生。傳言兹巖韞玉，故腴潤若此。石間波紋水迹，不知何時有之。其間唐宋遊人題名，不可殫記。覽者顧景興懷云）。（《四庫全書》本《武林舊事》卷五）

《浩然齋雅談》

白傅詩：「天黃生颶母，雨黑長楓人。」（案此白居易《送客遊嶺南詩》，原本誤作太白詩，雨字誤作雷，今校正）注云：颶母如斷虹，有大風即見楓人因夜黑雲雨，暗長數丈，比見李仲賓云：往年在東平，舟夜行，殘夜微月，擁篷眺望，忽有黑雲起天角，漸成巨人，其長數十丈，掉臂闊步，行水上，掠舟而西，一舟皆驚魘，羣起視之，其去如飛，得非所謂楓人耶？（《四庫全書》本卷中）

對偶之佳者，曰「數點雨聲風約住，一枝花影月移来。」「柳搖臺榭東風軟，花壓欄杆春晝長。」「天下三分明月夜，揚州十里小紅樓。」「梨園子弟白髮新，江州司馬青衫濕。」數聯皆天衣無縫，妙合自然。（《四庫全書》本卷中）

⊙劉改之贈吳盼兒詞

樂天有《感石上舊字》詩云：「太湖石上鐫三字，十五年前陳結之。」蓋其妾桃葉也。自昔未有以家妓字鐫石者。劉過改之嘗游富沙，與友人吳仲平飲於吳所歡吳盻兒家，嘗賦詞贈之。所謂「雲一窩。玉一梭。淡淡衫兒薄薄羅。輕顰雙黛蛾」，盻遂屬意改之。吳憤甚，挾刃刺之，誤傷其妓，遂悉繫有司。時吳居父為帥，改之以啓上之云：「韓擒虎在門，顧麗華而難戀，陶朱公有意，與西子以偕來。」居父遂釋之，然自是不復合矣。改之有「春風重到憑闌處，腸斷妝樓不忍登」，蓋為此耳。（《四庫全書》本卷下；《浩然齋詞話》，《詞話叢編》第一册，第二二三頁）

⊙周賀詞用唐詩

周美成長短句，純用唐人詩句。如「低鬟蟬影動，私語口脂香。」此乃元、白全句。賀方回嘗言：「吾筆端驅使李商隱、温庭筠，常奔走不暇。」則

亦可謂能事矣。(《四庫全書》本卷下;《叢書集成初編》本第四七頁;《浩然齋詞話》,《詞話叢編》第一册,第二三四頁)

《癸辛雜識》

⊙家之巽三賢詩

家志行嘗和《三賢堂詩》云:「孤峰落魄一詩人,白傅何曾號直臣。較似眉山敢同傳,並祠浙水恐誣神。人非倫擬終非偶,論貴平和不貴新。爭似獨尊元祐學,高堂正笏更垂紳。」又:「誰稱三老作三山(方回曾以香山、眉山、孤山為三山也),夫子寧居季孟間。駱廄侍人多媿色,鼈頭處士若為攀。辭章小技應閒事,節義千年真大閑。何似眉山專一壑,九京賢聖盡歡顏。」雖然,志行尊坡翁,是也,貶二賢無乃過乎!何不反觀自己,為德政碑以媚楊髡,受僧賂以作寺記,義方之訓可笑,由徑之歡不慙,奈何!(《四庫全書》本《癸辛雜識》續集卷下;吴企明點校本,第二〇六頁)

智按:周密,字公謹,號草窗、蘋洲、弁陽老人、華不注山人、四水潛夫等,祖籍濟南(今屬山東),南渡後居湖州(今屬浙江)。以蔭監建康府都錢庫。理宗景定二年(一二六一)入浙西安撫司幕,因剔除毗陵民田浮額忤時宰,遂以母病歸。度宗咸淳初為兩浙運司掾屬。十年(一二七四),監豐儲倉。端宗景炎間知義烏縣。宋亡家破,居杭州。元大德二年卒,年六十七。生平撰述甚多,有《草窗韻語》一至六稿,卷首有咸淳七年陳存序,系宋亡前作品;另有《蘋洲漁笛譜》、《草窗詞》、《武林舊事》、《齊東野語》、《癸辛雜識》、《浩然齋雅談》、《雲煙過眼録》、《志雅堂雜鈔》、《絕妙好詞》等傳世。事見《珊瑚木難》卷五《弁陽老人自銘》、近人夏承燾《唐宋詞人年譜・周草窗年譜》,《宋史翼》卷三十四有傳。

文天祥(一二三六~一二八三)

《挽太博朱古平》(其一)

白氏賢司馬,昌黎真學官。江湖驚落筆,朝野望彈冠。天馬高風骨,秋鷹折羽翰。萊庭人白髮,煙雨萬松寒。(《四庫全書》本《文山集》卷二;

《全宋詩》第六十八册，第四二九七四頁）

《與梅制幹書》

自去年滄浪使者歸米氏真帖又三四，往往多從景明便鴈來也。洞門窈深，雲山千里，騎黄鵠，跨白鶴，恨不得一日共君其間。……李彪請假歸道，出琵琶亭下，率然伸紙，意之所至，不擇言語，臨書神爽飛動。（《四庫全書》本《文山集》卷五）

《跋王道州仙麓詩卷》

讀仙麓詩，詩材政自滿天地間也。杜太苦，李太放。變踔厲憀慓，從李、杜間分一段光霽，如《長慶集》中君尊臣卑，賓順主穆，仙麓疑甚近之。香山天資倜儻樂易，其居又有疏泉鑿石之勝，與一時名輩爲宫爲商，《九老圖》中，槩可想見。仙麓屋九仙下，其騎氣御風，風流正自相接。至其當春陵龍蛇起陸之際，山窗晝永，石鼎茶香，微一日改其吟詠之度。是丸倒囊，矢破的，無地不然也。神人瑞士，其氣爲清淑者爲一，故心常得其自律自吕之妙。仙麓此集，宜與《長慶》並行無疑。（《四庫全書》本《文山集》卷十；《文山題跋》）

智按：文天祥，初名雲孫，字天祥，後以字為名，改字履善，中舉後又字宋瑞，號文山，吉州吉水（今屬江西）人。理宗寶祐四年（一二五六）進士。開慶元年（一二五九）為甯海軍節度判官。景定二年（一二六一）除秘書正字，累遷著作佐郎兼刑部郎官。以上疏劾董宋臣，出知瑞州。五年，遷江西提刑。度宗咸淳三年（一二六七）召除尚右郎官。五年，知甯國府。六年，召除軍器監兼學士院權直，以忤賈似道，罷。九年，起為湖南提刑。十年，改知贛州。恭帝德祐元年（一二七五），元兵渡江，應詔勤王，除樞密副都承旨，浙西江東制置大使兼江西安撫大使。二年，除右丞相、樞密使，詣元軍議和，被拘。押至鎮江，夜亡入真州，泛海至溫州。同年五月，端宗繼位，改元景炎，召赴福州，拜右丞相、樞密使、都督諸路軍馬，與元兵周旋於汀州、漳州一帶。景炎二年，敗於空坑，出南嶺。三年，授少保、信國公，移屯海豐，軍潰被執北行，在道絶食八日不死。拘燕三年，終不屈。元世祖至元十九年十二月九日遇害。著作遭難後散佚，元元貞、大德間，其鄉人輯編為前集三十二卷，後集七卷。明初重加編次為詩文十七卷，另有《指南録》、《指南後録》、《集杜詩》等傳世。事見本集卷十七《文山紀年録》，《宋史》卷四一八有傳。

蔡正孫（一二三九～一三〇〇後）

《詩林廣記》

陳後山云：陶淵明之詩，寫其胸中之妙。無陶之妙而學其詩，終為樂天耳。（前集卷一，常振國、絳雲點校《詩林廣記》，第一頁）

陶淵明《飲酒》

結廬在人境，而無車馬喧。問君何能爾？心遠地自偏。采菊東籬下，悠然見南山（俗本「見」字多作「望」字）。山氣日夕佳，飛鳥相與還。此中有真意，欲辨已忘言。

《蔡寬夫詩話》云：「『采菊東籬下，悠然見南山。』此其閒遠自得之意，直若超然邈出宇宙之外，俗本多以『見』為『望』字，若爾，則便有褰裳濡足之態矣。乃知一字之誤，害理有如此者。」

東坡云：「此詩景與意會，故可喜也。無識者以『見』為『望』，白樂天效淵明詩有云：『時傾一樽酒，坐望終南山。』則流俗之失久矣。惟韋蘇州《答長安丞裴棁》詩云：『采菊露未晞，舉頭見秋山。』乃真得淵明詩意。」（前集卷一，常振國、絳雲點校《詩林廣記》，第二頁）

劉禹錫《贈白樂天》

莫嗟華髮與無兒，却是人間久遠期。雪裏高山頭白早，海中仙果子生遲。于公必有高門慶，謝守何煩曉鏡悲。幸免如新分非淺，祝君長詠夢熊詩。

劉夢得自注云：「高山本高，高門使之高，二字為義不同。」

《三山老人語録》云：「白樂天《寄劉夢得》詩有『歎早白無兒』之語，劉以此詩贈之。二高字，自注：「其義不同，古之詩流曉此。」唐人忌重疊用字，今人則疊用字甚多。」（前集卷四，常振國、絳雲點校《詩林廣記》，第七七頁）

韓愈《方橋》

非閣復非船，可居兼可過。君欲問方橋，方橋如此作（音佐）。

《蔡寛夫詩話》云：「詩人用字，有乘語意到處，輒從其方言為之者，亦自一體，但不可以為常耳。吳人以作為佐音，退之用此語也。如淮楚之間，以『十』為忱音，故白樂天有云：『緑浪東西南北水，紅欄三百六十橋。（十字作忱音）』不知當時所呼通爾，或是姑為戲也。……」（前集卷五，常振國、絳雲點校《詩林廣記》，第八三頁）

韓愈《和裴晉公》

旗穿曉日雲霞雜，山倚秋空劍戟明。敢請相公平賊後，暫攜諸史上崢嶸。

《蔡寛夫詩話》云：「此退之《和裴晉公征淮西時過女几山》詩也，而晉公之詩世無傳者，惟白樂天集中載其一聯云：『待平賊壘報天子，莫指仙山示老夫。』方其時，意氣自信不疑如此，豈容令狐楚輩沮撓乎？」（前集卷五，常振國、絳雲點校《詩林廣記》，第八四頁）

韓愈《古意》

太華峯頭玉井蓮，開花十丈藕如船。冷比雪霜甘比蜜，一片入口沈痾痊。我欲求之不憚遠，青壁無路難夤緣。安得長梯上摘實，下種七澤根株連。

楊誠齋云：「詩有驚人句，如白樂天《月中桂》詩是也。」愚謂昌黎此詩云：「開花十丈藕如船。」亦可謂句之驚人者也。

〔附〕白樂天《月中桂》

遥憐天上桂華孤，為問嫦娥更有無。月中幸有閑田地，何不中央種兩株。

誠齋云：「詩有驚人句，樂天此詩是也。又如杜子美《山水障歌》云：『堂上不合生楓樹，怪底江山起煙霧。』又『斫却月中桂，清光應更多。』韓子蒼《衡嶽圖》云：『故人來自天柱峯，手持石廩與祝融。兩山坡陀幾百里，安得置之行李中。』此又是用東坡所謂『我持此石歸，袖中有東海』之意。杜牧之云：『我欲東召龍伯公，上天揭取北斗柄。蓬萊頂上斡海水，水盡見底看海空。』李賀云：『女媧錬石補天處，石破天驚逗秋雨。』此語皆驚人者也。」（前集卷五，常振國、絳雲點校《詩林廣記》，第八七～八八頁）

休齋云：孟東野一不第而有「出門即有礙，誰謂天地寛」語，若無所容其身者。老杜雖落魄不偶，而氣常自若，如「納納乾坤大」，何其壯哉！白樂天亦云：「無事日月長，不羈天地闊。」與郊異矣。然未若邵康節「靜處乾坤大，閒中日月長。」尤有味也。

《青箱雜記》云：白樂天詩曰：「無事日月長，不羈天地闊。」此達者之詞也。東野詩曰：「出門即有礙，誰謂天地寬。」此褊狹者之詞也。（前集卷七，常振國、絳雲點校《詩林廣記》，第一二四頁）

白樂天

《本傳》云：白居易作樂府及詩百餘篇，規諷時事，流聞禁中，上見而悦之，召為翰林學士。

《詩苑類格》云：白樂天詩有五長，諷諭之詩長於激，閑適之詩長於遣，感傷之詩長於切，律詩百言以上長於贍，五字七言百言以下長於情。

唐本贊云：杜牧謂白居易詩纖穠不逞，非莊人雅士所為，淫言媟語，入人肌骨，不可去也。

《青箱雜記》云：白樂天詩達者之詞也。

《墨客揮犀》云：樂天每作詩令老嫗解之，問解否，嫗曰解，則録之，故其詩近於鄙俚。（前集卷十，常振國、絳雲點校《詩林廣記》，第一六八～一六九頁）

白樂天《内直》

絲綸閣下文書静，鐘鼓樓中刻漏（智按：一作漏刻）長。坐到（智按：一作獨坐）黄昏誰是伴？紫薇花對紫薇郎。

《緗素雜記》云：「唐故事，中書省植紫薇花，歷世循因之，不以為非。至今舍人院紫薇閣前植紫薇花，用唐故事也。樂天此詩用紫薇郎語。按《天文志》：紫薇，大帝之座也，天子之常居也。主命主度也，何關紫薇花事？」

〔附〕洪咨夔《宣鎖》詩：「禁門深鎖寂無譁，濃墨淋漓兩相麻。唱徹五更天未曉，一池月浸紫薇花。」

愚謂洪平齋此詩，非特引用樂天紫薇花事，而其語度閑雅，有樂天之風焉。（前集卷十，常振國、絳雲點校《詩林廣記》，第一六八～一六九頁）

白樂天《咸陽原上草》

離離原上草，一歲一枯榮。野火燒不盡，東風吹又生。遠芳侵古道，晴翠接荒城。又送王孫去，萋萋滿別情。

《復齋漫録》云：「樂天以詩謁顧況，況曰：『長安物貴，居大不易。』及讀至《咸陽原上草》云：『野火燒不盡，東風吹又生。』歎曰：『有句如此，居亦何難！前言戲之耳。』予以為不若劉長卿『春入燒痕青』之句，語簡而意盡也。」（前集卷十，常振國、絳雲點校《詩林廣記》，第一六九～一七〇頁）

白樂天《履道居》

莫嫌地窄林池小，休厭家貧活計微。多少朱門鎖空宅，主人到了不曾歸。

胡苕溪云：「富貴於人造物所靳，自古以來，多不在於年少，而常在於晚景。若少年富貴者，非曰無之，蓋亦鮮矣。人至晚景得富貴，未免置第宅，售妓妾，以償其平生所不足者，如樂天此詩，讀之使人悽然，誠不必為此也。」（前集卷十，常振國、絳雲點校《詩林廣記》，第一七〇頁）

白樂天《絕句》

試問池臺主，多為將相官。終身不曾到，惟展畫圖看。

愚謂此絕與前首（智按：《履道居》詩）大意略同。讀者當有頓悟，處世之汲汲於求田問舍者，可以自省矣。（前集卷十，常振國、絳雲點校《詩林廣記》，第一七〇頁）

白樂天《昭君詞》

漢使卻回憑寄語，黄金何日贖蛾眉？君王若問妾顔色，莫道不如宫裏時。

《王直方詩話》云：「古今人作昭君詞多矣，余獨愛白樂天一絕，蓋其意優游不廹切故也。樂天賦此詩時年甚少。」（智按：又見《竹莊詩話》卷十五）

謝疊山云：「此詩從《漢武帝李夫人傳》變化來。夫人病篤，上臨候之，夫人謝不可見，願以兄弟為托。姊妹讓之，夫人曰：『我以容貌得幸，今見我毀壞，必畏惡棄我，尚肯追思閔録其兄弟哉！』」（前集卷十，常振國、絳雲點校《詩林廣記》，第一七〇～一七一頁）

白樂天《書天竺寺詩》

一山門作兩山門，兩寺元從一寺分。東澗水流西澗水，南峯雲起北峯雲。前臺花發後臺見，上界鍾清下界聞。遥想吾師行道處，天香桂子落紛紛。

東坡云：「予年十二時，先君自虔州為予言，近城山中天竺寺有樂天親書詩，筆勢奇逸，墨蹟如新，今四十七年矣。予來訪之，則詩已亡，有刻石存耳。故嘗有詩云：『空詠連珠吟疊璧，已亡飛鳥失驚蛇。』蓋為是也。」

〔附〕東坡天竺寺：「香山居士留遺跡，天竺禪師有故家。空詠連珠吟疊璧，已亡飛鳥失驚蛇。林深野桂寒無子，雨浥山薑病有花。四十七年真一夢，天涯流落涙橫斜。」

詩注云：「白樂天以刑部尚書致仕，與香山僧如滿結香火社，自稱香山居士。」

宣宗《弔樂天》詩云：「綴玉連珠三十年，誰教冥路作詩仙。」懷素草書，如飛鳥出林，驚蛇入草。（前集卷十，常振國、絳雲點校《詩林廣記》，第一七一～一七二頁）

白樂天《賀張籍》

老何歿後吟詩絕，雖有郎官不愛詩。今日聞君除水部，喜於身得省郎時。

《蔡寬夫詩話》云：「官名有因人而重，遂為故事者，何遜為水部員外郎，以詩稱。至張籍自博士復拜此官，樂天以詩賀之。籍答詩亦云：『幸有紫薇郎見愛，獨稱官與古人同。』自是遂為詩人故事。」前輩片言之貴重如此。（前集卷十，常振國、絳雲點校《詩林廣記》，第一七二頁）

〔元白總話〕

《詩話》云：「元微之守會稽，白樂天牧蘇臺，置驛遞詩往來，謂之詩筒。」

元稹撰《白氏長慶集序》云：「予始與樂天同校秘書，多以詩章相贈答，而二十年間，禁省、觀寺、郵堠、墻壁之上無不書，王公、妾婦、牛童、馬走之口無不道，至於繕寫模勒，衒賣於市井，或持之以交酒茗者，處處皆是。予嘗於平水市中鏡湖旁，見村校諸童競習詩，召而問之，皆對曰：先生教我，是元微之詩，亦不知予之為微之也。又云：雞林賈人求市頗切，自云本國宰相，每以百金換一篇，其甚僞者，宰相輒能辨別之。」

《蔡寬夫詩話》云：「司空圖善論前人詩，謂元白為力勍氣孱，乃都會之豪估，可謂切中其病。」

《許彦周詩話》云：「東坡《祭柳子玉文》：『郊寒島瘦，元輕白俗。』此語具眼。客見詰曰：『子盛稱白樂天、孟東野詩，又愛元微之詩，而取此語，何也？』僕曰：『論道當嚴，取人當恕，此八字東坡語道語也。』」

〔附〕楊汝士壓倒元白詩

隔坐須知賜御屏，盡將仙翰入高冥。文章舊價留鸞掖，桃李新陰在鯉庭。再歲生徒陳賀宴，一時良史盡傳馨。當年疏傅雖云盛，詎有兹賢醉醁醽？

《詩話》云：「寶曆中，楊嗣復具慶先僕射，自洛入覲，嗣復率生徒迎於潼關，宴於新昌第。時元白俱在焉，皆即席賦詩。楊汝士詩後成，元、白覽之失色。汝士是日大醉，歸謂諸子曰：『今日壓倒元、白矣。』」（前集卷十，常振國、絳雲點校《詩林廣記》，第一七三～一七四頁）

張繼《楓橋夜泊》

月落烏啼霜滿天，江楓漁火對愁眠。姑蘇城外寒山寺，半夜鐘聲到客船。

《王直方詩話》云：「歐公言唐人有『姑蘇城外寒山寺，半夜鐘聲到客船』之句，説者云：句則佳也，其如三更不是撞鐘時。余觀于鵠《送宮人入道》詩云：『定知别後宮中伴，應聽緱山半夜鐘。』而白樂天亦云：『新秋松影下，半夜鐘聲後。』豈唐人多用此語也。倘非遞相沿襲，恐必有説耳。」（前集卷十，常振國、絳雲點校《詩林廣記》，第一八二頁）

蘇軾《縱筆》

寂寂東坡一病翁，白鬚蕭散滿霜風。兒童誤喜朱顔在，一笑那知是酒紅。

《冷齋夜話》云：「山谷言，詩意無窮，而人才有限，以有限之才追無窮之意，雖淵明、杜陵不得工也。不易其意而造其語，謂之換骨法；規摹其意而形容之，謂之奪胎法。白樂天詩云：『臨風杪秋樹，對酒長年身。醉貌如霜葉，雖紅不是春。』至東坡詩云：『兒童誤喜朱顔在，一笑那知是酒紅。』此皆奪胎法也。」（後集卷三，常振國、絳雲點校《詩林廣記》，第二五二～二五三頁）

黄庭堅《謫居黔南十絶》（略）

十絶皆摘白樂天詩句。

曾慥端伯《詩選》云：「張文潛晚喜樂天詩，邠老不樂，嘗誦山谷十絕句，以為不可企及。其一云：『老色日上面，歡悰日去心。今既不如昔，後當不如今。』文潛一日召邠老飯，乃預設樂天詩一帙，置書室床枕間。邠老少焉假榻，繙閲良久，始悟山谷十絕，盡用樂天大篇裁為絕句。盖樂天多於敷衍，而山谷巧於剪裁，自是不敢復言矣。」（後集卷五，常振國、絳雲點校《詩林廣記》，第二九一～二九二頁）

陳師道《妾薄命二首》其一

主家十二樓，一身當三千。古來妾薄命，事主不盡年。起舞為主壽，相送南陽阡。忍著主衣裳，為人作春妍。有聲當徹天，有淚當徹泉。死者恐無知，妾身長自憐。

任天社云：「白樂天詩云：『漢宮佳麗三千人，三千寵愛在一身。』後山以五字道之，語簡而意盡。」（後集卷六，常振國、絳雲點校《詩林廣記》，第三一〇頁）

王禹偁《春日雜興》

兩株桃杏映籬斜，裝點商州副使家。何事春風容不得，和鶯吹折數枝花。

《蔡寬夫詩話》云：「元之本學白樂天詩，在商州賦此絕。其子嘉祐云：老杜嘗有『恰似春風相欺得，夜來吹折數枝花』之句，語頗相近。因請易之，元之忻然曰：吾詩精詣，遂暗合子美邪。乃更為詩曰：『本與樂天為後進，敢期杜甫是前身。』卒不復易。」（後集卷九，常振國、絳雲點校《詩林廣記》，第三九七頁）

司馬光《真率會》

《温公集》云：用安之韻，招諸公於南園，為真率會。

榆錢零亂柳花飛，枝上紅英漸漸稀。莫厭銜杯不虚日，須知共力借春暉。

真率春來頻宴聚，不過東里即西家。小園容易邀佳客，饌具雖無亦有花。

胡苕溪云：「洛中尚齒，起於唐白樂天。至本朝司馬君實居洛，遂繼為之，謂之真率會。好事者寫成圖，傳於世，所謂『九老圖』者是也。」（後集卷十，常振國、絳雲點校《詩林廣記》，第四一一～四一二頁）

智按：蔡正孫，字粹然，自號蒙齋野逸。謝枋得門人。有《詩林廣記》。事見《詩林廣記》自序。

趙與泌（一二五四前後）等

《［寶祐］仙溪志》

⊙宋人物

莆故秀民未嘗肯出仕，仙遊人物自唐以來，姓名可攷堇一二。宋世異人輩出，甲於他邑。慶歷之諫臣，元祐之君子，乾道之相業，其人物之懿，真足為國家麟鳳，皆邑之奇産也。餘以事業自見者，代不乏人。先正流風未遠，裒而次之，如立直木於九達之逵，後進有所望而趨，邑之人物其有不興起者乎？……

伸字伸道，端明公（智按：蔡襄）季子旻之子也。致和五年登進士第。歷太學正太學博士，知濰州北海縣事，京東學事，主管文字，徐楚饒真四州通判，知滁徐德安和四州浙東安撫司參謀官。公少年倜儻有大志。建炎紹興間，盜賊蠭起，公雖以名門取科第，獨喜從事於戎馬間，嘗曰國步多艱，中原未復，豈能以書生餘技取爵禄耶？時戚方已歸降而復叛，朝廷方議遣帥，公單騎直至麾下，説以禍福，方素聞公威望，且伏其文士，無所畏避如此，即為感動，乃出就招，一州賴以全活。累官至中大夫，贈特進。兄佃，崇寍元年進士第。二人官至朝奉郎，直龍圖閣。佃，大觀三年登進士第，官至中大夫徽猷閣待制，子洸，官至户部尚書，徽猷閣學士。孫戡善屬文，有《定齋類藁》四十卷，《易解》四卷，《正觀諫録》二卷，《本朝名臣懿範》十卷，《典故類説》十五卷，《雞肋編》十八卷，《忠惠年譜》一卷，《白樂天年譜》一卷，官至寶謨閣學士。（《（寶祐）仙溪志》卷四，《續修四庫全書》影印清抄本）

智按：趙與泌，宋太祖十世孫，處己儉樸，宛如韋布。寶祐二年（一二五四），知仙遊縣。以敦本明倫為教，嘗作《勸孝歌》以訓民。民有母子相訟者，與泌灑泣，出《孝經》口授之，皆改悔。（明弘治《興化府志》卷三；《福建通志》卷三十）

饒魯（一二五四前後）

《琵琶洲》

潯陽江上譜無傳，化作沙汀越水邊。一段遺音人不識，夜深幽咽下灘泉。（《宋詩紀事》卷七十三引《饒州府志》）

智按：饒魯，字伯輿，一字仲元。餘干（今江西餘干西北）人。從黄榦、李燔學。赴試不第，遂專意經學。作石洞書院，前有兩峰，因自號雙峰。理宗寶祐二年（一二五四）補饒州教授。卒，門人私謚文元。有《五經講義》等，已佚。生平見明正德《饒州府志》卷四。

吴季子（一二五六進士）

《建康通判南廳壁記》

國家駐蹕錢塘，而金陵為留都，地望雄重，東南會府莫先焉。以旄鉞出鎮者，率宰執大臣，故别駕之選特重，蓋古河南少尹職也。他郡别駕一人，或二人，此獨視行在所，又有員外，置為三，例以處廷紳補外者。職清事簡，府公不盡吏之，號方外司馬，人以為榮。顧其創置歲月且深，前人氏名漫不可攷，非闕歟！寶祐戊午，梁侯椅由太史氏為之，鋭欲攷訂，礱石以俟。會召還，不果。代者廖侯邦傑，方捃摭故實，俄遷他官去。迨潘侯夢奇來，乃踵成之。求諸故府，自嘉熙戊戌後，得其氏名者，僅十有四人，悉疏歲月下方，刻之堅珉，闕典始備。潘侯諗余，俾識顛末。余復之曰：題名不可闕也，抑名之不朽，豈顓在是。江州司馬之職，非廳壁一記，則不傳。然其傳也，以樂天不以記，否則，唐之為司馬者，何獨樂天，千載而下，磨滅誰紀？士大夫自為不朽計可也。潘侯曰：善。因並識之，以告來者。侯，京口人，大資政馬公光祖鎮金陵，以其嘗為尚書省檢閲文字選辟云。景定改元，歲在庚申，孟秋朔日，文林郎、宜差充沿江制置大使司幹辦公事吴季子記。迪功郎、建康府司户參軍、兼僉廳袁兖書。朝散郎、沿江制置大使司參議官孫吴會篆蓋。奉議郎、宜特改差通判建康軍府、兼管内勸農營田事仍借緋、兼沿江制置大使司主管機宜文字潘夢奇立。(《四庫全書》本《景定建康志》卷二十四;《全宋文》二〇〇六年版第三五五册,卷八二二一,第一六八~一六九頁)

智按:吴季子,字節卿,邵武(今屬福建)人。寶祐四年(一二五六)進士。官國子監丞。篤學工文,著有《大學講義》。

釋斯植(一二五六前後)

《春日湖上五首》(其三)

樂天遺跡暫徘徊,路入深雲滿徑苔。花影上欄吟未穩,東風空倩蝶飛來。(《四庫全書》本《江湖小集》卷三十六;《全宋詩》第六十三册,第三九三四〇頁)

智按:釋斯植,字建中,號芳庭,武林(今浙江杭州)人。理宗時,以詩知名。初住衡山南嶽寺,旋遊歷四方。相識多文人,如胡三省、陳起、朱繼芳、熊禾等,俱有酬唱。游方幾二十年,晚住天竺,别築邃室,曰水石山居,吟詠其中。著有《采芝集》一卷、《續集》一卷,寶祐四年(一二五六)自為跋,有《汲古閣景鈔南宋六十家小集》本、《南宋群賢小集》本。其詩雅煉深穩,脱去禪家落套語。《全宋詩》卷三三〇〇至三三〇一録其詩二卷。事迹見《采芝續集後序》、《宋詩紀事》卷九三、《宋百家詩存》卷二〇。

楊仲良(一二五七前後)

《皇宋通鑑長編紀事本末》

己卯,上幸龍門,覩巖崖石佛,會昌殿屋,皆已摧壞,左右曰:「非官為葺治,不能成此勝迹。」上曰:「軍國用度,不欲以奉外教,恐勞費滋甚故也。」上因覽《西京圖經》,頗多疏漏。庚辰,令諸道州府軍監選文學官,校正圖經,補其缺略來,上命知制誥孫僅等總校之,僅等言諸道所上,體制不一,遂請創例重修。制可。

辛巳，以唐刑部尚書致仕白居易孫利用為河南府助教，嘗令修奉墳塋影堂。上之次鞏縣也，太子太師呂蒙正輿疾來見，不能拜命，中使掖之以進，賜坐，勞問甚久。壬午，幸其第，賜襲衣金帶器幣藥物，上尊酒，悉如宰相例。（《皇宋通鑑長編紀事本末》卷十九眞宗皇帝，《續修四庫全書》影印宛委別藏清抄本）

蔡絛《宮室苑囿篇》曰：又於寶籙宮，命工部侍郎孟揆鳩土功，梁師成主作役，築土山以象餘杭之鳳凰山，雄於諸苑，其最高一峰九十尺，山周十餘里，自西介亭岧嶤重複，東西二嶺直行南山，開門飛棧巖穴，溪澗悉備。有一洞口，纔可納兩夫，而其中足容數百人。至於檻泉泛流，皆晝夜不絕，山中包平，地環以嘉木清流，列諸館舍臺。閣多以美材，為楹楝而不施五采，有自然之勝。山上下立亭宇，不可勝數，有石大者，高四十尺，名神運昭功石，若江南陳後主三品石，姑蘇白樂天手植檜，與其他名石望木，率入其中。始名鳳凰山，故有閣巢鳳，後神霄降，其詩有「艮嶽排空霄」，因改名為艮嶽，及南山成，又易名為壽嶽。南山之外，又為小山。獨坡陁横，直二里，名曰芙蓉城，窮極窈渺。嶽之北，乃所謂景龍江也。江外則諸館舍尤精。其北又因瑶華宮，大取其地，作大池，名曰曲江池。中有堂，甚雄，名蓬壺然，東盡封邱門止矣。其西自天波門橋，引江水入西，直殆半里。江乃折南，又折北，折南者，過閶闔門橋，為複道，通茂德姬宅，實魯公窺弟。時政和八年，絛以此抵狂妄罪者也。折北者四五里，屬之龍德宮者，上潛邸也。（《皇宋通鑑長編紀事本末》卷百二十八徽宗皇帝，《續修四庫全書》影印宛委別藏清抄本）

智按：楊仲良，字明叔，眉州（今四川眉山）人。據李燾《續資治通鑑長編》作《皇宋通鑑長編紀事本末》。

胡仲弓（一二五八前後）

《竹閣》

萬竿叢裏立嶆峨，葉葉清風受用多。見説香山老居士，夜深猶唱竹枝歌。（《四庫全書》本《葦航漫游稿》卷四；《全宋詩》第六十三册，第三九八〇

一頁）

智按：胡仲弓，字希聖，號葦航，清源（今福建泉州）人。仲參兄。生平不見記載，據集中詩知其二赴春闈始中進士，初官縣令，未幾即以言事被黜。繼為紹興府掾、糧料院官，時間約在理宗寶祐六年（一二五八）前後。後棄官，以詩游士大夫間。有《葦航漫游稿》，已佚。《江湖後集》卷十二收其詩一百六十餘首。清四庫館臣又據《永樂大典》輯為《葦航漫游稿》四卷。

程霽岩

《水龍吟（寿吴尉・七月初一）》

夏秋晦朔之間，伊誰爲作交承主。顒昂仙伯，挺生此日，賓凉餞暑。絳縣老人，問將甲子，恰今歲數。舉香山晏會，才先一載，愚深幸、獲叨預。

何以壽君初度。願朱顔、年年如許。棘棲鸞鳳，瑞浮鸂鶒，爭如燕處。雙桂漸香，靈椿好在，福全九五。向畫堂深處，不妨重按，舊時歌舞。（《全宋詞》第三五八三頁引自《翰墨大全丁集》卷三）

智按：程霽岩，生平不詳。《翰墨大全》丁集卷三録存其詞二首，《全宋詞》據以録入。

艾性夫

《書琵琶行後》

兒女情懷易得憐，悲傷容或涕漣漣。獨疑遷客方淪落，猶著朝衣夜入船。（《四庫全書》本《剩語》卷下）

《人名詩戲效王半山》（其二）

偶來安石坐林塘，因得棲筠受晚凉。歸鳥銜烟方陸續，寒花經雨尚黄香。雲如仙客蹤無定，風作山賓語自長。師古不成書謾讀，樂天深結退居房。（《四庫全書》本《剩語》卷下；《全宋詩》第七十册，第四四四〇六頁）

智按：艾性夫（《四庫全書》據《江西通志》作艾性，並謂疑傳刻脱一夫字），字天謂，撫州（今屬江西）人。宋末曾應科舉，曾否入仕不詳。以能詩與叔可（無可）、憲可（元德）並稱「撫州三艾」。宋亡，浪游各地，與遺民耆老多有結交，斥仕元者為「獸心猶辦死報主，人面卻甘生事讐」（《義馬塚》），挽謝枋得詩稱「千古六經俱掃地，獨公一柱肯擎天」。據明曹安《讕言長語》謂於成化五年在元江見一詩集，署江浙道提舉艾性夫作，知其晚年亦曾仕元。核諸集中《留城寄曠翁》「吾年七十入城府，君更老吾仍出山，早歲相期作深隱，至今頭白未能閒」，當指出仕事。有《剩語》及《孤山晚稿》，已佚。清四庫館臣據《永樂大典》輯為《剩語》二卷。

趙崇潔（寶祐間）

《回游太守劄》

某疇昨深耕栝嶺，幸甚，獲與白傅草堂賓客之數。甘棠勿翦，至今與里中兒和習之，蓋十年猶一日也。古之所去見思者，其謂是歟！（《翰苑新書》別集卷六；《全宋文》二〇〇六年版第三五一册，卷八一二二，第二三六頁）

智按：趙崇潔，字敏可，宗室，寶祐間爲太常丞。歷官禮部、兼樞密院編修官。生平見《齊東野語》卷七，《翰苑新書》續集卷一五、別集卷六。

趙崇絢

《鷄肋》

⊙小蠻

白樂天詩：「楊柳小蠻腰。」即白公侍兒也。若《晚春酒熟尋夢得》云：「還攜小蠻去，試覓老劉看。」即酒榼也。（《鷄肋》，民國武進陶氏影刻宋百川學海本）

智按：趙崇絢，字元素，簡王元份之八世孫，趙汝适子。

趙崇鉘

《頗愛》

頗愛樂天齊物我，夢隨吟賞洛中橋。桃花細馬載楊柳，半面春潮紅未消。（《四庫全書》本《江湖小集》卷六十六；《全宋詩》第六十册，第三八〇八七頁）

智按：趙崇鉘，字元治（一作元冶），南豐（今屬江西）人。以兄（崇嶓）蔭補官。曾知都昌縣，南康軍司戶，通判南安。宋亡隱居以終。傳世有《鷗渚微吟》一卷。生平見《江西詩徵》卷十八。

彭子翔

《木蘭花慢》

仙家春不老，誰說到、牡丹休。算蠻柳樊櫻，怎生了得，白傅風流。枝頭。摽梅實好。　　奈緑陰、庭戶不禁愁。幸有琴中鳳語，能通鏡裏鸞求。鏘璆。雜佩下瀛洲。寶篆紫煙浮。　　望蘭情紅盼，三生曾識，一見如羞。綢繆。從今偕老，似柳郎、無負碧雲秋。莫倚回文妙手，放教遠覓封候。（《全宋詞》第三五七〇頁）

智按：彭子翔，號虚寮（《新編事文類聚翰墨全書》丁集卷三）。

鄭思肖（一二四一～一三一八）

《警終》

天與人以生，與人以富，與人以貴，與人以安，與人以壽，獨不與人以死。蓋死之者，乃所以終之也。惟天未終之，亦所以白其平日之心也。白居易有詩云：「周公恐懼流言日，王莽謙恭下士時。若使當時身便死，一生真僞有誰知?」其亦有見於是夫。國家盛時，士大夫以幸而全其名者多，不遇蟠根錯節，無以别其利器不利器。今之大變，决江河而下流，天下一波，亦足以見人之心矣！一以古道遇諸人，徧國中無與語者；一以今道遇諸人，詭遇獲禽，無往不得。我徧國中行，無與語者久矣，奚獨今哉！以古御今，難乎！雖然，寧死不敢爲彼。立於孤，遁於密，每惕然而驚，有不喜聞人聲之意。人皆曰：彼奪天下已定，何爲而癡癡，不天其生，惟求克死爲道乎？曰：寒浞絶夏祀四十年而少康興，夫差敗越二十一年而勾踐滅吴，王莽篡漢之後二十一年而光武興漢，是未可以目前成敗論，宜高雙眸以觀。今天之與我者大矣，非一世之人所有也。獨未終之以死，非懼死也，懼不得其正而死，全歸之於天，貽辱於先也。亦毋使後之人謂我能言之而不能行之，故書此以告於心，爰警其終焉！(《心史・雜文》;《全宋文》二〇〇六年版第三六〇册，卷八三三四，第五四頁)

智按：鄭思肖，字憶翁，號所南，連江（今屬福建）人。名與字、號皆宋亡後所改，寓不忘宋室之意，原名已不詳。宋末太學生，元兵南下，曾扣闍上書，不報。入元，居吳下，自號三外野人。善畫墨蘭，宋亡後畫蘭不畫土，根無所憑，以為地已為人奪去。元仁宗延祐五年卒，年七十八。有《所南先生文集》，又有《心史》七卷，系明崇禎十一年蘇州承天寺狼山中房浚井時發現，藏於鐵函中，清徐乾學《通鑑後篇考異》以為是明末人僞託。但今天看來，雖記事有出入，而文風如其人，似無甚可疑者。明洪武《蘇州府志》卷四十有傳。

林景熙（一二四二～一三一〇）

《寄葛秋岩》

吳地繁華半刼灰，故山秋遠夢頻回。琵琶亭老春風棹，桑落洲寒夜雨杯。歲月悠悠人幾換，關河渺渺鴈空來。酒酣欲寄登臨眼，黄葉斜陽滿廢臺。(《四庫全書》本《霽山文集》卷一)

智按：林景熙，字德陽，號霽山，溫州平陽（今屬浙江）人。度宗咸淳七年（一二七一）太學上舍釋褐，授泉州教官。歷禮部架閣，轉從政郎，宋亡不仕。元武宗至大三年卒於家，年六十九。有文集《白石稿》十卷，詩

《白石樵唱》六卷，均已佚。今本《霽山先生文集》乃明吕洪編定，凡五卷，其中詩三卷，文二卷。事見本集卷首元章祖程《題白石樵唱》、明吕洪《霽山先生文集序》。

陳普（一二四四～一三一五）

《和答友人》

無一能攀古聖賢，僅能澄淨一腔天。新於梅畔見無極，久向心中閲逝川。文暢惠勤同錫飯，東園角里共衾眠。儀秦肩穀難參錯，莫怪香山去學禪。（《全宋詩》第六十九册，第四三七五九頁）

智按：陳普，字尚德，號懼齋，福州寧德（今屬福建）人。從會稽韓翼甫。宋亡，元三次辟為本省教授，不起。隱居授徒，四方及門者歲數百人，學者稱石堂先生。元成宗大德元年（一二九七），應劉純父聘，主雲莊書院，熊禾留講鼇峰。延祐二年卒，年七十二。有《石堂先生遺集》二十二卷等。生平見本集附録《石堂先生傳》。

趙必瑑（一二四五～一二九五）

《水調歌頭》

百歲人能幾，七十世間稀。何況先生八十，蔗境美如飴。好與七松處士，更與梅花君子，永結歲寒知。菊節先五日，滿酌紫霞卮。　美成詞，山谷字，老坡詩。三徑田園如昨，久矣賦歸辭。不是商山四皓，便是香山九老，紅頰白鬚眉。九十尚入相，緑竹頌猗猗。（《全宋詞》第三三八三頁）

智按：趙必瑑，字玉淵，號秋曉，東莞（今屬廣東）人。宋宗室。度宗咸淳元年（一二六五）進士，初任高要尉，歷攝知四會縣、南康丞。帝昺祥興元年（一二七八），文天祥開府惠州，辟為攝惠州軍事判官兼知録事。宋亡，隐居鄉之澀塘村，足跡不入城市。元世祖至元三十一年十二月卒。有《覆瓿集》。事見本集末附志傳、行狀。

張炎（一二四八～一三二〇）

《甘州》

見梅花、斜倚竹籬邊。休道北枝寒。□□□翠袖，情隨眼盼，愁接眉彎。一串歌珠清潤，綰結玉連環。蘇小無尋處，元在人間。　　何事淒涼蚓竅，向尊前一笑，歌倒狂瀾。嘆從來古雅，欲覓賞音難。有如此、和聲軟語，甚韓湘、風雪度藍關。君知否，挽櫻評柳，卻是香山。（《全宋詞》第三四九九頁）

智按：張炎，字叔夏，號玉田，又號樂笑翁，祖籍成紀，居臨安（今屬浙江）。俊裔孫。宋亡不仕，縱遊浙東西以終，元仁宗延祐七年卒。平生工長短句，以春水詞得名，因稱張春水。有《山中白雲詞》。事見《山中白雲詞》卷首、馮沅君《張玉田先生年譜》（《雙玉叢書》）。

陸文圭（一二五二～一三三六）

《回句容夏君範投啓》

敬為曾南豐，每私誦陳無己之句；近捨皇甫湜，乃徒取白樂天之名。得非自厭於家雞，未免驟驚於越犬。況尚論取友，無出一鄉之中，而患在為師；遠求千里之外，疑之者問不相及之馬……（《四庫全書》本《牆東類稿》卷二）

《高祖斬白蛇賦》

……覽史牒以興懷，遂援筆而鑄辭，憶唐朝之制舉，嘗命此以為題，胡白傅之佳篇反見黜於有司，然至今長慶之集猶存，而一時中式之賦，則磨滅而無餘。信乎！文章之有定價，而考官不得而瑕疵者也。（《四庫全書》本《牆東類稿》卷十一）

《挽東平張彦明（原注：女事曹安卿）》

夢覺黄粱僅一炊，人生適意不多時。杜陵老病親桃竹，白傅清閒憶柳枝。有意出山尋樹櫝，傷心歸櫬頼門楣。秋風淚滴長江水，遥寄東原薤露詩。（《四庫全書》本《牆東類稿》卷十八）

《和蔣公秉思歸韻（原注：時寓普明後寺）》

不愁世路大行難，自歎行藏愧孔顔。借榻寺中分兩寺（原注：白樂天詩：「兩寺元從一寺分」），思鄉山上又重山。凄然碧草天連遠，輸與白雲僧對閒。我亦天涯流落客，何時同賦大刀還。（《四庫全書》本《牆東類稿》卷十八）

智按：陸文圭，字子方。江陰（今屬江蘇）人。幼而穎悟，讀書過目成誦，宋咸淳年間，以《春秋》中鄉選。宋亡，隱居於江陰城東，學者稱為「牆東先生」。元仁宗延祐初，朝廷數次禮聘，均以老疾辭。

方一夔（一二五三～一三一四）

《讀白樂天詩》

淵明避俗士，出語未必俗。衝口吐奇偉，往往寫心腹。外韜中勁剛，芒刃不堪觸。如渠不絃琴，非絲亦非木。樂天後此翁，逸駕追奔躅。未知溝中斷，孰與朱與緑。吾觀外國風，雅麗豈不足。自從受繩削，稗語棄不録。嗟彼千載人，何但詩可續。誰能學柳下，不受嫠也宿。（《四庫全書》本《富山遺稿》卷四；《全宋詩》第六十七册，第四二二五〇頁）

《仁甫次弟余韻》

造物兒戲多猜嫌，百年醜好兩能全。眠牛纔封一抔土，鶴歸已怪三千年。樂天永歎北邙冢，後山慟哭南陽阡。從來賢達總如此，誰能羽化隨飛仙。（《四庫全書》本《富山遺稿》卷八；《全宋詩》第六十七册，第四二二九〇頁）

智按：方一夔，一作方夔，字時佐，號知非子，淳安（今屬浙江）人。方逢辰侄。幼承家訓，嘗從何夢桂學，累舉不第，後以薦為嚴州教授。宋亡，築室富山之麓，授徒講學，學者稱富山先生。有《富山懶稿》三十卷，已佚，五世孫文傑輯為《富山遺稿》。生平見本集卷首明商輅序，嘉靖《淳安縣誌》卷十七有傳。

陳深（一二六〇～一三四四）

《水龍吟》

此翁疑是香山，老來愈覺才情富。天孫借與，金刀玉尺，裁雲縫霧。一曲陽春，樽前惟欠，柳蠻櫻素。對蒼松翠竹，江空歲晚，伴明月、傾芳醑。

深谷修蘭楚楚。續離騷、載歌初度。麻姑素約，天寒相訪，遺餘瓊露。擬借青鸞，吹笙碧落，採芝玄圃。奈玉堂催召，文園醉叟，草淩雲賦。（《全宋詞》第三五三一頁）

智按：陳深，字子微，號清全，吳縣（今江蘇蘇州）人。宋末習舉子業。宋亡，篤志古學，閉門著書，精于書法。弟子甚眾，學者稱甯極先生。元文宗天曆間以能書薦，不出。有《讀春秋編》、《寧極齋稿》。事見《吳下塚墓遺文》卷二陳植《先人壙志》，明正德《姑蘇志》卷五十五有傳。

汪炎昶（一二六一～一三三八）

《曹主簿溼自卜壽藏追范石湖韻謹依虛谷使君例各一再和》（其三）

百年孰不寄荒隅，螻螘歡欣悵野烏。畏死固知非達士，輕生斷亦是狂夫。樂天陶令詞堪續，荷鍤劉伶跡易模。石槨同知罪司馬，荼毗乃至羨浮圖。（《全宋詩》第七十一册，第四四八一三頁）

智按：汪炎昶，字懋遠，婺源（今屬江西）人。幼勵志力學，受學於孫嵩，得程朱性理之要。宋亡，與同里江凱隱於婺源山中，名其所居為雪蓑，自號古逸民，學者稱古逸先生。元惠宗至元四年卒，年七十八。有《古逸民先生集》二卷。生平見本集附録《汪古逸民先生行狀》。

佚名（一二六九前後）

《南宋館閣續録》

名賢墨蹟八十九軸。……唐六十四軸：明皇《嘉賓勑》一，《賜李含光勑》一，……李德裕《啟状》一，白居易《簡尺》二，《與劉夢得帖》一……（《四庫全書》本卷三「儲藏」，中華書局《南宋館閣録 續録》第一七六頁）

淳熙《秘閣續法帖》十卷，七十三段。第一卷，魏鍾繇、晋王羲之書；第二卷，王羲之、王獻之書；第三卷，唐歐陽詢、蕭瑀、褚庭誨、孫思邈、狄仁傑、張長史、顔真卿書；第四卷，唐明皇書；第五卷，李白、胡英、李邕、白居易書；第六卷，唐張九齡、李紳書；第七卷，李陽冰、李德裕、畢誠、李商隱書；第八卷，懷素書；第九卷，高閑、亞栖、齊己書；第十卷，楊凝式、無名人書。（以上石刻在西廊史庫之南碑石庫）（《四庫全書》本卷三「儲藏」，中華書局《南宋館閣録 續録》第一八九頁）

智按：〔宋〕陳騤（一一二八～一二〇三）撰《南宋館閣録》所載，自建炎元年至淳熙四年（一一二七～一一七七），〔宋〕佚名撰《續録》所載，自淳熙五年至咸淳五年（一一七八～一二六九）。

蒲壽宬（一二七一前後）

《題瀑布圖後》

平生託游從，林野乃其趣。出處偶不同，清濁良已忤。解組浣我塵，叩門爲君訴。方殷岐黄事，何日當展晤。欲漱巖下泉，蛩驉念同路。默攜照膽鏡，歷歷見情愫。韋韝誰爲驅，千林瀉懸布。初掛冰一簾，晶晶滴珠露。弄雹不輟笑，轟谷激電怒。玉虬擘重崖，白晝雲雪互。震掉若弗容，俄然脱沉痼。寂寂霜林鐘，茫茫虎溪渡。草堂香山基，興廢今幾度。誅茅詎爲晚，千古一旦暮。與君共兹圖，濯濯如振鷺。登眺晨百回，疇能局高步。（《四庫全書》本《心泉學詩稿》卷二；《全宋詩》第六十八册，第四二七五四頁）

智按：蒲壽宬，字鏡泉，號心泉，泉州（今屬福建）回族人。生平不詳。從集中詩篇觀察，知其曾入戎幕，行跡遍東南。卷一《梅陽壬申劭農偶成書呈同官》，知度宗咸淳七年（一二七一）曾知梅州；《投後村先生劉尚書》，知與劉克莊同時，年輩相近。晚年著黄冠居泉之法石山，山有心泉，因稱心泉處士。有《蒲心泉詩》，已佚。清四庫館臣據《永樂大典》輯為《心泉學詩稿》六卷。生平見《八閩通志》卷八十六。

李琳（一二七四進士）

《陳氏香譜序》

韋應物掃地焚香，燕寢爲之凝清；黄魯直隱几炷香，靈臺爲之空湛。從來韻人勝士，爐霏書牧，道心純淨，法應如是。汴陳浩卿於清江，出其先君子中齋公所輯《香譜》，如銖熏初襚，縹緲願香。悟韋郎於白傅之香山，識涪翁於黄仙之叱石，是譜之香，遠矣。浩卿卓然肯構，能使書香不斷，經傳之雅馥芳韶，騷選之靚馡初曙，方遺家譜可也。袖中后山瓣香，亦當詢龍象法筵，拈起超方迴向。至治壬戌夏五，長沙梅花溪道人李琳書。（明周嘉胄《香乘》卷二十八，《四庫全書》本）

智按：李琳，號梅溪，長沙（今屬湖南）人。宋度宗咸淳十年（一二七四）進士，其他事迹不詳。《全宋詞》自元《草堂詩餘》卷中輯其詞三首：《平韵滿江紅（題宜春臺）》，《木蘭花慢（汴京）》，《六么慢（京中清明）》。至治二年（一三二二），應陳浩卿之請，爲其父陳敬《陳氏香譜》一書作序。

吴自牧（一二七四前後）

《夢粱録》

⊙觀潮

臨安風俗，四時奢侈賞玩，殆無虚日。西有湖光可愛，東有江潮堪觀，皆絕景也。每歲八月內，潮怒勝于常時。都人自十一日起，便有觀者，至十六、十八日，傾城而出，車馬紛紛。十八日最為繁盛，二十日則稍稀矣。十八日蓋因帥座出郊，教習節制水軍，自廟子頭，直至六和塔，家家樓屋，盡為貴戚內侍等雇賃，作看位觀潮。向有白樂天《咏潮》詩曰：「早潮纔落晚潮來，一月周流六十迴。不獨光陰朝復暮，杭州老去被潮催。」又蘇東坡《咏中秋觀夜潮》詩：「定知玉兔十分圓，已作霜風九日寒。寄語重門休上鑰，夜潮留向月中看。萬人鼓譟駭吾儂，猶似浮江老阿童。欲識潮頭高幾許，越山渾在浪花中。江邊身世兩悠悠，人與滄波共白頭。造物亦知人易老，故教江水更西流。吳兒生長狎濤瀾，冒利輕生不自憐。東海若知明主意，應教斥鹵變桑田。江神河伯兩醯雞，海若東來氣吐霓。安得夫差水犀手，三千强弩射潮低。」林和靖《咏秋江》詩云：「蒼茫水嘴鷺鷥眠，片紙無痕浸碧天。最愛蘆花經雨後，一篷烟火飯漁船。」治平郡守蔡端明詩：「天捲潮迴出海東，人間何事可爭雄？千年浪說鴟夷怒，一信全疑渤澥空。浪靜最宜聞夜枕，崢嶸須待駕秋風。尋思物理眞難到，隨月虧圓亦未通。」其杭人有一等無賴，不惜性命之徒，以大綵旗或小清凉繖紅緑小傘兒，各繫綉色段子满竿，伺潮出海門，百十爲羣，執旗泅水上，以迓子胥弄潮之戲，或有手脚執五小旗浮潮頭而戲弄。向于治平年間，郡守蔡端明內翰，見其往往有沉沒者，作《戒約弄潮文》云：「斗牛之外，吳越之中，唯江濤之最雄，乘秋風而益怒，乃其俗習于此觀遊，厥有善泅之徒，競作弄潮之戲，以父母所生之遺體，投魚龍不測之深淵，自謂矜誇，時或沉溺，精魄永淪于泉下，妻孥望哭于水濱，生也有涯，盍終于天命，死而不弔，重棄于人倫，推予不忍之心，伸爾無家之戒，所有今年觀潮，並依常例，其軍人百姓輒敢弄潮，必行科罰。」自後官府禁止，然亦不能遏也。向有前輩作《看弄潮》詩云：「弄罷江潮晚入城，紅旗颭颭白旗輕。不因會喫翻頭浪，爭得天街鼓樂迎。」……（《四庫全書》本卷四）

⊙館驛

樟亭驛，卽浙江亭也，在跨浦橋南江岸，凡宰執辭免名出居此驛待報矣。向有白樂天先生往驛訪楊舊，曾賦詩曰：「往恨今愁應不殊，題詩梁下又踟躕。羨兄獨夢見兄弟，我到天明睡亦無。」（智按，《赴杭州重宿棣華驛見楊八舊詩感題一絶》）「夜半樟亭驛，愁人起望鄉。月明何處見，潮水白茫茫。」（智按，《宿樟亭驛》）北郭驛亭在餘杭門外，北郭稅務之右，都亭驛在候潮門裹，泥路西侍從宅側，次爲節伴，外國使人之地也。（《四庫全書》本卷十）

⊙嶺

八蟠嶺在大內後殿同衙山上。萬松嶺在和寧門外孝仁坊西嶺上，夾道栽松，今第宅內官民居，高高下下，鱗次櫛比，多居於上。白樂天《夜歸賦詩》曰：「萬株松柏青山上，十里沙堤明月中」之句，又東坡《蠟梅》詩句有「萬松嶺下黃千葉」。鐵冶嶺在步司衙左虎翼營東，紫坊嶺在漾沙坑七官宅之側。駱駝嶺在三茆觀之麓。灌肺嶺在大街清河坊北，狗兒嶺在教睦坊內，此二嶺舊有坡阜，今夷為坦路，而名存焉。慈雲嶺西在方家峪東，往郊壇路有後唐石刻。風篁嶺在錢塘門外，放馬場西路，通龍井，其嶺最高峻，嶺上有亭，名曰過溪，又曰二老，東坡賦詩紀之，又《探梅》詩有「問信風篁嶺下梅」，又有《界亭》詩「丹青明滅風篁嶺」之句。……（《四庫全書》本卷十一）

⊙溪潭澗浦

杭郡係南渡駐蹕於此地，倚山林抱，江湖多有溪潭澗浦，繚繞郡境，實難描其佳處。自武林山之西，名曰西溪。頃者有郭祥正詩題詠曰：「西溪在朝外，一派濯殘陽。遊子託漁船，却愁歸路長。」九溪在赤山煙霞嶺西南通徐村，出大江北，達龍井矣。安溪在錢塘，去北關五十里，溪上有大遮山祠，龍山在上。古人相傳，風雨之夕，龍現珠有光。凌溪在錢塘長壽，奉口溪在錢塘安溪之北十八里。潭洲者，寶月山寶月寺之西，曰黑龍潭，其潭莫測深淺，亢旱水不竭，一名天井，山下有天井巷，晴則潭水碧色可愛，將欲雨則水黑，郡民以此候晴雨多驗。頃者，白樂天曾祭龍神，撰祝文曰：「黑龍惟龍，其色玄，其位坎，其神壬癸，與水通靈，日者歷禱四方，寂然無應，今故虔誠潔意，致命於黑龍，無水顧何依，神無靈，將恐竭，澤能救物，我實有望於龍；物不自神，龍豈無求於我？若三日之內，雨一滂沱，是龍之靈，亦人之幸，禮無不報，神其聽之。」仁和臨平鎮東湖，曰白龍潭、漁浦潭，按今輿地志，在郡西南。龍遊潭在仁和臯亭山，鉢盂潭在南高峰，及仁和大年鄉石塘東。玉兒潭在郡西五十里，浣紗潭在仁和臨平鄉，羊鐵潭在艮山門外，西湖三潭，古人相傳在湖中。……（《四庫全書》本卷十一）

⊙井泉

杭城内外，民物阜蕃，列朝帥臣，常命工開撩井泉，以濟邦民之汲，庶無枯涸之憂。吳山北大井曰吳山井……玉泉在錢塘九里松北淨空院南，齊末有靈悟大師曇超開山設法，龍君來聽，撫掌出泉，有小方池，深不及丈，水清徹可鑒，異魚泳游其中，池側立祠，祀龍君，朝家封公爵，有白樂天詩詠云：「湛湛玉泉色，悠悠浮雲身。閒心對定水，清淨兩無塵。手把清藜杖，頭帶白綸巾。興盡下山去，知我是誰人。」眞珠泉在大慈崇教院，爲張循王眞珠園内也，靈泉在壽星寺，前有亭，而廣福院亦有之。……（《四庫全書》本卷十一）

⊙西湖

杭城之西，有湖曰西湖，舊名錢塘湖，週圍三十餘里，自古迄今，號為絶景。唐朝白樂天守杭時，再築堤捍湖。宋慶曆間，盡闢豪民僧寺規占之地，以廣湖西。元祐時，蘇東坡守杭，奏陳於上，謂西湖如人之眉目，豈宜廢之。遂撥賜度牒易錢米，募民開湖，以復唐朝之舊。紹興間，輦轂駐蹕，衣冠紛集，民物阜蕃，尤非昔比。……側有堂扁三賢，以奉白樂天、林和靖、蘇東坡三先生之祠。袁大資請於朝，竊惟三賢，道德名節，震耀今古，而祠附於水仙廟東廡，則何以崇教化勵風俗。遂買居民廢塢，改造堂宇，以奉三賢，實為尊禮名勝之所。正當蘇堤之中，前挹湖山，氣象清曠，背負長岡，林樾深窈。南北諸峯，嵐翠環合，遂與蘇堤貫聯也。盖堂宇參錯，亭館臨堤，種植花竹，以顯清槩。……建竹閣，四面栽竹萬竿，青翠森茂，陰晴朝莫（暮），其景可愛。閣下奉［樂］天之祠焉，曰壽星寺。……（《四庫全書》本卷十二）

⊙仕賢祠

……三賢堂在西湖蘇堤，奉白樂天、林和靖、蘇東坡三先生之祠。……（《四庫全書》本卷十四）

⊙歷代方外僧

歷代高僧，自宋武帝朝為始。僧慧靜、慧基、慧集、法匱、淨度、瑜本、翼本。僧詮道、琳旻、本明、徹法、開惠、明曇、超真、宮宇、聖遠號南天竺岳師、道欽、國一、澄悟禪師、圓修、道林號鳥窠禪師、會通號招賢禪師、齊安號悟空禪師、道標號西嶺和尚。慧琳字抱玉，交游前後刺史學士，如杜

陟、裴常棣、陸則、楊憑、盧元輔、白居易、李幼、崔鄯、路異，俱造室講論心要。……（《四庫全書》本卷十七）

⊙花之品

……荷花紅白色千葉者，西湖荷蕩邊風送荷香馥然，白樂天詩有「遶郭荷花三十里」之句。樞屬官楊萬里《在西府直舍詠盆池種荷》詩二首曰：「飛空天鏡墮莓苔，玉井移蓮盆內栽。坐看一花隨手長，挨開半葉出頭來。稍添荚苻相縈帶，便有龜魚數往廻。剩欲遶池三兩匝，數聲排馬苦相催。」又曰：「西府寒泉汲十尋，深澆淺洒碧森森。高花已照紅粧鏡，小萏新抽紫玉簪。鈿破尚餘新雨恨，纖疎遶作半池陰。西湖瘦得盆來大，更伴詩人恐不禁。」……（《四庫全書》本卷十八）

智按：吴自牧，錢塘（今浙江杭州）人。《夢粱録》二十卷，全仿《東京夢華録》之體，所紀南宋郊廟宫殿，下至百工雜戲之事。自牧自序云：「緬懷往事，殆猶夢也，故名《夢粱録》。」末署甲戌歲中秋日，即宋度宗咸淳十年（一二七四）。

董嗣杲（景定、咸淳間）

《泊江城下》

雪後抵江城，江雲轉凝沍。我舟艤沙淺，貰酒禦沉霧。少年繆誤多，今繆亦如故。流年無藥挽，如水必東注。失笑白司馬，曾與商婦遇。空亭自水際，知機有飛鷺。懷想何能已，坐見暝色赴。襆被且入郭，衰顔更逢暮。（《四庫全書》本《廬山集》卷二；《全宋詩》第六十八册，第四二六一七頁）

《琵琶亭》

艱難罹歉歲，寂寞向他州。分絶青雲上，家遥滄海頭。空江蕩寒月，枯葦積荒洲。不奈譙城角，嗚嗚吹亂愁。（《四庫全書》本《廬山集》卷三；《全宋詩》第六十八册，第四二六三八頁）

《白家池亭》

白傅流風尚可尋，爐峰翦紫掩天陰。石埋遺像丹青落，泉遶虚堂歲月深。

老木寒拖千谷翠，小蓮凉矗兩池金。挑包知是何方侶，空論能參惠遠心。（《四庫全書》本《廬山集》卷四；《全宋詩》第六十八册，第四二八五〇頁）

《游東林寺》

廬山白雲擁，絕似兜羅綿。覆得醜好盡，何啻萬萬千。東林香爐峯，生在寺門前。山陰土脉潤，草木鳴秋妍。意行梵廡曠，單下誰棲禪。主僧淮東秀，眉目稜稜然。談塵自高蹈，往往來著邊。我游欲結社，有愧遠師蓮。草堂流水環，遺像儼樂天。西風號萬杉，趺坐青石顛。野老喜我陪，談吟超極玄。上方僧謾多，多結粥飯緣。方且局諸妄，焉得安三椽。浮生忘有家，妙句知無傳。塵垢送短日，風霜侵頽年。斜陽透西樹，獨支竹節堅。鐘鳴擬尋睡，酒至流饞涎。月上三笑亭，醉聽漁家眠。（《四庫全書》本《廬山集》卷二；《全宋詩》第六十八册，第四二六一九頁）

《九江易帥遂得盡游郡齋》

郡吏東征迓袞衣，不知郡圃掩芳扉。櫻桃熟處香山識，楊柳栽時靖節歸。壁帖嵌塵鐘鼎碎，樓歌壓市管絃飛。廬山面目清如此，幾客登臨幾夕暉。（《四庫全書》本《廬山集》卷四；《全宋詩》第六十八册，第四二六四五頁）

《石函橋》

在水磨頭。樂天《湖石記》云：「錢塘湖一名上湖，周回三十里，北有石函，南有笕，凡放水溉田，每減一寸，可溉田十五餘頃。」「此州春多雨，夏秋多旱，若蓄洩及時，瀕湖千餘頃田無凶年矣。」橋下鑿斗門字尚存。

函開函閉管年豐，白傅能方夏禹功。湖石記埋泥蘚裹，斗門字蝕水花中。犁平阡陌猶春雨，船載笙歌自晚風。遍倚暮闌懷古往，月明無奈瀑聲空。（《全宋詩》第六十八册，第四二六九一頁）

附：明陳贄《和韻》

蓄水溉田期歲豐，樂天為郡豈無功。橋名舊揭高牌上，湖記今存斷碣中。人玩石函苔蘚刻，舟移湖曲芰荷風。香山歸去俄千載，姓字長留事蹟空。（宋董嗣杲撰，明陳贄和《西湖百詠》，《四庫全書》本卷上）

《孤山路》

在石函橋西南。由德生堂過斷橋至孤山，出西林橋，此堤是也。樂天詩云：「誰開湖寺西南路，草緑裙腰一道斜。」咸淳間，郡守於隄上創亭三。

翠微四絕載蓬瀛，柳引游人入畫屏。詩借樂天傳得久，山因和靖隱來靈。半空梁駕橋闌赤，一道腰分草界青。粧點風光如此盛，藕花香裏又三亭。（《全宋詩》第六十八册，第四二六九一頁）

附：明陳贄《和韻》

老逋元不慕登瀛，屋外雲山結翠屏。斜過斷橋苔暈合，慣曾迎客鶴心靈。林花片片風前落，逕草茸茸雨後青。說與攜壺游賞客，不妨三處憇幽亭。（宋董嗣杲撰，明陳贄和《西湖百詠》，《四庫全書》本卷上）

《金沙井》

在孤山前。樂天嘗酌此泉，謂其甘美可愛，視井傍沙光粲有金星。寶祐初，井前重建墨湊堂，御扁德馨。

沙漾金星湧活泉，虛堂龍染德馨懸。朱繩汲冷梅林外，翠甃圍凉桂洞前。石鼎煮茶非異事，井闌鎸字是何年。西南雲擁仙人屋，品酌今誰想樂天。（《全宋詩》第六十八册，第四二六九七頁）

附：明陳贄《和韻》

金沙粲粲映清泉，絲綆嘗將碧甕懸。斠灌嘉蔬流竹下，汲煎芳茗傍花前。不因白傅留題品，那得皇家紀歲年。堪笑尋芳往來者，有人坐此欲觀天。（宋董嗣杲撰，明陳贄和《西湖百詠》，《四庫全書》本卷上）

《鳥窠》

在定業院後。唐元和間建。鳥窠禪師，開山師，名圓脩，富陽人。代宗朝游長安，遇國一禪師，得法而歸，棲止此山，長松結盖，鵲巢於側，經四十秋。樂天守杭，入山禮謁。太和七年示寂。後人發塔，惟見銘誌。

松頂巢成亦甚危，元和禪此太和歸。比丘隨處心傳異，刺史游山禮謁稀。銘誌土侵無幾字，塔亭雨壞有孤扉。一空四十年間夢，定業門前鵲自飛。（《全宋詩》第六十八册，第四二六九八頁）

附：明陳贄《和韻》

危處無虞平處危，松顛巢與鶴同歸。僧流行比圓脩少，郡守賢如白傅稀。枝上看看成佛果，林間寂寂閉禪扉。相依尚有當年鵲，月下還來遶樹飛。（宋

董嗣杲撰，明陳贄和《西湖百詠》，《四庫全書》本卷上）

《樂天竹閣》

在廣化院。樂天守杭日建。紹興中，寺徙今處，重建竹閣，有鄭清之記。樂天詩云：「晚坐松簷下，宵眠竹閣間。」

此君玉立此樓空，不復幽眠想白公。百尺有簷侵碧落，千竿無語足清風。闌尖亭影流漁屋，鼇面祠香托佛宮。石琢端平丞相記，都歸寶慶守臣功。（《全宋詩》第六十八册，第四二六九八頁）

附：明陳贄《和韻》

竹間高閣勢淩空，後世人稱白傅公。一榻清虛延夜月，四簷蕭瑟韻秋風。笙簫時過游人舫，鐘磬遙傳佛氏宮。民樂耕桑無水旱，穹碑猶紀郡侯功。（宋董嗣杲撰，明陳贄和《西湖百詠》，《四庫全書》本卷上）

《韜光菴》

在法安院後。韜光禪師，不知姓名。唐代宗朝出蜀，師囑曰：「遇天可前，逢巢即止。」此山名巢溝塢。值樂天守杭，遂隱焉。樂天招以詩，師有「難教下碧天」之答，遂與為友。樂天歸洛後，示寂香山庵。

悟得師禪隱此林，謾傳難下碧天吟。巢溝塢上人無迹，雲月堂前梅有陰。家棄蜀鄉年歲遠，身潛洛寺屋廬深。死生印得香山去，可遂西來一片心。（《全宋詩》第六十八册，第四二七〇一頁）

附：明陳贄《和韻》

開士庵藏寶樹林，白公來訪費清吟。桂花茶煮雙松下，貝葉書翻萬竹陰。飛鶴影横山月小，啼猿聲度嶺雲深。昔曾與客躋攀到，到此都忘富貴心。（宋董嗣杲撰，明陳贄和《西湖百詠》，《四庫全書》本卷上）

《冷泉亭》

在飛來峰下，唐右司元藇建，刺史白居易撰記。按古誌，靈隱澗，古許由嘗飲於此，盧同父詩云：「問山何以名靈隱？山曰當年隱許由。」

小朵峰前玉鏡寒，幾回倚杖聽潺湲。箕公飲澗非凡水，慧理呼猿是此山。亭角静依金刹古，樹身凉卧石闌閒。無因可洗人間熱，時御清風照影還。（《全宋詩》第六十八册，第四二七〇三頁）

附：明陳贄《和韻》

一勺嘗來冰齒寒，亭前終日響潺湲。靈源瀉出穿西澗，別派分來遶北山。飲水黄猿攜子至，窺魚白鷺比僧閒。詩翁欲試先春味，碧甕呼童遠汲還。（宋董嗣杲撰，明陳贄和《西湖百詠》，《四庫全書》本卷下）

《三賢祠》

在蘇公隄第三橋下。白文公、林和靖、蘇文忠公祠，舊在竹閣。乾道間，移建水仙廟。嘉定十五年，郡守改建於此三軒，扁曰水西雲北，曰月香水影，曰晴光雨色，就三賢西湖詩摘出。

東坡政績踵香山，梅下韜光獨養閒。一樣清風無異代，三公遺像有生顔。竹亭畫鶴銜芝老，石鼎蟠蛛炷柏慳。摘取吟聯分扁隸，英游時駕碧雲還。（《全宋詩》第六十八册，第四二七一〇頁）

附：明陳贄《和韻》

三賢祠屋對南山，異代同居廟貌閒。前守再成新棟宇，後人猶想古容顔。由来蘇白才名盛，頗覺林公吟思慳。不忘西湖舊風月，飈輪鶴馭共来還。（宋董嗣杲撰，明陳贄和《西湖百詠》，《四庫全書》本卷下）

智按：董嗣杲，字明德，號靜傳，杭州（今屬浙江）人。理宗景定二年（一二六一），榷茶九江富池。度宗咸淳末，知武康縣。宋亡，入孤山四聖觀為道士，改名思學，字無益，號老君山人。著作除《西湖百詠》二卷外，已佚。清四庫館臣據《永樂大典》輯為《廬山集》五卷、《英溪集》一卷。生平見《西湖百詠》自序及本集有關詩篇，《絕妙好詞箋》卷六有傳。

釋志磐（景定、咸淳間）

《佛祖統紀》

往生公卿傳（居士附）

唐太傅白居易

白居易，號香山居士，官太子太傅。初勸一百四十八人結上生會，行念慈氏名，坐想慈氏容，願當來世必生兜率。晚歲風痹，遂專志西方，祈生安養，畫西方變相一軸，為之願曰：「極樂世界清淨土，無諸惡道及眾苦。願如我身病苦者，同生無量壽佛所。」一夕，念佛坐榻上，倏然而逝（唐）。（《續修四庫全書》本卷二十八）

孫抃，武林人，號無諍居士（母龔氏別有傳）。幼學《易》，因曰：「《易》所以窮理盡性，何必區區為進取計?」掩關晦跡，居絕俗務，沙門守寧與之交，謂曰：「白樂天以儒修身，以釋治性，居士聞之乎?」抃深契僧語，日閱《華嚴》《金剛》《彌陀經》，嘗夢至蓮池，與清照亨律師同立其側。又夢一人持書，金字梵體，讀之不解，人曰：「請十三日齋耳。」十二月十三日，忽得疾，請玅光律師欲為祈禱。抃曰：「生死已定，何必禱之。」乃與開導往生淨土之旨，即跏趺作印，西向坐化。翌日，清照至為入龕歸庵。三日亦坐亡，應同立蓮池之讖。（《續修四庫全書》本卷二十八；《古今圖書集成》神異典第二百九卷居士部列傳三第一九～二〇頁）

四年。詔惟寬禪師入見問禪要，勅住安國寺。白居易問師曰：「既云禪師，何以說法?」師曰：「無上菩提者，被於身為律，說於口為法，行於心為禪。律即是法，法不離禪。」

五年。翰林學士白居易，問心要於凝禪師，得八言，廣為八偈。謂覺、觀、定、慧、明、通、濟、捨。觀偈云：「以心中眼，觀心外相。從何而有，從何而喪。觀之又觀，則辨真妄（八偈見《長慶集》）。居易每於鉢塔寺依如大師受八關齋戒者九度。（《續修四庫全書》本卷四十一）

長慶二年，中書舍人白居易知杭州。往問道於鳥窠禪師。師曰：「諸惡莫作，眾善奉行。」居易曰：「三歲孩兒也恁麼道。」師曰：「三歲孩兒雖道得，八十老翁行不得。」居易服其言。作禮而退（師名道林見徑山欽禪師）。

長慶四年，沙門惠皎於杭州西湖孤山鐫石壁法華經。刺史白居易九人助其功。宰相元稹（音軫）為之記有云：「佛法之奧妙，僧當（嘗）為余言，余不當為僧言。」白居易至廬山，見歸宗常禪師，值師泥壁。問曰：「君子儒?小人儒?」居易曰：「君子儒。」師打泥杇一下。居易遂過泥。師接得便用。良久云：「莫便是快俊底白侍郎麼?」居易云：「不敢。」師云：「秪有過泥分。」（《續修四庫全書》本卷四十二）

寶曆二年，白居易述華嚴經社記云：杭州龍興寺沙門南操，因靈隱道峯法師講華嚴世界品，遂發願，勸黑白十萬人持華嚴經一部，十萬人復勸千人諷華嚴經一卷，每歲四季眾會具齋，操捧香跪啟於佛曰：願於未來世華嚴藏世界大香水海上寶蓮金輪中毘盧遮那佛前，與十萬人俱，乃於眾中率財置田千頃以給齋用，來求記於予。曰予即十萬人中一人也。

大和元年十月，誕節，詔祕書監白居易、安國寺引駕大師義林、上清宮道士楊弘元，於麟德殿談論三教（樂天文集具有問答）。

大和三年，沙門清晃等於姑蘇法華院刊石壁法華經等八部，郡刺史白居易為之記。（《續修四庫全書》本卷四十二）

（宣宗大中元年）白居易卒，贈尚書左僕射。居易晚節尚佛，經月不葷，施所居為香山寺，自稱香山居士。嘗述讚曰：十方世界，天上天下。我今盡知，無如佛者。巍巍堂堂，為人天師。故我禮足，讚歎歸依。會昌初，有客舟遭風漂至大山，一道士曰：「此蓬萊山，一院扃鑰甚固，曰此白樂天所居，在中國未來耳。」樂天聞之，為詩曰：「吾學真空不學仙，恐君此語是虛傳。海山不是吾歸處，歸即須歸兜率天。」樂天嘗立願曰：「吾勸一百四十八人同為一志，結上生會，行念慈氏名，坐想慈氏容，願當來世必生兜率。」晚歲風痺，命工畫西方淨土一部，晝夜供養，為之讚曰：「極樂世界清淨土，無諸惡道及眾苦，願如我身老病者，同生無量壽佛所。」一夕念佛，倏然而化。（《續修四庫全書》本卷四十二）

大中祥符，興《道藏》。富人林世長，賂主者使編入藏，安於亳州明道宮。復假稱白樂天詩云：「靜覽蘇鄰傳，摩尼道可驚。二宗陳寂默，五佛繼光明。日月為資敬，乾坤認所生。若論齋絜志，釋子好齊名。」以此八句表於經首。其修持者，正午一食，裸屍以葬，以七時作禮，蓋黃巾之遺習也（嘗檢樂天《長慶集》，即無蘇鄰之詩。樂天知佛，豈應為此不典之詞）。（《續修四庫全書》本卷四十八）

穆宗，侍郎白居易見歸宗，值師泥壁（云云）○白居易知杭州。問道鳥窠禪師（云云）。（《續修四庫全書》本卷五十三）

三教談論 ○宋明帝，幸莊嚴寺，觀三教談論。○唐高祖，幸國學，命博士徐曠、沙門惠乘、道士劉進善講說。○太宗詔祭酒孔穎達、沙門惠淨、道士蔡晃，入弘文談論三教。德宗聖節，勅給事中徐岳、沙門覃延、道士葛参成，講論三教。勅沙門端甫，入内殿與儒道論議。○敬宗，勅沙門道士四百人，於大明宮談論設齋。文宗聖節，詔祕書監白居易、沙門義林、道士楊弘元，談論三教。宣宗勅諫議李貽孫、國師知玄同道士談論三教。（《續修四庫全書》本卷五十四）

智按：釋志磐，景定、咸淳間住四明東湖。

釋若芬

《壽傅守》（其三）

當年膴仕早標纓，不共兒曹校疾行。居易獨能遵坦路，未妨六十到名卿。（《全宋詩》第七十二册，第四五三五八頁）

智按：釋若芬，字仲石，號玉澗，又號芙蓉峰主，婺州（今浙江金華）人。俗姓曹。為上竺書記，以山水畫聞名。生平見《圖繪寶鑒》卷四。

姜竹野

《西湖竹閣寺》

來此琅玕影裹吟，更於何處覓山林。千年清事無人管，獨有香山領此心。（《詩淵》第五册，第三七四六頁；《全宋詩》第七十二册，第四五四七九頁）

朱正一

《題澹巖》

秦曾羽客駐真跧，唐有禪翁嗣結緣。石竇宏深開洞府，天門明顯逗風煙。香山聳迹停危壁，怪木盤根長絕巔。千古靈蹤誰可問，踟躕瞻想不知還。（清嘉慶《零陵縣誌》卷十六；《全宋詩》第七十二册，第四五六一一頁）

智按：朱正一，祥符（今河南開封）人（清嘉慶《零陵縣誌》卷十六）。

崔吉父

《題琵琶亭》

移船商婦顔空老，送客監州鬢已華。命薄才高共流落，沾衣應不為琵琶。（《輿地紀勝》卷三十《江南西路・江州》「琵琶亭詩」，江蘇廣陵古籍刻印社一九九一年版，第三五九頁）

智按：崔吉父，一作崔吉甫，宋元之際博陵（今河北定州）人。宋魏了翁有《跋崔吉甫（闕）三邊表裏圖》（《鶴山集》卷六十），宋程公許有《送崔吉甫外刺安康分韻得客字》（《滄洲塵缶編》卷六），元王旭有《崔吉甫慶親八十之壽》（《蘭軒集》卷二）。

楊囦道

《雲莊四六餘話》

唐憲宗采君臣行事可爲龜鑑者，集成十四篇，自製其序，寫於屏風，宣示宰臣，李藩賀表賀。白居易有批李夷簡及百寮嚴綬等賀表，其略云：「取而作鑑，用以為屏。與其散在圖書，心存而景慕，不若列之繪素，目覩而躬行，庶將為後事之師，不獨觀古人之象。」又曰：「森然在目，如見其人。論列是非，庶幾為座隅之戒。發揮獻納，亦足以開臣下之心。」居易代言，可謂詳盡。又以見唐世人主作一事，而中外表賀答詔勤渠如此，亦幾於叢脞矣。憲宗此書有《辯邪正》、《去奢泰》兩篇，而末年用皇甫鎛，去裴度，荒於游宴，死於宦侍之手，屏風本意果安在哉！（《雲莊四六餘話》，《續修四庫全書》影印宛委別藏清抄本）

智按：楊囦道，字深仲。其《雲莊四六餘話》為現存輯而不述之資料彙編式文話之首部。「凡宋人說部中之言四六者，若《玉壺清話》、《容齋隨筆》、《能改齋漫録》、《文章叢說》之類，莫不廣搜博採」（阮元《揅經室外集》卷三《雲莊四六餘話一卷提要》，《揅經室集》第一二四一頁）。

羅壁

《識遺》

⊙形容失當

漢武本窮兵黷武之君，相如《諭巴蜀檄》，首言蠻夷自擅不討之罪，次言陛下存撫天下，安輯中國，發使靡有兵革之事等語，雖皆為武帝文過，然不失為尊者諱。唐明皇寵貴妃，實奸子婦。白樂天《長恨歌》乃曰「楊家有女初長成，養在深閨人未識。天生麗質難自棄，一朝選在君王側。」其後誅貴妃，實六軍廹之。杜子美《北征行》乃曰：「不聞夏殷衰，中自誅褒妲。」白秘其為子婦，杜歸之於内斷，皆立論當然也。唐取蜀，擒劉闢，韓退之誦聖德曰：「婉婉弱子，赤立傴僂。牽頭曳足，先斷腰膂。次及其徒，體骸撑拄。末乃取闢，駭汗如雨。揮刀紛紜，争切膾脯。」模寫慘毒之狀，惟恐不真，不知刑而如此，非寛大之朝所宜有，可謂之元和聖德乎？東坡錢氏《表忠觀碑》言，「河東劉氏，百戰死守，以抗王師，積骸為山，釃血為池，竭天下之力，僅乃克之。」雖影帶錢氏，不煩兵而下甚好，而於有宋以仁厚兵不血刃之意非矣。此皆文人形容之過。嘗記唐牛元翼除制一聯，昔人謂語勝尚書。「殺人盈城，汝當深戒；孥戮爾衆，朕不忍聞。」制元微之作，信大哉言也。（《四庫全書》本《識遺》卷三）

智按：羅壁，字子蒼，自號默耕，新安人。《識遺》成書在宋亡以後。

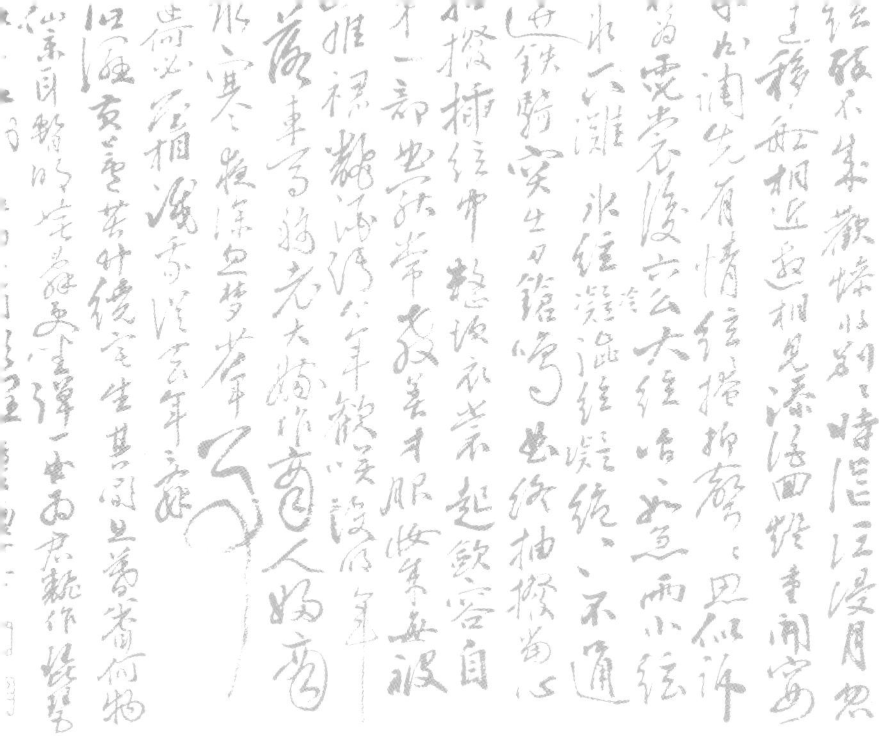

白居易資料新編

第四冊

陳才智 編著

中国社会科学出版社

目　　錄

元代卷

目　錄

明代卷（上）

目　　錄

元代卷

楊奐（一一八六～一二五五）

《病中次答》

一別南塘十五年，杖頭虛貸買山錢。梁園不少狂司馬，洛社偏宜病樂天。無那形骸親藥裹，肯將心計事征廛。他時湧翠亭前水，又是吾家恰對泉。（《四庫全書》本顧嗣立《元詩選》二集卷四）

《孟子箋》

後世莫不有志於三代之治，而卒不能至者，謂之時勢之異，不可也，學之不至也。三代之前，君必學而後王，臣必學而後仕。雖匹夫匹婦之賤，靡不學也。後之世君學而臣不學者有之矣，臣學而君不學者亦有之矣。且農有農之師，工有工之師，以一家一國至於奄有天下之大，不資於學，雖堯舜孔顏之質，有能不為物之汨沒者，幾希矣。

又曰：法制立可與語政，德禮修可與語教，仁聖備可與語化。化之不至有教焉，教之不至有政焉，政之不立，區區盡心力於簿書獄訟期會之間者，俗吏也。以俗吏之所為，而欲與三代擬隆，非所聞也。

又曰：晉魏出，臣道壞，佛老興，子道絶。

又曰：異端蟠結於中國而不解者，以名士大夫主之也，故唐則蕭瑀、王縉、白居易、裴休、梁肅也，宋則王安石、蘇軾、黄庭堅、張商英也，故上而君相，下而閭里，信之而不疑。

又曰：三代之前，功為德之輔；三代之後，功為德之賊。求速效者，必入於伯。伯者始強而終弱也。（《四庫全書》本《還山遺稿》卷上）

智按：楊奐，又名知章，字煥然，號紫陽，乾州奉天（今陝西禮泉）人。金末舉進士不第，作《萬言策》指陳時病，未上而歸，教授鄉里。元太宗九年（一二三七）以儒生就試東平，兩中賦論第一。耶律楚材薦為河南路徵收課税所長官，兼廉訪使。到任不久就有治績，時論歸之。在官十年，請歸老。受到忽必烈器重。年七十，疾篤，引觴大笑而卒於家，賜謚文憲。楊奐博覽強記，作文務去陳言，以蹈襲古人為恥。與人言不離名教，秦中學者稱為關西夫子。朝廷耆宿皆折行輩與之交往。有《還山集》六十卷，《天興近鑒》三卷，《正統書》六十卷，今佚。明人輯有《還山遺稿》二卷。《山陵雜記》一卷，今存。

楊弘道（一一八七～一二七〇）

《贈朱彥暉》

嘗讀香山醉吟傳，一觴一詠最關身。平生用此忘憂患，老去安於處賤貧。自作白丁辭酒伴，謁來青社得詩人。與君況復生同代，尚友千年似隔晨。（《四庫全書》本《小亨集》卷三）

智按：楊弘道，字叔能，號素庵，淄川（今山東淄博）人。十一歲時，父母相繼去世。金末，補父蔭，但未赴職。與元好問、劉祁、楊果以詩知名于時。金宣宗定興末年赴京師，以《幽懷久不寫》及《甘羅廟》二詩受到達官稱賞，並與元好問結識。正大元年（一二二四）嘗監麟遊酒稅。蒙古攻滅金朝之戰亂中，避走南宋治下之襄陽。宋理宗端平元年（一二三四）任襄陽府學教諭，次年攝唐州司戶。但任職僅三個月，唐州又為蒙古大軍所占，守將棄師宵遁。與此同時，楊弘道自唐州北還故里，從此再未出仕。至元初，寓於益都，賜號「處士先生」。延祐三年追謚文節。有《小亨集》十五卷，已不存。清乾隆時修《四庫全書》，從《永樂大典》中輯出《小亨集》六卷。

耶律楚材（一一九〇～一二四四）

《和薛伯通韻》

滴滴秋光溢遠山，穹廬寥落酒瓶乾（一作「塞天空闊雁聲乾」）。詩章平淡思居易，禪理縱橫憶道安。不分西風霜葉脫，難禁秋雨菊花殘。閭山舊隱天涯遠，夢裏思歸夢亦難。（《四庫全書》本《湛然居士集》卷一；謝方點校《湛然居士文集》卷一，第六頁）

《和南質張學士敏之見贈七首》（其五）

雲飄飄，水蕭蕭，一燈香火過閒宵。神清半夜不成夢，書帷風細揚微綃。運應昌期王者起，自愧文章輸杜李。竊同居易了無生，誰羡葛洪學不死。一榻蒲團膝足容，翛然丈室塞虛空。翻騰密藏明佛日，淘汰機緣振祖風。丹鳳沖霄何綽綽，失曉獃郎徒矍鑠。人間取捨本千差，世路窮通如六博。幽人嘯咏水雲邊，刼外光風自一天。閒來石上栽紅蓮，水無波浪火無煙。（《四庫全書》本《湛然居士集》卷一；謝方點校《湛然居士文集》卷一，第八頁）

《過濟源和香山居士韻》

覃懷勝游地，濟瀆垂名久。忽見樂天吟，笑我輸先手。麗詞金玉振，老筆風雷走。乘興試續貂，啟我談天口。平湖湧泉注，清涼瑩無垢。憑檻瞰漣漪，風髯塵抖擻。龍孫十（一作千）萬竿，蓊翳濃陰厚。沁水濟源東，天壇王屋右。秀色已可飡，何須杜康酒。步步總堪詩，佳篇如素有。賡酬淡相對，獨有龍岡叟。亭上幾徘徊，斜陽西入酉。晚年歸意切，對此空沉首。何日遂初心？營居碧林後（一作翠林）。（《四庫全書》本《湛然居士集》卷二；謝方點校《湛然居士文集》卷二，第二八頁）

《和人韻》

四海皇皇無所歸，夢魂常遶故園飛。海山不羡學居易，華表留言笑令威。毛落難尋蘇子節，囊空猶有老萊衣。静思二十年間事，擾擾紛紛盡覺非。（《四庫全書》本《湛然居士集》卷二；謝方點校《湛然居士文集》卷二，第三一頁）

《用劉正叔韻》

忝叩松軒積有年，光塵融洩一愚賢。視民每羡如芻狗，治國常思烹小鮮。只道牛邊休執杖，誰知琴上亦忘絃。湛然稍異香山老，不學空門不學仙。（《四庫全書》本《湛然居士集》卷五；謝方點校《湛然居士文集》卷五，第一〇六～一〇七頁）

《過濟源登裴公亭用閑閑老人韻四絕》

一抱青山插碧空，平湖春水碧溶溶。裴公亭下千竿竹，撩我詩情得得濃。

珍玉參差照底寒，閑閑佳句繼香山（有樂天詩碑在焉）。湛然不揆眞堪笑，也敢題詩列壁間。

繞垣喬木碧天參，松竹蕭蕭翳鏡潭。他日攜琴來隱此，林間乞我一禅菴。

碧湖風定水痕平，雪竹幽禽自好聲。我羡清源高隱士，干戈人世不知兵。（《四庫全書》本《湛然居士集》卷七；謝方點校《湛然居士文集》卷七，第一六〇頁）

《和松菊堂主人昭老見寄三詩》

松菊堂中老故人，芝眉重謁我無因。林松老節應依舊，籬菊寒英又一新。

晉陽相遇亦前因，分手歸來迹已陳。松菊幽堂應冷淡，與君同話更何人。

俊老茶毗四十年，前身是我誤相傳。香山聲價喧天下，爭似衰翁不會禅（來詩謂予「香山俊老之後身」，故以此解嘲云）。（《四庫全書》本《湛然居士集》卷七；謝方點校《湛然居士文集》卷七，第一六三頁）

《和張敏之詩七十韻三首》（其一）

敏之學士遠寄新詩七十韻，捧讀之餘，續貂以尾，卿（聊）資一笑。

壯年多轗軻，晚節歎行藏。故國頹綱穢，新朝明德香。雄材能預算，大略固難量。迭出神兵速，無敵我武揚。本圖服叛逆，何止剪譸張。西討窮于闐，東征過樂浪。彗侵天壘壁，光動太白鋩。整整車徒盛，鱗鱗旗鼓望。天皇深責重，賢帥廟謨臧。江左將禽楚，河陽已滅商。英雄皆入彀，強禦敢跳梁。採訪軒車鬧，司農官吏忙。輕徭常力足，薄賦不財傷。勲業超秦漢，規模邁帝王。流言無管蔡，奇計有平良。增葺新文物，耕耘古戰場。蛟龍方奮迅，鵬鶚得翱翔。偶遇風雲會，爭依日月光。永讎十古恥，一怨四夷攘。虎帳十年夢，龍庭幾度霜。迎降初請命，出郭遠相將。久敵眞宜死，寛恩何（一作未）敢當。赦書民有幸，歌詠壽無疆。扶杖聽黃詔，稱觴進白狼。散財竭庫藏，拔將出戎行。殷絕仁猶在，周傾道不亡。來招燕郡内，入覲大食傍。戎服貂裘紫，星軺駿馬蒼。中春辭北望，初夏過西涼。瀚海汹而湧，陰山彷且徨。閑雲迷去路，疎雨潤行裝。出處空興嘆，風光自斷腸。典刑陳故事，利病上封章。天下援深溺，中州冀小康。風俗承喪亂，籌策要優長。痼疾如神附，游魂笑鬼倀。仁術能骨肉，靈藥起膏肓。避禍宜緘口，當言肯括囊。遭讒心欲剖，涉苦膽先嘗。北漠絕窮域，西隅抵大洋。詩書猶不廢，忠信未能忘。氈補連腮帳，繩穿朽脚牀。郊行長野興，人静若禪房。回鶻交游熟，崑崙事跡詳。風煙多黯黯，雲水两茫茫。災變垂乾象，妖氛翳太陽。髯龍三島去，玉葉一枝芳。明主初登極，愚臣敢進狂。九疇從帝錫，五事合天常。大樂陳金石，朝儀具冕裳。降升分上下，進退有低昂。拓境時方急，郊天且未遑。應兵無血刃，降虜自壷漿。按堵無更肆，因敵不餽粮。宸心尊德義，聖政濟柔剛。恩澤涵諸夏，威稜震八荒。勢連西域重，天助北方強。舉我陪三省，求賢守四方。錦衣捐毳褐，肉食弃糟糠。隱逸求新仕，流亡集故鄉。百官欣戴舜，萬國願歸唐。耕釣咸生遂，工商樂未央。會將封泰岳，行看建明堂。每嘆才雕篆，長慙學面墻。君恩予久負，賢路我深妨。覆餗恒憂懼，持盈是恐惶。故山松徑碧，舊隱菊花黄。太守方遺舃，初平政牧羊。厚顔居此位，若已納於隍。吟嘯須歸去，香山老侍郎。（《四庫全書》本《湛然居士集》卷九；謝方點校《湛然居士文集》卷九，第二〇〇～二〇一頁）

《跋白樂天慵屏圖》

三盃兀兀元如道，一覺昏昏恰似真。不識香山慵睡意，知音自有箇中人。（《四庫全書》本《湛然居士集》卷九；謝方點校《湛然居士文集》卷九，第二一二頁）

《吟醉軒》

修竹千竿五畝宫，幽居活計興無窮。清詞麗句梅詩老，白髪蒼顔歐醉翁。灑墨疾書千首敏，浮白痛飲百樽空。醉吟聞有香山老，倒用顛拈意暗同。（《四庫全書》本《湛然居士集》卷十；謝方點校《湛然居士文集》卷十，第二二三頁）

《弹秋思用樂天韻二絕示景賢》

秋思而今不入時，平和節奏苦嫌遲。香山舊譜重拈出，不問知音知不知。

鱗鱗斷似烏蛇蚹，瑟瑟徽如古殿苔。玉潤鳴泉獨受用，穹廬衹少景賢来。（《四庫全書》本《湛然居士集》卷十一；謝方點校《湛然居士文集》卷十一，第二四二頁）

《戲景賢》(并序)

景賢愛弾《雉朝飛》，作是詩戲之。

牧犢曾歎雉朝飛，七十無妻是以悲。何事龍岡愛弾此，欲學白傅覓楊枝。(《四庫全書》本《湛然居士集》卷十一；謝方點校《湛然居士文集》卷十一，第二五二頁)

《再用前韻二首》

景賢弾《雉朝飛》，予作詩戲之。蒙寵和，有「若有餘陰乞一枝」之句，予再用前韻以拒之。

遏住行雲不敢飛，一聲還噎一聲悲。蠻兒深愜龍岡意，唱得香山楊柳枝。

妙舞盤中塵不飛，採蓮一曲遶梁悲。慕素魯蠻獨當兩，貫珠歌韵柳腰枝。(《四庫全書》本《湛然居士集》卷十一；謝方點校《湛然居士文集》卷十一，第二五二頁)

《慕樂天》

荆水(荆水出於玉泉)渾如八節灘，玉泉佳趣類香山。韋編周易忘深意，貝葉佛經送老閑。爽我琴書池五畆，侑人詩酒竹千竿。樂天活計都相似，脂粉獨嫌素與蠻。(《四庫全書》本《湛然居士集》卷十一；謝方點校《湛然居士文集》卷十一，第二五四頁)

《弾廣陵散》

居士閑弾止息時，胸中鬱結了無遺。樂天若得嵇生意，未肯獨吟秋思詩。(《四庫全書》本《湛然居士集》卷十一；謝方點校《湛然居士文集》卷十一，第二五四頁)

《蘭仲文寄詩二十六韻勉和以謝之》(其一)

我愛仲文公，敦純有古風。科名擢乙選，制策肯宸衷。作事能謀始，為人克有終。養如鄒軻(去聲)氣，成自仲尼鎔。致主忠誠懇，容人便腹空。一朝淹驥足，百里試鳩功。牛刃聊施割，囊錐已脫鋒。屯方雷雨動，泰未地天通。聚散悲歡裏，興亡夢寐中。勢傾秦失鹿，姦殞鯀為熊。不學東方朔，誰徵皇甫嵩。洛陽傳白傅，江夏譽黃童。上國平諸域，輿情達四聰。百司將布置，多士想登庸。未識荆州面，徒思衛玠容。中原期混一，天子訪英雄。嘉運人皆幸，亨時君又逢。舊污風已變，明主德方隆。施雨皇恩布，如流直諫從。凱元咸勠力，稷契各言忠。我媿凡庸士，恩霑造化工。兵氛箕尾没，劍氣斗牛衝。西華將歸馬，南陽莫卧龍。孝廉為選舉，仁義作帡幪。歷運千年合，衣冠萬國同。草儀獨有子，行待泰山封。(《四庫全書》本《湛然居士集》卷十二；謝方點校《湛然居士文集》卷十二，第二六三～二六四頁)

《書金剛經別解後》

孔子有云：「吾十有五而志於學，三十而立，四十而不惑。」是知學道未至於純粹精微之域，雖聖人亦少惑焉。昔樂天答制策，稍涉佛教之譏，中年鄙海山而修兜率，垂老為讚佛發願文，乃云起因張本其事，見於本集。……(《四庫全書》本《湛然居士集》卷十三)

《信之和余酬賈非熊三字韻見寄因再賡元韻以復之》(其三)

鴻雁翩翩自北南，歸歟何日駕歸驂。潛龍在下宜初九，即鹿無虞戒六三。洛下好游白傅寺，濟源重覓侍中菴。衰翁自揣何多幸，昨夢齋中得罷參。(萬松老人住持大覺寺，榜其齋曰昨夢)(《四部叢刊》本《湛然居士文集》卷十四；謝方點校《湛然居士文集》卷十四，第三〇四頁)

智按：耶律楚材，字晉卿，號湛然居士、玉泉老人，宜州弘政(今遼寧義縣)人，生長於燕京(北京)。遼代契丹族貴族後裔。在金時曾任左司員外郎等職，入元後扈從成吉思汗西征，太宗窩闊臺時，仕至中書令。至順元年(一三三〇)追封廣寧王，謚文正。楚材爲元初開國功臣之一，在建立蒙古王朝政治制度、保存漢文化典籍、復興文教方面，均有卓越貢獻。「故論有元一代賢相，必以楚材爲稱首」(清汪由敦《奉勅撰元臣耶律楚材墓碑記》)。善詩文，有《湛然居士文集》十四卷。《元史》卷一四六、《新元史》卷一二七皆有傳。

釋普度（一一九九～一二八〇）

《廬山蓮宗寶鑑》

⊙白侍郎發願求生淨土文

記曰：我本師釋迦如來説言，從是西方過十萬億佛土，有世界號極樂，以無八苦四惡道故也；其國號淨土。以無三毒五濁故也；其佛號阿彌陀，以壽無量願無量，功德相好光明無量故也。諦觀此娑婆世界，衆生無賢愚無貴賤無幼艾，有起心歸佛者，舉手合掌心向西方，有怖厄苦惱開口發聲，必先念阿彌陀佛佛。又範金合土刻石繡紋，乃至印水聚沙童子戲者，莫不率以阿彌陀為上首，不知其然而然。由是而觀是彼如來，有大誓願於此衆生，衆生有大因緣於彼國土明矣，不然則南北東西，過去現在未來佛甚多矣，何獨如是哉，何獨如是哉。唐中大夫太子少傅白居易，當衰暮之歲中風痺之疾，乃捨俸錢，命工人杜敬宗按《阿彌陀》、《無量壽》二經，畫西方世界一部，高九尺廣丈有三尺，阿彌陀佛坐中央，觀音勢至二大士侍左右，人天瞻仰眷屬圍遶，樓臺伎樂水樹花鳥，七寶嚴飾五彩彰施，爛爛煌煌功德成就。弟子居易，焚香稽首跪於佛前，起慈悲心發弘誓願，願此功德回施一切衆生，一切衆生有如我老者，如我病者，願離苦得樂斷惡修善，不越南部便睹西方，白毫大光應念來感，青蓮上品隨願往生，從現在身盡未來際，常得親近而供養也，欲重宣此義，而説讚曰：「極樂世界清淨土，無諸惡道及衆苦，願如我身老病者，同生無量壽佛所。」（《廬山蓮宗寶鑑》念佛正願卷第七章，《大正新脩大藏經》第四十七册）

智按：釋普度，號虚舟，俗姓史，江都（今江蘇揚州）人。年十二，出家本郡天寧寺，繼事東堂院龍溪祖信，後參無得通禪師得法。理宗淳祐初住建康府半山報寧禪寺。歷住鎮江府金山龍遊禪寺、潭州鹿苑褒忠禪寺、撫州疏山白雲禪寺、平江府承天能仁禪寺、臨安府中天竺天甯萬壽永祚禪寺、靈隠景德禪寺，終於徑山興聖萬壽禪寺。元世祖至元十七年卒，年八十二。淨伏等編《虚舟普度禪師語録》一卷，收入《續藏經》。事見《語録》及所附元釋行端撰《行狀》，《補續高僧傳》卷十一有傳。

劉祁（一二〇三～一二五〇）

《歸潛志》

李屏山教後學為文，欲自成一家，每曰：「當別轉一路，勿隨人腳跟。」故多喜奇怪。然其文亦不出莊、左、柳、蘇，詩不出盧仝、李賀。晚甚愛楊萬里詩，曰：「活潑剌底，人難及也。」趙閑閑教後進為詩文，則曰：「文章不可執一體，有時奇古，有時平淡，何拘?」李嘗與余論趙文曰：「才甚高，氣象甚雄，然不免有失枝墮節處，蓋學東坡而不成者。」趙亦語余曰：「之純文字止一體，詩只一句（一作向）去也。」又，趙詩多犯古人語，一或有數句，此亦文章病。屏山嘗序其《閑閑集》云：「公詩往往有李太白、白樂天語，其輒能識之。」又云：「生為男子，不食人唾後，當與之純、天英作真文字。」亦陰譏云。（《四庫全書》本《歸潛志》卷八，崔文印點校本，第八七～八八頁）

智按：李屏山指李純甫（一一七七～一二二三），字之純，號屏山居士。趙閑閑指趙秉文（一一五九～一二三二），字周臣，號閑閑老人。李純甫作詩論詩，務為奇峭，主張自成一家；趙秉文則顯平淡紀實，多方取徑。但在扭轉南渡前詩壇浮豔輿新之風，都起到了重要作用。可擬之於中唐韓白之別。天英，指李經，字天英，錦州人。作詩極刻苦，喜出奇語，不蹈襲前人，李純甫見其詩曰：「真今世太白也。」由是名大震。（《金史》卷一百二十六）趙秉文有《答李天英書》。

趙閑閑於前輩中，文則推党世傑懷英、蔡正甫珪，詩則最稱趙文孺渢、尹無忌拓。嘗云：「王子端才固高，然太為名所使。每出一聯一篇，必要時（一作使）人皆稱之，故止是尖新。其曰：『近來陡覺無詩思，縱有詩成似樂天。』不免為物議也。」【案，王若虛《滹南集》有詩譏之云，王子端云：「近來陡覺無佳思，縱有詩成似樂天。」其小樂天至矣。予亦嘗和為四絕：「功夫費盡謾窮年，病入膏肓不可鐫。寄語雪溪王處士，恐君猶是管窺天。」「東塗西抹鬬新妍，時世梳粧亦可憐。人物世衰如鼠尾，後生未可議前賢。」「妙理宜人入肺肝，麻姑搔癢豈勝鞭？世間筆墨成何事？此老胸中具一天。」「百斛明珠一一圓，絲毫無恨徹中邊。從渠屢受羣兒謗，不害三光萬古懸。」】李屏山於前輩中止推王子端庭筠。嘗曰：「東坡變而山谷，山谷變而黄華，人難及也。」或謂趙不假借子端，蓋與王爭名，而李推黄華，蓋將以軋趙也。……(《四庫全書》本《歸潛志》卷十，崔文印點校本，第一一九頁)

智按：王庭筠（一一五一或一一五六～一二〇二），字子端，熊岳（今遼寧蓋平）人。居黄華山，自號黄華山主、黄華老人。有《黄華集》。

劉祁，字京叔，號神川遁士，渾源（今屬山西）人。御史從益之子。父祖皆仕于金，劉祁自幼隨父宦居汴京。弱冠舉進士，廷試失利，遂閉門讀書。金亡之際，輾轉河南山東，又北還故鄉，將居室名爲「歸潛堂」。戊戌復出就試，魁南京，年逾四十，仕元爲山西東路考試官。由征南行臺粘合珪聘至相州，居住七年而卒。金亡甫二年，作《歸潛志》十四卷，詩文别集《神川遁士集》二十二卷，失傳。

王義山（一二一四～一二八七）

《挽山居劉侯官》（其三）

雪坡仙去又山居，凋謝堪爲世道悲。師魯僅存遺集在，樂天無限故人思。追懷把酒論文日，忍讀停雲對雨詩。千里有書報埋玉，銜哀莫寫淚交頤。(《四庫全書》本《稼村類藁》卷二；《全宋詩》第六十四册，第四〇〇八二頁)

《香山居士傳》

居士姓占，其先占城國人也。所至其名香，嘗隨海船至五羊，與賈人交最密。其族黨甚繁，居於泉者，如五羊之盛，居高者因姓高，居雷化者，皆其支派也。號瓊者，尤有聲價。若沉若檀若木者，以醫名人。有疾招致之，善治氣，輒效與姓薷。姓丁者皆其類，居零陵者，非同譜也。居士嘗游蓬萊，人仙之號。蓬萊翁有老儒先生，手執《周易》一卷，與共讀。好事者於明窻淨几間，列古鼎其上，與陳玄、毛穎楮先生輩相友。時召玉川子與瀹茗，好佛老，有清淨道德無為之名，喜讀老泉《木假山記》，象其巉巖詭特。嘗介陳後山，見曾南豐，為之加禮，延之上座。然居士無堅守特操，為人足恭，致書朋儕，必三沐三熏九頓首，然後遣。有設賓筵者，居士與俎豆雜陳於前，賓醉，主人命紅袖奉以進，居士於几席間曲盡其禮，備諸醜態，遇貴介誕，日袖詩詞，與俱稱觴，作遏雲聲，助人之歡。里有喪，亦往弔，吉凶無廢禮，性亦好圓，向婦人脅肩諂笑，其徒纍纍，如貫珠環繞心胷間。又有軟媚者，喜趨炎，常在人掌握中，雖汗浹不恥。嗚呼，無恥之恥，無恥矣。曾謂居士為之乎？唐長慶間，有以此自號，又字樂天，姓白居易，以詩名者，非此之云。

太史公曰：居士與後山游，師事南豐，惜無堅守特操。又其甚為富商臣賈所賣，卒至焚其身，惜哉！（《四庫全書》本《稼村類藳》卷十三）

智按：王義山，字元高，豐城（今屬江西）人。理宗景定三年（一二六二）進士。歷元，曾提舉江西學事，以事去職，退老東湖之上，扁讀書室曰稼村，學者稱稼村先生。元世祖至元二十四年卒，年七十四。有《稼村類稿》三十卷。生平見本集卷二十九自作墓誌銘及附録行狀。

蔣正子

《山房隨筆》

杜善甫，山東名士，工詩文，不屑仕進，游嚴相之門。嚴乃濟南望族，善甫為所敬重。一日讒者間之，情分寖乖。杜謝以詩云：「高卧東窗興已成，簾鉤無復掛冠聲。十年恩愛淪肌髓，只説嚴家好弟兄。」嚴悟非其過，款密如初。時有掌兵官遠戍於外，其妻宴客，笙歌終夕。善甫詩曰：「高燒銀燭照雲鬟，沸耳笙歌徹夜闌。不念征西人萬里，玉關霜重鐵衣寒。」聞者快之，有薦之於朝，遂召之。表謝不赴，中二聯云：「俾獻言於乞言之際，敢盡其忠；若求仕於致仕之年，恐無此理。不能為白居易，謾法香山居士之名；惟願學陸龜蒙，拜賜江湖散人之號。」予分教溧陽，一淮士過，求宿學舍。士游山東甚久，為余道其詞甚多，僅記此。（《四庫全書》本《山房隨筆》）

智按：蔣正子，或作蔣子正，此從《古今說海》卷九十二、《千頃堂書目》卷十二。里貫無攷。宋人入元者。所記多宋末、元初之事。據上引，知其嘗為溧陽學官。

朱晞顏（一二二一～一二七九）

《跋周氏塤箎樂府引》

舊傳唐人《麟角》、《蘭畹》、《尊前》、《花間》等集，富艷流麗，動蕩心目，其源蓋出於王建《宫詞》，而其流則韓渥（偓）《香奩》、李義山《西崑》之餘波也。五季之末，若江南李後主，西川孟蜀王，號稱雅製，觀其憂幽隠恨，觸物寓情，亡國之音哀思極矣。洎宋歐蘇出，而一掃衰世之陋，有不以文章，而直得造化之妙者，抑豈輕薄兒、紈綺子，游詞浪語而為誨滛之具者哉！其後稼軒、清真各立門户，或以清曠為高，或以纎巧為美，正如桑葉食蠶，不知中邊之味為如何耳。最晚姜白石堯章，以音律之學，為宋稱首，其遺詞綴譜，逈出塵俗，真有一洗萬古凡馬空之氣。宋亡以來，音韻絶響，士大夫悉意詩文名理之學，人罕及之。惟遺山《中州》一集，近見流播，寥寥逸韻，獨出騷餘，非有高情遠韻者，不能學也。今觀廬陵周氏兄弟所賦樂章，則知二公所學，又非止老師宿儒騷人墨客之一二得也。蓋其靈襟融會，萬吹一律，故能以之前者唱于，後者唱喁，而不自知其作之妙。自今詞家觀之，真江湖一家數也。余嘗評伯恭之作，絶類白樂天，閒退時卧香山，命小蠻、樊素持衣捉麈，談諧謔浪，出入閭巷，而其憂時剴切之意，初不為外物少衰也。伯淳則又如杜牧之少日，俠游名都，沉酣花柳，時青樓紫曲，雨約雲情，更唱迭和，然其千金百斛之費，益不知其所可靳惜也。余謂才情韻三事，惟長短之製尤費稱停，大抵才勝者失於矜持，情勝者失於刻薄，韻勝者失於虚浮，故前輩有曲中縛不住之誚，信哉言乎！杜子美詩云：「美人細意熨貼平，裁縫滅盡針線迹。」吾於周氏之作，亦謂此，伯淳其然乎？（《四庫全書》本《瓢泉吟稿》卷五）

智按：朱晞顏，字景淵，長興（今屬浙江）人。早年篤志於學。士大夫多從之游。由平陽州蒙古掾，又仕為長林丞，並在江西瑞州監稅。終身屈居下僚，與楊載、揭傒斯、鮮于樞有唱和往還。早年求學時，牟巘稱其為「廛隱」；進入官場後，吴澄目為「良吏」。著有《瓢泉集》四卷，不見傳本。清乾隆時修《四庫全書》，從《永樂大典》中輯出朱晞顏詩詞文章，重編為《瓢泉吟稿》五卷。為文不失規範，邊幅稍狹，但條理清晰，思路周正，牟巘《瓢泉吟稿序》評其詩「讀之愈出愈奇，擬古則不失古人作者之意；詠史則能得當時之情。至於他詩，各有思致」。《瓢泉吟稿》卷首有元成宗大德四年（一三〇〇）牟巘序，鄭僖序。

耶律鑄（一二二一～一二八五）

《讀新樂府》

霓裳羽衣曲，玉樹後庭花。不知相與迷春夢，綿歷人間第幾家。（《四庫全書》本《雙溪醉隱集》卷三）

《讀新樂府集》

攬盡江山秀，珠璣咳唾新。豔浮天上錦，情動月中人。花鳥音容冶，風雲氣象頻。郢歌將白雪，顛頏對陽春。（《四庫全書》本《雙溪醉隱集》卷二）

《小隱園擬樂天》

吏隱廳西小隱園，小池塘在臥房前。指垂楊柳為煙客，認白蓮花是水仙。歌接柳枝翻折柳，醉斟蓮葉倒垂蓮。不煩馳譽丹青筆，勝醉仙圖是處傳。（《四庫全書》本《雙溪醉隱集》卷三）

《自題擬樂天》

有客清談如妙玄，笑愚聲跡不虛傳。風花煙月三千詠，拙直聾盲二十年。翫世遨頭狂醉隱，采真稱首浪游仙。不知樂聖軒窻下，解到南華第幾篇。（《四庫全書》本《雙溪醉隱集》卷三）

《閬州海棠溪擬樂天》

閬苑仙從閬苑西，縱游還過海棠溪。徑隨翠碧穿花去，却聽鸎黃繞樹啼。迴玉花驄鏘玉勒，約金絲柳上金堤。五城勝概歌詩草，醉墨淋漓盡赫蹏。（《四庫全書》本《雙溪醉隱集》卷三）

《即日擬樂天作》

從臾新交與舊游，編排酒令與詩籌。但言誤及功名事，便索荒忙改話頭。【《容齋三筆》：「《衡山王傳》『日夜縱臾』，如淳曰：臾，讀曰勇。縱臾，猶言勉强也。顏師古曰：縱，音子勇。縱臾，謂奬勸也。揚雄《方言》：『食閻、慫慂（音與上同），勸也。荆人，凡已不欲喜，而旁人説之，不欲怒，而旁人怒之，謂之食閻，亦謂之慫慂。』今《禮部韻畧》收入，《漢注》皆不別用。」】（《四庫全書》本《雙溪醉隱集》卷六）

智按：「別用」，《容齋三筆》卷十五作「引用」。

《醉去來辭五首》

唯有樂天真道者，（余嘗自號「獨醉道者」）祇欣歡伯意安哉。（安哉，酒器名也）慇懃且莫相迴避，著去相將醉去來。

為慕公和愛嘯臺，（雙溪北山，有孫登嘯臺）結茅特就北山萊。須非樹挂風瓢處，莫厭歌呼醉去來。

啟事許誰當首肯，謀生休自謾牙欸。（牙欸，見《揚子》）繫風捕影非吾事，問柳尋花醉去來。（一作：乘取安閒醉去來）

日日名花次第開，看長春色映樓臺。司花可要司春子，準備西園醉去來。

可愛風流趙素臺，與香風引到蓬萊。誠知宦海風波惡，離了風波醉去來。（一作：醉去來兮醉去來）（《四庫全書》本《雙溪醉隱集》卷六）

智按：耶律鑄，字成仲，號雙溪。契丹人，耶律楚材之子，出生於西域。耶律楚材死後，嗣領中書省事。元憲宗和元世祖時期，長期受重用。中統二年（一二六一）爲中書左丞相。至元四年（一二六七）改平章政事，次年又再任中書左丞相。十年遷平章軍國重事。二十年被罷免官職，並抄沒家産之半，徙居山後。死後追封懿寧王，謚文忠。一生三次出任丞相，最終以「不納職印」「妄奏謀逆」等獲罪。耶律鑄是家族中僅次於耶律楚材之詩文家。生平見《雙溪醉隱集》卷首呂鯤、趙著、麻革諸序，以及《元史》卷一四六（《耶律楚材傳》）、《新元史》卷一二七、《蒙兀兒史記》卷四十八。

郝經（一二二三～一二七五）

《唐十臣像歌》

魏徵、李白、郭子儀、渾瑊、顔真卿、韓愈、白居易、牛僧孺、崔慎由、司空圖。

鄭公山立面粟黄，袖中隱隱露諫章。致君堯舜肩禹湯，太宗一鏡今不亡。謫仙翩然來帝鄉，淋漓龍巾倚御牀。斗酒百篇錦繡腸，光焰至今萬丈長。汾陽沈雄異姓王，中興功業冠有唐。人臣始終壽且昌，深山大澤龍蛇藏。咸寧氣貌慘不揚，殺氣凜凜横天狼。回天再造忠且强，功名端不讓汾陽。太師魯公日角方，挺特不撓百鍊鋼。端笏正朝貌堂堂，盧杞藍面不敢望。昌黎高冠何昂昂，泰山北斗元氣傍。天衢摇曳雲錦裳，斥去老佛擅文章。樂天翛然世相忘，江水蕩漾江花香。不作房杜庸何傷，歌詩直與日月光。奇章重厚國棟梁，亂來粗能立紀綱。太平無象稱小康，不計黨禍深膏肓。崔相憂國眉兩龐，區别流品何太忙。天子閉目猶自防，曹節侯覽不可量。司空表聖宜賢良，清癯不欲游巖廊。詩外有味誰肯嘗，寡鶴飛去高翺翔。（《四庫全書》本《陵川集》卷九）

《一王雅序》

六經具述王道，而《詩》、《書》、《春秋》皆本乎史。王者之跡備乎《詩》，而廢興之端明；王者之事備乎《書》，而善惡之理著；王者之政備乎《春秋》，而褒貶之義見。聖人皆因其國史之舊而加修之，為之删定筆削，創法立制，而王道盡矣。

孟子曰：「王者之跡熄而《詩》亡，《詩》亡然後《春秋》作。」嗚呼！麟出非時而聖人沒，禮樂征伐專於諸侯，移於大夫，竊於陪臣。處士横議，異端並作，拆為六七，並為孤秦，焚蕩禁絶而《春秋》復亡。壞亂極矣，王道從何而興乎？戰國而下，逮乎漢魏，國史仍存。其見於詞章者，如《離騷》之經傳，詞賦之緒餘。至於郊廟，樂章、民謠、歌曲，莫不渾厚高古，有三代遺音。而當世之政不備，王者之事不完，不能纂續正變。大小《風》、《雅》之後，漢魏而下，曹、劉、陶、謝之詩，豪贍麗縟，壯峻沖澹，狀物態，寓興感，激音節，固亦不減前世。騷人詞客而述政治者亦鮮，齊梁之間，日趨浮偽，又惡知所謂王道者哉！隋大業間，文中子依放六經，續為詩書，騁驥馬録，而追絕軌，甚有意於先王之道，乃今墜滅而不傳。

李唐一代，詩文最盛，而杜少陵、李太白、韓吏部、柳柳州、白太傅等為之冠。如子美諸懷古及《北征》、《潼關》、《石濠》、《洗兵馬》等篇，發秦州、入成都、下巴峽、客湖湘、《八哀》九首、傷時詠物等作，太白之《古風》篇什，子厚之《平淮雅》，退之之《聖德詩》，樂天之《諷諫集》，皆有風人之托物、「二雅」之正言，中聲盛烈，止乎禮義，挾去汙剝，備述王道，馳騖於月露風雲花鳥之外，直與《三百五篇》相上下。惜乎著當世之事而及前代者略也。

中統元年，今上踐祚，詔經持節使宋，館於儀真，抑塞之極，無所攄泄。以為由漢以來千有餘年，聖君英主，忠臣義士，大儒名賢，猛將良吏，穢亂篡逆，憸邪奸宄，關國體，係治亂，本廢興，不為振而鼓之，摛光揭耀，搜疵指類，則王道從何而明？四壁之内無他文籍，乃以素所記憶者，取韓、杜諸賢義例，皆以吾言，斷自漢高帝，終於陳希夷，絕筆於五季之末。自高帝至於安樂公，皆為漢，如王莽、曹操、荀彧、管甯、孫堅、孫策等皆為漢臣，吳太帝始為吳，魏文帝始為魏，相錯而書，如司馬懿及師、昭等皆為魏臣。至武帝始為晉，而終於桓玄。其劉石諸僭，則亦如曹操等，書其姓名，而雜置於晉君臣間。宋魏南北，亦如吳魏，相錯而書。而高歡、宇文泰等，亦同劉石，仍為魏臣。至齊文宣、周武帝，則各為一代，隋、唐、五代，亦各為一代。其國初，僭偽所並滅者，皆載於本國開創帝王之下。如本史云，凡以母后稱制者，皆不書。得二百二十一人，共二百五十篇，小者十餘韻，大者六七十韻，名之曰《一王雅》。抑揚刺美，反復諷詠，期於大一統，明王道，補緝前賢之所未及者而已，非敢妄意於大經大法之後，而輒自振暴，故不計其工拙焉。

始於三年秋閏九月十有九日，終於四年春二月十有三日。越十有五日，陵川郝經序。(《四庫全書》本《陵川集》卷二十八)

《原古録序》

中統七年春王正月，猶在宋之儀真館。十五日己未，《原古録》成。敘曰：

昊天有至文，聖人有大經，所以昭示道奥，發揮神藴，經緯天地，潤色皇度，立我人極者也。故自書契以來，載籍所著，莫不以文稱。天曰天文，人曰人文，堯曰文思，舜曰文明，禹曰文命，西伯曰文王，周公曰文公，仲尼之以道自任也，曰文王。既没文不在，兹乎皆言文而不及道，則道即文也。觀夫揭日月，運寒暑，翳雲霓，干星漢，組布綦列，焕乎有文，覆冒磨蕩，庶物出焉，則天之道可知矣。載太華，振河海，敷原隰，固溪壑，涵負崛（音倔）岉（音物），穆若有章，發育蕃衍，庶物生焉，則地之道可知矣。家焉而生聚教育，國焉而經理安定，耕鑿疆畛之有限，宫室車服之有數，貴賤親踈之有敘，爵禄上下之有分，典則采物粲然有法，庶事治焉，則人之道可知矣。非是，則三極之道莫得而見也，則文即道也。道非文不著，文非道不生。自有天地，即有斯文，所以為道之用，而經因之以立也。故文之大端本於太極，而經之法制成於聖人。天之文，本然而固有矣。其推步曆象，始於黄帝而成於堯，於是乎履端舉正，敬授人時，而天之經立矣。地之文，亦本然而固有矣。其荒度疏治，始於后土而成於禹，於是乎地平天成，蒸民乃粒，而地之經立矣。人之文，麗乎兩間，畀賦藴畜，尤所固有也。其裁成製作，始於伏羲之畫卦，見於唐虞之傳心，備於周公之制禮，成於仲尼之修經，於是乎推本四象，貫三為一，盡兼天地之文。元亨利貞，乾有四德；直方大利，坤有四體；仁義禮智，性有四端；《易》、《書》、《詩》、《春秋》，而人有四經。萬世有統，萬物有紀，萬事有制，太極之統體昭著，而道之大用無窮。是以仲尼氏没，大經與天地並為至文，嶷為名教，至於今而不可易也。雖駁雜於戰國，火於秦，黄老於漢，佛於晉、宋、齊、梁、魏、周、隋、唐，而大儒傑士，相繼而出。孟軻、韓愈，則浚源張本，雄辨力抵，廓清禦侮，接續正傳。荀況、董仲舒、劉向、楊雄、王通，則著書立言，尊王賤霸，修仁明義，表章儒學。陳摶、周敦頤、邵雍、程灝、程頤、張載、朱熹，則根極致命，盡性窮理，比象衍數，直造聖地。孔安國、毛萇、鄭玄、何休、王弼、杜預、范甯、孔穎達，則掇拾補綴，緯韋撥燼，反復訓詁，申明經旨。司馬遷、班固、荀悦、陳壽、干寶、范曄、沈約、李延壽、宋祁，則罔羅遺文，抽閲秘記，藻飾言動，完具國典，以為信史。樂毅、張良、賈誼、汲黯、蕭望之、丙吉、魏相、袁安、楊震、李固、陳蕃、孔融、諸葛亮、羊祜、王導、劉琨、謝安、王猛、高允、房玄齡、魏徵、褚遂良、狄人傑、姚崇、宋璟、張九齡、顔真卿、陸贄、權德輿、裴度、李德裕、王朴、竇儼、趙普、王旦、寇準、吕夷簡、范仲淹、韓琦、文彦博、富弼、歐陽修、司馬光，則挺特瑰偉，神明博達，剛大諒直，閎肆尊顯，佐王經世，撥亂反正，以為事業。

戰國之莊周、屈原、宋玉、商鞅、韓非、李斯，漢之鄒陽、枚臯、東方朔、司馬相如、王褒、劉歆、張衡、崔瑗、蔡邕，魏之曹植、王粲、陳琳、阮籍、嵇康，晉之張華、左思、潘岳、陸機、孫綽、袁宏、陶潛，南北之謝靈運、顔延之、任昉、鮑昭、江淹、謝脁、温子昇、徐陵、庾信、薛道衡，唐之陳子昂、張説、蘇頲、李白、杜甫、元結、李華、賈至、楊炎、常衮、李翺、皇甫湜、劉禹錫、柳宗元、白居易、元孺、牛僧稹、皮日休、杜牧、陸龜蒙、司空圖，宋之楊億、王禹偁、夏竦、蘇洵、曾鞏、王安石、蘇軾、蘇轍、吕惠卿、李清臣、黄庭堅、張耒、秦觀、晁無咎，金源之韓昉、蔡珪、党世傑、趙渢、王庭筠、趙秉文、李純甫、雷淵、麻九疇，則鼓吹風雅，鋪張篇什，藻飾綸綍，列上書疏，敷陳利害，詰竟論議，雕繪華采，追琢章句，搯抉造化，窮極筆力，精覈義理，照耀竹帛，劆刻金石，撼摇天地，陵轢河山，剴切星斗，推盪風雲，震疊一世。作為文章，皆有書有集，有簡有策，名家傳後。於是大經之枝葉，蔽蔭六合，其稺萌孫根，籠絡八表，源委波瀾，放乎四海。堯舜禹湯、文武周孔之緒，闡焉而不墜；道德仁義、大中至正之理，皭焉而不昧；男女夫婦父子君臣之倫，截然而不亂，禮樂刑政文物聲明之典，粲然而不亡。中國四方剛柔燥濕之俗（原作「中國夷狄，龐亂純一之俗」，四庫本妄改），判然而不雜，彼異端邪説，干時妨政、喪心惑志者，焉能行胸臆於其間哉！故斯文之大成，大經之垂世，名教之立極，仲尼之力也。斯文之益大，名教之不亡，異端之不害，衆賢之功也。自源徂流，以求斯文之本，必自大經始。溯流求源，以征斯文之跡，衆賢之書不可廢也。

嗚呼！近世以來，誇毗者不務實學，骪骳蕪穢，纖豔浮侈，栩然恣肆，以古為野；徼幸者干禄詭獲，只務速售，破碎綴緝，無復統紀，以正為左；穿鑿者窮奇索隱，嗜新歆異，臨深為高，自以為得，以訓傳為膚淺；偽妄者談天説命，立聖遺世，動關鬼神，言涉造化，以文章為末技；誕幻者朋扇異教，剽飾虚偽，欺世罔利，詭譎深阻，以吾道為土苴，俾大經淪棄，斯文委地。此原古之所以作也，原古所以正今也。於是斷自先秦，以及於今，六經之本真，子史之幾衡，諸家之要刪，眾賢之傑作，原於道德，傳於義理，合於典則，可以為法於後世者，則並録之。其所作，則各附於其人，其人則各附於其代，其敘則各以其代為先後，其體則各附於其類。以其皆本於經，故各附於經。如：原、序、論、評、辨、説、解、問、對、難、讀、言、語、命，十有四類，皆義理之文，易之餘也，故為《易》部；國書、詔、赦、册文（哀謚册、告南郊昊天上帝封禪册）、制、制策、令、教下、記、檄書、疏、表、封、事奏、奏議、箋、啟、狀、奏記、彈、章、露布、牒，二十有三類，皆辭命之文，書之餘也，故為《書》部；騷、賦、詩、聯句、樂府（樂章）、歌、行、吟、謠、篇引、詞、曲、長句、雜言、律詩（絕句），十有五類，皆篇什之文，詩之餘也，故為《詩》部；碑、銘、符命、頌、箴、贊、記、紀、傳、志、録、墓表、墓銘、墓碣、墓誌（墳版、墓版、權厝志、志文、壙銘、殯志、歸祔志、遷祔志、蓋石文、墓磚記、墳葬志）誄述、行狀、哀辭、雜文、雜著，二十類，皆紀事之文，春秋之餘也，故為《春秋》部。凡四部七十有二類，若干篇，若干卷。部為統論，類為序論，目為斷論。凡立説之異同，命意之得失，造道之淺深，致理之醇疵，遣辭之工拙，用字之當否，製作之規模，祖述之宗趣，機杼之疏密，關鍵之開闔，音韻之疾徐，氣格之高下，章句之聲病，粗鑿鉅細，遠近鄙雅，皆為論次，本之大經以求其原。遂古無上之面目，太極造始之樞紐，鴻荒沖漠之兆朕，渾淪灝渺之津涯，死生終始之槖籥，陰陽鬼神之情狀，穹象厚垠之端倪，倫類事物之條貫，命性心跡之位置，政典維綱之軌度，治亂安危之運世，山嶽丘陵根柢之所系，江河湖海之所托，雷霆風雨變化之所起，蟲魚草木生植之所因，雲煙花鳥月露態度之所極，金璧珠貝錦綺光采之所發，琴瑟鐘鼓磬管音節之所契，天球河圖大玉琬琰之秘藏，布帛菽粟果菜水火之日用，眾人之所未睹，天下之所共見，搜抉振暴，羅列而進，盡在目前，非特以正今，亦所以正昔。庶幾先賢之用心，不為後世所誣。仲尼之道，家至日見，牛童馬走，皆與斯文邪説，無自而入。大經業萬世，名教垂百王。彼偽妄誕幻之徒，不復敢以區區藝能視之而忽蔑也。或曰：「昔王通續經論者，以為僭而自聖。子是之作，得無似之乎？」曰：「夫經不刊之典也。《易》本三皇，《書》本五帝，《詩》本三王，

《春秋》本五伯。故皇帝王伯為《易》之體，虞夏商周為《書》之體，文武周召為《詩》之體，齊楚秦晉為《春秋》之體。前乎羲炎則不足征，後乎桓文則不足法。數千百年，離為四經，混然天成，不可加損，不相參涉而無間斷。後世雖復有仲尼，亦不能復為也，況王通乎？」當偏駁之極，壞亂之餘，而以私意效聖人，贊易道，續詩書，修元經，直以繼夫經，自以為仲尼復出，是以為之僭也。今之所録，推廣聖經之餘裔，以為斯文之命脈爾。古今文章皆經之所出，萬言千論不能有以外，而莫能及焉。為之群分類聚，論定區別以稽其變，益見經之大聖。人不敢覬覦，則尊經也，夫豈僭乎哉！

江淮荊湖南北等路宣撫使、入宋國國信使、翰林侍讀學士郝經序。（《四庫全書》本《陵川集》卷二十九）

智按：郝經，字伯常，澤州陵川（今屬山西）人，金亡，徙居順天（河北保定）。其祖父郝天挺（一一六一～一二一七）是元好問之師，元好問曾對郝經說：「子貌類汝祖，才器非常，勉之。」守將張柔、賈輔待郝經以上賓禮，郝經得便飽覽兩家藏書。元世祖在潛邸，召見郝經，乃隨蒙古南下攻宋。元世祖即位，拜翰林侍讀學士，並充任「國信大使」，率團出使南宋。南宋權相賈似道曾謊稱大捷，怕郝經入朝後泄漏底細，就把他軟禁在真州，使之與世隔絕。他弟弟郝庸曾出使江南，但南宋竟不予接納。軟禁期間郝經勤于著述，詩文作品頗多。元世祖大舉南下時，派人責問拘押使臣之罪，他才得以北還。還朝不久，宿疾發作，其子執筆問以後事，他寫下「天海風濤」四字，餘無所言。卒，謚文忠。今存《陵川集》三十九卷。

王博文（一二二三～一二八八）

《天籟集序》

樂府始於漢，著於唐，盛於宋，大槩以情致為主，秦、晁、賀、晏，雖得其體，然哇淫靡曼之聲勝，東坡、稼軒矯之以雄辭英氣，天下之趣向始明。近時元遺山每游戲於此，掇古詩之精英，備諸家之體製，而以林下風度，消融其膏粉之氣。白樞判寓齋序云：「裕之法度最備。」誠為確論。宜其獨步當代，光前人而冠來者也。元、白為中州世契，兩家子弟，每舉長慶故事，以詩文相往來，太素即寓齋仲子，於遺山為通家姪。甫七歲，遭壬辰之難，寓齋以事遠適。明年春，京城變，遺山遂挈以北渡，自是不茹葷血。人問其故，曰：「俟見吾親，則如初嘗罹疫。」遺山晝夜抱持凡六日，竟於臂上得汗而愈，盖視親子弟，不啻過之。既讀書，穎悟異常兒，日親炙遺山謦欬，談笑悉能默記。數年，寓齋北歸，以詩謝遺山云：「顧我真成喪家狗，賴君曾護落巢兒。」居無何，父子卜築於滹陽。律賦為專門之學，而太素有能聲，號後進之翹楚者。遺山每過之，必問為學次第。常贈之詩曰：「元白通家舊，諸郎獨汝賢。」未幾，增長見聞，學問博覽，然自幼經喪亂，倉皇失母，便有山川滿目之歎。逮宋亡，恒鬱鬱不樂，以故放浪形骸，期於適意。中統初，開府史公將以所業，力薦之於朝，再三遜謝。棲遲衡門，視榮利蔑如也。太素與予，有三十年之舊。曩會江東，嘗與予言，作詩不及唐人，未可輕言詩。平生留意於長短句，散失之餘，僅二百篇。願吾子序之，讀之數過，辭語遒嚴，情寄高遠，音節協和，輕重穩愜。凡當歌對酒，感事興懷，皆自肺腑流出。予因以天籟名之。噫！遺山之後，樂府名家者何人，殘膏賸馥，化為神奇，亦於太素集中見之矣。然則繼遺山者，不屬太素而奚屬哉！知音者覽其所作，然後知予言之不為過。太素名樸，舊字仁甫，蘭谷其號云。至元丁亥春二月上休日，正議大夫行御史臺中丞西溪老人王博文子勉序。(《四庫全書》本《天籟集》卷首)

智按：戴名世（一六五三～一七一三）《天籟集序》云：「《天籟集》者，元初白仁甫所作詩餘也，詩餘莫盛於元，而仁甫所作尤稱雋妙，至今流傳人間。……如白氏之世守其先人遺書數百年，而卒顯於世，此孝子慈孫之所爲效法者也。……祖父死不數年，而其子孫視之不啻如仇讐，其終必至於磨滅，倘其見此集，而比量於白氏之裔孫，吾不知其顙有泚，而汗浹於背否也?」(清光緒二十六年刻本《南山集》卷二)

王博文，字子冕（一作子勉），號西溪，東魯人，徙彰德（今河南安陽）。至元十八年（一二八一）累遷燕南按察使，曆禮部尚書、大名路總管，至元二十三年遷南臺中丞。卒，謚文定。早有文名，與汲縣王惲、渤海王旭齊名，并稱「三王」。但詩文罕見流傳，《全元文》第五册存其文八篇；《元詩選·癸集》丙集存其詩僅一首。生平事迹見《大明一統志》卷二八、《元詩選·癸集》小傳。

侯克中（一二二五？～一三一五？）

《白敬甫經歷有閩中之行》

里巷親情未易疎，豈期歲晚别中吴。天衢自昔摶鵬翼，家道於今有鳳雛。尊俎只宜終日戒，詩書不可片時無。洪勳大業他年了，重繪香山九老圖。（《四庫全書》本《艮齋詩集》卷五）

智按：侯克中，字正卿，號艮齋，真定（今河北正定）人。《録鬼簿》列名於「前輩名公」節，《太和正音譜》列在傑作一百五十人中。曾寓居汴梁，元世祖至元年間，徙居浙中。自幼雙目失明，靠聽别人朗誦書籍業。精習《易經》，並著《大易通義》。與白樸是總角之交。去世時已達九十多歲高齡。

白樸（一二二六～？）

《唐明皇梧桐雨》（存目）

《裴少俊牆頭馬上》（存目）

智按：白樸，初名白恒，字仁甫，一字太素，號蘭谷，祖籍陝州（今山西河曲），寓居真定（今河北正定）。在金亡之際，其父白華從金哀宗出奔，又進入南宋境内。白樸幼年歷經戰亂，曾寄寓在元好問家。早年漫游中原，南宋亡，長期在江南游歷。與盧摯、王惲、胡祗遹等都有交往，特别是與王博文相知頗深。一生從未出仕，中統初幾次受到舉薦，都没有應聘。曾著雜劇一六種，除《唐明皇梧桐雨》、《裴少俊牆頭馬上》，均已失傳或僅存殘曲。王文才有《白樸戲曲集校注》（人民文學出版社一九八四年版）。

《梧桐雨》所敷演之李隆基與楊玉環君妃愛情故事，自白居易《長恨歌》和陳鴻《長恨歌傳》問世以來，曾以多種形式在民間廣泛傳播。晚唐有鄭處誨《明皇雜録》、郭湜《高力士外傳》、曹鄴《梅妃記》，五代有王仁裕《開元天寶遺事》、宋代有樂史《楊太真外傳》和石曼卿《拂霓裳轉踏》（已佚），繼之有金院本《擊梧桐》和宋元南戲《馬踐楊妃》。逮至元代初葉，李、楊故事更成為戲劇和講唱文學之熱門題材，雜劇有關漢卿《唐明皇哭香囊》、庾吉甫《楊太真霓裳怨》和《楊太真浴罷華清宮》、岳伯川《羅光遠夢斷楊貴妃》，諸宮調有王伯成《天寶遺事諸宮調》等。《梧桐雨》命名自《長恨歌》「春風桃李花開夜，秋雨梧桐葉落時」之句，是白居易《長恨歌》與清人洪昇傑作《長生殿》之橋梁，有推波助瀾之功。

《牆頭馬上》是依據白居易《井底引銀瓶》改編之愛情風月劇，命名自《井底引銀瓶》「牆頭馬上遙相顧，一見知君即斷腸」之句，是元代四大愛情劇之一。劇中女主人公李千金愛上邂逅之青年裴少俊，本可以等待裴少俊獲得一官半職之後來正式迎娶，但她卻不願將青春歲月流失在等待之中，毅然與裴少俊私奔，並且在裴家後花園同居七年，生了一雙兒女。秘密被裴少俊父親裴尚書發現，裴尚書強行拆散了這對情侶。但最終他們得以團聚。

胡祗遹（一二二七～一二九五）

《題楊秘監畫裴晉公探梅圖》

晉公貌不踰中人，有唐輕重係一身。四朝顧命二十載，千瘡萬孔俱彌綸。功成不有若無事，別業徜徉洛水濱。四夷致問民戴慕，祝公遐壽踰千春。一游一宴入傳詠，到今陳迹猶如新。息軒尚友志不淺，思公恨不同朝紳。探梅故事作横幅，堂開緑野延佳賓。招之不來白少傅，歸舟觸碎波心雲。美人清唱梅花曲，雪寒四座廻春温。淮蔡誅夷太平後，此樂未足酬公勲。畫圖宜為什襲珍，望之威重不敢親，儼儼元和社稷臣。（《四庫全書》本《紫山大全集》卷四；魏崇武、周思成校點《胡祗遹集》第八四頁）

《寄答徐尚書》（并序）五首（其四）

拜違鈞誨，倏忽十餘年。思見之誠雖切，而拜問之禮久廢，負罪何言！濟寧、東平相去不遠，初來方欲貢狀敬問起居，又先辱詩什，且以鄙言見索，愈增惶愧。謹繼高韻呈復兼謝。某頓首再拜尚書尊叔侍史。

相君耆德養高年，不逐時人步履偏。肆口成文非漫興，百年元氣更誰賢。和顏雅量婁師德，旨酒歡悰白樂天。佳客滿門無俗事，定應日月有新篇。（《四庫全書》本《紫山大全集》卷六；魏崇武、周思成校點《胡祇遹集》第一二四頁）

《高吏部詩序》

詩學至唐為盛，多者數千篇，少者不下數百，名世者幾百家。觀其命意措辭，則人人殊，亦各言其志也。裁之以義理性情，則淺深高下，自有等級，故東坡有郊寒島瘦、元輕白俗之評。王荆公，工於詩者也。《百家詩選》，後賢以謂，後五卷非前五卷之比，精粗固有間矣。或者又謂，今人詩律，唯學晚唐。我朝吏部尚書河東高公鍊詩，力追前人。先生為翰林學士，嘗曰：吾之詩，唐詩也。元、李、曹、杜諸人，亦多稱道。其許可論議，具備於元遺山之送行曹南湖之壬辰小藁二序，又一時諸名公之詩什。其子遠甫輯公平日篇什，板行於世，求序於不肖，繼志述事，可謂孝矣。竊嘗思韓文公之自許曰：使世無孔子，予不當在弟子之列。斯言也，人無敢非之者。蓋自見之明，所以自信篤。先生之言詩，自序已竟，其誰曰不然，愈見先生之言為不妄。不肖尚何言哉！遠甫曰：斯論即序也。（《四庫全書》本《紫山大全集》卷八）

智按：胡祇遹（一二二七～一二九五），《元史》本傳稱其卒於至元三十年（一二九三）。字紹開，號紫山，磁州武安（今屬河北）人。早年好學，見知於名流。中統初，張文謙宣撫大名，任為員外郎。至元元年授應奉翰林文字，不久兼太常博士。權臣阿合馬持國政，胡祇遹因建言忤其意，出為太原路治中。改河東山西道提刑按察副使。江南平，任荆湖北道宣慰副使。至元十九年任濟寧路總管，上書建言八事。升山東東西道提刑按察使。召拜翰林學士，未赴職，改江南浙西道提刑按察使，不久因疾辭歸。卒，謚文靖。

駱天驤（？～一三〇〇後）

《類編長安志》

【唐昌觀】在安業坊。《劇談録》曰：觀有玉蕊花，花每發，若瓊林瑶樹。元和中，春物方盛，車馬尋翫者相繼。忽一日，有女子，年可十七八，衣緑繡衣，垂髻雙環，無簪珥之飾，容色婉娩，逈出於衆，從以三女冠，三小僕，僕皆丱髻黄衫，端麗無比。既下馬，以白角扇障面，直造花所，異香芬馥，聞於數十步之外。觀者疑出自宫掖，莫敢逼而視之。佇立良久，令小僕取花數枝而出。將乘馬過，謂黄冠者曰：「曩有玉峯之期，自此可以行矣。」時觀者如堵，或覺煙飛鶴唳，景物輝焕，舉轡百餘步，有輕風擁塵，隨之而去。須臾塵滅，望之已在半天，方悟神仙之遊。餘香不散，經月餘。時嚴休復、元稹、劉禹錫、白居易俱有詩。休復曰：「終日齋心禱玉宸，魂銷眼冷未逢真。不如滿樹瓊瑶蕊，笑對藏花洞裏人。」又曰：「羽車潛下玉龜山，塵世何由覩蕣顔。唯有無情枝上雪，好風吹綴緑雲鬟。」元稹曰：「弄玉潛過玉樹時，不教青鳥出花枝。的應未有諸人覺，只是嚴郎卜得知。」劉禹錫曰：「玉女來看玉樹花，異香先引七香車。攀枝弄雪時回首，驚怪人間日易斜。」又曰：「雪蕊瓊枝滿院春，羽衣輕步不生塵。君平簾下徒相問，長伴吹簫别有人。」白居易曰：「嬴女偷乘鳳去時，洞中潛歇弄瓊枝。不緣啼鳥春饒舌，青瑣仙郎何得知。」（《類編長安志》卷五，明抄本）

【蝦蟇陵】本下馬陵，《新説》曰：「興慶池南，烟脂坡大道，東有蝦蟇陵。」《景龍文館記》曰：「乃漢董仲舒墓，文士過之，皆下馬，謂之下馬陵，俗謂蝦蟇陵。」《琵琶行》云：「家在蝦蟇陵下住，下馬陵是也。」（《類編長安志》卷八，明抄本）

【杏園錫宴】《譚賓録》：杏園與慈恩寺南北直焉，唐新進士放榜，錫宴於此。唐人尤貴進士第，開元、天寶為盛。新進士以泥金帖子附家書中為報喜信，鄉曲親戚以聲樂相慶。大中元年正月，放進士榜依舊宴杏園。白居易與劉禹錫詩曰：「怪君把酒空惆悵，曾是貞元花下人。自别花來多少事，春風二十四回春。」杜牧詩曰：「夜來微雨洗芳塵，公子驊騮步始匀。莫怪杏園憔悴甚，滿城多少帶花人。」（《類編長安志》卷九，明抄本）

【飛霜殿】在宫中寢殿也。白少傅以長生殿為寢殿，非也。（《類編長安志》卷九，明抄本）

【白氏莊】在王氏之東。世傳白侍郎莊，宋朝奉郎白序之莊，中有八題，列如左。其詩曰：【揮金堂】「當年取樂卽揮金，今日幽人慕此深。朝士縉紳都不問，嚻然卜築近山林。」【順年堂】「滈上堂成耳順年，肯將軒冕换林泉。應知此地非休老，故寫霧髯向坐前。」【疑夢室】「既往悲歡如夢寐，眼前勞後厭形開。利名不是尊生事，得失應從數昧來。」【醉吟菴】「先德往來稱此號，高人今日榜茅茨。菴前鶴在君須問，應見頹然撚白鬚。」【翠屏閣】「終南重叠倚晴天，恰似屏開几案前。解道新樓著處穩，何妨不出買山錢。」【林泉亭】「杜陵原下石磷磷，鑿破寒泉徹底清。舉世無嫌太孤潔，華清安得擅佳名。」【辛夷亭】「竹下幽亭石作基，亭前佳木號辛夷。林間採得春光到，滿樹紅香蝶不知。」【巖桂亭】「為憐桂種異凡材，特向巖隈趁雨栽。風過天香無覓處，晃然疑是月中來。」白序，字聖均，自言白侍郎後。華州曹輔題詩：「浮雲萬態變朝昏，疊嶂尋常翠滿門。錦里先生多勝事，香山居士有賢孫。春風樓閣聞碁響，晚雨池塘見屐痕。寄謝世間無此樂，起予歸興憶江村。」金朝為石氏園亭，疏泉為方池，曲檻有四銀亭，八銀亭。正大七年，趙尚書遊題詩曰：「石氏園中竹一圍，眼前勝事只心知。幽禽有語能留客，流水無情自入池。客裏歲華將盡日，鬢邊白髮獨來時。醉吟吟後往吟者，又得閑閑一首詩。」今為故中書陝西四川宣撫使襄山楊公謚忠肅公祠堂，有碑。（《類編長安志》卷九，明抄本）

智按：駱天驤，字飛卿，號藏齋，出身長安故家舊族。官至京兆路總管府府學教授。其《類編長安志》「石刻」卷小序云：「垂六十年，集成編帙，附《長安志》後」，則元貞二年成書時，至少已七十餘歲，向上推溯，約生于金宣宗（一二一三年至一二二三年在位）後期。書中著録其大德四年（一三〇〇）篆額之碑刻，卒年當在此後。

王惲（一二二七～一三〇四）

《瑞雪歌》（丁丑歲正月初六日夜作）

去歲一冬無雪雨，地不藏陽變恒煦。就中氣運北自南，江表嚴凝比燕土。今年正月日丙申，我游中堂聞好語。聖恩滂霈來九天，四海租徭盡蠲取。宰臣奔走播德音，雷厲風飛開萬寓。油然雲葉合中天，一雪平明幾尺許。建章宮闕玉崔嵬，華柳蓬萊氣先吐。漢家燕南三百州，千里飛章賀恩溥。天人上下本一致，和氣致祥乖則異。方春甫頒寬大書，埃翳四開天地閉。春秋盈尺書有例，太史紀言真上瑞。都城十日沸歡聲，宿麥連雲見豐歲。民賴聖皇千萬春，長開明堂布恩惠。元和老臣愛君深，《賀雨》詩成伸戒勵。小臣今作瑞雪歌，要見天心愛民意。（《四庫全書》本《秋澗集》卷八）

智按：白居易《賀雨》，元和四年（八〇九）作，三十八歲，長安，左拾遺、翰林學士。《白居易集箋校》第一頁。

《長慶行酬暢純甫贈元白二集》

長慶詞人幾勍敵，名動華夷説元白。拾遺樂府即諫章，相國絲綸號新格。天教韓柳出仝時，要使詩壇闢清逸。年來愛白復愛元，老厭風花喜情實。圖書東壁黯晶熒，五十年來無是集。有時擬賦三兩題，斷簡殘編僅佔畢。暢君好書似鄴侯，荷囊去躍龍驤舟。臨江釃酒參幕盡，佳麗看盡東南州。棄人所取取所棄，青帙萬卷堆行輈。蒼江夜靜虹貫月，不羨充室琳琅璆。三吳歸來巾一幅，蝦蟆池頭兩椽屋。足跟不踏貴人門，磊落羣書載其腹。自欣滯貨潤有餘，贈我兩編償不足。恍游赤水得玄珠，笑入荆巖抱和玉。翛翛庭竹北窗風，准備殘年霑膹腹。（《四部叢刊》本《秋澗先生大全文集》卷八）

智按：暢師文（一二四七～一三一七），字純甫，號泊然，南陽（今屬河南）人，徙襄陽（今屬湖北）。從伯顏平宋，授東川行院都事，至元二十八年累遷陝西憲僉，移山南、山東二道，入為國子司業。大德七年除陝西行省理問，歷太常少卿、翰林侍讀。至大三年出為太平路總管。皇慶二年復召為翰林侍讀，進翰林學士。卒，追謚文肅。江南平定後，暢師文較早在原南宋治下任職，又久在翰林院，南北文壇均知名。至大改元（一三〇八）春三月望日，有《故翰林學士秋澗王公哀挽詩》：「縱横筆陣知無敵，如將升壇拜韓白。先登劘壘特勇夫，投石翹関乏風格。黄金端可鑄鴟夷，坐困強吴霸全越。文場自有萬人英，豈尚虚浮棄真實。唐興継代重詞科，往往篇章見家集。世衰鼠尾競喧啾，天下幾人能事畢。王公才敵異徹侯，悄焉夜壑藏虚舟。倏焉有力畢之去，不讓横槊劉并州。勢如偃屋建瓴水，熟如平地馳輕輈。味如調羮夏鼎鑾，温如器琢崑山璆。平生無意修邊幅，丈室凝塵勝華屋。詩腸耿耿少陵心，經笥便便孝先腹。豸冠縭斧滌源清，視草判花随意足。南歸鄉里未揮金，寂寞荒阡竟埋玉。獨存秋澗大全文，來者相傳誦芬馥。」

《歸夢謡丁丑歲九月二十三日夜夢陳總管作時為浙東宣慰使十二月二十日密縣王縣尹至知公於九月七日為越之玉山賊所害》

五更歸夢東南長，越州城府山蒼蒼。我游不省夢中客，浮雲樓觀爭翱翔。節齋枉駕來就見，上簾遥喜瞻清光。倒衣走欲降堦接，陳公出避朱門傍。斯須往請登西堂，要話久別傾肝腸。我公不之見，蕃師滿禪牀。卉服魋結舌，碧眼鬚眉龐。爭先問訊展恭恪，青松亂踏天花香。就中老沙彌，合爪伸圓吭。向予致呪語，陰福來穰穰。思公罔覿對佛子，坐久心思方彷徨。傔來促起公召汝，導我前往穿行廊。追奔接踵歘不見，如瞽失相徒倀倀。平頭闖首告前路，終惑所往心為狂。惘然推枕若有喪，但看落月滿屋梁。我思與君別，屈指一載加。相思葉黄江水碧，神交日夜心魂遐。自春徂秋三入夢，似恨海角天之涯。吹燈信筆成詩句，病眼溪藤亂紫花。（時病新愈，又暗用樂天《元九紫藤花》。）（《四部叢刊》本《秋澗先生大全文集》卷八）

智按：「樂天《元九紫藤花》」，指《初與元九别後忽夢見之。及寤而書適至，兼寄〈桐花詩〉。悵然感懷，因以此寄》，《白居易集箋校》第四八九頁。

《哀老殷辭》

至元十七年三月二十日，南詔進象，過安肅州，軍户老殷為象鼻束而死，余適覩其事，乃作此辭。

哀老殷平時，皞皞為王民。荷戈幸不死，鋒鏑胡為此？獸戕其身哀，老殷賤且貧。有兒十歲纔解語，有婦出户無完裙。髮膚一旦委巨齒，身後名在征南軍。朝來棺斂哭過市，慘慘悲動梁臺人。我聞白傅引馴象，為君諷諫何忠勤。珍禽奇獸貴不蓄，此雖至馴安用云，偉哉樂天古良臣。（《四部叢刊》本《秋澗先生大全文集》卷八）

智按：白居易有《馴犀》，序云：「貞元丙子歲，南海進馴犀，詔納苑中。至十三年冬，大寒，馴犀死矣。」詩云：「馴犀馴犀通天犀，軀貌駭人角駭雞。海蠻聞有明天子，驅犀乘傳來萬里。一朝得謁大明宫，歡呼拜舞自論功。五年馴養始堪獻，六譯語言方得通。上嘉人獸俱來遠，蠻館四方犀入苑。秣以瑶芻鎖以金，故鄉迢遞君門深。海鳥不知鐘鼓樂，池魚空結江湖心。馴犀生處南方熱，秋無白露冬無雪。一入上林三四年，又逢今歲苦寒月。飲冰卧霰苦蜷跼，角骨凍傷鱗甲縮。馴犀死，蠻兒啼，向闕再拜顔色低。奏乞生歸本國去，恐身凍死似馴犀。君不見：建中初，馴象生還放林邑？（建中元年，詔盡出苑中馴象，放歸南方也。）君不見：貞元末，馴犀凍死蠻兒泣？所嗟建中異貞元，象生犀死何足言。」

《紫藤花歌》（並序）

癸未歲三月二十八日，宋賓客乘澤車過道宫訪余。時庭中紫藤花盛爛若錦，擒道師蕭公邀宋與余坐藤陰下，尋友人張明之亦至。酒數行，開口笑粲，殊適然也。宋因出名紙，屬予作字。一春天氣不佳，此日頗清潤可愛。既援毫，覺幽香馥郁，時集筆端。放手喜書，初不計其工拙也。遂話及樂天夢元九故事，予曰：「二公雖神交如此，恐未若今日之樂衎也。若取《紫桐》詩例，賦長句歌之，以為他年林下一段奇事，可乎？」宋曰：「吾子便可承當。」遂率爾而作歌曰：

竹宫瑣窗雲霧垂，紫藤花發何葳蕤。仙家駐景出異供，橫揜桃李無晶輝。羣蛟奮蟄力猶困，鱗鬣不耐淒風吹。天孫夜擲紫霞帔，滿意下覆須春曦。幽禽縮喙不敢啄，囚鎖恐泄蒼精機。又如王愷紫絲障，誇雄鬭侈光陸離。倒冠落珮衆賓醉，臨風零亂千纓緌。虬柯扶疎散蒼翠，季倫擊碎珊瑚枝。青宫賓客今園綺，杖藜來扣仙人扉。遥驚紫艷翻半空，造物乃爾爭新奇。君不見香山老居士，夢與元九神交馳。覺來清吟增悵望，紫桐花下空懷思。何如吾儕時燕集，對牀話久藤陰移。興餘屬我掃牋素，爛柯不著山間棊。刺簷入戶要學騰蛟螭，鳥歸花落香撲來。時集毫彩霑人衣，一杯春露助香潤。清氣貯滿詩人脾，依依青裊厨烟起。好命庖人辦新酭，炷香供具禱羣龍。莫學癡藤蟠未已，燕南飢民飢欲死。（時普旱無雨二載矣。）（《四部叢刊》本《秋澗先生大全文集》卷九）

《劉山人歌》

劉山人，黃鬚糢糊衣袖褸。著囊藥笈手自攜，親詣宮門來省女。將軍物色不少差，其奈后方爭寵嫵。被驅吾父已兵死，何物田翁來辱污。椒房恩遇望遂空，破帽東歸心痛楚。長吁行念樂天歌，不重生男重生女。此事對君為妄語，嗚呼五季皆天民。人倫濁亂疎反親，當時乖戾同一氣。天理何有？劉山人，劉山人，莫悲泣。伎方終老固賤貧，却免誅夷為外戚。（《四庫全書》本《秋澗集》卷十）

《賀雨詩》（并序）

通惠河自壬辰秋間治，至今年夏六月中，穿土未已。時方旱，暑氣極熾，兵民頗困于役。是月二十日，有司請少間以紓民力，首相主減役，止留軍夫五千。庭議已下，而雨作盈尺，賦《賀雨》詩，以紀其事。

一畝泉深龍滙碧，遠引入城通大液。不緣蝦口灑郊塵，又匪弘農獻琛璧。稻禾流脂粟米白，歲與饑民豐粒食。靈臺靈沼須民力，并力一勞思永逸。今年旱氣罩火傘，赫赫焚如驚赭赤。萬人雲鍤揮汗雨，薰染經時不無疫。有司陳請避炎輝，役敢辭辛時少息。已聞停議出中堂，未午朋陰蓊東北。都城一雨幾尺餘，何俟巫吁而雩盎浮蜥。天人相感本無間，金鉉調元不多術。誠心公道即天心，元氣洪濛開太極。餘糧栖畝禾滿載，御廩天囷若京積。夕陽澹灩斗門深，一片波光連晝鷁。（《四庫全書》本《秋澗集》卷十一）

智按：白居易《賀雨》，元和四年（八〇九）作，三十八歲，長安，左拾遺、翰林學士。《白居易集箋校》第一頁。

《街東宅效樂天體》

嘆暴貴而戒貪得也。

街東萬宅瓦新晴，雲煙披拂青粼粼。滿堂歌吹樂新貴，豈知賀者在室弔在門。根株已為鬼所斧，薻棟竟起高比隣。古云暴貴不祥事，巢覆未省雛能存。俄聞斲棺招隱慝，應有籍入無疏親。福由積善尚恐失，忍用陰謫戕其身。作歌為飭附炎子，未必貧賤非高人。(《四庫全書》本《秋澗集》卷十一)

《紅藥當堦翻》

紫殿春光晚，芳叢夏景暄。緑萱垂地合，紅藥當堦翻。粉帶金腰束，嬈旗絳艷繙。涼飈飄碧砌，清影動朱軒。白傅吟何婉，玄暉思不凡。顧瞻栖鳳地，折贈詎容言。(《四庫全書》本《秋澗集》卷十二)

智按：白居易有《草詞畢遇芍藥初開因詠小謝「紅藥當階翻」詩以為一句未盡其狀偶成十六韻》：「罷草紫泥詔，起吟紅藥詩。詞頭封送後，花口拆開時。坐對鉤簾久，行觀步履遲。兩三叢爛熳，十二葉參差。背日房微斂，當階朵旋欹。釵葶抽碧股，粉蕊撲黄絲。動盪情無限，低斜力不支。周回看未足，比諭語難為。勾漏丹砂裹，僬僥火焰旗。彤雲剩根蔕，絳幘欠纓緌。況有晴風度，仍兼宿露垂。疑香薰罨畫，似淚著胭脂。有意留連我，無言怨思誰？應愁明日落，如恨隔年期。菡萏泥連萼，玫瑰刺繞枝。等量無勝者，唯眼與心知。」(《白居易集箋校》第一二八六頁)

《慶路伯達八秩之壽》

素髪酡顔八十春，昇平人物典刑存。兩都喬木秋光老，四座春風笑語温。膝下盡歡衣有綵，人間無似壽為尊。試從九老圖中看，獨覺光榮萃潞門。(《四庫全書》本《秋澗集》卷十五)

《御史秩満日效樂天詩體書懷》

人微每愧居清要，禄厚常憂負素餐。勁翮已輸鷹隼健，秋霜空落簡書寒。寸心敢謂行身了，世運彌深以理觀。三尺素琴中本静，又施絃索向誰彈。(《四庫全書》本《秋澗集》卷十六)

《病目書懷（效樂天體）》

病眼何時視物疑，更禁風火内交馳。越蛙悍目將誰怒，鮫淚傾珠盡日垂。氣鬱方函昏暈鏡，瘖連剛斂痛磨錐。悠悠伏枕三旬苦，安得黄金刮目鎞。（《四庫全書》本《秋澗集》卷十七）

智按：白居易《眼病二首》其二：「人間方藥應無益，爭得金篦試刮看。」王惲《日蝕》詩：「始似昏暈鏡，久乃掛鐵鉦。」李商隱《和孫朴韋蟾孔雀詠》詩：「約眉憐翠羽，刮目想金篦。」

《目疾自警（效樂天體）》

目手相須最切身，連宵慘痛可傷神。老緣貪得書為祟，壯為傷多酒入脣。四大假來皆是苦，萬般急遣亦忘真。悠悠未了三千牘，束置從今不要親。（《四庫全書》本《秋澗集》卷十七）

《鄉人魏先生家藏樂天神一軸，作二像對立，一則五十時容，一則六旬後真也。上有樂天自贊，別稱為蓬婆仙，云三十年前，屢獲瞻拜，近讀公長慶集，偶記此畫，為訪問，云已磨滅久矣，遂詩以弔》（蓬婆，洛陽地名）

魏家一軸樂天神，三十年前繪色新。欲就醉吟師格律，試尋縑素墮埃塵。空留池上山中咏，謾應花前月下身。官品文章吾敢覬，似公真樂老能親。（《四庫全書》本《秋澗集》卷十八）

智按：《四部叢刊》本《秋澗先生大全文集》目録題「魏家樂天畫像」。

《苦雨（乙酉歲入秋以來晴明止二日輒雨已三月矣九月十六日作此）**》**

駑蹇從來策不前，畏途有戒莫爭先。但隨白傅看花約，宜信淵明止酒篇。人笑苦吟疎巧宦，天教多病護殘年。老夫歲暮歡雖鮮，每對諸君一粲然。（與諸君飲會中作）（《四庫全書》本《秋澗集》卷十八）

《為靳嘉議壽》（時年八十有三）

人生享福壽為先，不似君家樂事全。春色不隨喬木老，眉毫光動百齡前。風雲藥籠多陰積，蘭玉堦庭點翠妍。九老圖中休着眼，世間原有地行仙。

（《四庫全書》本《秋澗集》卷二十一）

《異菊圖一枝十花容色各異未之見也故賦》二首（其一）

枉説重巖細菊斑，連眉十樣更清妍。不辭老圃秋容淡，要見花神景氣偏。越被香濃薰百和，柴桑人去已千年。醉吟不用江州白，此日東籬得董仙。（《四庫全書》本《秋澗集》卷二十二）

《元貞二年丙申元會日大雪》

萬寶陳庭未是奇，千官朝處玉為墀。静看整整斜斜態，不礙蹌蹌濟濟儀。法部氣嚴催箾舞，御爐烟澹溼鸞旂。小臣歸美豐年慶，不數元和賀雨詩。（《四庫全書》本《秋澗集》卷二十二）

智按：白居易《賀雨》，元和四年（八〇九）作，三十八歲，長安，左拾遺、翰林學士。《白居易集箋校》第一頁。

《聞友人買犀帶》

聞君饒價買犀躔，佀為精神見老年。論品要勝華衮異，垂腰猶欠玉魚懸。通天即是裴公賜，素鬢其如白傅顛。留取百錢休妄費，安排開歲置貂蟬。（《四部叢刊》本《秋澗先生大全文集》卷二十二）

《過趙瓠瓜林墓》

靄靄停雲有所思，樂天池上獨來時。瓠瓜散落和雲墮，籬菊扶踈帶醉移。樽酒草堂前日夢，小山叢桂夜猿悲。朅來因憶桓伊事，却撫松楸為解頤。（《四部叢刊》本《秋澗先生大全文集》卷二十三）

《秋懷（效樂天體）》

閒書遮眼睡昏昏，飽食無茶腹自捫。斜日倚門風乍起，滿庭黄葉擁籬根。（《四庫全書》本《秋澗集》卷二十四）

《慶趙汲古八秩之壽（效樂天體）》

人生八十今極壽，况復兒孫滿眼前。汲古園中趙夫子，燕京城裏地行仙。（《四庫全書》本《秋澗集》卷二十五）

《至元辛未歲八月十二日拉馬都事才卿游韓氏南莊歸效樂天體得詩十絕皆書目前所見覺信手拈來也》

開門不問主人無，幽鳥時來應竹呼。僮僕已知賓客敬，與奴白飯馬青芻。

吟邊踏破緑苔堦，自掛幽軒數菊栽。半日杖藜横膝坐，絕勝前日醉歌來。

浮雲冠蓋六街塵，老盡朱顏白髮新。赢得身心兩閒在，水邊林下果何人。

滿庭竹影鎖秋煙，倒盡池蓮看菊斑。墻外緑畦澆已徧，一園秋老桔槔閒。

小亭獨坐淡忘機，山鳥山花笑我癡。萬事看來皆偶爾，此間休遣世人知。

亭臺涼吹晚留連，樹遶岡回自一川。野菽未霜溪柳盡，煙光渾是早秋天。

陶園松菊餘秋色，趙氏林亭滿夕霏。人自晚年多静暇，每來吟賞便忘歸。

淡雲煙樹事幽尋，指點平蕪起醉吟。但使眼前無俗子，一杯時與野人斟。

醉墨淋漓字半斜，枉將霜壁亂雲遮。一杯先洗黄泥瘴，似我閒情遠世譁。

蛙鳴水底强為聲，酒盡沙頭卧玉絣。我自近來無不是，白雲舒卷暮山青。

（《四庫全書》本《秋澗集》卷二十五）

《裴晋公緑野探梅圖》（息軒筆）

淮西平一兩河清，緑野梅花照眼明。霜鬢未容閒裏老，南枝消息要和羹。

當年韓白兩辭人，吟賞天教在相門。邂逅有詩窮勝事，最憐踈影月黄昏。

（《四庫全書》本《秋澗集》卷二十五）

《裕卿李兄來别復效樂天體以贈》

晤語從游喜任真，玉堂僧舍幾相親。河梁莫厭重攜手，明日共為千里人。

（《四庫全書》本《秋澗集》卷二十七）

《題樂天不能忘情圖》

病來心事轉蹉跎，身外猶嫌長物多。况是春歸留不得，侍兒無用蹙雙蛾。

里陌鳴珂歲月深，柳枝清唱伴長吟。一朝並逐春風散，卻是維摩示病心。

悲鳴絡馬莫回頭，説似余情久倦游。滿眼清伊石樓月，杖藜來往亦風流。

龍門八節鑿來平，千首新詩貯佛經。只為暮年無可做，又留公案入丹青。

青衫憔悴老江州，放逐歸來萬事休。止有醉吟情未減，又翻新樣柳枝愁。

春風不到豸冠霜，甚是温柔與醉鄉。展放畫圖還自笑，鬢絲先比樂天蒼。

（年四十二髮已上白）（《四庫全書》本《秋澗集》卷二十七）

《秋山訪友圖》

蕭蕭楓葉映青山，詩在風煙紫翠間。早晚得歸林下去，一溪秋水伴君閒。

闕峙石樓連佛屋，灘橫八節走青伊。杖藜都是香山老，斜日青山獨往時。(《四庫全書》本《秋澗集》卷二十九)

《題樂天不能忘情圖》

駱馬悲鳴頓玉珂，停杯重聽柳枝歌。做成一段閒公案，轉覺香山長物多。

楊柳新聲滿洛陽，尊前風味老難忘。筆端拈出新詩句，似為樊姬作嫁裝。(《四庫全書》本《秋澗集》卷二十九)

《韓白二公老境》

日月閒心要破除，香山晚節亦區區。藏詩葺寺皆餘事，猶勝昌黎聚博徒。

籍也胡為勸著書，要將斯道濟時須。情知千古潮陽筆，肯作分章摘句儒。(《四庫全書》本《秋澗集》卷二十九)

智按：韓愈集中屢見其為博塞之戲，如《晚秋郾城夜會李正封聯句上王中丞盧院長》:「取讙移日飲，求勝通宵博。」《送侯參謀赴河中幕》:「秋漁蔭密樹，夜博然明燈。」《示兒》:「酒食罷無為，棋槊以相娱。」(槊，博也)《雨中寄孟刑部幾道聯句》:「研文較幽玄，呼博騁雄快。」故張籍《上韓昌黎書》云:「願執事絕博塞之好，棄無實之談，弘廣以接天下士，嗣孟軻、揚雄之作，辨楊墨老釋之説，使聖人之道，復見於唐，豈不尚哉。」《新唐書》曰:「籍性狷直，嘗責愈喜博塞，及為駁雜之説，論議好勝人，其排佛老，不能著書若揚雄、孟軻以垂世。」參見王惲《讀張籍書》(《秋澗集》卷四十五)。

《繼周南樂見寄嚴韻》

長慶詞人興寄長，當時元白鬪軒昂。江山正有潮陽筆，千古詩壇自一行。(原注：一作「細嚼君詩興緒長，孤吟空效鶴頭昂。解教老嫗能通曉，留與香山作雁行。」)(《四部叢刊》本《秋澗先生大全文集》卷三十)

《和彦正憲使寄周宰詩韻且酬前日見贈之什》

紛紛黨議到無如，常愛林宗智有餘。金谷聚交潘在數，一生空枉賦閒居。

自憐處事太遲回，幾被傍人笑懦哉。勘破南華山木喻，支離甘作散樗材。

山陽水竹接雲莊，真是閒人避世鄉。殺馬毀車渠莫訪，風波平地更羊腸。（殺馬毀車，東漢馬良事）

故舊追歡不厭頻，甚時王翰作比隣。相看比老都能幾，猶作離羣索處人。

時與心違真倒顛，且將書史度殘年。樂天仁厚知幾遠，好箇香山獨往篇。（《四部叢刊》本《秋澗先生大全文集》卷三十一）

《六帖説》

白樂天作類書名《六帖》，《通典·選舉門》載唐制曰：開元中舉行課試之法，帖經者以所習經，掩其兩端，中間惟開一行，裁紙為帖，凡帖三字，隨時增損，可否不一，或得四得五得六者為通，此六帖之名所從起也。六帖云者，取中帖之數，以書其書，期於必在中選也。（《四庫全書》本《秋澗集》卷四十四「辨説」）

智按：《秋澗集》卷九十六《玉堂嘉話》卷之四「六帖説」，「惟開」作「微開」。

《題耶律公手書濟源詩後》

物之有光華者，雖微必著。況文章翰墨之卓越乎？近觀故中書令耶律公當壬辰歲過濟瀆留題詩翰，逮今歲龍集適一甲子。其孫希逸始託總尹靳榮，俾刻石祠下，屬予題數語於後。余曰：事之顯伏，雖數存其間，至後大前光在後人，固當如是所可敬而仰者，玉泉老仙於儷景同翻經綸致澤之餘，復發為文章翰墨，鏗然而金石振，巍然而冠劍植，表裏國華，鼓舞元化，為世倚重，已見惡盈好謙、恬然靜退之心，故賡和樂天詩韻為悦，無乃魏公醉白之意歟？俾來者觀咏，將有擊節嘆賞，挹高風而跋絶塵者矣，又何翅紀歲月而傳不朽者哉。（《四庫全書》本《秋澗集》卷七十二「題跋」）

《水龍吟》（十二）

至元二十三年丙戌孟冬廿八日小雪，十月中，是日雪作，連明霑地，而釋潤於春澤，其應時顯瑞，數年已来，未之見也。實可為明時慶，因作樂府《水龍吟》，以紀其和。余平昔屢嘗賦此，未免掇拾故事，張皇景氣而已。兹篇之作，頗體白戰，抑老懷，略見樸忠之至，畎畝不忘之意也。

畫樓十日春陰，晚風吹作水花轉。初冬中候，應時呈瑞，幾年未見。沽酒尋梅，就中此興，撩人不淺。更露堂添得，虛窗夜白，清於水，光如練。　我老久諳世味，最忻然，人安米賤。蝗蝝入地，麥旗掉壠，翠翻平甸。大獵清邊，為民祈穀，睿思何遠。在詞臣合取，元和賀例，拜明光殿。(《四部叢刊》本《秋澗先生大全文集》卷七十四；《全金元詞》第六五四頁)

智按：「元和賀例」，指白居易元和四年（八〇九）作《賀雨》，見《白居易集箋校》第一頁。

《水龍吟》(十五)

去歲秋至今年春，凡七月不雨，有終風徒曀而已，生意殊悴然也。逮二月九日雨，雖以小言隨妥而釋，三日方霽。向來焦枯一洗而潤，且又在清明節前。嘗念一旱所繫甚重，詩云：「舒（哿）矣富人，哀此惸獨。」然衆安，我乃能安，不然，雖屋潤者其可能獨安乎。此施既光，誠可賀也，作越調以歌之，秋澗老人序。

喜看春雨如膏，東風吹作冰花轉。海棠紅瘦，梨花香澹，似嫌春晚。縱使寒生，猶勝空際，陌塵黃卷。道佳人拾翠，王孫憶草，都不負，尋芳眼。

欲見太平有象，除豐年、更何可羨。田家作苦，老臣憂國，眉頭俱展。最好知時，清明前後，一犁非淺。笑樂天空抱，元和詩律，夢金鑾殿。(一作「典春衫為問，隣家新釀，發春江面」)(《四部叢刊》本《秋澗先生大全文集》卷七十四；《全金元詞》第六五五頁)

智按：詞序「隨妥」二字：朱祖謀（一八五七～一九三一）《彊村叢書》云：「疑有誤」。

《木蘭花慢》(二十・賦酴醾)

愛雪團嬌小，開較晚，儘春融。似麝染沈熏，檀輕粉薄，費盡春工。緑陰小庭晴晝，放繡簾、輕度竹梢風。待著一天香韻，醉吟留伴詩翁。　洗粧不用露華濃。玉樹溼青葱。欲細挽柔條，重圍錦幄，不放春空。春殘未應多恨，道典型、猶在酒杯中。何似留芳翠枕，夜深歸夢瑤宫。(《四部叢刊》本《秋澗先生大全文集》卷七十五；《全金元詞》第六六四～六六五頁)

《玉堂嘉話》

聖上御極十有八年，至元十一年丙子春正月，江左平冬十二月，圖書禮器並送京師，勑平章太原張公兼領監事，尋詔許京朝官假觀。予遂與左山商台符叩閤披閱者竟日，凡得書畫二百餘幅，今列于左……白少傅墨跡六偈子。……(《四庫全書》本卷二；《四庫全書》本《秋澗集》卷九十四)

智按：《四庫全書》本《秋澗集》卷九十四「白少傅」作「白太傅」，《四部叢刊》景明弘治本《秋澗集》卷九十四作「白少傅」。又見《元人破臨安所得故宋書畫目》寫本第四頁；《古物陳列所藏書畫目録》中華民國十四年北京京華印書局第二七頁。

西溪云：樂天每作歌詩成，須令其家老嫗聽讀，能通解其旨意辭，為之定體。此無他，不過通俗近人情而已。特表而出之，且為艱澁無謂之戒。(《四庫全書》本《玉堂嘉話》卷四；《四庫全書》本《秋澗集》卷九十六)

智按：王惲，字仲謀，號秋澗，衛州汲縣（今屬河南衛輝）人。祖上仕於金。王惲好學善屬文，早年受知於元好問，與東魯王博文（一二二三～一二八八)、渤海王旭齊名，並稱「三王」。史天澤（一二〇二～一二七五）一見即待以上賓禮。中統元年（一二六〇)，左丞姚樞（一二〇三～一二八〇）辟為詳議官，進入仕途。上書論時政，擢中書省詳定官。中統二年春，轉翰林修撰，又兼中書省左右司都事。至元五年（一二六八）首拜監察御史，知無不言，不避權貴。至元十四年（一二七七）任翰林待制。至元十八年拜行臺治書侍御史，未赴職。次年春，改山東諸道提刑按察副使，在任一年，以病還鄉。至元二十六年授福建閩海道提刑按察使，有治績。至元二十八年（一二九一）召至京師，次年春，見元世祖於柳林行宫，上萬言書議時政，授翰林學士，元貞元年（一二九五)，奉旨修《世祖實録》，集《聖訓》六卷。大德六年（一三〇二）致仕。卒，贈翰林學士承旨、資善大夫，追封太原郡公，謚文定。生平見《元史》卷一六七、《新元史》卷一八八、顧嗣立《元詩選》初集小傳。王惲以才幹見稱，著述亦頗多。有《秋澗集》一百卷（包括《中堂事紀》、《烏臺筆補》），其中《承華事略》二卷、《玉堂嘉話》八卷，均有單行本。還著有《相鑒》五十卷，《汲郡志》十五卷，今均不傳。文章受到元好問影響，是元初詩文大家，其詩筆力雄渾，「才氣橫溢，欲馳騁唐宋大家間。然所存過多，頗少持擇，必痛加芟削，則精彩愈見」。（顧嗣立《元詩選》王惲小傳）

方回（一二二七～一三〇七）

《馮伯田詩集序》

天無雲謂之清，水無泥謂之清，風涼謂之清，月皎謂之清，一日之氣夜清，四時之氣秋清，空山大澤，鶴唳龍吟為清，長松茂竹，雪積露凝為清，荒迥之野笛清，寂靜之室琴清，而詩人之詩，亦有所謂清焉清矣。又有所謂新焉，新沐者必彈其冠，新浴者必振其衣，此以舊而為新者也。古嘗黍稻麻麥，皆貴新，此名舊而實新者也。田磽則易，器敝則改，此舍舊而圖新者也。成湯之盤，庖丁之刃，善用之則物雖舊，而未嘗不新者也。南人於涼之蒲萄，北人於閩之荔枝，咀其枯腊，以為美在是矣。風稍露顆，珠液玉漿，雖語之不信，此知其舊而不知其新者也。然則詩人之詩，清而後能新，即新而後能清耶？老杜謂「清新庾開府」，並言之，未嘗別言之也。非清不新，非新不清，同出而異名，此非可以體用言也。予客桐江七年，得詩友兩人：趙君賔暘之瘦勁，有江子我、趙昌甫之風；馮君伯田之清新，雜之王摩詰、劉長卿、張司業、白香山集中，或者有不能辨，如「終日無人到，隔林惟鳥啼」，如「雀舌收先雨，猫頭掘帶泥」，如「因聽敲竹雨，便碎賞花心」，如「一春多是雨，四壁半生苔」，如《呈吳履齋》云：「飄風驚日月，落葉滿乾坤。」如《廬山白鶴觀》云：「井在丹誰煉，碑残墨欲枯。」如《雪川感舊》云：「多應河畔骨，便是屋中人。」如《重陽》云：「無錢難得酒，有菊自開花。」如《桐廬澗水》云：「鷗趁湍流下，魚藏石罅間。」如《江陰君山》云：「郡乘紀春申，山因號曰君。」此五言近體之清新者也。如《題垂虹三高亭》云：「非關前哲真難及，自是今人不肯高。」如《賦虞司户雙鶴》云：「道人已是九分清，雙鶴飛來凑十分。」如《賀虞永州遷居》云：「萬里遠來尋屋住，四邊先問有梅無。」如《感懷》：「古廟熒熒多鬼火，荒村寂寂少人烟。」如「可憐門外新歸燕，不見堂前舊主人」，如「店荒任客來争席，郊迥無人可問程」，如「每向宋清求善藥，閑從詹尹卜新年」，如《除夕雨》云：「燈影照残孤枕夢，雨聲滴碎两年心。」《正旦》云：「興亡有數從千古，寒暑無情又一年。」如「問天底是資身策，度日應收賣卜錢」，此七言近體之清新也。古五言體，如《擬陶》有云：「茅簷入幽徑，風雨聊可棲。喜無車馬喧，而有耒耜隨。」《詠雲》有云：「山腰一抹雲，雲起知何處。急渡小橋尋，天風又吹去。」又云：「石何有於雲，雲乃生於石。拂石訊雲蹤，苔深無處覔。」《桐廬暑夜》有云：「中流有行舟，似亦得清致。只恐乘舟人，未識月中意。」他如《三無奈何》及《墳庵雜興》五首，則清新之中又古淡。七言古體，如《謝虞司户鍾乳粉》前云：「仙家仙藥不易得，頗為鬼神所愛惜。道人入山因採出，輕如鵝管如蟬翼。」後云：「多君用心窮藥譜，能辨始興最良處。合入梁公藥籠貯，嗟乎嗟乎，世上伏苓多老芋。」他如《置酒觀荷》、《大風雨》及《秋風歌題緩齋》，則清新之中又豪宕。而其清之至、新之尤者，莫如絶句，「夜静山寒漸透衣，旋煨松火擁爐圍。忽聽竹外籬門響，知是小童買酒歸。」「向晚閑行步夕陽，歸來松逕已昏黄。隔林風度鐘聲細，認得庵中炷夜香。」「莫道經霜不見花，小春風景屬山家。滿山紅葉斜陽映，却似桃源一片霞。」《小池》：「巖上層層叠翠苔，小池巧鑿近巖隈。就巖引得清泉滿，便有前山月入來。」如此者，可三、四十絶。而《鸕鷀源樵歌》云：「綺羅巷陌總成塵，那識擔柴老買臣。自笑賣柴元似舊，買柴却换舊時人。」視劉禹錫《夔州歌》，尤哀深也。或謂：老杜之寄太白也，以「清新」對「俊逸」，而予於馮君之詩，獨以清新許之，無乃於俊逸不足乎？曰：不然，才力之使然者，為俊逸意味之自然者為清新，可無彼，不可無此，故不同也。或又問：「清新」之所自來，得之學乎？得之思乎？世未嘗無苦學精思之士，而或不能為詩，或能為之，而不能清新。君其問諸秀石；秀石不言，君其問諸老杜、太白。馮君名坦，普州安岳人。普石秀天下，故以扁其座右。伯田，其字也。一字然明，掌两魁浙漕。咸淳辛未，推恩任渝之江津夾槽務，西總龍灣酒庫，杭之觀察推官，未赴。今年六十有二。父漁溪先生，以上五世内左丞樞密，無記先生，獬史有傳，祠部鴻石先生山春秋通解、文集行於世。予於君弟《抱甕詩跋》已詳，兹不再書。紫陽虛谷方回謹序。（《桐江集》卷一，《續修四庫全書》影印清嘉慶宛委别藏本，第一三二二册，第三六一～三六三頁）

《跋方君至庚辰詩》

睦之分邑予宗兄天墉君三十年前識之，嘗以絕句詩見知于吾州魏使君，予守睦七年，僅一見訪，今相遇杭邸，示予庚辰詩稿以數計，殆不止一日一詩。於《夜凉感懷》云：「缺多圓少人如月，盛極衰來物易秋。」只此一聯，便足名世，似不必太多□也。東坡謂「郊寒島瘦」，「元輕白俗」。予謂詩不厭寒，不厭瘦，惟輕與俗則決不可。君之稿，寒瘦者宜存之，自謂學楊誠齋而近乎輕俗者宜删之，可也。君名至，天墉取元英先生詩話以自號云。（《桐江集》卷四，《續修四庫全書》影印清嘉慶宛委别藏本，第一三二二册，第四三一頁）

《跋鄭子封詩》

睦為郡據吳會上游，其東偏有介山之邑，邑之水左入太湖，右入浙江，是名分水。予作郡七年，去官又三年，名人勝士無不識，獨未識鄭君子封。一旦，相遇武林，以其詩若文見示。夫詩與文之分，猶分水也，雖分為左湖右江之異，其有不終會於海者乎？君之詩如懸崖怒瀑，君之文如峻峰急灘，將深而澄之，至於無聲之地，則湖也江也而海矣。斯天下士也，非分水一邑之謂士也。和陶諸篇，極有奇思佳語，可謂今人而古學，凡墨筆所點皆是。但時用白樂天體，則不若專效韓、柳以逼之，而後無不近乎陶也。「主聖如堯舜，臣忠似伊周」，非陶體，乃白體也。陶所謂止酒，謂所樂止於酒而已，故曰「重味止園葵，大歡止稚子」，今和乃謂止而不飲，得無反騷否？「登山採蕨薇，亦足充三飡。入山刈芰荷，亦足禦一寒。」此亦非陶體，「我無一斗酒，何以博凉州。」看來少不得「蒲萄」二字，當云「我無蒲萄酒，何以博凉州。」「自恨無歌姬，娥眉横春山」，「恨」字或可改。（《桐江集》卷四，《續修四庫全書》影印清嘉慶宛委别藏本，第一三二二册，第四三四頁）

《跋劉光詩》

回最愛《麗澤詩選》，或云東萊呂成公所選也。《三百五篇》經聖人選矣，成公所選第一卷，郭茂倩古樂府選焉；第二卷，昭明太子文選詩再選焉；第三卷，陶淵明詩專選焉，徐庾諸人詩不選；第四卷至第十四卷，唐人王無功至許用晦四十二家選焉，杜子美詩最多，李太白、元次山、韋應物亞之，韓柳元白又亞之；第十五卷，王荊公《唐百家詩選》再選焉，凡二十八家。……（《桐江集》卷四，《續修四庫全書》影印清嘉慶宛委別藏本，第一三二二册，第四三五頁）

《劉元輝詩評・觀淵明工部詩因歎諸家之詩有可憾者二首》

三百五篇既刪後，寥寥正派有傳否。如何更歷晉唐世，惟見推尊陶杜流。應是二家詩尚古，故能千載世無儔。未知相襲迄今日，倒指伊誰號獨優。

大雅寥寥跡已陳，觀詩徒重兩眉顰。蛙鳴蟬噪祇喧耳，鼉擲鯨呿尚駭人。豈但出言無補世，或猶挑禍自戕身。惟餘陶杜知其道，便只蘇黄駁未純。

評曰：前詩四句鋪敘。謂三百五篇之後，如何只有晉陶、唐杜，未立議論。第六句斷之曰：「應是二家詩尚古，故能千載世無儔。」然不曾説破陶杜所以妙處，但謂尚古而已，不知尚古作如何古，末句「未知相襲迄今日，倒指伊誰號獨優」，恐是元輝可直下承當耳。假如高論君子，挾堯舜以議湯武桓文，已有性之、身之、反之、假之、安仁、利仁、假仁之説，不待多贅。如學問挾孔孟以議後世，周程張朱子一掃不足數，可乎？論詩只論詩，若兼論躬行，則節義之士，與知道之士，有不在陶杜下者。唐詩固是杜陵第一，然陳子昂、宋之問初為律詩，杜之所宗，李太白、元次山，杜之所畏，韓柳又豈全不足數乎？後詩挑禍自戕之説，恐皆不然，便只蘇黄駁未純，未可如此輕易立論。東坡下獄謫黄州之前，詩誠好罵。黄州七年之後，以至入朝宅牧，過嶺過海，詩亦漸漸深詣，但格律寬耳。如和陶，豈不佳？今人若不宗之，自是一説，求可輕詆之也。山谷詩，宋三百年第一人。本出於杜，以元祐史官謫蜀道，以承天寺記謫宣州，非詩之罪。黄陳二老詩各成一家，未有能及之者，然論老筆名手，黄陳之外，江西派中，多有作者。呂居仁、陳簡齋，其尤也。簡齋不在派中，虚翁豈非亦以其詩骨格風味，可入此派耶？南渡初，有劉屏山，乃後有范楊尤陸，蕭東夫，至于朱文公，選體卓絕。近世又有趙昌甫，善用虚字，不可謂世與人。詩本一小藝，而人品不同，亦或與世俗相高下。六朝衰弱，而獨有東晉之陶，唐太宗身致太平而尚有徐庾，未幾即有陳宋，至開元，而有李杜。然杜陵不敢忽王楊盧駱、李邕、蘇源明、孟浩然、王維、岑參、高適，或敬畏之，或友愛之，未始自高。蓋學問必取諸人以為善，杜陵集眾美而大成，謂有一杜陵而天下皆無人，可乎？只如韓柳以後，元白而下，晚唐漸漸凋零，歷五代，至於歐陽公，文風始大變革。蘇梅詩一掃九僧體，豈可不考。曾南豐謂不能詩，實大有幽深平淡古詩。前慶曆，後元祐，宋文極盛之世，最下者亦非杭後人所及，其弊乃一時許與四靈爭學許渾者，有以誤晚生小子也。元輝欲矯時弊則可，歸罪元祐二公則不可。陳後山詩學老杜，不尚老杜，元輝固未嘗熟之。不尚蘇可也，並掃黃則恐不可也。某他日當而見請教焉。……（《桐江集》卷五，《續修四庫全書》影印清嘉慶宛委別藏本，第一三二二册，第四三八頁）

《秋晚雜書》（其二十七）

世稱陶謝詩，陶豈謝可比。池草固未彫，階藥已頗綺。如唐號元白，白豈元可擬。中有不同處，要與分朴詭。鄭圃趙昌父，潁川韓仲止。二泉豈不高，顧必四靈美。鹹潮生薑門，蝦蜞以為旨。未若玉山雪，空鐺煮荒薺。（《四庫全書》本《桐江續集》卷二）

《至後承元煇見和復次韻書病中近况十首》（其七）

騷壇君肯將，吾敢與爭權。風月三千首，江湖四十年。老思騎竹馬，窮笑惜苔錢。此味諸人會，遺燈或許傳。（原注：白樂天詩：「大歷年中騎竹馬，何人得見會昌春？」陳司封亞詩：「排聯花品曾非僭，愛惜苔錢不是慳。」）（《四庫全書》本《桐江續集》卷二）

《琵琶亭感舊》

桑落洲前路，江流自北南。美人何處在，刼火殆難堪。津吏苛魚稅，沙民賣席帆。情知白司馬，到此濕青衫。（《四庫全書》本《桐江續集》卷三）

《憩老》

憩老千山裏，投閒五載餘。直令艱日糴，何用戀鄉居。白傅欲賣宅，虞

卿空著書。秋園菊籬，好荒草欠人鋤。（《四庫全書》本《桐江續集》卷九）

《次韻李景安提學同過伯幾》（其二）

宦學因之當卜居，定能騎舫遍林湖。遺編早已探千古，緒論何難奪萬夫。近日人才愁闐寂，此君風味極芳腴。香山老子閒無事，張丈殷兄或許呼。（《四庫全書》本《桐江續集》卷十四；《全宋詩》第六十六册，第四一六三六頁）

《次前韻述將歸》

我雖無絲無竹亦無肉，猶有杜子美萬卷書，猶有陸士衡三間屋，作詩寧作郊島之寒瘦，終不屑元輕而白俗，文章雜在衆人中，大似濁河横濟瀆。平生浪費幾吟牋，何啻右軍九萬幅。既嘗注漆園之十九言，又頗擬栗里之四八目。道眼一照百皆妄，未若奴耕婢織躬課督。江湖落魄但欠一歸耳，休官已幸天從欲。子男女七孫四人，有菜共羹吾亦足。過此更徼非妄福，政恐招憂復招辱。宅門夏蔭雙高桐，園徑秋香萬叢菊。於是自歌招隱歌，歌曰鶴怨猿驚兮，在空谷四十餘年，萍蓬將七十，又何必越之南燕之北。（《四庫全書》本《桐江續集》卷十四）

《次韻孫元京見過言詩》

騷壇争長各稱兵，未卜誰歟霸業成。欲療左盲治穀廢，合除白俗掃元輕。屢更落落心猶壯，常恐空空氣驟盈。據險作難終未是，賴公指示軌圖平。（《四庫全書》本《桐江續集》卷十六）

《六十五春寒吟七首》（其一）

日日春寒晝掩扉，驚嗟六十五年非。未為白傅同州起，猶勝坡翁海外歸。斗分軍興羣盜作，浙鄉水患細民飢。忍窮苟活猶閒管，痛惜殘梅萬點飛。（白樂天六十五同州刺史，不赴，封馮翊縣侯，自此分司告老。東坡六十五，元符庚辰，自儋耳北歸）（《四庫全書》本《桐江續集》卷十七）

《呈閻子靜廉訪翰學二首（復）》（其二）

文星炯炯照勾吳，草詔金鑾舊老儒。今□□公高北斗，後身白傅到西湖。要途未若閒官樂，心□□服貌敬殊。臭味果能有投合，及門豈在急摳趨。

(《四庫全書》本《桐江續集》卷十八)

《十二月二十日立春係癸巳歲予年已六十七白劉唱和有云共把十千沽一斗相看七十欠三年因此遣興》

客途窮極亦陶然，自覺平生愧樂天。能辦十千沽一斗，何知七十欠三年。日晴雪路初行處，春到椒盤未頌前。好念故園小兒女，團欒聞早醉花邊。(《四庫全書》本《桐江續集》卷十八；《全宋詩》第六十六册，第四一七〇五頁)

《六月二十九夜》

小閣微涼上，閒人半醉中。雙明螢度水，一向柳掩風。委曲聊隨俗，艱難敢諱窮。香山吾不逮，猶勝杜陵翁。(《四庫全書》本《桐江續集》卷十八；《全宋詩》第六十六册，第四一七一六頁)

《乙未生日二首》(其二)

虚叟慚非飲八仙，舉杯屬客每陶然。重逢今日初生日，預算明年致仁年。元亮有兒聊慰意，斛斯為話且隨緣。老衰不競黄陳律，前日詩如白樂天。(《四庫全書》本《桐江續集》卷二十；《全宋詩》第六十六册，第四一七四一頁)

《于氏琵琶行》

君不見，木蘭女郎代戍邊，鐵甲卧起二十年。不知誰作古樂府，至今流傳木蘭篇。又不見公孫大娘舞劍器，揮霍低昂動天地。我杜少陵有長歌，每一讀之生壯氣。漢時昭君顔如花，强令出塞禁風沙。馬上無以寫愁思，推手爲琵却手琶。昭君死作青冢土，琵琶却傳來漢家。一弦一字萬怨恨，始聽歡樂終咨嗟。燕代佳人有于氏，春日黄鶯韻桃李。齒犀微露朱砂唇，手荑緩轉青葱指。聲外調聲非桿撥，意中寫意自宫徵。曲闌歌罷或潸然，何能動人一至此。有時不用琵琶歌，辯如儀秦勇賁軻。武昌東西説赤壁，洙泗南北誇黄河。一炬一失百萬却，古今勝敗何其多。拔山盖世亦淚下，騅兮虞兮奈若何。老夫嗜好無它癖，爲爾看朱幾成碧。白髮多情似樂天，衫袖江州司馬濕。前身不是木蘭舊女郎，今生恐是公孫真大娘。哦此琵琶敲詩腸，爾或因之姓名香。(《四庫全書》本《桐江續集》卷二十；《全宋詩》第六十六册，第四一

七四六頁）

《寄壽牟提刑獻之巘并序》二首（其一）

前浙東憲使大卿陵陽牟公獻之先生，寶慶三年丁亥正月十一日生，其賢子孫以丙申正旦奉觴為親庭慶七十。紫陽方回亦以丁亥年前五月十一日生為雌。甲子，偶寓武林，不能趨霅上，附賀客之尾。唐白樂天、劉夢得同生，大曆七年壬子，至武宗會昌元年辛酉，皆年七十。是歲，樂天有詩云：「大曆年中騎竹馬，何人得見會昌春。」今輒用此事為詩奉寄，寓喜抃欽羡之意焉。

七十間人兩地仙，恰如同見會昌年。詩名我愧劉賓客，心事君真白樂天。致仕元無官爵累，藏書各有子孫傳。磻溪淇澳可齊壽，入相封侯恐未然。（《四庫全書》本《桐江續集》卷二十一；《全宋詩》第六十六册，第四一七五一頁）

《丁酉元日年七十一》二首

晚節詩如白樂天，每逢元日有新篇。九臚唱第今三紀，七袠開端又一年。風雪五年憐過馬，兒孫百指望歸船。老身窮健無煩惱，猶倚文章賣酒錢。（去年喪長女，今有五男子，二女子，三男孫，七女孫，百指言大槩）

扶胥灣口鐵山頭，汗漫空為萬里游。一第僅如晁濟北，萬詩堪繼陸嚴州。可用老扶靈壽杖，也曾親到結鄰樓。餘生無所求於世，今世何人識故侯。（《四庫全書》本《桐江續集》卷二十三；《全宋詩》第六十六册，第四一七八九頁）

《送述明居士燕道覺歸東林》

君不見，錢塘西湖三賢堂，林蘇宋人白傳唐。三賢生本不相識，死乃異代同烝嘗。又不見，吳江垂虹三高祠，鴟夷一舸浮西施。天隨陸子玄真子，求志逃名非一時。何似廬山東林三大老，生偶同時不同道。道若不同同中心，香爐峯下足幽討。鴈門法師禪非禪，虎溪道士僊非僊。栗里先生醉非醉，三方寸地通一天。妥靈猶想當時笑，鼎立宇宙膽相照。借問此笑笑者何，別有丹青不傳妙。述明棄官歸東林，玉帝降敕榮冠簪。羽衣似與儒釋異，所不異者胸中心。我謂不須較同異，亦勿强求笑中意。天下至今知幾晉法當忘言，祖述淵明醉還醉。（《四庫全書》本《桐江續集》卷二十三）

《記正月二十五日西湖之游十五首》（其十一）

千山斫入亞夫營，佳墅名園怕近城。賴是白公資佛力，小留蒼翠作秋聲。（《四庫全書》本《桐江續集》卷二十三；《全宋詩》第六十六册，第四一七九一頁）

《送西湖書院趙山長（良秘）》

東南大郡莫如杭，其西有湖誇錢唐。兩賢刺史一隱士，春秋祠祀專烝嘗。芙蓉楊柳鷗鷺傍，四時不絕炷瓣香。後來好事者不作，屋摧階圮莓苔荒。錢唐城中十萬户，自古無人興書堂。一朝書堂突兀起，鴟吻大殿環脩廊。其上高閣觚稜驤，其下豐碑鐫琳琅。香山東坡和靖叟，三像野服無金章。寓意貴德不貴爵，高風大節遙相望。諸生大帶冠昂昂，遴選師儒恢典常，文星燁熠教雨滂。誰其為此參預老，百世不朽徐子方。趙君牽聯同不朽，首助膏腴五百畝。（《四庫全書》本《桐江續集》卷二十四；《全宋詩》第六十六册，第四一八一五頁）

《送白廷玉常州教二首》（其二）

詩酒論交幾歲寒，更無我輩甕虀酸。劇談公每掀髯笑，偉干人皆仰面看。縱使未前乙夜席，何妨暫作甲科官。祖風雅肖香山白，白玉堂登未是難。（《四庫全書》本《桐江續集》卷二十五；《全宋詩》第六十六册，第四一八三三頁）

《春半久雨走筆五首》

月餘不浴不梳頭，垢服埃巾獨倚樓。萬古事銷閒裏，醉一年春向雨中休。天時纔暖又還冷，人世少歡多是愁。治亂無窮如糾纆，華山高卧最爲優。

早從師讀易乾元，晚乃微探性命源。道在一前包宇宙，心無二處契羲軒。行將死矣依先塚，即合歸歟理故園。二十餘年復韋布，人生焉用兩朱轓。

纔喜晴明又雨陰，尋春未了早春深。牡丹芍藥□□□，寒食清明上塚心。詩癖已應吟萬首，酒狂何止費千金。□□百歲三分過，屢死焉知活到今。

萬事心空口亦箝，如何感事氣猶炎。落花滿硯慵磨墨，乳燕歸梁急捲簾。詩句妄希敲月賈，郡符深愧釣灘嚴。千愁萬恨都消處，笑指鄰樓一酒帘。

耳焦髮禿四肢枯，年近非熊異壯圖。見識漸高詩□□，精神常好酒相扶。地輿茂育元非有，天宇空虛不是無。自笑太倉中一粒，夢魂夜夜侍都俞。

（回二十學詩，今七十六矣。七言决不爲許渾體，妄希黄、陳、老杜，力不逮，則退爲白樂天、張文潛體。樂天詩山谷喜之，摘其佳者在集；文潛詩自然不雕刻，山谷不敢□也。五言回慕後山，苦心久矣，亦多退爲平易，中有閬仙之敲，而人不識也。）（《四庫全書》本《桐江續集》卷二十七）

《醉題二首》（其二）

賣花人憩小樓前，買幾枝看日典錢。詩向夢中頻□□，□才醉後便如仙。貧閒略比陶元亮，老壽將過白樂天。□□定為林下計，嚴灘西向練溪船。（《四庫全書》本《桐江續集》卷二十七；《全宋詩》第六十六册，第四一八六四頁）

《思家五首》（其四）

弱冠吟詩六十年，自然熟處有肥仙。坡翁追和陶元亮，谷老深慚白樂天。苦李道傍人不采，蟠桃海上事空傳。平心定氣求中道，佳句無窮在眼前。（《四庫全書》本《桐江續集》卷二十八；《全宋詩》第六十六册，第四一八八四頁）

《天下夕陽佳詩説》

予行天下多矣，每登臨高勝之處，惟向西為尤佳，而佳景亦多向西。錢塘之湧金門、豐樂樓，金陵之賞心亭，武昌之南樓，漢陽之秋興亭，巴邱之岳陽樓，江陵之仲宣樓，長沙之定王臺，鍾陵之滕王閣，無不西向。其所以勝絕者，在夕陽欲落未落之際，其景不可以尋常論也。故杜牧之詩曰：「夕陽無限好。」白樂天《岳陽樓詩》曰：「夕波紅處近長安。」予於嚴陵寓居，得舊扁西齋二隸字，因其名賦詩曰：「偶得西齋字，向西開此齋。人間詩眼少，天下夕陽佳。」蓋謂天下之佳，無過於夕陽，惟西向則得之，而人間所少者，詩家眼耳，故不識此景，必具詩眼者而後識此句此景也。……（《四庫全書》本《桐江續集》卷三十）

《王一初名字説》

……近世標榜，特多元次山、白樂天之號，更易不一。已謂醉翁，又六一居士；謂涪翁，又山谷道人。鉅公名士可也，今則巫醫卜祝，皆立齋顔庵扁下，至負擔之夫亦有之，恬不為怪。……（《四庫全書》本《桐江續集》卷三十）

《送羅壽可詩序》

詩學晚唐，不自四靈始。宋剗五代舊習，詩有白體、崑體、晚唐體。白體如李文正、徐常侍昆仲、王元之、王漢謀；崑體則有楊、劉《西崑集》傳世，二宋、張乖崖、錢僖公、丁崖州皆是；晚唐體則九僧最逼真，寇萊公、魯三交、林和靖、魏仲先父子、潘逍遙、趙清獻之父，凡數十家，深涵茂育，氣極勢盛。……（《四庫全書》本《桐江續集》卷三十二）

《瀛奎律髓》

《甘露寺》晁端友

北固山頭寺，風煙昔縱觀。卧亭秋石狠，環舍海濤寒。越舶樓前聚，江楓户外丹。最宜清夜月，虚閣憶盤桓。（元註：山【一作寺中】有石，如卧羊，謂之狠石）

寺在京口，多景樓在寺中，天下絕景也。晁君成名端友，無咎之父。第進士，仕至新城令，東坡為其詩集引。予取此篇者，以人或尚晚唐詩，則盛唐且不取，亦不取宋。殊不知宋詩有數體：有九僧體，即晚唐體也；有香山體者，學白樂天；有西崑體者，祖李義山。如蘇子美、梅聖俞，並出歐公之門，蘇近老杜，梅過王維，而歐公直擬昌黎，東坡暗合太白。惟山谷法老杜，後山棄其舊而學焉，遂名黃、陳，號江西派，非自為一家也，老杜實初祖也。如君成詩，當黃陳未出之前，自為元和間唐詩，不可不拈出，使世人知之也。（卷一「登覽類」，李慶甲《瀛奎律髓匯評》，第十八頁）

《登岳陽樓》陳與義

洞庭之東江水西，簾旌不動夕陽遲。登臨吴蜀橫分地，徙倚湖山欲暮時。萬里來游還望遠，三年多難更憑危。白頭弔古風霜裏，老木滄波無限悲。

簡齋《登岳陽樓》凡三詩，又有《巴丘書事》一詩，皆悲壯激烈，如「晚木聲酣洞庭野，晴天影抱岳陽樓。四年風露侵游子，十月江湖吐亂洲。」又如「乾坤萬事集雙鬢，臣子一謫今五年。」近逼山谷，遠詣老杜。今全取此首，迺建炎中，避地時詩也。白樂天有此樓詩云：「春岸緑時連夢澤，夕波紅處近長安。」下一句好，上一句涉粧點。（卷一「登覽類」，李慶甲《瀛奎律髓匯評》，第四一頁）

《聞楊十二新拜省郎遥以詩賀》白居易

文昌新入有光輝，紫界宫墻白粉闈。曉日雞人傳漏箭，春風侍女護朝衣。雪飄歌句高難和，鶴拂煙霄老慣飛。官職聲名俱入手，近來詩客似君稀。

元注：「向曾有贈楊詩，落句云：『不用更教詩句好，折君官職是聲名。』今故云『俱入手。』」此楊巨源也。（卷二「朝省類」，李慶甲《瀛奎律髓匯評》，第六四頁）

《喜張十八博士除水部員外郎》白居易

老何殁後吟聲絶，雖有郎官不愛詩。無復篇章傳道路，空餘風月在曹司。長嗟博士官猶屈，亦恐騷人道漸衰。今日聞君除水部，喜於身得省郎時。

何遜以詩名，老杜頌之曰「能詩何水曹。」張籍是除，樂天賀之，五十六字如一直説話，自然條暢。（卷二「朝省類」，李慶甲《瀛奎律髓匯評》，第六五頁）

智按：無名氏（甲）評云：「香山詩筆健而神遠者爲貴，此其一也。」無名氏（乙）評云：「踴躍善寫喜意，古人之真摯如此。」

《南朝四首（其一）》楊億

五鼓端門漏滴稀，夜籤聲斷翠華飛。繁星曉埭聞雞度，細雨春塲射雉歸。步試金蓮波濺襪，歌翻玉樹涕沾衣。龍盤王氣終三百，猶得澄瀾對敞扉。

夜半至雞鳴埭及射雉，迺齊事。金蓮，潘妃事。玉樹，陳後主事。此雜賦南朝耳。詩並見《西崑倡酬集》。組織華麗，盖一變晚唐詩體、香山詩體，而效李義山，自楊文公、劉子儀始。歐梅既作，尋又一變。然歐公亦不非之，而服其工。（卷三「懷古類」，李慶甲《瀛奎律髓匯評》，第一二四頁）

《過鴻溝》王禹偁

侯公緩頰太公歸，項籍何曾會戰機。只見鴻溝分兩界，不知垓下有重圍。危橋帶雨無人過，敗葉隨風傍馬飛。半日垂鞭念前事，露莎霜樹映斜暉。

元之詩學樂天，此首殊覺高古。（卷三「懷古類」，李慶甲《瀛奎律髓匯評》，第一三五頁）

《百花亭》白居易

朱檻在空虛，涼風八月初。山形如峴首，江色似桐廬。佛寺垂舟入，人家枕水居。高亭仍有月，今夜宿何如？

此貶江州司馬時作。大抵中唐以後，人多善言風土，如西北風沙酪漿氈幄之區，東南水國蠻島夷洞之外，亦無不曲盡其妙。樂天《送人游嶺南》有云：「訶陵國方界，交趾郡為隣。土民稀白首，洞主盡黄巾。」又：「紅旗圍卉服，紫綬裹文身。面苦桄榔裛，漿酸橄欖新。牙檣迎海舶，銅鼓賽江神。不凍貪泉暖，無霜毒草春。雲煙蟒蛇氣，刀劍鱷魚鱗。」又云：「天黄生颶母，雨黑長楓人。」而結之曰：「須防盃裹蠱，莫受橐中珍。」亦可謂盡南中之俗矣。學詩者不可不深造黄陳，擺落膏艶，而趨於古淡，亦不可無此等一二語也。（卷四「風土類」，李慶甲《瀛奎律髓匯評》，第一五八頁）

智按：陸貽典評云：「樂天詩于淡素之中有意議者爲妙。太枯率者不足讀。此首尚可也。」

《赴蘇州酧別樂天》劉禹錫

吴郡魚書下紫宸，長安廐吏送朱輪。二南風化承遺愛，八詠聲名躡後塵。梁氏夫妻為寄客，陸家兄弟是州民。江城春日追游處，共憶東都舊主人。

樂天嘗守蘇，今夢得亦徃守。此故有承遺愛、躡後塵之語。梁鴻、孟光嘗客於吳，機、雲二陸昔為吳人，今到蘇之後，凡寄寓之客，及在郡之士人，與太守相追游，當共憶樂天為舊太守，即舊主人也。善用事，筆端有口，未易可及。（卷四「風土類」，李慶甲《瀛奎律髓匯評》，第一八八頁）

《杭州》白居易

餘杭形勝世間無，州傍青山縣枕湖。遶郭荷花三十里，拂城松樹一千株。夢兒亭古傳名謝，教伎樓新道姓蘇。獨有使君年老大，風光不稱白髭鬚。

智按：馮舒評云：「如面語。」馮班評云：「起句似質，太直。」陸貽典評云：「白詩總之如面語。」

《守蘇答客問杭州》白居易

為我踟躕停酒盞，與君約畧説杭州。山名天竺堆青黛，湖號錢塘瀉緑油。大屋簷多裝雁齒，小航船亦畫蝺頭。所嗟水路無三百，官繫何因得再游。

智按：陸貽典評云：「五、六自是樂天句法。」

《杭州春望》白居易

望海樓明照曉霞，護江堤白踏晴沙。濤聲夜入伍員廟，柳色春藏蘇小家。紅袖織綾誇柿蔕，青旗沽酒趁梨花。誰開湖寺西南路，草緑裙腰一道斜。

樂天守杭州，以和適之趣處繁華；子厚守柳州，以愁苦之懷處荒寂，情景異，歡戚殊，以樂天之二詩，視子厚之五詩，相去遠矣。然子厚亦隘者也。東坡謫黄、謫惠、謫儋耳，無一言及於怨尤夷鄙，是亦可以觀人焉。（卷四「風土類」，李慶甲《瀛奎律髓匯評》，第一八八～一八九頁）

智按：馮班評云：「春望結。」無名氏（甲）評云：「樂天詩自得春氣，然根源故不及柳州之深。」

《重誇州宅旦暮景色》元稹

仙都難畫亦難書，暫合登臨不合居。繞郭煙嵐新雨後，滿山樓閣上燈初。人聲曉動千門闢，湖色宵涵萬象虚。為問西州羅刹岸，濤頭衝突近何如？

長慶中，樂天知杭州，微之知越州，以筒寄詩自此始。微之誇州宅，蓬萊閣所以名亦自此始。二公前貶九江、忠州、江陵、通州，往來詩不勝其酸楚，至此乃不勝其誇耀，亦一時風俗之弊，只知作詩，不知其有失也。（卷四「風土類」，李慶甲《瀛奎律髓匯評》，第一九〇～一九一頁）

《寄太原李相公》白居易

聞道北都今一變，政和軍樂萬人安。綺羅二八圍賔榻，組練三千夾將壇。蟬鬢應誇丞相少，貂裘不覺太原寒。世間大有虚榮貴，百歲無君一日歡。

第五句頗於戲語中存規戒，第六句對得妙。（卷五「昇平類」，李慶甲《瀛奎律髓匯評》，第二〇八頁）《晚歲》白居易

壯歲忽已去，浮雲何足論。身為百口長，官是一州尊。不覺白雙鬢，徒

言朱兩轓。病難施郡政，老未答君恩。歲暮別京洛，年衰無子孫。惹愁諳世網，因苦賴空門。攬帶知腰瘦，看燈覺眼昏。不緣衣食繫，尋合返邱園。

此在杭州作，殆初至郡時。（卷六「宦情類」）

《自詠》（在蘇州作）白居易公私頗多事，衰憊殊少歡。迎送賓客懶，鞭笞黎庶難。老耳倦聲樂，病口厭杯盤。既無可戀者，何以不休官。（卷六「宦情類」）

《六十拜河南尹》白居易

六十河南尹，前途足可知。老應無處避，病不與人期。幸遇芳菲日，猶當强健時。萬金何假借，一盞莫推辭。流水光陰急，浮雲富貴遲。人間若無酒，盡合鬢成絲。

三四，韓子蒼一聯出此。（卷六「宦情類」）

《七年春題府廳》白居易潦倒守三川，因循涉四年。推誠廢鈎距，示恥用蒲鞭。以此補公事，將何銷俸錢。雖非好官職，歲久亦妨賢。

河南尹在當時想非要路，故曰「雖非好官職」。（卷六「宦情類」）

《罷府歸舊居》白居易

陋巷乘籃入，朱門掛印回。腰間抛組綬，纓上拂塵埃。屈曲閒池沼，無非手自開。青蒼好竹樹，亦是眼看栽。石片擡琴匣，松枝閣酒盃。此生終老處，昨日始歸來。

第三四韻自作隔對，亦一體也。罷河南尹歸家，故云爾。（卷六「宦情類」，以上見李慶甲《瀛奎律髓匯評》，第二三九～二四二頁）

智按：馮班評云：「別是一體。」

《秋日偶書》趙師秀

官事何曾曉，閒名苦要簽。大書公吏恐，直語衆人嫌。俸少貧如故，醫慵病却添。秋風墻下菊，相對憶陶潛。

詩亦平妥，但三四俗，五六有樂天語意。筠州推官時作。（卷六「宦情類」，李慶甲《瀛奎律髓匯評》，第二五四頁）

《微之就辭尚書居易續除刑部因書賀意兼述離懷》白居易

我為憲部入南宫，君作尚書鎮浙東。老去一時成白首，别來七度换春風。簪纓假合虚名在，筋力銷磨實事空。遠地官高親故少，些些笑語與誰同。（卷六「宦情類」）

《解蘇州自喜》白居易

自喜天教我少緣，家徒行計兩翩翩。身兼妻子都三口，鶴與琴書共一船。僮僕減來無冗食，資糧筭外有餘錢。攜收貯作丘中費，猶免饑寒待幾年。

道是白詩平易，三四都如此，奇哉異哉。出律破格，本是自然胸懷，無粉飾也。（卷六「宦情類」）

《喜罷郡》白居易

五年兩郡亦堪嗟，偷出游山走看花。自此光陰為己有，從前日月屬官家。樽前免被催迎使，枕上休聞報坐衙。睡到午時歡到夜，廻看官職是泥沙。

久困仕宦，方知此詩之妙。樂天真樂天哉。（卷六「宦情類」）

《從同州刺史改授太子分司》白居易

承華東署三分務，履道西馳七過春。歌飲優游聊卒歲，園林瀟灑可終身。留侯爵秩誠虚貴，疏受生涯未苦貧。月俸百千官二品，朝廷雇我作閒人。（卷六「宦情類」）

《贈皇甫六張十五李廿三賓客》白居易

昨日三川新罷守，今年四皓盡分司。幸陪散秩閑居日，好是登山臨水時。家未苦貧常醖酒，身雖疾病尚吟詩。龍門泉石香山月，早晚同游報一期。

家常得醖酒，唐以來仕宦之家皆然。（卷六「宦情類」）

《和高僕射罷節使讓尚書授太保分司喜遂游山水之作》白居易

暫辭八座罷雙旌，更作登山臨水行。能以忠貞酬重任，不將富貴礙高情。朱門出去簪纓從，絳帳歸來歌吹迎。鞍馬鬧裝光滿路，何人信道是書生。

誇美高公富貴侶乎？譏之。其少起於書生，當考。（卷六「宦情類」，以上見李慶甲《瀛奎律髓匯評》，第二五六～二五八頁）

《失婢》白居易

宅院小牆庳，坊門帖（一作揭）榜遲。舊恩慚自薄，前事悔難追。籠鳥無常主，風花不戀枝。今宵在何處，惟有月明知。

三四乃失婢之主，罪己而不責婢之為淫奔，亦近厚矣。末句尤深而不露。《失鶴》詩所謂「想應只在秋江上」，蓋本於此。（卷七「風懷類」，李慶甲《瀛奎律髓匯評》，第二七七頁）

《宴散》白居易

小宴追凉散，平橋步月迴。笙歌歸院落，燈火下樓臺。殘暑蟬催盡，新秋雁帶來。將何迎睡興，臨卧舉殘盃。

三四，人所共知。（卷八「宴集類」，李慶甲《瀛奎律髓匯評》，第二九八頁）

智按：許印芳評云：「三、四善寫貴人事，本是傳句，是看與否，勿關得失，何足深辯耶?」無名氏評云：「上四句不過叙事，却得力于『殘暑』二句，方有歸結。」

《宴周皓大夫光福宅》白居易

何處風光最可憐，妓堂階下砌臺前。軒車擁路光照地，絲管入門聲沸天。緑蕙不香饒桂酒，紅櫻無色讓花鈿。野人不敢求他事，惟借泉聲伴醉眠。（卷八「宴集類」）

《歲日家宴戲示弟姪兼呈張侍御殷判官》白居易

弟妹妻孥子姪甥，嬌癡弄我助歡情。歲盞後推藍尾酒，春盤先進膠（去聲）牙餳。形骸老倒雖堪歎，骨肉團圓亦可榮。猶有誇張少年處，笑呼張丈喚殷兄。（卷八「宴集類」，以上見李慶甲《瀛奎律髓匯評》，第三〇四頁）

《胡吉鄭劉盧張六賢皆多年壽予亦次焉偶於敝舍合成尚齒之會七老相顧既醉且懽静而思之此會世所稀有因成七言六韻詩以記之傳好事者》白居易

七人五百七十歲，拖紫紆朱垂白鬚。囊裏無金莫嗟嘆，樽中有酒且歡娱。詩吟兩句神還壯，酒飲三杯氣且麁。嵬峩狂歌教婢拍，婆娑醉舞遣孫扶。天年高邁二疏傅，人數多於四皓圖。除却三山五天竺，人間此會更應無。

胡杲年八十九，吉旼年八十六，鄭據年八十四，劉真年八十二，盧貞年八十二，張渾年七十四，白居易年七十四。元註：已上七人，合五百七十歲。會昌五年三月二十四日於白家履道宅同宴，宴罷賦詩。時秘書監狄兼謨、河南尹盧貞以年未七十，雖與會而不及列。予按會者九人，狄兼謨、盧貞以年未七十不著於詩，雖名七老，實九老也，故世傳《九老圖》云，且一時有同姓名者，亦可謂異矣。（卷九「老壽類」，李慶甲《瀛奎律髓匯評》，第三一二～三一三頁）

《春日江村》杜甫

農務村村急，春流岸岸深。乾坤萬里眼，時序百年心。茅屋還堪賦，桃源自可尋。艱難賤生理，飄泊到如今。

迢遞來三蜀，蹉跎有六年。客身逢故舊，發興自林泉。過懶從衣結，頻游任履穿。藩籬無限景，恣意買江天。

種竹交加翠，栽桃爛熳紅。經心石鏡月，到面雪山風。赤管隨王命，銀章付老翁。豈知牙齒落，名玷薦賢中。

扶病垂朱紱，歸休步紫苔。郊扉存晚計，幕府愧群材。燕外晴絲卷，鷗邊水葉開。鄰家送魚鱉，問我數能來。

群盜哀王粲，中年召賈生。登樓初有作，前席竟為榮。宅入先賢傳，才高處士名。異時懷二子，春日復含情。

此五詩成都草堂作，依嚴武為工部參謀時也。末篇引王粲登樓、賈誼前席事，蓋謂信美而非吾土，如依劉表而非其心，猶有意賈生之召也。故《他日》詩曰：「白頭趨幕府，深覺負平生。」或問：老杜詩如此等篇，細觀似亦平易。自山谷始學老杜，而後山繼之，山谷學老杜而不為。此後山之言也，未知不為如何？後山詩步驟老杜，而深奥幽遠，咀嚼諷詠，一看不可了，必再看；再看不可了，必至三看、四看，猶未深曉。何如者耶？曰：後山述山谷之言矣，譬之奕焉。弟子高師一著，始及其師。老杜詩所以妙者，全在闔闢頓挫耳。平易之中有艱苦，若但學其平易，而不從艱苦求之，則輕率下筆不過如元、白之寬耳。學者當思之。（卷十「春日類」，以上見李慶甲《瀛奎律髓匯評》，第三二二～三二四頁）

《履道春居》白居易

微雨灑園林，新晴好一尋。低風洗池面，斜日坼花心。暝助嵐陰重，春添水色深。不如陶省事，猶抱有絃琴。

中四句皆下句好，「春添水色深」尤好，尾句翻案尤佳。（卷十「春日類」）

智按：馮班評云：「次聯名句，體物入微。」

《和春深》（二十首選五首）白居易

何處春深好，春深富貴家。馬為中路鳥，妓作後庭花。羅綺驅論隊，金銀用斷車。眼前何所苦，唯苦日西斜。

何處春深好，春深執政家。鳳池添硯水，雞樹落衣花。詔借當衢宅，恩容上殿車。延英開對久，門與日西斜。

何處春深好，春深方鎮家。通犀排帶胯，瑞鶻勘袍花。飛絮衝球馬，垂楊拂妓車。戎裝拜春設，左握寶刀斜。

何處春深好，春深刺史家。陰繁棠布葉，歧秀麥分花。五疋鳴珂馬，雙輪畫軾車。和風引行樂，葉葉隼旟斜。

何處春深好，春深學士家。鳳書裁五色，馬鬣剪三花。蠟炬開明火，銀臺賜物車。相逢不敢揖，彼此帽低斜。

此所謂「家」、「花」、「車」、「斜」，元、白、劉各賦二十首，今於白取五首，元、劉略之。依次押韻，至此而盛，詩之趣小貶矣。虛空想像，無是景而為是語，騁才馳思，則亦可喜矣。（卷十「春日類」，以上見李慶甲《瀛奎律髓匯評》，第三三四～三三六頁）

《游春》姚合

卑官還不惡，行止得逍遥。晴野花侵路，春波水上橋。塵埃生暖色，藥草長新苗。看却烟光散，狂風處處飄。

身被春光引，經時更不歸。嚼花香滿口，書竹粉粘衣。弄日鶯狂語，迎風蝶倒飛。自知疎懶性，得事亦應稀。

姚少監合初為武功尉，有詩聲，世稱為姚武功，與賈島同時而稍後，似未登昌黎之門。白樂天《送知杭州》有詩。凡劉、白以後詩人集中皆有姓名，詩亦一時新體也。而格卑於島，細巧則或過之。……（卷十「春日類」，李慶甲《瀛奎律髓匯評》，第三四〇頁）

《寒食前一日陪希深遠游大字院》梅堯臣

一百五將近，千門烟火微。閒過少傅宅，喜見老萊衣。晚雨竹間霽，春禽花上飛。禪庭清溜滿，幽興自忘歸。

洛陽大字院，係唐太子太傅白樂天故宅。五、六清麗。（卷十「春日類」，李慶甲《瀛奎律髓匯評》，第三四四頁）

《正月三日閒行》白居易

黄鸝巷口鶯欲語，烏鵲橋頭冰欲銷。綠浪東西南北水，紅欄三百九十橋（蘇之官橋大數）。鴛鴦蕩漾雙雙翅，楊柳交加萬萬條。借問春風來早晚，只從前日到今朝。

黄鸝，坊名。烏鵲，橋名。九十之十，用作平聲，唐人多如此。（卷十「春日類」，李慶甲《瀛奎律髓匯評》，第三六一頁）

《公舍春日》丁謂

綠楊垂線草鋪茵，觸處烟光舉眼新。一品也須妨白髮，千金莫惜買青春。鶯聲圓滑堪清耳，花艷鮮明欲照身。獨向此時為俗吏，風流知是不如人。

近似白樂天體。（卷十「春日類」，李慶甲《瀛奎律髓匯評》，第三六六頁）

《奉酬侍中夏中雨游城南莊見示八韻》白居易

鳥樹間林巒，雲收雨氣殘。四山嵐色重，五月水聲寒。老鶴兩三隻，新篁千萬竿。化成天竺寺，移得子陵灘。心覺閒彌貴，身緣健更懽。帝將風后待，人作謝公看。角里年雖老，高陽興未闌。佳辰不見召，爭免趁盃盤。

此乃和裴晉公詩，甚工。（卷十一「夏日類」）

《仲夏齋居偶題八詠寄微之及崔湖州》白居易

腥血與葷蔬，停來一月餘。肌膚雖瘦損，方寸任清虛。體適通宵坐，頭慵隔日梳。眼前無俗物，身外即僧居。水榭風來遠，松廊雨過初。褰簾放巢燕，投食施池魚。久别閒游伴，頻勞問疾書。不知胡與越，吏隱興何如。

有閒散之味。（卷十一「夏日類」）

《苦熱》白居易

頭痛汗盈巾，連宵復達晨。不堪逢苦熱，猶賴是閒人。朝客應煩倦，農夫更苦辛。始慚當此日，得作自由身。

何以消煩暑，端居一院中。眼前無長物，牕下有清風。熱散由心靜，凉生為室空。此時身自得，難更與人同。

閒可減暑、靜足支暑。兩詩能道此意，可喜。（卷十一「夏日類」，以上

見李慶甲《瀛奎律髓匯評》，第三九六～三九八頁）

《秋日暑退贈白樂天》劉夢得

暑服宜秋著，清琴入夜彈。人情皆向菊，風意欲摧蘭。歲稔貧心泰，天涼病體安。相逢取次第，卻甚少年歡。

三、四已佳，五、六十分佳絕。（卷十一「夏日類」，李慶甲《瀛奎律髓匯評》，第四二六～四二七頁）

《早秋》杜牧

疏雨洗空曠，秋標驚意新。大暑去酷吏，清風來故人。樽酒酌未酌，晚花嚬不嚬。銖秤與縷雪，誰覺老陳陳。

大暑如酷吏之去，清風如故人之來。倒裝一字便極高妙，晚唐無此句也。牧之才高，意欲異衆，心鄙元、白，良有以哉！尾句怪。（卷十二「秋日類」，李慶甲《瀛奎律髓匯評》，第四二七頁）

《池上》白居易

嫋嫋涼風動，淒淒寒露零。蘭衰花始白，荷破葉猶青。獨立棲沙鶴，雙飛照水螢。若為寥落境，仍值酒初醒。

第四句最新。（卷十二「秋日類」，李慶甲《瀛奎律髓匯評》，第四二八頁）

《初冬早起寄夢得》白居易

起戴烏紗帽，行披白布裘。爐溫先暖酒，手冷未梳頭。早景煙霜白，初寒鳥雀愁。詩成遣誰和，還是寄蘇州。

白詩由衷，故勝微之。（卷十三「冬日類」，李慶甲《瀛奎律髓匯評》，第四七四頁）

智按：無名氏（甲）評云：「妙在末句，足振通篇。」

《戊申歲暮詠懷二首》白居易

窮冬月末兩三日，半百年過六七時。龍尾趁朝無氣力，牛頭參道有心期。榮華外物終須悟，老病傍人豈得知。猶被妻兒教漸退，莫求致仕且分司。

唯生一女纔十二，祇欠三年未六旬。婚嫁累輕何怕老，饑寒身慣不憂貧。

紫泥丹筆皆經手，赤紱金章盡到身。更擬踟躕覓何事，不歸嵩洛作閒人。

言言能道心事，予年五十七歲，選此詩，深愧之，是歲太和二年。（卷十三「冬日類」，李慶甲《瀛奎律髓匯評》，第四九〇頁）

《曉寢》白居易

轉枕重安寢，迴頭一欠伸。紙窗明覺曉，布被暖知春。莫強踈慵性，須安老大身。雞鳴一覺睡，不博早朝人。

三四好快活自在人，尾句尤爽。（卷十四「晨朝類」，李慶甲《瀛奎律髓匯評》，第五〇六頁）

《曉發鄞江北渡寄崔韓二先輩》許渾

南北信多岐，生涯半別離。地窮山盡處，江泛水寒時。露曉蒹葭重，霜晴橘柚垂。無勞促回，檝千里有心期。

許用晦《丁卯集》者，京口之南可十里，有丁卯橋，乃其故居，以名集也。其詩出於元、白之後，體格太卑，對偶太切。陳後山次韻東坡，有云：「後世無高學，舉俗愛許渾。」……（卷十四「晨朝類」，李慶甲《瀛奎律髓匯評》，第五〇九頁）

《曉上天津橋閒望偶逢盧郎中張員外攜酒同傾》白居易

上陽宫裏曉鐘後，天津橋頭殘月前。空闊境疑非下界，飄遥身似在寒天。星河隠約初生日，樓閣葱蘢半出烟。此處相逢傾一盞，始知地上有神仙。

詩律不必高，但亦自然。（卷十四「晨朝類」，李慶甲《瀛奎律髓匯評》，第五一九頁）

《酬夢得窮秋夜坐即事見寄》白居易

焰細燈將盡，聲遙漏正長。老人秋向火，小女夜縫裳。菊悴籬經雨，萍銷水得霜。今冬暖寒酒，已擬共君嘗。

三、四有情味。（卷十五「暮夜類」）

《齊雲樓晚望偶題十韻兼呈馮侍御田殷二協律》（樓在蘇州）白居易

潦倒宦情盡，蕭條芳歲闌。欲辭南國去，重上北城看。復嶺江山壯，平鋪井邑寬。人稠過楊府，坊鬧半長安。插霧峰頭沒，穿霞日脚殘。水光紅漾漾，樹色緑漫漫。約略留遺愛，殷勤念舊歡。病拋官職易，老別友朋難。九月全無熱，西風亦未寒。齊雲樓北面，半日凭欄干。

前一聯見蘇州之盛，後一聯真情可掬。（卷十五「暮夜類」）

《彭蠡湖晚歸》白居易

彭蠡湖天晚，桃花水氣春。鳥飛千白點，日沒半紅輪。何必為遷客，無勞是病身。但來臨此望，少有不愁人。

自是一家。尾句淒然如此，遷謫中常態也。（卷十五「暮夜類」，以上見李慶甲《瀛奎律髓匯評》，第五三六～五三八頁）

《除夜》陳師道

七十已強半，所餘能幾何。懸知暮景促，更覺後生多。遁世名為累，留年睡作魔。西歸端著便，老子不婆娑。

前四句即「四十明朝過，飛騰暮景斜」之意，樂天亦云：「行年三十九，歲暮日斜時。」前輩競辰如此，晚輩可不勉哉！「留年睡作魔」絶佳，謂不寐以守歲，而不耐困也。（卷十六「節序類」，李慶甲《瀛奎律髓匯評》，第五七三頁）

《正月十五夜月》白居易

歲熟人心樂，朝游復夜游。春風來海上，明月在江頭。燈火家家市，笙歌處處樓。無妨思帝里，不合厭杭州。

樂天以長慶二年冬十月杭州到任，長慶四年元宵詩也。杭自唐固已盛矣，然終未若京都長安之盛。三四佳句也，如李易安「月上柳梢頭」，則詞意邪僻矣。（卷十六「節序類」，李慶甲《瀛奎律髓匯評》，第五八三頁）

《冬至夜》白居易

老去襟懷常濩落，病來鬚鬢轉蒼浪。心灰不及爐中炭，鬢雪多於砌下霜。三峽南賓身最遠，一年冬至夜偏長。今宵始覺房櫳冷，坐索寒衣泥孟光。

「心灰」、「鬢霜」，引喻亦佳，「一年冬至夜偏長」，前未有人道也。（卷十六「節序類」，李慶甲《瀛奎律髓匯評》，第六〇三頁）

《除夜寄微之》白居易

鬢毛不覺白毿毿，一事無成百不堪。共惜盛時辭闕下，同嗟除夜在江南。家山泉石尋常憶，世路風波子細看。老校於君合先退，明年半百又加三。

此長慶三年癸卯歲除也。「明年半百又加三」，樂天五十三歲，係長慶四年甲辰正在杭州，蓋樂天生於壬子，實代宗大曆六年也，長柳子厚一歲。（卷

十六「節序類」，李慶甲《瀛奎律髓匯評》，第六〇七頁）

《寒食成判官垂訪》徐鉉

常年寒食在京華，今歲清明在海涯。遠巷蹋歌深夜月，隔墻吹管數枝花。鴛鷺得路音塵闊，鴻雁分飛道里賒。不是多情成二十，斷無人解訪貧家。

徐鉉，字鼎臣，仕李後主為吏部尚書，歸宋仕至散騎常侍，世稱徐騎省。在江東與韓熙載齊名，詩有白樂天之風，弟鍇俱工字學，鴻雁分飛之句，為弟設也。（卷十六「節序類」，李慶甲《瀛奎律髓匯評》，第六二五頁）

《苦雨悶悶對酒偶吟》白居易

凄凄久雨暗銅駞，嫋嫋涼風起漕河。自夏及秋晴日少，從朝至暮悶時多。鷺臨池立窺魚笱，隼傍林飛拂雀羅。賴有杯中神聖物，百憂無奈十分何。

樂天詩多近人情，三四是也。（卷十七「晴雨類」，李慶甲《瀛奎律髓匯評》，第六九一頁）

《夜聞賈常州崔湖州茶山境會想羨歡宴因寄此詩》白居易

遙聞境會茶山夜，珠翠歌鐘俱繞身。盤下中分兩州界，燈前合作一家春。青娥遞舞應爭妙，紫筍齊嘗各鬭新。自歎花時北窗下，蒲萄酒對病眠人。

元注：「時馬墜損腰，正歡蒲萄酒。」此可備故事。（卷十八「茶類」，李慶甲《瀛奎律髓匯評》，第七一九頁）

《何處難忘酒》白居易

何處難忘酒？天涯話舊情。青雲俱不達，白髮遞相驚。二十年前別，三千里外行。此時無一盞，何以叙平生。

何處難忘酒？霜庭老病翁。暗聲啼蟋蟀，乾葉落梧桐。鬢為愁先白，顏因醉暫紅。此時無一盞，何計奈秋風。

何處難忘酒？青門送別多。斂襟收涕淚，蹴馬聽笙歌。煙樹灞陵岸，風塵長樂坡。此時無一盞，爭奈去留何。

何處難忘酒？逐臣歸故園。赦書逢驛騎，賀客出都門。半面瘴煙色，滿衫鄉淚痕。此時無一盞，何處可招魂。

七首内三首以士人及第、少年春夜、軍功建旄而飲，今刪之。何則？得志之人，能不汨于酒，則人品高矣。所取四首，以逆旅窮交、老境寒病、都門送別、逐臣遇赦而飲，此則不能忘情于酒者，人情之常也。「鬢為愁先白」

一聯，後山畧換數字，便鍛鐵成金，此又學者所當知也。（卷十九「酒類」）

智按：陳後山《除夜對酒贈少章》：「歲晚身何託，燈前客未空。半生憂患裏，一夢有無中。髮短愁催白，顏衰酒借紅。我歌君起舞，潦倒略相同。」（《後山集》卷五）《王直方詩話》「酒紅」：

樂天有詩云：「醉貌如霜葉，雖紅不是春。」東坡有詩云：「兒童誤喜朱顏在，一笑那知是酒紅。」鄭谷有詩云：「衰鬢霜供白，愁顏酒借紅。」老杜有詩云：「髮少何勞白，顏衰肯更紅！」無己詩云：「髮短愁催白，顏衰酒借紅。」皆相類也。然無己初出此一聯，大為當時諸公所稱賞。

《不如來飲酒》白居易

莫作商人去，悽惶君未諳。雪霜行塞北，風水宿江南。藏鏹百千萬，沉舟十二三。不如來飲酒，仰面醉酣酣。

莫事長征去，辛勤難具論。何曾畫麟閣，衹是老轅門。蟣蝨衣中物，刀鎗面上痕。不如來飲酒，合眼醉昏昏。

莫上青雲去，青雲足愛憎。自賢誇智慧，相糾鬭功能。魚爛緣吞餌，蛾焦為撲燈。不如來飲酒，任性醉騰騰。

莫入紅塵去，令人心力勞。相爭兩蝸角，所得一牛毛。且滅心中火，休磨笑裏刀。不如來飲酒，穩卧醉陶陶。

《不如來飲酒》七首，刪去三首，深山也，農夫也，學仙也，不可招之使還，商人征夫雲路塵勞，此當以酒招耳。人言白詩平易，「相爭兩蝸角，所得一牛毛」，豈不奇崛？胸中所見高，則下筆自高。此又在乎涵養省悟之有得，不得專求之文字間也。（卷十九「酒類」）

《把酒思閒事》白居易

把酒思閒事，春愁誰最深。乞錢羈客面，落第舉人心。月下低眉立，燈前抱膝吟。憑君勸一醉，勝與萬黃金。

把酒思閒事，春嬌何處多。試鞍新白馬，弄鏡小青娥。掌上初教舞，花頭欲按歌。憑君勸一醉，勸了又如何。

樂天所賦，必近人情，前一詩言羈窮之人不可無酒也，後一詩言得志之人酒後有所不能自已也。一以憐，一以戒也。（卷十九「酒類」）

《晚春酒醒尋夢得》白居易

料合同惆悵，花殘酒亦殘。醉心忘老易，醒眼别春難。獨出雖慵懶，相逢定喜歡。還攜小蠻去，試覓老劉看。

此以小蠻為酒榼名，又非舞腰之小蠻也。（卷十九「酒類」，以上見李慶甲《瀛奎律髓匯評》，第七二七～七三〇頁）

《嘗酒聽歌招客》白居易

一甕香醪新插篘，雙鬟小妓薄能謳。管絃漸好新教得，羅綺雖貧免外求。世上貪忙不覺苦，人間除醉却須愁。不知此事君知否，君若知時從我游。

曠達之言。（卷十九「酒類」）

《長齋月滿攜酒先與夢得對酌醉中同赴令公之宴戲贈夢得》白居易

齋宫前日満三旬，酒榼今朝一拂塵。乘興還同訪戴客，解酲仍對姓劉人。病心湯沃寒灰活，老面花生朽木春。若怕平原怪先醉，知君未慣吐車茵。

第四句善詼諧，五六足見飲酒之喜，快于心，見于面。（卷十九「酒類」）

《橋亭卯飲》白居易

卯時偶飲齋時卧，林下高橋橋上亭。松影亂窗眠始覺，竹風吹面醉初醒。就荷葉上包魚鮓，當石渠中洗酒瓶。生計悠悠身兀兀，甘從妻唤作劉伶。

五、六新異。（卷十九「酒類」，以上見李慶甲《瀛奎律髓匯評》，第七三四～七三五頁）

《梅花》趙蕃

平生欠汝哦詩債，歲歲年年須要還。未至臘時須訪問，已過春月尚躋攀。直從開後至落後，不問山間與水間。却笑淵明賦歸去，庭柯目眄自怡顔。

全樹婆娑夥匪奢，數枝纖瘦少尤佳。春風上苑吾何忝，落日孤邨汝自嗟。定論要為塵外物，細看那是世間花。不然山谷能詩，老禹與山礬定等差。

世之作者無窮，尤楊范陸之後，又有一趙昌父。「直從開後至落後」，即樂天「賞自初開直至落」。第二首五六絶妙。梅詩甚多，特選此耳。（卷二十「梅花類」，李慶甲《瀛奎律髓匯評》，第八三五頁）

《憶杭州梅花因叙舊游寄蕭協律》白居易

二年悶悶在餘杭，曾為梅花醉幾塲。伍相廟前繁似雪，孤山園裏麗如粧。

躅隨游騎心長惜，折贈佳人手亦香。賞自初開直至落，歡因小飲便成狂。薛劉相次埋新隴，沈謝雙飛出故鄉。歌伴酒徒零散盡，惟餘頭白老蕭郎。

元註：「薛劉二客，沈謝二妓，皆是當時歌酒之侶也。」「賞自初開直至落」一句最佳。（卷二十「梅花類」，李慶甲《瀛奎律髓匯評》，第七八四頁）

《黄梅花》王安國

庾嶺開時媚雪霜，梁園春色占中央。未容鶯過毛無類，已覺蜂歸蠟有香。弄月似浮金屑水，飄風如舞麴塵場。何人剩著栽培力，太液池邊想菊裳。

熙寧五年壬子館中作。是時但題曰《黄梅花》，未有「蠟梅」之號。至元祐蘇黄在朝，始定名曰蠟梅，盖王才元園中花也。直方之父作《頓有亭》時，則蠟梅詩開山祖，似當以平甫詩為首也。歐陽公、梅聖俞、南豐、東坡、山谷、後山盛稱王平甫詩，讀其集，佳者良多，視其兄介甫頗豪富，高於元、白多矣。比張文潛，則風味不及；比蘇子美，則骨骼不及，殆不下坡門秦晁也。……（卷二十「梅花類」，李慶甲《瀛奎律髓匯評》，第七九四頁）

《詠雪奉呈廣平公》（元注：「宋盈祖。」）黄山谷

春寒晴碧來飛雪，忽憶江清水見沙。夜聽疏疏還密密，曉看整整復斜斜。風回共作婆娑舞，天巧能開頃刻花。政使盡情寒至骨，不妨桃李用年華。

「夜聽」、「曉看」一聯，徐師川有異論。東坡家子弟亦疑之，以問坡，謂黄詩好在何處？坡卻獨稱許之。以余味之，亦無不可。元祐詩人詩，既不為楊、劉「崑體」，亦不為「九僧」晚唐體，又不為白樂天體，各以才力雄於詩。山谷之奇，有「崑體」之變，而不襲其組織。其巧者如作謎然，此一聯亦雪謎也，學者未可遽非之。下一聯「婆娑舞」、「頃刻花」，則妙矣。《外集》又有《次韻張秘校喜雪》，有四聯可觀：「學子已占秋食麥，廣文何憾客無氈。」「巷深朋友稀來往，日晏兒童不掃除。」「寒生短棹誰乘興，光入疏欞我讀書。」「潤到竹根肥臘筍，暖開蔬甲助春盤。」乃北京教授時詩。（卷二十「雪類」，李慶甲《瀛奎律髓匯評》，第八八六～八八七頁）

《西樓月》白居易

悄悄復悄悄，城隅隱林杪。山郭燈火稀，峽天星漢少。年光東流水，生計南飛鳥。月沒江沉沉，西樓殊未曉。

此乃仄聲律詩也，八句皆佳。中四句，山谷嘗摘書之。（卷二十二「月類」，李慶甲《瀛奎律髓匯評》，第九一六頁）

《中秋月》白居易

萬里清光不可思，添愁益恨遶天涯。誰人隴外久征戍，何處庭前生別離。失寵故姬歸院夜，沒蕃老將上樓時。照他幾許人腸斷，玉兔銀蟾遠不知。

中四句皆述人之失意者，末乃謂照人腸斷，月實不知，即所謂雌雄風者也。（卷二十二「月類」，李慶甲《瀛奎律髓匯評》，第九二二頁）

《八月十五夜禁中寓直寄元四稹》白居易

銀臺金闕靜沉沉，此夜相思在禁林。三五夜中新月色，二千里外故人心。渚宮東面烟波冷，浴殿西頭鐘漏深。猶恐清光不同見，江陵地濕足秋陰。

元微之為江陵法曹，樂天在翰林。（卷二十二「月類」，李慶甲《瀛奎律髓匯評》，第九二三頁）

《和永叔中秋月夜會不見月酬王舍人》梅堯臣

主人待月敞南樓，淮雨西來陡變秋。自有嬋娟侍賓榻，不須迢遞望刀頭。池魚暗聽歌聲躍，蓮菂明傳酒令優。更愛西垣舊詞客，共將詩興壓曹劉。

宋初詩人惟學「白體」及晚唐。楊大年一變而學李義山，謂之「崑體」，有《西崑倡酬集》行於世。其組織故事有絶佳者，有形完而味淺者。尚以流麗對偶，豈肯如此淡淨委蛇，而無一語不近人情耶？梅公之詩為宋第一，歐公之文為宋第一，詩不減梅。蘇子美不早卒，其詩入老杜之域矣。一傳而蘇長公之門得四學士，黃、陳特以詩格高，為宋第一。而張文潛足繼聖俞，盛哉！盛哉！（卷二十二「月類」，李慶甲《瀛奎律髓匯評》，第九二五頁）

《南齋》賈浪仙

獨自南齋卧，神閑景自空。有山來枕上，無事到心中。簾卷侵牀月，屏遮入座風。望春春未至，應在海門東。

此詩中四句卻平易。白樂天集亦有此詩，題云《閑卧》。起句云：「盡日前軒卧」，第三句「有雲當枕上」（智按：《白居易集》作「有山當枕上」），第五句「月」作「日」，第七句「至」作「到」。恐只是白公詩。（卷二十三「閒適類」，李慶甲《瀛奎律髓匯評》，第九四七頁）

智按：方回所言極是。白居易《閒卧》：「盡日前軒卧，神閒境亦空。有山當枕上，無事到心中。簾卷侵牀日，屏遮入座風。望春春未到，應在海門東。」長慶三年（八二三），五十二歲，任杭州刺史。《白居易集箋校》第一五四三頁。

《閒卧》白居易

薄食當齋戒，散班同隠淪。佛容為弟子，天許作閒人。唯置牀臨水，都無物近身。清風散髮卧，兼不要紗巾。

此所謂閒之至者，起句十字有思索，三四天成，尾句脱洒。（卷二十三「閒適類」，李慶甲《瀛奎律髓匯評》，第九四九頁）

《閒坐》白居易

煖擁紅爐火，閒搔白髮頭。百年慵裏過，萬事醉中休。有室同摩詰，無兒比鄧攸。莫論身在日，身後亦無憂。

樂天心事曠達，而詩律寬和，雖則云然，著力為詩者，終不能及也。三四妙，陳後山偶相犯，末句尤妙。（卷二十三「閒適類」，李慶甲《瀛奎律髓匯評》，第九四九頁）

《題庵壁》陸放翁

衰髮蕭疏雪滿巾，君恩乞與自由身。身並猿鶴為三口，家託煙波作四鄰。十日風號未成雪，一年梅發又催春。漁舟底用勤相覓，本避浮名不避人。

白樂天有云：「身兼妻子都三口，鶴與琴書共一船。」尤佳。此亦小異而律同。（卷二十三「閒適類」，李慶甲《瀛奎律髓匯評》，第一〇〇六頁）

《送楊八給事赴常州》白居易

無嗟別青瑣，且喜擁朱輪。五十得三品，百千無一人。須勤念黎庶，莫苦憶交親。此外無過醉，毘陵何限春。

三四新。（卷二十四「送別類」，李慶甲《瀛奎律髓匯評》，第一〇四四頁）

《洛陽送牛相公出鎮淮南》白居易

北闕至東京，風光十六程。坐移丞相閣，春入廣陵城。紅旆擁雙節，白鬚無一莖。萬人開路看，百吏立班迎。閫外君彌重，樽前我亦榮。何須身自得，將相是門生。

元註：「元和初，牛相公應制登第三等，予為翰林考覆官。」樂天元和元年應制科，自盩厔尉除集賢校理，踰月即入翰林為學士，時年三十五歲。牛奇章又其所考制科門生也。此可為座主門生故事。作此詩時，樂天為河南尹。（卷二十四「送别類」，李慶甲《瀛奎律髓匯評》，第一〇四四頁）

《送李侍御過夏州》姚合

酬恩不顧名，走馬覺身輕。迢遞河邊路，蒼茫塞上城。沙寒無宿雁，虜近少閑兵。飲罷揮鞭去，傍人意氣生。

此詩以「虜近少閑兵」一句能道邊塞間難道之景，故取之。上聯「迢遞河邊路，蒼茫塞上城」兩句似泛，亦無深病也。大抵姚光監詩不及浪仙，有氣格卑弱者，如：「瘦馬寒來死，羸童餓得癡。」「馬為賒來貴，童因借得頑。」皆晚輩之所不當學。如王建「脱下御衣偏得著，進來龍馬每教騎。」不惟卑，而又俗矣。東坡謂元輕白俗，然白亦不如是之太俗也。又姚詩如：「茅屋隨年借，盤飧逐日炊。無竹栽蘆看，思山疊石為。」兩句一般無造化。又如：「簷燕酬鶯語，鄰花雜絮飄。」粧砌太密，則反若淺拙。予以公論評之至此。其細潤而甚工者，亦不可泯沒，又當於他詩下備論而表出之。（卷二十四「送别類」，李慶甲《瀛奎律髓匯評》，第一〇五四～一〇五五頁）

《送渾大夫赴豐州》劉禹錫

鳳銜新詔降恩華，又見旌旗出渾家。故吏來辭辛屬國，精兵願逐李輕車。氈裘君長迎風帽，錦領酋豪躡雪衙。其奈明年好春日，無人喚看牡丹花。

夢得詩，句句精絶，其集曾自刪選，故多佳者。視樂天之易不侔也。（卷二十四「送别類」）

《送姚杭州赴任因思舊游》白居易

與君細話杭州事，為我留心莫等閑。閭里固宜勤撫恤，樓臺亦要數躋攀。笙歌縹緲虚空裏，風月依稀夢想間。且喜詩人重管領，遥飛一盞賀江山。

渺渺錢塘路幾千，想君到後事依然。静逢竺寺猿偷橘，閑看蘇家女採蓮。故妓數人頻問信，新詩兩首倩流傳。舍人雖健無多興，老校當時八九年。

此送姚合也，詩律雖寬，自是「白體」，有味有韻。（卷二十四「送别類」）

《送蘄州李十九使君赴郡》白居易

可憐官職好文詞，五十專城未是遲。曉日鏡前無白髮，春風門外有紅旗。郡中何處堪攜酒，席上誰人解和詩。惟有交親開口笑，知君不及洛陽時。

八句皆可取。（卷二十四「送別類」）

《送陝州王司馬建赴任》白居易

陝州司馬去何如，養静資貧兩有餘。公事閒忙同少尹，料錢多少敵尚書。祇攜美酒為行伴，唯作新詩趁下車。自有鐵牛無詠者，料君投刄必應虛。

第二句詩句之有關鍵者，尾句方見得是陝府也。（卷二十四「送別類」）

《長樂亭留別》白居易

灞滻風煙函谷路，曾經幾度別長安。昔時蹙促為遷客，今日從容自去官。優詔幸分四皓秩，祖筵慚繼二疏歡。塵纓世網重重縛，迴顧方知出得難。

樂天以刑部侍郎除太子賓客分司東都，作此詩，別之事同，而味不同如此。（卷二十四「送別類」）

《留別微之》白居易

平時久與本心違，悟道深知前事非。猶厭勞形辭郡印，那將趁伴著朝衣。五千言裏教知足，三百篇中勸式微。少室雲邊伊水畔，比君校老合先歸。

白詩自然，五六何其易之至也。此蘇州病告滿去時詩。（卷二十四「送別類」，以上見李慶甲《瀛奎律髓匯評》，第一〇七三～一〇七五頁）

《送王平甫下第》歐陽修

歸袂揺揺心浩然，曉船鳴鼓轉風灘。朝廷失士有司恥，貧賤不憂君子難。執手聊須為醉別，還家何以慰親懽。自慚知子不能薦，白首胡為侍從官。

細味歐陽公詩，初與梅聖俞同官於洛，所作已超元、白之上，一掃崑體。其古詩甚似韓昌黎，以讀其文過熟故也。（卷二十四「送別類」，李慶甲《瀛奎律髓匯評》，第一〇七九頁）

《賦得古原草送別》白居易

離離原上草，一歲一枯榮。野火燒不盡，春風吹又生。遠芳侵古道，晴翠接荒城。又送王孫去，萋萋滿別情。

「春風吹又生」一聯，樂天妙年以此見知於顧况。（卷二十七「着題類」，李慶甲《瀛奎律髓匯評》，第一一五九頁）

《賦得邊城角》白居易

邊角兩三枝，霜天隴上兒。望鄉相並立，向月一時吹。戰馬頭皆舉，征人首盡垂。嗚嗚三奏罷，城上展旌旗。

尾句無力，三四好，第五句尤好。（卷二十七「着題類」，李慶甲《瀛奎律髓匯評》，第一一五九頁）

《和張水部敕賜櫻桃詩（宣政殿賜百官）》韓昌黎

漢家舊種明光殿，炎帝還書本草經。豈似滿朝承雨露，共看傳賜出青冥。香隨翠籠擎初重，色映銀盤寫未停。食罷自知無所報，空然慚汗仰皇扃。

詩話常評此詩，謂雖工，不及老杜氣魄。然「色映銀盤」之句亦佳。陳後山《答魏衍送朱櫻》有云：「傾籃的皪沾朝露，出袖熒煌得寶珠。會薦瑛盤驚一座，莧腸藜口未良圖。」末句赤瑛盤事，乃魏明帝以此盤賜群臣櫻桃，群臣月下視之，疑為空盤也。以此事味昌黎「色映銀盤」語，豈不益奇？王維集中有《敕賜百官櫻桃》詩，亦以「青絲籠」對「赤玉盤」，甚妙。尾句云：「飽食不須愁內熱，大官還有蔗漿寒。」崔興宗和尾句云：「聞道今人好顏色，神農《本草》自應知。」蓋難題也。張藉（籍）、韓渥（偓）、白樂天集皆有賜櫻桃詩，皆不及此。（卷二十七「着題類」，李慶甲《瀛奎律髓匯評》，第一一七五頁）

《次韻賦楊花》張芸叟

隨風墜落事輕狷，巧占人間欲夏天。只恐障空飛似雪，從教糝徑白於綿。未央宮暖黏歌袖，揚子江清惱客船。老去強寬愁底事，昏花滿眼意茫然。

張芸叟名舜民，關中人。娶陳後山之姊。詩學白樂天，曰《畫墁集》。晚歸長安，名其居曰「榆門莊」。又嘗自號碇齋。（卷二十七「着題類」，李慶甲《瀛奎律髓匯評》，第一一九五頁）

《江樓望歸》（時避賊在越中）白居易

滿眼江雲色，月明樓上人。旅愁春入越，鄉思夜歸秦。道路通荒服，田園隔賊塵。悠悠滄海畔，十載避黃巾。

此少年作，已自成就如此。（卷二十九「旅况類」，李慶甲《瀛奎律髓匯評》，第一二七二頁）

《香山》詹中正

浪兀孤舟一葉輕，香山登步覺神清。幾多怪石全勝畫，大半奇花不識名。

猿狖盡當吟裏見，煙霞祇向眼前生。官身未約重來此，酒滿螺盃月正明。

全似樂天，「幾多」「大半」，字雖俗而不覺俗，以秤停恰好也。（卷三十三「山巖類」，李慶甲《瀛奎律髓匯評》，第一三八四頁）

《渡淮》白居易

淮水東南地，無風渡亦難。孤煙生乍直，遠樹望多圍。春浪棹聲急，夕陽帆影殘。清流宜映月，今夜重吟看。

三、四尖新。（卷三十四「川泉類」，李慶甲《瀛奎律髓匯評》，第一三九〇頁）

《開龍門八節石灘》白居易

七十三翁旦暮身，誓開險路作通津。夜舟過此無傾覆，朝脛從今免苦辛。十里叱灘類河漢，八寒陰獄化陽春。我身雖沒心常在，闇施慈悲與後人。（卷三十四「川泉類」，李慶甲《瀛奎律髓匯評》，第一四〇三頁）

智按：無名氏甲評云：「叱灘」，過此叱咤其險，今如「河漢」之直。「陰獄」，如寒門有八節，今皆變爲「陽春」也。

《題洛中第宅》白居易

水竹誰家宅，門高占地寬。懸魚掛青甃，行馬護朱闌。春樹籠煙暖，秋庭鎖月寒。松膠黏琥珀，筠粉撲琅玕。試問池臺主，當為將相官。終身不曾到，唯展宅圖看。

尾四句，盡貴人第宅終不能歸之態。（卷三十五「庭宇類」，李慶甲《瀛奎律髓匯評》，第一四一二頁）

《歸履道宅》白居易

驛吏引藤輿，家童開竹扉。往時多暫住，今日是長歸。眼下有衣食，耳邊無是非。不論貧與富，飲水亦應肥。

五六豈不自適，然他人不能道，亦不肯道。（卷三十五「庭宇類」，李慶甲《瀛奎律髓匯評》，第一四一二頁）

《薛氏瓜廬》趙師秀

不作封侯念，悠然遠世紛。惟應種瓜事，猶被讀書分。野水多於地，春山半是雲。吾生嫌已老，學圃未如君。

「人家半在船，野水多於地」，本樂天仄韻古詩，今換一句為對，亦佳。（卷三十五「庭宇類」，李慶甲《瀛奎律髓匯評》，第一四一九頁）

《看嵩洛有歎》白居易

今日看嵩洛，回頭歎世間。榮華急如水，憂患大於山。見苦方知善，經忙始變閒。未聞籠裏鳥，飛去肯飛還。（變一作戀）（卷三十九「消遣類」，李慶甲《瀛奎律髓匯評》，第一四五四頁）

《感興》白居易

吉凶禍福有來由，但要深知不要憂。只見火光燒潤屋，不聞風浪覆虛舟。名為公器無多取，利是身災合少求。雖異匏爪難不食，大都足食早宜休。

魚能深入無憂釣，鳥解高飛豈觸羅。藏處先爭炙手去，悔時其奈噬臍何。樽前誘得猩猩血，幕上偷安燕燕窠。我有一言君記取，世間唯有苦人多。（卷三十九「消遣類」）

《閑卧有所思》（二首）白居易

向夕搴簾卧枕琴，微涼入户起開襟。偶因明月清風夜，忽想遷臣逐客心。何處投荒初恐懼？誰人繞澤正悲吟？始知洛下分司坐，一日安閒直萬金。

權門要路是身災，散地閒居少禍胎。今日憐君嶺南去，當時笑我洛中來。蟲全性命緣無毒，木盡天年為不才。大抵吉凶多自致，李斯一去二疏回。（卷三十九「消遣類」）

《九年十一月二十一日感事而作》白居易

禍福茫茫不可期，大都早退似先知。當君白首同歸日，是我青山獨往時。顧索素琴應不暇，憶牽黃犬定難追。麒麟作脯龍為醢，何似泥中曳尾龜？

元註：其日獨游香山寺。（卷三十九「消遣類」）

《放言》（五首）白居易

朝真暮僞何人辨？古往今來底事無？但愛臧生能詐聖，可知甯子解佯愚？草螢有耀終非火，荷露雖團豈是珠？不取燔柴兼照乘，可憐光彩亦何殊？

世途倚伏都無定，塵網牽纏卒未休。禍福回還車轉轂，榮枯反覆手藏鉤。龜靈未免刳腸患，馬失應無折足憂。不信君看弈棋者，輸贏須待局終頭。

贈君一法決狐疑，不用鑽龜與祝蓍。試玉要燒三日滿，辨材須待七年期。

周公恐懼流言後，王莽謙恭未篡時。向使當初身便死，一生真偽復誰知？

誰家第宅成還破？何處親賓哭復歌？昨日屋頭堪炙手，今朝門外好張羅。北邙未省留閒地，東海何曾有定波。莫笑貧賤誇富貴，共成枯骨兩如何。

泰山不要欺毫末，顏子無心羡老彭。松樹千年終是朽，槿花一日自為榮。何須戀世常憂死，亦莫嫌身漫厭生。生去死來都是幻，幻人哀樂繫何情？（卷三十九「消遣類」，以上見李慶甲《瀛奎律髓匯評》，第一四五五～一四五八頁）

《喜敏中及第偶示所懷》白居易

自知羣從為儒少，豈料詞場中第頻。桂折一枝先許我，楊穿三葉盡驚人。轉於文墨須留意，貴向煙霄早致身。莫學我兄年五十，蹉跎始得掌絲綸。（卷四十「兄弟類」，李慶甲《瀛奎律髓匯評》，第一四七三頁）

《敏中新授户部員外郎西歸》白居易

千里歸程三伏天，官新身健馬翩翩。行衝赤日加飡飯，上到青雲穩着鞭。長慶老郎唯我在，客曹故事望君傳。前鴻後雁行難續，相去迢迢二十年。（卷四十「兄弟類」，李慶甲《瀛奎律髓匯評》，第一四七三頁）

《卜歲日喜談氏外孫女孩滿月》白居易

今旦夫妻喜，他人豈得知。自嗟生女晚，敢訝見孫遲。物以稀為貴，情因老更慈。新年逢吉日，滿月乞名時。桂燎熏花果，蘭湯洗玉肌。懷中有可抱，何用是男兒。（卷四十一「子息類」，李慶甲《瀛奎律髓匯評》，第一四七七頁）

《阿雀兒詩》白居易

謝病卧東都，羸然一老夫。孤單同伯道，遲暮過商瞿。豈料鬢成雪，方看掌上珠。已衰寧望有，雖晚亦勝無。蘭入前春夢，桑懸昨日弧。里閭多慶賀，親戚共懽娱。膩剃新胎髮，香綳小繡襦。玉芽開手爪，酥顆點肌膚。……乳氣初離殼，啼聲漸變雛。何時能反哺，供養白頭烏。

元白皆苦無子，樂天晚得此子，後亦夭也。詩人窮相形容，無所不至，晚乃所以妨此子歟？（卷四十一「子息類」，李慶甲《瀛奎律髓匯評》，第一四七七頁）

智按：許印芳評云：「學者于此當知詩文總貴簡練，不尚繁瀞。」

《予與微之老而無子發於言歎著在詩篇今年冬各有一子戲作二什一以相賀一以自嘲》白居易

常憂到老都無子，何況新生又是兒。陰德自然宜有慶，皇天可得道無知。一園水竹今為主，百卷文章更付誰？莫慮鵷雛無浴處，即應重入鳳凰池。

五十八翁方有後，靜思堪喜亦堪嗟。一珠甚小還慚蚌，八子雖多不羨鴉。秋月晚生丹桂實，春風初長紫蘭芽。持杯願祝無他語，慎勿頑愚似汝爺。

樂天生於大曆七年壬子，此年太和三年，己酉年五十八歲。微之小樂天七歲，是年五十一。（卷四十一「子息類」，李慶甲《瀛奎律髓匯評》，第一四八〇頁）

《哭雀兒》白居易

掌珠一顆兒三歲，鬢雪千莖父六旬。豈料汝先為異物，常憂吾不見成人。悲腸自斷非因劍，啼眼加昏不是塵。懷抱又空添默默，依然重作鄧攸身。

六十無子，不容不悲，人情也。（卷四十一「子息類」，李慶甲《瀛奎律髓匯評》，第一四八一頁）

《戲題贈二小男》劉長卿

異鄉流落頻生子，幾許悲歡併在身。欲識老容羞白髮，每看兒戲憶青春。未知門户堪誰主，且免琴書與別人。何幸暮年方有後，舉家相對却沾巾。

第四句已佳，五六句全似樂天。（卷四十一「子息類」，李慶甲《瀛奎律髓匯評》，第一四八一頁）

《微之見寄與竇七酬唱之什本韻外加兩韻》白居易

旌鉞從櫜鞬，賓僚情禮全。夔龍來要地，鴛鷺下寥天。赭汗騎驕馬，青娥舞醉仙。合成江上作，散到洛中傳。窮巷能無酒，貧池却有船。春裝秋未寄，漫道足閒錢。

合音閤。樂天時為河南尹，和此詩。（卷四十二「寄贈類」，李慶甲《瀛奎律髓匯評》，第一四八六頁）

《酬思黯戲贈》白居易

鍾乳三千兩，金釵十二行。妬他心似火，欺我鬢如霜。慰老資歌笑，銷愁仰酒漿。眼看狂不得，狂得且須狂。

元註：「思黯自云，前後服鍾乳三千兩，甚得力，而歌舞之妓頗多。來詩謔予羸老，故戲答之。」（卷四十二「寄贈類」，李慶甲《瀛奎律髓匯評》，第一四八七頁）

《寄李蘄州》劉禹錫

下車書奏龔黃課，動筆詩傳鮑謝風。江郡謳謡誇杜母，洛陽歡會憶車公。笛愁春盡梅花裏，簟泠秋生薤葉中。（蘄州出好笛并薤葉簟）不道蘄州歌酒少，使君難稱與誰同。（卷四十二「寄贈類」，李慶甲《瀛奎律髓匯評》，第一五〇五頁）

智按：馮班云：「此首白居易作」。無名氏甲云：「車胤字武子。人謂『坐無車公不樂』」。許印芳云：「四句用六個古人，太堆砌，太猥雜。」

《寄文潛無咎少游三學士》陳後山

北來消息不真傳，南度相忘更記年。湖海一舟須此老，蓬瀛方丈自非仙。數臨黃卷聊遮眼，穩上青雲小著鞭。李杜齊名吾豈敢，晚風無樹不鳴蟬。

元祐初，晁、張俱召試入館，後山於二年四月始得官，故進二公於富貴，而猶欲其驟進也。「青雲小著鞭」，本白樂天贈乃兄詩語也。（卷四十二「寄贈類」，李慶甲《瀛奎律髓匯評》，第一五二七頁）

《送客南遷》白居易

我說南中事，君應不願聽。曾經身困苦，不覺語丁寧。燒處愁雲夢，波時憶洞庭。春畬煙勃勃，秋瘴霧冥冥。蚊蚋經冬活，魚龍欲雨腥。水蟲能射影，山鬼解藏形。穴掉巴蛇尾，林飄鴆鳥鴒。颶風千里黑，薞草四時青。客似驚弦雁，舟如委浪萍。誰人勸言笑，何計慰漂零。慎勿琴離膝，長須酒滿瓶。大都從此去，宜醉不宜醒。

樂天一貶江州司馬，移忠州刺史，後歸朝為中書舍人，出知杭州，召復為蘇州，未嘗遠貶，其殆借此為題，以誇筆端之富，妙於鋪叙南土風景歟？微之相與倡和，尤長於斯，予所選五言律，止於十韻，惟此至十二韻，亦破例也。（卷四十三「遷謫類」，李慶甲《瀛奎律髓匯評》，第一五

四四頁）

《初到江州》白居易

潯陽欲到思無窮，庾亮樓南湓口東。樹木凋踈山雨後，人家低濕水煙中。菰蔣餵馬行無力，蘆荻編房卧有風。遙見朱輪來出郭，相勤勞動使君公。

樂天元和十年乙未貶江州司馬，年四十四。（卷四十三「遷謫類」，李慶甲《瀛奎律髓匯評》，第一五五七頁）

《初到忠州贈李六》白居易

好在天涯李使君，江頭相見日黄昏。吏人生梗都如鹿，市井踈蕪只抵邨。一隻蘭船當驛路，百層石磴上州門。更無平路堪行處，虚度朱輪五馬恩。

元和末自江州司馬移忠州刺史。此等遷謫作太守，未為惡也，而氣象遽如此。（卷四十三「遷謫類」，李慶甲《瀛奎律髓匯評》，第一五五七頁）

《得微之到官後書備知通州之事悵然有感因成四章》白居易

來書子細説通州，州在山根峽岸頭。四面千重火雲合，中心一道瘴江流。蟲蛇白晝攔官道，蚊蚋黄昏撲郡樓。何罪遣君居此地？天高無處問來由。

匼匝巔山萬仞餘，人家應似甑中居。寅年籬下多逢虎，亥日沙頭始賣魚。衣斑梅雨長須熨，米澁畬田不解鉏。努力安心過三考，已曾愁殺李尚書。

元註：「李實尚書先貶此州，身沒於彼處。」予讀至此，乃知古人初無忌諱。元微之貶移通州司馬，今蜀之開州也，未為甚惡。樂天在江州，乃引死人事寄詩，足見前輩直情。

人稀地僻醫巫少，夏旱秋霖瘴瘧多。老去一身須愛惜，别來四體得如何。侏儒飽笑東方朔，薏苡讒憂馬伏波。莫遣沈愁結成病，時時一唱濯纓歌。

通州海内恓惶地，司馬人間冗長官。傷鳥有弦驚不定，卧龍無水動應難。劍埋獄底誰深掘，松偃霜中盡冷看。舉目争能不惆悵，高車大馬滿長安。（卷四十三「遷謫類」，李慶甲《瀛奎律髓匯評》，第一五五八頁）

卷四十四 疾病類小序

疾病呻吟，人之所必有也。白樂天有云：「劉公幹卧病瘴浦，謝康樂卧病臨川，咸有篇章。」蓋娱憂紓怨，尤足以見士君子之操焉。（卷四十四「疾病類」，李慶甲《瀛奎律髓匯評》，第一五七五頁）

《初病風》白居易

六十八衰翁，乘衰百藥攻。朽株難免蠹，空穴易來風。肘痺宜生柳，頭旋劇轉蓬。恬然不動處，虛白在胸中。

開成四年己未十月，樂天得風痺疾，時年六十八，蓋以代宗大曆八年生也。是年壬子有《病中》詩十五首，自序云爾。此詩《長慶集》三十五卷，多為病而作。賣駱馬，別柳枝，皆在是年。（卷四十四「疾病類」）

《病入新正》白居易

枕上驚新歲，花前念舊歡。是身老所逼，非意病相干。風月情猶在，杯觴興又闌。便休心未伏，更試一春看。

「病入新正」，則開成庚申，年六十九也。（卷四十四「疾病類」）

《卧病來早晚》白居易

卧病来早晚，懸懸將十旬。婢能尋藥草，犬不吠醫人。酒甕全生醭，歌筵半委塵。風光還欲好，爭向枕前春。

樂天病將十旬，此乃真患風痺，與蘇州移疾告病百日而罷不同也。「婢能尋藥草，犬不吠醫人」，此聯絕妙。（卷四十四「疾病類」）

《病瘡》白居易

門有醫來往，庭無客送迎。病銷談笑興，老足歎嗟聲。鶴伴臨池立，人扶下砌行。脚瘡春斷酒，那得有心情。

平正無疵，但頗未易及也。（卷四十四「疾病類」）

《墜馬强出贈同座》白居易

足傷遭馬墜，腰重倩人擡。衹合窻間卧，何因花下來。坐依桃葉妓，行呷地黄杯。强出非他意，乘風落盡梅。

傷足而猶勉强看梅，可知是詩人多魔。（卷四十四「疾病類」）

《病中一二禪客見問因以謝之》劉禹錫

勞動諸禪客，同來問病夫。添罏搗雞舌，洒水淨龍鬚。身是芭蕉喻，行須筇杖扶。醫工有妙藥，能乞一丸無？

雞舌香、龍鬚席，各去一字便佳。（卷四十四「疾病類」，以上見李慶甲《瀛奎律髓匯評》，第一五七六～一五七八頁）

《卧病雜題》五首取二（其一）陸放翁

終日常辭客，經年半在床。愛窮留作伴，諳病與相忘。竈婢工烹粥，園丁習寫方。今朝有奇事，久雨得窗光。

元注：「久病家人作粥遂佳，蓋朝夕常為之也。又有山僕本不識字，因久合藥遂能寫藥方，類大編。」予謂白樂天「婢能尋藥草，犬不吠醫人」，放翁此聯亦近之。「久雨得窗光」，尤為佳句。「經年」，亦作「經秋」。（卷四十四「疾病類」，以上見李慶甲《瀛奎律髓匯評》，第一五八六～一五八七頁）

《春盡日宴罷感事獨吟》白居易（元註云：開成五年三月三十日作）

五年三月今朝盡，客散筵空獨掩扉。病與樂天相伴住，春同樊子一時歸。閒聽鶯語移時立，思逐楊花觸處飛。金帶縋腰衫委地，年年衰瘦不勝衣。

「櫻桃樊素口，楊柳小蠻腰。」《長慶集》中無此詩。（樂天）《別柳枝》詩云：「兩枝楊柳小樓中，嫋娜多年伴醉翁。明日放歸歸去後，世間應不要春風。」為病風痺，遣二妾，故有是作。「觴詠罷來賓閣閉，笙歌散後妓房空。」亦病中所賦。又明年，有詩云：「去歲樓中別柳枝。」自注云：「樊、蠻也。」二妓者，皆以柳枝目之云。（卷四十四「疾病類」）

琴按：白公有《楊柳枝二十韻》長詩，又後集卷十五有《追歡偶作》一詩，句云：「金谷風前舞柳枝。」［智按：《白居易集箋校》第二三七八頁，開成四年（八三九），六十八歲，洛陽，太子少傅分司］詩亦追憶柳枝二妓之作。《天寒晚起引酌詠懷寄許州王尚書汝州李常侍》一詩，句云：「四海故交唯許汝，十年貧健是樊蠻。」〔智按：《白居易集箋校》第二三七五頁，開成三年（八三八），六十七歲，洛陽，太子少傅分司。〕後集卷十七有「莫言楊柳枝空老」句。注云：「府妓有歌《楊柳枝曲》者，因以名焉。」據此可知蠻系人名，前十四頁引白氏自注：「酒榼也」，當「故施狡黠」。

《改業》白居易

先生老去飲無興，居士病來閒有餘。猶覺醉吟多放逸，不如禪坐更清虛。柘枝紅袖教丸藥，羯鼓蒼頭遣種蔬。却被山僧相戲問，一時改業意何如。

第三句元註：予先有《醉吟先生傳》，故云。尾句此亦戲笑，近人情。

（卷四十四「疾病類」）

《眼病二首》白居易

散亂空中千片雪，蒙籠物上一重紗。縱逢晴景如看霧，不是春天亦見花。僧説客塵來眼界，醫言風眩在肝家。兩頭治療何曾差，藥力微茫佛力賒。

眼藏損傷來已久，病根牢固去應難。醫師盡勸先停酒，道侶多教早罷官。案上謾鋪龍樹論，合中虛撚決明丸。人間方藥應無益，争得金篦試刮看。

白體詩不可以陳簡齋目疾詩律律之，然此亦善形容，不取其格而取其味。（卷四十四「疾病類」）

《病眼花》白居易

頭風目眩乘衰老，衹有增加豈有瘳。花發眼中猶足怪，柳生肘上亦須休。大窠羅綺看終辨，小字文書見便愁。必若不能分黑白，却應無悔復無尤。

詩律圓熟。山谷云「閱人朦朧自有味。看字昏澁尤宜懶」是也。（卷四十四「疾病類」，以上見李慶甲《瀛奎律髓匯評》，第一五八八～一五九〇頁）

《病起思歸》王元之

年來多病轉思山，終日呻吟簿籍間。叔夜《養生》休著論，陶潛雖死只應閒。又移郡印三年調，才報君恩兩鬢斑。安得便歸田裏去，松篁泉石掩柴關。

四十為郎非不偶，況曾題筆直瀛洲。明時遇主誰甘退，白髮侵人自合休。夢得蹉跎因出郡，（劉夢得貶謫為郎四十餘年。）薛能詩什恥監州。（薛許昌詩云：「監州是戲儒。」）春來病起思歸甚，未敢飛章達冕旒。

元之謫商州團練副使時詩，蓋白樂天體也。（卷四十四「疾病類」，李慶甲《瀛奎律髓匯評》，第一五九二～一五九三頁）

《髮脱》劉後村

髮脱紛紛不待爬，天將醜怪變妍華。論為城旦寧非怒，度作沙彌亦自佳。稚子笑翁簪析葉，侍人諱老匣菱花。霜寒尤要泥丸暖，慚愧烏巾着意遮。

白樂天、陳簡齋之目，張文潛、曾茶山之齒，范石湖之耳，加以後村髮禿詩，可發一笑。然後村詩不及諸公。（卷四十四「疾病類」，李慶甲《瀛奎律髓匯評》第一六〇二頁）

《送文暢上人東游》（白居易）

得道即無著，隨緣西復東。貌依年臘老，心到夜禪空。山宿馴溪虎，江行濾水蟲。悠悠塵客思，春滿碧雲中。

《旅次景空寺宿幽上人院》（白居易）

不與人境接，寺門開向山。暮鐘鳴鳥聚，秋雨病僧閒。月隱雲樹外，螢飛廊宇間。幸投花界宿，暫得静心顔。

《晚春登天雲寺南樓贈常禪師》（白居易）

花盡頭新白，登樓意若何。歲時春日少，世界苦人多。愁醉非因酒，悲吟不是歌。求師治此病，唯聽讀楞伽。

《龍化寺主家小尼》（郭代公愛姬薛氏，幼嘗為尼，小名仙人子）（白居易）

頭青眉眼細，十四女沙彌。夜静雙林怕，春深一食饑。步慵行道困，起晚誦經遲。應似仙人子，花宫未嫁時。

《題報恩寺》（白居易）

好是清凉地，都無繫絆身。晚晴宜野寺，秋景屬閒人。淨石堪敷坐，寒泉可濯巾。自慚衰鬢上，猶帶郡庭塵。

三、四雅淡。

《武丘寺路》（元註：去年重開寺路，桃、李、蓮、荷，約種數千株）（白居易）

自開山寺路，水陸往來頻。銀勒牽驕馬，花船載麗人。芰荷生欲遍，桃李種仍新。好在湖堤上，長留一道春。

第四句詩興俱麗。（卷四十七「釋梵類」，李慶甲《瀛奎律髓匯評》第一六四二～一六四五頁）

《送王十八歸山寄題仙游寺》白居易

曾於太白峯前住，數到仙游寺裏來。黑水澄時潭底出，白雲破處洞門開。林間煖酒燒紅葉，石上題詩掃緑苔。惆悵舊游那（集作無）復到，菊花時節羡（一作待）君迴。

五、六自然而工。（卷四十七「釋梵類」，李慶甲《瀛奎律髓匯評》，第一七三八頁）

《讀禪經》白居易

須知諸相皆非相，若住無餘却有餘。言下忘言一時了，夢中説夢兩重虚。空花豈得兼求果，陽焰如何更覓魚。攝動是禪禪是動，不禪不動即如如。

游戲三昧，不可以詩律拘。佛語「陽焰」者，謂遠地日光，如見水然，以對空花與夢幻泡影，譬喻一同。（卷四十七「釋梵類」，李慶甲《瀛奎律髓匯評》，第一七三九頁）

《送景玄師東歸》劉禹錫

東林寺裏一沙彌，心愛當時才子詩。山下偶隨流水出，秋來卻赴白雲期。灘頭躡屐挑沙菜，路上停舟讀古碑。想到舊房拋錫杖，小松應有過簷枝。

劉夢得詩格高在元、白之上，長慶以後詩人皆不能及，且是句句分曉，不喫氣力，別無暗昧關鎖。（卷四十七「釋梵類」，李慶甲《瀛奎律髓匯評》，第一七四〇頁）

《玉真張觀主下小女冠阿容》白居易

綽約小天仙，生來十六年。姑山半峯雪，瑶水一枝蓮。晚院花留立，春窗月伴眠。迴眸雖欲語，阿母在傍邊。

昌黎：「白咽紅頰長眉青」一詩，已盡女冠奇衺之態。適人者，理之常也，出家者，俗之衰也。召文人才士之侮，何為乎。（卷四十八「僊逸類」，李慶甲《瀛奎律髓匯評》，第一七六八頁）

《哭皇甫七郎中》（湜）白居易

志業過玄晏，詞章似禰衡。多才非福禄，薄命是聰明。不是人間壽，還留身後名。涉江文一首，便可敵公卿。

元註：「持正奇文甚多，《涉江》一章尤出衆。」（卷四十九「傷悼類」，李慶甲《瀛奎律髓匯評》，第一八〇一頁）

《過元家履信宅》白居易

雞犬喪家分散後，林園失主寂寥時。落花不語空辭樹，流水無情自入池。風蕩宴船初破漏，雨淋歌閣欲傾欹。前庭後院傷心事，唯是春風秋月知。

元微之身後如此，友宦官，攻裴晉公，所得幾何，而竟以慚憤卒於武昌。白公雖平生深交，不忍言其短，而亦可見矣。（卷四十九「傷悼類」）

《寄劉蘇州》白居易

去年八月哭微之，今年八月哭敦詩。何堪老淚交流日，多是秋風摇落時。泣罷幾回深自念，情來一倍苦相思。同年同病同心事，除却蘇州更是誰。（卷四十九「傷悼類」）

《清明登老閣望洛陽城贈韓道士》白居易

風光烟火清明日，歌哭悲歡城市間。何事不隨東洛水，誰家又葬北邙山。中橋車馬長無已，下渡舟航亦不閒。塚墓纍纍人擾擾，遼東悵望鶴飛還。（卷四十九「傷悼類」，以上見李慶甲《瀛奎律髓匯評》，第一八〇五～一八〇六頁）

智按：《瀛奎律髓》共收唐、宋兩代詩二九九二首，其中宋詩一七六五首，約占百分之五十九；唐詩一二二七首，約占百分之四十一。共選三八〇位詩人，宋詩人二一七位，將近百分之五十七；唐詩人一六三位，約百分之四十三。選詩二十首以上之宋人有二十四位，唐人有十二位。所選唐、宋詩人前四位分別是：杜甫二二一首，白居易一二七首，賈島六十七首，劉禹錫五十二首；陸游一八八首，梅堯臣一二七首，陳師道一一一首，王安石八十一首。參閱莫礪鋒《從〈瀛奎律髓〉看方回的宋詩觀》，《文藝理論研究》，一九九五年第三期。

方回，字萬里，一字淵甫，號虛谷，别號紫陽山人，歙縣（今屬安徽）人。早年以詩獲知州魏克愚賞識，後隨魏至永嘉，得制帥呂文德推薦。理宗景定三年（一二六二）進士，廷試原為甲科第一，為賈似道抑置乙科首，調隨州教授。呂師夔提舉江東，辟充幹辦公事，歷江淮都大司幹官、沿江制幹，還通判安吉州。時賈似道魯港兵敗，上書劾賈，召為太常簿。以劾王爚不可為相，出知建德府。恭帝德祐二年（一二七六），元兵至建德，出降，改授建德路總管兼府尹。元世祖至元十四年（一二七七）赴燕覲見，歸後仍舊任。前後在郡七年，為婿及門生所訐，罷，不再仕。以詩遊食元新貴間二十餘年，也與宋遺民往還，長期寓居錢塘。元成宗大德十一年卒，年八十一。其詩初學張耒，晚慕陳師道、黄庭堅，鄙棄晚唐，自比陸游。有《桐江集》、《桐江續集》。明弘治《徽州府志》卷七有傳。

姚燧（一二三八～一三一三）

《三賢堂記》

奉訓大夫知輝州司侯仁，以至元三十年下車，奠謁孔廟……近世祀唐白居易、宋蘇軾、林逋三賢一堂，而不揆其世不相及，貴賤勢殊，文章非倫，孰與四皓之同不臣秦，同避漢之高帝，而同應惠之招，成功而同歸，死而為墓相邇同廟，啇於情洽而道符，功夷而德齊也。今以三公方之，固不如是出處齊同，若其平生之相與，微顯之相後先，同其大者，有不得而讓焉。矧成功反有過之者，合而祀之，誰曰不然哉？……（《四庫全書》本《牧庵集》卷七）

《楚山山房記》

孟德麟作楚山山房，或疑而問曰：古人之樂山者，皆有所指名。晉謝傅之東山，唐白傅之香山，宋王舒公之半山，雖枚舉之，將不能一而盡。……（《四庫全書》本《牧庵集》卷八）

《河南勸農道副使白公墓碣》

彦隆始由太原徒行至河内，致其父書魯齊先生，願遊其門，未有介也。乃因吾友翰林侍讀高凝得操几杖，主疑家二年而歸侍其親，而先生亦召北矣。……嗚呼，學可以範世，行可以礪俗而已，是哉。夫人賈也，以燧平昔善公，録河南北道勤農副使，苟宗道埋辭，求銘神道，每一讀之一收淚，擲筆數年，終不能敘其事。去冬，以史事又召入翰林，過輝，夫人祈世母夫人為言，持幣泣請，且使其子安禮與遊其門者庭拜，燧還其幣曰：吾無答吾亡友者，以是佐刻石碣，嗚呼！非公仁義行家，能使婦人切切者乎？惟恐没其夫子一善，可曰賢已。公諱楝考，天禄雖官而不顯，居頤樂堂，號頤樂先生。唐白居易家狀云：白姓家太原者，楚熊君孫勝白公，見殺于楚，其子奔秦，孫乙丙與裔孫起為武將，封武安君，賜死杜郵。始皇思其功，封其子仲太原，公豈其苗裔耶？銘曰：聞古五十，年不稱夭。公是不盈，天道未曉。學不篤耶？得譽先師。道不行耶？裕廟嘗知。職不舉耶？三憲著効。力不本耶？耕播之教。况冠獬角，敢言人難。彈射柄臣，聽者毛寒。猶枚其外，未及其内。視親于喪，觀婦于介。靡一匪善，靡一可涼。非我友私，月旦章章。嗚呼白公，耳孫猶令。其貫古松，歲遠滋勁。士不盛位，而盛吾賢。盛位者衰，盛賢日延。有方其趺，有剡其首。碣石阡隅，千祀無朽。（《四庫全書》本《牧庵集》卷二十六；《四庫全書》本《中州名賢文表》卷十；四部叢刊景元至正本《元文類》卷五十五）

智按：姚燧，字端甫，號牧庵，祖籍營州柳城（遼寧朝陽）。金元之際理學家姚樞之侄，姚樞遷居河南洛陽，在河南輝縣蘇門山棲隱講學，姚燧三歲即隨姚樞居住，受其照顧與教誨。同時師從許衡，研讀韓愈古文，並學寫古文。至元十二年授秦王府文學，曾三次出使四川。至元十七年授陝西漢中道提刑按察副使。從此仕途順利。至元二十四年任翰林直學士。至元二十七年改大司農丞。元貞元年參修《世祖實録》。大德五年出為江東廉訪使。大德九年任江西行省參政。元武宗至大元年為太子賓客，不久拜太子少傅。明年，授翰林學士承旨。至大四年告老南歸。卒，謚文。

劉壎（一二四〇～一三一九）

《隱居通議》

⊙蒼山序唐絶句

蒼山曾子實原，一寧都人也。有詩名於江湖，編《唐絶句》，為序曰：作絶句，當如顧愷之啖蔗法。……若劉禹錫之標韻，李商隱之深遠，杜牧之之雄偉，劉長卿之凄清，元白之善叙導人情，盖唐之尤長於絶者也。老杜鈞樂天籟，不可與諸子並，惟山谷絕近之……（《四庫全書》本《隱居通議》卷六）

⊙蔡絛詩評

自梁蕭思話作字評，具載法帖中。宋敖器之（陶孫）倣效作詩評，具載《賔退録》。近又見蔡絛亦有詩評頗佳。絛，京子也，號百納，嘗著《西清詩話》，頗有可采。予舊嘗録藏，今已失去。今載其詩評云：柳子厚詩，雄深簡澹，迥拔流俗，致味自高，直揖陶謝；然似入武庫，但覺森麗。王摩詰詩，渾厚一段，覆盖古今；但如久隱山林之人，徒成曠淡。杜少陵詩，自與造化同流，孰可擬議；若君子高處廊廟，動成法言，恨終欠風韻。黄太史詩，妙脱蹊徑，言侔鬼神，惟胷中無一點塵，故能吐出世問（智按：當為間）語；所恨務高，一似參曹洞下禪，尚墮在玄妙窟裏。東坡公詩，天才宏放，與日月爭光，凡古人所不到處，發明殆盡，萬斛泉源，不是過也；然頗恨方朔極諫，時雜滑稽，故罕逢醖藉。韋蘇州詩，如渾金璞玉，不假琱琢成妍，唐人有不能到；至其過處，大似村寺高僧，時有野態。劉夢得詩，典則既高，滋味亦厚；然正似巧匠矜能，不見少拙。白樂天詩，自擅天然，貴在近俗；恨如蘇小雖美，終帶風塵。李太白詩，逸態凌雲，照映千載；然時作齊梁間人體段，畧不近渾厚。韓退之詩，山立霆碎，自成一法；然譬之樊侯冠服，微露麤疏。柳柳州詩，若捕龍蛇，搏虎豹，急與之角，而力不敢暇，非輕蕩也。薛許昌詩，天分有限，不逮諸公遠矣；至合人意處，正若芻豢，時復咀嚼自佳。王介甫詩，雖乏風骨，一味清新，方似學語小兒，酷令人愛。歐陽公詩，温麗深穩，自是學者所宗；然似三館畫手，未免多與古人傳神。杜牧之詩，風調高華，片言不俗，有類新及第少年，畧無少退藏處，固難求一唱而三歎也。右此十四公，皆吾平生宗師追仰，所不能及者，留心既久，故得間以議之。至若古今詩人，珠聯玉映，則又有不可得而知者也。

絛，宰相子，宜其沉酣綺羅叢中，醉生夢死，乃能留意詞章，自作議論如此，勝騃子弟遠矣。惜乎不遇名父，同歸敗亡。今詳所評，雖未必皆當，大畧亦類有識。獨其以唐宋諸賢參錯，而論不分前後，何也？豈又別有意邪？厥後敖器之再為之評，必以絛所論為未善，故更定之當考。（《四庫全書》本《隱居通議》卷六）

⊙敖器之詩評

敖公，福州人，有詩名，仕至安撫司參議官，後邨劉尚書志其墓。今觀其評，的確峻陗，殊勝蔡評，并載於此，識者宜參考其優劣。評曰：魏武帝如幽燕老將，氣概沉雄。曹子建如三河少年，風流自賞。鮑明遠如饑鷹獨出，奇矯無前。謝康樂如東海揚颿，風日流麗。陶彭澤如絳雲在霄，舒卷自如。王右丞如秋水芙蓉，倚風自笑。韋蘇州如園客獨繭，暗合音徽。孟浩然如洞庭始波，木葉微脱。杜牧之如銅丸走阪，駿馬注坡。白樂天如山東父老課農桑，言言皆實。元微之如李龜年説天寶遺事，貌悴而神不傷。劉夢得如鏤冰彫瓊，流光自照。李太白如劉安鷄犬，遺響白雲，覈其歸存，怳無定處。韓退之如囊沙背水，惟韓信獨能。李長吉如武帝食露盤，無補多慾。孟東野如甀泉斷劍，卧壑寒松。張籍如優行鄉，飲酬獻秩，如時有恢氣。柳子厚如高秋獨眺，霽晚孤吹。李義山如百寶流蘇，千絲鐵網，綺密瑰妍，要非適用。宋朝蘇東坡如屈注天潢，倒流滄海，變眩百怪，終歸雄渾。歐公如四瑚六璉，止可施之宗廟。荆公如鄧艾縋兵入蜀，要以險絶為功。山谷如陶宏景祗詔入宫，析理談玄，而松風之夢故在。梅聖俞如關河放溜，瞬息無聲。秦少游如時女步春，終傷弱輭。後山如九皋獨唳，深林孤芳，沖寂自妍，不求識賞。韓子蒼如梨園按樂，排比得倫。吕居仁如散聖安禪，自能奇逸。其佗作者，未易殫陳。獨唐杜工部，如周公制作，後世莫能擬議。

右敖公此評能近取，譬如行雲流水，超軼飛動，有合於風人比興之旨。至於辭語刻琢精麗，殆煆鍊而成者歟？嘗欲取南渡後諸賢之詩，倣此作評，而塵事塞膺，竟未暇及。（《四庫全書》本《隱居通議》卷六）

⊙琵琶亭詩

諸吕家於江州，仕宋纍朝，窮富極貴，中外鼎盛。及北兵至，自文焕而下，相率納欵，無一人抗節報國。其後有題詩於琵琶亭者。一日吕老見之揮淚，其詩曰：「老大蛾眉負所天，尚留餘韻入哀弦。江心正好看明月，却抱琵琶過別船。」語意深婉，信佳句也，且有關於世道。或云燕五峰右丞偕龍麟洲謁吕文焕，酒酣命麟洲賦詩，以琵琶亭為題，麟洲賦此譏之，吕老納賄請改賦，既而好事者流傳。（《四庫全書》本《隱居通議》卷十）

智按：詩乃龍仁夫（一二五三～一三三五）《陳平章席上題琵琶亭》。

⊙三賢堂題咏

嘉定間，袁韶以户部尚書知臨安府，大榷酒利，雖湖上三賢堂，亦令賣酒，有題詩於壁者，曰：「和靖東坡白樂天，幾年冷落在湖邊。如今往事都休問，且為袁韶辦酒錢。」韶聞而愧之，幾住賣。韶，史彌遠之黨，聚斂臣也。小人無忌憚，烏知三賢？（《四庫全書》本《隱居通議》卷十一）

智按：元李有《古杭雜記》袁韶，作「袁樵」，詩作：「和靖東坡白樂天，三人秋菊薦寒泉。而今满面生塵土，卻與袁樵課酒錢。」元劉一清《錢塘遺事》卷一題作《三賢堂》；課酒錢，作「趂酒錢」。

⊙梅邊集

頃壬辰癸巳歲，有臨川朱兄浚過訪，出其詩，曰《梅邊集》以惠教。予愛其流麗穩熟，不作寒乞語，為跋其後。已而與之賡酬，則與集中作大異，豈謀野則獲與蒙被，作文性情各有所宜耶？然極愛之，為摘其句。……「米車已過塵迷路，漁網纔收月滿船。」（《琵琶亭》）（《四庫全書》本《隱居通議》卷十一）

智按：劉壎，字起潛，號水雲村（或作水村）。南豐（今屬江西）人。宋末以詩文知名鄉里，但落落不偶。宋亡，隱居鄉里近二十年，薦任建昌路學正。七十高齡，又任延平路儒學教授。著《隱居通議》三十一卷，《水雲村稿》十五卷，《水雲村吟稿》十二卷。

張之翰（一二四一～一二九六）

《送白湛淵》

古來工詩稱樂天，耳孫者誰曰湛淵。筆頭不專長慶體，時與晚唐諸人爭後先。今年復何年，邂逅松江邊。梅花欲開雪欲落，問君胡為北趨燕。君言南北久分裂，混一光嶽氣始全。平生眼界苦未寬，要看中原萬里之山川。恨余無文寵贈蓋邦式，喜君有志願學司馬遷。渡江踰淮入泗汶，指日可繫都門船。昭王一去年幾千，黃金臺上荒秋煙。視吾胸中耿耿然，浮薄宦，奚足憐？行囊不妨無一錢，從今滿貯觀光篇，鳳城遠向雞林傳，便是兹游衣錦還。高峰為君明，西湖為君妍。試呼作者共讀新舊編，握手一笑春風前。（《四庫全書》本《西岩集》卷三）

智按：與張伯淳《送白湛淵赴太平》應為同時之作。白珽（一二四八～一三二八），字廷玉，號湛淵，杭州錢塘（今屬浙江）人。自幼聰慧，八歲即能賦詩，長習科舉業。宋咸淳中與仇遠同以詩名。宋亡後以授館為業，伯顏、程鉅夫、劉伯宣先後相薦，皆辭不赴，後李衎力起之，授太平路儒學正，不久代理教授事，轉常州路教授，升江浙等處儒學副提舉，遷淮東鹽倉大使，再遷蘭溪州判官，坎坷不達，致仕。先結廬西湖金沙灘，門外有泉，題為湛淵，因以自號。晚年歸老棲霞山，又號棲霞山人。有《湛淵集》，原八卷，後佚，今本為清人所輯，其中間雜偽作。另有雜記《湛淵靜語》二卷，辨析考證，多有可取，其記汴京故宫，尤為詳備。清四庫館臣評該書「在元人說部之中，固不失為佳本」。生平事迹見《湛淵静語》自序、《元故湛淵先生白公墓銘》(《湛淵集》附録)、《兩浙名賢録》卷四六、《（萬曆）杭州府志》卷七五、《元詩選·二集》小傳、《(乾隆) 浙江通志》卷一一六及一七八、《新元史》卷二三七。

《夢會圖詩序》

唐元和中，元稹為御史，鞠獄梓潼，白居易昆仲送至城西，而别後旬日，白昆仲游曲江，及慈恩寺，酒半酣，作詩有「忽憶故人天際去，計程今日到梁州」之句。又旬日，得元書，果以是日至褒，仍寄詩曰：「夢君兄弟曲江頭，也到慈恩院裏游。驛吏唤人排馬去，忽驚身在古梁州。」千里魂交，若合符契。……(《四庫全書》本《西岩集》卷十三)

智按：張之翰，字周卿，號西岩，邯鄲（今屬河北）人。元世祖中統初任洺磁知事。至元十三年（一二七六）除真定路知事。以行臺監察御史按臨福建，因病僑居高郵，把寓居名為「歸舟齋」，專一讀書、教授學生。後來任户部郎中，又任翰林侍講學士。至元二十九年（一二九二）出任松江知府(張之翰《愛菊堂記》謂「至元壬辰（二十九年），余由翰林知松江」，見鄧瑞全、孟祥静校點《張之翰集》，吉林文史出版社二〇〇九年版，第一八〇頁)，元貞二年（一二九六）卒於任。白珽《贈張知府周卿》詩讚譽他：「人品中原説此翁，雄文直氣耿心胸。幾年天上張公子，今日雲間陸士龍。」有《西岩集》三十卷，原本已不傳。清乾隆年間修《四庫全書》，從《永樂大典》中輯出《西岩集》二十卷。生平事迹見《(正德) 松江府志》卷二十三、《(乾隆) 邯鄲縣誌》卷九。《元人傳記資料索引》謂張之翰生於一二四三年，然未言所據。按，《西岩集》卷八《元日》詩：「雲鎖西山舊隱岩，抗塵走俗復何堪。青雲人物門之北，白髮宦游江以南。故國四千還減一，流年五十又添三。千辛萬苦都嘗遍，祇有吳淞水最甘。」(鄧瑞全、孟祥静校點《張之翰集》，吉林文史出版社二〇〇九年版，第八二頁) 味其詩意，當是任松江知府後第一個元日，即至元三十年元日，此年張之翰虚歲五十三歲，逆推其生年，當在一二四一年。

盧摯（一二四二？～一三一五後）

《雙調・蟾宮曲》（一作折桂令）

⊙錢塘懷古・杭州

問錢塘佳麗誰邊？且莫說詩家，白傅坡仙。勝會華筵，江潮鼓吹，天竺雲煙。那柳外青樓畫船，在西湖蘇小門前。歌舞留連，棲越呑吳，付與忘言。（《四部叢刊》本《梨園按試樂府新聲》卷中；《樂府群珠》卷三；《全元散曲》第一二三頁）

智按：盧摯，字處道，一字莘老，號疏齋，又號嵩翁，涿郡（今河北涿州）人。二十歲左右，由諸生進身為元世祖忽必烈侍從之臣（顧嗣立《元詩選・盧摯傳》說他是「至元五年（一二六八）進士」，據李修生《盧疏齋集輯存・前言》考證，顯系錯誤）。累遷河南路總管。大德初，授集賢學士，持憲湖南，遷江東道廉訪使。復入京為翰林學士，遷承旨，貳憲燕南河北道，晚年客寓宣城。《新元史》補入《文苑傳》。詩文與劉因、姚燧齊名，世稱「劉盧」、「姚盧」。其散曲今存者均為小令，多寫親情。所著有《疏齋集》，已佚；清文廷式從《永樂大典》輯其詩文各數十篇，亦未傳。今有李修生《盧疏齋集輯存》。

張伯淳（一二四三～一三〇三）

《送趙月卿赴江州教授序》

……潯陽為江右名郡，東西二林，清泉飛瀑，勝槩正不少，白傅自謂，苟有志吏隱，舍此何求。君挾此廉於進取之心，姑尋吏隱，盡吾職之所當為，而不事世俗之所不必為，將見肅肅衿佩，有熏陶變化之益，顧不偉歟！若夫定力習俗之瀾，掉頭利欲之鼎，則有素志在，癸巳五月十日嘉興張伯淳書於大都寓舍。（《四庫全書》本《養蒙文集》卷二）

《題周雲厓燕山集》

余與金華周師為同朝，其登畿也實相睽。後得觀所為詩文，富矣哉。余南還五年，當大德己亥，師謁告蹔還赤松，道於杭，又得觀續藁，辭愈贍，氣愈老，平易中時吐奇語，與唐白傅、玉川、宋康節意度有合。至於上進篇章，尤為詩之遇也。前修鉅儒意度至矣，未必飽挹燕雲翠氣，而詩文之遇，又未知視師為何如。(《四庫全書》本《養蒙文集》卷五)

《送白湛淵赴太平》

白傅風流照汗青，耳孫早歲以詩鳴。謾資微禄培清選，共喜斯文見太平。採石江頭醒舊夢，淩歊臺上攬吟情。我今南邁君東上，一笑出門秋氣清。(《四庫全書》本《養蒙文集》卷九)

智按：與張之翰《送白湛淵》應為同時之作。張伯淳，字師道，號養蒙先生。嘉興崇德（浙江桐鄉縣西南）人。宋末應童子科，中選，不久又舉進士，仕為太學録。元世祖至元二十三年以薦授杭州路儒學教授，遷浙東道按察司知事。後擢福建廉訪司知事。至元末元世祖召見，詢問冗官、風憲等當時重大議題，所對稱旨。本擬重用，但張伯淳固辭，遂授翰林直學士。大德五年扈從上都。卒。謚文穆。有《養蒙集》十卷。

戴表元（一二四四～一三一〇）

《此樂堂記》

弋陽徐覺民為尤溪主簿，時太夫人年適七十。覺民歸而率其子弟諸孫，奉觴為壽，懽如也。顧舊堂頗廹隘，明年因其後隅，闢而新之。為人（一作个）五，為楹十二，魁深廓方，有翼有容，遂取白樂天《對酒》詩中語，名其額曰「此樂堂」，而屬余為之記。

余惟天下之樂，出於力營勢致者，莫不皆有淺深豐約之不齊，而惟奉親之樂，得於中心之誠然，不以貴加，不以窶損，迨乎情真事愜，適無抵牾，則單門素士之養，或有王公（一作公侯）卿相之所不及。樂天名位，固不為甚高。其清才至性，發於懽暢，形於歌詩，鏗鏘膾炙，轟人齒頰。覺民有羨於此而取焉，無所不可。抑區區之論，以為覺民似不必甚羨於樂天，今（一作令）樂天在，固將求為覺民而不可得也，何以言之？樂天奉母時，家貧俸薄，嘗從禁林乞兼京兆户曹叅軍以便養，凄凉酸楚，聞者憐之。後來禄食稍充，居饒園池，樂備絲竹，則其樂日與賔游僮伎共之，而不及親矣。新井之篇，為母受惡，一斥司馬，再遷分司，逃讒畏譏，浮沉終身，兼之門清祚薄，子息稀絕，晚節寂寞，自同枯禪，而何樂之言乎？

今吾覺民官雖淺，足以行志；居雖僻，足以全真；進無簡書之憂，退有山林之安。而太夫人自其盛年，秉節勵操；勤勞之獲，積成豐餘；貞烈之苦，舒為康怡；歲時晨昏，問安展慶；綵衣盈前，含飴擁後；意動而甘旨具，頤指而供帳給。計人生居處承順之悅，一一無所虧缺。豈惟樂天愧之，將世之凡為人子者，舉願為覺民此樂而不可得也。古者朋友比兄弟之義，將登堂拜母。覺民於余，不可辭，乃次第所欲陳之云云以先之，而因以為記。大德八年四月既望。（《四庫全書》本《剡源文集》卷六；李軍、辛夢霞校點《戴表元集》第八二～八三頁）

《桐江詩集序》

紫陽方使君平生於詩無所不學，蓋於陶謝學其紆徐，於韓白學其條達，於黄陳學其沈鷙，而居常自說：欲慕陸放翁，豈其暮年安貧守約，忘懷出處，有偶相貌類者，而姑引之以自託耶？抑放翁雖生長東南，承接中原文獻，獨其爲詩，亦親經東萊、茶山諸先生指授，遂爲是虚心傾思，如不可幾及也。此前輩風流盛德，非近時沾沾自喜之徒所可窺議。然有一事，不謀而合，放翁晚起家得嚴州，爲詩幾千首，翁去，而州人愛其詩，版傳之至今。使君垂老亦守嚴，多爲詩，州人爲刻其《桐江集》者六十五卷。錦峯繡壑，淋漓翰墨，前後照映於百年間，良堪繪畫。……（《四部叢刊》本《剡源先生文集》卷八；李軍、辛夢霞校點《戴表元集》第一〇八頁）

《洪潛甫詩序》

始時汴梁諸公言詩，絕無唐風。其博贍者謂之義山，豁達者謂之樂天而已矣。宣城梅聖俞出，一變而為沖淡；沖淡之至者可唐，而天下之詩，於是非聖俞不為；然及其久也，人知為聖俞，而不知為唐。豫章黄魯直出，又一變而為雄厚；雄厚之至者尤可唐，而天下之詩，於是非魯直不發（一作為）；然及其久也，人又知為魯直而不知為唐。非聖俞、魯直之不使人為唐也，安（一作人安）於聖俞、魯直而不自暇為唐也。邇來百年間，聖俞、魯直之學皆厭，永嘉葉正則倡「四靈」之目，一變而為清圓；清圓之至者，亦可唐，而凡（一作久之）枵中捷口之徒，皆能託於四靈，而益不暇為唐。唐且不暇為，尚安得古！余自有知識以來，日夜以此自愧，見同學詩人，亦頗同愧之。頭白齒揺，無所成就。來上饒，得新安洪焱祖潛父。潛父詩優游雋永處，不減宣城；沈著停蓄，往往豫章社中語；視永嘉雕琢，俯手而徐就之耳，為之驚喜贊敬，恨相得晚。而潛父之年，非余所及。謙躬强志，於書方無所不觀，於理方無所不究。誠若此，其升階而趨唐，入室而語古，不患不自得之。余憊矣，不能從也。大德八年九月朔日。（《四庫全書》本《剡源文集》卷九；李軍、辛夢霞校點《戴表元集》第一一七頁）

《董叔輝詩序》

吾奉化前百數十年時，地理去行都遠。士大夫安於僻處，無功名進趨之心，言若不能出諸其口，氣若不欲加諸其人。閉門讀書，以遠過咎；耕田節用，以奉公上。雖無當塗赫赫之名，而躬行之實，為有餘矣。渡江以來，鄉老之書，天官之選，信宿可以驛致。加以中原僑儒，裹書而來，卜鄰而居，朋儔薫蒸，客主浸灌，編户由明經取名第者，十有八九。可謂詩書文物之盛。而過飾之器，必渝其素；倍華之末，易朘其根。於是平時恂恂自重之夫，濯纓鼓篋，為時而興；居有喧謡諷歎，行有通名投贈；聲華氣韻，豈不愈偉。求其復為前日悃朴默訥之俗，何可得也！

董君叔輝之族，為硯溪寺下潭頭三院。當其盛時，儒衣乘軒飛蓋者，幾累百年。然諸老大抵專以躬行明經為本，故雖門户俱相頡頏，鄉閭乃最稱獨，為長者。至於詞章學問，淹注發泄，無所不具，而不肯琢刻鏤繪，而為歌詩，謂之江湖技癢，恥而笑之。以余所聞，惟叔輝之遠祖耐叟參軍，有集藏於家，其詩近樂天。近世静笑翁方嚴簡重，不輕語，語出必該涉名教，其詩近康節，少充鄉貢。公每見人，即説張武子、姜堯章作詩家法，而不作詩。即今文獻凄涼，前後行輩，荒落殆盡。而叔輝孤承大宗，遠紹墜業，窮居教學之隙，大肆其力於詩。詩之成家，無一不學，而尤酷好余作，見輒稱奬。余投老空山，單行無徒，亦喜叔輝，時時佐之。值一篇成，相與倚桐葉為歌，而折竹枝、扣牛角，和酬以為樂。及是以《嚼蠟編》示余求評。余評不評，於《嚼蠟編》未能輕重，抑蠟之成非一味，叔輝之世（一作詩），其醖釀之積，採擷之勞，非一朝一夕矣。遲其熟而嚼之，其甘苦辛酸之變，亦已詳且悉矣。故余惓惓先之以諸老躬行明經之本，若食之祭先炊、飲之祭先酒然，不亦可乎？（《四庫全書》本《剡源文集》卷九；李軍、辛夢霞校點《戴表元集》第一一九～一二〇頁）

《題孫常州摘稿》

孫常州天資篤雅，瀟灑人也。晚歲歸卧四明山中，即園池之適，易軒馬之榮，用篇翰之勤，寄簿書之能，而尤好哦白樂天詩。意至輒效其體為之，得之不勞，而神全機縱，坐客往往服其敏，而慕其達也。余以連姻往來，屢預其集。每見琴樽杖席之間，詩行酒起，酒倦詩止，名談勢語，終夕不及。私歎一時風流，略與樂天何異。亦由承平士大夫氣習，薰摩沾溉之所致，而今豈復易得斯人哉？公既沒，其子將版刻家集以傳，而所作極多，力未能及，遂先摘刋一二，以答求者，此稿是也。余讀而潸然，昔樂天以無子為恨，垂老手自編次詩文，寄藏浮屠之室，以求傳久。其言悲傷之甚，而公有子如此，又可敬也。（《四庫全書》本《剡源文集》卷十八；李軍、辛夢霞校點《戴表元集》第二四七～二四八頁）

《蜜諭贈李元忠秀才》

釀詩如釀蜜，釀詩法如釀蜜法。山蜂窮日之力，營營村廛藪澤間，雜採衆草木之芳腴，若惟恐一失，然必使酸鹹甘苦之味，無可定名，而後成蜜。若偏主一卉，人得咀嚼其所從來，則不為蜜矣。詩體三四百年來，大抵並緣唐人數家：豁達者主樂天，精贍者主義山，刻苦者主閬仙，古淡者主子昂，整健者主許渾，惟豫章黃太史主子美。子美之於唐，為大家；豫章之於子美，又亢其大宗者也。故一時名人大家，舉傾下之，無問諸子。自是以後，學豫章之徒，一以為豫章支流餘裔，復自分別標置，專其名為江西派，規模音節，豈不甚似，似而傷於似矣。貴溪李元忠以詩游江西，舉江西之同名能詩者略徧，皆余所未識，而不鄙請益於余。顧余之寡陋，豈暇有益於人乎？姑與之言蜜，以資同味者一啟齒云。（《四庫全書》本《剡源文集》卷二十四；李軍、辛夢霞校點《戴表元集》第三二九～三三〇頁）

智按：戴表元，字帥初，一字曾伯，號剡源，慶元奉化（今屬浙江）人。幼習詩文，南宋咸淳間入太學，試禮部中第十名，登乙科進士，授建康府教授。宋恭帝德祐元年（一二七五）告歸故里，改授臨安教授，辭不赴職。元兵南下攻臨安，戴表元避兵鄞郡，兩年後回到奉元，以賣文養家糊口。元成宗大德八年，執政者薦于朝，拜信州教授。晚年翰林、集賢兩院以修撰、博士二職論薦，但已老病不能起。有《剡源集》三十卷。

王構（一二四五～一三一〇）

《修辭鑑衡》

⊙詩不可斧鑿粘皮骨

作詩貴雕琢，又畏有斧鑿痕；貴破的，又畏粘皮骨。此所以為難。李商隱柳詩云：「動春何限葉，撼曉幾多枝。」恨其有斧鑿痕也。石曼卿《紅梅》詩云：「認桃無緑葉，辨杏有青枝。」恨其粘皮骨也。能曉此等病，始可以工詩矣。劉夢得稱白樂天詩云：「郢人斤斲無痕迹，仙人衣裳棄刀尺。世人方内欲相從，行盡四維無處覓。」如是，雖終日斲而鼻不傷，終日射而鵠必中，終日行於規矩之中，而其迹未嘗滯也。山谷嘗與楊明叔論詩，謂以俗為雅，以故為新，百戰百勝。如孫吳之兵，棘端可以破鏃；如甘蠅飛衛之射，提聚放開，在我掌握。與劉所論，殆一轍矣。（韻語陽秋）（《四庫全書》本卷一）

⊙紀事

《大雅·緜》九章，初頌太王遷豳、建都邑、營宫室而已。其卒章乃曰「虞芮質厥成，文王蹶厥生。予曰有疏附，予曰有先後，予曰有奔走，予曰有禦侮。」事不接，文不屬，如連山斷嶺，雖相去絶遠，而氣象聯絡，觀者知其脉理之通也。盖附離不以鑿枘，此最為文之高致。老杜陷賊時詩有曰：「少陵野老吞聲哭，春日潛行曲江曲。江頭宫殿鎖千門，細柳新蒲為誰緑？憶昔霓旌下南苑，苑中萬物生顔色。昭陽殿裹第一人，同輦隨君侍君側。輦前才人帶弓箭，白馬嚼齧黄金勒。翻身向天仰射雲，一箭正陸雙飛翼。明眸皓齒今何在？血污游魂歸不得。清渭東流劍閣深，去住彼此無消息。人生有情淚沾臆，江水江花豈終極？黄昏胡騎塵滿城，欲往城南望城北。」予愛其詞氣如百金戰馬，注坡驀澗，如履平地，得詩人之遺法。如白樂天詩，詞甚工，然拙於紀事，寸步不遺，猶恐失之，此所以望老杜藩垣而不及也。（古今詩話）（《四庫全書》本卷一）

⊙詩才有高下

王荆公云：「『梨花一枝春帶雨』、『桃花亂落如紅雨』、『珠簾暮捲西山雨』皆警句也，終不若『院落深沉杏花雨』，為其言盡而意有餘也。」（古今詩話）（《四庫全書》本卷一）

⊙評前賢詩

白樂天賦性曠遠，其詩曰：「無事日月長，不羈天地闊。」此曠達者之詞也。孟東野賦性褊狹，其詩曰：「出門即有礙，誰謂天地寬。」此褊狹者之詞也。（青箱雜記）（《四庫全書》本卷一）

智按：王構，字肯堂，號安野。東平（今屬山東）人。早年以詞賦中選，為東平行臺掌書記。至元十一年（一二七四）授翰林國史院編修官。至元十三年從江南返回，遷翰林應奉，升修撰。歷任吏部、禮部郎中，審囚河南，多有平反。改太常卿。擢淮東提刑按察使，入為治書侍御史，遷翰林侍講學士。元成宗即位，參修《世祖實録》，書成，參議中書省書。因病告歸東平，起為濟南路總管。元武宗即位，召拜翰林學士承旨。謚文肅。有《修辭鑒衡》二卷。

鮮于樞（一二四六～一三〇二）

《困學齋雜録》

⊙書畫見聞・郭北山御史

唐槧右軍《重告》等六帖，右軍《快雪時晴帖》，右軍《承告帖》，唐摹王弘帖（王氏寶章集中物），唐橅《蘭亭詩序》，徐會稽《寶林詩》，楊景度《永興帖》，歐陽率更《道夫帖》，右軍七月五日《青絹帖》，胡季良臨右軍《郗家信帖》，右軍《送梨帖》，陶弘景《屈晝帖》，陳閎寫御廐馬（宣政收附），孫過庭《千文》，定武五字不損本《蘭亭敘》，楊景度《十九郎帖》，嵇叔夜《聽雨帖》，魯公《江外帖》，陸柬之《蘭亭詩》，唐人《節史》，歐陽詢《稽古稿》，高閑《九原帖》，白居易《行元微之告》，陶貞白《書丹經》，李邕《口味帖》，唐告，東坡致語稿，山谷《老將行》，山谷《襬襶帖》，唐模右軍《瞻近帖》，晉王珣《伯遠帖》，吕洞賓自寫眞，李成二大幅，《烈女箴》，吳生坐神，文竹（未見），米元暉《楚山清曉》，韓滉《堯民擊壤》。（清知不足齋叢書本《困學齋雜録》）

智按：鮮于樞，字伯機，號困學民，又號西溪子、虎林隱吏等，原籍漁陽（今河北薊縣）；後徙汴梁（今河南開封）。少為路吏，南宋亡，到江南任職。至元二十四年，累遷兩浙轉運司經歷。與上司不合，閒居於杭州。至元二十九年，後起為江浙行省都事，大德初，改任浙東宣慰司都事。大德六年入朝，乙太常寺典籍致仕，是年去世。鮮于樞仕途並不如意，但在元初以「北人」到江南作官，與高克恭、梁曾等都因長於吟詠，並喜書畫，受到吳越之士推重與傾慕。

仇遠（一二四七～一三二六）

《和蔣全愚韻》

金壇有耆英，學博聲名早。搜奇薄莊騷，稽古極羲昊。君甚似樂天，税冕居履道。息游礱駱馬，尚友敬胡杲。我生六十年，獨欠識此老。來游溧陽學，文物委秋草。黄沙眯人目，忽見石皓皓。君壇高難陟，我壘虛易擣。新詩十八韻，韻韻俱壓倒。交情託以宣，一字一大好。自慙溝中斷，未足被華藻。但令小兒輩，藏弆以為寶。相望衣帶水，波弱限蓬島。玉石資盪磨，鐘鼓宜擊考。何由即會面，疑義共探討。豈無問字酒，可以濡吻燥。昔為堅多節，今為科上槁。窮達等醉醒，何庸寬懷抱。（《四庫全書》本《金淵集》卷

一；《全宋詩》第七十册，第四四一五九頁）

《石屋洞》

誰擘空青露石坳，游龍伸臂下南高。鬼神穿鑿地脈碎，風雨支撑天柱牢。峭壁蒼苔侵佛髻，懸崖滴乳濕僧袍。伽藍聞是香山叟，燈暗荒池沒野蒿。（石屋洞，一作游石屋洞。荒池，一作祠荒）（《四庫全書》本《山村遺集》；顧嗣立《元詩選》二集卷一）

《屠存博教授赴溧水任留飲寓舍》

只隔山中一日程，書船暫泊溧陽城。儒冠喜見賢翁季，道眼相看老弟兄。酒量杳江涼更闊，蟬聲送客晚爭鳴。青衫肯為琵琶濕，笑向天涯看月明。（《四庫全書》本《金淵集》卷四）

智按：仇遠，字仁近（或作仁父），號山村民（一作山村），錢塘（今浙江杭州）人。南宋咸淳年間即有詩名。元初隱居錢塘，與白珽並稱「仇白」。後出為鎮江路學正。大德八年任溧陽州儒學教授，以杭州路知事致仕。優遊山水，多與方外之士踏訪名山勝地。張翥、張雨、莫維賢等出自其門，與周密、趙孟頫、吾衍、鮮于樞、方回、黄溍、馬臻都有唱和之作。所著《金淵集》已佚。清乾隆年間修《四庫全書》，從《永樂大典》中輯出六卷。另有《山村遺集》一卷，為清人項夢昶輯。著《稗史》一卷，今有傳本。詞集名《無弦琴譜》，二卷，朱祖謀編入《彊村叢書》。

劉因（一二四九～一二九三）

《和雜詩十一首》（其三）

晝長夜乃短，百刻君自量。嬴餘雖可致，君看蜜蜂房。董生論齒角，三策奏未央。樂天喻花實，妙理通陰陽（白詩荔支非名花牡丹無佳實）。稠薄只升米，聽爾宜飢腸。（《四庫全書》本《静修集》卷二，丁亥集二）

《次人韻》

樂天方識淡中甜，安土無妨著處粘。道在市朝皆可隱，機忘鷗鳥亦無嫌。

牕虚不礙山雲度，樹老慣經秋氣嚴。世上閒愁渾幾許，而今青鏡滿霜髯。（《四庫全書》本《静修集》卷四，丁亥集四）

《現前》

萬事除無取現前，此身隨處可周旋。居南懷北豈安土，已夏願春非樂天。誰謂包涵心有外，我知彌滿道無偏。洞觀今古平平在，賸盡區區智與權。（《四庫全書》本《静修集》卷四，丁亥集四）

《白樂天琵琶行圖》

冀馬嘶寒風，逐臣念鄉國。江浦聞哀絃，長吟望南北。（《四庫全書》本《静修集》卷五，丁亥集五）

《答樂天問》（三首）

二氣曰交感，變態何紛紜。清濁與厚薄，賦與定難鈞。世運如四時，類聚仍羣分。升沈與奪間，今古亦難倫。天道自悠遠，百年寓此身。未來不可見，既往有未聞。愚者或貴壽，賢者或賤屯。龍亢豈無悔，蠖屈豈不伸。君自不知此，何云詰羲文。

邈哉開闢初，造化惟陰陽。錯然入形化，一受不可忘。稻梁固為愛，豺狼非故殃。物理本對待，生氣常相將。孔聖豈無後，暴秦不可長。鬼神禍福機，昭昭亦可量。桃囓李樹死，城焚池魚傷。外來非我取，生意自洋洋。君何不思此，徒欲問穹蒼。

樂天種香草，有艾同根株。鋤溉兩相妨，題詩問何如。恨君計已晚，草草種樹初。根荄不早辨，使與莖葉俱。鋤根固相傷，莖葉猶可除。臭葉日以除，香莖日以蘇。區區彼微根，僅有知無餘。雖霑灌溉恩，生意已漸疏。君今尚未決，歲晚益難圖。（《四庫全書》本《静修集》卷十三）

智按：參見森博行《劉因詩中所表現的與白居易的關係——劉因〈答樂天問三首〉》，《白居易研究年報》（白居易研究會）第八集，日本勉誠社，二零零七年。

《敘學》

……學詩當以六義為本，《三百篇》，其至者也。《三百篇》之流，降而為辭賦，《離騷》、《楚詞》，其至者也。詞賦本詩之一義。秦漢而下，賦遂專盛。至於《三都》、《兩京》，極矣。然對偶屬韻，不出乎詩之律。所謂源遠而末益分者也。魏晉而降，詩學日盛，曹、劉、陶、謝，其至者也。隋唐而降，詩學日變，變而得正。李、杜、韓，其至者也。周宋而降，詩學日弱，弱而後強。歐、蘇、黄，其至者也。故作詩者，不能《三百篇》，則曹、劉、陶、謝；不能曹、劉、陶、謝，則李、杜、韓；不能李、杜、韓，則歐、蘇、黄。而乃効晚唐之萎薾，學温李之尖新，擬盧仝之恠誕，非所以為詩也。

至於作文，六經之文尚矣，不可企及也。先秦古文可學矣，《左氏》、《國語》之頓挫典麗，《戰國策》之清刻華峭，莊周之雄辯，《穀梁》之簡婉，《楚詞》之幽博，太史公之疏峻。漢而下，其文可學矣：賈誼之壯麗，董仲舒之沖暢，劉向之規格，司馬相如之富麗，揚子雲之邃險，班孟堅之宏雅。魏而下，陵夷至於李唐，其文可學矣：韓文公之渾厚，柳宗元之光潔，張燕公之高壯，杜牧之豪縟，元次山之精約，陳子昂之古雅，李翺、皇甫湜之温粹，元微之、白樂天之平易，陸贄、李德裕之經濟。李唐而下，陵夷至於宋，其文可學矣：歐陽子之正大，蘇允明之老健，王臨川之清新，蘇子瞻之宏肆，曾子固之開闔，司馬溫公之篤實。下此而無學矣。學者苟能取諸家之長，貫而一之以足乎己，而不蹈襲捆（攗）束，時出而時晦，以為有用之文，則可以經緯天地，輝光日月也。……（《四庫全書》本《靜修續集》卷三；《叢書集成初編》本《靜修先生文集》續集卷三，第七頁）

智按：明唐順之《稗編》卷七十七、明朱荃宰《文通·敍學》（《續修四庫全書》影印上圖藏明天啟六年刻本）亦載此文。

劉因，字夢吉，原名劉駰，字夢驥，保定容城（今屬河北）人。早年喪父，家雖貧，不妄接交，在鄉里授徒度日。愛諸葛亮「靜以修身」之語，題居室為「靜修」。由不忽木舉薦於朝，元世祖至元十九年擢承德郎、右贊善大夫。以母病辭歸。至元二十八年又再次徵召，仍不受職。延祐年間追封容城郡公，謚文靖。有《靜修集》、《四書集義精要》。

吴澄（一二四九～一三三三）

《王實翁詩序》

黄太史必於奇，蘇學士必於新，荆國丞相必於工，此宋詩之所以不能及唐也。王實翁為詩，奇不必如谷，新不必如坡，工不必如半山，性情流出，自然而然，充其所到，雖唐元、白不過如是。前永州教授何君周佐評其詩曰：「興寄閒婉，得詩天趣當矣。」又評其人曰：「神情曠夷，光霽被面。」噫！非此人，安得有此詩。（《四庫全書》本《吴文正集》卷十八）

智按：吴澄，字幼清，晚年又字伯清，撫州崇仁（今屬江西）人。南宋咸淳六年（一二七〇）領鄉薦，舉進士，不中。在家鄉建草屋，著書講學，人稱「草廬先生」。元世祖至元二十三年，程鉅夫奉詔到江南求賢，舉吴澄。次年就以母親年老辭歸鄉里。元貞初，遊學龍興。與元明善結識，元明善以弟子自居。大德末年，任江西儒學副提舉，居官三個月因病辭職。至大元年出任國子監丞。元英宗即位，任命為翰林學士。泰定元年任經筵講官，修《英宗實録》。書成，再次稱病還鄉。卒，追封臨川郡公，謚文正。吴澄著述頗豐，退居鄉里時，四方學子前往求學者，經常多達千人。與許衡並稱為南北兩位大儒。有《吴文正集》四十九卷（别本作一百卷），是其孫吴當所編。另著《易纂言》十卷、《書纂言》四卷、《禮記纂言》三十六卷、《春秋纂言》十二卷等著述，今均存。

胡炳文（一二五〇～一三三三）

《程草庭學稿序》

《魯論》曰：「不學詩，無以言。父所以詔其子也。」又曰：「小子何莫學夫詩？師所以詔其徒也。」是何孔門拳拳詩學如此哉！盖平其心以排遣其凝滯，和其氣以消釋其鄙暴，攻温柔敦厚之教，而觸其易直子諒之天，是詩學者能之，謳詠之，嗟嘆之，機動籟鳴，手舞足蹈，悠然躍然，有不知其所以然者，變化氣質，涵養德性，思無邪之功居多。姑即《魯論》一書推之，學乎切磋琢磨之詩，則貧樂富禮之理得矣；學乎倩盼素絢之詩，則繪事後素之理得矣；學乎唐棣之詩，則近思之理得矣；學乎白圭之詩，則謹言之理得矣。以之興觀群怨而至於事父事君，而至於移風易俗，而至於動天地感鬼神，皆學詩之能事也。虞廷上以教胄子，下以化苗頑，皆取諸詩。是詩學者，君父師所以為教者歟？異哉！後世之學詩者，工句法，求字面，較聲韻之逆順，商對偶之巧拙，大抵章句學而已矣。繪畫煙霞，雕琢泉石，瑣瑣乎為蟲魚草木寫真。所謂詩者，殆與琴棋書畫等為一藝，豈復有吟風弄月、「吾與點也」意思？孔門學詩，端豈若是哉！掉頭撚髭曰：將效高古於曹劉也，筆於其手，縱追曹劉，何補於格致誠正？雕肝琢腎，曰將效俊逸於謝鮑也，舉於其口，縱追謝鮑，何補於修齊治平？借使老語追唐，高辭媲選，以政則不能達，以使則不能對，其猶正牆面而立也與（歟）？孔門學詩，端豈若是哉？勤苦其心思，巧好其言語，平時矻矻讀書，止資於詩，而性分内事，邈不相干。孔門學詩，端豈若是哉？嗚呼！孔門學詩，致中和也，理性情也；後世學詩，藝焉而已矣。白樂天、劉禹錫，下至李益、崔顥，皆負詩名於唐者。《長恨》一歌，褻語誨淫，豈可興可觀者！《看花》二絕，召鬧取謗，豈可群可怨者！顥娶妻惟擇美者，俄復棄之。益防妻過嚴，人謂之妬。彼謂《周南》、《召南》為何事？五言初，李陵豈不學者？而無以救叛漢降番之失；八病詳，沈約豈不學者？而無以掩叛齊歸梁之罪。彼謂遠之事君為何事？蓋後世以詩為學者，惟章句之末，心雖錦，口雖繡，而身不免為狼疾人，吾固斷然謂流於一藝也。孔門學詩，端豈若是哉！草庭博聞強記，用昌其詩，取所作題曰「學藁」，所謂有味於道學諸儒之詩，不唐不選，未害也。予不知所謂學者，抑後世詩學乎？抑孔門詩學乎？閱其自序，與諸公所為序，於程子鞭辟着已，皆引而不發，故覼縷言之，且以自警云。（《四庫全書》本《雲峯集》卷三）

《純正蒙求》

⊙白裘萬丈，杜厦千間（濟人愛物）

唐白樂天《新製布裘》詩云：「安得裘萬丈，蓋裹周四垠。穩煖皆如春，天下無寒人。」《新製綾襖成》有詩云：「百姓多寒無可救，一身獨暖亦何情。心中惟念農桑苦，耳裏如聞饑凍聲。爭得大裘長萬丈，與君都蓋洛陽城。」唐杜子美《茅屋為秋風所破歌》云：「安得廣厦千萬間，大庇天下寒士俱歡顔，風雨不動安如山。嗚呼！何時眼前突兀見此屋？吾廬獨破受凍死亦足。」觀二公之詩，子美能苦身以利人，樂天推身以利人，二公之心，亦仁矣哉！（《四庫全書》本卷下）

附文天佑《純正蒙求原序》

……予識胡君，金明而玉粹，行懿而文華，於繇之利貞，彖之養正，固已允蹈之，則於初之發蒙，上之擊蒙，何齟齬之有？是書也，有益於人心之書也。豈直四言韻語而已哉！予竊怪近世童子能言者，其父母師長多授以《長恨歌》、《琵琶行》之類，徒取其便于佔畢耳，不知淫辭詖行入耳著心，如腥穢膻惡之物，沈著汙膩于腸胃間，使夫人自壯至老，顛倒汩沒於飲食牝牡之區而不之悟。蓋所以啓之誨之者久矣，不正之書，其禍于人心也，孰大焉。吾故曰：胡君此書，有益於人心之書也。時維丙戌孟夏十有八日，廬山文天佑書于星源客舍。（《四庫全書》本《純正蒙求》卷首）

智按：丙戌，元世祖至元二十三年（一二八六）。文天佑，江州德化（今江西九江）人，進士。至元十五年，江東道提刑按察副使奥屯行部興學，汪元圭曾延其主文衡拔儒彥（見方回《饒州路治中汪公元圭墓誌銘》，《新安文獻志》卷八五），咸淳間爲寧國府文學掾。德祐元年帶史館檢閲添差江東制幹、分司徽州。曾爲朱熹《資治通鑑綱目》作《凡例識語》（《全宋文》第三五六册，卷八二五九）。見《文山集》卷二一《紀年録》、《宋詩紀事》卷八三。

胡炳文，字仲虎，婺源（今屬江西）人。少從父孝善先生斗元傳朱子之學，潛心鑽研，作《四書通》、《易本義通釋》諸書。吴文正公嘗薦諸朝，不就。辟信州道一書院山長，再調蘭溪學正，未赴。武宗至大年間，建明經書院講學。面山而居，碧峰聳秀，因自號曰雲峰。順帝元統初年卒，年八十四，謚文通先生。有文集二十卷，頻遭兵火，所存者六十餘篇。

徐明善（一二五〇～？）

《白雲察罕平章賜白氏序》

賜姓命氏，其來自古。平章白雲公，才猷超卓，聖天子眷禮優隆，因公告老，賜白為氏。自今至於永世，自一身至萬子孫，昭受寵錫，河山帶礪，苗裔永存……君子於玉比德焉，乃今聖天子賜公白氏，豈非以玉比德，而使其子孫世世不可涅緇也哉。……昔唐白太傅清修忠諒，為元和名臣，光耀簡册，今白雲公清修同，其退又同，白傅不得專美，其受氏也，可謂榮且稱矣。雖然此家法也，自今以往，子子孫孫必也繩武紹德，清白以傳家，精白以承君，然後不負賜氏之意，不墜受氏之美。……（《四庫全書》本《芳谷集》卷上）

智按：徐明善，字志友，號芳谷，德興（今屬江西）人。八歲能文章。隨禮部侍郎李思衍出使，在安南，即席為安南王子賦詩一首，聲名大振。使歸，任隆興路儒學教授，後入湖北憲使幕。遷江西儒學提舉。主持江浙、湖廣等省考試時，以善於擢拔人才而知名，黃溍，就是他從棄卷中發現而後録取者。至元二十五年（一二八八），隨山北遼東道按察司劉廷直、禮部侍郎李思衍出使安南，著《安南行記》一卷，存《説郛》中。致仕歸，卒於家。有《芳谷集》二卷。

馬致遠（一二五〇？ ～一三二一？）

《南吕·四塊玉·潯陽江》

送客時，秋江冷，商女琵琶斷腸聲。可知道，司馬和愁聽。月又明，酒又醒，客乍醒。（《梨園按試樂府新聲》卷下，《四部叢刊》三編景元刻本）

《江州司馬青衫淚》

第一折

〔沖末扮白樂天同外扮賈浪仙、孟浩然上〕〔白詩云〕宴游飲食漸無味，杯酒管絃徒繞身。賓客歡從童僕喜，始知官職為他人。小生姓白名居易，字樂天。太原人氏。見任吏部侍郎。這二位老兄，一位是賈浪仙，一位是孟浩然。他都是翰林院編修。方今大唐天下，憲宗即位。時遇春三月，在公廨中悶倦。待往街市上私行一遭，更了衣衫，只作白衣秀士。聽的人說，這教坊司有個裴媽媽家一個女兒，小字興奴，好生聰明，尤善琵琶，是這京師出名的角妓。喒三人同訪一遭去來。〔賈浪仙云〕喒三人去來。〔詩云〕高興出塵外，攜尊翫物華。〔孟浩然詩云〕偷將休沐暇，去訪狹邪家。〔老旦扮卜兒上，云〕老身姓李，是這教坊司裴五之妻，夫主亡化已過，止生下一個女兒，叫做興奴。生得顔色出衆，聰明過人，吹彈歌舞，詩詞書算，無所不通。自小時曾拜曹善才為師，學得一手琵琶。官員子弟聞名都來吃酒。只是孩兒養的嬌了，一來性兒好自在，二來有些揀擇人。這早晚還不起來，只怕有人來吃酒。孩兒起來罷。〔正旦扮裴興奴引梅香上云〕妾身裴興奴是也，在這教坊司樂籍中見應官妓。雖則學了幾曲琵琶，爭奈叫官身的無一日空閒。這門衣食，好是低微。大清早母親來叫，只得起來。天色還早哩。〔唱〕

【仙吕點絳唇】從天未拔白，酒旗挑在歌樓外。呀地門開。早送舊客迎新客。

【混江龍】好教我出於無奈，潑前程只辦的好栽排。想着這半生花月，知他是幾處樓臺。經板似粉頭排日喚，落葉似官身吊名差。〔帶云〕俺這老母呵。〔唱〕更怎當他銀堆裏捨命，錢眼裏安身。掛席般出落着孩兒賣。幾時將纏頭紅錦，換一對插鬢荊釵。

〔做見科云〕母親萬福，唤你孩兒，有何話說。〔卜兒云〕沒甚麽話說，只是喒這等人家，要早起些。光頭淨面，打扮的嬌媚着些。倘有俊倈來，賺他幾文錢養家。你只管裏睡覺，誰送錢來與你。〔正旦唱〕

【油葫蘆】俺娘不殢酒時常鬏髻歪，一鼻凹衠是乖。看看兩鬢雪霜般白，我則道過中年人老朱顔改。誰想他撲郎君虎瘦雄心在，折倒的我形似鬼，熬煎的我骨似柴。似恁的女殘疾不敢怨娘毒害，則嘆自己年月日時該。

〔卜兒云〕你則管裏說甚麽，快打扮了，則怕有客來。〔正旦唱〕

【天下樂】則索倚定門兒手托腮，想別人家奴胎，也得個自在。輪到我跟脚裏都世襲了烟月牌，他管甚桃李開，風雨篩，更問甚青春不再來。

〔白樂天同賈孟上云〕走了這半日，人說道這是裴媽媽家，不好進去。我咳嗽一聲。〔卜兒云〕是誰在外邊。〔出見科〕原來是三位進士公，請裏面坐。〔白樂天同賈孟云〕媽媽祗揖。〔卜兒云〕興奴孩兒，來陪三位進士公，快擡桌兒看酒來。〔正旦覷科云〕好是奇怪，娘見了三個秀才踏門，怎生便教看酒。〔唱〕

【醉扶歸】送了幾輩兒茶員外，都是這一副兒酒船臺。俺娘吃不的葷腥教酒肉撫，待覓厭飫的新黃菜。他手裏怎容得這幾個酸寒秀才。〔帶云〕我知道了也。〔唱〕俺娘八分裏又看上他那條烏犀帶。

〔正旦出見科〕三位萬福。〔白樂天同賈孟云〕大姐祗揖了。〔正旦唱〕

【後庭花】這裏是風塵花柳街，又不是王侯宰相宅。我忙着笑臉兒迎將去，學士是甚風兒吹到來。〔白樂天云〕我等久慕高名。特來一拜。〔正旦唱〕是幾個俊英才。偏他還咱一拜。怎做的內心兒不敬色。

〔云〕敢問官人尊姓大名。〔白樂天云〕小生是侍郎白居易。這二位是學士賈浪仙，孟浩然。因此春日，公衙無事，換了衣服，來街市閒行。久慕大姐德容，一徑的來拜望。〔正旦云〕不敢不敢。學士大人不棄下賤，小酌三杯如何。〔白樂天云〕好便好，只是不當取擾。〔正旦把酒科〕〔賈浪仙云〕今日幸遇大姐，喒多飲幾杯。〔孟浩然云〕我還有人求的幾首詩未了，少吃醉些。〔正旦唱〕

【金盞兒】一個笑哈哈解愁懷，一個酸溜溜賣詩才。休強波灞陵橋踏雪尋梅客，便是子猷訪戴敢也凍回來。喒這裏酥烹金盞酒，香搵玉人腮。不強如前村深雪裏，昨夜一枝開。

〔賈、孟做意科云〕我醉了也，喒回去罷。〔白樂天云〕再坐一會，怕做甚麼。〔正旦唱〕

【後庭花】你待賺鰲魚釣頰顋，怎想與劉伶粧布袋。我這怪臉兒姦如鬼，你酒腸寬似海。〔賈孟云〕我們都已醉了，不要過了酒戒，不吃罷。〔正旦唱〕暢開懷，都似你朦朧酒戒，那醉鄉侯安在哉。

〔卜兒云〕二位學士醉了，侍郎再坐一坐。〔賈孟云〕樂天侍郎，喒且回去，明日再來。〔白樂天云〕平白裏打攪了一日，怎生就空去了。〔正旦唱〕

【金盞兒】我不曾流水出天台，你怎麼走馬到章臺。〔樂天云〕定害了你這一日。〔正旦唱〕更待要秦樓夜訪金釵客，索甚麼惡叉白賴鬧了洛陽街。兀那酒喪門臨本命，餓太歲犯家宅。雖是我管待這兩個窮秀士，權當一百日血光災。

〔賈孟云〕喒去罷，則管纏甚麼。〔卜兒云〕白侍郎要住下，着這二位攛逼的慌，好生敗興。〔白樂天云〕下官有心待住下，二位醉了，不好獨回，待下官送他回去，明日自己再來。只是大姐費了茶酒，定害這一日，容下官陪補。〔正旦云〕侍郎說那裏話。〔唱〕

【賺煞】稍似間有些錢，抵死裏無多債。權做這場折本買賣，若信着俺當家老妳妳。把惜花心七事兒分開。哎。你個俏多才，不是我相擇，你更怕辱沒着俺門前下馬臺。俺娘山河易改，解元每少怪。〔帶云〕侍郎記者。〔唱〕怕你再行踏休引外人來。〔同下〕

楔子

〔外扮唐憲宗引內官上〕〔詩云〕勵精圖治在勤民，宿弊都將一洗新。雖則我朝詞賦重，偏嫌浮藻事虛文。寡人唐憲宗皇帝是也。承祖宗基業，嗣守天位。自安史之亂，藩鎮強盛。寡人用裴度之謀，漸次削奪。爭奈文臣中多尚浮華，各以詩酒相勝，不肯盡心守職。中間白居易、劉禹錫、柳宗元等，尤以做詩做文，誤却政事，若不加譴責，則士風日漓矣。內侍每傳與中書省，可將白居易貶江州司馬，柳宗元柳州司馬，劉禹錫播州司馬。如勑奉行。〔內官云〕領聖旨。〔隨下〕〔白樂天上云〕小官白樂天，平生以詩酒為樂，因號醉吟先生，目今主上圖治心切，不尚浮藻，將某左遷江州司馬，刻日走馬之任。別事都罷，只是近日與裴興奴相伴頗洽，誰料又成遠別，須索與他說一聲，我去的也放心。〔正旦引梅香上〕〔詩云〕世間好物不堅牢，彩雲易散琉璃脆。妾身裴興奴，自從與白侍郎相伴，朝來暮去，又早半年光景。相公在妾身上，十分留意，妾身也有終身之託。近日聞的人說，白侍郎左遷江州司馬，就要起行。天那，誰想有這一場惡別離也。梅香，安排下酒餚，待侍郎來時，與他奉餞一杯，多少是好。〔梅香云〕理會的。〔白樂天上云〕早來到興奴門首，無人在此，我自過去。〔見旦科〕大姐祗揖。〔正旦云〕相公萬福。〔白樂天云〕大姐，實指望相守永久，誰想又成遠別。〔正旦云〕妾之賤軀，得事君子，誓託終身。今相公遠行，兀的不閃殺人也。〔樂天云〕下官這一去，多則一年，少則半載，回來再相會也。〔正旦云〕只是一時間放心不下。梅香，將酒來，與相公奉餞一杯。〔把酒科〕〔唱〕

【仙呂端正好】有意送君行，無計留君住。怕的是君別後有夢無書，一尊酒盡青山暮。我搵翠袖，淚如珠。你帶落日，踐長途。情慘切，意躊躇，你則身去心休去。

〔云〕相公，此別之後，妾身再不留人，專等相公早些回來。〔白樂天云〕大姐則要着志者，下官决不相負。我去也。〔旦隨下〕

第二折

〔卜兒上云〕自從白侍郎去了，孩兒興奴也不梳粧，也不留人，只在房裏靜坐。俺這唱的人家，再靠些甚麼。昨日茶坊裏張小閒來說，有個浮梁茶客劉一郎，要來和孩兒吃酒，孩兒百般不肯。今日他說要自來，等來時再做計較。〔丑扮小閒引淨扮劉一郎上〕〔詩云〕都道江西人，不是風流客。小子獨風流，江西最出色。小子劉一郎是也，浮梁人氏，帶着三千引細茶，來京師發賣。聽的人說教坊司裴媽媽家有個女兒名興奴，昨日央張二哥說知，老媽叫我今日自去。走了一會，來到門首也。張二哥，喒進去咱。〔丑見卜科云〕媽媽，劉員外來了也。〔卜兒云〕請進來。〔淨見卜科云〕媽媽拜揖。〔卜兒云〕客官拜了。〔淨云〕久聞令愛大姐大名，小子有三千引細茶，特來做一場子弟。〔卜兒云〕俺孩兒只為白侍郎再不留人，我如今叫他出來，好歹教他伴你。若再不肯，你寫一封假書，只說白侍郎已死，他可待肯了。〔丑云〕此計大妙。媽媽，你叫大姐出來陪着，我就去做假書，不要遲了。〔下〕〔卜兒云〕興奴孩兒，有客在此，快來快來。〔正旦上云〕妾身裴興奴，自從白侍郎别後，儘着老虔婆百般啜哄，我再不肯接客求食。近日有一個茶客劉一郎，待要與我作伴，我那裏肯從。爭奈老虔婆被他錢買轉了，似這般怎生是好。兀的不煩惱人也呵。〔唱〕

【正宫端正好】命輕薄，身微賤。好人死萬萬千千，世間兒女别離徧，也數不上俺那陽關怨。

〔帶云〕侍郎，不爭你去了，教我倚靠何人。〔唱〕

【滚繡毬】你好下得白解元，閃下我女少年。道不得可憐而見，他又不曾故違着天子三宣。〔云〕人説白侍郎吟詩吃酒，誤了政事，前人也有這等的。〔唱〕只那長安市李謫仙，他向酒裏卧酒裏眠。尚古自得貴妃捧硯，常走馬在五鳳樓前。偏教他江州迭配三千里，可不道吏部文章二百年，甚些的納士招賢。

〔見卜科云〕母親，叫你孩兒怎麽。〔卜兒云〕白侍郎一去杳無音信，喒家柴沒米沒，怎生過活。如今浮梁劉官人，有三千引茶，又標致，又肯使錢。你留下他，賺些錢養家。〔正旦云〕母親，我與白侍郎有約在前，我再不留人了。〔卜兒云〕我説，你也不信。請劉官人自家來和你説。〔淨見旦科云〕大姐拜揖。小子久慕大名，拿着三千引茶，來與大姐焐脚。先送白銀五十兩，做見面錢。〔正旦云〕過一邊去，好不知高低。我做了白侍郎之妻，休來纏我。〔卜兒云〕你不肯陪伴劉員外，好個白侍郎夫人。如今白侍郎那裏敢頹氣了也。〔正旦唱〕

【倘秀才】這姻緣成不成在天，你休見兔兒起呵漾磚，情知普天下虔婆那一個不愛錢。〔帶云〕劉員外呵。〔唱〕他便是貴公子，趙平原，你也要過遣。

〔淨云〕你家是賣俏門庭，我來做一程子弟。你不留我，如何倒拒絶我。〔正旦唱〕

【滚繡毬】這的是我逆耳言，休厮纏，厮纏着舞裙歌扇。這兩般兒曾風流斷沒了家緣，劉員外你若識空，便早動轉。倒落得滿門良賤。休覷着我這陷人坑似誤入桃源，我怕你兩尖擔脱了孤館思鄉客。三不歸翻了風帆下水船，枉受熬煎。

〔淨云〕小子世來你家，大姐不要説閒話，喒兩個吃鍾酒兒。〔做勸酒科〕〔正旦云〕拿開，我不吃。〔卜兒怒科云〕好賤人，上門好客，你怎生不順從。和錢賭鱉，打死你這奴才。〔正旦唱〕

【呆骨朵】我覷着眼前人即世裏休相見，我又不曾觶着你臉上直拳。好生地人也似揪他，他驢也似調蹇。他着酒兒將咱勸，我索屎做糕糜嗻。我須打是惜罵是憐，娘呵可休窮斯炒餓斯煎。

〔卜兒云〕這小賤人不聽我說，只想白侍郎。他那裏想着你哩。左右是左右，員外多拿些錢來。我嫁與你將去。〔淨云〕隨老媽要多少錢，小子出的起。〔正旦云〕我心在那裏，你則管胡纏我。〔唱〕

【倘秀才】這些時但合眼早懷兒裏夢見，則是俺喫倒賺江州樂天。〔卜兒云〕見鐘不打，更去煉銅，樂天，樂天在那裏。〔淨云〕小子也看的過，喒做一程夫妻，怕做甚麼。〔正旦唱〕誰教你悶向秦樓列管絃。〔帶云〕劉員外。〔唱〕休信我，醉中言說則說在前。

〔云〕天那，怎生教我陪伴這樣人也。〔唱〕

【滚繡毬】往常我春心寄錦箋，離情接斷絃。風流煞謝家庭院，到如今剗地教共猪狗同眠。〔淨云〕大姐，仕路上大官，都是我鄉親。小子金銀又多，又波俏，你不陪我，却伴那樣人。〔正旦唱〕那厮正拽大拳，使大錢。這其間枉了我再三相勸。怎當他癡迷漢苦死歪纏。想着那蒙山頂上春風細，肯分地揚子江心月正圓。也是天使其然。

〔丑扮寄書人上云〕小人是江州一個皂隸，俺白司馬老爹在任。偶感病症，寫了這一封書，教我送與教坊司裴興奴家。寫下書，俺司馬相公就死了。小人不免捎與他去，走了半月，方到京師。問人說這裏是他家，不免進去。〔做見卜兒科云〕老人家作揖。〔卜兒云〕大哥是那裏來的。〔丑云〕我是江州白司馬老爹差來下書的。〔卜兒云〕你老爹好麼。〔丑云〕俺老爹打發了書，就死了也。〔卜兒云〕誰這等說，拿書來我看。〔丑呈書科〕〔卜兒云〕孩兒你看。〔正旦接書念云〕寓江州知末白居易，書奉裴小娘子。向在宅上擾聒，自別來魂馳夢想，此心無時刻得離左右也，滿望北歸，以償舊約。不料偶感時疾，醫藥不効，死在旦夕，專人走告，勿以死者為念，別結良姻，以圖永久。臨楮不勝哽咽，伏冀情亮。〔旦悲科云〕兀的不痛殺我也，悶殺我也。〔卜兒云〕孩兒，白侍郎已死了，夫人也做不得了，再不必說。你如今可嫁劉員外去罷。〔淨云〕小子可等着了。〔丑云〕小人去罷。〔正旦云〕吃了飯去。〔丑云〕不必了。〔下〕〔正旦唱〕

【叨叨令】我這兩日上西樓盼望三十徧，空存得故人書不見離人面。聽的行鴈來也我立盡吹簫院，聞得聲馬嘶也目斷垂楊線。相公呵你元來死了也麼哥，你元來死了也麼哥，從今後越思量越想的冤魂兒現。

〔淨云〕媽媽既許了親事，小子奉白銀五百兩為聘禮。小子歸家心切，就請小娘子上船。〔卜兒云〕老身已許了你，豈肯退悔，就打發孩兒去罷。〔正旦云〕罷罷罷。劉員外既成親，容我與侍郎瀽一椀漿水。燒一陌紙錢咱。〔淨云〕這也使得。〔正旦燒紙澆酒科云〕侍郎活時為人，死後為神。〔哭科云〕則被你閃得我苦也。〔唱〕

【倘秀才】侍郎呵你往常出入在皇宮內院，只合生死在京師帝輦。也落得金水河邊好墓田。

〔帶云〕劉員外。

〔唱〕你且離了，我根前，他從來有些靦腆。

【滾繡毬】你文章勝賈浪仙，詩篇壓孟浩然。不能勾侍君王在九間朝殿，怎想他短卒律命似顏淵。今日撲通的缾墜井，支楞的琴斷絃。怎能勾眼前面死魂活現，你若有靈聖顯形影向月下星前。則這半提淡水招魂紙，侍郎也當得你一盞陰司買酒錢，止不住雨淚漣漣。

〔做化紙起旋風科〕〔云〕這一陣旋風。兀的不是侍郎來了也。〔做悲科〕〔唱〕

【醉太平】燒一陌兒紙錢，叙幾句兒衷言。待不啼哭夫乃婦之天，抛閃殺我也少年。只見一個來來往往旋風足律即留轉，諕的我慌慌張張手脚滴羞都蘇戰。一個俏魂靈不離了我打盤旋，我做人的解元。

〔淨云〕大姐，紙也燒了，夫婦之情也盡了。請上船罷。〔正旦唱〕

【一煞】興奴也你早則不滿梳紺髮挑燈剪，一炷心香對月燃。我心下情絕，上船恩斷。怎捨他臨去時舌姦，至死也心堅。到如今鶴歸華表，人老長沙，海變桑田。別無些掛戀，須索向紅蓼岸緑楊川。

〔淨云〕大姐去罷。這等哭。哭到幾時。〔正旦唱〕

【二煞】少不的聽那驚回客夢黃昏犬，聒碎人心落日蟬。止不過臨萬頃蒼波，落幾雙白鷺，對千里青山，聞兩岸啼猿。愁的是三秋鴈字，一夏蚊雷，二月蘆烟。不見他青燈黃卷，却索共漁火對愁眠。

〔卜兒云〕員外等久了，去罷。〔正旦唱〕

【三煞】赤緊的大姨夫緣分咱身上淺，老太母心腸這壁廂偏，誰想司馬墳邊。彩雲零落，茶客船頭，明月團圓。娘呵你早則皂裙兒拖地，柱杖兒過頭，鬏髻兒稍天。却下的這拳槌不善，教我空捱那沒程限的竇娥冤。

〔云〕母親，我是你親生之女，替你掙了一生，只為這幾文錢，千鄉萬里賣了我去。母親好狠也。〔唱〕

【四煞】怎想他能捱磨扇似風車轉，更合着夢見槐花要黃襖兒穿。我虛度三旬，是這婆娘親女，受用了十年，是這趙媽媽金蓮，我也曾前廳上待客。後閣内留賓，只不曾坐車上當轅。偌來大窮坑火院，只央我一身填。

〔云〕罷罷罷，母親，我也顧不的你了。我去也。〔淨云〕媽媽，小子去也，多承厚意。來年捎細茶來吃。〔正旦唱〕

【尾煞】不甫能一聲金縷辭歌扇，劃地聽半夜鐘聲到客船。少年的人苦痛也天，狠毒呵娘好使的錢。你好隨的方就的圓，可又分的愚别的賢。女愛的親娘不顧戀，娘愛的鈔女不樂願。今日我前程事已然，有一日你無常到九泉。只願火煉了你教鑊湯滚滚煎，碓搗罷教牛頭磨磨研。直把你作念到關津渡口前，活呪到天涯海角邊。都道這風塵是夙緣，明理會得窮神解不的冤。〔帶云〕娘呵。〔唱〕你只把我早嫁潯陽一二年，怎到的他乾貶去江州四千里遠。〔同下〕

第三折

〔白樂天引左右上云〕下官白居易，自左遷司馬，來此江州。又早一年光景，昨日驛中報來，説故人元微之有事江南，打從這裏經過。不免分付左右，預備飲饌，伺候則個。〔外扮元微之上云〕小官姓元名積，字微之，見任廉訪使之職。昨蒙聖恩，差來採訪民風，經過江州。我想此處司馬白樂天，乃某至交契友，不免上岸探望他一遭。來到這州衙門首，左右報復去，道有故人元積來訪。〔左右報科云〕有故人元老爹來訪。〔白樂天云〕道有請。〔左右云〕請。〔進見科〕〔白樂天云〕微之，甚風吹得你來。貴脚踏賤地，使下官喜從天降。〔元微之云〕樂天久居江鄉，牢落殊甚。下官常切懷抱，奈拘職守，不得相從。今幸天假其便，再瞻眉宇，豈勝慶幸。〔白樂天云〕左右將酒過來，微之，少屈片時。〔元微之云〕不必留坐，下官行李俱在船上。下官正要與樂天文叙一會，可將這酒席移到船上，送我一程如何。〔白樂天云〕下官亦有此心，喒就同去。左右，快攜酒餚來者。〔同下〕〔淨上云〕小子劉一郎，自從娶得裴興奴，又早半年光景，衆朋友日日置酒相招，無有虚日。今日又是王官人相邀，大姐好生看家，更子吃酒去來。〔下〕〔正旦引梅香上云〕妾身裴興奴，不想狠毒虔婆貪錢。為我不肯留客求食，把我賣與茶客劉一郎為妻。隨他茶船來到這裏，問人説來，這裏正是江州。那單倈吃酒去了，不在船上。對着這般江天景物，想起那故人樂天，不由人不傷感也呵。〔唱〕

【雙調新水令】正夕陽天闊暮江迷，倚晴空楚山疊翠。冰壺天上下，雲錦樹高低。誰倩王維，寫愁入畫圖内。

【駐馬聽】常教他盡醉方歸，是他拂茶客青山沽酒旗。伴着我死心搭地，是兀那隱離人望眼釣漁磯。〔帶云〕這江那裏是江。〔唱〕則是遞流花草武陵溪，幽囚風月藍橋驛。直恁的天闊鴈來稀，莫不是衡陽移在江州北。

〔云〕天色將晚，那厮吃酒去了。甚時回來。梅香，拂了牀，我自家睡去罷。〔唱〕

【步步嬌】這個四幅羅衾初做起，本待招一個風流壻。怎知道到如今命運低，長獨自托冰藍兩頭兒偎。恁的般受孤恓，知他是誰喚你做鴛鴦被。

〔云〕本待睡些兒，怎生睡得着。梅香，將那琵琶過來，對此明月，寫我愁懷咱。〔做抱琵琶科〕〔唱〕

【攪箏琶】都是你個琵琶罪，少歡樂足別離。為你引商婦到江南，送昭君出塞北。紫檀面拂金猊，越引的我傷悲。想故人何日回歸，生被這四條絃撥俺在兩下裏。到不如清夜聞笛。

〔做彈琵琶科〕〔白樂天同元微之上云〕來到這舟中，一江明月。萬頃蒼波，秋光可人。微之，喒慢慢的飲幾杯。〔做聽科〕〔元微之云〕那裏琵琶響。〔左右云〕是那對過客船上有人彈的琵琶哩。〔白樂天云〕左右，你將船棹近些。〔做移船科〕〔白樂天云〕這琵琶不是野調，好似裴興奴指撥。〔元微之云〕左右的，你去着他過來彈一曲，怕做甚麼。〔左右見旦科〕小娘子，那邊船上兩位老爹教請一見。〔正旦云〕我就去。〔做見白樂天認科〕〔正旦唱〕

【鴈兒落】我則道是聽琴鍾子期，錯猜做待月張君瑞。又不是歸湖的越范蠡，却原來是遭貶的白居易。

〔旦做怕迴避科〕〔白樂天云〕興奴，你躲我怎麼。〔正旦唱〕

【小將軍】肯分的月色如白日，他不說我的知是鬼。相公呵怕你要做好事興奴儘依得，你則休漸漸來跟底。

〔白樂天云〕興奴，你是甚意思，越躲的遠了。〔正旦唱〕

【沉醉東風】我觀覷了衣服樣勢，審察了言語高低。你且自靠那邊，俺須有生人氣。遠些兒個好生商議。〔做取錢投水科〕〔白樂天云〕你丟錢怎的。〔正旦唱〕我為甚將幾陌黄錢漾在水裏，便死呵也博個團圓到底。

〔白樂天云〕興奴，你近前來。〔正旦又認科〕〔白樂天云〕你如何來到這裏。〔正旦云〕這等看來，想還是活的。〔歎科云〕相公，你做的好勾當。弄的我這等，還推不知哩。〔唱〕

【撥不斷】但犯着喫黄虀，者不是好東西。想着那引蕭娘寫恨書千里，搬倩女離魂酒一杯。攛文君逃走琴三尺，恁秀才每那一椿兒不該流遞。

〔白樂天云〕我自相別，來此江州。無時不思念大姐，只是無心腹人，不好寄書。你却等不的我回家，就跟着這商船來了，到說我的不是。〔正旦悲科〕苦死人也，教我一言難盡。〔白樂天云〕你說。〔正旦云〕自從與相公分別之後，妾再不留人求食。專等相公回來，以諧終身之託。不想老虔婆逐日嚷鬧，百般啜哄，妾身只是不從。那一日走將那茶客劉一郎來，帶的錢多，要來請我，妾抵死不肯。老虔婆和那蠻子設計，送到相公一封書，說相公病危死了，妾捱不過虔婆貪錢，把妾賣與他，來到這裏，聽的人說是江州。妾身正要打聽相公的消息，今日那單倈又吃酒去了，妾身思想無奈，對月彈一曲琵琶遣懷，不想得見相公。實天賜其便也。這位相公是誰。〔白樂天云〕是我心友廉訪元微之。〔做悲科〕〔元微之云〕樂天不必煩惱，這廝捏寫假書，妄稱人死，騙人之妾。自有罪犯，慢慢治他。〔白樂天云〕適間我做了一篇《琵琶行》，寫在這裏，大姐試看咱。〔正旦接科念云〕潯陽江頭夜送客，楓葉荻花秋瑟瑟。忽聞水上琵琶聲，主人忘歸客不別。移船相近邀相見，添酒回燈重開宴。千呼萬喚始出來，猶抱琵琶半遮面。轉軸撥絃三兩聲，未成曲調先有情。絃絃掩抑聲聲思，似訴平生不得志。低眉信手續續彈，說盡心中無限事。輕攏慢撚撥復挑，初為霓裳後六幺。曲終抽撥當心畫，四絃一聲如裂帛。自言家在京城住，名屬教坊第一部。曲罷常教善才服，妝成每被秋娘妬。今年歡笑復明年，秋月春花等閒度。門前冷落鞍馬稀，老大嫁作商人婦。我聞琵琶已歎息，又聞此語重唧唧。同是天涯淪落人，相逢何必曾相識。我從去年辭帝京，謫居卧病潯陽城。其間旦暮聞何物，杜鵑啼血猿哀鳴。豈無山歌與村笛，謳啞嘲哳難為聽。今夜聞君彈一曲，為君翻作琵琶行。却坐促絃絃轉急，滿坐聞之皆掩泣。就中泣下誰最多，江州司馬青衫溼。〔正旦云〕相公好高才也。〔梅香慌上云〕姐姐。員外回來了也。〔正旦唱〕

【掛搭沽】恰打算別離苦况味，見小玉言端的。又驚散鴛鴦兩處飛，喒須索權迴避。我這裏淹粉淚懷愁戚，忙蹙金蓮，緊蕩羅衣。

〔白元虛下〕〔淨帶酒上云〕大姐那裏，我醉了，扶我一扶者。〔正旦唱〕

【沽美酒】我則道蒙山茶有價例，金山寺裏說交易。每日江頭如爛泥，把似噇不的少喫。則被你殃煞我喫敲賊。

【太平令】常教我羡鸂鶒鴛鴦貪睡，看落霞孤鶩齊飛。〔淨云〕大姐過來。扶着我睡去。〔正旦唱〕聽不上蠻聲獠氣，倒敢僝煩天惱地。摟只抱只，愛你，休醉漢扶着越醉。

〔淨云〕我娶到的老婆，如何不伏侍我，我醉了。〔正旦唱〕

【川撥棹】廝禁持，這是誰根前撒殢滯。喫得來眼腦迷希，口角涎垂，覷不的村沙樣勢，也是我前緣廝勘對。

【七弟兄】從早至晚夕，知他在那裏。喒是甚夫妻，撇得我孤孤另另難存濟。我淒淒楚楚告他誰，你朝朝日日醺醺地。

〔淨做醉睡科〕〔正旦云〕這廝醉的睡着了。我如今就過白相公船上去罷。〔唱〕

【梅花酒】我子待便摘離，把頭面收拾。倒過行李，休心意徘徊。正愁煩無了期。〔白樂天上云〕大姐叫我怎的。〔旦云〕單倈沉醉睡着，妾隨相公去罷。〔唱〕恰相逢在今夕，相公你還待要候甚的。和俺有情人一搭裏，那單倈正昏睡，囫圇課你拿只，江茶引我擡起，比及他覺來疾。

【收江南】我教他滿船空載月明歸，三更難撥棹歌齊。我把這畫船權做望夫石，便去波莫遲，却不道五湖西子嫁鴟夷。

〔白樂天云〕趁此秋清夜靜，咱過船撐將開去，他那裏尋我。〔元微之云〕樂天，等小官回朝奏知聖人，取你上京，先奏辨此事，决得與興奴明白完聚。〔白樂天云〕微之，若得如此，喒兩個感恩非淺。〔正旦唱〕

【水仙子】再不見洞庭秋月浸玻瓈，再不見鴉噪漁村落照低，再不聽晚鐘烟寺催鷗起，再不愁平沙落鴈悲，再不怕江天暮雪霏霏，再不愛山市晴嵐翠，再不被瀟湘暮雨催，再不盼遠浦帆歸。

〔白樂天云〕誰想今日又重相會，使初心得遂，實天所賜也。〔正旦唱〕

【太清歌】莫不是片帆飽得西風力，怎能勾謝安攜出東山妓。此行不為鱸魚膾，成就了佳期。無個外人知，那厮正茶船上和衣兒睡。黑婁婁地鼻息如雷，比及楊柳岸秋風喚起，人已過畫橋西。

【二煞】咱兩個離愁雖似茶烟溼，歸心更比江流急。離江州謝天地，出烟波漁父國，遮莫他耳聽春雷，茶吐鎗旗。着那厮直趕到五嶺三湘建溪，乾相思九萬里。

〔白樂天云〕開了船去罷。〔正旦唱〕

【鴛鴦煞】若不是浮梁茶客十分醉，怎奈何江州司馬千行淚。早則你低首無言，仰面悲啼。暢道情血痕多，青衫淚溼。不因這一曲琵琶成佳配，淚似把推嵬添滿潯陽半江水。〔同下〕

〔淨做酒醒慌上云〕喫的醉了，一覺睡着，醒來不見了大姐。可往那裏去了。只怕落在江中，怎麼箱籠開着。一定是走了。地方，拏人，拏人。〔雜當扮地方上云〕這船上是甚麼人，半夜三更，大呼小叫的。〔淨云〕是小子新娶的個小娘子，不知逃走那裏去了，一定有個地頭鬼拐着他去。你們與我拿一拿。〔地方云〕哇，胡說，這明月滿江，又靜悄悄無一隻船來往。只是你這船在此，走往那裏去，想是你致死了，故意找尋。我拿你到州衙裏見官去來。〔地方鎖淨科〕〔淨詩云〕我劉一郎何曾搗鬼，小老婆多應失水。〔地方詩云〕這裏面定有欺心，送官去敲折大腿。〔同下〕

第四折

〔元微之上云〕小官元稹，前者江南採訪回來，面奏聖人，說白居易無罪遠謫。蒙聖人可憐，已將他宣喚回朝，仍復舊職，他謝恩畢，便奏知劉員外計騙人妾，假稱死亡，蒙聖人准歸本夫。今日旨意下來，御斷此事。只得先報樂天知道。〔下〕〔唐憲宗引內官上云〕寡人唐憲宗，昨日廉訪使元稹奏白居易無罪遠謫，朕也惜他才華。已取回京，復他侍郎之職。他又奏稱側室裴興奴，原是樂籍，他去之任，被茶商劉某妄報他死，拐騙為妻，昨在江州撞見奪回，於例該歸前夫。內侍們宣白居易來者。〔內官云〕領聖旨，白居易安在。〔白樂天上云〕小官白居易，前蒙放逐江鄉，多虧故人元微之舉保，重得回京，復還原職。下官因將裴興奴之事奏聞，蒙聖恩許歸本夫，今日朝堂宣呼，須索走一遭去。〔做見駕科云〕侍郎臣白居易，欽取回京朝見。〔駕云〕卿在江州，多有辛苦。爾所奏裴興奴被人計騙，例該歸從前夫，但中間緣故未詳，必須宣裴興奴問個端的。〔內官云〕領聖旨。裴興奴安在，聖人呼喚哩。〔正旦冠帔上云〕誰想有今日來，興奴質本下賤，幸得瞻天仰聖，非同小可也呵。〔唱〕

【中呂粉蝶兒】秋月春花，都出在侍郎門下。比及我博的個富貴榮華。恰便似盼辰勾，逢大赦，得重回改嫁。今日裏聖旨宣咱，吉和凶索問天買卦。

〔云〕來到這朝前。好怕人也。〔唱〕

【醉春風】又不比順子弟意前行，就郎君心上打。只見兩行武士列金瓜，這裏敢不是耍，耍。他教我與樊素齊肩，受小蠻節制，聖機難察。

〔內侍云〕宣到裴興奴見駕。〔正旦拜舞科〕〔唱〕

【迎仙客】無禮法，婦人家。山呼委實不會他，只辦得緊低頭。忙跪下，願陛下海量寬納，聽臣妾說一套兒傷心話。

〔駕云〕那婦人是裴興奴麼。〔正旦云〕臣妾便是裴興奴。〔駕云〕你將始末緣由，細細說來，不可欺隱。〔正旦唱〕

【石榴花】妾自來楚雲湘水度年華，誰樂這生涯。俺娘把門兒倚定看甚人踏，當日見他，放了旬假。老虔婆意中只待頻虀刮，先陪了四缾酒十餅香茶。其間一位多姦猾，只待要大雪裏探梅花。

【鬬鵪鶉】一個待咏月嘲風，一個待飛觴走斝。談些古是今非，下學上達一個毬子心腸到手滑。和賤妾勾勾搭搭，但得個車馬盈門，這便是錢龍入家。

〔云〕妾本教坊樂籍，曾師曹善才，學成琵琶。忽一日侍郎白居易放假，同孟浩然、賈浪仙到妾家吃酒。妾因留伴白侍郎，因此認的。〔駕云〕既如此，怎生又有後來這場說話。〔正旦唱〕

【上小樓】俺那白頭媽媽，年紀高大。見他每帶繫烏犀，衣着白襴，帽裹烏紗。怎生地，使手法。待席罷敲他一下，倒噎的俺老虔婆血糊淋剌。

【幺篇】從此日娘嗔女，妾愛他，愛他那走筆題詩，出口成章，頂針續麻，是他百般地，妳妳行過從不下，怎當那獠姨夫物擡高價。

〔云〕妾身自從見了白侍郎，俺那虔婆見他是個官人。心中要敲他一下，不想又沒甚麼大錢，好生埋怨。妾見侍郎人品高，才華富，遂有終身之託。只是打發老虔婆不下，誰想又走將這個茶客來。〔駕云〕這茶客來却怎生地。〔正旦唱〕

【紅芍藥】那廝每販的是紫草紅花，蜜蠟香茶，宜舞東風鬬蝦蟆。巾幘是青紗，聽不得蠻聲氣，死勢煞。無過在客船中隨波上下，那廝分不的兩部鳴蛙，所事村沙。

〔云〕這茶客是江西人，拿着三千引茶。要來伴宿，妾因侍郎分上，堅意不從他。〔唱〕

【紅繡鞋】他有數百塊名高月峽，兩三船玉屑金芽。元來他准備下一場說謊天來大，本待要緑珠辭衛尉。則說道賈誼沒長沙，可不這寄哀書的該萬剮。

〔云〕老虔婆與茶客設計，寄假書一封，說侍郎死了。使妾無倚，逼令嫁與茶客。〔駕云〕既有假書，你如何主張。〔正旦唱〕

【喜春來】既道是江州亡化白司馬，因此上飛入尋常百姓家。俺那愛錢娘一日坐入番衙，不由妾不隨順他。有分看些個駝腰柳釣魚槎。

〔云〕那虔婆不由分說，把妾嫁與茶客。妾強不過，只得隨他而去。〔駕云〕既嫁茶客，怎生又歸白氏。〔正旦唱〕

【普天樂】到潯陽無牽掛，弔英魂何處。渡口殘霞，思往事，空嗟訝。半夜燈前長吁罷，淚和愁付與琵琶。寒波漾漾，芳心脈脈，明月蘆花。

〔駕云〕元來你彈琵琶來，那白居易可在那裏聽見。得與你相會，你再說咱。〔正旦唱〕

【快活三】俺本待蘭舟看月華，見漁燈映蒹葭。他便似莽張騫天上泛浮槎，可原來不曾到黃泉下。

〔云〕那一夜茶客不在，妾身對月理琵琶。忽見别船上二客，細視之乃是白侍郎，方知他不曾死。妾身就跟白侍郎來了。〔唱〕

【鮑老兒】秀才每入怪洞裏妖精也覷上了他，那一個不色膽天來大。投到俺啼哭出煙村四五家，央及殺青衫袖香羅帕。故人見後，潯陽怕甚，水地湫凹。今日個君王召也，長安避甚，道路兜搭。

〔駕云〕興奴，你認這文武班中，那個是白居易。〔正旦做認科〕〔唱〕

【叫聲】這都是一般兒的執象簡戴烏紗，好着我眼花。眼花只得偷睛抹，去向那文武班中試尋咱。

〔做見三人科云〕這是賈學士，這是孟學士，這是白侍郎。〔唱〕

【剔銀燈】舊主顧先生好麼，新女壻郎君煞驚諕。那翰林學士行無多話，則這白侍郎正是我生死的冤家。從頭認，都不差，可怎生粧聾作啞。

〔駕云〕興奴，你仔細認者，敢不是他麼。〔正旦唱〕

【蔓菁菜】他怎敢面欺着當今駕，他當日為尋春色到兒家。便待強風情下榻，俺只道他是個詩措大酒遊花，却元來也會治國平天下。

〔駕云〕一行人跪者，聽朕剖斷。〔衆跪科〕〔詞云〕自古來整齊風化，必須自男女幃房。但只看關雎為首，詩人意便可參詳。裴興奴生居樂籍，知倫禮立志剛方，見良人終身有託，要脱離風月排場。老虔婆羊貪狼狠，逼令他改嫁茶商，裴興奴心堅不變，只等待司馬還鄉。老虔婆使姦定計，寫假書只説身亡。遂將他嫁為商婦，一帆風送至潯陽。正值着江干送客，聞琵琶相遇悲傷。與故人生死相别，彈一曲情淚千行。放逐臣偏多感歎，兩悲啼淚溼衣裳。從前夫自有明例，便私奔這也何妨。今日個事聞禁闕，斷令您永效鳳凰。白居易仍復舊職，裴夫人共享榮光。老虔婆决杖六十，劉一郎流竄遐方。這賞罰並無私曲，總之為扶植綱常。便揭榜通行曉諭，示臣民恪守王章。〔衆謝恩科〕〔正旦唱〕

【隨煞】恰纔來萬里天涯，早愁鬢蕭蕭生白髮。俺把那少年心撇罷，再不去趁春風攀折鳳城花。（明萬曆刻本《元曲選》，中華書局一九五八年九月版第三册；《全元戲曲》第二卷，人民文學出版社一九九九年版）

智按：馬致遠，號東籬，大都（今北京）人。《青衫淚》題目：「潯陽商婦琵琶行」，正名：「江州司馬青衫淚」，由白居易《琵琶行》敷演而成，虛構白居易與歌妓裴興奴之悲歡離合故事，中間插入商人與鴇母之欺騙破壞。

陳櫟（一二五二～一三三四）

《江楚望淡生活説》

婺源楚望子江君岳詩稿曰《淡生活》，宛轉求予一言。予未識其人，未見其詩，予何言哉？辭不可作，乃贈予詩二章，謂嘗一臠，可知餘味，為求言復，諄諄不置，子何得無言哉？冷淡生活，香山居士語也。今去冷獨淡，詩病不淡耳。淡奚病哉？樂聲淡則聽心平，是故樂貴淡。張籍學古淡，是故詩尤貴淡，然淡而非槁無餘味之謂也。一毫牽强，不可謂淡；少不出於自然，不可謂淡。外臞而内腴，形枯而神澤，斯為淡矣。昔人論蜜，取其中邊皆甜。予今論詩，非取其中邊皆淡也。能以理為主，以氣為輔，以興趣品格為高，以渾然天成為妙，其殆庶幾乎！老子曰：「味無味。」粂透斯言。……（《四庫全書》本《定宇集》卷五）

《和詩説》

詩歌有唱和，尚矣，自舜作歌，臯賡歌，始春秋時，賦詩必答，然不過賦古人詩耳。孔子與人歌而善，必使反之，而後和之，和即賡也、答也。降而李陵、蘇武，詩體雖變，唱答則同。又降而至盛唐，詩體又變，唱答不變。杜、韓諸集，班班可考。然有和意不和韻，尚有古意。又降而白樂天、元微之之徒，則和韻矣，全失古意，然如「車」、「斜」、「家」、「花」，韻尚可押。愈降愈下，以至於今，波頹風靡，益可厭惡。詩非詩，韻非韻，險韻、俗韻、獨脚韻，往往而是。詩之天趣，絲毫無有，豈詩也哉？和韻詩前輩多非之。韓陵陽不喜和人韻。楊誠齋深言和韻之弊，見於答徐賡書，其言深切痛快。此等議論後生想耳未聞，亦慮不到，率謂見人有詩，即當和韻耳。近有一等無知之徒，效人為園亭若干詠，題扁蹈襲而俗，辭語鄙俚而謬，且以和韻强人，無知者又為之先和，而宛轉以求於人，應之者亦紛紛用其韻，一是皆不知而妄作何等詩乎？證之先民，裴迪之於王輞川、韓昌黎之於劉虢州、蘇長公之於文洋州、楊誠齋之於向薌林，少者十餘詠，多者五十詠，只取和其題意，並無和韻之例。後生亦嘗考之乎？唱者為轉，求者應之者，率皆冥冥不知其非以為當，良可憫嘆。今書此示初學。（《四庫

全書》本《定宇集》卷五）

《答問》

問：元裕之云：「柳子厚，唐之謝康樂；陶元亮，晉之白樂天。」此説如何？

答曰：謝康樂靈運，謝玄之後，襲封康樂公，以放曠不檢束遭禍；柳子厚陷叔文之黨，亦卒貶死，以之並説，亦自頗是。陶元亮忠義曠達，優游樂易，以白樂天比之，亦似之。但優游樂易，相似而論，其至到處，樂天不能及淵明也。謝柳細論，亦自不同，陶白所遭之時，亦不同也。元公之論，亦過求耳。不必如此立論，姑置之。（《四庫全書》本《定宇集》卷七）

《答吴萬頃書》

疇昔之歲，輕抵鄭公鄉，辱賜汲引。僕輩急歸，不果拜命，迄今愧之。繼以惡詩道謝，又辱寵和，突過黄初，壓倒元、白，不足以言之也。……（《四庫全書》本《定宇集》卷十）

《蠟梅》

梅屋叔長示順安劉公蠟梅詩軸，且令續貂，伏讀，啓發多矣，謹賡韻拜呈。

蜜蜂三生有花癖，獵遍梅兄與礬弟。釀花為蠟蠟作花，吐向梅梢真蠟底。蠟梅有詠首蘇黄，絶唱後人誰敢詆。今代胡曾劉禹錫，唱予和汝吟毫泚。春風吹來珠玉篇，嘗鼎知嗣元和體。恍然生我梅香前，有味如醺百花醴。折花因復細端相，山麝臍熏薇露洗。萬木如槁梅獨春，太極初呈品彙抵。此又梅中别出奇，滴蠟緘封春信啟。翫花又復誦公詩，喜佩服矣勤拜稽。非花毋乃真蜜脾，我將求古君臣禮。蠟是真耶却又非，别花有眼眼幾眯。（《四庫全書》本《定宇集》卷十六「五言古自詠百七十韻」）

智按：陳櫟，字壽翁，休寧（今屬安徽）人。七歲通舉子業，南宋亡，科舉廢除，慨然發憤精習朱熹之學。吴澄對他十分尊重，凡江東士人欲就學其門者，吴澄都介紹到陳櫟門下，學者稱為「定宇先生」，是宋元休寧一郡文化傳承之關鍵人物。著有《定宇集》十六卷（文十五卷，詩詞一卷）、《尚書集傳纂疏》六卷、《歷代通略》四卷，編有《新安大族志》二卷、《新安名族志》二卷。

任士林（一二五三～一三〇九）

《書族祖拓齋先生〈白頭吟〉卷後》

少陵三賦明光宫，清吟往往嗟不逢。退之文章起八代，獨與東野相追從。詩人肝脾有清氣，語嘿正與時交通。我翁聲名四十載，回首清廟埋黄鍾。懸將萬斛扛鼎力，波瀾卷入呻吟中。酒酣阮籍已類達，瓶空靖節秪言窮。顧無一語道興仆，自與大雅同汙隆。諸孫習氣掃未盡，日有元白來郵筒。更從帳下給驛卒，一杯俛仰天夢夢。（《四庫全書》本《松鄉集》卷八）

智按：任士林，字叔實，奉化（今屬浙江）人。早慧，由祖父授古文。父死，建廬墓旁，讀書其中，諸子百家無不周覽，鄉里子弟多從其學。廉訪使讓他籌建文公書院，書院落成，又授職上虞縣教諭。其後講學會稽，授徒錢塘。至大元年，中書左丞郝天挺因事至錢塘，舉薦任士林為湖州安定書院山長。因其長子病重，未能赴職，不久病卒於杭州客舍。任士林早有文名，通曉經學，但一生困頓，被稱為「山林一老儒」。有《松鄉集》十卷（詩二卷，文八卷）。

龍仁夫（一二五三～一三三五）

《陳平章席上題琵琶亭》

老大蛾眉負所天，卻將遺恨寄哀絃。夜深正好看明月，却抱琵琶過別船。（《四庫全書》本《元音》卷七）

智按：元傅習《元風雅》前集卷四「蛾眉」作「嫦娥」，「卻將遺恨」作「忍將離恨」，「夜深」作「江心」，「明月」作「秋月」，「却抱」作「却把」。明宋公傳編《元詩體要》卷十三「卻將」作「忍將」，「夜深」作「江心」。明李蓘編《元藝圃集》卷三「蛾眉」作「嫦娥」。元劉壎《隱居通議》卷十《琵琶亭詩》引作：「老大蛾眉負所天，尚留餘韻入哀弦。江心正好看明月，却抱琵琶過別船。」明瞿佑《歸田詩話》卷上（《歷代詩話續編》第一二四五頁）引作：「老大姮娥負所天，忍將離恨寄哀弦。江心正好觀秋月，卻抱琵琶過別船。」並謂：「中含諷意。」參見明葉子奇《草木子》卷四、明葉廷秀《詩譚》卷八、明李東陽《懷麓堂詩話》、明胡應麟《詩藪》外編卷六、清褚人穫《堅瓠集》首集卷一「譏呂文煥」、清潘德輿《養一齋詩話》卷三（《清詩話續編》第二〇四九～二〇五〇頁）。清俞蛟《潮嘉風月记・麗品》：「詩曰：含顰憶昔侍尊前，麗服明妝似水仙。今日相逢卿老矣，不堪回首問當年。不抱琵琶過別船，芳心與石一般堅。」

龍仁夫，字觀復，號麟洲（一作麟閣），永新（今屬江西）人。早年博究經史，以道義自任。宋亡，負海内重名，舉為江浙行者儒學副提舉，未赴任。曾主持江浙行省貢舉。後任陝西儒學提舉。晚年寓居黄州。文集不傳。

趙孟頫（一二五四～一三二二）

《〈宋劉松年香山九老圖〉跋》

唐九老圖，古今盛事，展卷便覺前賢典型，去人不遠，為之敬仰不已。吳興趙孟頫觀。（《四庫全書》本《石渠寶笈》卷六）

智按：九老圖，又名會昌九老圖，香山九老圖，為宋佚名畫作，墨跡現藏北京故宫博物院，末題「大德十年五月十九日吳興趙孟頫觀」，「典型」，作「典刑」，影印本收入浙江大學中國古代書畫研究中心編《宋畫全集》，浙江大學出版社二〇一〇年版，第一卷第六册，第二〇一頁；余輝主編《晉唐兩宋繪畫・人物風俗》，上海科學技術出版社・商務印書館（香港）有限公司二〇〇五年版，第一六八頁。

趙孟頫，字子昂，號松雪道人，湖州（今屬浙江）人。宋宗室之後。南宋時以父蔭補官，任真州司戶參軍。宋亡閉居於家。至元二十三年（一二八六），程鉅夫到江南搜訪遺才，將趙孟頫舉薦於朝，次年授兵部郎中。至元二十七年授集賢學士。至元二十九年，任濟南路同知。元成宗即位，詔趙孟頫修《世祖實録》，曾奉旨書寫金字《大藏經》。授江浙等處儒學提舉。至大三年（一三一〇），召至京師，任翰林侍讀學士。元仁宗即位，授集賢侍講學士。延祐元年（一三一四）改任翰林侍講學士。三年拜翰林學士承旨。六年辭官南還。卒，追封魏國公，謚文敏。有《松雪齋集》十卷。

馬臻（一二五四～？）

《至節即事·序》

癸酉歲長至節，效王建體偶成絶句十首。余年始二十，即一時之事，寓一時之意，故淪落不復收。今於故篋中得其舊稿，青燈三復，如對故人。樂天云：「欲留年少待富貴，富貴不來年少去。」乃知年少承平之樂，誠不易逢。三十餘年，恍一夢寐。吁，予老矣！滿簪華髮，投迹空林，情之所來，不覺涕下。故録於卷末，以重感慨云。（《四庫全書》本《霞外詩集》卷五；顧嗣立《元詩選》初集卷六十五）

《暇日偕劉悦心仇山村白湛淵諸詩老訪西湖北山淨空主人玉公清話算歸分韻得來字》

松柏山門晝不開，秋陰散策此徘徊。每懷白傅題詩去，更憶揚雄問字來。盡日酒杯隨晚菊，千年人事疊蒼苔。池中金鯽疑龍在，歸路殘雲帶雨回。（《四庫全書》本《霞外詩集》卷七）

《和仇村翁九日招飲詩韻》

每愛淵明詩，珠璣光可摘。君家枉新語，粲粲壓元白。有若探滄海，驪龍此窟宅。今歲菊花開，不受風雨迫。念兹展良會，觴詠忘主客。百年幾何時？况復難滿百。緬想龍山人，西風墮巾幘。（《四庫全書》本《霞外詩集》卷八）

《贈皇甫秀士》

止水鑒及微，圓月光始揭。一方可中庭，物象逼騷屑。桐江皇甫氏，壯歲盛學業。其胄唐詩流，未下白傅列。源垂百世後，亹亹襲芳烈。貴賤取諸身，索理詣超越。麻衣希夷輩，聞見亦欣悦。勇退難其人，此語慎輕説。（《四庫全書》本《霞外詩集》卷九）

智按：馬臻，字志道，別號虚中，錢塘（今浙江杭州）人。南宋亡，家境敗落，出家為道士，受業於褚伯秀。詩與畫都有時名，主要與宋遺民，如龔開、陸文圭、仇遠、吾衍、方回等人交往。寫於大德六年以後作品多已散佚，在《霞外詩集序》中，龔開説：馬臻詩「古今體制具在，馴雅如其人」；仇遠則評其詩卷：「大抵以平夷恬淡為體，清新圓美為用。」「渾然天成，不止於煙雲花草魚鳥而已。」

馬端臨（一二五四？～一三二三）

《文獻通考》

長慶中，白居易為杭州刺史，浚錢塘湖，周廻三十里，北有石涵，南有筧，凡放水溉田，每減一寸，可溉十五頃，每一伏時，可溉五十餘頃。作《湖石記》，言若隄防如法，蓄洩及時，則瀕湖千餘頃田無凶年矣。（《四庫全書》本卷六田賦考六）

元和元年四月，才識兼茂、明於體用科，元稹、韋惇、獨孤郁、白居易、曹景伯、韋慶復、崔綰、羅讓、崔護、薛存慶、韋珩、李蟠、元修、蕭俯、沈傳師、柴宿及第；達於吏理、可使從政科，陳岵及第。（《四庫全書》本卷三十三選舉考六）

景德四年，贈漢將軍紀信為太尉，後漢司徒魯恭為太師，以唐刑部尚書白居易孫利用為河南府助教，常令修奉墳塋影堂。又詔河南府建漢高祖廟，以時致祭，令鄭州給唐相裴度守墳三户。（《四庫全書》本卷一百三宗廟考十三）

⊙《六帖》三十卷

晁氏曰：唐白居易撰。以天地事物分門類為聲偶，而不載所出書。曾祖父秘閣公為之注，行於世。世傳居易作《六帖》，以陶家瓶數千，各題名目，置齋中，命諸生採集其事類，投瓶内。倒取之，抄録成書。故所記時代多無次序云。

陳氏曰：《唐志》作《白氏經史事類》，一名《六帖》。

程氏《演繁露》曰：白樂天取凡書精語可備詞賦制文采用者，各以門目類萃，而總名其書為《六帖》。既不自釋所以名，後人亦無辨者。偶閲唐制，其時取上凡六科，別其所試條件，每一事名一帖。其多者，明經試至十帖，而《說文》極於六帖。白之書為應科第設，則以帖為名，其取此矣。

又曰：唐制，開元中舉行課試之法，帖經者以所習經，掩其兩端，中間惟開一行，裁紙為帖。凡帖三字，視時增損，可否不一，或得四，得五，得六者為通。此《六帖》之名所由起，取中帖之多者以名其書，期必中選也。（《四庫全書》本《文獻通考》卷二百二十八經籍考五十五；華東師範大學古籍研究所整理《文獻通考·經籍考》，第一二六〇～一二六一頁）

⊙《備舉文言》二十卷

晁氏曰：唐陸贄撰。總四百五十餘門。議者謂大類《六帖》而文辭過焉。《崇文總目》有之。（《四庫全書》本《文獻通考》卷二百二十八經籍考五十五；華東師範大學古籍研究所整理《文獻通考·經籍考》，第一二六二頁）

⊙《後六帖》三十卷

陳氏曰：知撫州孔傳撰。以續白氏之後也。傳襲封衍聖公。（《四庫全書》本《文獻通考》卷二百二十八經籍考五十五；華東師範大學古籍研究所整理《文獻通考·經籍考》，第一二七一頁）

⊙《杜詩六帖》十八卷

陳氏曰：建安陳應行季陵撰。用白氏門類，編杜詩語。（《四庫全書》本《文獻通考》卷二百二十八經籍考五十五；華東師範大學古籍研究所整理《文獻通考·經籍考》，第一二七五頁）

⊙《促卧甕人事數》一卷

鼂氏曰：皇朝李庭中撰。以畢卓、嵇康、劉伶、阮孚、山簡、阮籍、儀狄、顏回、屈原、陶潛、孔融、陶侃、張翰、李白、白樂天爲目，有趙昌言序。

陳氏曰：此篇與《釣鼇圖》、《採珠格局》、《勸酒玉燭詩》各一卷，皆酒邊雅談。（《四庫全書》本《文獻通考》卷二百二十九經籍考五十六；華東師範大學古籍研究所整理《文獻通考·經籍考》，第一二九一頁）

⊙白樂天《長慶集》七十一卷

晁氏曰：唐白居易樂天也。唐史云太原人，居易詩中自序生於鄭州滎陽。貞元十七年進士，中拔萃科。元和初，制策一等，調盩厔尉，入翰林為學士。

太和初，遷刑部侍郎。會昌初，以刑部尚書致仕。居易於文章精切，然最工詩。初，頗以規諷得失，及其多，更下偶俗好，當時士人爭傳，「雞林貴國相，率篇易一金」。與元微之酬唱，故號「元白」，與劉禹錫齊名，號「劉白」。在杭州，自類詩稿分諷論、閒適、感傷、雜律四類，前集五十卷，有元稹序，後集二十卷，自為序紀。又有續後集五卷，今亡三卷。予嘗謂樂天進退以義，風流高矣。與劉禹錫游，人謂之「劉白」，而不陷八司馬黨中；與元稹游，人謂之「元白」，而不陷北司黨中；又與楊虞卿為姻家，而不陷牛、李黨中。嗚呼！叔世有如斯人之彷彿者乎？獨集後裁聞李崖州貶三絕句，其言淺俗，似幸其禍敗者，余固疑非樂天之語，及以編年書考之，崖州貶時，樂天歿將逾年，或曰浮屠某作也。

陳氏曰：《長慶集》五十卷，元微之為序，《後集》二十卷，自為序，今又《續後集》五卷，自為記，前後七十五卷，時會昌五年也。墓誌乃云集前後七十卷，當時預為志，時未有續後集，今本七十一卷，蘇本、蜀本編次亦不同，又有《外集》一卷，往往皆非樂天自記之舊矣。《年譜》，維揚李璜德邵所作，樓大防參政得之，以遺吳郡守李伯珍諫議刻之。余嘗病其疏略抵牾，且號為年譜，而不繫年，乃別為新譜，刊附集首。

⊙《白集年譜》一卷

陳氏曰：知忠州漢嘉何友諒，以居易舊治既刊其文集，又作年譜，刊之集首。始余為譜，既成，妹夫王楙叔永守忠録寄之，則忠已有此譜，視余譜詳略互見，亦各有發明。其辯李崖州三絕非樂天作，及載晁子止之語，謂「與楊虞卿為姻家，與牛憎孺為師生，而不陷牛、李黨中」，與余暗合，因並存之。詳見新譜末章。

穎濱蘇氏曰：士雖不過如樂天，入為從官，以諫諍顯，出為牧守，以循良稱，歸老泉石，憂患不及其身，而文詞足以名世，可以老死而無憾矣。又曰：樂天每閑冷衰病發於詠歎，輒以公卿投荒僇死不獲其終者自解，予亦鄙之；至其聞文饒謫朱崖三絕句，刻覈（核）尤甚，樂天雖陋，蓋不至此。蓋樂天之徒淺陋不學者附益之耳！

《詩史》：沈存中謂樂天詩不必皆好，然識趣可尚，章子厚謂不然，云樂天識趣最淺狹，謂詩中言「甘露之事」，幾如幸禍。樂天為王涯所讒、謫江州司馬，其詩謂「當君白首同歸日，是我青山獨住時。」雖私讐可快，然朝廷當此不幸，臣子不當形之歌詠。東坡謂「樂天豈幸人之禍者？蓋悲之也。」

晁氏《法藏碎金》曰：白氏集中頗有遺懷之作。故達道之人，率多愛之。余友李公維録出其詩，名曰《養恬集》，余亦如之，名曰《助道》。其辭語出於經教法門，用此彌縫其間，而直捷曉悟於人也。

平園周氏曰：香山詩語平易，文體清駛，疑若信手而成者，閑觀遺稿，則竄定甚多。

《朱子語録》曰：樂天多説其清高，其實愛官職。詩中凡及富貴處，都説得口津津地涎出。(《四庫全書》本《文獻通考》卷二百三十三經籍考六十；華東師範大學古籍研究所整理《文獻通考・經籍考》，第一三六六～一三六八頁)

⊙晁文元《道院集要》三卷

晁氏曰：宋朝王古編。其序云：文元晁公博觀内書，不徒力行，復勤於撰述，以開導後學。其書曰《道院别集》，曰《自擇增修百法》，曰《法藏碎金》，曰《隨因紀述》，曰《耄智餘書》。余嘗遍閲之，以為名理之妙，雖白樂天不逌也。輒刪去重複，總集精粹，以便觀覽云。古，元祐中侍從。(《四庫全書》本《文獻通考》卷二百三十四經籍考六十一；華東師範大學古籍研究所整理《文獻通考・經籍考》，第一三九七頁)

⊙張文潛《柯山集》一百卷

晁氏曰：張耒，字文潛，譙郡人。仕至起居舍人。嘗為宣、潤、汝、潁、兖五州守，又嘗謫居黄州、復州，最後居陳以沒。元祐中，蘇氏兄弟以文章倡天下，號長公、少公，其門人號「四學士」。文潛，少公客也。諸人多早沒，文潛獨後亡，故詩文傳於世者尤多。其於詩文兼長，雖同時，鮮復其比。而晚年更喜白樂天，詩體多效之云。(《四庫全書》本《文獻通考》卷二百三十七經籍考六十四；華東師範大學古籍研究所整理《文獻通考・經籍考》，第一四七三頁)

⊙《張籍詩集》五卷

晁氏曰：唐張籍文昌，和州人。貞元十五年登進士第。終國子司業。籍性狷急，為詩長於樂府，多警句。元和中，與白樂天、孟東野歌詞天下宗之，謂之「元和體」。一本才三卷。(《四庫全書》本《文獻通考》卷二百四十二

經籍考六十九；華東師範大學古籍研究所整理《文獻通考·經籍考》，第一六〇〇頁）

⊙魏仲先《草堂集》二卷《鉅鹿東觀集》二卷

晁氏曰：魏野，字仲先，陝州人。志清逸，以吟詠自娱，忘懷榮利。隱於陝之東郊，手植竹木，繞以流泉，鑿土袤丈，曰「樂天洞」，前立草堂。為詩清苦，句多警策，與寇準、王旦善，每往來酬唱。祀汾陰歲，召不起，卒，贈著作郎。集有薛田序。《鉅鹿東觀集》乃野之子閑集其父詩四百篇，以贈著作，故以「東觀」名集。（《四庫全書》本《文獻通考》卷二百四十四經籍考七十一；華東師範大學古籍研究所整理《文獻通考·經籍考》，第一六五〇頁）

⊙《李少卿詩》二十卷

太常少卿李簡夫撰。潁濱序略曰：君所為詩，曠然閑放，往往脱略繩墨，有遺我忘物之思。問其所與游，多慶曆名卿，而元獻晏公深知之。求其平生之志，則曰：「樂天，吾師也。吾慕其為人而學其詩，患莫能及耳。」晚歲詩益高，信乎其似樂天也。（《四庫全書》本《文獻通考》卷二百四十五經籍考七十二；華東師範大學古籍研究所整理《文獻通考·經籍考》，第一六八四頁）

⊙《唐賦》二十卷

晁氏曰：唐科舉之文也。蕭穎士、裴度、白居易、薛逢、陸龜蒙之作皆在焉。（《四庫全書》本《文獻通考》卷二百四十八經籍考七十五；華東師範大學古籍研究所整理《文獻通考·經籍考》，第一七六九頁）

⊙《庾樓紀述》三卷、《琵琶亭詩》一卷、《東陽紀詠》四卷

陳氏曰：俱不知集者。（《四庫全書》本《文獻通考》卷二百四十九經籍考七十六；華東師範大學古籍研究所整理《文獻通考·經籍考》，第一八〇七頁）

⊙《金鍼詩格》三卷

晁氏曰：唐白居易撰。居易自謂與劉禹錫、元稹皆以詩知名，撮詩之體要為一格。病得針而愈，詩亦猶是也，故曰《金鍼集》。（《四庫全書》本《文獻通考》卷二百四十九經籍考七十六；華東師範大學古籍研究所整理《文

獻通考·經籍考》，第一八一三頁）

⊙《續金鍼詩格》一卷

晁氏曰：梅堯臣聖俞撰。聖俞游廬山，宿西林，與僧希白談詩，因廣樂天所述云。

陳氏曰：「二金鍼，大抵皆假託也。」（《四庫全書》本《文獻通考》卷二百四十九經籍考七十六；華東師範大學古籍研究所整理《文獻通考·經籍考》，第一八一九頁）

⊙倭（即日本）

奝然書曰：「國中有《五經》書及佛經、《白居易集》七十卷，並得自中國。土宜五穀而少麥。交易用銅錢，文曰『乾文大寶』。畜有水牛、驢、羊，多犀、象。產絲蠶，多織絹，薄糸致可愛。樂有中國、高麗二部。四時寒暑，大類中國。國之東境接海島，夷人所居，身面皆有毛。東奧州產黃金，西別島出白銀，以為貢賦。國王以王為姓，傳襲至今王六十四世，文武僚吏皆世官。」（《四庫全書》本《文獻通考》卷三百二十四四裔考一）

智按：馬端臨，字貴與，江西樂平人。宋宰相廷鸞之子。咸淳中，漕試第一。會廷鸞忤賈似道去國，端臨因留侍養，不與計偕。元初起為柯山書院山長，後終於台州儒學教授。

曹伯啓（一二五五～一三三三）

《满江紅》

次白君舉州倅所寄韻。君舉三十年前友，屢示佳製，讀之令人起敬。比以簿書倥傯，不遑酬答，聞改除天台，恐因得簪盍於惠泉之側，用以叙懷。

壯歲分攜，凝望眼、略無虛日。嗟我輩，江南江北，為誰形役。自愧散材非管鮑，遥憐老友真元白。况文章之外有良能，安民策。談笑興，浮雲隔。離別恨，流年逼。試賡歌雅韻，不論呼吸。百粵溪山應好在，半生萍梗無終畢。畢流行坎止任天公，吾難必。（《四庫全書》本《曹文貞公詩集》卷十；《全金元詞》第八一四頁）

智按：曹伯啓，字士開，濟寧碭山（今山東單縣）人。早年從東平李謙游。至元中，為蘭溪主簿，遷常州路推官，再遷河南行省都事、台州路治中。御史潘昂霄等舉薦，擢西臺御史。延祐元年升内臺都事，遷刑部郎中。出為真定路總管，治尚寬簡，百姓安之。延祐五年遷司農丞，置六倉於浙東、浙西，設運鹽官，賞罰嚴明，輸運有期。不久拜南臺治書侍御史。元英宗即位，召拜山北廉訪使。泰定初，告老北歸，優游鄉社。所居被稱為「曹公里」。天曆中，起為淮東廉訪使、陝西諸道行御史臺中丞，以老辭。卒，追封魯郡公，謚文貞。

馮子振（一二五七～一三三七?）

《鸚鵡曲》

青衫司馬江州住。月夜笛厭聽村父。甚有傳舊譜琵琶，切切嘈嘈簷雨。薄情郎又泛茶船，近日又浮梁去。説相逢總是天涯，訴不盡柔腸苦處。（《全金元詞》第九二三頁）

《宋無〈翠寒集〉序》

天詘西北曰無，曠古未有有姓而以無為之名者，吳人宋子虚乃以無為之名。斯名也，殆自子虚始，無是公、烏有先生之流乎？……余知子虚最晚，恨余老，無能為矣，姑取其詩集而序之，好事者寫而傳之，有味乎其言，而時諷誦之。彼嘲韵風、弄涼月之客主，豈特可摽而出之，大門之外，雖却數十百驛，猶俗氣溷人也。子虚嘗舉茂才於王西溪，平生獨刻意於詩，宦情雲薄，以故不肯輕就籠絡，弊弊焉，追逐時好，以取世資。其胸中泊然無營，殆眼中真無其匹者，太湖三萬六千頃，寧當無真識子虚者耶！異時，白醉吟生七月，能識之無二字，是孩提時，已識宋子虚之名矣。醉吟晚守姑蘇，惜乎子虚，不當是時，如子虚當其時，持其詩，納之白傅，則翠寒之集，若不噓而登之白玉之堂，他日亦應俎豆洛社諸人之右，寧當碌碌落落吳門乎？雖然，今世未嘗無樂天，當別有識子虚者，其未能如醉吟翁方孩提識之無者，勿以語之。「翠寒」，其詩集之雅號云。延祐庚申冬孟一日海一粟馮子振序。

(《四庫全書》本《翠寒集》卷首)

智按：馮子振，號海粟，又號怪怪道人，攸州（今湖南攸縣）人。博洽經史，知識廣博。元世祖至元年間仕為承事郎、集賢待制。事見《元史》列傳第七十七儒學二、明釋心泰《佛法金湯編》卷十六。

劉將孫（一二五七～?）

《雜詩》（其二十九）

論勢不論理，盜或非所憎。苟安不慮遠，事有願因循。涓涓既成河，滔滔愈無津。固知多荆棘，長此待何人。不曉白樂天，風諫平藩鎮。(《四庫全書》本《養吾齋集》卷一)

《題聶心遠寫鍾益齋詩卷首》

東坡喜寫潁濱《閉門十日雪》詩，以為人間宜有百十本，蔡君謨愛蘇子美《滄浪亭》諸詩，為書成卷。前輩風流筆墨，遠想淋漓咏嘆。君歌我哭，豈直以其詩為可傳哉。益齋鍾先生與心遠聶先生素交善，晚同郡齋，心遠取益齋詩，擇其所甚愛者，書若千首，曾立齋從而繼之，王酉山又摘其晚稿，益齋、心遠俱仙去久，迺益齋之子士安以示予，俾書其端，今之知益齋者，第知其典型論議問學，殊未有知其詩。此卷諸體畢具，妥帖流暢，對精而事博，小絕簡遠穠麗，彼自詭詩名者，當汗僵却走，樂府禽言，尤婉轉激痛。昔白樂天寫其詩，寄唐衢生云：「與君為哭詞。」心遠每酒酣，哀歌悲壯墮淚，其於兹作，有感多矣。追洛下其已遠，想叔敖兮如生，把玩再三，俛仰出涕。(《四庫全書》本《養吾齋集》卷二十五)

智按：劉將孫，字尚友，號養吾，廬陵（江西吉安）人。劉辰翁之子。幼年質魯無文，成年穎悟過人。皇慶二年薦授光澤主簿，歷任延平教官、臨汀書院山長等職。自幼承繼家學，頗習父風，劉辰翁號須溪，劉將孫被稱為「小須」。有《養吾齋集》四十卷，傳本少見，清乾隆年間修《四庫全書》，據《永樂大典》輯出《養吾齋集》三十二卷。

陳孚（一二五九~一三〇九）

《江州（在谿洞）》

司馬琵琶昔日歌，天涯流落事如何。若行今日江州路，應是青衫淚更多。

老母越南垂白髮，病妻燕北寄黃昏。瘴烟蠻雨交州客，三處相思一夢魂。（《四庫全書》本《陳剛中詩集》卷二交州稿）

《入安南以官事未了絶不作詩清明日感事因集句成十絶奉呈貢文尚書并示世子及諸大夫篇篇見寒食》

拜掃歸來走鈿車（杜牧），二年寒食住京華（胡曾）。自憐慣識金蓮燭（歐陽修），奉使虚隨八月槎（杜甫）。

廻首扶桑銅柱標（杜甫），芙蓉帳暖度春宵（白居易）。清明寒食誰家哭（白居易），折戟沉沙鐵未銷（杜牧之）。

關山迢遞古交州（李郢），物換星移幾度秋（王勃）。微雨微風寒食節（裴廷裕），夷歌銅鼓不勝愁（陳羽）。

殘花悵望近人開（杜甫），不盡長江滚滚來（杜甫）。寒食清明都過了（参寥子），鷓鴣飛上越王臺（李紳）。

台州地濶海冥冥（杜甫），人踏金鰲背上行（楊蟠）。獨在異鄉為異客（王維），無花無酒過清明（魏野）。

慈母年高鶴髮垂（石介），鄉書無鷹到家遲（許渾）。初過寒食一百六（白居易），一日思親十二時（黄山谷）。

共藉梨花作寒食（東坡），孟光舉案與眉齊（東坡）。越裳翡翠無消息（杜甫），夜合花開日又西（白居易）。

寒食家家出古城（王建），滿川風雨看潮生（石曼卿）。八千里外飄零客（白居易），起向朱櫻樹下行（張籍）。

一百五日寒食雨（黄山谷），風光別我苦吟身（賈島）。尚書氣與秋天杳（杜甫），同是天涯淪落人（白居易）。

海客乘槎上紫氛（李商隱），清明時節雨紛紛（杜牧之）。虎牙銅柱皆傾側（杜甫），水盡天南不見雲（李太白）。（《四庫全書》本《陳剛中詩集》

卷二交州稿）

智按：陳孚，字剛中，號笏齋（一作笏庵），台州臨海（今屬浙江）人。上《大一統賦》並出仕後，於至元三十年出使安南，還，除翰林待制。廷臣嫉之，出為建德路治中，歷遷衢州、台州兩路，皆有善政。以疾歸。卒，謚文惠。有詩集三卷（分題《觀光稿》、《交州稿》、《玉堂稿》）。

鄧文原（一二五九～一三二八）

《〈宋劉松年香山九老圖〉跋》

大德三年夏五月六日，西秦張焴，錢塘吳存真、屠約，巴西鄧文原同觀於月泉方丈。時積雨初霽，風日可人，遐想當時九老笑談之樂，為之坐馳而已，文原謹識。（《四庫全書》本《石渠寶笈》卷六）

智按：鄧文原，字善之，又字匪石，或説號匪石。祖籍綿州（今四川綿陽），遷居錢塘（今浙江杭州）。宋末參加浙西轉運司考試，中四川籍士子第一。元世祖至元二十七年，舉為杭州路儒學正。大德二年，調崇德州教授。大德五年，擢升翰林應奉，大德九年升翰林修撰。至大元年與修《成宗實録》，至大三年授江浙儒學提舉。皇慶元年召為國子司業，因與主管者辦學方針不一致，便以病辭職。延祐初恢復科舉，任江浙行省考試官，延祐四年入為翰林待制。次年出為江南浙西道廉訪司僉事，又任江東道僉事，在任以決獄廉明著稱。至治二年任集賢直學士，次年兼國子祭酒。泰定元年兼經筵官。此後數次遷升，都以有病辭而不赴。卒。謚文肅。是元代較早之應制文臣，起草過朝廷典册。詩文集《内制集》、《素履齋稿》，均未見傳本。今存《巴西集》，只有文無詩。《元詩選》二集據《素履齋稿》選録其詩一一五首。另著《讀易類編》等，亦未見。在元代文壇影響頗大，大德至延祐年間，獨以耆宿主持詞林風氣，在袁桷、貢奎等附和追隨之下，「操觚之士，響附景從，元之文章於是時為極盛，文原實有獨導之功。」（《四庫全書總目》）顧嗣立《元詩選》小傳：「當大德、延祐之世，承平日久，善之與袁伯長、貢仲章輩振興文教，四海之士，望風景附。王士熙、馮思溫名位最為顯赫，亦皆出善之之門。文章之柄悉歸焉。」

蒲道源（一二六〇～一三三六）

《次張廉訪見寄》

事君無意復還鄉，此日明堂要棟梁。鸞鳳豈能稱鷙鳥？蟾蜍安敢望飛黃。人欣霽月三秋滿，目送歸雲萬里長。更有新詩壓元白，章程未可議張蒼。（《四庫全書》本《閑居叢稿》卷四）

《題温州宣差德政卷（原注：名拜特穆爾）》

温郡賢侯識未曾？剸繁治劇有奇稱。撫摩凋瘵恩尤厚，搏擊豪强氣益增。君繼龔、黄知不忝，我非元、白頌焉能？政聲今已聞京闕，會聽天書早晚徵。（《四庫全書》本《閑居叢稿》卷六）

智按：蒲道源，字得之，號順齋，南鄭（今陝西漢中）人。以博學強記知名鄉里，通曉性理之學。曾為興元郡儒學正，罷歸還鄉後，絕口不言仕進。元仁宗皇慶二年為翰林編修，又進為翰林應奉，延祐六年遷國子博士，到職僅年餘，便辭官歸隱。平生恬于仕宦，辭去國子博士後，在家鄉優遊林泉，曾薦為陝西儒學提舉，但未赴職。病重臨終之時，不願就醫，飲酒賦詩而逝。去世後，其子蒲機編輯遺作，彙刊行世，題為《閒居叢稿》，共二十六卷。

宋無（一二六〇～一三四〇？）

《琵琶亭》

聽徹哀絃淚兩行，香山居士未心降。當年杜老吞聲哭，恨不相逢在曲江。（《四庫全書》本《翠寒集》；《四庫全書》本《兩宋名賢小集》卷三七六；《全宋詩》第七十一册，第四四七六七頁）

《答王子長》

病後得書頻，情知未立身。孤燈風雨夜，兩處別離人。乙鳥歸來社，辛夷開過春。如逢元白問，莫説為詩貧。(《四庫全書》本《翠寒集》;《四庫全書》本《兩宋名賢小集》卷三七六; 顧嗣立《元詩選》初集卷三十六，第一二六四頁)

智按：宋無，原名尤，字晞顔，宋亡後易名，改字子虛，吴（今江蘇蘇州）人。少從歐陽守道學，致力於詩。入元，隨歐陽至台州，識鄧光薦，為鄧器重。曾舉茂才，以奉親辭。以詩跋涉南北，世祖至元末至燕，識趙孟頫，趙為其詩作序。晚年隠居翠寒山，自删定其詩為《翠寒集》。卒年八十餘。生平見本集卷首趙孟頫序、順帝至元二年（一三三六）自序，明正德《姑蘇志》卷五十四、《宋季忠義録》卷十五有傳。

楊彝（一二六四進士）

《送黃晉卿先生東歸》

秘監承恩及挂寇，金華歸老得盤桓。賀公湖上千秋觀，白傅山中八節灘。久望門牆成間闊，幸陪杖履躡屼巑。人生會面真能幾，獨覺臨江送別難。(黃溍《黃文獻公集》卷十二附録)

智按：楊彝，字彦常，號西亭，錢塘（今浙江杭州）人。至治元年進士，調慈湖書院山長，至正間廷臣奉旨經略江南，舉授翰林國史院檢閲官。有詩文行世。生平見釋來復《澹游集》、《書史會要》卷七、顧嗣立《元詩選》癸集之丁集小傳。

劉謐（至治間）

《三教平心論》

張横渠曰:「其過也塵芥六合，其蔽於小也，夢幻人世。」抑不思莊子曰:「四海在天地間猶礨空在大澤，中國在海内猶稊米之在太倉。」非塵芥而何? 白樂天曰:「昨日屋頭堪炙手，今朝門外好張羅。莫笑賤貧誇富貴，共成枯骨兩如何。」非夢幻而何? 横渠目不悟此，豈可謂悟之者，爲非是乎? 程明道曰:「釋氏要説去根塵,然沒此理;要有此理,除是死也。」抑不思大慧禪師曰:「心意識之障道,甚於毒蛇猛虎。猛虎尚可迴避,心意識無儞迴避處。」則學道者安可累於根塵哉!六祖大師曰:「菩提本無樹,明鏡亦非臺。本來無一物,何處惹塵埃?」則悟道者曷嘗累於根塵哉!明道自不了此,豈可謂天下無此理乎?

白樂天《自誨》曰:「人生百歲七十稀,設使與汝七十期,汝今年已四十四,去後二十六年能幾時?汝不思:二十五六年來事,疾速倏忽如一寐。」則其死也,豈不甚易哉!以難得之生,而促之以易至之死,可以兢兢業業,晝驚夕惕,爲解脱之計乎?佛以解脱法門示天下,凡有血氣心智之性者,皆可趨而入也,而唯根器不凡,智識超卓,得正知見,不墮邪見,能知之乎,備見元本,餘者不録。(《三教平心論》卷下,《大正新脩大藏經》第五十二册)

智按:劉謐,號靜齋學士。元至治年間撰《三教平心論》,以佛教觀點論述儒釋道三教理論。明陸深《儼山外集》卷四:「嘗見《三教平心論》一册,當是近時人書,稱靜齋學士劉謐撰,本朝學士無所謂劉謐者,想亦一僧之辯,而黠者所為,託名以傳其言,捃摭甚淺,頗類今世一種議論,甚可笑也。其所譏誚者,程、張而下皆不免,於排韓尤力,次及歐,而甚右柳。蓋其護法之論,皆不足深辯。獨謂處州孔子廟碑不屋而壇,以為退之不知經義,自是公論。又謂上書媚于頔,貶潮陽後,勸憲宗封禪,作毛仙翁序,禱黃陵廟數事,雖出於仇讎忿怨之深文,然君子之處患難,安可以一事不謹而為異端之人所指目耶?取以志戒。」

佚名(一二七六前後)

《東南紀聞》

《唐高祖實録》:「武德二年正月甲子,下詔曰:釋典微妙,淨業起於慈悲;道教沖虛,至德去其殘暴。況乎四時之禁,毋伐麛卵,三驅之禮,不取順從,盖欲敦崇仁惠,蕃衍庶物,立政經邦,咸率斯道。朕祗膺靈命,撫遂羣生,言念膏肓,無忘餐寐,殷帝去網,庶踵前修,齊王捨牛,實符末志。

自今每正月、五月、九月十直日，並不得行刑。所在公私，宜斷屠殺，此三長月，斷屠殺之始也。」竇苹注引釋氏智論曰：天帝釋以大寶鑑鏡，照四大神洲，每月一移，察人善惡，正五九月，照南贍部洲，故爲省刑，唐士大夫如白居易輩，蓋有遇此三齋月，杜門謝客，命僧作佛事者。宋朝於此三月，官中請俸，亦不支羊肉錢。近年之禁刑屠，亦其遺制也。(《四庫全書》本、清守山閣叢書本《東南紀聞》卷三)

白樂天有忠州木蓮詩。木蓮，蓋所罕見。放翁陸游嘗遊臨邛白鶴山寺，佛殿前有兩株，高數丈，葉堅厚如桂，以仲夏發花，狀如芙蕖，香亦酷似。花折時，有聲如破竹，然一郡止此二株，不知何自至也。成都多奇花，亦未嘗見。(《四庫全書》本、清守山閣叢書本《東南紀聞》卷三)

智按：參見《老學庵筆記》卷四（李劍雄、劉德權點校《老學庵筆記》，第四七頁）。白樂天《木蓮樹圖》，見《白氏長慶集》卷十八。

《東南紀聞》書中有「丙子之事，非復庚申之役」語，丙子為至元十三年（一二七六），前一年巴顔渡江，臨安失守矣。當為元人所作，故稱宋為東南。(《四庫提要》)

陳繹曾（一二八七至一三四二前後）

《文説》

……書坊漢唐策，亦可觀。但分開。章自章，策自策，不宜混雜。然只董仲舒三策是正格式，或賈誼《治安策》是正籌策，文字以董為體，以賈為骨，而東坡策畧助波瀾。白居易諸策，止可體面，亦可已矣。此上只科舉所急用如此，若依朱子讀書法，則尚有評章、答韓、莊伯讀書説。……(《四庫全書》本《文説》)

《文筌》

⊙唐體

蘇頲、張説、常袞、陸贄、白居易、元稹。右唐體四六，不俱粘，段中用對偶，而段尾多以散語襯貼之，猶古意也。

柳子厚：斟酌陶謝之中，用意極工，造語極深。

韓退之：祖風雅，宗漢樂府，不入詩境，其實有韻文也。

杜牧：主才意，後思活。

張籍：祖國風，宗漢樂府，思艱辭易。

王建：似張籍，古少新多。

李賀：祖騷宗謝，展萬物而覆取之。

李商隱：以古語入新意，宋諸家皆陰祖之。

白居易：祖國風、漢六朝樂府，務欲為風俗之用。

劉禹錫：以意為主，有氣骨。

元稹：與白同意，白意古辭俗，元辭古意俗。

孟郊：祖國風，宗謝，主理。

盧仝：外險恠，内主理。

賈島：煉景清真，太拘聲病。

已上為中唐。

唐詩分三節。盛唐主辭情，中唐主辭意，晚唐主辭律。

⊙律體

沈約、吳均、何遜、王筠、任昉、陰鏗、徐度、江總、薛道衡。右諸家律詩之端源，而猶近古者，視唐律雖寬，而風度遠矣。

沈佺期、杜審言、王摩詰、高適、杜甫、李白、岑參、劉長卿、常建、錢起、姚合、李益、郎士元、李端、許渾、皇甫冉、皇甫曾。右諸家謂之盛唐，視齊梁益嚴矣。意思從容，乃有古意，皆祖風騷，宗陶謝。

杜牧、李商隱、王建、張籍、韓愈、柳宗元、劉禹錫、白居易、元稹、賈島。右諸家詩律，視盛唐益熟矣，而步驟漸拘迫，皆祖風騷，宗盛唐，謂之中唐。

⊙絶句體

古樂府，渾然有六篇氣象。六朝諸人，語絶意不絶。

王維、裴迪、賀知章、李太白、杜子美、岑參、高適、王昌齡、張祜、劉長卿、韋應物、孟浩然。右諸家，意絶語不絶。

杜牧、張籍、李商隱、王建、韓退之、賈島、李賀、柳宗元、劉禹錫、

白居易。右諸家意語俱絶。(《四庫全書存目叢書》影印清李士棻家抄本，不分卷)

智按：陳繹曾，字伯敷，祖籍處州（今浙江麗水），客居吴興（今浙江湖州)。陳祖康之子。從學於戴表元，而與陳旅（一二八七～一三四二）友善。自幼口吃，但為文汪洋浩博。延祐年間曾北游大都，並受到時賢舉荐，許有壬《荐吴炳陳繹曾》説：「江南陳繹曾，博學能文，懷才抱藝。挺身自拔乎俗流，立志尚友乎古人，放志山林，浮雲富貴。」(《至正集》卷七十五）至順間，仕至國子監助教。延祐間著有《文説》(一卷)，又有《文筌》八卷，附《詩小譜》二卷。生平見《元史》卷一九〇（附見陳旅傳)、《書史會要》卷七、《元詩選癸集》丁集。

吴亮（一二九三前後）

《忍經》

白居易曰：「惡言不出於口，忿言不出於身。」(《續修四庫全書》影印明正統十年刻本)

智按：吴亮，字明卿，錢塘（今浙江杭州）人。前有馮寅序，稱「吴君精於經術史事，至元癸巳解海運元幕之任，恬淡自居。於纂述《歷代帝王世系》之暇，思其平生行已惟一忍字，會集群書中格言大訓，以為一編。」至元癸巳，至元三十年（一二九三)。

趙道一（一二九四前後）

《歷世真仙體道通鑑》

⊙李白

憲宗元和初，有人海上見李太白與一道士在高山上笑語，久之，道士於碧霧中跨赤虬而去，太白聳身健步追及，共乘之而去。

其後，白龜年至嵩山，遙望東岩，古木簾幕窣地。步至其傍，尊爼羅列。有一人前曰：「李翰林相召。」龜年趨進，其人裒衣博帶，色澤秀發，曰：「吾李白也，子之祖乃白居易也。雖不同代，亦一時人。以其道同，今相往復。吾自水解，放遁山水之間，因思故鄉，西歸嵩峰。中帝飛章上奏，見辟於此，掌牋奏，已百年矣。近過邊關，有詞曰：『曾向桃源深洞，一曲妙歌舞鳳。常記欲別時，明月落，花煙重。如夢。如夢。和淚出門相送。』」龜年曰：「吾祖今在何處？」曰：「在五臺掌功德，所從昔日之志也。」又出書一卷，遺龜年，曰：「讀之，可辨九天禽語、大地獸言。更修功行，可得仙也。」

後龜年游潞州，太守知有異術，召而詢之。庭下有二雀啾卿而過，太守曰：「彼何言也？」龜年曰：「彼城西家閒廩，有餘粟在地，共食之。」守使人驗之，果然。又見廄馬仰首而嘶，問曰：「此又何言？」龜年曰：「彼言槽中料熱不可食。」復驗之，亦然。時近清明，人吏驅羊二十餘口，後一羊不行，鞭之有聲。守曰：「羊不行，有説乎？」龜年曰：「羊言腹有羔將產，乞生然復就死。」守乃留羊月餘，果產子。後龜年放遠方外，不知所之。白海瓊云：李白今為東華上清監清逸真人，白樂天今為蓬萊長仙主。（《歷世真仙體道通鑑》卷三七，《續修四庫全書》，第一二九四册，子部，第五五〇頁；張繼禹主編《中華道藏》第四十七册，第四六七～四六八頁）

智按：明傅梅《嵩書》卷十一「靈緒篇・白龜年嵩山遇李白」（明萬曆刻本）節録此則。

趙道一，字全陽，宋末元初浮雲山聖壽萬年宮道士，生平里籍不詳，其《歷世真仙體道通鑑》五十三卷，大約成于元世祖至元三十一年（一二九四）甲午，收入《正統道藏・洞真部記傳類》，收録黄帝至宋末得道成仙人物七四五位，集元代以前神仙著作之大成。前有自序，廬陵劉辰翁甲午年序，鄧光薦序，某氏序，進書表等。自序引白玉蟾語，自稱「愚者一介渺微，苦耽玄學，欲希度世，頗厭俗紛。常觀儒家有《資治通鑑》，釋門有釋氏通鑑，惟吾道教斯文獨闕」，「因録集古今得道仙真事迹，究其踐履，觀其是非」，其目的乃「論之以大道而開化後人，進之以忠言而皈依太上」。

楊大倫（一三〇〇前後）

《題唐人會昌九老圖》

維此九老，乃唐之賢。名成身退，高隱林泉。有棊可枰，有琴可絃。有畫可對，有毫可牋。但適其樂，奚假圖傳。威儀棣棣，薄夫其悛。奎畫之光，垂千萬年。大德庚子中秋前五日，嚴陵楊大倫謹書。（《秘殿珠林續編·重華宮藏五》，《續修四庫全書》影印清內府抄本，第一〇七一册，子部，第三四二～三四四頁）

智按：大德庚子，大德四年（一三〇〇）。

楊大倫（明翟校輯，王輔銘補輯《練音集補》卷首作楊大綸，見《四庫全書存目叢書》影印清乾隆八年金尚柬刻本，集部第三九五册，第二四九頁），字彥禮，嚴陵（今浙江桐廬）人（《練音集補》稱錢塘人）。泰定二年（一三二五），授嘉定州學教授（據王昶《（嘉慶）直隸太倉州志》卷六職官上，清嘉慶七年刻本）。

鄒鉉（大德間）

《壽親養老新書》

⊙薝蔔鮓

詹蔔花即梔子也。採嫩花釀作鮓，極香美。

白樂天方劑，劉禹錫饋以菊苗虀蘆菔鮓，換取樂天六班茶二囊，以自醒酒。（《四庫全書》本《壽親養老新書》卷三）

智按：《壽親養老新書》四卷，第一卷為宋陳直撰，本名《養老奉親書》。第二卷以後則元大德中泰寧鄒鉉所續增，與直書合為一編，更題今名。直於元豐時為泰州興化令。《文獻通考》載有直所著《奉親養老書》一卷，而此本則題曰《養老奉親書》，其文互異。然此本為至正中浙江刊本，猶據舊帙翻雕，不應標題有誤。蓋《通考》傳寫倒置也。鄒鉉，號冰壑，又號敬直老人。書中稱其曾祖曰南谷，叔祖曰樸菴。以《福建通志》考之，南谷為宋參知政事應龍，樸菴為宋江西提刑應博，皆有名於時。據周應紫序，稱為總管鄒君，又稱其官中都時，則鉉亦曾登仕版者。(《四庫提要》)

袁易（一二六二～一三〇六）

《杏花》

擬賦春風碎錦枝，含毫無句入支頤。趙村當日花千樹，白傅風流大好詩。(《四庫全書》本《靜春堂詩集》卷三)

智按：袁易，字通甫，長洲（今江蘇蘇州）人。父袁樞（一一三一～一二〇五）曾仕于宋。袁易不樂仕進，而有時名。部使者見之，十分賞識，欲舉薦于朝，力辭而罷。江浙行省委任爲徽州路石洞書院山長，任期一滿，即辭歸故里，再不出仕。于宅中修一居室，名靜春堂；藏書萬卷，皆親手校訂。趙孟頫曾爲其畫《卧雪圖》，以其比漢高士袁安，稱其與龔璛、郭麟孫爲「吴中三君子」。有《靜春堂詩集》四卷，結集于延祐至治間。

方瀾（一二六三～一三三九）

《詠樂天》（斷句）

以詩為佛事，隨地學山居。(顧嗣立《元詩選》初集卷四十七小傳)

智按：白居易《題道宗上人十韻》：「是故宗律師，以詩為佛事。」

方瀾，字叔淵，莆田（今屬福建）人。隱居吳中，自少時不娶。閉門讀書，訓徒以自給。後至元五年己卯（一三三九）卒，年七十七。平生喜吟詠，然不苟作。生平見顧嗣立《元詩選》初集小傳。小傳云：「友人樊士寬子厚録其五言詩若干首，其詩句如《詠樂天》云：『以詩為佛事，隨地學山居。』《臨平道中》云：『煖容時借酒，寒力曉欺綿。』《梅花》云：『香能占夜月，春不棄茅檐。』《夜雨》云：『萬緒集雙鬢，百年堪幾愁。』皆從苦吟得之。朱澤民曰：『壯年厭世紛，歲暮少知己。』即其人亦可知也。」

辛文房（一二六五至一三二五間）

《唐才子傳》

⊙章八元

八元，睦州桐廬人。少喜爲詩，嘗於郵亭偶題數語，蓋激楚之音也。宗匠嚴維到驛見而異之，問八元曰：「爾能從我授格乎?」曰：「素所願也。」少頃遂發，八元已辭親矣。維大器之，親爲指諭，數歲間，詩賦精絕。大曆六年王溆榜第三人進士。居京既久，床頭金盡，歸江南，訪韋蘇州，待贈甚厚。復來都應制科，貞元中，調句容主簿，況簿辭歸。時有清江上人善詩，與八元爲兄弟之好。

初，長安慈恩寺浮圖前後名流詩版甚多，八元亦題，有云：「卻怪鳥飛平地上，自驚人語半天中。」後元微之、白樂天至塔下遍覽，因悉除去，惟存八元版在，吟詠久之，曰：「名下無虛士也。」其警策稱是。有詩集傳於世，一卷。（卷四，《唐才子傳校箋》第二册，第一〇九～一一三頁）

⊙白居易

居易，字樂天，太原下邽人。【琴按：太原屬山西，下邽屬陝西渭南縣境。《舊唐書》本傳説居易是太原人。《全唐文》小傳説居易是下邽人（因居易下邽亦有祖業莊田。）但不得云太原下邽人。】

弱冠名未振，觀光上國，謁顧況。況，吳人，恃才少所推可，因謔之曰：「長安百物皆貴，居大不易!」及覽詩卷，至「離離原上草，一歲一枯榮，野火燒不盡，春風吹又生」，乃歎曰：「有句如此，居天下亦不難。老夫前言戲之爾。」

貞元十六年，中書舍人高郢下進士、拔萃皆中，補校書郎。

元和元年，作樂府及詩百餘篇，規諷時事，流聞禁中，上悦之。召拜翰林學士，歷左拾遺。

時盜殺宰相，京師洶洶，居易首上疏，請亟捕賊。權臣有嫌其出位，怒，俄有言言居易母墮井死，而賦新井篇，言既浮華，行不可用，貶江州司馬。

初以勳庸暴露不宜，實無他腸，怫怒奸黨，遂失志。亦能順適所遇，托浮屠死生説，忘形骸者。

久之，轉中書舍人，知制誥。河朔亂，兵出無功，又言事不見聽，乞外，除為杭州刺史。

文宗立，召遷刑部侍郎。會昌初，致仕，卒。

居易累以忠鯁遭擯，乃放縱詩酒。既復用，又皆幼君，仕情頓爾索寞。卜居履道里，與香山僧如滿等結淨社，疏沼種樹，構石樓，鑿八節灘，為游賞之樂，茶鐺酒杓不相離。嘗科頭箕踞，談禪詠古，晏如也。自號「醉吟先生」，作傳。酷好佛，亦經月不葷，稱「香山居士」。

與胡杲、吉皎、鄭據、劉真、盧貞、張渾、如滿、李文爽燕集，皆高年不仕，日相招致，時人慕之，繪《九老圖》。

公詩以六義為主，不尚艱難。每成篇，必令其家老嫗讀之，問解則録。後人評白詩，「如山東父老課農桑，言言皆實」者也。雞林國行賈售於其國相，率篇百金（智按：「其國相，率」，一作「其國，人相率」），偽者即能辨之。

與元稹極善膠漆，音韻亦同，天下曰「元、白」。元卒，與劉賓客齊名，曰「劉、白」云。

公好神仙，自製飛雲履，焚香振足，如撥煙霧，冉冉生雲。初來九江，居廬阜峰下，作草堂，燒丹，今尚存。

有《白氏長慶集》七十五卷，及所撰古今事實，為《六帖》，及述作詩格法，欲自除其病，名《白氏金鍼集》三卷，並行於世。（卷六，《唐才子傳校箋》第三册，第一～二一頁）

⊙元稹

稹，字微之，河南人。九歲工屬文，十五擢明經，書判入等，補校書郎。元和初，對策第一，拜左拾遺。數上書言利害，當路惡之，出為河南尉。後拜監察御史，按獄東川。還次敷水驛，中人仇士良夜至，稹不讓邸，仇怒，擊稹敗面。宰相以稹年少輕威，失憲臣體，貶江陵士曹參軍，李絳等論其枉。元和末，召拜膳部員外郎。稹詩變體，往往宫中樂色皆誦之，呼為才子。然綴屬雖廣，樂府專其警策也。初在江陵，與監軍崔潭峻善。長慶中，崔進其歌詩數十百篇，帝大悦，問今安在，曰：「為南宫散郎。」擢祠部郎中、知制誥，俄遷中書舍人、翰林承旨，後拜同中書門下平章事。初以瑕釁，舉動浮薄，朝野雜笑，未幾罷。然素無檢，望輕，不為公議所右，除武昌節度使，卒。在越時，辟竇鞏。鞏工詩，日酬和，故鏡湖、秦望之奇益傳，時號「蘭亭絕唱」。

微之與白樂天最密，雖骨肉未至，愛慕之情，可欺金石，千里神交，若合符契，唱和之多，無逾二公者。有《元氏長慶集》一百卷及《小集》十卷，今傳。夫松柏飽風霜，而後勝樑棟之任，人必勞餓空乏，而後無充詘之態。譽早必氣銳，氣銳則志驕，志驕則斂怨。先達者未足喜，晚成者或可賀。況慶弔相望於門閭，不可測哉。人評元詩如李龜年説天寶遺事，貌悴而神不傷。況尤物移人，侈俗遷性，足見其舉止斐薄豐茸，仍且不容勝己，至登庸成忝，貽笑於多士，其來尚矣。不矜細行，終累大德。豈不聞言行君子之樞機，榮辱之主耶古人不恥能治而無位，恥有位而不能治也。（卷六，《唐才子傳校箋》第三册，第二一～三九頁）

⊙張祜

祜，字承吉，南陽人，來寓姑蘇。樂高尚，稱處士。騷情雅思，凡知己者悉當時英傑。然不業程文。元和、長慶間，深為令狐文公器許，鎮天平日，自草表薦，以詩三百首獻於朝，辭略曰：「凡制五言，苞含六義，近多放誕，靡有宗師。祜久在江湖，早工篇什，研幾甚苦，搜象頗深，輩流所推，風格罕及。謹令繕録，詣光順門進獻，望宣付中書門下。」祜至京師，屬元稹號有城府，偃仰内庭，上因召問祜之詞藻上下，稹曰：「張祜雕蟲小巧，壯夫不為，若奬激大過，恐變陛下風教。」上頷之。由是寂寞而歸，為詩自悼云：「賀知章口徒勞説，孟浩然身更不疑。」遂客淮南。杜牧時為度支使，極相善待，有贈云：「何人得似張公子，千首詩輕萬户侯。」祜苦吟，妻孥每喚之皆不應，曰：「吾方口吻生花，豈恤汝輩乎」性愛山水，多游名寺，如杭之靈隱、天竺，蘇之靈岩、楞伽，常之惠山、善權，潤之甘露、招隱，往往題詠絕唱。同時崔涯亦工詩，與祜齊名，頗自放行樂，或乖興北里，每題詩倡肆，譽之則聲價頓增，毁之則車馬掃跡。涯尚義，有《俠士》詩云：「太行嶺上三尺雪，崖涯袖中三尺鐵。一朝若遇有心人，出門便與妻兒别。」嘗共謁淮南李相，祜稱「釣鼇客」，李怪之曰：「釣鼇以何為竿？」曰：「以虹。」「以何為鉤？」曰：「新月。」「以何為餌？」曰：「以『短李』相也。」紳壯之，厚贈而去。

晚與白樂天日相聚宴謔，樂天譏以「足下新作《憶柘枝》云『鴛鴦鈿帶抛何處，孔雀羅衫付阿誰』乃一問頭耳。」祜曰：「鄙薄之誚是也。明公《長恨歌》曰：『上窮碧落下黃泉，兩處茫茫都不見。』又非目蓮尋母耶?」一座大笑。初過廣陵曰：「十里長街市井連，月明橋上看神仙。人生只合揚州死，禪智山光好墓田。」大中中，果卒於丹陽隱居，人以為讖云。詩一卷，今傳。

衛蘧伯玉恥獨為君子，令狐公其庶幾，元稹則不然矣。十譽不足，一毀有餘，其事業淺深，於此可以觀人也。爾所不知，人其舍諸積謂祜雕蟲瑣瑣，而積所為，有不若是耶忌賢嫉能，迎戶而噬，略己而過人者，穿窬之行也。祜能以處士自終其身，聲華不借鐘鼎，而高視當代，至今稱之。不遇者天也，不泯者亦天也，豈若彼取容阿附，遺臭之不已者哉。（卷六，《唐才子傳校箋》第三册，第一六一～一八四頁）

智按：《四庫全書考證》卷三十八（清武英殿聚珍版叢書本）：「張祜傳：晚與白樂天日相聚謔謔，樂天譏其《憶柘枝》云乃款頭詩耳。案，款頭，《摭言》作問頭，與此異。」

⊙李商隱

……時白樂天老退，極喜商隱文章，曰：「我死後，得為爾兒足矣。」白死數年，生子，遂以「白老」名之。既長，殊鄙鈍，溫飛卿戲曰：「以爾為侍郎後身，不亦忝乎?」後更生子，名袞師，聰俊。商隱詩云：「袞師我嬌兒，英秀乃無匹。」此或其後身也。……（卷七，《唐才子傳校箋》第三册，第二七九頁）

⊙皮日休

……夫次韻唱酬，其法不古，元和以前，未之見也。暨今狐楚、薛能、元稹、白樂天集中，稍稍開端。以意相和之法漸廢間作。逮日休、龜蒙，則飆流頓盛，猶空谷有聲，隨響即答。韓偓、吳融以後，守之愈篤，汗漫而無禁也。於是天下翕然，順下風而趨，至數十反而不已，莫知非焉。夫才情斂之不盈握，散之彌八紘，遺意於時間，寄興於物表。或上下出入，縱橫流散，遊刃所及，孰非我有，本無拘縛瀎泧之忌也。今則限以韻聲，莫違次第，得佳韻則杳不相干，齟齬難入；有當事則韻不能強，進退雙違，必至窘束長才，牽接非類。求無瑕片玉，千不遇焉，詩家之大弊也。更以言巧稱工，誇多鬬麗，足見其少雍容之度。然前修有恨其迷途既遠，無法以救之矣。（卷八，《唐才子傳校箋》第三册，第五〇七頁）

智按：辛文房，字良史，西域人，入居中原後占籍豫章（今江西南昌）。早年求學江南，到大都後與王伯益、楊載交往密切。皇慶、延祐間，爲翰林編修。楊載有《元日早朝次韵辛良史》（《楊仲弘詩集》卷七）。又曾回豫章歸省，貢奎賦詩送别（《雲林集》卷二）。泰定元年前後任省郎。辛文房詩集名《披沙集》，馬祖常《題辛良史披沙集》中説「悠悠古今意，落落短長歌」，「吟邊變餘髪，蕭颯是陰何」，以南朝詩人陰鏗、何遜相比擬。《披沙集》今已不存，《元文類》、《永樂大典》中有佚詩。《唐才子傳》成於大德八年（一三〇四）。據辛文房《唐才子傳引》，作于「端居多暇」之時，「傳成，凡二百七十八篇，因而附録不泯者，又一百二十家」，論列唐代作家約四百人。原書自明初即已不傳，清人修《四庫全書》，從《永樂大典》中輯成八卷；清末在日本發現元刻十卷本，又傳入中國。

袁桷（一二六六～一三二七）

《壽牟獻之大理卿七十三十韻》

氣槩岷山秀，風神閬苑僊。西山餘故老，南國挺真賢。瑞靄垂弧日，人思衣繡年。清門開耋慶，緑籍紀齡延。止息功參易，虚心體合玄。厖眉垂素手，漆髪換華顛（今歲七十，眉間忽生兩毫髪重黑）。鳩杖何期賜，牛車不待懸。三鱣傳素緒，一鶴記青氈。枌社爭為壽，蘭堦數擊鮮。風驂追廣莫，雲珮憶鈞天。往事清霜木，希音太古絃。五更尊禮絕，六老舊堂專（所居正六老堂遺址）。杞菊調饔鼎，丹砂養井泉。慵書乞米帖，羞辦買山錢。醉劇簪花舞，游疲枕石眠。黄公終慕隠，白傅且逃禪。文物傳青史，耆英入繪編。弁山寒戢戢，苕水響娟娟。望海傾朝夕，瞻星候次躔。登龍身未武，執雉意空傳。偪仄徒多恨，低違秖自纏。窮鄉真坐井，陋室强懷鉛。夜月思延桂，秋風學詠荃。終然羞弱植，復爾滯孤騫。問字甁空在，傳經席未前。牛衣期振拔，馬磨費評詮。冰柱垂青嶂，蠙珠湛碧淵。至言機已息，妙技目無全。凡質丹須換，精誠溜合穿。遡風輪善頌，立雪冀敷宣。（《四部叢刊》本《清容居士集》卷九）

《王趙公八十應制十韻》

耆德膺熙洽，皇風協泰和。公明旁作穆，帝念叙惟歌。枌社新封土，蓬壺舊隱窩。黄公資輔翼，白傅退婆娑。望日靈龜息，擎雲古柏柯。精神霞烱烱，儀觀玉峩峩。設醴樽浮蟻，兼珎釜錫駞。擁床爭置笏，立馬會鳴珂。服食丹藏井，絲綸錦簇窠。永須依日月，何必問煙蘿。（《四部叢刊》本《清容居士集》卷九）

《仰高倡酬詩卷序》

……噫！何其至多若是也。古之言倡酬者曰元白，其次莫若皮陸。彼皆因其事物之偶然，有合於風雲泉石之清適，故麗者流於情，羇者鄰於怨。……（《四庫全書》本《清容居士集》卷二十四；《叢書集成初編》本第四三一頁）

《謝程承旨》

……私以恤緯之諛見，敢言出綍之舊章！知之非艱，試可乃已。泛觀唐世，歷考宋朝，元白才高，必授題而方拜；歐蘇望重，免給札以即真。誰謂秦無，請從隗始。惟智行其無事，於人何所不容？然而爭進騈肩，一兔詎堪其百逐；旁觀袖手，前禽終失於三驅。……（《四庫全書》本《清容居士集》卷三十九；《叢書集成初編》本第六六四頁）

《戴先生刻遺文疏》

羊公峴山之碑，深懷身後；白傅雞林之集，豈較目前。是以壁中之藏，咸嗟其斷缺；航頭之獻，或議其改更。念兹汗簡之勞多，孰若壽梓之功博。生乎今者，嘗忽夫近；志於古者，或知其非。爰舉耆先，以告茂異。剡源子少負奇志，晚成大名。漱六藝之菁華，窮百氏之源委。如得温璞，以成連城之璧；若裒吉金，以合四懸之鏞。世方尊崇老益平實，夫人既慕其學，是宜家有其書，失今不圖，斯咎誰執？十年之計在木，庶得廣傳；同心其利斷金，允宜共贊。不在是舉，曷成斯文？穆衆軍市上之酬，敢求美價，蔡中郎帳中之陋，徒蔽脩名。(《四部叢刊》本《清容居士集》卷四十)

《太虚道士劾清容子文》

鑄金作象，深垂饕餮之文；索米為飢，何異侏儒之拙！乃知芻豢之悦我口，不如禮義之根人心。傳書染指之卑，易著濡首之悔。詭稱聞道，實曰費辭。清容子山澤迂疎，冰霜傲睨，乏燕頷虎頭（頸?）之相；初非適時，為牛溲馬勃之才。猶言藏用，徒禀薑桂之性，殊乏參术之和。望似木雞，出語爭疑其鐵石；癯如野鶴，持身或近乎膏粱。岐黄之問對匪專，元白之唱酬莫預。已廢三餘之業，獨夸一藝之長。隤其家聲，耻莫甚矣；同乎流俗，已實為之。弗思尚口之凶，猶見朵頤之色。昔茅容雞黍，詎為設客之資；而張翰鱸蓴，乃在還鄉之日。捨飯蔬飲水之自得，為蒙袂輯屨之可憐。不為盤飧，固難免跨驢之誚；我有斗酒，要當為得魚之歡。幸前倨而後恭，姑小懲而大戒。尚期深省，以贖往愆。(《四庫全書》本《清容居士集》卷四十四；《叢書集成初編》本第七五二頁)

《凉州牧白羽乞致仕表》

……優哉香山之歸，凜矣杜郵之戮，先猷儼在，遺訓具存，矧兹蒲柳之姿，愓若桑榆之景，亟全末路，俾就完人。問温樹而不言，深疑過謹；開浴堂而召對，未忍自捐。得請為期，束裝以俟。(《四庫全書》本《清容居士集》卷四十四)

《題模本重屏圖》

重屏圖至汝陰王明清氏始定，正坐者為南唐李中主像。余嘗見樓宣獻公家周文矩所畫初本，前有祐陵御書樂天《偶眠》一章。噫！承平盛時，君臣圖治，而區區慕企耆年之安佚，禍及於身，國亡於嗣，苞桑之戒，有自來矣。此卷模搨，不遺毫髪，迺喬仲常所製，深得龍眠筆意，而精巧過之，以此辨定。(《四庫全書》本《清容居士集》卷四十七；《叢書集成初編》本第七五二頁)

《澄懷録》

陶靖節為柴桑令，劉遺民亦作柴桑令。白香山《宿西林寺》詩云：「木落天晴山翠開，愛山騎馬入山来。心知不及柴桑令，一宿西林却便回。」註：柴桑令劉遺民也。（宛委山堂一百二十卷本《說郛》卷二十三下）

白樂天入關，劉禹錫正病酒，禹錫乃餽菊苗虀蘆菔鮓，換取樂天六班茶二囊，炙以醒酒。（宛委山堂一百二十卷本《說郛》卷二十三下）

《延祐四明志》

璜也自謂似龐，蘊僧騰客之該洽，故老稱美。

李璜老於韋布，有詩曰：「此身便是龐居士，也更無人賣笊籬。」為文用僧騰客事，或問為何事？曰：侯景臺城事也。著《白樂天年譜》，事見《攻媿集》。（《四庫全書》本《延祐四明志》卷一）

智按：袁桷，字伯長，號清容居士，鄞縣（今浙江寧波）人。父親袁洪仕于宋。家富藏書。袁桷博學多才，少年時就有文名。被舉薦爲茂才異等，任麗澤書院山長。大德初，由閻復、程鉅夫、王構薦爲翰林國史院檢閱官，以博聞知禮著稱。升翰林應奉文字，兼國史院編修官，請購求遼、金、宋三代遺書，爲編三史打下了基礎。遷翰林待制，又任集賢直學士，在翰林、集賢兩院任職二十多年。至治元年，任翰林侍講學士。泰定初，辭官歸老于家。卒，追封陳留郡公，謚文清。詩文集《清容居士集》五十卷，今存。所著《延祐四明志》十七卷，《澄懷録》一卷，今亦存，《易說》、《春秋說》等，則未見傳本。

龔璛（一二六六～一三三一）

《用元微之寄樂天韻奉懷元晦（自注：時予徙徑山，晦在浙西憲獄）》

十宵九夢遣分身，世事翻騰可具陳。天意何時能悔禍？吾徒到處不如人。雨聲歷歷侵殘夜，風物凄凄入小春。縮地無方臂不羽，倚樓東望獨傷神。（《四庫全書》本《存悔齋稿》；顧嗣立《元詩選》二集卷二）

智按：晦在浙西，《元詩選》作「晦機在淛西」。獨傷，一作「欲無」。

龔璛，字子敬，鎮江（今屬江蘇）人，寓居平江（今江蘇蘇州）。南宋亡，父絕食而死，使他悲痛異常。他感歎説：「國亡家破，吾兄弟不能力振門戶，獨不可為儒以自奮邪！」於是篤志於學，名宿戴表元、仇遠、胡長孺等都很器重他，並成為忘年交。他弟弟龔理也有文名，並稱「兩龔」。曾為廉訪使徐琰幕僚，歷任和靖、學道兩書院山長，調甯國路儒學教授，遷上饒主簿，改宜春縣丞，以江浙儒學副提舉致仕。著有《江東小稿》，未見傳。今存詩集《存悔齋稿》一卷（附補遺一卷）。詩格伉爽，頗能自出清新，在元代詩壇較有特色。

釋道惠（一二六六？～一三三〇）

《琵琶亭》

送客月江邊，琵琶響別舡。移舟就商婦，轉軸發哀弦。淚濕青衫雨，情傷白樂天。當時遷客恨，合奏聖君前。（元刻本《廬山外集》卷四）

智按：釋道惠，字性空。主要活動於元代中期。出家於廬山東林寺，元代主要詩僧之一。與文壇名士如馮子振、程鉅夫、滕玉霄、貫雲石、吳澄、盧摯等都有唱和往還，其詩較少蔬筍氣，頗為關注社會生活，詩句清新樸實，真切自然。有詩集《廬山外集》四卷行於世，初刻於延祐三年（一三一六）。唯其集久隱不顯，故知之者甚少。今國內僅存之《廬山外集》僅兩卷為元代原刻本，另兩卷為清末鈔補。

劉詵（一二六八～一三五〇）

《追和白樂天三月三十日作》

人生天地間，行樂苦未畢。陪歡與强笑，有似名無實。新年如乍來，四序忽復一。池痕亂微雨，簷翼語殘日。青山澹無言，風花雜徐疾。笑持鬢間絲，為問此何物。（《四庫全書》本《桂隱詩集》卷一；顧嗣立《元詩選》二集卷十五）

智按：劉詵，字桂翁，號桂隱，廬陵（今江西吉安）人。二歲失母，七歲失父，九歲宋亡。十二歲作科場律賦策論，宋代遺老一見即以斯文之任期許。南臺屢以教職舉，均未赴職。延祐初恢復科舉，益致力於訓詁箋注之學。十年不第，乃刻意於詩、古文。終生未仕。謚文敏。至正間，門人編其詩為《桂隱存稿》十四卷。明人重編為《桂隱文集》四卷、《桂隱詩集》四卷。事迹具《元史·儒學傳》。

唐元（一二六九～一三四九）

《跋樂天九老圖》

同里清父蔣君出家藏《九老圖》示余，俾贊一辭。余展卷三肅，喜獲觀唐人衣冠之異，且以浮屠氏虱其間。風韻幽雅，令人絶念世網。樂天，其領袖諸賢者與？按公被遇憲宗時，事無不言，湔剔抉摩，多見聽可。晚事幼君，偃蹇不合。虞人之箴，雖殫忠藎，而新井之篇，已萌禍機矣。號香山居士，於摧挫之餘；招胡杲諸人，於引年之後。然以直言動前旒，中人喪氣；偉績著名郡，惠澤旁流。其在唐史，㔾（已）不多見，嗚呼！賢矣哉！其後，洛陽耆英圖形於樂天故宅，而司馬諸大老，莫不許其負志氣之高，嘉其有緇衣之盛。或謂十二賢之會，與九賢爵位，有崇卑之異焉。《洪範》言壽而不言貴。貴，外物也。清父曷以是而曉之。(《四庫全書》本《筠軒集》卷十一)

智按：唐元，字長孺，號筠軒，歙縣（今屬安徽）人。早年以詩謁見方回，受到稱賞。泰定四年以文學授平江路學録，遷分水縣教諭。又任集慶路南軒書院山長，以徽州儒學教授致仕。一生主要在江南各地出任教職，早期受知於盧摯、劉致。其子唐桂芳曾把唐元詩文著述近七千篇編為文集五十卷，已佚，明程敏政編《唐氏三先生集》三十卷，收入唐元及其子唐桂芳、其孫唐文鳳祖孫三代詩文，其中有唐元《筠軒詩稿》八卷、《筠軒文稿》五卷。今存《筠軒集》即出自《唐氏三先生集》。另有《易大義》、《見聞録》，已佚。

權漢功（？～一三四九）

《琵琶行》

公主烏孫萬里程，江州司馬淚千行。後人豈解絃中趣，清夜沉沉月轉廊。（徐居正《東文選》卷二十一，首爾：太學社，一九七五年）

智按：權漢功，字一齋，謚文坦，安東人。有《一齋集》。

張養浩（一二七〇～一三二九）

《翠陰亭獨坐寄莫俊德經歷》

抗俗支塵力不任，故園歸卧遂初心。近山障霧還疑遠，淺水涵天卻訝深。有幸鷗盟君與我，無情鶴髮古猶今。年來酷愛香山老，都把悠悠付醉吟。（《四庫全書》本《歸田類稿》卷二十；顧嗣立《元詩選》初集卷二十三）

《三事忠告·風憲忠告》

⊙按行第四

將家云：「多算勝少算，少算勝無算。」不特用兵為然。雖涖官臨政，亦莫不爾。夫廉司所涖之處，一方官吏皆惕然不自安。其所不安者，由彼為惡日久，恐人有以發而訟之一旦故也。彼既內隱其惡，則必多方以求司官所親之人而解之。夫司官所親者，曰書吏焉，曰奏差焉，曰總領焉，曰祗候焉。夫為人彌縫私罪，則何求不得，何請不遂。為司官者，苟不深防預備，嚴為禁切，萬一連己，悔將何及？若乃司官廉正，猶或庶幾，其或彼此胥貪，弊將焉救？於是乎有箕斂者，有稇載者，有篋笥充者，有囊橐盈者。凡土所宜，靡不搜刮。昔端州出佳硯，包孝肅公出判於彼，及其代也，徒手而歸。李及知杭州，絲餽縷謁不逮門，猶有《白樂天文集》，終身以為歉，古人持身之廉如此。況在風憲，其所行州郡，敢假分毫之物以自涸哉！大抵憲長得人，則司官不敢恣；司官得人，則書吏不敢恣。抑聞各道公宴，司官、書吏、奏差同堂，而坐喧譁笑謔，上下不分，所以致彼操縱自如，百無忌憚。諺謂：廉訪司，乃書吏之權。即此觀之，信匪虛語。誠能設法以禁之，威武以臨之；小有所犯，即隨以鞭朴，如此庶使精鋭消沮，威福不張於外矣。凡初入風憲者，不可不知。（《四庫全書》本卷三；《四部叢刊》本卷三）

智按：張養浩，字希孟，別號雲莊，濟南歷城（今屬山東）人。早年讀書不輟，以才行名。山東按察使焦遂薦為東平學正。游京師，上書於平章不忽木，辟禮部令史。選授堂邑縣尹，有政聲，去官十年當地猶為其立碑頌德。元武宗時，受太子愛育黎拔力八達賞識，拜監察御史。上書評議時政，受權臣排斥，改任翰林待制，復被羅織罪名而罷官。為避禍，張養浩變姓名遁去。元武宗死，元仁宗即位，召張養浩為左司都事，累遷禮部尚書。元英宗即位，命參議中書省事，曾諫止内廷燈山之戲。後以父親年老，辭官歸養。屢征不起。天曆二年，關中大旱，饑民相食，特拜張養浩為陝西行臺中丞。既聞命，散其家之所有與鄉里，義無反顧，登車就道。日不勝給，每撫膺痛哭，遂得疾不起。贈行中書省平章政事，追封濱國公，謚文忠。顧嗣立《元詩選》初集小傳謂：「其風致瀟灑，亦在元和、長慶間也。」

柳貫（一二七〇～一三四二）

《送段吉甫州判序》

……今年春，予以流落不偶，薄游中吴，則聞吉甫繇常熟州判官受代，將此上。録其近作數十篇寄予，益恬夷容曳，悦可心目。予是以知吉甫之優於政，而邃於詩，雖不近名，名固隨之。昔白樂天、劉夢得，皆以進士，久次典州於吴，採摘物景，描摹山水，謳吟略徧。非惟二公去衣忘吴，而吴人之思公者，亦曰山川寂寥，闃乎無聞。以二公之去此久也。常熟名州，於吴為屬郡，吉甫少嘗侍宦游焉。……（《四部叢刊》本《柳待制文集》卷十七；柳遵傑點校《柳貫詩文集》第三五六頁）

智按：柳貫，字道傳，號烏蜀山人，浦江（今屬浙江）人。早年受經於同郡金履祥，學文於同里方鳳。又出游杭州，遍訪宿儒遺老，與方回、仇遠、戴表元、胡長孺等游。薦為江山縣學教諭，又任昌國州學正。赴京候選，達官貴人皆奇其才，特授湖廣等處儒學副提舉，未上任改國子助教，由助教遷博士，前後受業弟子千餘人。延祐三年以文林郎出任江西等處儒學提舉。秩滿告歸，隱居於浦江烏蜀山，以山人自號。至正元年起為翰林待制，次年病故於任。門人私謚文肅。柳貫博學多識，作文沉鬱從容，人多傳誦。與黄溍、虞集、揭傒斯齊名，人稱為「儒林四傑」。有文集四十卷，《字系》二卷，《近思録廣輯》三卷，《金石竹帛遺文》十卷。除文集，今均未見。《柳待制文集》二十卷，别集二十卷，均為門人宋濂、戴良編輯，别集已不存。

楊載（一二七一～一三二三）

《詩法家數·賡和》

賡和之詩，當觀元（原）詩之意如何。以其意和之，則兩新奇。要造一兩句雄健壯麗之語，方能壓倒元白。若又隨元（原）詩腳下走，則無光彩，不足觀。其結句當歸著其人方得體。有就中聯歸著者，亦可。（《歷代詩話》第七三五頁）

智按：顧龍振《詩學指南》卷一（清乾隆二十四年刻本）引此。

楊載，字仲弘。祖籍浦城（今屬福建），後遷居杭州（今屬浙江）。與虞集、范梈、揭傒斯齊名，稱為元詩「四大家」。少孤，博覽群書，為文跌宕可觀。四十歲尚未出仕，由賈國英舉薦於朝，以布衣召為翰林國史院編修官，與修《武宗實録》。延祐初恢復科舉，楊載重新應舉，延祐二年登首科進士第，授承務郎、浮梁州同知，遷儒林郎、寧國路總管府推官，未到任而卒。有《楊仲弘詩集》八卷。舊題為楊載著《詩法家數》，是元代影響較大之詩學著作，但論者或以為是他人僞題託名之作。

程端禮（一二七一～一三四五）

《燕倪濟亨新居》

三徑經春事更新，主人延客意尤真。鬭晴花柳能迎日，得食禽魚慣近人。

豈但篇章壓元白？也知鄉里聚荀陳。白頭江左歸猶健，濁酒林中不厭頻。(《四庫全書》本《畏齋集》卷二)

智按：程端禮，字敬叔，號畏齋，鄞縣（今浙江寧波）人。十五歲能記誦六經。從史蒙卿游，治朱子之學，學者及門甚眾。被舉薦為建平、建德兩縣儒學教諭。歷任信州稼軒書院及建康江東書院山長。授鉛山州儒學教授，秩滿，以台州路儒學教授致仕。有《畏齋文集》，久已不存。清乾隆時修《四庫全書》，自《永樂大典》中輯出《畏齋集》六卷。程端禮還撰有《讀書分年日程》三卷、綱領一卷，《集慶路江東書院講義》一卷。事迹具《元史·儒學傳》。

虞集（一二七二～一三四八）

《題蔡端明蘇東坡墨蹟後》

東坡墨蹟云：「天際烏雲含雨重，樓前紅日照山明。嵩陽道士今何在？青眼看人萬里情。」此蔡君謨夢中詩也。僕在錢塘，一日，謁陳述古，邀余飲堂前小閣中。壁上小書一絕，君謨真蹟也：「綽約新嬌生眼底，侵尋舊事上眉尖。問君別後愁多少？得似春潮夜夜添。」又有人和云：「長垂玉筯殘妝臉，肯為金釵露指尖。萬斛閒愁何日盡，一分真態為誰添！」二詩皆可觀。後詩不知誰作也。杭州營籍周韶，多蓄奇茗，嘗與君謨鬭勝。韶又知作詩。子容過杭，述古飲之，韶泣求落籍。子容曰：「可作一絕。」韶援筆立成曰：「隴上巢空歲月驚，忍看回首自梳翎！開籠若放雪衣女，長念觀音般若經。」韶時有服，衣白，一坐嗟歎，遂落籍。同輩皆有詩送之，二人最善，胡楚云：「淡妝輕素鶴翎紅，移入朱闌便不同。應笑西園舊桃李，強匀顔色待春風。」龍靚云：「桃花流水本無塵，一落人間幾度春。解珮暫酬交甫意，濯纓還見武陵人。」固知杭人多慧也。

衹今誰是錢塘守，頗解湖中宿畫船。曉起鬭茶龍井上，花開陌上載嬋娟。(白樂天、蔡君謨、陳述古、蘇子瞻皆杭守也。)

老却眉山長帽翁，茶烟輕颺鬢絲風。錦囊舊賜龍團在，誰為分泉落月中。

三生石上舊精魂，邂逅相逢莫重論。縱有繡囊留別恨，已無明鏡著啼痕。

能言學得妙蓮華，贏得春風對客誇。乞食衲衣渾未老，為題靈塔向金沙。(《四庫全書》本《道園學古録》卷四)

《李景山詩集序》

古之人，以其涵煦和順之積，而發於詠歌，故其聲氣明暢而温柔，淵靜而光澤，至於世故不齊，有放臣出子斥婦囚奴之達其情於辭者，蓋其變也，所遇之不幸者也。而後之論者，乃以為和平之辭難美，憂憤之言易工，是直以其惑之速而激之深者為言耳。盍亦觀於水，夫安流無波，演迤萬里，其深長豈易窮也；若夫風濤驚奔，龍石險壯，是特其遇物之極於變者，而曰水之奇觀，必在於是，豈觀水之術也哉。

余讀景山之詩，而有感於此矣。景山蚤歲即起家，掌故樞府，不數年，遂長其幙（幕），方驟用，而遽坐廢。蓋五年而後，宣慰雲南，三年而報使，移病歸鄉里者，又二年矣。二十年間，為詩凡數百篇，而雲南諸作，尤為世所傳誦，豈非感激於其變者然哉。然余觀其樞府所賦，迺多在於西山玉泉之間，其雲南之詩，至自叙曰：「其辭或傳，幸得托於中州人士之末。」雖能悲宕動人，察其意則能深省順處，無怨尤忿厲之氣。其居鄉諸作，放曠平易，又若初未始更憂樂之變者。余因歷考其所遇，而察其所立言，蓋有以見其所存者，庶幾不謬於古之人矣。而徒以雲南之作知景山者，特未盡窺景山者也。景山於書無不讀，而酷好老子，於古之人無不學，而獨慕白樂天。然則其能廓然以自廣，脱然以自處者，殆有由來也。景山年未甚高，而道學方力，後此而有作，余將不足以窺之也。夫景山姓李氏，名京，河間人，鳩巢，其自號也。故其詩總題曰《鳩巢漫稾》。虞某序。（《四庫全書》本《道園學古録》卷五）

智按：李京（一二五一～?），字景山，號鳩巢，河間（今屬河北）人。早年為樞府小吏，幾年後又為樞府幕僚，因事去職。大德五年（一三〇一）春，奉命宣慰烏蠻，不久升任烏撒烏蒙道宣慰副使，佩虎符，兼管軍萬戶，並據見聞撰《雲南志》四卷，進呈朝廷。他因病歸養鄉里。至大元年（一三〇八）出使安南，使歸後病故於家。他早有詩名，袁桷見到他手校朱熹《詩集傳》，曾表示非常景仰，並且知道他能詩，但又認為「非近世詩士也」。袁桷後來在為李京詩集《鳩巢編》作序時，評其詩為「質而不倨，綺而不逾，襲眾芳之英，融寄於窮崖絕域之地」（《清容居士集》卷二十一）。但《鳩巢編》與其另一部詩集《李景山詩集》都未見傳本。顧嗣立《元詩選》二集卷八輯其詩十一首，題為《鳩巢漫稿》，「李宣慰京」小傳云：「京字景山，河間人。蚤歲起家，掌故樞府。不數年，遂長其幕。遽坐廢。大德五年春，奉命宣慰烏蠻。尋陞烏撒烏蒙道宣慰副使，佩虎符，兼管軍萬户，悉其見聞，為《雲南志略》四卷。三年而報，使因以其書上之，即移病歸鄉里，卒。景山於書酷好老子，獨慕白樂天之為人，平生為詩，凡數百篇，而雲南諸作，尤為世所傳誦，總題曰《鳩巢漫稾》。鳩巢，其自號也。袁伯長謂其詩『質而不倨，綺而不踰，襲衆芳之英，融寄於窮厓絶域之地。』虞伯生謂：『雲南之詩，雖悲宕動人，而無怨尤忿厲之氣。……其所存庶幾不謬於古人。』余觀景山之自敍曰：『其詞或傳，幸得托於中州人士之末。』其自命可知已。」參見《［萬曆］河間縣志》、《中國文學家大辭典·遼金元卷》第一三八～一三九頁、楊鐮《元代文學編年史》第二四二頁、馮良方《雲南古代漢文學文獻》第七四頁（巴蜀書社，二〇〇八年十二月）。

《白樂天重屏圖》

錦屏圍煖坐衰翁，妻子相看語笑同。翡翠鴛鴦元是畫，櫻桃楊柳詎非空。清朝優老容歸早，野寺宜閑見歲豐。兆率有天何異此，葛巾吟傝白蓮風。（《四部叢刊》影印明刊本《道園學古録》卷二十一）

《寫韻軒記》

龍興紫極宫寫韻軒，高據城表，面西山之勝，俯瞰長江，間乎民居官舍之中，特爲夐絶，眺望如此者，亦或有之。……郡人相傳，唐文簫、吳綵鸞二仙，豈其人歟？世傳吳仙嘗寫韻於此軒，以之得名。予昔在圖書之府，及好事之家，往往有其所寫《唐韻》，凡見三四本，皆硬黄書之，紙素芳潔，界畫精整，結字遒麗，神氣清明，豈凡俗之所可能者哉？要皆人間之奇玩也。登斯軒而思其風采，亦足以寄遐思也乎？而世人塵俗之想，沈溺於胸中，意謂高仙幽棲者不異於已，而書其遇合之事，殊不經也。蓋唐之才人，於經藝道學有見者少，徒知好為文辭。閑暇無所用心，輒想像幽怪遇合、才情恍惚之事，作為詩章答問之意，附會以為説。盍簪之次，各出行卷，以相娛玩，非必真有是事，謂之傳奇。元稹、白居易猶或為之，而况他乎？遂相傳信，雖為其道者，若文、吳之事，亦久而莫之察，良可悲夫！……（《四部叢刊》影印明刊本《道園學古録》卷三十八；《四庫全書》本《式古堂書畫彙考》卷四）

《夢舊游諸友》

三月三日午後，隱几夢館閣，諸舊游存沒參坐（半），陳衆仲舉盃相向曰：「旅甚思公，亦知公之深思旅，但不得見爾。記得有詩六首，其末句云：『萬死起俄忽，只是一思憶。』是孟浩然作為？是白居易？」予曰：「殆是孟詩，但不記得。」感動而覺，是年夏，聞陳亡。

隱几暮春雨，夢見舊知識。瑰奇秦漢刻，墨本在東壁。論辨如平時，契闊增歎息。就中東海生，顔色殊不懌。停盃不成飲，執手道疇昔。苦言孟浩然，有句在胸臆。萬死起俄忽，只是一思憶。（《四庫全書》本《道園遺稿》卷一）

智按：虞集，字伯生，號道園，又號邵庵。撫州崇仁（今屬江西）人。南宋丞相虞允文五世孫。早年曾以契家子身份師從吳澄。大德六年，薦授大都路儒學教授。任國子助教，升國子博士，在職以師道自任。元仁宗即位，除太常博士，遷集賢修撰。延祐六年改翰林待制。丁憂還江南。泰定初授國子司業，遷秘書少監。曾與集賢侍讀學士王結講經上都。拜翰林直學士，不久兼任國子祭酒。元文宗即位，命虞集仍兼經筵。除奎章閣侍書學士，與中書平章趙世延同任《經世大典》總裁。書成，虞集以目疾請求解職歸里，未獲准許。元文宗崩，稱病辭還臨川。病故于家，謚文靖，追封仁壽郡公。事迹具《元史》本傳。

揭傒斯（一二七四～一三四四）

《詩法正宗》

《三百篇》末流為楚辭，為樂府，為《古詩十九首》，為蘇李五言，為建安、黄初，此詩之祖也。《文選》劉琨、阮籍、潘、陸、左、郭、鮑、謝諸詩，淵明全集，此詩之宗也。齊梁《玉臺》，體制卑弱。然杜甫於陰、何、徐、庾，稱之不置，但不可學其委靡。唐陳子昂《感遇》諸篇，出人意表。李太白《古風》，韋蘇州、王摩詰、柳子厚、儲光羲等古詩，皆平淡蕭散，近體亦無拘攣之態，嘲哳之音，此詩之嫡派也。杜少陵古、律各集大成，漸趨浩蕩，正如顔魯公書一出而書法盡廢。蓋其渾然天成，略無斧鑿，乃詩家運斤成風手是也。是以獨步千古，莫能繼之。其他唐人宋賢奇作大集，固當遍參博采，難以遍學。韓詩太豪難學，白樂天太易不必學，晚唐體太短淺不足學，東波詩太波瀾不可學。若宛陵之淡、山谷之奇、荊公之工、後山之苦，簡齋以李杜之才，兼陶柳之體，最為後來一大宗。若近世江湖等作，非特不足觀，須是將夙生所記一聯半句，一洗而空，使吾胸中無非古人之語言意思，則下筆不期於高遠而自高遠矣。(清乾隆詩學指南本)

智按：揭傒斯，字曼碩，龍興富州（今江西豐城）揭源人。詩文俱佳，與虞集、范梈、楊載齊名。出身書香門第，大德初年出游兩湖，程鉅夫時為湖北憲使，一見奇其才，並以表妹許配。皇慶初年，程鉅夫入朝，揭傒斯隨行，受到朝中士大夫器重。延祐元年薦為翰林編修。天曆二年，元文宗開奎章閣，置授經郎，揭傒斯首獲其選。至順元年預修《經世大典》。此後數任集賢、翰林學士，並委派為《遼史》與《金史》總裁官之一。揭傒斯在文壇頗有影響，他久在翰林、集賢兩院任職，朝廷典册多經其手。元文宗很賞識其文才，每逢中書省奏用儒臣，必問：「其才何如揭曼碩?」追封豫章郡公，謚文安。生平見《元史》卷一八一。有《揭文安集》五十卷，明代已無全書。現存《揭文安集》有十四卷本（即《四庫全書》本），係其門人燮理溥化編；十八卷（即《豫章叢書》本）。

黄溍（一二七七～一三五七）

《送徐教授》

麻鞋厭踏洛陽塵，莫共簷花試一樽。遥想清風問前路，不妨紅日在西軒。米家書畫随歸棹，白傅林塘近故園。舘下諸生虚悵望，蒼蒼煙霧隔龍門。

（《四部叢刊》本《金華黃先生文集》卷五續稿二「五言律詩・初至寧海」）

《送東川書院陳山長序》

古之釋奠于先師者，必本其學之所自出，而各自祭之。非其師弗學也，非其學弗祭也。今之言師友者，孰不知求儒先之書，而為其說讀。若漢嚴子陵、諸葛孔明，晉王逸少、陶元亮，唐陸敬輿、白樂天諸人，言談不及于性命，其遺文之僅有者，非世所用以說讀也。或者猶相率尊師焉而尸祝之不廢，得不以其高風盛烈，使夫人觀感而興起，有非說讀之所及歟！

予友陳君，以選為東川學者師，而元亮，東川之先師也。元亮於書，未嘗務為甚解，而其死生去就之際，浩然無所滯碍，不亦知道之君子哉！二三子之從君登斯堂也，不知學元亮者，祭非其學也；舍元亮而他學焉者，學非其師也。而所謂《五柳先生傳》、《桃花源記》、《歸去來兮辭》等篇，固不可以說讀為也。蓋予聞之，古有憲老而無乞言。憲者，儀刑其德而已，問而答焉。其次也，有講焉，有聽焉。又其次也，講而未必聽焉。則末如之何矣。君誠能令二三子知所觀感興起，而以古人自任，以千載自期，一洗尋常說讀之陋，斯善學元亮者也。詩曰：「高山仰止，景行行止。」豈惟學元亮者為然乎？庸因君之行，書其所與君語者，以附贈言之末云爾。（《四庫全書》本《文獻集》卷五）

《上清資聖院復田記》

資聖院，在義烏之西鄙……。僧德潤……介同郡汪君祀求予記之，資聖以甲乙次相授，非十方叢林衲子之所附集，而荷負其事者，代不乏人，意公開拓於其前，宗公規恢於其後，潤公又汲汲焉，為畢日之慮，而逆防其未然，是皆不容無述，矧兹遐方僻壤墟里之間，無尊官貴戚為之憑藉，無大商豪民為之佽助，獨頼張君以一鄉之望，左右外護，且不愛其所有，以為成就利益之勝因，詎可無以登載而使来者知所自乎？白樂天有言：「記者，不惟記年月，亦在乎辨興廢，示勸誡。」（智按：見《蘇州南禪院千佛堂轉輪經藏石記》，《白氏長慶集》卷七十）今之為其徒，而居游食息於斯者，苟能推往事得失，而明興廢之由，鑒前人功過，而存勸誡之實，相與扶植數百年之基緒，俾弗墜益隆，以為壽國福民之地，則張君之惠為無窮，而予之記不為徒作矣。舊記稱後唐清泰二年，順德大師道忞因古伽藍遺址建院，號上清，宋天聖六年所賜，今額盖郡人兵部侍郎胡公則守杭時，為住山贊寧僧統移書州牧而得請于朝，郡縣圖志並云，院創於僧澄皎，被賜之歲月，亦不與記合，傳聞之異辭，非田事所係，姑寘勿論，以俟博洽之君子考正焉。（元抄本《金華黄先生文集》卷十三續藁十）

智按：黄溍，字晉卿，義烏（今屬浙江）人。早年即以文名見知于時。延祐二年進士，授台州海寧縣丞，為官清廉正直，曾以私訪得實情，為縣民平冤獄。在諸暨州判官任上，打擊酷吏豪強，頗有聲望。入朝授翰林應奉，轉國子博士，視弟子如友。出為江浙等處儒學提舉。以秘書少監致仕，又授翰林直學士兼經筵官，任直學士。至正十年致仕。優遊鄉里七年，卒於繡湖私邸。追封江夏郡公。謚文獻。時人比作宋代歐陽修。有《黄金華集》四十三卷，《黄文獻集》十卷，《日損齋筆記》一卷。

釋善住（一二七八～一三三〇?）

《琵琶行圖》

琵琶清夜動方舟，碧葦丹楓兩岸秋。何事江州白司馬，尊前聽徹淚横流。（《四庫全書》本《谷響集》卷三）

智按：善住，字無住，號雲屋，吴郡（今江蘇蘇州）人。嘗居郡城之報恩寺。往來吴淞江上，足跡不出江浙行省北部諸路，與仇遠、宋無、趙孟頫、白珽、虞集等人唱和，長於近體詩，尤喜作絶句。宋無《答無住師見寄》云：「句妙唐風在，心空漢月明。」而善住亦自云「典雅始成唐句法，粗豪終有宋人風」，《四庫全書總目》卷一六六稱為「命意極為不凡」。有《谷響集》傳世，原不分卷，傳本或分作一卷、二卷、三卷、四卷，《四庫全書》所收為三卷本。另著有《淨業往生安養傳》十二卷。

胡助（一二七八～一二五〇後）

《和李息齋留別南歸》

漢廷耆俊愛桐鄉，聽唱驪駒抑更揚。祖帳都門華轂盛，歸驂江路白雲長。平山楊柳沾衣緑，桃塢瓊花入酒香。一代幾人如此老，淮南草木有輝光。

壯日勤勞徧楚鄉，於今歸夢有荆揚。名高藝圃承恩重，貴極傳神閱世長。靜几蒲團依白傅，暑風竹簟趁黄香。玉堂回首如天上，籬菊江梅共耿光。（《四庫全書》本《純白齋類稿》卷十一）

《樹藝篇》

（揔）荔枝。子味甘平，无毒，止渴，益人顔色。生嶺南及巴中，其樹高一二丈，葉青陰，凌冬不凋，形如松子，大殼，朱若，羅紅紋，肉青白，若水精，甘美如蜜，四五月熟，百鳥食之，皆肥矣。（本草經人附）《圖經》曰：荔支子生嶺南及巴中。今泉、福、漳、嘉、蜀、渝、涪州、興化軍及二廣州郡皆有之，其品閩中第一，蜀川次之，嶺南爲下。《扶南記》云：此木以荔枝為名者，以其結實時，枝弱而蔕牢，不可摘取，以刀斧劙（音利）取其枝，故以為名耳。其木高二三丈，自徑尺至於合抱，頗類桂木、冬青之屬，葉蓬蓬然，四時荣茂不凋，其木性至堅劲，工人取其根，作阮咸槽，及弹棊局。木之大者，子至百斛，其花青白，狀若冠之蕤緌，實如松花之初生者，殻若羅文，初青漸紅，肉淡白，如肪玉，味甘而多汁。五六月盛熟時，彼方皆燕會其下以賞之，賔主極量取噉，雖多亦不傷人，少過度則飲蜜漿，一盃使解。荔枝始得於漢世，初惟出嶺南，後出蜀中。《蜀都賦》所云「旁挺龍目，側生荔枝」是也。蜀中之品，在唐尤盛，白居易《圖序》論之詳矣。今閩中四郡所出特奇，而種類僅至三十餘品，肌肉甚厚，甘香莹白，非廣、蜀之比也。福唐歲貢白暴荔枝，并蜜煎荔枝肉，俱為上方之珍果。白暴須佳實乃堪，其市貨者，多用雜色荔枝入塩、梅暴之成，而皮深紅，味亦少酸，殊失本真。凡經暴，皆可經歲。好者寄至都下，及関陝河外諸處，味猶不歇。百果流布之盛，皆不及此。又有焦核荔枝，味更甜美，或云是木生背陽，結實不完就者。白暴之尤佳，又有綠色、臘色，皆其品之奇者，本土亦自難得。

其蜀、嶺茘枝，初生亦小酢，肉薄不堪暴，花及根亦入藥。海藥云：謹按，《廣州記》云：生嶺南及波斯國，樹似青木，香味甘酸，主煩渴，頭重，心躁，背膊，劳悶，並宜食之。嘉州以下，渝州並有。其實熱甘美，茘枝熟，人未採，則百虫不敢近。人才採之，烏鳥蝙蝠之類，无不残傷，故採茘枝者，日中而衆採之。茘枝子一日色變，二日味變，三日色味俱變。古詩云：「色味不踰三日變。」員安宇《茘枝詩》云：「香味三日變。」今瀘渝人食之多，則發熱瘡證。（《類本草》）（《樹藝篇》菓部卷九，《續修四庫全書》影印明純白齋抄本，第九七七册，第七五七頁）

（揔）茘枝之於天下，惟閩粵巴蜀有之，漢初南粵王尉佗以之備方物，於是始通中國。司馬相如賦上林云：答遝離支，盖夸言之無有是也。東京交阯七郡，貢生茘枝，十里一置，五里一堠，晝夜奔騰，有毒蛇猛獸之害，臨武長唐羌上書言状，和帝詔大官省之。魏文帝有西域蒲萄之比，世譏其謬論，豈當時南北斷隔，所擬出於傳聞耶。唐天寶中，妃子尤愛嗜，涪州歳命驛致，時之詞人多所稱詠，張九齡賦之以托意，白居易刺忠州，既形於詩，又圖而序之，雖髣髴顔色，而甘滋之勝，莫能著也。洛陽取於嶺南，長安未於巴蜀。雖曰鮮獻，而傳置之，速腐爛之，餘色香味之存者無幾矣。是生茘枝，中國未始見之也。九齡、居易雖見新實，驗今之廣南州郡與夔梓之間所出，大率早熟，肌肉薄而味甘酸，其精好者僅比東閩之下等，是二人者，亦未始遇夫真茘枝者也。閩中惟四郡有之，福州最多，而興化軍最為奇特，泉、漳時亦知名，列品雖高，而寂寥無紀，將尤異之物，昔所未有乎？盖亦有之而未始遇乎人也。予家蒲陽，再臨泉、福二郡，十年往還，道由鄉國，每得其尤者，命工瀉生，稡集既多，因而題目，以為倡始。夫以一木之實，生於海瀕岩險之遠，而能名徹上京，外被夷狄，重於當世，是亦有足貴者。其於果品，卓然第一，然性畏高寒，不堪移殖，而又道里遼絶，曾不得班於盧橘江橙之石，少發光彩，此所以為之嘆息，而不可不述也。（第一蔡君謨《茘枝譜》）（《樹藝篇》菓部卷九，《續修四庫全書》影印明純白齋抄本，第九七七册，第七五九～七六〇頁）

智按：胡助，字履信，一字古愚，號純白道人，東陽（今屬浙江）人。早年讀書鄉里。年過三十，薦爲茂才，授建康路儒學學録，治學有方，弟子中有劉伯温（沙剌班）、廉惠山海牙等著名西域人。由於受吴澄推重，名振一時。延祐初調美化書院山長。秩滿赴京師，與翰苑名公王士熙、袁桷、虞集等交游唱和。授溫州路儒學教授，由王士熙等舉薦，改翰林國史院編修官。至順元年，從虞集分院上京。秩滿調任教官，又再入翰林院，任編修，參修遼、金、宋三史。至正五年年近七十，告老致仕。生平見十八卷本《草堂雅集》卷十四、《金華賢達傳》卷十、《兩浙名賢録》卷二、顧嗣立《元詩選》三集小傳、清朱琰《金華詩録》卷十七。

馬祖常（一二七九～一三三八）

《用樂天韻因效其題詠間意》

繅絲車響雨來稀，罨畫圖中住翠微。村北村南桑扈叫，家前家後竹雞飛。青憐藤蔓春牽屋，緑愛荷盤夏剪衣。更憶江天家萬里，行逢僧子借船歸。（《四庫全書》本《石田文集》卷三）

智按：馬祖常，字伯庸，號石田，西域雍古族人。文章宏贍而精核，刮除近代南北文士習氣，而專以先秦、兩漢為法。與姚文公燧、元文敏公明善，實相繼後先。尤致力於詩，大篇短章，多可傳者。所著曰《石田集》，以所居有石田山房也。浙東廉訪蘇天爵序之曰：「公詩接武隋、唐，上追漢、魏。後生爭效慕之，文章為之一變。與會稽袁公、蜀郡虞公、東平王公更唱迭和。金石相宣，而文益奇。」史官陳旅亦曰：「公古詩似漢、魏，而律句入盛唐，散語得西漢之體。」文宗嘗駐蹕龍虎臺，祖常應制賦詩，尤被歎賞，曰：「孰謂中原無碩儒乎！」

張可久（一二八〇～一三五二後）

《緑頭鴨》〔和馬九皋使君湖上即事〕

〔湖上遇雪，再用前韻〕

勝花時。臨風渺予思。厭春妍、紅嬌緑姹，鉛花只恁輕施。濕模糊、難描樹影，白鬅鬙、盡改松姿。裙濺冰泥。鞋翻粉印，浣紗人倦洗胭脂。青山老、丹移玉井，何處葛公祠。斷橋外、頻催畫槳，誤擊瓊枝。　　憶當年、阿蘇小小，鸞簫能品參差。紫雲娘、雙歌獻酒，綠蓑翁、獨釣成詩。樓殿搖空，管弦作市，樂天有句寄微之。觀未足，朱簾盡卷，情怕雨絲絲。誰呵手、戧金紅上，裝個獅兒。（《全金元詞》第九二八～九二九頁）

《越調·憑闌人·江夜》

江水澄澄江月明，江上何人搊玉箏。隔江和淚聽，滿江長歎聲。（《小山樂府》卷四；《張小山小令》卷下；《全元散曲》第九八五頁）

智按：《四部叢刊》本《梨園按試樂府新聲》卷中未標著者，「長歎」作「腸斷」。此曲應受到白居易《琵琶行》之啟發。與白居易《江上笛》：「江上何人夜吹笛，聲聲似憶故園春。此時聞者堪頭白，况是多愁少睡人。」亦意境相似。

《中呂·滿庭芳·山中雜興二首》

人生可憐，流光一瞬，華表千年。江山好處追游遍，古意翛然。琵琶恨青衫樂天，洞簫寒赤壁坡仙。村酒好溪魚賤，芙蓉岸邊，醉上釣魚船。

風波幾場，急疏利鎖，頓解名韁。故園老樹應無恙，夢繞滄浪。伴赤松歸軟子房，賦寒梅瘦卻何郎。溪橋上，東風暗香，浮動月昏黃。（《全元散曲》第七七五頁）

智按：《四部叢刊》本《梨園按試樂府新聲》卷中，故園作「園中」。

張可久，名久可，字可久，號小山，以字行，慶元（今浙江寧波）人。早年客居吳江，並久居杭州活動。延祐年間任紹興路吏，此後在衢州、婺州、建德等地為吏，至正初年監稅徽州松源，至正九年前後，到崑山任幕僚，出入顧瑛玉山草堂。一生沉淪下僚，由路吏轉首領。詩傳世不多。是元代重要散曲家，有《小山樂府》、《張小山小令》等散曲集行世。生平見鍾嗣成《録鬼簿》卷下、孫楷第《元曲家考略》。

周權（一二八〇？～一三三〇）

《次韻馮仲遠聽隣舟孟監州琵琶》

江州司馬真愁絶，潯陽夜醉黄壚月。琵琶撥動兒女情，淚濕青衫寫淒切。漢東傑客老監州，雲夢胸中吐奇崛。春風斗酒忽邂逅，暮雨扁舟談激烈。酒酣古調手自傳，鵾絃撼動龍香撥。抑揚按節氣雄放，清度回飈激林樾。迢迢訴盡出關情，漢宫往事孤鴻滅。黄雲萬里絶音塵，馬上誰能記嗚咽。新聲洗盡《鬱輪袍》，清和扣舷歌間發。曲終一笑兩茫然，江水泠泠滿襟雪。（《四庫全書》本《此山詩集》卷五）

智按：周權，字衡之，號此山，松陽（今屬浙江）人。平生著意於詩，袁桷稱為「磊落湖海之士」。北游京師，受到袁桷賞識，擬薦任館職，未果。回到江南，專一寫詩。趙孟頫、謝端、揭傒斯、歐陽玄、陳旅都很推許其詩才。揭傒斯為其此山堂題詩：「君家括蒼下，自愛括蒼山」，「高風已莫攀」。趙孟頫應他之請，書「此山」二字。有《此山詩集》十卷，别本四卷。

薩都剌（一二八〇？～一三四五？）

《贈仁王講師達上人》

香山居士美如玉，亭亭秋水開芙蓉。承恩長揖紫宸殿，飛錫遙掛烏石峰。散花天女遶經閣，出海神龍聞講鐘。攢眉入社笑陶令，載酒三生石上逢。（《四庫全書》本《雁門集》卷二）

《别江州總管真定王克紹》

我識文章王太守，不知幾日上潯陽。琵琶亭前好明月，香爐峯頭多夜光。吟詩寫字午衙静，打皷勸農春社忙。萬一公餘頗相憶，寄詩應到荔枝鄉。（《四庫全書》本《雁門集》卷二）

智按：上潯陽，一作「到潯陽」。琵琶亭前，一作「琵琶亭上」。荔枝鄉，一作「荔技鄉」。本詩又見盧琦（一三〇五～一三六二）《圭峰集》卷上（《四庫全書》本)，詩題作《別江州總管真定王堯紹》。琵琶亭前，作「琵琶馬上」；寄詩應到，作「寄詩同到」。梁清遠（一六〇八～一六八四）《雕丘雜録》卷七閉影雜識（清康熙二十一年梁允桓刻本）云：「元薩天錫《別江州總管眞定王克紹》詩云云，讀此，則克紹一風雅士也。録之以補郡誌之闕。」

智按：薩都剌，字天錫，號直齋。西域答失蠻氏。家族入居中原後，定居在大都附近。曾以「燕山薩天錫」自署。泰定四年進士。長期沉淪下僚，初授鎮江録事司達魯花赤，秩滿，出爲南御史臺掾史，歷燕南河北道廉訪司照磨、福建閩海道廉訪司知事等職。有《薩天錫詩集》、《雁門集》等別集傳世。《元詩選》初集選録其詩三〇三首，分題《雁門集》與《天錫集》。亦長於詞，所作流傳頗廣。生平見《西湖竹枝集》、《録鬼簿》卷上、《元詩選》初集《雁門集》、《元詩紀事》卷十五。

鍾嗣成（一二八〇？～一三六〇？）

《双調・凌波仙・弔宮大用》

豁然胸次掃塵埃，久矣聲名播省臺。先生志在乾坤外，敢嫌他天地窄，辭章壓倒元白。憑心地，據手策，是無比英才。（《録鬼簿》卷下，古典文學出版社一九五七年九月版，第三一頁；《全元散曲》第一三六四頁）

智按：鍾嗣成，字繼先，號醜齋。自署「古汴」（今河南開封）人。一説杭州人。尚未成年之時，便生活在杭州。一生最大成就，是撰寫《録鬼簿》，記載金元曲家一百五十二人，幾使兩代知名曲家，囊括殆盡。著録雜劇名目，已達四百五十二種，占現存五百可考元人雜劇百分之八十以上。所作雜劇七種，均佚。僅存小令五十九首，套數一套，其中，有十九支小令為弔宮大用等十九位曲家而作，成為後人研究元曲之重要資料。

徐再思（一二八〇後～一三五〇後）

《雙調・水仙子》

⊙彈唱佳人

玉纖流恨出冰絲，瓠齒和春吐怨辭，秋波送巧傳心事。似鄰船初聽時，

問江州司馬何之。青衫淚，錦字詩，總是相思。（《太平樂府》卷二；《全元散曲》第一〇五六頁）

智按：徐再思，字德可，號甜齋，嘉興（今屬浙江）人。曹本《録鬼簿》言其「好食甘飴，故號甜齋。有樂府行於世。其子善長頗能繼其家聲」。天一閣本《録鬼簿》，除包括上述内容外，還記載他做過「嘉興路吏」，且「為人聰敏秀麗」、「交游高上文章士。習經書，看鑒史」等。《録鬼簿》列為「方今才人相知者」，並説他「與小山同時」。張小山生活在元末，據此推算，其生年應在一二八〇年以後。其散曲〔雙調·蟾宫曲〕《錢子雲赴都》有「今日陽關，明日秦淮」句，既云「赴都」，又點明「秦淮」，很可能已是明初。其卒年疑在一三五〇年以後。明賈仲明所作憑弔徐再思〔淩波仙〕云：「甘飴良好咂甜時，自號甜齋名再思。交游高上文章士，習經書看鑒史，青出藍善長文詞。名下無虚士，高門出貴子，根基牢發旺宗枝。」（天一閣抄本《録鬼簿》）所作散曲與貫雲石（酸齋）齊名，時人稱作「酸甜樂府」。《太和正音譜》評其作「如桂林秋月」。近人任訥將徐再思與貫雲石散曲合編成《酸甜樂府》二卷，《全元散曲》編録徐再思小令一百零四首，《全金元詞》有其詞一闋。

李有

《古杭雜記》

寶慶丙戌，袁樵尹京，於西湖三賢堂賣酒。有人題壁曰：「和靖東坡白樂天，三人秋菊薦寒泉。而今滿面生塵土，卻與袁樵課酒錢。」（《叢書集成初編》據《古今説海》本排印，史地類，第三二二一册，第一頁）

智按：元劉一清《錢塘遺事》卷一題作《三賢堂》；課酒錢，作「趂酒錢」。元劉壎《隠居通議》卷十一題作《三賢堂題咏》，袁樵，作「袁韶」，詩作：「和靖東坡白樂天，幾年冷落在湖邊。如今往事都休問，且為袁韶辦酒錢。」寶慶丙戌，寶慶二年（一二二六）。

孫周卿

《雙調·蟾宫曲·題琵琶亭》

到潯陽夜泊星槎，送客江頭，忽聽琵琶。下馬維舟，回燈借問，何處人家？妾本是京師館娃，嫁商人淪落天涯。再轉龍牙，細撥輕爬，聲裂檀槽，月滿蘆花。

見樂天細問根芽，襟搭鮫綃，玉筍籠紗。家住長安，十三學樂，髻綰雙鴉。今老卻朝雲暮霞，再休題秋月春花。自歎咱家，兩鬢霜華，有錦難纏，淚濕琵琶。(《太平樂府》卷一;《樂府群珠》卷三;《全元散曲》第一〇六二～一〇六三頁)

智按：孫周卿，古邠（今陝西旬邑縣東北）人。孫楷第《元曲家考略》謂「邠」乃「汴」之誤，則云其河南開封人。曾客游湘南、巴丘。其女孫淑（一三〇六～一三二八)，有《緑窗遺稿》。嫁傅若金（一三〇三～一三四二)。

聶古柏（一三一一前後）

《琵琶洲》

昌國寺前楓樹秋，琵琶洲畔暮雲愁。沙頭潮落灘聲急，疑是潯陽淚未收。(顧嗣立《元詩選》三集卷四)

智按：聶古柏，色目人。具體族屬不详。字里未詳。官吏部侍郎。黎崱《安南志略》云：至大四年（一三一一)，遣禮部尚書乃馬歹、吏部侍郎聶古柏、兵部郎中杜與可奉使安南，宣仁宗皇帝即位詔。詩集失傳，傅習、孫存吾《皇元風雅》前集卷二輯録聶古柏詩十八首，皆至大四年辛亥出使安南紀行之作。

王沂（一三一五進士）

《賣馬吟》

馮先生貧惟一劍，我今雖貧猶一馬。聊同起廢病額駒，敢向人前索高價。

眉山太史作新年，賣却老驄為酒錢。香山居士鬢欲絲，始知鬻駱放楊枝。我不學游俠誇年少，臂蒼挾彈章臺道。又不能雄豪如二生，千金騕褭換輕盈。驥傳稱德雖云好，終日芻粱未嘗飽。不須戀廐動哀鳴，會見錦韉金絡腦。家傳清與白，千駟非所求。要將好消息，寬我庭闈憂。青鞋黃帽雖吾有，可奈嘗從大夫後。明朝欵段駕雞栖，疾惡猶如朱伯厚。（《四庫全書》本《伊濵集》卷三）

智按：王沂，字師魯（一字思魯）。祖籍雲中，徙居真定（今河北正定）。其父由金仕元，南宋亡後，到江南任職。王沂于元仁宗延祐二年中首科進士。歷臨淮縣尹、嵩州同知。元文宗至順間爲翰林編修，歷國子博士、翰林待制，元順帝至正初，任禮部尚書。曾主持元統元年科舉考試，并以總裁官身份編訂遼、金、宋三朝史。卒於至正二十二年以後。有文名，并能詩。曾築石田山房以居，與傅若金、許有壬、周伯琦、陳旅等過從密切。歷躋館閣，屢掌文學之職，廟堂著作多出其手。生平見《四庫全書總目》卷一六七《伊濱集》提要，明鄭太和《麟溪集》壬卷、〔嘉靖〕《真定府志》卷五、卷二十七，清錢熙彥《元詩選補遺》、《元書》卷八十九。

何景福（一三一七前後）

《和散里平章游東安汪伯諒半山亭詩韻》

丹溪青山冠閩浙，勝游忽聚金臺客。朱闌碧檻倚雲隈，滿地松花踏香雪。玉京北望蒼煙重，山光水色開天容。咳唾隨風落珠玉，葡萄酒豔玻瓈鍾。逍遙聊作無事飲，倒著接䍦從酩酊。潮生眼纈春風和，月上松蘿酒初醒。金閨公子玉堂仙，長歌擊節音琅然。君不聞香山老子長短三千篇，一金一首雞林傳。（《四庫全書》本《鐵牛翁遺稿》；顧嗣立《元詩選》三集卷十三）

智按：何景福，字介夫，號鐵牛子，晚號鐵牛翁，淳安（今屬浙江）人。宋大理寺卿何夢桂族孫。以任重致遠自期，因所遇非時，累辟不赴。元末戰亂，曾避地武林，大亂始定，便還歸鄉里，以詩酒自娛，終其身不出。有

《鐵牛翁詩》，已散失。僅存《鐵牛翁遺稿》一卷，附何夢桂《潛齋集》以行。生平見《兩浙名賢録》卷四十四、顧嗣立《元詩選》三集小傳、《元詩紀事》卷二十二。

李源道（一三一八前後）

《送馮參政致事》

天眷雖隆志叵渝，拂衣歸去不躊躕。百年喬木推耆舊，九老香山入畫圖。力疾不辭春命駕，感恩直欲夜含珠。聖王已有黄金像，一舸秋風下五湖。（顧嗣立《元詩選》三集卷八）

智按：李源道，字仲淵，號行齋（一作沖齋），陝西關中人。游宦於四川，歷任眉州同知、四川行省員外郎，在成都買田，建萬竹亭，與弟叔行吟詩其中。入為監察御史。延祐五年由翰林直學士除雲南肅政廉訪使。累遷翰林侍講學士、集賢學士，官終雲南行省參政。李源道有詩名，詩曾結集為《行齋漫稿》，由程鉅夫作序。他又自録所作五言詩為一集，名為《宗雅》，虞集序之曰：「五言之道，近世幾絶，數十年來，人稱涿郡盧公（盧摯）。故仲淵自序，亦屬意盧公，然仲淵來朝廷為學士，而盧公去世已久，獨吴興趙公深知之，至以為上接蘇州，信知言哉！」臨川吴澄序曰：「仲淵心易直而氣勁健，其為詩也肖其人，古體五言如生在魏、晉，略不涉齊、梁以下光景。七言雜言，翩翩乎鍾山丞相，雪堂學士之間而無留難。約之而為近體也亦然。」

安軸（一二八二～一三四八）

《白文寶按部上謠》【八首○并序引】

按部之行東韓，重臨境也，鄉先生率生徒，述獻詩啓者，尚矣。然閲前代之作，皆蹈襲陳言，而不能表出新意，故皆不足觀也。近者，《起居注》李公自中朝登第而還，士夫賦詩贈行，各占三韓異迹爲題，語意不類，眞奇作也。僕等謹效其體，各賦《東南八景》一絶幷短引，拜呈行軒。

奉明綸開蓮幕，別承新主之恩。按沃轡駐桑田，先課蒼生之望。千載幸遭盛代，一方皆仰別天。奎、璧英精，蓬、瀛秀氣。學富曹公之八斗，便作詩仙；興酣張旭之三杯，遂通草聖。少捷禮闈之榜，直升孔子之堂。發軔名途，曳裾華秩。北門視草，有愈李翰林之飛榮；西省對花，不讓白舍人之演誥。暫投閒地，坐待良辰。適當披霧之期，遂被觀風之命。行色未過嶺外，歡情已溢民間。桑樞賤子，槐市寒生。春看洛水之清波，預知慶會；曉得商郊之膏雨，果致高軒。顛倒而還，歌詠不足。

詩曰：

⊙商山洛東江

雨餘江色染藍青，十里奇巖水墨屏。刺史歡迎新按部，木蘭舟上構茅亭。

⊙永嘉文華山

羅代金生筆法新，學書山室已千春。硯池餘滴今猶在，誰識賢侯是後身？

⊙月城瞻星臺

前代興亡歲月經，石臺千尺聳青冥。何人今日觀天象，一點文星作使星？

⊙寧海觀魚臺

巖下游魚作隊行，避鉤逃網得全生。如今恩洽東溟水，圉圉洋洋尾不赬。

⊙東萊積翠軒

碧玉千竿密作圍，滿空蒼翠積軒墀。雨天誰喚王逢手，官暇來饒一局棋？

⊙金海七點山

海門千里水浮空，七點青峯杳靄中。此是琴仙棲息處，乘舟且莫過悤悤。

⊙珠浦月影臺

海上層臺景最奇，照波明月幾盈虧？不須更詠孤雲句？今古賢才各一時。

⊙晉陽矗石樓

晉陽江水似潯陽，金碧樓高映水明。送客秋風知有日，倚舟須賦《琵琶行》。

諸生示余以獻按部歌謠一軸，愛其新意，玩讀至三。然吾興州所有靈龜山、宿水樓，其風致不居八景之後，而漏而不賦。余甚怪焉，使家贅鄭生賦一絶書于卷末，以雪吾鄉山水之恥。

靈龜形勢縮山頭，下有臨溪百尺樓。須倚涼軒嚥朝日，釀成眞氣已千秋。（《謹齋集》卷二補遺 詩，《韓國文集叢刊》本）

智按：又見周世鵬《竹溪志·竹溪行録一》。

安軸，字當之，號謹齋。有《謹齋集》。

洪希文（一二八二～一三六六）

《效蘇子瞻莫笑銀杯小》

勸君莫笑銀杯小，一日傾瀉三百杯。勸君莫笑一日飲，百年三萬六千回。吟時只作簡簡吟（白樂天《簡簡吟》：不肯迷頭藏白地），斟時只作淺淺斟。下筆直作風雨快，醉鄉酒德逢知音。我無公田二頃半，床頭幸有琴堪玩。陶公曠達未足云，嗜酒何如飽喫飯。須信小小亦自奇，老盡英雄君豈知。揮金留客固自好，爭柰無金愁殺我。（《前漢·疎廣傳》：「歸田里日，請故舊賓客，相與娛樂，數問其家金尚有幾斤，輒賣以供具。」盧仝詩：「天下薄夫苦躭酒。玉川先生也耽酒。薄夫有錢恣長樂，先生無錢養澹泊。有錢無錢俱可憐，百年聚過如流川。」陶詩：「雖無揮金樂，濁酒聊可持。」淵明嘗蓄素琴一）（《四庫全書》本《續軒渠集》卷三）

《聽琵琶》

齠年慣讀《琵琶行》，忽聞今日琵琶聲。初如登木雄雉聲，嚶嚶又如伏櫪老驥蕭蕭鳴。移宮換徵凄且清，大遲小促和而平。宣洩伊鬱陶性情，不作兒女恩怨生。君不見，昭君去國萬里程，豐肌靚麗漢主驚，欲留不得信已成。嗚呼韓邪得之，不失為傾城。（《管子·地負篇》：「聽徵如負猪豕覺而駭，聽羽如鳴馬在野，聽宮如牛鳴窌中，聽商如離羣羊，聽角如雉登木以鳴，音疾以清。古詩：「一笑傾人城，再笑傾人國。」）（《四庫全書》本《續軒渠集》卷三）

智按：《後村詩話》新集卷一：「余謂此篇（杜甫《舞劍器行》）與《琵琶行》，一如壯士軒昂赴敵場，一如兒女恩怨相爾汝。」

《病起》

不覺離群旬浹間，諸生驚顧瘦欒欒。浮雲蔽日身為累，止水無波心自安。

(《晉載記》云：不見雀来入燕室，但見浮雲蔽白日。白樂天《贈元微之》：「無波古井水，有節青琅玕」之句）甘寢有誰嘲廢學，苦吟無味勸加餐。指揮牕外閑童子，戲瓦先除古井瀾。(《楞嚴經》：月光童子白佛言：我作水觀，室中安禪，有弟子窺牕，惟見清水，取一瓦礫投水，我出定後，頓覺心痛。爾時童子来前，說如上事，我則告言：汝今見水，可除去瓦礫。童子奉教，入定時開門除之，我從出，定身即如初。)（《四庫全書》本《續軒渠集》卷六）

《止酌》

幾人躭酒失驕慵，可怪香山作酒功（香山白居易作《酒功頌》)。謬誤豈宜溲殿上（《東方朔傳》：朔因醉入殿，小遺殿上，劾為庶人)，沈酣誰遣入褌中。矢辭所見耽狂藥（晉孫季舒與石崇酣酒，傲慢過度，崇欲奏之，裴楷謂曰：足下飲人以狂藥，責人以正理，不亦乖乎?)，重罰應須出羖童（詩抑《詩》「由醉之言，俾出童羖」)。自是今朝真止矣，不成世只有陶公。(《四庫全書》本《續軒渠集》卷六）

《張参軍克明席上出歌妓踏筵主人索詩贈之口占一絕》

歌喉圓轉聯珠貫，舞袖郎當散綵霞。記得樂天詩句好，醉嬌無力牡丹花。(《禮記》:「纍纍然端如貫珠。」坡詩：「雖無窈窕人，清唱弄珠貫。」張建封僕射節度武寧，舞妓盼盼乃徐州奇色，公納之燕子樓，白樂天經徐，與詩云：「醉嬌無氣力，風裊牡丹花。」)（《四庫全書》本《續軒渠集》卷八）

《老慵》

安眠得法江河運（坡詩：「安眠海自運。」即道家還精補腦之說)，自唱無詶風雪閑（白樂天《與元九書》云：「梁陳間，率不過嘲風雪弄花草而已」)。不是相遭皆澹泊，如何消得鬢毛斑。萬事無營已雪顛，黃庭一卷足長年。金丹九轉工夫密，荆棘不生身自仙。(《古歌》：九還七返三五一，龍虎相交入塊室。灰池熘灼天地精，金液還丹功了畢。《真誥》載：王夫人與許長史書交梨火棗，此乃飛騰之藥，君心中猶有荆棘相雜，是以二樹不生，可剪除否。)（《四庫全書》本《續軒渠集》卷八）

智按：洪希文，字汝質，號去華山人，莆田（今屬福建）人。其父洪巖虎，宋代貢士，曾任興化教諭。洪希文與父在山中隱居，生活相當清苦，但父子倡和無愠色。洪巖虎死後，洪希文嗣爲鄉先生，郡縣名族爭致西席。郡學聘爲訓導，大賓延請無虛歲。至正二十六年去世，享年八十五歲，幾乎與元朝相終始。生平見洪希文《續軒渠集自序》、顧嗣立《元詩選》初集小傳、《元詩紀事》卷十四。

釋念常（一二八二～?）

《佛祖歷代通載》

十二年，宣河東節度使、禮部尚書李詵，備禮迎法師澄觀入京。觀至，有旨命同罽賓三藏般若翻譯烏茶國所進《華嚴》後分梵夾。帝親預譯場。一日不至，即差僧寂光依僧欲云，皇帝國事因緣，如法僧事，與欲清淨。觀承叡旨。翻宣既就，進之，帝命開示華嚴宗旨。群臣大集，觀陞高座曰：「我皇御宇，德合乾坤，光宅萬方，重譯來貢。東風入律，西天輸越海之誠；南印御書，北闕獻朝宗之敬。特回明詔，再譯真詮，光闡大猷，增輝新理。澄觀顧多天幸，欽屬盛明。奉詔譯場，承旨幽贊。抃躍兢惕，三復竭愚。露滴天池，喜含百川之味；塵培華岳，無增萬仞之高。極虛空之可度，體無邊涯，大也。竭滄溟而可飲，法門無盡，方也。碎塵剎而可數，用無能測，廣也。離覺所覺，朗萬法之幽邃，佛也。芬敷萬行，榮耀眾德，華也。圓玆行德，飾彼十身，嚴也。貫攝玄微，以成真光之彩，經也。總斯七字，為一部之宏綱，將契本性，非行莫階。故說普賢無邊勝行，行起解絕，智證圓明，無礙融通，現前受用。」帝大悅。賜觀紫方袍，號教授和尚。其後，相國齊抗鄭餘慶、高郢，請撰《華嚴綱要》三卷；相國李吉甫侍郎、歸登駙馬杜琮，請述《正要》一卷；又為南康王韋皐、相國武元衡，著《法界觀玄鏡》一卷；僕射高崇文，請著《鏡燈說文》一卷；司徒嚴綬、司空鄭元、刺史陸長源。請撰《三聖圓融觀》一卷；節度使薛華、觀察使孟簡、中書錢徽、拾遺白居易、給事杜羔等，請製《七處九會華藏界圖心鏡說文》十卷。又與僧録靈邃大師十八首座十寺三學上流，製《華嚴圓覺四分中觀等經律論關脈》三十餘部，皆古錦純金隨器任用云。(《四庫全書》本《佛祖歷代通載》卷十四)

智按：《(雍正) 陝西通志》卷六十五：「澄觀字大休，俗姓夏侯氏，會稽人，年九歲，禮本州寶林寺體真大師為師，越一朞，解通三藏，十有一歲，歷講《涅槃》、《淨名》諸經，洞悉幽微，宿齒嘆異。年滿，受具於曇一大師，研究律藏，又於常照禪師，受菩薩戒，又參無名大師融印宗説，復依東京大詵和尚聽受玄旨，詵深契之曰：法界盡在汝矣。師念五臺為文殊道場，遂委身棲托閣錫大華嚴寺者十年，凡儒家經子史傳，及老莊寓言，靡不兼綜博覽，擬著《華嚴大疏》於般若院，見一金像卓立空際，夢寐中若或指授，覺而下筆，如有神助，疏就將闡，忽夢為龍，頭枕南臺，尾蟠北臺，須臾化作多龍，奮迅分散，經疏流通，兆於玆矣。製《隨疏演義鈔》四十卷，《隨文手鏡》一百卷，又為鄭公餘慶、韋公臯、孟公簡、白公居易著十七卷文，皆所以發明華嚴之旨也。師生於玄宗開元戊寅，德宗貞元丙子賜紫，己卯受清涼國師號，憲宗元和庚寅授僧統印，至文宗開成己未春三月示寂。世歷九宗，師禮七帝，俗壽一百二，僧臘八十三，形長九尺四寸，垂手過膝，目夜發光，凡著述所流傳者，總四百餘卷，大經前後講五十餘遍，無遮大會十有五，設上足弟子海岸虛寂為首，稟受學徒，殆將千衆。……」(《四庫全書》本)

是歲（貞元十九年秋八月），東都聖善寺大師凝公卒。（越明年二月），翰林白居易作《八漸偈》弔之。其序曰：「居易嘗求心要於師，師賜教焉。曰觀、曰覺、曰定、曰慧、曰明、曰通、曰濟、曰捨。由是入於耳，貫於心。嗚呼！今師之報身則化，師之八言不化。至哉八言，實無生忍觀之漸門也。故自觀至捨，次而贊之。廣一言為一偈，謂之《八漸偈》。蓋欲以發揮師之心教，且明居易不敢失墜也。既而升於堂，禮於床，跪而唱，泣而去。偈曰：

《觀》：以心中眼，觀心外相。從何而有，從何而喪。觀之又觀，則辨真妄。

《覺》：惟真常在，為妄所蒙。真妄苟辨，覺生其中。不離妄有，而得真空。

《定》：真若不滅，妄即不起。六根之源，湛如止水。是為禪定，乃脱生死。

《慧》：專之以定，定猶有繫。濟之以慧，慧則無滯。如珠在盤，盤走珠慧。

《明》：定慧相合，合而後明。照彼萬物，物無遺形。如大圓鏡，有應無情。

《通》：慧至乃明，明則不昧。明至乃通，通則無礙。無礙者何，變化自在。

《濟》：通力不常，應念而變。二相非有，隨求而見。是大慈悲，以一濟萬。

《捨》：衆苦既濟，大悲亦捨。苦既非真，悲亦是假。是故衆生，實無度者。(《四庫全書》本《佛祖歷代通載》卷十四)

（丙戌，憲宗純改元和。順宗長子。以北突厥承瓘為招討使。白居易陳：自中官為統帥者，天下安寧。咸謂中興之主。北方天帝降夢，令興佛法，帝不承命。愛服丹藥，致性燥急。後為中官陳弘志弒之，壽四十三歲。葬於景陵。時有名賢柳子厚、韓退之、元微之、劉禹錫、白居易等，在位十五年。)

是歲撫州景雲寺律師上弘卒，江州司馬白居易製碑曰：

元和十一年春，廬山東林寺僧道深、懷縱、如建、冲契等凡二十輩，與白黑衆千餘人，俱賫持故景雲大德弘公行狀一通，贄錢十萬，來詣潯陽，請司馬白居易作先師碑，會有故不果。十二年夏，作石墳成，復來請，會有病不果。十三年冬，作石塔成，又來請，始從之。既而僧返山，衆返聚落，錢返寺府。翌日而文成，明年而碑立。其詞云：我聞乾竺古先生出世法，法要有三：曰戒定慧。戒生定，定生慧，慧生八萬四千法門，是三者迭相為用。若次第言，則定為慧因，戒為定根。根植則苗茂，因樹則果滿。無因求滿，猶夢果也。無根求茂，猶揠苗也。佛雖以一切種智攝三界，必先用戒；菩薩以六波羅蜜化四生，不能捨律。律之用可思量，不可思量。如來十弟子中，稱優波離善持律；波離滅，有南山大師得之；南山滅，有景雲大師得之。師諱上弘，生（姓）饒氏，曾祖君雅，祖公悦，父和（一作知）恭，臨川城南人。童而有知故，生十五歲發出家心，始從舅氏剃落；壯而有立故，二十五（一作二）歲立菩提願，從南岳大圓律師具戒；樂所由生故，大曆中，不去父母之邦，隸於本州景雲寺；修道德應無所住故，貞元中，離我所，徙居洪州龍興寺説法；親近善知識故，與匡山法真、天台靈祐、荊門法裔興果神湊、建昌惠進等五長老交游；佛法囑王臣故，與姜相國公輔、顔太師真卿，洎本道廉訪使楊君憑、韋君丹四君子友善；提振禁戒故，講《四分律》，而從善遠罪者無其數；隨順化緣故，坐甘露戒壇，而擔衆生盟者二十年；荷擔大事故，前後登方等、施尸羅者十有八會；救拔衆生故，娑婆男女由我得度者萬五千五百七十二人；示生無常故，元和十年十一日己亥遷化於東林精舍；示滅有所故，是月丙寅，歸全身於南崗石墳。住世七十七歲，安居六十五夏。自生至滅，隨迹示教。行止語默，無非佛事。夫施於人也博，則反諸己也厚，故門人、鄉人報之如不及。繇是藝松成林，琢石為塔。塔有碑，碑有銘。銘曰：

佛滅度後，薝蔔香褰，醍醐味漓。孰反是香，孰復是味，景雲大師。景雲之生，一匡苾芻，中興毘尼。景雲之滅，衆將安仰，法將疇依。昔景雲來，行道者隨，入室者歸。今景雲去，升堂者思，入室者悲。廬峯之西，虎溪之南，石塔巍巍。有紀事者，以真實辭，書於塔碑。（《四庫全書》本《佛祖歷代通載》卷十五）

（壬寅，春時雪，太和公主，降金人，嫁回鶻）

是年，白居易由中書舍人出為杭州刺史。聞鳥窠和尚道德，枉駕見之。時鳥窠因長松槃屈如蓋，遂棲止其上。居易問曰：「禪師住處甚危險。」師曰：「太守危險尤甚。」曰：「弟子位鎮江山，何險之有？」師曰：「薪火相交，識浪不停，得非險乎？」又問：「如何是佛法大意？」師曰：「諸惡莫作，衆善奉行。」居易曰：「三歲孩兒也解恁麼道。」師曰：「三歲孩兒雖說得，八十老翁行不得。」居易欽歎而去，自是數從之問道。（《四庫全書》本《佛祖歷代通載》卷十五）

（長慶三年）是年杭州永福寺刊石壁法華經成。相國元稹為之記。其辭曰：按沙門釋惠皎自狀其事云：永福寺一名孤山寺，在杭州錢塘湖心孤山上。石壁《法華經》在寺之中。始以元和十二年，嚴休復為刺史時，惠皎萌厥心，卒以長慶四年白居易為刺史時成厥事。上下其石六尺有五寸，長短其石五十七尺有六寸，座周於下，蓋周於石，砌周於堂。凡買工鑿經六萬九千有一百五十，錢十經之數，既畢，又立石為二碑。其一碑，凡輸錢於經者，由十而上，皆得名於碑。其輸錢之貴者，有若杭州刺史嚴休復、中書舍人杭州刺史白居易、刑部侍郎湖州刺史崔玄亮、刑部郎中睦州刺史韋文悟、處州刺史韋行立、杭州刺史張聿、御史中丞蘇州刺史李乂、御史大夫越州刺史元稹、右司郎中處州刺史陳岵，九刺史之外，縉紳之由杭者，若宣慰使庫部郎中知制誥賈餗以降，鮮不附於經石之列。必以輸錢先後為次第，不以貴賤、老幼、多少為後先。其一碑，僧之徒，思得聲名人文其事以自廣。予以長慶二年，相先帝無狀，譴於同州。明年徙於會稽，路出於杭，杭民競相觀覩，白怪問之，皆云：「非觀宰相，蓋欲觀曩所聞之『元白』耳。」由是僧之徒誤以予為名聲人，相與日夜攻刺史白乞予文。予觀僧之徒，所以經於石、文於碑，蓋欲為不朽，且欲自大其本術。今夫碑既文，經既石，而又九諸侯相率貢錢於所事，由近而言之，亦可謂來異宗而成不朽矣；由遠而言，即不知幾萬歲而外，天與地相軋，陰與陽相蕩，火與風相射，名與形相滅，則四海九州皆空中一微塵耳，又安知其朽不朽哉？然而羊叔子識枯樹中舊環，張僧繇世為畫師，歷陽之氣，至今為城郭。狗一叱而異世，卒不可化鍛之。予學數息則易成，此又性與物相游，而終不能兩相忘矣；又安知夫六萬九千之文，刻石永永，因眾姓合成，獨不能為千萬劫含藏之不朽耶？由是思之，則僧之徒得計矣。至於佛書之奧妙，僧當為余言，余不當為僧言，況斯文止紀於刻石，故不及講貫其義云。(《四庫全書》本《佛祖歷代通載》卷十五)

(己酉，雲、代、蔚三州山谷間石化為麵，民取食之)

蘇州重玄寺刊石壁經成，刺史白居易為之碑曰：碑在石壁東次，石壁在廣德法華院西南隅，院在重玄寺西若干步，寺在蘇州城北若干里。以華言唐文刻釋氏經典，自經、品、眾佛號以降，字加金焉。夫開示悟入，諸佛知見，以義度無邊，以圓教垂無窮，莫尊於《妙法蓮華經》，凡六萬九千五百五言；證無生忍，造不二門，住不可思解脫，莫極我《維摩詰經》，凡二萬七千九十二言；攝四生九類，入無餘涅槃，實無得度者，莫出［先］於《金剛般若波羅密經》，凡五千二百八十七言；禳罪集福，淨一切惡道，莫急於《佛頂尊勝陀羅尼經》，凡三千一十言；應念順願願生極樂土，莫急於《阿彌陀經》，凡一千八百言；用正見觀真相，莫出於《觀普、賢菩薩行法經》，凡六千九百九十言；詮自性認本覺，莫過於《實相法密經》，凡三千二百五言；空法塵依佛智，莫過於《般若波羅密多心經》，凡二百五十八言。是八種經，具十二部，合一十一萬六千八百五十七言，三乘之要旨，萬佛之祕藏盡矣。是石壁積四重，高三尋，長十有五丈，厚尺有咫。有石蓮敷覆其上下，有石神固護其前後，火水不能燒漂，風日不能搖消，所謂施無上法，盡未來際者也。唐長慶二年冬作，太和三年春成，律德沙門清晃矢厥謀，清海繼厥志，門弟子南容成之，道則終之，寺僧契元捨藝而書之，郡守居易施辭而讚之。讚曰：佛滅度後，世界空虛。惟是經典，與衆生俱。設復有人，書貝葉上，藏檀龕中。非堅非久，如臘印空。假使有人，刺血為墨，剝膚為紙。即人知滅，如筆畫水。噫！畫水不若文石，印臘不若字金。其功不朽，其義甚深。故吾謂石經功德，契如來付囑之心。（《四庫全書》本《佛祖歷代通載》卷十六）

是年尚書白居易卒，年七十有五。贈尚書左僕射。上以詩弔之。居易被遇憲宗，時事無不言。湔剔抉摩，多見聽可。然為當路所忌，遂擯斥所蘊不得施。乃放意文酒，能順適所遇，託釋氏死生之說，若忘形骸者。後復進用，又皆幼君，偃蹇益不合，居官輒病去，遂無立功名意。與弟行簡及從祖弟敏中友愛。東都所居履道里，疏沼種樹架石樓，香山鑿八節灘。號醉吟先生，自為之傳。晚節好佛尤甚，至經月不食葷，稱香山居士。與胡杲等九人宴集，皆高年不仕者，人慕之，繪為《九老圖》。居易於文章精切，然最工於詩，當時士人爭傳誦之。其始生，方七月，能展書。姆指之無兩字，雖式之百數不差。九歲，暗識音律。其篤於才章，蓋天稟然。既卒，以其所居第施為佛寺。宣宗思其賢不已。因擢其弟敏中為相。居易嘗（足疾），肖彌陀佛像而禱之。自為之記曰：我本師釋迦如來說，言從是西方，過十萬億佛土，有世界號極樂，以無八苦、四惡道故也。其國號淨土，以無三毒、五濁業故也。其佛號阿彌陀，以壽無量、願無量、功德相好光明無量故也。諦觀此娑婆世界衆生，無賢愚，無貴賤，無幼艾，有起心歸佛者，舉手合掌，必向西方；有怖厄苦惱，開口發聲，必先念阿彌陀；又範金合土，刻石繡紋，乃至印水聚沙，童子戲者，莫不率以阿彌陀佛為上首，不知其然而然。由是而觀，是彼如來有大誓願於此衆生，衆生有大因緣於彼國土明矣。不然，南北東西，過去現在未來佛多矣，何獨如是哉？何獨如是哉？唐中大夫太子少傅白居易，當衰莫（暮）之歲，中風痺之疾，乃捨俸錢三十萬，命工人杜敬宗按《阿彌陀》、《無量壽》二經，畫西方世界一部，高九尺，廣丈有三尺，阿彌陀尊佛坐中央，觀音、勢至二大士侍左右，人天瞻仰，眷屬圍繞，樓臺伎樂，水樹花鳥，七寶嚴飾，五綵張施，爛爛煌煌，功德成就。弟子居易焚香稽首，跪於佛前，起慈悲心，發弘誓願，願此功德回施一切衆生，一切衆生有如我老者，如我病者，願離苦得樂，斷惡修善，不越南部，便覩西方。白毫大光，應念來感，青蓮上品，隨願往生。從現在身，盡未來際，常得親近而供養也。欲重宣此義，而說讚曰：極樂世界清淨土，無諸惡道及衆苦。願如我身老病者，同生無量壽佛所。(《四庫全書》本《佛祖歷代通載》卷十六)

智按：釋念常，號梅屋，華亭（今上海松江）人。俗姓黃。延祐三年住持嘉興祥符寺，元統元年撰《佛祖歷代通載》二十二卷（別本三十六卷）。生平見虞集、釋覺岸等《佛祖歷代通載序》(《佛祖歷代通載》卷首)。

吳師道（一二八三～一三四四）

《仙壇秋月圖》

宮扇，馬遠畫。宋甯宗后楊氏題詩，自稱楊妹子。

宮中美人秋思多，夜揖明月追仙娥。晝闌桂樹倚樓闕，碧落天壇飛珮珂。

畫師不解西風夢，筆端便有華陽洞。更將妍畫寫清詞，輕扇君王心已動。

炎精季葉堪嘆嗟，婣爾妖麗傾其家。申生遺禍到濟瀆，府中丞相真奸邪。

吳宮一掃荒煙冷，舊事凄凉復誰省。百年永鑒不可忘，留與人間看扇影。

元詩（一作原詩）：人道中秋明月好，欲邀同賞意如何？華陽洞裏仙壇上，今夜清光此處多。(此白樂天作)(《四庫全書》本《禮部集》卷五；邱居里、邢新欣校點《吳師道集》第七二頁)

智按：邱居里、邢新欣校點《吳師道集》歸入第五卷「七言古詩」，實際上應歸入第九卷「七言絕句」。

《吳禮部詩話》

時天彝詩（見下卷）。其書《唐百家詩選》後諸評，深知唐人詩法者也，悉録於後：……楊巨源始與元白學詩，而詩絕不類元白。王建自云紹張文昌，而詩絕不類文昌。豈相馬者固不在色別乎？巨源清新明嚴，有元白所不能至者。建樂府固仿文昌，然文昌恣態橫生，化俗為雅，建則從俗而已，馴致其

弊，便類聶夷中。第十二卷。(《歷代詩話續編》第六一二頁)

憲宗將吐突承璀，李絳、白居易爭之甚苦，僅能略出之。淮南李涉探上意，知承璀恩顧未衰，遽上言兵不可罷，承璀親近信臣不可出。知匭使孔戣責誚不受，涉行貨於他徑，達之上前。戣奏涉奸罔滔天，遂被遠貶，其爲人如此，而詩句清熟，有足賞者，世方以言取人，果可信乎？第十四卷。(《歷代詩話續編》第六一三頁)

智按：吳師道，字正傳，婺州蘭溪（今屬浙江）人。早年讀宋儒真德秀遺書，深受影響。至治元年登進士第，授高郵縣丞。調甯國録事，亂兵過境，惟吳師道敢彈壓之。會大旱，共籌得賑災糧七萬七千多石，三十餘萬饑民賴以存活。廉訪使薦於朝，以疾辭歸。後至元元年遷池州路建德縣尹，有惠政。以中書左丞吕思誠、侍御史孔思立薦授國子助教，升國子博士。執教一本朱熹之旨，而遵許衡成法。至正三年以丁憂南還。次年江浙行省請主持省試，因病未成行，並上書請致仕。朝廷准以禮部郎中致仕，命未至卒於家。吳師道工詞章，才思横溢，詩歌清麗俊逸。與柳貫、黃溍、吳澄友善而且屢以詩篇往返。有《吳正傳文集》二十卷（或題《吳禮部集》又簡為《禮部集》），《吳禮部詩話》一卷（附詞話數則），今均存。另有《敬鄉録》十四卷、《戰國策校注》十卷等。

張雨（一二八三～一三五〇）

《東坡書蔡君謨夢中絶句二放營妓絶句三虞伯生題四絶於後真迹藏義興王子明家要予次韻凡九首》

日將公事湖中了，醉入重城列炬明。自古大藩財賦地，古人偏得賦閒情。
謝女嬌吟雪比鹽，北臺馬耳見雙尖。衲衣政索歌姬笑，不道春寒繡被添。
寫韻軒中塵不驚，與誰同躡鳳皇翎。采鸞可惜情緣重，只合清齋寫道經。
釵頭新緑荔枝紅，那與江桃色味同。聞道端明新進譜，一時殿閣起薰風。
香辟春寒玉辟塵，流蘇斗帳醉和春。一雙明月都無價，寂寞人間第二人。
江南春盡水如天，浪迹先生不上船。近就闔閭城下宿，可憐霜月夜娟娟。

青城樵者一衰翁，寫罷烏絲滿袖風。消得玉堂金研匣，至今傳入畫圖中。

聽碾龍團怯醉魂，分茶故事與誰論。纖纖玉腕親曾見，秖有春衫舊酒痕。

白公種竹蘇公柳，談笑功名後世誇。依舊葑雲三萬丈，斷橋誰與築隄沙（一作沙隄）。（《四庫全書》本《句曲外史集》卷上）

《書東坡先生畫像》

峨嵋秀色杳難攀，玉局仙人不受閒。南斗日躔（一作辰）韓吏部，西湖風氣白香山。寧（一作從）教刺舌姦邪黨，可惜低頭侍從班。試（一作更）問東坡鐵拄杖，於今海上未曾還。（《四庫全書》本《句曲外史集》卷中；《四庫全書》本《歷代題畫詩類》卷五十三）

《潯陽琵琶圖》

一幅山屏秋月圓，荻花楓葉染江天。江州自是無司馬，多少琵琶上別船。（《四庫全書》本《歷代題畫詩類》卷四十）

智按：顧瑛《草堂雅集》卷五題為《題畫屏》，詩句略異：「一幅面屏秋月圓，荻花楓葉滿江天。江州自是無司馬，多少琵琶過別船。」

張雨，字伯雨，號貞居子，又號句曲外史，錢塘（今浙江杭州）人。原名張澤之，又名張嗣真。二十歲時遍游天台、括蒼諸名山，在茅山出家爲道士。陪開元宮王真人入京時，曾薦其爲官，但他不願還俗。擅長書法繪畫，收藏古代圖書頗豐富、博學多才，以詩與趙孟頫、范梈、袁桷、馬祖常、揭傒斯、黃溍等人唱和往還。曾住持西湖福真觀，元仁宗延祐七年居開元宮。歷主茅山崇壽觀、元符宮。後至元二年到杭州，至正二年仍提點開元宮。生平見姚綬撰《句曲外史小傳》、《外史張公墓碑銘》、劉基撰《張伯雨墓誌銘》（均見《句曲外史集》附録）、十八卷本《草堂雅集》卷七、顧嗣立《元詩選》初集《句曲外史集》小傳、《元詩紀事》卷三十三。

釋大訢（一二八四～一三四四）

《送趙公子去疾侍平章魯公歸蜀》

所羨還鄉樂，兹行得侍親。魯公黃閣舊，宣詔紫泥新。給傳舟車備，承筐玉幣陳。會靈奔嶽瀆，移次動星辰。父老懷遺愛，朝廷眷大臣。百年輕重計，一舸去留身。子職共承重，親知囑諭諄。行庖供膳早，張燕進觴頻。寶瑟調銀甲，琱盤膾玉鱗。雲林還弔古，風物獨傷神。地勢金城壯，山光錦浪勻。江喧初上峽，樹遠欲通秦。牛女天河夜，魚龍水草春。豐碑臨贔屓，高塚撫麒麟。側聽歌淇澳，猶聞起渭濱。上尊羅甲帳，仙仗擁蒲輪。朽櫟依瓊樹，飛花戀錦茵。峨眉尋舊約，谷口卜芳鄰。願結香山社，終陪緑野賓。相期無遠別，萬里月隨人。（《四庫全書》本《蒲室集》卷三；《御選元詩》卷六十四）

《張夢臣侍御題東林李伯高西疇詩卷次韻二首》

風流一代盍纓簪，千載令人感慕深。老去歸田三徑樂，賢勞報國百年心。霜餘菊圃疏堪摘，雪後梅枝遠獨尋。山水至今遺愛在，清風如聽倚吾吟。

濟南汶上政相鄰，只合歸耕致此身。雉雊淺畬桑日暮，鳩啼初雨曉痕新。鼓殤俱盡同今古，物我無私孰主賓。欲問香山客入社，底須更覓葛天民。（《四庫全書》本《蒲室集》卷五）

《口號四首爲海樵公送別》（儀真舟中作）

道合形皆寓，心親跡任疏。偶然成邂逅，握手勝交書。

矮篷仍漏雨，盤屈不如蝸。漢使天河上，難追萬里槎。

功名隨分有，聞道古難能。收拾香山社，霜顱及老僧。

蒲香仍五日，不是獨醒時。有酒從人醉，長齋律自持。（《四庫全書》本《蒲室集》卷六）

智按：釋大訢，字笑隱，南昌（今屬江西）人。俗姓陳。家世業儒，早年從釋元熙學，初主湖州烏回寺，遷杭州報國寺，再遷中天竺寺。元文宗自金陵入繼皇位，故以潛邸爲大龍翔集慶寺，特選大訢主寺事。時名頗著，一時名士貢奎、張雨、薩都剌、虞集、張翥等都與之唱和往還。長於書法繪畫。與圓至（字天隱）、本誠（號覺隱），并稱元僧「三隱」。生平見黄溍撰塔銘（《黄金華集》卷四十二）、《大明一統志》卷四十九，顧嗣立《元詩選》初集卷六十七《蒲室集》小傳、《元書》卷九十五。

李孝光（一二八五～一三五〇）

《何處難忘酒》

何處難忘酒，飄零衹自傷。狂歌搔白首，多病在他鄉。秋雨思魚鱠，青天看雁行。友于深寄意，加飯願身强。（《四庫全書》本《五峰集》卷六）

智按：師法白樂天《何處難忘酒》詩（《白氏長慶集》卷五七）。

《張顔樂詩集後》

早歲蜚聲入紫庭，暮年白社共傳燈。香山句法無多子，可使兒童老婢聽。（《四庫全書》本《五峰集》卷八）

《寄玉虚劉尊（一作宗）師用趙涼公石亭韻》

三見重瞳列紫庭，還山更笑客居亭。雲中雞唱飄金磬，木杪人行度錦屏。未語（一作悟）察微談補謕，終憐宣室問先醒。石閒泉水冷徹骨，長照真翁鍊鶴形。

玉池曾和白雲謠，歸訪雲林洗鬱陶。碧海生平超李契，香山歲晚説劉豪。袖中龍泣翻青雨，門外風高偃翠濤。勺水衹因人（一作神）物在，孤舟明月掣金鼇。（《四庫全書》本《五峰集》卷十）

《水龍吟》〔與北山覺公〕

倚闌藍玉西邊，長松千尺鼪鼯走。風吹香霧，雲生幽樹，泉鳴缺甃。嘻笑山翁，看山不厭，別來渾瘦。且休嫌俗客，竹床烏幾，半分與，真耆舊。　　已辦澤車款段，時時過、竹扉花牖。人來問我，功名老矣，狂歌搔首。袖裏經綸，與時消息，只令杯酒。喚香山居士商量，添個似儂肯否。（《全金元詞》第九四六頁）

智按：李孝光，字季和，號五峰狂客，溫州樂清（今屬浙江）人。少博學，隱居雁蕩山五峰下，四方學子，遠來受教。泰不華曾師事之。與薛昂夫交往密切。南臺御史屢次舉於朝，至正四年詔求隱士，以秘書監著作郎召入京，在宣文閣向元順帝進呈《孝經圖説》，受到賞識。至正七年，升文林郎、秘書監丞。至正十年請致仕，去世於還鄉途中。李孝光以文章負盛名於當世，爲文主張取法古人，不趨時尚。生平見元人陳德永撰行狀（《永嘉詩人祠堂叢刻》本《五峰集》卷首）、《元史》一九〇本傳、顧嗣立《元詩選》二集小傳。今人陳增傑有《李孝光集校注》（上海社會科學出版社，二〇〇五年），以永嘉詩人祠堂叢刻本為底本，按體分編入各卷，重加詮次，合編為十五卷。

釋覺岸（一二八六～一三七〇後）

《釋氏稽古略》

癸未，貞元十九年，東都聖善寺大師凝公示寂，翰林白樂天作《八漸偈》弔之，其序曰：居易嘗求心要於師，師賜教焉，曰：觀、覺、定、慧、明、通、濟、捨，由是入於耳，貫于心，有得也。師今云亡，以八字作偈哀悼之。（八偈留《傳燈録》）（《大正新脩大藏經》本《釋氏稽古略》卷三）

智按：釋覺岸，字寶洲，烏程（今浙江湖州）人。俗姓吴。住持松江佘山昭慶寺。年壽頗高，入明，洪武三年尚在世，並親題宋人馬遠所畫《四皓圖》。有詩名。有《釋氏稽古略》四卷。生平見李恒《釋氏稽古略序》（《釋氏稽古略》卷首）、〔正德〕《松江府志》卷三十一。

許有壬（一二八七～一三六四）

《和郭子敬祭酒由田舍還城居詠雪四首》（其一）

臘前白未三，膏澤入土淺。天意急發生，滕六起罷輭。初陽力尚微，著物若絲緬。不資大設施，勾萌曷蕃衍。剪刻竭銀潢，嶒峻變瓊巘。有懷願年豐，幽憂頓消遣。乾坤塵垢盡，山川畫圖展。啜清茶自烹，翫潔簾自卷。暎空似虛無，因風尤宛轉。平吴非我事，泛剡尚可勉。當年曾從龍，天門通管鍵。澤物愧無功，歸來守疆畎。樂土適吾鄉，流民來濟兖。飢寒號里巷，狂走如越犬。推食嗟不能，敢恨几生蘚。方將學蝟縮，誰復問牛喘。先生瀛洲來，士林仰冠冕。樂天有追游，弘景無煩舛。平生幾乘軺，用世真未免。懸車萬事足，有田從不腆。遺我白雪歌，酖誦劇淫湎。更待新亭成，琵琶聽攏撚。（《四庫全書》本《至正集》卷六）

《次韻可行記塘上草木二十四首》（其二）

徂徠以多賤，吾圃斯拔萃。遠從它山移，清與幽境會。樂天才四十，栽爾已興嘅。吾年六十三，方期翠成蓋。（《四庫全書》本《至正集》卷六；《圭塘小藁》卷二；《圭塘欸乃集》卷下）

《和明初種竹韻》（二首）

此君相看凜冰雪，凡卉莫動心如鐵。市塵何處延清風，擇地乃得書齋東。南枝不迷帶宿土，蔣王應讓山中許。七竿五本惠然來，天與其時適陰雨。坐看翠葆搖金戈，清陰已覆蒼苔窠。荒寒一旦得所主，不遑寧居其奈何。小庭陋室因物勝，課童灌溉疲奔命。來賓正待人撫視，直造不妨吾嘯詠。等閑人境隔塵凡，有徑底用開三三。世云汝醉實誑汝，汝固不醉吾方酣。昨非今是今始覺，汝不託吾吾汝託。知心幸得白眉公，助勝復有青田鶴。杖之化龍望已癡，萬一結實療鳳飢。歲寒霜月安幽棲，明年出筍應甘肥。人間萬事翻覆手，千畝等候亦何有。七賢六逸不可呼，與子相從為二友。

洹溪有濤如捲雪，洹溪有崖如削鐵。良時有月仍有風，底事塵隠來南東。佳人憐我汨塵土，植物之中薦巢許。斸雲移得碧琅玕，便似江南聞舊雨。此君入室不操戈，清泉供飲安臼窠。似賢政自要培殖，草木縱妬如君何。靜觀天道悟善勝，此君有善亦有命。一從衛國美武公，後世詩人幾歌詠。凱之作譜特其凡，樂天記德（一作得）才二三。寧知一體具衆美，不似柳暗荷花酣。幽齋衡門樞無覺，地幸寛平根可託。主人愛爾忘肉味，何況其陰有鳴鶴。即爾酤我殊不癡，軟飽大勝抗老飢。布袍芒屩相依棲，小兒裘馬從輕肥。遠林等閑一分手，風月遂為城市有。直須長養拂雲長，慎勿翦移如賣友。（《四庫全書》本《至正集》卷十）

《題詩稿》

風月才情屬少年，老夫老矣厭雕鐫。病來越覺無詩思，縱有詩成似樂天。（《四庫全書》本《圭塘小稿》別集卷下）

《題樂天醉吟先生傳池上篇》

香山白公勇退於強健時，享閒居之樂者十八年。吾鄉魏忠獻韓公慕之，作醉白堂，東坡蘇公作記，謂公道德高於古人，非溢美也。又嘗謂其出處老少粗似，而東坡之號，實本於忠州之詩，盖又慕之深者也。公年五十八，分司東都，有「今日是長歸」之句，終身不渝其言。彼稱其文章精純，不欲一披，恐回其心者，適足以成公之志，而自襮其愎焉。

愚少年讀《醉吟先生傳》、《池上篇》，既慨然有擺脱塵俗之想，世故牽縶，因循老大，年五十七始投劾歸，少公分司時一歲，謂可酬夙志矣。而立志不武，又兩入京翰林中臺，凡十八月。膠榮賈謗，公之罪人也。六十二，歸作圭塘西郭，雖交游構築之盛不及池上，而松竹荷柳雜植之蕃，或庶幾焉。今年六十四，校公作傳時少三歲，老態已可掬。況風節道德之懿，敢彷彿其萬一哉！每圭塘風清日美，飯飽茶餘，朗誦二文一過，亦閒居之至樂也。可行出嘉紙，請書為軸，因試陵子善鬉筆，喜為之書。（《四庫全書》本《至正集》卷七十三）

《六州歌頭（次明初為壽韻）》

避賢解組，三見太行秋。慚晝錦，猶遠勝，敝貂裘。玩滄洲。霜水清如玉，窮天壤，忘物我，恢障塞，無牖戶，底綢繆。自笑平生事業，知今日，頗善為謀。有靜中至樂，何處更天游。已分淹留。醉鄉侯。　　有江湖客，翰墨友，淩元白，壓曹劉。論文暇，陪杖屨，事觥籌。共藏修。世態誰能校，輕骯髒，重伊優。吾有政、鋤藥圃，治瓜疇。説與漁夫樵叟，既相好、豈但相猶。任多言莫及，野渡有孤舟。天地沙鷗。（《四庫全書》本《至正集》卷七十八；《全金元詞》第九六〇頁）

《摸魚子》

明初賦摸魚子壽予，既次其韻，而可行塘成，和之成什，衰病技癢，亦足為十首。

買陂塘旋栽楊柳，歸來此是先務。他鄉故里都休校，舊雨不如今雨。鴻在渚。笑爾尚南飛，吾已安孤嶼。黄花解語。道人老宜秋，身安耐酒，此正有真趣。　　鑾坡路，大手深慚燕許。超騰又悖鍾呂。但求閒澹如元亮，卻恨詩多奇句。傾綠醑。底須按，樂天池上霓裳譜。休論往古。有三

日重陽，約君同醉，老子築西圃。(《四庫全書》本《至正集》卷七十九；《全金元詞》第九六二～九六三頁)

《滿江紅（次李沁州見寄韻)》

徒倚危闌，愛四面、嵐光翠濕。回首見、疏雲黃葉，遠林平磧。老眼都迷秋遠近，壯游已遍天南北。有一官、更比在家時，添幽寂。　人間世，天涯客。喚李杜，招元白。問鳬因誰損，鶴因誰益。有酒直須拚醉倒，古今長短嗟何極。笑韓非、孤憤若為多，常填臆。(《四庫全書》本《至正集》卷八十；《全金元詞》第九六九頁)

智按：許有壬，字可用，彰德湯陰（今屬河南）人。二十歲時，暢師文擬薦入翰林，未果。元武宗至大初與貫雲石同游京師。後任學正，改山北廉訪司書吏。延祐二年（一三一五）進士，授遼州同知，有治績。延祐六年除山北廉訪司經歷。至治元年遷吏部主事，次年轉江南行臺監察御史，打擊貪官污吏，部内肅然。拜監察御史。元英宗暴卒，許有壬盡力穩定政局，並向泰定帝上《正始十事》，受到嘉許。泰定元年任中書左司員外郎，泰定三年，升右司郎中。天曆三年擢兩淮都轉運鹽司使。元統二年拜治書侍御史，轉奎章閣侍書學士。中書平章徹理帖木兒奏罷進士科，許有壬廷爭不能奪，稱病告歸，未允。有人建言禁止漢人、南人學習蒙文、回鶻文，因許有壬極力反對，未能施行。後至元初，告歸彰德，並南游湘漢間，後至元六年起爲參知政事。次年轉中書左丞。後累受權臣攻擊，數辭數起。至正七年，曾任御史中丞，至正十三年，拜河南行省左丞，至正十五年，任樞密副使，復拜中書左丞。其時中原烽火遍地，許有壬極力出謀畫策，力圖穩定政局。至正十七年，以老病致仕，詔給俸禄終身。至正二十四年卒，謚文忠。許有壬歷事七朝，從政近五十年，直言敢諫，不避權貴。詩文均有時名，對文壇影響長久廣泛。所著有《至正集》一百卷，今存八十一卷。生平見《元史》卷一八二、顧嗣立《元詩選》初集《圭塘小稿》小傳、《元詩紀事》卷十三。

許有孚

《作樂導水》

一部香山池上樂，等閒誰遣到圭塘。水聲更比樂聲好，鳴玉潄雲來未央。（《四庫全書》本《圭塘欸乃集》卷上）

《摸魚子》（並引）

〔至正戊子秋，吾兄中丞公以賜金得康氏廢園于相城之西。池堙亭圮，垣垝卉木伐，惟雙古檜在庭。徒具畚鍤，從事疏鑿，池廣袤千餘步，深一仞，形如桓圭。西橢二洲，東規一島，帶以平隄，繚以周垣，渠于乾艮，以時啟閉。臺于坤維，高可數丈，西山岩麓，近在目睫，百里之景可攬而有。視亭之罅漏墁葺而戶牖之，南為道，中為橋。十一月五日，導水入池，縱魚數千尾，作樂合賓友落成。將橋于二洲，舫于水，蓮于池，柳于堤，果于亭側，松竹花草于池南，次第而蒔植焉。昔人平泉綠野，吾不知其何如。若是園者，亦城西之佳地矣。公杖屨，或氅衣，或宮錦，招佳賓，挈子弟，觴詠其間，香山獨樂，不是過也。公嘗謂池成，當用晁補之《摸魚子》首句「買陂塘旋栽楊柳」為樂府。未幾，明初馬先生摭此以為公壽。公歡然，即席和之，命有孚同賦，得二首。池既成，載賡八韻，通為十闋，以成初意，且以為同聲唱和張本。公因題之曰「圭塘欸乃」，是池得佳名矣。然園石亭臺，命名紀實，則必待公為記焉。〕

買陂塘旋栽楊柳，詩翁急欲知務。平生想像江湖意，幾度雞鳴風雨。鳧有渚。直晚景桑榆，才得堙霞嶼。先賢好語。道鐘鼎山林，神仙宰相，從昔不同趣。　　西池路。天意而今都許。佳人協律調呂。浮沈願入雞豚社，其奈香山佳句。誰我酹。又菊節相催，先約修花譜。猶今視古。有洹水秋聲，林慮爽氣，壯觀我西圃。（《全金元詞》第九八七頁）

又

買陂塘旋栽楊柳，新來已見成務。小山叢桂人如玉，何用為雲為雨。懷北渚。悵渺渺予懷，目斷游龍嶼。憑誰寄語。正宋玉悲秋，桓溫種木，妨我遠游趣。　　西風勁，一鶴橫空何許。匆匆月又南呂。崇臺迴出雲霄裏，好是登高題句。時載酹。卻不似香山，淚落琵琶譜。無多讓古。有黃菊青松，寒香晚節，吾不負吾圃。（《全金元詞》第九八九頁）

智按：許有孚，字可行。許有壬之弟。由國學上舍，登至順元年進士第，授湖廣儒學副提舉，後改任湖廣行省檢校。至正元年，任南臺御史，遷太常院同僉。許有壬辭官歸相州，治圭塘園林，與弟許有孚、子許楨唱和，並編成《圭塘欸乃集》二卷，由周伯琦作序。生平見《至正金陵新志》卷六、顧嗣立《元詩選》初集《圭塘欸乃集》附許有孚小傳、《元詩紀事》卷十三。

張翥（一二八七～一三六八）

《陳旅〈安雅堂集〉序》

陳君衆仲為國子丞，而予助教於學，且居官舍相邇也。其日從論議者殆踰年，求君文者，屨常接户外。……詎意夫履君之鄉，叙君之文，而寓其不已之心乎，炳焉其若存，的焉其遂傳。中山之序柳州，白傅之序江夏，友義之重，古今所同，因籲之請，乃書而冠諸集首。至正九年龍集己丑季冬望日翰林修撰河東張翥序。（《四庫全書》本《安雅堂集》卷首）

智按：陳旅（一二八七～一三四二），字眾仲，興化莆田（今屬福建）人。張翥，字仲舉，號蛻庵，晉寧（今山西臨汾）人。父親在江南為吏，自幼隨父生活在南方。受業於江東大儒李存，又從仇遠學詩。以詩文知名。後至元末，年逾六十以「隠逸」薦，為國子監助教，分教上都生員。任滿，退居淮東。至正初，與修遼金宋三史，書成，歷任翰林應奉、修撰、直學士、侍講學士，遷太常博士。仕至翰林侍讀學士、國子監祭酒。以翰林學士承旨致仕。封潞國公。

李齊賢（一二八八～一三六七）

《山中雪夜》

紙被生寒佛燈暗，沙彌一夜不鳴鐘。應嗔宿客開門早，要看庵前雪壓松。（樂天「宿客不來嫌冷淡」，似用儀禮宿賓之宿，子美「犬迎曾宿客」。則寄宿之宿，今用杜語。）（《益齋集》卷三，《叢書集成初編》據《粵雅堂叢書》本《益齋集》

排印，文學類，第二二一六册，第三七頁）

《聽初生彈琵琶》

傅粉鬟冠人姓李，六尺輿中侍天子。東歸一夢陽臺雨，典刑留與鵶頭女。十三麗質傾教坊，十五妙藝專歡場。只今四十減紅顏，杏花脈脈不禁寒。良人少年號眉嫵，一擲千掌金中舞。錦帶繡囊香未歇，陰陰青子春何處。龍香捍撥鳳尾槽，嘈囋為誰相爾汝。烏孫馬上漢宮情，青塚月明仙佩聲。輕攏慢撚意難盡，倚絃低唱一再行。聽之怳如烟霧墮，遮莫四座譏老我。作詩欲代錦纏頭，但愧江州白司馬。（《益齋集》卷四，《叢書集成初編》據《粤雅堂叢書》本《益齋集》排印，文學類，第二二一六册，第五二頁）

《門生栗亭尹政堂得蒙主上為之寫真仍題栗亭二大字其上千載一遇耳目所罕作詩以賀》

君不見韓張良，漢皇字之稱子房。君不見白樂天，唐帝畫之留集賢。不名而字固偶耳，命工而畫奚足美。賢哉我友尹政堂，稀代恩榮蒙我王。金窗赭案絕點塵，玉手染翰為寫真。水深山高清且靈，妙用直恐非丹青。更題栗亭二大字，鐵點銀鉤照天地。粉身何報萬分一，傳家誰貴金千鎰。凌烟休誇歐與虞，（唐太宗畫忠臣於凌煙閣，歐率更、虞祕書以儒者與焉。）誠齋空羨范石湖。（范成大參政號石湖，宋帝書石湖二大字以賜。楊誠齋萬里作古詩嘆羡。）拱手嘆賞傾朝官，六宮指目亦改觀。櫟翁驚喜出真意，眼見門生奇特事。（凌煙休誇歐與虞，一作高與虞。高謂高士廉，歐在功臣圖中，見長孫無忌詩。）（《益齋集》卷四，《叢書集成初編》據《粤雅堂叢書》本《益齋集》排印，文學類，第二二一六册，第五二～五三頁）

《白樂天眞贊（幅巾野服，曳杖獨行）》

駱既竟鬻，素亦不留。龍門泉石，飄然獨游。（《益齋亂稿》卷九下讚，《韓國文集叢刊》本）

《櫟翁稗說》

白樂天《長恨歌》云：「黄塵散漫風蕭索，雲棧縈纖登劍閣。峨眉山下少人行，旍旗無光日色薄。」……蓋樂天未嘗到蜀中也。（《櫟翁稗說》後集卷一，《高麗名賢集》第二册，首爾：大東文化研究院，一九八〇年）

智按：李齊賢，字仲思，號益齋，又號櫟翁，高麗慶州人。年未弱冠，已有文名。年二十八，隨忠宣王入元都。在大都、上都，與諸名公游，學大進。至治二年冬還京師途中，忠宣王被譖出西蕃，李齊賢往謁，謳吟道中。歷官門下侍中，封雞林府院君。至正二十七年卒，年八十一，謚文忠。有詩文別集《益齋集》（《益齋亂稿》）十卷、《櫟翁稗説》四卷。並長於詞曲，《全金元詞》據《彊村叢書》本《益齋長短句》，編録其詞五十三闋，《全元散曲》存其散曲小令一首。生平見李穡撰墓志銘（《益齋亂稿》卷首）、《元詩選癸集》壬集下、《元詩紀事》卷四十。

柯九思（一二九〇～一三四三）

《題錢舜舉畫梨花》

洛陽城西千樹雪，走馬看花徧阡陌。金鞭換酒為沈飲，爛醉花前扶不得。粉香薰透詩人脾，思入吳牋灑殘墨。別來風雨難爲春，客懷幾度孤清明。壯游回首已陳迹，一聲啼鳥心魂驚。苕溪居士獲天趣，造化潛移不知處。玉容寂寞涉（《元詩選》三集、《草堂雅集》作澹）春寒，猶記香山舊時句。羨君好古情（《元詩選》三集、《草堂雅集》作清）有餘，勵志恥作黃金奴。梅邊握手恨不早，老眼半世空江湖。畫圖詩筆耀當代，大嚼屠門意殊快。更須什襲為珍藏，靜裏春光常自在。（《御選元詩》卷三十；顧嗣立《元詩選》三集卷五）

智按：柯九思，字敬仲，號丹丘生，台州仙居（今屬浙江）人。曾以父蔭得授華亭縣尉，未補任。文宗即位，任典瑞院都事、鑒書博士。至順二年，受到權臣攻擊，被迫退職，避居吳下。虞集曾寄以〔風入松〕詞，傳誦一時之名句「杏花春雨江南」就出自於此。本懷有東山再起之希望，但次年元文宗就死去了。心情抑鬱，流落於東吳，並去世於此。柯九思以畫竹聞名，很受文人推重。也是頗有眼力之書畫及古器物鑒定家。生平見《元史》卷三十五、十八卷本《草堂雅集》卷一、《西湖竹枝集》、《圖繪寶鑒》卷五、《書史會要》卷七、《吳中人物志》卷十、顧嗣立《元詩選》三集《丹丘生稿》小傳、《元詩紀事》卷十七。柯九思卒年一説至正九年

（一三四九），見王樸仁《柯九思卒年重考》（香港中文大學《中國文化研究所學報》二〇一三年第二期）。

鄭元祐（一二九二～一三六四）

《送沈仲説》（一作《送沈仲説游杭》）

錢唐湖上水西頭，歷歷山人舊釣游。相府猶餘秋水觀，酒旗多樹夕陽樓。春喧車馬松間寺，夜載笙歌月下舟。見説東陽近消瘦，須如白傅半勾留。（《草堂雅集》卷三，中華書局本《草堂雅集》第三七七頁）

智按：見説東陽近消瘦，一作「見説於今捻消歇」；須如白傅半勾留，一作「休文歸日重凄愁」，或「休文到日重凄愁」。

鄭元祐，字明德，處州遂昌（今屬浙江）人。早年隨父親寓居錢塘，鄭元祐曾遍游南宋遺老之門，質疑稽隐，充然有得，並以奇氣自負。父親死後，僑居平江，因博學能文，聲名藉甚，優游吴中近四十年。元順帝至正十七年，辟爲平江路儒學教授，任職僅一年，就因病去職。至正二十四年，授江浙行省儒學提舉，但不久就去世。因兒時乳母失手，致傷右臂，鄭元祐成年後學用左手寫字，其左手楷書被稱爲一絕，便以「尚左生」自號。元末張士誠佔據平江，東南文士多爲其所用，鄭元祐是知名耆宿，也在其中。與顧瑛關係密切，是玉山草堂座上客。草堂文酒之會，名士畢集，而記序之作，往往公推鄭元祐執筆。生平見蘇大年撰墓志銘（《僑吴集》附録）、《草堂雅集》（十八卷本）卷四、《吴中人物志》卷十、顧嗣立《元詩選》初集《僑吴集》小傳、《元詩紀事》卷二十。

周霆震（一二九二～一三七九）

《李潯陽死節歌》

李侯治潯陽之二載，紅巾賊發蘄黄，倚蔡醜為聲援，勢浸逼郡。數告急于省，省議調兵。武昌、興國相繼没，南北道梗，潯陽危。侯力疾獎率民義，誓不與賊俱生。郡將悉所部先遁，侯轉戰力盡，猶持短兵奮擊，慷慨指天，父子同遇害。嗚呼！李侯可謂仁義之勇矣。彼滔滔者，獨何心哉！侯家潁川，名黼，字子威。曾祖而下，仕皆通顯。發身監學，泰定丙寅，鄉試魁上都，丁卯進士第一。死節壬辰春，年五十有六。

蜀川會漢投匡廬，潯陽之扼江西樞。李侯仗節忠貫日，存没誓與城池俱。夫何郡將弛練卒，世禄忍負私其軀。寇來談笑啓關遁，坐使邑井成邱墟。侯時力疾短兵奮，臣首當血心當刳。魂歸謁帝慟伏闕，塗地肝腦民何辜。臣衷願瀝付渠答，臣首欲飛宜僕姑。誓堅洪壁殲梟醜，却掃淮蔡匡全吴。黄塵四低黑風淡，赤豹騰駕蒼虬呼。山川幾刧鑄英氣，上遡古昔誰其徒。平原汗馬河北重，江淮按堵睢陽孤。顔張凜凜心未死，逈立千載誠相孚。况聞有子殊激烈，義在從父輕頭顱。石頭之袁姑孰卞，兩間忠孝何時無。紛紛賣降與棄甲，仰視汗喘呀長吁。推公蓋自元氣立，顧眄所取皆詩書。當年射策首多士，已分一念舍無渝。勗哉謀國慎所托，古今大勇惟真儒。（《四庫全書》本《石初集》卷二）

智按：明人偶桓《乾坤清氣集》卷五題爲《哀李潯陽》。

《豫章吟》

蔡潁搆逆，掩襄披淮，蘄黄響應。武昌巨鎮，灰滅一朝。順流而東，指顧間無江西矣。有大臣平章公道同盡忠報國，左丞致事章伯顔赴難，多智練兵，二三才賢相與恊謀，匡贊守禦備周。賊鋭攻城，屢進屢衄，凡五十有四日，竟底散亡，戰船千艘無一返，馬步幾空。蓋自竊發以來，未遇堅敵，至此方知國家有人，氣塞不敢復肆。郡縣克復，恃以心安，不世出之奇功也，不可以不述。作《豫章吟》。

紫袍相國金虎符，左丞鐵面赬虬鬚。刧灰飛空海化陸，兩公奮起全洪都。武昌路絶荆淮鑲（一作壤），秦凉遠隔黄河上。秋風無鴈到江南，百戰孤城天下壯。承平當日儲兩公，天豈無意生英雄。神光夜夜動牛斗（牛斗，一作斗牛），彷彿氣與微垣通。九關夢寐傳消息，歸來飲馬東湖碧。湖邊高士宅巋然，餘韻流風凜如昔。山川間氣久封培，一時將佐皆英才。相從報國誓終始，指顧四遠風雲開。功成彝鼎銘千古（彝鼎，一作鼎彝），廟食他年軼張許。北來鞍馬梟羇臣，日長來此聽鼙鼓。（《四庫全書》本《石初集》卷二）

《征西謠》

邑同知線去歲領兵西行，嗜利深入，冦垂險迫之，委其衆奔還，義丁積骸遍野，存者十無二三。郡吏受賕舞文，末減其罪。今復承檄來南，賂吏之貲，悉取償焉。

去年征西喪師旅，暮夜懷金首如鼠。吏姦嗜賄務欺瞞，僉謂罪疑兵氣沮。一官失律忍致刑，萬夫性命何其輕。羣邪逞志忠義屈，無恠冦至無堅城。今玆又復遷南戍（一作來），漁獵編甿償宿負。紛紛行伍被餘風，迎望賊旗盡回顧。竊聞上方龍劍昨哀鳴，為我提此斬血官街淋，併取貪吏刳其心。（《四庫全書》本《石初集》卷二）

《飢相食》

轉輸餉官傾富室，米石萬錢無處糴。連村鬼哭竈沉烟，野攫生人腥血赤。九疑對面森可畏，弱肉半為强者食。旋風吹棘晝梟鳴，缺月銜山虎留跡。提攜匕首析戾侈，狼藉剔剜碎燔炙。恍疑逆祀禱恣睢，復恐老饕儕盜跖。幽幽怨魂忍甍心，腐脇穿腸憒無術。髑髏抱痛宜有知，上訴帝閽吐寃抑。我生白頭駭見此，矯首蒼穹淚沾臆。北山有蕨南澗蘋，旦暮可湘心匪石。青春鳩化逐蒼鷹，黃口蛇吞來義鶻。物情感召尚如此，同類何辜自相賊。輿言使我立廢餐，推案拊膺衷奮激。鞠囚誰料殞炭甕，立法竟嗟離舍匿。後人幾度哀後人，萬刼相尋豈終極。昨來偶值隣翁坐，且說舟航好消息。浙江白粲載如山，相送大軍來有日。一朝菜色變歡顔，恠事書空自冰釋。（《四庫全書》本《石初集》卷二）

《丁馬謠》

為丁不杳吾、馬合穆你，兵興連歲，賄賂公行，上功省垣，輒為吏議所抑。

控弦飛騎丁無前，策名百户今四年。冦鋒如林深冒險，五載軍中馬巡檢。翩翩旗尾風雲高，醜類聞之潛遁逃。朝家爵賞褒忠義，幕府上功從吏議。戴天履地皆君恩，小臣分寸何足論。（《四庫全書》本《石初集》卷二）

《悲東姚》

州東姚正叔奮起擊賊，不受爵賞，一門死事數（人）。冦連歲不得逞志安成，正叔力也。乙未夏五月，遠冦悉鋭而進衡頭，衆背正叔，潛與冦通，間道直抵呰下。正叔麾所部力戰，舉旗招援兵。監州普剌、同知脱歡答失蠻擁兵咫尺，素忌其能，衆踴躍求自効，二人力遏之。姚死，安成陷，寇遂根盤姚所居小橋頭，過者無不流涕。

吾州姚氏城東營，四年殺賊不為名。一門忠義死相繼，報國何重身何輕。無端毒蛇生肘腋，衡頭之人。嘘送黑雲朝蔽日。條鷹咫尺呼不來，監州同知。瞬息東藩失堅壁。老姚忠血赤貫天，江南野史何人傳。殞身三世匪官守，異日合寘忠臣先。郡兵北來思蓄鋭，羣盜憑城轉無忌。請看婦女與兒童，説著姚家總垂淚。(《四庫全書》本《石初集》卷二)

《普顏副使政績歌》

壬辰，寇陷武昌，順流而下，省郎中普顏伯華諗于衆曰：「若其直擣真揚，事未可知。倘轉而南，無能為矣。吾受國厚恩，發身監學，忝進士先，誓死必報。」遣人間道馳書奉百金歸別父母。建議盡徹城外民居。寇始渡江，官軍小衄，母弟佛奴死之。公單騎殿小橋，寇不敢逼。衆遂翕從奉平章公道同、左丞章伯顏竭志守城。逆黨雲集，攻圍五十有四日，大敗而還，散亡畧盡，江南遂為天下雄。非公長才贊畫，平章左丞聽用其言，詎至是哉！朝廷論功，除本道廉訪副使，于是公之惠愈無窮矣。遠近士大夫作為公歌詩誦其美，俟太史氏擇焉。公世家山東，希古其字也。邑士劉子真近歸自洪，具道本末如此。

近時有客湖上歸，能話郎中身許國。朝廷取士數十年，誰謂書生無寸策。江州李侯死可書，郎中百戰全洪都。昔年廷對俱第一，鸞鳳固與羣飛殊。當其練兵首陳義，謂賊南征非所忌。環城徹屋民始疑，事急方知為上計。家書間道馳山東，百金歸報壽乃翁。小臣于此誓生死，仰視白日昭其忠。朔風雲低吹戰血，母弟魂歸寶刀折。倉皇勁氣吐寸心，立馬危橋萬夫决。相臣攬轡從天回，將軍鞞皷轟春雷。為公破敵捐萬死，顧盼妖賊如山摧。君王拊髀加褒異（一作「君王嘆息加褒異」），深副當年設科意。碧霄雨露湛恩深，官轉霜臺弘（一作鴻）國器。漢廷寥寥渤海龔，廣陵張綱尤罕逢。使君宴坐試深省，談笑憲府看平戎。(《四庫全書》本《石初集》卷二)

《喜雪》

庚子臘月初旬，雪再作。十九日大雪，至二十一日彌甚，深可數尺，三日乃止。辛丑元日早起，雪塞門。十三日夜半又雪，皆平地尺深。喜而賦之。

殘年新春凍不開，大雪五度漫空來。南州病熱已十載，造化有此真奇哉。夜聞翔風撼天柱（一作「夜聞朔風撼天柱」），恍惚萬馬隨奔雷。乾坤正氣有先至，密運亭毒滋其媒。雲旗乍翻搖若木，濤霜却卷飛龍堆。女媧廢煉深縮手，河伯失據俄驚壓。玄冥振轡祝融遁，怒勢欲遣崑岡摧。卧龍潛蛟起奔走，舞鶴翔鳳爭徘徊。瑤池觴罷洒餘瀝，漢皋相贈投瓊瑰。蒼山一夕頭盡白，貧户得句侵晨推。朱門豈必異衡宇，埋沒弱柳餘枯梅。我疑真宰偶戲劇，往往玩世如嬰孩。故將空色種天上，大巧六出無根荄。要令六合反混沌，寧許萬象蒙塵埃。兆豐呈瑞悉餘事，邂逅净洗昆明灰（一作「解后争洗昆明灰」）。西流壺嶠應自反，咫尺清淺移蓬萊。内廷稱賀論邊事，坐想勑使傳宣催。蔡州鵝池久安堵，整頓宇宙須雄才。涓人自昔負高見，遠去求馬何時回。燕山從爾深一丈，掃地為築黃金臺。（《四庫全書》本《石初集》卷三）

《人食人》

髑髏夜哭天難補，曠刼生人半為虎。味甘同類日磨牙，腸腹深于北邙土。郊關之外衢路傍，旦暮反接如驅羊。喧呼朶頤擇肥胾，快刀一落爭取將。憑陵大嚼刳心燎，競賭兕觥誇飲釂。不知劒吼已相隨，後日還貽髑髏笑。陰風腐餘犬鼠爭，白晝鬼語偕人行。銜冤抱痛連死骨，着地春草無由生。睢陽愛姬忍喋血，長安仇家僕臣舌。攄忠疾惡古或聞，未覩烹炰互吞滅。五雲深處藏飛龍，天路險艱何日通。皇心萬一閔遺孑，再與六合開鴻濛。（《四庫全書》本《石初集》卷三）

智按：以上諸作有樂天詩風，與《新樂府》一脉相承。

周霆震，字亨遠，號石初，安福（今屬江西）人。出身書香門第，穎敏好學，受到宋遺老劉將孫、龍仁夫等人器重，劉詵尤喜其詩。延祐元年以後，數次參加江西鄉試，均未中舉，乃專意詩文。至正十二年，戰亂波及家鄉，遷居吉安，在郡城設館，閉門課徒。享年八十八歲，門人私謚清節。以先世住家石門田西，自號石西子初，又省爲石初，有《石初集》十卷。周霆震一生未仕，足迹未離江西，親歷元朝盛世，又親見元朝爲明朝取代，詩歌沉鬱蒼涼，憂時傷亂，感憤頗深，如《二月十六日青兵逼城》、《古金城謡》、《李潯陽死節歌》、《兵前鼓》、《農謡》、《杜鵑行》、《過玉成砦》、《闗城曲》、《郡城高》、《人食人》、《延平龍劍歌》、《寇至雜詠》、《寇自北來》、《軍中苦樂謡》、《宿州歌》諸篇，竝敘述亂離，沉痛酸楚，使異代尚如見其情狀。元末江西屢經兵燹，《四庫提要》以其所作比之于汪元量《水雲集》（「宋末之詩史」），目爲「元末之詩史」。生平見晏壁撰行述、墓誌銘、費震撰志銘（均見《豫章叢書》本《石初集》附録）、《元詩選》初集《石初集》、《元詩紀事》卷二十五。

宋褧（一二九四～一三四六）

《石溪驛候伯循不至》

古來元白似金蘭，誰道風標不可攀。驛騎飛來問驄馬，計程應是在鉛山。（《四庫全書》本《燕石集》卷九）

智按：宋褧，字顯夫，大都（今北京）人。宋本之弟。早年其父在江陵等地任職，就學江南。延祐中，與兄宋本挾所作詩歌還京師，在朝名士張養浩、元明善、王士熙等爭相舉薦。泰定元年進士，除秘書監校書郎，改翰林國史院編修官。建立詹事院，又任爲照磨。遷翰林修撰。後至元三年，擢監察御史，遇事直言無諱。出僉山南廉訪司事，改西臺都事。入朝，拜翰林待制，遷國子司業，與修遼、金、宋諸史，拜翰林直學士，又兼經筵講官。卒，追封范陽郡侯，謚文清。宋褧是元中期有影響之詩文家，唱和酬答比較廣泛。與其兄宋本齊名，人稱二宋或大小宋。詩宗盧仝、李賀，長於諷諭。生平見蘇天爵撰墓志銘（《滋溪文稿》卷十三）、《元史》卷一八二、顧嗣立《元詩選》二集小傳，清人鄒樹榮《宋文清公年譜》（收入《一粟園叢書》）。

蘇天爵（一二九四～一三五二）

《西林李先生詩集序》

故國子助教贈太常禮儀院判官西林先生李君，詞詩若干首，其子浙東僉憲好文，將刻以傳于世。天爵昔游成均，侍先生館下，故僉憲以序屬焉。夫自漢魏以降，言詩者莫盛于唐。方其盛時，李杜擅其宗，其他則韋柳之冲和，元白之平易，温李之新，郊島之苦，亦各能自名其家，卓然一代文人之製作

矣。……(《滋溪文稿》卷五，民國適園叢書本)

智按：蘇天爵，字伯修，真定（河北正定）人。少從安熙學，由國子學生公試第一，授薊州判官。泰定元年改翰林國史院典籍官，升翰林應奉。至順二年升翰林修撰，擢南臺監察御史，入爲監察御史，改奎章閣授經郎。元統元年復拜監察御史，在職四月，上章疏四十五次，彈劾五人，舉薦一百零九人。次年遷翰林待制兼經筵參贊官。後至元二年，上刑部郎中，改御史臺都事，後至元三年遷禮部侍郎。後至元五年出爲淮東道肅政廉訪使，入爲樞密判官，改吏部尚書。至正二年拜湖廣行省參政。至正四年召爲集賢侍講學士，兼國子祭酒。在任關心民間疾苦，有包公之譽。因得罪權臣，竟以不稱職罷歸。至正七年起爲江浙行省參政。至正九年，召爲大都路總管，告病辭歸。又起兩浙都轉運使，至正十二年仍任江浙行省參政，以憂深病積，卒於軍中。蘇天爵爲學，博而知要，長於紀載。因居滋溪，學者稱爲滋溪先生。文章嚴謹舒暢，敍事清楚，作詩尤得古法。著述頗豐，編撰《國朝名臣事略》十五卷，還編成有元一代詩文總集《國朝文類》七十卷，两書今均存。另著《治世龜鑒》一卷，今亦存。此外尚有《劉文靖公遺事》一卷等多種著述，以及《滋溪文稿》三十卷。生平見《元史》卷一八三、《新元史》卷二一一、《書史會要》卷七、《元詩選》二集《滋溪集》。

朱德潤（一二九四～一三六五）

《張彦中翠微自號説》

冠而字，始於周人，所以敬其名而貴其字也。中世以來，又加號焉，蓋稱美之辭也。而許慎爲號即名也，故字從口、從夕，從夕則冥暗無所見，故以口號相稱，以別其名焉。嗟夫！古人字義遠矣。魏、晉以來，號貞士、號隱居。唐張九齡則號曲江公，元德秀則號魯山，白居易則號香山居士，是則後世以號爲美稱之辭，審矣。然其間或有爲衆所號，或有賜號焉，或自號焉；或肖類其人之德，或因其人之好尚，或即人之居處，遂爲稱號而表出之，使其聲聞之播揚也。雖然，有志於内修者，蓋不假於名稱，而亦不托於人□□□□。儀真張君彦中，樂於閑居，而以翠微自號。蓋□□□樂山之靜趣，而悦乎林巒之秀映，巖穴之幽深，挹其扶輿英淑之氣，旦暮接乎心目。其鬱鬱葱葱、影翠而霏微者，是皆山川之秀發，天地之英華，《易》所謂山澤通氣者也。昔之高人逸士，嘗托迹於其間，而適興矣。若前所謂張曲江、元魯山、香山居士者，皆以經世之材、天人之學，其志氣超乎物象之表，聲名藹乎寰區之内。及其脱屣功名，隱而弗彰，則可以遁世無悶。是則美稱之號，亦豈偶然也哉？予不識張君，休寧簿明惟一，端謹君子也，其取友必端矣，求爲張君説。故並書之。（《存復齋文集》續集，《續修四庫全書》影印《涵芬樓秘笈》本，第一三二四册，第三六五～三六六頁）

智按：朱德潤，字澤民，崑山（今屬江蘇）人。延祐六年，以薦授翰林應奉。元英宗即位，任東征行省儒學提舉，以獻《雪獵賦》見知，主持金書佛經事。英宗去世，歸隱江南。至正中，戰亂頻仍，至正十二年，由江浙行省平章辟為行省照磨，參議軍事。曾攝守長興，使流離失所之難民暫又還鄉。能書善畫，畫法宋代山水畫家郭熙。其新樂府詩《德政碑》、《無禄員》、《外宅婦》、《富家鄰》、《官買田》、《水深圍》、《前妻子》等，是元末社會生活實録，立意更貼近白居易「新樂府」，在詩壇别具一格。翁方綱《石洲詩話》卷五稱：「朱德潤《德政碑》、《無禄員》諸詩，亦香山《秦中吟》之遺意，而語益切，至使聞者足以戒。此皆有用之文也。」（參見楊鐮《元代文學編年史》第二四二頁；《中國文學家大辭典·遼金元卷》第八十頁）

曹文晦（一二九六～一三六○？）

《詠十器詩》（其二　蝦鬚杖）

曾讀安南奉使書，海翁往往策蝦鬚。隱居素號江湖侶，老去仍充疾病扶。不涉畏途愁鬼奪，怕行滄海見龍趨。烏巾鶴氅舒徐步，宜入香山九老圖。（顧嗣立《元詩選》二集卷十九）

智按：曹文晦，字輝伯（或作伯輝、暉伯），號新山道人，天台（今浙江臨海）人。早年受兄長曹文炳影響，穎悟多識，而雅尚蕭散，不求仕進，喜好吟咏詩歌。邑人許廣大任鄞縣縣令時，曾聘他出任鄞縣儒學教諭，辭而不就。建宅讀書，名為「新山别館」，并於至正十年作《新山别館十景》（即《天台十景》）詩。在元天台籍詩人中，曹文晦承前啟後，影響頗大。天台曹氏分居東林、烏岡，是台州右族。曹文炳、曹文晦兄弟居烏岡，曹一介（筠軒）居東林。生平見顧嗣立《元詩選》二集小傳、《元詩紀事》卷二十三。

釋梵琦（一二九六～一三七〇）

《湖上追憶香山居士》

蘇州刺史盡横金，磊落無人似醉吟。為郡三年滄海上，画船十隻太湖心。春歸紫翠鶯花塢，秋著丹青橘柚林。山水不隨潮水變，直從開闢到如今。（《四庫全書》本《古今禪藻集》卷二十四）

智按：釋梵琦，字楚石，小字曇曜，晚號西齋老人，象山（今屬浙江）人。俗姓朱，四歲失怙恃。九歲入海鹽天寧寺，十六歲於杭州昭慶寺受具足戒，為臨濟宗楊岐派傳人。歷住杭州報國、嘉興本覺等寺。晚年建西齋寺於海鹽，退居其中。元至治三年，曾奉召入京，預金書《大藏經》。至正七年，賜號佛日普照慧辯禪師。明初，三次奉召入京，兩與蔣山法會，居眾高僧之首。釋梵琦學行高一世，宗説兼通，禪寂之外，專志浄業。著有《語録》等。詩存《北游詩》、《天台三聖詩集和韻》、《西齋浄土詩》等集。洪武三年，卒於京師天界寺。生平見釋至仁《楚石和尚行狀》、姚廣孝《西齋和尚傳》（俱見《西齋浄土詩》附録）、宋濂撰《佛日普照慧辯禪師塔銘》（《國朝獻徵録》卷一一八）、《補續高僧傳》卷十四《楚石琦禪師傳》。

謝應芳（一二九六～一三九二）

《人日懷管伯齡及杜泉玉昆仲定一山上人》

吴淞江頭春水生，美人不來舟自横。一年又過牛羊日，四海豈忘鷗鷺盟。

管寧白帽傲軒冕，杜陵名家多弟兄。結社香山僧更好，野老何緣與姓名。（《四部叢刊三編》影印舊抄本《龜巢稿》卷三）

《和陶菊莊郊行二首》

崑山春暖玉生烟，滬瀆潮平水接天。行到滄洲人寂寂，坐看青荇葉田田。

十年四海暗烽烟，五柳先生醉樂天。芳草夕陽江上路，獨憐春水滿間田。（《四部叢刊三編》影印舊抄本《龜巢稿》卷三）

《代簡張希尹》

余生寡諧俗，老去得知己。晤言固已晚，莫逆良可喜。聯翩諸侯客，寂寞著書事。夜分青藜火，晝並烏皮几。幾回論班馬，一笑觀亥豕。烟雲揮洒外，風月吟嘯裏。酣蚶盃酌流霞獸，爐熱沉水佳哉水。調詞清我塵俗耳，朱絃聽者希白雪。和能幾別來懷合，簪夢見承倒屣帷。林大江邊瓢巷横，山趾秋風落梧葉。甘雨熟菰米，相望不三舍。相過堪一葦，詩筒繼元白。通家猶孔李，况于阿戎談。亦與諸任齒，尚友古之人，厥德薰晉鄙。（《四部叢刊三編》影印舊抄本《龜巢稿》卷五）

《題許別駕雪山圖》

南山雲起連北山，樂天賦詩心共閑。東山月出照赤壁，子瞻倚歌情甚適。今公畫圖誦雪峯，託興應與雲月同。瓊林玉樹絕纖滓，蓬婆城外山相似。羣丘角立白龍堆，飢寒喜無桃與哀。蹇驢滑澾山前去，絕似灞橋人覓句。公餘展卷岩電流，襟懷化作冰壺秋。楊家冰山無足倚，何如坐對兹山隱烏几。（《四部叢刊三編》影印舊抄本《龜巢稿》卷五）

《次韻寄薦福寺東堂長老》

坐斷根塵知幾年，逢人猶説未生前。有時觸背都忘却，笑指扶桑尺五天。

家山不見舊忘年，重植紅梅慰目前。樓閣大開弹指頃，香風應到率陀天。

莫笑黄楊老閏年，枝枝葉葉不如前。姓名留在香山社，也愛吟詩白樂天。（《四部叢刊三編》影印舊抄本《龜巢稿》卷七）

《次韻答華以愚見寄》

九隴山東舊宅邊，一瓢齋裏曲肱眠。賢如栗里陶元亮，閑似香山白樂天。

倡和正須歌白雪，丹青何必繪凌烟。竹林諸阮多才俊，文會何時共酒船。（《四部叢刊三編》影印舊抄本《龜巢稿》卷八；《四庫全書》本《龜巢稿》卷十七）

《簡王尚絅》

不笑皤然謝九流，牽車服賈思悠悠。醉吟人老香山社，詩到雞林價重否？（《四部叢刊三編》影印舊抄本《龜巢稿》卷八）

《與永慶雪心長老書》

比承裹茗過寂寞濱，誾誾話言，殊可人意，且蒙以清節處士徵余文，義不容辭。然別後思之，似難以畫竹之美遽用為號。嘗觀古之人，以號著稱者多矣，姑舉其一二言之。晉之陶淵明，門栽五柳，因自謂五柳先生，世以其不事二君，乃以靖節處士稱之，非自號也。陶弘景掛冠神武門，歸隱華陽洞，人稱華陽隱君，後賜號華陽真逸。唐之張志和，待詔翰林，以母没不仕，居江湖間，稱烟波釣徒，後賜號曰玄真子，亦非自美也。白樂天平生顯宦，晚年放意詩酒，號醉吟先生，及與香山僧滿等結社，稱香山居士而已。宋徽宗以徐仲車不仕為孝，木有連理，甘露屢降，謚節孝處士。……（《四部叢刊三編》影印舊抄本《龜巢稿》卷十二；《四庫全書》本《龜巢稿》卷十一）

智按：謝應芳，字子蘭，號龜巢，武進（今江蘇常州）人。自幼篤志好學，潛心性理之説，以道義名節自勵。元順帝至正初，隱居白鶴溪上，建居室名龜巢，並以爲别號。教鄉校子弟，頗有成效。明洪武二十五年去世，享年九十七，是元詩人年壽最高者。生平見其自撰墓志銘（《龜巢稿》卷十九）、《明史》卷二八二、顧嗣立《元詩選》二集小傳、《元詩紀事》卷十九。

楊維楨（一二九七～一三七〇）

《李卿琵琶引》（有序）

朔人李卿以弦撥遺器鳴於京師，嘗為溉之學士賞識，賜以清平樂章。今年予逢卿吳下，凡貴豪觴予者，座無卿不樂。夜與客宴散，呂保檄卿且出溉之詩，求續遺音。興酣，遂呼侍姬江南春奉硯，為賦《琵琶引》。

李卿李卿樂中仙，玉京侍宴三十年。自言絃聲絶人世，樂譜親向鈞天傳。今年東遊到吳下，三尺檀龍為予把。胸中自有天際意，眼中獨恨知音寡。一聲一聲如裂帛，再撥清冰拆。蠻娃作歌語突兀，李卿之音更明白。玉連瑣，鬱輪袍，呂家池榭彈清宵。花前快倒長生瓢，坐看青天移斗杓。鐵笛道人酒未醺，煩君展銕撥，再軋鵾雞筋。我聞仁廟十年春，駕前樂師張老淳。賜箏岳柱金龍齦，儀鳳少卿三品恩。張後復有李，國工須致身。酒酣奉硯呼南春，為卿作歌驚鬼神。（《鐵崖古樂府》卷二，《四部叢刊》景明成化本）

智按：「一聲一聲如裂帛」，《四庫全書》本《鐵崖古樂府》、清乾隆聯桂堂刻本《鐵崖樂府注》作「一聲如裂帛」。

《贈王子初雙鈎墨竹歌》

君不見古來寫竹知幾人，幾人寫之能逼真。請君為我側耳聽，我今作歌歌具陳。唐人竹品誰第一，精妙獨數王摩詰。深知篆籀古書法，却對篔簹寫蕭瑟。後來復出蕭協律，瘦莖聳節稱絶筆。香山居士欣得之，為作長歌更飄逸。蕭後畫者寂不聞，賴有湖州文使君。使君相去數百載，繼與此竹傳其神。自言平生少知者，唯有蘇子嗟云云。東坡得意下筆親，筆底葉葉皆凌雲。當時好事刻諸石，雪堂之墨今猶存。其餘諸子不暇論，載之畫譜何紛紛。我朝豈亦無作者，國初以來誰復寫。尚書高公生古燕，風致不在蘇文下。吳興復出松雪翁，飛白之石尤瀟洒。息齋父子俱解此，藉藉聲名在朝野。丹丘先生典秘閣，閱盡古蹟天所假。高畫竹葉葉葉小，要比湘江之竹瘦而少。趙畫竹葉葉葉麤，要比懸崕之竹曲而矯。柯畫竹葉葉葉長，要比薑葉之竹肥而老。李畫竹葉葉葉繁，要比桃枝之竹秀而好。乃知竹本無一類，作者隨機奪天造。嗚呼數子各枯槁，我欲從之生不早。清風散落天地間，遺墨蕭條已如寶。往時復有張溪雲，書法臨池常草草。脩葉長梢出塵表，燥筆濕筆縱橫掃。至今姓字留三吳，尚覺秋聲在清昊。約齋先生今更能，胸次竹石俱崢嶸。魯公相國家世好，況是摩詰之雲仍。爛研細墨工畫竹，不問雪楮連冰繒。平生博古恥沿襲，要與數子爭聲名。他人畫竹一筆生，君獨畫竹雙鈎成。他人筆弱徒費墨，君獨墨少由筆精。每為一竿蒼石根，興來寬作一日程。雖云不受相促迫，腕指曲折無時停。君家本在金華城，城南結屋幽而清。軒牕六月聞商聲，時有野客兼山僧。坐中每染松麝黑，竹外不絶茶烟青。今年我亦來卜隣，親見落筆紛縱横。縱横何所似？揮秃千兎豪。年光不知老將至，筆力豈憚心之勞。開圖總是白雪摻，滿紙盡得清風標。或如青田素鶴之影，或如丹丘白鳳之毛，或如銕鉤瑣，或如金錯刀，或如蚕頭之攢，或如燕尾之交，或如瓊瑶之剪刻，或如木葉之虫雕，或如瀟湘江頭帝子之羽葆，或如連昌宫中美人之翠翹，或如節士皓首於山谷，或如狂夫白戰於林皋。廼知用心苦，由來非一朝。幾番見月時，坐聞紫璚簫。見月復見竹，浩興飛雲霄。幾番見雪時，醉攬黑色貂。見雪不見竹，長嘯通林梢。譬猶履豨知瘠肥，豈不曰良賈；解牛識綮肯，豈不為良庖。誰能調朱弄粉，巧作沒骨畫，顏色艶如兒女嬌。彼畫史者，雖立於萬里之下風，亦不足以仰視其扶搖。當知王君之竹乃非竹，王君之竹如其人，王君之人如其竹。君之性冲澹，竹亦無繁縟；君之性蕭爽，竹亦無塵俗。直節竹所有，王君之節不少曲；虚心竹所有，王君之心虚且肅。他人無過但寫竹，豈解與竹之風無不足，王君王君人共知，當今畫竹真畫師。後來一筆豈易得，價重不減珊瑚枝。四方載酒來求之，王君不衒亦不辭。屏障得此物，屏障生清暉。篋笥得此物，篋笥生風漪。如何王君不我嗤，有竹輒來求我詩。我詩一題數百首，惱殺雙鬢幾成絲。近方閉户不敢作，君復怪我詩窮為。我詩亦有名，君竹亦有情，每寫贈我酬詩評。昨朝又惠雪色紙，東西兩叢三五莖。東簇三莖初雨晴，葉葉尚倒枝枝傾。西叢五莖含風生，葉葉俱動枝枝迎。下有郭熙所畫磊落之白石，上有過於脩竹之棘糸青冥。使我素壁懸此畫，讀書之眼為之醒。感君此意何以報，索紙為作長歌行。報以雙南金，南金非我有，報以錦繡段。錦繡不可久。贈君相交期白首，此畫此詩傳不朽。（《四庫全書》本《續書畫題跋記》卷十；《六藝之一録》卷四百二）

智按：詩前有趙仲穆畫竹枝并篆書：「籬外涓涓澗水流，竹西花草弄春柔。茅檐相對坐終日，一鳥不鳴山更幽。」趙雍（一二九〇～?），字仲穆，湖州（今屬浙江）人。趙孟頫次子。能書善畫，有詩文名。泰定四年以父廕授昌國州知州，改任海寧知州。至正間，召入朝，為宫廷作畫，至正十四年，累遷集賢待制，兩年以後以湖州路同知致仕。卒於至正二十年以後。有《趙待制遺稿》一卷。詩後跋云：「此鐵崖楊先生贈王子初雙鈎墨竹歌。今為族弟以則書於張溪雲竹卷後，蓋以其中稱許溪雲雙鈎法，妙絶當世。觀此卷，則知鐵崖先生非溢美也。成化二年歲在丙戌春仲長珏廷美識。」

《江村銷夏録》卷一《元楊竹西草亭圖卷》：「竹西詩文，前之諸君子賦之備矣。金華邵東效白樂天歌，以贈翟君彦林，一笑歌曰：君不見古來愛竹知幾人，幾人愛之能逼真。請君為我側耳聽，我今作歌歌具陳。唐人愛竹誰第一，精妙獨數王摩詰。作亭在東得竹法，却對篔簹咏蕭瑟。後來復出蕭協律，瘦莖竦節稱絶筆。香山居士欣得之，常作長歌更飄逸。蕭後愛者絶不聞，賴有湖州文使君。使君相與數百載，繼與此竹傳其神。自言平生少知者，惟有蘇子嗟云云。東坡得意下筆親，筆底葉葉皆凌雲。當時好事刻諸石，雪堂之墨今猶存。其餘諸子不暇論，載之畫譜何紛紛。元朝豈亦無作者，國初以來誰復寫。尚書高公生古燕，風致不在蘇文下。吳興復出松雪翁，飛白之石猶瀟洒。息齋父子俱解畫，籍籍聲名在朝野。丹丘先生典秘閣，閲盡古蹟天所假。嗚呼數子各枯槁，我欲從之生不蚤。清風散落天地間，遺墨蕭條已如寶。楊君愛竹隱竹西，竹西之名人共知。卷中題咏豈易得，價重不減珊瑚枝。翟君彦林今得之，座中篋笥生風漪。昨朝邀我觀此卷，清風滿地歌竹詞。感君此意何以報，索紙為作長歌詩。報以雙南金，南金非我有。報以錦繡段，繡段不可久。贈君相交期白首，此卷此詩傳不朽。」（又見《式古堂書畫彙考》卷四十九）實為楊維楨《贈王子初雙鈎墨竹歌》之縮略。

《風月福人序》

白樂天晚年歸休洛中，娛老者琴歌酒賦。有鄧同、韋楚、元、劉為唱和友，蠻、素、容、滿為樂酒具，又有晉公為雅道主。優游庶境，十有餘年，身不陷甘露禍轍，自謂福人。然其詩有「病與樂天相伴在，春隨樊子一時歸」，則其懷抱猶有惡者。吾未七十，休官在九峰三泖間，殆且二十年。優游光景，過於樂天，有李（五峯）、張（句曲）、周（易癡）、錢（思復）為唱和友，桃葉、柳枝、瓊花、翠羽為歌歈伎，第池臺花月主者乏晉公耳。然東諸侯如李越州、張吳興、韓松江、鍾海鹽，聲伎高讌，余未嘗不居其右席，則池臺主者未嘗之也。風日好時，駕春水宅（先生舫名）赴吳越間，好事者招致，效昔人水仙舫故事，蕩漾湖光烏翠，望之者噂鍈龍仙伯，顧未知香山老人有此無也？客有小海生，賀余為江山風月福人，且貌余老像，以八字字之。又賦詩其上，曰：「一十四考中書令，二百六字太師銜（魯國太師，此二句本先生句也）。不如八字神仙福，風月湖山一擔擔。天年直至九十九（先生祖楊佛子享四世，年九十九），好景長如三月三（先生嘗自言：遇憂不憂，遇病不病，遇喪亂不喪亂，胸中四時長是春也，故自號嬉春道人，名其所居窩曰春不老，有嬉春小樂章一百篇）。小素小蠻休比似，桃根桃葉尚宜男（先生八十精力不衰，滴翠尚有弄瓦弄璋之喜）。」余和之云：「紅兆羅巾白氈衫，金鑾致仕得頭銜。家無樸滿誰從破，世有鐵枷人自擔。黄白未嘗傳八八（陶八傳丹與顔真卿），龍蛇奚用辨三三。人間黄閣在平地，付與西京委一男（全不為險韻所縛，先生嘗曰：有才力者，韻愈險，句愈奇也）。」（《四部叢刊》影印舊抄本《東維子文集》卷九；《四庫全書》本《東維子集》卷九）

《重脩西湖書院記》

厲人臣之風化者曰忠曰清，其推風化於綱常之地者，又寔繄乎六經之道。聖賢以之而立教，時王以之而致治，嘻，斯亦尚矣。杭之西湖書院，故宋鄂王之第也。宋季更國子監。入我朝，建書院，祠三賢。三賢者，處士林公逋、郡守白公居易、蘇公軾也。岳以精忠死國，其大節無異議者；處士以潔身獨善，合乎道之清；蘇白皆志忠鯁，有遺愛，寔裨於風化，而無忝於六經之道。以祠之，不可廢者。至正十有六年春，浙省丞相金紫達公、浙西監憲丑公，各捐俸金新之。比明年，大閲募兵益衆，聚廬益隘，軍棲於寺觀，演於庠序，院之新者隨毁，平章光禄張公諗其故長院者，白之，明日，令下驅部伍徙營，翼院之缺者補之，弊者易之，弱不支者壯之。三賢諸像，彰施粉繪，六經版籍，重加脩補，白堊黑黝，焕焉嘩焉，視舊觀為有加。於乎！庠序風化之所出。况是院也，孤臣之精忠，三賢之清節，關於風化者不細故。光禄公惕焉神會，而於戎馬之隙，振斯文於既往，起清風於後來，使岳、林、蘇、白四君子之澤，與六經之道，同於不朽，其功於名教豈曰淺哉！工既畢，山長應子尚承公命徵余文，於雲淞之上，勒石以紀歲月，且使後之人知光禄公之休武而脩文者類此，故余不辭為之書。至正二十年四月八日記。（《四庫全書》

本《東維子集》卷十二）

《心太平銘》（有序）

予自壬辰兵興来，遭罹死地者凡四五。然今年以淞府長顧公之招，客予於府庠，退處一室，顔之曰心太平，人怪之。顧公是之曰：「昔香山居士之詩自謂：『我是羲皇代，先從心太平。』居士嘗歷險難，身獲太平，而心未獲平。先生歷險難，身不太平而心實平焉。」予謝之曰：「他人有心，予忖度之。子之謂也。」因銘室曰：

嘻割爭，絶揖讓。爾一身，天地長。心獨游，在羲上。（《四部叢刊》影印舊抄本《東維子文集》卷九；《四庫全書》本《東維子集》卷二十三）

《遊石湖記》

蘇名山水，其魁者夫椒、震澤，其次虎邱、劍池、靈岩、天平、石湖、楞伽諸山也。白樂天守蘇，于虎邱一月一游，至連五日夜邀遊太湖，不以為過。以樂天之官守，不為文法窘束，而肆志山水之樂如此，矧無窘于文法者乎？吾黨之將儔命匹挾乎女伶，如、容、滿、蟬、態以迹夫樂天氏之遊者，又何過乎？至正七年三月三日，予既得與吳中張景雲而下客凡十一人，越十有五日，又得與吳中顧伯敏、張仲簡、西夏高起文、張俊德游石湖諸山，一月載遊，于樂天迨若過之。朝步自鵲橋，過百花洲，登姑蘇臺，余賦詩臺上曰：「横洲草色緑群腰，臺上春泥徑已銷。衹有越來溪上水，聲聲猶帶伍胥潮。」仲簡和云：「梁燕低飛妬舞腰，春洲寂寂百花銷。扁舟不見鴟巨子（智按：張簡《遊石湖和鐵崖韻》作「鴟夷子」，見顧嗣立《元詩選》三集卷十五《雲丘道人集》），空使江城響怒潮。」午登舟盤門下，主人以暇脯飯客粱糗。仲簡出《禮部韻徵》聯句，而賣謳者來，曰周碧蓮氏、張錦錦氏。笙師周子奇出十二簧和謳者，主曰：「笙歌麻沸，冷生活姑置。」遂割羔，傳酒令行觴。……予于客年最高，而飲量最少，輒頽然醉去。酒散，子奇出紙，諸客求賦玉笙樂府，明日余為補《玉笙謡》一首云云，且書遺仲簡同賦。是歲丁亥三月十九日辛酉，會稽楊維楨述。（陶宗儀《遊志續編》卷下，清嘉慶宛委別藏本）

智按：楊維楨，一作楊維禎，字廉夫，號鐵崖、鐵笛道人，晚號東維子，山陰（今浙江紹興）人。泰定四年進士，授天台縣尹，改任紹興錢清場鹽司令。元順帝至正初，授杭州四務提舉，轉建德路推官。升江西儒學提舉，避兵富春山而未赴職。又遷居錢塘。明洪武二年，召修禮樂書，答曰：「豈有八十歲老婦，就木不遠，而再理嫁者邪！」明確表示不忘故國。次年初賜安車詣京師，留居三月，放還。卒年七十五歲。其詩以務求新奇爲特點，號稱「鐵體」或「鐵崖體」，曾風靡一時，從之者頗眾，並以「鐵門」標榜。「北南弟子受業者以百數，至正文體為之一變」（顧瑛語）。楊維楨詩，以竹枝詞與「古樂府」流傳最廣，並編有《西湖竹枝集》傳世。至正後期所作「新樂府」影響頗大。有《東維子文集》三十卷、《鐵崖古樂府》十卷、《復古詩集》六卷、《鐵崖詠史注》十八卷、《鐵崖賦稿》二卷等多種詩文集，及《麗則遺音》四卷、《春秋合題著說》三卷，《史義拾遺》二卷。生平見宋濂撰墓志銘（《宋文憲集》卷十）、貝瓊《鐵崖先生傳》（《清江貝先生集》卷二）、《草堂雅集》（十八卷本）卷十二、《明史》卷二八五、《元詩選》初集、《元詩紀事》卷十六。

李穀（一二九八～一三五一）

《自詠效樂天體》

年過五十可知非，尙爾馳名何大癡。了了聡明隨日減，凉凉行止與時違。人譏鼻赤因耽酒，自識髯霜豈爲詩。更是家貧親亦老，百般心計不如歸。（《稼亭先生文集》卷十九，《韓國文集叢刊》本）

智按：李穀，字芸白，號稼亭。有《稼亭先生文集》。

鄭玉（一二九八～一三五八）

《游湖山次汪子盤韻》

湖光山色相舒卷，斯游佳興元不淺。長堤猶以蘇公名，孤山亦託逋仙顯。澗中水落石層出，塢底峯廻路千轉。好句光華動瑶草，斷碑悽愴生苔蘚。誰言泉壑少烟霞，我厭山林有雞犬。一聲欸乃眼界寬，萬古登臨心地展。茅茨小飲莫遲留，山徑多岐不能辯。游人爭羡竹輿輕，倦客不嫌驢足蹇。遺懷細讀樂天詩，題名欲刻秦斯篆。爽鳩齊景幾何人，寒暑四時迭相餞。（《四庫全書》本《師山遺文》卷五）

智按：鄭玉，字子美，號師山，歙縣（今屬安徽）人。敏悟好學，無意仕進，專心執教鄉里，學生多得連居室都無法容納，於是就在當地建師山書院來安置就學者。至正十年，朝廷以翰林待制之職召鄭玉入京，鄭玉以有病爲由婉言辭謝。至元十七年，朱元璋部進入徽州，要鄭玉參與起事，鄭玉以「吾豈事二姓者耶」拒之，在拘禁中，自縊而死。忠於元室，却不願爲元朝之官，身處社會動亂末世，能獨善其身。生平見汪克寬撰行狀（《環谷集》卷八）、《元史》卷一九六、顧嗣立《元詩選》初集《師山集》小傳。

貢師泰（一二九八～一三六二）

《重修西湖書院記》

江南浙西道肅政廉訪使丑的公重修杭州西湖書院成，郡監諤勒哲特穆爾旺温（明嘉靖刻本作完者帖木哇哇），守社從庸謝節，提學馬合謨、洪欽，以士人宋杞等狀來請文曰：西湖書院在杭州西湖之上，故宋岳武穆王飛之第，後更為太學。至元丙子，天兵臨城，學廢，禮殿獨存，其地與憲治實皆為岳王第，故來長風紀者，莫不以作興為先務。三十一年，容齋徐公琰始即舊殿改建書院，且遷鎖闌橋、三賢堂附祀焉。三賢者，唐刺史白居易、宋處士林逋、知杭州蘇軾也。置山長一員主之，遂易今名。延祐三年，周公德元徙尊經閣，建彝訓堂，創藏書庫，益增治之。至元元年，特默格公（明嘉靖刻本作鐵木奇公）、胡公祖廣重葺大成殿，開志仁、集義、達道、明德四齋，以居來學，扁三賢祠曰尚德，别室以祠徐公曰尚功。於是書院之盛，遂為浙東西之冠矣。越二十年，城燹於兵，書院亦廢，象設陊剥，庭廡汙穢，居人馬跡，交集其中，書籍俎豆，狼籍弗禁。明年，三賢堂燬。又明年，尊經閣壞。學官廪稍久絶，彷徨莫知所措。公朔望謁拜顧瞻，嘆息曰：兵革之餘，雖瘡痍未復，教化其可一日而廢乎？况勉勵風紀之任，而書院又密邇憲治也哉！於是出私廩白粳二百石，謀作興之。丞相康里公更益白金五十兩，乃克裒堅萃良，撤朽易腐，輪奐再新。始事於至正十八年冬十月，迄功於十九年春正月。謂勒哲特穆爾（明嘉靖刻本作完者帖木兒）等承命董役，幸底於成。今尊經閣巋然特起，三賢祠棟宇輝映，設以重門，繚以周垣，殿堂齋廡，庖湢庫庾，無不悉治。此皆我公之力也。不有紀述，其何以勸？顧惟公之曾祖，太師中山王勛業卓冠，祖文奕世繼美，公由近侍拜三臺御史，歷四道廉訪使，以宣慰都元帥督兵饒信，克復三路二州五縣，全活數萬人，其詳具載《武功録》。及監憲浙西，又能以經濟之略，叶和遠邇，寬裕之德，撫綏軍民，雖當崎嶇戎馬之間，不忘詩書禮樂之事，可謂識見超卓，深知治本者矣。由是而風移俗易，使人皆知尊君親上之道，而銷其乖争陵犯之風，其所繫不亦重且大乎？是不可以無述，用不敢辭。（《四庫全書》本《玩齋集》卷七）

智按：貢師泰，字泰甫，宣城（今屬安徽）人。貢奎之子。貢師泰早年爲國子學諸生，泰定四年進士，授太和州判官。改歙縣丞。朝臣薦爲應奉翰林文字。擢紹興路總管府推官，以治獄廉明見稱，治行爲諸郡第一。秩滿，入朝爲翰林應奉，累遷翰林待制，國子司業，擢禮部郎中，拜監察御史。至正十四年，除吏部侍郎。至正二十年，授户部尚書，分部閩中，並委以由海道向大都運糧重任。至元二十二年，召爲秘書卿，行至海寧，得疾卒。生平見朱鐩撰年譜、紀年録（明天順刊本《玩齋集》附録）、《元史》卷一八七、《兩浙名賢録》卷五十四、《元詩選》初集《玩齋集》、《元詩紀事》卷二十。

周伯琦（一二九八～一三六九）

《奉次定水見心禪師簡寄雅韻四首庸答先施》（其二）

九載違離得遠書，幾更歲歷斗旋樞。華星秋月超元白，峻嶺重江限越吳。柏子樹陰浮碧階，蓮花漏水響銅壺。老夫素有泉林癖，一曲何當乞鑑湖。（《御選元詩》卷五十二；釋來復《澹游集》；《列朝詩集》卷十四甲集前編第十）

智按：周伯琦，字伯温，號玉雪坡真逸，晚號堅白老人，鄱陽（今江西波陽）人。其父周應極至大年間爲翰林待制。周伯琦自幼隨父游京師，入國學。以蔭授海南縣主簿，三轉爲翰林修撰。至正元年，任宣文閣授經郎。此後屢次轉官，皆在宣文、崇文之間。順帝嘗呼其字伯温而不名。特命爲廣東廉訪司僉事。至正八年召入爲翰林待制，累升直學士。至正十二年，與貢師泰同擢監察御史，兩人皆爲南士之望。後因劾御史劉希曾，受時論非議。在江東肅政廉訪使任上，因失陷寧國，為南臺御史余觀糾劾。至正十七年，奉命招諭張士誠，張士誠降元。周伯琦留在張士誠佔據之平江，十餘年不得離境。張士誠被朱元璋攻破，才還歸鄱陽，不久就去世於故里。生平見宋濂撰墓銘（《宋文憲集》卷三十一）、《元史》卷一八七、《書史會要》卷七、釋來復《澹游集》、顧嗣立《元詩選》初集《伯温近光集》小傳、清曾燠《江西詩徵》卷三十八、《元詩紀事》卷二十。

史伯璿（一二九九～一三五四）

《管窺外篇》

⊙雜輯

朱子《中庸序》謂程子門人所自為説，倍其師説，而淫於老佛者，亦有之矣。

按，程門高弟如楊龜山、謝上蔡諸賢，朱子每謂其流於佛老，非謂其從事於二氏之教，如李泌、顔真卿、白居易、蘇軾輩，修淨土，談玄説禪之所為，特其識見有過乎《中庸》處，故其説儒者之道，往往淪於空寂，暗與二氏之言有契，而不自覺耳。固未嘗不宗孔孟崇仁義也，亦未嘗不斥佛老詆空寂也，然學問有疵，見理欠瑩，宗之而反背之，斥之而反似之，如此而已，與儒名墨行身（闕）固有間哉，不可不辨也。（闕）（《四庫全書》本《管窺外篇》卷上）

智按：史伯璿，字文璣，號牖巖，温州平陽（今屬浙江）人。自幼嗜學，博通經史，隱居不仕。篤志朱子之學，人勸之仕，則曰：「讀書本以善身，爲仕而學，豈我志也。」享年五十六歲。有詩文集《青華集》四卷，今存。另著《四書管窺》八卷、《管窺外篇》二卷等。生平見〔隆慶〕《平陽縣志》卷二、《東甌詩集》卷三、《元詩選癸集》戊集上。

釋廷俊（一二九九～一三六八）

《崇明寺藏經院記》

句容縣治在金陵之東九十里，以茅氏所居之山句曲而有容，故名縣。縣之崇明寺，邑民祈福之都會也。按《郡志》：西晉咸寧中，郡人司徒詧（察）捨宅爲寺，初名義和，梁昭明太子嘗書其顔，附列三十六院。唐會昌間中微，繼以灾毁，惟天王殿庋鐘之樓得不燬焉。宋太平興國中，改賜今額。其時天祐二年，太師中書令吴王楊行密，嘗夢遊松檜林中，感彌勒世尊爲説法要，覺而追憶所在，歷歷在目，使圖而求之，蓋是寺也。尋聞於朝，出財作大殿，以奉彌勒之象。時院之葺者，才十有八所：曰南觀音，曰藥師，曰南釋迦，曰天竺，曰千佛，曰妙雲，曰中釋迦，曰四聖，曰瑞應，曰彌陁，曰北釋迦，曰北觀音，曰天王，曰羅漢，曰瑞像，曰大聖，曰文殊，曰經藏是已。諸院皆習瑜迦教法，惟經藏爲禪院。寺有藏經，相傳有七人者過之，儀狀甚偉，手書是經，合爲一藏，字畫宛如出一手。書既，不知往所，或以爲天人云。天王殿、鐘樓制度殊古，固無恙也。儀像亦非今時造像者所可企及。而彌勒之殿，歷年凡四百五十餘祀，棟宇侈傾，殆不能支風雨矣。寺之千佛院僧守廉、妙法，各以其師廣庵方公、茅齋已公所遺之財倡之，而邑人杜氏甫榮既鄉鄙爲善之士，咸出財佐其費，迺大致隴蜀良材，以至正六年春，悉撤故而新之。明年夏集事，黝堊畢具，規制視舊加高敞矣。爲費凡四十萬緡，而出諸廣庵、茅齋者，十之七八也。又明年，住山永襲列其事，使寺僧道山、守玉介吾友師一之書，來徵言顯書之。予嘗得唐白樂天遺事，每讀之輒廢卷永慨而羨慕之也。蓋樂天暮年，使工畫者作彌勒變相，每清晨祝曰：「居易以宏詞登科，進士及第，受官二十任，食禄四十年，建寺兩所，書經一藏，造像百軀，飯僧萬餘，以此殊勝之利，回向衆生」云者，惟漢晉唐宋以來，諸賢之留神内典者，至毁形服，以預僧倫，捐田宅以爲幢刹，固不加少，而忠言嘉謨効于當時，文彩表于後世，死生窮達不易其守，而道德高于古人，此樂天見稱于昔賢，而其遺事則尤人之所難能也。吁！學士大夫之賢者，心期自立，固豈望其求全乎？是以吾徒紛紛總總，要不可以數計，求其能庶幾乎樂天之萬一者，幾希矣。蓋法道澆漓，蘖社衰落，寄吾法者，不能以律自檢，膠乎利欲，視僧伽藍物爲己固有，漫不省施者披田建寺，所以覬乎我者爲何，而形服之所以異乎流俗者，果何所事？貿貿焉惟貨是殖。致土木以來徭役，公府易視，列之編氓。昔之以道德爲王臣之所禮者，漠無聞焉，然求如守廉、妙法之能以師之所遺而爲佛事者，蓋亦寡矣，矧能盡乎樂天之所事也哉！亦吾法以六度萬行爲入道之門，而能施則又守乎六度而該萬行。是知守廉、妙法之能施，則足以信其爲道，而足以激夫貪俗者矣。是用記以詒夫來者云。（《江寧金石記》卷七，《續修四庫全書》影印清嘉慶九年刻本，第九一〇册，第三〇四頁；《全元文》卷一四六四，第四八册，第十五～十六頁）

智按：又見明弘治九年（一四九六），王韶修，程文纂《句容縣志》。嚴觀《江寧金石記》文末云：「碑末刻妙慧宏智大師禪師，湖州路翔鳳山顯忠資福禪寺住持廷俊監造，徒弟永繼嗣惟寶彰、嗣吉寶曇、元會寶所元進表，□普成静逸知事道昱、慧定、妙湛、勸緣，興教禪寺住持沙門繼祖當代住持永襲立石，古潤徐文玉鐫。」又曰：「右碑正書在句容，本寺妙慧宏智大禪師，湖州路翔鳳山顯忠資福禪寺住持、番易沙門廷俊譔，大龍翔集慶寺首座師一書，從仕郎贛州路龍南縣尹兼勸農事李桓篆額，至正八年，歲在戊子，秋八月十九日立碑，述寺之廢興，可云詳矣。惟稱藏經出天人之手，未可憑信。吾鄉盛仲交先生家舊有佛經二卷，一署姑蘇陸松書道行般若經，一署鮑昇書《樓炭經》，後頁題：大宋元祐五年歲次庚午七月初六日起首書造。又鈐以句容禪經藏禪寺斗書毗盧法寶，延陵姜二酉家亦藏三卷，一錢唐張暉書《大雲經》及《般若經》，一崑山潘澤書《法輪經》，後署年月硃印與盛藏俱同，觀此明出儒者之所爲，似未可以沙門之言爲信也。」嚴觀，字子進，嚴長明（一七三一～一七八七）之子，江寧（今江蘇南京）人。嗜學，好金石文字。父乞歸後，築歸求草堂，藏書二萬卷，覩丹黄幾滿。著《江寧金石記》，錢大昕甚高其品節。

釋廷俊，字用章，號懶庵、真懶，俗姓董。饒州樂平（今屬江西）人。元統、後至元間，曾與祖瑛、慈感等釋子同咏《菊山詩》。住持杭州淨慈寺，嗣法龍翔廣智、笑隱禪師。入明，洪武元年卒于金陵。生平見釋來復《澹游集》、清朱彝尊《明詩綜》卷八十九、《古今圖書集成·神異典》卷一八八。

熊夢祥（一二九九～一三九〇）

《題張叔厚描琵琶士女》

剪燭填詞明皓齒，是非恩愛從兹始。莫将貶竄立人倫，世上伊誰魯男子。（十八卷本《草堂雅集》卷八；《四庫全書》本《草堂雅集》卷六；《歷代題畫詩類》卷五十八）

智按：題一作《題張叔厚描琵琶仕女》。張渥（？～約一三五六前），字叔厚，號貞期生，淮南人，寓居吳郡（江蘇蘇州）。博學明經，累舉進士不第，放意為詩章。長繪畫，善用宋李公麟法作白描人物。至正中曾與崑山顧瑛玉山草堂之會。生平見《西湖竹枝集》、《草堂雅集》（十八卷本）卷十、《圖繪寶鑒》卷五、《元詩選》三集《貞期生稿》。其所繪《琵琶仕女》圖，今已不存。

熊夢祥，字自得（一說名自得，字夢祥），號松雲道人，南昌進賢（今屬江西）人，一作富州（江西豐城）人。生於元初，博讀羣書，旁通音律。能作數體書，乘興畫山水，尤清古。為顧瑛忘年交，在草堂觴詠參與者中年齡最大。曾以茂才舉教官，任白鹿書院山長，授大都路儒學教授、崇文監丞，以老疾歸，詩酒放浪淮浙間。卜居婁江上，扁所居曰得月樓。明初尚在世。卒年九十餘歲。著有《釋樂書》，并著《析津志》。生平見楊維楨《西湖竹枝集》、《草堂雅集》（十八卷本）卷八、《元詩選》三集《松雲道人集》、清曾燠《江西詩徵》卷三十三。生卒年據林正秋主編《中國地方志名家傳》，黄山書社，一九九〇年十二月版，第五十頁，鄒友興撰「熊夢祥」。

鄭東

《題張叔厚畫琵琶士女》

蝦蟇陵下春風夢，潯陽江頭秋月愁。莫恠青衫容易濕，多情司馬雪盈頭。（十八卷本《草堂雅集》卷十；《四庫全書》本《草堂雅集》卷七；《歷代題畫詩類》卷五十八）

智按：題一作《題張叔厚畫琵琶仕女》。

鄭東，字季明，號杲齋，溫州平陽（今屬浙江）人。晚寓常熟。幼習《春秋》。應舉不利，即棄去。作文為詩，旨趣高遠。別有文集行於時，元末散失。詩文與其弟鄭采（一三〇七～一三六五）齊名，鄭采之子鄭思先輯録兩人作品，合爲一書，成《鄭氏聯壁集》十四卷。顧嗣立《元詩選》三集選録鄭東詩三十四首、鄭采詩五首，題爲《鄭氏聯壁集》。生平見《草堂雅集》（十八卷本）卷十、《吳中人物志》卷十、《元詩選》三集《鄭氏聯壁集》（鄭東）。

葉顒（一三〇〇～一三七四後）

《吾琴所為曹令所壞寓居賦秋風破屋歌》

君不見，南山叟，一室容身小如斗。閉門僵卧學袁安，雪打風吹嬾開口。又不見，牛馬走，短布單衣寒露肘。長途汩没笑李斯，咸陽市上牽黃狗。男兒壯志要似渭川雲夢竹，不染塵埃出林麓。又似蒼顏勁節松，偃蹇孤高立巖谷。雪中矯矯舞游龍，霜裏涓涓濯寒玉。春和長有拂雲青，歲寒豈減昂霄緑。野人曠蕩無所歸，居無華屋膳無肉。胸涵膽氣欲食牛，世乏才能恥干禄。高眠不復夢功名，信步何曾限南北。行藏無碍獨縱横，動静隨緣少拘束。從來任運合天真，坦率人皆笑粗俗。儒生性僻不入時，身老乾坤忘寵辱。囊虛買譽百兩金，日糴充饑五升粟。頑然空洞腰十圍，惟貯文章滿斯腹。謾開電目燭五行，徒援霜毫寫千幅。衹聞張奉賤毛生，未見夷吾憐鮑叔。短琴一弄固有餘，長鋏三彈常不足。噫嘻安得樂天都蓋洛陽城裏萬丈之白裘，杜陵大庇天下寒士萬間之廣屋。尊賢重道貽今羞，大厦寬袍遂吾欲。牀頭更有酒新熟，緑蟻濡唇斟百斛。此時不願萬户侯，何心更作九州牧。山中宰相樂餘年，管領丘園慰幽獨。雲邊吟詠足逍遥，月下壺觴倍清淑。閑鋪碁局伴爐薰，滿吸湖光飲山渌。含烟細草叠芳裀，過雨餘花呈繡褥。王侯卿相非我儔，牧圉樵漁是予屬。四時佳景盡來歸，泉石煙霞皆素蓄。笑拖長袖醉春風，寄傲軒窗百斯福。(《四庫全書》本《樵雲獨唱》卷二)

《送洛陽陳秀才》

蘇秦辯口人共知，黑貂敝盡朋舊疏。六侯相印幸得佩，一朝身戮埋荒墟。賈生才調天下奇，幾年獻策承明廬。讒言入耳竟不用，長沙抱恨何當紓。玉川先生妙人物，秋風破屋聊自居。觀其大節死不變，家中豈有擔石儲。香山居士亦足數，達哉達哉誰得如。二程兄弟百世士，孔孟之道賴以舒。談經説理妙無盡，天下學徒來挽車。堯夫君實古淳士，胸中包裹混沌初。西京華麗推第一，春光只滿二老間。前乎説客姑且置，後來賢哲世所譽。洛陽古俗稱多士，遺風掃地今無餘。陳生亦是嵩山客，從軍久戍江南瀦。彎弓走馬非所慕，無事閉門常讀書。抱琴辭我欲歸去，因思往事難自攄。歸歟瞑坐儻神會為言，每談斯道未必不為太息涕淚增欷歔。(《四庫全書》本《樵雲獨唱》卷二)

《李本存叠有和章再和孤字韻二首》

撚鬚索句興懷孤，信手圍碁著數麤。病酒風情愁後減，惜花春夢老來無。

新詩清似玉蟾孤，意度安閑細不麤。島瘦郊寒元白俗，開元之後晚唐無。(《四庫全書》本《樵雲獨唱》卷四)

《題潯陽商婦琵琶圖》

江州司馬昔年游，淚濕青衫有甚由。男子平生心似鐵，未因商婦起閑愁。(《續金華叢書》本《樵雲獨唱詩集》)

智按：葉顒，字景南，金華（今屬浙江）人。少年肆力學問，不事干謁，無意仕進，隠居芙蓉峰下，與樵夫爲旅。早年結識貫雲石，並爲其賦《第一人間快活丸歌》，傳誦一時。經歷元末戰亂，仍身強體健。入明，生活志趣未變。洪武七年，已七十五歲，作《獨樂歌》，説「從教世俗罵癡狂，任彼時人笑愚魯」。生平見元至正十四年葉顒《樵雲獨唱自序》兩篇（《續金華叢書》本《樵雲獨唱》卷首），至正二十年葉顒自撰後序（《續金華叢書》本《樵雲獨唱》卷末），顧嗣立《元詩選》初集小傳、《金華詩録》卷十九。

倪瓚（一三〇一～一三七四）

《秋林山色圖贈子賢逸人幽居並賦詩留別詩效樂天體》

不到幽人宅，於今十二年。窮秋八九月，舟到爾門前。粥飯同晨暮，香霏雜茶煙。酒飲二三酌，詩吟一兩篇。篝燈獨擁被，拚櫛向林泉。八足蟹螯美，四腮鱸鱠鮮。磨白作豆乳，碓紅收稻田。羹蓴浮玉脆，醉墨折釵妍。我時苦暴下，寒熱復相煎。為病不舉酒，多艱少佳眠。時乘小艇出，或與隣僧禪。聊為禦寒計，豈有新蠶綿。衰繆頗興慨，交游寧汝憐。坐牕每兀兀，心旆徒懸懸。逾旬鶴骨健，逸情禽影翩。波月寒瀲灎，山眉翠嫵娟。弄翰寫詩意，孤帆白鷗邊。（引自《四庫全書》本《六研齋筆記》卷一）

智按：康熙五十二年曹培廉編刊《清閟閣全集》本題爲《八月廿三日舟過子賢逸人幽居十月一日寫圖并賦詩留别詩效樂天體》。

倪瓚，初名倪珽，字元鎮，號雲林，無錫（今屬江蘇）人。早年師從鞏昌王仁輔。以好客知名，居室清閟閣，與楊維楨草玄閣、顧瑛玉山草堂，同是至正間江南文人會集之所。藏書數千卷，都經親手校定。一生隱居未仕，喜好收藏古書畫，乃元代著名畫家，明人列爲「元末四大家」之一。有潔癖。元末曾變賣家産，在戰亂中以詩書自娱。明初，家境敗落，曾流落他鄉，寄食於人。生平見周南老撰墓志銘、王賓撰旅葬墓志銘、張端墓表（均見《清閟閣全集》卷十一）、十八卷本《草堂雅集》卷九、顧嗣立《元詩選》初集《雲林集》小傳、《元詩紀事》卷二十一。

王彝（？～一三七四）

《送東傳師住天平白雲寺序》

佛寺莫盛於浙之東西，蘇為浙西名郡，其樓殿所存，亡慮千百區，以山水之秀而著者皆是也，而又加以前人之所題詠，在唐若韋應物、張懿孫、白樂天、孟東野、張承吉、陸魯望、皮日休者，固未可勝數也。惟虎丘靈岩，出於伯業既去之後，雖其人跡盡，山水蕭條，猶足以想見其萬一者，則人為覽今弔古者之所，喜遊而樂道之也。天平在蘇城之西，與靈岩鄰，而其山特高以起，為衆山所環揖，固已擅其山水之秀，而白雲寺又范公托足以守其先公之墓，且即而祠焉。蓋公為宋之皋夔伊召，三代而下所不數見者也，且其孝思所在，固有昭然而若新者矣。彼伯業之殘，題詠之細，又不足多也。公之裔孫，有為浮屠師曰良公者，住杭之靈隱寺，為名浮屠，於是主教者，即以其徒曰教字東傳，主白雲以守先墓，東傳以能詩有聲江湖間，且有卓行，吾固以賀白雲之得其人，與良公之得其徒，而文正之所望於後人者，又在是也。東傳之行也，諸大夫士請即其山水之秀分題，凡十有二，而各賦詩以送之。天平山水之秀，固將因是詠歌，而躍然於目之前，於以寓其所懷於無窮也。然余數夢遊山中，拜文正之儀容，既覺而霑襟焉，則余之有懷於兹者，其有窮也耶！其不有窮也耶！（《王常宗集》卷二序，《四庫全書》本）

智按：王彝，字常宗，號嬀蜼子。其先蜀人，其父久任崑山教授，定居嘉定（今屬上海）。少孤貧，讀書天台山中，師事王貞文，得金履祥之傳。元至正間，楊維楨主兩浙文壇，王彝獨不從其說，著文力斥其「文妖」。明洪武初，以布衣召入京師，預修《元史》，書成，賜幣還。荐入翰林，以母老乞歸。魏觀任蘇州知府，洪武七年因在張士誠宮室原址重建府衙獲罪，王彝以曾為魏觀作文，與高啓一同被處死。明人將其詩文編成《王常宗集》四卷（補遺一卷、續補遺一卷），清陸廷燦重輯為《王徵士集》四卷。生平見《明史》卷二八五、《吴中人物志》卷七、《姑蘇志》卷五十四。

傅若金（一三〇三～一三四二）

《南屯老翁行》

南屯老翁年七十，官府征猺困供給。大男送糧赴軍前，次男守寨不得眠。盜賊時時刼生口，東鄰西舍日夜走。今朝喜見朝廷使，持酒含悽説前事。筋力雖微不敢休，辛勤更備官軍至。教兒應役莫逃亡，縣男成長身日强。但願明年盡殺賊，耕種官田得兒力。(《四庫全書》本《傅與礪詩集》卷三；《元詩選》二集卷十)

《欒城節婦詞》

欒城婦，郭氏子。一生生長閨門底，少年嫁夫夫早死。牀頭明鏡不復治，落花深院鳥聲悲。昔時山前哭夫處，辛苦攜持葬姑去。一身未亡兒女小，兒今長大身益老。大行行舟河水枯，妾心皎皎終不渝。縣官旌門人見好，死生離别那可道（死生離别，一作别死生離）。(《四庫全書》本《傅與礪詩集》卷三)

智按:《南屯老翁行》、《欒城節婦詞》皆有樂天《新樂府》之風。

《詩法正論》

夫詩，權輿於擊壤、康衢之謡，演迤於卿雲、南風之歌，制作於國風雅頌《三百篇》之體，此詩道之大源也。《周官》：詩有六義，風雅頌為之經，賦比興為之緯。風雅頌各有體，作詩者，必先定是體於胸中，而後作焉。風之體，如後世之歌謡，采之民間，而被之聲樂者也。故謂之正風，其言主於達事情，通諷諭，二南為風之始，純乎美者也，故謂之正風。諸國之風，兼美刺，故謂之變風。《豳風》則詩之正，而事之變，故亦屬於變風焉。雅之體，如後世之五七言古詩，作於公卿大夫，而用朝會燕享者也。其言主於述先德，通下情，事有大小，故有大雅焉，有小雅焉。成康以上之詩，專於美，故謂正雅；成康以後之詩，兼美刺，故謂之變雅，皆因正風正雅，而附見焉。頌之體，如後世之古樂府，作於公卿大夫，而用之宗廟，告於神明者也，其言主於美盛德，告成功，其正則商頌周頌，而魯頌不當作而作，比之風雅，蓋亦變之類也。……唐海宇一，而文運興，於是李、杜出焉。太白曰：「大雅久不作」，子美曰：「恐與齊梁作後塵」，其感慨之意深矣。太白天才放逸，故其詩自為一家；子美學優才贍，故其詩兼備衆體，而述綱常、繫風教之作為多；《三百篇》以後之詩，而子美為其大成者也。昌黎後出，厭晚唐留連光景之弊，其詩又自為一體，東坡所謂「蒼然之色，淵然之光」者是也。唐人以詩取士，故其詩莫盛於唐，然詩者原於德性，發於才情，心聲不同，有如其面，故法度可學，而神氣不可學，是以太白自有太白之詩，子美自有子美之詩，昌黎自有昌黎之詩，其他如陳子昂、李長吉、白樂天、杜牧之、劉禹錫、王摩詰、司空曙、高岑、賈姚、鄭張孟之徒，亦皆自為一體，不可強而同也。……（明萬曆三十一年胡文煥輯《格致叢書》刊本《詩法正論》）

智按：傅若金，字與礪，初字汝礪，新喻（今江西新餘）人。自幼工寫詩，常出語驚人。二十歲出遊湖南，宣慰使阿榮延至家中，待如上賓，賓主吟詠不輟。薦爲岳麓書院直學，不久即棄職而去。至順三年，攜詩篇北遊京師，數月間，公卿大夫皆知其名，虞集、宋褧以異材薦于朝廷。元順帝即位，即以傅若金爲參佐出使安南（即今越南）。出使歸來，授廣州路儒學教授。極力興辦學校，恢復學田，却遇暴病而死，年僅四十歲。傅若金精通《毛詩》，學詩喜讀漢魏盛唐之作。早年家貧，織席爲生。受知于同郡范梈，曾向他學習作詩之法。傅若金文章，由其弟傅若川編爲《傅與礪文集》十一卷，今存。傅若金詩，曾有《初稿》、《南征稿》、《使還新稿》、《牛鐸音》等集，死後也由傅若川重編刊印，並總名《清江集》（即《傅與礪詩集》八卷）。《元詩選》二集選入其詩二百六十餘首，題名《清江集》。生平見蘇天爵撰墓誌銘（《滋溪文稿》卷十三）、《元詩選》二集《清江集》、《元詩紀事》卷十五。

費著（一三〇三？～一三六三）

《蜀牋譜》

紙以人得名者，有謝公，有薛濤。所謂謝公者，謝司封景初。師厚師厚創牋様以便書尺，俗因以爲名。薛濤本長安良家女，父鄖，因官寓蜀而卒，母孀。養濤及笄，以詩聞外，又能掃眉塗粉，與士族不侔。客有竊與之宴語，時韋中令皐鎮蜀，召令侍酒賦詩，僚佐多士爲之改觀。期歲，中令議以校書郎奏請之，護軍曰不可，遂止。濤出入幕府，自皐至李德裕，凡歷事十一鎮，皆以詩受知，其間與濤唱和者，元稹、白居易、牛僧孺、令狐楚、裴度、嚴綬、張籍、杜牧、劉禹錫、吳武陵、張祜，餘皆名士，記載凡二十人，競有酬和。濤僑止百花潭，躬撰深紅小彩牋，裁書供吟，獻酬賢傑，時謂之薛濤牋。晚歲居碧雞坊，剏吟詩樓，偃息于上。後段文昌再鎮成都，太和歲，濤卒，年七十三。文昌爲撰墓誌。謝公有十色牋，深紅、粉紅、杏紅、明黄、深青、淺青、深緑、淺緑、銅緑、淺雲，即十色也。楊文公億《談苑》載韓浦《寄弟詩》云：「十様蠻牋出益州，寄來新自浣花頭。」謝公牋出於此乎？濤所製牋，特深紅一色爾，僞蜀王衍賜金堂縣令張蠙霞光牋五百幅，霞光牋疑即今之彤霞牋，亦深紅色也。盖以胭脂染色最為靡麗，范公成大亦愛之，然更梅溽則色敗萎黄，尤難致，遠公以為恨。（清嘉慶墨海金壺本《蜀牋譜》）

智按：費著，華陽（今四川成都）人。進士，授國子助教，有詩名，居母喪，盡禮，哀毁骨立，人稱至孝。服除，歷漢中廉訪使，後調重慶府總管，至正十七年（一三五七）四月，明玉珍攻下重慶城，費著遁隱至犍為而卒。兄克成，亦進士，時人謂成都二費。據《元史》卷二十九，曾任太史院都事。事迹又見《大清一統志》卷二百九十四；《四川通志》卷八。《成都志序》末署「至正三年二月費著序」（《全蜀藝文志》卷三十；《四川通志》卷四十四藝文）。

《蜀牋譜》，一説袁説友（一一四〇～一二〇四）著，見謝元魯《歲華紀麗譜等九種校釋·前言》（巴蜀書社一九八八年）及《對楮幣譜、錢幣譜作者及寫作年代的再認識》（《中國錢幣》一九九六年第一期），陳啓新《對〈箋紙譜〉不是元代費著所作的探討》（《中國造紙》一九九六年第六期），劉仁慶《〈蜀箋譜〉是「馬大哈」鬧的——紙史探究之三》（《紙和造紙》二〇一五年第十期）。

汪克寬（一三〇四～一三七二）

《冰壺軒序》

道無聲色之可見，器有形容之可名，此道之所以寓於器也。凡有聲色形容者，皆謂之器。器，形而下者也，而道非器，將何以形容之乎？昔者，周茂叔之道中通外直而形容於蓮，白居易之道内空節貞而形容於竹，以鈍為體，以静為用，而借古硯以形容其道者，唐子西也。今者心清而意圓，熙庶績而有餘裕，乃借冰壺以形容其道者，余於明德鍾侯見之矣。侯自繁昌來，知余祁剪韭斷菘，被驫策蹇，膏梁不足嗜，錦繡不足願，故能一介無取於人，而存心何其清也？三皇有殿，先聖有宫，費省而工簡，庶民而子來，故一毛無怨於人，而用意何其圓也？聽訟則見事而明，用刑則量情而決，心不清而能之乎？村無犬吠而民以安，縣少公事而賦先辦，意不圓而能之乎？清圓而見於行事者，何可勝數？然借物以形容之，則至清莫如冰，至圓若如壺，徒見霜凝而水沍者謂之冰，頸婉而身圓者謂之壺，而不知清以昭萬物，謂之冰，圓而涵萬象謂之壺。且夫冰壺之器，清光澄澈，圓潔渾融，遷於琉璃瓦之宫，安於水晶簾之下，則彼負鼎之罔象，乘軒之寵鶴，不得逃其形；郅都之蒼鷹，桓典之白馬，皆得以照其狀。其清圓之器，可謂貴矣，而知公才德有廟廊器，可以揭之於軒曰冰壺，苟能存此道而無間斷，則自邇行遠，自卑登高，而或治邑如卓茂，治郡如龔黄者，此道也；栢府如蘇章，薇垣如崇璟者，亦此道也。天下之治道，豈有出於心清意圓之外哉！余祁川下士，得聞公之道，而有感於心多矣，故序而為之頌。（《四庫全書》本《環谷集》卷四）

《汪府判像贊》

公之學，溯濂洛之源，而游洙泗之濵。公之詩，衆黄陳之竗，而逼李杜之真。貪泉賄市，不足移其操；印纍綬若，不足縻其身。氣象崒兀，而不可攀者。如絶壁之與孤岑，儀容矍鑠，而不知其耄者。如翠柏之與蒼筠，彼丹青者，固能冩公之神，不能冩公之心。管幼安、陶元亮、白樂天，緊公之倫歟。（《四庫全書》本《環谷集》卷七）

智按：汪克寬，字德輔，一字仲裕，號環谷，祁門（今屬安徽）人。元泰定三年領鄉薦，明年下第歸。從此居家講學著述。入明，洪武二年徵入朝，與修《元史》。史成，以老疾辭還。有别集《環谷集》八卷。另著《經禮補逸》九卷、《春秋胡傳附録纂疏》三十卷。

舒頔（一三〇四～一三七七）

《月下白蓮詩會三首》（今存一）

廣寒宫對若耶溪，縞袂佳人照緑漪。萬里寶奩開玉鑒，三千粉面會瑶池。明光素魄凝香處，綽約仙姿弄影時。説與姮娥休負約，香山社裏久相期。（《四庫全書》本《貞素齋集》卷七）

智按：舒頔，字道原，號貞素，績溪（今屬安徽）人。十五六歲時，與同郡鄭玉、程文等講明經史之學。成年後，受業於李青山之門，受馬祖常等器重。後至元三年，江東肅政廉訪使燕只不花舉薦舒頔出任貴池教諭，任期滿，調行丹徒教官。至正十年轉台州學正。社會動亂，棄職攜帶書籍隱居山中。自稱「三爲教官，遭時搶攘，遂退處教授私塾」（《貞素齋自傳》）。至正十七年，朱元璋大將鄧愈攻佔徽州，曾禮聘他出山相助，但以有病爲由辭而不就，並築草廬爲讀書之所，名貞素齋，以明自守之志。明洪武十年死於家中，享年七十四歲。著有《古淡稿》、《華陽集》等詩文集，今均未見傳本。生平見舒頔《貞素齋自傳》（《貞素齋集》卷首）、唐仲實（桂芳）撰墓志銘（《貞素齋家藏集》附録）、張梓撰《舒公行狀》（《貞素齋家藏集》附録卷上）、《貞肅先生年譜》（《貞素齋家藏集》附録卷下）、顧嗣立《元詩選》二集小傳。

郭翼（一三〇五～一三六四）

《雪履齋筆記》

陸務觀云：「忠州最號窮陋。白樂天詩乃有『今夜酒醺羅綺暖，被君融盡玉壺冰』之句。忠州豈有此景，當時不堪司馬閒冷，驟易刺史，故亦見其樂爾。可憐哉！」又鄧栟櫚云：「王涯讒樂天，出為江州司馬。及甘露之禍，朝士殆無遺者，而樂天方在洛中，游香山寺。然則涯果能陷樂天否乎？小人無知，欲以人勝天，類皆如此。但可憐耳！」兩君一憐樂天，一憐王涯輩。然樂天江州數載，徙倚匡廬瀑布之間，仰觀山，俯聽泉，傍睨竹樹雲石，至欲引妻子、抱琴書以終老，豈肯受人之憐，若王涯輩者，乃當如栟櫚之言耳。（《四庫全書》本《雪履齋筆記》）

智按：郭翼，字羲仲，號東郭生，又號野翁，崑山（今屬江蘇）人。早年師從衛培，習《易經》。不屑爲舉子業，專一於古文，詩尤精悍。曾借東郭先生故事，命其居室爲「雪履齋」。元末社會動亂，以豪傑自負，嘗獻策于張士誠，未能爲其所用，歸耕婁上。晚年出任訓導官，卻又因不合時宜而無所作爲。所著《雪履齋筆記》一卷、詩別集《林外野言》二卷，今均存。與顧瑛交往密切。生平見盧熊撰墓誌銘（《吳下塚墓遺文》卷二）、《草堂雅集》（十八卷本）卷十一、《吳中人物志》卷九、《元詩選》二集《林外野言》、《元詩紀事》卷二十四。

華幼武（一三〇七～一三七五）

《養竹軒歌為周莊吳達子道賦》

高軒公子良不俗，不種奇花種脩竹。奇花照眼一時紅，脩竹虛心萬年緑。春雷擊地新筍生，龍角森森那忍觸。自鋤暖土厚栽培，手挈銀瓶細澆沃。深根掃除螻蟻窟，香葉終期鳳凰宿。日使霑濡雨露恩，歲寒豈憚冰霜酷。猗猗繞戶矗琅玕，含霧連煙比淇澳。招搖皓月金瑣碎，勾引清風聲戛玉。炎天展簟卧蒼雪，春日聽鶯泛醽醁。可能一日暫相忘，坐對此君看不足。君不見白樂天，重言養竹比養賢。又不見東坡詩，無竹士俗不可醫。君今有竹善培養，會看直拂青雲上。（明祁氏澹生堂抄本《栖碧先生黃楊集》；顧嗣立《元詩選》初集卷六十三；《御選元詩》卷十一）

智按：華幼武，字彦清，號栖碧，無錫（今屬江蘇）人。生平見俞貞木撰壙志銘（《黄楊集》附録）、顧嗣立《元詩選》初集小傳。

宗本先（一三〇八～一三八一）

《題琵琶士女圖》

江水東流月滿船，江風吹怨入冰絃。何如銀燭秋堂夜，一曲新聲值萬錢。（十八卷本《草堂雅集》卷二；《四庫全書》本《草堂雅集》卷十三）

智按：明錢穀《吴都文粹續集》卷二十六題為《題琵琶仕女圖》（《歷代題畫詩類》卷五十八同），註云：「以下二作亦題玉山所藏。」

宗本先，字景明，京口（江蘇鎮江）人。幼好學，能作詩，嘗從郭天錫遊，其談論述作多似之。生平見王行撰墓志銘（《半軒集》卷九）、《草堂雅集》（十八卷本）卷二、《元詩選癸集》己集下。

釋妙聲（一三〇八～一三八三後）

《題虞侍講書白太傅八漸偈》

香山居士八漸偈，青城先生隸古書。金鼉琳瑯殊可愛，文章官伐總相如。白雲開士成都客，同是青城故鄉陌。天藻亭深翰墨香，法雲地古天花白。白雲悠悠去不返，橘樹彫傷坐成晚。滿把空懷明月珠，招魂誰洒雕胡飯？古人事佛今人非，二老風流今古稀。大勝潮陽韓刺史，晚因聞道卻留衣。（《四庫全書》本《東臯録》卷上）

智按：虞侍講，指虞堪，號青城山樵，虞集從孫，宋名臣虞允文八世孫。洪武十年（一三七七）入滇，舉雲南府學教授，卒於官。

釋妙聲，字九臯，吴縣（今江蘇蘇州）人。元末居景德寺，移常熟慧日寺，師事華嚴法師善學。洪武初主平江北禪寺。洪武三年，與釋萬金同被召，掌天下僧教。洪武十六年以後卒。生平見《吴中人物志》卷十二、《姑蘇志》

卷五十八、〔嘉靖〕《常熟縣志》卷九。

劉仁本（一三〇八？～一三六七）

《題白樂天竹窻詩墨迹》

竹窻墨迹，古色蒼然。香山净社，尚友千年。（《四庫全書》本《羽庭集》卷六）

智按：劉仁本，字德玄，號羽庭，天台（今屬浙江）人。以乙科進士，歷溫州路總管，至正十九年，任江浙行省左右司郎中。與廼賢、謝理、盛熙明、朱右等人過從較密。至正二十年春，在餘姚龍泉建造「雩詠亭」，舉行曲水流觴之會，參加者有朱右、謝理、王霖等四十二人。

廼賢（一三〇九～一三六八）

《新鄉媪》

蓬頭赤脚新鄉媪，青裙百結村中老。日間（閑）炊黍餉夫耕，夜紡綿花到天曉。綿花織布供軍錢，倩人輾穀（轂）輸公田。縣裏公人要供給，布衫剥去遭笞鞭。兩兒不歸又三月，秖（只）愁凍餓衣裳裂。大兒運木起官府，小兒擔土填河決。茆櫩（茅櫚）雨雪鐙（燈）半昏，豪家索債頻敲門。囊中無錢甕無粟，眼前只有扶牀孫。明朝領孫入城賣，可憐索價旁人怪。骨肉生離豈足論，且圖償却門前債。數來三日當大季（年），阿婆墳上無紙錢。凉漿澆溼墓前草，低頭痛哭聲連天。恨身不作三韓女，車載金珠爭奪取。銀鐺燒酒玉杯飲，絲竹高堂夜歌舞。黃金絡臂珠滿頭，翠雲綉出鴛鴦裯（綢）。醉呼閹奴解羅幔，牀前爇火添香篝。（影元刊本、《四庫全書》本《金臺集》卷一；顧嗣立《元詩選》初集卷四十一）

智按：詩後跋語云：「右《新鄉媪》一首，余同年塔海仲良宣慰君之仲氏廼賢易之之所作也。其詞質而婉，豐而不浮；其旨蓋將歸於諷諫云爾。昔唐白居易爲樂府百餘篇，以規諷時政，流聞禁中，即日擢爲翰林學士。易之他詩，若《西曹郎》、《潁州老翁》等篇，其關於政治，視居易可以無愧，而藻繪之功，殆過之矣。況今天子聖明，求言之詔，播告天下。當此之時，易之之詩，或經一夜之覽，則其眷遇，又豈下于居易哉！故予三復之餘，謹識其後，以俟南臺中執法。濮陽蓋苗耘夫書于京師寓舍。」《西曹郎》，今存《金臺集》未見。

《巢湖述懷寄四明張子益》

憶昔移家東海上，萬斛龍驤跨鯨浪。三神宫闕渺何許，弱水茫茫空悵望。前年去作燕山遊，羸驂短褐風颼颼。昭王臺前月似水，荊卿驛畔天如秋。病骨苦寒情苦倦，南下黄河疾於箭。清晨雙櫓發吕梁，黄昏已泊桃源縣。生來每歎蜀道難，去年我亦登蒼山。馮公嶺頭日不到，肩輿履雪梯孱顔。僕夫緣崖如凍蟻，下瞰鎦山深澗底。人家半出松樹頂，白雲卻在山腰起。今年四月江西歸，小姑正對彭浪磯。三更挂帆海門過，一川草樹浮晴暉。我生胡爲自役役，孟浪江湖竟何益。清霜鏡底縈鬢絲，坐對篝燈空歎息。愁來鬱鬱不可當，結交賴有張家郎。臨風同歌紫芝曲，掃石大醉黄金觴。我家南陽天萬里，十年不歸似江水。秋來忽作故鄉思，裹劍囊衣度揚子。玩鞭亭下江縈紆，淮山楚樹青扶疏。一帆西風出巢縣，眼明墮此清冰壺。湖水漫漫接天杪，天低更覺青山小。倦飛沙鳥戛漁艇，倒影芙蓉涵碧藻。涼波不動舟如飛，棹歌窅窅聲相隨。江東雲樹轉頭失，淮西山水尤清奇。故人江南不可見，千里相思情眷戀。門外梅花知未發，屋頭柿葉題應遍。期君不來爭奈何，青天落日摇滄波。明年歸來貿山下，與君共讀巢湖歌。（影元刊本、《四庫全書》本《金臺集》卷一；顧嗣立《元詩選》初集卷四十一）

智按：詩後跋云：「易之詩中所歷之景，予皆嘗過之，所未至者，巢湖耳。易之有此清雄峻拔之句，余無一語者，人各有能有不能也。太常博士危素書。」

《潁州老翁歌》

潁州老翁病且羸，蕭蕭短髮秋霜垂。手扶枯笻行復卻，操瓢乞食河之湄。我哀其貧爲顧問，欲語哽咽吞聲悲。自言城東昔大戶，腴田十傾桑陰圍。闔門老稚三百指，衣食盡足常熙熙。河南年來數亢旱，赤地千里黃塵飛。麥禾槁死粟不熟，長鑱挂壁犁生衣。黃堂太守足宴寢，鞭撲百姓窮膏脂。聒天絲竹夜酣飲，陽陽不問民啼饑。市中斗粟價十千，饑人煮蕨供晨炊。木皮剝盡草根死，妻子相對愁雙眉。鵠形累累口生焰，臠割餓莩無完肌。奸民乘隙作大盜，腰弓跨馬紛驅馳。嘯呼深林聚兇惡，狎弄劍槊搖旌旗。去年三月入州治，踞坐堂上如熊羆。長官邀迎吏再拜，饋送牛酒羅階墀。城中豪家盡剽掠，況在村落人煙稀。裂囊割篋取金帛，煮殺雞狗施鞭笞。今年災虐及陳潁，疫害四起民流離。連村比屋相枕藉，縱有藥石難扶治。一家十口不三日，藁束席捲埋荒陂。死生誰復顧骨肉，性命喘息懸毫釐。大孫十歲賣五千，小孫三歲投清漪。至今平政橋下水，髑髏白骨如山崖。繡衣使者肅風紀，下車訪察民瘡痍。绿章陳辭達九陛，撤樂減膳心憂危。朝堂雜議會元老，恤荒討賊勞深機。山東建節開大府，便宜斬礎揚天威。親軍四出賊奔潰，渠魁梟首乾坤夷。拜官納粟循舊典，義士踴躍皆歡怡。淮南私廩久紅腐，轉輸豈惜千金資。遣官巡行勤撫慰，賑粟給幣蘇民疲。獲存衰朽見今日，病骨尚爾難撐持。向非聖人念赤子，填委溝壑應無疑。老翁仰天淚如雨，我亦感激愁歔欷。安得四海康且阜，五風十雨斯應期。長官廉平縣令好，生民擊壤歌清時。願言觀風采詩者，慎勿廢我潁州老翁哀苦辭。（影元刊本、《四庫全書》本《金臺集》卷一；顧嗣立《元詩選》初集卷四十一）

智按：詩後跋語有三：「狀物寫景之功，固詩家之極致。而系于風化，補於政治，尤作者之至言。易之此詩兼得之矣。禮部侍郎汝陰李黻子威書。」「易之此詩，格調則宗韓吏部，性情則同元道州。世必有能知之者。監察御史危素書。」「至正四年，河南北大飢。明年，又疫，民之死者過半。朝廷嘗議鬻爵以賑之，江淮富人應命者甚衆。凡得鈔十餘萬錠，粟稱是。會夏小稔，賑事遂已。然民罹大困，田萊盡蕪，蒿蓬沒人，狐兔之跡滿道。時余為御史，行河北河南，請以富人所入錢粟貸民，具牛種以耕，豐年則收其本。不報。覽易之之詩，追憶往事，為之惻然。八年三月，翰林待制武威余闕志。」

《新堤謠》

近歲河決白茅東北，泛濫千餘里，始建行都水監於鄆城，以專治之。少監蒲從善築堤建祠病民，可念！予聞而哀之，乃作歌曰（黄河決道時，有清水先流至，名曰漸水。曹濮之人見此水，皆遷居高丘預避）。

老人家住黄河邊，黄茅縛屋三四椽。有牛一具田一頃，藝桑種穀終殘年。年來河流失故道，墊溺村墟決城堡。人家墳墓無處尋，千里放船行樹杪。朝廷憂民恐爲魚，詔蠲傜役除田租。大臣襍議拜都水，設官開府臨青徐。分監來時當十月，河冰塞川天雨雪。調夫十萬築新堤，手足血流肌肉裂。監官號令如雷風，天寒日短難爲功。南村家家賣兒女，要與河伯營祠宫。陌上逢人相向哭，漸水漫漫及曹濮。流離凍餓何足論，只恐新堤要重築。昨朝移家上高丘，水來不到丘上頭。但願皇天念赤子，河清海晏三千秋。（影元刊本、《四庫全書》本《金臺集》卷二；顧嗣立《元詩選》初集卷四十一）

《北邙山歌》

白樂天賜第履道坊，既葬北邙，勑命游人至墳所者，必酹酒。至今墓前隙地泥潦。

北邙山高雲嵯峨，山前日日聞挽歌。千金買穴望卿相，不道洛陽人葬多。長安歸來錦衣客，昨日城南起新宅。雕闌華礎滿前楹，盡是當年墓邊石。墓邊野老鬢如絲，自言曾見築墳時。轉頭石馬卧荆棘，白楊蕭颯秋風悲。白日西流水東逝，眼見君家葬三世。舊時隧道盡為田，新墳苦作千年計。寄語洛陽諸少年，對酒莫惜黄金錢。縱有穹碑勒勛業，文章誇靡誰能傳。君不見，履道坊中白太傅，留客高堂醉歌舞。至今三月看花人，載酒去澆墳上土。（《四庫全書》本《金臺集》卷二；顧嗣立《元詩選》初集卷四十一）

《賣鹽婦》

賣鹽婦，百結青裙走風雨。雨花灑鹽鹽作鹵，背負空筐淚如縷。三日破鐺無粟煮，老姑饑寒更愁苦。道旁行人因問之，拭淚吞聲爲君語。妾身家本住山東，夫家名在兵籍中。荷弋崎嶇戍吳（一作明）越，妾亦萬里來相從。年來海上風塵起，樓船百戰秋濤裏。良人賈勇身先死，白骨誰知填海水。前年大兒征饒州，饒州未復軍尚留。去年小兒攻高郵，可憐血作淮河流。中原封裝音信絕，官倉不開口糧缺。空營木落煙火稀，夜雨殘燈泣嗚咽。東鄰西舍夫不歸，今年嫁作商人妻。繡羅裁衣春日低，落花飛絮愁深閨。妾心如水甘貧賤，辛苦賣鹽終不怨。得錢糴米供老姑，泉下無慚見夫面。君不見，繡衣使者浙河東，采詩正欲觀民風。莫棄吾儂賣鹽婦，歸朝先奏明光宮。（明孫原理輯《元音》卷十二；明李蓘輯《元藝圃集》卷四；顧嗣立《元詩選》初集卷四十一）

智按：一作楊維楨詩。明顯受到白居易《新樂府》影響。張以寧（一三〇一～一三七〇）《馬易之〈金臺集〉序》：「《潁川老翁》、《新鄉媪》、《芒山》、《巢湖》、《新隄謡》諸篇，又以白傅之豐贍，而寓之張籍之質古，不淺而易，不深而僻，蓋學諸唐人，而有自得其得焉者矣。」（《四庫全書》本《翠屏集》卷三；《明文海》卷二百三十六）

《河朔訪古記》

白樂天墓志碑。

刑部尚書白居易碑（許【譚】郤書）。

白樂天龍門八節灘詩碑（樂天自書）。

白樂天香山寺詩三十韻碑（賀枝基書）。（《四庫全書》本《河朔訪古記》卷下河南郡部，第五九三册，第五九～六十頁）

智按：迺賢，字易之，號河朔外史、紫雲山人，西域葛邏禄人，入中原家族先居住南陽（今屬河南），後遷居慶元（今浙江寧波）。漢姓馬，一名馬易之，或以族屬相稱：葛邏禄易之、合魯易之，簡稱葛易之。早年受教於鄉賢鄭覺民（字以道），後至元年間北上大都，後至元六年回到慶元。至正五年，重赴大都訪學，一去十年。再次回到家鄉，已是戰亂頻仍。至正二十二年，朝廷任命迺賢為翰林學士，等待赴都就職期間，曾暫居東湖書院山長。在翰林學士任上，於至正二十四年以代替朝廷祭祀南嶽、南鎮、南海，從海道南還。至正二十八年，明北伐軍逼近大都，迺賢出參樞密院同知桑哥實里軍，駐東薊州。在軍中得任翰林著作，已病在垂危。生前詩名甚著，在大都、江南都有廣泛影響。有《金臺集》、《海雲清嘯集》、《鐃歌集》等詩集，僅《金臺集》二卷流傳至今。另著《河朔訪古記》，今本二卷是從《永樂大典》輯出。生平見《两浙名賢録》卷五十四、《元詩選》初集《金臺集》、《元詩紀事》卷十八、《元西域人華化考》卷三、卷四。

朱希晦（一三〇九～一三八六）

《臘日偕葉東白蔡伯恭登西岑》

絕頂雲生（一作深）一徑通，寒生短髮却（一作怯）天風。千年物色闌干外，萬井人家圖畫中。宿雨亂滋嵐樹碧，朝暾深浴海波紅。我來欲訪香山社，醉酒長唫憶遠公。（《四庫全書》本《雲松巢集》卷二）

智按：朱希晦，名復翁，字希晦，别號雲松，樂清（今屬浙江）人。好讀書，樸而不滯，行檢峻潔，忠奸必辯。元末擾攘，地方群雄並爭，朱希晦曾移書嘯聚楠溪的劉公寬和起兵海上的方國珍，止其侵掠逞兵，民賴以安。一生安貧樂隱，元中期即有詩名，貢奎路經樂清，曾與之接談。和吴志淳、趙彦銘游詠雁蕩山中，并稱「雁山三老」。元末戰亂，爲避兵轉徙各地，由梅溪遷居永嘉柯村。明初天下安定，才回家鄉。築室瑶川芳嶴山，植松萬株，扁其室曰「雲松巢」，自號雲松。即使避亂時也喜歡結交文人學子，所至之處名山勝境游覽殆遍。明初，被舉薦於朝，朝命未下已去世。《瑶川朱氏宗譜》收録趙新撰《征授朝列大夫雲松公墓誌銘》，謂：「公生於元至大己酉十一月二十九日，卒於明洪武十一月廿四日，享年七十有八。」（蔣振喜編《樂清譜牒文獻選編》，線裝書局出版社二〇〇九年版）有《雲松巢集》三卷。生平見顧嗣立《元詩選》二集小傳、《元書》卷九十一。

顧瑛（一三一〇～一三六九）

《官糴糧》

美山東趙公伯堅也。公以江西行省檢校官，來浙右糴米十萬石賑飢。至是，吴民苦於官糴，公一無所擾，而官亦不勞而集。瑛雖不才，敢傚白居易體。作是謠，使吳民歌以餞其行云。

官糴糧，官糴糧，東吳之民自遑遑，去年今年來侍郎。凜凜六月生秋霜，官錢未給先取將。今朝十萬上官倉，明朝十萬就船裝。小斛較斛大斛量，吏弊百出那可當。輸錢索物要酒漿，磨牙吮血如虎狼。滿身鞭箠成痍瘡，郡侯視之泗滂滂。忍使吾民罹厥殃，實欲止之無計張。官糴糧，官糴糧，東吳之民無積藏，山東趙公來南昌。南昌殺賊如犬羊，賊雖解圍民亦荒。貧者守死富食糠，愛民誰如趙平章。手發官帑錢百囊，公既得之夜乘航。緣江逋賊肆獗猖，操舟帕首來取攘。我公挽弓一石強，百發百中賊始亡。倍道十日抵蘇杭，誓不移文下官坊。微服民間身作商，指廩發粟酬其償。十萬月就民不傷，千艘萬斛如龍驤。黃旗赤幟分兩綱，南風開船若雁行。船頭擊鼓聲鏜鏜，六月牽江過鄱陽。新米未熟舊米香，江西之民無枯腸。官糴糧，官糴糧，粒粒儘是民脂肪，天子端居白玉堂。相君峨峨坐廟廊，紫衣朱服列兩廂。天門九重啓煌煌，豹蹲虎踞嚴其防。覆盆不照日月光，誰能奏額奏帝旁。以公糴糧爲典常，東吳之民始安康。官糴糧，官糴糧，東搬西載道路長。去年押糧上蘄黃，今年五月未還鄉。安得風塵靜四方，羊腸蜀道成康莊。舟車所至皆來王，普天之民樂而昌。天子聖壽垂無疆，萬年千載不用官糴糧。（《宛委別藏》本《玉山璞稿》卷一，中華書局本《玉山璞稿》第五～六頁）

《虎丘紀游倡和詩》

至正辛卯正月八日，雪中與鄭九成、陳惟允游虎丘，夜宿賢上人竹所。明日始霽，乃登劍池，取水煮茗，圖景賦詩。詩成，而九成上馬入城，予獨拂蘚讀碑，得邂逅石庭堅上人於雨花軒上，對坐談詩不絕。庭堅乃以卷求詩，遂和李五峯韻以紀。顧瑛。

相逢一笑石林間，共讀遺碑拂蘚班。白虎蒼龍當日去，金凫玉鴈幾時還。得文已許逢居易（許，萬曆刊本作「喜」），墮淚何須憶峴山。擬借蒲團成夜宿，細傾松酒破蒼顏。（《四庫全書》本《玉山名勝集》卷四）

智按：詩題據黃廷鑑校跋清抄本《玉山名勝外集》卷下。

顧瑛，又名顧德輝、顧阿瑛，字仲瑛，號金粟道人，崑山（今屬江蘇）人。家富資財，風流文雅，尤好詩篇。與李孝光、張翥、張雨、楊維楨等交往密切。年逾四十，將舊業盡付子侄，於宅邸之西重建館閣，原名小桃源，落成後名為玉山佳處（即玉山草堂），並在此招待詩友，定期舉行觴詠之會，一直延續到江南戰亂。元代後期，顧瑛玉山佳處與倪瓚雲林隱居、楊維楨草玄閣等，成為詩人聚會之所，而以玉山佳處最具影響，活動最持久。而顧瑛本人是吳中詩壇盟主。明初，由于其子顧元臣是元朝故官（海運副萬户），盍家流放中都臨濠，不久，病死於流放地。顧瑛一生痴迷詩歌，所作繁富，身後大都散失不存。所作曾結爲《玉山璞稿》二十卷，傳世僅二卷，清阮元收入《宛委别藏》叢書。《玉山璞稿》二卷收録顧瑛至正十四年、十五年兩年間所作詩篇。另有毛晉《元人十種詩》所收《玉山草堂集》二卷（附集外詩一卷）、清人鮑廷博輯《玉山逸稾》四卷（附續補一卷）、《四庫全書》本《玉山璞稿》一卷等輯本，均系據《草堂雅集》、《玉山名勝集》、《玉山名勝外集》、《玉山紀遊》等總集以及元詩文獻編集而成。《元詩選》初集選録其詩一五二首，題作《玉山璞稿》。至正間，顧瑛曾將友朋唱和之作編成《草堂雅集》、《玉山名勝集》、《玉山名勝外集》、《玉山紀遊》、《玉山倡和》、《玉山遺什》等總集。生平見殷奎撰墓志銘（《強齋集》卷四）、顧瑛（顧德輝）自製墓志銘（《吳下塚墓遺文》卷二）、《吳中人物志》卷九、《明史》卷二八五、《元詩選》初集《玉山璞稿》。

宋訥（一三一一～一三九〇）

《洪武癸丑九月十八日為外兄集賢大學士張東谷賀八十五首》（其四）

淇水門前緑遶煙，投閒野服勝林泉。天生上相重陽後，人頌高年五福先。三輔聲華京兆尹，六曹才望太平賢。香山九老誰相似？刑部尚書白樂天。（《四庫全書》本《西隱集》卷三）

智按：宋訥，字仲敏，滑縣（今屬河南）人。元至正中舉進士，官鹽山知縣。洪武十三年徵為國子助教，陞翰林學士、文淵閣大學士，遷國子祭酒卒。正德中，追謚文恪。事迹具《明史》本傳。

脱脱（一三一四～一三五五）等

《宋史·真宗本紀》

景德……四年……二月……辛巳，録唐白居易孫利用為河南府助教。……（卷七，《宋史》中華書局本，第一三二頁）

《宋史·河渠志》

……哲宗元祐四年，知潤州林希奏復吕城堰，置上下閘，以時啟閉。其後，京口、瓜州、奔牛皆置閘。是歲，知杭州蘇軾濬茆山、鹽橋二河，分受江潮及西湖水，造堰閘，以時啟閉。初，杭近海，患水泉鹹苦，唐刺史李泌始導西湖，作六井，民以足用。及白居易復浚西湖，引水入運河，復引溉田千頃。湖水多葑，自唐及錢氏後廢而不理。至是，葑積二十五萬餘丈，而水無幾。運河失湖水之利，取給於江潮，潮水淤河，泛溢闤闠，三年一浚，為市井大患，故六井亦幾廢。軾既浚二河，復以餘力全六井，民獲其利。……（卷九六，《宋史》中華書局本，第二三八二～二三八三頁）

《宋史·藝文志》

白居易《八漸通真議》一卷。（卷二〇五，《宋史》中華書局本，第五一八二頁）

智按：明柯維騏《宋史新編》卷五十志三十六（明嘉靖四十三年杜晴江刻本）著録為「白居易《八漸真議》一卷」。

白居易《白氏六帖》三十卷。《前後六帖》三十卷。前白居易撰，後宋孔傳撰。（卷二〇七，《宋史》中華書局本，第五二九三頁）

白居易《長慶集》七十一卷。（卷二〇八，《宋史》中華書局本，第五三四一頁）

元稹、白居易、李諒《杭越寄和詩集》一卷。（卷二〇九，《宋史》中華書局本，第五三九五頁）

《送白監歸東都詩》一卷。《劉白唱和集》三卷。（卷二〇九，《宋史》中

華書局本，第五三九九頁）

《潯陽琵琶亭紀詠》三卷。（卷二〇九，《宋史》中華書局本，第五四〇五頁）

智按：明柯維騏《宋史新編》卷五十四志四十著録為「潯陽琵琶亭紀詠二卷」，清文行遠《潯陽蹠醢》卷五（清康熙穀明堂刻本）著録為「潯陽琵琶亭記詠一卷」。

白居易《白氏金鍼詩格》三卷。又《白氏制樸》一卷。（卷二〇九，《宋史》中華書局本，第五四〇八頁）

《宋史·李昉傳》

……昉和厚多恕，不念舊惡，在位小心循謹，無赫赫稱。為文章慕白居易，尤淺近易曉。好接賓客，江南平，士大夫歸朝者多從之游。雅厚張洎而薄張佖，及昉罷相，洎草制深攻詆之，而佖朔望必詣昉。或謂佖曰：「李公待君素不厚，何數詣之?」佖曰：「我為廷尉日，李公方秉政，未嘗一有請求，此吾所以重之也。」……（卷二六五列傳第二十四，《宋史》中華書局本，第九一三八～九一三九頁）

《宋史·李及傳》

李及，字幼幾……及資質清介，所治簡嚴，喜慰薦下吏，而樂道人之善。在杭州，惡其風俗輕靡，不事宴游。一日，冒雪出郊，眾謂當置酒召客，乃獨造林逋清談，至暮而歸。居官數年，未嘗市吳中物。比去，唯市《白樂天集》。在河南，杜衍為提點刑獄，間與衍會，而具甚疏薄。他日，中貴人用事者至，亦無加品，衍歎其清德。娶張氏，性嫉悍。及嘗生子，鞠之外舍，張固請歸保養之，乃會親屬，以子擊堂柱，碎其首。及遂無子，以弟之子為後。（卷二九八列傳第五十七，《宋史》中華書局本，第九九〇八～九九〇九頁）

《宋史·王濟傳》

……（景德）四年，（王濟）拜本曹郎中，出知杭州。上面加慰諭，仍戒以朝廷闕失許密上言。遷刑部郎中。郡城西有錢塘湖，溉田千餘頃，歲久湮塞。濟命工浚治，增置斗門，以備潰溢之患，仍以白居易舊記刻石湖側，民頗利之。睦州有狂僧突人州廨，出妖言，與轉運使陳堯佐按其實，斬之，上嘉其能斷。大中祥符三年，徙知洪州，兼江南西路安撫使。屬歲旱民饑，躬督官吏為糜粥，日親嘗而給之；録饑民為州兵，全活甚眾。是歲卒，年五十九，遺奏大旨以進賢退諛佞、罷土木不急之費為言。……（卷三〇四列傳第六十三，《宋史》中華書局本，第一〇〇六八頁）

《宋史・文彥博傳》

……彥博雖窮貴極富，而平居接物謙下，尊德樂善，如恐不及。其在洛也，洛人邵雍、程顥兄弟皆以道自重，賓接之如布衣交。與富弼、司馬光等十三人，用白居易九老會故事，置酒賦詩相樂，序齒不序官，為堂，繪像其中，謂之「洛陽耆英會」，好事者莫不慕之。神宗導洛通汴，而主者遏絕洛水，不使入城中，洛人頗患苦之。彥博因中使劉惟簡至洛，語其故，惟簡以聞。詔令通行如初，遂為洛城無窮之利。……（卷三一三列傳第七十二，《宋史》中華書局本，第一〇二六三～一〇二六四頁）

《宋史・蘇軾傳》

……杭本近海，地泉鹹苦，居民稀少。唐刺史李泌始引西湖水作六井，民足於水。白居易又浚西湖水入漕河，自河入田，所溉至千頃，民以殷富。湖水多葑，自唐及錢氏，歲輒浚治，宋興，廢之，葑積為田，水無幾矣。漕河失利，取給江潮，舟行市中，潮又多淤，三年一淘，為民大患，六井亦幾於廢。軾見茅山一河專受江潮，鹽橋一河專受湖水，遂浚二河以通漕。復造堰閘，以為湖水畜泄之限，江潮不復入市。以餘力復完六井，又取葑田積湖中，南北徑三十里，為長堤以通行者。吳人種菱，春輒芟除，不遺寸草。且募人種菱湖中，葑不復生。收其利以備修湖，取救荒余錢萬緡、糧萬石，及請得百僧度牒以募役者。堤成，植芙蓉、楊柳其上，望之如畫圖，杭人名為蘇公堤。……（卷三三八列傳第九十七，《宋史》中華書局本，第一〇八一二～一〇八一三頁）

《宋史・張耒傳》

張耒，字文潛……耒儀觀甚偉，有雄才，筆力絕健，於騷詞尤長。時二蘇及黃庭堅、晁補之輩相繼沒，耒獨存，士人就學者眾，分日載酒肴飲食之。誨人作文以理為主，嘗著論云：「自《六經》以下，至於諸子百氏騷人辯士論述，大抵皆將以為寓理之具也。故學文之端，急於明理，如知文而不務理，求文之工，世未嘗有也。夫決水於江、河、淮、海也，順道而行，滔滔汩汩，日夜不止，沖砥柱，絕呂梁，放於江湖而納之海，其舒為淪漣，鼓為波濤，激之為風飆，怒之為雷霆，蛟龍魚鱉，噴薄出沒，是水之奇變也。水之初，豈若是哉！順道而決之，因其所遇而變生焉。溝瀆東決而西竭，下滿而上虛，日夜激之，欲見其奇，彼其所至者，蛙蛭之玩耳。江、河、淮、海之水，理達之文也，不求奇而奇至矣。激溝瀆而求水之奇，此無見於理，而欲以言語句讀為奇，反覆咀嚼，卒亦無有，文之陋也。」學者以為至言。作詩晚歲益務平淡，效白居易體，而樂府效張籍。……（卷四四四列傳第二百三文苑六，《宋史》中華書局本，第一三一一三～一三一一四頁）

《宋史・魏野傳》

魏野，字仲先，陝州陝人也。世為農。母嘗夢引袂於月中承兔得之，因有娠，遂生野。及長，嗜吟詠，不求聞達。居州之東郊，手植竹樹，清泉環繞，旁對雲山，景趣幽絕。鑿土袤丈，曰樂天洞，前為草堂，彈琴其中，好事者多載酒肴從之游，嘯詠終日。……（卷四五七列傳第二百一十六隱逸上，《宋史》中華書局本，第一三四三〇頁）

《宋史・西蜀世家・歐陽迥傳》

歐陽迥，益州華陽人。父珏，通泉令。迥少事王衍，為中書舍人。後唐同光中，蜀平，隨衍至洛陽，補秦州從事。知祥鎮成都，迥復來入蜀。知祥僭號，以為中書舍人。廣政十二年，拜翰林學士。明年，知貢舉、判太常寺。遷禮部侍郎，領陵州刺史，轉吏部侍郎，加承旨。二十四年，拜門下侍郎兼戶部尚書、平章事、監修國史。嘗擬白居易諷諫詩五十篇以獻，昶手詔嘉美，賚以銀器、錦彩。……（卷四七九列傳第二百三十八，《宋史》中華書局本，第一三八九四頁）

《宋史·外國七·日本國》

雍熙元年，日本國僧奝然與其徒五六人浮海而至，獻銅器十餘事，並《本國職員》、《今王年代紀》各一卷。奝然衣緑，自云姓藤原氏，父為真連；真連，其國五品品官也。奝然善隸書，而不通華言，問其風土，但書以對云：「國中有《五經》書及佛經、《白居易集》七十卷，並得自中國。……」（卷四九一列傳第二百五十，《宋史》中華書局本，第一四一三一頁）

智按：《元史》卷二百八列傳第九十五「外夷一」：「宋雍熙元年，日本僧奝然與其徒五六人浮海而至，奉職貢，並獻銅器十餘事。奝然善隸書，不通華言。問其風土，但書以對，云其國中有五經書及佛經、《白居易集》七十卷。……」《佩文齋書畫譜》卷三十六「書家傳十五」同。

脫脫，字大用。蒙古蔑里乞氏。馬札兒臺之子。後至元四年累官御史大夫，六年參與罷逐權臣伯顏，拜知樞密院事。至正元年，除中書右丞相。詔修遼、宋、金三朝史，任總裁官。時譽為賢相。至正十二年率軍敗徐州紅巾軍，十四年統兵圍高郵張士誠，城將下，為哈麻中傷罷職，謫居亦集乃路，一年後改流大理，哈麻矯詔鴆死之。生平見《元史》卷一三八本傳。

陳基（一三一四~一三七〇）

《西湖書院書目序》

杭西湖書院，宋季太學故阯也。宋渡江時，典章文物，悉襲汴京之舊，既已裒集經史百氏，為庫聚之於學，又設官掌之，今書庫板帙是也。德祐内附，學廢，今為肅政廉訪司治所。至元二十八年，故翰林學士承旨東平徐公持浙西行部使者節，即治所西，偏為書院，祀先聖先師，及唐白居易、宋蘇軾、林逋為三賢。後為講堂，旁設東西序，為齋以處師弟子員，又後為尊經閣。閣之北為書庫，實始收拾宋學舊板，設司書掌之。……（《四部叢刊》本《夷白齋稿》卷二十一）

智按：陳基，字敬初，臨海（今屬浙江）人。早年和兄長陳聚受業於黄澘，隨黄澘入京，授經筵檢討。曾為别人起草諫章，力陳元順帝及皇后過失，元順帝欲置之罪，乃避禍還鄉，出入吴中玉山草堂。後奉母至吴郡，為張士誠參謀軍事，受其信任。張士誠割據時，他出任内史，遷學士院學士，軍旅倥傯，征戰書檄多出其手。張士誠稱王，惟有陳基進言勸阻。張士誠敗後，朱元璋召他入修《元史》，書成，賜金而還。居室有夷白齋，今存《夷白齋稿》三十五卷、外集一卷、補遺一卷。

王禮（一三一四～一三八六）

《滄海遺珠集序》

予既編次元初以來朝野之詩，凡二千三百餘首，為《長留天地間集》行於世，四方士友猶交致其所睹記者於予，不覺又五百餘首。展玩誦之，因撫卷嘆曰：詩也者，其人文之精而元氣之為也歟！何其愈出愈有而愈無窮也。白樂天嘗言：三才各有文：天之文，三光首之；地之文，五材首之；人之文，六經首之。就六經言，詩又首之。自今而觀，元氣行乎三光五嶽之間，所以烟雲風雪，晦明變化，山川草木動植，榮悴流轉而常見者，皆文也，况鍾而為人，又得五行之秀，宜其能言之士，各鳴其所遇，以感人心，而代不乏焉。盖亦乘元氣，吐人文，往過來續，而無盡藏也，而亦未易得也。抑嘗觀夫滄海之珠乎，清圓明麗之可貴，孰非元氣之孕也，而詩之美似之，然求珠於海，必腰絙深入乎千尋蛟龍之淵，而後得其難也。若此乃有委於沙礫泥淖，而莫之或收，豈不深可慨哉！於是復録今所得若干篇，以補其遺，而名其集曰《滄海遺珠》。嗟乎！詩之遺落，不世見者，可勝道哉！登是集者，可無棄予如遺之嘆矣。遂書此以志其首。(《四庫全書》本《麟原文集》後集卷四)

智按：王禮，字子讓，初字子尚，廬陵（今江西吉安）人。至正十年魁江西鄉試，授安遠教諭，至正十六年除興國主簿，以親老辭歸，江西參政辟爲幕府參謀，改廣東元帥府照磨，未幾復歸，居家講授，學者稱爲麟原先生。入明，屢徵不起。嘗輯同時人之詩爲《長留天地間集》，《永樂大典》殘帙尚存部分内容。有《麟原文集》二十四卷。生平見孔公恂撰墓誌銘（《麟原文集》附録），劉定之、李祁等《麟原文集》序（《麟原文集》卷首），清曾燠《江西詩徵》卷三十二。

陶宗儀（一三一六～一四〇三後）

《南村輟耕録》

⊙志異

至正壬辰春，自杭州避難居湖州。三月廿三日，黑氣亘天，雷電以兩，有物若果核，與雨雜下，五色間錯，光瑩堅固，破其實食之，似松子仁。人皆曰娑婆樹子。閏月十二日，復雨。八月，過杭州，因知三月十八日亦雨如湖州，郡人初不以為異。及九月十日，紅巾犯省治，雨核之地，悉被兵火，無有處，屋宇如故。余弗之信。九月廿六日，湖州陷，儀鳳橋四向焚戮特甚。追思雨核時，橋四向為最多。信前言不誣也。後聞池州亦然與杭日同。池州之禍，尤可慘也。按《白樂天詩集》載，月中嘗墜桂子於天竺寺，葉石林《玉澗雜書》亦云：「仁宗天聖中，七月八月兩月之望，有桂子從空降如雨。其大如豆，雜黄白黑三色，食之，味辛。寺僧道式取以種，得二十五本。」二書豈盡妄耶，此理殊不可曉。但今又為時讖，尤可異也。（《四庫全書》本《輟耕録》卷七）

⊙溫墩

南人方言曰溫暾者，乃微暖也。唐王建《宮詞》「新晴草色暖溫暾。」又白樂天詩「池水暖溫暾。」則古已然矣。（《四庫全書》本《輟耕録》卷八）

智按：白樂天詩即《開元寺東池早春》［元和十五年（八二〇），四十九歲，任忠州刺史。《白居易集箋校》第六〇五頁］。

⊙婦女曰娘

娘子，俗書也，古無之。當作孃。按《說文》：「煩擾也，肥大也。從女，襄聲。女良切。」其義如此。今乃通為婦女之稱。故子謂母曰娘。而世謂穩婆曰老娘，女巫曰師娘，都下及江南謂男覡亦曰師娘，娼婦曰花娘，蒙古又謂曰草娘，苗人謂妻曰夫娘，南方謂婦人之無行者亦曰夫娘，謂婦人之卑賤者曰某娘，曰幾娘，鄙之曰婆娘。考之《風俗通》，漢何敞為鬼蘇珠娘，按誅亭長龔壽。《隋書》：「韋世康為絳州刺史，與子弟書云：況娘春秋已高，温清宜奉。」《教坊記》：「北齊時，丈夫着婦人衣行歌，傍人齊和，云踏謡娘。」《南史》：「梁元徐妃與帝左右暨季江私通。季江曰：徐娘雖老，尚猶多情。」又梁臨川王宏侵魏，魏遺以《巾幗歌》曰：「不畏蕭娘與吴姥，但畏合肥有韋虎。」謂韋睿吕僧珍也。《大業拾遺》：「隋煬帝宫婢曰雅娘。」《唐史》：「張旭草書，見公孫大娘舞劍器而通神。」又武承嗣聞喬知之婢窈娘美，奪取之。杜工部詩：「耶娘妻子走相送。」又：「黄四娘家花滿蹊。」白樂天詩：「吴娘暮雨蕭蕭曲。」韋應物詩：「春風一曲杜韋娘。」柳子厚《下殤女墓磚記》：「始名和娘。」《樂府雜録》：「張紅紅唱歌丐於市，韋青納為姬。敬宗召入宫，號記曲娘。」又《望江南曲》，始自朱崖李太尉鎮浙西日，為姬謝秋娘所製。《明皇雜録》：「呼白鸚鵡為雪衣娘。」《甘澤謡》：「武三思晚獲一妓，曰綺娘。狄仁傑至，遂逃壁隙中，曰：我天上花月之妖也。」《樊川集》：「杜秋娘，年十五，為李錡妾，錡敗，入宫，後坐譴歸故里。」又：「竇桂娘，父良。建中初，為汴州户曹掾。李希烈破汴州，取桂娘去。」《李賀集》：「賀撰申胡子觱篥歌成，翔客喜，擎觴起立，命花娘出幙，徘徊拜客。」《劉賓客集》：「泰娘，本韋尚書家主謳者。」《河東記》：「唐進士段何卧病，遇妊娘留詩而愈。」《傳奇》：「崔氏鶯鶯婢曰紅娘。」《霍小玉傳》：「長安中，有媒氏鮑十二娘，薛蒼駙馬青衣也。」《余媚娘叙録》：「陸希聲娶余媚娘。媚娘約媒曰：陸郎中若必得兒侍巾櫛，須立誓不置側室及女奴。」《圖經》：「蠶神謂之馬頭娘。」《杜陽雜編》：「南海貢奇女盧媚娘，工巧無比。」《麗情集》：「陳敏兄妾越娘貌美。兄死，遂與欵狎。」《續齊諧記》：「齊穎寓山陰，夜見前宰妾萬文娘。」《墨莊漫録》：「李后主令宫嬪窅娘，以帛繞脚令纖小。」右畧舉一二，不能悉載。是則今之云云，皆有所本。然都下自庶人妻，以及大官之國夫人，皆曰娘子，未嘗有稱夫人郡君等封贈者。載考之史，隋柴紹妻李氏，起兵應李淵，與紹各置幕府，號娘子軍。唐平陽公主兵與秦王定京師，號娘子軍。花蕊夫人《宫詞》：「諸院各分娘子位。」韓昌黎有《祭周氏二十娘子文》。以此推之，古之公主宫妃，已與民間共稱娘子。則今之不分尊卑，亦自有来矣。

(《四庫全書》本《輟耕録》卷十四)

⊙傳席

今人家娶婦，輿轎迎至大門，則傳席以入，弗令履地。然唐人已爾。樂天《春深娶婦家》詩云：「青衣轉（去聲）氈褥，錦繡一條斜。」(《四庫全書》本《輟耕録》卷十七)

⊙崔麗人

余向在武林日，於一友人處。見陳居中所畫唐崔麗人圖，其上有題云：「並燕鶯為字，聯徽氏姓崔。非煙宜采畫，秀玉勝江梅。薄命千年恨，芳心一寸灰。西廂舊紅樹，曾與月徘徊。余丁卯春三月，御命陜右，道出於蒲東普救之僧舍。所謂西廂者，有唐麗人崔氏女遺照在焉。因命畫師陳居中繪模真像，意非登徒子之用心、迨將勉情鍾始終之戒。仍拾四十言，使好事者知百勞之歌以記云。泰和丁卯林鐘吉日，十洲種玉大志宜之題。延祐庚申春二月。余傳命至東平，顧市粥雙鷹圖。觀久之，弗見主人而歸。夜宿府治西軒，夢一麗人，綃裳玉質，逡巡而前曰：「君玩雙鷹圖，雖佳，非君几席間物。妾流落久矣，有雙鷹名冠古今，願托君為重。」覺在怪之，未卜其何祥。遲明，欲行，忽主人攜鷹圖來，且四軸。余意麗人雙鷹符此數耳。繼出一小軸，乃夢所見，有詩四十字，跋語九十八。識曰：「泰和丁卯，出蒲東普救僧舍，繪唐崔氏鶯鶯真，十洲種玉大志宜之題。」畫詩書皆絕神品也。余驚詫詫良久。時有司群官吏環視，因縮不目，托以跋語佳勝，贖之。吁！物理相感，果何如耶！豈法書名畫自有靈耶？抑名不朽者隨神耶？遇合有定數耶？余嘗謂關睢碩人，姿德兼備，君子之配也；琴心雪句，才豔聯芳，文士之偶也。自詩書道廢，丈夫弗學，況女流乎？故近世非無秀色，往往脂粉腥穢，鴉鳳莫辨。求其仿佛待月章之萬一，絕代無聞焉。此亦慨世降之一端也。因歸於我，義弗辭已。宜之者，盖前金趙愚軒之字，曾為鞏西簿。遺山謂泰和有詩名，五言平淡，他人未易造。信然。泰和丁卯，迨今百十四年云、其月二日。壁水見士思容題。右共五百九字。雖不知壁水見士為何如人，然二君之風韻可想見矣。因俾嘉禾繪工盛懋臨寫一軸，適舅氏趙公待制（雍）見而愛之，就為録文於上。按唐元微之傳奇鶯鶯事，以為張生寓蒲之普救寺，適有崔氏孀婦，亦止兹寺，崔氏婦、鄭氏也，生出於鄭，視鄭則異派之從母。因丁文雅軍擾掠蒲人，鄭惶駭不知所措。生與將之靈善。請吏護之，不及於難。鄭厚生德，謂曰：「姨之弱子幼女，當以仁兄之禮奉承。」命鶯鶯出拜，顔色豔異，光輝動人。生問其年紀。鄭曰：「十七歲矣。」生自是惓之，私禮鶯鶯之侍婢紅娘，間道其意，既而詩章往復，遂酬所願。中間離合多故，然不能終諧伉儷。説者以為生即張子野。宋王性之著《傳奇辨正》，按微之作《姨母鄭氏墓銘》云：「其既喪夫，遭軍亂，微之為保護其家。」又作《陸氏志》云：「余外祖睦州刺史鄭擠。」白樂天作《微之母鄭氏志》，亦言鄭濟女。而唐崔氏譜：「永甯尉鵬，娶鄭濟女，則鶯鶯乃崔鵬之女，於微之為中表也。」《傳奇》言生年二十二，樂天作《微之墓誌》，以大和五年薨，年五十三。即當以大曆十四年己未生，至貞元庚辰，正二十二歲。凡此數端，决為微之無疑。特托他姓以避就耳，事具《侯鯖録》中。（《四庫全書》本《輟耕録》卷十七）

智按：陶宗儀，字九成，黄岩（今屬浙江）人。據昌彼得《陶宗儀生年考》（載臺北《大陸雜志》第二十六卷第十一期，一九六三年六月），陶宗儀生於仁宗延祐三年（一三一六），陸林《夏庭芝生年及〈青樓集〉寫作時間考》（載《中華戲曲》第二十七輯，文化藝術出版社二〇〇二年版，後收入其《知非集》，黄山書社二〇〇六年版，第四十至五十一頁）則認為生於仁宗皇慶元年（一三一二）。元至正間曾應鄉試，不中即棄去。元末，避兵松江之南村，因以自號。元南臺御史與張士誠均欲羅致，均不爲所動。入明，累辭辟舉，躬親稼穡，教授生徒，自食其力。晚年，聘爲教官，亦非其所願爲。洪武二十九年，率家鄉諸生赴禮部試，賜鈔歸。卒於永樂初年，享年八十餘。工詩文，富著述，著有《南村輟耕録》、《書史會要》、《南村詩集》、《滄浪棹歌》等，還着意搜集文獻，編成《説郛》、《草莽私乘》、《游志續編》、《古刻叢鈔》等，皆行於世。

昂吉（一三一七～一三六六）

《玉山草堂賦詩得高字》

七月既望日，玉山主人與客晚酌於草堂中。肴菓既陳，壺酒將瀉。時暑漸退，月色出林樹間。主人迺以「高秋爽氣相新鮮」分韻，昂吉得高字。詩不成者三人，各罰酒二觥。詩成者并書於後。

窗外白雲翻素濤，座間翠袖妬紅桃。風生楊柳暑光薄，月上芙蓉秋氣高。喜近山僧吟樹底，更隨仙子步林皐。主人才思如元白，日日題詩染綵毫。（《玉山名勝集》卷一；顧嗣立《元詩選》三集卷十；中華書局本《玉山名勝集》第三五頁）

智按：昂吉，字啟文（一作起文）。河西唐兀氏，家族入中原後占籍太平（安徽當塗）。漢姓高，名高起文。久在吴中，至正七年中鄉試。至正八年進士，授翰林編修，改紹興路録事司參軍，遷池州録事。為人廉謹寡言笑，出入吴中詩壇，是顧瑛玉山草堂座上客。生平見唐肅撰墓志銘（《丹崖集》卷八）、十八卷本《草堂雅集》卷十、《吴中人物志》卷十、《元西域人華化考》卷四。

王逢（一三一九～一三八八）

《奉陪何秘監貢司業宴吴司令士明棣華園》（名惟誠。里人）

園居賢伯仲，堂宴列仙儒。陸地生盤谷，三山失翠壺。池文春藻浄，峯影夏雲孤。鶴隴威紆入，鵝梁窃窱鋪。竹森淇澳士，花擁洛陽姝。黄鳥尊浮蟻，清風鱠斫鱸。罍鵝懲李監，薪蠟賤齊奴。潦倒粗疎隔，風流醖藉俱。游絲高柳礙，醉袖小蠻扶。興入香山社，詩題曲水圖。陽城徵起晉，賀老賜歸湖。佩訝金龜重，官宜白馬癯。諸生遥在望，故吏暫休趨。和氣塤篪叶，佳時几杖娱。情敦賓客禮，身服古先模。衣共非文繡，經明是典謨。八龍騅里邑，三鳳頡天衢。棠棣名專美，芝蘭實並敷。一丘吾獨忝，四海道相於。逕造兹成癖，毋煩折簡呼。（《四庫全書》本《梧溪集》卷一）

《讀白寓齋詩》（有序）

寓齋，字君舉，金之隩人。登泰和三年詞賦第，累遷樞府。棄官隱居教授卒。名與元遺山、趙閒閒相頡頏。欒城李冶，序其詩曰：龍韜雷厲於紛挐之頃，玉唾川流於談笑之餘。逢觀其題靖節圖有云：咄哉靈運輩，竟坐衣冠辱。何如五柳家，春雨東皐緑。風節可概見矣。併録酬元公八句：夢裏薰風湛露歌，花開漢苑舊經過。拾遺老去青春暮，司馬歸來白髪多。横槊賦詩吾豈敢，短衣扣角夜如何。相逢未盡相思話，草色連雲水碧波。弟文舉，亦登貞祐進士第，贊戎政，著功當時。馮西巖内翰，有「科第聯飛光白傳」之句稱云。

太白南流昴漸高，樂天退隱擅詩豪。中州河岳歸元魏，彭澤風煙入晉陶。茅屋不眠歌慷慨，金源回首意牢（一作髮髩）騷。當時耆舊皆陳迹，何處青青沼沚毛。(《四庫全書》本《梧溪集》卷四)

智按：王逢，字原吉，號席帽山人、梧溪子，祖籍太原（今屬山西），江陰（今屬江蘇）人。弱冠有文名，師事陳漢卿，陳漢卿出於虞集之門，王逢詩文受虞集影響。至正中作《擬河清頌》，行臺及憲司曾舉薦於朝，又稱病不就。逢身逢末世，雖然未仕元，但始終忠於元，入明，是較有代表性之勝國遺民。生平見《明史》卷二八五（附見戴良傳）、顧嗣立《元詩選》初集小傳、《列朝詩集小傳》甲前集、《元詩紀事》卷二十六。

陸友仁（一三三二前後）

《研北雜志》

李伯時雅集圖有兩本，一在元豐間，宴於王晉卿都尉之第所作，一蓋作於元祐初，安定郡王趙德麟之邸，劉濳夫書其後云：《重屏圖》至汝陰王明清氏始定，正坐者為南唐李中主像，嘗見樓宣獻公家周文矩所畫初本，前有徽宗御書白樂天《偶眠》一章云：「放杯書案上，枕臂火罏前。老愛尋思事，慵多取次眠。妻教卸烏帽，婢與展青氈。便是屏風樣，何勞畫古賢。」此白樂天詩。(《四庫全書》本卷上)

江南李中主兄弟四人圍棊屏，上書樂天前詩。紙上着色。人皆如生。(《四庫全書》本卷上)

晉謝奕號方外司馬，王晞為常山王司馬，亦號方外司馬。唐祕書監賀知章乞身歸越，自號祕書外監，朱南宫號中嶽外史，故張伯雨亦自謂句曲外史。白樂天詩：「堯被巢由作外臣。」張俞欲作外臣，以白雲孤鶴為友，李白受寶訣，為三十六帝之外臣，王介甫亦云：「秖合箕山作外臣。」皆謂方外之臣也。

非左氏所謂鄭國之臣為外臣也。(《四庫全書》本卷下)

白樂天《移山櫻》詩云:「亦知官舍非吾宅，且斸山櫻滿院栽。二佐近年多五考，少應四度見花開。」乃知唐之小官，五考為任。(《四庫全書》本卷下)

智按:陸友，字友仁，一字輔之，號研北生(硯北生)，吳郡(今江蘇蘇州)人。幼聰敏好學，作詩必擬古人，不苟下筆。曾北遊京師，以精於文物鑒定，受到柯九思、虞集等賞識，至順三年(一三三二)與柯九思一同南還。在鄉潛心著述，所居斗室名爲「志雅齋」。元統元年(一三三三)至二年，撰《研北雜志》二卷。卒年四十八歲。有《墨史》二卷及《硯史》、《印史》，詩文等。死後文稿散亂不存。生平見十八卷本《草堂雅集》卷十二、《吳中人物志》卷十三、《元詩選》三集《杞菊軒稿》。

祝誠(一三三七前後)

《蓮堂詩話》

宋曾慥端伯《詩選》云:張文潛晚喜樂天詩，邠老聞其稱美，輒不樂，嘗誦山谷十絕句，以為不可跂及。其一云:「老色日上面，歡情日去心。今既不如昔，後當不如今。」文潛一日召邠老飯，預設樂天詩一帙，置書室枕席間，邠老少焉假榻，翻閱良久，才悟山谷十絕詩盡用樂天大篇裁為絕句，蓋樂天長於敷衍，而山谷巧於剪裁。自是不敢復言。(《叢書集成初編》據琳琅秘室叢書本排印本卷上)

智按:祝誠，海昌(今浙江海寧西南)人。《蓮堂詩話》卷下有「至元丁丑以來，十數年間」之語，至元丁丑，應是元順帝後至元三年(一三三七)。

沈右(一三四〇前後)

《與慎獨詩簡》

東林薄酒試新嘗，中有松花膩粉香。遺送潁川陳有道，書齋渴飲勝茶湯。

廿八字偕一壺薄酒奉寄上，惜不多耳。楊誠齋文稿不曾收得，所謂芍藥屋，疑只是用幄帟覆架者，古人稱牡丹為木芍藥，白居易有詩云：「上張幕幄庇」，豈亦本諸此？未審是否，更乞考正之。右再行稟慎獨先生坐下。（《四庫全書》本《珊瑚木難》卷六）

智按：又見卞永譽《式古堂書畫彙考》卷十九（《四庫全書》本）；倪濤《六藝之一録》卷三百八十四（《四庫全書》本）。

沈右，字仲説，別號訥齋（一作御齋）、黙菴道人，吳興（今浙江湖州）人，居長洲（今江蘇蘇州）。一生隱居讀書，以文學誼行受鄉里尊重。生平見楊維楨編《西湖竹枝集》、顧嗣立《元詩選》二集《清輝樓集》小傳、《元詩紀事》卷二十四。

陳性定（一三四八前後）

《仙都志》

獨峯山，一名仙都石。謝靈運《名山記》云：縉雲山旁有孤石，屹然干雲，高二百丈，三面臨水，周圍一百六十丈，頂有湖，生蓮花，有巖相近，名步虛山，遠而望之，低於步虛；迫而視之，步虛居其下。舊《東陽記》：一名丹峯山。昔黃帝嘗乘龍車登此山，轍跡猶存，自唐白樂天以下，古今名賢留題有什。（《仙都志》卷上「山川」；《續修四庫全書》第七二三册，第六七三頁；張繼禹主編《中華道藏》第四十八册，第一七四～一七五頁）

⊙中書舍人白居易樂天

黃帝旌幢去不回，片雲孤石獨崔嵬。有時風激鼎湖浪，散作晴天雨點來。（《仙都志》卷下「題詠」；《續修四庫全書》第七二三册，第六八四頁；張繼禹主編《中華道藏》第四十八册，第一八三頁）

智按：徐凝《題縉雲山鼎池二首》其一：「黃帝旌旗去不回，空餘片石碧崔嵬。有時風卷鼎湖浪，散作晴天雨點來。」

陳性定《仙都志》，元至正八年（一三四八）編著，有《續修四庫全書》

影印北圖藏瞿氏鐵琴銅劍樓抄本。

李延興（一三五七進士）

《送東安縣鄧侯朝覲序》

皇帝十有三年，有旨設賢良方正等科，徵用邱樊士，圖治功也。於是金壇鄧侯由聰明正直，一仕為東安邑，今北平所司也。昔者召公奭，此其封域，西都盛時，民咸沐其休澤。姬轍既東，王室板蕩，人情風俗，與古敻殊。至於近代，金革屢起，創殘之氓，大抵皆其喘蘇悖定之餘。矧北平大方面藩翰也，分閫也，臬司也，大府也，其所需一是取給於近縣，自非竭其力而恤其黐民，病其能少瘳乎？侯能宣上澤以拊揗之，故能得一邑百姓心。侯端慎而質直，不求名，不近功，不與物競，而退讓若不足，靄然仁義人也。其學純正而詳其實，詩聯編累帙，而忠君許國之念，一飯不忘人，謂其如杜拾遺；諷諫之旨，寓於言表，讀之可以懲勸人，又謂其如白居易云。兹以户口田糧事，上計於朝也。大夫士皆為詩以贈，而僕以譾材，辱知於後最稔，兼之以斯文骨肉我，以雅道薰陶我，以直言正論啟廸我也，至矣其較也，曷能已於言乎？於是致辭於侯曰：民者，邦之本；財者，民之心。稽諸方册，其所以固邦本、收民心之説詳矣。今天下黔黎，涵濡乎仁風化雨中，而吾邑也，藉侯之惠之力之至，故其户田不踰歲而加多於往時，侯行哉其至也。奏對文石之陛俯伏主臣，而敷宣洞達，必有以動於聰之聽，而喜溢乎天日之表矣。若夫增秩賜金，古所以旌循良吏故事，朝家自有公議在。（清康熙抄本《一山文集》卷四）

智按：李延興，初名李守成，字繼本，以字行，晚號一山，大都（今北京）人。李士瞻長子。至正十七年（一三五七）王宗嗣榜第三甲進士，授太常奉禮兼翰林檢討。元末辭官隱居，「於勢利澹如，若將終身焉。而河朔學者尊仰德業，擔囊負笈，不遠數百里來學。」（李敏《一山集序》）入明後，河朔諸郡邑曾聘請他擔任過教職。明洪武二十七年（一三九四）尚在世。有《一山文集》九卷，其中詩二卷，文七卷。生平見陳祖仁撰《李公行狀》

(《經濟文集》附録)、〔萬曆〕《保定府志》卷三十六、《大明一統志》卷一、《元詩選》初集《經濟集》、朱彝尊《静志居詩話》卷五、《四庫提要辨證》卷二十三、清錢熙彦《元詩選補遺》。

田子貞（一三五七前後）

《題安分軒圖》

一室蕭蕭萬慮忘，幽栖真似斛斯莊。春晴野澗多藜藿，秋晚山田足稻粱。待富却慚居易拙，送窮應笑退之狂。看君已在羲皇上，老去從教白髮長。（四明田子貞。）（《四庫全書》本《趙氏鐵網珊瑚》卷十六）

智按：田子貞，名貞，以字行。至正十七年丁酉，寇起縉雲，民多奔竄巖穴，且飢饉相仍，道殣相望，子貞出已粟賑之，皆羅拜於庭，曰我等已在鬼籙，賴公生我，倘有役使，蹈水火無恨。子貞因結為義旅，使捍鄉井，賊不敢犯。(《浙江通志》卷一百八十九引《永康縣志》) 廉訪使者檄授巡檢，子貞辭，明兵下浙東，陳友定授武義尹，知天命有歸，縛使者，戮之，焚其書。(《浙江通志》卷一百八十九引《兩浙名賢録》)

孔克齊（一三六〇前後）

《静齋至正直記》

愛錢寫字必得錢，然後樂爲之書。一日有二白蓮道者，造門求字。門子報曰：「兩居士在門前求見相公。」松雪怒曰：「甚麽居士？香山居士、東坡居士邪？箇樣吃素食的風頭巾，甚麽也稱居士？」管夫人聞之，自內而出曰：「相公不要恁地焦躁，有錢買得物事喫。」松雪猶愀然不樂。少頃二道者入，謁罷，袖攜出鈔十錠曰：「送相公作潤筆之資，有庵記，是牟教授所作，求相公書。」松雪大呼曰：「將茶來，與居士喫。」即歡笑，逾時而去。蓋松雪公入國朝後，田産頗廢，家事甚貧，所以往往有人饋送錢米肴核，必作字答之，人以是多得書，然亦未嘗以他事求錢耳。(《静齋至正直記》卷一，《續修四

庫全書》影印清毛氏抄本）

智按：孔克齊，一名孔齊，字肅夫，號行素、靜齋，別號闕里外史。祖籍曲阜（今屬山東），其父孔文昇曾任建康書吏，家于溧陽（今屬江蘇）。以薦授黄岡書院山長，召為國史編修。至正間，避居四明（今浙江寧波）之東湖。記所見所聞，成《靜齋至正直記》四卷，其中《雜記直筆》跋于至正庚子（一三六〇）春三月壬寅。

鄭允端（一三二七～一三五六）

《琵琶亭》

天空月白江水寒，斜抱琵琶寄所宣。自古佳人多薄命，不須惆悵販茶船。（《肅雍集》，中國國家圖書館藏清抄本；田藝蘅《詩女史》卷十二，明嘉靖三十六年刻本）

智按：鄭允端，字正淑。南宋丞相鄭清五世孫女。祖籍鄞縣（今浙江寧波），伯父在吴郡作通判，便遷居吴郡（今江蘇蘇州）。家繞資財，被稱爲「半州」，又叫「花轎鄭家」。鄭允端姿質秀慧，尤善詩歌。嫁給同郡施伯仁，兩人相敬如賓。至正十六年，吴郡遭遇劫難。元軍、苗軍、張士誠所部，幾批兵卒如山林過火，將繁榮錦綉城鎮摧毀殆盡。張士誠最終占據平江，鄭允端家爲亂兵所掠，一貧如洗。她也因經受驚恐跌宕，抑郁而卒。宗族私謚貞懿。有詩稿一卷，題爲《肅雍集》，鄭允端死後由丈夫施伯仁詮次成帙，并請錢惟善、杜寅作前後序。録詩一百五十首，是元代女詩人中存詩最多者。生平見《肅雍集》敘傳，《吴中人物志》卷八、《元詩選》初集、《元詩紀事》卷三十六，均有傳略。

吴海（一三三三？～一三八六）

《祭蘇善卿六丈文》

人之有生則必有死，死顧有為人所幸，有為人所惜。至於人莫不痛其死，則猶不死也。嗚呼！先生之質之純，藹盎然春和，粹然玉温，表裏如一，誠意肫肫。得一善而喜，忘食與寐；聞一惡而戒，如刃剸鋒，鑽讓夷，推德周，貧急難，生不負死，行必踐言，孝友子諒，愊愊悃悃，自其家無閒言，自三族無閒言，自鄉黨朋友下至僮僕無閒言。雖婦女童孺，莫不愛敬，以至凶頑險狡，皆革面而不敢售其奸，此豈富足以致其慕勢，足以起其畏耶？比其歿也，聞名而不識面者，亦齎咨感歎，此又安可得耶？海以繾綣之親，辱知最厚，痛悼之私，實逾常品，然所論述，則不敢過也。嗚呼！載思往日，一話一言，談經講道，酌酒酬篇，青鞋布襪，水涯山巔，荔陰橙香，月下霜前，徘徊接武，笑語連肩，亂離相依，廬旅仍年。去年初冬，君時抱疾，我往來慶，謂君六秩，豈知勉强為我追陪，曾歸幾何，遽以告萎。肝腸傾翻，骨肉驚顫。傷心欲狂，涕淚如霰。嗚呼！我有病疾，君省候之；我有患難，君赴救之；我有不及，君教誨之；凡我中曲，君盡知之。君有所為，與我謀之。樂為我喜，憂為我戚。而君之疾，我不得視湯藥；君之歿，我不得視纊息。終天之別，不待永訣。於我私情，如何如何？蚩蚩横目，或得黄耇。君雖百年，何足為壽。海也道不侔於時，用不符於世，貧賤寡陋，不足歟發潛德，尚逢白居易，為建善人碑，象峰之阡，出門企只，既安且固，利其後嗣，靈辰永遷，輀車載路，薄奠一觴，瀝此情悰，哀哉哀哉！（民國嘉業堂叢書本《聞過齋集》卷八）

智按：吴海，字朝宗，號魯客，閩縣（今福建福州）人。博學負氣節，受到貢師泰、林泉生等推重。至正間慕鄒魯之風，徙居不果，歷經喪亂，家益貧甚，扁其齋曰「聞過」，學者稱聞過先生。洪武初，部使者欲薦於朝，力辭不出。素與永福王翰友善，王翰死後，為經紀其家，撫孤王偁教之。去世後，王偁編次其文為《聞過齋集》八卷，只存文章。《元詩選》二集選録其詩四首，亦名《聞過齋集》。生平見《閩書》卷一二六、《明史》卷二九八、《元詩選》二集《聞過齋集》。

錢惟善（一三四一前～一三七九後）

《懷泳南江并簡黄晉卿州判》

憶宿南山小蘭若，蒲牀莞席岸烏紗。掃雲曉辨諸峰樹，聽雨夜煎雙徑茶。

白傅中原繙貝葉，遠公何日刻蓮花。逃空欲辟人間世，江海蒼茫可泛槎。（《四庫全書》本《江月松風集》卷三）

《劉時中待制見和定山十咏作詩以謝》

玉堂學士來湘中，笑攬衡嶽（一作衡霍）吞雲夢。西瞻蛾眉呼太白，南望蒼梧登祝融。射魚昔號玄真子，樵青隨處攜詩筒。扁舟匹馬萬里外，曾渡瀛海過崆峒。識荆再拜二十載，棄繻（一作垂緌）誰復憐終童。辭官錢唐聽江雨，願言《擊壤》歌元豐。定山品題自靈□，屹然當道江爭雄。雲泉靈洞自奇絕，燒丹嘗聞留葛洪。浮山下鎖蛟龍窟，百川砥石（一作柱）為之東。五雲高標太古雪，日（一作月）輪日（一作直）上清虛宮。招提翬飛翥龍鳳，漁子暝宿蘆花風。是間勝槩難指數，作者往往皆名公。山靈昨夜見我夢，喜得珠玉傳無窮。杖屨何時此幽討，潤色舊觀重發矇。問公前身竟是誰，香山居士東坡翁。（《四庫全書》本《江月松風集》卷四；顧嗣立《元詩選》初集卷六十二）

《秋熱得雨有懷》

今夏五月涼，殘暑不易過。楚氣（一作氛）蒸火雲，商飈動塵堁。涸澤鱣魚（一作鯨）虞，大厦燕雀賀。寒泉當晝濯，茂樹終日坐。元白逃士嘲，丹鉛督兒課。蛟龍候帝符，霖雨須王佐。力田歲乃旱，良農心亦惰。忽爾天瓢傾，令我客愁破。萬事付（一作傳）漚波，百年同蟻磨。秋高海濤北，夜朗江月大。天香桂一枝，地籟竹千箇。懷人當此時，狂歌誰敢和。（《四庫全書》本《江月松風集》卷五）

《三月望日與袁鵬（一作朋）**舉賓王**（一作玉）**同游北山東山神仙宮諸勝處訪喜鵲寺茂上人不遇泛舟而廻》**

自憐躭句平生樂，時得尋真半日閑。白白楊花迷道上，青青梅子落林間。三千歌舞如春夢，四十飛騰未老顔。喜鵲寺中因舉訪（一作話），前身記得是香山。（《四庫全書》本《江月松風集》卷十二）

智按：錢惟善，字思復，號曲江居士，又號白心道人，錢塘（今浙江杭州）人。早年精習《毛詩》，強記多才，有詩名，元世祖至元年間，年僅十幾歲，挾詩卷請見正在江浙行省任職之李衎，受到禮遇。刻意爲詩，至治、泰定年間活躍於江浙，曾與貫雲石、曹鑒、劉致等人唱和往還。後至元、至正間，與楊維楨交往密切。參加至正元年（一三四一）江浙省試，試題爲《羅刹江賦》，與試三千人，僅錢惟善據枚乘《七發》考出錢塘之曲江即羅刹江，考官得卷，置名前列。錢惟善此後特建曲江草堂。領鄉薦，任江浙行省儒學副提舉。張士誠據吳中，退隱吳江笥川，又移居華亭。明洪武十二年（一三七九）尚在世。生平見楊維楨《西湖竹枝集》、《明史》卷二八五、《大明一統志》卷九、〔正德〕《華亭縣志》卷十五、顧嗣立《元詩選》初集小傳、《元詩紀事》卷十九。

陳秀民（？～一三八九後）

《東坡詩話録》

東坡賦詩用人姓名，多以「老」字足成句。如《壽州龍潭》云：「觀魚并記老莊周。」《病不赴會》云：「空對親春老孟光。」《看潮》云：「猶似浮江老阿童。」《贈黄山人》云：「說禪長笑老浮屠。」《元長老衲裙》云：「乞與佯狂老萬回。」《東軒》云：「挂冠知有老蕭郎。」《侍立邇英》云：「定是香山老居士。」《贈李道士》云：「知是香山老居士。」《蒜山亭》云：「奇進多聞老敬通。」《汶公東堂》云：「一帖空存老遂良。」《次韻韶守》云：「華髮蕭蕭老遂良。」《游羅浮》云：「還須略報老同叔。」《贈辨才》云：「中有老法師。」《寄子由》云：「青山老從事。」《贈眼醫》云：「忘言老尊宿」，《妙高臺》【云】：「【臺】中老比邱。」《謝惠酒》云：「青州老從事。」《謝餉魚》云：「誰云老方朔。」《贈吳子野扇》云：「得之老月師。」《次韻李端叔》云：「此是老牛戩。」皆以為助語，非眞謂其老也。大抵七言則于第五字用之，五言則于第三字用之，若其他錯出，如「再說走老瞞」，「故人餘老龐」，「老濞宮妝傳父祖」，「便腹從人笑老韶」，「老可能為竹寫眞」，「不知老壯幾時歸」之類，皆隨語勢而然。白樂天云：「每被老元偷格律」，亦有自來矣。（《叢書集成初編》本《東坡詩話録》卷上）

智按：出自《容齋隨筆·三筆》卷六（上海古籍出版社本，第四八三～四八四頁）。

宋時，府治虚白堂前，有紫薇花兩株，相傳白樂天所植，蘇子瞻守郡時，神宗嘗書樂天《紫薇花》以賜之，至是，子瞻次錢穆父題詩云：「虚白堂前合抱花，秋風落日照横斜。閲人此地知多少，物化無涯生有涯。」又云：「折得芳蕤兩眼花，題詩相贈字傾斜。篋中尚有絲綸句，坐覺天光照海涯。」（《叢書集成初編》本《東坡詩話録》卷上）

智按：又載《西湖游覽志餘》卷二十四「委巷叢談」（浙江人民出版社本，第三八一頁）。

牡丹，唐時杭州無此種。長慶開元寺僧惠澄自都下乍得一本，謂之洛花，白樂天攜酒賞之。張處士祜題詩云：「濃豔初開小藥欄，人人惆悵出長安。風流卻是錢塘守，不踏紅塵看牡丹。」至宋時漸多，而獨盛于吉祥寺。蘇子瞻通判杭州時，有《牡丹記敘》一篇。其略云：「熙甯五年三月二十三日，予從太守沈公觀花于吉祥寺僧守璘之圃，圃中花千本，其品以百數。酒酣樂作，州人大集，金盤綵籃，以獻于座者，五十有三人。飲酒甚樂，素不飲者皆醉。自輿臺皂隸，皆插花以從，觀者數萬人。」可謂盛矣。（《叢書集成初編》本《東坡詩話録》卷上）

智按：又載《西湖游覽志餘》卷二十四「委巷叢談」（浙江人民出版社本，第三八四～三八五頁）。

山谷嘗曰：「白樂天、柳子厚俱效陶淵明作詩，而推子厚詩為近。」然以予觀之，子厚語近而氣不近，樂天氣近而語不近。子厚氣悽愴，樂天語散緩，各得其一，要于淵明詩未能盡似也。東坡亦嘗和陶詩百餘篇，自謂不甚愧淵明，然坡詩語亦微傷巧，不若陶詩體合自然也。要知陶淵明詩，須觀江文通《雜體》詩中擬淵明作者，方是逼眞。（《叢書集成初編》本《東坡詩話録》卷上）

智按：此則出自陳善《捫蝨新話》「擬淵明作詩」（下集卷四，《古今圖書集成》文學典第二百二十七卷詩部雜録十二第一二～一三頁；程毅中主編《宋人詩話外編》上册，第四三五頁）。

白樂天《長恨歌》云：「玉容寂寞淚闌干，梨花一枝春帶雨。」人皆喜其氣韻之佳也。東坡作送人小詞云：「故將别話調佳人，要看梨花枝上雨。」雖用樂天兩句，别有一種風味，非點鐵成黄金手，不能為此也。（《竹坡詩話》）（《叢書集成初編》本《東坡詩話録》卷下）

東坡《祭柳子玉文》：「郊寒島瘦，元輕白俗。」此語具眼。客見詰曰：「子盛稱孟東野、白樂天詩，又愛元微之詩，而取此語，何也?」僕曰：「論道當嚴，取人當恕。此八字，東坡論道之語也。」（《許彦周詩話》）（《叢書集成初編》本《東坡詩話録》卷下）

《冷齋夜話》云：山谷言，意無窮而人才有限；以有限之才追無窮之意，雖淵明杜陵不得工也。不易其心而造其語，謂之换骨法；規摹其意而形容之，謂之奪胎法。白樂天詩云：「臨風杪秋樹，對酒長年身。醉貌如霜葉，雖紅不是春。」至東坡詩云：「兒童悮喜朱顔在，一笑那知是酒紅。」此皆奪胎法也。（《叢書集成初編》本《東坡詩話録》卷下）

東坡梅詩：「鮫綃剪碎玉簪輕，檀暈妝成雪月明。肯伴老人春一醉，懸知欲落更多情。」王十朋集諸家注，皆不解「檀暈」之義，今為著之。宇文氏《妝臺記》紀婦女畫眉，有倒暈妝，古樂府有「暈眉攏鬢」之説，元微之《與白樂天書》：「近昵婦人暈淡眉目，綰約頭鬢。」《畫譜》有正暈牡丹、倒暈牡丹。《太平廣記》：許老翁有銀泥裙，五暈羅。畫工七十二色，有檀色，與張萱所畫婦女暈眉，所謂紫沙羃酷似，似可以互證也。坡詩又云「剩看新翻眉倒暈」，又云「倒暈連眉秀嶺浮」。（《叢書集成初編》本《東坡詩話録》卷下）

智按：陳秀民，一作陳秀明，字庶子，晚號棲老，溫州（今屬浙江）人，寓居嘉興（今屬浙江）。博學善書，至正間為武岡城步巡檢、知常熟州。張士誠據有吴中，陳秀民為參軍，歷江浙行中書省參知政事、翰林學士。入明未詳所終，洪武二十二年（一三八九）尚在世。編有《東坡文談録》一卷、《東坡詩話録》三卷。生平見十八卷本《草堂雅集》卷十三、《元詩選》三集《寄情稿》、清沈季友《檇李詩繫》卷四、《元詩紀事》卷二十八。

王濡之（至正間）

《題玉山草堂》

往昔杜陵老，草堂樂棲遲。雖當艱虞際，去歸忘險巇。迢遥玉山翁，高致心所追。結構（一作構結）略華靡，小逕分逶迤。軒楹既蕭洒，竹樹仍紛披。洗翠彝鼎列，琢石屏几施。燕坐書萬卷，意行笻一枝。幽花春冉冉，鳴鳥景（一作春）熙熙。環珮恣歡集，琖斝無停時（一作持）。詠嘯紫鸞下，吐句長虹垂。文章振光耀，照暎滄海涯。曾不隠居士，亦復欣尔為。盧鴻圖繪設，香山妻子攜。浣花我深慕，俗人殊未知。樂兹賓客共，豈惟一園池。秋風捲茅屋，不見形歌詩。突兀萬間厦，千載同襟期。（《四庫全書》本《玉山名勝集》卷一；中華書局本《玉山名勝集》第二十四頁）

智按：王濡之，字德輔，山陰（今浙江紹興）人。至正中，與崑山顧瑛玉山草堂會集。

戚輔之

《佩楚軒客談》

李龍，字和父，笠澤人，家吳興三匯之交，效元、白歌詩，不樂仕進。年登耄期，自作墓銘云：「孰生予，孰死予，予自不知。為文之徒，詩之徒，今瘞於斯。」孰知伯道之無兒，未幾，死。趙文曜為誌，葬之河道兩山間，梅樹百株。趙德符題碣曰：「宋詩人雪林李君之墓。」（《四庫全書》本《説郛》卷二十七下；《古今圖書集成》文學典第八十四卷文學總部列傳七十二第二六頁；文學典第一百七十八卷墓誌部紀事第一五～一六頁）

智按：李龍，當作李龏（一一九四～?）（生年據本集《癸卯元旦》「五十平頭今日到」推定)，字和父，號雪林。笠澤，當作菏澤（今屬山東)。家吳興三匯之交（今屬浙江)。以詩游士大夫間，據本集《八月三十日小園桂香清甚招同僚吟賞憶劉判官葉令君》詩，似曾短期出仕。享年登八十。有《吳湖藥邊吟》、《雪林采蘋吟》、《雪林撚髭吟》、《雪林漱石吟》、《雪林擁蓑吟》等，均佚，清四庫館臣據《永樂大典》所輯《江湖後集》中存詩一卷，另有集句詩《梅花衲》一卷、《剪綃集》二卷傳世。《湖州府志》卷九十有傳。

戚輔之，字友仁。事迹不詳。

李國蕃

《題高克恭秋山暮靄圖》

去年弭楫香鑪下，煙雨漫山失畫圖。只今見畫似成癡，紙上匡廬美無價。晴雲戀雨凝不飛，蘆邊雁影秋離離。連檣高下森列槊，茅屋參差分置棋。溟濛缺處忽見樹，翠峰直下疑無路。栗里先生杳莫尋，香山居士今何處。桑落渚，五老峰，勝境常存夢寐中。憑誰喚起高八座，短棹枯笻著此翁。(《秘殿珠林石渠寶笈合編》第六册，第二七五三頁；清吳昇《大觀録》元賢名畫卷十八，《續修四庫全書》影印民國九年武進李氏聖譯廔本)

智按：李國蕃，字山木。檇李（今浙江嘉興）人。

盛如梓

《庶齋老學叢談》

禹門化龍，詩家常用，白樂天有「龍門點額意何如」之句。類書引《三秦記》:「河津一名龍門，江海大魚集其下，不得上，上即為龍。」中州士夫言，誠有點額者，今三門析津也。然《後漢書》交趾郡封溪有龍門，水深百尋，大魚登此化成龍，不得過，曝腮點額血流，此水常丹。杜詩中曾有之，龍州亦有之。(《四庫全書》本卷中上)

白樂天一舉及第，時年二十七。詩曰:「慈恩塔下題名處，十七人中最少年。」省試賦《性習相近遠》，破云:「下自人，上達君，咸德以慎立，而性

由習分。」李涼公大奇之。(《四庫全書》本卷下)

王子猷謂竹為此君,白樂天謂酒為此君。(《四庫全書》本卷下)

智按:盛如梓,自號庶齋,衢州(今屬浙江)人。大德間為嘉定州學教授,遷衢州路學教授。以崇明州判官致仕。

南溪

《南溪筆録群賢詩話》

⊙古今詩話

按,元稹《元日》詩「羞看弟子先拈酒」,白樂天「歲酒先拈辭不得」,然則拈酒乃唐人之語也。荔子雖有數種,而膜皆帶粉紅。山谷在戎州詩云:「主公權家荔子緑,廖致平家緑荔支。試傾一杯重碧色,快擘千顆輕紅肌。」盖用老杜「重碧拈春酒,輕紅擘荔支」之句也。(《四庫全書存目叢書》影印明正德五年刻本《南溪筆録群賢詩話》前集)

⊙名賢詩話

白樂天詩「争得大裘長萬丈,與君都盖洛陽城」,然近乎戲語,豈有萬丈之裘乎?若杜公千萬間之廣厦,自有深旨。(《四庫全書存目叢書》影印明正德五年刻本《南溪筆録群賢詩話》前集)

⊙蔡寛夫詩話

王元之在商州,嘗賦詩云:「兩株桃杏映籬斜,粧點商州副使家。何事春風相欺得,夜來吹折數枝花。」其子嘉祐云:「老杜嘗有『恰似春風相欺得,夜來吹折數枝花』之語句,頗相類。」因請易之。元之欣然曰:「吾詩精詣,遂能暗合子美耶?」更為詩曰:「本無樂天為後進,敢期杜甫是前身。」卒不復易。盖元之之詩,本學樂天也。

⊙山谷詩話

劉夢得《竹枝》九章,詞意高妙,元和間誠可以獨步,道風俗而不俚,追古昔而不愧,比之子美《夔州歌》,所謂同工而異曲也。昔子瞻嘗聞余咏第一篇,歎曰:此奔軼絕塵,不可追也。

《淮陰行》情調殊麗,語意獨稳切。白樂天、元微之皆不得入此律也,惟

「無奈脱菜時」，不可解，當待慱物洽聞者說也。

《三閤辭》四章，可以配《黍離》之詩，有國存亡之鑒也。大槩夢得樂府小章優于大篇，詩優於他文耳。（《四庫全書存目叢書》影印明正德五年刻本《南溪筆録群賢詩話》後集）

⊙詩苑類格

白樂天：諷諭之詩長於激，閑適之詩長於遣，感傷之詩長於切，律詩百言以上長於贍，五字七字百言長於情。（《四庫全書存目叢書》影印明正德五年刻本《南溪筆録群賢詩話》後集）

⊙誠齋詩話

白樂天《女道士》詩云：「姑山半峰雪，瑶水一枝蓮。」此以花比美婦人也。東坡《海棠》詩云：「朱唇得酒暈生臉，翠袖卷紗紅映肉。」此以美婦人比花也。山谷《荼蘩》詩云：「露濕何詩試湯餅，日烘荀令炷爐香。」此以美丈夫比花。山谷此詩出奇，古人所未有，然亦是用荷花似六郎之意。（《四庫全書存目叢書》影印明正德五年刻本《南溪筆録群賢詩話》後集）

⊙容齋隨筆

賦柳枝詞，世多傳說。劉禹錫曰：「城外春風吹酒旗，行人揮袂日斜時。長安陌上無窮樹，惟有垂楊管別離。」白樂天曰：「紅板江橋青酒旗，館娃宫暖日斜時。可怜雨歇東風定，萬樹千條各自垂。」其風流氣槩，豈其所可彷彿哉！（《四庫全書存目叢書》影印明正德五年刻本《南溪筆録群賢詩話》續集）

⊙古今詩話

白樂天「峨眉山下少人行」，峨眉在嘉州，與幸蜀全無交涉。杜云：「霜皮溜雨四十圍，黛色參天二千尺。」四十圍乃是徑十尺，無乃太細長乎！皆文章之病也。（《四庫全書存目叢書》影印明正德五年刻本《南溪筆録群賢詩話》續集）

⊙臞翁評論古今詩人

因暇日與弟姪輩評古今諸名人詩，魏武帝如幽燕老將，氣韻沉雄。曹子建如三河少年，風流自賞。鮑明遠如飢鷹獨出，奇矯無定。謝康樂如東海揚帆，風日流麗。陶彭澤如絳雲在霄，舒卷自如。王右丞如秋水芙蕖，倚風自笑。韋蘇州如園客獨繭，暗合音徽。孟浩然如洞庭始波，木葉微脱。

杜牧之如銅丸走坂，駿馬注坡。白樂天如山東父老課農桑，言言皆實。元微之如龜年說天寶遺事，貌悴而神不傷。劉夢得如鏤冰雕瓊，流光自照。李太白如劉安鷄犬，遺響白雲，覈其歸存，恍無定處。韓退之如囊沙背水，惟韓信獨能。李長言如武帝食露盤，無補於欲。孟東野如埋泉斷劍，卧壑寒松。張籍如優工行鄉，飲酎獻秩，如時有詼氣。柳子厚如高秋獨眺，晚霽孤吹。李義山如百寶流蘇，千絲鐵網，綺密瓌妍，要非適用。本朝蘇東坡如屈注天潢，倒連滄海，變眩百怪，終歸雄渾。歐公如四瑚八璉，止可施之宗廟。荆公如鄧艾追兵入蜀，要以險絕為功。山谷如陶弘景祗詔入宫，析理談玄，而松風之夢固在。梅聖俞如關河放溜，瞬息無聲。秦少游如時女步春，終傷婉弱。後山如九皋獨唳，深林孤芳，寂寞自妍，不求識賞。韓子蒼如梨園按樂，排比得倫。吕居仁如散聖安禪，自能奇逸。其他作者，未易殫陳。獨唐杜工部，如周公制作，後世莫能擬議也。（《四庫全書存目叢書》影印明正德五年刻本《南溪筆録群賢詩話》續集）

⊙蔡伯訥詩評

柳子厚詩，雄深簡淡，迥拔流俗，至味自高，直揖陶謝；然似入武庫，但覺森嚴。王摩詰詩，渾厚一段，覆盖今古；但如久隱山林之人，徒成曠澹。杜少陵詩，自與造化同流，孰可擬議；至若君子高處廊廟，動成法言，恨終欠風韻。黄太史詩，妙脱蹊逕，言侔鬼神，唯胸中無一點塵，故能吐出世間語；所恨務高，一似參曹洞下禪，尚墮在玄妙窟裏。東坡公，天才宏放，宜與日月争光，凡古人所不到處，發明殆盡，萬斛泉源，未為過也；然頗恨方朔極諫，時雜滑稽，故罕逢蘊藉。韋蘇州詩，如渾金璞玉，不假雕琢成妍，唐人有不能到；至其過處，大似村寺高僧，奈時有野態。劉夢得詩，法則既高，滋味亦淳；但正若巧匠矜能，不見少屈。白樂天詩，自擅天然，貴在近俗；恨如蘇小雖美，終帶風塵。李太白詩，逸態凌雲，照映千古；然時作齊梁間體段，略不近渾厚。韓退之詩，山立霆碎，自成一法；然譬之樊侯冠佩，微露粗疏。柳柳州詩，若捕龍蛇，搏虎豹，急與之角，而力不敢暇，非輕蕩也。薛許昌詩，天分有限，不逮諸公遠矣；至合人意處，正若芻豢，時復咀嚼自佳。王介甫詩，雖乏風骨，一番清新，似方學語小兒，能令人愛。歐公詩，温麗深穩，自是學者所宗；然似三館畫手，未免多與古人傳神。杜牧之詩，風調高華，片言不俗，有類新及第少年，略無少退藏處，固難求一唱而三嘆也。右此十四公，皆吾平生宗師追仰，所不能及者。留心既久，故閑得以議之。至若古今詩人，自是珠聯玉映，則又有不得而知也已。(《四庫全書存目叢書》影印明正德五年刻本《南溪筆録群賢詩話》續集)

智按：南溪輯《南溪筆録群賢詩話》，明三原王恕收藏，其子承裕校訂，別為前、後、續集，程啟充刊行於世。卷首王承裕序，卷末程啟充跋，均作於正德五年（一五一〇）。王序稱此書為其家藏舊本，「南溪」為原輯者別號，逸其姓名，當為元人。正德初年，承裕丁憂家居，嘉定程啟充來訪，閱此書而好之，遂刊行。明季徐𤊹據書中所録謝枋得語，斷為元朝人所輯。(《重編紅雨樓題跋》卷一《南溪詩話》)《四庫提要》疑輯者為元末人士。書中輯録前賢詩論詩評，前集專論杜甫；後集着重於李白，兼論韋應物、孟浩然等；續集則論宋、元人詩作，兼及詩法。所録皆宋、元詩話詩評要籍，多注明出處。或自擬標題。《四庫提要》謂其所録往往並非實有其書，斥為「好標立名目」。

山翁

《徐堯伯贈九皐以示次韻》（三首）

功名兩蝸角，富貴一蟻穴。那知奔競中，覩此北方傑。乾坤實浩蕩，江海何栖屑。曲士笑吚嚘，孤芳嫌皎潔。初憐畫眉嫵，終嘆朱絃絕。新詩含古調，足以解憂結。亦擬共酬春，麻衣恨如雪。

窮居蓬逕深，多病藜牀穴。從來汙詩酒，安敢厠才傑。玉杵搗玄霜，金掌和露屑。心知不療饑，奈此清且潔。徐卿古作者，一唱擅三絕。諸公取居易，老手推元結。安得洗淫哇，聽君歌白雪。

鳳凰鳴朝陽，虎豹嘯岩穴。悲歌與慷慨，燕趙多豪傑。良辰固難值，塵世莫輕屑。酒醴既芬芳，籩豆亦嘉挈。胡為歡意減，忍使交游絕。露粧紅杏顆，風解丁香結。慚愧惜春人，花前鬢如雪。(《山翁自在吟》，《詩淵》第一册，第五三一頁)

智按：山翁，姓名、里貫均不詳。《詩淵》與《永樂大典》之中，有「山翁自在吟」「元山翁詩」之目，明楊士奇《文淵閣書目》卷十，著録「《山翁自在吟》，一部一册，闕」。據其詩，與之唱和者有卓説（字習之）、謝堯章、釋惟則（號天如，吳中僧）、王虎臣（字子山，宛陵人）、魏茂（字彥明，宣城人）等，此「山翁」應是江湖游士，足跡不出兩浙，元後期人。

佚名

《三教平心論序》

三光麗天，亘萬古而長耀。百川到海，同一味以亡名。三教之興，其來尚矣。並行於世，化成天下。以迹議之，而未始不異。以理推之，而未始不同。一而三，三而一，不可得而親疎焉。孤山圓法師曰：「三教如鼎，缺一不可。」誠古今之確論也。嗟乎！執迹迷理者，互相排斥，致使先聖無為之道，翻成紛諍之端，良可歎也。比觀靜齋學士所著《一理論》，言簡理詳，盡善盡美，窮儒道之淵源，啟釋門之玄閫。辯析疑惑，決擇是非，未嘗不出於公論。譬猶星之在秤輕重無差，鏡之當臺妍醜難隱。斯論之作，良有以矣。通城實堂居士吳鼎來，智識超邁，黨與至公（「黨與」出《史記》，謂言意相合，而與之友善也），命工繡梓，以廣其傳，欲使覽者如白居易、張商英等唐宋諸賢，察其至理，直趣真際，同脫塵累，豈小補哉！時龍集甲子秋七月上日謹序。（《大正新脩大藏經》第五十二册）

劉侍史

《鐵笛歌》

江西道人吹鐵笛，江東便有鐵笛哦。都來一尺四寸長，爲君吹作斷長（腸）歌。歌中音調幾般弄，卻似孤鸞覓單鳳。道人從此不肯吹，只怕驚破沙鷗夢。君不見，道人得，酒酣耳熱眼欲白。胡爲飄泊七八聲，醒後着吹吹不得。昨夜街頭飲閑酒，道人醉來無所有。倚窗不暇讀南華，又把鐵笛橫在手。夜深不覺風雨聲，只疑海上蛟龍走。走向蓬萊第一山，遙遙直向人間吼。東鄰西里不須驚，忽然變作鐵笛聲。一聲江月皎，二聲山自曉。三聲吹得楊子江，化作亭亭一方沼。四聲吳磯石觜斜，五聲病葉凋林表。六聲梅花不敢香，七聲未歇乾坤小。八聲九聲正好聽，道人自言，吹不得了。又不見君山父老三管笛，不解爲君終一一。不是不解爲君終，只恐洞庭秋水泣。道人道人莫搖落，江東有人愁未脱。淒切問誰深得知，酸齋一夜青衫薄。（《詩淵》第二册，第一四二六頁）

智按：劉侍史，名不詳。曾任侍御史。此詩描述貫雲石音樂，形象生動，從用意到寫作顯然模仿白居易《琵琶行》。

明代卷·上

張昱（一二八九～一三七一）

《柳枝詞》

尊前不奈小腰身，爭欲攙先上舞茵。多謝東風好擡舉，盡情分付畫眉人。

春光領畧不勝嬌，摇蕩東風千萬條。悔盡江州白司馬，一生空詠小蠻腰。（《四庫全書》本《可閒老人集》卷二）

《贈沈生還江州》

鄉心正爾怯高樓，况復樓中賦遠游。客裏登臨俱是感，人間送别不宜秋。風前落葉隨車滿，日下浮雲共水流。知汝琵琶亭畔去，白頭司馬憶江州。（《四庫全書》本《可閒老人集》卷四；《元詩選》初集卷五十七；《宋元詩會》卷八十九；《列朝詩集》卷九甲集前編第七之上）

《宋高宗御題李唐畫唐香山九老二律詩》

兩疏誰是見機還，終始君臣侣此難。宸翰昭回雲漢上，衣冠彷佛畫圖間。當時諸老琴樽會，盡是同朝鴛鷺班。風采拜辭雲陛下，白雲千載在香山。（《四庫全書》本《可閒老人集》卷四；《南宋院畫録》卷二）

《題唐人會昌九老圖》

當時九老會香山，一代風流孰可攀。宸翰光輝雲漢上，典刑仿佛畫圖間。清朝有道從歸社，白首還鄉始是閒。盛事千年傳不朽，嵩陽猶得似商顔。（《秘殿珠林石渠寶笈合編》第五册，第一四九八頁）

智按：張昱，字光弼，號一笑居士，廬陵（今江西吉安）人。元至正間，江浙行省左丞楊完者（亦作楊旺紮勒）以其參謀軍府事，遷左右司員外郎，行樞密院判官。楊完者死，張昱棄官不出。張士誠據蘇州，禮請出山，堅辭不就，借題蕉葉明志。與周伯琦、楊維楨等游吴中。張士誠敗亡，明太祖朱元璋召張昱至京師，閔其老態龍鍾，説：「可閒矣！」厚賜遣還。便以「可閒老人」爲號，歸老西湖山水間，卒年八十三歲。（《歷代名人生卒年表》作生於元至元二十六年，卒於明洪武四年，不確）早年師事虞集，得其詩法，作風蒼莽雄肆，有沈鬱悲涼之概。有《可閒老人集》四卷。生平見劉仁本《一笑居士》(《羽庭集》卷六)、《兩浙名賢録》卷五十四、《明史》卷二八五、顧嗣立《元詩選》初集《廬陵集》小傳、《元詩紀事》卷二十五。

張以寧（一三〇一～一三七〇）

《寄題琵琶亭》

洲前亭子赤闌干，白傅唐時此謫官。渚花留客醉秋晚，江月向人啼夜闌。湓浦波濤三峽外，長安城闕五雲端。酒醒忽記東林路，鍾磬蕭條暮雨寒。(《四庫全書》本《翠屏集》卷二)

《馬易之〈金臺集〉序》

詩至於唐而盛，蓋其選無慮五百餘家，人各不同，而固同於為唐。唐之大家，首稱杜陵氏。善學杜者，必本之於二《南》、《風》、《雅》，榦之於漢魏樂府、古詩，而枝葉之以晉宋齊梁衆作，而後杜可幾也。蓋必極諸家之變態，乃能成一家之自得。不然則恥於踵人後，志於成一家，而卒不先於古人，而愧於所謂大家者。觀於近代，可鑒矣。

昔唐韓子稱文章之尤，曰：「學西漢而為之。」予謂詩亦然，何可以不學古人，而學焉者豈摸擬其形似而已耶？葛羅魯氏馬君易之，以詩聞今世，予得其《金臺集》而讀之：五言短篇，流麗而妥適；七言長句，充暢而條達；近體五七言，精縝而華潤，皆欲追大曆、貞元諸子之為者，而《潁川老翁》、《新鄉媼》、《芒山》、《巢湖》、《新隄謡》諸篇，又以白傅之豐贍，而寓之張籍之質古，不淺而易，不深而僻，蓋學諸唐人，而有自得其得焉者矣。予識易之於京師，踰十五年。及觀君之游兩都，歷鄧郟，而歸吳越，其之官絕巨海而北上，其出使凌長河而南邁，其游覽壯而練習多。予知其詩雄偉而渾涵，沈鬱而頓挫，言若盡而意有餘，蓋將進於杜氏也乎！君以予在詞林，而徵予序。夫善為詩者，固實甚難，而果識其詩為某家某家者，亦良不易。予多君之穎，出於其國人，而我朝詩道將復盛於唐也。作而為之序。(《四庫全書》本《翠屏集》卷三；《明文海》卷二百三十六)

智按：張以寧，字志道，福州古田（今屬福建）人。家於翠屏山下，學者稱為翠屏先生。泰定四年（一三二七）進士，授黄巖州判官，陞六合縣尹。歷國子助教、翰林侍講學士。以博聞強記，知名於時，朝野稱為「小張學士」。明軍取元大都，與危素等仕於新朝，拜翰林侍讀學士。洪武二年（一三六九），出使安南。洪武三年病卒於自安南還朝途中。生平見釋來復《澹游集》、楊榮撰墓碑（《文敏集》卷十九）、《大明一統志》卷七十四、《明史》卷二八五。

周南（一三〇一～一三八三）

《齊雲樓記》

齊雲樓，即飛雲樓也，在子城州治後。今城樓三面（三面，一作之南）為譙樓，西為觀風，又名望市，齊雲直子城北，豈摘古人西北高樓之詩以名之歟？先是，韋應物詩稱郡閣，白樂天始改號齊雲，其後夢得述郡齋碧池華閣之勝，是知今之池，自唐則固其所矣。當元和間，樂天以詩人領郡，登臨宴咏，落紙爭傳，又知當時民俗之淳簡，而兹樓為中吳之傑觀矣。世多傳郡廨即吳故墟，綴文者襲用春申黄堂事，績志因之。然《吳越春秋》稱子城十里，唐陸廣微《吳記》乃八里，不同若是。貞觀間，歐陽率更載虞氏記闔閭小城有樓，至秦時宫焚而樓存。不知虞氏其地何所指耶？按，樂天賦《東城桂》，謂古都在蘇東，地已廢，而為樵刈之場，是樂天已不詳為吳之故宫矣。盖世事綿邈，文獻不足，雖則陵谷之變遷，不可得而識者多矣，獨宫室也乎哉！今故城舊址其傳疑，而齊雲得名近，則因樂天之詩而有証，愚然後知斯文之可以行遠，而不可已也。夫人處乎郛郭之中，而日接乎囂埃之隘，則雖游化人之城，而不能以自知。今登斯樓而俯眺，則帶山縈澤，所謂十萬家之夥，朱甍碧瓦，菀乎參差，若鱗次而鋪陳之者，亦足以見吳郡之大，與夫中興百年涵養休息之澤矣。樓再建又幾年，嘉定六年，太守陳公大飭材，命扶傾易蠹，以還輪桷之舊。夫不待其圮且廢而葺之，役不煩而利遠，是孟子所謂事半而功倍也。公之智於是達乎為政矣，可不書乎？凡為屋中五楹，兩旁三楹，翼以修廊，皆繕而新之，其高廣則仍其舊，故不記。公名芾，字明可，四明人，今為度支郎，其材通博强敏，為郡一年，民歌舞之。五月，州民周

南老記。(《四庫全書》本《吳都文粹續集》卷八風俗令節公廨)

智按：周南，一名周南老，字正道，晚號拙逸，常熟（今屬江蘇）人。元至正間，以薦補信州永豐儒學教諭，又檄為吳縣主簿。詣闕陳時政六事，進淮南行省照磨，改權江浙行省理問。洪武初，徵赴太常，議郊祀禮。禮成，謫臨濠居住。放還，卒。嘗和高啓《姑蘇雜詠》，因其「頗肆詆訾前賢」受到詩論家非議。生平見吳沉撰墓誌銘（《吳都文萃續集》卷三十九）、《吳中人物志》卷七、《元詩選癸集》辛集上。

佚名

《重修齊雲樓記》

大德初元，歲在丁酉，太守某郡某人來治吳之二年，顧兹樓頽圮弗治，乃命修之，以工計，自去歲十月，迄於夏六月，凡二百餘日，以丹堊甃石，計費為二萬餘，以鈔計凡五百餘。侯既出其帑藏為倡，郡之好事者咸助焉。鳥翼翬飛，棟宇丹碧，建椽甃砌，角立鱗比，視前觀有光。落成，侯乃諗於衆曰：兹樓之設，肇自有唐，劉禹錫、韋應物出守，元和間，號為風流觴咏其間，以其品題也，故兹樓之風物，播於天下，瞭然與岳陽、落星同美。然以景言之，近則槐市柳橋，車輪馬跡，市聲滚滚，終日不息；遠則西山諸祠，層巒深壑，白雲孤飛，清晝如畫，而其為勝槩。意者非有劉禹錫、白樂天之品題，亦不泯也。今之牧守，簿書期會，日擾擾不給其能，如侯興廢補弊，以遇江山勝槩，雍容談笑，放浪於風塵之外，能幾人哉！不但兹樓之可記也，然因兹樓之勝，併記其美，以傳後之人，則不可辭。衆曰：然。遂以為之記。

齊雲樓在郡治後子城上，相傳即古月華樓也。《吳地記》云：唐曹恭王所建。白公有詩，亦云。改號齊雲樓，盖取「西北有高樓，上與浮雲齊」之義，擬此則自樂天始也，故其詩云：「欲辭南國去，再上北城觀。」治平中，裴煜建為飛雲閣，政和五年，重作齊雲樓成。紹興十四年，王喚重建兩挾循城，為屋數間，有二小樓翼之，輪奐雄峙，甲於兩浙。後陳茀、沈皡、史宅之重

修，大德中重修，見前文，而失郡守并撰文名姓，姑俟考焉。(《四庫全書》本《吳都文粹續集》卷八風俗令節公廨)

穆榮禮（明初）

《題宋燕穆之山居圖》(題擬)

琵琶亭前江水碧，隔江疊嶂生秋色。樓船憶昔泛中流，瀑布香鑪曾瞬息。如今見畫眼倍明，却思往昔心為驚。亭中坐客似無語，石磴行人如有情。古寺依稀出山背，釣艇蒼茫渡烟水。詩成撫卷一慨然，歸去何年此山裏。(明郁逢慶《書畫題跋記》卷二,《四庫全書》本；《石渠寶笈》卷十四，《四庫全書》本)

智按：《石渠寶笈》稱「宋燕肅春山圖」。穆榮禮題詩之前爲會稽夏士賓、膠東生冷謙（洪武初人），後為陳遜題詩。陳遜，福建浦城人。由進士任監察御史，明永樂十一年（一四一三）爲雲南右參政，滿考，升右布政使。宣德五年，終于官。(參見明陳文修、李春龍撰，今人劉景毛校注《景泰雲南圖經志書校注》雲南民族出版社，二〇〇二年二月版，第四十頁）則穆榮禮當為明初人。

燕肅（九六一～一〇四〇），字穆之，青州益都（今山東青州）人。舉進士，爲鳳翔觀察推官，改知臨邛、考城等縣，通判河南府。遷提點廣南西路刑獄，徙廣南東路，又知越州、明州。入爲定王府記室參軍，擢知審刑院。後歷知梓、亳、青、潁、鄧州，以禮部侍郎致仕。仁宗康定元年卒（《圖畫見聞志》卷三)，年八十。

黄彧

《友竹軒詩》

白傅養修竹，高人今作坡。世間青眼少，池上綠陰多。食肉非吾事，書裙喜客過。臨風一遐想，鳴鳳在陽阿。(《四庫全書》本《趙氏鐵網珊

瑚》卷十）

智按：又見《式古堂書畫彙考》卷三十《明人題崔氏友竹軒卷》。

黃彧，字號不詳，會稽（今浙江紹興）人。居室名為友桂軒。

沈夢麟（一三〇七～一三九九）

《鄭義門三老圖》

白麟溪頭鄭義門，螽斯麟趾何詵詵。中有三人同胞（一作抱）親，白頭孝友敦天倫。伯兄頎然七尺身，皎如野鶴超鷄群。山中宰相天所賚，義門梁棟渠為尊。仲弟夙禀風神秀，手拂長髯曳長袖。逍遥林下采松花，釀得春醪為兄壽。季也温恭美如玉，官樣文章尺度足。經筵進講沐天香，詞林掌制分蓮燭。萬里新從燕趙歸，弟兄共著山人衣。有序堂中拜家慶，棣花軒内生光輝。松根奴子身曲局，燒竹煎茶汲山渌。阿兄寄傲據床坐，二弟隨行足容蹜。香山九老不專美，洛下耆英如在目。吳興畫手稱絶倫，静也趙家之外孫。涉江奉母亦勞悴，貌得孝義如其人。老夫與鄭交有道，愛爾丹青寫來好。吁嗟此圖關世教，如岡如陵多壽考，吾亦低頭頌三老。（《四庫全書》本《花谿集》卷二）

智按：明鄭太和《麟溪集》己卷所録本詩，異文較多，重録於下：「白麟溪頭孝義門，螽斯麟趾何詵詵。中有三老同胞親，厖眉皓首無懷民。伯兄頎然七尺身，矯如野鶴超其群。山中宰相天所賚，鄭家梁棟渠為尊。仲氏夙秉風神秀，林下掀髯拂襟袖。朝荷長鑱採茯苓，釀得松膠為兄壽。季也溫恭美如玉，冠冕文章咫度是。經筵進講被天香，詞林掌制分蓮燭。萬里歸來亦未衰，弟兄好看山人衣。逍遙林下寄長嘯，棣華滿樹春增輝。松根童奴身曲鞠，旋煮春茶汲山渌。香山洛杜徒風流，何如孝義同華屋。吳興才人盡絶倫，靜也趙家之外孫。涉江扶侍善錫類，貌得孝義如其人。老夫與鄭交有道，愛尔丹青寫來好。吁嗟此圖關世教，如岡如陵多壽考。吾亦低頭拜三老，吾亦低頭拜三老。」

沈夢麟，字元昭，入明改原昭，歸安（今浙江湖州）人。精通《易經》，後至元五年（一三三九）中鄉試，授婺源州學正，遷武康縣令。至正中，兵亂四起，解職回歸安花谿故里。劉基常到花谿看望沈夢麟，並贈詩：「杜陵老去詩千百，陶令歸來酒一尊。」明初曾以賢良徵召入朝，稱病不復試。三次應聘主持閩浙鄉試，兩次充任會試同考官，明太祖朱元璋待之以禮，並當面稱他爲「老試官」。知其志不可屈，亦不強以仕。去世時，已九十三歲。所著詩文結為《花谿集》三卷。一生著述頗豐，由於死後其家罹禍，子孫謫戍北邊，文稿也因之散佚。沈夢麟與趙孟頫同鄉兼姻親，詩受趙孟頫影響，以七言律詩最工穩得體，時稱「沈八句」。生平見《大明一統志》卷四十、《兩浙名賢録》卷二十七、《吳興備志》卷七、清錢熙彦《元詩選補遺》。

袁凱（一三一〇或稍前～一四一〇後）

《過潯陽》

夜泊潯陽江上沙，扁舟何處載琵琶。西風不管水流去，依舊滿汀開荻花。(《四庫全書》本《海叟集》卷四；《四庫全書》本《御選明詩》卷一百一；《四庫全書》本《佩文齋詠物詩選》卷三百八十八；《續修四庫全書》影印清順治九年毛氏汲古閣刻本《列朝詩集》甲集卷三)

智按：袁凱，字景文，號海叟，松江華亭（今上海松江）人。以咏白燕詩負盛名，人稱袁白燕。洪武三年（一三七〇）薦授監察御史，後因事爲朱元璋所不滿，僞裝瘋癲，以病免職回家，以壽終。有《海叟集》。今人萬德敬《袁凱集編年校注》（上海古籍出版社，二〇一五年三月），以明隆慶四年（一五七〇）何玄之活字本爲底本，以明萬曆三十七年（一六〇九）張所望刻本、康熙六十一年（一七二二）曹炳曾刻本爲主要校本。

宋濂（一三一〇～一三八一）

《題李易安所書琵琶行後》（有序）

樂天謫居江州，聞商婦琵琶，抆淚悲嘆，可謂不善處患難矣。然其辭之傳，讀者猶愴然，况聞其事者乎？李易安圖而書之，其意蓋有所寓，而永嘉陳傅良題識，其言則有可異者。余戲作一詩，正之於禮義，亦古詩人之遺意歟。其辭曰：

佳人薄命紛無數，豈獨潯陽老商婦。青衫司馬太多情，一曲琵琶淚如雨。此身已失將怨誰？世間哀樂長相隨。易安寫此別有意，字字欲訴中心悲。永嘉陳侯好奇士，夢裏謬為兒女語。花顔國色草上塵，朽骨何堪汙唇齒。生男當如魯男子，生女當如夏侯女。千年穢跡吾欲洗，安得潯陽半江水。（《四部叢刊》影印明正德刊本《宋學士集·芝園續集》卷十；《四庫全書》本《文憲集》卷三十二）

智按：「正之於禮義，亦古詩人之遺意」，正德刊本作「止之於礼義，亦古詩人之遺音」。陳傅良（一一三七～一二〇三），字君舉，溫州瑞安（今屬浙江）人。其《止齋集》（《四庫全書》本）未載有关李易安所書《琵琶行》之題識。清湯漱玉輯《玉臺畫史》卷二引云：「《宋學士集》：樂天《琵琶行》，李易安嘗圖而書之。」（《續修四庫全書》影印復旦圖書館藏清道光十七年汪氏振綺堂刻本，第一〇八四册，第三四七頁）

《義俠歌（效白樂天體）》

德興董國度，其字為元卿。宣和舉進士，籍籍多文聲。初調膠水簿，其地近東溟。筮日別母妻，匹馬赴驛程。居官未一載，金人忽渝盟。中原相繼陷，無由遂歸耕。翀天乏羽翼，俯首走伶俜。流寓逆旅氏，更變姓與名。逆旅恤畸孤，買姬奉使令。姬性多黠慧，姿色更娉婷。惻然憐卿貧，孳孳學經營。鐫石作巨磑，市驢使旋縈。粉麥白如玉，貿易入南城。從此日優裕，寒谷化春坰。新居巧締構，高樓聳朱甍。陌阡接東西，秋風熟香粳。開尊醉花月，弦管雜匏笙。卿終不自懌，歎息或涕零。長跪敬問之，豈妾無異能？家事不牢落？胡為日怦怦？卿曰爾不知，我實為南氓，家有鶴髮親，無從問死生，念此心欲折，夢魂亦煢煢。姬言我伯氏，義俠天下稱，卿胡不早言，俾卿得歸寧。未幾有奇客，軒然過門庭。虬髯頳玉面，九尺長身形。高騎紫騮馬，好似漢灌嬰。下馬入門坐，氣象猶生獰。揖卿使卿拜，此乃妾之兄。呼童刺羊豕，開燕羅兕觥。酣飲直至夜，月影移前楹。姬起屬前事，鄭重語加精。是時金人令，南官不自鳴。便差縣官縛，槁街受極刑。卿因諱其説，踧踖弗能勝。客乃奮髯怒，責卿何不誠。我以女弟故，冒禁挾子征。卿胡反致疑，視我為凶傖？急取告身來，庶幾足依憑。不然擒赴官，命與鬼録爭。卿懼不敢喘，有言一一聽。客去甫一日，控馬來相迎。命姬欲共往，姬謂幸少停。卿先隨兄去，不必懷戰競。妾有自製袍，贈卿意盈盈。兄或持金贈，示之辭弗承。倉黄别就道，有涕如懸纓。疾馳至大海，海舟在水横。客令卿前登，迅速類建瓴。舟人敬日畏，一如事神明。未渴奉馬湩，未饑具羊羹。財方達南岸，客已在旗亭。勺酒對卿飲，論言極崇竑。歷陳太夫人，年已近耄齡。赤手得返國，何以娱其情。黄金二佰兩，卿當置諸籯。卿謝不敢受，客竟委之行。卿追至門外，舉袍若懸旌。客駭且大笑，吾妹實豪英。吾事未能了，有懷當再傾。卿歸拜慈母，慈母愓然驚。意謂從天降，穩駕仙人軿。南北望已絶，音耗無由偵。今晨得再見，死草再發榮。喜極繼以泣，陰雲為冥冥。妻兒亦亡恙，一一列前庭。更闌共軟語，秋花上青燈。取袍當户著，袍縫爛然頳。箔金滿中貯，碎若剪鳳翎。逾年客果至，攜姬重合並。鄉人競聚觀，皆曰見未曾。朝廷録卿官，添差尉宜興。卿妻曰余氏，悍妒仍驕矜。遇姬多亡狀，禁攝如凍蠅。甚或加棰掠，人諫了不懲。卿力弗能制，白晝若沉暝。姬因不告去，飄若風火升。吾聞古義俠，史册每足征。受恩能盡死，義重身則輕。未必識書傳，文華耀晶熒。卿為名進士，豈不讀聖經。奈何負恩義，犬豕羞為朋。追述義俠歌，讀者當服膺。（《列朝詩集》卷三十甲集第十二，《續修四庫全書》第一六二二册，第六一一～六一二頁）

《答章秀才論詩書》

濂白秀才足下，承書，知學詩弗倦，且疑歷代詩人，皆不相師，旁引曲證，亹亹數百言，自以為確乎弗拔之論。濂竊以為，世之善論詩者，其有出於足下乎？雖然，不敢從也。濂非能詩者，自漢魏以至乎今，諸家之什，不可謂不攻習也……韓柳起於元和之間，韓初效建安，晚自成家，勢若掀雷抉電，撑決於天地之垠，柳斟酌陶謝之中，而措辭窈眇（智按：一作俊逸）清妍，應物而下，亦一人而已。元、白近於輕俗，王、張過於浮麗，要皆同師於古樂府。賈浪仙獨變入僻，以矯豔於元、白。劉夢得步驟少陵而氣韻不足，杜牧之沉涵靈運而句意尚奇，孟東野陰祖沈謝而流於蹇澁，盧仝則又自出新意，而涉於怪詭。至於李長吉、温飛卿、李商隱、段成式，專誇靡曼，雖人人各有所師，而詩之變，又極矣。比之大曆，尚有所不逮，况則之開元哉！過此以往，若朱慶餘、項子遷、李文山、鄭守愚、杜彥之、吴子華輩，則又駁乎，不足議也。

宋初襲晚唐五季之弊，天聖以來，晏同叔、錢希聖、劉子儀、楊大年數人，亦思有以革之，第皆師於義山，全乖古雅之風。王元之以邁世之豪，俯就繩尺，以樂天為法。歐陽永叔痛矯西崑，以退之為宗。蘇子美、梅聖俞介乎其間，梅之覃思精微，學孟東野；蘇之筆力横絕，宗杜子美，亦頗號為詩道中興。……（《四部叢刊》影印明正德刊本《宋學士集·芝園續集》卷二十八）

智按：又見《四庫全書》本《文憲集》卷二十八、《稗編》卷七十四、《明文海》卷一百六十。

宋濂，字景濂，號濂溪、潛溪、海叟、玄真子，浦江（今屬浙江）人。幼穎敏好學。及長，師事吴萊、柳貫、黄溍等，學業大進，以文名海内。元至正九年（一三四九），薦授翰林編修，以親老固辭。隱居東明山十餘年，著述授徒。二十年，應朱元璋徵聘，至應天（今江蘇南京），除江南儒學提舉，命教授太子經書。明洪武二年（一三六九），詔修《元史》，任總裁官，一年間《元史》書成，累遷翰林學士承旨兼太子贊善大夫。洪武十年（一三七七）致仕。十三年（一三八〇），因長孫慎坐胡惟庸黨，太祖欲置濂死罪，因皇后、太子力救，徙置茂州（今四川茂縣），次年以疾卒於夔州旅次。正德年間，追謚文憲。宋濂被推爲「開國文臣之首」，於學無所不通，並深明古學，「一代禮樂製作，濂所裁定者居多」，其爲文「醇深演迤」（《明史》本傳）。對文壇影響至巨，被稱爲「一代文宗」。平生著述繁富，就連來到京師之高麗、安南、日本使者，也紛紛出重金購買其文集。有《宋學士文集》七十五卷，另著《浦陽人物記》、《龍門子》、《蘿山雜言》、《周禮集説》、《孝經新説》、《篇海類編》等。《明史》卷一二八有傳。

宋禧（一三一二～一三七三後）

《為倪道原題九老圖》

何代傳來九老圖，清平文物定何如。水中亭館晴移棹，樹下衣冠晝讀書。閲世長於佳處住，論交不與少年居。可憐奔走風塵客，田舍歸來白髮疎。（《四庫全書》本《庸菴集》卷五）

《題白太常三歲時手書卷後》

太原白應章，以其曾祖太常竹梧先生，三歲時手書八卦，名及諸名公贊美詩文卷，示玄僖，玄僖伏玩之際，乃知太常為一代偉人者，非獨間氣所鍾。元遺山先生於其作字時，以七言古詩美之，大有期待，而果如其言。蓋太常生有異質，實能成於問學故也。近代王文公謂金溪民方仲永者，世隸耕，生五年，未嘗識書具，忽啼求之，即書詩四句，并自為其名。其詩以養父母睦族為意，自是指物作詩立就，其文理皆可觀者。邑人奇之。然以其父利其慧，日環丐於邑人，不使學，及其十二三時，見之令作詩，不能稱前時之聞。卒之泯然為衆人，乃為著文一篇曰《傷仲永》。今觀太常幼歲墨蹟，及聞其生平所就，有賴於學而後然，則知其與王文公之所傷者，所以有霄壤之辨於其歸也。玄僖於是，竊有所感，為賦詩一首，書於卷末云。

世家白氏出名儒，三歲能書有竹梧。喬嶽千年降神秀，樂天七月識之無。琮璜琢就藍田玉，騏驥調成汗血駒。不似半山傷仲永，遺山期待應時須。（《四庫全書》本《庸菴集》卷六）

智按：宋禧，初名宋玄禧（《明史》卷二八五《文苑傳》作宋僖。宋玄禧，又作宋玄僖），字無逸，號庸庵，餘姚（今屬浙江）人。至正十年（一三五〇）中鄉試，補授繁昌教諭。不久戰亂四起，便棄職還鄉。明洪武二年，召修《元史》，《外國傳》自高麗以下諸國皆宋禧撰。書成，不願作官，返回鄉里。不久與桂彥良一同被聘，主持福建考試。與戴良、丁鶴年等遺民詩人交往密切。有文集三十卷、詩集十卷行世，傳本少見，《元詩選》未選入其詩。《全浙詩話》卷二十七引《姚江逸詩》：「僖詩質而不枯，熟而不庸，入香山之室。」《四庫提要》卷一六八稱其詩「頗出入香山、劍南之間。」(《欽定四庫全書總目提要》整理本，第二二六〇頁）生平見楊維楨《西湖竹枝集》、黄宗羲《姚江逸詩》卷三、《明史》卷二八五、《元詩紀事》卷二十四及王樹林《〈全元文〉中宋禧漏收文拾輯及生平著作考》(《南通大學學報》二〇〇七年第五期)。

釋心泰（一三一二～一四一五）

《佛法金湯編》

⊙白居易

居易，字樂天，其先太原人。後徙居下邽，居易敏悟絶人，工文章。年十七，登進士第。元和中，對策乙等，仕至刑部尚書。居易於東都所居，疏沼種樹，搆石樓於香山，自號香山居士。又曰醉吟先生。嘗問心要於凝禅師，得八言，廣為八偈。八言謂覺、觀、定、慧、明、通、濟、捨。其觀偈曰：「以心中眼，觀心外相。從何而有，從何而喪。觀之又觀，則辨真妄。」八偈見《長慶集》。元和四年，詔惟寬禪師入見，問禪要勑，居易問師曰：「既云禪師，何以説法?」師曰：「無上菩提者，被於身為律，説於口為法，行於心為禅，律即是法，法不離禅。」長慶二年，居易知杭州，往問道於鳥窠禅師。師曰：「諸惡莫作，衆善奉行。」居易曰：「三歳孩兒也恁麽道。」師曰：「三歳孩兒雖道得，八十老翁行不得。」居易服其言，作禮而去。後至廬山，謁歸宗常禅師，值師泥壁師，問曰：「君子儒，小人儒。」居易曰：「君子儒。」師打泥杇一下，居易遂過泥，師接得便用。良久云：「莫便是快俊底白侍郎麽?」居易云：「不敢。」師云：「秖有過泥分。」嘗勸一百四十八人，結上生會，行念慈氏名，坐想慈氏容，願當來世必生兠率。晚歳風痺，遂專志西方，祈生安養，画西方變相一軸，為之願曰：「極樂世界清浄土，無諸惡道及衆苦。願如我身病苦者，同生無量壽佛所。」一夕念佛，坐榻上，倏然而逝。居易嘗於鉢塔寺依如大師受八關齋戒者九度。(《舊唐史》并傳灯）太和三年，蘇州重玄寺刋石壁經成，居易撰碑。畧曰：夫開示悟入，諸佛知見，以了義度無邊，以圓教垂無窮，莫尊於《法華經》；證無生忍，造不二門，住不思議解脱，莫極於《維摩經》；攝四生九類，入無餘涅槃，實無得度者，莫先於《金剛經》；壞罪集福，净一切惡，莫急於《尊勝陀羅尼經》；應念随願往生，莫切於《彌陀經》；用正見觀真相，莫出於《普賢行法經》；詮自性，認本覺，莫深於《實相法密經》；空法塵，依佛智，莫過於《般若心經》，是八種經，具十二部三乘之要旨，萬佛之秘藏盡矣。(《長慶集》)（《佛法金湯編》卷九，《四庫未收書輯刊》影印明萬曆二十八年釋如惺刻本）

⊙馮子振

子振，攸州人，自號海粟居士。其豪俊與陳剛中畧同，剛中敬畏之。子振於天下書，無所不記，當其為文也，酒酣耳熱，命侍史二三人，潤筆以俟，子振疾書，随紙多寡，頃刻輒盡。(《元史》）嘗撰《梅花百詠》呈中峰和尚，又為中峰撰《净土偈贊并序》曰：「幻住道人净土偈一百八首，數等念珠，若人念念阿彌，如晋唐向上諸賢，劉遺民、白香山輩，同糸净社，是人獲福無量，即得净土現前，到他日持珠默坐時，一百八偈，三千二十有四言，元不曾說一字，爾時發願，學人馮子振稽首作禮而作讚曰：我觀幻住師，於幻無所住。雖不住於幻，能覺如幻人。幻人汝當知，垢與净相對。雖垢即净性，净土應現前。是故幻住師，演說淨土偈。偈本不須說，說偈一已多。手提古佛機，數與念珠等。善知識觀察，是偈非世間。假使古佛生，所說亦如是。悟即一偈了，百八偈亦然。凡夫一偈迷，何況百八偈。一偈偈四句，句句義畢彰。字數逾三千，其實無一字。偈迷念珠轉，偈悟轉念珠。若人於此中，一一捻無念。於無念念佛，無念亦復無。紅爪紺髪螺，種種日毫相。有目具瞻仰，月面照日輪。花敷四色蓮，出微妙香潔。所生皆净土，云何更西方。是人見彌陀，悉得安隠住。」（《佛法金湯編》卷十六，《四庫未收書輯刊》影印明萬曆二十八年釋如惺刻本）

智按：釋岱宗心泰，別號佛幻，俗姓孫，上虞（今浙江紹興）人。參見段玉明《呼喚居士：〈佛法金湯編〉研究》，《四川大學學報》二〇一一年第五期。

貝瓊（一三一四～一三七八）

《竹深處記》

檇李董好問氏，有耕讀所，在城東之烏橋，而鉅竹萬个，森布交錯，題曰竹深處，取杜甫《游丈八溝》詩語也。……至於論竹之德，則白樂天、劉寬夫所述已詳，兹可畧也。（《四庫全書》本《清江文集》卷十八）

智按：貝瓊，字廷琚，一名闕，字廷臣，崇德（今浙江桐鄉）人。元末客游江浙間，張士誠據吳，累徵不就。明初召修《元史》，官國子助教，改中都國子助教。少時曾從楊維楨學，但詩風平易，不同於楊之奇詭，寫景記事之作，時流露隱逸思想。

李曄（一三一四～一三八一）

《題崇壽堂三老圖》（并序）

濟源胡君構崇壽堂以尊三老，又命工繪為圖。其風儀凝著，衣冠儼雅，各有可觀者。濟源既為之序，且徵予言，為製四韻以復之。後人因序以觀其圖，因圖以觀其詩，則知斯堂之意矣。

崇壽堂前三老圖，畫師落筆擅江湖。即看生面雲為氣，盡是高年雪滿鬚。洛社諸公今在否，香山盛事近來無。松傍侍立衣冠者，亦是人間寄傲夫。（《四庫全書》本《草閣詩集》卷五）

智按：李曄，字宗表，號草閣，錢塘（今浙江杭州）人。少從鄭僖學，並娶其女為妻。元至正間，任常山教諭。洪武初，荐授國子助教，不久即以病免職。卜居永康，居家教授生徒，並與邑人觴詠倡酬。其名雖不入十友、四傑等之列，但以「獨開生面」「逸氣高格」（朱彝尊語）著稱於元明之際。生平見宋濂《草閣詩集序》（《草閣詩集》卷首）、《明詩綜》卷十三、《明詩紀事》甲籤卷二十四。

陶安（一三一五～一三七一）

《泊江州》

江雲紺緑夕陽邊，江水空明海氣連。一點遠帆如白鳥，數聲急鼓隔蒼煙。潯陽九派疑無地，廬阜千峯直造天。清夜開樽酹司馬，琵琶亭下月當船。（《四庫全書》本《陶學士集》卷七）

智按：陶安，字主敬，當塗（今屬安徽）人。早從耆儒李習游，為學長於《易》，筮驗若神。至正四年舉鄉試，授明道書院山長。至正中，避亂家居。朱元璋渡江，陶安隨李習率父老出迎，朱元璋與之語，並留陶安參幕府。授右司員外郎。入明，洪武初任知制誥、兼修國史。歷江西行省參政。卒年五十七歲。贈姑孰郡公。有《陶學士先生文集》二十卷，以及《辭達類抄》、《姚江類抄》等。生平見無名氏撰傳（《國朝獻徵録》卷六）、《明史》卷一三六、清朱彝尊《明詩綜》卷四、《列朝詩集小傳》甲集。

羅貫中（一三一五至一三八五間）

《三國演義》

……孔明不答。眾將近前視之，已薨矣。時建興十二年秋八月二十三日也，壽五十四歲。後杜工部有詩歎曰：「長星昨夜墜前營，訃報先生此日傾。虎帳不聞施號令，麟臺惟顯著勳名。空餘門下三千客，辜負胸中十萬兵。好看緑陰清晝裏，於今無復雅歌聲！」白樂天亦有詩曰：「先生晦跡卧山林，三顧那逢聖主尋。魚到南陽方得水，龍飛天漢便為霖。托孤既盡殷勤禮，報國還傾忠義心。前後出師遺表在，令人一覽淚沾襟。」（第一百〇四回　隕大星漢丞相歸天，見木像魏都督喪膽）（人民文學出版社《三國演義》，第八六五頁）

智按：杜、白二集皆有宋本流傳，均無此詩，《錢鍾書手稿集·中文筆記》第十册《全唐詩補編》札記云：「皆偽作也。」蓋後来好事者依託名家，以求其流傳。「辜負胸中十萬兵」為南宋華岳《翠微南征録》載《冬日述懷》末句。

羅貫中，名本，字貫中（據賈仲明《録鬼簿續編》、蔣大器《三國志通俗演義序》），號湖海散人。其籍貫或云太原（今屬山西），或云東原（今山東東平），或云錢塘（今浙江杭州）；一説羅氏曾從太原經東原遷徙至杭州。賈仲明説他「與余爲忘年交，遭時多故，各天一方，至正甲辰復會。别來又六十餘年，竟不知其所終」。據此，可知他生活在元末明初，約在一三一五年至一三八五年之間。賈仲明《書録鬼簿後》寫於永樂二十年（一四二二），時八十歲。據此可知元至正甲辰（一三六四）時，他二十二歲。與他爲「忘年交」之羅貫中若此年是五十歲，則當生於元延祐二年（一三一五）。著有雜劇《趙太祖龍虎風雲會》（今存脈望館《古今雜劇》本）、《忠正孝子連環諫》（已佚）、《三平章死哭裴虎子》（已佚）。

施耐庵

《水滸傳》

……戴宗道：「前面靠江有那琵琶亭酒館，是唐朝白樂天古蹟。我們去亭上酌三盅，就觀江景。」

有詩為證：

白傅高風世莫加，畫船秋水聽琵琶。欲舒老眼求陳跡，孤鶩齊飛帶落霞。

宋江道：「可於城中買些肴饌之物將去。」戴宗道：「不用，如今那亭上有人在裹面賣酒。」宋江道：「恁地時卻好。」當時三人便望琵琶亭上來。到得亭子上看時，一邊靠著潯陽江，一邊是店主人家房屋。琵琶亭上，有十數付座頭。戴宗便揀一付乾淨座頭，讓宋江坐了頭位。戴宗坐在對席。肩下便是李逵。三個坐定，便叫酒保鋪下菜蔬果品海鮮按酒之類。酒保取過兩樽玉壺春酒，此是江州有名的上色好酒，開了泥頭。宋江縱目一觀，看那江上景致時，端的是景致非常。但見：

雲外遙山聳翠，江邊遠水翻銀。隱隱沙汀，飛起幾行鷗鷺。悠悠別浦，撐回數隻漁舟。紅蓼灘頭，白髮公垂鉤下釣。黃蘆岸口，青髻童牧犢騎牛。翻翻雪浪拍長空，拂拂涼風吹水面。紫霄峰上接穹蒼，琵琶亭畔臨江岸。四圍空闊，八面玲瓏。欄杆影浸玻璃，窗外光浮玉璧。昔日樂天聲價重，當年司馬淚痕多。（第三十八回「及時雨會神行太保　黑旋風鬬浪裏白跳」）（人民文學出版社《水滸傳》，第四九九～五〇〇頁）

智按：施耐庵，元末明初人。其籍貫一説是錢塘（今浙江杭州），一説是興化白駒（今江蘇大豐）。二十世紀五十年代，在江蘇興化發現清咸豐四年（一八五四）所修《施氏族譜》，其中載有《施耐庵墓誌》、《故處士施公墓誌銘》等資料，但頗為可疑。另據清佚名《傳奇彙考標目》載，施耐庵撰有《拜月亭》、《芙蓉城》、《周小郎月夜戲小喬》等戲曲。

袁華（一三一六～一三七三後）

《登綽墩》

白雲屏上倚危闌，陡覺梅風四月寒。雲接姑蘇山莽蒼，春生澤國水瀰漫。秔稻再聞輸貢賦，王師誰報渡桑乾。道人築就栖禪窟，好似香山八節灘。（《四庫全書》本《耕學齋詩集》卷十）

智按：袁華，字子英，崑山（今屬江蘇）人。幼有雋才，尤善作詩，至正間，預顧瑛玉山草堂詩酒吟詠之會，元明之際與徐達左唱和於耕漁軒。入明，曾任蘇州府學訓導，受到其子牽連逮繫，死於京師（金陵）。生平見十八卷本《草堂雅集》卷十五、楊維楨《可傳集序》（《可傳集》卷首）、《明史》卷一三三、《崑山人物志》卷三、《四庫全書總目》卷一六九《耕學齋詩集》與《可傳集》提要。

趙汸（一三一九～一三六九）

《跋東坡尺牘後》

宋禮部尚書贈太師東坡蘇公，忠義貫日月，名聲塞宇宙，盖千載一人也。妙齡登高科，思以文學經濟，如賈太傅、陸宣公。中歲偃蹇不偶，留心佛乘，交友禪伯，如白樂天、柳子厚。晚節播遷嶺海，遂欲陰學長年，超然遐舉，如安期生、梅子眞。此公平生，學術三變，見於手筆書疏者，具有本末也。若夫文章妙天下，特其餘事。傳《周易》、《尚書》，解《論語》，亦博洽之及爾，要非志氣所存。然公嘗有曰：「膠西多古君子，使蓋公直往來其間，軾何足以見之。」與《答陸子厚書》所論黃高人之意適同。噫，内聖外王之道不明，而豪傑之士不能忘情於方外者如此。然則世人所求於公者，殆其粃糠土苴耳。至正己丑秋過倪氏黟川寓居，敬書此於其所觀東坡尺牘後。(《四庫全書》本《東山存稿》卷五)

智按：又見《四庫全書》本《明文衡》卷四十六、《明文海》卷二百十序一、《新安文獻志》卷二十五。「膠西多古君子」云云，見蘇軾《蓋公堂記》：「膠西東並海南，放於九仙，北屬之牢山，其中多隱君子，可聞而不可見，可見而不可致，安知蓋公不往來其間乎？吾何足以見之。」(《東坡全集》卷三十六)

趙汸，字子常，休寧（今屬安徽）人。師事黃澤，受《易》象、《春秋》之學。隱居著述，作東山精舍以奉母。洪武二年（一三六九），召修《元史》，不願仕，乞還，未幾卒。事迹具《明史·儒林傳》。

釋來復（一三一九～一三九一）

《歲寒亭為天台林處善給事題》

紫微郎官赤城客，歲寒作亭倚山碧。亭前不種桃李花，獨愛參天古松柏。松高欲千尺，柏老今十圍。露香翠滴鸞鳳葉，雪色凍結虬龍枝。郎官風度松柏好，錯節盤根凜貞操。平生肝膽鐵不如，澹泊謀身論古道。藏書多萬卷，積金無一錢。但知貧賤樂，豈隨嗜欲遷。畊讀由來託岩穴，生理無心從計拙。四座朝凝朮火炬，八窗夜照楳花月。君不見袁安卧雪擁弊裘，閉門誰肯干時流？又不見白傅居官啖冰蘗，清苦寧為衣食謀。古人歲寒心若此，今人歲寒那得比。雅知郎官思古人，附熟不媒當路子。方今聖明御極寰宇開，洗清九野消陰霾。東海赤雁翔南岳，朱鳥來歲寒生意。潛枯荄旋斡，萬化春陽回。

何當別進玄冥曲，鈞天合奏登蓬萊。（明正統五年法孫以寧刻《蒲菴集》）

智按：釋來復，字見心，號蒲菴，又號竺曇叟，豐城（今屬江西）人。俗姓王。受法於徑山南楚悅禪師。早有詩名，曾北游大都，與虞集、歐陽玄、張翥等酬唱。元末，航海至鄞縣，止於慈溪定水寺。後主天寧寺。洪武初，與釋宗泐俱以高僧召至京，賜金襴袈裟，令與蜀王朱椿論道。後除僧録寺左覺義，詔住鳳陽圓通院。洪武二十四年，山西太原抓獲胡惟庸黨徒僧智聰，供稱與釋宗泐、釋來復出入胡府，合謀舉事，遂被淩遲處死。生平見《補續高僧傳》卷二十五《復見心傳》、《書史會要》卷七、《大明一統志》卷四十五。

徐一夔（一三一九～?）

《故元松江府儒學教授孔君墓誌銘》

前松江府儒學教授孔君既葬之十年，其孤希智以文學被薦，瀕行告於天台徐一夔曰：先人瘞已久，不肖孤未遑圖其所以不朽者，兹將去墳墓，而聽調於朝，失今不圖，致先人之潛德，或遂堙沒將墮於不孝，幸矜而賜之銘。且子辱與先人有平昔之雅，子其勿辭。希智別去，調補華之華陰丞，以有能聲，擢審刑司詳議，貽書來趣文，而余比歲困於痼疾，觚翰事踈，有稽前諾。已而希智得告，來省其母夫人，趣之愈亟。余告之曰：未晚也，古之孝者，必躋膴仕而後大書深刻以發幽光，今子仕方顯，融樹銘之事，此維其時未為晚也。遂乃扶憊敘而銘之，以塞其請。按狀，君諱森，字英夫，世籍温之平陽。平陽之有孔氏蓋自五季之亂，有諱檜者，自曲阜浮海至温家焉，歿瘞其縣之净水山後。……君曰：逢時不祥，庸何言哉。乃退處荒閒寂寞之野，以教子授徒為事，屬天朝平兩浙，即故廉訪司為按察司，而西湖書院舊附司。設教西湖書院者，大德中廉訪使徐公琰所剏，以祠唐剌史白公居易、宋知州事蘇公軾、林處士逋也。其制如州縣學，而國朝之制置州縣學，而罷書院，司風紀者，惜其遂廢，謀所以攝書院事者，咸言孔先生德尊望重，其攝為宜，乃檄君來攝書院事。君至，視如家塾，書院之規摹如初。……（《始豐稿》卷十三，《四庫全書》本；《武林往哲遺著》本）

智按：徐一夔，字大章，天台（今屬浙江）人。博學善屬文，至正間，授建寧路教授。元末避兵於嘉興白苧里，有屋三四楹，牖外有一大柞，因作《獨柞軒記》以見志。預至正二十年庚子、二十一年辛卯南湖會集。曾為吳縣徐達佐題耕漁軒。明初，徵修禮書，授杭州府學教授。有《始豐稿》十四卷，《藝圃蒐奇》十八卷。生平見清朱彝尊《明詩綜》卷八、清沈季友《檇李詩繫》卷六、《明史》卷二八五。

張三丰（元延祐至明永樂十五年）

《水石閒談》

張子曰：功名無大小，總要及時進退，何以能知其時。凡於功名中，平心一想，曰吾之功名，不過止於是也。卽止之，便可得其時也。抑或有不盡頭處，然寧不及，毋求太過。淮陰侯不如子房公，元微之不如白香山，皆其求盡之心蔽之也。向使子房、香山亦有求進之心，則子房固不難再列臺輔，香山亦可轉陞宰相，然安知其終不與淮陰、微之同一鮮終而已哉！故知進退者，乃能稱為哲人。（清李西月編《張三丰先生全集》卷八，清道光刻本）

智按：張三丰，名全一，一名君寶，號三丰。元明之際著名道士，活動時期約由元延祐（一三一四～一三二〇）年間到明永樂十五年（一四一七）。遼東懿州（今遼寧彰武西南）人，曾任中山博陵縣（今河北定州）令，後棄官出家為全真道士，曾於終南山遇火龍真人傳以丹訣，赴武當修煉多年，後居陝西寶雞金臺觀，不久入四川見蜀獻王朱椿，後復入武當，雲遊襄漢。明太祖朱元璋晚年身有疾患，欲求張三丰合仙藥，於洪武二十四年（一三九一），遣人四處尋訪無著。其間又派張宇初等尋訪，皆無結果。永樂五年（一四〇七），明成祖朱棣即位不久，遣給事中胡濙帶人攜璽書，尋訪十年，終不得見。《明史·文翰類》著録有《金丹直指》、《金丹秘訣》各一卷。清雍正元年（一七二三），汪錫齡以所見張三丰丹經二卷，詩文若干篇，附張三丰「顯跡」三十餘條，輯成《三丰祖師全集》。道光年間，李西月據汪氏殘本補輯，編成《張三丰先生全書》八卷。清彭定求輯「重刊道藏輯要」畢集收有

《張三丰先生全集》不分卷，清閻永和增，清光緒三十二年（一九〇六）成都二仙庵刊本重刊。

王褘（一三二一～一三七四）

《陪黃先生至東陽謁胡先生有詩次韻》

壯游回首各成翁，猶憶當年共際逢。二老往來看鶴髮，十年先後對鼇峰。由來元白名相並，歸去疏楊跡更重。莫道山林足忘世，只今海内仰儒示（宗）。

今代文名屬兩翁，況兼出處每相逢。秋風官馬濼陽道，春日肩輿峴首峰。酒盞未空渾覺醉，羅衣初試已嫌重。多應杖屨從容地，前輩風流得共宗。（《四庫全書》本《王忠文集》卷二）

《練伯上詩序》

……唐初，襲陳、隋之弊，多宗徐、庾。張子壽、蘇廷碩、張道濟、劉希夷、王昌齡、沈雲卿、宋少連，皆溺於久習，頹靡不振。王、楊、盧、駱始若開唐晉之端。而陳伯玉又力於復古，此又一變也。開元、大曆，杜子美出，乃上薄風雅，下掩漢、魏，所謂集大成者。而李太白又宗風騷而友建安，與杜相頡頏。復有王摩詰、韋應物、岑參、高達夫、劉長卿、孟浩然、元次山之屬，咸以興寄相高。以及錢、郎、苗、崔諸家，比比而作。既而韓退之、柳宗元起於元和，實方駕李、杜，而元微之、白樂天、杜牧之、劉夢得，咸彬彬附和焉，唐世詩道之盛，於是為至。此又一變也。……（《四庫全書》本《王忠文集》卷五；《叢書集成初編》本卷二，第五十頁）

智按：杜牧之不宜與元微之、白樂天、劉夢得並列於元和。

《張仲簡詩序》

……由是觀之，謂文章與時高下。而唐之詩，始終凡三變，豈非然哉！然唐之盛也，李、杜、元、白諸家，制作各異，而韋、柳之詩，又特以溫麗靖深，自成其家，蓋由其才性有不同，故其為詩亦不同。而當時治化之盛，

則未嘗不因是可見焉。……（《叢書集成初編》本《王忠文集》卷二，第五四頁）

《盛修齡詩集序》

……是故王維之幽雅，杜牧之俊邁，張籍之古淡，孟郊之悲苦，賈島之清邃，温庭筠之富艷，李長吉之奇詭，元、白之平易典則，韋、柳之温麗靖深，蓋其所以為辭者，即其情之寓也。……（《叢書集成初編》本《王忠文集》本卷四，第九九頁）

智按：王褘（一作王禕。從《元人傳記資料索引》之說，以王褘為準），字子充。義烏（今屬浙江）人。早年師事黃溍，以古文名世。至正中，與陳基結伴北游大都，上時務疏七八千言，宰相格不以聞。危素、張起巖等先後論荐，均不報。乃南歸，隱居青巖山。明太祖朱元璋取婺州，召見。用為中書分省掾史，累官漳州通判。洪武二年召修元史，為總裁官。書成，擢翰林待制。洪武五年，出使雲南，招諭元梁王，次年在雲南遇害。生平見鄭濟撰行狀（《明文衡》卷六十二）、《明史》卷二八九、十八卷本《草堂雅集》卷十。

凌雲翰（一三二三～一三八八）

《集古句題蘇小小像》

柳色深藏蘇小家，昔年相望尚天涯。不知誰唱春歸曲，纔見開花又落花。（白樂天、曹唐、李義山、雍陶。）（《四庫全書》本《柘軒集》卷一）

《冷泉猿嘯》

飛來峯高多白雲，野猿啼處夜將分。三聲忽向嶺頭度，一箇真如峽口聞。哀雜澗泉遥歷歷，清和蘿月亂紛紛。亭中白傅曾留記，明日重來看刻文。（《四庫全書》本《柘軒集》卷二）

《兩峰白雲》

南山雲接北山松，雲氣何曾離兩峰。無色飛揚常類鶴，有時變化忽從龍。樂天偶向詩中道，宏景還於嶺上逢。忽憶鄱陽親舍遠，憑高望極幾千重。

(《四庫全書》本《栢軒集》卷二)

《題徐止善哀吾兒詩》

天道茫茫竟莫回，忍看瓊樹掩泉臺。二三歲長能知孝，十六詩成總是哀。夷甫鍾情言服簡，樂天垂淚字題崔。會須積善如先世，重有麒麟入夢來。(《四庫全書》本《栢軒集》卷二)

《次張行中見寄韻》(並序)

予取友眾矣，毀譽相半。晚交行中，則道義之士也。一日，獲覩其師吳觀光《相州集》，則知行中之學有自來，遂以鄙見具序。壺父後行中復以古體謝，附《晚望》近體一首，因併和之，以發其意焉。

巧言如簧自口出，含沙射影過於蜮。不思黃鳥嚶其鳴，反效青蠅白者黑。自非蟠根別利器，真以委形同槁木。偶然得集類武陵，率爾成章道長吉。策足便可登要津，高舉惟須振六翮。文從字順乃立言，意會神交豈容默。躍冶每怪不祥金，剖璞始憐三獻玉。寂寥頗若大音希，渾厚真如元氣毓。追逐還能到李杜，壓倒何須論元白。悅理自信猶悅芻，好德誰能如好色。六義端因詩序知，千慮卻同愚者得。會當載酒過子雲，況有侯芭作玄足。(《四庫全書》本《栢軒集》卷三)

智按：凌雲翰，字彥翀，號栢軒，錢塘(今浙江杭州)人。早游程文之門，至正十九年，中江浙行省鄉試，以道梗阻，未能赴都。除平江路學正(紹興路蘭亭書院山長)，不赴。教授姑蘇，以忘年之交待瞿佑。入明，洪武十四年(一三八一)以荐授四川成都教授，坐貢舉乏人，謫南荒，卒於流放地。生平見夏節撰《栢軒集行述》(《四庫全書》本《栢軒集》卷首)、瞿佑《歸田詩話》卷下《鍾馗圖》、《明詩綜》卷十五、《靜志居詩話》卷五、《列朝詩集小傳》乙集、《明詩紀事》甲籤二十八卷。

林弼(一三二五～一三八一)

《書馬翰林易之〈楓亭女〉篇後》

風人之詩，譎諫以示戒，猶足以感乎上，矧使者之所採而陳者乎。予讀

《楓亭女》篇，其辭苦如《石壕吏》，其心仁如《春陵行》，讀之令人掩涕。昔白居易作樂府以規諷時事，流聞禁中，得為翰林學士。今君職翰林、持使節，行復聖天子之命，又豈特流聞而已！予既為南民，幸又嘉君之善於使也，故為書此於篇後。(《四庫全書》本《林登州集》卷二十三)

智按：林弼，初名唐臣，字元凱，龍溪（今福建漳州）人。元至正十四年（一三五四）進士，為漳州路知事。明初，以儒士修禮樂書，授吏部主事，官至登州府知府。其《使安南集》，宋濂曾為之序，稱其文辭爾雅。王禕亦嘗贈以詩，與之唱酬。「馬翰林易之」即廼賢（一三〇九～一三六八），其《楓亭女》已佚。

王翰（一三二五？～一四〇二？）

《過九江府》

早發潯陽岸，秋風鴻鴈高。谷容通窈窱，江色變葡萄。堅壁雄千雉，危檣艤萬艘。琵琶亭下水，猶似響檀槽。(《四庫全書》本《梁園寓稿》卷三)

智按：王翰，字時舉，開封禹州人。元季隱居中條山。洪武年曾為夏縣縣學訓導；永樂初還開封朱橚幕府為教授。明初，出為周王橚長史。周王為太祖五子，王素驕，有異志，翰屢諫弗納，斷指、佯狂去。後王敗，得不坐。後起為翰林編修，尋謫廉州（今廣西合浦）教授。夷獠亂，城陷，抗節死。有《梁園寓稿》九卷傳世，作于周王幕府時。另有《山林樵唱集》、《敝帚集》佚失。

楊基（一三二六～一三七八後）

《夜泊琵琶亭聞笛》

夜泊古亭邊，春愁滿畫船。青衫司馬淚，紅袖琵琶絃。故國人何在？澄江月又圓。誰將折楊柳，三弄落花前？（《四部叢刊》三編影印明成化刊本；

《四庫全書》本《眉庵集》卷七）

《過琵琶亭》（在彭澤）

楓葉蘆花兩鬢霜，櫻桃楊柳久相忘。當時莫怪青衫濕，不是琵琶也斷腸。（《四部叢刊》三編影印明成化刊本；《四庫全書》本《眉庵集》卷十一）

智按：楊基，字孟載，號眉庵，原籍嘉定州（今四川樂山），生長吳中。少有詩名。元末，曾入張士誠幕，不久辭去，明初官山西按察使，因事削職，謫為輸作，卒於工所。曾以《鐵笛》詩為楊維禎所常識，與高啓、張羽、徐賁稱明初「吳中四傑」。有《眉庵集》。

孫蕡（一三二八～一三九三）

《驪山老妓行（補唐天寶遺事戲效白樂天作）》

秋風楊柳凋金縷，冷露芙蓉落芳渚。寒香晚色何所如，驪山唐姬教坊女。蛾眉淡掃山遠碧，蟬鬢半抛雲亂吐。時粧無復新妖嬈，囊態猶存舊嬌嫵。我昨咸陽縱冶游，冶游爛熳遍西州。青山直抵雙龍闕，緑水横過五鳳樓。南國佳人金錯落，長安公子玉驊騮。銀壺送酒青絲絡，皓齒當筵白雪謳。琵琶横笛空聒耳，唐姬搊箏妙無比。請彈一曲久含羞，呼喚百迴方强起。移柱相參鴈成列，調絃未就人先喜。俛首斜掩珠步摇，向人高露春纖指。樓高韻發響泠泠，急管悲歌一霎停。初聽乍如風雨至，再彈還作鳳凰鳴。清如玉女鈞天奏，壯似雕戈出塞聲。澗水帶冰時哽咽，春雷震石忽憑陵。憑陵未已旋清悄，清悄漸凝聲漸小。四座無言俱寂寥，餘音已斷猶縈繞。溶溶宛宛復悠悠，切切淒淒還窈窈。深閨斷蚓怨寒宵，淺谷嬌鶯破春曉。纆緜萬恨與千愁，婉意柔情不肯休。蔡琰胡笳悲紫塞，班姬團扇掩清秋。樓前皓月明如練，天外行雲凝不流。促拍未終南内曲，新腔忽過小梁州。梁州一摺月向午，唐姬此時心獨苦。銀甲悲深不忍彈，衷腸斷盡無由語。低籠翠袖揾香淚，翻使歡娛變淒楚。訴盡平生富與貧，可憐人世今成古。憶昔開元正太平，兒家生長在天京。十三學舞曾驚座，十四搊箏能擅名。玉貌羞花長窈窕，宫腰怯柳更輕盈。春寒不離鴛鴦枕，日晏方開孔雀屏。五陵年少秦川客，爭愛兒家好顔色。殢雨尤雲最惱人，追歡買笑寧論直。聲名每出流輩上，風致獨覺旁人惜。承恩況得登掖庭，宛轉隨龍侍君側。海晏河清久息兵，四夷賓貢盡充庭。炎方已見來丹荔，交趾還聞進雪鸚。耀日香車連紫陌，飛雲畫棟列朱甍。空濛一片笙歌海，浩蕩三春錦繡城。驪山山上多樓閣，萬户千門通碧落。大駕深居在九重，四時多暇惟行樂。已營連昌勝結綺，復起芳鳳齊花蕚。壺飛玉女遞更籌，舟戲金龍動鱗角。侍臣傳勅選嬌容，特許兒家步輦從。宫扇影移花雨外，山呼聲沸錦雲中。千株火樹爭明月，萬炬金蓮鬭彩虹。子夜歌詞翻白雪，霓裳舞隊散旋風。歌停舞歇徘徊久，銀箏獨進纖纖手。明眸麗質一當前，含顰美人俱在後。數聲清響動絃索，八面涼風生户牖。艷曲新裁蕚緑華，中官催賜葡萄酒。年年秋月復春花，多在宫中少在家。嬌笑不愁宫監怒，艷粧長得阿姨誇。朝游複道瞻天表，夜步西廂拜月牙。鬭草經春陪虢國，藏鬮竟夕伴昭華。韶光忽逐流年轉，野鹿銜花上林苑。鐵騎東來鳳闕空，金根西狩蛾眉遠。上方無復聽宣召，新籍寧辭避差遣。約臂金環雨雪寬，凌波錦襪風塵蹇。星移物换得無情，復向驪山悄地行。紫禁無人芳草合，瑶堦雨過緑苔生。歌臺索寞花千樹，舞榭蒼涼月半櫺。繡閣秋陰連瑣闥，銅仙清淚落金莖。高梧隕翠蓮飄玉，大乙勾陳看不足。百子樓寒霧影昏，長生殿古煙光緑。宫墻瓦落見蒿萊，輦路塵生走麋鹿。舞馬雕床惱夢思，花奴羯皷驚心目。故宅新人作宴游，内家紅錦列纏頭。珠簾繡柱俄成夢，鳳管龍笙總是愁。舊曲聞來眉自斂，盛年説著口應羞。飛蓬短鬢難禁白，老屋疎茅不耐秋。舞衫長借隣人著，同伴相呼只推卻。臉玉香隨翠靨消，淚珠暗逐燈花落。憂來倒插黄金鳳，夢裏時彈白翎雀。百感中來不自由，芳心一片從誰托。唐姬言語一何長，句句淒其字字傷。滿座聞之聲唧唧，沾巾我亦為浪浪。滄桑轉瞬誰能識，富貴浮雲安可常。覽鏡每聞悲素髮，舉杯長欲勸流光。唐姬莫道（《列朝詩集》卷三十九甲集第二十一作亦莫）懷抱惡，自古佳人多命薄。傾城西子逐鴟夷，絕代明妃嫁沙漠。樽前有酒且歡笑，身外閒愁付冥漠。皎月秋來幾度圓，穠花春盡從渠落。唐姬攬涕復陳情，請作驪山老妓行。桃李風前霜月下，長吟亦足慰平生。不因水上琵琶語，那識江州司馬名。為爾臨風歌一曲，百年哀怨起秦箏。

余既作此詩，本戲筆吟哢以為歡笑耳。而客有問余者曰：「子詩淺易明白，彷彿樂天，然用事不免多誤。上林苑，是漢家事。白翎雀，是世曲子。百子花萼樓，恐不在驪山上。如何?」余笑曰：「那知許事，且啖蛤蜊。西山朝來，頗有爽氣。」(《四庫全書》本《西菴集》卷三；《列朝詩集》卷三十九甲集第二十一；《四庫全書》本《石倉歷代詩選》卷二百九十一明詩初集十一；清徐釚《本事詩》卷二)

《題堵法曹文明所畫匡廬圖》

墨樵仙翁髮垂耳，少年嗜畫今老矣。山鷄野鹿是前身，每見青山樂忘死。高堂醉掃匡廬巔，香爐縹緲生紫煙。我來一見似相識，彷彿偃卧彭郎船。小姑魚肥春酒好，何當舉白醉五老，芙蓉倒影月出早。與君同上樂天亭，令人夜喚琵琶聽。(《四庫全書》本《西菴集》卷四)

智按：樂忘，明弘治十六年金蘭館活字印本《西菴集》作「為山」。

《次潯陽》

最愛清狂老司馬，潯陽江上泊扁舟。風前醽醁開芳宴，月底琵琶喚旅愁。千載凄凉秋瑟瑟，四絃哀怨水悠悠。天涯我亦漂淪客，淚洒青衫憶勝游。

幾欲香山尋九老，十年未辦草空貲。蒼苔石鏡應涵月，白社蓮花想滿池。世外叢林秋似水，天涯遷客鬢成絲。黃蘆苦竹溢江岸，獨艤扁舟歲晚詩。(明弘治十六年金蘭館活字印本《西菴集》卷九)

智按：孫蕡（一三二八～一三九三，一説一三三四～一三八九），字仲衍，號西菴，順德（今屬廣東）人。以博學工詩文，知名於至正間。洪武三年舉於鄉，旋登進士第。授工部織染局使，遷虹縣主簿。召為翰林典籍，與修《洪武正韻》。出為平原簿，坐累逮繫，俾策京師城垣。旋獲釋，起蘇州經歷。再坐累戍遼東，以嘗為藍玉題書，論死。是元明之際嶺南詩人之首，與黃哲等並稱「嶺南五傑」(「南園五先生」)。生平見無名氏撰傳（明焦竑《國朝獻徵録》卷一一五)、《明史》卷二八五、《明詩綜》卷十、《列朝詩集小傳》甲集、《明詩紀事》甲籤卷九。

金固（一三二八？～一三八四）

《讀周子諒詩》

奇才天所生，開口學未能。大空作雲雷起陸，神妙千年那得名。我吟周子詩，俊拔安可當。元白總辟易，李杜參翱翔。畏途九坂罕須力，足躡天梯倚天碧。俯身不折金莖花，下視河流出西極。神雞報曉海色曙，朱鳥揚煇電光赤。從容典則具深嚴，迭宕扶疎重赫奕。周流元氣互吞吐，旋轉乾坤同闔闢。人生有才不易得，使我見之為大戚。驊騮汗血日千里，戀豆駑駒終伏櫪。近年此道尤可憐，頫耳哇咬爭後先。江湖情思涉誕漫，風花光景事留連。由來世運有代謝，文章信與時高下。自恐齊梁作後塵，誰當屈宋方前駕。我誠流涕為君言，雅頌無過《三百篇》。慷慨鹿鳴思野草，沉吟清廟拂朱弦。拂朱弦，真奈何，看雲撫卷一高歌。古來作者皆殊列，老我無成空咄嗟。（明永樂刻本《雪厓先生詩集》）

智按：金固，字守正，號雪厓，新淦（今江西新幹）人。金幼孜（一三六八～一四三二）之父。自幼好學，至正間，雖顛沛流離，仍手不釋卷。洪武初，郡守聘為郡學訓導。在任嚴約諸生，諭以正心誠意、敦本務實。生平見楊士奇《雪厓金先生傳》（《國朝獻徵録》卷八十七）、明朱國禎《開國臣傳》卷九。

蘇伯衡（一三二九～一三九二）

《周書補亡三首》後敘

《書》序有《歸禾》、《嘉禾》篇目，而亡其書，竊意雖唐叔之《獻禾》當亦有書，蓋俱逸矣。昔白居易作《湯征》以補亡，君子不罪也。伯衡雖不敏，輒敢効之，作《獻禾》、《歸禾》、《嘉禾》凡三篇，陶窳缶與殳丁卣、父辛爵、屈生敦、台夫鼎比妍，其真不知量哉！其亦大可哂哉！伯衡志。（《蘇平仲文集》卷一雜著，《四庫全書》本）

《書德泉銘卷後》

平陽岸江，其邑聚皆斥滷之地，故其水皆苦惡，獨崑山有泉仰出，甘洌異諸水，宋朝奉者，引以給邑人之用，盖自宋南渡後然矣。元大德戊戌，廉訪僉事完顔公行部見之，嘉其勤己以濟人，名之曰德泉，屬宣閫都事鮮于公爲著銘，既刻之石矣，而鮮于公復以副本予朝奉之孫，郴州教授景玉、開化教諭景明二君，宦轍所至，時之鉅公，多題其後。自趙公子昂、吳公幼清，至郭君天錫，凡十人，聯爲一卷，世襲藏焉。國初爲兵士所得，教諭君之孫，以廉從陳維志購得之，則洪武十二年也。後四年，余閱之而嘆曰：昔羅浮道士鄧守安，以廣州一城人飲醎苦水，春夏多疾疫，欲引蒲澗山滴水嵓水二十里外，庶一城貧富，同飲甘涼，規畫處置，具有條理，以告吾祖文忠公，文忠公以告漕帥王敏仲，夫敏仲以帥一道之權，而爲此宜若易易也，然卒不能成守安之志，豈不以難爲力哉！今宋朝奉一韋布隱居之士耳，顧能引此泉以惠一邑，可謂能爲古人之所難矣。使人不恤其力，用其智，以惠利及物，皆若朝奉之心，天下豈有難爲之事乎？且引西湖水以給杭人，唐則宰相李長源，刺史白樂天，宋則太守陳述古，猶刻石湖上，使後來有所考。平陽之人，賴宋氏而給，於每歲用竹百丈，役工二人，皆出其私力，獨可無述，以示後乎？此二公之所以拳拳也，與向使宋氏不厄于兵革，則邑人之利賴之，雖到于今可也。今泉如故，而莫能引，石亦已磨滅，唯故石槽卧道旁，而德泉與朝奉之名下，共石磨滅者，尚賴此卷之存焉。尔以廉護藏惟謹，豈徒以其文翰，盖亦存羊之意焉。好事者有能因此而脩復宋氏故事，則泉之流衍，邑人之蒙其澤，將必有日矣，其豈無继鮮于公而秉筆者。(《蘇平仲文集》卷十，《四庫全書》本)

智按：蘇伯衡，字平仲，金華（今屬浙江）人。本宋蘇轍之裔，以轍子遲守婺州，因家於婺。元末貢於鄉，洪武初徵入禮賢館，後為國子學正，以薦擢翰林編修。宋濂以翰林承旨致仕，薦以自代，辭不拜。後起為處州教授，以表箋忤旨逮治，卒於獄。事迹具《明史・文苑傳》。

鄭真（一三三一～？）

《用韻王理問琵琶亭夜宿》

水流嗚咽夜傳更，夢裏如聞絃上聲。却笑當年白司馬，青衫淚溼也多情。（《四庫全書》本《滎陽外史集》卷九十）

智按：鄭真，字千之，號滎陽外史，鄞縣（今浙江寧波）人。洪武五年（一三七二）鄉試第一，授臨淮縣教諭。窮研六經，尤長於《春秋》，曾受知於吳澄。有《滎陽外史集》。

謝肅（一三三二～一三八五）

《和張員外次韻顧仲瑛柳花詞十首》（其九）

永豐園裏落殘陰，白傅風流已陸沉。不有兩枝天上植，飛花那入御簾深。（《四部叢刊》本《密菴稿》戊卷）

智按：謝肅，字元功（原功），號密庵，上虞（今浙江紹興）人。早年與同郡唐肅齊名，并稱「會稽二肅」。至正間，見知於貢師泰。元明之際，出游齊魯晉趙燕魏，明洪武十六年舉明經，歷官福建按察司僉事，不久，坐事被逮，庾死獄中。生平見《書史會要》補遺、劉翼南《密菴詩藁後序》（見《密菴藁》附録）、《大明一統志》卷四十五、《靜至居詩話》卷四。

張羽（一三三三～一三八五）

《題遵道墨竹歌》

墨竹昉自何人始，輞川石刻今餘幾。後來蕭悅稍出羣，香山侍郎獨稱美。洋州太守善寫真，長帽先生差可儗。江南謾作金錯刀，枝葉離奇何足齒。北方作者誇澹游，房山繼之妙莫比。湖州公子最擅名，同時亦數薊丘李。薊丘有子能傳家，筆勢翩翩此其是。一竿玉立無因依，風露淋漓猶滿紙。想當塗洒發幽興，靜對山僧北窗裏。江湖無人老成盡，百藝荒涼今已矣。展圖三歎墨君堂，秋聲滿座悲風起。（《四庫全書》本《靜菴集》卷二）

智按：四部叢刊三編景明成化刻本《靜居集》卷二題為《李遵道墨竹歌》。

《〈劉松年九老圖卷〉跋》

右《九老圖》一卷，定為宋劉松年所畫，人物、界畫、林木、水石，各臻其妙，今畫者工其一，猶足稱於世，而劉乃兼衆工之所長，可謂難矣。按唐會昌中，白居易始為香山九老會，好事繪而為圖。宋至道中，李文正公昉欲集天下九人繼其事，會蜀有變，不果，至和中，杜祁公衍退居睢陽，常為會而止得五老；元豐五年，文潞公以太尉留守西都，富韓公以司徒致仕，復為耆英會。時宣徽使王拱辰留守北京，貽書願與其會；司馬温公年未七十，潞公重其人，請入會，温公辭以晚進，不敢厠二公後。乃命閩工鄭奂自摹寫其像，又之北京寫王公像，自潞公而下，合十又三人。今此圖人數與香山合，而衣冠非唐製，然以為至和之會，則多四人；以為元豐之會，則少四人，豈劉直工畫，而不知考故實耶？抑當時所傳皆諸公真像，失其四人者，遂不復補耶？而見在者，劉又不識其誰某，使後世不獲因是而想其風采，此尤可惋歎。然一時衣冠文物之華，水竹林亭之勝，朝野昇平之象，耋老康寧之福；靄然見於豪素，使人展卷為之歎息，企慕恨不身生其時而目睹其事，蓋有非後世俗吏之所能及也。然當是時王安石方罷相，而黨類猶盛，新法未除，富、文、司馬諸老，皆以碩德重望，不見柄用，而優游散外之地，雖諸老之福，而實非朝廷天下之福也。觀此圖者，又不可不知。此卷舊為休寧縣令唐棣子華家物，今歸棗陽縣令莘野叔耕，二令皆能畫，故其識鑒皆同。張羽跋。（張來儀文集）（《四庫全書》本《南宋院畫録》卷四）

智按：張羽，字來儀，後以字行，更字附鳳，本潯陽人，僑居吳興。元末領鄉薦為安定書院山長，再徙於吳。洪武初，徵授太常寺丞。尋坐事竄嶺南，未半道，召還。羽自知不免，投龍江死。《明史·文苑傳》附載《高啓傳》中。

韓奕（一三三四～一四〇六）

《虎丘寺火後次韵》

吴地名山晉地開，不知何劫到今灾。東西有寺憐焦土，今古無碑見死灰。古墓雨荒青燐出，深崖風起夜泉哀。却思白傅來為郡，一歲懽游計幾廻。（《韓山人詩集》卷六，《續修四庫全書》影印清抄本，第一三二五册，第一二三～一二四頁）

《支硎山古蹟十二詠》

一名報恩山，南峰、東峰皆其山之別峰，有楞伽、天峰、中峰三院。楞伽在山下，支遁菴在焉。自菴前西南登山，可數百步，林中一徑入中峰院。自徑前南行，其登彌高，又數百步，乃至天峰北僧院。其依一山，而道周有石盤礴平廣，泉流其上，清泚可愛。樂圃先生云：楞伽院在山下，白樂天、劉夢得嘗游而賦詩，白詩所謂好是清涼地者也。錢儼以為即晉高僧支遁所建支硎寺，唐景隆中名報恩，大中中毁；宋乹德中名觀音院，後名楞伽院。

江左尚清談，方外多高士。春山煙雨中，半是禪栖地。

南池在楞伽院，皮日休、陸魯望、穰嵩起於此聯句，有水閣，皮、陸嘗宿其上。

高閣正當池，桑田變幾時。不因皮陸咏，後世若為知。

石室支遁常居焉，世稱支公菴。

山骨斲禪居，跏趺坐有餘。多年人去閉，我欲借藏書。

八隅泉池楞伽院中峰之下，古報恩惠敏律師塔當池上，有古碑。

誰將文石甃，似鑑不成圓。魚泳寧知窄，須臾遍八紘。

寒泉泉流石上，樂天詩「淨石堪趺坐，清泉可濯巾」是也。

滴出雲邊冷，流來石上平。源源知有脉，淺淺聽無聲。

石門在山中，危然相對，夾山逕，游南峰從此而上焉。

雲歸夜不扃，僧閑自來去。在處有晨門，誰能知孔氏。

馬跡石支遁飛步馬處，石紋如馬足者四，劉夢得詩「石紋如馬足」。

蹄輕不動塵，頑礦痕如刻。游戲與僧同，有神寧有力。

南峰天峰院在焉，院枕此岩腹，躋攀幽峻。山中石壁聳立，山半石門夾道。院旁有西菴院，舊名南峰，裴休書額。宋龔濟民讀書南峰，有書房。

梵韵含松聲，穿雲連化城。唐人書舊額，世換只留名。

待月嶺天峰之旁。

東山松桂高，坐久清光發。那得當時人，同看當時月。

碧琳泉待月嶺之下。

色映松篁冷，聲撞崖石亂。山村幾家汲，那知歲年旱。

放鶴亭支遁放鶴處，人因建亭以識焉。

從去入高冥，空山惟舊亭。不知何鸛雀，爪跡印苔青。

牛頭峰天峰之南，夢得詩「峰勢聳牛頭」，皮、陸聯句「翠出牛頭聳」是也。

石角聳峰頭，群山勢莫儔。春閑斜日裏，有影卧西疇。

支硎山去吴城甚邇，泉石清秀，晉唐來諸名人樂居而喜游之，遺迹尚多焉。奕之先塋在山下，往來無虛歲。展省之餘，得以訪諸名人遺迹，因託為圖寫而咏歌之，獨菴公嘗同而賦焉。高風遠韵，相去千百載，縱不可以攀其逸駕，而清芬只尺，猶可以相像而仰挹之也。洪武丁丑識。（《韓山人詩集》卷七，《續修四庫全書》影印清抄本，第一三二五册，第一三〇～一三二頁）

《虎丘寺火後五首》

融風連晚想松柯，時刻平明半滅磨。非是山靈興狠怒，事關樓閣占年多。

巖池林館逐煙消，山樹岩花色盡焦。白傅再生重領郡，春游來減兩三遭。

山心從古沒遮藏，有寺東西兩面張。今夜禪宫消歇處，放容明月展清光。

煙雨殘基草色新，幾年妝點遂成塵。春來游子心休懶，景到荒陳始是真。

入寺行行念欲憐，鐵花巖在有寒泉。高低顯出當初景，却笑樓臺礙幾年。

(《韓山人詩集》續集卷七，《續修四庫全書》影印清抄本，第一三二五册，第一九〇～一九一頁)

智按：韓奕，字公望，號蒙菴（一作蒙齋），祖籍安陽，吴縣（今江蘇蘇州）人。為人端重簡默，讀書通諸經。患目疾長達二十年，自分無可用，雖謝人事，居家不出。足跡未嘗一入官府。常與一二友朋幅巾藜杖出游，僅以一童相隨，出則累月。其父精醫理，韓奕與其弟俱傳其術。入明，隐於醫，郡守以禮致之，辭謝不往。與時人王賓、王履齋，並稱吴中三高士。卒年七十三歲。有《韓山人詩集》，今存。另著《易牙遺意》。生平見姚廣孝撰《韓山人詩集序》(《韓山人詩集》卷首)、梁用行《壽藏記》(《韓山人詩集》附集)、《吴中人物志》卷九。

鄭賜（？～一四〇八）

《潯陽夜泊》

夜泊潯陽江上頭，江空月白水悠悠。當時司馬傷心處，楓葉蘆花兩岸秋。

(《聞一齋詩稿》，《四庫未收書輯刊》影印明崇禎六年閩縣徐氏抄本)

智按：鄭賜，字彦嘉，建寧（今屬福建）人。洪武十八年（一三八五）進士。歷任監察御史、湖廣、北平布政司參議，事燕王甚恭謹。因事貶戍安東屯。惠帝即位，任工部尚書。燕王起兵反朝，督河南軍扼阻燕兵。燕王攻占京師，逮至，笑而釋放，後任刑、禮部尚書。爲人頗和厚，然不識大體，缺才，帝看之甚輕。六年憂悸死。洪熙元年（一四二五）贈太子少保，謚文安。有《聞一齋詩稿》。

胡奎（一三三五～一四〇九）

《代王奉祠贈別友人之京》

春風吹江春雪晴，茶官放船明日行。奉祠過我索長句，把酒出餞鍾陵城。沈郎有母華亭住，三載思家不歸去。側身東望白雲飛，長繞九龍峰頂樹。今年報政上京華，還種北堂藼草花。不學江州白司馬，直將哀怨寄琵琶。媿我梁園老賓客，與爾從來未相識。稍待金芽入貢餘，紗帽籠頭共煎喫。（《四庫全書》本《斗南老人集》卷四）

智按：胡奎，字虛白，海寧（今屬浙江）人。生元至順間，嘗遊貢師泰之門。明初，以儒學徵，官寧王府教授。其《斗南老人集》前有寧王權序，稱其晚年泊舟鄱陽望湖亭，見石刻東坡「黑雲堆墨未遮山」詩，次韻和之，俄見一叟來，誦其詩曰：「子非斗南老人耶?」因以自號。

姚廣孝（一三三五～一四一八）

《諸上善人詠·白居易少傅》

暮年開閤放娉姬，歸命彌陀宜暫離。不獨姓名垂百世，已將神識托蓮池。（《卍新纂續藏經》第七十八册）

《净土簡要録序》

净土之教，興始于典午之世，樓煩大士來廬山，集群賢以創蓮社，六時三昧，清修净念，其往生之蹟，如青天白日，終古不磨。厥後仰而則之，及其成功者，代亦多矣。其赫赫然而名落宇宙者，在後周則有南嶽思，在陳則有天台顗，在唐則有善導、法照、少康，在宋則有永明、壽慈、雲式、長芦、頤昭、慶常之輩是矣。至于賢士大夫，如晉之劉程之、雷次宗，唐之柳宗元、白居易，宋之楊傑、王古、馬玗、陳瓘、江公望、王日休之流，從之既勤，行之既驗，各有著述，發揮净土之旨，以勉其後進，故歷朝以來，净士之作，論疏傳記，山儲海積，然通都鉅郡，名山勝刹，始能家藏而户蓄，故學之者，有師而問焉，有書而證焉，庶不致驚于邪僻繆妄之塗矣。今夫窮鄉絶島，善友良導之不過片言一字之不達。縱有學者，無師可問，無書可證，其不騖於邪僻繆妄之塗者，盖幾希矣。故雖仁人君子，念而恤之，無能爲也。今年夏，余客穹隆山中海雲精舍，因閲净土諸書，以銷長日，遂將前賢所述讀誦之文，策勵之言，以事显理之談，以真破妄之説，圓妙明著，咸皆承摭，或全其章，或畧其句，僅若干篇，萃為一卷，名之曰《净土簡要録》。録成，欲鏤于板，以廣其傳矣。雖然大方之家，上達之士，豈足收覽焉若。夫窮鄉絶島，無師可問，無書可證者，得此觀之，抑亦可謂少資云爾。(《逃虚子集》類藁卷二獨菴藁，《四庫全書存目叢書》影印南京圖書館藏清抄本，集部第二八册，第一〇五～一〇六頁；《續修四庫全書》影印清抄本，第一三二六册，第六四三～六四四頁)

《權藏主住積慶寺方外交疏》

劉遺民結蓮社之盟，高風益振；白樂天領鳥窠之話，卓識尤崇。古者既亦有焉，今人詎不能爾。某襟懷明净，形儀老成，早入教庠，已解觀心覩具；探禪海，了知離相離名，不走通途，何由達教？觀即禪，禪即教，鉼盆釵釧同金；心是佛，佛是心，炷燄炭烟俱火。坐斷三賢十聖，掃寶百界千如。龍象交參，試着拈槌豎拂；風雲際遇，載瞻出谷迁喬。蘂社有輝，吾儕多幸。(《逃虚子集》類藁卷五獨菴藁，《四庫全書存目叢書》影印南京圖書館藏清抄本，集部第二八册，第一四〇～一四一頁；《續修四庫全書》影印清抄本，第一三二六册，第六七八頁)

智按：姚廣孝，長洲（今江蘇蘇州）人。祖菊仙，父妙心。初為僧，名道衍，字斯道。洪武中以僧宗泐薦，選侍燕邸。燕王謀逆，資其策力居多。纂立之後，乃使復姓賜今名，爵至資善大夫、太子少師，封榮國公。然迄未改僧服。事迹具《明史》本傳。生平見范植清《釋道衍其人其事》，《史學月刊》一九八七年第五期。

王賓（與姚廣孝同時）

《孫老橋》

白傅經營年紀衰，蕭蕭白髮滿頭絲。孫公管領來修葺，又在衰年白髮時。（《四庫全書存目叢書》本王賓《吳中古蹟詩》；《四庫全書》本《吳都文粹續集》卷三十五）

智按：王賓，字仲光，長洲（今江蘇蘇州）人。博聞強記，尤精醫學。隱居奉母，以孝行稱。少與姚廣孝相善。《吳中往哲記》稱廣孝既貴，歸訪賓，賓弗與見，方盥，掩面而走。黃姬水《貧士傳》所記相同。《明史・廣孝傳》中亦略載其事。然觀賓集有所作《賑災記》，稱「廣孝為少師，鋪陳功德甚至，賓沒後，廣孝為之傳，亦極稱譽」，是兩人交契終始如一。蓋流俗欲推尊賓者，造作此言，殊非事實。（《四庫提要》）

高啓（一三三六～一三七四）

《三賢堂》

吾邦古名藩，出守皆時賢。有唐三使君，風流最能傳。韋公既前蹈，劉白乃後連。政成厲時康，民察各已痊。（《四部叢刊》影印明刻本徐庸編《高太史大全集》卷五）

《效樂天》

誰言我久賤，明時已叨禄。誰言我苦貧，空倉尚餘粟。辭闕是引退，還鄉豈遷逐。舊宅一架書，荒園數蔟菊。俗缘任妻子，家事煩僮僕。性懶宜早閑，何須暮年促。猶著朝士冠，新裁野人服。杯深午醉重，被暖朝眠熟。旁人笑寂寞，寂寞吾所欲。終老亦何求，但惧無此福。功名如美味，染指已云足。何待厭飽餘，腸胃生疢毒。請看留侯退，遠勝主父族。我師老子言，知足故不辱。（《四部叢刊》影印明刻本徐庸編《高太史大全集》卷七；《四庫全書》本《大全集》卷七；徐澄宇、沈北宗校點本《高青丘集》，第二九三～

二九四頁；《列朝詩集》卷二十甲集第四之中）

《明皇秉燭夜游圖》

華萼樓頭日初墮，紫衣催上宫門鎖。大家今夕燕西園，高爇銀盤百枝火。海棠欲睡不得成，紅妝照見殊分明。滿庭紫燄作春霧，不知有月空中行。新譜霓裳試初按，内使頻呼燒燭換。知更宫女報銅籤，歌舞休催夜方半。共言醉飲終此宵，明日且免羣臣朝。只憂風露漸欲冷，妃子衣薄愁成嬌。琵琶羯鼓相追續，白日君心歡不足。此時何暇化光明，去照逃亡小家屋。姑蘇臺上長夜歌，江都宫裏飛螢多。一般行樂未知極，烽火忽至將如何。可憐蜀道歸來客，南内淒涼頭盡白。孤燈不照返魂人，梧桐夜雨秋蕭瑟。（《四部叢刊》影印明刻本徐庸編《高太史大全集》卷八；《四庫全書》本《大全集》卷八；徐澄宇、沈北宗校點本《高青丘集》，第三三六～三三七頁）

智按：此詩深受白居易《長恨歌》影響，可謂異曲同工。

《湓浦琵琶圖》

秋夜相逢處，閨愁雜宦情。四絃風共拂，兩棹月同明。司馬青衫濕，佳人白髮生。至今湓浦上，楓葉尚哀聲。（《四部叢刊》影印明刻本徐庸編《高太史大全集》卷十二；《四庫全書》本《大全集》卷十二；徐澄宇、沈北宗校點本《高青丘集》，第四六七頁）

《次韵春日謾興四首奉酬外舅達翁》（其一）

老去風情似樂天，恨無張態抹朱絃。一春酒病稀游賞，啼鳥鶯花共悵然。（《四部叢刊》影印明刻本徐庸編《高太史大全集》卷十七；《四庫全書》本《大全集》卷十七；徐澄宇、沈北宗校點本《高青丘集》，第七三二頁；《列朝詩集》卷二十甲集第四之中）

《白傅湓浦圖》

相逢淪落總天涯，舟泊湓江近荻花。逐客青衫自多淚，傷心不用怨琵琶。（《四部備要》本《青邱詩集》卷十七；《四庫全書》本《大全集》卷十七；徐澄宇、沈北宗校點本《高青丘集》，第七三五頁）

《兩妓》（李娟、張態，樂天守吳時名妓也）

李娟張態兩嬌姿，傳得香名在白詩。當日罇前漫歌舞，使君家自有楊枝！（原注：白居易有《遣楊枝》詩。按：楊枝，即小蠻也。）（《四部備要》本《青邱詩集》卷十七；《四庫全書》本《大全集》卷十七；徐澄宇、沈北宗校點本《高青丘集》，第七六四頁）

《和王畊雲與愚菴倡和詩》（其二）

欲望城西禮白雲，數峰蒼翠晚嶙嶙。誰知解綬東歸客（智按：解綬，《列朝詩集》作邂逅），亦是香山社裏人。（《四庫全書》本《大全集》卷十八；徐澄宇、沈北宗校點本《高青丘集》，第七八四頁；《列朝詩集》卷二十二甲集第五之上）

智按：高啓，字季迪，號青丘子，又號槎軒，長洲（今江蘇蘇州）人。元末隱居吳淞江之青丘。洪武二年（一三六九），被召纂修《元史》，授翰林國史院編修官，復命教授諸王。三年，擢戶部右侍郎，自言年少不敢當重任，賜白金放還。退居青丘，授書自給。七年，友人蘇州知府魏觀欲將府治遷回被元末張士誠改作宮室舊址，以「興既滅之基」獲罪被誅，而高啟則坐爲其作上樑文，腰斬於市。或以爲其被處死之真正原因在於作《題宮女圖》詩，太祖以爲諷己。啟善文，尤工於詩，與楊基、徐賁、張羽齊名，號稱「吳中四傑」。有《高太史大全集》十八卷、《高太史鳧藻集》五卷，清人金檀輯注其作品爲《高青丘集》。《明史》卷二八五有傳。

王鈍（一三三六～一四〇六）

《胡琴行》

館陶廵簡鄗州客，責酒烹羊留悦懌。席前白髮老伶人，手操胡琴聲裂帛。初如巖溜響秋風，又若林鶯調曉舌。嚶嚶咿咿離鸞鳴，切切嘈嘈丹鳳别。座中萬壑松濤生，鶴夢驚迴山月白。憶昔戎王馬上彈，紫塞風寒霜草折。旃廬再鼓明姬愁，黑河水淺波聲咽。流落中原今幾年，北鄙宮商猶未絶。高山流水更無聞，別恨離情轉悲切。我胸磊落雖難平，自許肝腸如削鐵。肯為兒女生悲酸，淚痕輕漬青衫血。君不見，江州司馬好襟懷，至今恨壓潯陽月。（《石倉歷代詩選》卷三百八明詩初集二十八）

智按：王鈍，字士魯，太康（今屬河南）人。元至正二十六年（一三六六）丙午進士。洪武十年（一三七七）徵授禮部主事，歷官浙江布政使。建文中召為戶部尚書。燕王篡立，仍故官。後以布政使勒致仕。《明史》卷一五一有傳。

梁蘭（一三四二～一四一〇）

《九老圖》

皓首獲謝事，選幽聊自怡。山水既已佳，春陽亦遲遲。或囊單父琴，偶賭綺黃棊。好樂養餘日，消摇沐雍熙。寵辱固可忘，理亂胡不知。徒兹齒爵崇，恐貽後世嗤。壯哉渭川翁，持竿兆非彲。（《四庫全書》本《畦樂詩集》）

智按：梁蘭，字庭秀，又字不移，泰和（今屬江西）人，右贊善梁潛（一三六六～一四一八）之父也。田居不仕，故以「畦樂」自號。於楊士奇為姻家，士奇嘗從之學詩。《畦樂詩集》即士奇所編，前有洪武三十一年士奇序。考士奇所作蘭墓誌，稱卒於永樂八年（一四一〇），則編此集時，蘭猶及見之也。（《四庫提要》）

王達（一三四三～一四〇七）

《哀唐衢辭》

唐衢，韓公退之同時人也。性耿介，落落有大志。不妄與人，交人亦莫知其所負。衢於學，發憤研究，不少自廢，然累舉不中，人咸笑之，衢則不以為意也。衢能詩，詩多悲思，激烈而感創，讀之使人慨然有動於中。衢往往見人文章，有傷激者，必大哭，涕泗滂沱而弗能已。每與人言論既別，發聲一號，奇韻嗚切，聞者莫不為之酸鼻人，皆以衢善哭，而不知其所以哭也。獨退之識其人，贈以詩曰：「虎有爪兮牛有角，虎可搏兮牛可觸。柰何君獨抱奇才，手把鋤犁餓空谷。當今天子急賢良，匭函朝出開明光。胡不上書自薦達，坐令四海如虞唐。」退之之意，詎非以衢之才，迴出一世，而反不逮乎瑣瑣者邪？樂天亦有詩曰：「賈誼哭時事，阮籍悲路岐。唐生今亦哭，異代而同悲。」而樂天以誼之才方衢矣。《舊史》附衢於退之傳後，《新史》則又削之，何君子命薄者有若是之不偶哉！吁！有人負奇才如賈誼，當世既莫知之，後世又莫知之，不既深可悲乎！俾無退之、樂天，則天地間空生此材矣。是以君子貴成人焉，天游道者，讀退之、樂天二詩，深嘆衢之不偶，作哀辭於千載之下，炷香盃酒酹衢於千載之上，仰天大慟，衢其知邪？凄風西來，吾知衢不能不知我心也。辭曰：

蘭生於幽谷兮，為衆穢之所翳。玉産於崑崗兮，以碔砆為同類。匪良玉之靡良兮，寡不能敵衆嫮之聯勢。衆勢之聯兮，固已密比，而難攻此芳馨之潤潔兮，幸不掩於匠目之與春風。衢乎衢乎，爾材雖奇兮，何造物之靡通，但千載之下，識衢之弘闊兮，賴樂天之與韓公，世之媕婀讒嫉、擠人於極地者，讀二公之詩兮，烏知其不額泚而心懜。（《四庫全書》本《明文衡》卷九十五；《明文海》卷四百七十三）

智按：王達，字達善，號耐軒居士，無錫（今屬江蘇）人。洪武中，以明經薦為縣學訓導，改大同府學，後遷國子助教。永樂初，擢編修，官至侍讀學士。

王恭（一三四三～？）

《書香山九老圖》

唐家名臣白居易，暮年脱略青雲器。抗節羞趨當路門，拂衣起謝人間事。以兹疎散愛香山，洛下羣公亦遂閒。玉堂金馬俱殘夢，流水孤雲同去還。石樓烟樹朧朧見，八節迴灘瀉秋練。雲衣落落古松姿，鶴髮皤皤凍梨面。人生宦達應如此，豈必浮名綎青史。楚國三生少見機，竹林七賢徒為爾。名遂身閒古所稀，洛陽山水饒清暉。青山何處無佳賞，白首湮沈空布衣。(《四庫全書》本《白雲樵唱集》卷一；明袁表、馬熒編《閩中十子詩》卷十六；《石倉歷代詩選》卷二百九十八；《四朝詩》明詩卷四十七言古詩五；《列朝詩集》卷四十三乙集第三)

智按：王恭，字安中，閩縣（今福建福州）人。家居大廟山釣龍臺畔，善作詩，構思快，下筆千言立就，為明初閩中十子之一。永樂四年（一四〇六)，年已六十餘歲，以儒士薦，修《永樂大典》，授翰林院典籍。後告老回鄉，還居長樂縣北鄉沙堤，沙堤四面皆山，自號皆山樵者，因家貧常樵於山中，得薪為炊。有《白雲樵唱》、《鳳臺清嘯》、《草澤狂歌》等。《明史·文苑傳》附載《林鴻傳》中。

釋溥洽（一三四六～一四二六）

《送彙木菴歸姑蘇》

幾年漫浪闔閭城，與子追游杖履輕。煙草鹿臺尋古蹟，水雲鷗渚結閒盟。江山已入韋郎句，齒髮徒傷白傅情。相送長洲天際路，畫船茶竈憶春行。(《四庫全書》本《御選明詩》卷九十)

《次韻王起東夜宿琵琶洲》

倚棹寒江照白頭，看山不盡且遲留。無人為寫琵琶恨，自撥鵾弦過小洲。(《四庫全書》本《御選明詩》卷一百十四；《列朝詩集》閏集第一)

智按：《列朝詩集》署「釋洽公」。釋溥洽，字南洲，晚號迂叟，又稱一雨翁，浙江杭州人，俗姓陸。受具上天竺寺。後移住蘇州北禪寺。又六年，至杭州下天竺寺。明太祖召為僧録司右講經，命主天禧寺（後稱大報恩寺)。明成祖即位後，以道衍（姚廣孝）主教事，溥洽法師以左善世遜讓之，自居其右。明仁宗即位，還南京大報恩終老。明宣德元年（一四二六）七月示寂，世壽八十一歲。

瞿佑（一三四七～一四三三）

《歸田詩話》

⊙顧況勉樂天

白樂天少日以詩贄謁顧況。況見其名，戲曰：「長安米貴，居大不易。」及閱其詩，有云「野火燒不盡，春風吹又生」。曰：「有才如此，居亦不難。」宋薛奎未第時，贄謁馮魏公，首篇有「囊書空自負，早晚達明君」。馮掩卷謂曰：「不知秀才所負何事？」讀至第三篇云：「千林如有喜，一氣自無私。」乃曰：「秀才所負如此。」恭後登第，官至參政。王拱辰歐陽公皆其婿也。（卷上，《歷代詩話續編》第一二四四頁）

⊙昭君詞

詩人詠昭君者多矣，大篇短章，率敘其離愁別恨而已。惟樂天云：「漢使卻回憑寄語，黄金何日贖蛾眉？群王若問妾顔色，莫道不如宫裏時。」不言怨恨，而惓惓舊主，高過人遠甚。其與「漢恩自淺胡自深，人生樂在相知心」者異矣。（卷上，《歷代詩話續編》第一二四四頁）

琴按：此則又見魏慶之《詩人玉屑》及胡仔《苕溪漁隠叢話》等書，大同小異。惟謝榛《四溟詩話》謂此詩「雖不忘君而辭意兩拙」，所見與瞿佑完全不同，詳見後録。

⊙長恨歌

樂天《長恨歌》凡一百二十句，讀者不厭其長；元微之《行宫》詩才四句，讀者不覺其短，文章之妙也。（卷上，《歷代詩話續編》第一二四五頁）

⊙琵琶行

樂天《琵琶行》云：「門前冷落鞍（車）馬稀，老大嫁作商人婦。」東坡舉此以喻杭妓琴操，即感悟而求落籍。龍仁夫《題琵琶亭》云：「老大妲娥負所天，忍將離恨寄哀絃。江心正好觀秋月，卻抱琵琶過別船。」中含諷意。又有女子題詩船窗云：「爺娘重利妾身輕，獨抱琵琶萬里行。彈到陽關齊拍手，

不知元是斷腸聲。」含無限悲怨，非抱器過船者比也。（卷上，《歷代詩話續編》第一二四五頁）

⊙樂天晚年

樂天晚年，優游香山緑野，近乎明哲保身者。甘露之禍，王涯、賈餗、舒元輿輩，皆預焉。樂天有詩云：「當君白首同歸日，是我青山獨往時。」或謂樂天幸之，非也。樂天豈幸人之禍者哉？蓋悲之也。（琴按：此數語已見東坡《志林》）晉潘岳贈石崇，有「白首同所歸」之句。及遭刑，俱赴東市，崇顧嶽曰：「可謂白首同所歸矣。」樂天蓋用此事。彼劉夢得之《靖恭佳人怨》，柳子厚之《古東門行》，其於武元衡，則真幸之矣。樂天連為杭蘇二州刺史，皆有惠政在民。杭則有三賢堂，並林和靖、蘇東坡祠之。蘇則有思賢堂，並韋應物、劉夢得、王仲舒、范希文祠之。其遺愛猶未泯，不但以詩名也。（卷上，《歷代詩話續編》第一二四五～一二四六頁）

○夢得多感慨

劉夢得初自嶺外召還，賦《看花》詩云：「玄都觀裏桃千樹，盡是劉郎去後栽。」以是再黜。久之，又賦詩云：「種桃道士歸何處？前度劉郎今又來。」譏刺并及君上矣。晚始得還，同輩零落殆盡。有詩云：「昔年意氣壓群英，幾度朝回一字行。二十年來零落盡，兩人相遇洛陽城。」又云：「休唱貞元供奉曲，當時朝士已無多。」又云：「舊人惟有何戡在，更與殷勤唱渭城。」蓋自德宗後，歷順、憲、穆、敬、文、武、宣凡八朝。（智按：當爲順、憲、穆、敬、文、武凡七朝，劉禹錫武宗會昌二年去世）暮年與裴、白優游緑野堂，有「在人稱晚達，于樹比冬青」之句。又云：「莫道桑榆晚，爲霞尚滿天。」其英邁之氣，老而不衰如此。（卷上，《歷代詩話續編》第一二四七頁）

智按：瞿佑，字宗吉，號存齋，錢塘（今浙江杭州）人。洪武初官國子助教。永樂間，官周王府右長史，謫戍保安（今陝西西安附近）十年，洪熙初赦還，悒悒以終。有《樂全詩集》、《詠物詩》、《樂府遺音》、《剪燈新話》等二十餘種。生平見田汝成《西湖遊覽志餘》、錢謙益《列朝詩集小傳》乙集。

高棅（一三五一～一四二三）

《唐詩品匯》

⊙總敘

有唐三百年，詩衆體備矣，故有往體、近體、長短篇五七言律句、絕句等製，莫不興於始，成於中，流於變，而陊之於終。至於聲律興象，文詞理致，各有品格，高下之不同。略而言之，則有初唐、盛唐、中唐、晚唐之不同。

詳而分之，貞觀、永徽之時，虞、魏諸公稍離舊習，王、楊、盧、駱因加美麗，劉希夷有閨帷之作，上官儀有婉媚之體，此初唐之始製也。神龍以還，洎開元初，陳子昂古風雅正，李巨山文章宿老，沈、宋之新聲，蘇、張之大手筆，此初唐之漸盛也。

開元、天寶間，則有李翰林之飄逸，杜工部之沈鬱，孟襄陽之清雅，王右丞之精緻，儲光羲之真率，王昌齡之聲俊，高適、岑參之悲壯，李頎、常建之超凡，此盛唐之盛者也。

大曆、貞元中，則有韋蘇州之雅澹，劉隨州之閑曠，錢郎之清贍，皇甫之沖秀，秦公緒之山林，李從一之臺閣，此中唐之再盛也。

下暨元和之際，則有柳愚谿之超然復古，韓昌黎之博大其詞，張、王樂府，得其故實，元、白序事，務在分明，與夫李賀、盧仝之鬼怪，孟郊、賈島之饑寒，此晚唐之變也。

降而開成以後，則有杜牧之之豪縱，溫飛卿之綺靡，李義山之隱僻，許用晦之偶對。他若劉滄、馬戴、李頻、李群玉輩尚能黽勉氣格，將邁時流，此晚唐變態之極而遺風餘韻猶有存者焉。

是皆名家擅場，馳騁當世。或稱才子，或推詩豪，或謂五言長城，或爲律詩龜鑒，或號詩人冠冕，或尊海内文宗，靡不有精粗、邪正、長短、高下之不同。觀者苟非窮精闡微，超神入化，玲瓏透徹之悟，則莫能得其門，而臻其壼奧矣。

今試以數十百篇之詩，隱其姓名，以示學者，須要識得何者爲初唐，何者爲盛唐，何者爲中唐、爲晚唐，又何者爲王、楊、盧、駱，又何者爲沈、宋，又何者爲陳拾遺，又何爲李、杜，又何爲孟、爲儲，爲二王，爲高、岑，爲常、劉、韋、柳，爲韓、李、張、王、元、白、郊、島之制。辯盡諸家，剖析毫芒，方是作者。（《唐詩品匯》，上海古籍出版社影印本，第八～九頁）

⊙五言古詩敘目・餘響

元和再盛之後，體制始散，正派不傳，人趨下學，古聲愈微。韓愈、孟郊已述於前。他如張籍、王建、白居易、歐陽詹、李賀、賈島諸人，各鳴於時，猶有貞元之遺韻。開成後，馬戴、陳陶、劉駕、李群玉輩，黽勉氣格，尚欲賈前人之餘勇，又如司馬禮、于濆、邵謁之屬，研精覃思，不過歷郊、島之藩翰耳。雖然，時有廢興，道有隆替，文章與時高下，與代始終，向之君子，豈可泯然其不稱乎？予於是編所以不辭採録，……以見唐音之盛，渢渢不絕，雖非陽春白雪、引商汎徵，而屬和者不多，殆與下里巴人淫哇之聲則有間矣！（《唐詩品匯》，上海古籍出版社影印本，第五二頁）

⊙七言古詩敘目・歌行長篇附

歌行長篇，唐初獨駱賓王有《帝京篇》、《疇昔篇》，文極富麗。至盛唐絕少，李、杜間有數首，其詞亦不甚敷蔓，大率與常製相類，已混收從彙，不復摘去。迨元和後，元稹、白居易始相尚此製，世號「元白體」，其詞欲贍、欲達，去離務近，明露肝膽。樂天每有所作，令老嫗能解則録之，故格調扁而不高。然道情敘事，悲歡窮泰，如寫出人胸臆中語，亦古歌謠之遺意也，豈涉獵淺才者所能到耶？姑略駱賓王一首，元白各一首，附於此集之後，以備一體，為學者之助云。（《唐詩品匯》，上海古籍出版社影印本，第二七一頁）

⊙《琵琶行》評語

其抑揚頓挫、流離沈鬱之態，雖千載之下，宛然琵琶哀怨之聲也。（《唐詩品匯》，上海古籍出版社影印本，第三八七頁）

智按：高棅，一名廷禮，字彦恢，號漫士，長樂（今屬福建）人。永樂間自布衣徵為翰林待詔，陞典籍。「閩中十子」之一，《明史・文苑傳》附見《林鴻傳》中。其山居時所作名《嘯臺集》，入京後所作名《木天清氣集》。

湯式（？～一四二四？）

《雙調・新水令・春日閨思・天香引》

將一個瘦形骸青鏡羞觀，愁也多端，病也多端。柳影花陰，看別人珮玉鳴鸞。聽一篇《長恨歌》肝腸刃剜，念幾句《送春詞》骨肉錐鑽。盟誓難瞞，疼熱難拚。生也同衾，死也同棺。（抄本《筆花集》；《全元散曲》第一四七二頁）

智按：湯式，字舜民，號菊莊，象山（今屬浙江）人，一說寧波人。元末經歷不詳，入明補本縣吏，而非其志，後落魄江湖之間。燕王朱棣受封於北平，以湯式為文學侍從。與楊景賢、賈仲明等交友甚厚，永樂間一同出入於宮廷。其雜劇《瑞仙亭》、《嬌紅記》兩種，今俱佚。散曲集《筆花集》收入小令一七二支，套曲四十六套。是元明之際惟一有原本傳世之散曲別集。《太和正音譜》稱其詞「如錦屏春風」。

錢鼒（一三七三明經）

《題唐人會昌九老圖》

右香山九老圖，名筆也。思陵題咏於其前，巴西鄧善之先生、吳興水晶宮老仙，鑑定於其後。張先得而寶之，示予。信乎其神品也。於是，喜而爲之歌，歌曰：

千載玉皇香案吏，天外飄飄有仙氣。棄官歸去卧煙霞，俯視塵寰渺無際。香山山盤五色雲，香山居士如神君。手招八客作九老，入座便覺仙凡分。畫工作畫走神筆，畫得香山山水窟。窟中九老雲中游，絳雪玄霜醉仙骨。樹林杳靄環洞天，山亭水閣相勾連。仙人衣冠染空翠，童僕老幼皆清妍。焚香鼓琴天籟作，或船而碁落晴雹。檢書看畫兼題詩，幽趣天然歸澹泊。中有一人最高年，百三十六洪崖肩。南極一星雪滿顛，香山主人呼老仙。竹林之賢竹溪逸，何似會昌全盛日。太平肥遯世所希，畫裏相看感神物。後來九老亦有圖，相望百代真斯須。水晶宮中列仙儒，賦詩作畫天人俱。錦袍鞭鸞上清都，留題九老香山隅，千年光燭明月珠。東海賓艾納散客。（《秘殿珠林石渠寶笈合編》第五册，第一四九八頁）

智按：錢鼒，字德鉉，號横雲山樵者、伏虎生、太古民、虚舟子，吳興（今浙江湖州）人。早年從楊維楨讀書於華亭，工古文辭。入明，洪武六年（一三七三）舉明經，洪武十三年授國子學録。七十歲仍在世。生平見《吳興備志》卷十二、〔正德〕《松江府志》卷三十一。

錢子義（一三七五前後）

《詠史詩·潯陽江》

（白居易字樂天，謫居潯陽，月夜送客至江滸，遇商婦，邀登舟，與弾琵琶，樂天為作《琵琶行》。後人造琵琶亭於上。）

艤棹空江萬感生，荻花楓葉起秋聲。琵琶亭上娟娟月，曾照孤舟此夜明。

《詠史詩·香山》

（白樂天晚年居東都，結香山社，自稱香山居士。鑿龍門八節灘，為勝游之樂。時有二妾，名小蠻、樊素。）

道人相約禮維摩，八節灘頭逸興多。香火一龕甘寂寞，風流無奈素蠻何。

《詠史詩·朱陳村》

（白樂天有詩曰：「徐州古豐縣，有村曰朱陳。……一村惟兩姓，世世為婚姻」云云。東坡詩曰：「我亦朱陳舊使君，勸農曾入杏花村。如今風俗那堪説，縣吏催租夜打門。」）

陰陰桑梓掩柴扉，税足年豐吏到稀。曾見文章賢太守，杏花深處勸農歸。（《四庫全書》本《三華集》卷九「種菊菴集三」）

智按：錢子義，名師義，以字行，無錫（今屬江蘇）人。《三華集》十八卷是錢子正（一三一〇～?）與其弟子義及姪仲益合刻詩。子義《種菊菴集》四卷，前有洪武八年（一三七五）自序。

周巽（一三七六前後）

《琵琶曲》

明妃初出塞，愁恨寄哀絃。千歲琵琶語，六么音調傳。新聲乍囀鶯啼樹，餘響不斷龍吟川。拂指四絃如裂帛，銀牀葉落悲寒蟬。空林淅淅鳴虚籟，幽澗泠泠流瀑泉。獨抱中情向誰訴，曲終馬上啼嬋娟。鳳鳴朝陽苦難見，鴈叫羅浮私自憐。別有離愁彈夜月，潯陽江頭停客船。鳴絃撥盡清商怨，月冷蛾眉秋滿天。翠袖拂絲聲切切，青衫濕淚思綿綿。君不見越女吳姬美如玉，十三彈得琵琶曲。一朝遠嫁随征夫，望斷江南春草緑。（《四庫全書》本《性情集》卷一）

《寄德安縣尉劉麟紀》

千里潯陽客，青衫淚未乾。琵琶秋月白，蘆荻曉霜寒。感慨悲王粲，登臨憶謝安。風塵滿江右，何處覔漁竿。（《四庫全書》本《性情集》卷四）

《奉陪蘇参政楊御史宴冷泉亭蘇公有詩次韻呈上》

澗水泠泠冰雪流，波涵瓦影一亭幽。坐臨石磴瑤琴響，環遶山門玉帶留。白傅風流碑尚在，蘇公文采句難酬。醉來倚樹漱寒碧，洞口元猿吟未休。（《四庫全書》本《性情集》卷五）

智按：周巽，字巽亨，號巽泉，吉安（今屬江西）人。曾從征道州、賀州部族，因功授永明縣主簿。受知於劉誢、虞集。入明，於洪武九年（一三七六）丙辰作《擬古樂府》一百五十四首，包括新樂府十五首。有詩集《性情集》，原本已佚，清乾隆年間修《四庫全書》，自《永樂大典》中輯出周巽詩，重編成《性情集》六卷。生平見《四庫全書總目》卷一六八《性情集》提要、清錢熙彦《元詩選補遺》、清曾燠《江西詩徵》卷三十三、顧嗣立《元詩選》癸集之戊集下小傳。參見張煜《周巽新樂府研究》（《樂府學》第五輯，學苑出版社，二〇〇九年十二月）。

虞堪（一三七七前後）

《題文殊院壁》

文殊蘭若舊，珠樹網羅交。殿古餘獅座，林空見鳥巢。天花時作供，野菜日充庖。忽憶香山語，令人願結茅。（《四庫全書》本《希澹園詩集》卷二）

智按：虞堪，字克用，一字勝伯，號青城山樵，長洲（今江蘇蘇州）人。虞集從孫，宋名臣虞允文八世孫，自稱西蜀書生。隱居行義，不樂仕進，有詩文名。元至正間，避兵笠澤，在義塾為師。以力購得虞允文，刊行於世，一時名士紛紛為此賦詩相贊，成為文壇盛事。洪武十年（一三七七）入滇，舉雲南府學教授，卒於官。有《希澹園詩集》等。生平見《吴中人物志》卷七、《姑蘇志》卷五十四、《明詩綜》卷十五。

鏐績（一三八〇前後）

《霏雪録》

「藍轝」作平聲，樂天「藍舁早晚入槐亭」是也。作上聲，「藍轝不來乘晚凉」，又「卧乘藍轝睡中歸」，又「陸乘藍轝水乘舟」是也。（《四庫全書》本《霏雪録》卷上）

「郵」即今之驛，故樂天《棣華驛見楊八題夢兄弟》詩云：「應有郵亭名棣華」是也。（《四庫全書》本《霏雪録》卷上）

「洽恰」，唐人語也。樂天《櫻桃》詩云：「洽恰舉頭千萬顆。」通作「狎恰」。退之《華山女》詩云：「聽狎恰，排浮萍。」（《四庫全書》本《霏雪録》卷上）

杭州天竺寺，人傳每歲秋中，嘗有月桂子墮。余初未之信。及觀皮日休詩有云：「玉顆珊珊下月輪，殿前收拾露華新，至今不會天中事，應是姮娥擲與人。」白樂天《東城桂》詩亦云：「子墮本從天竺寺，根盤今在闔閭城。當時應逐南風落，落向人間取次生。」（《四庫全書》本《霏雪録》卷上）

樂天嘗持月齋，其《早春持齊》詩云：「正月晴和風景新，紛紛已有醉游人。帝城花笑長安客，二十年来負早春。」又有《出齋日喜皇甫十早訪》云：「三旬齋滿欲銜盃，平旦敲門門未開。除却朗之攜一榼，的應不是別人来。」（《四庫全書》本《霏雪録》卷上）

樂天崔晦云，博陵崔晦叔與琴，韻甚清，蜀客姜發授秋思，聲甚澹，故公有絶句云：「清夜調琴忽有情，欲彈惆悵憶崔卿。何人解愛中徽上，秋思頭邊八九聲。」（《四庫全書》本《霏雪録》卷上）

段應奉天祐極清羸，食不過數合，稍多則不能安，必令婢僕以槌其胷背，尚不能安其寢，如是者十餘年，人之體有不裕，欲人槌拊之，雖古人亦有之。白傅詩云：「小奴槌我足，小婢槌我背。」言老病也。（《四庫全書》本《霏雪録》卷上）

陶淵明「采菊東籬下，悠然見南山」，識者稱之不容口，今之云然者，不過如野人議璧，隨和稱好耳，求其真識，亦幾人哉？或以為「望南山」，此又所謂曲士不可以語道者也。雖樂天猶不免此失，獨韋應物有「采菊露未晞，舉頭見秋山」為近之，然粘皮骨矣。嗚呼！淵明妙處，豈可以意識求哉？（《四庫全書》本《霏雪録》卷下）

王涯與甘露之禍，樂天適游香山寺，有詩云：「當君白首同歸日，是我青山獨往時。」章子厚謂其有幸災之心，斯言過矣。獨東坡不然，曰：「樂天豈幸人之禍也哉！蓋悲之也。」余以樂天之心，因蘇公之言始白。（《四庫全書》本《霏雪録》卷下）

唐人七言絶句有上五字下二字成句者，此類甚多。如樂天《重宿驛感題》云：「羡君猶夢見兄弟」，王建《題蔡中郎碑》云：「不向圖經中舊見」，郎士元《聞吹楊葉者》云：「此時應卷盡驚沙」，司空圖《白菊》云：「今朝第七十重陽」，鮑溶《懷仙》云：「曾見周靈王太子」，齊己《偶作寄毛秘書》云：「借問秘書郎此意」，裴諴《添聲楊柳枝》詞云：「願作琵琶槽那畔」，成文幹《柳枝詞》云：「草澤無人處也新」，漢州朱衣人《題崇聖寺》云：「緬想十年前往事」，賈島《送于揔持歸京》云：「別來二十一春風」之類也，此亦一例。（《四庫全書》本《霏雪録》卷下）

陳景昇嘗以歐陽率更書邕禪師塔銘，即所謂化度寺碑者惠劉後村，闕後三行，後十年始補完之。後村有詩云：「端平曾嘆闕三行，淳祐重來為補亡。收拾一碑勞十載，此生凡事不須忙。」予謂此詩絶似樂天。（《四庫全書》本《霏雪録》卷下）

近世施則天詩號飲水餘味，用白樂天「飲冰食蘗字」，言清苦也。（《四庫全書》本《霏雪録》卷下）

老杜詩「苦遭白髪不相放」。按，字書：放，置也，縱也，捨也，即杜牧所謂「公道世間惟白髪，貴人頭上不曾饒」之謂，樂天亦有「紅顔今日

雖欺我，白髮他年不放君」，自是唐人語也。（《四庫全書》本《霏雪録》卷下）

詩文不厭改，少陵、六一二公，皆一代偉人，制作未嘗不改。如少陵「桃花細逐楊花落，黄鳥時兼白鳥飛」，有得其手稾，初作「桃花欲共楊花語」，後乃更定如此。公嘗有詩云：「新詩改罷自長吟」，此類是也。又有得歐公《醉翁亭記》稾，初云：「滁州四面有山」累數十字後，只作「環滁皆山也」五字，而文意自足。盖公平日作文，畢粘之墻壁，坐卧觀之，改正盡善，方出示人。二公以詩文雄視海内，所作不能無改定。今之淺淺者，往往伸紙濡毫，一揮而就，自以為快，其妄作如此，又從而稱道之，大可發笑。有人得白傅詩草數紙，點竄塗抹，及其成篇，殆與初作不侔也。（《四庫全書》本《霏雪録》卷下）

詩有近鄙俗而理足以動人者，如白傅《思子臺有感》二詩云：「曾家機上聞投杼，尹氏園中見掇蜂。但以恩情生隙罅，何人不解作江充。」又云：「闇生魑魅蠹生蟲，何異讒生疑阻中。但使武皇心似燭，江充不敢作江充。」嗚呼！使漢武早聞此語，則望思何勞而築哉！（《四庫全書》本《霏雪録》卷下）

張碧字太碧，黄居難字樂地，為舉人白樂天，亦李赤之類是皆可笑。又有富家子杜四郎，自號杜荀鴨，以比杜荀鶴，此又可笑之尤者。（明弘治刻本《霏雪録》）

樂天之妓有樊素、小蠻，所謂枝柳者，即樊素也，以其善唱楊柳枝，人固以曲名之耳，非别是一人也。（明弘治刻本《霏雪録》）

智按：《四庫提要》：「案《説文》有鎦字而無劉字，徐鉉附註以為鎦字即劉字。此書作鎦，蓋偶從古體。遂相沿别為一姓，實非有二也。績字孟熙，先世洛陽人，徙於山陰。其父渙，通《毛詩》，元時嘗為三茅書院山長。績承其家學，故此書辨核詩文疑義，頗有根據。又及與元末諸遺老遊，故雜述舊聞，亦多有淵源。然每紀夢幻詼諧之事，頗雜小說家言。其以杜常詩為杜牧詩，王士禛《香祖筆記》嘗糾之，亦不免小誤。」

沈士榮（一三八二前後）

《儒者叅禪辨》

晦翁曰：「韓退之接引僧徒，要他歸儒，不過文暢、靈師、惠師之徒，皆破賴底僧，及晚年見大顛，說得濶大勝妙，自然不得不服，人多要出脫退之，也不消得，恐亦有此理也。」〇又曰：某年十五六時，嘗留心于此，一日在劉病翁所會一僧，與語，其僧只相應和了，也不說是不是；却與劉說，某也理會得個昭昭靈靈底禪。某遂疑此僧更有妙處，遂去叩問，見他說得煞好。及去赴試，便用他意思胡說，試官被某說動了，遂得舉。後赴同安任，時年二十四五，始見李先生。與他說，李先生只說不是。某却疑李先生理會此未得，再三質問，只教看聖賢言語。某遂將禪來倚閣，意中謂，禪亦自在，且將聖人書讀。讀來讀去，一日覺聖賢言語，漸漸有味。回頭看釋氏之說，漸漸破綻罅漏百世。

辨曰：佛之法門多矣。東流此土者四，曰講，曰禪，曰律，曰祕密，皆大行于天下。惟講與禪繼述尤多，又爲名士大夫之所宗尚，雖入門不同，而証理則一，專之則有得，兩可則無成，若無思入講，不能通貫諸經，知解叅禪，無由超悟至理，故習講者觀諸經論，文義玄微，苟不深思，莫能通解，解終趨行，乃絕言思，能所兩忘，名爲入位。古德云：先以聞解信入，後以無思契同是也。叅禪者則異于是，惟單提直指，不尚多聞，但悟一心，萬行斯備。故祖師云：我宗無語句，亦無一法與人。又云：思而知議而解，盡是鬼家活計。必也六根不動，一念無生，于此等時，頓見本性，了悟至理，然後應機接物，自然頭頭合道，處處圓通。此叅禪之大略也。若當時大顛和尚，實與退之說禪，退之豈能卽悟至理，亦不過以名相開諭之而已。此晦翁所謂「濶大勝妙」，正名相邊事也。退之果能悟禪，則後來見識，必當與前不同。其《答張籍》等書，豈肯自爲晦匿之辭，既疑似若此，則胸中所見可知矣。唐宋諸儒如白樂天、柳子厚、蘇東坡、黃山谷等，雖曰叅禪，亦不過知解而已，非徹悟者也。至如裴休、楊大年、張商英、張九成數人，悟則悟矣，保養受持，則又未可知也。此段大事，不是說了便休，必要在塵勞裏不埋没了，

方名解脱中人。……（清唐時《如來香》卷八，《四庫未收書輯刊》影印清康熙孫丕璨刻本）

智按：沈士榮，建安（今福建建甌）人。洪武十五年（一三八二）為翰林待詔，十八年（一三八五）上《續原教論》二卷。

郭孔建（一三八五進士）

《賢人無後》

泰伯無子，仲雍傳吴，叔向之鬼既餒，伯道之兒終棄。中郎僅女，仲宣無後。陳平相漢，而止三世。張良帝師，而止二世。羊祜將吴，張九齡相唐，而止一世。白樂天以姪孫阿新為後，寇準、薛奎、文天祥以姪為嗣，練子寧絶無遺種。(《垂楊館集》卷四讀史一，《四庫未收書輯刊》影印清光緒七年郭子仁刻本)

智按：練子寧，名安，以字行，號松月居士，新淦（今江西新幹）人。洪武十八年（一三八五）進士。

曹昭（一三八七前後）

《新增格古要論》

⊙帝王聖賢將相像

三皇五帝，禹湯文武，項羽、漢高、文景、光武、蜀漢昭烈、魏太祖、吴大帝、晉司馬宣王懿、東晉元帝、南朝宋武帝、廢帝、子業、宣帝、齊高帝、梁武帝、昭明太子、陳武帝、隋文帝、唐高祖、太宗、武則天、玄宗、憲宗、宣宗、南唐李後主、宋太祖、仁宗、高宗、寧宗、孝宗、閩王，審知倉頡、稷契、皋陶、伊尹、傅說、太公、周公、老子、孔子、屈原、漢張良、董仲舒、東方朔、司馬遷、嚴光、揚雄、晉王羲之、謝靈運、陶淵明、南朝宋檀道濟、隋文中子、唐房玄齡、杜如晦、李靖、李勣、尉遲敬德、姚崇、宋璟、狄仁傑、郭子儀、顔眞卿、李白、杜甫、韓愈、柳宗元、白居易、孟郊、賈島、宋包拯、歐陽修、蘇軾、周子、程子明道、伊川、邵雍、張載、司馬光、張敬夫、朱子、黄山谷、楊龜山、蔡西山、蔡九峯、劉雲莊、吕東萊、眞西山、元許魯齋……（清惜陰軒叢書本《新增格古要論》卷三）

智按：曹昭，字明仲，松江（今屬上海）人。《新增格古要論》成於洪武二十年（一三八七）。

錢遜（洪武間）

《琵琶士女》

下馬陵西是妾家，十三曾學理琵琶。自從流落商船上，幾度春風怨落花。（《四庫全書》本《御選明詩》卷一百四）

智按：祝允明亦有同題之作：「馬上琵琶萬里行，四條絃裏斷腸聲。如今纖手朱絲底，不唱離情唱合情。」（《歷代題畫詩類》卷五十八）「馬上琵琶」，《四庫全書》本《懷星堂集》卷八作「馬上明妃」。

錢遜，字謙伯，山陰（今浙江紹興）人。洪武中，任孟津知縣，改弋陽，坐累謫戍交趾，復以薦對策稱旨，授文昌主簿。所至有聲跡，中更顛躓，卒能保全壽考。有《謙齋集（一作遜齋集）》二十卷。

黎貞（洪武間）

《蘭谷序》

博營容立政性冲澹幽雅，不尚浮靡，好芳蘭，合德揭以爲號。丁亥春，攜二子舒莊謁予良金山下，俾就學半載。明年戊子，負笈重來，勉勉循循，日進于有成。歲晏歸覲，告予曰：舒以父命，屬先生序蘭谷，願先生成其美，當終身佩之，而不敢忘。予以水陸花爲君子所愛，莫若蘭，尼父以其爲王者香，今乃與衆草伍，嗟傷之而賦猗蘭操。屈原以之紉佩，而擷其芳於《楚辭》；謝安石以之產庭，而播其聲於《晉史》；王摩詰養之以綺石；太白、樂天形之以詩章，是皆愛之重之，紛紛若是之多者，何也？誠以其孕秀合芳於山中之幽谷，不枝蔓而植，不容色而矜，綺綺焉，曄曄焉，有君子之德焉。今而父所好若是，亦與昔賢同趣也。非惟愛之重之，比德於一身，又將以遺子孫，使知所尚，不獨如王摩詰之養，太白、樂天之吟咏，屈原之紉佩，當如產玉樹於謝庭，勿伍衆草而爲王者瑞，播香風於聖代，與時俱化，豈獨芳於博，營幽谷之阿而已哉！歸語而父，比德於物者，當如是而勉之。（《秫坡先生集》卷五，《四庫全書存目叢書》影印清光緒元年重刻本）

智按：黎貞，字彥晦，秫坡其自號也，廣東新會人。洪武初舉邑訓導，不就。坐事戍遼東，尋放歸。《明史·文苑傳》附見《孫蕡傳》中。《秫坡先生集》初刻於嘉靖二十九年（一五五〇）庚戌，歲久散佚。康熙丙寅其後人搜輯重刊，凡詩、詞、賦三卷，雜文四卷。卷八附以贈言。貞少從孫蕡學詩，蕡集卽其所編次，雖所造未深，而風格尚為遒上。（《四庫提要》）

韓守益（洪武間）

《過九江》

夷險休渝節，勤勞莫問家。暮船維柳樹，春水泛桃花。廬阜依霄漢，江州對渚沙。多情白司馬，文藻詠琵琶。（《四庫全書》本《石倉歷代詩選》卷三百二十二；《御選明詩》卷五十一；《明詩綜》卷五；《四庫全書》本《［雍正］江西通志》卷一百五十三）

智按：「文藻詠」，《御選明詩》、《江西通志》作「曾此賦」。

韓守益，字仲修，號樗壽，石首（今屬湖北）人。生於元季，明初以儒士攝教宜都，膺賢良文學聘，擢廣西按察僉事，有撫夷功，補河南道御史，因直言忤，充國子膳夫供事，不以人代，尋命復御史，究問本監官吏，後補重慶太守，調繁臨江，坐貢舉事，貶安慶府判，復取為御史，凡三歷臺諫，多激帝怒。至是命力士用鐵鎚擊卧地怒平命太醫院調治限三日入朝，乃改春坊中允。人爭重之。有《樗壽稾》。（《明詩綜》卷五；《萬姓統譜》卷二十四）

王罃（一四〇八舉人）

《群書類編故事》

⊙白公問禪

杭州道林禪師初至秦望山，見長松枝葉，蟠屈如盖，遂棲止其上，復有鵲，巢其側，人目為鵲巢和尚。太守白居易入山，曰：「師住處甚危險。」師曰：「太守危險尤甚。」曰：「弟子位鎮山河，何險之有?」曰：「心火相交，識性不停，得非險乎?」又問佛法大意師，曰：「諸惡莫作，衆善奉行。」白曰：「三歲孩兒也解恁麽道。」師曰：「三歲孩兒雖道得，八十老人行不得。」（《群書類編故事》卷十一仙佛類，《續修四庫全書》影印宛委別藏影抄元刻本，馮惠民點校本第一三五頁）

⊙洛陽耆英

元豐五年，文潞公以太尉留守西都，時富韓公以司徒致仕。潞公慕唐白樂天九老會，乃集洛中公卿大夫年德高者，為耆英會。以洛中風俗尚齒不尚官，就資聖院建大厦，曰耆英堂。命閩人鄭奂繪像堂中，共十三人。時宣徽使王拱辰留守北京，貽書潞公，願與其會，年七十一。獨司馬温公年未七十，潞公素重其人，用唐九老狄兼謩故事，請入會。温公辭以晚進，不敢班文、富二公之後。潞公不從。令鄭奂自幕後傳温公像。又之北京傳王公像，於是預其會者，凡十三人。潞公以地主攜鼓樂，就富公宅，作第一會。至富公會，送羊酒不出，餘皆次為會。洛陽多名園古刹，有水竹林亭之勝，諸老鬚眉皓白，衣冠甚偉，每宴集，都人隨觀之。潞公又為同甲會。司馬郎中旦、程太中珦、席司封汝言，皆丙午也，亦繪像於資聖院。其後司馬温公與數公又爲眞率會。有約酒不過五行，食不過五味，唯菜無限。楚正議違約，增飲食之數，罰一會。皆洛陽太平盛事也。洛之士庶，又生祠潞公於資聖院。温公取神宗送公判河南詩，隸于壁榜，曰竚瞻堂。塑公像其中，冠劒偉然，都人事之甚肅。（《聞見録》）（《群書類編故事》卷十八人事類，《續修四庫全書》影印宛委別藏影抄元刻本，馮惠民點校本第二一四～二一五頁）

⊙作緑野堂

裴度徙東都留守，加中書令。時閹豎擅威，天子擁器，縉紳道喪，度不復有經濟意，乃治宅東都集賢里，築山穿池，竹木叢萃，有風亭水榭，燠館凉臺，號緑野堂。激波其下，度野服蕭散，與白居易、劉禹錫為文章把酒，窮晝夜相懽，不問人事。帝知度年雖及，而精神不衰。每大臣自洛來，必問度安否。開成三年，以病丐還東都，眞拜中書令，卧家未克謝，有詔先給俸料。上巳宴羣臣曲江，度不赴。帝賜詩曰：「注想待老成，識君恨不早。我家柱石衰，憂來學邱禱。」別詔：「方春慎疾爲難，勉醫藥自持。朕集中欲見公詩，故示此，異日可進。」使者入門，而度薨，年七十六。帝聞震悼。（《群書類編故事》卷十八人事類，《續修四庫全書》影印宛委別藏影抄元刻本，馮惠民點校本第二一九頁）

智按：王嶅，字宗器，鄞縣（今浙江寧波）人。永樂六年（一四〇八）戊子舉人。授淮安府睢寧教諭，擢禮科給事中，改刑科。宣德五年（一四三〇）十一月，任肇慶知府。下車蠲宿弊，務更新，未幾化行，境内帖然。秩滿增秩正三品，改知西安，治如肇慶，而稍濟以嚴。越三年，致仕。事迹見《浙江通志》卷一百六十八引《嘉靖寧波府志》。

黄容（一四一三前後）

《江雨軒詩序》

昔人之論虞夏之下，晉魏以上，氣格未相遠也。晉宋顔謝至唐初，高下雖殊，古法未大變。律詩出後，至於大盛，參以仝、賀、郊、島、元、白之譎怪、寒瘦、鄙俚等風，興沿流鬬，靡動晚唐之論刺，何也？蓋諸子才氣豪放，窮思遠索，務求人所未道，以快其高，不知由其豪放窮思遠索穿鑿之私，遂與古法平易遐矣。……歲癸巳浦陽黄容述。（見葉盛《水東日記》卷二六）

智按：癸巳，為永樂十一年（一四一三）。

晏璧（永樂間）

《史鉞》

⊙臣道第十四文臣

司馬遷作《史記》傳儒林，歷代因之。蓋文章之士，鍾光嶽之英華，明聖賢之義理，言出夫情性之眞，事覈夫古今之實。如雲漢之昭垂，不能不為章于天；如山川之融結，不能不成象于地。出而顯者，黼黻經綸帝制，議禮制度，考古援今；處而隱者，探賾義理，涵泳性情，著書立言，褒善貶惡。且文章關係氣運，氣運盛，文亦盛，衰則俱衰。六經而下，先秦、兩漢盛矣，六朝一變而委靡，唐開元、大曆復盛，五季又復卑陋，宋慶曆、乾道復盛。本厚而末盛，器大而聲，宋元氏延祐大曆，混一朔南，文風振古聲音之道，與政相通，謂非鍾光岳之英華、關天地之盛衰者乎？

聖人之文，載夫道者，謂之經，易、書、詩、春秋、二禮是也，傳《易》者有卜子夏、京房、焦延尋、王弼、何晏、施讎、孟喜、梁丘賀，傳《書》者伏生、夏侯勝、歐陽生、夏侯建、黃霸、孔安國，傳《詩》者申公、轅固、毛萇、后蒼、韓嬰、韋賢、匡衡、穆生、白公，傳《春秋》者左丘明、公羊高、穀梁赤、嚴彭祖、顏安樂，傳《礼》者高堂生、戴勝、戴德是也。漢宣帝命蕭望之等講五經同異於石渠閣，章帝又命丁鴻、樓望、成封、桓郁、賈逵、班固等議五經於白虎觀。靈帝又命正五經文字，俾蔡邕為古文篆隸三體，書之刻于大學，唐太宗命孔穎達等撰五經疏，曰正義，與鄭衆、鄭玄注並傳，不過章句訓詁而已。聖賢微言奥義，文理錯舛，終莫辨正。直至宋程頤、朱熹，始撰㑅傳義，蔡沈撰書傳，熹撰詩傳，胡安國撰春秋傳，張治翊之。唯《周禮》一經，漢河間獻王購得之，失《冬官·司空》一篇，劉歆補以《考工記》，元臨川吳澄考定《周禮五官》，取地官司徒所雜邦土者補冬官司空，又取二載記冠昏諸義補儀禮傳十七篇，刪削二戴記之未純者，為禮記八篇，欲註，未就而卒。璧受業於澄之長孫，當遂撰《三禮考註》三十七卷，藏之于家。朱熹又撰《四書集註章句》，考定古文孝經刊誤，璧僭為衍義，獨《周易》一經，揚雄撰《太玄》以準《易》，司馬光作《潛虛》以擬《玄》，邵雍作《皇極經世書》，蔡元定作《易啓蒙》，五經遂就正矣。……

春秋之世，屈原懷忠君愛國之心，罹邪佞讒諛之謗，作為《離騷》、《楚辭》，以攄其憤，效而作者，宋玉也。漢初董仲舒陳天人之策，賈誼上治安之書，則明誼利，正風俗，而時不用，若司馬相如、揚雄之詞賦，則夸張盛美，非正大之論也。文章則王褒、劉向創其始，至李唐，張說、蘇頲擅燕許筆之名，未聞性道。唐開天策府，若杜如晦、房玄齡、虞世南、褚遂良、姚思廉、李玄道、蔡允恭、薛玄敬、顔相時、蘇勗、于志寧、蘇世長、李守素、陸德明、孔穎達、蓋文達、許敬宗、薛收，凡十八人，號瀛奎士，惟許敬宗小人耳。至韓愈挺然特出，文體一變，法度深嚴，排斥百家，抵轢魏晉，上稽秦漢，和之者柳宗元、皇甫湜、李翺、張籍、李翰也。歷五代復弊，歐陽修與尹洙倡為古文，上宗韓愈，和之者蘇洵及二子軾、轍，王安石、曾鞏、黄庭堅、陳無己、秦觀、張耒、晁無咎也。南宋則有周必太、楊萬里、謝諤、歐陽守道、劉辰翁，金有元好問，元有劉因、郝經、程鉅夫、姚燧、盧摯、閻復、鄧文原、袁桷、元明善、郭貫、劉賡、虞集、馬祖常、張起岩、孛术魯翀、歐陽玄、揭傒斯、許友益、黄溍、柳貫、龍仁夫、劉岳申、劉詵、許有壬、宋本、李好文、李孝光、張翥、陳旅，或掌台衡，或官禁苑，或掌文臺，或教成均，與唐宋諸子並驅争先偉矣。

詩則倡自韋孟四言，蘇武、李陵變為五言，而張衡仍法《離騷》。建安中，曹植、王粲、陳琳、劉楨、孔融、徐幹、阮瑀、應瑒，音韵鏗鏘，有蘇李遺意。他若阮籍、左思、陸機、陸雲、顔延之、嵇康、謝朓、靈運、惠連、沈約、陰鏗、何遜、庾信、鮑昭、張載、張協而下，則絺章繪句，揣合低昂，流連光景，樂淫哀傷，唯陶潛之詞，古淡超出輩流。唐初楊炯、王勃、盧照隣、駱賓王，變六朝綺靡之音，陳伯玉、宋之問、蘇頲、張說、崔融、李嶠、沈佺期、杜審言，又變開元之盛，李白以天縱之才，淵涼之學，不事雕琢，長辭短歌，舂容興雅，杜甫讀書萬卷，下筆如神，備衆體，臻衆妙，歌行律選，各極其工，稱一時詩史。後有作者，無能及之。和之者，王維、孟浩然、岑參、高適、儲光羲、賈至、李頎、韋應物，音調高古，氣宇雅邊，誠治世之音。大曆、貞元有盧綸、李端、錢起、郎君冑、皇甫曾、司空曙、戴叔倫、耿緯、夏侯審、祖詠、吉中孚、韓翃、皇甫冉、劉長卿、苗發、元稹、白居易、韓愈、柳宗元、劉禹錫、孟郊、王建、張籍、盧仝、李賀，各自名家，刊落陳俗，奇奇怪怪，橫騖争馳，至太和，有杜牧、姚合、賈島、李商隱、温庭筠、許渾，則又一變矣。五代不足論。宋歐陽修、王安石、梅堯臣、蘇軾、蘇轍、黄庭堅、陳無己、陸游，又成一家，非復漢唐之音矣。惟朱熹《感興》諸作，義理淵深，音調高古，文天祥則忠肝義膽，形於言辭。元初風氣渾厚，文運之盛，高軼漢唐。劉因、盧摯倡之，虞集、袁桷、元明善、鄧文原、趙孟頫、楊載、范椁、馬伯常、揭傒斯、李泂、薩都刺、張翥、劉詵、吳當輩，奥學雄才，長辭短作，膾炙人口，雋永不忘。元季又有萬碩、周湞、辛敬、楊士弘、劉楚、劉永之稱江西才子，光嶽英華，萃於百年，猗歟盛哉。(《史鉞》卷十六，《續修四庫全書》影印明景泰七年劉氏翠巖精舍刻本)

智按：晏璧，字彦文，廬陵（今江西吉安）人。永樂間為徐州判官，有文名，尋遷山東按察司僉事。有《史鉞》行於世。

高得暘（一三五二～一四二〇）

《題潯陽琵琶圖》

昔年曾讀《琵琶行》，放歌自覺思淒清。青衫司馬何多淚？翠袖佳人宛有情。千載畫圖傳好手，一時哀怨託新聲。風流盡逐江流去，江上年年空月明。(《節庵集》卷五，《四庫全書存目叢書》影印清抄本)

智按：高得暘，字孟升，號節庵，錢塘（今浙江杭州）人。性敏悟，日記數千言。洪武九年（一三七六）以文學薦授臨安教諭，陞高州府學教授。永樂初擢宗人府經歷，充《永樂大典》副總裁。善屬文，尤長於詩。其詩文以清麗爲宗，但尚少含蓄。著有《節庵集》。生平事迹見明鄒濟《頤庵文集》卷九所作墓志銘。

周是修（一三五五～一四〇三）

《待休樓詩序》

居而有樓者，無非取其高朗清洞，可以延眺望，覽溪山，納風月，而適性情於世塵之表也。唐白樂天晚退東都履道里，放意文酒，疏流種樹，構石樓，日與賓友相娛，其中以是而已。宋王元之守黃州，擇於城西北隅，起竹樓，日領夫幽闃遼敻之趣，亦以是而已。舉非若齊雲、落星、井幹、麗譙之跨（智按：疑作誇）雄鬬靡也。

廬陵之西六十里，有勝境曰中洲，南唐駙馬都尉劉公希之裔世居之，至今益蕃以大。其傑然者，池陽太守美岡，洪武中遇知高廟，持節廣海，便道還鄉，而其冢嗣集大，嘗拓居之。後作樓三間，眄陽負陰，映帶溪壑，煙雲竹樹，魚鳥田園之態交乎其外，筆床茶竈琴書圖畫之雅備乎其內，直與樂天東都、元之黃州之構，不容以優劣議也。太守公停驂弭節，覽其勝而悅之曰：「斯樓，待吾歸休，以怡老於是矣。」因名曰「待休」。同邑雲窩趙先生首為之記，而本末可徵，既而四方名士君子，聞太守之風者，莫不形於咏歌，往往篇章間作迭出。

居無何，星移物故，太守公遽厭浮榮，溘焉仙逝，五馬不復南矣。而集大之繼志述事，與夫樓中之清氛勝槩，固有加而無替焉。集大，篤孝人也。朝而登斯樓，觀待休之篇；暮而登斯樓，思待休之義，能無慟於其親乎？待休之所在，即親之所在。春雨秋露，著存不忘，羹牆之見，庸有已乎？

今年夏四月，集大以貢賦來京師，持待休之卷，屬余序之。余於太守公，有忘年之契，且知集大有用世之才，異日出應時需，功成譽顯，優游進退，而遂懸車之請，則斯樓之待休，不於其親，必於其身；不但於其身，又將於其子，於其孫，於其雲仍於奕世矣。是為序。（《四庫全書》本《芻蕘集》卷五）

《送同寅尹實王先生詩序》

古今天下士，固莫不有出處相近，任用寵遇相近，而心同道合表裏一致，始終不渝，以超乎流俗垂於不朽者。若管夷吾之於鮑叔，王陽之於貢禹，皆是也。然求於古昔，既無代而不有其人，求之於今，烏可謂寥寥當世乎？

同寅四明王公尹，實卓犖魁岸士也，其風流瀟洒不減賀季真，文華器識宛如劉公幹，書法冰斯而優入其室，詩體元白而早升其堂。與賢士大夫游，蓋鮮有不心交而腹接者，宜其名之彰彰於時也。

洪武乙亥春，俱以明經應郡，辟來京師，握手歡如，平生未幾。以同日受官，公則紀善王府，余奉周府祠，雖別去數千里，而雲樹之思，無時不在大江東也。

戊寅秋，余幸脱汴難還朝，亦有王府紀善之命，感激殆不自勝，忽覩公於千劍珮間，知獲免乎混流，而又有同僚之雅，其喜慰，復有不自勝者矣。既而伏謁西邸，偕侍講席，起居食息，惟拳拳以職任之，所當言，當為者，思同盡其心。凡綱常之分，禮法之宜，於論列之際，左倡右和，如出一口。及退而從容，則或相辨明，或相規戒，或相勉勵，或相扶持，而余受公之益居多。

洪武戊寅二月，公乃以祭祖還鄉，請之闕下，脂車有日矣。於是名公鉅卿，華其行而贈之以言者，已幾盈笥。予不工為文，亦拙於詩，然於公生同時也，學同道也，仕同官也，至於為國為親，思所以盡忠盡孝，又未嘗不同志也。夫時同道同官同而志同者，於其別也，容可無一言乎？因亦為之歌，而述夫契合之不偶然者，弁其首庸，以致久要不忘之意耳。（《四庫全書》本《芻蕘集》卷五）

《翠玉樓記》

予以竊禄明時，備員王官，不瞻桑梓而友松桂者，歷紀乂更新矣。建文三年春，從予游者，内弟胡孔時氏，以省親古豐，道京師，乃聞有東樓新構之美，述其經始歲月，與夫地位材木高深向背華質之宜，甚喜胡氏之有人，而壯觀之出色也。已而將告歸，以樓之名與記為請。

予應之曰：胡氏居瀊江銅山之間，由南唐僕射以來，衣冠文物，繩繩而不乏，彬彬而益著者，雖一本於前人德澤之厚，而謂不得助於山川之勝者，予弗韙也。若夫禾川之水，從西北二百餘里，與官溪之流，合抱銅山為一曲南迤環，胡氏之居北而東焉，春雨施而煖浪拍天，秋霜降而寒潭澄碧，風帆沙鳥之幽夐，石蘭岸芷之芬芳，勝之發於水者，蓋莫得而枚舉也。金臺石壁，龍鬚南華，諸峯掩映乎其前。後老姥龍門，華蓋廖山之岫，羅列乎其左右。朝霏斂而霽色堆藍，暮景凝而嵐光凝紫，丹崖青壁之杳藹，白雲紅樹之微茫，勝之發於山者，又莫得而殫形也。予嘗於端居之日，登高四望，游歌寫懷，誦蘇公翠浪玉虹之句，境與意合，怏然自得而未有以領其槩也，今孔時之新樓，既高出於脩篁叢桂之表，軒楹面面一憑闌之頃，而向予所快者，必舉在於目前矣。爰采蘇句，以翠玉名之，不亦宜乎？孔時曰：唯唯。

予復申之以言曰：居室之有樓，猶士人之有傑特者也。夫樓，復簷隆棟，超軼羣構，而無所蔽障，以之遠俗，可以離氛埃；以之覽勝，可以極千里。旁視彼之連甍鬬角，如翬飛如鱗次者，屹然而不相並，其蓽門圭竇，如蟻封如蝸殼者，相去豈不遼哉！夫傑特之器，必雅志宏度，殊異流輩，而磊落倜儻，不拘於時。以之為己，可以崇德業；以之為人，可以勵風教。旁視彼之名流俊士，如龍蟠如鳳逸者，挺然而不相下，其庸夫愚子之如蠅營如蚊聚者，相去亦豈不遠哉！況凡得其地者有其人，有其人者成其事，成其事者傳其名，自古及今，理必然也。然則孔時於翠玉之樓，惟當廣圖史之儲，以訓其子姪，俾胡氏詩書之澤，綿綿浩浩，益有光於前人，亦且厚琴酒之資，以俟予與而翁宦游既倦，請身南還，同登斯樓，逍遙徜徉，日領夫翠玉之勝，以娱晚節，則斯樓之名，將與唐白樂天之石樓、宋王元之之竹樓，共稱於千載之後矣。又豈若齊雲、摘星之徒，以驕侈佚樂為尚哉！雖然孔時去此而能篤躬尚德，允成傑特之士，而不負乎所以因樓而取譬之意，則樓中之子孫，又可不勉焉，孜孜以讀書明道，思繩傑特之武，而不負孔時作樓貽後之意哉！是為記。（《四庫全書》本《芻蕘集》卷六）

智按：周是修（一三五五～一四〇三，一説一三五四～一四〇二）初名德，以字行，泰和（今屬江西）人。洪武中舉明經，授霍邱訓導，遷周王府紀善，王多不法，是修動繩以禮。今集中《修已十箴》與《保國直言》二篇，皆是時作也。王敗之後，官屬皆緣坐，是修以能諫得免。改調衡王府紀善，既而入直翰林，預纂修。

王紳（一三六一～一四〇〇）

《尚友齋記》

君子之自待也重，而自視也高，則庸俗不足以厭其意，庸俗不足以厭其意，必求古之賢哲之士，與己志相符者而友之。杜子美處流離困厄之中，而自比稷契，胡康侯愛諸葛孔明之為人，蘇明允為文必取法於孟子，子瞻之心迹効白樂天，雖其所就有不齊，觀其自待自視者如此，其能局於淺近而自狹耶！……（《四庫全書》本《繼志齋集》卷八）

智按：王紳，字仲縉，浙江義烏人，待制褘之仲子。《明史》附見《王褘傳》。

胡儼（一三六一～一四四三）

《對酒效樂天體三首》

何處難忘酒？離人思故鄉。青山隨遠道，白髮在高堂。絡緯庭前月，蒹葭野外霜。此時無一琖，歸夢引愁長。

何處難忘酒？芭蕉夜雨時。鑪煙殘翠裊，漏水澁銅池。窗下拋書勸，樽前得句遲。此時無一琖，燈影獨離離。

何處難忘酒？故人天一隅。昨宵驚入夢，今日喜收書。楚水孤煙外，吳霜落木初。此時無一琖，何以慰離居。（《四庫全書》本《頤庵文選》卷下）

《次答楊少傅士奇見寄二首》（其一）

幽栖已出喧囂外，老疾偏憐見在身。萬里交游空對月，半生風雨不知春。當年玉署曾分直，今日烏紗獨製巾。共道同時六學士，香山居士一閒人。（《四庫全書》本《頤庵文選》卷下）

智按：胡儼，字若思，南昌（今屬江西）人。洪武末，以舉人授華亭教諭。永樂初，擢翰林院檢討，與解縉等同直内閣，遷國子祭酒。洪熙元年加太子賓客，致仕，家居二十年而卒。事迹具《明史》本傳。

金祺（一三六五～一四三五）

《遊巴嶽寺記》

余守合七年來，歲嘗三二度至銅梁，慕巴嶽之勝，欲一登焉。塵棼冗冗，且無可與遊者，願莫之遂。謀於合之士，夫致政羅公象州，陳公季同，吳江令馮公平叔，侍御史何公順卿，期有政於銅梁，則拉諸公，必酧夙願，又三年矣，未果也。乃今歲冬，有督稅之役，屆頗多日，爰擬爲斯遊。……欲入深林，尋幽靈處，以盡遊興，而羅、馮二公患虎特甚，遂輟而飲於大悲閣之庭，觥籌之間，喧以鼓吹，以文字行酒令，盡醉，聯句成詩，借禅榻宿焉。遲明諸公各有詩，因而微雨須晴，乃命筆墨，俾余記其事留於山，諸公各書其詩乃歸。嗚呼！斯遊之不偶如此，盖有不得不樂者，白樂天在吳，月一出遊。余七年始獲一登眺，尚可謂之荒哉。（明杜應芳《補續全蜀藝文志》卷五十六行紀題名鈐記附，《續修四庫全書》影印明萬曆刻本）

智按：金祺，字崇厚，浙江麗水人。合州知州。有《避名稿》、《茅齋集》、《括蒼彙紀》。

楊士奇（一三六五～一四四四）

《書張文昌詩》

唐張籍字文昌，史稱和州烏江人。宋湯季庸定為吳郡人，考韓文《張中丞傳》與湯説同。文昌貞元十五年進士，仕至國子司業，其詩與元白諸人號元和體。文昌尤長於樂府。《文獻通考》云：其集三卷。又云：張洎所編者十二卷，又有季庸所編八卷。余家所有五七言律絕及樂府凡五卷，不知何人編。（卷十，劉伯涵、朱海點校《東里文集》，第一四九頁）

《文淵閣書目》

《白氏長慶集》一部二十册（闕）。《白氏長慶集》一部十八册（闕）。（《四庫全書》本卷二；《叢書集成初編》據讀畫齋叢書排印本卷九）

白樂天《諷諫集》一部二册。(《四庫全書》本卷二;《叢書集成初編》據讀畫齋叢書排印本卷十)

《白氏六帖》一部六册(闕)。《白氏六帖》一部五册(闕)。《白孔六帖》一部四十册(闕)。《孔氏六帖》一部十册(闕)。《楊氏六帖》一部五册(闕)。(《四庫全書》本卷三;《叢書集成初編》據讀畫齋叢書排印本卷十一)

智按:楊士奇,名寓,以字行,號東里,泰和(今屬江西)人。年幼孤貧,刻苦自學。建文初年,以史才被薦,召為翰林院編纂官。後又歷仕永樂、洪熙、宣德、正統四朝,官至禮部侍郎,兼華蓋殿大學士。宣宗時與楊榮、楊溥共同執政,號稱「三楊」。謚文貞。《四庫全書總目》著録《東里全集》九十七卷、《别集》四卷,《文淵書目》四卷,《歷代名臣奏議》三百五十卷(與黄淮等編)。現存《東里詩集》三卷、《文集》二十五卷、《續編》六十二卷、《别集》五卷、《附録》四卷,明嘉靖二十八年(一五四九)黄如桂刻本。事迹具《明史》本傳。

梁潛(一三六六~一四一八)

《宋伯循墓表》

先生所為詩,多至千餘篇,往往有似元、白者,因自號曰歪吟翁,名其居曰東齋。……(《四庫全書》本《泊菴集》卷十)

《楊母鍾氏墓誌銘》(代仲述公作)

孺人諱惠,姓鍾氏,父盟鷗先生,當元極盛時,隱居不仕,吾與曾祖令尹,慕李元爽、白樂天香山之勝,合縉紳諸公而為九老會,風流高一時,孺人質實之德自幼成。……(《四庫全書》本《泊菴集》卷十一)

《題香山九老圖後》

嘗觀南華生之言曰:「虚静恬淡,寂寞無為者,天地之平而道德之至也。」又曰:「無為則俞俞,俞俞則憂患不能處,年壽長矣。」之香山九老者,果皆俞俞者耶。九老之最高者，元爽也，其差少者，樂天也。樂天宦游三十載，退居於洛。合九老而為尚齒會，洛陽為天下之巨麗，而九老極一時之風流。石樓香山之間，龍門八節灘之上，少微之星，煜煜垂芒，而衣冠皓偉，賓游雜遝，酣嬉淋漓，或弄琴操秋思之商聲，或喚家僮奏霓裳之法部，或命小妓歌楊柳之新詞，興盡而止，兀兀然，舉天下之得失，曾足以累其心，其視劉伯倫聞婦言而不聽，王無功游醉鄉而不返者，又安能彷彿其樂之涯涘哉！信所謂俞俞者也。雖然，人徒知九老之既老，而不知九老於未老之時也；知九老之甚樂，而不知九老深憂之未嘗忘也。當是時，唐綱解紐，蕃鎮跋扈，奄豎弄威，搢紳為之斥逐，雖有裴晉公以身繫國家安危，曷亦得以少吐胷中不平之氣耶？於是九老者，歲月坐成晚矣。自托於流連放棄之間者，豈其心哉？固不已而强自寛也。況洛陽，天下之中，四方用武所必爭之地。一有不幸，如前日之安史者，則臺榭苑囿之勝，鞠為茂草矣，果可以保其樂乎？吾知九老雖衰，未必不念及爾也。不然，年九十之尚父，猶思經綸於周室；年八十之綺皓，且定儲皇於漢家。九老雖衰，果可無意於世事乎？然則九老之俞俞，乃所謂慼慼也，愚故表而出之，使世之志於事君者，無自託於九老。九老，非得已焉。但九老中有僧如滿者，今亡之，疑為弘文館諸翁，而逸其半，未知是否？中書舍人解縉既序其端，而給事中王子誠屬予序其後如此云。（《四庫全書》本《泊菴集》卷十六）

智按：清顧有孝（一六一九～一六八九）《明文英華》卷三（清康熙傳萬堂刻本）評云：「見解獨勝。」

梁潛，字用之，泰和（今屬江西）人。洪武丙子（一三九六）舉人，授蒼溪訓導，歷知四會、陽江、陽春三縣。永樂初，召修《太祖實録》，累遷右春坊右贊善。會修《永樂大典》，代禮部尚書鄭賜為總裁，陞侍讀。永樂十五年北征，仁宗監國，以釋陳千戶事牽連坐死。事迹附見《明史・鄒濟傳》。

金幼孜（一三六八～一四三二）

《九老圖跋》

古（右）九老圖，乃東廣參政金華商君原迪之所藏也。當有宋元豐間，諸老皆以大儒為天子左右股肱，其勲業聞望，稱於天下，及功成而退，慕樂天故事，相與置酒高會，以樂其樂，遂圖形妙覺僧舍，時人謂之洛陽耆英會。今去諸老，己（已）三百餘年，而觀其衣冠儀刑，雍容閒雅，猶儼然如生。嗚呼！其盛矣哉！雖然賢人君子，可傳於後者，豈惟其形似，蓋亦有文章德業之著焉。予生也後，想望諸君子風裁，不能無高山仰止之思，因商公求題，有不勝其感者，三復之餘，遂書以歸之。(《四庫全書》本《金文靖集》卷十)

智按：金幼孜，本名善，以字行，新淦（今江西新幹）人。建文元年（一三九九）己卯舉人，建文二年進士，授戶科給事中。燕王簒位後，改翰林檢討，歷官禮部尚書，兼武英殿大學士，卒謚文靖。事迹具《明史》本傳。

王偁（一三七〇～一四一五）

《紫芝山房歌為鄭尚書賦》

我昔慕幽賞，山水縱奇觀。朝揮海客棹，暮宿山霞關。武夷羣峰白雲端，幔亭玉女非人間。層巒叠嶂去何極，空際軒翥如騰鸞。雙溪夾出繞明鏡，百步九折鳴飛湍。就中紫芝一峰峭，恍惚溪上凝烟鬟。深林瑶草晝可拾，山人笙鶴無時閒。紫芝之山不可攀，須知聖世非商顔。衹應吐祥產奇瑞，煌煌三秀被林巒。何人卜居此山下，康成子孫世文雅。朶朶芙蓉鏡底青，淙淙瀑布屏間瀉。山寂寂兮山房幽，蘭膏烟帳夜埋頭。經史縱横一萬卷，天地上下三千秋。閒尋方外屐，笑掬磵底流。採芳結瑶佩，濯足歌遠游。蒼生海内望安石，謝公不得東山留。一朝束書謝丘壑，嘯咤風雷起寥廓。石牀松月為誰明，清夜徒聞弔猿鶴。南宫作賦安足奇，大廷對策裨衮衣。才高萬乘屢回顧，承明出入生光輝。玉驄曾錫天閒騎，節鉞重煩大藩寄。小吏蘭臺識馬周，居人渤海懷龔遂。勝槩相看無處無，烟蘿不似故園居。瞻雲幾動親闈念，歸思空因託鯉魚。爾來中朝屬耆舊，廊廟端嚴韠章綬。廷尉人傳天下平，秩宗名在當時右。當時之名信可稱，回望故山山更青。晉公緑野久寂寞，白傅匡廬未足榮。秖今八荒歌太平，三台位列中天明。功成早晚拂衣去，仙舟九曲能相迎。此時君當倒却建溪緑，我亦為君歌一曲。何必相攜茹紫芝，四海清風緬

高躅。(《四庫全書》本《虚舟集》卷三)

《夜泊潯陽江驛》

度盡名山問楚湘，扁舟此夜泊潯陽。琵琶聲斷知何處，江水江烟自渺茫。(《四庫全書》本《虚舟集》卷五)

《潯州驛》

客裏潯陽暫泊舟，驛樓官樹晚烟稠。多情誤作琵琶夢，驚覺蠻天瘴雨秋。(《四庫全書》本《虚舟集》卷五)

智按：王偁，字孟揚，永福（今福建永泰）人。元潮州總管翰之子。翰於明初抗節死，偁生甫六齡，其母教之讀書。洪武庚午領鄉薦，乞歸養母。成祖即位，徵至京師，授國史院檢討，充《永樂大典》副總裁。後坐解縉黨，下獄死。偁爲閩中十子之一，《明史·文苑傳》附見《林鴻傳》中。

楊榮（一三七一～一四四○）

《支硎山十二詠序》

蘇為吳郡都會，東連大海，北距廣陵，西抵丹陽，南接會稽，民物蕃阜，甲於東南，其間多古迹名勝，賢士大夫往往喜於登臨賦詠。歷唐宋以來，見諸簡册者多矣。……予嘗考之地誌，盖支硎去吳縣西南幾一舍許，一名報恩山，昔沙門支遁道林愒息於此，故因以得名。山之左曰東峯，下有楞伽院，即古報恩寺，白樂天、劉夢得，皆嘗見於賦詠。院之前，有石平廣泉，流其上曰寒泉，泓渟瑩澈，可鑑毛髮，曰南池，有水閣臨之，皮日休、陸龜蒙之所嘗游也……(《四庫全書》本《楊文敏集》卷十四)

《題香山九老圖卷後》

昔唐白樂天以刑部尚書致仕，歸洛陽，與懷州司馬胡杲、衛尉卿致仕吉旼、磁州刺史劉真、龍武軍長史鄭據、侍御史盧貞、永州刺史張渾、祕書狄兼謨、洛中遺民李元爽，合尚齒之會，且各賦詩以記之，遂傳諸好事者，以為美談。然樂天居香山，自號香山居士，其八人者，時時相從，觴咏以為樂，至寫形貌於圖畫，名香山九老。至於今，縉紳尚焉。此圖乃予友南京兵部郎中田伯邑所藏，求予言識之。觀其山水秀麗，林木森蔚，泉石清峭，而九老逍遥其中，以從事於壺觴翰墨棊局之間，豈不超然自得也哉！於此亦足以見唐家承平日久，四方無虞，而士大夫得進退以禮，優游燕休，以畢其餘齒，此何其盛哉！洪惟國朝，列聖相承熙然，垂拱無為之化矣。而予也叨蒙厚恩，忝膺重寄。雖欲乞身，以遂其田園之樂，有不可得。則於此圖，烏能不惓惓致意焉。異時幸獲賜歸故鄉，與同志者退尋此樂，尚未晚也。因伯邑之請，姑書此以識之。(《四庫全書》本《楊文敏集》卷十五)

智按：楊榮，初名子榮，字勉仁，建安（今福建建甌）人。建文二年（一四〇〇）庚辰進士，除翰林編修。燕王篡位後，入直内閣，更今名，歷官工部尚書兼謹身殿大學士，卒謚文敏。事迹具《明史》本傳。

李時勉（一三七四～一四五〇）

《贈右覺義無言上人住持大慈恩寺序》

……昔魏晉唐宋以來，賢士大夫與方外人交者，習鑿齒、謝靈運、白居易、裴休、柳子厚、蘇子瞻、黄庭堅諸公，皆名重當時，故道林、遠法師、休上人之流，亦由以見重一時，而垂耀至。……(《四庫全書》本《古廉文集》卷六)

《題香山九老圖後》

右香山九老圖一卷，唐會昌，白居易以刑部尚書致仕，歸東都，與懷州司馬胡杲等九人會於香山，飲酒賦詩以相樂，當時以為勝事，後世好事者，繪為圖以傳。此則蘇州郡倅邵君信之所藏者，信之考績京師，以示予。自古宦達之士，皆以知止足為賢，故疏廣受二子去漢庭，歸鄉里，日與故人賓客以相娱樂，洎然無所累乎其心，其與耽慕榮利，一朝以衰老不得已，而辭位去歸其鄉，矜恃其富貴之身，以傲忽里閭，而又急於園田屋室，以為子孫後世慮營營於流俗塵襍之中，而不知其為賤且辱者，賢否何如哉？此樂天之高懷雅度，所以曠絶前古，而為後賢之所慕尚至於今而不已者，豈不宜哉？信之之於圖畫，足以為玩好之娱者，舉無所尚，而獨珍藏乎此。予於是有以知其志之所存也，故識以歸之。(《四庫全書》本《古廉文集》卷八)

智按：李時勉，本名懋，以字行，江西安福人。永樂二年（一四〇四）甲申進士，學術剛正，初以三殿災，條上時務，忤成祖，繼以奏上六事，忤仁宗，終以不附王振，為所構陷。前後瀕死者三，而勁直之節始終如一。其在國學，以道義砥礪諸生，人才蔚起，與南京祭酒陳敬宗號「南陳北李」，而時勉尤為人望所歸。明以來司成均者，莫能先也。官至國子監祭酒。卒，謚文毅，成化中改謚忠文。事迹具《明史》本傳。

魏驥（一三七四～一四七一）

《寄題清風亭稿》

累牘聯編辱拜嘉，從知麗則異淫哇。十年苦憶非徒慰，一代名言自足誇。出入陶、韋殊脫穎，規模元、白已成家。太平歌頌須君手，玉署期看振國華。(《四庫全書》本《清風亭稿》卷八之末)

智按：《清風亭稿》，明童軒（一四二五～一四九八）著。

《青城山人集原序》

余弱冠時，已聞青城王先生刻厲於詩之名矣。……若兹集，不淪虛寂，不流靡漫，洋洋乎，渢渢乎，緣情指事，駕蘇、李而凌元、白，其慨而不激，直而不肆，殊得詩人温柔敦厚之旨，誠不負為一代之名家也。……景泰元年八月初吉資善大夫南京吏部尚書蕭山魏驥書。(《四庫全書》本《青城山人集》卷首)

智按：《青城山人集》，明王璲（？～一四一五）著。

《杭州府重建三賢祠記》

杭郡之有三賢祠者，由宋元時。郡人以唐刺史白公居易、宋知州事、蘇公軾之為郡，有及民之善政，處士林公逋有抗雲之高節，足為人之儀表，故立祠以奉之也。祠舊在孤山之麓，後徙蘇堤之三橋。元大德間，廉訪使徐瑛復以杭為三賢過化之地，創西湖書院，在今按察司之西；置師曰山長，以教育生徒，立祠奉三賢於其中，其祠在蘇堤三橋者，必自此遷而廢也。入聖朝，罷書院，立府州縣學，以書院為仁和縣學，今仁和縣學又徙于郡城之西隅，而書院之址，盡入于按察司，故三賢之祠，寂無聞焉。邇者鉛山胡君，以弘才奥學来知郡事，於政通人和之暇，閱郡志，始知有此祠，乃曰：書院雖罷，而前賢有功德在人者，其祠可泯乎？於是物色，得其孤山之址尚存，欲仍建祠其上，曰：其費不甚鉅，吾當一力為之。即捐己俸而經營之，中為堂屋，以間計者三，輔以兩翼兩廡，以間計者六，前為門，減廡之數三四圍，繚以崇垣，垣之東，別構屋，以間計者三，畀守者王宗居之，復置田十畝許，宗收其田之所入，為歲時香燈之費。堂之中三賢之像，與堂之後創亭一，曰仰賢，為有事於祠者憩息之所。至若塗塈丹雘，則士人某某某為之也。祠有出入之路，自祠至段家橋，凡若干丈，皆用磚石甃砌，則又某為之也。不踰時而祠告成，而郡之耆英以官而致其事者，聞之而喜。若太常少鄉陳公贄、廣西左布政使夏公時輩，凡若千人，相率諸罔行釋菜禮。禮畢，咸曰：「吾輩自垂髫時，聞有此祠，因廢而不獲拜，今獲拜之，何多幸焉。自非賢太守，其何能臻？兹賢守之功，固不可泯，願嗣之者，亦如賢守之心為心，則祠庶可得而長存也。非得文勒諸石以為勸，則不可。」咸又曰：「然。」僉以太常少鄉陳公所具建祠之顛末，過予徵文為記。夫君子之善為治者，莫大教民，以尚禮義；民尚禮義，則風俗日厚，而治之成也，有不期然而然，老矣矧三賢之祠，在昔人以禮以義而起者，今君因廢而復興之，亦莫非因今人之有昔人以禮以義之心而為之耳，不然，何其致助之慶之者如雲之集如是？是役也，抑又非導民尚禮義之一機乎？一祠之建固爾，而於民俗所係為甚大，噫！君其賢矣哉。由是而觀，禮義之心，人皆有之。是祠也，繼自今不患無如君之心之人，嗣而葺之，以永其祠於不墮，以慰諸耆英之心也，審矣。是為之記。若夫三賢之善政高風，具載信史與郡志，兹不復贅。君名濬，字源濟，名進士也。自刑部郎官膺近臣薦陞今職云。（《南齋先生魏文靖公摘稿》卷六，《四庫全書存目叢書》影印明弘治刻本）

《故中憲大夫杭州府知府胡君墓表》

中憲大夫杭州府知府胡君，卒葬于鄉之鉛山孫山之原，其弟清與其子璜，以太常少卿陳公狀所徵廣西左布政使夏公銘，按禮納諸幽已，仍礱石墓上，請于杭郡貳守李君，復以前狀於予求，又刻于石以表之。予念居林下於君治所，雖有吳越之分，堇不過限一水，自君視篆，聞杭之民有過予者，頌君為政之美，無老稚，若出一口。竊嘆曰：使天下之為郡者，能體朝廷之心，而皆如君，則天下之民其有不安者乎？每念之不置，今君已矣，則其德善於君之表也，其何可以不文辭。

公名濬，字源淵，其先浙之江山人，至曾祖始遷今江右之鉛山，子孫遂以鉛山為定居焉。……君曰地必有主，特召其主諭以引水之由，民咸懽然，曰府公欲地開渠以濟吾，民吾民其何敢吝其地，不為府公開渠以濟吾民乎？君即召民欲其利者，於地開渠，田遂得水，禾稼以蘇。是歲，致田大熟，民感其惠，名其渠曰胡公渠。及次富陽，其田乏水，亦猶新城。君相其地，上可引山泉，下可引江水，乃召民致牐一所，而時其蓄洩，於旱不至于乾，於澇不至于溢，於農殊便，民亦感其惠，名其牐曰胡公牐。至若新城，有唐許遠忠臣之廟，錢唐有唐刺史白居易、宋知州蘇軾、處士林逋三賢之祠，其祠廟歲久傾圮，君問之曰：是有關於風化者，吾之責也。即出已俸為倡，率僚友及好義之士，佽助脩建，至于一新，以聳士民之瞻仰。郡有老姦宿蠹武斷鄉曲者，悉禽獮而草薙之，以除其為民之害，於是聲徹上聞，當述職于朝，蒙錫宴禮部，至有織金襲衣寶鈔之賜以寵異之焉。平生尤嚴子弟之教，若其弟漢父沒之日，命以教育之。君恪遵父命，程督之頃，必諄諄諭之，曰示才不成，則我異日何顏以見我父於地下。漢亦感其言，致學之有成，今為邑庠生，殆嚮用有日也。且於敬老尊賢之意尤篤，郡有致仕之老，若太僕卿王公、布政使夏公、太常少卿陳公輩，凡十餘人，諸公於好天良日，嘗設會曰恩榮，以樂其樂，既會必延君以主其席，君即欣然赴之，未嘗以公務辭，亦未嘗以會而廢其公務也。君間亦設席於三賢祠之思賢亭，以酬諸公之會，燕樂之餘，仍徵各賦一詩，以紀其盛，刻之于石，有不徒俾香山洛社諸賢專美于前之志，其高風雅致，又如此。……

(《南齋先生魏文靖公摘稿》卷七，《四庫全書存目叢書》影印明弘治刻本；焦竑《國朝獻徵録》卷八十五浙江二，《續修四庫全書》影印明萬曆四十四年徐象橒曼山館刻本)

智按：魏驥（一三七四～一四七一，一説一三七四～一四七二），字仲房，號南齋，蕭山（今屬浙江）人。永樂三年（一四〇五）乙酉舉人。以進士副牓授松江訓導。召修《永樂大典》，擢太常寺博士，官至南京吏部尚書，謚文靖。事迹具《明史》本傳。

李昌祺（一三七六～一四五二）

《著存堂歌效樂天體》

馮公子，身是儀賓福如此，福如此厚人罕儔。只歎二親成土丘，成土丘，頻聞風木徒淒惻，重茵列鼎真謾榮。調膳稱觴難再得，憶昔金閨中雀屏。高堂具慶喜康寧，侍宴長思績懷橘。朝回猶學鯉趨庭，玄宫一閟經年歲。想像痛心幾揮淚，升堂儼似覿形容。入門宛訝瞻冠帨，升堂入門皆見之。渾疑身在膝邊時，白頭尚展遺編授。素手仍將慈線持，授書持線如當日。諦觀依舊惟空室，入夢精神或可期。終天戀慕何由畢，愁聽夜啼返哺烏。雌雄不逮竟先殂，念爾微禽有至性。嗟哉感此涕盈裙，感此奚須徒自苦。但應蠲潔奉蒸嘗，一祭一回真若覩。(《四庫全書》本《運甓漫稿》卷二)

《剪燈餘話》

⊙《月夜彈琴記》

高髻雲鬟宫樣妝（唐杜鴻漸妾），嫁來長在舅姑傍（《唐音》）。寧知草動風塵起（《詩統》），墜素翻紅各自傷（《詩統》宋祁）。

雙鬟慵整玉搔頭（《唐音》），百感中來不自由（唐杜牧）。富貴繁華何處在（《詩統》）？夕陽西下水東流（《杏壇吟》）。

夫子紅顔我少年（《唐音》），嫁來不省出門前（《詩統》）。於今拋擲長街裏（唐劉禹錫），萬古知心只老天（《詩統》葉紹翁）。

殘妝滿面淚闌干（《鼓吹》），鬢亂釵橫特地寒（宋王介甫）。不見玉顔空死處（唐白樂天），故園東望路漫漫（《三體》）。

潮生蒼海野棠春（《三體》），劍逐驚波玉委塵（《唐音》）。青血化為原上草（宋馬子才），人生莫作婦人身（唐白樂天）。

百年世事不勝悲（唐杜甫），大廈原非一木支。慷慨西風淚橫臆（《詩統》），此心惟有老天知（《詩統》）。

血迸金槍卧鐵衣（《鼓吹》），江山猶是昔人非（《詩統》）。舊時王謝堂前燕（唐劉禹錫），更傍誰家門戻飛（《唐音》）。

不見人煙空見花（《三體》），煙籠寒水月籠沙（唐杜牧）。人生自古誰無死（宋蔡襄），莫怨春風當自嗟（宋歐陽修）！

側垂高髻插金鈿（《詩統》），閒過春風六六年（《詩統》）。今日亂離俱是夢（《詩統》），英雄無策庇嬋娟（《詩統》）。

起看天地色淒涼（《詩統》王介甫），塵夢那知鶴夢長（《鼓吹》宋邕）。血污遊魂歸不得（唐杜甫），新墳空葬舊衣裳（《鼓吹》）。（《剪燈餘話》卷一，周楞伽校注本，第一四五～一四六頁）

智按：《月夜彈琴記》述宋譚節婦趙氏事。《宋史·列女傳》卷二有《譚氏婦趙氏傳》，《新元史·列女傳上》有《譚節婦傳》。洪武初，四明烏斯道除吉安永新知縣，見邑庠楹邊隱隱有人形，人曰：是節婦影，元下江南，文天祥起兵勤王，城陷，節婦怒罵元兵死。公捐俸，立堂刻影。公有子，作《貞松操》，寫之絲桐。夜，有美姬入，自稱節婦侍女碧桃，上帝使敬衛主母側，苦無神位，請于公子，並誦主母所作七言近體二十首。公子言于父，無征，不信。碧桃又來，稱主母曾集古人成句題寫過十首詩，并言主母小兒有血漬成錢影，公始信。美人授公子《廣陵散》一曲。

⊙《秋夕訪琵琶亭記》

洪武初，吳江沈韶，年弱冠，美姿容，詩學薩天錫，字學邊伯京，皆為時輩所稱許。嘗和天錫《過嘉興》詩韻，題吳中二首云：

七澤三江通甫里，楊柳芙蓉映湖水。閶門過去是盤門，半卷珠簾畫樓裏。蘼蕪生遍鴛鴦沙，東風落盡棠梨花。館娃香徑走麋鹿，清夜鬼燈籠絳紗。三高祠下東流續，真娘墓上風吹竹。西施去後屧廊頽，歲歲春深燒痕緑。

東南形勝繁華裏，一片笙簫拂江水。小姬白苧制春衫，桂楫蘭橈鏡光裏。舞臺歌榭臨鷗沙，粉牆半出櫻桃花。采香蝴蝶飛不去，撲落輕盈團扇紗。吳歌《子夜》憑誰續？柳陰吹徹柯亭竹。范蠡扁舟去不回，惟有春波照人緑。

他詩皆類此。然以家富，不欲仕。人知其然，復利其賄，或欲舉為孝廉，或欲保為生員，旁午紛紜，殊無寧月。韶雖不吝於財，實厭其擾。乃謀于妻兄張氏曰：「如之何其可？」張曰「惟有遠遊，差可避耳。」

韶然其計。乃拉中表陳生、梁生，乘峨舸巨艑，載萬億重資，遨遊襄、漢間。次於九江府，愛匡廬之秀，覽彭蠡之清，留連郡郭，弔古尋幽。衆稍譏之，韶不恤也。因歎曰：「吾儕幸家富年少，粗知文墨，兹行蓋避人耳。豈能效王戎輩執牙籌，屑屑計刀錐之利哉？」遊益數。偶秋雨新霽，水天一色。韶偕梁、陳二生，同訪琵琶亭，吟白司馬「荻花楓葉」之篇，想京城女「銀瓶鐵騎」之韻，引睇四望，徘徊久之。于時月明風細，人靜更深，方取酒共酌。聞月下仿佛有歌聲，乍遠乍近，或高或低，三人相顧錯愕。梁生戲曰：「得非商婦解事乎？」韶曰：「爾時樂天尚須千呼萬喚，今日豈得容易呈身哉？」陳生曰：「老大蛾眉，琵琶哀怨，縱使尊前輕攏慢撚，適足以增天涯淪落之感，豈能醉而成歡耶？」韶曰：「且靜聽之。」良久而寂。酒罷回船，竟莫知其何故。

獨韶迭宕，好事多情。翌日，往究其實。躊躕之間，了無所見，興闌體倦，方欲言還，忽奇香馥鬱，縹緲而來。韶異之，延佇以俟。茶頃，一麗人宮妝豔飾，貌類天仙。二小姬前導，一持黃金吊爐，一抱紫羅繡褥，冉冉登階。意必貴家宅眷，臨賞於此，隱壁後避之。小姬鋪褥庭心，麗人席地而坐。顧姬曰：「何得有生人氣？毋乃昨夕狂客在是乎？」韶懼其使人搜索，起出拜見，且謝唐突。麗人曰：「朝代不同，又無名分，何唐突之有！但諸郎夜來談笑，以長安娼女、浮梁商婦見目，毋亦太過乎？」韶倉卒莫知所對。麗人呼使同茵，辭讓再四；固命之，乃就席。因問其姓氏。麗人曰：「欲陳本末，懼駭君聽，然吾非禍於人者，幸勿見訝！妾僞漢陳主婕妤鄭婉娥也，年二十而死，殯於亭近。二侍兒一名鈿蟬，一名金雁，亦當時之殉葬者。」韶素有膽氣，兼重風情，不以為怪也。麗人曰：「妾沉鬱獨居，無以適意，每於此吟弄，聊遣幽懷，詎意昨宵為諸郎所據，敗興浩歌而返。今幸對此良宵，復遇佳客，足以償矣。」使鈿蟬歸取酒肴，飲於亭上，自歌其詞曰：「郎憶之乎？即昨日所謳之《念奴嬌》也。」詞曰：

離離禾黍。歎江山似舊，英雄塵土。石馬銅駝荊棘裏，閱遍幾番寒暑！劍戟灰飛，旌旗鳥散，底處尋樓櫓？喑嗚叱吒，只今猶說西楚。　　憔悴玉帳虞兮，燈前掩面，淚交飛紅雨！鳳輦羊車行不返，九曲愁腸漫苦。梅瓣凝妝，楊花飛雪，回首成終古！翠螺青黛，絳仙慵畫眉嫵！

歌竟，勸韶盡飲。

數杯後，韶豪態逸發，議論風生，與麗人談元末群雄起滅事，歷歷如目睹，且詢陳主行事之詳。麗人曰：「《春秋》為尊者諱，為親者諱，此非妾所敢知也。」韶曰：「余請遂言其為人，煦煦然而少英斷，貿貿焉而昧幾微。委任臣僚，非才者眾，如陳平章、姚平章，皆斗筲小人，而使之秉鈞軸，握兵符；詹同文、魏杞山，乃金玉佳士，而使之在散地，處閑官。武弁則縱情酒色，文吏則惟事空言。城門狹而弗能容輦，爰作飛橋；九江陋而銳于建都，猶餘故址。如此之類，可笑甚多。況復潛弑壽輝，顯居厥位，改元建號，弟兄井底之子陽；狹量淺謀，奴僕江南之李景。而猶奮攘螳臂，拒抗鷹揚，豕殪蛇殂，大將已殲于湖水；鯨誅鯢戮，幻身旋斃於箭鋒。一敗天亡，六軍星散。若其密籌帷幄，弘濟艱難者，特五大王一人而已。嗚呼！當群雄鼎沸之秋，居草昧風塵之日，而謀臣智將，拂士才官，僅僅若此，烏得而不敗亡哉？」麗人淒然，淚數行下。

泣已，收淚曰：「且談風月，不必深言，徒令人懷抱作惡耳。」因口占一詩曰：

鳳艦龍舟事已空，銀屏金屋夢魂中。黃蘆晚日烘殘壘，碧草寒煙鎖故宮！隧道魚燈油欲盡，妝臺鸞鏡匣長封。憑君莫話興亡事，淚濕胭脂損舊容。

誦而索和，韶即依韻賡以酬之，曰：

結綺臨春萬戶空，幾番揮淚夕陽中！唐環不見新留襪，漢燕猶餘舊守宮！別苑秋深黃葉墜，寢園春盡碧苔封。自慚不是牛僧孺，也向雲階拜玉容。

麗人嘖嘖，曰：「可謂知音。」於是促席暢飲，共宿於亭。相與媾歡，一如人世。少焉，天上烏啼，城頭鼓歇，兩人扶攜而起。曰：「今夕當歸舍中，謀為久計。不宜風眠露宿，貽俗子輩嗤笑!」韶頷之。亟返逆旅，則陳、梁二生緊候開舟。乃紿曰:「昨得家書，促回甚急，必有他故，不得同行矣。二兄先往，沿途見候，小弟暫爾一歸，隨當趕上。幸為預膾縮項之鯿，多買團臍之蟹，三兩月間，當同醉習家之池，共尋羊公之刻，倒接䍦，歌《大堤》，庶幾斯游，亦一時之快也。」二生信之，執手而別。

韶是晚再去，金雁已先在矣，遂導過亭北竹陰中，半里餘，見朱門素壁，燈燭交輝，才及重堂，麗人迎笑，出紫玉杯飲韶曰:「此吾主所御，今以勸郎，意亦不薄矣。」留宿月餘，不啻膠漆。一夕，麗人語韶曰:「妾死時，偽漢方盛，主寵復深。故玉匣珠襦，殯送極一時之富貴，幽宮神道，墳塋備一品之威儀。是故五體依然，三魂不昧。向者盧君愛女南極夫人，偶此嬉遊。授妾乙太陰煉形之術，為之既久，不異生人，夜出晝藏，逍遙自在。君宜就市求青羊乳半杯，勤勤滴妾目中。乳盡眼開，白日可起。」韶如言求得，以潤其兩眥，屈指三旬，欻然能步。或同攜素手，遊行隧中，或並倚香肩，笑歌亭上。與韶論舊事曰:「未及十二三年，便成陳跡。吾主一日讀《天寶遺事》而喜之，故春秋宮中設宴，令妾輩競簪奇花，親放一蝶，蝶聞花馥，飛著釵端，所止之人，是夕得召，謂之蝶幸。且喻妾等曰:『昔唐明皇屢為此戲，楊妃專寵，不復舉行。朕則不然，罔分厚薄，汝輩亦宜知均一之恩，致警戒之道。』眾皆叩首謝。」又曰:「主嘗得元進士沔陽知府劉聞，待以殊禮。萬幾之暇，引入便殿，從容顧問曰:『聞卿為太常博士，甚有聲名，果爾乎?』聞對曰:『臣為禮官，值至正三年冬十月戊戌，將祀南郊，告祭太廟。至寧宗室，問曰:朕甯宗兄也，當拜否?臣進曰:甯宗雖弟，然為帝時，陛下為臣。春秋時魯閔公弟也，僖公兄也。閔公先為君，宗廟之祭，未聞僖公不拜。陛下當拜。從之。吾主又召之曰:『卿仕中朝，未嘗顯要，而文章學問，自不容掩，其以事元者事我，不患不至大官。』聞頓首謝。主又曰:『卿與李黼同榜，黼不死，我當大用之，然黼自為其主，幸獨得卿。聞卿善為詩，近有作否?』聞對曰:『臣不能死義，有愧於黼。嘗以杜甫『滿目悲生事，因人作遠遊』為韻，賦十詩見志，今皆忘之，止記其一詩耳，為陛下誦之。』因跪陳曰:

世運厄陽九，干戈禍生民，陵谷有高卑，一朝易其陳。間關中郎將，慷慨遠與巡。志同事乃異，非有屈與伸。堂堂李江州，求仁而得仁。清風已十載，而我猶為人。

既退，主顧近侍曰：『其詞愧矣！』由是陋其為人，無復進用之意。斯人者，正朱文公所謂文人無行。以妾觀之，不特凝碧之王維，欠死之范質，為可罪哉！」韶聞其論，心甚服焉。其所言當時宮掖間事，多不悉記。奈何韶迷戀情深，鄉關念淺，春來秋去，四載於茲，雖比目並遊之鱗，戢翼雙棲之羽，未足以喻其綢繆婉孌也。

是年冬初，麗人無故忽潸然淚下，悲不自勝。怪而問之，初則隱忍弗言，繼則舉聲大慟。韶慰解萬方，乃一啟齒曰：「與郎冥契，盡在來朝，故不覺悲傷至此耳！」韶聞知，悽惶感愴，欲自縊於隧間。麗人不可曰：「郎陽壽未終，妾陰質未化。倘更沉溺世緣，致君非命，冥司必加重譴，彼此牽纏，何時是了？兼之定數，舉莫能逃，縱曰舍生，亦為徒死。」韶乃止。金雁、鈿蟬輩亦依依不忍舍，咸設飲食，與韶送程。既曉，麗人奉赤金條脫一雙，明珠步搖一對，付生曰：「表誠寓意，睹物思人，再會無期，願郎珍重。」親送至大門之外，掩袂障面而還。韶猶悲不自已，殘淚盈眶，顧盼之間，失其所在。乃重尋原店安下，收拾歸吳。越數日，梁生至自襄陽，陳生客死房縣，方咎韶負約，韶密以告，弗信也，出條脫、步搖示之，乃驚曰：「此非塵土間物，奇寶也，誠子之遇仙矣。」韶叮嚀諄切，使勿輕言，故人無知者。

同舟歸家，及門，則妻死久矣，乃以條脫一枚，投回回肆中賣之，得鏹萬錠，於虎丘靜處建壇，請道士鶴林周玄初設靈寶煉度三晝夜。薦妻正齋之夕，伺道士行朝皆退，親寫心詞一封，潛於香爐焚之，以資麗人冥福。醮罷，玄初夢二婦人，一姓張，一姓鄭，從二小娃來謝曰：「妾輩俱承善果，已授瑤臺金母侍宸矣。」言訖，駕祥雲向西而去。翌日，玄初詰韶曰：「君昨所薦，只主閫張氏，何又有鄭氏等三人焉？」韶心知為麗人、鈿、雁，佯為不解曰：「吾夢亦如之，然不知彼三人誰也？」卒不以告。知此事者，惟梁生一人。故生有《琵琶佳遇》詩，並附於此。詩云：

憶昔少年日，加冠禮初成。春衣紫羅帶，白馬紅樊纓。吳中自昔稱繁華，回環十里皆荷花。窺紅問緑謝遊冶，與余共泛星河槎。星槎留連湓浦邊，空亭醉訪琵琶弦。銀篦擊節不堪問，錦襪生塵殊可憐！廬山月上猶未去，娉婷玉貌湖邊遇。追隨鈿雁雙嬌嬈，直入金屏最深處。春風東來綻牡丹，洞房香霧滃椒蘭。含情慣作雨雲夢，鴛枕生愁清夜闌。前朝佳麗誇環燕，圖出千人萬人羡。太真顏色趙肌膚，繡帳戀燈幾回見。情緣忽斷兩分飛，歸來如夢還如癡。縹囊留得萬金贈，淒涼忍看徒傷悲！徒傷悲，難再得！當初若悟有分離，此生何用逢傾國！

韶從此不復再娶，投禮玄初為師，授五雷斬勘之法，往來兩浙間，驅邪治病，禱雨祈晴，多有應驗。後失所在。近時有人于終南及嵩山諸處見之，疑其得道云。(《剪燈餘話》卷一，周楞伽校注本，第一八四～一九〇頁)

⊙《洞天花燭記》

撒帳東，羅幃繡幕圍春風（唐李賀）。紅綻櫻桃含白雪（唐李商隱），元精耿耿貫當中（唐李賀）。

撒帳西，歌舞留人月易低（唐儲光羲）。驚起芙蓉睡新足（唐李賀），倚風睛態被春迷（唐雍陶）。

撒帳南，新人轎上著春衫（唐李商隱）。雲髻半偏新睡覺（唐白居易），斷腸春色在江南（唐韋莊）。

撒帳北，雲樓半開壁斜白（唐李賀）。小語低聲問玉郎（唐裴譜），春色惱人眠不得（宋王介甫）。

撒帳上，兩兩紅妝笑相向（唐崔顥）。淡雲輕雨拂高唐（唐李商隱），睡覺不知新月上（唐陸龜蒙）。

撒帳下，滿山明月東風夜（唐韓偓）。冰簟銀牀夢不成（唐溫庭筠），美酒清歌曲房下（唐李頎）。(《剪燈餘話》卷四，周楞伽校注本，第二三二～二三三頁)

智按：天曆二年（一三二九），於潛秀才文信美，偶出遊，受地肺靈境華陽丈人所請，為其女嫁震澤次子撰寫婚約回書、催妝詩、撒帳文、洞天花燭詩。信美歸，貨賣仙人謝禮，遂成富室，號遇仙文氏。

⊙《至正妓人行並序》

永樂十七年，予自桂役房山。是冬，邂逅一遺姬於逆旅中。雖汩沒塵土，有衰老態，然尚餘談笑風韻，猶以紫簫自隨。訪其詳，蓋大都妓人，以才貌隸教坊供奉。陵遷谷變，將落髮為比丘尼。未果，已而轉嫁編氓，愈益淪落。今垂老無所依，隨孫就食匠營間。遂呼酒飲之，使吹數調。既罷，因與共論疇昔，其言至正時繁華富貴事，如目睹。然每一追思，懷抱輒復作惡，豈來今往古，紅顏薄命，當如是耶？余為低回淒然慨歎，且感其意，作長辭贈之。題曰：《至正妓人行》，第辭華萎弱，不足以寫其態度之萬一。憂鬱之際，取而讀之，匪慰若人，聊以自解焉耳。

桃花含露傷春老，蓮葉欺霜悴秋早。紅飄翠殞誰可方？大都妓人白頭媪。言辭婉媚雖足愛，顏色萎摧寧再好？姿同蒲柳先凋零，景近桑榆漸枯槁。

我役房山滯客邊，客邊意氣已非前。螺杯漫想紅樓飲，雁柱徒杯錦瑟弦。晏歲荒村因邂逅，芳尊小酌且留連。陽臺楚雨情磨滅，舞袖弓鞋事棄捐。於今淪落依草木，天寒幽居在空谷。爺娘底處認墳墓，姊妹何鄉尋骨肉？初謂終身永歡笑，那知末路翻撈轆！莫惜縹囊紫玉簫，暫吹絳闕瑤臺曲。停觴起立態如癡，斂衽躊躇半餉時。凝情徘徊傾聽久，微茫杳渺度腔遲。嬌疑淺嘗鶯求友，嫩訝呢喃燕哺兒。

巨壑潛蛟驚起蟄，危巢別鵠苦分離。分離或變成淒切，淒切愈加音愈咽。蕩子江湖信息稀，疲兵關塞肌膚裂。似啼似訴復似泣，若慕若怨兼若訣。孤舟嫠婦旅魂消，異域累巨鬢毛折。參差角羽雜宮商，微韻紆徐巧抑揚。墜絮游絲爭繞亂，哀蛩怨蚓互低昂。呦呦瑞鹿躬靈囿，噦噦和鸞集建章。楚弄數聲諧洗簇，氐州一曲換伊涼。伊涼瀏亮益閒暇，塤琴笛笙皆在下。踞踽鏗鏘韻碧霄，機梭淅瀝鳴玄夜。

須臾眾調多周遍，返席重論盛年話。一自干戈遽擾攘，幾多行輩遄淪謝。記得先朝至正初，奴家才學上頭顱。銀環約臂聯條脫，彩線成絨綴芳亭。博局倦餘邀欄賭，鞦韆蹴罷倩人扶。纖腰數被鄰姬妒，鬒髮常煩阿姐梳。羽林英俊馳輕轂，慣向媽家通夕宿。鳳枕鴛衾肯暫辜，蜂媒蝶使交相屬。冰容反懼脂粉累，香體匪藉沉檀浴。退居始替興聖班，内使傳宣又催促。宇宙雍熙百姓安，仁覃四裔復三韓。

畏吾選作必闍赤，欽察恩深答刺罕。已見拂菻呈騕褭，還聞緬甸貢琅玕。丹楹陡峻棲鵷鵲，華表玲瓏鏤角端。神洲形勝真佳麗，鬱鬱葱葱蟠王氣。五穀豐登免稅糧，九重娛樂耽聲妓。廣寒宵得侍乞巧，太液晨許陪修禊。避暑巡游欲届程，沿途宿頓爭除地。隨鑾供奉揀娉婷，特敕奴家扈蹕行。鹵簿曉排仙仗發，抹倫睛鞠繡鞍乘。營間鼓鐲轟雷動，磧外氛埃掃電清。紈扇試時違大内，花園過去是開平。

宗王貴戚咸來會，嵩呼萬歲齊齊跪。緋纓帽妥鉢焦圓，黑瓣髻紉卜郎鋭。後先雉扇怯薛執，左右麟符火赤佩。茜罽縫袍竺國師，霞綃蹙帔天魔隊。齊姜宋女總尋常，惟詫奴家壓教坊。樂府競歌新北令，勾攔慵做舊《西廂》。煞寅院本偏蒙賞，喝采箜篌每擅場。渾脱囊盛阿剌酒，達拏珠絡只孫裳。胡元運祚俄然歇，遠遁龍荒棄城闕。官裏遙銜朔漠塵，哈敦暗哭穹廬月。壞宮晝靜著封鎖，虛室苔生罷朝謁。絕繳陰森部落哀，中原澒洞烽煙熱。填溝塞塹總嬋娟，蟻蝨微軀幸瓦全。窈窕蛾眉渾懶畫，蹒跚藟足亦羞纏。祇園報剎思依佛，梵榻跏趺擬學禪。

練衲正宜參般若，赤繩無奈墮癡緣。蘭心蕙性非堅固，宛轉綢繆媒妁誤。嫁與凡庸里巷兒，流為鄙賤糟糠婦。文禽失類偶雞鶩，孔雀迷群隨鵲鷺，手具盤飧奉舅姑，親操井磑應門戶。物換星移十載強，尊嫜殂沒稾砧亡。屢遭疾疫男捐館，苦迫饑寒媳去房。瓦缶泥爐長是伴，瑤簪翠鈿已相忘。忍談富貴徒增感，怕説傷心只斷腸。筋骸疲憊龍鍾久，里舍么娘嗤老丑。塗抹伊誰識阿婆？彈搊竟是矜纖手，偷生又幸逢明代，垂死寧當正丘首？轗軻頹齡諒弗多，搓牙瘦骨行將朽。欷歔歎古更嗟今，少日榮華晚陸沉。寂寂願毋嫌聒耳，寥寥罕遇是知音。織烏荏苒忙過隙，司馬汍瀾已濕衿。往運推移端莫挽，窮途汩沒最難禁！妓人聽我相寬慰：美貌多為姿質累。倉皇明鏡樂昌分，縹緲層樓緑珠墜。雖云煢獨因貧乏，赢得嬌嬈到憔悴。世上浮名不直錢，杯中醇酎休辭醉。屏營拉淚起逶迤，載拜慇懃乞賦詩。

土坑篷窗愁寂夜，挑燈快讀解愁頤。那知皓首逢元稹，弗用黃金鑄牧之。灑翰酬渠增慷慨，風流千載係遐思。

予既贈以是詩，乃起謝曰：「此元、白遺音也，何相見之晚也！老身旦夕且死，當與偕焚，庶讀之於地下。」明年春，予將還京師，重往過之，則果沒矣。因誦斯稿，猶若見其俯仰語笑之態。悲夫！永樂庚子閏正月朔日，廬陵李禎識。

附

跋一：

予往年於薊門遇老婦行歌道中，追而問焉，則故元駙馬家妓，姓金，字芙蓉。元亡，嫁為民家，今雖貧薄，而猶不忘故態，且能道故元時事甚悉。予因作《薊門老婦歌》以記之。既數年，予友李君昌祺，自廣西方伯，入役房山，遇至正官妓，遂作長歌以贈之，其辭究博，其意淒惋，誠得元白之遺意。披閱玩味之餘，因録謬作，以附驥尾。然寂寥簡短，辭不達意，誠所謂珠玉在側，覓我形穢矣！其歌曰：

薊門老婦歌且行，一曲斷腸多苦聲。時時掩面向人泣，泣罷從前道姓名。自言少小顏如玉，緊縷羅襦問妝束。先朝丞相重嬌歌，教得新翻太平曲。雕房繡闥高嵯峨，五貴七侯時經過，就中豔色亦無數，俯首低鬟聽我歌。行雲斷絕梁塵起，滿座傳杯驚且喜。當筵一擲千黄金，翻惡管弦徒聒耳。只言歡樂度青春，豈識人間賤與貧。向來風景一朝異，翠鈿散落成埃塵。況逢衰老轉蕭索，惟有茅廬傍西郭。閑來還唱舊時歌，不覺一聲雙淚落。人生安得長少年，一貧一富皆自然。鄧通鑄錢終餓死，古往今來何足憐。永樂庚子，翰林侍讀學士奉訓大夫兼修國書永豐曾啟書。

跋二：

廬陵李君昌祺，示予以所作《至正妓人行》長詩一章，今讀之，既懸知當時之事，而又喜是詩詞語之工也。蓋公以廣西布政使，以文章政事，擅名久矣。比來京師，邂逅此妓於房山道中，見其衰老，因得以詢其事所以，慨然為賦之以詩也。嗟乎！元起沙漠，統一海宇，雖曰致治，然其制度施為，多從胡俗，以游田宴樂為務。逮乎至正之君，尤荒淫奢縱，所好者唯聲色歌舞，盤游行事，夜以繼日，上下相蒙，政治廢弛，賊盜蜂起，國勢不振。天乃命我太祖高皇帝剪滅群雄，至正遁亡。大統既正，萬方攸寧，中國之治，悉復于古。逮我皇上即位，又整率六師，往征沙漠，凡元之遺孽，無有存者。而昔時至正之荒淫縱侈，其事世人已罕知其詳，此妓猶能歷歷道之，良可歎也。於戲！此元之所以亡也。然則公之此作，亦甯無意乎？亦曰紀其實，以補史氏之不載，亦曰使後之讀者有所感發興起耳，豈他屬意哉！予因是喜公之志，遂為書於其後。翰林侍讀臨川王英書。

跋三：

我吟向傳《琵琶行》，鏗然節奏絲弦聲。嗚呼其才難再得，千載相逢李方伯。讀詩與我《妓人行》，不啻潯陽秋送客。聞公宦轍走幽燕，道逢老妓說少年。口調紫簫吐心曲，流商泛徵變幽音。苦樂衰榮那可說。老夫三讀歎奇才，欲倚新聲調未諧。一妓女流何足數，感時撫事偏傷懷。公今事業光朝野，況有文章繼風雅。若為眷此獨鍾情，莫訝江州老司馬。木天老人高廷禮書。

跋四：

廣西布政使李公昌祺，郡之偉人也，以學問世其家，以文章鳴當代。故其摛詞繪句，傳誦人口，有得其篇章者，猶嚅鮮肥、嘬膾炙然。今觀其所作《至正妓人行》，清新流麗，若寒薄之漾淪漪也。鮮澤芳潤，若光風之泛叢蘭也，釀情醖態，愉快交集。淒其若零露之邑蔓草，敫乎若繁星之麗於秋空也。噫！非文章之美，學問之士，能至爾哉！予讀之數過。既憫妓人當及茇之年，不能閑於禮節，以締好國宗；復悲其中罹喪亂，不年遺外沉湎，以脫身風塵。獨幸其有所遭者，晚際聖明，得占籍編戶氓，享有子孫之養而終其天年。而於瀕死之日，又獲公之詞翰以宣其湮郁，又何榮哉！或者謂公是篇，即元、白遺音，籲！蓋不深喻者也。夫襄陽錦江之句，與潯陽江頭之辭，徒淒切憒惋於離別之頃，而二妓者，亦終於為商人婦，流落天涯也。豈若此人者，既脫身喪亂，復優游太平以卒，而又托諸翰墨者如是其美哉！彼其但能得篇章而嚅嘬之者，亦大有徑庭矣。故評之曰：元、白之作工於詞而流於荒，公之作發乎情而歸之正也。覽者將以為何如？翰林修撰羅汝敬書。

跋五：

吾友廣西布政使李公昌祺，示予所為《至正妓人行》，凡千二百餘言。觀其橫放浩瀚，若春泉注壑，浼爵而不窮；流麗動盪，若纖雲行空，變態而難狀。自昔文人才士，辭藻之盛，未有過於此者。嗟夫！妓人今為民戶，有子與孫矣，尚不忘其故態，常以簫管自隨。雖老，出其技，猶能使公賞惜若此，況于盛年也耶？今有懷德蘊義、砥行立名之士，欲求當代之君子出一語以褒嘉之，且不可得，而此妓者，乃能致公聽其議論，而又重之以詩，亦何其幸哉！雖然，此未足以窺公之淺深也。公為方面大臣，固當以功名事業自期，宣上恩德，以施惠政，使環數千里之地，薰陶于春風和氣之中。乃以其文章黼黻至治，而歌詠太平，挫之金石，傳之無窮，然後足以見公之大。若此，特其餘緒耳，烏足以窺公之淺深也哉！予故書其後，使觀者知求公於其大，而不在此也。翰林侍講李時勉書。

跋六：

廣西布政使李公昌祺，遇元至正妓人於房山，命吹紫簫數曲，飲之酒而遺之以詩，持以示予。觀其運巧思於雕鏤，出奇語於豪縱，落筆之際，必有謂元、白復生，未知其孰先孰後，誠佳作也！然是妓以垂髪之齒，容色衰謝，薄試其技，尚能使人歎賞若此；使當芳年盛色，揚袂倚巾，其擲金賣笑者宜何如哉？人或謂公少負奇氣，早登顯位，固當慨然於世，以功名事業自期，何獨遇一女婦而悽惶若此哉？此蓋未知公也。是詩之意，惜妓不以少日從良，托之終身，徒恃容色，晚遭淪落，悔將何及！然則抱器而適用者，所貴及時自勵，卓然樹立，以表見於時，寧可貽末路之愧悔哉！故篇終歎妓為才質所誤，此所以極其情而歸之正也。是皆他人未知而予之所獨知，因書以歸之。翰林檢討錢習禮跋。

跋七：

余讀唐李頎《聽董大彈胡琴》之作，至「幽陰變調勿飄灑，長風吹林雨墜瓦。迸泉颯颯飛木末，野鹿呦呦走堂下」，每恐其盡。讀柳柳州《行路難》云：「盛時一去貴反賤，桃笙葵扇安可常？」則歎曰：「時乎不再來。」今觀廣西方伯李公昌祺所贈至正妓人之作，意韻俱美，可擬頎作，而春容大篇過之。妓人少為悦己者容，中值元祚遷革，我朝承平，始克嫁為民婦，及年邁色衰，猶以簫管自隨，從其孫應匠役於房山，獲於公遇，則亦晚矣。其真時不再來，如桃笙葵扇者耶？董大以胡笳遇，妓人以簫管遇，頎、柳州、方伯之詩，須合而為一時一人之作可也。余既玩味唱歎，得其餘音，曰：「颯颯乎盛哉！」遂書于左方以歸之。考功主事鄧時俊跋。

跋八：

右《至正妓人行》一章，今廣西布政使李公昌祺所作也。公於房山遇是妓，因感其所言，賦此以贈之，出以示予。予觀之，詞意偉麗，不易得也，然亦因有感焉！夫由至正迄今，七八十餘年矣，當時學士大夫，凋謝殆盡，無復有見者，而伶人妓女，往往猶存。蓋當其間，治教頹靡，上下荒於聲色，故雖久而其類尚多在也。於乎！其所以陵夷覆墜者，豈非其自致哉？然夫！妓之早年，失身其間，遂至顛沛流落，非不幸也，亦宜也。及其晚歲，得沾聖朝德化之盛，為婦民間，而終老于太平之日，又何其幸歟！公於一見之頃，為之感發而形之歌詠，蓋欲於使觀者於此而有所懲創也。夫豈無其意哉！賜進士及第翰林修撰蕭時中書。

跋九：

廣西布政使李公昌祺，余之同年友也。嘗遇老婦於房山，容貌衰謝，言詞淒婉，問之，知為至正妓人，猶善吹簫，能歷歷道故元時事。公之所遺歌詩，詞旨清麗，音響激烈。始既欣羨其以容貌供奉於當時，晚又感歎其衰老淪落於民間，設使元、白賦之，亦豈能逾於是作也。嗚呼！是妓雖已衰老淪落，然尤以其薄技獲試於至元之君，又幸遭逢聖明，享有子孫之養，以終其餘齒，而復為名公偉人之所稱慕如此，可謂不沒矣夫！自古英才賢士，挾其所有，不克以施於世，至於泯然無聞者，蓋不勝數，宜乎李公有慨於此也。李公文章學問，固已顯聞於人，使其當製作之任，固將歌詠太平之鴻庥，讚揚國家之盛美，以傳之於天下後世，元、白烏足論哉！今觀是詩，特寄意于一時焉耳，未足以廣君也，讀者當自知之。翰林修撰周述書。

跋十：

予觀廣西布政使李公所為《至正妓人行》一篇，詞義深密，三復為之起敬。雖然，公之才學，豈徒工于詩歌而已哉，將必大發其蘊，以鳴國家太平之盛，福被生民於無窮，斯不愧所負任之重也。今以一妓而獲遇於公之一賞，何其幸哉！雖老死無憾矣！世之士大夫，遇不遇也，亦猶是爾。俾或一遇于時，則生被榮顯，歿垂永久，否則流落沉淪，終身不齒，良可惜哉！因《妓人行》，重有感焉！時永樂庚子春正月，翰林編修周孟簡書。

跋十一：

老妓大都人，亡其姓名，其時則可知。嗟夫！世異勢殊，妓也華落色衰，為編氓婦，今年七十餘，衣食于匠營，追憶往事，風流雲散，當時無復知其為人。居閑處獨，往往心上相語；托諸簫管，則和鳴於非之音，變而為淒涼失群之調，其聲幽幽然，嗚咽淒惻，若怨若訴，若悲若泣，時一響于石窩破屋之下，觱發四壁，而荒煙落日，依微慘澹之狀，又接乎莽蒼之野，闃寂之濱，過之者日累若干人，曾無一之或顧者。何意房山之役，乃有傅說岩築其人，一訪而咨嚌，再往而賞，終其聽而為之嗟惋不已而歌詠之，詠歌不足，則累數十百韻，抑揚反覆，悲愴激烈，益亹亹而不盡，使人讀之，恍然若目擊當時事，不勝弔古今之遺恨，視老妓若以為懷者，悲夫！見而知之者，咸以為元、白遺音。嗟夫，連昌之世，琵琶之事，驗之老妓，固若不殊，其詞則慷慨悲壯，體以其人，又不相上下，概無足論者。獨其人之出處進退，余不得而知也。世好言古今人不相及，觀今其人，豈其然哉？其人謂誰？余同年友廬陵李公昌祺是已。公生於忠節之鄉，詩禮之族，遭逢盛明，登永樂進士第，踐歷清要，文章名海内，心結主知，乃擢為廣西布政使司左布政使任，大道斯行矣。乃以微眚於役，感遇而賦此。既而復其官，是詩亦傳播，則是妓或白於世，抑何其喜且幸也！明年，老妓死。嗚呼！豈其命耶？雖然，妓則死而音存，是詩固當與《琵琶行》並傳宇宙間矣，妓之死又未為不幸也。嗚呼！物之遇不遇若此者，古今固不少，而妓亦以老見白，其可感也夫！其可慨也夫！為之三歎。時永樂歲甲申，進士翰林庶吉士授承直郎秋官主事劉子欽書。(《剪燈餘話》卷四，周楞伽校注本，第二五六～二六五頁)

智按：李昌祺，名禎，以字行，別號僑庵、運甓居士，廬陵（今江西吉安）人。其父李伯葵，有詩名。昌祺弱冠，文譽蔚起。永樂二年（一四〇四）進士，選翰林院庶吉士，因預修《永樂大典》擢禮部郎中，遷廣西左布政使。永樂十七年因過失被撤職，罰役房山。一年後，赦免回京。仁宗洪熙元年（一四二五）重新起用為河南左布政使。正統四年，告病致仕，家居二十餘年，「屏跡不入公府。故廬裁敝風雨，伏臘不充。」(《明史》本傳）景泰三年（一四五二）病逝，終年七十七歲。昌祺為官清厲剛正，救災恤貧，官聲甚好。且才華富贍，學識淵博。有詩文集《運甓漫稿》、《客膝軒草》、《僑庵詩餘》等。明葉盛《水東日記》卷十四：「廬陵李禎字昌祺，河南左布政使。為人耿介廉潔，自始仕至歸老，始終一致。人頗以不得柄用惜之。嘗自贊其像曰：『貌雖醜而心嚴，身雖進而意止。忠孝稟乎父師，學問存乎操履。仁廟稱為好人，周藩許其得體。不勞朋友贊詞，自有帝王恩旨。』蓋亦有為之言也。景泰中，韓都御史雍以告之故老，進列先賢祠中，禎獨以嘗作《剪燈餘話》不得與。禎他為詩文尚多，有《運甓》等集行世。其《餘話》誠謬，而所謂《至正妓人行》，亦大襲前人，雖無作可耳。」

陳敬宗（一三七七～一四五九）

《寧波府重修茅洲閘記》（寧波府閘）

慈谿縣東十五里，舊有茅洲閘，一名茅砧碶，不知創始何時，既久而廢。……若漢之召信臣為南陽太守，造鉗盧渠，溉田二萬餘頃。其後杜詩繼為南陽，復修其業，故當時有召父杜母之歌。章帝建中初，王景為廬江太守，修築芍陂，以溉萬頃之田。順帝永和中，馬溱為會稽太守，開鏡湖，溉田九千餘頃。唐長慶中，白居易出刺杭州，浚錢塘湖，溉田一十五頃。宋乾道中，知明州張津開東錢湖以溉田，當時民受豐穰之利者，史有不一之書，今太守公由名進士拜監察御史，而陞今官，廉明豈弟，德量宏擴，智慮深遠，克舉其任，于凡修廢舉墜之中，而尤惓惓于水利之是急者，重民命也。茅洲之遷太守，可謂知重民命者矣。嗟夫！太守公其賢于人也，遠矣哉！是役之費募石工夫工摠若干，經始于天順戊寅，成于次年月日，貲不科于民工，不出于官，成大功于聲色不動之中，誠可謂難也矣。（《皇明經世文編》卷三十，《續修四庫全書》影印明崇禎平露堂刻本）

智按：陳敬宗，字光世，號澹然居士，慈谿（今屬浙江）人。永樂二年（一四〇四）甲申進士，選庶吉士，預修《永樂大典》。官至國子監祭酒，贈禮部侍郎，謚文定。有《澹然先生文集》六卷（《四庫全書存目叢書》影印清抄本）。事迹具《明史》本傳。

朱有燉（一三七九～一四三九）

《柳枝歌三首》

白居易《楊柳枝》云：「永豐西角荒園裏，盡日無人屬阿誰?」宣宗朝，樂工唱此詞，遂令中使取二株植於苑中。予於洪武年間至長安，尋訪永豐坊，乃在陝西城内東，兩街尚有垂楊，柔枝拂地，愛而賦之。

蘇小門前萬縷垂，白家園内兩三枝。聽歌看舞人何在，惟有東風展翠眉。

三月風和散麴塵，枝枝垂地每傷神。為君繫得春心住，忍折長條送遠人。

宛轉千條罥晚風，拖煙帶雨渭城東。征衫點得輕輕絮，寄入陽關曲調中。(《御定佩文齋詠物詩選》卷二百八十九楊柳類;《御選明詩》卷二;《列朝詩集》卷二乾集下)

《和白香山何處難忘酒六首》

何處難忘酒？年光似擲梭。清明憐已過，春色苦無多。席上紅牙板，花前皓齒歌。此時無一盞，爭奈牡丹何。

何處難忘酒？初秋暑尚存。雙星渡銀漢，微月照黄昏。瓜果排中閤，笙歌沸小軒。此時無一盞，何以待天孫。

何處難忘酒？遥登庾亮樓。歌聲通上界，笑語在瀛洲。玉宇晴無際，冰輪夜不收。此時無一盞，何以玩中秋。

何處難忘酒？重陽戲馬臺。菰蒲隨水落，橘柚待霜催。蟋蟀吟將老，茱萸插幾回。此時無一盞，黄菊向誰開。

何處難忘酒？寒窗一局碁。新篘開竹葉，老樹發梅枝。撥火煨霜芋，圍爐詠雪詩。此時無一盞，虚度小春時。

何處難忘酒？深冬掩鳳幃。管絃清曉發，獵騎夜深歸。羊角旋風起，鵞毛大雪飛。此時無一盞，辜負黑貂衣。(《御選明詩》卷二;《列朝詩集》卷二乾集下)

《擬不如來飲酒（八首)》

莫向忙中去，閒時自養神。功名一場夢，世界半分塵。日月朝還暮，時光秋復春。不如來飲酒，醉裏樂天真。

寄語紅塵客，其如歲月何。新詩隨意寫，時曲放懷歌。老去朱顔改，年高白髮多。不如來飲酒，看我舞婆娑。

攫攘何因爾，終朝傀儡牽。望塵忙趁市，滿貫苦多錢。造物商岩板，羲和穆駿鞭。不如來飲酒，一醉大家眠。

世態看來熟，浮生何苦忙。好花供老眼，佳茗刷枯腸。池上紅鴛並，簾前紫燕翔。不如來飲酒，高卧北窗涼。

故友成衰謝，新交未是儔。心勞悲幕燕，計拙笑巢鳩。莫作少年事，休將老態愁。不如來飲酒，賞玩菊花秋。

莫入三街市，宜乘九夏涼。隨緣得妙術，守分是仙鄉。寫字騰龍虎，吹簫引鳳凰。不如來飲酒，爛醉錦箏傍。

羨我霜髯老，逢時正太平。園畦頻點檢，書畫悦心情。緑竹栽些個，紅棋著一秤。不如來飲酒，且莫問輸贏。

幸喜身康健，休論愚共賢。詩聯有神助，老懶得天全。十日一風雨，三家百頃田。不如來飲酒，同樂好豐年。(《列朝詩集》卷二乾集下)

智按：朱有燉，號誠齋、錦窠老人。明太祖第五子之長子，襲封周王，謚憲，世稱周憲王。今存雜劇三十一種，總稱《誠齋傳奇》。另有散曲集《誠齋樂府》、詩文集《誠齊録》、《誠齋新録》等。

王直（一三七九～一四六二）

《贈主事黃振宗序》

振宗南城故家，以宦業著名。洪武中，其先君子嘗舉孝廉，為會同、臨海二縣丞，有治聲，而其叔父原為中書舍人，在朝士大夫皆稱其翰墨之妙，予聞之故少師蹇公云。振宗在永樂中，又以能書徵拜中書舍人，而常在翰林，凡有制勅，皆得書，及脩《三朝實録》，亦與執筆其間。振宗少學鍾元常，筆法遒勁，而謙和勤慎，未嘗矜己傲物，由是見重於諸公。為中書舍人，九年，陞吏部主事。史事既畢，又蒙嘉賚，俾食五品禄，而還之吏部，益治事不懈，然年已幾七十矣。嘗曰：「吾受朝廷厚恩如此，當勉圖報稱，而聰明日衰，筋力不足有為矣。」即上章乞致事，上憐而許之。郎中吳敬孟寅輩皆惜其去，欲留之，不可，乃求予文以贈行。予與振宗交好二十餘年，心實重之，今於其去，不能已於言，況重以諸公之請耶？夫士君子壯而仕，老而求去，義也；天子亦憫其老，不欲煩以政，使得優游於田里，仁也。下能率義，而上能盡仁，此太平之盛觀，而於今見之。南城在江西上游，其地多佳山水，而麻姑山為最勝，有古仙人遺跡，宋謝靈運，唐顔真卿、白居易、劉禹錫、鮑溶，宋曾子固兄弟、黄庭堅輩，皆有詩文留山中，而魯公書法妙天下，予嘗欲一遊，徧覽奇勝，盡觀先賢制作以自快，而竊位苟禄，不能少報萬一，故不果然，今老且病矣。而振宗先予以去，倘得乞身南還，當從振宗，以償宿願焉，故書以贈之。(《四庫全書》本《抑庵文集》後集卷二十一)

《自撰墓誌》

王直字行儉，其先瑯琊人，晉太傅導之後。太傅從晉南渡家金陵。……平生事為可見者，當世君子自有公論，其蕪詞蔓說，不足以示人者，則藏於家，惟我子孫，宜勤學問，以忠孝友弟、誠敬寬厚為本，庶幾德立名揚，無愧先哲。予不足法也，予生既無益於世，死亦無可稱道，朝廷謚法，事出至公，不可妄求，以干憲典，因倣白樂天，自述壙誌，俾寘之墓中，録之家乘，後世子孫，由是而知有我，足矣。……(《四庫全書》本《抑庵文集》後集卷三十三)

《跋香山九老圖後》

唐白樂天香山九老會，見慕於世久矣。豈謂山水之華，燕游之適哉！君子之仕，以行道也，而行道本於身，既老且衰，猶謂足以行道而不謬，盖難矣！於是奉身而退，與故人賓客，杖屨消揺，觴詠以為樂，安止足之分，遠忝竊之譏，高風雅度，起軼絶塵，且其所尚以齒不以官，則又異乎齷齪之徒，拘拘於外物以自高者。於乎！斯誠所謂樂天者歟。當是時，裴晉公亦退居於洛，開緑野堂，與樂天輩娱意詩酒之間，晉公用舍，係朝廷輕重，然亦以年至而去，則非晉公比者，可知君子之進退，亦審於義而已矣。蘇州同知邵侯信之，持此卷求予題，展玩數四，為之嘅然。(《四庫全書》本《抑庵文集》後集卷三十六)

智按：王直，字行儉，泰和（今屬江西）人。永樂二年（一四〇四）甲申進士，正統間拜吏部尚書。天順初以老疾乞休。卒，謚文端。事迹具《明史》本傳。

周忱（一三八一～一四五三）

《高隱丹房記》

羽士危得真，自幼學老子法於建昌山中，既而入太常為禮生，闢丹房於神樂觀之左廂，蓄圖史，樹花卉，日坐其中，潛心清浄無為之學，而密求夫鉛升汞降之妙，因名之曰高隱丹房間，求予記之。夫老子之學，主於斂守退藏，不爲物先，得真名丹房以高隱，固宜也。然古之煉丹者，必擇夫幽岩邃室，使雞犬之聲，不聞風雨之氣，不通僂僂焉。伏鼎候火以須其成，嘉遯之士，韜光晦迹於深山長谷，翳翳然絶滅人事，然後謂之隱。今得真之居，密邇於市朝，且日從事於宗廟社稷之間，退則與文人碩士相往還，有干戚羽籥之榮，有琴棋翰墨之樂，起居飲食不離乎君臣朋友之倫，煉丹既非其所，而又以隱名之，其誰曰然？抑予聞白樂天有大隱小隱之分，神仙家有内丹外丹之異，得真之丹其亦内丹，而其隱亦大隱歟？蓋大隱以心而不以迹，内丹煉於身故以服氣辟穀爲功，而不以烹金石餌藥物爲事。古之人有若東方朔之仕漢，鍾離權之將晉，以及夫葉縣之宰，旌陽之令，皆含咀清虛，不泥乎九鼎之方，且析圭儋爵，寄迹於朝廷州縣之間，得真其亦有所慕歟？所以丹不外求，而隱之爲高也。得真兼讀儒書，其所呼吸風露，凌空御氣之法，則固已學於師，講於友，不待予言矣。然予之望於得真者，復有待焉。宗廟以有事爲榮，君子以行道爲貴，得真幸際明時，序舞佾之列以贊祀事，不亦榮矣，尚益齊其心，博其學，以明三禮之典，躋容臺，任直清，曳裾結綬，大隱於金門，顧不高歟？何必邱樊岩穴，追周顒、何尚之之迹，然後爲隱哉！是爲記。（《雙崖文集》卷一，《四庫未收書輯刊》影印清光緒四年山前崇恩堂刻本）

智按：周忱，字恂如，吉水（今屬江西）人。永樂二年（一四〇四）進士。選庶吉士。明年成祖擇其中二十八人，令進學文淵閣。景泰四年卒，謚文襄。

陳循（一三八五～一四六二）

《曾氏螺山水木本源圖序》

吉之廬陵城北，螺山之麓，有地名烏泥坑。前吉安路推官曾侯守一之墓在焉。蓋廬陵多佳山，其尤勝者有四：曰天獄、瑞華、城岡及螺山也。烏泥雖在螺山之麓，而實四山間之平原。侯之仕吉，卒葬於此，墓歷二百年來，巋然尚存。侯為有德於郡人也何如？侯諱貫之，守一其字，號曰省菴。子孫從侯之葬，遂家於吉。其有仕於四方，因家官所而簪紱相承不乏者尤多。若侯之子大隱為新會令，新會之子小隱，歷績溪、進賢兩縣主簿，家進賢之扞城，遂為扞城人。主簿之子復初，為烏岐務提舉。提舉之子伯機，國朝洪武初以舉明經為開縣主簿，遷安岳縣知縣，調榆社縣，再遷禮部祠祭郎中。郎中之子烱，字尚昭，舉洪武乙卯鄉貢，授繁昌縣儒學教諭，既而歷郡學教授，晉府奉祠正長史，至宣德間，遂入侍於禁庭，及是子某亦授南昌郡學教授，猶子某授某處儒學訓導，其他力學駸駸於顯庸者尚多。侯為有慶於後人也孰禦，惟其德被於郡人也深，故其慶流於後人也遠，亦理之必然者。尚昭之侍禁庭，日以堯舜周孔之道進講上前，清德博學，深見眷倚，士大夫無內外遠近，皆稱之曰先生。先生自曾大父主簿公家進賢以來，連世皆没於官，不得躬展先隴，遂莫知推官公墓所在。先生生甫十二歲孤，賴毋宜人之教有立，雖有譜系，足以究知先世之事，然羈官守五十餘年，徒增慨慕而已，每遇吉士大夫，輒訪問其螺山之墓，辭意悲切，足以感動乎人，遂因有聞於其族姓之在吉者。正統十三年夏，吉士曾暹於先生，為叔行，知先生意，乃走京師，為道其詳。先生大喜，由是數十年來寤寐之求，一旦而遂，自非精神感通之至，其何以臻此！然先生於今，又非如昔日羈於官守之比，雖欲躬拜墓下有愈難者，乃具儀物奉歸，以供祭祀，而命子姓居扞城者，歲時往省謁焉。先生其真務本之君子哉！昔年三王之祭川也，先河後海，有子謂行仁必自孝弟始，此皆聖賢之務本也。於乎！清酎之美始於耒耜，黼黻之美始於杼軸，苟無先德，孰啟後昆，此《淮南子》、白居易之言，君子所為有取焉。唐王師範亦曰：「吾敬桑梓，所以教子孫不忘本。」先生皆有以味其言而蹈其行，非務本之君子而何？先生懼無以示子孫，乃繪曾氏螺山水木本源圖，使寶藏於家，庶知所務以循，郡人宜悉螺山之事，屬為之序，循七世祖渙齡府君元初為吉安路儒學教授，計當與推官公同時，循雖不敢謂與先生有同，而心敬先生有素，敢以蕪陋辭序哉，遂書此以塞責。（《芳洲文集》卷三序，《續修四庫全書》影印明萬曆二十一年陳以躍刻後印本）

智按：陳循，字德遵，泰和（今屬江西）人。永樂十三年（一四一五）乙未進士第一，官至戶部尚書、華蓋殿大學士。英宗復辟，謫戍鐵嶺。石亨敗後，循上疏自訟，詔放還。事迹具《明史》本傳。

劉溥（一三九二～一四五三）

《同天全宴夏太常仲昭第次韻六首》（其五）

風流白傅老詩仙，製得新詞教李娟。翠袖送香来綺席，玉杯邀月上青天。（《四庫全書》、《吳都文粹續集》卷五十）

智按：劉溥，字原博，號草窗，長洲（今江蘇蘇州）人。宣德初授惠民局副使，後調太醫院吏目。事迹具《明史・文苑傳》。史稱溥恥以醫自名，日以吟詠為事。其詩初擬「西崑」，晚更奇縱，與湯允勣、蘇平、蘇正、沈愚、王淮、晏鐸、鄒亮、蔣忠、王貞慶等稱「景泰十才子」，而溥為之首。溥際「土木」之變，忠憤悱惻之意時見於詩，亦頗有足取者。故朱彝尊《靜志居詩話》謂其在彼法中猶為差勝。然溥嘗語客云：「不讀二萬卷書，看溥詩不得」，則虛憍太甚矣。有《草窗集》一卷。

陳根（一三九四～一四四〇）

《題香山九老圖》

鑿翠開香山，梯巖架石樓。既忻功業成，遂卜林泉幽。解帶依遠松，濯纓臨清流。灘鳴八節水，雲度羣峯秋。昔當元和時，屢進忠讜謀。側聞移病後，白雪己盈頭（智按：「己」，當作已）。醉吟喜自適，山水足夷猶。況逢諸老翁，良時同退休。命觴愛傾倒，取樂諧唱酬。共保龜鶴齡，寧隨麋鹿游。高名宇宙間，陳迹委榛丘。丹書幸可托，撫卷仰前修。（《四庫全書》本《石倉歷代詩選》卷三百五十八）

智按：陳棖，字叔剛，閩縣（今福建福州）人。永樂十九年（一四二一）辛丑進士。宣德初拜監察御史。奉命修纂《成祖實録》、《仁宗實録》，遷翰林修撰。正統初，進侍讀，卒。有《絅齋集》。《千頃堂書目》卷三十一著録陳週、陳棖等撰《陳氏義溪世稿》十二卷。據明王直《抑菴文後集》卷三十一《侍讀陳君（棖）墓誌銘》，「君陳氏，諱棖，字叔剛，閩縣人……卒，正統五年二月二十三日也，享年四十七。」

一休宗純（一三九四～一四八一）

《白居易問鳥窠和尚，如何是佛法大意。窠曰：諸惡莫作，諸善奉行。白曰：一歲孩兒也解，恁麽道。窠曰：三歲孩兒雖道得，八十老人行不得。靈山和尚每曰：若無鳥窠一語，我徒盡泥乎本來無一物，及不思善不思惡、善惡不二、邪正一如等語，以撥無因果，而世多日用不淨之邪師也。故余作此偈以示衆云》

學者撥無因果沈，老禪一句價千金。諸惡莫作諸善行，須在先生醉裏吟。（殷旭民點校《一休和尚詩集》，華東師範大學出版社，二〇〇八年九月，第四六～四七頁）

《題白樂天像》

勳業名高白樂天，自然流落絕塵緣。叢林失志山林輩，莫訝雙林寺裏禪。（殷旭民點校《一休和尚詩集》，華東師範大學出版社，二〇〇八年九月，第五一頁）

《白樂天》

留得詞華白億春，千言萬句與居新。古今獨證之無老，世許出頭天外人。（殷旭民點校《一休和尚詩集》，華東師範大學出版社，二〇〇八年九

月，第七六頁）

《不飲酒戒》

痛飲三杯未濕唇，醉吟只慰樂天身。棱道者任念起處，宣明酒伴也誰人。（殷旭民點校《一休和尚詩集》，華東師範大學出版社，二〇〇八年九月，第一〇七頁）

《示焚書籍僧三首》（其三）

腹中地獄成，無量劫識情。野火烧不盡，春風草又生。（殷旭民點校《一休和尚詩集》，華東師範大學出版社，二〇〇八年九月，第一一七頁）

智按：一休宗純，日本臨濟宗僧人。初名周建，後改宗純，法號一休，曾自稱狂雲子、楚闍、瞎驢等。六歲時，成爲京都安國寺長老象外鑒公侍童。後雲游天下，居無定所。有《狂雲集》、《自戒集》、《一休法學》和《佛鬼軍》等。

鄭麟趾（一三九六～一四七八）

《高麗史》

⊙翰林別曲

元淳文（俞元淳），仁老詩（李仁老），公老四六（李公老），李正言（李奎報），陳翰林（陳澤），雙韻走筆，冲基對策（劉冲基），光鈞經義（閔光鈞），良鏡詩賦（金良鏡），偉試場，景何如？琴學士（琴儀），玉笋門生云云（俚語。凡歌詞中以俚語不載者，倣此）。唐漢書，莊老子，韓柳文集，李杜集，《蘭臺集》，《白樂天集》，《毛詩》、《尚書》、《周易》、《春秋》、周、戴《禮記》云云（俚語）。《太平廣記》，四百餘卷，偉歷覽，景何如？眞卿書，飛白書，行書草書篆籀書，蝌蚪書，虞世南書，羊鬚筆，鼠鬚筆云云（俚語）。吳生劉生兩先生，偉走筆，景何如？黃金酒，柏子酒，松酒醴酒竹葉酒，梨花酒，五加皮酒，鸚鵡盞，琥珀杯云云（俚語）。劉伶、陶潛兩仙翁云云（俚謂），紅牡丹，白牡丹，丁紅牡丹，紅芍藥，白芍藥，丁紅芍藥，御榴玉梅，黄紫薔薇，芷芝冬柏，偉間發，景何如？合竹桃花云云（俚語）。偉相映，景何如？阿陽琴，文卓笛，宗武中，笒帶御，香玉肌香，雙伽耶琴，金善琵琶，宗智嵇琴，薛原杖鼓，偉過夜，景何如？一枝紅云云（語俚）。蓬萊山，方丈山，瀛州三山，此三山，紅樓閣，婥妁仙子緑髮額，子錦繡帳裹，珠簾半捲，偉登望五湖，景何如？緑楊緑竹裁亭畔，偉轉黄鶯，景何如？唐唐唐，唐楸子，皂莢木云云（俚語）。削玉纖纖云云（俚語），偉攜手同遊，景何如？

此曲高宗時翰林諸儒所作。（《高麗史》卷七十一志二十五樂二，《四庫全書存目叢書》影印明景泰二年朝鮮活字本，史部第一六〇册，第七一一頁）

智按：鄭麟趾，字伯睢，號學易齋。高麗李朝學者。景泰二年（一四五一），表進《高麗史》，凡世家四十六卷，志三十九卷，表二卷，列傳五十卷，目録二卷。（《明實録》）署「正獻大夫工曹判書集賢殿大提學知經筵春秋館事兼成均大司成臣鄭麟趾奉敕撰」。與成三問、申叔舟等創《訓民正音》。有《學易齋集》、《資治通鑑訓義》等。

吴節（一三九七～一四八一）

《眞率會圖》

洛陽城中千萬家，朱甍畫棟爭繁華。每逢春歸二三月，金鞭絡繹看名花。良辰有會號真率，無乃耆英衆豪傑。想當折簡走閭閻，緩碾蒲輪盡來集。入筵敘齒不敘官，淳風古道咸相安。舉觴流行任三五，随時有核同盃盤。九人合壽七百歲，俱是南辰降精粹。會啓唐朝白樂天，于今又集河陽地。石崇徒侈金谷園，贇皇不用誇平泉。名賢聚會有眞樂，聲光文物相流傳。（《吴竹坡先生詩集》卷十三歌行，《四庫全書存目叢書》影印清雍正三年吴琦刻本）

智按：吴節，字與儉，號竹坡，安成人。宣德五年庚戌（一四三〇）進士，官至太常寺卿兼侍讀學士。為文章援筆即就，多至數千言，滔滔不竭，無刻苦艱窘態。於詩五七言古今體，隨題命意，開合起伏，不拘拘摹擬，而自合矩度。其詩文皆直抒胸臆，縱筆所如，無不自達之意。

于謙（一三九八～一四五七）

《因觀王金陵效白樂天何處難忘酒之作喜其切近人情乃亦效颦非敢追蹤前人不過遣興而已二首》

何處難忘酒？隆冬客異鄉。門前風凛凛，天外雪茫茫。候館人煙少，前途道路長。此時無一盞，安得解愁腸？

何處難忘酒？承恩晝錦榮。賓朋相慰藉，兒女共攀迎。白髮庭闈健，青春事業成。此時無一盞，安得叙歡情？（《四庫全書》本《忠肅集》卷十一；沈乃文主編《明別集叢刊》第一輯第四十册，黄山書社，二〇一三年三月，第十八頁）

智按：于謙，字廷益，錢塘（今浙江杭州）人。永樂十九年（一四二一）辛丑進士。宣德元年（一四二六），授山西道監察御史，五年，越級遷兵部右侍郎，巡撫河南、山西。正統三年（一四三八），遷兵部左侍郎，六年以事繫獄，左遷大理寺少卿。復出巡撫河南、山西。十三年以兵部左侍郎召入京。十四年，瓦剌兵入侵，英宗親征，於土木堡兵敗被俘。朝廷議守戰，侍講徐珵倡南遷之議，于謙痛斥之，主張堅守北京，並擁立景帝。拜兵部尚書，指揮北京保衛戰，擊退瓦剌軍，加少保。天順元年（一四五七），英宗復辟，石亨誣于謙有異謀，被處死。成化元年（一四六五），冤白，復官。弘治二年（一四八九）謚肅湣，萬曆中改謚忠肅。于謙著述甚豐，然多散佚，今存《于忠肅集》十二卷。《四庫全書總目提要》稱「其詩風格遒上，興象深遠，雖志存開濟，未嘗於吟詠求工，而品格乃轉出文士上」。《明史》卷一七〇有傳。

盧祥（一四〇三～一四六八）

《鳳臺詩社序》

詩自《三百篇》既删之後，大雅不作，正聲微茫，久矣。漢魏以來迄今，千有餘年，作者數百家，其體屢變，聲律雖不逮古，而其間傑然名家者，則有若蘇李之高妙，曹劉之豪逸，陶阮之沖澹，謝鮑之峻潔，徐庾之華麗，韓柳之邃古，李杜之風雅，元白之雄深，韋孟之微婉，東坡之直節勁氣，魯直之風韻灑落，王曾虞楊范揭諸公之詩，見於《皇元風雅》，我朝諸名公之作，播於雅頌正音者，皆造一偏之極，而可為法者也，匪若六朝綺靡、晚唐流麗、沈宋諂諛、溫李淫艷者比。

於戲！詩亦難能也哉！予自束髮，即嘗肆力於詩。諸家體製，靡不探索而依倣之，今白髮種種，老將至矣，而猶未得其要妙。邇以內憂，歸適樂平，吳侯來尹，作興斯文，振起儒風。邑之能詩，止齋何潛淵等十五人結社於鳳臺之側，期以月旦各攜所作而會評焉，蓋倣古人香山白社之意也。詩積既多，而屬予序。予觀諸作，皆炳蔚成章，鏗鏘有聲，猶綺縠具陳、金石迭奏者也。然性情發見，則各有不同焉。若止齋何潛（之）淵朴，菴夏侯恭之古澹，晚節李濬、柏庭梁遂奇之森嚴，范震、董恕之質直，黃統、陳愨、黎都、翟傑之清新，陳珪、蔡軾之華，朱恪之雄，張玹之實，思貽羅泰之豪邁不羈也，繼而入社，則又有陳淑、陳肅、房昌、關繹、翟季真之五人焉。於戲！諸君子之詩，信美矣！而自以為未至，結社以求相長之益，他日所至，詎可量乎？雖然，詩貴從容涵蓄，美刺不露，發乎性情，止乎禮義，而以忠厚為主，則不失其正矣。誠能取所長，棄所短，舍其偏，用其全，求詣古詩人之極致，集諸家之大成，以成和平淳雅之音，以頌雍熙泰和之治，則人將曰大雅復作，刪後有詩，顧不韙歟？是為序。（《古今圖書集成》文學典第二百一卷詩部藝文七第五～七頁）

智按：宋林駉（嘉定間一二〇八至一二二四）《文選、文粹、文鑑》云：「韓、柳之邃古，李、杜之風雅，元、白之雄深，而反雜以釋子蘭《飲馬長城窟》、道士吳筠《游仙》、《步虛》而不倫，若是何也？此鉉之編次，不能揜天下之公也。」（《四庫全書》本《古今源流至論》前集卷二）

盧祥，字仲和，廣東東莞人。正統七年（一四四二）進士。授南禮科給事中，改吏科給事中，以言事謫蒲州通判。幼多技能，年三十後始習舉業。官諫垣，疏糾大臣王文項、文曜姦惡。及為州佐，慷慨就任，勤其職不懈，曰：「吾素位而行也。」天順初，召為禮科都給事中，後以僉都御史巡撫延綏

致仕。有《行素集》。(《廣東通志》卷四十五)

李賢(一四〇八～一四六七)等

《明一統志》

禹祈山(在府城西南八十里。舊志作禹期山。相傳禹導吳江以洩具區,會諸侯於此。唐白居易詩:「萬代分明見禹心,五湖傍注太湖深。龍舟生會羣僚處,徒想滄波見古今。」)。(《四庫全書》本卷八蘇州府山川)

縹緲峯(在洞庭山最高。又云,杳渺峯峯頂有龍潭。唐白居易詩:「登臨一望水滔滔,還似蓬萊壓巨鼇。遂認江流分笠澤,界尋烟樹辨毫毛。」)。(《四庫全書》本卷八蘇州府山川)

上真宫(在洞庭山。白居易詩:「暖風遲日禁烟時,桃李花邊路欲迷。」)。(《四庫全書》本卷八蘇州府寺觀)

三賢祠(在郡治,祀唐刺史韋應物、白樂天、劉禹錫。高啟詩:「吾邦古名藩,出守皆時賢。有唐三使君,風流最能傳。」)。(《四庫全書》本卷八蘇州府祠廟)

白居易(自杭州移刺蘇州,作虎丘路。在郡有政績,多題詠)。(《四庫全書》本卷八蘇州府名宦)

五老堂(在府城内,宋太子少師杜衍居睢陽時,禮部侍郎王焕、司農卿華世長、兵部郎中朱貫、駕部郎中馮平,俱以年八十餘致仕,居鄉里,衍用唐白樂天香山九老故事,作五老堂,賦詩酬唱,時人形於繪像。留守錢明逸有序)。(《四庫全書》本卷二十七開封府下宫室)

錦溪(在金莎嶺東。唐白居易詩:「蓮房墜粉鴛鴦雨,荷盖交香翡翠風。」)。(《四庫全書》本卷二十八懷慶府山川)

萬柳亭(在濟源縣西,瀧水北岸。唐白居易詩:「獨立蒼茫殘照外,落花飛絮點人衣。」)。(《四庫全書》本卷二十八懷慶府宫室)

九老堂(在洛陽縣,舊東都履道坊唐白居易宅。同時九老為尚齒之會,九老謂胡杲、吉旼、劉真臺、鄭據、盧慎、張渾、李元爽、僧如滿,并居易也。居易有《九老詩并序》)。(《四庫全書》本卷二十九河南府宫室)

智按：「劉真臺」之「臺」字，疑衍。

草堂（在陝州東郊，宋魏野居此，手植竹樹，清泉環繞，旁對雲山，景趣幽絶，鑿土袤丈，曰樂天洞，前為草堂，彈琴其中，好事者多載肴酒從之遊。寇準訪野，野以詩謝曰：「晝睡方濃向竹齋，柴門日午尚慵開。驚回一覺遊仙夢，村巷傳呼宰相來。」真宗祀汾陰遣陝令王希召之，野辭不至，詔圖其所居觀之）。（《四庫全書》本卷二十九河南府宮室）

耆英堂（在洛陽縣東舊資聖院。宋文彦博留守西都，慕唐九老，乃集洛中公卿大夫年德齊者為耆英會，繪像堂中，凡十三人：文彦博、富弼、席汝言、王尚恭、趙丙、劉几、馮行己、楚建中、王慎言、張問、張燾、王君貺、司馬光也）。（《四庫全書》本卷二十九河南府宮室）

白居易墓（在府城南龍門山，李商隱撰碑）。（《四庫全書》本卷二十九河南府陵墓）

智按：明趙均《寒山堂金石林時地考》卷下亦云：「白居易墓碑，李商隱撰，在龍門山。河南府城南。」（《叢書集成初編》據粤雅堂叢書本排印，藝術類，第一六〇八册）

富春園（在府城東，唐元稹、白居易有詩）。（《四庫全書》本卷二十九河南府古蹟）

白樂天宅（在府城内，樂天，唐侍郎，退居洛陽，宅有環池，與僧如滿結香山社，鑿龍門八節灘，為游賞之樂）。（《四庫全書》本卷二十九河南府古蹟）

白居易（下邽人。元和初，調盩厔尉。後為左拾遺，出為江州司馬。久之，擢主客郎中，知制誥。與元稹多酬咏，時稱元白。會昌初，為刑部尚書。弟行簡。子龜年）。（《四庫全書》本卷三十三西安府名宦）

白居易（長慶初為杭州刺史。始築隄捍錢塘湖，鍾泄其水，溉田千頃，復浚李泌六井，民賴其利）。（《四庫全書》本卷三十八杭州府名宦）

白文公廟（在西湖上。祀唐白居易）。（《四庫全書》本卷三十八杭州府祠廟）

琵琶亭（在府城西大江濱，唐司馬白居易送客湓浦口，夜聞鄰舟琵琶聲，

問之，乃長安娼女，嫁于商人，為作《琵琶行》，後人因以名亭）。(《四庫全書》本卷五十二九江府宮室)

浸月亭（在府城西，甘棠湖中，有土墩，圓如月，唐白居易作亭其上，後人因其「別時茫茫江浸月」之句而名）。(《四庫全書》本卷五十二九江府宮室)

喚渡亭（在建昌縣治。南康。白居易謫江州司馬，嘗過此賦詩：「建昌江水縣門前，立馬教人喚渡船。好似昔年歸蔡渡，草風莎雨渭河邊。」因摘詩中二字名亭。宋黄庭堅書於亭中。碑刻尚存）。(《四庫全書》本卷五十二九江府宮室)

白居易祠（在府城西湓浦門内。宋徐鉉記）。(《四庫全書》本卷五十二九江府祠廟)

白居易（元和中貶江州司馬，喜曰匡廬在念久矣，今得青山緑水中，為風月主人。乃築草堂於香爐峯北以自適）。(《四庫全書》本卷五十二九江府名宦)

天竺山（在府城東四里。舊有天竺寺。唐白居易有寄韜光禪師詩。宋蘇洵嘗遊此山，見其墨蹟。後蘇軾南遷過此，留題云：「香山居士留遺蹟，天竺禪師有故家。空詠連珠吟疊璧，已亡飛鳥失驚蛇。林深野桂寒無子，雨浥山薑病有花。四十七年真一夢，天涯流落淚横斜。」李朴詩：「天竺﨑嶇絶海邊，何人分作贛江禪。鷲山巧疊三峯石，葛塢深疏兩派泉。一醉風光能幾許，十年塵跡尚依然。欲題豹隱還相笑，望斷長空簇暝煙。」）。(《四庫全書》本卷五十八贛州府)

智按：李賢，字原德，鄧州（今屬河南）人。宣德八年（一四三三）癸丑進士，景泰初由文選郎中超拜兵部右侍郎，轉吏部。英宗復位，兼翰林學士，入直文淵閣，歷官華蓋殿大學士，謚文達。事迹具《明史》本傳。《明一統志》成於英宗天順五年（一四六一）。

鐵鉉長女

《教坊獻詩》

教坊脂粉洗鉛華，一片閒心對落花。舊曲聽來猶有恨，故園歸去已無家。

雲鬟半挽臨粧鏡，雨淚空流濕絳紗。今日喜逢白司馬，尊前重與訴琵琶。（明蔣一葵《堯山堂外紀》卷七十八；《列朝詩集》閏集第四；《四庫全書》本《［雍正］江西通志》卷三百六十四）

智按：詩本事見明蔣一葵《堯山堂外紀》卷七十八。清方濬師《蕉軒隨録》卷三，「相逢」作喜逢。鐵鉉（一三六六～一四〇二），字鼎石，鄧州（今屬河南）人，元代色目人後裔。明惠帝時忠臣，靖難之變，不肯投降燕王朱棣，被施以磔刑。後人尊其忠義不屈，在各地有鐵公祠以祀之。南明時，贈太保、謚忠襄，清乾隆時謚忠定。

又，清趙吉士《寄園寄所寄》卷八「豕渡寄」引《列朝詩集》：「遜國諸書，載鐵氏二女詩，謂鐵司馬就義，二女沒入教坊，獻詩于原問官，上聞，得赦，出嫁士人。考鐵長女詩，乃吴人范昌期題老妓卷作也。詩云：『教坊落籍洗鉛華，一片春心對落花，舊曲聽來空有恨，故園歸去卻無家；雲鬟半彈臨青鏡，兩淚頻彈濕絳紗，安得江州司馬在，尊前重為賦琵琶?』昌期字鳴鳳，詩見張士淪《國朝文纂》。同時杜瓊用嘉亦有次韻詩，題曰《無題》，則其非鐵氏作明矣。次女詩所謂『春來雨露深如海，嫁得劉郎勝阮郎』，其論尤為不倫。宗正睦木絜論革除事，謂建文流落西南諸將，皆好事者偽作，則鐵女之詩可知，革除閒事，野史所載，大半訛繆。本朝閨閣詩，出好事假託者居多，如章綸母金節婦詩，『誰云妾無夫』一篇，高季迪詩也。陳少卿妻『野雞毛羽好』一篇，釋道原樂府也。甄節婦『泉流不歸山』長歌，羅一峰詩也，今盡削之。」

謝晉（一四一七前後）

《琵琶》

鵾絃鉄撥裁札槽，清夜聽來調更高。莫把潯陽江上去，彈時司馬濕青袍。（《蘭庭集》卷下，《四庫全書》本）

智按：謝晉，名或作縉，字孔昭，號蘭庭生、深翠道人、葵丘，吴縣

（今江蘇蘇州）人。曾以布衣應徵，未出仕。工詩善畫，畫以山水爲工，陳田《明詩紀事》乙籤卷六稱其詩「特蕴藉，在宋人中，似陸游一派」。生卒年不詳，永樂十五年（一四一七）尚在世。有《蘭庭集》。

丘汝乘（一四三五前後）

《嬌紅記序》

元清江宋梅洞嘗著《嬌紅記》一編，事俱而文深，非人莫能讀。余每恨不得如崔張傳獲王實甫易之以詞，使途人皆能知也，竊待於人，久未見之。越人東生劉先生待予以忘年之交，一旦過，顧示以若編，繼索為序。展而讀之，一唱三歎，鏗乎金石，燦乎文錦也。夙以淅者於斯見矣，可覺言哉。於戲，是詞所能，非褐寬博也，必沉潛音律，厭唊絲竹，抵其極者，唯東生孰能任歟？且夫其詞之才，朱弦翠管不足以盡其華，聯珠駢玉不足以似其美，月夕風宵不足以比其清，倒峽奔流不足以壯其勢，若己懷歡，若己出，鉤深彰德，宛極事態，靡靡盡於是矣。白居易有言，元微之能遣人意中事，東生良有矣。李溉之嘗顯崔張傳曰：「安得斯人復生，相與弄琴舉酌，游西江之水，酹長安之月，話巫山一夜秋，風流未必下昔人也。」余謂劉先生誠能盡其美矣，故敘。時宣德乙卯七月既望日江都丘汝乘書。（金陵欒安新刊積德堂刊行《嬌紅記》，《馬廉雜抄》本）

智按：宣德乙卯，即宣德十年（一四三五）。《嬌紅記》二卷，有明積德堂刊本，宣德乙卯丘汝乘序。叙宋宣和時申厚卿、王嬌娘相戀，由婢女飛紅從中撮合，故以主婢之名爲傳名。明高儒《百川書志》「史部小史類」著録，題爲元虞伯生（虞集）編輯，明趙元輝集覽，而《嬌紅記》前丘汝乘序，云爲元代清江人宋梅洞作。

單宇（一四三九進士）

《菊坡叢話》

李太白《望廬山瀑布》詩曰：「日照香爐生紫烟，遥看瀑布掛長川。飛流直下三千尺，疑是銀河落九天。」詩語清壯無敵。後徐凝亦題詩云：「瀑布瀑布千丈直，雷奔入海無暫息。萬古長如白練飛，一條界破青山色。」至爲塵陋，乃僞托白樂天稱美，有賽不得之語。東坡因遊廬山，有以陳令舉《廬山記》見寄者，且行且讀，其中有徐凝、李白之詩，不覺失笑，旋入開元寺主僧求詩，因戲作一絶云：「帝遣銀河一派垂，古來惟有謫仙詞。飛流濺沫知多少，不爲徐凝洗惡詩。」（《詩林》）（卷二，《全明詩話》第一册，第一九四頁）

劉後村作《丙辰元日》詩云：「免騎朝馬趂南衙，五見空村换歲華。旋遣厨人挑薺菜，虚勞坐客頌椒花。不施欝壘均編户，雖飲屠蘇殿一家。二十宦遊今七十，於身何損復何加。」又，《戊午元日》詩云：「過去光陰箭離弦，河清易俟鬢難玄。再加孔子從心歲，三倍周郎破賊年。耄齒阻陪鳩杖列，瞽言曾獻獸樽前。磻溪淇澳吾安敢，且學香山也自賢。」此詩元註：「赤壁之捷，瑜二十四歲。」晋正旦設白獸樽於庭，若有能獻直言者，則發此樽飲酒。（卷三，《全明詩話》第一册，第二〇二頁）

姚合《賞春》詩云：「閒人祇是愛春光，迎得春來喜欲狂。買酒恐遲令走馬，看花嫌遠自移床。嬌鶯語足方離樹，戲蝶飛高始過墻。顛倒醉眠三四日，人間萬事不思量。」又《遊春二首》其一：「卑官還不惡，行止得逍遥。晴野花侵路，春波水上橋。塵埃生暖色，藥草長新苗。看却烟光散，狂風處處飄。」其二：「身被春光引，經時更不歸。嚼花香滿口，書竹粉粘衣。弄日鶯狂語，迎風蝶倒飛。自知踈懶性，得事亦應稀。」方云：姚少監初爲武功尉，有詩聲，與賈島同時，而稍後似未登昌黎之門。白樂天送知杭州有詩，凡劉白已後詩人，集中皆有姓名詩，有新體格，卑於島，細巧則或過之。遊春詩十二首，今録其二。（卷三，《全明詩話》第一册，第二〇六頁）

苦熱。錢文僖詩云：「赫日烘霞鬪曉光，雙紋枕簟碧牙床。頻傾蜜勺寧蠲渴，久捧冰壷未覺凉。雪嶺却思隨愽望，風窗猶欲傲羲皇。更憐乳燕翻飛處，深入盧家白玉堂。」此亦崑體也。惟演公有擁旄等集。又王平甫一詩云：「出門無路避飛沙，長夏那堪旱氣加。永晝火雲空爍石，華堂冰水未沉爪。月明葱嶺千秋雪，風静天河八月槎。終借羽翰乘興往，煩冤誰此戀生涯。」杜詩云：「乞爲寒水玉，願作冷秋菰」，即此五六句也，似有厭棄世缘之態，不若白樂天一詩云：「何以消煩暑，端居一院中。眼前無長物，窗下有清風。熱散由心靜，凉生爲室空。此時身自得，難更與人同。」謂閑可減暑、静足支暑也。(卷三，《全明詩話》第一册，第二一二頁)

九日。崔德符和吕居仁詩云：「老頭未易着清香，折取蕭蕭滿把黄。歸去乞錢煩里社，買糕沽酒作重陽。」《聞見録》云：劉夢得作九日詩，欲用糕字，以五經中無之，輟不復爲。宋子京以爲不然，特於九日詩中用糕字，爲古今絶唱。詩云：「颷舘輕霜拂曙袍，糗餈花飲鬭分曹。劉郎不敢題糕字，空負詩中一世豪。」然白樂天詩云：「移坐就菊叢，餻酒前羅列。」則固已用之矣。但不知劉、白倡和之時，曾談及此否？(《詩林》)(卷三，《全明詩話》第一册，第二一六頁)

冬至夜。白樂天詩云：「老去襟懷常濩落，病來鬚鬢轉蒼浪。心灰不及爐中炭，鬢雪多於砌下霜。三峽南賓身最遠，一年冬至夜偏長。今宵始覺房櫳冷，坐索寒衣泥孟光。」此詩「心灰」、「鬢雪」，引喻亦佳，「一年冬至夜偏長」，未有人道也。(卷三，《全明詩話》第一册，第二二一頁)

白樂天《戊申歲暮詠懷》二首：「窮冬月末兩三日，半百年過六七時。龍尾趁朝無氣力，牛頭參道有心期。榮華外物終須悟，老病傍人豈得知。猶被妻兒教漸退，莫求致仕且分司。」又「唯生一女纔十二，只欠三年未六旬。婚嫁累輕何怕老，饑寒心慣不憂貧。紫泥丹筆皆經手，赤紱金章盡到身。更擬踟躕覓何事，不歸嵩洛作閒人？」方萬里云：「言言能道心事，予年五十七歲選此詩，深愧之。是歲太和二年也。」(卷三，《全明詩話》第一册，第二二二頁)

白樂天《曉寢》詩云：「轉枕重安寢，回頭一欠伸。紙窗明覺曉，布被暖知春。莫強疏慵性，須安老大身。雞鳴一覺睡，不博早朝人。」此詩三四好快活自在人，尾句尤爽。(卷三，《全明詩話》第一册，第二二二頁)

張芸叟《次韻賦楊花詩》云：「隨風墜落事輕猥，巧占人間欲夏天。只恐障空飛似雪，從教糝徑白於綿。未央宫暖黏歌袖，楊子江清惱客船。老去強寬愁底事，昏花滿眼意茫然。」張芸叟，名舜民，関中人，娶陳後山之姊，詩學白樂天，曰《畫墁集》，晚歸長安，名其居曰「榆門莊」，又自號矴齋。(卷四，《全明詩話》第一册，第二四二頁)

楊誠齋云：詩有驚人句。如白樂天《月中桂》詩云：「遥怜天上桂華孤，爲問嫦娥更要無。月中幸有閑田地，何不中央種兩株。」又如杜子美《山水障歌》云：「堂上不合生楓樹，怪底江山起烟霧。」又「斫却月中桂，清光應更多。」韓子蒼《衡岳圖》云：「故人來自天柱峯，手持石廪與祝融。兩山坡陀幾百里，安得置之行李中。」此又是用東坡所謂「我持此石歸，袖中有東海」之句。杜牧之云：「我欲東召龍伯公，上天揭取北斗柄。蓬萊頂上斡海水，水盡見底看海空。」李賀云：「女媧鍊石補天處，石破天驚逗秋雨。」此語皆驚人者也。(《詩林》)（卷四，《全明詩話》第一册，第二二六頁）

王建《題唐昌觀玉蕊花》詩云：「一樹瓏鬆玉刻成，飄廊點地色輕輕。女冠夜覓香來處，惟見堦前碎月明。」《高齋詩話》云：今瑒花即玉蕊花也，王介甫以之比瑒，盖瑒玉名取其白耳，黄魯直又更其名爲山礬，謂可以染也，故傅子容詩云：比瑒更礬緫未佳，要須博物似張華。因觀異代前賢帖，知是唐昌玉蕊花，盖楊汝士與白帖云：唐昌玉蕊以少故貴，江南山山有之，土人取以供染事，不甚惜也。劉禹錫亦有詩云：「玉女來看玉樹花，異香先引七雲車。攀枝弄雪時回首，驚怪人間日易斜。」胡苕溪云：元和中，花盛開，有一女子年可十七八，衣綉緑衣乘馬，容色婉約，從以二女，直造花所，佇立良久，取花數枝，謂女冠曰：曩有玉峯之約，自此可以行矣。既去，人知以爲神仙之遊。張籍亦有詩云：「九色雲中紫鳳車，尋仙來到洞仙家。飛輪回首無踪跡，惟見斑斑滿地花。」亦本前說。白樂天《集賢院玉蕊》詩云：「芳意將闌風又吹，白雲辭葉雪辭枝。集賢讐校無閑日，落盡瑶花尚不知。」黄魯直《戲詠高節亭山礬花》云：「北嶺山礬取次開，清風正用此時來。平生習氣難料理，愛着幽香未擬回。」(《詩林》)（卷四，《全明詩話》第一册，第二二六～二二七頁）

唐中書省植紫薇花，歷世循用之，不以爲非，至今舍人院紫薇閣前植紫薇花，用唐故事也。白樂天有詩云：「絲綸閣下文書静，鍾皷樓中刻漏長。坐到黄昏誰是伴？紫薇花對紫微郎。」按，《天文志》：紫薇太帝之座也，天子之常居也，何関紫薇花事。(《湘素雜記》)（卷六，《全明詩話》第一册，第二五八頁）

江州琵琶亭，前臨江，左枕湓浦，地尤絶勝。白樂天歌行，夏、梅詩最佳，夏英公云：「年光過眼如車轂，職事羈人似馬銜。若過琵琶因大笑，何須涕泣滿青衫。」梅公儀詩云：「陶令歸來爲送賦，樂天謫處反悲歌。有絃應被無絃笑，何事臨絃泣更多。」（《劉貢父詩話》）（卷六，《全明詩話》第一册，第二五九頁）

韓退之作方橋詩云：「非閣復非船，可居兼可過。君欲問方橋，方橋如此作。」作字音佐，吳人方言也。如淮楚間以十為忱，故白樂天有云：「緑浪東西南北水，紅欄三百六十橋（十字作忱音）。」又如閩人呼孺為囝（音蹇），呼父為郎罷，顧況作《補亡訓傳十三章》，其《哀閩》詞曰：「囝別郎罷心摧血。」況善謔，故取方言為戲，然五方之音不同，自古文字嘗用之，楚人發語之辭曰羌，曰蹇，平語之辭曰些，一經屈宋采用，後世遂為佳句，但世情不能無貴遠鄙近耳，今毗陵人平語皆曰鍾，京口人曰兠，淮南人曰塢，猶楚人曰些也，嘗有士人學為騷詞，皆用此三語，聞者無不拊掌。（《詩林》）（卷六，《全明詩話》第一册，第二五九頁）

白樂天《賦得城邊角》詩云：「邊角兩三枝，霜天隴上兒。望鄉相並立，向月一時吹。戰馬頭皆舉，征人手盡垂。嗚嗚三奏罷，城上展旌旗。」此「嗚嗚三奏」有説。予嘗觀胡祭酒儼云：「幼聞諸伯父虞部府君曰：『世之「鼓樓」曰「譙樓」者，謂門上為高樓以望也。畫角之曲有《三弄》，乃曹子建所撰。』其初曰：『為君難，為臣亦難難又難。』次弄曰：『創業難，守成亦難難又難。』三弄曰：『起家難，保家亦難難又難。』今角音之嗚嗚者，皆難字之曳聲耳，所以使人昏曉之間、燕息之際，聞之有所儆發也。」至唐，節度使辭日賜雙旌雙節行，則建節立六纛，入境州縣立節樓，迎以鼓角。今州郡有樓以置鼓角，必會府而後可。非受方面之任而置鼓角，僭也。（《胡祭酒集》）（卷六，《全明詩話》第一册，第二六三頁）

會稽號嘉山水，而蓬萊閣為冠。唐元微之罷相，為浙東觀察使，倅竇鞏為副相，與酬和，時號蘭亭絶唱。白樂天亦除杭州刺史，常以詩筒往来，元以州宅夸於樂天，詩云：「州城縈繞拂雲堆，鏡水稽山滿目來。四面常時對屏障，一家終日在樓臺。星河影向簷前落，鼓角聲從地底回。我是玉皇香案吏，謫居猶得小蓬萊。」白樂天杭州詩云：「餘杭形勝世間無，州傍青山縣枕湖。繞郭荷花三十里，拂城松樹一千株。夢兒亭古傳名謝，教妓樓前道姓蘇。獨有使君年老大，風流不稱白髭鬚。」後樂天赴闕，復以詩留贈云：「從此舟人應省事，寂寥無復遞詩筒。」（卷六，《全明詩話》第一册，第二六五頁）

百花亭。白樂天詩云：「朱檻在空虚，涼風八月初。山形如峴首，江色似桐廬。佛寺乘舟入，人家枕水居。高亭仍有月，今夜宿何如。」此樂天貶江州司馬時作。大抵中唐以後人多善言風土，如西北風沙酪漿氈幄之區，東南水國蠻島夷洞之外，亦無不曲盡其妙。樂天《送人遊嶺南》有云：「訶陵國分界，交趾郡為隣。……土民稀白首，洞主盡黄巾。」又：「紅旗圍卉服，紫綬裹文身。面苦桄榔裛，漿酸橄欖新。牙檣迎海舶，銅鼓賽江神。不凍貪泉暖，無霜毒草春。雲烟蟒蛇氣，刀劍鱷魚鱗。」又云：「天黄生颶母，雨黑長楓人。」而結之曰：「須防杯裏蠱，莫受橐中珍。」亦可謂曲盡南中之俗矣。學者不可不深造黄陳，擺落膏艷，而趍於古淡，亦不可無此等一二語也。（卷六，《全明詩話》第一册，第二六六頁）

李昉，字明遠，深州人，舉進士，相宋太宗。一日，太宗語侍臣曰：「朕何如唐太宗?」左右互辭以讚。獨昉無他言，微誦白居易諷諫《七德舞》詞曰：「怨女三千放出宫，死囚四百来歸獄。」太宗聞之，遽興曰：「朕不及，朕不及，卿言警朕矣。」（《言行録》）（卷八，《全明詩話》第一册，第二八三頁）

白樂天《贈于給事》詩云：「雲彩誤居青瑣地，風流合在紫微天。東垣漸去西垣近，鶴駕無妨更着鞭。」蔡寛夫云：唐制，諫議大夫班給事中上，中書舍人又次之，然自外入為諫議者，歲滿遷給事中，給事中歲滿遷舍人，以下為進，故有上坡下坡之説，樂天此詩亦實事也。（卷八，《全明詩話》第一册，第二八六頁）

陶淵明。蘇東坡云：淵明作詩不多，然其詩質而實綺，癯而實腴。自曹劉鮑謝李杜，諸人皆莫及也。《飲酒》詩云：「結廬在人境，而無車馬喧。問之何能爾？心遠地自偏。采菊東籬下，悠然見南山。山氣日夕佳，飛鳥相與還。此中有真趣，欲辯已忘言。」此詩景與意會，故可喜也。無識者以見爲望，白樂天效淵明詩有云：「時傾一尊酒，仰望終南山。」則流俗之失久矣。惟韋蘇州《答長安丞裴棁》詩云：「采菊露未晞，舉頭見秋山。」乃真得淵明詩意。（卷九，《全明詩話》第一册，第二八八頁）

韋應物詩。徐師川云：自李杜以來，古人詩法盡廢。惟韋蘇州有六朝風致，最為流麗。白樂天《吳郡詩記》云：韋蘇州「兵衛森畫戟，燕寢凝清香」之句，最爲警策。又云：歌行才麗之外，頗近興諷。其五言本高雅閑淡，自成一家之體，今之秉筆者，誰能及之？然當蘇州在時，人亦未甚愛重，必待身死然後愛之。故東坡有詩云：「弱羽巢林在一枝，幽人蝸舍兩相宜。樂天長短三千首，却愛韋郎五字詩。」（卷九，《全明詩話》第一册，第二八九頁）

劉禹錫。好詩，晚節尤精。白居易嘗推為詩豪，如《烏衣巷》詩云：「朱雀橋邊野草花，烏衣巷口夕陽斜。舊時王謝堂前燕，飛入尋常百姓家。」《金陵石頭城》詩云：「山圍故國周遭在，潮打空城寂寞回。淮水東邊舊時月，夜深還過女墻來。」謝疊山云：二詩之妙，有風人遺意。意在言外，寄有於無。二詩皆用「舊時」字，絶妙。王氏、謝氏，乃江左衣冠之盛者。劉斧摭遺載烏衣傳，乃以王謝為一人姓名，其言怪誕，遂取夢得之詩實其事，是妄言耳。（卷九，《全明詩話》第一册，第二八九～二九〇頁）

韓退之。朱文公謂慱極群書，奇辭奥旨，如取諸室中物，有和裴晋公詩云：「旗穿曉日雲霞雜，山倚秋空劒戟明。敢請相公平賊後，暫攜諸吏上峥嵘。」《蔡寬夫詩話》云：此退之和裴晉公征淮西過女几山詩也。而晉公之詩，世無傳者。惟白樂天集中載其一聯云：「待平賊壘報天子，莫指仙山示老去。」方其時，意氣自信不疑如此，豈容令狐楚輩沮撓乎。（卷九，《全明詩話》第一册，第二九〇頁）

元微之之詩，豔麗而有骨，白樂天之詩，達者之詞也。元守會稽，白牧蘇臺，置驛遞詩往來，謂之「詩筒」。寶暦中，楊嗣復具慶先僕射，自洛陽入覲，嗣復率生徒迎於潼關，宴於新昌第，時元、白俱在焉，皆即席賦詩。楊汝士詩曰：「隔坐須知賜御屏，盡將仙翰入高冥。文章舊價留鸞掖，桃李新陰在鯉庭。再歲生徒陳賀宴，一時良史盡傳馨。當年疏傅雖云盛，詎有兹賢醉醁醽？」詩最後成，元、白覽之失色。汝士是日大醉，歸謂諸子曰：「今日壓倒元、白矣！」（卷九，《全明詩話》第一册，第二九三頁）

白樂天作樂府及詩百餘篇，規諷時事，流聞禁中，上見而悦之，召為翰林學士。其作《咸陽原上草》詩云：「離離原上草，一歲一枯榮。野火燒不盡，東風吹又生。遠芳侵古道，晴翠接荒城。又送王孫去，萋萋滿別情。」《復齋漫録》云：「樂天以詩謁顧況，見其名居易，況曰，『長安物貴，居人不易』；及讀至此詩云『野火燒不盡，東風吹又生』，歎曰：『有句如此，居亦何難，前戲言耳。』」予以為不若劉長卿「春入燒痕青」之句，語簡而有味也。又絕句云：「試問池臺主，多為將相官。終身不曾到，惟展畫圖看。」此言富貴之人當知。止足之義，而勿為身後之悔也。（卷九，《全明詩話》第一册，第二九三～二九四頁）

張籍得除水曹，白樂天賀以詩曰：「老何没後吟詩絶，雖有郎官不愛詩。今日聞君除水部，嘉於身得省郎時。」《蔡寛夫詩話》云：官名有因人而重，遂為故事者，何遜為水部員外郎，以詩稱，至張籍自博士復拜此官，樂天以此詩賀之，故籍答以詩云：「年過五十到南宫，章句無名荷至公。黄紙開呈丞相後，朱衣引入謝班中。諸曹縱許為仙侣，群吏多嫌是老翁。幸有紫微郎見愛，獨稱官與古人同。」自是遂為詩人故事，前輩片言之貴重如此。（卷九，《全明詩話》第一册，第二九四頁）

方萬里云：宋詩有數體，有九僧體，即晚唐體也；有香山體者，學白樂天；有西崑體者，祖李義山。如蘇子美、梅聖俞、並出歐公之門。蘇近老杜，梅過王維，而歐公直擬昌黎，東坡暗合太白，惟黄山谷法老杜，陳後山棄其舊而學焉，遂名黄、陳，號江西派，非自為一家也，老杜實初祖也。如晁君成名端友，無咎之父，其詩當黄、陳未出之前，自為元和間唐詩，不可不拈出，使世人知之也。君成《甘露寺》詩云：「北固山頭寺，風烟昔縱觀。卧亭秋石狠，環舍海濤寒。越舶樓前聚，江楓户外丹。最宜清夜月，虚閣憶盤桓。」寺有石如卧羊，謂之狠石。（卷九，《全明詩話》第一册，第三〇〇頁）

白樂天《失婢》詩云：「宅院小墻卑，坊門帖榜遲。舊恩慚自薄，前事悔難追。籠鳥無常主，風花不戀枝。今宵在何處？惟有月明知。」此詩三四乃失主，罪己而不責婢之為滛奔，亦近厚矣。末句尤深而不露，所謂「想應只在秋江上」，盖本於此。（《瀛奎律髓》）（卷十，《全明詩話》第一册，第三〇二頁）

古今作昭君詞多矣。王直方詩話云：余獨愛白樂天一絶，云：「漢使却回憑寄語，黄金何日贖娥眉。君王若問妾顔色，莫道不如宫裏時。」其意優柔，不迫切故也。樂天賦此詩，其年甚少。（卷十，《全明詩話》第一册，第三〇三頁）

杜牧之有《木蘭廟》詩曰：「彎弓征戰作男鬼，夢裹曾經與畫眉。幾度思歸還把酒，拂雲堆上祝明妃。」程泰之《演繁露》云：樂府有《木蘭詞》，乃女子代父征戍，十年而歸，不受爵賞，人爲作詩，然不著何代人，獨詩中有「可汗大點兵」語，知其生世非隋即唐也。女子能為許事，其義且武，在緹縈之上，或者疑爲寓言，然白樂天《題木蘭花》云：「怪得獨饒脂粉態，木蘭曾作女郎來。」及觀杜牧此詩，則既有廟貌，又曾作女郎，則誠有其人矣，異哉！（《詩林》）（卷十，《全明詩話》第一册，第三〇五頁）

楊汝士，小字沙哥，白樂天妻兄也。汝士領東川節度，與妻崔氏同履任，樂天代妻作詩賀之云：「劉綱與婦共升仙，弄玉隨夫亦上天。何似沙哥領崔嫂，碧油幢引向東川。」（卷十，《全明詩話》第一册，第三〇六頁）

虞學士伯生《題蔡端明蘇東坡墨蹟後》云：「天際烏雲含雨重，樓前紅日照山明。嵩陽道士今何在？青眼看人萬里情。」此蔡君謨夢中詩也。僕在錢塘，一日，謁陳述古，邀余飲堂前小閣中。壁上小書一絕，君謨真跡也：「綽約新嬌生眼裏，侵尋舊事上眉尖。問君別後愁多少？得似春潮夜夜添。」又有人和云：「長垂玉筯殘妝臉，肯為金釵露指尖。萬斛閒愁何日盡，一分真態為誰添。」二詩皆可觀，後詩不知誰作也。杭州營籍周韶，多蓄奇茗，嘗與君謨鬬勝，韶又知作詩。子容過杭，述古飲之，韶泣求落籍。子容曰：「可作一絕。」韶援筆立成曰：「隴上巢空歲月驚，忍看回首自梳翎。開籠若放雪衣女，長念波羅般若經。」韶時有服，衣白，一座嗟歎，遂落籍。同輩皆有詩送之，二人最善，胡楚云：「淡妝輕素鶴翎紅，移入朱闌便不同。應笑西園舊桃李，強匀顏色待春風。」龍靚云：「桃花流水本無塵，一落人間幾度春。解佩暫酬交甫意，濯纓還見武陵人。」因見杭人多慧也，因題詩云：「秖今誰是錢塘守，頗解湖中宿畫船。曉起鬬茶龍井上，花開陌上載嬋娟。」蓋白樂天、蔡君謨、陳述古、蘇子瞻，皆杭守也。又詩云：「老卻眉山長帽翁，茶煙輕揚鬢絲風。錦囊舊賜龍團在，誰為分泉落月中。」又「三生石上舊精魂，邂逅相逢莫重論。縱有繡囊留別恨，已無明鏡著啼痕。」又「能言學得妙蓮花，贏得春風對客誇。乞食衲衣渾未老，為題靈塔向金沙。」（卷十，《全明詩話》第一册，第三〇六～三〇七頁）

《綉女》詩云：「倦倚綉床愁不動，緩垂綠帶髻鬟低。遼陽春盡無消息，夜合花前日又西。」此白樂天詩也。好事者畫為倦綉圖，題此詩於上。（《古今

詩林》）（卷十，《全明詩話》第一册，第三〇七頁）

白樂天《嫁娶》（智按：集作《秦中吟・議婚》）詩云：「天下無正聲，悦耳即為娱。人間無正色，悦目即為姝。顔色非相遠，貧富則有殊。貧為時所棄，富為時所趨。紅樓富家女，金縷繡羅襦。見人不斂手，嬌癡二八初。母兄未開口，已嫁不須臾。緑窗貧家女，寂寞二十餘。荊釵不值錢，衣上無珍（真）珠。幾回人欲聘，臨日又踟躕。主人會良媒，置酒滿玉壺。四座且勿飲，聽我歌兩途。富家女易嫁，嫁早輕其夫。貧家女難嫁，嫁晚孝於姑。聞君欲娶婦，娶婦意何如?」（卷十一，《全明詩話》第一册，第三一〇頁）

白樂天《小歲日喜談氏外孫女孩滿月》詩云：「今旦夫妻喜，他人豈得知。自嗟生女晚，敢訝見孫遲。物以稀為貴，情因老更慈。新年逢吉日，滿月乞名時。桂燎熏花果，蘭湯洗玉肌。懷中有可抱，何必是男兒?」（卷十一，《全明詩話》第一册，第三一三頁）

劉夢得贈白樂天詩云：「莫嗟華髮與無兒，却是人間久遠期。雪裏高山頭早白，海中仙果子生遲。于公必有高門慶，謝守何煩曉鏡悲。幸托如新分非淺，祝君長詠夢熊詩。」《三山老人語録》云：「白樂天寄劉夢得之詩，有『歎早白無兒』之語，故劉以此詩贈之。二高字，自注其義不同，高山本高，高門使之高也。古之詩流曉此。唐人忌重疊用字，今人則疊用字甚多。」（卷十一，《全明詩話》第一册，第三一四頁）

白樂天年老，《生阿雀兒》（智按：集作《阿崔》）詩云：「謝病卧東都，羸然一老夫。孤單同伯道，遲暮過商瞿。豈料鬢成雪，方看掌弄珠。已衰寧望有，雖晚亦勝無。蘭入前春夢，桑懸昨日弧。里閭多慶賀，親戚共歡娱。膩剃新胎髮，香綳小繡襦。玉芽開手爪，酥顆點肌膚。（弓冶將傳汝，琴書勿墜吾。未能知壽夭，何暇慮賢愚。）乳氣初離縠，啼聲漸變雛。何時能反哺，供養白頭烏?」方云：「元白皆無子，樂天晚得此子，後亦夭也。詩人窮相形容，無所不至，晚乃所以妨此子歟!」（卷十一，《全明詩話》第一册，第三一五頁）

白樂天云：「予與微之老而無子，發於言歎，著在詩篇。今年冬各有一子，戲作二什，一以相賀，一以自嘲。詩曰：『常憂到老都無子，何况新生又是兒。陰德自然宜有慶，皇天可得道無知。一園水竹今為主，百卷文章更付誰？莫慮鶵雛無浴處，即應重入鳳凰池。』又『五十八翁方有後，靜思堪喜亦堪嗟。一珠甚小還慚蚌，八子雖多不羨鴉。秋月晚生丹桂實，春風初長紫蘭芽。持杯願祝無他語，慎勿頑愚似汝爺。』」樂天生大曆七年壬子，至太和三年己酉，年五十八。微之小樂天七歲，是年五十一。（卷十一，《全明詩話》第一册，第三一五頁）

劉長卿《贈二小男》詩云：「異鄉流落頻生子，幾許悲歡併在身。欲識老容羞白髮，每看兒戲憶青春。未知門户堪誰主，見免琴書與別人。何幸暮年方有後，舉家相對却沾巾。」此詩全似樂天。（卷十一，《全明詩話》第一册，第三一五頁）

白樂天《喜罷郡》詩云：「五年兩郡亦堪嗟，偷出游山走看花。自此光陰為己有，從前日月屬官家。樽前免被催迎使，枕上休聞報坐衙。睡到午時歡到夜，廻看官職是泥沙。」久困仕宦，方知此詩之妙。樂天真樂天者哉！（卷十二，《全明詩話》第一册，第三一八頁）

唐九老圖。白樂天元和中對策乙等，遷左拾遺，貶江州司馬，久之為主客郎中知制誥。晚年放意詩酒，居東都履道里，疏沼種樹，構石樓香山，鑿八節灘，自號醉吟先生、香山居士。結九老會，胡杲年八十九，吉旼年八十八，劉真年八十七，鄭據年八十五，盧真年八十三，張渾年七十七，居易年七十七（智按：應為七十四）。序曰：「於東都履道坊合齒德之會，七老相顧，既醉且歡，靜而思之，此會稀有，因各賦七言韻詩一首以記之。」樂天詩云：「七人五百七十歲，拖紫紆朱垂白鬚。囊（手）裏無金莫嗟歎，樽中有酒且歡娛。吟成六韻（詩吟兩句）神還王，飲到（酒飲）三杯氣尚粗。嵬峨狂歌教婢拍，婆娑醉舞遣孫扶。天年高過二疏傅，人數多於四皓圖。除卻三山五天竺，人間此會更應無。」後有洛中遺老李元爽年一百三十上八，僧如滿年九十五，皆年之尤高者也，亦來斯會，樂天贈之詩云：「雪作鬚眉雲作衣，遼東華表暮（鶴）雙歸。當時一鶴尤（猶）稀有，何況今逢兩令威。」胡杲詩云：「閒居同舍此三春，大抵愚年最出群。霜鬢不嫌杯酒興，白頭仍愛玉爐熏。徘徊玩柳心猶健，老大看花意却勤。鑿落酒斟拚酩酊，香囊高桂任氤氳。」盧真詩云：「先時共作三朝貴，今日猶逢九老翁。但願醁醽常滿酌，煙霞萬里會應通。」（卷十二，《全明詩話》第一册，第三一八～三一九頁）

白樂天《書天竺寺》詩云：「一山門作兩山門，兩寺元從一寺分。東澗水流西澗水，南峯雲起北峯雲。前臺花發後臺見，上界鍾淸下界聞。遥想吾師行道處，天香桂子落紛紛。」東坡云：「予三十二時，先君自處州爲予言，近城山中天竺寺，有樂天親書詩，筆勢奇逸，墨迹如新。今四十七年矣，予來訪之，則詩已亡，有刻石存耳。」故坡嘗有詩云：「香山居士留遺迹，天竺禪師有故家。空詠連珠吟疊壁，已亡飛鳥失驚蛇。林深野桂寒無子，雨浥山薑病有花。四十七年真一夢，天涯流落淚橫斜。」蓋爲是也。詩注云：「白樂天以刑部尚書致仕，與香山僧如滿結香火社，自稱香山居士。」宣宗弔樂天詩云：「綴玉連珠三十年，誰教冥路作詩仙。」與懷素草書，如飛鳥出林，驚蛇入草，故坡有「連珠」「驚蛇」之句。（卷十三，《全明詩話》第一册，第三三二～三三三頁）

智按：見《詩林廣記》前集卷十，常振國、絳雲點校第一七一～一七二頁。

白樂天《讀禪經詩》云：「須知諸相皆非相，若住無餘却有餘。言下忘言一時了，夢中説夢兩重虚。空花豈得兼求果，陽焰如何更覓魚。攝動是禪禪易動，不禪不動即如如。」方云此游戲三昧，不可以詩律拘佛語，陽焰者，謂遠地日光，如見水然，以對空花與夢幻泡影，譬喻一同。（卷十三，《全明詩話》第一册，第三三五頁）

白樂天《詠玉真觀小女冠阿容》詩云：「綽約小天仙，生來十六年。姑山半峯雪，瑶水一枝蓮。晚院花留立，春窓月伴眠。廻眸雖欲語，阿母在傍邊。」方云：昌黎「白咽紅頰長眉青」一詩，已盡女冠奇褻之態。適人者，理之常也；出家者，俗之衰也。召文人才士之侮，何為乎？（卷十四，《全明詩話》第一册，第三三六頁）

挽詩，今作者極多，求如古作者無幾，謾録數首。杜子美《哭長孫侍御》詩云：「道為詩書重，名因賦頌雄。禮闈曾擢桂，憲府舊乘驄。流水生涯盡，浮雲世事空。惟餘舊臺栢，蕭瑟九原中。」⊙白樂天《哭皇甫七郎中湜》詩云：「志業過玄晏，詞章似禰衡。多才非福禄，薄命是聰明。不是人間壽，還留身後名。涉江文一首，便可敵公卿。」元注：「持正奇文甚多，涉江一章尤出衆。」（卷十五，《全明詩話》第一册，第三四七～三四八頁）

白樂天《喜弟敏中及第》詩云：「自知羣從為儒少，豈料詞塲中第頻。桂折一枝先許我，楊穿三葉盡驚人。轉於文墨須留意，貴白烟霄早致身。莫學我兄年五十，蹉跎始得掌絲綸。」後敏中新授戶部員外郎西歸，又詩云：「千里歸程三伏天，官新身健馬翩翩。行衝赤日加湌飯，上到青雲穩着鞭。長慶老郎唯我在，客曹故事望君傳。前鴻後鴈行難續，相去迢迢二十年。」（卷十六，《全明詩話》第一册，第三五六頁）

韓文公和裴晋公詩云：「旗穿曉日雲霞雜，山倚秋空劍戟明。敢請相公平賊後，暫攜諸吏上峥嶸。」《蔡寛夫詩話》云：此退之和晋公征淮西時過女几山詩也。而晋公之詩，世無傳者。惟白樂天集中載其一聯云：「待平賊壘報天子，莫指仙山示老夫。「方其時意氣，自信不疑如此，豈容令狐楚輩阻撓乎？（晋公詩在後）（卷十七，《全明詩話》第一册，第三六〇頁）

竇鞏副使中丞初至武昌夏口，書事獻府主元稹詩云：「白髮放櫜鞬，梁王舊愛全。竹籬江畔宅，梅雨病中天。時奉登臨宴，閑修上水船。時人興謗易，莫遣鶴猜錢。」元稹以故相為武昌節度，固請友封為副戎，除秘少兼中丞，以往鶴錢友封自謂也。元稹既和，未幾卒於任。白樂天復加兩韻和寄云：「旌鉞從櫜鞬，賔僚情禮全。夔龍來要地，鴛路下寥天。赭汗騎驕馬，青娥舞醉仙。合成江上作，散作洛中傳。窮巷能無酒，貧池却有船。春裝秋未寄，漫道足閑錢。」此樂天時為河南尹，因微之寄而和也。（卷十七，《全明詩話》第一册，第三六二頁）

鄭毅夫奉詔，赴瓊林苑燕餞太尉文潞公出鎮西都，詩云：「都門秋色滿旌旗，祖帳容陪醉御巵。功業逈高嘉祐末（和中首德建儲之策），精神如破貝州時。匣中寶劍騰霜鍔，海上仙桃壓露枝（公之子近有登瀛之命）。昨日更聞褒詔下，别刋名姓入烝彝。」白居易詩獻裴晋公有云「聞說風情筋力在，只如初破蔡州時」，同此意也。（卷十八，《全明詩話》第一册，第三六八～三六九頁）

白樂天《寄太原李相公》詩云：「聞道北都今一變，政和軍樂萬民安。綺羅二八圍賔榻，組練三千夾將壇。蟬鬢應誇丞相少，貂裘不覺太原寒。世間

大有虛榮貴，百歲無君一日歡。」此詩第五句頗於戲語中存規戒，第六句對得妙。（卷十八，《全明詩話》第一册，第三七〇頁）

白樂天聞楊十二新拜省郎，遥以詩賀云：「文昌新入有光輝，紫界宫墻白粉闈。曉日鷄人傳漏箭，春風侍女護朝衣。雪飄歌句高難和，鶴拂煙霄老慣飛。官職聲名俱入手，近來詩客以君稀。」元註：向曾有贈楊詩，落句云：不用更教詩句好，折君官職是聲名。今故云俱入手，此楊巨源也。（卷十八，《全明詩話》第一册，第三七二頁）

嬉笑之怒，甚於裂眥；長歌之哀，過於慟哭。此語誠然。元微之在江陵，聞白樂天降江州，作絶句云：「殘灯無焰影憧憧，此夕聞君謫九江。垂死病中驚起坐，暗中吹雨入寒窓。」樂天以為此句他人尚不可聞，况僕心哉。（《随筆》）（卷二十，《全明詩話》第一册，第三八二頁）

《長恨歌》、《上陽人歌》、《連昌宫詞》道開元間宫禁事為最深，然微之有《行宫》絶句云：「寥落古行宫，宫花寂寞紅。白頭宫女在，閑坐説玄宗。」語少意足，有無窮之味。（《随筆》）（卷二十，《全明詩話》第一册，第三八二頁）

眼病二首。白樂天詩云：「散亂空中千片雪，蒙蘢物上一重紗。縱逢晴景如看霧，不是春天亦見花。僧説客塵來眼界，醫言風眩在肝家。两頭治療何曾差，藥力微芒佛力賒。」又：「眼藏損傷來已久，病根牢固去應難。醫師盡勸先停酒，道侣多教早罷官。案上謾鋪龍樹論，合中虚撚决明丸。人間方藥應無益，争得金篦試刮看。」方云：白體詩，不可以陳簡齋目疾詩律律之，然此亦善形容，不取其格而取其味。（卷二十，《全明詩話》第一册，第三八七頁）

髮脱。劉後村詩云：「髮脱紛紛不待爬，天將醜恠變妍華。論為城旦寧非怒，度作沙彌亦自佳。稚子笑翁簪栢葉，侍人諱老匣菱花。霜寒尤要泥丸暖，慚愧烏巾着意遮。」方虚谷云：觀白樂天、陳簡齋之目，張文潜、曾茶山之齒，范石湖之耳，加以後村髮秃詩，可發一笑，然後村詩不及諸公。（卷二十，《全明詩話》第一册，第三八八～三八九頁）

白樂天有《新製綾襖》詩曰：「水波紋襖造新成。綾軟綿匀温復輕。百姓多寒無可救，一身獨煖亦何情。」卒章云：「争得大裘長萬丈，與君都盖洛陽城。」可謂有善推其所為之心矣。又《新製布裘》之詩曰：「桂布白似雪，吳綿軟於雲。布重綿且厚，為裘有餘温。誰知歲冬月，支體煖於春。中夕忽有念，撫裘起逡廵。丈夫貴兼濟，豈獨善一身。安得萬里裘，盖裹周四垠。穩煖皆如我，天下無寒人。」此詩正與老杜歌云「安得廣厦千萬間，大庇天下寒士俱歡顔」意同。（《唐溪詩話》）（卷二十一，《全明詩話》第一册，第三九〇頁）

丁謂參知政事，宋真宗問唐酒價幾何。謂對以每升三十。上曰：「何以知之?」謂引杜詩云：「速來相就飲一升，恰有三百青銅錢。」上喜其對。又蔡嶷廷試第一，徽宗問：唐京官五品方賜緋佩魚，借緋即不佩，國朝因循其制。嶷對曰：在唐借緋亦佩。因舉白居易詩為證曰：「親明相慶問何如，服色恩光盡反初。投老喜抛黄草峽，眼明驚拆紫泥書。便將朱紱還麟閣，却着青袍侍玉除。無柰嬌癡三歲女，繞床啼哭覔銀魚。」上尤喜其對之捷。二事相類，但佩魚尤切於典故，信大臣占對，不可無學也。余因看李太白詩有「金樽美酒斗十千」之句，以為李杜同時，何故詩言酒價頓異，客有戲劇者曰：「太白乃謂美酒耳，恐老杜不擇飲而醉，乃村店所壓茅柴耳。」坐客大笑，然亦近理也。（卷二十一，《全明詩話》第一册，第三九三頁）

《後山詩話》云：白樂天詩云：「笙歌歸院落，燈火下樓臺。」又云：「歸來未放笙歌散，畫戟門前蠟燭紅。」非富貴語，看人富貴者也。黄山谷謂：不如杜子美「落花遊絲白日静，鳴鳩乳燕青春深」也。（卷二十一，《全明詩話》第一册，第三九四頁）

黄山谷言：詩意無窮，而人才有限；以有限之才追無窮之意，雖淵明、杜陵不得工也。不易其意而造其語，謂之换骨法；規摹其意而形容之，謂之奪胎法。白樂天詩云：「臨風杪秋樹，對酒長年身。醉貌如霜葉，雖紅不是春。」至東坡詩云：「寂寂東坡一病翁，白鬚蕭散満霜風。兒童悮喜朱顔在，一笑那知是酒紅。」此皆奪胎法也。（《冷齋夜話》）（卷二十二，《全明詩話》第一册，第四〇〇頁）

白樂天《酬思黯戲贈》詩云：「鍾乳三千兩，金釵十二行。妬他心似火，欺我鬢如霜。慰老資歌笑，銷愁卻（仰）酒漿。眼看狂不得，狂得且須狂。」元注：「思黯自云：『前後服鍾乳三千兩，甚得力。』而歌舞之妓頗多，來詩謔

予羸老，故戲答之。」（卷二十二，《全明詩話》第一册，第四〇六頁）

樂天白侍郎，詩酒自娱，嘗作《何處難忘酒》七詩，又作《不如來飲酒》七詩。今各録其一曰：「何處難忘酒？天涯話舊情。青雲俱不達，白髮遞相驚。二十年前别，三千里外行。此時無一盞，何以叙平生。」曰：「莫入紅塵去，令人心力勞。相爭兩蝸角，所得一牛毛。且滅心（嗔）中火，休磨笑裏刀。不如來飲酒，穩卧醉陶陶。」又有《把酒思閒事》二詩，一云：「把酒思閒事，春愁誰最深？乞錢羈客面，落第舉人心。月下低眉立，燈前抱膝吟。憑君勸一醉，勝與萬黄金。」一云：「把酒思閒事，春嬌何處多？試鞍新白馬，弄鏡小青娥。掌上初教舞，花前欲按歌。憑君勸一醉，勸了問如何？」樂天詩近人情，一以憐，一以戒也。（卷二十二，《全明詩話》第一册，第四〇七頁）

白樂天《歲日家宴，戲示弟侄兼呈張侍御殷判官》詩云：「弟妹妻孥小侄甥，嬌癡弄我助歡情。歲盞後推藍尾酒，春盤先勸膠牙餳。形骸潦倒雖堪歎，骨肉團圓亦可榮。猶有誇張少年處，笑呼張丈唤殷兄。」「膠」字作去聲。（卷二十二，《全明詩話》第一册，第四〇八頁）

陶淵明《飲酒》詩云：「結廬在人境，而無車馬諠。問君何能爾？心遠地自偏。采菊東籬下，悠然見南山。山氣日夕佳，飛鳥相與還。此中有真意，欲辨已忘言。」題名飲酒，而詩中何曾及酒也。《蔡寛夫詩話》云：采菊東籬下，悠然見南山。此其閑適自得之意，真若超然邈出宇宙之外。俗本多以見為望字，若爾則便有褰裳濡足之態矣。乃知一字之誤，害理有如此者。蘇東坡云：此詩景與意會，故可喜也。無識者以見爲望，白樂天《効淵明》詩有云：「時傾一樽酒，坐望終南山。」則流俗之失久矣。惟韋蘇州《答長安裴棁》詩云：「采菊露未晞，舉頭見秋山。」乃真得淵明詩意。（卷二十二，《全明詩話》第一册，第四〇八頁）

托物取況　詩之取況：日月比君后，龍比君位，雨露比德澤，雷霆比刑威，山海比邦國，陰陽比君臣，金玉比忠烈，松竹比節義，鸞鳳比君子，燕雀比小人。

白樂天《女道士》詩云：「姑山半峰雲，瑶水一枝蓮。」此以花比美婦人也。東坡《海棠》云：「朱唇得酒暈生臉，翠袖卷紗紅映肉。」此以美婦人比花也。山谷《酴醾》云:「露濕何郎試湯餅，日烘荀令炷爐香。」此以美丈夫比花也。山谷此詩出奇，古人所未有，然亦是荷花似六郎之意。(卷二十四，《全明詩話》第一册，第四三三頁)

智按:單宇，字時泰，號菊坡，臨川(今屬江西)人。正統四年(一四三九)己未進士，歷任浙江嵊縣、諸暨、侯官(今福建閩侯)知縣，有政績。事迹具《明史》卷一六四本傳。其《菊坡叢話》二十六卷，卷首有成化元年(一四六五)自序及成化九年黎擴、黎近序。

曹安(一四四四舉人)

《讕言長語》

文人辭勝於理者多，曹植《七夕》咏曰:「目牽牛兮挑織女，交有際兮會有期。」張文潛《七夕歌》言牽牛、織女二星云:「帝憐獨居無與娱，河西嫁與牽牛夫。」世人遂實其事。白樂天《長恨歌》叙明皇、貴妃「天上人間會相見」云云，人讀之不覺可喜。元艾性夫作《臨邛道士招魂歌》云:「安得天上蓬萊宫，却著人間馬嵬鬼。」今《剪燈新話》、《餘話》，一切鬼話，啟蒙故事收之，後人遂以為實然。

白樂天《自警》一詩云:「蠶老繭成不庇身，蜂飢蜜熟屬他人。須知年老憂家者，恐似二蟲虚苦辛。」又一詩《有所悲》云:「獸中刀鎗多怒吼，雁遭羅弋盡哀鳴。羔羊口在緣何事?闇死屠門無一聲。」偶閲二詩，録之亦可以警。(《四庫全書》本《讕言長語》)

智按:曹安，字以寧，號寥莊，松江(今屬上海)人。正統九年(一四四四)甲子舉人，官安邱縣教諭。另著有《取嗤稿》、《蟋蟀吟》等。其《讕言長語》有成化丙午(一四八六)顧純題詞、正德乙亥(一五一五)史紀重刊跋語。又有自序，謂「皆零碎之詞，故名曰《讕言長語》。」「讕言者逸言也，長語者剩語也，則長當讀為長物之長矣。」(《四庫提要》)

柳瑛（一四五七進士）

《(成化）中都志》

臨淮山在縣西一百四十里。《寰宇記》云：「在濠州東九十五里，俯臨長淮，山下有穴，淮水泛濫，其穴即高，水減還低，有似山浮，故亦名浮山。」《方輿勝覽》云：「浮山在招信縣西七十里，梁天監中嘗築堰於此。」《濠梁志》云：「浮山洞夏潦不能没，而冬不加高，故人疑其浮也。」愚謂二說皆妄誕，今浮山洞夏潦則没，水涸乃見，蓋山臨水望之若浮水上，故取名耳。山上古有靈岩寺，今廢，白居易、蘇子瞻、梅聖俞俱有詩。(《(成化）中都志》卷二,《四庫全書存目叢書》影印明弘治刻本）

靈巖寺，在縣西一百二十里浮山頂上。白居易、趙嘏、羅鄴俱有詩。(《(成化）中都志》卷四,《四庫全書存目叢書》影印明弘治刻本）

《宿靈巖寺》(白居易)：「高高白日上青林，客去僧歸獨夜深。葷血屏除惟對酒，歌鍾斅散只留琴。更無俗物當人眼，但有泉聲洗我心。最愛曉亭東望好，大湖煙水緑沉沉。」(《(成化）中都志》卷八，《四庫全書存目叢書》影印明弘治刻本）

智按：柳瑛，字廷玉，號圜山，臨淮（今安徽鳳陽臨淮鎮）人。天順元年（一四五七）丁丑進士，擢戶科給事中，成化二年（一四六六）任河南按察僉事。五年，辭官返鄉，年僅三十餘歲。《(成化）中都志》成於成化二十三年（一四八七）丁未。另著有《皇明大禮》。

沈彬（一四一一～一四六九）

《白居易精舍寺寄題和韻》

東南山水冠湖州，笠澤煙波載弁丘。白傅題詩精舍寺，至今人說可堪游。(《四庫全書》本《石倉歷代詩選》卷三百八十二）

智按：沈彬，字原質，武康（今浙江德清）人。正統七年（一四四二）

壬戌進士，官至刑部郎中。其居官以強幹著，不以詩文自鳴，遺槀亦多散佚。沒後百有餘年至隆慶己巳，其鄉人周維新始序而刻之，成《蘭軒集》四卷，以墓誌墓表諸篇附於後。

張和（一四一二～一四六四）

《悼妾》

桃葉歌殘思不勝，西風吹淚落紅冰。樂天老去風情減，子野歸來感慨增。花逐水流春不管，雨隨雲散夢難憑。宵來書館寒威重，誰送熏香半臂綾。（明郎瑛《七修類稿》卷二十九；明徐應秋《玉芝堂談薈》卷十二；明蔣一葵《堯山堂外紀》卷八十五；《列朝詩集》卷四十六乙集第六）

智按：《堅瓠三集》卷二「悼內詩」云：「于肅愍公悼夫人董氏詩十一首，中一詩云：『世緣情愛總成空，二十餘年一夢中。疏廣未能辭漢主，孟光先已棄梁鴻。燈昏羅幙通宵雨，花謝雕闌驀地風。欲覓音容在何處，九原無路辨西東。』又崑山張節之（和），天順間官浙江憲副，寵妾新亡，作詩悼之云：『桃葉歌殘思不勝，西風吹淚結紅冰。樂天老去風流減，子野歸來感慨增。花逐水流春不管，雨隨雲散事難憑。夜來書館寒威重，誰送薰香半臂綾。』二作皆膾炙於世，後作尤勝。」

張和，字節之，號篠庵，崑山（今屬江蘇）人。正統四年（一四三九）己未施槃榜進士。授南京刑部主事，進員外郎。既仕猶學，讀《漢書》必三十遍。天順間官浙江提學副使。卒年五十三。有《篠菴集》。

白良輔（一四一五～一四六二）

《白公懿行碑記》

維我白氏，蓋出皇軒。厥後載德碩茂，弘業功深，延派緒分，封侯作相，綿史昭烈，始自白公。公諱勝，楚太子建之子，封白邑，號白公，以爲氏。周景王二十三年生，周敬王四十一年卒，享年四十有五。《史記》載：惠王二年，勝爲巢大夫，號白公。昔太子建亡鄭，鄭人殺之。公及長，欲雪父仇。六年，公請令尹子西伐鄭未果。八年，晋伐鄭，鄭求救楚，子西受賄欲援之。公忿，命猛士石乞襲殺子西，劫惠王，公爲王。葉子高聞之，率部圍宮。天不與時，公亡于山。葉虜乞，詢公終處，石乞云：事成爲卿，敗而烹，固其職。由是，人莫知公之所終。公四子乙、丙、巳、降爲秦將，名顯關中；玄孫圭，經商有術，聞于列國，秦漢賈奉其治生祖，宋真宗封其商聖；九世孫起，爲秦王前驅，下六國，因功封武安君；蓋先王之烈，故後嗣其昌。逮至唐季大和五年，裔孫樂天任河南尹，曾訪公墓，元稹告其所在，遂自荊山遷公靈于洛師，葬龍門山南。刊貞石以頌德，庶微音之永傳。余生也晚，瞻碑遐思，數典豈敢忘祖，是爲記，詞曰：峨峨列岳，莫之與嵩。滔滔鴻緒，載茂時英。緯文理略，經武擒勍。象衍藩衍，勿忘白公。

歲次大明正德十年吉月谷日，辛未進士監察御史裔孫良輔拜撰。（見《白居易家譜》）

智按：白良輔，字堯佐，洛陽（今屬河南）人。自幼喜讀性理諸書，初請業於河東薛瑄，瑄未許。良輔乃以十脡為贄，跽於門，日昃不返，瑄以其誠，延置弟子列。居歲餘，盡得其所學。登景泰二年（一四五一）辛未進士。除湖廣道監察御史，按治山西、陝西，俱有聲。官至太僕寺卿。天順中，卒於家。《千頃堂書目》著録其《太極解》、《律吕新書釋義》、《中庸膚見》。

姚夔（一四一五～一四七三）

《過忠州捐廩米一石興先賢祠二首》

予過忠州，弔唐陸宣公墓，慨想英風，徘徊久之，因訪李吉甫、白居易、胡旦諸賢，皆謫宦是邦，曾有祠否？曰故有今廢矣。予曰盍興舉乎。僉曰諾。予顧檢點行囊，廩米一石耳，遂發去以為張本，復作二詩以勉其成，毋徒畫餅為也。

忠州自昔萃名賢，祠宇淪堙屬幾年。喜遇關西良太守，會看輪奐美於前。

諸賢行業昭當世，千載英風起後人。珍重廣文昌古道，能令廟祠一時新。（《姚文敏公遺稿》卷六，《四庫全書存目叢書》影印明弘治姚璽刻本）

《送戶部尚書張公致政還鄉序》

大臣之進退有道乎？壯而行之，進以禮也；老而休之，退以義也。進退大臣有道乎？引年而去，則錫之車馬，仁也；若不得謝，則賜之几杖，義也。夫大臣進退，既進乎禮義，而進退乎大臣者，又極夫仁義之歸，上以道揆，下以法守，此其爲有道之世哉！我國家以仁義培植士大夫，至深且厚，百年于兹，故士大夫爭以禮義自濯磨，而進退去就皆有道，於乎盛矣。若今戶部尚書鄢陵張公志通，壯年以經學登進士第，拜吏科給事中，久之進都給事中，不三月，擢戶部右侍郎，尋奉勅總督京儲出納，公會計當弊革蠹除，上下稱便，自是十六七年之間，京師倉廩充牣，天順改元，以禮退休于家，三閱年，詔特起公陞左侍郎，仍總京儲。未幾，遂拜尚書，彌縫缺漏，經晝益密，委積陳陳相因，至無所於容奏，增置廒二百餘楹，厥績茂矣。在任幾六載，賜誥命加封三代，如所任官，今年公六旬有七，□曰吾聞老子云：知足不辱，知止不殆。吾年雖未至耄，以止足自戒，遂懇疏乞骸骨。上念公精力未衰，且以其老成清謹，慰勉留之，既復閔其勞勩，不欲咈其情，徐下詔聽致仕以歸。其眷戀不舍之懷，展轉至三。於乎！上之恩禮大臣，始終優渥如此，可謂仁之至義之盡也。公獲命，不勝欣躍，拜舞丹陛下，翼日載行李出都門，公卿大夫供祖帳，餞送東城外，車蓋如雲，觀者如堵，莫不咨嗟歎息，謂漢之二疏，復見於今日，何其榮且幸哉！公之進退，始終不愧乎道如此，可謂以禮義自將者矣。今其歸也，金風載途，玉露濡轡，乘薛廣德之車於梓里，尋白居易之社於香山，桑榆悠悠之景，彌長几杖休休之樂，未厭教子孫以詩書，迪後學以忠孝，吟風嘯月，游詠太平，身山林而心朝廷，如古之人一飯不忘乎？君者終其身未已焉，公可謂純古君子也歟？予與公仕途相守，二十有餘年，豔公之歸，惜公之別，且覩朝家所遇公之厚，愴然有動于懷，欲尾公而去，不可得也，遂書以為贈。（《姚文敏公遺稿》卷六，《四庫全書存目叢書》影印明弘治姚璽刻本）

智按：姚夔，字大章，桐廬（今屬浙江）人。正統壬戌（一四四二）進士，官至吏部尚書，謚文敏。有《叢矗堆稾》。事迹具《明史》本傳。

李石亨（一四一五～一四七七）

《三體詩，和白樂天早春韻》

雲淡風輕日漸和，山南山北聽樵歌。嚶嚶求友鳥聲切，裊裊含情柳眼多。庭雪已消餘谷雪，溪波方急勝潮波。就中清景無人識，不有知音可若何。(《樗軒集》卷下，《韓國文集叢刊》本)

智按：李石亨，字伯玉。有《樗軒集》。

倪謙（一四一五～一四七九）

《跋香山九老會詩》

廬陵香山乃王公恒安所居，成化庚寅秋，恒安弟益安自河南歸，友竹周公偕弟仁迪、遜菴陳公往賀至，則會恒安及弟利安、子姪省孚、墨庄劉公於在春堂，凡九人，年逾八十者二人，八十者一人，逾七十者一人，近七十者五人。益安開筵，以齒序坐，皆蒼顔皓首，笑歌為歡，友竹首為七言詩以倡，序以紀之。八人者皆屬和，金舂玉應，鏘然成什，誠一時之嘉會，舉世之鮮有者矣。友竹之子琬繪而為圖，刻梓以傳，而屬題其後。昔唐白樂天嘗於香山履道宅為尚齒會，預者九人。今友竹之會，地名人數皆與之同，豈偶然哉！樂天作詩有曰：「除却三山五天竺，人間此會更應無。」誇美如此，孰知今日友竹之會，遂與相埒，安可謂此會之更無哉！况樂天會上，皆拖紫紆朱之客，而友竹諸老不過三四世家宗族，世姻鄉閭，逢掖樂道，高隱之賢，尤為難得。其視壤叟芝翁，又何異哉！但不知此會此夕，太史曾奏德星之聚否也？予與友竹數十年前嘗游冶城，登高賦詩為樂。闊别既久，復見其有兹會之樂，知其賞心樂事，雖老而未倦也。故喜而為之書。(《四庫全書》本《倪文僖集》卷二十五)

《故監察御史張先生墓表》

承翰張先生有用世之雄才，而弗究厥施以歿，此世之人所以共惜之也。惜其人則必求其志節之懿而表著之，斯不徒惜矣。先生諱金陵，姓張氏，字承翰，以字行世，居吉水文昌鄉西團，生而氣質警敏不凡，九歲就學，讀書過目成誦，作詩對輒有奇句。……先生善屬文，援筆立就，作詩歌藻思清逸，論者以太白、樂天擬之，一時文價大振，求之者屨接外户。……（《四庫全書》本《倪文僖集》卷二十六）

《題湘江風雨圖》

《湘江風雨竹》一卷，乃太常少卿東吳夏公仲昭所作者也，以贈錢唐畫史戴君文進學士，張先生士謙嘗為序之，文進復以贈同邑高隱瞿君德宣，德宣復囑予題其後。盖仲昭永樂乙未進士，素工書，被選在綸閣，太宗皇帝甚重其書，以餘力師中書錫山王君孟端寫竹，盡得其妙。孟端沒，仲昭之竹，遂獨步當世，四方之人得其一筆，莫不寶愛之。仲昭作是，時為吏部考功主事，正其中年得意筆也。説者謂書與畫一法耳，工書者必工畫，其信然哉！予觀其平昔所作，或直幅，或橫披，不過三五竿而止耳，十數竿而止耳，未見有至若干尺，多至數百竿若是卷之富者也，誠以文進一代良畫史也，山水，人物，翎毛，花卉，無不臻妙，是以仲昭曲盡其能，以示之以文進，為具眼也。文進見之，能不撫卷而愛羨之乎？使其未造精妙，文進名手，顧肯求之，予以是知是卷之不易得也。且竹之為態，得水則格益幽清，得風雨則姿益活潤，况湘江乃多竹之地，仲昭抽毫運思，狀其景于目前，鷺灘鷗渚，縈迴曲折，清流激湍，潺湲溶漾，而叢篁密篠，掩映於兩岸之間，微風搖動，疎雨淋漓，其幽清活潤，蓋有無窮之趣焉。一開卷間，真若接蒼梧暝烟，而駐重華之霓旌也；真若弄瀟湘水雲，而鼓江妃之瑶瑟也；真若翠羽毿毿，而鳳来巢也；真若長身交亞，而龍欲化也；真若風淒雨霏，枝翹節勁，山長水遠，而望不極也。竹之妙，信無以加于此者矣。昔白樂天作《畫竹歌贈蕭協律》有云：「蕭郎蕭郎老可惜，手戰眼昏頭雪色。自言便是絶筆時，從今此竹尤難得。」今仲昭年已八十餘，雖欲復為此，必若蕭郎之不能矣，則斯卷也，得不為世寶哉！德宣，博雅好古君子也，文進持所愛為之贈，其重德宣亦至矣。予故道其為難得，俾益知珍襲焉。成化四年戊子歲秋七月既望，賜進士及第禮部侍郎致仕前翰林學士左春坊大學士侍文華殿講讀直東閣兼修國史同邑倪謙書於静存軒。（清武林往哲遺著本《倪文僖集》補遺；《四庫全書》本《書畫彙考》卷五十四）

智按：倪謙，字克讓，錢塘（今浙江杭州）人，徙上元（今江蘇南京）。正統四年（一四三九）己未進士，官至南京禮部尚書，謚文僖。

朱奠培（一四一八～一四九一）

《松竹軒詩評》

白居易之作，含蓄悠遠，形容精切，不尚巉譎，卒歸平實。大抵言出其心，所以無蹈襲陳腐之弊。與元稹諷諫各篇，良有異乎？主文譎諫之風，大雅明哲之道，速尤聒戚，雖工亦奚以為？（《全明詩話》第一册，第四六五頁）

智按：朱奠培，號竹林嬾仙，安徽鳳陽人。獻王孫。敏于學，修文辭，造語驚絶。書法矯潔遒勁。寫山水若草草不經意，自然神妙。工詩，著《仙謠卻掃吟》。

邱濬（一四一八～一四九五）

《昭君詞翻白樂天詩案》（二首）

奉命將身事朔酋，出門已分此生休。使回致語無他囑，但願君王惜好逑。

受醮登車不敢違，嫁雞直合與雞飛。黄金留作邊功賞，縱贖妾身難再歸。（《四庫全書》本《重編瓊臺會稿》卷一）

《因誦白樂天詠昭君漢使若回寄語之句偶成三絶》

君王驚見妾容顔，臨去含情帶怒看。咫尺宫門留不得，龍庭萬里贖應難。

君王非不惜蛾眉，臨到行時悔已遲。咫尺宫門留不得，龍庭豈有贖回期。

妾身非不戀宫闈，一涉胡兒心已非。縱使君王憐見贖，也應無面更南歸。（《四庫全書》本《重編瓊臺會稿》卷四）

《輓茅山隱者》

三茅峰下華陽洞，鶴怨猿驚失隱君。載酒無人問奇字，招魂有客賦騷文。塵埃長鎖揚雄宅，車馬頻尋白傅墳。曾記題詩詠高致，不堪哀訃此時聞。(《四庫全書》本《重編瓊臺會稿》卷五)

智按：邱濬，字仲深，瓊山人。景泰甲戌（一四五四）進士。官至文淵閣大學士。謚文莊。事迹具《明史》本傳。

葉盛（一四二〇～一四七四）

《公座書感次白樂天浩歌行韻》

案牘紛紛犹未畢，不覺東方又紅日。我生自省今几何，四十于兹又加七。年來年去復年年，燕然越絶又燕然。誰云一萬三千里，仗劍耻為遊子顔。黄金宫闕儼如故，憶得當時受恩處。孤臣隕血登朝來，大帝騎龍上天去。思家更有淚成河，河流去作東海波。奔流直過崑山下，山前馬鬣高峩峩。愁來對人默無語，強作銅斗嗚嗚歌。一寸丹衷尚云在，數莖白髮何其多。功名已自随人老，奈尔區區富貴何。(《菉竹堂稿》卷四，《四庫全書存目叢書》影印清初抄本)

《水東日記》

⊙用古人語

歐陽公《豐樂亭記》:「仰而望山，俯而聽泉。」用白樂天《廬山草堂記》「仰觀山，俯聽泉」語。張子野「雲破月來花弄影」，亦用白公《三游洞序》「雲破月出」也。(《四庫全書》本《水東日記》卷二十五；魏中平點校本，第二四六頁)

⊙白樂天畫像

白樂天畫像一幅，二像對立，一則五十時容，一則六旬後真也。上有自贊，别稱為蓬婆（洛南地名）仙，此幅元本尚存北方人家。(《四庫全書》本《水東日記》卷三十四；魏中平點校本，第三三一頁)

⊙《詩林廣記》參評

《詩林廣記》，元至正中蔡正孫氏所著，前集十卷，以晉陶淵明，唐杜甫、李白、韋應物、劉禹錫、韓退之、柳子厚、王摩詰、李義山、王建、杜牧、孟郊、賈島、孟浩然、盧仝、鄭谷、李賀、唐彥謙、韓偓、杜荀鶴、陸龜蒙、白居易（元稹附）、薛能、王駕、張祜、薛道衡、李涉、王播、韓翃、張繼諸人詩，證以名人評議，間附己見，亦多可觀。閑中偶見此本，為贅一二，與同志者商権焉。（《四庫全書》本《水東日記》卷三十六；魏中平點校本，第三四八頁）

韓退之《古意》詩，附樂天《月中桂》詩。楊誠齋云云。「何不中央種兩株」，樂天語固多有類此者，誠齋以驚人句屬之，則恐未然。蓋誠齋之好尚意向，與之投合耳。李商隱《馬嵬》詩，後人尚以為淺近，徐凝之《瀑布》、鄭谷之《雪詩》、石曼卿之「認桃辨杏」，東坡一以陋惡歸之，不亦宜乎。要之，白俗之譏，亦出至公，而盛唐正音，玆所以為不可及也歟。（《四庫全書》本《水東日記》卷三十六；魏中平點校本，第三五二頁）

白樂天《咸陽原上草》詩。《復齋漫録》云云。「春入燒痕青」固是五字好句，「野火燒不盡，春風吹又生」十字，句中自不可少。各相本題，各極其趣可也。如欲以彼掩此，其亦不可哉。（《四庫全書》本《水東日記》卷三十六；魏中平點校本，第三五七頁）

智按：葉盛，字與中，崑山（今屬江蘇）人。正統十年（一四四五）乙丑進士，官至吏部左侍郎，謚文莊。事迹具《明史》本傳。

徐居正（一四二〇～一四八八）

《叙懷》

大隱誰知在世間，宦情塵思共闌珊。已諳一鐵能成錯，未信千錢可買閑。詩道中興黄太史，世緣終淺白香山。殘年心事憑誰語，笑把青蓤仔細看。（《四佳詩集》卷二十九，《韓國文集叢刊》本）

《有感》

豪傑明時已立登，如予短拙百無能。讀書早信心肝苦，處世那知面目憎。白傅文章閑處妙，歐公聲價謗來增。悠悠老病無窮思，把酒成詩恨可憑。（《四佳詩集》卷三十，《韓國文集叢刊》本）

《愛閑》

白頭身世愧朝班，剛厭繁華愛得閑。少日才名黃太史，殘年行樂白香山。經邦事業知誰得，華國文章不我關。獨酌一杯還自笑，風流豪氣未曾刪。（《四佳詩集》卷五十，《韓國文集叢刊》本）

《送安邊南府使次武靈韻》

彈琴鈴閣播薰風，神化能回造物功。褒詔丁寧頒十札，高名藉甚冠諸公。割鷄妙手湖南最，展驥雄才冀北空。從此徵黃應不日，廟謨廷議已僉同。慷慨公廉有古風，承流宣化見神功。治如召杜聲名早，政比龔黃物議公。盤錯簿書隨手斷，掃除疾苦轉頭空。鸞栖枳棘終非地，他日蜚騰孰子同。先君當日揖高風，交道漸磨早見功。天上麒麟曾有種，人中龍鳳孰如公。雙清心跡傳家有，獨步才名絶代空。眼底青雲平萬里，著鞭應與祖生同。年來衰病又頭風，輔國曾無細小功。白傅有心將結社，辛毗那計忝爲公。風流行樂少年事，零落親朋太半空。惆悵與君相遠別，渭城聊復一尊同。（《四佳詩集》卷五十，《韓國文集叢刊》本）

《詠筍》

昨夜園中雨如酥，土脉起膏肥且腴。朝來蔣徑篁竹林，籜龍無數生新雛。尖新迸出犀角攢，錦襴新濯豹紋斑。揷棘編籬宜護視，擬見如束青琅玕。蜿蜒百里蟠深根，危梢萬丈高拂雲。伶倫合律來取之，亦有食實栖鳳時。如何後人殺風景，剪伐燒烹五味鼎。文同太守食已饞，玉版老師滋味添。平生我無燒笋心，珍重愛惜雙南金。不學白香山，愛之不思肉。不學蘇雪堂，爲賦貿簹谷。此君亦復有此孫，貞心勁節餘風存。我當勤著栽培功，與尔切磋全始終。（《四佳詩集》卷五十一，《韓國文集叢刊》本）

《小窗》

小窗清坐膝容安，滿架牙籤懶不看。才調早追黃太史，風流晚擬白香山。

軟風池舘開紅藕，細雨階除長紫蘭。身世依違慙白首，急流勇退古應難。（《四佳詩集》補遺一，《韓國文集叢刊》本）

《雙塘集序》

雙塘集者，永嘉權文順公所著也。公早擢第，以文學鳴於世。筆法高古，有江左風。仕麗季，再入諫院，封章慷慨。雖屢遭顛沛，而物論多之。遭遇列聖，蜚英顯赫，位至極品。早卜宅於南山陲，洞府幽深，杉松薈欝。鑿雙塘種蓮，幅巾黎杖，嘯咏其間。客至，輒壺觴聯句，淡然無營於世。年俯九袠，白鬢紅頰，逍遙自適，人擬之白香山。平生著述，不爲不多。及卒，家無幹蠱。今庶子祈，裒集散逸若干首，編爲一帙，示予求一言。予惟孔子曰：有德者必有言。文者，言之精也。積於中，暢於外。公以和順之德，廉潔之操，懷奇抱藝，見諸設施，又能推其底藴，發爲文章，從容閑雅，優遊不迫，有悠然曠然之趣，無華藻斲削之病。儘乎有德者必有言矣。予又聞，韓退之曰：王公大人，志盈氣滿，於文章，非性能而好之者，不暇以爲。又曰：和平之音淡薄，懽愉之辭難工。公以椒房之親，富貴之極，排膏粱，撥紈綺，寓興於花卉泉石之間，而寄懽愉於淡泊之中，眞所謂性能而好之者矣。……（《四佳文集》卷六序，《韓國文集叢刊》本）

《獨谷集序》

文運之於時運，相爲表裏，而有升降。盖光岳氣全，而人才盛。人才盛，而雅音作。文辭之與政化，乃流通無間矣。我國家之始興，天地運盛，異才間出。當時以文鳴世者，皆勳臣碩輔。如三峯鄭先生、浩亭河文忠公、松堂趙文忠公、獨谷成文景公、星山李文景公及我外祖陽村權文忠公，皆以雄偉傑出之才，遭遇顯隆，功烈炳煒。其發而爲言語文辭者，春容博大，有治世之音。嗚呼！豈特文章而已哉！三峯陽村集，盛行于世，餘皆散逸不傳，爲博雅君子惜之。今平安監司金公連枝，獨谷外甥也。欲壽遺藁，屬居正序。嘗聞世之談公者皆曰：公姿相瑰奇，氣度豪邁，風流文彩，逈出塵表，人望爲神仙。又或擬之曰：公詩酒跌宕，學太白；眞草妙絶，法羲之；功名終始，比白傅。聞之未嘗不拱手加額。公早仕高麗，已躋顯膴，及相我太宗，有佐命勳，入居廊廟，利澤聲名之加時見後者，吁甚盛矣。詩之傳不傳，

何足論哉！然詩非徒詩也。心之發，氣之充，辭之達，而讀其詩，可以知其人。……（《四佳文集》卷六序，《韓國文集叢刊》本）

智按：徐居正，字剛仲，號四佳亭，慶尚道大丘人。朝鮮李朝時期文學評論家、詩人。六歲讀書寫句，人稱奇童。十九歲中進士、生員兩試，二十五歲中文科第三人，被選入集賢殿任職并兼知制教，後又陸續中文科重試、拔英試、登俊試，歷事六朝，官至贊成事，封達城君。侍經筵四十五年，主文衡二十六年，掌選二十三榜，爲一代斯文宗匠。今傳有《四佳集》。所編通代文學選本《東文選》上迄三國，下逮鮮初。此外，編著有《三國史節要》、《東國通鑑》、《筆苑雜記》、《新撰東國輿地勝覽》、《太平閑話》、《滑稽傳》等。

韓雍（一四二二～一四七八）

《輓薛亞卿父》

詞翰兼優絕代無，養高不受俗塵汙。忽從瑤水羣仙會，遂判香山九老圖。丹鳳銜書恩禮重，蒼龍解紱淚痕枯。傳家幸有臯陶子，大展經綸弼聖謨。（《四庫全書》本《襄毅文集》卷四）

《都門別意為曲江黄御史父作》

冠蓋如雲出帝都，送君何處是歸途。曲江秋水鷗尋侶，丹穴朝陽鳳憶雛。雙屐行探春信早，一尊吟對月明孤。草堂到日多耆舊，重畫香山九老圖。（《四庫全書》本《襄毅文集》卷四）

《友清堂記》

昔米元章以石為友，白樂天以詩、酒、琴為三友，曾伯端以花中海棠、荼蘼之類為十友。石者，泥於寄矣；詩、酒、琴，流於放友；海棠、荼蘼之類，近於侈。彼偏於所好者，為之吾之友，則異焉。蒼梧行臺之前除，有古松三十株，高參天即，松之西，作屋三楹，為休憩之所，移古梅十五株，修竹二百竿。環植之竹，既叢生，梅亦盛開。吾休暇，與客游其間，見松之切切交峙，如冠劍大臣，國有大政，庭立而議也。竹之鏦鏦森列，如百萬甲兵密陣，環侍畏令，而不敢囂也。見梅之疏瘦横斜，如山林高士，辟穀導引，危立於巔崖之上也，三者相依，一塵不侵。吾愛其清，將取以為友。客疑之曰：「子常以古人友物為偏於所好，何亦取於兹乎？」噫！自《伐木》詩降，友道不能盡古。若世之人，平居無事，相處與契合親密，真若終始不相遺。一旦地位殊，利害近，反眼若不相識。或勢位相逼，讒毁排擠，無不至。雖門生故吏，亦隨時逐利，初附終叛，以怨報德焉。若是者，宜非士君子所為，而其人且忍為之，奚望其有忠孝大節哉？維松也竹也，歷四時風雨，霜雪之繁，盡萬物之榮枯，獨不能變其色，有久而能敬，士窮見節義之道焉；梅也，不與群芳爭麗，於春風艷陽之天而獨秀，於嚴冬之時，有秉心無競，途窮見友態之理焉。是則彼皆有歲寒之操，君子之德。吾友其德，以為晚節之規，若之何不可？客曰：「子取有德矣。」因舉酒屬賀。少焉，明月東昇，天風徐來，無虬鸞，鏘金石，響寒濤，百和之香，馥馥芬芬，吾耳目鼻息之所得，又如游鈞天廣寒，如中秋後登吳山絕頂，如趨晨朝近御爐，其清何如哉？乃謝客曰：是吾清友也，書以為友清書院記。（《四庫全書》本《襄毅文集》卷九；《粤西文載》卷三十二；《古今圖書集成》職方典第一千四百三十五卷梧州府部藝文一第三二～三三頁）

智按：韓雍，字永熙，吳縣（今江蘇蘇州）人。正統壬戌（一四四二）進士，官至右僉都御史，總督兩廣。正德間謚襄毅，生平見《明史》本傳。

黎淳（一四二三～一四九二）

《用白居易西湖留別韻送新城訓導王寘》

花明曉日樹横烟，文化新城藹誦絃。羅隱至今遺故宅，東坡曾此詠豊年。水聲流駐林間騎，山色移来海上船。師道尊嚴天道合，功名須近五雲邊。（《黎文僖公集》卷五七言律詩，《續修四庫全書》影印明嘉靖刻本）

《九江舊有白樂天祠，歲久淪没，為他神所據，太守劉公復圖新之，乃遷他神於别廟，名其堂曰忠孝。適余予告過而謁焉，因賦此詩》

帥府堂開九水濱，百年臣子一君親。金戈鐵馬功勳舊，玉帳牙旗慶澤新。

夜月吹笳申號令，春風把酒敘彝倫。江南古道今多廢，禮俗從兹尚可敦。（《黎文僖公集》卷五七言律詩，《續修四庫全書》影印明嘉靖刻本）

智按：黎淳，字太朴，號樸庵，華容（今屬湖北）人。英宗天順元年（一四五七）舉進士第一，授翰林院修撰，參修《續資治通鑑綱目》，遷詹事府少詹中兼侍讀，擢吏部右侍郎。後官至南京禮部尚書。卒謚文僖。有《龍峰集》。

劉昌（一四二四～一四八〇）

《姑蘇郡邑志序》

鄱陽邱侯守姑蘇之再明年，予歸自嶺南，適中書舍人李應禎貞伯，陽武訓導陳頎永之，皆以告家居，以嘗有斯文之契也，相與理姑蘇遺跡，而及於禮文典則之事。侯曰：吳自泰伯以禮讓立國，至言游北學於孔子，而仁義道德之説，益推達而充周，其後若嚴助、朱買臣之詞華，陸澄、陸元朗之博洽，范仲淹父子之忠賢，尹焞、魏了翁之學道，他如高人逸士，則有張翰、陸龜蒙，皆出于斯郡，而望於天下者。文獻之實，有徵不誣，今既千有餘年，出為等倫之魁，列為法從之賢，而鬱為儒宗者，且若山立水湧，前者導而後者繼也，不亦盛哉！當時，領節鎮如李栖筠，如李德裕，典郡邑，如鄧攸，如韋應物，如白居易，以及我朝諸閫卿，又復俊偉光大，足以名今而垂後，風聲所被，而俗效之。姑蘇文獻之成，宜非一朝夕也。然盛則衰，醇則漓，轉移之機，厥有所寄矣。吾欲考求遺禮，訂正古樂，以隆時祀，以表章鄉賢，齊整風俗，此必有所師資，而名物遺矩，載於前志，多散逸缺漏，無所稽裁，補而葺之，實惟二三君子有賴，予謝不敏，李君曰：此侯之惠教吾蘇也，於是相與諾之。侯復聘高年，延俊彦，志意真確，期於克協，乃法范文穆公、成大所撰志，参以百家，裨以羣史，人以代著，文以事從，郡摠而邑分之，凡一百卷。李君、陳君，諸俊彦之功為多。發凡證例，余亦豈敢抑，討論紬繹，則竊欲勉焉耳矣。侯名霽，字時雍，天順庚辰進士。以刑部主事拜今官，高年文學之士，則杜瓊用嘉，陳寬孟賢，鄉貢進士施文顯奂伯，陳璚汝玉儒士，賀甫美之，周京元基，成化十年正月既望。（《四庫全書》本《吳都文粹

續集》卷一都邑書籍）

智按：劉昌，字欽謨，號椶園，吴縣（今江蘇蘇州）人。正統十年（一四四五）乙丑進士，授南京工部主事，遷河南提學副使，擢廣東布政司左參政。博學多聞，工詩善文，藏書甚富。有《中州名賢文表》、《蘇州續志》、《五臺集》等。

王僎（一四二四～一四九五）

《竹菴記》

竹菴江陰薛士規，甫別號也。士規為人恬淡寡欲，於物一無所好，而性獨好竹，嘗即其居鄧易之後圃，植竹數百箇，疏泉以環之，而結屋其中，扁曰竹菴。士規居之以樂道忘世，盖自壯至老，無一日不與竹俱，自起居飲食以至接賔友，課子姓，無一事不與竹俱。士規化去，今三十年矣。此竹傳至於子安道、孫文理、曾孫良器，越三世不衰，而菴之修葺於累葉者，亦完整不廢。良器近来南雍，請記其事。昔王子猷在吴，嘗僦屋以居，亦便令栽竹，曰：何可一日無此君，况終身隱居之所乎？白樂天在長安，見故相國之私第竹瘁，尚惜其嘗經長者之手，為之愛惜，况父祖之所遺者乎？是宜士規之有取於竹，而其子若孫之愛護之而不忍傷也。雖然，天下之植物多矣，而君子獨取於竹，謂其可以比德也。君子之德莫大於有容而其中虚，莫强於有立而其外直，莫難於有守而其節堅，莫貴於有用而其材長。其挺然獨秀者中立而不倚也，叢生不亂者羣居而不同也，枝榦之磦砢者名行之砥礪也，筠色之清潤者文理之密察也，均是竹也。自衆人視之，徒知其為竹，至君子觀之則知其具衆德焉，此士規之有取於竹，而不與尋常玩好同也。然則其子若孫之愛護之者，亦豈徒以竹不以德哉！竹，吾父祖之所遺也，而吾之有身，其遺體也；吾身之有教，其遺訓也；率是教而不畔於道，其遺謀也。吾知培養於竹，則思培養於德，由良器而上，固知謹於是也，由良器而下，豈必皆知謹哉！予忝於薛氏有連，故為記之，而申以為戒。（《思軒文集》卷一記，《續修四庫全書》影印明弘治刻本）

《倡和壽詞後題》

聽玉楊公叔理，錫山徵士也。盖其家故高貲，其昆弟多為顯官，其為人亦有才可用。公一不以屑意，脱略紈綺，遺落世故，幽棲一壑，扁舟五湖，日與幽人韻士相從為文字遊，泊然如布素中人，至於酒酣興至，作為詩歌，清新俊逸，景與意會，點染成圖，平淡簡遠，又儼然晉宋間人風致。雖嘗斥其餘貲，以濟貧餒，朝廷聞之，授以冠服，然終非其志也。公今年五十有六，嘗於誕降之辰，作詞自壽，其昆弟子姓和之，其塾賓李舜明和之，士林諸友又和之，而公又手録其先每遇誕日所作詩，并舜明所通和為一卷，攜來南都。予竊觀焉，前輩嘗言，白樂天為人誠實洞達，好為詩以紀年歲，盖自壯至老，無歲無之；蘇長公素重樂天，間亦效其所作。千載之下，取而閱之，不必觀公年譜，考公家傳，可以備得其為人。聽玉此作，其亦有慕於二公者哉！公去，是其福益臻，其壽益永，紀年之作，亦日以富，後之人又將有慕而為者，其名豈不與二公同垂於不朽哉！（《思軒文集》卷十一題跋，《續修四庫全書》影印明弘治刻本）

智按：王㒜，字廷貴，武進（今江蘇常州）人。景泰二年（一四五一）辛未進士，官至南京吏部尚書，謚文肅。

張弼（一四二五～一四八七）

《潯陽圖》

琵琶聲斷夜如何，應是青衫淚不多。誰信當時魯男子，半牕殘燭照雙蛾。

客散琵琶已過船，詩翁兀坐一枯禪。畫工薄倖輕粧點，狼籍春風最可憐。（《張東海詩文集》詩集卷二，《四庫全書存目叢書》影印明正德十三年周文儀福建刻本）

《續夢詩話》

二月四，夜夢與中書舍人張文元同訪南陵守方文美於家，閱其書櫃，尋予秀才㫛詩稿不得，乃借其大事記一册、本雅一册而回，且賦詩一首，止記結句云：「東風一十四廻春」，覺而足成一絕，又加二絕，寄文美文元，其一曰：「故人家在泖西濱，夢裏相尋宛是眞。却筭南都同折桂，東風二十四迴春。」蓋予與文美交久矣，同登癸酉鄉試，則廿四年，然此句乃白樂天舊詩云。其二曰：「少日揮毫鬼画符，鶴城舊稿久應無。故人篋笥如收得，還付家人覆醬瓿。」蓋鶴城稿乃舊詩稿名也。其三曰：「借書眞似鼠銜薑，入眼何曾記半行。却笑夢中空費力，不知雙髩久蒼浪。」諺有云：借書不能讀，老鼠銜生薑，故用之，然書目不聞有本雅，豈夢之妄耶？抑予淺陋而未閒耶？併識以俟博雅君子，旹成化十二年丙申歲。（《張東海詩文集》文集卷三，《四庫全書存目叢書》影印明正德十三年周文儀福建刻本）

智按：張弼，字汝弼，華亭（今上海松江）人。成化二年（一四六六）丙戌進士，官至南安府知府。事迹具《明史·文苑傳》。

謝士元（一四二五~一四九四）

《何處難忘酒和白樂天二首》

何處難忘酒，元宵午夜天。星燈交燦爛，人月鬬嬋娟。巷陌聯車騎，樓臺咽管絃。此時無一盞，奚以慶新年。

何處難忘酒，明時報政嘉。有人歌豈弟，到處長桑麻。事簡常封印，庭空早放衙。此時無一盞，奚以度年華。（《四庫全書》本《石倉歷代詩選》卷三百九十）

智按：謝士元，字仲仁，長樂（今屬福建）人。景泰五年（一四五四）進士。天順七年（一四六三），擢建昌知府。改永平，仕至右副都御史。事迹具《明史》卷一七二。

童軒（一四二五~一四九八）

《題九老圖》

我聞神仙人，往往不易得。斯圖繪九老，乃類瀛洲客。容顏尚渥丹，鬚髪盡垂雪。想當香山游，高會總英特。安定司馬胡，馮翊衛尉吉。劉鄭宜可肩，盧張亦同列。就中老居士，頗憶姓是白。平生慕出仕，稍稍著勳業。一朝服官政，歸興浩若決。復有元爽翁，齒數已過百。僧人如滿徒，少日共鄉陌。投閑時盍簪，氣味逈無别。臨流撫鳴琴，倚杖聽啼鴂。長松雨初過，草色翠如疊。優游竟忘疲，聊以卒歲月。予亦曠達人，奔走困仕轍。何年預斯會，不俟殘齒缺。願陪衣冠後，石澗采薇蕨。（《四庫全書》本《清風亭稿》卷三）

智按：童軒，字士昂，江西鄱陽人。景泰二年（一四五一）辛未進士。授南京吏科給事中。憲宗時以副都御史提督松潘軍務。官至南京吏部尚書。為人廉介寡合，好學不倦。有《清風亭稿》、《枕肱集》、《紀夢要覽》、《海嶽涓埃》、《籌邊録》等。

江朝宗（一四二五～一五〇六）

《四賢閣記》

賢才之生，未嘗不用也。然或所遇之時不同，而于進退出處顯晦之際，不能無憾焉。後之觀賢才者，當其始終所行之實，與其所遇之實，則于進退出處顯晦之際，皆有以識其藴矣。是豈賢才之不常有哉？時之不常有也。蜀之忠州，古巴子國。當唐建中時，劉晏出爲刺史；貞元時，陸贄出爲别駕；李吉甫出爲刺史；元和時，白居易出爲刺史。四公者，一時之賢才，卓卓然有聞者也。何其相繼而貶黜之哉！蓋唐自代宗、德宗以來，强臣擅權，紀綱大壞，雖有晏之理財，朝廷之所倚辦，爲楊炎所陷，賜死之日，天下冤之。贄當奉天之難，問關扈從，以群奸謗斥，竟致于死。憲宗之時，吉甫流落江湖十有五年，而召入相，進賢以報主恩，一時翕然，稱爲得人。白居易爲主客郎中、知制誥，出牧蘇臺，至武宗會昌時，以刑部尚書卒，其詩名爲天下後世所重。其四賢之進退出處顯晦，豈不因其時而見之哉！至宋紹聖三年，王聖塗知州事，建四賢祠于所治之後，而黄太史涪翁爲之記。推其所思，欲追配古人之意。紹聖迄今三百六十餘年，而祠廢已久，無有能復之者。景泰三年冬，禮部左侍郎、桐廬姚公夔奉敕滇南考察吏治得失，道經忠州，遂捐餘廪，俾前知州張立祠于學宫之側，規模卑隘。天順三年己卯夏，四川按察司僉憲、建安劉公福巡歷至郡，首謁先聖，繼拜四賢祠下，顧瞻弗稱，重捐己俸爲倡，相大成殿西之隙地，去其舊而謀新之。命知州徐慶、吏目劉惠，偕雲根遞運所大使朱洪爲董其事。祠宇高明宏敞，上瓦下甓，高其垣墉而辟其南爲門。塑像必求其真，神位則書其爵。郡儒學師鄭和與諸生言曰：四賢昔來治郡，今六百餘年。聖塗祀之而久廢，中間爲郡者不能一舉也。僉憲公獨致其崇敬之意焉，其可泯而不彰乎？亟來請予以記其事。夫景行先哲，君子之心也。四賢之迹，雖曰不同，觀其立心行事，在當時者，可考見也。惟于宣公，先儒論其居相位也，干璇衡而揭日月，清氛氣而平泰階；若在貞觀、開元之時，房杜姚宋未知孰先後也，其賢又有出于三公者焉。僉憲公之用心，誠在于此。州之人士，景仰而矜式之，勿求其治郡之迹可也。是爲記。（中國人民政治協商會議忠縣委員會編《忠縣文史》第二輯「白居易與忠州」，一九九三年一月，第九一～九二頁）

智按：江朝宗，字東之，號樂軒，重慶巴縣人。代宗景泰二年（一四五一）進士，經吏部考選為庶吉士。曾參撰《大明一統志》，書成後升翰林院編修，後升翰林院侍讀，進講經筵。又撰《英宗實録》，遷翰林院侍讀學士兼東宫侍講，曾兩次主持會試。憲宗成化十五年（一四七九）因受「牟奉事件」（巴人牟奉因抑富賑貧，有人告江朝宗與奉有交往）牽連，貶官廣東任市舶司提舉。後以學士銜致仕。回鄉後受鄉里敬重，曾多次被推舉為孔子祭祀大典大賓。善書法，著述頗豐。曾編纂《重慶府志》，有《紫軒集》、《蜀中人物集》。

張寧（一四二六～一四九六）

《西湖百詠詩序》

孔子謂：「詩可以興，可以觀，可以羣，可以怨，多識於鳥獸草木之名。」作詩者不出此，不足以為教。讀詩者不知此，不足以為學。然善作者，言多隱約微婉，非因辭逆志，體事得情，茫然聲韻之末，終無以達其本旨。宋錢塘董嗣杲《西湖百詠》繼而和之者，今陳太常惟誠亦既梓行矣。其士人朱彦明尤慮其未廣，將翻刻遠布，持以求序。念自秦漢下至唐宋，西湖形勝，日以著聞，林泉巖洞，坡堤峯嶺，祠廟園池，樓閣橋亭，井墓之屬，莫不各有標題，詠玩其間，國謀人事之興，亡善惡是非得失，因是詩亦足興起，考見後世，周行歷覽，延納韋素，莫甚於白樂天、蘇文忠，而興利救弊，未嘗曠廢，表忠觀未立，錢氏遺黎，過故陵寢輟，相與垂泣，終無一人反側，岳忠武銜寃就獄，至死無片語濫讟，詩所詠載，幾於和而不流，怨而不怒，致養如聚景園，追遠如延祥觀，死難如張忠勇廟，可以同光，棲霞嶺墓，事父事君，詩亦具備，而其緒餘多識，又足以通知古今，曉暢名物，按求遺跡，於荒蕪迷佚之中，不使終泯夫，然後嗣杲、惟誠之言，庶幾合乎聖人之教，讀者尚亦逆志得情，毋徒留連景光，韻想形勝，以小視彦明之舉，則此集可以史稱矣。(《方洲集》卷十七,《四庫全書》本)

智按：張寧，字靖之，號方洲，海鹽（今屬浙江）人。景泰五年（一四五四）甲戌進士，官至給事中。事迹具《明史》本傳。

黄瑜（一四二六～一四九七）

《雙槐歲鈔》

⊙彭、陸論韻

古人用韻，大率合六書諧聲而來，往往通而不拘，如六經可見已。宋吳棫才老韻補乃據唐宋諸文士以律古人，是不足爲準也。成化初，陸諭德鼎儀釴大不然之。彭學士彦實華與之書曰：夫有聲而後有字，合字與聲，而後有韻書。韻也者，類其聲之叶者也。使古韻書盡存，則古人字音，固可盡得矣。古韻至魏晉時，尚多知之。宋齊而下，浸以湮滅。然有博雅好古之士，若唐韓退之、柳宗元、白居易、宋歐陽永叔、蘇子瞻子由，猶能深考古韻而用之。夫謂之古韻，則古人字音與後人有不同，明矣。詩《三百篇》強半出於閭門里巷，其所韻非當時語，而何且一字而有兩音者，如左右之類，三音者如樂惡之類，四音者如行與洚之類，古今人皆然，何獨謂明鳴二字，古人未必讀為芒特，叶韻時強轉其聲邪。足下謂明鳴等字，今人未嘗讀為芒，古人之音不應大相絕如此。夫沈約距今纔幾時，而今之韻於支與微之類，合其二而為一。麻與遮之類，分其一而為二。其不同已如此，而況數千百年欲其一一若自一口出得乎？如今人讀服為房六切，而服之見於《詩》者，皆當為蒲北，無與房六叶者，古人未嘗讀為房六也。今讀慶為邱正切，而慶之見於《易》、《詩》者，皆當為驅羊，無與邱正叶者，古人未嘗讀為邱正也。《左傳》以皮叶多坡，以皮得聲，則皮初讀為蒲波切，轉而為蒲麋耳。顏延年以霾叶施霾以貍得聲，則霾初讀為陵之切，轉而為亡皆耳，莫之取義日在茻中也，後人乃妄加以日字，臺之取義築土堅高能自勝特也，後人乃訛轉為苔音，若此者，未可遽以一二數。姑就足下所及者而言之，夫古今人不同多矣。試以字文韻語觀之，字自蒼頡，古文變而為籀篆，又變而為小篆，又變而為隸，又變而為楷為草，以今之草律，石鼓之古文，吾不知同邪異邪？詩自《三百篇》，變而為《離騷》，又變而為五言，又變而為七言，又變而為近體，為小詞，以今之詞律雅頌之古句，吾不知同邪異邪？凡古之禮樂制度，後世廢易殆盡，所幸存而未泯者，賴有載籍之傳焉。字之音韻，亦猶是也。於今可見古人音考者，獨賴經傳中韻語耳。足下因古人之叶韻，非今人之所讀，遂謂古人強轉其聲，何溺於今而誣古人也。彭所論如此，惜陸所與書無聞焉。（《雙槐歲鈔》卷九，清嶺南遺書本；中華書局，一九九九年十二月版，第一七七頁）

智按：黃瑜，字廷美，香山（今廣東中山）人。長樂縣知縣，有惠政，以勁直棄官。手植槐二，構亭吟嘯其間，自稱雙槐老人，作《雙槐歲鈔》。（《四庫提要》引朱國禎《湧幢小品》）幼聰穎明尚書，景泰七年（一四五六）丙子舉於鄉，入成均，以經行為一時冠。天順初，詔求直言疏，上正身正家六事，凡數千言，觸權貴，將得罪，賴尚書王翺、侍郎薛遠捄之而免。成化五年（一四六九）己丑，授長樂知縣，禮賢興學，士多化之。有兄弟相訟者，開導之，皆涕泣，相讓而退。豪民黃新殺人，匿其屍，訊，不肯伏法。司欲從矜疑，瑜請覆訊，默禱於神，俄有蚱蜢折左股，斃於硯，謂新曰：「汝折其左足，埋黑水塘中，神告我矣。」新大驚，吐實，遂具獄，其洗寃燭奸如此。

以勁直忤當道，民攀留不可，則為立生祠。卒，年七十有二。所著有《雙槐集》及《歲抄》傳於世，子鑝，孫佐，最知名。(《廣東通志》卷四十五)

何喬新（一四二七～一五〇二）

《論詩》

自已刪之後，詩雅蕭條，如蘇、李之高妙，嵇、阮之冲澹，曹、劉之豪逸，謝、鮑之峻潔，其詩非不工也，然嘲詠風月，亡裨風教。求其有補風化者，晉之淵明而已。觀其自晉以前，皆書年號。自宋以後，惟書甲子，是豈可與刻繪者例論耶？如元微之之雄深，韋應物之雅澹，徐陵、庾信之靡麗華藻，白樂天、柳宗元之放蕩嘲怨，其詩非不美也，然夸耀煙雲，無關政體。求其愛君憂國者，唐之杜甫而已。觀其《杜鵑》之詩，忠愛之心見於言外；《北征》之詩，憂國之意見於終篇，又豈可與浮靡者例論耶？（《四庫全書》本《椒邱文集》卷一）

《史論·宋》

初呂惠卿迎合王安石，建立新法，故安石力援引驟致執政。惠卿既得志，忌安石復用，乃起李士寧獄以傾安石。

知人之難，自古病之。然公以處心明以燭物，則知之亦非難也。君子如孤松勁栢，望之蒼然，不可狎玩，雖風霜搖落，不改其舊焉。小人如細柳柔蔓，婀娜纏綿，令人喜悅，然玄冬沍寒，摧落無餘矣。以此驗之，何患人之難知哉！世之為大臣者，以其不可狎玩也而憚之，以其可喜悅也而愛之。於是好惡橫生，而君子日疎，小人日親矣。李德裕忌白居易而薦白敏中，然德裕得罪之後，出力以傾之者，敏中為多。王安石忌司馬光，而薦呂惠卿，然安石罷相之餘，逆距其再用者，出於惠卿之謀。夫敏中、惠卿，小人也，嗜利忘義不足深責。德裕、安石處心不公，好同惡異，實有罪焉。予故表而出之，以為後世大臣之戒。(《四庫全書》本《椒邱文集》卷五）

《答陸大參》

別逾六載，雲樹之思，與日俱積。近者令姪自吳中來，承寄手帕碑帖為慰不可言，兼承華翰，獎予太過，非鄙劣所敢當也。喻及新建賜閒堂，命某作記，益增慚悚。僕自與閣下別來，汨沒簿書間，日不暇給，舊學荒廢久矣。出言雜亂無章，況敢執筆為文，以取誚於識者哉！吳中以文章名家者，無慮數十，欽謨尤為傑然，殆今之歐蘇也。閣下不求諸彼，而求諸此，無乃昔人所謂「近舍皇甫湜遠取白居易」邪？抑所謂厭珍饈而嗜菖蒲菹邪？不敢奉命。僕年來多疾，精力日益消耗，乞身南歸，匪朝伊夕。倘遂所願，他日追尋益公，訪石湖故事，扁舟過吳江，訪子錦溪別墅，觴于茲堂，酒酣意適，當托諸楚聲為閣下賦之，尚未晚也。令姪行速不盡所欲言者，尚冀諒察。秋暑猶熾，伏惟順時珍燮，以膺多祉。不宣。（《四庫全書》本《椒邱文集》卷十六）

《題劉原父投壺義後》

臨川吳文正公校正《儀禮》，既因鄭氏本，而詮次其篇章。凡經文散見於戴禮、鄭註者，則表而出之，為《逸經》八篇。禮必有義，又取戴記所存，與清江劉原父所補者，為傳十篇。若士相見義、公食大夫義，則原父所補也。予近讀《原父文集》，又得《投壺》一篇，盖釋《禮經》投壺之義也，故附録於朝事之後，以備逸經之傳焉。正經十七篇，有傳者十；逸經八篇，有傳者一。其餘缺焉。崇禮君子，雖追而補之，可也。或曰：束晳《補南陔》諸詩，白居易《補湯征》，皆見非於君子，原父所補，亦《南陔》、《湯征》之類耳，豈可取以為訓哉？予以為不然，《南陔》、《湯征》，經也，經出於聖人所刪，補之僭也；冠婚諸義，傳也，傳出於周末漢初，諸儒所作，補之奚不可邪？且朱子嘗補格物致知之傳矣，今與曾子之傳，並列於學官，未有非之者，苟以補傳為不韙，則朱子豈為之哉？（《四庫全書》本《椒邱文集》卷十八）

《讀李德裕傳》

李德裕惡白居易而薦白敏中，及其失勢，敏中從而擠之，不遺餘力。王安石忌司馬光而薦吕惠卿，及其罷相，惠卿誣譖百端，至發其私書，二事相類也。以居易鯁介有文，使獲柄用，雖不能救德裕崖州之竄，必不忍擠之於險。以光之清儉好古，使處政府，雖不免變安石病民之法，豈肯攻訐其私哉！

二子可謂不知人矣。自貽伊戚也，哀哉！君子曰：是德裕、安石之罪也，好佞而惡直，好同而惡異，不以大公至正存心，顧以愛憎為用舍。非德裕、安石之罪歟？其得禍也，非不幸也，宜也。雖然，二子固不得無罪，然於敏中、惠卿不可謂無恩也。敏中、惠卿受恩不知報，則亦已矣。廼以怨報德焉，曾犬豕之不若也。嗚呼！此兩人者，真刑戮之民哉！（《四庫全書》本《椒邱文集》卷十九）

《商王河亶甲廟（《書》有《河亶甲》篇，今亡）》

遷國啟雄圖，遺靈食舊墟。明禋來郡邑，禱賽走樵漁。德業三宗後，丹青百禩餘。樂天嗟已矣，誰為補亡書。（白樂天嘗補《湯征篇》。）（《四庫全書》本《椒邱文集》卷二十二）

《題明皇秉燭夜游圖》

沉香亭上烏飛速，歌吹未終宮漏促。歡娛不足可奈何，夜游更秉西園燭。銀盤萬炬照天紅，恍如赤日行晴空。更將羯鼓催花柳，共信聖主真天公。太真娉婷奉巵酒，願上大家千萬壽。隋家天子放流螢，熠燿微光詎能久。伶官再拜前致詞，袛今四海皆熙熙。將有禄山相林甫，聖人不樂復何為。念奴高歌八姨舞，鱗膾駝峰薦雕俎。明朝且放紫宸朝，翠帳醒來日方午。金鷄帳裏卧猪龍，内寵不減昔秦宮。昏昏醉夢日復夜，豈料興衰在眼中。桃林一戰血沒踝，薄暮不見平安火。蒼茫西出馬嵬坡，驛舍無燈相枕卧。斜谷鈴聲暮雨寒，歸來無復舊時歡。霜凝鴛瓦不成寐，怨對孤燈夜未闌。（《四庫全書》本《椒邱文集》卷二十三）

智按：此詩深受白居易《長恨歌》影響，可謂異曲同工。高啓亦有七言長詩《明皇秉燭夜游圖》。

《秋夜搗衣曲》

高梧露墮銀牀冷，宮漏沉沉夜初永。碧落無雲月正中，樓臺滉漾玻璃影。輕移芳屣下空庭，未拂瑶砧已愴情。玉腕徐揮搗寒素，丁東寫出斷腸聲。非絲非竹亦非木，碎珮繁鈴斷還續。壯如巫峽瀉春濤，清似寒溪漱鳴玉。商聲嗚咽徵聲悲，散入秋空遠更微。公主辭唐嫁回紇，文姬歸漢別焉支。乍沉乍振聲尤苦，顧影無言淚如雨。嚴陵臺上哭孤臣，白傅舟中泣商婦。砧聲轉急愁轉深，栖烏驚起啼霜林。長風吹入征夫耳，應識香閨悵望心。玉杓斜指天將曙，停杵凄然倚庭樹。却愛蓮塘水不波，雙鴛交頸眠香霧。（《四庫全書》本《椒邱文集》卷二十三）

《歸田後連得二子秋官郁君以詩相賀次韻答之》（其一）

垂老煢煢每自憐，雙雛初乳却歡然。竇家驥鳳雖難比，白傅文章幸有傳。稍喜階前瑶草秀，敢誇掌上寶珠圓。山間湯餅無兼味，聊和新詩侑慶筵。（《四庫全書》本《椒邱文集》卷二十四）

《嘉興吕文懿公哀辭》

夫子褒然為舉首：叫閶闔而陳昌言兮，睎賈、董孰知其先後？彼欽永與元、白兮，固將汗流而却走。肆登秩於翰苑兮，日密邇乎清光。……（《四庫全書》本《椒邱文集》卷二十六）

智按：何喬新，字廷秀，江西廣昌人。景泰甲戌（一四五四）進士，官至刑部尚書，謚文肅。事迹具《明史》本傳。

沈周（一四二七～一五〇九）

《題沈履德游湖雜詠卷》

朝看湖船出，暮看湖船還。游人趁日不用揀，雨晴雪月何曾間。舉頭看山低頭飲，唱謌小女桃華顔。青山亦來照湖水，一鏡暎入千螺鬟。便可斗酒詩百篇，更選絶壁鑱其頑。青山萬古湖萬古，歲月但與游人慳。昨日游湖人，今日埋青山。青山與湖同玩世，儘把少年勾引老者删。君不見白樂天、蘇子瞻，云公不能再為湖山起，虚名空掛湖山間。我當把湖釀酒日日醉，豈被紅塵白髮相欺謾。（《四庫全書》本《石田詩選》卷二）

《一年惜一年效樂天體》

人老一年惜一年，我老一日惜一日。譬之今日且漫過，明日思今已難覓。一日雖近一年遠，要是年從日中失。莫教惜遠不惜近，一日與年爲大率。况人無日不勞生，又有貧窮兼久疾。青春不是愁斷送，白髮寧從笑中出。……憂多樂少我自知，却老延年信無術。(《石田先生詩鈔》卷二，《四庫全書存目叢書》影印崇禎十七年瞿式耜耕石齋刊本)

智按：沈周，字啓南，號石田、白石翁，長洲（今江蘇蘇州）人。工詩善畫。文摹左氏，詩擬白居易、蘇軾、陸游，字仿黄庭堅，並為世所愛重。尤工於畫，評者謂為明世第一。有《石田先生集》等。生平見《甫田集》卷二五《沈先生行狀》、《王文恪公集》卷二九《石田先生墓誌銘》。

鄭安（一四二八～?）

《伊闕觀瀾亭記》

昔禹鑿龍門，以通伊水，斷一山為兩，其中闕然，而伊水出，故名伊闕，在洛陽南二十五里許，乃古形勝之地也。故賢士大夫往往喜於登臨賦詠者，愛其山盤礴，而水潺湲，指顧之間，快心暢目，倏然有出塵之想，則伊闕山水之佳麗，無不遂其游觀，而開其懷抱。其四方聞之者，咸願身造而目睹；過之者，不以事而廢游也。

天順辛巳歲十二月乙巳，是日天朗氣清，山明水秀，太守虞廷璽喜政事之餘暇，將窮一日之樂，而觀覽山川地理之實。自郡城南涉洛水，謁康節邵先生安樂窩祠堂畢，從小徑出漢光武城。過午橋，南行至伊闕下，兩山石壁峻峭，雄列東西，對峙伊水，中出自南而北，折轉東馳，演迤平浦，流入於洛。山隙之下有數泉，或湧出，或垂出，或穴出，其中有寒涼者，有溫煖者，泓渟漫流，飲之甘洌，清冷可愛。山石高下，鑿為大洞，為龕，其中琢諸佛像，有坐者，有立侍者，有極鉅者，尋丈極細者寸餘，或全或缺，億萬之多，不可勝數。舊有八寺，得名奉先、香山，今皆廢毁，無一存者。又有斷碣殘碑，湮沒磨滅，而棄於山墟草莽之間，偃而仆者多，立者僅得其一二，所刻皆佛語字，剥落摩挲不可讀。事遠而無所從質，莫詳始於何代也。太守俯仰今昔，徘徊顧瞻，不能無慨焉。已而浮小舟，之八節灘，過東山，弔唐居士白樂天墓，次金佛洞。適有教授黎浩、訓導李時顯攜酒至，就河下喚漁人罾舟買小鮮，庖人烹之，設樽俎，陳山殽野簌於前。太守與客飲觴酌酒，觥籌屢交，歌太平既醉之詩，效王逸少故事，寫蘭亭一觴一詠之樂，飲數盡歡而罷。是時日將西行，浮小舟過山，詣鑼鼓洞，憑高以眺，坐石以息，觀水深淺之狀，可以游目，聞水潺湲之聲，可以盈耳，遂欲築亭於斯。因事倥偬，不克就。明年壬午春，亭乃落成，太守取孟子觀水有術，必觀其瀾，而名其亭。求中書汪公景昂大書，扁曰：觀瀾亭。是時，因予陪行，故屬記歲月，刻石置諸亭右。

予惟孟軻氏所以觀夫水者，不在水也，在乎道也。水之湍急處，滔滔汩汩，洶洶溶溶，前者逝，後者續，彌晝夜，窮歲年，不涸不止，不急不徐，其流也，前乎千萬載，不見其始；後乎千萬載，不見其終者，以其源之有本也，水之有本如是，其道之所寓亦猶是也。夫道原於天，而寓於人，無往而不在，無時而不然，世有古今，道貫古今而不息，有天地道塞天地而無間。道之有本，因水之有源而可見也。然太守之所以名亭，而取孟子觀瀾之意者，亦猶吾夫子觀川水之流，見夫道體之無窮歟？亭於是乎作也。後之縉紳縫掖之士來游於斯亭之下，可遨可嬉，可嘯可歌，以臨以眺，以坐以休，而自樂其樂，與人樂其樂者，有所考而知立亭之所始云，是為記。(《古今圖書集成》山川典第五十二卷伊闕山部藝文一第六～七頁)

智按：鄭安，字康民，海陽（今屬廣東潮陽）人。敏悟絶倫，正統十二年丁卯（一四四七），弱冠，領春秋鄉薦第一，景泰五年（一四五四）進士。授監察御史，彈劾不避權貴。生平見《四庫全書》本《廣東通志》卷四十六；卷三十三。

羅倫（一四三一～一四七八）

《敬菴詩集序》

莫論其高深，莫論其淺近，通乎性情，止乎禮義而已。夫奇高深而卑淺近，論詩之通病也。以性情禮義為主，而不論其高深淺近焉。達於論詩者也，《三百篇》之為詩，國風淺近，雅頌高深，然本之性情，止乎禮義，風雅無異也，聖人皆録而不棄焉。

後世之為詩，若李太白、黃山谷，非不高深也；陶淵明、白樂天，非不涉於淺近也。然君子皆録而不棄焉。何也？夫性情猶水也，禮義猶防也。水止於防性，情止於禮義，則不流而淫，不流而淫，則其為詩也，固風雅之遺意矣。然則高深者吾取之，非取其高深也，取其禮義也；淺近者吾取之，非取其淺近也，取其禮義也。故曰：論詩以禮義為主者，達於論詩者也，高深而過於詭刻，淺近而流於鄙俚，君子無取焉。

若敬菴先生之詩，其禮義之發於性情者乎？吾固未暇論其深淺也。倫自弱冠，則聞先生之名，以為卓然長者之風，欲一見而不可得也。後二十年，得與先生之子游，故家遺俗，猶有在者，故為叙先生之詩而傳之，使知先生之可傳者，不獨其詩也。先生諱某，字常悦，姓丘氏，鰲溪人。（《四庫全書》本《一峯文集》卷三；《明文海》卷二百五十九序五十詩集）

智按：羅倫，字彝正，别號一峯，江西永豐人。成化二年（一四六六）丙戌進士第一，授修撰。釋褐甫三月，以疏劾大學士李賢，謫泉州市舶副提舉。明年詔還復原官，改南京供職。尋以疾辭歸，退居金牛山，授徒講學以終。事迹具《明史》本傳。

金宗直（一四三一～一四九二）

《七月二十二日志喜》

眼有昏花牙齒無，猶誇造物不嫌吾。少於白傅纔三歲，賽却徐卿已二雛。繼序唯論母貴賤，揚名正係子賢愚。他年反哺將誰責，且弄明珠獨自娱。（《佔畢齋集》卷十九，《韓國文集叢刊》本）

《讀白樂天病眼詩，與余相符，次其韻》

五十七年眸益暗，客塵風眩殆難瘳。看書滋味三分減，秉燭觀遊一併休。昔與卜商容或類，晚爲張籍轉堪愁。強顔經幄揩張處，恰被人譏不自尤。（《佔畢齋集》卷二十，《韓國文集叢刊》本）

智按：金宗直，字季昷、孝盥，號佔畢齋，謚號文忠。有《佔畢齋集》。

彭華（一四三二～一四九六）

《與吴鼎儀論韻學書》

辱同館從事偶及韻學，足下退而以書見諭，破區區之愚，誠懇懇勤勤。非愛深者，其克爾耶？朋友講論切磨之道，缺絶久矣，不意復見足下也。然所諭終與僕私指謬異，請略陳固陋。夫有聲而後有字，合字與聲，而後有韻書。韻也者，類其聲之叶者也。使古韻盡存，則古人字音固可盡得矣。古韻至魏晉時，尚多知之，宋齊而下，浸以湮滅。然有博雅好古之士，若唐韓退之、柳宗元、白居易，宋歐陽永叔、蘇子瞻、子由，猶能深考古韻，而用之矣。……（《四庫全書》本《明文海》卷一百七十五書二十九）

智按：彭華，字彦實，安福人。景泰甲戌（一四五四）進士，官至吏部侍郎，入内閣。逾年以風疾去，卒，謚文思。有《素菴集》九卷，未見傳本。今存《彭文思公文集》六卷附録一卷（《四庫全書存目叢書》影印清康熙五年彭志楨刻本，集部第三六册）。事迹附見《明史・萬安傳》。

胡居仁（一四三四～一四八四）

《易像鈔》

肥遯无不利。白居易《感興》：「魚能深入寧憂釣，鳥解高飛豈觸羅。」朱子：「富貴有餘樂，貧賤不堪憂。誰知天路幽險，倚伏互相酬。請看東門黄犬，更聽華亭清唳，千古恨難收。何似鴟夷子，散髪弄扁舟。　鴟夷子，成霸業，有餘謀。收身千乘卿相，歸把釣魚鈎。春晝五湖煙浪，秋夜一天雲月。此外儘悠悠。永棄人間事，喜道付滄洲。」（《四庫全書》本《易像鈔》卷十）

智按：朱熹《水調歌頭》（《全宋詞》第一六七四頁）。

乘木舟虛。白居易《感興》:「只見火光燒潤屋，不聞風浪覆虛舟。」

鳴鶴在陰。韓文公:「雀鳴朝營食，鳩鳴暮覓羣。獨有知時鶴，雖鳴不緣身。喑蟬終不鳴，有抱不列陳。蛙黽鳴无謂，閤閤祗亂人。」《風土記》:「鶴性警至，八月白露降即高鳴相警，移徙所宿處，慮有變害。」白居易《雞贈鶴》:「一聲警露君能薄，五德司晨我用多。」此即登天之喻。(《四庫全書》本《易像鈔》卷十二)

智按：胡居仁，字叔心，號敬齋，餘干（今江西餘干西北）人。事迹具《明史·儒林傳》。

史鑑（一四三四~一四九六）

《記參寥泉鄂王墓飛來峯三》

山寺日高，劉邦彥來訪，握手相問，勞已即謀入西山，前時遊者皆朝往夕返，而幽勝處多在深僻，往往迫日暮而莫得竟也……乃進次飛來峯。峯在西山中，始由天目山發源，東來至湖止不可去，其氣欝積，融結為此峯，故其秀為諸山冠，重崗如城，圍合無間，惟東北稍隙，所謂九里松者，路所從入，有橋曰回龍，宋南渡後名也。行又數十步，復有橋，曰合澗峯。南北有泉，至橋下，同入於湖，兩寺夾立峯下，而中分之，陽曰靈山，陰曰靈隱，臺殿重沓，掩映前後如畫，故白樂天有「一山門作兩山門」之詩，蓋指此也。峯之石，無秋毫土壤，皆紺碧膩滑，攢蹙疊皺，剣巃磈礧，俯若頽雲，仰若偃蓋，峙者獸踞，騫者鳥騰，望其顛，如圭璋呈露，即其址，如瓊瑰委積，神設鬼施，千態萬狀，而莫有同者焉，其上則異木奇卉，不辨其名，穿透崖石，根露蔓延，而膚理光澤，枝葉葳蕤，華盛美好，類人力所灌治也。其下則巖洞空豁，容納光景，東曰龍泓，西曰呼猿，皆曲暢連貫，窈然若窮，忽又明朗縱横，出入恍不知其端倪，客環行交錯，卒與衆遇，則大呼笑以為樂。家僮伺主者出，亦竊入，馳逐洞中，互相持驚，叫聲如甕蓋中響，久未能出。……(《四庫全書》本《西村集》卷七)

《記西湖八》

錢塘為東南佳麗，而西湖為之最重，山環之，名籓枕之，凡峯巒之連絡，城郭之逶迤，臺殿亭榭之糸錯，舉凌虛乘空以臨其上，天光水色，顛倒上下，烟雲起滅，其狀萬殊，而酒棹遊艦往來，交互歌吹之聲相聞，自春而夏，夏而秋，秋而冬，無日而息也，其盛矣哉！客來錢塘時，僑寓寶石山上，湖之勝盡在几席下，然猶以未即其中為恨，故連為三遊焉。雖所遇之景不同，而所得之樂無不同也。二月望日，其始遊也，主則邦彦，客則僉憲、啟南、繼南、立夫、沈明德暨予，凡七人。時春日妍麗，湖水明淨，萬象在下，柳色微緑，梅花猶繁盛，點綴遠近，篙師刺船，紆回宛轉，傍湖徐行，而賣花獻技之人，皆乘小紅船皀飛水上，迎前尾後，由東之南，由南之西之北，復之東而休焉，遇勝而登，適興而返，感今悼昔，形諸詩歌，有倡斯和，雖寄興不同，然皆渢然成音，可諷詠也。凡所履歷，并記之。孤山在湖北，去岸猶二里許，無所連系。林和靖墓在其上，後人建祠，肖白香山、蘇東坡并和靖，曰三賢堂。慶樂園在湖南，今廢，惟太湖石在耳。園昔為韓侂胄山莊，初名勝景，即趙師䍐於此效鷄鳴犬吠者，後侂胄誅，莊入官，更今名云。後五日，其再遊也，主則杭人歸生，客則惟邦彦、明德不至，餘咸在，凡六人。是日風雨交作，船不得出外，湖惟在斷橋内，迤邐行耳。顧望四山，雲霧蒙霳淋漓，儼如水墨畫中，繼南笑指曰：天殆欲別出一奇乎？然對此無言，恐山靈亦將笑人矣。因共聯一律。又後二日，其終遊也，合始遊再遊之，主與客凡八人，妓則碧玉簫、翡翠屏二人，時宿雨新止，天宇朗然，日光漏雲影中，乍明乍滅，羣山淨洗，絶無塵土，氣空翠如滴，衆壑奔流，水色瀰漫，湖若加廣，草木亦津津然有喜色焉。遙望雲氣出山腹，如白浪在大海中，洶湧不定，方欲賦一詩紀之，而僉憲赴臬司招，不終飲而去，邦彦、立夫又間與二妓為諧謔，竟不及成章而散，噫！客志此久矣，私心以一至為足，而今乃三焉。天又隨所至輒改張其觀以示，若使盡識之，况主客多能言，清而不固，麗而不侈，樂而不流，其可謂無負賞酬者矣，因次第書之。（《四庫全書》本《西村集》卷七）

智按：史鑑，字明古，號西村，吳江（今屬江蘇）人，隱居不仕。留心經世之務，三原王恕巡撫江南時聞其名，延見之，訪以時政，鑑指陳利病，恕深服其才，以為可以當一面。所著詩四卷，文四卷。嘉靖間其孫周裒而刊之，以墓表及諸人哀挽之詩附於後。

吴寬（一四三五～一五〇四）

《種竹》

人間此日六月六，獨卧北窗逃暑溽。起来手校百家書，種樹新編存舊籙。今朝種竹云最宜，況是淙淙雨初足。城西佛寺許見分，亟往乞之休待促。泥塗十里何遙遙，健步攜筐馳兩僕。叢林夏半放葉稀，新筍纖纖簪琢玉。雨餘荒砌更旁尋，土潤長鑱還易斸。入門便作摩戛聲，眼中遂有篔簹谷。連年生意殊寥寥，淨掃虚庭無寸菉。此君與我多宿緣，不鄙閒官故臨辱。長身嫋嫋凡六輩，瘦骨稜稜纔一束。淺深稀密種如法，更記南枝水頻沃。清風屢為拂緇塵，何異振衣新出浴。翛然搖動久參差，牆下疎陰散朝旭。詞人墨客會登堂，預傍詩壇建牙纛。素餐語陋歌伐檀，多識名慚收采藚。青春高宴桃李園，尤怪謫仙銷夜燭。好来此地倒壺觴，安用他家置茶局。日高相對欲忘味，一任連毛并脱粟。長慶詩中紀似賢，白傅名言斯實録。敢作尋常草木看，造次下堂猶整幞。平生求友益者交，勁節虚心盡忠告。豈學尋常嵇阮徒，散髮昏昏困醽醁。因懷舊隠闢小園，一箇茆亭四圍緑。坡仙為我製詩箴，楣上分明揭醫俗。扁鵲徒聞藥最神，平居肯費黄金贖。醉眠欹枕石牀危，放步曳笻苔徑曲。中林慣去復慣来，鳥獸相忘免驚觸。場開町畽伏麏麚，巢接栟櫚哺鸛鵒。燕都再住又三年，俗病誰醫日憂篤。北地高寒木易彫，難同吴越兼閩蜀。不圖致此到吾廬，信是此君多眷屬。春来雷動籜龍行，尚憐地窄身跧跼。鄰家隙地半畝餘，久矣棄為牛馬牿。邇来見售教掃除，欻見疎槐蔭繁蓐。古井西偏糞壤平，移種終當操畚挶。溝澮循行防旱乾，雪天障護從皸瘃。猗猗如簀且如苞，放出千竿愜吾欲。邵家舊例倘可攀，小結行亭工自督。交游倘識匏翁情，昔者詩篇煩再續。（《四部叢刊》本《匏翁家藏集》；《四庫全書》本《家藏集》卷九）

《再答（濟之作共月菴）》

他空應宿太湖湄，獨許風流白傅知。林屋千間眞可住，畫船十隻也須移。藏來左券言非戲，分過東墻事若癡。後夜不如同醉賞，羽觴飛處兩無疑。(《四部叢刊》本《匏翁家藏集》;《四庫全書》本《家藏集》卷十一)

智按:「他空」疑作「他年」。上首《濟之作共月菴有幸分海月菴中月之句因足成答之》云:「幸分海月菴中月，此事流傳亦甚奇。隔屋絕勝千里共，可庭寧受一方虧。翛然步屧歸深巷，聊復詩筒過短籬。報我澄波三萬頃，他年應宿太湖湄。」

《濟之席上詠物·風菱》

長腰如磬折，入手訝中空。歲晚懷佳味，吾曾白傅同。(《四部叢刊》本《匏翁家藏集》;《四庫全書》本《家藏集》卷十三)

《送賀御史出守蘇州》

吳民方切九重憂，祖道休將五馬留。朝著久稱才御史，封疆還屬古諸侯。香凝燕寢韋郎詠，舟過花橋白傅游。我忝郡人無以頌，擬叨循吏傳重修。(《四部叢刊》本《匏翁家藏集》;《四庫全書》本《家藏集》卷十六)

《為陸全卿題劉松年香山九老圖》

高松大竹生翠寒，密林隱隱攢峰巒。杳然流水出深谷，新鑿山中八節灘。江州司馬不愛官，笑領諸客來盤桓。棋枰書卷各有適，適意豈在陳杯盤。酒酣耳熱忽起舞，戲折名花斜插冠。趨朝疲薾足非病，在野輕健心偏安。權門赫赫誇牛李，門下黨人分彼此。直氣騰騰逼石樓，甘作香山老居士。劉侯此圖超俗塵，能與九老俱傳神。衣冠雖作山林樣，狀貌終為臺閣人。孰為胡杲與吉旼，孰為鄭據并劉真。二盧張狄總預售，居士樂易皆相親。獨憐舊友今何處，禹錫微之嗟失身。(《四部叢刊》本《匏翁家藏集》;《四庫全書》本《家藏集》卷十六)

《賦竹慶郭汝文五十》

竹似賢，昔日聞之白樂天，樂天好竹好其德，此語雖佳意未全。古來賢者必有壽，吾於竹也蓋亦知其然。所以風雨穿其（闕），雪霜壓其肩。空園寄傲不肯屈，節操挺挺老愈堅。吳門開壽域，隠者躋獨先。堂上不合生此竹，何人移入圖中懸。畫家竊取詩人意，以竹比德仍比年。淞江之濵地宜此，從今種滿數畝田。削�必帶節斫榦，當及篵筠可作冠。榦可杖杖須，入手冠須顛。逍遥長醉竹葉酒，掀髯一笑清風前。（《四部叢刊》本《匏翁家藏集》；《四庫全書》本《家藏集》卷十七）

《夜讀白樂天詩集二首》

何物燈前消夜長，一編入手坐焚香。俚言卻許朱絃和，真味似將玄酒嘗。前輩任他為李杜，近時知已得王楊（楊君謙攜此集來，濟之録畢，予從借觀）。從今謝絕閒賓客，晤語惟容白侍郎。

目眩天教放夜光，詩題涉獵過千章。屢逢禹錫兼元稹，不到姑蘇即古杭。老恣登臨年有譜，病消歌舞藥無方。看渠二事惓惓説，生死猶疑未盡忘。（《四部叢刊》本《匏翁家藏集》；《四庫全書》本《家藏集》卷十八）

《讀樂天詩有五十八歸來之句予明年正及其期遂次韻》

五十八歸來，歸來未為速。嗟我從去年，已過六回六。

秋盡園亭前，衆葉錯黃緑。豈不為渠笑，此地乃種木。

舊業寄吳中，有木兼有竹。幸哉同樂天，我願無不足。（《四部叢刊》本《匏翁家藏集》；《四庫全書》本《家藏集》卷十八）

《為史太守題畫》

青山岧嶤環洛下，洛人盡是看山者。史侯早作甲科人，只踏京塵跨驄馬。昨分符竹到蘇州，夙夜常懷民社憂。吳山西望亦不俗，日坐黃堂無暇游。是誰寫入丈縑裏，白雲移來露其趾。喬林深處着茅廬，黃髪高人多壽祉。惟昔鄉人白樂天，當時游賞亦稱賢。請侯暫輟一日事，却按畫圖還泛船。（《四部叢刊》本《匏翁家藏集》；《四庫全書》本《家藏集》卷二十一）

《校白集雜書六首》

公事初閒就枕眠，睡魔偏向靜時纏。就中還有醒然處，為校蘇州刺史編。

蘇州刺史十編成，句近人情得俗名。垂老讀來尤有味，文人從此莫相輕。

廬山秀甲草堂低，杭郡湖開六井西。所幸平生最佳處，坐游時按集間題。

白蓮青石未為奇，官滿舟中只自隨。二物千年還在否，清風誰報洛人知。

齊雲樓子化煙埃，往日園池安在哉。故府荒蕪經世變，前賢遺蹟重堪哀。

山路新開到武丘，仍栽花柳近河頭。吳人只愛行游便，還憶當時刺史不。（《四部叢刊》本《匏翁家藏集》；《四庫全書》本《家藏集》卷二十四）

智按：《萬首論詩絕句》第一册第一八二頁選録前三首。

《玉延亭西植夜合花二首》

夜合花開滿樹紅，吳人賤汝號烏茸。家僮斫去為薪用，却向亭西植兩叢。（東莊有夜合二株，甚鉅，家僮惡其覆水，斫去之）

兩叢如杖植亭西，暑月能遮赤日低。待得成陰吾已去，後人須記白公題。（白樂天詩：「夜合花開日正西。」）（《四部叢刊》本《匏翁家藏集》；《四庫全書》本《家藏集》卷二十五）

《偶閲白集有東園玩菊之作今歲小園菊開頗盛輒復次韻》

今歲置秋閏，又見秋將闌。客居貯秋色，幸復有東園。凡今百種花，孰不畏天寒。胡此斕斑者，節去猶未殘。瓦盆圍板屋，每坐於其間。玉毬既高墜，金錢更相連。東籬偶采菊，不為花所牽。豈如陶翁高，見山獨悠然。我欲學此翁，無菊非所難。翁如欲學我，無酒却鮮歡。園有松與竹，秀色同新鮮。呼之作三友，庶以怡衰顔。（《四部叢刊》本《匏翁家藏集》；《四庫全書》本《家藏集》卷二十八）

《有感效白體》

吾秩殊不卑，已作三品官。吾壽亦不少，已望七十年。官卑何足計，壽少真可憐。不見一達者，軀幹如丘山。昨朝猶啖肉，今夕俄奄然。官高亦何用，有壽差直錢。從此心所願，仰面惟籲天。官乞常落後，壽乞常向前。更乞早還鄉，不待步履艱。放舟日臨水，策杖日登山。筋力幸強徤，何必駕高轅。此願如我遂，俸禄皆等閒。（《四部叢刊》本《匏翁家藏集》；《四庫全書》本《家藏集》卷二十八）

《惜月效白體》

入夜見何物，既圓且復平。空懸無所繫，忽從東海生。以彼比金盆，金盆無此明。以彼比寳鏡，寳鏡無此清。所恨容易缺，每憂不常盈。況復當盈時，或不值天晴。又為日薄蝕，仍被雲縱横。陰晦時每多，清明能幾更。所以尤愛惜，對此難忘情。我欲告上天，高高鑒微誠。天有日與月，譬如兩目睛。使夜或無此，天目一已盲。盡掃諸浮翳，一旦驅天兵。不論晦朔夜，常從天上行。當令仰見者，無不騰歡聲。(《四部叢刊》本《匏翁家藏集》;《四庫全書》本《家藏集》卷二十八)

《園中一鶴長鳴群烏時噪其旁若相語然因觀白集有烏鶴贈答之作輒效其製爲四絶或者能道其意非特所謂自取笑也》

溽暑不可耐，三伏且未闌。琳館遙相望，出門一何難。況也值連雨，道上不曾乾。雨多亦自喜，客去幸盤桓。試看何所得，詩卷滿牀攤。西行良足慰，躍馬過長安。仰瞻太華峯，俯挹黃河湍。騋牝散郊野，監牧紛奚官。嚴霜被百草，邊城驚早寒。懷人當不寐，明月中宵看。(《四部叢刊》本《匏翁家藏集》;《四庫全書》本《家藏集》卷二十九)

《西溪草堂記》

……溪水環其西，因名曰西溪草堂，願為我記之。余與景暉生隣郡，仕同朝，而賢其人久矣。既不復辭，則為述其居止之美，家世之盛，歸於其所以築堂之意，乃復為之說曰:《書》云峻宇，《詩》詠夏屋。若草堂者，不豐不侈，不華不美，雖田夫野老，皆能辦之，何貴於天下乎？蓋堂不足貴也，而貴其人，昔之築是堂，而稱於世者，杜子美之於浣花，白樂天之於廬山，僅僅一二而已，二公之人品，固皆足為斯堂增重，然子美生當亂離漂泊之際，不免有秋風所破之歎，況其困於無貲，盻盻然望王録事成之。廬山之奇秀，雖甲於天下，然樂天以左遷而來，亦築於覊窮流落之日，且切切然弟妹婚嫁未畢，司馬歲秩未滿，以為出處行止，不得自遂，未必獲終老於斯，是皆不能無憾者也。……(《四部叢刊》本《匏翁家藏集》;《四庫全書》本《家藏集》卷三十二)

《南禪集雲寺重建大雄殿記》

吳有佛寺曰「南禪集雲」者，國初所賜額也。寺之始建不可考。自唐宋以來，多名僧居之。入皇明，又有若寶曇和尚者，高皇帝知其名，召赴闕下。俾往蜀之峨嵋，化行其地，久之而還。因奏先所居吳門集雲傍有妙隱、大雲二寺，乞合而一之為是。上從之，始賜今額，實洪武二十四年也。事見左善世弘道所制《寶曇塔銘》。乃成化十二年十月十三日，寺燼於火。主僧德本以為己事，欲重建之，而力未能也。於是徧扣富室求施，積材蓄料，蓋越十寒暑，爰以二十二年五月十一日興功始克建，所謂大雄殿者，像設既完，供養益盛。乃復建方丈，以為宴息之所，觀者稱歎。以本公之勞其心力，疲其精神，不負乎其教，有可嘉者。然其意猶以寺之規制未備，欲悉建之，而力亦未能也，特求予記其功之成者，至於數四而不已。惟兹寺在城之南，有山林幽絕之勝，自昔賢士大夫，嘗辱愛之。蓋唐開成初，寺僧法弘惠滿等作千佛堂經藏，刺史白樂天既為之記，又嘗以文集七帙寘於寺中，非以寺之有人而有所託乎？及宋蘇子美謫湖州長史，流寓吳中，作滄浪池以樂，今寺後積水，猶汪汪然。子美嘗遺洛中故人書云：吳多佛寺，可游兹寺。非其首歟？夫前賢之遺事，其可考如此。予獨愛一言，而不為本公復哉！本公字一源，俗出陽湖馬氏，而受業於半塘壽聖寺曰顯祖庭為徒，今年老退歸舊隱，而惓惓於兹寺如此，眞所謂不負其教者乎。(《四部叢刊》本《匏翁家藏集》;《四庫全書》本《家藏集》卷三十七)

《後同聲集序》

予嘗觀古詩人莫盛於唐，其間如元白、韓孟、皮陸，生同其時，各相為偶，固其人才之敵，亦惟其心之合耳。合則其言同，同則其聲自有不得不同者。然君子小人，莫不有聲，其聲之同，亦各以其類。……(《四部叢刊》本《匏翁家藏集》;《四庫全書》本《家藏集》卷四十一)

《跋甲秀堂帖》

此甲秀堂帖也。舊刻於廬山陳氏，内有周石皷文譜、秦泰山詔譜、并權銘、量銘，漢鄧隲討羌竹簡、隋煬帝序、曹子建帖、晉王右軍荀侯帖、唐歐陽率更、顏魯公倣右軍帖、魯公祭稿、懷素帖、李太白醉稿、白文公詩、宋司馬文正公銘、蘇東坡手簡、黄山谷詩諸刻，予少時藏此。一日，劉廷美僉憲過予家，見之借去。後劉公没，從其家索之，不可得。盖其三子異居，裂而分之矣。弘治丙辰，予居家，三子始各持還，仍合於一，其刻舊亦不完，而石亡且久，予故尤惜之耳。（《四部叢刊》本《匏翁家藏集》；《四庫全書》本《家藏集》卷五十四）

《跋舊所書白樂天詩》

予昔過凌鴻臚季行，為書此卷。季行既没，無子，書畫散失。後二十年，有持此卷過市中求售者，東巷葉惟立見而購之。盖惟立為童子時，嘗師事季行，今六十年矣。猶念其師，故物藏弆，惟謹其意，可謂厚矣。以予手書，持来相示。予憶過季行時，季行出家釀飲予，予性不能飲，飲少輒醉，故握筆狂放，不復成字，覽之可笑。又憶是日陳玉汝、周原已皆在，從旁助勢，不覺滿卷。今玉汝僉都南臺，原已下世亦久，而予且老，巋然尚存，是可慨也。季行諱遠，號近菴，海虞人，清懶窩則寓居都下之軒名也。（《四部叢刊》本《匏翁家藏集》；《四庫全書》本《家藏集》卷五十五）

《周文矩重屏圖卷跋》

繪事之傳久矣。自漢晉始，唐宋爲最盛，其間以畫名者不知凡幾。如山水、人物、仕女、花卉、翎毛、走獸、昆虫之類，俱各擅所長，其所最重圖像者，蓋以其與史事相表裏，皆有關政治學問，非徒以工麗巧飾爲能也。漢人則有《歷代帝王像》，諸葛武侯有《八陣圖》，曹弗興有《兵符圖》，毛惠遠有《列女像》，曹霸有《功臣像》，張僧繇有《夜月觀泉圖》，展子虔有《遊春圖》，閻立本有《孔子弟子像》，陳閎有《八公圖》，張擇端有《清明上河圖》，或以隆盛德也，重軍旅也，褒烈忠也，紀勝遊也，興文教也，慎政治也，諫君上也，皆有所感發而作也。右周文矩《李後主觀棋圖》，余弱冠時，曾於張都諫家見之。其神采衣紋，絹色傅采，皆古穆渾厚。前有宋思陵瘦金書「周文矩李後主觀棊圖」九字，在隔水綾上。後蘇軾、胡完夫、陳直齋、鮮于樞、柯九思諸跋，洵稱至寶。癸亥九月十日，過王子履吉齋中，出此見示。其筆墨精妙，與都諫所藏無異，的是唐人眞品，第諸題跋，不知何時爲俗手割去，歎惜竟日。因題數語歸之履吉，其

善寶諸。（清陸心源《穰梨館過眼續録》卷一引，《續修四庫全書》影印清光緒十七年吳興陸氏家塾刻本）

智按：王禕（一三二一～一三七四）《跋重屏圖》：「右重屏圖，不知畫者為誰。余按，《宣和畫譜》：周文矩、王齊翰皆金陵人，皆善畫人物，仕南唐，皆為翰林待詔，而皆嘗作《重屏圖》，傳於世。此卷筆法精妙，非名手不能及此，況絹素亦數百年物，意其或出於二人者所作。友人徐叔讓近於金陵市中購得之，以示孫君子林。子林於今，以善畫聞，謂為趙千里畫，其所鑒定，當可信。非余所能知也。」（《四庫全書》本《王忠文集》卷十七）

吳寬，字原博，號匏庵，長洲（今江蘇蘇州）人。成化八年（一四七二）壬辰進士第一，官至禮部尚書，謚文定。有《匏翁家藏集》、《書經正蒙》、《平吳録》等。事見《明史》卷一八四《文苑傳》本傳。

黄潛（一四三五～一五〇八）

《梅澗處士茅公墓誌銘》

仙溪茅常亨命其弟連山教諭常清，狀其先人梅澗處士之行，介予友宋君恒遠来求葬銘。……處士諱襄，字宏贊，自號梅澗道人，曰處士者，鄉人稱之也。……平居語諸子懇懇，以孝弟忠信禮義廉恥為先，此處士之教也。所居溪澗環繞，皆植以梅。年踰六十，悉付家業於子，日與賢大夫士倘徉其間，效白樂天香山之會，論文析理之隙，觴咏終日，若不知有人間事。獨處則焚香觀書閱詩而已，此處士之樂也。平生於人無所忤，雖兒童輿隸，亦知喜樂。尊奉以長者，稱此處士之感乎人也。……（《四庫全書》本《未軒文集》卷六）

《慶同年潘提學應昌壽》

留鶴先生百夫特，未老懸車歸故國。興來草聖追鍾、王，醉後新詩邁元、白。况復堂前春意賒，紫荆灼灼開繁花。天恩汪洋殊未已，壽域浩蕩仍無涯。季夏堯蓂生七葉，先生歲已周花甲。常疑宿酒上蒼顔，未許新霜點玄髮。年年此日壽筵開，滿堂歌鼓喧如雷。門外賓朋集珠履，膝前孫子傾金罍。季方薇垣久為客，目斷鄉山海天碧。幸因嵩祝上京華，得遂晝游話胸臆。天台之山凌九天，臨海之水涵百川。開山種秫釀海水，直蘄山水俱齊年。（《四庫全書》本《未軒文集》卷九）

智按：黄潛，字仲昭，以字行，莆田（今屬福建）人。成化二年（一四六六）丙戌進士，仕至江西提學僉事。

陸容（一四三六～一四九四）

《蓬軒類記》

老杜「香霧雲鬟濕，清輝玉臂寒」二句，畫出閨人月下納涼風態。白樂天「霽色鮮宮殿」，王摩詰「鑾輿迥出千門柳，閣道廻看上苑花」，孟浩然「春流飲去馬，暮雨濕歸裝」，此等句正所謂有聲之畫，畫工不能貌也。（《蓬軒類記》卷二；王圻纂集《稗史彙編》卷一百十七，北京出版社一九九三年版，第一七八六頁）

智按：《蓬軒類記》四卷，未著撰人姓氏。明朱當㴐《國朝典故》本作「吳中黄暐日升」撰，並載王鏊序一篇，誤。黄暐所撰為《蓬窗類記》，《四庫全書總目》卷一四四已著録。朱本所載王序，即《蓬窗類記》序文，僅將「窗」字改作「軒」。又，中國國家圖書館所藏明刻本《今賢匯説》叢書中收有《篷軒類記》，内容與《蓬窗類記》同。清人李文田曾對校今北京大學圖書館所藏明刻本《國朝典故》與今中國國家圖書館所藏明朱當㴐《國朝典故》，在二書上寫有校記，謂《蓬軒類記》即《四庫全書總目》所著録之《蓬窗類記》，蓋此二書在明已淆，李文田又以訛生訛。按，《蓬軒類記》實即陸容《菽園雜記》之卷十二、十三、十四、十五，但與清《墨海金壺》本《菽園雜記》相較，多出近十條，且不少條字句為多。

《菽園雜記》

陸展染白髮以媚妾，寇準促白鬚以求相，皆溺於所欲，而不順其自然者也。然張華《博物志》有染白鬚法，唐、宋人有鑷白詩，是知此風其來遠矣。然今之媚妾者蓋鮮，大抵皆聽選及戀職者耳。吏部前粘壁有染白鬚髮藥，修補門牙法，觀此可知矣。(《四庫全書》本卷九，佚之點校本，第一一七頁)

西湖三賢祠，祠唐白文公樂天、宋蘇文忠公子瞻、林處士逋也。樂天守杭日，嘗築捍錢塘湖，堤（鍾）泄其水，溉田千頃，復修六井，民賴其利。子瞻初通判杭州，後復為守，開西湖，作長堤，中為六橋，又濬城中六井，與民興利除害，郡人德之。林處士則以其風節之重耳。考之郡志，郡故斥鹵，唐興元間，鄴侯李泌守杭，鑿六井，引西湖水入城，民受其惠。則杭之水利興自鄴侯，而白、蘇二公之所修濬者，其遺跡也。知有白、蘇而忘鄴侯，可乎？竊謂三賢祠當祠李、白、蘇三公以遺愛，和靖則別祠於其舊隱巢居閣或四照堂，以表風節，斯於事體為得宜也。(《四庫全書》本卷十三，佚之點校本，第一五七頁)

智按：陸容，字文量，號式齋，太倉（今屬江蘇）人。成化二年（一四六六）進士，官至浙江右參政，事迹詳《崑山人物志》卷四。

莊昶（一四三七～一四九九）

《九老圖》

或弄瑶琴或酒壺，一人林下已難呼。相逢莫問知幾否，九老深山世亦無。(《四庫全書》本《定山集》卷二)

《香山九老圖》

山林我極勞千慮，宦海誰能著萬牛。自古更無陶靖節，而今須畫白江州。尋常此日才多病，八十他年更幾秋。俯仰乾坤無一語，道人乘月坐江樓。(《四庫全書》本《定山集》卷四)

智按：「而今須畫白江州」之「畫」字原闕，據《四庫全書》本《石倉歷代詩選》卷三百五十八、《歷代題畫詩類》卷四十補。

莊昶，字孔暘，直隸江浦人。成化二年（一四六六）丙戌進士，官至南京禮部郎中。事迹具《明史》本傳。

賀欽（一四三七～一五一〇）

《醫閭集》

偶見南京壽俊會，乃王宗貫守備時，與成國公衆人所作，命名作序乃尹氏直也。曰十數人中，有好者，有不知者，如某人貪濫小人，王公乃與之作會，便是惡惡之意，不十分了若，不知其人，却是糊突，又曰耆英會，名頭本不十分，今又做壽俊會，豈不貽笑天下後人？夫在己果英，人稱之可也，自曰英，可乎？今某人為人如此，乃自稱為俊，不幾於無忌憚乎？又曰白樂天九老會，其名方是耆英之名，是文潞公粗處，若使臯陶稷契、周程張朱，肯如此名乎？當時雖司馬公亦預列，然其初自謂年幼，不敢班於是列，文潞公乃命人於幕後圖其像而强之會，然則司馬之謙退，安知其不在於此乎？又曰某人壽俊會，言其在會中年少，意欲比司馬公，你如何比得他？（《醫閭集》卷三言行録，《四庫全書》本）

智按：賀欽，字克恭，別號醫閭，其先浙之定海人，以戍籍隸遼東義州衛。登成化二年（一四六六）丙戌進士，授戶科給事中，謝病歸。弘治初，起陜西參議，檄未至而母歿，乃上疏懇辭，遂不復出。有《醫閭集》。事迹具《明史·儒林傳》。

童潮（一四三七～?）

《九江府舊志前序》

孟子論諸侯封國之制曰：不百里不足以守宗廟之典籍，是以典籍為首事也。三代之後，如杞如宋，皆不足徵，克存之者，惟魯而已。如春秋之季，僖桓之宫，猶有禮書御書，象魏之藏，故當時以儒書秉禮之邦稱之。孔子論政俗則曰：魯一變至於道；論禮樂則曰：吾舍魯何適矣。於是取魯史，筆之削之，立為百王不易之大法。向使魯無所藏，則聖人亦無從而案之也。秦雖焚滅詩書，而圖籍亦藏於府中。漢之所以得王天下者，實是之賴，而不專於馬上也。九江本吴楚二國之地，秦改為郡，漢封黥布為九江王，而名始著。地數百里，古諸侯之大國也。附庸之邑有五，擅廬阜之高，挾番湖之險，匯江漢之深，山川之秀，實甲於他郡。是以人物之生其地者，陸績之孝，六歲而稱；陶潜之節，千載以仰；陳兢之義，十八世而同居。寓其地者，豪邁如李謫仙，放逸如史北海，固間世人也。而道喪千載，覺我後人，則又有如宋之周夫子焉。至若仕其地者，漢灌嬰、宋均，晋陶侃、庾亮，唐狄仁傑、白居易，宋吕誨、岳飛、余崇龜、魏了翁之輩，皆章章在人耳目者，典籍具存。生者其秀之孕，寓者其秀之感，仕者其秀之合也。惜乎元政不綱，李忠文公支一木以扶大厦之顛，而不克俊，遂為僞漢陳友諒所據。虐焰赭山，毒流赤水，甚於祖龍之時，正《詩》所謂「周遺黎民，靡有孑遺」也，尚何典籍誌記之足守哉！我太祖高皇帝，破友諒，定九江，在辛丑之歲，于兹盖百二十餘年矣。生理漸復，人文漸興，將有如昔之時，而無與為景仰者。於是因政之暇，命儒官搜集五縣誌，於殘失之遺，而手自挍集，刻梓以示於世，傳疑傳信，俾生於斯、寓於斯、仕於斯者，各夷考其實，而師法之，以無負是地山川之秀，則所謂一變而至道者，不有於斯籍乎。於乎！攷據不精，遺陋或甚，自愧學識之疏也，然百年墜典，一朝舉焉，亦難矣。後之繼筆者，取以為傳案，未必無一助。恊成是事，同寅楊公琰、吴公經也。（明馮曾修、李汛纂《嘉靖九江府志》卷十六，《天一閣藏明代方志選刊》，上海古籍書店影浙江寧波天一閣藏明嘉靖六年刻本）

智按：童潮，字信之，行六，慈谿（今屬浙江）人。成化十一年（一四七五）進士。成化中任九江知府，涖政公勤，撫民仁恕，善文章，尤勤於修葺。卒於官。有遺愛。（明李賢等撰《明一統志》卷五十二引省志）

成俔（一四三九～一五〇四）

《賃屋》

乘昏穿曲巷，麾客半關門。市近能兼味，人閒可與言。韓家能種柳，白

傅苦留樊。時見親朋至，相娱置酒樽。（《虚白堂詩集》卷十四，《韓國文集叢刊》本）

《與林功書》

……李，杜之詩，蔚有雅頌之遺風。愚溪之文，深得春秋之內傳。昌黎淮西之碑，點竄二典之字。《原道》、《原毁》，專倣孟軻之書。蘇東坡《讀檀弓》一篇，曉文法。趙忠獻以《論語》半部，定天下。其餘虞姚之博學，孔陸之研精，陳子昂、蘇源明之典雅，元結之毅，李觀之偉，盧同之嚴邃，孟郊、樊宗師之清苦，張籍之富，白居易之放，廬陵公之醇，曾南豐之浩，黄豫章之理，石徂徠之屬，王臨川之玅，蘇潁濱之通，陳后山之濬，秦淮海之焕，張石室之俊，陸劍南之豪，上自盛晚唐，下至南北宋，高才巨手拔茅而起。其議論雖若悖於六經，而取與則悉出入乎六經也。本乎六經，故其爲文也攬之而無窮，用之而不竭，托之語言而通暢發越，施之事業而焜燿無窮。今世之人，見其氣槩之不一，咸謂古人之制作，流出於胸腑，而不蹈襲於前轍矣。……（《虚白堂文集》卷十二，《韓國文集叢刊》本）

智按：成俔，字磬叔，號慵齋、菊塢、浮休子、虛白堂，謚號文載。一四五九年進士及第。歷任平安道監司、慶尚道監司等。有《虛白堂詩文集》、《風雅録》、《桑榆備覽》、《錦囊行迹》等。所著《慵齋叢話》，為朝鮮稗說文學代表作品集。

鄭紀（一四三九～一五〇八）

《送曾學士致政序》

南京翰林院侍讀學士南洲曾公士美，三年奏最，上疏乞歸，情懇，上以侍從詞臣，特賜俞允。……往歲以年七十欲請休致，士林中咸以公狀頭人望，學士清密之地，朝廷不輕畀詞臣，得學士之封者，百無四五。公尚精力，宜少待，得推三載之恩，以盡孝思。公黽勉共職，至今年秋當最期，至京陛見後，未引滿，即上疏懇辭，迺獲前命。公喜形於色，即促裝南還。君子立身大節，公始終無恨矣。雖然，昔白居易以刑部尚書致仕，結社香山，自號香山居士，鑿龍門八節灘，為游賞之樂。范景仁既退，居客至無貴賤，皆野服見之，不復報謝。張嘉貞致仕，不營家産，有勸其市田宅者，答曰：「吾為將相，何憂飢寒？比見朝士廣占良田，身後適足為無賴子孫酒食之資，吾不取也。」公兹歸，結社山中，有太子少保蹇齋尹先生、國子祭酒冰王羅先生，皆詞林舊好也。杖屨相隨，詩酒從事。南洲勝境，獨不可為龍門乎？野服不報，自有舊俗。子孫無賴之資，可保其不為也。此又老歸之後一大節也。聊以公之歸卜之。（《四庫全書》本《東園文集》卷七）

智按：鄭紀，字廷綱，别號東園，仙遊（今屬福建）人。天順庚辰（一四六〇）進士，官至南京户部尚書。

張綸（一四四〇～一五〇六）

《林泉隨筆》

白樂天《長恨歌》備述明皇楊妃之始末，雖史傳亦無以加焉。蓋指其覆畢托為聲詩，以諷時君而垂戒來世爾。《易》曰：「冶容誨淫。」《左傳》叔向之母曰：「夫有尤物，足以移人。」書有内作色荒之戒詩，言褒姒滅周之禍，唐室之不兢，豈不亦由是哉？但其辭語迫切淺近，發揚太過，有失為尊者諱之義也。不然，則《國風》於姜氏、齊侯之事，曷為諱之乎？（《叢書集成初編》本）

智按：張綸，字廷言，自稱淮浦釣者，無為州桐城鄉人。吴廷翰外祖父。家貧而不求仕進。博通五經，諸子百家靡不殫究，尤邃于《春秋》。有《林泉隨筆》。

戴冠（一四四二～一五一二）

《濯纓亭筆記》

古人多以方言爲詩，如韓退之因吴音以作爲佐，故有「方橋如此作」之句，白樂天因淮楚間以十爲忱，故其詩云「紅闌三百九十橋」，顧況因閩人呼子爲囝，呼父爲郎，罷遂戲作詞曰：「囝別郎罷心摧血。」近時毘陵陸詹事廉伯、翟通判舜民用吳語作一詩云：「阿大（音惰）蘇州去（殼貴反），教渠（音其回反）豁豁摇。途中防（音旁）跋舌，切没買牢曹。」盖南人呼大爲惰，彼爲渠，快便爲豁豁，莫爲没，防爲旁，又呼與人爭辯曰跋舌，呼諸零雜之物曰牢曹。一詩四句，純用吳語，亦善謔也。然作之音佐，不特吳音爲然，史云：廉范爲蜀郡太守，民歌曰：「廉叔度，來何暮。昔無襦，今五袴。不禁火，民安作。」則蜀亦然矣。（《濯纓亭筆記》卷五，《續修四庫全書》影印明嘉靖二十六年華察刻本）

智按：戴冠，字章甫，自號濯纓，長洲（今江蘇蘇州）人。焦竑《國朝獻征録》卷八五、文征明《戴先生冠傳》（《莆田集》卷二七），稱「其學自經史外，若諸子百家、山經地志、陰陽曆律與夫稗官小說，莫不貫總。……議論高遠，……務出人意」。但八次應舉不中。弘治四年（一四九一），「始以年資貢禮部」，授浙江紹興府儒學訓導，後罷歸。有《濯纓亭筆記》、《禮記雜說辨疑》、《讀史類聚》，《氣候雜解》、《經學啟蒙》、《通鑑綱目集覽精約》以及詩文若干卷。

周詔（一四四二～一五二一）

《雜詩十二首》其七（借韵以寫宦情）

抱病六七日，愁思千萬端。治忽固難在，一郎未易還。望道嗟靡及，如登嵩華巔。雖曾竭吾才，忘寢又忘飧。人生在穹壤，窮達當隨緣。勉驅憂世志，聊賦樂天篇。（《和陶詩集》卷四，中國社會科學院文學研究所圖書館藏約園鈔本）

智按：周詔，字希正，號坦率道人，長洲（今江蘇蘇州）人。以成化十六年（一四八〇）庚子鄉薦爲嘉祥教諭，九載考績入京，選爲興府伴讀。擢詹事府少詹事兼翰林院侍讀，尋以病辭，不允，進太常卿。是冬卒。年八十。

贈禮部右侍郎。生平詳見顧璘《太常寺卿贈禮部右侍郎長洲周公詔傳》。《(同治) 蘇州府志》卷一百三十七著録其《歸吳集》、《和陶集》、《達意集》。《和陶詩集》四卷，有明正德八年（一五一三）癸酉周璧刊本，卷首有沈文華序，卷末周璧跋。朱彝尊《明詩綜》卷三十録其《飲酒和陶》一首。

倪岳（一四四四～一五〇一）

《贈大宗伯劉公致仕榮歸序》

聖天子嗣大曆服之初，肇禮百神，格于上下，維時涪陵劉公凌雲，以太子少保、禮部尚書，寅相祀事，天意潛孚，聖心昭悦，眷顧于公，益用優渥。未幾，公以足疾，在告具疏，乞歸田里，上不許，命醫遣使，時往問賚，公拜恩感激，勉起視事，而疾弗遄愈，至是疏凡五上，辭益懇切，上挽留加篤，而公志卒不可奪也。乃優詔許之，俾得乘傳，以歸復命。有司月有廪既，以備贍養；歲有夫隸，以備使令。殊典荐頒，縉紳歆慕，以為此誠千載一時之遇也。於乎休哉！公行有日，所與為寮屬者，若禮部侍郎丁公輩，相率祖餞于城東之館。酒既行，坐有諗於予者曰：人臣委質事君，視吾力之所及。公之足疾微恙，春而劇，秋而瘥，其常耳，非若衰憊之餘，力不足以任事，而强焉以居者比，此公之未宜去者，一也；古者七十致仕，過則貪，不及則矯，公年未六十，翩然乞歸，無乃矯俗之過歟？此公之未宜去者，二也；孔子曰：君使臣以禮，臣事君以忠，朝廷之於公，五疏而五留之，所謂克慎禮儀、方切委任、勉修職務、不允休致者，惓惓聖諭之中，可謂待之有禮矣。公獨不能勉竭一日之忠，若古人之鞠躬盡瘁者，以圖報塞，而必遂其私，決一去之為果哉，此公之未宜去者，三也。予聞而嘆曰：子之言然，抑獨不思公之所存，蓋有出於三者之外乎。夫世之仕者，重内而輕外，以得失為忻戚，故俛仰一時，苟且以就功名之會，其能以盈滿為懼、止足為戒、土苴富貴、浮雲軒冕者，幾何人哉？今公不待年至，而遽乞骸骨以歸，視諸在内者重，則在外者甚輕也，其賢遠於人何如耶？繼自今將使士，皆厲難進易退之節以為高，朝廷皆得耿介不貪之才以為用，蓋自公之歸而倡焉，其於世教，豈曰小補，而奚必於公之留也。

昔宋麗莊敏公藉請老，或謂公精力克壯，主上注意方厚，何引去之堅。公曰：「必待精力不支，明主厭棄，然後去，是不得已，豈止足之謂耶?」錢宣靖公若水亦謂，士不足以自重，蓋未嘗有秉節高邁、不貪名勢、能全進退之道、以感動人主者，即以母老請解機務，章再上乃許，時以急流勇退稱之。二公之高致，公其有焉。矧世之仕者，以官為家，退則無所於歸。公所居涪陵，為程伊川、黄山谷諸賢游咏之地，有荔圃鉄匱八景之勝，先隴之在朝陽者，前有峭峰可眺，下有嘉園可備祀也，別墅之名麻堆者，有泉可溉，有茶果蔬圃可採以擷也。舍之側有三然之亭，江之南北有別業者四，嬉遊可以娛暮齒，耕釣可以供卒歲也。公亦見夫不欲歸者，夢想舊故，恍然如遺，不早歸者，迫逐衰晚，頽然靡及，此公欲歸之果，其將樂以終身乎？昔唐白居易退處洛下，竹木臺榭，日與酒徒，琴侶詩客遊，著《醉吟先生傳》，賦詩千餘篇。宋范景仁既致仕，徑行入蜀，歸至成都，日與鄉人樂飲，遂遊峨眉、青城山，下巫峽，出荆門，作詩二百五篇。二公之高致，公其有焉。予於是而有以見朝廷之處公也厚，始終之恩，足以為人臣勸；公之自處也决，高尚之志，足以為後進法。鴻飛冥冥，可望而不可及矣。於乎休哉！酒盡欲別，執筆惘然。（清武林往哲遺著本《青溪漫稿》卷十八）

智按：倪岳，字舜咨，錢塘（今浙江杭州）人。徙居上元（今江蘇南京），南京禮部尚書謙之子。登天順甲申進士，官至吏部尚書，謚文毅。事迹具《明史》本傳。

朱存理（一四四四～一五一三）

《虎丘陳公樓》

芳春擇勝作山游，再過山中已杪秋。巖菊有花撩客醉，野人無事為僧留。郡中白傅開新路，池上陳公築舊樓。今古悠悠談塵外，吸泉聊自潤詩喉。（見顧眉《虎丘志》）（《四庫全書》本《野航詩稿》卷二十七）

智按：朱存理，字性甫，號野航，長洲（今江蘇蘇州）人。諸生。博雅工文，以藏書之豐著聞天下。終於布衣。有《鐵網珊瑚》、《經學鈎玄》、《吴郡獻征録》、《野航漫録》、《鶴嶺隨筆》、《野航集》等。

林璧（一四四四～一五〇八）

《潯陽驛》

潯陽江上日初斜，蕭瑟西風亂荻花。青草幾時休作客，白雲無地不思家。蒹葭淅瀝收殘雨，島樹微茫映晚霞。隱隱菱歌愁思起，月明猶似聽琵琶。（《四庫全書》本《石倉歷代詩選》卷四百三十九）

智按：林璧，字世調，別號雙松，閩縣（今福建福州）人。成化八年（一四七二）壬辰進士。歷官吏部郎中，終廣西左布政使。晚年與陳孝廉桐山、陳僉憲留餘、弟垄為泛江之遊，有《秋江夜泛集》、蘧蘧集》、《三江漁隱集》。

俞好仁（一四四五～一四九四）

《何處難忘酒》

何處難忘酒，鑾坡舊侍臣。白頭摻戶帳，丹懇向楓宸。簿領今三載，光陰又一春。此時無一盞，何以暢精神。

何處難忘酒，親朋去上游。梧桐疏雨晚，江海白雲秋。別袖勤相摻，鳴騶更小留。此時無一盞，其奈破離愁。

何處難忘酒，防秋二十年。黄雲低塞月，青海接胡天。鐵騎邊常警，鄉書雁不傳。此時無一盞，羈抱更茫然。

何處難忘酒，衰齡謝事歸。傷鴻思戢翼，老驥不任鞿。林壑無人過，雲途有夢飛。此時無一盞，奈此送殘暉。

何處難忘酒，天涯見故人。至今顔面老，依舊語音新。江海三年別，塵埃百歲身。此時無一盞，懷抱向誰陳。（《濡谿集》卷五，《韓國文集叢

刊》本）

智按：俞好仁，字克己，號濡谿。有《濡谿集》。

程敏政（一四四五～一四九九）

《奉使湖南詩序》

聖天子改元弘治之春，詔遣勳戚文武近侍之臣，告即位於山川古帝王及宗藩陵園。……幸今兹之游得上游。比日當順流而踰漢沔，下武昌，艤赤壁，扣蘇子之遺蹟；沿九江，汎彭蠡，訪白樂天聽商女歌處。登陸而道新安，出桐江，窺子陵釣臺。直抵錢塘，觀潮於海門，放游於西湖，憇吳門，眺虎丘，循毘陵以止京口。登金山，酌中泠第一泉，渡江駐揚州，問瓊花所在。濟淮趨彭城，泝百步洪，上黄樓，過東兖，望尼山，以達畿北之境，乃入京師復命天子。……（《四庫全書》本《篁墩文集》卷二十七）

《壽汪翁六十詩序》

新安汪氏，皆祖唐忠武將軍越國公。……以翁誕辰在弘治丙辰九月廿四日，命工繪香山九老圖，相之以詩，用祝翁壽，而求予為之引。予觀鵬之為物，水搏三千，扶揺直上者，九萬而去，以六月息，物之壽者也；而老彭則人之壽者，取以名地，汪氏世居焉，壽之鍾也。南山之樓，本以其地名，而詩之稱壽者，曰如南山不騫，雖偶而實相契焉，壽之徵也。白傅在香山作九老之會，世傳為美談，而翁與羣從兄弟，蒼顔白髪，為樂於率山之下，不俟爵而榮，不待禄而富，壽之等也。然則誦南華之篇，詠風人之雅，讀醉吟先生長慶之句，壽筵孔張，風日妍美，使童子按而歌之，羣從兄弟，起而和焉，屬翁一觴，翁心樂之，體休而神豫，由六十而七十八十，目其子壻之學成而顯達，翕然塤篪之諧，挺然橋梓之峙，瑩然冰玉之輝，使鄉之人指而曰：鵬原之上，有賢如汪翁，壽如汪翁。觀者嘉嘆，聞者欣慕，尚有不一之書，為翁重者，予言特為之張本云耳。（《四庫全書》本《篁墩文集》卷三十三）

《慶方伯魏公壽七十序》

唐樂天居士以詞翰妙一時，而忠言嘉謨，不以窮達易其操，亦有如蘇長公所稱者，然卒以是為世忌，坐謫江州司馬，起領州麾，歷五朝始得謝築，居香山，結名勝，為九老會，談者謂如冥鴻之不可篡，而彼一時柄用，饕餮媢嫉，若牛李之黨，訓注之變，往往為世僇笑，則樂天固一世之豪也。……（《四庫全書》本《篁墩文集》卷三十四）

《冰蘗老人傳》

老人姓鄭氏，名晉，字孟端，世居歙西貞白里之雙橋，代有聞人，而莫盛於師山先生。……老人有從子亦敏而文，嘗以唐白樂天、宋王素儗老人者，或聞而疑之，予曰不然。樂天累剌大州，位宫傅，乃有飲冰食蘗之句，達而清苦者也。素以宰相子典州郡，所至有冰蘗聲，宦而清苦者也，是固疑其不倫也。然達而不以清苦為事則貪，宦而不以清苦為事則荒，公論可畏也。老人則何畏之有？非達非宦，而始終以清苦自喻。……（《四庫全書》本《篁墩文集》卷四十九）

《感皇恩　壽故大司馬白夫人（編修秉德之母）》

每歲到花朝，正當稱壽。青鳥將書報金母，一周花甲，重見春杓回斗。喜看華髮映，朱顏久。　　白傅盟勳，竇郎騰茂，有福能如太君否？鳳冠霞帔，笑指東風蒲柳。滿聽新曲度，長生酒。（《四庫全書》本《篁墩文集》卷八十一）

《幼幼堂歌為越中朱廷用先生賦》

幼幼堂上春如海，幼幼堂下多蘭茝。堂中老人髮垂雪，朱顏不共年華改。清曉開門人請藥，午夜篝燈診危弱。塵埃風雨不自知，老人活嬰心始樂。人言此翁非藥叟，經史尋常不離手。邵家數學窮奇偶，白傅詩篇謝花柳。堪輿上扣青囊翁，窮妙還思河上公。平生辨博人所羡，同姓綽有丹溪風。我識此翁深，人識此翁淺。翁心不逐時情轉，義氣分明薄軒冕。漢庭一日復古典，孝廉有科當中選。重翁不獨醫之良，愛翁不覺歌聲長。幼幼堂，壽且康，幼幼之名傳四方。（《四庫全書》本《篁墩文集》卷八十二）

智按：程敏政，字克勤，休寧（今屬安徽）人。成化二年（一四六六）丙戌進士，歷官左諭德，直講東宫，官至禮部右侍郎。弘治十二年（一四九九）因科場案致仕。事迹具《明史·文苑傳》。

馬中錫（一四四六～一五一二）

《鄉會四首》

鄉里交逝為此會，筵前白髮照烏紗。花能侑酒如傾國，詩不驚人豈作家。先日具書邀杖屨，有時接席話桑麻。香山洛社吾何敢，聊以優游卒歲華。（《東田漫稿》卷四，《四庫全書存目叢書》影印明嘉靖十七年文三畏刻本）

智按：詩後「評云：絶似白樂天。」

馬中錫，字天禄，號東田，故城（今屬河北）人。成化十一年（一四七五）乙未進士，授刑科給事中。兩次上書劾萬貴妃弟驕横，兩次被杖。公主侵占民田，中錫勘得真相，還之於民。弘治五年（一四九二），擢右副都御史，巡撫宣府。正德元年（一五〇六），任兵部右侍郎。太監劉瑾黨羽朱瀛冒請邊功，中錫拒之，爲瑾所怒，貶官。二年，勒令致仕，冬，繫獄。逾年，斥爲民。五年，瑾誅，起官大同巡撫。六年，劉六、劉七起兵，中錫以右都御史提督軍務征討，主招撫，劉六欲降，劉七不可，招撫未成。然劉六等過故城，均相戒勿犯馬督堂（中錫）家。中錫被劾縱賊，下獄，死獄中。十一年，冤白。有《東田集》十五卷。《明史》卷一八七有傳。

屠勳（一四四六～一五一六）

《重建陡門橋記（橋梁）》

嘉興郡當水陸之衝，一水奔駛，而西滙于崇德界者，曰西運河；去北折迤而東，以達吳江者，曰北運河。邑，秀水所治也。聞隋大業間，闢自京口，疏至餘杭，白樂天所謂「平河七百里，沃野兩三州」者可徵。我朝因之以通漕運，厥利博哉。平陸沿堤北下，支分派別，或滙霅川，或過浯溪，或入震澤，大則輿梁，小則徒杠，在在攸濟，去城西南若干許，有鎮曰陡門，士民環居，面運河，臨右道，傍有一川北注，界絕通途。宋泰定間，作橋其上，以通往來，歲久朽泐，行人苦之。宣城劉君景丞邑曰：吾職在水利，可使此橋終于不治乎？歸告邑長周君懋文，周君乃布令曰：義本人情願施者，聽於是，耆民義士相率樂從，各出私篋，榷材鳩工，悉復橋之舊，而石堅工良，規制益闢。經始于正德某年月日而某月日落其成功，不役民財，匪公帑而樂施者，争先恐後，猗然而橋成，行旅往來，居然不知。衆感躍稱頌，因書其績，請予記之。(《皇明經世文編》卷八十九，《續修四庫全書》影印明崇禎平露堂刻本)

智按：屠勳，字元勳，平湖（今屬浙江）人。成化五年（一四六九）己丑進士，官至刑部尚書，謚康僖。有《屠康僖公文集》六卷（又名《太和堂集》）附録一卷（《四庫全書存目叢書》影印明萬曆四十三年刻清初重修本）。

李東陽（一四四七～一五一六）

《與時用陪士常話別聯句翌日士常見和因叠前韻》

客去蕭然卧北窗，興來誰復倒餘缸。鐘聲坐覺催寒漏，燈影長憐伴夜釭。徐榻正懸懷舊侶，郢詞初變憶新腔。憂時每念丹心獨，抗世寧教白眼雙？敢謂文章非忝竊，未看民俗盡敦龐。名場有紲身仍縶，宦海無風浪亦撞。交重雷、陳真不減，才非元、白已全降。孤藤幸託千年樹，一葦終期萬里江。望裏停雲心脉脉，曲中流水恨淙淙。還家莫歎關山隔，聞説絃歌似魯邦。(《四庫全書》本《懷麓堂集》卷十八)

《西社別言詩引》

谷鶯遷木，情已應於友求；陰鶴鳴臯，聲必傳於子和。矧伊人矣，不如鳥乎！瞻彼白洲，實吾華胄。劍光衝斗，焕南國之文章；筆陣横霜，聳西臺之義槩。虎（一作代）鷹骨爽，冀馬羣空。胷蟠雲夢之九呑，眦（一作皆）决岱宗之一覽。登壇賈勇，氣奪三軍；對客揮毫，名傾四座。羡楊穿之獨妙，愧歠食以同耽。春墅烟花，夜堂燈月。冥心探物，山川無地以逃形；險語通幽，神鬼有時而破膽。雪車競怪，石鼎爭豪。雖角力於雌雄，竟忘形於爾汝。十五年之會晤，夢也何疑；四千里之睽違，眷焉將邇？慕路、回之言贈，念元、白之神交。越海吳江，載星槎於漢節；廬山蠡澤，輝晝錦於韓鄉。顧兹壯遊，欣我同志。唐臣五術，兼采風謡；漢法六條，旁行郡縣。盖已布棠恩於周頌，又将詠芹樂於魯詩。夫豈徒哉？無非事者。匪游觀之是玩，諒聚散以何心。觸物興懷，感時言志。欲發倚歌之興，先慙授簡之才。爰萃羣言，釐為兩卷。(《四庫全書》本《懷麓堂集》卷四十；《李東陽集》第二卷，第二九六～二九七頁)

《内閣賞芍藥奉和少傅徐公韻四首》(其四)

次第紅芳又緑陰，好花留向玉堂深。多從雨過看生色，不為春遲負賞心。清露著衣香易濕，綵雲迷眼夢難尋。杯餘幸接韓公宴，詞罷先賡白傅吟。(《四庫全書》本《懷麓堂集》卷五十五)

《壽祭酒羅先生七十次所寄韻二首》(其一)

登第同年事憲皇，看君射策勝穿楊。兩都賦出爭傳漢，九老圖成正憶唐。舊日才賢多皷鑄，老來神采尚飛揚。也知憂國懷人意，不問寒暄問雨暘。(來詩云：變調事業須公等，卧看南山記雨暘)(《四庫全書》本《懷麓堂集》卷五十六)

《此詩再閲歲久不和是日得東山公赦歸重經六盤山韻因憶元白梁州之句悵然感之再次》

浮世功名夢覺間，夢時何似覺時閒。南來已踏千重浪，西去還經萬疊山。我病不堪思往事，公才猶可濟時艱。詩成漫憶梁州句，一夜神交信往還。(《四庫全書》本《懷麓堂集》卷五十八)

《白洲詩集序》

白洲李先生詩集若干卷，知府熊君桂刻於徽州。以書抵予曰：「是詩之傳，非先生莫可與屬者。」予惡得以不敏辭哉！先生少有能詩名，其為辭，峭拔矯健，不犯塵俗，不蹈襲前人陳迹。或對客揮毫，或聯句叠韻，新意奇語，間見層出，迫之而不以為難，引之而不知其所窮。當其興況所寄，羣紛衆慮，一不以嬰其心。然官劇曹，理重獄，庭無留案，圄無滯囚，耳目所逮，有羡慕而無訾議，固未嘗以此而廢彼也。其亦可謂難已。及歘歷藩臬，出入臺省，前後數十年，往復數千里，江山之助，固不俟論，而學校之繩榘、牧字之惠澤、敵愾之鋒力，間於是焉發之。校之巖居窟處、枯槁窮瘠之士，殆不可同日而語。然放情邱壑，模象景物，則不待以侍郎謝病、都憲請老而後得也。非其身固有之，其能然乎？昔裴中立以御史大夫出掌是柄，而官屬燕飲，不廢詠歌；白樂天為刑部，賓友倡和，殆無虛日。緑墅之堂，香山之社，卒以鳴當時，傳後世。然則所謂詩人少達而多窮者，豈天下之定論哉？蓋亦有兼之者矣。若先生負抱遭際，兩得其盛，弛而能張，憂而能樂，豈山林所得而久閟，亦豈廟堂可得而終滯者耶！……（《四庫全書》本《懷麓堂集》卷六十二）

《東湖書屋記》

東湖書屋者，都察院右副都御史艾君德潤之所居也。湖在南昌城中，周袤十餘里，衆水所匯，下通於江，每春夏之交，天宇澄霽，鏡光無塵，一碧千頃，而或清漣細浪，含風而浴日，乃有禽魚下上，倒景交映，游萍蕩漾，植荷駢列，景象百出，雜然而前陳，探之而不可窮。……古之地以人勝，而人亦或藉地以名，其相顯晦相輕重，不可以槩論。按郡志云：「豫章東湖猶錢塘西湖，皆一郡之勝也。」西湖古未有名，自白樂天始表見於世，至蘇子瞻乃益顯，其在潁州者，亦以蘇及歐陽永叔而名。東湖蓋孺子所居之地，而不以名，張九齡、李紳輩始為賦咏，亦未有獨擅其名者。……（《四庫全書》本《懷麓堂集》卷六十八）

《與東山劉先生書》

自得六盤山之作，讀至末句，令人黯然銷魂，不敢以病告。時不預其事，為解計窮力竭，俟命與時，固有不得不然者。久稽奉和，豈敢頓忘？正坐無辭相白，姑徐徐云爾。今年四月以後，計必南歸，不意事多反覆，中間曲折，不能縷數。九月得邃菴報，已遣人奉接。河西道梗，未得消息，為之惘然倥偬。初乃發舊篋，奉次元韻。是日復得邃菴所致手書，有「經六盤」之句，因憶元白梁州神交故事，悲喜交集，又以驗物數之有定也。再和一章，并書別紙，以代晤言。……（《四庫全書》本《懷麓堂集》卷七十）

《麓堂詩話》

詩必有具眼，亦必有具耳。眼主格，耳主聲。聞琴斷知為第幾弦，此具耳也；月下隔窗辨五色線，此具眼也。費侍郎廷言嘗問作詩，予曰：「試取所未見詩，即能識其時代格調，十不失一，乃為有得。」費殊不信。一日，與喬編修維翰觀新頒中秘書，予適至，費即掩卷問曰：「請問此何代詩也？」予取讀一篇，輒曰：「唐詩也。」又問何人，予曰：「須看兩首。」看畢曰：「非白樂天乎？」於是二人大笑，啓卷視之，蓋《長慶集》，印本不傳久矣。（《歷代詩話續編》第一三七一頁；李慶立《懷麓堂詩話校釋》第二四～二五頁）

質而不俚，是詩家難事。樂府歌辭所載《木蘭辭》，前首最近古。唐詩，張文昌善用俚語，劉夢得《竹枝》亦入妙。至白樂天令老嫗解之，遂失之淺俗。其意豈不以李義山輩為澀僻而反之？而弊一至是，豈古人之作端使然哉？（《歷代詩話續編》第一三七五頁；李慶立《懷麓堂詩話校釋》第八五頁）

琴按：李東陽謂白居易以李義山輩為澀僻而反之而弊一至是，不知白居易時代在李義山之前，義山生於唐憲宗元和八年，其時白年已四十二，詩名已卓著矣，何得云以義山輩為澀僻而反之乎？東陽對於時代年歲影響之不重視也如此歟？

作詩必使老嫗聽解，固不可。然必使士大夫讀而不能解，亦何故耶？（《歷代詩話續編》第一三八二頁；李慶立《懷麓堂詩話校釋》第一六七頁）

楊廷秀學李義山，更覺細碎；陸務觀學白樂天，更覺直率。概之唐調，皆有所未聞也。（《歷代詩話續編》第一三八六頁；李慶立《懷麓堂詩話校釋》第二一五頁）

作山林詩易，作臺閣詩難。山林詩或失之野，臺閣詩或失之俗。野可犯，俗不可犯也。蓋惟李杜能兼二者之妙。若賈浪仙之山林，則野矣；白樂天之臺閣，則近乎俗矣。况其下者乎？（《歷代詩話續編》第一三八七頁；李慶立《懷麓堂詩話校釋》第二二五頁）

智按：李東陽，字賓之，號西涯，湖廣茶陵（今屬湖南）人，以戍籍居京師（今北京）。四歲舉神童，景泰帝抱置膝上，六歲、八歲兩次受召見，命入京學。明英宗天順八年（一四六四）甲申進士，選翰林庶吉士，成化元年（一四六五）授翰林編修。累官少師兼太子太師、吏部尚書、華蓋殿大學士。正德七年（一五一二）致仕。卒謚文正。李東陽久在館閣，領袖文壇，奬掖後學，門生滿朝。其詩兼學唐之杜甫、劉禹錫、白居易，及宋之蘇軾、元之虞集，於「三楊」臺閣體之後而自成茶陵體。其論詩注重格調，實開啟七子之派。然在七子派看來，其詩尚非正宗，李夢陽「譏其萎弱」（《明史·李夢陽傳》），王世貞則謂其「模楷不足」，以爲「長沙之於何、李也，其陳涉之啟漢高乎」（《藝苑卮言》卷六），尊李夢陽、何景明而抑李東陽。至錢謙益抨擊七子派，則大力褒揚茶陵體，雖不無過正之嫌，但其詩歌價值亦獲重新之認識。李東陽去世前自編詩文集為《懷麓堂稿》，正德十一年（一五一六）熊桂刻，改題為《懷麓堂集》，其中有《懷麓堂詩話》一卷。又有明謝鐸、潘辰評點，何孟春音注，明正德十三年（一五一八）顧佖刻《擬古樂府》二卷。《四庫全書》本《懷麓堂集》一百卷，為康熙時茶陵州學正廖方達所校刻。《明史》卷一八一有傳。

李宜茂（一四四九～一五〇七）

《效白樂天》

何處難忘酒，幽居夏日長。廚煙圍屋暗，簷雨入窓涼。樹密鶯聲婉，梁空燕影忙。此時無一盞，爭奈負年光。（《蓮軒雜稿》卷二，《韓國文集叢刊》本）

《宿龍山寺作效白樂天》

何處難忘酒，禪房夏日長。江山千古態，風月百年場。遇興吟成句，偷閑睡作鄉。此時無一盞，辜負北窓涼。（《蓮軒雜稿》卷二，《韓國文集叢刊》本）

《效白樂天，寄呈戶曹鄭判書》

何處難忘酒，青春欲暮時。桃紅飄地盡，柳綠傍簷僛。吟苦詩爲祟，閑多睡作癡。此時無一盞，辜負賞心期。（《蓮軒雜稿》卷二，《韓國文集叢刊》本）

智按：李宜茂，字馨之。有《蓮軒雜稿》。

王鏊（一四五〇～一五二四）

《奉和匏菴讀白集二首》

覓句年來無一長，日攜白集嗅餘香。一篇自可讀幾過，諸格今仍得未嘗。當日秦吟能伏李，後來崑體漫稱楊。平生却怪韓員外，只識張家奉禮郎。

此老生年七十六，何曾一日沒詩章。風流轉覺堪師我，政事傳聞尚在杭。生世莫嫌殊已晚，題詩不害稍相方。所嗟得見年差晚，旋讀前頭已旋忘。（《四庫全書》本《震澤集》卷三）

《讀白集》

朝事不預聞，人事不復理。家事不復關，身事不復治。翛然卧榻上，乃至無一事。長日誰與言，太原白居易。（《四庫全書》本《震澤集》卷三）

《和林都憲見素侍用見寄之韻三首》（其一）

止足平生不願餘，肯將道義負心初？詩傳元、白郵應困，門引鄒、枚席尚虛。甲第又承三世學，皂囊曾草萬言書。交游海内知多少，尺牘何人問隱居？（《四庫全書》本《震澤集》卷七）

《丁丑八月二十日與弟姪輩泛太湖將游石蛇山舟發微雨既而雨大作抵消夏灣蔡九逵舍宿明日雨又作游興索然乘便風而還至家則日出皎然矣為之一笑賦詩紀之》

載酒張帆信所如，青山含雨轉糢糊。虵丘咫尺翻成遠，夏渚消摇可作踈。世事無端還自笑，秋陰有像若為圖。始知白傅真堪羡，五宿澄波皓月湖。（《四庫全書》本《震澤集》卷七）

《胡太守孝思奉詔存問過太湖有作次其韻》二首（其二）

林屋峰前受一廛，渚皃汀鷺住相連。久塵殿閣三台地，歸占東南一洞天。詔下屢沾新雨露，林間還與舊雲烟。自從白傅來游後，直到君侯兩似仙。（《四庫全書》本《震澤集》卷八）

《東丘會老記》

凡歸於鄉者，歲時有會，所以敦契誼，崇齒德，暢湮鬱，而示鄉人以禮也。示鄉人以禮者，所以接之於道，作敬讓而遠於鬭辨也，其猶古鄉飲之遺乎？自鄉飲酒之禮廢，而後有香山之會、洛陽之會、睢陽之會，以為希闊之舉，而侈談焉。斯亦會之近古者也。正德己巳，宜興之仕而歸者十一人，城東有周孝侯祠，祠有崇丘茂林，深池廣陂，可以游而樂也。前山東副使邵君用之，始經營之，面丘作堂。堂之後有閣，閣之西有樓，以為燕饗之所。良辰美景，諸老咸萃。坐不叙爵，尚年也。品物有數，而不及豐，尚儉也。爵行無算，而不過醉，尚敬也。主不勸，賓不辭，尚真率也。獻酬既備，奕者釣者，吟者登高者，各適其適，而無禁焉。予過宜興，覽而歎曰：鄉飲之禮，古也；香山諸會之後，繼者無聞焉。豈非難哉？今夫一鄉之中，登仕版者幾人，仕而保終吉以歸者幾人，歸而康且同志合義者又幾人，故曰難。諸老生同鄉，仕同朝，歸同榮，又同志也，於古人之所難得者，其咸得之矣。况夫尊讓潔敬，而接鄉人於道，斯君子之所重也，非特燕游之樂而已。予故為記之十一人者為某某，咸繪像於壁，使後之人得企而瞻焉。（《四庫全書》本《震澤集》卷十六）

《石田先生墓誌銘》

有吳隱君子，沈姓，諱周，啓南字，而世稱之唯曰石田先生。先生世家長洲之相城里，曾大父良琛始闢田以大其家，大父孟淵，考恒吉皆不仕，而以文雅稱。先生風骼潔修，眉目媚秀，外標朗潤，内藴精明。書過目即能默識，凡經傳、子史、百家、山經、地志、醫方、卜筮、稗官、傳奇，下至浮屠老子，亦皆涉其要，掇其英華，發為詩，雄深辨博，開闔變化，神怪疊出，讀者傾耳駭目。其體裁初規白傅，忽變眉山，或兼放翁。而先生所得，要自有不凡近者。書法涪翁，遒勁奇倔，間作繪事，峯巒煙雲，波濤花卉，鳥獸蟲魚，莫不各極其態。或草草點綴，而意已足成。輒自題其上，時稱二絕。一時名人，皆折節内交。……（《四庫全書》本《震澤集》卷二十九）

《謫解》

王子解内閣機務，屏居洞庭之野，客有自燕來者，儼然造焉，俯而賀，仰而弔……士有淵潛而避萬乘，灌園而卻三公，顏闔鑿坯而遁，弘景掛冠而歸，韓伯休隱名於藥肆，申屠蟠滅跡於樹屋，梅福潛踪於吳市，管寧投老於遼東，裴相開平泉之莊，白傅結香山之社，此皆哲人不得已之為也。吾將竊取之以為名，若夫孔光肅容於迎謁，胡廣飾志於朝章，陳咸乞靈於子公，楊興假譽於君房，子雲浮湛於莽賢，執誼脂韋於伾文，段熲事阿保以自通，齊丘樹朋黨以自固，吾誠不能與數子者並，故默默甘守乎丘園。(《四庫全書》本《震澤集》卷三十四)

《震澤長語》

《晉史》：中台星坼時，以爲大異。張華等應其禍。然中台星至國朝常坼，此理之不可曉者也。或云：上下不交之故。或云本朝不立宰相之應，是果然歟？北斗星七，各有所主分野，而第四星常不甚明。白樂天詩云：「昔聞西漢元成間，北辰微暗少光色。」至今猶然，不知何也。(《四庫全書》本卷上)

智按：又見明李默（正德十六年一五二一進士）《孤樹裒談》卷二（《續修四庫全書》、《四庫全書存目叢書》影印明刻本）

《姑蘇志》

白居易，字樂天，其先太原人，自韓城徙下邽。居易敏悟絶人，工文章。未冠，謁顧況。況於時才少所推可，見其文，自失曰：「吾謂斯文自絶，今復得子矣。」貞元中，擢進士拔萃，皆中，補校書郎。元和初，以對策，調盩厔尉，為集賢校理，翰林學士，遷左拾遺。屢陳朝廷得失，請以學士兼京兆户曹參軍。又以言事，貶江州司馬。久之，徙忠州刺史。入為司門員外郎，以主客郎中知制誥。俄轉中書舍人。遷杭州刺史，入為太子左庶子，分司東都，復刺蘇州，病免。文宗立，以祕書監召，遷刑部侍中。太和初，移病還東都，除太子賓客分司。踰年，拜河南尹。開成初，拜太子少傅，進馮翊縣侯。會昌初，以刑部尚書致仕。六年，卒。贈尚書右僕射。居易被遇憲宗，時事無不言，為當路所忌，遂擯斥。所蘊不能施，乃放意詩酒，既復用，又皆偃蹇不合，居官輒病去。遂無立功名意。在蘇時，多燕游，嘗攜蟬、滿、容、點茶十妓，夜游西武丘山。又賦紀游詩云：「領郡時將久，游山數幾何？一年十二度，非少亦非多。」自作《醉吟先生傳》。又好浮屠，稱香山居士。其文章精切，最工詩，頗以規諷得失。初與元稹酬咏，號元白。稹卒，又與劉禹錫

齊名，號劉白。白敏中為相，請謚，有司曰文。東都江州人皆為立祠。(《四庫全書》本卷三十八宦蹟二)

徐祐，字受天，靜海人。擢進士第，為吏以清白稱。官至左司員外郎，以都官郎中致仕。慶歷中，屏居蘇州，作山亭胥門外，為登臨之地，與葉參為九老會。卒年七十五，子仲謀典郡持節，以職方郎中致仕。(《四庫全書》本卷四十九人物七名臣)

元絳，字厚之，其先臨川人，姓危氏。……既行，追資白金千兩，敕弖還。絳至吳中，與程師孟為九老會，有居第在帶城橋，鄉人榮之，因號為衮繡坊，踰歲以老病奏，恐不能奉詔，三年而卒，年七十六。贈太子少師，謚章簡，詔其家集文章上之。有文集四十卷，《讞獄集》十三卷。子耆寧、耆弼。(《四庫全書》本卷四十九人物七名臣)

智按：王鏊，字濟之，吳縣（今江蘇蘇州）人。成化十一年（一四七五）乙未進士，官至戶部尚書，文淵閣大學士，謚文恪。事迹具《明史》本傳。

宋嶽（一四七二進士）

《晝永編》

李德裕平泉山居，戒子孫云：「吾百年之後，為權勢所奪，則以先人所命，泣而告之，此吾志也。」後經世變，餘胤意不能守，花卉蕪絶，恠石名品，俱為洛城有力取去。記所云者，秖足貽達人笑耳。昔晋桓玄欲以謝安宅為營，其孫謝琨曰：「召伯之仁，猶惠及甘棠；文靖之德，更不保五畝宅邪！」玄慙而止。唐嗣曹王皐將市取張柬之襄陽園囿，馬彝諫曰：「漢陽有中興功，今遺業當百世共保，柰何使其子孫鬻乎！」皐之彼。石家金谷園，其身不能守，馬家玉杯池，不復留身後，今日諸如此者，又何道焉。魏徵第，太宗用殿材成其正寢，其後嗣不能守，白居易以為言朝廷，贖而賜之，宋邵康節天津之居，本官地，熙寧初，法當拆賣，榜三月，人不忍買，司馬温公諸人為集錢買之，然則身苟富德，不必潤屋為子孫計也。(《晝永編》上集，《續修四庫全書》影印明嘉靖四十三年閻永光刻本，第一一二四册，

第二六四頁)

朱陳村，在徐州豊縣東南一百里深山中，民俗淳質，一村惟朱陳二姓，世為婚姻，白樂天有《朱陳村》詩三十四韻，其畧云：「縣遠官事少，土深民俗淳。有財不行商，有丁不入軍。家家守村業，頭白不出門。生為陳村人，死為陳村塵。田中老與幼，相見何欣欣。一村惟兩姓，世世為婚姻。親屬居有族，少長遊有群。黃鷄與白酒，歡會不隔旬。生者不遠别，嫁娶先近鄰。死者不遠葬，墳墓多繞村。既安生與死，不苦形與神。所以多壽考，往往見玄孫。」予每誦之，則塵襟為之一灑，恨不生長其地。後讀坡翁《朱陳村嫁娶圖》詩云：「我是朱家舊使君，勸農曾入杏花村。而今風雨那堪畫，縣吏催錢夜打門。」則宋之朱陳，已非唐時之舊。若以今視之，又不知其何如也？(《晝永編》下集，《續修四庫全書》影印明嘉靖四十三年閻永光刻本，第一一二四册，第二六四頁)

智按：宋嶽，成化八年（一四七二）進士。

張旭（一四七四舉人）

《勸學觀古文有作》

天地人爲貴，人性天□□。□何天地間，人不皆聖賢。□□□□功，世人當所先。食無求厭飫，居無求安便。□□思養正，仕優仍鑽研。一息身尚存，此志當静專。豈爲□貴謀，豈被利違牽。豈待父兄教，豈專師傅傳。此性原天地，此理昭簡編。以心爲嚴師，于焉日乾乾。理明性斯盡，人勝天自旋。父子親且愛，君臣義以聯。夫婦敬如賓，長幼序秩然。至於朋與友，信如金石堅。大倫既能正，細行無躓顛。聖賢士君子，險途能着鞭。愚蒙與不肖，周道不能前。相去隔天地，學與不學焉。所以古文中，勸學尤拳拳。昔稱宋真宗，次則柳屯田。更有王荆公，心同白樂天。温公韓文公，各有長短篇。不爲平生志，則歸師父愆。至言雖有味，高見寧無偏。惟有朱文公，所論如淵泉。日月兩逝矣，歲不爲我延。寄言黄小群，轉盼雪盈巔。寸陰禹猶惜，終夜孔不眠。天地於我厚，我當天地憐。性分不外求，經書良有緣。勉

旃復勉旃，毋令負少年。（《梅巖小稿》卷二十二，《四庫全書存目叢書》影印明正德元年刻本，集部第四一册，第二三九頁）

智按：張旭，字廷曙，號陽堂主人，休寧（今屬安徽）人。成化十年（一四七四）甲午舉人，歷官孝豐、伊陽、高明三縣知縣。其《梅巖小稿》三十卷，前有弘治十七年（一五〇四）吴寬序及自序，末有弘治十七年程材、汪循跋，正德元年（一五〇六）張九逵跋。《四庫提要》云：「是集凡詩二十二卷，文八卷。其詩長於集句，採摭成語，位置聯絡，往往如出自然。其所自作，則雖律調工整，而傷於剽利，蓋學《長慶集》而不至者也。散體諸文，大抵應俗之作矣。」

周琦（一四八一進士）

《東溪日談録》

詩若只於風情月態，如白樂天、韋應物、韓愈、杜牧、蘇軾、秦少游輩所作戲妓之吟，王安石、梅聖俞、陳後山、文與可輩所作嘲友嘲僧之吟，豈聖賢文字乎？（《四庫全書》本《東溪日談録》卷十六）

智按：周琦，字廷璽，馬平（今屬廣西）人。成化十七年（一四八一）辛丑進士，官至南京户部員外郎。有《東溪日談録》。

徐伯齡（天順、成化間）

《蟫精雋》

⊙古詩用字

白居易《賀雨》詩：「已責寛三農。」正用《左傳》晉悼公已責事。謂止逋責也。而集本、《文粹》並作責己，非。又董思恭《日》詩：「滄海十枝暉。」見《山海經》：「扶桑九日居下枝，一日居上枝。」而或作「十丈」，非是。（《四庫全書》本卷二；《明詩話全編》第九册，第九三八七頁）

⊙誤唐人詩

杜牧《李給事》詩：「元禮退歸緱氏學。」緱當作綸。按膺本潁川人，綸氏屬潁川，膺免官歸綸氏，教授常千人。又白居易《澗底松》詩：「金張世禄黄憲貧，牛衣寒賤貂蟬貴。」黄憲本牛醫兒，衣字誤，而集本又改作「原憲貧」，詳上下文，其誤多矣。（《四庫全書》本卷二；《明詩話全編》第九册，第九三八七頁）

⊙聶東軒

景泰間，臨川聶東軒大年，分教吾杭仁和邑庠，書法為當時獨步，而詩尤工。人得片紙隻字，不啻聯珠合璧。嘗作《湖上送友人》詩云：「秦人鞭石揮雷斧，日車飜動扶桑樹。至今海眼塞不盡，留與游人載歌舞。冷泉一派東南奔，雲影倒侵玻璃盆。魚鱗蚌鷸粲可數，菱芡蒲荷奚足論。吳儂甘向吳中老，相逢只説西湖好。二八紅粧陌上花，春風競鬬湖邊草。太平官府不索錢，壚頭酒徒多醉眠。輕舟短棹唱歌去，紅鯉吹花銀浪圓。薄宦錢唐凡兩度，玉驄慣識西湖路。緑酒從來不用賒，黄鸝也解留人住。青衫白髮興悠悠，無限詩情付水漚。却憶長公多感慨，未容白傅擅風流。送君湖南歌此曲，楊柳飛花春酒熟。他時何處最相思，湖上年年春草緑。」他作率稱是。（《四庫全書》本卷六）

⊙詩善諷

南宋時驛路有白塔橋，印賣朝京里程圖，士大夫徃臨安，必買以披閲。有人題於壁曰：「白塔橋邊賣地經，長亭短驛甚分明。如何只說臨安路，不數中原有幾程。」又寶慶丙戌，袁樵尹京，於西湖三賢堂賣酒，有人題壁曰：「和靖東坡白樂天，三人秋菊薦寒泉。而今滿面皆塵土，却與袁樵趂酒錢。」又項羽廟在杭，近郡三衢十八里外樟戴市，市人失火，延及廟，有人作詩云：「嬴秦久矣酷斯民，羽入關中又一秦。父老莫嗟遺廟燬，咸陽三月是何人？」雖皆不識作者為何人，而調笑暢快，可謂善戲謔兮者矣。（《四庫全書》本卷十）

⊙宋詩家數

宋詩變而為數體，有九僧體，學晚唐，即晚唐體也，九僧乃希晝、保暹、文兆、行肇、簡長、惟鳳、惠崇、宇昭、懷古九人也。又有香山體，學白樂天。又有西崑體，祖李義山。自楊文公億首與劉筠變宋初詩格，緫織華麗，盖一變晚唐詩體、香山詩體。然歐公亦不非之，而服其工。雖張乖崖亦學其體，二宋尤深入者，如蘇子美、梅聖俞，並出歐公之門。蘇近老杜，梅過王維，而歐公直擬昌黎。東坡暗合太白，惟山谷合老杜。後山棄其舊而學焉，遂名黄陳，號江西派。如晁君成詩，當黄陳未出之前，自為元和間唐詩，乾淳間又有尤楊范陸四巨擘，謂之四大家，尤謂延之遂初，楊謂萬里廷秀，范謂成大至能，陸謂放翁務觀也。……（《四庫全書》本卷十五）

智按：徐伯齡，字延之，自號籜冠生，自署古剡（浙江嵊縣）人。祖籍錢塘。天順、成化間在世。博學强記，能文善書，洞曉音律，而不肯以技自試，乃山林放曠之士。有《蟫精雋》、《大音正譜》、《醉桃佳趣》等。生平見《蟫精雋》卷一二附張錫《籜冠生傳》。

張吉（一四五一～一五一八）

《再次顧貳守前韻》（之二）

薄宦淹留海嶠邊，心關幽事亦翛然。園葵草際和雲剪，野鶴榕陰避雨眠。對酒日莪高桷帽，焚香夜檢指玄篇。故人投贈多佳句，元、白方知不獨賢。（《四庫全書》本《古城集》卷六）

智按：張吉，字克修，號翼齋，又曰默菴，又曰怡窩，晚乃自稱曰「古城」，餘干（今江西餘干西北）人。成化十七年（一四八一）辛丑進士，官至貴州左布政使。有《古城集》。

楊廉（一四五二～一五二五）

《徐氏傳》

徐氏諱轉，豐城下陽人，幼為熊孺人媵，歸邑之上坊陳氏，侍巾櫛於掌教用本先生……成化丙午以疾卒，壽八十有四，鳳魁甫為之齊衰三年。贊曰：婦人女子，守節自誓，如共姜夏侯氏，世固有之，不多見也。夫以六禮所聘，合巹而稱偕老者，猶不能必其無再醮，而况娶娣哉！白樂天老病侵尋，樊素竟去；蘇子瞻間関竄逐，數妾相繼請辭，惟朝雲僅留，孰謂霜降水涸，有如徐氏者哉！方當主公欲遣之時，盟心數語，天地鬼神，昭布森列，聞者當為之毛竪，其志直欲追姜夏，於千載之上，睥睨樊素輩，不啻糞上英，卒之男婚女嫁，使良人數百年之宗祊，危如累棋者，化為螽斯之盛，其有功於陳氏，豈不大哉！使立人之朝者，皆如女中之徐氏，則必不棄漢獻以事魏，委柴世宗之子以事宋矣。徐氏享年逾八望九，亦人間稀有之壽，豈非天之福善人乎？（《楊文恪公文集》卷三十七，《續修四庫全書》影印明刻本）

《佘養浩氏像贊》

歙士佘君養浩，其父客死于汴，徒跣扶櫬，反葬于鄉，以正丘首。未幾，集父平生所爲詩，盡鋟之梓，以圖其傳，既而以所居之地，閭閻密比，寸土寸金，族有艱於室廬者，慮其他僦，乃購基市材為屋若干楹以處之，復作潛虬書院以待族之學者，至於先世墳墓，沒於荆棘，穴于狐狸者，皆為之封表焉。若少與壯，踪跡多在大梁陳留之間，大抵皆其父舊游之鄉，至暮年，則維桑與梓，不復出矣。君嗜吟咏，往来江湖，所與倡和多名流韻士，如白樂天所謂「詩友」云者，自餘亦不泛交焉。一日，其壻方堯民氏持君畫像懇予為贊，視之則幅巾方履，大帶深衣，儼然隱君子也。因憶往年佘氏有佳子弟，嘗從予弟康受《易》，當是時，已知歙有佘氏。兹以堯民之請，復有聞於君焉，義何可辭，爲之贊曰：維君之行，寔篤于親。孰謂如此，而曰匪仁。維君之心，能公其利。孰謂如此，而曰匪義。廣其聞見，馬遷之游。豐其居積，膠鬲之儔。歲晚歸歟，山林有主。世態脱然，巾服近古。吟苦而膄，風雅之儒。骨清而聳，山澤之癯。噫！親而或遺，利惟不足。有如斯人，可敦薄俗。（《楊文恪公文集》卷四十四，《續修四庫全書》影印明刻本）

智按：楊廉，字方震，豐城（今屬江西）人。成化二十三年（一四八七）丁未進士，官至南京禮部尚書，謚文恪。事迹具《明史·儒林傳》。

林俊（一四五二～一五二七）

《借溪記》

始予讀子美詩，則知浣花溪之勝，貯結者久之。庚午，有事西蜀，意將出溪上，弔先生草堂，一寓目焉。戎馬馳逐，既畢事，買舟東還，錦城無因自至。溪之勝，徒寄之神游夢賞之間。邇者，先生鄉人李君來副閩憲，語次偶及，曰：「不肖先塋去草堂里許，歷林塘，過百花潭，追憶先生吏隱之處，雲物具在，浣花猶為故有，其無復易也，縛茅附之，名以借溪，寓不敢當先生之意，俟是溪終老焉，幸為之記。」

嘗觀夫物者，品同而遇異。今都會之雄富，風景之繁麗，有不杭西湖、蜀浣溪者乎？湖，樂天主之；溪，子美主之；固亦並世，元人兩祠並峙，殆其不孤矣。然蜀處一隅，游賞之盛，溪不當湖之半，而名殆右之，豈非子美之沉落一世，瑰詞傑制，盡用以發靈是溪，非若樂天假守於杭，為西湖風月勾留已也。韓魏公之醉白堂，慕樂天也；公三朝元碩，勳望隆赫，猶欲自擬樂天，宜其於子美而自附也。然以予寓目之難，而君顧借之之易，能無不為君私幸？又懼夫來者之假有以不歸也。或疑數弓之畦，吾汝隔焉，子美豈盡溪而有，業不待借，且借其不常借也。予曰：然則有者，其常有乎？金谷、平泉、鹿門、柴桑，往日之主人安在？則均之借也。溪之借小也，天地又一大借。予獨愛樂天西湖，借和靖以收之，寂先生浣溪，將借君以沛發未盡之蘊，道有相承者，託借溪附見焉。（《四庫全書》本《見素集》卷十二；《明文海》卷三百三十一記五居室）

《明進榮禄大夫太子少保工部尚書劉公神道碑》

弘治丙辰，資德大夫正治上卿工部尚書劉公梅坡三上章致其仕，情懇而詞益哀，孝皇帝憐之，加太子少保，還之延平。……壽八十三以逝……詞曰：光嶽精英，鍾為鉅人。生此王國，為鳳為麟。天佑皇明，七葉神聖。作周於禎，不顯以盛。明良四代，公起其間。靖共慎密，有重如山。不競不絿，於惠且直。士以範型，民以衣食。敭歷中外，肅肅在公。帝曰勞臣，作朕司空。有譽有年，禮不筋力。寄懷故棲，艮坎丹碧。言歸言旋，於狎巢許。松桂盤

桓，海鶴儔侶。物忌於完，白傅弗嗣。士會亦新，御龍孫子。(《四庫全書》本《見素集》卷十九)

《東園翫菊用白居易韻》

假舟渡渌水，步屧循東欄。懶游動旬月，及至荒吾園。淡淡兩松徑，秋高草棘寒。惟餘數行菊，風雨多摧殘。疎花間黄白，錯莫低垂間。細數各星布，慣看轉雲連。埋名舊書蠹，文史多拘牽。對此散幽鬱，南山晚悠然。登高有成約，近頗筋力難。脱巾漉村酒，痛飲聊為歡。霜空木葉落，歲晏餘芳鮮。莫待明年花，笑改今年顔。(《四庫全書》本《石倉歷代詩選》卷四百十五)

《三游洞記》

山自巫峽而東，多奇勢。雲崟煙龕，雪崖而風竅，如笋茁乳垂，門闔而指戟懸練，張幄而流蘇下綴，如猿狖攫挐，神樓鬼户，豺虎蛟鼉之穴，競妍爭媚，相怪險目，左右接不暇。黄牛五峯雄峙，崖影若黄牛，陵廟在焉。又東，峽東水益隘，兩石夾拱人立，名捎公峽。又東，水漸平，山亦漸乏奇勝。洞隱然山陰，循鳥徑曲折數百武，及山之顛，下仄徑，厓險以甚偪，俯瞰無底。左掖一人，一人扶右，皆帖石側行，修繩前引，後者綴捍予於巾，猶足跼心顫，目以眩，息不時貫。歷數曲，地稍平，腰折百武，出石下，地又平，穹然一洞，上如覆蓬，高六餘丈，廣優其半，奇石牆立，中擎三柱，非圓非方，上廣而鋭，直下洞，爽以曠，如堂，可布三十席，柱之旁，三空如户，聯以三奧室，中右室可布四席，左室可布十席，上空若懸，扣之類鐘，名天鐘。搥其下，音如鼓，所謂地鼓者也。旁横一石，擊之，音若磬。

正德庚午，余征藍賊，道經游焉。從者考擊以待，予疑僧候迎，意會之，皆繇虚發，繇上皆石，懸者大以圓，故如鐘，突者方以小，故如磬。下雜以土，故逢逢然鼓音。室之背有石，如牀，可卧十許人。西如厨，東如座，凡洞之石，如鑿如鏤，如穴以出水，如陶室，如複道，如綴珠懸旒，如蟠螭，如刻畫，雲鳥藻火，波濤之狀，巧雕不能舉，丹青者無得而摹寫彷彿之也。下横一溪，名下牢，僅聞水聲，泠泠然。地底又外一山，如臺，臺中如立笏繇，他亦乏奇勝，洞奪之矣。予玩適久之，留詩三章而去，然其意未嘗不在洞也。

又明年壬申，東歸再游，坐良久，室中鐘鼓雜鳴，入聽之。二僕攜酒一壺，肝若笋二豆而至。予酌酒三，啖肝嚼笋，餘均二吏，與從而游者，既去未忍別去，夷彪者，儸佪種故野，不知余猶在也，手桑弓挾矢，躍洞户而出，曰：「好妙，好妙。」從者目之微笑，余亦笑。既還，從者曰：「置之都會，何如?」余曰：「夫方外而有車轍馬迹之塵，人知之失其性矣。天秘而地私之，有所謂哉!」先是游者，白樂天兄弟、元微之；後是老泉三父子，故號三游，今惟余在焉。(《四庫全書》本《湖廣通志》卷一百八藝文志；《古今圖書集成》職方典第一千一百九十七卷荊州府部藝文一第二三～二五頁)

智按：林俊，字待用，號見素，莆田（今屬福建）人。成化十四年（一四七八）戊戌進士，官至刑部尚書，謚貞肅。事迹具《明史》本傳。

蔡清（一四五三～一五〇八）

《題烏情卷》

烏之為物，以色不如鵰，以音不如百舌，得人之喜不如鵲，得人之奇愛不如鸚鵡，而其所以得重名於人間，至使白樂天旌表之，以為鳥中之曾參者，無他，以其返哺哀慕之情，有不羣於凡鳥者耳。……（《四庫全書》本《虚齋集》卷四）

智按：蔡清，字介夫，號虚齋，晉江（今福建泉州）人。成化二十年（一四八四）甲辰進士，官至南京國子監祭酒。事迹具《明史・儒林傳》。

白自成（一四五四～?）

《白氏重修譜系序》

白樂天，商音秦相百里奚之後，姬姓也。系出自周太王次子仲雍。（仲雍）生季簡，簡生叔達，達生虞仲。武王克商，封仲雍之後於虞，是謂虞仲，公爵也。虞公者，虞仲之孫也。爲晉所滅。虞之公族——井伯奚適秦，加上大夫，賜邑百里，因名百里奚。奚生百里視，字孟明，爲秦帥。視生白乙丙。其後即以白爲氏焉。裔孫諱起，有功於秦，封武安君。廟在咸陽；死杜郵；始皇思其功，封其子仲於太原。子孫世爲太原人。二十三世孫諱邕，爲後魏太原太守。邕五世孫諱建，北齊五兵尚書，立功而齊，賜田韓城，因爲家焉。始移籍同州。建生子諱士通，唐利州都督。通生子諱志善，尚衣奉御。善生子諱溫，朝散大夫、檢校都官郎中。遷華州下邽縣，生子六人。長、三、四、五，舊譜無傳。次子諱鏻，揚州録事參軍。生子諱季康，溧水令。康生子諱敏中，太子太傅。溫之六子鍠，鞏縣令。居鄭州，生五子，次子（諱）季般，沛縣令；三子諱季軫，許昌令；四子諱季寧，河南參軍；五子諱季平，鄉貢進士。其後各以其官散居四方。鍠長子諱季庚，朝奉大夫、襄州别駕、大理少卿。生四子：長諱幼文，浮梁（縣）主簿；次諱居易，字樂天，即我白氏遷洛之納祖也；三行簡，主客郎中；四幼美，九歲夭，先葬浮離，後改下邽、祔先塋。幼文長子諱景回，淄州司兵參軍；次子諱景受，字孟懷，觀察史；三子諱景衍。

我始祖樂天，官居太子少傅、禮部尚書、封馮翊（縣）開國侯、上柱國。公五十八歲生子，諱阿雀，三歲亡。會昌元年，以兄幼文次子景受嗣。（景受）生邦翰，司封郎中。翰生思齊，鄭州録事參軍。齊生奏績，明治道，後梁貞明六年，有司奇之，欲上舉。疾不仕，避居揚州三年，復歸履道（里）。唐兵大亂，而履道宅將壞。同光二年，改履道爲普明禪院。思齊與子諱奏績遷居都城。績生子二：長諱慕聖；次諱慕道。自遷城以來，下傳二十七代，至大元至正失位時，白氏族百有餘丁，止遺我三十二代祖貢士諱介，嗣先世，重修譜序，以示後人。下傳至余，已五世交。余前於弘治二年己酉遷洛治（智按：據卷首原稿照片，「洛治」當為「瀍水」）東南五里、洛水南濱白磧村。因我介祖於洪武定位後所重修而又繼續之譜，余復重修而亦繼續之。於戲！近代譜法，稱歐陽氏、蘇氏，皆略遠而詳近。故自始祖樂天以來，遷居四方者不續，兵變逃亡者不續，且世遠年湮，除正續外，支派繁雜者亦略之。而舊譜正宗之名，以及年事實録，間有蠹缺，則空其字，或用某某，不敢妄補者，略其遠而慎之也。自介祖以下，名著世系，備書名諱，或内加事實者，詳其近而重其所自出也。

余近老矣，將七十矣，恐愈衍愈久，舊譜日損，近代失傳，故重修而繼續之，俾世德賴以弗泯，而昭穆等卑之分益明，庶傳之子孫，當不至有問其祖代，而憒（智按：據卷首原稿照片，「憒」當為「怫」）然色沮者，爲吾後所宜繼述而接續焉，使世系相傳於無已可也。

時大明嘉靖二年癸未三月三日，遷洛始祖樂天公三十六代正裔孫——白自成，字顯楊氏，頓首叩拜，重修繼續於洛水南梅杏園草堂西牖下撰。（《白居易家譜》，中國旅游出版社，一九八三年三月，第一～三頁）

智按：白自成，字顯楊，洛陽（今屬河南）人。弘治二年（一四八九），遷洛陽白磧村。嘉靖二年（一五二三），於「將七十」之際，撰《白氏重修譜系序》。

吳儼（一四五七～一五一九）

《乙卯季冬見白髮效樂天體三首》

白髮新生豈少恩，天教小子漸稱尊。一莖便作千莖種，四十將開八十門。拔去自家難諱老，染來何物可除根。後生切莫輕前輩，日月隨君萬馬奔。（右喜白髮）

曉來對雪常梳髮，鏡裏何緣得上頭。豈為作詩真太苦，或因謀國有深憂。官叨七品誰言貴，年過三旬未識愁。莫是家庭元有種，人言今日可憑不。（右問白髮）

人生大率百年期，四十寧當髮白時。秖許頭顱留少雪，可容髭髮盡成絲。恒言未敢先稱老，壯志安能便服衰。春筍秋禾今已悟，東坡兩語是吾師。（右止白髮）（《四庫全書》本《吳文肅摘稿》卷二）

智按：吳儼，字克溫，宜興（今屬江蘇）人。成化二十三年（一四八七）丁未進士，官至南京禮部尚書，謚文肅。事迹具《明史》本傳。

文敬仝（一四五七～一五二一）

《何處難忘酒效白居易體》

何處難忘酒，孤臣憶紫霄。地分南紀盡，天迴北辰遙。白日葵常向，紅雲首幾翹。此時無一盞，愁思有誰澆。

何處難忘酒，辭親嶺海鄉。白雲勞遠眼，清夢繞高堂。手線身猶著，情懷天共長。此時無一盞，有底洗愁腸。

何處難忘酒，長門歲律遒。疎桐驕夜雨，寒雁攪清愁。買賦希君寵，臨鸞惜鬢秋。此時無一盞，閨思轉繆悠。

何處難忘酒，佗鄉見故人。居然千里別，飄忽十年春。白髪心猶舊，黄眉喜更新。此時無一盞，襟抱賴誰陳。

何處難忘酒，江鄉失意歸。世情隨冷煖，人事喜睽違。蓬鬢青銅鏡，蛛絲白板扉。此時無一盞，其奈見天機。

何處難忘酒，高才獨抱窮。風霜催鬢髪，天地老英雄。袖繫青虵匣，胷蟠太華峯。此時無一盞，那得慰龍鍾。（《滄溪先生文集》卷二〇續集，《韓國文集叢刊》本）

智按：文敬仝，字欽之，號滄溪，有《滄溪先生文集》。

楊循吉（一四五八～一五四六）

《天平山志》

天平山，《續圖經》云：「在縣西二十里。巍然特高，群峰拱揖之鎮山也。……山腹有亭，亭側清泉，泠泠不竭，所謂白雲泉也。自白樂天題以絶句，名遂顯於世。有卓筆峰，巾子峰，五丈峰，石龜照湖，鑑毛魚池，大小石屋，盖因好事者得名。」《吳郡志》云：「此山在吳中最崷崒，高聳端正特立。……山皆奇石……山半白雲泉亦爲吳中第一水。」《盧志》云：「山頂正平有望湖臺，下有白雲寺（宋叅政范魏公奏請賜名）及公之先隴在焉。」《姑蘇志》云：「在支硎南五里，最多奇石。」今按，此山峰巒峭拔，石皆林立，亦無樹藝，由以賢達名也。古蹟有遠公菴，一名望湖臺，正值寺後頭陀巖，龍門，大小石屋，卓筆峰高數丈，飛來峰，五丈峰，萬笏林在寺後。白雲寺，唐置，今爲范氏功德院，忠烈廟在寺内右偏。宋南渡，慶州隔絶，置於此，義庄義學俱附山下。范公祖墓在山右，三代俱贈太師，追封公，石山土穴今稱三太師墓，龍圖范師道墓在寺西。趙抃誌：范成大墓在山南，更名仰天山，舊有覺巖寺，奉墓祀，亦廢。羊腸嶺迂曲而長，有人行。（明何鏜《古今遊名山記》卷四，《四庫全書存目叢書》影印明嘉靖四十四年廬陵吳炳刻本）

智按：又見明章潢《圖書編》卷六十（《四庫全書》本）。

《元氏長慶集跋》

弘治元年，從葑門陸進士士修借至，命筆生徐宗器模録原本，未畢，士修赴都來別，索之甚促，所餘十卷幾於不成，幸竟留之，遂此深願。九月二十五日，始克裝就，藏於雁蕩村舍之卧讀齋中，永為珍玩。且近又借得《白氏集》，亦方在録，可謂聯珠並秀，合璧同輝。楊循吉謙父。（明弘治元年楊循吉據宋本傳鈔之本重印《元氏長慶集》卷末，文學古籍刊行社一九五六年一月）

智按：楊循吉（一四五八～一五四六，一説一四五六～一五四四），字君謙，號南峰山人，吳縣（今江蘇蘇州）人。成化二十年（一四八四）甲辰進士，後授官禮部主事。好讀書，亦好蓄書，聞某有異本，必購求繕寫以爲快。讀書得意之時，常常手足踔踔不自禁，由是得名「顛主事」。弘治元年（一四八八），楊循吉致仕返鄉，年僅三十一歲。此後，結廬吳縣支硎山下，課讀經史，旁通内典，著書近千卷。正德十五年（一五二〇），武宗駐蹕南京時，應詔侍御，不久辭去。有《松籌堂集》、《蘇談》、《吳中故語》、《南峰樂府》等。《明史·文苑傳》附見《徐禎卿傳》中。參見李耀祥《楊循吉研究》（浙江大學博士論文，二〇〇七年）。

朱誠泳（一四五八～一四九八）

《葵軒稿引》

詩不主於險怪，而惟主於平淡。蓋惟詠性情者然也。予觀葵軒諸作，其亦知所尚者歟？葵軒者誰？鎮陝中貴劉公仲器之別號也。中貴天性温厚，雅好唫詠，初未嘗出險怪語，觀其所作，則知其人矣。且今之弭金貂者，多馳騁於富貴，而唫詠固非其所長。若葵軒者，得不謂之賢乎？雖然，詩底於平淡，固未易至也。第以中貴今日之所好如此而進進不已焉，則於唐人摩詰、應物之平淡，或庶幾乎可至矣。不然，則元輕白俗，是又詩之所忌也。予閱其集，而喜其知所尚，因為之引。(《四庫全書》本《小鳴稿》卷九)

智按：明秦王朱誠泳，號「賓竹道人」，太祖五世孫。弘治元年（一四八八）以鎮安王襲封，十一年薨，謚曰簡。《明史》諸王列傳稱誠泳「性孝友恭謹，嘗銘冠服以自警」。

都穆（一四五八～一五二五）

《松陵集跋》

予觀唐詩人多尚次韻，至元、白而益盛。其萃而成編，則有《漢上題襟》、《斷金》及是三集。……（《四庫全書》本陸龜蒙《松陵集》卷末）

《寓意編》

無錫鄒氏藏許道寧《秋山晴靄圖》，元柯九思家物。李後主《重屏圖》，後有宋人書白樂天及荆公詩，元滕玉霄詞，楊儀部藏。楊致仕回，已贈之京師人矣。(《四庫全書》本；清刻奇晋齋叢書本；《佩文齋書畫譜》卷九十八)

智按：《四庫全書》本《寓意編》「重屏」誤作「雀屏」。明張丑《清河書畫舫》卷六下引《寓意編》作：「李後主《重屏圖》，後有宋人書白樂天及荆公詩，元滕玉霄詞，楊儀部藏。楊致仕回，問之，則已贈京師人矣。」

《南濠詩話》

昔人詞調，其命名多取古詩中語。如《蝶戀花》取梁簡文詩「翻階蛺蝶戀花情」；《滿庭芳》取柳柳州詩「滿庭芳草積」；《玉樓春》取白樂天詩「玉樓宴罷醉和春」；《丁香結》取古詩「丁香結恨新」；《霜葉飛》取老杜詩「清霜洞庭葉，故欲別時飛」；《清都宴》取沈隱侯詩「朝上閶闔宮，夜宴清都闕」。其間亦有不盡然者，如《風流子》出《文選》，劉良《文選注》曰：「風流，言其風美之聲，流於天下。子者，男子之通稱也。」《荔枝香》、《解語花》，一出《唐書》，一出《開元天寶遺事》。《唐書·禮樂志》載：「明皇幸蜀，貴妃生日，命小部張樂奏新曲而未有名，會南方進荔枝，遂命其名曰『荔枝香』。」《遺事》云：「帝與妃子共賞太液池千葉蓮，指妃謂左右曰：『何如此解語花也?』」《解連環》出《莊子》，《莊子》曰：「南方無窮而有窮，今日適越而昔來，連環可解也。」《華胥引》出《列子》，《列子》曰：「黃帝晝寢，夢游華胥氏之國。」他如《塞垣春》，「塞垣」二字出《後漢書·鮮卑傳》；《玉燭新》，「玉燭」二字出《爾雅》。即此觀之，其餘可類推矣。（《歷代詩話續編》第一三四三～一三四四頁）

智按：參見明楊慎《詞品》。清鄒祇謨《遠志齋詞衷》、沈雄《古今詞話·詞品》上卷、徐釚《詞苑叢談》卷一引此。

古人詩有唱和者，蓋彼唱而我和之。初不拘體制兼襲其韻也。後乃有用人韻以答之者，觀老杜嚴武詩可見，然亦不一一次其韻也。至元白皮陸諸公，始尚次韻，爭奇鬭險，多至數百言，往來至數十首。而其流弊至於今極矣，非沛然有餘之才，鮮不為其窘束。所謂性情者，果可得而見邪?（《歷代詩話續編》第一三五二頁）

朱陳村，在徐州豐縣東南一百里深山中，民俗淳質，一村惟朱陳二姓，世為婚姻。白樂天有《朱陳村》詩三十四韻，其略云：「縣遠官事少，山深民俗淳。有財不行商，有丁不入軍。家家守村業，頭白不出門。生為陳村人，死為陳村塵。田中老與幼，相見何欣欣。一村惟兩姓，世世為婚姻。親疏居有族，少長游有君。黃雞與白酒，歡會不隔旬。生者不遠別，嫁娶先近鄰。

死者不遠葬，墳墓多繞村。既安生與死，不苦形與神。所以多壽考，往往見玄孫。」予每誦之，則塵襟為之一灑，恨不生長其地。後讀坡翁《朱陳村嫁娶圖》詩云：「我是朱陳舊使君，勸農曾入杏花村。而今風物那堪畫，縣吏催錢夜打門。」則宋之朱陳，已非唐時之舊。若以今視之，又不知其何如也？（《歷代詩話續編》第一三六四頁）

智按：又見明宋嶽（成化八年，一四七二進士）《晝永編》下集，《續修四庫全書》影印北圖藏明嘉靖四十三年閻永光刻本，第一一二四册，子部；明黄學海（嘉靖四十一年，一五六二進士）《筠齋漫録》卷十，《續修四庫全書》影印上圖藏明萬曆三十年刻本，第一一二七册，子部；明葉廷秀（？～一六五一）《詩譚》卷五。

老杜詩云：「安得廣夏千萬間，大庇天下寒士俱歡顔。」白樂天詩云：「安得大裘長萬丈，與君都蓋洛陽人。」二公其「先天下之憂而憂」者與？（《歷代詩話續編》第一三六五頁）

智按：都穆（一四五八～一五二五，一説一四五九～一五二五），字玄敬，號南濠居士，吴縣（今江蘇蘇州）人。弘治十二年（一四九九）己未進士，官至禮部主客司郎中，加太僕寺少卿，致仕。燕王篡立以後，封賞功臣，藏其籍於有司。有《使西日記》、《金薤琳琅》、《寓意編》、《談纂》、《都氏鐵網珊瑚》等。傳見《列朝詩集小傳》丙集。

董澐（一四五八～一五三四）

《天竺次白樂天》

松林行盡見松門，花事三分過二分。高樹鳥呼低樹鳥，入山雲笑出山雲。峰前瀑布僧前落，竹裏流鶯寺裏聞。忙處不知閒處好，紅塵白浪正紛紛。（《四庫全書》本《御選明詩》卷七十七；《明詩綜》卷三十）

《韶光次白香山韻》

磵道盤迴上，菩提自一家。竹分泉過嶺，藤附石開花。問臘看松樹，休糧倚蕨芽。瓦鐺明月夜，木客為煎茶。（清厲鶚《增修雲林寺志》卷六，《續

修四庫全書》影印清光緒十四年刻本）

智按：董澐，字復宗，一字子壽，號蘿石，海鹽（今屬浙江）人。《明史·儒林傳》附載《錢德洪傳》末。嘉靖甲申，澐年六十八，始遊會稽，從王守仁（一四七二～一五二九）講學。或沮之，澐曰：「吾從吾所好耳。」遂又自號「從吾」。有《董從吾稾》一卷。

劉春（一四五九～一五二一）

《杭州重開西湖記》

杭西湖以里計，周三十有奇，唐刺史李泌患城中飲水醎鹵，作六井，引湖水，以便民汲，至今利之。白居易濬治西湖，作石函，謂隄防如法，蓄泄及時，則自錢塘鹽官縣界，瀕河田五千餘頃，可無凶歲。鹽官，今海寧也。宋守蘇軾，以城内諸河乾淺，造筧閘溝渠，引湖水貫城，以注清湖、鹽橋二河，而六井運河，及近河田咸賴焉，夫湖之利如此。顧國朝以来，並湖之家，乘其淤塞，盗爲蕩田以自私，歷歲既久，又鬻而易主者多，故湖日隘，而向所謂瀕河田畝之所，賴以漑者，皆空言矣。弘治壬戌，鄷都楊侯以刑部郎中假守於兹，既踰年，蠹剔惠敷，民用底寧。又踰年，歲運大侵。仁和錢塘之民，蟻訴於庭。侯乃進其父老，詰之，咸曰：「西湖水利，著於志記，非誣也。明公誠按圖開濬，以復其舊，其於捄災固博矣。」侯聞而惻然，復詰之，曰：「湖之開，其財可假於公，其力可募於民，顧其田籍於私家而業之者，不啻百年矣。今取而闢之，得無亟奪之苦乎？」父老曰：「湖之業於民，而擅若利者，非法也，取之特還於官耳。非剏奪民之私，以爲官也。且湖之盗於人，其利止數十家，若歸於官則無窮，但無貞恪愛民之心，力行於上耳。明公誠正民之失，以復於官，以利於民，而非有所私圖，亦孰得而苦之？」侯曰：「有是哉？」乃檄通判朱麟，按湖之私占以畝計，凡一千八百有奇，詭報之粮以石計，凡五百七十有奇，而度其濬治之功以工計，凡用人六千人，日給傭直，通爲兩一萬九千四百。遂以廢寺之田，易民私占，不願者償以直，欲不失其業也。以按覈漏報之粮，填詭報之數，欲不失其額也。其所費財，則出帑藏，節省驛傳之餘，不欲取於民也。乃言于廵按御史、太原車公梁，洎藩臬諸公，皆志同謀協，而車公尤專斷於上，遂疏請於朝，報可。水利僉事高公，尤以職任之爰，卜丙寅二月二日始事，事乃簡仁和知縣。余經錢塘，知縣劉諶、縣丞毛忠輩，分董其役。而侯以其暇，躬飭於其間。察其勤惰，而勸懲之。其東湖淤泥，則以小舟運置錢塘門，及孤山隙地，聽民壅田。其西湖田蕩浮土，則畚築蘇公隄，加崇厚焉。湖西並山，舊無封術，乃運田蕩塍土，築隄畫界，以拒侵占，而構橋四座，俾山水有所泄，於是湖始復舊，不但瀕河之田得資溉，而六井之汲，運河之利涉，皆免乾涸矣。其利不亦博哉！是役也，既濬治之三月，以暑罷，罷三月復濬，而後畢工。錢塘令劉諶輩，徵記於余。夫世之爲守令者，以保國愛民爲心，其於利澤可以及民者，非不欲爲也，而知識有所不周，才力有所不逮，當爲而不能爲者多矣。或有能爲之，則又迫於顧慮，而不敢爲，故皆苟圖一身之利而已，於民不暇恤也。侯乃毅然爲之，使百年既墜之績，一旦復興，其知識才力豈尋常可伍哉！春秋之法，凡役民而利民者，書若此者，固不可不書也。抑余猶有所感矣。昔鄭當時爲大農，引渭穿渠，以溉渠下田萬餘，頃召信臣守南陽，行視水泉，開通溝瀆，起水門提閼數十處，以廣灌溉。夫古之君子，其學篤於爲已，其仕篤於爲人，故有可以利民者，猶竭心思創爲之，況脩其廢乎？脩其廢而猶有所嫌，視剏爲者益何如何恠乎？古今人不相及也。則侯之勇於必爲固宜。侯名孟瑛，字温甫，舉成化丁未進士，以文學名，所至即能推而見於用。觀此舉，亦可槩其餘矣。（《東川劉文簡公集》卷十五，《續修四庫全書》影印明嘉靖三十三年刻本）

智按：劉春，字仁仲，巴（今川東、鄂西一帶）人。成化二十三年（一四八七）丁未進士及第，授編修，屢遷翰林學士。正德六年（一五一一），擢吏部右侍郎。官至文淵閣大學士。正德十六年卒，贈太子太保，謚文簡，沉静寡欲，居官守正。生平見《明史》卷一百八十四。

邵寶（一四六〇～一五二七）

《酒間短歌次吴太史》

延陵太史文之豪，手持椽筆輕一毫。却厭漆鏤思匏陶，別築壇社延風騷。

健如風舸凌秋濤，元氣浩浩天滔滔。忽入冰壑難容舠，豫章言必稱禹臯。下視元白等播䕃，坐令萬類歸籠牢。間出水碧兼金膏，關西夫子真鳳毛。咳唾中律鳴鸞刀，風吹錦服飄雙絛。仙骨曾啖瑤池桃，手持權衡有縱操。收斂英邁胸中韜，彼哉坐井吝以驕。瑞物一見辟百妖，裁之品藻誰能逃。深許抱甕惡桔槔，一日千里不覺勞。何嘗仰首逢人號，我喜麻直能扶蒿。起家江左大布袍，兩以文字魁羣髦。寶鑑出匣弓辭弢，東陵野人隨羽旄。不飲自醉黃生醪，雅終奏俗空嘈嘈。不可得麾安可招，自知一著良獨高。（《四庫全書》本《容春堂集》前集卷二）

《寄題邵憲副東邱娛晚亭》

荆南溪水水東頭，憲使歸來訪故邱。緑野竟忘裴晉國，香山真識白江州。風塵迹遠新圖畫，山水情深舊釣游。我有一尊思共醉，扁舟將趁菊花秋。（《四庫全書》本《容春堂集》前集卷七）

《琵琶亭二首》

世間夫婦似君臣，門外天涯語是真。一曲琵琶皆掩涕，無人傳與買茶人。

草堂卜築傍東林，老去尋山恐未深。江上琵琶自秋月，如何却有世間心。（《四庫全書》本《容春堂集》前集卷八）

《明故文林郎陽山縣知縣殷君墓表》

君初赴陽山，道出江西，會予於按察分司，三日而別。予舉仲尼忠信篤敬之訓為君誦之。君志素定，聞予言益自信不疑。君平生有天下之慮，每論治，必曰嚴明。……君諱貴，字南金，別號惺齋，世為無錫人，永樂間有以進士累官至雲南布政使。……所著有《惺齋集》，藏於家君。生某年某月某日，卒某年某月某日。年六十一。葬。以卒之又明年某月某日，墓在某地，從先兆也。君之喪，過杭，予哭之慟，聘臣等以墓表請，遂為之。其行之詳，在其内弟莫如山誌銘者，可互見也。予嘗觀君論政似崔寔，憂時似賈誼，勤小物似江禄惇，夫婦之愛似白居易，篤朋友之義如李若谷，落落儕輩中，謂之迂者，什人而九，蓋至於陽山而後信焉，士之於世修之已難，孚之人尤難，固如是哉。後之欲知君者，請徵於是。是為表。（《四庫全書》本《容春堂集》前集卷十五）

智按：明焦竑《國朝獻徵録》卷一百廣東二（《續修四庫全書》影印明萬曆四十四年徐象橒曼山館刻本）題為《陽山縣知縣殷君貴墓表》。

《九峯書院歌》（涯翁先生為孫司徒作九峯書院歌司徒南還至揚州書來索和乃用韻為復）

司徒歸歟秋月九，江上尋山歷厖紏。九峯何在郢城西，此景更無他處有。誰將群物名飛走，取類應出前人口。為鷄為馬為象獅，指點相呼故非偶。烏嶺焦山自色形，遠為神仙近慈母。方牀若為野人懸，斷舸不勞津吏守。公心好靜復好奇，孰謂傷廉本無取。書堂清敞據中區，曲徑烟蘿舒復紐。雲開畫障當南榮，泉送琴聲入西牖。別來想像三十年，清夢幾回詩幾首。鑑湖不用乞新恩，故物今還落公手。九峯髣髴在壺中，一笑春風共醇酒。謝安卧不負東山，杜甫望常依北斗。攜滿青囊采藥多，坐溫白石觀棊久。香山老者復何人，此老此峯皆壽耉。涯翁大作合磨崖，為問山靈汝知否？（《四庫全書》本《容春堂集》後集卷九）

《耆英圖歌壽錢東湖八十》

宋之洛社唐香山，清風長在天地間。元豐遺像十三子，千古勳名問青史。西都回首但青山，五百餘年那有此。樫社曾臨鄭奂圖，風流今落錢東湖。東湖晚隱東海上，天送烟霞入屏障。年來大耋慶生辰，嘉客登堂還揖讓。唐人蕭散宋人雅，異代衣冠不相假。君不見，文潞公，富韓公，好賢眞有緇衣風，曠世相感難相逢。前有香山居士，後有東湖翁，讀書堂在虞山東，虹飛丹井湖波紅，千二百歲逍遥中。（《四庫全書》本《容春堂集》續集卷一）

《水西半隱記》

武進王君希程，爲贈太子太保吏部尚書文肅公之仲子，讀書善吟詠，雅崇世德，君子與之。間以性癖山水，而太夫人在堂，不敢遠游也。乃於其世第之西、運河之涯，爲燕居焉，倣唐王龜永達里故事，題曰「水西半隱」，而屬記於予，予未嘗游。嘗觀其所自叙，堂曰閒止，則取諸陶靖節氏，有求志之義；舘曰聚星，則取諸陳太丘氏，有麗澤之義；齋曰弦，則取諸董安于氏，且考訓也，有戒偏之義。臨山爲池，曰小西湖，具六橋三洞之勝；作軒其上，曰影娥，則取諸白樂天氏、蘇子瞻氏，而隱居之觀盛矣。惟古之人，藏脩游息，皆謂之學。王君自謂山水之癖，凡今所爲，覩名思義，於古人之所謂學，皆弗畔焉，而可謂之癖乎？且夫山水者，仁智者之所樂也。仁以居之，智以行之，而壽樂之效見焉。以是奉其太夫人，則孝莫大於是。癖乎癖乎，吾猶恐君之不深也。九京有知文肅公，以爲何如居之中，又有扉爲納春，徑爲流香，居爲懶雲，閣爲都翠，亭爲賓秀，皆有景趣可書。予書其大者，故畧焉。由第以往，凡一里許，有小艇曰泛宅者，少司空豫軒沈先生嘗記之，其事可互見云。(《四庫全書》本《容春堂集》別集卷六)

《題劉松年香山九老圖》(題拟)

會昌年中九老人，丹青在世真未真。香山居士長盟約，可想標格超風塵。兩疏東門畫尚新，至今傳跡兼傳神。劉郎尚友夢伊闕，宋臨唐筆咸奇珍。七賢鬚眉照青春，後來二叟貌絕倫。平生朝省晚林壑，煙霞却傍簪纓身。滔滔滿眼誰知津，潯陽江頭秋思頻。何人更向形容外，爲寫冥鴻飛遠旻。(清吳昇《大觀録》南宋君臣名畫卷十四,《續修四庫全書》影印民國九年武進李氏聖譯廔本)

智按：邵寶，字國賢，號二泉，無錫（今屬江蘇）人。成化二十年（一四八四）甲辰進士，官至南京禮部尚書，謚文莊。事迹具《明史・儒林傳》。

顧清（一四六〇～一五二八）

《壽少師謙齋先生七十》

太微無雲星漢明，商飈按節回玉衡。土階六葉飛堯蓂，歲在戊申申甫生。甲戌仲舒楊大庭，引翼房杜登蓬瀛。金鐘玉律諧頌聲，聖人龍潛資六經。緗麻日侍龍樓清，有時石室繙金縢。甲子周歲龍飛騰，白麻首出金甌名。司馬入府氊裘驚，十年海宇歌太平。如皐如夔連茹征，鸞鵠濟濟充皇扃。并包細大靡矜爭，香山日夕思舊盟。帝恩非常歸未能，黃扉日晏下紫清。壽觴百斛分金莖，誰歟壽者公與卿。次者乃是鑾坡英，天佑我皇惟純精。鍾靈毓秀歸老成，往昔宵寐通精靈。先知已屬范高平，麟袍五色腰玉橫。巍然百辟瞻儀

刑，氓飢欲粟寒欲繒。公無言歸勞聖情，年年此辰稱兕觥。（《四庫全書》本《東江家藏集》卷七）

《題松鶴圖為周太守壽》（同年時敏之父）

翩翩雙白鶴，飛自瑶臺陰。玄裳既修整，縞袂亦蕭森。喬林縱遠步，虚壑引清音。俛仰各有得，逍遥清澗潯。達人事當世，雅志本雲林。懸車不待歲，戢羽思高尋。何異松間鶴，飄飖雲漢心。嘉誕賓友集，初筵列朋簪。鳴絲送旨酒，抗節起高吟。白日麗華楝，簪犀炫鉤金。招要香山翁，笑傲白雲岑。歲歲但如此，焉知寒暑侵。（《四庫全書》本《東江家藏集》卷八）

《戴寶之祖韶軒翁挽詩》

西風林壑晚凄其，歎息儀刑不可追。天地並臨刲股夕，里閭相泣盖棺時。謀深豐芑金樓册，心切苞桑白傅詞。翹首玉輝原上路，幾人下馬讀穹碑。（《四庫全書》本《東江家藏集》卷九）

《為潘克承題林良蘆鴈》

林郎花鳥今代奇，水墨到處皆天機。長縑濶幅信手揮，妙處不屬丹青圍。江頭雨深菱荇肥，枯槎折葦紛離披。駕鵞羽冷畏遠飛，雄雌兩兩相猥依。靈苕翠羽不自危，鵁鶄噤語睎玄衣。依棲俯仰各有姿，乍見幾欲呼鷹師。乃知此老筆不疲，市朝山林時見之。雞林相君知白詩，君家此本吾無疑。北風漸高禾黍稀，雲飛日見江南歸。吴江洞庭三泖涯，天空水遠無拘覊，焉得扁舟從尔嬉。（《四庫全書》本《東江家藏集》卷九）

《以詩寄師邵御史戲書其後》

新詩寫寄樂天賡，斜日虚簷坐晚晴。莫道閒官無一事，揮毫還記唱籌聲。（翰林孔目無印記月俸出納，皆學士親之）（《四庫全書》本《東江家藏集》卷十二）

《題潯陽送客掃雪烹茶二小畫》

一曲琵琶月滿船，蝦蟇陵下玉生煙。江州便作天涯念，更有潮陽路八千。

蘭苕無計續鸞膠，雪水重逢錦帳羔。合與詩家作談柄，老韓謀國未應高。（《四庫全書》本《東江家藏集》卷十三）

《山妻六十効樂天體》

練裳竹笥憶蕭然，又到人間六十年。我學鮑宣方自愧，君於桓少定誰賢。已看兒女諸房滿，始有金珠兩鬢全（是歲初製翟冠）。白首青山是何日，舉杯重賦鹿車篇。

生朝甲子值元辰，臘月風光動早春（是歲臘月丙子立春，山妻元命，又生辰也）。算巧適逢三會合，歲行初届六周旬。曾聞孟母中閨禮，不恥韋郎少日貧。一酌尊前重有感，幾時同灑太姑墳（任太夫人顧氏山妻外祖姑締姻之事，夫人實主之，所以期待予甚厚）。（《四庫全書》本《東江家藏集》卷十三）

《敬亭見和山行有李杜齊能之句雖主押韻而亦非所當也因歌奉答拜寫近懷》

梧檟不雜中林蒸，詩人以來稱杜陵。公才本高心獨下，退與元、白圖中興。《山行》一篇如見我，捫蘿踏雪幾凜兢。……（《四庫全書》本《東江家藏集》卷十五）

《過半松像贊》

形之厖，德之充。年幾耋，貌則童。委軒裳於天上，卧煙雨於江東。識公晚者，以為香山之白傅，而見之早者，則曰漢代之于公。此夫秋官屬大夫，洪都副廉訪，生禾興，老華亭，士稱之為一齋先生，而又曰半松翁者邪。（《四庫全書》本《東江家藏集》卷二十三）

《定菴挽詩》

公昔還山我出山（公壬子歲謝政，予是秋得舉），我歸公已厭人間（公七月九日卒，予歸甫十日爾）。名高白傅身仍健，詩比陶翁意更閒。鄉里後生遵楷範，廟堂諸老問容顔。玉屏西面青熒刻，時有游人拂蘚斑。（《四庫全書》本《東江家藏集》卷三十四）

《東老堂記》

憲副沈君子公，有宅一區，介府城闤闠間，自其高祖雲泉翁，厥考竹深封君，及君兄弟世居之。君宦游幾二十年，無所改益。賓客之往來，病其偪隘，會西隣有更業者，以厚弊酬之，啓便門而合焉，地始舒衍。有山石花竹之勝，亭臺間之，幽致層出。面山有堂，高不倍尋丈，廣不踰數筵，而明暢雅潔，息偃談聚，惟適皆宜。君顧而樂之，乃撤其舊顔，名之曰東老，而屬予記。

客有疑而問者曰：「東老之云，非吕仙翁所為題壁，謂貧而有餘樂者乎？彼固無適，當時自放於枯槁寂寞之濱者，君方以高材，任六察為天子耳目，出佐外臺，秉一道澄清之節，榮途在前，寵禄依膴而顧，以彼自居，其無乃弗類乎？」予曰：「然。子之言似也，徒以迹而不求其心，則夫人而可疑也。不觀古之人有位巖廊而志江海，身纓冕而情繫山林者乎？略而言之，有若謝文靖之於東山，裴晉公之於緑野，白少傅之於龍門香山，洛社之耆英，安陽之晝錦，此其人何嘗不都顯爵儋厚禄，以身為天下任，安危為生民寄休戚乎？而考其中如祥鵬之御風，應龍之憑雲，人仰而望之，異而神之，而我無加焉。雲斂風平，而鬐鬣羽翰猶故也。執是而論，則夫當滿而思謙，處高而能下，浮雲世味而超然於澹靜之天者，正君子之所以遠過於人，而其應會乘時，凌亨衢而陟華要者，自若也。而子奚疑焉？且子不聞仙翁稱東老之賢乎？有黄白之術而不用，篤於孝義，且多陰功。如斯人者，使有位於時，舉其所以施於家、行於鄉者而出之，則廉貪敦薄之化成，而世之人有陰被其澤者矣。」然則君之以是而名堂，豈直取其貧之樂而已哉！君將往閩中，使來趣記。予謂客之疑予，之所以對客者，雖未可與游方之外者言，而於君之志，與所謂懷思東海將蹈而歸者，或庶幾其彷彿也。遂書以歸之。(《四庫全書》本《東江家藏集》卷三十八)

《工部員外郎致仕東湖錢君墓誌銘》

為文章深厚典則，以韓、歐為宗。詩祖陶、韋，時入元、白。字畫兼衆體，皆有師承。……（《四庫全書》本《東江家藏集》卷四十二）

《(正德) 松江府志》

風月堂。舊市舶司，前瞰瑁湖，水光風月，在几案間，蓋一勝處也。宋胡承美取白樂天「水檻虚涼風月好」之句爲名。(《(正德) 松江府志》卷十一，《四庫全書存目叢書》影印天一閣藏明代方志選刊續編影印明正德

七年刊本）

陳朝檜。在靜安寺殿墀左右。陸龜蒙、皮日休有《重玄寺雙檜詩》，即此。宋政和間，朱勔畫圖以進，有旨遣中使取之，欲毀三門而出，一夕風雨震雷，碎其一，其右者尚存。葉夢得《避暑録》以爲朱沖畫旨，取平江白樂天手植檜，與華亭悟空禪師塔前檜，皆唐時故物。按《臨安志》悟空塔亦有雙檜，東坡詩所謂「當年雙檜似雙童」者，乃在鹽官界。石林蓋誤以靜安爲悟空也。今寺已遷，檜亡久矣。……（《（正德）松江府志》卷二十一，《四庫全書存目叢書》影印天一閣藏明代方志選刊續編影印明正德七年刊本）

宋楊備郎中，天聖中爲長溪令，忽夢作詩云：「月俸蚨錢數甚微，不知從宦幾時歸。東吳一片輕波在，欲問何人買釣磯。」意甚異之。明道初，爲華亭令，丁内艱，遂家吳中，樂其土風安之，因悟夢中語，嘗效白樂天作《我愛姑蘇好》十章，又作《姑蘇百題詩》行於世。（《（正德）松江府志》卷三十二，《四庫全書存目叢書》影印天一閣藏明代方志選刊續編影印明正德七年刊本）

智按：顧清，字士廉，華亭（今上海松江）人。弘治六年（一四九三）癸丑進士，官至南京禮部尚書，事迹具《明史》本傳。

楊旦（一四六〇～一五三〇）

《偶作》

何處難忘酒，凄風凛客襟。長江翻濁浪，白日蔽頑陰。秋色千林老，霜華兩鬢侵。此時無一琖，恨與海俱深。（《四庫全書》本《石倉歷代詩選》卷四百五十一）

智按：師法白樂天《何處難忘酒》詩（《白氏長慶集》卷五七）。

楊旦，字晉叔，建安（今福建建甌）人。楊榮曾孫，楊曄從弟。弘治三年（一四九〇）庚戌進士。歷官太常卿。以忤劉瑾，左遷知溫州府，治最，稍遷浙江提學副使。瑾誅，累擢至戶部侍郎，督京、通倉，出理餉甘肅。還，進右都御史，總督兩廣軍務。討平番禺、清遠、河源諸瑤。嘉靖初，遷至南京吏部尚書。張璁、桂萼驟進，旦率九卿極言不可。會吏部尚書喬宇罷，召旦代之，未至，為給事中陳洸所劾，勒致仕。年七十餘卒。有《惜陰小稾》。

吳一鵬（一四六〇～一五四二）

《知足篇戲效樂天》

我生幸為男，魚米況鄉俗。恬然熙洽餘，蹤跡混樵牧。父母教我書，早已竊君禄。優游翰墨林，職業少拘束。退朝時閉門，爐茗清可掬。有書讀幾章，有紙揮幾幅。有酒飲幾杯，有詞歌幾曲。客來或棊枰，家居衹常服。且有膝下兒，家聲亦能續。俯仰天地間，我意無不足。敢云求大官，朱軒映華屋。福過災恐生，撫己覺顏忸。吳江舊遺田，聊以具饘粥。為賦歸去來，奚俟詹尹卜。（《四庫全書》本《明詩綜》卷三十一）

智按：吳一鵬，字南夫，號白樓，長洲（今江蘇蘇州）人。弘治六年（一四九三）癸丑進士。累官太子少保，南京吏部尚書，贈太子太保，謚文端。《明詩綜·詩話》：「尚書名位與原博、濟之鼎峙中吳，詩雖不敵原博，品在濟之伯仲之間。原博闢一鶴，園于都下，中有玉延亭、海月菴。及以憂去，推尚書居焉，趙栗夫過之，謂其亭曰借玉，謂其菴曰借月，尚書詩所云『乾坤浩蕩誰其主，丘壑風流我所私』也。詩集十卷，選家罕有録之者。」

錢福（一四六一～一五〇四）

《西湖懷古五章》（其一、其二）

武林名勝此開先，再拜荒祠一惘然。詩裏滑稽方朔後，酒邊閒適阮咸前。青衫不爲江州濕，白髮猶參五老筵。六井寒泉通竹閣，至今湖柳映湖烟。（白樂天）

智按：「五老」，《四庫全書》本《式古堂書畫彙考》卷二十四、《六藝之一録》卷三百八十九作「九老」。

喚起梅魂鶴夢回，先生踏月雪中來。不書封禪驕時宰，頓遣漁樵壓上台。天子寵頒和靖號，野翁呼上子陵臺。香山居士還多事，供佛于今看冷灰。（林和靖）（《錢太史鶴灘稿》卷二，《四庫全書存目叢書》影印明萬曆三十六年沈思梅居刻本）

《西湖即景五章》（其一）

詩到西湖敢擅場，蘇翁白老恐尋常。九天翠黛開金影，萬朶芙容落鏡光。點綴丹青漁艇亂，安排法象化工忙。誰將容易看西子，縱有蛾眉不解裝。（湖中）（《錢太史鶴灘稿》卷二，《四庫全書存目叢書》影印明萬曆三十六年沈思梅居刻本）

《承事郎曹守愚壽藏記》

五茸城南五十里，曰于溪之陽，望族曹氏曹惠王後裔也，世以詩書起家，至承事公益振。承事諱麟，字國祥，號守愚，又號省事。老人盖欲守其素也。平生清心寡欲，不妄言笑，一絲一粟，非義不染，性不樂仕進，自壯至老，不識「名利禍患」四字，稀跡城府，以鹿門龎老自僻，人亦以是稱之，真大隱也。先皇帝壬子年，詔下江南，欲民無徙，公又捐金助之，甚稱德意。有司以公為倡義士，例以散官榮之，辭曰朝廷恩在恤民，吾民之有餘粟者，食我同胞，亦分内事耳。官得爲奬勸，至再舉冠服，人以益賢讓公，雖婦人童子，皆知其爲長者也。公初娶白涇盛雲泉先生之愛，雲泉欲以子視公，會盛氏卒，遂寢其謀，盛氏恒善相公，故公於其歸也，哭之哀，葬之厚，作同穴，虛半以俟。每語人曰：穀則同室，死則同穴。詩人之言，豈欺我哉！禋祀禮重。不得已再娶嘉禾陳瀹雪之女爲繼室，有賢行，公因并築其穴於西以待偕，老人皆弔之，公則自慶，以爲古今而後，庶幾知死所，而樂全歸矣。我思古人，實獲吾心，陶淵明之自作挽詞，白樂天之先爲壽藏，二公豈無見哉！天下古今，誰能逃此而飛出宇宙哉！鬱然斯丘，樂哉樂哉，百歲後得書大明處士曹守愚之墓，足矣。此外皆長物也。客傳其語于江湖，人多疑其怪。君子而知命者，則是之。曰若人也，其諸歷閲多，而世故熟，造詣深，而天理明者歟！逍遥者歟！曠達者歟！公有子曰璧，曰玘，賢俊可愛，駸駸用世，天將以此報曹氏爲義爲德也。女二，皆適名流，孫亦多賢，後之來者，如泉水然，未可紀極。惟此自爲壽藏之高出諸士大夫之上者，予因記之，以俟後世。（《錢太史鶴灘稿》卷四，《四庫全書存目叢書》影印明萬曆三十六年沈思梅居刻本）

智按：錢福，字與謙，華亭（今上海松江）人。弘治庚戌（一四九〇）進士第一，官翰林院修撰。家近鶴灘，因以自號。福少而穎悟，詩文以敏捷見長，故委巷鄙俚之詞，率以歸之。

鄭汝美（一四六一～一五一七）

《過江州琵琶亭》

香山居士販商妻，人物何勞細品題。一曲青衫雙淚濕，乾坤飄泊共東西。（《四庫全書》本《石倉歷代詩選》卷四百六十六）

智按：鄭汝美，字希大，號白湖居士，閩縣（今福建福州）人。與鄭岳（一四六八～一五三九）同為弘治六年（一四九三）進士。有《白湖存稿》八卷，明嘉靖七年三山鄭氏家刻本。

劉瑞（一四六一～一五二五）

《壽王守溪》

黄閣歸來又幾年，碧山高興自飄然。文章不讓蘇明允，風致聊同白樂天。

溫詔遠從鸞掖下，彩衣新換鷺袍鮮。洞庭春色三千頃，釀取松花獻壽筵。（《五清集》卷十八，《四庫未收書輯刊》影印明刻本）

智按：劉瑞，字德符，内江（今屬四川）人。弘治九年（一四九六）進士。選庶吉士。授翰林院檢討。官至南太常卿，禮部右侍郎。嘉靖四年卒官。贈禮部尚書。隆慶初，謚文肅。有《五清集》。生平見《明史》卷一八四。

魯鐸（一四六一～一五二七）

《櫛髮大異昔年因太白樂天詩作二首》

當年委地髮，坐梳今及項。不分李謫仙，白髮三千丈。

當年着儒冠，礙髻苦難下。今方信樂天，髻子蒜瓣大。（《魯文恪公文集》卷三，《四庫全書存目叢書》影印明隆慶元年方梁刻本）

智按：魯鐸，字振之，號蓮北，景陵（今湖北天門）人。好學不倦，不喜交遊。弘治十五年（一五〇二）壬戌進士，授翰林院庶吉士，太子少師李東陽愛其才，任編修，預修《孝宗實録》。正德五年（一五一〇），奉命出使安南，賜一品服以行。次年，遷任國子監司業，旋升南京祭酒，改調北京。後以病辭官，嘉靖初，因朝臣推薦，以原官起用。次年又辭官歸籍。後多次徵召起用，均被辭絕。卒，贈禮部侍郎，謚文恪。有《戒菴文集》二十卷，《魯文恪公文集》十卷。事迹具《明史》本傳。

祝允明（一四六一～一五二七）

《代琵琶亭》

渺渺春江曉問津，大堤楊柳物華新。閶門便是潯陽岸，一曲琵琶送遠人。（王心湛校《祝枝山詩文集》，廣益書局，一九三六年五月，第七一頁）

《附意琵琶亭送侯君》

侯君西泛九江槎，祝老相煩事一些。若見江州司馬面，爲言今日禁琵琶。（王心湛校《祝枝山詩文集》，廣益書局，一九三六年五月，第七一頁）

《五十服官政效白公》

五十服官政，六十方熟仕。七十乃致政，古今固一致。吾年五十五，始受一縣寄。七里劇彈丸，亦有社稷置。夙懷同劉君（後漢劉梁），今此幸諧志。所憂脚本短，時彫虞易躓。秖應盡素衷，玄鑒不可悖。一區石湖水，漁舟早相伺。（《四庫全書》本《懷星堂集》卷四）

《庾嶺寄謝江西白大參（士珍）宗憲副（朝用）二同年》

太原白居易，南陽宗少文。千年纔並出，一日可離羣。契分秋風桂，情親日暮雲。江波二千里，相逐送清芬。（《四庫全書》本《懷星堂集》卷六）

《唐子畏墓誌并銘》

子畏死，余為歌詩，往哭之慟。將葬，其弟子重請為銘。子畏，余肺腑友。……子畏為文，或麗或澹，或精或泛，無常態，不肯為鍛鍊功，其思常多，而不盡用。其詩初喜穠麗，既又放（仿）白氏，務達情性，而語終璀璨，佳者多與古合。……（《四庫全書》本《懷星堂集》卷十七）

《所事儒教鬼神解》

事鬼神者，不外祈報。余既老，構宮以居，乃用一室為事為西方導師，以其屬生死所依歸也。三清境以及覆載等，亦生死所由，與儒氏通者。今世事者，止是或出入之，或一二稱。士者都廢之，謂吾教當然，此非我所知。然都無事儒氏諸先聖哲者，余乃謂不然。迺為此宣聖。外為首陽二子，為其不肯活，叛世與大讓，老莊為大道之本，所存與外身齊物，長庚以秕穅萬有，香山以夷曠，贊皇不應舉，千載真傑一人，斯皆志之師也。丘明班馬，暨餘子為其文，屈宋蘇李、四傑温韋，暨諸子為詩賦調詞，二王張鍾，率更餘子為書，皆學之師也。希文君實，逮諸子以為人行之師也，稱諸心師。匪古人盡師，必有神受，若命面焉。故心自所服膺，非徧於先民，亦罔可枚俥。故謂諸取舍不得與人，同以誠非聲也。題不以官師，匪是也，或特表之。其重切者，柱下兩出，教異也，餘亦有重互焉。同也，皆報而亡祈焉，二祔以親尊，亦用箆志，箆亦有多寡焉。嘉靖三年三月既望，吳郡祝允明謹記。（《四庫全書》本《懷星堂集》卷二十一）

《祝子罪知録》

⊙善善過短：白居易、楊億、徐鉉、寇準

説曰：樂天忠綆委順，大年忠亮清介，鼎臣冲直忠誠，世獨稱其文爾。準人品高絶，時輩獨以天書一端，自累隋珠芥纇，和玉點瑕，論者亦不失倫，謂不及王旦輩，則誤矣。

系曰：億在翰林，丁謂初叅政事，億語同列曰：「骰子選耳，何多尚哉！」未幾，歸陽翟别墅。（王琪）

又曰：王欽若罷相，出知杭州，人皆以詩送行，獨億不作詩於上前。真皇遣近侍諭旨作詩，大年竟不作。（張舜民）……（《祝子罪知録》卷四，《續修四庫全書》影印明刻本）

智按：祝允明，字希哲，號枝山，長洲（今江蘇蘇州）人。弘治五年（一四九二）壬子舉人，會試不第。曾官廣東興甯知縣，遷應天府通判，不久謝病歸。與唐寅、文徵明、徐禎卿稱「吳中四才子」。有《懷星堂集》三十卷，其中詩八卷，文二十二卷，有明萬曆三十九年陳以聞刻本及《四庫全書》本。《祝子罪知録》七卷，有明刻本。《明史·文苑傳》附見《徐禎卿傳》中。

李堂（一四六二～一五二四）

《效樂天體六首》

樂天風詩，即時事以寓諫，後世矜其忠志焉。予索居十載，感時觸事，不勝杞人嫠婦之懷，每托聲詩韻語，以致畎畝不忘至尊之意，亦自謂言之者無罪也，惟聞之者以為何如哉。或采録焉，以備矇瞽之誦，未必無小補云爾。

⊙御馬行

吾聞内廄有真龍，設監置官名御馬。宣武揚威戎政先，駛牝詩歌雲錦野。朝賀彤墀獻渥駒，衛列騰驤供掃洒。奚人勇士食大官，粮料衣裝同錫嘏。籍貌從來兵部徵，于今姦藪同市賈。傭奴商孽倚貂璫，二十四房填屋廈。坊分内外各倉場，民部收支由贗假。泰陵濬哲奮乾綱，直攬太阿還握把。驗實勿稽汰僞誣，日減千金正操舍。正德年來駐蹕多，甯谷構謀如巧冶。天王嘉靖播堯仁，舞法閻洪憑廟社。倍蓰加徵益肆欺，搖鼓伎聲惑韶夏。倡言禁苑有舊章，不許外臣知衆寡。勑旨宣傳意氣雄，自信北司意如赭。京儲百萬半費糜，視世盲聾盡瘖啞。臺官弼宰懇請頻，欲復成規如裂瓦。我願蒼穹耀太陽，赫赫光臨覆盆下。窮追作俑禦魑魅，蕩滌胃腸消痞瘕。民脂國計略昭蘇，莫笑俚言真土苴。

⊙狼子謠

吁嗟狼子渠魁彬，內挾妖狐承帷巾。寧兒虎鬭藏蠱膽，廖孽飛飛鵬名真。卞刺竟莫展，廣射空通神，浸淫禍水茫無津。高岡燃鬼火，玉石俱灰塵。菌芝馬鹿公欺人，奄雛犬類相為親。回夷刺麻生，同辰獻祕訣。搖伎唇，宵衣驅，盥櫛旰食絕甘辛。胡爲魑魅引肩鼠，虬髯靛目喜蘊嗔。侏離變幻呈技新，狸據座，蟠纏身。鼠舞嶢啼蜮撩影，庭梟梁鵬聒耳頻。太阿倚，傍窺瞋。翠華邇，忘虔寅。芒刺叢肌心棘榛，群兇弄劇天眉嚬。天有鑒，法自伸。市曹陳屍烏啄馴，前車顛軸後摧輪。明王有道守在隣，化蒸刑腐格頑嚚，稽顙華夷朝紫宸。回心革面伏圭竇，德廣懷畏歸堯仁。

⊙老兒歎

刑人自昔借掃除，正德老兒真可歎。稔禍權由八巨璫，二十四衛相屏翰。一枝呈來一枝新，惟願天王述夜旦。戰場鉦鼓不住聲，馬跳深坑禽落□。穿楊射柳奪船標，聖武藝精今古冠。技能品第賞罰明，贖罪入金不容逭。驚看泗水摸淵魚，伏虎鬭蟲雜蕃漢。商賈緇黃集市廛，酒肆花房任淆亂。豹坊馬監餘十年，更侍北遊南靖難。憶昔中官多朴勤，每日俘纍來伐叛。交南閩廣著忠勳，從此機宜職文案。私淨今多畿甸兒，撇棄妻孥登龍斷。富貴榮華反掌間，甲第山連城墅半。民居發盡築墳園，敕護祠宮金額煥。蟒玉貂蟬充里閭，播弄乾綱如戲玩。天開嘉靖掃攙搶，剔藪除凶頒渙汗。狐藏鼠伏伺穿窬，城社還嗟潛伏竄。更乞神明天討彰，勍黨殲渠比京觀。

⊙樂星詠

吾聞治世景星明，今見樂星光掩日。內藉北衛鍾鼓司，外繞教坊唇齒密。教坊敕建有新祠，市庫朱門神且疾。馬監豹房供應頻，希恩竊寵貸階秩。紛紛劇戲競取容，藝竭可憐窮幻術。四方雜部徵不休，官為經營築居室。列品分曹致語新，褻侮穢汙肆狂獝。孝皇憶昔懲禍胎，曾付法曹治劉實。實死臧賢繁眾徒，遂見招權干憲律。肩輿玉蟒過通衢，締結叛藩咸股慄。追憶中宵送樂神，九重見慣思遠出。北狩南巡搜窖藏，後車少艾苦扃鐍。留都旬月竭費供，六院三街囊罄畢。風動蘇杭奔且狂，選市煙花及嫠恤。天開嘉靖雨八荒，成發淨軍內寧謐。放遣宮人怨曠消，遠鄭誅凶屏淫泆。風宣雅頌禮樂興，舜禹神功端可必。杞懷願獻丹扆箴，君德剛明始終一。

⊙新寺唫

自來佛寺盛南朝，四百八十不為少。禪林今日似蓬麻，處處鍾鈴鬧昏早。形勝兩都僧占雄，一寺興工如掠炒。官家發帑勑建崇，額賜巨璫屬私禱。祝釐宮壺設檀齋，護冢巖墻盡華表。西教元爲清淨宗，豈得奸逋竊玄造。天王自是道心寧，禍梗厲階何日了。驚看大內極深嚴，何物浸淫入微眇。丹青輪奐忽澄鮮，矗矗雲霄入晴昊。追賦當年新寺哀，正德群兇已枯槁。效尤海印喜金剛，佛子法王遁天討。黃衣赤領頂紅氊，秘密侏離藏幻巧。散花呪水竟何裨，日擊牛羊借醉飽。迤邐光陰夢不醒，容顏漸失當時好。從來狂惑易傷生，鴆毒鏌鋣匪粱稻。淫聽鵾鶚指鳳皇，目迷菉葹稱瑤草。龍洲沙暖水嗚愁，上苑風顛花已老。金屋藏嬌望斷春，玉痕啼血迷昏曉。驅除蛇虎大禹神，兼狄周公屏夷獠。舜勳二十彰瘴明，勇烈雷霆拉枯栲。嘉靖追媲三聖功，終古堯天光皎皎。

⊙南巡歌

勸君莫唱南巡歌，幽歹聞歌更嗚咽。潞河錦纜指天津，載滿魚鹽湖海竭。田畝樵蘇屋宇薪，千里帆檣宮府列。所司貢獻立程規，器皿廚珎黴莽裂。觸禁愆期條例新，入金贖罪可昭雪。乘時行令玩物華，戈獵遨嬉忘歲月。守衛鞭驅撫按趍，齊魯淮楊勢如爇。長江天塹布龍舟，平履金山登巀嶫。瓜步千官戎服鮮，駕近留都咸伏謁。六軍萬騎塞閭閻，隨處觀風矜瑣屑。劇戲搶攘法從先，入城百技喧舊闕。宣傳苗狩起鍾山，麋鹿潛蹤鳥避節。龍江綵綺鬪划船，角撼金鉦皷撾羯。網罟星羅玄武湖，浪說吞舟魚可截。甲胄躋攀牛首遊，士馬輿屍觸炎熱。長干兵器動哀鳴，晉石訛言自消滅。皇朝景命比天齊，杞國何須淚垂血。翠華歸馭忽倦勤，導俑群奸膏斧鉞。山陵北拱眼成枯，貞白臣心何處揭。（《堇山文集》卷三「七言古詩」，《四庫全書存目叢書》影印明嘉靖本，集部第四十四册，第三九三～三九六頁）

智按：李堂，字時升，鄞縣（今浙江寧波）人。成化二十三年（一四八七）丁未進士，官至工部右侍郎，總理漕河。鄞有赤堇山，即《越絕書》所謂「赤堇之溪涸而出銅」者。堂居其側，故以名集。

申用漑（一四六三～一五一九）

《香山九老圖跋 應製書御屏》

昔之人有宅閑守静，優游暮年，皆寡欲不競者能之，然迹同而事有不同。恬泊沖虛，專精保眞，此棲心物外者之爲；韜名晦迹，深藏自保，此全身避世者之事。其影響昧昧，人鮮能知。若行藏以時，出爲世用，引年謝事，退而養其天，此名教中樂地，而人亦景慕之。唐會昌中，刑部尚書白居易，謝老東還舊居，疏沼構樓。又於香山，鑿八節灘，與致仕胡杲諸老遊，開尚齒會，共相懽娱，時白年已七十有四，諸老皆在上列。蒼顔白髮，觴詠舞拍。雖遺老李元爽、僧如滿後至，狄兼謩、盧貞，年未及列，然此實人世希有之勝致，時人慕而繪之，後世傳而擬之，至今稱爲美事。倣其圖想其年貌，似見諸老當時氣象。臣謹按，會昌非盛治之世，諸老雖多宦達，然非有事業可記。獨居易以直道奮，卒完節自高。其耆年閑退，自相娱樂，猶爲人所稱慕如彼。況我朝主聖治隆，大開壽域，朝多碩老，巷簇胡年，歲設耆英養老之會，以賁飾昇平盛事。其老老之化，感人者深，猶以異代臣寮尚齒之會爲可嘉，命繪以屏之，以備賜覽。其興起斯民，垂教來世者，有非言論圖繪所可擬議。此亦不可不記其由。臣謹拜手稽首以書。

贊曰：老鳳有翼，冥鴻得路。居閑意足，眼青髮素。猗兹群老，煙霞高趣。物不我累，人不我忤。開筵尚齒，樂我天齡。遊遨醉醒，雲洞林亭。亦有老禪，鶴骨龜形。來同卒歲，輝映壽星。詩寫襟懷，繪傳儀像。松姿竹韻，千載影響。勝會難尋，人去事往。香山云遠，起予遐想。（《二樂亭集》卷八，《韓國文集叢刊》本）

《睢陽五老圖跋》

名者，人之所趨，而造物者忌之。爵禄，名之所在，而喜進者不能辭。古之要利達者，或功成名遂而不知退，年衰志倦而不知止，浮沈簪紱之下，老死而後已。宋祁國公杜衍，勁正清約，能致位丞相，多所輔翼。年甫七十，表還印綬，退寓睢陽，優游十年。綈袍革帶，若未始處太官者。與王涣、畢世長、朱貫、馮平爲五老會，相與觴詠懽娱，以養心志。王涣諸公，亦皆名宦高年，謝事居閑，自得其燕會之盛，人羨慕之，圖形記美，遂爲睢陽勝跡。歐陽永叔嘗和其詩以美之，錢明逸謂衍有清德令望，以故相亦與茲會。乃序其事曰：白樂天居洛陽，爲九老會，以今況昔，休烈鉅美過之，意有在也。臣謹按宋得天下，漸致昇平，仁宗亦賢主。當時善人君子皆願爲用，五老能脱屣軒冕，齊享胡考，以娱天年，其賢於名遂不知退，年衰不知止者遠甚。若政失道壅，國事多故，則受重寄如衍者，固不得老退。而鄉梓舊居，燕嬉相樂，亦豈能保哉。至道間，故相李昉，與諸老九人，欲修樂天舊規。以蜀寇未平，卒未遂意。然則此實昇平一盛事，宜乎千載以爲美談也。我聖上燕閒之暇，觀老會故事，樂其有時平之樂，而又惜如衍者之去，命擬而圖進，以備賜覽。其樂治惜賢之意，實基我國家無彊之休矣。臣謹拜手稽首以書。贊曰：

進退無累，舒卷由己。心不形役，知足知止。彼驚寵辱，患失可鄙。冥冥者鴻，集于桑梓。丘園靜僻，泉石清幽。優游暮歲，五老之休。鶴髮龜息，松翠無秋。佳辰暇日，觴詠相酬。脱爾羿彀，絶爾機關。不名不利，誰奪我閑。軌方漢疏，迹追香山。傳神繪素，千載容顏。（《二樂亭集》卷八，《韓國文集叢刊》本）

《洛陽耆英會圖跋》

宋潞公文彦博判河南日，倣唐白樂天故事，與賢士大夫退逸於洛者，爲尚齒會。司馬光雖年未七十，德望素重，引與之會。王拱辰家在洛，留守北都，馳書願參其列。與會者自韓公富弼以下凡十三人，年德俱高，故人稱之曰耆英會。會有約，不侈而簡率。潞公以地主首作會，相次開筵，又就資聖院，建耆英堂。倩閩人鄭奂，繪像其中，以永其傳。洛陽多名園勝地，諸老蒼顔皓鬢，儀度雍容，衣冠儼偉，每宴集，都人聚觀，相與咨嗟羨慕，以謂昇平希世之勝事，吁盛矣哉！諸公各賦詩言志，司馬氏序其事。千載之下，詠其詩讀其序，亦可想其風韻也。臣謹按，唐末五代，衰亂已極。宋興，天下始定。自太祖歷太宗、眞宗、仁宗、英宗，陶成治化，百有餘年。善人君子，蔚爲世用。國無內外之虞，民措衽席之安。神宗繼祚，鋭意有爲，志大才小，卒爲王安石所誤。變法改制，使天下烝黎，嗷嗷然喪其樂生之心，朝中耆舊碩德良臣正士論新法黜貶者，朝夕繼踵。……（《二樂亭集》卷八，《韓國文集叢刊》本）

智按：申用漑，字漑之，號二樂亭、松溪、休休子、睡翁。有《二樂亭集》。

謝雍（一四六四～？）

《題唐人香山圖卷》

碧樹丹厓處處春，幅巾藜杖總閒身。乾坤納納如許大，一代風流只九人。（《四庫全書》本《珊瑚網》卷二十五）

智按：謝雍，字符和，一字方和，長洲（今江蘇蘇州）人。祝允明同鄉好友。祝允明《枝山文集》卷首謝雍前記稱：「枝山先生詩文集，老朽手録以贈内翰衡山先生，少申微意。嘉靖甲辰四月十日謝雍，時年八十一歲。」

羅欽順（一四六五～一五四七）

《送大司馬張涇川進太子少傅致仕歸全州》

頻歲求歸始得歸，此心惟是老天知。寇公聞望無多輩，白傅風流又一時。帆向瀟湘秋色遠，首回鍾阜夕陽遲。能將捧日排雲手，盡采山中五色芝。（《四庫全書》本《整菴存稿》卷十八「七言律詩」）

《過常州》

新堞連延表舊城，城中門第半公卿。千紅萬紫皆春色，白傅園林獨擅名。（《四庫全書》本《整菴存稿》卷二十「七言絕句」）

智按：羅欽順，字允升，號整菴，泰和（今屬江西）人。弘治六年（一四九三）癸丑進士，官至南京吏部尚書，謚文莊。事迹具《明史·儒林傳》。

費宏（一四六八～一五三五）

《補菴記》

京口費先生，官太學九年于兹矣，其始至也，覽堂之後西北隅，有隙地可菴焉，於是斥而營之，垣而囿之，斗室肩墻，可琴可書，落成之日，先生以補名其菴，模範之隙，退食之時，經於斯，史於斯，出入於斯，客有過先生者，拜而請其義，曰自古在昔，所以名菴者多矣。若胡忠簡公之以澹，朱文公之以晦，其義槩可知已，先生之菴以補名，補云補云，何取於補也？先生應之曰：菴必有名，所以自況也，所以自適也，所以自期待也。予朝夕優游，不願乎外，自念夫有生於天地之間，農者耕焉，吾得而食之；桑者織焉，吾得而衣之；工者器焉，吾得而用之；賈者通焉，吾得而資之。惟研覈今古，日盤桓於是菴之中，暇則綢繆其户牖，補葺其罅漏，自適者如是，是之取爾。客復進曰：先生自道也，先生之補，殆不止是也。然則先生之所補，將曷補耶？予知有補於義理者焉，有補於士類者焉，有補於天下者焉，蓋先生以名世之才，爲任重之器，其始官翰林也，載筆玉堂，以文字爲職業，綴緝聖人之遺書，而補其闕畧，如束廣微之擬《華黍》，白樂天之續《湯征》，則有補於義理也。迨今官太學也，雍容璧水，宗主教化，刮磨洗濯天下士而補其不足，如陽城之以忠孝勉諸生，胡安定之以體用植人材，則有補於士類也。至其位槐庭而調梅鼎，可旦夕冀耳，則又將謀王斷國，納誨論思，上有益於吾君，下有益於吾民，如仲山甫之補衮，汲長孺之補過，程御史之補闕，則有補於天下也，義理微矣。而先生補之士類多矣，而先生補之天下大矣，而先生補之，然則先生之所補，豈曰小補之哉！補菴之名，先生豈徒然哉！先生向以語於予者，豈但若彼而已哉！先生笑而頷之，若有契於其心者。須臾客去，宏因退而記其語。（《太保費文憲公摘稿》卷八，《續修四庫全書》影印明嘉靖三十四年吳遵之刻本）

智按：費宏，字子充，鉛山（今屬江西）人。成化二十三年（一四八七）丁未進士第一，官至吏部尚書、華蓋殿大學士。謚文憲。事迹具《明史》本傳。

鄭岳（一四六八～一五三九）

《擬古何處難忘酒二首》

何處難忘酒，春風欲暮時。蟲魚荒素業，鍾鼎負前期。白社風烟古，滄洲藥草滋。此時無一盞，奚以慰支離。

何處難忘酒，間關世路難。虚名慚海内，孤跡滯江干。燕避重簾遠，花經宿雨殘。此時無一盞，寂寞對誰看。（《四庫全書》本《山齋文集》卷四）

智按：師法白樂天《何處難忘酒》詩（《白氏長慶集》卷五七）。

鄭岳，字汝華，弘治六年（一四九三）癸丑進士，官至兵部左侍郎。事迹具《明史》本傳。

王九思（一四六八～一五五一）

《南城子歌畧》

南城薛子晉之獻，南游吳越西秦甸。江湖鷁舫泝巨濤，渥洼龍駒帶長劍。對鏡漸看鶴髮生，投林自覺鳥飛倦。相邀九老會耆英，談仁行義鄉閭勸。不學竹林曠蕩游，仰思洛下真率宴。汾水魚蝦佐酒尊，行山笋蕨供飱飯。陽春白雪有謳吟，明月清風無係絆。（《四庫全書》本《山西通志》卷二百二十二藝文）

智按：王九思，字敬夫，號渼陂，陝西鄠縣（今陝西户縣）人。弘治九年（一四九六）丙辰進士，曾任翰林院檢討，官至吏部郎中。武宗時宦官劉瑾敗，因名列瑾黨，降為壽州同知，尋勒致仕。以詩文名列「前七子」。《明史·文苑傳》附見《李夢陽傳》中。有《渼陂集》、《碧山樂府》、《沽酒游春》、《中山狼》等。

張紘（一四六九～一五三二）

《文章》

至谷永輩，漸趨於對偶，而古文始衰。歷晉、魏、齊梁，而光鋩氣焰，埋藏腐蝕，頽波横流，浮靡一轍。唐之文章，無慮三變：王楊始霸，如麗服靚妝，燕歌趙舞，雖綺靡盈前，而殊乏風骨。燕許繼興，波瀾頗暢，而駢儷猶存。韓愈始以古文為學者倡，柳宗元翼之，豪健雄肆，相與主盟當世。下至孫樵、杜牧，峻峰激流，景出象外，而窘裂邊幅；李翱、劉禹錫，刮垢見奇，清勁可愛，而體乏渾雄。皇甫湜、白居易，閑澹簡質，每見回宮轉角之音，隨時間作，類之韶夏，皆淫哇而不可聽者也。宋初承五代之弊，文多蹇澀，歐陽公變為渾厚之體，如高冠華簪，曳裾鳴玉，交於廊廟，非法不言；老蘇之文極高，頗有戰國縱横之學；東坡勝似潁濱，其文如良金美玉，無施不可；南豐之文謹嚴，後山之文有法度，然或時有迫促之病。（《古今圖書集成》文學典第九卷文學總部總論九第四〇～四一頁）

智按：參見王正德《餘師録》卷三引李朴《謁顧子敦侍郎書》。

張紘，字文儀，上海人。正德三年（一五〇八）進士。建昌知府。

陳沂（一四六九～一五三八）

《游匡廬山記》

東南有高山，惟匡廬、南康在山之陽，九江在山之陰，實二州之鎮，盤據三百餘里，左距彭蠡，後阻江漢，右阨全楚，前俯豫章，諸州有崇峰峻嶺，飛泉絶壑，良田嘉木，古之託於禪鍊棲遯者接踵，其幽蹊隱跡，不可得而窮焉。丁亥春，余使楚，經九江，舟上望之，峻極雲際，行二百里猶在目，歎不能至也。戊子冬，以出条省，按南康，乃從郡西北，循湖之嶼，至于山麓，入曲阿五里，涉淺水入徑，有長松如堵，陟巘復降，不斷行列，抵開先寺，寺宇經燬，惟鍾樓偉麗，僧廬倚鳴鶴峰，高下爲構，傍有臺，相傳梁昭明讀書處，實南唐玄宗在潛邸嘗讀書于此，後節度馮延巳改爲寺。臺後崖半劖，宋黄庭堅七佛偈跋字二寸許。臺下多宋題刻，剝蝕不可讀，兩崖闢處，入一深谷，泉數疊而下，注于潭，曰龍池，乃歷重巘上望之，見隱隱從雲中直下，如匹練，所謂瀑布泉也。……下有東林寺，寺始于晉慧遠法師，與慧永居精舍，其徒日衆，别居於林之東，因曰西林東林，並建上刹，謝靈運爲鑿池種蓮，謂之蓮社，又與隱者十八人居，同修淨土社，緇素咸在，遠師送客，至虎溪而止，常與淵明修靜談，不覺過溪，共笑而返。今山門内屋于橋上，水湮塞，云卽虎溪，傍稻田中有蓮數本，卽蓮池也。寺堂閣廊舍古雅，堂後有泉池，味甚甘洌。山脊有上方塔，云遠師取佛舍利五粒建此。左有唐李邕、柳公權、元虞集碑。出寺有大溪，度石橋，或云此爲虎溪。前有講經臺，右卽西林寺，寺宇荒落，石浮圖尚存，路稍東折，見一嶺帶平岡，東接羣峰，叢篁灌木，直入幽窅，鍾磬隱隱時發，云大林寺，不詳何時，白樂天稱匡廬第一境，入巖處爲竹林寺，惟劖八分書三字，從南望之，有峰蔚秀，爲天池峰……（明何鏜《古今遊名山記》卷十一下，《四庫全書存目叢書》影印明嘉靖四十四年廬陵吳炳刻本）

《拘虛詩談》

中唐長詩如樂天之《琵琶行》、《長恨歌》，元稹之《連昌宫詞》，盧仝之《茶歌》，亦謂絕唱。

樂天敘女寵曰：「遂令天下父母心，不重生男童生女。」敘相遇曰：「為君一日恩，希妾百年身。寄言低小人家女，切莫將身輕許人。」多少意思，豈徒作耶？（《全明詩話》第一册，第六七七頁）

智按：陳沂，字宗魯，改字魯南，號石亭，又以嗜好蘇詩，自號小坡，鄞縣（今浙江寧波）人，徙家金陵（今江蘇南京）。正德十二年（一五一七）進士，官至太僕寺卿。弘治十子之一。工書畫。有《拘虛集》。《明史·文苑傳》附見《顧璘傳》中。

唐寅（一四七〇～一五二四）

《題潯陽送别圖》

寂落潯陽白司馬，青衫掩骭官僚下；獻納親曾批逆鱗，忽以讒言棄於野。當時藩鎮在謀逆，謀以如公不易得；欲濟時難須異才，瑣尾小人有何益？讜言不用時事危，忠臣志士最堪悲！一曲琵琶淚如把，況是秋風送别時。是非公論日紛紛，不在朝廷在野人；他日江州茅屋底，年年伏臘賽雞豚。（中國書

店《唐伯虎全集》卷一，第十頁；《唐伯虎三種》第七頁；《唐伯虎先生集》外編續刻卷三，《續修四庫全書》影印明萬曆刻本）

智按：詩題一作《潯陽送別圖》。寂落，一作寂寞。時難，一作時艱。瑣尾，一作瑣畏。時事，一作時勢。袁中郎評曰：「淒絕。」

《題自畫白樂天卷》

蘇州刺史白尚書，病骨蕭條酒盞疏。到老楊枝亦辭去，張娟李態竟何如？（中國書店《唐伯虎全集》卷三，第九～一〇頁；《唐伯虎先生集》外編續刻卷五，《續修四庫全書》影印明萬曆刻本）

智按：《唐伯虎先生集》外編續刻卷五、《列朝詩集》丙集卷九（清順治九年毛氏汲古閣刻本）、《四庫全書》本《歷代題畫詩類》卷五十三古像類作：「蘇州太守白尚書，酒盞飄零帶疾移。老去風情猶有在，張娟駱馬與楊枝。」《歷代題畫詩類》題為《白樂天像》。

《效白太傅自詠》（三首）

維摩卧病餘鬚髮，李白長流棄室家。案上酒杯真故舊，手中經卷漫生涯。

裘馬洛陽街俠客，香燈天竺寺頭陀。深猜不必煩知己，杯粥麻衫願不多。

高情自信能忘我，隱者何妨獨潔身。無所不知方是富，有衣典酒未為貧。（中國書店《唐伯虎全集》卷三，第二五頁；《唐伯虎三種》第一〇六～一〇七頁；《唐伯虎先生集》外編續刻卷五，《續修四庫全書》影印明萬曆刻本）

《題潯陽八景圖（其一）》（題擬）

潯陽未必是天涯，兩岸風輕蘆荻花。誰是舟中白司馬？滿江明月聽琵琶。（見唐寅《潯陽八景圖卷》）

智按：唐寅《潯陽八景圖卷》，美國大都會博物館藏，絹本設色。

智按：唐寅，字伯虎，一字子畏，自號六如居士、桃花庵主、魯國唐生、逃禪仙吏、江南第一風流才子等，長洲（今江蘇蘇州）人。其父廣德為商人，頗有家資。唐寅從小就顯露才華，文章跌宕融暢，大為時輩所傾服。性格放蕩不羈，少與張靈相善，並與沈周等交往，與祝允明、文徵明、徐禎卿稱「吳中四才子」。弘治十一年（一四九八），舉鄉試第一，考官梁儲奇其文，以示學士程敏政，敏政亦奇之。次年，與江陰徐經入京會試，因牽涉科場舞弊案下獄，罷黜為吏，恥不就。歸里後，好佛氏，治圃舍北桃花塢。並效司馬遷經歷名山大川，遠游閩、浙諸山，湘、贛諸水，以鬻文賣畫度日。在此期間，甯王朱宸濠曾重金相聘。唐寅察其有異志，佯狂以免。其畫擅長山水，多取法李唐、劉松年，景物清麗，筆墨靈秀，峭利而有韻致。兼精士女、人物，筆勢流轉，工細、寫意俱妙。偶作水墨花鳥，亦清雋有生氣。其畫與沈周、文徵明、仇英合稱「明四家」。又善書法，能詩文。文學六朝，詩少時尚才情，初喜穠麗，學初唐，中年學劉禹錫、白居易，晚年不拘成格，好以俚語、俗語入詩，不計工拙，不經深思，但又做到語淺而意雋。明朱謀垔《續書史會要》曰：「唐寅字伯虎，更字子畏。少輕俠，有逸才。弘治戊午發解南京，明年以忌者論罷。歸心佛氏，自號六如居士。取四句偈旨治圃舍，比桃花塢，日般飲其中。有索畫者造門，則隨應之。嘗作詩云：『興來寫幅青山賣，不使人間造孽錢。』詩似白太傅，書法趙文敏。」清嘉慶六年（一八〇一）長沙唐仲冕輯《六如居士全集》，收詩文集七卷，補遺一卷，外集六卷，畫譜三卷，制義一卷，墨亭新賦一卷，花塢聯吟一卷。《明史》卷二八六有傳。

朱承爵（一四七〇～一五三九前後）

《存餘堂詩話》

王建《宮詞》一百首，蜀本所刻者得九十有二，遺其八。近世所傳百首皆備，蓋好事者妄以他人詩補之，殊為亂真。中有：「新鷹初放兔初肥，白日君王在内稀。薄暮千門臨欲鎖，紅粧飛騎向前歸。」「黄金桿撥紫檀槽，弦索初張調更高。理盡昨來新上曲，内官簾外送櫻桃。」此張籍《宮詞》二首也。「淚盡羅巾夢不成，夜深前殿按歌聲。紅顔未老恩先斷，斜倚薰籠坐到明。」此白樂天《後宮詞》也。……（《歷代詩話》第七八六～七八七頁）

琴按：宋人胡仔也有相似意見，見《苕溪漁隱叢話》後集卷十四。

近世士大夫家，往往崇構室宇，巧結臺榭，以為他日游息宴閒之所。然而宦況悠悠，終不獲享其樂，是誠可悲也。因記白樂天詩云：「試問池臺主，多為將相官。終身不曾到，惟展畫圖看。」乃知樂天之詩，真達者之詞與。(《歷代詩話》第七八八頁)

智按：民國蔣芷儕《都門識小録摘録》：「磐石山樵朱承爵《存餘堂詩話》云：『近世大臣之家，往往崇構室宇，巧結臺榭，以為他日游息宴閒之所。然而宦況悠悠，終不獲享其樂，是誠可悲也。白樂天詩云……乃知樂天真達者也。』今之慶、那（桐）把持朝局，大啟私第（慶大修海甸別墅，那圈佔金魚胡同），毋乃不達而至可悲耶？顧氏小説（上海國學扶輪社《顧氏四十家小説》），捃采繁富，意在備史料，資勸懲。語曰：『前事不忘，後事之師』。觀於此而益信。」

苕溪漁隱評昔賢聽琴、阮、琵琶、箏諸詩，大率一律，初無的句，互相移用。余謂不然。聽琴如昌黎云：「喧啾百鳥群，忽見孤鳳凰。躋攀分寸不可上，失勢一落千丈強。」歐陽文忠公云：「颯颯驟風雨，隆隆隱雷霆。無射變凜冽，黃鐘催發生。詠歌文王雅，怨刺離騷經。二典意淡薄，三盤語丁寧。」東坡云：「大絃春溫和且平，小絃廉折亮以清。門前剝啄誰叩門，山僧未閒君勿嗔。」山谷云：「孝子流離在中野，羈臣歸來哭亡社。空牀思婦感蠨蛸，暮年遺老依桑柘。」自是聽琴詩，如曰聽琵琶，吾未之信也。聽琵琶，如白樂天云：「大絃嘈嘈如急雨，小絃切切如私語。嘈嘈切切錯雜彈，大珠小珠落玉盤。間關鶯語花底滑，幽咽流泉冰下灘。」元微之云：「月寒一聲深殿磬，驟彈曲破音繁併。」歐陽公云：「春風和暖百鳥語，花間葉底時丁丁。」王仁裕云：「寒敲白玉聲何緩，暖逼黃鶯語自嬌。」自是聽琵琶詩，如曰聽琴，吾不信也。山谷聽摘阮云：「寒蟲促織月籠秋，獨雁叫群天拍水。楚國羈臣放十年，漢宮佳人嫁千里。」以為聽琴，似傷於怨，以為聽琵琶，則絕無艷氣，自是聽摘阮也。歐陽公聽箏云：「綿蠻巧囀花間舌，嗚咽交流冰下泉。」綿蠻之語，可移以詠琴乎？東坡聽箏云：「喚取吾家三鳳槽（「三」，百家注分類東坡詩集作「雙」），移作三峽孤猿號。」孤猿號之語（此五字據類編本補），可移以詠琵琶乎？自是聽箏詩也。（《歷代詩話》第七八九～七九〇頁）

智按：朱承爵，字子儋，號舜城漫士、左庵等，江陰（今屬江蘇）人。正德、嘉靖間在世。終身未仕。工文能畫，尤嗜藏書、校刻。有《灼薪劇談》、《鯉退稿》等。校刊有《庾開府詩集》、《樊川詩集》、《浣花集》、《放翁律詩抄》、《黄太史精華録》等。生平見唐寅《嘯旨後序》（《唐伯虎先生集》卷下）。

皇甫録（一四七〇～一五四〇）

《下陴記談》

渠學生有能降仙作詩者，予兒子沖得其訣，亦能之。每降必先書曰：吾白樂天也。問其平生著作，能悉數，且謂吾得意處在無可柰何歌，一日自題曰：「世事紛紛誰向説，此身真與紅塵别。無可柰何可柰何，碁聲敲落香山月。」予嘗夢與紫崖馬侍郎山游聯句一律，覺而忘其五，紫崖足成之，仙和云：「學士西來此會同，無端情入夢魂中。風敲落月長松老，雨濕殘烟故薜芃。正氣塞天軍伍壯，妖氛接地壘符通。沙間鷗鳥空能舞，長唳誰憐落塞鴻。」時閱武備寇而適有撫諭榜至。又嘗詠雞冠花，翌日復次韻，予皆倚席賡之，仙曰：「此奇語也，吾莫能措一詞矣。」（《下陴記談》卷上，《四庫全書存目叢書》影印明嘉靖刻本）

智按：皇甫録，字世庸，號近峰，長洲（今江蘇蘇州）人。弘治九年（一四九六）丙辰進士，官至順慶府知府。

文徵明（一四七〇～一五五九）

《江船對月效樂天何處難忘酒》

何處難忘酒？江船對月時。風聲傳笑語，波影散鬢眉。遠火山浮動，明

河天倒垂。此時無一艭，水月負佳期。(《四庫全書》本《甫田集》卷二；周道振輯校本《文徵明集》第九十九頁)

《道復西齋古石》

玲瓏蒼壁太湖姿，浪蝕沙淘面面奇。百穴晴窻通玉女，一拳小石夢仇池。乍逢合下南宫拜，欲詠還輸白傅詞。便擬高齋題列岫，朝來秀色滿檐帷。(《四庫全書》本《甫田集》卷三；《四庫全書》本《珊瑚網》卷三十；《式古堂書畫彙考》卷五十八；周道振輯校本《文徵明集》第二一二頁)

《楊儀部君謙纂述之餘頗修淨業瞻對無由悵然成詠》

不見高人動經月，似聞觀道獨澄懷。一函自課維摩品，百日方持白傅齋。春到梅花開小閣，夢回涼月印空階。從知不受風塵累，二十年前已乞骸。(《四庫全書》本《文氏五家集》卷六；周道振輯校本《文徵明集》第二一九頁)

《洗兒》

三十相將始洗兒，百年回首即非遲。祖書敢謂今堪託，父道方慚我未知。頗魯難憑蘇子論，勝無聊有樂天詩。人間切事惟應此，對客那無酒一巵。

春風一笑錦綳兒，共道頭顱較我奇。門户關心能不喜，賢愚有命可容期。百年正賴培來久，萬事誰云足自玆。五十老親遺世網，從今都是弄孫時。

賤子今年四月十又三日始舉一兒，彌月之次，薄有湯餅之設，因識二詩，邀在席諸君同賦。是歲弘治丁巳，予年二十又八，徵明書。(《四庫全書》本《珊瑚網》卷十五)

智按：詩題據李日華《六研齋筆記》卷三。「勝無聊有樂天詩」，《六研齋筆記》作「勝無聊詠樂天詩」。

《沈先生行狀》

先生諱周，字啟南，姓沈氏，别號石田，人稱石田先生。世居長洲之相城里。……先生既長，益務學。自羣經而下，若諸史子集，若釋老，若稗官小説，莫不貫總淹浹，其所得悉以資於詩。其詩初學唐人，雅意白傅，既而師眉山為長句，已又為放翁近律，所擬莫不合作。然其緣情隨物，因物賦形，開闔變化，縱横百出，初不拘拘乎一體之長。稍輟其餘，以游繪事，亦皆妙詣，追蹤古人。……（《四庫全書》本《甫田集》卷二十五；周道振輯校本《文徵明集》第五九四頁）

《東川軍民府通判王君墓志銘》

余友王君渙文，通判嘉興府之三年，改涖東川軍民府。……君諱渙，字渙文，別號墨池子。世為蘇之長洲人。……鑄詞發藻，必皆不經人道語，而含咀英華，經史錯出，緯組爛然。人讀之刻深鞲棘，若出硎鍛，而君頃刻數百言，操筆立就，曾不經意。而思致不窮。其亦一時之奇雋矣乎！尤工古賦，得漢魏遺意。詩宗白傅，晚喜陸放翁、范石湖。然皆自出機杼，不拘拘體裁，而奇思奕奕。……（《四庫全書》本《甫田集》卷三十一；周道振輯校本《文徵明集》第七一六頁）

《焦桐集序》

《焦桐集》者，吾友徐昌穀別録其近體詩也。……（徐禎卿）於唐諸名家，獨喜劉賓客、白太傅，高哦雋諷，惓焉如懷。於是會掇其腴，以成一家言；而湔濯蔓靡，剷芟陳爛，誦之泠然意消，其亦至矣。……（《文徵明集・補輯》卷十九，周道振輯校本《文徵明集》第一二五八頁；《明詩話全編》第二册，第一九六五頁）

《書琵琶行後》（題擬）

右樂天作此詞，乃自寓其遷謫無聊之意，未必事實也。後人不知有嘲之日，公乃見琵琶成大嘆，何須涕泣滿青衫，蓋失其旨矣。丁巳冬日偶書此漫爲識之，時年八十有八。（陳建明主編《湖南省博物館文物精粹》，上海書店出版社，二〇〇三年一月，第一四五頁）

智按：嘉靖三十六年丁巳（一五五七），文徵明作行草《琵琶行》册，紙質，湖南省博物館藏（《中國古代書畫圖目》第一册，文物出版社一九九九年版，第六八頁）。

《題仇實甫潯陽琵琶圖》（題擬）

一幅面屏秋月圓，荻花楓樹滿江天。江州自是無司馬，多少琵琶上別船。

潯陽城畔聽啼烏，颯颯江風夜氣多。幽咽泉流弦冷澀，青衫濕處意如何。

嘉靖壬子秋八月，書于悟言室，徵明。（大風堂門人編《大風堂書畫録》，浙江人民美術出版社，二〇一四年七月）

智按：嘉靖三十一年壬子（一五五二）八月，題仇英《潯陽琵琶圖》。參見周道振、張月尊纂《文徵明年谱》，百家出版社，一九九八年八月，第六一二頁。前首實為張雨（一二八三～一三五〇）《題畫屏》詩，見顧瑛《草堂雅集》卷五，「上別船」，原詩作「過別船。」

《文衡山主文恪公燕集圖着色人物山水（書徵明二字款）》

冬日侍柱國太原公東堂燕集，奉紀小詩，同集者濟陽蔡羽九逵、太原王守履約、王寵履吉，敬邀同賦。是歲正德庚辰。

白頭蕭散對芳罇，誰識三朝舊相君。趣賣金為賔客具，有時席許野人分。狄門自昔稱多士，白傅平生最有文。漫說江湖多樂事，還從天際看浮雲。

坐列羣賢少長并，何如逸少會蘭亭。一樽談笑兼文字，百代風流尚典刑。殘雪暎筵梅粉痩，春風繞飣菜絲青。周公醞藉如醇酎，恠得相看未易醒。

學生文徵明。（《四庫全書》本《書畫題跋記》卷十二）

智按：文徵明，初名璧，字徵明，以字行，更字徵仲，號衡山，長洲（今江蘇蘇州）人。少時學文於吴寬，學畫於沈周，學書於李應禎。又與祝允明、唐寅、徐禎卿相研習，人稱「吴中四才子」。寧王朱宸濠厚禮聘之，以病辭不往。屢試不第。正德末年，巡撫李允嗣薦之，嘉靖元年（一五二二）以歲貢生貢上，二年授翰林院待詔，預修《武宗實録》。然是時專尚科目，徵明非以科目進，意不自得，連歲乞歸，加以不附張璁、楊一清（一四五四～一五三〇）而獲忌，遂於嘉靖五年辭官歸。築室於舍東，曰「玉磬山房」，吟詠其中。四方乞詩文書畫者不絕，然不與權貴、尤不與王府交往。年九十卒。其詩從陸游入，兼法唐宋，不爲七子派所動。卒，私謚貞憲先生。《明史》卷二八七有傳。有《甫田集》三十五卷，附録《行略》一卷，其中收詩七四一首，文一五九篇。但集外流傳作品尚不少。周道振輯校《文徵明集》搜輯各刊本所收詩文，凡詩十五卷，文二十卷；補輯三十二卷，包括詩十七卷，詞一卷，曲一卷，文十三卷，隨録五卷，包括有關序跋題記、傳記志文、年表、交游酬贈、評論、詩詞話。文徵明詩、文、書、畫皆工，畫尤著稱。善繪山水、花卉、蘭竹、人物，山水為最。門人甚眾，稱「吴門派」。其書法行、草、隸及大楷都有特色，小楷尤精。四方求書畫者，接踵於道。其詩文與柳宗元、白居易風格接近，獨步於當時「七子」擬古文風之外，自成一格。王世貞云：「先生好為詩，傅情而發，娟秀妍雅，出入柳柳州、白香山、蘇端明諸公。」（《文先生傳》，《弇州四部稿》卷八十三）其詩淡雅秀麗，清新自然，大多為感興、紀游、題畫和贈酬之作。表現熱心隠逸生活之作為數不少，如《閒興》之四：「酒闌客散小堂空，旋卷疏簾受晚風；坐久忽驚涼影動，一痕新月在梧桐。」景情甚協，人稱為「仙境」。七律《春雨》，五律《石湖春游》等，也寫隠者幽懷，清新恬靜，語言流暢自然。其題畫詩，與書畫有機結合，互相補充，形成「詩中有畫，畫中有詩」境界，如《天平紀游圖》、《牡丹圖》等詩畫皆是。《題江頭釣艇》、《山行》等，可為此類詩之代表。

顧潛（一四七一～一五三四）

《將赴監獄廳事示僕一首效白體》

我向官居一月遥，爾曹亦免早隨朝。架書時取芸香護，櫪馬須令秣飼調。某日記投山藥種，誰家與乞水芝苗。床頭春酒如開釀，還送壺觴慰寂寥。（《靜觀堂集》卷四，《四庫全書存目叢書》影印清雍正十年桂雲堂刻玉峰雍里顧氏六世詩文集本）

智按：顧潛，字孔昭，崑山（今屬江蘇）人。弘治九年（一四九六）丙辰進士，官至直隸提學御史。以伉直忤尚書劉宇，宇讒之於劉瑾，出為馬湖知府。未任，罷歸。有《靜觀堂集》。

倪宗正（一四七一～一五三七）

《谿山歲月閣記》

世傳邵康節前定數詩於予詩結云：「身成江漢思鱸鱠，樂在谿山歲月深。」予歸田而因感此詩，於池閣扁曰谿山歲月。夫歲月一也，豈谿山而别有歲月哉！云化日舒以長，是歲月以時而異也；云山中日月長，是歲月以地而異也。夫所謂谿山歲月，豈非以時以地而異者耶？予以是自驗之，弱冠見録鄉書，遂涉迹仕途，奔試期，供公事，集政�，營營役役者三十餘年，但見倏而朝，倏而暮，倏而春夏，而秋冬，而歲月邁矣。子夏曰：「事君能致其身」，致身，不有其身也，故欲事君則身不吾有，況歲月哉！白樂天所謂「歲月屬官家」是也。予自脱去羈絆，不受促迫，幸天不以大擾相加，小冗則撥，小悶則排，得以高枕安睡，淺斟細酌，閣筆微哦，停局長算，看花以竟春，翫月以終宵，暢意罄興，延留光景，夫偷閒尋樂，達者之妙權也。至是，則閒與樂為吾固有之物，取之不窮，用之不竭，何必偷且尋哉！回視三十年之歲，月如一飯之夢，片時之春。此谿山歲月，所以深且長也。夫人生大化之中，縱至百年歲月，亦瞬息而已。如予抛擲於少壯，而幸獲於將老，悔之亦晚，況至老而不返者耶！遂書為谿山歲月記，而因以自慶云。（《倪小野先生全集》卷二，《四庫全書存目叢書》影印清康熙四十九年倪繼宗清暉樓刻本）

智按：倪宗正，字本端，號小野，餘姚（今屬浙江）人。弘治十八年（一五〇五）乙丑進士，選庶吉士，出知太倉，尋補禮部祭郎，因諫武廟南巡，次年出知南雄府，期年告歸。有《倪小野先生全集》。

李夢陽（一四七三～一五三〇）

《酬贈閣老劉公》（其四）

緑野情真逸，香山望獨高。酒嫌裴相淺，詩掩樂天豪。公實當三老，吾虚受二毛。人遐室幸邇，音惠莫言勞。（《四庫全書》本《空同集》卷二十六）

《黄君五十六歲始舉一子是年余亦有次郎黄冬官也厥父尚書余故得侈其

家世》

異骨成何晚，真毛産固殊。雲移丹穴種，霧滃渥洼駒。驀墮懷中月，俄横掌上珠。試啼存大鑑，摩頂協玄符。彌月翻身健，春年認父呼。聿曾提俎豆，詎但識之無。鄉里論前輩，尚書挺後模。終於金石貫，貽厥鬼神扶。冠玉元諸子，含香矧丈夫。急流棄軒冕，長嘯即江湖。人每占瞿後，天應福趙孤。外家邠老裔，晚景樂天雛。瑞擬連胎蚌，賢期返哺烏。星辰追履上，詩禮紹庭趨。抱子誰非足，憂時爾實迂。向來顛種種，今始覺于于。失路均浮梗，為隣獨守株。弄璋亦偶爾，獻璞欲何須。漫俟兒童長，虚愁日月驅。龍豬吾暇較，天地幾桑榆。（《四庫全書》本《空同集》卷二十八）

《香山》

二月已破三月来，山下碧桃春自開。半醺半醉遊三日，並馬今朝未擬回。（《四庫全書》本《空同集》卷三十七）

智按：《御選明詩》卷一百二十題為《香山集古》。

《與徐氏論文書》

僕西鄙人也，無所知識，顧獨喜歌唫，第常以不得侍善歌吟憂。間問吳下人，吳下人皆曰：「吾郡徐生者少而善歌吟，而有異才。」蓋心竊鄉往久之，聞足下來舉進士，愈益喜，計得一朝侍也。前過陸子淵，子淵出足下文示僕，讀未竟，撫卷歎曰：「佳哉。鏗鏗乎，古之遺聲耶。」……夫詩宣志而道和者也，故貴宛不貴嶮，貴質不貴靡，貴情不貴繁，貴融洽不貴工巧，故曰聞其樂而知其德，故音也者。愚智之大防，莊詖簡侈浮孚之界分也。至元白、韓孟、皮陸之徒，為詩始連聯鬬押，纍纍數千百言不相下，此何異於入市攫金，登塲角戲也？……（《四庫全書》本《空同集》卷六十二）

智按：李夢陽，字天賜，又字獻吉，自號空同子，原籍慶陽（今屬甘肅），徙居開封（今屬河南）。弘治五年（一四九二），陝西鄉試第一，弘治六年（一四九三）癸丑進士。十一年，授戶部主事。十八年，進戶部員外郎。應詔上書言事，極論得失，彈張皇后之兄壽寧侯張鶴齡恃寵殃民，鶴齡摘其疏中稱皇后「張氏」之字句，以爲訕母后，繫錦衣衛，孝宗庇護之，不久獲釋，奪俸三月。後遇鶴齡於街市，以馬鞭擊墮其二齒。正德元年（一五〇六），進戶部郎中。代戶部尚書草奏，彈劾宦官劉瑾等，謫山西布政司經歷，勒令致仕。二年，下獄，劉瑾欲殺之，康海救之，得免。五年，劉瑾誅，復原官。六年，遷江西提學副使。因仗恃氣節，陵轢長官，九年，以冠帶閒住（停職），歸開封。十五年，寧王朱宸濠誅，坐爲宸濠撰《陽春書院記》，被逮，大學士楊廷和、刑部尚書林俊力救之，削籍。卒，弟子私謚文毅，天啟初，追謚景文。夢陽以復古自命，譏李東陽詩文萎弱，倡言文必秦漢，詩必漢魏、盛唐，不讀唐以後書，與何景明、徐禎卿、邊貢、朱應登、顧璘、陳沂、鄭善夫、康海、王九思等號稱十才子，又與何景明、徐禎卿、邊貢、康海、王九思、王廷相等號稱「弘正七子」，後人稱「前七子」。其詩作五古學曹植、謝靈運，七古、律詩學杜甫，絕句學李白。有明嘉靖刻本《空同集》六十三卷，明萬曆三十年鄧雲霄刻本《空同子集》六十六卷，及清閔麟嗣、汪右湘批點《空同先生集》六十三卷。《明史》卷二八六有傳。

朴祥（一四七四～一五三〇）

《用白樂天韻，卽景寄石川》

東風日日扇陽和，莫道鶯寒口不歌。草然王孫泣露幾，花寬帝魄笑枝多。香車油壁競巡野，青雀黃龍蒸涉波（蒸，一作烝）。濟勝佳辰豈乏具，支離老病奈春何。（《訥齋先生集》卷四，《韓國文集叢刊》本）

智按：朴祥，字昌世。有《訥齋集》。

何孟春（一四七四～一五三六）

《餘冬詩話》

杜子美《北征》詠馬嵬事「不聞夏殷衰，中自誅褒妲」，用意忠厚，立論精當乃如此。白樂天《長恨歌》「六軍不發無奈何，宛轉蛾眉馬前死」，又

「君王掩面救不得，回看血淚相和流」，此等敘述，夫豈非實，在於臣子終非所宜。鄭畋為鳳翔從事，過馬嵬題云：「明皇回馬楊妃死，雲雨難亡日月新。終是聖明天子事，景陽宮井又何人?」觀者以畋為宰輔器，不知畋特有見於子美《北征》篇終意耳。(《學海類編》本卷下；《明詩話全編》第二册，第二〇〇六頁；《全明詩話》第一册，第六九三頁)

白樂天詩：「兩枝楊柳小樓中，嫋娜多年伴醉翁。」醉翁，樂天以自謂也。歐陽公滁州之號，不知先此已有人矣。(《學海類編》本卷下；《明詩話全編》第二册，第二〇一三頁；《全明詩話》第一册，第六九九～七〇〇頁)

智按：白樂天詩即《病中詩十五首·別柳枝》，開成四年（八三九），六十八歲，洛陽，太子少傅分司。《白居易集箋校》第二三八六頁。

《餘冬録》

李德裕平泉山居，戒子孫云：「吾百年之後，為權勢所奪，則以先人所命，泣而告之，此吾志也。」後經世變，餘裔竟不能守。花卉蕪絕，怪石名品，俱為洛城有勢取去。記所云者，衹足貽達人一笑耳。昔晉桓玄欲以謝安宅為營，其孫謝混曰：「召伯之仁，猶惠及甘棠；文靖之德，更不保五畝宅耶!」玄慚而止。唐嗣曹王臯將市取張柬之襄陽園囿，馬彝諫曰：「漢陽有中興功，今遺業當百世共保，奈何使其子孫鬻之乎?」臯謝之。二公遺業，何假泣告之屬。贊、臯之所以自恃者，固不可與文靖、漢陽比世。彼石家金谷園，其身不能守；馬家玉林地，不復留於身後。今日諸如此者，又何道焉。唐魏徵第，太宗用殿材成其正寢，其后嗣不能守，白居易以為言朝廷贖而賜之，宋康節天津之居，本官地，熙寧初，法當斥賣，榜三月，人不忍買。司馬温公諸人為集錢買之。然則身苟富德，不必潤屋為子孫計也。(《餘冬録》卷二，岳麓書社，二〇一二年十二月，第二八頁)

智按：何孟春，字子元，號燕泉，郴州（今屬湖南）人。弘治六年（一四九三）癸丑進士，授兵部主事，累官右副都御史，巡撫雲南。入為吏部左侍郎，以爭大禮，左遷南京工部左侍郎，尋削籍。隆慶初，贈禮部尚書，謚文簡。有《何文簡公文集》、《何文簡疏議》、《餘冬序録》等，又曾校注《賈太傅新書》、《孔子家語》、《陶淵明集》。事迹具《明史》本傳。

金克成（一四七四～一五四〇）

《次可柔用樂天韻》

歌舞煩君貯玉樓，傾城傾國摠堪愁。太眞玉笛西施貌，合在三行最下頭。（《金先生憂亭集》卷一，《韓國文集叢刊》本）

《次白樂天韻，題李、馬二妓，贈可柔》

茂陵多病琴臺破，更有何人續斷絃。聲歸蟋蟀梧桐雨，舞屬嬰兒楊柳煙。秀才筆下詩詩玉，仙子波頭步步蓮。滿天明月吹簫急，簫史臺前作鳳仙。（《金先生憂亭集》卷三，《韓國文集叢刊》本）

智按：金克成，字成之。有《金先生憂亭集》。

孫緒（一四七四～一五四七）

《無用閒談》

緒生四五歲，尚未能言，然胸次頗了了，嘗手書一貴字，端楷方正，先公見之曰：是兒口雖不能言，亦頗識字乎。應之曰：唯唯。先公因懸巨軸，令指某字某字，皆不差。數日喧傳，諸姻親皆來試，年十二三，屢欲出家為道士，先公輒恚怒。既登進士，有官勛，前念漸消，今老矣，尚記前身為陝西南山下道士，柴門曲徑，歷歷在目如旬日，侍童二人，眉宇尚不忘，所不能憶者，姓名家世耳，每一追思，懷抱作惡。白樂天幼時能指字，嘗有人夢至海上，見樓臺中有待樂天之宮，樂天有詩曰：「吾學空門不學仙，恐君此語是虛傳。海山不是吾歸處，歸即須歸兜率天。」王平甫亦嘗夢至海上，宮殿甚盛，笙簫鼓吹之妓，無慮數百，題其扁曰靈芝宮，邀之者欲與俱往，宮側有人隔水謂之曰：時未至，且令去，他日當迎之。平甫頗自負，亦為詩曰：「萬頃波濤水葉飛，笙簫宮殿號靈芝。揮毫不似人間世，長樂鐘聲夢覺時。」後平甫卒其家，訊之卜者，卜者曰然。余生亦頗異，但二公文章宗匠，余齷齪腐儒，未知百歲後何如也。姑書於此，以寓感慨。（《沙溪集》卷十一雜著，《四庫全書》本）

智按：孫緒，字誠甫，自號沙溪，故城（今屬河北）人。弘治十二年（一四九九）己未進士，官至太僕寺卿。有《沙溪集》。

康海（一四七五～一五四〇）

《觀刈麥》

五月麥已黃，宵征滸西曲。婦子偕我行，共欣土膏沃。一畝穫滿車，刈丁訝相矚。削藉反田野，此外更何欲。糠粃所不猒，嘉穲況已足。笑看塲上積，何不引醽醁。（《康對山先生集》卷四五言古詩，明萬曆十年潘允哲刻本）

我從華山歸，刈麥已大半。自長安迤東，實美如火炭。繄我返耕來，此麥纔再見。接歲禾不登，寶玉咸所賤。周人重農食，特分田畯職。公私積蓄繁，詎有旱乾棘。春首餓莩多，朝廷甚憂恤。今日得佳物，守護須謹飭。黃金殪米下，其語殊讜直。作詩告有位，國寶在稼穡。（《四庫全書》本《對山集》卷九）

智按：此二詩直承白居易《觀刈麥》。

康海，字德涵，號對山、滸西山人、沜東漁父，陝西武功人。弘治十五年（一五〇二）壬戌進士第一，授翰林院修撰，經筵講官。正德初，閹黨劉瑾以康海為同鄉，欲招致之，康海不肯往。正德三年（一五〇八），李夢陽被劉瑾系於獄中，自度必死，曾書片紙求康海曰：「對山救我！」康海乃謁劉瑾為李夢陽說情，因而李夢陽獲釋。正德五年（一五一〇），劉瑾敗，康海受牽連而被削職為民。既罷歸，放蕩形志，日與酩酊為伍，以山水聲妓自娛。以詩文名列「前七子」之一。著有雜劇《中山狼》、散曲集《沜東樂府》和詩文集《對山集》。現存明嘉靖二十四年（一五四五）吴孟祺刻本《對山集》

十九卷，明萬曆十年潘允哲刻本《康對山先生集》四十六卷，又有康熙五十一年古郃貽穀堂刻本。《明史·文苑傳》附見《李夢陽傳》中。

顧璘（一四七六～一五四五）

《和徐子仁游虎丘四首》（其二）

溪門藏曲隖，入寺始知奇。石悟生公法，山傳白傅詩。浮雲催短世，裋褐傲清時。蓮社容吾酒，終當共爾期。（《四庫全書》本《顧華玉集·山中集》卷二）

《同祝鳴和賦長歌贈方思道》

詩人雅尚唯林麓，脱略功名輕汗竹。有時大隱入金門，瞥視浮雲立幽獨。棠陵山人少工詩，風雲萬變含精思。東南名勝不可數，悉化肺腑生神奇。狂游狹小四百寺，醉醒只在西湖裹。瀾翻筆勢雄萬人，觀者如墻盡稱美。昨宵醉後抱膝歌，佹詞怪語何其多！旌旗繽紛躍天馬，鐘鼓颯沓騰江鼉。看君工詩已成癖，把筆千言不須廹。耻裁舊體駕曹、劉，直舒豪氣吞元、白。横絕四海如冥鴻，伯勞飛燕徒西東。今年泰岳登日觀，巨篇失却東蒙峰。歸來過杭留小草，頓覺風花動流藻。吾衰愧乏倚馬能，嘔血破研長枯槁。（《四庫全書》本《顧華玉集·息園存稿詩》卷七）

《與陳鶴論詩》

與足下一見即出，郊居野人，歲計牽繫，不能不然，無足為高明道者。念所論詩説，衷臆耿耿未盡，畧為一談。國朝自弘治間詩學始盛，其間名家可指而數，今亡去有集傳世者三人：李獻吉、何仲默、徐昌穀三人，各有所長，李氣雄，何才逸，徐情深，皆準則古人，鍛琢成體，純駁優劣，可畧而言。大抵皆作家也。今雖後賢翹起，孰不同聲歸許哉。

然三賢皆余友，嘗共講習而商訂之者，知其淵源所自，未嘗不擇法於古人。李主杜，何主李，徐主盛唐王、岑諸公，皆因質就長，各勤陶鑄，是以立體成家，咸歸偉麗，夫豈苟然而已哉！詩之為道，貴於文質得中，過質則野，過文則靡，無氣弗壯，無才弗華，無情弗藴。杜宗《雅》、《頌》而實其實，其蔽也樸，韓昌黎以及陳後山諸君是也；李尚《國風》而虛其虛，其蔽也浮，温庭筠以及馬子才諸君是也。王岑諸公依稀《風》、《雅》，而以魏晉為歸，冲然有餘韻矣，其蔽也易而俚，王建、白樂天以及梅聖俞諸君是也。嗚呼！諸君並立，名代之才，而學詩之蔽，猶至於此，詩可易言乎哉！

余又有説：今世論詩者，言風雅則妄耳。上漢魏，次李、杜、王、岑諸賢，今賢雖衆，疇（儔）能訾議？則詞林之規矩在是的矣。舉六朝則曰靡弱，舉唐初則曰變體未純，雖承先生之常談，其實確論乎！外是謬矣，奈何臨楮灑翰，率就其所非，而棄其所是，綴疊雙聲，比合五色，雖呈燦爛，實昧性情。豈中道難從，而偏長易勉乎？抑新奇易以驚世，乃違心以騰名乎？杜子曰：「文章千古事，得失寸心知。」此當要諸後世，不可苟悦於目前也。……（《四庫全書》本《顧華玉集·息園存稿文》卷九）

智按：《明文海》卷一百六十一書十五「論詩」題為《論詩書》。

《國寶新編傳贊并序》

朱應登，字升之，寶應人。……今觀其文賦，叙綴贍麗，森張武庫，殆且伯仲潘、陸，奴僕元白，有餘地矣。（《四庫全書》本《明文海》卷一百二十三，第一二四〇頁）

智按：顧璘，字華玉，號東橋，吳縣（今江蘇蘇州）人，隸匠籍，徙居金陵。弘治九年（一四九六）丙辰進士，與陳沂、王韋，肆力爲詩文，時稱金陵三俊。累官南京刑部尚書。有《息園》、《浮湘》、《憑几》、《歸田》諸集。

劉節（一四七六～一五五五）

《（嘉靖）南安府志》

許金，字宜諾，大庾人，質美志篤，幼受學先考，中丞公習舉子業，通經傳文義，恒私嘆曰：此利禄媒耳。郡守東海張弼試而才之，舉為學官弟子，力辭謝，遂以不仕。性坦易，不事修飭，與人文久而能敬，卿士夫多賢之，善吟詠，喜作白樂天、陸放翁詩格，重進止，足不履公府，守令佐非折節待之不見。郡守南海鄧應仁親造門，請為鄉飲賓，始赴結廬郡西郭，讀書其中，扁曰雎菴，晚年自稱為雎菴居士。（《（嘉靖）南安府志》卷三十四人物傳，明嘉靖刻本）

智按：劉節，字介夫，號梅國，大庾（今江西大餘）人。弘治十八年（一五〇五）乙丑進士，官至刑部侍郎。

陸深（一四七七～一五四四）

《甲辰元宵後二夜觀市燈（效白樂天）》

好懷佳節是鄉園，歌舞樓臺開上元。萬里團圞春正月，千家燈火水西村。太平有象瞻天闕，老大何心倚市門。但願年年同此夕，田蠶花竹長兒孫。（《四庫全書》本《儼山集》卷十五）

《和答陶南川兵侍》

片雲將雨過西山，望斷東歸水上灣。海近似聞龍臥起，天高不礙鶴飛還。桓公老去琅琊樹，白傅歸來洛社間。更遣餘工擬叢桂，案頭湘管紫琳斑。（《四庫全書》本《儼山續集》卷六）

《儼山集·詩話》

退之詩於叙事處特有筆力，如「兒童見稱説，祝身得如斯。儕輩妬且慙，喘如竹筒吹。老婦願嫁女，約不論財貲。老翁不量力，累月笞其兒。攙攙爭附託，無人角雄雌。」數句曲盡登科時人情物態，千載如新。但此格本自《木蘭》、《焦仲卿》來，下此則俚俗元、白之流派，有韻之文章是已，學者博取之可也。（《四庫全書》本《儼山集》卷二十五）

《清暑筆談》

賈太傅年二十，而為大中大夫；湯太尉五十而應州郡辟；馮唐白首而袴穿郎署；董賢年未二十而為三公；馮元常平生取錢多，官愈進；盧懷慎貴為卿相，而終於處貧。修短貧富窮達，其有定命若此。《野客叢談》：《西清詩話》曰：唐人以詩專門，使事不免小誤。王維詩曰：「衛青不敗由天幸，李廣無功為數奇。」不敗由天幸，乃霍去病，非衛青也。《邵氏聞見録》亦如此言，乃以此詩為張籍之作。且云《漢書音義》數作朔，則亦不可對天矣。此詩誤用天幸事，固已無疑。然考山谷之言，謂顔師古以數奇為命隻不耦，則數乃命數之數，非疏數之數也。杜詩曰：「數奇謫關塞，道廣存箕潁。」白樂天詩集序曰：「文士多數奇，詩人尤命薄。」樂天以數奇對命薄，子美以數奇對道廣，是皆以數為命數之數，若柳子厚碑曰：「不遇興詞，鬱駹眉之都尉；數奇見惜，挫猿臂之將軍。」楊蟠詩曰：「仲父嘗三逐，將軍老數奇。」此乃為疏數字用也。（《古今圖書集成》人事典第六十四卷命運部雜録第一～二頁）

智按：陸深，初名榮，字子淵，號儼山，上海人。弘治十八年（一五〇五）乙丑進士，官至詹事府詹事兼翰林院學士，卒謚文裕。有《南巡日録》、《音律類義》、《儼山集》等數百卷。與「前七子」徐禎卿、李夢陽、何景明等友善，論詩亦受影響。事迹具《明史・文苑傳》。

楊士雲（一四七七～一五五四）

《詠史・三教論衡》

第一升堂是樂天，義林陪坐次弘元。斯文六籍應難解，枉與談空更說玄。（《楊弘山先生存稿》卷二，上海書店《叢書集成續編》第一一四册，第七二七頁）

《詠史・白樂天》

吟醉先生幾石樽，香山居士半桑門。誰言元白還劉白，只恐元劉落後塵。（《楊弘山先生存稿》卷二，上海書店《叢書集成續編》第一一四册，第七二七頁；《萬首論詩絕句》第一册，第一八六頁）

智按：楊士雲，字從龍，雲南太和人。正德丁丑（一五一七）進士，授庶吉士，改工科給事中，歷户科左給事中。遂乞歸。里居二十餘年，甘貧自樂，不入城府。鄉人不知婚嫁禮節，雲教之，遂易侈為儉。所居環堵蕭然，與諸弟相友愛，自少至老，手不釋卷。自號九龍眞逸，坐卧小樓，訂《尚書》蔡傳之得失。自春秋以來迄於元季，歷代人物各詠以詩，又取天文、歷象、律吕及皇極、經世書、地志，皆分題成詠。有《楊弘山先生存稿》、《皇極天文律吕詠史》、《黑水集記》。

崔銑（一四七八～一五四一）

《士翼》

君子之處衰世，孫言可也，行不貶也，晦迹可也，志則抗也。昔白樂天進之忠，退之安，有君子之道焉。佞佛、耽酒、大聚聲伎、寄達于污，君子不為也。(《四庫全書》本（《士翼》卷三）

《嘉靖彰德府志》

元初賈竹，字彦清，自號乖公。才敏麗，為文不尚刻削，有《天平谷》詩曰：「六峯聳翠白雲閑，頓遣幽人眼界寬。早晚随師更深處，杖挑明月一輪寒。」七十五，作頌而卒。

翟炳，字欽夫，性坦率，亦能詩，效白樂天，有《鄴臺行》：「君不見，黄輝萬丈當塗高，築臺鄴下矜雄豪。觚稜直抵霄漢極，洪基欲比西山牢。危樓曲欄照金碧，雲楣井藻分纖毫。美人侍宴悉傾國，詞客賦詠皆英髦。樽前歌舞未知倦，軍中戈戰難忘操。四征跋扈尚龍戰，三分漢鼎猶鴻毛。曹瞞海内歸神武，憐死何為視兒女。西陵松栢翠生煙，臺上嬋娟泣如雨。銅雀惟餘漳水流，金鳳深埋城上土。鄴臺咫尺若有靈，好作移文來弔古。」

王鼎，字大鼐，整風儀，善書，《遊林慮》詩：「燕子來時春已賒，海棠開盡未還家。醉眠不記東風惡，吹起衣巾滿落花。」當時號曰「隆慮三隱」。(《嘉靖彰德府志》卷六，《四庫全書存目叢書》影印明嘉靖刻本)

智按：崔銑，字仲鳧，一字子鍾，河南安陽人。弘治十八年（一五〇五）乙丑進士，官至南京禮部侍郎，謚文敬。事迹具《明史·儒林傳》。

蔡羽（？ ~一五四一）

《石湖草堂後記》

形無大小，在全其趣而已。趣無古今，在領之而已。東南之形勝，萃於吳。其大者震澤、洞庭、穹窿、鄧尉，小者虎邱、石湖。為壤不同，其為趣則一也。《禹貢》所志，《周禮》所載，吳越居先，孫錢居後，高人間氣，騷士鍾靈，故范蠡蟬蜕，角皓鴻賓，松陵發響，白傅登臨，矧兹近代之賢，獨得於形迹之外者乎。石湖范文穆歸休之地，形視震澤，百之一而趣自全當。楞伽之北，茶磨之南，其岡可踰，中半而作，夫差之郊臺也；緣臺而却，還顧茶磨，進退之間，可以憩息，治平之竹林也。……（《四庫全書》本《吳都文粹續集》卷三十一）

智按：蔡羽，字九逵，自號林屋山人，又稱左虛子，吳縣（今江蘇蘇州）人。由國子生授南京翰林院孔目。《明史·文苑傳》附載《文徵明傳》中。

徐禎卿（一四七九 ~ 一五一一）

《贈内》

愧乏梁生操，能吟白氏詩。塵埃勞浣褐，燈火共餔糜。夜箔雙斜縷，春梳滿面絲。青山堪結隱，並子負心期。（《徐昌穀全集》卷七；范志新《徐禎卿全集編年校注》第五七三頁）

《窮儒》

窮儒只合話辛酸，談口翻譏東野寒。自信苦心應損壽，妻憐多病勸加餐。身名贅世皆吾患，生死何人垂大觀。怕取樂天詩再讀，滿窗風雨夜燈殘。（《徐昌穀全集》卷十一；范志新《徐禎卿全集編年校注》第十頁）

《芙蓉怨五首》其一

劉氏竹枝休鬬豔，白家楊柳勿誇新。新翻聽取芙蓉怨，愁絕黃金失意人。（范志新《徐禎卿全集編年校注》第十八頁）

智按：徐禎卿，字昌穀，一字昌國，常熟（今屬江蘇）人，遷居吴縣（今江蘇蘇州）。弘治十八年（一五〇五）進士，授大理寺左寺副，坐失囚降國子博士。年三十三卒。禎卿少與祝允明、唐寅、文徵明齊名，號「吴中四才子」。初爲詩，喜六朝及白居易、劉禹錫，有名句「文章江左家家玉，煙月揚州樹樹花」等，爲時人所稱。登第後，與李夢陽、何景明等游，悔其少作，改宗漢魏、盛唐，爲「前七子」之一。然與李夢陽之雄鷙、何景明之俊逸相比，禎卿詩以韻致古淡見長，故王士禛將其與邊貢視爲「七子派」別調，作爲明詩古淡一派代表。三十歲時編定詩文集《迪功集》，又有《焦桐》、《鸚鵡》、《花間》、《野興》、《自慚》等集，由後人彙集為《徐昌穀全集》十六卷，現存明萬曆四十七年長洲周文萃刻本。又有《談藝録》一卷。《明史》卷二八六有傳。

呂柟（一四七九～一五四二）

《重建睢陽五老祠記》

睢陽五老者，宋太子少師杜衍、侍郎王涣、司農卿畢世長、郎中朱貫、馮平也。五人者之致仕居里也，年皆八十上下，用唐白樂天香山九老故事，結社賦詩，不干時事，睢陽人敬如蓍蔡，至繪像以傳。其没也，里人祠而尸祝之，蓋在歸德城西數里云。歲久，其祠傾圮，今太子少保工部尚書臨安俞公乃重建焉。公初舉進士，為行人，憲宗差典周王喪禮，途感瘧疾，幾不能生，舟次歸德，乃仰天嘆曰：「琳五歲而孤，賴母教育，至有今日，萬一客死，遺母孰養？天如佑我，獲事母終，死亦無憾。」失聲痛哭，醫侍皆泣。是夕，忽夢五老鬚眉皓白，身僅三尺，立語之曰：「汝母壽高汝壽，亦遠官且崇顯，病當尋愈。」公即請問，答曰：「此地五老人耳。」旦訪其詳，則所謂有宋睢陽五老也。……雖然，予嘗謂公有五德焉：醇厚博雅，無巧偽習，曰厚受而不剝；久任閑散，不求人知，曰多靖而不折；儉省民費，百工咸理，曰有功而不居；權勢通顯，視之泊如，曰見美而不貪；命餉邊師，無所顧忌，曰見難而不懾。則公固今之杜衍也，臨安之杜，亦當無忝睢陽，然則斯祠之建，豈惟宋五老為可傳哉！（《古今圖書集成》職方典第三百九十八卷歸德府部藝文二第一六～一八頁）

智按：參見《趙氏鐵網珊瑚》卷十三《睢陽五老圖》。

呂柟，字仲木，號涇野，陝西高陵人。正德三年（一五〇八）戊辰進士第一，官至南京禮部右侍郎。事迹具《明史·儒林傳》。

陳霆（一四七九？～一五五三？）

《兩山墨談》

白樂天謫江州司馬，其《廳壁記》云：「《唐六典》：上州司馬秩五品，歲廪數百石，月俸六七萬。官足以亢身，食足以給家，州民康，非司馬功；郡政壞，非司馬罪。無言責，無事憂。噫！為國謀則尸素之尤蠹者，為身謀則禄仕之優穩者。予佐是郡，行四年矣，其心休休如一日二日。何哉？識時知命而已。又安知後之司馬，不有與吾同志者乎？」按，樂天為人，雖外示恬淡，而中實愛戀官職，觀其詩篇，每及遷除處，則津津喜，句不覺流出。此朱子之所以有譏也。江州之謫，未爲遠惡，而一聞商女琵琶之音，遽重天涯流落之感，掩泣之餘，青衫沾濕，是何言行欣戚之相反哉！然則《壁記》云云，特有激之詞，倘信其爲由衷之言，則誤矣。（《兩山墨談》卷三，《續修四庫全書》影印明嘉靖十八年李檗刻本）

《渚山堂詞話》

⊙辛稼軒《賀新郎》

辛稼軒詞，或議其多用事，而欠流便。予覽其「琵琶」一詞，則此論未足憑也。《賀新郎》云：「鳳尾龍香撥。自開元、霓裳曲罷，幾番風月。最苦潯陽江上路，畫舸亭亭催別。記出塞、黄雲堆雪。馬上離愁三萬里，認孤鴻、沒處分胡越。弦解語，恨難說。　遼陽驛使音塵絕。瑣窗寒、輕挑謾撚，淚珠盈睫。推手含情還却手，一抹梁州哀徹。千古事、雲飛烟滅。賀老定場無消息，悄沈香亭北繁華歇。彈到此，爲嗚咽。」此篇用事最多，然圓轉流麗，不爲事所使，稱是妙手。（《渚山堂詞話》卷二，《四庫全書》本）

智按：陳霆，字聲伯，號水南先生，德清（今屬浙江）人。弘治十五年（一五〇二）壬戌進士，官刑科給事中。為人耿直。正德元年（一五〇六），因上書彈劾張瑜，被其同黨劉瑾陷害入獄，後貶六安（今屬安徽）。劉瑾被誅後，復官刑部主事，次年出任山西提學僉事。不久辭官回鄉，隱居著述。有《仙潭志》、《兩山墨談》、《水南稿》、《清山堂詩話》、《清山堂詞話》。

嚴嵩（一四八〇～一五六五）

《生日效長慶體是歲予竊禄留曹三載矣》

年過半百仍加六，貪戀清時未拂衣。朱紱拖身官秩貴，青雲屈指故交稀。遊魚在藻恩誠渥，病鶴乘軒分却非。待得銓曹書滿日，只應便掃故園扉。（《鈐山堂集》卷十一詩，《續修四庫全書》影印明嘉靖二十四年刻增修本）

智按：嚴嵩，字惟中，江西分宜人。弘治十八年（一五〇五）乙丑進士，官至大學士。事迹具《明史・姦臣傳》。「嵩雖怙寵擅權，其詩在流輩之中乃獨為迥出。王世貞《樂府變》云：『孔雀雖有毒，不能掩文章』，亦公論也。」（《四庫提要》）

李廷儀（一四九〇進士）

《何處難忘酒》

何處難忘酒，寒衾夢覺時。青銅欺短髪，黄菊候歸期。翹首懷千里，論心乏故知。此時無一盞，何以慰遐私。（《四庫全書》本《石倉歷代詩選》卷四百四十五）

智按：師法白樂天《何處難忘酒》詩（《白氏長慶集》卷五七）。

李廷儀，字鳴鳳，號質菴，閩縣（今福建福州）人。廷美之弟。弘治三年（一四九〇）庚戌進士，授定海令，有惠政。遷判順天府。擢貳南安。以老疾引歸。為人愷悌率易，無他腸，雅嗜酒，善聲詩。内行純至，篤于天倫。少乳于丘嫂，母事之，嫂沒，哀慟，遂至感傷不起。

陳霖（一四九三進士）

《(正德）南康府志》

⊙喚渡亭

在縣治前。唐白樂天詩云：「建昌江水縣門前，立馬教人喚渡船。好似當年歸蔡渡，草風花雨渭河邊。」黄太史書斯亭，歐陽脩亦嘗遊此。(《(正德）南康府志》卷三，明正德刻本)

⊙楊衡

不知何許人，幼善屬文，尤精於詩。唐初隱廬山，與符載齊名，號符楊。蜀人徵拜恊律郎。後白居易居香爐峯下，謂衡詩文為時輩所宗，廬山自陶謝之後，有符楊隱然出為文人者是也。(《(正德）南康府志》卷六，明正德刻本)

智按：陳霖，字時雨，號四山，長興（今屬浙江）人。弘治六年（一四九三）進士，授行人，選御史，歷南康知府。性峭直。寧藩之變，鎮巡二司俱被執，霖具疏請討。家居二十餘年，惟賦詩奕棋，口不談官府之事，家無餘貲，年九十六卒。(《萬姓統譜》卷十八)

程誥（一四九七前後）

《琵琶亭》

殘照亭皋夕（一作皋亭夕），秋風旅鴈飛。琵琶千載恨，淚滿逐臣衣。(《四庫全書》本《明詩綜》卷四十三；《列朝詩集》卷五十九丙集第十一；《御選明詩》卷九十八；《[雍正］江西通志》卷一百五十六)

智按：《淵鑑類函》卷二百六十五題為《琵琶亭詩》，謂黄省曾（一四九〇～一五四六）作。

程誥，字自邑，歙縣（今屬安徽）人，居於泭溪，自號泭溪山人。明孝宗弘治中前後在世。生平好遊，所至山川都邑，輒紀以詩。有《霞城集》二十四卷。嘗過河南，謁李夢陽。李夢陽云：「程生詩神境融會，足以散置名家。」王寅（字仲房）云：「自邑足迹半天下，其詩得山川之助為多。體裁既全，篇章過富。珠以沙迷反滋，識者之憾。」《靜志居詩話》云：「自邑好為汗漫之游，山川郡邑，凡所經歷，必紀以詩，氣格專學空同，第才情稍鈍，色澤未鮮，五言庶稱具體。」

安磐（一五〇五進士）

《頤山詩話》

白樂天與元微之、劉禹錫同論南朝興廢，各賦《金陵懷古》。禹錫詩成，樂天曰：「四人探驪龍，子先獲珠，所餘鱗介何用?」於是罷唱。又與張汝士迎楊於陵，席上賦詩，汝士後成，元白覽之失色。又與汝士於裴令公宴上賦詩，元白有德色。次至汝士，曰：「昔日蘭亭無艷質，此時金谷有高人。」白知不能加，遽裂之曰：「笙歌鼎沸，勿作冷淡生活。」元顧白曰：「樂天可謂能全名矣。」由此數事觀之，樂天豈亦忌才邪？不然記録者之失真也。若太白過黄鶴樓，曰：「眼前有景道不得，崔顥題詩在上頭。」可謂能服善矣。

白樂天「玉顔寂寞淚闌干，梨花一枝春帶雨」之句，後人累累以調笑解紛。東坡送人小詞云：「故將别語調佳人，要看梨花枝上雨。」韓待制戲為詩曰：「昔日緹縈亦如許，盡道生男不如女。河陽滿縣皆春風，忍使梨花偏帶雨。」妓持此詩投縣令，其父乃得釋。二詩皆出於樂天，而新奇流動，尤可喜也。(《四庫全書》本《頤山詩話》)

智按：安磐，字公石，一字鴻漸，號頤山，嘉定（今四川樂山）人。弘治十八年（一五〇五）乙丑進士，官至兵科給事中。嘉靖初，以爭大禮，廷杖除名。卒於家。事迹具《明史》本傳。

孫承恩（一四八一～一五六一）

《何處難忘酒二首》

何處難忘酒，茫茫宇宙間。浮生無百歲，壯志有千年。窮達非由我，賢愚不係天。此時無一盞，心事向誰宣。

何處難忘酒，傷時變故多。有心羞末俗，無力障頹波。漠漠從誰問，悠悠竟若何。此時無一盞，彈鋏不成歌。（《四庫全書》本《文簡集》卷十五）

智按：師法白樂天《何處難忘酒》詩（《白氏長慶集》卷五七）。

《潯陽圖》

一曲琵琶月下過，淒涼心事欲如何。江州不是遭讒日，未必闗心獨淚多。（《四庫全書》本《文簡集》卷十七）

《送侯大夫詩序》

……夫別駕古治中職，當刺史之半，所謂與刺史同宣王化，參校政事，短長利病者也。是其於郡何所不當究，予常怪白樂天為司馬廳記，謂為散地冗職，若可不視事故，政成非其功，政厖非其罪，而可自放於山水詩酒間。噫！何其謬也。予意樂天有激云爾，不然則是教世之怠厥職者，皆得以非己職自諉，或曰姑待職是者，否則曰懼侵官也。於是美食安坐，視郡治與否，若於己無與，其可哉！……（《四庫全書》本《文簡集》卷二十七）

《刻三先生詩集序》

朱涇為華亭巨鎮，多好古博雅之士，有以詩擅名者三人，一為王鶴坡氏名良佐，一為戚龍淵氏名韶，一為張一桂氏名冕。鶴坡嘗志進取，有聲場屋，舉於鄉，僅歷學職至縣令。至龍淵，終於韋布。一桂少游膠庠，而多病，弗果卒業。三人者，皆以歌詩相頡頏，而各有所尚。説者謂鶴坡雅志高古，故好為斬絶刻削庸腐語，淘洗殆盡；龍淵意氣豪邁，故其詩超逸跌宕；一桂偃然退修，故其詩冲澹古雅。三人者之詩，大都如此……李杜窮同於郊島，而其才之宏濶，郊島所不得同也。故李之作為豪逸，杜之作為渾雄，郊島所無也。故曰郊寒島瘦，噢咿慽蹙，專於窮也。三翁者，窮以沒齒，而窮不能限其才，故其昌氣偉辭，時或發露。蓋鶴坡龍淵為尤龍得李之放，鶴得杜之蒼，張雖少劣，而歌行諸篇，亦頗得白傅之贍，非郊島輩之一於窮也。然則三翁詩何可以弗傳哉！予故刻之以永其傳焉。（《四庫全書》本《文簡

集》卷三十）

智按：孫承恩，字貞父，華亭（今上海松江）人。正德六年（一五一一）辛未進士，官至禮部尚書兼翰林院學士，掌詹事府，謚文簡。有《文簡集》。

夏言（一四八二～一五四八）

《題香山九老圖壽鄭白湖乃翁龍峯先生》

昔聞香山會，九老皆長齡。翛然謝塵累，丘壑怡神形。允矣人代瑞，上應天南星。嘉辰良宴集，賡歌相和鳴。一時託繪事，豈意千秋名。至今爲世罕，往往傳丹青。人生七十信稀有，世間五福上者壽。我來閩地訪名山，嶙峋秪見龍峯秀。白湖亭上坐春風，湖上邂逅龍峯翁。修眉方瞳照秋水，朱顔鶴髮聲如鐘。屈指流年八十一，健足不用支鳩笻。膝前有兒耀金紫，孫枝五桂不讓燕山紅。我向翁前特再拜，公今已在神仙中。翁聞此語亦大笑，笑指九老將無同。我願龍峯倚天拔地鎮不老，千秋萬古光應湖水青如銅。（《夏桂洲文集》卷三，《四庫全書存目叢書》影印明崇禎十一年吳一璘刻本）

智按：夏言，字公謹，貴溪（今屬江西）人。正德丁丑（一五一七）進士，授兵科給事中，歷官禮部尚書，武英殿大學士。後以主復河套，為嚴嵩所搆，坐與曾銑交關，棄市。隆慶初，追復原官，謚文愍。有《夏桂洲文集》。事迹具《明史》本傳。

何景明（一四八三～一五二一）

《雍大記》

白樂天墓。在渭南縣臨津北原。

白敏中墓。在渭南縣東北一十五里。（《雍大記》卷十三，《四庫全書存目叢書》影印明嘉靖刻本）

白居易，字樂天，其先太原人，北齊五兵尚書建有功於時，賜田韓城，子孫家焉。又徙下邽，父季庚為彭城令。居易敏悟絶人，工文章，貞元中擢進士，拔萃，補校書郎。元和元年，對制策乙等，調盩厔尉。為集賢校理，月中召爲翰林學士，遷右拾遺。後貶江州司馬。久之，徙忠州刺史。入爲司門員外郎，以主客郎中知制誥，轉中書舍人。文宗立，以秘書監召，遷刑部侍郎，封晋陽縣男。大和初，除太子賓客分司。踰年即拜河南尹。復以賓客分司。開成初，起為同州刺史，不拜，改太子少傅，進為馮翊侯。會昌初，以刑部尚書致仕。年七十五，卒。贈尚書右僕射。其始生七月，能展書，姆指「之」「無」兩字，雖百試不差。九歲諳識聲律，其工於文章，盖天稟然。……（《雍大記》卷二十七，《四庫全書存目叢書》影印明嘉靖刻本）

智按：何景明，字仲默，號白坡，又號大復山人，信陽（今屬河南）人。弘治十一年（一四九八）即十五歲時舉鄉試第三名，次年會試，以文多奇字，不第。入太學一月，歸。弘治十五年（一五〇二）壬戌進士及第，十七年授中書舍人。十八年奉使南方。正德元年（一五〇六），劉瑾擅權，上書吏部尚書許進，勸其勿屈於劉瑾。次年，恐禍及，謝病歸。三年，被免官。五年劉瑾誅，六年冬，以李東陽薦，復授中書舍人，直内閣經筵官。十二年，遷吏部驗封司員外郎，仍直内閣。十三年，遷陝西提學副使。十六年六月，引疾歸，八月卒。景明志操耿介，尚節義，與李夢陽切磋詩文，初相得甚歡，後互相詆諆。《明史》本傳稱：「夢陽主摹仿，景明則主創造。」《四庫全書總目》云：「摹擬蹊徑，二人之所短略同。至夢陽雄邁之氣，與景明諧雅之音，亦各有所長，正不妨離之雙美也。」二人並稱「何李」，又與邊貢、徐禎卿並稱「四傑」，又爲「前七子」之一。現存明嘉靖義陽書院刻本《何氏集》二十六卷，明嘉靖三十四年刻本《大復集》三十七卷、附録一卷，明萬曆五年陳堂、胡秉性刻本《何大復先生集》三十八卷，凡辭賦三卷，詩二十六，文九卷，附録一卷。《明史》卷二八六有傳。

顧應祥（一四八三～一五六五）

《九老圖》（用邵二泉宗伯韻）

香山老人避世人，性躭冲澹樂天真。招邀知己結雅社，眇視聲利同埃塵。

流風已遠事若新，茲圖無乃傳其神。衣裳不異山中叟，抱負俱為席上珍。歲月悠悠幾百春，高名千載迥絕倫。廟堂勳業倘來寄，泉石襟期見在身。便欲相從一問津，撫卷令人感慨頻。浮玉山前亦堪樂，澄湖碧浪涵秋旻。(《四庫全書》本《石倉歷代詩選》卷四百八十五；《歷代題畫詩類》卷四十)

《峴山十五老圖記》

右峴山十五老圖，圖峴山社會之十五人也。十五人者，以齒爲敘。太子少保工部尚書石菴蔣公年八十，山東卽墨縣知縣我齋吳公年七十七，山東平度州知州南村施公年七十六，工部尚書南坦劉公年七十，五福建延平府同知夷軒蔡公前國子監丞半溪李公俱年六十八，而夷軒差長貴州布政司左叅政楝塘陳公年六十七。余以都察院右副都御史罷官家居，年六十六，江西按察司僉事郭南孫公年六十五，山東按察司副使苕源吳公年六十四，通政司右叅議石川張公年六十三，四川布政司左叅議南苕韋公年五十九，貴州思南府知府雙橋朱公年五十八，福建布政司右叅政石岐吳公，刑部主事一庵唐公，俱年五十二，而石岐差長，初唐一菴倡議，以吾湖士夫休官林下者，擬春秋二社日，于郡城近地一會，倣古鄉約之制，以盡規勸之道，乃嘉靖癸卯秋社，一菴作主，會于峴山之浮碧亭，會者七人。越明年，甲辰春社，陳楝塘，吳石岐作主，會于城西俞氏園亭會者，十有二人。是歲秋社，朱雪峯秋官與韋南苕作主，會于城西包氏園亭會者，十有三人。嘉靖乙巳春社，南坦翁與余作主，始定盟于峴山，是謂峴山社會，歲以爲常，而社人增減不一。至嘉靖丁未秋社，湖州府通判楚東湯君世賢始改建逸老堂，朋壽臺，較浮碧差勝，南坦翁與余作主，始爲逸老堂之會。詳見南坦翁《逸老堂記》中。是歲八月，適石菴八十壽誕，南坦翁作文，諸公各爲詩歌，繪爲一圖，社畢卽赴石翁家稱觴慶賀。自癸卯秋至此，凡十有一會矣。時予蒙恩起廢，復撫雲南，乃命工繪圖，持以入滇，戒行促迫，畧得形似而已。滇士有土生應文者，工于繪事，乃爲作峴山圖。時楊升菴殿元謫戍于滇，為渴聿篆峴山十五老圖六字。及余轉刑部尚書，改調留都石川銀臺，以湖社懷賢圖見寄，乃蘇人黃生虎所畫者。余既宦遊于外，而吳我齋已下世，所繪惟有十三人。今春，余得旨致仕家居，遂命徽州汪生卽黃生所繪，加入余貌，仍爲十五老圖。惟我齋則思索而得之，故不相類。石菴翁名瑶，字粹卿；吳我齋名廉，字介夫；施南村名佑，字翊之；孫郭南名濟，字以道；朱雙橋名懷幹，字守正；唐一菴名樞，字子鎮，俱歸安人。南坦翁名麟，字子振，自建業徙居長興；李半溪名丙，字子南；韋南苕名商臣，字希尹，與余俱長興人。蔡夷軒名玘，字玉卿，德清人；陳楝塘名良謨，字忠夫，安吉人；吴苕源名麟，字允祥；吴石岐名龍，字允濟，卽苕源弟也，孝豐人；張石川名寰，字允清，蘇之崑山人，慕吾湖之風而入會者也。嗚呼！昔白樂天以刑部尚書致仕，爲履道坊之會，至今人稱爲香山九老，繪圖賦詩，而艷談之。余亦忝以是官致仕，而薄劣殊甚，仰視樂天，奚啻天壤之不相及。然而十五人中，豈無才德聞望如樂天者，安知後世不有好事者繪而傳之者耶？故余既爲是圖，而又敘其顛末，及爵里名氏于首簡，俾有所考云。嘉靖三十三年，歲在甲寅冬十二月既望，資善大夫南京刑部尚書致仕箬溪顧應祥惟賢書，時年七十二。（董斯張《吴興藝文補》卷三十二，《續修四庫全書》影印明崇禎六年刻本）

智按：顧應祥，字惟賢，號箬溪，長興（今屬浙江）人。弘治十八年（一五〇五）乙丑進士，官至南京刑部尚書。生平見《兩浙名賢録》卷十八。有《崇雅堂集》。

申光漢（一四八四～一五五五）

《病中書事，效香山體》

春風吹鬢白鬖鬖，已見清明愁裏過。花未開時先釀酒，酒初香日擬尋花。從來光景詩爲使，每到佳期病作魔。景物不殊期又近，老夫多病奈詩何。（《企齋别集》卷一，《韓國文集叢刊》本）

智按：申光漢，字漢之、時晦，號青城洞主。有《企齋集》。

鄭善夫（一四八五～一五二三）

《贈方豪》

崑山天下士，抗懷薄秋旻。作詩接元、白，開口奔鬼神。狂來放厥詞，妙得造化真。習尚罕時好，結交必古人。三年策仕版，八口還憂貧。民俗日向澆，真欲回其淳。尸名況疾惡，所以讒柄新。鄒陽固得讀，鄭僑終見親。迷途墮老泒，誰辨玉與珉？君看裳陵山，萬古當嶙峋。（《四庫全書》本《鄭少谷集》卷一下）

《游建州陶園和淵明擬古八首》（其六）

秋登黄華山，恍然見大荒。前有樂天居，後有歸來堂。堂居厰雲鳥，回池亦淼茫。主人端逸念，蒔菊翳坻場。天寒菊未華，逸念齊嵩邙。桴汎通永夕，萬象爭低昂。情景苟不虧，余何動迷方。緬惟無窮門，引領情内傷。（《四庫全書》本《鄭少谷集》卷二）

智按：鄭善夫，字斷之，閩縣（今福建福州）人。弘治十八年（一五〇五）乙丑進士，官至南京吏部驗封司郎中。事迹見《明史・文苑傳》。

金淨（一四八六～一五二一）

《湓亭望月，應製（效白樂天，壬申）》

湓江江口中秋節，好月當空水館涼。宇宙涵虚分物象，山河澄澈數毫芒。光明此夕同千里，身世今年滯一方。西北鄉關何處是，煙波一望思微茫。客裏情懷懸渭北，天邊形影在潯陽。一年好月逢今夕，萬里清光隔故鄉。霜耀沙銀鋪渚遠，煙拖江練際天長。憑誰與會臨風思，獨自湓亭寄一望。中秋望月湓江口，積靄遊氛捲昊蒼。圓魄正當今夜滿，羈情偏到此時長。山河不礙元同照，風景無端自異鄉。回首可憐人事改，依然猶似去年光。（《冲庵先生集》卷一，《韓國文集叢刊》本）

智按：金淨，字元冲，號冲庵、孤峯。有《冲庵先生集》。

張綖（一四八七～一五四三）

《飲司肇田舍用白樂天韻》

年豐樽俎家家會，地僻漁樵處處逢。五畝君今開水竹，一巢吾亦在雲松。野人釀飲畢秋穫，鄰客答歌消夜春。慚愧高賢遠來意，皋比無以慰相從。(《明詩紀事》戊籤卷十一，《續修四庫全書》影印清陳氏聽詩齋刻本)

智按：張綖，字世文（《千頃堂書目》作字世昌，疑傳寫誤），號南湖，高郵（今屬江蘇）人。正德八年（一五一三）癸酉舉人，八試進士不第，謁選為武昌通判，官至光州知州，卒年五十七。有《南湖先生詩集》、《詩餘圖譜》。生平見顧璁《南湖墓誌銘》(《南湖先生詩集》附録)。

郎瑛（一四八七～一五六六）

《七修類稿》

⊙天竺寺

白樂天《題天竺寺》：「一山門作兩山門，兩寺元從一寺分；東澗水流西澗水，南山雲起北山雲；前臺花發後臺見，上界鐘清下界聞；遙想吾師行道處，天香桂子落紛紛。」乃是題虔州城外天竺寺，今杭州府收入錢塘天竺寺，謬也。見《蘇東坡詩集》第二卷中。(卷六・天地類，上海書店出版社《七修類稿》，第六十頁)

⊙蒙茶

世以山東蒙陰縣山所生石蘚，謂之蒙茶，士大夫珍貴，而味亦頗佳，殊不知形已非茶，不可煮飲，又乏香氣，而《茶經》之所不載。蒙頂茶，四川雅州，即古蒙山郡。其《圖經》云：「蒙頂有茶，受陽氣之全，故茶芳香。」《方輿勝覽》、《一統志・土產》，俱載蒙頂茶。《晁氏客話》亦言，雅州也。白樂天《琴茶行》云：「李丞相德裕入蜀，得蒙餅，沃於楊餅之上，移時盡化，以驗其真。」文彥博有《謝人惠蒙頂茶》詩云：「舊譜最稱蒙頂味，露芽雲液勝醍醐。」吳中復亦有詩云：「我聞蒙頂之巔多秀嶺，……惡草不生生荈茗。」今少有者，蓋地既遠，而蒙山有五峰，最高曰上清，方產此茶，且常有瑞雲影相現，多虎豹龍蛇，人亦罕到故也。但《茶經》品之於次。若山東之蒙山，乃《論語》所謂東蒙主耳。(卷十九・辯證類，上海書店出版社《七修類稿》，第一九八頁)

智按：吴中復詩即《謝惠蒙頂茶》：「我聞蒙山之巔多秀嶺，煙巖抱合五峯頂。岷峨氣象壓西垂，惡草不生生荈茗。」見《錦繡萬花谷續集》卷十一。

⊙詩非蹈襲

子美詩有「夜足沾沙雨，春多逆水風。」樂天詩云：「巫山暮足沾花雨，隴水春多逆浪風。」陶淵明詩云：「采菊東籬下，悠然見南山。」韋應物亦有「采菊露未晞，舉頭見南山。」又東坡《續麗人行》首四句：「深宮無人春晝長，沉香亭北百花香，美人睡起薄梳洗，燕舞鶯啼空斷腸。」薩天錫《題楊妃病齒》詩則云：「沉香亭北春晝長，海棠睡起扶殘妝，清歌妙舞一時静，燕語鶯啼空斷腸。」但略少變其文，如此等詩，不可盡述，每見録於詩話，美則以為點鐵化金，刺則以為蹈襲古詩，附會譏誚，殊為可厭。予略録數首於右，以見陶、杜豈特待白、韋點化，而應物、天錫固竊詩者哉？故老杜嘗戲為詩曰：「詠及前賢更勿疑，遞相祖述復先誰？」大抵誦人詩多，往往為已得也，右夫黄魯直《黔南十絕》，則又不在此例，故欲逐首取裁白詩，詩選所謂樂天多於敷衍、山谷巧於剪裁是也。又范廖嘗在宜州問魯直曰：「君何累用白句？」魯直曰：「庭堅少時誦熟，久而忘其為何人詩，故阻雨衡山尉廳，偶然遇事，信手書爾。」廖復以點鐵之語告之，山谷大笑曰：「點鐵化金，如此快耶。」夫衡山尉廳之詩固然，而《黔南十絕》，豈亦忘之為得也？此又黄公之可笑。（卷二十・辯證類，上海書店出版社《七修類稿》，第二一一～二一二頁）

⊙蘇杭湖

諺曰：「上説天堂，下説蘇杭。」又曰：「蘇湖熟，天下足。」解者以湖不逮於杭，是矣。又解蘇在杭前，乃因樂天之詩曰：「雪川殊冷僻，茂苑大繁雄；惟有錢塘郡，閑忙正適中」之故。予以諺語因欲押韻，故先蘇而後杭；解者以白詩證之，錯矣。殊不思諺非唐時語也，杭在唐，尚僻在一隅未顯，何可相並？蘇自春秋以來，顯顯於吴、越；杭惟入宋以後，繁華最盛，則蘇又不可及也，觀蘇杭舊聞舊事可知矣。若以錢糧論之，則蘇十倍於杭，此又當知。（卷二十二・辯證類，上海書店出版社《七修類稿》，第二三〇頁）

智按：《初到郡齋寄錢湖州李蘇州（聊取二郡一哂，故有落句之戲）》：

「雪溪殊冷僻，茂苑太繁雄。唯此錢唐郡，閒忙恰得中。」見《白居易集箋校》第一三三一頁。長慶二年（八二二），五十一歲，任杭州刺史。雪溪，在浙江湖州。茂苑，在蘇州。

⊙詩句偶同

《琵琶記》内，白樂天詩句已有「兒家門戶重重閉，春色緣何得入來。」唐薛惟翰詩《春女怨》云：「白玉堂前一樹梅，今朝忽見數花開；兒家門戶尋常閉，春色因何得入來。」金·石抹世勣《紙鳶》詩有「果物戲人人戲物，為風乘我我乘風。」同時黄諷《題齊物堂》亦云：「果蝶夢周周夢蝶，為風乘我我乘風。」是皆可謂閉門造車，出門合轍者也。（卷二十二·辯證類，上海書店出版社《七修類稿》，第二三三頁）

⊙孔溪不知詩義

慶曆中，西師未解，晏元獻大雪會飲，歐文忠席上有「須憐鐵甲冷徹骨，四十餘萬屯邊兵」之詩。《孔溪談苑》以為似尋鬧也，且引韓昌黎《赴燕裴度》詩為證，殊不知韓詩亦有諷意，如曰「園林窮勝事，鐘鼓樂清時」，正見清時乃可窮勝事也。又如白樂天《雪謙》有「豈知閿鄉獄，中有凍死囚」，杜子美《雲安陪諸公宴》有「萬國皆戎馬，酣歌淚欲垂」，皆具樂以天下之情。是孔溪不知作詩之義也。（卷二十三·辯證類，上海書店出版社《七修類稿》，第二四六頁）

⊙霓裳羽衣曲考

霓裳羽衣曲、舞不傳於世久矣，雖學士知音之流，亦徒求想像而已。予以讀過詩書有關斯曲者，會萃成文，述注於左。

其舞律吕節奏，庶亦可知過半矣。按明皇游月中，見仙女素衣奏樂極妙，記其音，歸而制之。會西涼節度楊敬述進婆羅門曲，聲調相符，遂合二者而制，名為霓裳羽衣。其言屬黄鐘，其調屬商，其譜三十六段，其奏樂用女人三十，每番十人迭奏，而音極清高，其舞服之飾，樂天詩曰：「虹裳霞帔步搖冠，鈿瓔纍纍珮珊珊」；奏曲之數，白詩又曰：「散序六奏未動衣」，「中序擘騞初入拍」，「繁音急節十二遍」，「唳鶴曲中長引聲」。惜文人往往指為亡國之音，故棄而不傳。然周草窗述之，真有注雲落水之意，非人間曲也。予因

摘出，以告知音者。（卷二十四・辯證類，上海書店出版社《七修類稿》，第二五三頁）

⊙藍尾酒

藍尾二字，洪容齋引白樂天之詩及《燕語》等言以解，二字俱無下落，雖得後飲之意，只為末座飲之在後也。自又曰：唐人亦不能曉。殊不知不識其事，當求其字。藍，濫也。《説文》云：「濫，泎垽也。」泎垽者，渾濁也。據此，則藍尾酒乃酒之濁腳，如盡壺酒之類，故有尾字之義。知此，則樂天「三杯藍尾酒，一楪膠牙餳」，「歲盞後推藍尾酒，春盤先勸膠牙餳」，則少蘊所謂「酒巡匝末」，俱通矣。（卷二十五・辯證類，上海書店出版社《七修類稿》，第二七二頁）

⊙甜酒灰酒

《三山老人語録》言：唐人好飲甜酒，引子美「人生幾何春與夏，不放香醪如蜜甜」，退之「一尊春酒甘若飴，丈人此樂無人知」為證。予則以為非好甜酒，此言比酒如蜜之好吃耳。子美、退之，善飲者也，豈好甜酒耶？古人止言醇醪，非甜也，故樂天詩云：「量大厭甜酒，才高笑小詩。」是矣。又嘗見一詩云：「古人好灰酒」，引陸魯望「酒滴灰香似去年」，予則以為灰酒甚不堪人，亦未然也；且陸詩上句曰：「小爐低幌還遮掩」，意連屬來，似酒滴於爐中，有灰香耳，然題乃《初冬之絕句》，又似之。昨見宋羅大經《鶴林玉露》載，南容太守王元邃，以白酒之和者，紅酒之勁者，相合為一殺，以白灰一刀圭飲之，風味頓奇，遂有長篇曰：「小槽真珠太森嚴，兵廚玉友專甘醇，使君袖有轉物手，鸕鷀杓中平等分，更憑石髓媒妁之，混融並作一家春。」據此，果是用灰，又不特用於灰，乃石灰耳。予以二酒相和，味且不正、兼之石灰苦烈，何好之有？羅、王相飲，以為風味頓奇，或者二人之性自偏也；陸飲灰酒，或亦性之使然耶？（卷二十七・辯證類，上海書店出版社《七修類稿》，第二八七～二八八頁）

⊙蘇小小考

蘇小小有二人，皆錢塘名娼：一南齊人，郭茂倩所編樂府，解題下已注明矣，故古辭有《蘇小小歌》，及白樂天、劉夢得詩稱之者；《春渚紀聞》所載司馬才仲事，並是南齊之蘇小小也。一是宋人，乃見於《武林紀事》，其書無刻板，其事隱微，今録以明之。

蘇小小，錢塘名娼也。容色俊麗，頗工詩詞。其姊名盼奴，與太學生趙不敏相與甚洽，款遇二年。不敏日益貧，盼奴周給之，使篤於業，遂棲南省，得官，授襄陽府司戶。盼奴未能落籍，不能偕行。不敏赴官三載，想念成疾而卒。有禄俸餘資，囑其弟趙院判分作二分，一以與弟，一命送盼奴。為言盼奴有妹小小，俊秀善吟，可謀致之，佳偶也。院判如言，至錢塘，有宗人為錢塘倅，托召盼奴，領其物。倅為召之，有蒼頭至云：「盼奴於一月前已抱疾殁，小小亦為於潛縣官絹事繫廳監。」倅遂呼小小出，詰之曰：「於潛官絹，汝誘商人一百疋，何以償之？」小小回覆：「此亡姊盼奴之事，乞賜周旋，非惟小小感生成之恩，盼奴在泉下亦不忘也。」倅喜其言語婉順，因問：汝識襄陽趙司戶耶？小小曰：「趙司戶未仕之日，姊盼奴周給，後中科授官去久，盼奴想念，因是致疾不起而卒。」倅曰：「趙司戶亦謝世矣。遣人附一緘及餘物一罨外，有伊弟院判一緘付爾開之。」小小自謂不識院判何人，乃拆書，惟一詩曰：「昔時名妓鎮東吳，不戀黄金只好書；借問錢塘蘇小小，風流還似大蘇無？」小小默然。倅令和之。辭不能，倅強之，責以官絹罪名。不得已，和云：「君往襄江妾住吳，無情人寄有情書；當年若也來相訪，還有於潛絹事無？」倅大喜，盡以所寄與之，力為作主，命小小歸院判，與偕老焉。

據此，曰太學、曰錢塘，詩曰「還似大蘇無」，則可知矣。又有元遺山所作《虞美人》長短句云：「槐陰別院宜清晝，人坐春風秀，美人圖子阿誰留，都是宣和名筆内家收。　鶯鶯燕燕分飛後，粉淡梨花瘦，只除蘇小不風流，斜插一枝萱草鳳釵頭。」此詞既説鶯鶯燕燕之後，此蓋是趙司戶小小也。今人止知是蘇小小，不知是何時人，《輟耕》既備載數事，辯以為南齊人矣，又不知有宋蘇小小，故復載虞美人之詞也。一本小小又作小娟，蓋抄之者之誤，殊不觀所寄之詩，若是小娟則音拗矣，何不另換一句，況又有《虞美人》之詞可證。

《春渚紀聞》又載：小小之墓，在錢塘縣廨舍之後，故古辭有「何處結同心，西陵松樹下」之句。此則南齊小小之墓，必在西湖上西陵橋，故油壁車之事，俱在湖上，若以托才仲之夢有「妾本錢塘江上住」之句，即云在江上，差矣。元人張元弼有《蘇小小墓》詩云：「香骨沉埋縣治前，西陵魂夢隔風煙；好花好月年年在，潮落潮生更可憐。」注：墳在嘉興縣前，今為民家所占。既曰縣治，又曰西陵，亦不知而渾言，此必宋小小墳耳。何也，趙不敏乃吳人，安知不住嘉興？院判既取小小，而終老可知矣。此特光弼不知有二而差言。予既辨其人，復辨其墓，以正《輟耕》之不足。（卷二十七・辯證類，上海書店出版社《七修類稿》，第二八八～二八九頁）

⊙奪胎換骨

《冷齋夜話》載：「山谷曰：『不易其意而造其説，謂之換骨；規摹其意而形容之，謂之奪胎。』」覺範復引樂天「醉貌如霜葉，雖紅不是春。」至東坡則曰：「兒童誤喜朱顔在，一笑那知是酒紅。」此謂奪胎。予以山谷之言自是，而覺範引證則非矣，蓋東坡變樂天之醉，正是換骨，如陳無已挽南豐云：「邱原無起日，江漢有東流。」乃變老杜「爾曹身與名俱滅，不廢江河萬古流。」皆此類也。若安石《即事》云：「静憩鳩鳴午」，乃取唐詩「一鳩鳴午寂」，《紅梅》云：「北人初未識，渾作杏花春。」即晏元獻「若更遲開三二月，北人應作杏花看。」此乃奪胎也。山谷之言，但加數字，尤見明白。則覺範亦不錯認，如「造」字上加「别」字，「形」字上加「復」字可矣。（卷二十八・辯證類，上海書店出版社《七修類稿》，第二九八～二九九頁）

⊙欄杆

欄杆有三義，木之欄杆，人人所知；若曹植詩曰：「月落參横，北斗欄杆。」欄杆，横斜貌也；又《長恨歌》曰：「玉容寂寞淚欄杆」，欄杆，眼眶也。故韻書有眼眶之訓。（卷二十八・辯證類，上海書店出版社《七修類稿》，第三〇五頁）

⊙非荊公詩

「周公恐懼流言日，王莽謙恭下士時；假使當年身便死，一生真僞有誰知？」諸書引者，皆以為荊公之詩，《臨川集》不載，不知何人者也。以格律論之，亦必宋人耳。（卷二十九・詩文類，上海書店出版社《七修類稿》，第三一六頁）

琴按：此為白居易《放言》五首第三首。「流言日」一作「流言後」，「下士時」原本作「未簒時」。「假使當年」作「向使當時一作初」，「有誰知」作「復誰知」。見汪編《白香山詩集》卷十五。何得云荊公詩?「以格律論之，亦必宋人耳」，尤可笑。如此筆墨，竟留在著作中，足見仁寶粗疏之處，正復不少。

智按：清梁章鉅《浪蹟三談》卷六「王荊公詩」:「按此是白香山詩，郎氏偶失考則可，必以格律定為宋詩，則未免武斷也。」(陳鐵民點校《浪蹟叢談 續談 三談》，第五〇〇頁)《四庫全書總目提要》:「至『周公恐懼流言日，王莽謙恭下士時』一詩。以為『不知姓名。必宋人所作』，則並《白居易集》而亦忘之。蓋明人著書鹵莽往往如此。書中極詆《説郛》、《輟耕録》。然此編實出此二書下。所謂人苦不自知也。」

⊙悼內詩

吾杭肅涽于公悼夫人董氏詩十一首，其第二首頗佳，詩云：「世緣情愛總成空，二十餘年一夢中；疏廣未能辭漢主，孟光先已棄梁鴻。燈昏羅幔通宵雨，花謝雕闌驀地風；欲覓音容在何處，九原無路辨西東。」崑山張和，字節之，天順間官浙江憲副時，寵妾新亡，亦有悼詩云：「桃葉歌殘思不勝，西風吹淚結紅冰；樂天老去風流減，子野歸來感慨增。花逐水流春不管，雨隨雲散事難憑；夜來書館寒威重，誰送熏香半臂綾?」後詩尤勝於前，二作皆膾炙於世，録之。(卷二十九·詩文類，上海書店出版社《七修類稿》，第三一七頁)

智按：「肅涽于公」指明于謙，詩見于謙《忠肅集》卷十一。張和悼妾詩又見明徐應秋《玉芝堂談薈》卷十二；明蔣一葵《堯山堂外紀》卷八十五及《列朝詩集》卷四十六乙集第六。

⊙詩不類人

昔人云：山林之詩，與臺閣者不同，以其素習而出言自類也。故有粉牆人看之論耳。樂天富貴酒色，可為至矣；而人品天資，又非尋常之士。詩有「塵埃常滿甑，錢帛少盈囊；侍女甚藍縷，妻悉不出房。」真可笑也。意此若予之事，而予未嘗有此言，何耶?(卷二十九·詩文類，上海書店出版社《七修類稿》，第三一八頁)

⊙韜光禪師

韜光禪師，莫詳族里。唐穆宗時，結茅於杭州靈隱寺西峰，與鳥巢布衣為友。刺史白居易重其道，嘗具饌飯之，以詩邀云：「白屋飲香飯，葷膻不入家；濾泉澄葛粉，洗手摘藤花；青芥除黄葉，紅薑帶紫芽；命師來伴吃，齋罷一甌茶。」師答云：「山僧野性好林泉，每向岩阿枕石眠；不解栽松陪玉勒，惟能飲水種金蓮。白雲乍可來青嶂，明月難教下碧天；城市不堪飛錫到，恐驚鶯囀畫樓前。」其高致如此。至今庵以師名。永樂初，槎溪張輅游庵一絕云：「躡屩捫蘿上翠微，緑雲深處扣柴扉；老僧解誦香山句，驚落松花滿客衣。」詩今猶在也。（卷三十・詩文類，上海書店出版社《七修類稿》，第三二三頁）

⊙詩太露情

白樂天《寄李郎中》一絕云：「往年江外抛桃葉，近歲樓中别柳枝；寂寞春來一杯酒，此情惟有李君知。」注云：「桃葉，陳結之；柳枝，樊素，二愛妓也。」夫以李郎中與二妓同道，且言知己，李何如人耶？（卷三十一・詩文類，上海書店出版社《七修類稿》，第三三〇頁）

⊙楊柳枝

楊柳枝，即古折揚柳枝義也。本歌亡隋之曲，故陳子昂有詩云：「萬里長江一帶開，岸邊楊柳幾千栽；錦帆未落干戈起，惆悵龍舟去不回。」劉禹錫曰：「揚子江頭煙景迷，隋家宫樹拂金堤；嵯峨猶有當時色，半蘸波中水鳥棲。」又韓琮云：「昌樂隋堤事已空，萬條猶舞舊春風。」晉和凝云：「萬枝枯槁怨亡隋，似弔吴臺各自垂」是也。

後白居易有愛妓樊素善歌，小蠻善舞，故嘗為詩曰：「櫻桃樊素口，楊柳小蠻腰」。年既高邁，小蠻方豐豔，乃作《楊柳枝辭》以托意曰：「一樹春風萬萬枝，嫩於金色軟於絲；永豐西角荒園裏，盡日無人屬阿誰？」及宣宗朝，國樂唱是辭，帝問誰制？永豐在何處？左右具以對。時永豐坊西南角園中，有垂柳一株，柔條極茂，因命使取二枝植禁中。居易感上知名，且好尚風雅，又作一章云：「一樹飄殘委泥土，雙枝榮耀植天庭；定知玄象今春後，柳宿光中添兩星。」故後盧貞等和其題曰：「一樹依依在永豐，兩枝飛去杳無蹤；玉皇曾采人間曲，應逐歌聲入九重。」劉禹錫曰：「塞北梅花羌笛吹，淮南桂樹小山詞；請君莫奏前朝曲，聽唱新翻楊柳枝。」此自是為白氏楊柳枝而作也，今人渾為一題，莫知其故。而六朝樂府收之，亦不辯也；不然，樂天之前，已有其詩可知矣。

及唐人詠此題極多，偶爾記憶，因録出其一韻者，置之於左，庶可以見先賢用意之工拙也。劉禹錫詩云：「花萼樓前初折時，美人樓上鬬腰肢；如今抛擲長街裏，露葉如啼欲恨誰？城外西風吹酒旗，行人揮袂日西時；長安陌上無窮樹，惟有垂楊管別離。」白居易曰：「紅板橋邊青酒旗，館娃宮暖日斜時；可憐雨歇東風定，萬樹千條各自垂。」韓琮曰：「枝頭纖腰葉鬬眉，春來無處不成絲；灞陵原是多離別，少有長條拂地垂。」溫庭筠曰：「陌上河邊千萬枝，怕寒悉雨盡低垂；黃金穗短人多折，已恨東風不展眉。」楊巨源曰：「江邊楊柳緑煙絲，立馬煩君折一枝；惟有東風最相惜，殷勤更向手中吹。」然當時傳誦，惟劉、白為最。而晚唐薛能又謂：「劉、白之句，雖有才思，似太拘僻，且宮商不高，遂作十九首以壓之。」今亦舉一韻者二首，以見工拙：「潭上江邊嫋嫋垂，日高風靜絮相隨；青樓一樹無人見，正是女郎眠覺時。」又曰：「劉白蘇臺總近時，當時章句是誰推？纖腰舞盡春楊柳，未有儂家一首詩。」其妄自尊大如此，以今較之，豈能追劉、白謳籍之萬一耶？

又古《折楊柳行》可謂甚古，謝靈運嘗一作之，餘不多也。復有《月節折楊柳》，雖是古辭，則似近於唐人意矣。（卷三十二・詩文類，上海書店出版社《七修類稿》，第三四六～三四七頁）

⊙杜韋娘

「高髻雲鬟新樣妝，春風一曲杜韋娘；司空見慣渾閒事，惱斷蘇州刺吹腸。」此詩《唐宋遺史》以為劉禹錫罷蘇州，過杜鴻漸飲，醉宿傳舍。既醒，見二妓在側，驚問之，曰：「郎中席上與司空詩，因遣某來。」問何詩，答以前詩。《唐詩紀事》亦曰：禹錫赴吳臺，揚州大司馬杜鴻漸命妓侍宴。《類聚》又以為韋應物過鴻漸之事。予意劉禹錫、韋應物皆為郎中，皆刺史蘇州，但鴻漸未嘗為司空，且大曆四年死矣；韋在蘇州，乃貞元間，去杜死日廿餘年；劉在蘇州，元和間，又遠矣；韋、劉且不論，決非鴻漸必然。考之元和間，杜佑為淮南節度，正揚州之地，工部侍郎之陞也，必誤寫為杜鴻漸。否則為白樂天，正與韋、劉同時，又皆狎浪詩酒者也。（卷三十三・詩文類，上

海書店出版社《七修類稿》，第三五八頁）

⊙評詩難

晏元獻喜論詩，嘗曰：「老覺腰金重，慵便枕玉涼」，未是富貴；「不知笙歌歸院落，燈火下樓臺」，此方善言富貴。殊不知樂天以道此二句非富貴語，是看人富貴者也。故魯直矯之曰：不如「落花游絲白日靜，鳴鳩乳燕青春深」好。予以「老覺」之聯，固不如「笙歌」者矣；而笙歌燈火之説為看人富貴，亦求之深遠；魯直矯之二句，恐亦僧堂道院之所有耶。元獻何不自思己句：「梨花院落溶溶月，柳絮池塘淡淡風」可矣。至於「舞低楊柳樓心月，歌罷桃花扇底風」，富貴氣象，形容盡矣。（卷三十四・詩文類，上海書店出版社《七修類稿》，第三六六頁）

○燕子樓

燕子樓盼盼之事，人皆知也；而《燕子樓集》，人未知也；知其集者，或未見其詩也；見其詩者，或未知盼盼之終故；予少見陳彥升詩之起結云：「僕射新阡狐兔游，侍兒猶在水邊頭……樂天才思如春雨，斷送殘花一夜休。」不知何謂「水邊」與「樂天」之意，今始知樓在徐州西北水滸，至今猶有跡焉。盼盼念建封而不下樓者十年，樂天贈詩曰：「黃金不惜買蛾眉，揀得如花四五枝；歌舞教成心力盡，一朝身去不相隨。」盼盼讀之，悲泣曰：「自公薨，妾非不能死，恐百載之後，以我公重色，有從死之妾，是玷我公清範也。所以偷生耳。」乃和白公詩云：「自守空樓斂恨眉，形同春後牡丹枝；舍人不會人深意，訝道泉臺不去隨。」盼盼得詩後，怏怏旬日，不食而卒，臨終但云：「兒童不識沖天物，謾把青泥汙雪毫。」方知陳結之意。盼盼詩云：「樓上殘燈伴曉霜，獨眠人起合歡床；相思一夜情多少，地角天涯不是長。」又云：「北邙松柏鎖愁煙，燕子樓人思悄然；自埋劍履歌塵散，紅袖香消一十年。」皆如此類。予嘗過其地，見燕飛鳴，有感賦詩曰：「燕子樓前燕子飛，舊巢還在主人非；樓中盼盼樓前燕，肯向他人樓上居。」盼盼不獨鍾情意氣，且知義理，可謂妓妾中傑出者。姓關，或曰許。（卷三十六・詩文類，上海書店出版社《七修類稿》，第三九四頁）

⊙俗語本詩句

今世所道俗語，多詩也，如「十指有長短，痛惜皆相似。」曹植詩。「何人更向死前休」，韓退之詩。「林下何曾見一人」，靈徹詩。「長安有貧者，宜瑞不宜多。」羅隱詩。「以色事他人，能得幾時好。」李白詩。「世亂奴欺主，年衰鬼弄人。」「海枯終見底，人死不知心。」「舉世盡從愁裹過，誰人肯向死前休。」「仔細思量底模樣」，皆杜荀鶴詩。「事向無心得」，章碣詩。「但有路可上，更高人也行。」龔霖詩。「忽事敵災星」，司空圖詩。「一朝權在手，看取令來時。」朱灣詩。「自己情雖切，他人未肯忙。」裴説詩。「但知行好事，不要問前程。」馮道詩。「團團似磨驢」，東坡詩。「真個有天沒日頭」，宋神童詩。「在家貧亦好」，戎昱詩。「睡到人間飯熟時」，本朝錢宰詩。「月終齋滿誰開素，日暮一爐麩炭火。」樂天詩。「田婦有嘉獻，潑撒新歲餘。」韋蘇州詩。前稿已拈出全篇者六人，今欲省刻，止揭其名。（續稿卷五·詩文類，上海書店出版社《七修類稿》，第五九三～五九四頁）

⊙燕

燕，水鳥也，故名玄鳥，簡狄於水次吞其卵而生契。《淮南子》曰：「燕入水為蛤。」《爾雅翼》曰：「求雨者投之，竭泉即漲。」人食燕肉不可渡河，明其水也。其來去皆避社日，不以戊己日，取土為巢，書戊己於巢則去，皆因其土克水故也。《埤雅》載其事而不能明其義。顧況詩云：「燕燕于巢，綴緝維戊。」抑錯矣。樂天為之序，又云：「不以甲乙銜泥。」此可謂既失之駑，又失之螟矣。（續稿卷六·事物類，上海書店出版社《七修類稿》，第六〇二頁）

智按：郎瑛，字仁寶，仁和（今浙江杭州）人。

楊慎（一四八八～一五五九）

《宋封君一嘿壽七袠序》

……慎昔聞彭祖八百之壽，不無疑焉後。博觀載籍，於張懷瓘《書斷》見魏文侯樂官竇公，至漢文帝，世傳《樂記》，則二百八十歲矣。於常璩《華陽國志》，見范長生始事昭烈，至李特時猶存，則百有三十歲矣。於先魏史見羅結百二十歲，領三十六曹事，於《白樂天集》見李元爽百三十六歲，為耆英首，於《蜀志》見涪陵譙定百三十歲，猶以《易》教授，援是以例之，彭

祖之壽，非誣矣。……（《四庫全書》本《升庵集》卷三）

《聽歌》

彩雲天外駐行盃，明月樓前引上才。紅頰綻時銀燭爛，翠眉低處玉山頹。飄颻俠客游燕市，窈窕仙娥下楚臺。千載王郎風韵在，倩君重唱夕陽開。（王右丞《温泉寓目》詩，唐人入樂府，名相府蓮，訛為想夫憐。白樂天云：「秦川一半夕陽開。」此句尤妙。）（《四庫全書》本《升庵集》卷二十八）

《舟中閲〈唐詩紀事〉，王起、李紳、張籍、令孤楚於白樂天席上各賦一字至七字詩，以題為韻，遂效其體，為花風月雪四首，宋人名一七令》

花，擒錦，鋪霞，邀蝶隊，聚蜂衙。珠瓔姹女，寶髻宫娃。風前香掩冉，月底影交加。緑水名園幾簇，青樓大道千家。謝傅金屏成坐笑，陳朝瓊樹不須誇。

風，偃草，飄蓬，過竹院，拂蘭蘩。柳堤摇緑，花徑飛紅。青缸殘燄滅，碧幌嫩凉通。漆園篇中竽籟，蘭臺賦裏雌雄。無影迴隨仙客御，有情還與故人同。

月，霜凝，冰潔，三五圓，二八缺。玉作乾坤，銀為宫闕。如鏡復如鉤，似環仍似玦。蘭閨少婦添愁，榆塞征人怨别。漢家今夕影娥池，穆穆金波歌未闋。

雪，凝明，澄徹，飛玉塵，布瓊屑。蒼雲暮同，巖風曉别。深山樵徑封，遠水漁舟絕。南枝忽報梅開，北户俄驚竹折。萬樹有花春不紅，九天無月夜長白。（《四庫全書》本《升庵集》卷三十八）

智按：詩題「令孤楚」，當作令狐楚。

《詠馬嵬坡詩》

鳳輦匆匆下九天，馬嵬西去路三千。漁陽鼙鼓煙塵裏，蜀棧鈴聲夜雨邊。方士游魂招不返，詞人長恨曲空傳。蛾眉尚有高邱在，戰骨潼關更可憐。（《升庵遺集》卷十二）

《柳梢青·李菊亭將軍席上》

雨歇仙家，香塵随馬，晚靄迎車。玉樹歌春，金屏笑夜，銀燭烘霞。

流年兩鬢霜華。且爛醉、東籬菊花。不學江州，青衫司馬，淚滿天涯。（《升菴長短句》卷二，明嘉靖刻本）

《殺有上音》

白樂天《半開花》詩：「西日憑輕照，東風莫殺吹。」自注：「殺，去聲。」音廈，俗語大甚曰殺。《容齋隨筆》序：「殺有好處。」元人傳奇：「忒風流」，「忒殺思」。今京師語猶然，大曰殺大，高曰殺高，此假借字也。（《四庫全書》本《升庵集》卷六十四）

《五花三花》

唐詩：「朝騎五花馬。」又「五花馬，千金裘。」杜詩：「蕭蕭千里馬，箇箇五花文。」隋丹元子《步天歌》：「五箇花文。」以馬鬣剪為五花或三花。皆象天文也、白樂天詩：「馬鬣剪三花。」《唐六典》云：「外牧歲進良馬，印以三花飛鳳之字。」（《四庫全書》本《升庵集》卷八十一）

《藝林伐山》

⊙黃夾纈林

「黃夾纈林寒有葉」，白居易詩也。集中不收。夾纈，錦之別名。「黃夾纈林」句甚工，杜詩所謂「霜凋碧樹作錦樹」，同意。（《藝林伐山》卷五，《續修四庫全書》影印明嘉靖三十五年王詢刻本）

⊙荔枝

白樂天《荔枝圖》曰：「荔枝生巴、峽間。形狀團團如帷蓋，葉如桂冬青，花如橘春榮，實如丹夏熟，朵如蒲桃，核如琴軫，殼如紅繒，膜如紫綃，瓤肉潔白如冰雪，漿液甘如醞酪。大略如彼，其實過之。如離本枝，一日色變，二日香變，二日味變，四五日外，香色味盡去矣。」〇此文可歌可詠，可圖可畫。〇歐陽公詠荔枝詞曰：「絳紗囊裹水晶丸。」亦妙。（《藝林伐山》卷六，《續修四庫全書》影印明嘉靖三十五年王詢刻本）

《升庵詩話》

⊙公治長通鳥音

世傳公冶長通鳥語，不見於書。惟沈佺期《燕》詩云：「不如黃雀語，能免冶長災。」白樂天《鳥雀贈答詩序》云：「余非冶長，不能通其意。」似實有其事，或在亡逸書中，如《衝波傳》、《魯定公記》之類，今無所考耳。（卷一，《歷代詩話續編》第六五三頁）

智按：明陳耀文《正楊》卷二（《四庫全書》本）云：

《論語疏》云：「公冶長辨鳥雀語，云：唶唶嘖嘖，白蓮水邊，有車覆粟，車脚淪泥。犢牛折角，收之不盡，相呼共啄。人驗之，果然。」

邢昺云：「舊説冶長解鳥語，故係之縲絏。」

此既云「如《衝波傳》之類，無所於考」，則所引鶬鴰之歌及雉噫之歌皆云出《衝波傳》，何耶？

王元美云：「諺有城門失火，殃及池魚；詩有「舊時王謝堂前燕，飛入尋常百姓家」。其事甚明。而附會其説者，至以池魚爲姓名，以王謝爲商誤游烏衣國。又孔子謂公冶長在縲絏之中，而小説謂公冶長識鳥語，爲鳥所誤，至沈佺期引之入詩，曰不知黄雀語，能免冶長災。皆可笑也。」

解鳥語者，公冶長。見《衝波傳》。又沈佺期詩：「不知黄雀語，能免冶長災。」

池魚、王謝事，前人已自有説，但冶長縲絏，既笑沈詩爲附會，而識鳥語復引《衝波》及沈詩實之，一卷中前後不顧如此，王、楊殆二秦一律者矣。

⊙夭邪

唐詩：「錢唐蘇小小，人道最夭邪。」又：「長安女兒雙髻鴉，隨風趁蝶學夭邪。」夭音歪。（卷二，《四庫全書》本《升庵全集》卷六十；《歷代詩話續編》第六五七頁）

⊙不嫁惜娉婷

杜子美詩「不嫁惜娉婷」，此句有妙理，讀者忽之耳。陳後山衍之云：「當年不嫁惜娉婷，傅粉施硃學後生。不惜捲簾通一顧，怕君著眼未分明。」深得其解矣。蓋士之仕也，猶女之嫁也，士不可輕於從仕，女不可輕於許人也。著眼未分明，相知之不深也。古人有相知之深，審而始出，以成其功者，伊尹、孔明是也。有相知不深，確乎不出，以全其名者，嚴光、蘇雲卿是也。有相知不深，闖然以出，身名俱失者，劉歆、荀彧是也。白樂天詩：「寄言癡小人家女，慎勿將身輕許人。」亦子美之意乎？（卷二，《歷代詩話續編》第六五七頁）

⊙王建《宮詞》

王建宮詞一百首，至宋南渡後推動七首，好事者妄取唐人絕句補入之。「淚盡羅巾夢不成」，白樂天詩也。「鴛鴦瓦上忽然聲」，花蕊夫人詩也。「寶帳平明金殿開」，王少伯詩也。「日晚長秋簾外報」，又「日映西夫松柏枝」二首，乃樂府《銅雀臺》詩也。「銀燭秋光冷畫屏」及「閑吹玉殿昭華管」二首，杜牧之詩也。余在滇南見一古本，七首特全，今録於左：「忽地金輿向月陂，内人接著便相隨。卻回龍武軍前過，當殿教看臥鴨兒。」唐著作佐郎崔令欽《教坊記》云：「左右兩教坊，左多善歌，右多工舞，外有水泊，俗號月陂，形如偃月也。」又云：「妓女入宜春苑，謂之内人，亦曰前頭人，言常在駕前也。其家在教坊，四季給米。得幸者，謂之十家。」「畫作天河刻作牛，玉梭金鑷采橋頭。每年宮女穿針夜，敕賜新恩乞巧樓。」「春來嬾困不梳頭，嬾逐君王苑北游。暫向玉階花下立，簸錢贏得兩三籌。」「彈棋玉指兩參差，背局臨虛鬬著危。先打角頭紅子落，上三金子半連垂。」「宛轉黃金白柄長，青荷葉子畫鴛鴦。把來不是呈新樣，欲進微風到御床。」「供御香方加減頻，水沉山麝每回新。内中不許相傳出，已被醫家寫與人。」「藥童食後進雲漿，高殿無風扇小涼。每到日中重掠鬢，衩衣騎馬繞宮廊。」（卷二，《歷代詩話續編》第六六八～六六九頁）

⊙白樂天《酬嚴給事玉蕊花》詩

「贏女偷乘鳳去時，洞中潛歇弄瓊枝。不緣啼鳥春饒舌，青瑣仙郎可得知。」此豈老姥能解者！（卷三，《歷代詩話續編》第六八五頁）

⊙白樂天《暮江吟》

「一道殘陽鋪水中，半江瑟瑟半江紅。可憐九月初三夜，露似真珠月似弓。」詩有丰韻，言殘陽鋪水，半江之碧，如瑟瑟之色。半江紅，日所映也，可謂工緻入畫。（卷三，《歷代詩話續編》第六八五～六八六頁）

⊙司空圖論詩

「陳杜濫觴之餘，沈宋始興之後，傑出於江寧，宏思於李杜，極矣！右丞、蘇州趣味澄夐，若清沇之貫達。大曆十數公，抑又其次，元、白力勁而氣孱，乃都市豪估耳。劉公夢得、楊公巨源，亦各有勝。劉德仁時得佳致，亦足滌煩。」又曰：「王右丞、韋蘇州，澄澹精緻，格在其中，豈妨於遒舉哉？賈浪仙誠有警句，觀其全篇，意思殊餒，大抵於蹇澀，方可致才，亦為體之不備也。」其論皆是。而推尊右丞、蘇州，尤見卓識，宜其一鳴於晚唐也。其文集罕傳，余家有之，特標其論詩一節。又有韻語云：「自知非詩，詩未為奇。奇研昏練，爽戛魄淒。神而不知，知而難狀。揮之八垠，卷之萬象。河渾沇清，放恣從横。濤怒霆蹴，掀鰲倒鯨。鑱空擢壁，琤冰擲戟。鼓煦呵春，霞深露滴。鄰女自嬉，補袖而舞。色絲屢空，續以麻絢。鼠革丁丁，焮之則穴。蟻聚汲汲，積而隤凸。上有日星，下有《風雅》。歷詆自是，非吾心也。」其目曰《詩賦》，首句言「自知非詩」，乃是詩也；謂「未為奇」，乃是奇也。句法亦險怪。胡致堂評其清節高致，為晚唐第一流人物，信矣。圖字表聖，避亂居王官谷。（卷三，《歷代詩話續編》第六八六頁）

⊙老泉詩

蘇老泉詩：「佳節每從愁裏過，壯心偶傍醉中來。」白樂天詩有「百年愁裏過，萬感醉中來」之句，老泉未必祖襲，蓋偶同耳。（卷四，《歷代詩話續編》第七一二頁）

⊙吳二娘

吳二娘，杭州名妓也。有《長相思》一詞云：「深花枝，淺花枝，深淺花枝相間時，花枝難似伊。　巫山高，巫山低，暮雨瀟瀟郎不歸，空房獨守時。」白樂天詩：「吳娘暮雨瀟瀟曲，自別江南久不聞。」又：「夜舞吳娘袖，春歌蠻子詞。」自注：「吳二娘歌詞有『暮雨瀟瀟郎不歸』之句。」《絕妙詞選》以此為白樂天詞，誤矣。吳二娘亦杜公之黄四娘也，聊表出之。（卷四，《歷代詩話續編》第七一五頁）

⊙姑蘇臺

「無端春色上蘇臺，鬱鬱芊芊草不開。無風自偃君知否，西子裙裾拂過來。」此初唐人詩也。白樂天詩「草緑裙腰一道斜」，祖其意也。（卷五，《四庫全書》本《升庵全集》卷五；《歷代詩話續編》第七三九頁）

⊙亞枝花

白居易集有「亞枝」，謂臨水低枝也。孟東野詩：「南浦桃花亞水紅，水邊柳絮由春風。」白詩又云「亞竹亂藤多照岸」，亦佳句也。（卷六，《四庫全書》本《升庵全集》卷六十；《歷代詩話續編》第七五九頁）

⊙桂子

劉績《霏雪録》載杭州靈隱寺月中墜桂子事，似涉怪異。余按《本草圖經》云：「江東諸處多於衢路間拾得桂子，破之辛香，古老相傳，是月中下也。」不知當地何以獨無焉，寧非月路耶！餘杭靈隱寺僧云種得一株，近代詩人多所論述。《漢武洞冥記》云有遠飛雞，朝往夕還。常銜桂實，歸於南土，所以北方無之。南方月路，固宜有也。月路之説尤怪異，漫志之。白樂天詩：「偃蹇月中桂，結根依青天。天風繞月起，吹子下人間。」自注云：「杭州天竺寺有月中桂子。」（卷六，《歷代詩話續編》第七五九~七六〇頁）

⊙津陽門詩（全見《詩林振秀》）

曾子固云：「白樂天《長恨歌》，元微之《連昌宮詞》，鄭嵎《津陽門詩》，皆以韻語紀常事。」鄭嵎詩世多不傳，余因數固言，訪求得之。其詩長句七言，凡一千四百字，一百韻，止以門題為名，其實敘開元陳跡也。其敘五王游獵云：「五王扈游夾城路，轉聲校獵渭水湄（或作「濱」，誤）。彫弓繡韣不知數，翻身滅沒皆蛾眉。赤鷹黃鶻雲中來，妖狐狡兔無所依。」自注：「申王有高麗赤鷹，岐王有北山黃鶻，逸翮奇姿特異。」其敘賜浴云：「暖山度臘東風微，宮娃賜浴長湯池。刻成玉蓮噴香液，漱回煙浪深逶迤。犀屏象薦雜羅列，錦鳧繡雁相追隨。」注與王建「池底鋪錦」事相合。其敘三國姣淫云：「上皇寬容易承事，十家三國爭光輝。鳴鞭後騎何躞蹀，宮妝禁袖皆仙姿。」其敘教坊歌舞云：「瑤光樓南皆紫禁，梨園仙宴臨花枝。迎娘歌喉玉窈窕，蠻兒舞帶金葳蕤。」自注：「迎娘蠻兒，乃梨園子弟之聞名者。」其敘離宮之盛云：「飲鹿泉邊春露晞，粉梅檀杏飄硃墀。金沙洞口長生殿，玉蕊峰頭王母祠。蓬萊池上望秋月，無雲萬里懸清輝。上皇夜半月中去，三十六宮愁不歸。」末四句，則世所傳游月宮事也。其敘幸蜀歸復至華清云：「鑾輿卻入華清宮，滿山紅實垂相思。飛霜殿前霜悄悄，迎風亭下風颸颸。雪衣女失玉籠在，長生鹿瘦銅牌垂。象床塵凝罨颯被，畫簷蟲網玻瓈碑。煙中劈破摩詰畫，雲間自失玄宗詩。孔雀松殘赤琥珀，鴛鴦瓦碎青瑠璃。」其敘舞馬羽裳云：「馬知舞徹下珠榻，人惜曲終更羽衣。」自注：「宮妓梳九妓仙髻，衣孔雀翠羽。七寶纓絡，為《霓裳羽衣》之舞。舞罷，珠翠可掃焉。」其事皆與雜録小説符合。然其詩則警策清越，不及元白多矣。聊舉其略云。（卷六，《歷代詩話續編》第七六一頁）

⊙香球 金縷

白樂天詩：「《柘枝》隨畫鼓，調笑從香球。」又云：「香球趁拍回環匝，花盞拋巡取次飛。」皆紀管弦酒席中事，但不知「香球」何用，如今人詞中用「金縷」字，亦竟不知金縷於歌何關？（卷七，《四庫全書》本《升庵全集》卷六十；《歷代詩話續編》第七六六～七六七頁）

⊙飛霜殿

范元實《詩話》：「白樂天《長恨歌》工矣，而用事猶誤。『峨眉山下少人行。』明皇幸蜀，不行峨眉山也，當改云劍門山。『七月七日長生殿，夜半無人私語時。』長生殿乃齋戒之所，非私語地也。華清宮自有飛霜殿，乃寢殿也，當改『長生』為『飛霜』，則盡矣。」按，鄭嵎《津陽門詩》：「金沙洞口長生殿，玉蕊峰頭王母祠。」則長生殿乃在驪山之上，夜半亦非上山時也。又云：「飛霜殿前月悄悄，迎風亭下風颸颸。」據此，元實之所評信矣。（卷七，《四庫全書》本《升庵全集》卷六十；《歷代詩話續編》第七六八～七六九頁）

琴按：《全唐詩》鄭嵎《津陽門詩》注云：「飛霜殿即寢殿，而白傅《長恨歌》以長生殿為寢殿，殊誤矣！」計有功《唐詩紀事》卷六十二有同樣記載。其實唐代詩人通用「長生殿」，如元微之《胡旋女》詩：「妖胡奄到長生殿。」李義山詩：「驪岫飛泉泛暖香，九龍呵護玉蓮房。平明每幸長生殿，不從金輿惟壽王。」（智按：《全唐詩》卷五四〇《驪山有感》）都用「長生殿」，不獨白居易一人。《升庵詩話》又引范元實詩話謂「長生殿乃在驪山之上，夜半亦非上山時」云云，殊覺拘泥。

智按：宋范溫《潛溪詩眼·長恨歌用事之誤》一則，見《宋詩話輯佚》卷上。

⊙柳枝詞

《麗情集》載湖州妓周德華者，劉采春女也，唱劉禹錫《柳枝詞》云：「春江一曲柳千條，二十年前舊板橋。曾與美人橋上別，恨無消息到今朝。」此詩甚佳，而劉集不載，然此詩櫽括白香山古詩為一絕，而其妙如此。（卷七，《歷代詩話續編》第七七七頁）

⊙韋應物寄淮上綦毋三

「滿城憐傲吏，終日賦新詩。請報淮南客，春帆浪作期。」「請」字當作去聲。白樂天詩：「當時綺季不請錢。」自注：「請，平聲。」（卷八，《歷代詩話續編》第七八九頁）

⊙孫器之評詩

定陶孫器之評詩曰：「……白樂天如山東父老課農桑，事事言言皆著實。」（卷八，《歷代詩話續編》第七九〇頁）

智按：明王世貞《藝苑卮言》卷五：「敖陶孫評：……白樂天如『山東父老課農桑，事事言言皆著實』。」

⊙唐詩不厭同

唐人詩句，不厭雷同，絕句尤多，試舉其略。如……白樂天詩：「綠浪東西南北水，紅闌三百九十橋。」劉禹錫云：「春城三百九十橋，夾岸朱樓隔柳條。」（卷八，《歷代詩話續編》第八〇一頁）

智按：白居易《正月三日閒行》：「綠浪東西南北水，紅欄三百九十橋。」寶曆二年（八二六），五十五歲，任蘇州刺史。《白居易集箋校》第一六五三頁。大和六年（八三二），劉禹錫《樂天寄憶舊游因作報白君以答》：「春城三百七十橋，夾岸朱樓隔柳條。」

⊙崔道融讀杜紫微集

「紫微才調復知兵，常遣風雷筆下生。猶有枉拋心力處，多於五柳賦《閒情》。」梁昭明太子序《陶淵明集》云：「白璧微瑕，惟在《閒情》一賦。」杜牧嘗著《孫武子》，又作《守論戰論原十六衛》皆有經濟之略，故道融以此絕句少之。杜牧嘗譏元白云：「淫詞媟語，入人肌膚，吾恨不在位，不得以法治之。」而牧之詩淫媟者，與元白等耳，豈所謂『睫在眼前猶不見』乎？（卷九，《歷代詩話續編》第八二一頁）

智按：「猶」杜牧集原作「常」。

⊙黄蝶

蝴蝶或白或黑，或五彩皆具，惟黄色一種，至秋乃多，蓋感金氣也。李白詩「八月蝴蝶黄」，深中物理。今本改「黄」為「來」，何其淺也？白樂天詩亦云：「秋花紫濛濛，秋蝶黄茸茸。」（卷十，《四庫全書》本《升庵集》卷八十一；《歷代詩話續編》第八三四頁）

⊙黄夾纈林

「黄夾纈林寒有葉」，白居易詩也。集中不收。「夾纈」，錦之别名。「黄夾纈林」句甚工。杜詩所謂「霜凋碧樹作錦樹」，同意。（卷十，《歷代詩話續編》第八三四頁；《藝林伐山》卷五，《續修四庫全書》影印明嘉靖三十五年王詢刻本）

⊙菩薩鬘

唐詞有《菩薩蠻》，不知其義。按小説，開元中南詔入貢，危髻金冠，瓔珞被體，故號菩薩鬘，因以制曲。佛經戒律云「香油塗身，華鬘被首」是也。白樂天《蠻子朝》詩曰「花鬘抖擻龍蛇動」，是其證也。今曲名「鬘」作「蠻」，非也。（卷十，《歷代詩話續編》第八三六頁）

⊙晚唐兩詩派

晚唐之詩分為二派：一派學張籍，則朱慶餘、陳標、任蕃、章孝標、司空圖、項斯其人也；一派學賈島，則李洞、姚合、方干、喻凫、周賀「九僧」其人也。其間雖多，不越此二派，學乎其中，日趨於下。其詩不過五言律，更無古體。五言律起結皆平平，前聯俗語十字一串帶過，後聯謂之「頸聯」，極其用工。又忌用事，謂之「點鬼簿」，惟搜眼前景，而深刻思之，所謂「吟成五個字，撚斷數莖髯」也。余嘗笑之，彼之視詩道也狹矣。《三百篇》皆民間士女所作，何嘗撚髯？今不讀書而徒事苦吟，撚斷肋骨亦何益哉！晚唐惟韓、柳為大家。韓、柳之外，元、白皆自成家。餘如李賀、孟郊，祖《騷》宗謝；李義山、杜牧之，學杜甫；溫庭筠、權德輿，學六朝；馬戴、李益，不墜盛唐風格，不可以晚唐目之。數君子真豪傑之士哉！彼學張籍、賈島者，真處褌中之蝨也。二派見《張洎集》序項斯詩，非余之臆說也。（卷十一，《歷代詩話續編》第八五一頁；楊文生《楊慎詩話校箋》，第九七頁）

⊙瑟瑟

白樂天《琵琶行》：「楓葉荻花秋瑟瑟。」此句絕妙。楓葉紅，荻花白，映秋色碧也。瑟瑟，珍寶名，其色碧，故以瑟影指「碧」字。讀者草草，不知其解也。今以問人，輒答曰：「瑟瑟者，蕭瑟也。」此解非是。何以證之？樂天又有《暮江曲》云：「一道殘陽照水中，半江瑟瑟半江紅。」此瑟瑟豈蕭瑟哉？正言殘陽照江，半紅半碧耳。樂天有靈，必驚予為千載知音矣。（卷十一，《歷代詩話續編》第八六〇頁）

琴按：「瑟瑟」可以在某處作碧色解，但在「楓葉荻花秋瑟瑟」中，決不能作秋色解。「秋色碧也」四字費解。白氏《題清頭陀》詩：「煙月蒼蒼風瑟瑟。」難道風也會是碧色的嗎？升庵好奇，有時説不可通。

智按：參見上引卷三「白樂天《暮江吟》」（《歷代詩話續編》第六八五～六八六頁）。明陳耀文《正楊》卷四據《丹鉛録》所引楊慎語，字句稍異。《正楊》引劉楨《贈從弟》詩「亭亭山上松，瑟瑟谷中風」後，又云：「《水經》云：『漢水東徑嵐谷北口，嶂遠溪深，澗峽近吹，氣瀟瀟以瑟瑟，風颼颼而颸颸，故川谷擅其目矣。』此『瑟瑟』豈珍寶也耶？」（上海古籍出版社《四庫全書》第八五六册，第一三四頁）「近吹」，應作「吹近」，一作「嶮邃」。見王國維校、袁英光、劉寅生整理標點《水經注校》第八九一頁（上海人民出版社，一九八四年五月版）、陳橋驛點校《水經注》第五三九頁（上海古籍出版社，一九九〇年九月版）。

又，《升庵全集》卷五十七與此文字略異：

白樂天《琵琶行》：「楓葉荻花秋瑟瑟。」今詳者，多以為蕭瑟，非也。瑟瑟本是寶名，其色碧。此句言楓葉赤、荻花白、秋色碧也。或者咸怪今説之異。余曰：曷不以樂天他詩證之。其《出府歸吾廬》詩曰：「嵩碧伊瑟瑟。」《重修香山寺》排律云：「兩面蒼蒼岸，中心瑟瑟流。」《薔薇》云：「猩猩凝血點，瑟瑟甕金匡。」（《裴常侍以題薔薇架十八韻見示因廣為三十韻以和之》）《閒游即事》云：「寒食青青草，春風瑟瑟波。」《太湖石》云：「未秋已瑟瑟，欲雨先沉沉。」又云：「隱起磷磷狀，凝成瑟瑟胚。」亦狀太湖石也。《早春懷微之》云：「沙頭雨染斑斑草，水面風驅瑟瑟波。」《暮江曲》云：「一道殘陽照水中，半江瑟瑟半江紅。」諸詩以「瑟瑟」對「斑斑」，對「蒼蒼」，對「猩猩」，豈是蕭瑟乎？唐詩惟白公用「瑟瑟」字多。

⊙詩用熨字

《説文》：「熨，持火申繒也。一曰火斗。」柳文所謂鈷鉧也。古音「鬱」，今轉音「暈」。杜工部詩：「美人細意熨帖平。」白樂天詩：「金斗熨波刀剪文。」溫庭筠詩：「綠波如熨割愁腸。」陸魯望詩：「波平熨不如。」又：「天如重熨皺。」王君玉詞：「金斗熨秋江。」晁次膺詞：「去日玉刀封斷恨，見時金斗熨愁眉。」（卷十一，《歷代詩話續編》第八六五頁）

⊙詩賦用字

顏延年《赭白馬賦》：「戒出豕之敗駕，惕飛鳥之跱衡。」「出」字不如「突」字。杜子美詩：「大家東征逐子回。」「逐」字不如「將」字。白居易詩：『千呼萬喚始出來。「始」字不如「才」字。詩文有作者未工，而後人改定者勝，如此類多有之。使作者復生，亦必心服也。（卷十一，《歷代詩話續編》第八六九頁）

智按：此則又見於《歷代詩話續編》第九四五頁《升庵詩話附録》，題為「古詩文宜改定字」。又，清宋徵璧《抱真堂詩話》：「楊升庵曰：「白居易『千呼萬喚始出來』，不如易以『才』字。」予意詩以聲調為工，若「才出來」，則不中宮商矣。升庵強作解事。」

⊙繁知一（繁音婆）

繁知一，蜀之巫山人，《贈白樂天》詩云：「忠州刺史今才子，行過巫山必有詩。為報高唐神女道，速排雲雨候清辭。」樂天見之，邀繁生同舟，且曰巫山有王無競、沈佺期、皇甫冉、李端四詩。晚不肯作。古人之服善無我如此。沈與皇甫李端詩，人多知之。王無競一首罕傳，今録於此：「神女下高唐，巫山正夕陽。徘徊作行雨，婉戀逐襄王。電影江前落，雷聲峽外長。朝雲無處所，臺殿鬱蒼蒼。」樂天取此在佺期三子之上，信哉。（卷十二，《歷代詩話續編》第八七四頁）

⊙劉貢父

「青袍也自公。」貢父《詩話》云：「『也』字作『夜』音，不可如字讀也。白公云『也向慈恩寺裏游』是也。」（卷十二，《歷代詩話續編》第八八七頁）

⊙蝦蟆陵

白樂天詩：「自言本是京城女，家在蝦蟆陵下住。」蝦蟆陵在長安。謝良輔詩：「取酒蝦蟆陵下，家家守歲傳巵。」齊己詩：「翠樓春酒蝦蟆陵，長安少年皆共矜。」（卷十二，《歷代詩話續編》第八九七頁）

智按：明陳耀文《正楊》卷二（《四庫全書》本）云：

《國史補》曰：「董仲舒墓門人至皆下馬，故謂之下馬陵。諺訛爲蝦蟆陵。」《志》云：「常樂坊内家東有大塚，俗誤以爲仲舒墓，亦呼爲蝦蟆陵，曲中出美酒，京都稱之。」韋述《兩京記》亦以爲仲舒墓。又《國史補》云：「昔漢武帝幸芙蓉園，即秦之宜春苑也，每至此墓下馬，時人謂之下馬陵。」歲月深遠，誤爲蝦蟆陵爾。

⊙艛艕

艛艕，小船名，音「摟構」，見《呂蒙傳》。白樂天詩：「兩片紅旗數聲鼓，使君艛艓上巴東。」又：「箳篂州乘送，艛艓驛船迎。」又：「還乘小艛艓，卻到古湓城。」「艓」當作「艕」字之誤也。（卷十二，《歷代詩話續編》第九〇三頁）

智按：白樂天詩見《入峽次巴東》，《白居易集箋校》第一一四二頁。紅旗作「紅旌」。

⊙凝音佞

《詩》:「膚如凝脂。」(「凝」音「佞」。)唐詩:「日照凝紅香。」白樂天詩:「落絮無風凝不飛。」又:「舞繁紅袖凝,歌切翠眉愁。」又:「舞急紅腰凝,歌遲翠黛低。」徐幹臣詞:「重省別時,淚漬羅巾猶凝。」張子野詞:「蓮臺香燭殘痕凝。」高賓王詞:「想蕁汀水雲愁凝,閑蕙帳猿鶴悲吟。」柳耆卿詞:「愛把歌喉當筵逞,遏天邊亂雲愁凝。」今多作平音,失之,音律亦不協也。(卷十三,《歷代詩話續編》第九〇六頁)

智按:又見楊慎《詞品》卷二,《詞話叢編》第一册,第四四三頁。參見清沈雄《古今詞話·詞品》下卷(《詞話叢編》第一册,第八五七頁)。

⊙薛濤詩

「聞説邊城苦,如今到始知。好將筵上曲,唱與隴頭兒。」此薛濤在高駢宴上聞邊報樂府也。有諷諭而不露,得詩人之妙。使李白見之,亦當叩首。元白流紛紛停筆,不亦宜乎?濤有詩集,此首不載。(卷十四,《歷代詩話續編》第九一三~九一四頁;楊文生《楊慎詩話校箋》,四川人民出版社版,第二四二頁)

⊙濾水羅詩

唐人白行簡以《濾水羅賦》得名,其警句云:「焦螟之生必全,有以小為貴者;江漢之流雖大,蓋可一以貫之。」靈一詩曰:「濾泉侵月起,掃徑避蟲行。」濾水蓋僧家戒律有此,欲全水蟲之命,故濾而後飲。今蜀中深山古寺猶有此規。白居易《送文暢》詩:「山宿馴溪虎,江行濾水蟲。」(卷十四,《歷代詩話續編》第九一九頁)

⊙韻語陽秋

書生作文,務強此弱彼,謂之尊題。至於品藻高下,亦略存公論可也。白樂天在江州,聞商婦琵琶,則曰:「豈無山歌與村曲,嘔啞嘲哳難為聽。今夜聞君琵琶語,如聽仙樂耳暫明。」在巴峽聞琵琶云:「弦清撥利語錚錚,背卻殘燈就月明。賴是無心惆悵事,不然爭奈子弦聲。」至其後作《霓裳羽衣歌》,乃曰:「湓城但聽山魈語,巴峽唯聞杜鵑哭。」乍賢乍佞,何至如此之甚

乎？韓昌黎美石鼓之篆，至有「羲之俗書逞姸媚」，亦強此弱彼之過也。（卷十四，《歷代詩話續編》第九二三頁）

⊙蘇堤始末

東坡先生在杭州潁州許州，皆開西湖，而杭湖之功尤偉。其詩云：「我在錢塘拓湖淥，大堤士女爭昌豐。六橋橫絕天漢上，北山始與南山通。忽驚二十五萬丈，老葑席捲蒼雲空。」此詩史也，而注殊略。今按寧長編云：「杭本江海之地，水泉堿苦。唐刺史李泌始引西湖水作六井，故井邑日富。及白居易復浚西湖，所溉千餘頃。然湖多葑，近歲廢而不理，湖中葑田積二十五萬餘丈，而水無幾矣。運河失湖水之利，則取給於江潮。潮渾多淤，河行闤闠中，三年一淘，為市井大患，而六井亦幾廢。公始至，濬茅山、鹽橋二河，以茅山一河專受江潮，以鹽橋一河專受湖水。復造堰閘以為湖水蓄泄之限，然後潮不入市間。至湖上周視良久曰：『今願去葑。葑田如雲，將安所置之？湖南北三十里，環湖往來，終日不達。若取葑田，積之湖中為長堤以通南北，則葑田去而行者更矣。』堤成，杭人名之曰蘇公堤云。」合是觀之，則公之有功於杭人大矣。予昔在京曰，問之杭之士夫，亦不知。今閱公詩注亦略，故詳注之。嗚呼！治水之難久矣。宋之世，修六塔河三股河，安石以范子淵李仲昌專其事，聽小人李公義、宦官黃懷忠之言，用鐵龍爪濬川杷，天下皆笑其兒戲。積以數年，糜費百十萬之錢穀，漂沒數十萬之丁夫，迄無成功，而猶不肯止。其績敗功圮，而奸臣李清臣為考官，猶以修河問策欲掩護之。甚矣宋之君臣愚且戇也。視東坡杭湖潁湖之役，不數月之間，無糜百金而成百世之功，其政事之才，豈止十倍時流乎！公又欲鑿石門山運河以避浮山之險，當時妒者盡力排之。又欲於蘇州以東鑿挽踣為千橋，以迅江勢，亦不果用，人皆恨之。噫，難平者事，古今同一慨矣！（卷十四，《歷代詩話續編》第九二七頁）

《詞品》

⊙白樂天《花非花》詞

白樂天之詞，《望江南》三首在樂府，《長相思》二首見《花庵詞選》。予獨愛其《花非花》一首云：「花非花，霧非霧，夜半來，天明去。來如春夢幾多時，去似朝雲無覓處。」蓋其自度之曲，因情生文者也。「花非花，霧非霧」，雖高唐、洛神，奇麗不及也。張子野衍為《御街行》，亦有出藍之色。今附於此：「天非花艷輕非霧。來夜半、天明去。來如春夢不多時，去似朝雲何處。遠雞棲燕，落星沈月，紞紞城頭鼓。　　參差漸辨西池樹。珠閣斜開戶。緑苔深徑少人行，苔上屐痕無數。餘香遺粉，剩衾閑枕，天把多情付。」（卷一，《詞話叢編》第一册，第四二七頁）

智按：晏殊《玉樓春》「長於春夢幾多時，散似秋雲無覓處」（《全宋詞》第一册，第九五頁）。

⊙法曲獻仙音

《望江南》，即唐法曲獻仙音也。但法曲凡三疊，《望江南》止兩疊耳。白樂天改法曲為《憶江南》其辭云：「江南好，風景舊曾諳。」二疊云：「江南憶，最憶是杭州。」三疊云：「江南憶，其次憶吳宮。」南宋紹興中，杭都酒肆中，有道人攜烏衣椎髻女子，買斗酒獨飲，女子歌以侑之。歌辭非人世語。或記之，以問一道士。道士曰：「此赤城韓夫人作法駕導引也，烏衣女子蓋龍云。」其辭曰：「朝元路，朝元路，同駕玉華君。千乘載花紅一色，人間遙指是祥雲。迴望海光新。」二疊云：「東風起，東風起，海上百花摇。十八風鬟雲半動，飛花和雨著輕綃。歸路碧迢迢。」三疊云：「簾漠漠，簾漠漠，天淡一簾秋。自洗玉舟著白酒，月華微映是空舟。歌罷海西流。」此辭即法曲之腔，文士好奇，故神其事以傳耳。豈有天仙而反取開元人間之腔乎？（卷一，《詞話叢編》第一册，第四三〇～四三一頁）

智按：明陳耀文《正楊》卷四：

陳去非云：世傳頃年都下肆中，有道人攜烏衣椎髻女子，買斗酒獨飲，女子歌詞凡九闋，皆非人世語，或記之，以問一道士。道士驚曰：此赤城韓夫人所製水府蔡真君法駕導引也，烏衣女子疑龍云。得其三，而亡其六，擬作三闋云。曾慥《樂府雅詞》云。

段安節《樂府雜録》云：《望江南》者，因朱崖李太尉鎮浙西日，為亡姬謝秋娘所撰，本名謝秋娘，後進入教坊，遂改此名，一名《夢江南》曲也。

王灼《碧雞漫志》云：白樂天作《憶江南》三首，自注云：此曲一名

《謝秋娘》，後人又取樂天首句，名《江南好》。

唐法曲獻仙音在宋已無知者，歐陽永叔及沈存中等皆止稱「遺聲」云云。詳見《碧雞漫志》。今輒指為《望江南》，恐未然。劉禹錫《憶江南》止二疊，見《樂府詩集》。

周美成、柳耆卿有《法曲獻仙音辭》，俱長調也。

⊙北曲

《南史》蔡仲熊曰：「五音本在中土，故氣韻調平。東南土氣偏詖，故不能感動木石。」斯誠公言也。近世北曲，雖皆鄭衛之音，然猶古者總章北里之韻，梨園教坊之調，是可證也。近日多尚海鹽南曲，士夫稟心房之精，從婉孌之習者，風靡如一。甚者北土亦移而耽之。更數十年，北曲亦失傳矣。白樂天詩：「吳越聲邪無法用，莫教偷入管弦中。」東坡詩：「好把鶯黃記宮樣，莫教弦管作蠻聲。」（卷一，《詞話叢編》第一册，第四三八頁）

智按：參見《問花樓詞話》【南北曲】（《詞話叢編》第三册，第二五四三頁）。

⊙闊裝

京師有闊裝帶，其名始於唐。白樂天詩：「貴主冠浮動，親王帶闊裝。」薛田詩：「九包綰就佳人髻，三闊裝成子弟韉。」詞曲有「角帶闊黃鞓」，今作傲黃鞓，非也。（卷二，《詞話叢編》第一册，第四四八頁）

智按：又見《四庫全書》本《丹鉛摘録》卷三及《升庵集》卷六十九。參見明胡應麟《少室山房筆叢》卷二十一「藝林學山三」、彭大翼《山堂肆考》卷二百三十五、清沈雄《古今詞話·詞品》下卷、陳元龍撰《格致鏡原》卷十七。

⊙柳枝詞

唐人柳枝詞，劉禹錫、白樂天而下，凡數十首。予獨愛無名氏云：「萬里長江一帶開。岸邊楊柳是誰栽。錦帆落盡西風起，惆悵龍舟更不回。」此詞詠史詠物，兩極其妙。首句見隋開汴通江。次句「是誰栽」三字作問詞，尤含蓄。不言煬帝，而譏弔之意在其中。末二句誰仰今古，悲感溢於言外。若情致則「清江一曲柳千條。十五年前舊板橋。曾與情人橋上別，更無消息到今朝」。此詞小説以為劉采春女周德華之作。又云劉禹錫，然劉集中不載也。柳詞當以二首為冠。（卷二，《詞話叢編》第一册，第四六五頁）

⊙張仲宗詞用唐詩語

張仲宗，號蘆川，填詞最工。其《踏莎行》云：「芳草平沙，斜陽遠樹。無情桃葉江頭渡。醉來扶上木蘭舟，將愁不去將人去。　薄劣東風，夭斜飛絮，明朝重覓吹笙路。碧雲香雨小樓空，春光已到銷魂處。」唐李端詩：「江上晴樓翠藹間，滿闌春水滿牕山。青楓緑草將愁去，遠入吳雲暝不還。」此詞「將愁不去將人去」一句，反用之。夭斜音歪斜，白樂天詩：「錢唐蘇小小，人道最夭斜。」自注：「夭音歪。」若不知其出處，不見其工。……（卷三，《詞話叢編》第一册，第四八〇頁）

智按：《四庫全書》本《丹鉛總録》卷十九「詩話類」，「仲宗」作「仲舉」，其他文字亦略異。詞見宋張元幹《蘆川歸來集》卷七及《蘆川詞》，題下注：「別意，見《草堂別選》。」又見元張翥《蜕巖詞》卷下，題為《江上送客》，「夭斜」作「夭邪」，「覓」作「吹」，「香雨」作「紅雨」。《詞綜》卷二十九作張翥詞，《歷代詩餘》卷三十六作張元幹詞。

《絶句衍義》

⊙暮江吟

一道殘陽鋪水中，半江瑟瑟半江紅。可憐九月初三夜，露似真珠月似弓。

韵致。

詩有丰韵，言殘陽鋪水，半江之碧，如瑟瑟之色；半江紅，日所映也。可謂工致如畫。《琵琶行》云：「楓葉荻花秋瑟瑟」，句意亦同。楓葉紅、荻花白、瑟瑟碧，妝點秋色也。

瑟瑟，寶石名。杜詩：「雨多往往得瑟瑟。」王周詩：「嘉陵江水色，一帶柔蘭碧。天女瑟瑟衣，風梭晚來織。」魯交《野果詩》：「碧如瑟瑟紅�輪。」鞊輪，亦寶名。文與可詞：「鞊輪斜紅帶柳，琉璃嫩緑平橋。」因解瑟瑟，並及也。(《絕句衍義》卷二，《絕句衍義箋注》，四川人民出版社，一九八六年九月，第一一三頁)

智按：葛魯卿《西江月》詞云：「鞊鞨斜紅帶柳，琉璃嫩緑平橋。」非文與可詞。

⊙酬嚴給事玉蕊花（智按：白集原作《酬嚴給事 聞玉蕊花下有遊仙絕句》）

嬴女偷乘鳳去時，洞中潛歇弄瓊枝。不緣啼鳥春饒舌，青瑣仙郎可得知？

此豈老姥能解者。(《絕句衍義》卷二，《絕句衍義箋注》，四川人民出版社，一九八六年九月，第一二三頁)

智按：楊慎，字用修，號升庵，先世廬陵（今屬江西）人，後徙新都（今屬四川)。大學士楊廷和之子。正德六年（一五一一）辛未殿試第一，授翰林院修撰。十二年，武宗微行，出居庸關，慎上疏直諫，不聽，託疾歸。世宗即位，起充經筵講官。嘉靖三年（一五二四)，「大禮議」起。由於武宗無子，即位之世宗皇帝乃武宗之從弟，世宗即位後，圍繞世宗能否稱其生父興獻王爲皇考及其地位等問題，廷臣有激烈之爭論。桂萼、張璁等認爲稱皇考等合禮，楊慎等則反對。慎兩次上議大禮疏，率群臣撼奉天門大哭，兩受廷杖，死而復甦，謫戍雲南永昌（今雲南保山)。卒於戍所。楊慎以博學著稱，著述百餘種。受知於李東陽，其詩出入六朝，於李、何之外，獨立一派。王士禛云：「明詩至楊升庵另闢一境，真以六朝之才而兼有六朝之學者。」(《帶經堂詩話》卷九）詩文集有《太史升庵全集》八十一卷。《明史》卷一九二有傳。傳云：「明世記誦之博，著作之富，推慎第一。詩文外，雜著一百餘種，並行於世。」王文才著《楊慎學譜》列其著述目録三百四十五種。簡紹芳《升庵先生年譜》末補書云：「至其平生著述四百餘種，散逸頗多，學者恨未能睹其全。」主要作品收入《升庵集》，八十一卷，由張士佩于萬曆年間所編訂並刻印，又有萬曆二十四年（一五九六）莊誠刻本及四庫全書本。

沈仕（一四八八～一五六五）

《林下清録》

白太傅每一詩，輒洗其筆。（《説郛》卷七十五下）

智按：見《雲仙散録》卷三引《文覽》。

沈仕，字懋學，一作字子登，號青門山人，仁和（今浙江杭州）人。工山水，花鳥亦佳。生平雅好詩翰，多蓄法帖名畫。有《攝生要録》、《怡情小録》等。

李濂（一四八八～一五六六）

《觀刈麥四首》

四野黄雲雊雉肥，家家刈麥滿車歸。中年始識田居樂，倚杖平原送落暉。

大麥登塲小麥黄，花飛鶯老農夫忙。脱巾散髮往觀刈，帝力何有勞歌長。

五月鳴蜩穡事催，薰風吹面隴頭來。晚邀野老乘新月，麥飯蒲觴笑口開。

學稼求僊緫為生，避喧水滸結鷗盟。何時鼎熟丹成去，試聽雲中打麥聲。（《嵩渚文集》卷三十三，《四庫全書存目叢書》影印明嘉靖間刻本）

智按：詩承白居易《觀刈麥》。

《長蘆鹽運使李公傳》

李公璵，字廷瑞，祥符之馬尾墻保人，家于汴城東四十里，曰埽頭。曾大父肅恭，元樞密都事。父節，永樂甲午舉人，爲州判官，操持清苦，坐汙衊免官，公刻骨痛傷之，益底厲志節。景泰庚午，以春秋領鄉薦，甲戌登進士，授户部廣西司主事。……公聞之，笑曰：「非吾志也。」既抵任，嚴立條格，分毫無所取，其應得俸金，恒寄予宗族為婚喪費，又賙濟里閭親故之貧乏者。及致仕還，篋笥無長物，惟故人某贈《赤壁圖》一幅，時人比之李及白集云（宋李及知杭州，未嘗市吳物，比去惟市白樂天集一部，後深以爲悔)。公既歸，仍居埽頭，田廬弗增益尺寸，貧不能餬口，乃以訓課里中童蒙士為業，宜人王氏晝夜紡績不輟，終身無怨言，公林居二十年。貧益甚，每出門，徒步不能具驢車。時有米知縣者，知公賢，數有餽遺，公不卻，亦不致謝。藩臬諸公，按部屬邑，由城東官道者，輙枉駕數十里造公，公亦弗能備醪饌，欵留坐久，惟再茗而已。子一，蘭騃，不能任事，公不欲蓄財，以益其過，汴父老嘗曰：李運使簡靜朴直，甘澹泊，耻干謁，歲惟春冬鄉飲，入城赴宴，宴畢，即出城返村舍，未嘗輕身一見官長，然官長顧有轉加敬者，亦有惡其太簡。伉云。論曰：余聞國朝廉吏，出自吾郡者，有鹿邑軒公輗、太康顧公佐，二公之後，乃有祥符李公璵云。李公歷官三十年，皆典財賦，其歸也，貧窶特甚，乃訓蒙村墟以自給，其死也，弗能具棺殮，當時藩臬諸君子，合銀十兩以賻，始克襄厝。……（《嵩渚文集》卷八十三，《四庫全書存目叢書》影印明嘉靖間刻本）

智按：李濂，字川父，祥符（今河南開封）人。少負俊才，慨然慕信陵君、侯生之為人。嘗作《理情賦》，其友左國璣持以示李夢陽。夢陽頗嗟賞，訪之吹臺，自此聲馳河洛間。正德八年（一五一三），鄉試第一，正德九年（一五一四）聯捷甲戌科二甲進士，授官沔陽知州，遷寧波府同知，官至山西按察司僉事。嘉靖五年（一五二六）免歸。家居四十餘年，肆力於學，以古文名於時。筆鋒踔厲，泉踴飆馳，於七子之外，挺然自成一格。初受知夢陽，後不屑附和。有《嵩渚集》一百卷，《觀政集》一卷，《與李氏居室記》、《祥符文獻志》、《祥符鄉賢傳》、《汴京遺跡志》、《醫史》等。事迹具《明史·文苑傳》。

俞弁（一四八八～？）

《逸老堂詩話》

房白雲皥字希白，與元遺山為友。其《別西湖》詩云：「聞説西湖可樂饑，十年勞我夢中思。湖邊欲買三間屋，問遍人家不要詩。」近見李西涯《麓堂詩集》，謂樂天所作，誤也。（卷下，《歷代詩話續編》第一三〇六頁）

白樂天詩，善用俚語，近乎人情物理。元微之雖同稱，差不及也。李西涯詩話云：「樂天賦詩，用老嫗解，故失之粗俗。」此語蓋出於宋僧洪覺范之妄談，殆無是理也。近世學者往往因此而蔑裂弗視。吳文定公讀《白氏長慶集》，有云：「蘇州刺史十編成，句近人情得俗名。垂老讀來尤有味，文人從此莫相輕。」（卷下，《歷代詩話續編》第一三一九頁）

智按：詩題為《校白集雜書六首》，見明吳寬《家藏集》卷二十四。又，俞弁《山樵暇語》卷一：「樂天詩，善用俚語，近乎人情物理。元微之雖學之，差不及也。李西涯謂：『樂天賦詩，用老嫗解，遂失之粗俗。』此語蓋出於洪覺範之妄論，殆無是理也。近世學者往往承襲，遂滅裂弗視。」（《明詩話全編》第三册，第二四四四頁）

楊用修《丹鉛續録》云：「白樂天《三游洞記》雲破月出光景，含吐互相明滅，晶瑩玲瓏，象生其中。雖有敏口，莫能名狀。造語如此，何異柳子厚？世以為太易輕議之，蓋亦未深玩之也。」（卷下，《歷代詩話續編》第一三一九頁）

宋楊學士應之題所居壁云：「有竹百竿，有香一爐，有書千卷，有酒一壺，如是足矣。」余友柳大中僉性僻嗜書，搜羅奇籍，傳寫殆遍，親自讎校，不吝假借，由是人益賢之。間好吟詠。手録《白氏長慶集》，題其後云：「兩三年寫自經手，七十卷書才到頭。」《山居》云：「煮粥燒松子，梳頭就菊花。」《述懷》云：「百竿竹與身同老，千卷書曾手自鈔。」余嘗過訪其居，修竹瀟然，焚香獨坐，左圖左史，充棟汗牛，昔人之所慕者，今大中俱得之矣。與世之朝秦暮楚，驅馳勢利之場者，大相遼絕哉。（卷下，《歷代詩話續編》第一三一九～一三二〇頁）

《古今詩話》云：「江州琵琶亭題者甚多，唯夏鄭公最佳。詩云：『流光過眼如車轂，薄宦羈人似馬銜。若遇琵琶應大笑，何須涕淚滿青衫？』」余愛楊孟載云：「楓葉蘆花兩鬢霜，櫻桃楊柳久相忘。當時莫怪青衫濕，不是琵琶也斷腸。」孟載此詩為樂天解嘲，亦出新意。（卷下，《歷代詩話續編》第一三二六頁）

智按：參見宋劉攽《中山詩話》、趙與旹《賓退録》卷三、江休復《嘉祐雜誌》。楊基（字孟載）《過琵琶亭（在彭澤）》見其《眉庵集》卷十一（《四部叢刊》、《四庫全書》本）。

王椕《野客叢書》云：「樂天有兩小蠻，如『楊柳小蠻腰』，公侍姬也。如曰『還攜小蠻去，試覓老劉看』，此酒榼名也。」王説謬矣，皆侍姬也。因諱之，乃曰酒榼。老劉即禹錫也。如元微之鶯鶯曰「雙文」。宋賈耘老妾，東坡名之曰「雙荷葉」。錢伯瞻侍兒名倩奴，《山谷集》中曰「青人」。我朝林子羽《鳴盛集》内紅橋，皆侍姬也。蓋諱之易其名耳。（卷下，《歷代詩話續編》第一三三三頁）

《山樵暇語》

唐解元（寅）詩多類白樂天，善於模寫，深得人情物態，悲歡窮達。其《憫日歌》云：「人生七十古來少，前出幼年後除老。中間光景沒多時，又有陰晴與煩惱。過了中秋月不明，過了清明花不好。花前月下得高歌，急須滿把金樽倒。世上錢多賺不盡，朝裏官多做不了。官大錢多心轉憂，落得自家頭白早。請君細點眼前人，一年一换埋青草。草裏高低多少墳，年年一半無人掃。」（《山樵暇語》第二，《明詩話全編》第三册，第二四五〇頁）

智按：俞弁，字子容，號守約道人，一號守約居士。長洲（今江蘇蘇州）人。喜藏書，抄、稿本尤多。無他嗜好，寓情圖史，翻閲披校，竟日忘倦。讀書、藏書處所名「紫芝堂」、「逸老堂」。工于詩文，又通醫學。有《續醫説》、《脈證方藥》、《山樵暇語》、《逸老堂詩話》等。

薛蕙（一四八九～一五四一）

《贈白貞夫》

往日延陵郡，曾聞白傅園。林間三徑僻，水上百花繁。北闕恩彌渥，東山意獨存。風流思二老，文雅見諸孫。門閥今吴邑，衣冠舊洛原。傳經期取相，懷古寓名軒。高卧方求志，幽棲已避諠。煙霞常閉户，賓客暫開樽。世

業看前代，賢聲在後昆。青雲殊不遠，努力早飛翻。（《四庫全書》本《考功集》卷六）

智按：薛蕙，字君采，亳州（今屬安徽）人。正德九年（一五一四）甲戌進士，官至吏部考功司郎中。事迹具《明史》本傳。

顧璟（一四八九～一五五三）

《清明效白體》

四序無如春最好，一春最好是清明。海棠欲放留鶯語，楊柳初齊趁馬行。風定秋千時自動，月高弦管夜還鳴。老來減盡少年興，對酒當歌尚有情。（《四庫全書》本《御選明詩》卷七十九；《列朝詩集》卷六十二丙集第十四，《續修四庫全書》第一六二三册，第四二三頁）

智按：顧璟，字英玉，上元（今江蘇南京）人，顧璘（一四七六～一五四五）之從父弟。明正德九年（一五一四）甲戌進士，授南京工部主事。武宗南巡，備顧問，護蹕還京，升南京武選郎。以奉旨草冗員得隙，謫知許州，遷溫州，同知山東僉事，歷官河南副使，居官日用百須取給常祿出納，以吏高自負許，與物多忤，坐同官媒孽罷，歸槖蕭然，訓蒙童數人以自給。有《寒松齋存稿》六卷。

黄省曾（一四九〇～一五四六）

《琵琶亭詩》

殘照皋亭夕，秋風旅雁飛。琵琶千載恨，淚滿逐臣衣。（《四庫全書》本《御定淵鑑類函》卷二百六十五）

智按：《明詩綜》卷四十三、《列朝詩集》卷五十九丙集第十一、《御選明詩》卷九十八、《［雍正］江西通志》卷一百五十六題為《琵琶亭》，謂程誥作。

《吴風録》

自吴王闔廬造九曲路，以遊姑胥之臺，臺上立春宵宫爲長夜之飲，作天池泛青龍舟，舟中盛致妓樂，日與西施爲嬉，白居易治吴，則與容滿蟬態輩十妓，遊宿湖島，至今吴中士夫畫舡遊泛，攜妓登山，而虎丘則以太守胡纘宗創造，臺閣數重，增益勝眺，自是四時遊客，無寥寂之日，寺如喧市，妓女如雲，而它所則春初西山踏青，夏則泛觀荷蕩，秋則桂嶺九月，登高鼓吹，沸川以往……（《吴風録》，《續修四庫全書》影印民國二十七年商務印書館影印明隆慶刻萬曆增修百陵學山本）

《嚴滄浪詩體》

元白體：容易敍事，二公之詩則妙。（《明詩話全編》第三册，第二九〇七頁）

智按：黄省曾，字勉之，號五嶽山人，吴縣（今江蘇蘇州）人。嘉靖十年（一五三一）辛卯舉人，學詩于李夢陽。有《五嶽山人集》。《明史·文苑傳》附見《文徵明傳》中。有《名家詩法（黄氏詩法、詩法）》八卷，乃楊成《詩法》之重編，將楊本五卷析為八卷，稍有增減。卷一題白樂天《金針集》，卷二嚴滄浪《詩體》、《名公雅論》，卷三范德機《木天禁語》，卷四楊仲弘《詩法》，卷五《詩家一指》，卷六《詩學禁臠》，卷七、卷八分别為《沙中金集》上、下。其中真偽雜糅，所收各書文字與他本多有不同。

汪應軫（一四九〇～一五四七）

《壽南京大司馬鳳山秦老先生七十序（代巡撫秦公作）》

南京兵部尚書參贊機務，是古之留守重寄也，鳳山秦公再膺是任，於時爲嘉靖丙申，公年已七十，九月十一日逢其誕辰，某思公鎮撫湖藩，殄平猺夷，帷幄諸司，洎鄉士大夫，欲紀公績，乃貌公出師指麾之象，而書命勑於其上，以烜久遠。某别公凡幾年矣，不知公貌如舊與否，而勳伐則益隆，倚毗則益切，民之仰公，惟恐一日不登廊廟而暍霖雨也。……昔白樂天、劉夢得皆有詩寄贈留守裴令公，或陳其勳業動人，或述其故吏見愛，某恐非其人也，然而辱公之知，則感悰一也，某何敢後於二賢哉！（《青湖先生文集》卷二，《四庫全書存目叢書》影印清同治十一年廣州刻本）

智按：汪應軫，字子宿，山陰（今浙江紹興）人。正德丁丑（一五一七）進士，官至江西提學僉事。事迹具《明史》本傳。

黄佐（一四九〇～一五六六）

《庸言》

顔子克己復禮，天下歸仁，孟子集義養氣，當大任不動心，可謂内外合一之學矣。漢初儒者論著，猶不然道，今之陸賈《新語》，贋本也。予得諸《論衡》、《文選》註者，有曰：「天地生人，以禮義之性，人能察已所以受命則順矣」，與子貢不受命而貨殖同義，曰「順之謂道」，與中庸率性同義。其後佛老與吾儒，混為一途，《唐文粹》可槩見已。白居易曰：「天地有常道，萬物有常性。道不可以終静，濟之以動；性不可以終動，濟之以静。取諸震而發身，受以復而知命，所以莊生曰知養恬，《易》曰蒙養正。」梁肅曰：「夫止觀何為也？導萬法之理，而復於實際者也。實際者，性之本也，物之所以不能復者，昏動使之然也。照昏謂之明也，動謂之静明，與静止觀之體也。」李翺《復性書》曰：「誠者，聖人之性也。知本無有思，動静皆離，寂然不動者是至誠也。視聽昭昭，而不起於見聞，其心寂然，光照天地，是誠之明也。情者妄也，邪也，曰邪與妄，則無所因矣。妄情滅息，本性清明，周流六虚，所以能復其性也。」盖高宗時，六祖慧能説法，曹溪有語録，號為《法寳壇經》，士大夫宗之，故雖名士如翺，亦皆叅禪，而僧道多以老易講授，儒者反師事之，故其論著大氐以静覺為宗。……（黄佐《庸言》卷九，《續修四庫全書》影印明嘉靖三十一年刻本）

智按：黄佐，字才伯，號泰泉，香山（今廣東中山）人。黄瑜（景泰七年舉人）孫。正德十六年（一五二一）進士，官至少詹事。事迹具《明史·文苑傳》。

邵經邦（一四九一～一五五八）

《賀翁見愚先生陞湖廣永州府道州刺史序》

自愚獲戾以來，往往言數與命若有以見其不可易者，及聞見愚翁公榮擢之命，遂不言而益以自信。何也？公登乙未甲科，主尚書兵部車駕事，以清則天子親吏，要則本兵重務，其視零陵、瀟湘，相去東西南北之不相及，乃輒以見愚爲號，雖未及請益，竊讀唐文，柳子厚嘗宦永州，凡一山一水而下識以愚者不一而足，又刻八愚詩於石上，其谿曰愚谿，丘曰愚丘，泉曰愚泉，溝曰愚溝，池曰愚池，島曰愚島，不但已也，又有愚堂、愚亭之建。嗚呼！何其相去數千百有餘年，而一旦脗合之若是哉！……抑嘗聞子厚在永州，一泉石草木，凡經品題者，莫不爲後世所想慕，而文之瓌奇絶特，又皆零陵時所作，陽城之爲道州，蠲無藝之貢，視民如恐傷之，見於白樂天之歌，表表猶在人耳，二公皆血食於其鄉。……（《弘藝録》卷二十三，《四庫全書存目叢書》影印清康熙二十四年邵遠平刻本）

智按：邵經邦，字仲德，號弘齋，仁和（今浙江杭州）人。正德十六年（一五二一）辛巳進士，授工部主事，進員外郎，改刑部。會日食，以上疏論劾張孚敬下獄、謫戍鎮海衛。嘉靖三十七年卒於戍所。有《弘藝録》、《律詩指南》、《儷語指迷》等。事迹具《明史》卷二〇六本傳。

鄭士龍（一四九一～一五七〇）

《臘月廿八夜感懷，録奉容齋相公》

舊歲有三日，蕭然旅況清。寒燈唯我共，臘酒與誰傾。窮苦丹心在，飄零白髪生。此身如白傅，留滯九江城。淅瀝松聲迴，闌干斗柄横。村舂疏更響，野火遠偏明。寂寞元吾事，羈離見俗情。向來書萬卷，消得小詩成。宫闕籠佳氣，乾坤餞暮年。暖回鴦瓦雪，春入苑梅天。綵筆供宣帖，仙班篴賀筵。昔曾干氣象，回首意茫然。少日無情思，歡尋守歲家。老年多感槩，愁聽報更撾。凍櫪唯嘶馬，風林只散鴉。旅廚刀匕凊，孤坐引清茶。點檢殘年事，空多嶺外文。飯山詩作祟，漳水病兼分。夢斷河冰吼，愁深塞雁群。知音如見賞，不愧郢人斤。（《湖陰雜稿》卷一宜春日録，《韓國文集叢刊》本）

《奉酬申駱峯示韻》（四首其三）

高駢院裏鉤簾見，白傅篇中帶刺看。開謝見爲詩壓倒，明年春色恐尋難。（詠薔薇）（《湖陰雜稿》卷二龍灣日録，《韓國文集叢刊》本）

《上己，用白香山韻》

梅落都無一片黏，依然嫩緑入前簷。憶追繡轂尋芳草，正趁清沂試浴衫。吟和水禽來近渚，思隨風絮亂疏簾。不嫌寂寞輕過節，衰疾何堪漸瘦纖。（《湖陰雜稿》卷三宜春雜録，《韓國文集叢刊》本）

《同善卿、養叔餞石川，互唱更酬，夜分乃散》

聲名不博廬王上，去就堪羞季孟間。少日心期唯在進，老年膠擾秪求閑。相逢杯酒銷更漏，別後音書費往還。誰似爲官仙骨在，拾殘瑤草遍春山。（用白傅韻）（《湖陰雜稿》卷四南宫日録，《韓國文集叢刊》本）

《暮春下旬有六國工許億奉、李佐、鄭義堅等，不期來謁，俾就家園，縱奏其技，又使家婢助以歌舞，眞一場戲劇，聊記一律云》

春殘九十病沈緜，剛試新聲法部傳。白傅霓裳消慢曲，唐皇羯鼓破繁絃。春雷百面花齊發，卯酌三杯興已顛。千載相望心偶契，敢將風調敵前賢。（《湖陰雜稿》卷四南宫日録，《韓國文集叢刊》本）

《奉寄汝溫》

賢勞萬里共艱辛，頭白歸來幸接隣。蜂趁園花交識主，犬迎門客誤相親。隨行久費支離粟，投社難收白傅身。入手鈞衡知不遠，許分符竹近鄉人。絮飛花謝又春歸，嫩緑交陰樹四圍。一陣微涼便御裌，恰如湖舫試蓑衣。（《湖陰雜稿》卷五雜稿，《韓國文集叢刊》本）

《戲效香山體，録奉恩逸》

已過端陽恰半旬，支離閣得病愁身。出情冷暖曾諳盡，人事乘除試算均。

鍛鍊篇章差有味，飛揚霄漢久無因。夢魂不道官羈絆，夜夜歸來寂寞濱。一炷心香一榻氈，門前車馬閲騈闐。老來進就從三北，病後依違動半年。西塞玄眞貪寓釣，東都白傅愛參禪。自緣偏性難諧俗，不是當時事棄捐。釣磯西畔藥欄傍，宿卜埋金近寶坊。舊業猶存眞得便，餘年無幾亦何傷。笠蓑未償三生債，杞菊寧論十口妨。五相一漁從古事，可能書尺及滄浪。（《湖陰雜稿》卷五雜稿，《韓國文集叢刊》本）

《奉調安分》

天賦靈椿壽，從心轉悍堅。斧斤防伐性，方藥解迷仙。不患河魚厄，宜參白傅禪。幾時開閤放，携被伴孤眠。（《湖陰雜稿》卷五雜記日録，《韓國文集叢刊》本）

智按：鄭士龍，字雲卿，號湖陰。有《湖陰雜稿》。

朱廷立（一四九二～一五六六）

《飢民謠》

官倉穀少飢民多，張口嗷嗷將奈何？縣堂點名辨菜色，胥役從旁多怨訶。中有低眉羞不出，冄年猶能乍殷實。吁嗟爾曹尚如此，何況飢寒自平日。郡官揚鞭自西來，傳呼明日官倉開。老翁呼兒荷儋走，且擕舊釜揮塵埃。須臾都臺降定則，十夫向冄九不得。吁嗟不得只須回，號泣郊原盡匍匐。君不見，公門使費何處補，豪家取息猛如虎。又不見，向來呼兒擕釜翁，卣來已矣茆屋空。（《湖北詩徵傳略》卷五，《續修四庫全書》影印清光緒七年孝感丁氏涇北草堂刻本）

智按：朱廷立，字子禮，號兩崖，湖廣通山人。嘉靖二年（一五二三）進士，官侍郎，初與徐曰仁、鄒守益、錢德洪同受學於王守仁，其爲學閎深奥衍，雄渾博大，性温醇，器度豁如，而進退可否，動以古道自律，不韋脂呰好，人亦肅然敬畏之。閉門著述，日坐炯然亭中，吟詩論學不輟。炯然亭在翠屏山麓，廷立從陽明聞炯然良知之説，乃於兩崖書院搆兹亭，朝夕賦詩談道其中。歷任河南道御史、兩淮鹽政、四川督撫、畿輔學政、禮部右侍郎。《湖北詩徵傳略》卷五云：「廷立詩力厚於乃翁，《東隣女弌篇》節短音長，居然鮑、謝之遺。《飢民謠》寫窮簷疾苦，如展鄭俠之圖，古气磅礴，似從白香山《新樂府》脱胎而出，乃近體語雜詼諧，多率意之作，擇其較整肅者録出，七絶風神亦妙。」

秦瀚（一四九三～一五六六）

《廣白居易池上篇》

百仞之山，數畝之園。有泉有池，有竹有竿。有繁古木，青蔭盤旋。勿謂土狹，勿謂地偏。足以容膝，足以息肩。有堂有室，有橋有船。有閣焕若，有亭翼然。菜畦花徑，曲澗平川。有書有酒，有歌有絃。有叟在中，白髮飄然。識分知足，外無求焉。如鳥擇木，姑取巢安。如魚在坎，不知海寬。動與物游，矯若游仙。静與道契，寂如枯禪。靈鶴怪石，紫菱白蓮。皆我所好，盡在目前。攜筐摘果，舉網得鮮。約我生計，斯亦足焉。時飲一杯，或吟一篇。老懷熙熙，雞犬閒閒。天地一瞬，吾忘吾年。日居月諸，莫知其然。優哉游哉，吾將終老乎其間。（《四庫全書》本《珊瑚網》卷十三）

智按：清卞永譽《式古堂書畫匯考》卷二八誤作「秦瀚廣書白居易池上篇」。

秦瀚，先字會洋，號艾齋，改字叔度，號從川，邑廩生，無錫（今屬江蘇）人。秦鎧子。以子梁貴，封奉政大夫，通政司左參議。嘉靖四十三年（一五六四），與張選、俞憲等于惠山立石，結成詩社，記《碧山吟社志》。有《從川詩集》、《巖栖集》。

徐獻忠（一四九三～一五六九）

《唐詩品》

⊙水部員外郎國子司業張籍

水部長於樂府古辭，能以冷語發其含意，一唱三歎，使人不忍釋手。張舍人序其能繼李杜之美。予謂李杜渾雄過之，而水部淒婉最勝，雖多出瘦語，而俊拔獨擅，貞元以後，一人而已。元和中，公及元微之、白樂天、孟東野歌詞，為天下宗匠，謂之「元和體」。其近律專平淨，固亦樂天之流也。(《明詩話全編》第三册，第三〇二五頁)

智按：徐獻忠，字伯臣，號長谷、九靈山長，華亭（今上海松江）人。嘉靖四年（一五二五）乙酉舉人，官奉化知縣，嘉靖中棄官，徙居吳興。有《長谷集》、《樂府原》、《六朝聲偶集》、《吳興掌故集》等數百卷。傳見王世貞《徐先生墓誌銘》(《弇州山人四部稿》卷八九)、《明史・文苑傳》附見《文徵明傳》中。《唐詩品》附于朱警父子所輯《唐百家詩》刊行。據朱警《唐百家詩後語》,《唐百家詩》成書於「嘉靖庚子（一五四〇）之秋」,《唐詩品》當成於此前。

王寵（一四九四～一五三三）

《丙戌春寓楞伽精舍杏花盛開忽雪霰交集山僧折枝作供戲效白體賦二絶》

山房昨夜杏花開，惡霰狂霾横妬來。折取一枝禪榻畔，紙屏聊當避風臺。

十載空門苦行深，銷除不盡惜花心。一枝傾國渾無賴，老衲狂來擊鉢吟。(《雅宜山人集》卷七,《四庫全書存目叢書》影印明嘉靖十六年董宜陽朱浚明刻本)

智按：王寵，字履吉，自號雅宜山人，長洲（今江蘇蘇州）人。入舉不第，終於諸生。《明史・文苑傳》附見《文徵明傳》中。

豐坊（一四九四～一五六九後）

《書訣》

⊙唐人法帖

白居易字樂天，京兆人，官至少傅，刑部尚書，贈右僕射。謚曰文。中楷，游王屋山詩、游濟源詩。(民國四明叢書本《書訣》)

智按：豐坊，字存禮，鄞縣（今浙江寧波）人，熙子。嘉靖二年（一五二三）癸未進士，除禮部主事，免官家居，坐法竄吳中，改名道生。事迹附見《明史·豐熙傳》。生卒年據陳斐蓉《豐坊生卒年考》，《中國書畫》二〇〇八年第十二期。

周世鵬（一四九五～一五五四）

《次東溪次湖陰次白香山韻》

西飛烏翼願長黏，禊節狂歌頬帽簷。浣水鑑空明白髮，昆山苔染混青衫。魚知日暖爭跳玉，風送花香不礙簾。誰似湖仙參造化，新詩句句競毫纖。（《武陵雜稿》卷五〇別集，《韓國文集叢刊》本）

智按：周世鵬，字景遊，號慎齋、南皐、武陵道人、巽翁。有《武陵雜稿》。

王邦瑞（一四九五～一五六二）

《後耆英會記》

耆英會，何以義起也？何以名後耆英也？前有作者，今倣其義也。厥記惟何？相儆戒示不忘也。昔在宋元豐間，文潞公留守西都，富韓公與司馬溫公皆還政居里，其餘大夫，以老自逸者，一時為盛。潞公慕唐白樂天九老之會，乃集群公之老而賢者，十有一人，為耆英會，仍圖形於妙覺僧舍。而溫公又序其事，且列載籍，迄今垂五百年。洛中閭里，猶能傳頌之，以為美談。固吾洛人之所崇仰而歆慕之者也。方今聖人在上，海内乂安，吾輩得以優游田野，歌咏太平，皓首蒼顏，同躋壽域，可謂幸矣。因仰前修，竊取其義，亦置酒尚齒，相約為會，雖勳業位望，不足以擬潞公諸賢，顧所以為會之義，則一也。溫公序謂：樂天之會，志趣高逸；潞公之會，樂善無厭。又謂洛中舊會，尚齒不尚官，為風化之本，由是觀之，前輩之心術氣象，居然可知，義甚高矣。故至今傳之，今吾輩生同里，少同學，壯同仕，老同歸，隱矧有昆弟姻婭者，其義亦素厚矣；而又同際於一時，燕集於一堂，衣冠偉烈，俎豆具設，顧不有義存乎？是故必規過勸善以相益，必開誠敬直以相與，必共休戚通車馬以相恤，必虛心強恕以勿施其所不欲，則不徒得會之文，而實得其義，於潞公何讓焉？嗟乎！義之理大矣，反是則為利。利者義之辨也，絕忠告而適己便推之，於萬事無所往而非利，皆樂天潞公之所不道也，故曰舜與蹠之分，義與利之間而已。故斯會也，孳孳焉，惟義是圖，惟有媿前賢是懼。山人迂拙，得叨從諸公之後，每聞其議論，而樂觀其義，故為之記曰：耆英會者，以義起者也。夫以義起，則今之可傳於後，猶昔之可傳於今也，夫奚疑？同會者，為羅溪詹公名椿、兩岩李公名天倫、東谷孫公名應奎、梅亭于公名淳、野雲劉公名成學、嵩少李公名天成、任村戴公名梗，暨山人為八人，岩公又繪為圖，山人作記，亦用元豐故事。山人者誰？鳳泉王邦瑞也。(《古今圖書集成》職方典第四百四十二卷河南府部藝文三第一二～一四頁)

智按：王邦瑞，字維賢，或作惟賢，號鳳泉，宜陽（今屬河南）人。正德十二年（一五一七）進士。改庶吉士，出為廣德知州。嘉靖中屢遷吏部左侍郎。俺答兵臨京師，邦瑞總督九門。因兵部尚書丁汝夔被逮下獄，遂攝兵部，兼督團營。韃靼兵退，改兵部左侍郎，專督營務。條上興革六事，言宦官典兵，為古今大患，請盡撤宦官監軍。世宗從之。進兵部尚書，協理京營戎政。時大將軍咸甯侯仇鸞跋扈專橫，欲節制諸軍，邦瑞為仇鸞所誣陷，落職家居十年。嘉靖三十九年，乃起故官。卒於官，贈太子少保，謚襄毅。有《王襄毅公集》。

周復俊（一四九六～一五七四）

《憶滇南》

白傅有《憶江南》三首，予甚愛其辭，而予游滇南也久，俯仰今昔，不無白傅之思，漫效其體，亦賦三篇。

滇南好，所憶憶澄潭。金馬樓船春載泛，碧雞歌舞月方圓。能不憶滇南？

滇南樂，常記在滇中。三春麰麥家家熟，十月桃花樹樹紅。何日更相逢？

滇南憶，佳麗屬昆明。垂柳影邊飛棹影，賣花聲裏雜鶯聲。是處有吹笙。

（《涇林詩文集》卷三，明萬曆二十年周玄暐刊本，中國社會科學院文學研究所圖書館善本室藏）

智按：周復俊，字子籲，號木涇子、涇林。崑山（今屬江蘇）人。嘉靖十一年（一五三二）進士，授工部主事，歷仕四川、雲南，官終南京太僕寺卿。一生勤于著述，詩文亦有時名。仕雲南時，與謫雲南之楊慎劇談七晝夜。著有《涇林集》、《東吴名賢記》、《全蜀藝文志》等。事迹見《國朝獻征録》卷七二。

柯維騏（一四九七～一五七四）

《宋史新編》

白居易《八漸真議》一卷。（《宋史新編》卷五十志三十六，《續修四庫全書》影印明嘉靖四十三年杜晴江刻本）

白居易《白氏六帖》三十卷。又《前後六帖》三十卷。前，白居易撰；後，宋孔傳撰。（《宋史新編》卷五十二志三十八，《續修四庫全書》影印明嘉靖四十三年杜晴江刻本）

白居易《長慶集》七十一卷。（《宋史新編》卷五十三志三十九，《續修四庫全書》影印明嘉靖四十三年杜晴江刻本）

元稹、白居易、李諒《杭越寄和詩集》一卷。（《宋史新編》卷五十四志四十，《續修四庫全書》影印明嘉靖四十三年杜晴江刻本）

白居易《白氏金針詩格》三卷。又《白氏制朴》一卷。（《宋史新編》卷五十四志四十，《續修四庫全書》影印明嘉靖四十三年杜晴江刻本）

楊士達《擬諷諫集》五卷。（《宋史新編》卷五十三志三十九，《續修四庫全書》影印明嘉靖四十三年杜晴江刻本）

《劉白唱和集》三卷。《送白監歸東都詩》一卷。（《宋史新編》卷五十四志四十，《續修四庫全書》影印明嘉靖四十三年杜晴江刻本）

李及，字幼幾，鄭州人。父覃。左拾遺。及第進士。歷官中外，遷至尚書，工部侍郎，自知河南府，召拜御史中丞。卒，年七十，贈禮部尚書，謚恭惠。及清介簡嚴，喜獎薦下吏，而樂道人善。知杭州，惡其俗輕靡，不事宴游。一日冒雪出郊，衆謂當置酒召客，乃獨造林逋清談。居官數年，未嘗帀吳中物。比去，唯購白樂天集。在河南，間與提點刑獄杜衍會，而具甚踈薄，中貴人用事者至，亦無加品。衍歎其清德。妻張嫉悍，及嘗生子鞠外舍，張固請歸保育之，乃會親屬，以子擊堂柱，碎其首，遂無後。（《宋史新編》卷九十二列傳三十四，《續修四庫全書》影印明嘉靖四十三年杜晴江刻本）

智按：柯維騏，字奇純，莆田（今屬福建）人。嘉靖二年（一五二三）癸未進士，授南京戶部主事，未任事而歸。事迹具《明史·文苑傳》。

嚴怡（？～一五七五）

《聽琵琶詞》（三首其一）

送客江頭月色蒼，琵琶一曲響新霜。荻花楓葉青衫淚，喚醒離魂白玉堂。（《嚴石溪詩稿》卷四，明萬曆五年劉效祖刻本）

智按：嚴怡，字士和，號石溪，如皋（今屬江蘇）人。嘉靖九年（一五三〇）歲貢。曾官臨朐、景寧校官。攝聊城令事。後爲堂邑王府教授，十八年乞歸。博極群書，工詩、古文辭。參纂嘉靖《如皋縣志》，有《嚴石溪詩稿》等。

文彭（一四九八～一五七三）

《觀舞追次白樂天韻》

張燈留客舞茵開，花鼓闐闐次第催。拂袖即看嬌影亂，鳴環真見細腰來。節遲顧鶴餘流盼，唱遠驚鴻思自迴。頓履一聲隨樂止，令人思築避風臺。（《四庫全書》本《文氏五家集》卷七《博士詩集》上）

智按：文彭，字壽承，號三橋，別號漁陽子、三橋居士、國子先生，文徵明長子，官南京國子監博士，著《博士詩》二卷。

謝榛（一四九九～一五七九）

《送白户曹貞甫之三河》

御河春草纔傾蓋，驛道炎風復送君。候騎遲留今日醉，美人消息幾時聞。孤城北向天門近，三水東流地脉分。漸老江州白司馬，建章回首隔重雲。（《四庫全書》本《四溟集》卷五）

《四溟詩話》

詩至三謝，乃有唐調；香山九老，乃有宋調；胡元諸公，頗有唐調；國朝何大復、李空同，憲章子美，翕然成風。吾不知百年後，又何如爾。（卷一，《歷代詩話續編》第一一三九頁）

韋蘇州曰：「窗裏人將老，門前樹已秋。」白樂天曰：「樹初黄葉日，人欲白頭時。」司空曙曰：「雨中黄葉樹，燈下白頭人。」三詩同一機杼，司空為優，善狀目前之景，無限淒感，見乎言表。（卷一，《歷代詩話續編》第一一四二頁）

白樂天《昭君》詩曰：「漢使卻回憑寄語，黄金何日贖蛾眉？君王若問妾顏色，莫道不如宫裏時。」此雖不忘君，而辭意兩拙。予因之效顰曰：「使者南歸重妾思，黄金何日贖蛾眉？漢家天子如相問，莫道容光異舊時。」（卷一，《歷代詩話續編》第一一五四頁）

《莊子》曰：「儵魚出游從容。」是魚樂也。白居易曰：「獺捕魚來魚躍出，此非魚樂是魚驚。」翻案《莊子》而無趣。《家語》曰：「水至清則無魚。」杜子美曰：「水清反多魚。」翻案《家語》而有味。（卷二，《歷代詩話續編》第一一六〇頁）

劉禹錫贈白樂天兩聯用兩「高」字：「雪裏高山頭白早。」「于公必有高門慶。」自注曰：「高山本高，高門使之高，二義不同。」自恕如此。兩聯最忌重字，或犯首尾聲可矣。子美曰：「江閣邀賓許馬迎。」「醉於馬上往來輕。」王維曰：「尚衣方進翠雲裘。」「萬國衣冠拜冕旒。」二公重字，不害為大家。

（卷二，《歷代詩話續編》第一一六五頁）

李靖曰：「正而無奇，則守將也；奇而無正，則鬬將也。奇正皆得，國之輔也。」譬諸詩，發言平易而循乎繩墨，法之正也；發言雋偉而不拘乎繩墨，法之奇也；平易而不執泥，雋偉而不險怪，此奇正參伍之法也。白樂天正而不奇，李長吉奇而不正，奇正參伍，李杜是也。（卷二，《歷代詩話續編》第一一六九頁）

白樂天《畫竹歌》云：「西叢七莖勁而健，省向天竺寺前石上見。東叢八莖疏且寒，憶曾湘妃廟裏雨中看。」此作造語清潤，讀者襟抱灑然，能發萬里之興，所謂淘沙揀金，難得之句也。釋景雲《畫松》詩云：「畫松一似真松樹，且待思量記得無？憶在天台山上見，石橋南畔第三株。」此詩全襲樂天，未見超絕。皎然所論「三偷」，雲公可當一二。（卷四，《歷代詩話續編》第一二〇三頁）

七言近體，起自初唐應制，句法嚴整。或實字疊用，虛字單使，自無敷演之病。如沈雲卿《興慶池侍宴》：「漢家城闕疑天上，秦地山川似鏡中。」杜必簡《守歲侍宴》：「彈弦春天節梅風入，對局探鉤柏酒傳。」宋延清《奉和幸太平公主南莊》：「文移北斗成天象，酒近南山獻壽杯。」觀此三聯，底蘊自見。暨少陵《懷古》：「一去紫臺連朔漠，獨留青塚向黃昏。」此上二字雖虛，而措辭穩帖。《九日藍田崔氏莊》：「藍水遠從千澗落，玉山高並兩峰寒。」此中二字亦虛，工而有力。中唐詩虛字愈多，則異乎少陵氣象。劉文房七言律，《品匯》所取十九首，上四字虛者亦強半。如「不知鳳沼霖初霽，但覺堯天日轉明」，「鴛衾久別難為夢，鳳管遙聞更起愁」之類。凡多用虛字便是講，講則宋調之根，豈獨始於元白！高棅所選，以正宗、大家為主，兼之羽翼、接武，亦不免三二濫觴者。（卷四，《歷代詩話續編》第一二二五頁）

智按：謝榛，字茂秦，號四溟山人，又號脫屣山人，臨清（今屬山東）人。生卒年一般認為是一四九五～一五七五，據李慶立《謝榛研究三議》（載《文藝研究》二〇〇四年第一期），應為一四九九～一五七九。少喜游俠，嘉靖間挾詩卷游京師，爲國學生盧柟申冤，使昭雪出獄，深得時人器重，乃與李攀龍、王世貞等建立詩社，為「後七子」之一，年齒居長。後來李攀龍聲名漸高，彼此觀點不合，遂絶交。終身為布衣，常為公卿、藩王賓客。朱彝尊《静志居詩話》卷十三推測：「明時重資格，於章服中雜以韋布，終以爲嫌。」謝榛論詩推重盛唐，雖不免擬古之習，但取徑較寬，能熔鑄變化，故法度森嚴而本色自存。其《四溟詩話》云：「熟讀之以奪神氣，歌詠之以求聲調，玩味之以裒精華。得此三要，則造乎渾淪，不必塑謫仙而畫少陵也。」錢謙益《列朝詩集·丁集》小傳稱：「茂秦今體工力深厚，句響而字穩，七子、五子之流，皆不及也。」而潘德輿《養一齋詩話》卷六則曰：「謝茂秦五律，堅整如城，宛然唐調，然終以有心爲之，非其至也。」今存萬曆二十四年（一五九六）趙府冰玉堂刊本《四溟山人全集》二十四卷，其中後四卷為詩話《詩家直説》(《四溟詩話》)，流傳尤廣。《明史》卷二八七有傳。

顧夢圭（一五〇〇～一五五八）

《采珠歎》

漢家嬪嬙無麗飾，南海逍遥養泉客。昭陽新寵鬭新妝，照乘之珠苦難得。孟嘗美政襲黄班，今人反怨珠來還。璽書三年兩頒降，驪龍赤蚌皆愁顔。往時中官涖合浦，巧徵横索如豺虎。中官去後璽書來，誰訴邊陲無限苦。野老村童不著褌，四山戎馬夜紛紛。竹房無瓦缾無粟，猶折山花迓使君。（陳田《明詩紀事》戊籤卷十五，《續修四庫全書》影印清陳氏聽詩齋刻本）

智按：嘉靖十七年，顧夢圭疏請停止采珠，因世宗不聽，作《采珠嘆》長詩以志慨。陳田云：「武祥分守廣東雷廉海北，故有平江青鶯楊梅樂民四珠池，詔書督採甚急，武祥疏言，海面珠池道里遼絶，往歲開採，用舟筏兵夫萬計，往來海中，因以爲盜，近年劇寇黄山秀蔓延縱横，覆轍可鑒，且珠蚌出海，有漸生息甚難，先朝率十五六年或十年一採始得美珠，邇者三年，再採珠已耗竭，自非積久欲得美碩繁顆，必不可得之數矣。況蜑户腰絙入海，觸犯瘴霧，駢首就死，實可憫念，伏望亟賜罷採以寬民力，不報責貢如初。武祥有《采珠歎》……此詩可儷白香山《新樂府》矣。武祥《疣贅集》長於古體，如《漷縣行》、《獻縣行》等篇，皆可採之輶軒，陳之太史者也。」

顧夢圭，字武祥，號雍里，崑山（今屬江蘇）人。嘉靖二年（一五二三）進士。官至江西右布政使。有《疣贅録》九卷，續録二卷。事迹見同里歸有光《震川先生集》卷二二《中奉大夫江西右布政使致仕雍里顧公權厝志》。

趙統（一五〇〇～一五八一後）

《驪山詩話》

⊙香毬

白樂天詩：「香毬趁拍廻環匝，花盞拋巡取次飛。」人皆知為酒讌中樂事，而不知香毬為何用。夫樂天非自作物始者也，蓋彼一時好事者間為之，而異代之好尚之不同，以失其傳，如不傳尺八者之謂乎！即今貴戚富家，箏栣、琵琶、三弦之首，或為珍珠、纓絡牌結懸掛為飾，而效之者假以藥珠而為之拍按，則或動摇環轉，是故其遺制也乎？而今合香之工巧為毬母，以小孕大，玲瓏透韓，至兩三胞為一毬，三五毬外，各華以金綵，然内各為機繫。試取而縣之箏栣諸器，按拍板眼，鮮不環匝，真自我可再作則也，特時賤之而不用耳。至於「花盞」，則泛菊之餘習。今之凡花之香美者，多资以泛酒，非取象於器也。「飛」，傳杯酒令也，各省俗令，今名「飛杯拋」，所以押酒巡也。視古如今，惜無以作九原，拉樂天相與趁拋而質之。（《驪山詩話》卷三，《稀見明人詩話十六種》第二七八頁）

智按：趙統，字伯一，臨潼（今屬陝西）人。嘉靖十四年（一五三五）進士，官戶部郎中。于嘉靖二十六年爲人所陷，拘于獄中。萬曆元年（一五七三）釋歸。近三十年著力爲詩，所作大抵骨力雄健，學殖淹博，亦遵七子所傳。著有《驪山集》、《老子斷注》、《杜律意注》等。生平事迹見《明詩紀事》戊籤卷一九。

李滉（一五〇一～一五七〇）

《郡齋移竹》

君不見：子猷平生酷愛竹，蕭灑風流眞絶俗。一日不可無此君，坐令百卉來匍匐。又不見：樂天才調本浮華，相國亭中變初服。櫻桃楊柳摠莫汙，晚歲飄然八灘曲。……千尋强寫笑文同，萬夫錯比嗤杜牧。世人區區鶴又州，誰肯同歸節也獨。荒哉酒放林下七，邈矣詩豪溪上六。儻有翩翩丹穴禽，千載回翔此棲宿。老我年來冷淡生，相對寧憂食無肉。從今更歎衛公賢，一篇淇隩湔心讀。何必柴桑歸去來，白衣悵望東籬菊。（《退溪先生文集》卷一，漢城：大東文化研究院，一九七八年）

《秋夜》

曼曼秋夜長，窅窅虚室静。灰殘香黯黯，夢覺神惺惺。索索雨葉隕，飜飜栖鵲警。懷人惜遲暮，抱痾憐幽屏。白傅喜中隱，韓公悼前猛。何如一棹歸，萬里烟波景。（《退溪先生文集》卷一，漢城：大東文化研究院，一九七八年）

《和白樂天眼漸昏昏耳漸聾》

眼漸昏昏耳漸聾，懶當勞事怯當風。謬懷志願平生裏，蹉過光陰一夢中。僧報野堂春尚峭，婢愁山甕酒仍空。題詩莫浪傳人手，年少叢多笑此翁。（《退溪先生文集》卷三，漢城：大東文化研究院，一九七八年）

智按：李滉，初名瑞鴻，字景湖，號退溪、陶翁、清涼山人。一五二三年入學于成均館，一五二八年登進士，一五三四年文科及第。歷任博士、典籍、檢討官、正言、忠清道暗行御使、大司成、兩館大提學等。乃朝鮮李朝大哲學家、詩人、朱子學派代表。有《修正天命圖說》、《朱子書節要》、《經書釋義》。

王三聘（一五〇一～一五七七）

《事物考》

⊙次韻

齊梁間倡和皆不次韻，至唐元稹作《春深二十首》，並用「家」、「花」、「車」、「斜」四字為韻，白居易、劉禹錫和之，亦用其韻，及令狐楚和詩，

多次其韻。宋真宗時，楊億謂次韻始于此也。（《事物考》卷二，《續修四庫全書》影印明嘉靖四十二年刻本）

智按：王三聘，字夢莘，號兩曲，盩厔（今屬陝西）人。嘉靖十年（一五三一）中舉，十四年（一五三五）中進士，初任大理評事。改河南僉事、四川僉事。有《五經集録》、《小學集注》、《性理字訓》、《三字經訓解》、《字學大全》、《子史節録》、《古今事物考》、《盩厔縣志》等。

文嘉（一五〇一～一五八三）

《虎丘待月》

為愛西丘郭外蒼，春來三度到山堂。看碑每憶顏刑部，對酒難忘白侍郎。石裂道傍誰試劍，舟廻溪上客鳴榔。徘徊不是遲歸去，要待中庭月一方。（《文氏五家集》卷九《和州詩集》）

智按：文嘉，字休承。文徵明次子。官和州學正，著《和州詩》一卷。

袁袠（一五〇二～一五四七）

《秋菊盈園客至輒醉效白太傅體作》

小園無日不花開，更喜黃花滿徑栽。謝病長卿抛著述，避人陶令賦歸來。霜枝高下依朱檻，露蕊浮沉薦羽杯。日引兒童相燕賞，時邀鄰曲坐莓苔。香氛似入芝蘭室，叢艷爭看錦繡堆。豈羡季倫金谷好，已拚李白玉山頹。酒中深趣真堪樂，身外浮名只是災。但使有花無俗客，百年知醉幾千廻。（《衡藩重刻胥臺先生集》卷八，《四庫全書存目叢書》影印明萬曆十二年衡藩刻本，集部第八六册，第五二六頁）

智按：袁袠，字永之，號胥臺，吴縣（今江蘇蘇州）人。嘉靖五年（一五二六）丙戌進士，官至廣西提學僉事。《明史・文苑傳》附見《文徵明傳》中。有《衡藩重刻胥臺先生集》二十卷（《四庫全書存目叢書》影印明萬曆十二年衡藩刻本，集部第八六册；《北京圖書館古籍珍本叢刊》影印萬曆十二年衡藩刊本，第一百四册）。

田汝成（一五〇二～一五六三後）

《鵩鳴集序》

《鵩鳴集序》

蓋聞鳳皇喈而賢才昌，平露生而百職敘，鵩鳥鳴而下有遷，人氣類感，兆有明徵矣。自古遷人阨窮楚服者，莫若屈平，其次則賈誼，遼隔數百年，而太史公引以同傳。其言曰：小雅怨誹而不亂，二子以之，然屈平行吟憔悴，卒以自沉；賈誼自謂輕去就，同死生，而不免壹鬱以齎志，達人大觀者，固如此耶？是堂俞子，愽貫經術，聲振士林，緒密思清，藻翰精贍，然雅調不諧於俚耳，蛾眉見嫉於宫群。頃以比部郎官，出就楚藩司理，楚風善怨，雖賢者猶或染之，而司理冗官，又非所以居停文士也。俞子衷抱冲粹，絶無憾尤，山水遨遊，寮儕徵逐，或撫時觸事，聿萌魏闕之思，往往形之歌謠。六義間作，莫不旨含風雅，藴發性情，不爲憤懟諷刺之詞，以傷和平之體。達人大觀之義，殆庶機焉。不然，以柳子厚之才華，伍猿鳥而賦囚山，辭則戚矣；白樂天之曠逸，聽琵琶而濕衫袂，趣則卑矣。懷瑣瑣於窮通，雖文何足道也。俞子居楚四年，而量移越郡。去之日，輯其在楚時所著，年爲一簡，分凡四卷，以呈學使三石喬公，讀而嘉之，爲之題曰《鵩鳴集》。從謫所始也，予因得而卒業焉。自今往也，俞子方將羽儀霄路，效瑞明時，屏鵩鳥於桓山，賡鳳鳴於阿閣矣。（《田叔禾小集》卷一，《四庫全書存目叢書》影印明嘉靖四十二年田藝蘅刻本）

《賜閒堂稿序》

賜閒堂稿者，少師夏公歸田時雜著也。……頃以璽書促覲，再陟臺階，道徑錢塘，出是編以授汝成，曰：「此吾歸田時雜著也，子其爲我序之。」汝成受而釐之，次爲十卷，以復于公。公以授侍御曹君忭，曹君故館閣名士，受知於公，爲之校其訛謬，謀於侍御楊君九澤而梓之。楊君者亦公廷閲士也，同按浙中，遂以授杭州府判羅尚絅監刻焉。竊惟古之大臣文章，功業鮮克駢美，而明農反服，又罕登庸。至如張曲江託賦白羽，志在惕讒；裴晉公緑野沉冥，忘情拯世；白樂天結社香山，晚迷佛旨；疏太傅辭榮遠辱，樂取揮金。之數公者，或遘奸佞之會，或逢哀亂之朝，或多慾以逃禪，或先幾以避禍，雖嗜好有適，而芥蔕橫胷，詭曰優閒，秖自飾耳。乃公内有聖明之倚賴，外無朋比之摧如，運際熙雍，邊陲靖謐，故得從容林壑，無佚無荒，挹山水之清暉，陶風月之佳趣，抒爲文藻，既正而葩。蓋公玄襟冲澹，念泯熱中，機事都忘，物我無競，故受命無飲冰之感，爲園有狎鷗之娱，不藉聲色以怡情，而騁玩翰墨之間，自有天然之豫暇矣。……（《田叔禾小集》卷二，《四庫全書存目叢書》影印明嘉靖四十二年田藝蘅刻本）

《桂林行》

予世勤農圃，少隱丘樊，步武不出閭里之間，聞見不越簡編之事。迨乎弱冠，濫厠鄉書，伯仲計偕，觀光上國，譬之潢鱗縱壑，谷羽騰霄，蓋已心曠神馳，恢弘壯膽矣。廼今竊禄一紀，沿牒九遷，内陟兩京，外歷三省……戊申，覲廵撫都御史王公德深浚，遂遊天竺山，舊有寺，爲韜光禪師所居，白樂天有詩懷之，蘇子瞻所謂「香山居士留遺蹟，天竺禪師有故居」者是也。己酉，登鬱孤臺，臺高數仞，水光山色，盡出几席履舄之間。趙抃詩云「群峰鬱然起，惟獨此山孤」是也。庚戌，萬壽聖節，行賀禮于水西驛，遂發贑縣。……（《田叔禾小集》卷八，《四庫全書存目叢書》影印明嘉靖四十二年田藝蘅刻本）

《西湖遊覽志》

⊙西湖總敘

西湖，故明聖湖也。周繞三十里，三面環山，谿谷縷注，下有淵泉百道，潴而為湖。漢時金牛見湖中，人言明聖之瑞，遂稱明聖湖。以其介於錢唐也，又稱錢唐湖。以其輸委於下湖也，又稱上湖。以其負郭而西也，故稱西湖云。西湖諸山之脈，皆宗天目。天目西去府治一百七十里，高三千九百丈，周廣五百五十里，蜿蟺東来，凌深拔峭，舒岡布麓，若翔若舞，萃於錢唐，而峭萃於天竺。從此而南而東則為龍井，為大慈，為玉岑，為積慶，為南屏，為龍為鳳，為吳，皆謂之南山，從此而北而東，則為靈隱，為僊姑，為履泰，為寶雲，為巨石，皆謂之北山。……六朝已前，史籍莫攷，雖《水經》有明聖之號，天竺有靈運之亭，飛来有慧理之塔，孤山有天嘉之檜，然華艷之蹟，題詠之篇，寥落莫睹。逮於中唐，而經理漸著。代宗時，李泌刺史杭州，憫市民苦江水之鹵惡也，開六井，鑿陰竇，引湖水以灌之，民賴其利。長慶初，白樂天重修六井，甃函筧，以蓄洩湖水，溉沿河之田。其自序云：「每減湖水一寸，可溉田十五餘頃；每一復時，可溉五十餘頃。」「此州春多雨，夏秋多旱，若隄防如法，蓄洩及時，即瀕湖千餘頃，無凶年矣。」又云：「舊法，洩水先量湖水淺深，待溉田畢，却還原水尺寸。往往旱甚，則湖水不充，今年築高湖隄數尺，水亦隨加，脱有不足，更決臨平湖，即有餘矣。俗忌云：決湖水，不利錢塘縣。官多假他辭，以惑刺史。或云魚龍無託，或云茭菱失利，且魚龍與民命孰急？茭菱與田稼孰多？」又云：「放湖水，則城中六井咸枯，不知湖底高，井管低，湖中有泉百道，湖耗則泉湧，雖罄竭湖水，而泉脈常通，乃以六井為患，謬矣。第六井陰竇，往往堙塞，亦宜數察而通之，則雖大旱不乏。湖中有無税田數十頃，湖淺則田出，有田者率盜決以利其私田，故函筧非灌田時，並須封閉；漏洩者罪坐所由。即湖水常盈，蓄洩無患矣。」吳越王時，湖葑蔓合，乃置撩兵千人，以芟草濬泉。又引湖水為湧金池，以入運河，而城郭内外增建佛廬者以百數。蓋其時偏安一隅，財力殷阜，故興作自由。宋初，湖漸淤壅。景德四年，郡守王濟增置斗門，以防潰溢，而僧民規占者，已去其半。天禧中，王欽若奏以西湖為放生池，祝延聖壽，禁民採捕，自是湖葑益塞。慶歷初，郡守鄭戩復開濬之。嘉祐間，沈文通守郡，作南井于美俗坊，亦湖水之餘派也。元祐五年，蘇軾守郡，上言：杭州之有西湖，如人之有眉目也。自唐以来，代有濬治。國初廢置，遂成膏腴。熙寧中，臣通判杭州，葑合纔十二三，到今十六七年，又塞其半。更二十年，則無西湖矣。……（《西湖遊覽志》卷一，明嘉靖本）

⊙孤山三堤勝蹟

自斷橋西徑湖中，過望湖亭，為孤山四賢堂，林逋墓，放鶴亭，瑪瑙坡，尚書俞公祠，歲寒岩，唐陸宣公祠，六一泉。

斷橋，本名寶祐橋，呼斷橋自唐始張祜詩「斷橋荒蘚合」是也。豈孤山之路至此而斷，故名歟？元錢惟善《竹枝詞》有段家橋之名，人以為杜撰，然楊、薩諸詩亦稱，未為無據也。橋堤烟柳葱青，露草芊綿，望如裙帶。白樂天詩：「望海樓明照曙霞，護江堤白蹋晴沙。濤聲夜入伍胥廟，柳色春藏蘇小家。紅袖織綾誇柿蔕，青旗沽酒趁梨花。誰開湖寺西南路，草緑裙腰一道斜。」後堤漸損。萬曆中，三河孫隆修築，甚壯偉，雜值四時花木，建錦帶橋，蓋望湖亭遊人叢集稱絶勝橋口，宋有總宜園，中貴張氏別墅也；西有涵碧橋，宋轉運使陳堯佐重修；又西有處士橋、宏春橋並廢。

望湖亭，唐時在孤山之址。宋時徙寶石峯。僞周平章張士信所建也。國初復徙故址。四面玲瓏，夏飲最快。白樂天《湖亭晚歸》詩：「盡日湖亭卧，心閒事亦稀。起因殘醉醒，坐待晚涼歸。松雨飄藤帽，江風透葛衣。柳堤行不厭，沙軟絮霏霏。」韓克莊《湖亭宴賞有懷徐復初》詩：「芙蓉花開一萬頃，錢唐最好是湖邊。晚風得酒更留月，春水到門還放船。笙引鳳凰天上曲，賦裁鸚鵡座中僊。令人却憶徐公子，深閣焚香日晏眠。」

孤山巋介湖中，碧波環遶，勝絶諸山。唐宋間樓閣參差，彌布椒麓。唐張祜詩：「樓臺聳碧岑，一徑入湖心。不雨山常潤，無雲水自陰。斷橋荒蘚合，空院落花深。猶憶西窻月，鐘聲出北林。」白樂天《西湖晚歸回望孤山寺贈客》詩：「柳湖松島蓮花寺，晚動歸橈出道場。盧橘子低山雨重，棕櫚葉戰水風涼。烟波淡蕩搖空碧，樓殿參差倚夕陽。到岸請君回首望，蓬萊宫在水中央。」《孤山寺遇雨》詩：「拂波雲色重，灑葉雨聲繁。水鷺雙飛起，風荷一向翻。空濛連北岸，蕭颯入東軒。或擬湖中宿，留船在寺門。」《湖上夜飲》詩：「郭外迎人月，湖邊醒酒風。誰留使君飲，紅燭在舟中。」林君復《孤山寺》詩：「低處凭欄思渺然，孤山塔後閣西偏。陰沈畫軸林間寺，零落棊枰葑上田。秋景有時飛獨鳥，夕陽無事起寒烟。遲歸更愛吾廬近，秖待重来看雪天。」《孤山寫望》詩：「水墨屏風狀總非，作詩除是謝玄暉。溪橋裊裊穿黃落，樵斧丁丁隔翠微。返照未沈僧獨往，長烟初淡鳥横飛。南峯有客鋤園罷，閒倚林間忘却歸。」

四賢堂，正德間郡守楊孟瑛建，以祀唐刺史李公泌、白公居易、宋守蘇公軾、處士林公逋者。泌字長源，代宗時任。引湖水入城，甃六井以解斥鹵，民到于今賴之。居易字樂天，穆宗時任。築湖堤，以鍾洩湖水，溉田千頃。

軾字子瞻，哲宗時任。濬湖甃井，治堰閘以利民，民立祠祀之。逋字君復，隱居孤山，徵辟不就，構巢居閣，繞種梅花，吟咏自適，徜徉湖山，或連宵不返，客至則童子放鶴招之。真宗嘉其高尚，賜號和靖處士。先是唐民懷白公之德，即山之廣化寺以祀公。至宋，益以蘇公、林公，名三賢堂。紹興間，建四聖，延祥觀而盡徙之，祠遂廢。京尹袁韶復建於蘇堤中。天順三年，郡守胡濬徙之故址。成化十一年，布政使甯良杜謙等增建仰高亭、巢居閣，楊公濬湖訖，事奉李公泌而併祀之，遂名四賢堂也。堂之左，舊有四照閣，久廢。成化間，都御史韓雍復建。嘉靖十四年毀。和靖《巢居閣偶書》詩：「遶舍青山看未足，故穿林表架危軒。但將松籟延佳客，常帶嵐霏認遠村。吳榜自能淩晚汰，湘纍何苦屬芳蓀。餘生多病期恬養，聊此棲遲一避喧。」……（《西湖遊覽志》卷二，明嘉靖本）

《西湖游覽志餘》

白樂天之守杭州也，放浪湖山，耽昵聲妓，新詞艷曲，布浹郡中。其《湖上春行》詩：「孤山寺北賈亭西，水面初平雲脚低。幾處早鶯爭暖谷（原作「樹」）？誰家新鷰啄春泥？亂花漸欲迷人眼，淺草猶（原作「才」）能沒馬蹄。最愛湖東行不足，緑楊陰裏白沙堤。」《春題湖上》詩：「湖上春來似畫圖，亂峰圍繞水平鋪。松排山面千重翠，月照波心一粒珠。碧毯緑（宋紹興本《白氏長慶集》作「綫」，是）頭抽早麥（宋紹興本作「稻」，是），青羅裙帶展新蒲。未能拋得杭州去，一半勾留是此湖。」《餘杭形勝》詩：「餘杭形勝四方無，州傍青山縣枕湖。遶郭荷花三十里，拂城松樹一千株。夢兒亭古傳名謝，教妓樓新道姓蘇。獨有使君年太老，風流（依宋紹興本應作「光」）不稱白髭鬚。」《湖上招客送春泛舟》詩：「欲送殘春招酒伴，客中誰最有風情？兩瓶若（「若」應作「箬」。居易自注有云：「時崔湖州寄新箬下酒來。」箬下，酒名。作若，誤）下新求（智按：依宋紹興本應作開）得，一曲霓裳初教成。排比管絃行翠袖，指麾舩舫點紅旌。慢牽好向湖心去，恰似菱花鏡裏（紹興本作「上」）行。」［智按：長慶四年（八二四），五十三歲，任杭州刺史。《白居易集箋校》第一三九三頁］（卷十《才情雅致》，浙江人民出版社本，第一四三頁）

元、白之在當時，聲華略等。樂天守杭州，而微之除浙東觀察使，比壤而居，詩筒往來，殆無虚日，嘲獎雜陳，亦一時盛事也。微之《以州宅誇樂天》詩：「州城迴遶拂雲堆，鏡水稽山滿眼來。四面常時對屏幛，一家終日在樓臺。星河侶向簷前落，鼓角驚從地底回。我是玉皇香案吏，謫居猶得住蓬萊。」樂天答之詩：「賀上人回得報，書大誇州宅似僊居。厭看馮翊風沙久，喜見蘭亭煙景初。日出旌旗生氣色，月明樓閣在空虚。知君暗數江南郡，除卻餘杭盡不如。微之《重誇州宅詩》：「僊都難畫亦難書，暫合登臨不合居。繞郭煙嵐新雨後，滿山樓閣上燈初。人聲晚動千門闢，湖色宵涵萬象虚。為問西川羅刹岸，濤頭衝突近何如?」樂天答之詩：「君問西州城下事，醉中疊紙為君書。嵌空石面標羅刹，壓捺潮頭敵子胥。神鬼曾鞭猶不動，波濤雖打欲何如? 誰知太守心相似，抵滯堅頑兩有餘。」又《答微之》詩：「可憐風景浙東西，先數餘杭次會稽。禹廟未勝天竺寺，錢潮不羨若耶溪。擺塵野鶴春毛煖，拍水沙鷗濕翅低。更對雪樓君愛否? 紅欄碧甃點銀泥。」又《以西湖誇微之》詩：「上馬復呼賓，湖邊景氣新。管絃三數事，騎從十餘人。立換登山屐，行攜漉酒巾。逢花看當妓，遇草坐為茵。西日籠黄柳，東風蕩白蘋。小橋裝鴈齒，輕浪甃魚鱗。畫舫牽徐轉，銀船酌慢巡。野情遺世累，醉態任天真。彼此年將老，平生分最親。皇天從所欲，遠地得為隣。雲樹分三驛，煙波限一津。翻嗟寸步隔，卻厭尺書頻。浙右稱雄鎮，山陰委重臣。貴垂長紫綬，榮駕大朱輪。出動鎗刀隊，歸生道路塵。鴈驚弓易散，鷗怕鼓難馴。百吏瞻相面，千夫奉擁身。自然閒興少，應負鏡湖春。」（卷十《才情雅致》，浙江人民出版社本，第一四三～一四四頁）

樂天之既去杭州也，不勝回戀之思。其詩云：「除官去未閒，半月恣幽討。朝來霞外寺，暮宿波上島。新木少於松，平湖半連草。躋攀有次第，賞玩無昏早。有時騎馬醉，兀然冥天造。窮通與死生，其奈吾懷抱。江山信為美，齒髮行將老。在郡誠未厭，歸鄉去亦好。」《留別郡齋》詩：「吟山歌水嘲風月，便是三年官滿時。春為醉眠多閉閤，秋因晴望暫褰帷。更無一事移風俗，唯化州民解詠詩。」《留別天竺靈隱兩寺》詩：「在郡六百日，入山十二回。宿因月桂落，醉為海榴開。黄紙除書到，青宮詔命催。僧徒多悵望，賓從亦徘徊。寺暗煙埋竹，林香雨落梅。別橋憐白石，辭洞戀青苔。漸出松間路，猶飛馬上盃。誰教冷泉水，送我下山來。」《留別西湖》詩：「征途行色慘風煙，祖帳離聲咽管弦。翠黛不須留五馬，皇恩只許住三年。緑藤陰下鋪歌席，紅藕花中泊妓船。處處回頭盡堪戀，就中難別是湖邊。」《杭州廻舫》詩：「自別錢唐山水後，不多飲酒懶吟詩。欲將此意憑廻棹，與報西湖風月知。」《九日思杭州舊游寄周判官及諸客》詩：「忽憶郡南山頂上，昔時同醉是今辰。笙歌委曲聲延耳，金翠動搖光照身。風景不隨宮相去，歡娱應逐使君新。江山賓客皆如舊，唯是當筵換主人。」《送姚杭州赴任因思舊游》詩：「與君細説杭州事，為我留心莫等閒。閭里固宜勤撫恤，樓臺亦要數躋攀。笙歌縹緲虛空裏，風月依稀夢想間。且喜詩人重管領，遙飛一盞賀江山。」其二：「緲緲錢唐路幾千，想君到後事依然。靜逢竺寺猿偷橘，閒看蘇家女採蓮。故妓數人憑問訊，新詩兩首倩流傳。舍人雖健無多興，老校當時八九年。」《答客問杭州》詩：「為我踟躕停酒盞，與君約略説杭州。山名天竺堆青黛，湖號錢唐瀉緑油。大屋簷多裝鴈齒，小航船亦畫龍頭。所嗟水路無三百，官繫何因得再游。」（卷十《才情雅致》，浙江人民出版社本，第一四四～一四五頁）

杭州華麗，雖盛於唐時，然其題詠，自白舍人、張處士之外，亦不多見。獨杜荀鶴、方玄英、溫飛卿諸詩，頗得風物之勝。杜荀鶴《錢唐寄姚中丞》詩：「豈謂無心求上第？難居帝里為家貧。江南江北閒為客，潮去潮來老卻人。兩岸雨收鶯語柳，一樓風滿角吹春。花前不獨垂鄉淚，曾是朱門寄食身。」方玄英《旅次錢唐》詩：「此處是鄉國，堪為朝夕吟。雲藏吳相廟，樹引越山禽。潮落海人散，鐘遲秋寺深。我來無舊識，誰見寂寥心。」詩中四句，不書題目，一吟可知其為錢唐也。溫飛卿《錢唐》詩：「錢唐岸上春如織，淼淼寒湖帶晴色。淮南游客馬連嘶，碧草迷人歸不得。風飄客意如吹煙，纖指殷勤傷鴈弦。一曲堂堂紅燭筵，金鯨瀉酒如飛泉。」（卷十《才情雅致》，浙江人民出版社本，第一四五～一四六頁）

白樂天為杭州刺史，令訪牡丹，獨開元寺僧惠澄近自京師得之，植於庭。時春景方深，惠澄設油幕覆其上。徐會凝自富春來，未識樂天，先題詩曰：「此花南地知難種，慚愧僧閒用意栽。海燕解憐頻睥睨，胡蜂未識更徘徊。虛生芍藥徒勞妒，羞殺玫瑰不敢開。惟有數苞紅蕚在，含芳直待舍人來。」樂天到寺看花，乃命凝同醉而歸。時張祜榜舟而至，二生各希首薦，樂天曰：「二君論文，若廉白之鬭鼠穴，勝負在此一戰也。」遂試《長劍倚天外》賦、《餘霞散成綺》詩。試訖解送，凝為元。祜曰：「祜甘露寺詩，有『日月光先到，山河勢盡來。』金山寺詩，有『樹影中流見，鐘聲兩岸聞。』雖綦毋潛云：『塔影掛青漢，鐘聲和白雲。』此句未為佳也。」凝曰：「美則美矣，爭如老夫廬山瀑布詩『今古長如白練飛，一條界破青山色』。」凝遂擅場。祜歎曰：「榮辱糾紛，亦何常也！」遂行歌而邁，凝亦鼓枻而歸。（卷十《才情雅致》，浙江人民出版社本，第一四六頁）

杭州元宵之盛，自唐已然，白樂天詩云：「歲熟人心樂，朝游復夜游。春風來海上，明月在江頭。燈火家家市，笙歌處處樓。無妨思帝里，不合厭杭州。」（卷十《才情雅致》，浙江人民出版社本，第一四七頁）

杭州巨美，得白、蘇而益章，考其治績怡情，往往酷似。樂天詩云：「閭里固宜勤撫恤，樓臺亦要數躋攀。」子瞻亦云：「細雨晴時一百六，畫橈鼉鼓莫違民。」樂天詩云：「笙歌委曲聲延耳，金翠動搖光照身。」子瞻亦云：「剩看新翻眉倒暈，未應泣別臉消紅。」樂天詩云：「故妓數人憑問訊，新詩兩首倩流傳。」子瞻亦云：「休驚歲歲年年貌，且對朝朝暮暮人。」樂天取天竺奇石，受代攜歸，詩云：「三年為刺史，飲水復食蘗。唯向天竺山，取得兩片石。此直抵千金，無乃傷清白。」子瞻亦云：「在郡依前六百日，山中不記幾回來。還將天竺一峰去，欲把雲根到處栽。」蓋子瞻景慕，惟在樂天，故摹擬之詞，比比歌詠。如云：「出處依稀似樂天，敢將衰朽較前賢。」又云：「但遣先生披鶴氅，不須更畫樂天真。」殆有夢寐羹墻之想矣。（卷十《才情雅致》，浙江人民出版社本，第一五一頁）

前輩任杭州而去者，往往思之。雖其山水清佳，亦其民風淳懦易感也。白樂天則云：「自別錢唐山水後，不多飲酒懶吟詩。」又云：「所嗟水路無三百，官繫無由得再游。」又云：「緲渺錢唐路幾千，想君到後事依然。」又云：「江南憶，最憶是杭州。山寺月中尋桂子，郡亭枕上看潮頭。何日更重游？」子瞻則云：「寄謝西湖舊風月，故應時許夢中游。」又云：「居杭積五歲，自憶本杭人。故山歸無家，欲買西湖隣。」又云：「前生我已到杭州，到處長如到舊游。更欲洞霄為隱吏，一庵閒地且相留。」二公之戀戀於舊游，蓋必有以取之爾。（卷十《才情雅致》，浙江人民出版社本，第一五一～一五二頁）

宋時，太學各齋，除夕於祭齋，榜品用棗子、荔枝、蓼花，取「早離了」之讖。執事者帽而不帶，以絛代之，謂之「叨冒爵」。中有數鴨脚，以酒沃之，謂之「僥倖」。遊湖不至三賢堂，蓋以樂天、子瞻、君復並坐，謂之「落蘇林」。此皆速化之心，可發一笑。（卷二十三「委巷叢談」，浙江人民出版社本，第三五〇頁）

宋時，西湖三賢堂兩處，皆有東坡。其一在孤山竹閣，三賢者，白樂天、林君復、蘇子瞻也；其一在龍井壽聖院，三賢者，趙閱道、僧辯才、蘇子瞻也。寶慶間，袁樵尹京，移竹閣三賢祠於蘇堤，建亭館以沽官酒。或題詩云：「和靖東坡白樂天，三人秋菊薦寒泉。而今滿面生塵土，却與袁樵趁酒錢。」（卷二十三「委巷叢談」，浙江人民出版社本，第三六二頁）

西湖開濬之績，古今尤著者，白樂天、蘇子瞻、楊温甫三公而已。今考樂天集中，無開濬奏狀，意其時法禁寛洪，守土者得以便宜舉事，不煩陳請，而廷議亦不訾之。子瞻時，既上疏於哲宗，復具申於三省，凡錢米工役，具有成算。然其時御史賈易已劾其科騷部内，以事游逐，雖廢格不行，而宰臣未免有兩罷之請，已不及樂天時矣。然考其興工，則元祐五年四月二十八日也。踰日迺舉申奏，猶有議事以制，先發後聞之體。至楊温甫時，則又別矣。先申巡臺藩臬，俟其報可，然後敢白於朝，下工部詳議之；再俟報可，然後興事，終以開除額税未明，迺以少京尹再署府事，而竟以物議罷官，何其危也。且樂天、子瞻開湖時，豈不廢墳墓，毀田廬，而民怨不敢作。即作矣，而糾察之吏，不復以法繩之。乃温甫興久廢無窮之利，而卒隕其名，嗣今誰復有任事之人哉？今去温甫又幾四十年矣，藩臬長官，非奉巡臺，一錢不敢擅發，况郡守者，而敢云倡議開湖也？世變之趨，亦可嘆矣。（卷二十四「委巷叢談」，浙江人民出版社本，第三七五～三七六頁）

宋時，府治虛白堂前，有紫薇花兩株，相傳白樂天所植。蘇子瞻守郡時，神宗嘗書樂天《紫薇花》詩以賜之，至是，子瞻次錢穆父題詩云：「虛白堂前合抱花，秋風落日照横斜。閲人此地知多少，物化無涯生有涯。」又云：「折得芳蕤兩眼花，題詩相贈字傾斜。箧中尚有絲綸句，坐覺天光照海涯。」（卷二十四「委巷叢談」，浙江人民出版社本，第三八一頁）

牡丹，唐時杭州無此種。長慶間，開元寺僧惠澄自都下乍得一本，謂之洛花。白樂天攜酒賞之。張處士祜題詩云：「濃艷初開小藥欄，人人惆悵出長安。風流卻是錢唐守，不踏紅塵看牡丹。」至宋時漸多，而獨盛於吉祥寺。蘇子瞻通判杭州時，有《牡丹記敘》一篇。其略云：「熙寧五年三月二十三日，予從太守沈公觀花於吉祥寺僧守璘之圃，圃中花千本，其品以百數。酒酣樂作，州人大集，金盤綵藍，以獻於座者，五十有三人。飲酒樂甚，素不飲者皆醉。自輿儓皂隸，皆插花以從，觀者數萬人。」可謂盛矣。近日杭州牡丹，黄紫紅白咸備，而粉紅獨多，有一株百餘朵者，出昌化、富陽者尤大，不減洛陽也。（卷二十四「委巷叢談」，浙江人民出版社本，第三八四～三八五頁）

智按：蘇軾《牡丹記敘》見《蘇文忠公全集》卷三十四。

田汝成，字叔禾，號豫陽，錢塘（今浙江杭州）人。正德十四年（一五一九）己卯科舉人。嘉靖五年（一五二六）丙戌進士，授南京刑部主事，尋改禮部，遷禮部祠祭郎中。嘉靖十三年（一五三四），爲廣東提學僉事。嘉靖十四年（一五三五），謫知滁州。嘉靖十五年（一五三六），復擢貴州按察使僉事。嘉靖十七年（一五三八），改廣西布政使司左參議，分守右江、龍州。嘉靖十九年（一五四〇），遷福建提學副使。歸田後，盤桓湖山，窮浙西諸名勝，撰《西湖游覽志》，并見稱於時。事迹具《明史·文苑傳》、《錢塘縣志·文苑》、《兩浙名賢録》、《列朝詩集小傳》等。參見王寧《田藝蘅研究》（浙江大學碩士論文，二〇〇七年）。

李開先（一五〇二～一五六八）

《村遊晚歸感懷》

青山銜半日，別去莫淹留。烟歛孤村晚，蘆殘兩岸秋。僧歸山後寺，人倚夕陽樓。籬菊寒猶艶，隣牛夜不收。傒奴為候吏，駑騎勝鳴騶。世態如雲變，年光逐水流。塞翁非失馬，莊叟嘆犧牛。横笛吹新恨，寒砧搗舊愁。食埸駒皎皎，在野鹿呦呦。謗以虛名起，官因愚直休。心長馳北闕，衰不夢東周。日損潘郎貌，霜凋季子裘。詩慚何水部，狂學白江州。鴻寳終須獻，明珠且莫投。山精何處采，石髓杳難求。無論朝中客，閒人亦白頭。（《李中麓

閒居集》詩卷四，《續修四庫全書》影印明刻本；《列朝詩集》丁集卷一）

《壽彭翁七十序》

明興百八十年，生聚蕃衍，田不外加，而食田者多兼之，差繁賦重，北方遠不逮江南霑化，則又瀕海而鹺，尤其困者也。非得一良牧民，不可得而少蘇。中麓子自退歸林下，身不入分府，口不談官事，每聞之道路喧傳霑邑，何幸獨為福星之所照臨也。而舊屬徐丞寓書中麓子，亟稱其長吏之賢，本諸庭訓之素，且徵一言，以為其尊甫壽，中麓子將何以置喙哉！書辭大較已備矣。……彭翁有滦谷為之子，而其自壽者，抑豈出王軫下哉！彼不老之丹，長生之籙，盖身有之，綺席香雲，壺天遲日，秀如靈芝之倚玉樹，清擬寒露之在金莖矣。昔班固、范煒各為東西《漢書》，民牧之良者，悉列之《循吏傳》，而白居易、胡杲、吉旼輩，皆年尊不仕者，人争慕之，繪為《九老圖》。滦谷日後必在循吏之列，而翁之壽圖，必將歲一獻之，歷數百年而未艾也。翁今年登七袠，十月十二日，其懸弧之辰也，縣僚以滦谷之政之優，推原所以，以此文遥壽，然文之蕪陋如此，何足以取重浮梁，祝揚遐筭，闡滦谷之孝而副徐丞之託耶？因其請而勉為之一鳴，欲知其隱德善行，更當求諸此文之外云。（《李中麓閒居集》文卷五，《續修四庫全書》影印明刻本）

《詠雪詩序》

詩有難題，有俗題。雪題甚雅，而亦甚難。不惟難於今，而古亦難之。作者不惟鮮於今，而古亦鮮焉。惟其題難作鮮，而佳詩因是不多得。簡文帝、唐太宗，帝王不當以聲律較論，實則高古不可及。庾肩吾、吳均、何遜、徐陵、張正見，六朝詩人，人各一兩首，殊不逮其他作。唐則李嶠、司空曙、張九齡、孟浩然、杜荀鶴、劉長卿、祖詠、戴叔倫、楊巨源、賈島、鄭谷，亦人各一首，二首則白居易、許渾、駱賓王、錢起、李商隱，三則韋應物、温庭筠，四則韓退之。李、杜亦止數首，其不逮他作，與六朝人俱一焉而已。然當以《長安雪後》，并《紫微晴雪》為冠。我朝自詩道盛後論之，何大復、李崆峒遵尚李、杜，辭雄調古，有功於詩不小，然俊逸粗豪，無沉着冲淡意味，識者謂一失之方，一失之亢。其雪詩如《天門望雪》、《梁園春深》等作，正坐方、亢之病。唐之二作，惟唐荆川「禁中」二作為能近之，其《和蘇十首》，見者率不慊意，孟有涯儘可，但結句上林篇非雪事，次則薛西原、陳後岡、高蘇門、王夢澤、徐昌穀、孟渭泉、屠竹墟、吳皖山、謝四溟，多者亦不過三四首，雖是唐聲，其不逮他作，亦猶之乎唐及六朝也。下此者，不待論矣。客歲丙辰，自迎長以後，迎陽以前，連雪不已。予因喜而為詩，歷日不久，得詩六十三首，既又《春雪》等二十六首，共詩八十九首，似云多矣。然詩貴工而不貴多，予惟勉强粧綴，所謂雖多，亦奚以為者也。題難而又古今人之所鮮者，宜其遠不逮他作，而他作素非所長，捴之俱不能工。韓子有言：「懽欣之辭難工，窮苦之言易好。」雪詩皆喜辭也，殆又為三難矣。犯三難而求工辭，雖才力之高者，猶或不能，况予又綿力中才，柰何以嘉祥樂事，而為强顏苦語也。嘗就正於脉泉李公，公乃過許，以為篇什富麗，如開武庫而出甲兵，色色醒目，何中麓胸中蘊括如許雪景耶！可謂前無古人矣。脉泉盖通家愛厚，善善長而惡惡短者也，予惡敢當哉！予惡敢當哉！弘正以來，翰林有賞雪故事，刊布詩册，韓熙載撰次四時節令，風雨霜雪，取名《歲華紀麗》。予乃林下散人，不敢竊比翰林盛賞，而於今雪詠之獨詳，願步《紀麗》之後塵云。(《李中麓閒居集》文卷六，《續修四庫全書》影印明刻本)

智按：李開先，字伯華，號中麓子，章丘（今屬山東）人。嘉靖七年（一五二八）舉鄉試第七名，次年連捷進士，後歷任户部主事、吏部驗封司郎中、考功郎中、選部郎、太常寺少卿等職。二十年，因得罪權貴而罷官歸籍。自此置田產，修園林，購秘笈，蓄歌妓，徵歌度曲，終老鄉里。與王慎中（一五〇九～一五五九）、唐順之（一五〇七～一五六〇）、陳束、趙時春、熊過、任瀚、吕高等並稱「嘉靖八才子」，交游甚廣，其中有康海、王九思、馮惟敏、梁辰魚等戲曲家。喜愛藏書，尤富詞曲，有「詞山曲海」之稱。著述頗豐，有傳奇《寶劍記》、《斷髮記》、《登壇記》（已佚）三種，院本《一笑散》（凡六種，今存《園林午夢》、《打啞禪》二種），散曲《贈康對山》、《卧病江臯》、《中麓小令》、《四時悼内》四種；有曲論《詞謔》，詩文集《閒居集》十二卷，另有《畫品》一卷、《中麓山人拙對、續對》二卷、《詩禪》一卷等雜著。近人輯有《李開先集》。

陳堯（一五〇二～一五七四）

《玉芝樓稿序》

唐以詩選士，世謂之唐詩，士大夫以為詩不唐不工也，相與鎔章纘句，證體諧音，畢其心力，以庶幾乎作者之林。迺後世寂寥無唐詩，即有之，亦僅僅數人焉，何其難也！……夫唐人之詩沿流漢魏，上薄風騷，非高材絕識之士，不闖其籓籬，故能者益少。……假使君生開元、長慶之間，當與沈、王、杜、元、白之徒供奉人主，豈不能摛毫玉堂，奏牘金馬，而身饗其榮名乎？即使君之文少就幅尺，以晞合於有司，又豈不能如今人取高第，躡足青雲之上乎？然君皆不值焉，此昔人所以絕琴韜劍，而慨知遇之難也。（《四庫全書》本《明文海》卷二四六；中華書局影印本，第二五六二頁）

智按：陳堯，字敬甫，號梧岡，南通州（今屬江蘇）人。嘉靖十四年（一五三五）乙未進士，官至刑部左侍郎。有《陳梧岡集》九卷。

王格（一五〇二～一五九五）

《袁永之集序》

余與袁永之生同歲，方永之發解南畿也，余亦舉於鄉，明年同第進士。讀秘館書，日與永之出入承明，相周旋也。……永之語余曰：「杜子美，詩人之富者耳，其妙語蓋不及王、孟諸公。」又出所選《唐伯虎集》示余，而定其評曰：「伯虎才甚駿，惜流落，後不自檢束，大墮於樂天隊中耳。」故所存伯虎作，百纔一二。語稍涉樂天，即黜之。嗚呼！永之遠不喜子美、樂天，而近於伯虎所稱僅此。其際果易窺耶？今全牒具在，讀者取其言，合而觀之，盡可以得永之矣。……（《四庫全書》本《明文海》卷二百四十七序三十八文集；明袁袠《衡藩重刻胥臺先生集》卷首）

智按：王格，字汝化，京山（今屬湖北）人。嘉靖五年（一五二六）丙戌進士，改庶吉士，出為分巡河北道按察司僉事。世宗南巡，坐行宮火杖黜。

隆慶初，授太僕寺少卿致仕。《明史·文苑傳》附見《王廷陳傳》末。

喬世寧（一五〇三～一五六三）

《都察院右副都御史許公宗魯墓志銘》

嘉靖己未，少華許公卒，其子庚與甲將以明年庚申葬公曲江原祖塋，啓馬趙二恭人之壙合焉，乃狀公事行，以世寧志其墓石。公生弘治庚戌，今年蓋七十歲云。余在姻屬，曾為詩壽公，聞公健飯豪飲，日賦詩行歌不輟，謂公必得上壽，不意其遽不起也。……别構草堂，積圖書其中，日召故所與遊者，置酒賦詩，亦時時作金元人詞曲為樂，所著《少華集》、《續集》，與《陵下》、《遼海》、《歸田》諸集數十卷，其詩足繼患音，文復精典，有漢魏風，而作字又精詣古法，諸行草大小楷書，雜置法帖中，人莫能辯，公即老猶能作小楷字，當其得意時，一揮輒數十紙不倦，得公詩翰者，咸珍玩藏之，謂當代二絕云。性又好客喜施，即少賤者必為禮，自宗室賢者與後進文士，必求與公交，即海內善書工畫與諸技藝人，一入關必先求見公，公皆為汲引延譽，又言儀温雅，人一見即以公為親，已至當事，臨利害，復抗議不阿。其卒也，自親黨交遊，與里中父老，海内學士，無不驚傳悲歎者。公嘗别號思玄道人，或又稱青霞道人，卒之前二年，嘗自為志銘，有曰有始有終，萬化攸同，委心自然，與造物游，其昭曠達觀，于死生之際何有也，其白樂天、柳子厚之流乎？公少孤，受叔氏恩厚，為庶吉士，聞叔氏病，即告歸，至則叔氏卒矣。常自恨不逮事叔氏，事叔母愈益謹，病革時獨悲歎曰：「吾不得終事叔母矣，何以報叔氏地下?」此亦可以觀公。公先世晉陽人，宋末徙關中。（明焦竑《國朝獻徵録》卷六十二都察院九，《續修四庫全書》影印明萬曆四十四年徐象橒曼山館刻本）

智按：喬世寧，字景叔，一作敬叔，號三石，耀州（今陜西耀縣）人。嘉靖十七年（一五三八）進士，初授南京戶部廣西司主事，歷任福建司員外郎、貴州司郎中、四川僉事，官至河南參政、四川按察使。嘉靖三十六年（一五五七）撰《耀州志》。何景明視學陝西，喬世甯曾親受其詩法，每次交談「必移日」,「故其詩整而不浮，可與許少華肩並，餘蔑有過焉者」（朱彝尊《靜志居詩話》）。著有《丘隅集》。生平事迹見明過廷訓《本朝分省人物考》卷一〇四、《皇明詞林人物考》卷八。

皇甫汸（一五〇四～一五八三）

《夜泊江州》

潯陽江上夜，春月映殘輝。風静微聞柝，潮廻悉露磯。夢隨吴地盡，魂向楚鄉飛。豈但琵琶曲，能沾司馬衣。（《四庫全書》本《皇甫司勳集》卷十六）

《九日邀郡守吳山登高》

西歷郡峰到上頭，諸天下瞰五湖流。韋郎治郡多公暇，白傅耽山况屬秋。黄菊紫萸開勝會，朱幡皂蓋引仙騶。古來風景褰帷處，非是尋常落帽游。（《四庫全書》本《皇甫司勳集》卷三十）

《解頤新語》

元、白餘思不盡，加為六韻，此七言排之始。（卷一，《全明詩話》第二册，第一三九二頁）

先持正公謂：陶詩切於事情，但不文爾，深有警於率意者。元、白多坐此病。（卷八，《全明詩話》第二册，第一四一五頁）

智按：皇甫汸，字子循，號百泉山人，長洲（今江蘇蘇州）人。嘉靖八年（一五二九）己丑進士，官至雲南按察司僉事。有《皇甫司勳集》、《百泉子緒論》等。《明史・文苑傳》附見其兄涍傳中。

洪遲（一五〇四～一五八五）

《白居易》

頻遭斥逐抱孤忠，餘事文章似化工。詞命盡教光汗簡，歌詩爭欲被絲桐。楊枝未老還辭閤，駱馬無情便別翁。樂易胸襟終空洞，香山千古尚清風。

（《忍齋先生文集》卷一，《韓國文集叢刊》本）

智按：脑襟，疑當做胸襟。

《次季任龍泉路中韻》

宿有吟詩債，陽春世未明。定應追白傅，初不數唐庚。楚陣兵仍銳，條侯壁屢驚。朝來思面縛，合築受降城。（《忍齋先生文集》卷一，《韓國文集叢刊》本）

《趙松岡挽》

王國多時彥，如君不數人。貞珉堅志操，秋水凜精神。學究詩書奧，心窮義理眞。策名思矯俗，報主欲忘身。謇諤寧沽直，論思肯背仁。浮溟輕鰐噬，謁帝冒胡塵。跋涉雙鬓白，榮枯一節新。終南幽可卜，小塢靜無隣。詩癖都忘倦，衾寒正樂貧。風生閑把筆，棋戰爲娛賓。名字松岡晚，琴樽勝集頻。頤神期暮景，屬望在洪匀。病作掄才日，災嬰夢奠辰。冰枝憂白傅，食昴籲蒼旻。明哲人爭範，愚蒙子獨親。箴鐫承警策，契分即雷陳。潘友如聯璧，周交擬飲醇。香山約共老，長夜痛先淪。不朽留青史，難忘軫紫宸。空餘懷益友，無復見貞臣。陳迹仍蕭瑟，嘉言久佩紉。傷心舊遊地，青草又如茵。（《忍齋先生文集》卷一，《韓國文集叢刊》本）

《題耆老會軸》

嘉靖甲子年間，國家無虞，朝多耆德舊相，鈴平尹公與德爵俱邁，年踰七十。諸公設耆老會于耆老所，倩畫工圖畫爲軸，因以屬余曰：「子可無一言?」嗚呼！天下之達尊，德，爵，壽三者，或得一而遺二，能兼之者蓋寡。苟能全斯三者而竝生一世，則安得不結爲君子交，娛晚景而圖不朽乎。昔李文正公昉與張好問等，欲踵白傅舊規，因蜀寇爲患，約不果諧，爲終身之恨。今幸克就，入承康侯三接之寵，出有桑榆自逸之樂，昇平氣象，森然一幅，豈不爲後來之榮觀也。試展畫而觀之，則蒼顔白髪，壽可尊也；犀金横帶，貴可敬也。而所不可畫者，德也。德在乎我，爵與齒聽乎天，在我者旣爲我有，而聽乎天者又爲天之所付與，其爲樂，顧不多哉！歌舞絲管，特形容此樂而已。雖然，宛然在目者，莫良於繪事；壽乎其傳者，莫過乎詩文。若無履道、西洛諸公和唱之什，則何遽歆艷先賢盛美，而當時圖畫泯焉無傳，久矣。……（《忍齋先生文集》卷四，《韓國文集叢刊》本）

智按：洪暹，字退之，號忍齋、訥菴，南陽人。由進士補弘文館正字，歷官領中樞府事兼領經筵事，階大匡輔國崇禄大夫。有《忍齋先生文集》。

施峻（一五〇五～一五六一）

《聞童仲良侍御謫湖南擬白體》

北來消息近如何，此日江湖涕淚多。在處辱臺逃重譴，幾人伏檻荅巍科，燕山有夢懸明月，湘水無情漫白波。前席終當還賈誼，未須澤畔獨行歌。(《璉川詩集》卷五，《四庫全書存目叢書》影印明嘉靖三十八年刻本，集部第一〇一册，第二二九頁)

《勞勞一首效白體》

萬事勞勞不自由，身心終日自相讎。乾坤何處張青眼，今古誰人免白頭。鼎食寧如菰米飯，鶉衣那羡鷫鸘裘。卧雲嘯月從吾好，盡道先生是四休。(《璉川詩集》卷八，《四庫全書存目叢書》影印明嘉靖三十八年刻本，集部第一〇一册，第二六五頁)

智按：施峻，字平叔，號璉川，歸安（今浙江湖州）人。嘉靖十四年（一五三五）進士，除南刑部主事，遷員外郎，進郎中。出爲青州知府。有《璉川詩集》。

何良俊（一五〇六～一五七三）

《春日思歸用白傅體簡舊游諸君》

憶在江南住，年時重行樂。二月氣微和，天晴雲翳薄。新水拍湖堤，垂楊蔭郊郭。夷猶白版舫，搖颺青油幕。左右列圖史，中間置杯杓。同心四五人，有酒共斟酌。彼此皆莫逆，歡游恣談謔。放歌隨所適，偃卧至日落。自從受官來，斯意久寂寞。方慚職業曠，敢計禄養薄。清晨騎馬出，狀貌殊醜惡。去住總由人，何異遭牽縛。俛首對新知，腆顔出然諾。轉背已茫然，心寄將誰托。暖哉身世改，咄矣性靈錯。何時解天伐，逍遙任寥廓。還居白玉堂，坐我青森閣。（《四庫全書存目叢書》影印明嘉靖四十四年刻本《何翰林集》卷二，集部第一四二册，第二七頁）

《晨起用白傅體》

朝爽入軒櫺，高樹明初旭。好鳥語花間，幽人睡正足。喜無客到門，況有酒新熟。起嘗四五酌，盎然春滿腹。過午不冠櫛，行持道書讀。啜茗滌煩襟，焚香延靜福。淩晨騎馬客。富貴空戚促。（《四庫全書存目叢書》影印明嘉靖四十四年刻本《何翰林集》卷二，集部第一四二册，第三一頁）

《用前韻效白傅體呈石城諸公》

昨在盧秋官席上，與薛方山、許石城論詩，偶及白傅，戲用其體，貽諸酒伴，率易流宕，頗謂似之，使香山老人若在，亦當為我一撫掌也。

行樂難逢在晉京，人生誰得俟河清。即教老去難忘酒（白傅有《何處難忘酒》詩二十首），縱使貧來不廢情。粉黛連宵皆好月，管弦逐日有嬌鶯。天公乞與百年活，肯向西方覓化城。（《四庫全書存目叢書》影印明嘉靖四十四年刻本《何翰林集》卷六，集部第一四二册，第五五頁）

《春日皇甫司勳見過，余出小鬟以箏琶侑觴，司勳為賦三絶句，率爾奉答，戲酬來意，不復用韻》

燈下曾觀舞麗華，小庭亦復沸箏琶。近來此樂無人解，獨有牛家與白家。（白傅集有《與牛奇章妓池上合樂之作》）（《四庫全書存目叢書》影印明嘉靖四十四年刻本《何翰林集》卷七，集部第一四二册，第七〇頁）

《吴山人後集序》

河嶽山人刻後集一卷成，出以示余，俾序之。余讀山人之詩，喜其近於性情，則歎曰：嗟乎！凡物不兩，大造化無兼美，孔翠之肉不登於俎澤其羽也，桃李之材不中題榛繁其華也。故文質偏勝，雖孔子猶病之。我明當敬皇帝朝，治化隆洽，文教大興，學士大夫始厭薄相沿之習，一切有志於古文章。

自漢以來，詩自黄初以下，率不置於口。一時李空同、何大復、徐昌穀諸人，相與倡始，南北競爽，而古人之風幾遍域中矣。至於今日，可謂極盛。然學者僅能操觚，即詆訶韓柳為不知文，李杜、元白為不知詩。及究其中之所存，則文章徒鉤棘其辭，初不根於理道；詩徒組繢其句，亦無關於性情。由是識者病之，以為反不如祖宗時，削文就質，直陳胸臆者是也。嗚呼！是豈文之病哉？……（《四庫全書存目叢書》影印明嘉靖四十四年刻本《何翰林集》卷九，集部第一四二册，第八六～八七頁；《四庫全書》本《明文海》卷二四四，第二五三七頁）

《四友齋記》

四友齋者何？子宴息處也。四友云者，維摩詰、莊子、白樂天，與何子而四也，蓋何子之與此三人者友也。何子始家東海上，去而官，得南京翰林院孔目，僦屋住青溪之傍，既三年罷去。時海上居火于兵，何子不能歸，旅寓者又五年，蓋始於癸丑十月，至辛酉八月。徙於蘇，得玄覺寺故地居焉，幾一年所，歸省，家弟病，家弟亡去。時吳興堯山臧公爲郡太守，勸何子歸撫其孤，親舊亦皆慫恿何子歸。何子歸尚無居，先買得楊氏園，去府治南僅百武許，在委巷中。舊有通梁小堂三間，無別室，因築丙舍以處妻孥，架小樓儲書。壬戌冬，自蘇州來居之。何子性放曠，每日挾一册，命童子提胡牀，坐樹下，視蒼頭鋤地種蔬，則一日快暢。何子爲文章有一題，日循水數十次行，且行且思，皆俟其自來。思偶不屬，輒置去，不欲竭思，竭思則氣索也。明日，復循水行，俟有成文在腹，遂操觚書之。未嘗，卽據案占綴，故在南京與蘇州，甫入宅即鑿池，種蔬城内，居雖有喬木數章，前疊石為山，比士大夫家甲第，不能百之一。然頗幽適，但無隙地可池可蔬，何子弗樂也。癸亥春，買城南地一區，得五畝，上有破屋數楹，撤而新之，餘隙地約三畝，羸以一畝，鑿方池，畜魚數百頭，爲循行地，以二畝稍劣，列蒔諸蔬，池上植枸杞數十本。每晨起，乘露氣，手摘枸杞苗與園蔬作供，人以酒食召者，何子不時往。何子始若有定居矣。夫何子自海上歷南京、姑蘇，以有今日之居，凡五易所，而宴息之處，皆以四友名者，居雖易而此四友不易也。何子自童子時，卽誦法仲尼。其平日奉親居家，與出而應事，皆仲尼法也。何子間亦通二家之說，然以爲仲尼、釋迦文，與老子皆吾師也，吾何敢爲友？仲尼自顔、曾以後，其道已不傳，再傳而荀卿、李斯、吳起，以邪說叛道，漢儒以訓詁緯候破道。宋人稍近正，然其言皆昔人已陳之芻狗也。獨釋迦文、老子之別出者，有維摩詰與莊生。余觀維摩詰所說經，又名不思議解脱，其釋者曰解脱者，縱任無礙，塵累不能拘也。夫逃儒而歸禪者，非欲離塵累而何。且其經首言菩薩淨土，終陳衆香國甘露法食。夫浄土與衆香國，皆從心起，諸國土浄者心無垢，故諸食香者，心無臭穢，故能作是觀，則牛欄厠舍皆淨土也，屎溺蟲蛆皆香食也。莊子者，昔人謂其體醇白，而家萬物，觀其絶聖智，去名物，諔詭博達，齊小大之年，開是非之封，故謬悠其說，汪洋自恣，而獨與天地精神往來，然則游塵累之外，孰有過莊生者耶？白傅雖仲尼之徒，其學不專為儒，然能處世而不住於世，仕官而無官官之心，以聲色自娱而不染於聲色，流動不居，皭然出於埃壒之表，蓋深有得於二氏，而亦不詭於聖人之道者。何子見三人而悦之，以爲吾之取友，不能出此矣，遂從而友之。隨所至，必挾三子之言與俱，而皆名爲四友齋。夫世有拘方之士，皆黜二氏為異端，以白傅不甚拘檢，其小德或多出入，故皆棄而不友。何子少疵賤，志業無可取，貴勢人不肯與爲友；其齪齪猥瑣者，何子又不肯與爲友，則吾四人者，適可以為友。古稱同志者友，忘形者友，心莫逆者友，以吾之知此三人，則知此三人者之必知，吾安得不與吾友，故定為四友而不疑。吾在南都時，嘗舉似朱子价主客，子价樂甚，以爲此吾之心，子先得之矣。黄淳父爲作記，其文甚麗而辯。子价云：「文雖佳，未能發公之意，吾當爲公更作一記。」未幾，子价遷九江太守去，記不克成。甲子歲，避暑郊外，乃次第其說，書之齋壁，以俟知吾四人者告之。（《四庫全書存目叢書》影印明嘉靖四十四年刻本《何翰林集》卷十五，集部第一四二册，第一二五～一二七頁）

《書屏示客》

良俊志業無成，身同賤隸，勢既不足庇人，利亦豈能潤物，自謂門羅鳥雀，不意時枉親賓。然而誕傲自天，踈慢成性，既乏施散，兼嬾逢迎，禮數任眞，語言率直……平生□賞，莊先生之恣肆，孔北海之奇逸，嵇中散之傲誕，王右軍之清眞，謝安石之夷粹，陶彭澤之率任，白江州之恬適，蘇長公之豪爽，倪幼霞之高潔，每披尋其逸事，得一二語，卽怡然有會，或時抵掌獨笑，加以詆劇，此數公者，亦無忤也。……（《四庫全書存目叢書》影印明嘉靖四十四年刻本《何翰林集》卷十七）

《四友齋叢説》

……「四友齋」者，何子宴息處也。何子讀書顓愚，日處「四友齋」中，隨所聞見，書之於牘。歲月積累，遂成三十卷云。四友云者，莊子、維摩詰、白太傅，與何子而四也。夫此四人者，友也。叢者，藂也冗也，言草木之生，冗冗然荒穢蕪雜不可以理也。又叢者，叢脞也。孔安國曰：「叢脞者，細碎無大略也。」叢説者，言此書言事細碎，其蕪穢不可理，譬之草木然，則冗冗不可為用者也。何子少好讀書，遇有異書，必厚貲購之，撤衣食為費，雖饑凍不顧也。每巡行田陌，必挾策以隨。或如廁，亦必手一編。所藏書四萬卷，涉獵殆遍。蓋欲以攬求王霸之餘略，以揣摩當世之故。一遇事之盤錯難解者，即傅以古義合之。而有不合，則深湛思之，竟日繼以夜。或不得，何子心震掉不懌。如此蓋二十五年所，何子年已幾四十，無所試。何子遂得心疾，每一發動則性理錯迕。與人論難，稍不當意，輒大肆詬詈。時一出詭異語，其言事亦甚狂戾，不復有倫脊，即此十六卷所載者是也。……（初刻本自序，中華書局版《四友齋叢説》，第五頁）

白太傅之詩，亦可稱詩史。唐人旬休事，他小説皆不載，獨《長慶集》有之。其《郡齋旬假命宴呈座客示郡僚》詩云：「公門日兩衙，公假月三旬。衙用決簿領，旬以會親賓。公多及私少，勞逸常不均。况為劇郡長，安得閒宴頻。下車已二月，開筵始今晨。初黔軍廚突，一拂郡榻塵。既備獻酬禮，亦具水陸珍。萍醅箬溪醑，水鱠松江鱗。侑食樂懸動，佐歡妓席陳。風流吳中客，佳麗江南人。歌節點隨袂，舞香遺在茵。清奏凝未闋，酡顔氣已春。眾賓莫遽起，群寮且逡巡。無輕一日醉，用犒九日勤。微彼九日勤，何以治吾民？微此一日醉，何以樂吾身？」此詩亦自情真語實。

其《初到郡齋呈吳中諸客》云：「待還公事了，亦擬樂吾身。」

其《宿湖中》詩云：「十隻畫船何處宿，洞庭山腳太湖心。」

《泛太湖寄微之》詩云：「報君一事君應羨，五宿澄波皓月中。」

《夜游西武丘寺》落句云：「搖曳雙紅旆，娉婷十翠娥。［自注：「容、滿、蟬、態等十妓從游也。」］香花助羅綺，鐘梵避笙歌。領郡時將久，游山數幾何。一年十二度，非少亦非多。」觀此諸詩，白太傅可謂無隱情矣。雖由當時法網疏闊，亦足以見白傅之誠心直道，故白公所至皆有惠政，蘇、杭二郡至今尸而祝之。今之守郡者，一有於此，則論者交至矣。是豈朝廷之意？皆由當事者不知大體，不順人情，好以苛細責人，卒之近世亦鮮以循吏稱者。豈上之人所以體之者有不至歟？然不知責其細，適所以遺其大也。（卷十八「雜紀」，中華書局版《四友齋叢説》，第一五五～一五六頁）

智按：《郡齋旬假命宴呈座客示郡僚》，寶曆元年（八二五），五十四歲，任蘇州刺史。《白居易集箋校》第一三九九頁。《夜游西虎丘寺八韻》，作於寶曆二年，五五歲，時任蘇州刺史。見《白居易集箋校》第三册第一六七四頁。

列儒釋道為三教，不知起於何時。嘗觀北齊時，有問三教優劣於李士謙者，士謙曰：「佛，日也；道，月也；儒，五星也。」問者不能難。又唐時凡皇帝萬壽節，則擇吾儒中之有慧辯者，與和尚道士登壇設難，則是其來已千二百年矣。夫歷千二百年以至今日，而其教卒不能滅者，是豈欲滅之而不能，將無能之而其道自不可滅耶？黄山谷言：「王者之刑賞，以治其外。佛者之禍福，以治其内。蓋必有所取焉耳。」孔子曰：「人能弘道，非道弘人。」然釋教之所以大明於世者，亦賴吾儒有以弘之耳。梁時有僧祐者，作《弘明集》二十卷，大率所載皆吾儒文字中之闡揚釋教者。宋張商英亦有《護法論》。唐宋人文章妙麗而深明内典者，莫過於白太傅、蘇端明、黄太史。其言亦足以弘明大教，故取其文數首著之篇，若道家之語，則載在老莊篇中，兹不録。自二十一以至二十二共二卷。（卷二十一「釋道」一，中華書局版《四友齋叢説》，第一八七頁）

唐宋諸公，如李文正、黄山谷於教中極有精詣處。白太傅、蘇端明只是個脱灑，然脱灑卻是教中第一妙用。（卷二十一「釋道」一，中華書局版

《四友齋叢説》，第一九二頁）

白太傅云：「夫開士悟入，諸佛知見，以了義度無邊，以圓教垂無窮，莫尊於《妙法蓮華經》，凡六萬九千五百五言；證無生忍，造不二門，住不可思議解脱，莫極於《維摩詰經》，凡二萬七千九十二言；攝四生九類，入無餘涅槃，實無得度者，莫先於《金剛般若波羅蜜經》，凡九千二百八十七言；壞罪集福，淨一切惡道，莫急於《佛頂尊勝陀羅尼經》，凡三千二十言；應念順願，願生極樂土，莫疾於《阿彌陀經》，凡一千八百言；用正見觀真相，莫出於《觀音、普賢菩薩法行經》，凡六千九百九十言；詮自性，認本覺，莫深於《實相法蜜經》，凡三千一百五言；空法塵，依佛智，莫過於《般若波羅蜜多心經》，凡二百五十八言。是八種經，具十二部，合一十一萬六千八百五十七言，三乘之要旨，萬佛之秘藏，盡矣。」（卷二十二「釋道」二，中華書局版《四友齋叢説》，第一九四頁）

智按：見《蘇州重玄寺法華院石壁經碑文》，《白氏長慶集》卷六十九，《白居易集箋校》第六册第三七〇三～三七〇四頁。

白太傅《與濟法師書》：「昨者頂謁時，不以愚蒙，言及佛法，或未了者，許重討論。今經典間未諭者，其義有二，欲面問答，恐彼此卒卒，語言不盡，故粗形於文字，願詳覽之，敬佇報章，以開未悟，所望所望。佛以無上大慧，觀一切眾生，知其根性大小不等，而以方便智説方便法，故為闡提説十善法，為小乘説四諦法，為中乘説十二因緣法，為大乘説六波羅蜜法，皆對病根，投以良藥，此蓋方便教中不易之典也。何者？若為小乘人説大乘法，心則狂亂狐疑不信，所謂無以大海内於牛跡也；若為大乘人説小乘法，是以穢食置於寶器，所謂彼自無創，勿傷之也。故《維摩經》總其義云：『為大醫王，應病與藥。』又《首楞嚴三昧經》云：『不先思量，而説何法，隨其所應，而為説法。』正是此義耳。猶恐説法者不隨人之根性也，故又《法華經》戒云：『若但贊佛乘，眾生沒在罪苦，不能信是法，破法不信故。』如此，非獨慮説者不能救病，亦懼聞者不信，沒入罪苦也。則佛之付囑，豈不丁寧耶？何則？《法王經》云：『若定根基，為小乘人説小乘法，為大乘人説大乘法，為闡提人説闡提法，是斷佛性，是滅佛身。是説法人當歷百千萬劫，墮諸地獄，縱佛出世，猶未得出。若生人中缺脣無舌，獲如是報。何以故？眾生之性，即是法性，從本以來，無有增減。云何於中，分別病藥？』又云：『於諸法中，若説高下，即名邪説，其口當破，其舌當裂。何以故？一切眾生，心垢同一垢，心淨同一淨，眾生若病，應同一病，眾生須藥，應同一藥，若説多法，即名顛倒。何以故？為妄分別，析善惡法，破一切法故，隨機説法，斷佛道故。』此又了然不壞之義也。又《金剛經》云：『是法平等，無有高下，是名阿耨多羅三藐三菩提。』又《金剛三昧經》云：『皆以一味道終，不以小乘，無有諸雜味，猶如一雨潤。』據此，後三經則與前三經義甚相戾也，其故何哉？若云依維摩詰謂富樓那云：『先當入定，觀此人心，然後説法。』又云：『不觀人根，不應説法。』夫以富樓那之通慧，又親奉如來為大弟子，尚未能觀知人心，况後五百歲末法中弟子，豈能盡觀知人心而後説法乎？設使觀知人心，若彼發小乘心，而為説大乘法，可乎？若未能觀彼心，而率已意説，又可乎？既未能觀，與默然不説，又可乎？若云『依義不依語』，則上六經之義，互相違反，其將孰依乎？若云『依了義經』，則三世諸佛，一切善法，皆從此六經出，孰名為不了義經乎？况諸經中與《維摩》、《法華》、《首楞嚴》之説同者，非一也，與《法王》、《金剛》、《三昧》之説同者，亦非一也，不可遍舉，故於二義中，各舉三經。此六經皆上人常所講讀者，今故引以為問，必有甚深之旨焉。今且有人，忽問法於上人，上人或能觀知其心，或未能觀知其心，將應病與藥而為説耶，將同一病一藥而為説耶？若應病與藥，是有高下，是有雜味，即反《法王》等三經之義。豈徒反其義，又獲如上所説之罪報矣。若同一病一藥為説，必當説大乘，大乘即佛乘也，若贊佛乘，且不隨應，且不救病，即反《維摩》等三經之義。豈徒反其義，又使眾生沒在罪苦矣。六者皆如來説，如來是真語、實語、不誑語、不異語者，今隨此則反彼，順彼則逆此，設有問者，上人其將何法以對焉？此其未諭者一也。又五蘊者，色、受、想、行、識是也。十二因緣者，無明緣行、行緣識、識緣名、名緣色、色緣六入、六入緣觸、觸緣受、受緣愛、愛緣取、取緣有、有緣生、生緣老死病苦憂悲苦惱是也。夫五蘊、十二因緣，蓋一法也，蓋一義也，略言之則為五，詳言之則為十二，雖名數多少或殊，其於倫次轉遷，合同條貫。

今五蘊中則色、受、想、行、識相次，而十二緣中則行、識、色、入、觸、受相緣，一則色在行前，一則色次行後，正序之既不類，逆倫之又不同。若謂佛次第而言，則不應有此雜亂，若謂佛偶然而説，則不當名為因緣。前後不倫，其義安在？此其未諭者二也。上人耆年大德，後學宗師，就出家中，又以説法而作佛事，必能研精二義，合而通之。仍望指陳，著於翰墨。」（卷二十二「釋道」二，中華書局版《四友齋叢説》，第一九四～一九六頁）

智按：《與濟法師書》，見《白氏長慶集》卷四十五，《白居易集箋校》第五册第二八〇九～二八一二頁。參見釋惠洪（一〇七一～一一二八）《林間録》（《四庫全書》本卷下）。

蘇子瞻云：李太白、韓退之、白樂天詩文，皆為庸俗所亂，可為太息。（卷二十三「文」，中華書局版《四友齋叢説》，第二〇八頁）

誥敕起於六朝，然其來甚遠，肇自舜命九官與命羲仲、和仲之詞。後君奭、君牙、蔡使之命，皆其遺制也。此是皇帝語，即所謂口代天言者，古人謂之訓詞。唐時獨稱常、楊、元、白，今觀其誥敕中，皆有訓飭戒勵之言，猶有訓誥之風。至宋陶穀已有依樣畫葫蘆之譏矣，後王介甫、蘇子瞻最為得體。余觀今世之誥敕，其即所謂「一箇八寸三帽子，張公帶了李公帶」者耶。（卷二十三「文」，中華書局版《四友齋叢説》，第二〇九～二一〇頁）

余最喜白太傅詩，正以其不事雕飾，直寫性情。夫《三百篇》何嘗以雕繪為工耶？世又以元微之與白並稱。然元已自雕繪，唯諷諭諸篇差可比肩耳。（卷二十五「詩」二，中華書局版《四友齋叢説》，第二二六頁）

初唐人歌行，蓋相沿梁、陳之體，仿佛徐孝穆、江總持諸作，雖極其綺麗，然不過將浮豔之詞模仿湊合耳。至如白太傅《長恨歌》、《琵琶行》，元相《連昌宫詞》，皆是直陳時事，而鋪寫詳密，宛如畫出，使今世人讀之，猶可想見當時之事，余以為當為古今長歌第一。（卷二十五「詩」二，中華書局版《四友齋叢説》，第二二六頁）

黄山谷《跋劉賓客柳枝詞》云：劉賓客《柳枝詞》雖乏曹、劉、陸機、左思之豪壯，自為齊梁樂府之將領也。又云：劉夢得《竹枝》九首，蓋詩人

中工道人意中事者，使白居易、張籍為之，未必能也。（卷二十五「詩」二，中華書局版《四友齋叢説》，第二二六頁）

袁潛翁名介，字可潛，即海叟之父。其先自蜀來，占籍華亭。可潛元末為府椽，以詩名。子凱世其學，遂卓冠當代。可潛詩，世傳其《檢田吏》一篇：「有一老翁如病起，破衲襤縿瘦如鬼。曉來扶向官道傍，哀告行人乞錢米。時予捧檄離江城，解後一見憐其貧。倒囊贈與五升米，試問何故為貧民。老翁答言聽我語：『我是東鄉李千五，家貧無本為經商，只種官田三十畝。延祐七年三月初，賣主買得犁與鋤。朝耕暮耘受辛苦，要還私債及官租。誰知六月至七月，雨既絕無潮又竭。欲求一點半點雨，不啻農夫眼中血。滔滔黃浦如溝渠，田家爭水如爭珠。數車相接接不到，稻田一旦成沙塗。官司八月受災狀，我恐征糧吃官棒。相隨鄰里去告災，十石秋糧望全放。當年隔岸分吉凶，高田盡荒低田豐。縣官不見高田旱，將謂亦與低田同。文字下鄉如火速，勒我將田都首伏。只因嗔我不肯首，盡把我田批作熟。太平九月早開倉，主首貧乏無可償。男名阿孫女阿惜，逼我嫁賣陪官糧。阿孫賣與運糧戶，即目不知在何處。可憐阿惜猶未笄，嫁向湖州山裏去。我今年紀七十奇，饑無口食寒無衣。東求西乞度殘喘，無由早向黃泉歸。』旋言旋拭腮邊淚，予亦羞慚汗沾背。老翁老翁勿復言，我是今年檢田吏。」此篇質直似《木蘭詩》。其有關時事，則少陵《石壕吏》、白太傅諷諭之類也。海叟詩，格調雖高，亦只是詩人之雄耳。苟以六義論之，較之家公，恐不得擅出藍之譽。（卷二十六「詩」三，中華書局版《四友齋叢説》，第二三一～二三二頁）

余見衡山（智按：文徵明）有飲酒詩一首曰：「晚得酒中趣，三杯時暢然。難忘是花下，何物勝尊前。世事有千變，人生無百年。唯應騎馬客，輸我北窗眠。」余愛其有雅致，絕似白太傅。（卷二十六「詩」三）（卷二十六「詩」三，中華書局版《四友齋叢説》，第二四一頁）

唐人以白太傅為廣大教化主。蘇端明自言：「上可以陪玉皇大帝，下可以陪悲田院乞小兒。」此二人者於人無所不容，其柳下惠之顔、閔歟。然蘇稍露鋒鍔，不及太傅混然無跡。故蘇公屢遭磨折，正為是耳。余觀白太傅與元微之，自少即以意氣相許，蓋石交也。後元作相，使于方刺裴晉公，事已有端，然晉公不疑。太傅後為緑野堂之上客。李衛公與牛奇章以維州之議不合，互相排擯，後遂有牛、李之黨。太傅與奇章義分至厚，然終不入牛黨，李衛公亦不深忌之者，亦以其心之素信於人也。《莊子》曰：「忘我易，忘人難。忘人易，使人忘我難。使人忘我易，兼忘天下難。兼忘天下易，使天下兼忘我難。蓋必我之忘人者盡，而後能使人忘我。積而於天下兼忘，則盡天下而無我，亦無人矣。」是可以易言哉。蘇公豈不知忘我，但恐未能盡耳。昔者南榮趎將南見老子，贏糧，七日七夜至老子之所。老子曰：「子何與人偕來之衆也?」南榮趎懼然顧其後，老子曰：「子不知吾所謂乎?」蓋蘇公一舉動一談諧，與之俱者實繁其徒，或者蘇公欲忘之，而自有不能盡者耶。（卷三十「求志」，中華書局版《四友齋叢説》，第二七六頁）

蓋余上下二千餘年間，而其所取者不過魯仲連、范蠡、東方朔、孔北海、嵇中散、阮嗣宗、謝康樂、陶靖節、白太傅、蘇東坡、黄山谷十餘人而已。他如程嬰、信陵君、荊軻、范睢、韓信、曹公輩，雖非余志之所在，然其氣之所感，千載之下猶使人志意激烈。昔孔北海猶友太史子義，而此數人者，豈盡在子義下哉?（卷三十「求志」，中華書局版《四友齋叢説》，第二八〇頁）

白太傅《卯時酒》詩曰：「佛法贊醍醐，仙方誇沆瀣。未如卯時酒，神速功力倍。一杯置掌上，三咽入腹内。煦若春貫腸，暄如日炙背。豈獨肢體暢，仍加志氣大。當時遺形骸，竟日忘冠帶。似游華胥國，疑反混元代。一性既完全，萬機皆破碎。半醒思往來，往來吁可怪。寵辱憂喜間，惶惶二十載。前年辭紫闥，今歲抛皂蓋。去矣魚返泉，超然蟬離蜕。是非莫分別，行止無疑礙。浩氣貯胸中，青雲委身外。捫心私自語，自語誰能會。五十年來心，未如今日泰。况兹杯中物，行坐長相對。」已上三篇（智按：合陶淵明《飲酒》詩、王無功《五斗先生傳》而言）非止言酒，兼見理性。（卷三十三「娱老」，中華書局版《四友齋叢説》，第三〇二～三〇三頁）

智按：寶曆二年（八二六），五十五歲，任蘇州刺史。《白居易集箋校》第一四三五頁。

白太傅言：洛城内外六七十里間，凡觀寺丘墅有泉石花竹者，靡不游；

人家有美酒鳴琴者，靡不過；有圖書歌舞者，靡不觀。

又云：每良辰美景或雪朝月夕，好事者相過，必先為之拂酒罍。飲既酣，乃自援琴操宮聲，弄《秋思》一遍。若興發，命家僮調法部，合奏《霓裳羽衣》一曲。若歡甚，又命小妓歌《楊柳枝》新詞十數章，放情自娱，酩酊而後已。（卷三十三「娱老」）

白太傅有《府酒》五絕。其《辨味》一首云：「甘露太甜非正味，醴泉雖潔不芳馨。杯中此物何人別，柔旨之中有典刑。」其《諭妓》一首云：「燭淚夜粘桃葉袖，酒痕春汙石榴裙。莫辭辛苦供歡宴，老後思量悔煞君。」觀二詩，白傅之風流可想見矣。（卷三十三「娱老」）

智按：《府酒》五絕，大和六年（八三二），六十一歲，洛陽，河南尹。《白居易集箋校》第一九八九頁。

白太傅《醉戲諸妓》詩曰：「席上爭飛使君酒，歌中多唱舍人詩。不知明日休官後，逐我東山去是誰？」白太傅《花前歎》內一句云：「容坐唱歌滿起舞。」則知古人不但用官伎，雖刺史亦與伎女列坐。（卷三十三「娱老」）

白太傅與牛相公乞箏，牛侑以一詩，落句云：「但愁封寄去，魔物或驚禪。」白答曰：「任教魔女弄，不動是禪心。」古人風流調笑，其樂如此。（卷三十三「娱老」）

智按：《偶於維揚牛相公處覓得箏箏未到先寄詩來走筆戲答》（來詩云：但愁封寄雲，魔物或驚禪。）「楚匠饒巧思，秦箏多好音。如能惠一面，何啻直雙金。玉柱調須品，朱弦染要深。會教魔女弄，不動是禪心。」開成元年（八三六），六十五歲，洛陽，太子少傅分司。《白居易集箋校》第二二七五頁。

牛思黯有能箏者，白傅戲之曰：「何時得見十三弦，待取無雲有月天。願得金波明似鏡，鏡中照出月中仙。」（卷三十三「娱老」）

白太傅詩曰：「古人唱歌兼唱情，今人唱歌惟唱聲。欲說向君君不會，試將此語問楊瓊。」今安得此輩而與以論曲哉？（卷三十三「娱老」）

白傅集有《與牛家妓樂雨夜合宴》之詩，牛是奇章公也。風流宰相，謝安之後，復有此人。（卷三十三「娛老」）

裴令公送白傅馬，戲贈以詩曰：「君若有心求逸足，我還留意在名姝。」下注云蓋用愛妾换馬事，意亦有所屬也。白答之曰：「安石風流無奈何，欲將赤驥换青娥。不辭便送東山去，臨老何人與唱歌。」（卷三十三「娛老」）

智按：《酬裴令公贈馬相戲》（裴詩云：君若有心求逸足，我還留意在名姝。蓋引妾换馬戲，意亦有所屬也）：「安石風流無奈何，欲將赤驥换青娥。不辭便送東山去，臨老何人與唱歌?」開成三年（八三八），六十七歲，洛陽，太子少傅分司。《白居易集箋校》第二三三四頁。

山谷有《和白太傅何處難忘酒》三首，後系以數語云：「樂天不溺於酒，而寓之酒。故寄大夢於杯杓，而宛然道德規矩。彼無樂天之志，而欲從事於酒者，皆仲尼叩脛之賓也。」昔人謂蘇公嬉笑怒駡皆成文章，余謂山谷啓口出言皆有理趣，蓋非謬語也。（卷三十三「娛老」，以上見中華書局版《四友齋叢説》，第三〇六～三〇七頁）

智按：《山谷集》中未見。

楊升庵云：「白樂天《琵琶行》『楓葉荻花秋瑟瑟』，此瑟瑟是珍寶名，其色碧，故以影指碧字。」最為賞音。而陳晦伯以「瑟瑟谷中風」正之。夫詩人吟諷，用意不同，白自言色，劉自言聲，又豈相妨，而必泥以蕭瑟之瑟字耶？楊又引白「一道殘陽照水中，半江瑟瑟半江紅」證之，尤為妙絕。（卷三十六「考文」，中華書局版《四友齋叢説》，第三三二頁）

琴按：關於「瑟瑟」二字的解釋，詳見楊慎《升庵全集》。何良俊為升庵之説作辯護，以為「瑟瑟」可作「碧色」解。不知「半江瑟瑟半江紅」之「瑟瑟」可作「碧色」解，殘陽在照，半碧半紅，固有是景色也，至於「潯陽江頭夜送客，楓葉荻花秋瑟瑟」，夜中何能見出碧色耶？時間地點，有所不同，不能膠柱鼓瑟，強作解人。况「秋瑟瑟」，釋為秋色碧，亦太牽強。

智按：參見拙作《關於白居易詩中「瑟瑟」一詞的解釋》，《中國典籍與文化》一九九九年第四期。

金元人呼北戲為雜劇，南戲為戲文。近代人雜劇以王實甫之《西廂記》，戲文以高則成（誠）之《琵琶記》為絕唱，大不然。夫詩變而為詞，詞變而為歌曲，則歌曲乃詩之流別。今二家之辭，即譬之李杜。若謂李杜之詩為不工固不可，苟以為詩必以李杜為極致，亦豈然哉？祖宗開國，尊崇儒術，士大夫恥留心詞曲，雜劇與舊戲文本皆不傳，世人不得盡見，雖教坊有能搬演者，然古調既不諧於俗耳，南人又不知北音，聽者既不喜，則習者亦漸少。而《西廂》、《琵琶記》傳刻偶多，世皆快靚，故其所知者獨此二家。余家所藏雜劇本幾三百種，舊戲文雖無刻本，然每見於詞家之書。乃知今元人之詞，往往有出於二家之上者。蓋《西廂》全帶脂粉，《琵琶》專弄學問，其本色語少。蓋填詞須用本色語，方是作家。苟詩家獨取李杜，則沈宋、王孟、韋柳、元白，將盡廢之耶？（卷三十七「詞曲」，中華書局版《四友齋叢説》，第三三七頁）

《語林》

白傅為郡日，恩信及民，百姓皆愛而思之，嘗植檜數本於郡圃，後人目為白公檜，以比甘棠。（《四庫全書》本卷六政事第三）

裴令公居守東洛，夜宴半酣，令公索句，時元白首唱，次至楊汝士。汝士援筆書曰：「昔日蘭亭無艷質，此時金谷有高人。」白知不能加，遽裂之曰：「笙歌鼎沸，勿作冷澹生活。」元顧語曰：「樂天所謂能全其名者也。」（《四庫全書》本卷九文學第四下）

楊於陵入覲，其子嗣復率兩榜門生迎於潼關，宴新昌里第，僕射與故人坐正寢，嗣復領諸生翼兩序，元白俱在席賦詩，時楊汝士詩後成，元白覽之失色。是日大醉，歸語其子弟曰：「吾今日壓倒元白。」（《四庫全書》本卷九文學第四下）

元微之與劉夢得、韋楚客同會於白樂天舍，論南朝興廢，各賦金陵懷古詩，劉滿引一盃，飲已即成，白覽詩曰：「四人探驪龍，子先獲珠，所餘鱗爪何用耶？」於是罷唱。（《四庫全書》本卷九文學第四下）

白樂天初至京，以所業謁顧著作。顧覩姓名，熟視曰：「米價方貴，居亦不易。」及披卷，首篇曰：「咸陽原上草，一歲一枯榮。野火燒不盡，春風吹又生。」乃嗟賞曰：「道得箇語，居即易也。」因為之延譽，聲名遂振。（《四庫全書》本卷九文學第四下）

白傅藏書于東都聖善寺，號白氏集。李丞相公垂有詩曰：「寄玉蓮花藏，緘珠貝葉扃。院閒容客讀，講倦許僧聽。部列雕金榜，題存刻石銘。永添鴻寶集，莫雜小乘經。」其為當時推重如此。（《四庫全書》本卷九文學第四下）

白樂天《長恨》及《上陽宮人歌》、元微之《連昌宮詞》道開元間宮禁事，最為深切。然微之有《行宮》一絕云：「寥落古行宮，宮花寂寞紅。白頭宮女在，閒坐說玄宗。」當時稱其語少意婉，有無窮之味。（《四庫全書》本卷九文學第四下）

世言白樂天所蘊不得施，乃放意文酒。（《四庫全書》本卷十一言志第五下）

醉吟先生（白居易）與嵩山僧如滿為空門友，平泉客韋楚為山水友，劉夢得為詩友，皇甫明之為酒友。（《四庫全書》本卷十一言志第五下）

李文正罷相為僕射，奉朝請居昭慶坊，去禁門遼遠，五鼓即起，置白傅集數册於茶鐐中，至安遠門仗舍，燃燭觀之，俟啓鑰則赴朝。（《四庫全書》本卷十一言志第五下）

顧逋翁恃才凌物，於文章少所推可。見白居易之文，即自失曰：「吾謂斯文遂絶，今復得子矣。」（《四庫全書》本卷十七賞譽第九下）

白傅分司東洛日，以詩酒自娱。盧尚書簡辭有別墅，近伊水，亭榭清峻。方冬，與羣從子姪同登，眺望嵩洛，既而霰雪微下，因說鎮金陵時，江南多山水，見居人以葉舟浮泛，就食菰米鱸魚，念之不忘。逡廵，忽有二人衣簑笠循岸而来，牽引篷艇，船頭覆青幕，中有白衣人與衲僧耦坐，船後有小竈，安銅甑而炊，小僮烹煮，泝流過於檻前。聞舟中吟笑方甚，盧歎其高逸，不知何人。問之，言是白公與僧佛光自建春門往香山精舍。（《四庫全書》本卷二十棲逸第十二）

白樂天在東都居履道里宅，有池水可泛舟，樂天每命賓客，繞舷以百十油囊，懸炙，沉水中，隨舷而行，一物盡，則左右隨取之，藏盤筵於水底。

（《四庫全書》本卷二十棲逸第十二）

白樂天方齋，劉禹錫正病酒，禹錫乃饋菊苗虀蘆菔鮓，換取樂天六班茶二囊，以自醒酒。（《四庫全書》本卷二十棲逸第十二）

楊汝士以尚書出鎮東川，白樂天是尚書妹婿，時以太子少傅分洛，樂天戲代内子作詩賀兄嫂曰：「劉綱與婦共登仙，弄玉隨夫亦上天。何似沙哥（汝士小字沙哥）領崔嫂，碧油幢引向東川。」又曰：「金花銀碗饒兄用，罨畫羅裙任嫂裁。嫁得黔婁為妹婿，可能空寄蜀茶來。」（《四庫全書》本卷二十七排調第二十七）

白傅就裴晉公乞馬，裴贈以一馬，戲為詩曰：「君若有心求逸足，我還留意在明姝。」蓋用愛妾換馬事。白即答云：「安石風流無奈何，欲將赤驥換青娥。不辭使送東山去，臨老無人與唱歌。」（《四庫全書》本卷二十七排調第二十七）

白樂天求箏於牛奇章，奇章贈詩曰：「但愁封寄去，魔物或驚禪。」樂天云：「會教魔女弄，不動是禪心。」樂天嘗言：「思黯自誇前後服鍾乳三千兩，而歌舞之妓甚多，乃謔予衰老。」故答思黯詩云：「鍾乳三千兩，金釵十二行。妒他心似火，欺我鬢如霜。慰老資歌笑，銷愁仰酒漿。眼看狂不得，狂得且須狂。奇章又有詩云：「不是道公狂不得，恨公逢我不教狂。」（《四庫全書》本卷二十七排調第二十七）

智按：何良俊，字元朗，華亭（今上海松江）人。嘉靖中官翰林院孔目。《明史·文苑傳》附見《文徵明傳》中。

尹臺（一五〇六～一五七九）

《答石城奉常六十自述之作四首》（其三）

盈虚久向樽罍失，来往兼于杖履輕。白傅自躭香社好，王丞况築輞川成。身辭北闕朋游少，家傍南山語笑清。見説飡霞曾受訣，夙心元與赤松盟。（《四庫全書》本《洞麓堂集》卷十詩類補）

《壽奉常石城許公七十》

青袍北去看花日，赤紱南歸賜杖年。共説掄魁違鼎鼐，卻成平地作神仙。

謝公行蹟江東著，白傅風流洛下傳。愧我舊垣叨再入，虛持壽詠擬朱絃。（《四庫全書》本《洞麓堂集》卷十詩類補）

智按：尹臺，字崇基，號舊山，永新（今屬江西）人。嘉靖十四年（一五三五）乙未進士，選庶吉士，授編修。嚴嵩以同鄉之故，對其頗有好感，欲結為姻親。尹予以拒絕。遂外調南京國子監祭酒。官至南京禮部尚書。萬曆二年（一五七四）致仕。萬曆七年卒，年七十四。有《洞麓堂集》、《思補軒稿》。

歸有光（一五〇七～一五七一）

《送郡太守歷下金侯考績序（代）》

吳郡為太伯建國。秦置守而屬之會稽。迄漢中葉，人物財賦，甲於東南。唐以降，繁盛極矣。今為王畿千里甸服之地。太守比古寰内諸侯，尤號尊重。星紀分野，環以大海，滙以具區。……某周覽闐闠之墟，緬懷前政，如韋應物、白居易之風猷遠矣。國家稽古為治，妙選良二千石。二百年來，鴻名大德，媲美前古，稱於父老之口，代不乏人。……（《四庫全書》本《震川集》卷九；周本淳校點《震川先生集》，第一九七頁）

《邵氏壽詩序》

長洲邵守中，年六十矣。事其祖母，有李令伯之風。為人敦樸，無城市浮靡之習。三子鏞、錫、釴，皆游郡膠。錫嘗游於兵備憲副王侯之門。於是守中以某月某日生辰，王侯以詩祝之，自是聞而和之者繼踵。諸子謀壽之梓。而鏞來過予婁江之上，俾予序諸首。

夫憲使以外臺之重，秉節治戎，體統尊嚴矣。王侯為郡守，已能崇尚文雅，接引士類；以故郡中俊乂，多集其門，其為人好自脩飾，至其尊禮賢士夫，輒能忘其貴賤之分。既陟憲司，能不改其素。其施於守中，鄉里布衣如平交，此其尤難得者也。

吳為名郡，前守有稱於史籍，風流儒雅，如韋應物、白居易之徒，邈不可及矣。……（《四庫全書》本《震川集》卷十四；周本淳校點《震川先生

集》，第三六七～三六八頁）

《卧石亭記》

余聞四十年前，大末之人有來為吾縣者，曰方棠陵先生。棠陵，海内之士，游何、李諸人間，以詩文名。其為縣令，風流文雅，有惠愛於人，至今人思之。

嘉靖某年，徐君以選貢，自太學上舍調為縣主簿，則大末之人也。君一見而問棠陵，庶幾吾民其有望耶？君搆亭於齋之隙，扁以卧石，曰：「吾少時喪吾親，嘗廬墓，墓在浮石山。今宦游於此，雖吳、越比壤，杳然松楸，在千里之外。風木之感，不能頃刻忘之。是以名吾亭。」余考圖志，西安之北，有石丈餘，水大至不沒。白樂天詩云：「浮石灣前停五馬，望濤樓上得雙魚。」君所卧，豈此石耶？……（《四庫全書》本《震川集》卷十五；周本淳校點《震川先生集》，第三八六～三八七頁）

《順德府通判廳記》

余嘗讀白樂天《江州司馬廳記》言：「自武德以來，庶官以便宜制事，皆非其初設官之制。自五大都督府至於上中下郡，司馬之職盡去，惟員與俸在。」余以隆慶二年秋，自吳興改倅邢州。明年夏五月莅任，實司郡之馬政。今馬政無所為也，獨承奉太僕寺上下文移而已。所謂司馬之職盡去，真如樂天所云者。

而樂天又言：「江州左匡廬，右江湖，土高氣清，富有佳境。守土臣不可觀游，惟司馬得從容山水間。」以是為樂。而邢，古河内，在太行山麓。《禹貢》衡、漳、大陸，並其境内。太史公稱，邯鄲亦漳河之間一都會，其謠俗猶有趙之風。余夙欲覽觀其山川之美，而日閉門不出，則樂天所得以養志忘名者，余亦無以有之。然獨愛樂天襟懷夷曠，能自適，觀其所為詩，絶不類古遷謫者，有無聊不平之意。則所言江州之佳境，亦偶寓焉耳。雖微江州，其有不自得者哉？

余自夏來，忽已秋中，頗能以書史自娱。顧衙内無精廬，治一土室，而户西向，寒風烈日，霖雨飛霜，無地可避。几榻亦不能具。月得俸黍米二石。余南人，不慣食黍米。然休休焉自謂識時知命，差不愧於樂天，因誦其語，以為

《廳記》。使樂天有知，亦以謂千載之下，廼有此同志者也。(《四庫全書》本《震川集》卷十七；周本淳校點《震川先生集》，第四三三～四三四頁)

《與馬子問》

白居易為《元稹墓誌》，謝文六七萬。皇甫湜《福光寺碑》(智按：當作福先寺碑)三千字，裴晉公酬之每字三縑，大怒，以為太薄。今為甫里馬東園作傳，可博一盤角菱乎？一笑。(《四庫全書》本《震川別集》卷七；周本淳校點《震川先生集》，第八六九頁)

《西苑觀刈麥》

御苑清風正麥秋，金輿晚出事宸游。兩岐凝露垂黄茂，萬斛連雲際緑疇。先為祈年多瑞雪，節來甘雨應玄修。豐穰美報非無事，粒粒曾關聖主憂。(《四庫全書》本《震川別集》卷十；周本淳校點《震川先生集》，第九六三頁)

智按：此詩直承白居易《觀刈麥》。

歸有光，字熙甫，號項脊生，號震川。崑山（今屬江蘇）人。嘉靖十九年（一五四〇）中舉，其後二十餘年，八次會試不第。嘉靖二十一年移居嘉定（今屬上海）安亭江上，讀書講學，生徒常達數十百人，被稱為震川先生。嘉靖四十四年（一五六五）始中進士，年已六十，授湖州長興知縣。在長興三年任職期間，自比兩漢循吏，採用古教化法治民，聽訟時引婦女兒童圍觀，用吳語斷案。因犯忤姦豪，抗拒上司命令，被迫離職，調任順德府馬政通判。隆慶四年（一五七〇），轉任南京太僕寺丞，一度參與撰修《世宗實録》，次年初，以勞瘁致疾，卒于南京。歸有光與唐順之（一五〇七～一五六〇）、王慎中（一五〇九～一五五九）、茅坤（一五一二～一六〇一）等同被稱爲「唐宋派」。以窮鄉老儒身份，挑戰文壇領袖，譏斥王世貞倡導復古，實爲「庸杜」。世貞雖感大憾，亦推重之，并作《歸太僕贊》及《序》，讚揚其文學成就，稱：「先生於古文詞，雖出之自史、漢，然大較折衷於昌黎、廬陵。當其所得，意沛如也，不事雕飾，而自有風味，超然當代名家矣。」歸有光自稱獨好《史記》，頗以不得當世奇功偉烈書之爲憾。所作散文長於敘寫日常瑣事，因歷經人世變故，尤工述哀。今存《震川先生集》四十卷。《明史》卷二八七有傳。

錢穀（一五〇八～一五八四）

《陳振〈重建瞻儀堂記〉跋》(題擬)

瞻儀堂。見前集。嘉定六年，陳芾併撤堂後逍遥閣，廣而新之。寶祐五年，趙與簹重建。端平三年，張嗣古奉安韋應物、王仲舒、白居易、劉禹錫、范仲淹五賢像於內。(《四庫全書》本《吴都文粹續集》卷八風俗令節公廨)

智按：陳振《重建瞻儀堂記》略云：「莆陽陳侯之治吴也，振受廛屬縣，一再詣黄堂上謁侯，與之為禮，且辱臨其客舍，從容坐語，而命之曰：郡稍闢瞻儀堂既成，而未有以識。吾將以簡授子，何如？振竦然曰：合郡名勝士如林，不可。盖走非其人也，敢辭。侯不可。振又曰：走不佞，未嘗學為古文，金石非古文，懼不能以傳信，敢固辭。侯不可，於是蹴踖承命，退求諸掌故，訂其事。……侯，文懿少師公之子，篤學有文，拜大理丞，寓直中秘，由是而躋升顯美，見之行事，决不泯没，若夫投筆而歎名節，阿附而比四凶，談禮義而擯忠賢，性非不善也，而去之為不善，非利欲有以汩其中乎？侯一寓目焉，丹青繪事，莫能揜也。故因侯命，掇拾前記之遺，以復於侯，而諗其書之可否。侯曰：可哉！遂刋諸石。嘉定六年癸酉閏月，承議郎陳振記并書。」

錢穀，字叔寶，自號磬室，長洲（今江蘇蘇州）人。《明史·文苑傳》附見《文徵明傳》中，但稱其能畫。朱彝尊《静志居詩話》則稱：「穀貧無典籍，游文徵仲之門，日取插架書讀之。手鈔異書最多，至老不倦。倣鄭虎臣《吴都文粹》，輯成續編，聞有三百卷。其子功甫繼之，吴中文獻，藉以不墜。」編選《蘇州三刺史詩》，選取韋應物、白居易、劉禹錫三人之詩爲一集。《近古堂書目》卷下《唐詩類》載：「《蘇州三刺史詩》。」《蘇州府志》卷一百三十六《藝文·明》亦載：「錢穀：《三國文類鈔》、《南北史摭言》、《三刺史詩》、《隱逸集》、《懸磐室詩》。」

黄姬水（一五〇九～一五七四）

《論詩》（題擬）

白江州與元微之論文書曰：「僕之詩，人所愛者，悉不過雜律詩與《長恨歌》已下耳。時之所重，僕之所輕。至於諷諭、閒適，辭質而迂。宜人之不愛也。……然百千年後，安知復無如足下者出，而知愛我詩哉？」《琵琶行》即《長恨歌》之流也。其在人口，豈獨江州時哉？至今江州詩具在，殆不若此篇之傳誦也。何歟？觀微之序江州詩曰：「諷詠之詩長於激，閒適之詩長於遣。五字七字百言而下長於情。」豈詩本人情而發乎情者易感人哉？此卷圖其翰墨之妙，殆臻三昧地，而長公轉語，又足破江州千古之夢也。壬戌上元日獲觀，因題其後歸之。天室外史黄姬水。（《憨齋珍藏書法集》，嶺南美術出版社，二〇〇六年六月，第十九頁）

智按：壬戌，嘉靖四十一年（一五六二）。黄姬水，初名道中，字致甫，又字淳父。長洲（江蘇蘇州）人。五岳山人黄省曾之子。生而幼敏，山人出入，攜之俱，有所占屬，每令同賦。曾學書于祝允明。嘉靖三十四年（一五五五），避倭寇，徙家南京。嘉靖三十九年，返里。有《貧士傳》、《白下集》、《高素齋集》等。事迹見馮時可《黄淳父姬水傳》（《國朝獻徵録》卷一一五）、《列朝詩集小傳》丁集上。

陸樹聲（一五〇九～一六〇五）

《題畫像》

豈有文章置集賢，也無勲業到凌煙。只應畫作老居士，留與香山結净缘。（《列朝詩集》卷七十五丁集第十一；《歷代題畫詩類》卷五十四）

智按：陸樹聲，字與吉，號平泉，華亭（今上海松江）人。嘉靖二十年（一五四一）辛丑進士，官至禮部尚書，事迹具《明史》本傳。《徐氏筆精》卷五「陸文定」：「華亭陸文定公年九十時，以衲衣一襲付慧日院，手書偈于衲表，云：『解組歸來萬事捐，盡將身世付安禪。披來戒衲渾無事，不向歌姬為乞緣。』又自題其像留寺作供，云：『豈有文章置集賢，也無勳業到凌烟。只應畫作老居士，留與香山結浄緣。』」

李萬實（一五一〇～一五八二）

《尋樂天草堂》

堂中人寂寞，堂下草離披。燕雀歸傍舍，松杉落故枝。蕭條嗟異代，儒雅憶當時。為爾青衫濕，誰吟長恨詞。（《崇質堂集》卷四，《四庫全書存目叢書》影印清康熙四十年李長祚刻本）

智按：李萬實，字少虚，一作若虚，號一吾。南豐（今屬江西）人。嘉靖二十三年（一五四四）進士，授刑科給事中，以疏論權璫改官。由廣東僉事，仕至浙江按察副使。致仕卒。學傳王守仁之説，其文平正通達，不事錘煉，猶存講學家之格。詩學韋柳，意取清妍，雖風骨未就，而姿致可觀。有《崇質堂集》。事跡見《明詩紀事》己籤卷八、《掖垣人鑒》卷一四。生卒年據曾思孔《訒庵李先生行狀》等（《崇質堂集》附録），參《南豐縣志》，中共中央黨校出版社，一九九四年十月，第六二二頁。

董份（一五一〇～一五九五）

《上巳日逸老堂讌集》

身繫中朝二十年，歸逢上巳艷陽天。拂衣幸入香山會，修禊重開曲水筵。檻外晴花供送酒，林間春鳥和調絃。人生佚老知能幾？塵世浮名詎足憐。（董斯張《吴興藝文補》卷五十九，《續修四庫全書》影印明崇禎六年刻本；《吴興詩存》四集卷九，清光緒十六年刻本）

智按：董份，字用均，號泌園，又號潯陽山人，烏程（今浙江湖州）人。嘉靖二十年（一五四一）進士，授翰林編修，官至禮部尚書兼翰林學士。詩文均有時名。晚年仿宋「耆英洛社」，辦「逸老堂」。病卒，遺命「毋書吾故官，以白布三尺題曰耐辱主人」。有其孫董嗣茂所編《董學士泌園集》三十七卷（《四庫全書存目叢書》影印明萬曆間董嗣茂刻本）。生平事迹見明蔡汝楠《自知堂集》卷八《贈董編修叙》、《明史》卷二三三。

晁瑮（一五一一～一五七五）

《晁氏寶文堂書目》

白樂天詩集。詩律鈞玄不全。（《續修四庫全書》影印明抄本《晁氏寶文堂書目》）

智按：晁瑮（一五一一～一五七五，一說？～一五六〇），字君石，號春陵，開州（今河南濮陽）人。宋太子太傅迥之後。嘉靖二十年（一五四一）辛丑進士，授翰林院檢討，官至國子監司業。喜訪録收藏圖書。家富藏書，藏書樓曰「寶文堂」。工詞賦，嘉靖中，編著《晁氏寶文堂書目》。

馮惟敏（一五一一～一五八〇？）

《胡十八四首·刈麥有感》

八十歲老莊家，幾曾見今年麥！又無顆粒又無柴，三百日旱災，二千里放開。偏俺這卧牛城，四十里忒（原本作成，此叢刻本）毒害。

不甫能大開鐮，閃的個嘴着地。陪了人工陪飯食，似這般忒癡，真個是罕希。急安排種豆兒，再着本還圖利。

穿和吃不索愁，愁的是遭官棒。五月半間便開倉，里正哥過堂，花戶每比糧。賣田宅無買的，典兒女陪不上。

往常（原本作當，此叢刻本）時收麥年，麥罷了是一儉。今年無麥又無錢，哭哀哀告天，那答兒叫冤？但撞着里正哥，一萬聲可憐見。（《海浮山堂詞稿》卷二上，上海古籍出版社一九八一年三月版，第八三～八四頁）

智按：此直承白居易《觀刈麥》。

馮惟敏，字汝行，號海浮山人，青州臨朐（今屬山東）人。少時即有才名，為著名文士王慎中（一五〇九～一五五九）所賞識。明嘉靖十六年（一五三七）中鄉試，以後累舉進士不第，至嘉靖四十一年進京謁選，得授直隸淶水知縣，官至保定府通判。隆慶六年（一五七二）棄官歸隱，終老田園。馮惟敏與兄惟健、弟惟訥均能詩文，尤擅製曲。現存散曲集《海浮山堂詞稿》四卷，雜劇《不伏老》、《僧尼共犯》及詩文集《馮海浮集》、《石門集》。清錢謙益《列朝詩集・丁集》有傳。

張瀚（一五一一～一五九三）

《張恭懿松窗夢語》

⊙時序紀

七夕織女渡河，詣牽牛所，其説肇於漢武帝。中秋玩月，肇於唐明皇。九日登高，肇於漢桓景。今世俗七夕婦女陳瓜果於几筵，望月穿針，以為乞巧，不知何昉。中秋供月以餅，取團圓之象，遂呼月餅。九日食栗糕，取登高之意。古人佩茱萸，飲菊花酒，皆時物也。白樂天詩云：「移坐就菊叢，糕酒前羅列。」自昔然矣。七月望祀，釋家謂之盂蘭齋。俗云鬼節，謂地獄放假五日，則矯飾甚矣。時民間翦紙為花，燃硝磺為燈，以木板泛於湖上，多至數百，夜望如星，亦足娛目。中秋泛湖，招邀良朋勝友，舉觴把玩，甚暢幽懷。夜涼人靜，月色湖光，上下澄澈如洗。當此之時，擊楫浩歌，心神飛越，曾不知天之高、地之下，悠然樂而忘人世矣。即有蓬、壺三島，何以過之！

重九登城南吳山，則前望大江，後眺西湖，此身已在九天之上。下視城坪，民居如曲房窈窕，樓觀錯雜，不可窮覽。陟紫陽之巔，則怪石奇窟，深奧巉巖，可喜愕。東望越山，若俯而伏、卑而下也。稍北則龕、赭二山之中，滄海渺茫，杳不知所之矣。（《張恭懿松窗夢語》卷七，《續修四庫全書》影印清抄本，第一一七一册，第四九三～四九四頁；蕭國亮點校《松窗夢語》，第一二一頁）

智按：張瀚，字子文，號元洲，仁和（今浙江杭州）人。嘉靖十四年（一五三五）乙未進士，官至吏部尚書，謚恭懿。事迹具《明史》本傳。

趙釴（一五一二～一五六九）

《鷃林子》

昔白樂天素善李紳而不入德裕之黨；素善牛僧孺、楊虞卿而不入宗閔之黨；素善劉禹錫而不入伾、文之黨。嘗賦《有木》八章，其《弱柳》、《櫻桃》、《枳橘》、《杜梨》、《野葛》、《水檉》、《淩霄》，以諷在位與附麗權勢者，其八章則曰「有木名丹桂」云云，則托以自謂。若然，其真可以群矣。（《螢雪軒叢書》本卷二）

智按：趙釴，字子舉，一字鼎卿，桐城（今屬安徽）人。嘉靖二十三年（一五四四）甲辰進士。官至右僉都御史，巡撫貴州。有《無聞堂稿》十七卷、《古今原始》十四卷。

陳全之（一五一二～一五八〇）

《蓬窗日録》

隱一也，昔之人謂有天隱，有地隱，有人隱，有名隱，又有所謂充隱，通隱，仕隱。其說各異，天隱者，無往而不適，如嚴子陵之類是也。地隱者，避地而隱，如伯夷、太公之類是也。人隱者，詭迹混俗，不異衆人，如東方朔之類是也。名隱者，不求名而隱，如劉遺民之類是也。他如晉皇甫希之，人稱充隱；梁何點，人稱通隱；唐唐暢為江西從事，不親公牘，人稱仕隱。然予觀白樂天詩云：「大隱在朝市，小隱在丘樊。不如作中隱，隱在留司間。」則隱又有三者之不同矣。

勤有三益，民生在勤，勤則不匱。一夫不耕，必受其饑；一婦不蠶，必受其寒。是勤可以免饑寒也。農民晝則力作，夜則頹然甘寢，故非心淫，念無從而生，是勤可以遠淫僻也。……（《蓬窗日録》卷六事紀二，《續修四庫

全書》影印明嘉靖四十四年刻本）

孫何稱韓退之擬范蠡與大夫種書，意出千古，理振群疑，今集中無此文；白樂天稱皇甫湜涉江文，而甫亦無此文；皮日休稱孟浩然「微雲淡河漢，疏雨滴梧桐」，而孟集亦無此一首也，乃知古人詩文之佳者，遺逸多矣。……（《蓬窗日録》卷六事紀二，《續修四庫全書》影印明嘉靖四十四年刻本）

白樂天絕句云：「試問池臺主，多為將相官。終身不曾到，惟展畫圖看。」此言富貴之人，當知止足之義，而勿為身後之悔也。戴石屏《織女》詩云：「春蠶成絲復成絹，養得夏蠶重剥繭。絹未脱軸擬輸官，繭未脱車圖贖典。一春一夏為蠶忙，織婦布衣仍布裳。有布得着猶自可，今年無麻愁殺人。」詩語盡而愁意無盡，可與聶夷中詩並看。韓魏公琦晝寢，士人李清臣來謁，門者不報，辭以方寢。清臣遂題其壁云：「公子乘閑卧絳厨，白衣老吏慢寒儒。不知夢見周公否，曾說當年吐哺無?」魏公使人慰之，以其兄子妻之。魏公之下士，清臣之自直，今皆不可得而見矣。……（《蓬窗日録》卷七詩談一，《續修四庫全書》影印明嘉靖四十四年刻本）

敖陶孫器之評詩曰：魏武帝如幽燕老將，氣韻沉雄。曹子建如三河少年，風流自賞。鮑明遠如飢鷹獨出，奇矯無前。謝康樂如東海揚帆，風日流麗。陶彭澤如絳雲在霄，舒卷自如。王右丞如秋水芙蓉，倚風自笑。韋蘇州如園客獨繭，暗合音徽。孟浩然如洞庭始波，木葉微落。杜牧之如銅丸走坂，駿馬注波。白樂天如山東父老課農桑，事事言言皆着實。元微如李龜年，以天實遺事，貌悴而神不傷。劉夢得如鏤冰雕瓊，流光自照。李太白如劉安鷄犬之響白雲，覈其歸存，恍無定處。韓退之如囊沙背水，惟韓信獨能。李長吉如武帝食露盤，無補多欲。孟東野如埋泉斷劍，卧壑寒松。張籍如優工行鄉飲，醻獻秩如，時有詼氣。柳子厚如高秋獨眺，霽晚孤吹。李義山如百寶流蘇，千絲鐵網，綺密瓌妍，要非適用。宋朝蘇東坡如屈注天潢，倒連滄海，變眩百怪，終歸雄渾。歐公如四瑚八璉，正可施之宗廟。荊公如鄧艾縋兵入蜀，要以險絕為功。山谷如陶弘景入官，析理談玄，而松風之夢故在。梅聖俞如關河放溜，瞬息無聲。秦少游如時女步春，終傷婉弱。後山如九皐獨唳，深林孤芳，冲寂自妍，不求識賞。韓子蒼如梨園按樂，排比得倫。呂居仁如散聖安禪，自能奇逸。其他作者未易殫陳，獨唐杜工部如周公制作，後世莫

能擬議。(《蓬窗日録》卷八詩談二,《續修四庫全書》影印明嘉靖四十四年刻本)

《輟耰述》

朱獻靖公喬年,刻苦為詩。《咏笋》云:「春風吹起籜龍兒,戢戢滿山人未知。急喚蒼頭斸煙雨,明朝吹作碧參差。」前人有《詠笋》曰:「急忙食着不可遲,一夜南風變成竹。」白樂天亦云:「且食勿踟躕,南風吹作竹。」朱翁乃點化如此精巧。(《輟耰述》卷二,《續修四庫全書》影印明萬曆十一年書林熊少泉刻本)

「王濬樓船下益州,金陵王氣黯然收。千尋鐵鎖沉江底,一片降旗出石頭。人世幾回傷往事,山形依舊枕寒流。而今四海為家日,故壘蕭蕭蘆荻秋。」此劉夢得金陵懷古詩也。白樂天、韋楚客、元微之皆為之罷唱。鄭谷在袁,齊已攜詩詣之,有《早梅》詩云:「前村深雪裏,昨夜數枝開。」谷曰:「數枝非早也,不如一枝。」齊已下拜,自是士林以谷為一字師。(《輟耰述》卷二,《續修四庫全書》影印明萬曆十一年書林熊少泉刻本)

古今詠明妃曲多矣,近世宋陽山則云:「敢謂君恩薄,還憐妾命窮。寄語明天子,毋勞殺画工。」陳四樓則云:「何緣化作隨陽鳥,再得啣蘆入漢宮。」白樂天則云:「漢使却回憑寄語,黃金何日贖蛾眉。君王若問妾顏色,莫道不如宮裏時。」(《輟耰述》卷二,《續修四庫全書》影印明萬曆十一年書林熊少泉刻本)

白樂天絕句云:「試問池臺主,多為將相官。終身不曾到,惟展画圖看。」此言富貴之人,當知止足之義,而勿身後之悔也。林見素公征西成功,隨乞休致,盖見機而作,不俟終日,李空同寄以詩云:「錦水啼鶯起,巴山春望微。干戈滿眼急,江漢再歸遲。花送琴書色,霜留斧鉞威。所傷豺虎亂,公也惜鷗機。」又云:「諸葛能安蜀,穰苴本善兵。向來優起詔,飜作急流行。老益丹心壯,憂惟白髮驚。獨憐川父老,涕泣挽歸旌。」(《輟耰述》卷二,《續修四庫全書》影印明萬曆十一年書林熊少泉刻本)

智按:陳全之,字粹仲,一名朝鍪,號津南,晚號夢宜居士,閩縣(今福建福州)人。萬曆三十二年(一六〇四)甲辰進士。後授禮部主事,提督四夷館，升員外郎。出知荆州府，築堤治水利民，民間稱陳公堤。後任山西右參政，致仕歸鄉，耕讀於義溪。有《蓬窗日録》、《遊雜集》、《巴黔集》等。

茅坤（一五一二～一六〇一）

《與許敬菴書》

故友沈青門之孫曰庇臨，過金陵求謁公。竊思青門，故以詩畵負米芾暨徐熙者之望，爲重湖海間，而其寫花也，不以貌而以神，往往能使遊蜂飛蝶，若鼓翅而過焉，以此名當時，而數及槖裝至千金，然不善治生，僅以丹青世其子若孫。今其孫庇臨，似能世其業，而以之衣且食於湖海者也。頃珥筆入金陵，而以金陵諸公卿間，惟公爲今之白香山少傅也，屬予爲之紹介。竊思樞副之門，非六郡材官，即虎賁劍客，公今門下，則又半屬談經論道綴文之士，恐於此輩日不暇給，或曰：公固古所稱吐哺輟洗、以待天下之士，而於九九不以遺者。沈生所挾，匪特九九已也。况舊京多五陵豪俠、三吳繁華公子。公倘垂憐，稍稍賜之以緩頰而吹噓焉，沈生當不啻明珠大貝之爲寶於世，而青門其亦不亡也已。兹亦公之下士之一籌也，萬惟垂憐焉。（《茅鹿門先生文集》卷九書，《續修四庫全書》影印明萬曆刻本）

《壽太宗伯平泉陸先生九十序》

大宗伯平泉公之年九十也，友人茅某手持鳩杖一，竹麈一，籜冠一，併穿鹿一，而拜手稽首，颺言曰：公固天下之偉人，然予之知公而稍竊窺其深，非特今日也。公爲諸生時，予以令青陽奉督學使檄而過校其文，予三復之，公之文，雄若泰山喬嶽，其大若垂天之雲，其沉深處若碣石渤海之波間，署其文曰：他日立朝，必有本末，當爲國家重臣。當是時，予業已卜公當入爲宰相，叅大政。明年，公以文魁天下入翰林，歷宫坊學士、少宰、晉大宗伯，而海内縉紳，無問知不知，推公經術，當並漢之劉向、蕭望之；其持正而不阿，並唐之陸象先、白少傅；其凝定鎮靜，而招之不來，麾之不去，又當於宋之韓、范，略相鼂列而鴈次者。……予故詮次公之歷朝及巖居始末，以備

他日史官者採風之録。(《茅鹿門先生文集》卷十六序,《續修四庫全書》影印明萬曆刻本)

《陳郡丞給由序》

豫章陳公鳳隅,繇進士出守蒲,多才指,入爲尚書郎。未幾,坐讒左遷,一再徙,始及爲我湖郡丞,濡遲簿書間且四三年。今以考最行,其寮姑熟王公屬予撰次其事。予竊累欷祇徊,不能搦管。王公起而前曰:君抑知鳳隅公乎?漢東方朔之執戟殿庭也,嘗自稱曰:吾姑陸沉避世金馬門以自放爲,予數侍公,公之吏跡,雖韁鎖州郡間,而其達生任性,超曠不羈,則已遊於丹山緑水之深矣。其所沈酣而醖釀者,惟瞿曇莊列之言。蓄古法書名畫,與金石文數千卷,不然或茶鐺酒,臼鶴氅玉麈以自適。世所羡金魚紫袋、貂冠豸裳之寵,不顧也。間嘗考次哲人,庶幾其似。於漢吾得之馬季長、孔北海焉,於魏晉間吾得之阮步兵、王右軍焉,於齊梁隋唐之間吾又得之何子皙、王無功、白香山、石曼卿、趙孟堅之屬焉。公所自喜者,固已混緇白,逃玄冥,厭塵樊,超泰清,其所託雲霄之外者,固已遠矣。或謂公不爲冰壺先生,抑且當爲物外司馬也。……河上丈人有言:同病相憐。予於陳公,而不能不借之以自嘲也。古之秉銓者,以抑奔競、奬恬退爲名業,請書之以告今之考功氏。(《茅鹿門先生文集》卷十七序,《續修四庫全書》影印明萬曆刻本)

《壽南大理卿陳五嶽公序》

歸安令任侯者,五嶽陳公督學西蜀時高第也。侯舉進士,綰縣印綬令歸安,侯故性愷悌近人,然其本公所督教而醖釀之者,多以故縣吏民數時時翊戴侯,而侯亦未嘗不時時稱公之教,以謝吏民。久之,公繇應天尹拜南廷尉,而侯且聞公懸弧之慶也,屬予爲文以賀。予不敏,恨不及與公同朝遊,然間嘗覽睹公所著文章詩歌之什,頗不自量,願附太史公執鞭晏平仲之駿者舊矣。……天地間所稱不朽而壽者三,予不敢謂遽能窺公之深,然衆稱公慷慨多大略,宦轍所嚮,數以經術飾吏治。其爲郎時,覈囚書,精獄讞,則類漢張釋之守廷尉;其出領淮揚,多惠愛,則類唐白少傅守西湖,其督學西蜀,則按文翁故事,數與高才生相鼓鑄,已而繇督漕而累藩臬甌閩豫章之間也,大都半屬簿書期會,訟獄賦役,而半屬佳山水,採風弔古,與子墨林之登高而賦者，相翺翔頡頏，其所著詩歌之辭，大者杜少陵，次者高岑間，又稍稍與歐陽文忠之碑醉翁，蘇長公之賦赤壁略相似，風流藻雅，照耀江海。海内之士聞之者心馳，迹之者神移，蓋非輓近世俗所可同年而語者。異日者公之功與德所樹立，固未可量，而要之翩翩文采，所自表見，抑且當與前代名流日月俱遠矣。然則我侯之壽公也，其在此乎？抑在彼乎？侯聞之，囅然色喜曰：「是可以千里而觴先生矣。」於是次第其言而書之，以授使者。（《茅鹿門先生文集》卷十八序，《續修四庫全書》影印明萬曆刻本）

《王氏叔果半山藏藁序》（題擬）

余同年廣東觀察王公德，數稱從兄西華，並暘谷風神藻雅，當於晉之王逸少，唐之白香山無以異者，余竊嚮往之，數獲締交云。已而西華先生没，其子簿國使君光藴，遣使函先生詩文藁二十卷，屬余序。余再拜稽首而誦之，颺言曰：大較先生澹宕不羣，故其發爲詩歌文章之什，雖第進士軒冕仕路，而其心固已洽然遊於丹山緑水，紫芝瑤草之間，古所稱物外司馬是也。其所首可考見者，半山賦；賦之所次，湛天池，浴日月，羅巖岫，珍泉石，與夫盤桓謝脁，清嘯孫登，即其中所醞釀處，故其珥筆抽毫，所嚮燦然，戛金石，掉雲霞，鏗黄鐘，鳴大吕，令人讀之，若將入少室、終南之宫，而與角里、綺季相與揖讓其間。他雜著上下兩卷，尤爲卓犖倜儻，可謂碣石蓬島之邃，而與世之游氛浮埃，杳不相及。嗟乎！兹固當與日月俱遠，傳之無斁者已。是爲序。（孫詒讓《温州經籍志》卷二十八集部，《續修四庫全書》影印民國十年刻本）

智按：茅坤，字順甫，號鹿門，歸安（今浙江湖州）人。嘉靖十七年（一五三八）進士。歷任青陽、丹徒兩縣知縣，遷禮部主事，又轉任吏部稽勉司，曾受牽連而謫為廣平通判。後又屢遷廣西兵備僉事、河南副使。由於鎮壓廣西瑶民起義有功而升為大名兵備副使。終被忌者中傷，落職歸家隱居五十餘年而卒。論文不滿前後七子「文必秦漢」，提倡學習唐宋古文。曾編選《唐宋八大家文鈔》，對韓愈、歐陽修和蘇軾尤加推崇，流傳廣泛。與王慎中（一五〇九～一五五九）、唐順之（一五〇七～一五六〇）、歸有光（一五〇七～一五七一）等，同被稱爲「唐宋派」。所著有《白華樓藏稿》，刻本罕見，行世者有《茅鹿門集》。《明史》卷二八七有傳。

俞允文（一五一三～一五七九）

《座右銘并序》

余平居多病，每念日月易耗，而年且四十，荒怠無成，懼終泯泯，竊自痛艾，思所以檢身之方。偶讀崔子玉《座右銘》，喜其詞約而理至，或可企而行之，其後陳伯玉、白樂天輩，並皆繼作，雖大抵不及子玉，庶亦略盡矣。而終非吾所自得，因深省其闕，續為座右銘云：勿蹈人所嫌，勿擇己所便，當貴慎勿趍，退而乃諱言。臨富慎勿希，居而厭其貧。勿皆委諸命，己則不能勤。勿狥飄飄名，反使喪其真。固窮要之死，弱搡烏足敦。嗜慾敗節義，專貨則滅親。浮言久乃賤，多事生埃塵。伏謀促天紀，荒慮耗精魂。厚善難為基，纖惡易成根。善惡由一域，共路險孟門。幸慎戒之哉，永永令名存。（《仲蔚先生集》卷十九銘，《續修四庫全書》影印明萬曆十年程善定刻本）

智按：俞允文，初名允執，字仲蔚，崑山（今屬江蘇）人。嘉靖中諸生，年四十卽棄去舉子業，一意為詩。與同鄉王世貞善。與盧柟、李先芳、吳維岳、歐大任，世貞目為「廣五子」。有《仲蔚先生集》、《崑山雜詠》、《荊溪唱和詩》等。生平見顧章志《明處士俞仲蔚先生行狀》（《仲蔚先生集》附）。《明史·文苑傳》附載《王穉登傳》中。

陳絳（一五一三～一五八七）

《金罍子》

錢徽爲禮侍知貢舉，楊憑家多藏鍾、王、張、鄭遺蹟，在《書斷》、《畫品》者。憑子渾之盡獻於宰相段文昌，求致進士第。文昌託徽繼以私書，翰林學士李紳亦託周漢賓於徽。及榜出，兩人皆無名，而李宗閔與元稹素厚善，後以爭進相嫌隙，楊汝士與徽有舊。是歲，宗閔壻蘇巢及汝士第殷士俱及第，故文昌、紳皆大怒，文昌面奏徽所放進士鄭朗等十四人，皆子弟藝薄，不當選中。穆宗以訪於學士元積、李紳交證之，遂内出題，命中書舍人王起主客郎中、白居易重試於子亭，而朗等十人皆落下。貶徽爲江州刺史，初議貶，徽、宗閔及汝士皆勸徽以文昌、紳私書進呈，上必開悟。徽曰不然，苟無愧心，得喪一致，修身慎行，安可以私書相證耶？令子弟亟焚之，其後，朗果以次舉登第，致位宰相，起、居易之覆試落下，非至公也。然吾所以深服徽者，不在其拒宰相學士之請，蓋不阿權勢，不佞交游，一公則能之，至於受人之敝，而不肯發人之私書以自明，則幾於泯得喪，忘順逆，進乎道矣。是難能也。……（《金罍子》上篇卷十六，《四庫全書存目叢書》影印明萬曆三十四年陳昱刻本）

上聞白居易名，欲相之。李德裕素惡之，乃言居易衰病，其弟敏中辭學不減居易，且有器識，遂以爲翰林學士入相。而後德裕之貶，敏中詆之甚力。初有薦丁柔立於德裕，不用。及其貶也，柔立爲右補闕，上疏訟其冤，坐阿附，貶南陽尉。宋李昉好接賓客，江南平，士大夫歸朝者多從之游，雅厚張洎而薄張佖，及昉罷相，洎草制，深攻詆之，而佖朔望必詣昉，或謂佖曰：李公待君素不厚，何數詣之。佖曰：我爲廷尉日，李公方秉政，未嘗一有請求，此吾所以重之也。君子之於人也，亡已好惡，其心惟其人之臧與否焉而已；小人之與人也，亦亡已愛憎，其心惟其人之盛與衰焉而已。柔立可以訴德裕之冤，而佖可以數詣李昉，柔立、張佖君子也，以其人之臧否爲好惡，而不以已恩怨故也；敏中可以訐德裕之非，而張洎可以深詆李昉，敏中、張洎小人也，以其人之盛衰爲愛憎，而不以己恩怨故也。（《金罍子》上篇卷十六，《四庫全書存目叢書》影印明萬曆三十四年陳昱刻本）

白樂天與元積執友，世稱元白。積死，樂天爲誌墓。積少年壨氣伉厲，喜立事，不自回挫，宦跡所至，輒可觀輒斥。晚締交中人，以奸相位，素節盡矣。樂天雖曲隱其事，而不能掩其實。其云：「公始以直道律人，勤而行之，則坎壈而不偶，謫瘴鄉凡十年，髮班白而來歸，次以權道濟世，變而通之，又齟齬而不安。居相位，僅三月，席不暖而罷去。通介進退，卒不獲心。」蓋實録也。然方積拜相，樂天爲代撰謝表，乃云：「臣遭遇盛明，不因人進。擢居禁内，訪以密謀。恩奬太深，讒謗並至。雖内省行事，無所媿心，然上黷宸聰，合當死責。」「不因人進」，諱之也，欲蓋而彌章矣；「讒謗並至」，謂裴晉公。晉公豈讒謗人者耶？初晉公爲相，積方在翰林，結中人魏弘簡，規相位，欲力排去裴度。討河北，慮度復有功，妨己進取，凡度所規畫，輒沮之。度憤，因上言：「逆豎搆亂，震驚山東；奸臣作朋，撓亂軍政。陛下欲討河北逆賊，先去朝中奸臣。」上不得已，為罷弘簡樞密，解積翰林，故白代筆云。然與所撰墓誌，若更二手。志墓，則白自以其意爲之也。雖誼存諱惡，而理謝溢美。若謝表，則直以積意爲之，故不同耳。以是知文章至於應人之求，害人心術，當是時，白雖辭不作可也。（元積始為御史，言事慷慨，有諍臣風。途遇中人仇士良，與爭驛舍，不避，亦矯矯自將者耶。至為翰林學士，稍尊顯矣，則締中人爲援，尤附魏弘簡而傾裴度，以宰相僅三閲月而罷，然罄舉其平生，辛苦所自樹立而棄之，悲夫！）（《金罍子》中篇卷八，《四庫全書存目叢書》影印明萬曆三十四年陳昱刻本，子部第八五册，第二二〇頁）

智按：陳絳，字用揚，上虞（今浙江紹興）人。嘉靖二十三年（一五四四）甲辰進士，官至太僕寺卿。《金罍子》本名《山堂隨鈔》，陶望齡為删汰之，改題今名，以所居有金罍山。其書上篇二十卷，中篇十二卷，下篇十二篇。大抵欲倣其鄉人王充《論衡》，博引古事而加以論斷考證。

曹金（一五一三？～一五八〇？）

《（萬曆）開封府志》

李及，字幼幾，其先范陽人，後徙鄭州。父覃，左拾遺。及舉進士，再調升州觀察推官，累遷工部侍郎，出知杭州，治尚簡嚴，喜薦下吏，居杭數年，未嘗市吳中物，比去，惟市白樂天集一部而已，官至御史中丞，卒，贈禮部尚書，謚恭惠。（《（萬曆）開封府志》卷十八，《四庫全書存目叢書補編》影印明萬曆十三年刻本）

【唐】白居易字樂天，其先太原人，徙居新鄭，生七月，能展書。未冠，謁顧況，況曰：吾謂斯文遂絕，今復得子矣。貞元中擢進士，補校書郎，歷翰林左拾遺，憲宗以旱下詔蠲貸，居易因上言乞盡免江淮兩賦，且多出宫人，帝頗采納。穆宗時以主客郎中知制誥，以帝好畋游，獻續虞人箴以諷之。累遷太子少傅，封馮翊縣侯，以刑部尚書致仕，卒，贈尚書右僕射，謚曰文。（《（萬曆）開封府志》卷二十五游寓，《四庫全書存目叢書補編》影印明萬曆十三年刻本）

智按：曹金，字汝礪，號傳川，又號少川，祥符（今河南開封）人。嘉靖二十六年（一五四七）丁未進士，官至兵部右侍郎兼僉都御史，巡撫陝西。有《傳川集》，今佚。

陳善（一五一四～一五八九）

《捍江塘考》

杭地枕江負海，茫茫水國，而龕赭兩山，夾峙於江海之交，潮水自兹而入，由廣入隘，奔騰衝激，雷擊霆碎，有吞江沃日之勢，晝夜再至，山摧地坼，塘易崩潰，乃築石隄，以障洪流。沿江隸錢塘，瀕海則仁和、海寧之地，海寧縣治，去海甚近，前者海失故道，衝決隄岸，為患滋廣，甚則百餘里，少亦不下數十里，興役修築，工費浩穰，延引歲時，始克就緒。間值颶風，陡作洪濤，西激旋復，沒於巨浸，甚為浙西民患。一勞永逸，上下數千年間，不聞有長策焉。即東南之患未已也。按前史，江挾海潮，為杭人患，其來已久。唐大曆八年秋七月，大風，海水翻潮，溺民居五千家，船千艘。白樂天刺杭日，江塘壞，嘗為文禱於江神，然板鍤未興，無裨民患，至梁開平四年八月，錢武肅始築捍海塘，在候潮通江門之外，潮水晝夜衝激，版築不就，因命强弩數千以射潮頭，又致禱於胥山祠，仍為詩一章，函鑰置海門山。既而潮水避錢塘，擊西陵，遂造竹絡，積巨石，植以大木，隄岸既成，久之，乃為城邑聚落。凡今之平陸，皆當時江也。此吳越舊史所傳。予聞錢塘名縣，自有取義，由漢迄今，皆仍其舊，或以為州人華信，以私錢築塘捍海，故名錢塘。初以為妄，頃閲杜氏《通典》引《錢塘記》云：「防海大塘，在縣一里。郡功曹華信議立此塘，以防海水，始開募有能致土石一斛，予錢一千，人貪厚值，皆擔土而至，來者雲集。比至江上，詭云：已不復用，皆棄土石江濱而去，塘以之遂成。」杜君卿素稱博雅，且自唐距漢，時未甚遠，雖説近荒僻，當有所傳信，而筆之於書也。……（《兩浙海塘通志》卷二十藝文下·考，《續修四庫全書》影印清乾隆刻本）

智按：陳善，字思敬，錢塘（今浙江杭州）人。嘉靖間以副使督學，教士嚴整，歷雲南左右布政使，鑿水洞以通灌溉，平徭役，清金儲，多所建立。有《滇南類編》、《黔南類稿》八卷、《粵臺行稿》二卷、《家藏稿》五十二卷。

李洪男（一五一五～一五七二）

《次白樂天詩集韻》

蒼然上有天，隤然下有地。元氣自流行，循序時有四。功成輒謝去，來者如期至。草木有何知，隨之共榮悴。最靈是吾人，暫亦蜉蝣寄。原始而反終，生死元不二。達人早知此，無往非適意。惟其善持志，所以能養氣。軒冕吾不辭，鼎鑊吾不避。窮達皆固有，夷險看一致。亭亭萬物表，靈臺淡無累。衆人何惑惑，生死如夢醉。感歎遂成詩，持用質天墜。右感時。

我欲上太行，九折能折轅。我欲鑽權倖，狺然犬守門。不如秘踪迹，悠然卧林園。獨對卷中人，時傾花下尊。門前有行客，騶從何喧喧。內抱夸毗心，外張清淨言。談咲競求媚，相逐來源源。誰知草玄人，寂莫坐雲根。右養拙。

騁懷千古上，棲身一室內。琴書足消憂，外物吾無愛。興來欲進酒，悠然去尊蓋。倚醉上東，浮雲起山外。放心復何求，得得無怨悔。幸不紀天黥，亦未罹人害。門前絶俗蹤，經旬癈束帶。誰知大隱人，心跡兩安泰。右遣懷。

人皆役心知，我獨安其安。春風扇和氣，惱人高枕眠。向來神已定，入眠更幽閑。漸得睡中趣，似學希夷仙。希夷不可見，此樂誰與言。終日卧蒲團，傍人疑是禪。剝啄絶驚夢，柴門長自關。飄飄軼鴻濛，欲辨昧所然。右春眠。

共道閑居樂，不知閑居味。我今獨得之，日高北窓睡。昏昏擁一衾，風暄且露臂。覺來復何爲，林園檢花事。花開有妍媸，人看殊賤貴。以此吾賢愚，高下自異位。如吾無寸能，秖合居散地。遠追竹林七，漸慕商山四。高鴻去冥冥，繒繳何足畏。右閑居。(《汲古遺稿》卷中，《韓國文集叢刊》本)

《琵琶行》

琵琶怨，琵琶怨，不是琵琶解怨人，傳得佳人心上恨。驚風淅瀝吹胡沙，夜月荒荒漢天遠。憶在漢宮看月時，咫尺猶能腸寸斷。何況如今嫁異域，氊帳理得新翻曲。畫工画容未畫命，不怨畫工怨命薄。輕攏急拍轉凄切，畏忌單于不敢哭。聞道蘇郎鴈寄書，憑將此曲傳漢闕。鈞天廣樂想鏗鏘，恐似臨圖選顏色。(《汲古遺稿》卷中，《韓國文集叢刊》本)

智按：李洪男，字士重，號汲古子。有《汲古遺稿》。

黎民表（一五一五～一五八一）

《書劉中山別集卷首》

劉中山文集三十卷，別集十卷。別集者卷，其言連州時與晚年所作皆在焉。中山於唐元和間有雋名，文稍亞於韓、柳，世謂之「劉柳」，其詩則元、白諸人遠不逮也。今四家集盛行於世，獨中山闕焉。相傳吳中有録本，然僞舛殊甚。詩之梓行者，亦僅十之六七耳。至別集，雖博雅者亦罕見之。唯楊升庵《詩話》中數舉其警句，亦云得其全也。往嘉靖癸亥，予留滯京師，閱於藏書家，因就録之。間示同好，以爲奇遘。而梓其別集以傳，蓋力僅能舉之。而舊本脱誤，校之浹旬，始可繕寫，其不可臆解者仍其舊。是編湮沒餘二百年而偶得於予。物之遇合有時哉。間閱《白氏長慶集》，有《與劉蘇州書》洎《劉白唱和集解》，其所舉者，具見集中，因録之爲卷首，而志其鋟梓歲月。萬曆二年正月嶺南黎民表書。(臺灣圖書館藏《劉賓客文集》卷首，陶敏等《劉禹錫全集編年校注》第一五一〇頁)

智按：黎民表，字惟敬，自號瑤石山人，從化（今屬廣東）人。嘉靖十三年（一五三四）舉人，除翰林院孔目，轉吏部司務。執政知其能文，用爲制敕房中書，供事内閣。出爲南兵部車駕員外，遷爲河南布政使參議。致仕卒。以詩擅名於嶺南，王世貞將其列入後五子之首。有《瑤石山人稿》十六卷。

黃甲（？～一五八一）

《餞行與丘月林》

白居易《留别佛光和尚》云：「勞師送我下山行，此别何人識此情？我已七旬師九十，當知後會在他生。」每誦之悵然。吾兄于弟，更復幾别，忍匆匆漫去，今夕村酒一壺，園蔬一盂，期與兄譚。昔人有詩云：「知有前期在，難分此夜中。無將故人酒，不及石尤風。」兄亦解此否？（石尤風。《天中記》：「昔尤氏女，嫁石氏為婦，夫好遊，經商于外，尤力阻之，不能止。去後，尤思念不已，遂成疾，臨終時，恚曰：『我死，必為逆風，以阻世之行商者。』」婦以夫為姓，故曰：石尤風，即逆風也。）（明刻本張一中《尺牘爭奇》卷四；明末刻本徐渭《古今振雅雲箋》卷四）

智按：丘橓，字懋實，别號月林，山東壽光（一説諸城）人。嘉靖二十九年（一五五〇）庚戌進士。夙有大志，動以古人自期，歷給事中，剛直敢言，不肯曲阿，言事罷官。隆慶中，歷官太常寺少卿。累官南京吏部尚書，贈太子少保，謚簡肅，所著《四書》、《禮記摘訓》，皆精絶足以翼經而傳後。（《經義考》卷一百四十五；《萬姓統譜》卷六十二）

黃甲，字首卿，南京興武衛籍，上元（今江蘇南京）人，吏部驗封司主事，左遷鹽運判。有《巖山房全稿》、《編年稿》、《獨鑑録》、《熱南遺稿》（《千頃堂書目》卷二十四）。

孫樓（一五一五～一五八三）

《警世二首效白樂天體》

古人謁貴持清吟，今人謁貴持千金。千金一擲良可惜，貴人門外金如織。

投金换得方寸紙，仰視重堂真赫圖。貴人按籍論詮臣，此輩盛須給告身。朝衫乍著習拜舞，縉紳一時恥與伍。官家鬻爵政紀失，畢竟一錢不曾得。長安馬上意氣雄，此時方信金之功。癡兒□望榮且久，頻索金來頻上壽。金兮難繼貴人怒，須臾逐出春明路。垂橐歸來寂寞居，方悔從前不讀書。

貴人金不辭，世人持金趨。箕斂聚一家，海內必耗虚。四顧帑藏溢，盡是民膏脂。貴人盡夜宴高臺，醉裡傳呼唱落梅。退朝狎客迎門譽，排闥佳人候柝開。自詫金多銷不盡，百年長樂無悲哀。一朝難作赴東市，金乎金乎安在哉！（《孫百川先生集》卷之十一，《四庫全書存目叢書》影印明萬曆四十八年華滋蕃刻本，集部第一一二册，第七〇六頁）

智按：孫樓，字子虚，號百川，常熟（今屬江蘇）人。嘉靖二十五年（一五四六）舉人，官湖州府推官，改漢中，致仕歸。性好讀書，杜門校讎，晝夜不輟。萬曆三年（一五七五），參考十餘家刊本，重新校注《琵琶記》成，自撰題辭。《明史》無傳，瞿汝稷爲其撰有墓志銘（《國朝獻征録》卷八五）。喜詩詞，《四庫總目提要》謂其工于制義，詩、古文則非專門。有《孫百川先生文集》、《百川先生長短句》及《麗詞百韵》等。

彭輅（一五一五～?）

《與友人論詩》

……唐自安史之變，干戈雲擾，而正聲以漓。已而方鎮逆命，皇靈匪赫，而音節以靡，其鼓籥運橐，隱隱宇宙之間，司其機軸，非作者所能強。所謂世隆道隆，世污道污也。評藝事為雕蟲小技，誚王楊盧駱為浮躁。不任爵禄者，皆恥其不能而肆其喙，以相媢嫉，夫何足以溷牙曠之耳。至於元稹優杜劣李，而韓愈氏非之；李邕厭崔顥之輕佻，而太白嘖嘖不容口；劉長卿褎然中唐之冠，而秦系欲攻以偏師，殷璠譏其思鋭而才窄；白居易不見重於時輩，而雞林宰相賞購千金。若此類爾矛我盾，甲可乙否，紛綸而莫之一，迺由其智識之懸殊，非知音而故嫉之也。夫識者，一人之鑒裁；遇者，當時之好尚。初唐之變而為開元、天寶也，盛唐之降而為大歷也，中唐之又降而為建中、開成也。迺其初，必有名公鉅卿，揭標樹鵠於其上，而學士大夫位在下風者，翕然欽挹，而樂為之驅。或高才盛名之士，援朋締黨，以同己者為是，而後生覓門庭，問蹊徑，莫不附多背寡，捐故就新。……（《四庫全書》本《明文海》卷一百六十書十四）

智按：彭輅，字子殷，嘉興（今屬浙江）人。嘉靖二十六年（一五四七）丁未進士，官南京刑部主事，以察典罷歸。有《彭比部集》八卷。

歐大任（一五一六～一五九六）

《題琵琶圖》

香山伊水不禁秋，況是潯陽九派流。一曲琵琶彈夜月，教人無賴憶江州。（《歐虞部集十五種》廱館集卷四，《四庫禁毀書叢刊》影印清刻本）

《上巳禊游記》

隆慶三年三月上巳，綏德何叔節、何叔友、新都汪德弘、長安李鳴卿、姑蘇陸華甫、江都蔣子夏、黃定甫、太原陸無從、京口茅平仲、周汝言、歙人吳孝甫、吳伯舉、休寧程良學、邵長孺、吳叔承、祁門倪惟思、通州葛士修、鳴卿之子季常、吾兒莘，共修楔事。曉出廣陵城北十里，集禪智寺，飯于眞如上人方丈，鳴卿倡以依字為韻，各賦七言一律，余趨府稍遲，既而騎至月明橋，諸君俟余上舟，泛邗溝數酌，各賦六七言絕句一首，攜酒榼，游周氏園。雜花方盛，新柳漸黄，登西閣，陟長林榭，望功德、大明諸寺，樓臺皆在烟雨中，景最奇絕，汝言伸紙作畫，諸君臨坐水檻，相與被衣起而或巾或衲，或屐或筇，或焚香，或瀹茗，或較弈，或鼓琴，或對花而歌，或展卷而誦，或流羽觴，或持石銚，或二人共浮一人，或三人共嚼一斗，懽飲無筭，于是各賦五言律一首，詩既成，步過法海寺，少憩，又各賦一絕句，沿流而歸。余復騎入西門，諸君並集良學頤清堂，余亦至，則布席法飲，雅靜無譁，得觀良學所藏罇匜鼎敦、玉彝寶劍，及古今名畫，摩挲鑒賞，平仲先成五言古詩一章，余遂和焉，夜分乃別。夫禊事，古也，昔永和九年，王逸少諸公會于山陰之蘭亭，地有崇山峻嶺，茂林脩竹，清流激湍，引以爲流觴曲水；唐開成二年，白樂天、李待價、裴令公十五人，爲洛水之宴，由斗亭歷槐堤津橋，自晨至暮，簪紱交暎，歌笑間發，人望之若仙焉。今日斯游，山川之勝，賓客之盛，不減于會稽、洛水也；且東西南北之遠，偶合雅游，出處長幼之殊，共秉微尚，其詩雖一時之作，皆華而有質，樂不忘規，亦足以黼黻太平笙簧幽境矣。顧余無右軍、白傅之文，然不可不記也。爰書其事，并録諸詩于左。(《歐虞部集十五種》文集卷八，《四庫禁毀書叢刊》影印清刻本，集部第四七册，第一四一頁)

《嵩山石刻記》

少林寺初祖殿，左有達磨面壁像，右有大士像、彌陀像，三石皆東坡蘇軾贊。二祖像則金興定五年皇元妃刻也。壁嵌《金剛經》石，唐咸亨壬戌直弘文館王汝敬書。左廊有彌勒大士應化像，達磨隻履西歸像，興定壬午刻，折蘆渡江像，則延祐甲寅婺州法林可則書者，張起畫。天台四瑞亦可觀。法堂前，刻吳道子畫觀音像，梁武帝所撰達磨大師碑銘，歐陽玄建碑序，同一石，唐沈佺期詩，文潞公彥博宿少林寺詩，石皆完整。達磨往來事實碑，僧文才所集者。又有李訥贊觀音像，僧教亨贊寒山、拾得像，月巖贊偃月觀音像，而近刻一佛四緊那羅像，地藏菩薩像，俱爲佳筆。大雄殿前，有元延祐聖旨碑，前爲蒙古字，後爲譯書，而贈大司空開府儀同三司追封晉國公少林開山光宗正法大禪師裕公碑，程鉅夫撰，趙孟頫書，足稱妙品。釋迦如來雙跡靈相圖，唐貞觀初玄奘法師自西域圖歸上太宗者，唐垂拱二年皇太后冬筍敕，周萬歲二年金輪皇帝仙藤甘露敕，禮西方淨土文，西方淨土九品蓮池序贊，白居易少林寺詩，河南同尹梁襄少林寺詩，許彥游少林詩，東坡贊達磨面壁相圖，石林山寫達磨像，元仁宗達磨像贊，大都三禪會講疏三世佛像記，慶公功行碑圝囤無空和尚碑，俱列峙如林矣。殿左爲鐘，樓下有梁昭明太子三教圖贊，混玄三教九流圖，唐太宗御書碑。碑後卽唐太宗賜少林栢谷莊敕牒記，周武后還少林寺神王敕碑，殿右爲藏閣，下有釋家宗派圖碑，蔡京面壁之塔碑，國師輦真，八合式碑，宣德御筆達磨像，賜左講經天童淨觀碑，還元月巖肅公息菴月舟雪堂六禪師碑，皆元人刻，而松庭禪師碑，淳拙禪師碑，復見心所撰者。圝囤禪師行實銘，釋宗書作也。天王殿下，有唐天后御製詩書碑，唐天寶中靈運禪師功德塔碑，其額題「寺西石塔靈運師墳卽梁帝皇嗣者也」十五字，崔琪撰文，聖善寺沙門勤書石，唐肅宗三教聖像贊，太平興國石本，所刻者一碑額有「奉爲皇帝」四字，下刻佛頂尊勝陀羅尼經咒，嵩山隱士高岑書，字亦不俗。唐嵩岳少林寺新厨庫記，顧少連撰，崔溉書，史鎬篆，貞元戊寅石，河南尹盧貞，前殿中侍御史元繇，前潤州參軍事盧寅，會昌五年二月二十六日，飯于此寺，刻其右旁。大觀二年，張閣臺卿宿少林詩，金党懷英詩，并籌室二字，刻其左旁。閑閑道人寥一，送月上人謁少林隆老詩石。永淳二年，司門郎中太孫諮議王知敬書也。……（《歐虞部集十五種》文集卷十，《四庫禁毁書叢刊》影印清刻本，集部第四七册，第一五三～一五四頁）

《監察御史王公傳》

毘陵在江南衣冠最盛，公卿以至郎吏數十百家，蓋蟬聯不絕也，豈地氣固然哉！彼其碩德弘藻，每致通顯，以余所聞，王御史其一也。御史諱瑛，字汝玉，先世居石沙，而遷無錫，因稱石沙山人。初受書于邊進士伯山，伯山讓其華采，且謂其幼有成人之度，辭不能師。南畿諸郡邑，皆聞無錫王生，又往往傳無錫王生文。正德乙亥，出應臺試，督學使者張仲齊選爲邑學弟子員，爲文厭經生頹薾，力振迅踔厲。嘉靖壬午，鄉試應天中式，三赴禮闈，不遇。歸則結廬山中，潛心大業，探討奥眇，究明指歸，約其閎博，以造于深厚爾雅，詞卽高峻，亦不戾于格，一時與唐應德、薛仲常先後起毘陵矣。壬辰會試，程太史舜敷得其卷，異之，取置前列，仍梓其文爲式。既成進士，則試吏部政，大冢宰而下，咸重其才，授太常博士。當是時，世宗皇帝方興禮樂，隆郊社，百神諸祀，日贊秩宗，斟酌舊典，尋召入臺。貴溪夏少師以議禮合人主意，業已得御史，于奉常日，謂封駁察舉，才無右御史者，每延譽不已，而御史粥粥守官如故也。會議南狩，御史與同官疏留，已而議竟寢，御史則奉敕理冀北、山東、河南馬政，摘抉姦蠹，條畫便宜，牧事修舉，爲直指使者，最暇則謁孔林，觀鄒嶧，走大陸，泛黄河，岱宗崧高，無不游詠。庚子，出按八閩，懲官邪，重民命，奬恬退，禁汰侈，崇敎化，旌孝烈，清寺田以補虛糧，復驛傳以蘇疲邑，諸所舉措，炳在憲牘，海邦頌焉。歲當大比，綜覈嚴密，校閲精允，閩士被其甄録，與解額所遺者，人人自以爲恩明，而且公可觀也已，御史戟髯虎目，顧步有威，而中實無忮刻，簡曠激昂，緩急必赴，不以空乏爲解，而實不能阿附權人。閩中多碧水丹山，靈區異境，如鵬海鯉湖，武夷雲谷，使節所經，必褰帷以廣聰視，于是譏謗叢生，及瓜，而補外之命已下，御史謝病南還，恣游竇界九龍，璨山慧麓，及義興三洞，句曲三茅，旬月忘返，又與鄉士大夫修復碧山吟社，家有園林，日召故人密親，琴阮奕博，芳辰令節，則廣筵合樂，華燭飛觴，每極賓讌之娱，衣冠家有沈隱侯、白少傅之風，如御史者能幾哉！而事繼母則孝養備，撫猶子則慈愛周，内行純謹，殆庶幾氾毓臧燾焉，豈但以宦業詩名著江南而已。御史所著有《溪上集》，子同穀爲鴻臚寺主簿，與余善。

論曰：學希古，士行志，御史貴顯矣。然遇合難也，見幾明决，不俟終日。君子貴自行志，能與規規謭謭者道哉！余又聞，嘉靖間錫山有華雲、華察、王問三先生，與御史咸蚤退，而學各傳。嗟夫！嗟夫！澤豹淵虬，意並遠矣。（《歐虞部集十五種》文集卷十五，《四庫禁毁書叢刊》影印清刻本，集部第四七册，第二一〇～二一一頁）

智按：焦竑《國朝獻徵録》卷六十五道御史（《續修四庫全書》影印明萬曆四十四年徐象橒曼山館刻本）題為《監察御史王公瑛傳》。

歐大任，字楨伯，號侖山，廣東順德人。自幼好學，長於辭賦。十四歲時補歲貢生，師從黄佐，嘉靖中期，歷官江都訓導、光州學正、國子監助教、大理寺評事等職務。以南京工部員外郎、郎中致仕，好詩詞，與梁有譽、吴旦、黎民表、李時行並稱「南園後五子」，同盧冉、俞允文、李先芳、吴維岳並稱「廣五子」。有《歐虞部文集》二十二卷、《百越先賢傳》四卷。

沈守慶（一五一六～一五九九）

《次白樂天對酒韻》

浮生一世間，爲樂能幾日。役役更營營，億兆皆如一。天地不知寬，死生長乾沒。誰知一盃酒，曾不到朽骨。飲酒最是樂，延生別無術。醉裏發浩歌，且復揮詩筆。何須煩藥餌，一醉愈百疾。萬事可都忘，何況計得失。所以古之人，謂之忘憂物。壽夭莫言天，無非自己出。此理要商量，寒窓獨坐兀。（《聽天堂詩集》，《韓國文集叢刊》本）

《遣閑雜録》

白樂天《自警》詩曰：「蠶老繭成不庇身，蜂飢蜜熟屬他人。須知年老憂家者，恐似二蟲虛苦辛。」眞達者之言也。余遭亂家亡，托身無所，欲買數間之屋，而年踰八十，餘生幾何。偶覽白詩，深有所感焉，笑而止其買。（《大東野乘·遣閑雜録》，《韓國文集叢刊》本）

唐會昌中，洛陽居前懷州司馬胡杲年八十九，衛尉卿致仕。吉旼年八十八，前磁州刺史劉眞年八十七，前龍武軍長史鄭據年八十五，前侍御史內供奉官盧眞年八十三，前永州刺史張渾年七十七，刑部尚書致仕白居易年七十四。七人爲七老會。各賦七言六韻排律一首，而白居易爲之序。洛中遺老李元爽年一百三十六，僧如滿年九十五，二人追入，是爲九老。時人慕之，圖傳於世。祕書監狄兼謩河南尹盧貞以年未七十，雖與會而不及列。宋知和（至和）中，睢陽居太子太師致仕杜衍年八十，禮部侍郎致仕王煥年九十，司農卿致仕畢世張年九十四，兵部郎中致仕朱貫年八十八，加部郎中致仕馮平年八十七，五人爲五老會。時人形于繪事，以記其盛。杜衍賦七言律詩一首，四人皆次韻。而同鄉人錢明逸，承杜公之命爲之序。元豐中，洛陽居司徒致仕富弼年七十九，太尉判河南府文彥博年七十七，尚書司封郎中致仕席汝言年七十七，朝議大夫致仕王尚恭年七十六，太常少卿致仕趙丙年七十六，祕書監致仕劉几年七十五，衛州防禦使致仕馮行年七十五，天章閣待制提舉崇福宮楚建中年七十二，司農少卿致仕王慎言年七十二，宣徽南院使判大名府王拱辰年七十一，太中大夫提舉崇福宮張問年七十，龍圖閣直學士提舉崇福宮張燾年七十，端明殿學士兼翰林學士司馬光年六十四，十三人爲耆英會。命閩人鄭奐繪象之。王拱辰時在大名府，貽書文潞公請入。司馬光年未七十，而文潞公素重其人，用狄兼謩故事請入會，公辭以晚進。潞公令鄭奐自幕後傳其像，潞公爲第一會，餘皆以次爲會。富公先賦五言長篇，文潞公次賦七言六韻排律，其餘或賦五言排律，或賦七言排律，或賦七言長篇，而司馬光爲之序。七老會、五老會、耆英會，諸公皆以作會時年歲書之，而其終享幾歲，可得以考者。唯白居易八十六，杜衍八十一，文彦博九十二，司馬光六十八，餘無可記也。吾鄉耆老羡慕唐宋諸賢之事，十餘人作會累年，而遭亂乃散，亂後生存，只西郊宋公、竹溪安公及余三人，而竹溪今又逝矣，二人無復作會，可勝嘆哉！（《大東野乘·遣閑雜録》，《韓國文集叢刊》本）

智按：沈守慶，字希安，號聽天堂。思順之侄。明宗朝登魁科，選湖堂。官至右相。有《聽天堂詩集》。

方弘静（一五一六～一六一一）

《千一録》

沈隱侯云：「文章當從三易。」此宜告始學學未精而務艱澁者，未足爲篤論也。正正奇奇，如水也。因地制流，渟而爲淵，奔而爲瀾，非難非易，文之情也。如必主於易，則長慶體勝於夔州以後之作矣。（《千一録》卷十六，《續修四庫全書》影印明萬曆刻本）

智按：沈約所云「三易」，易見事一也，易識字二也，易讀誦三也。見顏之推《顏氏家訓》卷上。

白樂天忠州别駕之命下，而丹竈敗，誣者傳此言，謂丹有之，而命或不可兼得耳。夫别駕非崇秩也，已足改丹，則何以欺秦皇、漢帝乎？且有册方者，肯授之貧下士乎。（《千一録》卷十六，《續修四庫全書》影印明萬曆刻本）

智按：方弘静，字定之，號采山，歙縣（今屬安徽）人。嘉靖二十九年（一五五〇）進士。授東平知州，遷南京户部郎中，出為四川僉事，累官南京户部侍郎。少時與鄉人結詩社，入仕後，汪伯玉方擅時名，倡徙中社，再三招致，不肯往。晚年多所結撰，有《素園存稿》。

徐中行（一五一七～一五七八）

《明故資善大夫南京刑部尚書贈太子少保箬溪顧公行狀》

顧公諱應祥，字惟賢，號箬溪，其先蘇郡長洲人也。高祖壽一生伯通，伯通生克升，凡三世，世居長洲，滸墅鎮然，皆隱約弗著，自公考恬靜翁，成化間，挾扁倉術行游湖間，悅長興山水，遂占籍焉。娶烏程名家楊茂公女，卽公母楊淑人也。……公爲兒時，卽能以禮自防，不爲利疚，自筮仕至蓋棺，公門無私言，顧獨好讀書，無故未嘗一日釋卷。以故九流百家，無所不窺，然必博證精解，務當於心而後已。其平生最喜者九章勾股法，自謂窮極造化，得前代秘傳，而延陵唐中丞順之、同郡沈司封桐竝就學焉。其著作雖不刻意求工，然亦皆有矩矱，社中嘗評其詩文似白少傅，奏表似蘇文忠，筆札似趙文敏，而公顧夷然不欲以才藝自居。公少嘗從陽明、增城二先生游，然公能自得師，務在篤行實踐，不欲空談性命，嘵嘵駕說，卒至畔去，如若輩所爲也。……蓋今歲乙丑九月七日以瘧卒于家，距其生春秋八十有三。……第不佞淺陋，不能殫述，敬詮次平生大都，敬俟班馬名家采覽，以垂不朽焉。（《天目先生集》卷十五狀碑墓表，《續修四庫全書》影印明刻本）

智按：徐中行，字子與，號龍灣，長興（今屬浙江）人。讀書天目山下，故自稱天目山人。嘉靖二十九年（一五五〇）庚戌進士，初授刑部主事，歷員外郎中，出為汀州知府，改汝寧。後謫長蘆鹽運判官。遷端州同知、山東僉事、雲南參議、福建副使、參政等職，累官至江西左布政使。《明史·文苑傳》附見《李攀龍傳》中。

徐師曾（一五一七～一五八〇）

《文體明辨序說》

古人賡和，答其來意而已，初不為韻所縛。……中唐以還，元（稹）、白（居易）、皮（日休）、陸（龜蒙）更相唱和，由是此體始盛。然皆不及他作，嚴

羽所謂「和韻最害人詩」者，此也。（「和韻詩」條，羅根澤校點本，第一〇九~一一〇頁）

智按：徐師曾，字伯魯，號魯庵，吳江（今屬江蘇）人。嘉靖三十二年（一五五三）癸丑進士，官至吏科給事中。嚴嵩當權，乞告歸，杜門著述。有《禮記集注》、《今文周易演義》等。生平見王世懋《徐魯庵先生墓表》（《王奉常集》文部卷二十）。

沈騏

《詩體明辯序》

詩其昉於邈古之世乎？若古史所傳，有其音無其韻，亦初不限言數，短或二言，多至八九，或韻在末句之上，又或重用叶字，然則道志之言，約如文耳。唐虞以前，有歌謠之名，舜典始著詩稱。蓋雜繇詞歌銘之中，未有定體也。自太史著採風之職，而商周之間，乃定風雅頌之規，有比興賦之格，孔子刪之，卓然取游人野女之謳吟，而定曰詩。爰是詩有其區域矣。此後宜盛而衰，迄於戰國，其確然以詩名者，惟見荀卿一章。至楚屈平別衍詩體為騷，斯變風亦絕。漢初唐山夫人造《安世房中歌》十六首，遂為樂府祖，而詩遂中分今古。武帝製落葉哀蟬，而有曲名，班婕妤製怨歌，而有行名。司馬相如製封禪，而有頌名。息夫躬製絕命，而有辭名。卓文君製白頭，而有吟名。韋孟《諷諫》，東方朔《誡子》，蘇武《李陵贈別》，王昭君《寫怨》，西漢之可見如此。其他《古詩十九》、《焦仲卿妻詩》，亦系之。東京班固、傅毅、孔融輩，寥寥希聲，魏之武文，歌行絕勝，陳思尤稱清雄，然建安七子，風流首唱矣。

嵇阮超逸，有古詩人遺矩，晉代則張華、傅玄、陸機、陸雲、潘岳、左思雄峙於前，郭璞、孫綽、王羲之、陶潛揚輝於後。宋世最稱顏謝，芙蓉雕繢，為五言勝，而鮑照亦來俊逸之譽。齊梁雖云體格卑靡，而齊之謝朓，後人賞其句可驚人。梁有武文二帝，發唱於上，沈約、江淹、任昉之流，奔軌於下，亦代有其勝也。

陳有徐陵、江總之華艷，北周有庾信之清新，有薛道衡之奇拔，然論者統為八代之衰，何歟?

唐以詩名一代，而統分為四：太宗、王、魏諸人，首開草昧之風，而陳子昂特以滄古雄健，振一代之勢，杜審言、劉希夷、沈佺期、宋之問、張說、張九齡，亦各全渾厚之氣於音節疏暢之中。盛唐稍著宏亮，儲光羲、王維、孟浩然之清逸，王昌齡、高適之閑遠，常建、岑參、李頎之秀拔，李白之朗卓，元結之奥曲，咸殊絕衆倫，而杜甫獨以渾雄高古，自成一家，可以為史，可以為疏，其言時事，最為悚切，不愧古詩人之義，蓋亦詩之僅有者也。中唐彌矜琢鍊，劉長卿以古樸開宗，韋應物、錢起之寯邁，盧綸、顧況、劉禹錫之揚厲，及元、白唱和之作，韓、柳古風之體，張籍、賈島、孟郊之清刻，李賀之怪險，是其最也。晚唐體愈雕鏤，杜牧高爽，欲追老杜；溫、李西崑之體，婉麗自喜；皮、陸鹿門諸章，往往超勝。

若夫詩餘之體，肇於李白，盛於晚唐，然晚唐之詩不及其詞，亦各有其熾也。宋興，其風彌盛，周美成、柳永、秦觀、張先諸人，皆以艷婉為調，蘇軾特以豪曠見雄，亦詩餘之變格，才人之極致矣。而宋竟以此稱一代之制，此原集所以系詞於詩後也，為之約略其源流如此。(《古今圖書集成》文學典第二百一卷詩部藝文七第一七～一九頁)

智按：沈騏，字鸛山，嘉興（今屬江蘇）人。有《六子詩餘》。《詩體明辯》二十六卷，明徐師曾輯，明沈芬、沈騏箋注，有明崇禎十三年刻本，二十册。

楊士彦（一五一七～一五八四）

《次白樂天志喜韻》

五冠西都王相後，再生東海姓楊兒。回天心赤神先勞，抱日輪紅夢亦知。玉雪風儀應少爾，麒麟骨相問爲誰。吾家舊物青氈在，汝作夔龍起鳳池。(《蓬萊詩集》卷二，《韓國文集叢刊》本)

智按：楊士彦，字應聘，號海客。有《蓬萊詩集》。

胡直（一五一七～一五八五）

《王昭君五首》（有序）

自石季倫以後，詠昭君者多矣。唐宋人獨取白樂天二絶句，以其語有眷國懷土之忱，讀之良然，最後讀郭代公詩，乃知樂天有所祖。郭詩云：「容顏日憔悴，有甚畫圖時。」又云：「始知君惠重，更遣畫蛾眉。」斯其藹然忠愛，形言表矣。今古蓋絶唱云。友人歐陽曰：守示余和白之作，余因尾作五章，非將以追步逸響，聊亦各宣其所覩焉耳。

冰雪凋蟬鬢，風沙涴綺裳。愁容無復理，不為學新粧。

淚作冰霜結，愁添塞草翻。斷腸那假寐，有寐是歸魂。

自向金微去，幾度閲黄河。妾心將妾淚，點點逐東波。

願作隨陽鳥，秋風一度翔。無恩承漢寵，祇憶見君王。

傳聞漢帝怒，遣將靖邊氛。安得從俘虜，南隨霍冠軍。（《四庫全書》本《衡廬精舍藏稿》卷七）

《乙亥春日效長慶心身問答三首》

⊙心問身

心問身云何宴然，春晨啼鳥尚高眠。饒君安逸君知否，不遂公車已一年。

⊙身答心

身答心云君莫誇，君今住處我為家。知君鈍拙家常累，不遣家安總是差。

⊙心復答身

憐君傀儡不能收，專為抽牽豈自由。多少抽人隨線斷，誰從未斷共君休。（《四庫全書》本《衡廬精舍藏稿》卷七）

智按：胡直，字正甫，泰和（今屬江西）人。嘉靖三十五年（一五五六）丙辰進士，官至福建按察使。

朱睦㮮（一五一七～一五八六）

《萬卷堂書目》

《白樂天詩文集》七十六卷，白居易。（《萬卷堂書目》卷四，《續修四庫

全書》影印清光緒至民國間觀古堂書目叢刊本）

智按：朱睦㮮，字灌甫，號西亭，周定王六世孫。萬曆五年（一五七七）舉宗正，領宗學事。事迹附見《明史·周王橚傳》。

顧起綸（一五一七～一五八七）

《國雅品》

⊙楊廉訪孟載

才長逸蕩，興多雋永，且格高韻勝，渾然無蹟。如《掛劍臺》、《江村郊居》、《岳陽樓》、《過豐城》、《無題》諸作，全篇幽暢，方之錢、劉或未迨，元白斯有餘。五言如：「石枕支頤冷，江瓢漱齒腥。」「斷壁沉沙嘴，殘碑露石稜。」「空闊魚龍舞，娉婷帝子靈。」七言如：「六朝舊恨斜陽裏，南浦新愁細雨中。」又彷彿唐中興語矣。（《歷代詩話續編》第一〇九一頁）

智按：顧起綸，字更生，一字玄言，號九華，無錫（今屬江蘇）人。官至鬱林州州判。有《昆明集》、《澤秀集》等。生平略見《錫山書目考》卷二。其《國雅》二十卷、《續國雅》四卷編選明諸家之詩，上起洪武，下迄隆慶，首列品目一卷，仿鍾嶸《詩品》、殷璠《河岳英靈集》、高仲武《中興間氣集》例，所録詩篇，採摭頗富。詩學奉《藝苑卮言》為圭臬，持論似乎精詣，而録詩多雜庸音。又聲氣交通，轉相標榜，其入品者洪武至正德僅七十九人，嘉、隆兩朝至五十二人，而附見姓名者尚不在其數。

劉鳳（一五一七～一六〇〇）

《秋日園居擬長慶體》

已消殘暑小齋前，遂有涼生修竹邊，池長新瀾生縠細，荷傾清露瀉珠圓。蕭條欲罷茅茨霧，幕歷徐開草閣煙。秋半芙蓉渾醉倚，霜中楊柳尚依然。異時狂態驚彌甚，此日浮誇覺更偏。把臂入林吾敢後，比肩同事爾應先。風腥海邑鼊魚市，氣暖江南秋稻天。測雨數晴逢野老，占星刻歲說農田。縱心自可輕當世，快意何須讓往賢。明月夜深花上色，丈人辛苦耐安禪。（《劉子威集·澹思集》卷十五，《四庫全書存目叢書》影印明萬曆間刻本，集部第一二〇册，第一〇一頁）

智按：劉鳳，字子威，長洲（今江蘇蘇州）人。嘉靖二十三年（一五四四）進士，除推官，征授監察御史。後左遷興化府推官，升河南按察使僉事。罷歸，以老壽卒于家。有《劉子威集》。事迹見明王世貞《劉侍御集序》（《弇州山人續稿》卷四十）、過廷訓《本朝分省人物考》卷二十四。

高鶴（一五一七～一六〇一）

《見聞搜玉》

白樂天《與元微之書》：「僕……游廬山，見雲水泉石，……愛不能舍，因置草堂。……喬松十數（餘）株，修竹千餘竿，青蘿為牆垣，白石為橋道，流水周於舍下，飛泉落於簷間，紅榴白蓮，羅生池砌，……每一獨往，動彌旬日。平生所好（者），盡在其中，不惟忘歸，可以終老。」（明萬曆十九年夏越中函三館雕本卷二，中國社會科學院文學研究所圖書館善本室藏）

白樂天詩曰：「大隱在朝市，小隱在丘樊，不如作中隱，隱在留司間。」則隱又有三者之不同矣。（明萬曆十九年夏越中函三館雕本卷二，中國社會科學院文學研究所圖書館善本室藏）

孤山梅花雖以和靖得名，然白樂天《（憶杭州梅花因敍舊游）寄蕭協律》詩云：「三年閑悶在餘杭，曾為梅花醉幾場。伍相廟邊繁似雪，孤山園裏麗如妝。蹋隨游騎心長惜，折贈佳人手亦香。賞自初開直至落，歡因小飲便成狂。薛劉相次埋新壟，沈謝雙飛出故鄉。歌伴酒徒零散盡，唯殘頭白老蕭郎。」則自唐已賞鑒矣。（明萬曆十九年夏越中函三館雕本卷四，中國社會科學院文學研究所圖書館善本室藏）

智按：寶曆元年（八二五），五十四歲，洛陽，太子左庶子分司。《白居易集箋校》第一五九五頁。

士大夫家，往往崇構堂宇，巧結臺榭，以為游宴之所，然而久羈宦邸，終不獲享其樂，是可歎也。白樂天詩曰：「試問池臺主，多為將相官；終身不曾到，惟展畫圖看。」在今時亦有然者。（明萬曆十九年夏越中函三館雕本卷五，中國社會科學院文學研究所圖書館善本室藏）

白樂天守杭州，有《春行湖上》詩：「孤山寺北賈亭西，水面初平雲腳低。幾處早鶯爭暖樹？誰家新鷰啄春泥？亂花漸欲迷人眼，淺草才能沒馬蹄。最愛湖東行不足，緑楊陰裏白沙堤。」既去，不勝回戀，有詩曰：「除官去未閒，半月恣幽討。朝來霞外寺，暮宿波上島。新木少於松，平湖半連草。躋攀有次第，賞玩無昏早。有時騎馬醉，兀然冥天造。窮通與死生，其奈吾懷抱。江山信為美，齒髮行將老。在郡誠未厭，歸鄉去亦好。」（明萬曆十九年夏越中函三館雕本卷六，中國社會科學院文學研究所圖書館善本室藏）

白樂天《去杭》詩云：「三年為刺史，飲水復食蘗；惟向天竺山，取得兩片石。此值抵千金，無乃傷清白。」子瞻亦云：「在郡依前六百日，山中不記幾回來。還將天竺一舉去，欲把雲根到處栽。」蓋其景慕樂天，故不覺雅意相同若此。（明萬曆十九年夏越中函三館雕本卷七，中國社會科學院文學研究所圖書館善本室藏）

蘇公居黃州，稱東坡居士，蓋慕白公樂天而云然也。白公有《東坡種花》詩：「持錢買花樹，城東坡上栽。」又《步東坡》詩：「朝上東坡步，愛此新城樹」，又《別東坡花樹》詩：「何處殷勤重回首，東坡桃李種新成。」皆刺忠州時作也。蘇公雅慕白公，如《贈李道士》云：「他時要指集賢人，知是香山老居士。」《贈程傑》云：「我似樂天君記取，華顛（巔）賞遍洛陽春。」《送程懿叔》云：「我甚似樂天，但無素與蠻。」《入侍邇英》：「定似香山老居士，世緑終淺道根深。」《去杭州》云：「出處依稀似樂天，誰將衰朽較前賢。」其景仰白公，可謂至矣。愚謂白公蘊藉，蘇公超邁，趣則一也。（明萬曆十九年夏越中函三館雕本卷七，中國社會科學院文學研究所圖書館善本室藏）

智按：高鶴，字若齡，山陰（今浙江紹興）人。嘉靖二十九年（一五五〇）進士。纂修《（嘉靖）定遠縣誌》十卷（《四庫全書存目叢書》影印明嘉靖刻萬曆增修本，史部第一九六册）。事跡見明陶望齡《高給事傳》（明天啟七年陶履中刻本《陶文簡公集》卷七；明萬曆刻本《歇菴集》卷十四）。

楊巍（一五一七～一六〇八）

《郊居效樂天》

老去無餘事，徜徉草野間。高蘆移當竹，亂石疊為山。客到即呼酒，僧來同閉關。不因逢盛世，那遂此清閒。（《四庫全書》本《存家詩稿》卷三）

《讀長慶集見樂天與盧貞詠楊柳詩作此》

名賢麗句詠垂楊，為愛柔條拂地長。春去柳枯人亦老，争如松栢晚蒼蒼。（《四庫全書》本《存家詩稿》卷七）

智按：楊巍，字伯謙，號夢山，廣東海豐人。嘉靖二十六年（一五四七）丁未進士。累官吏部尚書贈少保。有《存家詩稿》八卷。事迹具《明史》本傳。

吕光洵（一五一八～一五八〇）

《皆可園記》

嘉靖庚子冬，余歸自隴外，養疴園中。明年賣金搆材，營于燕寢之西，爲小閣數楹，閣之上疏櫺洞徹，前瞰南山，嶷然端聳，曰可仰，下壁爲三室，其中室虚以觀易，曰可玩；左室明以考藝，曰可游；右室晦以燕息，曰可休。閣之前，循除爲藩，中爲蓮甕，爲蘭缶，左右爲菊砌，又前爲竹嶼，革竹爲亭，清陰環暎，曰可君，閣之西分畦藝蔬，嘉種咸備，畦間紛植桂椒橘柚，李柰樝梨，枇杷檞市，丹栗玄棗，緋桃絳梅，石榴金纓銀杏之屬，英實布濩，被徑充藩，曰可圃。圃中有沼，沼上有亭，亭虚而沼澈，曰可鑑。北爲小亭，布鵠以校勝，曰可觀。又北爲倉庾之室，以藏百穀之種，而耒耜鑁鋤之器存焉，曰可稼。於是合而名之曰皆可園。園成而余被命北上，數歲乃乞告東還，得與余弟日侍余父，徜徉乎園中，盖余父甚樂焉，而余兄弟亦怡怡共適也。於是宗婭之親，鄉閭里閈之友，凡過余園而游者，余輒與之升閣而望，循亭池而嬉，烹鮮瀹茗引觴，摩空出雲，而黄檀之泉，白竺之澗，殊源共委，循麓而南，逾阪觸砥，析而復會，西放于長嶕之下，茂松脩竹，環暎中流，洲之上甫田十餘頃，深而豐，曠而澤，秔稻咸宜，十種而九稔，筍蕨櫧橡，菱芡茭菰之屬，不種而熟者充藉乎樊圃之内，斯於二美兼之矣。由晉以来，賢達高曠之士，如王逸少、謝長霞、許玄度、石子重，洎予先祖踈懶翁，盖嘗臨溪結廬，濯纓樂之，而方外名流白道猷、支遯、白寂然，皆駐錫山中，白樂天爲之記，至今蘭若存焉。予以歲時之隙，幸從山翁田父，優游洲渚之上，班荆而坐，漉漿而飲，坦坦焉，俞俞焉，皆朴茂素心之友也，然求其慱雅多文，清標絶俗，如曩時王謝諸賢，不得而見之，即支白遺世之士，亦藐焉寡儔矣。俯仰山川，寧不興懷於今昔耶？予觀詩書所稱殷周之盛，君子彬彬在位，夙夜服勤，雖欲一日休其身于山水間不可得，及其衰也，賢人在野，棲遲澗谷，造託歌詠，其旨隱約深遠，千載而下，盖想見其遺風云。晉宋諸賢，生乎末世，屏跡兹山，非樂而處之也，其有衡門泌水之思乎？父老與予幸生今日，天下之才儁，莫不濟濟，自奮公車之下，惟父老年高，予不崪纍纍焉。磬折俯讓，以入余莊，而余休息宇下，偃仰睇望，盖不知山之高，室之卑也，以是甚愛是莊，常侍余父往来游憇，累日月不能去，去且不能忘也。余邑既在會稽之偏，而兹山尤邃，溪壑崖谷，杳然深藏，奇美不外見，墟曲間敝廬十數，皆蔽茅壁，土無瓌琦珎麗之觀，如匡廬衡岳武夷諸山，以是吾黨好游之士，皆無緣而至，至余父子始知加愛焉。余平生多疾而寡游，不知匡廬衡岳奇勝何如也？余嘗役於崇安，而武夷居崇東南之墟，一時縉紳先生，由崇之武夷者，必與余借余踵十至焉，山上下居者數十家，黄冠者數百人，聞余至常輟哺倒褐，揮霍以趨，盖俶俶焉不安其居，而余亦鞅掌煩困，憒然不知山之爲勝也。兹山幽遠閒曠，筆輪不入，山之人耕樵自給，遂遂訢訢，相安於茂林豐草之間，而終身無外慕，固不獨余父子之愛之也，即武夷衡廬吾不與易矣。吾聞君子之取於物也，惟其適不惟其異，故曰山不在高，水不在深，一丘一壑，可以徜徉。苟惟其異，則物蔽於前，情移於内，雖臨廣漠而凌崄

峒，猶未慊也，安能隨寓而優游耶！（明何鏜《古今遊名山記》卷十下，《四庫全書存目叢書》影印明嘉靖四十四年廬陵吳炳刻本）

智按：吕光洵，字信卿，浙江新昌人。嘉靖壬辰（一五三二）進士，累官兵部尚書兼副都御史，巡撫雲南，改南京工部尚書，未任，卒。有《期齋集》。

李時珍（一五一八～一五九三）

《本草綱目》

⊙荔枝（宋開寶）

【釋名】離枝（《綱目》）丹荔。頌曰：按朱應《扶南記》云：此木結實時，枝弱而蔕牢，不可摘取，必以刀斧劙取其枝，故以為名。劙音利，與劦同。時珍曰：司馬相如《上林賦》作離支。按，白居易云：「若離本枝，一日色變，三日味變。」則離支之名，又或取此義也。

【集解】頌曰：荔枝生嶺南及巴中。今閩之泉、福、漳州、興化軍，蜀之嘉、蜀、渝、涪州，及二廣州郡皆有之。其品以閩中為第一，蜀川（一作州）次之，嶺南為下。其木高二三丈，自徑尺至於合抱，類桂木、冬青之屬。緑葉蓬蓬然，四時榮茂不彫。其木性至堅勁，土人取其根，作阮咸槽及彈碁局。其花青白，狀若冠之蕤綏。其子喜雙實，狀如初生松毬。殼有皺紋如羅，初青漸紅。肉色淡白如肪玉，味甘而多汁。夏至將中，則子翕然俱赤，乃可食也。大樹下子至百斛，五六月盛熟時，彼方皆燕會其下以賞之，極量取啖，雖多亦不傷人，少過則飲蜜漿便解。荔枝始傳於漢世，初惟出嶺南，後出蜀中。故左思《蜀都賦》云：「旁梃龍目，側生荔枝。」唐白居易圖序論之詳矣。今閩中四郡所出特奇，蔡襄譜其種類至三十餘品，肌肉甚厚，甘香瑩白，非廣、蜀之比也。福建歲貢白曝荔枝、蜜煎荔枝肉，俱為上方珍果。白曝須嘉實乃堪，其市貨者，多用雜色荔枝入鹽、梅曝成，皮色深紅，味亦少酸，殊失本真。經曝則可經歲，商販流布，遍及華夏，味猶不歇，百果之盛，皆不及此。又有焦核荔枝，核如雞舌香，味更甜美。或云是木生背陽，結實不完就者。又有緑色、蠟色，皆其品之奇者，本土亦自難得。其蜀、嶺荔枝，初生小酢，肉薄核大，不堪白曝。花及根亦入藥。《藏器》曰：顧微《廣州記》云：荔枝冬夏常青，其實大如雞卵，殼朱肉白，核黃黑色，似半熟蓮子，精者核如雞舌香，甘美多汁，極益人也。時珍曰：荔枝炎方之果，性最畏寒，易種而根浮。其木甚耐久，有經數百年猶結實者。其實生時肉白，乾時肉紅。日曬火烘，鹵浸蜜煎，皆可致遠。成朵曬乾者謂之荔錦。按，白居易《荔枝圖序》云：「荔枝生巴、峽間。樹形團團如帷蓋，葉如冬青。花如橘而春榮，實如丹而夏熟。朵如蒲桃，核如枇杷。殼如紅繒，膜如紫綃。瓤肉潔白如冰雪，漿液甘酸如醴酪。大略如彼，其實過之。若離本枝，一日而色變，二日而香變，三日而味變，四五日外，色香味盡去矣。」又蔡襄《荔枝譜》云：「廣、蜀所出，早熟而肉薄，味甘酸，不及閩中下等者。閩中惟四郡有之，福州最多，興化最奇，泉、漳次之。福州延亘原野，一家甚至萬株。興化上品，大徑寸餘，香氣清遠，色紫殼薄，瓤厚膜紅，核如丁香母。剝之如水精，食之如絳雪。荔枝以甘為味，雖百千樹莫有同者，過甘與淡，皆失於中。若夫厚皮尖刺（一作斜），肌理黃色，附核而赤，食之有渣，食已而澀，雖無酢味，亦自下等矣。最忌麝香，觸之花、實盡落也。」又，洪邁《夷堅志》云：「莆田荔枝名品，皆出天成，雖以其核種之，亦失本體，形狀百出，不可以理求也。」沈括《筆談》謂焦核荔枝（一作子），乃土人去其大根，燔焦種成者，大不然也。珣曰：荔枝樹似青木香。熟時人未采，則百蟲不敢近。人纔采之，烏鳥、蝙蝠之類，無不傷殘之也。故采荔枝者，必日中而眾采之。一日色變，二日味變，三日色味俱變。故古詩云「色味不逾三日變」也。（《四庫全書》本《本草綱目》果部卷三十一）

⊙木蘭（本經上品）

【釋名】杜蘭（《別録》），林蘭（《本經》），木蓮（《綱目》），黃心（時珍曰：其香如蘭，其花如蓮，故名。其木心黃，故曰黃心）。

【集解】《別録》曰：木蘭生零陵山谷及太山，皮似桂而香，十二月采皮陰乾。弘景曰：零陵諸處皆有之，狀如楠樹，皮甚薄而味辛香，今益州者皮厚，狀如厚朴，而氣味為勝。今東人皆以山桂皮當之，亦相類。道家用合香亦好。……

時珍曰：木蘭枝葉俱踈，其花內白外紫，亦有四季開者。深山生者尤大，可以為舟。按《白樂天集》云：「木蓮生巴峽山谷間，民呼為黃心樹。大者高五六丈，涉冬不凋。身如青楊，有白紋，葉如桂而厚大，無脊。花如蓮花，香色艷膩皆同，獨房蕊有異，四月初始開，二十日即謝，不結實。」此說乃真木蘭也。其花有紅、黃、白數色，其木肌細而心黃，梓人所重。蘇頌所言韶州者是牡桂，非木蘭也。或云木蘭樹雖去皮亦不死。羅願言其冬花，實如小柿甘美者，恐不然也（《四庫全書》本《本草綱目》果部卷三十四）

智按：李時珍，字東璧，蘄州（今屬湖北）人。官楚王府奉祠正。事迹具《明史·方技傳》。

文肇祉（一五一九～一五八七）

《石湖游泛》

春來今日到湖濱，湖邊村市人紛紜。波光遠映蘼蕪没，山色晴開錦繡文。茶磨山頭茶正熟，盟鷗亭外鷗成羣。青帘隱樹酒家近，翠帶牽風水荇芬。錦瑟瑤箏湖上起，朱簾畫舫鏡中分。醉如白傅圍紅袖，嬾學羊欣寫練裙。谿畔漁舟垂晚釣，寺中樓閣帶斜曛。舉頭月色當空照，何處鐘聲滿座聞。千古興亡已陳迹，吳宮越壘空氤氳。（《四庫全書》本《文氏五家集》卷十一《録事詩集》）

《舟泊潞河遇雨》

無媒辭魏闕，潞水殢歸舟。一夜溪頭雨，千林樹作秋。鄉心頻入夢，篷底轉生愁。不為琵琶泣，青衫淚自流。（《四庫全書》本《文氏五家集》卷十二《録事詩集》）

《徐州夜泊與白伯望話舊》

繫纜南徐洪上頭，已同白傅共仙舟。一燈聚話當時事，數酌能消滿目愁。夜永相將長至候，寒深偏重敝貂裘。起來醉看中天月，曾照當年燕子樓。（《四庫全書》本《文氏五家集》卷十三《録事詩集》）

智按：文肇祉，字基聖，文彭子，官上林苑録事，著《録事詩集》五卷。

沈明臣（一五一九～一五九五）

《水雲遊效元白體呈吳二原柏》

野性從來麋鹿便，生平結得水雲緣。弄泉聽竹逢人去，對酒看花每自憐。紫玉杖頭山萬里，白綸巾上月千年。誰云不是神仙伴，買得清閒不用錢。（《豐對樓詩選》卷二十九，《四庫全書存目叢書》影印明萬曆二十四年陳大科陳堯佐刻本，集部第一四四册，第四九一頁；《白岳游稿》，《四明叢書》據嘉靖林氏大西山房本活字本翻刻）

《客有以半溪半村爲號者各征詩因戲爲元白體以塞之》

三分荷葉兩分菱，深著漁舠淺著罾。欲取一溪全作勝，獨憐遠水半難憑。山川略約如同谷，風景依稀似武陵。去路漁郎須認記，竹棚西是紫花藤。

一溪楊柳半村煙，慣引漁郎扣小舷。風雨不迷新渡口，月明常釣舊磯邊。青山曲轉人來路，緑樹横遮鳥去天。記得秋時曾賽社，鼓聲剛到石樓前。（《豐對樓詩選》卷三十六，《四庫全書存目叢書》影印明萬曆二十四年陳大科陳堯佐刻本，集部第一四四册，第五八五頁）

智按：沈明臣，字嘉則，號天放翁，人稱句章先生。鄞縣（今浙江寧波）人。少爲博士弟子，科舉失利，不再進取。胡宗憲督師浙江禦倭時，聞其文名，被招致幕府，辟爲記室。宗憲嘗宴將士爛柯山上，酒酣樂作，請明臣爲《鐃歌》十章，援筆立就。後宗憲寃死獄中，明臣持所寫誄文，遍告其寃狀。後遂浪迹江湖，遍游吴、楚、閩、粤間，故其詩多寫各地風物與咏懷古迹之作。在幕府時，與徐渭最善，并終生保持友誼。與汪道昆、梁辰魚、屠隆、孫禹錫、陸無從等，亦多所唱和。王世貞引爲同調，列《四十咏》中。神宗萬曆二十三年，卒於里，享年七十八。一生作詩七千多首。《四庫全書總目提要》著録其《豐對樓詩選》四十三卷，謂「明臣生平所作詩凡七千篇……白居易詩尚以所存太富，有沙中金屑之憾，則不及居易者可知矣」，又著録其《越草》一卷，謂其詩「才氣坌涌，得之太易」。在其諸體詩中，古體順暢，但稍冗雜；近體時有精警之作，但構思重複，平淡者亦有不少。萬曆二十四年（一五九六），陳大科爲校梓《豐對樓詩選》，凡四十三卷，録詩四千四百八十九首。另撰有《越草》一卷、《豐對樓文集》三卷。事跡散見集中及《列朝詩集小傳》丁集中。

鄧伯羔（正德間）

《藝彀》

⊙蔡邕方孝孺陳東有後

白樂天曰：蔡邕無子，有一女文姬。王元美曰：昔人謂邕無子，悉以書授王粲。按邕傳不言無子有女，粲傳止言此王公孫也，有異才，吾家書籍文章，盡當與之。此不足證其無子。羊祜傳：祜，蔡邕外孫也。討吳有功，將進爵土，乞以賜舅子蔡襲。蔡充別傳：祖睦，蔡邕孫也。此足證其有子也。《宋史·陳東傳》既曰高宗感悟，追贈東承事郎。東無子，官有服親一人。又曰：紹興四年，加朝奉郎，秘閣修撰官，其後二人無子有後，自相矛盾矣。東弟南，撰東行狀，乃詳言東先無子，後有遺腹名嗣宗耳。《皇明通紀》言：方孝孺繫獄，宗族坐死者八百四十七人，妻鄭氏與諸子皆先自經死，是孝孺無嗣矣。鄭端簡公為《吾學編》，則曰：録孝孺家時，得魏典史澤周旋，藏其幼子，謝鳴治詩，所謂「孫枝一葉是君恩」，是孝孺尚有嗣也。古今書記，非參看不可得其實。（《四庫全書》本《藝彀》卷上）

⊙誤標人詩文

「學殊半豹，藝媿全牛。」此顧雲投户部鄭員外啓也，楊用修《丹鉛總録》謂是李商隱四六。「蟭螟殺敵蚉眉上，蠻觸交争蝸角中。何異諸天觀下界，一微塵裏鬭英雄。」（智按：《禽蟲十二章》之七）此白居易感物詩也，顧元慶《夷白齋詩話》謂是僧溥光之作，皆不審何據。（《四庫全書》本《藝彀》卷下）

智按：鄧伯羔，字孺孝，常州（今屬江蘇）人。生于正德間，歷嘉靖、隆慶、萬曆三朝。少即謝去諸生，隱天荒蕩之銅馬泉，博學洽聞，撰著甚富。郡守王應麟聘修府志，捃摭獨詳。巡撫某以行修學博聞於朝，不赴。日倘佯釣雪亭或乘輿往來兩浙，與諸名流唱和。綜述文史，上下古今，筆無停涉。有《天荒館詩草》二卷，《卧遊集》四卷藏於家。《古易詮》二十九卷、《今易詮》二十四卷行世。(《光緒金壇縣誌》卷九「人物志」)

李汛（一五〇五進士）

《嘉靖九江府志》

湯泉。在城南九十里廬山下。【白居易詩】一眼湯泉流向東，漫泥燒草煖無功。驪山温水因何事，流入金鋪玉甃中。

白家池。在府治西。白居易鑿以養魚種荷。(《嘉靖九江府志》卷二，《天一閣藏明代方志選刊》，上海古籍書店影浙江寧波天一閣藏明嘉靖六年刻本)

草堂。在香爐峰下。唐白居易爲江州司馬時建。【白詩云】香爐峰北面，遺愛寺西偏。其下無人居，終日空風煙。時有沉冥子，姓白字樂天。傲然意自足，箕踞於其間。舍此欲焉往，人間多險艱。

三賢堂。在府治後中。祀陶潛、狄仁傑、白居易。今廢。

琵琶亭。在城西江濱。唐司馬白居易送客至此。夜聞鄰舟琵琶聲，問之，乃長安妓女嫁商人者，詞甚凄切，感之作《琵琶行》，後人立亭，因名。今廢爲江學基。【唐白居易《琵琶行》】(略)【蘇子由詩】湓江暮雨晴，孤舟暝將發。偶聞胡琴語，展轉不成別。草堂寄東林，雅意存北闕。潸然涕泗下，安用無生説。【無錫邵寳詩】世間夫婦似君臣，門外天涯語是真。一曲琵琶皆掩涕，何人傳與買茶人。

浸月亭。在府城西，甘棠湖中。有墩，勢員（圓）如月，唐白居易作亭其上，後人因其「別時江浸月」之句故名，今廢。(《嘉靖九江府志》卷三，《天一閣藏明代方志選刊》，上海古籍書店影浙江寧波天一閣藏明嘉靖六年刻本)

白居易，字樂天。元和中貶江州司馬，喜曰：「匡廬在念久矣，今得青山緑水，為風月主人，不亦可乎？」廼築草堂于香爐峰北以自適。在州多惠政，遺愛於民，磊落不羈之懷，憂國思鄉之念，多形於吟詠，因潯陽江頭夜送客，遇商人之婦，作《琵琶行》文以見違世之意，文見亭。或曰：「樂天時無妓禁行，亦託言也。」(《嘉靖九江府志》卷七，《天一閣藏明代方志選刊》，上海

古籍書店影浙江寧波天一閣藏明嘉靖六年刻本）

陶靖節祠。在楚城鄉柴桑山下，去城九十里。今廢惟遺舊碑，題曰：「晉陶靖先生故里。」【唐白居易詩】今來訪舊宅，森若君在前。不慕樽有酒，不慕琴無絃。柴桑古村路，栗里舊山川。不見籬下菊，但餘爐中煙。

白居易祠。按《一統志》：在本府城西湓浦門内。徐鉉有記。久廢。

四賢祠。在府治東四牌樓口。弘治六年知府童潮建，祀漢宋均、晉陶潛、唐白居易、狄仁傑。廢。

九江府城。舊築於漢黥布也。唐司馬白居易重修。（《嘉靖九江府志》卷八，《天一閣藏明代方志選刊》，上海古籍書店影浙江寧波天一閣藏明嘉靖六年刻本）

白玉蟾。唐白樂天之後。自幼慕長生之術，師翠虚陳先生，或蓬頭跣足，隱顯莫測，揮洒文墨，信筆而成，不假雕琢，若太平宫、福海院、授墨堂諸記，廣福觀、白雲菴、伏虎菴諸詩，皆其手筆。宋紹定己未冬解化，賜號養素真人。

東林寺。在府治南三十五里，廬山之麓。晋大元九年僧慧遠建立。宋紹興間燬於火。僧慶哲復興。洪武六年，僧祖觀重修。正統間都綱恕聰，成化間僧慈釗，正德間僧行淳，各有竪造。……【白居易詩】東林此堂水，湛湛見底清。中生白芙蓉，菡萏三百莖。白日發光彩，清飈散芳馨。洩香銀囊破，瀉露玉盤傾。我慚塵垢眼，見此瓊瑶音。乃知紅蓮華，虚得清净名。夏萼敷未歇，秋房結纔成。夜深衆僧寢，獨起繞池行。欲收一顆子，遠寄長安城。只恐出山去，人間種不生。

西林寺。在廬山之麓，去城三十五里。晋大元間僧慧永開建造塔，隋開皇間僧法克重修。唐宋尤盛。元壬辰兵燬。本朝洪武十四年，僧宗乘復興。【白居易詩】木落天晴山翠開，愛山騎馬入山來。心知不及柴桑令，一宿西林即復回。

上大林寺。在廬山之巔。晋大元間開刱。元末兵燬。我朝宣德九年，天池寺僧圓究，成化間僧圓泰，相繼增修。寺前有實樹二株，莫紀其年，曲幹垂枝，團旋如盖，人以為泰山秦松漢栢亦無此奇。【唐白居易詩】人間四月芳菲盡，山寺桃花始盛開。長恨春歸無覔處，不知春向此中來。（《嘉靖九江府

志》卷十四，《天一閣藏明代方志選刊》，上海古籍書店影浙江寧波天一閣藏明嘉靖六年刻本）

智按：李汛，字彥夫，號鏡山居士，祁門（今屬安徽）人。弘治十八年（一五〇五）乙丑進士。授工部主事。歷正郎，出知思恩府。有《鏡山稿》十三卷。

方鳳（一五〇八進士）

《湖石記》

予近得太湖石數拳，不甚奇，然草草樹之中庭，豐腴瘦削，各自獻狀，晨起或月夕玩之，亦自有意味，可刷俗慮。盖湖石有二種，其一沉水底者，爲波浪撞激，有自然之巧，其次則埋山根湖之人掘得之，亦有巧者，間施斧鑿工，初出土，色黃，雨露濡洗，久之成青白色。予所得者，此種也。客有過予見之者，□（智按：當作「曰」）此旱石也，狀粗而直廉，蓄之何爲？余笑曰：昔李□□（智按：當作「約有」）云：「苟適吾意，其用則多。」故玄晏好書，嵇中散□□（智按：當作「嗜琴」），陶靖節好酒，奇章公好石，白樂天謂：石不若□□□（智按：當作「書與琴」）與酒之有文與聲與臭味也，而好之適意而已。予之蓄此石，亦適吾意而已，何以奇爲？子不聞宋劉金者乎？好蓄奇石，搆之費千金，世號菱溪石，其後子孫微弱，石散爲他人有。歐文忠公見而有感，作《菱石記》，以表其事，以警夫好奇者。於乎！石為物最號堅久，今日蓄之，較頑奇而計工拙，以上下其直，他日子孫賢則賞鑒之餘，一思前人，否則曳置他人庭中，有惡其重而厭其高者矣。客大笑而去。（《改亭存稿》卷三記，《續修四庫全書》影印明崇禎刻本）

《丁南湖遠過且約看山》

不覿芝眉又十年，先生風致尚依然。一春早辦登山屐，百里能移載酒船。詩句驚人嫌白俗，笑談傾座慕張顛。西堂此夜論心曲，撥盡燈花未肯眠。（《改亭存稿》卷九詩，《續修四庫全書》影印明崇禎刻本）

《夷俗考》（有序）

夷俗本不足録，但憫其均是人也。生於夷，壞於習，拘於法，終不可化。然其間亦有好詩書，守節義，終三年之喪，無淫妬之女，可見人性之善，無間夷夏，而又幸我中國之人，生此善地，得見衣冠禮樂之盛，故畧述其俗之甚異者書之，凡四條：

東。

馬韓國出大粟如梨，雞尾長五尺，作土室如塚，開户於上，少年勇力者，以繩貫脊皮，縋以大木，懽呼爲健，以誇於人辰。韓國以大鳥羽送死，其意欲使死者飛升，生兒便以石壓其頭，欲其匾，故其國人皆匾頭，行者相逢，皆住讓路。倭國女子，不淫不妬。犯法者没其妻子，其俗以蹲踞爲恭敬，飲食以手，而用籩豆，後以女子爲王訊獄，置小石於沸湯，令犯法者探之，云理曲手爛。或置毒虫於甕，令罪人取之，曲者即螫手。國中有五經，及佛經、《白居易集》，並於中國得之。高句麗國叛反者，縛之大柱，燒而斬之，盜則償十倍，不能償者以子女爲奴，拜則曳一脚於後，立多反拱，行必插手，俗尚淫，男女相悦，即爲婚，亦無聘材，或有受材者，人以爲賣婢。高麗國知文字，庶民子孫夜誦書，晝習射，宋時遣使進，別敘孝經一卷，越王孝經一卷，新義八卷，皇靈孝經一卷，孝經雌圖一卷，又表求板本九經，詔與之。三歲一試，舉人有進士諸科，算學，每試百餘人，登第者不過一二十人。……（《改亭續稿》卷二，《續修四庫全書》影印明崇禎刻本）

智按：方鳳，字時鳴，號改亭，崑山（今屬江蘇）人。正德三年（一五〇八）戊辰進士，官至廣東提學僉事，有《改亭存稿》。

華鏡（一五一五前後）

《元氏長慶集跋》

樂天、微之以詩文並稱元和、長慶間，互相標榜倡和為頡頏，而論者亦曰元、白。向既購白集抄本校印已行，每訪元集，則殘章斷句，皆蠹口餘物耳，深慨造物之有忌也。偶見冢宰陸公家藏宋刻板者，欣然假歸，得翻印如白氏集，是真龍劍鳳簫之終合，二公文章之晦明，與時運盛衰為上下也，觀二集者誠快睹云。乙亥秋杪後學華鏡謹識。（明正德錫山華氏蘭雪堂活字本《元氏長慶集》卷首，中國國家圖書館藏）

智按：乙亥，正德十年（一五一五）。華鏡之父華堅，為華燧（一四三九～一五一三）之侄。

姜南（一五一九舉人）

《蓉塘詩話》

⊙榴花詩

白樂天《榴花詩》有云：「山榴花似結紅巾，容豔新妍占斷春。」（智按：見白居易《題孤山寺山石榴花示諸僧眾》，《白居易集箋校》第一三五八頁）其語蓋出於隋孔紹安《榴花》詩。紹安詩云：「只為來時晚，開花不及春。」按：紹安，大業末為監察御史。時唐高祖為隋討賊於河東，詔紹安監高祖之軍，深見接遇。及高祖受禪，紹安自洛陽間行來奔。高祖見之甚悦，拜內史舍人。時夏侯端亦嘗為御史監高祖軍，先歸朝，官秘書監。紹安因侍宴應詔，詠石榴詩曰：「祗為時來晚。開花不及春。」時人稱之。（智按：見《舊唐書》卷一百九十上）吁，工則工矣，其如立身之大節何？（明嘉靖二十二年張國鎮刻本卷十三「抱璞簡記」，《續修四庫全書》第一六九六册，第一九～二〇頁；《明詩話全編》第四册，第三四五一頁）

⊙天才人才神才

《南部新書》謂：「李白為為天才絕，白居易為人才絕，李賀為鬼才絕。」予以為，居易《樂府》諸詩，有愛國憂國之意，雖其造語不及白、賀，而或目為淺近，然猶有得於風騷之旨。白、賀詩格調雖高古，使與成周之世，太師不録也。（明嘉靖二十二年張國鎮刻本卷十六「逍遥録」，《續修四庫全書》第一六九六册，第三一～三二頁；《明詩話全編》第四册，第三四五一頁）

⊙七夕歌

杜少陵《哀江頭》、元微之《連昌宮辭》、白樂天《長恨歌》，得風人之遺意，如張文潛《七夕歌》，辭淺意褻，不作可也。（明嘉靖二十二年張國鎮刻本卷十七，《續修四庫全書》第一六九六册，第三八頁；《明詩話全編》第四册，第三四五七頁）

⊙柿蒂綾

白樂天《杭州春望》詩有「紅袖織綾誇柿蒂，青旗沽酒趁梨花」之句，所謂「柿蒂」，指綾之紋也。《夢粱録》載：杭土產綾曰「柿蒂」、「狗腳」，皆指其紋而言，後人不知，改為「柿業」，妄矣。（《説郛》續卷第三十三；明嘉靖二十二年張國鎮刻本卷二十，《續修四庫全書》第一六九六册，第五二頁；《明詩話全編》第四册，第三四六一頁）

琴按：各本白集均作「柿蔕」（蔕同蒂）。柿蔕句下注云「杭州出柿蔕花者尤佳也。」如依《夢粱録》釋為指綾紋而言，全句「紅袖織綾誇柿蔕」更易解矣。

智按：《杭州春望》，長慶三年（八二三），五十二歲，任杭州刺史。《白居易集箋校》第一三六四頁。

姜南，字明叔，號蓉塘、半村野人，仁和（今浙江杭州）人，正德十四年（一五一九）己卯舉人。《古今説海》前校書名氏第一人，即蓉塘姜南：「明叔，浙江仁和人，己卯舉人，出藏書五卷，校勘十卷。」有《蓉塘雜著》數十種。

敖英（一四七一～一五五一）

《東谷贅言》

古者男女別嫌明微之際最嚴也，後世士夫乃有與女流款洽，若交游然者，而君子無鐫譙焉。蓋諒哉其無他志也。若王右軍之於賣扇老嫗，杜少陵之於黄四娘，白樂天之於潯陽商婦，蘇東坡之於春夢婆是已。乃若攜妓游山，與妓賡詩，對妓參禪，則逾閑矣。我朝士大夫無此風流，綽有古意。（卷下，《叢書集成初編》據寶顏堂秘笈本排印本；《四庫全書存目叢書》影印明嘉靖二十八年沈淮刻本）

《唐詩絕句類》

《聞樂天左降江州》「暗風吹雨入寒窗」，悲婉。【評】唐人友道最古，可同休戚，可託死生，誦此詩元、白之交情可覩矣。洪景盧曰：「樂天云：『此句他人尚不可聞，況僕哉?』夫嬉笑之怒，甚於裂眥；長歌之悲，甚於慟哭。此語誠然。」(《唐詩絕句類》卷一)

智按：敖英，字子發，清江（今屬江西）人。正德十六年（一五二一）辛巳進士，官至河南右布政使。

孟思（一五二五舉人）

《濬風吟八首效白體》

敘曰：風，諷也。朱子曰：風之動以有聲，而聲又足以感人也。濬於周為衛地，於《詩》為《衛風》。朱子以其染于紂也，槩說為淫奔之詩，不以《小序》之說為然。當時吕伯恭與朱講學，意不與朱同也，故朱子復著論以濟其說。後鄱陽馬氏立論，以辯朱子之非，然後儒者深韙之，目為朱子之忠臣，而惜朱之未及見也。然自戰國以降，衛于諸侯獨鮮過，故秦并天下，而衛獨後亡，其民亦未被兵也。厥後漢營黎陽，晉渡白馬，隋亂唐興，金殘宋弱，濬故之以。明興都燕，濬為畿邑，其民多質，其風尚淳，世變風移，民漸以富，富斯奢，奢斯蕩，蕩斯詐斯蠅營斯狗苟矣，誠而僞，淳而澆，人也耶，風也耶，目擊人事，可悲而歎者，寄之聲以風，而感且俟遒人振鐸者或采焉，題曰濬風吟。

⊙貴財

天地實生財，生財以養人。帝王因理財，理財濟斯民。強獷無溢富，孱弱不甚貧。井田既廢壞，法制亦沉淪。始有褦襶子，更多僂羅群。本業不屑屑，奸富益紛紛。乾没横市井，關節通衙門。虎威良可假，蛇步屈能伸。癡兒馳白馬，狡童醉紅裙。人云天上郎，或曰里中君。坐深鄉黨敬，財富結交親。東家獻牛酒，西里擎雞豚。酒酣氣益豪，時時鄙斯文。畏者如鼠伏，趋之若羊奔。有子願執鞭，無人不攫金。惟有天下士，見此為酸辛。貴財不貴德，鄙夫何由敦。有人惡銅臭，聽我歌錢神。

⊙賤士

天生民有四，士居民之先。道德貴天爵，詩書富簡編。達可為伊傅，窮則為軻淵。匪獨士自重，人亦知重旃。三代倏已過，此道不直錢。公侯不下士，守令不禮賢。身著儒冠裳，止齊臺輿肩。名掛儒版藉，不及胥吏便。禮度多曲謹，小心恒虔虔。一失上官意，拜跪高擎拳。歸來掩書坐，捫肋自長歎。大人視藐藐，俗子尤諓諓。既賤復且辱，徒勞氣冲天。業儒不見獲，不如農耕田。為學未及達，不如商行船。所以民風薄，教子少騰騫。常衮教閩時，文翁開蜀年。今日有斯人，淳風寧不還。

⊙結勢

民俗既云薄，士風亦以隳。下者無法守，上焉失道揆。小人饒貨財，君子略等威。從來勢與利，二者常相依。士庶分貴賤，時道無崇卑。宦途八津要，豪富争奔馳。黄金恣獻納，宴如不相（音斯）離。忽然門羅雀，轉足他門跂。結交結見官，身滿生光輝。結交結見管，負債猶可追。吾見奸富人，無不攀高枝。吾見新貴人，無不納豪貲。衛青睚眦客，張湯乾没兒。自昔将相然，乃今周天涯。士庶區别章，休文眞可師。門前無此物，魏史稱伯夷。長謠濬風吟，不獨濬人嗤。

⊙諛官

襄陽耆舊傳，洵美龐德公。人非一命官，事無半紙功。心慕葛天民，身為畎畆翁。何以首耆德，千載名不窮。唯其清節高，不入城府中。子孫遺以安，刺史謁以躬。一犁耕春壠，萬里高冥鴻。今日稱耆德，牛犢羊之羶。足不離縣衙，口不離青銅。出入身揩揩，往來心憧憧。時值包苴官，關節為之通。或遇了事吏，甘心為之僮。吕端小糊塗，有耳為之聾。蕭相大模稜，有目為之曚。官或為民頌，反戈為之攻。官或為朝廷，涕淚為之忠。為官之佯譽，為官之磨礱。假為去思說，立碑高崇崇。前官後官眼，輾轉相愚家。安得宓子賤，誅此陽鱎蟲。無令奸宄徒，相襲以成風。

⊙蕩産

重城有富家，積財充阿堵。光明錦若霞，璀璨珠兼琥。華堂雪不寒，幽房日無午。曲檻隔簾櫳，恍若神仙府。中有白面郎，嬌痴嗔父母。所欲一時遂，親僮莫之迕。自言富在胎，且喜幼失岵。少小弄麒麟，長大調鸚鵡。愛穿紅錦褌，學打細腰鼓。鬬雞志必贏，走馬雄且武。按鷹飽欲飛，飼犬肉嫌腐。樗蒲孤注高，百萬一擲賭。徵歌夜宿花，索酒春遊圃。百斛費明珠，千金求妙舞。兼之游俠兒，引出然臍塢。即有董逃金，揮之如糞土。昨見在通衢，已與乞匄伍。此風駸駸多，不可覼縷數。

⊙進香

漢火焰將熄，中原巾忽黃。元運亦云季，紅巾紛四方。海宇正寧謐，倏焉明刀鎗。厥初愚民情，誘惑群燒香。刺史不之禁，縣令旌其良。三十六方起，漢鼎遂分張。群雄恣跳梁，元祚亦淪亡。今胡蹈覆轍，而不為隄防。十家九家人，百里千里疆。喊聲金皷社，龍旗日月章。百萬首甲馬，無乃兆不祥。寧貧事元君，不養爺與娘。寧身受鞭棰，不輸租與糧。忠孝既已廢，何以為國常。尤恐奸雄子，因之而飛揚。作詩草茅下，何日聞周行。

⊙多酤

市民宜商賈，村民宜桑麻。先王順人情，因之為生涯。夫何千載後，民生漸以差。城市與鄉村，半為賣酒家。長幔處處掛，青帘个个誇。夜月千燈醉，春風一路斜。樓高沸絲管，室暗藏烟花。狂生學李白，高人慕孟嘉。市民絲俎儈，夜半猶諠譁。惡少竟酣酗，聚敵相捶撾。村民混老幼，醉路眠泥沙。一年生計薄，半為酒錢賒。糜穀尤害國，聚訟又紛拏。酺飲豈不善，蜡飲豈不佳。漢法禁群飲，犯者刑斯加。何如摧私酤，婚宴留㟁㟁。厲禁旗亭處，教之以飲茶。

⊙少施

財末德為本，前賢有嘉猷。孟云周於財，未若德之周。積財未云已，慆慆終夕憂。富既冠一里，復欲盖一州。一州復未足，直欲敵王侯。公孫之撲滿，王戎之牙籌。一身用幾許，儲之高高樓。平生用不盡，又為子孫愁。人言慳者富，諺云澁處留。吾見鉅富家，往往慳澁流。人生有朋友，彼若薰與蕕。人生有兄弟，彼若風馬牛。患難既不恤，困窮亦不賙。五賊日相親，六親恒為讎。滿而溢乃已，攲器覆則休。不見石李倫，東市遭虔劉。（《孟龍川文集》卷二，《四庫未收書輯刊》影印明萬曆十七年金繼震刻本）

《何處難忘酒效白樂天體二首》

何處難忘酒，瓊林賜宴時。宮袍香紫陌，仙樂下丹墀。日月瞻龍衮，皋夔集鳳池。此時無一餞，空負桂花枝。

何處難忘酒，青油宴鶡冠。歷階纔按劍，肘印復登壇。踏伏金微遠，譚兵玉帳寒。此時無一盞，詎可斬樓蘭。（《孟龍川文集》卷四，《四庫未收書輯刊》影印明萬曆十七年金繼震刻本）

智按：孟思，字叔正，黎陽（今河南浚縣）人，嘉靖四年（一五二五）舉人，選南陽通判，未赴卒。有《孟龍川文集》二十卷。

張守約

《擬寒山詩》

古來生浄土，歷歷皆名賢。晉如劉遺民，唐如白樂天。宋如黄龍舒，以及蘇子瞻。其餘難具述，愚人却可憐。（明刻本《擬寒山詩》，《四庫未收書輯刊》集部第六輯第二七册）

智按：張守約，號梅村，秀水（今浙江嘉興）人。

郭萬程（一五三五進士）

《宋敖先生傳》

今稱説敖先生者，豈非哀趙忠定之詩律哉！或曰揭之通衢，或曰賦於三元樓壁，縱筆酒三行，而壁已舁去，或曰韓侂胄不之罪，或曰大怒，刋章追捕，編管於嶺南，至其敗乃登第，或曰亟亡命走閩，或曰因是遊寓，遂贅居崑山，蓋二三其説，皆大謬不然者矣。先生名陶孫，字器之，福清縣人也。其父閩縣人，父贈承仕郎，夢於陶穴中，見二人奕而與之子。母孺人陳氏，陳祖於陶正，因而名陶孫焉。少貧，倜儻，以材自奮，淹貫載籍，為文立就，嘗曰：蟠胸一萬卷，落筆五千言。言皆奇奥，而氣骨渾壯。嘗遊於潮，潮人爭執弟子禮。淳熙庚子，年二十七，鄉薦第一，律賦海内傳為式。下第，客吳中，而從者如雲。巨室名族，率虛講席迎致。已而入太學，皆以通儒宗之，時少壯發憤，而多鳴之於詩，率本忠孝性情，未嘗一主於譎刺。紹熙甲寅，朱文公在經筵，本趙忠定所薦，韓侂胄搆之，以難立講予祠，先生送之詩，言「當年靈壽杖，只合扶孔光」，蓋知忠定亦從此殆矣。至慶元丙辰，忠定死謫所，作《甲寅行》哀之，語不涉侂胄，且藏稿不輕出，或為律詩托以行，無敢聞之侂胄者。京尹丞趙師羼輩，望風旨急逮捕，乃微服變姓名，不知其所之，事白而第己未進士。自鄉薦至自落魄二十年，初主海門縣簿，開禧末，侂胄敗，詎其登第八年矣。嘉定初，教授漳州，州守趙汝讜負詩律，無對壘，獨與唱酬，而待以賓禮。辟户通學宫，以便其往來，因廣宫門，復侵租，而佐汝讜大得士，秩滿，辟酒所幹官，改廣東轉運司，主管文字，時師孫長孺性峻，或嫚罵僚吏，先生既負内美，勃若摩雲衝斗，而長身龐眉，昂昂出意表，當交際間，且機疎語簡，故不知者以為亢倨耳，然起蹇涉憂患，明練世務，歷官多可書，則雖嶔寄道固委蛇也，長孺知其質直，故見必致敬。改平海軍節度僉判兼南外宗正簿，而不樂往。州檄急之，竟謁告去，常平使者，雅聞其名，行部至州，怪其已歸，因言可予祠。寶慶元年，轉承議郎，賜緋魚袋，主管華州西岳廟，臺疏鐫一秩，年七十二矣。生平篤孝友，娶崑山沈氏嚴之如賓，奉祠之年，適甫悼亡，室無妾媵，躬執炊爨，稍有俸錢，買田二畦，築室一區，雖自釋蹻，遲回為貧，凡二十六載，其修正皭如也。異時交遊，類當世聞人，至是旁落將盡，而獨深居簡出，客至從户内摇手謝絶之。新進晚生，少覿其面，所與往還者，同里林文隱公遇、連江李清忠韶、莆田劉文定克莊二三君子而已。間有佔俾，則之寂寞之野，時謂金璧易求，其片言難致也。然詩名益重，託者益衆，故江湖集又出，而有詔毁之矣。其所著多未詮，亦不敢行於世，卒年七十四。紹定己丑，子農師合沈氏壄，祔東皋先塋，劉文定題曰：曜菴敖先生墓，其銘：議郎之秩，華山之廟。既嗇於少，復奪之耄。卓哉曜翁！疇昔自號。揭之碑顔，以配貞曜。今郡縣志其墓，苗裔居故地，守之士子，則俎豆於官，因舊聞而稱說之矣。然先生質行，其藴藉蓋如此。今遺文真者，僅僅一二，大都善名理。而世則多其言詩，云：「魏武帝如幽燕老將，氣韻沉雄；曹子建如三河少年，風流自賞；鮑明遠如餓鷹獨出，奇矯無前；謝康樂如東海揚帆，風日流麗；陶彭澤如絳雲在霄，舒卷自如；王右丞如秋水芙蓉，倚風自笑；韋蘇州如園客獨繭，暗合音徽；孟浩然如洞庭始波，木葉微脱；杜牧之如銅丸走坂，駿馬注陂；白樂天如山東父老課農桑，言言事事皆實；元微之如龜年説天寶遺事，貎悴而神不傷；劉夢得如鏤冰彫瓊，流光自照；李太白如劉安雞犬，遺響白雲，覈其歸存，恍無定處；韓退之如囊沙背水，惟韓信獨能；李長吉如武帝食露盤，無補多欲；孟東野如埋泉斷劍，卧壑寒松；張籍如優工行鄉，飲酬獻秩，如時有詼氣；柳子厚如高秋獨眺，霽曉孤吹；李義山如八寶流蘇，千絲鐵網，綺密瓌妍，要非適用。宋朝蘇子瞻如屈注天潢，倒連滄海，變眩百怪，終歸雄厚；歐公如四瑚八璉，正可施之宗廟；荆公如鄧艾縋兵入蜀，要以險絶為功；黄魯直如陶弘景入官，析理談玄，而松風之夢故在；梅聖俞如關河放溜，瞬息無聲；秦少游如時女步春，終傷婉弱；陳無己如九皋獨唳，深林孤芳，冲寂自妍，不求識賞；韓子蒼如梨園按樂，排比得倫；吕居仁如散聖安禪，自能奇逸。其他作者未易殫陳。獨唐杜工部如周公制作，後世莫能擬議。」是其詩評也，而他作可概見矣。縣之著述頗多，先生其卓犖乎哉！往志翁續字熙載，漆林人也。元豐五年，特科為奉議郎。政和末，上書言夏人無故請和，金人趙良嗣董才來降，生邊隙，乞斬二人。篤信好不報，遂飄然南歸，渡江老於白嶼之上。宣和初年，童貫使熙和經略使劉法帥師伐夏，敗死，貫以捷聞。績以詩弔之曰：「千里寒沙遺白骨，一番新鬼哭黄雲。偷生同惡終相蔽，安得忠誠達聖君。」時蔡京當國，詞傷質直，不恤也。著有《天山十議》。鄭首者，字晉信，始家三山，遷於縣前，强記能文，新頒通鑑，有鬻於門，一夜輒默識之，鬻者驚納為贄。宣和二年，年十九，魁鄉薦，南渡大赦，首以赦文不文而别撰之，遣弟子二百人，馳宣于水南山下，躬效縣官，跪拜狀鄉人，借地架屋首，戲答之曰：疆土日隘矣，無可以借者。為奸人所告，賜死。臨刑，天黑。太史奏東南文星墜。赦之，無及矣。所著有《六經解》、《榕溪集》，亡傳焉。郭萬程曰：以予觀於敖先生，而翁熙載幸矣。若鄭晉信者，敖先生其幸哉！晉信或以譎刺而受譖翹死，罪其非罪，乃赦。志言文星者，謬也，倘敖先生不免，視此其何如耶！（《四庫全書》本《明文海》卷四百；中華書局影印本，第四一六二頁）

智按：郭萬程，字子長，福清（今屬福建）人。早孤，刻意自立。值歲荒，負米數十里外，以奉母。母肺疾寒，無被，與妻盧抱母以背温之。夫妻絶粒而菽水無缺，博覽書傳，淹洽鈎貫，夜傍紡燈讀書，常至達旦。嘉靖十四年（一五三五）乙未，登進士，授户部主事，尋卒。有《郭子長集》（一作雲橋集）四卷。

高儒（一五四〇前後）

《百川書志》

《白氏長慶集》七十一卷。尚書太原白居易樂天也。（《百川書志》卷十二集，《續修四庫全書》影印清光緒至民國間觀古堂書目叢刊本）

《白樂天詩》。右僕射太原白居易也。（《百川書志》卷十四集，《續修四庫全書》影印清光緒至民國間觀古堂書目叢刊本）

《金鍼集》一卷。唐白居易撰，撮詩之體要，為此格詩之得訣，猶病者之得金鍼而愈也。（《百川書志》卷十八集，《續修四庫全書》影印清光緒至民國間觀古堂書目叢刊本）

《參玄別集》一卷。皇明通政參議武鄉竇惟遠，以二十九門，選集七朝盛唐五十四人之詩，又以李賀、王建、溫庭筠、白居易、李商隱詩七十六首，別成此集。（《百川書志》卷十九集，《續修四庫全書》影印清光緒至民國間觀古堂書目叢刊本）

智按：竇明，字惟遠，武鄉（今屬山西）人。正德六年（一五一一）辛巳進士，曾官刑科給事中，疏陳時政四事，及京營軍弊、晉地荒糧諸疏，悉見嘉納，後出知裕州，擢鳳翔府，累陞陝西右布政使，終於山東參政任。所至俱有政聲。乾隆《山西志輯要》：「竇明，正德進士，仕給事中。疏時政四事，又疏晉地荒糧，俱見嘉納。出知裕州，累遷陝西布政使，俱有政聲。」《大明武宗毅皇帝實録》卷一百四十：「陞工科左給事中潘塤吏科，左給事中俞泰禮科，左給事中王爌爲都給事中。塤兵科，泰户科，爌刑科。刑科給事中邵錫、竇明爲右給事中。錫吏科，明工科。」《參玄別集》一卷，多選中唐七律詩。此後竇明又編《參玄續集》，《百川書志》卷十九載曰：「《參玄續集》一卷。竇惟遠又以前例編選中唐、晚唐五十二人七言律詩一百七十八首，成此集。」

《白樂天諷諫》一卷。唐白居易著，凡九千二百五十二言，爲長句五十篇，繫意不繫文，首句標目，《古十九首》之義也。此本集鈔出另行者。（《百川書志》卷二十集，《續修四庫全書》影印清光緒至民國間觀古堂書目叢刊本）

《白氏策林》四卷。唐白居易撰，應制舉揣摩當代之事，成策目七十五問，全集有之。（《百川書志》卷二十集，《續修四庫全書》影印清光緒至民國間觀古堂書目叢刊本）

智按：高儒，字子醇，自號百川子，涿州（今河北涿縣）人。嘉靖間為兵部下屬武官。喜文翰，嗜詩文，富於藏書，以六年之功，整理編次藏書，於嘉靖十九年（一五四〇）編成《百川書志》二十卷。

何鏜（一五四七進士）

《高奇往事》

白居易敏悟絶人，居官輒病去。東都所居履道里，疏沼種樹，搆石樓，香山鑿八節灘，自號醉吟先生，又稱香山居士，嘗與胡杲、吉皎、鄭據、劉真、盧直、張渾、狄兼謨、盧貞燕集，皆高年不仕者，人慕之，繪爲《九老圖》。

白居易爲傅分司東都，以詩酒自娱，盧尚書簡辭有别墅，近伊水，亭榭清峻。方冬，與群子姪同登，眺嵩洛。既而霰雪微下。因説鎮金陵時，江南山水，每見居人以葉舟浮泛，就食菰米鱸魚，念之不忘。逡廵，忽有二人衣簑笠循岸而來，牽引蓬艇，船頭覆青幕，中有白衣人，與衲僧耦坐。船後有小竈，安銅甑而炊，丱角僕烹煮，泝流過於檻前。聞舟中吟笑方甚，盧歎其高逸，不知何人。從而問之，乃告：居易與僧佛光，自建春門往香山精舍。

孫宣公以太子少保致仕，居於鄆。一日置宴御詩廳，仁宗嘗詩刻石所居之廳壁，語客曰：「白傅有言：『多少朱門鎖空宅，主人到老不曾歸。』今老夫歸矣。」喜動于色。復顧石守道誦《易·離卦》九三爻辭，且曰：「樂以忘憂，自得小人之志；歌而鼓缶，不興大耋之嗟。」公以醇德奥學，勸講禁中二十餘年。晚節勇退，優游里中，始終全德，近世少比。

元豐五年，文潞公以太尉留守西都。時富韓公以司徒致仕，文潞公慕白樂天九老會，乃集洛中公卿大夫年德高者，爲耆英會。以洛中風俗尚齒不尚官，就資聖院建大厦，曰耆英堂。命閩人鄭奂繪像堂中。時富韓公年七十九，文公與司封郎中席汝言皆七十七，朝議大夫王尚恭年七十六，太常少卿趙丙、秘書監劉几、衛州防禦使馮行己皆七十五，天章閣待制楚建中、朝議大夫王慎（御名）言皆年七十二，大中大夫張問、龍圖閣直學士張燾皆年七十。時宣徽使王拱辰留守北京，貽書潞公，願預其會，年七十一。獨司馬溫公年未七十，文公素重其人，用唐九老狄兼謩故事，請入會。温公辭以晚進，不敢班文、富二公之後。文公不從，令鄭奂自幕後傳温公像，又之北京傳王公像。於是預其會者，凡十三人。文公以地主攜妓樂就富公宅，作第一會。至富公會，送羊酒，不出；餘皆次爲會。洛陽多名園古剎，有水竹林亭之勝，諸老鬢眉皓白，衣冠甚偉，每宴集，都人隨觀之。文公又爲同甲會，司馬郎中旦程太中珦、席司封汝言，皆丙午人也，亦繪像於資聖院。其後司馬公與數公又爲真率會，有約：酒不過五行，食不過五味，唯菜無限。楚正議違約，增飲食之數，罰一會。皆洛陽盛事也。洛之士庶，又生祠潞公於資聖院，温公取神宗送潞公判河南詩，隸于牓，曰竚瞻堂，塑公像其中，冠劍偉然，都人事之甚肅。（以上《高奇往事》卷四高苑，《四庫未收書輯刊》影印明萬曆間刻本，子部第一〇輯第一一册，第三二四～三二五頁）

白樂天自言：洛城内外六七十里間，凡觀寺丘墅，有泉石花竹者，靡不游；人家有美酒鳴琴者，靡不過；有圖書歌舞者，靡不觀。自居守洛川，洎布衣家以宴游召者，亦時時往。每良辰美景，或雪朝月夕，好事者相過，必爲之先拂酒罍，次開篋，詩酒既酣，乃自援《琴操》宫聲，弄《秋思》一遍。

白又言，堂中設木榻四，素屏二，素漆琴一，張儒道佛書各數卷。樂天既來爲主，仰觀山，俯聽泉，旁睨竹樹雲石，自辰及酉，應接不暇，俄而物誘氣随，外適内和，一宿體寧，再宿心恬，三宿後頽然嗒然，不知其然而然。（以上《高奇往事》卷四高苑，《四庫未收書輯刊》影印明萬曆間刻本，子部第一〇輯第一一册，第三二八頁）

智按：何鏜，字振卿，號賓巖，處州衛（今浙江麗水）人。嘉靖二十六年（一五四七）丁未進士，官至江西提學僉事。

張元諭（一五四七進士）

《篷底浮談》

裴晉公歸，築緑野堂，與白樂天、劉禹錫爲文章交，把酒窮日夜爲樂，呂文穆公退老洛中，有園亭花木，日與親友歌詠其中，是功成身退，返將終身，達人之自適者也。贊皇公之平泉莊，遠致奇花異石，侈泰無度，而復欲世有是莊，戒子孫一草一木，不可與人，卒之身竄海隅，莊亦旋爲他人所有，貽笑萬世，不亦愚乎？至范文正公之不治園圃，而欲賙宗族，則尤超越古人，而非裴、呂之可及也。文正公之言曰：人苟有道義之樂，形骸可外，况居室哉！吾今年踰六十，生且無幾，乃謀樹第治圃，顧何待有居乎？吾之所患在位高而難退，不患退而無居也，且西都士大夫園林相望，爲主人者欲吾常遊不得，誰獨障吾遊者，豈必有諸已而後爲樂耶！俸賜之餘，宜賙宗族，至哉言乎！其重内輕外，識時達命，隨寓而安，好施不倦者乎！仁知兼盡，誦之足以消荒淫鄙吝之心，吾無間然矣。（《篷底浮談》卷九，《續修四庫全書》影印明隆慶四年董原道刻本）

智按：又見明黄學海《筠齋漫録》卷十，《續修四庫全書》影印明萬曆三十年刻本。

張元諭，字伯啟，浦江（今屬浙江）人。嘉靖二十六年（一五四七）進士。萬曆間任云南知府，廉介方正。

沈朝宣（一五四九前後）

《（嘉靖）仁和縣志》

⊙城外嶺

萬松嶺，在鳳山門外西嶺上，舊夾道栽松，白樂天《夜歸》有詩云：

「萬株松樹青山上，十里沙堤明月中。」東坡《臘梅》詩亦有「萬松嶺上黄千葉」之句，在南宋時密邇大内第宅，居民鱗次櫛比，今蕩爲空山曠嶺，嶺口有門，扁曰萬松關，而松無幾存。元時西嶺上建報恩寺，後徙入城内，時有蜀僧可恕，因故址重建。皇明弘治十一年，浙江右參政周公木廢寺，因舊址舊材，改爲萬松書院，迎先聖衢州派五十八代孫生員孔公衢公績主之。(《(嘉靖) 仁和縣志》卷二,《四庫全書存目叢書》影印清光緒錢塘丁氏嘉惠堂刻武林掌故編本)

⊙三賢祠。祀唐杭州刺史白樂天、宋處士林和靖、知杭州蘇軾，舊在西湖蘇堤鎖瀾橋。元徙祠於故宋舊太學，因名太學爲西湖書院。皇明改書院爲仁和學祠，仍附，今徙學于府學之西，祠亦徙附府學之右。天順三年，郡守吳濬訪尋三賢祠之舊址，復建祠于孤山東麓爲此，本學今無三賢祠焉。舊學之在觀橋之北者，亦有三賢祠，祀唐褚無量、許遠、崔頁。舊學廢，而舊三賢祠亦廢。(《(嘉靖) 仁和縣志》卷五,《四庫全書存目叢書》影印清光緒錢塘丁氏嘉惠堂刻武林掌故編本)

智按：沈朝宣，字三吾，仁和（今浙江杭州）人。官江陵知縣。《(嘉靖) 仁和縣志》成於嘉靖二十八年己酉（一五四九）。

劉贄（一五五〇進士）

《初服會序》

洛中有社，舊矣。唐會昌中，白樂天九人，社之香山禪林，謂之香山九老會。宋元豐間，文潞公社其同志十二人於妙覺僧舍，謂之耆英會，又謂之真率會。二社皆兩朝偉人，輯之史，圖之繪事，侈為美談，數百載間，猶一日也。大明嘉靖丙辰中，余始仕時，洛中大司徒東穀孫翁、大司馬鳳泉王翁，約同時致政八人為八耆會，又謂之續真率會，亦輯有録，繪有圖也。洎余歸田，而八耆已相繼淪謝矣。續補者，復十一數，而穀翁尚為主席，遂辱見攜，余時分席在末行。起隆慶戊辰，迨今萬曆己丑，歷年廿有二，先後續會者，計二十有八人。社名始為八耆，繼續真率，又繼敦誼，更會名者三。主席始穀翁孫，繼嵩野朱，再繼嵩崖溫，今柱峰王，更主會者四，而相繼淪謝者，屈指已廿有一。中間長余而往者十五，少余而先者已六君子矣。凡皆經眼，朋儕也，已若薤露朝菌。然尚旦夕不可知如此，何論古今？夫古今相視一意爾。今社五人，悉少同几硯，相顧俱皤然一翁，然回首初服，僅猶傳舍一夢間爾。矧又去日已多，來日又誰可知乎？其興感滋益感矣。夫興感莫如聚樂，聚樂生於義重，義重何如舊游。今城中會，多宦游諸君子，歸來以後樂之懷，相就為社爾。視髫齔之交，已不相侔，而志向又安可盡同。此舊游之聚，所以為義重之真樂也。此會古今載籍不多見，似亦有緣分在。余故采擷而名之，以重吾社，而圖與繪，當俟之後來。社成，而維揚山人胡楚鶴氏還自雲中，續之。山人舊愛洛中風土，卜廬在洛已久，又愛初服老人皆同志，而諸老人亦愛山人雅志同也，遂拉之以入。特山人齒方艾，亦匪偕自童游者，然方外同志之交，更跫然足音也，自不當以前例拘之，因得附書。（乾隆十年《洛陽縣誌》卷十三；《古今圖書集成》職方典第四百四十三卷河南府部藝文四第一七～一九頁）

智按：劉贊，字子禮，洛陽（今屬河南）人。嘉靖二十九年（一五五〇）庚戌進士，嘉靖丙辰（一五五六）始仕，累官吏科給事中。慷慨敢言，尤以進賢遠姦為第一義，督理三殿工，擢通政司參議，以直忤時，謫鳳陽推官。時權璫驕悍，司陵閹有事皇陵，微雨輙擁蓋，贊面斥曰：「此何地也，而擁蓋，大不敬。」璫懼，斂戢。累遷臨清副使。（《河南通志》卷五十九人物三河南府）

周祈（一五五二舉人）

《名義考》

⊙挾書摹印

《白居易集》：禮部試進士，例用書册，兼得通宵。《容齋隨筆》：「大中祥符元年，試進士，出《清明象天賦》，仍録題解，摹印以示之。景祐元年，詔試日題目，其經史所出摹印給之，更不許上請。」是挾書給燭，自唐已然。摹印題目所出，則宋事也。（民國湖北先正遺書本《名義考》卷七人部）

⊙飛魚白澤

飛魚，鰩也。《山海經》：「秦器之山，淮水出焉。是多鰩魚，鳥翼，蒼文，白首，赤喙，群飛海上，常有大風。」《爾雅》：「翼鰩，長尺許，翅與尾齊，一名飛魚。白澤，貘也。」《說文》：「貘，似熊，而黄黑色。」白居易《貘屏贊》：「象鼻犀目，牛尾虎足，寢其皮辟濕，圖其形辟邪。」徐氏謂，即白澤也。（民國湖北先正遺書本《名義考》卷十物部）

⊙瑟瑟

白居易詩：「楓葉荻花秋槭槭。」《廣韻》：「槭槭，隕落貌。」潘岳賦：「庭樹槭以灑落。」蘇軾《金山寺》詩：「槭槭風響變。」後人誤以「槭槭」作「瑟瑟」。杜甫詩：「雨多往往得瑟瑟。」《博雅》：「瑟瑟，碧珠也。」益州城西每雨過，人多得瑟瑟。《唐書》：「高僊芝襲石國，掠得瑟瑟十餘斛。」《五代史》四夷附録：「吐蕃婦人瓣髪戴瑟瑟，最好者，一顆易一良馬。」「瑟瑟」，本作「璱璱」。夫瑟，絃樂也。白詩誤以「槭」作「瑟」，杜詩、《博雅》與《史通》以「璱」作「瑟」，楊用脩偶見瑟為碧珠，不審「秋瑟瑟」為「槭槭」，乃謂為碧色，失之矣。又按，風亦謂之颾颾，或云「秋颾颾」，謂楓葉荻花為秋風所吹，颾颾然也。雖非白之舊，較用脩所說差勝。（「槭」音戚）（民國湖北先正遺書本《名義考》卷十一物部）

⊙銀囊滚毬

銀囊，帳中爐也。滚毬，被中爐也。《鄴中記》：「石季龍冬月為複帳，四角安金銀鑿鏤為香爐。」白居易詩：「銀囊貯火懸。」《西京雜記》：「長安巧匠丁緩作被中香爐，為機圜轉之，其運四周，爐體常平。」趙德麟曰：「今謂之滚毬。銀囊甚新，滚毬殊不文。」曩予名之曰「金鞠」，與「銀囊」正作對也。（民國湖北先正遺書本《名義考》卷十二物部）

⊙竹根藍尾

杜甫詩：「共醉終同卧竹根。」白居易詩：「三杯藍尾酒。」竹根，藍尾，人多未喻。庾信：「山杯捧竹根」，是知竹根杯名，傾銀注玉，富貴者之器。竹根，山家之器，其醉一也。藍又作婪，宋景文詩：「且盡燈前婪尾杯。」《河東記》謂是謙遜，不敢先飲。《石林燕語》謂是處於末席，得酒常貪婪。二說非是。《廣韻》「飲酒半罷半在曰闌」，當作闌尾為是。淳于髡所謂主留髡而

送客，當此之時能飲一石者也。宋景文意亦是，但襲用婁字，不察耳。（民國湖北先正遺書本《名義考》卷十二物部）

智按：周祈，蘄州（今屬湖北）人。嘉靖三十一年（一五五二）中舉，授官郎中。隆慶間，遷任新鄭知縣。萬曆九年（一五八一），任廣西平樂府知府。其《名義考》前有萬曆甲申劉如寵序，稱為周大夫。又有萬曆十一年（一五八三）癸未袁昌祚重刻序，稱其嘗為民部郎。（《四庫提要》）

俞時（一五五六前後）

《嵩陽春詠集序》

余以丙辰歲【智按：嘉靖三十五年（一五五六）】，與嵩陽劉丈脫別而東，凡三易星序，徃如迅颷，乃函近所製《春詠稿》屬言焉。余惟弱齡，同嵩陽筆硯兼厠鄉薦列，而被提掖之好，不可以辭也。……我明興，化軌弘宣，釐前元之靡，而誠意【智按：劉基（一三一一～一三七五）】、潛溪【智按：宋濂（一三一〇～一三八一）】、正學【智按：方孝孺（一三五七～一四〇二）】、文貞【智按：楊士奇（一三六五～一四四四）】，以迄李【智按：李夢陽（一四七三～一五三〇）】、何【智按：何景明（一四八三～一五二一）】、馬【智按：馬中錫（一四四六～一五一二）】、呂【智按：呂柟（一四七九～一五四二）】、王浚川【智按：王廷相（一四七四～一五四四）】諸公，各為一時鴻業頃企云。嵩陽慧心妙悟，洽覽淵聞，薙華苑之榛莽，綜徃哲之上乘，孕璆吐璣，流聲采於綸局，而論事有掀髯之激，抨彈權近，補蜀之重慶，守民士敉，寧遺有烈勳，竟以觸諫，蒙抑於當國焉。歸而卜清曠之宅，耕汙腴之墟，課厥二子，振藻之暇，鑿坏結巖，棲心俗外，風湍露壑，營灌暢情。雖誦老驥志在千里，每含蕭理孫扼腕之咤，而喜客以聲樂佐酒，懸炙泛舟，握筆掞詩而宣衷，則白傅、晏元獻通脫閑雅之風致也，故負逸氣者有眞放，而專精文字之業者，必颺於不朽。……（《四庫全書》本《明文海》卷二百六十二）

智按：劉繪，字子素，一字少質，光州（今屬河南）人。嘉靖十四年

（一五三五）乙未進士。授行人，選户科給事中，轉刑科右給事中，出知重慶府，有《嵩陽春詠》。《明詩綜》卷四十七引皇甫子循云：「先生經術文章，可謂兼之。若騷賦詩歌，則固北海餘聲。宣城寄興，非所專好也。」詩話云：潘恭定試士中州，得子素卷，曰此河岳英靈也。子素既釋褐，給事省中，偕同官壽貴溪，貴溪手玉盌行酒，子素揮之，次日疏其十罪，不報。明年六月朔日食，晝晦，永陵大恐。問天官主何占，子素請去言以塞天怒，言遂去位。子素亦出守，及言再相嗾南省論罷，其大指謂飲酒酣歌，自稱豪俠，當場蹴踘，旁若無人。廣聚生徒而要譽，多張讌會以慆淫。既歸田，講范白之術，取負郭水田，疏為大壑，種魚萬頭，牧馬山莊，得良駒六十匹。又責僮往来徐揚，貨布及鹽課入息，以給賓客。其答楊用修書云：「人情有所寄，則有所忘；寄而意不縱，則忘之不遠。惟忘之遠，而後我無所貪。無所貪而後能適。」蓋亦自道也。與熊叔仁論文云：「仙釋二氏，非聖之書。吾既不從其道，却借彼之言，以資吾文。所謂文者，將何所爲乎？為文而雜以二氏語，此唐宋間雜學之弊也。昌黎不道二氏語，與二氏言，必舉六經之言告之。子厚謂，某秀才文多引《莊》、《列》，頗奪正氣，論亦凛凛。至與二氏言，便盛稱其教，而雜諸戒律毗尼之說，却不自覺。蘇氏記大悲勝相諸作，至為偈語，準《楞嚴》、《法華》，大不宜也。」其持論甚正。詩非所長，比于伯華，稍事剪裁。

查志隆（一五五九進士）

《岱史》

【酆都廟】在岳之南麓，升元觀東。弘治十四年建，其神為酆都大帝，其左為閻王廟。嘉靖壬戌年，濟南府同知翟濤重脩，有記。

李欽《重脩酆都廟記》

岱宗南麓，有廟曰酆都，其神為北陰酆都大帝，配以冥府十王。其東為曜靈五閆王，而左右十司曹官列焉。嘗稽道經所載，酆都者，陰氣之主，九地之樞，機栲罰罪，鬼死魂之所也。十王之中，其七曰太山，故陸機《太山吟》有曰：「蒿里亦有亭，幽岑集萬鬼。」蓋蒿里去泰山僅數百武耳。白樂天詩亦曰：「東嶽前後魂，北邙新舊骨。」（智按：東嶽，當作東岱）誠如是，則酆都之為廟，夫豈岳麓之所可少者哉！雖然，俗傳收捕追逮，出入死生之説，固儒者所不道也。然昔者吴道子畫地獄變相於成都，民咸懼罪，市之屠沽魚肉者不集，而況崇之以殿，陛列之以案牘，肖之以人鬼，嚴之以剉燒舂磨之刑，使人入則肅然凛然，出則悚然，將自知去惡，以求免刑戮之弗遑也。其為神道設教之意，顧有復善於此者哉！廟創始於太監李僅時，弘治十四年也。至今歷歲既久，風雨所侵，剥棟宇榱，桷，盖瓦級磚，與夫丹艧藻繪之飭，未免傾圮漶漫。嘉靖壬戌春，濟南二守安陽弘齋翟公濤，以兩臺專委來督嶽廟大工，既獲底績，乃復以檄請為重修酆都之舉，兩臺亟為嘉允。卜日興事，貲費取給於香稅，而於農民秋毫無所干擾。經始於癸亥秋七月，訖工於冬十月。殿宇周廊，門觀繚垣，悉加完治。鬼神之像，皆重為涅塑，煥然一新。廟西登嶽之路，復建岱宗坊三楹，自此以至嶽頂地方凡八，又皆立坊，以表其名，而各揭聯以壯其景。金碧煌煒，映照山河。由是泰山之偉觀，愈益增矣。郡人士咸願刻石以紀其事。余惟天以春生萬物，止之以秋。聖人法天，以政養民，肅之以刑。故曰父母之於子，鞠育而遂字之，仁也；鞭朴而告戒之，亦仁也。上之於民也，政教以撫綏之，仁也；刑罰以聳礪之，亦仁也。岱岳於方為東，於時為春，興致雲雨，發育萬物，而北陰酆都之府，所司者秋殺之權也。公來本以嶽廟為事，而其餘力又有及於斯者，無乃所以警勸下愚，而啓其遷善敏德之機耶！

【森罪殿】左為閻王廟，在岳南三里，蒿里、社首二山之間，有七十五司，及三曹封案之神。神各塑像，俗傳為地獄云。

徐世隆《記畧》

蒿里者，古挽章之名，田横之客傷横而作者也。漢李延年分為二曲，薤露送王公貴人，蒿里送士大夫庶人，後世以為人死精魂歸於蒿里，有神主之。張華《博物志》、陸機《泰山吟》皆云，人死，其魂拘於蒿里。白樂天詩曰：「東岳前後魂，北邙新舊骨。」（智按：東岳，當作東岱）《樊殿直廟記》亦言，人生受命於蒿里，其卒歸於社首。蒿里祠距岳廟西南三里許，社首壇之左，自唐至宋，香火不絶。禮之者，入則肅然凛然，出則悚然。豈非世人如見真鬼神而然歟！吴道子畫地獄變相于成都，觀者咸懼罪修福，而市屠沽魚肉者不集，況入北祠，其不寒心而駭目者，鮮矣！（《岱史》卷九靈宇紀，《續修

四庫全書》影印明萬曆傅應星刻本）

智按：查志隆，字鳴治，海寧（今屬浙江）人。嘉靖三十八年（一五五九）己未進士，官至山東布政司左參政。其《岱史》刊于萬曆十五年（一五八七）。

邢大道（一五五九進士）

《又代》

劉氏余母族中表兄弟十餘人，科第鵲起，顯于朱輪，二三大夫，而其最壽者，曰晋齋先生。余舅氏中丞白石翁長子，故參知乾齋，今宿州倅巽齋之兄也，偉幹八尺，豐頤而髯，仕至馬湖太守，解官林下，人稱馬湖公，今年壽八十矣。余方飭兵沂東家，別駕儀齋兄貽書曰：馬湖公，人瑞哉！三老布衣之交，凋謝殆盡，所與遊，多里紳晚進，忘年而稱爾汝者也，而兄無似，得從其後，覩公八十矣，而灼然有少容宴席之間，酒不甚㲋，三爵而止，葅醢羶薌之味，非再簋不飽，與人奕，奕必勝，奕勝而琴，琴而詩，留連竟日，坐忘倦也，公以名德重于鄉，推為祭酒長，月改評而旦稱之，或擬之香山居士，或擬之甪里翁，或擬之漆國吏，或擬之無懷葛天之民，度其年百歲，未可涯也。翁真人瑞哉！閭黨戚知合而壽公，藉手筆于子，以子之越在千里也，能無一言，效華封人之祝乎！……（《白雲巢集》卷十一，《四庫未收書輯刊》影印明萬曆四十五年刻補修本）

《月菴上人壽序》

僧性廉投贄謁余，恂恂温温，雅有儒者氣象，不佞延之左席，廉遜謝不敢當已，又手一簡索言，為其師月菴稱壽。不佞不及識月菴，迺廉能款頰而述之曰：吾師母氏性，法諱廣學，月菴其字，家沁陽人也。少孤，依霍郡香巖寺玫公，剃落燈簀，服勤親于師之門，歷十載已。遊西河參瑞雲上人，受具戒已，又躡五臺，禮文殊，與雪峰空印結大乘社已，又走燕京，杖錫帝輦之下，探三藏秘旨，了然脱悟，歸而寓霍之延慶精舍居焉，吾師乎始自誓心，迄登覺岸，炎不笠，雨不屐，剪雲而衲，斞泉而齋，三十年如一日也。以是四方名卿大夫及鄉耆里俊，靡不虚心嚴重之。今歲壽六十，冬十月届初度，廉不肖稱法門弟子，念亡以當吾師者，一字之褒，重于瓊璧。吾師且夙知有先生也，敢冒昧以請。嗚乎！自釋教流入中國，世儒往往排斥之，而其徒亦牢護其師說，視吾道枘鑿不相入，其所從來遠矣，不知仁義綱常，素王以維世反正；慈悲定慧，浮屠以化俗歸良，其極致一也。泥其跡，醍醐有別于蔬食；融其道，章甫亡異于方袍。在昔陶彭澤、白香山蜕榮仕路，不厭闍梨之交，得亡以眞乘法印，與儒典有相資乎？即退之詆佛一書，詞旨何峭峻也，其予大顛則曰：「頗聰明，識道理」；送文暢序則曰：「余嘉浮屠能喜文詞」。廉之謁余言而來也，夫亦有當于其心，不可謂不識道者，以此推月菴，可知已。雖然，何以爲月菴壽？偈有之曰：「塵中人易老，天際月常明。」曰：「百尺竿頭須進步，十方世界是全身。」固月菴所習聞矣。（《白雲巢集》卷十二，《四庫未收書輯刊》影印明萬曆四十五年刻補修本）

《諸城尹堯川韓先生配李孺人合葬墓表（代）》

今皇丙子之歲，先生以開封教授典試秦中，所拔頎俊士數人，而不佞嗣美與焉。越三年，不佞成進士。又十餘年，官按察僉使，監軍河東，距洪洞不百里，而近則先生之卿也。……先生負才奇性，又伉激屹屹，不能下物，故兩為吏，一為士者師，皆未脱于讒，卒以凌擠解官，蔓草妬蕙，野烏咤鸞，先生所繇，弗容于時乎。生平好聲律，尤善為行草，所請揮灑立就，或評其詩似白香山，筆法似趙吳興，庶幾當之。夫漢紀河南守吳公薦賈生矣，吳公治狀第一，而誼鲜表述，令史不及，悉至併其名遺之。……（《白雲巢集》卷十五，《四庫未收書輯刊》影印明萬曆四十五年刻補修本）

智按：邢大道，字性之，自號少鶴山人。山西洪洞人。其父邢實，嘉靖三十八年（一五五九）進士，官任丘令。生而穎異，有奇姿，七歲時跨馬不幸墜地，挫傷腰脊，自此身體佝僂。稍長，取父所積先秦兩漢書，悉讀之。弱冠補博士弟子，文名鵲起。顧數奇，遂罷經生業，築舍澗滸之南，日與友吟眺佳山水，所著詩文，太史公李本寧深為歎賞，萬曆三十七年（一六〇九）己酉，與范耀昆同應李本甯邀請修《山西通志》，博採淹貫，既成，歸鄉，修白雲巢，杜户不出。所著《白雲巢集》二十四卷行於世。（《山西通志》卷一百三十六）

張鼎文（一五六一前後）

《都察院右副都御史進階正議大夫資治尹潁東党公以平行狀》

公諱以平，字守衡，號潁東。其先平陽人，高祖大老避亂徙禹州。……優游田里，權門要津，不通一字，或有言公於朝者，時宰謂之曰：人各有志，何苦相逼。其他人亦幸公自重，不復徵用。太監黄錦與公舊知，南行過公，許以起用，及北歸再過，公間不復出接。公語人曰：「刀鋸之餘，薦天下豪傑，司馬子長之所耻也。元稹晚依閹宦而得相，豈如白居易之為全節邪?」内外臺諫，前後薦舉二十二疏，公若罔聞，亦有大臣，以書勸公起者，公反勸其歸。既而大臣者被譴，服公高識。又有薦公可屬大事者，當暑見邸報，寒色凛容，見於顔面，其避名崇退如此。然於朝廷大事則眷眷有懷，咨咨不已。識者謂其為大臣之道，少得養心澄神之力，遇事每有先知，人以馬神。凡所營，為刻日計程，風雨驟集，赴人之急，排難解紛，如拯溺捄焚，寢食不暇，親友依公致富厚脱險難者，不可勝計。人不知恩出於公，公亦不知恩出於己。或有公未歿，而先背負者，古今恒態，公惟一笑而已。（明焦竑《國朝獻徵録》卷五十五都察院二，《續修四庫全書》影印明萬曆四十四年徐象橒曼山館刻本）

智按：張鼎文，字征伯，杭州（今屬浙江）人，嘉靖舉人，為潁東書院山長。嘉靖四十年（一五六一）刊本《韓非子》二十卷，署「順齋張鼎文征伯甫校刊」。

陳師（一五六二會試副榜）

《禪寄筆談》

西湖之巨麗，舊矣。自漢時金牛見湖中，爲明聖之瑞，遂稱明聖湖。厥後唐韓僕射、白樂天，搜奇索隱，而佳境彌彰。蘇子瞻昭曠遐踪，人標地勝，抑又過之。宋景德四年郡守王濟，慶曆初郡守鄭戩，嘉祐間郡守沈文通，鋭意開濬，豪家與寺僧之侵占，爲蕩為葑田，爲桑地者，皆清復之，杭民一時稱快，蓋此湖不獨云擅景，實賴以灌田益民，地方大計也。元祐五年，蘇軾守郡，上言欲開濬。大畧云：自唐以來，代有濬治。熙寧中，臣通判杭州時，豪家侵圍，十之二三，到今又塞其半，更二十年則無西湖矣。臣愚以爲，西湖有不可廢者五云云。設法備貲，鳩工力濬，西湖賴以大展。嗣後郡守湯鵬，成化十年郡守胡濬，遞加濬理，而都御史劉敷、御史吳文元、謝秉中、藩臬長劉璋、楊繼宗諸公，力主督成之。迨正德三年，郡守楊孟瑛更鋭情恢拓，力排群議，言於御史車公梁，僉事高公江上疏題請，亦以爲西湖當開者五云云。部議報可，楊公身任其事，若家政然，自是西湖始復唐宋之舊。蓋自白樂天之後二百年，而得蘇子瞻；子瞻之後四百年，而得楊温甫。天之生才，朝廷之設官，不虚矣。下塘千頃之田，不尚亦有利哉，而沿湖細民，日捕魚爲生，且勿論也，間因南關木牌，失於調停，阻塞内河，船隻留滯，至五七日者，民大苦之。士民行李貨物，有由錢塘門石函響水閘小船，渡至清波門長橋，又肩擔由慈雲嶺，以至江口，此亦湖之便民處也。邇來法久禁弛，萬曆乙丑，按院嶺南麗公尚鵬，大書禁約于石豎之城門。嗣後郡守歷城劉公伯縉，凡士夫豪民佃民種荷者，悉爲芟去。蓋栽荷即占湖之漸也。劉公爲郡，剛斷正大不止此，第接人少恭，或有不中節處，至其持大體，不爲阿狥有道者，重之如民變一事，無賴子一時横肆，莫可誰何。若匪劉公獨斷擒戮，則其夕城中烈焰亘天，玉石俱焚矣。張督府公亦曰：「此劉太守之力也，功安可畧也。」近日沿湖圍埂，爲塍爲地，蕩者不少。如清波門以北，湧金以南，傍回回墳，湖面爲某佃成膏腴之地數十畝。雖官爲主之，而士論殊不協。他若金沙灘一帶，爲莊爲蕩者亦不少。此亦十餘年間事耳。如欲清理之何有，蓋湖堤舊跡，難以盡掩，官堤之外，即桑地亦湖也，池蕩亦湖也，庄屋亦湖也，敢於占據若此，若月累日積，因循不究，則恐如蘇子瞻所云：二十年之後，更無西湖矣。區區土民，也無官守，而漫及此，秉心至公，不避時諱，有道者諒之。(《禪寄筆談》卷一，《四庫全書存目叢書》影印明萬曆自刻本)

呂許公執政，范希文屢攻其短，坐落職，知饒州。及呂再相，言於仁宗曰：「仲淹賢者，朝廷當大用之，豈可但除舊職?」遂拜龍圖閣直學士，經畧陝西。希文面謝曰：「向以公事忤相公，不意乃爾奬拔。」許公曰：「豈復以前事關懷。」嗟乎！二公蓋真以天下國家爲心者也。惟光明俊偉之人，故能成光明俊偉之業。叔世聞道既鮮，品格亦卑，秉銓柄國者以官爲市，斯卑卑無足論矣。若一飯必酬，睚眦必報者，以朝廷之名器，快私家之胸臆，均之憸壬也，國家何賴焉。昔劉夢得以種桃句出刺連州，白樂天以新井篇出刺溢浦，中古且然，况近時哉！觀吕許公言與行事，能不泚顙？（《禪寄筆談》卷三，《四庫全書存目叢書》影印明萬曆自刻本）

予嘗讀曹顔遠感舊詩，與白居易傷友之作，未嘗不唏噓長嘆，以爲前古且然，而况叔世乎。曹之詩云：「富貴他人合，貧賤親戚離。廉藺門易軌，田竇相奪移。」此其炎凉變態，已著言表。白詩則云：「平生同門友，通籍在金閨。曩昔膠漆契，邇來雲雨暌。」繼之以死生不變者，惟聞任與黎，嗟乎！富貴易合，貧賤寡交，人情哉！若道義敦篤之士，則非時俗所能溺也，越人結交，盟曰：「卿乘車，我戴笠，他日相逢下車揖，我步行，君乘馬，他日相逢須下馬。」詞雖俚近，殊敦故情，善哉言乎！（《禪寄筆談》卷四，《四庫全書存目叢書》影印明萬曆自刻本）

三山老人曰：唐人好飲甜酒，殆不可曉。子美曰：「人生幾何春與夏，不放香醪如蜜甜。」退之曰：「一尊春酒甘若飴，丈人此樂無人知。」予則以爲唐人以酒比飴蜜者，大約謂酒之醇者耳，非真若飴與蜜也。如白樂天詩，非不言酒之甜，至要其極，則曰：「甘露太甜非正味，醴泉雖潔不芳馨。」又曰：「量大厭甜酒，才高笑小詩。」樂天之詩如此，豈好甜酒哉。（《禪寄筆談》卷六，《四庫全書存目叢書》影印明萬曆自刻本）

杭州道林禪師，初至秦望山，見長松枝葉，蟠曲如蓋，遂棲止其上，復有鵲巢其側，人目爲鵲巢和尚。太守白居易入山曰：「師住處甚危險。」師曰：「太守危險尤甚。」太守曰：「弟子位鎮山河，何險之有？」師曰：「心火相交，性識不停，得非險乎？」又問佛法大意，師曰：「諸惡莫作，衆善奉行。」太守曰：「三歲孩兒也解甚麽道。」師曰：「三歲孩兒道得，八十老人行不得。」白公爲之默然。（《禪寄筆談》卷六，《四庫全書存目叢書》影印明萬曆自刻本）

白居易晚年奉浮屠尤甚，至經月不食葷。及致仕，與香山僧如滿結香火社。夫士大夫晚年，固不可惑異教，但不葷則腸胃清虚，亦可少病，與僧社會，則以我用彼，塵念稍可擺脱，所謂有僧卽不俗，高僧難得，不必其僧之盡高妙也。予暇日興至，每至山寺禪棲，自尋静境趺坐，漸減肉食，近年以來，以口腹殺生，終歲似無一二，所歉者未絶耳。思蘇長公之見道省悟，其與侈靡終身者，其玄覽淵識，不迥出儔類哉。（《禪寄筆談》卷六，《四庫全書存目叢書》影印明萬曆自刻本）

白居易為翰林學士，奏云：今日奏宣，令撰李師道請收贖魏徵宅，還其子孫，甚合朕心，允依來奏。臣伏以魏徵太宗宰相，盡心輔佐以致太平，在其子孫，宜加優恤，事關激勸，合出朝廷。師道何人，輙掠此美。伏願明勑有司，特以官錢收贖，使還後嗣，以勸忠臣，則事出皇思，美歸聖德。憲宗深然之，夫憲宗因師道之請，而依奏優卹，蓋甚盛德，無成心也，總之爲朝廷之盛事，第以掠美論師道，亦過責矣。（《禪寄筆談》卷七，《四庫全書存目叢書》影印明萬曆自刻本）

詩人多蹇，如李太白以樂府忤妃子，卒阨窮不振；劉夢得坐種桃句，出刺連州；白樂天坐新井篇，出刺湓浦；孟浩然、賈浪仙輩，殊有聲於詩家，然二君以詩忤明皇、宣宗，終坎坷州縣。至於陳子昂、杜甫，蓋詩家之最也，各授一拾遺而屯剥以終身。又若孟郊，六十終協律郎；張籍，五十未離一太祝。由諸君子觀之，詩人多窮，不信然哉？顧予非知言者，弱齡嘲詩，晚未入奥，僅博一第，已是不達。既後出刺滇西，又遠在萬里外，較劉、白更遠甚，客曰：子豈坐詩句耶？予曰：豈必詩句，片語弗合，卽目前荆棘，出門太行矣，况詩篇乎？予詩視劉、白何啻衙官，然金齒極邊郡，其與出刺連州、湓浦更遠甚，與劉、白殆亦疑似之間，不敢遜也。客聞予言，為之絶倒。（《禪寄筆談》卷七，《四庫全書存目叢書》影印明萬曆自刻本）

白樂天酷好遊，嘗形於吟詠，有云：「留春不住登城望，惜夜相將秉燭遊。」又有詩云：「眼前筋力減，遊得且須遊。」如此之類多矣。語到情真，興趣豪爽，其達者之言哉！盖觀物觀化，其中深有所得，豈徒風雲月露，流戀光景，杯酒自娱，若彼營營汲汲，汩没大化中者，其相去盖霄壤矣。（《禪寄筆談》卷七，《四庫全書存目叢書》影印明萬曆自刻本）

白居易云：「古人云：名者公器，不可以多取。僕以向者竊時之名已多，又欲竊時之富貴，造物者肯兼之乎？况詩人命蹇，如陳子昂、杜甫各授一拾遺而已。」（《禪寄筆談》卷八，《四庫全書存目叢書》影印明萬曆自刻本）

宋時瀘南有秦吉了，能作人言，夷酋欲以十萬緡買之，秦吉了曰：「我漢禽也，不願入蠻夷山。」遂絶食，數日死。是禽也，昔白居易、邵康節、陳霽山往往録其義而諷詠焉，蓋以秦吉了不過禽之靈爾，况人乃靈中之最，至有甘心臣虜，垂涎於腥膻之庭，非命亡胡，照燐於沙漠之野，視吉了有餘愧矣。再考筆記諸書，吉了似鸜鵒，能人言，比鸜鵒尤慧，大抵鸜鵒聲如兒女，吉了聲則如丈夫，出邕州溪洞中，《唐書》：「林邑出結遼鳥」，林邑，今占城，去邕欽州，但隔交趾，結遼與吉了土音亦相似也。(《禪寄筆談》卷九異類，《四庫全書存目叢書》影印明萬曆自刻本)

⊙《書丙丁客遊稿後》

邊吏曰：夫不登嵩岱者，難與語四望之大；不涉江漢者，難與縱觀濤之奇。管窺蠡測，余卑之矣。陳子自登鄉書及舍家食以來，其間什一在内，什九在外。兩都擬賦，七閩典文，睇峰泖之停淵，采鄒魯之文獻，若金陵爲高皇創造之地，形勝不下虎林。余在署日久，攬景亦多漫言，無慮數種，已而受一麾之寄，發古臨安，上新都，出豫章，履星沙，歷楚而踰貴竹，始超萬里亭肆，觀金馬碧雞之勝，幾徧全滇，直達西夷，蓋灑然縱大觀焉。頃者，復自九隆脂車，越金碧之關，問鬼方之俗，取道三楚，擊楫黄河，玩衛武公淇澳之濵，式端木賜闤闠之里，由汴而燕，歷股肱諸郡，以入帝畿。不虞採薪之憂，遂奮拂衣之勇已，廼買舟發潞河，浮艦東下，徑泊吳關，夫計子年首秋，婉驪唱於隆昌；丑年杪夏，聽吳歌於梓里，剛一歲焉。中間以試事覲事，雖駐足者屢月，而馳驅載道則倍之，計由郡治以達京師，跋履山川，披星冒露，弔往古遺跡，日與海内賢士相酬酢，故多慷慨闊肆之詞，此周大夫四牡、皇華之所以什也。語有之：可以群，然肆而匪流也，由衛河清源入濟，以達淮泗，蹽長江而南，舟行索居，或箕伯爲虐，則膠纜者屢日，故其詩多擬古，多悲壯沉鬱之詞。余因病自放，非屈平沉湘，賈誼擯湪，遭時放逐者倫也。怨而不怒，余有焉。嗟乎！昔劉夢得坐種桃句，黜刺連州，白樂天坐新井篇，黜佐溢浦，未聞其遠遊減興，而才名不振也。詩能窮人，獨歐陽永叔以為不盡然，旨哉！陳子謂非以詩招尤，廼從宦萬里外，較劉、白殆遠甚，然奉綸綍專制（天下郡治無勑，獨永昌有勑），使民安其田里，而無嘆息之聲，任專職崇兩得之，矧苟非豺狼，卽鹵蠻西僰，孰非吾人之徒歟！又南中多馴象，能束兵刃，文鳥種種，隆冬不雪，而花花不辨色名，殆所謂多識於鳥獸草木之名，亦風人所不廢也，不可以興乎？念余瞿然孱軀，弱不勝衣，迺足跡殆半天下，所不至者，秖粵之東西，及蜀與秦晉耳。昔人謂，張說詩頗悽惋，得於江山之助。又，崔浩以苦吟詩瘦，然歟否歟，自週歲所得，近體古體，凡若千篇，文亦數首，工拙無論，第賞心縱目，以快一時，遊寓山靈地勝，庶幾哉其不負矣。還山少暇，取而輯之，尋付剟，因以紀歲月云。（《禪寄筆談》卷十餘録，《四庫全書存目叢書》影印明萬曆自刻本，子部第一〇三册，第七六二～七六三頁）

智按：陳師，字思貞，錢塘（今浙江杭州）人。生於正德中，享年近八十。萬曆舉人。嘉靖四十一年（一五六二）壬戌會試副榜，授華亭縣教諭，官至南京刑部郎中、云南永昌府知府。《禪寄筆談》乃其自永昌罷歸，寓居僧舍時作，卷首有萬曆二十二年（一五九四）王穉登（一五三五～一六一三）題辭、張獻翼敘，及萬曆二十一年（一五九三）自序。書成於萬曆二十三年（一五九五）。《四庫全書存目叢書》署「明萬曆二十一年自刻本」，蓋誤。

黄學海（一五六二進士）

《筠齋漫録》

白樂天賦《有木》八章，其六章託弱柳、櫻桃、枳橘、杜黎、野葛、水檉以諷在位者，至第七章，則曰：「有木如淩霄，擢秀非孤標。偶依一株樹，遂抽百尺條。自謂得其勢，無因有動摇。一旦樹摧倒，獨立忽飄颻。疾風從東來，吹折不終朝。」専又以諷附麗權勢者，其八章則曰：「有木名丹桂，四時香馥馥。風影清如水，霜華冷如玉。獨占小山幽，不容凡鳥宿。重任雖大過，直心自不曲。縱非梁棟材，猶勝尋常木。」蓋樂天自謂也。樂天素善李紳，而不入德裕之黨；素善牛僧孺、楊虞卿，而不入宗閔之黨；素善劉禹錫，而不入伾文之黨。中立不倚，峻節凛然，於八木之中，而自

比於桂，殆未為過也。(《筠齋漫録》卷五，《續修四庫全書》影印明萬曆三十年刻本）

《摭言》曰：白樂天去世，大中皇帝以詩弔之，曰：「綴玉聯珠六十年，誰教冥路作詩仙。浮雲不繫名居易，造化無為字樂天。童子解吟長恨曲，胡兒能唱琵琶篇。文章已滿行人耳，一度思卿一愴然。」（《筠齋漫録》卷八，《續修四庫全書》影印明萬曆三十年刻本）

裴晉公歸，築緑野堂，與白樂天、劉禹錫為文章交，把酒窮日夜為樂，吕文穆公退老洛中，有園亭花木，日與親友歌詠其中，是功成身退，退將終身，達人之自適者也。贊皇公之平泉莊，遠致奇花異石，侈泰無度，而復欲世有是莊，戒子孫一草一木，不可與人，卒之身竄海隅，莊亦旋為他人所有，貽笑萬世，不亦愚乎？至范文正公之不治園圃，而欲賙宗族，則尤超越古人，而非裴、吕之可及也。文正公之言曰：人苟有道義之樂，形骸可外，况居室哉！吾今年踰六十，生且無幾，乃謀樹第治圃，顧何待有居乎？吾之所患在位高而難退，不患退而無居也。且西都士大夫園林相望，為主人者欲吾常遊不得，誰獨障吾遊者，豈必有諸已而後為樂耶？俸賜之餘，宜賙宗族，至哉言乎！其重内輕外，識時達命，隨寓而安，好施不倦者乎！仁智兼盡，誦之足以消荒淫鄙吝之心，吾無間然矣。(《筠齋漫録》卷十，《續修四庫全書》影印明萬曆三十年刻本）

智按：又見明張元諭《篷底浮談》卷九，《續修四庫全書》影印明隆慶四年董原道刻本。

朱陳村，在徐州豐縣東南一百里深山中，民俗淳質，一村惟朱陳二姓，世為婚姻，白樂天有《朱陳村》詩三十四韻，其略云：「縣遠官事少，土深民俗淳。有財不同商，有丁不入軍。家家守村業，頭白不出門。生為陳村人，死為陳村塵。田中老與幼，相見何欣欣。一村惟兩姓，世世為婚姻。親屬居有族，少長遊有群。黄鷄與白酒，歡會不隔旬。生者不遠別，嫁娶先近鄰。死者不遠葬，墳墓多繞村。既安生與死，不苦形與神。所以多壽考，往往見玄孫。」予每誦之，則塵襟為之一灑，恨不生長其地。後讀坡翁《朱陳村嫁娶圖》詩云:「我是朱陳舊使君,勸農曾入杏花村。而今風雨那堪畫,縣吏催錢夜打門。」則宋之朱陳,已非唐時之舊。若以今視之,又不知其何如也。(《筠齋漫録》卷十,《續修四庫全書》影印明萬曆三十年刻本)

智按:黄學海,字思庵,一字正宇,正色子,無錫(今屬江蘇)人。嘉靖四十一年(一五六二)進士。官至贛州知府。有《筠齋漫録》、《淮關榷記》。

張高(一五六三貢生)

《天柱峰》

漢武登封地,千秋天柱雄。奇峰擎日近,仙灶逐烟空。雲寫青蓮句,花爭白傅工。摩霄貞萬古,翹首竟誰同。(《天柱山志》,安徽教育出版社一九八四年版,第四五六頁)

智按:張高,字汝抑。安徽來安人。嘉靖四十二年(一五六三)歲貢生,授江西安義訓導,陞衡陽府教授。有《繩樞集》。

徐渭(一五二一~一五九三)

《聚禪師傳》

玉芝大師名法聚,姓富氏,嘉禾人也。始去俗,從師海鹽之資聖寺,與董從吾翁謁陽明先生於會稽山中,問獨知旨,持詩為贄。先生器之,答以詩。至金陵,參夢居禪師於碧峰寺,問如何不落人圈繢,居與一掌,師大悟。自是往湖郡,居天池山。其弟子名祖玉者,與渭為方外交,結廬於山陰、鏡湖之濱。師往來吴越間,數至其地,渭數往候之,或連晝夜不去,并得略觀。其平生所著論,多出入聖經,混儒與釋為一。然好勝者或以此詆之,謂師苦於文,而疏於道。夫語道,渭則未敢,至於文,蓋嘗一究心焉者。渭觀師之文,未嘗苦也,所謂疏於道者,其又可信乎?然渭嘗令師代濟法師答白居易問未了佛法書,又令作《首楞嚴》昧晦為空一章解,合千有餘言,據案落筆,應手而成，奥旨精辭，一時皆徹；則師之道，概可知矣。若其為人，峻潔圓轉，舉止瀟然。王公貴人見其人，至不敢屈。而庸夫竪子一聞其教，輒興起自愧，反其所為。曲儒小士多詆釋，遇師與立談，顧趨而事之，舍所學而從彼，不可以觀道乎？師居天池山二十餘年，登坐説法者凡幾。每説，衆至若干人，退而警悟趨道者甚衆。而其所嘗侍奉弟子，往來山中，亦多至數十人，皆冲然自得，修行清苦，循雅有常度，間或以詩聞於世，所至人皆知其為師之徒也。嘉靖癸亥五月十九日，忽示微疾。一日，召徒衆謂曰：「吾將行矣。」沐浴更衣履而逝。閲一年，將以閏二月十六日，藏骨於某所。其徒某某，抱諸遺事，走數千里道來京師，請銘於兵部侍郎蔡公。而渭適以尚書李公聘寓京，得見之，取其遺，摭其大者，為之傳。（《徐文長三集》卷二五，中華書局《徐渭集》第二册，第六二二～六二三頁；《國朝獻徵録》卷一百十八釋道，《續修四庫全書》影印明萬曆四十四年徐象橒曼山館刻本）

智按：《國朝獻徵録》題為《玉芝大師法聚傳》。

《題富春趙鹿樵所藏香山九老圖》

飛瀑長松畫有神，香山高會儼傳真。于今江上稱樵者，他日圖中添一人。（《徐文長逸稿》卷八，中華書局《徐渭集》第三册，第八六七頁）

《少保公五十壽篇》

渭常觀郭汾陽王，當唐天寶中，值天下多事，遂以朔方鎮一軍，收東西都，還兩乘輿于蜀陝。其所平定經略，俘禽破走，羈縻服從之事，自常山河東西，若關陝、河曲、邠寧、鄜坊，地不下數千里，安史李田夷夏名酋，不下數十人，吐蕃、回紇、党項、羌渾、奴刺諸夷，不下數種，其功烈之崇，何可得而悉數之也。然汾陽身爲將相侯王，其麾下宿將，爲侯王幕府吏士，後亦有爲將相者，兩途竝百餘人。他若奉入賞賜之多，子壻諸孫之盛，視履歲月之久，蓋以千萬億計。世之言榮且壽哉，眞古今一人哉！次則有如裴晉公，其威譽德業，不減汾陽，而身所享食者，亦大略相等。然晉公起文科，故所致多名士。史稱其居集賢里，與白居易、劉禹錫爲文章，把酒達晝夜相歡。而留守東都時，亦辟皇甫湜爲判官。……（《徐文長

逸稿》卷十五，明天啓三年張維城刻本；中華書局《徐渭集》第三册，第九五四～九五五頁）

《南詞敘録》

今南九宮，不知出于何人，意亦國初教坊人所爲，最爲無稽可笑。夫古之樂府，皆叶宮調。唐之律詩、絕句，悉可弦咏，如「渭城朝雨」演爲三叠是也。至唐末，患其間有虛聲難尋，遂實之以字號，長短句如李太白《憶秦娥》、《清平樂》，白樂天《長相思》，已開其端矣。五代轉繁，考之《尊前》、《花間》諸集可見。逮宋，則又引而伸之，至一腔數十百字，而古意頗微。徽宗朝，周、柳諸子以此貫彼，號曰側犯、二犯、三犯、四犯，轉輾波蕩，非復唐人之舊。晚宋而時文叫吼，盡入宮調，益爲可厭。永嘉雜劇興，則又即村坊小曲而爲之，本無宮調，亦罕節奏，徒取其畸農市女，順口可歌而已。諺所謂隨心令者，即其技歟？間有一二叶音律，終不可以例其餘，烏有所謂九宮？必欲窮其宮調，則當自唐宋詞中，別出十二律，二十一調，方合古意，是九宮者，亦烏足以盡之？多見其無知妄作也。（《南詞敘録》，民國六年董氏刻讀曲叢刊本）

智按：徐渭，初字文清，改字文長，號天池山人、青藤道士，或署田水月，山陰（今浙江紹興）人。年二十為諸生，八次參加鄉試而不中，終身無功名。嘉靖三十六年（一五五七）入浙閩總督胡宗憲幕爲書記，兼參機要，參與抗倭軍務。胡宗憲獲罪被捕，徐渭因驚懼而致精神失常，數次自殺未成。隆慶元年（一五六七），因殺妻被逮論死，賴同鄉張元忭疏通得脱，後流寓各地，以賣書畫為生，困頓以終。徐渭不拘禮法，憤世嫉俗，又多才多藝，詩文之外，又擅雜劇，工書法，長於行草。善繪畫，長於花鳥，用筆放縱，水墨淋漓，與陳道復並稱「青藤、白陽」，其畫風對後來大寫意花卉深有影響。自稱書第一，詩次之，文次之，畫又次之。《四庫全書總目提要》對其創作頗不以爲然，詆爲「魔趣」，謂「及乎時移事易，侘傺窮愁，自知決不見用於時，益憤激無聊，放言高論，不復問古人法度爲何物，故其詩遂爲公安一派之先鞭」。所著有《徐文長三集》、《徐文長佚稿》、《徐文長佚草》、《南詞敘録》、《四聲猿》等。《歌代嘯》相傳亦爲其所作。又曾撰《自爲墓誌銘》、

《畸譜》自述生平與性格。《明史》卷二八八有傳。

王樵（一五二一～一五九九）

《壽張虛菴序》

歲在己卯仲冬十有九日，虛菴張公六十壽辰也。樵與公少長一歲，庠序同游，仕宦同朝，中間或公出我處，我出公處，而襟期未嘗不同。今以晚節，同優游里閈，於太平無事之時，承公不棄，以愛女貺室吾子，女家男室方閱月，而值公壽辰。然則宜登堂以壽公者，殆莫予先。公雖欲遜避謝客，而莫能予拒也。公天稟穎異，而養之以深厚。弱冠登科，益自收斂用心于內，不逐時流為翕張。……公處其間，鎮静有體，上下賴之，中外倚公甚重。方旦夕望公大用，而公遽請告以歸，朝廷不屈公志者，非終遂公之高也，將以優公而盡其用也。予嘗慕白樂天、司馬温公於洛中，皆有尚齒之會，樂天詩云：「七人五百八十四。」温公詩云：「七人五百有餘歲。」今吾鄉有虛菴公以為之領袖，安知吾鄉之不可以為洛中也。雖然，公且召用林泉之會，予雖欲從公，而不可得。姑取二公之詩，合七老之年，以祈公壽云爾。（《四庫全書》本《方麓集》卷四）

《壽石鹿李公序》

昔白樂天在洛，有九老會，時人慕之，繪而為圖。宋興，洛中諸公，繼而為之者凡再。至道中，李文正公昉以司空致仕，為會，自太子中允張好問而下，凡九人。元豐中，文潞公以太尉留守西都，富韓公以司徒致仕，集洛中公卿大夫年德高者為耆英會，尚齒不尚官，自司封郎中席汝言而下，凡十三人，並繪象堂中。時獨司馬温公年未七十，潞公素重其人，用昔狄兼謩故事，固請入會焉。此誠太平之盛事，古今之美談，豈特洛下衣冠一時之勝集而已哉！我明太平之盛，有過於宋；衣冠之盛，不止於洛。嘉靖中，今師相李公以進士第一人，歷官禁近，受知世廟，遂入贊密勿實，與今華亭徐公、江陵張公寅恭相協，贊元經體，先後四十餘年，海宇乂安，四夷賓服，今上御極徐公、李公，皆以宿德元老居家，為上所尊禮，數詔有司存問，而同時則有海虞嚴公、上海潘公、華亭陸公，皆為同里，不知視洛下耆英為孰盛。當是時也，有出者以任天下之重，而處者得遂其優閒，豈非尤太平之盛事歟？歲在己卯十二月丁巳，為李公七十初度之辰，在位自張公而下，在里自徐公而下，皆為公賀。竊擬公家一時勝集，豈減於洛中。昔司馬公固言：「文富二公，寅亮三朝，為國元老天下所取安，所取平，其勲業閎大顯融，豈樂天所能庶幾。」然猶慕效其為者，誠樂善無厭也。竊惟諸公，今之文富，其勲業實相後先，樂天之事，有不必慕效其為，而一時相與之盛，後世傳之，必有愈於洛人。（《四庫全書》本《方麓集》卷四）

智按：王樵，字明逸，號方麓，金壇（今屬江蘇）人。嘉靖二十六年（一五四七）丁未進士，官至刑部侍郎，改南京都察院右都御史，謚恭簡。事迹具《明史》本傳。

徐學謨（一五二二～一五九三）

《送少司空陸公還平湖效長慶體（未寄）》

掉頭東去五湖東，昭代賢哉歎此公。朝論何人當古直（部覆推公古直），君恩今日見初終。千般行逕歸方穩，萬事浮雲過即空。莫謂蓴羹猶未熟，挂颿何必待秋風（公舟候暑退始發）。（《春明稿》卷一，《四庫全書存目叢書補編》影印明萬曆十一年嘉定徐氏家刻本，集部第九七册，第三九六～三九七頁）

《寄壽周僕丞六十效長慶體》

當年豈薄馬曹官，神武門前早挂冠。延世共矜簪笏貴，為園偏愛水雲寬。于家祝駟崇華閥（公兄父俱任執法），荀氏占龍競綵驪（公有八子如荀氏八龍）。輪甲比余高一歲，容顏不減舊時看。（《春明稿》卷一，《四庫全書存目叢書補編》影印明萬曆十一年嘉定徐氏家刻本，集部第九七册，第三九七頁）

《翟德夫同年養痾朝天宫道房，秋日訪之，戲遺此什，因促之還舍。效長慶體》

君家東市裏，西來卧玄都。玄都何所有？壁底黄公壚。本意思習靜，逃虚養殘軀。别君纔浹旬，閉門秋已徂。今晨候顔色，依然山澤癯。豪興故不減，豐膳故斯須。行廚出新釀，對酌仍呼盧。户外車馬聲，紛紛供榼壺。乃知此地僻，人事未盡無。縱能遠婦聒，何以謝酒徒。知酒不可止，去家何為乎。君病在麯糵，所患亦皮膚。酒病酒藥醫，此語或匪誣。人生貴適性，囂寂俱坦途。寒月苦相迫，嚴霜集庭梧。長宵不肯明，床頭愁僕夫。衰足待人煖，衾裯固有需。鬢雲總如雪，歡愛良不渝。負暄堪惜日，弄孫如抱雛。為君作移文，與君祛瘴魔。心和形不敝，永以娱桑榆。(《春明稿》卷二，《四庫全書存目叢書補編》影印明萬曆十一年嘉定徐氏家刻本，集部第九七册，第四〇七頁)

《唐道述山人書來，賀我六十，寄答此詩。效長慶體》

少小學同師，相將慕青紫。及長各有營，君醫我為士。醫將以活人，士也思濟世。而我偶乘時，故交遠相棄。一往三十年，臨衰忝高位。歷盡風波間，始居日月際。於世竟無裨，躋顛反愁躓。人皆豔文犧，誰復矜澤雉。念君擔青囊，賣藥練祁市。折樊種竹梧，繞屋具山水。三竿傲朝雞，萬鍾當一匕。身不受饑寒，足不出鄉里。以兹稱善人，於願亦足矣。我年開六袠，君歲更增二。出處雖不同，筋骨略相似。昨日寄書來，殷勤致驩喜。遺我畫一幅，寫自平山子。滄浪濯足圖，蒹葭邈難企。滿地皆江湖，何人解知止。回首望故園，抽身亦容易。曷不歸去來，拘牽欲何俟。趁君未耄時，畢我久要志。無勞北山移，投書作左契。(《春明稿》卷二，《四庫全書存目叢書補編》影印明萬曆十一年嘉定徐氏家刻本，集部第九七册，第四〇九頁)

《贈唐良德憲副七十，效長慶體》

五十遺榮髮尚玄，侵尋又度古稀年。聞雞漫向中宵舞，躍馬都成去日緣。俠傍雙娥人似玉，歡呼一擲酒如泉。但教百歲長如此，醉後勝參半偈禪。(《春明稿》卷二，《四庫全書存目叢書補編》影印明萬曆十一年嘉定徐氏家刻本，集部第九七册，第四一〇頁)

《贈王國芳山人七十效長慶體》

早歲移家澤國邊，看君渾似地行仙。吴山越水人間世，秋月春風物外篇。

強健不須尋大藥，逍遙或已悟真詮。輪來花甲重逾十，眼見前頭是百年。（《春明稿》卷二，《四庫全書存目叢書補編》影印明萬曆十一年嘉定徐氏家刻本，集部第九七册，第四一〇頁）

《壬午除夕引酌感賦效長慶體》

屠蘇此夕猶他夕，筋力今年異昔年。尚子未償遊嶽債，虞卿終缺著書緣。龍鍾兄弟應相惜，蝸角功名衹自憐。酬國不勝懷土意，山林鐘鼎兩茫然。（《春明稿》卷三，《四庫全書存目叢書補編》影印明萬曆十一年嘉定徐氏家刻本，集部第九七册，第四一五～四一六頁）

《遺無美禪衣，效長慶體作十六韻（君嘗謁曇陽仙女許以得度故詩中及之）》

儒佛匪異指，其徒互詆訶。香山與坡老，長念阿彌陀。蹇余涉世久，所經萬劫魔。唯天有浮雲，何水無驚波。第持不二戒，嗔喜都消磨。宵中裘敗衲，顧影戀婆娑。豈乏金章貴，瞥眼空花過。自性還自解，前身或維摩。行年六十餘，人謂顏如酡。曇陽高弟子，真訣當如何。解衲以衣汝，相將扣禪那。總持萬緣寂，提挈四大和。長安亦淨土，隨處了阿羅。恒河浩無際，傳性不在多。塵根行自斷，何必尋斧柯。他時靈山會，叉手笑呵呵。（《春明稿》卷三，《四庫全書存目叢書補編》影印明萬曆十一年嘉定徐氏家刻本，集部第九七册，第四一八頁）

《爲沈叔裕自京邸壽母陸孺人七十效長慶體》

四十年來誓柏舟，未亡人見古稀週。淒風零雨惟孤影，嫁女婚男尚百憂。白髮迥添遊子戀，斑衣終慰倚門愁。君家華屋臨東海，為問今添第幾籌。（《春明稿》卷三，《四庫全書存目叢書補編》影印明萬曆十一年嘉定徐氏家刻本，集部第九七册，第四一九頁）

《書警效長慶體》

古人有遺戒，殺人以媚人。人命顧不重，所重在其身。一身縈百念，欲海浩無垠。縈途距須餌，藉人膏釣緡。扳緣及巍顯，揣摩勞心神。既思其所嗜，又度其所嗔。所嗜翻易厭，所嗔難顯陳。刀筆一慫恿，肝腦化為燐。第博勢人悅，甯聞冤鬼呻。糠秕纔蔽目，奄忽失三辰。疇為天地德，而乃降不仁。人從開闢來，生世有幾巡。拆萌難再植，絕命不復娠。陰陽理靡忒，證果故有因。富貴等駒隙，報應如轉輪。田蚡殺灌夫，乞命良悲辛。青史皎如日，何為眩迷津。(《春明稿》卷三，《四庫全書存目叢書補編》影印明萬曆十一年嘉定徐氏家刻本，集部第九七册，第四二〇頁)

智按：《春明稿》卷三目録題為《偶書所感因效長慶體》(《四庫全書存目叢書補編》影印明萬曆十一年嘉定徐氏家刻本，集部第九七册，第三九二頁)。

《聞南陽除報效長慶體賦二首（余以景藩奏譴自廢五年，茲承新命云)》

山中暗憶升沉事，身世分明似轆轤。左宦棄堪迎竹馬，深秋何事別蓴鱸。上書還憶鄒陽否，脫檻曾聞鮑叔無。慚對吏民重結綬，幾回思痛一長吁。

當年上計度漁梁，歲晚冰霜出宛陽。怪汝何緣探虎穴，為誰重遣識龍崗(孔明卧龍崗在南陽)。杜家已辦樊川業，漢帝仍分刺史章。為問征南前駐節，河流還接漢流長（唐河合流於漢江)。(《徐氏海隅集》卷十五，《四庫全書存目叢書》影印明萬曆五年刻四十年徐元嘏重修本，集部第一二四册，第三三九頁)

《己巳至後一日，值余誕晨，醉賦二律，效長慶體》

今朝至後逢初度，昨夜陽生引歲華。白髮無媒偏戀我，青山何處不為家。法星幸近天南吉，棣萼相看海一崖。解是漢庭容老吏，十年江峴有浮槎。

鳌祝歸凝燕寢香，膝前兒女儼成行。喜添一線斑衣日，和動重闈畫戟霜。把酒欲澆羊傅石，尋山特下鹿門航。但令坐嘯長無事，千古高陽是醉鄉。(山簡呼習家池為高陽池)(《徐氏海隅集》卷五十九，《四庫全書存目叢書》影印明萬曆五年刻四十年徐元嘏重修本，集部第一二四册，第三四五頁)

《出安州日，逢初度，戲題一律，效長慶體》

平分百歲復三年，似與風塵有宿緣。隨俗折腰應不悔，避人梳髮竟誰憐。賓朋錦席饒安陸，兒子斑衣阻鄂川。立馬一尊聊自壽，南山只在漢江邊。(《徐氏海隅集》卷六十，《四庫全書存目叢書》影印明萬曆五年刻四十年徐元嘏重修本，集部第一二四册，第三五四頁)

《聞兒輩落第效長慶體解嘲》

萬念深秋轉似灰，飄風過耳亦悠哉。沙丘自缺龍媒選，廷尉休將雀網猜。屋下古槐堪睥睨，山中叢桂好歸來。而翁知被浮名誤，休羨黄金郭隗臺。（《歸有園稿》詩編卷一，《四庫全書存目叢書》影印明萬曆二十一年張汝濟刻四十年徐元嘏重修本，集部第一二六册，第八〇頁）

《寄懷莫廷韓文學下第效長慶體》

薄游燕市得歸遲，泣玉于今歎後時。豈謂爾曹能我貴，從來有道人少知。四腮滋味年年好，三泖煙波處處宜。且買扁舟載詩書，世人誰笑米家癡。（《歸有園稿》詩編卷二，《四庫全書存目叢書》影印明萬曆二十一年張汝濟刻四十年徐元嘏重修本，集部第一二六册，第九一頁）

《春日寄殷夷陵無美，效長慶體二首》

西陵人自隔年回，珍重雙魚萬里來。已報剡書經屢奏，更聞琴瑟近無猜。公餘見客吳音杳，醉後看山蜀道開。遥憶楚天雲雨過，相邀神女共登臺。

牆東客去渺何之，日日牆頭過柳絲。倚閣正當龍卧處，思君恰及燕來時。木魚敲斷維摩語，金馬吟殘春夢詞。猶有虚名掛荊楚，為予剗卻細侯祠。（《歸有園稿》詩編卷三，《四庫全書存目叢書》影印明萬曆二十一年張汝濟刻四十年徐元嘏重修本，集部第一二六册，第九四頁）

《梅雨初霽海曙樓，書懷二首。效長慶體》

海色初分杳靄中，梅陰重護碧蘿叢。只愁卑處能沾濕，為倚高臺易得風。魏闕已迷難負主，衮衣無恙莫思公。年來併廢閑勲業，戴髪頭陀已悟空。

家山長日愛扳躋，積雨莓苔路轉迷。樹密高林堪避影，草生深巷未成蹊。池頭水長魚爭沫，松際雲開鳥亂啼。機事不關宵夢穩，三年卧到日初西。（《歸有園稿》詩編卷三，《四庫全書存目叢書》影印明萬曆二十一年張汝濟刻四十年徐元嘏重修本，集部第一二六册，第九六頁）

《六十六自壽，效長慶體，答婁子柔見贈，時子柔年三十四》

草衣不礙錦麒麟，樓曙堂春際此辰。海内文章須有伯，江南風月囑誰人。迎和喜見天開子，獻壽虚稱嶽降申（予生日時俱建申）。更得并君三十四，大家爛醉百年身。(《歸有園稿》詩編卷三，《四庫全書存目叢書》影印明萬曆二十一年張汝濟刻四十年徐元嘏重修本，集部第一二六册，第一〇四頁)

《又次子柔韻》

蓬萊仙丈在任寰，幸得君王早賜還。滿目風雲春夢外，異時名業醉鄉間。未開漢陽招賢閣，閑課陶家種荳山。才子新裁將進酒，侍兒爭唱趣酡顏。(《歸有園稿》詩編卷三，《四庫全書存目叢書》影印明萬曆二十一年張汝濟刻四十年徐元嘏重修本，集部第一二六册，第一〇四頁)

《唐叔達過余，頗詫中秋醺飲之樂，余惜其座無侑酒者，追念往事，賦長慶體一律》

人間無歲不中秋，明月看人漸白頭。今夕聞君談勝事，少年隨處見風流。蕭疏客座寒徐榻，徒倚胡床獨庾樓。縱道諸公饒酒興，當歡只少舊歌喉。(《歸有園稿》詩編卷四，《四庫全書存目叢書》影印明萬曆二十一年張汝濟刻四十年徐元嘏重修本，集部第一二六册，第一二〇頁)

《六十七生辰戲題自壽效長慶體二首》

過去榮華只未曾，長將壽酒樂親朋。和風暖日從天賜，妙舞清歌逐歲增。閲世浮沉須久視，見生功德媿修能。直教三十三年後，念念如如老髪僧。

至後陽回喜氣臨，人間何事不相尋。旋抛藥裹逢生旦（時初病起），細聽檀槽了幻心。晉國鴻名虛鼎鼐，香山雅志在雲林。古來賢達誰堪竝，抵掌由他費朗吟。(侍兒扮白傅晉公賀生傳奇)(《歸有園稿》詩編卷四，《四庫全書存目叢書》影印明萬曆二十一年張汝濟刻四十年徐元嘏重修本，集部第一二六册，第一二二頁)

《壽王詹録七十效長慶體》

強健聰明氣爽然，誰言此日老當傳。方開菊徑酣陶令，未許楊枝白樂天。爭羨謝家森玉樹，曾忝宫幕近台纏。人間五福今逾四，何必蓬萊更有仙。(《歸有園稿》詩編卷五，《四庫全書存目叢書》影印明萬曆二十一年張汝濟刻四十年徐元嘏重修本，集部第一二六册，第一三八～一三九頁)

《除夕書懷效長慶體》

今夕樽前看眼前，貴人誰到古稀年。生兒亦解親詞翰，款客猶能備管弦。羅綱蚤辭緣肺腑，支離終悟得身全。百年轉轂尋常事，對酒長歌獨漉篇。（《歸有園稿》詩編卷七，《四庫全書存目叢書》影印明萬曆二十一年張汝濟刻四十年徐元嘏重修本，集部第一二六册，第一四四頁）

《曦稷二子南北下第，是秋僅獲家倩之捷，聊成戲述，效長慶體》

小兒白下大兒燕，兩處鄉書各杳然。只為貪名勞指望，翻因行路費腰纏。汝曹莫作臨淵羨，人世應知失馬緣。獨有一枝牆外杏，門楣落得暫光鮮。（《歸有園稿》詩編卷七，《四庫全書存目叢書》影印明萬曆二十一年張汝濟刻四十年徐元嘏重修本，集部第一二六册，第一五〇頁）

《世廟識餘録》

成化以前，誥勑之體，猶為近古，其餘本身不過百餘字。祖父母父母暨妻室，不過六七十字，言之者無費詞，承之者無媿色。至嘉靖初，藻情飾僞，張百成千，至以萬乘之尊，下譽匹夫匹婦之賤，殊非體制。大學士張璁嘗以此為言，一時詞林稍見釐正，至夏言當國，用進士董子儀、聞人德行等在東房撰誥勑，一日草封妻勑命有「傳奇儀容俊雅，德性幽閒」之語，大是淫褻矣。後來惟當熱、瞿景淳學士撰詞，獨古雅冲淡，極爲得體。慶曆以來，更用四六俳比，可厭。蓋今之作者，類多詭飾。白樂天所謂「但博愚者悅，不顧智者誚」是已，乃上瀆王言，波靡之弊，不知其至此也。（《世廟識餘録》卷五，《續修四庫全書》影印明徐光稷活字印本）

智按：徐學謨，字叔明，嘉定（今屬上海）人。嘉靖二十九年（一五五〇）庚戌進士，官至禮部尚書。

方逢時（一五二三～一五九六）

《琵琶亭》

流落天涯不記春，檀槽金撥欲成塵。空江明月相逢處，一曲相思總未真。

（《大隱樓集》卷九，《四庫未收書輯刊》影印清乾隆四十二年滋元堂刻本）

智按：方逢時，字行之，嘉魚（今屬湖北）人。嘉靖二十年（一五四一）進士，授宜興知縣。隆慶初擢右僉都御史，巡撫遼東。萬曆初累官兵部尚書，加太子太保。以少保致仕歸卒。有《周易外傳》一卷（未見傳本）、《大隱樓集》十七卷。事跡見《明史》卷二百二十二，萬斯同《明史》卷三百一十三，《明史稿》卷二百〇五，《明人小傳》卷三，《明詩綜》卷四十三。

田藝蘅（一五二四～一五八三後）

《留青日札》

⊙舟輕載石

漢陸績載鬱林石，梁江會稽革載西陵石，皆因船輕，此古人仕路清風也。唐白居易在杭州取天竺片，石在吳門，取洞庭雙石，以支琴貯酒，庶幾近之。（《留青日札》卷二，《續修四庫全書》影印明萬曆三十七年刻本；朱碧蓮點校本，第四〇頁）

⊙十音旬

唐詩「三十六所臨春殿，一一香風透管絃」，白樂天「緑浪東西南北水，紅闌三百九十橋」，劉禹錫「春城三百九十橋，夾岸朱樓隔柳條」，又「煩君一日殷勤意，示我十年感遇詩」，陳郁云：「十音當為諶，謂之長安語音，非也。十當音旬，古人以十日為旬，故如此讀也。」無知妄釋，可恨可笑。（《留青日札》卷二，《續修四庫全書》影印明萬曆三十七年刻本；朱碧蓮點校本，第四〇頁）

⊙詩談二編

白樂天詩「千呼萬喚始出來」，乃好睡丫頭廝兒，呼喚不醒，流出屎來者也。可笑其用字之俗，何不用「強」字、「裁」字。（《留青日札》卷六，《續修四庫全書》影印明萬曆三十七年刻本；《全明詩話》第二册，第一五一〇頁，《香宇詩談》；朱碧蓮點校本，第一〇八頁）

智按：參見《歷代詩話論作家》第三五三頁。

瑟瑟，殷紅也，碧也。殷文珪云：「水面風吹瑟瑟羅。」白樂天云：「半江瑟瑟半江紅。」又文珪詩：「一篷秋雨睡初起，半硯冷雲吟未成。」儘有思致。（《留青日札》卷六，《續修四庫全書》影印明萬曆三十七年刻本；朱碧蓮點校本，第一一二頁）

⊙武溪

虎林之改武林，或云因多虎患，或曰南唐諱之也。而虎丘亦改武丘。白居易《因嵓亭》詩：「似移天目石，疑入武丘山。」又不知虎溪亦曾改為武溪，見郎士元《題精舍寺》詩。又《晉書》：「魏命改丘頭曰武丘。」以旌武功也。（《留青日札》卷十一，《續修四庫全書》影印明萬曆三十七年刻本；朱碧蓮點校本，第二〇四頁）

⊙弦柱

弦以成聲，柱以調音。柱促則弦急，柱緩則弦舒。有朱弦、素弦、緑弦、翠弦。《禮》：「朱弦疏越。」侯瑾《箏賦》：「朱弦微而慷慨。」張祜《丘家箏》詩：「十指纖纖玉笋紅，鴈行輕過翠弦中。」柱用木，或玉，或犀角、象牙，搊撥用骨角、犀象、玳瑁、金銀，蓋美人彈絲，恐傷其指，為甲副之，名曰替指。梁簡文詩：「停弦繫爪甲，息吹治脣朱。」杜子美詩：「銀甲彈箏用。」又《箏詩》：「每恨聽者稀，銀甲生浮埃。」白居易詩：「甲鳴銀玓瓅，柱觸玉玲瓏。」琴五弦、七弦，唐太宗加為九弦。……（《留青日札》卷十九，《續修四庫全書》影印明萬曆三十七年刻本；朱碧蓮點校本，第三四九～三五〇頁）

⊙楊皮觱篥

白樂天《觱篥》詩：「翦削乾蘆插寒竹，九孔漏聲五音足。」又云：「指點之下師授聲，含嚼之間天與氣。」即今頭管，又牧童剥楊樹皮，卷成觱篥，以竹為管而吹之，亦有用桃皮者，即所謂桃皮蘆管之製，古名管木，其聲應簫笳横吹之，南蠻高麗之樂也。廣西苗用蘆葉，即蘆笳蘆管之類也。觱篥，本名悲篥，聲悲，胡人以角為之，以驚中國之馬。後乃以笳為首，以竹為管，所法者角音，故曰角，即今畫角，革角，長五尺，形如竹筒。唐鹵簿軍中皆用之，或竹木，或皮乃，胡器也。（《留青日札》卷十九，《續修四庫全書》

影印明萬曆三十七年刻本；朱碧蓮點校本，第三五八頁）

⊙柳枝

章臺柳，以李將姬柳氏得名，韓員外翃所謂「縱使長條似舊垂，也應攀折他人手」者也。陽臺柳，亦以蜀妓柳氏得名，何御史郯所謂「從今喚作陽臺柳，舞盡春風萬萬條」者也。韓退之侍兒名柳枝，所謂「別來楊柳街頭樹，擺亂春風只欲飛」者也。白樂天侍兒亦名柳枝，所謂「兩枝楊柳小樓中，嫋嫋多年伴醉翁」者也。李義山屬情洛中婦，亦名柳枝，所謂「畫屏繡步障，物物自成雙」者也。楊廉夫侍兒亦名柳枝，所謂「竹枝柳枝桃杏花，吹彈歌舞弄琵琶。可憐一箇楊夫子，化作江南散樂家」。楊基亦寄之詩云：「長笛參差吹海鳳，小璠楊柳舞妖魔。」而聶大年《讀廉夫集》云：「白髮草玄楊子宅，紅粧檀板謝家湖。」蓋指此也。（《留青日札》卷二十，《續修四庫全書》影印明萬曆三十七年刻本；朱碧蓮點校本，第三六八頁）

⊙昏嫁

古者，女子二十而嫁。越王句踐令國中女子年十七不嫁者，父母有罪，欲人民繁息也。漢惠律：女子年十五以上至三十不嫁，五筭。蓋漢律：民不繇者貲錢二十二。又，「高帝初為筭賦」注：「年十五至五十六出賦錢，人百二十為一筭。」今罪讁五筭，出六百錢也。唐詔民男二十、女十五以上無夫家者，州縣以禮聘娶，貧不能自行者，鄉里富人及親戚資送之。古者女子重失時，仲春不禁淫奔，故名野合，順羣情也。杜工部詩「不嫁惜娉婷」，是舉見在而言也；陳無己詩「當年不嫁惜娉婷」，是舉過去而言也；白樂天詩「寄言癡小人家女，慎勿將身輕許人」，是舉未來而言也。有深意矣。（《留青日札》卷二十，《續修四庫全書》影印明萬曆三十七年刻本；朱碧蓮點校本，第三八七頁）

⊙王昭君妹

昭君嫁單于，史未嘗稱其有妹。白樂天《嘲雪中馬上妓》云：「雪裏君看何所似？王昭君妹寫真圖。」此強造也。妹注：女弟之外，更無他音，且其第二句云：「引手低蛾索一盂。」則所謂一盂者，酒邪？湯邪？水邪？皆病也。（《留青日札》卷二十一，《續修四庫全書》影印明萬曆三十七年刻本；朱碧蓮點校本，第三八九頁）

⊙兩小蠻

白居易妾名小蠻，詩云：「楊柳小蠻腰。」于鵠《襄陽看花詩》自注云：「時因小蠻作。」又謝阿蠻，唐玄宗舞女。（《留青日札》卷二十一，《續修四庫全書》影印明萬曆三十七年刻本；朱碧蓮點校本，第三九二頁）

⊙誚失婢榜

唐人有《誚失婢》榜詩，因友人之婢逃去，原情寄嘲云：「撫養在香閨，嬌癡教不依。總然桃葉寵，打得柳花飛。曉露空調粉，春羅枉賜衣。內家方妬殺，好處任從歸。偷鎖出深閨，風花何所依。想應乘月去，難道綽天飛。燭暗新垂淚，香凝舊舞衣。恩情如不斷，還向夢中歸。揭榜諱因依，千聲叫不歸。頭盤紅縷髻，身着紫羅衣。夾帶無金玉，窩藏有是非。請君看賞格，惆悵信音稀。」白樂天云：「舊恩慚自薄，前事悔難追。」可謂有忠厚之意。劉賓客和之云：「新知正相樂，從此脫青衣。」是亦難乎其為情矣。（《留青日札》卷二十一，《續修四庫全書》影印明萬曆三十七年刻本；朱碧蓮點校本，第四〇四頁）

⊙香毬

今鍍金香毬如渾天儀然，其中三層關棙，輕重適均圓轉不已，置之被中，而火不覆滅，其外花卉玲瓏，而篆煙四出，真閨房之雅器也。《西京雜記》：長安巧手丁緩作卧齋香爐，一名被中香爐，為機環轉，其運四周，即此。又有以奇香異屑製之者，亦名香毬，乃舞人摶弄以為劇者，故白樂天詩「柘枝隨畫鼓，調笑從香毬。」又云：「香毬趁拍迴環匝，花盞抛巡取次飛。」又有綵毬，繡毬，皆婦女之戲具也，所謂淫巧者。（《留青日札》卷二十二，《續修四庫全書》影印明萬曆三十七年刻本；朱碧蓮點校本，第四二三頁）

⊙酒味

甜酒。世間能飲者，多不喜甜酒。故白樂天詩云：「量大厭甜酒，才高笑小詩。」至于杜子美則曰：「人生幾何春已夏，不放香醪如蜜甜。」韓退之曰：「一尊春酒甘如飴，丈人此樂無人知。」劉禹錫歷陽詩曰：「湖魚香勝肉，官酒重于餳。」則古人亦有好甜酒者矣，豈所謂能書不擇筆，能飲不擇酒邪？余性最不喜甜酒，故知白公為得箇中真味也。（《留青日札》卷二十四，《續修四庫全書》影印明萬曆三十七年刻本；朱碧蓮點校本，第四五二頁）

⊙酒色

緑酒，《南岳夫人傳》：「設王子喬瓊蘇緑酒。」杜詩：「緑酒正相親。」又云：「遙觀漢水鴨頭緑，恰似蒲萄初潑醅。」白樂天云：「傾如竹葉杯中緑。」秦少游云：「翡翠側身窺緑酒。」蘇子瞻云：「小舟浮鴨緑。」至楊廷秀，乃云：「瓮頭鴨緑變鵞黄。」則緑酒，或老乃成黄色也。（《留青日札》卷二十四，《續修四庫全書》影印明萬曆三十七年刻本；朱碧蓮點校本，第四五四頁）

碧酒，《列仙傳》：「安期生與神女會圓丘，酣玄碧之香酒。」杜詩：「重碧酤新酒。」（《留青日札》卷二十四，《續修四庫全書》影印明萬曆三十七年刻本；朱碧蓮點校本，第四五四～四五五頁）

白酒，曰醝，一作酇，又名醙。白居易詩：「白酒善消愁。」蘇子云：「白酒無聲滑瀉油。」（《留青日札》卷二十四，《續修四庫全書》影印明萬曆三十七年刻本；朱碧蓮點校本，第四五五頁）

⊙酒名

元酒，一作玄酒。……白樂天以詩酒琴為三友，天禄大夫王世充封酒太平君子……梨花春，杭州人趁梨花時酒熟，白樂天：「青旗沽酒趁梨花。」（《留青日札》卷二十四，《續修四庫全書》影印明萬曆三十七年刻本；朱碧蓮點校本，第四五七頁）

⊙酒器

爵象爵形……不落，白樂天：「銀花不落從君勸。」水晶不落，馮道家有水晶不落一隻。……小蠻，白居易《晚春酒醒尋劉夢得》詩：「還攜小蠻去，試覓老劉看。」方回云：「小蠻，酒榼也，非舞腰。」（《留青日札》卷二十五，《續修四庫全書》影印明萬曆三十七年刻本；朱碧蓮點校本，第四六六～四六九頁）

⊙酒帝

酒人、酒徒（漢），八達（晉），七賢（晉），醉聖（李白），醉翁（白樂天、蘇軾、歐陽修），醉吟先生（居易），醉士（皮日休），醉民、酒民（皆元次山），八仙（唐），醉叟（种放），醉侯，皮襲美詩：「他年謁帝言何事，請贈劉伶作醉侯。」唐人又云：「若使劉伶為酒帝，亦須封我醉鄉侯。」余有云：「但願酣天逢酩帝，不妨醉海作醺民。」（《留青日札》卷二十五，《續

修四庫全書》影印明萬曆三十七年刻本；朱碧蓮點校本，第四八〇頁）

⊙貊

貊，《說文》：「北方國豸種，本作貉。」《孟子》：「大貉、小貉也。」或作狢。《史記》：「胡狢月氏。」師古曰：「東北方三韓之屬。」又，貘，似熊而黃黑色，出蜀。白居易云：「象鼻，犀目，牛尾，虎足。寢其皮，辟瘟圖其形辟邪。」（智按：見《白氏長慶集》卷三十九《貘屏贊》）今俗謂之白澤，杭有白澤大王廟，猶所謂白馬廟也。《軒轅紀》：「帝登桓山，于海濱得白澤神獸，能言，達於萬物之情。因問天下鬼神之事，令寫為圖，作祝邪之文以祝之。」或作貘。《相如傳》「貘犛」。《哀牢夷傳》「貊獸似騾而小，驢父牛母也。」今《南中志》云：「貊，大如驢，狀頗似熊，多力，食鐵，所觸無不拉。」《廣志》云：「貊，色蒼白，其皮溫暖。」皆似未明。余嘗因蠻貊之義，而推四夷之名，莫非禽獸取義也。并列于後。（《留青日札》卷二十九，《續修四庫全書》影印明萬曆三十七年刻本；朱碧蓮點校本，第五五二~五五三頁）

⊙黃雀語

《列子》曰：「梁鴦能養野禽獸。」「海上之人有好漚鳥者。」又曰：「東方介氏之國，其人數數，解六畜之語者，蓋偏知之所得也。」《左傳》：介葛盧聞牛鳴曰：「是生四子，盡爲犧矣。」世傳公冶長能通鳥語。或言冶長貧而閒居，無以給食，有雀飛鳴其舍，呼之曰：「公冶長，公冶長，南山有箇虎馱羊，爾食肉，我食腸，當亟取之勿彷徨。」子長如其言，往山中，果得大羊，食之有餘，及亡羊氏跡之索得其角，乃以為偷，訟之魯君，魯君不信鳥語，逮繫之獄。孔子素知之，為之白于魯君，亦不解也。于是嘆曰：「雖在縲絏之中，非其罪也。」未幾，子長在獄舍，雀復飛鳴其上，呼之曰：「公冶長，公冶長，齊人出師侵我疆，沂水上，嶧山旁，當亟禦之勿徬徨。」子長介獄吏白之魯君，魯君亦弗信也。姑如其言往跡之，則齊師果將及矣，急發兵應敵，遂獲大勝，因釋公冶長，而厚賜之，欲爵為大夫。冶辭不受，蓋恥因禽獸以得禄也。後世遂廢其學，故沈佺期《燕詩》有云：「不如黃雀語，能免冶長災。」白居易《烏鶴贈答詩序》云：余非冶長，不能通其意，皆爲此也。《史記》曰：「秦仲知百鳥之音，與之語，皆應焉。」《益部耆舊傳》:「揚宣爲河内太守,羣雀鳴桑上,知前有覆車之粟。」《論衡》:「廣漢陽翁偉能聽百鳥之音。」又東方朔能解鳥語,惜乎今之未見其人也。(《留青日札》卷三十一,《續修四庫全書》影印明萬曆三十七年刻本;朱碧蓮點校本,第五八六~五八七頁)

⊙枇杷

枇杷,見《上林賦》,初無音,周祇《枇杷賦》曰:「名同音器,質異貞松。」則是與琵琶音相同也。琵琶,見《阮咸傳》,亦無音。今人皆作平聲,然古人詩中琵字多作仄聲用。如白樂天「金屑琵琶槽四絃」,「不似琵琶聲」,「忽聞水上琵琶聲」,朱史君「斷腸猶帶琵琶絃」,皆讀如被聲,今吳音讀作弼音,乃入聲也。《韻會》亦曰:「又質韻。」《容齋隨筆》亦曰:「樂天作入聲。」(《留青日札》卷三十二,《續修四庫全書》影印明萬曆三十七年刻本;朱碧蓮點校本,第六〇四頁)

⊙藍

《詩》「終朝采藍」,説文:「藍,染青草也。」藍,三種,蓼藍如蓼染緑,大藍如芥淺碧,槐藍如槐葉染青,皆可作澱色成勝母,故曰青出藍而青于藍。趙岐云:陳留人以種藍染紺爲業。白樂天詩「老絲練緑紅藍染,染成紅線紅于藍」,即今閩廣之深青,發紅紫光焰者,紺深青揚赤色。……(《留青日札》卷三十二,《續修四庫全書》影印明萬曆三十七年刻本;朱碧蓮點校本,第六〇五頁)

⊙借花看　借客醉

虞伯生詩「雨浥輕塵道未乾,朝回隨處借花看」,「借花看」三字,情興甚奇。借客醉者,余性不多飲,乃苦好飲。日無事,非杯杓無以自適。每掃徑以竚佳侣之來,蓋借客以取醉也。因憶白樂天《送吕漳州》詩有云:「獨醉似無名,借君作題目。」可謂契合者矣。昔人有云:「賣花檐上看桃李,沽酒樓頭聽管絃。」此則貧窮丐兒之行徑也。又,小説:一人好飲,其妻不容,約曰:有客至則當出酒肴,君乃可飲。其夫苦無客,出門久竚,偶遇一路人,遂揖之曰:久不會晤,少屈坐談,其人初不相識,請問何意?主曰:「少刻當告。」其妻爲有客至,盛席款之,歡飲甚洽。客惶恐,終不安席,必求其相延之故,則出一拇指以示之,上書「陪我」二字。蓋畏妻之約,欲借客以為媒

虆也。并記之，可發一笑。（《留青日札》卷三十三，《續修四庫全書》影印明萬曆三十七年刻本；朱碧蓮點校本，第六三五頁）

⊙別花人

惜花人固難得，而別花人亦難得。未有能別花而不惜花者，今俗人家不惟不種花，雖好事者種之，彼亦不知其名，視之如凡草，鄙之如惡木，真殺風景也。所以古人謂「難得別花人」。夫紫薇、薔薇，特常植耳，而白樂天猶惜之，故其詩曰：「除却微之見應愛，世間少有別花人。」又云：「移他到此須為主，不別花人莫使看。」是則太傅可謂之別花主，而微之可謂之別花人矣。……（《留青日札》卷三十三，《續修四庫全書》影印明萬曆三十七年刻本；朱碧蓮點校本，第六三七頁）

⊙通俗古音 平聲

窗，音聰，今煙聰，唐張祜詩：「鼻似煙窗耳似鐺。」眾，音中，貫眾，草名，見《爾雅》。《易》「往得眾也」，「乃得中也」，「往有功也」，叶，今佛書謂百姓曰眾生。弜，音欺，弓強而偏曰弜，今物之傾側不調停者曰偏弜。何，音而，《吳越春秋》：漁父歌曰：「已夕兮心憂悲，月已馳兮何不渡為，事寖急兮將奈何。」何，嘆餘聲，今吳音近之。磑，音機，礰也，取其中有機關運轉之故。今曆日有安碓磑，乃二物也。或作五對切。而碓又作都對切，兩音既相近，而兩物又相混。陸法言作魚衣切，是也。依，音挨，以身相近曰依，白樂天詩：「坐依桃葉妓。」自注云：烏皆切。……（《留青日札》卷三十八，《續修四庫全書》影印明萬曆三十七年刻本；朱碧蓮點校本，第七二二～七二三頁）

⊙陽關三疊　古陽關

謝疊山云：唐人餞別，必歌陽關三疊。

《麓堂詩話》：作詩者，不可以意徇辭，而須以辭達意，辭能達意，可歌可詠，則可以傳。王摩詰「陽關無故人」之句，盛唐以前所未道，此辭一出，一時傳誦，不足至為三疊歌之。後之詠別者，千言萬語，殆不能出其意之外，必如是，方可謂之達耳。

《芝菴唱論》：凡唱曲有地所，陝西唱陽關三疊黑漆弩。今按，大石調有曰陽關三疊，正宮有黑漆弩，即學士吟鸚鵡曲也。

疊者，重也，隨也，明也，積也。揚雄曰：古理官決罪三日，得其宜乃行之，故從三日從宜，會意也。王莽以為三日太盛，改為三日非義也。

三疊者，一歌不足以盡其情，故必至再而至三，猶瑟之有三調，笛之有三弄，鼓之有漁陽三疊也。

渭城朝雨浥輕塵，渭城朝雨浥輕塵。客舍青青柳色新，勸君更盡一杯酒，西出陽關無故人。第一疊。

渭城朝雨浥輕塵，客舍青青柳色新，客舍青青柳色新。勸君更盡一杯酒，西出陽關無故人。第二疊。

渭城朝雨浥輕塵，客舍青青柳色新。勸君更盡一杯酒，勸君更盡一杯酒，西出陽關無故人。第三疊。

余謂唐人三疊之法，必如此，然後得其正。故白居易《對酒》詩云：「相逢且莫推辭醉，聽唱陽關三疊聲。」注云：「第四聲，勸君更盡一杯酒是也。」若《秋澗集》所云：「就中儘是銷魂處，不待聽歌第四聲。」此云第四聲，乃「西出陽關無故人」句也。……（《留青日札》卷三十九，《續修四庫全書》影印明萬曆三十七年刻本；朱碧蓮點校本，第七三六～七三八頁）

⊙陽關琵琶

宋時一女子題琵琶亭詩云：「爺娘重利妾身輕，一曲琵琶萬里行。彈到陽關齊拍手，不知原是斷腸聲。」

琵琶亭，今在九江府城西江濱，即白司馬送客湓城，聞商女琵琶，淚濕青衫之所也。

序曰：余嘗因琵琶亭之詩而推之，是四絃亦有陽關，而久矣其無傳矣。往有教坊楊氏，世習此藝，老大潯陽，終淪常調，然亦不過半面彈也。嗣後十年，有金臺齊一者，獨工正面琵琶，更加一絃，以備五音。此又大奇，盤桓西湖，偏騁其技。于是紬繹右丞之旨，摹寫陽關之情，爰制此曲。于時柳花正飛，漫天作雪，因名《飛花三疊》。即席授齊子，俾調素軫，以度新腔。頃刻之間，遂能神解，推却撚惱，咸極其精，且善歌咏，臨風一抹，歷歷心聲，旁水孤吟，泠泠指語，真雪兒口，曹綱手也。雖遊輞川而挾史鬟，不啻過焉。雨歇渭城，雲消巫岫，餘音在耳，頻勞夢思。又十餘年，而楊氏之家有少女，能傳其業。南人不尚四絃，遂中廢閣。惜乎，飛花徒付東流而已。

聊附之以為譜云。(《留青日札》卷三十九,《續修四庫全書》影印明萬曆三十七年刻本)

⊙陽關圖歌

余嘗題琵琶亭陽關圖詩云:「楊柳青青江水清,琵琶亭下小舟横。一杯未盡腸先斷,何必陽關第四聲。」(《留青日札》卷三十九,《續修四庫全書》影印明萬曆三十七年刻本)

《詩女史》

⊙關盼盼

關盼盼,徐州人,節制張建封妾也。白樂天序云:徐州張尚書有愛妓盼盼,善歌舞,雅多風態,為校書郎時,遊淮泗間,張尚書宴予,酒酣,出盼盼佐歡,予因贈詩,落句云:「醉嬌扶不得,風嫋牡丹花。」一歡而去,爾後絕不復知。玆一紀矣,昨日司勳員外郎張仲素繪之訪余,因吟詩,新有《燕子樓詩》三首,辭甚婉麗,詰其由,乃盼盼所作也。繪之從事武寧累年,頗知盼盼始末,云:張尚書既歿,彭城有張氏舊第,中有小樓,名燕子。盼盼念舊愛而不嫁,居是樓十餘年,于今尚在。盼盼詩云:「樓上殘燈伴曉霜,獨眠人起合歡牀。相思一夜情多少,地角天涯不是長。」又云:「北邙松柏鎖愁煙,燕子樓人思悄然。自埋劒履歌塵散,紅袖香銷一十年。」又云:「適看鴻鴈岳陽回,又覩玄禽逼社來。瑶瑟玉簫無意緒,任從蛛網任從灰。」余嘗愛其新作,乃和之云:「滿窗明月滿簾霜,被冷燈殘拂卧牀。燕子樓中寒月夜,愁來祇為一人長。」「細帶羅衫色似烟,幾回欲起即潸然。自從不舞霓裳袖,疊在空箱二十年。」「今春有客洛陽回,曾向尚書墓上來。見說白楊堪作柱,忍教紅粉不成灰。」又贈之絕句:「黄金不惜買蛾眉,揀得如花四五枝。歌舞教成心力盡,一朝身去不相隨。」後仲素以余詩示盼盼,及反覆讀之,泣曰:「自公背妾薨,妾非不能死,恐百載之後人,以我公重色,有從死之妾,是玷我公清範也,所以偷生爾。」乃和白公詩云:「自守空樓斂恨眉,形同春後牡丹枝。舍人不會人深意,訝道泉臺不去隨。」盼盼得詩後,往往經旬不食而卒,但吟詩云:「兒童不識冲天物,謾把青泥污雪毫。」有《燕子樓詩集》,僅三百首。(《詩女史》卷八,《四庫全書存目叢書》影印明嘉靖三十六年刻本)

⊙吳二孃

吳二孃者，江南人也。有曲云：「暮雨瀟瀟郎不歸。」為時所賞。故白居易詩云「吳孃暮雨瀟瀟曲」是也。（《詩女史》拾遺，《四庫全書存目叢書》影印明嘉靖三十六年刻本）

智按：田藝蘅，字子藝，號天值堂、香宇、品岩，錢塘（今浙江杭州）人。學憲田汝成之長子。十歲從父過采石，賦詩有警句。性放誕不羈，嗜酒任俠，作詩有才調，爲人所稱。隆慶間以歲貢生官休寧縣學訓導，罷歸。善制南曲小令。有《田子藝集》二十一卷。《明史·文苑傳》附見其父汝成傳中。參見王寧《田藝蘅研究》（浙江大學碩士論文，二〇〇七年）。

吳國倫（一五二四～一五九三）

《香山寺》

不盡登臨興，其如搖落何。香臺凌縹緲，紺殿鬱嵳峩。古壁璇題蝕，先朝翠輦過。雲深龍藏杳，地迥鷲峯羅。塔勢飛金掌，林聲散玉珂。山腰垂列磴，樹杪出盤渦。北極開天府，西湖引御河。簷巢窺法鳥，堂狎聽經鵞。寶座珊瑚蓋，袛園雨露柯。披煙探舍利，拂石誦維摩。日落仍聞梵，風高獨放歌。明朝入城郭，何處了諸魔？（《甔甀洞稿》甔甀洞稿卷十八，明萬曆刻本）

《潯陽舟中別莊則勸司益甫劉世仰》

楚客扁舟萬里行，大江風雨若爲情。隋珠未變投時色，卞玉猶全刖後名。三宿潯陽仍問酒，十年溟海正論兵。琵琶似解窮交意，夜向鄰船作苦聲。（潯陽江邊有琵琶亭）（《甔甀洞稿》甔甀洞稿卷二十四，明萬曆刻本）

《祭金汝介別駕文》

長樂名堰，開自李唐。山環水紆，鬱彼農桑。正嘉之間，公挺其鄉。始綴家學，斐然成章。經壇藝苑，歘爾翺翔。屢試獲雋，名聞三湘。制科弗偶，負氣昂藏。晚登貢籍，覲國之光。珥筆奏對，懷牒爲郎。丹轂黃綬，佐郡于梁。小心清德，奉職維良。相時歸政，泉石徜徉。年躋耆壽，忻焉樂康。既醉且歌，婆娑如狂。胡然隔宿，不疹而亡。

嗟乎公乎！憶予髫歲，公一見之。忘年與友，擊節稱奇。洎乎婚仕，恐負所知。已公釋褐，遇予京師。暨予里居，公其爲儀。室既伊邇，遊不曠期。二三長老，皓首龎眉。香山白社，何加于兹。公獨遄徃，倀倀何之。酡顔如生，繐帳已施。煢煢孤息，嗛嗛病嫠。登堂誰主，泫然生悲。束芻絮酒，來斯歆斯。(《甔甀洞稿》甔甀洞稿卷四十七，明萬曆刻本)

《旅泊潯陽雜詩十首（其九)》

把酒邀廬岳，柴桑亦我家。如逢醉司馬，不必聽琵琶。(《甔甀洞稿》續稿詩部卷十二，明萬曆刻本)

智按：吴國倫，字明卿，號川樓，又號南岳山人，興國（今湖北陽新）人。嘉靖二十九年（一五五〇）進士，擢兵科給事中。楊繼盛死，倡衆賻送，忤嚴嵩，謫南康推官。嚴嵩敗，起建寧同知，累遷河南左參政。大計罷歸。才氣横放，好客輕財。初與李攀龍、王世貞等唱和，後與李維楨等狎主詩盟，爲「後七子」之一，詩文均有時名。著有《甔甀洞稿》、《陳張本末略》等。生平事迹見明李維楨《大泌山房集》卷三〇所作壽序、《明史》卷二八七。

俞泓（一五二四～一五九四）

《次瀛奎律髓·白樂天正月三日閑行》

蘇州太守閑行日，渡口春冰半欲消。暄入芝蘭萌玉砌，意嬌楊柳拂虹橋。紅香桃蘂三千樹，白綻梅花一兩條。若遇韶華遍遐邇，不辭鯨飲醉連朝。(《松塘集》卷三，《韓國文集叢刊》本)

《次瀛奎律髓·白樂天宴散》

登臨興欲盡，歌管月中回。留意思瓊席，餘情望玉臺。暑隨蟬共去，秋與鴈俱來。急急須行樂，明朝又舉盃。(《松塘集》卷三，《韓國文集叢刊》本)

《次瀛奎律髓·白樂天贈皇甫六、張十五、李廿三賓客》

聖世涓埃無小補，天恩俱許作分司。商山聚首觀碁日，梁苑聯襟授簡時。肯爲家貧輕止酒，不因身病廢題詩。同時四老優游處，正是河清五百期。(《松塘集》卷三，《韓國文集叢刊》本)

智按：俞泓，字止叔，號松塘。有《松塘集》。

孫鏊（一五二五～一五九二）

《吕内史與余數十年石交值七十初度追念疇昔歌以壽之》

憶昔青衿年少時，與君結交深相知。城村遥隔數過訪，投轄傾罇君不辭。君家猶子字調甫，侍席譚玄競揮麈。榻下南州高館開，棋局東山慣賭墅。未幾偕君業辟雍，我師祭酒君伯兄。鴻文碩望簡當寧，金甌枚卜司台衡。疎才謬為師相喜，代草槐堂吾共爾。饔飧笑語壯氣舒，調甫趨庭来帝里。誰言交誼重雷陳，爾我金蘭誼更眞。君向紫薇官内史，還同調甫掌絲綸。我官供奉直禁苑，旦暮都門随二阮。師相忽爾遭内艱，君歸舜水辭龍衮。靈緒山頭望紫宸，彤雲深處每馳神。遣懷詩酒頻開社，圃有奇花水有蓴。白蓮池上遠公邈，遐倣香山集九老。泉石逍遥春復秋，惟我三人髪未皓。綢繆遞飲日日酣，清歌妙舞憑何戡。巾車短棹任所適，經丘尋壑多奇探。十載從遊驩莫計，我復趨朝侍天帝。廼思師友薫江南，杖履安能共流憇。肯因五斗殢京都，奉使歸来泛五湖。茂陵托疾辭簪組，雅抱林泉興不孤。小築茆亭遍栽柳，柳繫扁舟過舊友。來往雙城二十年，秋月春花共攜酒。九老五人歸荒丘，主盟師相亦仙遊。東郭盧翁逾八袠，隣居只尺同優游。調甫今年六十四，我齒犬馬長其二。秋半逢君七十齡，玳瑁張筵扳客醉。鳳毛遶膝將高騫，庭前玉樹孫枝蘩。更喜齊眉追德雎，重重慶遶皆璵璠。千頃腴田瞰江水，盡棟糸雲宫室美。回首耆英會裏人，多少青雲繫金紫。惟我三人列署郎，鴛班聯珮近君王。未老懸車偶相似，悠然日月壺中長。有山足樵田足食，庭産芝蘭無枳棘。人間清福享百年，客星隱隱連南極。(《松菊堂集》卷四，《四庫全書存目叢書》影印明萬曆三十八年張垣刻本)

智按：孫鏊，字端峯，餘姚（今屬浙江）人。江西巡撫燧之孫，工部尚書陞之子。官上林苑丞。

鄧球（一五二五～一五九五）

《閒適劇談》

客談古人友僧事。予曰：嘗見詩人，往往詠閑雲静僧。及考古之達者，往往與僧交。如白樂天以刑部尚書致仕，交天竺寺如滿，結香火社衆，稱隱山居士。樂天有詩，親書天竺寺。後四十年，東坡訪之，則詩已亡，僅存刻石，因題云：「空詠連珠吟疊壁，已亡飛鳥失驚蛇（懷素草書，如飛鳥出林，驚蛇入草）。」東坡亦與饒州禪師了元（即佛印）遊，後了元住金山寺，東坡入杭過之，為留數月，因以玉帶遺了元，了元以衲裙相報。東坡有詩：「欲教乞食歌姬院，故與雲山一衲衣。」又云：「錦袍錯落眞相稱，乞與徉狂老萬回。」（按，裴休嘗披毳衲，于歌姬院，持鉢乞食，自以為不為俗人所得，可以說法為人。萬回，法雲公也。唐貞观時人，八九歲有兄，戍安西，嘗朝往夕還萬餘里，故號萬回，唐武后賜以錦袍玉帶）唐韓愈貶潮州，簡師不顧蛇山鱷水，萬里之際，過潮訪之。皇甫持正作送師序云：「有若將進拜而夕死者，雖佛其名而儒其行，雖夷狄其衣服，而仁義其心，不猶愈於儒冠朝服而溺於迷怪之說以斁彝倫者耶?」宋歐陽修，與佛者惠勤有善，東坡序勤詩集，謂勤長於詩，從公遊三十餘年，公嘗稱之。公薨於汝陰，予後見勤語及於公，未嘗不涕泣也。勤固無求於世，而公又非有德於勤者，其所以涕泣不忘，豈為利也哉！僧家味最清，而又能曉義理，尤達者愛之，今惜難其遇耳。温公詩云：「只恐為僧心不了，為僧心了緫輪僧。」吾黨慎無忽於斯徒。（《閒適劇談》卷一，《續修四庫全書》影印明萬曆鄧雲臺刻本）

……两漢猶有三代遺風，如董子□□也，至今只云董仲舒之類是矣。東漢有君俊顧及之號，當時謡者只云天下忠誠竇遊平，天下模楷李元禮，天下和雍郭林宗之類，則亦字之而已。唐名人如韓柳，今只稱之曰韓退之、柳子厚，白居易則曰樂天，杜甫則曰子美，亦未有號也。號至宋朝始盛，故稱蘇則曰東坡，黃則曰魯直，周則曰濂溪，二程則曰明道、伊川，朱則曰晦翁，

在宋已濫觴矣。今日愈趨愈流，遂忘其姓名，風尚可挽之古哉！（《閒適劇談》卷四，《續修四庫全書》影印明萬曆鄧雲臺刻本）

一日，觀白居易《動静交養賦》，喟然曰：今觀兹賦，乃知宋儒有功於聖學若此哉。其賦曰：「道不可以終靜，濟之以動；性不可以終動，濟之以静。」彼其視動静，曷相戾也，蓋性本靜，人能得其性之靜，則靜而無靜，動而無動。宋儒謂：「聖人主静立人極，君子慎動以復性，甚粹然於理者。」其賦又云：「所以莊生曰智養恬，《易》曰蒙養正。」夫謂之養恬養正者，非以復其性之本靜耶？客曰：慎動亦是交養静。答曰：非也。慎之云者，乃所以求於静也。客曰：宋儒亦説交養，答曰：居易言交養，卻分了動靜，宋儒卻説静存以制動，動而慎以求，不失其靜，請細心方理會得。賦又曰：「不有動也，静將疇依？」「不有靜也，動奚資始？」此説尤謬，執迷於動靜之迹，全未悟動靜之理。賦之終曰：「老氏觀妙，顔子知幾。」二君子之學，細味之有得焉，卻不是求之於靜耶？白居易，唐稱大賢，是時聖學未明乃如此，因以見宋儒有功於聖學。（《閒適劇談》卷四，《續修四庫全書》影印明萬曆鄧雲臺刻本）

智按：鄧球，字應鳴，號來溪，别號寄漫子，祁陽（今屬湖南）人。嘉靖三十八年（一五五九）己未進士，官至貴州銅仁府知府。有《皇明泳化》、《皇明泳化續集》、《理學宗旨》、《思省録》、《吕仙集》等。

來知德（一五二五～一六〇四）

《來瞿唐先生日録》

白樂天以詩文風流一世，當時士人好尚爭傳，雞林賈售，其國相率篇易一金。與劉禹錫同游，時人謂之劉白，而不陷八司馬黨；與元稹同游，時人謂之元白，而不陷北司馬黨；又與楊虞卿爲姻，而不陷牛李黨，其亦和而不流者乎！（《來瞿唐先生日録》内篇六卷，《續修四庫全書》影印明萬曆刻本）

⊙《王似泉下第見訪（有序）》

天遠憐疲馬，春殘惜落花。風塵妾薄命，富貴浪陶沙。竹影侵池薄，雲容靄樹斜。且乾鸚鵡盞，莫羡漢江槎。

昔劉禹錫題《浪陶沙》云：「日照澄洲江霧開，陶金女伴滿江隈。美人首餙侯王印，盡是沙中浪底來。」白居易題云：「隨波逐浪到天涯，遷客生還有幾家。却到帝鄉重富貴，請君莫忘浪陶沙。」予之句蓋本于此。因王問及浪陶沙之句，故又以昔人二詩足之。言功名富貴不可驟至，必勤苦也。予非輕引人以退者。(《來瞿唐先生日録》外篇二卷,《續修四庫全書》影印明萬曆刻本)

皮日休詩云：「他年謁帝言何事，請贈劉伶作醉侯。」一蟲詩：《蚕》：「繭雖自外織，絲從腹裏抽。人皆穿爾樂，不識爾心憂。」《蜂》：「千山萬朶花，五風十日雨。人皆喫爾甜，不知爾心苦。」唐人詩云：「一將功成萬骨枯。」又，盧仝《謝茶》詩云：「山上群仙司下土，地位清高隔風雨。安得知百萬億蒼生命，墮顛崖受辛苦。」又辛侍中從文帝射雉，帝曰：「樂哉！」辛曰：「陛下甚樂，群下甚苦。」二蟲詩意，蓋本於此，亦猶白樂天之《新樂府》也。(《來瞿唐先生日録》外篇四卷,《續修四庫全書》影印明萬曆刻本)

⊙《清風兩袖歌贈蔡令長以繁轉臨川（有序)》

蔡諱思穆，道號熙垣，湖廣攸縣人。

高堂簾幙燕新泥，風煖溪橋柳掛絲。纔放小桃紅入萼，正是清風兩袖時。美人少年自高格，紅月手提如琥珀。走馬獻賦明光宮，來宰錦江巴子國。九溪三峽見飛舃，清秋白日照冰壺。常聞齋馬嘶芳草，不將塵甑羨萊蕪。火齊結緣飛泉漱，山陰無事簾垂晝。平常見客似無官，繾綣愛民如有舊。一日偶聞轉豫章，四郊赤子眉齊皺。我之父母欲何之，皇天原不分肥瘦。檢點行囊一物無，惟有清風攜兩袖。黃童白叟滿長逵，扳轅卧轍如嬰兒。未見狄公當日祀，已成何武去時思。客路春風鶯出谷，鳴鸞文彩當朝旭。九子峰高插笋尖，七澤江深澄鴨緑。清風清風興更嘉，暫時披拂河陽花。方作蘭臺快哉賦，滿城倏爾發天葩。有時清風入豸補，六月嚴霜生栢府。一雨洗清六合冤，攬轡埋輪日未午。有時清風到三台，黃閣傳呼宰相來。帝典王謨賡喜起，臯陶禹稷相追陪。清風清風，我不負爾，爾又何負於我哉！丈夫出世須皎皎，喫着笑誰問溫飽。幾番獨立崑崙巔，一望天涯何草草。不將紅葉化青龍，却把紫珠彈白鳥。清風清風，侑彼清風洒，彈此清風絃，自古聖賢無貴賤，騎得清風便上天。子游清風既已去，澹臺明月共誰圓？清風清風，歌聲倩采詩，何人奏三殿？

三代之正學不明，而孝廉之舉又廢，清風兩袖聞其語，而未見其人矣。令長下車，即以薛公名言置座側，以金玉其身，視民如傷一介不取，余幸見斯人，以其足以起頑立懦也。故作此歌，爲觀風者采焉，爲夔路名宦春秋采焉，蓋即白樂天之《新樂府》、皮日休之《正樂府》也。(《來瞿唐先生日録》外篇五卷，《續修四庫全書》影印明萬曆刻本)

智按：來知德，字矣鮮，山東梁山人。嘉靖壬子（一五五二）舉人。萬曆三十年（一六〇二）總督王象乾、巡撫郭子章薦授翰林院待詔，知德以老疾辭，詔以所授官致仕。事迹具《明史·儒林傳》。

王世貞（一五二六～一五九〇）

《案頭蘇詩一編偶展讀之有云龍鍾三十九勞生已强半歲暮日斜時還為昔人歎公倅餘杭日作蓋取白樂天語興感也此公尚為摇落語吾輩寧無窮途之慟因成一章兼示舍弟雖然公兄弟名位穹顯晚節各天而吾以早廢棄故相守田畝間差為優耳他固不敢較也》

偶誦蘇公詩，龍鍾三十九。身猶一方佐，名滿天下口。伊余射策年，與公頗先後。雖忝大夫列，六載歸南畝。人間失意事，所歷無不有。多岐夢猶惴，百煉心欲朽。雌黄墮齒頰，雄白空知守。西風傲短褐，居然成野叟。流年蠹書卷，殘日漁杯酒。用禪文寂寞，塞兑防穢嘔。齋前種白楊，蕭瑟鳴虛牖。顧謂吾季方，吾言汝知否。今古伯仲名，無出蘇公右。風雲壯接翼，天地老分手。躑躅瘴海間，能無歎不偶。萬事吾敢如，一得頗無負。蓼莪固永廢，棠棣幸終友。去去入吳山，相攜共白首。(《四庫全書》本《弇州四部稿》卷一五；清汪學金《婁東詩派》卷四，《四庫未收書輯刊》影印清嘉慶九年詩志齋刻本)

《偶成齒髮吟作長慶體示伯龍子念君載》

髮白況乃寡，齒痛行復落。此事當漸來，委蛻偶先覺。觀雹等浮榮，嚼蠟如好爵。馳思佐墳典，策勳播寥廓。其名在千古，真識久冥漠。先民有遺言，及時當行樂。稍往忽已空，未來疇能度。瞢為醇醲腐，精恐佳麗鑿。惝恍出世言，渺茫長生藥。成證聊自暖，齊物終妄作。事事能誤人，破了亦無著。語罷當更愁，愁來又成錯。(《四庫全書》本《弇州四部稿》卷一五)

《答贈張叅政欽伯（君時由諫垣出分部金華）》

昔領金華省，今治金華部。去攜香案烟，來作冰壺霧（金華洞名）。君身自僊骨，世豈知其故。蕭灑八詠成，悠然片鴻度。汀際白蘋秋，江東彩雲暮。吳興差卑小，焉足當君慕。最後蓬萊僊，此語聞白傅。(《四庫全書》本《弇州四部稿》卷一五)

《江黃二州謁白尚書蘇端明祠有感》

白傅佐潯陽，匡廬落其手。蘇公謫宜黃，游踪寄樊口。物情豈相為，天意良不偶。揮淚對青衫，垂腰厭黃綬。是時二公年，四十加八九。飛騰在俄頃，綸綍相先後。而我同玆歲，楚憲起南畝。却顧所佩章，叨竊慚已久。椒漿薦落日，餘瀝自為壽。髫年弄筆墨，老至忘其醜。頗諳游戲禪，更貪聲聞酒。別業婁水傍，歲功良亦厚。園多履道竹，門種杭堤柳。功名善愚人，人生好自負。造物亦苦慳，安能令多取。真樂隨形無，虛名背身有。洛下醉朱唇，天南摇白首。明年定掛冠，不蓄趙瑟婦。以此叩二公，公其默許否？(《四庫全書》本《弇州四部稿》卷一五)

《贈李使君本寧之陝西分省歌》

去年嗣宗客薊門，腰下寶玦貽王孫。不知私語何所道，但道阿戎勝阿渾。汝忘少年我忘老，吾弟翩翩詩亦好。罷酒行趨長樂鐘，更衣醉藉津陽草。忽傳春色厭承明，驄馬驂驔下玉京。是時吾仗渚宮節，秦山漢水遥相縈。紫微花開紫微舍，笑撚金魚紫微下。年同北府荀中郎，官豈江州白司馬。健兒投筆不足奇，翻手覆手在一時。第栽梧竹棠陰後，應須還汝鳳皇池。(《四庫全書》本《弇州四部稿》卷二二)

《歲暮事稀偶展白傅〈長慶集〉不覺有入戲作》

亦知憂造物，衰怯未辭官。薄禄消無計，微名損甚難。書齋陶甓舊，燈火白詩殘。依約中人業，青天可見寬。(《四庫全書》本《弇州四部稿》卷二六)

《同子與諸君游大司寇顧公箬溪書院分韻時公不出且折簡見召》（其二）

石峭亭虛瞰碧空，振衣長嘯許誰同。千林瀑過初疑雨，萬葉秋歸自起風。洛下名流唯白傅，襄陽耆舊有龐公。仍聞東閣高開宴，不為登臨興易窮。（得窮字）（《四庫全書》本《弇州四部稿》卷三七）

《即事效長慶體》

一春文事頗從容，約略鶯花不負儂。酒戶消來甘下則，書家老去任偏鋒。齋時自托闍黎缽，飯罷閑敲窣堵鐘。唯有山僧知此趣，雨前茶緑解相供。（《四庫全書》本《弇州四部稿》卷三八）

《由錢塘門度六橋堤》

拂幰鶯啼出谷頻，長堤天矯跨蒼旻。六橋天闊爭虹影，五馬飈輕散麯塵。碧水乍摇如轉盼，青山初沐競舒顰。莫輕楊柳無情思，誰是風流白舍人。（《四庫全書》本《弇州四部稿》卷四〇）

《送趙中丞良弼自楚開府還臺公舊牧荆州為中興循吏第一今其還也獨晉左丞》

共誇元白夾江除，來往魚緘問索居。見合兩邦為反坫，忽傳三殿有徵書。先朝舊露荆州冕，全楚今攀御史車。不獨風稜堪獨坐，即論循吏許誰如？（《四庫全書》本《弇州四部稿》卷四三）

《署中獨酌先後共得十首頗有白家門風不足存也》

醉即高眠醒便歌，世人無計奈吾何。一飧魚菜欣然飽，雙眼鶯花到處多。夢裏乾坤誰束縛？閒中風月任差科。唯餘氣習消難盡，強半陳編與耗磨。

其二

九十韶光半已孤，攬衣推枕自支吾。詩名不傍新詩長，酒病全須濁酒扶。漫笑吳兒書咄咄，虛勞趙女和烏烏。蒸酥細薤香秔飯，爲問先生得也無。

其三

北風黃葉擁柴關，捫腹徐行且任閒。誰把一麾留白日，仍將七尺施青山。玉門都護求歸印，司馬江州泣賜環。何似蝌螯依右手，拍浮長在酒船間。

其四

五熊幡底緑沈槍，紫綬雙垂琥珀光。未轉頭時空合闇，纔開眼處自禁當。

儀秦豈必謀終日，劉項都來戲一場。此際青天殊欠穩，尊罏秋思兩茫茫。

其五

我是經行舊比丘，曾參龍象度春秋。修時早被魔心打，到處還將宿業酬。一刹那間過幻跡，百由旬裏徧窮愁。何當收拾無生後，澗底桃花水任流。

其六

候吏聲參散晚衙，忙呼稚子作生涯。月臺先掃堪眠石，風徑還收乍墮花。官印斜封桑落酒，鄉書遠寄穀前茶。青絲翠管非吾事，獨酌狂吟興未賒。

其七

點檢平生劇可憐，還從束髮滯幽燕。看雲桂樹慙高隱，走馬章臺負少年。依舊青霄偏燕頷，不教明月試龍泉。傳聞上界多官府，倘似人間亦杳然。

其八

二八眉鴉舊出羣，羅衫斜絓藹蘭薰。弓弓窄窄雙篙玉，裊裊亭亭一片雲。曾爲催花煩羯鼓，時因鬬草涴湘裙。而今抛擲同秋槁，可向陽臺夢裏聞。

其九

夜牕無語一燈前，南斗闌干北斗懸。數盡蛾眉何處隠，笑來雞肋儘堪捐。酒徒頻勸眠千日，禪伯相要坐九年。此事甚難吾不會，且將雙屐了殘緣。

其十

方牀細簟少塵埃，午倦抛書蝶使催。蕉影瞢騰勾暫住，竹聲敲戛喚仍回。主盟風月應誰讓，領畧江湖未有才。看盡落花無一事，自支鐺足煮新醅。(《四庫全書》本《弇州四部稿》卷四四)

《酒房戲為長慶體示四郎侄》

且問吾家小杜康，潑醅濃醁許誰嘗？軟炊新稻真珠粒，細壓寒槽白玉漿。瀉出流霞偏讓色，滴來甘露有生香。休論染指涎先下，任遣持螯手自忙。書要督郵缸底靜，宵防吏部甕頭狂。十年奔走愁為伴，萬里歸來醉是鄉。席上清樽仍北海，城中舊侶有高陽。秫田已滿七百斛，泥飲從今三萬場。漉後葛巾堪倒戴，頹時藜杖好扶將。憑教卯酌還丁夜，不擬人間喚索郎。(《四庫全書》本《弇州四部稿》卷四四)

《過潯陽》

功名侮余甚，厭之不能舍。試問廬山峯，可曉白司馬。(《四庫全書》本

《弇州四部稿》卷四五）

《風寒濟南道中兀坐肩輿不能開卷因即事戲作俳體六言解悶數之政得三十首當喚白家老婢讀之耳》（其十）

賀監八旬捨宅，白傅六衮分司。那知七百年後，笑殺李家小兒。（謂于鱗也）（《四庫全書》本《弇州四部稿》卷四六）

《初夏屏居山亭與國手劉君對奕倦偶拈長慶集得一絶句云紅旗破賊非吾事黄紙除書非我名唯共嵩陽劉處士圍碁賭酒到天明時郡將以倭警出師而劉君姓與事有相合者因戲書贈之仍和二絶於後》

角里先生無遠畧，嵩陽處士有碁名。若教兵法從君授，指點安危分外明。

自從抛却軍符後，唯愛窮身不愛名。敲到半枰心便懶，夕陽閒坐小牕明。（《四庫全書》本《弇州四部稿》卷五〇）

《秋日官舍無事攜元白〈長慶集〉閲一遍題此二絶句後置之篋中矣》

十口官貧不遣隨，偶攜元白兩編詩。花犀欲角蠶將蠒，莫病通天累色絲。

連翩逐客上皇都，三月中書片語無。不是通江少時謫，千年佳句一生孤。（《四庫全書》本《弇州四部稿》卷五一）

《江州問琵琶亭》

亦知遷地勝長沙，無那中年易憶家。裁唱楚歌頭便白，不須遥夜聽琵琶。（《四庫全書》本《弇州四部稿》卷五二）

《偶覽元白〈長慶集〉有感逝者》

莫悲長慶元丞死，更覓劉郎伴白頭。何事調高酬不得？一生春雪半生愁。（《四庫全書》本《弇州四部稿》卷五二）

《壽方伯無錫秦公六十叙》

江之南巘邑以十數，獨無錫甲；無錫之巘族以十數，獨秦氏甲；而秦之穎脱而薦科第，通朝籍者以十數，至用方岳領大鎮，卓然稱名臣者，三人而已。……盖昔者蘇學士軾為丞相韓忠獻王記其醉白之堂，交伸其意，而兩艷之，然其旨不能無偏重，以世能得之韓，而不能得之白也。當白公之分洛，僅與其孤甥姪以居。公上奉太夫人，下撫諸弟，其為子者，非子而猶子者，森然琅玕之觸目，盖不待徵於族，而秦之指以百數矣。即無論端敏公，於白公又奚讓哉！公之壻華生曰：公固慕白公者也，夫所以謂公慕白公者，得之酒所而箕踞，慷慨耳熱，誦所為詩，若文不休，夫毋論公所結撰，儼然一醉吟先生也，遂徵予言，以為叙。（《四庫全書》本《弇州四部稿》卷六二）

《皇甫百泉三州集序》

在昔唐宋時，朝士大夫稱得辠去者，往往屈為荒遠郡佐員外署置，其禄雖有之，僅自給妻子耳。為之上者，不以責其吏能；為之下者，亦不謂其能吏。我以故鮮錢穀法，比簿書期會之煩，其餘日足以為之地，而竭其工於詩。雖其詩之工，然不過以之發其羈孤無聊磊落不平之思而已。其山川之奇麗則辱之而為險惡，風日之駘蕩則辱之而為憯悽，以至物候之稍偏而民俗之稍異，則辱之而為瘴、為癘、為魑魅魍魎，若不可一朝居者，如沈、宋、元、白、劉、柳諸君子之言，固具在其探幽造微，窮變盡態，固不可以余説而廢其工，然要之有出於歎老嗟窮憂讒畏譏之外者乎？……（《四庫全書》本《弇州四部稿》卷六五）

《潘潤夫家存稿序》

……吾吴中盛文獻，彬彬闤闠詩書矣。然好推尊其時顯重者耳，傳而共為其名，以故一徐、庾出而語語月露，一元、白貴而人人長慶，沿好成格，沿格成俗，而不可挽也。……（《四庫全書》本《弇州四部稿》卷六八）

《章給事詩集序》

自昔人謂：言為心之聲，而詩又其精者。予竊以詩而得其人，若靖節之言澹雅而超詣，青蓮之言豪逸而自喜，少陵之言宏奇而饒境，左司之言幽沖而偏造，香山之言淺率而尚達，是無論其張門户，樹頤頞，以高下為境，然要自心而聲之，即其人亦不必徵之史，而十已得其八九矣。後之人好剽寫餘似，以苟獵一時之好，思踳而格雜，無取於性情之真，得其言而不得其人，與得其集而不得其時者，相比比也。……（《四庫全書》本《弇州四部稿》卷六九）

《廣東布政司右參議益齋趙公傳》

……趙公諱承謙，字德光，别號益齋。其先宋宗室有簡國公仲談者，再傳而渡江，為江寧人。又十一傳而松雲公昂，贅常熟，遂為常熟人。……好為詩，詩得香山、隨州意，然至成一篇，輒棄去不成稿，五十餘而貴，貴至四品。……（《四庫全書》本《弇州四部稿》卷八一）

《文先生傳》

余讀太史公叙致九流，顧獨不及文章家言，詎藝乎哉？誦者少其貶詘節義，然至於傳田叔、司馬相如，抑何其詳亹厭志也。范詹事為《漢書》，稍稍具列，獨行文苑，稱有尚矣夫。余自燥髮時，則知吾吳中有文先生，今夫文先生者，即無論田畯媍孺裔夷，至文先生嘖嘖不離口，然要間以其翰墨得之，而學士大夫自詭能知文先生，則謂文先生負大節，篤行君子，其經緯，足以自表見，而惜其掩於藝。夫藝，誠無所重文先生然。……文先生者，初名璧，字徵明，尋以字行，更字徵仲，其先蜀人也，徙廬陵，再徙衡，為衡人。……先生好為詩，傳情而發，娟秀妍雅，出入柳柳州、白香山、蘇端明諸公，文取達意，時沿歐陽廬陵，書法無所不規，倣歐陽率更、眉山、豫章、海岳……（《四庫全書》本《弇州四部稿》卷八三）

《明故資政大夫南京刑部尚書贈太子少保箬溪顧公墓誌銘》

……顧公諱應祥，字惟賢，其先吳之長洲人。……公所為吟詠，於社中每一篇出，人輒為傳寫。評者謂：其詩似白少傅，書札似趙吳興，乃公夷然不屑也。公嗜書，書無所不窺，即不以寢食廢手一卷，時時至丙夜。家人笑謂公，豈復就試耶？公亦笑，乃已。公少則嘗從陽明、增城二先生游，然不甚傳依其說。……（《四庫全書》本《弇州四部稿》卷八六）

《祭學士華先生文》

嗚呼！世復有言準動繩顢若畫一如公者耶！深謀訏算材梓種漆如公者耶！急友崇師飯不虛德如公者耶！公以學士顯嘉靖間，如椽之筆數玐，而天下若以為未究於用。及其歸也，為德於鄉，露雨以時，為政於家，儼若神祇。……公真丈夫哉！公真丈夫哉！愚尚友古昔，請得以白香山而擬埒，彼其邁世軼塵之度，難進易退之節，詩則長慶，取其宏，而巖居取其潔，固已易世而殊轍矣。……（《四庫全書》本《弇州四部稿》卷一〇四）

《書牘二十四首·徐子與》

至夢游一事，令元、白無色矣。(《四庫全書》本《弇州四部稿》卷一一八)

《書牘二十四首·汪伯玉》

……海内神交若此奇矣，元白慈恩院游相寄，大是一段佳事，我輩乃足當之。……(《四庫全書》本《弇州四部稿》卷一一九)

《書牘二十八首·李伯承》

比自庚午奉教後，棄官南歸，再起，出入燕楚，時時念兄，無異粉署，而鱗羽為艱。近從李史君處得手教，怳若奉顏色，且連有三熊之夢，不勝慰心。白香山官位差小進耳，聞濮上園亭，若履道者四，蠻、素、綃、角，又更倍之。渠僅有阿龜，不堪遼落。兄篇章朗著，又非彼所及也。所冀禅心不墮魔女手中，時時容綵筆翫世耳。……(《四庫全書》本《弇州四部稿》卷一二〇)

《與石拱辰》

蔡使君人歸，拜手教帛貺，及扇頭之作，甚慰懸佇。少春丈已歸，與公耦耕對讀，時復觴笑，下上千古，郝君不百里，而近行窩乘，興在步武間，真足樂而忘世。第令輦上君子，坐失三賢，為何等時耳。不肖近益治小祇園，不減白香山履道池上，它日抱甕其間，不失作老圃，斥置金石，古文近萬卷，咀咏之餘，不失作老蠹魚。……(《四庫全書》本《弇州四部稿》卷一二二)

《題〈池上篇〉彭孔嘉、錢叔寶書畫後》

余少讀《歸去來辭》，雖已高其志，而竊難其事，以為非中人所能。後得白樂天《池上篇》覽之，頗有合，謂此事不甚難辦，此文不甚難搆，而千百年少儷者，何也？蘇長公云：「樂天事事可及，唯風流一事不可及。」余則云：「風流亦可及，唯曉進退不可及也。」友人彭孔嘉嘗為余書此篇，遒勁豐美，備得顏柳骨態。長夏無事，錢叔寶復系以圖，宛然履道里白叟退休所矣。吾名位雖小薄而年差壮，小祇園水竹差勝，圖籍差具，酒量差益，今年湖田不沮洳，亦何必請分司奉耶！便當一决，書此以俟。(《四庫全書》本《弇州四

部稿》卷一二九）

《王雅宜長恨歌後》

白學士歌，綿麗詳縟，宛然開元宫中韶景。履吉以行草書之，豔冶之極，併得玉真情態，余乃乞莫雲卿書陳鴻小傳，家弟書手删外傳，俱小楷補之，翩然有晉人意。尤子求復系以圖，令人恍恍有乘槎犯斗之興，然不欲多展，展則恐費蒲團工力也。（《四庫全書》本《弇州四部稿》卷一三二）

智按：王雅宜（王寵，字履仁，後字履吉）書《長恨歌》，《書畫跋跋》卷一、《珊瑚網》卷二二、《式古堂書畫匯考》著録。顧復《平生壯觀》卷五（清抄本）：「（王寵）《長恨歌》，宋箋，十餘幅，行書。經寸極精，莫雲卿小楷寫陳鴻《傳》，王麟洲小楷寫《太真外傳》，尤鳳丘補圖。白描葉法，善見太真，後王彝州二跋。」

《墨刻跋七十二首・蔡端明荔枝譜》

蔡君謨《荔枝譜》一卷，昔人評其書，嚴正方重，如土偶蒙金，今無乃類之乎！此本棗木刻在閩中，故不能大佳耳。白樂天序稱：「荔枝樹形團團如帷盖，葉如桂，冬青，花如橘，春榮，實如丹，夏熟，朶如葡萄，核如枇杷，殼如紅繒，膜如紫綃，瓤肉瑩白如冰雪，漿液甘酸如醴酪。大略如彼，其實過之。離本枝，一日而色變，二日而香變，三日而味變，四五日外，色香味盡去矣。」蘇子瞻詩云：「海山仙人絳羅襦，紅綃中單白玉膚。」此皆為荔枝傳神，君謨不及也。然彼是巴蜀、嶺南荔枝耳，似不足辱二君子語。（《四庫全書》本《弇州四部稿》卷一三六）

《墨刻跋七十二首・蘇書連昌宫辭帖》

元微之《連昌宫辭》，人以為勝《長恨曲》，非虚譋也。坡此書作行草，極有姿態，而中不無稺筆。《長慶集》中『百官隊仗避岐薛』，宋人多譏之，謂岐、薛二王物故已久，為微之誤用事。今書作「岐路」，盖真本也。（《四庫全書》本《弇州四部稿》卷一三六）

《尤子求畫華清上馬圖》

楊太真華清上馬圖，舊有粉本，而寂寥不甚稱。尤子求善白描，會余得蜀箋，乃乞子求作圖，而以意增損之，遂妙。其太眞上馬時態，與三郎停鞭顧盻之狀，儼有生色。太真及諸姨應俱善騎，觀《麗人行》所稱「足下何所著，紅蕖羅襪穿蹬銀」，又「當軒下馬入錦茵」，故自可想也。當其乘照夜白，扈從入蜀，尚自謂得策六師一小停，而馬嵬之騎，不復前矣。吳中善書者，俞仲蔚《連昌宮詞》、彭孔嘉《長恨歌》、周公瑕《津陽門行》、黄淳父《清平調》八首，及袁魯望、張伯起、王百穀、王元馭、華幼圜，舍弟輩各以小楷書《宮詞》，遂成佳本。其他固所不暇論也。(《四庫全書》本《弇州四部稿》卷一三八)

《宛委餘編五》

王楙云：唐時揚州為盛，通州為惡，而引元、白之詩所謂「通州海內恓惶地，司馬人間冗長官」，又云「折君災難是通州」，又云「黃泉便是通州郡」，蓋指今維揚之通州也，不知元微之之通州司馬在蜀中，其全集可考。(《四庫全書》本《弇州四部稿》卷一六〇)

《宛委餘編十七》

自古文章之士，稱以仙去者，理或有之。蓋天地冲美秀特之氣，見予獨多。生有所自，出有所為，則去有所歸，固其宜耳。淮南王與八公上昇，東方朔為華陽洞主，司馬季主委羽托化，南華冲虛各備仙職，嵇康、郭璞並著兵解，曹植為遮須國王，蔡邕為修文郎，劉楨、徐幹、王粲俱為侍中，王茂弘為尚書令，陶隱居為蓬萊都水大監，魏鄭公為太陽都録太監，李長吉召賦《玉樓記》，杜佑、馬總為六押大都統，白居易為海山院主，韓退之為真官，寇萊公、蔡忠惠俱為閻浮提王，麗籍為王屋山君，韓魏公為紫府真人，石曼卿為芙蓉城主，王平甫為靈芝館仙官，蘇子瞻為奎宿，一云紫府押衙，劉景文為雷部掌事，沈文通為地下曹司，杜少陵生前為文星典吏，及其歿也又與李青蓮輩俱優游江湖，稱散僊。近顧太保鼎臣嘗三夢徐昌穀任第二殿帝君，後陸詹事深將終之夕，亦預夢之，其事尤奇怪，予別有紀。(《四庫全書》本《弇州四部稿》卷一七二)

《答贈張大允文》

允文者友人張將軍子，予子也，再以長篇投贈，其一志不朽之業，其一希不死之道，而余皆貿貿焉，久而徵其意，乃欲得余贈言證明耳。筆研蕪廢，漫爾塞白，竟不知作何語也。

老夫自解金陵棘，不貸頭顱鏡中白。五言長城拉攞壞，千尺糟丘乾欲圻。賣身但擬作佛奴，拄口何曾問歡伯。汝父差貪子雲字，世人任學廷尉客。偪側何偪側，蝸廬斗大聊自適。春風駘蕩啼鶗鴂，門前剥啄勞詩郵。商聲嘹亮動金石，尺素錯落蟠銀鉤。自云：「於世無所求，但願一識韓荆州。」聞之白香山，「何人得似張公子，兩首詩輕萬户侯。」我意或不然，汝家故事須封留。然後歸從松子游，我歌不再汝勿酬。男兒墮地各努力，出世入世俱千秋。（《四庫全書》本《弇州四部稿》續稿卷十）

《贈少司徒采山方公得請時公徙止別館未返新都》

成風老手御風姿，其那冰心聖主知。不學賀公稱道士，殊輕白傅愛分司。門前羅雀從今日，屋裏看山祇舊時。無論賜金多少在，君今不飲欲呼誰。（《四庫全書》本《弇州四部稿》續稿卷十九）

《杜清甫丈九十矣而矍鑠如少年曾憶白香山贈裴淄州云九十不衰眞地仙因倚起語壽之》

九十不衰眞地仙，姓名無忝杜延年。圍棋縱負人人墅，賣藥能寬處處田。春煖絃歌秦女巷，午晴詩畫米家船。攜來鳩杖那防噎，贈得羊裘不肯穿。自剔殘燈書小令，旋烹新茗結清緣。惟應薊子摩銅狄，見爾垂髫學數錢。（《四庫全書》本《弇州四部稿》續稿卷二十）

《再用香山居士起語壽駱廣州先生》

九十不衰眞地仙，五朝清晏即人天。難逢拜老中興日，憶得懸弧孝廟年。薄宦陸生無粤槖，歸心賀監有湖田。鄉吟捉鼻從清濁，社酒膠脣且聖賢。大笑武公箴自苦，長誇榮啓樂仍偏。如傳籃筍來蓮社，應許門人任一肩。（《四庫全書》本《弇州四部稿》續稿卷二十）

《金白嶼先生壽九十矣其文彩風流比之前九十者杜翁駱師則尤翩翩焉不佞仍用白香山起句例壽之得六韻》

九十不衰眞地仙，長干樂事況年年。生當五帝舒長日，老結三山綺麗緣。無意授書天子問，有時裁句雪兒傳。賜來鳩杖何妨噎，停著柴車不待延。稚

子競誇婁尾酒，故人分得賣文錢。共云蔗境從容咀，莫放滄溟便作田。(《四庫全書》本《弇州四部稿》續稿卷二十)

《世貞邇來壽九十翁如駱司理杜金二處士皆由白香山起語今年為宗履湖先生九十復引前例壽之先生之伯子故吏部子相余碩交也故中聯多及之》

九十不衰眞地仙，白公社裏冠羣賢。強逾歷下書堪受，隱傍淮南法易傳。渤海尚誇銷劍地，蜀都猶憶夢刀年。名山自滿宗家璧，北斗還高吏部編。早闕梁松牀下拜，叨陪畢卓甕頭眠。欲將鳩杖為公壽，緩步當車已綽然。(《四庫全書》本《弇州四部稿》續稿卷二十)

《昔白文公有詩贈裴淄州其起句云九十不衰眞地仙余以此例贈九十翁者凡五人矣莆田林方渠公以名進士官至郡守累進階正三品今年壽九十二而其子敬夫復以雷陽守便道綵侍毋論五人者僅一宗馬湖鴈行即所謂裴淄州者當亦不及也喜羡之餘敬步前韻授之俾歌以稱觴》

九十不衰眞地仙，阿誰諸福似君全。生兒自授詩三百，請禄同登石二千。舊憩棠陰青蔽亩，親栽槐色翠摩天。壺公山静堪斟酒，延壽陂清好放船。尚父少慚多偃蹇，啟期衰覺轉顛連。林家故是寛喬木，行看雙標紀大年。(閩省有百歲坊，亦太守，亦林也)(《四庫全書》本《弇州四部稿》續稿卷二十)

《樓道人一衲一笠一瓢遨游海嶽而所攜詩卷多名士如王格太僕吴國倫參政張位侍讀同王穉登太學張鳳翼先輩昆弟之作皆在焉仍虛首簡以乞余題戲呈二絕歸之》

道人雅自毛仙伯，元、白、韓、劉詩卷多。解道蕊珠宫裏住，盡應翻作步虛歌。(《四庫全書》本《弇州四部稿》續稿卷二十四)

《送大郡伯雲溪劉君署崑山得代序》

當唐、宋之季，中外縉紳大夫或坐公私譴，而有所左降為州郡之倅若長史司馬者，往往以遷客視之，而其人亦往往自廢放，毋問其職業，而托適於游覽觴詠之間。高者虛無其官，以為毋足溷我；卑者厭薄其官，而不勝其憯悽牢騷之念，以庶幾一日之量移。即才如元、白，而皆有所不免。觀其倡和諸篇什，來往尺牘，與廳壁一記，大要得之矣。……若元、白者，雖不旋踵而顯榮，操内外制，烏足擬君哉？烏足擬君哉？(《四庫全書》本《弇州四部

稿》續稿卷二十七）

《壽秦母殷太夫人八十序》

當萬曆之戊寅正月而方伯秦君子成以母殷太夫人之壽言請也，前是甲戌之正月而秦君已六十，不佞業贈之言，以近擬公之從祖端敏公，謂君入而奉太夫人萬年之觴，出而宴賀，客以端敏公其年固夙夜在公矣，力不任而始得請以歸，歸而有遺憂於國，人間之樂外，集而中為之閑，君於端敏何讓哉？則又遠而擬之白文公，以文公少而賦新井之詩，及分洛之日，僅聚其婦，與其孤甥姪居。君今上奉太夫人，下撫諸弟，其為子者，非子而猶子者，不待徵於族而指以百數矣，即毋論端敏公，於白公何讓哉？秦君不以余言非當而觴之，今又四歲，而太夫人始稱八袠矣。……（《四庫全書》本《弇州四部稿》續稿卷三十三）

《封工部郎素軒喻翁八十序》

……而吾仲敬美及鄧太史汝德，皆極口褒贊，以為無愧色。至於吟咏攄寫，能用柴桑之轍而趣元、白界，人不得以雕蟲之技目之。……（《四庫全書》本《弇州四部稿》續稿卷三十五）

《錢東畬先生集序》

……其合者出入於少陵、左司之間，而下亦不流於元、白之浮淺。乃至他文章之為序、記、傳、説者，毋論東、西京，要亦廬陵、臨川之遺軌哉！……（《四庫全書》本《弇州四部稿》續稿卷四十一）

《白坪高先生詩集序》

余為郎時，則聞白坪高先生，嘉靖間名臣也。……先生時時能作少陵語，然得之二家為多，晚節又似白香山，若談儒理，則言近而指遠，寛然方之内，談老釋，則膚立而味雋，悠然方之外。……（《四庫全書》本《弇州四部稿》續稿卷四十三）

《朱在明詩選序》

天下才士大夫，結軌而談秇者必趨唐，而唐之篇什最富者，獨少陵、香山氏，其次則李供奉、元武昌而已。彼《極玄》、《英靈》之所載者，人不過十餘章。初盛四傑，悉其蕞不能貴洛陽之紙，而崔員外《黃鶴咏》標揭亡和，楊東川蘭亭語壓倒時英。孫主簿云：「精騎三千，足敵羸卒數萬。是寧以多重哉？今令在明與元、白較五車，或有所不暇；以優游員外、東川間，軒然霞舉矣。……（《四庫全書》本《弇州四部稿》續稿卷四十四）

《華仲達詩選序》

……陶通明謂作才鬼勝頑仙，吾始怪其言。毛仙翁得元、白諸賢詩而謁，昌黎叙之，吾復怪其事。世今乃復有其人乎？……（《四庫全書》本《弇州四部稿》續稿卷四十六）

《龔子勤詩集序》

唐以詩賦程，士士之繇科第進者，往往濡首於詩，而其大究亦多工於詩，而拙於政。至明而程士必經誼，而課吏必政術，蓋弘德以前，一受符試郡縣，則日夜碌碌奉刀筆，未有能及吟咏之事者，二三豪儁，雖稍不為考功令所束，然其大究，尚工於政而拙於詩。唐之詩人獨韋左司、白香山，皆連典劇郡，皆為吾蘇州刺史，而白公又為杭州，皆有惠利之政，其政不為詩所奪，而至於詩，故翹然於大歷、元和中。韋公之冲雅，白公之宏爽，吾不能第其於李杜若何，固非十才子所可肩並也。……顧君少而好為詩，其詩不為政所奪，自其一為令，三為郎，又一為守，積篇至數百千。余近始得，而習之渢渢乎其調也，雋乎其味，使人易知而難忘。若古體之於左司，近律之於香山，當其所得，意匪甲而乙，不至相徑庭也。史固稱左司性高簡，所至多焚香燕坐，翛然物慮之表；香山數以直言謫外，晚節與緇黃相還往，通曉其理，知足少欲，不愧名字。余嘗一再接龔君，雖不能盡得其人，于其詩見一斑矣。操觚之士，間有左袒左司者，以左司澹而香山俗。第其所謂澹者，寓至濃於澹；所謂俗者，寓至雅於俗。固未可以皮相盡也。當與龔君共味之。（《四庫全書》本《弇州四部稿》續稿卷四十七）

《喻邦相杭州諸稿小序》

曹子念致喻杭州邦相所為詩文若干篇，余讀之，不覺爽然歎曰：「咄咄逼人乃爾哉。」昔君苗見士衡文，而輒欲燒筆硯，余且欲燒筆硯矣。而後見士衡文，余故不能若君苗之畏之，然而樂有所托也。邦相之文，氣雄而調古，馳驟開闔，不法而法，乃其持論，往往出人意表，歌辭亦稱是。……古之快吏，毋如劉穆之，傳稱其朝發尺牘，亭午得百函，耳聽目視，口斷手批，又間以宴會酬酢，笑噱談議，俱有旨會，然不聞能為古文辭。白樂天、蘇子瞻之刺杭州，亦名能工吏事，不廢客，於古文辭最為博麗矣，然其位尊而其望隆，無上官期會以敓其翰墨之晷，則邦相其猶難能哉！後之君子，必將曰：僕見邦相兹編，而燒筆硯也，亦甘之矣。（《四庫全書》本《弇州四部稿》續稿卷四十七）

《華補菴先生詩集序》

嘉靖間，無錫有華從龍先生者，弱冠而自邑諸生游太學，可二紀而以尚書經魁順天薦，又十年而成進士業，五十餘矣為郎，未六歲而自免，蓋徜徉於湖山之社者，又一紀餘而以考終。先生故好為古文辭，不以經術廢，以故得晚達，而古文辭有儁聲。……先生之好客，不問產與之近，而不為名高過之，至於灑落消摇，不佛而禪，庶幾白香山，詩亦稱是。乃若真休之圃，菰川之別業，吞彼履道里者三四，所少僅蠻素耳目之奉耳，然亦足以觀先生矣。先生所著詩文，凡數十百卷，多散佚，而其存者，曰《句吳集》，曰《近游集》，曰《北游集》，曰《江州集》，曰《改南集》，曰《真休集》……（《四庫全書》本《弇州四部稿》續稿卷五十四）

《張司直先生傳》

……張先生者，諱寅，字仲明……人或謂先生有園有詩，何必減白香山，先生逡巡辭謝曰：「吾園不能當履道里，詩何敢望《長慶集》，所不甚愧者，方寸耳。」然先生入仕之歲，與居臺日，論諫侃侃，其左降收用，俱與白公同。先生一斥不復召，而白公數出數入，優游八坐。先生壽止易卦，而白公加一紀。先生之没在圍城，中拮据兵戎之事，而白公優游令終，乃有逾於先生者。然先生有佳子孫，而白公闕焉，先生故當勝之。……（《四庫全書》本《弇州四部稿》續稿卷七十一）

《沈理先生傳》

……論詩聖陶、謝而賢元、白。前後吟咏，可得千餘首，於元、白庶幾似之。……（《四庫全書》本《弇州四部稿》續稿卷七十五）

《喻太公傳》

……邦相私評之以高處雁行岑嘉州，下亦不減元、白。其為五季樂府，慷慨激昂，則辛幼安、劉改之也。人以為知言。……如岑、如元白、如辛劉，庶幾闇然而章，不能竟掩之矣。(《四庫全書》本《弇州四部稿》續稿卷七十六）

《故光州知州進四品階警齋子暨元配吳孺人合葬誌銘》

……警齋子諱三錫，字汝懷，為人坦直遂性，不設城府，不汲汲脩鄉曲譽，久而人信其長者。始為詩，有元白風，文亦得眉山遺意，而不甚好之，五十遂棄去。曰:「天惠我以逸，而我承之勞，以此責名筆研間，不亦左耶?」知者以為達，而余獨未謂然，曰:「甫康衢而躓之，我其奈何? 夫我尚守而誣之肆，我尚能而詆之拙，我其奈人何? 天幸惠我以娉質，重之以脩晷，我於此之恤，大而立德，次亦立言，人其奈我何?」恨生晚，不及警齋子之壯而進之，後舉以示似警齋子者，皆不能用也。……（《四庫全書》本《弇州四部稿》續稿卷九十）

《鄉進士玄津周公墓誌銘》

吳江之周，其先自元人俊德始徙爛溪，七傳而至恭肅公。用起孤生，數更省臺，長至大冢宰，海内推賢之，以為名臣，而周遂重於吳江。恭肅公有丈夫子幾，而其最賢而長者曰尋甸，守國南。尋甸君有丈夫子幾，而其最賢而長者曰玄津君。君諱京，字世臣，玄津其別號也。……君貌肥白，如瓠美鬚眉，治家程豐儉必以禮，一室蕭然，圖書外無長物，尤好程朱老儒先生言，間誦白氏長慶詩，擊節歎賞。……（《四庫全書》本《弇州四部稿》續稿卷九十三）

《大寧都指揮使司都事九霞顧君暨配盛孺人合葬誌銘》

……君諱起經，字長濟，更字玄緯，別號九霞山人。……所著述行世者，曰《夏小正補解》、《大學衍義補要》、《廣東通志表傳》、《小十三經》、《王右丞詩集類箋》、《王司馬宮詞補注》，曰《省餘録》、《會真集記》、《詩文》七十一卷。未成者《尚書左紀史公紀傳評》、《兩漢字通》、《山海族辨》、《句吴佚典》、《羅浮續考辨》、《囿陽秋編注》、《述異記列仙傳注》、《赤水玄珠䜃録》、《俳談》、《相字編》、《省題集》、《廣哆舞譜》、《元白菁英》、《孟襄陽詩注》、《李丞相固實》、《韋詩獵精》、《肉言雋永》、《詞鋒武庫》、《八陣圖考》、《莊億尚》一百三十三卷。……（《四庫全書》本《弇州四部稿》續稿卷一一六）

《資政大夫南京兵部尚書叅贊機務致仕應谷劉公墓誌銘》

余以嘉靖癸卯，與劉公憲謙同舉於鄉，公長於余六歲，明年公獨成進士，又三年余亦繼之。……公既歸，絶口不復絓時事，緝堂居之，曰大雅好客，客恒滿坐。公既能詩，而又善正行諸體，得一薄蹏及葵箑書以為榮，揚抾今古，酒德温然，人咸以王會稽、白香山目之。蓋未幾而嗣子之禍作矣。……（《四庫全書》本《弇州四部稿》續稿卷一二三）

《明特進光禄大夫柱國少師兼太子太師吏部尚書建極殿大學士贈太師謚文貞存齋徐公行狀》

公姓徐氏，諱階，字子升，淞江之華亭人也。……公所著有《世經堂集》若干卷，續集若干卷，諸詔誥典册，涣汗之號，密勿之對，皆在焉。學則若干卷，家訓若干卷，年譜五卷，愛程純公先生言，謂其能得聖人藴，手録之若干卷。愛白香山詩，又愛蘇長公詩，若文謂其能暢情事，節之若干卷……（《四庫全書》本《弇州四部稿》續稿卷一三六～一三八）

《亡弟中順大夫太常寺少卿敬美行狀》

亡弟諱世懋，字敬美……所撰著《望崖編》等書，亦皆其中精至語，識者謂不下白香山、晁文元，於詩雖自濟南始，其所涵咏，多漢魏晉宋以至盛唐諸大家，然不肯從門入，亦不規規名某氏業，而神詣之境為勝。七言律尤其踔絶者，文出入西京、韓歐諸大家，間采劉義慶《世説》，自以為得彼三昧，而於游名山記，尤詳婉有力。善持論，往往以識勝。……（《四庫全書》本《弇州四部稿》續稿卷一百四十）

《像贊》

沈石田先生周，字啓南，長洲之相城人，自號曰石田，晚更號白石翁，以處士卒，年八十三。先生博學，無所不通。喜為詩，其源出白香山、蘇眉州，兼情事，雜雅俗，當所意到，訾亹不得休。書法雙井，矻矻未化。至丹青之學，久而天下愈寶之，以為北苑、巨然、徐熙父子復出，勝國諸賢勿論也。先生生短小而皙，眉目媚秀如畫，今像則已老，所謂見其杜德機者非耶！

贊曰：退兮若不勝，澹兮若無求。誦其詩，以為白香山，又若以為蘇眉州。聽其談，或小吏之黄衣；跡其隱，則釣父之羊裘。其骨僅一丘，而丹青被乎九州者耶！（《四庫全書》本《弇州四部稿》續稿卷一百四十七）

智按：又見《吳中往哲像贊二》（《弇州史料》後集卷九，明萬曆四十二年刻本）。

《墨蹟跋・林和靖雜詩》

右和靖林處士君復手書七言近體五首。其語冲夷可詠，而結體尤峭勁，然有韻態，不作嵬嵬骨立也。蘇長公一歌，其推許此君至矣。然至「詩如東野不言寒，書似留臺差少肉」二語，便是汝南月旦，何嘗少屈狐筆也。留臺者，李建中也，嘗分司御史臺，考之集稱「西臺」，以偶東野，當更稱耳。長公書法匀穩妍妙，風神在披拂間，而麗句層出，尤刺人眼。始錢唐人即孤山故廬，以祀和靖，游者病其湫隘，因長公詩後有「我笑吳人不好事，好作祠堂傍修竹」，遂徙置白香山祠，與長公配，故迨於今，香火不絶。乃其遺跡與長公同卷，價踊貴十倍。太史公有云：「伯夷、叔齊得夫子而名益彰。」若君復者，抑何其多幸也歟！（《四庫全書》本《弇州四部稿》續稿卷一六一；《佩文齋書畫譜》卷七十六）

《墨蹟跋・有明三吳楷法二十四册》

第二十三册莊子《逍遥游》，王履吉之從孫慎修書也。《逍遥游》横肆奇詭，超軼象外，而以圉圉未舒之筆紀之，殊不相當也。華茂才之方書《連昌宫辭》、《琵琶行》，精密可愛。吾從子士騆甫脱塗鴉，而亦寫駱賓王歌行，頗有致，將來不妨箕裘。（《四庫全書》本《弇州四部稿》續稿卷一六四）

《墨蹟跋・有小酉館選帖》

……其三李北海《荆門行》，極類《雲麾碑》而差弱，詩大似元、白時

語而不類，當再考之。……（《四庫全書》本《弇州四部稿》續稿卷一六六）

《畫跋・宋名人山水人物畫册》

……有曰高閣燕息者，麗敞靜好，而不作五侯炎色，其晉公午橋、白傅履道甲乙耶？署名不能雅，或休承別有據。……（《四庫全書》本《弇州四部稿》續稿卷一六八）

《畫跋・宋畫香山九老圖》

家弟自秦中歸，手一卷相示，云得之朱大參孟震者。考之，似是《香山九老圖》，多正統以後不知名人跋。僅有咸淳時一僧，復誤裝於後。而雪齋老人者，至目為趙大年筆。大年長山水小景，汀洲蘆鴈，不言作人物及界畫樓臺也。《畫史》稱劉松年有《九老圖》，此豈其筆耶？樂天自歸洛六十八，而得風疾，乞骸，以刑部尚書致仕，至七十而愈，乃會故懷州司馬胡杲，年八十九；衛尉卿吉旼，年八十六；右龍武軍長史鄭據，年八十四；益州長史劉真，年八十二；前侍御史内供奉盧真，年七十八；前永州刺史張渾，亦年七十；而秘書監狄兼謩，河南尹盧貞，以未七十，雖與會，而不及列，合之得九人。飲於履道里之居第，皆有歌詩紀之。而樂天自叙其事，所謂洛社耆英會也，一曰香山九老者，樂天時時游香山之龍門寺，故名。而是圖所謂有亭有船有叟，白鬚飄然，若依稀乎履道里者。然考《池上篇》水五之一，竹九之一，島樹間之，而今水與樹勝，而竹太不勝，又無中高橋，石罇，紅蓮，折腰菱，華亭鶴，紅綃，紫綃，蠻腰，素口之屬，而分配琴弈書畫，以綴其寂寞，不知松年旁礴，時當爾耶？第其絹素之精，與位置結搆之匀整，往往有宣政間應制風範。吾生平雅慕樂天，自納節來，頗治弇山園，以希十五年後，耆英之盛。而今復厭，且棄之矣。兹與吾弟約，異時肖吾貌，必不為樂天，如不為僧贊寧者，當為百三十六歲之李元爽哉！（《四庫全書》本《弇州四部稿》續稿卷一六八）

《畫跋・題洛中九老圖》

右《洛中九老》，黄鵠圖以遺余者。鵠，南陽人，依武昌吴明卿以居，貌寢甚，年二十餘，而能曲盡老人傀俄婆娑態。余因戲與約，更二十年貌我，置其間得否。九老中，獨香山居士小解事人，或謂海山仙宮有居士一院，居士不首肯，曰：「歸即應歸兆率天。」吾意頗與之合，審爾。當貌我作十三歲兒，騎黃犢，吹笛三生石傍也。（《四庫全書》本《弇州四部稿》續稿卷一七〇）

《書牘・汪司馬》

猶子之一介回，得翁為亡弟墓碑，勝於中郎吏部遠矣。……猶子所上器幣，比之元微之家贄白少傅，不能十一，而不見納，愧何可言？……（《四庫全書》本《弇州四部稿》續稿卷一八五）

《書牘・趙太宰》

世貞門下一故吏也，不以爲賤，而進之友，又辱肺腑交。……白傅黑首分洛，門下少於此公數年而遽休，汝於私計得矣。……（《四庫全書》本《弇州四部稿》續稿卷一八七）

《書牘・答吴明卿》

猶子之奴相歸，得手教及亡弟之集序，已成誦之，不覺悲感叢來，覆涕至襟。足下文章家董狐也，亡弟之華衮重矣。前一日而伯玉之墓碑至，次日足下文亦至，乃信范張、元白生死之交故不誣也。……（《四庫全書》本《弇州四部稿》續稿卷一九八）

《書牘・屠長卿》

……夫僕之病在好盡意而工引事。盡意而工事，則不能無入出於格，以故詩有墮元、白或晚季近代者，文有墮六朝或唐宋者。僕亦自曉之，偶不能割愛。……（《四庫全書》本《弇州四部稿》續稿卷二百）

《書牘・劉子威》

忽承教札，修禮過共，非弟鄙劣敢承。弟本無所受，亦無所證，止是蒙師真度引，於苦海中一掉頭耳，去彼岸殊自遼邈也。……二詩雖降格，而精詣之意故在，白香山見之，當擊節。純陽老僊或便未薦，如何王道者見亦無大謬，徐驗其定力耳。（《四庫全書》本《弇州四部稿》續稿卷二〇四）

《歸弇多暇讀白香山〈長慶集〉悅然有感》

香山白居士，不貪將相權。晚棲履道里，望者謂神仙。儲書近萬卷，賦詩逾千篇。攜酒坐杯竹，繞身攢管弦。風流夙所慕，詎敢便貪緣。二十通朝籍，一紀賦歸田。約略躋起跡，與公不相懸。公領留尹篆，余佐留樞銓。及余解印日，是公分司年。刑部兩尚書，獨不請俸錢。初招陶潛徑，洎乘範蠡船。三山高下峰，二水紅白蓮。禽魚既怡適，卉木盡澄鮮。迴橈雲破碎，岸幘月嬋娟。突爾出岩壑，宛然目山川。生無紅粉好，雙僮卧牀前。青燈澌寂寂，鼓腹俄便便。以此甘我偏，亦不望公全。偶誦長慶集，因展四部編。才情焉能擬？俱為俗耳傳。公應容我後，我當讓公先。頗聞韓忠獻，醉白慕公賢。定册擁三朝，杖鉞清八埏。自顧身不得，垂死但流涎。公辭海山院，要登兜率天。輸公在此事，安分辟支禪！（上海圖書館藏明刻本《弇州山人續稿附集》卷一）

《書李白王維杜甫詩後》

吾嘗謂太白之絶句與杜少陵之七言古詩歌，當為古今第一，少陵之五七言律與太白之七言詩歌、五言律次之，當時微覺於摩詰鹵莽。徐更取讀之，真足三分鼎足，他皆莫及也。天子蒙塵於蜀，少陵敘致有慷慨惻怛無窮之感。而太白乃作《上皇西巡歌》，得非有智無心者，「地轉錦江成渭水，天迴玉壘作長安」，雖或壯麗，千古何異？宋人東狩錢塘封事，《永王西巡歌》，彼誠以永王為中興之賢王也，「辭官不受賞」，其語誰信？摩詰弱，故不能致死安民，然其意非肯為之用也，生平悟禪理，舍家宅，無妻子而不之恤，顧不能辭禁近以歿，豈晚途牢落不能自遣，白香山之所謂「老將榮補貼」者耶！（《四庫全書》本《讀書後》卷三）

《題聚芳亭卷後》

吳興山水號清遠。其在唐宋時，以園亭之勝埒宛洛，而自余游吳興，求其跡而不可得。間以故典，考所謂亭館，以披翫卉木者：唐開成中，楊刺史漢公爲園於白蘋洲，而亭之曰集芳，見白少傅樂天記；宋牟端明子才爲園於郡宮，而亭之曰芳菲，見周弁陽公謹雜識；至元時，閔提舉介甫爲園於近郊，而亭之曰聚芳，見陳進士遇記。三亭大抵命意相埒，其故址隨後先廢，而獨介甫能合一時之知詞翰者，爲之記若詩，其七世孫少保莊懿公，又能求故李文正公爲之顔其端，而志其殿，以謀不朽，亦可謂能世業也已。……（董斯張《吳興藝文補》卷三十六，《續修四庫全書》影印明崇禎六年刻本，第一

六七九册，第二六九頁）

《太傅吕文安公傳》

太傅吕文安公者，諱本，字汝立。吕之先，自四岳而至太公望為周師尚父，其氏或吕或姜，而氏吕者，至唐浙東節度使延之而始顯。……公家新城中，疊石穿池，頗有亭館花竹之勝，而諸子皆能事，公悉其鮮毳以從，客至則留，留必盡興，公頹然其間，竟夕不示倦色，人以為裴晉公、白香山之在洛，不是過也。公居相位，仍李姓而即其所居水，自號曰南渠，天下熟其為李南渠先生者，而至是始。……（《弇州史料》後集卷一，明萬曆四十二年刻本）

《文先生傳》

余讀太史公敘致九流，顧獨不及文章家言，詎藝乎哉？誦者少其貶詘節義，然至於傳田叔、司馬相如，抑何其詳亹厭志也。范詹事為《漢書》，稍稍具列，獨行文苑，稱有尚矣夫。余自燥髮時，則知吾吳中有文先生。今夫文先生者，無論田畯婦孺裔夷，至文先生嘖嘖不離口，然要問以其翰墨得之，而學士大夫自詭能知文先生，則謂文先生負大節，篤行君子，其經緯，足以自表見，而惜其掩於藝。夫藝，誠無所重文先生然。文先生能獨廢藝哉！造物柄者，不以星辰之貴而薄雨露，卒亦不以百穀之用而絕百卉，蓋兼所重也。文先生者，初名璧，字徵明，尋以字行，更字徵仲。其先蜀人也，徙廬陵，再徙衡，為衡人。至元而有俊卿者，以都元帥佩金虎符鎮武昌，次子定聰為散騎舍人，定聰次子惠為吳贅，遂為吳人。惠子洪為淶水教諭，教諭子温州守林則，先生父也。先生生而外椎，八九歲語猶不甚了了，或疑其不慧。温州公獨異之，曰：「兒幸晚成，無害也。」先生既長，就外塾，穎異挺發，日記數百千言。嘗從温州公宦於滁，以文贄莊泉郎中。莊公讀而奇之，為詩以贈。然先生得其緒於門人，往往舍下學而談上達，因絕口不名莊氏學。歸為邑諸生，文日益進。年十六而温州公以病報，先生為廢食，挾醫而馳至，則殁三日矣。慟哭且絕。久之，乃蘇郡寮合數百金為温州公賻，先生固謝不受。……先生好為詩，傳情而發，娟秀妍雅，出入柳柳州、白香山、蘇端明諸公，文取達意，時沿歐陽廬陵，書法無所不規，倣歐陽率更、眉山、豫章、海岳，抵掌睥睨，而小楷尤精絕，在山陰父子間，八分入鍾太傅室，韓、李而下，所不論也。丹青遊戲，得象外理，置之趙吳興、倪元鎮、黃子久坐，不知所左右矣。……（《弇州史料》後集卷七，明萬曆四十二年刻本）

《徐文貞公狀略》

（諱階，字子升，華亭人）

師尚父又他所不敢望也，於是公卿大臣若江陵而下，數百人推本上意，為壽辭若千萬言，公合而梓之，以玉音所稱，名之曰榮壽。……愛程純公先生言，謂其能得聖人藴，手録之若干卷。愛白香山詩，又愛蘇長公詩若文，謂其能暢情事，節之若干卷。（《弇州史料》後集卷九，明萬曆四十二年刻本）

《吳中往哲像贊二》

沈石田先生周，字啓南，長洲之相城人，自號曰石田，晚更號白石翁，以處士卒，年八十三。先生博學，無所不通。喜為詩，其源出白香山、蘇眉州，兼情事，雜雅俗，當所意到，呰亹不得休。書法雙井，矻矻未化。至丹青之學，久而天下愈寶之，以為北苑、巨然、徐熙父子復出，勝國諸賢勿論也。先生生短小而皙，眉目媚秀如畫，今像則已老，所謂見其杜德機者非耶！

贊曰：退兮若不勝，澹兮若無求。誦其詩，以為白香山，又若以為蘇眉州。聽其談，或小吏之黃衣；跡其隱，則釣父之羊裘。其骨僅一丘，而丹青被乎九州者耶！（《弇州史料》後集卷二十四，明萬曆四十二年刻本）

智按：又見《像贊》（《四庫全書》本《弇州四部稿》續稿卷一百四十七）。

《藝苑卮言》

張為稱白樂天「廣大教化主」，用語流便，使事平妥，固其所長。極有冗易可厭者，少年與元稹角靡逞博，意在警策痛快，晚更作知足語，千篇一律。詩道未成，慎勿輕看，最能易人心手。（卷四，《歷代詩話續編》第一〇一一頁）

智按：又見王世貞《全唐詩説》（《學海類編》本），《全明詩話》第三册，第二〇五一頁。茅一相《欣賞詩法》詩評（藝苑卮言）略作：「白樂天用語流便，使事平妥，固其所長。極有冗易可厭者，少年與元稹角靡逞博，意在警策痛快，晚更作知足語，千篇一律。詩道未成。」（《全明詩話》第三册，第二一三三頁）

《連昌宮辭》，似勝《長恨》，非謂議論也，《連昌》有風骨耳。玉川《月蝕》是病熱人囈語，前則任華，後則盧仝、馬異，皆乞兒唱長短急口歌博酒食者。（卷四，《歷代詩話續編》第一〇一一頁）

智按：又見王世貞《全唐詩説》（《學海類編》本），《全明詩話》第三册，第二〇五一頁；茅一相《欣賞詩法》詩評（藝苑巵言），《全明詩話》第三册，第二一三三頁。

白香山初與元相齊名，時稱元、白。元卒，與劉賓客俱分司洛中，遂稱劉、白。白極重劉「雪裏高山頭白早，海中仙果子生遲」，「沉舟側畔千帆過，病樹前頭萬木春」，以為有神助。此不過學究之小有致者。白又時時誦李頎「渭水自清涇至濁，周公大聖接輿狂」，欲模擬之而不可得。徐凝「千古長如白練飛，一條界破青山色」，極是惡境界，白亦喜之，何也：風雅不復論矣。張打油、胡釘（一作打）鉸，此老便是作俑。（卷四，《歷代詩話續編》第一〇一二頁）

智按：又見王世貞《全唐詩説》（《學海類編》本），《全明詩話》第三册，第二〇五一～二〇五二頁；茅一相《欣賞詩法》詩評（藝苑巵言），《全明詩話》第三册，第二一三三頁。

元輕白俗，郊寒島瘦，此是定論。島詩：「獨行潭底影，數息樹邊身。」有何佳境，而三年始得，一吟淚流。如并州及三月三十日二絕廼可耳。又：「秋風吹渭水，明月滿長安。」置之盛唐，不復可別。（卷四，《歷代詩話續編》第一〇一二～一〇一三頁）

智按：又見王世貞《全唐詩説》（《學海類編》本），《全明詩話》第三册，第二〇五二頁；茅一相《欣賞詩法》詩評（藝苑巵言），《全明詩話》第三册，第二一三三頁。

昔人有言：元和以後文士，學奇於韓愈，學澀於樊宗師。歌行則學放於張籍，詩句則學矯激於孟郊，學淺易於白居易，學淫靡於元稹，俱謂之「元和體」。（卷四，《歷代詩話續編》第一〇一三頁）

智按：又見王世貞《全唐詩説》（《學海類編》本），《全明詩話》第三册，第二〇五二頁；茅一相《欣賞詩法》詩評（藝苑卮言），《全明詩話》第三册，第二一三三～二一三四頁。

王勃：「河橋不相送，江樹遠含情。」杜荀鶴：「承恩不在貌，教妾若為容。」皆五言律也，然去後四句作絕乃妙。天寶妓女唱高達夫「開篋淚沾臆」，本長篇也，删作絕唱；白居易「曾與情人橋上别」一首，乃六句詩也，亦删作絕，俱妙。獨蘇氏欲去柳宗元「遥看天際」，朱氏欲去謝玄暉「廣平聽方籍」二語，吾所未解耳。（卷四，《歷代詩話續編》第一〇一四頁）

智按：又見王世貞《全唐詩説》（《學海類編》本），《全明詩話》第三册，第二〇五三頁。

杜紫微掊擊元、白，不減霜臺之筆，至賦《秋娘（一作杜秋）》詩，乃全法其遺響，何也？其詠物如「僊掌月明孤影過，長門燈暗數聲來。」亦可觀。（卷四，《歷代詩話續編》第一〇一五頁）

智按：又見王世貞《全唐詩説》（《學海類編》本），《全明詩話》第三册，第二〇五四頁；茅一相《欣賞詩法》詩評（藝苑卮言），《全明詩話》第三册，第二一三四頁。

人謂唐以詩取士，故詩獨工，非也。凡省試詩，類鮮佳者。如錢起《湘靈》之詩，億不得一；李肱《霓裳》之制，萬不得一。律賦尤為可厭。白樂天所載《玄珠》、《斬蛇》，並韓柳集中存者，不啻村學究語。杜牧《阿房》，雖乖大雅，就厥體中，要自峥嶸擅場，惜哉其亂數語，議論益工，面目益遠。

（卷四，《歷代詩話續編》第一〇一五頁）

智按：又見王世貞《全唐詩説》（《學海類編》本），《全明詩話》第三册，第二〇五四頁。

剽竊模擬，詩之大病。亦有神與境觸，師心獨造，偶合古語者。如「客從遠方來」，「白楊多悲風」，「春水船如天上坐」，不妨俱美，定非竊也。其次裒覽既富，機鋒亦圓，古語口吻間，若不自覺。如鮑明遠「客行有苦樂，但問客何行」之於王仲宣「從軍有苦樂，但問所從誰」，陶淵明「雞鳴桑樹顛，狗吠深巷中」之於古樂府「雞鳴高樹顛，狗吠深宮中」，王摩詰「白鷺」「黄鸝」，近世獻吉、用脩亦時失之，然尚可言。又有全取古文，小加裁剪，如黄魯直《宜州》用白樂天諸絶句，王半山「山中十日雨，雨晴門始開。坐看蒼苔色，欲上人衣來」，後二語全用輞川，已是下乘，然猶彼我趣合，未致足厭。乃至割綴古語，用文已漏，痕跡宛然，如「河分岡勢」「春入燒痕」之類，斯醜方極。模擬妙者，分歧逞力，窮勢盡態，不唯敵手，兼之無跡，方為得耳。若陸機《辨亡》、傅玄《秋胡》，近日獻吉「打鼓鳴鑼何處船」語，令人一見匿笑，再見嘔噦，皆不免為盜跖、優孟所訾。（卷四，《歷代詩話續編》第一〇一八～一〇一九頁）

智按：又見明周子文《藝藪談宗》卷四，明刻本。

詩自正宗之外，如昔人所稱「廣大教化主」者，於長慶得一人，曰白樂天；於元豐得一人焉，曰蘇子瞻；於南渡後得一人，曰陸務觀；為其情事景物之悉備也。然蘇之與白，塵矣；陸之與蘇，亦劫也。（卷四，《歷代詩話續編》第一〇二〇頁）

智按：又見明周子文《藝藪談宗》卷四，明刻本。

敖陶孫評……白樂天如「山東父老課農桑，事事言言皆著實」。（卷五，《歷代詩話續編》第一〇三二頁）

有娀氏二女，居九成之臺，得天燕，覆以玉筐。既而發視之，燕遺二卵，飛去不返。二女作歌，始為北音。禹省南土，塗山之女令其媵候於禹塗山之陽。女乃作歌，始為南音。夏后、孔甲田於東陽萯山，天大風晦，入民室，其主方乳，或曰：「后來，良日也，必吉。」或曰：「不勝之，必有殃。」孔甲曰：「以為余子，誰敢殃之。」後折橑，斧斷其足。孔甲曰：「嗚呼命矣！」乃作《破斧》之歌，始為東音。周昭王之右辛餘靡，有功，封於西翟，徙西河而思故處，始為西音。所謂四方之歌，風之始也。若在朝而奏者，被之鐘鼓管籥為雅頌。秦青響遏行雲，虞公梁上塵起，韓娥之音，繞梁三夜，臨乘老姥，傳谷數日，緜駒、王豹之流，皆古歌之聖者，然亦單歌不合樂。以後《江南》、《子夜》、《前谿》、《團扇》、《懊憹》之屬，是其遺響。唐妓女所歌王之渙、高適及伶工歌元白之詩，皆是絕句。宋之詞，今之南北曲，凡幾變，而失其本質矣。……（卷七，《歷代詩話續編》第一〇七〇頁）

唐時伶官妓女所歌，多採名人五七言絕句，亦有自長篇摘者，如「開篋淚沾臆，見君前日書。夜臺猶寂寞，疑是子雲居」之類是也。王昌齡王之渙高適微服酒樓，諸名伎歌者咸是其詩，因而歡飲竟日。大曆中，賣一女子，姿首如常，而索價至數十萬，云：「此女子誦得白學士《長恨歌》，安可他比！」李嶠汾水之作，歌之，明皇至為泫然曰：「李嶠真才子。」又宣宗因見伶官歌白《楊柳枝詞》：「永豐坊里千條柳。」趣令取永豐柳兩株，栽之禁中。元稹《連昌宮》等辭凡百餘章，宮人咸歌之，且呼為元才子。……（卷八，《歷代詩話續編》第一〇七五頁）

梁時使臣至吐谷渾，見床頭數卷，乃《劉孝標集》。天后朝，日本丁番重用金寶購張鷟文。大曆中，新羅國上書，請以蕭夫子穎幹為師。元和中，雞林賈人鬻元、白詩，云：「東國宰相以百金易一篇，偽者輒能辨。」元豐中，契丹使人俱能誦蘇子瞻文。洪武中，日本安南俱上章，以金幣乞宋景濂碑文。嘉靖初，朝鮮國上言，願頒示關西呂某、馬某文以為式。所謂一蟹不如一蟹。（卷八，《歷代詩話續編》第一〇七六頁）

左太沖、謝靈運、邢子才篇賦一出，能令紙貴。王元長、徐孝穆、蘇道衡朝所吟諷，夕傳遐方，雞林購白學士什，至值百金。蜀僰獲梅都官詩，繡之法錦。而子雲寂寞玄亭，元亮徘徊東籬，子美躑躅浣花，昌齡零落窮障，寄食人手，共衣酒家。工部云：「名豈文章著？」悲哉乎其自解也，令數百歲

後有人無所復虞。第作者不賞，賞者不作，以此恨恨耳。（卷八，《歷代詩話續編》第一〇八〇頁）

嫌忌：屈原見忌上官，孫臏見忌龐涓，韓非見忌李斯，莊周見忌惠子，荀卿見忌春申，賈誼見忌絳、灌，董仲舒見忌公孫，蔡邕見忌王允，邊讓、孔融、楊脩見忌魏武，曹植見忌文帝，虞翻見忌孫權，張華見忌荀勗，陸機見忌盧志，謝混見忌宋祖，劉峻見忌梁高，薛道衡王胄見忌隋煬，柳晉見忌諸葛穎，張九齡、李邕、蕭穎士見忌李林甫，顏真卿見忌元載，武元衡見忌王叔文，韓愈見忌李逢吉，李德裕見忌李宗閔，白居易見忌李德裕，溫庭筠、李商隱見忌令狐綯，韓偓見忌崔胤，楊億見忌丁謂，蘇軾見忌舒亶、李定，石介見忌夏竦。或以材高畏逼，或以詞藻慚工。大則斧質，小猶貝錦。近代如李獻吉、薛君采輩，亦遭讒沮，不可悉徵。（卷八，《歷代詩話續編》第一〇八二頁）

流貶：流徙則屈原、呂不韋、馬融、蔡邕、虞翻、顧譚、薛瑩、卞鑠、諸葛厷、張溫、王誕、謝靈運、謝超宗、劉祥、李義府、鄭世翼、沈佺期、宋之問、元萬頃、閻朝隱、郭元振、崔液、李善、李白、吳武陵，明則宋濂、瞿佑、唐肅、豐熙、王元正、楊慎；貶竄則賈誼、杜審言、杜易簡、韋元旦、杜甫、劉允濟、李邕、張説、張九齡、李嶠、王勃、蘇味道、崔日用、武平一、王翰、鄭虔、蕭穎士、李華、王昌齡、劉長卿、錢起、韓愈、柳宗元、李紳、白居易、劉禹錫、呂溫、陸贄、李德裕、牛僧孺、楊虞卿、李商隱、溫庭筠、賈島、韓偓、韓熙載、徐弦、王禹偁、尹洙、歐陽修、蘇軾、蘇轍、黄庭堅、秦觀、王安中、陸游，明則解縉、王九思、王廷相、顧璘、常倫、王慎中輩，俱所不免。窮則窮矣，然山川之勝，與精神有相發者。（卷八，《歷代詩話續編》第一〇八五頁）

無後：叔向之鬼既餒，中郎之女僅存；劉瓛、劉璡並廢蒸嘗，劉敲、劉訏、何胤、何點先虛伉儷；李太白、蕭穎士有子而獨，孫女流落，俱為市人妻；崔曙一女名星，白公一侄曰龜，王維四弟無子，陽城三昆不娶；孔融女子髫年被刑，機、雲、會、曄期功駢僇；王筠闔門盜手。神理荼酷，於斯極矣。邇來宗臣、王維楨、高岱亦然。（卷八，《歷代詩話續編》第一〇八七頁）

蔡景明問余：「古亦有貴而壽者乎？」余對：「有之。公孫弘、韋賢、匡衡拜相封侯；胡廣周歷三公，至太傅；弘賢廣皆八十；謝安以太保，王儉以開府，沈約以尚書令，范雲、徐勉以僕射，朱異以領軍，江總以尚書令，徐陵以宫傅，各秉政；高允為中書令，年九十八；范長生為丞相，年百餘歲；楊素將相二十載；唐世宰輔魏徵、李嶠、蘇味道、張説、蘇頲、韓休、張九齡、陸贄、武元衡、權德輿、令狐楚、元稹，左僕射王起年八十八；尚書白居易年七十六；宋世宋庠、司馬光、周必大俱拜相；范仲淹、歐陽修俱執政；必大年七十九；元世趙孟頫、許衡、竇默、姚樞、王盤、姚燧、歐陽玄俱登一品；王盤年九十；明興，劉誠意、王新建至開茅土；楊文貞、丘文莊、李文正、王文恪俱歷師臣；楊壽八十，丘李王皆七十之上。毋論許敬宗、蔡京及近分宜相，要以寵冠絶，並有遐齡。」蔡匿笑不答。余乃謂曰：「伊尹、太公、周公、畢公、召公不拜相乎？衛武公不為侯伯乎？不皆至百歲乎？」蔡乃曰：「善。」（卷八，《歷代詩話續編》第一〇八七～一〇八八頁）

自古文章於人主未必遇，遇者政不必佳耳。獨司馬相如於漢武帝，奏《子虛賦》，不謂其今人，至歎曰：「朕獨不得此人同時哉！」奏《大人賦》，則大悦，飄飄有淩雲之氣，似游天地間，既死索其遺篇。得《封禪書》，覽而異之。此是千古君臣相遇，令傅粉大家讀之，且不能句矣。下此，則隋煬恨空梁於道衡，梁武絀徵事於孝標，李珠崖至屏白香山詩不見，曰見便當愛之，僧虔掘筆明遠。累辭於乎忌，則忌矣，後世覔一解忌人，了不可得。（《弇州四部稿》卷一百五十一《藝苑卮言》「説部」）

楊用脩所載太白有《清平樂》二闋，識者以為非太白作，謂其卑淺也。按太白《清平樂》本三絶句，而已不應復有詞。第所謂「女伴莫話高眠，六宫羅綺三千。一笑皆生百媚，宸游教在誰邊?」亦有情語，余每誦之。及樂天絶句云：「雨露由來一點恩，爭能遍却及千門。三千宫女如花面，幾個春來無淚痕?」輒低回歎息，古之怨女棄才，何限也?（《弇州四部稿》卷一百五十二《藝苑卮言》附録一；《藝苑卮言·論詞》，《詞話叢編》第一册，第三八六頁）

智按：王世貞，字元美，號鳳洲、弇州山人，太倉（今屬江蘇）人。嘉靖二十六年（一五四七）進士，授刑部主事，與李攀龍（一五一四～一五七〇）、謝榛（一四九九～一五七九）、宗臣（一五二五～一五六〇）、梁有譽（一五二一～一五五六）、吳國倫（一五二四～一五九三）、徐中行（一五一七～一五七八）等相唱和，鼓吹前七子復古理論，史稱「後七子」。累遷員外郎、郎中。爲官正直，不附權貴。楊繼盛下獄，時進湯藥，又代楊妻寫申疏，楊死又備棺殮尸，嚴嵩對此十分嫉恨。吏部兩擬提學，皆不用，出爲山東副使。其父王忬以灤河戰事失利，被嚴嵩構陷下獄。王世貞與其弟世懋日伏嚴嵩門外求寬免，而王忬終被處死。兄弟號泣扶柩歸。隆慶初，兄弟伏闕訟父冤。萬曆二年（一五七四），世貞以右僉都御史巡撫鄖陽，後爲張居中所惡，罷官歸鄉。其後累官至刑部尚書，病逝鄉里。王錫爵（一五三四～一六一一）《弇州續稿序》云：「當公少時，一二俊士句釘字餖，度不有所震發，欲藉大力者爲幟，而以虛聲撼公，公稍矜踔應之，不免微露有餘之勢，而瓶（瓴）建雲委，要歸于雄渾；迨其晚年，閱盡天地間盛衰禍福之倚伏，江河陵谷之遷流，與夫國是政體之真是非，才品文章之真脉絡，而慨然悟水落石出之旨于紛濃繁華之時，故其詩若文盡脱去角牙繩縛，而以恬澹自然爲宗。」（《王文肅公文草》卷一，明萬曆刻本）李維楨（一五四七～一六二六）《讀蘇侍御詩》云：「余友鄒孚如嘗言：『王元美先生《卮言》抑白香山詩太過。』余謂此少年未定之論。晚年服膺香山，自云有白家風味，其續集入白趣更深。香山邃於禪旨，翛然物表，又不立崕岸門户，故其詩隨語成韻，隨韻成適，興象玲瓏，意致委宛。每使老嫗聽之，易解而後可，不則再三更定。是以眞率切至，最感動人。……王先生恐效香山而失之，故峻為之防，所謂『以魯男子之不可，學柳下惠之可』耳。……此論固不始自弇州，非但詩家，即禪家燒木佛、施棒喝，豈可平等皆然，守為常法？若以世眼觀，無眞不俗；若以法眼觀，無俗不眞。」陳田《明詩紀事》己籤卷一曰：「七子論詩，斷自大曆以上，故弇州于張文昌、白樂天樂府，曾不齒及，暨晚年論定，于茶陵樂府，且津津不置。此中甘苦，非濟南所得知矣。」（《續修四庫全書》影印清貴陽陳氏聽詩齋刻本，第一七一一册，第三二〇頁）有《弇州山人四部稿》（「四部」指賦部、詩部、文部、説部）一百七十四卷，《續稿》二百零七卷，《弇山堂别集》一百卷，《嘉靖以來首輔傳》八卷，《觚不觚録》一卷，《讀書後》八卷；還編纂有《畫苑》十卷，《王氏書苑》十卷，《王鳳洲先生校選白樂天長慶集》二十二卷（明徐守銘甯壽堂刻本，九行十八字，白口四周單邊，南京圖書館、中科院圖書館藏）。

張元凱（與王世貞同時）

《春郊》

青門不種故侯瓜，但着青袍玩歲華。郭外啼鶯芳草路，水邊高柳麗人家。布衣十日平原飲，彩筆三春上苑花。白傅一生空放達，悔將清淚濕琵琶。（《四庫全書》本《伐檀齋集》卷八）

《西湖即事二首》（其一）

十里長堤柳色新，六橋凝碧水潾潾。桃花似妒青樓女，楊柳如思白舍人。鶯語風前猶自澁，山容雨後尚含顰。武陵舊日通來往，不向漁郎數問津。（《四庫全書》本《伐檀齋集》卷八）

智按：張元凱，字左虞，吴縣（今江蘇蘇州）人。以世職為蘇州衛指揮，再督漕北上，自免歸。少受毛氏詩，折節讀書，寄情詩酒。王世貞嘗序其詩，比之於沈慶之、曹景宗。及元凱没後，世貞曝書得其行卷，自嘆知之未盡，復作詩以酹之。有《伐檀齋集》。

白居易資料新編

第五冊

陳才智 編著

中国社会科学出版社

目　　録

明代卷·下

陳耀文（一五二六～一六〇七）

《經典稽疑》

⊙犬馬有養

白居易《為崔相陳情表》云：「烏鳥之情，猶再生而展；養犬馬之力，誓萬死以酬恩。」（《四庫全書》本卷上）

⊙夕惕若厲

白居易《賀雨表》：「發於若厲之誠，散作如膏之澤。」（《四庫全書》本卷下）

智按：陳耀文，字晦伯，號筆山，確山（今屬河南）人。嘉靖二十九年（一五五〇）庚戌進士，官至按察司副使。萬曆三十五年（一六〇七）卒于家，享年八十二歲。主纂《確山縣誌》，著有《天中記》六十卷、《正楊》四卷、《經典稽疑》二卷、《花草粹編》十二卷、《學圃萱蘇》六卷、《學林就正》一卷。

金齊閔（一五二七～一五九九）

《次白樂天難忘酒韻》

何處難忘酒，山村天氣新。松聲和語鳥，花雨洒幽人。離病乘閑日，辭官自在身。此時無一盞，何以慰餘春。（《鰲峯先生集》卷一，《韓國文集叢刊》本）

《次白樂天春深好韻》

何處春深好，春深山下家。烟迷郊外柳，風送檻前花。地有王孫草，門無長者車。瓊盃須痛飲，直到日西斜。（《鰲峯先生集》卷一，《韓國文集叢刊》本）

智按：金齊閔，字士孝，號鰲峯先生。有《鰲峯先生集》。

李贄（一五二七～一六〇二）

《與李惟清》

昨領教，深覺有益，因知公之所造已到聲聞佛矣。青州夫子之鄉，居常未曾聞有佛號，陡然劇談至此，真令人歡悅無量。

蒙勸諭同皈西方，甚善。公僕以西方是阿彌陀佛道場，是他一佛世界，若願生彼世界者，即是他家兒孫。既是他家兒孫，即得暫免輪回，不為一切天堂地獄諸趣所攝是的。此上上品化生者，便是他家至親兒孫，得近佛光，得聞佛語，至美矣。若上品之中，離佛稍遠，上品之下，見面亦難，況中品與下品乎。是以雖生彼，亦有退墮者，以佛又難見，世間俗念又易起，一起世間念即墮矣。是以不患不生彼，正患生彼而不肯住彼耳。此又欲生四方者之所當知也。若僕則到處為客，不願為主，隨處生發，無定生處。既為客，即無常住之理，是以但可行游四方，而以西方佛為暫時主人足矣，非若公等發願生彼，甘為彼家兒孫之比也。

且佛之世界亦甚多。公有世界，即便有佛，但有佛，即使是我行游之處，為客之場，佛常為主，而我常為客，此又吾因果之最著者也。故欲知僕千萬億劫之果者，觀僕今日之因即可知也。是故或時與西方佛坐談，或時與十方佛共語，或客維摩淨土，或客祇洹精舍，或游方丈、蓬萊，或到龍宮海藏。天堂有佛，即赴天堂，地獄有佛，即赴地獄。何必拘拘如白樂天之專往兜率内院，天台智者、永明壽禪師之專一求生西方乎？此不肖之志也。蓋薄西方而不生也，以西方特可以當吾今日之大同耳。若公自當生彼，何必相拘。

所諭禁殺生事，即當如命戒殺。又謂僕性氣重者，此則僕膏肓之疾，從今聞教，即有瘳矣。第亦未可全戒，未可全瘳。若全戒全瘳，即不得入阿修羅之域，與毒龍魔王等為侶矣。（《焚書》卷二「書答」，中華書局本《焚書·續焚書》第六一～六二頁）

《李中溪先生告文》

公從幼嗜學，到老不倦；人無微不收，言無誕而下録；誕言靡信，公意彌篤。蓋衆川合流，務欲以成其大；土石並砌，務欲以實其堅，是故人智若愚焉耳，公之向道，其篤也如此。平生禄入，盡歸梵宫；交際間遺，總資貧乞，六度所稱佈施忍辱精進者，公誠有之。

李贄曰：「公躊倜儻非常人也，某見其人，又聞其語矣。世廟時，駕幸承天，公為荊州。惟時有司不能承宣德意，以致縴夫走渴，疫死無數。公先期市藥材，煮參蓍，令置水次，役無病者。後築堤障江，人感公，爭出力，至於今賴焉。夫其所市藥費，不過四五百金耳，而令全活者以萬計，又卒致其力築堤，為荊人世世賴。公之仁心蓋若此矣。

公初第，由翰林出為縣令，又由侍御史復出為郡守。蓋慈祥愷悌，雖於人無不愛，然其剛毅正直之氣，終不可以非法屈撓，故未四十而掛冠以老。又能以其餘年肆力於問學，勇猛堅固，轉不退輪，為海内賢豪驅先，非常人明矣。

余等或見而知，或聞而慕。今其死矣，云誰之依！地阻宫羈，生芻曷致？為位而告，魂其聽之。且余等與公同道為朋，生時何須識面；同氣相應，來時自遍十方。惟願我公照臨法會，降此華山，鐘鼓齊鳴，儼然其間。不貴榮名，無謂可樂，此但請客時一場筵席耳，薄暮則散去矣。生年滿百，未足為壽，以今視昔，誠然一呼吸之間也。平昔文章，咸謂過人，不知愚者得之，徒增口業，智者比之，好音過耳，達人大觀，視之猶土直也。「有子萬事足」，俗有是言也。不曰揚子雲《法言》，白樂天《長慶》，人至於今傳乎？使待嗣而後傳，則古今有子者何限也。須知孔子不以孔鯉傳，釋迦不以羅睺傳，老聃不以子宗傳，則公可以撫掌大笑矣。勿謂道家法力勝禪家，道家固不能離道而為法也。勿謂服食長生可冀，公固不死矣，何用長生乎？勿謂灌頂陽神可出，公固精神在天矣，又何用勞神求出乎？公但直信本心，勿顧影，勿疑形，則道力固自在也，法力固自在也，神力亦自在也。

再致我公：為我傳語李維明。維明者，白下人，名逢陽，別號翰峰，仕為禮部郎。於贄為同曹友，於沆為同年友，皆同道雅相愛慕者。故並設位，俾得與公會云。（《焚書》卷三「雜述」，中華書局本《焚書・續焚書》第一一九～一二二頁）

《豫約・感慨平生》

善因等眾菩薩，見我涅槃，必定差人來看。夫諸菩薩甚難得，若善因者，以一手面綜數產，纖悉無遺；以家婦而養諸姑，昏嫁盡禮。不但各無間言，亦且咸得歡心，非其本性和平，真心孝友，安能如此？我聞其才力、其識見大不尋常，而善因固自視若無有也。時時至繡佛精舍，與其妹澹師窮究真乘，必得見佛而後已。故我尤真心敬重之。此皆爾等所熟聞，非千里以外人，百年以遠事，或出傳説未可信也。爾等但説出家便是佛了，便過在家人了。今我亦出家，寧有過人者，蓋大有不得已焉耳，非以出家為好而後出家也，亦非以必出家乃可修道然後出家也。在家不好修道乎？緣我平生不愛屬人管。夫人生出世，此身便屬人管了。幼時不必言；從訓蒙師時又不必言，既長而入學，即屬師父與提學宗師管矣；入官，即為官管矣。棄官回家，即屬本府本縣公祖父母管矣。來而迎，去而送；出分金，擺酒席；出軸金，賀壽旦。一毫不謹，失其歡心，則禍患立至，其為管束至入木埋下土未已也，管束得更苦矣。我是以寧飄流四外，不歸家也。其訪友朋求知己之心雖切，然已亮天下無有知我者；只以不願屬人管一節，既棄官，又不肯回家，乃其本心實意。特以世人難信，故一向不肯言之。然出家遨游，其所游之地，亦自有父母公祖可以管攝得我。故我于鄧鼎石初履縣時，雖身不敢到縣庭，然彼以禮帖來，我可無名帖答之乎？是以書名帖不敢曰侍生，侍生則太尊己；不敢曰治生，治生則自受縛。尋思四字回答之，曰「流寓客子」。夫流寓則古今時時有之，目令郡邑志書，稱名宦則必繼之以流寓也。名宦者，賢公祖父母也；流寓者，賢隱逸名流也。有賢公祖父母，則必有賢隱逸名流，書流寓則與公祖父母等稱賢矣。宦必有名乃紀，非名宦則不紀，故曰名宦。若流寓則不問可知其賢，故但曰流寓，蓋世未有不是大賢高品而能流寓者。晦庵，婺源人，而終身延平；蘇子瞻兄弟，俱眉州人，而一葬郟縣，一葬潁州。不特是也，邵康節，范陽人也；司馬君實，陝西夏縣人也，而皆終身流寓洛陽；與白樂天本太原人，而流寓居洛一矣。孰謂非大賢上聖而能隨寓皆安者乎？是以不問而知其賢也。然既書流寓矣，又書客子，不已贅耶？蓋流而寓矣，非築室而居其地，則種地麵食其毛，欲不受其管束又不可得也。故兼稱客子，則知其為旅寓而非真寓，如司馬公、邵康節之流也。去住時日久近，皆未可知，縣公雖欲以父母臨我，亦未可得。既未得以父母臨我，則父母雖尊，其能管束得我乎？故兼書四字，而後作客之意與不屬管束之情暢然明白，然終不如落髮出家之為愈。蓋落髮則雖麻城本地之人，亦自不受父母管束，況別省之人哉！或曰：「既如此，在本鄉可以落髮，又何必麻城？」噫！我在此落髮，猶必設盡計校，而後刀得臨頭。此鼎石見我落髮，泣涕甚哀，又述其母之言曰：「爾若説我乍聞之，整一日不吃飯，飯來亦不下嚥，李老伯決定留髮也。且汝若能勸得李老伯蓄髮，我便説爾是個真孝子，是個第一好官。」嗚呼！余之落髮，豈容易哉！余唯以不肯受人管束之故，然後落髮，又豈容易哉！寫至此，我自酸鼻，爾等切勿以落髮為好事，而輕易受人佈施也！……（《焚書》卷四「雜述」，中華書局本《焚書·續焚書》第一八五～一八六頁）

《與焦弱侯》

……因思每郡國志有「鄉賢」，則必有「名宦」，又有「流寓」者，以賢人為國之寶。有鄉賢可載，則載鄉賢，以為一邦之重；無鄉賢，則載名宦，亦足以為此邦之重；若無鄉賢，又無名宦，則載流寓之賢，亦足以重此邦。則如生者，雖不敢當説法之教主，獨不可謂流寓之一賢乎？可與麻城之鄉賢、名宦並聲於後世矣，何必苦苦令歸其鄉也。是豈無忘賓旅與柔遠人之意哉！果若是，則邵康節當復遞迴范陽，白樂天當復遞迴太原，司馬光當復遞迴夏縣，朱文公當復遞迴婺源，不宜卒葬於沙縣之鄉矣。生雖不敢上同於諸大賢，獨不可比擬於諸賢之流寓乎？天下一家，何所而非鄉縣，恐不宜如此大分別也。……（《續焚書》卷一「書匯」，中華書局本《焚書·續焚書》第六頁）

《壽劉晉川六十序》

……夫堯、舜與禹，天下之上壽也，而至今在。太原狄梁公、白樂天，聞喜裴晉公，汾陽文潞公，古今之中壽也，而至今在。此雖未可同日語壽，然皆公之鄉人，皆與天地相終始，雖中壽亦上壽也。堯平陽，舜蒲阪，而大禹安邑，與沁上壤接，文潞公諸賢不以上壽遜讓三聖，而謂公肯讓太原、聞喜、汾陽四賢者乎？吾不信也。夫此四賢亦猶人耳，即可立躋上壽，亦以所受者宏也。上壽如海，百川日注而不盈，以有尾閭以泄之，已復散為百川，故終日注，終日泄，而不溢不竭也。此大受之量也，非與其能受，與其能泄也。若江若河則異矣，上流若一月日霖雨不止，即衝沙頹岸，壞屋廬田土，損民不小矣。賴其終朝赴海，不暫停止，故他處無傷。所傷者一二，而所利濟者千百，則歸海之功，能泄之驗，於斯尤著。

吾故曰：「壽者受也。」三聖如海，四賢如江河，其壽皆與天地長久，雖中壽亦上壽也。此之謂朋友之壽。其朋友者如此，公其以余為真朋友乎？若曰：「李卓吾雖不知其於白樂天諸賢何如也，而能切切焉以是願余，余決不敢以為贅。」願書之以為劉某上壽。（《續焚書》卷二「序匯」，中華書局本《焚書·續焚書》第五七～五九頁）

《藏書》

⊙白居易

白居易，字樂天，未冠，謁顧況。況，吳人，見其文，自失曰：「吾謂斯文遂絶。今復得子矣！」貞元中，擢進士、拔萃皆中，補校書郎。元和元年，對制策一等，調盩厔尉，爲集賢校理，月中，召入翰林爲學士。遷左拾遺。

李師道上私錢六百萬，爲魏徵孫贖故第，居易言：「徵任宰相，太宗用殿材成其正寢，後嗣不能守，陛下宜以賢者子孫贖而賜之。師道人臣，不宜掠美。」帝從之。

後對殿中，論執强鯁，帝未諭，輒進曰：「陛下誤矣。」帝變色，罷，謂李絳曰：「是子我自拔擢，乃敢爾，我叵堪此，必斥之！」絳曰：「陛下啟言者路，故羣臣敢論得失。若黜之，是箝其口，使自爲謀，非所以發揚盛德也。」帝悟，待之如初。

是時，盜殺武元衡，京都震擾。居易首上疏，請亟捕賊，刷朝廷恥。宰相嫌其出位，出爲蘇（江）州刺史。中書舍人王涯上言，不宜治郡，追貶江州司馬。久之，徙忠州刺史。入爲司門員外郎，以主客郎中知制誥。

穆宗好畋遊，獻《續虞人箴》以諷。俄轉中書舍人。田布拜魏博節度使，命居易持節宣諭，布遺五百縑，詔使受之，辭曰：「方諭問旁午，若悉有所贈，則賊未殄，布貲竭矣。」

時天子荒縱，宰相才下，賞罰失宜。居易雖進忠，不見聽，乃補外遷，爲杭州刺史。始築堤捍錢唐湖，鍾洩其水，溉田千頃。復濬李泌六井，民賴其汲。久之，病免。

文宗立，以秘書監召，遷刑部侍郎，封晉陽縣男。太和初，二李黨事興，乃移病東都，除太子賓客分司。踰年，即拜河南尹，復以賓客分司。會昌初，以刑部尚書致仕。六年，卒，年七十五，贈尚書右僕射，宣宗以詩弔之。

居易與弟行簡、從祖弟敏中相友愛，東都所居履道里，疏沼種樹，搆石樓香山，鑿八節灘，自號醉吟先生，爲之傳。與嵩山僧如滿爲空門友，平泉客韋楚爲山水友，劉夢得爲詩友，皇甫明之爲酒友。自稱香山居士，嘗與胡杲、吉旼、鄭據、劉貞、盧貞、張渾、狄兼謨、盧真燕集，皆高年不仕者，人慕之，繪爲《九老圖》。詩數千篇，當時士人爭傳，雞林行賈，售其國相，率篇易一金。甚僞者，相輒能辯之。初與元稹訓詠，號元白；稹卒，又與劉禹錫齊名，號劉白。其始生七月能展書，姆指「之」、「無」兩字，百試不差。(《藏書》儒臣傳卷三十一，明萬曆二十七年焦竑刻本)

智按：李贄，原姓林，本名載贄，號卓吾，又號宏甫，別號溫陵居士，回族，晉江（今福建泉州）人。晚居龍湖，又號龍湖叟。嘉靖三十一年（一五五二）壬子舉於鄉，後歷任河南輝縣教諭、南京禮部主事、郎中等職。萬曆五年（一五七七）出任雲南姚安知府，三年後棄官。先後在湖北黄安、麻城著書講學，並招收女弟子。哲學觀點受王守仁心學、佛教禪宗影響，公開以「異端」自居，抨擊孔孟之道。又對宋明理學進行批判，公開宣揚重視事功。由於言論大膽，有悖傳統，故爲統治者以「敢倡亂道，惑世誣民」罪名，誣陷下獄，自刎而死。著有《焚書》、《續焚書》、《藏書》、《續藏書》、《初潭集》等。事迹見袁中道《李溫陵傳》、《明史》卷二二一耿定向傳附。

駱問禮（一五二七～一六〇八）

《遊廬山記》

予自總角讀圖誌，知域中之有廬山云，背岷流而面彭蠡，巍然一巨嶽也，顧白首不得覽其勝。萬曆十二年二月，入楚臬，泛舟采石，不兩晝夜，過小孤山，遙見大孤。長年指其下即番湖也，因詢廬山，復引手望西南舉，蓋隱然在雲霧中矣。十有九日抵九江。……一僧指前山最高處，曰此講經臺，此香爐峰，時雲霧蔽，惟見其麓，僕者告林使君具飯館中，方就館坐定，把盞讀壁間題詠，雲霧忽開，峰與臺出半空，一僧指峰下有白侍郎草堂。予思侍郎必樂天也，欣然欲訪之。僧復云：「所存者址爾。」遂已。因意樂天一司馬爾，適過琵琶亭，尚新兹草堂，雖廢而尤在僧人口。士固有見擯於一時，而不泯於後世者，何修而得之也。……（《萬一樓集》卷三十一，《四庫禁毀書叢刊》影印清嘉慶活字本）

智按：駱問禮，字子本，號纘亭，諸暨人。嘉靖四十四年（一五六五）進士。初任行人司行人，繼任南京刑科給事中。隆慶三年（一五六九），陳皇后移置別宮，問禮偕同官張應治上言諫阻。帝初納言官，令諸政務悉面奏于便殿，問禮遂條陳《十事奏疏》，帝不悅，貶楚雄知事。隆慶六年，神宗接位，詔起言官，遷揚州府推官，陞南京工部主事、福建湖廣副使等職。後乞終養歸。有《續羊棗集》、《萬一樓集》。隆慶間纂修《諸暨縣志》。

張鳳翼（一五二七～一六一三）

《效白體》

何處難忘酒，霜天出塞時。控弦驚落月，勒馬渡寒澌。望絕關河路，聽殘鼓角悲。此時無一盞，魂斷故鄉思。（《句注山房集》卷五「五言律詩」，《四庫禁毀書叢刊》影印明刻本）

《雨深戲效長慶體和文長公壽承》

雨深山徑鎖莓苔，三鳥啣書杳未回。柳絮猖狂春已去，杏花零落燕空來。泉清漫解經時渴，燭燼惟存昨夜灰。聞道楚雲徵綵賦，幾能飛夢到瓊臺。（《處實堂集》卷三，《續修四庫全書》、《四庫全書存目叢書》影印明萬曆刻本）

《哭治平寺慧朗二上人効長慶體》

去年秋入山中寺，二衲婆娑振錫迎。今日山門尋寺主，可憐次第涅槃行。香臺露冷青蓮觀，客座霜寒白社盟。借問西津雙寶筏，幾時石上証三生。（《處實堂集》卷三，《續修四庫全書》、《四庫全書存目叢書》影印明萬曆刻本）

《中秋有懷効長慶體》

故人已作中秋別，新月空吟千里詩。想得江頭成夜泊，不堪回首作天涯。

無邊落木憑誰遣，不盡鄉心各自知。計日南來有賓鴈，可無尺素慰相思。（《處實堂集》卷三，《續修四庫全書》、《四庫全書存目叢書》影印明萬曆刻本）

《題殳生素畫潯陽送客圖》

臨岐那可聽琵琶，酒盡蓬窓江月斜。腸斷曲終星散處，西風瑟瑟颭蘆花。（《處實堂集》續集卷一，《續修四庫全書》、《四庫全書存目叢書》影印明萬曆刻本）

《無題用長慶體》

小樓獨夜倚殘缸，恠底春心老未降。誤擬所歡風動幕，驚回幽夢月窺窓。時移不耐毛侵二，才在空憐士少雙。無限人間惆悵事，片雲依舊隔湘江。（《處實堂集》續集卷七庚辛稿，《續修四庫全書》、《四庫全書存目叢書》影印明萬曆刻本）

《説夢用長慶體》

夢中說夢終成夢，雲外行雲豈是雲。未了塵緣何必了，但聞嬌唱不堪聞。（《處實堂集》續集卷九壬癸稿，《續修四庫全書》、《四庫全書存目叢書》影印明萬曆刻本）

《元日試筆戲效長慶體》

今年八十六，在我當知足。人富我不貧，人榮我無辱。承顔有子孫，應門有僮僕。雖然似枯禪，長齋足粱肉。内省豈無疚，自訟將奚贖。修行持一心，庶幾享五福。（《處實堂集》後集卷一，《續修四庫全書》、《四庫全書存目叢書》影印明萬曆刻本）

《上元前雪月感舊效長慶體》

憶昔上元欣賞處，華燈雪月照門屏。今夜重逢昔年夜，可憐雪月自澄清。人間那得長春苑，天上元無不夜城。漫寫金經資冥福，末由石上證三生。（《處實堂集》後集卷二，《續修四庫全書》、《四庫全書存目叢書》影印明萬曆刻本）

《跋書琵琶行後》

予讀《琵琶行》，而重有感焉。夫在遷謫中送餞，正毁譽易生之日，乃因聞琵琶聲，召商人婦彈之座上，且爲作《琵琶行》傳播之。見者不以爲駭聞者，不以爲非，樂而不淫，有若國人不稱其亂者，其風流率真可想也。自宋季講學以來，動欲繩趨尺步，此事遂罕聞見。即有之，則謗議滋起矣。古今懸絕如是哉？叔寶寫得是圖，自謂逼古，屬予爲書此行。予時適有計偕之役，未遑及也。迄今廿年，畫再易主，偶得重閱，忽憶宿諾，漫爲書一過，並志所感云。（《處實堂集》續集卷四，《續修四庫全書》、《四庫全書存目叢書》影印明萬曆刻本）

《刻袁學憲祀鄉賢移支跋》

【上缺】魯望先生德學並茂，爲吳中典刑，上下交孚，移文傳信，無俟贅論矣。雖白居易之嗣不遥，而司馬遷之書有寄，王潤敬承其遺矩，陽元興感於寒泉。爰因輿論垂美貞坻，謬托毛錐，萬懷梁月，庶爲纂郡乘者先駈，祀名宦者左券云。（《處實堂集》後集卷五，《續修四庫全書》、《四庫全書存目叢書》影印明萬曆刻本）

《夢占類考》

⊙慈恩寺聯句

元微之以御史奉使劍外踰旬，白樂天與弟行簡同遊曲江慈恩寺諸院，命酒懷元聯句云：「年來無計破春愁，醉折花枝當酒籌。忽憶故人天際去，計程今日到梁州。」實二十一日也。後元使至，元寄書及《紀夢》一詩云：「夢君兄弟曲江頭，也入慈恩院裹遊。屬吏喚人排馬去，覺來身在古梁州。」（《夢占類考》卷八，《續修四庫全書》影印明萬曆十三年信陽王氏刻本）

⊙東吳詩

楊備天聖中爲長溪令，忽夢作詩云：「月俸蚨錢數甚微，不知從宦幾時歸。東吳一片輕波在，欲問何人買釣磯。」意甚異之。明道初，爲華亭令。丁内艱，遂過吳中，樂其土風，乃效白樂天作《我愛姑蘇好》十章，因卜居焉。始悟前夢中語爲有徵。（《姑蘇志》）（《夢占類考》卷八，《續修四庫全書》影印明萬曆十三年信陽王氏刻本）

智按：張鳳翼，字伯起，號靈墟，别署靈虛先生、冷然居士，長洲（今江蘇蘇州）人。嘉靖四十三年（一五六四）中舉，後多次參加會試，屢試不中。五十歲以後，對宦途淡漠，不再赴試。善度曲，會演戲，著有傳奇九種，現存《陽春六集》中收有《紅拂記》、《虎符記》、《祝髮記》、《灌園記》、《竊符記》、《扊扅記》六種。與其弟獻翼、燕翼並有才名，當時有「三張」之譽。

鄧元錫（一五二九～一五九三）

《函史》

白太傅《秦中吟》、《新樂府》之作，風時賦事，美刺興比，欲盡備夫六詩之義，大哉洋洋乎！而韓、孟、元、白，下至皮、陸，連聯鬬押，累數千百言，橫騖別驅，肆焉而莫能自止。香山晚嗜易甘俚，務諧眾聽，令老媪讀之能解以為上，遂使盛際沈雄深渾之詩，至於絕響。施及晚季，格每下而力劣，聲殺削而音微，意苦研而思窒，而唐風不競矣。（上篇卷四十七《唐文學傳》，《四庫全書存目叢書》影印明萬曆活字本）

《皇明書》

陰貴，常州無錫人，以貢任陽山，隸廣之連州，古所謂天下窮處也。貴至不鄙夷其民，爲講律令，俾知所趨避，又大書爲善最樂四字，印給之有兄弟争田者，倣蘇清河故事，反覆開譬，皆感泣去，有死囚必爲求生道，不得已，焚香告天而後定獄，中置一響板曰冤未達者，擊之數月間，恩信旁達，書片紙于門，民如期響赴，以感瘴病，吏民走禱無虚日，又走百里求醫于連州，其没也，巷哭達于野。邵侍郎寶稱，其論政似崔寔，憂時似賈誼，勤小物似江禄，惇夫婦之愛似白居易，篤朋友之義如李若谷云。（《皇明書》卷二十九，《續修四庫全書》影印明萬曆刻本）

智按：陰貴，即殷貴，見邵寶（一四六〇～一五二七）《明故文林郎陽山縣知縣殷君墓表》（《四庫全書》本《容春堂集》前集卷十五）、焦竑《陽山縣知縣殷君貴墓表》（《續修四庫全書》影印明萬曆四十四年徐象樗曼山館刻本《國朝獻徵録》卷一百廣東二）。

鄧元錫，字汝極，江西南城人。嘉靖乙卯（一五五五）舉人，萬曆中以翰林待詔徵，未至而卒。事迹具《明史·儒林傳》。

凌迪知（一五二九～一六〇〇）

《萬姓統譜》

白居易，字樂天，其先太原人。後徙華州下邽。居易生於大曆七年壬子。七月展書，九歲暗識聲律，敏悟絶人。貞元十四年，擢進士第。元和對策，為翰林學士。因事貶江州司馬。遷左拾遺，徙忠州刺史。入為司門員外郎，以主客郎中知制誥。長慶中，自中書舍人出為杭州刺史。會昌初，以刑部尚書致仕。卒年七十五。贈右僕射，謚曰文。與元稹友善，相倡，世號元白體。有《白氏長慶集》七十五卷。子龜年。（《四庫全書》本卷一百二十一）

《氏族博考》

⊙慕姓名第八

東丹國長子突欲奔唐，賜姓李，名贊華，工畫本國人物鞍馬，習舉子，能為詩，慕白樂天，每通名刺云：「鄉貢進士黄居難字樂地」，欲比白樂天也。（《四庫全書》本《氏族博考》卷四）

智按：凌迪知，字稺哲，烏程（今浙江湖州）人。凌濛初之父。嘉靖三十五年（一五五六）丙辰進士，官至兵部員外郎。

朱孟震（一五三〇～一五九三）

《河上楮談》

⊙荔枝園

《一統志》載，忠州有荔枝樓，為白香山建，詩云：「荔枝新熟雞冠色，燒酒初開琥珀香。欲摘一枝傾一盞，西樓無客共誰嘗？」今忠州更無荔枝，惟涪有荔枝園，臨江挺荔技樹一，相傳為楊妃時所植，余未至，前三四年尚生，今惟枯幹存矣。意居民及有司疲於將送，故殺之耶？江津縣治亦有荔枝園，

問之縣令，今亦枯死矣。（《河上楮談》卷二，《續修四庫全書》影印明萬曆刻本）

⊙長干行

太白《長干行》「八月蝴蝶來」，《唐文粹》作「蝴蝶黄」，以秋蝶多黄，白樂天詩云：「秋蝶黄茸茸」，亦此意，然不若「來」字佳。（《河上楮談》卷二，《續修四庫全書》影印明萬曆刻本）

智按：朱孟震，字秉器，新淦（今江西新幹）人。隆慶二年（一五六八）戊辰進士，官至右副都御史，巡撫山西。有《朱秉器集》、《河上楮談》、《汾上續談》、《浣水續談》、《游宦餘談》及《玉笥詩談》等。生平略見陳文燭《朱秉器詩序》（《二酉園續集》卷二）。生卒年據侯榮川《明朝朱之蕃、朱孟震、潘之恒生卒年考》（《玉林師範學院學報》二〇一二年第一期）。

王祖嫡（一五三一～一五九二）

《曹荔溪中丞見訪同上江滸坐琵琶亭慨然有作》

琵琶亭，隣古驛，破屋蕭蕭黄葉積。不盡長江日夜流，多情司馬空陳跡。亭中高歌琵琶行，江心如弄琵琶聲。音哀調古兩悽絶，亭空江静難為聽。帆檣停泊應無數，就中亦有商人婦。坐上寧知詞客心，船頭癡望浮梁路。千古恨，此潯陽，明月依然過女墻。天涯淪落易生感，不必琵琶能斷腸。（《師竹堂集》卷三，《四庫未收書輯刊》影印明天啓刻本）

《遊西湖記》

壬午季冬廿八日，至浙江驛十五里，入鳳山門主湯氏園亭。是日，開府銅梁張公枉過，邀明日飲湖上，而三司府縣諸公相繼来訪。次日，答拜臬司。出錢塘門，張公已艤棹久候。乃登舟，過保叔塔、大佛寺、望湖亭，度六橋，肩輿行蘇公隄，謁岳墳，觀忠武遺像，高宗手勑，岳珂肅之勑，皆家藏物也。祠廡之右，檜中分而枝榦鬱茂，曰分屍檜，其它樹枝南嚮，異矣哉！樹前巨石，刻「精忠報國」四大字。北為流芳亭，石刻甚多，不能悉讀。由橋左至陸宣公祠，祠後山曰孤山，和靖隱居處，今並祀敬輿等十二賢。飯罷，舟行，憇湖心亭。四望俱水，寒侵肌骨。予與公談歷下、吳門、天目、南郡諸公事，時雪初晴，環湖諸山，如玉筍森立，信大觀也。坐久，日已没西陵，入湧金門。次日，為歲除，雨雪交下。游戎徐君治具飛来峰，復捨舟，由棲霞嶺，九里松，市井連絡，過神霄雷院數里，至峰下。峰高不越百丈，而翠環玉削，玲瓏萃嵂，千態萬状，盖帝役鬼工、壘奇石為之，使顧、陸諸人卧其下，十日不能措手也。峰下巖洞，窈窕峆岈，屈曲縈紆，若行暗室，櫺牖朗豁，各有門户，布鐫佛像，遍滿峰壁。晉咸和中，西域僧慧理見而歎曰：「此靈鷲小嶺，不知何以飛来。」以是得名。而青林、玉乳、龍泓諸洞深入者，往往聞江濤聲，信寓内靈區也。折而稍北，過石橋半里，為靈隱寺。寺在北高峰下，舊有百尺彌勒閣，蓮峰堂，千佛殿，延賓、望海諸閣，巢雲、見山諸亭，白雲、松源諸菴，及宋理宗御書「覺王寶殿」「妙莊嚴域」並廢，詢宋之問遇駱賓王夜吟處，山僧茫然莫對也。寺前冷泉亭，唐刺史元藇建，舊在水中，今依澗而立，白樂天記所謂「山樹為盖，巖石為屏，雲從棟生，水與階平，可濯足于牀下，垂釣于枕上」者，尚未盡其勝也。予坐巨石，取一缶烹茶，甘甚，欲躋高峰絶頂，而雨雪不止，苔滑不能上，乃至呼猿洞，折而東行，密篔重嵐，幽澗石竇，泠泠争瀉。數里，至玉泉寺。寺故名淨空院，南齊建元中僧曇超説法于此，龍王来聽，為出泉，遂建龍王祠。祠前有池畝許，清澈可鑑毛髪，五色魚數百頭，青者可長數尺，僧散飯，池中争来食，遊泳殊不畏人……（《師竹堂集》卷十六，《四庫未收書輯刊》影印明天啓刻本）

《報慶紀行》

萬曆壬午正月人日，予與劉子良修撰同直史館，因往西苑觀鰲山，為中貴人留飯，且言内將有大慶齎，御書報各藩，勞諸公行也。……次日，孝徵獻可邀飲海天閣。閣在寺前，特臨大江，帆檣從檻外過，勝地也。因訪琵琶亭，在驛旁，湫隘甚，居人且不知白司馬，何論商婦乎。十七日，陸行，盡日與廬山對。晚宿東林寺，顔曰白蓮浄社，殿宇宏敞，佛像精妙，僧言唐製也。……至甘露亭，里許小石屋，供土神，石屋之上懸崖裂五六寸，金書「竹林寺後門」五大字，入首仰視，體瘦而勁，不類俗筆，且裂處小而險，無由措手。竹林異蹟，僧能歷道之，御製碑亦載其事，近此多大木，無敢盜伐者，信靈境哉！又百餘步，石坊「廬山高」三字，王伯安先生書也。過坊里許，為披霞亭，崖畔精石，無寸土而産，合抱松杉甚多。折而二里，一坊傾廢。行幽麓數百步，始及天池。自雲封至此，凡十五里，九十九折云。寺絶宏壯，正殿七間，覆以鐵瓦，中九行，俱白銅，階前即天池，白石清泉，可鑒毛髮。殿潔無纖塵，諸佛莊嚴，及帝釋天王、阿羅漢、脩羅像，俱非近代手。大銅鼓如缸，擊之作鼓聲，舊有象革鼓，今廢。殿後藏經千函，完好如新。右寂明堂，堂後太乙峯，梁昭明太子遺蹟。右塑太白、樂天像。西為四仙祠，祀天眼尊者、赤脚僧、徐道人、周顛。祠左文殊臺，臺上古松，奇怪不可名狀，往往佛燈現樹下。小石屋文殊像，稱玉佛，下為舍身崖，俯視崖下，雲氣如海濤，其傍浮圖。渡虎溪五十餘里，咸見之，如毛穎立青霄上也。惟賢已令縣吏治具，雜以優伶，俱麾去。移席樹下，持巨斝和雲霞飲之。因憶甲戌夏，予二人同使朝那，宿太華絶頂，夜半月上，發狂大叫，罡風四来，互相擁抱，恐飛去也。別去八年，復同游此。寓内名山，二者稱最。結緣何深哉！飲久起，立山門，泉聲哀咽，出寺，由披霞亭登山而北，幽徑平坦，旁大石，鐫「湖天勝覧」，不著年代。又三里，拜讀御製碑。白石如玉，光瑩可鑑，覆以石，亭周以石垣，可凭而眺。東西二林僧房，歷歷可數。西望瑞昌諸山，北則大江，窮目之力，彌漫莫辨也。（《師竹堂集》卷三十七，《四庫未收書輯刊》影印明天啓刻本）

智按：王祖嫡，字胤昌，號師竹，信陽（今屬河南）人。父詔，信陽衛指揮僉事，以他註誤，奪世爵。祖嫡幼警敏殊常兒，稍長，日誦數千言，能賦詩。登隆慶五年（一五七一）辛未進士，改庶常，歷遷國子司業，仕終右春坊右庶子，兼翰林侍讀。詩文博雅瑰麗，卓然名家。生平參見牛建強《明人王祖嫡行實考述》（《史學月刊》二〇一〇年第九期）。

趙台鼎

《脉望》

白樂天、蘇東坡善談名理，而不斷酒色，予竟不知其何說也。《天台賦》

云：「悟遣有之不盡，覺涉無之有間。泯色空以合一，忽卽得玄。釋二名之同出，消一無於三幡。恣語樂以終日，等寂默於不言。渾萬象以冥觀，凡同體於自然。」豈徒文人之詞哉！善解牛者，目無全牛，而遊刃於間，善養生者，目無全形，而遊心於初，牧馬者去其害，牧羊者鞭其後。（《寶顏堂訂正脉望》卷五，《續修四庫全書》影印明萬曆沈氏尚白齋刻陳眉公家藏秘笈續函本）

智按：趙台鼎，字長元，自號丹華洞主，内江（今屬四川）人，大學士貞吉（一五〇八～一五七六）之子。《脈望》雜論三教，於道藏尤為詳悉。自序云：「嘗聞蠹魚三食神仙字，則化為脈望，遂以《脈望》名之。」

詹景鳳（一五三二～一六〇二）

《古今寓言》

《醉吟先生傳》白居易

醉而吟，吟而醉，洵且樂矣。然豈其志哉！世言白樂天所蘊不得施，乃放意文酒。觀其語妻子，以性所偏好，而自附得全於酒，意亦遠矣。……

樂天自幸適於醉吟，而舉三好，較其優劣，彼誠如取舍矣。然惟有樂天之醞藉曠達，故得北而逃焉。不然世之沉湎日富者何限也。文字一氣呵成，畧無斧鑿痕。詠懷詩深悟南華老仙達生之旨，結二句有餘不盡。（《古今寓言》卷三人物類，《四庫全書存目叢書》影印明萬曆九年陳世寶刻本）

智按：詹景鳳，字東圖，休寧（今屬安徽）人。舉人。初為南豐掌教，終吏部司務，深于書學，用筆不凡。萬曆二十七年（一五九九）任廣西平樂府通判。

王時濟（一五三二～一五九四）

《對雪效樂天三首》

何處難忘酒，風寒雨雪辰。梅逢江上使，歌憶郢中人。季子貂裘敝，王恭鶴鷺貧。此時無一盞，愁緒若為伸。

何處難忘酒，幽亭雪正深。閉門同洛市，倚棹想山陰。兔苑詞人賦，龍城羈客吟。此時無一盞，幽思豈能禁。

何處難忘酒，紛紛六出奇。初回秦嶺客，況對党家姬。高咏梅花句。低歌錦帳詞，此時無一盞，何以暢襟期。（《龍塢集》卷二十八，中國社會科學院文學研究所圖書館善本室藏順治十八年王震亨重刊本）

智按：王時濟，字道甫，號龍塢，山西稷山人。萬曆十一年（一五八三）進士。歷戶部郎中，出知衛輝。廿二年卒於官，年六十三。有《龍塢集》。

袁黄（一五三三～一六〇六）

《潯江夜泊》

潯陽江上鷓鴣啼，茅屋青燈隔水西。獨坐孤篷傷往事，寒鴉飛盡楚天低。（《四庫全書》本《御選明詩》卷一百十；《四庫全書》本《檇李詩繫》卷十六）

智按：袁黄，初名表，後改名黄，字慶遠，又字坤儀、儀甫，初號學海，後改了凡。祖居嘉興，後遷吴江（今屬江蘇）人。萬曆十四年（一五八六）進士，除寶坻知縣，遷兵部主事。萬曆二十年日本侵朝，明廷出兵援朝，袁黄以兵部主事身份在軍任參贊。萬曆二十一年，袁黄被追究官寶坻時庇民逋稅事，革職歸。萬曆二十四年，居武塘，被聘修嘉善一邑史乘。有《兩行齋集》、《群書備考》、《三才手鏡通鑑纂要》、《詩外别傳》、《分黄導河考》、《了凡四訓》等。

權文海（一五三四～一五九一）

《效白樂天體，吟得難忘酒四篇以寓意》

何處難忘酒，身縻簿領叢。米鹽塵眯眼，鬚髪白成翁。歲暮琴湖外，心懸鶴禁中。此時無一盞，何以蕩煩胸。（來守達城，已過兩年。歸思日急，未能決去，因以自歎。）

何處難忘酒，胡塵柰屢驚。羽書連塞極，烽火達京城。白骨沙場暴，將軍氣像獰。此時無一盞，何以慰邊情。（自癸未年藩胡作亂，城堡多陷沒。節度使性暴，多殺軍卒，至今白骨暴露原野。）

何處難忘酒，邊民刷括嚴。文移急星火，使騎困郵閻。老弱啼號遍，拘囚訊杖兼。此時無一盞，何以滌心炎。（北界徙民，逃還本府，朝廷發遣敬差官。時方刷括，囚禁推鞠者至於百五十餘人。）

何處難忘酒，東西說久行。賢邪人孰辨，洛蜀禍將成。競作藤蘿繞，誰爲松柏貞。此時無一盞，何以破愁城。（自十餘年來，東西之說盛行，至於分邊。其禍將與國終始，故作此以自歎。）（《草澗先生文集》卷一，《韓國文集叢刊》本）

智按：據《草澗先生年譜》，神宗萬曆十三年乙酉，「先生五十二歲，在大丘。正月，哭金藥峯訃，有輓詩，有難忘酒詩。自癸甲以後，東西黨論漸盛。一時善類名士，相繼被斥，或黜或廢。先生常爲世道憂歎曰：黨論之禍，必與國相終始。至形歌詩，效白樂天體，作《難忘酒詩》四篇。」

權文海，字灝元，號草澗。朝鮮李朝時期辭書編纂家，畢生致力於詩文史地、字詞音韻等研究和辭書編纂工作，一五八九年編纂《大東韻府群玉》，為朝鮮現存最古老之辭書。有《草澗先生文集》。

賈三近（一五三四～一五九二）

《葉綬〈君子傳〉後評》（題擬）

太史公曰：稱君子有三，其一為孔子所稱「懷德喻義」之流是也，其一為蕭穎士所稱「淇園渭川」之族是也，獨玉井之宗最為蕃昌，而終不類夫君子。唐佞臣楊再思譏謔張昌宗，頗辱君子之名實，非君子之罪，惟君子以中通外直之德，聞遠益清之譽，遭遇明皇，為士大夫賞識。若曹子建、杜子美、李謫仙、白居易、韓退之輩，莫不更相推詠。迨周茂叔講道濂溪，尤極口著說，君子之名，始大顯於天下。穎士所稱微弱，孔子所指，世亦不可的其誰也，惜乎神仙是尚，不能致實用於宗廟，是豈浮華之士哉！異相之言，經傳不載，縉紳先生皆疑之。（《四庫全書存目叢書》影印明萬曆間刻本《滑耀編》；明陳邦俊《廣諧史》卷三，《四庫全書存目叢書》影印明萬曆四十三年沈應魁刻本）

智按：葉綬，字叔章，上虞（今浙江紹興）人。祖砥知饒州府，綬遂占籍鄱陽，補郡學弟子員，中永樂十二年（一四一四）甲午科江西鄉試，正統六年十二月，授山西應州學正。綬儀觀清癯，學問該博，尤善古篆。其《君子傳》云：「君子諱蓮，不知其姓。或曰十世祖名荷，因姓荷氏。又曰：蓮，君子嗣也。因嗣得名，實非君子之諱。君子幼諱菡萏，長字芙蕖。相傳為神仙家流，世居太華山玉井中，其始祖有諱碧藕者，壽千歲。成周時，因西王母進見，穆天子陪宴瑶池上，後不知所終。子孫散處，其根派世襲其名，亦曰藕。咸潔白聰明，意氣清雅，自以仙流，弗與生民伍，隱遁不見於世。苟可蔽身，雖污泥淵下，沒齒不怨，時人為之謡曰：平生冰雲姿，七星羅心胸。豈有無絲毫，上裨天子聰，而不自薦達，胡為乎泥中？藕聞，愈不介意。世有好而訪之者，輒強與歸，竟不辭謝。第求澡雪以往任往者指使，或療渴治病，養老慈幼，娛賔客，供祭祀，靡不順承，雖刳股臠體不憚。藕生茹茹，端楷離立，屹然有出塵之志。……」

賈三近，字德修，號石葵，別號石屋山人，嶧縣（今屬山東）人。隆慶二年（一五六八）戊辰進士。官至兵部侍郎。事迹具《明史·本傳》。其《滑耀編》，取莊子「滑疑之耀，聖人所圖」語。前有寧鳩子序，寧鳩子即三近之寓名。各篇之後，間附評語。有學者以為《金瓶梅》作者蘭陵笑笑生即賈三近。

柳思規（一五三四～一六〇七）

《次李平卿次白香山不出門韻》

客裏頻經朔與旬，小窓誰共我相親。氤氳野市三春景，迢遰江城一旅人。

故國烟光煩夢想，異鄉風氣損精神。龍鍾正値紛紛日，謾把萍蓬擬此身。一繫孤蹤九閱旬，相逢何幸舊情親。交遊京洛平時事，流落關河亂後人。佳句不妨呼兎穎，芳醪還可責餞神。白頭且忍須臾死，待見休兵便乞身。（《桑榆集》下，《韓國文集叢刊》本）

智按：柳思規，字汝憲，號桑榆子。有《桑榆集》。

王錫爵（一五三四～一六一一）

《南京太常寺少卿麟洲王公墓誌銘》

嗚呼！此故太常少卿王公之墓也。公名世懋，字敬美，父大司馬嘗命之曰：吾聞東海有鳳，麟洲爾庶幾埒而兄乎，置其讀書之室曰麟洲，已而慕王君公之行，別置號曰墻東生，宦小達，思自挹損，更署曰損齋，然而學者稱麟洲先生如故。……公以嘉靖丙申生，歿于萬曆戊子，春秋五十有三耳。平生孝友，重名義，其施予稍裁，而能不失。居恒不輕為公府居間，間有之，必宗戚之困阨不平者，若州里之利弊不能控者，嗜義若渴，有所聞，汲汲行之，遠識長慮，悠然能見事後，少亦微有耳目之好，觸一語，立斷遣之。居官好為條教，煩不至瑣，尤能曲暢物情，因事為功，好提奬屬吏，即不至贓濫，未嘗不弘揜覆，以故多感之。少而通《易》，晚視學政，旁通諸經，皆能蕞其大要。亦喜讀二氏書，恒謂吾于兩廡饗亡所貪，苟陰用其實，而陽詆其名，或假竊其似，而自文其陋者，俱耻之。以故《望崖編》諸書，要皆其中精至語，識者謂不下白香山、晁文元也。其詩文繼鳳洲公而起，世以比宋之二蘇，所著詩文集之得五十餘卷，其《閩部三郡圖說》、《窺天外乘》、《二酉委談》、《學圃雜疏》，前已行人間。某月某日將窆公柩於某山之原，而以鳳洲公狀來乞銘。銘曰：本豐條遠，源澄流濬。維公之世，重賢疊俊。游夏文學，由求政事。惟公之材，一往輒詣。六經渺有，二氏眞無。維公之識，獵精捐粗。與可偕入，與否偕退。維公之節，在涅不累。泉洲麓深，山抱水紆。維公之藏，過者式諸。（《王文肅公文集》卷十，《四庫全書存目叢書》影印明萬曆間王時敏刻本；《國朝獻徵録》卷七十太常寺南京太常寺；《四庫全書》

本《明文海》卷四百三十七墓文九）

《翰林院檢討後菴吴公暨配封孺人陳氏合葬墓誌銘》

先生諱可行，字子言，號後菴……今僅有《延陵小刻》及《吳太史遺藁》數帙行于世。蓋錫爵讀其詩，在陶、杜、元、白之間，頗亦為世俗汶汶，有蕭蘭並棄之感，雖極意排蕩，終不能平云。……（《王文肅公文集》卷十，《四庫全書存目叢書》影印明萬曆間王時敏刻本）

智按：王錫爵，字元馭，號荊石，太倉（今屬江蘇）人。嘉靖四十一年（一五六二）壬戌進士，官至建極殿大學士，謚文肅。事迹具《明史》本傳。

王穉登（一五三五～一六一三）

《重修白公堤疏》

樹垂柳以障波，隋堤長壯，植官槐而作堠，漢岸不傾。事久則百弊俱生，謀善斯千年無患。功既存乎濟物，人豈惜其傷財。若夫白公堤者，據彩雲之名里，實吳會之通逵。山郭近而輪鞅喧，水村深而帆檣集。西接金昌之繡陌，日出而萬井鬻花；北連海湧之翠微，風清而半空鐘梵。買魚沽酒，行旅如雲，走馬呼鷹，飛塵蔽日。晚村人語，遠歸白社之煙；曉市花聲，驚破紅樓之夢。草際而香車屬，水邊而麗人多。臨漢居者於家，面山行者七里。江州司馬，築此芳堤，天水郡侯，增其舊觀。奈何既久，惜也善崩。花馬臨流，惜障泥而不渡；蘭舟遇雨，執錦纜以難牽。過客無不顰眉，居人為之蹙頞。斜陽春水緑，想鄭國之乘輿；斷岸晚潮生，吟衛風之匏葉。於是了心道人，發不忍之心，興已墜之典，所嗟獨力，敢告十方，仍舊貫者易於更新，論大事者不惜小費。射江之箭安在，不如尺土之功；刻石之犀久湮，莫悋一磚之惠。或輸紅粟，或解青錢，或甃半枯之沙，或續已頽之壤。若鄉士、若鄉大夫，試舉銀鈎之筆；為善男，為善女子，願傾金錯之囊。（明萬曆庚辰刻本《王百穀全集·金昌集》卷四）

琴按：毛奇齡《西河詩話》辨白堤非白居易所興築，引「最愛湖東行不足，緑楊陰裏白沙堤」及「十里沙堤明月中」等句為證。不知遺愛在民，後人以白公堤呼之，藉示紀念，亦未為不可。觀王百穀此文，足見明人亦以白公堤名之，西河正不必斥《錢塘志》之荒唐也。

智按：此白堤在蘇州山塘街，非毛奇齡《西河詩話》所辨之杭州白堤。

《重修白公堤碑》

自虎丘而東，至閶門凡七里，曰白公堤，唐太傅白樂天守郡時筑也，俗皆稱為山塘。塘之半，為晉壽聖寺地，名半塘。當築堤時，居民鮮少。七里之間，莫非水光山色也。由唐宋迄今，生齒緐而受廛者衆。半塘之東，閭閻櫛比；其西即雲霞水竹，畎畮陂池，塔影鐘聲，與茅屋炊煙相映帶，宛然碧水丹丘矣。

白公而後，上下千載，中間圮而修，修而圮，不知凡幾度。而當春雨秋潦，百川灌注，白浪高於田疇，岸既善崩，居者行者，咸受其害。蓋比丘募緣，悉無實行，乾沒錢鏹，供衣缽者，十人而九，不能啟宰官居士喜捨之心。而吳人性好淫靡，不惜有用之財，充無益之費。至若津梁道路，梵宇琳宮，義舉勝緣，扣之莫應。郡邑大夫又苦帑藏空乏，征輸後期，如捄頭然之急，奚暇恤病，涉之民哉！

乃有比丘達賢，棄妻捨宅，祝髮出家，慨然任修堤之役。結團焦於樹下，冬夏一破衲，見酒人游客、大賈富人，舟車往來，則五體投地，膜拜合掌，乞得斗粟尺布，一銖半兩，隨手授之匠民，如燕營巢，蜂釀蜜。聚沙成塔，覆簣為山，無以喻其拮据勞苦。以木刻鈴，手之不輟，故自號木鈴衲子也。

長洲令韓公過而嘍啃，曰：「彼髡猶爾，況為民父母而坐視褰裳濡足之夫，是可忍乎？徒杠輿梁，非王政哉？」亟捐月俸六十鍰助之，自是檀施四集，工役相仍，而堤且告成矣！是堤也，白公築之，韓公修之，古今雖不相及，其利澤等耳。異時名堤，為韓亦何間然之有？然非木鈴之願力精堅，不憚披星踏月、卧雨號霜之苦，安能集彼眾緣、成茲勝果哉！乃建亭樹碑，索余文以紀韓侯功德，虛其陰，書眾善姓名。韓侯名原善，字繼之，盧龍人，丁未進士，平恕精核，寬仁明敏，襄政若庖丁奏刃，目無全牛。他不及書，書其修堤一節如此。系之銘曰：

海涌名山，表于江左。簫鼓畫船，朝歌夕舞。輪蹄輻輳，任負旁午。夏日寒宵，往來若組。臨水亭臺，種花園圃。茶市漁村，十十五五。香山太傅，文采風流。分符典郡，駕言出游。築此芳堤，澤及千秋。山高水長，垂名不休。誰其繼者？聿維韓侯。割帑捐俸，以助比丘。鳩工庀財，畚鍤□浮。不日告成，載道歌謳。朱軒繡幰，蘭舟桂楫。行旅紛紛，胡商海客。不阻昏晨，罔畏雨夕。昔涉青泥，今履文石。若步周行，若登衽席。韓公在今，白公在昔。築者修者，同功比德。及彼衲子，行苦願堅。當食不飽，當寢不眠。沙聚粟帑，塵聚金錢。重跡累轍，摩頂及肩。白公韓公，無論後先。其功不泯，其名並傳。檀越比丘，共此福田。

智按：碑文末署「萬曆三十九年歲在辛亥十一月十日太原王穉登撰，及門文從簡書。」文從簡原碑現藏蘇州山塘街。明萬曆三十八年（一六一〇），白公堤因年久失修多處被水衝塌，木鈴和尚發願募化修堤，精誠所至，蘇州官紳士商千餘人捐資助修。大功告成後，范允臨、王穉登各撰重修白公堤記，分別勒石立于青山、緑水兩橋之間，前者爲碑，後者爲幢。碑今下落不明，原文《計部張公重修白公隄碑記》，見范允臨《輸寥館集》卷四（《四庫禁毀書叢刊》影印清初刻本，集部第一〇一册，第二九一頁）。幢則于一九八一年文物調查中在甘露律院遺址被重新發現，一九八三年移至五人墓旁，建方亭加以保護。白公堤石幢俗稱方碑，作方柱體，由基座、幢頂、幢身組成。基座雕飾須彌山和卷雲紋。幢頂中心立雕彌勒佛坐像，四邊各浮雕坐相佛四尊。東面鐫木鈴和尚所畫綫描大勢至菩薩像，下刻木鈴長跋及捐助修堤功德人姓名，有申時行、張鳳翼、文震孟、馮時可、劉弘道等千餘人。南側爲五百尊者綫刻像，題刻「弟子周廷策拜寫，木鈴衲子勒石」。北側鐫薛明益所畫寒山、拾得像，上方有陳元素、薛明益書寒山子詩。

《踏燈詞十四絕》其三

木蘭堂上月娟娟，百鳥千花寶炬燃。誰似風流白刺史，燒燈只為卜豐年。（明王良臣《詩評密諦》卷三，《四庫未收書輯刊》影印明天啟間刻本）

智按：王穉登，字伯穀、百穀，先世江陰（今屬江蘇）人，移居蘇州。少有文名，善書法。嘉靖末入太學，萬曆時曾召修國史。詩風近公安派。

申時行（一五三五～一六一四）

《丁未除夕》

青門荼壘為誰懸，白髮桑榆轉自憐。謾擬香山居士詠，空過絳縣老人年。金蓮色蒨浮杯斝，玉漏聲高促管絃。但使優游長閱歲，未須顰蹙更憂天。（《賜閑堂集》卷六，《四庫全書存目叢書》影印明萬曆間刻本）

《刻唐類函序》

自秦漢迄六朝，詞塲秇苑之雄，接迹而起，往往以博洽命世。蕭梁間，乃有類書，而絕盛于唐。于時以詞賦取士，士靡然嚮風，雕龍繡虎，遞相矜尚，凡書林册府，山經地志，稗官小史之記，靡不旁搜逖覽。字櫛句比，區分臚列，務極其耳目之所加，神識之所詣，彙而成編，其最著者，歐陽率更有《藝文類聚》，虞永興有《北堂書鈔》，徐學士有《初學記》，白香山有帖，杜氏有通典，皆大行于時，然述作殊指，裒益殊致，取舍殊意，詳略殊詞，離而析之則挂漏而不備，合而存之則浩汗而不精，未有參互考正，兼總條貫，而集其成者。俞山人羨長篤志好古，于書無所不窺，間乃取諸類書，繙閱校訂，合而為一，蕪穢複出者刪之，譌舛者竄定之，闕遺者補之，大抵主率更之篇目，而以永興等書為補，名之曰《唐類函》，以其皆唐輯也。刻既成，屬余序之。蓋詞家尚博，而理家崇約，博者含咀六籍，蹂躪百氏，抉五車之秘，發二酉之藏，有當年不能究，累世不能殫者，而太史公譏之曰博而寡要，勞而罔功，于是反而歸之于約，則有托空寂為精微，執玄虛為體要，抗顔一世，以為身心性命之學，至盡黜聞見，束書不觀，曰此書肆說鈴耳，無所用之。嗟乎！使博而可廢也，則墳典丘索之誦，倚相不稱于楚；實沉臺駘之辨，子産不稱于晉；騶牙豹鼠，疏屬貳負之對，承明天禄之才不稱于漢也，而可乎？夫博約之訓，繇洙泗出也，尼父蓋稱一貫而萍，實羵羊專車之骨，若燭照數計，萬世誦法，以為儒宗，此何以稱焉。夫外博而求約，是未見卵而求時夜也，必不幾矣。今巽冠韋帶之士，株守一經，芥拾青紫，操術簡而趨徑捷，遂轉相慕傚，以剽剝為工，餖飣為富，駕鑿為新奇抉，敝帚而寶康瓠，卒乃空疏隘陋，出而當官涖政，謀王斷國，芒乎芴乎，其未有聞也，敝亦甚矣。羨長蓋窮日夜之力，更再寒暑而成是編，其亦有砭時救弊之心乎？抑願有進焉：綴詞而約之事，徵事而約之理，觀理而約之心，誠心會之矣，以理衡事，以事鑄詞，則何識不恢，何用不裕，不跡山海而象犀珠玉之並陳，不入都市而雕幾果布之畢湊，是博取而約收之，方寸為淵源，而群籍為筌蹄也。覽者當自得之。（《賜閑堂集》卷九，《四庫全書存目叢書》影印明萬曆間刻本）

《壽陸先生八十序》

自余髫年，則聞先少師所歛衽推轂，而亟稱為益友者二，其一少湖王先生，其一胥屏先生。先生與先少師同師受經，朝夕切劘，相與不啻兄弟，而余以通家子伏謁，未嘗不温顔慰接，而亹亹正勗之，不啻猶子，以故余莊事先生，知先生之素履為詳。先生之父曰給諫貞山公，當世廟時，以直諫顯聞天下，不强年而致其事，歸著作之暇，頗以聲伎自遣，進有汲長孺之風，而退有白香山之致。然性高簡，不問家人産業。而先生博學有文，方卒業，成均去而歸，子舍左右，承順周旋，黽勉務以娱公，朝夕使之優游林壑，欣然樂而忘其貧，吳之人士，翕然稱先生為孝子。……（《賜閑堂集》卷十三，《四庫全書存目叢書》影印明萬曆間刻本）

《特進光禄大夫柱國少師兼太子太師吏部尚書建極殿大學士贈太師謚文貞徐公墓誌銘》

萬曆癸未，致仕少師兼太子太師吏部尚書建極殿大學士華亭徐公，以閏二月二十六日卒于家，訃聞，上震悼輟視朝一日，賜祭加等，為十三壇飭所司治葬事，贈太師。……公諱階，字子升，學者稱少湖先生，晚更號曰存齋，松江華亭人也……喜誘引後進，當世知名士，多出其門，生平寡嗜欲，無姬媵之侍，丈室蕭然，布衾緼袍，菜羹糲飯，泊如也。性友悌惇讓，四宅録廕，推分及其弟姪。為詩文，不尚雕繢譎詭，一本之六經，嘗手録程純公語，愛其得聖人精粹，喜誦白香山詩、蘇長公文，以為能寫性靈，當事實，所著有《世經堂集》二十六卷，及《學則》、《蒙訓》諸書，藏于家。公生弘治癸亥

九月二十日，卒年八十有一，距始及第，週一甲子矣。……（《賜閑堂集》卷二十三，《四庫全書存目叢書》影印明萬曆間刻本）

智按：參見王兆雲《皇明詞林人物考》卷七「徐文貞」（《續修四庫全書》影印明萬曆刻本）。

申時行，字汝默，號瑤泉，長洲（今江蘇蘇州）人。嘉靖四十一年（一五六二）壬戌進士第一，官至大學士，謚文定。事迹具《明史》本傳。

釋袾宏（一五三五～一六一五）

《詩石》

掘地得斷碑，題曰：宋隨龍余知閣宅界。旁爛石隱隱有詩。蓋護宋蹕南來，因家此，後乃捨宅爲寺，想見其人高士也。以意補葺石上詩，録如左：

幾年魂繞浙城西，十里荷花漾錦陂。踏徧兩峯三竺路，又隨青嶂入雲棲。

千里旌旗擁六飛，投簪欲上釣魚磯。無端忽被閑雲引，迴耀峯前掩竹扉。

洛邑名園歌舞沈，亂鴉啼破幾黃昏。何人學得香山老，千載精廬有梵音。

（《雲棲紀事》卷四，《中國佛寺史志彙刊》第一輯第二八册，明文書局一九八〇年版，第七三～七四頁；張景崗點校《蓮池大師全集》下册，華夏出版社，二〇一一年版，第三〇一頁）

智按：三詩又見《宋詩紀事》卷九十六，署為紹興初余知閣《絕句三首》，其二、其三順序相反。隨龍，謂東宮僚佐官吏隨太子即位而得重用。《宋詩紀事》卷九十六引《雲棲寺志》：「寺近掘地，得斷碑，題曰：宋隨龍余知閣宅界。旁有石，隱隱有詩，蓋護蹕南來，因家于此，後捨宅為寺也。」明吴之鯨《武林梵志》卷二：「雲棲寺在梵村天柱寺旁……紹興初，有余知閣者，扈蹕南渡，隱於寺側，後捨宅歸寺。」清陶元藻《全浙詩話》卷三十九云：「按雲棲舊寺爲宋乾德五年吳越所建，治平中改棲眞院，自後不名雲棲。明弘治間，洪發寺廢。隆慶時，釋袾宏行脚至，拓新蘭若，因掘地得詩，知爲雲棲故址，復名雲棲，其顛末詳見董文敏及先文簡兩記中。然細玩《紀事》中語，但云隱隱有詩，則三詩必非余知閣原詞，疑袾宏以意補葺而成，輯宋詩者編爲余作，蓋亦未之詳審矣。」（清嘉慶元年怡雲閣刻本）

《往生集》

⊙白居易少傅

唐白居易，官中大夫太子少傅，捨宅為香山寺，號香山居士。晚歲患風痺，出俸錢三萬，繪西方極樂世界一部，依正莊嚴，悉按《無量壽經》，靡不曲盡。頂禮發願，以偈贊曰：「極樂世界清淨土，無諸惡道及衆苦。願如我身老病者，同生無量壽佛所。」

贊曰：「人傳蓬萊有樂天名，樂天辭以偈曰：『海山不是吾歸處。歸即須歸兜率天。』」今復捨兜率，而求淨土，豈所謂「披砂揀金，愈擇而愈精」者耶？（卷二，《大正新脩大藏經》第五十一册）

《跋長慶集警悟選》

香山居士長慶集，今所傳凡七十一卷，中爲詩三十有八。大都雅澹平易，不刻意而意已獨至，乃予更摘取其明瞭解脫、足于人世間警策懦頑、悟覺迷醉者，別爲一小帙，名《警悟選》。若《琵琶》、《長恨》等。雖感慨、諷諭，無忝風雅，而以模情寫思，備極姸巧，恐失其旨者，則翻滋欲本，姑置弗録。唯此百篇，試展卷而誦之咏之，長歌而細味之，未必非大睡夢床前兩部鼓吹，入乎耳，動乎心，恍然而寤，了然拭目乎明空皎日之下也，不亦快乎！居士之自道也，曰：達哉達哉白樂天，是謂真語實語。（《雲棲大師山房雜録》卷一，《嘉興藏》本）

智按：釋袾宏，杭州人，俗姓沈。十七歲補諸生。二十七歲後，在四年間，喪父、失兒、悼亡、喪母，即作《七筆勾》而出家受具，自號蓮池。晚年居雲棲寺，世稱蓮池大師或雲棲大師。被推為蓮宗第八祖；與紫柏真可、憨山德清、蕅益智旭，並稱明代四高僧。

王世懋（一五三六～一五八八）

《和白傅韻贈奕友劉君三絕時適有寇儆而劉君姓事白詩正同》

長慶詩人舊有聲，嵩陽處士未聞名。不知得似劉郎手，也說圍棋賭到明。

有賊只憑諸將力，無官可繫世間名。閒來小簟疏簾下，逢着棋枰眼較明。

殺機曾受班生旨，賭郡猶傳玄保名。莫笑圍棋非世事，翻嫌黑白大分明。

（《王奉常集》卷十四詩部，《四庫全書存目叢書》影印明萬曆間刻本）

《仲山先生詩集序》

仲山王先生，世所謂高人隱君子也。先生致政四十年，凡所歷覽感遇，寥廓鬱幽之致，多託之詩。是集也，先生所自謂披砂揀金，猶尚盈緗袠如此，即舉生平可知矣。先生初以孝養歸，竟親没不仕，而厥嗣汝明，亦以司封大夫歸養如先生。先生歿，而所為不朽計，多名公鉅卿之筆序其詩，而稱說者亡慮十數家言，乃汝明以為未慊於志，復就王子而問序焉。王子瞿然曰：吾先子之所畏也，敢辭。汝明曰：子知夫離合之趣乎？夫辭有嫺而無當者，其趣離也；文有不必工而當者，其趣合也。昔者吾先君子好隱，而子亦好隱；吾先君子好書，而子亦好書；吾先君子好詩，而子亦好詩，其為趣離耶合耶？若是吾先君子，必吾子之言享也。世懋乃伏讀其詩而歎曰：於戲！是風人之極致而盛德之遺範已，余小子，何敢序焉。姑述所聞，詩之來也，蘇李濬源，建安揚波，潘陸衍藻，顏謝攄葩，斯皆一時之偉人也。其道蔓延，莫盛於唐，然吾以為鮮潔矜雅，無如王右丞；簡澹夷曠，無如韋左司；廣大自在，無如白香山。之三君子者，類以性情得之，故所為冠絕時人也，然皆終其身而禄食焉。何也？若吾仲山先生，官五品，遽筮甘節而歸，詎不超然三君子上哉！綠蘿之菴，漆塘之麓，終身欣然絕塵滓，故其詩翛然而清遠，書牓染素流播寓内，則風流所宗也。故其詩翩然而多姿，天錫純嘏，三世盛德，孝養蒸蒸然，故其詩温粹忠厚而有家風，古詩出入魏晉，中揖陸謝，下掩王韋，洋洋盛矣；律詩自開元、大曆以下，靡所不有，即具幽深，無妨廣大，大都白傅之伯仲云。莊生有言：詩以道性情，先生之於詩，得所道矣。冲養玄詣，有唐諸君子之所不能得，即有得之而不能兼者，故宜其言鉅麗而必傳也。與汝明聞而識之曰：甚哉！王子之知言也，吾向者固窺其趣之合也。王子瞿然曰：否否。夫仲山先生好隱，而余亦好隱；先生好書，而余亦好書；先生好詩，而余亦好詩。獨先生好有盛德，以貽其後，而余好有凉德，以愧其先。是余與先生所合者迹也，而所離者神也。若是則吾安敢謂知先生也，姑述所聞者，敘之而已。（《王奉常集》卷六文部，《四庫全書存目叢書》影印明萬曆間刻本）

《答朱在明》

……昔香山居士清商一部，不損禪趣，足下亦各其志也。……（《王奉常集》卷四十四文部，《四庫全書存目叢書》影印明萬曆間刻本）

《望崖録内編》

王摩詰、白樂天，皆以詩人早有盛名，晚而悟道。然右丞逃禪，世多知之。不知白傅所得之更深也。大都摩詰從寡欲入，故多矜潔清浄；樂天從知足入，故多廣大自在。學人晚年學道，未離游戲，當以陶淵明、王摩詰、韋蘇州、白樂天四部，時玩可也。（《王奉常集》卷五十二，《四庫全書存目叢書》影印明萬曆間刻本；《四庫全書》本《山西通志》卷二百二十九引）

《淡思子》

學人晚年學道，未離游戲，當以陶淵明、王摩詰、韋蘇州、白樂天四部時玩可也。（《王奉常集》卷五十二，《四庫全書存目叢書》影印明萬曆間刻本）

《評王世貞》（題擬）

吾兄境雖神詣，學以年劭，取材愈博，演教彌神，或鬼篆蛇文，冥搜六合之外；或牛溲馬勃，近取咫尺之間。雜觀則邈若無關，湊泊則天然一色。大都字險者韻必妥，韻奇者聲必調，天壤之間若為預設，此眞藝林之絶技也。樂府一出，必使于鱗匿響，明卿竄影，宏篇奥句，故是苦心極力之言，齊梁小調亦無敵手，邇來述作大盛，取材欲盡，不覺時墮香山、玉局趣中。（《四庫全書》本《明詩綜》卷五十一）

《藝圃擷餘》

生平閉目搖手，不道《長慶集》，如吾吳唐伯虎，則尤《長慶》之下乘

也。……（《歷代詩話》下册，第七八三頁；《叢書集成初編》本第九頁）

智按：王世懋，字敬美，號麟洲，太倉（今屬江蘇）人，世貞胞弟。嘉靖三十八年（一五五九）己未進士，官至南太常寺少卿。李維楨《黄友上詩跋》稱晚年王氏爲「廣大教化主」（《大泌山房集》卷一三一），高出《王奉常集序》亦云：「當濟南（李攀龍）盛自標樹也，曰：微吾竟長夜。元美早年頗誇服之，已稍自異也。晚益放于無涯之肆，作廣大教主，涵納一世，若江海爲百谷王矣。」（王世懋《王奉常集》卷首，《四庫全書存目叢書》本）有《王奉常集》、《閩洛紀遊稿》、《學圃雜疏》等。傳見王世貞《亡弟敬美行狀》（《弇州山人續稿》卷一四〇）。《明史·文苑傳》附見其兄世貞傳中。

吕坤（一五三六～一六一八）

《節孝吟效白樂天體（贈侍御中素祖母）》

良人去日無離色，止計歸年不計月。但願骨肉聚首懽，何言閨裏孤身妾。猶念歸來行路難，誰恤渴饑問寒熱。豈知歸夢不歸身，一霎生離成死別。孤館老親慟可知，妾身萬念俱成灰。長號一聲天為泣，拔刃自頸甘如飴。鬼神訶護得不殊，或謂亡人在妾腹。忍死存身爲存夫，從此保持若驪珠。繼姑逼令改事人，抽簪刺目目爲枯。婦矜色貌世所同，悦已云亡爲誰容。刀瘢簪跡不辭醜，保得無人娶瞽矇。生爲孤，死爲孤，九轉百回寸寸腸，萬苦千辛孱孱軀。夢魂結得夫形骸，淚血滴成兒肌膚。甫得三年離乳抱，種種食貧向誰道？紡績麻葛伴兒燈，拮据風夜愁中老。有疾不令醫入門，止欠一死未亡人。兒已成立不須我，正欲同穴泉下魂。兒生不識父何狀，塑土刻木只想像。但得寫我一聲哭，那得彷佛眞模樣。懷古讀詩廢蓼莪，罔極欲報奈若何。一刀慷慨殉夫易，半生憔悴爲誰活。荆溪士民服節孝，天子聞之賜旌表。一幅丹詔自天來，一滴黄封墓頭草。節婦爲陳開福祉，門祚昌隆自今始。懷古先生眞孝子，孫是西臺名御史。三世焚黄他日事，天酬節孝固如此。（《吕新吾先生去僞齋文集》卷八，《四庫全書存目叢書》影印清康熙三十三年吕慎多刻本，集部第一六一册，第二五四頁）

智按：吕坤，字叔簡，寧陵人。萬曆二年（一五七四）甲戌進士，官至刑部侍郎。事迹具《明史》本傳。

謝杰（一五三七～一六〇四）

《杜律詹言序》

注杜律者，衆矣，而莫盛於虞。以伯生聞人，且東里學士為之叙也。然是惡足以注杜乎哉！説者謂為元人張性伯成所為，而托之虞以顯，理或然者。歐陽原功撰虞墓碑，不及注杜。東里業已疑之，則此之為贋書，可必也。余使琉球，見彼國所讀書，獨無經，而以《杜律虞注》當之，亦唐雞林賈之儔，與第賈能辨白傅之贋，彼直以燕石寶少陵，竊謂白傅幸，而少陵不幸也。今其書具存，試諦視之，若鶯啼修竹，不知為梁孝之園；犬吠白雲，不知為淮南之宅；宗臣之贊，不知為蕭何；頻繁之表，不知為庾亮；如意不知為王戎；下韝不知為桓虞；仗鉞不知為宗資；褰帷不知為賈琮；斷石不知為峽；長流不知為江；胡語不知有老子；自寬不知有榮期；息機不知有馬援；如泥不知有周澤；高門不知有鮑宣；郫筒不知有李商隱；行路難不知有袁山松；烏皮几不知有謝玄暉；與夫窮愁之本於《四離》；獨夜之本於《七哀》；紖紛之本於賈誼；幽側之本於沈約；眞源之本於昭明；青龍之本於葛陂；朱栱之本於西樓；伯仲之本於《典論》；指揮之本於《漢書》；莫打鴉之本於古曲；欲教鋤之本於《卜居》；芰荷衣之本於《離騷》；蕙葉之本於《孔雀賦》；悲壯之本於《漁陽摑》；奉引之本於聖公傳；袈裟之本於四分律；亦咸未之考焉。甚者，金盌泥於玉盌，步檐訛為步蟾。軍儲自供，未稽府兵之制；洞門對雪，莫督掖垣之規。高葉忽雲石之光，打鼓昧發船之節；芋栗忘其橡實，諸天遺乎内典；柑黄三寸，莫憶義康之豪；鵬礙九天，弗紀楚文之異。彩筆氣象謂以才而千人，江漢垂綸恐因老而不録，則其涉於蕪陋謬悠也滋甚，曾謂聞人之注，有是乎？故以此解杜，是為誣杜；以此名虞，是為誣虞。宜毗陵氏擯而黜之者。自毗陵説行世，稍知其為贋，不可謂無功於虞。惜所釋寥寥，無足深明作者之軌。謂之有功於杜，或未也。用是不揣，姑會其意而為之詞，取材諸家，發以膚見，竊附古者以意逆志之誼，期於備而約，咼而圓。雖杜之全豹，未之能窺，而十管一斑，亦時有見。書成，命之曰《詹言》。園吏不云乎：「大言閑閑，小言詹詹。」余之詹詹，余言亦識小之義也。若因閑閑而發皇荂之奥，謹竢諸大方之家。（《四庫全書》本《明文海》卷二百十三）

智按：《徐氏筆精》卷三「杜律虞注」：「《杜律虞註》楊文貞作序，疑其不出伯生之手。然實京口張性伯成所著也。性亦元進士，後世借伯生之名以行。予家有張刻古本，名《杜律演義》，世所罕知也。謝司農嘗言……按張本編次與虞本大異，其中訓詁，張簡而虞繁，必後人以張之舊稿稍增益之，偽為伯生所註。蓋伯生位極人臣，而張宦不達故耳。元吳伯慶有挽張伯成詩云：『何處重逢説别時，斯文千載盡交期。學憐知己先登早，生愧同庚後死遲。箋疏空令傳杜律，誌銘誰與繼唐碑。寡妻弱子將焉託，節傳遺文只益悲。』楊文貞素以博洽聞，又去元季未遠，序文猶未能決，其非虞筆，宜乎。愈久而愈誤也。」

謝杰，字漢甫，號繹梅，行九，長樂（今屬福建）人。萬曆二年（一五七四）甲戌進士，官至戶部尚書，總督倉場。

沈懋孝（一五三七～一六一二）

《范水部先生集序》

吾郡光父范先生，遺文如千卷，嗣君某裒次行于世。友人李君實序之，頃以視余。余生平才光父藝文，雅慕其古文詞，未之見也，覽集則欷歔以歎。何歎也？士生此世，總丱來，便沉没章句帖括間，方精采饒給時，日夕殫神明于無所用。如光父者，嶽嶽士林，久已倦勤，晚乃僅得諸濛汜之前，魯戈一揮，返而東者三舍耳。入仕為有司，拮据民事，如其家，嘗悔為吏，又不如為諸生，心亦良苦，兩宰名區，尸祝永垂，入為水部郎，以司爟居易水上，慷慨慕古節俠，與中人相觝抗，竟勤其官以死。其人才賢坦達思，以用當世，惜哉乎無年！然光父孳孳嗜古，自青衿已然，衫袖巾函中造次，未嘗不挾册以其間，游意著作之林，詩若文盖宜甚有之，然倉卒捐殞，官舍書帙零落，厪厪收得此，已自神爽涵映，足升大雅之庭。其取材愽，立局平，故自名世之家，且如光父之才之學，使早脱科試，入闕秘府，縱意探討，不知凌歷又當何所止？即如所與君實訂盟之言，或得以林間日月優游寬收之，將其所得亦復何量？嗟乎！豈天之意，遂以在兹之托，併付長康氏乎？青藍接而玄黄粲，亦叔皮明久之緒也，何可讓焉。余嘗論璧府玄臺，自神人所署，必有異牒，不流人間，乃人間清華，超妙境宇，上下千載，吾終服膺乎晉宋之間。漆園玄竇，獨耀此時，想珠斗之芒，別有異氣，特與江海妙士開此一境，其襟度品局，其詩文字畫繪事，皆寥絕千古，飄飄欲仙。唐以下，獨李長庚、白香山、蘇黄州、黄魯直、米元章數子者，雅能追風邁俗，可參嵇、阮、樂、衛諸人，惜未有遂沿而昌之者，玄風妙氣，到今未得大揚吐也。頃見楊用修氏《世説》，原本王弇州氏《長公外紀》，今有長康氏《襄陽志林》，並是奇書，而《晉史》新刻，近且琅琅流布書局，將此道不落寞歟？掃去俗法，間拘攣謅，習條達上，遂與古泰鴻赫胥游戲玄化中，此又一天壤矣。人生不滿百，即其書五車，何必皆傳要於空明玄界中，自得本來，則片楮行墨，亦自芬芳無窮，其人與骨俱朽矣，其香不謝，此謂必傳之道，試與長康氏論正其指，附之水部先生集中。（《長水先生文鈔》長水先生水雲緒編，《四庫禁毀書叢刊》影印明萬曆間刻本；《四庫全書》本《明文海》卷二百四十三序三十四）

《與張九山太僕》

當日與丈握別，時謂宇壤寬綽，世路夷易，故當不久再晤，不便謂分袂之難，丈既高蹈湘潭，弟亦孤棲海嶠，皆一往不返，馳駒迅波，拜見遂不可期，忽忽垂三十年。飛鴻八行，杳不相接，各老一天，長為山農，以送餘齒，道之云遠，豈不縈思。老丈今年政七十耶，聰明粹盎，不改往時，此德福常事抱中之孫，今幾人前科，次兒在南中，匆匆一會，賢嗣不復深知別後宅間事，乃者舍親津陽大參來貴地，托之候丈起居，為屬一言，今陸使之任，因附片楮，申別來仰止，念思之切，唯丈專精神強飡食，自愛陶元亮云：「素標插人頭，前途日以窄。」大都了心之樂，一日千年矣。弟今年六十五，膝頭乳下有四孫，所可奉聞，此耳。拙文三種，乃李本寧兄刪刻者，頓首亟封，奉丈之教，昔丈在畫省，見時事不愜志，終日高歌白香山詩，此時眼光，已出牛皂馬櫪上，回思往跡，千岐百變，即作十日快飲，言之不了。嗟乎！人世中事，滄桑烏足喻其翻覆哉！聲華盛利埸中人，自沉酣明眼覷之，不當一盼，末路未省所税駕，中夜起歎，自比漆室之嫠，古人一飯不忘，所謂僑將壓焉者，眞肝血語也。大厦漂摇，畏首畏尾，何以建竪天壤之間，丈其謂之何？（《長水先生文鈔》長水先生石林賁草，《四庫禁毀書叢刊》影印明萬曆間刻本）

《述關西馬學士論文章》

往者在館下，曾奉馬學士乾菴先生之教，其言曰：「今天下有用文章，大率有四事：其一則法筵之講義，啓沃陳謨，以輔主德，此其源出於禹稷益之謨，伊之訓，說之命；其二則閣臣之揭奏，進御者以陳善閑邪，進退人才，參贊機密，仰備顧問，開發上之聰明，此其源亦與謨訓合符請契；其三則史官之注記編摩，紀載朝廷大事大議，直文核事，以信千古，其源出於二典及禹貢、盤庚、武成之屬；其四則臺諫之奏疏，以弼違正義，補日月而勵群工，其源出於旅獒、訓誡諸作。自此外一切，無裨世用者。史官先生不必汎役其神明，亦不宜輕褻其體製，故凡今遷官祝壽，例有賀文，諛辭媚語，前輩所不為；碑版銘刻，媚鬼諛墓，有識所汙耻。若斯之類，為品滋多，周漢間皆無之，吾子其不作可焉。」不佞奉而持之，今且四十年，其於講讀編摩、起居制誥之文，則嘗精心斯事，一以典謨訓誥為宗，其閣臣揭議，則於金匱纂記、起居注録，一一見嘉隆至今，君相所以都俞之意，具悉其首尾，其疏議即不在此位，然由嘉隆歷諸臣之疏奏，以進參國，初到今諸名碩所已嘗條行者，又進而博考歷代名臣疏議，古今之條貫，亦既略綜其槩矣。獨於所示戒二種文字，例不能盡絕，然必再三繹思先生長者之訓，必不敢追俗徇人，以失史官之守。今且老矣，追思生平之作，頗無媿色焉。其人不端者不敢作，其言不雅者不敢陳，其事無裨民社者不敢論，故凡馬先生所丁寧致戒者，亦甚兢兢持之，以此獲罪當世為不少矣。余亦無懼焉。乃若泝性命道德之源，無一日不宗堯舜孔孟，通天地人物、朝章國體之宜。即退耕二十載，一飯不敢忘，庶幾伊尹樂慕唐虞之意。其他游覽文林，淋漓墨海，出入諸史百氏，尚論千古，參請於左丘明、司馬遷、班固、屈原、莊周、管仲、韓非、賈誼、劉向、荀況、楊雄、董仲舒、韓愈、杜甫、李白、曹植、謝靈運、陶潛、王維、歐陽修、蘇軾、王安石、曾鞏、白居易、黃庭堅，以及今代諸先生之間，頗自謂深林長谷，不宜虛靡歲月，可以自放乎卿雲華月之下，而極其心精筆妙之所致，故常率言率意，期以盡發，胸中不敢自匿其短拙。雖言之不讓乎，亦各其志也。知我姍我，聊自喻焉。甲辰五月，時年六十八。(《長水先生文鈔》長水先生四餘編，《四庫禁毀書叢刊》影印明萬曆間刻本；清涵芬樓抄本《明文海》卷一百三十二述)

智按：甲辰，萬曆三十二年（一六〇四），據文末「甲辰五月，時年六十八」，則沈懋孝生于嘉靖十六年（一五三七）。

《與董玄宰書》

冬杪，有族人來都中，為附八行，申候想不浮沉也。春初，見門下予告書，屈指計程，此時當在淮揚以上。昨具區先生從貴郡來，知台節入里門矣。浣慰可言，往三十年前，僕與長洲相君同為館下，一日閒踏長廊，戲言我衙門中人物，須如白香山、蘇黃州，不諧世波，小小磨折，乃足洗□文章，刻厲風骨，如竹貫霜，方有冽氣。若一生只在鳳皇池頭，紫薇欄下，拖金鳴玉，忙忙波汲□登樞事，恐終帶幾分俗氣，一時館丈為之破□，哂其言之不審也。今年春，長洲公過僕齋頭，因笑謂余曰：「冽氣今何如?」僕亦笑答云：「乃俗氣則無之矣。」門下召還禁近旦暮間事，為誦前言，□當抵掌，浮雲世路，從古則爾。豪杰胸中，苞具□壤，人之品局，自有本色，世上亦烏能陶鑄我也。(《長水先生文鈔》長水先生四餘編，《四庫禁毀書叢刊》影印明萬曆間刻本)

《兩蘇公說易解老合編敘》

眉山兄弟，少稟庭言，老泉所稱，取孟子、韓子之文，兀然莊坐，精研之者數年，是其源流自來處。然子瞻氣浩識超，思以通達今昔之故，運才略於當年，好《國策》、《吳越春秋》，其意必準《過秦》而効《治安》，彼時對制諸策，所上論事諸書，森發光茹，莫與為伍，人人謂賈長沙復生此時矣。乃子中性恬雅，好劉向《新序》諸書，少日登朝，不喜煒煒有口，時以露才揚己，規切其長公。即長公亦□子由之文，汪洋淡雅，實乃勝予，有朱絃□

是□風。他日賦黄樓，稍自矜奮，友朋間便疑是僕代草，即時人未許，洵矣，其雍容可泳也。兩公中年以後，崇寧諸鄙顓朝，遂各漂泊東西，坎壈寥寂以終老。于是子由深味乎五千文，《解老》一編，□達天人，深入玄旨，自河上公、嚴君平以來，未有能加之者，必傳何疑焉。子瞻得意於《南華》，扶搖九萬，自快風塵之表，晚好竺典，尤復醉心。今王弇州所緝《外紀》，是其得解於莊、佛之最勝處。其説《易》也，不以我見詮解，亦不主昔人舊義，止是借《易》津津自説其胸懷耳。時淺時深，乍離乍合，正如疏梅淺瀨，微月一鈎，知道者挹之言外，有餘賞矣。昔孔子蓋晚而深沈於《易》，在五十知命之年，當其問禮聃氏，勤心寶書，聃皆未深許，力鋤其矜勝。由此言之，老、《易》之義，非及暮晚經嘗百變，返源歸根，未易解也。士大夫早紆青紫，壯志功能，天下之書靡不闚，天下之故靡不嘗，情銷則性見，人徹而天全，老乃聞道，晚乃入微，□李青蓮、王輞川、韋蘇州、白香山、王介甫、黄魯直與夫兩蘇兄弟者，其言語文章，别是一色，得之道味者常多，倘可與了心之士共沐浴焉，故合而論之。（《長水先生文鈔》長水先生四餘編，《四庫禁毁書叢刊》影印明萬曆間刻本）

智按：沈懋孝，字幼真，號晴峰，學者稱長水先生，平湖（今屬浙江）人。嘉靖四十一年（一五六二）壬戌進士，隆慶二年（一五六八）戊辰改庶吉士，授編修。甲戌分考禮闈，壬午副考南畿，遷南司業，中蜚語，謫判兩淮，投牒不赴。李維楨、孫植皆為白寃，懋孝無一言辨。退居淇林之上，授徒講學，晚歲産益落，庭户蕭然，擁書萬卷，日丹黄其間，寒暑不輟，故博洽近代無比，每有乞其文者，輒引紙疾書，不經思索，不加點竄，視其紙之長短，必竟幅乃已。著有《滴露》、《洛誦》、《石林》、《四餘》、《賁園》、《水雲》諸編，論者謂其文神超骨秀，如秋濤曉月，詩集十卷，名《淇林雅永》。

張元忭（一五三八～一五八八）

《館閣漫録》

（弘治十六年）八月乙未朔乙卯，學士張芮乞歸省，親許之。庚申致仕，侍讀學士江朝宗卒。朝宗字東之，四川巴縣人。景泰二年進士。改庶吉士，授檢討，與修《大明一統志》，陞編修，秩滿陞侍講。成化三年，與修《英廟實録》，陞司經局洗馬。俄遷侍讀學士。孝宗在春宫日講讀，尋坐都御史牟俸累調廣東市舶提舉司提舉。既而累章乞休，吏部覆請。上以其才學可惜，令復原職。致仕，家居幾二十年，至是卒。朝宗蚤以文譽，歷清秩，凡侍經帷供史，事典文衡，勞勣頗著，嘗以起復道病聞于上，特命遣醫治之。然性和易，不擇交，與人亦莫有非之者。其卒也，乃效白樂天自述壙志，以識其平生云。(《館閣漫録》卷八，《四庫全書存目叢書》影印明不二齋刻本，史部第二五九册，第一八頁)

智按：張元忭，字子藎，別號陽和，山陰（今浙江紹興）人，隆慶五年（一五七一）進士第一，官至左諭德，事迹具《明史·儒林傳》。

鄭履準（一五三八～?）

《山居日輯序》

夫人生貴適意，富貴何為？此知士之格言，達人之佳論也。且百年之間，如駒過隙，而憂愁抑欝，一半相妨，風雨疾病，十常八九，光陰幾何，而衆患攻之。此樂天所以發白日之歎也。僕本鄙人，生於海曲，幼多美疢，嬾業箕裘。志學之年，即侍親南游金陵。覽龍蟠虎踞之形勢，覩王謝風流之遺踪。六朝塵跡，四顧凄然。北觀神京，見羣英濟濟，黼黻皇猷，冠盖如雲，紆青拖紫。而性本庸愚，懶惰無匹，竟乏思齊之志，所以優游歲月，無所成名。然復觀近倖，益慕前賢，朝為將相，暮就誅夷，或聲名尚著東隅，而身首已横西市，或銓衡再掌，未展經綸，而囹圄一幽，竟死縲紲。其執戟邊陲，荷鋤畎畝，死徙廢棄者，不可勝數。於是目覩神驚，不求聞達，心耑志定，決事漁樵矣。

庚申仲夏，隨父南遷。七日之間，百口出京。酷暑長途，僮僕多病。晝畏風波，夜虞寇盜。始信行路之難，難於上青天也。今高堂逸豫，兄弟怡怡。海甸澄清，不見烽烟之警；雨暘時若，幸瞻禾黍之豐。……且門無俗客，吏不征求，獨坐書齋，悠然高卧，竊比羲皇上人，而好鳥調歌於枝上，蝴蝶飛揚於華胥，竹韻琳瑯，輕風入戶，睡足之餘，焚香啜茗，覽奇秘之書，探古今之奧，凡高人逸士所述所作理生治家之法，養性行樂之事，游觀景象之美，歲時風俗之盛，與夫詼諧拊掌之書，無不周覽，心之所悅，手即書之，積之既久，所録遂多，第分卷數，名之曰《山居日輯》，姑以存之巾笥，自備遺忘，不敢獻之高明，以為談柄也。（《四庫全書》本《明文海》卷二百二十六序十七著述）

智按：鄭履準，字叔平，海鹽（今屬浙江）人。鄭曉（一四九九～一五六六）之子。嘗為刑部主事，有藏書樓曰凝雲樓。子承父志，性喜收藏。生年據富路特、房兆楹主編《明代名人傳》（北京：時代華文書局，二〇一五年四月，第二八五頁）。

溫純（一五三九～一六〇七）

《明壽官胡公墓誌銘》

隆慶三年己巳七月十九日，壽山胡公卒。先是戊辰，公伯子太學君桂夢公謂：「吾仲為陰府理，吾少選亦從仲之官去。」太學君驚覺，以其言言余，余未之信也。明年，公果以疾不起。余愕然異焉。公仲先公三年卒，諱汝安，故長沙二千石也，公故謹事神捐貲，修葺諸廟宇，諸廟宇多公扁，又嘗刊施真武垂訓，倡衆修清谷橋，延僧為湯，施曹池凹側。又見人擇塋地，嘆曰：「塋地善，孰與心地善？」會屠牛跪作咆哮聲，輒易為耕作用。比卒，竟如夢，異矣。余與太學君善，故以太學君狀銘公。公諱汝寬，字仁甫，號壽山，美丰儀，居常豪放不羈，言笑怡怡如也。初在塾，即能屬對。已坐當户，罷學就賈，嘗典市交，無論里中，即晉人多倚公，卒之，亡不得利以去。……公即隱市賈，然獨喜儒，故以太學君為儒，即又自督太學君學。又暇則閱古圖書，吟咏詩章，對客談古今事，類儒者，當歲時諸兄弟親故，相與稱觴盡驩，道故舊，有白樂天風。藩使高其行，榮以冠帶，時賀客闐門，乃未幾而公不起矣。……（《溫恭毅集》卷十誌智按：溫純，字希文，一字景文，陝西三原人。嘉靖四十四年（一五六五）進士，官至左都御史，謚恭毅。事迹具《明史》本傳。

李山海（一五三九～一六〇九）

《白樂天》

投老尤妨着意偏，柳枝雖放柰耽禪。不須浪結香山社，酒賦猶堪送暮年。（《鵝溪遺藁》卷四後集柿田録）

智按：李山海，字汝受，號終南睡翁、竹皮翁、柿村居士。有《訥齋集》。

顧大典（一五四〇～一五九六?）

《青衫記》

第一齣 家門始末

【看花回】〔末上〕屈指勞生百歲期。榮瘁相隨。名牽利綰逡巡過。奈兩輪玉走金飛。紅顔成皓首。極品何爲。　塵事常多雅會稀。忍不開眉。畫堂歌管深深處。難忘酒盞花枝。醉鄉風景好。攜手同歸。

【謝池春】白氏樂天。初與微之交好。學揣摩時時傾倒。春雷蟄起。上林鶯曉。應制科同登廊廟。　得意郊游。邂逅裴娘年少。典青衫恨相逢欠早。誰知交頸化作分飛鳥。直待潯陽江上。聽琵琶方成諧老。

金石交夢得微之，鶯花侶小蠻樊素。

白樂天詞賦無雙，裴興奴琵琶獨步。

第二齣 元白揣摩

【高陽臺】〔生上〕呑吐虹霓，氤氲豹霧，文場旗鼓森列。東壁圖書，東山琴酒雲月。含章未展經綸手，志空懷伊呂功烈。且從容芸窗麗澤，待時而發。

【鷓鴣天】當年安石著英聲，近代長庚嗣美名。前輩風流誰可擬？依稀指點屬狂生。營竹帛，冀丹青，烏兔催人夢暗驚。自信儒冠不相誤，毛錐豈肯負生平！

自家姓白，名居易，字樂天。本貫下邽人也。早年失怙，常懷風木之悲；壯歲鼓盆，久虛琴瑟之樂。止有侍兒小蠻、樊素，可侍琴書。竊比謝氏，明月白雲，每隨杖屨。我交厚只有劉君夢得、元子微之。劉已早入仕途，元亦同叨桂籍。他才高倚馬，志許攀龍，結髮成膠漆之堅，同心締金蘭之契，晤無虛日，談即連床。昨日許我早過齋中，共勤揣摩之業，以爲進取之資，爲何此時還不見來？白璧那裏！

〔末上〕書當快意讀易盡，客有可人期不來。相公有何分付？〔生〕你看元相公到來。即便通報。〔末〕曉得。

【生查子】〔小生上〕草屈子雲玄，談卷君卿舌。坐嘯樹勛猷，方顯人中傑。

自家元稹是也。因與白樂天相期，今日特來赴講，可通報。〔末報介，生迎見介〕〔生〕微之請坐。微之豈不聞：君子藏器待時，以文會友。小弟嘗閉戶累月，揣摩當代之事，造成策目七十五門。今日特請微之過來，撮其要旨，講論一番。庶麗澤不虛，藏修有待。不知尊意如何？〔小生〕如此甚好，願聞願聞。

【高陽臺】〔生〕藩鎮縱横，朝綱解紐，正澄清攬轡時節。建立何先？賢豪須有施設。顛越，道傍築室猶未决。笑蘇張漫勞饒舌，倘遭逢，弛張戰守，早權優劣。

【前腔】〔小生〕明哲，謀斷兼資，昔推房杜，而今付之空說。國是盈庭，雌黄未有分別。迂闊。依違廟堂無石畫，嘆君門萬里懸絕。運嘉謀，只愁阻隔，未能直達。

〔生〕一向言路不開了。

【前腔】差迭，言路當開，直臣應奬，須知帝裾難絕。自林甫奸邪，把忠賢視同吳越。悲咽。九齡已老韓休死，仗馬鳴杜鵑啼血。到如今，滿朝鉗口，百僚結舌。

〔小生〕如今內無直臣，外無戰將。

【前腔】員缺。推轂宜精，建牙當選，豈容債帥星列。二卵棄干城，把膺揚付之彈鋏，崩竭。汾陽薨逝西平殞，有誰人奉公竭節？到如今，虎臣蟜蟜，化爲蛇蝎。

【尾聲】揣摩世故須英傑，整頓乾坤莫浪說，正好切磋休玩愒。

〔生〕微之，聞得外面應試的，也有起身去了。我們且待春明，打點上京取應便了。〔小生〕小弟就此告辭。

男兒事業在三餘，學就須乘駟馬車。

正是與君一夕話，果然勝讀十年書。

第三齣 裴興私嘆

【霜天曉角】〔旦上〕重門靜悄，簾外東風曉。暮雨朝雲怎了，迎新送舊徒勞。

〔浣溪沙〕翡翠屏開綉幄紅，起來無力曉妝慵。錦幃鴛被宿香濃。　微雨小庭春寂寂，燕飛鶯語隔簾櫳。杏花凝恨倚東風。

奴家裴興奴是也。生長教坊，粗通文史。雖是烟花門戶，甘心冷淡生涯。自幼曾拜曹善才爲師，學得幾曲琵琶。無奈叫官身的再無虛日，媽媽又時常嗔怒。這幾日好悶人也！

【錦纏道】悶無聊，嘆烟花塵緣未消。粉悴與脂憔，甚時得成就鳳友鸞交。終日擺迷魂陣，用被窩中賓刀。只落得按紅牙撥損檀槽，減却楚宮腰。羞殺人當筵獻笑。箕帚幾時操也，免得蘭生當道。打叠起目挑與心招。

〔丑上〕隔墻須有耳，窗外豈無人！興奴，你在此自言自語，說些什麼？〔旦〕沒有說什麼來。〔丑〕還教不曾說，我都聽見了。你曲子也不學一學，琵琶也不去彈一彈，到只想著從良。你不要觸犯老娘的性子。

【普天樂】我性兒焦、心兒躁。怪得我家生俏。家生俏、忒恁妝喬，把歌和舞鎮日輕抛。教咱怨著，竟不顧我凄凉門戶發蕭騷。

〔旦〕我娘，你只愛錢財，竟不顧我終身之事。

【前腔】恨娘行、惟躭鈔，下金鈎把兒郎釣。笑痴兒、欲火延燒，好一似精衛填橋。我心中想著，怎教人做得花月之妖？

〔丑〕我兒，你今日也要從良，明日也要從良。只道從良有甚好處？你嫁了一個人，未曾入門，大老婆就扯起架子來。除下你的鬢髻，勒你跪便跪，拜便拜，又不容老公和你睡。衾寒枕冷，多少凄凉。及至老公千求萬求，求得容你同他一宿，大老婆又忍酸吃醋，聒噪不休。未到天明，就要起身。日裏還要受他幾場嘔氣，要穿沒得穿，要吃沒得吃，要來不得來，要去不得去，要高高不得，要低低不得，才懊悔不聽做娘的說話，却便難了。你如今快快梳妝接客，若再如此，我一頓皮鞭打得你希爛，定不饒的！

【古輪臺】〔旦〕不相饒，游蜂浪蝶簇花梢。生來懶去追歡笑，蛙鳴蟬噪。魂繞神勞，怎禁得烟花圈套。便玉軟香溫，珠圍翠繞，算來總是可憐宵。那些個郎才女貌？落便宜獨自煎熬。怕蛾眉翠掃，蟬鬢雲雕。佳人年少，歲月鏡中消，巴不到一鞍一馬遂心苗。

【尾聲】市門空倚終難料。墮落風塵淚暗拋。嘆于歸無日，羞咏桃夭。

柔枝嫩蕊實堪誇，不逐東風度歲華。

落花有意隨流水，流水無情戀落花。

第四齣 蠻素餞別

【一剪梅】〔貼上〕簾幕重重映曉霞，砌滿飛花，淚灑飛花。〔小旦〕歌慵舞懶鬢雲斜，人去天涯，思繞天涯。

〔菩薩蠻〕〔貼〕羅幃綉戶悲愁寂，柳絲裊娜春無力。門外草凄凄，送君聞馬嘶。〔小旦〕釵頭金翡翠，玉臉雙垂淚。花落子規啼，緑窗殘夢迷。〔貼〕奴家喚名樊素。〔小旦〕奴家喚名小蠻。〔貼〕我兩人出自教坊，頗閑歌舞。向曾在女伴中結爲姊妹，今又蒙白相公娶爲侍姬。咳，妹子，我自慚媸陋，雖無閉月之容。〔小旦〕姐姐，并事衾裯，幸托小星之列。今早聞得相公赴京應舉，我和你備一杯別酒餞行。不免請相公出來。

【菊花新】〔生上〕翩翩挾策赴京華，賦就淩雲氣可誇。結束遠辭家，有人在緑窗低亞。

你兩個請我出來。有何話說？〔二旦〕今日聞得相公赴京應舉，奴家兩人，特備一杯別酒，與相公餞行則個。〔生〕生受你。〔貼〕玲瓏，取酒過來。〔小丑上〕一杯別酒，三唱陽關。二位娘子，酒在此。〔貼、小旦遞酒介〕

【黄鶯兒】和淚瀉流霞，唱陽關別路賒。眉兒淡了憑誰畫？離心似麻，枕痕轉加，眼前一刻千金價。願君家，春風得意，看遍上林花。

【前腔】〔生〕門外促驕騧，趁東風踏落花。柳絲無奈春愁挂，歸當及瓜，休教憶咱。盼征途日近長安下，莫諮嗟。你深閨結伴，相對緑窗紗。

【簇禦林】〔貼、小旦〕關河遠，烟樹賒。玉容消，鏡裏花，怕游絲到處相牽罣。把巫山夢逐行雲化，萬山遮，匆匆分袂，腸斷已無些。

【前腔】〔生〕津亭柳，故苑花。霎時間，天一涯，爲功名兩字添縈挂。管教駟馬高車駕，漫堪誇，他時晝錦，同泛使星槎。

【尾聲】情難盡人轉遐，無奈臨岐淚灑。〔貼、小旦〕相公，你早把泥金報喜誇。〔生〕

我的行李俱收拾停當了麽？〔貼、小旦〕俱交付與白璧了。〔生〕我常穿的青衫，可在裏頭？〔貼、小旦〕也在裏頭了。〔生〕既如此，天色將晚，我喚了白璧，竟自出門去了。你兩個自進去罷。〔貼、小旦〕相公，途路間關，請自保重。

陌上春風悵别離，洛陽花事正芳菲。

明朝匹馬東風裏，正是深閨腸斷時。

第五齣 元白上路

【園林好】〔生、小生、末同上〕請了。怯長途征塵染衣，惜韶春飛花滿裾。遙望見紅樓十裏，何處是帝王居？何處是帝王居？

【江兒水】春色皇州麗，春風客路迷。萋萋芳草渾無際，聲聲杜宇催春去。〔生〕綠窗無奈春情系。〔背介〕猶記得閨人私語。〔合〕野店青簾縹緲，共春雲搖曳。

【清江引】且喜皇都將到矣，日暮雲陰翳。沽酒杏花村，共醉新豐市。今宵幸得論文侶。

黯黯離情惜解攜，蕭蕭行李赴京闈。

春風客路頻回首，野店寒燈共掩扉。

第六齣 元白對策

〔淨、丑扮二將軍上〕閶闔初開瑞靄中，丹霞曉日上蒼龍。鳴鞭驚徹廊千步，佩玉聲趨戟五重。

自家是殿前金瓜武士。聖上升殿，不免在此侍衛。〔末扮黃門上〕

【北點絳唇】鳳闕雲深，螭頭欲散朝霞影。環佩趨蹡，聽樂奏鳴稍靜。

花裏宮鶯曉未啼，千牛仗下報班齊。銀袍五百趨龍尾，天子臨軒賜禦題。

自家黃門官是也。今日聖上臨軒，策試諸士，不免在此侍班。道猶未了，諸士早到。〔生、小生各持試卷上〕

【前腔】瑞靄浮烟，見初陳鹵簿丹墀静。聖上臨軒，待奏對抒忠悃。

〔生〕北望天門拜冕旒，〔小生〕文光遥映五雲浮。〔生〕董生獨對天人策，〔小生〕應慰明王出席求。〔生〕吾輩且喜成名。今日廷試，要各陳所見，以備采納。呀！你看聖駕升殿了。〔末〕廷試諸生，不得近前，就此俯伏。〔生、小生跪介〕〔末〕皇帝策問：朕聞之，《傳》曰：先王耀德不觀兵。又曰：誰能去兵。然則君天下者，廢而不用。且涉觀兵之非，資以定功，又辜耀德之美。今河朔兵亂，有言撫安者，有言速討者。其説何居？爾多士詳著于篇，朕將親覽焉。

【駐馬聽】如綍如綸，天語傳宣謹聽聞。今兵興河朔，欲息風塵，須賴臣鄰。先王耀德是何因？于今用武何爲本？顧問諄諄，嘉謀勝算，各宜無隱！

【駐雲飛】〔生〕臣對臣聞，敢布蒭蕘效悃忱。三鎮相援引，逆節終難隱。嗏，跋扈轉紛紜，皇威當震。講武修文，二者皆明訓，推轂還須任虎臣。

【前腔】〔小生〕臣對臣聞，敢竭愚忠答聖恩。河朔方專閫，犯闕軍威損。嗏，國勢此攸存，豈容勿問。速整王師，早把妖氛淨，直擣幽并接陣雲。

〔末〕諸士且在午門外伺候，待下官上殿，將廷試卷傳達，就有玉音傳降。行看姓字驚天下，謾把文章奏日邊。〔下介〕〔生〕微之，小弟待奏公交車，喜遂成龍之願；名登傑榜，濫叨附驥之榮。何幸何幸！〔小生〕樂天，你終軍年少，賈傅才高，共推臚唱宜先，已卜鰲頭獨占。休得過謙。〔生〕綸音將下，我與你在此拱聽便了。〔末捧榜文，二旦宫人捧冠帶上〕

【滴溜子】日華動、日華動，玉闕臚傳。宫袍爛、宫袍爛，緑羅新剪。仿佛雲梯月殿，春光醉九重。蓬瀛妙選。手捧綸音，丹陛傳宣。

〔末〕皇帝有旨：白居易、元稹俱賜進士及第，餘皆賜進士出身。白居易授諫院左拾遺兼中書舍人，元稹授秘書省秘書郎。袍笏冠帶，就此佩服。鴻臚寺具鼓樂，就撤御前鹵簿，道送歸第。謝恩。〔生、小生〕萬歲萬歲萬萬歲！〔末〕諸進士退班。芳名通禁籍，詞賦重淩雲。〔同二宫人下。生、小生出朝介。衆從人上〕

【前腔】這綸綍、這綸綍，頒來自天。這袍笏、這袍笏，恩榮非淺。頃刻雲蒸霞變，神魚欲化龍，朱衣頭點。絕勝登瀛，簇擁似仙。〔衆〕儀仗已備，請爺上馬。〔生、小生〕請了。

【山花子】玉驄蹀躞天衢穩，暖融融花柳爭新。看奎躔光搖紫宸，獻甘泉奏捷雄文。遇明時仰荷湛恩，聲名一日天下聞。紛紛時彥屬後塵，願展丹葵不負臣鄰。〔并下〕

第七齣 郊游訪興

【菊花新】〔外劉禹錫，末攜酒肴隨上〕六街歌舞馬頭塵，最喜連鑣是故人。郊外好尋春，載酒且期歡飲。

玄都觀裹桃千樹，盡是劉郎去後栽。種桃道士歸何處，前度劉郎今又來。

自家劉禹錫便是。前日朝門上發榜，喜得故人白樂天、元微之俱已及第。如今游街將畢，分付院子備些酒肴，與他到東郊游樂，一展契闊之情，一伸慶賀之意。却不是好？叫院子，快備酒肴，打點隨我郊外賞春。〔末〕理會得。〔外〕看元、白二位老爺到來，便邀他下馬。〔生、小生騎馬引從人上〕

【香遍滿】彤墀拜舞踏香塵，看遍街頭萬戶春。紛紛俱是冶游人，轉覺皇都氣象新。

〔末〕劉老爺在此奉候，請二位老爺下馬。〔相見介〕〔外〕恭承高第，殊慰下情，聊具酒肴。屈至東郊游賞，萬勿見拒。〔生〕既蒙雅意，敢不追隨。就此前去。

【宜春令】花光艷，草色新，且停驂向仙源問津。平橋曲徑，杜陵韋曲相將近。秋千外燕蹴紅英，粉墻邊鶯遷緑蔭。〔合〕喜如今滿前春色，四郊無警。

【前腔】〔小生〕尋芳侶，拾翠蘋，愛香堤平鋪綉茵。帝城相映，龍樓咫尺天顔近。睹村莊四野齊民，數田疇幾家同井。〔合前〕

【前腔】〔外〕催黃鳥，轉緑蘋，出郊圻暫離紫宸。攜壺挈伴，絲鞭齊拂垂楊影。向金閨侍從經旬，解羅襴暫息勞頓。

〔合前生〕請問二兄，既要飲酒，須尋個人家，纔覺方便。〔小生〕正是。〔外〕此間有個妓者，喚名裴興奴，不惟絕色，况且琵琶是營妓中第一手。小弟奉陪，同到他家去如何？〔生、小生〕如此甚好，請就同行。〔生〕散步到江皋，〔小生〕指點青樓小。〔外〕爲覓如花貌，〔合〕滿徑花枝繞。〔末〕此間正是裴興娘家了。〔外〕可敲門。〔末敲介〕〔丑上〕柳暗聞啼鴂，花深共掩門。是誰？〔開門介〕呀！原來是列位老爺。列位老爺請坐，待我喚女兒出來。興奴，有客在此，快來!〔旦上〕來了。

【玩仙燈】脂粉慵調，幽恨縈懷抱。聽花外黃鸝聲巧。

母親。那個在此?〔丑〕我兒過來，見了三位老爺。〔相見介〕〔旦〕呀!劉老爺。爲何一向不見下顧?〔外〕連日有事，不曾來看得你。〔旦背云〕此二位决非凡品，我爲何不曾識面?〔外〕興奴這般識人，可要對你說。那一位是做《連昌宮詞》的元微之，這一位是做《長恨歌》的白樂天。〔旦〕久慕久慕!娘，你進去另煮好茶來吃。今日的客，不比尋常。〔丑背白〕曉得了，看來也不像使錢的。想我女兒有些眼裏火了。〔下〕〔生〕方纔走得有些熱，待我脫了這青衫，然後吃酒。〔脫衣翻酒介〕〔衆〕阿呀!一時間酒都潑了。〔外〕怎麽了?快去買來!〔末〕不曾帶得銀子在此。〔旦〕不消，奴家自差人取來。叫使兒!〔小丑上〕〔旦〕你可把我的釵兒去，多典些酒來。〔生〕豈有此理!方纔是我脫青衫翻了酒，如今就把我的青衫去典酒便了。〔小丑〕曉得了。正是神仙留玉佩，卿相解金貂。〔下外〕興奴，旣然待酒，先把琵琶試彈一曲何如?〔旦〕使得。取琵琶過來。〔彈介〕〔生、小生、外〕果然彈得好。都是曹善才的指法。〔旦〕呈醜了。

【惜奴嬌】坐有英髦。且輕攏謾拈，試展鮫綃。綢繆意怕被斷弦相惱，鸞膠好續紅絲。〔生〕聽聲聲寫出柔腸幽抱。冰刀，何須截曹剛兩手與紅蓮纔好。

【鬭寶蟾】多嬌，聲徹雲霄。似臨邛新寡才情風調。念相如爲客，自有情難表。〔小生、外〕傾倒，佳人年正少，才子興方豪。料今宵，必須把三生舊約，付之一笑。

〔小丑上〕人從楊柳橋邊過，酒向杏花村裏沽。酒在此了。〔生〕不有青衫，安得緑酒?快取過來。〔飲介〕

【錦衣香】香有醪，金尊倒。美有肴，珍饈造。坐有妖嬈，輕顰淺笑。何妨日日典青袍。〔生〕柔情眷眷，眞樂陶陶。〔旦〕願相期諧老，訂幽盟兩情相保。同把蒼蒼禱，一心兩照。不知身在瓊臺瑤島。

【漿水令】聽春聲鶯嬌燕小，覽春色繁李穠桃。生平樂事是今朝。〔生〕顧盼之間目眩魂搖，依稀似妖神廟。尤雲殢雨知多少?〔小生、外〕天將暮，天將暮游情未了。相留戀，相留戀月兒高。

【尾聲】且通宵任雞聲報，一醉須將萬事拋。怕今夜風情瘦沈腰。〔旦扯生介〕

我醉了，要你住在此陪我。〔外〕興奴平日做模樣，今日爲何這等開懷？樂天可住在此，我們乘月而回，明日却備馬來接你。〔生〕我也醉了，去不得了。休罪休罪！

生前結得好姻緣，此日相逢豈偶然。

莫道春歸落燕後，果然思發在花前。

〔生、旦吊場〕【十二紅】〔生〕窈窕窈窕傾城貌，〔旦〕談笑談笑氣雄豪。〔合〕暮雨朝雲，總在今宵，不枉人年少。〔旦〕我愛你風情月調，〔生〕我愛你歌唇舞腰。〔旦〕一個在鳳池鰲禁，〔生〕一個在花邊柳梢。〔合〕幸然天假良緣到。〔同下〕

第八齣 蠻素聞捷

【破陣子】〔貼上〕脉脉兩眉愁淺，菱花暗損嬋娟。〔小旦〕消息不知郎近遠，目斷關山隴樹烟。〔合〕相將淚暗彈。

〔清平樂〕〔貼〕愁腸欲斷，正是青春半。連理分枝鸞失伴，又是一場離散。〔小旦〕捲簾無語低眉，思隨芳草萋萋。憑仗東風吹夢，與郎終日東西。〔貼〕妹子，自從相公别後，不覺月餘。不知他途中安否何如，又不知功名遂否何如？教我日夜放心不下。呀！你看春色將闌，香閨寂寞，好傷感人也。〔小旦〕姐姐，正是。

【六犯清音】畫眉人去，蘭閨深掩，羞見差池雙燕。紅愁緑慘，芳菲似妬韶年。人遠天涯近，春歸在客先。容光換，别恨添，綺窗啼鳥怯春眠。〔小旦〕怎能彀霓裳舞罷郎當袖，〔貼〕怎能彀子夜歌殘玳瑁筵。〔合〕懶梳雲鬢，懶貼翠鈿，玉容憔悴梨花面。相公相公！我兩人在此，想你在京呵，多應是喜鶯遷，杏園馳驟，羅綺簇神仙。

〔丑報信人上〕報報報！十年窗下無人問，一舉成名天下知。有人麽？〔貼〕玲瓏，你看外邊什麽人叫門？〔小丑上〕待我去看來。〔開門介〕〔丑入介〕我是報喜的。白相公與元相公對策，一齊中榜，留在京師拜官。小人特來報喜！〔貼、小旦〕謝天地，謝天地！既如此，玲瓏，你分付外邊，留他酒飯，與他賞錢。〔丑〕小人還要往元相公家去，再來領賞。正是一心

忙似箭，兩脚走如飛。〔下〕〔小丑〕賀喜賀喜！如今是二位夫人了。〔貼、小旦〕

【琥珀猫兒墜】泥金報捷，喜事果從天！想賦奏明光動聖顔，曲江走馬裊絲鞭。〔合〕留連，莫非爲皇都上苑，別有嬋娟。

【前腔】風塵羈旅，何處寄青氈？怕擲果佳人愛少年，紅樓多在五雲邊。〔合前〕

寂寞空閨人怨嗟，雲箋報喜自天涯。

春風得意馬蹄疾，一日看遍長安花。

第九齣 河朔兵亂

【番卜算】〔淨朱克融，衆卒隨上〕千里剪提封，萬騎如雲擁。還期定霸逞英雄，看掌握山河重。

膂力過人膽氣雄，貔貅百萬肅軍容。還將三鎮幽燕地，乘勝都歸掌握中。

自家平盧節度使朱克融是也。只因唐家天子聽信僉壬，荒于音樂，不理朝政，囚殺鎮臣。俺與成德節度使王庭湊擁據一方，稱兵謀叛。不免整頓軍伍，直抵長安。擄掠金銀，以充糧餉，却不是好？將士們何在？〔衆應介淨〕將士們，可速擺列隊伍，殺至長安城外，搜擄一番，不得違吾號令。〔衆應介〕〔淨〕就此起兵前去！

【紅綉鞋】談兵虎帳英雄，英雄。胸藏韜略精通，精通。軍聲振，似雷轟。原日淡，陣雲横。飛羽箭，控雕弓。

【前腔】〔衆〕旌旗蔽日翻紅，翻紅。長驅直卷飛蓬，飛蓬。離幽鎮，到京墉。人似虎，馬如龍。同劫掠，逞威風。

三軍殺氣横，一戰取幽并。

瀚海雲迎陣，燕山月照營。

第十齣 夢得刺江

【神仗兒】〔外引從上〕一麾出守，一麾出守，車馳馬驟。感君恩高厚，玉節朱旛先後。持虎竹，下江州。持虎竹，下江州。

擁旌去京國，褰帷辭未央。束髮從王役，剖竹向名邦。不學胡威絹，寧挂裴潛床。所冀方留犢，行當息飲羊。下官劉禹錫是也。以殿中侍御，出爲江州刺史。乍離省闥，能無戀闕之心。遠別朋儕，未免停雲之想。今日起程，

昨樂天、微之相約，到十里長亭餞別。此間已是。左右的！元、白二老爺到來，即通報。〔介〕

【前腔】〔生、小生引從上〕故人出守，故人出守，津亭折柳。把離筵相候，况是芝蘭同臭。暫話別，且淹留。暫話別，且淹留。

〔相見介〕〔生、小生〕二弟聞得老丈榮行，特來奉餞。〔外〕王程期迫，即便趲行，不敢勞了。〔生、小生〕聊奉一杯，少叙別思，看酒過來！〔卒〕酒在此。〔遞酒介〕〔生、小生〕

【白練序】同袍友，喜千騎東方居上頭。傾別酒，不忍聽驪駒曲奏。江州五馬游，漸蛟浦雲深雁影秋。愁分手，是溢江客棹，庾樓文酒。

【前腔】〔外〕凝眸隴水頭，長江自流。乘軺去，似王尊叱馭難留。含愁淚强收，何日向南皮續舊游。空攜手，嘆長安宫闕，故人杯酒。

酒已多了，撤過了罷。〔生、小生〕還再請一杯。〔外〕天色已晚，不勞了。就此拜別。〔拜介〕

長亭杯酒送行軒，千里雲山望眼穿。

東去伯勞西去燕，斷腸回首各風烟。

第十一齣 承璀授閫

【畫堂春】〔丑扮内臣，從隨上〕葳蕤重叠瑣深宫，掃除近侍飛龍。秉權何日逞雄風，閫外師中。

花明淑景静年芳，閶闔春雲接苑墻。龍武新軍深駐輦，芙蓉别殿漫焚香。

自家乃是興慶宫中一個内臣吐突承璀是也。近侍天顔，時承寵賚。日來河朔兵變，勢逼長安，將帥乏人，不堪專閫。主上欲拜中官一人，爲制將都統，統領神策諸軍，進兵招討。我想這一差何等威權，何等榮耀，算來該是我的。聞得旨意將下，不免在此伺候。正是：眼望旌捷旗，耳聽好消息。〔衆報〕聖旨下。〔旦扮内官捧勑同卒上〕將軍專閫制，中使擁兵權。聖旨已到，跪聽宣讀。皇帝勑曰：朕惟河朔兵亂，將帥乏人。今特命中官吐突承璀，統領神策諸軍，速討幽并三鎮。奏凱之日，論功行賞。欽哉故勑。謝恩！〔丑〕萬歲。〔介，相見介〕天使請坐。〔旦〕軍情緊急，不坐了。正是：將軍不下馬，各自奔前程。〔下〕〔丑〕一朝權在手，便把令來行。大小三軍聽吾號令！〔衆〕嗄！〔丑〕須要排列刀槍，整齊隊伍，退要鳴金，進要擊鼓。指右則右，指左則左。違我令者，割了耳朵。〔衆〕割耳朵是不怕的，還是割去了那個東西纔好。〔丑〕哇！就此起兵前去。

【豹子令】叠鼓鳴笳山岳動，山岳動。長槍大劍倚崆峒，倚崆峒。百萬雄兵前後擁，直教殺氣暗盧龍。〔合〕伫看奏凱建膚功。

【前腔】〔衆〕三略六韜須講誦，須講誦。星流電轉振威風，振威風。麾下人人皆膽勇，摧强破敵逞豪雄。〔合前〕

將軍閫外握兵符，一戰還將社稷扶。

計就月中擒玉兔，謀成日裏捉金烏。

第十二齣 河朔交兵

【水底魚】〔淨引衆上〕兵馬蕭蕭，弓刀各在腰。三河健卒，一箭射雙雕。

【前腔】〔丑引衆上〕金鐙齊敲，旗懸太白高。揚威耀武，轉戰敢辭勞。

〔相遇介〕〔丑衆〕公公不要怕他，放些陽氣出來。〔丑〕朱克融！朝廷有甚虧負你？敢來謀叛。〔淨〕吐突承璀！你是閹宦，也來領兵厮殺？放馬過來。〔接戰介，丑敗介〕〔淨〕就此乘勝，直殺上去，擄掠一番。

【四邊静】蛇蟠虎翼兵威整，直入長安境。金鼓振軍中，諸鎮還兼并。〔合〕長驅取勝，三軍聽令，地覆與天翻，聞風皆響應。

【前腔】〔衆〕横行鐵騎如風競，萬叠連營陣。叱咤雪霜飛，號令雷霆迸。〔合前〕

爲問提兵節鎮，何如直擣中原。

不能留芳百世，亦當遺臭萬年。

第十三齣 贖衫避兵

【七娘子】〔旦上〕春歸底是懨懨害，填不了烟花業債。好夢驚回，離情無奈，還將可意人兒待。

何處堪惆悵，情深未得親。衹將心上事，憐取意中人。奴家裴興奴是也。前日同白相公與元、劉二相公出郊游賞，正是暮春天氣。如今紅英落盡，緑樹成陰，又是清和時候了。我想那白相公，豐標俊雅，才調風流，乃是當今才子。況且花間識面，弦上傳情。雖然一夜恩情，曾結百年盟誓，教我好生挂心。他曾解下青衫，以沽緑蟻，不免替他贖取。等待重來，使異日青衫無恙，白首同歸。一段姻緣，或者在此，也未可知。不免喚使兒去贖便了。使兒那裏?〔小丑上〕辛苦易成霜鬢，奔馳常在花街。興娘有何分付?〔旦〕使兒，前日白相公在此賞春，是你將他的青衫换酒。我有一錠銀子，你與我去贖了來，我自賞你。〔小丑〕興娘，我曉得你的意思了。贖取那白相公青衫，莫非要做緑衣黄裳?〔旦〕休得多説，快去。〔小丑下〕

【醉扶歸】〔旦〕花前邂逅春風面，典衣沽却酒如泉。這青衫不比鷫鸘，寒淋漓猶殢香痕滿。咳！白相公，白相公！你懸金衣紫是何人，須記紅樓翠袖情非淺。

使兒怎麽還不見來?我在此等一等。

【不是路】〔小丑〕禍事天來，報與娘行仔細猜。〔旦〕青衫在那裏?〔小丑〕青衫在，到杏花村裏贖將回。〔遞衣介〕〔旦〕既贖了青衫，爲何這等慌張?〔小丑〕興娘，我去贖了青衫，回來呵！到前街，見紛紛逃避多尷尬，説是河朔兵侵起禍階。〔丑上〕眞堪怪！堂前爲甚頻嗟慨?我女兒何在?我女兒何在?

呀！興奴，你與使兒在此慌慌張張，却是爲何?〔旦〕母親還不知道，河朔兵亂，侵逼長安。城外人民，盡皆逃避。我和你如何是好?〔丑〕既如此，疾忙收拾，逃奔他方，再作區處。興奴，你手中什麽東西?〔旦〕是白相公的青衫，向因典來沽酒，奴家替他贖回在此。〔丑〕咳！自家的衣服也顧不得，管什麽白相公的青衫。快走快走，到前面去打包裹罷。

【皂角兒】陰慘慘毒霧昏霾，路迢迢干戈盈塞。忙奔走滿目塵埃，恨漂流一家摧敗，玉消容眉鎖黛。悶如山，愁似海，無計安排。〔内作喊介〕軍聲一派，轟塡若雷。怎能勾狼烟静掃，苦盡甘來。

女兒，快走快走。

【前腔】〔旦〕瘦怯怯寸步難挨，恨悠悠孤身無奈。盼鄉關極目雲埋，這羈愁怎生擔戴，嘆窮途多窒礙。死和生，成和敗，難閃難猜。烟花生計，顛連可哀。告蒼天莫教輕拆，子母分開。

〔丑〕我兒，我們趕到前路，投個人家暫避。等干戈寧静，回去便了。

何處避征塵，恓惶母子身。

寧爲太平犬，莫作亂離人。

第十四齣抗疏忤旨

〔末扮黄門上〕花鬣班虬駕早朝，玉欄金闕壓雲濤。群仙遥望蓬萊拜，五色霏烟繞赭袍。

自家黄門官是也。今日官裏升殿，恐有奏事官到來，不免在此伺候。

【正宫粉蝶兒】〔生朝服上〕漏下鐘鳴，閶闔祥烟掩映。見千官端笏趨庭，向丹闕抒忠耿，一封奏九重天聽。

下官官拜拾遺，職當諫諍。眼見朝廷多故，豈容緘默不言。昨曾草就短章，不免冒達天聽。此間已是午門外了，就此俯伏。〔末〕來者何官?〔生〕左拾遺兼中書舍人臣白居易，奏聞陛下。

【耍孩兒】幽州敢逆朝廷命，〔重〕四面攻圍功未成。弓高既陷糧途哽，深州窘卒誰安定。〔重〕下博饑民勢若傾。賊勢猖狂甚，早宜區處，拯濟生靈。

【四煞】論人心系勸懲，論國法貴賞罰明。貔貅用命由軍令，無功受賞人誰聽。〔重〕敗衄無誅衆不平。豈合遷延甚，早宜策勵，宣播皇靈。

【三煞】牛元翼方戰爭，李光顔將勁兵。須令合勢從東進，向弓高轉戰開糧道。〔重〕取路還從下博行，彼此遥相應。重圍可解，救取深邢。

【二煞】念裴度是老成，將太原有招討名。全軍四面俱壓境，乘虚取便須觀釁。〔重〕同力夾攻亂可平，計就除梟獍。受降納款，變故當生。

【一煞】簡練疏兵不精，供給繁斂率興。度支交關奸謀逞，中官豈可操兵柄。〔重〕諸道監軍皆請停，方可齊軍令。穰苴斬賈，往事分明。

〔内〕聖旨道來：白居易所言兵事，既已迂闊，及論監軍當罷，似爲諸將游説。本當重究，姑降江州司馬。謝恩。〔生〕萬歲。〔介、出朝與末見介〕黄門大人，下官不知時諱，觸犯天顔，仰荷聖恩，恭承薄譴，已出萬幸。况劉夢得前日升守江州，如今到彼與他一處，也不岑寂了。〔末〕拾遺大人，請自寬心。〔生〕就此告别了。

感時抗節達重華，左轉江州去路賒。

聖主恩深漢文帝，憐君不遣到長沙。

第十五齣 興遇蠻素

【駐馬聽】〔丑、旦同上〕心急行遲，野曠原空何所之。只見蒼茫烟樹，慘淡風塵，故國雲迷。間關千里旅情悲，凄凉滿目鄉心碎。身怯馳驅，且向人烟凑密望門投止。

〔丑〕我老身與女兒行至此間，風餐水宿，受了多少辛苦，不覺又是下邽地方了。前面有個人家，不免哀求他權且棲身，再作區處。呀！門兒閉上在此，不免扣門則個。裹面有人麽？〔小丑上〕正好朦朧睡，誰人剝啄敲。是那個？〔開門介〕呀！到是一位媽媽、一位小娘子。媽媽何來？〔丑、旦〕我是逃難的，特來投倚。〔小丑〕待我與裹面主母說知，方敢請進。二位夫人有請。

【卜算子】〔貼、小旦上〕寂寞掩重門，有甚人來往。〔小丑〕忽聞窗外扣門聲，有娘女來相訪。

二位夫人，玲瓏方才開門去看，到是一位媽媽，同一位小娘。他說避難到此，要來投倚的。〔貼〕既是女娘家，且請進來。〔相見介貼、小旦〕二位何方人氏？高姓？〔丑〕老身姓裴，這是小女。〔貼〕爲何到此？〔丑〕二位娘娘聽禀。

【剔銀燈】我女兒原寄籍教坊，平白地干戈擾攘，飄蓬斷梗知何向。只有一個使喚的，半路裹迷失，不知那裹去了。更沒個兒郎相傍，悲傷！流落在異鄉，倘相容恩德怎忘。

【前腔】〔貼〕妹子，他原來是平康女郎，覷花貌嬋娟模樣。紅顔薄命多勞攘，權且住消除旅況。村莊，有幽閑空房。〔旦〕請問主人在那裹？〔貼、小旦〕我兒夫淹留帝鄉。

媽媽且請寬心。自古道：鳥來投林，人來投主。家下有空房在外，權且住下，待等干戈寧靜，還家便了。〔小旦〕正是，那個帶著房兒走。自古道：與人方便，自己方便。〔貼〕妹子說得是。玲瓏，你可對管事人說：大門外左廊下有空房，可收拾幾間與裴媽媽母子住就是。你引他二位同去便了。〔丑、旦〕如此多謝了。

天涯母子傍誰親，幸借廊廡寄此身。

惟有感恩并積恨，萬年千載不成塵。

第十六齣 訪興不遇

【六麽令】〔生上〕紅樓似畫，住一灣流水人家。自憐遷客去長沙，迷楚岫、隔京華。匆匆不盡離情話，匆匆不盡離情話。

下官自那日出郊行樂，得遇妓者興奴侍酒。他姿容獨步，才技無雙，一夕爲歡，十分留意。今當遠謫，相見無期，特來尋訪，與他叙别一番。迤邐行來，此間已是興奴門首。呀！爲何門兒鎖閉，寂無人聲？待我問那行路的。行路的，此間有個妓者裴興奴，如今到那裏去了？〔内〕前日河朔兵亂，城外人家，俱已逃避去了。〔生〕咳！可憐可憐。我若在此做官，或者他寧静還家，還有相見之日。我今遠謫，他又飄流，縱使回來，何由會面？教我好傷感人也。

【普天樂】盼嬌娃，愁緒難禁架。曾典衣共醉斜陽下，爲分離重訪仙源，誰知路隔桃花。堪憐你無棲止，悔當初不如不見到無牽挂。恨縱横豺虎如麻，把燕約鶯期勾罷。咳，我兩人呵！似浮萍飛絮各散天涯。

興奴既然遠去，我又難以淹流，不免且到江州，尋個便人，寄書與他便了。

昨日今朝事不同，玉人飄泊嘆西東。

有緣千里能相會，無緣對面不相逢。

第十七齣 茶客訪興

【秋夜月】〔淨扮茶客上〕時運高，賺得財和寶。猗頓陶朱何足道，日來算命花星照。且學一個老闞，且學一個老闞。

我本江湖經販侣，倜儻風流堪自許。腰纏十萬上揚州，引帶三千來顧渚。鳳團、雀舌、龍陂茶，仙芽瑞草藪春花。陰林陽谷恣收采，羽經輝賦眞非誇。石蜜霜華是何物，盧家七碗還堪吃。回味應須橄欖仙，生凉好唤雞蘇佛。

自家浮梁茶客劉一郎是也。帶著三千引茶，就到此間發賣。聞得裴媽媽家有個女兒，唤名興奴，十分標緻。昨日曾央吳小閑說知，那媽媽叫我今日自來，須索去走一遭。小富那裏？〔小丑上〕聽得叫小富，慌忙便解褌。不是注火盆，定是塌荳腐。員外呼唤小富，有何分付？〔淨〕小富，你把一百兩銀子，放在皮箱裏背著，隨我到小娘人家去走一走。〔小丑〕莫闞莫闞，小娘最喬。雪花銀子，一似湯澆。〔淨〕休得胡説，快隨著我來。〔小丑背箱介〕〔淨〕穿花街，過柳巷，此間是裴媽媽家了。可有人麼？

【前腔】〔丑上〕鴇兒喬，只愛財和寶，見了他時呵呵笑。近來算命財星照，遇一個老鬮，遇一個老鬮。

是那個？〔淨〕是我。〔丑〕莫不是昨日吳小閑來說的劉員外麼？〔淨〕正是。〔丑〕失迎失迎。〔淨〕久慕久慕。小子聞得令愛的大名，今日特求一見。〔丑〕員外，不要說起，我女兒只爲守著那白相公，再不肯留客。如今叫他出來，一定要接你。只是那個丫頭要使性，員外須索要忍耐些。〔淨〕知道。〔丑〕興奴快來！有客在此。〔內〕身子不快，出來不得。〔丑〕還不快快出來！你不要討我的打吃。〔旦上〕

【金瓏璁】愁眉何日展，懨懨瘦損香肌。心易懶，步難移。

母親喚孩兒，有何分付？〔丑〕我兒，白相公一別，音信杳無。家計蕭條，怎生過活？如今浮梁劉員外他十分撒漫，你須留他，賺些錢鈔養家。〔旦〕母親，孩兒與白相公有約在前，誓不接客。教我怎生見他？〔丑〕又來胡說！你且相見何妨？快來見了員外。〔見介淨〕妙！話不虛傳。令愛果然標緻！小富，快取皮箱過來。〔取銀介〕媽媽，一錠銀子在此，權作小東之費。〔丑〕員外不消，老身已備在此了。〔淨〕媽媽，些須薄禮，休得見外，請收了。〔丑〕如此多謝了。〔小丑諢介〕〔丑〕使兒看酒過來，員外請上，待老身奉一杯。〔旦轉身，丑抱住介〕你往那裏去？還不住在此奉陪員外。〔旦背介，丑奉酒介〕

【耍孩兒】滿泛取金樽緑蟻，準備著偎紅倚翠。對酒當歌，對酒當歌，應知是快樂便宜。〔合〕論人生歡娛能幾，猛拚取沈醉似泥。

【前腔】〔淨〕感娘行殷勤意美，况覷著千嬌百媚。綺羅叢裏，綺羅叢裏，頓忘却客邸棲遲。

〔合前〕〔淨〕媽媽，我吃不得這啞酒。各飲一杯，說一個無滴，就要唱一曲。〔丑〕既是這等，員外先請。〔淨〕在下僭了。〔唱弋陽腔介〕無滴。如今該媽媽了。〔丑唱打棗竿介〕無滴。〔淨〕如今該是大姐了。〔旦〕我不會唱。〔淨〕請飲一杯。〔旦〕也不會飲。〔淨〕這等，彈一曲琵琶也罷。〔旦〕日久不彈，也都忘了。〔丑〕我兒，你還來奉員外杯。〔旦丟杯介〕從來不會奉酒。〔丑〕興奴，你怎麽這等無禮？可惡！

【東甌令】賊潑賤心太痴，雲傯雨僝却爲誰？玉顏鎮日垂雙淚，全不思活計。這劉員外呵！是風流灑落富家兒，何故强推辭？

【前腔】〔旦〕他是守財虜白丁兒，灑落風流在那些？我白頭願守青衫誓，豈忍輕抛棄？碧梧止許鳳皇棲，怎肯借山雞！

〔丑〕我兒還去奉一杯。〔旦〕咳，只管來胡纏。正是：可人期不來，俗子推不去。〔下〕〔丑〕你看，你看這賤人，不要慌，且謾著。〔淨〕阿呀阿呀！媽媽，一片熱心腸，化爲冷面草。在下十分奉承，令愛全然不理。著甚麽來由，告别了罷。〔丑〕呀！員外説那裏話來。自古道：日親日近，日遠日疏。我兒女雖爲那白相公，不肯接客，如今他久無音信，日漸疏遠。員外時常來走動走動，老身又在傍攛掇，日久自然親近起來。〔淨〕多謝媽媽，只怕令愛不肯。〔丑〕不妨，都在老身身上，包你成就便了。〔淨〕既然如此，我明後日再來，全仗媽媽。〔丑〕員外，怠慢了，明後日專望你來，不可失信。

有分莫嫌遲，佳人有所思。

得他心肯日，是我運通時。

〔丑〕員外請了。〔先下介。淨、小丑吊場〕〔小丑〕員外，方纔這小娘兒，不肯接你，也不要怪他。〔淨〕却怎麽？〔小丑〕自古道：小娘兒愛俏，老鴇兒愛鈔。員外，你這般打扮，也不像個闞客。你日後要去，須换了這高巾，脱了這件大袖衫子，打扮得俏麗些，他就喜你了。〔淨〕這小廝到也説得有理。明日就换。〔小丑〕員外，你這鬍鬚也忒長了，也去了些便好。〔淨〕鬚長有何妨？〔小丑〕你不曉得，鬚長不鬮。〔淨〕哇！胡説，且回去了，明日再來。〔諢下〕

第十八齣 樂天赴任

【朝元歌】〔生、末從上〕山程水程，漸逼斜陽景。泉聲鳥聲，别是清幽境。日遠長安，浮雲蔽影，自嘆孤踪萍梗。遠道風塵，逐客偏多戀主情。薄譴荷恩深，何須弔屈平。〔合〕溢城隱隱，到得後再圖家慶，再圖家慶。

〔淨扮驛丞上〕廬江驛驛丞，帶領人夫接老爺。〔生〕驛丞，這裏是那裏了？〔淨〕稟老爺，這裏是交界地方了。〔生〕起去，前途伺候。〔淨應下，外扮吏上〕江州劉太爺差吏典迎接老爺，有帖子拜上。〔生〕太爺一向好麽？〔外〕好。〔生〕前途去領回帖。〔外應下〕

【前腔】〔生〕驛路遙通五嶺，匡廬入望青。立馬夏雲横，炎氛難屏。看潯江照影清，雙鬢欲星星，啼猿不忍聽。自别神京，記尋芳反令春恨增，風

月庾樓生，悠悠懷古情。〔合前〕

初出藍田岡，又過望秦嶺。

爲問佐江州，何如在華省。

第十九齣 裴興還衫

【月雲高】〔旦上〕匆匆逃避，蒼忙路途裏。似烏鵲驚三匝，幸遇雙珠樹。近日問將起來，原來就是白樂天家裏。問取鄰姬，知是棲鸞處。我想樂天在我家走動時，常常賣弄他家有個「櫻桃樊素口，楊柳小蠻腰」。如今看將起來，檀口依然小，果是腰肢細。我就對他說與他相公有交，難道說你是何人他是誰，也只當鷦鷯借一枝。

我如今只得就把青衫送還他，却不是好。〔對內云〕娘，前日白夫人不要我家房金，你要辦禮去謝他。我如今只送這青衫還他，做個人情何如？〔內應〕省了我辦禮也好，你自送去便了。〔旦〕既如此，我送了去便來，你可關上門兒。〔內云〕知道了，你自去。

【前腔】〔旦〕行行還止。〔作退步介〕猛省當時事，倘我把此情實說出來，他二人倘見怪，怎麽好？他未必生嫉妒，我自閑疑慮。看他舉止溫和，難道成乖戾？他既做居亭主，那有入宮忌。也不要疑心了，我只是送還他便了。想人在空閨欲授衣，怕寒到君邊衣到遲。〔扣門介〕

【生查子】〔貼、小旦、小丑上〕寂寞閉深閨，自喜相依倚。〔小旦〕鶯語喚開門，想是裴娘至。

玲瓏開了門，看可是裴娘。〔小丑開門介〕果是裴娘，請進。〔相見介貼〕裴娘，今日緣何獨自下顧。〔旦〕無事也不敢來驚動。〔貼、小旦〕敢是少些什麽，你就對我說，我這裏都有。〔旦〕多感美情，也不少什麽，昨日收拾箱籠，偶然尋出一件青衫，送與二位看看，不知可認得否？〔貼、小旦看衣相顧介〕且住，這青衫是我相公穿往京師應舉的，爲何到在你處？〔旦〕二位夫人，請猜一猜。

【紅衲襖】〔貼〕莫不是戀戀綈袍贈故知？〔旦〕想他不曾遇什麽淪落的，那曾贈人。〔小旦〕莫不是棄青衿爲賜緋？〔旦〕他也不是那樣棄舊憐新的人。〔貼〕莫不是衣狐貉嫌袍敝？〔旦〕他也不是這樣趨炎附勢的人。〔小旦〕莫不是披鶴氅解青衣賜行酒的？〔旦冷笑介〕酒字兒到猜著三分了，還有七分猜不著。〔貼〕這話兒教人轉疑，這意兒教人怎知？〔小旦〕我知道了。多應是禄薄官貧也，典却春衣做夏衣。

〔旦〕你猜是猜不著了。我實對你說罷，却是不要著惱。〔貼、小旦〕有甚著惱，但說不妨。〔旦〕你那白相公呵！

【前腔】對金鑾得意時，曲江游走馬回。那時與劉、元二位訪紅樓曾把絲鞭系，解青衫曾將緑酒易。〔笑介〕實不瞞二位說，一時間雲雨迷，到後來情意密。我因此上贖將歸日夜隨身也，今日呵！應把青衫付緑衣。

〔貼、小旦〕原來你與我相公曾有情，便是一家了。一向有失照管，却是多罪了。

【前腔】每日間見你斂蛾眉不知愁甚的？見你減腰圍不知爲著誰？今日個說起心中事，正好與我并頭花做連理枝。你眞情我已知，想夫君也念伊。你只合從頭收拾閑風月也，待他差人來迎接我們時節呵！我和你做個仙侶同舟晚更移。

【前腔】〔旦〕我爲著他困騰騰瑣翠眉，我爲著他病懨懨減帶圍。爭奈我娘行不解人深意，强逼我落混沾泥做墻外枝。我眞情你既知，便追隨想不見疑。只是我娘行重利要把我輕抛也，怕事到頭來衹自悲。

二位不知。我娘要我接一浮梁茶客，怪我不從，終日打駡。如今要他千金，把我賣與他，怎生是好？

【前腔】〔貼、小旦〕我也願賣釵梳贖取伊，我也願典衣衫盡付渠，只是探囊中怎彀千金費，罄篋底難當十斛珠。欲托征鴻報與知，奈天涯雲路迷，怎能彀特爲司花吏也，留取河陽第一枝。

只在早晚，待我請令堂過來。看他說甚麽，再作道理。〔旦〕如此甚好。〔貼、小旦送介〕

青衫依舊付伊收，紅淚盈盈獨倚樓。

無限心中不平事，一齊分付與東流。

第二十齣 遣迎蠻素

【似娘兒】〔生上〕一爲遷客到江皋，人事音書謾寂寥。夢斷與魂消，回首碧雲天杳。

〔集白句〕春盡思家歸未得，青山簇簇水悠悠。三聲猿後垂鄉淚，白盡江州司馬頭。下官謫任江州，又經兩月餘矣。此處左匡廬，右彭蠡。土高氣清，富有佳境。刺史守臣，不可游觀。郡吏執事，不敢自佚。惟司馬爲遷人冷署，得以自由，山澤遨游，頗酬素志。只是寂寥無伴，難以遣懷。昨日寫下一函，差白璧回去，取我蠻素二姬。不免唤他出來分付，白璧那裏?〔末上〕堂上聞呼唤，階前聽使令。老爺有何分付?〔生〕白璧，將這一封書，竟送到家裏，迎取二位小夫人到來。〔末〕理會得。〔生〕你聽我道。

【懶畫眉】一封遥寄彩雲箋，説我朝奏封章夕左遷，江州未得整歸鞭。如今官衙寂寞難消遣，教他早早登舟莫久延。

【前腔】〔末〕殷勤傳遞這魚箋，回首江關隔暮烟。秋風江上片帆懸，星馳願逐天邊雁，眞個一紙家書抵萬錢。

潯陽江上見秋風，欲作家書意萬重。

只恐匆匆説不盡，行人臨發又開封。

第二十一齣 蠻素遨興

【鵲橋仙前】〔貼、小旦、小丑上〕鏡損朱顔，袖沾紅淚，不道檐前鵲喜。

〔相見介〕妹子，自從相公遠游京國，我和你獨守空閨。那裴興娘避難相投，恰是相公舊好。今日特陳小酌，聊叙情悰。早間已著人去請，此時想來也。玲瓏，你看裴媽媽、裴興娘到來，卽便通報。〔小丑〕曉得。

【鵲橋仙後】〔丑上〕天涯相聚喜相招，〔旦上〕嘆往事不堪提起。

〔相見介丑〕二位夫人，今日呼唤我娘女兩人，不知有何話説?〔貼、小旦〕連日多有簡慢，今日特具一杯，屈過少叙。〔丑〕多承夫人美意，只是老身終日想家，飲酒不下。如何是好?〔貼、小旦〕休得愁煩，玲瓏取酒過來。〔衆把盞介〕

【憶多嬌】〔貼、小旦〕你歸有日，休怨憶，尊酒相邀情更密。况與我夫君爲舊識，暫時棲息，暫時棲息，愧我蝸居陋室。

【前腔】〔丑、旦〕知甚日，兵燹息。家山縹緲雲樹隔，幸托高居聊寄迹。〔貼、小旦〕且寬愁寂。〔丑、旦〕怎寬愁寂?深感娘行憫惜。

〔末上〕欲傳青鳥信，先寄彩雲箋。

自家白璧是也。蒙相公差回，迎取二位小夫人。這裏已是自家門首，不免徑入。有人麼?〔貼、小旦〕玲瓏，外面有人説話。你去看來。〔小丑〕是那個? 呀! 白璧哥，你回來了! 待我去稟知二位夫人。〔進介〕白璧在門外要見。〔貼、小旦〕著他進來。〔末進見介〕相公爲諫言忤旨，謫宦江州，特差小的回來，迎接二位小夫人。畫船已在河下了，有書奉上。〔貼、小旦〕相公又謫宦在江州了?〔丑、旦〕有這等事。〔貼、小旦〕取書上來。既如此，你且在外少待，待我看了書，與裴媽媽裴娘相別了，然後收拾起程便了。〔末〕曉得。河下暫停蘭棹，江干專候魚軒。〔下貼、小旦看書介〕

【一封書】傳書與二姬，謫江州倍慘淒。從別後歲餘，夢繞深閨思欲飛。早整行裝來任所，免使羈人望眼迷。兩相隨，莫相違，草草緘封帶淚題。

相公書中之意，要我二人早去，今日就收拾起程罷了。只是媽媽與裴娘在此，不得陪奉，如何是好?〔丑〕夫人好説。〔旦〕二位夫人在上，奴家有一言相告。當初在京時，原與相公有約。前日青衫已送還夫人，夫人既往任所，奴家欲隨侍同行，重見相公一面。不知尊意如何? 〔貼、小旦〕長途寂寞，挈伴同行，有何不可? 〔丑〕二位夫人，這個斷然使不得。老身只有此女，支持門戶，都在他身上。前日有個浮梁茶客，肯出千金娶他，老身尚在遲疑。他若去了，教老身依靠何人。〔旦〕母親，你若不肯放我去，我就在家，也决不接客，一心守著白相公便了。〔丑〕阿呀! 賤人。羞也不羞? 白相公既在那裏做官，難以娶你。况且有二位夫人在上，聞得此位夫人善歌，此位夫人善舞，你便曉得兩曲琵琶，又是北調。白相公好南的，你這個琵却琶不上了。就去也沒幹。〔旦〕母親説那裏話來! 我一定要去，斷不依你。

【鬬黑麻】〔丑〕這賤人敢來與咱挺執!〔貼、小旦〕媽媽請息怒，這是好事，你成就他罷。〔丑〕我貌醜年衰，窮途告急。伊若去轉憂悒，門戶淒凉，教誰取給?〔旦〕母親，你與我同去了罷。〔丑〕我淹淹氣息，路途怎慣歷? 賤人! 白相公是貴顯名公，誰愛你烟花賤質。

【前腔】〔旦〕雖不敢與鳳侶鸞儔擬匹，怎做孤鴛中途散失，擔不住紅袖濕。倘若他心戀綈袍，我誓無他適。二位夫人，相勸一相勸。〔貼、小旦〕媽媽，你還與令愛同行便了。〔丑〕我淹淹氣息，路途誰慣歷? 賤人! 二位夫人是艷蕊瓊葩，怎比你烟花賤質。

〔貼、小旦〕裴娘，我們再三苦勸，你媽媽執意不從。欲待要處些財禮，與你贖身，又一時未便。你且在我房子裹住下，待我們到江州，與相公說知，另差人取你便了。〔旦〕多謝二位夫人。〔丑、旦〕我娘女兩人，在此打攪，還當送夫人一程。〔貼、小旦〕不消送，就此拜別了罷。

【哭相思】〔丑、旦〕兩地相思苦挂牽，臨期執手淚潸潸。〔貼、小旦〕可憐又是孤舟別，〔合〕垂首無言去住難。

〔丑、旦下〕〔貼〕玲瓏，分付白璧，就此起程。〔小丑〕白璧哥，夫人就要登舟，快喚舟子打扶手。〔末同船家上〕蘭舟扶浪淺，錦纜映霞明。請夫人上船。〔上船介〕

【淘金令】〔貼、小旦〕澄波瀉影，畫鷁隨流轉。緑荷泛水，翠蓋擎珠淺。江水江風，香肌無汗。〔貼〕妹子，我與你呵！幸喜長途爲伴，回首家山，斜陽又隔隴樹烟，遠別已經年。深閨魂暗牽，重整歡娛，重整歡娛，舞裙歌扇。

夷猶青雀舫，蕭瑟白蘋洲。

遙指江州路，雲陰天際浮。

第二十二齣 茶客娶興

【山查子】〔淨上〕買笑且揮金，得意圖佳耦。賣俏逞風流，整頓巾和袖。

自家劉員外是也。連日在裴興奴家走動，他嫌我衣帽不整齊，面龐不俏麗。我雖下許多幫襯，他全然不理。如今的袖兒窄窄，帽兒圓圓，一嘴髫鬚去了半邊，這也看得過了。難道也不留我？只是一件，他既有了那老白，總然留我，一定也不放在心上，不若將千金娶回爲妾。到了我家裹，就由得我了。怕他不從順我！前日媽媽已有見允之意，不免再去與他商議。此間已是裴媽媽家裹了。有人麽？

【前腔】〔丑上〕覆雨共翻雲，不怕顔兒厚。佳客到堂前，斂衽相迎候。〔相見介〕

呀！員外，前日多有簡慢。〔淨〕好說好說，打攪。〔丑〕阿呀！員外，你今日一發打扮得俏麗，越越標緻了。好巾帽，好衣服，須也恰像少了些。却是爲何？〔淨〕媽媽，被你女兒弄得做脫鬚了。〔丑〕員外，不是脫鬚。〔捋鬚介〕咦！其然豈其然乎？〔淨〕休得取笑。媽媽，小子有一句話兒奉告。〔丑〕員外有何見諭?〔淨〕媽媽,我在你令愛跟前,十分幫襯,只是不理。意欲將銀千兩,娶歸爲妾。他既在我家,也只得順從我了。媽媽,你的意如何?〔丑〕員外,老身只有此女,本是割捨不得。員外既有千金,也只得割愛了。〔淨〕多謝媽媽。只怕令愛不肯,如何是好?〔丑〕員外,老身做主,怕他不從!〔淨〕媽媽。

【玉胞肚】姻緣輻輳,喜紅妝牽絲翠樓。贖蛾眉不惜千金,論風流肯落人後。操持箕箒抱衾裯,且載扁舟事遠游。

【前腔】〔丑〕章臺折柳,喜柔枝春風逗留。總粘成一段風流,願百歲常相厮守。相看匹鳥在河洲,河漢今宵會斗牛。

員外請坐,待我喚他出來。興奴那裏?快來。〔旦上〕終朝拭淚頻,腸斷爲情親。無限傷心事,含羞懶向人。母親萬福。〔丑〕我兒,劉員外在此,過來見了。〔旦〕母親,我心上有事,你只管來胡纏。〔相見介〕〔旦背白〕惹厭的東西。〔丑〕你看,又來使性了。我且不打你,我對你説。你平日只想從良,雖是守著那白相公,他又杳無音信,這也是徒然了。今日劉員外將銀一千兩,要娶你爲妾,你從了他,也了得你終身之事,却不是好?〔旦〕孩兒與白相公原有舊約,況且劉員外是個爲客的人。販夫俗子,教我怎生伴著他?我就死也斷不嫁他的。〔丑〕我做娘的得了銀子,難道罷了不成。你慣在娘面上使性,我便奉答了這一遭兒。你也不要怪我。快些梳妝!員外,我和你到外面去兑了銀子,就要他下船去罷。〔淨、丑下〕〔旦〕娘,我是你親生的女,你全無骨肉之情。今日千鄉萬里,把我嫁與這個茶商。閃得我好狠毒也!事出無奈,我也只得權且從他。那厮若來犯我,我到前途尋個自盡便了。

【山坡羊】急煎煎雨僝雲僽,怨寥寥粉消紅瘦,虚飄飄如逐浪浮鷗。眼巴巴盼不到的文鴛耦,淚暗流,孤身不自由。紅顔薄命,薄命從來有。誰似今朝落人機彀?含羞,又抱琵琶過别舟。難留,不是寃家不聚頭。

〔淨、丑上〕柳外促歸航,花前逞艷妝。仙源今有約,天遣會劉郎。船已在河下了。媽媽,快請令愛上船。〔丑〕我兒,我只爲孔方兄,斷送親生女,少不得要去的,就此拜别了罷。

【臨江仙】〔旦〕擊破菱花半面,那堪目斷江州,天涯淪落下場頭。出門烟水闊,漂泊倩誰收。〔淨扯旦下〕〔丑吊場〕我那兒,你掩淚含羞辭别去。

似飛花逐水悠悠，蕭蕭孤影向誰投。倚門空帳望，腸斷楚江秋。〔下〕

第二十三齣 蠻素至江

【鵲橋仙】〔生上〕明光奏賦，石渠侍講，委佩鳳皇池上。一封朝奏謫江鄉，喜官舍面山虛爽。

〔眼兒媚〕烟草萋萋，小樓西。兩行疏柳，一絲殘照，數點鴉棲。春山碧樹秋重緑，人在武陵溪。無情明月，有情歸夢，同到幽閨。我前日差白璧回去，取蠻、素二姬。爲何去久，還不見來？好生放心不下。

【解三酲】想楓宸昔年立仗，效葵忠敢上封章，不道龍鱗難逆遭黜降。喜青山正對黄堂，只是寂寥夜雨芙蓉帳，冷淡秋風烟水鄉。〔合〕遙相望，豈忍使鳳幃人老，雲冷巫陽。

待蠻素二姬到來，我且把裴興奴的事對他説，試他一試。

【前腔】想那日東郊歡暢，喜褰簾邂逅裴娘。與他并頭交頸沙堤上，應不羨兩兩鴛鴦。想當初柔情綽態相親傍，到如今水驛江程去路長。〔合前〕

【生查子】〔貼、小旦、小丑、末同上〕千里泛長江，經月同官舫。更喜到名邦，歌舞陪新賞。

〔末報相見介貼、小旦〕相公一向好麽？〔生〕好。〔指貼云〕你也好。〔指小旦云〕你爲何腰肢越瘦了些？〔小旦〕這兩日身子有些不好。〔生笑介〕如今來了，就好了。我且問你，你二人來，路上風景如何？〔貼、小旦〕風景甚好。一路都是青山。〔生〕這青山你們到得飽看了。〔貼、小旦〕不但飽看，且被我帶在包裹裏來了。〔生笑介〕青山怎麽帶得在包裹裏來？〔貼、小旦〕相公不信，待我取來看。玲瓏，你去取那青衫出來。〔小丑〕青衫在此。〔貼、小旦〕相公，這青衫也曾見來麽？

【太師引】〔生見驚介〕頓驚惶！這舊物渾無恙。悲墜屨難禁感傷，覷亡簪使人惆悵。嘆蠅頭蝸角空忙，受盡了許多風浪，轉教人心旌遙揚。這件青衫，是我失落在京師的，路迢迢何緣到你行。〔小丑諢介〕〔生〕早難道風吹雲捲入蘭房？

【前腔】〔貼、小旦〕有一個緋衣仙子來相訪。〔生沈吟介〕非衣？〔貼、小旦〕他挾青衫擲還阮郎。〔生〕什麽阮郎？〔貼、小旦〕有個元在傍邊的，他又曾與劉郎相傍，訪天台同渡石梁，到如今人間天上，閃得人粉雕紅喪，減芳容啼痕兩行，訴不盡别來牛女做參商。

〔生〕説話有些蹺蹊，且不明白。你可實對我説。〔貼、小旦〕相公，你且實説，這件衣服，失落在那裏？我們纔説。

【前腔】〔生〕東郊曾訪平康巷，遇佳人流連夕陽。愛紅妝琵琶嘹喨，解青衫典却瓊漿。〔貼、小旦笑介〕説起瓊漿，却是裴航的故事了。〔生〕到如今音容絶響，也只爲干戈擾攘。斷鱗鴻天各一方，多應是眼前物在人亡。

〔貼、小旦〕是實説了。我們也實説了罷，當時裴興奴母子呵！

【前腔】避兵投止方鞅掌，相憐惜借居左廊。出青衫把眞情説向，反教人寸斷柔腸。相公相公，他爲你受萬千磨障，狠娘行羅鉗吉網。眼見得淩辱數場，爲千金要將他遠嫁浮梁。

興奴守志，不肯接那浮梁茶客。他母親使起性來，對茶商説，你出得千金，就賣與你罷，左右在家也不肯接客。那茶商已允，我來時，已聞得將成事，興奴不肯。要與我們同來，又被他母親毒打一場。我們願典衣飾贖他，又不勾數。因此只得撇了他，我們自來了，相公可上緊救他纔好。

【前腔】〔生〕聽伊言使我添凄愴，這時節有誰主張？興奴興奴，遣不去殺風景的業障，打不上影兒裏情郎。冷淡却梅花孤帳，衹落得夢魂勞攘。白頭吟難禁那厢，題橋客怎生忘了鳳求皇。

如今罄我宦囊，不上一二百金。怎生是好？〔貼、小旦〕奴家二人的釵梳，都凑在裏頭，也有二三百金之數了。待他母親送了興奴來，再找他也不妨。只是相公就該差人去。〔生〕你們進去收拾東西起來，待我寫了書，并將這青衫寄去爲證，連夜就差人去。〔小丑對貼、小旦背云〕玲瓏看起來。你們二位到是鶻突的。方才到衙，如何又要去娶那裴娘。如今一時高興，倘然取將來，樊娘煩惱起來，蠻娘又蠻將起來，那樂天相公就不樂了。不如把玲瓏做了一個通房，又省了銀子，却不是好？〔貼、小旦〕胡説。

一番清話總關心，急遣人歸寄好音。

但願應時還得見，須知勝似岳陽金。

第二十四齣 娶興人至

【雙勸酒】〔末上〕西風漸緊，長途勞頓。因求麗人，特傳芳信。頻盼望故國烟雲，怕夕陽又近黄昏。

自家是白相公差回來娶那裴娘的。迤邐行來，已是家門首了。聞得裴媽媽就在我家房子裏住，此間想必是了。不免叫一聲，有人麽?〔丑上〕孤苦方爲苦，家貧未是貧。自從我女兒出去，他鄉獨處，鬼也沒得上門。今日是誰來相訪？莫不是我女兒有信回來？待我開門去看。〔開門介〕呀！白大叔，又回來了。下顧老身，有何話說？〔末〕俺相公因二位夫人說了你令愛的好意，故此特差我回來。要娶你令愛，這銀子三百兩，聊爲財禮。青衫一件，寄與裴娘爲表照的。媽媽，請收了。〔丑〕大叔不要說起，我那女兒自從你相公别後，終日思想，不肯接客。異鄉流落，生意蕭條。只得把我女兒，嫁與浮梁茶客劉員外去了。大叔起勞你，多多禀上相公，望乞恕罪。銀子青衫，大叔原自收了去。〔末〕媽媽，你女兒嫁了人也罷，只是辜負了我家相公一片好心。怎麽了？怎麽了？〔丑〕大叔，我那女兒呵！

【好姐姐】他念青衫難忘舊恩，奈别後杳無音信，門前冷落只得嫁與人。〔合〕堪憐憫，天涯飄泊憑誰問，似水上浮萍陌上塵。

【前腔】〔末〕相公呵！念青樓薄幸可嗔！仗青衫特來求聘，奈章臺柳色在别處新。

〔合前〕〔丑〕大叔，老身久在此打攪相公府上，如今干戈寧靜，卽日回到長安去了。不得叩謝相公與二位夫人，你替我多多禀上。待相公欽召到京，老身自當叩見。大叔，多有勞了，多簡慢了。〔末〕好說，就此别了。

勞君千里苦奔馳，無奈娘行見識迷。

夜静水寒魚不餌，滿船空載月明歸。

第二十五齣 樂天賞花

【畫堂春】〔生上〕家山迢遞隔秋雲，天涯誰念孤臣。〔貼、小旦、小丑上〕秋烟一抹遠山匀，翠黛含颦。

〔浣溪沙〕〔生〕露冷風清又杪秋，夢歸思舊兩悠悠，一官何事苦淹留。〔貼、小旦〕你在異鄉須自遣，閑愁休得惱心頭，且將歌舞答清幽。〔生〕小蠻樊素。我謫居在此，淪落無聊。往娶興奴，又無音耗。好生悶人也。〔貼、小旦〕相公，你賜環有日，還珠可待，且自開懷，不須煩惱。奴家二人，見秋花爛熳，風日清嘉，特具一杯，以供玩賞。不知相公意下何如？〔生〕如此却好。〔貼、小旦〕玲瓏取酒過來。〔小丑〕酒在此。〔貼、小旦遞酒介〕

【集賢賓】〔生〕秋花點點浥露芬，繞碧砌苔茵。菊散叢金蓮墜粉，喜寒葩似帶餘春，繁華易隕。恐青女又侵青鏡，〔合〕心自忖，拚取緑醑青尊同引。

【前腔】〔貼、小旦〕秋風隱隱入座馨，更秋色宜人。把艷舞嬌歌還再整，奈感時濺淚傷神。金風漸緊，怕玉露又催霜信。

〔合前生〕你二人久疏歌舞。今日歌一曲舞一回何如?〔貼、小旦〕奴家正有此意。〔生〕玲瓏取象板過來。

【猫兒墜】〔貼〕梁州低按，褭褭動芳塵。白雪飛揚遏彩雲，櫻桃一顆綴朱唇。含顰，看尊前扇底，逸韵生春。

〔生〕玲瓏取舞裀過來。〔小旦舞介〕

【前腔】〔合〕霓裳曲按，恰稱小腰身。瓣落金蓮不動塵，回旋宛轉逐行雲。輕盈，似盤中掌上，逸態生春。

【尾聲】浮沈宦迹何須問，〔貼、小旦〕况對此妍芳佳醖，〔生〕酩酊渾忘客裏身。

玲瓏。撤過了酒罷。〔末上〕姻緣姻緣，事非偶然。謀事在人，成事在天。此間已是官衙門首，不免徑入。〔見介生〕白璧，你回來了。此事成否如何?〔末〕小人一到裴媽媽家，就把銀子青衫送與他看，説相公要娶裴娘，特差我回來。那媽媽説道：近來生意蕭條，相公又無音信，數日之前，將裴娘已嫁與浮梁茶客去了。這青衫與銀子俱在此。〔生〕收了。你自回避。〔末應下〕

【朝天子】〔生〕一夜西風忽報秋，爭奈鯤弦斷，鸞鏡羞。封書空往倩誰收?似沈浮，枉教人目斷青樓。這盟言怎酬?這盟言怎酬?

【前腔】〔貼、小旦〕無奈姻緣不到頭，可惜他辭條蚤，逐浪浮。須知冰炭自難投，苦羈留，待尋消問息無由。使傍觀淚流，使傍觀淚流。

功名情事兩蹉跎，歡樂番成怨恨多。

遇飲酒時須飲酒，得高歌處且高歌。

第二十六齣 劉白謁元

【喜遷鶯前】〔小生從上〕皇華丹詔，看使節淩風，卿雲開道。破浪乘潮，片帆搖曳，匡廬指點非遙。

〔虞美人〕潮生潮落何時了，斷送行人老。消沈萬古意無窮，盡在長空淡淡鳥飛中。海門幾點青山小，望極烟波渺。何當駕我以長風，便欲乘桴浮到日華東。

自家元稹是也。自從夢得出守江州，樂天謫爲司馬，相知日遠，夢寐爲勞。如今幸得奉詔，安撫江南，路從江州經過，當得與二君晤面。适才已打報子去了。你看廬山在望，眼見得是江州地方。叫左右！〔衆介〕與我卷起這簾兒，待我盼望一回。

【孝順歌】匡廬近，瀑布高，銀河半落界紫霄。五老倘相招，雲松未可巢。香爐日照，秀色氤氲，芙蓉縹緲。虎溪舊約難尋，蓮社從誰討？追惠遠，憶謝陶，那風流頗同調。

且下了簾兒，把艙門閉上。待我下艙，少息一回。分付稍水，一到江州，便泊了船。看有客相訪，即便通報。〔衆應介，暫下〕

【喜遷鶯後】〔外生從上〕聞道故人來到，還須相訪相邀。期登眺，幾年分袂，暫慰同袍。

〔衆〕此間已是元爺船了。〔生外〕左右快通報。〔衆報介，相見介〕〔生〕憶昔思君與君處，金鑾殿裏鳳樓東。〔小生〕今日逢君在何處？廬江烟水畫橋中。〔外〕皇情未使恩波極，日暮樓船更起風。〔坐定介小生〕樂天前日出京時，小弟大病，所以不能奉餞，止在枕上口占一詩：寒燈無焰影幢幢，此夜聞君謫九江。垂死病中驚起坐，暗風吹雨入寒窗。〔外〕好詩。聽之使人酸鼻。〔生〕小弟到任後，曾有一函奉寄，不知曾到否？〔小生〕書到後，小弟又有一絕道：遠信入門先有淚，妻驚女哭問何如。尋常不省曾如此，應是江州司馬書。〔生〕二詩都不曾領教。〔外〕此二詩樂天雖未見，外面已傳誦矣。

【啄木兒】〔小生〕契闊久，夢寐勞，孤影幢幢嘆寂寥。紫薇省自直通宵，未央宫漫憶同朝。分飛鵷鷺俱難保，縱橫燕雀何足道！落得税駕江干駐使軺。

【前腔】〔生〕盟鷗鳥，别鳳毛，曾托雙魚寄木桃。愧一枝暫寄鷦鷯，喜交知萬里扶摇，行看健翮登樞要。〔小生〕想樂天不久亦當内召。〔生〕賜環敢望仍歸趙，結綬空談朱與蕭。

【前腔】〔外〕承風調，附雅騷，待罪名邦景物饒。愧蒲鞭未化江皋，衹落得撫字心勞，彤廷路阻絕音耗。畫船喜得追歡笑，且滿泛金尊把旅况消。

樂天，我與你輪番設讌，須留微之淹留數日，方展此情。〔生〕正是。明日攜具于廬山草堂一坐如何？〔小生〕欽限頗近，明日早發矣！如今還有些事，不得扳留二兄。待我午間事完，薄暮可來舟中一叙。乘月而散，却不是好？〔生〕微之既如此說，今晚且攜具同來再聚。

一江秋色滿篷窗，故舊相逢喜欲狂。

但使主人能醉客，不知何處是他鄉。

第二十七齣 興拒荼客

【步步嬌】〔旦上〕懨懨鬼病難消遣，捱不了相思限。〔内撞鐘介〕呀！又早鐘聲到客船，長夜無眠，業債前生欠。〔淨醉上〕我乘醉欲追歡，只恐陽臺咫尺如天塹。

此間已是我的船了，不免跳上去。呀！興奴姐，你還不曾睡，想是等我麽？〔旦〕不識羞！那個來等你。〔淨〕興娘，你在我船上，將及兩月，從不曾與我同睡。今夜酒興發作，一定要好一好了。〔旦〕不知那裏吃醉了，爛酒臭，閃開些。〔淨〕我的娘，沒奈何。既在我家裏，難道罷了不成？一定要好一好。〔旦推介〕

【玉交枝】你休纏休戀，强將來原非夙緣。孤鴛野鷘難爲伴，空教人背地熬煎。你終朝沈醉口流涎，蠻聲獠氣村郎面。〔作苦介〕這羈愁似離琴斷弦，這牢籠似失林檻猿。

【川撥棹】〔淨〕你空嗟怨，絮叨叨還將口鉗。費黄金只爲紅顔，費黄金只爲紅顔。欲相親翻來見嫌，你再推辭看我拳，再推辭把鬢撏！

【尾聲】〔旦〕自憐薄命身輕賤，〔淨〕何日方諧繾綣？〔旦〕員外，你若再來纏我呵！拚取微軀赴九泉。

〔旦作關艙門下淨吊場〕阿呀！你看這賤人這等可惡。我將千金娶他，他一心只戀别人。把艙門閉上，竟自去睡了。好惱好惱！〔小丑上〕自不整衣毛，何須夜夜嚎。員外，半夜三更，爲何在此發惱。〔淨〕這小厮，你不曉得。〔小丑〕員外，你不要瞞我，我都曉得了。〔淨〕你曉得什麽？〔小丑〕員外方才乘其酒興，要與興奴姐那話兒。他執意不從，故此在這裏嚷鬧。〔淨〕便是。這等無禮，可惡得緊。待我打開了艙門，拿他出來，打他一頓，方釋我的氣。〔小丑〕員外，你且耐心，我當初勸你不要討他，你就說我吃醋，反駡我起來。如今費了許多心，淘了許多氣，兀自不得到手，著甚來由。如今夜已深了，酒已醒了，他又睡了，門又關了。前面江邊酒樓上多少妓者，也有彈的，也有唱的，何不到那裏自樂一樂。別他娘十日半月，他熬不得了，少不得要上手。〔淨〕此計甚妙。正是此處不留人，自有留人處。去去去。〔下〕

第二十八齣 坐濕青衫

〔旦抱琵琶上〕影似白團扇，調諧朱弦琴。一毫不平意，幽怨古猶今。奴家方才閉上艙門，拒絕那廝。且喜他使性，上崖去了。如今再上船頭，消遣一回。你看江深夜靜，月冷風清，好凄慘人也。前日聞得白相公謫宦江州，此間正是江州地方了。咳！只在一處，不能勾廝見，好苦呵！稍水那裏？〔丑扮船家上〕隨風倒舵，順水推船。裴娘有何分付？〔旦〕稍水，你把這船頭對著月色，就泊在這蘆花岸邊，待我把琵琶自彈一曲。〔丑諢下旦〕碧海青天無限恨，等閑拭淚付琵琶。〔彈介〕

【新水令】鯤弦鐵撥紫檀槽，斷送許多年少。空林驚宿鳥，幽壑舞潛蛟。切切嘈嘈，寫不盡相思調。

【步步嬌】〔生、外、末、小丑挑酒罍上〕荻花楓葉秋容老，祖餞潯陽道。山低月已高，挈榼提壺，且須傾倒。〔末〕此間已是元爺船了。〔外生〕快通報。〔末〕稍子打扶手。〔淨稍子上〕是那個？〔末〕劉爺、白爺下馬。〔淨〕老爺有請。〔小生上〕獨坐正無聊，主人下馬剛來到。

快請上船。〔相見送酒介。換冠服，生內穿青衫介〕

【折桂令】〔旦〕恨悠悠粉褪香消，悵憶仙郎夢繞魂勞，想他們別戀多嬌。〔生、外〕微之請一杯，那裏琵琶聲響？〔旦〕他有櫻桃素口，楊柳蠻腰，拋閃得人牛馬同槽。他昏騰騰酗酒餔糟，眼睜睜受盡煎熬。〔生〕彈得好！微之再請一杯。〔旦〕到頭來風月場空，那些兒雲雨峰高。

【江兒水】〔外、小生〕逸調來雲表，清聲徹斗杓。似湘靈鼓瑟江干曉，似臨邛夜弄求凰操。〔生聽介〕好怪好怪！宛然是裴興奴的指撥。〔拭淚悲介〕他穿簾入混俱難料，誰共篷窗孤棹。暫且停橈，試問玉人消耗。

左右的！你把船移近那船。問他是什麼船？〔問介丑〕我們載的是浮梁茶客。〔回話介生〕你就問那彈琵琶的，可是裴興娘？〔衆問介，旦作驚介〕他爲何曉得我？我正是！問我怎麼？〔衆〕果然是。〔生〕我說是了。快請過船來！〔衆請介〕〔旦〕我已從了良，不好過來。〔生〕與他説，我是白樂天。〔衆傳説介〕〔旦〕既是他在船裏，我就過來了。〔過船相見介，生拭淚介〕我説是他。

【雁兒落帶過得勝令】〔旦看介〕豈忍見休文減帶腰，豈忍見宋玉悲秋貌。〔生〕你可認得這件青衫麽？〔旦〕重提起典青衫酒價高，免不得掩紅妝把琵琶抱。〔生〕你爲何就嫁了人。〔旦〕恨娘行把我一時抛，付茶商把箕箒操。也不管參商和卯酉，逼勒咱鸞枝作鸛巢。〔生拭淚介〕〔外〕樂天爲何只管墮淚，你的青衫盡濕透了。〔小生〕連我們也要墮淚起來了。〔旦〕延燒，死灰然祆神廟。藍橋，爲風波敗久要，爲風波敗久要。

【僥僥令】〔生〕一番新懊惱，幾載舊根苗。〔外、小生〕邂逅相逢如天造，怎忍似棄言的解佩要，棄言的解佩要。

【收江南】〔旦〕呀！算將來生死是今宵。〔外〕可惜已嫁人了。〔旦〕那籌兒都休道。二位大人，沒奈何要與奴家做一個主，須教我斷弦再續藉鸞膠，休疑慮章臺楊柳折長條。望相憐舊交，望相憐舊交。縱春山淡了尚堪描。

【園林好】〔外、小生〕教坊中聲名久標，便于歸須從俊髦。出幽谷正宜及早，從今夜好遷喬，從今夜好遷喬。

〔小丑上〕天有不測風雲，人有旦夕禍福。娘子在那裏，不好了，員外大醉，落在江裏了。〔内〕娘子遇了一個舊相識，在座船上，請過去彈琵琶去了。〔小丑過船報介〕〔外〕既然如此，明日著地方與他打撈尸首，棺殮載回便了。〔小丑〕請娘子回船裏去。〔外〕胡説，裴興奴系官妓，名在教坊。你們庶人之家，如何娶得他。如今就把他留下的衣飾，當他財禮退還你。興奴自應在此值應，不得前去。〔小丑介〕各人自掃門前雪，莫管他家瓦上霜。〔下外〕如今興奴已歸樂天，我們就差人送他到衙裏去罷。〔生對外、小生背云〕興奴已作商人婦，恐怕使不得。〔外、小生〕樂天，你生平大節不虧，官箴無玷，就有些風流罪過也何妨。〔生〕既如此，唤從人取乘轎來，送回衙去。〔衆〕此處沒有轎，請老爺少待，須要到城裏去取來。〔小生〕既要等轎子，何不取酒來再飲幾杯，再彈一曲如何。

【沽美酒帶太平令】〔旦〕謝陽侯斬鴟鴞，謝陽侯斬鴟鴞，賴恩相續鸞膠。你把今夜琵琶付彩毫，一字字繼離騷，一聲聲徹雲璈，一句句完璧歸趙。

朋友們千杯歡笑，夫妻們五花官誥。兒曹紅綃紫綃，總只是朝雲暮潮。呀！總不如百年諧老。

〔衆〕轎子來了。〔旦〕奴家就此拜謝二位大人。〔外、小生〕且不要謝，明日還要來奉賀。〔旦〕乍逢渾似夢，相見反成悲。〔下〕

【尾聲】〔外、小生〕登堂拜賀須明早。〔笑介〕樂天，他久旱逢甘在此宵，須暫時落後那楊柳櫻桃。

姻緣簿上喜和同，恩怨遙傳指撥中。

一葉浮萍歸大海，人生何處不相逢。

第二十九齣 裴興歸衙

【出隊子】〔從持燈引旦上〕從前幽怨，從前幽怨，一曲琵琶續舊緣。歸途燈火接寒烟，指點官衙葱蒨間，似舊燕歸巢雙語檐前。

〔從〕已是衙門首了。〔旦下轎，從扣門介。貼、小旦、小丑上〕〔貼〕昨日喜時聞鵲喜。〔小旦〕今宵燈下拜燈花。〔貼〕妹子，連夜燈花結蕊。此時深夜扣門，不是相公送客回來，一定是家裏有人到了。〔小旦〕是。玲瓏開門去看。〔小丑開門介〕是那個？〔從〕是一位女客在此，老爺送回來的。〔小丑〕到是一位娘娘。阿呀！到有些面熟。〔看介〕是裴娘。如何到在此間？〔諢介〕夫人，裴娘在此。裴娘，夫人在此。裴娘，裴娘，且來陪我們夫人一陪。正好，正好，待我閉上了門。〔相見介〕〔貼、小旦〕果是裴娘。爲何到此？〔旦〕二位夫人請上，待奴家拜稟。

【鎖南枝】匆匆別各一方，漂流此身無主張。畢竟嫁浮梁，孤舟烟水鄉。新聲奏舊話長，奴家在月下停舟。偶把琵琶消遣一回，不意相公正在江邊送客，聽得是奴家的指撥，相邀過船。感舊興悲，青衫淚濕。那時節有人來報，茶客酒醉溺死，相公就贖我回來了。續前緣眞不枉。

【前腔】〔貼、小旦〕從別後淚兩行，音容阻隔路渺茫。邂逅水雲鄉，似文鴛逐雁行。移蓮步入畫堂，再相逢喜相傍。

【天下樂】〔生、末上〕遷客逢秋倍黯然，那堪送客楚江邊。琵琶一曲濕青衫，始得鸞膠續斷弦。

〔末〕此間已是衙門首了。〔扣門介〕開門，相公回來了。〔小丑開門介〕〔貼、小旦〕相公爲何歸遲，裴娘已在此了。〔生〕興奴，你到了幾時了？

〔旦〕方才到的，相公請坐，待奴家拜見。〔拜介〕奴家脱迹烟花，得操箕箒，不勝榮幸。〔生〕興奴，破鏡再合，去璧復還，深爲可喜。你與他二人可曾見禮?〔旦〕還不曾行禮。〔生〕就此行禮罷。〔三旦交拜介〕〔貼、小旦〕相公，自古道：新娶不如遠歸。今日相公與裴娘又是新娶，又是遠歸，樂可知矣。况秋宵正長，我們備一榼子來，與裴娘燈下坐一回如何。〔生〕夜已深了，不消了，明日坐罷。〔貼〕相公，你忒性急了些。〔小旦〕姐姐，知趣些罷。〔貼〕旣如此，我們先進去睡。玲瓏你看茶來，與裴娘吃。〔小丑〕裴娘聽得茶字，頭也是疼的。如今在白家來，只吃些白滾湯罷。〔貼〕胡說，解道新知樂。〔小旦〕今宵且讓伊。〔做轉身介〕相公，明日有賀客來，又要吃酒，早些起來。〔小丑〕不是吃酒，是吃醋了。〔小旦〕哇!〔同下生〕興娘，我與你燈下再坐一坐，把别來心事，試講一番如何。〔旦〕如此甚好。

【江頭金桂】〔生〕自那日春郊游訪，爲封章謫此邦。無奈縱横豺虎，折散鴛鴦。把恩情都撇漾，受盡了多少淒凉。喜得青衫無恙，到此新愁頓減，舊願須償。潯陽今番作楚陽，剩把銀缸照取，剩把銀缸照取，玉容偎傍。謾商量，只落得感舊春如夢，驚心喜欲狂。

【前腔】〔旦〕也只爲風塵業障，苦相思在兩鄉。經幾度蘼蕪春望，暗惜年芳。嘆萍踪無倚仗，誰承望剩粉殘香。番做了珠還掌上，幸遇今宵歡會。打疊柔腸，他鄉恍疑歸故鄉。雖是青山黛淺，雖是青山黛淺，眉尖愁放。謾論量，相公，你還該到二位夫人那裏去，休落了宛轉歌喉細，蹁躚舞袖長。

〔生〕夜已深了，我和你去睡罷。〔攜手介〕

今宵相遇豈尋常，苦把相思訴一場。

不是一番寒徹骨，怎得梅花撲鼻香。

第三十齣 樂天蒙召

【風入松】〔外、小生引從上〕昨宵邂逅豫章城，向秋江餞别長亭。聽冰弦嘹喨傳鄰艇，喜舊愛重諧堪慶。向衙齋聯鑣共行，停征蓋，暫逢迎。

昨晚相期，同賀樂天。此間已是他官衙了，左右的快通報。〔報介〕

【前腔】〔生上〕天涯淪落不勝情，幸江津重遇娉婷。夢回巫峽魂難定，聞故友朝來相慶。且開尊相邀共傾，候下榻，喜逢迎。

〔出迎相見介〕〔小生、外〕樂天，昨宵裴娘之事，可謂奇逢。二弟特來奉賀。〔生〕賴二兄玉成，未及造謝，敢勞先施？請坐了。〔小生〕小弟簡書相迫，即欲解維，不敢坐了。〔生〕既到衙齋，豈有不坐之理。小設已具，略叙片時，幸勿見拒。白璧那裏？〔末上生〕你可傳話後堂，唤玲瓏請二位小夫人同裴娘出來，見了二位老爺。〔末應，傳話下介〕〔小生、外〕這個不敢。〔生〕通家兄弟，相見何妨。〔貼、小旦、旦、小丑同上〕大婦理青絲，〔小旦〕中婦飾蛾眉。〔旦〕少婦獨無事，曲罷咏新詩。〔合〕上官何須起，安坐飲瓊卮。〔相見介，旦拜介〕多謝二位大人作主，不忘大恩。〔外、小生〕好説。樂天，我們兩個，也當得個媒人了。〔生〕多謝，正是：月夜幸逢月老，〔小生、外〕冰弦喜遇冰人。〔生〕玲瓏，取酒過來。〔小丑〕有酒。

【催拍】〔生〕記當初周旋帝京，幸今日重逢友生。攻破愁城，拭拂啼痕，打叠心旌。幾載暌離，百歲姻盟。〔合〕盍簪處且緩王程，三婦艷，二難并。

【前腔】〔小生、外〕喜一朝重諧舊盟，况契合金蘭并馨。看新歡故情，杯酒盤桓。秉燭燒燈。妙舞嬌歌，語燕啼鶯。

〔合前末上報〕稟爺，朝廷詔書到了。〔生〕快排香案。〔丑扮官捧詔上〕

【探春令】九重綸綍映昭回，捧天書特來宣召。

詔書已到，跪聽宣讀。皇帝詔曰：朕惟效力宣猷者，委質之大義；犯顔直諫者，盡瘁之忠貞。爾原任左拾遺、今降江州司馬白居易，偶因忤旨，謫譴江州。忠讜才猷，不忍終棄。兹特召爲禮部侍郎，兼翰林學士，賜緋衣一襲，仍佩紫金魚袋，贊司邦禮，啓沃朕心。爾其恪恭厥職，欽哉毋替。望闕謝恩。〔生〕萬歲萬歲萬萬歲。〔衆相見介〕天使大人請坐。〔丑〕王命緊急，不敢坐了，就此告辭。〔生〕還請到館驛中少住。〔丑〕一封來玉陛，千里促雕鞍。〔下〕〔外、小生〕恭喜恭喜。〔生〕叨賴叨賴。興奴，你過來。我雖荷君恩賜緋，青衫不忍輕棄。我他日歸來，履道園中，香山社裏，還要穿他，好好收拾了。〔旦貼、小旦〕足見相公不忘舊的意思。〔生〕二兄，小弟正在淪落之鄉，不意有此寵召。主上之恩，何以報答？

【大環著】〔合〕感吾皇寵召，感吾皇寵召，趨命還朝。絳節朱輪，紫泥丹詔。履舄重登廊廟，典禮春曹。金馬玉堂仙，翰林清要。齊欽羡歡增朋好，看衣紫腰金榮耀。遭昌運佐唐堯，位列夔龍，光分管鮑。

【越恁好】同聲共傾倒，同聲共傾倒，名譽冠時髦，滿堂歡笑。金石交，鳳鸞交，文章事業，風流才調。咫尺丹霄，浮雲不蔽長安道，歡娱百歲同諧老。

【尾聲】佳人才子從來少，榮辱升沈何足道！白雪還須續彩毫。

休論白傅與元郎，仕路從來是戲場。

一曲琵琶千古恨，翻令遷客有輝光。（《六十種曲》本，中華書局一九八二年版，第七册）

智按：顧大典，字道行，號衡宇、衡寓，吴江（今屬江蘇）人。隆慶二年（一五六八）進士，授紹興府教諭，官至福建提學副使。居官清正，後因故被謫禹州知州，遂棄官歸田。家居七、八年去世。顧大典工詩文，善書畫，嗜詞曲，「妙解音律」，「所蓄家樂，皆自教之」。家有諧賞園，亭臺池館，甲於吴郡。每與友朋於園中作詩酒之會，與沈璟、王穉登、梅鼎祚、王驥德等曲家都有交往。有《清音閣集》、《海岱吟》、《閩遊草》、《園居稿》等。

據莊一佛《古典戲曲存目匯考》，白居易題材之歷史劇有宋元闕名之《許盼盼燕子樓》、《琵琶亭》，元雜劇《江州司馬青衫淚》，明傳奇《青衫記》，清雜劇《十錦堤》、《香山宦跡》、《四弦秋》、《琵琶行》，及清傳奇《司馬衫》、《琵琶亭》。其中《許盼盼燕子樓》事出《長慶集·燕子樓詩序》，演白居易與盼盼贈和詩事，未見著録。《十錦堤》作者為蕊棲居士，此戲也未見著録，但在《曲海總目提要》中有此本，劇演白居易貶杭州，築堤捍錢塘，放浪湖山事。《香山宦跡》為《今樂考證》著録，謂無名氏寫本，疑演白居易事。宋元闕名之《琵琶亭》，元雜劇《青衫淚》，明傳奇《青衫記》，清雜劇《四弦秋》、《琵琶行》，清傳奇《司馬衫》、《琵琶亭》屬同一題材劇，敷演白居易《琵琶行》，其中宋元闕名之《琵琶亭》，清傳奇《司馬衫》（清王鑨撰，今佚）、《琵琶亭》未見著録。存世者只有馬致遠《江州司馬青衫淚》，顧大典《青衫記》，蔣士銓《四弦秋》，及趙式曾《琵琶行》四種。趙式曾，號琴齋，連城人，生平不詳，約乾隆末在世。其《琵琶行》一卷四折，有乾隆間琴鶴軒刊本，寫於與胞弟繼曾流寓九江時，乃作曲以自況，故與其他三劇頗異，寫白居易謫居潯陽，過著隱士生活，因江神馮夷憐惜，使之與商婦相見，劇中人物諷刺九江人勢利無情，比九江官為狐鼠狡兔。此外，愛新覺羅·敦誠（一七三四～一七九一）有《琵琶行傳奇》一折（見其《鷦鷯庵筆麈》，《四松堂集》卷五，上海古籍出版社影印本，第四〇九頁），題跋不下數十家，曹雪芹詩末云：「白傅詩靈應喜甚，定教蠻素鬼排場。」桂馥（一七三六～一八〇五）有雜劇《後四聲猿》，其中《放楊枝》敷衍自白居易《不能忘情吟》，寫白居易年老多病，欲命家中歌妓樊素自行擇配改嫁而又不能忘情，不忍决絕。

《青衫記》通行有《六十種曲》本（中華書局一九八二年版第七册）；《古本戲曲叢刊》二集本（據明末汲古閣原刻本影印）；《全明傳奇》本（臺北：天一出版社一九八五年版第五十八册）。劇作取材於白居易《琵琶行》，内容大致依據馬致遠《江州司馬青衫淚》，寫白居易訪善彈琵琶之教坊女伎裴興奴，以青衫典酒；後白居易因抗疏忤旨，被貶江州，臨行訪興奴不遇。浮梁茶客買得興奴，載至江州；興奴於月冷風清時自彈琵琶，因此得與白重圓。全劇以白居易之青衫為關目，質衫、贖衫、攜衫、贈衫，而以淚衫作結，故名《青衫記》。不過在曲中加配「小蠻、樊素」，凡三十齣。此劇構想亦多承襲《青衫淚》，惟河朔兵亂，香山上疏，遭貶至江州，頗接近史實，可得見香山本來個性，較《青衫淚》有所進步。曲中「坐濕青衫」一齣，多取自《琵琶行》，然此作尚未免俗惡，有傷雅道。此外，琵琶女形象，《青衫記》中之興奴就不是《琵琶行》中「猶抱琵琶半遮面」之嬌羞，而是大膽、自主之女性形象。而白居易形象也與《琵琶行》有所不同，《琵琶行》白以琵琶女感嘆自身身世，而《青衫記》中，白香山則被庸俗化。梅鼎祚致顧大典書牘中説：「新譜《青衫》，引泣千古，然胡不一潤我耳，使百獸率舞也。」（《鹿裘石室集》〈書牘〉卷九）此劇不僅顧大典家班演出過，明清兩代「梨園子弟多歌之」。

黄洪憲（一五四一～一六〇〇）

《復袁了凡》

不肖賦性蠢愚，逢時顣頷，修名不立，謠諑日聞，今而後知四十九年之非也，倘荷聖恩得遂乞骸之願，歸且忍尤，攘詢補劓息黥，有先人薄業可給饔飧，藏書萬卷，可供酣詠，西湖可觴，富春可釣，尚平之年力未衰，可瓢笠而爲五嶽之遊，一切郡邑，問遺親，知慶弔，都歸於烏有。桑田滄海，任波浮沉，蟲臂鼠肝，付之造化。嘗讀白樂天詩云：「我無柰命何，委順以待終。命無柰我何，方寸如虚空。」誠曠然獨樂，不自知其不可也。多謝故人勉樹明德，匡翊清時，俾林泉病夫，得徼潤草野爲盛世之逸民。余小子，有大願矣。君子有酒旨且多，敢不拜惠瀝肝之說，言言藥石，敢不奉以周旋。（《碧山學士集》卷十六，《四庫禁毁書叢刊》影印明萬曆間刻本）

智按：黄洪憲，字懋忠，秀水（今浙江嘉興）人。隆慶五年（一五七一）辛未進士，官至少詹事掌翰林院事。

陳第（一五四一～一六一七）

《遺誡》

吾觀古人若皇甫謐、劉敞諸君，臨終皆有遺誡，今吾將死，亦出一篇，俾兒祖念遵行，無有更改，以慰我於九泉之下。吾生平尚論古人，所敬慕心醉者不過數子，其享年皆可知，文中子最早夭，陶淵明六十有三，程明道五十有四，范文正六十有四，白樂天七十有五，差為永矣。今吾七十有七，視樂天又過之，德不逮諸君子，而犬馬之齒獨高，夙心所甚赧，而不能以告人者也。吾七十五以前，健如黄犢，游遍五獄，避暑袁州，其時耳目聰明，齒牙堅固，自謂得死，庶幾全歸，故有請死之詩，祈天之禱，不幸竟不死也。是秋歸家，一病經年，目近昏，耳近聾，齒牙皆搖動，不可以啖，吾日夜唯以速死為祝，今而得死，釋愧心，滿願心，吾之幸也。古偉男子有死于戰陣，死于盜賊，死于風濤，死于道路者，吾壯，備邊古北，又備援喜峰，日以死封疆為念，然而胡夷遠遁，不得一當單于戰。晚出遠游，登羅浮，歷會稽，過潼關，出紫荊，溯襄陽，上均州，渡彭蠡，浮洞庭，盜賊之所震驚，風濤之所撼蕩，逆旅之所困厄，寒暑之所感傷，數萬里獨行，並不借驛符傳送，之數者皆足以死，而卒不死，乃今死於舊隱西郊，又吾之幸也。且吾少受父兄訓，專欲以發揮五經為業，今作《伏羲圖贊》、《尚書疏衍》、《毛詩古音考》，二載粹篡，又衍毛詩作《屈宋古音義》，皆有成書，獨《麟經直指》，屬草夫就，而病奪之耳。其餘著述頗多，今至九原，得侍父兄，揚榷參訂，以求終教，又吾之大幸也。故我今日之死，至足無遺憾矣！……（道光二十八年刻本《一齋集・陳一齋考終録》）

《世善堂藏書目録》

《六帖》三十卷，白居易。（《世善堂藏書目録》卷上，《續修四庫全書》影印清乾隆六十年鮑氏刻知不足齋叢書本）

《長慶集》七十一卷，白居易。

《唐賦》二十卷，集蕭穎士、裴度、白居易、薛逢、陸龜蒙。（《世善堂藏書目録》卷下，《續修四庫全書》影印清乾隆六十年鮑氏刻知不足齋叢書本）

智按：陳第，字季立，號一齋，連江（今屬福建）人，世居連江城西籠西鋪。年輕時曾投筆從戎，追隨戚繼光、俞大猷抗倭，屢立戰功。官至薊鎮遊擊將軍。萬曆十二年（一五八四），辭官回鄉，築室於西郊，閉門著書。回閩十四年後，妻母皆已去世，無所牽掛，乃外出遠游名山大川。一六〇一年，曾隨沈有容追剿倭寇至東番（今臺灣），撰《東番記》一篇。一生著作頗多，匯總為《一齋集》三十五卷，《四庫禁毀書叢刊》影印明萬曆間會山樓刻本，集部第五七册存三十三卷。其中《尚書疏衍》、《謬言》、《意言》等，容肇祖稱為「清初反理學運動的先導，為顧炎武的先驅」；《薊門塞曲》、《兩粵游草》、《寄心集》（《四庫全書存目叢書》影印明萬曆間會山樓刻一齋集本，集部第一七八册）等，明焦竑謂不讓杜子美、白樂天。音韻學成就最大，有《毛詩古音考》、《屈宋古音義》、《讀詩拙言》、《考定雜卦傳並韻》諸書，為發明中國古音之第一人。生平見清陳斗初撰《一齋公年譜》（《陳一齋全集》附録）。

焦竑（一五四一～一六二〇）

《刻白氏長慶集鈔序》

余少讀堯夫先生《擊壤集》，甚愛之。意其蟬蛻詩人之群，創為一格。久之，覽樂天《長慶集》，始知其詞格所從出。雖其胸懷透脱，與夫筆端變化，不可方物，而權輿概可見矣。樂天見地故高，又博綜内典，時有獨悟，宜其自運於手，不為詞家蹊徑所束縛如此。而近世宗尚子美，往往卑其音節不復數。第膚革稍近，而神情邈若燕越，非但不知樂天，亦非所以學杜也。……(《焦氏澹園集》卷十五，《續修四庫全書》影印明萬曆三十四年刻本；《澹園集》，中華書局一九九九年版，第一四六頁)

《崇正堂答問》

問「依乎《中庸》」。先生曰：愚夫愚婦，與知與能，的是中庸，彼隱怪與遵道者，亦何曾欠少，只是自信，不及河外求增，所以反失之。相傳白樂天作詩，欲人易曉，畜一嫗於家，詩成輒以問之，有不解，應時改定。今人學道，只以愚夫愚婦爲師，足矣。(《焦氏澹園集》卷四十七，《續修四庫全書》影印明萬曆三十四年刻本；《澹園集》，中華書局一九九九年版，第七一八頁)

《題寄心集》

蒙莊有言，詩以道性情。蓋以洞達性靈，而勸喻針砭，以壹歸於正，即其懇款切至，要必和平濕厚，婉委而有餘情。故言之無罪，聞之足以戒也。後世詩與性離，波委雲屬，只以為流連之資，而六藝之義微。杜子美力挽其衰，閔事憂時，動關國體，世推詩人之冠冕，良非虚語；樂天雖晚出，而諷喻諸篇，直與之相上下，非近代詞人比也。……(《焦氏澹園續集》卷九，《續修四庫全書》影印科圖藏明萬曆三十九年朱汝鼇刻本；《澹園集》，中華書局一九九九年版，第九一一頁)

智按：《寄心集》六卷（《四庫全書存目叢書》影印明萬曆間會山樓刻一齋集本，集部第一七八册），陳第（一五四一～一六一七）著。

《大司成馮公具區集序》

唐韋左司、白香山之文，氣質閑妙，渾然天成；始若不經意，而人莫能及。然史稱左司性高簡，所居焚香掃地而坐，意必有超然自得者。香山嘗放浪湖山，聲伎自隨，而洞達禪理，知足而寡欲，此其言語之妙，自有根荄，非偶然而已。(《澹園集》附編一，中華書局一九九九年版，第一一八九頁)

《詩雋類函序》

八代初盛之詩，雖得《詩紀》傳矣，而中、晚至今未紀。韋、柳、錢、劉、盧、郎、元、白諸子，不其忽諸？即謂是書補《詩紀》之遺可也。(俞安期《詩雋類函》卷首)

智按：俞安期，初名策，字公臨，後改名字羨長，吴江（今屬江蘇）人。嘉靖丙午（一五四六）舉人。官湖州推官。

《焦氏筆乘》

⊙古字有通用假借用

經籍中多有古字通用，及假借而用，讀者每不之察。……白樂天詩云：「誰教不相離。」相字讀為廝，相、廝古通用。金大定中，題燕靈王之柩作舊，柩、舊古通用，此類最多，不可殫述，苟讀如其字，誤亦甚矣。(《焦氏筆乘》卷六，上海古籍出版社本，第一八二～一八八頁)

⊙次韻非始唐人

世傳詩人次韻始於白樂天、元微之，號「元和體」，然楊衒之《洛陽伽藍記》載：王肅入魏，舍江南故妻謝氏，而娶元魏帝女，其故妻贈之詩曰：「本為薄上蠶，今為機上絲。得路遂騰去，頗憶纏綿時。」繼室代答，亦用「絲」「時」兩韻，是次韻非始元白也。陳後主集有宣猷堂燕集五言曰：「披鉤賦韻，逐韻多少，次第而用。」座有江總、陸瑜、孔範等三人，後主韻得「迮」「格」「白」「赫」「易」「夕」「擲」「斥」「拆」「唶」字，其詩用韻，與所得韻次前後正同，是先書韻為鉤，坐客均探，各據所得，循序賦之，正後世次韻類也。但韻以鉤探，非酬和先倡者，為小異耳。至近世探韻者，直取一韻，非全篇用之，與古又自不同。(《焦氏筆乘續集》卷三，上海古籍出版社本，第二五八頁)

⊙樂天逸詩

宋王彥國獻臣，招信人，居縣之近郊。建炎初，虜將渡淮，獻臣坐所居小樓，望見一士夫，旁徨阡陌間，攜小僕，負一匣，埋於僻處。獻臣默識之。事定，往掘其處，宛然尚存。啓匣，乃白樂天手書詩一紙，云：「石榴枝上花千朵，荷葉杯中酒十分。滿院弟兄皆痛飲，就中大戶不如君。」真奇物也。今人謂能豪飲者為大戶，樂天詩屢用之。此詩集中不載，見宋人小說，輒録於此。(《焦氏筆乘續集》卷五，上海古籍出版社本，第三二四～三二五頁)

智按：見宋人王明清《玉照新志》卷四（《四庫全書》本)。

⊙通鑑之誤

《通鑑》載，唐太宗臂佳鷂，望見魏徵，納之懷，徵奏事久不已，鷂竟死懷中。按，白樂天獻《續虞人箴》云：降及宋璟，亦諫玄宗，溫顏聽納，獻替從容，及璟趨出，鷂斃握中，故開元事播于無窮，則是宋璟諫明皇，非徵與太宗也。樂天去當時未遠，必有據依，今《唐書》徵列傳亦不載此事。(《焦氏筆乘續集》卷五，上海古籍出版社本，第三三八～三三九頁)

《焦氏類林》

⊙編纂

白居易作《六帖》，以陶家瓶數十名題門目，作七層架，列齋中，命諸生求集事類，投中倒取，鈔録成書，故記代無次。(《談苑》)(《焦氏類林》卷一，《續修四庫全書》影印明萬曆十五年王元貞刻本)

⊙紕漏

東丹國長子突欲奔唐，賜姓李，名贊華，工畫人物鞍馬，習舉子，能為詩，每通名刺云：鄉貢進士黄居難，字樂地，以擬白樂天。(《焦氏類林》卷六，《續修四庫全書》影印明萬曆十五年王元貞刻本)

白樂天燒丹於廬山草堂，作飛雲履，玄綾為質，四面以素綃作雲朵，染以四選香，振履則如煙霧，曰：吾足下生雲，計不久上升朱府矣。(樵說)(《焦氏類林》卷七，《續修四庫全書》影印明萬曆十五年王元貞刻本)

白樂天《荔枝圖》曰：「荔枝生巴、峽間，形狀團團如帷。蓋葉如桂，冬青；華如橘，春榮；實如丹，夏熟。朵如蒲桃，核如琴軫，殼如紅繒，膜如紫綃，瓤肉瑩白如冰雪，漿液甘如醴酪。大略如彼，其實過之。如離本枝，一日色變，二日香變，三日味變，四五日外，香色味盡去矣。」（《焦氏類林》卷七，《續修四庫全書》影印明萬曆十五年王元貞刻本）

《國史經籍志》

《八漸通眞議》一卷，白居易。（《國史經籍志》卷四子類，《續修四庫全書》影印明徐象橒刻本）

《元和制策》三卷，元稹、獨孤郁、白居易。（《國史經籍志》卷五集類，《續修四庫全書》影印明徐象橒刻本）

《白居易制朴》三卷。李淑制朴三卷。白樂天《文苑詩格》卷。（《國史經籍志》卷五集類詩文評附，《續修四庫全書》影印明徐象橒刻本）

《元白繼和集》一卷。又《三州唱和集》一卷。

《劉白唱和集》三卷。

《送白監歸東都詩》一卷。（《國史經籍志》卷五集類詩文評附，《續修四庫全書》影印明徐象橒刻本）

智按：焦竑，字弱侯，南京籍，山東日照人。萬曆十七年（一五八九）己丑進士第一，授翰林院修撰，尋遷東宮講讀官，謫福寧州州同。事迹具《明史·文苑傳》。

屠隆（一五四二～一六〇五）

《劉子威先生澹思集序》

……舍文而獨稱詩，三百之降而兩漢也，晉、魏之降而六朝也，隋、陳之降而李唐也，如西日不返，東流靡回，雖有神功，莫之挽也。孟德、子桓之質，而東阿之華也；彭澤之衝，而江、鮑、徐、庾之綺也；沈、宋之工，而儲、韋之象也；元、白之纖，而李、杜之大也，如鶴長鳧短，烏黔鵠白，雖有智巧，莫之齊也。……（《白榆集》文集卷二，《續修四庫全書》影印明萬曆龔堯惠刻本，第一三五九册，第五五五頁）

《與開之》

足下定是上界高眞，蹔謫人間世，流浪混迹，山河大地，入眼盡空。讀最後一札子，闊放疏朗，可謂躡虚如履實，觸實如蹈虚，塵埃中物品，胡得有此胸懷，有此口吻？瑣瑣細士，不能有加於君卿豪末，而饒舌不自休，眞蚍蜉撼大樹，仰天蹋地，逡巡自穢。君卿上而玉清，下而糞壤；大而五嶽，小而壺中；或佩椒蘭，或入堇斟；或拍麐脯，或啖尸蛆；或陪玉皇，或偶牧豎，無所不可。不佞之言，未免猶有蓬之心乎？然區區之私，則願君卿為麗公、司馬子微，翛然清絕；不願君卿為白香山輩，混俗和光。蓋本末雖同，風操差異，高明辨之。弟讀傳記修眞沖舉事，則見以為文士或好奇多寓言，今寓內目覩此事，乃信世人皆有靈根，鍊炁紬鱻則翔舉青漢，蒙惡被垢則自墮沈淪，今縱不能修上眞之道，奈何終負塵穢，為凶人下鬼，念此泫然，道心頗生，日以寂寞，君卿選何山之石，不佞不負杖相從者有如日然。為君卿計，似宜尚為尊公一出，不佞了今日令事，結廬修眞，其五年以為期，過此則不佞之木拱矣，卿幸速圖之。（《白榆集》文集卷六，《續修四庫全書》影印明萬曆龔堯惠刻本，第一三五九册，第六一五頁）

《與管登之》

某竊聞之，丈夫之槩有仁蓋得之昌黎，而與其旨差異。丈夫者，得志則弘經世之略，沉毅不發，當機立斷，仁誠而術高，才鉅而心細，嚴而有度，濶而罔疏，光明磊落，皦如日星，屹如衡岱，流照天壤，遺榮後來；不得志則抗出世之操，青崖當門，白雲度牖，引蘿月而為偈，聽山泉而洗心，擷百家之菁華，忝二氏之同異，絕嗜寡欲，冥心寂照，道臻希夷，名書帝籙，快哉！此兩者略盡豪傑生平之大都，古惟郭令公、韓忠獻諸君，寅鴻業于史册，箕谷、富春、天台、華山諸君，摽高韻于煙霞，各擅其微，罕能相兼。兼之者世獨稱文成鄴侯，又白香山、蘇子瞻，廟堂籌策，雖遜郭韓，巖穴風流，不減天隱，世並高之，念之則清肌骨，譚之則香齒牙。若夫高牙大纛，粉白黛緑，又何稱焉。昌黎夫亦猶有童之心乎？至如吮毫禿穎，腐腸嘔心，工雕蟲之技，獵藻繪之聲，抑亦細矣。進可郭韓，退可天隱，經世出世，惟其所遭求之，當代則有登之先生其人焉，今登之之名滿寓内，雖童子授一編者，咸識先生，為曠古之傑，何所事不肖之稱之也。不肖自入吳來，既賤且冗，古之為守令者，職事而所間覽其境内山川，折節于賢人高士，以為美譚，而今則為世大禁，又古之吏治貴清靜，今之吏治貴苛細，簿書敲朴，足了一日，固無暇為風流摽致之事。某之入吳，無論虎丘寒山、石湖凌屋諸勝，遠莫能至，即所謂九峰三泖，近在屐舄之下，亦經年而不一寓目，遊客文士，惠然投刺于門，未嘗不為倒屣，苟其人抱龍丘之節，畏陽喬之名，匿跡收聲，長嘯林表，多不及先風塵溷人，侵尋作俗吏面孔，負當世大雅之器，如先生下至田夫婦孺，猶能知之，某亦有耳目腹腸，庸得憒憒乃爾。……伏惟高明鑒原，職事作苦，無由倚擢，闔閭城下，一造精廬，書者神馳。先生儻有意乎？請以執鞭從事。（《白榆集》文集卷七，《續修四庫全書》影印明萬曆龔堯惠刻本，第一三五九册，第六二七～六二八頁）

《答詹君》

足下入都門一日，而傾其都人，徵辭賦，索筆札，聞如雲矣。昔李北海甫至長安，長安道上每出聚觀者若堵城，智永師以書法奔走，一時鐵限為敝筆塚成林，古人好事，大都若此。足下淹道多聞，提盞狐，先登藝壇，意氣徜徉，籠罩千古，又發石函之藏，探鹿苑之旨，名理精絕，超超玄著，足使深源吐舌，支公却步，故宜豪俊傾心，海内延頸，雖然，此皆大英雄人皮毛爾。文字筆札，誠無與吾内眞，即名理機鋒，推倒一世，舌端長吐五色寶蓮，天女來獻花，龍王聽說法，終非屑當，反障本來。僕少疏暢，中年不聞道而天性擺落，輕於世緣，獨無奈雕蟲鼓吹，虛名累身，居長安，交游酬應不減。足下猶自以了緣混俗，照心煉性，庶幾火宅蓮花，而讒人中之，遂脱羅網。僕於雞肋浮榮，覷破已久，風塵馬蹄，良所厭苦。今者業徼惠伊人，早還初服，名山靈壤，何事不了，布帽青鞋，又何戀乎？而足下欲僕輕外齊物，寶吾内眞，其尚懼僕作殷中軍咄咄書空態耶？中軍名理，如何一旦為此舉止，乃知口吻煙霞，眞無益此中毛髪事，僕之輕得喪，去人我，絕仇恩，要自得之天性，非關道力，然其歸欲常使逍遙灑脱，眉頭無日不揚，是吾所實。白香山、蘇端明，吾師也。足下教我，故是愛我深，然或者未知屠生之生平，故略吐露若此，春流挂席，南行甚快，何從得與足下一把臂論心，臨風軫結？佘宗漢眞寥廓士，此公學道，如以菜作虀，黄白仲之才，如穆天子八駿，非凡馬步驟，與之語道，尚隔津梁，然大自英物。（《白榆

集》文集卷十一，《續修四庫全書》影印明萬曆龔堯惠刻本，第一三五九册，第六八九～六九〇頁）

《西泠社集敘》

西泠者何？虎林西湖之别名也。金沙六橋，平闊浩淼，色秀而衍，南屏天竺、五雲西溪一帶，山峭而深，叢林古刹，樓觀亭榭，逶迤迥遭，不下數百處，地華而整；烟霞石屋，霧隱飛來，虎跑玉泉，境奇而恠。蓋天下山川勝處，此數者多不能兼，而西湖兼之，□勝者又多在僻遠險絕間，遊覽者未易窮歷，而西湖映帶城郭不數里而近，洵震旦國中之十洲三島哉！惜邇者，湖上絕少高人韵士之跡，而往往爲紈綺貴游、駔儈負販所據而辱焉，遠近賢士大夫，亦間有至者，蹔一兩宿而去，罕留篇咏，即留亦不甚傳。蓋非賢豪大會，名章高藻，照映山川，砰隱人代，不足爲西湖吐氣，蓮華涴于糞土，邯鄲辱於廝養，識者謂：西湖自蘇端明守杭以後，風雅盡矣。萬曆丙戌八月望後，新都汪伯玉司馬至自京口，不佞至自四明，四方賢豪，不期而集者如雲，而虎林人卓光禄徵父、徐司理茂吳者，蓋其境内之名賢也，徵父念四方賢豪，不假徵聘，而一朝偶集於此，此數百年來所未有，乃治酒徵歌，大會諸公於湖上之淨慈寺。時秋日向深，天高氣爽，楊柳未落，芙容漸華。諸公離畫舫，登佛閣而矚眺，長天四垂，斜日半嶺，羣峰變紫，湖水凝緑。丹丘碧洞，嵌空而瓔瓏；凸石浮圖，拔地而軒翥；紅亭紺殿，緣山而夭矯；芳樹瑶草，披雲而蒙茸。軒窗峩峩，飛鳶可拾；水石磷磷，游鯉可數。無何而履舄亂，觥籌舉，絲竹奏，歌舞作，青童侍立，紅妝褋坐，蔆蕖增媚，松桂助響，衣裳染嵐氣，語笑帶飛瀑，泠然暘矣。已而拈韵賦詩，搴芳擥秀，家探驪頷，人詑蚌珠。東南自蘭亭以來，乃有此會，寵靈西湖，殆如被以九錫也者。是會也，與燕者司馬公而下若干人，其分韵及之，而不與燕者，吳郡王元美司寇、醉李馮開之太史、吳興董伯念客部、四明王季孺太史、雲間彭欽之孝廉、金閶王百穀太學，蓋雖未必盡東箭乎，亦鉅丽已。光禄君付諸公詩于剻工以傳，不佞題曰：西泠社集，而伯玉、茂吳及不佞皆有序，余嘗著論曰：天壤間佳事有三，上之修真煉性，超生以合自然；次之寡慾清身，不忝以還造化；又次之怡情識趣，假山川風月，以樂餘生，而鐘鼎竹帛不與焉；

下此皆火宅也。是念猶未趨乎太上，所繇頤心遺累，斯其庶乎是白香山、李供奉之遺風也，即宣尼兩廡下諸君子，亦惡能廢諸。（《棲眞館集》卷十敘，《續修四庫全書》影印明萬曆十八年呂氏棲真館刻本，第一三六〇册，第四二二～四二三頁）

《與唐嗣宗》

彭使去崖略數行，道寒暄而已，乃辱遣使致書，情事滿紙，五詩精蔚，光彩射人，展轉廻環，深心寄託，兼遺以白金紫紵，隆施過腆，既感且悪，何能爲懷。僕屏居以來，世道交喪，文雅彫殘，舊遊零落，往往杜門塞兑，出則尋田父野老，拾橡栗，話桑麻，以逃於空虛，眼中諸子，誰爲歲寒，足下年甚少，交最晚，而綢繆婉孌，豐意摶心，津津未已，青山白首，當遂在兹乎？願足下自愛，足下挺叔寶之姿，挾平原之藻，神瀓氣朗，大自法器，少年人乘一時鶻俊，率好詄宕自詭，易流佻輕，嗜好侵之，丹元無主，多致淪墜，如僕束髮譚藝，幾終身失足少年塲，天故慜之，中歲好道，從滚跌簸蕩中急回頭，今日尋源覔路，稍透露本地風光，幸矣幸矣。文人才子，須清虛簡遠，乃益可貴，蕭家昭明、子雲足法也。最不容易學者，叔夜、嗣宗及李家青蓮居士，彼其外示通偉，而内存沖夷，後之少年儁流不得其沖夷，而學其通偉，未有不傷於狂譎而無檢者。世人多皮相屠生狂，謂是白香山、李供奉行家本色，暱而就之，見其翛然真率，不廢繩尺，便大失所望，以爲不足與香山、供奉執虎子，吾恒守吾故，不學步邯鄲也。足下念之，勿以寛舒忘其檢律，勿以拘局損其逍遥。此兩言者，名言也。莫君遂一旦棄賔客，風雅道盡矣。此君才藝絶人，精神滿腹，令稍戢而回光返照，何事不了，蘭以膏煎，桂以香燒，此老父之所以哭龔生也。僕聞之，道心益堅，世情轉澹矣。僕頃得道訣於異人，行之頗有證驗，從此能空一切，皇天不負苦心人，敢附布之，爲足下清虛一助。吳越間盛傳僕與馮開之失歡，至比開之於到溉，兄弟直達帝里，開之至以此謫官，可笑矣。往僕在世路，與開之易爲還往，其密固宜，今屏居曠遠，以刳情學道爲事踪，跡不得不踈，乃彼此白首同歸，心何嘗有間，而市上人好爲口語流播，此何足損吾兩人毫毛，今且以中秋赴開之湖上約，一以領略烟霞，共商大道，一以提挈肝膽，少塞流言。十三日攜布衾西渡浙水矣，足下幸臨，況湖山以傾三年積抱，遲之遲之，尊公前不及脩一牋，千萬道意，四詩奉答，適足章來詩之益美緑羅一端，白葛一端，鉄如意一執伴椷。（《棲真館集》卷十三書，《續修四庫全書》影印明萬曆十八年呂氏棲真館刻本，第一三六〇册，第四六七～四六八頁）

《答王胤昌太史》

……傖父椎鄙，往往攻掊文人，摽其無行，舛哉！王子猷之言曰：井丹高潔，不如相如慢世，是使後世以為口實者也。世亦有無行文人，豈謂文人必無行耶？文章家譚性命，稱先王，宣麗藻揚，鴻鉅廣覽，衡鑑多聞，善敗高者通徹靈竅下者，顧惜皮毛，何為而必無行乎？務華絶根，厥有涼德，言高於青天，行卑於黃泉，文園竊妻，執戟附莽，路粹傾險，潘岳諂佞，延清躁競，崔湜淹洿，世亦有之，乃聖門自游夏而下，屈大夫、左丘明、賈長沙、董江都、鄭康成、服子慎、孔安國、班叔皮、張平子、孔文舉、皇甫玄晏、張茂先、陸平原、束廣微、夏侯孝，若陶靖節、蕭統、子雲、任彦升、徐孝穆、張曲江、蘇許公、杜少陵、韓昌黎、白香山、孟襄陽、司空文明、歐陽文忠、蘇端明諸公，行義踔絶，粹美無瑕者，上下數千載，莫可縷指，而謂文士悉皆無行，如烏之必黔，鵠之必白，亦敢於厚誣古人矣。然則世之操履純備者，斷屬之閭閻鄙民，而古今明德大賢，豈皆椎魯不識一丁者邪！……（《棲真館集》卷十五，《續修四庫全書》影印明萬曆十八年呂氏棲真館刻本，第一三六〇册，第五〇二頁；《四庫全書》本《明文海》卷二百八）

《與王伯穀》

海内習先生才如金沙九品寳蓮，筆端舌端，並生五色，此猶謂皮相王先生也者，乃今信王先生蓋古有道長者，先生生平，行義卓然，無暇悉數，即如不穀，挂冠以來，家徒四壁，人情反覆，轉眄滄桑，疇昔石交，化爲行路，外不易口，内不廻腸，今日擻日青松，獨足下在耳。今而後，知先生非今之人也。足下數以書來，字字肝腸，言言涕淚，僕闕焉，久不將一字為報。既稱黃冠道民，學踈學懶，乃是道民本色，知先生當能寛之。來書多談僕少年時豪舉態，元夕張灯，灯花照天，鐘皷沸地，酒如泉，客如雲，此以告者，過也。然僕清士，實不欲學楚國灌園人，溪刻自處。白香山歌舞不離眼中，脱手萬緣，立去證道；李青蓮日擁金屏如花人，千金散盡，無家可歸，二女嫁與田夫；蘇端明風流一世，所至樓船簫鼓，爛醉西湖，食肉則瘦，食蕨則肥，垂老罄子母錢，市得草屋數間，因愍傷貧嫗夜哭，立還其券，而端明去死客舍中。僕每念數公，潸然隕涕，敬之慕之，千秋而下，願爲執鞭。近代士大夫口吐清言，身染穢行，邉舍萬頃，囊中阿堵丘山矣。而布衣草食，食一鷄子，分作三朝，暑天至臭惡，尚不忍弃去，一朝屬纊金錢，遶牀兩腋，抱持而瞑，留與子孫，無當一擲。僕既貧到骨，又不欲攢眉向屠沽兒，以故忻然日開口而笑，世人見其如此，不以爲家有王陽丹砂，則以爲癡老不解事，僕都不問也。家有一錢，與親朋間坐爲清歡，興到或口謳下里曲，少年在旁，撾鼓吹笙暢甚，詰朝洗盞，厨無晨炊矣，踪跡若此，而此中靈明，日以湛然，以此了世，差亦不惡，海内交知，愛我惜我，知我俱未盡，亦不欲世人令得物色之，而足下聰明絕世，想定覷破我窠臼，敢遂私布之。明春花時，定訪足下，聞新莊甚勝，顧何如君家輞川，手異書，目花竹，耳禽鳥，此時想王先生天上。(《棲真館集》卷十八書，《續修四庫全書》影印明萬曆十八年呂氏棲真館刻本，第一三六〇册，第五五〇～五五一頁)

《與汪長文約昏》

蓋僕束髮，從海上諸君子講藝壇千秋業，維是先主實執東南牛耳……余兩人既莫逆於心，而社中兄弟張君孺愿、楊君漢卿，又實從臾之，於是不穀仲子玉衡遂得昏於君之愛女，蓋昔者蓮社、蘭亭、香山，柴桑翁、陸靜脩；謝太傅、王右軍；白樂天、元微之諸君子，以文章爲骨肉，未聞其結託昏烟也，此有上古朱陳村麗厚之風焉，它日相期昏嫁畢，而駈武陵，鷄犬同脩，芝檢雲笈，業則請指桃花而盟之，不腆之將用存醇朴，維先生得督。幸甚。(《棲眞館集》卷十八書，《續修四庫全書》影印明萬曆十八年刻本)

《溪刻論》

伯夷峻廉隅之節，於陵尊溪刻之行，論者高之，然俶儻曠達之士，不必其然。管夷吾貪叜不立小節，而匡時定霸，建鉅人偉功；郭汾陽畜聲伎，窮奢欲，而奇勳精忠，為唐社稷臣；晉謝安石、唐白樂天、宋蘇子瞻，皆風流藴藉，留心絲竹，放情山水，流連詩酒，酣暢賓客，外示通偉，内存貞素，和而不流，淤而不染，道門謂之和光，禪昧謂之羼提，達者高其風標，愚夫誚其泆蕩，迨日久論定，風華映人，千秋豔慕。嗟乎！賢達風流，市人亦風流；賢達放蕩，市人亦放蕩。賢達市人，之所以異者，在心之染不染也。不然，管夷吾之與梁丘據，同一貪吏；郭汾陽之與元載，同一奢欲；謝安、蘇、白之與韓熙載、陶穀，同一風流，其邪正清濁霄壤乎！（《古今圖書集成》學行典第二百八十二卷清介部雜録第一頁；《鴻苞集》卷十二，汪超宏主編《屠隆集》第七册，浙江古籍出版社，二〇一二年九月，第三一二頁）

《文章》

文章華而不實，比於雕蟲，此非通論也。發造化之祕，闡人事之紀，盡古今之變，用固弘矣。神聖大道，僬傑偉功，異人靈跡，賢淑令範，所以光於六合，垂照千禩者，非託之文章不永。石鼓岣嶁，竹書汲冢，元苞穆天子傳，陰符廣成六經，諸文字悉經神聖之手，可亦以雕蟲目之耶？

按，海鹽王文禄作《文脈》曰：粵開闢而文顯，羲農黄嚳，肇造文原，唐虞都俞，賡歌亮采，文之一大聚也。是謂文脈之泰。文王拘羑演易象，武王伐商告武成，箕子釋縲敘範疇，姬公返東詠豳雅，又文之一大聚也。周末，孔子生，侯甸轍環，杏壇鐸振，雲從多士，雨化譽髦，修六經，著魯論，祖帝謨，立師極，又文之一大聚也。孟子繼出，崇王道，斥雜霸，黜功利，明仁義，距楊墨，紹先聖，又文之一大聚也。由是渙漫無紀，九流七略之學興焉。陽翟巨賈，亦知文，貴致客，撰吕覽，詫都市，文之一聚於私室也。荊楚小邦，且展文規，屈宋創騷些，揚哀音，文之一聚於蠻方也。荀卿肆其閎怪，李斯稔其陰賊，咸陽一炬，百家煨燼，文之大厄也。是謂文脈之否，壁藏塚瘞，腹記口傳。漢興，除挾書之律，增寫書之官，遣求書之輶，廣獻書之路，石渠天禄，虎觀蘭臺，群萃英儒，表章聖學，別有兔園之藪，淮南之儲，亦文之一大聚也。賈董射策，申伏明經，子長史記，長卿詞賦，唐山樂章，東方神異，東漢尊更老尚經術班氏劉向賈鄭崔蔡蔚為詞宗亦文之一聚也。東都喪亂，典籍淪沒，曹氏父子，延鄴下七才，倡為黄初之體，朝提猛士，夜接詞人，亦文之一聚也。江左風流，六朝綺艷，富於張陸，放於嵇阮，俊於江鮑徐庾，竟陵簡文廣延納，昭明妙編選，亦文之一聚也。王仲淹講道河汾，纘經陳策，無功養志東皋，作賦稱詩，亦文之一聚也。

唐興，太宗右文，鴻藻蔚起。貞觀、永徽，聲隆正始；開元、天寶，臻乎極盛。李杜詩稱大將，而沈宋、王孟、錢劉、元白，各把一麾。韓柳文擅宗工，而湜籍諸子，益標雅譽，又文之一聚也。五代昏濁，文運凋零，君椎臣鄙，目不知書，又文之一厄也。有宋受命，五星聚奎，文運重光焉。周程張朱以窮理，歐蘇曾王以達辭，金溪橫浦以尊性，涑水金華以攻史，冀方以探數，彰永康以諳兵勝，又文之一大聚也。有元易世，宋學猶存。容城之高標，魯齋之弘任，草廬之該博，虞揭之風雅，文敏之敏贍，鐵崖之藻逸，亦文之一聚也。

我大明永清宇宙，再闢乾坤，氣運高昌，聲靈赫濯，淵穎鴻古，潛溪蔚暢，郁離奇偉，正學典裁，簡迪遒勁，縉紳放逸，三楊弘麗，季迪俊藻。名篇雅什，照映朝野。而二祖以天縱鉅筆，神來飆發，上下賡酬，爭光日月，又文之一大聚也。自後河東、白沙、彝正、伯安倡鄒魯之絕學，空同、大復、廷實、昌穀、君采挽秦漢之頹風，濟南、瑯琊繼之，新都又繼之，諸子鵲起，以至今日，文非周秦兩漢不談，詩非漢魏盛唐不屬，莊士佩服周孔，高人兼綜三教，謂非文之一聚，不可也。總而言之，黄虞以後，周孔以前，文與道合為一。秦漢而下，文與道分為二，六經理道既深，文辭亦偉，秦漢六朝工於文，而道則舛戾；宋儒合乎道，而文則淺庸。我朝道學知宗宋儒，而踐履多疏文章，知慕秦漢而陶鎔未化，然其風尚則亦可嘉。已夫，文者華也，有根焉則性靈，是也。士務養性靈而為文，有不鉅麗者否也？是根固華茂者也。夫宣尼為六經，柱下為道德，漆園為南華，釋迦為楞嚴，豈常人可以襲取而辦哉？言高於青天，行卑於黄泉，汪洋流漫而無本源，立見其涸。言之垂也，必不遠，古今蟲魚於篇翰中者不少，藏之名山，副在京師者，寥寥乎，則文不可襲也。（《古今圖書集成》文學典第十二卷文學總部總論十二第四～七頁；《鴻苞集》卷十七，汪超宏主編《屠隆集》第八册，浙江古籍出版社，二〇一二年九月，第四二一頁）

《古今鉅文》

夫文章者，河嶽英靈，人倫精采，日月齊光，草木含潤，金石可泐，斯文不磨，上帝愛之，鬼神妒之，匪小物矣。余嘗上下古今，英華良亦有數，稍分品類，摘取鴻士鉅文數十首，披襟讀之，心神怡曠。語宏放，則《穆天子傳》，莊子《逍遙篇》、《庚桑楚》，列子《黄帝》《天瑞》，《離騷》，《遠游》，宋玉《大言賦》，淮南子《俶真訓》，司馬相如《大人賦》，《漢武帝外傳》，東方朔《十洲記》，張衡《思玄賦》，嵇康《養生論》，阮籍《大人先生傳》，劉伶《酒德頌》，木玄虚《海賦》，王子年《諸名山記》，王簡棲《頭陀寺碑》，李太白《大鵬賦》、《南岳魏夫人傳》，蘇子瞻《赤壁賦》。語奇古，則《周禮・考工記》，《禮記・檀弓》，秦惠王《詛楚文》，韓非子《説難》，《離騷》、《天問》、《左傳・子產論實沈臺駘》，秦始皇《瑯琊臺刻石銘》、《之罘碑》，司馬相如《封禪文》，揚雄《解難》，班固《封燕然山銘》。語悲壯，則《史記・荊軻傳》、《項羽世家》，司馬相如《長門賦》，李陵《遺蘇武書》，《離騷》、《惜往日》、《悲回風》，鄒陽《獄中書》，邯鄲淳《曹娥碑》，陳琳《為袁紹檄豫州》，鮑明遠《蕪城賦》，江淹《恨賦》，駱賓王《討武后檄》，《柳毅傳》，胡邦衡《論王倫封事》。語莊嚴，則《左傳・呂相絕秦書》，《國語・周襄王對晉文請隧》，司馬遷《三王策文》，班固《典引》，諸葛孔明《出師表》，張載《劍閣銘》，夏侯湛《東方朔畫贊》，韓昌黎《平淮西碑》，蘇子瞻《表忠觀碑》。語閒適，則仲長統《樂志論》，張平子《歸田賦》，潘安仁《閒居賦》，范曄《龐公傳》，陶淵明《歸去來辭》，王羲之《蘭亭序》，皇甫松《大隱賦》，王東皋《無心子傳》及答馮子華處士、程道士二書，白樂天《醉吟先生傳》，陸龜蒙《甫里先生傳》。語綺麗，則宋玉《高唐》、《神女》二賦，《史記・司馬相如傳》，伶元《趙飛燕外傳》，陳思王《洛神賦》，王子年《燕昭王》，謝莊《誄殷淑妃》、《月賦》，宋之問《秋蓮賦》，元微之《連昌宮辭》。夫千萬禩，作者佳篇不乏矣，而余取其會心者如此。譬之披沙揀金，往往見寶；饑可使飽，寒可使溫；倦可使醒，憂可使喜，何必罷精神於汗牛充棟，兀兀經年，作書中老蠹魚乎？（《古今圖書集成》文學典第十二卷文學總部總論十二第七～九頁；《鴻苞集》卷十七，汪超宏主編《屠隆集》第八册，浙江古籍出版社，二〇一二年九月，第四二六頁）

《論詩文》

杜甫之才大而實，李白之才高而虛。杜是造建章宮殿千門萬戶手，李是造清微天上五城十二樓手。杜極人工，李純是氣化。

人但知李青蓮仙才，而不知王右丞、李長吉、白香山皆仙才也。青蓮仙才而俊秀，右丞仙才而玄沖，長吉仙才而奇麗，香山仙才而閑淡。獨秀俊者人易賞識耳。

蘇、李、《十九首》，得詩人之骨，阮籍、謝靈運得詩人之髓，曹子建、鮑明遠得詩人之藻，陶淵明得詩人之質，李、杜得詩人之材，王、孟得詩人之致，高、岑得詩人之氣，劉長卿、王昌齡得詩人之聲。

詩，漢魏為古，至曹子建而麗，至六朝而葩，至康樂而俊，至陳隋而靡，至唐而近，至李杜而大，至晚唐而衰，至宋而俗，至元而淺，至我朝雅而襲。

詩非博學不工，而所以工非學；詩非高才不妙，而所以妙非才。杜撰則離，離非超脫之謂；格雖自創，神契古人，則體離而意未嘗不合。程古則合，合非摹擬之謂；字句雖因，神情不傳，則體合而意未嘗不離。（《鴻苞集》卷十七，《四庫全書存目叢書》影印明萬曆三十八年茅元儀刻本；《鴻苞集》卷十七，汪超宏主編《屠隆集》第八册，浙江古籍出版社，二〇一二年九月，第四二八頁）

香山詩有傷於妍媚淺俗者，此特其游戲三昧語。讀其全集，禪乘名理，往往深入玄解。百代而下，窺香山一斑。豈惟後代，雖當時亦然矣。（《鴻苞集》卷十七，《四庫全書存目叢書》影印明萬曆三十八年茅元儀刻本；《明詩話全編》第五册，第四九四七頁）

智按：此就《白氏長慶集》卷十五《酬微之寄示贈阿軟》而發，詩題《微之到通州日，授館未安，見塵壁間有數行字，即僕舊詩，其落句云：「淥水紅蓮一朵開，千花百草無顏色。」然不知題者何人也。微之吟歎不足，因綴一章，兼録僕詩本同寄，省其詩乃是十五年前初及第時，贈長安妓人阿軟絕句。緬思往事，杳若夢中，懷舊感今，因酬長句》，詩云：「十五年前似夢游，曾將詩句結風流。偶助笑歌嘲阿軟，可知傳誦到通州。昔教紅袖佳人唱，今遣青衫司馬愁。惆悵又聞題處所，雨淋江館破牆頭。」

虞夏之書渾渾爾，商書灝灝爾，周書噩噩爾，漢文典厚，唐文俊亮，宋文質木，元文輕佻，斯聲以代變者也。孔、孟雅正，老氏深含，莊、列玄虛，佛氏閎奥，左氏莊嚴，屈、賈淒怨，班、馬雄裁，劉、楊奇衍，崔、蔡平實，曹、劉綺縟，潘、陸富麗，江、鮑、徐、庾工妍，李、杜極材，韓、柳稟法，元、白盡情，王、孟得趣，廬陵體潔，眉山氣昌，斯聲以人殊者也。周風美盛，則《關雎》、《大雅》；鄭、衛風淫，則《桑中》、《溱洧》；秦風雄勁，則《車轔》、《駟驖》，陳、曹風奢，則《宛丘》、《蜉蝣》；燕、趙尚氣，則荊、高悲歌；楚人多怨，則屈騷淒憤，斯聲以俗移者也。夏侯孝弟，故其言溫潤；息夫險譎，故其言怨懟；南華放達，故其言汪洋；東方幻化，故其言怪奇；蔚宗輕慓，故其言躁競；淵明恬淡，故其言沖愉；李白超曠，故其言飄灑；王維空寂，故其言幽遠，斯聲以情遷者也。造物有元氣，亦有元聲，鍾為性情，暢為音吐。苟不本之性情，而欲強作假設，如楚學齊語，燕操南音，梵作華言，鴉為鵲鳴，其何能肖乎？故君子不務飾其聲，而務養其氣；不務工其文字，而務陶其性情。古之人所以藏之京師，副在名山，金函玉篋，日月齊光者，匪其文傳，其性情傳也。（《鴻苞集》卷十八，《四庫全書存目叢書》影印明萬曆三十八年茅元儀刻本；《明詩話全編》第五册，第四九六一頁）

智按：屠隆，字長卿，又字緯真，號赤水，別號由拳山人、一衲道人，蓬萊仙客，晚年又號鴻苞居士，鄞縣（今浙江寧波）人。萬曆五年（一五七七）進士，曾任潁上知縣，轉為青浦令，後遷禮部主事、郎中。萬曆十二年（一五八四）蒙受誣陷，削籍罷官。晚年，遨遊吳越間，尋山訪道，說空談玄，以賣文為生，悵悴而卒。有《棲真館集》、《由拳集》、《采真集》、《南遊集》、《鴻苞集》等。

趙世顯（一五四二～一六一〇）

《趙仁甫詩談》

白樂天「秋聲到井梧」句佳，然「春色辭門柳」未稱。

古今賦昭君者多矣，惟白樂天「黃金何日贖蛾眉」有不忘君之意。至王安石乃云「漢恩自淺胡自深，人生樂在相知心」，鄙哉夫也，何其敢於得罪名

教耶！（《趙仁甫詩談》卷下，《稀見明人詩話十六種》第五一三頁）

智按：趙世顯，字仁甫。侯官（今福建福州）人。嘉靖二十四年（一五四五）中舉，萬曆十一年（一五八三）進士，萬曆十六年除池州府推官。後改梁山知縣，二十七年轉通判，以母老，辭官不就。自負才華，鬱鬱不得志，遂杜門謝客，讀書學畫，以詩酒自娛。萬曆三十一年至四十二年，與詩人徐𤊹、曹學佺等結芝社於芝園，又結玉鷺社、瑤華社等。有《趙氏連城》、《楚游稿》、《香雪齋詩草》、《玉鷺社詩集》、《閩中稿》。

王伯稠（一五四二～一六一四）

《武陵懷白蘇二公》

曾聞白傅醉杭州，隔代蘇公與唱酬。今古人眞追勝賞，湖山天自屬名流。白雲長嶺尋僧社，明月誰呼載妓舟。欲酹椒漿歌一曲，千峰秋色夕陽愁。（《王世周先生詩集》卷十二七言律詩，明萬曆刻本）

智按：王伯稠，字世周，常熟（今屬江蘇）人，移家崑山（今屬江蘇）。少隨父人京師，見城闕戚裏之盛，輒有歌咏，時號神童。見賞於王世貞，以順天籍爲諸生，尋謝去，東歸，肆力於歌詩。閉居僧舍，常經月不窺戶，悉取晋唐以下諸家，吟咀諷咏。詩名大噪，好事者爭相傳寫。與王逢年爲中表兄弟，其依隱傲世略相似。有《王世周集》二十卷（《千頃堂書目》卷二十六作《白虹集》），卷首有王世貞兄弟序。

李廷機（一五四二～一六一六）

《五字鑒》

⊙下唐紀

因安禄山、史思明、李輔國之亂，曰下唐。

代宗登朝堂，自此號下唐。初誅李輔國，眾賊悉逃亡。復竄程元振，禍亂盡消藏。楊綰為相國，常袞同平常。綰相三月卒，帝泣而悲傷。元載被誣陷，抄沒其家囊。胡椒八百斛，他物不可方。德宗皇帝立，祐甫攝朝綱。帝命收時望，逾月滿朝堂。劉晏總民賦，楊炎同平章。始建兩征法，夏税與秋糧。良臣白居易，名相杜黄裳。為邦治大節，作事多周祥。順宗居帝陛，八月禪位亡。憲宗迎佛骨，韓愈貶潮陽。穆宗立四載，守制無損傷。敬宗好游宴，流連而荒亡。文宗信宦者，亂政害賢良。劉蕡李德裕，獻策諫君王。文官閑閣筆，宦者總朝綱。帝與李鄭議，密謀誅宦郎。宰臣王賈等，無辜劍下亡。裴度知時勢，告歸緑野堂。武宗皇帝立，貶削仇士良。宣宗威命重，中外兩安康。懿宗皇帝立，天下盜倡狂。沙陀臣討賊，賜名李國昌。僖宗皇帝立，世亂歲饑荒。黄巢賊作亂，天下莫敢當。舉兵犯帝闕，帝出奔蜀邦。能臣李克用，討賊救晉陽。昭宗皇帝立，有志復朝綱。宦者季述亂，帝出奔鳳翔。朱溫討賊亂，宦者盡遭殃。傳代二十四，國絕於哀皇。前後三百載，一旦歸後梁。（何孝積標點本《鑒略妥注》）

智按：李廷機，字爾張，晉江（今福建泉州）人。萬曆十一年（一五八三）癸未進士，官至禮部尚書，東閣大學士，謚文節。有《易經纂注》、《易答問》、《春官要覽》、《四書臆説》、《春秋講章》、《宋賢事彙》、《漢唐宋名臣録》、《閣臣録》及《李廷機文集》等。事迹具《明史》本傳。清代翻刻者鄒梧桐稱：「有明李廷機先生，胸羅全史，手著《鑒略》，自皇古以迄宋元事迹，舉其大綱，略其小目，俾讀者開卷了然，儼與歷世受命之主，賡揚一堂；更可喜者，句調叶律，有類詩歌，與人可誦可讀，一部二十一史之要領也。」

屠本畯（一五四二～一六二二）

《偶然作效唐白傅體》

袓裼芒鞋紫籜冠，江皋步屧未蹣跚。少爲掾吏稱三語，老愛蹲鴟飽一柈。草閣獨憑無厲屐，蕭齋寄傲有猗蘭。桃花酒舍今稀過，不遣傍人爲索瘢。（《四庫全書》本《甬上耆舊詩》卷二十）

智按：屠本畯，原名畯，字田叔，一字豳叟，號漢陂、憨先生、乖龍丈人等，尚書大山（一五〇〇～一五七九）子，鄞縣（今浙江寧波）人。承蔭官太常寺典簿，歷南禮部郎中，萬曆間，出為兩淮運司同知，移福建鹽運司同知。商魄例金，一切謝絶。公暇則與名士結社，風雅為一時所重。後擢辰州太守。生平惟喜讀書，至老尚手一卷，人或曰：「先生老矣，奚自苦?」先生曰：「吾于書飢以當食，渴以當飲，欠伸以當枕，席愁寂以當鼓吹，未嘗苦也。」踈眉目廣，顙而哆口，人望之若神仙。晚年其喜客益甚，客至必出，魚韭無列席，飲不過數勺，然每觴客必盡懽，所言未嘗及世事間，作諧語，一座爲傾。既老，起生壙于甬上，撰狀及表，自稱曰憨先生，亦曰齒叟。年八十一卒。有《屠田叔詩草》等十餘種。事迹見《徐氏家藏書目》卷七《屠本畯詩草》、《甬上耆舊詩》卷二十、《明詩綜》卷六十七及《明詩紀事》庚籤卷二八。

姚旅（？～一六二二）

《露書》

今刻元微之寄白樂天夢遊詩曰：「夢公兄弟曲江頭，又向慈恩寺裏遊。驛吏呼人驅馬去，忽驚身已在梁州。」按《本事詩》作「夢君兄弟曲江頭，也向慈恩院院遊。驛吏喚人排馬去，忽驚身在古梁州。」中更數字，卽極風雅之趣。

白樂天寄李蘄州詩：「笛愁春盡梅花裏，簟冷秋生薤葉中。」二物皆蘄產，笛今無矣，簟則有之。「薤葉」亦用舊事，不必蘄簟，便名薤葉。

白樂天題玉泉寺詩：「禍福茫茫不可思，大都早退是先知。當君白首同歸日，是我青山獨往時。顧索素琴應不暇，憶牽黃犬定難期。蛟龍作醢麟爲脯，何似泥中拽尾龜。」此詩爲王涯、賈餗駢首就誅而作。先是白因李訓、鄭注用事，知其必敗，自刑部侍郎乞分司而歸，歸後，王涯、賈餗果敗，故用石崇、潘岳白首同所歸之句。「顧索素琴」用嵇康，「憶牽黃犬」用李斯，皆臨刑事。「蛟龍作醢麟爲脯，何似泥中拽尾龜」，喻貴寵而誅戮，不若生而貧賤。《嬾眞子》乃云，宰相王涯好琴，舒元輿好獵，故及之，則鑿矣。又云：龍醢事見《左氏》，麟脯事見《列仙傳》，何迂執也。（以上均見《露書》卷三，《四庫全書存目叢書》影印明天啓刻本）

智按：姚旅，初名鼎梅，字園客，莆田（今屬福建）人。少負才名，卻屢試不第。後遊學四方，晚年潛心著述。其《露書》十四卷，有萬曆四十年（一六一二）壬子晉斗元序。

錢希言（？～一六二二後）

《戲瑕》

⊙碧油幢

幢，幡幢，其狀童童然也。一作幨帷，或云車幰。唐張仲素《塞下曲·中》「獵馬千群雁幾雙，燕然山下碧油幢。傳聲漠北單于破，火照旌旗夜受降。」是以油幢為軍旅中威儀矣。惟白樂天有婦兄楊汝士，領東川節度使，與妻崔氏同赴任，樂天代内作詩送之云：「劉綱與婦共升仙，弄玉隨夫亦上天。何似沙哥與崔嫂，碧油幢引過東川。」用事切當，蓋沙哥，汝士小字也。（《續修四庫全書》影印明刻本卷二）

⊙緑腰舞

緑腰，唐曲名，盧金蘭善為緑腰玉樹之舞。建中中，康昆侖琵琶稱第一手，登樓彈一曲，新翻羽調録要，即緑腰是也。白樂天《楊柳枝詞》則曰六么，後王建宮詞亦因其字。按宋人《青箱雜記》載曲有録要者，録霓裳羽衣之要也。其拍即《唐書·吐蕃傳》所謂涼州，胡中謂録要雜曲，而今世語訛之為緑腰耳。（《續修四庫全書》影印明刻本卷三）

《劍莢》

⊙鴉九劍

唐元和中，白居易譔《新樂府》五十篇，大抵皆以諷諭爲體，播于樂章歌曲焉。中有《鴉九劍》一章，思决壅也。鴉九，人名，其辭曰：「歐冶子死千年後，精靈暗授張鴉九。鴉九鑄劍吳山中，天與日時神借功。金鋏騰精火翻焰，踴躍求爲莫邪劍。劍成未試十餘年，有客持金買一觀。誰知開匣長思用，三尺青蛇不肯蟠。客有心，劍無口。客代劍言告鴉九，君勿矜我玉可切，君勿誇我鐘可刜，不如持我决浮雲，無令漫漫蔽白日，爲君使無私之光及萬

物，蟄蟲昭蘇萌草出。(《劍莢》卷十六藥獻篇，明陳訏謨翠幄草堂刻本)

智按：錢希言，字簡棲，又字象先，萬曆間常熟（今屬江蘇）人，少遇家難，徙居吳縣（今江蘇蘇州）。博覽好學，工詩，王穉登折輩行與之交，屠長卿、湯若士皆稱道之。寓居蘇城麒麟巷月駕園，刻印過自撰《松樞十九山》十五種，《説郛續》另有錢著《遼邸紀聞》、《楚小志》。

陸應陽（一五四二～一六二七）

《樵史》

洛陽自晉而唐而宋，有金谷會，石季倫主之；香山會，白太傅主之；耆英會，文潞公主之；直率會，司馬相公主之，並風流文河□慕千秋矣，而撮其尤勝者，則曰香山，蓋一詩□□胡杲年八十九，吉皎八十七，劉眞八十七，鄭據八十三，盧真八十三，張渾七十七，居易七十四，僧如滿九十三，遺老李元爽年一百三十六。白公詩曰：「天年高邁二疏傅，人數多於四皓圖。除卻三山五天竺，人間此會且應無。」信□古今罕覩矣。(《樵史》卷四，《四庫禁毀書叢刊》影印清書三味樓刻本)

《廣輿記》

河南府【古蹟】九老堂，洛陽，即白居易宅。胡杲、吉旼、劉真、鄭據、盧慎、張渾、李元爽、僧如滿，并居易九人，結香山社。(《廣輿記》卷七，清康熙刻本)

九江府【祠廟】陶侃祠，府城東南。陶靖節祠，德化。白居易祠，府城西。狄梁公祠，彭澤。(《廣輿記》卷十二，清康熙刻本)

智按：陸應陽，字伯生，號古塘居士、片玉山人、應陽生、平原村長，上海青浦人。以詩文自勵，喜游歷名山大川，與一時名士交往，所到之處輒留詩篇。有《笏溪草堂集》、《樵史》、《唐匯林》、《唐詩選》、《明詩妙絕》等。

周履靖（一五四二～一六三二）

《騷壇秘語》

白居易：祖《國風》及六朝樂府，務欲為風俗之用。

元稹：與白同志，白意古辭俗，稹辭古意俗。（卷中「體第十五・古體」，《明詩話全編》第五册，第四九八八頁；《叢書集成初編》影《夷門廣牘》本，文學類，第二六一三册，第五一頁）

沈佺期、杜審言、王維、高適、杜甫、李白、岑參、常建、錢起、姚合、劉長卿、郎士元、李益、李端、許渾：右諸家詩謂之盛唐，視齊梁益嚴矣。意思從容，乃有古意，皆祖風騷，宗鮑謝。

杜牧、李商隱、張籍、王建、韓愈、柳宗元、劉禹錫、白居易、元稹、賈島：右諸家詩律視盛唐益熟矣，而步驟漸拘迫，皆祖風騷，宗盛唐，謂之中唐。（卷中「體第十五・律體」，《明詩話全編》第五册，第四九八八～四九八九頁；《叢書集成初編》影《夷門廣牘》本，文學類，第二六一三册，第五一頁）

王維、裴迪、賀知章、李白、杜甫、岑參、高適、王昌齡、劉長卿、張祜、韋應物、孟浩然：右諸家意絕語不絕。

杜牧、李商隱、張籍、王建、韓愈、柳宗元、劉禹錫、白居易、賈島、李賀：右諸家意絕語俱絕。（卷中「體第十五・絕句體」，《明詩話全編》第五册，第四九八九頁；《叢書集成初編》影《夷門廣牘》本，文學類，第二六一三册，第五一頁）

《香山酒颂》

歌七首

浩歌行

天長地久無終畢，昨夜今朝又明日。鬢髮滄浪牙齒疏，不覺身年四十七。前去五十有幾年？把鏡照面心茫然。既無長繩繫白日，又無大藥駐朱顏。朱顏日夜不如故，青史功名在何處？欲留年少待富貴，富貴不來年少去。去復去兮如長河，東流赴海無回波。賢愚貴賤同歸盡，北邙塚墓高嵯峨。古來如此非獨我，未死有酒且高歌。顏回短命伯夷餓，我今所得亦已多。功名富貴須待命，命若不來知奈何。

和

朝生暮死無休畢，及時不樂待何日？雙髩蕭疏牙齒稀，明年不覺五十七。周甲只在三歲間，朝來臨鑑情淒然。銅豈能鑄玉體，靈丹難以保紅顏。紅顏易改世仍故，不如置身醉鄉處。鼓掌大笑勝榮貴，煩惱場中我不去。光陰迅兮若黄河，黄河東逝不返波。世事紛紛何日了，荒郊孤塚幾嵯峨。且將樽酒終日醉，醉去一任我狂歌。石崇豪富今安在？富貴終更世亦多。布衣茅屋既安命，知命樂天為如何。

勸酒歌

昨與美人對樽酒，朱顏如花腰似柳。今與美人傾一盃，秋風颯颯頭上來。年光似水向東去，兩髩不禁白日催。東鄰起樓高百尺，璇題照日光相射。珠翠無非二八人，盤筵何啻三千客。西鄰儒者方下帷，夜誦古書朝忍飢。身年三十未入仕，仰望東鄰安可期。一朝逸翮乘風勢，金榜高張登上第。春闈未了冬登科，九萬摶風誰與繼。不逾十稔居台衡，門前車馬紛縱横。人人仰望在何處，造化筆頭雲雨生。東鄰高樓色未改，主人云亡息猶在。金玉車輿一不存，朱門更有何人待。牆垣反鎖長安春，樓臺漸漸屬西鄰。松篁薄暮亦棲鳥，桃李無情還笑人。憶昔東鄰宅初構，雲甍彩棟皆非舊。瑇瑁筵前翡翠棲，芙蓉池上鴛鴦鬪。日往月來凡幾秋，一衰一盛何悠悠。但教帝里笙歌在，池上年年醉五侯。

和

憶昔少年嗜盃酒，此身常醉煙花柳。年過五十興未頹，無奈白雪入髩來。韶光渾似石中火，東升西沒頻相催。阿房宫闕高千尺，朱甍畫棟五彩射。孟嘗慷慨集英豪，門下濟濟皆雄客。仲舒潛心下書帷，伯夷高蹈甘忍飢。古來達士各有志，賢愚總歸百歲期。睥睨輕浮倚聲勢，一朝富貴更門第。俄然時異災害侵，連雲甲第誰堪繼。神昏智昧無權衡，百慮幽煎事亂横。妻孥反目僮僕背，瘠田荒土難聊生。倡狂酒徒樂不改，壯歲風流今尚在。晝對名花飲數甌，邀月開樽獨自待。以酒為樂當芳春，酒為主人花為鄰。良朋喜有枝上鳥，任渠相喚縱酒人。高堂大廈何須構，眼前相識非故舊。終日陶陶卧醉鄉，素性懶與時競鬪。棲遲茅屋度春秋，此身無累心悠悠。安貧靜養意自足，俯仰無愧輕王侯。

其二

勸君一盞君莫辭，勸君兩盞君莫疑，勸君三盞君始知。面上今日老昨日，心中醉時勝醒時。天地迢迢自長久，白兔赤烏相趁走。身後堆金拄北斗，不如生前一樽酒。君不見，春明門外天欲明，喧喧歌哭半死生。遊人駐馬出不得，白轝紫車爭路行。歸去來，頭已白，典錢將用買酒吃。

和

勸我一盃我弗辭，勸我二盃我弗疑。勸我三盃我已知，形容憔悴非昔日。醒時不及舉盃時，幻（幼）軀弱質豈延久。金烏玉兔疾奔走，羅綺千箱珠幾斗。賦換牀頭一甕酒，君不見劉伶阮籍與淵明，以酒以詩樂餘生。庸流俗輩豈省得，趁名競利紛忙行。急回頭，鬚髩白，老至有酒不能吃。

短歌

曈曈太陽如火色，上行千里下一刻。出為白晝入為夜，圓轉如珠住不得。住不得，可奈何？為君舉酒歌短歌。歌聲苦，詞亦苦，四座少年君聽取。今夕未竟明夕催，秋風纔往春風回。人無根蔕時不駐，朱顏白日相隳頹。勸君且強笑一面，勸君復強飲一盃。人生不得長歡樂，年少須臾老到來。

和

桃花如錦間柳色，千金難買春宵刻。晝賞名園清夜遊，達人解此真落得。真落得，意如何？滿斟綠醑且高歌。聲弗苦，味弗苦，座上英豪靜聽取。春去秋來旦暮催，夏日炎炎冬信回。難將長繩繫白日，寒暑相逼玉貌頹。興來鼓掌發一笑，悶時吸酒數十盃。自信百歲容易盡，須知年少不復來。

醉歌示妓人商玲瓏

罷胡琴，掩秦瑟，玲瓏再拜歌初畢。誰道使君不解歌？聽唱黃雞與白日。黃雞催曉丑時鳴，白日催年酉時沒。腰間紅綬繫未穩，鏡裏朱顏看已失。玲瓏玲瓏奈老何？使君歌了汝更歌。

和

移蓮步，抱錦瑟，一曲陽春聲未畢。座中燕笑罄瓊漿，歡娛興狂嫌短日。玲瓏嫋娜更多情，殷勤相勸待月沒。酩酊今宵樂未央，那管人間得與失。我生我生將奈何，不如飲酒且高歌。

短歌

不愁雙鬢短，獨愛明月滿。開樽坐良夜，籟寂玉漏長。月中花下影，草上飛清霜。人事共相易，頃爾成散場。華堂變隙地，荒塚皆柔桑。觀之興戚戚，達人須盡觴。醉花翫明月，莫負好時光。

和

萬事任長短，惟愛樽中滿。年華悲去促，壽命苦不長。自信兒童態，人憐兩鬢霜。終日博一醉，應無三萬場。請觀古時墓，多半載麻桑。我今休惆悵，且進尊前觴。春晝賞花柳，秋宵翫月光。

狂歌詞

明月照君席，白露沾我衣。勸君酒盃滿，聽我狂歌詞。五十已後衰，二十已前癡。晝夜又分半，其間幾何時？生前不歡樂，死後有餘資。焉用黃墟下，珠衾玉匣為？

和

庭花開灼灼，香氣襲我衣。對景且持盞，狂歌白苧詞。世情渾是假，不如狂與癡。年華若轉軸，歡樂能幾時？有酒弗肯飲，牀頭空盈資。神魄歸冥漠，金帛將何為？

五言古詩

效陶潛體詩十六首（並序）

余退居渭上，杜門不出，時屬多雨，無以自娛。會家醞新熟，雨中獨飲，往往酣醉，終日不醒。懶放之心，彌覺自得，故得於此而有以忘於彼者。因詠陶淵明詩，適與意會，遂效其體，成十六篇。醉中狂言，醒輒自哂。然知我者，亦無隱焉。

不動者厚地，不息者高天。無窮者日月，長在者山川。松柏與龜鶴，其壽皆千年。嗟嗟群物中，而人獨不然。早出向朝市，暮已歸下泉。形質及壽命，危脆若浮煙。堯舜與周孔，古來稱聖賢。借問今何在？一去亦不還。我無不死藥，兀兀隨化遷。所未定知者，修短遲速間。幸及身健日，當歌一樽前。何必待人勸，持此自為歡。

和

無量者世事，莫測者昊天。易過者歲月，不竭者長川。歡樂能有幾？浮生少百年。人為萬物靈，斯心當皎然。曉來升天衢，薄暮歸幽泉。功名草上露，富貴等雲煙。古來放達者，竹林隱七賢。芳名流宇內，行跡去弗還。我生成酒癖，處貧興不遷。終日懶出戶，盤桓詩酒間。或歌明月下，或醉名花前。林皋恣吟嘯，誰知此種歡？

其二

翳翳踰月陰，沉沉連日雨。開簾望天色，黄雲暗如土。行潦毁我墉，疾風壞我宇。蓬莠生庭院，泥塗失場圃。村深絕賓客，窗晦無儔侶。盡日不下牀，跳鼃時入戶。出門無所往，入室還獨處。不以酒自娱，塊然與誰語？

和

夜半東風狂，朝來瀟瀟雨。浥彼枝上花，潤我桑柘土。涼飆入松窗，滴瀝鳴山宇。兒童垂竹簾，園丁鋤後圃。泥塗阻軒車，闃寂無朋侶。胸次自悠然，開樽闔蓬戶。雞聲聞隔鄰，漁笛知何處。一盃詠一詩，恍對劉伶語。

其三

朝飲一盃酒，冥心合元化。兀然無所思，日高尚閑卧。暮讀一卷書，會意如嘉話。欣然有所遇，夜深猶獨坐。又得琴上趣，安弦有餘暇。復多詩中狂，下筆不能罷。唯茲三四事，特用度晝夜。所以陰雨中，經旬不出舍。始悟獨住人，心安時亦過。

和

幻質裹皮囊，終歸於大化。悟徹此中機，悠然北窗卧。喜歡勸酒詩，懶聽俗人話。忽遇好懷開，持盃花下坐。一盃復一盃，樂此良辰暇。飲至五斗餘，興狂何肯罷。醉眠芳草中，不知晝與夜。天際流閑雲，暮雨清屋舍。陶情樽俎間，餘生倏忽過。

其四

東家采桑婦，雨來苦愁悲。簇蠶北堂前，雨冷不成絲。西家荷鋤叟，雨來亦怨咨。種豆南山下，雨多落為萁。而我獨何幸，醖酒本無期。及此多雨日，正遇新熟時。開瓶瀉樽中，玉液黄金脂。持翫已可悦，歡嘗有餘滋。一酌發好容，再酌開愁眉。連進四五酌，酣暢入四肢。忽然遺我物，誰復分是非。是時連夕雨，酩酊無所知。人心苦顛倒，反為憂者嗤。

和

農夫見雨喜，行旅途路悲。園亭花逞色，簷桷蛛收絲。東郊遊俠子，泥濘成嗟咨。林麓兩畦荳，搖落摧為萁。匪獨人變更，天道亦難期。山齋晝陰陰，飲酒當此時。歌徹陽春調，壺傾琥珀脂。逸興賴爾發，詩腸澀藉滋。一盃暢我思，數盞舒雙眉。飲至八九盞，已覺柔四肢。酕醄宇宙間，任彼議我非。耳畔咨咀語，醉後總不知。風塵名利客，卻與醉翁嗤。

其五

朝亦獨醉歌，暮亦獨醉睡。未盡一壺酒，已成三獨醉。勿嫌飲太少，且喜歡易致。一盃復兩盃，多不過三四。便得心中適，盡忘身外事。更復強一盃，陶然遺萬累。一飲一石者，徒以多為貴。及其酩酊時，與我亦無異。笑謝多飲者，酒錢徒自費。

和

卯飲不至酣，夜酌弗及睡。對酒開我懷，何須博大醉。但識追其歡，探討酒中致。喜則傾一壺，興來加再四。且適眼前情，少卻塵中事。不管俗人非，自喜蠲其累。心泰斯為福，身閒可抵貴。縱飲忽成癡，欲與世人異。寄語達者知，莫把精神費。

其六

天秋無片雲，地靜無纖塵。團團新晴月，林外生白輪。憶昨陰霖天，連連三四旬。賴逢家醞熟，不覺過朝昏。私言雨霽後，可以罷餘樽。及對新月色，不醉亦愁人。牀頭殘酒榼，欲盡味彌淳。攜置南簷下，舉酌自殷勤。清光入盃杓，白露生衣巾。乃知陰與晴，安可無此君。我有樂府詩，成來人未聞。今宵醉有興，狂詠驚四鄰。獨賞猶復爾，何況有交親。

和

萬里掃浮雲，蒼穹絕點塵。秋水共一色，海底現冰輪。天澄氣斯朗，皎潔惟中旬。對景堪為歡，縱飲不至昏。醉來得好句，興高倒清樽。對月發長嘯，共影成三人。所嗜詩與酒，存心樸且淳。自嫌真懶癖，遇事苦不勤。泠泠秋露下，浥我頭上巾。放達希嵇阮，無為學老君。但樂酒中興，弗期後世聞。醽醁為嘉友，青山是比鄰。一朝身命殞，何者為相親?

其七

中秋三五夜，明月在前軒。臨觴忽不飲，憶我平生歡。我有同心人，邈邈崔與錢。我有忘形友，迢迢李與元。或飛青雲上，或落江湖間。與我不相見，於今四五年。我無縮地術，君非馭風仙。安得明月下，四人來晤言。良夜信難得，佳期杳無緣。明月又不住，漸下西南天。豈無他時會，惜此清景前。

和

長空昇皎月，清光滿東軒。桂樹影婆娑，窗虛助人歡。欣然坐中夜，貰酒不用錢。興欲追嵇阮，詩賡白與元。吾性成疏散，遊心詩酒間。詩可陶情性，酒可適暮年。但識此中趣，何必求神仙。劉伶頌其德，世世稱名言。心與古人契，自信有宿緣。不妨時俗議，與彼各一天。但能日日醉，卧倒名花前。

其八

家醖飲已盡，村中無酒沽。坐愁今夜醒，其奈秋懷何。有客忽叩門，言語一何佳。云是南村叟，挈榼來相過。且喜樽不燥，安問少與多。重陽雖已過，籬菊有殘花。歡來苦晝短，不覺夕陽斜。老人勿遽起，且待新月華。客去有餘趣，竟夕獨酣歌。

和

牀頭儲宿醖，不必前村沽。遇酒弗肯飲，人生能幾何。開樽松牖下，明月弄影佳。嘹嘹一犬吠，門外有客過。促膝敘間闊，對酒情更多。盃中浮緑蟻，寶炬吐焰花。但成此夕興，何方斗柄斜。惟願日醉酒，豈羨榮與華。佳客賞我懷，當筵發浩歌。

其九

原生衣百結，顔子食一簞。歡然樂其志，有以忘飢寒。今我何人哉，德不及先賢。衣食幸相屬，胡為不自安。况兹清渭曲，居處安且閑。榆柳百餘樹，茅茨十數間。寒負簷下日，熱濯澗底泉。日出猶未起，日入已復眠。西風滿村巷，清涼八月天。但有雞犬聲，不聞車馬喧。時傾一樽酒，坐望東南山。稚侄初學步，牽衣戲我前。即此自可樂，庶幾顔與原。

和

顔原何敢希，食飲瓢與簞。種芋可飽腹，紉衣能禦寒。德行匪能及，屢空若前賢。苟得聞其道，貧餒亦自安。無求情斯愜，知止身得閒。栽梅三百樹，居處屋兩間。興躡溪邊徑，茶烹碧澗泉。狂來松下嘯，醉後花底眠。寰中得真樂，人間別有天。白雲封牖外，烏鵲枝上喧。逸少翫曲水，安石遊東山。才華豈能若，意氣頗傚前。怡情詩共酒，樂志在郊原。

其十

湛湛樽中酒，有功不自伐。不伐人不知，我今代其說。良將臨大敵，前驅千萬卒。一簞投河飲，赴死心如一。壯士磨匕首，勇憤氣咆哮。一酣忘報讎，四體如無骨。東海殺孝婦，天旱踰年月。一酌酹其魂，通宵雨不歇。咸陽秦獄氣，冤痛結為物。千歲不肯散，一沃亦銷失。況茲兒女恨，及彼幽憂疾。快飲無不消，如霜得春日。方知麴櫱靈，萬物無與疋。

和

矯矯幕下士，結髮從征伐。未得樹奇功，雖死有誰說。臨陣冒鋒鏑，驅馳驃騎卒。旌旄蔽長空，眾心秉歸一。英雄奮威武，赫奕呼咆哮。征袍染血腥，原野堆白骨。不得流聲名，徒費茲歲月。當此好良宵，何如盃弗歇。人生類草莽，終歸一朽物。堪嗟碌碌者，知得未知失。善惡似鑑明，日月如矢疾。俄然身委頓，翫賞終無日。百味以酒先，自識難為疋。

其十一

煙霞隔玄圃，風波限瀛州。我豈不欲往，大海路阻修。神仙但聞說，靈藥不可求。長生無得者，舉世如蜉蝣。逝者不重回，存者難久留。踟躕未死間，何苦懷百憂。念此忽內熱，坐看成白頭。舉盃還獨飲，顧影自獻酬。心與口相約，未醉勿言休。今朝不盡醉，知有明朝不？不見郭門外，累累墳與丘。明月愁殺人，黃蒿風颼颼。死者若有知，悔不秉燭遊。

和

生本無所嗜，逸志在滄洲。幽蹤絕廛市，闔戶惟潛修。心無事愛僧，于世何營求？百年駒過隙，一身等蜉蝣。滔滔黃河水，東逝無復留。生死在瞬息，徒勞千載憂。何如馬長卿，得興醉壚頭。又羨白居易，新詩日賡酬。當年追勝賞，後世垂芳休。余多詩酒癖，將來並存不？古今英傑士，俱埋土一丘。衰草籠寒煙，悲風涼颼颼。達者悟此機，挈壺且遨遊。

其十二

吾聞潯陽郡，昔有陶徵君。愛酒不愛名，憂醒不憂貧。嘗為彭澤令，在官纔八旬。愀然忽不樂，掛印著公門。口吟歸去來，頭戴漉酒巾。人吏留不得，直入故山雲。歸來五柳下，還以酒養真。人間榮與利，擺落如泥塵。先生去已久，紙墨有遺文。篇篇勸我飲，此外無所云。我從老大來，竊慕其為人。其他不可及，且效醉昏昏。

和

迂疏惟愛酒，此癖難語君。但願盃中滿，不慮身後貧。興至罄幾斗，酩酊常及旬。白雲封我徑，皎皎照我門。詩俚費更韻，酒濁賴葛巾。身世如鴻毛，得失等浮雲。萬物俱是幻，嗤彼認為真。妻孥旅邸客，富貴几上塵。匪獨此時論，先達述其文。可與知者道，莫向俗子云。古來好酒客，俱是放達人。啣盃竟追歡，豈限晝與昏。

其十三

楚王疑忠臣，江南放屈平。晉朝輕高士，林下棄劉伶。一人常獨醉，一人常獨醒。醒者多苦志，醉者多歡情。歡情信獨善，苦志竟何成。兀傲甕間卧，憔悴澤畔行。彼憂而此樂，道理甚分明。願君且飲酒，勿思身後名。

和

余身閒更逸，此心寬且平。賡詩追李白，縱酒學劉伶。一日六時醉，十旬酒不醒。與酒為莫逆，處事忘其情。年過五十外，一事恨無成。不作久長策，且就短歌行。卧甕畢吏部，對酒陶淵明。斯人去已遠，至今垂芳名。

其十四

有一燕趙士，言貌甚奇瑰。日日酒家去，脫衣典數盃。問君何落拓，云僕生草萊。地寒命且薄，徒抱王佐才。豈無濟時策，君門乏良媒。三獻寢不報，遲遲空手回。亦有同門生，先升青雲梯。貴賤交道絕，朱門叩不開。及歸種禾黍，三歲旱為災。入山燒黃白，一旦化為灰。蹉跎五十餘，生世苦不偕。處處去不得，卻歸酒中來。

和

醉裏一狂士，貌古心愈瓌。放浪於山水，終日啣其盃。花間時翫賞，何羨登蓬萊。但有五斗量，而無七步才。甘心茅茨下，不必倩求媒。綠樹村前合，清流屋後迴。吟哦代鼓瑟，力倦登舟梯。對花佳興發，向月好懷開。絕跡煩惱境，此身無咎災。俠氣猶冰霜，壯心成死灰。生惟酷嗜酒，玆與世不諧。命稟猶天賦，榮枯任去來。

其十五

南巷有貴人，高盖駟馬車。我問何所苦，四十垂白鬚。答云君不知，位重多憂虞。北里有寒士，甕牖繩為樞。出扶桑梨杖，入卧蝸牛廬。消散無憂患，心安體亦舒。東鄰有富翁，藏貨遍五都。東京收粟帛，西市鬻金珠。朝營暮計算，晝夜不安居。西舍有貧者，匹婦配匹夫。布裙行賃舂，短褐坐傭書。以此求口食，一飽欣有餘。貴賤與貧富，高下雖有殊。憂樂與利害，彼此不相踰。是以達人觀，萬化同一途。但未知生死，勝負兩何如。遲疑未知間，且以酒為娱。

和

落魄林下叟，穩步為軒車。仰天發長嘯，浩歌掀其鬚。身處於丘壑，中心斯無虞。朱槿葺環堵，衡門繩作樞。無事足不出，偃卧黄茅廬。興來對樽酒，三盃意自舒。但謀酒中樂，不求聞上都。身安等榮達，心泰勝藏珠。功名風裹絮，華屋水上居。朝為北舍宅，暮屬一田夫。匪為孟浪語，先賢著有書。智者能知止，勿求黄金餘。一朝大數盡，貴賤無等殊。醉鄉日喜至，崎嶇足不踰。滚滚風塵道，營營利禄途。驅馳晝弗息，物化將何如？還輸放達者，詩酒長自娱。

其十六

濟水澄而潔，河水渾而黄。交流列四瀆，清濁不相傷。太公戰牧野，伯夷餓首陽。同時號賢聖，進退不相妨。謂天不愛民，胡為生稻粱？謂天果愛民，胡為生豺狼？謂神福善人，孔聖竟棲遑。謂神禍淫人，暴秦終霸王。顔回與黄憲，何辜早夭亡。蝮蛇與鴆鳥，何得壽延長。物理不可測，神道亦難量。舉頭仰問天，天色但蒼蒼。唯當多種黍，日醉手中觴。

和

春花紅滿樹，倏忽秋葉黄。光景易遷邁，觀之成感傷。西麓沉皓魄，東山昇太陽。昇沉旦暮間，人事多相妨。南裹有富室，倉廩儲穀粱。北鄰育年少，勇猛若虎狼。營營構籌策，寸衷日遑遑。暴虐有商紂，荒淫謂吳王。二君失修德，畢竟至殞亡。但識盃中趣，何計世短長。惟事醉還醒，此樂為無量。及時弗痛飲，堪悲髩易蒼。那管身後計，且罄幾壺觴。

醉中得上都親友書以予停俸多時憂問貧乏偶乘酒興詠而報之

頭白醉昏昏，狂歌秋復春。一生耽酒客，五度棄官人。異世陶元亮，前生劉伯倫。卧將琴作枕，行以鍤隨身。歲要衣三對，年支穀一囷。園葵烹佐板（智按：集作飯），秋葉掃添薪。沒齒甘蔬食，搖頭謝搢紳。自能抛爵禄，終不惱交親。但得盃中緑，從生甑上塵。煩君問生計，憂醒不憂貧。

和

銜盃朝至昏，不獨翫芳春。林下一狂士，塵中無用人。山濤情更恰，阮籍志同倫。醉倒合宜卧，寒來薜掩身。牀頭幾甕酒，室内一空囷。摘藿供宵餉，烹茶葉代薪。但喜歌白雪，胡羨掛儒紳。日與琴書伴，還欣魚鳥親。只愁壺内竭，不厭釜生塵。惟願時時醉，翛然豈慮貧。

九日醉吟

有恨頭還白，無情菊自黄。一為州司馬，三見歲重陽。劍匣塵埃滿，籠禽日月長。身從漁父笑，門任雀羅張。問疾因留客，聽吟偶置觴。歎時論倚伏，懷舊數存亡。奈老應無計，醫愁或有方。無過學王績，唯以醉為鄉。

和

故人貽酒至，剛值菊花黄。賞花追靖節，把盞慶重陽。性逸渾忘醉，林幽覺晝長。盤桓樽斝内，豈畏塵網張。逢時吟短句，遇景謾持觴。萬事誰能久，有興必有亡。怡情無別策，痛飲是奇方。年來辭世路，日醉白雲鄉。

對酒自勉

五十江城守，停盃一自思。頭仍未盡白，官亦不全卑。榮寵尋過分，歡娱已校遲。肺傷雖怕酒，心健尚誇詩。夜舞吳娘袖，春歌蠻子詞。猶堪三五歲，相伴醉花時。

和

今年五十五，老至動悲思。髮白興猶在，家貧志未卑。追歡還勝昔，對酒卻嫌遲。且傾三五斝，草就幾篇詩。謾弄桓伊笛，高歌元亮詞。晝間卯上飲，夜醉月明時。

嘗新酒

空腹嘗新酒，偶成卯時醉。醉來擁褐裘，直至齋時睡。靜酣不語笑，真寢無夢寐。殆欲忘形骸，詎知屬天地。醒餘和未散，起坐澹無事。舉臂一欠伸，引琴彈秋思。

和

廚人報酒熟，嘗之已得醉。模糊倒石牀，不覺成鼾睡。黑甜菊枕餘，悠然得安寐。醒來烹碧泉，殘日照隙地。明月吐松巔，林靜無塵事。拂几理瑤琴，一曲澄幽思。

早飲湖州酒寄崔使君

一榼扶頭酒，泓澄瀉玉壺。十分蘸甲酌，瀲灩滿銀盂。捧出華光動，嘗看氣味殊。手中稀琥珀，舌上冷醍醐。瓶裹有時盡，江邊無處沽。不知崔太守，更有寄來無?

和

曉起未盥漱，家僮進酒壺。紫螯堪把手，綠醑喜盈盂。爛若晴霞色，香醇與世殊。還勝舊醽醁，不必覓醍醐。豈愁壺內罄，鄰肆可能沽。但得侵晨醉，何妨音信無。

醉後重贈晦叔

老伴知君少，歡情向我偏。無論疏與數，相見輒欣然。各以詩成癖，俱因酒得仙。笑回青眼語，醉並白頭眠。豈是今投分，多疑宿結緣。人間更何事，攜手送衰年。

和

如君世應鮮，氣俠思猶偏。每逢欣對酒，把盞各陶然。交誼膠投漆，狂同李謫仙。春來花下醉，秋至月中眠。塵事性寡洽，山林信有緣。相期日共晤，樽久樂餘年。

對新家醖翫自種花

香麴親看造，芳叢手自栽。迎春報酒熱，垂老看花開。紅蠟半含萼，綠油新醱醅。玲瓏五六樹，瀲灩兩三盃。恐有狂風起，愁無好客來。獨酣還獨語，待取月明回。

和

芳醪秋後釀，梅樹臘中栽。春到花應發，牀頭酒正開。冰姿香滿座，霞彩映新醅。興折芳葩戴，清狂罄百杯。歡情猶未已，明月到窗來。欲盡今宵賞，參橫方始迴。

春盡日天津橋醉吟偶呈李尹侍郎

宿雨洗天津，無泥未有塵。初晴迎早夏，落照送殘春。興發詩隨口，狂來酒寄身。水邊行嵬峨，橋上立逡巡。疏傅心情老，吳公政化新。三川徒有主，風景屬閒人。

和

雨過水平津，街衢滌垢塵。葵花映晴日，桃萼送芳春。信口歌新句，疏狂了此身。竚橋觀水色，把盞且逡巡。跡茂君當重，循良美政新。偶因題即事，杯酒醉山人。

對琴酒

西窗明且暖，晚坐卷書帷。琴匣拂開後，酒瓶添滿時。角樽白螺盞，玉軫黃金徽。未及彈與酌，相對已依依。泠泠秋泉韻，貯在龍鳳池。油油春雲心，一盃可致之。自古有琴酒，得此味者稀。祇因康與籍，及我三心知。

和

獨坐北窗下，好月照我帷。開樽傾宿釀，把盞對月時。微醺興已發，拂几撫金徽。一曲梅花調，幽情喜相依。芳枝壓白雪，清影浸方池。操罷懷自愜，緑醑再進之。鼓琴與酌酒，嗜者世應稀。伯倫與子期，神契為相知。

晚春沽酒

百花落如雪，兩鬢垂作絲。春去有來日，我老無少時。人生待富貴，為樂常苦遲。不如貧賤日，隨分開愁眉。賣我所乘馬，典我舊朝衣。盡將沽酒飲，酩酊步行歸。名姓日隱晦，形骸日變衰。醉卧黃公肆，人知我是誰?

和

芳華頃沾土，緑髮忽成絲。人衰無復壯，花落有開時。愚者俟榮達，榮達來更遲。何如安其命，不必蹙兩眉。貸錢可買笑，沽酒當典衣。時尋二三侶，弗醉弗言歸。玩景情堪惜，追歡興未衰。壚頭休語竭，酩酊不知誰。

城上對月期友人不至

古人惜晝短，勸令秉燭遊。況此迢迢夜，明月滿西樓。復有樽中酒，置在城上頭。期君君不至，人月兩悠悠。照水煙波白，照人肌發秋。清光正如此，不醉即須愁。

和

莫論晝長短，還當良夜遊。必須秉玉燭，芳宴設南樓。蟋蟀鳴庭砌，寒鳥集樹頭。美人期未至，令我意悠悠。天籟更深寂，長空月正秋。忽聞雲外雁，嘹嚦動吾愁。

五言古詩

卯時酒

佛法贊醍醐，仙方誇沆瀣。未如卯時酒，神速功力倍。一盃置掌上，三咽入腹內。煦若春貫腸，暄如日炙背。豈獨肢體暢，仍加志氣大。當時遺形骸，竟日忘冠帶。似游華胥國，疑反混元代。一性既完全，萬機皆破碎。半醒思往來，往來吁可怪。寵辱憂喜間，惶惶二十載。前年辭紫闥，今歲拋皂蓋。去矣如返泉，超然蟬離蛻。是非莫分別，行止無疑礙。浩氣貯胸中，青雲委身外。捫心私自語，自語誰能會。五十年來心，未如今日泰。況茲盃中物，行坐長相對。

和

不必論醍醐，何須歌沆瀣。卯時飲一盃，高懷加十倍。且罄尊前歡，胡慮竭甕內。瓊漿浣愁腸，塵事忽相背。不聞雷霆聲，何知宇宙大。優遊樂醉鄉，誰羨冠與帶。疏散類嵇生，風流擬晉代。喜看花滿枝，厭聽言瑣碎。高歌恣我狂，落魄任人怪。猛省總角時，倏忽五十載。醉倒草為茵，瑤天為覆盖。遺世日逍遙，卻似形骸蛻。寵辱俱相忘，此心無絕礙。蹤跡遠塵囂，意氣超雲外。領略造化功，玄微自能會。靈臺湛虛明，坎離乃交泰。酩酊黑甜餘，此樂應無對。

花下對酒二首

藹藹江氣春，南賓閏正月。梅櫻與桃杏，次第城上發。紅房爛簇火，素豔紛團雪。香惜委風飄，愁牽壓枝折。樓中老太守，頭上新白髮。冷澹病心情，暄和好時節。故園音信斷，遠郡親賓絕。欲問花前樽，依然為誰設?

和

江南陽早回，春至逢臘月。茶花開滿庭，芳梅枝上發。碧葉襯紅樹，綠萼映皓雪。無奈朔風吹，何妨俗子折。林中一散人，蓬鬆兩鬢髮。對花把一杯，弗負此佳節。闔戶成山林，門外轍跡絕。山童解我懷，衾枕榻上設。

和

芳梅報早春，幽鳥啼嘉月。壚頭酒正馨，狂夫興始發。杯中盈緑醑，梅花欺白雪。對景樂良辰，毋容手攀折。五斗暢詩腸，一枝簪皓髮。清思紀新吟，高懷賞令節。酕醄心始閑，頃爾萬緣絕。漫語膝前兒，藜牀傍窗設。

其二

引手攀紅櫻，紅櫻落似霰。仰首看白日，白日走如箭。年芳與時景，頃刻猶衰變。況是血肉身，安能長強健？人心苦迷執，慕貴憂貧賤。愁色常在眉，歡容不上面。況吾頭半白，把鏡非不見。何必花下盃，更待他人勸？

和

山茶與隴梅，性貞何慮霰。日行如擲梭，月沒迅若箭。緑鬢染清霜，朱顏忽更變。看花開好懷，把盞情愈健。不慕富與貴，豈憂貧與賤。三杯暢人懷，春風生滿面。高低北邙塚，問君見不見。逢時應翫賞，遇酒何須勸。

和

戲折枝上花，瓣落如紅霰。白日疾奔馳，韶華去似箭。時序頃更遷，滄海桑田變。四體覺頹然，何能得久健。不思有限身，惟愁貧與賤。雙眉蹙終朝，憂色形於面。曉來臨青銅，衰䐺豈忍見。且罄壺中漿，自斟還自勸。

勸醉寄元九

薤葉有朝露，槿枝無宿花。君今亦如此，促促生有涯。既不逐禪僧，林下學楞伽。又不隨道士，山中煉丹砂。百年夜分半，一歲春無多。何不飲美酒，胡然自悲嗟。俗號消愁藥，神速無以加。一盃驅世慮，兩盃反天和。三盃即酩酊，或笑任狂歌。陶陶復兀兀，吾孰知其他？況在名利途，平生有風波。深心藏陷阱，巧言織網羅。舉目非不見，不醉欲如何？

酬樂天勸醉（元稹）

神麴清濁酒，牡丹深淺花。少年欲相飲，此樂何可涯。沉機造神境，不必悟楞伽。酡顏返童貌，安用成丹砂。劉伶稱酒德，所稱良未多。願君聽此曲，我為盡稱嗟。一盃顏色好，十盞膽氣加。半酣得自恣，酩酊歸太和。共醉真可樂，飛觥撩亂歌。獨醉亦有趣，兀然無與他。美人醉燈下，左右流横波。王孫醉牀上，顛倒眠綺羅。君今勸我醉，勸醉意如何？

和

人生薤上露，富貴眼前花。壽命知有限，世事苦無涯。何須學參禪，不必誦楞伽。金丹亦孟浪，奚用煅朱砂。樂地追歡少，寸衷愁更多。紛忙奔白晝，清夜發長嗟。造物固有定，不能損與加。弗如對樽酒，一盞情始和。二盞興方至，鼓掌發告（浩）歌。酕醄忘憂樂，模糊知有他。睜眼覩醒者，誰識風與波。智人解得失，不受塵網羅。愚生但嗜酒，大醉能幾何？

北窗三友

今日北窗下，自問何所為？欣然得三友，三友者為誰？琴罷輒舉酒，酒罷輒吟詩。三友遞相引，循环無已時。一彈愜中心，一詠暢四肢。猶恐中有間，以醉彌縫之。豈獨吾拙好，古人多若斯。嗜詩有淵明，嗜琴有啟期。嗜酒有伯倫，三人皆吾師。或乏儋石儲，或穿帶索衣。弦歌復觴詠，樂道知所歸。三師去已遠，高風不可追。三友游甚熟，無日不相隨。左擲白玉巵，右拂黃金徽。興酣不迭紙，走筆操狂詞。誰能持此詞，為我謝親知。縱未以為是，豈以我為非？

和

徐徐北風至，臨窗一無為。陶然樂其志，思曠知有誰。且斟一杯酒，漫歌陶謝詩。詩酒可成興，興至忘其時。循跡少言過，寡欲惜體肢。適有臨池趣，揮毫倣獻之。癖性匪我獨，昔賢亦如斯。縱酒嵇叔夜，耽詩沈佺期。鍾繇寫宣示，唐晉皆可師。簞食不為恥，緑荷足紉衣。閒身結三友，詩酒字同歸。情懷欲希古，旦暮苦相追。歌輟即飲酒，酒闌筆硯隨。三友日浹洽，言行期慎徽。狂來任疏散，誕慢歌一詞。但可悅所志，不堪朋舊知。賦性本愚拙，任彼談是非。

對酒

人生一百歲，通計三萬日。何況百歲人，人間百無一。賢愚共零落，貴賤同埋沒。東岱前後魂，北邙新舊骨。復聞藥誤者，為愛長生術。又有憂死者，為貪政事筆。藥誤不得老，憂死非因疾。誰言人性靈，知得不知失。何如會親友，飲此盃中物。能沃煩慮消，能陶真性出。所以劉阮輩，終年醉兀兀。

和

靜計一歲中，為樂能幾日。古來七十少，見世百難一。不思生有期，曉忙至日沒。寒煙凝衰草，黄土埋白骨。参透此玄機，何必學丹術。興至賦新詩，狂來揮幾筆。對酒卻成歡，陶然忘痼疾。嗤彼塵寰人，全不知得失。何肯傾壺觴，惟惜囊内物。誤罹羅網中，欲脱無計出。豈若陶淵明，籬畔醉兀兀。

對酒示行簡

今旦一樽酒，歡暢何怡怡。此樂從中來，他人安得知。兄弟唯二人，遠别恒苦悲。今春自巴峽，萬里平安歸。復有雙幼妹，笄年未結褵。昨日嫁娶畢，良人皆可依。憂念兩消釋，如刀斷羈縻。身輕心無繫，忽欲淩空飛。人生苟有累，食肉常如飢。我心既無苦，飲水亦可肥。行簡勸爾酒，停盃聽我辭。不歎鄉國遠，不嫌官禄微。但願我與爾，終老不相離。

和

甕頭酒初熟，清馥令人怡。能解胸中欝，還堪敍故知。且追河朔飲，不作傷秋悲。逢歡且盡興，弗醉豈云歸。袅娜吴姬舞，暄風飆彩褵。歌聲多宛轉，雅度堪相依。遇賞當通夕，逢歡意自縻。情同魚鳥樂，心逐野雲飛。狂來忘早暮，廢時不知飢。淡中有真味，何羨甘與肥。偶爾對佳客，把盞歌新辭。功名若片紙，身世等塵微。豈能金石固，百歲終當離。

把酒

把酒仰問天，古今誰不死？所貴未死間，少憂多歡喜。窮通諒在天，憂喜即由己。是故達道人，去彼而取此。勿言未富貴，久忝居禄仕。借問宗族間，幾人拖金紫？勿憂漸衰老，且喜加年紀。試數班行中，幾人及暮齒？朝飡不過飽，五鼎徒為爾。夕寢止求安，一衾而已矣。此外皆長物，於我浮雲似。有子不留金，何況兼無子？

和

達者常惺惺，有生終有死。堪哂世上人，百憂無一喜。富貴本在天，豈能恃在己。弗解把酒歡，驅馳至於此。但得滿芳樽，何須羨榮仕。座中一點紅，不必身衣紫。日醉好韶光，落魄終歲紀。花枝戴角巾，旨酒嚌皓齒。兩眼任模糊，渾忘我與爾。欲盡此宵歡，五斗斯足矣。塵世碧霄空，幻身萍梗似。荷鍤倣劉伶，乘風學列子。

首夏南池獨酌

春盡雜英歇，夏初芳草深。熏風自南至，吹我池上林。緑蘋散還合，頳鯉跳復沉。新葉有佳色，殘鶯猶好音。依然謝家物，池酌對風琴。慚無康樂作，秉筆思沉吟。境勝才思劣，詩成不稱心。

和

一番送春雨，池添幾尺深。草色增新緑，篔簹長舊林。萍藻聚還散，遊魚浮欲沉。古槐清蔭襲，黄鳥綌佳音。心賞習家興，醉枕伯牙琴。醒來仍呼酒，高歌白頭吟。拂拂松風至，涼生愜我心。

飲後戲示弟子

吾為爾先生，爾為吾弟子。孔門有遺訓，復坐吾告爾。先生饌酒食，弟子服勞止。孝敬不在他，在茲而已矣。欲我少憂愁，欲我多歡喜。無如醞好酒，酒須多且旨。旨即賓可留，多即罍不恥。吾更有一言，爾宜聽入耳。人老多憂貧，人病多憂死。我今雖老病，所憂不在此。憂在半酣時，樽空座客起。

和

生年五十餘，繞膝皆稚子。欲渠通古今，弱齡何能爾。旦暮誨勤劬，未解吾且止。但修方寸間，賢愚數而矣。祛卻心上愁，開樽情更喜。味能適我口，何必希甘旨。欲求過其分，後世恐遺耻。惟願實其腹，豈用悦目耳。人豈能久長，百歲終歸死。得失經幾番，塵世皆如此。且罄眼前杯，酩酊扶不起。

對酒閑吟贈同老者

人生七十稀，我年幸過之。遠行將盡路，春夢欲覺時。家事口不問，世名心不思。老既不足歎，病亦不能治。扶持仰奴僕，將養信妻兒。飢飽進退食，寒暄加減衣。聲妓放鄭衛，裘馬脱輕肥。百事盡除去，尚餘酒與詩。興來吟一篇，吟罷酒一巵。不獨適情性，兼用扶衰羸。雲液灑六腑，陽和生四肢。于中我自樂，此外吾不知。寄問同老者，舍此將安歸？莫學蓬心叟，胸中殘是非。

和

百篇李太白，瀟灑崔宗之。知章乘駿馬，啣杯樂當時。杜公詠成歌，歌之興我思。遇花情始暢，把酒心自怡。鼓舞成狂態，豪吟似健兒。皎月照綺席，涼風動薜衣。樽內松醪洌，盤中蓴菜肥。醉餘歌古調，興至寫新詩。漫揮三五首，鯨吸千百卮。能陶性與情，復可滋形狀羸。瓊漿和五內，玉液充四肢。醉鄉無盡樂，惜哉人不知。惟有陶元亮，知止一賦詩。願期終日醉，能忘是與非。

醉後狂言酬贈蕭殷二協律

餘杭邑客多羈貧，其間甚者蕭與殷：天寒身上猶衣葛，日高甑中未拂塵。江城山寺十一月，北風吹沙雪紛紛。賓客不見綈袍惠，黎庶未沾襦袴恩。此時太守自慚愧，重衣復衾有餘溫。因命染人與針女，先製兩裘贈二君。吴綿細軟桂布密，柔如狐腋白似雲。勞將詩書投贈我，如此小惠何足論。我有大裘君未見，寬廣和暖如陽春。此裘非繒亦非纊，裁以法度絮以仁。刀尺鈍拙製未畢，出亦不獨裹一身。若令在郡得五考，與君展覆杭州人。

和

古來賢達俱困貧，白公所憐惟蕭殷。鶉衣不足為君恥，廚中瓦釜生埃塵。朔風凜冽戶外吼，簷前雨雪亂繽紛。白衣不見持酒至，忍寒未逢惠炭恩。堪羨賢哉二千石，紉衣貽惠令人溫。廣施德澤世應寡，千載之下稱白君。君敦友道如山重，揮金自是輕浮雲。古風淳樸誠尚義，俗世澆漓奚必論。淒淒行徑若秋思，倏忽蓬戶回陽春。敬賢日餽子思饌，須賈憫贈綈袍仁。胸次汪洋豈期報，受惠還應當殺身。賦斯古調流海內，今人哦詠知古人。

詩酒琴人例多薄命予酷好三事雅當此科而所得已多為幸斯甚偶成狂詠聊寫愧懷

愛琴愛酒愛詩客，多賤多窮多苦辛。中散步兵終不貴，孟郊張籍過於貧。一之已歎關於命，三者何堪並在身。只合飄零隨草木，誰教凌厲出風塵？榮名厚祿二千石，樂飲閒遊三十春。何得無厭時咄咄，猶言薄命不如人。

和

嗜酒攜琴猶俠客，推敲奇句屬艱辛。孫登至老不榮貴，羅隱陶潛甘守貧。儋石無儲安我命，浮觴鼓曲樂閑身。莫將形體同枯木，自是情幽屏俗塵。猿鶴追隨依竹石，黄鶯相喚醉芳春。無榮無辱無名叟，落魄林泉一散人。

詠家醞十韻

獨醒從古笑靈均，長醉如今斅伯倫。舊法依稀傳自杜，新方要妙得于陳。井泉王相資重九，麴糵精靈用上寅。釀糯豈勞炊範黍，撇篘何用漉陶巾。常嫌竹葉猶凡濁，始覺榴花不正真。甕揭聞時香酷烈，缾封貯後味甘辛。捧疑明水從空化，飲似陽和滿腹春。色洞玉壺無表裏，光搖金盞有精神。能消忙事成閒事，轉得憂人作樂人。應是世間賢聖物，與君還往擬終身。

和

疏狂那羨屈靈均，惟願追隨劉伯倫。造釀古來遵杜法，殊方品物亦須陳。調和麴蘗隆冬月，汲水新方用甲寅。謾炊玉粒千升糯，漉去塵滓不用巾。色如蔣徑篔簹葉，味勝濂溪蓮更真。開埕幽馥盈虛室，入口猶嫌洌倍辛。琥珀光浮玉斝面，陶然滿目總宜春。賓朋宴集全憑爾，社稷春秋仗祀神。心蓄千愁能頃釋，林間時伴賞花人。我儕性僻無他嗜，日日從君了此身。

狂吟七言十四韻

亦知世是休明世，自想身非富貴身。尤恐人間為長物，不如林下作遺民。游依二室成三友，住近雙林當四鄰。性海澄渟平少浪，心田灑掃淨無塵。香山閑宿一千夜，梓澤連遊十六春。是客相逢皆故舊，無僧每見不殷勤。藥停有喜閑銷疾，金盡無憂醉忘貧。補綻衣裳愧妻女，支持酒肉賴交親。俸隨日計錢盈貫，禄逐年支粟滿囷。洛堰魚鮮供取食（智按：當作足），游（智按：原闕，據白集補）村果熟饋爭新。詩章人與傳千首，壽命天教過七旬。點檢一生徼幸事，東都除我更無人。

和

莫將光景因循過，須信人生有限身。落魄林泉成隱逸，徜徉世外是天民。鶴琴詩酒為佳友，翠竹芳梅結比鄰。蒿徑喜無車馬跡，茅齋寂靜絕埃塵。一樽醽醁傾秋夜，新句堪題送晚春。樵叟談棋情更適，漁人共飲意殷勤。閒心瀟灑還勝貴，宿醞盈壺未信貧。幾度風花成樂事，間關黃鳥日相親。每欣溪畔垂綸艇，那羨西鄰粟幾囷。閒步竹林初解籜，夜來雨過一番新。悠悠潦倒松窗榻，不到江城已十旬。謾言衣紫長安客，且罄芳樽作散人。

自勸

稀稀疏疏繞籬竹，窄窄狹狹向陽屋。屋中有一曝背翁，委置形骸如土木。日（智按：原闕，據白集補）暮半爐麩炭火，夜深一盞紗籠燭。不知有益及民無，二十年來食官禄。就暖移盤簷下食，防寒擁被帷中宿。秋官月俸八九萬，豈徒遣爾身溫足。勤操丹筆念黃沙，莫使飢寒囚滯獄。

和

疏梅幾樹間叢竹，曲曲清溪環矮屋。頹垣宛轉碧蘿垂，石徑森森蔭古木。幽禽林杪遞清音，灼灼山花向人燭。日隨鹿豕樂餘年，豈羨人間利與禄。鐺烹脫粟飽晨餐，明月穿窗伴我宿。不求塵世識姓名，老我山林恒自足。閒心終日樂潛修，厭聽僧家論地獄。

胡、吉、鄭、劉、盧、張等六賢，皆多年壽，予亦次焉。偶于弊居合成尚齒之會，七老相顧，既醉甚歡。静而思之，此會稀有，因成七言六韻以紀之，傳好事者

七人五百七十歲，拖紫紆朱垂白鬚。手裏無金莫嗟歎，樽中有酒且歡娱。詩吟兩句神猶王，酒飲三盃氣尚麄。嵬峨狂歌教婢拍，婆娑醉舞遣孫扶。天年高過二疏傅，人數多於四皓圖。除卻三山五天竺，人間此會更應無。

和

漫和香山七老會，幾人衣紫幾翳鬚。聯詩竹下追歡賞，列坐花間把酒娱，堪羨昔賢題句逸，吾儕賡倡寫情麄。諸君行樂林泉下，為問曽將竹杖扶。高雅詩篇難備紀，風神還用畫中圖。白公勝集千秋在，應信高情萬古無。

五言律詩

勸酒十四首（並序）

予分秩東都，居多暇日。閒來輒飲，醉後輒吟，若無詞章，不成謠詠。每發一意，則成一篇，凡十四篇，皆主於酒，聊以自勸，故以何處難忘酒、不如來飲酒命篇。

何處難忘酒七首

何處難忘酒，長安喜氣新。初登高第後，乍作好官人。省壁明張榜，朝衣穩稱身。此時無一盞，爭奈帝城春。

和

何處難忘酒，花開鶯語新。王孫乘駿騎，柳陌擁遊人。麗日融庭院，暄風拂我身。此時無一盞，辜負一年春。

其二

何處難忘酒，天涯話舊情。青雲俱不達，白髪遞相驚。二十年前別，三千里外行。此時無一盞，何以敘平生。

和

何處難忘酒，停舟敘故情。年華客裏過，霜雪鬢邊驚。隔歲恨為別，今宵喜共行。此時一盞，不得罄平生。

其三

何處難忘酒，朱門羨少年。春分花發後，寒食月明前。小院回羅綺，深房理管弦。此時無一盞，爭過豔陽天。

和

何處難忘酒，雪飛慶有年。阻跡衡門下，圍爐小牖前。畏寒增短褐，無興鼓清弦。此時無一盞，何物禦冬天。

其四

何處難忘酒，霜庭老病翁。暗聲啼蟋蟀，幹葉落梧桐。鬢為愁先白，顏因醉暫紅。此時無一盞，何計奈秋風。

和

何處難忘酒，林泉落魄翁。賡詩憑淨几，煉句倚孤桐。池畔梨花白，庭前芍藥紅。此時無一盞，虛度好春風。

其五

何處難忘酒，軍功第一高。還鄉隨露布，半路授旌旄。玉柱剝蔥手，金章爛椹袍。此時無一盞，何以騁雄豪。

和

何處難忘酒，王孫意氣高。乘驄持劍戟，隨從擁旗旄。射雕開羽箭，獲兔汙羅袍。此時無一盞，不足稱英豪。

其六

何處難忘酒，青門送別多。斂襟收涕淚，簇馬聽笙歌。煙樹灞陵岸，風塵長樂坡。此時無一盞，爭奈去留何。

和

何處難忘酒，客途愁思多。江干分別袂，亭畔唱離歌。柳色侵征騎，風霜滿遠坡。此時無一盞，旅況卻如何。

其七

何處難忘酒，逐臣歸故園。赦書逢驛騎，賀客出都門。半面瘴煙色，滿衫鄉淚痕。此時無一盞，何物可招魂。

和

何處難忘酒，名花開滿園。流鶯啼野樹，訪客過蓬門。緑柳侵衣色，緋桃映蘚痕。此時無一盞，何可暢詩魂。

不如來飲酒七首

莫隱深山去，君應到自嫌。齒傷朝水冷，貌苦夜霜嚴。漁去風生浦，樵歸雪滿巖。不如來飲酒，相對醉厭厭。

和

衡門恒自足，毋使俗人嫌。乘風臨北牖，闔戶避寒嚴。孟浪山樵樂，隆冬涉險巖。不如來飲酒，醉去覺厭厭。

其二

莫作農夫去，君應見自愁。迎春犁瘦地，趁晚餧羸牛。數被官加稅，稀逢歲有秋。不如來飲酒，相伴醉悠悠。

和

睥睨愚無悟，何須終日愁。從人呼俗客，與子作犁牛。弗思虛歲月，為問幾春秋。不如來飲酒，奚計世悠悠。

其三

莫作商人去，恓惶君未諳。雪霜行塞北，風水宿江南。藏鏹百千萬，沉舟十二三。不如來飲酒，仰面醉酣酣。

和

世羨為商美，煙波豈易諳。觸霧迎潮上，隨風渡海南。渾忘秋八九，弗知春二三。不如來飲酒，堪哂賈忘酣。

其四

莫事長征去，辛勤難具論。何曾畫麟閣，祇是老轅門。蟣虱衣中物，刀槍面上痕。不如來飲酒，合眼醉昏昏。

和

芸窗十載苦，書史枉評論。何日登仙籍，終年杜蓽門。几硯飛塵土，文章滿蠹痕。不如來飲酒，縱樂幾朝昏。

其五

莫學長生去，仙方悮殺君。那將薤上露，擬待鶴邊雲。矻矻皆燒藥，累累盡作墳。不如來飲酒，閑坐醉醺醺。

和

但習修生術，何須禮老君。未聞乘白鶴，豈見駕青雲。老少人生命，高低郊甸墳。不如來飲酒，瀟灑至微醺。

其六

莫上青雲去，青雲足愛憎。自賢誇智慧，相糾鬪功能。魚爛緣吞餌，蛾燋為撲燈。不如來飲酒，任性醉騰騰。

和

懶涉塵中事，心無愛與憎。藏修惟守拙，處世歉無能。夏日雲間電，冬宵漏盡燈。不如來飲酒，浮白恣歡騰。

其七

莫入紅塵去，令人心力勞。相爭兩蝸角，所得一牛毛。且滅嗔中火，休磨笑裏刀。不如來飲酒，穩卧醉陶陶。

和

素擅孫吳術，談兵百計勞。指揮猶震電，殺戮等鴻毛。帳下時持戟，腰間日佩刀。不如來飲酒，從我樂陶陶。

把酒思閒事二首

把酒思閒事，春愁誰最深？乞錢羈客面，落第舉人心。月下低眉立，燈前抱膝吟。憑君勸一醉，勝與萬黄金。

和

把酒思閒事，花飛愁更深。雨阻尋春興，風羈歸客心。寒窗對雪坐，月夜倚桐吟。憑君勸一醉，何用贈兼金。

其二

把酒思閒事，春嬌何處多？試鞍新白馬，弄鏡小青娥。掌上初教舞，花前欲按歌。憑君勸一醉，勸了問如何？

和

把酒思閒事，芳枝鶯語多？筵前呈美樂，花底坐嬌娥。玉斝傾新醞，金箏奏雅歌。憑君勸一醉，此日興如何？

七言律詩

嘗酒聽歌招客

一甕香醪新插篘，雙鬟小妓薄能謳。管弦漸好新教得，羅綺雖貧免外求。世上貪忙不覺苦，人間除醉即須愁。不知此事君知否，君若知時從我遊。

和

山廚甕内始新篘，傾入瘻瓢興欲謳。清嘯代笙成獨樂，嫩蔬為肉勿過求。賦詩能卻閒煩惱，縱酒堪消俗慮愁。為問君家知未不，可扶鳩杖謾追遊。

家釀新熟每嘗輒醉妻侄等勸令少飲因成長句以諭之

君應怪我朝朝飲，不說向君君不知。身上幸無疼痛處，甕頭正是撇嘗時。劉妻勸諫夫休醉，王侄分疏叔不癡。六十三翁頭雪白，假如醒黠欲何為？

和

休哂狂夫終日醉，酒中真味爾何知。功名自信應無分，利禄方思弗是時。落魄林間原有癖，疏狂世上已成癡。年來五十因循過，萬事從今一不為。

鏡換盃

欲將珠匣青銅鏡，換取金樽白玉卮。鏡裏老來無避處，樽前愁至有消時。茶能散悶為功淺，萱縱忘憂得力遲。不似杜康神用速，十分一盞便開眉。

和

何物可能撩客興，青銅易卻紫金卮。不開玉匣忘衰貌，且共冰壺樂盛時。那羨茶芽卻慮速，謾誇萱草解憂遲。杜公遺下逡巡法，三盞從教展蹙眉。

五言絕句

嘗新酒憶晦叔二首

樽裏看無色，盃中動有光。自君拋我去，此物共誰嘗？

和

甕潑瓊瑤色，觥浮琥珀光。自君拋我去，不得對君嘗？

其二

世上強欺弱，人間醉勝醒。自君拋我去，此語更誰聽？

和

我儕終日醉，醉眼笑人醒。自君拋我去，白雪少人聽？

五言絕句

變法

自慚到府來周歲，惠愛威棱一事無。唯是改張官酒法，漸從濁水作醍醐。

和

年來萬事總模糊，利祿營營近喜無。閒向風前歌一曲，興來花畔醉醍醐。

攜酒往朗之莊居同飲

慵中又少經過處，別後都無勸酒人。不挈一壺相就醉，若為將老度殘春。

和

攜樽漫訪村東墅，列席花間對逸人。把盞不論塵世事，靜聽山鳥鬧芳春。

閒眠

暖床斜臥日曛腰，一覺閒眠百病消。盡日一餐茶兩碗，更無所要到明朝。

和

懶向侯門折此腰，閒眠石榻俗情消。夜來罄卻香醪甕，一枕蘧蘧至詰朝。

雜言二首

四不如酒（一名啄木曲）

莫買寶剪刀，虛費千金直。我有心中愁，知君剪不得。莫磨解結錐，徒勞人氣力。我有腸中結，知君解不得。莫染紅絲線，徒誇好顏色。我有雙淚珠，知君穿不得。莫近紅爐火，炎氣徒相逼。我有兩鬢雪，知君消不得。刀不能剪心愁，錐不能解長（智按：白集作腸）結。線不能穿淚珠，火不能銷鬢雪。不如飲此神聖盃，萬念千憂一時歇。

和

秋水白如銀，長江萬里直。心縈千種愁，江水滌不得。休採五色芝，枉費辛勤力。憂苦寸腸結，靈丹醫不得。隋珠稱夜光，兼金耀赤色。萬斛與千鈞，命傾一無得。嬌姿動人歡，晝夜情相逼。雖有鋒利刃，恩愛割不得。水不能滌其愁，芝不能開鬱結。金不能保延齡，刃不能割歡悅。不如吸盡三百盃，千愁萬慮皆休歇。

吟四雖

酒酣後，歌歇時。請君添一酌，聽我吟四雖。年雖老，猶少於韋長史。命雖薄，猶勝於鄭長水。眼雖病，猶明于徐郎中。家雖貧，猶富於郭庶子。

省躬審分何僥倖，值酒逢歌且歡喜。忘榮知足委天和，亦應得盡生生理。

和

浮白後，欲止時。侑君進幾酌，漫聽歌四雖。心雖拙，臨池學張長史。人雖愚，畫宗荊浩山水。智雖蠢，謾和陶靖節詩。眼雖昏，燈前常誦莊子。生平此心無所好，歌此四雖情足喜。徜徉宇宙任去來，靜中已悟乘除理。

智按：《香山酒頌》二卷，（唐）白居易撰，（明）周履靖和，有《叢書集成初編》影《夷門廣牘》本文學類，第一七五八册。白居易酒詩，《香山酒頌》所録之外還有《花下自勸酒》：「酒盞酌來須滿滿，花枝看即落紛紛。莫言三十是年少，百歲三分已一分。」

周履靖，字逸之，檇李（今浙江嘉興）人。少時讀書刻苦，博涉經史百家，「旁及書畫、鼎彝諸譜，以至草木禽魚，天星地術，異域方言，無不涉入」（周履靖《螺冠子自敘》，《賦海補遺》卷三〇，明萬曆間書林葉如春刻本）。「先生父為東莊翁，而母李氏。……翁素無子，一夕夢黄冠乘鶴者入室，覺而生先生。聰慧與人殊，且又善病也。」（李日華、鄭琰《梅墟先生别録》卷一，《四庫全書存目叢書》影印明萬曆間夷門廣牘本）性嗜梅，曾于房前屋後種梅三百株，因號梅墟、梅居士、梅癲道人，又號茹草生。遊海上，獲大螺以為冠，遂號螺冠子。又因羨戰國時代魏國隱士侯生，故又號夷門。據《嘉興縣誌》、《嘉禾征獻録》，周履靖一生不屑仕進，雖「郡縣交辟，不應」，常年幽棲于鬱秀觀。但與劉鳳、茅坤、王世貞、屠隆、鄭琰、陳繼儒、陳懿典、文嘉、董其昌、王穉登、周天球、張鳳翼、項元汴等藝苑名流交好。晚年遠離塵世，傾心于修道養生、煉丹成仙。周履靖一生讀書廣博，能詩善詠，編有《賦海補遺》三十卷，著有詩詞集《閒雲稿》四卷、《泛柳吟》一卷、《騷壇秘語》二卷、《青蓮觴詠》二卷、《詠物詩》十卷、《梅顛稿選》二十卷（陳繼儒選）等，傳奇《錦箋記》二卷、《鶴月瑤生》四卷、《山家語》一卷等。此外還鑽研書法、篆刻、繪畫、醫學、養生、氣功、美食、茶道、遊冶、園藝、博物等，皆有著述。晚年匯為《夷門廣牘》一百二十卷，收書一〇六種。傳見明李日華《梅塢先生别録》（《夷門廣牘·招隱》）。

高濂（一五四二？～一六一六?）

《遵生八牋》

⊙詩筒葵牋

白樂天與微之，常以竹筒貯詩，往來賡唱，故和靖詩云「帶班猶恐俗，和節不妨山」之句。既有詩可無吟箋，許判司遠以葵箋見惠，緑色而澤入墨，覺有精采，詢其法，乃采帶露蜀葵葉研汁，用布揩沫竹紙上，伺少乾，用石壓之。許嘗詩云：「不采傾陽色，那知戀主心。」不獨便于山家，且知葵藿傾陽之意。（明萬曆刻本《遵生八牋》雅尚齋遵生八牋卷之八起居安樂牋下卷）

梁王繹博覽群書，才辨冠世，不好聲色，愛重名賢，與裴子野、蕭子雲布衣交。白居易與元相國積友善，以詩道著名，號元白，集内有《哭元相》詩云：「相看掩淚俱無語，別有傷心事豈知。想得咸陽原上樹，已抽三丈白楊枝。」（明萬曆刻本《遵生八牋》雅尚齋遵生八牋卷之八起居安樂牋下卷）

郭從義掘地，得緑玉四方小杵臼，四角有胡人坐，頂傍有篆文「仙臺秘府小中臼」，元自誠有抵鵲盆，色類珉，夏月浸果，果水皆寒，冬月不凍。郭江洲有占景盤，以銅為之，上出細管插花，可留十餘日不敗。孫總監千金市緑玉一塊，嵯峨如山，命工治之，作博山爐頂上，暗出香烟，名不二山。白樂天詩云：「銀花不落從君勸（不落，酒器）。」有水晶不落，漢隱帝有小摩尼數珠，馮夫人有葡萄鏡，杜光庭有驕龍杖，紅如猩血，重若玉石，似非竹木，傳為仙人所遺。……（明萬曆刻本《遵生八牋》雅尚齋遵生八牋卷之十四燕閒清賞牋上卷）

智按：高濂，字深甫，號瑞南，錢塘（今浙江杭州）人。曾任鴻臚寺官，後退居杭州，齋名爲「雅尚齋」、「瑞南莊」、「妙賞樓」、「萬花居」等。著有《玉簪記》、《節孝記》傳奇兩種，均存世。另有《雅尚齋詩草》初、二集，已佚。《芳芷棲詞》二卷，明汲古閣抄本，今藏日本靜嘉堂文庫。雜著《遵生八箋》，涉及養生、醫藥、飲食、賞鑒，顯示出廣博之學識。高濂還是藏書家，精於版本鑒賞，清士禮居黄氏（丕烈）、海源閣楊氏（以增），均曾收其舊藏。

釋眞可（一五四三～一六○三）

《法語》

比來佛法大患，患不在天魔外道，患在盲師資七大錯耳。一者，以爲禪家古德機緣可以悟道，悟道斷不在教乘上。我且問你，安禪師讀《楞嚴》破句悟道，永嘉看《維摩經》悟道，普菴肅禪師英邵武皆讀《華嚴》論悟道，你謂唯禪家機緣可悟道，教乘不可悟道，豈非大錯？二者，以爲知見理路，障自悟門，道不從眼耳入，須一切屏絕，直待冷灰豆爆，發明大事，始爲千了百當，一得永得。我且問你，當世黑白中，誰是有知見理路者？你若果檢點得一個半個出，我也不管他悟道不悟道，收不惜之，只恐亦不多得。一日，王介甫問蔣山元禪師曰：教外別傳，可得聞乎？元曰：公有障，且以教海資茂霧根，更一兩生來乃可耳，今人去介南遠甚，尚未解爬先學走，豈非大錯？三者，以爲念佛求生淨土，易而不難，比之叅禪看教，唯此着子最爲穩當。我且問你，淨土染心人生耶？淨心人生耶？半淨半染人生耶？全净心人生耶？若染心人，可生淨土，則名實相乖，因果離背，若半染半淨，生淨土者，吾聞古德有言：若人臨終之際，有芥子許情識念娑婆世，斷不能生淨土，若全淨心生者，心旣全淨，何往而非淨土，奚用淨土爲？如是以爲念佛一着子，能勝叅禪看教，豈非大錯？四者，有等瞎公雞聞眞雞啼，假雞啼皆倣効作種種聲，以爲動念卽乖本體，思量便落鬼家活計，況復有言乎。我且問你，此等見識，爲是解，爲是行解，則何乖動念，何病思量，古人有五斗米飯，熟後方能酬一轉語，亦不乖本體，諸大禪老，皆許其悟徹，又曰：思之思之，鬼神將通之，非鬼神通之，心開而明也，思量何傷觀音，聞思修三慧，熏化一切，你偏以思量爲病，豈非大錯？五者，人生未必無欲，有欲能制而弗隨，非賢者不能，又有縱而不制者，頗籍多生慧種，稍涉獵教乘，或得一知半解，卽眼空一切，以爲古人造理，不過如此，本來無事，何必別叅，於逆順境風之中，又東飄西蕩，作不得一毫主宰。我且問你，古人見得卽用得着，你這般没頭腦，卽見得用不得，尚未夢見，敢無慚無愧，莽撞說大話，徒招苦報，豈非大錯？六者，三教中人，各無定見，學儒未通，棄儒學佛；學佛未通，棄佛學老；學老未通，流入傍門，無所不至。我且問你，你果到孔孟境界也，未若已到决不作這般去就，若未到儒，尚未通，安能學佛？佛尚未通，何暇學老？又有一等人，謂佛家道理，先是義利關頭，便見不明白，何况聖道，且其書汪洋汗漫，卒不能摸其邊徼，不如各守己道，却不省事。我且問你，你悟佛心否？若悟佛心，心自無疑，無疑則無悔，無悔卽入信。今你不愧自己天機淺陋，反疑佛經，豈非大錯？七者，在家出家之人，較唐宋黑白天淵不同，唐宋時人，若裴休、蘇軾，於宗教兩途，並皆有所悟入，或一句一偈，讚揚吾道，猶夜光照乘，千古之下，光不可掩，粲然與佛日争明，卽吾曹或與之酬酢，若韜光禪師答白樂天偈，寂音尊者酬陳瑩中之古詩，亦自風致有餘。至於碑文經序，雖長篇短述不等，然與修多羅若合符契，非眞得佛心者，孰能臻此。至本朝，自宋濂以來，能以語言文字讚揚吾道者，不道全無，敢謂亦少。盖唐宋諸公與方外人遊，俱能超情離見，裂破俗網，置得失榮辱於空華之中，心心相照，如兩鏡交光相似，故其遺風餘烈，後人自不能附贅。嗚呼！以情求道，所謂首越而之燕也；去情求道，所謂離波而覓水也。若人於兩者之間，別有出身之路，不涉忌諱，管取不參禪，不看教，敢保他悟道有日，如以兩者之間，立脚跟不定，不若做個長行粥飯人，豈不是好？又今之僧俗，或親師訪友，未見師友之心，便乃揣摩卜度：某師不過如此，某友亦不過如此，此心既生，則雖如來復起，亦不能利益渠矣，況其它乎？凡親師訪友，譬如摘桃，寧暇管其樹之曲直，唯在桃美而已。若然者，親師訪友剛以情識求道，豈非大錯？如是七錯，我也是趂口胡說一上，不知黑白賢豪以爲何如？然此七錯，亦是醍醐，亦是毒藥。能善用之，毒藥未始非醍醐；不善用之，醍醐未始非毒藥。我又問你，此七錯一念未生時，着在何處？一念已生時，着在何處？若人辨得出，老漢與他提鞋挈瓶有日在，如辨不出，不可草草惹他明眼人笑你去。（《紫栢老人集》卷二，《四庫未收書輯刊》影印明天啓七年釋三炬刻本）

《讀石壁經碑跋》

萬曆歲在癸巳春，余挂錫燕山碧雲柳樹菴，應華亭徐太僕琰之請也，燈下讀唐蘇州刺史白居易《重玄寺石壁經碑》，逆思隋靜琬尊者，刊石爲經，積盈大藏，竊校優劣，不勝悲惋。夫重玄經惟八種，而白公極廣長舌相讚之，猶恨不能盡，而我琬公刊大藏於石，設公一登白帶，則其讚嘆當復何如？適開侍者賫大藏，自三吳來，令其讀之，亦不勝悲惋。因囑其刊於涿鹿崖壁之上，使觀者知琬公之功，殆非清晃諸師可並萬一矣。（《紫栢老人集》卷八，《四庫未收書輯刊》影印明天啓七年釋三炬刻本）

智按：釋真可，俗姓沈，字達觀，晚年自號紫栢，吴江（今屬江蘇）人。十七歲從虎丘僧明覺出家，二十歲受具足戒。與憨山德清為至交。與蓮池、藕益、憨山合稱「明代四大名僧」。萬曆二十三年（一五九五），奉神宗之命，任潭柘寺住持。萬曆三十一年，因「妖書」（匿名書）案被誣，死於獄中。有《紫栢尊者全集》、《紫栢尊者别集》等。

孫鑛（一五四三 ~ 一六一三）

《與呂甥玉繩論詩文書》

近體樂府，如白樂天等篇，似非本色，或可删之。若增入太多，又恐浩瀚，翻失樂府本意耳。自上古至隋，但是本色，更不須摘；唐以後，則須辨其體。李、杜及他名家可入樂者，最須標别，得明此識鑒，亦不易。大抵唐以後寧遺勿濫可也。樂府止六朝，信是。藻鑒第如此，則不能出《（唐）詩紀》之外，未免作馮氏贅疣耳。唐以後，果太繁，盡録則濫，揀擇又不易力，吾意只取其詠古題者存之，其新題則悉置不用。（《四庫禁毁書叢刊》影印明萬曆四十年吕胤筠刻本《月峰先生居業次編》卷三；清嘉慶静遠軒刊本《姚江孫月峰全集》卷九，《明詩話全編》第五册，第四七一一頁）

《與呂美箭論詩文書》

李、杜、元、白、蘇、黄俱名家，隨所以俱無不可，正不必拘拘分别也。近評王、孟詩四帙，附云《唐詩品》，系一時偶然之見，未必便的確耳。杜律亦有三種：一單注者則多，與此全集批同；又一趙虞注，一部二泉注，此兩種批又各不同。（清嘉慶静遠軒刊本《姚江孫月峰全集》卷九，《明詩話全編》第五册，第四七一二頁）

《書畫跋跋》

⊙《文太史絶句卷》（王氏跋一〇諸絶句如：「老病迂踈非傲客，只愁車馬破蒼苔。」大類白少傅分司洛中語，皆可寶也）

徵仲書，中年類松雪，晚年益以豫章法，更覺遒勁有神，若詩則原係白傅派，絶句尤多逸趣。（《四庫全書》本《書畫跋跋》卷一）

⊙王雅宜《長恨歌》（王氏跋一）

履吉艷冶，書白歌；雲卿穠麗，書陳傳；敬美秀潤，書外傳；子求巧密，作圖，皆與玉環姿態相稱。（《四庫全書》本《書畫跋跋》卷一）

⊙《宋畵香山九老圖》（王氏跋二〇：「家弟自秦中歸，手一卷相示，云得之朱大粲孟震者。考之，似是《香山九老圖》，多正統以後不知名人跋。僅有咸淳時一僧，復誤裝於後。而雪齋老人者，至目為趙大年筆。大年長山水小景，汀洲蘆雁，不言作人物及界畵樓臺也。《畵史》稱劉松年有《九老圖》，此豈其筆耶？……吾生平雅慕樂天，自納節來，頗治弇山園，以希十五年後，耆英之盛。而今復厭，且棄之矣。兹與吾弟約，異時肖吾貌，必不為樂天，如不為僧贊寧者，當為百三十六歲之李元爽哉！」後跋云：「九老中，獨香山居士小解事人，或謂海山仙宫有居士一院，居士不首肯，曰：『歸即應歸兜率。』吾意頗與之合，審爾。當貌我作十三歲兒，騎黃犢，吹笛三生石傍也。」）

洛社會是千古佳事，宜為圖，内惟白傅知名，餘俱不甚著。然所賦七言排律俱佳。信乎，唐時詩道盛也。弇州公詩文過白傅，其襟懷風度，彷彿似之。第兹時果有此八老，恐公亦未甘與為會。此即稍遜。跋乃願為僧贊寧，及百三十六歲之李元爽，後一跋又欲作十三歲兒騎黃犢，吹笛三生石傍。大約眼前志願稍足，便念長生及來世，亦常理耳。（《四庫全書》本《書畫跋跋》續卷三）

智按：孫鑛，字文融，號月峰、湖上散人，餘姚（今屬浙江）人。萬曆二年（一五七四）甲戌會試第一，殿試成二甲第四名進士，歷仕文選郎中、兵部侍郎、加右都御史，官至南京兵部尚書。被劾乞歸，卒於家。工詩文，精書畫。有《孫月峰先生全集》、《書畫跋跋》、《居業次編》、《舉業要言》

等。編有《今文選》。傳見《明史列傳》卷八五。

郭子章（一五四三～一六一八）

《豫章詩話》

白樂天曰：廬山自陶、謝洎十八賢已還，儒風綿綿，相續不絕。貞元初，有符載、楊衡輩隱焉，亦出為文人。今其讀書屬文，結草廬於巖谷間者，猶一、二十人，卽其中秀出者，有彭城人劉軻。軻開卷慕孟軻爲人，秉筆慕楊雄、司馬遷爲文，故著《翼論》三卷，《豢龍子》十卷，雜文百餘篇，而聖人之旨，作者之風，雖未臻極，往往而得。（《豫章詩話》卷一，《四庫全書存目叢書》影印明萬曆三十年吳獻台刻本）

或問荆公云：編四家詩，杜甫第一，李白第四，豈白不逮甫耶？公曰：白詩豪放，人固莫及，然格止此而已，不知變也。甫則悲懽窮泰，發歛抑揚，疾徐縱横，無施不可，其詩有平淡簡易者，有駢麗精確者，有嚴重威武若三軍之帥者，有奮迅馳驟若汎駕之馬者，有寂淚閒靜如山谷隱士者，有風沂醞籍若貴介公子者，其緒密而思深，光掩前人，後來無繼，或曰唐人之呼，何以李加杜，公笑曰：名姓先後之呼，豈足以優劣人？漢有李固杜喬，世號李杜，李膺杜密，亦語李杜，當時甫白復以能詩齊名，因亦語李杜，取其稱呼便耳。退之詩有曰：「李杜文章在」，又曰「昔年嘗讀李白杜甫詩」，則李在杜先，若曰「遠追甫白感至誠」，又曰「少陵無人謫仙死」，則李居杜後，如此則孰為優劣？如今人呼姓則語班馬，呼名則語遷固。白居易先與元稹同時唱和，人號元白，後與劉禹錫唱和，則語劉白，居易之才，豈眞下二子哉！若曰王楊盧駱，楊炯固嘗自言：「余愧在盧前，耻居王後。」益知稱呼前後，不足以優劣人也。晉王導嘗戲諸葛恢云：「人言王葛不言葛王，何耶？」恢答曰：「譬言驢馬，豈驢勝馬？」或又曰：「評詩者謂甫期白太過，反為白所誚。」公曰不然，甫贈白詩云：「清新庾開府，俊逸鮑參軍。」但比之庾信、鮑昭而已。又云：「李侯有佳句，往往似陰鏗。」又在庾、鮑下矣。「飯顆之嘲」，一時戲劇之談，然二人者名既相逼，亦不能無相忌也。（《豫章詩話》卷三，《四庫全書存目叢書》影印明萬曆三十年吳獻台刻本）

《六語》

⊙周煇《清波雜志》

張無盡嘗作一表云：「魯酒薄而邯鄲圍，城門火而池魚禍。」上句出《莊子》，下句不知所出。以意推之，當是城門失火，以池水救之，池竭而魚死也。《廣韻》「池」字韻注云：「池水，沼也。古有姓池名仲魚者，城門失火燒死。諺曰：『城門失火，殃及池魚。』」白樂天詩有「火發城頭魚水裏，救火竭池魚失水。」初不主姓名之説，然《廣韻》所載，當有所據。（《六語》諺語卷六，《四庫全書存目叢書》影印明萬曆間刻本）

⊙王定保《摭言》

張祜《憶柘枝》詩曰：「鴛鴦繡帶抛何處。孔雀羅衫屬阿誰?」白樂天呼爲「問頭」。祜曰：「明公亦有目連經。《長恨詞》云：『上窮碧落下黄泉，兩處茫茫皆不見。』此不是目連訪母耶?」（《六語》讖語卷二，《四庫全書存目叢書》影印明萬曆間刻本）

智按：郭子章，字相奎，號青螺、蠙衣生，泰和（今屬江西）人。隆慶五年（一五七一）辛未進士，官至太子少保、兵部尚書。作者每官一地，所撰之文即編為一集，且多隨編隨刻，計有《粵草》、《蜀草》、《晉草》、《黔草》、《易解》等一百餘卷。生平見郭孔延《郭青螺年譜》（載清光緒刊《郭青螺先生遺書》）。

姚舜牧（一五四三～一六二七）

《論不留文彦博》

神宗亦知彦博賢，奈何不留輔朝廷，但賜餞瓊林，遺詩祖道而已耶，且洛陽耆英，皆公輔之望，何皆棄置不用，使彼僅效白居易故事，卒老名園古剎而已耶！讀至此，不勝三嘆。（《來恩堂草》卷十，《四庫禁毀書叢刊》影印明刻本）

智按：姚舜牧，字虞佐，烏程（今浙江湖州）人。萬曆元年（一五七三）癸酉舉人，歷官新興、廣昌二縣知縣。年八十五卒。

敖文楨（一五四五～一六〇二）

《陸敬承次彭城擬元白體枉寄次答》

扁舟萬里越江歸，次第湖山入指揮。地遠稀逢書北至，天空惟有鴈南飛。翻憎尊酒成輕別，豈向高門羡剌肥。從此欲尋彭澤去，濁醪荒徑對荆扉。

歸興還看剡曲深，詩名我輩憶何陰。空餘落魄從豪飲，無復驚人索壯吟。懶惰自憐常寂寞，蕭疎誰更共招尋。蘭芳歲晚還堪把，擬操幽思寄素心。（《薜荔山房藏稿》卷三，《續修四庫全書》影印明萬曆牛應元刻本）

《風雨夜警枕上再用前韻效長慶體》

一葉輕舟風雨前，中宵波浪勢滔天。榜人列炬驚維纜，客子披衣勸廢眠。纔涉塵勞懷舊業，乃知雲卧即行仙。悠悠世道尤多梗，歸去重栽白社蓮。（《薜荔山房藏稿》卷三，《續修四庫全書》影印明萬曆牛應元刻本）

智按：敖文楨，一作敖文禎，字嘉猷，高安（今屬江西）人。萬曆進士，改庶吉士，翰林院檢討，累官禮部侍郎，教習，庶吉士再進講幃，以足疾求假，不獲請。復日進講義，遂不起。贈禮部尚書，謚文穆。

于慎行（一五四五～一六〇八）

《石樓獨坐效長慶體》

燕坐危樓日影遲，田家幽事亦多岐。因防過水移門徑，為礙看山剪樹枝。地簡將迎全罷酒，人無酬倡少裁詩。年荒正恐烽煙起，悵念園葵系所思。（《四庫全書》本《穀城山館集》卷十三）

《間居效長慶體》

乾坤屈指閲行藏，不是狂夫老亦狂。寵辱百年身似夢，浮湛五畝醉為鄉。鷃鵬各自便高下，梟鶴誰能制短長。回首昔游愁憶汝，緇塵偏染鬢成霜。（《四庫全書》本《穀城山館集》卷十四）

《明故奉直大夫尚寶司少卿北山先生李公墓誌銘》

北山先生姓李氏，諱先芳，字伯承，其先湖廣監利人也。……先生嘆曰：嗟乎！仕宦有命耳。藏山之業，十吾得其二三，而嗛六七。天其假我餘年，使竟厥緒此，不足千古耶！歸而坐卧一閣，盡發藏書，日夜伏讀經史百家之言，鉤玄抉精，毋不有所論著，而於有韻之文，自漢魏初唐，下及近代，握樞綜要，如衡萬寶而錙銖焉。……先生為人慷慨任俠，内敦孝友，外施德義，賑贍貧乏，惟恐不足。念弟仲同芳業儒不就，出秩金二百，仕仲爲王家郎，又爲多買田宅，幾與已等。養從父四老，日具饔飧；養業師黃先生，月給廩粟。環濮鄄之間，所舉高年盛會，施衣履而壽者，幾四百人；歲疫所施藥而療者，四百五十人，貧不能收所，施轊而掩者，幾六十人。他所助喪贖罪，優恤孤嫠，調護故人子弟，尤不可勝紀，郡人至今稱焉。方先生在官，所交皆天下名流。及罷吏家居，不通造請，惟從蘇大司馬遊，及與諸郎君酬唱。久之，又皆先逝，而東省才士邢子愿、傅伯俊輩，稍得鴈行前矣。晚以目眚，屏去聲樂，遊心玄晏，著《達生道人傳》以自喻，大指歸於知命適情，不近名利，迹其隱見方圓之間，殆仲長公理、白樂天氏之流與（歟）……（《四庫全書》本《穀城山館集》卷二十一）

智按：焦竑《國朝獻徵録》卷七十七題為《尚寶司少卿北山李公先芳墓誌銘》，文字略異。

《穀山筆麈》

古今事體，大有懸合。元稹為御史，與一中使争驛，中使以馬鞭擊稹傷面，貶為士曹，白居易等言：「中使陵辱朝士，不問其罪，而朝士先貶，恐自今中使出外，益暴横，無人敢言者。」憲宗不聽。此事與隆慶二年掖門内官毆御史李學道極相類，當時中使與杖，御史得貶。（《穀山筆麈》卷六，《四庫全書存目叢書》、《續修四庫全書》影印明萬曆間于緯刻本；吕景琳點校本，第六五頁）

智按：于慎行，字可遠，更字無垢，東阿（今屬山東）人。隆慶二年

（一五六八）戊辰進士，官至禮部尚書，東閣大學士。事迹具《明史》本傳。

趙世顯（一五四五～一六一〇）

《寄題中山白公祠兼美陳明府》

茂宰當年惠愛遺，吏民千古拜芳祠。華林龍秀羣峰繞，寶慶鶴來明月知。累葉穹碑肩古木，千尋傑閣瞰方池。于今又見循良績，指日還應勒去思。（《芝園稿》卷十六七言律詩，《四庫未收書輯刊》影印明萬曆間刻本）

《琵琶亭》

司馬由來逸興長，誰令清淚濕衣裳。冰絃夜送千峰雨，風葉秋摇兩岸霜。舊事已看成曉夢，新愁猶自對斜陽。羈棲未信君恩斷，幾向亭前望帝鄉。（《芝園稿》卷十八七言律詩，《四庫未收書輯刊》影印明萬曆間刻本）

《題香山九老圖》

司馬翩翩興不孤，香山雅會足懽娱。不緣當日江州謫，那得人間有畫圖。（《芝園稿》卷二十七七言絶句，《四庫未收書輯刊》影印明萬曆間刻本）

《潯陽八景有引》（其二商河晚泊）

八景舊有題詠，珠璧盈編矣。予小子鄙何敢貂續，亦聊以寄意云。

楓葉蘆花迷兩岸，千艘入夜倚平蕪。不知此夕商船裏，亦有琵琶哀怨無。（《芝園稿》卷二十七七言絶句，《四庫未收書輯刊》影印明萬曆間刻本）

智按：趙世顯，字仁甫，侯官（今福建福州）人。萬曆十一年（一五八三）癸未進士。萬曆十六年除池州推官。左遷梁山知縣，二十七年轉通判，以母老不赴。詩宗盛唐，和詩人徐莌、曹學佺等結社芝山。有《芝園稿》、《山居》、《闕下》、《入蜀》諸集。

吴夢暘（一五四五～一六一五）

《偶效香山體》

半過春光半廢身，一枝花老一枝新。陰天月是晴天月，今日人無昨日人。

死可了時生可了，夢非真際醒非真。笑我長齋十五載，事事相親佛不親。(《射堂詩抄》卷十，《四庫全書存目叢書》影印明刻本，集部第一九四册，第五二九頁）

智按：吴夢暘，字允兆，歸安（今浙江湖州）人。工山水。有《射堂詩抄》。

馮夢禎（一五四六～一六〇五）

《費學卿集序》

余謂文以邀身後之名，誠舛已。即當年之樂，有逾於極才情、弄筆硯者乎！當得此意，指揮千古，役使萬靈，王公失其貴，賁育失其勇，飄然有淩虚禦風、羽化登仙之適……唐之白樂天，宋之蘇子瞻、陸務觀，本朝之王元美先生，俱登此境，然俱以晚年得之。（《四庫全書存目叢書》本《快雪堂集》卷一，集部第一六四册）

智按：馮夢禎，字開之，秀水（今浙江嘉興）人。萬曆五年（一五七七）丁丑進士，官至國子監祭酒。

鄭汝璧（一五四六～一六〇七）

《愚谷漫述用張洪陽小齋長慶體五十韻》

四十二年非，蘧然一朝覺。覺已慎勿迷，迷來依舊錯。迷錯亦何因，意識苦纏縛。嗒坐見真吾，自悟還自噱。認賊作家兒，操戈室中虐。瞇目生空華，無端覓兎角。狂逐萬馬馳，癡狥五鼎鑊。金紫費經營，竹帛閒商略。躍馬願千秋，中忘縻好爵。體貌事矜持，語言工琢削。根從輪裏廻，聲向市中攫。朝命夕飲冰，執熱誰能濯。慾火燒須彌，忿浪排山嶽。牢落苦海中，翻謂有至樂。覆隍守鹿蕉，華堂寢燕雀。規規埳井鼃，望洋驚海若。衆楚咻一齊，前步邯鄲却。外相紛牽挐，内觀畏拘着。聰明無明多，七竅七日鑿。病深始求艾，病已勿復藥。良玉石可攻，真金火堪鑠。谷口賦歸來，灝氣時磅礴。巖栖物外身，屣脱塵中脚。降魔鑄慧劍，齊斬諸落索。杜門罷草玄，心跡雙寂寞。藜藿欣一飽，明志甘澹薄。刓方詎爲圓，返雕期抱朴。戢彼圖南翼，斂却干將鍔。伎倆一時捐，冥心合冲漠。虚舟恣遨遊，籧廬暫棲託。幻呼應馬牛，溷跡齊龍蠖。川停風際波，谷王虚中籥。觀妙一以深，世味同蠟嚼。道耨力長勤，後得忘秋穫。知者自不言，塵談戒浮謔。真契老斲輪，至腴舍糟粕。絶利歸一源，智囊饒臆度。當午日行空，螢光憐一爝。死生齊晝夜，彭殤等晦朔。静裏有乾坤，空中自樓閣。懶似宿岫雲，癯比清齋鶴。長嘯和天倪，烟霞諧夙約。冥鴻遊九霄，弋人亦何繳。愛河有時枯，彼岸終棲泊。一念千萬年，一掌血一渥。内外方兩遊，去住洞如灼。真實歸其根，皮毛盡脱落。寂照含虚空，天光竟寥廓。流覽八極周，中邊撤鄞鄂。功滿覺澄圓，偉哉還卓犖。(《由庚堂集》卷三五言古詩，《續修四庫全書》影印明萬曆刻本)

《愚公洞效長慶體》

從他山北與山南，詩任狂吟酒任酣。逆旅乾坤誰得一，愚公今古我成三。自封渾沌還中帝，未許雌雄問老聃。回首風塵慙啓事，于今中散更何堪。(《由庚堂集》卷八七言律詩，《續修四庫全書》影印明萬曆刻本)

《忽憶通籍三十年感賦用長慶體》

回首邯鄲入夢鄉，烏飛一萬一千埸。頭顱漸逐滄桒改，啼笑驚看傀儡狂。誰向死前觀自在，翻緣身後受閒忙。籧然一覺空王諦，隱几無心學坐忘。(《由庚堂集》卷八七言律詩，《續修四庫全書》影印明萬曆刻本)

《超然樓集序》

超然樓集者，叅知馮公卽行省燕處之所名其今集者也。先是，公爲貴陽督學使者，所著有西征集，膾炙海内久矣。嗣再起家而之嶺左，之楚，之潮，馮軾爲文，文日以富，總之若而卷栝，大夫請梓之郡，而徵不佞序其端，不佞受而卒業焉，而竊有槩也。……竊嘗論之，文章，天之所啓，亦天之所嗇，啓者縱我以神明，嗇者撓我以情境。昔屈平作《離騷》，精絶千古，而深怨極憤不能拔楚人之習。柳子厚工於結撰，而嶺外所著，多牢愮無聊之感。白樂天居潮，寄趣差澹而雋永，未嘗故情以境，遷天爲人，斬賢者猶爾，而況其散焉者乎？馮公身涉三君子所居之地，而廓然天遊，怨不楚語，悲不粤吟，有茹含而無感槩，固亡論吾黨立言士，即謂之度粤三君子可也。集名超然固宜，或謂文士無當于用，而公所至，以治理聞人，洒然異之。嗟夫！士惟超世乃可與經世，公詣極于文，自其超世得之於經綸乎，何有夫栝蕞爾，安能長有，公而幸有玆集，下邑有仙都焉，請以其副藏之，與雲笈洞籙不磨，可乎？遂次其語，復之郡大夫而爲序。（《由庚堂集》卷十六序，《續修四庫全書》影印明萬曆刻本）

智按：鄭汝璧，字良玉，縉雲（今屬浙江）人。隆慶二年（一五六八）戊辰進士，官至兵部侍郎，兼僉都御史，總督宣大。

馮時可（一五四六～一六一九）

《雨航雜録》

白居易始終完節，心曲清妙，其為詩雖率意而不俗。《續古詩》云：「何意掌上玉，化為眼中砂。盈盈一尺水，浩浩千丈河。」寓意深矣。「月明無葉樹，霜滑有風枝。」（智按：《賦得烏夜啼》）「夕照紅於燒，晴空碧勝藍。」（智按：《秋思》）「晴沙金屑色，春水麴塵波。」（智按：《春江閒步贈張山人》）自是晚唐色相。至《古原草》詩「野火燒不盡，春風吹又生」，幾希初唐乎。（《四庫全書》本卷上）

智按：馮時可，字敏卿，號元成，華亭（今上海松江）人。隆慶五年（一五七一）辛未進士，官至湖廣布政司參政。事迹附見《明史·馮恩傳》。

王士性（一五四七～一五九八）

《出湧金門過孤山至岳墳記》

出湧金門，即見汪汪千頃。其間艅艎舴艋，咸艤于西三門，而湧金踞其中，獨菆集焉。維時桃花開，買舟者日一金，猶競不得；餘時則五六倍減之。

出門數百武，入柳洲亭，亭背女墻蘸湖，折柳持觴，多走其下。過亭為表忠觀，以祀吳越王鏐也。碑刻，蘇子瞻手筆，樹石于門。出祠，引小鷂首至大佛寺。佛頭出地三丈，僅作一滿月云。秦始皇游會稽，繫纜石也。旁一泉，石髓沁齒。東去，凭小閣遠望，酒艦往来湖面，如飛鳶站站堕水，最有致。俗善水葬，時正寒食，過斷橋，士女招魂而野哭者如蟻焉。斷橋遶孤山而西者，蘇公堤也。孤山，即林處士逋隱處，山無奇峰，陂陀立水中，處士生宅其陽，死荷臿焉。塚前放鶴亭，亭東四賢祠，以祀李侯泌、白公居易、蘇子軾與處士，共俎豆之。塚前野梅三數株，雖非逋植，然誦「踈影」「暗香」之句，如與處士神俱。環孤山北麓，窮乃入岳鄂王廟。廟西有斧鬣封者，乾坤丘土，盖此孤忠，前像檜、卨輩三銅人，晨夕錘擊之，以洩英雄之憤。好事者復擘株檜植墓門，檜亦連理以上，大奇也。近復有買地斥馳道于湖濵者，廟貌遂頓然改觀。山南亦有于肅愍墓，與岳墳南北相望，博千古游人一涕。出廟，復拏舟東謁陸宣公祠。危樓重閣，争高閶闔，疑片石合成此孤山之南麓也。湖中暮色遠遠如自西南，至画船簫鼓，盡籠烟水東歸矣。岳廟以東，縉紳士大夫家多琪園雕樹，酒肆書堂。近湖漁子，時復以竹籬茆屋，雞犬其間。暮而燈火聚渡頭如亂螢。為地近錢塘、湧金兩門，故古所稱横塘、查下，恐未胜之。(《王太初先生五岳遊草》卷三吳游上，《續修四庫全書》影印清康熙馮蘇刻本)

智按：王士性，字恒叔，號太初、元白道人，臨海（今屬浙江）人。宗沐侄。萬曆五年（一五七七）丁丑進士，授確山知縣。歷任禮科給事中、廣西參議、河南提學、山東參政、右僉都御史，官至南京鴻臚寺卿。喜遊歷，遊跡幾遍全國，有《王太初先生五岳遊草》、《廣遊志》、《廣志繹》，惜流傳不廣，影響不及《徐霞客遊記》。事迹附見《明史·王宗沐傳》。

陸可教（一五四七～一五九八）

《有懷京洛同志以詩代書擬元白體極知句拙殊類效顰頗見情真無慚獻誚》

秋風搖落總傷神，况復懷人別恨新。漢殿衣冠紛載筆，楚天煙雨一垂綸。

愁來兩地心俱繫，別向三旬夢轉頻。此夜寂寥君念否，孤燈寒對獨沉吟。

一片孤帆逐浪開，紛紛岈葉晚成堆。每因風駛心偏緩，纔見雲亭首便回。憶昨叩門頻索飲，何時駐馬重銜杯。莫言尺素封題歇，佇看霜前北鴈飛。

日日思歸未得歸，歸舟纔發淚偏揮。已經三載離愁劇，況值千林落葉飛。南國鱸焦秋去美，楚人菰米向來肥。青山自好心知絶，從此寒塘合掩扉。

扁舟南指白雲深，落日蕭條楚水陰。共酌更憐花下醉，獨游偏憶寺前吟。西風黄葉愁難掃，明月蘆花夢可尋。此去山中何所寄，青松折贈歲寒心。（《陸學士遺稿》卷六詩，《四庫禁燬書叢刊》影印明萬曆間刻本，集部第一六〇册，第三五一頁）

《咏史》（四首其四）

風流白傅許誰過，日日歌筵簇綺羅。自是法身難色相，尊前那識醉維摩。（《陸學士遺稿》卷七詩，《四庫禁燬書叢刊》影印明萬曆間刻本，集部第一六〇册，第三六三頁）

智按：陸可教，字敬承，蘭谿（今屬浙江）人。萬曆五年（一五七七）丁丑科沈懋學榜進士，改庶吉士，授編修，尋掌誥勅，使者餽遺，悉卻之。擢春坊諭德，為經筵講官，時朝廷久不御殿，因為十二頌，首列聖訓，疏入上感動，下罪己之詔，奉命主應天試，有司援故例餽金，堅辭不受。萬曆二十三年（一五九五），擢南京國子監祭酒，次年十一月，陞南京禮部右侍郎。遭父喪，哀毀成疾而卒。有《陸學士遺稿》十六卷。

楊起元（一五四七～一五九九）

《白詩題辭》

知足不辱，知止不殆。世盖有其人焉，不必有得於道，而亦可以輕名寵，解外膠，其中輕安，故其言亦清清泠泠，足以澹濃艷，而濯炎熱，盖白樂天氏，壯年出仕，至於七十而懸車，平步宦途四十年，随其所至，輒以為休歇而終焉之計，未嘗有一毫希望之心，而形之篇什，皆達生之言，安分無營之旨，謂之得道，則不敢妄許，而謂非天資之美，不可也。或曰：樂天常從事於釋氏之學，而有得者也，意者其然乎？環溪楊子手録三先生之外，復手是編，曰：可以廣義而警悟。嗟夫！世有不知止足者，讀此猶嚼蠟也，乃若有志於道者，又懼旨於其味，詩有之矣：不忮不求，何用不臧？子曰：是道也，何足以臧。楊子不躋之於三先生，而別編也，意亦有在於斯乎？（《楊復所先生家藏文集》卷四題跋書卷記述，《四庫全書存目叢書》影印明崇禎楊見晙等刻本）

《蓮華國采真游詩序》

上饒鄭公，風雅擅一時。予在京師，嘗介紹而求教焉。居無何，公以比部郎出副閩臬。越三年，予遭先君之變，又逾年，公來叅我粤藩，分鎮嶺東，予遂幸爲治下。雖公署私廬，勢若懸隔，而惠城廣縱不過二里許，同處於此，自覺意氣有孚通然者。又一年，公知予讀禮之將終也，出其所為詩四卷示予。予初以是慕公，自獲荆識，以迄于兹，凡五載，然後得之吾人之遇，高人妙製也，猶其得游於名山大川，非其緣之相合，雖勞力不至矣。公曰：子其為我序之。予閲是刻，蓋予畏友匡嶽徐君序於前矣。古詩《三百篇》，其序自子夏而外，亦復數家，豈詩人寓意深遠，非一家之說所能盡哉！予讀徐君之序，於采真游之義詳矣。獨畧蓮華國不言，而公顧以蓮國自號，得無意乎？按内典《觀無量壽佛經》説九品蓮臺，以爲脩淨土者，繫心注念，即得往生山，此言之蓮華國者，佛之真境也。公儒者也，而又深於道，吾道無畔援，無欣羨，無等待，無方所，公知之素矣。豈誠有願於西方，而以往生爲樂哉？蓋天下之迷真者衆矣，非其能離真也。以其皆真而自迷也。夫惟其不能離真也，則孰非生於蓮華之國哉！夫惟其皆真而自迷也，則又孰非望蓮華之國於西方者哉！公惟不迷真也，故無往而非真矣；惟無往而非真也，故亦無往而非蓮花之國矣。佛設九品，原為權說；公稱蓮國，亦屬寓言。有能知其解者，旦暮遇之，又何權之非實，何寓之非家哉！公之詩，若出別才，似由夙學，童年自課一二詩，遇景輒就。今是集所載，清新流麗，恍惚天仙之詞。夫詩本性情者也，性情孰能無之，至於詩，則工拙異焉。意所得於大之分者，不可誣歟。抑其所養，亦有不同者。《三百篇》尚已，漢唐以來，工於詩者，未必深於道。惟陶淵明、王摩詰、白樂天三君子有所窺矣。白不及王，王不及陶，然其旨歸，未免膏肓泉石，沉酣退寂之意。大抵道力有限，而其見之聲詩者，自不可掩焉耳。公則不然，方其養真衡茅也，其詩曰：「人生雖一氣，賦才各有長。百畝非堯憂，九州乃舜埸。若欲强治細，安能牽一羊。」意已遠矣。及登第之後，敭歷中外，入則羽儀天朝，爲清署倚重；出則福星一路，爲蒼生愛戴。而有識者望其光輝，知公非塵世中人，而公之胸襟，真於世有若不相涉然者。將謂公以心冥道，以身應世，通隱顯，齊死生，非耶？故其詩曰：「天上着我何爲焉？不如山根結茅屋。」又曰：「恍然身世遊空界，百寶光中擁法蓮。」無二相矣。即公由是大普厥施，蹐世大猷乎？不過其膚寸之雲游，揚於太虚之表，又由是而功成身退，返於故吾，而天下之疾痛疴癢，恒相關也，决不墮下乘，爲自了漢明矣。然則公之詩，天耶？人耶？予得交於公有年，玆益密爾，固願以此學求切琢於公者，今序公之詩，豈敢漫爲諛言以取悦而已哉！請以此次匡嶽君之序之後而廣其義。（《證學編》卷四，《四庫全書存目叢書》影印明萬曆四十五年余永寧刻本）

智按：楊起元，字貞復，號復所，歸善（今屬廣東惠州）人。萬曆五年（一五七七）丁丑進士，歷任編修、國子監司業、司經局洗馬、國子監祭酒、南京禮部右侍郎、南京吏部右侍郎攝吏部、禮部尚書事。萬曆二十六年（一五九八）召為北京吏部右侍郎兼侍讀學士，因母卒未任，持喪歸鄉。次年病逝。謚文懿。《明史・儒林傳》附載《王畿傳》末。

章憲文（一五四七～一六〇七）

《白石山堂詩話》

唐時人主類好文，宣宗尤負賞識，進士應博學宏詞選，俱親自校定。每對朝臣問所試詩題、主司姓名，或有佳人物不中第者，必嘆惜移時。以詩弔白居易曰：「綴玉聯珠六十年，誰教冥路作詩仙。浮雲不繫名居易，造化無為字樂天。童子解吟《長恨》曲，胡兒能唱琵琶篇。文章已滿行人耳，一度思卿一愴然。」非居易不能得此於宣宗，非宣宗未必知居易，為萬古詞臣吐氣。（《白石山堂詩話》卷上，《稀見明人詩話十六種》第三四八頁）

杜牧之最忌元、白，云：「吾方在下位，恨未能以法治之。」牧之最善張（祐）【祜】。元微之曰：「（祐）【祜】雕蟲小技，獎激之，恐害風教。】古今詞人大都不相能，不止今之何、李。

聯句惟韓退之、孟東野破的，次韻惟白樂天、元微之入彀，集句惟石曼卿、王介甫擅場。要須工力悉敵，然不可謂詩訓。

詩至百韻，詞意汎濫，頗有失檢而不知者。少陵《夔府詩》，前云「滿坐涙潺湲」，後復云「伏臘涕漣漣」；白傅《寄微之》詩一篇中説酒十一句，東坡《中隱堂》五詩四韻，又有「坡伏黿」、「崖伏龜」，語近重複。余謂古人詩政不當如此拘論，但學詩者不可用為例耳。

白樂天非不能為貞元、大曆之詩，而自成為長慶體，以詩本性情，繼《風》、《雅》必使牛兒馬走、村童里嫗無不解，乃成樂天之大。黄魯直非不能為蘇長公、王荆公之詩，而自成為山谷體，必兼經史諸子、釋部道家、稗官小史諸家，綜彙而成詩，始成魯直之高。淺夫膚學，不識作者苦心，輒嘲白之俗、黄之僻，可笑。（《白石山堂詩話》卷上，《稀見明人詩話十六種》第三五〇～三五一頁）

東坡每健羨樂天，顧樂天未必能望東坡。東坡大節皦然，樂天小升沉，便不覺動色。如中書舍人出知杭州，詩曰：「朝從紫禁歸，暮出青門去。」自江州司馬拜忠州刺史，詩曰：「正聽山鳥向陽眠，黄紙除書落枕前。」及召入中書，詩曰：「紫微今日煙霄地，赤領當年泥土身。」此中何等介帶！東坡海外詩云：「平生學道真實意，豈與窮達俱存亡！」此中何等了當！（《白石山堂詩話》卷上，《稀見明人詩話十六種》第三五一頁）

王右丞愛孟襄陽吟哦風度，繪圖翫之，即世傳郢州亭子浚儀橋素本也。李洞慕賈岛，則鑄銅為像，朝夕焚香参禮。余陶白齋供晉處士陶元亮先生、唐太子太傅白樂天先生二像，頗浮慕王、李，顧余私心猶推敬元亮。元亮一生惟八十日彭澤，餘皆北窗高枕，故得全其天真。樂天分司白首，終未能脱然軒冕，第其襟宇，自是達人。（《白石山堂詩話》卷上，《稀見明人詩話十六種》第三六〇頁）

智按：章憲文，字公覲，號鹿苑，金山（今屬上海）人，居松江華亭。

爲諸生時甚貧，但奉養父母極爲恭敬，人稱其孝。萬曆十四年（一五八六）進士。曾任工部主事，官虞部郎。會太監當道，又接連丁外艱，遂絕意仕途。卒後被祀鄉賢祠。雅慕彭澤、香山，故顔其齋以見志。（見董其昌《陶白齋稿序》，《容臺文集》卷一，《四庫全書存目叢書》影印明崇禎三年董庭刻本）有《陶白齋稿》。

李維楨（一五四七～一六二六）

《唐詩紀序》

……貞觀、開元二帝，以豪爽典則先天下，詩宜盛而最闒弱者。中宗能大振雅道，即德、文兩朝，不及中晚人才樸遫，詩宜衰。彼元、白、錢、劉、柳州姑無論，昌黎望若山斗，猶且服膺工部、供奉而避其光燄，何也？古者上自人主，下至學士、大夫，以及細民，莫不為詩，而詩盛衰之機在上。……

長慶、西崑、玉臺，能為體以自標異，而無能使人盡為其體。（明黄德水、吳琯等輯《唐詩紀》卷首，《四庫全書存目叢書補編》第十六册第二頁下）

智按：又見（明）賀復徵《文章辨體彙選》卷二百九十七；（明）周珽《刪補唐詩選脈箋釋會通評林》卷首「統論」，《四庫全書存目叢書補編》第二五册，第四二八頁下；《四庫全書》本《明文海》卷二百二十五。標點參考《歷代唐詩論評選》，第五一五頁。收入李維楨《大泌山房集》卷九之《唐詩紀序》，刪去「長慶、西崑、玉臺，能為體以自標異，而無能使人盡為其體」一句，見《四庫全書存目叢書》集部第一五〇册，第四九〇頁上。

《修天竺寺疏》

杭州天竺寺，地接卧龍，嶺標靈鷲，晉慧理肇開勝蹟，隋真觀崇搆精藍。三天竺山勢飛來，攬擷江湖秀色；九里松風聲吹向，宣揚滄海濤音。殿高百尺，琉璃簷楹，栖日臺甃，幾重碧玉，香火蒸雲，歲歲年年，風風雨雨，鼠將竄瓦，鴿已巢旛，繡柱雕梁，蒙緑蘚淄塵之涴；銖衣寶座，褪金精珠澤之光。王孫士女失具瞻，長者宰官難坐視。何必捨王珣之宅，但須斷白傅之葷。

願他心即是我心，破慳入道看佛面，亦看僧面，隨意結緣，散有限財，為無量福，修今世果，作後生因……（《四庫全書》本《文章辨體彙選》卷三百八十）

《邵仲魯詩草序》

嘉隆間稱詩者必則古昔，如故國舊家，守其先世之遺，無敢失墜，故詩與開元、大曆相上下。自頃好奇者學怪於李長吉，學淺於白居易，學僻於孟郊，學澀於樊宗師，學浮豔於《西崑》，而詩之體敝矣。……（《大泌山房集》卷二十三，《四庫全書存目叢書》集部第一五一册，第十四頁）

《讀蘇侍御詩》

詩以道性情，性情不擇人，而有不待學問文詞而足。故《詩》三百篇，風與雅、頌等。風多閭閻田野細民婦孺之口，而學士大夫稍以學問文詞潤色之，其本質十九具在。即雅、頌作於學士大夫，而性情與細民婦孺同，其學問文詞，亦就人倫物理、日用常行為之節文而已。今夫澣私、抱衾、執筐、縫裳，細事也；履武敏、不坼副，褻語也。公子同歸、征夫邇止、婦嘆於室、有依其士、輾轉反側、首如飛蓬，隱衷柔態，談之或含羞，而聖人悉以被管弦金石、歌宗廟朝廷，無亦謂是性情之眞通諸天下，後世不可易乎？魏晉人詩，始用學問文詞，然本諸性情者故多。自宋迄唐，則學問文詞專用事，而性情廑有存者。流弊迄今，非但與性情不干涉，即學問文詞，剽襲補綴、口墮惡道矣。吾鄉二三君子起而振之，自操機杼，自開堂奥，一切本諸性情，以當於《三百篇》之指。雖不諧眾口里耳，弗顧也。

余嘗謂：以學問文詞為詩，譬之雇傭，受直受事非不盡力，於其主人苦樂無所關繫；譬之俳優，苦樂情狀極可粲齒流涕，而揆之昔人本事，不啻蒼素霄壤。何者？非己之性情也。獨六朝人閨閣艷曲，與俗所傳南北詞，及市井歌謠，往往十五《國風》遺意。男女，人之大欲存焉，不慮而知，不學而能，此之謂性情。古今所同，是以闇合，蓋無意為詩而自得之。其在宗廟朝廷所作，則學士大夫先有作詩意横於胸中，更倣古詩營搆。故其詩受學問文詞束縛，去《風》、《雅》、《頌》彌遠。性者，天下大本；情者，天下達道。大而三千，細而萬物，遠而八荒，千古無一不供吾驅使，無一不受吾陶冶，宇宙在手，萬化生身，何但一詩？詩本性情，而緣飾以學問文詞，歌則八風從律，舞則五色成文，其極至於動天地、感鬼神，豈夫覆瓿疥壁之語，付之秦灰有餘穢者哉！詩道淩遲，非但為性情之賊，亦學問文詞之辱矣。吾鄉二三君子，矯矯不凡。其人為誰？就余所見，袁中郎、蘇潛父兄弟是也。

又

余友鄒孚如嘗言：「王元美先生《卮言》抑白香山詩太過。」余謂此少年未定之論。晚年服膺香山，自云有白家風味，其續集入白趣更深。香山邃於禪旨，翛然物表，又不立崕岸門戶，故其詩隨語成韻，隨韻成適，興象玲瓏，意致委宛。每使老嫗聽之，易解而後可，不則再三更定。是以眞率切至，最感動人。威權如天子，猜刻如憲宗，讀其諷喻百餘篇而善之，有自來矣。儒者言：「柳下惠不羞、汙君不卑、小官不去、三黜不嫌，袒裼裸程於側，而中自有三公不易之介。」彼流俗倣效，為晉人放達，名教掃地，遂使神州陸沉。游戲三昧，豈凡夫俗子所能？王先生恐效香山而失之，故峻為之防，所謂「以魯男子之不可，學柳下惠之可」耳。唐人推尊香山「廣大教化主」，而杜牧之疵其「纖艷不逞，流於民間，疏於屏壁。子父母女，交口教授，入人肌骨，不可除去。吾無位，不得用法治之，使後代有發憤者」。司空圖云：「力勍而氣孱，都市豪估。」李珏謂憲宗朝輕薄之徒「摘章繪句，譏諷時事，謂之元和體」，亦有所指。此論固不始自弇州，非但詩家，即禪家燒木佛、施棒喝，豈可平等皆然，守為常法？若以世眼觀，無眞不俗；若以法眼觀，無俗不眞。

孚如首肯。後寄余詩，亦學白，而終未免縛律。余復諗之，果位菩薩，三十二相，百寶瓔珞，莊嚴妙麗，種種天然，而變化神通，在在具足。以此論詩，即子與今元美、昔香山未易輕許。然元美與子不盡如香山，蓋恐損詩名，故不若香山大放厥辭，近於無名欲。

孚如復言：「禪家固有首座多聞，聞音起舞者，何妨上乘名，在詩欲在詩名。蓮花生汙泥而不滓，斯所貴耳。香山以禪為詩，以詩為禪。前乎此者，有王右丞；後乎此者，有蘇端明，與香山材相等。三人詩格多因時代，不必求異，不必求同，此其入禪深處。夫無名，名之至也；無名欲，欲之至也。安所逃乎？昔人有引禪宗論三種：其一隨波逐浪，謂因物應機，不主故常；

其二截斷衆流，謂超出塵外，非情識可到；其三函蓋乾坤，謂泯然皆契，無間可伺。香山破綺語，戒除事理障，覺於第三種，尚未達一間。嚴滄浪曰：『學漢、魏、晉與盛唐詩，臨濟上也；學大曆以還詩，曹洞下也。』論詩則是，論禪則非。臨濟、曹洞有何高下？」

余不知禪，無以復孚如。第就詩論，香山有言：「風月花草，《三百篇》所不廢。大都假以風刺，興發於此，而義歸於彼。後人餘霞成綺、澄江如練、落花委露、別葉辭風，去六義不河漢耶？」又曰：「奉而始終之則為道，言而發明之則為詩。」自是不易至理。香山、弇州互相發也，袁中郎、蘇潛父皆香山分身。中郎《瀟碧堂集》出，如雞林賈人以百金易白詩一篇，如女子誦得白學士《長恨歌》，索價數十萬。《潛父集》三十卷，秘不示人，茲得其新詩少許，行之，當令肆中紙貴，恨不起元美、孚如、九京共相賞咏耳！（《大泌山房集》卷一二九，《四庫全書存目叢書》集部第一五三册，第六二二～六二三頁）

智按：蘇侍御指蘇惟霖，字雲浦，號潛夫（一作潛父），江陵（今屬湖北）龍灣蘇家臺人。萬曆二十六年（一五九八）戊戌進士，官至監察御史，曾任河南按察副使，山西巡按，到過兩淮巡視。辭官歸里後，在龍灣蘇家臺建小宅一間，號「淩光閣」，賦詩飲酒，優游於蘇家臺附近之小龍湖（今名馮家湖）。有《兩淮游草》、《西游草》。袁中道《吏部驗封司郎中中郎先生行狀》：「（袁中郎）子二：長彭年，嫡出，娶羅氏，庠生；次岳年，側室出，聘蘇氏，即蘇御史雲浦惟霖女，蓋中郎逝後，念遺孤而許字之也。女二：長許聘雲浦第二子，次許聘雲浦弟生員惟霑長子。」（《珂雪齋集》卷十八，第七六四頁）可知袁宏道與蘇惟霖交誼甚篤。

《黄友上詩跋》

……後見先生（智按：指王世貞）晚年定論：殊服膺摩詰，又極稱香山、眉山，非後人所可輕議。……（友上）亦白、蘇之流亞已。……夫白舍人、蘇端明嘗游吳，文采風流，照映後來。又身及事弇州為廣大教化主之日，友上方得是詩稱之，嗟乎！何今人易言詩也。（《大泌山房集》卷一三一，《四

庫全書存目叢書》集部第一五三册，第六八一～六八二頁）

《昌谷詩解序》

世目李長吉為鬼才。夫陶通明博極羣書，恥一事之不知，曰與爲頑仙，寧為才鬼。然則鬼才豈易言哉！長吉名由韓昌黎起，司空表聖評昌黎詩：驅駕氣勢，若掀雷挾電，撑決天地之垠，而長吉務去陳言，頗似之。譬之草木臭味也，由其極思苦吟，别無他嗜，阿嬭所謂嘔心乃已。是以隻字片語，必新必奇，若古人所未經道，而實皆有據案，有原委，古意鬱浡其間。其庀蓄富，其裁鑒當，其結撰密，其鍜鍊工，其丰神超，其骨力健，典實不浮，整蔚有序，雖詰屈幽奥，意緒可尋，要以自成長吉一家言而已。杜樊川序謂騷之苗裔，令未死，且加以理，可奴僕命騷。未為不知長吉，亦未為深知長吉。詩有别才，不必盡出于理，請就《騷》論。朱子以屈原行過中庸，辭旨流于跌宕怪神、怨懟激發，不可爲訓。林應辰則以詞哀痛而意宏放，興寄高遠，如崑崙閬風、西海陞皇之類，類莊氏寓言。劉舍人指其詭異、譎怪、狷狹、荒滛四事，異乎經典，而自有同乎風雅者。騷詣絶窮微，極命庶物，力奪天巧，渾成無跡。長吉則鋒潁太露，蹊徑易見，調高而不能下，氣峻而不能平，是于《騷》特長擬議，未臻變化，安得奴僕《騷》也。傳稱其細瘦通眉，長指爪，貌與人殊，而諸樂府亦若《九歌》、《東皇太乙》，以至《國殤》、《禮魂》諸體。信乎！其爲鬼才矣。或言元微之以詩謁長吉，曰：明經擢第，何事來看？微之怒以父諱事阻其進。元、韓同時，是長吉前輩，語或失真，然以彼其才，目睫中寧置微之屬者？海内稱詩以元白為宗，鄙俚枯淡，稚弱猥雜，曾委巷歌謠之不如，間好為長吉鬼語，而不察長吉胸有萬卷書，筆無半點塵，奈何率爾信腕信口，無所取裁，妄自攀附，猶侲子假鬼，而效鬼聲，相戲相恐也。終身論墮鬼趣，才何有焉！（清乾隆寶笏樓刻本《李長吉歌詩彙解》首卷）

《王世貞弇州山人稿序》

文章關乎世運，信哉！唐虞而降，夏忠商質，至周而文成。周後為秦，無幾而漢興，故其文去周也不遠。漢之東都，已遜西京，而更為三國六朝，為唐為五代，為宋為元，風斯下矣，故其文去漢也彌遠，則世運盛衰，漸積之使然也。高皇帝蕩清宇宙，煥若一新，二百餘年，周官法度，蔑以加矣。若其不遠於漢，並不遠於周也。吾於王元美先生、徵之先生之為騷若賦也，不若周之有屈原、宋玉，漢之有司馬相如、揚雄乎？其為風雅樂府五言古詩也，不若漢之有韋孟、元成、蘇李、枚乘、唐山夫人之屬乎？其為左逸短長，為劄記内外篇，不若周之有荀卿、左丘明，漢之有《淮南鴻烈》、子雲《法言》乎？其為策論封事也，不若漢之有董仲舒、賈誼、晁錯、劉向乎？其為敘傳表志也，不若漢之有司馬遷乎？其為七言古，為五六七言近體、絕句，為詩餘，為《藝苑卮言》，為《宛委遺編》，為《弇州別集》，囊括千古，析窮二氏，練解朝章，博綜名物，令人耳目不暇應接，則奄有唐宋以來作者之美，而周漢諸君子或缺焉。此非周漢諸君子才不逮，先生當其時，二氏之學未出，百家之體未備耳。先生能以周漢諸君子之才，精其學而窮其變，文章家所應有者，無一不有；搴華咀腴，臻極妙境，上下三千年，縱横一萬里，寧有二乎？嗚乎！成矣。欲觀有明世運之隆，不必啟金匱石室之藏，問海晏河清之瑞，誦先生集而知繼三代有明，明有先生，非偶然也。先生家世為九卿八座，鉅富而斥之，供客及置圖史山園，殆盡衣表裏，恒差池不一，以彼其才，陵厲一世，人人固甘之而陽和熙熙，貯在顏間，嘉善矜不能，奬掖提挈，不惜手足齒頰之勞。登第四十餘年，位至尚書，然數起數躓，所歷三朝諸政府，有相知者，有猜疑者，有陽浮慕者，有最親昵者，卒無所染。壯年遭家禍，毒酷既艾，而師真人聞大道，子弟多賢，且才其遘合，皆甚奇。天地間人物事理，悉以先生口筆為衮鉞，故忌才吠聲之口，時妄加詆諆，而不能涅緇其純素。先生於唐好白樂天，於宋好蘇子瞻，儒雅醞藉，風流標致。二公蓋有合者，而文品則大逕庭矣。余故以先生為周漢間人也。余故以先生而知明世運之隆，合周漢為一也。（《古今圖書集成》經籍典第四百七十六卷集部彙考七第四八～五〇頁）

智按：李維楨，字本寧，京山（今屬湖北）人。隆慶二年（一五六八）進士，由庶吉士授編，累遷提學副史。天啟初，以布政使家居，年七十餘，召修《神宗實録》，累官禮部尚書，告老歸，年八十卒於家。其文章弘肆，卓負重名，垂四十年。傳見《明史》卷一七六文苑四。

李培（一五四七？～一六二一後）

《琵琶亭》

司馬江頭夜送客，湓口琵琶聲拍劃。男兒有淚不亂弹，如何頓使青衫濕。（《水西全集》卷五篷窗百咏，《四庫未收書輯刊》影印明天啟元年刻本）

《周逸之和唐樂天酒歌序》（題擬）

飲之初玄酒，歌之初擊壤也。混沌未鑿，醇樸未散，穆乎沕乎，熙乎窅乎，其孰得而比儷。自醇散樸解，詩歌鳴籟，醽醁陶情，鑿混沌之竅而飲之且濫觴矣。且騷人墨士，往往藉此以發舒其性靈，傾暢其肢體，靡有不稱詩酒云者。醉里周君逸之有《和李供奉集》，勾吳劉先生爲之敘其所次詩酒，詳哉其言矣。乃復取樂天酒歌，一一酬和，友人持其如干首見示。余方與麯孽爲伍，若詩固願學而未能，其何敢望於樂天。獨樂天貞元間與微之翱翔一時，世稱元白體，遇兩人無不折讓者。然微之或能委曲殉時，而樂天乃潔己行一意，故人推高之，更不屑受污於汝汶，故亦惟縱恣自放，其所吟咏，多以酒爲詞。長慶中，歷官中外，名稱益貴。曲江慈恩，閒放自恣，至永和坊柳，猶入移植禁中，特未登樞位，不可謂不沾一命士也。顧其詩體雖降爲中葉，而人之企慕尤遐矣哉！周君逸之不偶於時，其亦有所托，而自歌自飲，睥睨一世，前無古人。彼其才力近趨，格調超越，乃能兼擅其美。和陶不已，後又和李，和李不已，復又和白，可謂嫻於詩者矣。余神交於君，呵涷捉筆，爲之敘。（《水西全集》卷九文部二，《四庫未收書輯刊》影印明天啟元年刻本）

智按：李培，字培之，號雲麓、水西、六榆居士，秀水（今浙江嘉興）人。萬曆間以歲貢任上虞、海寧、新城學博，終龍南令。有《水西集》。

陳禹謨（一五四八～一六一八）

《說儲》

韓詩多悲（韓詩三百六十首，哭泣者三十首），白詩多樂（白詩二千八百首，飲酒者九百首）。夫詩以理性情，多悲多樂，恐無有是處矣。（《說儲》卷一，《四庫全書存目叢書》影印明萬曆三十七年徐騰芳刻本，子部第一一〇册，第七頁）

白香山之樂天院，王平甫有靈芝宫，方生存時，已有設而待之者矣，又安知此宫院者，非即兩公來處。（《說儲》卷二，《四庫全書存目叢書》影印明萬曆三十七年徐騰芳刻本，子部第一一〇册，第十五頁）

白居易葬龍門山，河南尹盧貞刻《醉吟先生傳》于石，立墓側。相傳過者必奠巵酒，冢前方丈土常成泥濘。（《賈氏談録》）彼欲葬陶家側，及燒缸地者，何如作醉吟先生墓前方丈土。（《說儲》二集卷三，《四庫全書存目叢書》影印明萬曆三十七年徐騰芳刻本，子部第一一〇册，第九四頁）

貞元中，白樂天應宏詞科考落，時登科者賦並無聞，而白賦竟傳於天下，劉蕡對賢良策下第，時登科者賦並無聞，而劉策竟傳於迄今。士亦在有其實耳，一時成敗利鈍，何足爲士重輕。（《說儲》二集卷八，《四庫全書存目叢書》影印明萬曆三十七年徐騰芳刻本，子部第一一〇册，第一三六頁）

《駢志》

⊙身刺白舍人詩

《酉陽雜俎》:「蜀小將韋少卿，韋表微堂兄也。少不喜書，嗜好劄青。其季父嘗令解衣視之，胷上刺一樹，樹杪集鳥數十，其下懸鏡，鏡鼻繫索，有人止側牽之。叔不解，問焉。少卿笑曰：叔不曾讀張燕公詩否？挽鏡寒鴉集耳。」

又，荆州街子葛清，勇不膚撓，自頸以下，遍刺白居易舍人詩。段成式常與荆客陳至呼觀之，令其自解，背上亦能闇記。反手指其去處，至「不是愛花偏愛菊」，則有一人持盃臨菊藂。又「黄夾纈林寒有葉」，則指一樹，樹上掛纈，纈窠鏁勝絶細。凡刻三十餘處，首體無完膚。陳至呼為「白舍人行詩圖」也。（《駢志》卷十七，《四庫全書》本）

智按：陳禹謨，字錫玄，常熟（今屬江蘇）人，一作湖北彝陵人。萬曆舉人，歷仕南京國子監學正、四川按察司僉事、貴州布政使。有《經籍異同》、《說儲》、《駢志》等。

胡之驥（一五四八～一六一八後）

《詩說紀事》

⊙瑟瑟

楊用修誦白樂天詩曰「楓葉荻花秋瑟瑟」，言楓葉赤，荻花白，秋色碧也。瑟瑟，珍寶也，其色碧，世以為蕭瑟，非是。樂天又有《暮江曲》曰：「一道殘陽照水中，半江瑟瑟半江紅。」此豈蕭瑟哉？樂天有靈，必驚余為千載知音也。驥註《江文通集》，頗得奇解，其敘曰：「後世誰知，過譚敬禮；九原可起，不愧文通。會心處那得不爾。」杜公《石笋行》云「雨多往往得瑟瑟」，珍寶無疑也。惜升庵多引晚唐詩證，獨不引此。（《詩說紀事》卷中，《稀見明人詩話十六種》第六八八頁）

智按：胡之驥，字伯良，本爲吳人，十歲隨父游楚，遂徙居蘄黃（今湖北蘄春、黃石）。自幼嗜詩，好游歷，布衣終身。曾北走河朔，南浮江淮，名山大川，周游殆遍。萬曆四十六年（一六一八）尚在世。有《胡伯良集》、《游廬山詩》、《江文通集匯注》等。

梅鼎祚（一五四九～一六一八）

《戊申獻歲六十誕辰移舟避客浪述十首》（其七）

婪尾三杯酒，平頭六袠人。從周新甲子，貞夢叶庚寅。丹頂雙禽擾，班毛獨鹿馴。朋予堪作壽，衆復祝靈椿。（婪尾、平頭，見白長慶詩。攝提，貞夢，見《楚辭》。予有鶴鹿常相隨）（《鹿裘石室集》卷十四詩，《續修四庫全書》影印明天啓三年玄白堂刻本）

《蘊璞愚公以一偈見寄次答》

香山居士舊因緣，但學空門不學仙。且喜由來没交涉，何妨天女爲奈禪。（《鹿裘石室集》卷二十五詩，《續修四庫全書》影印明天啓三年玄白堂刻本）

《青泥蓮花記》

⊙王朝雲（宋）

朝雲者，姓王氏，錢塘名妓也。蘇子瞻宦錢塘，絶愛幸之，納為常侍。朝雲初不識字，既事子瞻，遂學書，麤有楷法。子瞻貶惠州，贈之詩，有引云：「世謂白樂天有鬻駱馬放楊枝詞，嘉其至老病，不忍去也。然夢得有詩云：『春盡絮飛留不得，隨風好去落誰家?』亦云：『病與樂天相伴住，春隨樊子一時歸。』則是樊素竟去也。余家有數妾，四五年相繼辭去，獨朝雲者，隨余南遷，因讀《樂天集》，戲作此詩。」朝雲姓王氏，錢塘人，甞有子曰幹兒，未朞而夭。云：「不似楊枝別樂天，恰如通德伴伶玄。阿奴絡秀不同老，天女維摩總解禪。經卷藥爐新活計，舞衫歌扇舊因緣。丹成逐我三山去，不作陽臺雲兩仙。」蓋紹聖元年十一月也。三年七月卒，子瞻自為誌銘云：東坡先生侍妾曰朝雲，字子霞，姓王氏，錢塘人，敏而好義。事先生二十有三年，忠敬若一。紹聖三年七月壬辰，卒于惠州，年三十四。八月庚申，葬之豐湖之上，栖禪山寺之東南。生子遯，未朞而夭。蓋常從比丘尼義冲學佛法，亦粗識大意，且死誦《金剛經》四句偈以絶。銘曰：「浮屠是瞻，伽藍是依。如汝宿心，惟佛之歸。」又和前韵云：「苗而不秀豈其天，不使童烏與我玄。駐景恨無千歲藥，贈行惟有小乘禪。傷心一念償前債，彈指三生斷後緣。歸卧竹根無遠近，夜深勤禮塔中仙。」又作詠梅《西江月》以寓意云：「玉骨那愁瘴霧，冰肌自有仙風。海仙時過探芳蘘，倒掛緑毛么鳳。　素面翻嫌粉涴，洗粧不褪殘紅。高情已逐曉雲空，不與梨花同夢。」（見《東坡續集》、《冷齋夜話》○按王宗稷《東坡先生年譜》云：熙寧七年甲寅，先生任杭州通判，是年紡侍妾朝雲事先生二十有三年，紹聖三年丙子，卒於惠州，年三十四，是為癸卯生，來事先生，方十二云，以譜考之，則所為妓者，亦本樂籍之女耳，不得遽言名妓也）（《青泥蓮花記》卷一下，《四庫全書存目叢書》影印明萬曆刻本）

⊙張建封妾盼盼（一云姓許）

盼盼，姓關氏，張建封節制武寧，門下客皆詞人名士，至於歌舞姝，必求知書者。盼盼乃徐府奇色也，初納之燕子樓，三日樂不輟，後別搆新樓貯寵之。公薨，盼盼感恩，誓不他適。或有問答，皆以詩。有《燕子樓集》三百首。白樂天有《和燕子樓詩》，其序云：徐州張尚書有愛妓盼盼，善歌舞，雅多風態。予為校書郎時，遊淮泗間，張尚書宴予。酒酣，出盼盼佐歡。予因贈詩，落句云：「醉嬌勝不得，風嫋牡丹花。」一歡而去，爾後絕不復知，兹一紀矣。昨日司勳員外郎張仲素繪之訪余，因吟新詩，有《燕子樓》詩三首，辭甚婉麗，詰其由，乃盼盼所作也。繪之從事武寧累年，頗知盼盼始末云。張尚書既歿，彭城有張氏舊第，中有小樓，名燕子，盼盼念舊愛而不嫁，居是樓十餘年，于今尚在。盼詩有云：「樓上殘燈伴曉霜，獨眠人起合歡床。相思一夜情多少，地角天涯不是長。」又云：「北邙松栢鎖愁烟，燕子樓中思悄然。自埋劒履歌塵散，紅袖香銷已十年。」又云：「適看鴻鴈岳陽廻，又覩玄禽逼社來。瑶瑟玉簫無意緒，任從蛛網任從灰。」余嘗愛其新作，乃和之云：「滿窓明月滿簾霜，被冷燈殘拂卧床。燕子樓中寒月夜，秋來衹為一人長。」又云：「鈿帶羅衫色似烟，幾迴欲起即潸然。自從不舞霓裳袖，疊在空箱二十年。」又云：「今春有客洛陽回，曾到尚書墓上來。見說白楊堪作柱，争教紅粉不成灰。」又贈之絕句云：「黄金不惜買蛾眉，揀得如花三四枝。歌舞教成心力盡，一朝身去不相隨。」後仲素以余詩示盼盼，乃反覆讀之。泣曰：「自公薨背，妾非不能死，恐百載之後，人以我公重色，有從死之妾，是玷我公清範也，所以偷生爾。」乃和白公詩云：「自守空樓歛恨眉，形同春後牡丹枝。舍人不會人深意，訝道泉臺不去隨。」盼盼得詩後，往往旬日不食而卒，但吟詩云：「兒童不識冲天物，謾把青泥污雪毫。」（《白氏長慶集》及《麗情集》〇黄金一首，白集題云《傷張僕射諸伎》。三四一作四五，已十年一作一十年，二十年白集作十一年。〇《粧樓記》曰：徐州張尚書妓女，多涉獵經史，人有借其書者，往往粉指痕跡，印於青編。〇東坡夜登燕子樓夢盼盼作《永遇樂》詞云：「明月如霜，好風如水，清景無限。曲港跳魚，圓荷瀉露，寂寞無人見。紞如五鼓，錚然一葉，黯黯夢雲驚斷。夜茫茫，重尋無覓處，覺來小園行遍。　天涯倦客，山中歸路，望斷故園心眼。燕子樓空，佳人何在？空鎖樓中燕。古今如夢，何曾夢覺，但有舊歡新怨。異時對，南樓夜景，為徐浩歎。」〇秦少游《調笑令》并詩，詠盼盼詩曰：「百尺樓高燕子飛，樓上美人顰翠眉。將軍一去音容遠，只有年年舊燕歸。」「春風昨夜來深院，春色依然人不見。只餘明月照孤眠，回望舊恩空戀戀。」曲子曰：「戀戀樓中燕。燕子樓空，春日晚，將軍一去音容遠。空鎖樓中深怨。春風重到人不見，十二欄干倚遍。」毛澤民《調笑令》詠盼盼云：「武寧節度客最賢，後車摛藻爭春妍。曲眉豐頰亦能賦，惠中秀外誰争憐。」「花嬌葉困春相逼，燕子樓頭作寒食。月明空照合歡牀，霓裳舞罷看無力。」「無力，倚瑤瑟。罷舞霓裳今幾日。雪殘雨小春寒逼，鈿暈羅衫烟色。簾前歸燕看人立，却趁落花飛入。」○陳薦彦升《燕子樓詩》：「僕射新阡狐兎遊，侍兒猶住水邊頭。風清玉簟慵欹枕，月好珠簾懶上鈎。寒夢覺來滄海闊，新詩吟罷紫蘭秋。樂天才思如春雨，斷送殘花一夕休。」○薩天錫《彭城》詩云：「雪白楊花撲馬頭，行人春盡過徐州。夜深一片城頭月，曾照張家燕子樓。」）（《青泥蓮花記》卷四，《四庫全書存目叢書》影印明萬曆刻本）

智按：張仲素（七六九？～八一九），字繪（一作續）之，郡望河間（今河北任丘），苻離（今安徽宿縣）人。貞元十四年登進士第。復登博學宏詞科。貞元十七年入徐州節度使張愔幕。元和七年由屯田員外郎遷考判官。同年轉禮部員外郎。九年改司勛員外郎。十一年八月十五日，由禮部郎中充翰林學士。十三年正月，加司封郎中知制誥。二月十八日充承旨學士。十四年三月，遷中書舍人。是年冬卒。仲素工詩善文，尤精賦作。其詩「多警句，尤精樂府。往往和在宫商。古人有未能慮者」（《唐才子傳》卷五）。《燕子樓詩三首》，咏張愔愛妾關盼盼事，傳誦人口，白居易愛其詞婉麗，作和詩三首。唐趙璘則謂其賦與李程、王起、白居易兄弟同爲場中之最，「言程式者，宗此五人」（《因話録》卷三）。元和中張仲素與王涯、令狐楚均爲中書舍人，所作樂府詩編爲《三舍人集》，今存。《全唐詩》卷三六七編其詩爲一卷。《全唐詩補編·續拾》卷二三補收二句。事迹散見于唐丁居晦《重修承旨學士壁記》、《唐詩紀事》卷四二。

⊙薛濤

紙以人得名者，有謝公，有薛濤。所謂謝公者，謝司封景初師厚，師厚創牋樣，以便書尺，俗因以為名。薛濤本長安良家女，父鄖，因官寓蜀而卒，母孀。養濤及笄，以詩聞外，又能掃眉塗粉，與士族不侔。客有竊與之宴語，時韋中令臯鎮蜀，召令侍酒賦詩，僚佐多士為之改觀。朞歲，中令議以校書郎奏請之，護軍曰不可，遂止。濤出入幕府，自臯至李德裕，凡歷事十一鎮，皆以詩受知，其間與濤唱和者，元稹、白居易、牛僧孺、令狐楚、裴度、嚴綬、張籍、杜牧、劉禹錫、吳武陵、張祜，餘皆名士，記載凡二十人，競有酬和。濤僑止百花潭，躬撰深紅小彩牋，裁書供吟，獻酬賢傑，時謂之薛濤牋。晚歲居碧雞坊，刱吟詩樓，偃息于上。後段文昌再鎮成都，太和歲，濤卒，年七十三。文昌為撰墓誌。謝公有十色牋，深紅、粉紅、杏紅、明黄、深青、淺青、深緑、淺緑、銅緑、淺雲，即十色也。楊文公億《談苑》載韓浦《寄弟》詩云：「十樣蠻牋出益州，寄來新自浣花頭。」謝公牋出於此乎？濤所製箋，特深紅一色爾。偽蜀王衍賜金堂縣令張蠙霞光牋五百幅，霞光牋疑即今之彤霞牋，亦深紅色也。盖以胭脂染色最為靡麗，范公成大亦愛之，然更梅溽則色敗萎黄，尤難致，遠公以為恨。（《青泥蓮花記》卷十外編二，《四庫全書存目叢書》影印明萬曆刻本）

智按：出自元費著《蜀牋譜》（《四庫全書》本）。

梅鼎祚，字禹金，號汝南、無求居士、勝樂道人，甯國宣城（今屬安徽）人。少年即有詩名，曾為國子監生，性不善經生業，以古學自任，詩文博雅，王世貞（一五二六～一五九〇）嘗稱之。與湯顯祖（一五五〇～一六一六）有深交。申時行欲薦於朝，辭不赴。搆天逸閣，著述其中，所著有《鹿裘石室集》。又編輯《歷代文紀》、《漢魏詩乘》、《八代詩乘》、《古藥苑》、《唐樂苑》、《書記洞詮》、《才鬼記》、《青泥蓮花記》諸書。戲曲作品現存傳奇《玉合記》、《長命縷》二種，雜劇《昆侖奴》一種。

孫繼臯（一五五〇～一六一〇）

《虎丘重修五賢祠記》

虎丘之北岑，舊有平遠堂，以佐名勝，豁游目，而久之，乃爲龕以祠五賢，則爲唐韋轉運、白少傅、劉賓客、宋王翰林、蘇文忠。韋、白、劉先後繇重職補外，刺史蘇州，王由大理宰長洲，而蘇以南竄經涉，不啻數數然，咸有樂乎斯丘者，龕之設，實自近歲江長洲始。後十許年，爲今年庚戌，户部陳公用望郎榷關滸墅，自公來登，覩堂宇漸圮，堦砌都裂，慨焉捐榷之，羡凡百有廿金，以付寺僧明鏡，仍遴官耆之才而勤者，使飭而新之，工竣，屬余記其事。

余於斯役，而竊有感於斯丘之有數君子也。夫此數君子者，文章風節，凌跨一時，焜燿千古，而或一麾以出，或三黜以徙，羈縻流浪於江湖之間，而斯丘至今幸得借其風流以爲重，假令當時身不出國門，官不離蘭臺，鳳閣以老，雖勲業在朝著，望斯丘，迢迢東南一坏耳，尚誰得而有之哉！蓋惟天也，若故偃蹇其遇而饒予之，以吾吳之佳山水，而數君子因得稱隱吏遷人，徜徉笑傲於幽奇葱菁之區，流連題咏，低回而不忍去。夫亦重有感也。然則斯丘也，其遂爲數君子之丘歟？客曰：不然。前此闔閭不有之以爲墓乎，而虎不至今蹲也？是闔閭且不得而有也，生公不有之以爲臺乎？而石不至今點頭也？是生公亦不得而有也，王珣不有之以爲宅乎？而非禪宫梵刹，不至今永也，是王珣曾不得而有也。矧宦轍謫轅，飄忽徃來，譬若雲萍，然烏得而有諸？嗟乎！惟其遈處之，遈去之，而終不得據以爲有，則天下之倏忽滅没，轉盼而不可以爲常者，皆是類也。彼區區得喪寵辱，尚足以挂高賢曠士之胷懷哉？吾以知數君子者，其深有得於斯丘也矣。今吾試與公憑高而眺，臨深而觀，晨霞之粲然，夕照之軒然，而禽聲之嚶然，非夫數君子之文章耶？池水之泠然，石仭之巉然（智按：「巉」字原闕，據五賢祠碑文補），而松柏之蒼然，非夫數君子之風節耶？以至歲時寒暑之推遷，風霆雨雹之不測，卉物之凋榮，而煙嵐之聚散，又非數君子升沉顯晦之變態耶？公其亦有俯而思，仰而會，曠世而相感者乎？是數君子之寄於斯丘者，其迹而寄於公之俯仰間者，其神斯丘之寄其迹，杳乎其不可尋，而公之寄其神者，躍乎其如有在也。

祠之右，又有宋尹和靖暨國朝胡别駕二祠，和靖，宋儒，故結庵丘之傍，而别駕在正德間，於郡有保障功，公概而飭之，固宜祠下，爲重臺五，盤旋蜿蜒，直丘之麓，公所創也。公名訏謨，閩之長泰人，萬曆辛丑進士。（《四庫全書》本《宗伯集》卷四；清涵芬樓抄本《明文海》卷三百七十一）

智按：明萬曆三十八年（一六一〇）孫繼臯撰《重修五賢祠記碑》，申用懋書，徐□篆額。杜士廉鐫刻。湮沒已久，一九八二年重新發現于小吳軒地下。(《蘇州地方志・金閶區志》，東南大學出版社，二〇〇五年五月，第一五二頁)

薛雪《謁五賢祠》：「瞻望流風拜下塵，映階碧草淚痕新。一堂俎豆千秋業，異代文章四海人。榮辱何心依趙孟，縱横無術愧儀秦。生涯百計思量遍，願卜從今去住身。」(《抱珠軒詩存》卷四，清乾隆掃葉村莊刻本）徐崧《五賢祠》：「虎丘秋冷自淒然，山後祠荒草色連。登眺幾人傳洞壑，碧空終古幻雲烟。千村點點人家樹，一片青青水畔田。唐宋風流殘碣在，蕭條誰與拜前賢。」(《百城烟水》卷一，清康熙二十九年刻本）陳瑚《五賢祠》：「雲木蒼茫變態新，五賢香火肅千春。宦游此地知多少，占斷名山有幾人。」(《確庵文稿》卷五，清康熙毛氏汲古閣刻本)

《例劄授千户心田馬公暨配許夫人合葬墓誌銘》

余同年、故別駕如臯馬君，一日渡江謁余里居，纍纍衰絰也。余驟問君何服，君泫然曰：某不肖，不能事親，某之先人千户公暨吾母許夫人，相隨棄養，逝矣。嗟乎已矣，願有以累子，出所自為狀，拜而請一詞，誌銘其墓。余謹謝不敏，君復泫然曰：某不肖，不能業官，某之先人千户公暨吾母許夫人之逝也，而某竟不獲徼一命以報矣。嗟乎已矣。願終有以累子。夫君之分誼可思，而其情事又可悲也。余其敢終讓？按状，千户公者諱應禎，字汝福，別號心田，世揚州如臯人。嘗遇詔恩，以貲賜爵級得千户，故稱之曰千户公云。公曾祖諱茂才，用人才仕忠義，右衛經歷祖諱繼祖，起家進士，仕南京雲南道御史……大都公為人長，而無釋恭似魯恭，養親極滋味似黃香，推産其弟似薛包；平心率物，判正爭訟似陳寔；盜恥見知，以德感人似王烈；晚而結社游賞，留連觴咏，則似白居易。云嘗一賓其鄉飲，鄉人望見公眉宇為快，後固匿不肯出，配許夫人，故諸生珊女，母范媪也，甫十三歸公，然已能相公事寶豐公，問疾侍湯藥，無豫色，順適其姑某，暮景無惰容，没而含殮，喪葬無違禮接，娣姒無間言，指機杼，督諸子學，數見箠楚，無溺愛，臧獲若干，指時其燠寒飽饑無闕，芘儉以成其勤，嚴以修其慈，守閨閤六十

餘年，白首若賓，則又似鴻光夫婦已。公生正德癸酉，卒萬曆丙戌……（《四庫全書》本《宗伯集》卷八）

智按：孫繼皋，字以德，無錫（今屬江蘇）人。萬曆二年（一五七四）甲戌進士第一，官至吏部侍郎。當陳太后梓宫發引時，神宗稱疾不肯送，繼皋疏爭，忤旨。及三殿災，大臣自陳，皆慰留，獨繼皋致仕去。後追贈禮部尚書。

湯顯祖（一五五〇～一六一六）

《對紀公口號》（四首其三）

纔說拈花事已多，相逢一笑定如何。閒情得問香山老，去傍香罏作鳥窠。（《玉茗堂全集》詩集卷十六，明天啓刻本）

《寄達觀》

情有者理必無，理有者情必無。真是一刀兩斷語。使我奉教以來，神氣頓王。諦視久之，并理亦無，世界身器，且奈之何。以達觀而有癡人之疑，瘧鬼之困，況在區區，大細都無別趣。時念達師不止，夢中一見師，突兀笠杖而來。忽忽某子至，知在雲陽。東西南北，何必師在雲陽也？邇來情事，達師應憐我。白太傅、蘇長公，終是為情使耳。（《玉茗堂全集》尺牘卷二，明天啓刻本）

《南柯夢記題詞》

……白舍人之詩曰：「蟻王乞食（一本作化飯）為臣妾，螺母偷蟲作子孫。彼此假名非本物，其間何怨復何恩？」世人妄以眷屬富貴影像，執為吾想。不知虚室中一大穴也，修來而去，有何家之可到哉？……（明刻本《玉銘堂全集·文》卷六；明賀復徵《文章辨體彙選》卷三百六十三；上海人民出版社《湯顯祖集》，第一〇九六頁）

智按：湯顯祖，字義仍，號海若，又號若士，晚年號繭翁，別署清遠道人，所居名玉茗堂，臨川（今屬江西）人。萬曆十一年（一五八三）進士。

歷任南京太常寺博士、禮部主事。萬曆十九年（一五九一），上《論輔臣科臣疏》彈劾大學士申時行，貶廣東徐聞典史，次年改任浙江遂昌知縣。二十六年（一五九八），辭官歸里，隱居著述，終老於鄉。著有《牡丹亭》、《南柯記》、《邯鄲記》、《紫釵記》傳奇四種，合稱「臨川四夢」，或稱「玉茗堂四夢」。另著有詩文集《玉茗堂集》、《紅泉逸草》、《問棘郵草》等。《明史》有傳。《列朝詩集小傳·湯遂昌顯祖》：「義仍少熟《文選》，中攻聲律。四十以後，詩變而之香山、眉山，文變而之南豐、臨川。」

吴道南（一五五〇～一六二三）

《白蘇齋為袁石圃題》

丈夫生不累樊塵，文物風流寄此身。獨往獨來常炯炯，相求相應自鱗鱗。香山居士元不老，蓮池主人如有神。締緣自覺非生客，賞心還屬蜕形人。清齋標舉表獨契，曠懷寄適超群倫。層軒靜對誰為我，一榻高眠若個親。雲光虚引搖片几，花香暗度襲重茵。架上積書半内典，户外蒲屨無雜賓。翰墨遊戲證三昧，趺跏了徹含千諄。醉後頻揮蒼玉麈，閑來時服白綸巾。若逢九老仍圖象，大似長公更逼眞。夷猶一窩容膝處，洞庭秋色武陵春。（《吴文恪公文集》卷二十七，《四庫禁毀書叢刊》影印明崇禎吴之京刻本）

智按：吴道南，字會甫，崇仁（今屬江西）人。萬曆十七年（一五八九）己丑進士，官至文淵閣大學士，謚文恪，事迹具《明史》本傳。

王驥德（？～一六二三）

《擬劉采春寄元微之（有引）》

唐劉采春，故越州名妓。微之刺郡時，眷愛甚至，故白樂天謔微之詩有「因循歸未得，不是戀鱸魚」之句，註言戀鏡湖春色耳，盖指采春也。采春雅善樂府，所作羅嗊諸曲，迄今猶艷人口吻。余意微之去郡後，采春當有詞寄，戲爲擬此。

桂枝香

江南春早，天涯人渺。倩他驛使無憑，寄去梅花不到。斷腸來幾朝，斷腸來幾朝。朱絃新調，紅牋殘稿，悵難拋。燕寢香仍在，旗亭柳正嬌。

賺

翠寫丹揹，萬壑千巖畫一條。山陰道，風流太守自才豪。喜相挑，你玉皇案畔司花巧，神女峯頭待雨喬。多顛倒，尊前誤采春紅小，淺颦輕笑，淺颦輕笑。

長拍

鏡水鱸魚，鏡水鱸魚，吳堤芳草。白傅謾勞狂誚，西陵沾送憶消魂，幾度江潮。淚點在冰綃，怨使君，薄倖負，人年少。吟就聲聲羅嗊曲，酬不得，可憐宵，無奈蝶煩蜂惱，把金釵買卜，零亂雲翹。

短拍

司馬情多，司馬情多青衫恨，悄問何人此夜江臯。更錦水寄風騷，一字字校書詩好。（我）怎比崔娘妖麗，題尺素，千里托廻飇。

尾聲

算前期，眞難料。菖蒲花謝五雲高，春色青青總易消。（明張楚叔《吳騷合編》卷一，四部叢刊續編景明崇禎刻本；明馮夢龍《太霞新奏》卷一，《續修四庫全書》影印明天啓刻本）

《麗情　白樂天九歌》

【白練序】從別後（嘆），繡閣金屏又隔年，多管是消減了那人，嬌倩無便一紙箋，寄不上，梅花路幾千。【昇平樂】青鬢粉面，只索向夢裏縈牽。曾憐月明深院，未成眠，正浴起，海棠紅，倦款攏金釧，畫闌花暗，紗榻香薦。【朝天子】這風流，眼前這風流可憐。【解三醒】（他）狠遮欄，幾年纔見。（你）好姻緣，兩度方圓，蓬萊海水，也有清和淺。齊罰願，兩心堅。（你道是）銜環黃雀恩當報，（我道是）破鏡青鸞合定然。【三學士】（奈）踪跡如蓬容易轉，似劉郎陡別桃源。你（攸個）春蚕作璽絲偷綰，（我做個）秋藕生花眼暗穿。【急三履】恨只恨無人去說與道，人歸日，在雁兒先。（明馮夢龍《太霞新奏》卷十三，《續修四庫全書》影印明天啓刻本）

《古本西廂記》

⊙賺煞

諸本俱作「透骨髓，相思病染」，「染」字屬廉纖，閉口韻，非。朱本作「相思病蹇」，蹇字亦生造，不妥。金本作「相思怎遣」，又與前「難消遣，怎留連」，下「怎當他」重甚，蓋《仙呂宮》賺煞第三句末四字法，當用平平去上，此本調也，亦有間用平平去平者，如【元關漢卿《玉鏡臺》劇：把我雙送入，愁鄉醉鄉】【鄭德輝《王粲登樓》劇：夢先到，襄陽峴山】【賈仲名《重對玉梳》劇：好痛苦也，荆郎楚臣】【白仁甫《墻頭馬上》劇：與你箇在客的，劉郎得知】，又他如【虎頭牌】【單鞭奪槊】【漁樵記】【蕭淑蘭】【後庭花】【符金錠】【射柳蕤丸】等劇及諸散套，凡數十曲皆然，故此曲斷爲平聲。「病纏」之誤，無欵俗子本不識此格，欲求合上聲則爲「染」，而不知失韻。朱本明知其誤，却求上聲韻中，無可易者，則强爲「蹇」，而不知語不雅馴。金本易「怎遣」，於義稍妥，而不知重複之非體。蓋北詞平仄，往往有不妨互用者。卽如下「臨去秋波那一轉」之「轉」，係上聲，後第三折「眉眼傳情未了時」之「時」，又易平聲，諸凡如此，記中甚多。此一字去聲，既不可用上聲，又無可易，則求之平聲韻中，無過「纏」字爲穩者。又，「病纏」二字，見白樂天《長慶集》中，亦本詩語，今直更定，然總之非妙語也。「怎不教」，今本作「空着我」，亦非，乍見而卽云病，本自不妥，曰「空着我」，則直似已然，故不如「怎不教」之猶爲虛活話頭，然亦與下「怎當他」亦稍礙，或更有誤字。「意惹情牽」，古本作「恨惹」，似「意」字勝。「花柳依然」以下數語，謂花柳依然如故，塔影春光在眼，玉人則已去不得見也。俗本作「爭妍」，非。此只當用天台桃源，用武陵，亦漫以聲不叶故耳。（《古本西廂記》卷一，《續修四庫全書》影印明萬曆四十一年香雪居刻本）

⊙六幺序

《演繁露》云：唐有新翻羽調緑腰，白樂天詩注：卽六幺也。《青箱雜記》又謂之緑要，平聲，言霓裳羽衣之要拍也。……（《古本西廂記》卷二，《續修四庫全書》影印明萬曆四十一年香雪居刻本）

⊙小梁州

……楊用修《秇林伐山》云:「角帶鬧黄鞓」,今作「傲黄鞓」,非。京師有鬧裝帶,其名始於唐白樂天詩「貴主冠浮動,親王帶鬧裝。」薛田詩「九包綰就佳人髻,三鬧裝成子弟鞓。」今按,元微之詩「鬧裝轡頭繡,浄拭腰帶斑」,蓋「鬧裝」猶雜裝之謂,不獨帶爲然也。用修只指帶言耳,古本亦作傲,古注謂傲,整勁之意,第入曲不雅耳。……(《古本西廂記》卷二,《續修四庫全書》影印明萬曆四十一年香雪居刻本)

⊙殿前歡

白樂天《琵琶行》:「就中泣下誰最多,江州司馬青衫濕。」難着莫,猶言難撈摸也。末用俗語成敗蕭何之説。【元劉時中小令:「女蕭何成敗了風流漢。」】(《古本西廂記》卷二,《續修四庫全書》影印明萬曆四十一年香雪居刻本)

⊙秃厮兒

白樂天《長恨歌》「鐵騎突出刀鎗鳴」,古本作鐵馬,非。「聽兒女小牕中作」句,「喁喁又」句,韓退之《聽穎師彈琴》詩:「昵昵兒女語,恩怨相爾汝。」徐云:形容琴聲徒美,觀聽不甚親切,而膚淺者顧爭賞之,此知琴而未識其意。(《古本西廂記》卷二,《續修四庫全書》影印明萬曆四十一年香雪居刻本)

⊙小梁州

此二曲一直下「我爲你」三字,直管到「佳期盼」句,「我紅娘」,自謂;「你」,鶯鶯也,言爲你如此想他,故不憚勤勞,替你傳消問息,而如今倒做嘴臉(音斂)罵我耶?俗本作「他爲你」,則他字謂張生矣,于上下文全無謂,謬甚。「羅衣不耐五更寒」,謂起得早也。闌干,縱横貌。白樂天《長恨歌》:「玉容寂寞淚闌干。」廢寢忘飡,與「前朝天子」重,「寂寞淚闌干」,亦與「望東墻淹淚眼」重。(《古本西廂記》卷三,《續修四庫全書》影印明萬曆四十一年香雪居刻本)

⊙離亭宴帶歇拍煞

……膩粉,或作傅粉,則傅字與搽字相犯,或作粉面,又與下眉兒不對,元人呼粉曰膩粉,《輟耕録》:製漆方用黄丹、膩粉、無名異,可見。又白樂天詩「素豔風吹膩粉開」，又【元《舉案齊眉》劇：重整頓布襖荆釵，打迭起胭脂膩粉】【《百花亭》劇：花費了些精銀響鈔，收買了膩粉胭脂】【《後庭花》劇：白膩粉輕，施點翠靨】皆用此語，其爲膩粉無疑。二句言一任你如何，郎之傅粉，强自粧飾，以哄動他，他却不來采你，不要你這張敞來替他畫眉也。……（《古本西廂記》卷三，《續修四庫全書》影印明萬曆四十一年香雪居刻本）

⊙油葫蘆

此調又追敘平日之思慕，與上曲不相蒙。白樂天詩：「人非木石皆有情，不如不遇傾城色。」徐云：人有過以下數語，不免頭巾。（《古本西廂記》卷四，《續修四庫全書》影印明萬曆四十一年香雪居刻本）

⊙折桂令

張生蓋言今日離别，不久相會，故鶯鶯言你固以此言勸我，但我只慮你做缾墜簪折，半路抛棄，如使妾有白頭之嘆等語，若我則一意從君，不羨他人之豪傑驕奢，而生死以之也。豪傑驕奢，只泛語，俗本作「只戀豪傑」，反墮俗境。「缾墜簪折」，用白樂天詩語。詩：「穀則異室，死則同穴。」（《古本西廂記》卷五，《續修四庫全書》影印明萬曆四十一年香雪居刻本）

⊙唐白居易《和微之夢遊春百韻詩并序》（略）

按，白居易，字樂天，下邽人，幼敏悟絕人，與元稹同舉制科，交契甚厚。樂天守杭州，時微之以浙東觀察使駐越，多所倡酬，篇咏以詩筩往來不間，故微之百韻詩注謂「時惟樂天知此」，樂天《和夢遊春詩序》謂微之既到江陵，又以夢遊春七十韻寄予，且題其序曰：斯言也不可使不知吾者知云云，蓋微之既喪韋氏之後，猶不能忘情於崔，故爲此詩以貽白，而白和篇語語與微之脗合，眞所謂惟樂天知此事者也。（《古本西廂記》卷六，《續修四庫全書》影印明萬曆四十一年香雪居刻本）

《曲律》

……「不如意事常八九，可與言人無二三」，謂可與語言之人難得也，今訛作「可與人言，兩葉浮萍歸大海」，蓋本白樂天「與君何處重相遇，兩葉浮萍大海中」詩語，詞隱唱曲，當知以爲非是，或偶未見此詩耳。大抵刻本中

誤處，須以意理會，不可便仍其誤，彼優人俗子，既不能曉吾輩，又不爲是正，幾何不令千古之聵聵耶！（卷三論訛字第三十八）

作散套較傳奇更難。傳奇各有本等事頭鋪襯，散套鑿空為之。散套中登臨、游賞之詞較易，閨情尤難，蓋閨情古之作者甚多，好意、好語，皆為人所道，不易脱此窠臼故也。白樂天作詩，必令老嫗聽之，問曰：「解否?」曰「解」，則録之；「不解」，則易。作劇戲，亦須令老嫗解得，方入衆耳，此即本色之説也。（卷三雜論第三十九上）

智按：王驥德，字伯良，一字伯駿，號方諸生，別署秦樓外史，會稽（今浙江紹興）人。王驥德是徐渭弟子，與沈璟也過從甚密，曾為沈璟《南九宮十三調譜》作序，在聲韻方面還得到過孫如法「指授」，與呂天成、王澹翁等，也有密切往來。王驥德曾作雜劇五種，今僅存《男王后》，傳奇戲曲四種，僅存《題紅記》。還曾著《南詞正韻》，校注《西廂記》、《琵琶記》二劇。詩文有《方諸館集》，散曲有《方諸館樂府》二卷，曲論有《曲律》四卷。

謝三秀（一五五〇～一六二四）

《潯陽江上望匡廬》

落日半銜江上峯，峯峯矗若青芙蓉。香爐五老在咫尺，令人一見開心胸。昔賢餘韻滿中谷，社裏蓮花洞門鹿。耳根萬馬呼天風，無乃懸巖瀉秋瀑。冥探未暇客愁生，徙倚篷窗空復情。不如覓枕且高卧，呼兒為誦琵琶行。（《四庫全書》本《御選明詩》卷四十八）

智按：謝三秀，字君采，一字玄端，晚年自號萍隱丈人，貴竹（今貴州貴陽）人。萬曆間以貢生拔爲教官，後棄官周游，詩名遠播。有《雪鴻堂詩集》、《遠條堂稿》。

鄒迪光（一五五〇～一六二六）

《贈郡伯蓮湖陳公三載奏最序》

計宇内有四大劇郡，曰浙之杭，豫之開封，北直之眞定，南直之蘇，而蘇爲最。……有陳公而民安，田里户給，人足含哺而嬉，絃誦相聞，亡愁苦歎息之聲，此亦任材兼任德之效也，乃公不獨以春風風人，夏雨雨人，而又能以秋霜自潔，寒月自照，守三尺，矢四知，苞苴不入羔羊素絲，即虎丘之茶，胥口之鱗，洞庭之橘柚，銅坑之梅，惠山之泉，曰：吾不敢以口腹累人也。其操如此，公今且三載餘矣。吴之民，欲以兵使借公，而旋爲中丞地，非一日矣。夫千載以前，刺吴郡者，不有鄧攸、顔含、韋應物、白居易乎？攸載米之官，含簡易近民，應物焚香賦詩，居易庭可羅雀，此皆不務赫赫名，而名自在，并公而五者，不佞異日爲公傳醇吏，當遂偕四公而五之，千載而下，即不信余言，其以信公故信余言可券也。（《始青閣稿》卷十二，《四庫禁毁書叢刊》影印明天啓刻本）

智按：鄒迪光，字彦吉，號愚谷，無錫（今屬江蘇）人。萬曆二年（一五七四）甲戌進士，授工部主事，官至湖廣提學副使。萬曆十七年罷歸，築室惠山，多與文士觴詠，優游林下者幾三十年。年七十餘卒。工詩文，善畫山水，力追宋元。兼善音樂，鄒式金嘗從其研習音律。晚年信奉佛教，名齋「調象庵」。著《勸戒圖說》、《太上諸仙法語補集》。

黄克纘（一五五〇～一六三四）

《柬李霖寰總河》

從河上歸，僅得律詩一首，業書扇頭，遣使馳上求正，乃小役去時，即尊使來時也。同心同調，彼此贈答，其發使之時，不先不後，可謂若合符契矣。白樂天之懷夢得，所謂「計程今日到梁州」者，殆類是乎？惟是小作，僅五十六字，才窘格卑，而大作四章，翩翩建安黄初氣骨，詞有盡而意無盡，稽阮諸公望之，且當退舍，況今人乎？不意此行得此大貺，藉是可不朽千秋，何其快也！即欲屬和，緣按臺將出省，爲請告計，連日酬酢，而半月簿書堆積几案，又費批答，稍俟秋凉，當勉竭綿材，以希大雅之遺響也。先此致謝，未悉區區。（《數馬集》卷三十四，《四庫禁毁書叢刊》影印清刻本）

智按：《同李十一醉憶元九》「計程今日到梁州」者，殆白樂天之懷元微之，非夢得也。

《全唐風雅》

（《江南遇天寶樂叟》）此詞勝《連昌宫詞》十倍，以風刺中不傷大雅也。（明萬曆四十六年刻本《全唐風雅》）

智按：黄克纘，字紹夫，號鍾梅，晉江梅林（今福建石獅）人。萬曆八年（一五八〇）庚辰進士，官至工部尚書，諡襄惠。有《數馬集》、《疏治黄河全書》等。事迹具《明史》本傳。

胡應麟（一五五一～一六〇二）

《賦得靈隱寺飛來峰贈盧祠部》

靈隱門前千歲松，夾堤九里來青葱。何年突兀金芙蓉，削成四面摩蒼穹。恍疑夸父移空同，一拳擲向滄溟東。日月東西懸混濛，雲霞上下披蒙茸。周遭刻畫非人功，象王鶴駕行虚空。投身直入蓬萊宫，丹樓雪乳垂玲瓏。流泉百道聲琤琮，有如仙樂鳴笙鏞。金書玉簡潛奇蹤，窅窱恍與銀河通。靈威丈人不得窮，古來傳是飛來峯。萬古壁立青霄中，何人散髮攜孤筇。捫蘿直上乘天風，金華有客真豪雄。孤高大節將無同，少年挾策游新豐。五花蹀躞長安驄，出宰百里花為封。鳴珂入候甘泉鐘，握蘭典禮稱儒宗。素殥恥學凡夫容，織成雲錦蟠心胸。要將琬琰垂勲庸，直排閶闔陳孤忠。曳裾折檻驚天聰，轟轟天鼓鳴雷公。覆盆不照微臣悰，精誠貫日飛長虹。挂冠神武何匆匆，迴頭却望丹宸楓。血淚亂灑征衫紅，歸帆正值錢塘風。六橋三竺春溶溶，不學留侯師赤松。且邀白傅尋蘇公，振衣千仞聊從容。朝殥沆瀣追冥鴻，暮拾海月鞭虬龍。六丁撝呵玉女從，俯視六合俱蠛蠓。朅來遇我東陽東，竹林把臂心神融。仰天大笑横雙瞳，欲騎箕尾還長空。盧君勸汝滿酾黄金鍾，且為拂拭朱絲桐。萬事人間如轉蓬，古來直道多難容。即今吾道寧終窮，絲綸竹帛行遭逢。一朝前席明光宫，誰其穩卧飛來峯。（《四庫全書》本《少室山房

集》卷二十四）

《琵琶行》

李將軍虬髯戟列，横秋冥當關壁立。萬夫勇掃空，大漠無王庭。一朝謝事東海上，皓首華顛氣逾王。醉歸叱咤灞陵尉，長揖嫖姚不相讓。欲將雄劒賣黃金，却把琵琶彈素心。凄清激烈風雨過，高樓五月如山陰。君不見，賀懷智石槽，鐵撥雲雷氣。唐家供奉推第一，青史流傳誇絶藝。君不見，康崑崙指下，鏦錚捷有神。玉盤驪珠千百轉，春冰拆裂河流渾。將軍岳岳起當代，手挈二子成三人。即今狼居盡欵塞，九邊鐵騎閒黃雲。明妃奉帚長信殿，娥眉不踏燕山塵。山西老將亦無用，金甲苔生土花重。笳聲寂靜刁斗寒，但把琵琶學三弄。華堂秋空月滿楹，朱絃翠幙流明星。觴行樂奏豪興發，快劒長戟紛爭鳴。為君慷慨彈入塞，莫作琵琶亭下聽。（《四庫全書》本《少室山房集》卷二十四）

《寄俞聲父廣文俞君六十而意氣壯甚投余萬言之書愧無以報報以短歌》

俞翁六十形貌蒼，胷中壯氣何昂藏。唾壺擊碎鐵如意，獨夜悲歌神慷慨。素書雙鯉乍遺我，剖之字字皆琳瑯。豐城雙劒久埋獄，誰從石匣提干將。載讀名山兩游記，雄詞直上追班揚。琴聲四壁響空翠，雲霞萬疊流青緗。興來便欲遠尋汝，青鞋布襪雙翱翔。叢霄絶頂跨鵬背，側身南斗呼瓊漿。晨風不假子安便，滕王高閣天蒼茫。珠簾畫棟永寂寞，何人百代垂文章。參差念汝袖中刺，片帆計日來潯陽。琵琶亭下遇商婦，荻花楓葉吟秋江。洞天攜手三十六，醉鞭亂石成羣羊。王門鼓瑟讓兒輩，沾沾白雪彈清霜。誰云燭武非少日，即今聖主開明堂。魏尚雲中阨羣吏，樓船十丈横扶桑。一朝談笑生羽翼，至尊投袂呼馮唐。君不見，公孫片言合武帝，千秋爵位高明光。（余【智按：疑作俞】君寄余雜文甚夥）（《四庫全書》本《少室山房集》卷二十七）

《奉寄王江州六首》（其三）

豈為干城駐，能將一壑專。郡僚攜白傅，地主借青蓮。岳色含杯墮，江流卧榻懸。轉看牛斗近，雙照莫耶前。（《四庫全書》本《少室山房集》卷三十一）

《清源寺中戲效晚唐人五言近體二十首序》

唐律元和後，卑卑甚矣。韓、柳、元、白，振代之才，弗能挽頹波而力遡之古，而賈簿、姚監輩，實始以清新奇僻闡別派於五言。咸通以降，歷世相沿，上自宋初，下迨元末，凡詩家者流，律有唐韻者，率是物也，舍是則又自為宋元本調。(《四庫全書》本《少室山房集》卷四十一)

《奉贈督學喬公四十韻》

大雅開元際，高風正始前。幾人操白雪，四海和朱絃。磊落陳王調，凄凉杜甫編。餘波空綺麗，哲匠幾雕鐫。盛世稱才子，明公實妙年。姓名懸寶籙，文采燭奎躔。已詫龍為種，曾聞鳳集肩。兩朝司馬學，一代子雲玄。漢苑昆明外，秦城太白顛。看花韋曲雨，攜酒杜陵煙。賦以凌雲貴，才因命世傳。勝游飛彩筆，麗藻擲青錢。斗畔雙龍氣，人間五色箋。沖騰隨八表，取次上鈞天。粉閣青綾被，璚樓赤玉鞭。鳴珂趨建禮，視草向甘泉。鯤化風雷繞，鵬飛宇宙旋。一麾辭殿陛，萬里問山川。講道嗤王弼，窮經答鄭玄。絳帷朝入越，清夢晚臨燕。代北看名士，關西仰大賢。選才空萬馬，罷講得三鱣。竺國煙霄裏，吳峰霧雨邊。校文多暇日，登眺儼神仙。柳外林逋宅，波心白傅船。潮聲吟際落，寺影望中連。隻字霜飈動，千章錦繡懸。宮商閒自繞，金石巧相宣。氣壓珊瑚樹，光生玳瑁筵。赤城霞並起，滄海月孤圓。桃李三春合，台垣計日旋。碧霄看紫綬，白屋有寒氊。上策懷終繻，游齊憶馬遷。屠龍空故業，落蠹守殘篇。學豈三冬富，詞非子夜妍。世途甘寂莫，雲路阻飛騫。已辱鹽車顧，能忘國士憐。鷫鸘愁泛駕，魚兔有真筌。萬仞終南色，千秋太華蓮。願言開覺路，瀟洒出塵緣。(《四庫全書》本《少室山房集》卷四十二)

《賀易使君父母偕壽三十六韻》

玄圃崑崙外，蓬丘日月邊。殊方傳勝迹，人代幾真仙。藉甚文章客，棲遲少壯年。叔孫元學禮，揚子舊談玄。夜雪宮牆外，春風壁水前。杏園虛彩筆，棘院墮青錢。匡阜晨攜屐，潯陽晚扣舷。拂雲穿蒨峭，臨水弄漪漣。勇退聞先哲，雄蜚識後賢。挾書游建禮，視草向甘泉。太液池頭樹，慈恩寺裏筵。鶯花辭漢闕，禾黍問吳田。五袴謳歌起，雙鳧舄履旋。戴星離禹服，瞻日上堯天。冕拂金莖露，香分玉座烟。龍鱗看咫尺，貝錦乍流傳。帝謂淮陽近，民稱潁水便。之官同白傅，奉使屬張騫。擁節霜威静，褰帷雨澤綿。香爐吟際出，瀑布望中連。觸目親闈阻，馳情綵服偏。西江移鼓吹，南浦繫樓船。燦爛緋桃實，熒煌赤錦箋。中庭羅窕窈，别墅進芳鮮。片玉輝藍井，雙星耿婺躔。蒼虬臨几席，騄駬候輜軿。跨鳳來王母，騎麟下偓佺。白雲空入夢，青瑣待鳴鞭。鼎鼐調元氣，舟航涉大川。八荒偕忭躍，四海荷陶甄。瑞靄時時發，祥光夜夜懸。萬年觴咏地，長奏碧霞篇。（《四庫全書》本《少室山房集》卷四十二）

《乙未仲冬朔舟次濟南大雪百二十韻》（有序并呈永叔）

詩成後，雪愈盛。六花如翼，連三晝夜不解（懈）。兩崕之間，瓊林珠樹，璀粲萬行，沙棠溯流，真如入瑤池、汎銀海。晉人亟稱山陰道上，徒凡境耳。余晨起，披氅躡屐，從兩奚奴，登高阜，吹玉笙，飄飄然，有馭風騎氣想，恨不攜太白、子微輩，升五城十二樓望之。入舟呼酒，豪興逸發，信筆縷縷，復得千言，通前短章，凡一百二十韻。

唐五言百韻，昉於杜陵，韓白踵作，然皆歷陳時事，未有咏物而韻百餘者，又皆用寬韻四支一先之屬，未有兹韻，而至百餘者。余不佞，實始濫觴，即構思荒幻，取証襍猥，大方之家，諒有餘笑，顧邯鄲之蹙，粗竭於此，而用事之變，於詞場亦庶幾焉，因並前什，繁簡互存，以敬俟後君子，且以為異日者考見顛末淺深之自云。（《四庫全書》本《少室山房集》卷四十七）

《輓王元美先生二百四十韻》

……東土明無二，南宗集大千。雨花臺上句，桃業渡頭篇。元禮門如海，文通筆勝椽。世俱榮白傅，疇不慕青蓮。帝命勞疏廣，臣心戀偓佺。歸尋霞外侶，逝作地行仙。放浪君平卜，逍遙善卷佃。陶朱頻易螽，博望幾浮騫。……（《四庫全書》本《少室山房集》卷四十八）

《寄懷方伯滕師二首（時方卜築武夷）》（其二）

十載頻含帝命馳，掛冠偏稱黑頭時。風雲一代歸文苑，日月千秋弄武夷。白傅詩情囊草在，謝公幽興杖藜知。扁舟九曲誰言遠，極目桃花徧路岐。（《四庫全書》本《少室山房集》卷五十四）

《西湖十詠》（其七）

千山臺殿列金銀，草色湖頭綠漸勻。白傅堤前題柳客，陸侯祠畔賣花人。連峰黛簇嬋娟髻，滿路香飛叱撥塵。四百旗亭游未半，遥看斜日墮紅輪。（《四庫全書》本《少室山房集》卷五十四）

《為房仲贈姬人時齋素獨居一室》

盡抛鉛粉着袈裟，長日焚香誦法華。不學楊枝辭白傅，暫同桃葉住王家。臺深弄玉鸞簫斷，殿鎖飛瓊鶴馭遐。自是蓮花離火宅，子猷狂興為誰賒。（《四庫全書》本《少室山房集》卷五十六）

《送錢將軍之北平》

斧鉞朝移右北平，東方千騎去還鳴。霜飛大纛盧龍塞，霧擁高牙涿鹿城。將苑揚班新授策，詞場韓白舊知名。梅花一曲胡床暇，草檄時過細柳營。（《四庫全書》本《少室山房集》卷六十）

《家大人歷履迹》

家君諱僖，字伯安，一字子祥。厥先安定先生瑗。……自嘉隆來，薦紳先生，童孺走卒，無問識不識，以為鞠躬君子，大學士李公春、芳都御史何公遷，天下稱儒碩，咸忘分傾蓋，延至家塾，命諸子拜床下，善人倫者，僉謂家君孝謹，類萬石平，恕類劉寬剛，操類嚴挺之，雅量類婁師德；樂善好施，類白樂天、范堯夫；至仁恤懇至，昆蟲草木，靡不周遍，則於古罕見其比。……（《四庫全書》本《少室山房集》卷八十九）

《讀白樂天長恨歌》

樂天《長恨歌》，妙極才人之致，格少下耳。唐時一女子，姿僅中庸，而索價十倍，以能誦《長恨歌》故。不知徐君蒨姬侍《三百》悉暗記，魯靈光者，當何直酬之耶？（《四庫全書》本《少室山房集》卷一〇五）

《題白樂天集》

唐詩文至樂天，自別是一番境界、一種風流，而世規規以格律掎之，胡耳目之隘也？《倦綉圖》詩：「遼陽春盡無消息，夜合花開日又西。」中唐後第一篇，而《正聲》不收，暨《品彙》亦失之。聊識於此。又「昭君」一

絕，亦可為中唐第一，《品彙》並失收。（《四庫全書》本《少室山房集》卷一〇五）

智按：白居易《閨婦》：「斜憑繡床愁不動，紅銷帶緩緑鬟低。遼陽春盡無消息，夜合花前日又西。」言日夕足添閨思。元和十一年（八一六）至長慶二年（八二二）作。見《白居易集箋校》第一三〇五頁。廖瑩中《江行雜録》：「白樂天詩云：『倦倚繡牀愁不動，緩垂緑帶髻鬟低。遼陽春盡無消息，夜合花開日又西。』好事者畫為『倦繡圖』。」（見《四庫全書》本《説郛》卷四十七上）

《王昭君二首》：「滿鬢胡沙滿鬢（一作滿面）風，眉銷殘黛臉銷紅。愁苦辛勤憔悴盡，如今卻似畫圖中。」「漢使卻回憑寄語，黃金何日贖蛾眉？君王若問妾顏色，莫道不知宮裏時。」貞元四年（七八八），白居易十七歲作，見《白居易集箋校》第八七〇頁。

《讀李賓之金山四詩》二則（其一）

《卮言》云：「文正之先，何、李猶陳涉之起漢高。」余謂此四詩，蓋已兆嘉隆門戶，不特先鞭弘正也。同時謝鳴治、程克勤俱文正齊名，二集余遍讀之，程風格雖整而乏天趣，謝則元白、宋人遺響耳，遠非文正比也。（《四庫全書》本《少室山房集》卷一〇五）

《報易使君》

……伏惟蒞政以來，仁風四訖，敝邦密邇，尤切見聞。歷稽古為守者，龔、黃召、杜，惠聲廣布而風雅未嫺。元、白、柳、劉，潤色多方而膏澤未洽。若我惟效，使君兼之，無媿矣。（《四庫全書》本《少室山房集》卷一一六）

《與俞羨長雜柬五通》（之三）

郭外登高，即片石可觴，亦為游人所據。足下捫蘿絕壁，舉觴白眼，呼吸帝座，古今豪舉無越玆辰。「雲門」、「天闕」二語，尤崛奇，入唐人座中，當令元、白動色。（《四庫全書》本《少室山房集》卷一一七）

《與顧叔時論宋元二代詩十六通》（之二）

辱諭韓、柳、元、白，諸家皆大方材具也。昌黎五七言古，及東野倡和諸篇，窮竟筆力，司空圖謂「掀雷挈電，撑抉天地之垠」，信矣！而揆之昔人，則和平温厚之義缺焉。李賓之謂為角音，似也。至近體，卑卑不離中晚寸步，氣運所驅，即以退之材力，蔑克挽回。而今人以咎温、韋、李、許，舛矣。柳州古選，自是陶、韋正脈正聲，亦亟收之。其近體精工之極，迺所以不如大曆諸人。高氏之不取，非無見也。樂天信手縱横，妙思溢發，唐謂「人才之絕」，允矣不誣，而淺近膚率，詩家所忌，什九蹈之。微之才不如白，力不如韓，致不如柳。通較中晚人才三大家外，劉禹錫為最優。惟中山諸律絕，元和巨擘，首藉此君。而自劉之外，又僅元差足配白，故一時竝稱耳。……（《四庫全書》本《少室山房集》卷一一八）

《與顧叔時論宋元二代詩十六通》（之六）

高氏《正聲》一部，其評批朱者在不佞未冠之前，墨而楷者亦曩時鄙臆也。今以較之，去取往往異同，惟大旨差不悖一人之見，且爾况上下數千載乎？憶近某公選集唐詩，自序云：「《品彙》之博，而尚有遺篇；《正聲》之嚴，而兼收劣製。」殊有味乎其言。即今《正聲》所收，劣者大都十之一，而所遺佳製，無慮十之三。《品彙》所收劣者，大都十之四，而所遺佳製，無慮十之二。所繇然者，唐宋選詩，《國秀》、《英靈》、《極玄》、《間氣》，皆漫無倫次，《鼓吹》等集，尤為可嗤。周氏主裁，方氏主格，率泥一偏，僅《唐音》粗備一代，而簡擇未精，蒐輯未廣，至庭禮二編，庶幾十得八九矣。而時際國初，元風未滌，兵燹之後，載籍多湮。耳目所羈，故難盡善也。僕異時肺病少蘇，或當循門下教旨，取王、楊、韓、白諸百家唐集，遍閱之，益《品彙》之遺，而大芟其蕪雜；損《正聲》之劣，而畢聚其菁英。此則工力差易，而僕亦自計足辦者，書成之後，門下更一揚扢之，唐諸作者，當無遺憾矣。顧丘陵川澤，因之高下易耳，新寧草創，非超世之識，未易云也。（《四庫全書》本《少室山房集》卷一一八）

《詩藪》

今人律則稱唐，古則稱漢，然唐之律遠不若漢之古。漢自《十九首》、蘇、李外，餘《郊廟》、《鐃歌》、樂府及諸雜詩，無非神境，即下者猶踞建安右席。唐律惟開元、天寶；元、白而後，浸入野狐道中。今人不屑為者，

往往而是，亦時代使然哉！（内編卷二《古體》中，王國安校補本《詩藪》，第三四頁）

杜之《北征》、《述懷》，皆長篇敘事。然高者尚有漢人遺意，平者遂為元、白濫觴。李之《送魏萬》等篇，自是齊、梁，但才力加雄，辭藻增富耳。（内編卷二《古體》中，王國安校補本《詩藪》，第三四～三五頁）

唐五言古，作者彌衆，至七言殊寡。初唐四子外，惟汾陰、鄴都。盛唐李、杜外，僅高、岑、王、李。中唐劉、韋一二，不足多論。至元白長篇，張王樂府，下逮盧李，流派日卑，道術彌裂矣。（内編卷三《古體》下，王國安校補本《詩藪》，第四九頁）

唐七言歌行，垂拱四子，詞極藻艷，然未脱梁、陳也。張、李、沈、宋，稍汰浮華，漸趨平實，唐體肇矣，然而未暢也。高、岑、王、李，音節鮮明，情致委折，濃纖脩短，得衷合度，暢乎，然而未大也。太白、少陵，大而化矣，能事畢矣。將而錢、劉，神情未遠，氣骨頓衰。元相、白傅，起而振之，敷演有餘，步驟不足。昌黎而下，門戶競開，盧仝之拙朴，馬異之庸猥，李賀之幽奇，劉叉之狂譎，雖淺深高下，財局懸殊，要皆曲徑旁蹊，無取大雅。張籍、王建，稍為真淡，體益卑卑。庭筠之流，更事綺繪，漸入詩餘，古意盡矣。（内編卷三《古體》下，王國安校補本《詩藪》，第五十頁）

智按：仇兆鰲（一六三八～一七一七）《詩解》清咸豐同治刻本引此。

元和中，李紳作《新樂府》二十章，元稹取其尤切者十五章和之，如《華原磬》、《西涼伎》之類。皆諷刺時事，蓋仿杜陵為之者，今並載郭氏《樂府》。語句亦多仿工部，如《陰山道》、《縛戎人》等，音節時有逼近。第得其沉著，而不得其縱橫；得其渾樸，而不得其悲壯。樂天又取演之為五十章，其詩純用己調，出元下。世所傳《白氏諷諫》是也。（内編卷三《古體》下，王國安校補本《詩藪》，第五三頁）

唐人歌行烜赫者，郭元振《寶劍篇》，宋之問《龍門行》、《明河篇》，李嶠《汾陰行》，元稹《連昌辭》，白居易《長恨歌》、《琵琶行》，盧仝《月蝕》，李賀《高軒》，並驚絕一時。今讀諸作，往往不厭人意，而盧、駱、杜陵、高、岑、王、李，大家正統，俱不以是著稱。同時惟太白《蜀道難》等篇，為世所慕，差不爽名實耳。（内編卷三《古體》下，王國安校補本《詩藪》，第五五頁）

元和間，樂天聲價最盛。當時挽詩云：「孺子解吟長恨賦，胡人能誦琵琶篇。」又一女子能誦白《長恨歌》，遂索值百萬。其為一代驚豔如此。少陵同谷作歌時，正拾橡栗，隨狙公，覓一飽不可得。詩固有遇不遇哉！（内編卷三《古體》下，王國安校補本《詩藪》，第五五頁）

宋初諸子，多祖樂天，元末詩人，競師長吉。（内編卷三《古體》下，王國安校補本《詩藪》，第五六頁）

元微之云：太白「模寫物象，及樂府歌詩，誠有差肩於子美者。若鋪陳終始，排比故實，大或千言，小猶數百，則李尚不能歷其藩籬，况閫奥乎？」白樂天云：「杜詩最多，至貫穿古今，覼縷格律，盡善盡美，又過於李。」二公議論如此，蓋專以排律及五言大篇定李、杜優劣。然李所長，五七言絕亦足相當；而杜句律之高，在才具兼該，筆力變化，亦不專「排比鋪陳，貫穿覼縷」也。

李、杜才氣格調，古體歌行，大概相埒。李偏工獨至者絕句，杜窮變極化者律詩。言體格，則絕句不若律詩之大；論結撰，則律詩倍於絕句之難。然李近體足自名家，杜諸絕殊寡入彀。截長補短，蓋亦相當。惟長篇敍事，古今子美。故元、白論咸主此，第非究竟公案。（内編卷四《近體》上，王國安校補本《詩藪》，第六九頁）

智按：參見《唐音癸籤》卷六「評彙」二（周本淳校點本，第五六頁）。

（杜甫）「飛星過水白，落月動沙虛」，吳均、何遜之精思；「春色浮山外，天河宿殿陰」，庾信、徐陵之妙境；「山河扶繡户，日月近雕梁」，「碧瓦初寒外，金莖一氣旁」，高華秀傑，楊、盧下風；「冠冕通南極，文章落上台。詔從三殿去，碑到百蠻開。」典重冠裳，沈、宋退舍；「耕鑿安時論，衣冠與世同。在家常蚤起，憂國願年豐。」寓神奇於古澹，儲、孟莫能為前；「片雲天共遠，永夜月同孤。落日心猶壯，秋風病欲蘇。」含灝大於沉深，高、岑瞠乎其後；「退朝花底散，歸院柳邊迷。花動朱樓雪，城凝碧樹烟。」王右丞失其穠麗；「地平江動蜀，天濶樹浮秦。日月低秦樹，乾坤繞漢宫。」李太白遜其豪雄。至「岸北飛送客，檣鷰語留人」，則錢、劉圓暢之祖；「兩行秦樹直，萬點蜀山尖」，則元、白平易之宗。「兩邊山木閤，終日子規啼」，盧仝、馬異之渾成；「山寒青兕叫，江晚白鷗饑」，孟郊、李賀之瑰僻；「涷泉依細石，晴雪落長松」，島、可幽微所從出；「竹齋燒藥竈，花嶼讀書牀」，籍、建淺顯所自來；「雨抛金鎖甲，苔卧綠沉槍」，義山之組織鮮新；「圓荷浮小葉，細麥落輕花」，用晦之推敲密切；杜集大成，五言律尤可見者。（内編卷四《近體》上，王國安校補本《詩藪》，第七一頁）

智按：《唐音癸籤》卷九「評彙」五引之（周本淳校點本，第九十頁）。

唐大曆後，五七言律尚可接翅開元，惟排律大不競。錢、劉以降，篇什雖盛，氣骨頓衰，景象既殊，音節亦寡。韓、白諸公，雖才力雄贍，漸流外道矣。（内編卷四《近體》上，王國安校補本《詩藪》，第七八頁）

智按：參見《唐音癸籤》卷十「評彙」六。

洪景廬云：「作詩至百韻，詞意既多，故有失於檢點者。如杜老《夔府詠懷》，前云『滿坐涕潺湲』，後又云『伏臘涕漣漣』。白公《寄元微之》云『無杯不共持』，又云『笑勸五（智按：應作迂）辛酒』，『華樽逐勝移』，『觥飛白玉卮』，『飲訝《卷波》遲』，『歸鞍酩酊馳（智按：集作騎），酡顔烏帽側，醉袖玉鞭垂』，『白醪供（智按：應作充）夜酌』，『嫌醒自啜醨』，『不飲長如醉』，一篇之中，説酒者十一句。」皆不檢點之過也。按洪説，作排律及長篇者，最所當知。第言酒，雖數聯並用，騈比一處，自不妨。若前後相犯，即老杜所重字，亦詩家所忌。白之十餘酒中語，尤不成章也。……（内編卷四《近體》上，王國安校補本《詩藪》，第七九～八〇頁）

智按：洪景廬語，見其《容齋隨筆·續筆》卷十四「詩要點檢」，上海古籍出版社本第三八六～三八七頁。

又有最可笑者，楊汝士賦詩，自謂壓倒元、白。今所傳「文章舊價」、「桃李新陰」二語，雖實稍切，風格殊無足采；全篇尤為塵陋。謂元、白動色，大誣。（内編卷五《近體》中，王國安校補本《詩藪》，第九四頁）

七言絕，李、王二家外，王翰《凉州詞》、王維《少年行》、高適《營州歌》、王之渙《凉州詞》、韓翃《江南曲》、劉長卿《昭陽曲》、劉方平《春怨》、顧况《宫詞》、李益《從軍》、劉禹錫《堤上行》、張籍《成都曲》、王涯《秋思》、張仲素《塞下曲》、《秋閨曲》、孟郊《臨池曲》、白居易《楊柳枝》、《昭君怨》、杜牧《宫怨》、《秋夕》、溫庭筠《瑤瑟怨》、陳陶《隴西行》、李洞《綉嶺詞》、盧弼《四時詞》，皆樂府也，然音響自是唐人，與五言絕稍異。（内編卷六《近體》下，王國安校補本《詩藪》，第一一三頁）

樂天詩，世謂淺近，以意與語合也。若語淺意深，語近意遠，則最上一乘，何得以此為嫌！《明妃曲》云：「漢使卻回憑寄語，黄金何日贖蛾眉？君王若問妾顔色，莫道不知宫裏時。」《三百篇》、《十九首》，不遠過也。（内編卷六《近體》下，王國安校補本《詩藪》，第一二二頁）

趙昌父《唐絕》，大半皆中晚作，謝註尤為迂謬。如許渾「海燕西飛白日斜，天門遥望五侯家。樓臺深鎖無人到，落盡春風第一花」，若但詠園亭之類，未見其工。今題云「客有卜居不遂薄游汧隴因贈（智按：當為題）」，夫以逆旅無家之客，望五侯第宅深鎖落花之内，一段寂寥情況，更不忍言。羅隱（智按：當為羅鄴）《下第》詩「簾卷（智按：當為門掩）殘陽鳴鳥雀，花飛何處好池臺」，意正（與）此同。而許作全不道破，尤為超妙，第失之太巧，故不免晚唐。謝乃謂五侯雖有第宅，而不得安享，亦猶逆旅無家者。此語一出，許詩風味索然。……

樂天云：「試問池臺主，當（智按：集作多）為將相官。終身不曾到，但（智按：集作唯）展畫（智按：集作宅）圖看。」謝蓋因此而誤。然白自詠達官園囿，非緣羈旅作也。（内編卷六《近體》下，王國安校補本《詩藪》，第一二三頁）

智按：樂天詩見《題洛中第》，大和二年（八二八），五十七歲，洛陽，秘書監。《白居易集箋校》第一七四五頁。謝指謝枋得（一二二六～一二八九），其《註解章泉澗泉二先生選唐詩》卷三選許渾《客有卜居不遂薄游汧隴者》，評云：「此詩解其卜居不遂之鬱結也。五侯之家，富貴極矣，今遙望其廬，『樓臺深鎖無人到，落盡春風第一花』。人生如寄，英雄以宇宙為家，此身所到，等逆旅耳，何必以無家為憂？彼五侯有樓臺而不得居，寒士無室廬者，亦以寬心矣。」（《宛委別藏》第一〇九册第三五頁；黄屏點校《謝註唐詩絕句》第三一頁）許渾詩《客有卜居不遂薄游汧隴者因題》，見《全唐詩》卷五百三十八。

唐人品第最精。如楊盧、沈宋、王孟、李杜、錢劉、元白，即銖兩稍有低昂，大較相若，故不妨並稱也。（外編卷二《六朝》，王國安校補本《詩藪》，第一五四頁）

凡詞場稱謂，要取適齒牙而已，非必在前則優，居後則劣也。屈宋、曹劉之類，固云中的。詩稱蘇李，豈蘇長於李乎？史稱班馬，豈馬減於班乎？顏在謝先，而顏非謝也。元居白上，而元匪白儔。宋張韓劉岳，明邊何徐李，皆取便稱謂，非遠佛如。元虞楊范揭差進，亦偶然耳。（外編卷二《六朝》，王國安校補本《詩藪》，第一五八頁）

唐人詩話，入宋可見者：李嗣真《詩品》一卷，王昌齡《詩格》一卷，皎然《詩式》一卷，《詩評》一卷，王起《詩格》一卷，姚合《詩例》一卷，賈島《詩格》一卷，王睿《詩格》一卷，元兢《詩格》一卷，倪宥《龜鑒》一卷，徐蛻《詩格》一卷，《騷雅式》一卷，《點化秘術》一卷，《詩林句範》五卷，《杜氏詩格》一卷，《徐氏律詩洪範》一卷，徐衍《風騷要式》一卷，《吟體類例》一卷，《歷代吟譜》二十卷，《金針詩格》三卷。今惟《金針》、皎然、《吟譜》傳，餘絕不睹，自宋末已亡矣。近人見宋世詩評最盛，以爲唐無詩話者，非也。《金計集》題白樂天，宋人皆以爲僞，想當然耳。宋梅聖俞又有《金針集》，亦僞作。（外編卷三《唐》上，王國安校補本《詩藪》，第一六五頁）

三人者，沈佺期、沈全交、沈全宇，喬知之、喬侃、喬備，李乂、李尚一、李尚正，楊憑、楊淩、楊凝，韋綬、韋纁、韋純，蘇冕、蘇弁、蘇袞，白居易、白敏中、白行簡，韋述、韋迅、韋逌，張文琮、張文歡、張文收。

四人者，羅隱、羅鄴、羅衮、羅虬，楊發、楊收、楊嚴、楊假。五人者，張知謇、張知玄、張知晦、張知泰、張知默。六人者，王勮、王勔、王勃、王助、王劼、王勸。七人者，趙夏日、趙冬曦、趙和璧、趙安貞、趙居貞、趙頤貞、趙彙貞。八人者，賀德仁、賀德基、劉知柔、劉知幾等，各號高陽里。（外編卷三《唐》上，王國安校補本《詩藪》，第一六八頁）

憲宗讀白居易諷諫百餘篇而善之，因召為學士。穆宗讀元微之歌詩百餘首而善之，立徵為舍人。二君不以詩名，而好尚乃爾。知唐世人主，亡不喻此道也。（外編卷三《唐》上，王國安校補本《詩藪》，第一七二頁）

文宗欲置詩學士，固非急務，然非雅尚不能。李珏奏罷，未為無見，第以憲宗為詩，釀成輕薄之風，中間聱牙崛奇，譏諷時事，明指韓、柳、元、白諸公，此大是無識妄人。唐一代之文，所以能與漢並，正賴數君，豈俗子所解。乃憲宗興起之風，可與漢武、唐文相次。淮、蔡之勳，尚出此下，而史不略言，故余特詳著焉。（樂天有諷諫詩，元稹、李紳有新樂府。）（外編卷三《唐》上，王國安校補本《詩藪》，第一七三～一七四頁）

《盧綸傳》云：綸與吉中孚、韓翃、錢起、司空曙、苗發、崔峒、耿湋、夏侯審、李端，號大曆十才子。綸戶部郎中，起考功郎中，發都官員外，峒右補闕，湋右拾遺，審侍御史，宦俱不甚顯。獨中孚侍郎，翃知制誥差著，而端竟終杭州司馬。當是時，秦系、劉方平俱布衣，顧况司戶，于鵠從事，張南史參軍，戹尤甚焉。右中唐詩人之窮者。嗣是權、武、裴、元、韓、白諸公驟顯，元和遂以中興。（外編卷三《唐》上，王國安校補本《詩藪》，第一七七頁）

陸子淵云：「開元中，有風雅古調科，李、杜皆不與，而薛據為首。」余謂據在盛唐為李、杜之亞，足稱不愧科名，而李、杜旋以布衣受知人主，未為不遇，元、白、牛、李宗閔諸公，俱對策名動天下，而劉蕡獨傳，亦不遇之遇也。（外編卷三《唐》上，王國安校補本《詩藪》，第一七八～一七九頁）

太白於子美甚疏，子美惓惓，自是愛才之故。杜當時，高、岑、王、賈、李、鄭等輩，靡不輸心。又王季友，孟雲卿汲引如弗及，而况李也。李、杜之稱，當出身後，未必生前。退之、李觀齊名，觀早卒，乃並子厚。樂天、微之甚密，元沒，復遇中山。他如孔門十哲，曾氏不聞；鄴下七才，禰生不録。蓋曾晚傳道，禰早損身，或以從非陳、蔡，迹限荊、衡，不可一端，必後世論始公也。（外編卷三《唐》上，王國安校補本《詩藪》，第一八〇頁）

元和而後，詩道浸晚，而人才故自横絕一時。若昌黎之鴻偉，柳州之精工，夢得之雄奇，樂天之浩博，皆大家才具也。今人概以中晚束之高閣，若根腳堅牢，眼目精利，泛取讀之，亦足充擴襟靈，贊助筆力。（外編卷四《唐》下，王國安校補本《詩藪》，第一八七頁）

《正聲》於初唐不取王、楊四子，於盛唐特取李、杜二公，於中唐不取韓、柳、元、白，於晚唐不取用晦、義山，非淩駕千古膽，超越千古識，不能。用修於此四者，政不能了了，宜其輕於持論也。（外編卷四《唐》下，王國安校補本《詩藪》，第一九一頁）

宋雍初無令譽，及嬰瞽疾，詩名始彰。見《雲谿友議》，當在中、晚間。賈馳與李頻同時，裴交泰、元白同時。盧宗回，元和進士。孔昌胤，見子厚集，亦元和朝士也。（外編卷四《唐》下，王國安校補本《詩藪》，第一九七頁）

盛唐蕭穎士、李華、元結，文名皆藉甚當時，而湮沒異代者，前掩於楊、王，後掩於韓、柳也。中唐白居易、劉禹錫、元稹詩，皆播傳四裔，而滿後人者，一擯於李、杜，再擯於錢、劉也。然蕭、李名浮其實，即非諸子掩之，固自難矣。劉、白時代壓之，格律稍左，其才故自縱横。（外編卷四《唐》下，王國安校補本《詩藪》，第一九七頁）

竇鞏性溫裕，不能持論，每議事之際，吻動而不發，白居易目為「囁嚅翁」。蘇味道遇事持兩端，號為「模棱手」。二事雅堪作對。（又李林宗亦謂樂天「囁嚅公」，豈即以樂天訊竇語?）（外編卷四《唐》下，王國安校補本《詩藪》，第二〇四頁）

蘇、黄初亦學唐，但失之耳。眉山學劉、白，得其輕淺而不得其流暢，又時雜以論宗，填以故實。修水學老杜，得其拗澀而不得其沉雄，又時參以名理，發以詼諧。宋、唐體制，遂爾懸絕。（外編卷五《宋》，王國安校補本《詩藪》，第二一四頁）

宋之學陳子昂者，朱元晦；學杜者，王介甫、蘇子美、黄魯直、陳無己、陳去非、楊廷秀；學太白者，郭功父；學韓退之者，歐陽丞叔；學劉禹錫者，蘇子瞻；學王右丞者，梅聖俞；學白樂天者，王元之、陸放翁。學李商隱者，楊大年、劉子儀、錢思公、晏元獻；學李長吉者，謝皋羽；學王建者，王禹玉；學晚唐者，九僧、林和靖、趙天樂、徐照、翁卷、戴石屏、劉克莊諸人，亦自有近者，總之不離宋人面目。（外編卷五《宋》，王國安校補本《詩藪》，第二一五頁）

唐人詩話，入宋可見者，李嗣真《詩品》一卷，王昌齡《詩格》一卷，皎然《詩式》一卷，《詩評》一卷，王起《詩格》一卷，姚合《詩例》一卷，賈島《詩格》一卷，王睿《詩格》一卷，元兢《詩格》一卷，倪宥《龜鑒》一卷，徐蛻《詩格》一卷，《騷雅式》一卷，《點化秘術》一卷，《詩林句範》五卷，《杜氏詩格》一卷，《徐氏律詩洪範》一卷，徐衍《風騷要式》一卷，《吟體類例》一卷，《歷代吟譜》二十卷，《金針詩格》三卷。今惟《金針》、皎然、《吟譜》傳，餘絕不睹，自宋末已亡矣。近人見宋世詩評最盛，以爲唐無詩話者，非也。《金針集》題白樂天，宋人皆以爲僞，想當然耳。（宋梅聖俞又有《金針集》，亦僞作）（雜編卷二，王國安校補本《詩藪》，第二七二頁）

智按：此則又見《詩藪》外編卷三《唐》上，王國安校補本《詩藪》，第一六五頁。

大抵南宋古體當推朱元晦，近體無出陳去非。此外略有三等：尤、楊四子，元和體也；徐、趙四靈，大中體也；劉、戴諸人，自為晚宋。而謝翺七言古，時有可採焉。（雜編卷五《閏餘》中，王國安校補本《詩藪》，第三一六～三一七頁）

歐蘇禁體，元白唱酬，疲竭才力，何與風雅。（雜編卷五《閏餘》中，王國安校補本《詩藪》，第三一七頁）

楊巨源清新閎麗，有元白所不能至者。（雜編卷五《閏餘》中，王國安校補本《詩藪》，第三二三頁）

唐人稱樂天「廣大教化主」，李益「清奇雅正主」，二子不足當，謂兩瑯琊可耳。（續編卷二《國朝》下，王國安校補本《詩藪》，第三五四頁）

《少室山房筆叢》

⊙鬧裝

京師鬧裝帶，其名始於唐。樂天詩：「貴主冠浮動，親王帶鬧裝。」薛田詩：「九苞綰就佳人髻，三鬧裝成子弟韉。」曲有《角帶鬧黃鞓》。今作傲，非也。

按樂天《寄翰林學士》詩：「貴主冠浮動，親王轡鬧裝。」白集及《文獻通考》俱同（《通考翰林院類》引此詩），非帶字也。薛田「九苞綰就佳人髻，三鬧裝成子弟韉」，正用樂天語。韉與轡互證自明。楊因近有鬧裝帶之名，遂改白詩轡字為帶以附會之。又改元調《傲黃》為《鬧黃》。噫，亦太橫矣。（傲黃，蓋顏色之名。如楊說，則裝可鬧，黃亦可鬧；帶可鬧裝，韉亦可鬧裝耶?）鬧裝帶，余游燕日，嘗見於東市中，合眾寶雜綴而成，故曰鬧裝。白詩之「轡」、薛詩之「韉」，蓋皆此類。（卷二十一「藝林學山三」，《少室山房筆叢》，上海書店出版社版第二一五頁）

智按：參見明楊慎《詞品》卷二、《丹鉛摘録》卷三及《升庵集》卷六十九、清沈雄《古今詞話·詞品》下卷。又，明彭大翼《山堂肆考》卷二百三十五：

鬧掃妝

鬧掃妝。唐末宮人髻名。亦猶盤鴉、墮馬之類是也。唐詩「還梳鬧掃學宮妝，獨立閒庭納夜涼。手把玉釵敲翠竹，清歌一曲月如霜」，又京師有鬧裝帶。白樂天詩：「貴主冠浮動，親王帶鬧裝。」薛田詩：「九包綰就佳人髻。三鬧妝成子弟鞓。」故詞曲有「角帶鬧黃鞓」之句。今有作傲黃鞓者，誤矣。

陳元龍《格致鏡原》卷十七：

胡應麟《筆叢》鬧裝帶：余游燕日，嘗見於東市中，合衆寶雜綴而成，故曰鬧裝。

歐、虞皆有類書，今惟歐《類聚》傳；元、白皆有類書，今惟白《六帖》傳。元《類集》三百卷，至宋已亡。虞《北堂書鈔》見《通考》，閱今藏書家時有此本，然非完書。白氏書見《唐·藝文志》，止名《經史事類》，而不名《六帖》，于立政乃有《六帖》三十卷，而世不復傳。孔氏書，《通志》所無，今合白刻，然精不若徐、歐，備不如《合璧》也。（孔帖見馬氏《通考》）（卷二十九「九流緒論下」，《少室山房筆叢》，上海書店出版社版第二八七頁）

詩話偽者尤衆，魏文《詩格》而述沈約，李嶠《詩評》而引昌齡，皆不足辯。今惟樂天、聖俞二《金鍼》傳，盡假託也。詩解若歐、蘇杜注等尤偽，前人詳覈，不復贅陳云。（卷三十二「四部正譌下」，《少室山房筆叢》，上海書店出版社版第三二一～三二二頁）

《樹萱録》，宋王銍性之撰。蓋幻設怪語以供抵掌，取忘憂之義，而鄭樵列於種樹家，大為可笑。其載元撰夢中遇李長吉、白樂天等共賦詩，至老杜一律僅四句，宋人詩話以為非杜不能真，所謂夢中説夢者。景盧辨為秦少游詩，得之矣。然其詩亦頗有杜意，今録於此。云：「紫領寬袍漉酒巾，江頭蕭散作閒人。西風有意吹蘆葉，落日無情下水濵。」《樹萱》載止此，全首見秦集中。（卷三十七「二酉綴遺下」，《少室山房筆叢》，上海書店出版社版第三七九頁）

集之靡冗而難周者莫大於類書，類書之中又有博於名物者、典故者、經史者、詞章者。劉峻之《類苑》、徐勉之《華林》博於名物，楊億之《元龜》、李昉之《御覽》博於典故，樂天之《六帖》、景盧之《法語》博於經史，敬宗之《玉彩》、李嶠之《珠英》博於詞章。總之，則《玉彩》、《珠英》、《六帖》、《法語》之屬博於文，《御覽》、《元龜》、《類苑》、《華林》之屬博於事，歐、虞、祝、謝兼載事文，杜、鄭、馬、王獨詳經制。大抵書以類稱，體多沿襲，創造之力劉、徐實難，考究之功馬、鄭為大，至纖微曲盡，毫末咸該，即陸澄、王摛竝操觚翰，未必亡憾也。（卷三十八「華陽博議上」，《少室山房筆叢》，上海書店出版社版第三八四～三八五頁）

文士儒流博通二典者，漢淮南王、東方朔、魏伯陽、徐景休、劉向、王褒、嚴遵、襄楷、魏何晏、王肅、徐邈、任嘏、晉羊祜、鍾會、向秀、嵇康、王弼、王烈、王衍、王戎、郭象、郭璞、孫綽、孫澄、張湛、張憑、謝安、謝尚、樂廣、衛玠、劉惔、葛洪、齊張融、顧懽、梁陶弘景、周弘正、唐孫思邈、王方慶、顔眞卿、張志和、樊宗師、陸希聲、施肩吾、王松年、李泌、李荃、羅隱、沈汾、劉商、王叡、宋歐陽修、王安石、郭忠恕、張君房、蘇轍、王夷、曾慥、彭曉、樂史、劉涇、吕惠卿、葉夢得、林希逸、程大昌諸人，皆綜貫道書者也（諸人多據史傳及著述行世者，下倣此）。漢傅毅、牟融、桓譚、竺融，晉許詢、殷浩、孫綽、習鑿齒，宋范泰、羅含、宗炳、雷次宗、何尚之、何承天、顔延之、劉澄之、王僧孺、劉義宣，齊張融、周顒、蕭子良、明僧紹，梁沈約、劉勰、裴子野、阮孝緒、劉之遴、徐孝克，元魏崔敏，北齊顔之推，周甄鸞、王巾，陳徐陵、江總，隋盧思道、虞世南，唐褚亮、蕭瑀、王維、王縉、梁肅、李蘩、白居易、柳宗元、李通玄、李師正、裴休、房融、劉軻、李儼，宋楊億、楊傑、王古、王隨、晁迥、井度、蘇軾、李邴、王安石、黄庭堅、張方平、李遵勗、張商英、張九成諸人，皆覃研釋教者也。（卷三十八「華陽博議上」，《少室山房筆叢》，上海書店出版社版第三八六頁）

《新》、《餘》二話本（智按：《剪燈新話》、《剪燈餘話》）皆幻設，然亦有一二實者。《秋香亭記》乃宗吉自寓，見田叔禾《西湖志餘》；《至正妓人行》則昌祺目擊事，以擬樂天商婦者也。緣他多虚妄，并二事實歷廢之，李名德顯著，坐是不得入賢祠。效二書而益下者，有《秉燭》、《清談》等，言之則黠牙頰，而撰人周禮嘗著《綱目發明》，楊用修喜道之。（卷四十一「莊嶽委談下」，《少室山房筆叢》，上海書店出版社版第四三五頁）

智按：胡應麟，字元瑞，更字明瑞，號石羊生，又號少室山人，蘭溪（今屬浙江）人。萬曆四年（一五七六）丙子舉人。久試不第，遂築室山中，聚書四萬餘卷，從事著述。詩受王世貞激賞，列為「末五子」之一。有《少室山房類稿》、《少室山房筆叢》等。《明史·文苑傳》附載世貞傳中。

邢侗（一五五一～一六一二）

《韵樂天吳郡詩石語語云江山是而齒髮非又可嗟矣》

房公饒酒德，韋守擅詩名。一醉還一詠，兩州欣賞并。我乃遞領取，詩成酒亦傾。江山助文藻，齒髮悲平生。轉憶少年事，言軫蘇杭情。（弇州公謂白公至老不忘仕宦，余乃為暴露一斑云）（《來禽館集》卷一，《四庫全書存目叢書》影印明萬曆四十六年刻清康熙十九年鄭雍重修本，集部第一六一册，第三六七頁）

《演樂天閨婦詩意》

三歲戍遼陽，無日不長欷。夜合花幾開，刀頭望來慰。紅綃帶緩無，緑鬟低也未。正詠白家詩，隔墻啼絡緯。（《來禽館集》卷一，《四庫全書存目叢書》影印明萬曆四十六年刻清康熙十九年鄭雍重修本，集部第一六一册，第三六七頁）

《新營小齋效樂天體》

新結茅茨近水湄，水堤茅屋恰相宜。道人裝有沙鷗識，居士服成海鶴知。禪侶過時同誦偈。酒壚行處不須期。還炊一甑黃粱飯，飯罷殷勤課小兒。（《來禽館集》卷三，《四庫全書存目叢書》影印明萬曆四十六年刻清康熙十九年鄭雍重修本，集部第一六一册，第三九一頁）

《和樂天寄李蘇州》

蘇臺歡笑與誰同，春草秋鴻約略中。櫂纜紗棠銷夏曲，月移籃輿館娃宫。吳儂若個孌驚骨，越女縫教斷似蓬。試屬楊瓊歌一闋，柳煙江霧轉朧朧。（《來禽館集》卷三，《四庫全書存目叢書》影印明萬曆四十六年刻清康熙十九年鄭雍重修本，集部第一六一册，第三九三頁）

《午日偶病暑從架上抽得白長慶集嚼玩良久因念晋叔臧君效爲其體贈之……》

憶共韶年洛社遊，兩鄉心事總悠悠。輸君團扇班姬□，老我私門晏子裘。下下高高題處寺，溶溶漾漾泛邊□。青山建業懷如昨，緑酒烏程醉未休。採藥曲巖□□茗，傷春佳節復悲秋。虔亭子合在遙天末，著眼浮雲暗□流。（《來禽館集》卷三，《四庫全書存目叢書》影印明萬曆四十六年刻清康熙十九年鄭雍重修本，集部第一六一册，第四一〇頁）

《擬竹枝詞和樂天韻（以吳代蜀）》（四首）

一曲吳歈高復低，行行踏歌日欲西。歌罷寂無人語響，唯有前溪沙鳥啼。

儂是江頭採芰人，語翻新調不堪聞。就中女伴猶自可，爭奈韋家舊使君。

虎丘南望石湖西，兩地歌聲蕩酒齊。日暮問郎城下路，館娃宮畔草萋萋。

嫋嫋楊枝共竹枝，枝枝和露殢風遲。人間若箇銷魂事，盡是多情白傅詩。

（《來禽館集》卷五，《四庫全書存目叢書》影印明萬曆四十六年刻清康熙十九年鄭雍重修本，集部第一六一册，第四二五頁）

《尚寶司少卿北山先生濮陽李公行狀》

當世作者率推歷下李先生，是謂于鱗，不知更一李先生出濮上，其齒同，其居朝之日同，其談議同，其所不同，歷下簡貴，不暱近人，而濮上伉爽敢決，任俠自豪，兩人者論難過從，瑕瑜不相貸也。迨後歷下名愈高，濮上若為所掩，乃先生修戈偫糒，未嘗一日忘于鱗云。

濮上名先芳，字伯承，初號東岱，後更北山，元美猶用東岱命詩筒。……公于喁鼓吹，視柳宗元所稱先友不啻過焉。先生家蓄聲伎倍蠻素，園勝履道，文櫃副名山，諳曉琵琶理，類《琵琶行》，其對蘇八右史談此四鶡雞，大俠雅音，夫沈沈而牛鳴窖中者，宮也，野雉登木者，角也，餘可推言。江東查八十聞而伏之，晚以目眚，盡遣侍妾，曰吾駱無可賣伎，省可驅耳。先生者抑白公樂天之儔，與其自署達生，不虛矣。……（《四庫全書》本《明文海》卷四百三十八墓文十文苑）

智按：邢侗，字子愿，臨邑（今屬山東）人。萬曆二年（一五七四）甲戌進士，官至陝西行太僕卿。《明史・文苑傳》附載《董其昌傳》中。

臧懋循（一五五一～一六二一）

《贈裴司空予告南還序（代作）》

士君子立身大節，無有重於出處者。孟氏稱孔子：進以禮，退以義。又曰：可以仕則仕，可以止則止，推爲聖之時。至於稱伊尹五就湯五就桀，則偏於仕矣。後之說者，遂難進三讓易退一辭，以深立躁進之防，然以此而律士君子則可，非所以論人主用人之術也。使士君子而進退如是，豈國家之福哉？嗟乎！此吾於大司徒裴公之行，深贊公之出處有據，而尤不能無望於國家也。公以戊辰登第，筮仕行人一年，擢省中六年，先後太僕奉常，皆一年，撫鄖陽三年，入貳司徒一年，少宰二年，司空三年，而家居半之，則公豈不難進而易退者哉？夫主上固不可謂不知公也，當公以太僕請假也，此在主爵者能主之，遂一請而聽之，至於少司徒之請告，則主上初再不允也，至於三乃允之。及大司空之命，三辭不允而始之官。今又以固請而予告矣。温綸鄭重，暫許回藉，小引時月，卽復起家，主上豈非深知公乎？而無柰公之難進易退何也。公今行矣，諸曹郎圖所以誦公行者，造不佞而請爲之詞，予謂諸曹郎灼知公心，其將終於處乎？抑尚不能無出乎？比予以引年乞休，私謂予曰：公家文政，自做秀才時便以天下爲己任，其後握樞秉政，卓然稱宋名臣，公獨無意天下乎？予謝曰：崙何敢望文正，唯是文忠深荷憲宗之知，不惜身犯矢石，以平淮蔡，誅數十年之逋兇，卒扶唐室再造，而天下繫爲安危，此則公家業耳。夫憲宗，英主也，知文忠固宜，當其在穆、敬、文三朝，錢徽、皇甫鎛之徒，相繼阻撓其間，文忠亦浮沉前却，時解政柄，時釋兵權，末年遂不復有經濟意。治第東都集賢里，爲緑野堂，與白香山、劉中山結文酒社。天子猶知文忠雖老，神明不衰，屢詔敦起赴闕，是文忠蓋始終遇主矣。公今勳階與文忠檢校司空時埒，年方逾耆，政其居東都日也。武夷山水清佳，公歸而徜徉其下，豈不誠適。主上思用舊臣，一旦下尺一之詔，起公於家，畀以大政，公又何辭焉。卽開府監司窺公強飯，必且交騰薦剡而不已，則公兹行，亦一時之休沐耳，豈得遂云懸車哉！總之，公於出處明矣，爲仕可也，爲時可也，以文忠而爲伊尹、孔子可也，諸曹郎洒然有快予言，乃書諸牘，以進于公。（《續修四庫全書》影印明天啓元年臧爾炳刻本《負苞堂文選》卷三，《負苞堂集》，第四三～四四頁）

《冒伯麟詩引》

此廣陵冒伯麟詩也。伯麟束髮希古即能詩。詩不盡於此，要之舉一臠而全鼎可知也。予既輯《古詩所》，將舉全唐附之。時客居秦淮，伯麟每過揚榷輒移日。予因謂唐時樂府，雜於《鐃歌》，五言窮於漢魏，獨歌行近體七絕，有前人所不能加，蓋其格氣渾厚，意象含蓄，聲調和平，一唱三歎，深得《國風》微旨故也。李于鱗之評少陵，猶以為篇什雖富，頹然自放，況大曆而降元白諸人者哉？夫詩之不可為史，猶史之不可為詩。世顧以此稱少陵大家。此予所未解也。大抵能變一代之體者，必擅一代之才。故陳思出而漢體亡矣，平原出而魏體亡矣。然而論者以冠陳思於河間，躋平原於步兵，則又夫人而知其不可也。少陵淹通梁《選》，出入楚《騷》，其志量骨力豈不淩厲千載？然而唐體亦自此亡矣，今之宗少陵者，如射覆然，高之存金存玉，卑之存瓦存石，甚至陰摹而陽篡之，幾於生折少陵，而嫺然自托以為神奇者，何其紛紛也？伯麟詩於唐體無所不擬，倘亦有當少陵乎？慎毋若今之宗少陵者。（《續修四庫全書》影印明天啓元年臧爾炳刻本《負苞堂文選》卷三，《負苞堂集》，第六一～六二頁）

《寄題三遊洞洞在夷陵唐白居易嘗與客三遊焉》

不辭杖履躡崔巍，千尺丹梯鳥道廻。誰闢地靈通楚塞，直凌天險辨秦灰。濤生江底黃牛轉，樹掛雲端白帝開。遥想昔賢遊覽處，幾能無媿大夫才。（《續修四庫全書》影印明天啓元年臧爾炳刻本《負苞堂詩選》卷三七言律詩，《負苞堂集》，第一四八頁）

智按：臧懋循，字晉叔，號顧渚，長興（今屬浙江）人。萬曆八年（一五八〇）進士。曾任南京國子監博士。與湯顯祖（一五五〇～一六一六）、王世貞（一五二六～一五九〇）等相友善。曾從山東王氏、湖北劉氏、福建楊氏及家藏雜劇中，選輯一百部，加以修訂，編為《元曲選》。曾改編湯顯祖《玉茗堂四夢》。著有《負苞堂集》，輯有《古詩所》、《唐詩所》等。

吳稼竳（與臧懋循同時）

《舟行歸思》

大江日夜水粼粼，飛盡楊花不見春。枕畔獨吟愁裏客，鏡前雙笑夢中身。生能無累龐居士，老未忘情白舍人。兒女團欒歸便得，底教歌榭暗流塵。（《玄蓋副草》卷十六，第二二葉，民國五年吳氏雍睦堂影印明萬曆間家刻本；《列朝詩集》卷八十丁集第十五，《續修四庫全書》第一六二四册，第二〇八頁）

智按：吳稼竳，字翁晉，孝豐（今浙江安吉）人。吳維岳（一五一四～一五六九）子。少年以詩見稱於王世貞（一五二六～一五九〇）。以例除南京光禄寺典簿，累遷雲南通判。歸自滇南里居，極絲竹雲林之趣，自號大滌先生。朱彝尊《靜志居詩話》稱其「樂府如健兒騎駿馬，左右馳突，靡不如意，近體頗合西崑」，然摹古終太有痕。與臧懋循（一五五一～一六二一）、吳夢暘（一五四五～一六一六）、茅維（一五七五～?）游，時稱苕溪四子（錢謙益《列朝詩集小傳》丁集下《茅太學維》）。有《翁晉樂府》二卷；《玄蓋副草》二十卷，萬曆四十四年（一六一六）丙辰，吳夢暘撰序而臧懋循書之，序謂：「玄蓋為天目別名，其藏書有在，姑謂副云。」

祝以豳（一五五一～一六三二）

《賀禮部冠帶儒士振齋弟六十誕子序》

吾宗自虚齋先生以行誼經術，著聲朝宁，表正鄉閭，子姓繩繩世其家，而振齋弟，其曾孫也。先生仕至行省叅知，貴矣。然僅以清白遺子孫，而仲子次山翁性拓落，好施予，兩傳而至弟，而家益中廢。弟夷然不爲意也。能讀先世所遺書，爲詩倣白香山，而格調遒上。每酒酣耳熱，奮臂謂：「丈夫當跨馬提三尺劍，生縛五單于，立功萬里之外，不則有青山白雲，可供吟眺，安能促促效侏儒輩吚唔章句，跼蹐轅下老也。」遂棄去舉子業，一肆意於詩酒，及放浪佳山水，以自適其興之所至。然天性孝友，鄉人有搆得弟片言立爲解，以是宗黨人人愛慕之。今年屆六十，前既以例授禮部儒士，至是冠服稱觴，而弟素艱於子，又適誕子當彌月之期，於是族子姓醵而爲岡陵麟趾之頌。夫人生六十，未足稱老，而次山翁而下，弟之季父行，咸相繼謝世，弟已巋然稱魯靈光。且丁年艱於子，六十而佹得之，二者人謂是先世畜德所留，而弟食其餘，斯其爲吉祥善事，較他所遘遇，寔不啻倍蓰，凡吾族屬子姓，得不爲弟及爲弟之大父以下吉祥善事、繩繩未艾慶也？吾族數百指恒聚族而居，而弟之徙居硤石也，蓋樂其山水佳勝，且其山名紫薇，以唐紫薇舍人白居易名，舍人始亦艱于子，晚乃得子，而曠達無累，放情詩酒，自號醉吟先生。弟不但詩似香山，而曠達無累，放情詩酒，晚而得子，足以自娱於香山，無所不相似。其樂紫薇山而卜居，蓋亦深有所以契之者。又聞白舍人年既踰八望九，其子黿年嘗遇異人，授以素書一軸，曰：「汝父已名挂仙籍矣。」（《詒美堂集》卷十一，《四庫禁毀書叢刊》影印明天啟間刻本）

《遊雲岫庵記（諸生時作）》

歲乙亥秋九月，余與四明林鳳臺及許心園丈登鷹窠頂山……遂緣譚山嶺左麓而返，至譚仙廟，譚仙者，蓋譚景升，煉藥得道飛昇處也，藥爐丹竈猶存，相與藉草小憩，西眺朱甍，隱約烟樹間者，非靈泉寺邪。吾鄉山水僅三十里中，而靈泉、紫微、鷹窠勝略相當，卽鄉之人，多未及跡，乃唐白香山、宋張無垢、明孫太白少嶽諸君子至築室，經歲留連而不忍去，而山以紫薇，臺以讀書名，此古今人子不相及，而山川有幸不幸也。十月廿日記。（《詒美堂集》卷十五，《四庫禁毀書叢刊》影印明天啟間刻本）

《先太恭人行狀》

……太恭人生而閑靜娟慧，無論繡紋組紃，敏妙無比。至傳記所載古人瑰行格言，一涉耳目，終身不忘，先生故好白香山詩與程朱理學，詩酒酣以往，歌聲烏烏中金石，太恭人幼侍側聞之輒成，誦至百餘首……（《詒美堂集》卷十七，《四庫禁毀書叢刊》影印明天啟間刻本）

智按：祝以豳，字耳劉，號惺存，又號靈苑山人，海寧（今屬浙江）人。萬曆十四年（一五八六）進士，知隨州，内調為兵部郎中。天啟七年（一六二七），升應天府尹加南京工部右侍郎。有《詒美堂集》二十四卷。

唐時升（一五五一～一六三六）

《南翔里有八老人爲社趙陸九十四徐爵九十陸淙八十五徐勲張樂俱八十四董儒八十三朱梓八十二陸球八十一居止不一二里而耄耋相望日杯酒談笑以相娱樂誠太平之盛事也詩以紀之》

白鶴村頭春日曉，香霧濛濛百花好。蒼顔素髪八老人，花前置酒相傾倒。笑説隣翁學語時，追談邑子知名早。不知主客更勸酬，爭引曾玄互提抱。今年孟春甲子晴，占云麻麥俱豐成。坐中祭酒九十四，敬酹社翁旨且清。其間迭起拜更祝，但願脚健雙眸明。桂林從事八十一，只聞喚弟無呼兄。南村翳翳桑榆日，出且持盃歸散帙。但課兒孫種黍苗，何知道士湌芝朮。香山居士有遺篇，九十不衰眞地仙。公等康健逢聖世，能無旦暮歌皇天。願炊香飯釀秫酒，日奉杖履長周旋。正嘉遺事多訛謬，欲問鑾輿南幸年。（《三易集》卷二，《四庫禁毀書叢刊》影印明崇禎間謝三賓刻清康熙三十三年陸廷燦補修嘉定四先生集本）

智按：明張應武《（萬曆）嘉定縣志》卷二十二文苑四（明萬曆刻本）題為《南翔里有八老人爲會趙陸九十四徐爵九十陸淙八十五徐勳張樂俱八十四董儒八十三朱梓八十二陸鈢八十一東阡北陌不一二里而耄耋相望只今視聽不衰杯酒談笑以相娱樂誠盛事也盖逢太平之運人得終其天年且時和歲稔數老人者有綿帛之温有酒醴之養以多壽爲樂可謂幸矣詩以紀之》。

唐時升，字叔達，嘉定（今屬上海）人。父欽訓，與歸有光善，故時升早登有光之門。年未三十，謝舉子業，專意古學。王世貞官南都，延之邸舍，與辨晰疑義。時升自以出歸氏門，不肯復稱王氏弟子。及王錫爵枋國，其子衡邀時升入都，值塞上用兵，逆斷其情形虛實，將帥勝負，無一爽者。家貧，好施予，灌園藝蔬，蕭然自得。詩援筆成，不加點竄，文得有光之傳。與里人婁堅、程嘉燧並稱曰「練川三老」。事見《明史》列傳第一百七十六文苑四。

吴默（一五五一～一六三七）

《翰林詩法》

（宋晦庵朱氏曰：）白樂天《琵琶行》云：「嘈嘈切切錯雜彈，大珠小珠落玉盤。」是和而淫；至「凄凄不似向前聲，满坐重聞皆掩泣」，這是淡而傷。

（宋晦庵朱氏曰：）「行年三十九，歲暮日斜時。孟子心不動，吾今其庶幾。」此樂天以文滑稽也，然猶雅馴，非若今之作者，村裏雜劇也。（《翰林詩法》卷一，《稀見明人詩話十六種》第三五〇～三五一頁）

智按：以上二則，出自《朱子語類》卷一百四十《論文》下「詩」。

吴默，字言箴，一字因之，吴江（今屬江蘇）人。萬曆二十年（一五九二）會試第一，授禮部主事，官至太僕寺卿。生平見《太僕卿吴公傳》（《愚庵小集》卷一五）。《翰林詩法》十卷，有萬曆二十八年序刊本，題《新鐫吴會元增訂翰林詩法》，藏日本内閣文庫。卷首有吴默萬曆庚子（一六〇〇）自序。書中卷一《翰院詩議》，録宋、明兩代詞臣論詩語；卷二題白樂天《金鍼集》；卷三《嚴滄浪詩體》、《名公雅論》；卷四題范德機《木天禁語》；卷五題楊仲弘《詩教》（即《詩法家數》）；卷六《詩家一指》；卷七《詩學禁臠》；卷八、卷九分别爲《沙中金集》上、下；卷一〇《詩教指南集》，分「作詩用韵」等十二目。其中卷二至卷九，皆源于楊成《詩法》、黄省曾《名家詩法》。

彭大翼（一五五二～一六四三）

《山堂肆考》

⊙授書

白龜年，樂天子也。一日於嵩山東巖下遇李白，曰：「吾與汝父皆仙矣。」出素書一軸，授之曰：「讀此可辨九天禽語、九地獸言。」龜年一日過潞州，二雀啾唧過州，太守庭守曰：「彼何言？」龜年曰：「言城西人家有粟，可共食之。」驗之果然。（《四庫全書》本卷十九）

⊙富春

富春園，在河南府城東。唐元稹、白居易俱有詩。（《四庫全書》本卷二十七）

⊙五相

白居易分司東都，詩寄留守李絳：「白首故情在，青雲往事空。同時六學士，五相一漁翁。」六學士謂裴度、崔羣、裴垍、王播、李絳及白居易也。故宋王禹偁在翰林時，有同在翰林而大拜者，王以啓賀之曰：「三神山上曾陪鶴駕之游，六學士中獨有漁翁之嘆。」（《四庫全書》本卷五十六）

⊙敏悟絶人

白居易敏悟絶人，擢進士拔萃科，補校書郎。（《四庫全書》本卷五十八）

⊙香山居士

唐白居易，字樂天，以刑部尚書致仕，居履道里。暮節惑於浮屠，至經月不食葷。自稱香山居士。常與前懷州司馬胡杲、衛尉卿吉旼、磁州刺史劉真、龍武軍長史鄭據、侍御内供奉官盧真、永州刺史張渾，及遺老李元爽、禪僧如滿，共九人燕會，皆高年不仕者，人慕之，繪為《九老圖》。居易為《九老詩并序》。又秘書狄兼謩、河南尹盧貞，以年未七十，雖與會而不及列。（《四庫全書》本卷八十一）

⊙次韻

齊、梁間倡和，皆不次韻。至唐元稹作《春深二十首》，並用「家」、「花」、「車」、「斜」四字為韻，白居易、劉禹錫和之，亦用其韻，故宋真宗時楊文忠公億謂，次韻始於此。（《四庫全書》本卷一百二十八）

⊙白文公

白居易字樂天，其先太原人，後徙華州，官至刑部尚書。工文章，敏悟絶人。素善李紳，而不入李德裕之黨；素善牛僧孺、楊虞卿，而不入李宗閔之黨；素善劉禹錫，而不入伾文之黨。中立不倚，峻節凜然，於八木之中而自比於桂，殆未為過也。卒贈右僕射。謚曰文。子龜年，小字阿崔。（《四庫全書》本卷一百三十四）

⊙自比樂天

《金樓子》：有舉子能為詩，每通名刺，稱鄉貢進士黄居難，字樂地。欲自比白居易，字樂天也。（《四庫全書》本卷一百三十六）

⊙海山院主

白居易為海山院主。（《四庫全書》本卷一百四十九）

⊙粲粲

道州治後有粲粲亭，宋時建，取杜甫《春陵行》「粲粲元道州」之意。又有欣欣亭，取白居易《道州民》歌「老者幼者何欣欣」之意。有肅肅亭，取杜甫《餞裴道州》「肅肅秩初筵」之意。有振振亭，取柳子《文廟碑》「振振薛公」之意。（《四庫全書》本卷一百七十二）

⊙胡綃買肉

唐《豐年録》：開成中，物價至賤。村路賣魚肉者，俗人買以胡綃半尺；

士大夫買以樂天詩。(《四庫全書》本卷一百八十七)

⊙細蕊

蘇子瞻《八月十七日天竺送桂花分贈元素》詩:「月缺霜濃細蕊乾,此花元屬桂堂仙。鷲峯子落驚前夜,蟾窟枝空記昔年。破裓山僧憐耿介,練裙溪女鬬清妍。願公採掇紉幽佩,莫遣孤芳老澗邊。」《白氏集》:「蟾宮分異種,人世散清香。」宋之問詩:「桂子月中落,天香雲外飄。」韓子蒼詩:「月中有女曾分種,世上無花敢鬬香。」(《四庫全書》本卷一百九十八)

⊙寄玉緘珠

白傅藏書於東都聖善寺,號白氏集。李丞相公垂有詩曰:「寄玉蓮花藏,緘珠貝葉扃。院閒容客讀,講倦許僧聽。部列雕金榜,題存刻石名。永添鴻寶集,莫雜小乘經。」其為當時推重如此。白樂天太和中為太子賓客,故云白傅。(《四庫全書》本卷二百三十三)

智按:彭大翼,字雲舉,又字一鶴,揚州(今屬江蘇)人。《山堂肆考》有萬曆乙未(一五九五)廖自伸序,稱其冠軍諸生者廿有餘年,竟不得一登賢書。其弟大翺序,則稱其宦游百越。凌儒序亦稱其浩然解組,杜門海上,則又嘗隸仕籍。據卷端凡例,《山堂肆考》成於萬曆乙未(一五九五),浸淫散佚越二十餘年,至萬曆己未(一六一九),其孫壻張幼學乃尋繹舊聞,踵事增定,遂成完帙。則幼學又有所附益,不盡大翼之舊本也(案焦竑序作於乙未,已稱幼學增定,與凡例不符,疑坊本翻刻,譌己為乙)。(《四庫提要》)

夏樹芳(一五五二~一六三一?)

《詞林海錯》

⊙屠蘇

酒名,宋洪景盧曰:東漢李膺、杜密等以黨人繫獄,值元日飲屠蘇酒,從幼者起,或問董勛曰:「正旦飲酒先從小者,何也?」勛曰:「少者得歲,故先;老者失歲,故後。」唐劉夢得、白樂天元日舉酒賦詩:「歲酒先拈辭不得,被君推作少年人。」東坡詩:「但把窮愁博長健,不妨醉後飲屠蘇。」(《詞林

海錯》卷四，《四庫未收書輯刊》影印明萬曆四十六年刻本）

⊙鷄距

筆名，黄涪翁詩：「宣城變樣蹲雞距，諸葛名家將鼠鬚。」白樂天有《雞距筆賦》。（《詞林海錯》卷六，《四庫未收書輯刊》影印明萬曆四十六年刻本）

⊙凝脂

詩：「膚如凝脂」，凝音佞，唐詩「日照凝紅香」，白樂天詩「落絮無風凝不飛」。（《詞林海錯》卷六，《四庫未收書輯刊》影印明萬曆四十六年刻本）

⊙鑿落

韓詩：「白髪戴兜鍪，酡顔傾鑿落。」白樂天詩：「銀含鑿落盞，金屑琵琶槽。」（《詞林海錯》卷七，《四庫未收書輯刊》影印明萬曆四十六年刻本）

⊙柴桑

《侯鯖録》：近見士子多使柴桑翁爲陶淵明，不知劉遺民曾作柴桑令也。白樂天《宿西林寺》詩：「木落天晴山翠開，愛山騎馬入山來。心知不及柴桑令，一宿西林便却回。」注：「柴桑令，指劉遺民也。」（《詞林海錯》卷八，《四庫未收書輯刊》影印明萬曆四十六年刻本）

⊙三花

唐詩「朝騎五花馬」，白樂天詩「馬鬛翦三花」，《唐六典》云：「外牧歲進良馬，印以三花飛鳳之字。」又《吕覽》：「古之善相馬者，寒風氏相口齒，麻朝相頰，子女厲相目，衛忌相髭，許鄙相脈，投伐褐相胸脇，管青相臏肳，陳悲相股脚，陳牙相前，贊君相後。」（《詞林海錯》卷十，《四庫未收書輯刊》影印明萬曆四十六年刻本）

⊙醉尹

《珍珠船》：李白每醉爲文，未嘗差，人目爲醉聖。白樂天自稱醉尹，皮日休自稱醉士。（《詞林海錯》卷十，《四庫未收書輯刊》影印明萬曆四十六年刻本）

⊙板輿

潘安仁《閒居賦》：太夫人乃御板輿。白樂天引用之曰：朱旛四從，板輿行世。遂以板輿爲奉母事，不知當時三公告老，亦許以板輿上殿，梁韋睿以

板輿自載，督厲衆軍，則知板輿非專爲奉母言也。（《詞林海錯》卷十，《四庫未收書輯刊》影印明萬曆四十六年刻本）

⊙婪尾

蘇鶚云：今人以酒巡匝爲婪尾，宋景文《守歲》詩：「迎新送故只如此，且盡生前婪尾杯。」白樂天詩：「三杯婪尾酒，一楪膠牙餳。」（《詞林海錯》卷十三，《四庫未收書輯刊》影印明萬曆四十六年刻本）

⊙桂子

《本草圖經》云：「江東諸處，多於衢路間拾得桂子，破之，辛香。古老相傳，是月中下也。」白樂天詩：「偃蹇月中桂，結根依青天。天風繞月起，吹子下人間。」自注云：「杭州天竺寺有月中桂子。」又詩云：「子墜本從天竺寺，根盤今在闔閭城。當時應逐南風落，落向人間取次生。」皮日休詩：「玉顆珊珊下月輪，殿前收拾露華新。至今不會天中事，應是嫦娥擲與人。」（《詞林海錯》卷十三，《四庫未收書輯刊》影印明萬曆四十六年刻本）

⊙上壽

商伊尹壽百二十歲，見《竹書紀年》；周太公壽百四十歲，見《金石録》；漢竇公，本魏文侯樂官，至漢文帝時，二百八十歲，見懷瓘《書斷》；魏羅吉（智按：當作結）壽百二十歲，見《北史》；唐李元爽一百三十六歲，見白樂天集；蜀范長生，先事劉玄德，李特時一百三十餘年，宋譙定百三十餘歲，猶横經授《易》，見《蜀志》。（《詞林海錯》卷十五，《四庫未收書輯刊》影印明萬曆四十六年刻本）

⊙獨步

《晉書》：王坦之、郗超，弱冠俱有重名，時爲語曰：「盛德絕倫郗嘉賓，江東獨步王文度。」又，唐白樂天與元微之云：「江南語才子者，必曰元白，以子之故，使我不得獨步於吳越間，今垂老復得劉夢得，豈非大不幸耶!」（《詞林海錯》卷十六，《四庫未收書輯刊》影印明萬曆四十六年刻本）

智按：夏樹芳，字茂卿，號冰蓮居士，江陰（今屬江蘇）人，萬曆十三年（一五八五）乙酉舉人。以母老謝公車，隱居不仕。有《消暍集》。生平見《光緒江陰縣誌》卷十六人物志。

金德謙（一五五二～一六三三）

《題白樂天賀雨詩後》

陰陽交泰玉燭調，時雨時暘於此均。飛甘洒潤衆緑欣，沛然不待祈蒼旻。從前亢陽或爲災，土龍石牛爭交陳。宣吟雲漢禱以璧，湯用白茅嬰其身。于今何幸見時若，天公不勞鞭龍神。銀河疑自碧空瀉，白練亂垂茅簷晨。飄來野外銀成竹，飛度水上波生鱗。人旱都隨國旱滅，祥禾處處流甘津。雨珠何救卧雪人，雨玉未活啼飢民。爭如此雨能以時，因使百穀盈倉囷。天能聽卑必有感，頌聲皆歸君一人。詩人寓賀一篇中，能使盛事傳千春。休徵今歲獲再見，風以五日雨以旬。樂天所喜吾亦喜，恨不同賀今昌辰。（《青陸集》卷五雜詩拾遺，《韓國文集叢刊》本）

智按：金德謙，字景益。有《青陸集》。

江盈科（一五五三～一六〇五）

《袁中郎移病南歸》（七首之二）

浩蕩觀空界，婆娑了世緣。種花成善果，揮麈散青蓮。詩敵王摩詰，神交白樂天。宰官原佛性，不是學逃禪。（《雪濤閣集》卷一；黄仁生輯校《江盈科集》第四六頁）

《九江懷古》

潯陽江岸直如弦，揀得回溪夜泊船。酒後琵琶傷白傅，詩中瀑布憶青蓮。鑠金點玉古如此，汀草渚花春可憐。自笑楚臣饒故態，臨風欲賦遠游篇。（《雪濤閣集》卷四；黄仁生輯校《江盈科集》第一二五頁）

《九江弔白司馬》

怨人琵琶曲裏論，羈臣一讀一銷魂。江州春草雨晴後，猶似青衫濕淚痕。（《雪濤閣集》卷五；黄仁生輯校《江盈科集》第一九二頁）

《重復永定寺建佛殿五賢祠記》

姑蘇永定寺，蓋梁刺史顧彦先捨宅建立。其後陸處士鴻漸僑寓于此，因爲題額，稱名筆云。韋蘇州應物解郡，棲息寺中者久之。劉賓客禹錫、白舍人居易則先後刺郡，常游息吟咏其間。吳人乃刻五賢像，因寺構堂，伏腊俎豆，數百年無替。及我朝世廟時，寺廢，堂亦圮，郡守胡公改刱書院，聚徒講業。迨今垂四十年，并院亦廢。余嘗駐馬偶憩，但見斷蓬荒草，走兔棲狐，棟折爲薪，垣摧爲土。僅院後小庵如斗大，沙彌二三輩就中禮佛，案上列木像三數座，正冠垂紳，不類偏袒，然皆蛛網塵灰，眉宇黯澹。余曰：「此何神?」老僧愀然曰：「是韋、白諸公像，所謂五賢者也。自堂折爲院，遂乃假宿于庵，蘋蘩俎豆缺如，稱餒鬼矣。」余爲低徊者久之，以問校書王百穀。百穀曰：「公問及此，當是三世佛與五賢之靈牖。公盍請諸當路，挈基歸僧，俾募建原寺與五賢祠，復數百年之舊，可乎?」余乘間言于郡守山陰朱公、司李景陵朱公，百穀復從中贊之，兩公皆報曰：「可。」而長令東粤鄧公復繼余主持，僧乃從郡縣受故地，求百穀題疏，遍募善信，得錢刀粟帛凡若干，鳩工庀材，建大雄殿一區奉諸佛，構祠堂一所奠五賢，而香火之。其餘齋厨僧舍，次第修緝，丹甍碧棟，畫檐文廊，陸離輝耀，干雲映日，千載偉觀，一旦盡還其故。余時量移棘寺，在長安邸中，百穀題書，遣人走三千里相謁爲記。夫吳中如椽之筆，誰逾王先生者?乃不自搦管，而使不佞捉刀乎!

余惟西方聖人與吾聖人皆天所篤生，以教化天下。拘儒曲士護此攻彼，欲仇其教廢之。夫且無論其精，即如流沙木葉，每呈菩薩之形；怪石垂崖，率顯昆盧之像。山鳥啼稱佛現，蓮華吐作觀音。夫非天之所設，而人顧妄議廢，何耶?此五賢者，彦先挾專城之貴，捨宅以畀諸僧；鴻漸遭平林之危，寄寺而長四大；韋公宴坐翛然，掃地焚香；白公、劉公賦詩見性，虚舟游世，皆抱夙因，負大根器。其於世尊，亦若濂、洛諸君子之於尼父，淵源相漸者也。今殿宇既啓，祠堂載辟，諸佛得五賢，而震旦之教彌宏；五賢托諸佛，而俎豆之延彌久。豈非人天之快事、千秋之盛典哉?抑亦有裨風化，殊非淺小。夫彦先四君子，刺史之賢者也；而鴻漸，則布衣之杰者也。此堂既恢，登而拜焉者，瞻四君子之像，必且穆然嘆曰：「吏患不循耳!吏誠循，即崇祀與梵供俱綿。」瞻鴻漸之像，必且穆然嘆曰：「士患不修耳!士誠修，即韋帶與簪紳并貴。」感而奮，奮而奔走于賢者之林，可謂非廉頑立懦之一助哉?是舉也，兩朱公、一鄧公握四寸管，還金輪之墟于久假之後；王先生掉三寸舌，復袈裟之地于灌莽之餘。并稱法施，同證善果。而拮据鞅掌，聚水爲川；如燕封泥，期於就壘；如鶵蓄髮，要於成巢；則老比丘至理與其徒寂安，實永肩一心，茹苦底績。余官長洲凡六稔，即今棲遲京洛，不無并州故鄉之想。異日上書乞骸骨，當以一筇一笠，入吳門拜五先生之像，分廣長庵主鉢中香積，償今日濡筆之資，無俟裹糧往矣。（《雪濤閣集》卷七；黄仁生輯校《江盈科集》第二四六～二四八頁）

智按：清光緒九年刊本《（同治）蘇州府志》卷一百四十一：「《五賢祠記》，江盈科撰，王稺登書，錢允治篆額，萬曆戊戌秋八月，在虎邱。」王稺登復撰《重復永定寺建佛殿五賢祠疏》，見《王百穀集十九種》法因集卷二，明刻本。

《五賢祠記》

虎邱北隅，有堂曰「平遠」。其前為虞山，横伏拱揖，山下諸流，分派南瀉，如白練錯出，平田遠野，蒼翠交映，堂所由名以此。堂故圮，凡幾何年。寺僧曰通密，募得部使澶淵董公、新安管公、通政郡人徐公前後共捐百餘金，因而鳩工庀材，一新其制。

不佞登焉，徘徊四顧，欣然會心，因憶唐韋左司、白司馬、劉賓客、宋王元之、蘇子瞻，此五君子，皆絕代偉人。韋、白、劉俱刺郡，王宰長洲，蘇則晚年寓吳。其於兹山，登覽游樂，不啻數數，名篇麗詠，載在傳記，膾炙人口。然而千餘年，未聞有俎豆五君子於山之側。司土者，其謂缺典何？夫三尺童子，晝而嬉游，當其夜寐，境必入夢，神所洽也。

矧五君子稟象緯之精、岳瀆之秀，生為名世，没為明神，英爽靈異，御虚乘風，凡三島十洲，無不之也，無不在也。况兹山尤其平日賞寄之地，則夫晴隝煙嵐，花朝月夜，野芳發而如繡，山泉響而若琴，猿嘯鶴吟，風呼谷應，安知五君子不翩翩焉驂鸞馭虬，相與游戲其間，嗟人民之已非，慨城郭之如故耶？雖以科之不敏，歲時著屐，想像五君子屐綦，真有怳焉見貌，慨焉聞其太息之聲者。

然則俎豆之舉，其安可已？爰用具文，請諸督學陳公、岳伯曹公、郡侯朱公，願即平遠堂妥五君子之靈血食焉。三公懿德之好，先得不佞之心所同然，僉報曰可。不佞復爲措置三十餘金，創設神龕木主，增諸未備，以八月望日，具牲載醴，肅拜堂下祗祀焉。自今以往，令兹土者，春秋享祀，罔有佚缺。

蓋不佞於此堂，始而有會，卒而又復有感。夫吴王闔閭，據有吴會，睥睨中原，不稱霸業之雄乎？死而埋骨此山，金錮其内，虎守其外，曾不數世斬焉。丘墟惟是，薜帶苔衣，紫緑莽互，一世之雄安在？而五君子蕭然儒流，位不稱德，千世而下，豔美其姱志亮節，文采風流，靡不欣慕，願為執鞭。即今煥然俎豆，在此不在彼。然則士之不朽，豈必千乘之富，君王之貴哉！若五君子之視闔廬，倘亦得失之林乎？余故筆之記焉，以告夫世之爲士者，努力於其所爲不朽，而毋但富貴之爲沾沾也。斯余請祠五君子意也。（《雪濤閣集》卷七；黄仁生輯校《江盈科集》第二五九～二六〇頁）

智按：「寺僧曰通密，募得部使澶淵董公、新安管公、通政郡人徐公前後共捐百餘金，因而鳩工庀材，一新其制」，《（同治）蘇州府志》卷一百四十一作「萬曆戊戌，僧微密募金，一新其制」。

《陸符卿詩集引》

……余生平喜言詩，然而浮沉升斗，自分不敢望靖節，不得已而思其次，則白香山乎？香山者，古之所謂吏隱，急流勇退之下，抑亦可以爲次矣。此余所願學，而未敢自以爲能，其又何敢望先生？先生之子、諸生曰士仁者，詞翰清素，并有父風，將重梓先生集，問序于余，余爲之引其端如此。（《雪濤閣集》卷八；黄仁生輯校《江盈科集》第二八九～二九〇頁）

《白蘇齋册子引》

白蘇齋者，今翰林石浦袁公所為自顔其齋者也。公舉丙戌進士第一，通籍金閨，為文學侍從之臣，固主上所儲，需他日舟楫鹽梅之用者也。夫白太傅、蘇長公兩君子，其高文亮節，名理玄言，固皆獨拔一時，垂輝百代，而淵蓄厚抱，不究於用，為世所惜。乃石浦于兩君子津津然不勝嚮往，直將精魂與遊，若恨吾生之晚而不得與旦暮遇者。此何以解？

吾嘗睹夫人之身所為流注天下，觸景成象，惟是一段元神。元神活潑，則抒為文章、激為氣節、泄為名理、竪為勳猷，無之非是。要以無意出之，無心造之。譬諸水焉，升為雲，降為雨，流為川，止為淵，總一活潑之妙，隨觸各足，而水無心。彼白、蘇二君子，所謂元神活潑者也。千載而下，讀其議論，想見其為人，大都其衷灑然，其趣怡然。彼直以世為宇，以身為寄，而以出處隱見、悲愉歡戚為陰陽寒暑呼吸之運。故見華非華，見色非色，見詬非詬，見醜非醜，大化與俱，造物與游，無處非適，無往非得。茲石甫所為寤寐想像，冀旦暮遇焉者也。

公既已歷金門、上玉堂，稱貴倨矣，然其寄興蕭遠，煙霞丘壑，宛然在念，直忘其身之太史而所居之玉堂也者。視草之暇，退食清燕，焚香趺坐，形神俱融，白耶，蘇耶！羹牆相見，夢寐相接，蓋真曠世一室，恍焉契合於形骸之外。

夫人之元神無不活潑有弗然者，或牿之也。牿有二端：塵俗之慮，入焉而牿；義理之見，入焉而牿。二者清濁不同，其能為牿，則若臧穀之於亡羊，均也。公靜觀無始，洞見故吾，湛然虛明，一無所著。何物塵俗？何物義理？都歸無有。猶之眼睛一片，直是空洞；沙礫金屑，兩無所留。故芥粒須彌，無微無巨，當其在前，無不立見。世有用我如鹽梅者乎、舟楫乎？迫而動、感而應，無象起象，無用致用，唐虞事業豈待外索哉？然則白、蘇兩君子能為可用而不必用，石浦不蘄於用而能為可用，元神所注，何不可了？白乎，蘇乎，袁乎，其一耶？其非一耶？齋之所自為名，豈欺我哉！

公弟次君與余同官姑蘇，語及其事，吴中諸公相與被之聲歌，侈之圖繪，爛然成帙，予因而序之如此。（《雪濤閣集》卷八；黄仁生輯校《江盈科集》第四一九～四二一頁）

《雪濤詩評》

⊙評唐七則

李太白詩，清虛縹緲，如飛天真仙，了無行跡，下八洞仙人，欲逐其後塵，已無可得，况凡人乎？若七言律詩，彼自逃束縛，不肯從事，非才不逮杜也。

杜子美詩，古骨古色，如萬金彝鼎，偶遇買手逢識者，自然善價而沽。

若百室之邑，千人之聚，不必開口問價，誰能償得？此老至其七言律，固云宏肆，然細讀細思，何一句一字不是真景真情，在盛唐中真號獨步。

孟浩然遣思命語，都在目前，然而有影無色，有色無像，如海中蜃市樓臺，人物是真非真，是幻非幻，若要做詩，且須放下此老，勿與爭衡。

王摩詰詩，和平澹泊，發于自然，全是未雕未琢意思，譬如春園花鳥，羽毛聲韻，色澤香味，都屬天機，縱有邊鸞，好手描寫出來，便隔一層，不相彷彿。

李長吉賦才奇絕，搆思刻苦，觀其用字用句，真是嘔出心肝。盧玉川任才任性，任筆任意，兼太白之逸，併長吉之怪爲一人者也。詩家如李長吉不可有二，如盧玉川不能有二。

若王昌齡、劉隨州、柳柳州、元、劉、錢郎諸君子，都做得穩當，各自成家，所以不朽。至于李義山之刻畫，杜樊川之匠心，賈浪仙之幽思，均罄殫精神，窮極精巧，方之諸人，更爲刮目。

白香山詩，不求工，只是好做。然香山自有香山之工：前不照古人樣，後不照來者議；意到筆隨，景到意隨；世間一切，都著並包囊括入我詩內。詩之境界，到白公不知開擴多少。較諸秦皇、漢武，開邊啓境，異事同功，名曰「廣大教化主」，所自來矣。（襟霞閣主人重刊本；《古今詩話叢編》第三册《雪濤小書》，第七頁）

智按：《雪濤小書》又名《亘史外編》，原署名冰華生輯。

⊙體物

余觀唐人之詩，切于體物，蓋隨地隨事，援入筆端，初非摭拾已往陳言，圖爲塞白，如李德裕《潮州》詩一聯云：「五月畬田收火米，三更津吏報潮雞。」白樂天《送人入楚》詩云：「山鬼跳蹻惟一足，谿猿哀怨過三聲。」（智按：白居易《送客之湖》：「山鬼趫跳惟一足，峽猿哀怨過三聲。」）

蓋潮州地氣三更潮到，雞遂應潮而鳴，故曰潮雞。我朝巡撫楊信民領兵征東粵，挾天文生馬軾與俱至潮，聞雞以三更鳴，問之，答曰雞鳴非時，當由明公將令不肅耳。于是肅將令，因而取捷，然天文生所對有類郢書燕說矣，此可以欺不知者。一足鬼，惟楚中有之，近世猶然，正記所謂夔也。余里中亦曾有此鬼，每至人家，必淫其婦，婦若甘與之淫，事鬼如事主，則隨其所欲金玉布帛，不遠千里，應口而至。少拂其意，至有舉火焚人廬舍者。余族叔祖江禄好獵，一日入深山中，宿民家。五鼓起，見其桌上有豕肉，一邊上用湖廣税課司條記，印文如新。禄怪問之曰：湖廣去此地千里，肉安從至？主人以實對，蓋即鬼所運者。白公送人至楚，方用此句，由此觀之，詩不體物泛泛然，取唐人熟字熟句，粧點成章，遂號于人曰詩真，袁中郎所謂八寸三分帽子，人人可戴者也，烏乎詩！烏乎詩！

⊙采逸

白樂天《題昭君》云：「漢使却回憑寄語，黄金何日贖蛾眉。君王若問妾顔色，莫道不如宫裏時。」用意深遠，思人所不及思。香山集中如此首，亦難多覔。（又見《四庫全書》本《山西通志》卷二百二十九引）

《雪濤談叢》

白香山詩自言：「久宦蘇州，不置太湖一片石。」余以語張伯起，伯起曰：「如此累心事，香山不做。」余深服伯起此言。然則天下事，累心者多矣，都丢下不做，可使心不受累。（《四庫全書》本《山西通志》卷二百二十九引）

智按：江盈科，字進之，號緑蘿山人，常德桃源（今屬湖南）人。萬曆二十年（一五九二）進士，歷任長洲縣令、大理寺正、户部員外郎，卒於四川提學副使任上。「公安派」成員之一。有《雪濤閣集》、《皇明十六種小傳》、《雪濤諧史》等。傳見袁宏道《江進之傳》（《珂雪齋前集》卷一六）。

虞淳熙（一五五三～一六二一）

《朝鮮咏序》

歲辛卯，有神降於孫氏之室者，好言人一塵兩塵前事，説予前身，蓋蘇禄忠定王也。聞曹東阿後身誤入，而予早出幽谷，幸甚，顧猶不習作此中人語，語出多費人譯。獨楚人袁二袁三，蠻語相向，往往説丘大。丘大與吾同字長孺，不識前身何似人，意每在飛而食肉，故應是遮須國主，與予同長海外者也。一日，騎使星飛，渡鴨緑，於時暴鯨方吐，朝鮮海外，適無奇觀，感而吟嘯，翻成奇語。歸視潘大，潘大不習，使問之蘇禄國王，一往比音，謂差足配高麗舞耳。余在此中，久習此中有箕子，演禹《洪範》，後封朝鮮，其子孫尚白，受采多文。丘大入其國，不乃益聰明、增睿思、聖於詩哉？而譏用夷耶？往笑袁家弟兄，音殊不缺，政爾似此中王無功、白樂天。丘大與二袁同調，及入朝鮮，得一許筠，似陳去非，將自抑同陳去非調乎？余用海外字譯，趙宋必無此調，踈宕悲惋，因感彌深，或是此中詩聖，安所就蠻夷君長而證之。……（《虞德園先生集》文集卷五，《四庫禁毁書叢刊》影印明末刻本）

《贈張秀初》

予初識元美，兼喜白公禪。四明雲杜社，華梵獨超然。開美謝元美，白俗污白箋。文豹傷刈艾，乞兒唱落蓮。張倩忘我醜，爲執騷雅權。轉乞題團扇，俚詞忍棄捐。所陳累世交，猶在秋風前。下榻思太宰，往日愧忘年。塵零窺墨妙，奚囊洵可傳。而祖授我丹，姹女保嬋娟。而翁髮覆額，錦帶何翩翩。是時湯若士，見之稱可憐。我知繡虎猛，將結叔鸞緣。詎意修文去，弱息歸後賢。玉潤朝散彩，珠明夕探玄。煌煌中外賓，憚也司馬遷。侍母貞父家，長歌祖德篇。願入龍門室，遥登鹿宿躔。高文收緑韞，大雅振朱紘。莫採坊曲吟，莫擬坊肆編。肯借泰山力，幸免西川愆。偶著白綸巾，問我湖水邊。痴翁老更痴，樂天須樂天。漫學王弇州，竟負曇陽仙。（《虞德園先生集》詩集卷二，《四庫禁毁書叢刊》影印明末刻本）

《閒適八首仿白氏體》

短墻圍矮屋，昂首見西湖。土壁新泥濕，茅茨舊蓋枯。沙棠三五樹，野竹百千株。更有書林富，床前萬卷鋪。

繞湖行草徑，隨路入慈門。有寺何須宅，無人不用藩。道民名自好，山長分猶尊。欲買孤山鶴，堦前當子孫。

弟兄情自合，妻子累全無。忽見連枝樹，相看接翼凫。阿難同此室，茅固共斯廬。拔宅知容易，雲車那用扶。

屋後松蘿密，門前鷗鷺喧。丹楓披佛塔，黄柳繫漁船。自愧休官晚，人將充隱論。秖緣嫌組綬，併欲棄蘭蓀。

似弟虚鹽井，如予廢酒壚。水晶盤裏少，琥珀盞中無。不復臨樽俎，難教捧鉢盂。人天無着處，只合老西湖。

曲閣只容膝，低床當結跏。舊衣多穩煖，小隱不繁華。四十名途絕，三千佛界賒。白蓮洲上住，淨土已生芽。

白屋還施紛，瑩瑩雪不如。更開三尺牖，照我五車書。冬盡收芸草，秋來曬蠹魚。便便一夢覺，人道孝先閒。

不必思蓴菜，當門葉葉青。他人方命駕，小婢已炊羹。飽食忘魚蠏，高眠解杜蘅。人生適意耳，誰饜五侯鯖。（《虞德園先生集》詩集卷四，《四庫禁毀書叢刊》影印明末刻本；清錢謙益《列朝詩集》丁集卷十五）

《萬曆乙未正月十五日蓮池大師受緇白之請詣南屏山弘演圓覺了義經三月四日圓滿恭送還山成五言排律四十韻用元和體》

身倚南屏隱，心將宗鏡傳。杖藜過淨寺，開藏惜殘編。幸得多人寫，欣看萬卷全。闡揚須大士，弘演憶先賢。誰繼永明日，遙瞻迴耀天（雲棲有廻耀峰）。如公甘讓席，楊尹肯辭筵（楊靖安先請講寂照，聞有此，請乃止）。同謁雲棲祖，期聞圓覺詮。沿江入山拜，投地掩泥虔。交口勤三請，陳辭具十緣。逗機如有待，應供豈虚延。方丈都生草，圓袍見性蓮（會首名）。他山竝蕪穢，此地絶腥膻。但值獅揚麈，何愁鳩化鸇。况師逾六十，應早利三千。近赴王城請，新安佛國禪。赤欄榮樹覆，金榜雜花鮮。門外貂璫侍，床前纓綏連。藩司作屏翰，閫令望神僊。廣護伽藍大，深居蘭若堅。師來上元節，人慶下生年。頓啟神通藏，俄傾吳市廛。城東老母出，貧里病兒前。戢戢魚頭密，紛紛猿臂牽。舊僧仍落髮（勝公久還俗，更復剃髮），故友願齊肩。共趍山鐘曉，爭觀慧日懸。莫須疑看殺，耐可厭胡纏。立雪僧腰没，瞻風客履穿。貞明釜猶小，香積突常烟。剥落黄妃木，乾枯圓照泉。龍歸偏坐蜕（宣州慶安和尚就筵前坐脱），蛇去敢留涎。張果乘驢至（餘杭有乩仙降云，果來聽講），天王入夢憐（師夢四天王，下坐撫之）。虎除不淨肉（虎取主僧犬去），官購放生淵（孫常侍因師疏請，買萬工池放生）。既闡諸經旨，還滋衆福田。孰彖裴相侶，我聽伯牙絃。返棹辭餘粟，臨行散襯錢。白雲披壞衲，明月照空船。推費天人力，高同佛祖眠。銅輪元誓取，寶地向爭先。他日新箋就，重宣淨土篇。知爲不請友，轉覺一音圓。(《虞德園先生集》詩集卷六，《四庫禁毁書叢刊》影印明末刻本；明釋大壑《南屏净慈寺志》卷八著述，明萬曆刻清康熙增修本；清錢謙益《列朝詩集》丁集卷十五)

智按：虞淳熙，字長孺，錢塘（今浙江杭州）人。萬曆十一年（一五八三）癸未進士，曾任兵部職方事、禮部員外郎，官至吏部稽勲司郎中。信佛，勸西洋傳教士利瑪竇多讀佛書，曾隱居於回峰。有《虞德園先生集》。

徐應秋（？～一六二一）

《玉芝堂談薈》

⊙人壽四萬八千歲

……唐洛陽九老中，李元爽百三十六歲，見白居易序……（《四庫全書》本卷四）

⊙七歲有聖德

古人夙慧可記者，神農之子炎帝柱，七歲而有聖德，見《路史》。顓頊年十二而治天下，見《新序》。滿衣八歲為舜師，見皇甫謐《高士傳》。荀仲豫稱禹十二歲為司空，見傳。子罣子生五歲而佐禹，見《列女傳》。項橐生七歲為孔子師，見《新序》。甘羅十二封上卿，見《戰國策》。王子晉生八歲而服師曠，見《尸子》。此外，如白居易六七月即識之無二字，五六歲便學詩詞，見《長慶集》。……（《四庫全書》本卷四）

⊙文人寵遇

……白香山居禁近，曾賜防風之粥，俱用文翰詞華，承人主賞識優異，亦儒者之極榮也。……（《四庫全書》本卷七）

⊙道家南北宗

……劉向苦心力學，為時儒宗，乃以淮南黄白之法上天子，無效下獄，幾論死，白樂天貶江州亦留意爐鼎，一夕而敗。潘道遥獻方于太宗，及帝升遐，懼誅，削髮為僧。蘇子由亦曾試之，將舉火，見一大猫據爐而溺，術終不成。富鄭公積黃白書一櫃，後為顒華嚴長老投之火中，豁然有悟。范文正得方于同舍，程明道得方于佛腹中，蘇子瞻得方于扶風僧，而皆不為非。卓然自信者不能也。……（《四庫全書》本卷十七）

⊙潑火雨

唐彥謙《上巳》詩：「微微潑火雨，草草踏青人。」白香山《洛橋寒食》詩：「蹴毬塵不起，潑火雨新晴。」毛幵《滿江紅》詞：「潑火初收，鞦韆外、輕煙漠漠。春漸遠、綠楊芳草，燕飛池閣。」《遯齋閑覽·河朔》謂：「清明桃花雨，曰潑火雨。」又，杏花開時，正值清明，謂之杏花雨。又《荆楚歲時記》：「春曰榆莢雨。」氾勝之書：「三月榆莢雨，高地強土，可以種禾。」夏至曰梅雨，五月雨曰隔轍雨，六月雨曰濯枝雨，七月六日雨曰洗車雨，七日雨曰洒淚雨，見《歲時雜記》。八月雨曰豆花雨，九月雨曰黃雀雨，見《提要録》。三月三日留客雨，見陸機《要覽》。四月薇香雨，見《李賀集》。五月分龍雨，見《續博物志》。又八月初三至二十三為詹天雨，立冬日液雨，見《瑣碎録》。（《四庫全書》本卷十九）

⊙石中得金印

……昔白香山常以石中物問番僧，僧曰：「此空劫時，石質未成，物入其中，火盡生風，而後成石，物孕其中，無足怪者。」（《四庫全書》本卷二十五）

⊙瑟瑟枕

杜詩《石笋行》「雨多往往得瑟瑟，此事恍忽難明論」，瑟瑟，珠類。《博雅》：「瑟瑟，碧色珠也。」《酉陽雜俎》：「蜀石笋街中大雨，往往得雜色小珠。」可以互證。程氏《繁露》援《唐語林》：「盧昂主福建鹽鐵，有瑟瑟枕，大如斗，或云至寶無價。」或云美石，非瑟瑟。《明皇雜録》：「上於華清池置長湯，於湯中叠瑟瑟。」云叠，則亦似疑於石矣。然虢國夫人造宅既成，賞匠役金杯二，瑟瑟三，斗同。《昌公主傳》：「瑟瑟幕紋如碧絲，貫以眞珠。」則終言珠者近是。古人詩詞，如陳陶詩：「瑟瑟盤輕促世珠，黃泥局瀉流年箭。」《花間集》：「耳墜金鐶穿瑟瑟。」孫何詩：「猩猩箋寫宮詞濕，瑟瑟函盛手詔香。」此以瑟瑟為珠者也。白樂天詩：「楓葉蘆花秋瑟瑟。」「兩面蒼蒼岸，中心瑟瑟流。」「寒食青青草，春風瑟瑟波。」「未秋已瑟瑟，欲雨先沉沉。」「隱起磷磷狀，凝成瑟瑟胚。」「沙頭雨染班班草，水面風驅瑟瑟波。」

「一道殘陽炤水中，半江瑟瑟半江紅。」王周詩：「嘉陵江水色，一帶揉藍碧。天女瑟瑟衣，天風晚來織。」鄧文原：「楚江秋瑟瑟，吳苑曉蒼蒼。」韋莊詩：「留得溪頭瑟瑟波，潑成紙上猩猩色。」王庭筠：「帝遣名山護此邦，千家瑟瑟嵌西窗。山僧乞與堦前地，招客先開四十雙。」蕭遘詩：「月曉已聞花市合，江平偏見竹簰多。好教載取芳菲樹，剩炤岷天瑟瑟波。」宋景文詩：「踏溪分藕養新荷，鈿蓋斜臨瑟瑟波。」《花間集》：「瑟瑟羅裙金縷腰」，則止言其色之深碧耳。《木草綱目》曰寶石，《山海經》謂之采石碧者，唐謂之瑟瑟紅者，宋人謂之靺鞨。（《四庫全書》本卷二十七）

⊙金鳳衣

……白香山《裴令公》詩：「通天白犀帶，炤地玉麟袍。」《趙飛燕傳》：「賜樊嫕鮫文萬金，錦二十四疋。」（《四庫全書》本卷二十八）

⊙六書字數

……白香山碑文《妙法蓮華經》六萬九千五百五字，《維摩詰經》二萬七千九十二字，《金剛般若波羅密經》五千二百八十七字，《佛頂尊勝阿羅尼經》凡三千二十字，《阿彌陀經》一千八百字，《觀音普賢法門經》六千九百九十字，《實相法密經》三千一百五字，《般若波羅密多心經》二百五十八字。……（《四庫全書》本卷三十）

⊙麯塵絲

白居易詩：「須教碧玉羞眉黛，莫與紅桃作麯塵。」元稹詩：「麯塵溪上素紅枝，影在溪流未落時。」劉禹錫詩：「鳳闕輕遮翡翠闈，龍池遥望麴塵絲。」白詩又有「晴沙金屑色，春水麴塵波。湯添勺水煎魚眼，未下刀圭攢麴塵。」元（稹）詩又有「紅羅著壓逐時新，杏子花紗嫩麴塵。」楊巨源詩：「江邊楊柳麴塵絲。」温庭筠詩：「一尺深紅朦麴塵。」又「裊翠藏烟拂暖波，舞裙新染麯塵羅。」嵇含《南方草木狀》：「鶴子草，蔓生其花，麴塵色。」《周禮》：「皇后六服，有鞠衣。」鄭玄注：「鞠衣，黃桑，色如麴塵。」盖淡黃色也。（《四庫全書》本卷三十一）

智按：徐應秋，字君義，號雲林，衢州西安（今浙江衢縣）人。四川巡撫、學者徐可求次子。萬曆四十四年（一六一六）進士。主持粵東鄉試。巡視閩海，陞左布政使。不媚於魏忠賢而被削職，遂返歸里，杜門授徒，著書立說。有《玉芝堂談薈》、《駢字憑霄》、《雪艇塵餘》、《古文藻海》、《兩闈合刻》、《古文奇豔》等。

郭正域（一五五四～一六一二）

《答周嘉父用香山體》

織成鐵網細如絲，爲問波斯泛海時。君今只怕風波起，那得珊瑚海底枝。

君愛香山處士詩，詩成興盡惹愁思。香山莫到今同病，猶是香山未老時。

春不懷春秋不悲，惟教詩酒共襟期。酒多莫飲聲聞酒，詩就休題懊恨詩。（《合併黄離草》卷十五，《四庫禁毁書叢刊》影印明萬曆刻本）

《循吏孝介樊君傳》

君名玉衡，字玄之，小字阿祥，楚黄岡人。父煒爲興隆教授，玄之生而清癯骨立，幼不好弄，恬淡寡欲，聞人説海忠介事，慨然曰：我後當師法此人，生何用多取，我意只結茅三間，築塲數畝，擁數十卷，樂而忘死矣。自是口不言財利，而好讀書。……每欲求一結束，以俟千載，而今且茫無着也，則何暇及子息，想千載上人，若羊叔子、白樂天、寇萊公皆人豪也，而無子。諸葛公、邵堯夫名世也，而晚獲嗣，恨吾不得當諸公萬一，寧汲汲計委蛻之人哉！即委蛻者纍纍，而我茫無可知百年後，不復認我一女，數十日不令一見，見即驚避去，况後代兒孫耶？致其左右侍從之人，或名清，或名慎，或名讓，或名遠志，或名樹志……論曰：古今循良者，乏砥柱之操，清嚴者無近民之意，玄之為宰，洗心如水，而當大節處如山，視民如子，而批大窽處如神，吾罕見其儷矣。（《合併黄離草》卷二十三，《四庫禁毁書叢刊》影印明萬曆刻本）

《錦衣衛右都督楊公墓誌銘》

公爲兵部尚書楊襄毅公季子，以襄毅公治河川功，官錦衣衛，正千户隸衣右所管事，甲子舉順天武舉鄉試第一，乙丑授武德將軍，以督理玉芝宫勞晉署指揮僉事，戊辰舉武舉會試第一，故事第一人得晉二秩，公辭前秩，授署指揮同知……公雖以武功爵處富貴之極，然不喜聲技，似寄心玄曠之旨，每慕河上公、漆園吏、陶靖節、白樂天之爲人，所著有《介石樓稿》十卷，《姚墟綦異集》十二卷，《紀事録》六卷，庶幾有志于道者，其讞獄多所平反，居官多所存活，居家常誡諸子，毋枉天福，毋殄天物，其不負于襄毅公之教者乎。公有兄，今官少司馬，子官翰林，蓋襄毅公之澤遠矣。……（《合併黄離草》卷二十四，《四庫禁毀書叢刊》影印明萬曆刻本）

智按：郭正域，字美命，江夏（今湖北武漢）人。萬曆十一年（一五八三）癸未進士，官至禮部侍郎，謚文毅。事迹見《明史》本傳。

張大復（一五五四～一六三〇）

《次韻白香山絶句序》

予欲取昌黎誌、柳州記、香山絶、端明表，各書一編，以見四家之神血，無所不際，要以極其才情力量之所止，而神明焕發，必注一途，如山水争奇，尤堪選勝，且文人之心，作著之穴，何論代不數人，即人不數處矣。盖嘗一再爲之，未就輒止。今年夏，宴坐嘘雲軒中，學爲歌詩以自放，四聲未閑，檢對不暇，而倩奴能寫此相娱，豈不快哉！書成，題曰《次韻白香山絶句》，大都取三十平韻，類而書之，得五言絶八十九，七絶五百五十六，律二百三十七，詳矣。考之刻本，亦尚有闕者。予問曰：「昔居士自集其草，藏之香山，編年紀事，随類而有，各有意義。而若此，姑以爲予便耶?」倩曰：「然。」「六義所陳，天然均節，設以意爲之，齒頰格格然不得下，然亦有情境所迫，應手而肖，往往破碎成跡，顛翻古始，似乎非法，而不可謂之非法者，此文之至也，而若闕焉，豈為是歟?」倩曰：「然。」予笑曰：「意予之便而次之，以爲非法而捨之，似也，然而非也。孟子曰：『誦其詩，讀其書，不知其人可乎？是以論其世也。』論世之于誦讀，急矣。故夫編年之于以論世也，盖其義也。蘇子曰：『昔之爲文者，非能爲之爲工，不能不爲之爲工也，不能不爲之詩何必合，然有深于合者矣。』此其變也，小子識之。」倩瞿然曰：「走何與乎文章之觀，不吾告，烏知其若是然？庶幾知其若是者，從今以往耶?」予

喜施茶菓，勞之如次，各歌二章，竟爲之序。(《梅花草堂集》卷一，《續修四庫全書》影印明崇禎刻本)

《許中泠先生詩稿序》

予不類，少侍諸長老，凛凛惟恐弗稟於度，而中泠先生故嘗呼與語，疊疊言之，謂此子似有知者。久之，意彌進，當是時，先生聲藉莪林間，旦暮且摩天去，旋躍旋止，終以無悶，顧獨喜歌詩自放，嘗薄游汝洛嶺越間，歸橐蕭然，意自得也。予每見先生里第，掀髯長嘯，具道其山川風物之美，與其一時所與游，或啟奚囊，相睞欣爾竟日。先生既歿，而其言存；然欲復挹其風，而不可即矣。盖先生淵源家學，有以自樹，故不爲途窮所易如此。今年夏，予歸自潤州，再讀先生之詩，性情談笑，宛然在目，爲之撫卷三嘆。昔浣花叟自集其詩，爲編年體，而香山居士長慶之什，手校藏之，雖復光鋩萬丈，然不無身後之感，其于先生今日何如也。明懷將官于滇，殆不能治裝，而急急爲先生存其所自得者，且云因詠以見行，則誠先生之志也哉！(《梅花草堂集》卷二，《續修四庫全書》影印明崇禎刻本)

《母舅季泰卿七十偕壽敘》

盖予不類之先夫人十三齡來歸，適外皇父續狄母之際云已，狄母生子泰卿，爲先夫人異母弟，而公今年亦七十矣。張子曰：吾觀泰卿舅，而知明哲之後更貧苦，不忒其儀，未有如我舅氏泰卿者也，凡人情起，明哲之後更貧苦則愁，愁則恨，恨則無所自持，至不可究詰，其勉爲善者，則甘爲農夫焉已。昔者，白樂天之贈林叟也，其詩曰：「人生何事心無定，夙昔如今意不同。夙昔愁身不得老，如今恨作白頭翁。」此夫無所自持，而甘爲農夫者也。昔者，外皇父晚歲，舉泰卿而愛，擁置膝前，課之書，則書已，課之莪，則莪十得二參焉。皇父色驩然，而泰卿意靡樂也。皇父既捐館，舍泰卿，事狄母，更貧苦甚歡，母課之耕則耕，課之釣則釣，課之織則織，課之理嫩束薪，細靡零襍，則理嫩束薪，細靡零襍。母色驩然，而泰卿靡樂也。間釋耒，赴鷄豚社，酒酣嗚嗚，或爲人解紛釋怨，及其他折券委禽之務，必以泰卿則辦，泰卿歸對孺人，擁穉子，而靡樂也。盖泰卿之稱曰，凡所謂名家子者，我知之。其上，起家爲大官，印纍纍而綬若若，豪于閭里，然吾見其人自處非類者矣。若者自料不能爲，亦不敢爲。其次，讀父書傳，明當世得失之故，自成一家言。又其次，長爲農夫，亦可以終老，然吾見其人，自謂農夫，不復有先哲名家之想，處污賤而不羞，吾則恥之。以故泰卿浮沉于世者，七十年，其居閭巷猶故也，其布衣楚楚猶故也，其嚬笑舉止猶故也，其倔强不肯污賤猶故也，其銜盃健匕筯，日往來輒數十里猶故也，而里人之目泰卿如賔如友，如長如師，亦猶故也。……（《梅花草堂集》卷三，《續修四庫全書》影印明崇禎刻本）

《丙寅九月二十八日夜舟泊丹陽河下輾轉不寐忽憶隆慶癸酉七月予年二十將過句曲謁司理龍公覔袁氏小舟夜宿于此質明當發曉風殘月間袁色意甚憐潸然泣下老僕陳表為予言之向後遂不復見袁今予白首念往來碌碌何所得即袁在當亦皤如不減予望八矣白香山詩曰若學多情尋往事人生何處不傷神當柰何欹枕漫成四韻》

往事難回首，丹陽旅泊初。馬嘶殘月淺，夢破曉風踈。臨睨人安在，捫心意有餘。傷神千載淚，何處覔前魚？（《梅花草堂集》卷十五，《續修四庫全書》影印明崇禎刻本）

《聞雁齋筆談》

⊙書田孫二監事

宦者孫隆，以織造久住杭州梵宇天宫，多所修建，的是西湖大功德主，築長堤，横亘湖中，與蘇公堤相映帶，人稱之曰孫堤。世或笑之，然其人故不可廢，非特閹尹中之好事者已也。杭城故無水，自李長源、白樂天、沈文通、陳述古、蘇子瞻遞建六井，以通水利，杭人至今賴之，而孫尹欲盡出其羡餘，開渠汛河，為城中永永無窮之利，竟為當道所格，可怪也。今年夏，士政從西湖歸，為余言如此。……（《聞雁齋筆談》卷二，《續修四庫全書》影印明萬曆三十三年顧孟兆等刻本）

⊙巴城道

明日春歸矣，風雨凄然，小舟掀舞水中。追思乙酉歲，侍先君送鶴林公之喪，拜桴齋先生墓下，欝欝芊芊，彼藏者，皆一時大賢人也，相與慨然久之。是日，雲物澄和，卉水絛暢，舟中攜得香山《長慶集》，焚香啜茗，更讀而互聽之，縱談快甚，且曰：「宇宙間討便宜人，古來惟陶靖節、白香山、蘇端明耳。」余謂：「陶無容喙，香山、端明往往竄逐，何謂便宜？」先君笑曰：「小子識之，此所謂與之為嬰兒也，夫與之為嬰兒焉，往不得便宜哉！」其後又五月，外父茂承公亡。又十七年，是為今歲辛丑，其子始克葬於桴齊墓側。余再過巴城，追記其事。（《聞雁齋筆談》卷四，《續修四庫全書》影印明萬曆三十三年顧孟兆等刻本）

智按：張大復，字元長，號病居士。崑山（今屬江蘇）人，諸生，精通漢唐以來經史詞章之學，文名盛於吳中，所居梅花草堂為當時文人集會之所。中年目盲，益專精於著述。有《梅花草堂筆談》、《聞雁齋筆談》、《崑山人物傳》等。事迹見錢謙益《牧齋初學集》卷五四《張元長墓志銘》。

張懋修（一五五五～一六三四）

《墨卿談乘》

⊙贖還魏徵故第

魏徵玄孫稠以貧，將故第質錢于人。平盧節度使李師道，請以私財贖與之，上命白居易草詔。居易奏言：事關激勸，宜出朝廷，師道何人，敢掠斯美。乞敕有司贖還可也。上乃出内庫錢二千緡，贖賜魏稠，禁其質賣。按，唐風之厚，憲宗之仁明，李師道之敦義，白居易之政體，皆一事之盡美者也。李師道即善畫者李將軍也，唐名臣多擅畫，故不在礛礴曲蓺之科也，論人當考其大節。（《墨卿談乘》卷三史集，《四庫未收書輯刊》影印明刻本）

⊙老子起枯骨之符

老子西度，關令尹喜知其非常人，從之問道，老子大驚，色聃然，故號老聃。老子耳有三漏，手握十文，其僕徐甲約日直百錢，自随二百年，計欠七百二十萬錢，甲詣關令索所欠，令問老子，對曰：甲久應死，吾以太玄清生符，救之得至今日，使甲張口，向地吐出丹書，文字如新，甲立成一聚枯骨，令知老子神異，叩頭請命，復以符投骨上，甲乃生。按此乃大幻術耳。唐白樂天詩曰：「玄元聖祖五千言，不言藥，不言僊，不言白日昇青天。」夫長生之藥昇仙之事，老子尚耻為之，况符水妖幻之事，此真外道借託之言也。(《墨卿談乘》卷六禪玄，《四庫未收書輯刊》影印明刻本)

⊙評古諸家詩

評詩者如大匠程材，期於中度，又如賈人如肆，售在所好。評一人之長短易，評衆人之長短難。蓋嫌于雷同，易于重複；以數語盡人，難之難者也。今臺察報命報功，作文武吏薦語，多如一流人物，而同一兵功，敘大小將吏功，其語尤難措。曷得古人用故事比喻，評之方得不複。謹録敖陶孫器之評詩曰：魏武帝如幽燕老將，氣韻沈雄；……白樂天如山東父老課農桑，事事言言，皆着實。元微之如李龜年説天寶遺事，貌悴而神不傷；劉夢得如鏤冰雕瓊，流光自照；……獨唐杜工部如周公制作，後世莫能擬議。黄魯直曰：以俗為雅，以故為新，百戰百勝，如孫吳之兵棘，端可以破鏃，如甘绳飛衞之射，此詩人之奇也。按，此評語雖非的鵠，然其詞如青蜓點水，欵欵不着跡，而未嘗離水；如荷盖翻雨，點點皆成珠，而未嘗□荷，使其用雄渾流麗，清奇僻苦等語，則字眼有限，豈不雷同。推此法以評品人物，亦是畫鬼怪者易工也，故漫録之。(《墨卿談乘》卷七文詩，《四庫未收書輯刊》影印明刻本)

⊙頓挫

歌行宜頓挫，使之氣脉相接，宫商皆應，如古樂府法。唐人如李太白、白樂天，極得頓挫之法，故當時教坊往往入樂府。若杜子美則商聲太緊，李長吉陰吕偏多，學者舉一隅以反之，自然之音律合矣。(《墨卿談乘》卷七文詩，《四庫未收書輯刊》影印明刻本)

⊙月中桂子

宋之問《靈隱寺》詩：「桂子月中落，天香雲外飄。」白樂天詩：「偃蹇月中桂，結根依青天。天風繞月起，吹子下人間。」《本草圖經》云：「江東岐路，多拾得桂子。破之辛香，相傳是月中下也。」杭州靈隱寺，僧桂得一株，漢武帝《洞溟記》云：「有遠飛鷄，朝往夕来，嘗含桂子，落于南土，北方無之者，以不當月路也。」月路之説殊怪。唐垂拱四年三月，天台雨桂子旬餘，司馬孟詵冬官侍郎狄仁傑以聞。夫謂之旬餘，則晝夜偕落，謂之以聞，則實有是事。天台、靈隱，地又相近，宋之問，唐武后時人，宜咏其本朝故事，是未可知也。(《墨

卿談乘》卷十一草木，《四庫未收書輯刊》影印明刻本）

智按：張懋修，字子樞，江陵（今屬湖北）人。萬曆八年（一五八〇）庚辰科以關節獲中狀元。原為第三，因是首輔張居正三子而擢為第一。萬曆十二年，長子張敬修自縊而死。張懋修投井自殺未遂，又絕食又不死。發配邊疆。崇禎十三年（一六四〇），下詔恢復張懋修官職。

董其昌（一五五五～一六三六）

《參知陳公遺集序》

國子博士陳公應召行有日矣，手詩若文一編，以視余曰：「此先君子之遺集也，先君子仕於肅皇之朝，爲名御史，神祖時，江陵相奪情，議起臺諫，列名以請、舉朝不與者二人，先君子與焉。以是中考功法，江陵敗，凡抗疏受譴者皆復故官，尋有不次之擢。先君子恥自列，不大有所表異，繇縣令平進，盤旋藩臬，所至有惠政，尸祝者不衰，以參知引退，樂志著書，覃思雅道，五十年如一日也。生平爲詩若文，隨手散去，家藏所萃，十不得七。將授梨而傳諸世子，其爲我敘之。」余惟撰造之事，非名心甚厲者，不能鈎深抽秘，極其才情之所如；又非名心甚恬者，不能馳域外之觀，而俟千秋之鑒。先生盛年力古專精靡他，而實際闇然，知希爲貴。彼如近世詞家，一吟一咏，輒自標置，若建鼓招搖，而傳一時之聲譽者，於先生何遠也。語曰：「惟其有之，是以似之。」且夫忤柄臣之意如汲大夫，而不以氣節名；脩百姓之急如朱桐鄉，而不以循卓名。若此者，不謂先生之恬不可，不謂先生之文亦不可也。文人刳心雕腎，抉造化之精，類鮮遐筭，李、杜、韓、柳是已，惟白香山在九老中，年及八十；韋蘇州經歷三唐，幾及百歲。今先生所享大年，居兩公伯仲間，而其詩品之蒼澹，文者之眞率，與兩公方駕而馳，不知誰當讓席者。此又公之取於世者尠，而天以期頤成公不朽之盛事也，可以傳矣。國子先生司釋吾庠，諄諄以育材爲務，所得奉入，以濬百年久淤之泮水，既已臨發，又採形家言，崇臺傑閣，悉還舊觀，此方士子之去思，猶靖江士民之祠先生也，先生嘗令靖江云。（《容臺文集》卷一，《四庫全書存目叢書》影印明崇

禎三年董庭刻本，集部第一七一册，第二六六～二六七頁）

《陶白齋稿序》

《陶白齋稿》者，余友章公覲行卷中之什一，其弟子敬所手録而校梓者也。何以曰「陶白齋」者？公覲生平，雅慕彭澤、香山兩公，故顔其齋以見志，即稿中「一片瓣香白傅、六時頂禮柴桑」是已。余往同馮咸甫輩結社齋中，晨集構經生藝各披賞訖，即篝燈限韵，人賦詩幾章。每夜分，狂飲狂歌，輒抵掌曰：「此非少陵耶？此非長庚耶？此非摩詰耶？」廼公覲奮袂起，曰：「我何如彭澤？何如香山？」其弟子敬廼從旁睨睨曰：「玄宰得當少陵之骨，咸甫得當長庚之韵，我長公其季孟之間乎？而不佞亦何如孟襄陽云爾！」時俱少年，負意氣不相下，陽浮慕古人，謬自譽詡，人且側目，呼爲狂生。而公覲負時名，年稍長，執牛耳而盟吾黨，吾黨兄事之。呼吾黨曰狂生，庶幾尚友古人哉！毋第若而兄董，董希陶、白兩先生爾也，公覲且先吾黨前茅矣。會子敬校梓成，而謂不佞當有言。嗟夫！非不佞何當有言，廼言吾黨二三知己社中之繇來廼爾。若夫公覲之詩，恬澹閒雅類陶，曠達豪宕類白，則俟知音者，若夫公覲神情類兩公而色澤象貌有不必盡類兩公者，則亦俟知者。毋謂吾黨二三知己，污私所好，猶然少年時陽浮慕古人而謬自譽詡爾也。（《容臺文集》卷一，《四庫全書存目叢書》影印明崇禎三年董庭刻本）

《西湖建關帝殿碑記》

西湖列刹相望，梵宫之外，其合於祭法者，岳鄂王、于忠肅祠與關神而三爾。甲寅秋，神宗皇帝夢感聖母中夜傳詔，封神爲伏魔帝君，易兆鍪而衮冕，易大纛而九斿。五帝同尊，萬靈受職。視操、懿、莽、温偶姦大物，生稱賊臣，死墮下鬼，何啻天淵。顧舊祠卑隘，不稱詔書播告之意，金中丞父子爰議鼎新，時惟導首，得孤山寺故址，度材虆土，勒垣墉，莊像設，先後三載而落成。中丞子文學嘉會謂余實倡議，且曾爲文以勸施，故屬余記之。余考孤山寺，始名永福寺。唐長慶四年，有僧刻《法華經》於石壁，會元微之以守越州，道出杭，而杭守白樂天爲作記，有九諸侯率錢助工，其盛如此。成毁有數，金石可磨，越數百年而祠帝君。以釋典言之，則舊祠非所謂現天大將軍身，而今祠非所謂現帝釋身者耶？至人後其身而身先，外某身而身存，孔曰成仁，孟曰取義，與《法華》一大事之旨何異也？彼謂忠臣義士猶待坐蒲團、修觀行而後了生死者，妄矣。然則石壁巋然，而石經初未泐也。頃者西川殲叛，神爲助力，事達宸聰，非同語恠。惟遼西黠虜尚緩天誅，帝君能報曹而有不報神宗者乎？左挾鄂王，右挾太保，驅雷部，擲火鈴，昭陵之鐵馬嘶風，蔣山之塑兵濡露，諒蕩魔皆如蜀矣。先是金中丞撫閩，藉神之告，屢殲侵夷，上功盟府，故建祠之費，視衆差鉅，蓋有夙願云。（《容臺文集》卷四，《四庫全書存目叢書》影印明崇禎三年董庭刻本；鄭元勳《媚幽閣文娛二集》卷五，《四庫禁毀書叢刊》影印明崇禎刻本）

《兔柴記》

宋人有云：「士大夫必有退步，然後出處之際綽如。」此涉世語，亦淵識語也。讀白香山《池上篇》，其所謂「十畝之宅，五畝之園，有水一池，有竹千竿，有書有酒，有歌有絃」者，實為衣冠巢許之助。溫公之獨樂，卒成謝傅之同憂，有以哉！今觀濟美張黃門公《兔柴記》，其疏泉斸石，經始戊戌，去解褐纔七年耳，已抗枕漱之，思及在掖垣領衆，正稱耆宿，雖業在匡時，而尋盟之猿鶴，手植之松桂，未嘗一日釋於懷。及是以請急歸，而喜可知也。嗟乎！輦下貴人，嬰情好爵，騾鐸馬通之外，別無活計。即回首家山，不乏平泉金谷，亦僅付園丁筦鑰，作者游者，賓主誰分。求其如白傅之飲一杯、吟一篇於池上者，少矣。況能左伊川，右康節，著書談道，煥山川之色而隱，起華夷之望如溫國者哉！是在兔柴主人矣。余林居二紀，不能買山乞湖，幸有草堂、輞川諸粉本，著置几案，日夕游於枕煙庭、滌煩磯、竹里館、茱萸沜中。蓋公之園可畫，而余家之畫可園，大忘人世之家具，略相埒矣。獨世方急公，而余能使世兼忘我，是為異耳。（《容臺文集》卷四，《四庫全書存目叢書》影印明崇禎三年董庭刻本；《四庫全書》本《明文海》卷三百三十七記十一；明何偉然《十六名家小品》諸名家小品卷一，《四庫全書存目叢書》影印明崇禎六年陸雲龍刻本；《古今圖書集成》職方典第二百七十卷青州府部藝文二第七～八頁）

智按：清成瓘《（道光）濟南府志》卷六十七（清道光二十年刻本），「實為衣冠巢許之助」之後，還有「温公獨樂園，詠於子瞻，記於方叔，平泉、金谷，不足艷稱，彼其議新法一不合，即奉身而退，結社洛中，靜觀所得，亦復不少」。

《沈高士公路墓誌銘》

天啓初年，禮部奉詔移文海内，求巖穴佚才有所纂述可爲實録用者，所司以聞於時，附麗而起者甚衆，两都九卿之署，各自修誌。誌成，其秉筆者，各予官郡倅，或中書舍人，而江以南大雅之士，如沈公路，臺使者張公式廬表宅欲以光兹選，公路傲然不屑，曰方有幽憂之疾，未能從也。比余入朝，而大宗伯閩中林公詢吾鄉勝流某某輩，余疏其姓名，公路在焉。方謀削牘，而黨事起，高木風搖，無論繇蘖矣。林居以來，慰藉相屬。今年公路五十，余賦詩爲壽，又作草堂圖，比之鴻乙，而公路已彌留不及見。嗟乎！公路劇采逃虛，遂狷介之性似靜者，其結客振窮，挾湖海之氣似俠者，其憤世放情，寄聲色之游似達者。至夫沉酣竹素，讎挍魯魚，聚可汗牛，藏無游蠹斷簡，必續僻事能徵，又今之博雅君子也。然而坎壈盛世，奄忽逝波，宅相僅託於陽元，血胤竟同於伯道，不亦可悲哉！公路所交善，惟婁子柔、李長蘅两君子。……將以此月二十一日奉公之柩，於葬江灣之先塋，元配孺人李氏先一年卒，別有誌。銘曰：昔白香山之《池上詩》云「有水一池，有竹千竿。有書有酒，有歌有弦」者，貧士不能致之，夸士不能安之，力能致之，心能安之者，公路也。膏以明煎，身隱則天全；火以薪傳，稱詩爲大年。豈羡千百歲之頑仙，不爲五十歲之樂天乎？吾嘗銘王公大人之阡，要以亟稱無愧者，惟若士爲然。(《容臺文集》卷八，《四庫全書存目叢書》影印明崇禎三年董庭刻本)

《畫禪室隨筆》

⊙書《琵琶行》題後

白香山深於禪理，以無心道人作此有情癡語，幾所謂木人見花鳥者耶？山谷為小詞，而秀鐵訶之，謂不止落驢胎馬腹，則慧業綺語，猶當懺悔耳。余書此歌，用米襄陽楷法，兼撥鐙意，欲與艷詞相稱，乃安得大珠小珠落研池也。(《四庫全書》本《畫禪室隨筆》卷一)

⊙記事

大林寺在天池之西，有西竺娑羅樹二株，中宴坐老僧。余訪之，能念阿彌陀佛號而已。白樂天詩云：「人間四月芳菲盡，山寺桃花始盛開。」必此寺也。(《四庫全書》本《畫禪室隨筆》卷三)

唐子畏詩有曰：「杜曲梨花杯上雪，灞陵芳草夢中烟。」又曰：「秋榜才名標第一，春風脂粉醉千場。」皆學白香山。子畏之才，何須以解首矜詡，其亦唐人所謂「今朝浩蕩恩無涯」，不免器小之誚。(《四庫全書》本《畫禪室隨筆》卷三；《容臺集》別集卷二「題跋・書品」，《四庫全書存目叢書》影印明崇禎三年董庭刻本)

《容臺集題跋》(題擬)

白香山有詩云：「病與樂天相伴住，春隨樊素一時歸。」東坡感其語，以樊素竟棄香山去矣。獨侍兒朝雲與坡公終始，頗以自喜，然又有嶺南之訣。此輩何幸得附兩公以傳，又豈止杜甫、少游黄鸝野鴛之論乎。(《容臺集》別集卷一「題跋・雜紀」，《四庫全書存目叢書》影印明崇禎三年董庭刻本)

白香山得法於鳥窠，有《六漸偈》，深入禪悦，不知何以多爲情語。「今年歡笑復明年，秋月春風等閒度」，蓋千古壯夫惜時之感，魏武老驥伏櫪之句，堪令人擊碎唾壺，豈關銅雀臺伎者耶！知此，可與讀《琵琶行》矣。又樂天有詩云：「病與樂天相伴住，春隨樊素一時歸。」此亦所謂「春盡絮飛留不得，隨風好去落誰家」，刺當時黨人行徑。所云「又抱琵琶過別船」，亦可爲《琵琶行》解也。(《容臺集》別集卷一「題跋・雜紀」，《四庫全書存目叢書》影印明崇禎三年董庭刻本)

白太傅，唐之達人，出處之際，大有淵明之概。讀《長慶集》，足以動悟。此賦是初應省試之作，已近聞道者，不待參鳥窠禪後，方能爲《八漸偈》(《動靜交養賦》)。(《容臺集》別集卷一「題跋・雜紀」，又見《容臺集》別集卷二「題跋・書品」，《四庫全書存目叢書》影印明崇禎三年董庭刻本)

擊壤詩有云：「爭先徑路機關惡，向後語言滋味長。」白香山云：「此身不向今生度，更向何生度此身?」永明云：「舉世豈爲身後慮，何人暫省事前空。」皆崔子玉此銘之鼓吹也。(《容臺集》別集卷二「題跋・書品」，《四庫

全書存目叢書》影印明崇禎三年董庭刻本)

智按：漢·崔瑗（字子玉）《座右銘》：「無道人之短，無說己之長。施人慎勿念，受施慎勿忘。世譽不足慕，唯仁為紀綱。隱心而後動，謗議庸何傷？無使名過實，守愚聖所臧。在涅貴不淄，曖曖內含光。柔弱生之徒，老氏誡剛強。行行鄙夫志，悠悠故難量。慎言節飲食，知足勝不祥。行之苟有恒，久久自芬芳。」(《文選》卷五十六)

白香山《琵琶行》以自寫羈臣怨士之緒，以彼曠懷深悟憚悦，豈爲淪落摩登伽女濕青衫之淚也。山谷故是白太傅後身，所作艷詞，與《琵琶行》同致，猶爲禪德所訶，謂不止墮驢胎馬腹，此書殆是未見秀鐵面時所作耶？原是吾鄉朱司成所藏，山谷他書學醉素，獨此規摹章草，以行書意寫流艷語，正似香山以無情人落有情癡也。(《容臺集》別集卷二「題跋·書品」,《四庫全書存目叢書》影印明崇禎三年董庭刻本；鄭元勳《媚幽閣文娛二集》卷九,《四庫禁毀書叢刊》影印明崇禎刻本)

智按：首都博物馆藏董其昌《琵琶行圖并書》，天津市歷史博物館藏董其昌行書《琵琶行》册（五開，金箋，墨筆），北京故宫博物院藏董其昌行書《琵琶行》册（七開，金箋，紙）。朱司成，黃惇《董其昌書法論注》(江蘇美術出版社，一九九三年四月，第二八八頁）注為朱國盛（字敬韜，號雲來。萬曆三十八年進士。華亭人)，蓋誤。朱司成，指朱大韶（一五一七～一五七七)，字象玄，號文石。朱恩孫。華亭（今上海松江）人。嘉靖二十六年（一五四七）進士。選庶吉士，授檢討。後詔以親老乞改南，遂得南京國子監司業，解任歸里，購文園以吟咏燕樂之事。酷愛宋版書。有《實事求是齋經義》等。事跡見明何三畏《雲間志略》卷十五《朱司成文石公傳》(明天啟刻本)。

白香山得法於鳥窠禪師，其生平宦路升沉，皆以禪悦消融人，不思議三昧，此八偈名爲漸偈，實頓宗也。蘇端明亦是樂天輩人，筆鋩更峻利，不知受用處，似香山何如耳。(《容臺集》別集卷三「題跋·書品」,《四庫全書存

目叢書》影印明崇禎三年董庭刻本）

文貞公以首揆還政，歸里中，去黑頭不遠，猶日事吟咏，作白香山語絶肖，而英氣勃鬱，則有白傅之達無其俚。此册所書詩，厥孫中秘君得之，故簏裝演襲，藏爲徐氏東序天球，非文貞道叶貽厥，能有此家風乎？爲跋其末，簡以志崇慕。（題寶綸閣帖）（《容臺集》别集卷三「題跋・書品」，《四庫全書存目叢書》影印明崇禎三年董庭刻本）

《題北宋李咸熙寒林歸晚圖》（題擬）

（斗方絹本，淡色。村居密雪，行者張蓋，挈榼紆迴林際，歸鴉翔集，暮色生寒）

天啓二年，歲在壬戌，二月十日，予與米參知仲詔，同觀於晉陵舟次。昔白香山守杭，元微之以守越州過杭，都人士聚而觀者如堵墻，曰：「非欲觀相公，欲觀世所謂元、白者耳。」余與仲詔皆有煙霞之癖，世有南董北米之稱，或不愧元、白故事。收藏者新安程繼白，亦以雅道為東南顧阿瑛、曹雲西輩人也。董其昌題。

（後又小行書題云：）自米海岳時已欲作，無李《論營邱》。眞蹟之難得，久矣。此幀乃潘光禄家藏，前後有名人題跋，本作一卷，自余獲之，遂割去題跋，裝爲册葉，以冠諸畫。丁酉秋九月廿一日典試江右，歸次蘭谿舟中題。玄宰。（對題藏經方紙本）（《四庫全書》本《式古堂書畫彙考》卷三十三名畫大觀第二册第四幅；安歧《墨緣彙觀録》卷四名畫下，《續修四庫全書》影印清粤雅堂叢書本，第一〇六七册，第三五七頁）

《題池上篇》（題擬）

白香山《池上篇》其所謂「十畆之宅，五畆之園」，似亦人所易辦，第識分知足為難耳。董其昌玄賞齋。（清陸時化《吴越所見書畫録》卷五，《續修四庫全書》影印清乾隆懷煙閣刻本）

智按：董其昌，字玄宰，華亭（今上海松江）人。萬曆十七年（一五八九）已丑進士，官至禮部尚書，謚文敏。事迹具《明史・文苑傳》。

陳邦瞻（一五五七～一六二三）

《琵琶亭》

江上蕭蕭日多雨，江船不遇胡琴女。何人解作斷腸聲，腸斷空亭獨無語。（《陳氏荷華山房詩稿》卷二十六，《續修四庫全書》影印明萬曆四十六年牛維赤刻本）

智按：陳邦瞻，字德遠，高安（今屬江西）人。萬曆二十六年（一五九八）進士，授南京大理寺評事。歷官浙江參政、進福建按察使，遷右布政使，改補河南，分理彰德等府。在河南時，開水田千頃，建滏陽書院。後官至右副都御史巡撫廣西。光宗即位，擢兵部右侍郎，總督兩廣軍務，兼巡撫廣東。爲人好學，有風節。曾在馮琦原書基礎上，編定《宋史紀事本末》，另編有《元史紀事本末》，有《陳氏蓮華山房詩稿》。《明史》卷二四二有傳。

成汝學（一五五七～？）

《次白樂天浩歌行》

世事紛紛幾時畢，我欲沈暝醉千日。自從失母歸松楸，歲月悠悠垂二七。西疇耕作年復年，饘粥亦絶猶歡然。鍾鼎功名吾豈敢，閑愁不曾侵衰顔。田園風物尚依舊，百歲菟裘得吾處。巖邊老鶴鷺猶棲，簾畔閑雲宿而去。延生其奈乏紫河，弄姿堪笑無秋波。平生知己是何者，道峯長對青峨峨。且從商嶺展長嘯，肯向燕市追悲歌。橋頭小路行旅稀，雨後池塘芳草多。山林隱跡世無知，只有文章似陰何。（《鶴泉先生集》卷二，《韓國文集叢刊》本）

智按：成汝學，字學顔，號鶴泉、雙泉。有《鶴泉集》。

沈瓚（一五五八～一六一二）

《張君為余貌小像二一野服一冠裳皆肖戲賦一律效長慶體》

荷衣芰制舊豐神，束帶簪冠自主賓。剩有丹青稱獨步，頓令形影共三人。

若為濃筆兼枯筆，莫問前身與後身。欲識生平丘壑意，請從阿堵辨吾真。（《四庫全書》本《御選明詩》卷八十六）

智按：沈瓚，字孝通，一字子勺、子與，號定庵，吴江（今屬江蘇）人。沈璟之弟。萬曆十四年（一五八六）丙戌進士。除南京刑部主事，進郎中，出歷江西僉事，二年後乞歸。家居十八年後，被薦補廣東僉事，剛入境即病逝，卒年五十五。有《静暉堂集》。

黄汝亨（一五五八～一六二六）

《讀香山集》

空庭過涼雨，松下一高眠。偶讀香山句，清吟妙自然。常時愛飲酒，第一喜逃禪。吾亦無它事，從君結此緣。（《續修四庫全書》影印明天啟四年吴敬、吴芝等刻本《寓林集詩》卷三，第一三六九册，第六三七頁）

《快雪堂集序》

秦漢以來，作者惟韓、歐學本經術，追蹤遷、向。柳有沈力，王有偏識，曾有樸質，而才不逮。獨蘇子瞻之才，貫串馳驟，而又得之禪悟，頹然天放，白香山次之，後世學無本原，相師小慧，於韓、歐亡當，則動稱蘇、白，以文其陋。蘇、白，天爲徒，又焉可刻畫求之也。近世作者蔚起，崆峒殆庶如唐應德之淹通，歸熙甫之簡核，卽才非絕代，未盭古始，蓋王、曾流亞，他文人煒然盈篇，如蘇子外廓，間有其人，而性地少似，何也？性地靈則可以鎔萬有而無，可以提萬無而有，又若不盡係乎學術之鴻殺，而吾獨於馮開之先生深有當焉，何也？開之記序碑志之文，不必一一盡學古法，而簡素夷朗，無近世藻績襞積之習，其小傳小記，尺牘短韻之文，任筆所及，有致有裁，而所譚禪那之宗，游三昧而戲六通，澹宕微妙，尤宛然蘇、白風流也。詩七言與長歌，或不能竝驅古人，選詩及五言近體，得趣山水琴尊間，觸物賦咏，出入顔、謝，今亦不多見也。別有日紀若干卷，隨事漫識，取適臨時，應手疾書，不避淺俗，而自有意表之辭，物宜之象，如點滴甘露，鋸屑寒玉，尤足珍焉。余獲交先生廿餘年，其道俗環應，若與物諧，而具體澄洌，不受涅緇，佳惡貴賤，曠然無繫於懷，放似莊，慢似長卿，澹遠以彭澤，而於蘇、白，全領其神，故其文，眞性地之文，與天爲徒，以眎近世藻繢襞積之流，豈非所謂一龍一豬者哉！先生衣冠作止，笑語諧謔，俱妙有天解，惜其人俱往，而可見者僅此編。余乃遡韓、歐而上下於文人之間，噫嘻乎！先生有知，亦歎曰文而已矣。（《續修四庫全書》影印明天啟四年吳敬、吳芝等刻本《寓林集》卷三）

《浮梅檻記》

客夏游黄山白岳，見竹筏行溪林間，好事者載酒從之，甚適。因想吾家西湖上，湖水清且廣，雅宜此具。歸而與吳德聚謀製之，朱欄青幕，四披之，竟與煙水雲霞通為一席，泠泠如也。……每花月夜，及澄雪山陰，予時與韻人禪衲尚羊六橋，觀者如堵，俱歎西湖千載以來未有。當時蘇、白風流，亦想不及此人情喜新之談。……（《續修四庫全書》影印明天啟四年吳敬、吳芝等刻本《寓林集》卷十，第一三六九册，第一二三頁；《明人小品十六家》，第四二三頁）

《亡兒茂梧壙誌》

嗟兒茂梧亡矣，有志無年，無奇文瑰行，足以託名筆，而念其賫志以歿，不忍令後之人無聞，于是乎抆淚以志。茂梧，余長子，元配贈孺人沈氏出也。生十月，而母沈見背，余抱而啼，須隣媪乳活，繼乃得專乳。越歲余，繼配孺人張氏母依焉，六歲而張又見背。九歲，余繼配孺人吳氏撫之。兒眉目踈秀，受書能讀，而氣孱弱，不任讀。戊戌，余舉進士。次年，授江西進賢令，攜之官，受易，自是余兩入計，往來進賢，凡六年，兒俱從令，受師訓讀經史左馬秦漢人文，俱成誦，稍稍能爲文，未□服不遽，令赴童子試，余以乙巳行取入京師，而□留家食。丙午十九歲，乃赴試，爲督學李二溟公見□，□錢唐博士弟子員，是年娶婦顧氏，家居從師友□帷。……亡何，已未春二月十五日卽長逝，痛哉！大都兒少失母怙氣，竟孱弱不副志，負姿亦穎秀，不至下劣，又時從予得侍賢師高朋之側，入耳無猥瑣語，爲文恥流俗，而心手未卽應。年來稍成文采，而以病奪，竟伊鬱牀笫間，悲夫！兒虛願多智，凡書法詞賦，病中涉畧，亦時露佳處。不竟性嗇，每事依于寒儉，不作華靡習氣。自甲寅至今，強半病心血，日與醫師藥餌爲伍。中乃屏醫藥不御，學導引法，亡效，嘗從雲棲師聞佛氏西方之業，乃併導引不事，皈命于佛，手書《金剛》、《心經》二册，及雲棲所選白香山《警悟篇》，置案頭披覽，以是卽病劇，無怖畏愁苦狀。没之前一日，呼予竟日，囑婦顧曰：生死夢幻，余無它苦，惟不得報親恩，有未了念，善教二幼孤，補吾過也。語訖，右脇安祥而逝。距生之日爲戊子閏六月二十八日，得年三十二。悲夫！兒無子淵之哲，而同蚤夭之年，志業未就，文藻膚立，而乃以未了之願，望于不可知之孫，使余白頭纏，悲痛哉！……（《續修四庫全書》影印明天啟四年吳敬、吳芝等刻本《寓林集》卷十五）

《江州别駕徐公行狀》

吾杭有兄弟兩徐先生，弟曰桂人，稱大滌先生，有才名以風……十六年，夏淫雨，饑，請于上，爲出粟賑貸荆楚間，匍伏就食更生者，幾數千人，僉比公富鄭公之活青州也。……亡何，有江州别駕之命矣，公欣然題輿行曰：「吾負上官不負民。」去之日，邑丁壯扶老將羸細，相欷歔攀卧轅下者纍纍。又幸甚曰：「尚未離江州土也。」公佐九江一載，事依簡靜，民安之。未幾，勃焉有西湖之想，遂解綬去，諸寮寀羣起留公，曰：「公少别駕耶？白香山有言：江州左匡廬，右江湖，土高氣清，富有佳境。公卽吏隱此中，不翩然僊哉，而戀戀西湖爲？」公逌然笑應之曰：「白公不又云乎：禄仕之優穩，尸素之尤蠹，蓋可恥也。吾從此不從彼。」于是，問農圃于禹航，而載書寓錢唐之西河，日夜課二子讀《易》，旁及左漢晉魏以來諸家，間自手一編，側弁而哦。其耦笑之曰：「君還就試乎？」公亦笑應曰：「吾家素業在是。」公自宦江州，及家食澹清，自尚凡兩入計，俱單車就道，餽遺都絶。里門課子，耕讀外，恥問户外事，生平衣不厭澣，食不厭糲，以恭儉為師，至親知有緩急，卽慨然應之以餘貲，縣杖頭錢，招摇朋好，夷猶于六橋兩峰花月之間，胸懷朗朗無藏宿，諸鄉老社集，非非是是，抗聲不少遜，曰：「三代所以直道而行也。」……（《續修四庫全書》影印明天啟四年吳敬、吳芝等刻本《寓林集》卷十八）

《匡嶽蘧廬引》

往予爲壇石長時，僅從潯陽江，歷廬山之右郛，所眺覽自東林天池講經臺十餘里而止。所稱五老峰、香爐瀑布之勝，未及攬取，每以爲恨。友人曹能始于五老峰下，爲僧結方廣庵一座，余以片語附緣起。三五年來，能始宦游蜀，余小草金陵，此山此庵，念之如隔青漢。頃筠陽有喻混初山人者，過金陵訪予。其人鬚眉骨理，飄然若僊，扣其中停，毓群有不可涯測，而尤深於叅同之玄，康節之數。與之談，上青天，下黄泉，推驗若燭照而龜卜，而柔氣若處女。予甚驚怖，信重之。問其足跡所涉歷，則流吳漂越，南荆楚，北幽燕，天下之名山福地，十收其七八。而問其所託幻棲真之最勝處，則曰：「無如吾家鄉之廬山，俯江漢而吸煙雲，有動有静，作佛作仙，超超乎風埃人境之外。予將以一椽終老焉。」問其友，則魏銓部澹明、王孫鬱儀氏諸高賢，爲之謀始，近且貽書葛屺瞻兵憲、費台簡太守，相與翼成之。而能始返自蜀，尋五老之舊事，亦應與山人會。山人來别去，余曰：古之隱者，未聞買山，亦先卜鄰。廬山自匡先生、陶處士、白少傅之流，標致千古，不可勝數。今公爲魏、曹諸君所延結，託勝此山，將肩隨往占，芥眎塵世。吾於此中，亦復不淺。七賢六逸，偶然而遭，減之非少，增亦不多。虎谿蓮社，烏可以無黄郎。山人欣然，顧予而笑。予因爲次第其語，書之册，以告諸公之愛重山人者，亟爲助成焉。如云鐘鼎在眼，丹壑可賒，則丸泥之自封函谷關，無所容吾說矣。（《續修四庫全書》影印明天啟四年吳敬、吳芝等刻本《寓林集》卷三十）

智按：黄汝亨，字貞父，仁和（今浙江杭州）人。萬曆二十六年（一五九八）戊戌進士，官至江西提學僉事，轉布政司參議。

公鼐（一五五八～一六二六）

《愁言詩效元和體》

貧賤難工衹自傷，衰年身世付羊腸。明時不惜梁鴻棄，舉國爭呼袁粲狂。豈謂途窮兼日暮，可憐髪短更心長。牢愁内熱如膏火，陽裹何時解病忘。

歲晚蓬蒿一病身，畏途重足更逡巡。親交絕望門羅雀，妻子啼饑甑有塵。高唱多逢里客耳，難言常對互鄉人。環墻淚滴無乾土，疾痛呼天慘莫申。

殘燈隻影坐悠悠，屈指今宵不盡愁。攜儷耕耘貧刺骨，思親風木淚盈眸。

一家大半成塵土，十口相依只贅疣。擾擾勞生吾已厭，欲從朝菌問春秋。（《問次齋稿》卷十九，明萬曆四十七年河南副使呂邦燿刻本；《問次齋稿》，趙廣升點校本，中國戲劇出版社，二〇〇八年九月，第二三二頁）

《丁亥至中山寺隨三叔徐丈小飲禪房》

梵宇隋堂上，浮圖霄漢間。吹簫鳴鳳下，扶杖卧龍還。淡淡峯如笑，嚶嚶鳥亦閒。欲尋白傅跡，疑是對香山。（《公鼐詩文選專輯（蒙陰文史資料第三輯）》，中國人民政治協商會議蒙陰縣文史資料委員會編，一九八九年十月，第四〇～四一頁）

智按：《四庫全書》本《山東通志》卷三十五之一下題為《中山寺（寺在蒙陰，有石刻白太傅詩)》。「隋堂」，作「隋唐」，「對香山，作「到香山」。

《衍元白詩三首寄馮用韞》

製就生衣遠寄將，開函顛倒淚千行。妻驚女哭緣何事，才說江州已斷腸。

千里襟期付此詞，郵筒珍重寄相思。將來莫遣玲瓏唱，淚盡夷陵緩棹時。

生平有意皆成幻，死去憑誰得報君。燈影幢幢對疏雨，一聲哀雁入秋雲。（《蒙陰文史資料第三輯公鼐詩文選專輯》，中國人民政治協商會議蒙陰縣文史資料委員會編，一九八九年十月，第八六～八七頁）

智按：公鼐，字孝輿，蒙陰（今屬山東）人。萬曆二十九年（一六〇一）進士。改庶吉士，授編修，歷少詹事，禮部右侍郎。天啟初，魏忠賢亂政，引疾歸。卒，謚文介。其《問次齋稿》三十一卷《續稿》五卷《西游稿》七卷，有明萬曆四十七年河南副使呂邦燿刻本；齊魯書社一九九八年影印抄本。

何喬遠（一五五八～一六三二）

《名山藏》

⊙吳廷舉

吳廷舉，字獻臣，蒼梧人。成化中，年十九，舉于鄉。二十三，以進士知順德縣，盡罷縣諸浮費，壞斥淫祠觀寺二百餘所，以其材修學宫，闢書院。……亡何，遷工部尚書，具疏乞休，上慰留之。廷舉且留户部主事，陳琛以詩規廷舉，廷舉手牘請琛曰：「公謂可歸即歸矣。」遂再疏請，疏引白居易、張詠詩「月俸百千官二品，朝廷僱我作閒人」、「天下太平無一事，江南閒煞老尚書」之語，疏中有「嗚呼」二字，上怒廷舉悔慢，無人臣禮，令致仕。亡何，卒。廷舉身長而瘠，面如削瓜，好讀書，自擬古人，志節皎然……（《名山藏》卷七十四臣林記，《續修四庫全書》影印明崇禎刻本）

⊙沈周

沈周，字啓南，世居長洲縣之相城里，父恒吉與其兄貞吉，並精繪事，志尚高邈，家庭僕隸，悉通文史。周風格潔修，外標朗潤，内蘊精明，文學左丘，詩學白樂天、蘇子瞻，兼有陸務觀之體，書法黄庭堅，遒勁奇崛，其畫得之於天，率多自運，極其變化，或時草草點綴，而意態横生，畫成自標題，人稱二絶。周事母至孝，父卒便棄諸生業，或勸之仕，曰君不知母氏以周為命乎？至其含弘仁恕，寬然長者也。儲有失物，誤指周家物，曰：是公物耶？推而與之，其人既得物返周家物，周曰：非公物耶？笑而納之。嘗購得古書一部，殊費價直，客來，睇（諦）視之曰：「吾書也，示我所從來，將往質焉。」周問驗其書，果是客書，舉而還之，終不言售者姓名，亦不譙呵售者。至其直氣倔强，又復無如。……（《名山藏》卷九十六高道記，《續修四庫全書》影印明崇禎刻本）

智按：張岱《石匱書》卷二百九（《續修四庫全書》影印稿本補配清抄本）略同。

《琴莊筆記序》

古人精通内典，舉以通斯文者，無如王摩詰、白樂天、蘇子瞻數家，摩詰、樂天則以内典通之詩，子瞻則以内典通之文，其餘裴休、張商英之徒，則内典而已矣。然其所詣亦自有不同者，余嘗作佛論，以為世尊而見仲尼，仲尼將與之乎，其拒之也。仲尼所以處一世之人，陽貨、季康互鄉之徒，皆可以進，然則世尊而見仲尼，仲尼與之矣，彼其忍辱卑下，以持其身，既不殊於觀察慮下之旨，而諄諄誘悟衆生之意，亦何殊於人，立人達之，方至其幻妄世界，虚空一切者，富貴浮雲，從吾所好者也。今世之儒，徒沿古人闢佛之意，文字之間，佛家一辭不敢措手，此何異世之學唐詩者，不敢一字入宋，而近時為制義者，不得越用禮部所限語也。余之鄙意，外域衣服食用之具，其精且巧於中國者亦多，而中國率用之至。論學論文則曰彼佛經也，彼佛義也，講學之士尤嚴其禁，而他搢紳人士名為尊佛者，則徒取齋且誦，而身寔悖馳之，故夫取佛之義旨，以廣吾聖人之道者，則聖人之道之大，可以兼佛之所能知能言者也。余友黄懋弢氏，夙心東魯之學，其於人倫日用之間，不敢越之尺寸，而旁通内典，以為餘力，居閒讀書，偶有所得，則筆而記之，謹閉一室，登目静心，所以慨歎，有懷懲艾自訟，莫不桀於聖學，而時時證以佛經諸語，章章法言，字字良箴。嗚呼！若懋弢者，其眞善尊聖人，而善廣之者也。余不能為佛經之言，而能知其意，故為懋弢行之，而為序而歸之。(《四庫全書》本《明文海》卷二百二十九序二十)

智按：何喬遠，字穉（稚）孝，號匪莪，晚號鏡山，晉江（今福建泉州）人。萬曆十四年（一五八六）進士，歷任刑部主事、南京工部右侍郎等。編有《閩書》一百五十四卷，《四庫全書》本；《皇明文徵》七十四卷，明崇禎四年（一六三一）刻本；《名山藏》一百零九卷，明崇禎刻本。

朱國禎（一五五八～一六三二）

《湧幢小品》

⊙焚私書

唐錢徽拜禮部侍郎，宰相段文昌以所善楊渾之、學士李紳以周漢賓並諉徽，求致第籍。渾之者，憑子也，多納古帖、秘畫於文昌，皆世所寶。徽不能如二人請，自取楊殷士、蘇巢。巢者，李宗閔婿；殷士者，汝士之弟，皆與徽善。文昌怒，方帥劍南、西川，入辭，即奏徽取士以私。紳及元稹知狀。時稹與宗閔有隙，因是共擠其非。有詔王起、白居易覆試，而黜者過半，遂貶徽江州刺史。汝士等勸徽出文昌、紳私書自直，徽曰：「尚無愧於心，安事辨證耶?」敕子弟焚書而行。

路岩親吏邊咸用事，富與岩敵。有郭籌者，相善。其議事以書相示，則焚之。今寫書曰「乞火之」，蓋祖此。近時有鄉士大夫某，與郡太守契，密還往，書尾云「乞擲還」，蓋以火之猶未可信，必還而後可。其書誤投於余，復封固，返之。夫秘密設策，而曰：「擲還」，則渠二人不能自信，而況他人!為之一慨。(《湧幢小品》卷七，《續修四庫全書》影印明天啟二年刻本；中華書局上海編輯所一九五九年版上册，第一五九～一六〇頁)

⊙稱謂

五代時稱朋友曰周旋人，楊彪稱其妻曰鄉里。

白樂天稱劉伶為酒僊，稱韋蘇州為詩僊，茅鹿門稱韓信、蘇東坡為兵僊、文僊。

范文正稱御史為端公，蓋取臺端之義，今用以稱首揆，蓋端揆之義。

黄幹，考亭先生之壻也，先生行狀出其手，余見其手筆，止稱門人。(《湧幢小品》卷十八，《續修四庫全書》影印明天啟二年刻本；中華書局上海編輯所一九五九年版下册，第四二八頁)

⊙大年

周穆王一百三十四歲，召公奭一百八十歲(出王充《論衡》)，一云召公百一十九歲(《竹書紀年》)，太公望百四十歲(《金石録》)，老聃生子殷時為周柱下史，轉為守藏史，積八十餘年，入大秦時，蓋二百餘歲(《高士傳》)，卜子夏一百三歲(出《容齋隨筆》)，漢文帝得魏文侯時，樂人竇公百八十歲，兩目皆盲(出桓譚《新論》)，齊東宫得疾，隱居嵩岳，壽三百餘歲(出《嵩山志》)，後魏正光初有隱士趙逸來京師，云是晉武時人，晉朝舊事，多所記録，號為聖人，不聞養生，自然長壽，言郭璞為吾筮壽五百，今始逾半，蓋二百五十矣(《洛陽伽籃記》)，魏侍中羅結一百七歲，猶總三十六曹事，百二十餘乃卒(出《北史》)，梁鍾離思遠百一十二歲，凡七娶妻，有子十二人(出《南史》)，漢丞相張蒼年老，吮婦人乳汁，得百八十歲(抱朴子)，荆州上津鄉人張元始，年九十七方生兒，兒遂無影，元始百一十六歲乃卒(出《南史》)，梁武帝太清元年，海中浮鵠山有女人，年三百歲，遣使獻紅席，有女道士四五百人，年並出百歲(出《南史》)，唐開元東封太原人于伯龍詣闕，年已百二十八歲，其子老死，兩孫隨行，各年七八十歲（出《舊唐書》），唐南昌人錢朗累官光禄卿，百七十乃卒（出《一統志》），唐會昌五年，胡杲、吉旼與白樂天，于東都履道坊為九老會，洛中遺老李元爽年百三十六歲，杲八十九，旼八十八，劉眞八十七，鄭據八十五，盧眞八十二，張渾七十七，白居易七十四（出《白氏長慶集》）。宋初羅浮山有陳崇藝者，年百二十，自言兒時見山下有船數十，今去海四里矣（《羅浮山記》）。宋太宗時，瓊州人楊遐舉年八十一，其父連叔年百二十二，祖宋卿年百九十五並存，猶有九代祖居，雞窠中如小兒，見人出頭，下視不語不食（出《洞微志》）。又池州有一村，皆查姓，有翁媪兩人，是其村祖，不知幾百歲，各長三尺，腦後一髻，擁以綿衣，唯露首面，兀如土木，但目能運轉舌，能舔酒（《夷堅志》）。（《湧幢小品》卷二十四，《續修四庫全書》影印明天啟二年刻本；中華書局上海編輯所一九五九年版下册，第五八〇～五八一頁）

智按：朱國禎，字文寧，號平涵，又號虬庵居士、守愚子，烏程南潯（今浙江湖州）人。萬曆十七年（一五八九）進士，累官禮部尚書，文淵閣大學士。魏忠賢竊柄，國禎佐首輔葉向高，多所調劑，及向高與韓爌相繼罷去，國禎為首輔，復為逆黨李蕃所劾，遂引疾去，崇禎五年卒，贈太傅，謚文肅。

陳繼儒（一五五八～一六三九）

《池上作二首》

一溪樹色一簾烟，茗捥薰爐秋水篇。正合香山居士句，芙蓉開在卧床前。

曉起科頭坐竹邊，無聊拄頰更高眠。何來瑟瑟松風度，却是花闌沸茗泉。（《陳眉公集》卷四，《續修四庫全書》影印明萬曆四十三年史兆斗刻本；《晚香堂小品》卷六；上海中央書店一九三六年版《陳眉公全集》下册第一六一頁）

《陸仲華先生六十敘》

余少好曠閒，考室山澗，覆以茅椒，將以爲灌息寤寐之所，而蹈道不固，强向人間授書，每思梁武有云：「賔客簡通，公卿罕預意。」嘗誦而愧之，間于瑯琊絃誦之暇，與二三同志行游郊墟。晚得陸仲華先生，蓋婁東隱君子也。陸氏自薇菴、晉川兩公，以風流文采，照映一時，而仲華繼之，仰籍先閥風軌，穆如孝友恭儉，信于里黨。蓋嘗隸博士之籍者四十年，而才高數奇，遂此不復與羣從褫裾爭席矣。南郭之陽，有墓田在焉。先生于是漉泥芟草，穿池引流，地不求方幅，樹不問位置，藥欄竹塢，參差蔚薈，臨之以草堂，樊之以槿垣，紆折之以栢徑蔬圃，紅橋翠幕，緑窗素屏。先生日高枕讀書，甚樂也。余嘗一過訪，盤餐錯造，觴奕間作，奇茗異香，不速而至，倚孤亭，坐磐石，出視籬落之外，江檣亂飛，田塍如織，主客俱在圖畫中，但憂老耳。先生捧腹笑曰：「君非知我者。僕六十，飲噉不少衰，入抱膝上兒，出對座上客；登壇賦詩，如幽燕徤將；爲人排解紛難，如關隴十五俠少年。其他掃籜買花，種魚洗鶴，殆不知老之將至。」余曰：「有是哉，先生者蓋不官之淵明，不貧之榮啟期，不抱甕之漢陰丈人，而有子之白樂天也。」且今甫六十，予齒肩隨，當歲歲過婁東，與先生共尋人外之樂，度手種樹已徑圍，兒亦讀父書，稱知名士矣。（《陳眉公集》卷八壽文，《續修四庫全書》影印明萬曆四十三年史兆斗刻本；《晚香堂小品》卷十五；上海中央書店一九三六年版《陳眉公全集》下册第三七頁）

《壽宫保陸大宗伯平翁序（代）》

往先生八十時，天子採御史大夫言，拜先生宫保于里第，已又遣郡縣行羊酒，存問禮。維時海内士大夫，輸琛葦璧，登樂獻歌，布武先生之堂，天下無不聞而艷之。去丁亥至庚寅，先生八加有三，其子伯達君成進士，以行人歸，視公于家，披錦衣舞，而進觴諸孫，如玉腕孿膝上。……今鄧使君儼然鄉大夫也，而諸君率又斌斌以賢能起家，則今日彷古鄉飲之制，而惇大賔之享舍宗伯先生其誰當之？是役也禮也，獻生晚年，幸爲先生之邦人，蓋嘗妄窺先生之學，本于六經，而公家敬輿及金谿兩兄弟，則又從千古之上，啓關鑰而授之，故其傳獨正，晚而游衍于竺乾之書，與裴相公、白香山揖讓同堂，故其神情獨曠，嗛分宜而避其濁，稅江陵而遜其横，詔三起而三辭之，故其出處獨高，若是者，是亦足以仰窺先生之萬一，然皆貌得其粗，而未覩先生之神者也。嘗聞先生居朝，高冠獨步，令人凛凛，不霜而寒。乞歸十五年，京洛之下，竿牘如山，卒不得先生片言隻字，其危峻如此。至于告政家居，召布衲爲上客，呼漁樵爲老友，所以提奬後輩，膝語而耳囑之者，靡不肯歀中心，得所欲而去。嘗譬之，其在朝如泰岱峨嵋，雪中雲半，可望而不可登；退而游于鄉社之間，如甫田平疇，芸夫牧豎，皆得以嬉笑而托足焉。先生以伯夷之風而兼下惠之量者耶！夷清如秋，惠和如春，春秋相成，萬物化生，吾于先生得壽原矣。……（《陳眉公集》卷八壽文，《續修四庫全書》影印明萬曆四十三年史兆斗刻本；上海中央書店一九三六年版《陳眉公全集》下册第三頁）

《壽包瑞溪老先生六十序》

先生以癸巳稱六十矣，性簡重，不敢以牲醴鐘鼓勤其鄉之宗人賓客，乃與甂甌子出而游于峰泖之濵。不佞某，先生之小友也，無敢以俗禮溷，遂謀之愚谷子，操空言爲壽，而折梅花與山中之鹿以侑之。……先生凝靜澹泊，超然出于天際俗籠，時局不得而縶之，此何足以奇先生，而先生之奇，世人不能望其萬一者。先生居家孝友，子姪廩廩，動遵禮法，不失尺寸，而先生未嘗并以檢柙人，則甚奇；賢豪借譽，饑寒借色，一諾不渝，千里必赴，則甚奇；平生經國大畧，嚴若武庫，深若重淵，而有時嘿然端坐，曾不知其爲大人先生，則甚奇；喜與人同功，而至不惜與人同過，則甚奇；可以廊廟，可以山林，可以方之内，可以方之外，則甚奇；進而莊嚴于鄉老之社，退而婆娑于少年之埸，則甚奇；人德之不應，或中之難曉之語，必不忍之詬，亦不應一言，涣釋解衣渥手，驩然無忤，則甚奇；起自名家，復起自少年高第，爲鄉祭酒，爲邦典型，而或布衣葛屨，或下車徒步，則甚奇；不逃禪，不佞佛，而能不妄語，不宰殺，不吝信施，不膳兼味，則甚奇；孜孜爲善，自子姓而下，兒童賤隸皆化之，則甚奇；胸中了了，明智若神，而往往絕臧否，含瑕纇，則甚奇；人以此相加重，而不忍以此相加欺，則甚奇；六十矣，而不倦游，碧瞳丹輔，行無杖，坐無几也，則甚奇。若是者，是真天下之至人也。先生蓋嘗以無咎無譽自處，以不夷不惠處人，以知足知止處造化，故有東方生之吏隱而斥其滑，有晉啟期之健而去其貧，有白香山之適而無蘭消玉殞之悲，有陶元亮之淡而無攢眉白蓮之苦，有蘇子瞻之達而無流離放黜皓首窮海之憂，若先生真可謂壽且康矣。夫先生既壽且康，則縱游五岳之期，當必與不佞野人共之，他日山冠田衣，長鑱短杖，清歌幽嘯，而入松花芝草之叢，則此鹿且百歲能負而走矣，使天下望見吾兩人，如甂甀子之從先生者，曰：此青山白雲東西南北之人也，豈不樂哉！（《陳眉公集》卷八壽文，《續修四庫全書》影印明萬曆四十三年史兆斗刻本；《晚香堂小品》卷十五；上海中央書店一九三六年版《陳眉公全集》下册第三九頁）

《題李舜卿新柳圖》

白樂天晚年以妓楊柳枝與駱馬，俱録放籍中，欲同日棄擲。舜卿爲新柳作詩，極其供養，而又倩諸公繪圖，可謂于柳眼太覺情緣，與香山放置心腸，豈非天淵也。（《陳眉公集》卷十一題詞跋疏，《續修四庫全書》影印明萬曆四十三年史兆斗刻本；上海中央書店一九三六年版《陳眉公全集》下册第一九三頁）

《答劉志遠》

不肖自揣拙鈍，稻衲田冠，竹屋土剉，自了一生，不復敢與海内名賢通一耗問，乃明公束帛緘素，忽飛幽岩之中，且以先君碑記見屬，不勝赧莊。讀雄文金翹制雲，玉龍舞雪，蠅鳴蛙奏，何以聲爲？謹繕呈以候郢削，門下清操飲冰，直聲如矢，海内屈指，以顒賜環之召，嬾薇豐草，此不肖輩麋鹿所私明公，安忍東山而釣北海，如先君功德二語，則隱然以宰官度世期之矣。白香山樂天行院，蘇端明紫府押衙，鶴背馬頭，原不相碍，門下負異，骨秉素心，俟人間之殘局少完，則天際之靈槎可駕。某雖不肖，願順風而請道焉。（《陳眉公集》卷十二尺牘啓，《續修四庫全書》影印明萬曆四十三年史兆斗刻本；上海中央書店一九三六年版《陳眉公全集》上册第四九頁）

《又（與郁季雅）》

接八行纍纍，何嫺于祠也，讀之舌爲燥，而懼其盡也。足下落筆，如束三峽之流，而入之徑寸之管，無論浙人士爲空大江以南，其誰不望兄如騎龍鞭螭者乎？乃兀兀短鋏，天乎尚謂有天眼天耳乎，英雄頓挫，唾壺欲缺，要之大吕黄鍾，不與瓦缶共爲雷鳴。足下試静而俟，必有持巨梃以相叩者，不然足下猶赤精然，且離匣而走矣。三詩大有致白香山之音也，青蓮赤水，書若㤥在，家笥中，客檢出尊札，乃漢語耳，珍重珍重。（《陳眉公集》卷十二尺牘啓，《續修四庫全書》影印明萬曆四十三年史兆斗刻本；上海中央書店一九三六年版《陳眉公全集》上册第六七頁）

《文娱序》

往丁卯前，璫網告密，余謂董思翁云：「吾與公此時，不願爲文昌，但願爲天聾地啞，庶幾免于今之世矣。」鄭超宗聞而笑曰：「閉門謝客，但以文自娱，庸何傷。」近年緣讀《禮》之暇，搜討時賢雜作小品而題評之，皆芽甲一新，精彩八面，有法外法，味外味，韻外韻，麗典新聲，絡繹奔會，似亦隆、萬以來，氣候秀擢之一會也。往弇州公代興，雷轟霆震，後生輩重趼而從者，幾類西崑之宗李義山，江右之宗黄魯直。楚之袁氏思出而變之，欲以漢幟易趙幟，而人不盡服也。然新陳相變，作者或孤出，或四起；神鷹掣韝而擘九霄，天馬脱轡而馳萬里，即使弇州公見之，亦將感得氣之先，發起予之歎。白樂天有云：「天下無正聲，悦耳卽爲娱。」豈是之謂耶！超宗曰：「吾儕草土，豈敢洋洋浮浮，批判先覺，但古豪雋必有寄，如皇甫淫，杜預癖，柱下之五千言，毘耶之四十九年法，即至人累世宿劫，不能斷文字緣，而况吾輩乎！嘗反覆諸賢文，一讀之蠲愁，再讀之釋涕，三讀之不覺呻吟，疾痛之去體也，其庶幾大祥之援琴乎哉！」余曰：「寧唯是。」開元中，將軍斐旻居喪，詣吴道子，請畫鬼神於東都天宫壁，以資冥福。答曰：「將軍試爲我纏結，舞劒一曲，庶因猛厲，以通幽冥。」旻唯唯，脱去縗服裝束，走馬左旋右轉，揮劒入雲，高數十丈，若電光下射。旻引手執鞘承之劒，透室而入觀者數千人，無不驚慄。道子於是援毫圖壁，颯然風起，爲天下之壯觀。鄭超宗磊落俠丈夫，文章高邁，名流見之皆辟易。出其精鑒，選爲文娱，斯亦吴道子東都之畫壁耳。若康樂娱于清讌，玄暉娱於澄江，未足比於文娱之壯觀也。（上海中央書店一九三六年版《陳眉公全集》上册第一一二頁）

智按：明鄭元勳《媚幽閣文娱二集》卷二（《四庫禁毀書叢刊》影印明崇禎刻本）題為《文娱初集序》。

《陸文定公傳》

公諱樹聲，字與吉，華亭人。學者尊之爲平泉先生。家世習農，公稍長，獨嗜書。族人毀其書，驅就田跣，而耕蘆刺入足趼中，歸則挾書避人讀之。忽從杵臼間，習爲文，拾殘録文以呈族兄，驚以爲奇。勉就學，公父未之許也。公灑涕跽請，乃遣就里師授經，同舍生望見山衣用冠，姍笑之久，乃慴服出試，補諸生高等。嘉靖庚子，舉春秋應天第五，辛丑會試第一。以庶吉士授編修。久之，晉司業，右諭德太常卿，署祭酒，再進吏部右侍郎。公筮仕至老，頻告歸，頻召起家。……余惟公立朝大節，炳若三光，其生平勤小物，護細行，世未必盡知之，余故識其小者，以備公四時之氣而已，然無如吾友周子紹節之善狀公也。周子嘗謂公，高風漸逵似陶元亮而無缾粟之窮，耆年宿德似高伯恭而無夷主之危，禄位名壽似郭汾陽而無朝恩之譖，游戲禪宗似白香山而無伯道之悲，潛神羲畫似邵尭夫而無冬夏之苦，忠信篤敬似文潞公而無子方之辱，守正不阿似司馬君實而無介甫之爭，遂爲古今完人，知言哉！（《陳眉公集》卷十三傳，《續修四庫全書》影印明萬曆四十三年史兆斗刻本；上海中央書店一九三六年版《陳眉公全集》上册第二一六頁）

《許秘書園記》

士大夫志在五岳，非絆于婚嫁，則窘于勝具勝情，于是葺園城市，以代卧游，然通人排闥，酒人罵坐，喧笑呶詈，莫可誰何？門不得堅扃，主人翁不得高枕卧，欲舍而避之寂寞之濵，莫若鄉居為甚適。吾友秘書許玄祐所居，為唐人陸龜蒙角里。其地多農舍漁村，而饒于水，水又最勝。太公常選地百畝，菟裘其前，而後則樊，潴水種魚，玄祐請甃石圉之，太公笑曰：土狹則水寛，相去幾何？久之，手植柳皆婀娜縱横，竹箭秀擢，茭牙蒲戟，與清霜白露相采采，大有秋思。玄祐乃始築梅花墅，竇墅而西，輦石為島，峰巒巖岫，攢立水中，過杞菊齋，盤磴上躋暎閣。君家許玉斧邁，小字映也。磴液分道，水唇露數石骨，如沉如浮，如續如斷，躡足蹇渡，深不及踝，淺可漸裳，而浣香洞門見焉。峪岈岩嶨，竅暗疏明，水風射人，有霜雹虬龍潛伏之氣，時飄花板，冉冉從石隙流出，衣裾皆天香矣。洞窮，宛轉得石梁，梁跨小池，又穿小酉洞，洞枕招爽亭，憩坐久之，徑漸夷湖，光漸劈苔，石纍纍囓波吞浪，曰錦淙灘。指顧隔水外，修廊曲折，宛然紫蜺素虹，渴而下飲，逶迤北行，有亭三角，曰在澗。所謂「秋斂半簾月，春餘一面花」是也。由在澗緣堦而登，濃陰密篠，葱蒨模糊，中巧嵌轉翠亭。下亭，投映閣下，東達雙扉，向隔水望見修廊曲折，方自此始。余榜曰流影廊。窈窕朱闌，步步多異趣。碧落亭踞廊面西，西山烟樹，撲墮櫓瓦几上，子瞻與元章欲結楊、許碧落之游，楊為楊羲，許為許邁，亭義取此。碧落亭南曲數十武，雪一龕，以祀維摩居士。由維摩菴又四五十武，有渡月梁。梁有亭，亭可候月。空明肖像画瀲灧，縠紋淪漪，若數百斛碎珠，流走冰壺，水晶盤飛躍不定，渡梁，入得閑堂，閎爽弘敞，檻外石臺，廣可一畝餘。虛白不受纖塵，清凉不受暑氣，每有四方名勝客來，集此堂，歌舞遞進，觴詠間作，酒香墨綵，淋漓跌宕，紅綃于錦瑟之傍，鼓五撾鷄三號主不聽客出，客亦不忍拂袖歸也。……昔王太史游香山，欲與二三子作妄想，若斬荻蘆陂隰，盡田荷花，使十五小兒錦衣畫舸，唱采蓮詞，出没于青蘋碧浪之間，可以終老。今玄祐不妄想而坐得之，又且登閣四眺，遠望吳門，水如練，山如黛，風帆如飛鳥，市聲簇簇，如蜂屯蟻聚，而主人安然不出里門，部署山水，朝絲暮竹，有待兒歌吹聲，左絃右誦，有諸子讀書聲，飲一杯，拈一詩，舞一棹，沿洄而廵之，上留雲借月之章，批給月支花之券，袍笏以拜石丈，絃索以謝花神，此有子之白樂天，無謫貶之李贊皇，而不寫生綃，不立粉本之郭恕先、趙伯駒之圖畫也，秘書未老，園日涉，石日黝，魚鳥日聚，花木日爛漫，篇章詞翰日異，而歲不同。余且倣角里先生，藤轎豹席，筆牀茶竈，叩君之園而訪焉，相與唱和，如皮陸故事，玄祐能采杞菊以飽我否？（《晚香堂小品》卷十九；施蟄存編《陳眉公小品》；《四庫全書》本《明文海》卷三百三十九記十三）

《狂夫之言》

唐穆宗即位，朱克融、王廷湊亂河朔，加裴度鎮州行營招討使。時元稹結宦官魏弘簡求執政，恐裴度復當國，因經置軍事，數持梗，不使有功。裴度上書暴元稹過惡，以為「陛下欲掃蕩幽鎮，先宜肅清朝廷。河朔患小，禁闈患大。臣自兵興以來，所陳章疏皆切要，所本書詔多有參差。蒙陛下委附之意不輕，遭姦臣抑損之事不少。進退皆受羈牽，意見悉遭蔽塞。但欲令臣失所，使臣無成，則天下理亂，山東勝負，悉不顧矣。」表三上，上雖不悅，以裴度大臣，不得已罷魏弘簡、元稹近職。俄擢元稹與裴度俱宰相。爾時白樂天交元、裴間，相與唱和，詩皆載集中。若使過高之論，樂天宜親晉公而疏微之。然樂天與微之始終無間言，生則觴詠不絕，死則為微之作墓誌，贊嘆不絕，略不露與晉公交惡之狀，親者無失為親，故者無失為故，道固爾也。若在今日，不以為趨炎附熱於生前，則以為匿瑕含垢於死後，將樂天猜作何等人矣。古今人不相及如此。夫春日讀元白《長慶》二集，因感而記之。（《叢書集成初編》本據《寶顏堂秘笈》排印本卷三，文學類，第二九三〇冊，第二七頁；《四庫全書存目叢書》影印明萬曆間繡水沈氏刻《寶顏堂秘笈》本卷三，子部第九四冊）

《岩棲幽事》

白樂天自作生墓志云：外以儒行修其身，內以釋教汰其心，旁以圖史、山水、琴酒、咏歌樂其志。（《四庫全書存目叢書》影印明寶顏堂秘笈本《岩棲幽事》）

《太平清話》

白居易諷諫詩，契丹主親以本國字譯出，詔番臣讀之。（《說庫》本卷上；《叢書集成初編》本據《寶顏堂秘笈》排印本，文學類，第二九三一冊，第一五頁；《四庫全書存目叢書》影印明萬曆間繡水沈氏刻《寶顏堂秘笈》本卷一，子部第二四四冊，第二五七頁）

白樂天「六帖」為應科舉而設，故醜類不廣。……（《說庫》本卷下；《叢書集成初編》本據《寶顏堂秘笈》本排印，文學類，第二九三一冊，第七三頁；《四庫全書存目叢書》影印明萬曆間繡水沈氏刻《寶顏堂秘笈》本卷四，子部第二四四冊，第三〇七頁）

《小窗幽記》

無事當學白樂天之嗒然，有客宜仿李建勳之擊磬。（卷四「集靈」，《國學珍本文庫》第一集本）

智按：白居易《隱几贈客》詩：「有時猶隱几，嗒然無所偶。」語出《莊子·齊物論》:「南郭子綦隱機(几)而坐,仰天而嘘,嗒焉似喪其耦。」李建勳(八七二?~九五二),字致堯,廣陵人。李建勳擊磬清耳,典出《玉壺清話》:「(李建勳)嘗蓄一玉磬,尺餘,以沉香節安柄,叩之,聲極清越。客有談及猥俗之語者,則擊玉磬數聲於耳。客或問之,對曰:『聊代洗耳』。」又明高濂《遵生八箋》載:《澄懷集》云:「江南李建勳,嘗蓄一玉磬尺餘,以沉香節安柄,叩之,聲極清越。客有談及猥俗之語者,則起擊玉磬數聲,曰:『聊代清耳。』一竹軒,榜曰『四友』。以琴為嶧友,磬為泗濵友,《南華經》為心友,湘竹為夢友。」

《致富奇書》

白香山《池上篇》云:十畝之宅,五畝之園。有水一池,有竹千竿。勿謂土狹,勿謂地偏。足以容膝,足以息肩。有堂有庭,有橋有船。有書有酒,有歌有絃。有叟在中,白鬚飄然。識分知足,外無求焉。如鳥擇木,姑務巢安。如蛙居坎,不知海寬。靈鶴怪石,紫菱白蓮。皆我所好,盡在吾前。時飲一杯,或吟一篇。妻孥熙熙,鷄犬閑閑。優哉游哉,我將終老乎其間。(《致富奇書》卷三占候部詩賦部,清乾隆刻本)

⊙詠月

月娟娟,月娟娟,乍缺釣横野方圓。鏡掛天,斜移花,影亂低映水紋連。詩人舉盞搜佳句,美女推窗遲夜眠。月娟娟,清光千古照無邊。白樂天云:僕去年秋始遊廬山,到東西二林間,香爐峯下,見雲水泉石勝絶,愛不能捨,因置草堂。堂前喬松十數株,修竹千餘竿,青蘿爲墻垣,白石爲橋道,流水周於舍下,飛泉落于簷間,紅榴白蓮,羅生池砌,每一獨往,動彌旬日,平生所好,盡在其中,不惟忘歸,可以終老。(《致富奇書》卷三占候部詩賦部,清乾隆刻本)

智按:陳繼儒,字仲醇,號眉公、麋公,華亭(今上海松江)人。諸生,年二十九,隱居小崑山,後居東佘山,杜門著述,工詩善文,書法蘇、米,兼能繪事,屢奉詔徵用,皆以疾辭。擅墨梅、山水,畫梅多册頁小幅,自然隨意,意態蕭疏。論畫倡導文人畫,持南北宗論,重視畫家修養,贊同書畫同源。有《梅花册》、《雲山卷》等傳世。著有《妮古録》、《陳眉公全集》、《晚香堂小品》、《小窗幽記》。輯有《國朝名公詩選》、《寶顔堂秘笈》等。事迹具《明史·隱逸傳》。

郝敬（一五五八～一六三九）

《藝圃傖談》

杜甫詩多感時憂國，卓有仁人義士之風，非獨才致兼人也。李白一味風流豪放。杜壯而悲；李雄而宕，宕不如悲。他如白樂天、元稹之疏快，孟郊之孤峭，李賀之雕刻，盧仝之奇怪，李商隱、溫庭筠之纖麗，皆一時才士，而皆千古詩障。（卷三，《明詩話全編》第六册，第五九二九頁）

或謂長歌不必句句相麗為連屬，當如巉岩斷谷，高下崎嶇，氣脈自然相應。此唯杜甫多。蘇子瞻謂白樂天「拙於紀事，寸步不遺，猶恐失之」，然《琵琶行》未為不佳也。（卷三，《明詩話全編》第六册，第五九三八頁）

智按：蘇子瞻應為蘇子由，蘇轍《欒城三集》卷八《詩病五事》謂：「白樂天詩，詞甚工，然拙於紀事，寸步不遺，猶恐失之。」

《駁佛書》

某再拜，奉書藏六上人足下，今年二月得足下去年九月書，再拜忠告，不勝慙憤，别足下年久，忽聞消息，託一羽贊足下歸，狐死首丘，彼我同情，原非未同而言，妄相扳援也，故舊之誼，天理人心，不謂來諭高自標榜，驕語家門，覼縷十紙，作生人面孔，曰姑舍汝所學而從我，如長沮、桀溺教子路舍夫子，從避世之士，豈問津之本意哉！語云：白頭知新。今與足下舍舊而新是圖，足下試垂聽焉。……而佛晚出，從異域來，坐叨供養，不畊不織，乞食求捨，自謂解脱，若使舉世皆然，四民廢業，更向何處乞食，怪誕不經，而反詆聖人功業，謂有爲如夢幻泡影，煩惱魔障，一切掃除，以寂滅爲樂，無端欺罔，而愚夫惑于因果，謂佛功德無量，爲衆生之父母，視聖人如路人，忘水木之本源，是賈生所謂「可痛哭流涕長太息」者也。……人民，吾聖人教育之人民也，微吾聖人，則彝倫斁而乾坤毁久矣，今既資聖人之名，教以安生，又背聖人之名，教以誣世，竊聖人之文字以餙詐，又畔聖人之文字以亂俗，儒業日隳，而務逃禪者衆，學校日荒而談叢林者，喜四民日散，而緣南畝者稀，風俗日壞，而挾左道者勝，財用日詘而爲盜賊者起，游惰日侈而作無益者多，孟子所以比之洪水猛獸，韓愈所以欲人其人，火其書，廬其居，明先王之道以道之也，而來書稱白樂天捨宅爲香山寺，文潞公廢家業結西方萬人緣，欲余效之。昔柳下惠謂伐國不問仁人，此言何至于我。士別三日，卽當刮目，足下與我別三十五年矣，視我無異嬰孩，作此等語，可謂未見顏色而言，謂之瞽者矣。余嘗見近世惡人爲惡愈甚，則其奉佛愈謹，蓋佛言善惡皆空，既可以無相爲善，亦可以無相爲惡，但不著相則無所不爲。吾聖人教人忠信篤敬，卽有不材，範圍之而不敢過，是以學儒不成，不失爲硜硜士；學佛不成，放蕩不檢，視天地且如微塵，何有于君親？何畏乎名法？故學佛最精者，其膽最大。……（《小山草》卷一，《四庫全書存目叢書補編》影印明天啟三年刻本，第五三册，第一～一七頁）

智按：清熊賜履《閑道録》卷五題為《駁佛書答桑門復支》（四庫全書存目叢書》影印清刻本）。

《批選唐詩》

（《琵琶行》）以詩代敘記情興，曲折婉轉，《連昌宮詞》正是伯仲。（明崇禎五年刻本《批選唐詩》卷一）

智按：郝敬，字仲輿，號楚望，京山（今屬湖北）人，世稱「郝京山先生」。萬曆十七年（一五八九）進士，官至江陰知縣。有《山草堂集》、《讀詩》等。傳見《郝京山先生傳》（《存吾文稿》卷三）。

張萱（一五五八～一六四一）

《疑燿》

⊙賀季真乞休

賀季真乞鑑湖歸老，古今以為美談。余考其時年已八十餘矣。故其《回鄉》詩：「幼小離鄉老大回，聲音難改髩毛衰。家童相見不相識，却問客從何處來。」夫仕宦而至八十餘不歸，復何為耶？季真嘗謁一賣藥王老，問黄白之術，持一珠貽之，老即以珠易餅共食。季真心念寶珠何以易餅，口不敢言，老曰：「慳吝未除，術何由得？」是季真者，乃貪戀富貴一老悖耳。張旭謂：「賀八真清鑑，風流千載人。」豈別有所據耶？若以乞鑑湖歸老時為風流，則鑑湖有靈，必為吐穢矣。因考漢二疏乞身，亦皆居閒曹耳。若居津要，未知能勇退否？白居易有詩：「散員疏去未為貴，小邑歸休何足云？」此足以評二疏矣。（《四庫全書》本卷一）

⊙坡公詩文

蘇東坡絶世之才，早年學詩，獨宗劉禹錫，而不及王楊盧駱、高岑李杜諸公。晚年雖曰學李青蓮，其得意處雖迫真，然多失於粗，止能為白居易，則以信手拈来，不復措意耳。又言：平生不好司馬《史記》，然其文多有模倣司馬者。朱考亭謂：「坡公晚年海外文字，多是信筆胡説，全不看道理。」此又非知坡公也。（《四庫全書》本卷二）

⊙韓昌黎、白太傅皆惑於服食

韓昌黎文起八代之衰，蘇東坡稱之，謂其一言為天下法。以余按之，有可疑者，昌黎諫佛骨矣，晚乃與佛子大顛游，又作《李干墓誌》，歷叙以服食敗者數人為世誡，而晚年復躬蹈之。白樂天有詩曰：「退之服硫黄，一病訖不痊。」是昌黎知誡人而不知自誡也。然樂天既知誚昌黎，亦好言服食事。嘗有詩曰：「金丹同學都無益」，「姹女丹砂燒即飛」，其序云：「予與故刑部李侍郎早結道友，以藥術為事。」乃知異端易惑，即高明之士，亦所不免也。古詩「服食求神仙，多為藥所誤。」二公豈未之聞耶？（《四庫全書》本卷三）

智按：《越縵堂讀書記》子部雜家類（光緒甲申十二月初七日）：「白詩所云『退之』乃衛中立，亦字退之，非昌黎也，昔人已辨之。」

⊙楊用修妄改杜詩

楊用修謂：顏延年《赭白馬賦騋》「出豕之敗駕」，後人改出為突乃佳；杜子美詩「大家東征逐子回」，後人改逐為將乃佳；白居易詩「千呼萬喚始出来」，後人改始為才乃佳。此癡筞人前説風流也。突字拙，出字巧；才字俚，始字文；惟作者自知之耳。獨以逐為將，雖《詩》有「不遑將母」及《古樂府》「一母將九雛」，杜豈不知者，其用逐字，原有深意。婦人三從，其一從子，逐即從義也，意不在將，而在從語，不以從而以逐，此正詩家三昧，以將字易之，不亦淺乎？……（《四庫全書》本卷三）

⊙元微之詩

元微之《放言》五章，余讀之，殊未見佳處。白樂天乃謂：「其韻高而體律，意古而詞新。雖前輩深於詩，未有此作。」豈古人評詩，止以意不以詞耶？（《四庫全書》本卷四）

⊙元白皆無兒

元、白齊名，且相友善。白公無兒，世皆知之。微之亦無兒，世未知也。微之《整比舊草以詩寄樂天》云：「天遣兩家無嗣子，欲將文集與他誰?」（《四庫全書》本卷四）

⊙詩文顯白・古奥

典謨之文，《三百篇》之詩，為萬世詩文之祖者，以其古而能奥也。然於述事説理，又未嘗不顯白。若歐蘇之文，元白之詩，則一以顯白為主，殊無一毫古奥意，何以為詩文？（《四庫全書》本卷四；《叢書集成初編》本卷四，第八三頁）

⊙老於宦途不能自引

余嘗謂官尊年至者，多繫戀爵位，不能自決，往往皆妻孥所從臾也。白樂天《戊申歲暮詠懷》有「猶被妻兒教漸退，莫求致仕且分司。」計其時已五十六七矣。又云「龍尾趍朝無氣力。」又云：「老病旁人豈得知。」以此光景，而猶欲求分司，不意此老亦為妻孥所從臾如此。其次章云：「更擬躊躇覓何事。」末章云：「萬一差池似前事。」則亦心欲去，而不能自決矣。近代一大老，年已望八，復以三年考滿，臺省露章劾其不知引年，此老乃自疏罪，謂忘其年，豈亦有妻兒為從臾耶？一笑一笑。（《四庫全書》本卷四）

⊙詩法

四言詩自《三百篇》後絶無繼者，獨韋、孟稍近之。漢魏而下，詞既偶儷，氣亦緩弱。至顔、陸諸篇，大非風人之旨，茂先《勵志》，淵明《停雲》，雖云古質，然尚不逮陳思王，況雅頌乎？故作四言者，必以《三百篇》為法，而五言古必取材于漢魏。蓋建安諸子猶有古風，特華采過之，故渾厚不逮耳。若潘陸、陶謝，則去漢遠矣。五七言近體，唐初沿陳隋之習，雖音響鏗鏘，藻思麗逸，而風骨未備，李杜、王孟、高岑諸子繼作，陶鎔變化，集厥大成，至於錢劉、元白，則涉于淺易，而才力頗弱，故作者罕尚焉。（《四庫全書》本卷五）

⊙家里

白樂天詩：「還家問鄉里，詎堪持作夫。」鄉里謂妻也。《南史·張彪傳》呼妻為鄉里：「今我不忍令鄉里落他處。」今人言家里，本此。（《四庫全書》本卷六）

智按：「還家問鄉里，詎堪持作夫」，非白居易詩，乃沈約詩。清褚人穫《堅瓠集》堅瓠六集卷之四「鄉里夫妻」云：「俗語云：『鄉里夫妻，步步相隨。』言鄉不離里，如夫不離妻也。《西溪叢話》云：古人稱妻曰鄉里。沈休文《山陰柳家女》詩云：『還家問鄉里，詎堪持作夫。』鄉里謂妻也。《南史·張彪傳》：『我不忍令鄉里落他處。』」

⊙燒酒汎荔枝

余鄉噉荔枝，多以燒酒汎之，即製荔枝酒者，亦以燒酒。蓋自唐已然矣。白樂天有詩曰：「荔枝新熟雞冠色，燒酒初開琥珀香。欲摘一枝傾一盞，西樓無客共誰嘗。」此一証也。（《四庫全書》本卷六）

智按：《疑燿》舊本題明李贄撰，實為李贄門人張萱自撰，因萬曆中李贄之名最盛，故駕名於李贄，詳見王士禛《古夫于亭雜録》卷四、《四庫全書總目提要》卷一百十九。

《西園聞見録》

何孟春曰：李德裕平泉山居，戒子孫云：「吾百年之後，為權勢所奪，則以先人所命，泣而告之，此吾志也。」後經世變，餘裔竟不能守。花卉蕪絕，怪石名品，俱為洛城有勢取去。記所云者，衹足貽達人一笑耳。昔晉桓玄欲以謝安宅為營，其孫謝混曰：「召伯之仁，猶惠及甘棠；文靖之德，更不保五畝宅耶!」玄慚而止。唐嗣曹王臯將市取張柬之襄陽園囿，馬彝諫曰：「漢陽有中興功，今遺業當百世共保，奈何使其子孫鬻之乎?」臯謝之。二公遺業，何假泣告之屬。贊皇之所以自恃者，固不可與文靖、漢陽比世。彼石家金谷園，其身不能守；馬家玉林地，不復留於身後。今日諸如此者，又何道焉。唐魏徵第，太宗用殿材成其正寢，其后嗣不能守，白居易以為言朝廷贖而賜之，宋康節天津之居，本官地，熙寧初，法當斥賣，榜三月，人不忍買。司馬温公諸人為集錢買之。然則身苟富德，不必潤屋為子孫計也。

……張公袞曰：近世大臣之家，往往崇構室宇，巧結臺榭，以為他日遊息宴閒之所，然而宦况悠悠，終不獲享其樂，是誠可悲也。因記白樂天有詩云：「試問池臺主，多為將相官。終身不曾到，惟展畫圖看。」樂天之詩眞達者之詞歟!

詩曰：「只為青蚨不濟身，故廬今已屬東隣。可憐今夜權為主，纔到明朝便作賓。燕雀有情還戀舊，犬猫隨我不知貧。慇懃囑付門前柳，他日經過陌路人。」此賣宅將行所賦者，不知出自何人，將有警也，識以備遺。

厚生訓纂曰：貧富無定勢，田産無定主。有錢則買，無錢則賣。買産之家，當知此理。不可苦抑賣産之人。詩曰：「一派青山景色幽，前人田土後人收。後人收得休歡喜，還有收人在後頭。」（《西園聞見録》卷二十四田宅·前言，《續修四庫全書》影印民國哈佛燕京學社印本）

王公世貞曰：自謝氏修工於發端，而三五之雄麗，與江山文物之盛，烺烺千古至於今，尤為人所艷游，顧其游者，羈客波臣往往不能挾勝，且以供其目，若守令之屬，亡越境交，又案牘奪之監司，而上其四履廣矣，資力饒矣，簡書繩其前，僚吏跡其後，入則兀兀一室，出則騶從擁蔽之，亡論其游而能發之於咏歌，為山靈責問，其官某地也，問某地之為江為山為文物，不知也，顧獨白香山之治蘇若杭，蘇長公之治杭若吳興，庶幾無兩負耳。（《西園聞見録》卷二十五，《續修四庫全書》影印民國哈佛燕京學社印本）

智按：張萱，字孟奇，號九岳，别號西園，廣東博羅人。萬曆十年（一五八二）壬午舉於鄉。由中書舍人官至戶部郎中。好學博識，經史百氏靡不淹通，為時所重，曾參與編修國史，入侍經筵，得窺秘閣藏書，熟於典故。工繪畫，精鑒賞，與王世貞、王穉登、董其昌等交往切磋，以畫論著稱。卒年八十有四。有《西園全集》等。

范允臨（一五五八～一六四一）

《題竟陵楊明府五華圖序》

漢李固與其弟圄書曰：「固年五十七，鬢髮已白。所謂容身而遊，滿腹而去。周觀天下，獨未見益州耳。昔嚴夫子常言：嶽有五，涉其四；州有九，游其八，欲類此子矣。」王逸少《與周益州書》曰：「省足下別疏，具彼土山川之奇……益令其遊目意足也。可得果，當去卿求迎……遲此期，以日為歲……但言此，心已馳於彼矣。」其想慕山川名勝乃爾。至宗少文，以足跡不能徧歷名山，乃圖山水於四壁，以當卧遊，曰舉琴動操，欲令四壁皆響。蓋古人於洞天福地，欲遊志聘目，以自快其奇者，不啻如盲之不忘視，僂之不忘起，乃輪艱蹄蹇，身羈事牽，不得躬履足踐，至形諸夢寐饑渴，其於奇蹤勝緣，不能湊泊如此，况生當勝地，宦歷名邦，乃至所號所治山川名勝，適相脗合者，其勝緣可勝道哉？隣水楊公，固蜀人也。蜀故有華陽、成都、浣花、濯錦諸勝，先生身為益人，已與李固、逸少之想望而不可得者，大有徑庭矣。而誕申之地，則有山曰華山，又與五嶽相埒，因自命曰五華長，蓋自誇其勝若據此為家山也者，曰此可與太華、少華、玉華諸山相頡頏争奇乎，乃不自意天壤間復有一山，與之同名若符合者，又不自意他日宦轍與此山適，相值如遇故人也者。

今上御極之歲為戊辰，龍飛首科，先生遂登茲榜，成進士，中銓得授竟陵令，竟陵為世宗肅皇帝躍龍之地，其形勝甲天下，而境内亦有山曰五華焉，相傳為神農氏封域，祠宇巋然，如魯靈光，其旁有洗墨池，色正黑，巒峯葱菁，千巖萬壑，競秀争流，極泉石之勝，而山名適與公之號符，亦甚奇矣。公下車入境，式兒童父老竹馬之迎，首問民所疾苦以次，諮訪土風，及察境内山川奇勝，得茲山異之躍而言曰：是何名，與吾號適相脗合若此，豈其讖耶，昔白居易為香山耆老會，乃不自號香山，而號樂天；子瞻耕於黄之東坡，乃遂自號曰東坡。然非名山大川，又非身生其地，亦非素所自號，而適與宦跡合者也。吾今生於華山，以五華為號，而宦遊之地，寔有五華山以湊合之，是古人夢想神遊、翹首企足而不可得者，乃今一旦得之，豈非天所命耶？於是賓佐僚友相與置酒，張樂而樂之，又從而歆之曰：華山蒼蒼，隣水之鄉。華山岌岌，竟陵之邑。公來是邦，適與山值。顯名榮號，剖符而勒。竟耶鄰耶？孰云兩域。天耶人耶？是誰之翊。地効其靈，天相之默。人傑地靈，為邦之式。

於時政閑簾卷，吏散鳥啼。間策杖履，時一登躋。景高山之仰止，挹翠黛之霏微，嘘以仁風，霈以甘雨，父老子弟，熙熙向化，和氣薰蒸，有不知竟陵為鄰水，而鄰水為竟陵者矣。余鄰邑熊明府昆季，欲作《五華圖》以壽公，書來介余作頌，因得悉公仁明慈惠，腴人耳根。無論近代，即古循良，得未曾有。方今聖明在宥，究心民牧，博採良吏，聞公治行，旦晚徵書賁道，入對青蒲，進而補衮，進而具瞻，異日裁邑乘者，方且謂竟陵以五華重，而通國士人又咸以五華為甘棠，則五華又寔以公重，薄海内外仰望名號如仰太華，即嵩衡泰岱，遜不敢伯仲，寧直不腆，竟陵借公生色已哉。太白詩云：「太華峯頭玉井蓮，花開十丈藕如船。」得而食之者為上僊，公挾有兩五華，則此十丈蓮，如船藕，不難擷取，以供甘毳。將無如李鄴侯領取十年宰相，而後乃今，為雙梟，為飛舄，令千載而下，即公起家，地志竟陵有僊令，不益徵此號信天所命，不虚設爾爾哉！予未得識韓以輕萬户，而知熊明府昆季，不阿私所好，心儀公非凡品，故敢以是為公頌，竊自比於魯僖，不知其帚之敝矣。(《輪寥館集》卷二,《四庫禁毀書叢刊》影印清初刻本)

《重修虎丘五賢祠記》

虎丘之最勝者曰平遠，為堂三楹，中祀唐宋五君子，踞高臨深，吞吐萬象，風帆雉堞，極目無翳，即百里外之虞山，且為之拱而伏也。韋左司、白少傅、劉賓客俱以禁近刺郡，王大理令長洲，坡老晚年，流寓往來，輒憩焉。夫此數君子者，以騷人為遷客。當其南轅也，非一麾即三黜耳，非傳舍即萍踪耳，而遞主詞壇，如星辰之麗天，後先風調相暎，亦若伯仲。然俎豆越三十年，而其地遂掬為蓁莽。風凄月冷，樹影繽紛，蟪蛄聲切，五君子或相與臨軒而嘯，憑而弔之者誰哉？民部燕雲馬公董榷滸墅，感茲頹宇，睠彼諸賢，慨然捐俸，葺而新之。余因逌然而興曰：茲舉也，第一堂之廢興乎哉！壽地脉而肖山靈，匪名賢弗幟，無論十洲三島，仙伯主之，華陽以弘景，天台以承禎，四明以賀監，即近而吾吳支硎、鄧尉，何山直從姓著，而虎丘獨無專屬，何也？闔廬不以之墓耶？短簿不以之宅耶？縱一亭明月，頑石點頭，生公不以之寺耶？迄今而蟻聚鴉棲，潦倒於千人之坐則酒而市矣，其稍稍稱曠者，紅牙檀板，按譜徵部，流水奏以猶慚，白雲留而不去，則歌舞而場矣。余吳人也，以其郊於大國，狎而近濫，幾不能為茲山解嘲，而惟躡屐而上。登斯堂也，眼界為之廓然，眉宇為之聳然，即廬山真面目，埋沒於塵囂俗垢中者，亦若為之滌然，豈以帝可捫，仙可游，罡風可御乎哉？顧瞻榱桷，彷彿其遺貌在焉，情與景互合，而意與趣倏生，借迥合之奇，以紉輿我丘壑，非五君子决不能有此山者。夫名賢之重於鼎吕也，雖一經宿，一留題，纔落姓字，便添聲價，山川為之色飛，草木亦覺其流芬。而矧署領其中，此固几案間物，則四公主而東坡客也。或謂公餘觴詠，民社羈之，不若以閑散之身，習熟遊之地，則坡公主而四公又客也。噫！河嶽日星，長藉不朽，孰知其同為四方之客，同為一堂之主哉！抑余更有思焉，茲山之閲人也多矣，至唐宋而五君子始顯；即五君子之閲世也遠矣，至我神廟時，而祀於茲山始顯。士貴自樹耳，不患不千秋矣。海内名山久矣，其虛席待矣。（《輪寥館集》卷四，《四庫禁毁書叢刊》影印清初刻本，集部第一〇一册，第二八七頁）

《計部張公重修白公隄碑記》

良二千石之守股肱，賢長令之治巖邑，輒進三老而爰諏，究利弊而釐舉，其巨者惟田功康功之是即，田疇阡陌之我彊我理。其或波翻石埭，障以薑澤之蒲；河嚙金隄，填以孟津之土。魚龍呼吸，桃花水漲，春流璧馬，浮湛匏子，宫含秋色，此子大夫之能事，非關令尹之所勤也。若乃奉璽書而算舟車，收緡錢以佐少府，猶能賈餘勇而問其咨捐，羨金以備滛澇，則獨有計部張公耳。張公之績不具紀，紀其修白隄之最著者焉。虎丘故有白公隄云，白太傅樂天守郡時所築也，其隄自虎丘而至金昌，盖七里而遥，俗所謂山塘者也。

從塘而望虎丘，若蜃樓出沒烟雲，璇宫紺宇，翠微暎帶，山容水態，屬地縈天，行旅肩摩踵接，絡繹駢闐，靡不循塘而濟矣。當其盛時，沸天歌吹，撲地閉廛，牙檣拂鳥，錦纜牽烟，銀塘委宛，碧樹澄鮮，鍾聲扣白雲而欲響，墖影入青漢而長縣，或當夜月琉璃之水，春風柳色之天，草換青袍之色，花開玳瑁之斑，則有東都艷女，南國麗娟，袨粧綺袂，珠履金鈿，效邯鄲之躧步，媚趙北之鳴絃，金波炤户，玉露曖天，駕北渚之雀舫，歌江南之采蓮，斯亦一時巨麗，儔匹罕妍者矣。白傅既徃，千載而下，滄桑不無遷改，或圮而修，或脩而圮，春雨浸淫，洪濤漲起，磁石駁裂，頹壤堙毁，崩崖千尺，斷岸数里，荒葛罥塗，寒流沒趾，褰裳濡足之夫，受廛擔負之子，莫不呼嗟道路，感歎行李。昔之弋林釣渚，紫陌芳塵，皆掬而為通池巨浸矣。乃有裨衲達賢，棄其妻孥，舍厥宅里，手執木鈴，沿流拜跪，或乞酒人，或丐商旅，施以金錢，斗粟寸縷，隨付匠石，畚鍤雲起，築尺則尺，築只則只，如蝶采蜂釀，如鵲巢燕壘，然而工巨力綿，一木難支。夫傾厦河决，川潰聚沙，何補於飛塵，雖以韓侯濟倖，檀越布金，僅能舉其半址，安得全彼九仞，覆此一簣哉！於時張公五鹿，奉詔算緡，舳艫銜尾，帆檣蔽空，大商巨賈，輸税而待榷者，雲集霧擁，而公一切及於寛改，所算緡錢，如額而止，而乃縣金鑑之清輝，負水宇之潔望，霜情共皎月俱高，冰心與湍流争激，庭無旅幣之陳，境絶郜鼎之入，酌寒山之泉，采楓江之蕁而已矣，然且目擊時艱，睠懷民瘼，謂海湧津梁，阻此衣帶，不有芳隄，涉者安賴？白傅故址，宛其如在。我其繼之，寧有所愛乎哉！乃採輿誦之徵言，哀鈴衲之膜拜，捐其餼廩，屬之彼髡，製石糊壤，一時鼎新，作者奮舉，子來惟勤，基扃固護，萬祀千春，夫以使君之重，而親民間之細，以關門之紫氣，而兼緑綬之紛紜，斯已難矣。於是行者駕肩，游者接軌，隄如宛虹，下飲溪水，千齡百尺之汙泥，一旦登之於文陛。昔日繡轂朱軒，樓船簫鼓，依然中聖迷花，留連芳塢，月印清波，鳴榔曳櫂，鼓腹便便，式歌且舞，前有白公，後有張父，顔隄曰張，誰其不不？鴻工告竣，落以尊酒。范子為文，勒此不朽。系以短歌，如擊瓦缶。

歌曰：金昌西望兮飛翠流丹，有峯如螺兮躍出雲端。表我江左兮曰海湧之山，闔廬埋骨兮草殷石斑。白虎蹲其巔兮金闕銀関，悵洪濤之汩没兮衆濡足而莫前。白傅築隄以濟兮，若蒼龍之蜿蜒。牙檣錦纜兮亘彼長川，月夕花晨兮簫鼓盡船。延及後季兮水齧隳穿，石剥土湮兮孤蓬委填。行者揭厲兮居者波掀，誰其葺之兮張公曰銓。登辰龍之巍榜兮彦五鹿之故阡，持籌而榷於滸墅兮算舟車之緡錢。歲禄入而弗有兮曰吾其舍旃，乃鳩傭而慮材兮奮畚鍤之連翩。文石千尺兮矗若雲連，版築雄傑兮百祀弗遷。舍舊而新是圖兮膴膴原田，轉挂舷扣兮士女如煙。蘭橈桂楫兮舞席歌筵，昔日榛崩兮今者路闐。白公張父兮光華比肩，文采風流兮輝暎後先。歌者載道兮石闕口銜，勒之貞珉兮惟以永年。（《輪寥館集》卷四，《四庫禁毁書叢刊》影印清初刻本，集部第一〇一册，第二九一頁）

智按：《（同治）蘇州府志》卷三十七（清光緒九年刊本）云：「白公祠，在虎邱山浜内，祀唐太子少傅白居易。國朝嘉慶初，知府任兆炯建，有記。咸豐十年燬。補乘云：（白公祠）中有思白堂，奉樂天像，旁為懷杜閣，仰蘇樓，供少陵東坡栗主，疏泉疊石，花木鬱然，為往來嘉客讌集之所。今考青山橋西，有《重修白公堤碑》，萬曆四十年范允臨撰，尚存。」

《紀夢》

戊辰之春，夢考庶常吉士，而予與焉。其題為《閱調馬七言長律》，予夢中得句云：「曉批霜耳嘶新柳，晚散香蹄印落花。」遂以此獲元，然此猶謂習心未化耳。乃丙子秋夜之夢，則甚無謂可笑，尤意想所不到者，姑識於後。丙子九月十三子夜，夢與白樂天之孫白狀元，同高節鎮騑、薛弘度校書四五人，聚飲歡洽，分韻課詩，此外似更有一人，依稀謂是元微之，而不甚了了。予分得文字韻，其前四句則已忘之，後四句醒時猶隱隱在臆，今記於此：「銀字看成炙，花鬚染上文。巫山何處所，夢斷杳無雲。」高千里猶是曩時信任吕用之駛子態。弘度作兩蟬翼鬢，高髻如雲，貫髮惟一白玉，導約可五六寸，態度脩雅，宛若文士，雖不甚脩飭，而膚理柔潤，薌澤微聞，綽約翩躚，了不作脂粉媚態，視今之胡鬼野狐，油頭粉面，打笑作嬲者，不堪備滌厠牏執虎子下婢矣。白太傅故無子，而何以有孫，且作狀元，意者其白敏中乎？書此以紀其夭，聊供鼓掌。（《輪寥館集》卷六，《四庫禁毁書叢刊》影印清初刻本）

智按：范允臨，字長倩，吴縣（今江蘇蘇州）人。范仲淹十七世孫。萬曆乙未（一五九五）舉進士。授南兵部主事。歷雲南提學僉事，仕至福建布政司參議。致仕後，討論泉石，流連觴詠，臨池尤得晉人法，筆精墨妙，遠近購者，雖寸縑尺幅，悉藏弆以爲拱璧，與華亭董其昌齊名。晚築別業於天平山之陽，彈絲吹竹，選伎徵歌，江表望爲神仙中人。又得佳耦唱和，傳鈔片楮，比於珊瑚之鉤。

何宇度（一五五八～?）

《益部談資》

白居易為《木蓮荔枝圖》，各紀其狀，曰：「荔枝生巴、峽間，樹形團團如帷盖，葉如桂冬青，華如橘，春榮；實如丹，夏熟；朶如蒲桃，核如枇杷，殼如紅繒，膜如紫綃，瓤肉潔白如冰雪，漿液甘酸，如醴如酪。若離本枝，一日而色變，二日而香變，三日而味變，四五日外，色、香、味盡去矣。」（清抄本《益部談資》卷上）

薛濤，唐之青樓人也。其詩云：「聞道邊城苦，於今到始知。好將塞下曲，唱與隴頭兒。」濤本長安良家女，父卒於蜀，失身為妓。晚歲住居碧雞坊。王建贈詩云：「萬里橋邊女校書，枇杷花裏閉門居。掃眉才子知多少，管領春風總不如。」墓在江干，碑題「唐女校書薛弘度墓」。弘度，盖濤小字云。卒時年七十三，段文昌為譔志銘，一時名士如韋皐、李德裕、元稹、白居易、裴度、杜牧、劉禹錫、張祜，咸與之唱和。（清抄本《益部談資》卷中）

《竹枝歌》，唐劉禹錫、白居易皆嘗賦之，淒婉悲怨，蘇長公云：有楚人哀屈弔賈之遺聲焉。《鶴林玉露》載，宋時三峽長年猶能歌之，今則亡矣。（清抄本《益部談資》卷下）

智按：何宇度，字仁仲。湖北安陸人。侍郎遷仲子，萬曆間進士，官詹事，主簿。萬曆中，官成都通判、夔州府通判。萬曆三十年（一六〇二）壬寅，刻杜甫畫像并跋。生年據《語言的聯盟》，天地出版社，二〇〇六年六月，第八五頁。

尹光啓（一五五九～一六一九）

《秋曉卽事次韻》

秋窓月影高，晨圃霜威勁。籬花開又衰，庭葉落還迸。寥寥道味深，蕭蕭塵慮淨。茶敎癯婢煎，冠遣髽童整。留連九秋飲，憔悴三年病。達哉白樂天，今古使我敬。（《橘屋拙稿》卷中五言古詩，《韓國文集叢刊》本）

《原城，次杜詩百韻，寄白善鳴》

雉岳晴烟裏，蟾江落照邊。兵戈辰守歲，離亂酉名年。……積塵封几案，殘蠹化書編。邱壑寧忘返，林泉不讓專。楚雲曾入望，關月屢經弦。會試丹砂訣，兼參白傳禪。學仙功未就，求佛理難詮。干木行蕃魏，淮陰庶仆燕。邦基瞻有截，山壽願無騫。忽忽身終老，栖栖命苟延。親朋傾喜涕，魚蟹釋饞涎。古戍哀寒角，空林怨曉鵑。吟驢衝雪去，漁艇候潮旋。梅鶴尋和靖，雲霞訪偓佺。門因嫌客閉，簾爲賞花褰。得失齊羊鹿，親疎等蟻鳶。乾餱寧失德，肥羜不招愆。白玉盃仍酌，青瑶字幾鐫。渚荷香冉冉，汀草渺芊芊。莫笑吾詩惡，差勝子飲孱。菟裘事業畢，書判肯求銓。（《橘屋拙稿》卷中五言排律，《韓國文集叢刊》本）

《重次前韻，追記曩日之會》（二首其一）

簾幕依依月上東，曾從前夕一筵同。詩中平淡陶彭澤，酒裏顛狂盖次公。謬計本期添海嶽，雄心常欲盪胡戎。自吟自醉元非惡，頌德何人又讚功（白樂天作《酒功讚》）。（《橘屋拙稿》卷中續，《韓國文集叢刊》本）

智按：尹光啓，字稚晦，號西浦逸人。有《橘屋拙稿》。

鄧志謨（一五五九～一六二四後）

《古事苑定本》

⊙恬澹

退然自處，淡矣無求。左絃右壺，誰識箇中雅趣。南鄰北里，共成物外佳游。溪山不換王侯，風月迭為賓主。咳唾徜來軒冕，箕山試揭許由瓢；杖藜歸去田園，彭澤頓辭陶令印。歐陽子茅簷凉簟，豈想王堂；司馬公流水青山，姑從獨樂。李鄴侯五不可，一毫世味不關心；司空圖三宜休，兩字功名非着意。華山風景好，宋齊丘誠知足之人；雲觀夢魂甜，扶搖子固長眠之客。裴晉公堂開緑野，宦途上息足為安；白樂天社結香山，苦海中回頭是岸。嵇叔夜與朋儕行樂，縱飲竹林；吕僧珍勉子姪無求，亟歸蔥肆。羊裘一着，嚴陵灘上客星高；鳳閣不登，元結洞中兵燹遠。好鳥偏留，客可嘉秦系之高吟；碧山不負，吾更羡張褒之長嘯。（《蘭雪堂古事苑定本》卷四，《四庫全書存目叢書》影印清康熙蘭雪堂刻本）

⊙耆英

高年難得，大老無朋。黄髮秀眉，松筠同其晚節；鮐背兒齒，龜鶴羡以長年。曰耋曰耄曰期頤，人推碩望；為師為保為尚父，國重元龜。賜之几，賜之糜，道當如是；杖於朝，杖於國，理則宜然。試實其人，必稽諸古。畝丘人，美哉壽也，絳縣老，遐矣算焉。函谷跨牛，李耳演道德五千之秘；渭川躍鯉，子牙釣乾坤八百之秋。鬻熊子猶可作文王師，張柬之更堪為武后相。先零叛漢，頹齡之充國尚請一行；獫狁侵周，元老之方叔竟收三捷。既平西域，班超願入玉門關；已服南蠻，馬援遂分銅柱界。梁灝華顛魁士，一代文章，顔駟皓首為郎，三朝輔佐。李百藥才新而齒則宿，盧蒲嫳髮短而心甚長。廉頗開弓八百斤，力猶如故；沈麟寫書數十篋，目則愈精。洛社羣英，徜徉風月；虎溪三叟，笑語烟霞。黄石公出圯上一編書，留侯有幸；東方朔偷瑶池三度果，武帝頻驚。京國秋風，薊子摩挲銅狄；家庭化日，萊兒戲舞斑斕。榮啓期擴襟懷，行歌樂土；疏太傅乞骸骨，飲餞都門。申公鬚髮皆皤，更致蒲輪之召；蔡挺精神未艾，猶勤璧幣之招。商嶺四翁，翼太子之承大統；新城三老，悟高皇之起義兵。伏生晚歲傳經，教而勿倦；衛我耄年作誡，學之彌殷。是誰運動老陽生子，却無日影；若個學成玄法燒丹，臏有霞光。歷有前聞，悉為異事。人皆愛香山居士，只將詩酒作生涯；我且稱楚丘先生，猶抱經綸之學術。（《蘭雪堂古事苑定本》卷五，《四庫全書存目叢書》影印清康熙蘭雪堂刻本）

⊙寵妾

居之側室，寵以專房，容善歌鶯啼宛轉，滿解舞鳳翥蹁躚。絳桃、柳枝，却數韓公之俊；小蠻、樊素，足稱白氏之嬌。（《蘭雪堂古事苑定本》卷五，《四庫全書存目叢書》影印清康熙蘭雪堂刻本）

智按：鄧志謨，字景南，號竹溪散人，竹溪散生，竹溪風月主人，百拙生，饒安安仁（江西余江）人。生卒年據吳聖昔《鄧志謨鄉里、字號、生年探考：〈鄧志謨考論〉之一》，載《明清小說研究》一九九二年第二期；《鄧志謨經歷、家境、卒年探考》，載《明清小說研究》一九九三年第三期。嘗遊于閩，為余氏塾師。余氏為閩中大書賈，故志謨所作，多為余氏刊行。如《山水爭奇》、《風月爭奇》、《梅雪爭奇》、《花鳥爭奇》、《童婉爭奇》、《蔬果爭奇》，《許旌陽得道擒蛟鐵樹記》二卷十五回，《唐代呂純陽得道飛劍記》二卷十三回，《五代薩真人得道咒棗記》二卷十四回。亦工曲，體制亦新異。所著《五局》傳奇：一用骨牌名，名曰《八珠環記》；一用曲牌名，名曰《玉連環記》；一用鳥名，名曰《亂頭鞋記》；一用藥名，名曰《瑪瑙簪記》；一用花名，名曰《並頭蓮記》。還編有《灑灑編》（笑話集）、《古事苑》（四六）、《一劄三奇》（書信樣本）、《一握乾坤》（介紹天下路程）、《麗藻》、《古事鏡》、《黃眉故事》、《故事白眉》、《丰韻情書》、《得愚集》、《續得愚集》等。

趙宧光（一五五九～一六二五）

《彈雅》

白氏三品云：「純而歸正者上，淡而有味者中，華而不浮者下」，余以三字蔽之，曰「雅」，曰「清」，曰「艷」，不言品而品自定。（《彈雅》卷一，《稀見明人詩話十六種》第七七七頁）

白氏言詩有十字句、十四字句，而不及二十字句、二十八字句，視篇如句，方成格局，否則雖連亦斷也。（《彈雅》卷三，《稀見明人詩話十六種》第八〇七頁）

常薄元白體，及觀香山九老諸詩，至樂天，遂如野鶴之立雞羣矣。七言六韻，前無作者，後無繼者，以備一時格制。惜其不高，無效顰者，所謂天理只在人心。(《彈雅》卷三，《稀見明人詩話十六種》第八〇九頁)

《後山詩話》云：「無陶之品而學陶之詩，終成白樂天耳。」司空表聖云：「白力（就）【勍】而氣孱，乃都市豪估也。」(《彈雅》卷三，《稀見明人詩話十六種》第八一八頁)

《詩原》(智按：《詩源辨體》)以韓、白同論，謂「退之奇險，樂天流便，雖甚相反，而快心露骨則同」云云。余則以為詩取聲調，無聲不成詩。白雖鄙俚，聲調不乏，韓則全不知聲調為何物，奚可同年而語？無論後世詩家自有定論，即退之稱樂天為「詩仙」，其自知故不昧也。後之贊韓者，因其文而并譽其詩，可笑也已。

《詩原》評樂天詩在退之上、東野下，兩不得其情哉。無論韓、白非類，即比孟詩，亦難上下。謂選，白則直出于孟上，全集則鄙俚滿口，孟不肯道也。(《彈雅》卷四，《稀見明人詩話十六種》第八三一頁)

盛唐之高高在直，中晚之低低在曲；中晚之低在曲，元白之低在直；元白之低在直，蘇軾之低在曲。(《彈雅》卷四，《稀見明人詩話十六種》第八三四頁)

學詩先讀陶潛，如大布之衣，粗糲之飯，閉門習誦，未始不長厚。然耳無聞，目無見，如深山豕鹿，瞥見車馬，驚怪不勝，以至紛華靡麗，反足動静有之。先讀二李，使人蕩；先讀白、元，使人俚。並是藥石，但顧所投何如耳。(《彈雅》卷六，《稀見明人詩話十六種》第八七五頁)

《金針詩格》假作白樂天，可笑特甚。或取其三句可也：「以聲律為竅，物象為骨，意格為髓。」此外一削之。(《彈雅》卷九，《稀見明人詩話十六種》第九一四頁)

白氏有鍊字、鍊句、鍊意、鍊格四法，余謂字句可鍊，意與格，但可取裁，不可鍊也。

白氏八病，若平頭、上尾之類，謂近體則可，何乃引古詩以實之？不善說詩矣。疑皆後人添足也。

白氏有四得、四失二條，引詩為證，可遏俗人流而忘返之病。此有得于樂

不淫、哀不傷之恉歟？（《彈雅》卷九，《稀見明人詩話十六種》第九一九頁）

楊汝士詩，平平無一可取，故白、元二公兩次不與倡和，欲藏其拙，故裂稿不覽，曰：「笙歌鼎沸，勿作冷淡生活。」元稹曰：「樂天所謂能全其名者也。」汝士輒自誇云：「今日壓倒白、元。」尤氏（智按：《全唐詩話》作者尤袤）遂以為果勝白、元，云云。白、元雖非上駟，亦豈駑駘所能追逐乎？（《彈雅》卷九，《稀見明人詩話十六種》第九二三頁）

白樂天謂每詩成，問老嫗解否，不解則棄去，云云。此少陵所謂「老去詩篇渾漫興」之謂也，又以矯世間雕組之習，故發此等話以戲之耳。後人認作實義，置之談藝中，何異瞎兒摸象？（《彈雅》卷十，《稀見明人詩話十六種》第九二七頁）

詩話謂：「白樂天拙于紀事，寸步不移，猶恐失之，此所以望少陵藩籬不及。」（《彈雅》卷十，《稀見明人詩話十六種》第九三〇頁）

「此中（時非）有真意，欲辨已忘言。」《詩林》舉東坡云：「陶詩『悠然見南山』，何等忘情！誤作『望南山』，便褰裳濡足。」按白樂天《和陶》云：「時傾一尊酒，坐望終南山。」韋應物云：「采菊露未晞，舉頭見秋山。」後人因白誤陶耳，《詩林》能詳此句，而「此中有真意」又不能正，何邪？（《彈雅》卷十，《稀見明人詩話十六種》第九三一頁）

樂天不欲討叛人吳元濟，故作《海屏詩》。有鄙其法者，有稱其仁者，皆不得其情也。別題詩云：「紅旗破賊非吾事，黃紙除書無我名。惟共嵩陽劉處士，圍碁賭酒到天明。」「非吾事」三字，一生精神止于此矣，又何必一詩加以褒貶乎？（《彈雅》卷十，《稀見明人詩話十六種》第九三一頁）

《詩話》評陶詩：「切于事情，而但不文。」司勛云：「深有警于率意者，元、白多坐此病。」云云。余曰：豈必元、白，凡獨尚沖澹而不持此意，有不陷入鄙俚者幾人？（《彈雅》卷十，《稀見明人詩話十六種》第九三三頁）

智按：《後山詩話》云：「鮑照之詩，華而不弱；陶淵明之詩，切於事情，但不文耳。」（《苕溪漁隱叢話前集》卷五）明皇甫汸《解頤新語》：「先持正公謂：陶詩切於事情，但不文爾，深有警於率意者。元、白多坐此病。」

杜《茅屋為風所破歌》云：「自經喪亂少睡眠，長夜霑濕何由徹。安得廣廈千萬問，大庇天下寒士俱歡顔，風雨不動安如山。於呼！何時眼前突兀見此屋，吾廬獨破受凍死亦足。」白樂天《新製布裘》云：「安得萬里裘，蓋裹周四垠。穩煖皆如我，天下無寒人。」《新製綾襖成》云：「百姓多寒無可救，一身獨煖亦何情。心中為念農桑苦，耳裹如聞飢凍聲。争得大裘長萬丈，與君都蓋洛陽城。」杜以飢寒而憫人飢寒，白以飽煖憫人飢寒，二公意同而事異，然一是是正語，一用戲談，是以不敵。豈惟説詩，亦以觀德。（《彈雅》卷十一，《稀見明人詩話十六種》第九四八頁）

樂天作《元微之詩敘》云：「理太周則詞繁，意太切則言激。余與足下，所長在此，所短亦在此。」云云。余曰：自知哉！自知哉！（《彈雅》卷十一，《稀見明人詩話十六種》第九五一頁）

弇州謂樂天千篇一律，而許伯清駁之云：「樂天自能變化，但篇什多，不免相類，謂之一律則非」云云。余曰：謂一律不足病詩，則可；謂樂天非一律，則誣矣。（《彈雅》卷十一，《稀見明人詩話十六種》第九五二頁）

《巵言》云：「白香山初與元相齊名，時稱元白。元卒，與劉賓客俱分司洛中，遂稱劉白。白極重劉『雪裹高山頭早白，海中仙果子生遲』，『沉舟側畔千帆過，病樹前頭萬木春』，以為有神助。此不過學究之小有致者。白又時時頌李頎『渭水自清徑自濁，周公大聖接輿狂』，欲模擬之，而不可得。徐凝『千古長垂白練飛，一條界破青山色』，極是惡境界，白亦喜之，何也？風雅不復論矣。張打油、胡釘鉸，此老便是作俑。」余曰：既稱白氏，足概平生，何必枚舉？（《彈雅》卷十一，《稀見明人詩話十六種》第九五八頁）

「世稱白樂天學佛，得佛光如滿旨趣，觀其『吾學空門不學僊，歸則須歸兜率天』之句，豈解脱語邪？元微之詩不及樂天逮甚，然其得處豈樂天所能及哉？其《遣病》詩云：『況我早師佛，屋宅此身形。舍彼復就此，去留何所縈。前身為過迹，來世即前程。蜕骨龍不死，蛻皮蟬自鳴。』則與賈誼『忽然為人，何足控摶？化為異物，又何足患』之語不遠」云云。樂天正是修行實事，而葛生不解，反譏之曰「豈解脱語」。及至元微之《遣病》詩，義故不背，即不過能言法中最淺近事耳，反大稱賞，可憐特甚！（《彈雅》卷十二，《稀見明人詩話十六種》第九七一頁）

「書生作文，務强此弱彼，謂之尊題。至於品藻高下，亦略存公論可也。白樂天在江州聞商婦琵琶，則曰：『豈且無山歌與村笛，嘔啞嘲哳難為聽。今夜聞君琵琶語，如聽仙樂耳暫明。』在巴峽聞琵琶云：『絃清撥利語錚錚，背却殘燈就月明。賴是無心惆悵事，不能争奈子弦聲。』至其後作《霓裳羽衣歌》，乃曰：『湓城但聽山魈語，巴峽唯聞杜鵑哭。』乍賢乍佞，何至如此之甚乎？韓退之美石鼓之篆，至有『羲之俗書趁姨媚』之語，並强此弱彼之過也」云云。實有所見而作，自然强此弱彼，其有同事異詞者，顧其時有所託而然耳。此正蘇子所謂萬事皆可用，所資者一物意是也。詩文用事全在立意，為物所使，不如無作。葛生未必知之，故有前論，大謬不然。(《彈雅》卷十二，《稀見明人詩話十六種》第九七二頁)

白樂天：「玉容寂寞淚闌干，梨花一枝春帶雨。」東坡效顰作：「故將別語調佳人，要看梨花枝上雨。」如嫫姆之對毛嬙，而竹坡反云白為近俗，蘇為逸韻，真抱磚投玉者邪。(《彈雅》卷十五，《稀見明人詩話十六種》第一〇三二頁)

白樂天詩：「緑浪東西南北水，紅闌三百九十橋。」劉禹錫云：「春城三百九十橋，夾岸朱樓隔柳條。」(《彈雅》卷十五，《稀見明人詩話十六種》第一〇三八頁)

智按：白居易《正月三日閒行》：「緑浪東西南北水，紅欄三百九十橋。」寶曆二年（八二六），五十五歲，任蘇州刺史。《白居易集箋校》第一六五三頁。大和六年（八三二），劉禹錫《樂天寄憶舊游因作報白君以答》：「春城三百七十橋，夾岸朱樓隔柳條。」楊慎《升庵詩話》卷八「唐詩不厭同」云：「唐人詩句，不厭雷同，絕句尤多，試舉其略。如……白樂天詩：『緑浪東西南北水，紅闌三百九十橋。』劉禹錫云：『春城三百九十橋，夾岸朱樓隔柳條。』」(《歷代詩話續編》第八〇一頁)

四雨亭，何不取「梨花一枝春帶雨」、「桃花亂落如紅雨」、「珠簾暮卷西山雨」、「院落深沉杏花雨」，皆警句為差勝。蒔花，兒戲也。(《彈雅》卷十五，《稀見明人詩話十六種》第一〇四〇頁)

智按：趙宧光，字水臣，號廣平，别號凡夫，吴縣（今屬江蘇）人。與妻陸卿子隱居寒山，布衣終身，潛心著述。有《寒山蔓草》、《寒山帚談》、《説文長箋》等。傳見《明史》卷二八七。《彈雅》，有首都圖書館、故宫博物院圖書館藏明末刊十八卷本，山東大學圖書館藏天啟二年刊十六卷本。論詩主風騷，謂學詩必從風雅騷賦，方見古人之法；又倡格調，謂古詩在格，律詩在調；主張以禪論詩，以識爲主。

葉向高（一五五九～一六二七）

《明湖廣布政司左布政使武公墓志銘》

歲甲午，楚藩臣修歲事，貢魚誕鱘鮓如令甲，上謂近已詔徵直且增額，何以格不遵，罪左布政使，奪三官。議者謂布政賢，且貢在詔前，非格也，不宜罪。于是自輔臣宰臣至臺諫，皆疏爭甚力，上益怒，竟削布政職歸，天下惜之，然猶冀上意回，可復收用，乃未幾，布政没矣。布政者，溧水武公尚耕，字邦聘，别號秦川者也。公有子孝廉，爲余丁酉舉士，卜某年某月某日葬公，請余銘其墓。余按，公先河南陝州人，靖康亂，始祖正六公徙溧水之蒲家村，六傳至安。……友人周觀察謝事歸沔，公造其廬，嘆曰：「孤鴻已摩天去，吾儕戀稻粱、跳擲羅網中耶？」失官之日，怡然就道，故居在青溪上，結社談詩，自號秦淮漁長。南曹諸公，造門請見，皆辭謝，旋去之山中里，逍遥田間，有園久蕪，治其半，署曰半園，喜白少傅「從前日月皆羇旅，自此光陰屬散人」句，榜于亭，寄况焉。一日方宴客，浮白甚歡，越宿病作，語孝廉曰：「適夢至一所，守者肅，余入請勘宗錢，余不能辭，將去汝矣。」遂令孝廉扶坐，復曰：「期届矣。」遂瞑。時萬曆乙亥四月八日，距生嘉靖癸卯十一月十四日，得年五十有七。……（《蒼霞草》卷十七，《四庫禁毁書叢刊》影印明萬曆間刻本）

《明封承德郎右春坊右中允兼翰林院編修警餘周公墓誌銘》

客歲余南歸，過義興，爲門人宫允周玉繩銘其母徐安人之墓矣。今冬，玉繩復遣人乞其父警餘公銘，曰：不孝孤將以天啓六年孟春某日葬父，與母安人合也。其詞悲酸不忍讀，余亦淒然嘆曰：嗟乎！人生之奄忽，一至此哉！方余與公娛遊于張公善卷間也，公齒僅踰耆，筋力甚壯，猶能冒太湖之險，走數百里，送余于武林，徘徊留戀旬餘日不能舍，且約訪余海上，爲武夷、鴈蕩之遊。維時所慮相去三千里，以山川隔耳，不謂其遽以生死隔也。公又絶喜余，每得其詩文書札，輒珍藏之，今已矣，能無一言慰公于幽？公，義興人也，諱天瑞，字定楨，別號莪樵，晚乃更警餘。……一日方謁客歸，與友人劇譚，縱橫辨說，無所不至。命酒纔一行，忽言右臂麻木，欲就榻。宮允曰：且坐。公復坐，猶揚觶進湯飲，而夜分逝矣。時天啓五年正月二十四日，距生嘉靖癸亥正月初六日，得年六十三。往余從中允慕說公，知其為有道君子也。比與公遊，則見其德器温粹如精金美玉，坦易近人如和風甘雨，言動有法如引繩削墨，通達古今如輕車熟路，而又曠懷遠韻，興寄蕭疎，翛然如冥鴻孤鶴，不入塵世樊籠，竊恨其得公晚，公亦暱就余，以爲生平僅見，芝蘭臭味，語故不虛，而余自愧遠不逮公。公於學好王文成及其家静安公，每録其問答語以自淑，於詩好杜少陵，晚乃入白香山，謂與老人相宜於遊，則隨意所之，旬日忘返，田夫野衲，皆可結伴，常言吾力不能買山，不能營圃，惟是到處溪山竹石，皆吾受享，彼敝敝然穿池叠沼，以爲己娱，何其隘也。故一生不問錢穀，不識衡量，不知彈棋六博諸戲，一切聲色玩好，田宅子女，車馬僕從，世人所沈溺娱心快意者，皆漠然不介于胸中，所善柯侍御督學三吳，知公尚困，諸生寓書太康公，訊公文業，公父子皆不應也。……（《蒼霞續草》卷十，《四庫禁毀書叢刊》影印明萬曆間刻本）

《中憲大夫鎮江府知府加按察司副使致仕孟葵許公墓志銘》

孟葵許公，魁然長者也。官至二千石，即自免去，較之邴曼容則少羸，然今之仕宦夜行不休者多矣，其視二千石，猶百里而未五十，誰能舍諸。……公未嘗以寸絲入橐，人尤以此服之。在郡已滿考，銓部屢請擢臬憲，至二十餘疏，皆不報。時方伯亦典粵郡，公慨然嘆曰：「吾素志不在崇膴，今兄弟皆綰銅虎符，臨制千里，于書生分，願侈矣。此亦吾止足時也。經世之業，有吾弟在，吾其歸乎！」甲辰，入計過里門，遂堅卧不起，臺使者移檄督之官，項背相望，公遂稱疾篤，使者知不能強，乃爲請加秩，晉按察副使。予致仕里居，益恬愉自適，不問户外事，絕無所造請，直指陸君故令丹徒公屬吏也，又甚相歡，來按閩，造廬候公，公握手道故而已，語不及私。姻戚朋友有緩急，傾橐不吝，有五男五女，婚嫁沓駢，家益柘落，幾至徙宅，亦不以介意。居恒雅慕陶靖節、白香山之爲人，日往還潘山松石間，與漁父田叟譚笑忘歸。晚年方伯與叔弟相繼殁，楚痛不堪，至于病瞶，蓋自是哀徵見矣。沒之前旬日，猶手抄香山詩十首，至「人生七十稀」第四句「春夢」二字，遂絕筆。病時不肯服藥，曰：「吾年踰古稀，官至金紫，向平願畢，何必爲此七尺軀戀戀人世哉！」臨終，猶破顔一笑，口稱不苦者再。其年爲萬曆丙辰，月為季夏，日為朔後之十有四，距生嘉靖乙巳季秋八日，得年七十二。……壟于某年某月某日，墓在某山。銘曰：晉有高人，官僅五斗。裔是香山，陶然詩酒。蟬蛻塵埃，一官敝帚。惟我許公，雅志尚友。五馬歸來，恬愉自守。千駟萬鍾，視之蔑有。惟白惟陶，千秋爲偶。罣如之丘，其人不朽。（《蒼霞續草》卷十三，《四庫禁毀書叢刊》影印明萬曆間刻本）

智按：葉向高，字進卿，號臺山，福清（今屬福建）人。萬曆十一年（一五八三）癸未進士，官至東閣大學士，謚文忠。事迹具《明史》本傳。

袁宗道（一五六〇～一六〇〇）

《詠懷效白》

人各有一適，汝性何獨偏？愛閑亦愛官，諱譏亦諱錢。一心持兩端，一身期萬全。顧此而失彼，憂愁傷肺肝。人生朝露促，世福誰能兼。裴相豈不達，髮白方壯年。北窗高卧人，垂老缺朝餐。良無丘壑貴，安有火食仙。陵谷且難平，稊米寧不然。一毛附馬體，安問缺與完。角者奪其齒，飛者不能潛。鵬飛不笑鷃，夔行不愛蚿。爾莫信爾意，兩粥擁衾眠。（《白蘇齋類集》卷一，《續修四庫全書》第一三六三册，第二五三頁）

《詠懷》

矯矯陶彭澤，飄飄賦歸田。六月北窗下，五柳衡門前。有巾將漉酒，有琴慵上弦。老死無儲粟，扣門語可憐。亦有白居士，分司饒俸錢。既卜洛中宅，常開花下筵。侍兒蠻素妓，賓客韋劉賢。楊枝歌子夜，霓裳舞春煙。伊余慕古人，冉冉迫中年。跼蹐忽已久，未得一日歡。幸有祖父廬，兼之江郭田。雖缺聲伎奉，不乏腐儒餐。為白非所望，為陶諒難堪。揣分得所處，將處陶白間。(《白蘇齋類集》卷一，《續修四庫全書》第一三六三册，第二五四頁)

《偶得放翁集快讀數日志喜因效其語》

模寫事情俱透脱，品題花鳥亦清奇。儘同元白諸人趣，絕是蘇黄一輩詩。老眼方饑逢上味，吟脾正渴遇仙醫。明窗手録將成帙，恰似貧兒暴富時。(《白蘇齋類集》卷五，《續修四庫全書》第一三六三册，第二七一頁)

《同惟長舅讀唐詩有感》

數卷陳言逐字新，眼前君是賞音人。家家櫝玉誰知贋，處處描龍總忌真。再捨肉顋居易句，重捐金鑄浪仙身。一從馬糞卮言出，難洗詩林入骨塵。(《白蘇齋類集》卷五，《續修四庫全書》第一三六三册，第二七三頁)

《寄三弟》

女竟不禄，可傷悼甚。居官數年，喪卻兩子一女，一身蕭然，此懷何堪。猶憶往年夏中，每夜坐大槐樹下，池上星河，晶晶池底，聽兩兒屬對，應答如響，以為笑樂。至今思之，便是一夢。爾時麥粥，亦何可厭也。功德天，黑暗女，步步相隨，將奈之何！然我之為功德天者無幾，而為黑暗女則甚酷矣。自弟出京後，此女能通竺典，誦《金剛經》，時有問答，皆出意外。我謬比之靈照，不意其遂至夭折。昔白樂天無子，止有一女金蟾，慧甚，後復不育，竟以無子。吾此苦真同樂天，然樂天是世間第一有福人，吾那得比之。樂天趣高才大，文價遠至雞林；吾才思蹇澀，無所成名，一不同也。樂天罷守，即有粟千斛，有太湖石、華亭鶴、折腰菱等物；吾官十年，債負山積，室如懸磬，二不同也。樂天所居履道里宅，據東都之勝，花鳥魚池，彷佛蓬瀛；吾家石浦之陽，濱於大江，即此鳩巢蝸廬，旦暮作鮫人窟，安望花草池臺之樂，三不同也。樂天有妓樊素、小蠻，能舞霓裳；吾輩兢兢守官，那及此事，且吾鄉固陋，真所謂經歲不聞音樂聲者，四不同也。樂天官至三品，不為不貴，吾賦性骯髒，轉喉觸諱，早晚且歸，終當老一校書郎，五不同也。

樂天有元、劉互相酬唱，晚年與牛奇章諸公共為賞適；想故鄉一片地，惟有杜門下捷而已，六不同也。樂天素健，年至八十，得風痹病復愈，尚能留樊素及駝（駱）馬；吾少年病後，骨體脆薄，多肉少筋，非壽者相，七不同也。吾與樂天不同者如此。惟無子一事，則酷似之耳。獨樂天學禪，吾亦學禪，樂天太好快活，晚年歲月，多付之詩文歌舞中，此事恐未得七穿八穴，吾以冷澹無所事，只得苦參，將來或不作生彌勒院中行徑，差強之耳。若果於此一大事了卻，糞草堆頭，拾得無價寶，世間苦樂，何足道哉！……（《白蘇齋類集》卷十六箋牘類，《續修四庫全書》第一三六三册，第三六四頁；《四庫全書》本《明文海》卷一百九十五）

琴按：白居易官至二品，此言三品，與實際不合。又白氏壽僅七十五歲，此言八十，亦屬有誤。

《答陶石簣》

《覽鏡》諸作，絕似元白；《五泄》六詠，非坡老不能為也；《懷弟》諸篇俱佳，七言尤勝。……（《白蘇齋類集》卷十六箋牘類，《續修四庫全書》第一三六三册，第三六七頁）

《論隱者異趣》

從來文士名身顯赫者，固多無過白樂天者，雞林重價，歌女倍直，姑無論矣。荆州街葛子清，市儈耳，自頸以下，遍刺白樂天詩，每詩之下，刺一圖，凡三十餘處，人呼爲白舍人行詩圖。嗟夫！異矣。（《白蘇齋類集》卷二十一雜説類，《續修四庫全書》第一三六三册，第四一〇頁）

《西方合論敘》

香光子避囂山剎，修習淨業。有一禪人，闊視高步，過舍而譚。見案上有石頭居士新撰《淨土合論》，閱未終篇，抗聲言曰：「若論此之法門，原用接引中下之根。何者？中下根人，智慧輕微，業力深量，以憶佛念佛，獲生淨土。如頑石附舟，可以到岸，誠宜念佛。至於吾輩，洞了本源，此心即是佛，更於何處覓佛；此心即是土，更於何處見土。於實際理中，覓生佛去來生死三世之相，無一毛頭可得，纔説成佛，已是剩語，何得更有分淨分穢。捨此生彼之事，若於此處悟得，是自在閒人。即淫怒痴皆是阿彌平等道場，如如不動，何乃舍却已佛，拜彼金銅。且謂悟與未悟，皆宜修習；無事生事，吾所不曉。」

香光子聞而太息曰：若汝所言，止圖口角圓滑，不知一舉足將墜於火坑也。生死無常，轉盼即至。如何熟記宗門見成相似之語，以為究竟。都云我已成佛，不必念佛。若約理而言，世間一蚤一虱，皆具有如來清淨覺體，無二無別。乃至諸佛成等正覺，證大涅槃，本體未嘗增得一分；眾生墮三塗，趨生死海，本體未嘗減却一分。如如之體，常自不動。生死涅槃，等是妄見。亦無如來，亦無眾生。於此證入，亦無能證之人，亦無所證之法。泯絕心量，超越情有。大地無寸土，佛之一字，向何處安著？至於進修法門，於無修證中修證，於無等級中等級，千差萬別。雖位至等覺，尚不知如來舉足下足之處。從上祖師，所以呵佛斥教，一切皆遮者，止因人心執滯教相，隨語生解，不悟言外之本體，漫執語中之方便，一向説心説性，説空説幻，説頓説漸，説因説果，千經萬論，無不通曉。及問渠本命元辰，便將經論見成語言抵對，除却見成語言，依舊茫然無措。所謂數他家寶，已無分文，其或有真實修行之人，不見佛性，辛苦行持，如盲無導。止獲人天之果，不生如來之家。於是諸祖知其流弊，遂用毒手，剗其語言，塞其解路，拶其情識，令其苦參密究，逆生滅流，生滅情盡，取捨念空，始識得親生父母，歷劫寶藏，却來看經看教，一一如道家中事。然後如説進修，以佛知見，淨治餘習，拜空花之如來，修水月之梵行，登陽焰之階級，度谷響之眾生。不取寂證，是謂佛種。正如杲日當空，行大王路，不同長夜趨走，攀荊墮棘。豈謂一悟之後，即同極果，如供奉問岑大虫。果上涅槃，天下善知識證否？岑曰：未證。奉曰：何以未證？岑曰：功未齊於諸聖。奉曰：若爾何得名為善知識？岑曰：明見佛性，亦得名為善知識也。弘辨禪師曰：頓明自性，與佛同儔。然有無始染習，故假對治。令順性起用，如人喫飯不一口便飽。溈山曰：初心從緣，頓悟自理。猶有無始曠劫習氣，未能頓淨。須教渠淨除現業流識即修也，不可別有法。教渠修行趣向，若論諸祖師為人之處，壁立萬仞，大火聚中，觸之即爛；刀鎗林裏，動著便燒。未曾開口，已隔千里萬里。至機緣之外，平實商量。未嘗盡絕階級，盡遮修行。傳燈録中，分明詳悉。大慧中峰，言教尤為緊切。血誠勸勉，惟恐空解著人。墮落魔事，何曾言一悟之後。不假修行，頓同兩足之尊，盡滿涅槃之果。後世不識教意，不達祖機，乃取喝佛駡祖，破膽險句，以為行持。昔之人為經論所障，猶是雜食米麥，不能運化。後之人飽記禪宗語句，排因撥果，越分過頭。是日取大黄巴豆，以為茶飯也。自誤誤人，弊豈有極。是以纔入此門，便輕十方如來。莫不自云無佛可成，無行可修。見人念佛，則曰自性是佛；見人修淨土，則曰即心是淨。言參禪則尊之九天之上，言念佛則蹂之九地之下。全不思參禪念佛，總之為了生死，同是出苦海之橋梁。越界有之寶筏，事同一家，何勝何劣。參門之中，所悟亦有淺深；念佛之衆，所修亦有高下。如何執定參者即是上根，念者便為中下。自達摩西來，立此宗門，已云二百年後。明道者多，行道者少；説理者多，通理者少。今傳燈録中，如麻似粟。同云人悟，其實逈别。至如般若緣深，靈根夙植。伽陵破邪，香象截流。或見根宗於片言，或顯威用於一喝。一聞千悟，得大總持。或有懷出世之心，具丈夫之志。舍彼塵情，究此大事，不怙小解。惟求實知，卧薪嘗膽，飲冰吞檗，如此三十年四十年後，或遇明師，痛與針劄，偷心死盡，心華始開。此後又須潛行密修銷融餘習，法見尚捨，何況非法。若趙州除粥飯是雜用心，湧泉四十年，尚有走作。香林四十年，打成一片。兢兢業業，如護頭目。直至烟銷灰滅，自然一念不生。業不能繫生死之際，隨意自在。詰其所證，恐亦未能超於上品上生之上。何以明之？龍樹菩薩宗門之鼻祖也。得大智慧，具大辯才，住持佛法。故世尊數百年前，於楞伽會上遙為授記。然亦不過曰證初歡喜地，往生安樂國而已。而觀經中上品上生，生於彼間，一刹那頃，亦證初地。今宗門諸大祖師，縱使見離蓋纏，語出窩臼，豈能即過龍樹。龍樹已悟無生無相之義，已具不墮階級之見，而生於安養。與上品上生所證之果正等，則禪門諸人所證，豈能獨過。良以上品上生，解第一義，還同禪門之悟，深信因果，還同禪門之修，止是念佛往生别耳。然吾以為禪門悟修之士，既不能取無餘涅槃同於如來，又不肯取有餘涅槃同於二乘，必入普賢行願之海。若不捨一身，受一身，濟度衆生，則當從一刹至一刹，供養諸佛，既見諸佛，還同往生。究竟與上品上生，止在雁行伯仲之間。何以高視祖師，輕言淨侶。其或悟門已入，休歇太早，智不入微，道難勝習，一念不盡，即是生死之根。業風所牽，復入胞胎。如五祖戒出為東坡，青草堂再作魯公，隔陰之後，隨緣流轉。道有消而無長，業有加而無減。縱般若緣深不落三塗，而出房入房，亦太辛苦。還視中下往生之衆，已天地不足喻其否泰矣，況後世宗風日衰。人之根器亦日以劣，發心既多不真。功夫又不純一，偶於佛祖機鋒，知識語言。或悟得本來成佛處，當下即是處，意識行不到。語言説不及處，一切不可得。即不可得亦不可得處。將古人語句和會無不相似，既得此相似之解，即云馳求已歇。我是無事道人，識得煩惱如幻，則恣情以肆煩惱；識得修行本空。輒任意以壞修行。謂檀本空也，反舍檀而取慳；謂忍本空也，反聽隨而寘忍。言戒則曰：本無持犯，何必重持輕犯；言禪則曰：本無定亂，何必舍亂取定。聽情順意，踏有譚空。既云法尚應捨，何為復取非法；既云真亦不求，胡為舍之求妄；既云修觀習定，皆屬有為之迹，何獨貪名求利。偏合無為之道，愛憎毀譽之火，纔觸之而即高。生老病死之風，微吹之而已動。爭人爭我，説是説非。甚至以火性為氣魄，以我慢為承當，以譎詐為機用，以誑語為方便，以放恣為游戲，以穢言為解粘，讚歎破律無行之人，侮弄繩趨尺步之士，偏顯理路。故窮玄極妙，莫之蹤跡，盡剗行門。故縱意任心，無復規矩。口言往生是小乘法，令人修習，已乃晏然。或至經年不拜一佛，經年不禮一懺，經年不轉一經。反看世間不必有之書，行道人不宜行之事。使後生小子，專逞聰明，惟尋見解。纔有所知，即為一超直入，更復何事。輕狂傲慢，貢高恣睢，口無擇言，身無擇行。父既報讐，子遂行劫。寫烏成馬，展轉差謬。不念世間情，欲無涯隄之尚溢，如何日以圓滑之語。大破因果之門，決其防藩，導以必流，自誤誤人，安免淪墜。若不為魔所攝，定當永隔三途。刀山劍樹，報其前因；披毛戴角，酬還宿債。莫云：我是悟達之人，業不能繫。夫謂業不能繫，非謂有而不有，正以無而自無。生既隨境即動，死安得不隨業受生。眼前一念嗔相，即是怪蟒之形；眼前一念貪相，即是餓鬼之種。無形之因念甚小，有形之果報甚大。一念之微，識田持之，歷千萬劫，終不遺失。如一比丘，以智慧故，身有光明，以妄語故，口流蛆虫。一言之微，得此惡果。雖有智慧，終不能消。況今無明煩惱，熾然不斷。欲以相似見解，消其惡業。冀出三塗，無有是處。嚮使此等不得少以為足，常如説以修行，終不自言我已悟了即心是佛。豈可復同中下念佛求生，了達生本無生。不妨熾然求生，即心是土。蓮邦不屬心外，不釋禮拜，不舍念誦。智力行力，雙轂並進，方當踞上品之蓮臺，坐空中之寶閣，朝飯香積，久游滿月。回視胎生之品，彳亍寶地不聞法語。不見法身，象馬難群，鷄鳳非類，何況人天小果，甕中蚊虻者哉。而乃空腹高心，著空破有，卒以偏執之妄解，攖非常之果報。不與阿彌作子，却為閻羅之囚；不與淨衆為朋，却與阿旁為伍。棄寶林而行劍樹，舍梵音而聽叫號。究其所受，尚不能與世間無知無見之人，行少善事，作少功德，生於人天者，等毫髮有差。天地懸隔，可不哀歟。然則宗門中人，上之未必能超於上品上生，而下之已墮三塗。故知此道險難未易行游，成則為佛，敗則為魔。王虜分於彈指，卿烹別於絲毫。苦樂之分，宜早擇矣。

況今代悟門一脈，不絕如綫，禪門之中，寂寥無人。止有二三在家居士，路途端直，可以流通此法。然既為居士，不同沙門釋子，猶有戒律縛身，方寘身大火之中，浸心煩惱之海。雖於營干世事内，依稀得一入門，而道力甚淺，業力甚深，即極粗莫如淫殺之業，猶不能折身不行。何況其細，生死之間，安能脫然。徒見豪奢如于頔，奸惡如呂惠卿、夏竦，躁進如張天覺，風流豔冶如白樂天、蘇子瞻等，皆列於傳燈，便謂一切無礙。不知從上諸人，雖具正見，若謂其從此不受分段，業不能繫，吾未敢許。方當長夜，受報未有了期。故知念佛一門，於居士尤為喫緊。業力雖重，仰借佛力，免於沈淪。如負債人藏於王宫不得抵償，既生佛土，生平所悟所解，皆不唐捐。生死催人，出息難保。早尋歸路，免致忙亂。縱使志在參禪，不妨兼以念佛。世間作官作家，猶云不礙，況早晚禮拜念誦乎？且借念佛之警切，可以提醒參禪之心；借參門之洞徹，可以金固淨土之信。適兩相資最為穩實，如此不信，真同下愚。石頭居士，少志參禪，根性猛利，十年之内，洞有所入，機鋒迅利，語言圓轉。尋常與人論及此事，下筆千言，不踏祖師語句。直從胸臆流出，活虎生龍，無一死語。遂亦自謂：了悟無所事事，雖世情減少，不入塵勞，然嘲風弄月，登山玩水，流連文酒之場，沈酣騷雅之業，嬾慢疎狂，未免縱意。如前之病，未能全脫。所幸生死心切，不長陷溺，痛念見境生心，觸途成滯，浮解實情，未能相勝，悟不修行，必墮魔境。佛魔之分，只在頃刻。始約其偏空之見，涉入普賢之海。又思行門端的，莫如念佛。而權引中下之疑，未之盡破。及後博觀經論，始知此門原攝一乘，悟與未悟，皆宜修習。於是採金口之所宣揚，菩薩之所闡明，諸大善知識之所發揮，附以己意。千波競起，萬派橫流。詰其匯歸，皆同一源。其論以不思議第一義為宗，以悟為導。以十二時中持佛名號，一心不亂念念相續。為行持，以六度萬行為助因。以深信因果為入門，此論甫成，而同參發心。持戒念佛者，遂得五人。共欲流通，以解宗教之惑。香光識劣根微，久為空見所醉。縱情肆志，有若狂象去年沈迴之夜。親游鬲子地獄，烈火洞然。見所熟譚空，破戒亡僧。形容尫羸，跛足而過。哭聲震地，殆不忍聞。及寤身毛為竪，遂亦發心歸依淨土。後讀此論，宿疑冰釋，所以今日不憚苦口，病夫知醫，浪子憐客。汝宜盡剗舊日知見，虛心誦習，自當有入，生死事大，莫久遲疑。於是禪人悲淚交集，自云若不遇子，幾以空見賺過一生，子生我矣。懇求案集，作禮而去。時萬曆庚子仲春之二十有三日也。袁宗道伯修甫書於白蘇齋。（《白蘇齋類集》卷二十二雜說類，《續修四庫全書》第一三六三册，第四一七～四二〇頁；《大正新脩大藏經》第四十七册）

智按：袁宗道，字伯修，號石浦，湖廣公安（今屬湖北）人。萬曆十四年（一五八六）會試第一，選庶吉士，授翰林院編修。萬曆十七年（一五八九）歸里。九年後復入京，官右庶子，任東宫講席。欽慕白居易、蘇軾，書齋取名為「白蘇齋」。於詩文提倡崇尚本色，反對摹擬。與弟宏道、中道齊名，世稱「公安三袁」。有《白蘇齋類集》二十二卷。

龍膺（一五六〇～一六一九？）

《效長慶體》

無端□婦隔衾眠，病苦愁魔共縛纏。轉側不堪□鬬鼠，呻吟渾似咽哀蟬。雙情煩惱成雙障，一刻支持當一年。幻色任晞花際露，死心休結火中蓮。（《九芝集》綸隱詩集卷十一，《四庫全書存目叢書》影印清光緒十三年九芝堂刻綸隱全集本，集部第一六七册，第六八二頁）

智按：龍膺，原字君善，改字君御，號朱陵，湖廣武陵（今湖南常德）人。萬曆八年（一五八〇）進士，任徽州府推官。以言事謫温州府學教授，旋遷國子博士，轉禮部主事，復謫浙江鹽運判，轉巩昌府通判，歷同知，遷南京戶部員外郎，出爲陝西按察司僉事，轉山西參政，終南太常寺卿。有《九芝集》。事迹見《沅湘耆舊傳》卷二十、《明詩紀事》庚籤卷一三、今人葉德均《明代曲家龍膺》（《戲曲小説叢考》卷上）。

方應祥（一五六〇～一六二八）

《敘徐孺子四書藝》

余偕張懋良、徐孺子課業鷲峰，懋良對余終日，不拈隻字，退未嘗不栩栩也，孺子持論亦同。懋良其機穎茁茁，不克自戢，每際困塹，輒瞪目張氣，并日窮逐，必快其意而止。余畏其鋭，亦時開道先之。蓋懋良與余言，孺子亦未嘗不心折也。……孺子修幹豐頤，雙眸迸烱，賓朋燕集，其精神注射四座間，沉毅簡允，不爲叫嗷，或少被酒，則磈磊汾涬，相知執手，亹亹不休，跳笑悲涕，一時雜出，旁觀訝其醉語，不知皆生平隱衷所矢，借於酒以發之，天性拓落，于人無競猜，似古玩世之士，而居家孝友，特重然諾，赴人緩急，不趐其身。其文原本六籍，旁及老子莊騷太史管韓之書，業已咀彼全腴，抽兹精騎，尤酷嗜左氏，日手赤槧，飡卧與俱，質有其文，若此觀於制舉之業，亦足窺其一班矣。孺子爲貞父黄先生高足，先生嘗評其文氣秀語婉，追躒先程，開之馮先生一見，稱其經術深博，匠意鎔裁，當世鮮儷，于是東南才秀之選，人鏡所歸，承其風義，聆其謦咳，無不指信流泉，締申契好。余與懋良曷得槩之，孺子且輯其素作，盡以置余，何也？昔元微之以文章爲當時所賞嘆，如鄭、李、王、楊之流，不乏巨伯，獨以省視屬白樂天，毋以並處湫隘，甘苦備嘗，其言親而有味乎？余寧不自量度，攀義元白，累孺子知人之明哉！不敢芾微之之孅于箱笥，聊以斯言當前驅焉。（《青來閣初集》卷二序，《四庫禁毀書叢刊》影印明萬曆自刻本）

《又（與楊實夫）》

白香山煉藥未成，驟拜東都之命，自詫緣之不偶也。造物者幸弟之厚，爲弟尋好主家，脱三十年，四比八股，頭之遲貨，又以鈐榜進士畀弟，三年仕士，不關息黥補劓之閒身善體，所以厚我之意，便可終身作事外人。弟之仙姿遠媿香山，緣勝之矣。倚雲片石，時壓夢思，仲秋得買南車，共尋舊時之約，弟無靦顔淮南招隱，兄可不必賡續《北山移文》，樂可知也。吳應圖冬中會過吾郡否？眠食之暇，誰與爲娱？怡老妙方，在于善愛，又在善遣。達者視陰以調消息于晷刻，癡人强死而作子孫之馬牛，參觀二端，一瞬尚存，亦即一瞬仙緣矣。重陽把菊申此，耿懷不盡。（《青來閣初集》卷七尺牘，《四庫禁毁書叢刊》影印明萬曆自刻本）

《祭鄭樾溪先生》

嗚呼！先生于吾先子交誼粹醲，著契紈縞，不肖之事先生，禮所謂父之執友也。祥聞之，父執友之喪如其父，而先生視祥，又非直誼之屬也。……祥之哭先生也，縱淚盡而繼以血焉，能寫猶子之戴哉！嗚呼！先生，古之至人也。祥又聞之，士之生也，遇不其燀而不晦者行，澤不其澧而不朽者名，夫行有靡矜于世，而名有無得而稱，至人所爲，乘化往來，以自適其真也。先生之眞誠未易言，求彷彿于古之人，其于酒也，吾得其似于劉伯倫焉；于詩也，吾得其似于陶元亮焉；寄情于若仕若不仕也，吾得其似于白樂天焉；竹林之朋，其狎而放于酒者，有阮嗣宗。彼借過差之譽，以寬大將軍保持之地，是托而全其身者也。二豪侍側焉，如蜾蠃之與螟蛉，其何托焉，故伯倫死而千古罕酒人矣。柴桑之世，並而翹于詩者有謝康樂，彼悼子房之韓奮，而吊魯以秦耻，是激而鳴其不平，不暇顧其生者也，無事紀曆而時自成，歲誦其遺言，微遠澹宕，欲尋其悼時弔人，牢騷伊欝之感而不可得，其何激焉，故元亮死，而《三百篇》以後，難詩流矣。香山之社，所相與婁娑文酒之好者，不一其人，或久溷世中，而厭割以就閒；或遁景人外，而吐墮以示敖。卑栖不調，坦懷得失。牛李□訿之際，曾弗罣乎毫芒之纓，何所溷而又奚遁焉，故樂天死，而古今之與出與汩乎仕宦之途者，靡有開豁其苦趣者矣。吾以哭三君子者，哭先生，其亦憑而鑒我哉！嗚呼！此先生之似也，非先生之眞也。劉之于酒也達矣，死便死耳，何用鍤爲先生旋，而四壁僅餘一槽，當酒家之索逋，而笑指以爲償也。陶之于詩也曠矣，其言傳誦于今，猶有蘄乎後之人也。先生弱冠遊武林，醉而盡賡孤山處士梅花詩，作者咋舌讓不及矣，興懷咏言成文，而不必書之帋，書之不必留于篋，以予之數請于典記，而未有一字之録也。白之于仕也，亦洒然罔所羈絏矣，青衫之濕，愴何深乎。先生舞象登壇，文爲士軌，晚始以明經推擇博士，綦蹇矣。居官無不愜于官之心，去官無罷官之色也。當授福時，有貴人子才，而憍稍諧與之，可以得力于其官。先生正容以警之，而不爲假，此豈有幾微之動于物者□，吾以此而哭先生，又有進于哭三君子者矣，□□彷彿之似而遡先生之眞乎，嗚呼！此吾所□□□，非先生所自謂眞也，先生古之至人也，□才絕一世，而天固蒙以貌之朴，其胸富百籍，而性默理其致之清，于衆混冥無所校，其氣之沉挺而迅發，如寶劍之重握而不可犯，又如驚飈之倏過而不少絯，意有所至也，當沐而不覺櫛之墜。交朋讌集，飛觴對奕，談笑論文，忽目瞪空而若送歸鳥，或指按脈而有叩不聞。淺言先生者，以爲善忘也，不知忘者其有不忘也；深言先生者，以爲有不忘也，不知有不忘正其有眞忘也。嗚呼！吾亦何以摹先生乎哉！不肖事先生三十載而奇，隨吾見之所至，以步趨乎先生，以爲古之今人儗以矜乎世之行而靡可跡也，以爲今之古人格以世所稱之名而靡可述也。竊謂同先生之時，而遇孔父之知人，且以遺佚阨窮，坐當事者竊位之辜；不同先生之時，而有子輿之尚論，亦且以鄙寬薄敦，附風起于百世之聖，嗚呼！此近乎先生之眞矣，吾知之而不言，言之而人未必信也。嗚呼！三十載而事先生，卽其生平之不敏亦已久，視于先生而幾萬分一之似矣，依希至人之乘化以往來，悲夫，不知先生者之交臂而自失也。嗚呼！先生已矣，自此而儀容音旨之漸遠，又自此而言語文字之莫稽，吾所模而哭先生者，其言一日而未泐，後來而有先生其人者，庶以核其眞于言之外而已矣。嗚呼！此足繹先生猶子之視，而展不肖不得猶父之憾乎哉！雖然，吾亦道吾所萬一于先生者，如此而止矣，又安保吾自謂辨香之知者，不同交臂之失乎哉！言徒煩而無當于先生，卽言盡淚也，字盡血也。九京之上，有輾然而笑頤之缺耳，夫吾對先生之靈而言之娓，亦竊附古人之誄其君親，稱天以明不私之義也，言苟當于先生，卽舉世而不吾信，何慊哉！嗚呼先生！逾時哭奠。所生隔者，遊子之他鄉，一束生芻；所用將者，門人之脩脯，英爽不昧。共吾先子，證祥斯言。(《青來閣初集》卷十祭文，《四庫禁毁書叢刊》影印明萬曆自刻本)

《步凡中唐宗之制義序》

結髮治經生家言，卧起六籍四子中，其習之也，日以親……以人之情，事之境，鼂采日渙，發而不可遏，抑其神明亦與之，日凝固而無所越渫。張子房、李長源、白香山、蘇子瞻，其人見宰官身，領受世人錦衣玉食，暫時供養泉石烟霞，當年本色，時時迸露眉宇瞪眄之間，神虬爲御，紫鳳驂軿，日可見之，以視宗之，可謂日月雙懸，貞明不貳。八股四比功課，天固命之明啓，兩人和鳴，並驅先路矣。夫經生家言以博一第，猶之小兒號嗄六籍四子，聖賢性命本領在焉。西氏有言佛生于法，而法未嘗生佛，佛亦未嘗從法而生，有相與爲無窮者，非佛亦非法也。盛德所以日新，大業所以富有，道之所以生生而不測，具是矣。……（《青來閣二集》卷一序文，《四庫禁毁書叢刊》影印明天啓四年易道暹等刻本）

《與阮集之年兄》

夏初有友人自燕來者，稱遇兄丈還京……千古湖山之勝，必千古勝人收之，武林有白香山、蘇子瞻，緇流女士之都，長直揭之，以懸于日月，况文章韶秀之士，固山川靈氣所發皇，可使僅僅尋常並敘哉！弟敬以二三君子，卜吾集之所以薈勝于斯遊者矣。……（《青來閣二集》卷九尺牘，《四庫禁毁書叢刊》影印明天啓四年易道暹等刻本）

智按：方應祥，字孟旋，號青峒，衢州西安（今浙江衢縣）人。萬曆四十四年（一六一六）丙辰進士，授南兵部職方郎，例多餽遺，應祥悉却除之，轉祠部郎中，歷陞提督山東學政，奔母喪歸，尋卒。應祥山居時，講求性命之學，從遊者踵相接，遂擴廬舍以居之，發明身心性命之旨，循循善誘，誨之不倦，人比其功不下濂溪、伊川。為文根極性命，自闢阡陌，非六經語不道。

過庭訓（？～一六二八）

《本朝分省人物考》

⊙文璧

文璧字徵明，以字行，更字徵仲。其初蜀人，徙廬陵，再徙衡山，後有贅吴者，遂為吴人……四夷貢道吴門者，望其里而拜，以不得見為恨然，多以重價購之，於所與從游者，以故書畫遍海内外，而環吴之里，潤澤於徵明之手筆者，幾四十年。其為詩謌，傳情而發，娟秀妍雅，出入柳柳州、白香山、蘇端明諸公。文取達意，時沿歐陽廬陵，書法無所不規，倣歐陽率更、眉山、豫章、海岳……至九十猶矍矍不衰，海内習文先生名久，幾以為異代人。已未為御史嚴杰毋書墓誌已，擲筆而逝，翛然若蜕者，諸生奔訃，上事臺使者祀於學宫，所著有《甫田集》行世。（《本朝分省人物考》卷二十二，《續修四庫全書》影印明天啓刻本）

⊙王世懋

王世懋，字敬美，號麟洲，别署號曰牆東生，世貞弟也。……世懋始受舉子業，遂精治四子及《周易》，獨會之趣，不專訓詁。晚視學政，傍通諸經，皆能蕞其大要，亦喜讀釋老氏言，初以資翰墨耳，既游於西來之教，往往有所發明，獨於宗門似未得機軸，若乃致虚極，守静篤，於老子所云者，亦行之而未能深詣也。既病久，覺定力去而恬然，殆有未易窺量者，所著《望崖編》等書，亦皆其中精至語，識者謂不下白香山、晁文元，於詩不規規名某氏，業而神詣之境為勝，七言律尤其踔絶者。文出入西京、韓歐諸大家，而持論往往以識勝。……（《本朝分省人物考》卷二十四，《續修四庫全書》影印明天啓刻本）

⊙党以平

党以平，字守衡，號穎東，其先自平陽徙禹州。公當時，母夢白鶴繞庭槐乃孕生，四歲始能言，六歲授以詩，輒了大義。弱冠就婚陽曲，有異人相遇公署，預言名位與壽甚異。二十二中河南鄉舉。正德甲戌第進士。授户部主事，管倉淮安餉，事清簡，日與諸生講學論文，東南高士多從游者。……乙亥扈，從聖駕南廵，往返八千里，嘗在左右，時賜咨問。是年風雷之變，擊睿皇帝廟主，廷議令三品已上自陳，平陳辭特懇，始得致仕歸，時年未五十，家居三十四年，優游田里，權門要津，不通一字。太監黄錦為舊知，南行過訪，許以起用，比歸再過，不復出接，語人曰：「刀鋸之餘，薦天下豪傑，司馬子長之所耻也。元稹晚依閹宦而得相，豈如白居易之為全節邪？」内外臺諫，前後薦舉二十二疏，若罔聞知。亦有大臣以書勸之起者，反貽書勸其歸，既而大臣被譴，人咸服其高識。（《本朝分省人物考》卷八十七河南開

封府四,《續修四庫全書》影印明天啓刻本)

⊙江朝宗

江朝宗，字東之，四川巴縣人，景泰二年進士。入翰林為庶吉士，授檢討，與修《大明一統志》，陞編修，秩滿陞侍講。成化三年，與修英廟《實録》，陞司經局洗馬，俄遷侍讀學士。孝宗在青宫日侍講讀，尋坐都御史牟俸累調廣東市舶提舉司提舉，既而累章乞休，吏部覆請，上以其才學可惜，令復原職，致仕，家居二十年，卒。朝宗早以文譽歷清秩，凡侍經緯供史，事典文衡，勞勩頗著，嘗以起復病于道，上特命遣醫治之，然性和易，不擇交，與人亦莫有非之者，其卒也，乃效白樂天自述壙志，以識平生云。(《本朝分省人物考》卷一百八,《續修四庫全書》影印明天啓刻本)

⊙李元陽

李元陽，字仁甫，號中溪，大理人。為兒時，不與群兒嬉戲，親師友，好讀書，及弱冠，夢異人授錦三丈許，逼令吞之，既寤，胸次猶梗塞，為諸生，力學稍暇，輒登城睇覽，見山海風雲，藻思悠然，煥發為文，有奇氣，決疑義，皆出人意表，凡天文兵法諸書，過目洞識其要，居常求靜地黙坐，欲究性命之奥，且謂世儒口耳之學，未盡得其旨歸。……嘗試諸生，得太岳張公卷，評曰：此子當為太平宰相，列之六百人之首，以外艱去任，盡荆之人皆垂涕往送，三百里内，遮拜不絕。未幾，夏公當國，以前郄中之也，罷官歸里以來，不營生理，薄於自奉，而厚於施予。平生口不言人過，雖童稚亦温然接納，其教人曰：一誠字，何事不辦？中年大有所得，著心性圖說，鄉人有爭及為不善，欲質於其間，或至中途，自相悔罪，而返曰：争至訟庭，愧見先生。升庵楊公嘗與坐終日，每出謂人曰：見李先生之貌，如臨水月，令人鄙吝自消；聆李先生之語，如聞洪鐘，令人矇迷頓醒。既倡明性學，亦時與諸生講授文藝，郡之通顯，多出其門。凡與從游者，類能敦世善俗。賦詩作文，初不經意，援筆輒就，世以唐白香山、宋蘇東坡擬之。年八十餘，聰明矍鑠，每登高陟遠，少壯莫能及。儀觀秀整，望之如神仙然。卒之前十日，召門人子弟，示曰：自今數至十日寅時，吾當謝世，吾嘗以一死生、外形骸為念，今其時矣。至期，端坐而逝。(《本朝分省人物考》卷一百十四,《續修四庫全書》影印明天啓刻本)

智按：過庭訓，字爾韜，號成山，平湖（今屬浙江）人。萬曆三十二年（一六〇四）甲辰進士，授江陵知縣。官至福建按察使，擢應天府丞，未及上任即卒。崇禎二年追贈府尹。有《聖學嫡派》、《性理翼明》、《名臣類編》等。

祁光宗（？～一六二八）

《關中陵墓志》

⊙唐白居易墓

樂天與其弟行簡、敏中三墓，在渭南縣北紫蘭村，樂天自為墓志，舊有碑，今泐而裂矣。

⊙唐元稹墓

按白居易志，葬咸陽縣洪瀆原，從先兆，今不可考。（《續修四庫全書》影印清抄本《關中陵墓志》）

智按：祁光宗，字伯裕，因避明貞皇帝朱常洛廟諱，遂以字行，別號念東，滑縣（今屬河南）人。萬曆二十六年（一五九八）戊戌進士。授工部虞衡司主事，後調禮部郎中，旋擢陝西提學副使、西寧道按察使、陝西右布政使、甘肅巡撫副都御史，後轉三邊總制，以邊功加太子太保、兵部尚書、掌南京都察院右都御史。後疏請致仕，居家七年，崇禎元年十一月十七日卒，贈少保，謚敏惠。性好詩賦古文辭，尤工書法。有《餘清館集》、《甘肅奏議》、《明文存雅》。事跡見明成基命《大司馬祁伯裕傳》、明李標《祁公墓表》。

謝天瑞（嘉靖、萬曆間）

《詩法》

⊙《金鍼集》白居易

居易元和中有詩友數十人，更相唱酬，獨得詩之深者。劉夢得、元微之，時人多以元劉爲先，號曰劉元白，欲知劉元之詩，知詩之骨髓，播在人口，莫非騷雅者也。夢得相寄云：「沉舟側畔千帆過，病樹前頭萬木春。雪裏高山頭早白，海中仙果子生遲。」此二聯神助之句，自能詩者，鮮到於此，豈非夢得之深者乎？居易貶江州，多遊廬山，宿東、西二林，酷愛於詩，有《閒吟》云：「自從苦學空門法，銷盡平生種種心。惟有詩魔降未得，每逢風月一閑吟。」自此味其詩理，撮其體要，爲一格目，曰《金鍼集》，喻其詩病而得鍼醫，其病自除，詩病最多，能知其病，詩格自全也。《金鍼》列爲門類，示之後來，庶覽之者，猶指南車，而坦然知方矣。（《詩法》卷四，《續修四庫全書》影印明復古齋刻本）

⊙黃鶴樓

此詩首二句先對，頷聯却不對。然破題已先的對，如梅花偷春色而先開，謂之偷春格（杜少陵《曉發公安》詩頷聯不對，亦是此格）

昔人已乘白雲去，此地空餘黃鶴樓。黃鶴一去不復返，白雲千載空悠悠。晴川歷歷漢陽樹，芳草凄凄鸚鵡洲。日暮鄉關何處是，烟波江上使人愁。

七言律詩其法如此，唐人李淑有《詩苑》一書，今世罕傳，然所述篇法止有六格，范德機《木天禁語》廣爲十二格，又分明暗二例，《詩法源流》所載二十四格，《詩學禁臠》所載十五格，僧皎然《杼山詩格》，洪覺梵《天厨禁臠》，白樂天《金針集》，梅聖俞《續金針集》，發明七言律者詳矣，然皆命意入妙，格外之格，別爲一卷。（《詩法》卷八，《續修四庫全書》影印明復古齋刻本）

智按：謝天瑞，字起龍、思山，號復古生，杭州（今屬浙江）人，或謂河南人。復古齋為其書鋪名。生平不詳。嘉靖十七年（一五三八）刻《詩人玉屑》，萬曆二十九年（一六〇一）校刻《鶴林玉露》，知為嘉靖、萬曆間人。《詩法》卷首載楊成《重刊詩法序》、謝天瑞《詩法大成序》。參見《古典戲曲存目匯考》（上海古籍出版社一九八七年版，第九五六頁）。

黃甲（嘉靖、隆慶間）

《餞行與丘月林》

白居易《留別佛光和尚》云：「勞師送我下山行，此別何人識此情？我已七旬師九十，當知後會在他生。」每誦之悵然。吾兄于弟，更復幾別，忍匆匆漫去，今夕村酒一壺，園蔬一盂，期與兄譚。昔人有詩云：「知有前期在，難分此夜中。無將故人酒，不及石尤風。」兄亦解此否？（石尤風。《天中記》：「昔尤氏女，嫁石氏為婦，夫好遊，經商于外，尤力阻之，不能止。去後，尤思念不已，遂成疾，臨終時，恚曰：『我死，必為逆風，以阻世之行商者。』」婦以夫為姓，故曰：石尤風，即逆風也。）（明刻本張一中《尺牘爭奇》卷四；明末刻本徐渭《古今振雅雲箋》卷四）

智按：丘橓，字懋實，別號月林，山東壽光（一說諸城）人。嘉靖二十九年（一五五〇）庚戌進士。夙有大志，動以古人自期，歷給事中，剛直敢言，不肯曲阿，言事罷官。隆慶中，歷官太常寺少卿。累官南京吏部尚書，贈太子少保，謚簡肅，所著《四書》、《禮記摘訓》，皆精絶足以翼經而傳後。（《經義考》卷一百四十五；《萬姓統譜》卷六十二）

黃甲，字首卿，南京興武衛籍，上元（今江蘇南京）人。吏部驗封司主事，左遷鹽運判。有《巖山房全稿》、《編年稿》、《獨鑑録》、《熱南遺稿》（《千頃堂書目》卷二十四）。

徐象梅（隆慶前後）

《兩浙名賢録》

⊙刑部尚書顧惟賢應祥

顧應祥，字惟賢，長興人。少警敏，善屬文。踰冠，與計偕，連舉進士，授饒州府推官，發摘如神明，顧時時有所縱舍，以示寬貸，吏民畏服。連攝大縣，人人稱平。府缺守則又攝守，而會姚源洞大盜起，虜樂平縣令汪和衆，洶洶無所出。祥挾一老卒，御羸馬，叩賊壘曰：「司理來。」賊大驚，争出迎曰：「非我顧府君耶？乃肯辱臨我。」祥為緩頰數語利害，賊立釋令去，曰：「府君活我，不復反矣。」以臺諫徵，至則年不應格，遷錦衣衛……召為刑部尚書。甫三月，柄相自負，推轂恩祥，故為不知者，待之無加禮，柄相恚甚，諷御史誣劾，遂調南京刑部，居二年，請老歸，與蔣尚書瑤、劉清惠麟諸名公，尋菰城之社，每一篇出，人争傳寫，評者謂：其詩似白香山，書似趙松雪，祥夷然不屑也。祥少從陽明、增城二先生游，然不甚傳依其說，其所持衡，足破世學之的，而不立門戶，及教授諸生，以故無傳者，於學不名一家，諸六籍九流百氏，言人人殊，祥掯析而衷裁之。其最喜者九章勾股法，謂能以人法窮天巧，推宇原宙，得無師之聖，所著有《惜陰録》、《人代紀》、《授時曆法》、《測圓海鏡》、《弧矢筭術》、《讀易愚得》、《尚書纂言》、《明文集要》行於世。（《兩浙名賢録》卷十八經濟，《續修四庫全書》影印明天啓刻本）

⊙孝隱先生樓文舉斗南

樓斗南，字文舉，義烏人。天資渾厚，制事有繩墨，人有為不善者，惟恐其知之。少遊太學，晚以特科補官，非其志也。再調台州司理，辭不赴，取白樂天詩語，題所居曰「中隱」，以歸老焉。事母至孝，治家圃，奉母嬉娛，後母没，築堂縣東門，號望雲，旦夕瞻慕，終身不衰，鄉人稱之曰孝隱先生。（《兩浙名賢録》卷四十四高隱，《續修四庫全書》影印明天啓刻本）

⊙韜光

韜光，蜀人。長慶初，辭師出遊，師囑之曰：「遇天可前，逢巢則止。」後至錢塘，遊靈隱山巢溝塢，時白樂天守郡，悟曰：「此吾師之命我也。」遂結庵以居。樂天聞之，遂與為友，題其堂曰法安。嘗以詩招之入城，韜光不赴，裁詩報之，有「明月難教下碧天」之句，眞本色住山人。（《兩浙名賢録》外録卷四空空，《續修四庫全書》影印明天啓刻本）

智按：徐象梅，字仲和，錢塘（今浙江杭州）人。嘗摭拾史傳及稗官事語，仿《世説新語》分類紀敘，作《琅嬛史唾》十六卷。其《兩浙名賢録》五十四卷，取兩浙先賢自唐虞迄明隆慶，別為二十二門。又《外録》八卷，分元元、空空二門，以載釋、道二家。

李樂（一五六八進士）

《見聞雜紀》

商伊尹壽百二十歲，見《竹書紀年》；周太公壽百四十歲，見《金石録》；漢竇公，本魏文侯樂官，至漢文帝時，二百八十歲，見懷瓘《書斷》；魏羅結壽百二十歲，見《北史》；唐李元爽一百三十六歲，見《白樂天集》；蜀范長生先事劉玄德，至李特時一百三十餘年，宋譙定一百三十餘歲，猶横經授《易》，見《蜀志》，則彭祖之壽非誣也。導筋骨則形全，剪情欲則神全，靖言語則福全。（亢倉子格言）視而不見，聽而不聞，非真不見不聞也。見不起色，雖見而似不見；聽不出聲，雖聞而似不聞。必也見超乎色之外，始謂之明；聽出於聲之外，始謂之聰。汩沒於聲色之中者，謂之聾聵；超脱乎聲色之表者，謂之聰明。日光之白曰皜，月光之白曰皎，男子之白曰晳，女子之白曰皉，老人之白曰皤，草華之白曰葩，雪霜之白曰皚，鳥羽之白曰翯（以上載藝林伐山）。……（《見聞雜紀》卷四，《四庫全書存目叢書》影印明萬曆刻清補修本）

智按：李樂，桐鄉（今屬浙江）人。隆慶二年（一五六八）進士。

李豫亨（一五七〇前後）

《推篷寤語》

白居易暮節，惑浮屠尤甚，至經月不食葷。及致仕，與香山僧如滿結香火社，士大夫晚年固不可惑異教，但不葷則腸胃清虚，亦可少病。與僧結社，則塵緣减息，亦可省事，所謂「因過竹院逢僧話，又得浮生半日閒」者，非耶？雖然蘇晉長齋，洛陽社會，有真見者，或不必籍此。（《推篷寤語》卷三原教篇上，《續修四庫全書》影印明隆慶五年李氏思敬堂刻本）

禄位，神物也，求者不可得有，有者不可得守，守者不可得久，所以然者，數有定分也。今之人，因浮名冗利、假貴虚榮過求而致横死者，莫知其數，殊不曉影外影，爲三等妄；夢中夢，是兩重虚。紫綬朱紱青布衫，顔色不同而已矣；三台八座九品官，名目不同而已矣。中外歷職，大采選也；官曹決事，大雜戲也，而妄認爲己有，不亦惑乎哉？白樂天曰：「窮通不由己，懽戚不由天。命即無柰何，心可使泰然。且務由己者，省躬諒非難。勿問由天者，天高難與言。」（《推篷寤語》卷六還真篇，《續修四庫全書》影印明隆

慶五年李氏思敬堂刻本）

白公有詩句云：「富貴亦有苦，苦在心危憂。貧賤亦有樂，樂在身自由。」又有詩句云：「閒傾三數酌，醉詠十餘聲。便是羲皇代，先從心太平。」心太平之語最有味，心太平則身太平，身太平則家太平，家太平則國與天下亦由之太平矣。（《推篷寤語》卷六還真篇，《續修四庫全書》影印明隆慶五年李氏思敬堂刻本）

白樂天爲翰林學士，有《松齋》詩云：「非老亦非少，年過三紀餘。非賤亦非貴，朝登一命初。才小分易足，心寬體長舒。充腸皆美食，容膝即安居。況乎松齋下，一琴數帙書。書不求甚解，琴聊以自娱。夜直入君門，晚歸卧吾廬。形骸委順動，方寸付空虚。持此將過日，自然多晏如。昏昏復默默，非智亦非愚。」予旅寓都下幾一載餘，朝夕俛仰，欽止前躅，因采入籍中爾。（《推篷寤語》卷六還真篇，《續修四庫全書》影印明隆慶五年李氏思敬堂刻本）

白樂天酷好遊觀，形於吟詠，有詩云：「留春不住登城望，惜夜相將秉燭遊。」又有詩云：「眼看筋力減，遊得且須遊。」如此之類，不可枚舉。然孰若《列子》所稱壺丘子之遊，壺丘子曰：務外遊不如務内觀，外遊者求備於物，内觀者取足於身。取足於身，遊之至也；求備於物，遊之不至也。然則壺丘子之遊，其真善遊者與！（《推篷寤語》卷六還真篇，《續修四庫全書》影印明隆慶五年李氏思敬堂刻本）

智按：李豫亨，字符薦，别號中條山人，雲間（今上海松江）人。諳養生術。隆慶四年（一五七〇），撰《推蓬寤語》。

俞養正（一五七三前後）

《效白居易知足吟》

紛紛世人幾知足，爭如野老無拘束。忘機趺石聽琴鳴，乘興閒行傍柳緑。古書細閲兩三行，社友相逢或五六。有時對奕無雄心，鎮日濡毫聊免俗。乳鴉幾點爭樹喧，玄鶴一聲響空谷。一輪明月掛松梢，呼童拍塞傾醽醁。清光映入酒杯中，微酡漫唱游仙曲。紙帳梅花春復秋，藥爐丹竈烟凝屋。雞聲報曙夢回時，披襟又起看朝旭。麄衣淡飯隨分休，不識是非榮與辱。且效羲皇太古民，繁華謝却還淳樸。(《四庫全書》本《珊瑚網》卷十三;《式古堂書畫彙考》卷二十八;《六藝之一録》卷三百九十)

智按：據許瑤光等修，吴仰賢等纂《嘉興府志》卷十八，嘉興清真道院，萬曆元年（一五七三）癸酉，道士俞養正重建。後附《清真道院重建三元堂碑記》。（見《中國方志叢書》，第五三號，第一册，成文出版社有限公司，一九七〇年八月，第四七九頁）

祁衍曾（一五七六舉人）

《廬山紀行記》

白鹿洞書院，在五老峰下旁，有鹿眠塲，溪流旋繞其左，爲枕流橋，前卓爾山，亭臺石刻，不能紀，始於李賓客，至朱子而益顯。我朝設主者，曾大父彖、江藩時聘、胡公居仁、御史唐龍奏起、蔡宗兖，其著也，陟嶺東行二十里，爲水簾洞，洞口一罅，人傴僂入，入里許，飛湍，背五老峰懸崖而下，三級而後至地，故又名三級泉，卽朱子所圖新瀑者，李獻吉指爲白鹿洞，過矣，書院西北數里，至白鶴觀，觀西里許，至顔家山，傳言顔魯公所居，又數里，至棲賢橋。……由白龍潭入數里，潭有石船，傳言許旌陽發跡之地云。又烏龍潭有白樂天草堂，今廢。出谷西北數里，至鹿子坂，爲陶公墓，自祭文曰：不封不樹，然耶？否耶？墓側有祠，祠西二十餘里，至圓通寺，黄山谷曾寓此寺，側有西亭，歐陽永叔與僧居訥談笑處，又一翁二季亭，則老泉父子，故皆不存。……東村之西數百步爲西林寺，有隋帝塔，稍前爲虎溪橋，予渡橋，復道石門澗，轉于圓通出山，時隆慶六年二月十七日，距始至乃正月二十九，山中凡十八日，第述其往來踪跡如此。(清屈大均《廣東文選》卷十三，清康熙二十六年三閭書院刻本)

智按：祁衍曾，字羨仲，廣東東莞人。順之曾孫。性通脱，豪軼不羈，年二十三始折節讀書，補邑諸生，縱遊，朱明入閩，自鷟湖之白鹿，乞食於西昌，困而歸。舉萬曆四年（一五七六）丙子鄉薦，與計偕，名傾都下，既屢蹶春官，而好遊益甚，所至詩墨淋漓，最善葉春及，嘗於羅浮搆遲葉菴以待之，久之，以母喪，痛哭發病，卒。著有《緑水園集》。（《廣東通志》卷四十七）

耿汝愚（一五八二舉人）

《效白體得聞字》

何處難忘酒，騷人競樂羣。舊篇期共賞，新調欲相聞。繭授梁園雪，觴流蘭水雲。此時無一盞，何以細論文。（《江汝社稿》卷四「五言律詩」，《四庫未收書輯刊》影印明萬曆四十六年耿汝忞刻本，集部第六輯第二四册，第六八六頁）

《効〈長慶集〉心身問答三首》

色臭渾忘出世間，翛然無事杜靈關。緣君嗜好饒葷血，驅我經年不得閒。（心問身）

我若微君難自立，君令失我亦無凭。拮据自是還爲養，何事施勞反見憎。（身報心）

雄鷄有尾反成災，江使刳腸能察來。竭力相培雖自爲，多君多累轉堪哀。（心重答身）（《江汝社稿》卷七「七言絕句」，《四庫未收書輯刊》影印明萬曆四十六年耿汝忞刻本）

智按：耿汝愚，字克明，號古愚，又號瀛海漁人，湖北黄安人。耿定向（一五二四～一五九六）長子。萬曆十年（一五八二）舉人。有《江汝社稿》九卷，萬曆四十六年（一六一八）其弟耿汝忞輯刻本。

周子文（一五八三進士）

《藝藪談宗》

質而不俚，是詩家難事。樂府歌辭所載《木蘭辭》，前首最近古。唐詩，張文昌善用俚語，劉夢得《竹枝》亦入妙。至白樂天令老嫗解之，遂失之淺俗。其意豈不以李義山輩為澀僻而反之？而弊一至是，豈古人之作端使然哉？（《藝藪談宗》卷一，《四庫全書存目叢書》影印明萬曆間梁溪周氏刻本）

智按：見李東陽《懷麓堂詩話》，《歷代詩話續編》第一三七五頁；李慶立《懷麓堂詩話校釋》第八五頁。

楊廷秀學李義山，更覺細碎；陸務觀學白樂天，更覺直率。概之唐調，皆有所未聞也。（《藝藪談宗》卷一，《四庫全書存目叢書》影印明萬曆間梁溪周氏刻本）

智按：見李東陽《懷麓堂詩話》，《歷代詩話續編》第一三八六頁；李慶立《懷麓堂詩話校釋》第二一五頁。

作山林詩易，作臺閣詩難。山林詩或失之野，臺閣詩或失之俗。野可犯，俗不可犯也。蓋惟李杜能兼二者之妙。若賈浪仙之山林，則野矣；白樂天之臺閣，則近乎俗矣。況其下者乎？（《藝藪談宗》卷一，《四庫全書存目叢書》影印明萬曆間梁溪周氏刻本）

智按：見李東陽《懷麓堂詩話》，《歷代詩話續編》第一三八七頁；李慶立《懷麓堂詩話校釋》第二二五頁。

杜子美詩「不嫁惜娉婷」，此句有妙理，讀者忽之耳。陳後山衍之曰：「當年不嫁惜娉婷，施朱傅粉學後生。不惜捲簾通一顧，怕君著眼未分明。」深得其解矣。白樂天詩：「寄言痴小人家女，愼勿將身輕許人。」亦子美之意乎？（《藝藪談宗》卷二，《四庫全書存目叢書》影印明萬曆間梁溪周氏刻本）

智按：見楊愼《升庵詩話》卷二，《歷代詩話續編》第六五七頁。

古樂府《楊叛兒》曲云：「暫出白門前，楊柳可藏烏。歡作沈水香，儂作博山鑪。」李太白擬之其詞曰：「君歌楊叛兒，妾勸新豐酒。何許最關人？烏啼白門柳。烏啼隱楊花，君醉留妾家。博山鑪中沈香火，雙烟一氣凌紫霞。」樂府二十字，太白衍之為四十四字，而樂府之妙思益顯，隱語益彰，其筆力似烏獲扛龍文之鼎，其精明似光弼領子儀之軍矣。沈水博山之句，非太白以雙烟一氣解之，樂府之妙亦隱矣。因識古之詩人，用前人語，有翻案法，有伐材法，有奪胎法，有換骨法。翻案者，反其意而用之，東坡特妙此法；伐材者，因其語而新之矣，益加瑩澤；奪胎換骨，則宋人詩話詳之矣。如梁元帝詩「郎今欲渡畏風波」，太白衍為兩句云：「郎今欲渡緣何事？如此風波不可行。」鮑照詩「春風復多情」，而太白反之曰：「春風復無情」是也。又如曹孟德詩云：「對酒當歌」，而杜子美云：「玉佩仍當歌」，非杜子美一闡明之，讀者皆以當歌為當該之當矣。杜子美詩「黃門飛鞚不動塵」，而東坡云：「走馬來看不動塵」，而杜之語益妙。又如杜子美「石出倒聽楓葉下」，而包何云：「波影倒江楓」，子美《桃花》詩云：「影遭碧水相勾引」，而孟郊云：「南浦桃花亞水紅」，江總詩「不悟倡園花，遥同葱嶺雪」，而張説云：「欲持梅嶺花，遠競榆關雪。」白樂天詩「人家半在船，野水多於地」，而姚合云：「驛路多臨水，人家半在雲。」趙師秀曰：「野水多於地，春山半是雲。」徐鉉《鄰舍》云：「壁隙透燈光，籬根分井口。」而梅聖俞云：「井泉分地脉，砧杵共秋聲。」古樂府云：「新人工織縑，舊人工織素。持縑來比素，新人不如故。」而無名氏效之云：「野雞毛羽好，不如家雞能報曉。新人雖如花，不如舊人能績麻。」此皆所謂披朝華而啓夕秀，有雙美而無兩傷者也。若夫宋人之生吞義山，元人之活剥李賀，近日之拆洗杜陵者，豈可同日而語。（《藝藪談宗》卷二，《四庫全書存目叢書》影印明萬曆間梁溪周氏刻本）

智按：見楊慎《丹鉛總録》卷十二。

敖陶孫器之評詩曰……白樂天如「山東父老課農桑，事事言言皆著實」。（《藝藪談宗》卷二，《四庫全書存目叢書》影印明萬曆間梁溪周氏刻本）

智按：見王世貞《藝苑卮言》卷五（《歷代詩話續編》第一〇三二頁）。

《説文》「熨，火申繒也。」考詩人用「熨」字極少。杜工部詩「美人細意熨帖平」，此乃正用也，白樂天詩「金斗熨波刀剪文」，温庭筠詩「緑波如熨割愁腸」，陸龜蒙詩「波平熨不如」，又「天如重熨皺」，王君玉詞「金斗熨秋江」，此借用也。熨本謂火，而云熨江，熨波，尤爲奇特，詩人翻案之妙如此。(《藝藪談宗》卷二，《四庫全書存目叢書》影印明萬曆間梁溪周氏刻本)

智按：見楊慎《升庵詩話》卷十一，《歷代詩話續編》第八六五頁。

顧況「黄金費盡教歌舞，留與他人樂少年」，白樂天「歌舞教成心力費，一朝身去不相隨」，並足興慨。(《藝藪談宗》卷三，《四庫全書存目叢書》影印明萬曆間梁溪周氏刻本)

智按：見明皇甫汸《解頤新語》。「黄金用盡教歌舞，留與他人樂少年」，司空曙《病中嫁女妓》詩，見《全唐詩》卷二百九十二。

先持正公謂：陶詩切於事情，但不文爾，深有警於率意者。元、白多坐此病。(《藝藪談宗》卷三，《四庫全書存目叢書》影印明萬曆間梁溪周氏刻本)

智按：見明皇甫汸《解頤新語》。

張為稱白樂天「廣大教化主」，用語流便，使事平妥，固其所長。極有冗易可厭者，少年與元稹角靡逞博，意在警策痛快，晚更作知足語，千篇一律，詩道未成，慎勿輕看，最能易人心手。(《藝藪談宗》卷四，《四庫全書存目叢書》影印明萬曆間梁溪周氏刻本)

智按：見王世貞《藝苑卮言》卷四（《歷代詩話續編》第一〇一一頁）。又見王世貞《全唐詩説》(《學海類編》本)，《全明詩話》第三册，第二〇五一頁。

《連昌宫辭》似勝《長恨》，非謂議論也，《連昌》有風骨耳。(《藝藪談宗》卷四，《四庫全書存目叢書》影印明萬曆間梁溪周氏刻本)

智按：見王世貞《藝苑卮言》卷四（《歷代詩話續編》第一〇一一頁）。

又見王世貞《全唐詩説》(《學海類編》本),《全明詩話》第三册,第二〇五一頁。

白香山初與元相齊名,時稱元白。元卒,與劉賓客俱分司洛中,遂稱劉白。白極重劉「雪裏高山頭早白,海中僊果子生遲」,「沈舟側畔千帆過,病樹前頭萬木春」,以為有神助,此不過學究之小有致者。白又時時頌李頎「渭水自清涇至濁,周公大聖接輿狂」,欲模擬之,而不可得。徐凝「千古長如白練飛,一條界破青山色」,極是惡境界,白亦喜之,何也?風雅不復論矣。張打油、胡打鉸,此老便是作俑。(《藝藪談宗》卷四,《四庫全書存目叢書》影印明萬曆間梁溪周氏刻本)

智按:見王世貞《藝苑卮言》卷四(《歷代詩話續編》第一〇一二頁)。又見王世貞《全唐詩説》(《學海類編》本),《全明詩話》第三册,第二〇五一~二〇五二頁;茅一相《欣賞詩法》詩評(藝苑卮言),《全明詩話》第三册,第二一三三頁。

元淺白俗,郊寒島瘦,此是定論。島詩「獨行潭底影,數息樹邊身」,有何佳境?而三年始得,一吟淚流,如并州及三月三十日二絶,乃可耳。又「秋風吹渭水,明月滿長安」,置之盛唐,不復可別。(《藝藪談宗》卷四,《四庫全書存目叢書》影印明萬曆間梁溪周氏刻本)

智按:見王世貞《藝苑卮言》卷四(《歷代詩話續編》第一〇一二~一〇一三頁)。又見王世貞《全唐詩説》(《學海類編》本),《全明詩話》第三册,第二〇五二頁;茅一相《欣賞詩法》詩評(藝苑卮言),《全明詩話》第三册,第二一三三頁。

昔人有言:元和以後,文士學奇於韓愈,學澁於樊宗師,歌行則學放於張籍,詩句則學矯激於孟郊,學淺易於白居易,學淫靡於元稹,俱謂之元和體。(《藝藪談宗》卷四,《四庫全書存目叢書》影印明萬曆間梁溪周氏刻本)

智按:見王世貞《藝苑卮言》卷四(《歷代詩話續編》第一〇一三頁)。

又見王世貞《全唐詩説》(《學海類編》本),《全明詩話》第三册，第二〇五二頁；茅一相《欣賞詩法》詩評（藝苑卮言),《全明詩話》第三册，第二一三三～二一三四頁。

剽竊模擬，詩之大病。亦有神與境觸，師心獨造，偶合古語者，如「客從遠方來」,「白楊多悲風」,「春水船如天上坐」，不妨俱美，定非竊也。其次裒覽既富，機鋒亦圓，古語口吻間，若不自覺。如鮑明遠「客行有苦樂，但問客何行」之於王仲宣「從軍有苦樂，但問所從誰」，陶淵明「鷄鳴桑樹顛，狗吠深巷中」之於古樂府「鷄鳴高樹顛，狗吠深宫中」，王摩詰「白鷺」「黄鸝」，近世獻吉、用脩亦時失之，然尚可言，又有全取古文，小加裁剪，如黄魯直《宜州》用白樂天諸絶句，王半山「山中十日雨，雨晴門始開。坐看蒼苔色，欲上人衣來。」後二語全用輞川，已是下乘，然猶彼我趣合，未致足厭。乃至割綴古語，用文已漏，痕跡宛然，如「河分岡勢」，「春入燒痕」之類，斯醜方極。模擬之妙者，分歧逞力，窮勢盡態，不唯敵手，兼之無跡，方爲得耳。若陸機《辨亡》、傅玄《秋胡》，近日獻吉「打鼓鳴鑼何處船」語，皆不免為盜跖、優孟所訾。(《藝藪談宗》卷四，《四庫全書存目叢書》影印明萬曆間梁溪周氏刻本)

智按：見王世貞《藝苑卮言》卷四(《歷代詩話續編》第一〇一九～一〇二〇頁)。

詩自正宗之外，如昔人所稱廣大教化主者，於長慶得一人曰白樂天，於元豐得一人焉曰蘇子瞻，於南渡後得一人曰陸務觀，爲其情事景物之悉備也。然蘇之與白，塵矣；陸之與蘇，亦劫也。(《藝藪談宗》卷四，《四庫全書存目叢書》影印明萬曆間梁溪周氏刻本)

智按：見王世貞《藝苑卮言》卷四(《歷代詩話續編》第一〇二〇頁)。

自古文章於人主，未必遇，遇者政不必佳耳。獨司馬相如於漢武帝，奏《子虚賦》，不謂其今人，至歎曰：朕獨不得此人同時哉！奏《大人賦》，則大悦，飄飄有凌雲之氣，似游天地間。既死，索其遺篇，得《封禪書》，覽而異之。此是千古君臣相遇，令傅粉大家讀之，且不能句矣。下此則隋煬恨空梁於道衡，梁武絀徵事於孝標，李朱崖至屏白香山詩不見，曰：「見便當愛之。」僧虔拙筆，明遠累辭，於乎忌則忌矣，後世覓一解忌人，了不可得。孝成帝翫弄衆書，善揚子雲，出入游獵，子雲乘從；又以桓君山藏書多，待詔門下，時人語曰：「玩揚子雲之篇，樂於居千石之官；挾桓君山之書，富於積猗頓之財。」（《藝藪談宗》卷五，《四庫全書存目叢書》影印明萬曆間梁溪周氏刻本）

智按：見王世貞《弇州四部稿》卷一百五十一《藝苑巵言》「説部」。

周子文，字岐陽，無錫（今屬江蘇）人，萬曆十一年（一五八三）癸未進士。其所編《藝藪談宗》六卷，輯明人論詩之語爲一編，凡宋濂、高棅、何景明、李東陽、徐禎卿、王廷相、楊慎、都穆、皇甫汸、王世貞、何良俊、謝榛、王世懋、胡應麟、王穉登、屠隆、焦竑、李維楨、朱長春十九家，或採録其文集，或刪節其詩話，大致以王世貞爲圭臬。

方應選（一五八三進士）

《祭先兄吴江》

嗟乎！兄死矣。使余先一日視兄，兄猶能言所以死也。比余視兄時，兄頷而不能言矣。子胥之沒也，浮江而厲；屈平之沈汨羅也，爲賦《離騷》。蓋楚人深于怨，死而必有所托以見志，千載而下，想見其爲人，而其悽惋寥落不平之致若生也者。兄，吴人而楚風也，汶汶以死，而又無以爲之托也，非余而疇志之也，夫傳所稱季心劇孟者流，任俠負氣，彼其所挾者遠矣。兄性倜儻，立義不侵，然諾足以叱咤風雲，寧詎偃然屈首爲閭井下，以故閭井之間半敵國然，而兄固無他腸也。至死不得指心以明，嗟乎！兄之死，固悲乎，多凶多懼之地，聖人猶凜凜相戒，而兄交會其阨矣，投左則忌左，投右則忌右，默默則終不能遣，一别黑白，則不無肘掣之虞，兄亦太苦矣。嗟乎！兄之死，固悲乎，假令兄道養不伐，含耻忍垢，與時委蛇，不宜遽至乎凶。紀渻子之養鬪雞也，始虚憍而恃氣，馴之十日，望之如木雞矣，異雞無敢鳴矣。

兄不聞乎，胡為乎以死殉也？老子曰：「知其雄，守其雌，爲天下谿；知其白，守其黑，為天下谷。」蓋虛無因應變化，并為此其際深矣。兄不聞乎，胡為乎以死殉也？千金之子，坐不垂堂，隋侯之珠，不以彈雀，明不以所重博所輕也，兄不聞乎，胡為乎以死殉也？吞舟之魚蕩，而失水則蟻能苦之，大丈夫得志則行，不得志則龍蟠，貴時也。兄不聞乎，胡爲乎以死殉也？父老之弔龔生曰：蘭以馨自銷，膏以明自燒。露才揚己，純白不全矣；純白不全，道所不載也。兄不聞乎，胡爲乎以死殉也？晏嬰有言：以水濟水，誰能食之；琴瑟之專一，誰能聽之。治性者，必矯其所有餘，以增其所不足也。兄不聞乎，胡爲乎以死殉也？白樂天詩云：「相爭兩蝸角，所得一牛毛。」蓋朝而華，夕而零落者，凡物大情也。讀薤露之篇，人生幾何哉？兄不聞乎，裘蛸縮，反側腹心，瘡夷骨肉。羊書忽報，馬柱垂灰。良弓早挂，寶劍先摧。空悲現首，竟藉雲臺。彼蛇彼虺，誰霆誰雷。我囊與公，兩偕射策。公浮我湛，我一公百。努力櫜鞬，矢收竹帛。黃石糢糊，朱絃索寂。緊昔元老，比之干城。北門準鑰，西賊韓驚。狼煙今熾，鯨浪未平。公焉長往，孰與肆征。我日斯邁，我憂是瘵。髮短心長，顔頹腕搤。一束生芻，九歌恨薤。爲國哭公，依稀公咳。(《方衆甫集》卷十，《四庫全書存目叢書》影印明萬曆刻本，集部第一七〇册，第一七八～一七九頁)

智按：方應選，字衆甫，别號明齋，華亭（今上海松江）人。萬曆十一年（一五八三）進士。官知汝州。累至盧龍兵備副使。卒於官，年五十四。有《方衆甫集》十四卷。

袁茂英（一五八六進士）

《白華菴贈昱光禪人》

白華山上香雲邏，青蓮窩裏高僧坐。一鉢能將龍性馴，隻履不向虎溪過。蒼靄平分紫竹陰，清幽首壓雙樹林。幾片天花簷外雪，幾陣風鈴松下音。栽松種竹知何意，色空竗相應如是。大海波濤只淨缾，浩刦乾坤元寸地。波濤不撼寸池冰，長松午夜一龕燈。笑撥煙霞進孤影，五嶽名山踏幾層。茫茫下

界紅塵苦，恒河沙衆不可數。老我香山居士流，欲傍茅菴問宗祖。（清許琰《普陀山志》卷十七，《續修四庫全書》影印清乾隆刻本）

智按：袁茂英，字君學，慈谿（今屬浙江）人。萬曆十四年（一五八六）丙戌進士。萬曆二十七年（一五九九）任按察司副使，二十九年（一六〇一）任布政司左參政。

鄭明選（一五八九進士）

《秕言》

⊙殺字義

《丹鉛録》云：白樂天半開花詩「西日憑輕照，東風莫殺吹」，自註：「殺，去聲。」音嗄，俗語太甚曰殺。元人傳奇忒風流，忒殺思，今京師語大曰殺大，高曰殺高，蓋假借字，此説是矣，而未盡也。余觀《學林》云：閭里鄙語，有以音切為呼者，如突鸞為團，屈陸為曲，鶻崙為渾，鶻盧為壺，忒殺為太，咳洛為殼也，然則忒殺音切，即為太，不必假借。（《鄭侯升集》卷三十一，《四庫禁毀書叢刊》影印明萬曆三十一年鄭文震刻本）

⊙囁嚅

韓昌黎文云：「足將進而踣趄，口欲言而囁嚅。」考《廣韻》、《玉篇》皆云：囁嚅，多言也。如韓公所言，則囁嚅乃不言之狀，義正相反。按唐竇鞏言若不出口，時人號為囁嚅翁。此與韓公之義合。李林甫稱白樂天亦為囁嚅翁，二説未知孰是。（《鄭侯升集》卷三十一，《四庫禁毀書叢刊》影印明萬曆三十一年鄭文震刻本）

⊙黄居難李赤

《金華子》云：有舉子能為詩，名黄居難，號樂地，自比白居易樂天也。柳柳州集云：李赤能詩，自比李白，名赤，二人相同。（《鄭侯升集》卷三十五，《四庫禁毀書叢刊》影印明萬曆三十一年鄭文震刻本）

智按：檢南唐劉崇遠《金華子雜編》、《四庫全書》本及上海古籍出版社一九八八年十二月版，皆未見。

⊙從心所欲不踰矩

《論語》：「七十而從心所欲不踰矩。」王安石讀從作縱，宋儒非之。按《六帖》白樂天引此文，從亦作縱，非安石始也。（《鄭侯升集》卷三十六，《四庫禁毀書叢刊》影印明萬曆三十一年鄭文震刻本）

智按：鄭明選，字侯升，歸安（今浙江湖州）人。萬曆十七年（一五八九）己丑進士，官至南京刑科給事中。

董復亨（一五九二進士）

《程中權詩序》

凡學，求似耳。弗似弗是。雖然似之，而亦弗是也。夫學，又各自有眞也。眞者，人之精神血脈也；似者，人之面目皮膚也。學之而似，是舍己之精神血脈，而借人之面目，襲人之皮膚也。嗚呼！眞弗眞弗是矣，而詩道更甚。《三百篇》者，《三百篇》詩人各自寫其精神血脈之所注向也。漢魏似《三百篇》乎？六朝似漢魏乎？唐似六朝乎？即唐人中，青蓮、捨遺、長吉、樂天、文房、子厚，各相似乎？不似也。不似所以為眞詩。近之為詩者，學《三百》似《三百》，學漢魏似漢魏，學唐諸家似唐諸家。夫似，曷嘗非詩，然而非詩之眞也。……（《四庫全書》本《明文海》卷二百六十八序五十詩集）

智按：董復亨，字元仲，元城（今河北大名）人。萬曆二十年（一五九二）壬辰進士，官至吏部郎中。外轉布政司參政，未上而卒。

石沆（一五九二前後）

《題主人壁間樊素小蠻圖》

江州司馬兩紅妝，水墨何人畫此堂。得似往年歌意思，却看今日舞衣裳。摹聲漫點櫻珠破，擬態輕拖柳帶長。別有幽情傳筆底，主人狂得且須狂。

（《四庫全書》本《御定歷代題畫詩類》卷四十四故實類；《列朝詩集》卷七十九丁集第十四）

《江門擬白》

何處春偏勝，江門自好風。酒旗斜路口，花信短牆東。多病一居士，雙鬟二小童。題詩嵩雒去，可是白家翁。

何處春偏勝，江門舊草堂。和風團燕雀，遲日散牛羊。細草當窗綠，殘花隔水香。老狂猶稚子，拍手咏滄浪。（《四庫全書》本《四朝詩》明詩卷六十四五言律詩十五）

《江門詩序》

余素苦作詩，不能即就，或日一就者有之，或月一就者有之。壬辰前孟春之月，擬香山詩，依平叶爲聲，一晝夜得近體三十、絕句四。（《列朝詩集》丁集卷十四，《續修四庫全書》影印清順治九年毛氏汲古閣刻本；《列朝詩集》第十册，中華書局，二〇〇七年九月，第五五五九頁）

智按：石沆，字瀣仲，如臯（今屬江蘇）人。萬曆間隱士，構建靜室，整日匡坐其中，焚香讀書。善詩，與兄石藩、弟石湛相唱和，有《白雲居士集》二卷，友人殷之澤刊定其詩。錢謙益《列朝詩集小傳》云：「其爲詩，陶冶性情，蕭閒疏放，雅以寒山、擊壤自命。而吾則以爲古之香山，今之江門也。讀其詩，窺見其志意，糠秕世故，尋仙學佛，超然自遠，不可羈紲也。」「余取瀣仲詩，冠于近代名士之首。鍾記室品陶征士爲隱逸詩人之宗，余于近代，願以推瀣仲，與知者共定之。」萬曆二十年（一五九二）自定《江門詩》一卷。事見《明詩綜》、《明詩紀事》、《列朝詩集小傳》、《五山耆舊集》、《廣陵集》。

李鼎（一五九三前後）

《西湖小史》

◇六獻

閱舊志，風雅輩出，足以領袖天下。嗣響寥寥，每徒申慨，聊述一二，私仰止焉。馮開之醉心宗乘，兼負東山之癖；虞德園搜目奇僻，不讓子雲之元。徐茂吳博雅共推，黄貞父澹宕自喜。論書則湯堯文不失正鋒，許靈長別具逸腕。論畫則張白雲頗無作氣，沈青門別饒雋才。王雲萊壽逾百歲，疑有方術；邵虎庵石隱半生，無慚棲逸。數先生雖逝，遺徽剩墨，尚足照映湖山。嗟乎！孤山非君復不著，冷泉非樂天不名，誰謂地不以人重哉？近四賢祠，增入王元美，此公為一代文章冠，俎豆無忝，獨進東粤周公，不知何意。余謂周有周祀，似不以此重也。孫太初畜鶴南屏，詩最清勁，可並和靖。入太初，諸賢定當把臂。（周即府城隍是）（上海書店《叢書集成續編》第六四册，第七二頁）

智按：李鼎，字和仲，紹興山陰人。貢生。萬曆二十一年（一五九三）知河南柘縣。適逢歲饑，承命發放朝廷帑金，縣儲倉廩，賑濟灾民，並躬勸士紳輸賑，不辭辛勞，親赴鄉村，全活甚衆，民頌其德，勒碑以志，祀柘縣名宦祠。《紹興縣志資料》第一輯有載。

蔣一葵（一五九四舉人）

《堯山堂外紀》

⊙劉禹錫〔字夢得。順宗時干預大權，門吏接書尺日數千，禹錫一一報謝。緑珠盆中，日用麪一斗為糊，以供緘封。〕

長慶中，劉夢得與元微之、韋楚客同會白樂天舍，論南朝興廢，各賦《金陵懷古》詩。劉滿飲一杯，飲已即成，曰：「王濬樓船下益州，金陵王氣黯然收。千尋鐵鎖沉江底，一片降幡出石頭。人世幾回傷往事，山形依舊枕寒流。而今四海為家日，故壘蕭蕭蘆荻秋。」白覽詩曰：「四人探驪龍，子先獲珠，所餘鱗爪何用耶？」於是罷唱。

劉夢得《石頭》詩云：「山圍故國周遭在，潮打空城寂寞回。淮水東邊舊時月，夜深還過女牆來。」樂天掉頭苦吟，歎賞良久曰：「『潮打空城寂寞回』，吾知後之詩人不復措辭矣。」

白樂天任杭州刺史，攜數妓還洛陽，後卻還錢塘。劉夢得戲答云：「其那錢塘蘇小小，憶君淚點石榴裙。」

劉夢得對賓友每吟張博士籍詩云：「新酒欲開期好客，衣冠暫脱見閑身。」對花木則吟王右丞詩云：「興闌鳴鳥换，坐久落花多。」（白樂天嘗齋，禹錫病酒，乃饋菊苗虀、蘆菔鮓，换取樂天六班茶二囊，以自醒酒。）（以上《續修四庫全書》本卷二十九·唐，第一一九四册，第二六六～二六七頁）

⊙裴度〔字中立。元和末為宰相，歷事四朝，以全德始終。李義山稱為聖相。微時寓洛，嘗策蹇天津橋，有二老人倚柱而立，語云：「適憂蔡州未平，須待此人為將。」其僕攜書囊從後聞之，歸述其事，度曰：「見我龍鍾，相戲耳。」洎留守洛，每語天津橋老人之事。有别墅於集賢里，具涼臺燠館，號緑野堂。〕

白樂天求馬於裴令公，公贈以馬，因戲云：「君若有心求逸足，我還留意在名姝。」引妾换馬之事。樂天答曰：「安石風流無奈何，欲將赤驥换新娥。不辭便送東山去，臨老何人與唱歌。」（以上《續修四庫全書》本卷三十·唐，第一一九四册，第二七二頁）

⊙元稹〔字微之。嘗朝退行至廊下，時初日映九英梅，隙光射積，有氣勃然。百寮望之，歎曰：「豈腸胃之章，映日可見乎?」與白樂天友善，世稱「元白」。元寫白詩於閬州西寺，白寫元詩百篇，合為屏風。〕

元微之為浙東觀察使，白樂天亦除杭州刺史，常以詩筒往來倡和。白語人曰：「曹公謂劉玄德曰：『天下英雄，唯使君與操耳。』予於微之亦云。」詩中「有月多同賞，無杯不共持」一聯，兩地暗合。

會稽號嘉山水，而蓬萊閣為冠。元微之為浙東觀察使，辟竇鞏為副，相與酬和，時號「蘭亭絶唱。」時白樂天刺杭州，元以會稽州宅誇樂天云：「州城縈繞拂雲堆，鏡水稽山滿目來。四面常時對屏障，一家終日在樓臺。星河影向簷前落，鼓角聲從地底回。我是玉皇香案吏，謫居猶得小蓬萊。」樂天答詩云：「賀上人回得報書，大誇州宅似仙居。厭看馮翊風沙久，喜見蘭亭煙景初。日出旌旗生氣色，月明樓閣在空虛。知君暗數江南郡，除卻餘杭盡不如。」微之重誇州宅詩云：「仙都難畫亦難書，暫仕登臨不合居。繞郭煙嵐新雨後，滿山樓閣上燈初。人聲晚動千門闢，湖色宵涵萬象虛。為問西州羅刹岸，濤頭衝突近何如?」樂天答詩云：「君問西州城下事，醉中疊紙為君書。

嵌空石面標羅刹，厭捺潮頭敵子胥。神鬼曾鞭猶不動，波濤雖打欲何如？誰知太守心相似，抵滯堅頑兩有餘。」又答微之詩：「可憐風景浙東西，先數餘杭次會稽。禹廟未勝天竺寺，錢湖不羨若耶溪。擺塵野鶴春毛暖，泊水沙鷗濕翅低。更對雪樓君愛否？紅欄碧甃點銀泥。」又以西湖誇微之云：「上馬復呼賓，湖邊景氣新。管弦三數事，騎從十餘人。立換登山屐，行攜漉酒巾。逢花看當妓，遇草坐為茵。西山籠黃柳，東風蕩白蘋。小橋裝雁齒，輕浪甃魚鱗。畫舫牽徐轉，銀船酌慢巡。野情遺世累，醉態任天真。彼此年將老，平生分最親。皇天從所欲，遠地得為鄰。雲樹分三驛，煙波限一津。翻嗟寸步隔，卻厭尺書頻。」

元稹鞫獄梓潼日，白尚書在京與名輩游慈恩，小酌花下，為詩寄元曰：「花時同醉破新愁，醉折花枝作酒籌。忽憶故人天際去，計程今日到梁州。」時元果及褒城。亦寄《夢游》詩曰：「夢君兄弟曲江頭，也向慈恩院院游。驛吏催人排馬去，忽驚身在古梁州。」

白樂天左降江州司馬，元微之病中賦詩云：「殘燈無焰影幢幢，此夕聞君謫九江。垂死病中驚起坐，暗風吹雨入寒窗。」樂天得詩云：「此句他人尚不可聞，況僕哉！」欷嘘久之。

元微之降達州司馬日，投宿一舍，壁間有字數行，乃稹十五年初及第時贈妓者，復次韻呈白居易云：「十五年前似夢游，曾將詩句結風流。昔教紅粉佳人和，今遣青衫司馬愁。」

⊙白居易〔字樂天，自號醉吟先生，居香山，稱香山居士。每作詩，令一老嫗解之，問解否?」嫗曰：「解。」則録之。與嵩山僧如滿為空門友，平泉客、韋楚老為山水友，劉夢得為詩友，皇甫明之為酒友。獨不為贊皇公所喜。每寄文章，李緘之一篋，未嘗開，或請之，曰：「見詞則回吾心矣。」在翰林，賜防風粥一甌，食之，口香七日。其母因看花墜井，後有排白者，以賞花、新井之作左遷。穆皇題柱曰：「此人一生爭得水喫。」平生詩數千篇，士人爭傳，雞林行賈售其國相，一篇一金。〕

白樂天初至京，以所業謁顧著作，顧睹姓名，熟視曰：「長安米貴，居大不易。」及披卷，首篇曰：「咸陽原上草，一歲一枯榮。野火燒不盡，春風吹又生。」乃嗟賞曰：「道得箇語，居亦何難？前言戲之耳。」因為延譽，聲名遂振。（長安冰雪，至夏月則價等金璧，白詩名動閭閻，每需冰雪，論筐取之，不復償價，日日如是。）

白樂天及第時，《贈長安妓阿軟》絕句云：「綠水紅蓮一朵新，千花萬草無顏色。」貞元末，阿軟產一女，求小名於樂天，樂天曰：「此兒甚白皙，可名之曰皎皎。」有文士過之，見呼皎皎，為釋其義，始悟樂天之戲。蓋其種姓不明，取古詩云：「皎皎河漢女」也。

樂天除蘇州刺史，自峽沿流赴郡。時秭歸縣繁知一聞居易將過巫山，先於神女祠粉壁大書曰：「忠州刺史今才子，行到巫山必有詩。為報高唐神女道，速排雲雨候清詞。」居易睹之悵然，邀知一至，曰：「歷陽劉郎中禹錫三年理白帝，欲作一詩而不能。罷郡經過，悉去千餘詩，但留四詩而已。」沈佺期詩曰：「巫山高不極，合遝奇狀新。暗谷疑風雨，幽崖若鬼神。明月三峽曙，潮滿九江春。為問陽臺客，應知入夢人。」王無競詩曰：「神女向高唐，巫山下夕陽。徘徊作行雨，婉孌夢荊王。電影江前落，雷聲峽外長。朝雲無處所，臺館曉蒼蒼。」皇甫冉詩曰：「巫峽見巴東，迢迢出半空。雲藏神女館，雨到楚王宮。朝暮泉聲落，寒暄樹色同。清猿不可聽，偏在九秋中。」李端詩曰：「巫山十二峰，皆在碧空中。回合雲藏日，霏微雨帶風。猿聲寒度水，樹色暮連空。悲向高唐去，千秋見楚宮。」居易吟四篇，與繁生同濟，卒不賦詩。（後薛能佐李福於蜀，道過此，題云：「賈掾曾空去，題詩豈易哉？」悉去諸板，惟留端一篇。）

張祜初未識白公，白公刺蘇州，祜始來謁。才見白，白曰：「嘗記得君款頭詩。」祜愕然曰：「舍人何所謂？」白曰：「『鴛鴦鈿帶拋何處，孔雀羅衫付阿誰？』非款頭何耶？」張頓首微笑，仰而答曰：「祜亦嘗記得舍人有目連尋母。」白曰：「何也？」祜曰：「《長恨歌》云：『上窮碧落下黃泉，兩處茫茫皆不見。』此不是目連尋母耶？」

樂天為杭州刺史，令訪牡丹，獨開元寺僧惠澄近自京師得之，植於庭。時春景方深，惠澄設油幕覆其上，會徐凝自富春來，未識白，先題詩曰：「此花南地知難種，慚愧僧閑用意栽。海燕解憐頻睥睨，胡蜂未識更徘徊。虛生芍藥徒勞妒，羞殺玫瑰不敢開。惟有數苞紅萼在，含芳只待舍人來。」白尋到寺看花，乃命徐同醉而歸。時張祜榜舟而至。二生各希首薦，白曰：「二君論文，若廉、藺之鬭鼠穴，勝負在於一戰也。」遂試《長劍倚天外賦》、《餘霞散成綺》詩，試訖解送，凝為元，祜次之。祜曰：「祜詩有『地勢遙尊嶽，河流側讓關。』又《題金山寺》詩曰：『樹影中流見，鐘聲兩岸聞。』雖綦毋潛云『塔影掛青漢，鐘聲和白雲』，此句未為佳也。」凝曰：「美則美矣，爭如老夫《廬山瀑布》詩『今古長如白練飛，一條界破青山色。』」遂擅場。祜歎曰：「榮辱紛紛，亦何常也！」遂行歌而邁。凝亦鼓枻而歸。（白又以祜宮詞四句皆數對，未足奇也，後杜牧守秋浦，與祜為詩酒友，酷吟祜宮詞，以白有非祜之論，常不平之，乃為詩以高之曰：「睫在眼前人不覺，道於身外更何求？誰人得似張公子，千首詩輕萬戶侯。」東坡游廬山，有以陳令舉《廬山記》寄者，見其中云：「徐凝、李白之詩」，不覺失笑。旋入開元寺，僧求詩，因作一絶云：「帝遣銀河一派垂，古來惟有謫仙詞。飛流濺沫知多少，不為徐凝洗惡詩。」）

崔玄亮與元微之、白樂天皆同年生，元亮名最後，自詠云：「人間不會雲間事，應教蓬萊最後仙。」後白刺杭州，元為浙東廉使刺越，而崔刺湖州，白以詩戲之曰：「越國封疆吞碧海，杭城樓閣入青天。吳興卑小君應屈，為是蓬萊最後仙。」三郡有唱和詩，謂之三州唱和集。

商玲瓏，餘杭歌者也。白樂天作郡日，賦歌與之云：「罷胡琴，掩秦瑟，玲瓏再拜歌初畢。誰道使君不解歌，聽唱黃雞與白日。黃雞催曉丑前鳴，白日催年酉後沒。腰間赤綬繫未穩，鏡裏朱顔看已失。玲瓏玲瓏奈老何，使君歌了汝更歌。」時元微之在越州聞之，厚幣邀去，月餘始遣還，贈之詩兼寄樂天云：「休遣玲瓏唱我詞，我唱多是寄君詩。明朝又向江頭別，月落潮平是去時。」

唐、宋間，郡守新到，營妓皆出境而迎，既出，猶得以鱗鴻往返，靦不為異。白樂天《湖上醉中代諸妓寄嚴郎中》詩云：「笙歌杯酒正歡娛，忽憶仙郎望帝都。借問連宵直南省，何如盡日醉西湖？蛾眉久別心知否？雞舌含多口厭無？還有些些惆悵事，春來山路見蘼蕪。」

唐時，杭妓承應燕會，皆得騎馬以從，白樂天《代賣薪女贈諸妓》詩：「亂蓬為鬢布為巾，曉踏寒山自負薪。一種錢塘江畔女，著紅騎馬是何人？」

白樂天《失婢》詩云：「宅院小牆卑，坊門帖榜遲。舊恩慚自薄，前事悔難追。籠鳥無常主，風花不戀枝。今宵在何處？惟有月明知。」劉賓客賀云：「把鏡朝猶在，添茶夜不歸。鴛鴦分瓦去，鸚鵡透籠飛。不遂張公子，即隨劉武威。新知正相樂，從此脱青衣。」（唐人有《誚失婢》榜詩，原情寄嘲云：「撫養在香閨，嬌癡教不依。總然桃葉寵，打得柳花飛。曉露空調粉，春羅枉賜衣。内家方妒殺，好處任從歸。偷鎖出深閨，風花何所依？想應乘月去，難道綽天飛。燭暗新垂淚，香凝舊舞衣。恩情如不斷，還向夢中歸。揭榜諱因依，千聲叫不歸。頭盤紅縷髻，身著紫羅衣。夾帶無金玉，窩藏有是非。請君看賞格，惆悵信音稀。」）

徐州張尚書有愛妓關盼盼，善歌舞，雅多風態。尚書既歿，舊第中有小樓名燕子，盼盼念舊愛不嫁，居是樓十餘年，有詩三首，其一云：「樓上殘燈伴曉霜，獨眠人起合歡床。相思一夜情多少？地角天涯未是長。」其二：「適看鴻雁岳陽回，又睹玄禽逼社來。瑤瑟玉簫無意緒，任從蛛網任從灰。」其三：「北邙松柏鎖愁煙，燕子樓中思悄然。自埋劍履歌塵絶，紅袖香消二十年。」白樂天愛其詩，和之：「滿窗明月滿簾霜，被冷香銷拂卧床。燕子樓中更漏水，秋宵只為一人長。」「今春有客洛陽回，曾到尚書墓上來。見説白楊堪作柱，爭教紅粉不成灰。」「細帶羅衫色似煙，幾回欲起即潸然。自從不舞霓裳袖，壘在空箱二十年。」又贈絕句諷之：「黄金不惜買蛾眉，揀得如花四五枝。歌舞教成心力盡，一朝身去不相隨。」盼盼得詩，反覆讀之，泣曰：「自我公薨背，妾非不能死，恐百載之後，人以我公重色，有從死之妾，是玷我公清範也。」乃答白公詩曰：「自守空房斂恨眉，形同春後牡丹枝。舍人不會人深意，訝道泉臺不去隨。」旬日不食而死。

開成初，白傅分司東都，諸朝臣祖送。裴休有令，各取一物為詩端，從一字至七字成章，須有離情之意。「酒，酒。酌來，飲取。君莫訴，時難久。偏樂少年，能誤老叟。對月不可無，看花必須有。子髡一醉一石，劉伶解醒五斗。臨行強戰三五場，酩酊更能相憶否？」

白傅分司東都，詩寄留守李絳云：「白首故情在，青雲往事空。同時六學士，五相一漁翁。」謂裴度、崔群、裴垍、王播、李絳及居易自己也。

開成時，李珏為河南尹，以人和歲稔，三月三日將禊於洛濱，前一日，啟留守裴晉公召白居易、劉禹錫等十七人宴於舟中，簪組交映，歌笑間發，前水戲而後妓樂，左筆硯而右壺觴，望之若仙，觀者如堵，晉公首賦詩，居易舉酒抽毫奉韻以獻詩云：「金鈿耀桃李，絲管駭鳧鷖。水引春心蕩，花牽醉眼迷。舞倦紅腰旋，歌連翠黛低。夜歸何用燭？新月畫樓西。」

會昌初，白傅致仕，時裴晉公夜宴諸進士，白賦詩云：「九燭臺前十二姝，主人留醉任歡娛。飄飄舞袖雙飛蝶，宛轉歌喉一索珠。坐久欲醒還酩酊，夜深臨去更踟躕。南山賓客東山妓，此會人間曾有無？」

會昌五年春，樂天與胡杲、吉皎、劉真、鄭據、盧貞、張渾等為尚齒會，各賦七言六韻詩一章記之，白詩有「天年高邁二疏傳，人數多於四皓圖」之句。其年夏，又有洛中遺老李元爽年一百三十六，禪僧如滿年九十五歲，亦來斯會，續命書姓名年齒，寫其形貌，與前七老題為九老圖，仍以一絕贈之云：「雪作鬚眉雲作衣，遼東華表暮雙歸。當時一鶴猶稀有，何況今逢兩令威。」

白尚書姬人樊素善歌，小蠻善舞，尚書賦詩有曰：「櫻桃樊素口，楊柳小蠻腰。」尚書年既高邁，而小蠻方豐豔，因為《楊柳詞》以托意云：「一樹春風萬萬枝，嫩於金色軟於絲。永豐東角荒園裏，盡日無人屬阿誰？」及宣宗朝，國樂唱是詞，帝問永豐在何處？左右具以對。遂因命取永豐柳兩枝植於禁中。白感上知，又為詩云：「一樹衰殘委泥土，雙枝移種植天庭。定知此後天文裏，柳宿光中見兩星。」

白樂天語人曰：「吾已脱去利名枷鎖，開清高門戶，但連黿子母丹不知何日成耳？」嘗燒丹於廬山草堂，作飛雲履，玄綾為質，四面以素絲作雲朵，染以異香，振履則如煙霧，樂天著示山中道友曰：「吾足下生雲，計不久上升朱府矣。」（白傅葬龍門山，河南尹盧貞刻《醉吟先生傳》，立於墓側，四方過者，必奠酒塚前，方丈之土，常成泥濘。子龜年一日於嵩山東岩下遇李白，曰：「吾與汝父皆仙矣。」出一軸素書授之曰：「讀此，可辨九天禽語，九地獸言。」後試之，悉驗。）（以上《續修四庫全書》本卷三十二・唐，第一一九四册，第二八六～二九四頁）

⊙牛僧孺〔字思黯，弘之後。弘封奇章公，僧孺亦封奇章公。初至京，以所業謁韓文公、皇甫員外，二公大喜，令於客戶坊稅一廟院以居，且誨之曰：「某日可游青龍寺，薄暮而歸。」其日，二公聯鑣至彼，因大書其門

曰：「韓愈、皇甫湜同謁牛先輩不遇。」翌日，輦轂名士咸往觀焉。奇章之名由是赫然。〕

元和三年，宣政殿試賢良方正能直言極諫科，一十人登科，其後牛僧孺、李宗閔、王起、賈餗四人皆相次拜相。先是，白居易在翰林為考校官，後僧孺罷相，出鎮揚州，居易退居洛中，有詩送云：「北闕至東京，風光十六程。坐移丞相閣，春入武陵城。紅旆擁雙節，白鬚無一莖。萬人開路看，百吏立班迎。閫外君彌重，樽前我亦榮。何須身自得，將相是門生。」

牛奇章鎮揚州日，秀才蒯希逸有詩云：「蟾蜍醉裏破，蛺蝶夢中殘。」奇章每坐吟之。

白樂天求箏於牛奇章，奇章贈詩曰：「但愁封寄去，魔物或驚禪。」樂天云：「會教魔女弄，不動是禪心。」樂天嘗言：「思黯自誇前後服鐘乳三千兩，而歌舞之妓甚多，乃謔予衰老。」故答思黯詩云：「鐘乳三千兩，金釵十二行。妒他心似火，欺我鬢如霜。慰老資歌笑，銷愁仰酒漿。眼看狂不得，狂得且須狂。」奇章又有詩云：「不是道公狂不得，恨公逢我不教狂。」

牛思黯有能箏者，白傅戲之曰：「何時得見十三弦，待取無雲有月天。願得金波明似鏡，鏡中照出月中仙。」（白傅集有《與牛家妓樂雨夜合宴》之詩。牛是奇章公也。風流宰相，謝安之後復有此人。）

⊙李紳〔字公垂。為人短小精悍，號短李。與李德裕、元稹同時，號「三俊」。紳嘗建亭啼（臨）淮，後人題曰短李亭。〕

白傅藏書於東都聖善寺，號白氏集，李公垂有詩曰：「寄玉蓮花藏，緘書貝葉扃。院閑容客讀，講倦許僧聽。部列雕金榜，題存刻石銘。永添鴻寶集，莫雜小乘經。」

⊙白敏中〔王起主文，意欲以第一人處之，恨其與賀拔惎為友，惎有文而落魄，因密令親知述意，俾與惎絕。既而惎造門，敏中悉以實告，乃曰：「一第何門不致，奈輕負至交！」相與歡醉。或語於起。起曰：「我比只得敏中，今當更取惎矣。」遂以第一人處惎而敏中居三焉。〕

白敏中與樂天、行簡兄弟相繼中第，樂天作詩云：「自憐郡姓為儒少，豈料詞場中第頻。桂折一枝先語我，楊穿三葉盡驚人。」（以上《續修四庫全書》本卷三十三·唐，第一一九四册，第二九七～三〇一頁）

⊙王禹偁〔字元之。少擢進士。太宗聞其名，召試，擢右拾遺，直史館，賜緋。故事，賜緋者，給塗金銀帶，上特命以文犀帶寵之。〕

元之本學白樂天詩，在商州賦一絕云：「兩株桃杏映籬斜，裝點商州副使家。何事春風容不得，和鶯吹折數枝花？」其子嘉祐云：「老杜常有『恰似春風相欺得，夜來吹折數枝花，』語頗相近。」因請易之，元之忻然曰：「吾詩精詣，遂暗合子美邪？」乃更為詩曰：「本與樂天為後進，敢期杜甫是前身？」卒不復易。（《續修四庫全書》本卷四十三・宋，第一一九四册，第三八九～三九〇頁）

⊙晏殊

晏元獻春景《玉樓春》詞曰：「緑楊芳草長亭路，年少抛人容易去。樓頭殘夢五更鐘，花底離愁三月雨。無情不似多情苦，一寸還成千萬縷。天涯地角有窮時，只有相思無盡處。」晏叔原見蒲傳正云：「先公平日小詞雖多，未嘗作婦人語。」傳正云：「『緑楊芳草長亭路，年少抛人容易去。』豈非婦人語乎？」晏曰：「公謂『年少』為何語？」傳正曰：「豈不謂其所欲乎？」晏曰：「因公言遂曉樂天詩兩句，『欲留所歡待富貴，富貴不來所歡去。』」傳正笑而悟其言之失。（《續修四庫全書》本卷四十六・宋，第一一九四册，第四一六頁）

⊙張先

白樂天辭云：「花非花，霧非霧。夜半來，天明去。來如春夢不多時，去似朝雲無覓處。」蓋其自度之曲。張子野衍之為《御街行》云：「夭非花豔輕非霧。夜半來，天明去。來如春夢不多時，去似朝雲無覓處。乳鴉新燕，落月沉星，紞紞城頭鼓。　　參差漸辨西池樹，朱閣斜欹戶。緑苔深徑少人行，苔上屐痕無數。殘香餘粉，閑衾剩枕，天把多情付。」（《續修四庫全書》本卷四十六・宋，第一一九四册，第四二二頁）

⊙蔡肇〔字天啟，丹陽人。嘗從王介甫游，一日，語及盧仝《月蝕》詩辭語奇嶮，介甫曰：「人少有誦得者。」天啟立誦之，不遺一字。一日，又與介甫同泛舟，適見群凫數百，掠舟而過，介甫戲曰：「子能數之乎？」天啟一閱即得其數，因遣人詢之放蓄者，其數不差。〕

王荊公作集句，得「江州司馬青衫濕」之句，欲以全句作對，久而未得，一日問蔡天啟，天啟應聲曰：「何不對『梨園弟子白髮新』？」公大喜。（《續修四庫全書》本卷五十·宋，第一一九四册，第四五八頁）

⊙蘇洵〔字明允，號老泉。子軾，字子瞻，小字同文。謫黄州日，就東坡築雪堂以居，因號東坡居士。次轍，字子由，小字同叔，己卯生，東坡，號為卯君。唐時，蘇味道為眉州刺史，留一子居眉，故眉有蘇氏。時人語曰：「眉山生三蘇，草木盡皆枯。」〕

東坡自杭徙密，復自密徙徐，嘗夜登燕子樓，夢盼盼，因作小詞，有云：「天涯倦客，山中歸路，望斷故園心眼。燕子樓空，佳人何在？空鎖樓中燕。古今如夢，何曾夢覺？但有舊歡新怨。異時對，南樓夜景，為余浩歎。」後秦少游自會稽入京，見東坡，坡云：「久别當作文甚勝。都下盛唱公『山抹微雲』之詞。」秦遜謝。坡遽云：「不意别後，公卻學柳七作詞。」秦答曰：「某雖無識，亦不至是。」坡云：「『銷魂當此際』，非柳詞句法乎？」秦慚服。又問：「别作何詞？」秦舉「小樓連苑横空，下窺繡轂雕鞍驟。」坡云：「十三個字，只説得一個人騎馬樓前過。」秦問：「先生近著？」坡云：「亦有一詞説樓上事。」乃舉「燕子樓空，佳人何在？空鎖樓中燕。」晁無咎在座，謂：「三句説盡張建封燕子樓一段事。」大以為奇。（陳彦升《彭城八詠》，惟《燕子樓》全篇皆佳。「僕射新阡狐兔游，侍兒猶住水邊樓。風清玉簟慵欹枕，月好珠簾懶上鉤。殘夢覺來滄海闊，新詩吟罷紫蘭秋。樂天才思如春雨，斷送芳花一夜休。」薩天錫過彭城一絕云：「雪白楊花樓馬頭，何人春盡過徐州？夜深一片城頭月，曾照張家燕子樓。」亦脱灑可誦。）（《續修四庫全書》本卷五十二·宋，第一一九四册，第四六八～四七三頁）

⊙蔡嶷〔劉混康赴闕，一夕，拜章罷，詔問：「何久？」答曰：「值天門放春榜。」欲叩其所睹，乞書而密緘之，它日驗其事。明年，殿試畢，發視，止書二草二木，乃蔡嶷、柯茱也。嶷嘗倚附蔡京為叔父，京命二子攸、修出見，嶷亟云：「向者大誤，公乃叔祖，二尊諸父行也。」〕

崇甯末策進士，蔡嶷以阿附得首選，帝召對，問：「唐京官五品方賜緋佩魚，借緋即不佩，國朝因循其制。」嶷對曰：「在唐借緋亦佩魚。」因誦白居易詩曰：「親朋相慶問何如，報導恩光盡反初。投老喜抛黄草技，眼明驚拆紫泥書。便將朱紱還鈐閣，卻著青袍侍玉除。無奈嬌癡三歲女，繞腰啼哭覓銀

魚。」帝喜其對之捷。（《續修四庫全書》本卷五十五·宋，第一一九四册，第五一五頁）

⊙王質〔字景文，號雪齋。〕

自唐白樂天始為「何處難忘酒」詩，其後詩人多效之。王景文有四篇，曰：「何處難忘酒？蠻夷大不庭。有心扶白日，無力洗滄溟。豪傑將班白，功名未汗青。此時無一盞，壯氣激雷霆。」「何處難忘酒？奸邪大陸梁。腐儒空有鄙，好漢總無張。曹趙扶開、寶，王徐賣靖康。此時無一盞，淚與海茫茫。」「何處難忘酒？英雄太屈蟠。時違聊置畚，運至即登壇。梁甫吟聲苦，干將寶氣寒。此時無一盞，拍碎石闌干。」「何處難忘酒？生民太困窮。百無一人飽，十有九家空。人説天方解，時和歲自豐。此時無一盞，入地訴英雄。」（時郭倪為將，每自比孔明，酒後輒詠「三顧頻繁天下計，兩朝開濟老臣心」。屏風、便（扇）面一一皆書此二句。未幾敗於江上，倉皇涕泣而匿。時有輕薄子笑曰：「此帶汁諸葛亮也。」）（《續修四庫全書》本卷五十七·宋，第一一九四册，第五三五頁）

⊙袁樵

宋時，西湖三賢堂兩處，皆有東坡，其一在孤山竹閣，三賢者白樂天、林君復、蘇子瞻也。其一在龍井壽聖院。三賢者趙閲道、僧辯才、蘇子瞻也。寶慶間，袁樵尹京，移竹閣三賢祠於蘇堤，建亭館以沽官酒。或題詩云：「和靖東坡白樂天，三人秋菊薦寒泉。而今滿面生塵土，卻與官司趁酒錢。」袁聞之，愧而止。（《續修四庫全書》本卷六十一·宋，第一一九四册，第五七〇頁）

⊙東丹王突欲〔遼太祖阿保機長子，史名倍，次曰堯骨，後改名德光。〕

東丹王有文才，博古今，其帆海奔唐，載書數千卷，習舉子，每通名刺云：「鄉貢進士黃居難，字樂地。」以擬白居易字樂天也。尤工畫人物鞍馬，世傳東丹王《千角鹿圖》，李伯時常臨之，黃北苑有跋云。（《續修四庫全書》本卷六十四·宋遼金，第一一九四册，第五九三頁）

⊙吳激〔字彦高，自號東山，宋宰臣拭之子，王履道外孫，而米元章婿也。將命帥府，以知名留之，仕為翰林待制。〕

吳彦高在燕山，赴張總侍御家集。張出侍兒佐酒，中有一人，意狀摧抑可憐。扣其故，乃宣和殿小宮姬也。因賦《人月圓》詞紀之，聞者揮涕。其詞曰：「南朝千古傷心事，猶唱後庭花。舊時王謝，堂前燕子，飛向誰家？

恍然一夢，仙肌勝雪，宮髻堆鴉。江州司馬，青衫淚濕，同是天涯。」時宇文叔通亦賦《念奴嬌》先成，而頗近鄙俚，及見此作，茫然自失。是後人有求作樂府者，叔通即批云：「吳郎近以樂府名天下，可往求之。」（《續修四庫全書》本卷六十四·宋遼金，第一一九四册，第五九六頁）

⊙龍仁夫〔字觀復，永新人，號麟洲。〕

吕文煥遊潯陽琵琶亭，龍麟洲見之，吕令賦詩，麟洲卽席爲詩曰：「老大蛾眉負所天，忍將離怨付哀絃。江心正好看明月，又抱琵琶過別船。」（詩意譏其負宋）吕大慙。（至元間，有官之宣府，買得錢唐陸蕙奴隨任，蕙題詩船窗云：「爺娘重利妾身輕，獨抱琵琶萬里行。彈到陽關齊拍手，不知元是斷腸聲。」含無限悲怨，非抱器過船者比。）（《續修四庫全書》本卷七十元，第一一九四册，第六四二頁）

⊙鐵鉉〔色目人，初為五軍都督府斷事官。高廟每試以盤根錯節，知其能，喜而字之曰鼎石。〕

建文朝，鐵鉉為山東布政，抗禦靖難師甚力。文皇即位，擒至闕下，反背立庭中，令其回一顧，不可；去其耳鼻，亦不顧。碎分其體至死，罵不絕口。鉉死後，二女入教坊，數月，終不受辱，有鉉同官至，二女為詩以獻，詩聞，文皇曰：「彼終不屈乎！」乃赦出之，皆適士人。長女詩曰：「教坊脂粉洗鉛華，一片閒心對落花。舊曲聽來猶有恨，故園歸去已無家。雲鬟半綰臨粧鏡，兩淚空流濕絳紗。今日喜逢白司馬，尊前重與訴琵琶。」其妹詩曰：「骨肉傷殘產業荒，一身何忍去歸娼。涕垂玉筯辭官舍，步蹴金蓮入教坊。覽鏡自憐傾國貌，向人羞學倚門妝。春來雨露寬如海，嫁得劉郎勝阮郎。」（《續修四庫全書》本卷七十八·國朝，第一一九五册，第八～九頁）

⊙張和〔字節之，號筱庵，崑山人，施槃榜進士。既仕猶學，讀《漢書》必三十遍。〕

天順間，張節之官浙江憲副時，寵妾新亡，有悼詩云：「桃葉歌殘思不勝，西風吹淚結紅冰。樂天老去風流減，子野歸來感慨增。花逐水流春不管，雨隨雲散事難憑。夜來書館寒威重，誰送薰香半臂綾。」（《續修四庫全書》

本卷八十五・國朝，第一一九五册，第六五頁）

⊙李東陽

李若虛秋官，舊有屋一區，為積潦所壞，數年不售，竟得銀四兩。聞陳師召售馬，自謂與此價略相近，索西涯詩，因用前韻曰：「臺署元非騆儈才，直看金璧等浮埃。頹垣已付池蛙管，賀客翻同野燕猜。白老有詩行復問，（樂天詩云：「江邊欲買三間屋，問遍人家不要詩。」）寇公無地去還來。詞林馬價誰多少？不待相逢意已該。」（《續修四庫全書》本卷八十七・國朝，第一一九五册，第八四頁）

《堯山堂偶雋》

憲宗采君臣行事可為龜鑒者，集成十四篇，自製序，寫於屏風，宣示宰臣。李藩等皆表賀。白居易有《批李夷簡及百寮嚴綬等賀表》，其略云：「取而作鑒，用以為屏。與其散在圖書（此表又如宋人言語），心存而景慕；不若列之繪素，目睹而躬行。庶將為後事之師，不獨觀古人之象。」又曰：「森然在目，如見其人。論列是非，庶幾為坐隅之戒；發揮獻納，亦足開臣下之心。」居易代言，可謂詳盡，亦以見唐世人主作一事而中外表賀，答詔勤渠如此，亦幾於叢脞矣。（臺灣新文豐出版公司《叢書集成續編》本卷三・唐）

白樂天甲乙判凡數十條，按經引史，比喻甚明，此洪景盧謂其「非青錢學士所能及」也。甲去妻，後妻犯罪，請用子蔭贖罪，甲怒不許。判云：「不安爾室，盡孝猶慰母心（諸判大都小巧之文）；薄送我畿，贖罪寧辭子蔭。縱下山之有怨，曷陟屺之無情？」又，辛夫遇盜死，求殺盜者許為之妻，或責其失節，不伏。判云：「夫冤不報，未足為非；婦道有虧，誠宜自恥。《詩》著靡他之誓，百代可知；《禮》垂不嫁之文，一言以蔽。」又，丙居喪，年老毀瘠，或非其過禮，曰哀情所鍾。判云：「況血氣之既衰，老夫耄矣；縱哀情之罔極，吾子忍之。」丙妻有喪，丙於妻側奏樂，妻責之，不伏。判云：「室方在疚，庭不徹懸。鏗鏘無倦於鼓鐘，好合有傷於琴瑟。既愆夫義，是棄人喪。儼麻縗之在躬，是吾憂也；調絲竹以盈耳，于汝安乎？」丙請預駙馬，所司糾云：「丙庶子也，且違格令。」科家長罪，不伏。判云：「下嫁王姬，旁求都尉，選吹簫之匹（不管正説反説，只是説得於題有情）。雖則未獲真人，預傳粉之郎，豈可濫收庶子？況姻連天族，榮冠人倫。嗣既異於承祧，禮難當於厘降。」甲夜行被執。辭云：「有公事，欲早趨朝，所由以犯禁。」不聽。判云：「非巫馬為政，焉用出以戴星；同宣子候朝，胡不退而假寐？」乙在田，妻餉不至，路逢父告饑，以餉饋之，乙怒，出妻。判云：「夫也望深饁彼，方期相敬如賓；父兮念切嚣然，旋聞受哺予子。義雖乖於齊體，孝則見於因心。盍嘉陟岵之仁，翻肆送畿之怒。孰親是念，難忘父一之言；不爽可征（用《左傳》、《衛風》語，妙妙），無效士二其行。」丙娶妻三年無子，舅姑將出之，訴云：「歸無所從。」判云：「雖配無生育，誠合比於斷弦，而歸靡適從（隨事見奇辟則小道可觀），庶可同於束緼。」丙有志行，隱而不仕，為郡守所辟，稱是巫家，不當選吏。功曹按其詭詐，丙不伏。判云：「太守以舉爾所知，將申蒲帛之聘（用《論語》二句，妙妙）。夫子以從吾所好，不顧虧旌之招。懼俗吏之徒勞，引巫家以自穢。冀其言遜獲免，翻以行詐論辜。況商洛拂衣，漢且求之不得；潁川洗耳，堯亦在而弗論。」乙為三品，見本州刺史不拜，或非之，稱品同。判云：「或商周不敵，敢不盡禮事君？今晉鄭同儕，安得降階卑我？」若此之類，皆不背人情，合於法意，真老吏判案。若金粉淋漓，又其餘事耳。（臺灣新文豐出版公司《叢書集成續編》本卷三·唐）

富鄭公居洛，文潞公（彥博）等用白居易故事（就非俗態），就鄭公第置酒相樂，尚齒不尚官，鄭公在筵，潞公請范純夫（祖禹）作致語，曰：「袞衣繡裳，迎周公之歸老；（一場好事，政須有此佳語）安車駟馬，奉漢相之罷朝。」鄭公大喜。臺灣新文豐出版公司（《叢書集成續編》本卷四·宋）

蔡天啟又有《明州謝到任表》云：「人有能有不能，聖主量材而受職；士或去或不去，人臣秉義以事君。臣結約無奇，間闕少與。徙溪潭之丑類，素乏雄文；贏賈客之購金，初無佳句。」按：韓愈為文祭鱷魚，鱷魚去惡溪之潭。雞林賈購白樂天詩，一首一金。二者皆南方故事。（臺灣新文豐出版公司《叢書集成續編》本卷五·宋）

智按：蔣一葵，字仲舒，號石原，武進（今江蘇常州）人。萬曆二十二年（一五九四）舉人。讀書堂名堯山。萬曆三十九年（一六一一），任靈川縣知縣。（《廣西通志》卷五十四）家有書齋名「堯山堂」。輯刊《堯山堂八朝偶雋》。有《堯山堂外紀》、《長安客話》等。

徐時進（一五九五進士）

《秋水閣副墨序》

君謨之爲古文詞，始諸生，蓋其好也。……世人論詩，獨少陵亡敢置喙，他如白俗元輕，島瘦郊寒，詈不相恕，正似論瑜不必瑕匿，患不瑜耳，豈必砆之不瑕爲貴哉。諸君子之名稱業，與少陵、青蓮並，到於今矣，請得就君謨而論之。（《啜墨亭集》卷三，《四庫禁毀書叢刊》影印明萬曆刻本）

智按：徐時進，字見可，號九瀛，鄞（今浙江寧波）人。萬曆七年（一五七九）鄉薦，屢試屢躓，萬曆二十三年（一五九五）進士。授南工部主事，榷蕪湖，改南職方員外郎，進郎中，出守岳州，三十年調荆州。明年上計京師，起補惠州，三十八年入賀萬壽，疏乞歸。天啟改元，起南光禄少卿，尋改太僕少卿，皆不就，特加大理卿致仕。卒年八十四。

查應光（一五九七舉人）

《靳史》

皇甫湜字持正，睦州新安人，擢進士第，爲陸渾尉，裴度辟爲判官。度修福先寺，將立碑，求文于白居易，湜怒曰：「近捨湜而遠取居易，請從此辭。」度謝之。湜卽請斗酒，飲酣援筆立就。贈以車馬繒綵甚厚。湜大怒曰：自吾爲顧况集序，未嘗許人。今碑字三千字三縑，何遇我薄邪？度笑曰：不羈之才也，從而酬之。（唐史）（《靳史》卷十一，《四庫禁毀書叢刊》影印明天啟間刻本）

楊汝士以尚書出鎮東川，白樂天是尚書妹婿，時以太子少傅分洛，樂天戲代内子作詩賀兄嫂曰：「劉剛與婦共登仙，弄玉隨夫亦上天。何以沙哥領崔嫂，碧油幢引向東川。」又曰：「金花銀碗饒兄用，罨畫羅裙任嫂裁。嫁得黔婁爲妹婿，可能空寄蜀茶來。」（《何氏語林》）（《靳史》卷十一，《四庫禁毀

書叢刊》影印明天啟間刻本)

張祜初未識白公，白刺蘇州時，祜來謁。才見白，卽語曰：「久欽藉，嘗記得君有欸頭詩。」祜愕然，請其故。白曰：「『鴛鴦鈿帶抛何處？孔雀羅衫付阿誰？』非欸頭何耶?」張頓首微笑，仰而答曰：「祜亦嘗記得舍人有目連變。」白曰：「何也?」祜曰：「『上窮碧落下黄泉，兩處茫茫皆不見。』非目連變邪?」遂與歡飲竟日。(《何氏語林》)(《靳史》卷十一，《四庫禁燬書叢刊》影印明天啟間刻本)

白樂天以詩酒琴爲三友。詩曰：「今日北窻下，自問何所爲？忻然得三友，三友者爲誰？琴罷輒舉酒，酒罷輒吟詩。三友逓相引，循環無已時。」(《談資》)(《靳史》卷十一，《四庫禁燬書叢刊》影印明天啟間刻本)

白樂天初至京，以所業謁顧著作。顧覩姓名，熟視曰：「長安米貴，居大不易。」及披卷，首篇曰：「咸陽原上草，一歲一枯榮。野火燒不盡，春風吹又生。」乃嗟賞曰：「道得個語，居亦何難？前言戲之耳。」因爲延譽，聲名遂振。(《外紀》)(《靳史》卷十一，《四庫禁燬書叢刊》影印明天啟間刻本)

白樂天及第時，贈長安妓阿軟絶句云：「緑水紅蓮一朶折，千花萬草無顔色。」貞元末，阿軟産一女，求小名于樂天。樂天曰：「此兒甚白皙，可名之曰皎皎。」有文士過之，見呼皎皎，爲釋其義，始悟樂天之戲，盖其種姓不明，取古詩云「皎皎河漢女」也。(《外紀》)(《靳史》卷十一，《四庫禁燬書叢刊》影印明天啟間刻本)

荊州街子葛清，勇不膚撓，自頸以下，遍刺白居易舍人詩。段成式常與荊客陳至呼觀之，令其自解，背上亦能闇記。反手指其去處，至「不是此花偏愛菊」，則有一人持杯臨菊藂。又「黄夾纈林寒有葉」，則指一樹，樹上掛纈，纈窠鏁勝絶細。凡刻三十餘處，首體無完膚。陳至呼爲「白舍人行詩圖」也。(《酉陽雜俎》)(《靳史》卷十一，《四庫禁燬書叢刊》影印明天啟間刻本)

太宗一日謂宰臣曰：「朕何如唐太宗?」衆皆曰：「陛下堯舜，何太宗可比。」李昉獨無言，徐誦白樂天《七德舞》詞曰：「怨女三千放出宮，死囚四百來歸獄。」上聞之，遽興曰：「朕不及，朕不及。」(《外紀》)(《靳史》卷十六，《四庫禁燬書叢刊》影印明天啟間刻本)

司馬相如敘上林諸水曰：丹水、紫淵、灞滻、涇渭，「八川分流，相背而異態」,「灝漾演漾，東注太湖。」李善注：「太湖，所謂震澤。」按，八水皆入大河，如何得東注震澤？又，白樂天《長恨歌》云：「峨嵋山下少人行，旌旗無光日色薄。」峨嵋在嘉州，與幸蜀路全無交涉。杜甫《武侯廟栢》詩云：「霜皮溜雨四十圍，黛色參天二千尺。」四十圍乃是徑七尺，無乃太細長乎！防風氏身廣九畝，長三丈，姬室畝廣六尺九畝，乃五丈四尺。如此，防風之身，乃一餅餤耳。(《夢谿筆記》)(《斬史》卷十七，《四庫禁毁書叢刊》影印明天啟間刻本)

白樂天云：「笙謌歸院落，燈火下樓臺。」又云：「歸來未放笙謌散，畫戟門前蠟燭紅。」非富貴語，看人富貴者也。楊蟠《金山》詩云：「天末樓臺横北固，夜深燈火見揚州。」王平甫云：「莊宅牙人語也，解量四至。」吳僧錢塘白塔院詩曰：「到江吳地盡，隔岸越山多。」余謂分界堠子語也。(《貢父詩話》)(《斬史》卷二十，《四庫禁毁書叢刊》影印明天啟間刻本)

宋時西湖三賢堂，兩處皆有東坡。其一在孤山竹閣。三賢者，白樂天、林君復、蘇子瞻也。其一在龍井壽聖院。三賢者，趙閲道、僧辨才、蘇子瞻也。寶慶間，袁樵尹京，移竹閣三賢祠於蘇堤，建亭館以沽官酒，或題詩云：「和靖東坡白樂天，三人秋菊薦寒泉。而今滿面生塵土，却與袁樵趁酒錢。」(《坡仙集》)(《斬史》卷二十二，《四庫禁毁書叢刊》影印明天啟間刻本)

嘉泰癸亥歲，劉改之在中都，時辛稼軒（棄疾）帥越，聞其名，遣介招之，適以事不及行。作書歸輅者，因傚辛體《沁園春》一詞併緘往，下筆便逼真。其詞曰：「斗酒彘肩，醉渡浙江，豈不快哉。被香山居士，約林和靖，與蘇公等，駕勒吾回。坡謂西湖，正如西子，濃抹淡粧臨照臺。諸人者，皆掉頭不顧，只管傳杯。　　白云天竺去來，圖畫裏、崢嶸樓觀開。看縱横一澗，東西水遶；兩山南北，高下雲堆。逋曰不然，暗香踈影，只可孤山先探梅。蓬萊閣，訪稼軒未晚，且此徘徊。」辛得之大喜。致餽數百千，竟邀之，去舘燕彌月，酬倡亹亹，皆似之，逾喜。垂别，賙之千緡。曰：「以是爲求田資。」改之歸，竟蕩於酒不問也。詞語峻拔，如尾腔對偶錯綜，盖出唐王勃體而又變之。余時與之飲西園，改之中席，自言掀髯有得色。余率然應之曰：「詞句固佳，然恨無刀圭，藥療君白日見鬼證耳。」(《桯史》)(《斬史》卷二

十四,《四庫禁毀書叢刊》影印明天啟間刻本)

智按:查應光,字賓玉,休寧(今屬安徽)人。萬曆二十五年(一五九七)丁酉舉人。有《麗琦軒集》。

汪鶴齡(一五九七前後)

《送爾止還蛟臺》

一城秋色恣君攀,秋色方濃人又還。尊酒醉殘陶靖節,林園題徧白香山。共推蘭館騷壇壯(尊公玉峽先生有《搴蘭館詩集》),終愛蛟臺釣艇閒適。我亦相尋霜夜櫂,江楓汀水照人顏。(清潘江輯《龍眠風雅集》卷五十二,《四庫禁毀書叢刊》影印清康熙十七年潘氏石經齋刻本,集部第九九册,第三四頁)

智按:汪鶴齡,字羽年,號會山,桐城(今屬安徽)人。國士子。崇禎間諸生。萬曆二十五年(一五九七)任武清知縣。少有聲庠序,工詩文,國變後棄舉子業。著《會山詩集》。事迹見《龍眠風雅集》卷五十二,《四庫禁毀書叢刊》影印清康熙十七年潘氏石經齋刻本,集部第九九册,第二九頁。

焦周(一六〇〇舉人)

《焦氏説楛》

《霓裳羽衣曲》,劉禹錫詩曰:「三鄉陌上望仙山,歸作霓裳羽衣曲。」王建詩云:「聽風聽水作霓裳。」白樂天詩注云:「開元中西涼府節度楊敬述造。」鄭愚(嵎)《津陽門詩》注云:「葉法善嘗引上入月宫,聞仙樂。及歸,但記其半,遂于篴中寫之,會西涼府都督楊敬述進《婆羅門曲》,聲調相符,遂以月中所聞爲散序,用敬述所進爲腔,而名霓裳羽衣曲。」(《焦氏説楛》卷三,《續修四庫全書》影印明萬曆刻本)

人言寧可曰耐可,音如能可,《漢書》「楊越之人耐暑」註與能同,李太白詩「耐可乘明月」，又「耐可乘流直上天」，皆讀如能。……言人聆言不省曰耳邊風，杜荀鶴詩「百歲有涯頭上雪，萬般無染耳邊風。」作事助力曰阿癐癐，武后時，南皮縣丞郭勝靜每巡鄉喚民婦，託衣縫補而姦之，其夫至縛勝靜鞭數十，主簿李懋往救解之，勝靜羞諱其事，但忍痛不禁，低聲唱云：「勝靜不被打阿癐癐。」衝寒而饑粟卒起曰噤痒，韓退之《鬭鷄》詩：「桀毛各噤痒。」日光微暖曰温暾，王建《宫詞》：「新晴草色暖温暾。」白樂天詩：「池水暖温暾。」言已是如此曰隔是，元微之詩：「隔是身如夢，頻來不爲名。」問何人曰阿誰，訛爲兀誰，劉先主破成都，置酒爲樂，龐統諫曰：「伐人之國而樂之，非仁也。」先主怒曰：「武王勝商，前歌後舞。」既而悔曰：「向者之論，阿誰爲失？」統曰：「君臣皆失言。」人有病曰不快，《華陀傳》：「體有不快，起作一禽之戲。」又曰不耐煩，《庾炳之傳》：「爲人強急而不耐煩。」……（《焦氏説楛》卷四，《續修四庫全書》影印明萬曆刻本）

《容齋續筆》：「白樂天詩：『鞍馬呼教住，骰盤喝遣輸。長驅波卷白，連擲采成盧。』注云：骰盤、卷白波、莫走、鞍馬，皆（當時）酒令。按，皇甫松《醉鄉日月》載骰子令甚詳，又有旗旛令、閃擪令、抛打令，今人不復曉其法矣。」（智按：見《容齋續筆》卷十六）漢賈逵嘗作酒令，唐世最勝。如樂天詩：「籌插紅螺碗，觥飛白玉卮」，「打賺調笑易，餘飲卷波遲」，「碧籌攢米碗，紅袖拂骰盤」者不一也。歐陽公作《九射格》，陳述古作《酒令》，李寙（智按：廬陵李賓之如圭）作《漢法酒》，宋舘閣有《小酒令》一卷。慶曆中，趙景撰《飲戲助勸》三卷，黄鑄撰《玉籤詩》一卷，又有《釣鰲圖》一卷，凡四十類，采珠局凡三十餘類，又李庭中《投卧格》，唐詩「城頭椎鼓傳花枝，席上摶拳握松子」，皆酒令也。（《焦氏説楛》卷五，《續修四庫全書》影印明萬曆刻本）

白太傅詩：「倦倚繡床愁不動，緩垂羅帶髻鬟低。遼陽春盡無消息，夜合花前日又西。」好事者畫爲《倦繡圖》。《續仙傳》：韋善俊攜一犬，號烏龍，化爲龍，乘之飛昇而去。古諺云：拜狗作烏龍，或本諸此。白少傅《夢遊春詩》：「烏龍卧不驚，青鳥飛相逐。」韓偓詩：「洞房深閉不曾開，横卧烏龍作妬媒。」又：「相風不動烏龍睡，時有幽禽自唤名。」又：「遥知小院還斜照，羡殺烏龍卧錦茵。」（《焦氏説楛》卷五，《續修四庫全書》影印明萬曆刻本）

智按：焦周，字茂孝，上元（今江蘇南京）人，萬曆庚子（一六〇〇）

舉人。焦竑之子。其《説楛》七卷，取荀子「説楛勿聽」之義，皆剌取諸書中新穎之語，及聞見所及可資談噱者，襍載成編，不分門類。

徐如翰（一六〇一進士）

《過白樂天故居三首》

平生常愛樂天詩，每讀其詩想見之。今日搴帷一潩弔，黄河窟裏白煙吹。

經擠當年第一籌，讀君疏議自千秋。莫將元白輕相並，元也終爲文士流。

造化由來憎才子，遂使先生乏後賢。爲問詩魂在何處，可能重憶聖湖舡。

(《(乾隆）韓城縣志》卷十四,《續修四庫全書》影印清乾隆四十九年刻本)

智按：徐如翰，字伯鷹，號檀燕，上虞（今浙江紹興）人。萬曆二十五年（一五九七）舉人，二十九年（一六〇一）進士。初任功曹，升大同參政。時方從哲亂政，如翰越職具疏，參其權奸誤國，幾遭不測，幸賴左光斗救免，辭官回里。時太監魏忠賢專權，以「一歲九遷」為誘餌，邀其入夥。如翰嚴拒，被削職。崇禎繼位，忠賢伏誅，又起用為陝西參政。後稱病辭官歸居山陰藏山，與劉宗周同講學。並與陶石梁、陳元宴諸人賦詩飲酒度日，人稱「稽山八老」。著作等身，有《檀燕山集》傳世。

趙彦復（一六〇四進士）

《拂衣行》

暝破浮雲白破絮，鴻飛不羨鵾鵬翅。仰天大笑歸去來，小草入山仍遠志。左輔李生亦大豪，自捫頭顱還自許。曾聞揖客大將軍，汲黯何人我何輩。楊生賈生爾何意，盱衡擊節促征騎。不須遠追彭澤踪，但取同把趙郎臂。緘題為達中丞府，擹却朝驂與市虎。無恙北山舊草堂，爾自能歌我自舞。昨日中丞致書問，女曹何得輕如許。不然即飛白簡霜，縱不褫幣亦解組。葛卿聞風投袂起，抽簪欲命東山履。上書不報奈若何，一封報帝吾已矣。邢侯亦作閉關人，為言五閲晉城春。量移可邀猶吟越，别徙無緣竟避秦。相逢莫道風波惡，六子同舟良不薄。五柳先生少佳朋，三閭大夫空寂寞。笑他達哉白樂天，七十致政心茫然。捋鬚何物撩人色，野鶴閒雲別有權。不分世態合如沸，一鞭斜指春山曙。君不見，去歲今時祖道旁，河東太守拂衣去。（《梁園風雅》卷二十七趙微生，清康熙四十三年陸廷燦刻本）

智按：趙彥復，字微生，河南杞縣人，萬曆三十二年（一六〇四）甲辰進士。官至湖廣按察司副使。

鄧士亮（一六〇四進士）

《壽夏我齋太翁序》

人之壽，果造物司之乎？坤爐乾冶，摶捖施受，其於人之有形貌亦已奇矣，而復於其中更生分別，使夫玄鬢有如膏之沭，華髭起二毛之感，晚健若奮鶻之矯，壯旬興秋蒲之嘆，其相去不啻倍蓰，則造物必不如是之劳，此斷係人之自取無疑者，而若取之以餐丹結黍，候至飛身，則吾平生未曾見白日青天，而有老人騎鶴過者，而若取之以净修默守，頓悟大乘，則吾平生未曾見蒲團穩坐，而稱有千年者，而若取之以意得志，遂歡樂受享，則謝太傅之絲竹，郭令公之侍從，白香山之風流，謝康樂之遊玩，何不後天地而老也。此俱非取之之道也，取之者以己之心，肖天地之心，以天地生物之心，為己生生不息之心，韞釀布護，淪注周匝，盎於六宇，徹於太清，享壽無極，是曰真人。……（《心月軒稿》卷六序，《四庫未收書輯刊》影印明末刻本）

《王開見浣花集序》

予失意歸坐漢城烟雨中，人向予言，此間有少年白眠君子，指顧絶異，紫衣朱履，哦詩軒軒也，予已心知其為開見矣。急拉相對與語，時予倒奚囊旅次詩示之，其詩多怨，盖楚風也，予哭，開見亦哭已。開見出《浣花集》示予，開見笑，予亦笑。因共把酒相睆視，予兩人，其雍門之技乎哉！夫彩筆歌塲，翩然秀色，練衫半落，墨烟淋漓，開見寧不大自婾快！顧唐以詩取士，士失意則豪罵鬚張，即以方鎮之強，宰輔諸侯王之尊，俱望而畏縮，閉門不敢出。今予坎坷罷去，而開見亦少年淪落，無論金箋玉貌，沉香雲想，為文士千古絶觀，即其一揮千紙，奪錦刻燭，竟不能如温憲、盧子章之徒，以壁間浪語，袖裹鬧吟，片刻動明王知遇，能無恨也？丈夫擁書萬卷，蘭臺石室，以待未死，即今長安邸中，看花日麗，摇手意得，莫不有佳冶乎？其側連晷夕之歡娱，充宫陳之語笑，此以視挾杖頭錢，醉入平康綣戀，作有情癡者，何如？開見誤矣，開見又欲製蕉衫，笻杖為禽尚遠遊計，然開見出門三百里，衆吠狺狺，似不可朝夕，乃必走五嶽，窮岣嶁，問玄夷作兩都賦而返，使家之人駭愕錚鏑，建皷以求姤女之津，風雨漭惡，開見亦太多事哉！白香山社中，詩酒無恙，今亟策蹇而歸，相與提挾風雷，以勤脩大業，固吾黨千秋一時，開見得無意也。（《心月軒稿》卷六序，《四庫未收書輯刊》影印明末刻本）

《題陳醫卷引》

蓋予每與人抗手論天下事，未有不取足于一己之精力者，有許椽之情具後可以臨幽賞勝，有康樂之豪爽後可以鑿逕開道，尫弱者著跡狹邪，旋稱火症，而白香山、李青蓮諸人，日擁如花，未見有風流之恙，狹量者稍恋麴君，遂致疾首，而劉、阮諸士拍浮為生，未聞有沉湎之疾，則亦其本来精力各異。至于文章大業，尤須運以全副精力，其可以病夫為之乎？予少年不病，竊一第後，遂苦病心惘惘，不能置思，稍置思則火起，每雞壇角秋，即友人有鏤雲轡龍之藻，予意輙不肯下，盖其境地，俱吾才力之所優為，顧神不能赴……三嘆庸醫不察，輙投以寒凉之劑，益復不瘳，已乃得浙中吳梅坡醫書讀之，始知積虚之症，利用補于焉，荷斧劚苓，叱婢尋草，日調月養，神氣侵增，而歲晷迫人，公車困躓，自甘小草矣。夫池水生津，杏林種彩，神砂舊釀，橘井仙藥，曾記桃園從古有之，今豈乏人，陳君壯習孔老，晚閱方書，無不應手靈驗者，使予早年接晤，得其攝神固精之妙餌，以究心帖括，則彩騎看花，唾手間耳，何至作没巴鼻勾當，如今日哉！儒者莫要乎知醫，予故贈以詩，而為之序。（《心月軒稿》卷六序，《四庫未收書輯刊》影印明末刻本）

《送胡太寅别駕還里序》

崧臺小雨，景候微凉，太寅賦歸欲别，予持一觴而餞之。輕風襲袂，歌席無歡，兩情慘黯，不禁淚涔淫下也。夫予與太寅晤合最奇，先同宦于蜀之錦城，綿漢接壤，牘翰時親，今共事于粵之端州，□與藹若同氣。顧太寅敏而予鈍，太寅整密而予與太寅熟練，若良工之習諳其職業，振飭若新婦之端勅其矩矱，而予則拙窳無短長，朝夕侍問，所荷提命良多，予寸心豈昧也。……予惟繡纓彩組，緑水青山，不知誰為區別，白樂天官侍郎，八十致仕，而自以為達。淵明先生染指彭澤，而長有千古令名，此果有異乎？太寅則每向予言，今之仕進，展布惟艱，古所稱顧君孝、劉昌言之遷擢，盧現之賞賚，今寧復見，固不能低睫向人。予謂公道未泯，日月犹存，利器別于盤根，何不可自表豎若。曰堂前綵衣，膝下佳兒，足以自娱，遂欲友麋鹿而盟松竹焉，則遂初之懷，何太決也。予所娓娓不輟于太寅者以此，噫嘻！東都南浦，悵念離雲，雁呻蛩吟，興嗟岐柳，則兩人分手之際，更難為情也，人言愁我始欲愁，予與太寅何能已已。（《心月軒稿》卷六序，《四庫未收書輯刊》影印明末刻本）

《與金澹渠令郎》

桂亭懸月，人在瑶臺，椒斝飛流，歌音接曙，此景依然，昨也君家鳳毛世業，一釣連鰲，計程非遠，伯仲勉旃，兵盜猝起，不佞詩句或未掠之而去，想至今猶自奕奕耳。後来主鐸者何如，為憶白樂天詩云：「江山賓客皆依舊，惟是當筵換主人。」言念往跡，寧禁神舞也。歲序如駛，華髪難留。若尊翁心行純質，不佞竊計以為，即不昇拔，一定作地行仙者，今亦已賦玉樓乎，不腆芹莫引意，幸寛遲慢。（《心月軒稿》卷十三書牘，《四庫未收書輯刊》影印明末刻本）

智按：鄧士亮，字寅侯。萬曆三十二年（一六〇四）甲辰進士。曾兩任州學正，後升肇慶府推官，旋擢户部郎中，後任四川馬湖府知府、川南道尹。

吳文滾（一六〇四前後）

《鼂采館清課叙》

余讀費君學卿清課，語語烟霞，皆以實境道實語，因嘆絶類其為人。學卿生長華胄，寄興山林，喜讀書静坐，人事應酬，踈嬾彌甚，問以人間田舍、鄙倍瑣尾事，懵然似不省者，與之談古今，論丘壑，輒終日無倦容，足跡經年不履郡縣，謁長吏，憂喜得失未嘗見諸色，惟日奉其尊人太僕公，行散園林，稱觴介壽，間與不佞二三兄弟，夷猶湖山之間，終夜始篝燈讀古人書，率以為常。所棲托，喜掃除清整，而衣履容儀不甚修飭，土木形骸悠如也。性絶不喜與人往還，嘗曰：「子雲玄亭，停橈問字；淵明菊徑，攜酒欵扉，終覺多事，不如仲蔚蓬蒿、袁安高卧也。」其為人踈懶高簡如此。所謂惟其有之，是以能言之也。友人吳孟堅常稱其胸中無着，吳伯霖稱其淡心素質，不琢不雕，學卿嘆為知言。余謂學卿，踈懶似嵇中散，恬澹似陶栗里，雄放似蘇子瞻，多感慨似白香山，口不臧否人物似阮嗣宗，而恂恂孝友，被服道德，求之古人，其閔冉之儔歟？昔蔡中郎自謂，平生惟作《郭有道碑》不媿，余平生亦惟作《清課》一叙不愧。其書與人俱在海内，異日自當知之，不佞汙敢阿其所好。時萬曆甲辰歲季秋朔日，友弟吳文浤書于秋水齋中。（明費元禄《鼂采館清課》卷首，《叢書集成初編》據寶顔堂秘笈本排印，哲學類，第六八七册；費元禄《甲秀園集》卷四十二文部，《四庫禁毀書叢刊》影印明萬曆間刻本）

智按：萬曆甲辰，即萬曆三十二年（一六〇四）。吳文浤，莆中（今屬福建）人。

李之世（一六〇六舉人）

《秋雨遣懷效白香山四首》

城隅半是水煙居，怪底先生掩敝廬。性懶逢人多不櫛，門常簡出為無車。南橋慣兑長腰米。北海新嘗有翼魚。地僻官閒何所事。碧窗焚蒳了殘書。

秋來剛道曉煙清，淫雨狂飆掠地行。黎母江前潮嘴長，颶風祠下浪頭平。信巫野俗多禳鬼，經寇流民盛說兵。自笑儒臣空竊禄，青袍隨隊學將迎。

姤風佞月幾評章，案上狂塗墨數行。漫與侏儒分月俸，時從黎婺覓名香。尊開稔酌堪娛客，帶解椰陰可納涼。共指垂虹占霽色，微微城角吐斜陽。

信來渡海有奇緣，殘夢依稀二十年。詩以閒情追白傅，跡因流寓憶坡仙。宜泉緑茗烹金粟，貼座青氈綻木棉。浪説官貪無罪過，俸緡時給寫書錢。(《鶴汀詩集》卷四，《四庫禁毁書叢刊》影印清涉園刻本，集部第八十册，第一一九頁)

智按：李之世，字長慶，號鶴汀，新會（今屬廣東）人。以麟子。工詩，善書法。萬曆三十四年（一六〇六）中鄉舉，曾任安徽池州府推官。有《新會縣志》、《岡州遺稿》。

陳元素（一六〇六前後）

《贈錦衣衛經歷白超宗》

參軍也得謁金門，莫憾官卑獄吏尊。彭澤先生新令尹（參軍以彭澤令調），香山居士老聞孫。衣歸質庫仍留客，印閣閒牀且校文。冷署久淹殊不惡，請看三載著書存。(《四庫全書》本《明詩綜》卷七十二)

智按：陳元素，字古白、孝平、金剛，號素翁、處廓先生，私謚貞文先生，長洲（今江蘇蘇州）人。萬曆三十四年（一六〇六）應鄉試不第，博覽群書，早負才名，工詩文，書畫俱精。書法清勁，楷類歐陽（詢），草入二王（羲之、獻之）。畫工山水，意致清遠。尤善墨蘭，得文徵明之秀媚而更氣厚力沉。有《古今名將傳》、《南牖日箋》。萬曆四十三年為沈周《石田先生集》書序，畫跡有萬曆三十七年寫《墨蘭圖》（著録於《知魚堂書畫録》），傳世作品有萬曆四十八年與劉原起合作《蘭石圖》軸，款署：「庚申浴佛日華陽洞天戲作，陳元素。」崇禎元年寫《墨蘭圖》卷；天啟三年作《墨蘭圖》軸，款署：「時在癸亥中秋戲作於虎丘之鐵花闇，陳元素。」天啟七年作《墨蘭卷》、崇禎四年與盛茂燁合作《蘭石圖》卷。

薛鳳翔（一六〇七進士）

《亳州牡丹史》

白樂天初爲杭州刺史，令訪牡丹花，獨開元寺僧惠澄，近於京師得之，始植於庭，欄圈甚密，他處未之有也。時景方深，惠澄設油幕覆牡丹，自此東越分而種之矣。會徐凝自富春來，不知而先題詩云云。白尋到寺看花，乃命徐同醉而歸。（《雲溪友議》）（《亳州牡丹史》卷三，《續修四庫全書》影印南圖藏明萬曆刻本）

⊙白居易（字樂天）

《牡丹芳》

牡丹芳，牡丹芳，黄金蕋綻紅玉房。千片赤英霞爛熳，百枝絳點燈煇煌。照地初開錦綉段，當風不結蘭麝囊。仙人琪樹白無色，王母桃花小不香。曉露輕盈泛紫豔，朝陽照曜生紅光。紅紫二色間深淺，向背萬態隨低昂。暎葉多情隱羞面，卧蘩無力含醉妝。低嬌笑客疑掩口，凝思怨人如斷腸。穠姿貴彩信奇絶，褋卉亂花無比方。石竹金錢何細碎，芙蓉芍藥苦尋常。遂使王公與卿士，游花冠蓋日相望。痺車輭轝貴公主，香衫細馬豪家郎。衛公宅靜閉東院，西明寺深開北廊。戲蝶雙舞看人久，殘鶯一聲春日長。共愁日照芳難駐，仍張帷幕垂陰涼。花開花落二十日，一城之人皆若狂。三代以還文勝質，人心重華不重實。重華直至牡丹芳，其來有漸非今日。元和天子憂農桑，恤下動天天降祥。去年嘉禾生九穗，田中寂寞無人至。今年瑞麥分兩歧，君心獨喜無人知。無人知，可歎息，我願暫求造化力，五穀俱同牡丹殖。少迴卿士看花心，同似吾君憂黍稷。

《惜牡丹二首》

惆悵堦前紅牡丹，晚來唯有兩枝殘。明朝風起應吹盡，夜惜衰紅把火看。

寂寞萋紅低向雨，離披破豔散隨風。晴明落地猶惆悵，何況飄零泥土中。

《白牡丹和錢學士》

城中看花客，旦莫走營營。素華人不顧，亦占牡丹名。開在深寺中，車馬無來聲。唯有錢學士，盡日繞蘩行。憐此皓然質，無人自芳馨。衆嫌我獨賞，移植在中庭。留景夜不冥，迎晨曙光明。對之心亦舒，虚白相向生。唐昌玉蕊花，攀玩衆所爭。折來比顏色，一種如瑶瓊。彼因稀見貴，此以多爲輕。始知無正色，愛惡隨人情。豈惟花獨爾，理與人事并。君看入眼者，紫豔與紅英。

《西明寺牡丹花時憶元九》

前年題名處，今日看花來。一作芸香吏，三見牡丹開。豈獨花堪惜，方知老暗催。何况尋花伴，東都去未回。詎知紅芳側，春盡思悠哉。

《移牡丹栽》

金錢買得牡丹栽，何處辭藂別主來。紅芳堪惜還堪恨，百處移來百處開。

《和題牡丹藂》

晚藂白露夕，衰葉凉風朝。紅豔久已歇，碧芳今亦銷。幽人獨相對，心事共蕭條。

《看惲家牡丹花戲贈李二十》

香勝燒蘭紅勝霞，城中最數令公家。人人散後君須看，歸到江南無此花。

《微之宅殘牡丹》

殘紅零落無人賞，雨打風吹花不全。諸處見時猶悵望，况當元九小庭前。

《牡丹》

絕代祇西子，衆芳唯牡丹。月中虚有桂，天上謾誇蘭。夜濯金波滿，朝傾玉露溥。性應輕菡萏，根本是琅玕。敚目霞千片，凌風綺一端。稍宜經宿雨，偏覺耐春寒。見説開元歲，初令植御欄。貴妃嬌欲比，侍女妬羞看。巧類鴛鴦織，光攢麝月團。暫移公子第，還種杏花壇。豪士傾囊買，貧儒假乘觀。葉藏梧際鳳，枝動鏡中鸞。似笑賓初至，如愁酒欲闌。詩人忘芍藥，釋子媿旃檀。酷烈宜名壽，姿容想姓潘。素光翻鷺羽，丹豔赩鷄冠。燕拂驚還語，蜂貪困未安。倘令紅臉笑，兼鮮翠眉攢。小長呈連萼，驕矜寄合歡。息肩移九軌，無脛到千官。日曜香房折，風披粉乳乾。好酬青玉案，稱貯碧冰盤。璧要連城與，珠甚十斛判。更思初甲坼，那得異泥蟠。騷詠應遺恨，農經秪略刊。魯般雕不得，延壽筆將殫。醉客同攀折，佳人惜犯干。始知來苑囿，全勝在林巒。泥滓常澆洒，庭除又綽寬。若將桃李並，方覺効顰難。

智按:《四庫全書》本《文苑英華》卷三百二十一題李商隱作,中華書局影印本(宋殘本補配明本)《文苑英華》卷三百二十一此詩詩題處標「同前」,作者處空白,前一首詩題處標《牡丹》,作者處亦空白,核對內容應爲李商隱詩。《四庫全書》誤讀「同前」,于是歸于李商隱名下。而中華書局影印本《文苑英華》目録則署名盧肇作。陳尚君《全唐文續拾》卷三十一亦收録于盧肇名下。《文苑英華》卷三百二十一李商隱《牡丹》詩之前爲白居易《惜牡丹花二首》,李商隱《牡丹》詩未署名,薛鳳翔等誤讀「同前」,于是歸于白居易名下。

《白牡丹》

白花冷淡無人愛,亦占芳名道牡丹。應似東官白贊善,被人還唤作朝官。(《亳州牡丹史》卷四,《續修四庫全書》影印南圖藏明萬曆刻本)

⊙徐凝(睦州人,元和進士)

《詠開元寺牡丹獻白樂天》

此花南地知難種,慙愧僧閒用意栽。海燕解憐頻睥睨,胡蜂未識更徘徊。虚生芍藥徒勞妬,羞殺玫瑰不敢開。唯有數苞紅蕚在,含芳只待舍人來。

《又詠牡丹》

葩疊蕚相重,燒闌復照空。妍姿朝景裹,醉艷晚煙中。止恠霞臨砌,還疑燭出籠。遶行驚地赤,移坐覺衣紅。殷麗開繁朶,濃香發幾藂。裁綃樣豈似,染蒨色寧同。嫩畏人看損,鮮愁日炙融。嬋娟涵宿露,爛熳抵春風。縱賞襟情合,閒吟景思通。客來歸盡嬾,鶯戀語無窮。萬物珍那比,千金買不充。如今難更有,縱有在仙宫。(《亳州牡丹史》卷四,《續修四庫全書》影印南圖藏明萬曆刻本)

智按:此乃姚合《和王郎中召看牡丹》(《全唐詩》卷五〇二)。

薛鳳翔,字公儀,亳州(今屬安徽)人。薛蕙(一四八九～一五四一)孫。萬曆三十五年(一六〇七)丁未進士。由例貢仕至鴻臚寺少卿。明時亳中牡丹最盛,鳳翔家園種藝尤多。

馬易從（一六〇九解元）

《創修白公祠記》

忠之開郡，始于李唐，而守土之多賢者，亦維其時。故郡之俎豆四賢，宋元以來，未之有改矣。四賢之中，風流自賞，則白文公爲最。以大賢裁治理，猶之慈母之保子，良醫之察脉，此一方之沐浴膏澤，可想而知也。然化成而公不言，當時州之人士，亦未必如後來之茂美。以公之好客，而往還僅一肖處士，則善政之鮮所記述，或以是歟！否則自唐以後，歷五季之蜩沸，其文翰銷沉，往往皆是，如唐書藝文，有忠州圖經之目，與夫史稱陸宣公閉門抄方書，今皆無傳，宜乎公爲治之概，無所留遺也。當王聖塗修四賢祠，問記于山谷老人，惋惜其文之不足，而况後此乎？又公之傳，凡記公官皆僅曰以某時刺忠州而已，即刺蘇州，傳、志皆無所紀。且公之在江州爲郡司馬，其記廳事之語曰：州民康，非司馬功；郡政壞，非司馬罪。可從容于山水詩酒間。江州且社而祀之，已見于史，而忠州迄無一專祀，非缺典歟？余丙寅夏視事，按郡乘求公所常經理之迹，如東澗、木蓮等勝地，好古者或能談說故處，一猶之山谷所稱也。暇則翻《長慶集》，讀公在忠州時詩，意必欲爲公特營一禋祀之區。以見此忠曾爲名賢所字牧，百世之下尚有餘馥可沾。而祀之久不闕，或謂公舊有讀書洞，今泯沒爲傭奴所寢處，試遣相之，則四圍皆民居翳蔽，即不難復之，終非勝場矣。西溪諸文學進曰：巴台之左有佳地，盍卜諸？余偕吳別駕營之，其地西倚巴台，南臨江上數百武，則陸宣公冢祠在焉。余曰可矣，公嘗登巴台，徘徊其地，又與陸公作芳鄰，且公自信必歸兜率天，今櫛比祇園，吾知公之靈爽樂栖其間也。遂以己巳之夏，誅茅辟址，吳君日督工匠作從事，秋盡成堂三楹，祀公主，後則爲醉吟閣。三楹堂之側作兩掖，樓之傍架兩翼，而庖厨皆備。按公元和十四年至州，距今八百餘祀，而築宫禋祀，謀之于衆，無不樂從，集之甚輕，其故何歟？蓋公自元和以來爲名臣，而文采風流裕然，于愛憎取捨之際，爲士大夫所景仰者，合窮達如一致，而其所到之處，宜民善俗，又無不有以深入于人心。吳越江州，皆祠而祀之，忠又何獨不然？雖年代幾更之後，猶以地得其人爲光輝。故余始與諸君謀之也，若不能待；而及其成之也，各有快色。是孰爲之歟？好德之在人心，猶江河之在地也，誰能遏之？後之君子從而恢拓之，即與巴山流水共長也。（中國人民政治協商會議忠縣委員會編《忠縣文史》第二輯「白居易與忠州」，一九九三年一月，第九四～九五頁）

智按：馬易從，號丘遊，雲南蒙化人。萬曆三十七年（一六〇九）解元，署理湖廣岳州府推官，補授四川重慶府推官，時因李自成之亂，沿途阻塞，遂于重慶家焉。天啟六年（一六二六）至崇禎四年（一六三一）任忠州知州。崇禎三年，倡建白公祠。

鄭之文（一六一〇進士）

《郭闇生詩序》

詩者，性情之文也。性之所至，情之所之，一往而深，而韻生焉，不可以強索也。贈別之詩不如蘇李，酬答之詩不如元白，游山詩不如謝，飲酒詩不如陶，憂悲詩不如杜，閑適詩不如李，盖各有其性情而已矣。（《四庫全書》本《明文海》卷二七三；中華書局影印本，第二八四六頁）

智按：鄭之文，字應尼，一字豹先，號南軒，江西南城人。萬曆三十八年（一六一〇）庚戌進士。授南京工部主事，歷郎中，出知眞定府。工詩詞散曲，嘗作《白練裙》雜劇，以嘲名妓馬湘蘭，盛傳於時。有《遠山堂集》《錦研齋集》及傳奇《芍藥記》等。

文翔鳳（一六一〇進士）

《入洛雜詠三首》

文章於吾道，如體得衣裳。肅雝存大禮，玉帛豈徒將。安能空篆刻，朱粉效名娼。未聞程正叔，競豔歐蘇塲。

筆力推子厚，時作訓誥詞。鞠歌并慶記，釵脚亦古錐。虛誕不足訾，莊雅卽吾師。陶韋或杜李，風雅以裁之。

季木嗜李賀，雜以白香山。嗤我類一人，千古眞比肩。汝是昌黎叟，詩文若巨川。王郎毋墨守，原道近七篇。（《皇極篇》卷二伊書詩伊川草二，《四庫禁毁書叢刊》影印明萬曆間刻本）

《至日東行》

商旅不行日，逢迎遠間關。腰非陶靖節，衫是白香山。臨汝一宵縮，許田七日還。面須慚月好，氣且待龍攀。（《皇極篇》卷二伊書詩伊川草二，《四庫禁毁書叢刊》影印明萬曆間刻本）

《城南行》（桃源觀候督郵作）

投郭本逢遊，翻得閲溪澗。汝水白於月，藍水青可鑑。翠壁雲流鬼峪村，紅林水洗桃源觀。輟軒聊一訪仙靈，館前呦鹿如求伴。洞幽石髓滴成柱，三尺白玉炯炯辨。世人作令愛通津，市開蜀錦松綾店。城外車塵深一丈，兩旬腰折一旬半。我部羣山並列壑，登堂峴首當門見。峴山直揖太室平，其上入宵挂銀漢。千首新詩徧授梨，六案笑揮南山判。負弩前驅了不嗔，嬉戲姑使兒童看。座中丹陽舊神交，曾借南箕錫予贊。爲君既作嘯風廊，君須待我天池岸。海人應盻白尚書，香山又修兜率願。欲知此日文先生，曾長六星操筆硯。（《皇極篇》卷三伊書詩伊川草三，《四庫禁毁書叢刊》影印明萬曆間刻本）

《報郭墨千洛陽》

自禹祠東涉伊，望東北一小巒，在百步外，上有纍然者，白香山墓也。週匝皆煤井，上有頑石一片爲碣，可爲一嘅。昔樂天不願爲海山院主，人去兜率，蛻在娑婆者如斯矣。若得一小亭子，便可作弔古地。問所謂香山，僧弗知對，但云有廢寺在道左。循南巖行，可數百步，得大中祥符四年三月十日碑，曰御製御書者，龍門銘也。卽就巖石鐫繡，字偉，文遒，可讀。碑完好，但沒於土可尺許，此可搨行者也。又東南出，得一洞，僧曰：此香山寺也，卽龍門八寺之一。有井覆之，今爲道觀，其前果有一掌之坦，似可爲垣者。其洞壁千佛之下，列羅漢像，像有楷書，贊户左右，皆楷書經，其詞皆説極樂境，必是小彌陀經也。字類歐陽率更，其地字多作埊，此則天十一字之一，當是武后時鐫也。而户左完好，尚可搨行，必當作墨卿之寶，就餉人於彭婁聊以聞，而丈馳抨追問，謹述其詳，以待巾車之訊。倘留意，功不下龍門新堤矣。潛溪寺所，入處逕頗窄，弟曾云當闢尺許，頃見僧闢之，似涉於闊且失險，即失奇，然將來想，作大廡門，納貴人車矣，謹并復安樂窩制度，尚煩法眼定之。吕公許爲文於門左，當姜碑，俟玉吻贊之。（《皇極篇》卷九伊書文汝海稿五，《四庫禁毀書叢刊》影印明萬曆間刻本）

智按：文翔鳳，字天瑞，號太青，三水（今陝西旬邑）人。萬曆三十八年（一六一〇）庚戌進士，官至太僕寺少卿。有《太微經》、《東極篇》、《文太青文集》。

王良臣（一六一〇進士）

《詩評密諦》

⊙明暗二例格

作詩之法，無出于此。五言如白居易《咏草》云：「離離原上草，一歲一枯榮。野火燒不盡，春風吹又生。遠芳侵古道，晴翠接荒城。又送王孫去，萋萋滿别情。」又如杜甫《房兵曹胡馬》云：「胡馬大宛名，鋒稜瘦骨成。竹批雙耳峻，風入四蹄輕。所何無空濶，眞堪托死生。驍騰有如此，萬里可横行。」七言如杜《黑鷹》云：「雪飛玉立盡清秋，不惜奇毛恣遠遊。在野只教心力破，千人何事網羅求。一生自獵知無敵，百中争能恥下韝。鵬礙九天須却避，兔藏三穴莫深憂。」「黑鷹不省人間有，渡海疑從北極來。正翮摶風超紫塞，立冬幾度宿陽臺。虞羅自覺虚施巧，春鴈同歸必見猜。萬里寒空只一日，金眸玉爪不凡材。」又如鄭谷《雙鷺》云：「雙鷺應憐水滿池，風飄不動頂絲垂。立當青草人先見，行傍白蓮魚未知。一足獨拳寒雨裹，數聲相叫早秋時。林塘得爾須增價，况與詩家物色宜。」又如鄭谷《鷓鴣》云：「暖戲烟蕪錦翼齊，品流應得近山鷄。兩昏青草湖邊過，花落黄陵廟裏啼。遊子乍聞征袖濕，佳人纔唱翠眉低。相呼相喚湘江曲，苦竹叢深春日西。」此俱所謂暗例也。數詩俱佳，故備録之。（《詩評密諦》卷一，《四庫未收書輯刊》影印明天啟間刻本）

《冬至夜》，白樂天詩云：「老去襟懷常濩落，病來鬚髪轉蒼浪。心灰不及爐中炭，鬢雪多於砌下霜。三峽南賓身最遠，一年冬至夜偏長。今宵始覺房櫳冷，坐索寒衣覓孟光。」「心灰」、「鬢雪」，引喻最佳。(《詩評密諦》卷三，《四庫未收書輯刊》影印明天啟間刻本)

白樂天《女道士》詩云：「姑山半峰雪，瑶水一枝蓮。」此以花比美婦人也。東坡《海棠》云：「朱唇得酒暈生臉，翠袖卷紗紅映肉。」此以美婦人比花也。山谷《酴醿》云：「露濕何郎試湯餅，日烘荀令炷爐香。」此以美丈夫比花也。山谷此詩出奇，古人所未有，然亦是用荷花似六郎之意。(《詩評密諦》卷三，《四庫未收書輯刊》影印明天啟間刻本)

牡丹，唐時杭州無此種。長慶開元寺僧惠澄，自都下乞得一本，謂之洛花。白樂天攜酒賞之，張祜題詩云：「濃艷初開小藥欄，人人惆悵出長安。風流却是錢塘守，不踏紅塵看牡丹。」至宋時漸多，而獨盛于吉祥寺。柳渾詩：「近來無奈牡丹何，數十千錢買一顆。今朝始得分明見，也共戎葵較幾多。」又宋王文康公詩云：「棗花至小能結實，桑葉雖粗解吐絲。堪笑牡丹如斗大，不成一事又空枝。」此可為華而不實之戒。

宋時府治虛白堂前，有紫薇花兩株，相傳白樂天所植。蘇子瞻守郡時，神宗嘗書樂天《紫薇花詩》以賜之。子瞻題詩云：「虛白堂前合抱花，秋風落日照横斜。閲人此地知多少，物化無涯生有涯。」又云：「折得芳蕤兩眼花，題詩相贈字傾斜。篋中尚有絲綸句，坐覺天光照海涯。」(《詩評密諦》卷三，《四庫未收書輯刊》影印明天啟間刻本)

智按：蘇子瞻所作為《次韵錢穆父紫薇花二首》。

白樂天《紫薇花》詩云：「除却微之見應愛，世間少有别花人。」又《薔薇花》詩云：「移他到此須為主，不别花人莫使看。」今好事家奇花多矣，所謂别花，人未見也。唐招賢寺有山花，色紫氣香，穠艷可愛，人莫有知其名者。樂天一日過之，標名曰紫陽，詩曰：「何年植何仙壇上，早晚移栽到梵家。雖在人間人不識，與君名作紫陽花。」忠州鳴玉溪有花如蓮，葉如桂，香色艷膩，當時亦無有識之者，樂天詩云：「如折芙蓉栽旱地，似拋芍藥挂高

枝。雲埋塵隔無人識，惟有南賓太守知。」嗚呼！天下豈獨花為然哉！（《詩評密諦》卷三，《四庫未收書輯刊》影印明天啟間刻本）

陳文帝天嘉二年，有植兩檜于孤山寺中，至宋時猶存其一，號陳朝檜，僧志詮作堂其側，曰栢堂，與竹閣連屬。蘇子瞻作詩紀之云：「道人手種幾生前，鶴骨龍姿尚宛然。雙幹一先神物化，九朝三見太平年。忽驚華厦依巖出，乞與嘉名到處傳。此栢未枯君記取，灰心聊伴廣乘禪。」後孝宗嘗書此詩勒石。詩選云：朱喬年絕句：「春風吹起籜龍兒，戢戢滿山人未知。急喚蒼頭斸烟雨，明朝吹作碧參差。」盖前人有詠筍云：「急忙且喫莫踟躕，一夜南風變成竹。」喬年點化，乃爾精巧。余觀魯直已先有此句，《從斌老乞苦笋》云：「煩君更致蒼玉來，明日風雨皆成竹。」前詩並蹈襲魯直也。（《漁隱》）玉林云：「按，白樂天《笋詩》云：『且喫莫踟躕，南風吹作竹。』襲此語耳。」（《詩評密諦》卷三，《四庫未收書輯刊》影印明天啟間刻本）

高文簡公遊西湖，見素屏潔雅，乘興畫奇石古木，文敏公為補叢竹，後為户部楊侍郎所得，虞文靖公題詩云：「不見湖州三百年，高公尚書生再燕。西湖醉歸寫古木，吳興有補幽篁妍。國朝名筆誰第一？尚書醉後妙無敵。老蛟欲起風雨來，星随天汀化為石。趙公自是眞天人，獨與尚書情最親。高懷古誼兩相得，慘澹酬酢皆天眞。待郎得此自京國，使我觀之三嘆息。今人何必非古人，淪落文章付陳迹。」此圖遂成三絕矣。庚溪曰：衆禽中，唯鶴標致高逸，其次鷺，亦閒野不俗，詩人賦咏者不少，而規規然，秖及羽毛飛鳴之間。如《咏鶴》云：「低頭乍恐丹砂落，矖翅常疑白雪銷」，此白樂天詩；「丹頂西施頰，霜毛四皓鬚」，此杜牧之詩，皆格卑無遠韻也。至于鮑明遠《鶴賦》云：「鍾浮曠之藻思，抱清迥之明心」，杜子美云：「老鶴萬里心」，李太白《畫鶴贊》云：「長唳風霄，寂立霜曉」，劉禹錫云：「徐引竹間步，遠含雲外情」，此乃奇語也。如《詠鷺》云：「拂日疑星落，凌風訝雪飛」，此李文饒詩；「立當青草人先見，行近白蓮魚未知」，此雍陶詩，亦格卑無遠韻，至于許渾云：「雲漢知心遠，林塘覺思孤。」僧惠崇云：「曝翎沙日煖，引步島風清。照水千尋迥，棲烟一點明。」乃奇語也。（《詩評密諦》卷三，《四庫未收書輯刊》影印明天啟間刻本）

唐人《元夕觀燈》詩云：「三五成佳夕，長安樂未央。月華侵晝影，火樹艷春光。花覆天街上，星臨閣道旁。大酺隨地賞，廣樂自天張。禁弛金吾肅，更分玉漏長。雕輿公子侍，寶馬少年行。銜燭移龍照，吹簫集鳳翔。燈摇環珮影，風散綺羅香。地接宜春苑，人遊不夜鄉。太平眞有象，歌舞頌時康。」我朝李獻吉《汴中元夕五絕》云：「花燭沉沉動玉樓，月明春女大堤游。空中騎吹名王過，散落天聲滿汴州。」「玉館朱城柳陌斜，宋京燈月散烟花。門外香車若流水，不知青鳥向誰家？」「中山孺子倚新粧，鄭女燕姬獨擅塲。齊唱憲王春樂府，金梁橋外月如霜。」「四海烟花逢上元，中州行樂競千門。犬江不辨魚龍戲，珊瑚寶玦是王孫。」「細雨春燈夜色新，酒樓花市不勝春。和風欲動千門月，醉殺東西南北人。」何景明《元夕懷都下之遊五絕》云：「憶昨長安元夕來，五侯絃管上樓臺。已見炬如千樹列，更看燈似百花開。」「龍岫層城接御溝，香車寶勒夜深遊。花坊競買千金帶，綺陌皆懸五色毬。」「夾路香塵夜不開，萬人争道看燈來。金波宛轉千門裏，銀漢逶迤一道廻。」「紫禁烟花一萬層，鰲山雲裏見崚嶒。繁星散作宫中炬，明月來為殿上燈。」「白馬金珂上苑東，六街歌舞散香風。豪遊已作三年夢，愁對春燈此夜紅。」又景明《燕京十六夜四絕》云：「御河橋畔千尺臺，燕京女兒踏歌來。臺上歌鐘日夕起，橋頭酒壚深夜開。」「萬歲山頭鎖玉樓，十王館中人不遊。中宵金鼓雲間動，翠輦龍衣過五侯。」「九衢車馬似山河，萬金買燈不道多。已留華月照歌舞，更放香風吹綺羅。」「月高罷遊閉九關，暗塵吹污香霧鬟。誰家少年亦太惡，拾着金鈿不肯還。」吳明卿《元夕林中丞枉過郡齋翫燈四絕》云：「春鴻海上捷書來，夜雪樽前栢酒開。莫道裝燈無七寶，醉中者似浦珠廻。」「萬井花明火樹枝，昭陽太守燕歌時。夜深簫鼓殷殷發，猶憶追從太乙祠。」「海畔鰲峰削漢標，斗間龍氣燭星橋。時平上客能留醉，誰謂千金直此宵。」「百輪燈火照孤城，城上千峰徹夜明。無數春星垂户牖，不將牛斗問君平。」王百穀《踏燈詞十四絕》云：「自入新年日日晴，韶光淑氣似清明。家家結綺裝簷額，燈火叢中錦繡城。」「閶門紫陌錦雲遮，燈燭薰天十萬。家雲毋屏前交頸鳥，水晶簾外合歡花。」「木蘭堂上月娟娟，百鳥千花寶炬燃。誰似風流白刺史，燒燈只為卜豐年。」「吳趨里接館娃坊，處處星橋掩月光。渾似滿城桃與李，栽花仙令在河陽。」「丞相歸田祝至尊，張燈置酒坐黄昏。君心願得如燈月，不照朱門照席門。」「髾挽烏蠻試晚妝，衫裁白氎學霓裳。私邀女伴門前立，不避燈光避月光。」「龍舟水殿已成灰，歌舞君王去不回。繡帶流蘇燈夾路，月中疑是錦帆來。」「誰借銀潢織女機，千絲萬縷出深閨。内家頒出鰲山錦，火樹龍銜上御衣。」「水曲城隅盡是燈，春風吹動影層層。今年燈比他年貴，市上燈錢日日增。」「梵宫仙宇夜深遊，纔訪緇流又羽流。别是一般燈火樣，渡河香象出關牛。」「野焰渾如不夜城，農歌盡是竹枝聲。雖然不及沉香火，牧笛聊堪當玉笙。」「燈光月色滿金釵，粉黛如雲徧六街。蹋盡香塵歸繡閣，侍兒重换鳳頭鞋。」「十三十四月如烟，十五元宵雨滿天。月色不臨燈火地，雨聲偏隔綺羅筵。」「墻盖青蘿瓦盖藤，寂寥明月寂寥燈。不知北阮今宵燕，送客留髡醉未曾。」節令莫侈於元夕，劉文安公嘗賦百咏，以紀其盛矣。兹略輯數名家，庶幾後先映照。（《詩評密諦》卷三，《四庫未收書輯刊》影印明天啟間刻本）

唐天寶中，始獻泗濵磬，用華原石代之，故白樂天作《華原磬歌》曰：「華原磬，華原磬，古人不聽今人聽。泗濵石，泗濵石，今人不擊古人擊。今人古人何不同，用之捨之由樂工。樂工雖在耳如壁，不分清濁即為聾。梨園子弟調律吕，雖有新聲不如古。古稱浮磬出泗濵，立辨致死聲感人。宫懸一聽華原石，君心遂忘封疆臣。果然胡寇從燕趙（智按：白集作「起」），武臣少間（智按：白集作「肯」）封疆死。始知樂與時政通，豈特（智按：白集作「聽」）鏗鏘而已矣。磬襄入海去不歸，長安市人為樂師。華原磬與泗濵石，清濁兩聲誰得知。」（《詩評密諦》卷四，《四庫未收書輯刊》影印明天啟間刻本）

白樂天《新製綾襖》詩：「水波紋襖造新成，綾軟綿匀温復輕。百姓多寒無可救，一身獨煖亦何情。」卒章云：「争得大裘長萬丈，與君都盖洛陽城。」可謂善推所為矣。又《新製布裘》詩：「桂布白似雪，吳綿軟於雲。布重綿且厚，為裘有餘温。誰知歲冬月，肢體煖於春。中夕忽有念，撫裘起逡廵。丈夫貴兼濟，豈獨善一身。安得萬里裘，盖裹周四垠。穩煖皆如我，天下無寒人。」此詩與老杜歌云：「安得廣厦千萬間，大庇天下寒士俱歡顔」同意。燕石齋補曰：揚州獲二石，其一緑色，岡巒迤邐，有穴達於顛；其一玉白可鑒，漬以盆水，置几案間，忽憶在潁州日，夢人請住一宫府，榜曰「仇池」。覺而誦少陵詩，詩云：「萬古仇池穴，潛通小有天。」乃戲小詩：「夢時良是覺時非，没水埋盆故自痴。但見玉峰横太白，便從鳥道絶峨眉。秋風與作煙雲意，

曉日令涵草木姿。一點空明是何處，老人眞欲住仇池。」(《詩評密諦》卷四，《四庫未收書輯刊》影印明天啟間刻本)

何斯舉云：壬寅正月，雨雪連旬，忽爾開霽，閭里翁媪相呼賀曰：「黄綿襖子出矣。」乃作一絕云：「范叔綈袍暖一身，大裘只盖洛陽人。九州四海黄綿襖，誰似天宫賜與均。」白樂天詩云：「安得大裘長萬丈，與君都盖洛陽人。」(《詩評密諦》卷四，《四庫未收書輯刊》影印明天啟間刻本)

智按：王良臣，字翼黴，一字忠亮，海虞（今江蘇常熟）人。萬曆三十八年（一六一〇）進士，天啟末年為梧州太守。有《居易堂詩》。生平略見《常熟藝文志》。據卷首自序，本書成於天啟七年（一六二七）季春，時作者任職梧州，「於政事之暇，取諸名家評詩密藏，匯而録之」，欲「令由來賦、比、興秘密妙義，展卷間恍與諸名家親相會晤，面相指點」，故取名「詩評密諦」。

錢寀（一六一〇前後）

《擬白居易賦賦》（以「賦者古詩之流也」為韻）

風雅遺音，宫商協度。六籍之華，九經之庫。或倚馬以成篇，或雕龍而得句。荀卿則溯厥開宗，宋玉則工於學步。羌無故實，安能琢矩以屬工；别有體裁，可許登高之能賦。粤自頌獻康衢，樂陳王夏。復旦歌傳，陽春和寡。遂使派别揚班，源通枚馬。揖賈傅而升堂，引張登而入社。敷陳其事，可以一言蔽之；歷數其人，誰是千秋作者。

不見乎陸海稱雄，潘江繼武。譽擅中郎，名標明府。狀大雀而何奇，誚狝駝而奚取。風流江左，人稽南園之華；營建洛陽，賓問東都之主。觀其繪巧而爭奇，盡是涵今而茹古。矧夫《鵩鶵》託興，《鸚鵡》摛辭。斟酌長門之怨，披吟平樂之遺。僸詞源之浩瀚，擷藻采之紛披。莫不規模騷選，刊落蕪枝。為速為遲，十二家並登漢志；有原有本，三百篇上協風詩。然使蹈輕淫之習，侈華靡之詞。受陸機之誚，貽劉晝之譏。何以追蹤於唐勒，何以繼述於景差。何以參二體之功，比也興也；何以鍊十年之作，周之密之。

是必搆材宏傑，取法溫柔。孤鴻體仿，吐鳳才優。綜七林而自協，溯六藝而窮搜。顯志則揄揚風化，思玄則寄托沈幽。露筆非秋，嗣謝月宋風之響；濫觴有自，衍郭江木海之流。如此鴻文，無慚魚雅。千軍之陣難攻，三峽之源可瀉。欲爭長於騷雅，宜取材於廣廈。近法王楊，遠宗屈賈。賦甘棠而微諷，其義則吾竊取之；賦樂觀以揚休，其事則直言之也。（鴻寶齋主人編《賦海大觀》卷十下，北京圖書館出版社，二〇〇七年七月影印上海鴻寶齋清光緒二十年石印本，第四册文學類·賦，第二二六頁；馬積高、葉幼明主編《歷代詞賦總匯·清代卷》第二三册，湖南文藝出版社，二〇一四年一月，第二四〇五六頁）

智按：明蔣平階《東林始末》（清學海類編本）及《明史紀事本末》卷六十六：「萬曆三十八年五月壬子，吏部主事王三善乞勘李三才。不報。前吏部郎中顧憲成遺書葉向高，謂三才至廉至淡漠，勤學力行，爲古醇儒，當行勘以服諸臣心。時給事中金士衡、段然力保三才，給事中劉時俊、兵部郎中錢寀爭之，紛如聚訟。」

胡維霖（一六一三進士）

《奉政大夫直隸淮安府同知致仕順山王公覃恩晉階朝列大夫偕配李宜人合葬墓誌銘》

余少讀西漢書，至王京兆駿、父吉、子崇，三世清廉，為漢名臣，竊嘆曰：安得有父子祖孫，如三王者乎？又讀龔渤海、黄潁川傳，一主嚴，一主寬，竊嘆守州郡者不一，安得一人而守三四州，遇潁川則潁川，遇渤海則渤海，具通才而為漢循吏所未有者乎？乃今有初令夏津，一守大倉，再守沂州，三守淮陽，而寬嚴得民以得天，且不獨身為循吏也。父為守則能以勤苦，而相其清節，子為司李，則又能以義方，而训其廉平，若永年王公者，眞名世哉！……江右積年挂欠，隨漕銀二千餘兩，江省左轄移書言其苦，公即為除其欠籍，是波及西江者，皆淮陽之餘也。因齎捧入京，便道歸里，以積勞成病，又值胞弟之變，慟其無後，遂以致政請，時萬曆戊午歲也。歸而杜門息影，絕跡公門，搆小圃于滏河之上，與二三知己，一觴一咏，酒德溫然，人咸以王會稽、白香山目之，直指以地方人才薦，謂公胸饒邊略，公謂吾既急流勇退，今日又何者可易吾丘壑哉！公體貌魁偉，秉氣最壯徤，晚年因痰戒酒，一勺不飲，而多酒意，性好客，每對客雄談……（《胡維霖集》長嘯山房彙稿卷三墓誌銘，《四庫禁毀書叢刊》影印明崇禎間刻本）

智按：胡維霖，字夢説（一作夢祝），新昌（今江西宜豐）人。萬曆四十一年（一六一三）癸丑進士。初授工部主事，官至浙江、福建布政使。有《黄檗山人稿》八卷。

林有麟（一六一三前後）

《素園石譜》

⊙白樂天咏

煙翠三秋色，波濤萬古痕。削成青玉片，截斷碧雲根。風氣通巖穴，苔文護洞門。三峰具體小，應是華山孫。（《素園石譜》卷二，《四庫全書存目叢書》影印明萬曆刻本）

白香山記：牛奇章司徒，保釐河雒，治家無珍產，奉身無長物，惟東城置一第，東（智按：當作南）郭營一墅，精葺宮宇，居常寡徒，遊息之時，與石為伍。石有族聚，太湖為甲，羅浮、天竺之徒次焉，今公之所嗜者，甲也。先是，公之僚吏，多鎮守江湖，知公之心，惟石是好，乃鉤深致遠，獻瑰納奇，四五年間，纍纍而至。公于此物，獨不廉讓，東第南墅，列而致之。有盤拗秀出如靈丘鮮雲者，有端險挺立如眞官神人者，有縝密削成如珪瓚者，有廉稜銳劌如劒戟者，又有如虬如鳳，若跧若動，若翔若踴，如鬼如獸，若行若驟，將𩗗將鬪，風烈雨晦之夕，洞穴開噎，若歛雲歕雷，嶷嶷然有可望而畏之者；烟霽景麗之旦，巖㟧霮䨴，若拂嵐撲黛，靄靄然有可狎而翫之者。昏曉之交，不可名狀。石有大小，其數四等，以甲乙丙丁品之，每品有上中下，各刻于石陰，曰牛氏石。（《素園石譜》卷二，《四庫全書存目叢書》影印明萬曆刻本）

《青蓮舫琴雅》

白樂天作池，池西搆琴亭，加石樽焉。曰雖有賓朋，無琴酒不能娱故也。

《醉吟先生傳》云：先生家雖貧，不至寒餒；年雖老，未及耄。性嗜酒耽琴，凡酒徒琴侣詩客，多與之遊，詩酒既酣，乃自援琴操宫聲，弄秋思一遍，若興發，命家僮調八部絲竹，合奏霓裳羽衣一曲，若歡甚，又令小妓歌楊柳枝新詞十數章，放情自娱，酩酊而後已。

白樂天每遇良辰美景，好事者相過，必爲之先拂酒罍，次開詩篋，酒酣自援琴操宫聲，弄秋思一遍。（以上《青蓮舫琴雅》卷二，《四庫全書存目叢書》影印明萬曆刻本）

白居易《船夜援琴》

鳥棲魚不動，月照夜江深。身外都無事，舟中只有琴。七賢爲益友，兩耳是知音。心静即聲淡，其間無古今。

白居易《夢得相過，援琴命酒，因彈秋思偶詠所懷兼寄繼之待價二相府》

閑居静侣偶相招，小飲初酣琴欲調。我正風前弄秋思，君應天上聽雲韶。時和始見陶鈞力，物遂方知盛聖朝。雙鳳棲梧魚在藻，飛沉隨分各逍遥。

白居易《對琴待月》

竹院新晴夜，松窗未卧時。共琴為老伴，與月有秋期。玉軫臨風久，金波出霧遲。幽音待清景，唯是我心知。

白居易《夜調琴憶少卿》

今夜調琴忽有情，欲彈惆悵憶崔卿。何人解愛中徽上，秋思頭邊八九聲。

白居易《琴》

置琴曲几上，慵坐但含情。何煩故揮弄，風絃自有聲。

白居易《郡中夜聽李山人彈三樂》

風琴秋拂匣，月户夜開關。榮啓先生樂，姑蘇太守閒。傳聲千古後，得意一時間。却怪鍾期耳，唯聽水與山。

白居易《好聽琴》

本性好絲桐，塵機聞即空。一聲來耳裏，萬事離心中。清暢堪銷疾，恬和好養蒙。尤宜聽三樂，安慰白頭翁。

白居易《聽彈湘妃怨》

玉軫朱絃瑟瑟徽，吴娃徵調奏湘妃。分明曲裏愁雲雨，似道蕭郎久不歸。

白居易《聽幽蘭》

琴中有曲是湘蘭，為我慇懃更弄看。欲得身心俱靜若，自彈不及聽人彈。

白居易《雨中聽琴彈別鶴操》

雙鶴分離一何苦，連陰雨夜不堪聞。莫教遷客孀妻聽，嗟嘆悲啼詎殺君。

白居易《廢琴》

絲桐合爲琴，中有太古聲。古聲淡無咏，不稱今人情。玉徽光彩滅，朱絃塵土生。廢棄來已久，遺音尚泠泠。不辭為君彈，縱彈人不聽。何物使之然，羌笛與秦箏。

白居易《和微之聽妻彈別鶴操因爲解釋其義依韻加四句》

義重莫若妻，生離不如死。誓將死同穴，其柰生無子。商陵追禮教，婦出不能止。舅姑明旦辭，夫妻中夜起。起聞雙鶴別，若與人相似。聽其悲唳聲，亦如不得已。青田八九月，遼城一萬里。徘徊去住雲，嗚咽東西水。寫之在琴曲，聽者酸心髓。況當秋月彈，先入憂人耳。怨抑掩朱絲，沉吟停玉指。一聞無兒歎，相念兩如此。無兒雖薄命，有妻偕老矣。幸免生離別，猶勝商陵氏。

白居易《清夜琴興》

月出鳥栖盡，寂然坐空林。是時心境閒，可以彈素琴。清冷由水性，恬澹隨人心。心積和平氣，水應正始音。響餘羣動息，曲罷秋夜深。正聲感元化，人地清沉沉。

白居易《和殷協律琴思》

秋水蓮冠春草裙，依稀風調似文君。煩君玉指分明語，知是琴心佯不聞。

白居易《彈秋思》

信意閒彈秋思時，調清聲直韻疎遲。近來漸喜無人聽，琴格高低心自知。

白居易《夜琴》

蜀桐木性實，楚絲音韻清。調慢彈且緩，夜深十數聲。入耳淡無味，愜心潛有情。自弄還自罷，亦不要人聽。

白居易《琴酒》

耳根得聽琴初暢，心地忘機酒半酣。若使啓期兼解醉，應言四樂不言三。

白居易《五絃彈》

五絃彈，五絃彈，聽者傾耳心寥寥。趙璧知君入骨愛，五絃一一爲君調。第一第二絃索索，秋風拂松疎韻落。第三第四絃泠泠，夜雀憶子籠中鳴。第五絃聲最掩抑，隴水凍咽流不得。五絃並奏君試聽，淒淒切切復錚錚（一作丁丁）。鐵擊珊瑚一兩曲，水寫玉盤千萬聲。鐵聲殺，水聲寒。殺聲入耳膚血憯，寒氣中人肌骨酸。曲終聲蓋欲半日，四座相對愁無言。座中有一遠方士，唧唧咨嗟（一作咨）聲不已。自嘆今朝初得聞，始知辜負平生耳。唯憂趙璧白髮生，老死人間無此聲。遠方士，爾聽五絃信爲美，吾聞正始之音不如是。正始之音其若何，朱絃疏越清廟歌。一彈一唱再三嘆，曲淡節稀聲不多。融融洩洩召元氣，聽之不覺心平和。人情重今多賤古，古瑟有絃人不撫。自（一作更）從趙璧藝成來，二十五絃不如五。

白居易《和順之琴者》

陰陰花院月，耿耿蘭房燭。中有弄琴人，聲貌俱如玉。清泠石泉引，澹佇松風曲。遂使君子心，不愛凡絲竹。

白居易《松下琴贈客》

松寂風初定，琴清夜欲闌。偶因群動息，試撥一聲看。寡雀當徽怨，秋泉聽指寒。慙居此傾聽，本不爲君彈。

白居易《問支琴石》

疑因星隕空中落，歎被泥埋澗底沉。天上定應勝地上，支機未必及支琴。提攜拂拭知恩否，雖不能言合有心。（以上《青蓮舫琴雅》卷四，《四庫全書存目叢書》影印明萬曆刻本，子部第七四册，第四〇六～四〇八頁）

智按：林有麟，字仁甫，華亭（今上海松江）人。太僕寺卿景暘之子，以父蔭官至龍安府知府。據有麟《青蓮舫琴雅》自序，乃萬曆四十一年（一六一三）癸丑游西泖時所作，「青蓮舫」蓋其舟名。

孫能傳（一六一六進士）

《剡溪漫筆》

⊙瑟瑟

白樂天詩「楓葉蘆花秋瑟瑟」，楊升菴謂：瑟瑟寶名，其色碧，楓葉紅，蘆花白，映秋色碧也。按，瑟瑟固是碧珠，但楓葉蘆花，正形容清秋蕭索之狀，若解作碧色，其味索然。劉楨詩「瑟瑟谷中風」，梁簡文詩「遠聞風瑟瑟」，盧照隣賦「風橫天而瑟瑟」，風亦可言碧色乎？樂天《庭松》詩「踈韻秋瑟瑟」又作何說也？一本瑟瑟作槭槭，《韻書》隕落謂之槭，瑟瑟之爲蕭索可知。眼前光景，何事曲解？星有匏爪，遂有解《論語》匏爪爲星名者；鳥有郭公，遂有解《春秋》郭公爲鳥名者，皆好奇之過耳。（《剡溪漫筆》卷一，《續修四庫全書》影印明萬曆四十一年孫能正刻本）

⊙烹葵詩

白樂天《烹葵》詩：「憶昔榮遇日，迨今窮退時。今亦不凍餒，昔亦無餘資。口既不減食，身又不減衣。撫心私自問，何者是榮衰。」有超然一窮通、齊榮辱之意，世之久戀名利，而不尋遂初者讀此，當爲警省。然拘拘以衣食凍餒爲言，猶未離常人之情，古之高士，三旬九遇食，十年着一冠，雖凍餒亦自何傷，陶令不爲五斗米折腰，寧不念乞食時邪？其《詠貧士》云：「敝襟不掩肘，藜羹常乏斟。」又云：「量力守故轍，豈不寒與饑？」又云：「豈不實辛苦，所懼非饑寒。」人能忍得饑寒，窮通進退便可付之一笑矣。（《剡溪漫筆》卷二，《續修四庫全書》影印明萬曆四十一年孫能正刻本）

⊙夜半鍾

張繼《楓橋夜泊》詩云：「夜半鐘聲到客船。」歐陽詩話謂：夜半非鐘鳴時，或謂人死必鳴鐘，不拘晝夜，號無常鐘，疑詩人偶聞此耳。其說謬矣。《續墨客揮犀》云：嘗宿姑蘇一院，夜半聞鐘聲，問寺僧，皆曰：固有分夜鐘，尋他寺皆然。始知半夜鐘，惟姑蘇有之。然皇甫冉詩：「夜半隔山鐘」，于鄴詩：「遠鐘來半夜」，于鵠詩「遥聽緱山半夜鐘」，白居易《題清頭陀》：「百尺禪菴半夜鐘」，王建《宮詞》：「未卧常聞半夜鐘」，又不獨姑蘇爲然。

按，《孔氏雜說》今之更點擊鉦，《唐六典》皆擊鐘，太史門有典鐘二百八十人，掌繫漏鐘，據此唐時五更皆擊鐘，夜半所聞乃三更漏鐘也，然《南史·丘仲孚傳》：「讀書常以中宵鐘鳴爲限」，則唐以前已有之。（《剡溪漫筆》卷三，《續修四庫全書》影印明萬曆四十一年孫能正刻本）

⊙詩賦警人

司空圖詩云：「昨日流鶯今日蟬，起來又是夕陽天。六龍飛轡長相窘，更忍乘危自着鞭。」戒人追欲喪軀，可謂警切。鮑照《觀漏賦》云：「時不留乎激矢，生乃急於走丸，既河源之莫壅，又吹波而助瀾。」其意正同表聖，祖明遠而詞更痛快。白樂天《短歌》云：「今日未竟明日催，秋風纔往春風廻。人無根蒂時不駐，朱顏白日相隳頽。」句亦相似，但其意主行樂，勸人强笑强歌，又别是一道也。（《剡溪漫筆》卷五，《續修四庫全書》影印明萬曆四十一年孫能正刻本）

智按：孫能傳，字一之，號心魯，寧波（今屬浙江）人。萬曆十年（一五八二）舉人，萬曆四十四年（一六一六）進士，官至工部員外郎，嘗與張萱同編《內閣書目》。有《謚法纂》、《益智編》、《剡溪筆談》等。

陳詩教（一六一六前後）

《花裏活》

白傅用胡松節支琴。《金徽變化篇》（《叢書集成初編》本卷中）

智按：唐馮贄撰《雲仙雜記》卷四「胡松節支琴」：「白傅用胡松節支琴。（金徽變化篇）」

白樂天方入關，劉禹錫正病酒，禹錫乃饋菊苗虀蘆菔鮓，換取樂天六班茶二囊，炙以醒酒。（《叢書集成初編》本卷中）

智按：唐馮贄撰《雲仙雜記》卷二「換茶醒酒」：「樂天方入關，劉禹錫正病酒，禹錫乃餽菊苗虀蘆菔鮓，換取樂天六班茶二囊，以醒酒。（蠻甌志）」

陳詩教，字四可，秀水（今浙江嘉興）人。《花裏活》，出自李賀詩「秦宮一生花裏活」。卷首有萬曆四十四年（一六一六）丙辰自序。另有《灌園史》四卷。(《千頃堂書目》卷九、卷十二)

王昌會（一六一六前後）

《詩話類編》

樂天《對酒》詩曰：「蝸牛角上爭何事？石火光中寄此身，隨富隨貧且歡喜，不開口笑是癡人。」又曰：「百歲無多時壯健，一春能幾日晴明。相逢且莫推辭醉，聽唱陽關第四聲。」又曰：「昨日低眉問疾來，今朝收淚弔人回。眼前流例君看取，且遣琵琶送一杯。」自詩家言之，可謂流麗曠達，詞旨俱美。(明萬曆四十四年刊本卷二十一《品評》中)

智按：此則見羅大經《鶴林玉露》丙編・卷三。

白居易詩：「千呼萬喚始出來。」「始」字不如「才」字。詩文有作者未工，而後人改定者勝，如此類多有之，使作者復生，亦必心服。(明萬曆四十四年刊本卷二十一《品評》中)

智按：此則見《升庵詩話》卷十一(《歷代詩話續編》第八六九頁)。

東坡希慕樂天，其詩曰：「應似香山老居士，世緣終淺道根深。」然樂天蘊藉，東坡超邁，正自不同。魏鶴山詩云：「湓浦猿啼杜宇悲，琵琶彈淚送人歸。誰言蘇白名相似，試看風騷赤壁磯。」此論得之矣。(明萬曆四十四年刊本卷二十一《品評》中)

智按：此則見羅大經《鶴林玉露》甲編・卷三。魏了翁《鶴山集》卷十一作：「湓浦猿哀杜宇嘑」。

「梨花一枝春帶雨」句雖佳，不免有脂粉氣，不似「朱簾莫卷西山雨」多少豪傑。余因謂樂天句似茉莉花，王勃句似含笑花，李長吉「桃花亂落如

紅雨」似簷葡花，而王荊公以為總不如「院落深沉杏花雨」，乃似闍提花。（明萬曆四十四年刊本卷二十二《品評》下）

智按：原出宋陳善《捫蝨新話》（《四庫全書》本《說郛》卷二十二上）。

以「梅花」二字，置之五七言中，隨其景趣，足而成律，尤為難工。……秋壑賈公《送朝客》頸聯云：「梅花見處多留句，諫草藏來定得名。」圓妥優游，方之樂天《冬夜》頷聯云：「禽翻竹葉霜初下，人立梅花月正高。」雖靜獨有境，或者以其短氣。（明萬曆四十四年刊本卷二十二《品評》下）

智按：王昌會，字嘉侯，雲間（今上海松江）人。陝西布政參議王圻之孫。有《詩話類編》三十二卷，卷首有萬曆四十四年（一六一六）丙辰吳之甲題辭。

劉萬春（一六一六進士）

《守官漫録》

⊙作法於儉第二計十七條

晉桓玄欲以謝安宅為營，其孫謝琨曰：「召伯之仁，猶惠及甘棠；文靖之德，更不保五畝宅耶?」玄慚而止。唐嗣曹王皋將市取張柬之襄陽園囿，馬彝諫曰：「漢陽有中興功，今遺業當百世共保，柰何使其子孫鬻乎?」彼石家金谷園，其身不能守，馬家玉杯池，不復留身後，今日諸如此者，又何道焉。魏徵第，太宗用殿材成其正寢，其後嗣不能守，白居易以為言朝廷，贖而賜之。宋邵康節天津之居，本官地。熙寧初，法當拆賣，榜三月，人不忍買，司馬溫公諸人為積錢買之，然則身苟富德，不必潤屋為子孫計也。（《守官漫録》卷一，《四庫禁毀書叢刊》影印明萬曆四十八年劉氏澹然居刻本）

裴晉公于東都立第集賢里，築山穿池，竹木叢萃，有風亭水榭，梯橋架閣，島嶼迴環，極都城之勝。又於午橋創別墅，花木萬株，中起涼臺暑館，名綠野堂。視事之隙，與詩人白居易、劉禹錫酣宴其間，後宋張文定之歸洛也，得晉公午橋莊居，亦日與親舊觴咏焉，不知爾時花木臺館，猶是晉公故物否？名公勝地，意當時必且鄭重之，即鬼神亦有呵獲者，故歷唐迄宋，風景依然，然此後寥寥不可問矣。（《守官漫録》卷一，《四庫禁毁書叢刊》影印明萬曆四十八年劉氏澹然居刻本）

花下為詩寄元曰：「花時同醉破春愁，醉折花枝當酒籌。忽憶故人天際去，計程今日到梁州。」時元果及褒城，亦寄夢遊詩曰：「夢君兄弟曲江頭，也向慈恩院院遊。驛吏催人排馬去，忽驚身在古梁州。」千里神交，合若符契。

白樂天與弟敏中、行簡三人，相繼俱中科名，樂天作詩曰：「自憐郡姓為儒少，豈料詞場中第頻。桂折一枝先許我，楊穿三葉盡驚人。」（《守官漫録》卷五，《四庫禁毁書叢刊》影印明萬曆四十八年劉氏澹然居刻本）

智按：劉萬春，字公孕，泰州（今屬江蘇）人。萬曆四十四年（一六一六）丙辰進士，官至浙江布政司參政。其《守官漫録》成於崇禎癸酉（一六三三）。

朱荃宰（一六一九前後）

《文通》

⊙文極

……文肇體極乎經而底乎唐，學文宜由唐以求。至於經，誠自以為不疑，而寧貫誚於衆夫也。奈何近士從唐而降，乃有異談。實錮衆懷，獨傷余臆。其議辯之詳存諸後簡，此姑引前説而申之，以終狂斐。夫經文之所以為至者，何也？以其篇無無用之句，句無無用之字，一字有一字之義，一句有一句之情，一篇有一篇之旨，由其道廣理充氣厚情實，所以自然豐茂，初非冗疊。亦如五采作會，而衮褘之製無贅，八音繁奏，而肆堵之數有倫。抑乃雍邕舒暇，非如公牒貨籍，密積而徑注也。以言其質，則典重莊慤，不佚於空浮。以言其文，則秀粲英鮮，不墮於蠢惷。凡後世之所慕，若莊雅者莫如之，雋逸者莫如之，奥僻者莫如之，葩麗者莫如之，高莫如之，大莫如之，深莫如之，富莫如之，清莫如之，峻莫如之，潔莫如之，古莫如之，奇莫如之，介莫如之，和莫如之，嚴莫如之，泰莫如之，險莫如之，平莫如之，放莫如之，約莫如之，宛委莫如之，條遂莫如之，威勇莫如之，蹈厲莫如之，含蘊莫如之，興發莫如之，沉潛莫如之，諧隱莫如之，一唱三歎餘永不窮莫如之，蓋所謂時然後言，從宜以發，人見其然，而非有意作異以然也。後人所以不及者，又非句句字字都不及也，得其定者而不得其時者，得其偏者而不得其全者，於是一切歸於整比堆垛，纖細艷麗，遂令後來獨見其繁靡稚弱，亦是憐也。若是者雒都甚於兩京，當塗浮於後漢，六代加於魏朝。所以唐室之中，固有矯而更張之者，然又焉能外六籍三史而度越之？又安能盡捐故習而背馳也？其諸名家，如所稱王楊盧駱、燕許陳梁、權呂元白、四李（華、翰、觀、邕）、獨孤之徒，又如稱李杜，又如稱藉湜翰詹等，凡其標而出之，固亦為然。然至其他從事於斯，武德以降，天復以升，三百載中弗可枚數。統而論之，此優彼劣，甲短乙長，又焉可都謂其滌濯不盡六代脂粉，而果遂奴僕於上之數君哉？今擇唐之尤者，即若數子，以及前後他名篇等，而擬諸六代，雖若凌芻，或同簸粃，瞻之在前，忽焉在後，縱當推讓，初非絕懸，而何談之容易哉！（《文通》卷一，《續修四庫全書》影印明天啟六年刻本）

⊙策

策，蓍也。《史記・龜策傳》：「龜爲卜，策爲莢。」注疏云：「筴以謀莢爲事，言用此物以謀於前事也。」或作萴，通作册。《漢書》：「萬世之長册。」《說文》云：「策者，謀也，籌也。策先定則有功。」《漢書音義》曰：「作簡策難問，例置案上。在試者意投射取而答之，謂之射策。若録政化得失，顯而問之，謂之對策。」天子臨軒策士，而有司亦以策舉人，其制迄今用之。又，學士、大夫有私自議政而上進，曰進策，均謂之策，而體各不同。一曰制策，天子稱制以問而對者也。二曰試策，有司以策試士而對者也。三曰進策，著策而上進者也。唐白居易、宋曾鞏有《本朝政要策》，蓋當時進士帖之類，夫策之體，練治爲上，摛文次之，然人才不同，入彀者爲通才，嗚呼！難矣。（《文通》卷九，《續修四庫全書》影印明天啟六年刻本）

⊙尺牘

《李太白集》有桃竹書筒，元微之以竹爲詩筒，寄白樂天，亦《莊子》之所謂竿也。（《文通》卷十三，《續修四庫全書》影印明天啟六年刻本）

智按：朱荃宰，字咸一，號白石山人，黄岡（今屬湖北）人。崇禎十二年（一六三九）中舉，授武康知縣。復社成員，與茅元儀、吴偉業、黄宗羲等人交情甚篤。據乾隆《黄州府志》卷十一載，除《文通》外，尚有《大學權衡》、《中庸權衡》、《周易内外圖説》、《禮記會通》、《毛詩類考》、《孟子年表》、《詩通》、《詞通》、《曲通》、《樂通》等著作。傅增湘《藏園群書經眼録》所記朱荃宰「泙漫堂著述」更多，但大部分已亡佚。《文通》三十卷閏一卷（或作三十一卷），《文通》卷首有萬曆四十七年（一六一九）己未焦竑撰《文通引》，天啟六年丙寅（一六二六）傅汝舟之序及朱荃宰自序。王水照主編《歷代文話》第三册即據明天啟六年（一六二六）金陵刊本收入。

沈長卿（萬曆舉人）

《沈氏弋説》

⊙白少傅四友説

樂天自號醉吟先生，又自稱香山居士，與嵩山僧如滿爲空門友，平泉客韋楚爲山水友，劉夢得爲詩友，皇甫明之爲酒友，可見古人之友，其蹊徑各别，不如今人之混也。以予論之，不但是非心太明則交廢，求備心太猛則交亦廢，故慱洽者可以爲益友，戆直者可以爲諍友，恢諧者可以爲談友，光正者可以爲畏友，伎巧者可以爲弄友，慤而有謀者可以爲解紛之友，貴而有品者可以爲護法之友，富而有致者可以爲通財之友，高才而不忌者可以爲延譽之友，多能而不拘者可以爲代勞之友，神情飛動、意氣慷慨者可以爲助興之友，飲食豐潔、臺榭高華、伶優精絶者可以爲燕適之友。因材定交，採其長不計其短，則交道自弘，若混而施之，譬以杖作几，以鐨代耒，以馬司晨，百無一效。而今之人，凶終隙末，皆厥初混施所致也。説者曰：是數友寔難，爲白少傅友則尤難。予曰：不然，少傅詩成，輙誦之老嫗，老嫗能解，方脱藁示人，則爲樂天之詩友者尚易，况酒友、山水友與空門友哉？今人責備求全，爲友者日以難耳。（《沈氏弋説》卷六，《續修四庫全書》影印明萬曆刻本）

智按：沈長卿，字幼宰，杭州（今屬浙江）人。萬曆間舉人。

張師繹（萬曆進士）

《明故桃源縣儒學教諭姚元卿先生墓誌銘》

先生諱伯燮，字元卿，世居建昌之南豐。父存吾翁，爲石城郡主之儀賓，徙家南昌，故又爲南昌人云。元卿弱不好弄，篤嗜經史。……子五能懋，能恕，能忠，能惺，能恒，各令治一經，懋娶吳，恕娶楊，忠娶胡，惺娶夏，恒娶吳，女適庠生吳仲友。元卿沒，而其門人江伯通禹疏輩視含殮，闞褐公士琦狀其行，而其同邑之婣朱爾玉，乞予志其墓，蓋未必馬鬣之封也，故不言其處。昔白樂天序元京兆集，燭下諷讀，悽惻恍疑京兆在旁，不復知其一死一生也。予序元卿遺稿竟，因誌而系之銘，銘曰：士風埏埴，所重厥師。經師易耳，人則難之。公學有源，達於無疵。寬以敷教，清不求知。才高位卑，爲世所窺。讀書誦詩，羔羊素絲。桃李不言，千秋係思。曰文在兹，曰某在斯。（《月鹿堂文集》卷八，《四庫未收書輯刊》影印清道光六年蝶花樓刻本）

智按：張師繹，字夢澤，武進（今江蘇常州）人。萬曆進士。萬曆二十八年任江西新喻知縣，以簡易寬大為治，嘗奉檄督逋賦，歎曰：「賦逋至十年，籍不可考矣，徒為老胥奸利地，何益?」竟不行。喻邑有銀監稅，璫至横甚，師繹為書一「法」字，授璫前驅，璫懼遂去。至三十年夏丁憂離去，湯顯祖爲撰《渝水明府夢澤張侯去思碑》。天啟間，仕至按察使。（《［雍正］江西通志》卷六十一引安志）

郭良翰（萬曆間）

《問奇類林》

邵博《聞見録》：「唐制惟給事中得封制書。康定間，富弼知制誥，封還詞頭，中書舍人繳詞頭，自公始。」又王鞏《聞見録》：「富弼知制誥，還封遂國夫人詞頭，朝論謂無近比，然多是弼。」嘗考《續通典》中所載，長慶元年，中書舍人白居易繳還獨孤朗、温造、李肇、王鑒四人除刺史，詞頭云：「臣未敢譔進。」則唐中書舍人已有封還詞頭故事，非始於鄭公也。（《問奇類

林》卷五諫諍上，《四庫未收書輯刊》影印明萬曆三十七年黄吉士刻本）

智按：見史繩祖《學齋佔畢》卷二（《四庫全書》本）；徐應秋《玉芝堂談薈》卷七（《四庫全書》本）。

宋太宗一日謂宰臣曰：「朕何如唐太宗?」衆皆曰：「陛下堯舜也，何太宗可比。」李文正獨無言，徐誦白樂天詩曰：「怨女三千放出宫，死囚四百來歸獄。」太宗曰：「朕不如也。」（《問奇類林》卷六諫諍下，《四庫未收書輯刊》影印明萬曆三十七年黄吉士刻本）

韓歆事光武，指天畫地，帝不能容，至于自殺。白樂天諫憲宗，嘗曰：「陛下錯矣。」帝大怒，貶之。陳執中罷相，薦吴育自代，召之赴闕，因侍宴，醉而坐睡，忽驚，顧拊床呼其從者，仁宗愕然，遂斥之不用。曹利用在簾前，每以手指擊腰帶，太后不悦，後亦貶死。兹四臣者，皆一時名士也，言動之間，偶失檢點，遂致得罪君父，身名俱損。詩曰：「夙夜匪懈，以事一人。」終身誦之可也。前漢枚乘《與吴王濞書》曰：「夫以一縷之任，係千鈞之重。上縣無極之高，下垂不測之淵。雖甚愚之人，猶知哀其將絶也。……」（《問奇類林》卷六諫諍下，《四庫未收書輯刊》影印明萬曆三十七年黄吉士刻本）

腰纏十萬貫，騎鶴上揚州。天下美事，安有兼得之理。夏侯嘉正喜丹竈，又欲為知制誥，嘗曰：「使我得水銀銀半兩，知制誥三日，平生足矣。」二願竟不遂而卒。白樂天棄冠冕而歸，鍜煉丹竈未成，除書已到。世事相妨，每每如此。蓋造化之工，不容兼取。既欲為官，又欲為仙，安有是理耶？又，錢惟演自樞密為使相，歎曰：「使我於黄紙盡處，押一字足矣。」劉子儀三入黄堂，望大用，頗不懌。稱疾不出，朝士問疾。劉云：「虚熱上攻。」石文定在坐云：「只銷一服清凉散。」意謂兩府方得用凉繖也。躁進如此，獨不曰得、不得有命乎？（《問奇類林》卷七遇合，《四庫未收書輯刊》影印明萬曆三十七年黄吉士刻本）

賈誼《惜誓賦》不知作於何時。誼死時，年才三十三耳。賦已有「惜余年老而日衰，歲忽忽而不反」語，韓退之作《五箴》，自謂生三十有八年，髪白齒脱，聰明不及前矣。白居易詩云：「行年三十九，歲暮日斜時。」蘇子瞻於此因有「勞生强半」之歎，嗟呼！賈之志，韓之學，樂天、東坡之襟度，而猶有此慨，况其他乎？胡文定公平生出處，未嘗謀於朋友，如人飲水，冷煖自知，噫！是眞知出處矣。（《問奇類林》卷七遇合，《四庫未收書輯刊》影印明萬曆三十七年黄吉士刻本）

容齋曰：士大夫得交朋書，問有懶傲，不肯即答者，記白樂天《老慵》一絕句曰：「豈是交親向我踈，老慵自愛閉門居。近來漸喜知交絕，免惱嵇康索報書。」按，嵇康《與山濤絕交書》云：「素不便書，又不喜作書，而人間多事，堆案盈几，不相酬答，則犯教傷義；欲自勉强，則不能久。」樂天所云正此也。後林艾軒先生亦自謂，懶見人，懶作書，合此二懶，便應出人前不得，亦是此意。（《問奇類林》卷八方正，《四庫未收書輯刊》影印明萬曆三十七年黄吉士刻本）

山濤晚與尚書和逌交，又與鍾會、裴秀等并申欵昵，以二人居勢爭權，濤平心處中，各得其所，而俱無恨焉。白樂天與楊虞卿為姻家，而不累於虞卿，與元稹、牛僧孺相厚善，而不黨於元稹、僧孺，為裴晋公所雅重，而不因晋公以進，李文饒素不樂，而不為文饒所深害。處世如二公，亦足矣。然余嘗考山濤一心求退，表疏數十上，久乃見聽。樂天自刑部侍郎，以病求分司，時年纔五十八，自是蓋不復出。中間一為河南尹，期年輒去。再除同知刺史，不拜。二公功名心淡，故能翺翔容與于去就愛憎之間，以此意推之，雖入虎狼穴可也，况士大夫之同朝者乎？（《問奇類林》卷八方正，《四庫未收書輯刊》影印明萬曆三十七年黄吉士刻本）

白樂天《八漸偈并序》：唐貞元十九年秋八月，有大師曰凝公，遷化于東都聖善寺鉢塔院。明年二月，有東來客，白居易作《八漸偈》，偈六句四言以讚之。初居易，常求心要於師。師賜我八言焉，曰觀，曰覺，曰定，曰慧，曰明，曰通，曰濟，曰捨。繇是入於耳，貫於心，達於性，於兹三四年矣。嗚呼！今師之報身則化，師之八言不化，至哉八言，實無生忍觀之漸門也。故自觀至捨，次而讚之，廣一言為一偈，謂之《八漸偈》。蓋欲以發揮師之心教，且明居易不敢失墜也。既而升于堂，禮于牀，跪而唱，泣而去。觀偈曰：「以心中眼，觀心外相。從何而有，從何而喪。觀之又觀，則辨眞妄。」覺偈曰：「惟眞常在，為妄所蒙。眞妄苟辨，覺生其中。不離妄有，而得眞空。」

定偈曰：「眞若不滅，妄卽不起。六根之源，湛如止水。是為禪定，乃脱生死。」慧偈曰：「慧之以定，定猶有繫。濟之以慧，慧則無滯。如珠在盤，盤定珠慧。」明偈曰：「定慧相合，合而後明。照彼萬物，物無遯形。如大圓鏡，有應無情。」通偈曰：「慧至迺明，明則不昧。明至迺通，通則無碍。無碍者何，變化自在。」濟偈曰：「通力不常，應念而變。變相非有，隨求而見。是大慈悲，以一濟萬。」捨偈曰：「衆苦既濟，大悲亦捨。苦既非眞，悲亦是假。是故衆生，實無度者。」（《問奇類林》卷九操脩，《四庫未收書輯刊》影印明萬曆三十七年黄吉士刻本）

白香山詩自言，久宦蘇州，不置太湖一片石。人曰：如此累心事，香山不做。余深服此言，然則天下事累心者多矣，都丢下不做，可使心不受累。（《問奇類林》卷九操脩，《四庫未收書輯刊》影印明萬曆三十七年黄吉士刻本）

東漢鄭弘，字巨君，為太尉時，舉主第五倫為司空，班次在下，每正朔朝見，弘曲躬自卑。帝問其故，遂聽置雲母屏風，分隔其間，由此以為故事。蕭遘與王鐸並居相位，帝嘗召宰相，鐸年高升階，足跌蹈勾陳中，遘旁掖起，帝目之，喜曰：「輔弼之臣和，予之幸也。」謂遘曰：「適見卿扶王鐸，予喜卿善事長矣。」遘對曰：「臣扶王鐸，不獨事長。臣應舉時，鐸為王司臣，亦中選門生也。」上笑曰：「王鐸選進士，朕選宰相，於卿無負矣。」遘謝而退。夫古人之待舉主如此。柳子厚云：「凡號門生，而不知恩之所自者，非人也。」白樂天云：「商山老皓雖休去，終是留侯門下人。」世道之薄久矣。士大夫當日誦此言。又按，《五代史》：裴皞字司東，世為名族，以文學在晉朝久，宰相馬胤孫、桑維翰皆皞禮部所取進士也。後胤孫知舉放榜，引新進士詣皞，皞喜作詩曰：「門生門下見門生。」世傳以為榮。維翰既作相，過皞，皞不迎不送，或問之，皞曰：「我見桑公於中書，庶僚也；桑公見我於私第，門生也。何送迎之有？」人以為當。嗚呼！若蕭遘之扶王鐸，裴皞之見馬胤，師弟之間，可謂兩出世態之外矣。難哉！難哉！（《問奇類林》卷十二材品下，《四庫未收書輯刊》影印明萬曆三十七年黄吉士刻本）

楊用脩云：人君之愚暗柔弱不足以亡其國，亡國者必剛愎明察之君也。譬之人家不肖之子，不足以破家，其破家必輕俊而無檢者也。在人臣，則眞小人不足以亂國，其亂國者必僞君子也。蓋眞小人其名不美，其肆惡有限，偽君子則既竊美名，而其流惡無窮矣。是故唐之亡，不在僖昭，而在德宗；宋之亂不在京卞，而在王安石。白樂天詩：「狐假女妖害猶淺，一朝一夕迷人眼。女為狐媚害即深，朝朝夕夕迷人心。」樂天豈怨狐也。（《問奇類林》卷十二材品下，《四庫未收書輯刊》影印明萬曆三十七年黄吉士刻本）

裴度修福先寺，將立碑，欲求文于白居易。判官皇甫湜怒曰：「近舍湜而遠取居易，請從此辭。」度謝之。周僕射雍容好儀形，詣王公，初下車，隱數人。王公含笑看之，既坐，傲然嘯咏。王公曰：卿欲希稽、阮邪？答曰：何敢近舍明公，遠希稽阮。法書苑庾翼善草隸，與王羲之齊名，内外宗尚羲之，翼不平，與人云：兒輩廼輕家雞愛野雉，亦是此意。（《問奇類林》卷十二材品下，《四庫未收書輯刊》影印明萬曆三十七年黄吉士刻本）

白居易曰：《莊子》云：「名，公器也，不可以多取。」僕以向者竊時之名已多，又欲竊時之富貴，為造物者肯兼與之乎？陶弘景云：仙障有九，名居其一。使吾不白日昇天，蓋三朝有浮名乎？（《問奇類林》卷十三恬退，《四庫未收書輯刊》影印明萬曆三十七年黄吉士刻本）

竺法深在簡文坐，劉尹問：「道人何以遊朱門？」答曰：「君自見其朱門，貧道如遊蓬户。」或云下令。鳳林寺，唐時禪師圓修居此，棲息松上，白樂天守杭，常往条之，曰：「太師居處甚險。」師曰：「太守險。」樂天曰：「弟子居處高堂，何險之有？」師曰：「心火相搆，識浪不停，得非險乎？」樂天服之。（《問奇類林》卷十三恬退，《四庫未收書輯刊》影印明萬曆三十七年黄吉士刻本）

漢吳郡陸積為鬱林太守，泛海歸，空舟恐覆，乃載一巨石鎮之。至棄於婁門之野，人號鬱林太守石。魏裴潛為兗州刺史，嘗作一胡床，及去，留挂于官第。唐李白為虞城令，官宅舊井，水清而味苦，下車嘗之，莞爾笑曰：「我苦且清，足符吾志。」遂汲不改，變為甘泉。蠡丘舘東有三柳，往來憩之，飲水則去，行路勿剪，比甘棠。（智按：見李白《虞城縣令李公去思頌碑並序》，非李白為虞城令也）白樂天守杭州，代還，取天竺片石攜歸，因賦詩曰：「三年為刺史，飲水復食蘗。唯向天竺山，取得一片石。」後守吳門，復取洞庭雙石，一以支琴，一以貯酒。又賦詩曰：「萬古遺水濵，一朝入吾手。」李汧公為鎮南，罷鎮歸，行到石門停舟，悉搜家犀象，投江中而去。包拯守端州，歸僅持一硯，至中流風濤暴起，拯即舉硯沉之，濤頓止。吳隱之守廣州五年，不市南物，歸舟有香一片，舉而投諸石門江中。凌冲為含山令，一介不取，見歸裝有一砧石，詫曰：「非吾來時物也。」命還之。孔中丞二弟在官，請假還東，中丞出渚迎之，見輜重十餘船，皆綿絹紙席，僞喜曰：「我比困乏，得此甚要。」因命上置岸側，既而正色語曰：「汝輩忝預士流，何至還東作賈客邪？」命左右取火，燒盡迺去。宋林孝澤居官所至，以廉平稱臨清漳。一夕視事，竟有持燭送至閫内者，孝澤曰：「此官燭也，何可用之私室？」亟命持去。《職官分紀》：崔元暉為軍校郎，母盧氏戒之曰：「吾見辛玄馭云：兒子從官者，聞有人來云，貧乏不能自存，此是好消息。吾聞貨資充足，衣馬輕肥，此是惡消息。吾重此言，汝今坐食俸禄，若不能忠清，何以戴天履地，須特加修潔，勿累吾此意也。」……（《問奇類林》卷十四廉介，《四庫未收書輯刊》影印明萬曆三十七年黄吉士刻本）

白居易《修香山寺記》曰：「予與元微之定交於生死之間，微之將薨，以墓誌文見託。既而元氏之老，收其臧獲、輿馬、綾帛，洎銀鞍、玉帶之物，價當六七十萬，為謝文之贄。予念平生分，贄不當納，往返再三，訖不得已，回施兹寺。凡此利益功德，應歸微之。」柳玭善書，自御史大夫貶瀘州刺史，東川節度使顧彦暉請書德政碑。玭曰：「若以潤筆為贈，即不敢從命。」宋朝此風猶存，惟蘇坡公於天下未嘗銘墓，獨銘五人，皆盛德，蓋謂富鄭公、司馬温公、趙清獻公、范蜀公、張文定公也。此外趙康靖公、滕元發二銘，廼代文定所為者，在翰林日，詔撰同知樞密院趙瞻神道碑，亦辭不作。曾子開與彭器資為執友，彭之亡，曾公作銘，彭之子以金帶縑帛為謝，却之至再，曰此文本以盡朋友之義，若以貨見投，非足下所以事父執之道也。彭子皇懼而止。此帖今藏其家。《續筆》曰：「作文受謝，自晉宋以來有之。」余謂作文受謝，非起於晉宋。乞米受金，為人作傳，不足道也。觀陳皇后失寵於漢武帝，別居長門宫，聞司馬相如天下工為文，奉黄金百斤，為文君取酒，相如因為文以悟主上，皇后復得幸。此風西漢已然。陳壽嘗為諸葛亮書佐，得撻百下，其父亦為亮所髡，故《蜀志》多誣妄。又丁儀、丁廙有盛名於魏，陳壽謂其子曰：可覓千斛米見與，當為尊翁作佳傳。丁不與之，竟不為立傳。魏收性憎勝己，喜念舊惡，名門盛德與之有怨者，莫不被以醜言，沒其善事，遷怒所至，毀及高曾。尚書令楊遵，一代貴臣，勢傾朝野，收撰其家傳甚美，世號穢史。收初得楊休之助，因謝曰：「無以報德，當為卿作佳傳。」又納爾朱榮子金，故減其惡，而增其善，前後伏訴者百餘人，賴僕射楊素高德正而解。胡致堂曰：「司馬氏記弘佐復税之事，《五代史》不載；歐陽修記錢氏重歛之虐，《通鑑》不取，其虚實有証矣。」予按，宋氏別記載，歐陽永叔推官時，昵一妓，為錢惟演所持，永叔恨之，後作《五代史》，廼誣其祖，以重歛民怒之事。若然，則挾私怨於褒貶之間，何異於魏收輩耶？（《問奇類林》卷十六文學上，《四庫未收書輯刊》影印明萬曆三十七年黄吉士刻本）

杜預刻石為碑，自紀勲績，一沉漢水之中，一置萬山之上，曰後世不有高峰為谷，深谷為陵之事乎？白居易裒集所為詩稿，寄之佛藏，一在廬山東林寺，一在東都聖善寺，一在蘇州南禪院，各有記。以二公勳業文章，何患無名，猶自標榜若此。嘻，其甚矣！（《問奇類林》卷十六文學上，《四庫未收書輯刊》影印明萬曆三十七年黄吉士刻本）

智按：參見明謝肇淛《文海披沙》卷八。

古人立碑廟，以繫牲墓，以下棺，厥後以刻歲月，或識事始末，蓋亦因而文之耳。若湯盤銘，太公丹書所載諸銘，亦因所用器物，著辭以自警，未嘗為徒文也。後世特立石以紀事述言，而謂之碑銘，與古異矣。杜元凱銘功於二石，一置峴山之上，一沉漢水之中。韓退之謂張愉曰：「丐我一片石，載二妃廟事。且令後世知，有子名後世。」好名之弊，至於如此。出《鶴林玉露》。韓子謂鐘鼎之銘，皆番吾之跡，華山之博也。蔡邕謂惟郭有道無愧，昌黎猶不免諛。白樂天《立碑》詩曰：「豈猶賢者嗤，仍傳後代疑。」（《問奇類林》卷十六文學上，《四庫未收書輯刊》影印明萬曆三十七年黄吉士刻本）

《巵言》：自古文章於人主未必遇，遇者政不必佳耳。獨司馬相如於漢武帝奏《子虚賦》，不謂其今人，至歎曰：朕獨不得此人同時哉！奏《大人賦》則大悦，飄飄有凌雲之氣，似游天地間，既死，索其遺篇，得《封禪書》，覽而異之。此是千古君臣相遇，令傅粉大家讀之，且不能句矣，下此則隋煬恨空梁於道衡，梁武絀徵事於孝標，李朱崖至屏白香山詩不見，曰：見便當愛之。僧虔拙筆，明遠累辭。於乎！忌則忌矣，後世覓一解忌人，了不可得。(《問奇類林》卷十六文學上，《四庫未收書輯刊》影印明萬曆三十七年黄吉士刻本)

二嫌忌：屈原見忌上官，孫臏見忌龐涓，韓非見忌李斯，莊周見忌惠子，荀卿見忌春申，賈誼見忌絳、灌，董仲舒見忌公孫，蔡邕見忌王允，邊讓、孔融、楊脩見忌魏武，曹植見忌文帝，虞翻見忌孫權，張華見忌荀勗，陸機見忌盧志，謝混見忌宋祖，劉峻見忌梁高，薛道衡王胄見忌隋煬，柳晉見忌諸葛穎，張九齡、李邕、蕭穎士見忌李林甫，顔真卿見忌元載，武元衡見忌王叔文，韓愈見忌李逢吉，李德裕見忌李宗閔，白居易見忌李德裕，溫庭筠、李商隱見忌令狐綯，韓偓見忌崔胤，楊億見忌丁謂，蘇軾見忌舒亶、李定，石介見忌夏竦。或以才高畏逼，或以詞藻慚工。大則斧質，小猶貝錦。近代如李獻吉、薛君采輩，亦遭讒沮，不可悉徵。

五流貶：流徙則屈原、吕不韋、馬融、蔡邕、虞翻、顧譚、薛瑩、卞鑠、諸葛厷、張溫、王誕、謝靈運、謝超宗、劉祥、李義府、鄭世翼、沈佺期、宋之問、元萬頃、閻朝隱、郭元振、崔液、李善、李白、吳武陵，明則宋濂、瞿佑、唐肅、豐熙、王元正、楊慎；貶竄則賈誼、杜審言、杜易簡、韋元旦、杜甫、劉允濟、李邕、張説、張九齡、李嶠、王勃、蘇味道、崔日用、武平一、王翰、鄭虔、蕭穎士、李華、王昌齡、劉長卿、錢起、韓愈、柳宗元、李紳、白居易、劉禹錫、吕溫、陸贄、李德裕、牛僧孺、楊虞卿、李商隱、溫庭筠、賈島、韓偓、韓熙載、徐弦、王禹偁、尹洙、歐陽修、蘇軾、蘇轍、黄庭堅、秦觀、王安中、陸游，明則解縉、王九思、王廷相、顧璘、常倫、王慎中輩，俱所不免。窮則窮矣，然山川之勝，與精神有相發者。(《問奇類林》卷十七文學中，《四庫未收書輯刊》影印明萬曆三十七年黄吉士刻本)

智按：見王世貞《藝苑卮言》卷八（《歷代詩話續編》第一〇八二頁、第一〇八五頁）。

蔡景明問余：古亦有貴而壽者乎？余對有之。公孫弘、韋賢、匡衡拜相封侯，胡廣周歷三公至太傅，弘、賢、廣皆八十。謝安以太保，王儉以開府，沈約以尚書令，范雲、徐勉以僕射，朱异以領軍，江總以尚書令，徐陵以宮傳各乘政，高允為中書令，年九十八，范長生爲丞相，年百餘歲。楊素將相二十載，唐世宰輔魏徵、李嶠、蘇味道、張說、蘇頲、韓休、張九齡、陸贄、武元衡、權德輿、令狐楚、元稹、左僕射王起，年八十八，尚書白居易年七十六。宋世宋庠、司馬光、周必大俱拜相，范仲淹、歐陽修俱執政，必大年七十九。元世趙孟頫、許衡、竇默、姚樞、王磐、姚燧、歐陽玄俱登一品，王磐年九十，明興，劉誠意、王新建至開茅土，楊文貞、丘文莊、李文正、王文恪，俱歷師臣，楊壽八十五，李、王皆七十之上。毋論許敬宗、蔡京，及近分宜相，權寵冠絕，並有遐齡。蔡匿笑不答。余迺謂曰：伊尹、太公、周公、畢公、召公不拜相乎？衛武公不為侯伯乎？不皆至百歲乎？蔡曰善。（《問奇類林》卷十七文學中，《四庫未收書輯刊》影印明萬曆三十七年黄吉士刻本）

《語林》：楊於陵入覲，其子嗣復率兩榜門生迎於潼關，宴新昌里第。僕射與故人坐正寢，嗣復領諸生翼兩序。元白俱在席，賦詩時，楊汝士詩後成，元白覽之失色，是日大醉，歸語其子弟曰：「吾今日壓倒元白。」又元微之與劉夢得、韋楚客同會於白樂天舍，論南朝興廢，各賦金陵懷古詩，劉滿引一杯，飲已即成。白覽詩曰：「四人探驪龍，子先獲珠。所餘鱗爪何用耶?」於是罷唱。（《問奇類林》卷十七文學中，《四庫未收書輯刊》影印明萬曆三十七年黄吉士刻本）

敖陶孫詩文評魏武帝，如幽燕老將，氣韻沈雄；曹子建如三河少年，風流自賞；鮑明遠如饑鷹獨出，奇矯無前；謝康樂如東海揚帆，風日流麗；陶彭澤如絳雲在霄，舒卷自如；王右丞如秋水芙蓉，倚風自笑；韋蘇州如園客獨繭，暗合音徽；孟浩然如洞庭始波，木葉微落；杜牧之如銅丸走坂，駿馬注波；白樂天如山東父老課農桑，事事言言皆着實；元微之知龜年說天寶遺事，貌悴而神不傷；劉夢得如鏤冰琱瓊，流光自照。……獨唐杜工部，如周公制作，後世莫能擬議。語覺爽儁，而評似穩妥，惟少為宋人曲筆耳，故全録之。（《問奇類林》卷十八文學下，《四庫未收書輯刊》影印明萬曆三十七年黄吉士刻本）

智按：又見明胡維霖《胡維霖集》墨池浪語詩評卷一，《四庫禁毁書叢刊》影印明崇禎刻本。

唐白樂天、宋東坡二公每有紀年詩。《容齋五筆》曰：白樂天為人誠實洞達，故作詩述懷，好紀年歲。因閲其集，輒抄録之。「此生知負少年心，不展愁眉欲三十。」「莫言三十是少年，百歲三分已一分。」「何况纔中年，又過三十二。」「不覺明鏡中，忽年三十四。」「我年三十六，冉冉昏復旦。」「非老亦非少，年過三紀餘。」「行年欲四十，有女曰金鑾。」「我今欲四十，秋懷亦可知。」「行年三十九，歲暮日斜時。」「忽因時節驚年歲，四十如今欠一年。」「四十為野夫，田中學鉏穀。」「四十官七品，拙宦非由他。」毛鬢早改變，四十白髮生。「况我今四十，本來形貌羸。」「衰病四十身，嬌癡三歲女。」「自問今年幾，春秋四十初。」「四十未為老，憂傷早衰惡。」「莫學二郎吟太苦，纔年四十鬢如霜。」「下有獨立人，年來四十一。」「若爲重入華陽院，病髮愁心四十三。」「已年四十四，又爲五品官。」「面瘦頭班四十四，遠謫江州為郡吏。」「行年四十五，兩鬢半蒼蒼。」「四十六時三月盡，送春爭得不殷勤。」「我今四十六，衰顇卧江城。」「鬢髮蒼浪牙齒疏，不覺身年四十七。」「明朝四十九，應轉悟前非。」「四十九年身老日，一百五夜月明天。」「衰鬢蹉跎將五十，關河迢遞過三千。」「青山舉眼三千里，白髮平頭五十人。」「官途氣味已諳盡，五十不休何日休。」「五十江城守，停杯忽自思。」「莫學爾兄年五十，蹉跎始得掌絲綸。」「五十未全老，尚可且歡娱。」「長慶二年秋，我年五十一。」「二月五日花如雪，五十二人頭似霜。」「老校於君合先退，明年半百又加三。」「前歲花前五十二，今年花前五十五。」「儻年七十猶強健，尚得閑行十五春。」「去時十一二，今年五十六。」「我年五十七，榮名得幾許。」「我年五十七，歸去誠已遲。」「身為三品官，年已五十八。」「五十八翁方有後，静思堪喜亦堪嗟。」「半百過九年，艷陽殘一日。」「火銷燈盡天明後，便見平頭六十人。」「六十河南尹，前途足可知。」「不准擬身年六十，上山仍未要人扶。」「不准擬身年六十，遊春猶自有心情。」「我今悟已晚，六十方退閑。」「今歲日餘二十六，來歲年登六十二。」「心情多少在，六十二三人。」「六十三翁頭雪白，假如醒黠欲何為。」「行年六十四，安得不衰羸。」「我今六十五，走若下坡輪。」「年開第七秩，屈指幾多人。」「五十八歸來，今年六十六。」「無憂亦無喜，六十六年春。」「共把十千沽一斗，相看七十欠三年。」「七十欠四歲，此生那足論。」「六十八衰翁，乘衰百疾攻。」「又問年幾何，七十行欠二。」「更過今年年七十，假如無病亦宜休。」「今日行年將七十，猶須慙愧病來遲。」「且喜同年滿，七十老人稀。」「皤然七十翁，亦足稱壽考。」「昨日復今辰，悠悠七十春。」「人生七十稀，我年幸過之。」「白鬚如雪五朝臣，又入新正第七旬。（時年七十一）」「行開第八秩，可謂盡天年。」「吾今已年七十一，眼昏須白頭風眩。」「七十人難到，過三更較稀。」「七十三人難再到，今春來是別花來。」「七十三翁旦暮身，誓開險路作通津。」「風光抛得也，七十四年春。」「壽及七十五，俸霑五十千。」其多如此。蘇公素重樂天，故間亦效之。如「龍鍾三十九，勞生已强半。」「歲暮日斜時，還為昔人難。」正引用其語。又「四十豈不知頭顱，畏人不出何其愚。」「我今四十二，衰髪不滿梳。」「憶在錢塘正如此，回頭四十二年非。」「行年四十九，還此北窻宿。」「吾年四十九，賴此一笑喜。」「嗟我與君皆丙子，四十九年窮不死。」「五十之年初過二，衰顏記我今如此。」「白髪蒼顏五十三，家人強遣試春衫。」「先生年來六十化，道眼已入不二門。」「紛紛華髪不足道，當返六十過去魂。」「我年六十一，頹景迫西山。」「結髪事文吏，俯仰六十踰。」「與君皆丙子，各已三萬日。」翫味之，便如閱年譜也。（《問奇類林》卷十八文學下，《四庫未收書輯刊》影印明萬曆三十七年黄吉士刻本）

智按：見《容齋五筆》卷八（上海古籍出版社《容齋隨筆》，第八九三頁）。

李德裕平泉山居，著《草木記》，戒子孫曰：「鬻平泉非吾子孫也，以平泉一樹一石與人者非佳士也。百年之後，為權勢所奪，則以先人所命，泣而告之，此吾志也。」後經世變，遺胤竟不能守。花卉蕪絕，怪石名品，俱為洛城有力取去。即《五代史》所載，全義與其孫延古爭醒酒石，全義殺之。延古守祖戒，反以殺身，亦何足貴哉？則記所云，秖足貽達人嗤歎哉！昔晉桓玄欲以謝安宅為營，其孫謝琨曰：「召伯之仁，猶惠及甘棠；文靖之德，更不保五畝宅邪！」玄慚而止，唐嗣曹王李皐為山南節度，鎮襄陽。襄陽有張柬之林園，在州西，公府多假之游宴，臯嘗欲買之，馬彛歛衽言曰：「漢陽有中興功，遺業當百世共保，柰何令其子孫自鬻。」臯謝曰：「主吏失詞，以為君羞，非君安得聞此言。」遂不復取。石家金谷園，其身不能守；馬家玉杯池，不復留身後。今日諸如此者，又何道焉。魏徵第，太宗用殿材成其正寢，其後嗣不能守，白居易以為言朝廷贖而賜之。宋邵康節天津之居，本官也，熙寧初，法當拆賣，榜三月，人不忍買。司馬溫公諸人為集錢買之。張横渠先生曰：嘗有欲為范文正公買緑野堂者，公不肯，曰：在唐如晋公者，是可尊也。一旦取其物而有之，如何得安寧。使敝壞及他人有之已，則不可取也。文公在杭州時，子弟以公有退志，乘間請治第洛陽，樹園圃，以為逸老地。公曰：「人苟有道義之樂，形骸可外，何况吾室？吾今年踰六十，來日無幾，廼謀治第樹圃，顧何時而居乎？吾之所患在位高而難退，不患退而無居也，居固易得，西都士大夫園林相望為主人者，莫得常遊，而誰獨障吾遊者，豈有諸已而後為樂耶？」（《問奇類林》卷二十四達觀，《四庫未收書輯刊》影印明萬曆三十七年黄吉士刻本）

唐李德裕云：「朝廷顯官，須公卿子弟為之，盖少習其業，日熟朝廷事，臺閣之儀，不教而自成。寒士縱有出人之才，固不能閑習也。」宋石介《聖政録》太祖曰：「資蔭子弟，但能在家彈琵琶，弄絲竹，豈能治民。」晉左思《詠史》詩：「鬱鬱澗底松，離離山上苗。以彼徑寸莖，蔭此百尺條。世胄躡高位，英俊沉下僚。地勢使之然，由來非一朝。金張籍舊業，七葉珥漢貂。馮唐豈不偉，白首不見招。」白樂天《悲哉行》：「沉沉朱門宅，中有乳臭兒。狀貌如婦人，光明膏粱肌。手不把書卷，身不擐戎衣。二十襲封爵，門承勲戚資。春來日日出，服御何輕肥。朝從博徒飲，暮有娼樓期。平封還酒債，堆金選蛾眉。聲色狗馬外，其餘一無知。山苗與澗松，地勢隨高卑。古來無柰何，非獨君傷悲。」《顔氏家訓》曰：「士大夫子弟，耻涉農商，羞務工伎，射既不能穿扎，筆則纔記姓名，飽食醉酒，忽忽無事，以此銷日，以此終年，或因世家餘緒，得一官半級，便謂為足，安能自苦。及有吉凶大事，議論得失，蒙然張口，如坐雲霧。公私宴集，談古賦詩，塞默低頭，欠伸而已。有識傍觀，代其入地，何惜數年勤學，長受一生愧辱哉！」愚嘗合而論之，贊皇之譽，固出感憤藝祖之薄，亦豈無因。至讀太冲、樂天諸詩，與顔氏之訓，未嘗不慨然也。大都鼎貴韋素，互相雄訾，而丹穴鳳毛，渥洼神駒，與醴泉無源，芝草無根，未可畸重要，人亦在自樹耳。樹之高岡則高岡，樹之培塿則培塿，世臣喬木，蓋言樹也。然則將為贊皇之譽乎？抑為藝祖之薄乎？是在慎所處者。（《問奇類林》卷三十一貽訓，《四庫未收書輯刊》影印明萬曆三十七年黃吉士刻本）

白樂天既老，乃録家事，會經費，去尤物。妓有樊素者，年二十餘，善歌舞，唱楊柳枝，人多以曲名之，由是名聞洛下。樂天既老又病風，將放之，素慘然泣下，不忍去。樂天愍然，遂作《不能忘情吟》。顧况有《宜城放琴客》詩，（序）曰：「琴客，宜城之愛妾也。宜城請老，愛妾出嫁，不禁人之欲，而私耳目之娛，達者也。」（《問奇類林》卷三十三戒嗜好，《四庫未收書輯刊》影印明萬曆三十七年黃吉士刻本）

俗以上澣、中澣、下澣，為上旬、中旬、下旬，盖本唐制十日一休沐，故韋應物詩：「九日驅馳一日閑。」白樂天詩：「公假月三旬。」此廼唐制，而今猶襲用之。（《問奇類林》卷三十四陰陽方輿，《四庫未收書輯刊》影印明萬曆三十七年黃吉士刻本）

白樂天《六帖》為應科舉而設，故醜類不廣。梁昭明《文選》亦咸為詞賦揀料，朱子云：《文選》是文章之極衰者，而東坡亦詳言之矣。（《續問奇類林》卷十四，《四庫未收書輯刊》影印明萬曆三十七年黃吉士刻本）

白樂天不為李贊皇公所喜，每寄文章，李緘之一篋，未嘗開。劉夢得或請之，曰：「見詞則迴吾心矣。」樂天未冠，以文謁顧況，况覩姓名，熟視曰：「長安米貴，居大不易。」乃捲卷，讀其芳草詩，至「野火燒不盡，春風吹又生。」歎曰：「吾謂斯文遂絕，今復得子矣。前言戲之耳。」又有妾樊素善歌，小蠻善舞，晚年欲遣，為《楊柳詞》以託意，云：「一樹春風萬萬枝，嫩於金色軟於絲。永豐東角荒園裏，盡日無人屬阿誰?」宣宗朝，國樂唱是詞，上問：「永豐在何處?」左右具以對，遂因命取永豐柳兩枝，植於禁中。白感上知，又為詩云：「一樹衰殘委泥土，雙枝移種植天庭。定知此後天文裏，柳宿光中見兩星。」洛下文士無不繼作。吁！樂天一芳草之詩，遽回顧况長安之誚；一楊柳之詞，至感宣宗禁中之移，而文章一篋，終不能動贊皇一盼而廻心焉。信乎！時固有遇不遇，而贊皇善忮，亦一短云。（《續問奇類林》卷十

四，《四庫未收書輯刊》影印明萬曆三十七年黃吉士刻本）

裴晉公自為誌銘曰：「裴子為子之道，備存乎家諜；為臣之道，備存乎國史。」杜牧亦自銘曰：「嗟爾小子，亦克厥修。」謂二銘詞簡而備。白居易亦自為銘。顏魯公在蔡州，知必禍及，自為誌銘置左右。（《續問奇類林》卷十四，《四庫未收書輯刊》影印明萬曆三十七年黃吉士刻本）

容齋曰：「江州琵琶亭，下臨江津，自國朝以來，往來者多題咏。其工者，輒為人所傳。淳熙己亥歲，蜀士郭明復以中元日至亭，賦《古風》一章，其前云：『白樂天流落湓浦，作《琵琶行》，其放懷適意，視憂患死生、禍福得喪為何物，非深於道者，能之乎？賈傅謫長沙，抑欝致死；陸相竄南濵，屏絕人事，至從狗竇中度食飲，兩公猶有累乎世，未能如樂天逍遥自得也。』」又曰：「白樂天《琵琶行》蓋在潯陽江上，為商人婦所作，而商乃買茶於浮梁，婦對客奏曲，樂天移船，夜登其舟與飲，了無所忌，豈非以其長安故倡女，不以為嫌耶？集中又有一篇，題云《夜聞歌者》，時自京城謫潯陽，宿於鄂州，又在《琵琶》之前。其詞曰：『夜泊鸚鵡洲，秋江月澄澈。鄰船有歌者，發調堪愁絕。歌罷繼以泣，泣聲通復咽。尋聲見其人，有婦顏如雪。獨倚帆檣立，娉婷十七八。夜淚似眞珠，雙雙墮明月。借問誰家婦，歌泣何凄切。一問一霑襟，低眉終不說。』陳鴻《長恨傳序》云：『樂天深於詩，多於情者也。』故所遇必寄之吟詠，非有意於漁色。然鄂州所見，亦一女子獨處，夫不在焉，瓜田李下之疑，唐人不譏也。」按，此樂天蓋亦取《離騷》女嬃等意，亦未必實有此事。顧屈以怨，白以達，此又其不同也。（《續問奇類林》卷二十達觀，《四庫未收書輯刊》影印明萬曆三十七年黃吉士刻本）

智按：參見《堅瓠集》辛集卷四（《續修四庫全書》影印清康熙刻本）。

古之異人去來，必有所自。微子感牽牛星，顏子感中台星，張良感弧星，樊噲感狼星，東方朔感歲星，則生而禀星精者也。傅說為箕奚仲（四星），造父王良（並五星），各垂象于天，則歿而成列宿者也。又如唐房琯為永禪師，白樂天海中山主，宋晁迥靜居天主，楊億武夷君，陳堯咨南庵主，張方平山藏院知藏，歐陽修神清洞主，韓琦紫府眞人，富弼崑崙眞人，王曾青草堂和尚，蘇軾陝右戒禪師，皆生而知前身者。蔣濟為南山伯，荀顗為泰山君，劉聰須遮國王，韓擒虎、蔡襄並閻羅王，皆死而知後身者。（《續問奇類林》卷二十三，《四庫未收書輯刊》影印明萬曆三十七年黃吉士刻本）

唐宗聞白居易名，欲相之，李德裕素惡之，乃言易衰病，其弟敏中辭學不減易，且有器識，遂以為翰林學士入相。後德裕貶，敏中詆甚力。初有薦丁柔立於德裕不用，及裕貶，柔立為右補闕，上疏訟其冤，坐阿附貶南陽尉。……（《續問奇類林》卷二十七，《四庫未收書輯刊》影印明萬曆三十七年黃吉士刻本）

劉向苦心力學，為時儒宗，乃得淮南黃白之法，未試，遽上天子，令典尚方鑄作，事費甚繁，卒無驗，詔獄，當大辟，立冬將决，兄陽成侯乞入國贖，方得減死，使是時死，文成五利續耳。語曰：金不可作，世不可度，以向之賢，見不及此。唐白樂天貶江州日，亦為方士所惑，留意鑪鼎，一夕敗，故其詩有「金丹遇火空」之語。宋潘逍遥亦獻方太宗，及帝升遐，懼誅，削髮為僧，此與劉向一間耳。蘇子由亦曾試之，將舉火，見一大猫據爐而溺，須臾不見，術終不成。富鄭公積黃白書一櫃，後為顒華嚴長老投之火中，豁然有悟，則世無此術，明矣。范文正得方於同舍，程明道得方於佛腹中，蘇子瞻得方於扶風僧，而皆不為善藏拙者也。（《續問奇類林》卷二十八戒嗜好，《四庫未收書輯刊》影印明萬曆三十七年黃吉士刻本）

智按：參見明徐應秋《玉芝堂談薈》卷十七。

郭良翰，字道憲，别署有尊生庵等，莆田（今屬福建）人。其父應聘，字君賓，嘉靖二十九年（一五五〇）進士。授户部主事，曾官兩廣、四川多年，以功至兵部尚書，參贊機務。萬曆中，以蔭官太僕寺寺丞。力學績文，以著述為事。主要活動于萬曆、天啟兩朝，其自題《道德經薈解》末署天啟六年（一六二六），以後生平則不得而知。

王兆雲（萬曆間）

《皇明詞林人物考》

⊙徐文貞

公名階，字子升，學者稱少湖先生，晚更號曰存齋，松江華亭人也。世載令德，天與夙慧，年甫勝冠，才已脱穎。嘉靖癸未及第，授史官……飾巾期至，易簀正終，上聞震悼，輟朝加祭，遣官營葬，追贈太師，易名文貞公。喜誦白香山詩、蘇長公文，所著有《世經堂集》二十六卷，及《學則》、《蒙訓》諸書。（《皇明詞林人物考》卷七，《續修四庫全書》影印明萬曆刻本）

智按：參見申時行《特進光禄大夫柱國少師兼太子太師吏部尚書建極殿大學士贈太師謚文貞徐公墓誌銘》（《賜閒堂集》卷二十三，《四庫全書存目叢書》影印明萬曆間刻本）。

⊙文徵仲

文先生者，初名壁，字徵明，尋以字行，更字徵仲。其初蜀人，徙廬陵，再徙衡山，後有贅吳者，遂爲吳人。温州守林則先生父也，先生生而外椎，八九歲，語猶不甚了了，或疑其不慧，温州公獨異之，曰：兒幸晚成，無害也。先生既長，就外塾，穎異挺發，日記數百千言，嘗從温州公宦於滁，以文贄莊㫤郎中，莊公讀而奇之，爲詩以贈，然先生得其緒於門人，往往舍下學而談工達，因絕口不名莊氏學，歸爲邑諸生，文日益進。……先生好爲詩，傳情而發，娟秀妍雅，出入柳柳州、白香山、蘇端明諸公，文取達意，時沿歐陽廬陵，書法無所不規，倣歐陽率更、眉山、豫章、海岳，抵掌睥睨，而小楷尤精絕，在山陰父子間，八分入鍾太傅室，韓、李而下，所不論也。丹青遊戲，得象外理，置之趙吳興、倪元鎮、黄子久坐，不知所左右矣。……（《皇明詞林人物考》卷七，《續修四庫全書》影印明萬曆刻本）

⊙沈啓南

沈石田先生周，字啓南，長洲之相城人，自號曰石田，晚更號白石翁，以處士卒，年八十三。先生博學，無所不通，喜爲詩，其源出白香山、蘇眉州，兼情事，雜雅俗，當所意到，亹亹不得休。書法雙井，矻矻未化，至丹青之學，久而天下愈寶之，以爲北苑、巨然、徐熙父子復出，勝國諸賢勿詩也。文恒山公恒向人稱：我家沈先生，其推重亦可知矣。顧因名重，贋本四出，得其真者鮮矣。余游行江南三十餘年，其真者亦不多見。（《皇明詞林人物考》卷七，《續修四庫全書》影印明萬曆刻本）

⊙李伯華

李開先，字伯華，號中麓。濟南之章丘人。嘉靖己丑進士，仕至太常少卿，積書好客，豪宕不羈，著作甚富，如貔貅縱橫，江海泛溢，一韻累百篇，蓋白樂天之流也。（《皇明詞林人物考》卷八，《續修四庫全書》影印明萬曆刻本）

⊙王敬美

公諱世懋，字敬美，號麟洲，別署號曰牆東生。……所著撰《望崖編》等書，亦皆其中精至語，識者謂不下白香山、晁文元，於詩雖自濟南始，其所涵咏，多漢魏晉宋以至盛唐諸大家，然不肯從門入，亦不規規名某氏業，而神詣之境爲勝。七言律尤其踔絶者，文出入西京、韓歐諸大家，間采劉義慶《世說》，自以爲得彼三昧，而於游名山記，尤詳婉有力。善持論，往往以識勝。……所著《奉常集》若干卷，又《澹思子經子臆解》、《閩部疏》、《三郡圖說》、《窺天外乘》、《二酉委談》、《學圃雜疏》諸書，總名曰《日損齋雜著》。（《皇明詞林人物考》卷十，《續修四庫全書》影印明萬曆刻本）

⊙何元朗

何良俊，字元朗，號柘湖公，綺歲從經師游，即厭棄制舉義，耽嗜古文，博綜九流，研味四始，兼抱經濟，思效一官，竟以數奇，僅拔貢太學，宰相憐其才，起家拜南翰林孔目，甫考滿，即謝官歸。縱浪煙霞水石間，覃志著作，文法劉向、馬遷，詩宗蘇、李，而近體出高、岑。凡宴息處，皆名四友齋。四友者，維摩詰、莊生、白樂天與公爲四也，公自爲記，及書屏示客，與王左輔、趙中丞兩書，皆公生平實録。晚嗜聲伎絲竹，寢興必先奏樂，非過自奉，乃其所期待者不淺耳。與弟進士公良傅，時稱兩何，所著有《何翰林集》、《何氏語林》、《四友齋叢說》行于世。（《皇明詞林人物考》卷十一，《續修四庫全書》影印明萬曆刻本）

智按：王兆雲，字元楨，湖北麻城人。有《湖海搜奇》二卷，《漱石閒談》二卷，《揮塵新譚》二卷，《白醉瑣言》二卷，《説圃識餘》二卷。其《皇明詞林人物考》録明一代文士，起於洪武迄萬曆，其人見在者不登，每人各詳其事迹與所著作，凡四百二十三人。又補遺四十四人，共四百六十七人。

王留（萬曆間）

《長安秋草篇（小引）》

吳市畸人，燕都逐客，南冠寄食，西第傭書。已傷颯颯三秋，更苦奄奄一病。繁華耀日，難依桃李之榮；亂葉吟風，空逐梗萍之困。睹兹衰草，倍觸羈懷。爰托篇章，聊鳴感憤。

春光一夜到皇都，細草茸茸茁九衢。緑作酒茵花底布，青為舞席樹邊鋪。才發園林又離落，已遍郊墟及城郭。微寒微暖日融融，不雨不晴煙漠漠。別有輕風拂面來，似教著意一時栽。初生牆角那輸柳，漸長階前不辨苔。初生漸長春亡賴，顔色雖同異根蒂。已效虞兮號美人，還隨鄭氏名書帶。從他曲徑與平堤，百里春城一望齊。襯將乳燕呢喃舌，染向名駒蹀躞蹄。長長短短紛如許，何處冶游無笑語。醉時藉枕任王孫，鬬處追尋憐士女。水邊林下偶潛窺，正在名園逐隊嬉。羅袖低籠藏不見，翠鈿輕落隱難知。風來枝葉交相亞，亦有幽花自開謝。根軟偏宜蹴踘場，莖柔不耐秋千架。別生一種深宮裏，宮樹宮雲貴相比。内庭嘗映小娥裙，馳道曾承至尊履。更有春期暗裏潛，和泥印出鳳鞋尖。行雲只恐朝將化，多露寧愁夜欲沾。一春將盡封姨惡，草頭紅日渾如錯。已當二月三月餘，漸見桃花李花落。落花無數隨泥淖，時過難乾草相較。蝶翅初依簾幕間，蛙聲偏向池塘鬧。長夏猶然好時節，一到涼天有分別。才經秋雨便離披，更入秋風易銷折。秋雨秋風打復吹，秋風蕭索一庭悲。江州司馬衫都濕，金谷姬人髮乍披。輕雲蔽天寒意動，遂有微霜忍相送。泥深張徑晝無人，水落謝池宵不夢。道傍籬下總葳蕤，欲直還攲力不支。恍類名花初睡後，只疑弱柳乍眠時。如綿似雪苔相襯，半死全枯有誰認。颯颯無緣入纖手，蕭蕭衹合隨衰鬢。背霜幾種人留得，憔悴無過遲頃刻。腐時不若化流螢，死後可憐同促織。紛紛傍岸復臨流，客到寒郊不肯留。拾翠已忘前度樂，踏青誰記昔時游。遠目何堪立高壟，但有枯荄目前壅。青處難尋學士湖，白邊錯認明妃塚。此時豪華游獵客，蹂躪何曾少憐惜。犬鷹空說有精神，狐兔自然無窟宅。莫怪山童不管取，天心催折人無主。鳥從雪下啄還悲，犢過霜前齧尤苦。北風射人寒益峭，漫向空原戀殘照。斧斤但許給山樵，煙火只堪供野燒。獨有天涯作羈旅，幾回欲削還延佇。忍教落葉無棲泊，任取飛蓬多伴侶。也知人世自無情，此草雖枯旋復榮。待得春風吹到處，叢叢重向日邊生。（《列朝詩集》卷八十一丁集第十六，《續修四庫全書》第一六二四册，第二四六頁）

智按：王留，字亦房，長洲（今江蘇蘇州）人。穉登子，有詩名。十五歲游金陵，作《舊京篇》，父客皆嘆異。與馬之駿、劉榮嗣交好，馬之駿對他十分推重。活動于萬曆間，卒年未滿四十歲。有《匏葉集》、《燕載遺稿》。

鄺思誥（萬曆間）

《真娘墓仿白居易體》

落紅桃，生碧草。虎丘寺畔牛羊路，行人道是真娘墓。雨遇花鈿一徑迷，凰起松濤萬壑凄。昔日真娘歌舞地，只今惟有杜鵑啼。杜鵑啼，聲哽咽。冢中人，枝上血。（清溫汝能纂輯《粵東詩海》卷四四，中山大學出版社，一九九九年八月，中册，第八四〇頁）

智按：鄺思誥，廣東南海人。神宗萬曆間布衣。

周清原（萬曆至順治間）

《西湖二集》

到了潤州，參見了韓公，交付了軍器衣甲。那時韓公不問他別事，牛原雖然懷恨在心，不好無故而說，只得放在心裏。漸漸過了數月，將近韓公生日之期，你道那時節度使之尊，如同帝王一般，況且適當春日繁華之景，更自不同。有白樂天「何處春深好」詩為證：「何處春深好？春深藩鎮家。通犀排帶胯，瑞鶴勘袍花。飛絮衝球馬，垂楊拂妓車。戎裝拜春設，左握寶刀斜。」（明崇禎刊本《西湖二集》卷九韓晉公人奩兩贈，周楞伽整理本第一五一～一五二頁）

話說西湖之上有一座此君堂，修竹數萬竿，蕭疏可愛。因晉人王子猷愛竹，有「何可一日無此君」之語，後人因此遂名竹為「此君」。堂中萬竹林立，就建堂名為「此君堂」。蘇東坡來杭州做太守，最愛此處幽雅，曾有《此君堂》詩道：「卧聽謖謖碎龍鱗，俯看蒼蒼立玉身。一舸鴟夷浮海去，尚餘君子六千人。」話說此君堂有了蘇東坡這一首詩，更覺增重，流傳到蘇東坡之後，太原有個詩人，姓邢名鳳字君瑞，是個少年英俊之輩，丰姿不群，典雅出格。邢君瑞因見白樂天也是太原人，曾來杭州做太守，每每作詩稱贊西湖之妙，日日遊於湖上，笙簫歌妓，時常不輟。後來離任西湖，竟害了相思之病，戀戀不捨，做了千古風流話柄，傳流於世。他是前輩人，恁般如此妙，難道俺是後輩，便不如他不成，不可把他一個人占盡了「風流」二字，俺不免也到西湖上一遊，雖比不得他是官人，奢華豪爽，有妓女簫管之樂，但古詩有云：「何必絲與竹，山水有清音。」俺窮秀才自有窮秀才的樂事，何必與他一樣。說罷，便收拾了琴劍書箱，上路行程。不則一日，來於杭州遊玩。走到西湖之上，看得這此君堂水竹清幽，分外有趣，出奇爭勝，就將行李搬入此中，與了管事人些房租，將來坐下，水光山色，盡在面前，竟如圖中蓬萊三島一樣。邢君瑞好不樂意，日日遊於南北兩山之處，遂題「西湖十景」詩：《蘇堤春曉》：「孤山落日趁疏鐘，畫舫參差柳岸風。鶯夢初醒人未起，金鴉飛上五雲東。」《斷橋殘雪》：「望湖亭外半青山，跨水修橋影亦寒。待泮痕邊分草緑，鶴驚碎玉琢闌干。」《雷峰夕照》：「塔影初收日色昏，隔牆人語近甘園。南山游遍分歸路，半入錢塘半暗門。」《曲院風荷》：「避暑人歸自冷泉，埠頭雲錦晚涼天。愛渠香陣隨人遠，行過高橋方買船。」《平湖秋月》：「萬頃寒光一夕鋪，冰輪行處片雲無。鷲峰遙度西風冷，桂子紛紛點玉壺。」《柳浪聞鶯》：「如簧巧囀最高枝，苑柳青歸萬縷絲。玉輦不來春又老，聲聲訴與落花知。」《花港觀魚》：「斷汲唯餘舊姓傳，倚闌投餌說當年。沙鷗曾見園興廢，近日遊人又玉泉。」《南屏晚鐘》：「涑水崖碑半緑苔，春遊誰向此山來？晚煙深處蒲牢向，僧自城中應供回。」《三潭印月》：「塔邊分占宿湖船，寶鑒開奩水接天。横笛叫云何處起，波心驚覺老龍眠。」《兩峰插雲》：「浮圖對立曉崔嵬，積翠浮空霽靄迷。試向鳳凰山上望，南高天近北煙低。」（明崇禎刊本《西湖二集》卷十四邢君瑞五載幽期，周楞伽整理本第二三五～二三七頁）

「古塚狐，妖且老，化為婦人顔色好。頭變雲鬟面變妝，大尾曳作長紅裳。徐徐行傍荒村路，日欲暮時人静處。或歌或舞或悲啼，翠眉不舉花顔低。忽然一笑千萬態，見者十人八九迷。」這首詩是白樂天《古塚狐》歌，說古塚的妖狐，變作美貌婦人眩惑男子，其禍不可勝言。看官，你道這狐怎麼能變幻惑人？此物原是古時淫婦人所化，其名「紫紫」，化而為狐，亦自稱「阿紫」，在山谷之中，吸日月精華之氣，夜中擊尾出火，便就能成精作怪；在地下拾起死人髑髏，頂在頭上，望北斗禮拜，若髑髏不墜，便化形為美婦人。彩草葉以為衣，或歌或泣於路旁；又其媚態異常奪人，所以從來道「狐媚」，路人不知，往往著他道兒；又身上狐臊之氣，男人皆迷，但覺遍體芳香，若知他是野狐，便腥臊不堪聞矣。曾有一人走入深山古塚之間，忽見美女數十人，香聞數十步，都走將來，攜了這人的手，同入深僻之處。這一群美人拖的拖、扯的扯，要他淫媾。這人知道定非人類，念起《金剛經》來，忽然口中閃出一道金光，群美人踉蹌化為妖狐而走，但聞得腥臊之氣撲鼻，遂尋路而歸，免其患難。原來狐口中又有媚珠，迷人之時，將此媚珠吐出，其人昏迷，不知人事，便為彼迷惑。此物北方甚多，南方還少，所以道南方多鬼，北方多狐。狐千歲化為淫婦，百歲化為美女，為神巫，為丈夫，與女子交接，能知千里外事，即與天通，名為「通天狐」。昔日吳郡一人姓顧，名旃，與眾打獵深山，忽聞有人說話道：「咄咄，今年時運衰！」顧旃同眾人看視，並不見有人。眾人都驚異道：「深山之中，這是誰說話？」四下尋覓，見一古塚之中，坐著一個老人，面前有簿書一卷、硃筆硯一副，老人對書觀看，把手指一一掐過，若像算數之意，口裏不住歎息道：「今年時運衰，姦得女人甚少。」正在歎息，一隻獵犬聞得狐臊臭，唿喇一聲鑽入塚内，將老人一口咬殺，卻是一個野狐精。眾人趕入塚內，看其簿書，都是姦淫女人姓名，已經姦過的，硃筆勾頭，未經姦過的，還有數百名在上。眾人翻看，顧旃的女子名字已在上面，眾人女子亦數名在上，還有已經姦過的。眾人忿怒，將此野狐砍做肉泥，簿書即時燒燬，除此一害。你道這狐豈不可惡？（明崇禎刊本《西湖二集》卷二十一假鄰女誕生真子，周楞伽整理本第三四二～三四三頁）

東海龍王誦完表文，西湖龍王便道：「西湖自白樂天歸海山院，蘇東坡為上界奎星之後，這西湖便十分減色。今倖恩人稱揚贊歎，備極表章，作《竹枝詞》聳動天下，使西湖氣色為之一新。老夫管轄西湖，頗受榮施，山水有功，自當報德。即會同敝親具表奏聞。」也口誦表文一通道：「伏以開濬泉源，利澤最溥，表章山水，功德彌長。臣管轄西湖，歷有年載。白樂天返海山之駕，而湖水無光；迨坡仙登奎宿之躔，而山靈削色。茲有楊維禎者，錦心繡口，在其筆端。山色湖光，儲其胸次。《竹枝詞》甫倡，四海摛同調之歌；桂楫輕搖，千里把偕游之侶。雖復裙歌扇，無玷聖明，乃至玉骨冰肌，倍增眉目。抉開鮫室寶，處處生光；探取驪龍珠，顆顆欲舞。臣受恩非淺，感德彌深，特叩龍樓，仰祈鳳詔。」二處表文奏上玉帝，玉帝覽表，即命太白星官頒下詔書道：「覽表具省，下界楊維禎秉剛直之心，懷好生之德，表章西湖山水，厥功懋焉。敕所有六丁侍衛，無染干戈，康強福履，以成高士。命終之日，敕署蓬萊都水監，以代陶弘景之職。欽哉！」（明崇禎刊本《西湖二集》卷二十三救金鯉海龍王報德，周楞伽整理本第三七三～三七四頁）

後來周必大整整活至九十餘歲而死，謚文忠。兒子周綸也為筠州太守。陰德之報，一毫不差如此。有詩為證：「裴度香山能積德，益公認罪代窮民。為人須放心田好，留取他年宰相身！」（明崇禎刊本《西湖二集》卷二十四認回祿東嶽帝種須，周楞伽整理本第三九〇頁）

附：湖海士《西湖二集序》

天下山水之秀，寧復有勝於西湖者哉！自昔金牛獻瑞以來，水有「明聖」之稱，宋仁宗詩有「地有吳山美，東南第一州」之句，白樂天之「餘杭形勝四方無」，范希文之「西湖勝鑑湖」，蘇東坡之「西湖比西子」，柳耆卿之「桂子荷花」，真令人黯心三竺、兩峰間也。予揆其致，大約有八：夷猶澹宕，嘯傲終日，直闤闠間物，室中單條耳，不聞其有風波之險也；可坐可卧，可舟可輿，水光盈眸，山色接牖，不聞其有車殆馬煩之病也；亦有清音，亦有絲竹，繡轡香輪，朱簾畫舫，曳冰執霧縠，而掩映於緑楊芳草之間，所謂「紅蕖映隔水之妝，紫騮嘶落花之陌」者，觸目媚人，不聞其有岑寂之虞也，水香蘋潔，菱歌漁唱，鶯鳥交啼，野鳧戲水，龍井之茶可烹，虎跑之泉可啜，環堤之酒罏可醉，嫩草作裀，輕舟容與，富者適志，貧者慨心，不聞其有榮枯之異也；春則桃李呈芳，夏則芙蕖設色，秋則桂子施香，冬則白雪幻景，其雨既奇，其晴亦好，白日固可遊覽，夜月尤屬幽奇，不聞其有不備之美也；梵宇名藍，龍宫古刹，金碧輝煌，鐘磬相聞，可停游屐，可搜隱跡，尋幽或以竟日，耽勝乃以忘年，不聞其一覽即盡、索爾無餘也；幽人勝士之場，古佛垂教之地，孤山懷其高蹤，法相參其遺蜕，永明壽乃彌陀化身，事事可師，天竺東溟之道德隆重，高皇帝稱之為白眉法師。亦有宗泐，稱為泐翁，迫以官而不受，高僧哉！高僧哉！是以入道場則利名欲拚，緬高風則火宅晨涼，法身長在，歷劫不灰，觸處可以醒我之昏迷也；入三潭而噞喁不驚，游斷橋、蘇堤，而兩公之明德如在，以是知魚鱉咸若存聖世之風，高賢長者留千秋之澤，彼豪暴之吏，亦復何存。蓋前人者，後事之師矣，流芳遺穢，其尚鑒之哉！況重以吳越王之雄霸百年，宋朝之南渡百五十載，流風遺韻，古蹟奇聞，史不勝書，而獨未有譯為俚語，以勸化世人者。蘇長公云：「杭州之有西湖，如人之有眉目也。」而使眉目不修，張敞不畫，亦如葑草之湮塞矣。西湖經長公開濬，而眉目始備；經周子清原之書，而眉目益娬。然則周清原其西湖之功臣也哉！即白、蘇賴之矣。

予攬勝西湖而得交周子。其人曠世逸才，胸懷慷慨，朗朗如百間屋；至抵掌而談古今也，波濤洶湧，雷震霆發，大似項羽破章邯，又如曹植之談，而我則自愧邯鄲生也。快矣乎！余何幸而得此？磋磋清原，西湖之秀氣將盡於公矣。乃謂余曰：「予貧不能供客，客至恐斲柱剉薦之不免，用是匿影寒廬，不敢與長者交遊。敗壁頹垣，星月穿漏，雪霰紛飛，几案為濕，蓋原憲之桑樞、范丹之塵釜交集於一身，予亦甘之。而所最不甘者，則司命之厄我過甚，而狐鼠之侮我無端。予是以望蒼天而興歎，撫龍泉而狂叫者也。」余曰：「子毋然。司命會有轉局，狐鼠亦有敗時；且天不可與問，道不可與謀，子聽之而已矣。」清原唯唯而去。

逾時而以《西湖說》見示，予讀其序而悲之。士懷才不遇，蹭蹬厄窮，而至願為優伶，手琵琶以求知於世，且願生生世世為一目不識丁之人，真令人慷慨悲歇、泣數行下也。豈非郡有司之罪乎？夫良玉而題碔砆，則泣卞和之血；駿馬而駕鹽車，則垂伯樂之淚：此亦有心者之所共悲，而有目者之所共悼矣。昔阮嗣宗好遊山，車跡所窮，輒慟哭而返。陳子昂詩文不為人知，時有賣胡琴者，索價百萬，豪貴無售，子昂突出以千緡市。次日，集宣陽里第，具酒肴群飲，置胡琴撫語曰：「蜀人陳子昂，有文百軸，馳走京師，不為人知，此樂賤工之役，豈足留心？」舉而碎之，以其文遍贈座上諸客，聲溢都下。唐球好苦吟，拈稿為丸，納之大瓢中，投於江，曰：「斯文苟不沉沒，得者方知我苦心爾。」有識者接得之，曰：「此唐山人詩瓢也。」周子間氣所鍾，才情浩瀚，博物洽聞，舉世無兩，不得已而借他人之酒杯，澆自己之磊魄，以小說見，其亦嗣宗之慟、子昂之琴、唐山人之詩瓢也哉！觀者幸於牝牡驪黄之外索之。湖海士題於玩世居。（明崇禎刊本《西湖二集》，周楞伽整理本第五六五～五六七頁）

智按：周楫，字清原，號濟川子，錢塘（今浙江杭州）人。生於萬曆間，清順治十一年（一六五四）猶在世。其所編纂《西湖二集》三十四卷，現存崇禎年間刊本，據田汝成《西湖遊覽志》及《西湖遊覽志餘》等書編成，敘述與西湖有關之傳說故事。

徐熥（一五六一～一五九九）

《送白經歷入覲》

遷客朝天去，王程不可留。誰知飛鞚日，政及賜環秋。殘雪燕山路，微霜濟水舟。從來白司馬，未合老江州。（《四庫全書》本《幔亭集》卷六）

《戲嘲鄭四效長慶體》

落落江湖無定跡，匆匆相見闔廬城。離鄉已是五六載，道舊曾無三兩聲。杯水覆堂難再返，浮雲出岫便無情。故人浪説工詞賦，只恐登樓賦未成。(《四庫全書》本《幔亭集》卷八)

《約陳伯孺仁王寺結夏效長慶》

詩寄灣溪老友看，今年結夏擇香壇。約繙蓮藏日三卷，願飽花齋午一湌。經月應酬抛竹素，暫時功課借蒲團。更貪兩物堪消暑，椁栳陰濃荔子丹。(《四庫全書》本《幔亭集》卷九)

《絳囊生傳》

絳囊生者名丹，別字太白，其先祝融氏，以火德王，都南離，子孫纍纍，散處閩越、南粵、巴蜀間，遂以離為姓。生，其苗裔也。生少有異質，顏如渥丹，肌肉豐瑩，性復甘美，雖中若刻核，而外多模稜，未嘗有所譏刺，人有督過生者，任其指摘，生但赬然垂首而已。與人交，一膜之内，洞見肺腑，故見者莫不津津。……大唐天寶中，楊貴妃聞其名，欲生致之，時生方結廬於蜀之涪州，許擁傳上謁，生以一騎馳至，顏色自若。妃召見沉香亭，見生丰姿姣艷，甚憐愛之。勑宮人以金盤注華清池水，賜浴其中，膚如凝脂，芳香逼人。貴妃大笑謂:「生非紅塵中物。」賜緋一襲。常乘朱輪出入禁中，然生以還丹術得幸，故廷議肅然。丞相曲江張九齡作賦贈生，名益顯。其後，禄山陷京師，車駕幸蜀，生亦遁去。襄陽人杜甫避難蜀中，其所吟詠，多及生。元和中，太傅白居易出守南賓，時與生為臭味交，以生美容止，命工史繪像，為詩贊之，未嘗一惜齒牙。生族類既繁，而閩中尤盛。宋端明殿學士蔡襄為作譜牒，敘其本枝奕葉甚詳。南豐曾鞏知福州，為修實録，以為有邁種之德。……

太史公曰:余讀《列仙傳》及《仙人本草》，皆稱生能蠲渴補髓，有功於人，非虚語也。黄巢之亂，幾膏斧鑕，以老媪抱泣，卒全其天年，幸矣。端明迄今五百餘載，譜牒缺略，然子孫在閩中，以朱紫起家者，不可勝數。語曰:「桃李不言，下自成蹊。」吾於生亦云。(明陳邦俊《廣諧史》卷八，《四庫全書存目叢書》影印明萬曆四十三年沈應魁刻本;《古今圖書集成》草木典第二百七十五卷荔枝部藝文一第二六~二八頁)

智按：徐熥，字惟和，閩縣（今福建福州）人。永寧令棉子。舉萬曆十六年（一五八八）戊子鄉薦。負才淹蹇，肆力詩歌。與弟布衣𤊹，俱擅才名。𤊹以博學稱，亦復工文，熥則以詞采著，亦未嘗無學。萬曆間，與弟在鼇峰坊建紅雨樓、緑玉齋、南損樓藏書。卒年僅三十九。有《幔亭集》二十卷，又選《晋安風雅》十二卷。

藤原惺窩（一五六一～一六一九）

《題白氏文集後》

雖有朱紫陽之所謂口津津地之誚，小家數之白俗元輕之異議，好其爲人之藴藉，愛其集語意之平易真率矣。（元和四年那波道圓本《白氏文集》卷首，東洋大學文化研究所藏）

智按：藤原惺窩，名肅，字斂夫，號惺窩、紫玄子、播磨人。幼從僧侶學《法華經》，不久削髮入佛門。後讀宋儒著述，認爲佛教輕視人倫，終于離佛還俗，專攻儒學。反對以往日本儒學依附于佛學，只事訓詁，認爲只有南宋朱熹才獨得道統之真傳，根據朱熹思想研究儒學，創日本京都朱子學派。從而使日本儒學擺脱佛教束縛，成爲一門思辨學科。有《惺窩文集》。

楊守勤（一五六一～一六二〇）

《冬日即事用白樂天體》

毳帽貂裘煖褥氊，圍爐獸炭繡屏前，飛觴暢飲燈前醸，多少村家未起煙。（《寧淡齋全集》詩卷十，《四庫禁毀書叢刊》影印明末刻本，集部第六五册，第六四六頁）

智按：楊守勤，字克之，號昆阜，慈溪（今屬浙江）人。萬曆二十五年（一五九七）舉人，萬曆三十二年（一六〇四）會試廷對均第一（狀元），授翰林修撰。未幾母亡服喪。期滿還中允，主持順天鄉試。再遷諭德，充東宮講官，後爲右庶子，兼侍讀學士。爲人溫潤，矜氣節，重名行。爲文不事雕琢，有《讀經懸鑒》、《寧淡齋詩文集》等。

李叔元（一五六一～一六三五）

《賜美堂記》

人歲期頤于百歲，而《禮經》所載，自强仕以及致政，僅三之一。蓋古者積厚而發徐，難進而易退若此。然余謂高尚其事，不貴于三五之朝。舜三十徵庸，而五臣同之。歷唐及虞，齒皆耆耋以上矣。禹讓宅，揆于稷、契、皋陶，其後獨薦益于天。蓋三臣已先崇伯子而終矣。紀不聞有引老乞休之事。其時天下一家，中國一人，如五曜隨太陽，不舍晝夜；如視聽持行，缺一不可。有喜起明良之可賡，而無寵利之足避。故洗耳挂瓢，專付于箕山、潁水，而臣哉鄰哉，不以此爲風尚也。伊戒居寵，周請明農，微有去志，然與太甲、成王相終始。僅一召公告老，而周公挽留，則三五之景象可知。世衰膻蟻，乃有獨清獨醒以振之。漢二疏、宋錢若水最著。唐則刑部尚書白居易，倘所謂林下見一人者，金石清韵，豈不後先交映哉？

吾友宏家蘇大司寇，以崇禎改元，道泰時清，三削乞骸骨之牘，上美其恬退，而渙絲綸以賜之。于是宏家顔其所居之堂曰「賜美」，儼對揚也。宏家二十六登第，較古强仕早十五年；六十二致政，較古又早八年。夫有競而後有恬；知進而後知退，三五無恬退之目，漢、唐、宋有之，疏傳尚矣。錢宣靖四十勇退，即公督學桑麻之年。而公又再起，八遷，出牙纛，入劍履，與白香山同刑部尚書。樂天六十而分司，七十而後致仕，則宏家業先之矣。

樂天三隱歌，大在朝市，中在留司，小在丘樊。又曰：「挂冠勝分司。」蓋真恬退者，莫如小隱也。青嵩碧洛，白氏有履道新居，水竹橋亭，歷歷可數，而不聞其堂爲何名。同時有四朝將相，堂綠野者，後來有刻池上詩歌，堂醉白者。裴以留守，韓以出鎮，皆中隱也。惟履道主人，先分司，而後致仕，則先中隱，而後丘樊隱矣。

宏家辭蓬萊仙仗，返菊徑梅莊，飄飄乎塵纓世網之外。朝市爲大夢，丘樊爲大覺，而半見半潛，又不足侔矣。清源日月之吐吞，閩海風雲之舒卷，頂戴踵履，孰非君賜，而何論吹笙鼓瑟在一堂哉！

自公之顔斯堂也，請記于太史，不果。公歿，而諸子文昌等請余成之。夫記晝錦者，在魏公生前。太史既謙讓，廬陵記醉白者，在魏公身後。余不文，敢效顰眉山之萬一乎！昔晏平仲卜宅湫隘，而仁及三族。宏家之堂，在居室東偏，突兀一樓，岩壑遐觀，稍恢恢于平仲耳。非有金谷之豪奢、平原之嵺廓也。俸餘均五弟，葛藟周親多飽暖，窮交待解推，此所謂彰君賜者，即余登斯堂，亦三誦既醉之章。因記而及之，以見公之歌《棠棣》、歌《伐木》，莫非推廣賜堂之美，而蘇氏子孫當世世不忘君恩先德云。（道光《晋江縣志》卷十二古迹志坊宅附城中宅・少保蘇茂相宅）

智按：蘇茂相（一五六七～一六三〇），字宏家，號石水，泉州晋江人。御史蘇士潤侄。萬曆壬辰二十年（一五九二）聯第進士，授户部主事。官至刑部尚書。所著有《寶善類編》、《讀史韵言》、《蘇氏韵輯》、《先覺要言》、《訓蒙邇言》、《正氣編》、《教家三書》、《户部疏草》、《刑部題稿》、《奏除妖公案》、《定亂紀略》、《東征行稿》、《保約全書》、《詩集》等。

李叔元，字端和，又字贊宇，先號鹿巢，後號馴鹿，福建晋江人。萬曆十九年辛卯（一五九一）中舉，次年進士及第。官至江西按察司、湖廣左布政。有《四書説》、《春秋傳稿》、《三餘存稿》、《萍踪》等。

王衡（一五六二～一六〇九）

《題白蘇齋爲袁太史作》

古人頌風流，大雅遺典刑。道喪薄俗時，蕩者蒙其名。朗朗白少傅，容與握道平。曠代眉山公，神宇更瑩晶。胷次高雲流，落筆春泉鳴。高雲曠何際，春泉静無聲。以兹廓落心，治我節崢嶸。春酒社中熟，雜花湖上明。於此最酣適，縱横説無生。燿若奔電驚，止若寒蟬停。學士澹蕩人，尚友心自傾。寤寐對兩公，萬慮眞可輕。灑落豪素契，寥寂松醪盟。熙朝寡諍論，拱揖延高清。緬懷何能已，千載同此情。（《緱山先生集》卷四，《四庫全書存目叢書》影印明萬曆間刻本；清汪學金《婁東詩派》卷八，《四庫未收書輯

刊》影印清嘉慶九年詩志齋刻本)

智按：王衡，字辰玉，號緱山。王錫爵（一五三四～一六一一）子。萬曆二十九年（一六〇一）辛丑廷試第二及第。授翰林院編修。負才早卒。有《王緱山先生集》二十七卷（《四庫全書存目叢書》影印明萬曆間刻本，集部第一七八～一七九册）。

陶望齡（一五六二～一六〇九）

《讀白樂天詩》

嘗聞樂天言，依依姓陶人。況我姓氏同，流風殊未湮。譜系雖荒唐，强附情所親。弱齡秉孤介，知足嘗少營。朝暮無餘資，視公猶未貧。一命詎為貴，比公誠蚤榮。身既無羈束，腰亦忘屈伸。胡為罷官來，兩見田園春。雖無達士懷，心亦寡緇磷。栖遲楊柳宅，來往蓮花僧。湖水繞屋流，南山亦當楹。何必若耶溪，有異斜川濱。我非公後裔，公定我前身。篇咏性多拙，杯杓力不任。唯應詩與酒，兩者媿先生。（明天啓七年陶履中刻本《陶文簡公集》卷一；明萬曆刻本《歇菴集》卷一）

《管氏續修家譜序》

浙東諸山，郡多大姓，故家柱礎碑碣，往往有唐宋間物……萬曆乙巳秋，君沿剡至越，以譜序來屬。予嘗於隱顯之際，追慕古昔，有二君子焉，皆管之先也。既沐既薰，脫拘作輔，因變耦勢，策無先主，神劍寢光，敵人開户，一匡之勳，尊為仲父者，夷吾之盛業也；皂帽絮巾，詩書俎豆，居成邑聚，跡超圭組，逃康隱魏，括囊無咎，龍德正中，潛而無首者，幼安之高蹈也。自古功名棲逸之士多矣，若功顯而用藏，節高而機杜，未有如二君子者。蜀人思諸葛，譽歸其子，白居易懷栗里之蹟，依依於其同姓，予於管氏亦云爾矣。記稱管氏既顯於齊，及田氏盜國而去之，或適魯，或適楚，而漢時管少卿者，家朱虛，其後有寧，然則管氏之忠於故君，無辱身隳節，自先世家法已然，不獨幼安也。春秋越入於楚，安知括蒼、黄巖之管，非避田氏而來者，世家之舊，所繇亦遠矣哉！予既慕二君子之烈，嘉東浙風俗之美，樂其世有

賢哲若孝廉君者，以收其族也。為作管氏譜序。（明天啓七年陶履中刻本《陶文簡公集》卷三；明萬曆刻本《歇菴集》卷三）

《別駕文臺吴公榮轉序》

當萬曆初，家大人以禮部卿視事冬官曹，臨川吴公方居郎署，每入論事輙移刻。望齡時猶童子，數從壁罅中窺客，雖不辨何語，然心知爲大人重客也。自是每聞客坐，連呼供茶，不問，心知爲吴公。更十餘歲，公左官順天府，望齡亦幸通籍京師，始以通家子謁公。乍見依依，不自知爲初交矣。又數歲，而公來守越，越人疑焉曰：「古之君子畸逆，不得志於時者，吾皆知其繇然，其人多高玄以異俗，懷能而耀衆，招妒誨讒，自為鵠的，少失意，憤惋叫嘯，廢職曠工，以逃於高閒，若是者，其累顛躓宜也。而吴公無一於此，然辱臨吾郡者二年矣，久之方量移於杭，吾無以知其然，敢問。」予曰：「子亦嘗聞白居易、蘇軾之人乎？讀其書，考厥遺事，其曠朗夷粹，千載可見，思一遇之意，必如涼風之解暍、春氣之蘇體也。然其於當世何如哉？憎惡屏逐，惟恐不力，淹緩滛滯而不召，此豈嘗立崖㟧，爭能負氣，故為偏奇如向所云乎？然而若此者，受獨而所操異也。受獨者其材若氣，固已蓋夫衆矣，而所操又異，君子未嘗爲異也，常願舉其職，職舉必有不吾欲者，夫居官守職分耳。吾謂爲常不欲者，且指目爲詭怪，以蓋衆之忌，而涉詭世之讒，勢所必不免也。吴公由部曹再領劇郡，常廪廪奉職，材識瓌異，精敏絕倫，雖深務弇歛，而其穎不可盡遏，此固所爲困阨之道耳。雖然，匡廬赤壁，詩賦爛日月，江、黄至今藉爲光價，而二公亦放浪其山水以爲娱，其視屈伸得喪，竟何物哉！今天以公幸越，以越山水娱公，不獨中朝之人忘公於遠，公亦樂而兼忘其久矣。昔者，樂天守杭，微之在越，各美其風壤，以相誇詡，未有定焉；子瞻兩至虎林，自言熟其魚鳥。今杭亦公舊遊也，試以餘日尋蘇公堤上，西湖魚鳥，亦能識公，而公新自越往，山水甲乙，元白所爭者，亦願於公決之。然公雖連蹇，所至專以奉職爲事，終日搰搰，功德在民，而豈真留連山水者哉！簿領會計之間，即超然空曠之趣，非深於道者不至是也。公名在天下，惠澤徧大江以南，望齡皆可無言。」言若此，聊以應邑侯之命。（明天啓七年陶履中刻本《陶文簡公集》卷四；明萬曆刻本《歇菴集》卷四）

《廣西巡撫都御史雲谷陶公暨配諸夫人墓誌銘（代）》

予初隸史官，時同郡陶文僖公為詞林先輩，文僖心精體密，言動可準則，介然為館閣表儀，而其兄中丞公相繼貴用事，其謹廉相類，裁局博大過于弟。人謂二公者，皆大臣也。……予友南充陳閣學髫時，從其父文公讀書京師僧寺中，公偶過見之，驚曰：「此郎公輔器也；明朝無父子相者，有之，自陳氏始矣。」少多病，性好玄理，當靜篤時，或内觀腑臟，晝觀星緯。常慕白居易之為人，手寫其閒適詩，日咏歌之，後得末疾，笑語人曰：「吾生平喜讀樂天詩，今病與病之歲皆類之，豈當與同壽乎?」及卒，竟亦符合。陶氏居會稽鏡湖傍，在前漢時，已姓其堰矣，而譜稱其先宗陽公者，自郡城陶家坊，來居堰上，後有陰德，世遂昌衍。七傳而為莊敏公諧，由庶吉士授給事中，以言事忤奄瑾得罪，起謫籍，至總督兩廣都御史，終兵部左侍郎，贈尚書，而其父愷、祖父壽，皆封侍郎矣。莊敏三子，仲曰師賢，有襟度，人稱長者，仕為鴻臚主簿。公其長子，次即文僖公大臨也。文僖先貴，贈父詹事兼侍讀學士，而公後以二品秩滿，復贈如其官，母韓淑人配諸皆為夫人云。……（明天啓七年陶履中刻本《陶文簡公集》卷八；萬曆刻本《歇菴集》卷十七；《國朝獻徵録》卷六十二都察院九）

智按：參見明天啟七年陶履中刻本《陶文簡公集》卷十一譜傳世傳第六；明萬曆刻本《歇菴集》卷十五。

《高給事傳》

有生則慕長年，勞苦事役則思暇日，此恒情也。與憂俱老，老而無生之樂，事去杖亡，消魄失氣，無憀鮮歡，與之間暇，而不能一朝享，然則所謂長年暇日，廼生人之愁具，而又何足慕哉！人之心未有不樂者也，嬰稺之熙然，醉夫之陶然，山林臯壤之蕭然，萬營之未作，與其乍忘而樂即居之，譬之日之必光也，雲曀未興，與其俄頃解駁而光見焉。君子之學也，所以解蔽而返其樂也，有不學而似之者。恬曠豪爽之士，其蔽淺，其營寡，軼俗也遠，去道也邇。陶元亮、王無功、白樂天之儔是也。吾鄉山陰有高若齡先生，諱鶴，舉浙江鄉試第一人，成進士，以蘇州府推官，徵為南京户科給事中，謫丞光澤，量移知定遠，而罷田居，壽考八十有五，長年多暇，而能樂以享之，詩酒自放，間出躋泛泰岱、衡湘、武夷、羅浮之間，靡不至也。予及事先生於耋歲，嘗聞其言曰：浮世無幾，失今不歡，便為蹉跌，明日雖樂，豈償兹辰，于百年中，成空罅去矣。……其去邑也，父老伏闕，請留數千餘人。歸居四十年，無所干請。蚤孤，尤親愛其弟，雖析箸，嘗與持案而食也。夫先生依名行，履繩墨，直躬早廢，用詘未彰，而豈與恢疏傲誕者倫哉！予曰：子謂元亮、無功、樂天，三君子者，之于名行何如哉！方其蹴躃筐輿，浮沉醉鄉，對瘖士以箕坐，奏清商而自適，此世所謂悠悠忽忽，漫浪無短長之人也。及去就語默之際，投板遄邁，撤障自引，抗章累上，放斥而無所悔，此豈卑陬齷齪者之所及哉！何者其蔽淺而營寡也，夫其居不憂者，其出不回；其神不撓者，其用不滯，達之謂也。彘雞其營，蚊蝻其紛；黃鵠白鳳，翩然決雲，高子又何病焉，夫畫以肖人也，今也人肖畫也。苟以肥髯為賢而已，故千貌一畫，莫可辨也；如以肖號先生，曰達，何不可也。丁未閏月，同郡陶望齡謹傳。（明天啓七年陶履中刻本《陶文簡公集》卷七；明萬曆刻本《歇菴集》卷十四）

《高内翰傳》

有明中書舍人錢塘高公疾既侵，自力書爵里族系、子孫姻連，為銘墓文，臨革，召其孫嗣文，授之曰：吾醜夫世之諛死而誑生者，毋他請也。逮葬，嗣文復詣予，屬為公傳……昔者，陶靖節、陸天隨皆自傳，王無功、白樂天皆自誌墓，語出諸懷抱，韻標于古今，其意足稱焉。江淹之自序也，劉炫之自贊也，懼他文之未工，忘己說之多醜，異於四子者之撰矣。然未有質言無餘，若内翰之志之善者也，其可師也與，其可師也與！（明天啓七年陶履中刻本《陶文簡公集》卷七；明萬曆刻本《歇菴集》卷十四；《四庫全書》本《明文海》卷四百二十七傳四十一）

《馬曹稿序》

……夫人之性有所蔽，材有所短。短而蔽者，若窮於此，而後修而通者，始極於彼，此恒數也。……吾觀唐之詩，至開元盛矣，李、杜、高、岑、王、孟之徒，其飛沈舒促，濃淡悲愉，固已若蒼素之殊色，而其流也，抑又甚焉。元、白之淺也，患其入也，而郊、島則惟患其不入也；韋、柳之沖也，患其盡也，而籍、建則惟患其不盡也；溫、許之冶也，患其稚也，而盧、劉則惟患其不稚也；韓退之氏抗之以為詰崛，李長吉氏探之以為幽險。予於是歎曰：詩之大，至是乎！偏師必捷，偏嗜必奇。諸君子者，殆以偏而至、以至而傳者與？眾偏之所湊，夫是之謂富有；獨至之所造，夫是之謂日新。向令諸君子者，舍獨以群眾，易己以摹古，療偏以造完，將困躓之不暇，而暇成其能哉！……（《續修四庫全書》本《歇庵集》卷三，第一三六五册第二三七頁）

智按：《千頃堂書目》卷二十五：「沈朝煥《沈伯含集》二十七卷（《亦適編》七卷，《泊如齋集》六卷，《馬曹稿》五卷，《勞人草》一卷，《渠陽小草》二卷，《田家襍咏》一卷，《和陶詩》一卷，《北臺賦》一卷，《抱膝長吟賦》一卷，《入蜀詩》一卷，《鍾陵草》一卷。字伯含，仁和人，福建參政）。」

陶望齡，字周望，號石簣，會稽（今浙江紹興）人。萬曆十三年（一五八五）考中鄉試第二名。四年後會試第一，殿試第三，與董其昌、袁可立爲同年，授翰林編修。萬曆二十三年（一五九五），被內閣提名充任正史纂修官。萬曆三十三年，陞國子監祭酒。乞歸養。萬曆三十七年因母喪哀毀而卒。謚文簡。

高攀龍（一五六二~一六二六）

《武林游記》

庚寅八月，余以事游嘉湖間，而武林在杖履中矣。幼時聞長者談其湖山之勝，至此遂擬游焉。以朔日行，同行者楊君益卿、俞君汝定也。……至湖濱，徐步蘇堤。堤為中貴孫隆新葺，舊堤所植，惟桃柳，孫復襍植諸卉，甚整。堤界於內外湖中，兩湖之勝，俱掇之矣。是時雨絲陰濛，水烟籠樹，遠山層叠，濃淡相間。內湖荷香襲人，游人歌吹，與點點漁舟，錯落左右，瞻眺恍然自失。旦日買舟游外湖，自寺前解維，放於中流。表裏青山，參差緑樹，朱碧樓臺，掩映秋水，所到可入圖畫。午漏，抵淨慈殿宇，殊弘敞，雨復作絲，卒卒而返。

至龍王廟，即三賢祠也，唐白香山、宋蘇學士、林處士主在焉。堂顔曰會景，又曰漾碧軒，前築露臺，三面遶山，臺下植荷，水烟山翠，在楹欄之間。已至湖心亭，四面可憑眺。少憩，至望湖亭。繇亭而前，即中貴所築新堤矣。乃舍舟，徐步堤上，暝而抵寺，旦日游内湖，解維即至大佛寺，已至放鶴亭林處士墓也。低回墓側，思不得如處士長主湖山，誦詩讀書，俯仰出入於烟雲水月之間，一為悵望，左上為四賢祠，前三賢復益唐李鄴侯泌也。蓋杭地近海，民久苦江水鹵惡，至泌始開六井，鑿陰竇，引湖水灌漑，民得其利然。湖泉葑蔓易壅，六井湮塞随之，後李能修其業者白，後白能修其業者蘇，杭人尸祝三公，有以矣。夫三公文章政事無論也，而處士以清風高節，鴈行俎豆，士廼猥云窮達哉。已至武穆祠墓，肅衣冠拜謁，至瞻遺像，遶墓三匝，南枝蕭蕭，秋風颯然，便欲泣下。……（《四庫全書》本《高子遺書》卷十）

智按：高攀龍，字存之，又字雲從，號景逸先生，無錫（今屬江蘇）人。萬曆十七年（一五八九）進士。二十一年，因上疏得罪内閣而被貶，後回歸故里。三十二年，與顧憲成等人于東林書院講學，時稱「高顧」。明熹宗即位後，起用為光禄寺丞，官至左都御史。天啟四年（一六二四）因揭露魏黨崔呈秀貪穢而罷官，再歸故里。六年被捕，自沉死。崇禎初被平反，贈太子少保、兵部尚書，謚忠憲。有遺著《高子遺書》。

張鼐（一五六二～一六二九）

《先進舊聞》

吾松多讀書，善譚論，無如何孔目良俊，其風流瀟灑，恬於仕進，則有何禮部良傅兩先生伯仲也。孔目公字元朗，號柘湖，少嗜學，極博而負才數奇，以貢謁選授南京翰林孔目，尋乞歸，益厭俗，治芳圃精舍，掃軌讀書，傲然不屑一世士，獨與二三博雅同志，品隲千古，其論著卓然，至今人誦習之，有《四友齋叢說》、《何氏語林》行於世。四友者，維摩詰、莊生、白樂天與公為四也。（《寶日堂初集》卷二十三，《四庫禁毁書叢刊》影印明崇禎二年刻本，集部第七六册，第六一七頁）

智按：張鼒，字世調，華亭（今上海松江）人。萬曆三十二年（一六〇四）甲辰進士，官至南京吏部右侍郎，兼詹事府詹事。

何白（一五六二~一六四二）

《南雁蕩紀游詩效長慶體》

吾甌蓋有南北兩鴈蕩云，北鴈，吾家山也，與客冥討，已得其概，唯南鴈越在昆陽，洞壑深窅，荒塗阻絶，名不挂于圖牒，游者亦罕至，屢欲與好事者裹糧一往，不可得。時想像神不啻一夕而九升也。予友楊木父、管九韶，雅負勝情，約予偕往，遂以甲申仲夏發舟，凡二日，至前倉。前倉寔南雁之支山也。午後過寶勝寺，尋吳越錢王一宿樓舊跡，并覽動石、黄公洞諸勝，洞甚弘敞，聞之土人，始由黄公開鑿，或誤以為黄石，非也。洞上有平石如砥，曰挾僊臺，遠望江色淼森，信奇觀也。流覽既畢，是夕與二子宿于寺，枕上作紀游詩。

前倉一丸城，面江負崖崿。與客探幽奇，撰杖出南郭。東行至山垂，精藍隱叢薄。寺左有高樓，飛甍嵌丹壑。林杪瀉奔泉，清池注寒王。古木爭蒙龍，垂藤互糸錯。昔聞吳越王，於焉曾止託。猶存一宿名，往事空緬邈。寺後躡層梯，仄徑緣旁礴。上有兩巨石，俯仰若相搏。俯者名動巖，撼之伸以脚。漸漸雲根移，隱隱雷聲竹。莫測動静機，造化疇能度。東尋黄公洞，排空石為彴。磵何盡穹窿，旁通更聯絡。忽復達巖扃，閎深敞還廓。黄公知為誰，何年事開鑿。想見隱者流，圖經頗崖略。出洞登仙亳，逌然欲飛躍。遠望片月來，金波接蓬弱。豈無琴高鯉，定有浮丘鶴。願攬化人袪，一奏鈞天樂。寄謝海上翁，吾將采靈藥。（《汲古堂集》卷三，《四庫禁毀書叢刊》影印明萬曆刻本；沈洪保點校《溫州文獻叢書·何白集》，上海社會科學院出版社，二〇〇六年四月，第六三頁）

《病起同程生飲馬姬新鶯館効長慶體》

醉病不醉愁，微酣愁病半。愁病兩較之，寧與炮生斷。畏殺惡少年，留殘强來灌。長干美清夜，秦淮月如練。言尋碧玉家，燈前出相見。流睇勤斜光，掩映白團扇。黼帳隱金屏，珠簾壓銀蒜。瓶花動壁衣，爐香裊羅幔。侍婢頗昵人，短歌能自衒。美酒瀉玉壺，杯上微渦轉。小姑未破瓜，冰肌雪爲面。試舞柘枝詞，輕若蓮花旋。折桃傅酒巵，莫教輕落片。客有高陽生，罰過金谷算。窮愁頓爲開，旅病吾先判。明朝醒更愁，再病緣誰勸。(《汲古堂集》卷四,《四庫禁毁書叢刊》影印明萬曆刻本)

《醉起效長慶體三首》

青山同一觀，静者得其意。緑酒同一酣，昧者失其味。古人有知者，輒爲造物忌。子雲老躭杯，家貧不能致。賴有好事人，攜尊問奇字。陶公卧柴桑，耻爲折腰吏。采菊向東籬，白衣不時至。兩者雖得之，一生亦憔悴。我獨諧夙心，畢願在中歲。緑酒時可揮，青山日相對。持觴拄頰看，陶陶復沾醉。意味斟酌間，冥然與心會。兀兀何所為，且就北窻睡。睡起趣提壺，夕陽在山翠。

雲壑日相待，世人殊不閒。却笑林下僧，不知林外山。重城曙光白，輪鞅復班班。終日驅車者，豈盡皆冥頑。一中利名韝，終老櫪與閑。我幸解天劓，逃之泉石間。朝随沙鳥去，暮逐沙鳥還。欲語無可會，歸來聊閉關。

人易爲人知，此中一何淺。人憾無人知，此中一何褊。不如兩忘之，置之了無辯。興來擩一壺，獨自上層巘。坐聽水潺湲，行望雲舒卷。超然寄曠觀，古人如在眼。萬里未足遥，千秋詎云遠。扣石放歌還，墟煙日將晚。(《汲古堂集》卷四,《四庫禁毁書叢刊》影印明萬曆刻本)

智按:《醉起擬長慶體》三首，又見《沅湘耆舊集》卷二十五(《續修四庫全書》影印清道光二十三年鄧氏南邨草堂刻本，第一六九〇册，第七三九～七四〇頁)，斷為黄學謙之作。第一首漏「古人有知者，輒爲造物忌」,「持觴拄頰看，陶陶復沾醉」,「兀兀何所為，且就北窻睡」;「畢願在中歲」，作「畢歡在晚歲」;「睡起趣提壺」，作「持觴拄頰看」。第二首「欲語無可會，歸來聊閉關」，作「倦即命瓢杓，隱几聊閉關」。第三首「興來擩一壺」，作「興來命一尊」。《沅湘耆舊集》卷二十五黄學謙《村寓主人張文溪環溪梧溪招同王爾静汪遠之暨兩兒暑飲》、《晚雨即事》、《春雨初霽課童刈圃》等，亦與何白《汲古堂集》高度相似;《對客短歌》，則與謝肇淛(一五六七～一六二四)《短歌》(《小草齋集》卷四)雷同。黄學謙，字又謙，一字天益，善化(今屬湖南)人。天啟元年(一六二一)辛酉副榜。官廣東樂昌教諭、陝西興平知縣。致仕歸，教授鄉里。晚逢世亂，棲竄深山。《湖廣通志》卷五十七：「黄學謙，善化人。以恩貢任韶州，諭擢陝西興平知縣，少著文名，其弟孝廉學璞、學良，咸侍筆硯，里中知名士多出其門。著有《紫巖集》。（府志）」《照杯亭遺草》八卷，陶汝鼐、周聖楷校定，清康熙刻本，前有楊枝起、劉自煜及自序。乾隆間以集中詩句有違礙，列爲禁毀書。

《抱女孫效長慶體》

風嬰兒女情，刺促傷懷抱。憂虞二十年，爲父仍爲保。五十婚嫁完，非遲亦非早。回頭語老妻，庶幾畢父道。自兹得餘閒，禪誦以娱老。有孫付兒曹，毋得更相擾。昨歲抱女孫，中夜縫文緥。今歲始扶行，雙眉何姣好。學語半未成，啞啞若雛鳥。對酒掣杯盤，牽衣索梨枣。侵晨呼阿翁，提攜日纏繞。狼藉自畫眉，撫掌爲絶倒。有頃過嬌癡，誰能卽嗔惱。乃知情所鍾，欲了未易了。安得逐金僊，從之以輕矯。（《汲古堂集》卷六，《四庫禁毁書叢刊》影印明萬曆刻本）

《壬子除夕效長慶體》

一年到歲除，三百六十度。上牀與下牀，朝朝復暮暮。疢疾幸不侵，骨肉喜無故。燈火羅杯盤，妻兒共歡聚。況我當兹年，已畢嫁與娶。卽事良可欣，寧辭劇歌呼。委形天地間，百年信行寓。大藥不可求，朱顔孰能駐。浮光日西馳，驚波亦東注。何況旦夕間，變幻生指顧。憶昔有鄒君，能通紫微數。自言已命屯，今歲頗危慮。除夕幸已臨，苟免吾其庶。談笑未及終，疾作俄僵仆。救療竟不蘇，呼吸等朝露。（甲午除夕，予晤鄒君若昏，自言己命是歲，據紫微數，當在死法。中秋間，一疾幾不起。今幸歲終，庶幾無恙，言未終而疾作，目遂瞑。）感此亦何常，追歡宜達曙。細拈婪尾尊，更誦淵明句：縱浪大化中，不喜亦不懼。（《汲古堂集》卷六，《四庫禁毁書叢刊》影印明萬曆刻本）

《與梅季豹》

白門爲别，動歷年所，不肖弟頭顱既非曩態，鈍劣不減故吾，言之於邑，足下神標外朗，靈氣内融，翳鳳鞭螭，行空徑度，下睎弟輩，直泥下潛蠅耳。

玉洞一賦，似不從人間來。已而竊讀入閩近體諸作，卽境蹠實，陳事切情，非不天骨森張，而造語頗傷率易，政如宗門道人登壇說法，雖言言眞諦，未免墮落宣偈窠臼，於風人之致似稍有間。唐元、白長慶體，序事如畫，彼亦自云：「理太周，意太切，理周則詞繁，意切則言激。」然風趣未嘗不濯濯可人也。足下之作，較之二公，離乎？合乎？足下曩自言不好近體，好亦不善，此兄自斷公案也。居諸一集，足以雄眡千古，他作不必廣示人可也。……(《汲古堂集》卷二十七，《四庫禁毀書叢刊》影印明萬曆刻本)

《與郝大令，時在羅峯寺寫經》

昨至山寺，塵襟如滌。虛廊間敞，山影逼檷。凭高一送目，片雨自遠而集，爽颯飄舞，忽斷忽續。已而晚虹含霽，彩翠流暉，初月在松，白雲暎水。此時，覺舉體輕安，四山閴寂，惟聞廊下革履聲。已而日入，暝坐丈室。佛火熒熒，與老衲共趺木榻，相對靜嘿，久之不作話柄，庶幾白香山所謂「一念不生，前後際斷」耳。君侯自是大誓願人，卽以諍庭為法界，喧寂二境，不相淩奪，未免軒渠野人，尚墮黑山活計也。使來以付一噱。(《汲古堂集》卷二十七，《四庫禁毀書叢刊》影印明萬曆刻本)

《架上檢得吳少君詩畫》

古冠奇服意蕭然，便爲名高也自賢。郭恕已仙留畫在，樂天無子賴詩傳。竹床憶聽蕉林雨，茶灶同烹石竇泉。遼□［陽］只今城郭異，不知鶴返定何年。(時新失遼陽)(民國抄本《汲古堂續集》卷四，沈洪保點校《溫州文獻叢書·何白集》，上海社會科學院出版社，二〇〇六年四月，第五六九頁)

《真率會序》

羅大經有云：自昔士之閑居野處，必有同志同道之侶相與往還，有以自樂也。若靖節之卜南村，少陵之居錦里是已。而繹思古人之所嘉尚，未有無類聚以應之者。故有出世之友，有逃世之友。東林諸賢，依歸淵丘，味道餐風，同臻淨業，邈乎不可尚已。繼之則香山白傅、如滿之流，亦其庶幾，是爲世出世間法也。山陽作者七人，徂徠號曰六逸，以彼其人，類皆高世瑰琦之才，不幸適遘典午陽九會，天寶多難之時，駭機潛伏，若有芝焚蕙嘆之慮，故不得不洗腆于酒，用以自全，消其憂生之嗟耳！是托焉以逃者也。余真率會中，預者凡九君，竊幸同時同里，生值休明之朝，齒尊者大耋，次則望七，視明而聽聰，杖晚而唾遠，山行蠟屐，水游刺舟，折簡如期，擊鮮命酒，肴非珍異，禮鮮繁苛，月下花前，水邊林際，銜口無囁嚅之諱，放情饒閑適之娱，詩以取言，飲唯隨量，可謂極人外之歡驚，標人間之逸軌矣。夫元卿開徑，僅引二仲以同游；啓期行歌，强稱三樂而自慰，較之今日之所得，不亦多乎！雖然，日往不居，河清難俟，吾輩高情遠寄，固自迥出于常流；而密諦潛修，尚未問途于安養，願以榆景之光，兼結蓮花之社，則東林法席，香山高風，遠非千載，同在一時，庶不至當面蹉過也。讌會諸什，諸君有詩有序有跋，余復綴數語于末簡，并用以自勖云。（民國抄本《汲古堂續集》卷七，沈洪保點校《溫州文獻叢書·何白集》，上海社會科學院出版社，二〇〇六年四月，第六三五頁）

智按：何白，字無咎，永嘉（今浙江溫州）人。《列朝詩集》云：「幼時為郡小官吏，龍君御為郡司理，異其才，為加冠，集諸名士賦詩以醮之，為延譽於海内，遂有盛名。西游酒泉，南窮湘沅，歸隱於梅嶼山中，有《汲古閣集》行世。」（《浙江通志》卷一百九十三引）《明詩綜》卷六十八詩話則云：「无咎起於側微，事容有之。第考萬曆庚辰履歷，龍君御初授徽州府推官，鐫級改温州府學教授，入為國子博士，未嘗任温州司理也。牧齋尚書殆亦道聽之説。《汲古堂集》原亦出於七子，頗與俞羨長相近。」參見李維楨《大泌山房集》卷二十四《何無咎詩序》（《四庫全書存目叢書》第一五一册，第三五～三六頁）、卷十三《汲古堂集序》（《四庫全書存目叢書》第一五〇册，第五七三～五七四頁）。

李晬光（一五六三～一六二八）

《藝峰類説》

王弇州曰：「僕之病在好盡意而工引事。盡意而工引事，則不能無出入於格。以故詩有墮元白或晚季近代者，文有墮六朝或唐宋者。」余謂以弇州而自歉如此。今人萬不及弇州而自許太過者，由不知己病故也。（朝鮮古書刊行會

一九一五年版卷八）

元微之《連昌宮辭》，王弇州以為勝《長恨曲》。余謂弇州此説，蓋以氣格而言。然樂天《長恨歌》，模寫如畫，可謂曲盡。二詩优劣，恐未易言。（朝鮮古書刊行會一九一五年版卷九）

或言，《長恨歌》「六軍不發無奈何，宛轉蛾眉馬前死」，是則明皇迫於軍情，不得已而誅楊妃也，措語太露，不若《北征》詩「憶昨狼狽初，事與古先別。不聞夏商衰，中自誅褒妲」，余謂此説然矣。但謂之《長恨歌》則記事，不得不如此。唯劉禹錫云：「官軍誅佞幸，天子捨妖姬。群吏伏門屏，貴人牽帝衣。低回轉美目，風日自無輝」，尤似太露，不及白詩猶爲渾全也。且杜詩既曰褒妲，則夏商改作商周是矣。（朝鮮古書刊行會一九一五年版卷九）

杜牧之謂：「白居易詩纖豔不逞，非莊人雅士所為。流傳人間，子父女母，交口教授，淫言蝶語，入人肌骨，不可去」。余謂少杜此言，蓋有所見。而其自爲詩，亦多艷體媟語，何也？（朝鮮古書刊行會一九一五年版卷九）

王弇州云：「詩格變自蘇、黄，固也。黄意不滿蘇，直欲淩其上，然不如蘇也。何者？愈巧愈拙，愈新愈陳。」余謂此可定其優劣矣。聞弇州晚年最喜蘇詩與樂天云。（朝鮮古書刊行會一九一五年版卷九）

《溫公詩話》曰：「唐人賡和，有次韵、用韵、依韵。次韵，是效其次第韵。用韵，用彼之韵，不必次之，依韵，同在一韵中耳。」按：次韵之作，始于元白而盛于趙宋，我國則尤以華國爲重，故爭尚此法，如舉子習科業者之爲，豈曰詩哉？（朝鮮古書刊行會一九一五年版卷九）

樂天詩……語雖俚，卻甚切著。（朝鮮古書刊行會一九一五年版卷一一）

白樂天《長恨歌》曰：「峨眉山下少人行。」按《東坡志林》曰「峨眉在嘉州，與幸蜀路全無交涉」云，古人於此等處，亦失點檢而然耶？楊慎以爲當作「劍門山下」云云，亦未知如何。

白樂天《自警》詩曰：「蠶老繭成不庇身，蜂飢蜜熟屬他人。須知年老憂家者，恐似二虫虛苦辛。」此詩非特自警，亦足警世矣。

《長恨歌》曰：「楊家有女初長成，養在深閨人未識。」楊妃本配壽王，而詩語如此。又借漢皇爲言，不敢斥言也，詩人忠孝之意可見。

白樂天詩曰：「聞健且閑行。」又「園林亦要聞閒置。」張籍詩曰：「聞晴

�（曬）曝舊芳茵。」王建詩曰：「聞身強健且為，頭白齒落難追。」又曰：「遇晴須看月，聞健且登樓。」「聞」字未詳出處，而《韻府群玉》曰：「『聞閑』與『聞早』等意同，蓋如『趁』字之義。」按道書云：「不如聞早樂清閑。」又云：「聞身強體健」云云。是也。

智按：「聞健且閒行」見《晚起》，《白居易集箋校》第一九四一頁。「林園亦要聞閒置」見《以詩代書寄戶部楊侍郎勸買東鄰王家宅》，《白居易集箋校》第二二六七頁。「聞晴曬（曬）曝舊芳茵」見王建《秋日後》（一作新晴後），《全唐詩》卷三〇一。「聞身強健且為，頭白齒落難追」見王建《江南三臺詞四首》之三。「遇晴須看月，聞健且登樓」見王建《醉後憶山中故人》（一作故人山中），《全唐詩》卷二九九。

樂天詩曰：「吟風杪秋樹，對酒長年身。醉貌如霜葉，雖紅不是春。」語雖近俚。却甚切着。

白樂天詩曰：「萬病皆可治，惟無治老藥。」按《續博物志》云：「雖有神藥，不如少年。」卽此意也。

白樂天詩曰：「戶大嫌甜酒，才高笑小詩。」按唐人以飲多者爲大戶，飲少者爲小戶，故云。

白居易戲答皇甫監詩曰：「寒宵勸酒君須飲，君是孤眠七十身。莫道非人身不暖，十分一盞煖於人。」卽《曲禮》「八十非人不暖」之意也。

白樂天詩曰：「行開第八秩，可謂盡天年。」又曰：「已開第七秩，屈指幾多人。」按《禮》「年八十曰有秩」，故以八十爲八秩。或言十年爲一秩，故俗謂七十以上，爲開第八秩云。

白樂天與李浙東詩曰：「吾學空門非學仙，恐君此說是虛傳。海山不是吾歸處，歸則須歸兜率天。」按《避暑録》曰：「李君稷會昌初觀察浙東，言有海賈遭風飄海中一大山，視其殿榜，曰蓬萊。旁有一院，扃鎖甚嚴，花木盈庭。人曰此白樂天院，在中國未來云。故詩意如此。」兜率天，佛家所謂欲界六天之一也。此亦喻其謫仙哉？

《長恨歌》曰：「夜雨聞鈴腸斷聲。」按《楊妃外傳》：「明皇幸蜀，霖雨彌旬，棧道中聞鈴聲，悼念貴妃，因爲《雨霖鈴曲》。」唐詩「一曲霖鈴淚萬行」，此也。鈴蓋馬口銜鈴，或謂簷鈴，如風鐸之生，今俗以浮漚爲鈴，此乃方言。恐不是也。

白樂天詩云：「櫻桃樊素口，楊柳小蠻腰。」以樊素善歌，小蠻善舞，故言。按樊素善唱《楊柳枝詞》，人以曲名之。樂天既老，放之。東坡詩曰：「前年開閤放柳枝。」又曰：「不學楊枝别樂天。」柳枝，即樊素也。

《琵琶行》曰：「曲罷常教善才服，粧成每被秋娘妬。」按《琵琶行序》云：「本長安倡女，學琵琶於穆曹二善才。」《樂府雜録》云：曹善才，樂師名。秋娘，李德裕鎮關西日，爲謝秋娘作《望江南詞》，是已。《唐詩解》引杜秋娘事，此則吳女。恐非也。

《琵琶行》曰：「楓葉荻花秋瑟瑟。」楊慎曰：「瑟瑟本寶名，其色碧，此言秋色碧也。評者多以爲蕭瑟非矣。樂天詩曰：『寒食青青草，春風瑟瑟波。』又『一道斜陽照水中，半江瑟瑟半江紅』，此可證也。」張初云：瑟瑟多作風聲，劉公幹詩「瑟瑟谷中風」。此豈言碧色耶。余按梁武帝詩：「瑟居超七淨。」瑟與索同。蕭索與蕭瑟，蓋一也。

樂天詩「金斗熨波刀剪文」，溫庭筠詩「緑波如熨割愁腸」，陸魯望詩「波平熨不如」。按《説文》：「熨，持火申繒也。」一曰火斗，杜詩「美人細意熨帖平」是也。

白樂天詩云：「青山舉眼三千里，白髮平頭五十人。」又「火銷燈盡天明後，便見平頭六十人」，平頭，蓋俗語也。又《古樂府》「平頭奴子持筐箱」，李白詩「平頭奴子搖大扇」，王半山詩「平頭均楚製」，與此異義。

樂天詩云：「名惟公器無多取，利是身災合小求。唯異匏瓜難不食，大都只足便宜休。」按樂天嘗曰：「古人云名者公器，不可以多取。僕向者竊時之名已多，欲竊時之富貴，爲造物者肯兼與之乎。」若公可謂知足者矣。

白樂天詩云：「人家半在船，野水多於地。」姚合云：「驛路多臨水，人家半在雲。」宋趙師秀云：「野水多於地，春山半是雲。」未知孰爲優劣，而師秀則全用樂天矣。

樂天詩曰：「緑浪東西南北路，紅闌三百九十橋。」「十」字作平聲用。按白詩中使字多如此。樊川詩「南朝四百八十寺」，亦作平音爾。（以上均見

朝鮮古書刊行會一九一五年版卷一一)

昔陶淵明自作《挽詞》及《五柳先生傳》……白樂天自作《醉吟先生傳》及《墓志銘》，邵康節自作《無名公傳》……近世盧蘇齊亦自作志文，豈亦有意于名者歟?(朝鮮古書刊行會一九一五年版卷十四)

白樂天《失婢》詩曰:「宅院小墻庳，房門榜貼遲。舊恩慚自薄，前事悔難追。籠鳥無常主，風花不戀枝。今宵在何處，唯有明月知。」又有詩曰:「病與樂天相伴住，春隨樊子一時歸。」劉夢得嘲之曰:「春盡絮飛留不得，隨風好去落誰家。」蓋樂天非能去樊素，樊素竟自去爾。(朝鮮古書刊行會一九一五年版卷十四)

林石川，號為學李白者，而常讀《樂天集》云。(朝鮮古書刊行會一九一五年版卷十四)

智按:林石川即林億齡(一四九六~一五六八)。

《白居易傳》曰「居易詩，人爭傳之，雞林賈售其國相，率篇易一金」云。雞林乃新羅，而未知「國相」何人。其酷好之者，豈亦知而好之者耶?蓋其詩如里巷常談，平易近理而曲盡情態，故能取重如此。(朝鮮古書刊行會一九一五年版卷十四)

智按:李睟光，字潤卿，號芝峰，謚文簡，全州人。朝鮮性理學者、實學者，曾以奏請使赴北京。有《芝峰集》、《芝峰類說》。

許學夷(一五六三~一六三三)

《詩源辯體》

柳宗元、韓愈、孟郊、賈島、姚合、周賀、李賀、盧仝、劉叉(乂?)、馬異、張籍、王建、白居易、元稹、劉禹錫、張祜、施肩吾。(原注:中自韓愈至元稹十三子為「元和體」。)(《詩源辯體·世次·憲宗》，《詩源辯體》杜維沫校點本，第十頁)

漢稱蘇李，李豈讓蘇?魏稱嵇阮，嵇寧勝阮?以至晉之潘陸，宋之顔謝，

陳之徐庾，唐之高岑、錢劉、元白，皆順聲而呼，非以先後為優劣也。（《詩源辯體》卷三「五五」，杜維沫校點本，第六三頁）

靖節詩真率自然，傾倒所有，晉宋以還，初不知尚，雖靖節亦不過寫其所欲言，亦非有意勝人耳。至唐王摩詰、元次山、韋應物、柳子厚、白樂天、宋蘇子瞻諸公，並宗尚之，後人始多得其旨趣矣。（《詩源辯體》卷六「一一」，杜維沫校點本，第一〇一頁）

晉人作達，未必能達。靖節悲歡憂喜，出於自然，所以為達。蔡寬夫云：「柳子厚之貶，其憂悲憔悴之歎，發於詩者，特為酸楚，卒以憤死，未為達理。白樂天似能脫屣軒冕者，然榮辱得失之際，錙銖較量，而自矜其達，每詩未嘗不着此意，是豈真能忘之者哉？亦力勝之耳。惟淵明則不然。觀其《詠貧士》、《責子》與其他所作，當憂則憂，當喜則喜，忽然憂樂兩忘，則隨所遇而皆適，未嘗有擇於其間，所謂超世遺物者。」（已上二十二句皆寬夫語）（《詩源辯體》卷六「二八」，杜維沫校點本，第一〇六頁）

元結（字次山）五言古，聲體盡存，在李、杜、岑參外另成一家。結《與劉侍御宴會詩序》云：「文章道喪久矣。時之作者，煩雜過多，歌兒舞女，且相喜愛，系之風雅，誰道是耶？」故其詩不為浮泛，關係實多，但其品高性潔，激揚太過，故往往傷於訐直。中如《賤士吟》、《貧婦詞》、《下客謠》等，質實無華，最為淳古。其他意在匠心，故多游戲自得而有奇趣。蓋上源淵明，下開白、蘇之門戶矣。惜調多一律耳。（《詩源辯體》卷十七「十九」，杜維沫校點本，第一七六頁）

元和諸公群起而力振之，賈島、王建、樂天創作新奇，遂為大變。（《詩源辯體》卷二十三「二二」，杜維沫校點本，第二四五頁）

大曆以後，五七言古、律之詩，流於委靡。元和間，韓愈、孟郊、賈島、李賀、盧仝、劉乂（叉、乂?）、張籍、王建、白居易、元稹諸公群起而力振之，惡同喜異，其派各出，而唐人古、律之詩至此為大變矣。亦猶異端曲學，必起於衰世也。（《詩源辯體》卷二十四「一」，杜維沫校點本，第二四八頁）

予嘗謂：三教之理，判若河漢；世之儒者，或於二教，不敢遽毀先聖，乃欲合而通之，其罪甚於毀儒；當如三家比居，其垣牆門戶，界限分明，庶無混媟之虞。袁中郎謂：「詩至李杜始大，韓、柳、元、白、歐，詩之聖也；

蘇，詩之神也。」此合而通之，且欲以變為主矣。又或心知韓、白、歐、蘇之美，恐妨於李、杜而不敢言，此又不能分別門戶也。苟能於諸家門戶判然分別，則謂韓白諸子為聖可也，神亦可也。（《詩源辯體》卷二十四「三」，杜維沫校點本，第二四九頁）

智按：袁中郎（袁宏道）所云，見其《與李龍湖》。

元和、晚唐諸公，各立門戶，實以才力相勝。其才力有大小，故其門戶亦有大小耳。以韓、白二公與餘子相比，則知之矣。宋人才大者學韓、白，若歐、蘇二公是也；才小者學李賀、李商隱、溫庭筠，若楊大年諸人是也。（詳見子美論中。）（《詩源辯體》卷二十四「五」，杜維沫校點本，第二四九頁）

元和諸公所長，正在於變。或欲於元和諸公録其正而遺其變，此在選詩則可，辯體，終不識諸家面目矣。故予此編於元和諸公各存其本體，惟於本體有未工者，則不録也。（與凡例論元和一條參看。）（《詩源辯體》卷二十四「六」，杜維沫校點本，第二五〇頁）

元和諸公之詩，其美處即其病處，樂天謂「所長在此，所病亦在此」是也。（《詩源辯體》卷二十四「八」，杜維沫校點本，第二五〇頁）

韓白五言長篇雖成大變，而縱恣自如，各極其至；張王樂府七言雖在正變之間，而實未盡佳。選者於韓白五言長篇不録，而多采張王樂府，蓋元和主變，而選者貴正也。（《詩源辯體》卷二十七「三」，杜維沫校點本，第二六八頁）

白樂天（原注：名居易）五言古，其源出於淵明，（其《自吟詩稿》云：「蘇州及彭澤，與我不同時。此外復誰愛，唯有元微之。」）但以其才大而限於時，故終成大變。其敍事詳明，議論痛快，此皆以文為詩，實開宋人之門戶耳。又全集冗漫者多，斷不可讀。（《詩源辯體》卷二十八「一」，杜維沫校點本，第二七一頁）

或言：「子言樂天五言古敍事詳明，以文為詩，今觀杜子美《新婚別》、《垂老別》、《無家別》等，亦皆敍事，何獨謂樂天以文為詩乎?」曰：子美敍事，纖回轉折，有餘不盡，（説見子美論中。）正未易及；若樂天，寸步不遺，猶恐失之，乃文章傳記之體。試以二詩並觀，迥然自別矣。（《詩源辯體》卷二十八「二」，杜維沫校點本，第二七一頁）

樂天五言古，敘事詳明者難以摘，議論痛快者略摘以見。如「小人與君子，用置各有宜。奈何西漢末，忠邪並信之。不然盡信忠，早絕邪臣窺。不然盡信邪，早使忠臣知。」（《讀漢書》）「因小以明大，借家可喻邦。周秦宅崤函，其宅非不同。一興八百年；一死望夷宮。寄語家與國，人凶非宅凶。」（《凶宅》）「儒教重禮法，道家養神氣。重禮足滋彰，養神多避忌。不如學禪定，中有甚深味。曠廓了如空，澄凝勝於睡。」（智按：《和知非》）「大隱住朝市，小隱入丘樊。丘樊太冷落，朝市太囂喧。不如作中隱，隱在留司官。似出復似處，非忙亦非閑。」（智按：《中隱》）「心了事未了，饑寒迫於外。事了心未了，念慮煎於内。我今實多幸，事與心和會。内外及中間，了然無一礙。」（智按：《自在》）「寓心身體中，寓性方寸内。此身是外物，何足苦憂愛。況有假飾者，華簪及高蓋。此又疏於身，復在外物外」（智按：《遣懷》）等句，皆議論痛快，以理為勝者也。鄒彦吉云：「夫莫不有理，而惟詩忌理障；莫不有事，而惟詩忌事障。」（以上彦吉語）若樂天此詩，則皆所謂理障也。（《詩源辯體》卷二十八「三」，杜維沫校點本，第二七一頁）

樂天五言古，用語流暢，雖若容易，而聯絡照應，動切肯綮，實皆苦思得之。張文潛云：「世以樂天詩為得於容易，嘗於洛中一士人家見白公詩草數紙，點竄塗抹，及其成篇，殆與初作不伴（侔）。」（以上文潛語）其苦思可知。或謂「樂天每作詩，令一老嫗解之，嫗解則録」，是好事者妄言耳。今試以樂天詩誦之，即聰慧婦人，有能盡得其解者乎？（《詩源辯體》卷二十八「四」，杜維沫校點本，第二七二頁）

五言古，退之語奇險，樂天語流便，雖甚相反，而快心露骨處則同；就其所造，各極其至，非餘子所及也。司空圖謂「元白力勍而氣孱」，蓋以其語太率易，不蒼勁故耳。（《詩源辯體》卷二十八「五」，杜維沫校點本，第二七三頁）

樂天五言古最多，而諸家選録者少，蓋以其語太率易而時近於俗，故修詞者病之耳。然元和諸公之詩，貴快心盡意而縱恣自如，故予謂樂天詩在退

之之下，東野之上。或有取於東野而無取於樂天，非所以論元和也。(《詩源辯體》卷二十八「六」，杜維沫校點本，第二七三頁)

樂天五言古，語既率易，中復間用律句，是厥體中所短。如《賀雨》云「歡呼相告報，感泣涕沾胸。」《朱陳村》云「孤舟三適楚，羸馬四經秦」等句，皆律句也。學樂天者最宜慎之。(《詩源辯體》卷二十八「七」，杜維沫校點本，第二七三頁)

樂天五言古，如《賀雨》、《大嘴烏》等，雖成大變，而敍事詳明，用韻穩帖，首尾匀稱，靡不如意，其所長正在於此；或以諸篇為冗濫而不當録者，非所以論元和也。其「窈窕雙鬟女」，「翩翩兩玄鳥」，「古琴無俗韻」等，體雖近正，而實非本相，今亦録冠於前，先正後變也。(《詩源辯體》卷二十八「八」，杜維沫校點本，第二七三頁)

樂天五言古有《大嘴烏》，蓋指當時閹宦也，中云：「雖生八九子，誰辨其雌雄?」語尤顯明。《題海圖屏風》，當指淮、蔡，語亦瞭然。今人讀古詩，於易知者不能知，於不易知者每多附會，何耶?（卷二十八「九」，《詩源辯體》杜維沫校點本，第二七四頁)

樂天七言古，《長恨》、《琵琶》敍事鮮明，《新樂府》議論痛快，亦變體也。胡元瑞謂「敷演有餘，步驟不足」，得之。《長恨歌》聲調雖不盡純，(説見李杜論及錢劉論注中）然才氣有餘，故自不覺。(《詩源辯體》卷二十八「一〇」，杜維沫校點本，第二七四頁)

樂天七言古，敍事詳明者未可句摘，議論痛快者略摘以見。如「貞元之民若未安，驃樂雖聞君不歡。貞元之民苟無病，驃樂不來君亦聖。」(《驃國樂》)「君看驪山頂上茂陵頭，畢竟悲風吹蔓草。何况玄元聖祖五千言，不言藥，不言仙，不言白日昇青天。」(《海漫漫》)「新人新人聽我語，洛陽無限紅樓女。但願將軍重立功，更有新人勝於汝。」(《母别子》)「假色迷人猶若是，真色迷人應過此。彼真此假俱迷人，人心惡假貴重真。狐假女妖害猶淺，一朝一夕迷人眼。女為狐媚害即深，日長月長溺人心。」(《古塚狐》)等句，亦皆議論痛快、以理為勝者也。(《詩源辯體》卷二十八「一一」，杜維沫校點本，第二七四頁)

樂天七言古，《長恨》、《琵琶》及《新樂府》雖成變體，然尚有唐人音調，至「一日日」「一年年」及《達哉樂天行》，則全是宋人聲口，始為大變矣。(《詩源辯體》卷二十八「一二」，杜維沬校點本，第二七五頁)

元和間五、七言古，退之奇險，東野琢削，長吉詭幻，盧仝、劉乂（叉、乂?）變怪，惟樂天用語流便，似若欲矯時弊，然快心露骨，終成變體。(《詩源辯體》卷二十八「一三」，杜維沬校點本，第二七五頁)

樂天五、七言律、絕，悉開宋人門戶，但欠蒼老耳。五言排律，華贍整栗，而對尚工切，語皆琢磨，乃正變也。(《詩源辯體》卷二十八「一四」，杜維沬校點本，第二七五頁)

樂天五言律，如「邊角兩三枝」、「離離原上草」、「煙翠三秋色」等篇，尚為小變；如「巧未能勝拙，忙應不及閑」「榮華急如水，憂患大於山」「雖過酒肆上，不離道場中」「白首誰留住，青山自不歸」等句，遂大入議論，如「寒衣補燈下，小女戲床頭」「莫強疏慵性，須安老大身」「病看妻撿藥，寒遣婢梳頭」「佛容為弟子，天許作閒人」「百年慵裏過，萬事醉中休」「天供閑日月，人借好園林」等句,則快心自得，宋人門戶多出於此。(《詩源辯體》卷二十八「一五」，杜維沬校點本，第二七五～二七六頁)

樂天五言律有「何處春深好」二十首、「何處難忘酒」七首、《不如來飲酒》七首，實開宋人冗濫之門。(卷二十八「一六」，杜維沬校點本，第二七六頁)

樂天七言律，如「萬里清光」、「岳陽樓下」、「來書子細」等篇，亦為小變；如「我轉官階常自愧，君加邑號有何功?」(《妻初授邑號告身》)「翠黛不須留五馬，皇恩只許住三年。」(《西湖留別》)「借問連宵直南省，何如盡日醉西湖?」(《〔湖上醉中〕代諸妓寄嚴郎中》）等句，始入游戲；如「試玉要燒三日滿，辨材須待七年期。」「松樹千年終是朽，槿花一日自為榮。」(智按:《放言五首並序》)「只見火光燒潤屋，不聞風浪覆虛舟。」(智按:《感興二首》)「蟲全性命緣無毒，木盡天年為不才。」(智按:《閑臥有所思二首》)「榮枯事過都成夢，憂喜心忘便是禪。」(智按:《寄李相公崔侍郎錢舍人》)「學調氣後衰中健，不用心來鬧處閑。」(智按:《詠懷寄皇甫朗之》)「當君白首同歸日，是我青山獨往時。」(智按:《九年十一月二十一日感事而作（其日獨游香山寺)》)「盡離文字非中道，長住虛空是小乘。」(智按:《贈草堂宗密上人》) 等句，亦大入議論；如「夜眠身是投林鳥，朝飯心同乞食僧。」（智按：《在家出家》）「寒松縱老風標在，野鶴雖饑飲啄閑。」（智按：《題王處士郊居》）「二三月裏饒春睡，七八年來不早朝。（智按：《喜與楊六侍御同宿》）「聞有酒時須笑樂，不關身事莫思量。」（智按：《二月五日花下作》）「五千言裏教知足，三百篇中勸式微。」（智按：《留別微之》）等句，亦快心自得；如「新詩傳詠」、「豔陽時節」、「憶除司馬」等篇，則兩股交串；如「昔年八月」、「非莊非宅」、「案頭曆日」等篇，又隔句扇對；至「早聞元九」一篇，體制更奇，此皆以文為詩，實開宋人之門戶耳。（《詩源辯體》卷二十八「一七」，杜維沫校點本，第二七六~二七七頁）

樂天七言律本自流便，然其句又有奇拗如王建者，有艱澀類諸家者，豈習俗不能自免耶？（《詩源辯體》卷二十八「一八」，杜維沫校點本，第二七七頁）

樂天七言絕，如「雪盡終南」、「憶抛印綬」、「今年到時」、「行人南北」、「野店東頭」、「煙葉蔥蘢」、「青苔故里」、「靖安宅里」、「朱門深鎖」等篇，意雖深切，亦尚為小變；如「欲上瀛州」、「花紙瑤緘」、「小樹山榴」、「紫房日照」、「我梳白髮」、「柳老春深」等篇，亦大入游戲；如「老去將何」、「牆西明月」、「酒後高歌」、「莫嫌地窄」、「自知氣發」、「自學坐禪」、「歲暮皤然」、「卧在漳濱」、「勞將白叟」、「琴中有曲」、「莫驚寵辱」、「鹿疑鄭相」、「相府潮陽」等篇，亦大入議論；如「狂夫與我」、「少年怪問」、「重裘暖帽」、「目昏思寢」、「紗巾草履」、「自出家來」等篇，亦快心自得，此亦以文為詩，亦開宋人之門戶耳。（《詩源辯體》卷二十八「一九」，杜維沫校點本，第二七七頁）

退之五、七言古雖開宋人門戶，然歐、蘇而外無人能學；惟樂天律、絕，悉開宋人門戶，而宋人實多學之，當時稱為「廣大教化主」是也。然但得其淺易耳。（《詩源辯體》卷二十八「二〇」，杜維沫校點本，第二七七~二七八頁）

智按：杜維沫校點本「律」誤為「津」。《詩源辯體》卷二十八以上文字，就白樂天五、七言及律絕等各詩體兼善之情形，给予詳細分析。

樂天詩，非不自知其變，但以其才大不能束縛，故不得不然。觀其《和答微之詩序》云：「頃者在科試間，常與足下同筆硯，每下筆時輒相顧，共患其意太切而理太周。故理太周則辭繁，意太切則言激。然與足下為文，所長在於此，所病亦在於此。」故知其不得不然耳。（《詩源辯體》卷二十八「二一」，杜維沫校點本，第二七八頁）

王元美云：「樂天晚更作知足語，千篇一律。」愚按：樂天才大，其詩自能變化，但其篇什太多，故用意不免有相類者，謂之「一律」，則非矣。（《詩源辯體》卷二十八「二二」，杜維沫校點本，第二七八頁）

元微之（原注：名稹），少年與白樂天角靡騁博，故稱「元白」，然元實不如白。白五言古入録者，雖長篇而體自匀稱，意自聯絡；元體多冗漫，意多散緩，而語更輕率，可采者不能十一。嘗觀樂天《和答微之詩序》，其略曰：「五年春，微之左轉為江陵士曹掾，命季弟送行，且奉新詩一軸，凡二十章，率有比興，淫文艷韻，無一字焉。及足下到江陵，寄在路所為詩十七章，皆得作者風。然竊思之，豈僕所奉二十章，遽能開足下聰明，使之然也？抑又不知足下是行也，天將屈足下之道、激足下之心、使感時發憤而臻於此耶？何立意、措辭與足下前時詩如此相遠也。」此雖以元（微之）詩淫靡者為言，然予録微之五言古僅七首，而元所寄白十七章中得其四，故知微之本非樂天儔耳。（《詩源辯體》卷二十八「二三」，杜維沫校點本，第二七八～二七九頁）

微之集五言有《清都夜境作》，下注云：「自此至秋夕七首，並年十六至十八時作，中頗有類韋蘇州語，惜未盡工耳。」故知微之初年即與樂天同一源也。（詳見樂天首則論注中。）（《詩源辯體》卷二十八「二四」，杜維沫校點本，第二七九頁）

東坡言「元輕白俗」，昔人謂為定論。嘗讀微之《連昌宫詞》及七言律一二入選者，聲氣似勝，烏得為輕？既而讀其集，惟五言排律長篇及窄韻者稍工，餘不免太輕率耳。觀其《酬樂天詩》序云：「屬李景信校書自忠州訪予，連牀遞飲之間，悲咤使酒，不三兩日，盡和去年以來三十二章皆畢。」其輕率可知。（《詩源辯體》卷二十八「二五」，杜維沫校點本，第二七九頁）

元不如白，乃是功有疏密，非才有小大也。觀張文潛論樂天（原註：見

前）及微之《酬樂天詩》序，便可知矣。（《詩源辯體》卷二十八「二六」，杜維沫校點本，第二七九頁）

微之七言古《連昌宫詞》，聲氣渾厚，勝於樂天《長恨歌》，但敍事議論處，終是元和人詩。然微之七言古，此外竟無可取。（《詩源辯體》卷二十八「二七」，杜維沫校點本，第二八〇頁）

昔人言：「元和以後詩，學淫靡於元稹。」今考集中，淫靡者未見，何也？按《唐書・藝文志》載《元氏長慶集》一百卷，又《小集》十卷，今所傳止六十卷，乃宋宣和間建安劉氏收拾於殘缺之餘者，故淫靡者不可得也。王性之家藏元氏豔詩百餘首，采入《傳奇辯證》者十九首，餘亦不傳。今止録十二篇，以補成一家。然《夢游春詞》汰去其半，尚嫌冗雜，其他一二絕句外，亦未為工，惟《古決絕詞》為勝。（《詩源辯體》卷二十八「二八」，杜維沫校點本，第二八〇頁）

《函史》載：「李戡，字定臣，舉進士，就禮部試，吏唱名乃人，耻之，徑反江東，隱陽羡，論著數百篇。惡元和有元白詩競傳，為世重，集當世人詩類古者，斷以為《唐詩》。」愚按：戡誠快士，其論著及所集詩不少概見，惜哉！（《詩源辯體》卷二十八「二九」，杜維沫校點本，第二八〇頁）

白樂天初與元微之齊名，元卒，與劉禹錫（字夢得）俱分司洛中，遂稱「劉白」。按劉雖與白齊名，而其集變體實少，五、七言古及五言律俱未為工。七言律如「南荆西蜀」、「南宫幸龍」（智按：龍應作襲）、「渡頭輕雨」三篇，聲氣有類盛唐，如「建節東行」、「南國山川」、「家襲韋平」、「浮杯萬里」等篇，音調亦似大曆，如「漢壽城邊」、「相門才子」、「洛陽秋日」、「新賜魚書」、「鳳樓南面」等篇，則已逗入開成。至如「疏種碧松過月朗，多栽紅藥待春還」「樓中飲興因明月，江上詩情為晚霞」「蘭蕊殘妝含露泣，柳條長袂向風揮」等句，及「前年曾見」一篇，則更入纖巧矣。七言絕氣格甚勝，嚴滄浪云：「大曆以後，劉夢得之絕句，吾所深取耳。」（《詩源辯體》卷二十九「一」，杜維沫校點本，第二八一頁）

夢得七言絕有《竹枝詞》，其源出於六朝《子夜》等歌，而格與調則子美也。黄山谷云：「劉夢得《竹枝》九章，詞意高妙，元和間誠可獨步，道風俗而不俚，追古昔而不俚，比之子美《夔州歌》，所謂同工而異曲也。」按：

今之吳歌，又是《竹枝》之流。（《詩源辯體》卷二十九「二」，杜維沫校點本，第二八一頁）

樂天最愛夢得七言律「雪裏高山頭早白，海中仙果子生遲」，「沉舟側畔千帆過，病樹前頭萬木春」之句。夢得之詩，惟此得為變體，而集中皆不傳。及考《萬首唐人絕句》，劉（夢得）實有似樂天者，故當時有「劉白」之稱。乃知今所傳夢得詩，决非全集也。（《詩源辯體》卷二十九「三」，杜維沫校點本，第二八二頁）

張祜（字承吉）。元和中作宫體七言絕三十餘首，多道天寶宫中事，入録者較王建工麗稍遜，而寬裕勝之。其外數篇，聲調亦高。（《詩源辯體》卷二十九「四」，杜維沫校點本，第二八二頁）

施肩吾（字希聖）。七言絕見《萬首唐人絕句》，凡一百五十餘首。中有豔詞三十餘篇，語多新巧，能道人意中事，較微之豔詩遠為勝之。今採録一十六首，以備一家。（《詩源辯體》卷二十九「五」，杜維沫校點本，第二八一頁）

世傳上官儀、李嶠、王昌齡各有詩格，昌齡又有《詩中密旨》，白居易有《金針集》，又有《文苑詩格》，賈島有《二南密旨》，淺稚卑鄙，俱屬僞撰。予曩時各有辯論，以今觀之，不直一笑。蓋當時上官儀、李嶠、王昌齡、白居易，俱有盛名，而賈島為詩，晚唐人亦多慕之，故僞撰者託之耳，亦猶今世刻《詩學大成》，託名李攀龍也。宋人言之，而有未盡，今更詳之。（《詩源辯體》卷三十五「七」，杜維沫校點本，第三三三頁）

司空圖論詩，有「梅止於酸」二十四字，（見盛唐總論。）得唐人精髓。其論王摩詰、韓退之、元、白正變，各得其當，（見諸家論中。）遠勝皎然《詩式》，東坡、元瑞皆稱服之。（《詩源辯體》卷三十五「一〇」，杜維沫校點本，第三三四頁）

黄澄濟《詩學權輿》二十二卷，皆類次晚唐、宋元人舊說，而多不署其名，其署名者又多謬誤，蓋彼但見纂集之書，初未見全書也。其論以名物為義者既多穿鑿（如論歌行篇引之類是也。與論漢魏樂府五言參看），以字句相尚者又入細碎，其他卑鄙，不能一一悉舉。（如以李太白「水舂雲母碓，風掃石楠花」，孟浩然「厨人具雞黍，稚子摘楊梅」為借對，又以日月比君后，雨露比德澤，雷霆比刑威，山河比邦國等。）間有一二正論，又與前後相反，蓋彼但類次舊説，初未有已見也。中録嚴滄浪論，以嚴滄浪誤為蘇滄浪，故或稱蘇子美，或稱蘇滄浪（蘇舜欽，字子美，號滄浪）。又引陳去非、葉少藴之論，而誤為杜牧之，尤為可笑。十卷以後，皆録古人歌詩，然以李杜與韓退之、白樂天、馬子才宋諸公並録，略不識正變之體，而註釋又多穿鑿。……（《詩源辯體》卷三十五「三四」，杜維沫校點本，第三四二頁）

詩至韓、白、歐、蘇，可稱大變。然其論則無不正者，蓋四子識見、學力實皆淩跨百代，但以其才大不能束縛，故不得不然。袁中郎詩，奇詭者勿論，即成家者，不足為四子臣僕，乃敢立論爾爾，詩道罪人，當以中郎為首。（《詩源辯體》卷三十五「五五」，杜維沫校點本，第三五一頁）

韋縠《才調集》（原註：唐末人）所選唐人古、律歌詩凡一千首，中如元稹、李商隱、溫庭筠、韋莊，各五六十篇，而佳者多遺；高、岑、王、孟諸公，僅見一二，而又非所長；至不知名者，十居二三；晚唐怪惡，亦每每而見。自題曰：「暇日因閲李杜集、元白詩，其間大（天）海混茫，風流挺特，遂采摭奥妙，並諸賢達章句」云云，今所選。杜又不録，豈以元白為有調、杜反為無調耶？若太白《長干行》，乃晚唐人詩；劉長卿「垂柳拂金堤」，乃薛道衡詩也。（《詩源辯體》卷三十六「一三」，杜維沫校點本，第三五八頁）

廷禮復於《品彙》中拔其尤者，為《唐詩正聲》，既無蒼莽之格，亦無纖靡之調，而獨得和平之體，於諸選為尤勝。胡元瑞謂「於初唐不取王、楊四子，於盛唐特取李、杜二公，於中唐不取韓、柳、元、白，（謂柳律詩。）於晚唐不取用晦、義山，非淩駕千古膽，超越千古識，不能也。」此論甚當。但所取五言古，雜用律體者衆，既未可名「正聲」，而五言律，於初、盛唐雖得其風神而不先其風格，終未免小疵耳。（《詩源辯體》卷三十六「二六」，杜維沫校點本，第三六四頁）

元美、元瑞論詩，於正雖有所得，於變者則不能知。袁中郎於正者雖不能知，於變者實有所得。中郎云：「至李杜而詩道始大。韓、柳、元、白、歐，詩之聖也；蘇，詩之神也。」以李、杜、柳與四家並言，固不識正變之體；以韓、白、歐為聖，蘇為神，則得變體之實矣。（與前集元和論第三則參看）試以五言古論之，韓、白、歐、蘇雖各極其至，而才質不同。韓才質本勝歐，但以全集觀，則韓太蒼莽，歐入録較多，而警絕稍遜，然不免步武退之。白雖能自立門戶，然視其全集，則體多冗漫，而氣亦孱弱矣。至於蘇，則才質備美，造詣兼至，故奔放處有收斂，傾倒處有含蓄。蓋三子本無造詣，而蘇則實有造詣也。總四家而論，蘇為上，韓次之，白次之，歐又次之，而元不足取。宋人首稱蘇黄，黄諸體態意怪僻，遂為變中之變。元美謂其「愈巧愈拙，愈新愈陳，愈近愈遠」，又云「魯直不足小乘。直是外道，已墮傍生趣中」是也。然黄竟為江西詩派之祖，流毒終於宋世，中郎直舉歐蘇而置黄勿論，可為宋代功臣。（《詩源辯體·後集纂要》卷一「一六」，杜維沫校點本，第三八一～三八二頁）

智按：許學夷，字伯清，江陰（今屬江蘇）人。布衣。有《伯清詩集》等。傳見《江陰人物志》。其《詩源辯體》有萬曆四十一年（一六一三）作者自序和崇禎五年（一六三二）自序，是書起于萬曆二十一年（一五九三）癸巳，歷二十年而稍成，後屢有增補刪改，又歷二十年，論詩部分成三十六卷，總計九百五十六則。所論起於《詩經》，迄于晚唐五代，計周、楚、漢、魏、宋、齊、梁、陳、隋、五代各一卷，晉二卷，初唐、晚唐各三卷，盛唐五卷，中唐十卷，總論三卷。各卷或數則或數十則不等。其後復采宋、元、明詩為後集，並選輯其中論詩部分為《後集纂要》二卷，一百五十九則。作者自稱「四十年十二易稿始成」，「皆積久悟入而得」。

孫承宗（一五六三～一六三八）

《長馨堂榮京録序》

劉給諫時濟家新城，去予邑百里，盖古稱高陽北新城云。予故習給諫先猷，不獨其爲世鳴鳳也，給諫母王孺人，及笄歸贈公，操作勤苦，器服靡華，食指繁而兩手行汲，一日提甕不歸，則殁于井矣。嗟乎！二色空鳩没，八光隱，三龍沉，何異古厄井也，寒采不食，爲我心惻，而况撫遺篚于有笥，盻哺鳥于庭柯，痛繘瓶于既羸，傷板輿于未御，給諫所爲，由舞象而今，一過井側，頓不知涕淚之横迸也。……給諫更侃侃論列，爲世顯人，當其知無不言，言無不盡，惟知心力爲公家之有，而不知有身，安知富爵，然則給諫尚猶行母之道也。往聞永樂君博學有高節，至勞□王勅賜時新，而子爲飾忠，白樂天批逆刺權，屢居雷霆之下，而左遷于新井之謗，夫許母有年而子非誠，白母有子而母逸死，孰與孝？勤作給諫之摹，而忠直成母之大也，是母是子哉，海内能言之士，蔚爾青瑄矣。（《高陽集》卷十一序文，《續修四庫全書》影印清初刻嘉慶補修本）

智按：孫承宗，字稚繩，高陽人。萬曆三十二年（一六〇四）登進士第二人。生平見《明史》卷二百五十。

蔡獻臣（一五六三～一六四一）

《上王鳳洲司寇》（己丑）

獻臣么麽無以，自齠年即知世間有先生，鴻裁鉅筆，為學士斗山。總角稍得讀所為文，心艷而好之，惟恐不得當也。去歲不自意附長公驥尾，稱昦弟，又得備員屬吏，事先生署中，先生獎借開誘，溢於分涯，十餘年所企慕而不得見者，一朝為知己。自先生抗疏歸，即日就道，清風高節，與攝山並峙，鷄肋羈人，恨不即棄而追隨於弇山之園也。不揣謂先生文似史遷，詩似杜甫，秀徹恬惔如謝安石，致位通顯而乞身強徤如白樂天，先生歸而所以為先生者全矣。雖然，獻臣為蒼生計，能一日忘先生出乎？方今賑蠲累年而飢如故，士風似厲而靡如故，銓事欲飭而比如故，西事已潰而主撫如故，債帥敝卒復如故，知先生之不能一日忘蒼生也。然六經刪述，賢於唐虞，而左馬莊騷亦僅以數卷之書，金石共敝，今用世之説不足溷先生聽，先生著述，列在人寰，家習户誦，其未布者，不啻倍之，總之必傳無疑矣。……（《清白堂稿》卷九，《四庫未收書輯刊》影印明崇禎刻本）

智按：蔡獻臣，字體國，號虚台，福建同安人。萬曆十七年（一五八九）與金門同鄉蔡懋賢、蔣孟育、陳基虞、黄華秀爲同榜進士，人稱「五桂聯芳」。初授刑部主事，後遷禮部主客郎中、湖廣按察使。天啟間，召爲南京光禄寺少卿。生平見清李清馥《閩中理學淵源考》卷七十。

孫慎行（一五六四～一六三五）

《選詩序（己巳五月廿三日）**》**

詩所謂興觀羣怨者，要以事父事君，而餘乃及多識。若後世人言詩，專以多識先，而君父則缺矣，即於興觀羣怨，茫無歸著。竹林諸賢，不可興者也；其興者，清言寄傲，逃禍之藪也。建安才人，不可羣者也；其羣者，飛文馳議，私門之植也。胡笳獨造，不可哀者也；其哀者，偷生忘義，胡婦之音也。六朝綺富，不可觀者也；其觀者，哇靡沿習，優曲之觴也。是於君父大義，直毁垣揖盜不已，而又何贊流教化之為？是道也，太宗既弗蒐之正之，高、中益煽而揚之。子昂名為復古一振，乃振於調格，非振於義理也，為周作賦，甚已！古今所宗獨李杜，人第知才高百代，衣被詞人，而不知其君父大義焯如也。子美一飯不忘君，人猶知之，而太白以詩為諫，《烏棲曲》、《清平調》、《蘇臺》、《越中》作，真所謂「詠歌之不足，則長言之；長言之不足，則嗟歎之」者也。自是繼起者，無不以宗。大約一身之窮通，其關涉其興味猶淺渺，而世道之衰離厄會追古悼今者，波瀾横於江漢，節概挺於峰劍，聲韵凄於金石，點綴窮於繡錯，此不蹈彼，今不借昔，皆要於極態而止焉。非是道也，不在其選。夫千古此君父，則千古此義理。若激之弗動，便如無孔之錐，安用砭之？况有邈焉胡越，不衈宗周，又烏取夫嗥音梟喙者也？蓋自武韋之朝，大泄越之，而諸季益凌夷，即如維，如光曦，才美者尚拓落不齒，非傑者不能自拔已。嘗以四種衷裁之，如太白歌曲、七言古風，有迫狹一世之心，是之為可興；樂天《新樂府》，極鋪陳百年之變，是之為可觀；子美《北征》、《秋興》、《收京》，歷艱難而無訕誹，是之為可怨；太白《宫中行樂詞》、閨情詩，寫深致而無艷泆，是之為可羣。諸類是者，若谷藏山峙，不可量也，第為之舉其凡。又嘗以人格衷裁之，曲江、昌黎、東野、次山、達夫、襄陽，大義為可興；隨州、賓客、柳州、浪仙、玉川，清聲為可怨；襲美、微之、義山、仲初、文昌、樊川，鋪陳為可觀；其可羣者，集中多有之。即諸類是者，亦明珠翠羽，間雜不可域也。第為之舉其凡。他一二篇見奇見録者，不可窮也，所謂海錯山珍，適口而止，其凡為可舉焉。……（《玄晏齋集》玄晏齋文抄卷一，《四庫禁毀書叢刊》影印明崇禎刻本；《四庫全書》本《明文海》卷二百六十九序六十）

《荆翁詩選重序後（庚午四月十五日）**》**

夫古今有詩客詩，有學士家詩。學士家以學以才，詩客家以手以格。吾嘗謂自宋以來，即做到歐蘇，不過學士家耳。然則元白非乎？夫元白之學與才高矣，乃其以手以格，深入處，終不失為詩客詩。白之文章瀟爽，故以詩文者也，而未為長于文。若歐蘇之一生，精英華采，雄于文多矣。其為詩未免以文詩，故曰是學士家風也。……（《玄晏齋集》玄晏齋文抄卷一，《四庫禁毀書叢刊》影印明崇禎刻本）

《詩雜論》

唐之以宰相名詩者，張曲江其一人也。燕許大有名，便不如遠矣。大約驅馳當世，深思苦晝，獨有所用之，安能竭情工拙，以辭賦為君子哉！嘗以為唐世之材，如用詩則李杜之博大，為阿衡；元白之閎瑋，為銓宰；韓昌黎之雄健，為司馬；王楊盧駱之文雅，為翰林；元次山、孟東野之直果，為中丞；皮杜之壯志，為監察……唐之以謨略功勳稱大人者，李鄴侯、裴晉公也。其詩不甚概見，鄴侯和聖製云：「俯臨秦山川，高會漢公卿。未追赤松子，且泛黄菊英。」晉公自贊云：「爾胡為將？爾胡為將？一片靈臺，丹心難像。」其片言之遺，足師百世者也。詩無可述，而功□盖代，為人慕述者。如皮日休贊房杜二公云：「脱身抛亂世，杖策歸明主。縱横幄中算，左右天下務。骯髒無敵才，磊落不世遇。」又云：「黄閣三十年，清風一萬古。」如贊李太尉晟云：「一戰收王畿，一叱散妖氛。」如吕温贊狄梁公云：「妖虹横天，鳴牝專晨。獨立大道，指南生人。」又云：「取日虞淵，洗光咸池。潛授五龍，夾之以飛。臨終指麾，皇業再基。運起身後，功成不知。」如杜云：「成王公大心轉小，郭相謀深古來少。」《哀李司徒》云：「人安若泰山，薊北斷右脅。朔方氣乃蘇，黎首見帝業。二宫泣西郊，九廟起頹壓。」如白樂天《贈裴晉公》云：「爾後多少時，四朝二十年。賊骨化為土，賊壘犂為田。」王仲初亦贈云：「還攜堂印向并州，將相兼權是武侯。時難獨當天下事，功成却進手中籌。」

又云:「遥知寒鴈從今好,直得漁陽以北愁。」其豐功偉烈,足震百世者也。如杜贈狄云:「大賢之後竟凌遲,浩蕩古今同一體。」又云:「太宗社稷一朝新,漢宫威儀重昭洗。時危始識不世材,誰謂荼苦甘如薺。女曹又宜裂土食,身使門户多旌棨。胡為飄泊岷漢間,干謁王侯頻歷詆。」……(《玄晏齋集》玄晏齋文抄卷一,《四庫禁毁書叢刊》影印明崇禎刻本)

《詩説》

余讀詩,於古今慷慨湮鬱之際,愴焉感也。……魏晉來,作者代不絕,皆騁於浮藻。其盛者嗚,獨得瀟然閒遠,不關世也。杜甫、元白所作諸詩,誌天寳後禍敗之因,皆道之事後,非規之事前。然千載誦歌,其致能令人可涕可思,欷嘘而不忍釋者何也?此亦直之未亡於人心也。乃今學士家,顧羞莊言,喜卮語,唯靡靡之躭。嗚呼!風之流也,公忠少而遯全之術多,苟以與世靡靡無害而止者,豈獨詩云爾哉?(《玄晏齋集》玄晏齋文抄卷一,《四庫禁毁書叢刊》影印明崇禎刻本《四庫全書》本《明文海》卷一〇八;中華書局影印本,第一〇七〇頁)

智按:孫慎行(一五六四~一六三五,一説一五六五~一六三六),字聞斯,號淇澳,武進(今江蘇常州)人。萬曆二十三年(一五九五)進士,官至禮部尚書。卒謚文介。著有《玄晏齋集》,編有《唐詩選記述》、《皇明四大家文鈔》等。傳見《明史列傳》卷九二。

李光胤(一五六四~一六三七)

《效白香山何處難忘酒呈櫟峯》

何處難忘酒,山村日政長。土鬆萱迸砌,冰泮水生塘。烟柳晴搖線,風花晚送香。此時無一盞,何以荅年光。(春)

何處難忘酒,炎天病未蘇。屯雲蒸作雨,平陸變成湖。木耳生茶竈,苔錢點藥罏。此時無一盞,何以攝羸軀。(夏)

何處難忘酒,東籬又菊花。金飈生澗壑,玉露下蒹葭。憀慄悲時序,凄凉感物華。此時無一盞,何以養天和。(秋)

何處難忘酒，寒宵坐到明。長風入短袖，密雪灑疎檽。背壁燈搖焰，篩階竹曳聲。此時無一盞，何以保殘齡。（冬）（《濩西先生文集》卷三，《韓國文集叢刊》本）

智按：李光胤，字克休，號濩西。有《濩西先生文集》。

祁承㸁（一五六五～一六二八）

《澹生堂藏書目》

《金針詩格》一卷，白樂天。
《白氏策林》四卷，白居易。見《白氏長慶集》。
《古今原始》廿卷，七册，白居易。
《白氏長慶集·中書制誥》七卷，俱白居易。
《白氏長慶集》七十一卷，二十四册，白居易。
《白樂天諷諫詩》一卷，一册。

又《白詩甘露品》一册，陳陛輯。（《續修四庫全書》影印清宋氏漫堂抄本《澹生堂藏書目》）

智按：祁承㸁，字爾光，號夷度，又號曠翁，晚號密園老人。山陰（今浙江紹興）人。萬曆三十二年（一六〇四）甲辰進士，官至江西布政司參政。樂於汲古，藏書極富。初建「曠園」於梅里，另建藏書樓名「澹生堂」，又辟「曠亭」於遊息之所。所撰《澹生堂藏書目》，著録所藏圖書九千餘種。目録學著述有《庚申整書小記》、《庚申整書略例》、《澹生堂明人集部目録》等。另有《澹生堂集》、《澹生堂外集》、《宋賢雜佩》、《藏書訓約》、《牧津集》、《兩浙著述考》等。子祁彪佳等亦能守其父書，晚年藏書流散。

顧起元（一五六五～一六二八）

《具區先生快雪堂集序》

吾師具區先生，以萬曆戊戌，解大司成印，歸築蒲園于西湖之上，日與友人嘯咏于其中間，命輕舠，載歌兒，吹簫度曲，蕩六橋三竺間，人望之飄飄然若神仙也。如是者九年，而先生海山之舘就矣。卒之日，集藏家笥，三子以貧不能壽諸梓。今年夏秋間，伯氏驥子仲氏鵷雛先後來白下，乃舉快雪堂，屬吾友黄貞甫儀部校而行之，因醵同志，捐貲以就其事。既成，二子謂起元，宜有言。余曩游成均，受知先生深，不敢辭也。……先生生平憐才好士，不啻飢渴，一時秀儁，風靡從之。所品題賞識，殆無剩材；所延攬獎藉，殆無虚日。至于鑒定圖史，則張彦遠之記；摩挲鼎彝，則薛尚功之録。以古况今，未知孰勝。而又妙解音律，雅好歌舞，晚節末路，人競以白香山、蘇東坡目之，求諸集中，彷佛可見。然先生自謂，中年讀《莊子》有得，浸尋入佛氏閫奥，覺已不與世忤，亦不與己忤，恬然怡然，自得自適而已矣。是以中更坎壈，不下潯陽之泣；平视禮法，不開洛蜀之黨。彼且以身世為泡影，以功名為露電，以造化為玩弄，以生死為去來，而何有于區區之聲色禄利，誹譽進退哉！然則讀先生之文者，尚進而求先生之為人，苟其有得于先生之為人，則先生之文，眞有如神仙之咳唾落九天，随風生珠玉者，是直當以琅函蕊笈奉之，未可以人間世文字議其方也。（《四庫全書》本《明文海》卷二百四十九序四十）

《説略》

俗以上澣中澣下澣，為上旬中旬下旬，蓋本唐制，十日一休沐，故韋應物詩曰：「九日驅馳一日閒。」白樂天詩：「公假月三旬。」然此乃唐制，而今猶襲用之則無謂矣。（《四庫全書》本《説略》卷五）

白樂天作類書名《六帖》，《通典·選舉門》載，唐制曰：開元中舉行課試之法，帖經者，以所習經掩其兩端，中間惟開一行，裁紙為帖，凡帖三字，随時損益，可否不一，或得四得五得六者謂之通，此六帖之名所從起也。《六帖》云者，取中帖之數，以名其書，期於必中選也。（《四庫全書》本《説略》卷六）

智按：顧起元，字太初，一作璘初、瞒初，號遁園居士，應天府江寧（今江蘇南京）人。萬曆二十六年（一五九八）進士，官至吏部左侍郎，兼翰林院侍讀學。乞退後，築遁園，閉門潛心著述。朝廷曾七次詔命爲相，均婉辭之，卒謚文莊。有《金陵古金石考》、《客座贅語》、《說略》等。

李日華（一五六五～一六三五）

《題仇十洲畫清夜琵琶圖歌·序》

白香山高曠歷落，本仙宮佛土中人。潯陽江頭送客，作《琵琶行》亦是俊流劇語耳。余昔為江州理官，重修琵琶亭，且為記。今觀此圖神韻澄淡，有美娃侍坐，而無狎昵之態，當是作遣楊柳商略耳。戲為作歌以見意。（《李太僕恬致堂集》卷二，《四庫禁毀書叢刊》影印明崇禎間刻本，集部第六四册，第一〇九頁）

《重修琵琶亭記》

潯陽郡西郭門外、郵舍之左，故有琵琶亭云。志不言所始，意昔人好事者，緣飾唐白傅江頭送客、聽商女琵琶、所謂司馬濕衫處也。亭圮壞、僅存榱桷者，不知幾何年。迨萬厲乙未夏，鈔部蘇公實手葺之，而郡司理嘉禾李日華為文以落之。其辭曰：夫鵷鸞颺彩，則翀羽青冥；鷗鷺希閒，則投踪碧浪。維珍文遠韻，自足絕世網而邁凡棲。蓋謂托世既勝，物莫之嬰耳。求之人理，若詞臣藻士與冥心玄造者，其庶幾焉。何也？含瓊咀華，擷英攬秀，矜片語之奇則泣唾萬殊，訂百氏之非則傲睨千古，不徒名足駕群，技亦快心獨暢。古者，書成而相印可捐，史就則腐刑不恥。桃留鴻寶，接跡飛仙；筆挾凌雲，慕傾人主。顯則裼裘之錦也，隱則襲褐之珠也。世炫枯菌而彼操金石，人趨膻酪而彼飲蘭糜，寧有炳烺敷文之彥而得喪戚戚、足動其眉睫也。又如恬悰曠度，禀於天成，謐養融機，達觀域外，感頹波而委運，覩木槿以辭榮。鷲文西出，傳煉性之玄詮；牛駕東馳，著宗虛之妙論。泯沁不留一物，廓落豈掛寸絲。流覽往賢，固常有外形骸而不居，捐情想而勿繫。飄飄等之夢蝶，儻恍一付虛舟。彼攘攘轉轉，鬪捷聲場，取盈利窟，因而寵辱殊遭，盛衰遞變，豈足置其念哉！由斯言之，抑鬱累唏之氣必嗔黯沕之胸，騷牢憤懣之詞必發鄙庸之口，身纏愛網，無慧劍之可揮；目翳名塵，鮮智鎞之足抉。蚩蚩晝夢，慑慑宵焚，固其所也。《詩》云「庶人而愚，亦職維疾」（智按：

「庶人之愚，亦職維疾」，見《詩·大雅·蕩之什·抑》)，其斯之謂與？唐太子少傅、刑部尚書、先謫江州司馬白居易者，一代文豪，千秋曠士，英年鋭意匡時，則忠鯁抒猷，卓卓指邪之草；壯齒矢心直道，則介潔明志，亭亭不蔓之松。操觚内禁而金薤玉穎，隱露筆端；捧檄外邦而雨漉暘晞，戴傾間左。酬詩而雞林價重，射策而龍額題高。元和、長慶之間，禹錫、微之之匹，可謂弘璧琬琰，斐然相映矣。至於廬嶠躭幽，香山結社，披衲衣而持鉢，躡雲屐以振埃，屏絶紛華，夷由醇泊，翠壑紅泉，青林丹巘，自謂竺乾可揖，而彌明可追，奚啻皇甫同酣，而韋楚共適哉！其倅江州也，怡真養素，有陶公漉酒之巾；濟勝探奇，有謝氏登山之屐。月明千里，秋生庾亮之樓；白雪九還，春滿呂仙之鼎。矧一麾出守，韋郎凝燕寢餘香；三笑虎溪，遠釋留山中佳話。以白翩翩藻思，落落高襟，朝斯夕斯，真將有心恬氣和、不知其然而然者，何至興搖落之懷，發羈孤之想，聆凡音而結思，並俗狀而涕零，如白所歌云爾也。意者藝流劇情取妍，達士搏虛善幻，有如《丘中》、《淇上》，義表刺淫，而宛伸曲盡，則風人之微感也；《上林》、《羽獵》，意在救奢，而鋪張更麗，則賦家之密諦也。濱水持糗，策以必勝，而自履危殆，則戎韜之妙算也；杌隉漆城，心切繩謬，而從諛不拂，則諫法之隱權也。蓋焚山之熖固有嘘之而反戢，潰堤之瀾亦有推之而始盡者，安可聆醒者之酣歌而目為醼民之號嗄、聞寤士之譚夢而指為偃榻之寱語哉！通斯意也，可以聽琵琶之歌，登琵琶之亭，而揮司馬之淚，徜徉乎其無壅閼矣。度支郎蘇弘家先生與余同年進士，而英標俊格，超出時流，其富有篇章，豁無塵累，則雖謂之樂天復生，可也。榷事之暇，縱覽潯之風土，而割俸以新斯亭。亭成，不以貯歌鐘祭讌几，而令諸生有志者，緝文談道，其中與余所稱說者，雅相符也，故余為之著論，以示無極焉。(《李太僕恬致堂集》卷二十三，《四庫禁毁書叢刊》影印明崇禎間刻本，集部第六四册，第五四一～五四二頁)

智按：萬曆二十三年（一五九五）乙未夏，蘇弘家（一作弘嘉，字茂相）重修琵琶亭，李日華作記而蘇弘家手書。譚貞默《明中議大夫太僕寺少卿李九疑先生行狀》云：「又潯陽郡西郭有琵琶亭久圮，葺成，先生為文落之，豔藻累千餘言，極辨白司馬濕青衫事不當作實法會，文略云：『古者書成而相印可捐，史就則腐刑不恥。……寧有介潔明志、忠鯁抒猷若白司馬，而得喪戚戚足動眉睫者？……其倅江州也，恬真養素，有陶公漉酒之巾；濟勝探奇，有謝氏登山之屐。月明千里，秋生庾亮之樓；白雪九還，春滿吕仙之鼎。矧一麾出守，韋郎凝燕寢餘香；三笑虎溪，遠釋留山中佳話。……何至聆凡音而結想，并俗狀而涕零。如白所歌，不過據情取妍，搏虚善幻云爾。』先生江州兩作，托興一斑，而官味泊然想見，即平生胸次，亦行乎其間矣。」（《李太僕恬致堂集》卷首）

《味水軒日記》

（萬曆三十七年己酉八月）十二日，晴霽，二場論題大舜善與人同表題，上命黄淮楊士奇擇《古今名臣直言書録》成刊，印賜皇太子太孫及諸大臣，謝表寧波李子年者，名德豐，豐南禺之甥，諸生也，同杭人孫道華者來訪余，自言曾見宋徽宗水墨山水，甚精細，學巨然。又云：傳得豊氏物，白樂天、杜子美真蹟，近又購得顧凱之《三士醉歸圖》，筆法如春蠶吐絲，著色甚淡。又云：曾於馮具區先生之僕購得夏圭畫一幅，乃白宋箋，用墨微妙，與世所傳絕異，子年語氣自負，精鑒不羣。又云：高瑞南家郭忠恕《輞川圖》不真。（《味水軒日記》卷一，《續修四庫全書》影印民國嘉業堂叢書本，第五五八册，第二九〇頁）

（萬曆三十八年庚戌二月）十八日至馮權奇齋頭，出觀黄子久《括蒼山圖》。……

唐人凡庸書皆可觀，况江州白司馬耶。見其踪，念其人，疏窗淨几之間，覺增我靈。靖康甲辰上巳日易安居士識。

仲瑛筆法清迥，不知其何所祖習。一日偶散步，入攸芋廡中，見簾帷齊控複壁中，香織如霧，更觸入數十武，忽雙環八九呵問，云楊秀才也。顧卽扱履自出，曰此僕祕地，正思兄，可共入。坐齋中，空潔如洗，鼻端泠泠，如聞異氣，肺藏欲空。北壁下横置一几，上有書，率意取視，白香山手寫《楞嚴》一卷也，楷法鮮戰，風流若生，紙爲蜀中所造，碧箋烏絲闌，晴絲裊空，含持秀物也。玩此不覺肉翮欲飛，援筆索寫尾紙上，顧卽頷之，幸矣。至正辛巳（智按：至正元年，一三四一年）花朝日，會稽楊維禎書。

余每謂宋三四百年，情人才士，止李易安一婦人，集中有喜得樂天《楞嚴》偈幾千言（智按：檢王仲聞《李清照集校注》，未見），手腕如錦，胷中無塵。今又更見此經，與卓老何多緣也。甲午（智按：萬曆二十二年，公元一五九四年）五月四日寓武昌李贄題。

此經乃李卓吾游金陵日，以貽馮具區先生者，有梅氏祕玩印，蓋麻城梅氏物也。（《味水軒日記》卷二，《續修四庫全書》影印民國嘉業堂叢書本，第五五八册，第三一〇頁）

（萬曆三十八年庚戌二月二十七日）里中（智按：嘉興）有朱肖海者，名殿少，從王羽士雅賓游，因得盤桓書畫間，蓋雅賓出文衡山先生門，於鑒古頗具眼，每得斷縑壞楮，應移易補款者，輒令朱生爲之。朱必閉室寂坐，揣摩成而後下筆，真令人有優孟之眩。頃遂自作贋物售人，歙賈之浮慕者尤受其欺。又有蘇人爲之搬運三百里，内外皆其神通所及。所歉者，每臨文義輒有齟齬，易於納敗。余每以横秋老眼，遇其作狡獪處，一抹得之，念其衣食於此，不忍攻也。客言：余前所見馮權奇家白香山書《楞嚴經》，本張即之筆，朱爲補款，并作鐵崖跋，跋語則出馮手構。余固疑其類即之，諸跋忽未察耳。（《味水軒日記》卷二，《續修四庫全書》影印民國嘉業堂叢書本，第五五八册，第三一一～三一二頁；上海書店《叢書集成續編》第三九册，第三一一～三一二頁）

智按：參見張照等《秘殿珠林》卷二。朱實，字肖海，明代嘉興人。臨摹元人舊本，精妙入神。（《佩文齋書畫譜》卷五十八引《圖繪寶鑑續纂》）李日華《六研齋三筆》卷一云：「徐節之攜畫一軸來就鑒定，乃故朱山人肖海物也。余二十年前見之矣。作兩松聳挺，一松横偃，貫其脇，枝梢上下籠罩，松針亂撒，極有古氣。内層作墨葉樹一，樛枝櫟樹一，中段低巒暎帶，坡畔一翁横舟而釣。余定為元人筆，而松根露白處，已有作李成二小字矣。蓋特剪去上幅原題，而以此眩價耳。因試呼兒亨示之，亨曰：『此曹雲西做郭熙筆也。』余深賞其鑒真。」

張即之（一一八六～一二六六），字溫夫，號樗寮，鄞縣（今浙江寧波）人。中唐詩人張籍八世孫，南宋詞人張孝祥之侄，參知政事張孝伯之子。以父恩授承務郎，任各路監務廳庫官，通判鎮江，改嘉興。以直秘閣致仕。以書法聞名。金人尤寶其翰墨。有《樗寮集》，已佚。《宋史》卷四四五有傳。生平又見清康熙《鄞縣誌》卷十二、二十。北京故宫博物院藏其楷書《華嚴經》第七十一卷六十一開册。徐邦達《古書畫僞訛考辨》（江蘇古籍出版社，一九八四年十一月，上册文字版，第一四一頁）據《味水軒日記》此則，認為所謂《白居易書楞嚴經》，實為宋人張即之書；所謂趙明誠《白居易書楞嚴經跋》大概是明人馮權奇、朱實僞造。又云：「李日華記誤以李維楨為楊維楨，又以僞趙跋屬之楊氏，應為糾正。」智按，徐邦達此言恐謬。李維禎跋云：「萬曆庚戌仲夏二十日，江陵蘇惟霖、夏邑彭端吾、金谿謝廷瓚、京山李維禎同觀於邗溝舟中。維禎識。」（張照等《秘殿珠林》卷二）楊維禎跋云：「仲瑛筆法清迥，不知其何所祖習。一日偶散步，入攸芋廡中，見簾帷齊控複壁中，香織如霧，更觸入數十武，忽雙環八九呵問，云楊秀才也。顧卽扱履自出，曰此僕祕地，正思兄，可共入。坐齋中，空潔如洗，鼻端冷冷，如聞異氣，肺藏欲空。北壁下横置一几，上有書，率意取視，白香山手寫《楞嚴》一卷也，楷法鮮戰，風流若生，紙爲蜀中所造，碧箋烏絲闌，晴絲裊空，含持秀物也。玩此不覺肉翮欲飛，援筆索寫尾紙上，顧卽頷之，幸矣。至正辛巳花朝日，會稽楊維禎書。」（《味水軒日記》卷二）

（萬曆四十年壬子九月）三日，爲山下一隱者書扇，任筆成一絶，頗有白香山風味：「林間白石醉時坐，湖面青山飽後登。三尺雛孫堪把滑，常常閒却一枝藤。」丹林持董玄宰起草册求題語，漫應之，董太史玄心逸度，雖倉猝酬應語，皆有標韻，正如昭陽麗人唾點，落地成石竹花，長安饑兒逐韓王孫，拾其墮丸，皆黄金也。至於書法天下已知貴之，此卷乃其起草物，勾乙塗注，濃淡枯潤，一任自然，而天趣溢出。觀者以比顔平原《爭坐帖》，信無忝矣。但魯公感憤時事，忠義激發，故多鬱怒，太史夷由盛世，葆養恬和，筆端更饒古雅，以羽人言概之，魯公所謂忠孝度世，而太史則揚許之流歟。（《味水軒日記》卷四，《續修四庫全書》影印民國嘉業堂叢書本，第五五八册，第三九八頁）

（萬曆四十一年癸丑八月）七日，歙人胡長卿來……長卿出前在武林所示鮮于伯機書《歸去來辭》、袁清容詩稿、趙子昂手札、余忠宣致危太樸書，共裝一卷，再一展閱。又唐子畏《潯陽江商女琵琶》一圖後，黄姬水草書樂天《琵琶行》，頗豪壯淋漓。（《味水軒日記》卷五，《續修四庫全書》影印民國嘉業堂叢書本）

（萬曆四十二年甲寅二月）十四日，閩客朱長文貽我古虞徐伯鷹《落花詩》九十首，檢其佳句，有「開日肯緣傳詔發，流時偏與避秦通」，「已見帝魂飛怨淚，空懷人面笑春風」，「佛國誰曾現優鉢，仙城空自說芙蓉」，「不堪少女枝頭別，盡向空王國裏逢」，「紅情緑意真無賴，觸忤詩人到酒缸」，「五風十雨渾常事，一刻千金歎已非」，「斷腸淚滿胭脂井，經眼春看蛺蝶圖」，「深逕無人紅自滿，春山過雨鳥空啼」，「錦綃亂綴秋千索，香豔還留燕子釵」，「如逢浪蕊應相惜，若遇浮萍欲定交」，「瓊蕊籍中稱謫吏，紫萍圖上寄浮家」，「紅隨燕嘴歸菱井，香逐經聲到石牀」，「祇恐夜遊燒燭短，故來吟席引杯長」，「鶯語百般如訴恨，遊絲千丈似牽情」，「桃根水漲迷前渡，玉樹歌殘冷後庭」，「一自仙人歸閬苑，更無妖夢到羅浮」。因思古人妙句，白樂天有「枝上三分落，園中一寸深」，宋莒公有「淚臉補痕勞獺髓，舞鸞收影慘鴛腸」，宋景文有「將飛故作回風舞，已落猶成半面妝」，沈石田有「縱使金錢高北斗，難饒風雨葬西施」，唐伯虎有「收鐙院落雙飛燕，細雨樓臺獨囀鶯」，「休向東風訴恩怨，自來春夢不分明」，又「杏子單衫初脱暖，梨花深院自多風」，又「書當無意開孤憤，帶有同心綰合歡」。馮具區先生亦有「靨單不成笑，魂斷尚浮香」，皆落花譜中餘豔也。（《味水軒日記》卷六，《續修四庫全書》影印民國嘉業堂叢書本，第五五八册，第四三七～四三八頁）

《六研齋筆記》

程季白購得倪雲林畫二軸，其一《春林山影圖贈子英高士》，大小作七樹，内一松，松幹一筆，取勢如飛白，餘皆參差掩暎，奇作也。上方題者數人，止青城山人王汝玉一絶略有致，詩云：「舊業雲林小洞天，閒花野草總清妍。一從浪跡江湖上，贏得人稱似米顛。」其一《秋林山色圖贈子賢逸人幽居並賦詩留别詩效樂天體》，詩云：「不到幽人宅，於今十二年。窮秋八九月，舟到爾門前。粥飯同晨暮，香霏雜茶煙。酒飲二三酌，詩吟一兩篇。篝燈獨擁被，拚櫛向林泉。八足蟹螯美，四腮鱸鱠鮮。磨白作豆乳，碓紅收稻田。羹蓴浮玉脆，醉墨折釵妍。我時苦暴下，寒熱復相煎。為病不舉酒，多艱少佳眠。時乘小艇出，或與隣僧禪。聊為禦寒計，豈有新蠶綿。衰繆頗興慨，交游寧汝憐。坐牕每兀兀，心旆徒懸懸。逾旬鶴骨健，逸情禽影翩。波月寒瀲灩，山眉翠嫕娟。弄翰寫詩意，孤帆白鷗邊。」詩法逼眞香山，楷筆亦倣楊義和、黃素，山麓一屋在交樾之下，俯瞷碎石灘，較常作亦涉異思。（《四庫全書》本《六研齋筆記》卷一）

文衡山先生《洗兒》詩，年二十有八時所作也，為弘治丁巳。第不知所舉兒是壽承否，人傳壽承前生乃一繪士，在宜興畫一土神廟壁，未竟而卒，托生文家。前所未了之壁，耿耿在念，後偶過廟，遂為了之。顧壽承自擅書名，世不見其畫，壽承臨終時囈語，作衡老狀云：天曹發下許多誥軸，徵書甚急，須大郎去，一助藉令，果有之，則翰墨文人，斷然自為一流，出入瑤階寶地，為玉霄侍書之職，不浪隨五濁轆轤也。《洗兒》詩云：「三十相將始洗兒，百年回首即非遲。祖書敢謂今堪托，父道方慙我未知。願魯難憑蘇子論，勝無聊詠樂天詩。人間切事唯應此，對客那無酒一巵。」又云：「春風一笑錦繃兒，共道頭顱較我奇。門户關心能不喜，賢愚有命可容期。百年正賴培來久，萬事誰言足自茲。五十老親遺世網，從今多是弄孫時。」（《四庫全書》本《六研齋筆記》卷三）

王安國作詩，好用「酒樓」字。嘗謂吳處厚曰：「子詩有幾『酒樓』?」吳曰：「有二『酒樓』。其一：『夜泊尋陽宿酒樓，琵琶亭畔荻花秋。雲沈鳥沒事已往，月白風清江自流。』其二：『若耶溪畔醉秋風，獵獵船旗照水紅。後夜錢唐酒樓上，夢魂應遶浙江東。』」安國曰：「足矣。」然不如錢昭度「長憶錢唐江上望，酒樓人散雨絲絲」更有情味。（《四庫全書》本《六研齋筆記》卷三）

智按：二詩作者當為吳處厚。詳見拙撰《〈題琵琶亭〉、〈送客西陵〉作者考》，載《中國典籍與文化》二〇一五年第一期。

「閉門覓句陳無已，對客揮毫秦少游。正字不知温飽未，春風吹淚古藤州。」此黄魯直詩也。魯直作此詩時，無己作正字，尚無恙。建中靖國間，樓异試可知襄邑縣，夢無己來相别，且云：「東坡、少游在杏園相待久矣。」明日無己之訃至，乃大驚異，作詩與參寥，言其事。杏園，見道家書，海上神仙所居之地也。仙龕虚室以待白樂天之説，豈不信然耶。（《四庫全書》本《六研齋筆記》卷四；《明詩話全編》第六册，第六三八〇頁）

智按：此則見朱弁《風月堂詩話》卷上。

宋陳純臣薦白雲泉於范仲淹，意既超奇，文亦高妙，書曰：「粤自剖判，融結其中。傑然高岳巨浸，不待標異，固已聳動人耳目。不幸出於幽隱之地，必有名世君子，發揮善價。所以會稽平湖，非賀知章不顯；丹陽舊井，非劉伯芻不振。惟蘇臺古郡，不三十里，有山曰天平，有泉曰白雲。山高而深，泉潔而清。儻逍遥中人，覽寂寞外景，忽焉而來，灑然忘懷，碾北苑之一旗，煑并州之新火，可以醉陸羽之心，激盧仝之思。然後知康谷之靈，惠山之英，不足多尚。天寶中，白樂天出守吾鄉，愛貴清泚，以小詩詠題。後之作者，以樂天託諷，雖遠而未盡，是使品第泉目者，寂寂無聞。蒙莊有言：「重言十七。」今言而十有七，為天下之信，非閣下而誰歟？恭維閣下，性得泉之醇，才得泉之濬，仁稟泉之湧，智體泉之動。靄是四雅，鍾於一德，又豈吝陽春之詞，以發揮善價。純臣先人松檟，置彼一隅，歲時往還，常媿文辭窘澁不足，為來今之信，儻閣下一漱齒牙之末，擘箋發詠，樂天如在，當斂策避道，不任惓惓之誠。」仲淹為作詩云：「靈泉在天半，狂波不能侵。神鮫穴其中，渴虎不敢臨。隱照涵秋碧，泓然一勺深。游潤騰雲飛，散作三日霖。天造豈無意，神化安可尋。挹之如醍醐，盡得清涼心。聞之異絲竹，不合哀樂音。月明羣籟息，涓涓度前林。子晉罷雲笙，伯牙輟玉琴。徘徊不擬去，復發滄浪吟。乃云堯湯歲，盈盈常若今。萬里江海源，千秋松桂陰。兹焉如有價，北斗量黄金。」（《四庫全書》本《六研齋筆記》二筆卷二）

唐人極重潤筆，韓昌黎以諛墓輦人金帛無算。白樂天與元微之歡好，視兄弟無間，及銘元墓，猶酬以臧，獲輿馬綾帛銀案玉帶，價直六七萬。則皇甫湜責裴晉公福先寺碑，多至九千縑，不為過矣。宋太宗時凡敕製文字，皆

欽定潤筆之數，又移檄督之，蓋仍唐之習也。（《四庫全書》本《六研齋筆記》二筆卷三）

皇甫湜，韓門弟子，而不善作詩，往往詰屈至不可讀。故退之有詩云：「皇甫作詩止睡昏，辭誇出真遂上焚。要余和贈怪又煩，雖欲悔舌不可捫。」言其語怪而又好譏罵也。又，白樂天《哭皇甫七郎中》詩云：「志業過玄晏，詞華似禰衡。多才非福禄，薄命是聰明。不得人間壽，空留身後名。涉江文一首，便可敵公卿。」其（智按：皇甫湜）《題浯溪石間為元結》詩云：「次山有文章，可惋只在碎。然長於指叙，約結多餘態。心語適相應，出句多分外。於諸作者間，拔戟成一隊。中行雖富劇，粹美君可蓋。子昂感遇佳，未若君雅裁。退之全而神，上與千載對。李杜材海翻，高下非可槩。文於一氣間，為物莫與大。先王路不荒，豈不仰吾輩。石屏立衙衙，溪口揚素瀨。我思何人知，徙倚如有待。」味其語意，蓋衡量唐人文章，而詞亦有氣岸稜峭，非苟作者。洪容齋以為風味無可采，非也。（《四庫全書》本《六研齋筆記》二筆卷三）

韓退之多悲詩，三百六十，言哭泣者三十首；白樂天多樂詩，二千八百首，言飲酒者九百首。（《四庫全書》本《六研齋筆記》二筆卷四；《明詩話全編》第六册，第六四〇五頁）

白樂天孫白龜年住嵩山，遇李太白招之曰：「我自水解後，放遁山水間，因思故鄉，西歸嵩峯，中帝飛章薦奏，見辟掌牋奏於此，今已百年矣。近過潼關，有一辭曰：『曾宴桃源深洞，一曲歌鸞舞鳳。常記別時，明月落，花煙重。如夢。如夢。和淚出門相送。』乃書一卷遺之曰：「讀此可辨九天禽語。」夫太白詞麗然，與禽語何關？又杜子美詩云：「夜闌更秉燭，相對如夢寐」，療瘧法對日握棗，書此十字，於空中仍噏日氣一口，吹棗上不換手，以啖病者，輒愈。此又何理也？豈才靈之語，出於元化，被之者靡不通徹耶？（《四庫全書》本《六研齋筆記》二筆卷四）

智按：「曾宴桃源深洞」云云，乃後唐莊宗李存勖（八八五～九二六）作也。

子昂行書詩一幅，不知子昂作，或書古人作。其語氣似白樂天、陸放翁。

余極愛之，因録於此云：「山石犖确行逕微，黄昏到寺蝙蝠飛。升堂坐階新雨足，芭蕉葉大梔子肥。僧言古壁佛畫好，以火來照所見稀。鋪牀拂席置羹飯，粗糲亦足飽我饑。夜深静坐百蟲絕，清月出嶺光入扉。天明獨去無道路，出入高下窮烟霏。山紅澗緑紛爛熳，時見松櫟皆十圍。當流赤脚踏澗石，水聲激激風吹衣。人生如此自可樂，何必局束為人鞿？嗟哉吾黨二三子，安得至老不更歸。」（《四庫全書》本《六研齋筆記》三筆卷一；《明詩話全編》第六册，第六三九五頁）

智按：王士禛《居易録》卷二：「李君實日華鑒别法書名畫最精，然引古人詩文往往紕繆，如云：子昂行書詩一幅，不知子昂自作，或書古人作，語氣似白樂天、陸放翁，因録之云：『山石犖确行逕微』云云。不知乃韓退之詩也。」

杜古狂堇為徐髯仙寫天神一幅，長尺餘，形貌怪詭，有持巨斧者，有執火炬者，有握霹靂砧者，蓋雷部鬼神也。髯仙每遇端午日七月十五日，中堂設之，詑人曰：此古狂輞川圖也。余亦有古狂陶靖節、白樂天二像，靖節曳枝五柳之下，樂天逍遥步履，似對永豐坊垂柳，皆衣冠雍雅，神韻静深，望而知其為有道名公，較之髯仙，余所得多矣。（《四庫全書》本《六研齋筆記》三筆卷二）

唐時顧渚山有明月峽、金沙泉，出紫筍茶。毗陵、吴興二太守就泉上造茶，大張宴會。泉不常出，太守具儀致祭始流溢，造供御者畢即微減，供堂者畢又大減。太守旋旆涸矣。或淹期多造，則有風雷毒蛇之變。白樂天《聞賈常州、崔湖州茶山宴會》詩云：「遥聞境會茶山夜，珠翠歌鐘俱繞身。盤上中分兩州界，燈前今作一家春。青娥對舞應爭妙，紫筍齊嘗各鬬新。自笑花時客牕下，蒲黄酒對病眼人。」按陸鴻漸《茶經》：「造茶之法，摘芽，擇其精者，水漂之，團揉入竹圈中，就火烘之成餅，臨烹點則入臼研末，潑以蟹眼沸湯。」至宋蔡君謨，以其法造建溪之茶，而加精焉。胡元捫馬潼茶無所聞，入昭代，唯貴葉茶，餅製遂絶。洪武中，顧渚貢額止五十餘斤耳。……（《四庫全書》本《六研齋筆記》三筆卷二；《明詩話全編》第六册，第六三九七頁）

宋思陵得李伯時畫人參地黄二藥，裝潢之，御書東坡二贊，筆法渾厚純美，有鍾太常家法，盖以賜臣下者，不可考矣。贊云：「上黨天下脊，遼東真井底。元泉傾海腴，白露灑天醴。靈苗此孕毓，肩股或具體。移根到羅浮，越水灌清泚。地殊風雨隔，臭味終祖禰。青椏綴紫萼，圓實墮紅米。窮年生意足，黄土手自啓。上藥無炮炙，齕齧盡根柢。開心定魂魄，憂恚何足洗。糜身輔吾生，既食首重稽。」又曰：「地黄食老馬，可使光鑒人。吾聞樂天語，喻馬施之身。吾衰正伏櫪，垂耳氣不振。移栽附沃壤，蕃茂爭新春。沉水得穉根，重湯養陳薪。投以東阿清，和以北海醇。崖蜜助甘冷，山薑發芳辛。融為寒食餳，嚥作瑞露珍。丹田自宿火，渴肺還生津。願餉内熱子，一洗胸中塵。」（《四庫全書》本《六研齋筆記》三筆卷三）

《紫桃軒又綴》

余倅江州，蘇弘嘉先生以司徒檄榷稅江滸，一新琵琶亭。余為作《記》，而先生手書鎸石。余《記》中語云：「抑鬱磦砢之氣必填闇沕之胸，騷牢憤懣之詞必發鄙庸之口。」意謂樂天曠士。所謂「淚濕青衫」者，特劇情取妍，非衷語也。弘嘉歎息以為知言。宋夏英公竦躁進者，其詩曰：「流光過眼如車轂，薄宦拘人似馬銜。若過琵琶應大笑，何須收淚濕青衫。」則又特以宦途羈束而欲藉聲色以自快耳，非余旨也。（《紫桃軒又綴》卷一，上海書店《叢書集成續編》第八九册，第三八七頁）

智按：李日華，字君實，號九疑，别號竹嬾，嘉興（今屬浙江）人。萬曆二十年（一五九二）壬辰進士，官至太僕寺少卿。有《李太僕恬致堂集》四十卷、《恬致堂詩話》四卷、《李竹嬾説部全集》四種二十四卷、《紫桃軒雜綴》四卷《又綴》四卷、《竹嬾畫媵》一卷《續畫媵》一卷。《明史・文苑傳》附載《王維儉傳》中。

陳基虞（一五六五～一六四三）

《客齋詩話》

⊙樂天詩

樂天作詩好用拗字，如「四弦不入琵琶聲，亂寫真珠細撼鈴」，「忽聞水上琵琶聲」，「琵」字作入聲。又「四十著緋軍司馬，男兒官職未蹉跎」，「一為州司馬，三見歲重陽」，「司」字作去聲。又「為問長安月，誰教不相離」，「相」字之下自注「思必切」。又「況對東谿野枇杷」，「枇」字作入聲。又「燭淚(沾)【粘】盤累蒲桃」，「燕姬酌蒲桃」，「蒲」字作入聲。又「寒銷春蒼茫」，「野道何蒼茫」，「蒼茫」字并作上聲。又「高宗諒闇中」（智按：當作商宗諒闇中)。「諒」作平，「闇」作去聲。又「籃輿騰騰一老夫」，「輿」字作去聲。又《半開花》詩「西日憑輕照，東風莫殺吹」，自注「殺」去聲，俗語太甚曰「殺」。又「舞繁紅袖凝，歌切翠眉愁」，「凝」字作去聲。又「在郡六百日，入山十二回」，「緑浪東西南北路，紅欄三百九十橋」，「十」字作平聲。此類甚多。(《客齋詩話》卷一，《稀見明人詩話十六種》第一〇八〇頁)

⊙瑟瑟

樂天《琵琶行》「楓葉荻花秋瑟瑟」，「瑟瑟」正作「蕭瑟」解，獨楊用修曰：「此句絕妙。楓葉紅，荻花白，映秋色碧也。『瑟瑟』，珍寶名，其色碧，故云。讀者不知也。」又引白《暮江》詩證云：「『一道斜陽照水中，半江瑟瑟半江紅』，此『瑟瑟』，亦豈『蕭瑟』耶?」如此解，似太僻。(《客齋詩話》卷二，《稀見明人詩話十六種》第一〇八三頁)

⊙樂天鍊丹

樂天《自詠》詩云：「朱砂賤如土，不解燒為丹。玄鬢化為雪，不解休為官。」又《不二門》詩云：「亦曾燒大藥，消息乖火候。至今殘丹砂，燒乾不成就。」《潯陽晚歲寄人》詩云：「商水年將暮，燒金道未成。丹砂不肯死，白髮自須生。」《對酒》云：「謾把參同契，難燒伏火砂。有時成白首，無處問黃芽。」《赴忠州至江陵示舍弟》云：「幼學將何用，丹燒竟不成。」《酬元郎中書懷》云：「終身擬作卧雲伴，逐月須收燒藥錢。」《與李侍郎》詩云：「金丹同學都無益，水竹鄰居竟不成。」《贈李使君》云：「迹為燒丹隱，家緣嗜酒貧。」《題遺愛草堂》云：「曾在廬峰下，書堂對藥臺。」《竹樓宿》詩：「小書樓下千竿竹，深火爐前一盞燈。此處與誰相伴宿，燒丹道士坐禪僧。」《同微之贈別郭虛舟鍊師五十韻》敘丹事甚詳，有云：「簡寂館鐘後，紫霄峰曉時。心塵未浄潔，火候遂參差。萬壽覬刀圭，千功失毫釐。先生彈指起，姹女隨煙飛。始知緣會（開）【間】，陰（隙）【騭】不可移。藥灶今夕罷，詔書明日追。」《對酒》云：「丹砂見火去無迹，白髪泥人來未休。」《贈杜録事》云：「河車九轉宜精鍊，火候三年在好看。」《酬夢得》云：「丹砂鍊作三銖土，玄髪看成一把絲。」又《燒丹不成命酒獨酌》云：「白髪逢秋至，丹砂見火空。不能留姹女，争免作衰翁。」是樂天留意金丹，為之而不成也。及作《醉吟先生傳》云：「設不幸吾好藥，減衣削食，燒鉛鍊汞，至於無所成，有所誤，奈之何？今吾幸不好彼。」又《答客》詩云：「海山非是吾歸處，歸即應歸兜率天。」則是晚年藥術竟無所得，乃皈依内典耳。（《客齋詩話》卷五，《稀見明人詩話十六種》第一一二七頁）

智按：陳基虞，字志華，號賓門，温陵（今屬福建泉州）人。一作同安（今屬福建廈門）人。萬曆十七年（一五八九）與蔡獻臣同榜進士。除蕭山令。左遷南雄府推官。官至粤東兵憲。生卒年據陳金城《廉吏陳基虞》（《同安文史資料》第二十五輯，二〇〇七年十月，第八頁）。《客齋詩話》六卷，凡一百九十九則，以輯録逸事、考辨詞語爲主，專論詩法詩律者不多；每則均有標題；追索詩語出處，考辨名物典故；大多輯自歷代詩話或雜著，然多不注明出處，如「樂天鍊丹」一則，出自姚寬（一一〇五～一一六二）《西溪叢語》「白樂天由留意金丹至歸依内典」（《涵芬樓秘笈》本卷下，孔凡禮點校《西溪叢語 家世舊聞》，第九九～一〇〇頁）。中國國家圖書館藏明刊本，華東師範大學圖書館藏舊抄本。卷首題：「温陵陳基虞志華甫輯，會稽門人來斯行可卷甫校。」來斯行（一五六七～一六三五），字道之，號馬湖。浙江蕭山人，萬曆三十五年（一六〇七）進士，官至福建右布政使。

程嘉燧（一五六五～一六四三）

《張異度七十》

昔人名園君嘯歌，清風高柳森傞傞。數年學易知損益，一代德尊長坎坷。天供日月白居易，人領煙波張志和。漢庭徵書早晚下，草堂夜鶴將如何。（《耦耕堂集詩文》詩集卷下，《續修四庫全書》影印清順治十三年金獻士金望刻本，集部第一三八六册）

《戲爲白體二絶》

肆中酒釅須嘗去，道上歌清也聽回。誰信君家鋪伎席，今朝偏我不能來。

任是頻催難强赴，何如一謎莫相聞。天教敗意君休訝，我爲牽情卻恨君。（《松圓浪淘集》詠古卷六，《續修四庫全書》影印湖北省圖書館藏明崇禎刻本）

《兒病起戲傚長慶體》

欲過東城水竹鄰，未離蓬户已逡巡。風光埋没餘三月，意味湔除向二旬。擬豁酒腸仍帶結，將舒笑口尚含顰。直愁親舊相憎厭，羞澁幾成一俗人。（《松圓浪淘集》移居卷八，《續修四庫全書》影印湖北省圖書館藏明崇禎刻本）

《徐孺穀繡虎軒遺稿序》

……余與孺穀同生嘉靖末年，為歲丁丑，方未弱冠，余私習為古詩文，當少保公致政歸，偶從閭巷間見其詩而喜之，遂得進而從公父子游，歲時文酒之會必召與焉。于時耆年宿德與公肩隨者，則有丘翁子成、張翁茂仁，兩先生相與談古今而論道德，而通家門下士如唐兄叔達、婁兄子柔三四君子者，時奉几杖以從。……於斯時也，少保公日閉門却掃，將與造物者游，超然如白傅之居洛下，樂全之歸南鄰，而其文彩風流之澤，足以鼓吹一時，照映百世。……（《耦耕堂集》文卷卷上，《續修四庫全書》影印湖北省圖書館藏清順治十三年金獻士金望刻本，集部第一三八六册，第四七 ~ 四八頁）

《牧齋先生初學集序》

歲癸未冬，海虞瞿稼軒刻其師牧齋先生《初學集》一百卷既成。先是先生再寓書於余，寄示近所著《嚮言》及《高陽行狀》，屬余序其文甚切，而余方退讓未遑。蓋先生身雖退處，其文章為海内所推服崇尚，翕然如泰山北斗，雖鷄林蠻户有能知愛之者，顧欲俾鄉里窮僻，衰耄之夫，嗷然弁其首，有不譁而笑其妄且誕乎？此余之所為不敢也。古人有言：「文章千古事，得失寸心知。」先生之文，惟先生自知之。……晚而以其忠猷嘉謀，無由入告左右，著為《嚮言》三十首，以垂於後，不惟其愛君之深，憂國之切，隱然溢於言表，而救時匡世之畧，亦已見其一斑，藉令不遭齮齕，不罹謗讟，日晝諾於密勿之地，視師於戎馬之間，何以老而能學，窮而益工，使文章必傳無疑，若今日哉。昔白香山不序元微之集，而悉見於所寄通州論文書，以余衰病，不復能東下就兄終老，聊叙平昔，以當一夕之談而已，不可謂序也。癸未冬月長至後，新安布衣友人程嘉燧述於松圓山居。吳郡門人徐增敬書。（《四部叢刊》本《牧齋初學集》卷首；《耦耕堂集》文卷卷上，《續修四庫全書》影印湖北省圖書館藏清順治十三年金獻士金望刻本，集部第一三八六册，第五〇～五一頁）

《奉送巡飭冀南大參魏公入賀登極萬壽聖節序（代）》

庚申秋九月，冲聖嗣皇帝位，始詔天下，以是歲八月紀元泰昌，而以明年爲上天啓元年，冬十一月，届萬壽聖節，薄海内外天下諸侯王文武大小臣工，咸上表稱賀。於時山西推大參魏公奉表以行，公之涖吾山右，歇歷藩憲，前後五稔，而其巡飭冀南也，且及期矣。公英偉宏達，久負海内之望，嘗典挍南粤，秉鐸巴蜀，資閥崇懋，朝議將待公以京卿節鉞之任，顧西人德公睠睠不能釋，郡縣大夫咸來謁余，以贈行之文，惟冀南設兵巡甫百年，自陞潞爲郡，而民日以瘠，加以邇歲軍興徵調之繁，閭閻之困極矣。在世廟時，公之大父嘗持節鎮兹土，其風流遺愛，當時故老尚有存者，初聞公來，莫不欣欣舉手加額……公文章言語妙天下，宜居館閣論思之選，不當久歷藩服，且公嘗以情事乞身堅安石之卧，已乃其出也，則能盡心於庶獄庶慎，孜孜好事，嘗若不及，此非其中超然，不以物攖己，不以己閡物，則烏能匪躬遺形，推誠樂善，以和庶官、擾兆民如此哉！自古文臣多薄吏事，或恬於榮宦者，多詘於功名，自唐已重内，當時出藩刺鎮，雖名卿達士，如李文饒、白香山，猶不能無少鞅望，以此知公之忠誠樂易，度越昔賢遠矣。求之本朝，惟劉忠宣願爲親民官，樂居監司，其後柄用，以爲得參藩之力。……（《松圓偈庵集》卷上，《續修四庫全書》影印湖北省圖書館藏明崇禎刻本）

智按：程嘉燧，字孟陽，號松圓道人、松圓居士。祖籍徽州歙縣（今屬安徽），「嘉定四先生」之一（其他三人為唐時升、李流芳、婁堅）。有《耦耕堂集》及詩選《松圓浪淘集》、文選《松圓偈庵集》等。

周珽（一五六五～一六四五）

《删補唐詩選脈箋釋會通評林》

⊙《琵琶引》

唐汝詢曰：「此樂天宦游不遂，因琵琶以托興也。」

「飲無管弦」，埋琵琶話頭。一篇之中，「月」字五見，「秋月」三用，各自有情，何嘗厭重！「聲沉欲語遲」，「沉」字細，若作「停」字便淺；「欲語遲」，形容妙絕。「未成曲調先有情」，「先有情」三字，一篇大機括。「弦弦掩抑」下四語總説，情見乎辭。「大弦」以下六語，寫琵琶聲響，曲窮其妙。「冰泉冷澀」四語，傳琵琶之神。「銀瓶」二語，已歇而復振，是將罷時光景。「唯見江心秋月白」，收用冷語，何等有韻！「自言本是京城女」下二十二句，商婦自訴之詞，甚誇、甚戚，曲盡青樓情態。

「同是天涯」二句，鍾伯敬謂：「止此，妙；亦似多後一段。」若止，樂天本意，何處發舒？惟以淪落人轉入遷謫，何等相關！香山善鋪敘，繁而不冗，若百衲衣手段，如何學得？通篇散緩，末段□□□注水一□，便□更無餘適，惹厭。

□□曰：「『凝絕不通聲暫歇』，以此説曲罷，情理便深。『門前冷落』二句，唤醒人語，不怕説得敗興。」

陸時雍曰：「形容髣髴。」又曰：「作長歌須得崩浪奔雷、騫澗騰空之勢，乃佳；樂天只一平鋪次第。」（卷二十五「中唐七古下」，《四庫全書存目叢書補編》第二六册，第一一一～一一二頁）

⊙《長恨歌》

唐汝詢曰：「此譏明皇迷於色而不悟也。始則求其人而未得，既得而愛幸之，即淪惑而不復理朝政矣。不獨寵妃一身，而又徧及其宗黨，不惟不復早朝，益且盡日耽於絲竹，以致禄山倡亂，乘輿播遷。帝既誅妃以謝天下，則宜悔過，乃復展轉懷思，不能自絕，至令方士徧索其神，得鈿合金釵而不辨其詐，是真迷而不悟者矣。吁，以五十年致治之主，而一女子覆其成功，權去勢詘，而以憂死。悲夫，女寵之禍，豈淺鮮哉！楊妃本出壽邸，而曰『養在深閨人不識』，為君諱也。『花鈿委地無人收』，伏後『鈿合金釵』。案，意謂妃就絕之時，花鈿散逸民間，必有得之者，方士特挾此以欺上皇，非有他術也。」

唐汝詢又曰：樂天云：「一篇《長恨》有風情」，此自贊其詩也。今讀其文，格極卑庸，詞頗嬌艷；雖主譏刺，實欲借事以騁筆間之風流。其稱「風情」，自評亦當矣。《品匯》收《琵琶行》而黜此，爲其多肉而少骨也。唐陳彝曰：白善敷衍，真長篇手。「死別經年」，「不曾入夢」二句，起下迎神話頭。「攬衣推枕」四語，皆從「驚」字生意。「臨別殷勤」以下，天子私語，傍豈無人？恃釵鈿足信矣。此段文人裝點不可知。唐孟莊曰：「旌旗無光」句，慘。「夜雨聞鈴」句，是實事。「春風桃李」二句，冷語含情，摹寫入細。「忽聞」二字，裝點其真；「虛無縹緲」，明見其假。「風吹仙佩飄飖舉」四語，俱以媚詞描寫，是其弄筆法處。「舊物表深情」，方士所恃以欺上皇者。長生殿「夜半私語」，方士交通近臣，漏此言爲信。

鍾人傑曰：文亦茜麗。

周珽曰：作長篇法如構危宮大廈，全須接隼合縫，銖兩皆稱。樂天《琵琶行》、《長恨歌》幾許膽力！覺龍氣所聚，有疑行疑伏之妙，讀者未易測其涯岸。（卷二十五「中唐七古下」，《四庫全書存目叢書補編》第二六册，第一一五頁）

⊙《送客之湖南》

年年漸見南方物，事事堪傷北客情。山鬼趫跳唯一足，峽猿哀怨過三聲。帆開青草湖中去，衣濕黃梅雨裏行。別後雙魚難定寄，近來潮不到湓城。

周珽曰：「山鬼吹燈滅」、「山鬼迷春竹」，老杜頻用怕語入詩，說得實有形影聲響，的的驚人。樂天「山鬼趫跳唯一足」，用事更實，然作記事語，不得不如此，而後見使幻之妙。（卷四十五「中唐七古下」，《四庫全書存目叢書補編》第二六册，第四九七頁）

⊙《庾樓新歲》

歲時銷旅貌，風景觸鄉愁。牢落江湖意，新年上庾樓。

唐孟莊曰：三句言情，一句收之，五絕中別是一法。（卷四十九「中唐五絕」，《四庫全書存目叢書補編》第二六册，第五五九頁）

⊙《王昭君二首》（其二）

漢使却回憑寄語，黄金何日贖蛾眉。君王若問妾顔色，莫道不如宫裏時。

何仲德爲富艷體。

謝枋得曰：此直從「李夫人」語變化出來。

周敬曰：全以意勝，不徒以詞求工。

敖英曰：就題翻意，得《風》之體。（卷五十七「中唐七絶下」，《四庫全書存目叢書補編》第二六册，第六六七頁）

⊙《後宫詞》

淚濕羅巾夢不成，夜深前殿按歌聲。紅顔未老恩先斷，斜倚熏籠坐到明。

徐用吾曰：淺易中有思致。何仲德爲富艷體。

周珽曰：色衰寵弛，情之常也。紅顔未老而恩先斷，非有奪愛在中，即爲讒妒使然也。聞歌而淚盡，夢不成而坐到明，一腔幽思，誰得知之？懷才未試，貶黜旋及，何以異此！（卷五十七「中唐七絶下」，《四庫全書存目叢書補編》第二六册，第六六七頁）

⊙《雜曲歌辭》其二《楊柳枝》

題注：《楊柳枝》者，古題所謂《折楊柳》，本白居易洛中所制。宣宗朝，國樂唱是辭，帝問永豐在何處，因取兩株植于禁中。居易又作辭一章。

一樹春風萬萬枝，嫩于金色軟于絲。永豐西角荒園裏，盡日無人屬阿誰。

周珽曰：「一樹春風」四字，便爲楊柳寫神；嫩、軟、金絲，極狀其容態之妖娜。後二語乃「君王行幸少，閑却舞時衣」之意。（卷五十七「中唐七絶下」，《四庫全書存目叢書補編》第二六册，第六六八頁）

⊙《杏園花下贈劉郎中》

怪君把酒偏惆悵，曾是貞元花下人。自别花來多少事，東風二十四回春。

周敬曰：樂天語尚真率，淺中風韵自多。

敖英曰：「多少」二字，甚有含蓄。

周珽曰：一别二十四年，其間遷使憂樂等事，不堪備舉，但記得當年同爲花下之人耳。所以「把酒」不覺「偏惆悵」也。「怪君」二字，直貫終篇，彼此深情，依然言表。（卷五十七「中唐七絶下」，《四庫全書存目叢書補編》第二六册，第六六八頁）

智按：周珽，字無瑕，號青羊，海寧（今屬浙江）人。與屠隆、焦竑等友善。初，其曾祖敬輯《唐詩選脈》一書，刊未竟而燬於倭變。珽輯綴殘稾，續成是編。其持論以高棅《品彙》、李攀龍《詩刪》為宗。每體之中，各分初、盛、中、晚。又箋釋其字句典故，名之曰「證」。發明其詞意脈絡，名之曰「訓」。而以諸家議論及珽所自品題者標於簡端，是為「評林」。

唐汝詢（一五六五～一六五九）

《張聖清索惜花之作效白傅體答之》

官舍無花不識春，傍墻偶幸一枝新。只緣雨久開偏晚，無奈風多落更頻。心惜殘紅寧忍蹋，自驚嫩綠轉傷神。莫嫌司馬含毫久，百結愁腸寫未真。（《酉陽山人編蓬集》卷十八，《四庫全書存目叢書》影印明萬曆間刻清乾隆二十四年唐元素重修本，集部第一九二册，第七三五頁）

《唐詩解》

⊙《凡例》

諸家詩散佚汗漫，廷禮之選，已無遺珠，故是編采掇《品匯》之英，不復外索。雖盛唐諸公間有一二參入，而中晚及初，一無采焉。至若白香山之《長恨歌》搜之本集，然亦寥寥無幾矣。（《唐詩解》卷首，《四庫全書存目叢書》本，集部第三六九册，第三五八頁）

⊙《琵琶引》

此樂天宦游不遂，因琵琶以托興也。言當清秋明月之夜，聞琵琶哀怨之音，聽商婦自敍之苦，以動我逐臣久客之懷，宜其泣下沾襟也。《連昌》紀事，《琵琶》敘情，《長恨》諷刺，並長篇之勝，而高、李弗録，余採而箋釋之，俾學者有所觀法焉。（《唐詩解》卷二十，《四庫全書存目叢書》本，集部第三六九册，第八一八頁；王振漢點校本，第四二八頁）

智按：《唐詩選脈會通評林》卷二十五、《御選唐宋詩醇》卷二十二引此則。《刪訂唐詩解》卷十略作：「清秋月夜，聞琵琶哀怨之音，聽商婦自敍之苦，逐臣久客，宜其泣下沾襟也。《連昌》紀事，《琵琶》敘情，《長恨》諷

刺，並長篇之勝，而高、李弗録，余播而箋釋之，俾學者有所觀法焉。」（《續修四庫全書》本，第一六一二册第一五四頁）

⊙《長恨歌》

此譏明皇迷於色而不悟也。始則求其人而未得，既得而愛幸之，即淪惑而不復理朝政矣。不獨寵妃一身，而又徧及其宗黨，不惟不復早朝，益且盡日耽於絲竹，以致禄山倡亂，乘輿播遷。帝既誅妃以謝天下，則宜悔過，乃復展轉懷思，不能自絕，至令方士徧索其神，得鈿合金釵而不辨其詐，是真迷而不悟者矣。吁，以五十年致治之主，而一女子覆其成功，權去勢詘，而以憂死。悲夫，女寵之禍，豈淺鮮哉！楊妃本出壽邸，而曰「養在深閨人不識」，為君諱也。「花鈿委地無人收」，伏後「鈿合金釵」。案，意謂妃就縊之時，花鈿散逸民間，必有得之者，方士特挾此以欺上皇，非有他術也。（《唐詩解》卷二十，《四庫全書存目叢書》本，集部第三六九册第八二二頁；王振漢點校本，第四三二頁）

智按：《御選唐宋詩醇》卷二十二節引此則。《删訂唐詩解》卷十略作：「譏明皇迷於色而不悟也。始則求而未得，得之即不理朝政矣。不獨寵妃，而又徧及其宗黨，以致禄山倡亂，乘輿播遷。不能已而誅妃以謝天下，亦宜悔過，乃復展轉懷思，至令方士徧索其神，得鈿合金釵而不辨其詐，是真迷而不悟者矣。楊妃本出壽邸，而曰『養在深閨』，為君諱也。『花鈿委地』，伏後『鈿合金釵』。案，意謂花鈿散逸民間，必有得之者，方士特挾此以欺上皇也。」（《續修四庫全書》本，第一六一二册第一五五頁）

⊙《江樓聞砧》

江南授衣晚，十月始聞砧。一夕高樓上，故園千里心。

卒然而聞，所以動故園之思。（《唐詩解》卷二十四，《四庫全書存目叢書》本，集部第三七〇册第一頁；《删訂唐詩解》卷十，《續修四庫全書》本，第一六一二册第一七六頁）

⊙《庾樓新歲》

歲時銷旅貌，風景觸鄉愁。牢落江湖意，新年上庾樓。

此登樓而感謫宦也。羇旅之貌，隨時而銷；懷鄉之愁，觸景而發，人情之常也。若乃牢落江湖之意，則於新年登庾樓而益甚焉。時樂天為江州司馬。(《唐詩解》卷二十四，《四庫全書存目叢書》本，集部第三七〇册第一~二頁)

智按:《御選唐宋詩醇》卷二十三引此則。

⊙《竹枝詞》

瞿唐峽口冷煙低，白帝城頭月向西。唱到竹枝聲咽處，寒猿晴鳥一時啼。

冷煙斜月之景，竹枝悲咽之聲，即寒猿晴鳥尚不勝情，况可使愁人聽之耶?(《唐詩解》卷二十九，《四庫全書存目叢書》本，集部第三七〇册第七六頁)

智按:《御選唐宋詩醇》卷二十四引此則。《删訂唐詩解》卷十五略作:「冷煙斜月之景，竹枝悲咽之聲，猿鳥尚不勝情，况使愁人聽之耶?」注云:張協詩:「寒猨擁條吟。」眉批云:「警在『一時』二字。」(《續修四庫全書》本，第一六一二册第二一五頁)

⊙《昭君詞》

漢使却迴憑寄語，黄金何日贖蛾眉。君王若問妾顔色，莫道不如宫裏時。

蔡琰《胡笳》:「漢使迎我兮，四牡騑騑。」丁六娘詩:「寄語落花風。」劉孝綽詩:「寄語龍城下。」《漢書·食貨志》:「黄金以『溢』為名，上幣。」後漢《列女傳》:「陳留董祀妻者，同郡蔡邕之女也，名琰，字文姬。適河東衛仲道，夫亡無子，歸寧于家。興平中，天下喪亂，文姬為胡騎所獲，没於南匈奴左賢王，在胡中十二年，生二子。曹操素與邕善，痛其無嗣，乃遣使者以金璧贖之，而重嫁於祀。」薛道衡《明君詞》:「蛾眉非本質。」江淹賦:「望君王兮何期?」陸機詩:「灼灼美顔色。」陳後主《昭君怨》:「圖形漢宫裏。」

此樂天被謫之時，思還京師，托明妃以自况。言明妃因漢使還國，藉以寄語，欲君王之以黄金贖己也。君倘問妾，當云「顔色如故」耳。豈樂天自負其能，欲有所用，其未足歟?(《唐詩解》卷二十九，《四庫全書存目叢書》本，集部第三七〇册第七六頁)

智按：《刪訂唐詩解》卷十五略作：「言明妃欲君王之贖己，而囑使者以『顔色如故』。豈樂天自負其能，欲有所用，其未足與?」注云：後漢《列女傳》：「蔡邕女文姬，沒於胡中。曹操素與邕善，以金璧贖之。」眉批云：「不忘故主，固忠厚矣。暗插『不如宫裏』，意更妙。」（《續修四庫全書》本，第一六一二册第二一六頁）

⊙《同李十一醉憶元九》

《本事詩》：「元相公稹為御史，鞫獄梓潼。時白尚書在京，與名輩遊慈恩，小酌花下，為詩寄元，云云。時元果及褒城，亦寄《夢遊詩》，曰：『夢君兄弟曲江頭，也向慈恩院院遊。驛吏喚人排馬去，忽聞身在古梁州。』千里神交，合若符契，友朋之道，不期至歟?」

花時同醉破春愁，醉折花枝當酒（去聲）籌。忽憶故人天際去，計程今日到梁州。

梁元帝詩：「春愁春自結。」劉孝威詩：「誰家妖冶折花枝?」荀子：「率遏故人，曾無舊言。」揚雄《益州箴》：「巖巖岷山，古曰梁州。」

樂天語尚眞率，然淺而不俚，方是妙境，此詩得之。（《唐詩解》卷二十九，《四庫全書存目叢書》本，集部第三七〇册第七六頁；王振漢點校本，第七六八頁）

智按：《刪訂唐詩解》卷十五注云：《本事詩》：「元稹為御史，鞫獄梓潼。白在京，與名輩遊慈恩，小酌花下，為詩寄元，云云。時元果及褒城，亦寄《夢遊詩》，曰：『夢君兄弟曲江頭，也向慈恩院院遊。驛吏喚人排馬去，忽驚身在古梁州。』」眉批云：「亦情文相生矣。」（《續修四庫全書》本，第一六一二册第二一六頁）

⊙《草》

離離原上草，一歲一枯榮。野火燒不盡，春風吹又生。遠芳侵古道，晴翠接荒城。又送王孫去，萋萋滿別情。

《詩》：「彼黍離離。」注：「離離，垂貌。」曹植詩：「願為中林草，秋隨野火燔。」《楚辭》：「王孫遊兮不歸，春草生兮萋萋。」

上二聯寫物生之無窮，下二聯見草色之關情。樂天語尚眞率，佳處固自不少。要非入選之詩，獨此丰格猶存，姑採以備長慶之一體。（《唐詩解》卷三十八，《四庫全書存目叢書》本，集部第三七〇册第一七六頁；王振漢點校本，第一〇一一頁）

智按：《刪訂唐詩解》卷十八略作：「樂天語尚眞率，獨此風格猶存。」眉批云：「顧逋翁初見白公，笑曰：「米價方貴，居亦不易。」讀此乃曰：「道得箇語，居即易矣。」結不宜又用雙字。」（《續修四庫全書》本，第一六一二册第二六九頁）

《刪訂唐詩解》

⊙元稹《聞白樂天左降江州司馬》（古人尚右，以降為左遷）

殘燈無焰影幢幢（宅舡切），此夕聞君謫九江。垂死病中驚坐起，暗風吹雨入寒窗。（「幢幢」，不明貌。何遜詩：「霏霏入窗雨。」）

【眉批】襯第三句，而末復以景終之，真有無窮之恨。

樂天云：「此語他人尚不可聞，況僕哉！」洪容齋云：「長歌之悲，過於慟哭。」此語誠然！（《刪訂唐詩解》卷十五，《續修四庫全書》本，第一六一二册第二一五頁）

智按：唐汝詢，字仲言，華亭（今上海松江）人。世業儒。五歲而瞽。父兄抱膝上，授以《三百篇》及唐詩，無不成誦。旁通經史，著有《編蓬集》、《姑蔑集》及《唐詩解》、《唐詩十集》等，援據賅博，當時目為異人。生平見錢謙益（一五八二～一六六四）《列朝詩集小傳》丁集（上海古籍出版社，一九八三年版，第五二七頁）、陳衎（一五八六？～？）《唐仲言李公起》（《四庫全書》本《明文海》卷四零四）、周亮工（一六一二～一六七二）《書影》卷三（上海古籍出版社，一九八一年版，第八三頁）。參見雷恩海《唐汝詢生平考述暨著作鈎沉》（《蘭州大學學報》二〇一一年第五期）。

申欽（一五六六～一六二八）

《下席破嶺泊新淵江口》

下嶺沿江口，移舟入古墟。弊城存貊跡，遺俗似秦餘。野接孤山迥，天連二水虚。誰知白司馬，垂老托匡廬。（《象村稿》卷十一，五言律詩 一百三首，《韓國文集叢刊》本）

《月夜聞琴》

荻花楓葉正颼颼，羈思茫茫倦上樓。一曲瑶琴南浦月，傷心不獨白江州。（《象村稿》卷二十，七言絶句 一百六十六首，《韓國文集叢刊》本）

《莊邵白三公文後跋》

余喜漆園之《齊物論》，康節之無名公傳，集而書之，且繼以白香山《池上篇》、《廬山草堂記》、《醉吟先生傳》，自喻適志。客有來詰者曰：「蒙叟簸弄環中，秕糠堯舜，不欲以其身爲郊牲，白氏能早退急流，以全晚節，至於邵夫子則有大焉。手探月窟，足躡天根，窮宇宙萬物之數，接三聖（三聖：羲、文、孔也）不傳之統，爲萬世事業。之三公者趣造固迴殊，乃若皭然物表，泥而不滓則一也。今子當聖明之時，遭无妄之災，名敗身辱，爲世所諱。子宜攬茝紉蘭，捐佩江潭，口詠離騷，心懺愆尤，喑舌席藁，待譴之不暇，而反欲追踵達軌，附驥玄躅，不亦遠乎？」余笑而復曰：大道沈淪，殺機横發。世運顛倒，天地閉塞。比數罟既張，魚龍都盡，蔚羅密布，飛走路絶。是唯無作，作則莊生不及於用大，邵子不及於打乖，香山不及於吟醉。如余之不幸，三公有不遇焉尔。況余庇賴天恩，伸誣雪枉於萬死之中，而生死肉骨，置之田野之間，使得與樵童牧豎，歌詠太平於耕鑿之餘，豈非叔向所謂優哉游哉以卒歲者耶？……（《象村稿》卷三十六題跋 四十九首，《韓國文集叢刊》本）

《藍田遺璧跋》

余昔奉使赴燕，得田禾叔《西湖志》，愛其事蹟備具，山川臨觀之美，游戲詠歌之什，皆摭拾無一遺者。竣事東還，遂購小本，爲橐裏寶裝。暨歸值官閑身暇，心未嘗不於志亹亹，而幾乎兀案無他書矣。丙午春，解兵部家居，掇其艷語爲小集，命曰《臥遊清賞》，以便諷閱，而尚恨裒選太略，天葩國英，未盡歸於採擷。今余獲戾于朝，爲畎畝一氓，益無所事，日取志自娛，即志中詩章樂府，自白香山、蘇端明諸君子以下宋末元季之鳴者太半焉。就徵其跡，則俱是騷壇上客，衰世遺材。或落拓不諧於時，或秉節不屈於朝，既不能進而發舒其抱負，則寧退而混迹於倡樓酒肆之間，偎紅倚翠，抹月批風，不知老之將至。而間有黍離悲思之徒，尋幽耽寂之侶，激昂忼慨，優游散佚，咸不失其性情。惟其寓意深故摹寫工，寄興多故措語綺，苟非地與人相得，其何能纘飾藻繪之至於斯耶？其視當時之豐貂長組，帶貝冠鵕，厚自塗澤，病國殃民，而自以爲得志者，果竟何如也。……（《象村稿》卷三十六 題跋 四十九首，《韓國文集叢刊》本）

《晴窗軟談　上》

……元白之詩，鄭衛之音也。樊川之詩，固變音也，然其才橫逸豪俊不可當，意者其人亦必似其詩乎。長篇中《杜秋好好》、《郡齋獨酌》等語，自是新腔別曲。潘南之詩，緻麗藻艷極矣，然天才則不及樊川矣。如張祜者，眞浪子也，每詠其揚州詩曰：「人生只合揚州死，禪智山前好墓田」，爲之一粲。杜少陵「江上小堂巢翡翠，苑邊高塚臥麒麟」，山谷「富貴何曾潤髑髏，守錢奴與抱官囚」，恨不揭此語以警顛冥也。後世作樂府者多，不能髣髴太白《秦娥》、《薩蠻》萬一，太白難可及已。律詩已病排矣，又長之爲排律。子美爲至百韻，詩之病也。詩貴言盡而意不盡，作排律者，意已盡而言猶多，甚者鉤取外邊物色連綴，如飣餖飾案，苦無意味。白居易《寒食》詩：「烏啼鵲噪昏古木，清明寒食誰家哭。風吹曠野紙錢飛，古墓纍纍春草綠。棠梨花映白楊樹，盡是死生離別處。冥漠重泉哭不聞，蕭蕭暮雨人歸去。」讀此詩，自然出涕，何待雍門周度曲……（《象村稿》卷五十 漫稿上，《韓國文集叢刊》本）

智按：申欽，字敬叔，號敬堂、百拙、南皐、玄軒、象村居士、玄翁、放翁、旅菴。有《象村稿》。

楊守勤（一五六六～一六三〇）

《冬日即事用白樂天體》

毳帽貂裘煖褥氊，圍爐獸炭繡屏前。飛觴暢飲燈前釀，多少村家未起烟。（《寧澹齋全集》詩集卷十，《四庫禁燬書叢刊》影印明末刻本）

智按：楊守勤，字克之，號昆阜，浙江慈溪人。萬曆三十二年（一六〇四）進士。有《寧澹齋全集》。

謝肇淛（一五六七～一六二四）

《小草齋詩話》

詩不可太著議論，議論多則史斷也；不可太述時政，時政多則制策也……不可太鋪敍，鋪敍則游記也；不可太堆積，堆積則賦序也。故子美《北征》、退之《南山》、樂天《琵琶》、《長恨》、微之《連昌》，皆體之變，未可以為法也。（卷一）

元白格雖卑下，然語意卻有透骨痛快處，乍讀之，亦自可喜。牧之指為淫聲，過矣。乃其聲價遂能遠播雞林，當由明白易曉，時時搔著癢處故邪？使拾遺、蘇州未必便爾，然微之非白敵也。（卷二外篇上，《明詩話全編》第六册，第六六七六頁）

白樂天似有道者，其詩曰：「形羸自覺朝餐減，睡少偏知夜漏長。實事漸消虛事在，銀魚金帶繞腰光。」（智按：《自歎二首》其一，《白居易集箋校》第一三八九頁）又曰：「宴游寢食漸無味，杯酒管弦徒繞身。賓客歡娛僮僕飽，始知官職為他人。」（智按：《自感》，《白居易集箋校》第一五四六頁）暮年富貴者三復是詩，能不回頭乎！（卷三外篇下，《明詩話全編》第六册，第六六八四頁）

白樂天「一山門作兩山門，兩寺原從一寺分」。詩乃題虔州天竺寺也，今收入錢唐天竺寺，誤。

「周公恐懼流言日，王莽謙恭下士時。假使當年身便死，一生真偽有誰知？」此樂天詩也。人相傳謂王荊公詩，誤。（卷三外篇下，《明詩話全編》

第六册，第六七〇二頁）

白樂天《別柳枝》詩云：「兩枝垂柳小樓中，嫋娜多年伴醉翁。明日放歸歸去後，世間應不要春風。」指樊素、小蠻二姬也。《春盡感事》詩云：「病與樂天相伴住，春隨樊素一時歸。」又云：「觴詠罷來賓閣閉，笙歌散後妓房空。」又明年有詩云：「去歲樓中別柳枝。」自注云：「樊、蠻也。」蓋二姬俱名柳枝云。（卷四雜篇上，《明詩話全編》第六册，第六七〇七頁）

（林）鴻一意盛唐，而（高）啟雜出元、白、長吉。（《帶經堂詩話》卷二《評駁》引，戴鴻森校點本，人民文學出版社，一九九八年二月版，第五九頁）

《文海披沙》

⊙劉向

劉向苦心力學，爲時儒宗，乃得淮南黄白之法，未之試，遽上之天子，令典尚方鑄作，事費甚繁，而卒無効驗，下向詔獄，當大辟，立冬將决，兄陽成侯乞入國以贖，方得減死，使向於是時死，不過文成五利之續耳。語曰：金不可作，世不可度。以向之賢，見不及此。唐白樂天貶江州日，亦爲方士所惑，留意鑪鼎，一夕而敗，故其詩有「金丹遇火空」之語。宋潘逍遥亦獻方於太宗，及帝升遐，懼誅，削髮爲僧，此與劉向一間耳。蘇子由亦曾試之，將舉火，見一大猫據爐而溺，須臾不見，術終以不成。富鄭公積黄白書一櫃，後爲顒華嚴長老投之火中，豁然有悟，則世必無此術，明矣。范文正得方於同舍，程明道得方於佛腹中，蘇子瞻得方於扶風僧，而皆不爲善藏拙者也。（《文海披沙》卷二，《續修四庫全書》影印明萬曆三十七年沈儆炌刻本）

⊙體物之玅

古人文字雖極草，草處亦曲盡體物之玅，如曹子建《雀賦》云：頭如顆蒜，目如擘椒，真可爲雀傳神矣。楊用修載白樂天《荔枝序》云：核如琴軫，體狀亦甚精當。而考之白集，原作枇杷，當是用修以意改之耳，然枇杷語不如琴軫。（《文海披沙》卷五，《續修四庫全書》影印明萬曆三十七年沈儆炌刻本）

⊙家諱

古人家諱極嚴，有犯之者輒至流涕徒跣，梁謝舉聞諱必哭，甚至范曄父名泰，而不拜太子詹事。劉温叟父名樂，而終身不聽樂，不游五岳。徐仲車父名石，而終身不踐石。袁德師父名高，而九日不食糕。白樂天母墜井，而時以賦新井詩爲譏。李賀父名晉肅，而時以舉進士爲非。裴德融父名皐，而以高鍇門下及第爲罪。則不通之甚矣。今時家諱不出門，卽子孫臨文，亦自不諱。王元美父死於司寇，而後爲大司寇，時論者亦以此病之，王竟自免歸也。此與白樂天、李賀事政自不同。（《文海披沙》卷五，《續修四庫全書》影印明萬曆三十七年沈儆炌刻本）

⊙好名

杜預刻石爲碑，自紀勳績，一沉漢水之中，一置萬山之上，曰：後世不有高岸爲谷、深谷爲陵之事乎？白居易裒集所爲詩稿，寄之佛藏，一在廬山東林寺，一在東都聖善寺，一在蘇州南禪院，各有記。甚矣，人之好名也。以二君之勳業文章，何患不傳於後，而猶自標榜若此。（《文海披沙》卷八，《續修四庫全書》影印明萬曆三十七年沈儆炌刻本）

智按：參見明郭良翰《問奇類林》卷十六。

《五雜俎》

北人重墓祭。余在山東，每遇寒食，郊外哭聲相望，至不忍聞。當時使有善歌者，歌白樂天《寒食行》，作變徵之聲，坐客未有不墮淚者。南人借祭墓為踏青游戲之具，紙錢未灰，舄履相錯，日暮，墳間主客無不頹然醉倒。夫墓祭已非古，而況以焄蒿悽愴之地，為謔浪酩酊之資乎？（《五雜俎》卷二・天部二，上海書店出版社本，第二十三頁）

《長恨歌》載玄宗避暑驪山，以七月七日與貴妃憑肩誓心，願世為夫婦。《天寶遺事》又言，帝與貴妃每至七月七日夜，在華清宮游宴，宮女皆陳瓜果乞巧。皆誤也。考之史，玄宗幸華清皆以十月，其返皆以二月或四月，未有過夏者。野史之不足信，往往如此。（《五雜俎》卷二・天部二，上海書店出版社本，第二十六頁）

紫微原為帝星，以其政事之所從出，故中書省亦謂之紫微，而舍人為紫微郎。白樂天「紫薇花對紫微郎」者，以其音之偶同，戲用之耳。今各處藩

省，多揭紫薇為堂名，而參知署額，多稱薇省分署者，習而不覺其非也。(《五雜俎》卷三·地部一，上海書店出版社本，第六十頁)

美婦則有仍之髮，光可以鑒；昌容之仙，隔窗見骨。條塗之三，赤烏之二。妹喜遷夏，妲己傾殷；褒姒覆周，麗姬傾晉。孔父之室，美而稱豔；巫臣之姬，雞皮三少。南威入晉，三日不朝；夷光歸吳，蘇臺為沼。婁顏之婦，國色見稱；吳廣之女，顏若苕榮。鄭袖擅楚，陰江爭趙。敬君以畫自媒，女環以計求進。韓憑有婦，羅敷有夫。息媯不言，如皋不笑。至於宓妃、青琴、毛嬙、鄭旦、先施陽文、吳娃傳予、白台閭須、旋娟提謨、閭娵子奢，雖事蹟鮮聞，時地莫考，而名標載籍，不可厚誣。自漢而降，則戚夫人之翹袖折腰，李夫人之絕世獨立。阿嬌貯之金屋，鉤弋擘拳自開。麗娟吹氣勝蘭，昭君光動左右。飛燕掌上可舞，合德膚滑不濡。文君眉若遠山，麗華名動人主。女瑩朝霞和雪，二喬獨步江東。夜來鍼絕，瓊樹鬢蟬；宋臘清歌，絳樹妙舞。甄氏驚鴻之姿，甘后亂玉之質。莫愁抱腰，江水不流；麗雲一曲，醉者頓醒。劉琰以冶容見疑，東美以比肩傳子。潘以愁而惑人，張既死而不舍。荀婦、賈女，俱云絕倫；朝姝、洛珍，同時擅寵。劉聰六后，天錫二姬。金谷墜樓之人，香塵輕軀之媛。翔風以春華見美，宋禕以吹笛擅聲。桃葉以渡江興歌，絡秀以門戶屈節。徐月華歌聲入雲，孫荊玉反腰貼地。武康阮公之溪，章浦蓮花之瑞。陳則麗華、貴嬪，隋則寶兒、絳仙。玉兒步步蓮花，小憐生死一處。太真姊妹，脂粉不施；浙東舞女，蘭氣融冶。梅妃寵奪上陽，俊娥情深來夢。知之身殉碧玉，何恢掌失耀華。仙娥時充使典，素娥獨避正人。盈盈姿豔，冠絕一時：真真未諧，扼腕千古。薛瑤英香肌玉骨，金媚孃沫墨劈箋。倩孃端妍絕倫，紫雲名不虛得。杜牧之尋春校遲，羅虯之比紅已晚。窅孃新月淩雲，保儀華麗冠絕。蜀之花蕊，色藝俱工；劉氏瓊仙，豐神獨擅。侯君集之飲乳不飯，白樂天之細口纖腰。韓氏之園桃巷柳，蘇家之琴操朝雲。奇章真珠之室，玉堂翠翹之枝。鏡兒絕代之姿，張紅記曲之捷。畢諴所獻，相國警魂；韓弘所遺，三軍奪目。至於鶯鶯、燕燕、盼盼、師師，紅紅、轉轉，小小、愛愛。李娃惑鄭，小玉殉李。韋孃斷刺史之腸，柳姬感章臺之味。非煙、紅拂，不甘非偶；琴客、宋熊，老而失身。解愁幸遇大樞，素娥終辭洵美。史鳳迷香之洞，鸞兒袖裏之春。若而人者，皆豔質照一時，香骨留千古矣。王元美謂酸士所獲，不堪上駟，吾獨以為不然。夫遇合有時，愛憎有命，故當其求也，或羅之四海而不遇，或邁之州里而偶得。及其愛也，或三千粉黛而不足，或一人專房而有餘。彼豈銖銖而稱，寸寸而度哉？但帝王之事，易於誇張；而士庶之家，莫為標榜。至於負絕世之姿，而匹偶非類，湮滅不稱者，又不可勝數也。吾讀彩鳳隨鴉之語，傷世有暗投之珠；詠紫鸞舞鏡之詩，恨時無報仇之劍。薄命如許，虛名安用？夫欲無附而成名，文士尚難之，況婦人乎？（《五雜俎》卷八・人部四，上海書店出版社本，第一五〇～一五二頁）

白樂天有舞妓名春草，蘇長公有侍妾名榴花，秦少游侍兒名朝華，武翊皇有婢名薜荔，此傳紀所罕見者。（《五雜俎》卷八・人部四，上海書店出版社本，第一五三頁）

洛陽楊牢，絕乳即能《詩》。白樂天七月未能言，而識之無二字，王采方能言，為賊所負，而以計自脫。此其穎異，又在向者諸人之上矣。國朝洪鐘以四歲舉，李東陽以五歲舉，皆入翰林。程敏政、楊一清俱以八歲舉。而楊少師廷和，以十二歲舉孝廉於鄉。亦二百年來所無也。（《五雜俎》卷八・人部四，上海書店出版社本，第一五五～一五六頁）

白樂天在忠州時，所言荔支之狀，至於「朵如蒲桃，漿液甘酸」，可知蜀中荔支形味。閩中生者，豈但如蒲桃，又何嘗有些酸味耶？（《五雜俎》卷十一・物部三，上海書店出版社本，第二二一頁）

四十從政，五十懸車，耳目未衰，筋力尚健，或縱情山水；或沉酣文酒，優游卒歲，以保天年足矣；今之仕者，涉世既深，宦術彌巧，桑榆已逼，貪得滋甚，干進苟祿，不死不休，生平未嘗享一日之樂，徒為僕妾圖輕肥，子孫作牛馬耳。白樂天所謂「官爵為他人」者，有味哉，其言之也。（《五雜俎》卷十三・事部一，上海書店出版社本，第二五九頁）

白樂天抗志辭榮，似知道者，而其詩有曰：「眼前何日赤？腰下幾時黃？」識趣之卑陋甚矣。宋夏侯嘉正常語人曰：「吾得見水銀銀一錢，知制誥一日，死無恨矣。」此正所謂「腰纏十萬貫，騎鶴上揚州」者。世間乃有此癡心漢，真堪一棒打殺也。（《五雜俎》卷十五・事部三，上海書店出版社本，第三一四頁）

智按：謝肇淛，字在杭，長樂（今屬福建）人。萬曆二十年（一五九二）壬辰進士，官至廣西右布政使。有《小草齋集》、《五雜俎》等。《明史・文苑傳》附見《鄭善夫傳》中。

婁堅（一五六七～一六三一）

《丙午除夕效長慶體》

今秋仍作白門行，也爲江山也爲名。莫向境中分厭戀，但於身外置枯榮。歸來嬾慢偏多暇，老去輕安是寡情。漸過擁罏被褐日，柳條梅萼看春生。（《吳歈小草》卷七，《四庫禁毀書叢刊》影印清康熙刻本，集部第四九册）

《以詩代柬訊長蘅病脾斆長慶體》

人間事事煩多慮，身外頭頭合寡情。脾氣逢春雖受尅，心神長靜即還生。醫言藥物宜蓡朮，俗勸齋厨閒肉羹。譚子化書吾有贈，一篇儉化最分明。（《吳歈小草》卷八，《四庫禁毀書叢刊》影印清康熙刻本，集部第四九册）

《遊焦山還一孺有詩擬長慶體爲答》

無嗟遲暮此江津，猶勝衰羸閉戶人。莫以滯淹懷稚子，且娛頑鈍好遊身。青山自爲閒看媚，紅葉時於散步新。何似茗甌趺坐起，未曾歡喜亦無顰。（《吳歈小草》卷九，《四庫禁毀書叢刊》影印清康熙刻本，集部第四九册）

《宗伯公六十六生辰率爾獻詩斆長慶體》

休論姓字滿塵寰，莫擬殷勤問大還。屈指功名八座後，乞身泉石數年間。陽春堂裏歌迴雪，海曙樓頭醉看山，從到百齡饒歲月，知無一日不開顏。（《吳歈小草》卷十，《四庫禁毀書叢刊》影印清康熙刻本，集部第四九册）

智按：宗伯公乃徐學謨（一五二二～一五九三）。徐學謨《歸有園稿》詩編卷三所附文字略異：「休論姓氏滿塵寰，莫礙殷勤問大還。屈指功名八座後，乞身泉石數年間。陽春堂裏歌廻雪，海曙樓頭醉看山。從到百齡三十四，知無一日不開顏。」（《四庫全書存目叢書》影印明萬曆二十一年張汝濟刻四十年徐元嘏重修本，集部第一二六册，第一〇四頁）

《重刻元氏長慶集序》

序者，敘所以作之指也，蓋始於子夏之序《詩》，其後劉向以較書為職，每一編成，即為之序，文極雅馴矣。左思既賦《三都》，自以名不甚著，求序於皇甫謐。自是綴文之士，多有託於人以傳者，皆汲汲於名，而唯恐人之不吾知也。至於其傳既久，刻本之存者，或漫漶不可讀，有繕寫而重刻之，則又復序之，是宜敘所以刻之意可也。而今之述者，非追論昔賢，妄為優劣之辨，即過稱好事，多設游揚之辭，皆吾所不取也。唐之文章，至元和而極盛矣。元、白二氏創為新體，以相倡和，各極才人之致，皆以編次於穆宗朝，題曰《長慶集》，惜其傳之久而不無漫漶以譌也。馬巽甫從予遊，未冠即好古文辭，嘗欲募工合刻以行於世，而尤以微之之文，世人知愛之者尤少，乃刻自元始，而以序見屬。予觀微之序樂天集，稱其所長，可謂極備，而卒未嘗求敘於白者，豈自越移鄂以至於卒官之日，年僅踰艾，將有待而未暇歟？後白為銘墓，而終亦不序其遺文，何歟？當白在潯陽，元在通州時，其寄詩往復之書，固已畢見其所志矣，則雖不為之敘可也。世所傳集，刻於宋宣和中建安劉氏，收拾於缺逸之餘，功已勤矣。然考《唐書·藝文志》：《元氏長慶集》凡一百卷，又小集十卷。而所與白書，自敘年十六時至元和七年，有詩八百餘首，凡十體二十卷。七年已後，又二百五十首。此其二十餘年之作也。計其還朝至歿，不知復幾百首。今已雜見於集矣，而古詩不過百三十餘，律詩不過三百餘，共三十卷。又他文三十卷，類次既非其舊，卷帙半減於前，蓋詩之亡者已不翅如其所傳，則他文之不見於集者又可知也。嗟夫！昔之君子，所以疲耗心力於言語文字之間者，蓋多以不為時用，而優游於筆硯以舒寫其感憤無聊之意，故其文之多且工若是。士之淺陋不學，未有甚於今日者也。幸而得志於有司，則又自多其才，以謂雖不學而可試於用，反詆好古之士為濶遠不識時務。及其見於行事，苟且滅裂無足怪者，間或沾沾焉。欲以言語自見，則皆浮游無用之辭耳，夫孰知文章為經世之大業哉？如元氏者，世多訾其為人，蓋摧折困頓之餘，躁於求進，比之樂天懸矣。然吾以其言求之，知其卓然有可用於世者，未嘗不為之歎惜焉。至若巽甫之用心於斯文，旁搜博采，苟力所及，殆無一字之遺，且為考其歲月，而附見當時之事，不

亦已勤也歟?(萬曆甲辰立夏日序。)(《四庫全書》本《學古緒言》卷一;萬曆三十二年馬元調魚樂軒刻本《元氏長慶集》卷首)

《序馬元調重刻白氏長慶集》

白氏集校刻完,而巽甫復屬予序其端。予曰:白之所以為文者,元序之詳矣,子之合刻二氏者,向已具言其概矣。竊嘗尚論其世,以謂二君子當元和、長慶之間,以才力敏贍,相推相讓,無倡不和,少或二韻,多至千言,實詩人次韻之所從始。其於作者之指,無所不窺,而尤以杜子美為宗師。雖渾涵雄偉,未足庶幾,要為能言其所欲言矣。觀白公之所以自見其意者,尤在於《諷諭》、《樂府》諸篇,則夫以聲調格律而論其高下者,亦未為深知之者也。世徒知論公於出處之際,蓋進而幾於大用者屢矣,而公每徊翔容與,終於乞身以行其志,雖以牛、李之相軋,公居其間,頗不為李所容,而卒能不受其禍,以是為達人之高致。而至於公之忠誠鯁亮,敢於劘上而切於論事,必不能以一毫之婞阿,少徇乎人者,雖時見於言語文章,而世能知之者鮮矣。抑吾於公尤自有感也。當公之退居於洛,裴晉公方留守東都,數與同詩酒燕游之樂,歡然無間。吾意如晉公者,即微之尚存,必不以元故,有纖芥於樂天也;李衛公一與牛隙,遂至不欲見公詩文,且曰:見便當愛。此豈宰相之語哉?蓋於是益知晉公之賢遠於人矣!予又以為非公恬於進取,或以楊、李之援,驟見用於太(大)和、開成,則會昌之世,亦或有不能自全者矣。公嘗有詩云:「麒麟作脯龍為醢,何似塗中曳尾龜?」早退先知,非徒言之,實允蹈之。終唐之世,獨公以賢達見稱,有以哉!故予嘗謂士大夫若能為公,雖微之之構於裴、思黯之憾於李,公皆與厚善,而不能為之累。而為大臣者,但當若晉公之休休,毋使賢達如公,而亦不免於見忌,則予所以序斯文之意也。萬曆丙午孟秋序,吳郡婁堅子柔。(陸廷燦重校本《學古緒言》卷一;《四庫全書》本《學古緒言》卷一;明萬曆三十四年馬元調魚樂軒刊本《白氏長慶集》卷首)

智按:婁堅,字子柔,嘉定(今屬上海)人。與唐時升、程嘉燧、李流芳齊名。萬曆末,婁之文,程之詩,號「吳中二絕」。參見王士禎《跋婁子柔古文》(《漁洋山人全集·蠶尾集》卷十)。陳田《明詩紀事》庚籤卷四;

「《吳歈小草》長于古體，刊落浮囂，語多造微。近體絶句，時流淺易。蓋其所心摹力追者白樂天一流，而才不足以濟之；有真率而無興趣，質勝則野，其弊然也。」（上海古籍出版社，一九九三年版，第二二九五頁）

葛一龍（一五六七～一六四〇）

《泊琵琶亭》

亭子挂城角，宛然流寓情。秋風上絃急，涼露濯衣清。異代孤舟夜，空江九派聲。勞歌自相慰，不是少年行。（《葛震甫詩集》鷓鴣集，《四庫禁毀書叢刊》影印明崇禎間刻本）

智按：葛一龍，字震甫。吳縣（今屬江蘇）人。其地習爲行賈，多富室，而他讀書好古，盡破其産。欲入資爲國子生，困于無資，不能自出。萬曆四十七年（一六一九）方被典選，除雲南布政使理問。居無何，謝病歸。崇禎三年（一六三〇）訪程嘉燧于常熟墊巾樓，并同詣吳江。崇禎九年，與史玄、邢昉、顧夢游、方文等人結社于南京。崇禎十三年病卒。有《葛震甫詩集》。

姚士粦（？～一六四〇？）

《白蘇齋集序》

高江束峽七百里，然後雷瀉東注于荊、岳、武、黄之間，猶之思瀾言泉，停匯膈臆，透咽而出，必成大聲。雖嘗一聲于黄之夢澤，再聲于興國之甑甀，前後相去，復寥寂數十年，於是蓄極聚聲于公安之袁氏昆季。而太史公既以明經大魁天下，更自別啟靈竇，別主氣格，與中郎、小修獨唱互賡，陡辟門戶於趁舌應聲世界。蓋不必以詞翰盩名理，不必以名理礙性宗，又不必以詞翰宗理規規上合乎秦、漢、唐、宋，而惟畢運我真，用詣萬情。情契真，真生新，只見情情新來，筆筆新赴，亦不自知其筆之快於言，言之快於情。而為詞翰，為名理，為性宗，種種頭頭，提人新情，換人新眼，稱有明自辟大家也。觀此則太史見地，已足自雄，奈何前借白蘇，標其齋集？豈非以白蘇兩公其心忠，其學禪，其人達，其官皆曾翰林；而白無兒，蘇躁吻，俱足以況耶？但香山、東坡，年各四十四，始承司馬、團練之謫，而太史即直腸矢口，品地自嚴，方官侍從，名位日上，忽焉隕落，年僅四十有二，竟免兩公風波地面。然讀其仙鶴臺榭，鷹隼腥膻，及「噉名多局面，謀國半嗔心」句，使得年到白蘇，則湓江、赤壁，亦應保有此處，此太史生平可得同于白、蘇者乎！若曰韻言近白，大篇類蘇，又非袚人涎沫，自辟門戶之意。故讀之者，第當呼之曰「白蘇齋」，不當以白蘇詩文看作《白蘇齋集》可也。海鹽姚士麟叔祥敘。（袁宗道《白蘇齋類集》卷首）

智按：姚士麟，一作姚士粦，字叔祥，海鹽（今浙江海寧）人。與胡震亨同學，以奧博相尚。搜羅秦、漢以來遺文，撰《秘册彙函》，跋尾各為考據，具有原委。馮夢禎為南祭酒，校刻南北諸史，多出其手。有《見只編》等。

崔世召（一五六七～一六四二）

《漫言效長慶體》

空林夜半叫於菟，魂夢顛危囈語呼。蒙難多因詩作祟，趋羶未免膝為奴。河流滂没投金瀨，春色長留賣酒壚。且問青山與碧水，可曾分得俗人無。（《秋谷集》卷下，《四庫未收書輯刊》影印明崇禎間刻本）

智按：崔世召，字徵仲，寧德（今屬福建）人。萬曆三十七年（一六〇九）舉人，任巴陵令，以忤璫削籍歸，尋擢浙江運副，再擢連州知州。有《西叟全集》、《秋谷集》等。

袁宏道（一五六八～一六一〇）

《虎丘》

虎丘去城可七八里，其山無高巖邃壑，獨以近城，故簫鼓樓船，無日無之。凡月之夜，花之晨，雪之夕，游人往來，紛錯如織，而中秋爲尤勝。每至是日，傾城闔戶，連臂而至。衣冠士女，下迨蔀屋，莫不靚妝麗服，重茵累席，置酒交衢間。從千人石上至山門，櫛比如鱗，檀板丘積，樽罍雲瀉。遠而望之，如雁落平沙，霞鋪江上，雷輥電霍，無得而狀。

布席之初，唱者千百，聲若聚蚊，不可辨識。分曹部署，競以歌喉相鬬，雅俗既陳，妍媸自別。未幾而搖頭頓足者，得數十人而已。已而明月浮空，石光如練，一切瓦釜，寂然停聲，屬而和者，纔三四輩。一簫，一寸管，一人緩板而歌，竹肉相發，清聲亮徹，聽者魂銷。比至夜深，月影橫斜，荇藻凌亂，則簫板亦不復用。一夫登場，四座屏息，音若細髮，響徹雲際，每度一字，幾盡一刻，飛鳥爲之徘徊，壯士聽而下淚矣。

劍泉深不可測，飛巖如削。千頃雲得天池諸山作案，巒壑競秀，最可觴客。但過午則日光射人，不堪久坐耳。文昌閣亦佳，晚樹尤可觀。面北爲平遠堂舊址，空曠無際，僅虞山一點在望。堂廢已久，余與江進之謀所以復之，欲祠韋蘇州、白樂天諸公於其中；而病尋作，余既乞歸，恐進之興亦闌矣。山川興廢，信有時哉！

吏吳兩載，登虎丘者六。最後與江進之、方子公同登，遲月生公石上。歌者聞令來，皆避匿去。余因謂進之曰：「甚矣，烏紗之橫、皂隸之俗哉！他日去官，有不聽曲此石上者，如月！」今余幸得解官稱「吳客」矣。虎丘之月，不知尚識余言否耶？（錢伯城《袁宏道集箋校》卷四，第一五七～一五八頁）

智按：萬曆二十四年（一五九六），解職吳縣令前作，或總題《吳游記》。明何偉然《十六名家小品》袁中郎先生小品卷二（明崇禎六年陸雲龍刻本）評曰：「虎丘之勝，已盡于筆墨端矣，觀繪事不如讀此之靈活。」

《丘長孺》

……大抵物真則貴，真則我面不能同君面，而況古人之面貌乎？唐自有詩也，不必《選》體也；初、盛、中、晚自有詩也，不必初、盛也；李、杜、王、岑、錢、劉，下迨元、白、盧、鄭，各自有詩也，不必李、杜也。趙宋亦然，陳、歐、蘇、黄諸人，有一字襲唐者乎？又有一字相襲者乎？至其不能為唐，

殆是氣運使然，猶唐之不能為《選》，《選》之不能為漢、魏耳。……（錢伯城《袁宏道集箋校》卷六，第二八四頁）

《靈隱》

靈隱寺在北高峰下，寺最奇勝，門景尤好。由飛來峰至冷泉亭一帶，澗水溜玉，畫壁流青，是山之極勝處。亭在山門外，嘗讀樂天記有云：「亭在山下水中，寺西南隅，高不倍尋，廣不累丈，撮奇搜勝，物無遁形。春之日，草薰木欣，可以導和納粹；夏之日，風泠泉渟，可以蠲煩析醒。山樹為蓋，岩石為屏，雲從棟生，水與階平。坐而玩之，可濯足於床下；卧而狎之，可垂釣於枕上。潺湲潔澈，甘粹柔滑，眼目之囂，心舌之垢，不待盥滌，見輒除去。」觀此記，亭當在水中，今依澗而立。澗闊不丈餘，無可置亭者。然則冷泉之景，比舊蓋減十分之七矣。（錢伯城《袁宏道集箋校》卷十，第四三〇頁）

《擬古樂府（有序）》

樂府之不相襲也，自魏、晉已然。今之作者無異拾唾，使李、杜、元、白見之，不知何等呵笑也。舟中無事，漫擬數篇，詞雖不工，庶不失作者之意。

⊙飲馬長城窟

長城水嗚咽，夜夜作鬼語。問子何代人？防胡舊軍旅。冤魄滯孤魂，不得歸鄉土。白水洗白骨，瘢盡水酸楚。洗多成黑流，水性毒於蠱。立馬古戰場，長嘶待天雨。

⊙長安有狹斜行

按金駒，立長溝，枇杷落盡茱萸秋。山西女兒帕勒頭，面上堆粉鬢堆油。二十五弦彈箜篌，猩紅衫子葡萄紬。笑問南妝如此不？

⊙妾薄命

落花去故條，尚有根可依。婦人失夫心，含情欲告誰？燈光不到明，寵極心還變。只此雙蛾眉，供得幾回盼。看多自成故，未必真衰老。辟彼數開花，不若初生草。織髮為君衣，君看不如紙。割腹為君餐，君咽不如水。舊人百宛順，不若新人罵。死若可回君，待君以長夜。

⊙相逢行

行行即曲巷，曲巷多蒿草。窗路掠蛛絲，讀書歲月老。壁上榮啟圖，手裏黃石編。當盡三時衣，不直數緡錢。兒女無褌著，常時煨故紙。稅地植桃花，十樹九樹死。君莫悲腐草，腐草發光耀。玄霜畏冬青，白髮傲年少。

⊙悲哉行

石馬立荊棘，荒城叫老貍。昔時冠帶人，唯有鶴來歸。宿志慕長生，朋黨盡刺譏。父母不我容，碧海三山飛。朝牧老君龍，暮守劉安雞。仙家歲月長，桃子三垂枝。歸來見荒塚，半是孫曾碑。城池百易主，族裏無從知。古人悲夜繡，今我亦似之。白骨不可語，鶴歸空爾為。

⊙門有車馬客行

門有車馬客，錦襴烏紗巾。寒毛接短鬢，絲絲沙與塵。問子何勞勞？上書西入秦。八年始一命，官卑不救貧。冒霜揖槐柳，望灰拜車輪。一身百糾縛，形如一束薪。手纏不自解，利刃寄他人。蔗與蘗同餐，雖甘亦苦辛。

⊙京洛篇

煌煌京洛城，朱衣喧廣道。白首賤書生，驢韉掛詩草。懷刺謁恩門，門卒相輕眇。十上十不達，登街顏色槁。疊身事貴公，習諛苦不早。罩眼一寸紗，茫茫遮人老。

⊙蝦鱔行

蝦鱔出潢潦，道逢東海使。魚服而介身，呷浪以相戲。物微恐見侵，跳波爭努臂。東陂招能兄，西溪喚螺弟。水蟲萬餘種，各各條兵議。聚族鼓鱗鬣，不能當一嚏。

⊙升天行

乘赤霧，鞭鸞轍。路逢王子晉，玉簫吹已折。織女弄機絲，餘緯爛霄闕。下土蟣虱民，誤喚作雌霓。張翁老且耄，舉止多媟褻。侍仙三萬年，不曾見隆準。真人多竄左，天狐慘餘孽。羲御失長鞭，牽牛歎河竭。

⊙櫂歌行

妾家白蘋洲，隨風作鄉土。弄篙如弄鍼，不曾拈一縷。四月魚苗風，隨君到巴東。十月洗河水，送君發揚子。揚子波勢惡，無風浪亦作。江深得魚難，鸕鷀充糕饈。生子若鳧雛，穿江復入湖。長時剪荷葉，與兒作衣襦。（錢

伯城《袁宏道集箋校》卷十三，第五七七～五八六頁）

智按：《擬古樂府》共十七首，此選十首，可見一斑。

《答陶石簣》

寄來詩文並佳，古勝律，律勝文，至扇頭七言律尤為奇絕。昔白樂天謂元微之「近日格律大進，當是熟讀吾詩」，兄或者亦讀僕詩耶？徐文長老年詩文，幸爲索出，恐一旦入醋婦酒媪之手，二百年雲山便覺冷落，此非細事也。弟近日始遍閱宋人詩文，宋人詩長于格而短于韻，而其爲文密于持論，而疎于用裁，然其中實有超秦漢而絕盛唐者，此語非兄不以爲决然也。夫詩文之道至晚唐而益小，歐、蘇矯之，不得不爲巨濤大海，至其不爲漢唐人，蓋有能之而不爲者，未可以妾婦之恒態責丈夫也。弟比來閒甚，時時想像西湖樂事，每得一景一語，卽筆之于書，以補舊記之缺。書成，可兩倍舊作，容另致之。（錢伯城《袁宏道集箋校》卷二十一，第七四三頁）

《與李龍湖》

……蘇公詩高古不如老杜，而超脫變怪過之，有天地來，一人而已。僕嘗謂六朝無詩，陶公有詩趣，謝公有詩料，餘子碌碌，無足觀者。至李杜而詩道始大。韓、柳、元、白、歐，詩之聖也；蘇，詩之神也。彼謂宋不如唐者，觀場之見耳，豈直真知詩何物哉？（尺牘）（錢伯城《袁宏道集箋校》卷二十一，第七五〇頁）

《馮琢庵師》

……宏近日始讀李唐及趙宋諸大家詩文，如元、白、歐、蘇，與李、杜、班、馬，真足雁行，坡公尤不可及。……（錢伯城《袁宏道集箋校》卷二十二，第七八〇頁）

《白香山三十四歲作感時詩，余今正其時矣，仍次其韻》

少年沐新髮，鬱若青莎地。一朝盆水中，霜縷忽三四。辟如百里塗，行行半將至。視老猶壯容，比少已憔悴。是身如肉郵，皮毛聊客寄。微官復寄身，寄與寄為二。浮雲畸太空，種種非作意。鱗鬣及鬘鬟，散時等一氣。為樂供朱顏，及時勿回避。青山好景光，花木饒情致。我有戰老策，勝之以無累。胸中貯活春，不糟自然醉。虛舟蕩遠波，從天作升墜。（錢伯城《袁宏道集箋校》卷二十七，第八九九頁）

智按：萬曆三十年壬寅（一六〇二）作。

《放言效白》

掉頭誰擬作公卿，只合林間樹下行。臧是穀非憑耳過，元輕白俗任詩成。有身只作他人看，無事休將造物爭。夜踏芒鞋深雪裏，自呼東郭冷先生。

賢愚富貴且憑他，山上髻鬟柳上娥。鐵網試撈穿海月，漁舟任載過頭波。齊肩大士辭葷久，禿髮中書感事多。船上老郎江口女，咿啞容易得成歌。

鸞靴爭說上場難，衫袖郎當且自看。世路兩平三仄嶺，人情八折九回灘。胸中毛女霞千片，石上王喬藥一丸。夢去幾番登嶽頂，扶桑清水浴頳盤。

高人竊欲比無功，閑把心情托去鴻。《易》象有時輪瓦卜，騷材兼不廢淫風。謀生拙似銜冰鶴，觸事剛如蝕木蟲。莫放大鵬天上去，恐遮白日駭愚蒙。

抹卻濃嵐作羽衫，撫松終日坐枯岩。盜悲成氏折衡斗，馬謝唯生脫轡銜。青風下來傳古字，白雲飛去護仙緘。芝田數畝那耕得，收拾山中木柄欃。（錢伯城《袁宏道集箋校》卷二十七，第九〇〇～九〇一頁）

智按：萬曆三十年壬寅（一六〇二）作。袁宏道萬曆二十五年還有《放言效元體》五首，見錢伯城《袁宏道集箋校》卷十二，第五五八～五五九頁。

《敘咼氏家繩集序》

蘇子瞻酷嗜陶令詩，貴其淡而適也。凡物釀之得甘，炙之得苦，惟淡也不可造；不可造，是文之真性靈也。濃者不復薄，甘者不復辛，惟淡也無不可造；無不可造，是之真變態也。風值水而漪生，日薄山而嵐出，雖有顧吳，不能設色也，淡之至也。元亮以之。東野、長江，欲以人力取淡，刻露之極，遂成寒瘦。香山之率也，玉局之放也，而一累於理，一累於學，故皆望岫焉而却，其才非不至也，非淡之本色也。……（錢伯城《袁宏道集箋校》卷三

十五，第一一〇三頁）

《識伯修遺墨後》

伯修酷愛白、蘇二公，而嗜長公尤甚。每下直，輒焚香靜坐，命小奴伸紙，書二公閒適詩，或小文，或詩餘一二幅，倦則手一編而卧，皆山村會心語，近懶近放者也。余每過抱甕亭，即笑之，曰：「兄與長公，真是一種氣味。」伯修曰：「何故」？余曰：「長公能言，吾兄能嗜，然長公垂老玉局，吾兄直東華，事業方始，其不能行一也。」伯修大笑，且曰：「吾年止是東坡守高密時，已約寅年入山，彼時纔得四十三歲，去坡翁玉局尚二十餘年，未可謂不能行也。昔樂天七十致仕，尚自以為達，故其詩云：『達哉達哉白樂天』，此猶白頭老寡婦，以貞驕人，吾不學也。」因相與大笑。

未幾而伯修下世。嗟乎！坡公坎坷嶺外，猶得老歸陽羨；樂天七十罷分司，優游履道尚十餘年。使吾兄幸而躋上壽，長林之下，兄倡弟和，豈二公所得比哉。弟自壬辰得第，宦轍已十三年，然計居官之日，僅得五年，山林花鳥，大約倍之。視兄去世之年，僅餘四載。夫兄以二老為例，故以四十歸田為早，若弟以兄為例，雖即今不出，猶恨其遲也。世間第一等便宜事，真無過閒適者。白、蘇言之，兄嗜之，弟行之，皆奇人也。甲辰閏九月九日，弟宏道書於梔子樓。（錢伯城《袁宏道集箋校》卷三十五，第一一一一頁）

《紀夢為心光書册》

壬寅秋，余夢入一菴，有釜十五，白粲如丘積。問之，曰：「玉路庵也。」一碑上載祝枝山為此庵伽藍，夢中了了識其文，醒不記也。夫世間恍惚不可據者莫如夢，而余又最不信夢者，然此夢實無因，又非余臆中事，是則奇矣。枝山書法，為當代第一，文彩風流，輝映一世，至其一詠一笑，有晉人風。騷壇之士，傳為口實。米顛而後，一人而已。余嘗論古人，如東方曼倩、阮步兵、白香山、蘇子瞻輩，皆實實知道，而畫苑書法，下至薄技能之入妙者，若其資非近道，技與神卒不相遇。夫畫如吳如顧，書如王如旭輩，豈可以技能之士目哉？……（錢伯城《袁宏道集箋校》卷四十一，第一二二三頁；《四庫全書》本《明文海》卷三百二十四）

《黃平倩》

……詩文是吾輩一件正事，去此無可度日者，窮工極變，舍兄不極力造就，誰人可與此道者？如白、蘇二公，豈非大菩薩？然詩文之工，決非以草率得者，望兄勿以信手為近道也。……（錢伯城《袁宏道集箋校》卷四十三，第一二五九頁）

《壽曾太史封公七十序》

曾退如太史與余同臭味肝膽，齒頰若共有之，謬自以為元白、歐梅不啻也。……（《四庫全書》本《文章辨體彙選》卷三百五十一；錢伯城《袁宏道集箋校》卷五十四，第一五三二頁）

《壽存齋張公七十序》

山有色，嵐是也；水有文，波是也；學道有致，韵是也。山無嵐則枯，水無波則腐，學道無韵則老學究而已。昔夫子之賢回也，以樂；而其與曾點也，以童冠咏歌。夫樂與咏歌，固學道人之波瀾色澤也。江左之士，喜爲任達，而至今談名理者，必宗之。俗儒不知，叱爲放誕，而一一繩之以理，于是高明玄曠清虚淡達者，一切皆歸之二氏，而所謂腐濫纖嗇卑滯扃局者，盡取爲吾儒之受用。吾不知諸儒何所師承，而冒焉以爲孔氏之學脉也。且夫任達不足以持世，是安石之談笑，不足以静江表也；曠逸不足以出世，是白、蘇之風流，不足以談物外也。……（錢伯城《袁宏道集箋校》卷五十四，第一五四一～一五四二頁）

《天平》

天平山以白樂天顯，山腹有亭，亭側清泉，泠泠不竭，所謂白雲泉也。《吴邑志》云：「天平在吴中，最爲嶎崒，多奇石，山半白雲泉，亦爲吴中第一水。」蘇舜欽有詩云：「清溪至峯前，仰視勢飛舞。偉石如長人，聚立欲言語。石竇落玉泉，泠泠四時雨。」吴人至今稱之。聞方春時，遊舟甚盛。簫管綺羅，與上方諸山等。余過天平，時天已重黑。駐足未定，山下水灾狀子雪片飛來，余不知山爲何物矣。（明崇禎刊本《袁中郎全集》卷八；錢伯城《袁宏道集箋校》卷四，第一七七頁）

《西湖三》

望湖亭即斷橋一帶，堤甚工緻，比蘇堤尤美。夾道種緋桃、垂楊、芙蓉、山茶之屬二十餘種。堤邊白石砌如玉布，地皆軟沙。杭人曰：此内使孫公所修餙也。此公大是西湖功德主。自昭慶、淨慈、龍井及山中菴院之屬，所施不下百萬。余謂白、蘇二公，西湖開山古佛，此公異日伽藍也。腐儒幾敗乃公事，可厭可厭。（明崇禎刊本《袁中郎全集》卷八；錢伯城《袁宏道集箋校》卷十，第四二四頁）

《觴政》

余飲不能一蕉葉，每聞罏聲輒踴躍，遇酒客與留連，飲不竟夜不休，非久相狎者，不知余之無酒腸也。社中近饒飲徒，而觴容不習，大覺鹵莽。夫提衡糟丘，而酒憲不修，是亦令長之責也。今採古科之簡正者，附以新條，名曰觴政。凡爲飲客者，各收一帙，亦醉鄉之甲令也。

一之吏……二之徒……三之容……四之宜……五之遇……六之候……七之戰……八之祭……九之典刑。曹參、蔣琬，飲國者也；陸賈、陳遵，飲達者也；張師亮、寇平仲，飲豪者也；王元達、何承裕，飲儁者也；蔡中郎，飲而文；鄭康成，飲而儒；淳于髡，飲而俳；廣野君，飲而辯；孔北海，飲而肆；醉顛、法常，禪飲者也；孔元、張志和，仙飲者也；楊子雲、管公明，玄飲者也。白香山之飲適，蘇子美之飲憤，陳暄之飲駼，顏光禄之飲矜，荆卿、灌夫之飲怒，信陵東阿之飲悲，諸公皆非飲派，直以興寄所托，一往摽譽，觸類廣之，皆歡場之宗工，飲家之繩尺也。十之掌故。凡六經、《語》、《孟》所言飲式，皆酒經也。其下則汝陽王《甘露經》、《酒譜》、王績《酒經》，劉炫《酒孝經》，《貞元飲略》，竇子野《酒譜》，朱翼中《酒經》，李保《續北山酒經》，胡氏《醉鄉小略》，皇甫崧《醉鄉日月》，侯白《酒律》，諸飲流所著記傳賦誦等爲内典；《蒙莊》、《離騷》、《史》、《漢》、《南北史》、《古今逸史》、《世說》、《顏氏家訓》，陶靖節、李、杜、白香山、蘇玉局、陸放翁諸集爲外典。……（明崇禎刊本《袁中郎全集》卷十四；錢伯城《袁宏道集箋校》卷四十八，第一四一五～一四一九頁）

《公安縣儒學周公生祠記》

邑學宮舊濱江，江水齕其址，宮遂迁。邑頻歲苦陽侯，殿村蠹，過者岌岌然，慮其壓，則以孫木贅之。又十餘年，而贅者蝕其半，邑人相顧嘆惋，竟不敢議興革。夫邑之薦紳大夫，以至縫衣緩帶，皆誦法孔氏者也。積縷而緡，積塵而嶽。邑之人亦能辨此，獨以事重而地卑，故不敢不緩其議，以俟天子之命吏。夫今鄉校，雖一鄉，其始蓋有所受之，小至一籩一豆，皆奉功令而行，不敢輒有增損。故學宮之重，與太廟等，而其興革，一禀於天子，外焉省遐而不得達，則禀於天子之命吏。今夫佛老之舍，朝而圮焉，久而呼於市，市之屠估傭保，操其興革，烏合而集事者，何則？其事輕也。昔李師道請出私財，贖魏徵舊宅，白居易論奏，以爲事關激勸，合出朝廷。夫此名臣舊第耳，當時惜大體者，慎且重若是，其敢輕議，數仞之宮墻與？必有所操而後議，故下之人不得不緩，緩於下而急於上，故體統尊而事行。……（明崇禎刊本《袁中郎全集》卷十七；錢伯城《袁宏道集箋校》卷三十八，第一一七一～一一七二頁）

《與劉雲嶠祭酒》

潘雲松嘗私謂弟，劉君異日必有可觀，識見高骨，才强韓、范一等人也。弟私衷亦以為然。今尊兄出，爲海内師矣。陶鑄一世，此其發軔如此。世界雖無甚决裂，然閣鬱已久，必須有大擔當者出來，整頓一番。陶石簣近學道，其宦情灰冷。弟曰：吾儒説「立達」，禪宗説「度一切」，皆賴些子煖氣流行宇宙間。若直恁冷將去，恐釋氏亦無此公案。蘇玉局、白香山非彼法中人乎？今讀二公集，其一副憂世心腸，何等緊切。以冷為學，非所聞也。不知尊兄以爲然不？黄平倩去歲聞有疾，近傳其小愈，然至今尚未北行，何也？弟山居全無長進，今秋尚當强顔一出，然酸迂成性，雖出何補？孟夫子所謂為貧而仕者也。（明崇禎刊本《袁中郎全集》卷十九；錢伯城《袁宏道集箋校》卷五十五，第一五九五頁）

《（與）龔惟學先生》

聞嵐地寒甚，而尊殊不以爲苦，懸鞭徹棘，浩浩然如處花林酹國，此其地則寒，而民則煖，何怪尊之樂之也。然爲嵐計，則願必世百年爲主人計，則顧得一内擢，稍釋拮据之苦，優游二三長者之間，課山水之奥，結當來之緣，種花賦詩，隨口即謳，此亦生人之至樂，而某與遯庵翁，負弩先驅者也。夫尊豈戀戀一官者哉，雖然，白香山七十致政，自以爲達，陶彭澤八十日爲令，自以爲苦，兩人者所遇不同，其趣未始不一也。某近來始知損事之樂，所謂損事者，非獨人事，田宅子女皆是也。小窮則小樂，大窮則大樂。衣食僅充，餘則施之。是爲損事要法。蓋有一分餘，則有一分興。作圖度，小餘則造房治産，大餘則爲孫子計，無所不至，宅則欲柏欲楠，田則欲膏欲沃，又或謀之，不可知之，枯骨以倖其長且久，此無他，資有餘而心爲之驅使顛倒也。宗少文云：吾已知富不如貧，貴不如賤，始以爲矯談，今乃信之。往曾與黄平倩言，但看長安街夜半時，古廟冷舖中，乞兒丐僧，齁齁如雷吼，而白髭老貴人，擁綿下幃，乞一合眼，而不可得，則宗少文之言驗矣。（明崇禎刊本《袁中郎全集》卷二十五；錢伯城《袁宏道集箋校》卷四十二，第一二三四～一二三五頁）

智按：袁宏道，字中郎，又字無學，號石公，湖廣公安（今屬湖北）人。萬曆十六年（一五八八）中舉。次年入京赴考，未中。返鄉後曾問學李贄，引以為師。萬曆二十年（一五九二）中進士。不仕，與兄宗道、弟中道遍游楚中。萬曆二十三年（一五九五），選為吴縣令，饒有政績，一年後辭官，游覽江南名勝。後又授順天府教授、國子監助教，補禮部儀制司主事。兩年後又辭官返里，卜居柳浪湖畔，潛學著文，並作廬山、桃源之游。萬曆三十四年（一六〇六），入京補儀曹主事，不久又辭去。兩年後再入京，擢吏部主事，轉考功員外郎，奏立「歲終考察群吏法」，其後成為定制。萬曆三十七年（一六〇九），遷稽勳郎中，赴秦中典試。事畢請假歸里，定居沙市。與其兄宗道、弟中道並稱「三袁」，皆以詩文名世，宏道成就尤大，因其籍貫而世稱「公安派」。其重要成員還有江盈科、陶望齡等人。袁宏道受李贄影響頗深，文學上反對盲目尊古，倡言排擊前後七子之失，主張通變，認爲「世道既變，文亦因之」。創作則主張「獨抒性靈，不拘格套，非從自己胸臆中流出，不肯下筆」（《敘小修詩》）。錢謙益《列朝詩集・丁集》小傳稱：「中郎之論出，王、李之雲霧爲之一掃，天下之文人才士始知疏瀹心靈，搜剔慧性，以蕩滌摹擬塗澤之病，其功偉矣。」袁宏道還推崇民歌小説，提倡通俗文學。其作品則真率自然，内容多寫閒情逸致。有《敝箧集》、《錦帆集》、《解脱集》、《廣陵集》、《瓶花齋集》、《瀟碧堂集》、《破硯齋集》、《華嵩游草》等。今人錢伯城整理有《袁宏道集箋校》。《明史》卷二八八有傳。事又見袁中道《吏部驗封司郎中中郎先生行狀》。

湯賓尹（一五六八～一六二八）

《王昭文論草序》

歐陽文忠公云：「吾昔官夷陵，取架閣陳案，反覆觀之，見其枉直乖錯，違法狥情，滅親害義，無所不有。夷陵荒遠尚如此，天下可知也。當時仰天誓心，自爾遇事不敢忽。」天后時，有獻三足烏者，或言一足，僞后曰：「但史册書，安用察其僞乎？」於戲！胥人之手，文人之筆，小人之腹，俗人之耳，雖有賢豪挈孤行，出入四者之間，欲自完焉，難已。雖然，聖而堯，狂而蹠，黑之與白，無俟論也。今古一枰，公案百則，後死者逐穴排根，甲乙紛若，萬人射覆，必佹中一焉。白日無長盲，雖有伏影焉者，而亦寡矣。余最愛白樂天《放言》詩「周公恐懼流言日，王莽謙恭下士時。向使當年身便死，一生眞僞復誰知？」時時諷誦，以爲名言。一日抹殺，填其尾云：死則必不死，知則必定知，不勞乃公擔念。……（《睡庵稿》文集卷二，《四庫禁毁書叢刊》影印明萬曆間刻本）

《光禄寺署丞洛原張公墓表》

公諱某，字明訓，别號洛原，姓張氏，相國洪陽先生之仲弟，少相國三歲，齒既差肩，志意復合。中間學道歸田，終始不相離，以故愛好尤篤。……每有所得，必發爲詩，詩取自適，嘗好陶靖節、白太傅之為人，摘其詩文爲一編，時復咏和。有《陶白集》行世。淵明出處似公，樂天心相似公，千百年下上，可想而見也。公父曰來齋，諱某，祖父曰南州，諱某，皆以相國貴，贈少保、吏部尚書、武英殿大學士。……（《睡庵稿》文集卷二十，《四庫禁毁書叢刊》影印明萬曆間刻本）

智按：湯賓尹，字嘉賓，號睡庵，別號霍林，宣城（今屬安徽）人。萬曆二十三年（一五九五）榜眼及第，授翰林院編修，萬曆三十四年，遷右春坊右中允，三十六年爲左春坊左諭德，三十八年會試爲同考官；後進南京國子監祭酒。有《睡庵文集》、《宣城右集》、《一左集》等。

權韠（一五六九～一六一二）

《有木不知名效白樂天》

有木不知名，三株互蟠結。地高偏受露，陰重巧遮日。群蟻喜心空，衆鳥欣葉密。兼爲魍魎宅，百怪中夜發。有人不量力，持斧擬翦伐。爲近社壇下，欲進還股慄。一朝霰雪繁，天道有肅殺。豈若澗底松，千載自蕭瑟。（《石洲集》卷一五言古詩，《韓國文集叢刊》本）

《記異效白樂天》

十一月將晦，時夜二更後。天地色黯慘，江河聲怒吼。雨師挾風伯，鞭策群龍走。陰陽失其度，怪事無不有。爲問百歲翁，曾識冬雷否。（《石洲集》卷一五言古詩，《韓國文集叢刊》本）

《忠州石效白樂天》

忠州美石如琉璃，千人劚出萬牛修。為問移石向何處，去作勢家神道碑。神道之碑誰所銘？筆力倔強文法奇。皆言此公在世日，天姿學業超等夷。……遂令忠州山上石，日銷月鑠今無遺。天生頑物幸無口，使石有口應有辭。（《石洲集》卷二七言古詩，《韓國文集叢刊》本）

智按：此詩從白居易《新樂府·青石》脱胎而來。

《自遣效白樂天》

譽毁紛紛奈我何，仰天時復一高歌。歡隨好事年年減，病逐窮愁故故多。濁酒數杯聊獨自，白頭千事已從他。誰人更問揚雄宅，門巷兼無雀可羅。（《石洲集》卷四七言律詩，《韓國文集叢刊》本）

《憶天磨三首效白樂天〈憶江南〉》

天磨好，伊昔再經過。千澗水聲歸海遠，萬峯秋色入雲多。能不憶天磨。

天磨憶，最憶朴生淵。誰言白練飛千古，定是銀河落九天。回首意茫然。

天磨憶，其次憶花潭。春雨歇時花影亂，夜波殘處月光涵。何日得重探？（《石洲集》卷八雜體，《韓國文集叢刊》本）

智按：權韠，字汝章，號石洲，安東人。詩才出衆，在江華教授儒生。壬辰倭亂時，建議將主和大臣斬首，並作《官柳詩》諷刺，致激怒光海君，被流配海南，途中歿。仁祖反正，命贈官以伸直言。著有《石洲集》八卷别集二卷（一六七四年全州刻本，域外漢籍珍本文庫編纂出版委員會編纂《域外漢籍珍本文庫》第一輯第三册，西南師範大學出版社、人民出版社，二〇一一年三月）。

許筠（一五六九～一六一九）

《和白詩》序

辛亥歲，余配咸山，無事，取篋中所藏墳典悉閲之，見樂天集。其謫江州之日，適與余同齒，戲次其初至一春之作，倣其體而命之曰和白詩，凡二十五篇云。

《望咸山，用望江州韻》

春泥泱沆没平原，行過龍城縣郭門。指點兩山烽燧下，蒼蒼官樹暝煙昏。

《初到咸山，用初到江州韻》

穿巷緣溪路忽窮，數椽茆店館墻東。縱無棨戟施門外，尙有圖書在篋中。簇簇寒階飄竹雪，團團幽戶颯桐風。寬恩似海□留滯，休恨周南太史公。

《主倅來慰，侑以二謳，用題李馬二妓韻》（韓會一字亨甫，柳泉子）

鬖鬆雲髻卸金鈿，數曲蠻歌十二絃。太守待人呈燭跋，放臣娱客爇香煙。閑情肯折章臺柳，促節疑傳相府蓮。強盡酴醾消積恨，莫將衰白問群仙。

《席上作，用乞詩韻》

銀燭推花酒半醺，宿香濃浥絳榴裙。分無洛浦捐交佩，豈向陽臺夢楚雲。

寄語新官好看客，相如元有卓文君。

《登主舍後岡，用庾樓曉望韻》

昏霏劃旭弄晴晨，溝澮参差霽色新。遠岫尚含江北雪，小梅先洩嶠南春。從他白首班寒畯，肯向青雲躡後塵。目極郊墟徒御闊，就中誰是故鄉人。

《用代春贈韻》

雪後山光侵水光，酴醾將白阿槐黃。請君莫恨江南遠，風景元來似故鄉。

《用答春韻》

瘴雲霾日晦還明，莫說春光比兩京。能使逐臣腸數盡，隔林終日怪禽鳴。

《玉梅花下，用櫻桃花下韻》

花事春猶淺，南翁興已衰。正憐微雨後，無那夕陽時。浥露香先動，迎風態自遲。空嗟萬里客，垂老鬢如絲。

《移種櫻桃，用惜落花韻》

淺植幽厓奈爾何，孤根無路近陽和。移栽隙地勤封護，爲待朱明待子多。

《移小桃，用移山櫻韻》

清晨移得小桃來，細斸黃泥用意栽。不識明年春二月，此花還向阿誰開。

《僑居賦事，用閑舍閑題韻》

放逐知前定，功名已後時。惠州方飽飯，儋守或觀棋。海味餘霜蟹，園蔬只露葵。吾生本爲口，非是利妻兒。

《旅舍，用大雪寺韻》

異地春將晚，年光奈老何。林花經雨少，鳥語得晴多。身世悠悠客，乾坤浩浩歌。忘生憑底物，案上有楞伽。

《搗客獨坐，用北亭招客韻》

經卷爐香寂不譁，蕭然如在羽人家。當階暖日烘梅蕊，撲戶輕颾墮柳花。節瓦久乾抛兔翰，焦坑方熱試龍茶。休言地僻無來往，自有山蜂趁兩衙。

《見紅桃，用紫薇韻》

誰種緗桃殿晚春，絳紗出袖映紅巾。墻頭日出嫣然笑，何啻他鄉見故人。

《官墻碧桃爲雨所折，用死薔薇韻》

瓊樹含嬌笑，疑從閬苑移。飄零因雨壓，摧折豈根萎。屈子懷沙日，昭君出塞時。蜂愁粘落蕊，鶯怨啄殘枝。物性元榮悴，人生亦盛衰。明年能再發，天意諒難知。

《苦雨，用望水韻》

北客愁無奈，連宵雨驟過。林昏銜暮瘴，溝溢漲晨波。委地紅將盡，侵階碧漸多。空冷海嶠作，惟與報羊何。

《寫懷，用閑遊韻》

凄涼楚臣夢，牢落野人期。徇禄憂終在，歸田計已違。青春對芳草，白日見遊絲。卽此多幽興，還如未病時。

《憶石洲，用憶元九韻》

楚塞身何遠，秦關望漸賒。惟憐湘水夢，偏在故人家。恨入王孫草，愁添蜀帝花。紉蘭行澤畔，倚玉隔天涯。海黯停雲合，山横落景斜。春來有佳句，莫惜問懷沙。

《後岡，用過鄭韻》

溪水淙潺亂石間，隔花幽鳥語關關。春風忽捲前林雨，一抹斜陽映半山。

《憶太虚亭，用寶積寺韻》

遙憐鑑湖墅，煙景膩殘春。江燕語留客，林花飛趁人。思將濯纓水，洗盡化衣塵。羽翮猶羅網，誰爲自在身。

《夜坐，用問劉韻》

經卷横烏几，香煙裊鴨爐。不知軒冕客，能似此翁無。

《紅桃落盡，用夜合樹韻》

南枝雨慭北枝催，寂寞香魂招不迴。惆悵明年此翁去，不知花爲阿誰開。

《傷春，用病起韻》

抱痾常在暮春時，遊興蒼茫未易期。欲貰濁醪消客恨，杏花村畔乏青旗。

《憶權、趙諸君，用黃石嵒韻》

天涯悲作客，澤畔恨離群。花事今將盡，鶯聲不欲聞。親朋杳千里，日夕詠停雲。

《文集完，用閑吟韻》

四十三年攻翰墨，千金弊帚枉勞心。詩文十卷方書了，從此惺翁不復吟。（以上均見《惺叟履瓿稿》卷二，《韓國文集叢刊》本）

《閑情録序》

嗚呼！士之生斯世也，豈欲蔑棄軒冕，長往山林者哉。唯其道與俗乖，命與時舛，則或有托於高尚而逃焉之者，其志亦可悲也。唐虞之世，以堯舜爲君，都俞贊襄，治化雍熙，而有巢父、許由之倫，洗耳投瓢，棄去之若浼焉。此又何見歟？惺惺翁少跅弛，乏父師訓，長爲無町畦之行，小技不足裨世。而束髮登朝，以疏雋忤於時貴，遂自逃於老佛者流，以外形骸，齊得喪爲可尚，浮沈俯仰，以通狂惑。今年已四十二，頭髮種種，無能爲矣。逝景駸駸，功業未成。竊自悼上之不能一丘一壑，游心縱志，如司馬子微、龐德公。次之不能畢娶遠引，掛冠遐舉，如向子平、陶弘景。下之不能混跡簪紳，寄傲林泉如謝康樂、白香山，而逐逐於形勢之途，終歲不閑。利害錙銖，則志爲之怵；贊毀蚊黽，則心爲之動。蹐足屏氣，冀免機穽。其視昔賢鴻騫鳳矯蟬蛻於濁世者，智愚相去，奚啻天壤哉。近以疾移告杜門，偶閱劉何《棲逸傳》、呂伯恭《臥遊録》，都玄敬《玉壺冰》，其寓情蕭散，犁然有當於心。……（《惺所覆瓿稿》卷五 文部二，《韓國文集叢刊》本）

《己酉西行紀》

發西京。中火中和。夕抵黃州。……廿六日，以劉使生辰，上遣問安使呂裕吉，致明蔘百斤銀一千兩，雜物稱是。劉使甚喜。夕，徐相公至鄙寓，贈余白樂天集。廿八日，劉使回禮于上甚厚。蟒段、瑞錦、素玉帶、玉杯、牙刻仙人等物。……（《惺所覆瓿稿》卷十九 文部十六紀行 下，《韓國文集叢刊》本）

智按：許筠，字端甫，號蛟山、惺叟（一作所），又號白月居士，朝鮮江原道江陵人，本貫陽川許氏。編有歷代詩選《國朝詩删》。著有小説《洪吉童傳》，詩歌評論集《蛟山詩話》，地方風俗飲食志《屠門大嚼》，筆記《識小録》、《閒情録》，詩文集《惺叟覆瓿稿》。

公鼒（一五六九～一六一九）

《晨起視田有客冠進贊而坐於堂就視之乃兒子塾師劉叟也以壽膺此湧爲感賦》

晨起梳頭不盈握，策杖蹣跚赴磽确。秫田已耨角田耡，斷壺無人穀堪樵。何來老者鬚如銀，當堂蒙立垂冠紳。顧余欲進反驚走，迫視乃是東家隣。憐君齒髮稱黄耇，力田獻賦皆不偶。朱袚何期來自天，依然一似楊生肘。若言綴文多方便，世有凌雲無狗監。若言武事皆糊塗，人間多少穿楊徒。貴既非贊賤非鄙，緋紫布衫原一理。香山居士亦有言，顔色不同而已矣。頮然者冠何突兀，戴此必有非常骨。不然東隣老叟椎少文，胡以一旦得之如諸君。(《浮來先生詩集》七言古詩卷一，《四庫禁毁書叢刊》影印明天啟五年刻本)

《偶然歌寄慰馮季韞》

爾家尚書少烜赫，吾兄筆硯相侵迫。才子都從大曆稱，文章新變元和格。奏賦同來金馬門，君王首擢公孫策。吾兄報罷足繭生，汙邪十畝勞經營。是下已忘朱履貴，耳邊日聽黄鸝聲。五窮閱盡人間事，千載誰論身後名。尚書奏事動明主，四海沾沾望霖雨。南籌鱗介北籌胡，萬事當前一揮麈。……(《浮來先生詩集》七言古詩卷一，《四庫禁毁書叢刊》影印明天啟五年刻本)

智按：公鼒，字敬與，號浮來先生，蒙陰（今屬山東臨沂）人。禮部右侍郎公鼐（一五五八～一六二六）弟。萬曆二十五年（一五九七）丁酉舉人。任中書舍人，遷工部主事。萬曆後期山左詩壇主盟人物。《蒙陰縣誌》稱其「天性英敏，走筆千言，博學善書，名垂京師」。有傳奇《千金裘》四卷、詩談一卷、圃談一卷及《小東園集》。

鄧渼（一五六九～一六二九）

《香山寺》

曠朗超三界，便旋僅百層。房廊規窅窱，棼橑此相仍。靈鷲從空降，陽烏反下昇。宸居侔赭堊，大内輦金繒。竂掩寒崖秀，陰含夏户冰。繡栭交日暎，畫壁藹雲興。是法皆歸妄，瞻圖若有懲。天人紛譎詭，鱗介儼飛騰。十地心方寂，三休勝轉增。川原連九陌，草樹暗諸陵。地脉涵泉動，陽光際野凝。遙峯開合沓，迴澤瞰泓澄。巖壑玆爲美，雲霄向但稱。繁詞非盡意，大道本無能。不覩眞乘妙，徒云象教弘。還憑聖種子，歸去問山僧。（《留夷館集》卷二，明萬曆刻本）

智按：鄧渼，字遠游，號蕭曲山人，新城（今江西黎川）人。萬曆二十六年（一五九八）進士，除浦江知縣，改秀水、内黄，征授御史。出爲山東副使，改浙江，進參政，遷山東按察使。後擢右僉都御史，巡撫順天。以忤魏忠賢遣戍貴州鎮遠。崇禎初，放還，未及用而卒。著有《大旭山房集》一卷、《留夷館集》四卷、《南中集》四卷及《紅帛集》、《芙蓉樓集》、《水集》。詩多長慶體，如《春日述懷寄湯義仍四十韵》近百行，《武定變》超過二百行，長于鋪排，體貌豐縟，音節繁會，時有冗漫之處。錢謙益《列朝詩集小傳》云：「持擇未得其領要。」

畢自嚴（一五六九～一六三八）

《南中二老圖詩序》

四友圖成，題咏不乏。會華翁總留憲，而何翁亦轉留刑，復寄余二老圖序。二老周旋秣陵，協恭昕夕，不啻周室之有共和。惟余孑然輦下，二老遠書惠寄，倘亦招徠襟帶之意乎？因念聚散偶然，晤言難再，惟友生之差可樂，舍吾黨而誰與歸？亦稱四，亦稱二，睢陽會屈指五人；或在北，或在南，耆英堂心聯一席。且也年齊絳縣，術羡龍城，文昌並列於中台，礎柱分肩鴻鉅；壎箎相期於不老，恩波共迓昇平。……茫茫萍水，雁行已悵離羣；涓涓淄流，麟閣敢希並駕。人於同年，亦有情乎，聞其語矣，今雖千里，不殊面也，庶幾遇之。述香山雅慕，醉吟先生追雒社，彷彿資聖故事，聊攄短引，敬質名壇。（《四庫全書》本《石隠園藏稿》卷一）

《題四友圖用香山體》

長安為覔壬辰譜，紉佩相看幾故人。共荷清時聯八座，每逢雅集拚兼旬。低徊素髮三千丈，頡頏青霄四十春。松柏歲寒終不改，波瀾世事莫重陳。詩緣興會旋成韻，酒對心期詎問巡。醉後披圖從指點，商山吾欲卜芳鄰。（《四庫全書》本《石隱園藏稿》卷一）

《屈指歸來日效白體七首》

屈指歸來日，中秋桂影圓。賞心無箇事，棠棣倍相憐。

屈指歸來日，東籬花正開。寒香三四種，斗室共徘徊。

屈指歸來日，懸弧逼賤辰。蓼莪空灑淚，茹菼却無春。

屈指歸來日，依然韋素看。杜門甘養晦，當路恥相干。

屈指歸來日，清貧守故常。緼袍體自暖，藜藿味偏長。

屈指歸來日，荒園滿緑苔。夷猶堪得句，放浪可銜盃。

屈指歸來日，竹桃正著花。還應識故主，爛漫吐紅霞。（《四庫全書》本《石隱園藏稿》卷一）

《三叟同游記》

……翌日丙寅别去，余與張叟並轡歸。是晚仍宿大汶口，因未便再入泰安。丁卯問道北鄙，道頗修阻，輿馬相代而行，渡漸汶河，有策馬來追者，則年家王利川弟也。利川諱楫，泰安人，巡撫寧夏，死亂兵手。生平清絶，司餉遼左，一塵不染。且因亡弟冲陽缺餉，隕生發憤抗疏。余在泰安，亟偵其廬弔之。或告以在鄉而止，不知停柩近此，真一交臂失也。詢嗣人，止一子，伶仃窮約，不覺惻然。顧日晷漸晚，張叟已遠，而余欲返斾難矣。疾馳宿段家莊，因念大汶口俗呼待悶口，漸汶河俗稱醬甕河，戲為口號曰：「大汶口為待悶口，漸汶河作醬甕河。俗人不解通文義，襲舛承訛奈爾何？」張叟續前二語云：「蝦蟆陵原是下馬，古人已誤奈今何。」蓋用白香山《琵琶行》中事也。……（《四庫全書》本《石隱園藏稿》卷三）

《崑山畢公墓誌銘》

……晚歲更嗜歌律，喜讀元、白《長慶》諸集，操觚染翰，牖牖與一駢

聯，彷佛几盤座右之遺，偶得口占取焉。……（《四庫全書》本《石隱園藏稿》卷四）

智按：畢自嚴，字景曾，淄川（今山東淄博）人。萬曆二十年（一五九二）壬辰進士，官至戶部尚書。事迹具《明史》本傳。

胡震亨（一五六九～一六四五）

《讀書雜録》

書籍之有印本，云起於五代者，非也。元微之序《白樂天集》，已有市井模勒衒賣之説，而司空圖《一鳴集》載，東都敬愛寺化募雕刻律疏，云洛郊遇焚，印本散失，欲共雕鏤，計一書所印，共八百紙，則剞劂之利，在唐世已盛興矣。（《續修四庫全書》影印清康熙刻本卷上）

《唐音癸籤》

一字至七字詩（張甫史及元白等集有之，以題為韻，偶對成聯。又鮑防嚴維多至九字。）。……新題者，古樂府所無，唐人新制為樂府題者也。（始於杜甫，盛於元、白、張籍、王建諸家。元微之嘗有云，後人沿襲古題，唱和重複，不如寓意古題，刺美見事，為得詩人諷興之義者，此也。詳後樂通內。）（卷一「體凡」，周本淳校點本《唐音癸籤》，第一頁）

白樂天云：「為詩義在裨益，言意皆有所為。」（葛常之曰：「自古工詩者，未嘗無興也，觀物有感焉，則有興。今之作詩者，以興近乎訕也，故不敢作，而詩之一義廢矣。作詩者苟知興之與訕異，始可以言詩矣。」）（卷二「法微」一，周本淳校點本《唐音癸籤》，第八頁）

學五言律，毋習王、楊以前，毋窺元、白以後。先取沈、宋、陳、杜、蘇、李諸集，朝夕臨摹，則風骨高華，句語宏贍，音節雄亮，比偶精嚴；次及盛唐王、岑、孟、李，永之以風神，暢之以才氣，和之以眞澹，錯之以清新；然後歸宿杜陵，究竟絕軌，極深研幾，窮神知化：五言律法盡矣。（卷三「法微」二，周本淳校點本《唐音癸籤》，第二〇頁）

至大曆中，李端、盧綸《野寺病居》酬答，始有次韻。後元、白二公次

韻益多，皮、陸則更盛矣。（卷三「法微二·和韻」，周本淳校點本《唐音癸籤》，第二五頁）

元微之以杜之鋪陳終始，排比故實，大或千言，小猶數百，為非李所及。白樂天亦云：「杜詩貫穿古今，覼覶（縷）格律，盡善盡美，過於李。」二公蓋專以排律及五言大篇定李、杜優劣，不知杜句律之高，自在才具兼該，筆力變化，亦不專在排比鋪陳、貫穿覼覶也。深於杜者，要自得之。（元遺山有詩云：「排比鋪張特一途，藩籬如此亦區區。少陵自有連城璧，爭奈微之識碔砆。」此論所自出也。）（卷六「評彙」二，周本淳校點本《唐音癸籤》，第五六頁）

白居易諷諭詩長於激，閒適詩長於遣，感傷詩長於切，律詩百言而上長於贍，古詩百言而下長於情。（《集序》）（卷七「評彙」三，周本淳校點本《唐音癸籤》，第六九頁）

樂天善長篇，但格製不高，局於淺切，又不能變風操，故讀而易厭。（東坡）（子由嘗舉《大雅·緜》之八九章事文不相屬而脈絡自一者，最得為文高致。樂天拙於紀事，寸步不遺，猶恐失之，由不得詩人遺法，附離不以鑿枘也。此正大蘇不能變風操之意。）（卷七「評彙」三，周本淳校點本《唐音癸籤》，第六九頁）

樂天用語流便，使事平妥，固其所長。少年角靡逞博，意在警策痛快，晚更作知足語，千篇一律，輕看最能易人心手。（弇州）（卷七「評彙」三，周本淳校點本《唐音癸籤》，第六九頁）

元稹少有才名，與白居易友善，為詩善狀詠風態物色，當時稱元白兩人所作，號為元白體。（本傳）（卷七「評彙」三，周本淳校點本《唐音癸籤》，第六九頁）

白詩祖樂府，務欲為風俗之用。元與白同志。白意古詞俗，元詞古意俗。（陳繹曾）（按：樂府古與俗正可無論，患在易曉易盡，失風人微婉義耳。白嘗規元：樂府詩意太切、理欲稍，刪其繁而晦其義。亦自知詩病槩然故云。）（卷七「評彙」三，周本淳校點本《唐音癸籤》，第六九頁）

元白詩纖豔不逞，流於民間，疏於屏壁，子父女母，交口教授，淫言媟語，冬寒夏熱，入人肌骨，不可除去，非莊人雅士，多為其破壞。（杜牧引李戡語）（按：此似指兩家所作豔辭而言。）（卷七「評彙」三，周本淳校點本《唐音癸籤》，第六九頁）

籍、建、長吉之不能追李、杜，固也。但在少陵後，仍詠見事諷刺，則詩為謗訕時政之具矣。此白氏諷諫愈多愈不足珍也。所以張文昌只得就世俗俚淺事做題目，不敢及其他。仲初亦然。（文昌樂府只《傷歌行》詠京兆楊憑者，是時事，建集並無。）至長吉，又總不及時事，仍詠古題，稍易本題字就新。（如《長歌行》改為《浩歌》，《公無渡河》改為《公無出門》之類。）及將古人事創為新題，便覺煥然有異。（如《秦王飲酒》、《金銅仙人辭漢歌》之類。）遞相救，不得不然，英雄各自有見也。（卷九「評彙」五，周本淳校點本《唐音癸籤》，第八八頁）

唐七言歌行，垂拱四子，詞極藻豔，然未脱梁、陳也。張、李、沈、宋，稍汰浮華，漸趨平實，唐體肇矣，然而未暢也；高、岑、王、李，音節鮮明，情致委折，濃纖修短，得衷合度，暢矣，然而未大也；太白、少陵，化而大矣，能事畢矣。降而錢劉，神情未遠，氣骨頓衰。元相、白傅，起而振之，敷演有餘，步驟不足。昌黎而下，門户競開，張籍、王建之真澹，李賀之幽奇，變風猶未失古，盧仝之拙樸，馬異之庸猥，劉乂之狂譎，旁蹊更傷大雅。下至庭筠之流，綺繪漸入詩餘；貫休之輩，俚鄙幾同俗諺，古意於焉盡矣。（卷九「評彙」五，周本淳校點本《唐音癸籤》，第八八頁）

（杜甫）「飛星過水白，落月動沙虚」，吴均、何遜之精思；「春色浮山外，天河宿殿陰」，庾信、徐陵之妙境；「山河扶繡户，日月近雕梁」，「碧瓦初寒外，金莖一氣旁」，高華秀傑，楊、盧下風；「冠冕通南極，文章落上台。詔從三殿去，碑到百蠻開。」典重冠裳，沈、宋退舍；「耕鑿安時論，衣冠與世同。在家常蚤起，憂國願年豐。」寓神奇於古澹，儲、孟莫能為前；「片雲天共遠，永夜月同孤。落日心猶壯，秋風病欲蘇。」含澗大於沉深，高、岑瞠乎其後；「退朝花底散，歸院柳邊迷。花動朱樓雪，城凝碧樹烟。」王右丞失其穠麗；「地平江動蜀，天潤樹浮秦。日月低秦樹，乾坤繞漢宫。」李太白遜其豪雄。至「岸北飛送客，檣鶯語留人」，則錢、劉圓暢之祖；「兩行秦樹直，萬點蜀山尖」，則元、白平易之宗。「兩邊山木閤，終日子規啼」，盧仝、馬異之渾成；「山寒青兕叫，江晚白鷗饑」，孟郊、李賀之瑰僻；「凍泉依細石，晴雪落長松」，島、可幽微所從出；「竹齋燒藥竈，花嶼讀書牀」，籍、建淺顯所自來；「雨抛金鎖甲，苔卧緑沉槍」，義山之組織鮮新；「圓荷浮小葉，細麥落

輕花」，用晦之推敲密切；杜集大成，五言律尤可見者。（卷九「評彙」五，周本淳校點本《唐音癸籤》，第九〇頁）

智按：見《詩藪》内編卷四《近體》上，王國安校補本，第七一頁。

唐七言律，自杜審言、沈佺期首創工密，至崔顥、李白，時出古意，一變也；高、岑、王、李，風格大備，又一變也；杜陵雄深浩蕩，超忽縱横，又一變也；錢劉稍加流暢，降為中唐，又一變也；大曆十才子，中唐體備，又一變也；樂天才具泛瀾，夢得骨力豪勁，在中晚間自為一格，又一變也；張籍、王建略去葩藻，求取情實，漸入晚唐，又一變也；嗣後溫、李之競事組織，薛能之過為芟刊，杜牧、劉滄之時作拗峭，韋莊、羅隱之務趨條暢，皮日休、陸龜蒙之填塞古事，鄭都官、杜荀鶴之不避俚俗，變又難可悉紀，律體愈趨愈下，而唐祚亦告訖矣。（卷十「評彙」六，周本淳校點本《唐音癸籤》，第一〇〇頁）

唐大曆後，五七言律，尚可接翅開元，惟排律大不競。錢、劉以降，氣味總薄，元、白中興，鋪敘轉凡。所見中唐楊巨源，晚唐李商隱、李洞、陸龜蒙三家，楊則短韻不失前矱，三家則長什尤饒新藻。將無此體限於材即難，曙於法亦自易乎？惟深於詩者知之。（遯叟）（卷十「評彙」六，周本淳校點本《唐音癸籤》，第一〇〇頁）

智按：參見《詩藪》内編卷四《近體》上。

韓愈最重字學，詩多用古韻。如《元和聖德》及《此日足可惜》詩，全篇一韻，皆古叶兼用。其《贈張籍》詩云：「時來問形聲」，知籍亦留心韻學者。乃籍詩獨不甚用古韻，惟祭愈詩七陽用至八十三韻，古韻幾於用盡，却無一韻不押得穩帖，視愈之每每强押者過之。宋吳才老推韓愈為唐一代字學冠，下及白傅、柳州，而未滿於籍。夫識字貴善用耳，籍用古韻，即僅此一篇，韻學之深可知矣。才老或未足語此也。（卷十一「評彙」七，周本淳校點本《唐音癸籤》，第一〇六頁）

白香山「醉貌如霜葉，雖紅不是春」，出尹氏「衰顏倚酒紅」。尹悲歎有

含蓄，白故是翻案佳語，氣則索然矣。（閲耕餘録）（卷十一「評彙」七，周本淳校點本《唐音癸籤》，第一〇九頁）

智按：尹式《别宋常侍》詩云：「秋鬢含霜白，衰顔倚酒紅。」（《文苑英華》卷二百六十六）《閲耕餘録》六卷（《四庫全書存目叢書》影印明天啟元年刻本，子部第一一〇册），明張所望撰。所望，字叔翹，上海人，萬曆二十九年（一六〇一）辛丑進士。官至廣東按察司副使。

白居易詠老柳樹：「但見半衰臨此路，不知初種是何人。」羅隱詠長明燈：「不知初點人何在，衹見當年火至今。」語似祖述，而用法一順一倒不同。（卷十一「評彙」七，周本淳校點本《唐音癸籤》，第一一〇頁）

老杜《北征》詠馬嵬事云：「憶昔狼狽初，事與古先别。姦臣竟葅醢，同惡隨蕩析。不聞夏商衰，中自誅褒妲。」若明皇鑒夏殷事，畏天悔禍，自賜楊妃死，官軍無預者，可謂深識君臣大體。劉禹錫乃云：「官軍誅佞幸，天子捨妖姬。」白樂天云：「六軍不發無奈何，宛轉蛾眉馬前死。」此則為明皇不得已誅貴妃，雖曰紀其實，豈臣子所忍言，所宜言。（魏泰）（卷十一「評彙」七，周本淳校點本《唐音癸籤》，第一一二頁）

或問《長恨歌》與《連昌宫詞》孰勝？余曰：元之詞微著其荒縱之蹟，而卒章迺不忘箴諷、若白作止敍情語顛末，誦之雖柔情慾斷，何益勸誡乎？（《墨莊漫録》。宋王楙又云：歌中有「夕殿螢飛思悄然，孤燈挑盡未成眠」句。興慶宫中夜不點燭，明皇自挑燈耶？觀此更可發一笑！）（卷十一「評彙」七，周本淳校點本《唐音癸籤》，第一一二頁）

⊙唐人樂府不盡譜樂

古人詩即是樂。其後詩自詩，樂府自樂府。又其後樂府是詩，樂曲方是樂府。詩即是樂，三百篇是也。詩自詩，樂府自樂府，謂如漢人詩，同一五言，而「行行重行行」為詩，「青青河邊草」則為樂府者是也。樂府是詩，樂曲方是樂府者，如六朝而後，諸家擬作樂府鐃歌朱鷺、艾如張、横吹隴頭、出塞等，只是詩：而吳聲子夜等曲方入樂，方為樂府者是也。至唐人始則摘取詩句譜樂，既則排比聲譜填詞。其入樂之辭，截然與詩兩途，而樂府古題，作者以其唱和重複沿襲可厭，於是又改六朝擬題之舊，別𠠕時事新題，杜甫始之，元、白繼之。杜如《哀王孫》、《哀江頭》、《兵車》、《麗人》等，白如《七德舞》、《海漫漫》、《華原磬》、《上陽白髮人》諷諫等，元如《田家》、《捉捕》、《紫躑躅》、《山枇杷》諸作，各自命篇名，以寓其諷刺之指，於朝政民風，多所關切，言者不為罪，而聞者可以戒。嗣後曹鄴、劉駕、聶夷中、蘇拯、皮、陸之徒，相繼有作。風流益盛。其辭旨之含鬱委宛，雖不必盡如杜陵之盡善無疵，然其得詩人詭諷之義則均焉。即未嘗譜之於樂，同乎先朝入樂詩曲，然以比之諸填詞曲子僅佐頌酒賡色之用者，自復霄壤有殊。郭茂倩云：「自風雅之作，以至於今，莫非諷興當時之事，以貽後世之審音者。儻採歌謠，以被聲樂，則新樂府其庶幾焉。」斯論為得之，惜無人行用之爾。（卷十五「樂通」四，周本淳校點本《唐音癸籤》，第一七四頁）

⊙蝦蟆陵

唐人屢用入詩。白樂天：「自言本是京城女。家在蝦蟆陵下住。」謝良輔：「取酒蝦蟆陵下，家家守歲傳巵。」齊己：「翠樓春酒蝦蟆陵，長安少年皆共矜。」其地在長安城東南，與曲江近，為妓女及名酒所出之處。《長安志》曰：常樂坊内家東有大塚，俗呼為蝦蟆陵，曲中出美酒，長安稱之，相傳是董仲舒墓，門人至此下馬，故名。一云漢武幸芙蓉園，至此下馬，諺訛為蝦蟆陵矣。詳《國史補》。（遯叟）（卷十六「詁箋」一，周本淳校點本《唐音癸籤》，第一七八頁）

⊙女墳湖

白樂天詩：「女墳湖北武丘西。」《文苑英華辨證》云：「女墳，真娘墓也。」此非是。皮、陸《女墳湖》詩自註：吳王葬女之所。按《吳越春秋》，闔閭葬女閶門西郭，舞白鶴市中，令萬人隨觀，即其事也。（卷十六「詁箋」一，周本淳校點本《唐音癸籤》，第一八〇頁）

⊙緋魚

白樂天為中書舍人，六品，著緑，其詩有「白頭猶未著緋衫」。後與元微之同加朝散，登五品，始易緋，贈元詩有「青衫脱早差三品，白髮生遲校二年。」其自江州司馬除忠州刺史，借服色緋魚，有詩：「魚綴白金隨步躍，鵠銜瑞草繞身飛。」後除尚書郎，復有脱刺史緋詩云：「便留朱紱還鈐閣，却著青袍侍玉除。無奈嬌癡三歲女，繞腰啼哭覓銀魚。」唐百官服色，視階官之品，宋視職事官。此為異。（蔡寬夫）（卷十八「詁箋」三，周本淳校點本《唐音癸籤》，第一九五頁）

⊙秩

白公詩：「已開第七秩，飽食仍安眠。」又：「年開第七秩，屈指幾多人？」年六十二所作。其「行開第八秩」詩自注：「俗謂七十以上，為開第八秩。」蓋以十年為一秩云。「秩」字，於古無考。《禮》：「年九十曰有秩。」豈所本歟？（芥隱筆記）（卷十八「詁箋」三，周本淳校點本《唐音癸籤》，第一九九頁）

⊙時世粧

唐婦人粧名時世頭。《因話録》：西平王治家整肅，不許時世粧梳。（智按：見《因話録》卷三・商部下）白樂天《時世粧歌》：「圓鬟無鬢堆髻様，斜紅不暈赬面狀。」然亦有作「時勢」者。權德輿詩：「叢鬢愁眉時勢新。」元微之《教閨人粧束》詩：「人人總解爭時勢，都大須看各自宜。」豈時人避廟諱改「世」為「勢」乎？抑以鬆鬢危髻，取勢頗高，改「勢」字貌貌之乎？正不如作時世為雅切耳。（卷十九「詁箋」四周本淳校點本《唐音癸籤》，第二〇三頁）

⊙活船

白太傅詩：「暑退衣服幹，潮生船舫活。」吳中以水長船動為船活。采入詩中，便成佳句。（《閱耕餘録》）（卷十九《詁箋》四，周本淳校點本《唐音癸籤》，第二一〇頁）

⊙火前

白樂天《茶》詩：「紅紙一封書後信，緑芽十片火前春。」齊己詩：「高人愛惜藏巖裏，白甀封題寄火前。」火前者，寒食禁火之前也。今世俗多用穀雨前茶，稱為雨前。《學林新編》云：「茶之佳者，造在社前，其次火前，其下則雨前。」（卷二十「詁箋」五，周本淳校點本《唐音癸籤》，第二一四頁）

⊙麩炭

白樂天詩云：「日暮半鑪麩炭火。」麩炭語留傳不一。《北夢瑣言》：優人安轡新嘲李茂貞燒京闕云：京師但賣麩炭，便足一生。（遯叟）下同（卷二十「詁箋」五，周本淳校點本《唐音癸籤》，第二一四頁）

⊙紅藍藍

《説文》染青草也。所謂青出於藍者是也。白樂天詩：「老絲練緑紅藍染，染成紅線紅於藍。」李益詩：「藍葉鬱重重，藍花石榴色。少女歸少年，光華自相得。」此則紅花也。本非藍，以其葉似藍，因名為紅藍。《本圖草經》云。（遯叟）（卷二十「詁箋」五，周本淳校點本《唐音癸籤》，第二一八頁）

智按：「老絲」本集作「揀絲」，「紅於藍」作「紅於花」。

⊙駮騟

白居易《武丘留别諸妓》云：「清管曲終鸚鵡語，紅旗影動駮騟嘶。」《廣韻》：「駮騟，蕃大馬也。」音薄寒，亦有直作薄。（遯叟）（卷二十「詁箋」五，周本淳校點本《唐音癸籤》，第二一九頁）

⊙元白

白（樂天）詩：「鞍馬呼教住，骰盤喝遣輸。長驅波卷白，連擲采成盧。」注：骰盤、卷白波、莫走、鞍馬，皆酒令。又：「打嫌調笑易，飲訝卷波遲。」注：抛打曲有《調笑令》，飲酒曲有《卷白波》。元（微之）詩：「能唱犯聲歌，偏精變籌義。」「叫噪擲骰盤，生擰攝觥使。」又：「曲庇桃根盞，横講捎雲式。」又：「籌著隨宜放，投盤止罰啀。紅娘留醉打，觥使及醒差。」注：舞引紅娘，抛打曲名；酒中觥使，席上右職。讀兩家詩句，唐飲客章程可概見。（卷二十三「詁箋」八，周本淳校點本《唐音癸籤》，第二四一頁）

⊙格是

樂天詩云：「江州去日聽箏夜，白髮新生不願聞。如今格是頭成雪，彈到天明亦任君。」元微之詩云：「隔是身如夢，頻來不為名。憐君近南住，時得到山行。」「格」與「隔」二字義同，「格是」猶言「已是」也。（容齋一筆）（卷二十四「詁箋」九，周本淳校點本《唐音癸籤》，第二五四頁）

⊙處分

唐人用「處分」二字，「分」，去聲，今人讀為平聲者誤，劉禹錫《和令狐楚聞思帝鄉曲》「滄海西頭舊丞相，停杯處分不須吹」，及白居易「處分貧家殘活計」，可證。（遯叟）（卷二十四「詁箋」九，周本淳校點本《唐音癸

籤》，第二五六頁）

王績之詩曰：「有客談名理，無人索地租。」隱如是，可隱也。陶潛之詩曰：「飢來驅我去，……叩門拙言辭。」如是隱，隱未易言矣。白樂天之詩曰：「冒寵已三遷，歸朝始二年。囊中貯餘俸，園外買閑田。」如是罷官，官亦可罷也。韋應物之詩曰：「政拙忻罷守，閒居初理生。聊租二頃田，方課子弟耕。」罷官如是，恐官正未易罷耳。韋與陶千古並稱，豈獨以其詩哉！（卷二十五「談叢」一，周本淳校點本《唐音癸籤》，第二六七頁；又見《叢書集成初編》據學海類編本影印《唐詩談叢》卷一，第九～一〇頁）

樂天平生詩文既高，立朝議論，忠直而有用，為郡守，所至有遺愛。處謫地，不少挫屈。於牛李二黨，雖與之從游，不為所污，亦不致為所忮賈禍。晚年優游分司，有林泉聲伎之奉，嘗自敍其樂，謂本之於省分知足，濟之以家給身閑，文之以觴詠弦歌，飾之以山水風月，一皆實録。又深明佛理，洞究性原，而其所得者全，名高壽禄，位亦不為不貴，是眞可慕羡者。（倪思）樂天非不愛官職者，每説及富貴，不勝津津羡慕之意。讀樂天詩，使人惜流光，輕職業，滋頹惰廢放之念。非《蟋蟀》風人「無已太康，職思其居」之義也。（羅大經）合此兩家評，足盡白氏矣。（卷二十五「談叢」一，周本淳校點本《唐音癸籤》，第二六九頁；《叢書集成初編》據學海類編本影印《唐詩談叢》卷一，第十六頁）

唐詩人生素享名之盛，無如白香山。初疑元相白集序所載未盡實。後閱《豐年録》：開成中，物價至賤，村路賣魚肉者，俗人買以胡綃半尺，士大夫買以樂天詩。則所云交酒茗，信有之。又從《酉陽雜俎》得劄青事，有刺樂天詩意於身，詫白舍人行詩圖者，是又人體膚且為所涅矣，豈但疥牆壁已哉！因嘆此老得名至此，豈不折盡一生福來？隔無他虧，而禍酷斬祚，將無造物者有意為之缺陷耶？（卷二十五「談叢」一，周本淳校點本《唐音癸籤》，第二七〇頁）

夢得《靖安佳人怨》及白氏《太（大）和九年某月日感事詩》，為武相伯蒼（元衡）、王相廣津（涯）作者，實（有）並銜宿怨故。劉先於叔文時斥武，宜武有補郡見格之報。白嘗因覆策事救王，王固不應下石訐白母大不幸事，令白有江州謫也。事各有曲直，而怨之淺深亦分，在風人忠厚之教，

總不宜有詩。然欲為兩人曲諱，如坡公之説，則政自不必耳。（卷二十五「談叢」一，周本淳校點本《唐音癸籤》，第二七〇頁）

劉禹錫播遷一生，晚年洛下閑廢，與緑野、香山諸老，優游詩酒間，而精華不衰，一時以詩豪見推。公亦自有句云：「莫道桑榆晚，爲霞尚滿天。」蓋道其實也。公自貞元登第，歷順、憲、穆、敬、文、武凡七朝，同人凋落且盡，而靈光巋然獨存，造物者亦有以償其所不足矣。人生得如是，何憾哉？（卷二十五「談叢」一，周本淳校點本《唐音癸籤》，第二七〇～二七一頁）

紫微與元、白待張祜一案，幾成詩獄。初，杜與白論詩不合，而祜亦常覓解於白，失其意。後彭陽公薦祜詩於朝，元復左袒白，奏罷之，紫微守秋浦，因激而為祜稱不平，與祜交偏厚，贈祜詩有「不羨人間萬戶侯」句。而於元、白盛稱李戡，欲用法治其詩之説，使諸公仕路相值，豈有幸哉！獨惜一祜詩，受鏑於斯，因受盾於斯，匪拜詩賜紫微，拜詩禍紫微矣。歎賢達成心難化至此！（卷二十五「談叢」一，周本淳校點本《唐音癸籤》，第二七一頁）

唐人詩譜入樂者，初、盛王維為多，中、晚李益、白居易為多。（卷二十六「談叢」二，周本淳校點本《唐音癸籤》，第二七五頁）

韓退之多悲，詩三百六十，言哭泣者三十首；白樂天多樂，詩二千八百，言飲酒者九百首。（方勺云）（卷二十六「談叢」二，周本淳校點本《唐音癸籤》，第二七五頁）

白公好以年幾入詩，不止百十處，後東坡亦然。（卷二十六「談叢」二，周本淳校點本《唐音癸籤》，第二七五頁）

詩不改不工，老杜所謂「語不驚人死不休」是也。今人第哂白香山詩率易，不知其詩亦非草草就者。宋張文潛嘗得公詩草真蹟，點竄多與初作不侔云。（卷二十六「談叢」二，周本淳校點本《唐音癸籤》，第二七五頁）

詩有偶然到處，雖名手極力搜索，亦不能加。楊汝士不知此道，何如能令白公托言「冷淡生活」閣筆，元笑白善全其名，豈惟古人之能全其名哉？亦其能服善，不若今人強顔爭勝，甘於出醜無忌耳！元稹鎮武昌，嘗命從事周復唱酬，復辭稹：某偶以大人往還，獲一第，實不能詩賦。稹歎曰：「質實如是，賢於能詩遠矣。」今天下安得有此等人？（卷二十六「談叢」二，周本

淳校點本《唐音癸籤》，第二七六頁；《叢書集成初編》據學海類編本影印《唐詩談叢》卷二，第二九～三〇頁）

嘗謂客曰：讀韓滉「黄金散盡教歌舞，留與他人樂少年」，聲伎不必蓄；讀白樂天「多少朱門鎖空宅，主人到老不曾歸」，園亭不必置。客曰：「如此太喫虧了！」因一笑。（卷二十六「談叢」二，周本淳校點本《唐音癸籤》，第二七八頁）

唐朝士文會之盛，有楊師道安德山池宴集。……元和以來，裴令公尤為烜赫。郭少子曖尚代宗女昇平主，賢明有才思，尤喜詩人，錢起、李端十才子，俱以能詩出入其門。每宴集賦詩，主坐視簾中，詩之美者，賞百縑。端中宴詩成，有「荀令」「何郎」之句，衆稱絶妙；或謂宿搆，起請以己姓為韻試之，復有「金埒」「銅山」之句。曖大喜，出名馬金帛為贈。裴居守洛都，築園，名堂緑野，時出家樂，與白居易、劉禹錫、李紳、張籍、崔羣諸詩人游讌聯句，纏錦既奢，箋霞尤麗。所云「昔日蘭亭無豔質，此時金谷有高人」者，至今可追想其盛。他林泉社會，文字雅飲，雖詩篇同詑，而人地非匹，未足為豪，羌可無綴。（卷二十七「談叢」三，周本淳校點本《唐音癸籤》，第二八五～二八六頁）

唐人一時齊名者，如富吴（嘉謨、少微）、蘇李（前味道、嶠，後頲、乂）、燕許（燕國公張説、小許公蘇頲）、蕭李（穎士、華）、韓柳（愈、宗元）、四傑（王、楊、盧、駱）、四友（杜審言、李嶠、崔融、蘇味道，稱文章四友）、三俊（元稹、李德裕、李紳），皆兼以文筆為稱，其專以詩稱，有沈宋（佺期、之問）、錢郎（起、士元。時人語：「前有沈宋，後有錢郎」是也），又錢郎劉李（合劉長卿、李嘉祐稱之，亦時人語）、鮑謝（防、良輔）、元白（稹、居易）、劉白（合劉禹錫稱）、溫李（商隱、庭筠）、賈喻（島、鳧。出顧雲文）、皮陸（日休龜蒙）、吴中四士（賀知章、劉昚虚、包融、張旭。一云無昚虛，有張若虛）、廬山四友（楊衡、符載、崔羣、宋濟）、三舍人（王涯、令狐楚、張仲素）、大歷十才子（盧綸、吉中孚、韓翃、錢起、司空曙、苗發、崔峒、耿湋、夏侯審、李端）、咸通十哲（許棠、張喬、喻坦之、劇燕、任濤、吴罕、張蠙、周繇、鄭谷、李栖遠、溫憲、李昌符，謂之十哲，實十二人）等目，至李杜、王孟、高岑、韋孟、王韋、韋柳諸合稱，則出自後人，非當日所定（按楊憑有詩云：「直用天才衆却瞋，應欺李杜久為塵。」憑，大歷中人也。知兩公身沒未幾，世已有並稱矣。但至韓公始大定耳。王孟以下諸合稱，則宋人論詩所定也）。（卷二十八「談叢」四，周本淳校點本《唐音癸籤》，第二八八頁）

詩人蚤慧者，權德輿三歲（能變四聲），又四歲（能賦詩），五歲令狐楚（能詞章）、林傑（口占王霸壇詩），六歲王勃（善文詞）、楊牢（題彈棊局），七歲李百藥（能屬文）、駱賓王（詠鵞）、杜甫（詠鳳凰）、李泌（知為文）、李賀（以長短之製名動京師），八歲劉晏（獻封泰山頌）、楊嗣復（知屬文），九歲王維（知屬辭）、元稹（工屬文），十歲李白（通詩書），十二歲李乂（工屬文），十三歲楊收（善文詠），又蘇頲（史稱其幼詠死兔及嘲尹字，不知是幾何）、白居易（歲生七月即識之無二字）及汪先范氏子之類尤多。其或夭折，或富貴壽考，亦皆不可一律論。（卷二十八「談叢」四，周本淳校點本《唐音癸籤》，第二八九頁）

兄弟則孔紹安、孔紹新，……三人者，自前王之渙兄弟外，張文琮、張文瓘、張文收，沈佺期、沈全交、沈全宇，喬知之、喬侃、喬備，李乂、李尚一、李尚貞，楊憑、楊淩、楊凝，韋綬、韋纁、韋純，蘇冕、蘇弁、蘇衮，白居易、白敏中、白行簡，韋述、韋迅、韋逌……（卷二十八「談叢」四，周本淳校點本《唐音癸籤》，第二九〇～二九一頁）

右，中唐詩人之窮者，嗣是權、武、裴、元、韓、白諸公驟顯，元和遂以中興。繼之郊寒、島髡、籍盲、仝枉、二李（原注：賀、觀）、歐陽並夭，其窮益又甚矣。（卷二十八「談叢」四，周本淳校點本《唐音癸籤》，第二九五頁；《叢書集成初編》據學海類編本影印《唐詩談叢》卷四，第七四頁）

王弇州嘗為文章九命之説，備載古今文人窮者。今摘唐詩人，稍加訂定録後：一貧困……二嫌忌……白居易（見忌李德裕）……五流貶，流徙則李義府、鄭世翼、盧藏用、沈佺期、宋之問、元萬頃、閻朝隱、郭元振、崔液、李善、李白、吳武陵，貶削則杜審言、杜易簡、韋元旦、杜甫、劉允濟、李邕、張説、張九齡、李嶠、王勃、蘇味道、崔日用、武平一、王翰、鄭虔、蕭穎士、李華、王昌齡、劉長卿、錢起、韓愈、柳宗元、李紳、白居易、劉禹錫、吕溫、陸贄、李德裕、牛僧孺、楊虞卿、李商隱、溫庭筠、賈島、韓偓、韓熙載、徐鉉……八無終……白居易（一侄曰龜）……（卷二十八「談叢」四，周本淳校點本《唐音癸籤》，第二九五～二九六頁）

詩筒始元、白，白官杭州，元官越州，每和詩，入筒中遞之。白有詩云：「為向兩川郵吏道，莫辭來去遞詩筒。」（卷二十九「談叢」五，周本淳校點本《唐音癸籤》，第三〇五頁）

楊士達《擬諷諫集》五卷。（卷三十「集録」一，周本淳校點本《唐音癸籤》，第三一三頁）

同人倡和有……《三州倡和集》，元稹、白居易、崔玄亮，一卷；《元白繼和集》一卷；《汝洛集》，劉禹錫、白居易倡和，一卷；《劉白倡和集》三卷……（卷三十「集録」一，周本淳校點本《唐音癸籤》，第三一五頁）

餞送詩有……《送白監歸東都詩》一卷。（卷三十「集録」一，周本淳校點本《唐音癸籤》，第三一六頁）

《宣和書譜》真蹟：白居易送敏中歸邠寧幕詩（行書）。……趙明誠《金石録》：裴度、白居易聯句（正書無姓名，太和三年十二月）。……白居易游濟源詩（正書，太和五年九月，馮宿詩附）。游王屋詩（白居易撰，正書，太和六年十月）。……王象之《輿地碑記》：白居易陽明洞天詩（在紹興，太和三年）。（卷三十三「集録」四，周本淳校點本《唐音癸籤》，第三〇五頁）

智按：胡震亨，原字君晲，改字孝轅，號赤城山人，晚自稱遯叟，海鹽（今屬浙江）人。萬曆二十五年（一五九七）丁酉舉人，由固城縣教諭歷官兵部職方司員外郎。有《赤城山人稿》、《唐音統籤》、《李杜詩通》、《讀書雜録》等。生平略見其《讀書雜録》及上述各書序録題跋。

葛寅亮（一五六九～一六四五）

《建陶白祠記》

陶、白兩公品超千古，而皆寄跡匡山。不佞謬為匡山長，甫入郡，遍求兩公遺緒。靖節祠實遠在楚城柴桑山下，所謂通書院、五柳館、歸去來館、醉石、濯纓池，又僻在南康栗里，尚未之見也。白公祠舊在郡西湓浦門内，徐鉉記之，久已化為烏有。郡西所建忠節祠，又以李合陶。而陶與白，郡城實未有專祠。不佞慨然撫掌曰：「以李合陶，何如以白合陶？陶、白分祠，又何如陶、白合祀？」時有質余者曰：「陶公為彭澤令八十日耳，白公雖貶江州司馬，結草堂香爐峰下，然猶再遷刺史，一召秘書，一除賓客，一拜侍郎。會昌初，始以尚書致仕，出處微有不同乎？」余曰：「陶不得不八十日，白不得不尚書，出處政其所以同也。夫陶公之詩，篇篇有酒，然意不在酒，特以酒為寄。而白公居東都，亦輒拉乃弟疏沼種樹，構石樓，香山鑿八節灘，自號醉吟先生，為之傳，此其得趣豈真在酒哉？故陶以無絃寓素心，而白亦托琵琶以見志。聞其居常與嵩山僧為空門友，平泉客為山水友，而又與楊震（虞）卿為姻而不累震卿，與元稹、牛僧儒相善而不黨元稹、僧儒，為裴晉公所推而不因晉公以進，李文饒素不樂而不為文饒深嫉，此其恬淡高遠，香山居士與五柳先生固無兩也。」客乃憮然曰：「陶、白同調如是，令兩公生同時，陶吹塤，白且吹篪而和。今以陶、白並舉，真擬得其倫矣。其亟謀所以合之。」頃因新闢南薰門，循城而轉稍右幾步武，乃得一區，負城，城如半壁，前瞰山川，隔嶺圭璧，蓮花諸奇岫冉冉，餘霞散綺。又平視南湖，四時波光蕩漾，與市廛絕遠，庶幾「結廬在人境，而無車馬喧」，亦彷彿「流水周舍下，飛泉落檐間」者。遂庀材構屋二重，屋不甚高廣，陶環堵蕭然，白亦木斲而已。不加丹，欲其稱也。堦前田若干畝，擬彭澤公田，或可稱三之一。以守僧藝之，充香燈暨贍資焉。田外池方畝，池岸緣以修堤，翳然高柳，人從柳中出入，固不獲如草堂喬松十數株，修竹千餘竿，然宛然宅邊五柳。雖謂白公，由草堂徑造淵明故居可耳。世稱元、白，稱劉、白，余請更稱曰陶、白。二公亦為首肯，未可知也。（《四庫全書》本《［雍正］江西通志》卷一三三；清同治《德化縣志》卷七地理·古蹟）

智按：明萬曆間，兵道葛寅亮建琵琶亭於潯陽驛西，尋燬。（《四庫全書》本《［雍正］江西通志》卷四十二古蹟）

《重啓東作門併決塘開衢記》

循南薰門而東且北，為舊東門，今閉，所從來至遠。而相距百丈許，有迎春門，為江城入脉處，止通近東村落樵採一路，與老鸛塘隔若天塹。老鸛塘者，枕城，據回龍上流，長江政在目睫，而有土壩壅閉水道，不能容魚舠出入。凡帆檣來自白下、三吳，需次出關者，南岸無可泊，雖暮夜必北，過小池口。夏漲，常迫風不可度。秋高水落，則江北又如螺髻沙篆，坦然平陸。乃艤船白浪顛濤中，相顧失色，謂此地為破冢洲矣。一日，闔郡士民來白前狀，請開老鸛塘口，并開舊東門。去老鸛塘尺五開塘，不併開門，行舟泊塘下者，無緣入郭内。或開門不開塘，則郭内僅通南北短轅輕軺，而長江挂帆如鱗如織者，故無列肆交市理。是以萬歷癸丑二月某日，先決老鸛塘口。於六月十二日，開舊東門，併閉迎春門。時值淫潦，江北一望數百里，汪洋若大海。春禾秋稼，不得顆粒登場。諸負妻挈子、牽罷牛羸犬、逃而之他方者，無慮千萬指，不佞為之愴然。因憶皇祐吳中大饑，范文正領浙西，諭諸守大興土木，以贍饑者。余乃檄委官盡募為東門諸役，逃水民爭扶畚鍤，趨如歸市。未浹旬，而門啟，題為東作門。新築月城，立兵馬司，潯陽驛故在城，而兹改於老鸛塘口，即北郭外也。俯臨大江，以便南北之徑渡者。驛旁舊有白樂天琵琶亭，今與俱遷，讀江頭夜送客之句，疑此地近之。門内亦開三街，一自門直入，至道左折而南，通大街，為東聚街；一自門右折而北，達北門，為北聚街；一自大街亘後某巷，北至社稷壇，為中集街。而後集巷者，則由北聚街支分，直達都府，皆在城東北隅草萊中，而芟夷之。其甃街貿地，募民建居，悉如南薰門例，亦不數月。而誅茅結屋者，林立蟻聚，業以千計。雖然猶有憾，決老鸛塘口，僅夏秋間舟達東門耳，冬月水涸，即不得入。能濬之使深，則經年皆可艤舟，既避風濤之患，且通貿易之利。城東列肆，當不減城西，而以塘高難濬，源短易淤，議未一也。余測其地，塘底濬深一丈七尺，即冬月可與江平，而去歲所決塘口，今淤止二三寸，數年稍一加濬，自不為患。其工役約近二千金，即可為商民千百世利業，已區畫其費，而天下事有難如願者，予志懷初服，恐貽不了之緣，致釀築舍之議，遂不克舉，受之以未濟，終焉已。(《四庫全書》本《［雍正］江西通志》卷一三三；清同治《德化縣志》卷七地理·古蹟)

智按：葛寅亮，字水鑒，號屺瞻，錢塘（今浙江杭州）人。萬曆二十九年（一六〇一）進士，萬曆三十五年（一六〇七）主持南京祠部，先後為報恩、棲霞、瓦官、天界寺撰寫碑文十通，編著《金陵梵刹志》。生卒年據柴紹炳《戶部右侍郎屺瞻葛公傳》（《柴省軒先生文鈔》卷九，《四庫全書存目叢書》影印清康熙間刻本，集部第二一〇册；洪尚之主編、政協杭州市西湖區委員會編《之江文獻》，浙江人民出版社，二〇一〇年一月，第一〇七～一〇九頁）。

袁中道（一五七〇～一六二四）

《潯陽琵琶亭賦》

寒江欲雪先無色，起視廬阜如聚墨。九疊樓前九點山，令人可望不可即。白馬素車慘不張，麻姑書信斷潯陽。飄飄一葦復何適，踟躕且向江頭立。江頭忽見破亭子，西風淅淅愁崩圮。古瓦鱗次亂水衣，白日狐兔同棲止。石碑剝落衰草地，遺蹟不知何年記。題名半已蝕塵埃，依稀認得琵琶字。鐵撥鵾弦隨淚瀉，三載飄零老司馬。豈云昵昵兒女懷，多才固是多情者。龍尾道中行路難，虎溪橋上看巑岏。一片雄心銷不盡，流泉聲裏坐燒丹。冶情苦向覺前送，陳根忽遇春風動。笑去顰來總是眞，彊作男兒亦何用。傳說龍門有故墳，遊人澆酒氣成雲。物換星移風雅盡，亭上何人更酹君。江上風生撼古樹，日暮客子自來去。潯陽渡口那得留，乃是愁人今古斷魂處。不獨司馬泣江水，當年李白亦如此。古往今來如轉轂，豪士遞來此地哭。我亦飄零困遠遊，忍貧忍病到江州。江州無主走碌碌，囊無一錢餘病骨。伶仃楚痛寫不得，獨向廬山看山碧。不及蝦蟆陵下女，江頭猶有新相識。（《珂雪齋集》前集卷一詩，明萬曆四十六年刻本）

《入都迎伯修櫬得詩十首效白》

痛死慰生淚暗垂，一身多病不堪支。斷腸客路三千里，極目羈魂十二時。江上雪來雲片黑，河洲風重鴈行遲。榱崩棟折蕭條甚，路上行人也自悲。

縱是石人也殘情，難聽一宅斷腸聲。老親淚盡惟流血，小弟心孤欲喪生。白日奄奄寒古渡，長江浩浩響空城。今朝易水悲歌去，送客白衣盡濕纓。

一室先亡有用人，死如可代豈留身。揚名君好娱慈父，多藝予堪事鬼神。楓樹有枝猶帶血，征袍多淚易沾塵。驅車宛洛如流水，不及腸中百轉輪。

也曾兄弟話行藏，萬不關心到死亡。種德無兒悲伯道，傳家有女羡中郎。四旬莫究多生願，一木横埋未了腸。官冷負多田又少，將來何以活孤孀。

賦就爭誇白雪工，幾人曾羡黑頭公。買田結社言猶熱，擲綬還山話竟空。數縷蒼煙雲外寺，一團黄霧馬頭風。長安北去三千里，多少青山涕淚中。

鈴柝沉沉上帝州，不知我者爲何憂。浩歌臨水水爲泣，和淚看山山更愁。瘦馬風嘶停古道，夜烏鬼語集荒坵。今生幸得爲兄弟，萍水重逢又逐流。

重門如墨壓荒村，馬上逢人不忍言。帶雪寒鴉爲弔客，逆風蘆管唱招魂。須知沙刼煙霞伴，不比尋常骨肉恩。從此不知人世事，西山南畝度晨昏。

難忘聽雨愛憐情，日暮含悽過古城。一片雪來和淚落，幾行鴈過喚愁生。天人竟萎花冠色，僊骨虚聞璅子聲。笑語衣冠渾在眼，如何令我叫亡兄。

五天使者苦相催，長夜悠悠更不回。山客也曾招隱士，遊魂今始賦歸來。晚風沸水人心急，落日燒林鳥語哀。我眼半枯身半死，旁人猶作計偕猜。

魂來入夢訴還鄉，豈不懷歸道里長。銷帶典衣還客負，賣書鬻硯作行裝。晚風竹葉刀刁話，暮雨棃花泠澹香。莫怪多情頻下淚，死生大海路茫茫。（《珂雪齋集》前集卷三詩，明萬曆四十六年刻本）

《别陳孝廉》

同是蕭條易水年，兩人幕府共床眠。山游且學鄒從事，米價難支白樂天。杯裏楊花胡地雪，夢中芳草錦城煙。陸郎已上班騅去，帶草離離伴鄭玄。（《珂雪齋集》前集卷四詩，明萬曆四十六年刻本；《列朝詩集》卷七十六丁集第十二，《續修四庫全書》第一六二四册，第九三頁）

《登舟吟效白》

九陌飛塵柰樂何，纔登小艇便高歌。未周春夏秋冬節，已歷沮漳江漢波。怕遡鉛華熟舊習，全憑山水起沉痾。欲知火宅非清淨，試看居家詩幾多。（予春夏泛舟沮漳及江，今又浮漢水）

白蘋寒水白沙洲，一段蕭蕭莽莽秋。露柳霜楓攢小市，曉風微月送輕舟。勞勞城闕終何事，泛泛江湖儘自由。水態已多山貌少，武昌先作九峰遊。

(《珂雪齋集》前集卷六詩，明萬曆四十六年刻本；《珂雪齋近集》卷二，明書林唐國達刻本)

《四牡歌序》

學古詩者，以離而合為妙。李、杜、元、白，各有其神，非慧眼不能見，非慧心不能寫；直以膚色皮毛而已，以之悅俗眼可也。……（明萬曆四十六年刻本《珂雪齋集》前集卷十文；明書林唐國達刻本《珂雪齋近集》卷六；《珂雪齋近集》卷三文鈔，上海書店本，下册，第三一頁；《明詩話全編》第七册，第七一二一頁）

《白蘇齋記》

伯修賦性整潔，所之必葺一室，掃地焚香宴坐，而所居之室，必以白蘇名。去年買一宅長安，階上竹柏森疏，香藤怪石，大有幽意。乃於抱甕亭後，潔治靜室。室雖易，而其名不改，其尚友樂天、子瞻之意，固有不能一刻忘者。詩云：惟其有之，是以似之。予謂惟其似之，是以好之也。夫不能似之而好之，則其好之也為浮。蓋予少而侍伯修山中，長而依於宦邸，歷求其生平，與兩公真有大同焉者。吾觀樂天、子瞻為人，大約皆真實淳篤，不立城府；而伯修亦溫良重厚，胸中無半毫鱗甲，是其心同也。樂天典大郡，所攜不過天竺石、華亭鶴、折腰菱，晚年買履道里宅，至鬻駱馬，子瞻雖處顛沛，不輕受人絲毫，無田可歸，竟至流落，而伯修賦性梗介，泊然自守，雖居官十年餘，無異寒士，終不以隻字干人，是其操同也。若夫醉墨淋漓於湖山，閒情寄託於花月，借聲歌以寫心，取文酒以自適，則樂天、子瞻，蕭然皆塵外人，而伯修少有逸興，愛念光景，耽情水石，塵鞅之暇，招攜二三雋人，或高齋聽雨，或射堂看月，城内外剎庵，遠自西山，以至上方、小西天諸處，鼓舞同侶，遍往登臨，是其趣同也。樂天、子瞻，其文詞皆為一代宗匠，而伯修少時，操筆便有新意，予游天下多矣，若詩律之脫而當，文字之簡而有致，亦未能有勝伯修者。過此以往，又焉可量，是其才同也。樂天、子瞻，雖現宰官之身，皆契無生之理，而伯修參訪既久，偷心久絕，是其學同也。其不同者，兩公嬌矯諫諍，覺風節外見耳。然是時，樂天身為諫官，子瞻起家制科，皆有議論之責。今伯修方侍春宮，育養元良，旦暮陶鑄天下，養其身以大有所用，豈其出位而言，效制科人之習氣，以為極則乎？假使伯修為諫官，其又肯默然耶？是亦未嘗不同也。昔子瞻亦自以為出處老少，同於樂天，蓋庶幾此翁晚年閒適之樂，而老為逐人，卒飄泊於蜑塢獠洞（智按：蜑塢獠洞，見《答程天侔三首》其二，《東坡全集》卷八十四「尺牘」）之中，竟不得與樂天同樂，蓋有故矣。樂天當朋黨甫動時，即奉身而退，為散官，為分司，而子瞻自元祐以後，徘徊公卿間，如食蔗，然曾不為引決之計，故宦未幾而禍生也。樂天懷知足之情，子瞻多干世之意，然而禍福之幾，亦可畏矣。今伯修官漸高，禄漸厚，然每見，必屈指謂予曰：吾數年内歸矣。嗟乎！伯修近日所欲同，而吾輩亦必欲其同之者，其尤在白乎！其尤在自乎！（明萬曆四十六年刻本《珂雪齋集》前集卷十一文；《四庫全書》本《明文海》卷三百三十九記十三）

《東遊記·十三》

琵琶亭，即白司馬淚濕青衫處也。名人託跡之地，江山千載猶香，何乃寂寂至此。近日學詩者，纔把筆，即絶口不言長慶。如《琵琶行》，使李杜爲之，未必能過。大都元白之警策處，亦自有李杜；李杜之流暢處，亦自有元白。未可輕議也。或曰：「樂天學道者，然讀其詩，於得失之際，何介介也？」予曰：夫未免有情，榮謝辱來，其始何得無動？蓋至徘徊東西林，躡飛雲履，仰看山，俯聽泉，築草堂，鑿蓮池，則遷謫之感，頓爲冰雪矣，寧同長戚戚者？予觀樂天從此地漸跻華膴，年纔五十餘耳，即退求散地，爲尹輒去，拜刺史不出。方太和、開成、會昌間，士大夫對壘交爭，磨戛不休，罹其事者，多爲嶺海萬里之行。而樂天優游履道里宅中，卧天竺石，玩華亭鶴，種折腰菱，聽霓裳曲者數十年。此其先幾之哲，亦何可及？姻虞卿而不累其事，暱元牛而不附其黨，重于裴公而不受其恩，妬於李文饒而不重其怨，入羣不亂，涉水不濡，幾於有道者，而猶以得失介介議之，過矣。子瞻有云：處患難不戚戚者，此特愚人無心肝耳，于道何曾夢見？此等處，非慧業文人不解也。（明萬曆四十六年刻本《珂雪齋集》前集卷十二記；明書林唐國達刻本《珂雪齋近集》卷三）

《硯北樓記》

萬曆庚戌夏，中郎請告歸楚，卜居沙頭，得敝樓葺之，名之曰硯北。予問其故，中郎曰：昔通人段成式云：杯宴之餘，常居硯北。夫人生閒適之趣，未有過于身在硯北，時親韋編者也。我昔居柳浪六年，日擁百城，卽夜分猶手一編，神甚適，貌日腴，及入宦途，簿書鞅掌，應酬柴棘，南北閒關，形瘁心勞，幾不能有此硯北之身，今幸而歸矣。中年以後，血氣漸衰，宜動少静，多以自節嗇。山水雖適，跋踄亦苦，此亦宗少文築室江陵，息影卧遊時也。然而寂處一室，又未能卽效寒灰古木之事，勢不能無所寄，以悦此生。柳下之鍛，叔夜所以寄也，吾不堪勞；麯蘖之逃，元亮所以寄也，吾無其量；白鵠何嘗之調，戴仲若所以寄也，吾不解操。若夫貯粉黛，教歌舞，以秏壯心，而遣餘年，往時猶有此習，今殊厭之。昔裴公美一生醉心祖道，而晚年托鉢歌妓之院，自云可以說法度人。白樂天亦解乘理，至頭白齒豁時，攜羣粉狐，往牛奇章宅中鬭歌，有何好？而自云：天上人間，無如此樂？雖云遊雲幻霞，無所汙染，然道人自有本色行徑，湯能沃雪，雪盛湯凝；火能銷冰，冰強火滅。出水乖蓮花之質，切泥損太阿之鋒，以此爲寄，是以漏脯止饑，雲白已渴也。吾必不爲，然則吾之所寄體，惟此數千卷書耳。陶弘景謂，人生解識，不能周于天壤，區區惟恣五欲，實可愧恥。挂冠神武，遂居積金澗之松風閣，孜孜披閲，此吾師也。往周旋龍湖老子，見其老不廢書，人或規之，老子曰：「他日青蓮池上，諸大士娓娓竪義，我以固陋，張口雲霧，此幾許苦痛事?」人以爲謔，吾實心佩其言。今而後，將聚萬卷于此樓，作老蠹魚，遊戲題躞，興之所到，時復揮灑數語，以疏瀹性靈，而悦此硯北之身，吾志畢矣，吾計定矣。此予命名意也，弟其爲我記之。予曰：諾。遂退而次其語爲記。（明萬曆四十六年刻本《珂雪齋集》前集卷十三文；明書林唐國達刻本《珂雪齋近集》卷五；《珂雪齋近集》卷一游記，上海書店本，上册，第七九～八一頁；《四庫全書》本《明文海》卷三百三十九）

《閲玉泉詩碑記》

武安廟前有碑亭，乃前賢遊山詩碑也。其首爲張曲江與孟浩然詩，曲江爲荆州長史時，辟浩然爲從事，數遊此處，其詩真與藍堆比色珠乳同清矣。其次爲白樂天詩，所云「新葉參差影，殘鶯三兩聲」者，甚有致，然考之，乃遊東都玉泉，非此地也。東都出城三十里，有玉泉山。樂天分司東都，故常往遊，其《閒游》詩有云：「嵩洛供雲水，朝廷乞俸錢。聞道山榴發，明朝向玉泉。」觀嵩洛句，玉泉之在東都可知。又有「玉泉紅躑躅」及「湛湛玉泉色」等詩，若屬當陽，則此詩亦宜收矣。樂天不宦荆州，由九江移忠州，從水道往，故有《遊三遊洞》詩，未經玉泉。其次爲常建詩，乃《題破山後禪寺院》詩，亦非玉泉。又其次，爲五代僧齊己詩。此公本世外人，而曳裾侯門，故其詩無韻。子瞻比于亞棲之字，良有以也。歐陽公註杜詩「已公茅屋下」以爲齊己，大誤。己，唐末五代僧，安得與子美同時。子美詩中已公當别是一人。至今沿歐公之説，指此處已公嶺，爲已公茅屋處，皆訛甚。昔元微之謫江陵士曹，屢遊玉泉度門，有詩四五首，極清妍，而碑不收，錯誤遺落。總之，未經入目耳。吁！酈道元注《水經》，至博洽，其注沮水，備言青溪之美。玉泉之水，大于青溪，同入沮，而注不載。陸羽《茶經》，不及玉泉、仙掌，此間勝美，遺失者良多，不獨詩也。（明萬曆四十六年刻本《珂雪齋集》前集卷十四文；明書林唐國達刻本《珂雪齋近集》卷五；《珂雪齋近集》卷一游記，上海書店本，上册，第九五～九六頁）

《石浦先生傳》

先生名宗道，字伯修，楚之公安人也。其上世世爲武弁，自蘄黄徙荆，屯田于邑之長安里。至曾祖處士公，負氣以武勇聞。正德中，天下亂，羣盜起湖湘間。公以兵法勒里中子弟自衛，盗賊不敢至。長令壯之署，以賊曹所擒捕甚夥。後賊盗報讐者，數百人突至，公逐之於雙田，盡殲之，水爲之赤。子左溪公，改其先行，斌斌爲退讓君子，性慷慨，周人之急，每得糴直，擇其贋金擲之，秤金于人，昂則喜。嘉靖中，邑大饑。公出母粟二千石，金千兩，以饑盡焚其券，家遂落。明年，予大人七澤公生，有老奴竊嘆曰：活寶出矣。後娶方伯公女，寔爲吾母龔孺人。生先生。初，先生降生之夜，祖母余夢一美人頭，自天飛來，若今所畫天人菩薩之飾，寶絡交垂，以襟承之。甫覺，而先生生，實嘉靖庚申二月十六日也。先生生而慧甚，十歲能詩，十二列校，見鄉先達祠曰：吾終當俎豆其間。二十舉于鄉，不第歸，益喜讀先秦兩漢之書。是時濟南瑯琊之集盛行，先生一閲，悉能熟誦。甫一搦觚，即肖其語。弱冠，已有集。自謂此生當以文章名世矣。性躭賞適，文酒之會，夜以繼日，踰年抱奇病，病幾死。有道人教以數息靜坐之法有效，始閉門鼻觀，棄去文字障，遍閱養生家言。是時海内有譚冲舉之事者，先生欣然信之，謂神僊可坐而得也。移家長安里中，栽花蒔藥，不問世事。癸未，大人強之赴試。行至黄河而返，還至荆門，舍于逆旅。夜半，夢有神人語之曰：「公速起。」如是者三。先生醒復寐，神人又語之曰：「公何不起，吾老人爲公特來，何得不見念也?」微以杖敲其足，足隱隱痛，擁被大呼而出。甫出，屋崩牀碎爲塵。人以此識先生非常人，然先生亦翻然若有所悟。曰：「吾其以幾死之身，修不死之道也。」歸而妻死，不復娶。大人強之娶，則娶田家女。曰：「吾求可與偕隱者耳。」先生習静久，體氣愈充，大人謂之曰：「昔淨名依于忠孝。自古之冲舉者，豈盡枯槁耶?」先生曰：「諾。」時復拈筆爲制舉義，窮工極變。丙戌，遂舉會試第一。年甫二十七耳。先生官翰院，求道愈切，時同年汪儀部可受同館，王公圖、蕭公雲舉、吴公用賓，皆有志于養生之學，得三教林君艮背行庭之旨，先生勤而行焉。己丑，焦公竑首制科，瞿公汝稷官京師，先生就之問學，共引以頓悟之旨，而僧深有爲龍潭高足，數以見性之説啓先生，乃遍閱大慧中峰諸録，得糸求之訣。久之，稍有所豁。先生於是研精性命，不復譚長生事矣。是年先生以册封歸里，仲兄與予皆知向學，先生語以心性之説，亦各有省，互相商証。先生精勤之甚，或終夕不寐。逾年，偶于張子韶與大慧論格物處，有所入，急呼仲兄與語，甫擬開口，仲兄即躍然曰：「不必言。」相與大笑而罷。至是，始復讀孔孟諸書，乃知至寶原在家内，何必向外尋求。吾試以禪詮儒使，知兩家合一之旨，遂著《海蠡篇》。既報命，旋即乞歸，七八年間，先生屢悟屢疑。癸巳，走黄州龍潭問學，歸而復自研求。戊戌，再入燕，先生官京師，仲兄亦改宫至，予入太學，乃於城西崇國寺蒲桃林結社論學，往來者，爲潘尚賓士藻、劉尚賓日升、黄太史輝、陶太史望齡、顧太史天峻、李太史騰芳、吴儀部用先、蘇中舍惟霖諸公。先生見地愈明，大有開發。當是時，海内譚玅悟之學者日衆，多不修行，先生深惡圓頓之學，爲無忌憚之所，託宿益泯，解爲修同，學者矯枉之過。至食素持珠，先生以爲不可，曰：「三教聖人，根本雖同，至于名相施設，决不可相濫。」于時益悟陽明先生不肯遝漏之旨，其學方浸浸乎如川之方至，而先生卒矣。先生素切歸山之志，以東宫講官不獲補，僅得三人。先生曰：「當此危疑之際而拂衣，吾不忍也。」是時東宫未立，中外每有煩言。先生聞之，私泣於室，體經病後，遂不堪勞。自丁酉充東宫講官，鷄鳴而入，寒暑不輟。庚子秋，偶有微恙，強起入直，風色甚厲，歸而病始甚。明日，復力疾入講，竟以憊極而卒。先生爲人脩潔，生平不妄取人一錢，居官十五年，不以一字干有司。讀書中秘，貧甚，時鄉人有主銓者，謂所知曰：「我知伯修貧，幸主銓，可爲地千金，無害也。」所知以語先生，先生笑而謝之。某邑令以三百金交期爲汲引，竟不發函，急還其人。時予偶見，問何令？先生秘之，竟不知爲何如人也。生平却百金者累累，或饋遺至十金，則惶愧不受。卒于官，棺木皆門生歛金成之，檢囊中僅得數金。及妻帑歸，不能具裝，乃盡賣生平書畫几硯之類，始得歸。歸尚無宅可居，其清如此。然先生爲人平恕，亦不以此塱人且自多也。興致甚高，慕白樂天、蘇子瞻爲人，所之以白蘇名齋。居官省交遊，簡酬應，蕭然栽花種竹，掃地焚香而已。每有月，則邀同學諸公，步至射堂看月。率以爲常。躭嗜山水，燕中山刹，及城内外精藍，無不到。遠至上方小西天之屬，皆窮其勝。詩清潤和雅，文尤婉玅然，性嬾不多作。著有《白蘇齋集》若干卷。先生得年僅四十一，有兩子一女，皆先後卒，竟無子。以予子祈年爲嗣，蓋壽不如樂天，而無子則似之矣。傷哉！先生與同學友黄公輝交若兄弟，先生死，黄公哭之甚慟。及壟，黄公請告迂道登壠哭之，爲誌其墓。逾年，先生舊社友董公其昌視學政，因諸生之請，祠於學宫，卒如其素志云。

中道曰：先生平粹縝密，而遇事燭照。萬曆丁酉戊戌間，有東倭關白之警，時議封貢。先生嘆曰：「石尚書其不免乎？」李卓吾刻《藏書》成，先生曰：「禍在是矣。」已而皆然。如此者，不可枚舉。大都量與識皆全者也，天不假以年，未得盡抒其用世之略。惜哉！先生書法遒媚，畫山水人物，有遠致。作小詞樂府，依稀辛稼軒、柳七郎風味。舊有傳奇二種，置之笥中，爲鼠子嚙壞，鳳毛龍甲，竟不存于世，可爲永嘆。（明萬曆四十六年刻本《珂雪齋集》前集卷十六文；明書林唐國達刻本《珂雪齋近集》卷七；《珂雪齋近集》卷三文鈔，上海書店本，下册，第四四～四八頁）

《潘去華尚寶傳》

潘去華，名士藻，徽之婺源人也。少以文行著稱，舉孝廉，久滯公車，幾五十乃第。出為金華理官，以風節聞，徵為御史，抗疏謫為廣東幕官，徘徊郎署間。後官尚竇。卿公性至孝，母八十餘瞽，飲食起居必親。時於母前跳躍如小兒狀。每晚，至母房，坐卧榻前，説日中事。喃喃不瞑，以為常，人比之弄鶵人也。其學重敦行，喜道人善。與人語，多依於善惡徵應，其言隱德獲福，害人自害之事，有味乎其言之也。自官尚竇，時署中無事，乃潛心玩《易》，每十餘日玩一卦。或家中靜思，或拜客，馬上思之，不論閒忙晝夜，窮其奥玅，每得一爻，卽欣然起舞，索筆書之。青衿瘦馬，出入廛市。于于徐徐，都忘其老。公愷悌樂易，尤愛友朋，所交皆一世名士。若焦弱侯、李龍湖諸公，皆爲世外之契，晚交伯修中郎及予，有人問中郎於公者，公曰若斯人者，可與言天人之際矣。嘗曰：「學問須消，消不盡遂成見聞之痞。一切驕矜之色，從比痞生，可不愼哉！」尤有人倫之鑒。有一士，慧甚，公曰：「佳處俱在面膚，非凝道器也。」聞中郎著書，公曰：「有所見，不必拈弄筆硯，且自蘊而藏之。見定身閒，不得已而言焉，可也。」公好僊，有乩僊降於公家，與問答，皆中理解，或時下天篆，作龍飛鳳翥之勢，其言曰：「五陵八百，地僊之期已近。」公其一數，又指海内名士某某，皆已登僊籍。公殊信之。其言甚多，皆天中事，大約近似陶隱居之《真誥》云。又言，前世下土之文人才子，多爲僊吏。某人今轉某職，語新奇，娓娓可聽。後愚兄弟每與公言，多婉以止之，欲其舍渺茫而專心性命之學。久之，公亦不復信，惟究心于《易》。然公修幹骨立，目如炬光，開口見舌，瀟然自得，大有僊人之致。若其忠孝大節，無媿古之真君子。其卒也，寘身於丹臺紫府，豈異事哉！白樂天謫江州，作廬山草堂，着飛雲履，鍊服食藥，幾成而鼎敗。古今之慧人，欲出生死而不得其徑，多有好之者。或云，此自胎骨帶得，亦一種清勝卓絶之習，不同凡俗也。然樂天晚年大悟禪理，而公亦深于易，乃知向之所慕，直寄耳。追思伯修居從官時，聚名士大夫論學於崇國寺之葡桃林下，公其一也。當入社日，輪一人具伊蒲之食，至則聚譚，或游水邊，或覽貝葉，或數人相聚問。近日所見，或靜坐禪榻上，或作詩，至日暮始歸。不逾年，伯修逝，公亦逝。其餘存者，亦多分散。去年，予以計偕至，過伯修長安街上舊第，忽憶當時下馬入門，呼大兄在否之狀，淚雨如傾，半日不能言。及過公手帕市第，痛之無異。伯修後以訪人，偶至葡桃林，緑葉碧實如故，而同學諸友無一在者，感歲月之如駛，念壽命之不常，又不覺淚涔涔下也。公卒于秣陵，母尚在，公甚孝，其死死不瞑目者，或以此夫。所著書，尚未得讀，不知已入梓否？比至南都，當從其子覓之。公卒之次年，中郎與予，祠伯修與公于柳浪。又數年，予略爲之傳。（明萬曆四十六年刻本《珂雪齋集》前集卷十六文；明書林唐國達刻本《珂雪齋近集》卷七；《珂雪齋近集》卷三文鈔，上海書店本，下册，第六七～七〇頁；《四庫全書》本《明文海》卷四百傳十四）

《告伯修文》

萬曆庚子十一月初一日，弟中道謹修治齋茗，撫膺大叫，告于亡兄伯修先生之靈，曰伯修伯修，兄如何便長逝耶！自失母之後，兄弟姊妹四人，伶仃孤苦，我時年最小，視兄如父也。里舍書房中，三人相聚講業，夜窻風雨，未常一日不共也。門户凋零，幸而兄致身青雲，二十年以内，家門昌熾，無一髮一毛，非兄賜也。蕞爾之邑，不知有所謂聖學禪學。自兄從事于官，有志于生死之道，而後我兄弟始仰青天，而見白日矣。嗟乎！自兄少年取科第，人皆爲兄榮，不知兄心之獨苦也。十二而入鄉校，人皆爲兄榮，然不數年，而慈母亡矣。十九而薦鄉書，人皆爲兄榮，然不數年而身嬰大病，萬死一生，連年牀蓐，一鬼不化，稍得平復。嫂氏捐棄，兩兒一女，煢煢然，若黄口之鷇，啾唧於危巢矣。二十七而中會試第一人，入讀中秘書，人皆爲兄榮，然不數年，而曾姪登姪，相繼而亡。以至情篤厚之父，撫如蘭如玉之子，一旦化爲異物矣。三十六而致位宮坊，夷猶銀牓之間，人皆爲兄榮，然嗣續窅如，僅有一女，復嬰慘毒，至於蚤世，自此身畔無一脉矣。外之所謂榮者，浮名也。兄之所自受者，實憂也。浮名顯而實憂暗，故人皆謂兄之處亨，而不知其不盡然也。功德天，黑暗女，半步肯相離哉！然兄雖有獨苦，而猶幸有弟兄聚首，同氣同心，故前年二兄與弟至京師，朝夕晤言，商確學問，泯解修行，兄亦欲斷世緣，歸田自適，而官累相迫，蜘蹰未定，遭皇長子憂危之際，講官乏人，鷄唱而起，風霜嚴厲，外勞其形，内勞其心，卽二兄與我亦竊爲兄憂之，然未常遽憂及性命也。不意我與二兄歸未二月，而聞兄病矣。又未數日，而聞兄病不起矣。哀哉！痛哉！吾兄之贒，而竟客死三千里外耶！窅無嗣續耶！寡婦三人，孤燈弔影，流寓京華耶！哀哉！痛哉！嚴親在堂，大姑在室，何以死也？著書未成，何以死也？學道未了，何以死也？雖然，兄之爲人，清白好修，砥礪名行，事可與天知，語可對人言，無一念不眞實，無一行不穩當，小心翼翼，周詳縝密。自入仕途十五年，未見以一字干人，不欺暗室，不媿衾枕，身死之日，一貧如洗。棲身一室，尚未能具。守官守道，有如處女。少年清心遠性，風辰月夕，興致軒舉。兒女態少，煙霞趣多。自公之暇，玩弄水石，所之栽花種竹。兄之品，僊品也。學道已入信位，已窮解路。雖不能如張無盡、楊大年之徹底乾淨，而比之白樂天、蘇子瞻，决不出其下，明矣，何虞沉墜哉！……《白蘇齋集》未成，當爲删定，卒成十卷，定可不朽。今弟以臘月初三日，往迎靈柩。哭死悲存，剜心之愁萬種；踏霜割雪，斷腸之路三千。途中願我兄保佑扶助，無逢災患，更願示異夢靈迹，以堅信心，弟無任撫心痛哭、悲淚翹誠之至！（明萬曆四十六年刻本《珂雪齋集》前集卷十八文）

《祭潘尚寶雪松文》

公之心術，如青天皎日，光明洞徹，開口見膽，無一毫覆藏廻互之意，眞出世之器也。公之孝行，老而愈篤，終身孺慕，遊戲歡娱，如老萊子。友于敦睦，鄉閭化之，愷悌樂易，豁大爽快，聞人一善，譚之津津而有餘味；見人之惡，不喜評駁，恤孤窮，憐酸寒，慷慨樂施，視人之患難，不啻己身。……予兄弟少公三十餘歲，公一見以道相信，遂訂忘年之交。長安崇國寺葡萄社中，與家伯修、劉明，自黄愼軒諸公，相聚論學，凡有礙窒，而不徹者。予兄弟以數語發揮之，公則躍然而喜，以爲益我。而予兄弟數年前貢高我慢之氣，皆日銷化于公春風之中而不自覺。公喜譚飛僊之事，其語稍不經，然公酷信之，或者以爲公病。昔白樂天謫居匡廬，亦有志于服食羽化之術，終以不就，蓋亦英雄之常態。公近年漸不復信，惟究心易傳。予兄弟數數以禪理誘之，亦歡然若有所契。嘗令我爲講《楞嚴》，且相約曰：「君當至桃源，我當與君論《易》，君爲我說禪也。」自後公以使事歸，予兄弟亦相率南，友朋四散，不勝離合之感。孰知不數月，而公去。又未一月，而伯修去矣。……（明萬曆四十六年刻本《珂雪齋集》前集卷十八文）

《答陶石簣》

伯修不意一旦至此。生死，生人之常，但恨死得太蚤，資糧恐未全辦耳。伯修於參學信解已久，即不能如楊大年、張無盡之徹底乾淨，其於爲白樂天、李漢老之流有餘矣。兼之數年以來，用力修行，或不至隳落，然亦大可怖也。自初喪以來，家中寂寞之景，殆不忍言。……今之學道者，二十以前不知有學，二十以至四十，爲功名，爲詩文，爲應酬，爲好色，爲快活，其襍用心處何多也，偶于一機一境，見些光景，即强附于理，須頓悟，舍理行而修事行，何古人之難，而今人之易也。此弟之所大惑也。（明萬曆四十六年刻本《珂雪齋集》近集卷二十二書牘）

《答錢受之》

大雲來，得手教，備悉近況。……昔人謂，白樂天于功名富貴，得之則欣欣，失之則戚戚，備見于詩篇之內。弟則謂，白公原非忘情于功名富貴者，得之欣欣，失之戚戚，正是白眞率處。而其實有一種解脱之趣，去人甚遠。如其初居江州，未嘗不苦，然却往來廬山作草堂，躡飛雲履，鍊大丹，看山聽泉，讀佛書，苦之中，樂又生矣。蘇公亦然，蘇公初居黄州，亦未嘗不苦，然却優游臨臯雪堂之間，泛舟赤壁，彈江水，看山，苦之中，樂又生矣。謂兩人不求世樂，吾不信也。謂兩人世樂不遂，而竟爲寂寞所苦，吾亦知彼必不爲也。雖然，即得世樂而享之，亦豈如世人之享世樂者耶！于霹靂火中，常現冷雲相，故可貴也。兄書中道及嘲胡仲脩語，將謂世間人遊山水者，乃不得粉黛而逃之耳，非眞本色道人也。此眞覷破世人伎倆也，弟則謂不得繁華粉黛，而能逃於山水以自適者，亦是世間有力健兒。……（明萬曆四十六年刻本《珂雪齋集》前集卷二十三書牘；明書林唐國達刻本《珂雪齋近集》卷九）

《答王天根》

……讀《玉茗堂集》，沉著多於痛快。近調稍近元白，亦其識高才大，直寫胸臆，不拘盛唐三尺，不覺其有類元白，非學之也。今人見詩家流便易讀者，即以為同於元白，然則詩必佶曲聱牙，至於不可讀，然後已耶？且元白又何可易及也。王敬美（世懋）自云：「生平閉目，不欲看元白詩。」今敬美詩何如哉？……（明萬曆四十六年刻本《珂雪齋集》前集卷二十三書牘；明書林唐國達刻本《珂雪齋近集》卷十；《珂雪齋近集》上海書店本，上册，第一九一～一九二頁；《明詩話全編》第七册，第七一一九頁）

《東遊日記》

……數月來，行楚尾吳頭間，所玄對者，君山匡山，而所與神交者，蘇子瞻、白樂天、陶元亮也，是一快也。壬戌，風雨不止，不成行。掃地焚香而坐，邑外多楊柳濃陰，散步其下，歸來開窻，風細細入襟。……（明書林唐國達刻本《珂雪齋近集》卷三）

《答錢太史受之》

吳中開士來，得手教，并柄頭佳詩，儼若面對。弟之懷想仁兄甚切，無奈年來多病，日親藥裹。今春至秋，鬱鬱抱恙，無展眉時。白樂天云：「婢能熟本草，犬不吠醫人。」真弟近況也。不知聚首何時。念之念之。承佳茗竹合之賜，足仞不忘千里，故人自製墨尤佳，易水一派，又在海虞矣。來人行迫，弟又抱疾，口占令侍史代書，少致訊，私惟原宥。（明書林唐國達刻本《珂雪齋近集》卷十）

《游居柿録》

從鄭州發，飯于郭店。近店有謝花城，不知何以名。今邑內大隗山畔，又有御花園，相傳爲黄帝種花處。晚過黄水，其水流至縣城東北七里，入于洧。夜，宿新鄭。白樂天生于此邑，東郭裴晉公、吕正獻公著、歐陽文正公脩，皆葬于此地者也。（明萬曆四十六年刻本《珂雪齋集》外集卷四游居柿録）

四月初八日，至青蓮菴。食齋時，青蓮菴新起華嚴經會故也。有人持遠書至，乃丁仲暘及王章甫書也。仲暘昔在都門同社，從漢上會章甫來，今客荆。字至，相約一晤。已至柳浪，湖水浩白，高樹蓊鬱，坐抱甕亭內，笑言久之，歸園，得石首王天根書。天根遊吳閶，晤臨川湯海若先生。先生便寄一書及《玉茗堂集》，來書中，大畧言乙未雪夜，同時七人聚首，而三人俱以高才不禄，不勝嘆惋，三人者，伯脩、中郎及王子聲一鳴也。記乙未之歲，大計伯脩及王太史衷白、蕭太史玄圃，遝寘酒招海若子聲飲，予等偕。未幾，子聲下世，又未幾，伯脩、中郎下世矣。天根書云：海若極服楚才，以爲不可當，夜讀所寄《玉茗堂集》，晚年稍入元白，亦其才大識高，直寫胸臆，不拘盛唐三尺，自覺其有類元白，非欲學之也。今人見詩家流便易讀者，卽以爲同于元輕白俗，然則詩必詰曲聱牙，至于不可讀然已耶？可發一笑也。（明萬曆四十六年刻本《珂雪齋集》外集卷九游居杮録）

居貧篙谷，同年景陵鍾伯敬典試貴州，以一字相聞，拘于例不見。客致其所刻新詩，并其師雷太史詩。太史詩，精選之，僅得二册。姑毋論其爲唐爲宋，要以筆下有萬卷書、胸中無一點塵二語，太史真足以當之矣。在伯敬之見，必欲其精，而在予則謂此等慧人之語，一一從胸中流出，盡揭而垂之于天地間，亦無不可。昔白樂天，詩中宗匠也，其所愛劉禹錫詩，都非其佳者，豈自以爲工者，人或不以爲工；而自以爲拙者，反來世之激賞也。不若并存之爲是。是日，周公美名祚盛卒，得年僅四十八，憲副周公雲臯子也，少有儁才，苦心下帷，冀取一第，竟不得志而死。記萬曆甲申，先舅龔靜亭、中郎與予及公美，同赴府小試，郡伯郝公玄鶴，關中人也，謝考時，特呼予等四人，出而提誨之，稱中郎與予文太奇。其後中郎與予各登賢書，惟舅及公美次且不售，五六年間，三人相繼而没，而孑然惟予一人存也，可爲驚惋。（明萬曆四十六年刻本《珂雪齋集》外集卷十游居杮録）

因憶元張文忠公養浩一記，模寫光景，雜以詼諧，至今讀之，精神奕奕生動，誰謂元人遂無好文字也。文忠謝政歸，至元間朝廷遣使至，七聘不起，故其家有七聘堂。爲園名雲莊，有遂閑堂。此老是白香山一流人，故詩文亦清脫乃爾。（明萬曆四十六年刻本《珂雪齋集》外集卷十二游居杮録）

《擥録》

中郎作《西方論》成，伯脩爲作引，命予屬草，伯脩稍裁省用之，今仍存其原稿。其詞云……今代悟門一脉，不絕如綫，禪門之中，寂寥無人，止有二三在家居士，路途端直，可以流通此法。然既爲居士，不同沙門釋子，猶有戒律縛身，方寘身大火之中，浸心煩惱之海。雖于營幹世事内，依稀得一入門，而道力甚淺，業力甚深，卽極粗莫知淫殺之業，猶不能植身不行，何況其細，生死之間，安能脫然？徒見豪奢如于頔，奸惡如呂惠卿、夏竦，躁進如張天覺，風流艷如白樂天、蘇子瞻等，皆列于傳燈，便謂一切無礙，不知從上諸人，雖具正見，若謂其從此不受分段，業不能係，吾未敢許。方當長夜，受報未有了期，故知念佛一門，于居士尤爲喫緊。……（明萬曆四十六年刻本《珂雪齋集》外集卷十二鐘録）

《拈史語》

白居易長慶二年爲杭州刺史，始築堤錢塘湖，鍾洩其水，溉田千頃，風流刺史，舉措何如。白記曰：放水溉田，每減一寸，可溉十五頃，永無凶歲，又何精細甚也。後子瞻一堤，永爲民利，看他二文人吏績，何等卓絶。

白傅與贊皇不協，白每有所寄文章，李緘之一篋，未常開劄，三復，或請之，曰：見詞翰則迴吾心矣。蓋白與牛奇章投分至厚，李因牛而遷怒焉，然恐迴心于詞翰，則其心服白之詞翰，可知是亦知己者也。（明萬曆四十六年刻本《珂雪齋集》外集卷十四拈史語，《續修四庫全書》，第一三七六册，第四五一頁）

智按：袁中道，字小修，一作少修，湖廣公安（今屬湖北）人。萬曆四十四年（一六一六）進士，授徽州府教授，歷任國子博士、南京禮部主事、吏部郎中等職。天啟四年（一六二四）進南京吏部郎中，卒于官。袁中道與其兄袁宗道、袁宏道並稱「三袁」或「公安派」。袁中道文學主張與袁宏道基本相同，強調性靈，其《中郎先生全集序》盛稱宏道「以意役法，不以法役意，一洗應酬格套之習」。但對一些模仿「公安派」者，流於「爲俚語，爲纖巧，爲莽蕩」亦有批評，故於性靈之外，兼重格調。袁中道詩文俱佳，散文以游記見長，日記《游居柿録》，多有精粹文筆，在日記體發展中頗有影響。詩歌多山水寄情、酬酢應答、感時傷懷之作，風格疏朗清新。有《珂雪齋近集》十一卷，《珂雪齋前集》二十四卷，《珂雪齋集選》二十四卷，《珂雪齋外集·游居柿録》十五卷等。《明史》卷二八八有傳。

戴君恩（一五七〇～一六三六）

《剩言》

白居易繫意聲歌，放懷文酒，似乎柔情膩骨者，予觀其奏對殿中，論執強鯁，帝或未俞，輒曰陛下誤矣。上為之變色，所獻《虞人箴》，義正詞嚴，字字峻凛，不進其君於古帝王不已，此何等肝膽哉！意聲色文酒之娱，亦姑借焉以寄其牢騷慷慨之意云耳。（《剩言》卷十六，《四庫全書存目叢書》影印明刻本）

智按：戴君恩，字忠甫，號紫宸，别號蘭江癡叟，澧州（今湖南澧縣）人。萬曆四十一年（一六一三）癸丑進士，官至四川兵備副使。有《説山》、《四書剩言》、《繪孟風評》、《讀風臆評》、《撫晉疏草》、《掌園雜記》等。

張瑞圖（一五七〇～一六四一）

《擬白》（有引）

擬白者何？擬白傅也。白傅爲詩示婦孺，能解則録之，故頗有率易之譏。雖然，白傅亦何可易譚也。彼其以坦蕩透徹，無罣礙之胸，出爲平夷暢遂不鉤棘之語，若涌出雲流，無滯境，無匱材，無閡情，無鞔韻，弇州先生所謂廣大教主者，白傅何可易言也。若其時有朴鄙，若村學究口中者，則自少陵已逗此途，又非從白傅濫觴也。然則何以輕言擬白？夫白之所以爲白者，吾不敢輕言也。以余作示婦孺，其不解者鮮矣，以是擬白，不亦可乎？（《白毫菴》内篇卷二，《四庫禁毁書叢刊》影印明崇禎間刻本）

《菴居襍咏》

匡坐無人境，悠然寡俗紛。道心方寂歷，春事政氛氲。霽晚花猶雨，清宵草自薰。孤吟隨意就，身隱將焉文。

二

圖書存晚計，荔薜愜初心。酒每欣孤酌，琹寧待賞音。窺床夜月淨，匝柳曉煙深。寂莫墻東隱，幽蹤不可尋。

三

再來慙脱洒，猶縛小乘禪。論世欽高蹈，逢人怯少年。蹉跎浮海意，羞澁買山錢。聊以一枝穩，寄兹未盡緣。

四

不必入山林，居然幽且深。讀書寧盡解，擊磬亦無心。園吐三春色，亭垂四面陰。午眠難得穩，修竹劇啼禽。

五

有水亭堪置，寡營地轉幽。桐孫時獨撫，雪客每相求。鋪几麥光浄，傾尊竹葉柔。虚空無歲月，偶寄即優游。

六

匡濟乖吾道，乾坤寄此亭。學惟師稼圃，衰不蓄参苓。觀化心常靜，忘形契自冥。閒看雙白鳥，安穩睡前汀。

七

埜老生涯細，幽居世事違。牽蘿苴鶴柵，移石帖漁磯。客至逃深竹，雲來共短扉。惟應抱甕者，真懶不相非。

八

遠峯寫翠長，分靄到匡床。護柳延鶯坐，減餐與鶴糧。茶烟時透塢，花氣每侵堂。若問安心處，無何別有鄉。

九

七十古稀老，支離識歲餘。亮無多甲子，重自惜居諸。到手杯中物，冥心教外書。幸然車馬跡，近亦少吾廬。

十

寂寂南塘路，愚公晦跡深。蟹魚候水眼，風雨護花心。杖屨從人狎，松蘿許月臨。時因思橘叟，短策出前林。

十一

交態舊曾見，孤懷老更多。窗虚延爽籟，架密引垂蘿。鑿坏恒遁跡，曳履自高歌。也知乖世法，性癖可如何。

十二

近知逸老策，生事不全虚。鞅掌庚桑使，橐駞種樹書。藥苗時共灌，菜甲或躬鋤。寧學江潭客，狐疑問卜居。

十三

一區楊子宅，百尺元龍樓。水緑東西崦，禾青遠近疇。浩吟隨處得，半偈荅僧求。細閲浮生理，何事不虚舟。

十四

寂寞從吾好，乾坤贅此翁。蒲團清夜後，蘭枻碧湖東。卜夏心寧戰，君平世不同。大哉元化裏，通達本無窮。

十五

丘壑才心是，風霜短髮知。杖藜隨物色，掃石坐支離。五葉禪宗譜，一竿釣客絲。餘生渾不惡，眞自託明時。

十六

自審用非適，相謀道不同。江湖寛百慮，宇宙伏諸公。浄挂脩篁月，香傳晚稻風。無嫌土室陋，殊稱祝雞翁。

十七

屏迹雖云遠，會心亦不稀。藜床穿可坐，鍜竈煐堪依。暮渚寒烟重，霜林返照微。交情澹自好，深哂署門非。

十八

深心良有託，拙計豈無涯。陶徑三秋菊，邵園五色瓜。埜冠裁竹籜，春酒釀松花。况復西山爽，儘供閲歲華。

十九

何地不堪老，無名豈待藏。睌梳從白髮，閲世付黄粱。嬾發嵇公嘯，深嫌楚客狂。此身難自擬，秖合問空王。

二十

有客譚丹訣，吾心殊不然。蟪蛄差晦朔，脈望幾神仙。琥珀入杯艷，銀絲睌筯鮮。幾時受享盡，消息任餘年。

廿一

半榻跏趺地，悠然幽事深。氛氳通鼻觀，清雅樂梵音。杖錫雲兼水，麈譚遠與林。試看栖樹鳥，皆有出塵心。

廿二

鏡湖千頃水，巢父一枝亭。簡易删僮約，深潛味道經。鷗朋輕泛泛，風御善泠泠。何似東華道，軟紅作晝暝。

廿三

晚悟龍虵理，戢身得勝圖。啣杯頻樂聖，署谷合名愚。椎布野人婦，披裘隱者徒。縱餘戀闕意，未敢負江湖。

廿四

小閣面蒼陂，翛然獨坐時。漁歌聯欸廼，祖意斷思維。溪鳥情多暇，山花發不遲。此中眞況味，容易豈相知。

廿五

爲多方外意，終戚坐雲嵓。禪譜融能秀，空居泯聖凡。一丘深霧樹，千頃過風帆。頗覺杜機盡，眞堪走季咸。

廿六

婚稼稽遊岳，浮名誤學仙。聊尋畊鑿侶，共結耰鋤緣。東作西成外，和風甘雨前。閒情無別挂，沮溺信爲賢。

廿七

敢言長者布，取適老夫潛。月駛頻移榻，風輕懶卷簾。觀心求日損，痛飲恐年淹。漸喜名韁斷，餘生比蔗甜。

廿八

數椽方外室，百頃鏡中潭。日月催年矢，烟霞秘石龕。啣蘆冥自去，巢壘語還喃。何限西來意，隨緣即可叅。

廿九

幽人何所侶，鶴埜與雲孤。獨往興難盡，忘懷病易蘇。鳴絃和澗水，引酌倚庭梧。莫歎吾生晚，林皐有夏虞。

三十

千峰當檻出，一水及村連。梆葉蘆花岸，微風細雨天。賦詩從落韵，顛酒未妨禪。寂寂東皐上，三商客尚眠。

卅一

畏人兖每塞，觀我照常還。隨筆多高士，微吟半小山。老松看偃蹇，秋壑聽潺湲。歷亂蔣生逕，蒿深不可删。

三十二

何事幽栖慣，稱心非一端。詩多高枕得，禮向埜田寛。晴雨易爲適，憂虞少所干。斜陽漁網集，相約出前灘。

三十三

丘中多勝賞，吾道未云窮。驢熟看梅雪，槎輕犯斗風。世緣從失馬，心事託飛鴻。不淺滄洲興，始願今所終。

三十四

卜築依初地，率真稱老農。送迎仍梁柳，蔬草欵林宗。趣愜欣孤往，譚閒信偶逢。悠然深省處，暮鼓與晨鐘。

三十五

問我山居事，瀟踈無可論。聽鸝時出谷，尋水屢窮源。苛禮謝纓冕，清觴集弟昆。差賢霧雨裏，空憶少游言。

三十六

野客日多暇，川齋境不譁。糸拈無義語，種揀易開花。戢景師藏蟄，争心息戰蝸。年來知苟簡，味況故應賒。

三十七

白業慕開士，見身媿宰官。上方涵月浄，清磬帶霜寒。有法眞爲謗，無心不待安。未知從此去，尙費幾蒲團。

三十八

萬事一身老，百年雙鬢穐。醉鄉非有託，杞國漫多憂。樵斧朝諳徑，漁舠暮穩流。不須方外去，已愜采眞游。

三十九

宿昔長林性，衰年土木形。顛書恒離帖，善釀頗依經。春草青袍色，秋花白鶴翎。非關學埋照，中散本沈冥。

四十

浩蕩春歸日，登樓闢綺窗。輕烟散遠岫，碧水漾清江。月旦名從損，風騷興未降。聽鸝何所挈，酒斗與柑雙。

四十一

川上驚逝矣，桑者賦閒兮。心不非絳灌，趣常慕阮稽。雲歸文杏舘，桃夾武陵谿。自可安枝穩，誰能媿馬蹄。

四十二

清迥臨流水，因循葺小齋。噐携稱有道，耦集揔無懷。坐隱烏皮几，行吟白鼻騧。静觀萬象理，何事着安排。

四十三

性偏躭荔薜，材詘負艱難。退計從荷蕢，前非媿伐檀。種魚看潑刺，護竹問平安。日暮荒亭上，倦禽滿石欄。

四十四

一丘連町疃，半榻對松筠。定後馴龍性，夢廻醒蝶神。長鑱初納柄，匕首不逢人。聊用伴衰老，劚苓割素鳞。

四十五

風霜催歲晚，離索向蕭齋。柳眼春未放，薤拳雪尚埋。蟲魚箋爾雅，迂恠看齊諧。也知非急務，猶勝醉裙釵。

四十六

蹉跎淹世法，今始謝樊籠。宅隘寛隣寺，農貧託歲豐。濁醪理本妙，山長號仍崇。何事羅浮去，丹砂訪葛洪。

四十七

曳屣步清曉，開扉望遠川。宿雲未出谷，初旭尚籠烟。鴻寳終難效，霜顱不易玄。人生行樂耳，况復乃餘年。

四十八

無客稱珠履，有書號玉栝。身閒頻到寺，月好更登臺。交以素心結，詩因躡韵催。倘然叅白社，或可擬宗雷。

四十九

箕踞松陰下，赤松似可招。水光侵簟冷，山翠隔林遥。心賞時難盡，手譚日易銷。避賢翻得趣，不敢怨彈蕉。

五十

道念閒應長，塵緣老自抛。誦詩欣在澗，觀易玩潛爻。鷦鳥一枝隱，江湖五石匏。因思人世裏，平地有函崤。

五十一

籌幃責已謝，報國事仍稽。幸有兒堪教，寧忘耳屢提。頗憐奢料括，最羨午似奚。莫訝關情甚，他年忝執珪。

五十二

十笏安禪處，離塵一水東。花飛天女雨，旛動塔鈴風。禮足叅螺髻，刳心掃棘蓬。更隨託鉢侶，放箸飽葵菘。

五十三

維摩示疾日，問疾有文殊。今我據梧几，與誰撥芋爐。久叅夢幻理，漸識形骸踈。惜哉無生話，未易語婦孥。

五十四

結客寧須少，爲詩不擬騷。蓮洲浄可挹，槐葉冷堪淘。枕簟中林僻，蠏螯右手操。道民名自好，天意逸吾曹。

五十五

斗室經營簡，梯樓眺望遥。微香通曲檻，遠翠隔滄潮。茗罷風生肘，吟成月度橋。松聲襍澗籟，仿彿玉人簫。

五十六

取欣惟得性，作苦出多營。環堵安原憲，一裘老晏嬰。滑泥似有戒，布穀自呼名。千載柴桑叟，悠然獲我情。

五十七

性癖宜荒野，居幽傍化城。飯牛尋草暝，洗鶴喜池清。隱矣情多暇，偶然句易成。非關窮阨後，著作効虞卿。

五十八

畸人無外事，枯木倚寒巖。脯菜儲僧供，攤書喜道函。佛花從爛熳，窗草不除芟。剩有看梅興，未嫌雪滿衫。

五十九

此子置丘壑，曠懷脱轡啣。鳥群似二仲，書癖比酸鹹。花落從風掃，徑荒任雪緘。夜來清唄動，幽響滿松杉。

六十

易識行藏理，難將吏隱兼。擷芳循小圃，刋樹葺幽簷。游趑身能健，詩驅筆尚尖。華君去已久，與誰乞青黏。

六十一

林壑饒清賞，多收豈礙廉。糸禪師玉版，對坐叟蒼髯。時熟園中果，行沽埜外帘。遺兒亦不少，紅緑滿牙籤。

六十二

少伯吞吴後，脱身烟水中。計然餘伎倆，越女買英雄。今我扁舟泛，偶將少伯同。沿洄如有得，水月本無窮。

六十三

虚白埜人室，蕭疏雲水間。息交稀下榻，抱石屢支關。醫欲通三折，藥難轉九還。幸餘尊酒在，採藥見南山。

六十四

高閣人天外，眞糸最上層。遊絲颺更挂，鬭雀啅還騰。未化成龍杖，終枯倚樹滕。年來罷轉語，不擬續傳燈。

六十五

塊處原吾癖，遲廻直至今。種山豆一頃，捨宅寺雙林。過客從針芥，名兒取嘿沈。駐顔亦小事，豈必鑄黄金。

六十六

漸識此身妄，深悲世法膠。鳩居安舊拙，烏集謝新交。螢火侵書幌，鯈魚狎坐茅。酣歌聊自適，玄白任人嘲。

六十七

死心饒活計，晚節謝天弢。杜頰欣山爽，負鋤趂土膏。劍從埋斗氣，弓任失烏號。曉起聞啼鳥，東飛劇伯勞。

六十八

隱几當清夏，薫風時一過。心常師北叟，夢不到南柯。蓬水清頻淺，壺觴旨且多。年來多詠史，不擬詠荆軻。

六十九

臯壤無營地，虚空不住心。湖光天外曉，春色椕中深。草展承趺具，鸝爲砭耳音。奚囊渾漫興，無意重雞林。

七十

闌風兼伏雨，狼籍出門多。德鳥是山鷓，藏身學海蠡。泥因霑濕墮，鶴屢索糧過。知匪私貧我，休酣斫地歌。

七十一

蒼狗乍多態，冰壺浄不波。人寛因在澗，鳥悦與時和。浄理惟觀壁，餘生且首禾。百年從易換，寧擬遁蜂窠。

七十二

老識生涯易，閒知樂事饒。倦憑南郭几，遊許濠梁招。短策資身健，爛蒸輔齒揺。未諳鸃鶵意，難可讀逍遥。

七十三

登樓聊騁望，對酒停孤斟。夕陽斜度嶺，歸鴉散繞林。撫心安小隱，極目惜層陰。不淺江湖意，遥遥北斗深。

七十四

埜水秋臨岸，遥山晚吐霞。忘機無駭鳥，聽法有拈花。日月壺中永，風烟望外賖。才知拔宅理，平地即仙家。

七十五

秪作披衣慣，嬾將藥裹探。醫難逢國手，病好試眞叅。久禱師足父，無生契老曇。安身何處所，秋月在寒潭。

七十六

世情踈嬾後，谷口水雲鄉。巾履僧供浄，旃檀佛日香。息深超藴眄，藥喜傍空王。借問毘耶室，何如碎錦坊。

七十七

百囀催春曙，林烟散旭初。安排挂錢杖，懶著覆瓿書。篆壁蝸涎潤，印苔鶴跡踈。巾懷無繫處，夢覺揔于徐

七十八

溪亭薄暮望，蕭瑟見蘆洲。葉落風仍緊，烟深雨未收。石慙鍊五色，計拙護千秋。秪合招漁叟，滄浪老釣舟。

七十九

有客譚朝報，側聞壍輟畊。虛懷同止輦，博議集羣英。斥堠遥遮虜，受降屢築城。餘生亦何幸，行睹太堦平。

八十

曲徑紆溝洫，空山少軼蹄。霧深宜隱豹，窗曉有譚雞。竹秀舍風塢，蔬青過雨畦。花茵香未歇，未忍踏成泥。

八十一

田叟烟霞痼，龐公城市踈。禮常忘慶弔，力每食耕鋤。歲月穮成後，牛羊夕下餘。樵歌與梵響，颯沓滿吾廬。

八十二

容刹非無地，稱心亦有亭。秋潭寒更碧，遠岫晚逾青。蟻國餘殘夢，雞鐺冷舊盟。最憐鷗鷺伴，日日欵柴荆。

八十三

蕭蕭溪雨過，策策松風鳴。寒燠山中曆，栞尊世外情。虚舟原不係，大道本無名。卻笑纘皃者，營營何所成。

八十四

花繁深闘塢，水細曲通池。斐亹名難辨，從容樂可知。移尊頻選勝，卽事遂多詩。無限闘情處，斜陽獨去時。

八十五

物態多經閲，蓬心頗耨耘。馬蹄堪自放，鶴背秖虚聞。一笠山中雨，扁舟水上雲。皃鷗無管束，飛集故紛紛。

八十六

地肺終難遇，天公不可箋。鷲鉼尋出路，狐窟拔生緣。樓逈寒烟外，燈懸古佛前。孤懷誰與語，素月滿平川。

八十七

臨湖堪學稼，編竹卽爲籬。用物無奢願，資身秖任時。受薰南牖下，負雪北堂垂。裘馬五陵少，翩翩非所期。

八十八

惰僻偕年甚，生涯與世違。紙窮收柹葉，膏減借螢輝。夜雨蒹葭浦，秋風薜荔帷。最憐松菊在，白盞猶堪揮。

八十九

携此杯中物，共看霜後花。黄金團正色，白璧浄纖瑕。臭味元孤賞，風騷況一家。夜分猶秉燭，水月亦交加。

九十

久被樊籠累，及茲心跡幽。乾坤寬放鶴，沙渚静盟鷗。垂釣月邊島，攤書水上樓。衰年難少酒，外此更無求。

九十一

為愛村居好，琹尊歲每淹。煩囂輿市遠，山水出門兼。園果因時餽，河魚取價廉。物情幸自慰，於汝或無嫌。

九十二

清曉鳥聲喧，書聲亦满軒。老夫慵未起，静聽喜堪言。明世躭家食，幽人負國恩。以玆望爾輩，努力達詞源。

九十三

宴居念今昔，誰寄復誰眞。岸幘長松下，垂綸碧水濱。先期輸國税，平等與時人。最憐稽叔夜，龍性不能馴。

九十四

夾岸桃花落，飄飄水面浮。不愁逐逝水，秪恐引漁舟。雞犬山中静，桑麻世外謀。若看避秦者，幾爲俗所求。

九十五

削迹安禪處，鳩山有鴈堂。齋心翻貝葉，晞髮向扶桑。半倡烟霞秘，全潮日夜蒼。拈來無味語，題滿賛公房。

九十六

底事幽栖室，螺房曲曲餘。裁因面勢割，意與世人疎。掃石開詩卷，然燈讀道書。更拚松竹隙，小築貯清虚。

九十七

小閣清池上，蒼松護石關。池堪洗白幘，松解老青山。天象虚箕斗，物情競觸蠻。殷勤鏡水月，長照埜人閒。

九十八

蘿深宜結幄，水淺好繫舟。生計傍魚鳥，道心泯忮求。酒能銷壘塊，閒似益春秋。何事杜陵老，驚人語乃休。

九十九

窶子官仍窶，狂夫老更狂。囊空無鑰鐍，紙費任雌黄。恰好住山野，虚疑到道場。莫言知我少，自審亦荒唐。

一百

老來幸少事，把筆學題謳。但取存情性，都删給應酬。推敲慙浪島，眞率擬江州。録以寄吾友，問堪覆瓿不。（《白毫菴》内篇卷二，《四庫禁燬書叢刊》影印明崇禎間刻本）

智按：張瑞圖，字無畫、長公，號二水、白毫庵主人、白毫庵道者、果亭山人、芥子居士、果亭、平等山人、白毫庵居士，福建泉州晋江人。萬曆三十五年（一六〇七）進士，殿試第三，官禮部尚書兼東閣大學士，張爲魏忠賢所賞，故其柄政多迎合忠賢。天啟六年（一六二六）杭州西湖建魏忠賢生祠，碑文爲其手書。天啟七年（一六二七）兼吏部尚書，詔加少師兼太子太師，進中極殿大學士。崇禎元年（一六二八）入逆案坐徙，贖爲民。善畫山水，法黄公望，骨格蒼勁，點染清逸，用筆近似王鐸。亦工佛像，書法奇逸，與邢侗、米萬鍾、董其昌齊名，爲明末四大書法家。

徐𤊹（一五七〇～一六四二）

《徐震伯載酒招同黄元樞飲浮石》

浮石在衢州城外，白樂天詩云：「浮石潭邊停五馬」，即此。

一拳浮石卓溪南，四面蒼山鎖夕嵐。秋橘綴林蒸霧熟，晚楓沿岸醉霜酣。牧童跨犢歸平坂，釣史圍魚集暮潭。今古幾人來洗酌，滿衣凉氣水烟涵。（《鼇峰集》卷十七七言律詩，《續修四庫全書》影印明天啟五年南居益刻本，第一三八一册，第三一三頁）

《陳惟秦高景倩鄭孟麟過小齋看二月菊諸君有詩見貽效長慶體答之》

春風已過二三月，秋菊猶存一兩枝。苞笑桃花紅爛熳，葉隨楊柳緑參差。金釵少婦凝粧晚，黄裏佳人出户遲。野菜開時渾不異，誤飛雙蝶到東籬。（《鼇峰集》卷十七七言律詩，《續修四庫全書》影印明天啟五年南居益刻本，

第一三八一册，第三〇七頁）

《清明日約叔度惟秦景倩再上鄰霄臺觀石刻值風雨連日兀坐小齋有作效長慶》

相期重到烏山頂，掃石摩崖覓古鐫。風雨不休虛節序，陰晴難料是春天。往來竹徑穿雙屐，寂寞松窗手一編。茶熟自斟還自酌，閑時吟咏倦時眠。（《鼇峰集》卷十七七言律詩，《續修四庫全書》影印明天啟五年南居益刻本，第一三八一册，第三〇七頁）

《減字木蘭花》

吳航異品，賜浴金盆冰骨冷。紫袷羅襦。絕色輕盈未易圖。　忠州白傅，枉把朱顏描竹素。沛國崇龜，益浪揮毫寫玉肌。（《御定佩文齋廣羣芳譜》卷六十三；《古今圖書集成》草木典第二百七十七卷荔枝部藝文三第四頁）

《徐氏筆精》

⊙柿蒂綾

杭州古有柿蒂綾。白樂天《杭州春望》詩云：「紅袖織綾誇柿蒂。」元張翥詩云：「為織春袍柿蒂綾。」樂天自注云：「柿蒂花者尤佳。」施肩吾詩云：「朝織葡萄綾。」不知出何地。（《四庫全書》本《徐氏筆精》卷三）

⊙在官種樹

柳子厚貶柳州，《種木槲花》詩云：「上苑年年占物華，飄零今日在天涯。衹因長作龍城守，剩種庭前木槲花。」白樂天守忠州，《種荔支》詩云：「紅顆珍珠誠可羡，白鬚太守亦何癡。十年結子知誰在？自向庭前種荔支。」程師孟守福州，《種榕樹》詩云：「三樓相望枕城隅，臨去頻栽木萬株。試問國人來往處，不知還憶使君無？」柳詩近怨，白詩近達，程詩近誇。（《四庫全書》本《徐氏筆精》卷四）

⊙咏草

白樂天咏草云：「野火燒不盡，春風吹又生。」已傳播今昔矣。又唐僧云：「時平生戰地。農惰入春田。」又元楊基云：「六朝舊恨斜陽外，南浦新愁細雨中。」風調情境俱不在樂天之下，唐僧句見《山谷集》，或云是蔡襄詩。非也。（《四庫全書》本《徐氏筆精》卷四）

⊙詩讖不然

白樂天十八歲時，作絶句云：「久為勞生事，不學攝生道。少年已多病，此身豈堪老。」然白公壽至七十五。（《四庫全書》本《徐氏筆精》卷五）

⊙善才

元和中，曹保之有子善才，孫曹綱，俱善彈琵琶有名。白樂天《琵琶行》云：「曲罷曾令善才伏。」用當時事也。（《四庫全書》本《徐氏筆精》卷五）

⊙樂天賣田宅

白樂天有詩云：「先賣南坊十畝園，次賣東郭五畝田。然後兼賣所居宅，彷彿獲緡二三千。吾今年紀七十一，眼昏鬚白頭風眩。但恐此錢用不盡，即先朝露歸夜泉。」此語可為老人求富者之鍼砭也。（《四庫全書》本《徐氏筆精》卷五）

⊙朱陳村

朱陳村事，見白樂天詩。按《徐州志》亦不詳所在。東坡《題朱陳嫁娶圖》云：「何年顧陸丹青手，畫作朱陳嫁娶圖。聞道一村惟兩姓，不將門户買崔盧。」又云：「我是朱陳舊使君，勸農曾入杏花村。而今風物那堪畫，縣吏催錢夜打門。」二詩切中時弊，予喜誦之。（《四庫全書》本《徐氏筆精》卷五）

⊙李杜子孫

盛唐詩人莫過李杜，其子皆早夭，至孫、曾則泯然矣。晚唐詩人莫過元白，又皆無嗣。惟韓退之子昶、孫綰衮，俱登進士，蟬聯金紫。天之報施，誠不可知！（《四庫全書》本《徐氏筆精》卷七）

⊙文士好奇

唐劉蜕取生平所為文千一百八十紙起塚以封之，自作銘曰：「文乎文乎，其鬼神乎？風水惟貞，將利其子孫乎？」白居易寫生平所為詩四部，置諸四大藏經中，與寺僧約曰：「不出院門，不借官客。有好事者，任就觀之。」唐求詩成，置之木瓢，任流江中，識者得之曰，此唐山人詩瓢也。陸龜蒙以平日詩文稿藏之像設腹中，至宋咸淳中，里人醉仆其像，腹稿始傳。南齊褚澄著遺書十卷，刻石納之墓中，後羣盜發墓得蕭廣父子釋義以傳。古人藏文各創獨見，不相師襲。……（《四庫全書》本《徐氏筆精》卷七）

⊙香山飲酒

白香山喜飲酒，每飲酒必賦詩。集中飲酒詩九百首，今人無香山之詩，沉冥麯蘖，只可目為酒囊，非真能飲酒者也。（《四庫全書》本《徐氏筆精》卷七）

⊙樂天詩友

白香山詩，與元微之倡和，什有六七。元白齊名，微之為樂天作詩序，手自排纂，成五十卷，不可謂不密矣。乃樂天作《醉吟先生傳》，云：「與嵩山僧如滿為空門友，平泉客韋楚為山水友，彭城劉夢得為詩友，安定皇甫朗之為酒友。」獨不及微之，誠不可解。（《四庫全書》本《徐氏筆精》卷七）

⊙元微之

元白雖齊名，而微之品格不逮樂天遠甚。微之少通崔鶯鶯，作《會真記》暴其事。既通籍，又夤緣宦官得知制誥，為武儒衡鄙厭，恬不知怪。文人無行，殆斯人與？（《四庫全書》本《徐氏筆精》卷七）

⊙枸杞

枸杞，《續仙傳》朱孺子見二犬入杞叢下，異之。乃尋掘，得二杞，根形如犬，故名狗杞。杜子美以狗杞對雞栖，白樂天詩云：「不知靈藥根成狗，怪得時聞夜吠聲。」後世方書皆曰枸杞，誤也。（《四庫全書》本《徐氏筆精》卷八）

《紅雨樓題跋》

⊙《龍筋鳳髓判》

張鷟，字文成，唐調露中進士，自號浮休子。唐史稱其早慧絶倫，以文章瑞朝廷，屬文筆下輒成。唐以書判拔萃科選士，此書自省寺臺監百司下及州縣類事屬辭，凡一百首。蓋待選預備之具也。鷟，為張薦之祖，事見薦傳，所著書有《朝野僉載》、《龍筋鳳髓判》。洪景盧謂《僉載》紀事瑣尾摘裂，且多媟語，《百判》純是當時文格，全類排體，但知堆垜故事，而於蔽罪議法處，不能深切，無一篇可讀，一聯可采，如白樂天《甲乙判》，則讀之愈多，使人不厭也。愚謂此書全重詞藻駢麗，故實飽滿，不重蔽罪議法，蓋判與律不同。如容齋之論，則律也，非判也。因考其事迹，漫題於後。萬曆丙午初

秋二日，書於金陵曹能始户部公署。(《紅雨樓題跋》卷下，《續修四庫全書》影印清嘉慶三年刻本)

智按：徐𤊹，初字惟起，更字興公，閩縣（今福建福州）人。與兄熥俱擅才名。博學工文，善草隸書，詩歌婉麗，萬曆間，與曹學佺狎，主閩中詩壇，性嗜古家，多藏書，聚書數萬卷，竝手自丹黃，以博洽名一時，竟終於布衣。《明史·文苑傳》附見《鄭善夫傳》中，稱「閩中詩文自林鴻、高棅後，閲百餘年，鄭善夫繼之。迨萬曆中年，曹學佺、徐𤊹輩繼起，謝肇淛、鄧原岳和之，風雅復振。」有《徐氏筆精》、《榕陰新檢》、《紅雨樓集》。生卒年據陳慶元《明代作家徐𤊹生卒年詳考——兼談作家生卒年考證方法》(《文學遺産》二〇一一年第二期)。

李安訥（一五七一～一六三七）

《辛亥元日》

鷄聲戒朔初號丑（白樂天詩：黄鷄催曉丑時鳴），斗柄占時已指寅。世路曾無一知己，身年忽復五逢辛（余生辛未）。吉城曉柝春承亥（己亥守歲吉州），萊館寒燈臘謝申（戊申，守歲東萊）。十載轉蓬嗟客子，千官鳴玉賀昌辰。(《東岳先生集》卷九潭州録，《韓國文集叢刊》本)

《十月十七日，宿尼山縣，戲書壁上，反白樂天太半主人非之句》

冬日南中路，春風北上身。所經皆舊店，一一主人親。(《東岳先生集》卷十錦溪録，《韓國文集叢刊》本)

《效白樂天》

昔我居漢京，汩沒心如酲。朝見流俗態，多聞囂塵聲。出亦非吾往，入亦非吾止。哭亦非吾哀，笑亦非吾喜。今我來錦城，寂寞心自醒。坐對山嵬嵬，臥聽水泠泠。春若日益長，夏若風益涼。冬若雪益白，秋若菊益黄。大隱隱朝市，朝市形迹卑。小隱隱陵藪，陵藪生事微。不及簪組身，仍作雲林客。簪組有官俸，雲林無吏役。此之謂中隱，俯仰得其宜。寄言白太傅，誰羨留同時。(《東岳先生集》卷十錦溪録，《韓國文集叢刊》本)

《壽詞二首，寄上五峯相公》（二首其一）

家世中朝第一人，（公之先世，中朝人也。）東來紫氣叶昌辰。詞華鸚鵡風騷主，功業麒麟社稷臣。康節政吟歡喜日，（邵康節《歡喜吟》：「行年六十一，筋骸無甚衰。」）樂天方悟退閑身。（白樂天詩：「我今悟已晚，六十方退閑。」）如今甲子從頭起，直過冥靈五百春。（《東岳先生集》卷十錦溪録，《韓國文集叢刊》本）

《玉山獨樂堂，次李佐郎　見贈韻》

遠尋眞境仰高風，嶽峙川渟地勢雄。天挺政同前邵子，（康節，生於祥符辛亥。先生，生於弘治辛亥。）道源仍作後濂翁。（濂溪，以熙寧癸丑卒。先生，以嘉靖癸丑卒。）詩書軌範干戈外，（壬辰、丁酉海賊兵火，不及玉山。）草木輝光杖屨中。六十八年如一日，定知遺澤未終窮。（先生嘉靖丁未，竄謫，迄今甲寅六十八年。）愛君儒雅紹家風，曾占詞場第一雄。（君以《四書疑》擢生員初試第一名，中覆試二等。）古貌清如溧陽尉，剛腸直似杜陵翁。緋魚水部新員外，驄馬霜臺舊殿中。不怕罷官眞壯節，詠歸誰效哭途窮。弱歲詞壇繼國風，甘泉不復數揚雄。六州剖竹非循吏，雙鬢垂蓬作老翁。韋語匡詩廊廟上，馬書班史紲縲中。樂天有誨吾安分，縱未爲通亦未窮。（白樂天《自誨》詩云：「汝今年已四十四。」吾今四十四歲，故云。）（《東岳先生集》卷十一月城録，《韓國文集叢刊》本）

《壬戌七月既望，海浦舟中，集蘇東坡〈前赤壁賦〉字，七言近體十四首，五言近體二十首，七言絶句二十首，五言絶句五十首，共一百四首》（選七言近體六首）

藉甚蘇仚赤壁遊，滄江一葉駕扁舟。歌懷酒興凌天地，水色山光接斗牛。七月如今又壬戌，千秋相望共風流。坐中亦有吹簫客，白露横空萬壑幽。

東海之西西海東，海山盤鬱一何雄。登登絶壑臨天上，泛泛孤舟遡月中。莫問蘇仙與赤壁，須知壬戌共秋風。匏尊相屬歌相和，清興於今更不窮。

獨坐無憑消客懷，登臨於此且徘徊。盈盈白月山間出，嫋嫋清風海上來。江水東流人萬里，長安西望酒千杯。洞簫吹破聲如怨，天地蒼茫更自哀。

我是東方白樂天，風襟如一世相千。則知空洞明秋月，不用登臨怨逝川。

縱飲獨能淩造化，浩歌何可慕飛仙。此生詩酒長爲友，江海遨遊得自然。

明主何知孟浩然，世人皆笑酒中仙。蒼山鬱鬱横盤地，白水茫茫上接天。江海今爲獨樂者，魚蝦可與此終焉。登舟更有能詩侶，坐和漁歌共扣舷。

洗耳滄波絶是非，長歌出洞更登危。飄飄不用相如賦，鬱鬱何須子美詩。一枕清風天所與，萬山明月世相遺。坐觀魚樂幽人興，獨有漁郎水客知。（《東岳先生集》卷二十四集字體，《韓國文集叢刊》本）

智按：李安訥，字子敏，號東岳先生。有《東岳先生集》。

陶奭齡（一五七一～一六四〇）

《讀樂天詩》

偶讀長慶集，如卜香山隣。詩靡鈎棘句，胸無柴棘人。隨行有樂事，落紙皆天眞。□才從禄仕，防滿卽引身。豈不營第宅，適意不求珍。笙歌但諧耳，杯酌詎離脣。臨老病風卧，駱嘶楊枝嚬。麾手命之去，不以傷吾神。達生苟如此，曠古鮮其倫。余曾百遍讀，一讀一回新。三年困簿領，隔絕不暇陳。及此一開衷，如訪故情親。終期抱方册，湖山安隱淪。（《今是堂集》卷八詩，《續修四庫全書》影印明崇禎刻本）

《和樂天耳順吟次原韻》

游魚瀲瀲鈎餌牽，古樹離離野蔓纏。少日狂癡老拘縛，何時暫得心超然。身爲彭澤長官後，心到香山居士前。口銜落鑿不在酒，膝横綠綺寧安絃。悠悠已及耳順歲，忽忽遂成耳順篇。逝將從此棄雞肋，營宅鏡上安餘年。（《今是堂集》卷八詩，《續修四庫全書》影印明崇禎刻本）

《閒情亦擬歸作》

老夫一生只平澹，亦不稱聱不呼漫。拄杖時過脩竹隣，釣絲長映垂楊岸。門前日日來親朋，迎送都忘豈厭憎。醉唫閒對白少傅，禪誦偶隨王右丞。桃花水漲蒲芽淺，麥秀寒輕蕉葉展。倚著清和養病身，生憎畾畾羞衰眼。勑斷家事勿相關，頗哀老子令游盤。喚取閒鳧翼雙棹，朝飛暮集清溪灣。（《今是

堂集》卷八詩，《續修四庫全書》影印明崇禎刻本）

《和述飲十首》（有序）

舉世無不飲酒者，中間可與飲幾人，可不與飲幾人，不可不與飲復幾人。如吾家淵明、王無功、白樂天、邵堯夫，不可不與飲者也。昔人有言：惟公榮可不與飲酒，是其人亦未易多得。至於可與飲酒，則吾朋儕中若徐伯鷹，蓋庶幾焉。讀其所作述飲十篇，不覺手爲之抃，遂和之，意所尚同異，不足較也。

酒能令人嗔，亦能令人悲。能令語諄復，亦令舞僛僛。醒者或怪怒，併爲儀杜疑。二子亦何辠，但自飲者非。入此太虛釜，百慮忽已微。當嗔而更笑，當悲乃熙怡。談言一何旨，舞中抑抑儀。昔言中聖人，聖固不可知。日暮更炳燭，相邀歡其醨。

其二

荆卿神勇人，怒而色不變。飲者亦有然，相對已忘辯。徐徐壺觴傾，稍稍塵慮遠。青蘿緣寒松，意固靡陵援。白雲亦何期，自向空中散。中懷與之然，佳趣政不淺。

其三

鼓琹忘成虧，横膝不置絃。能知酒中趣，空觴亦陶然。陸魚強煦沫，何似潛深淵。誰將激西江，斗升或舍旃。安能潤涓滴，吾自泳吾天。

其四

古來推名飲，豈論飲少多。一釂解塵累，重觴生微和。三酌復四酌，竟已歸無何。所以香山老，朝有獨醉歌。所以安樂翁，長時口唫哦。渴羌亦何爲，飲如吸鯨波。麴蘖乃徒費，中懷尚嵳峩。

其五

世賢矜獨醒，既醒思彌抽。誰能進吾愶，杯中有黄流。但恐酒力微，醉鄉難久留。洗盞且更酌，對此時物遒。陸沉於濁世，何地更埋愁。

其六

鴟夷笑夫瓶，瓶亦笑鴟夷。二者更相笑，居世當從誰。鴟夷托後車，瓶居井之湄。鴟夷酒滿腹，瓶但含水滋。鴟夷幸自全，瓶爲井所羸。一如西山叟，一如魯士師。裸裎不吾浼，顩頗空何為。九京如可作，柳下與同歸。

其七

下惠聖之和，伯夷聖之清。麴生無不可，用以集其成。兀兀已齊物，騰騰眞養生。浮生□□耳，庶彙多強名。不因既醉□，何以返□眞。擾擾世□□，喜懼何時平。

其八

至人心無繫，於物或寓旃。瞿曇寓於假，柱下寓於玄。帝王寓治術，儒者寓簡編。輪扁寓斲輪，痀瘻寓承蜩。淵明寓壺觴，所趣蓋均焉。強名曰大道，浸假合自然。吾生復何寓，寓與不寓間。誰言墮車人，徒以酒自全。

其九

淳于滑稽雄，每以外樂内。燭滅履舃交，一石始成醉。彼於執法前，或未忘惴惴。竹林沈冥客，懷抱猶芥蔕。如何歡興中，俗物敗人意。吾心如虛空，浩蕩靡涯際。雅俗固一倫，貴賤乃同位。所以隨所如，頽然得眞味。

其十

西施洗粉黛，衆女讓其眞。吾生自天全，焉能效他顰。世賢倚冠蓋，如塗被丹青。丹青一以謝，亦復可憐生。放眼視雲漢，引杯濡吾脣。相將入裸國，何物名公卿。（《今是堂集》卷十詩，《續修四庫全書》影印明崇禎刻本）

智按：陶奭齡，字君奭，號石梁，又號小柴桑老，會稽（今浙江紹興）人，與兄陶望齡（一五六二～一六〇九）自相師友，學者稱二陶。萬曆三十一年（一六〇三）癸卯舉於鄉，授吳寧學博，遷肇慶推官，遂不起。與劉宗周講學陽明祠，曰證人會。宗周赴召，奭齡致書曰：「願先生安其身而後動，易其心而後語。俾天下實受其福，若矜名節如雕鶚横秋，此小臣之所為，非大臣事也。」將歿之夕，猶講《衛風》一章，端然而逝。有《小柴桑喃喃録》。

沈守正（一五七二～一六二三）

《雲娘行》（并叙）

予友沈千秋作《花譜》，以郝雲娘爲冠。評曰：不知秋色落誰家。又曰：粗服亂頭亦好。予見而慕之，復聞朱公朗述其艷美軼事，益令色飛，傳已從人，自分此生緣斷矣。丙辰下第留都下，意緒甚惡，一日于友人坐見之，標格采韵，果出人外。予方侘傺，察其意，亦似有所傷屬，有所礙不能陳叙，然兩意已大解，臨别時，斗酒相勞，若遠若近，意更凄緊，長途冰雪籃輿中，重理前緒，感其意，作《雲娘行》以報謝之。或規予不當作，予笑曰：昔白香山左遷江州司馬，尚不廢《琵琶行》，彼在仕籍猶若此，予何爲者？况未之東海，亦何傷哉！第不可使不及情者知之，如千秋、公朗，必不可不使知也。

沈郎花譜近十年，雲娘傾國人人傳。每恨聞聲不見面，無人爲結三生緣。今年留滯在京都，都下美人多如荼。褰帷瞥見雲娘在，喜動顔色光榮殊。蕭蕭疏柳直風前，皦皦孤鶴唳重玄。林下風流瑶閬骨，肯與妖邪爭愛憐。謀歡正劇忽欷戲，知子胸懷不暫舒。似感故交零落盡，眼前香粉空相與。我方坎壈重太息，睹子肝腸增逼仄。憶昔十五入詞場，烟飛紙落不可當。紛紛餘子何足道，彼其當年耻雁行。流光荏苒廿餘載，憂患經多容鬢改。空留七尺自昂藏，難使雞群不盡駭。以此傷懷各自思，半面纔通如舊知。何圖座上風波阻，脉脉相看不得語。臨岐把酒儼向人，轉復無言但酸楚。人生會合自有神，何必薦枕始成親。子尚風塵予浪迹，朱顔須慎百年身。他時若得重相見，應費青衫作淚巾。（《雪堂集》卷一，《四庫禁毁書叢刊》影印明崇禎間沈尤含等刻本）

智按：沈守正，字允中，號無回，錢塘（今浙江杭州）人。萬曆三十一年（一六〇三）癸卯舉人。官國子監博士。生有秀表，高才博學，詩文雋爽，喜爲蘇白體。直指李公按浙時，折柬諮詢，守正益自發舒。所條上諸議，多采擇施行。有《詩經説通》、《四書説叢》。

韓上桂（一五七二～一六四四）

《荔支頌》（并序）

果之美者曰荔支。余友鄧道協所著《通譜》詳矣。往時，閩粤各矜其勝。余謂兹果何必此兩鄉，即瀘戎間，固儼然稱南面孤也。因憶白香山評語，而為之頌。頌曰：

歷稽羣植，疇據奇觀。果推香荔，花侈牡丹。或憎炎熱，或苦凝寒。弗易厥性，惟土是安。牡丹新聞，荔亦晚出。風雅罕傳，騷篇恨逸。迨漢迄唐，二物吐色。丹賞其葩，荔珍其實。余長荒嶠，未審姚黃。撫斯玩斯，特嗜瓊漿。花僅屑玉，果乃稱王。星羅霞布，蓋擁幬張。入掌珠瑩，漬牙雪釋。乍嚼怡神，飽餐資液。香味兼妍，姿顔最惜。櫛比駢聯，充盤映席。種先南海，次數增城。龍牙犀角，瓌瑋咸矜。遥聞陳紫，閩福尤名。一經妃笑，瀘産為輕。扶荔宫崇，側生賦重。吾鄉九齡，雄詞競諷。亦有君謨，譜分伯仲。道協後興，搜羅靡縱。既操令品，載省豪奴。將離旁挺，後勁寧孤。天然作對，白老匪誣。置華旌實，猗歟盛且。……（《四庫全書》本《御定佩文齋廣羣芳譜》卷六十一；《古今圖書集成》草木典第二百七十五卷荔枝部藝文一第一三～一四頁）

智按：韓上桂，字芬男，一字孟郁，號月峯，别署浮天遊子，番禺（今屬廣東廣州）人。萬曆二十二年（一五九四）甲午舉人，兩赴春官，不售。遂放懷詩酒。萬曆四十四年（一六一六），以親老家貧，出任定州學正。有《定州志略》。次年丁母憂去職。天啟末，起南京國子監博士，歷官至建寧府同知，因逗留甯遠餉邊，卒于任所。有《朵雲山房遺稿》等。生平見《大清一統志》卷三百四十、《廣東通志》卷四十五。

安世鳳（一五七三～一六二〇）

《墨林快事》

⊙樂天詩

世傳白《春遊詩》并一札，都為一卷詩。公詩也，字即未必公書，然不入俗惡，對之亦足增高山之仰，存之為疑信之間可也。至于傳太白之詩，字殊穢，甚詞復鄙悖，全無謫仙一分毫宕之氣。其辱古人也，至矣，而盲人亦奉之為日，寔將令易世輕視名賢，深為可恨。且如賀監，以近百之齡，為玄宗所尊礼，翰林躬被知己之惠，待以名窮，乃天讓，乃呼以賀生，謂之年少眼明此荒，作僞小人，敢無忘憚如此，安得其舌而拔之。因書白公詩，附為

一洗。(天啓甲子九月)(《墨林快事》卷六,《四庫全書存目叢書》影印清抄本,第一一八册,第三三六頁)

智按:天啟甲子,天啟四年(一六二四)。安世鳳,字鳳引,河南商邱人。萬曆十一年(一五八三)癸未進士,任戶部主事,臨清鈔關,謫山西解州同知,遷浙江嘉興府通判。有《燕居功課》二十七卷,《墨林快事》十二卷。

馮復京(一五七三~一六二二)

《説詩補遺》

觀元微之《寄樂天序言》,白樂天序洛詩序,何嘗不極聲律,千古自命。當時名傾官禁,價重雞林,可謂詩人之豪矣。今二集俱在,元之敍事鄙俗,白之屬詞草野,皆可吐棄。白猶有《出關路》五絕一首,元《聞樂天左遷》「垂死病中驚坐起」,成何語言!而高、李皆取之邪。《品匯》又取元《田家詞》,只益其醜。《連昌宮辭》王元美以為勝《長恨》。予謂:《長恨》固俗,《連昌》末段諄諄,但作腐儒史論,昏睡耳目。蘇子瞻平生不解詩,獨評白文公云:「樂天善長篇,但體制不高,局於淺切,又不能變風操,故讀而易厭。」此實深知白者,當不減其家老嫗。高新甯本意不取元、白,真卓識也。(卷八,《全明詩話》第五册,第三九五七~三九五八頁;《明詩話全編》第七册,第七三〇八~七三〇九頁)

樂天有諷諫詩,微之、李紳有新樂府,本元和家數,較子美新題紀述時事,才力局勢,相去懸隔,猶閬風垤敦之高下,溟渤蹄涔之淺深也。(卷八,《全明詩話》第五册,第三九五八頁;《明詩話全編》第七册,第七三〇九頁)

唐無五言古詩。中晚蓋(益)以韓、柳、元、白、李賀諸派,道喪聲息。又有如陸龜蒙「妾思冷如簧,時時望君暖」,一種淒急之調,入於哀思者,義同自鄶,可以無譏。各體旁門鬼道,易見者不論,惟有似佳而實不佳者,奪朱亂雅,失道亡羊,不可不辯。大都七言古之易誤人者,在於轉折似遒警而實迫急之態，如張籍《征婦怨》是也；又在於敍事之似贍切而實猥冗之格，如戎昱《彈胡琴》、白居易《琵琶行》是也。……（卷八，《全明詩話》第五册，第三九五九頁；《明詩話全編》第七册，第七三一一頁）

智按：馮復京，字嗣宗，常熟（今屬江蘇）人。祖、父皆潛心著述，自幼秉承家學，布衣終身。有《說詩譜》八卷，《蟭螟集》十四卷，《六家詩名物疏》五十八卷（萬曆三十三年刻本）。生平見錢謙益《馮嗣宗墓誌銘》（《初學集》卷五五）。《說詩補遺》八卷，復旦大學圖書館藏清初抄本，卷末有作者之子馮舒、馮班跋文各一。馮舒天啟三年（一六二三）跋文謂成于萬曆四十八年庚申（一六二〇）。

徐錫祚（一五七三～一六二九）

《春日漫興追和六如先生韻二首》（其二）

少年生事落吳閶，老大何妨轉放狂。白傅堤邊新酒肆，生公石畔舊詞場。攜来雙鬢鵶雛色，舞去單衫鶻腦香。縱有閒吟非澤畔，不勞搔首問巫陽。（《四庫全書》本《御選明詩》卷八十三；《列朝詩集》卷七十八丁集第十三之下）

智按：徐錫祚，一名于祚，一名于，字于王，常熟（今屬江蘇）人。父待聘，舉進士，然於諸徐爲貧，居甲第，突或不烟，君晏如也。酷愛晚唐、宋元詩，多所採輯，輯元詩三千首爲《情綺集》。嘗集唐人詩爲百絕。效李龔作《剪綃集》，以悼歌伎王桂，時艶稱之。錢謙益天啟五年（一六二五）回鄉，徐曾饋贈人參以示慰問。錢謙益作《次韵答徐大于王謝餉參之作》。天啟七年正月十六，錢謙益又有《十六日雨中邀徐于諸人看燈口占代簡》，此外有《次韵徐大于王別後有憶之作》、《再和徐于前韵》、《柳絮詞爲徐于作六首》、《次韵徐于傷故妓詞二首》等詩。後徐于送鶴，並附《贈竹深堂鶴》詩，錢謙益作《代鶴答》詩。崇禎二年己巳，徐錫祚卒，年五十七，錢謙益作《徐于王挽詞二首》。有《夢雨庵集》。

鍾惺（一五七四～一六二四）、
譚元春（一五八六～一六三七）

《詞府靈蛇二集・氣集》

白居易字樂天

被遇憲宗，為當路所忌，遂擯斥，乃放意文酒，自為《醉吟先生傳》。暮節稱香山居士。與狄兼謨等游，人慕之，繪《九老圖》，士人爭傳。雞林行賈，售其國相，率一篇易一金。杜牧謂：纖豔不逞，非莊士雅人所為。流傳人間，子父女母，交口教授，淫言媟語，入人肌骨，不可去。蓋牧所失，不得不云。

《樂天寄元微之書》

文尚矣，蓋才各有文：天之文，三光首之；地之文，五材首之；人之文，六《經》首之。就六《經》而言，《詩》文首之。何者？聖人感人心，而天下和平。感人心者，莫先乎情，莫始乎言，莫切乎聲，莫深乎义。詩者，根情苗言華义。上自聖賢，下至愚騃，微及豚魚，幽及鬼神，群分而氣同，形異而情一，未有聲入而不應，情交而不感者。聖人知其然，因其言，經之以六義；緣其聲，緯之以五音。音有韻，義有類，韻協則言順，言順則聲易入；類舉則情見，情見則感易交。於是乎孕大含深，貫微洞密，上下通而一氣泰，憂樂合而百志熙，五帝三皇所以直道而行，垂拱而理者，持此以為大柄，決此以為大寶也。

樂天自序洛詩：

予歷覽古今歌詩，自風騷之後，蘇李以還，次及鮑謝，迄於李杜輩，其間詞人聞知者累百，詩章流傳者鉅萬。憤憂怨傷之作，通計古今，什八九焉。世所謂文士多數奇，詩人尤命薄，於斯見矣。

元微之序樂天詩：

人之文各有所長，樂天之長，可以為多矣。諷諭之詩長於激，閒適之詩長於遣，感傷之詩長於切，五字律詩，百言而上長於贍；五字、七字，百言而下長於情；賦贊、箴戒之類長於當，碑記、敘事、制誥長於實，啓表、奏狀長於直，書檄、詞策、剖判長於盡。總而言之，不亦多乎哉！

《摭言》曰：

裴晉公夜宴諸〔致〕仕官，樂天有〔詩〕曰：「九燭臺前十二姝，主人留醉任歡娛。」

盧貞曰：

樂天曾賦永豐柳詩曰：「一樹香花（春風）千萬枝，嫩如金色軟於絲。永豐西角荒園裏，盡日無人屬阿誰？」傳入樂府，有詔取兩枝，植於禁苑。

元稹字微之

詩與樂天報（相）埒，天下傳諷，尊「元和體」。與竇鞏酬唱，時號「蘭亭絕唱」。

自序樂府：

《詩》迄於周，《離騷》迄於楚，是後詩之流為二十四名，賦、頌、銘、贊、文、誄、箴、詩、行、詠、吟、題、怨、嘆、章、篇、操、引、謠、謳、歌、曲、詞、調，皆詩人六義之餘。劉補闕云：樂府肇於漢魏。按仲尼學《文王操》，伯牙作《水仙操》，則不於漢魏而後始，亦以明矣。

又《序詩寄樂天》：

……每公私感憤，道義激揚，朋友切磨，古今成敗，日月遷逝，光景舒慘，山川勝勢，風雲氣色，當花對酒，樂罷哀餘，通滯屈伸，悲歡合散，至於疾恙其身，悼懷昔游，凡所對遇異於常者，則欲賦詩。……僕聞上士立德，其次立事，其次立言。凡人急位，其次急利，最下急食。僕天與不厚，既乏全然之德，命與不偶，未遇可為之事，性與不慧，復無垂範之言，兀兀狂癡，行近四十，徼名取位，不過於第八品，而冒憲已六七年。……但恐一旦與急食者相扶而終。……（《全明詩話》第五册，第三九九八～四〇〇〇頁；《明詩話全編》第七册，第七五〇一～七五〇二頁）

智按：參見《吟窗雜録》中華書局影印本，第七四五～七四八頁，第七四八～七五一頁。

《唐詩歸》

⊙王維

譚云：杜妙於李，王妙於孟，劉妙於錢，白妙於元，勿以齊名，遂忘責實也。（《唐詩歸》卷八盛唐三，《續修四庫全書》影印明刻本，第一五八九册，第六一七頁）

⊙杜甫《又觀打魚》

蒼江漁子清晨集，設網提綱萬魚急（鍾云：「急」字盡情，便使人有斷罟之思）。能者操舟疾若風，撑突波濤挺叉入。小魚脱漏不可紀，半死半生猶戢戢（鍾云：七字寫出常才。譚云：每見老杜寫俚事妙處，輙歎白香山無才）。大魚傷損皆垂頭，倔强泥沙有時立（鍾云：前詩騰出，此詩傷損，困頓中屈伸不同，各有一番精神）。東津觀魚已再來，主人罷鱠還傾杯。日暮蛟龍改窟穴（譚云：奇想，然殺機所感，真有此事），山根鱣鮪隨雲雷（鍾云：七字白日欲晦，神道設教，使人畏而不敢殺矣）。干戈兵革鬬未已，鳳凰麒麟安在哉！吾徒胡爲縱此樂，暴殄天物聖所哀。

鍾云：觀獵壯事，觀漁幽事，二詩以壯爲幽，然胷中無一段深心至理，亦説不出。（《唐詩歸》卷二十盛唐十五，《續修四庫全書》影印明刻本，第一五九〇册，第七三頁）

⊙元稹

鍾云：看古人輕快詩，當另察其精神静深處。如微之「秋依静處多」，樂天「清冷由本性，恬淡隨人心」、「曲罷秋夜深」等句，元、白本色，幾無尋處矣。然此乃元、白詩所由出，與其所以可傳之本也。（《唐詩歸》卷二十八中唐四，《續修四庫全書》影印明刻本，第一五九〇册，第一七一頁；《明詩話全編》第七册，第七三五二頁）

⊙白居易

鍾云：元、白淺俚處，皆不足為病，正惡其太直耳。詩貴言其所欲言，非直之謂也。直則不必為詩矣。又二人酬唱，似惟恐一語或異，是其大病。所謂同調，亦不在語語同也。今取其詞旨藴藉而能自出者，庶使人知真元、白耳。（《唐詩歸》卷二十八中唐四，《續修四庫全書》影印明刻本，第一五

九〇册，第一七二頁；《明詩話全編》第七册，第七三五二～七三五三頁）

智按：《唐詩歸》依初盛中晚之例編排，中唐詩人中元白詩選録較少，白居易僅有七首，這與白詩所存數量（唐人中存詩最多）相比實在微不足道。

⊙白居易《雜興》（三首其一）

楚王多内寵，傾國選嬪妃。又愛從禽樂，馳騁每相隨。錦韝臂花隼，羅袂控金羈。遂習宫中女，皆如馬上兒。色禽合爲荒（譚云：說得悚然），刑政兩已衰。雲夢春仍獵，章華夜不歸。東風二月天，春鴈正離離。美人挾銀鏑，一發疊雙飛。飛鴻驚斷行，斂翅避蛾眉。君王顧之笑，弓箭生光輝。迴眸語君日，昔聞莊王時。有一愚夫人（鍾云：三字妙），其名曰樊姬。不有此遊樂，三載斷鮮肥（譚云：便止，子遂爲妙結）。（《唐詩歸》卷二十八中唐四，《續修四庫全書》影印明刻本，第一五九〇册，第一七二頁）

⊙白居易《宿紫閣山北村》

晨遊紫閣峰，暮宿山下村。村老見予喜，爲予開一樽。舉杯未及飲，暴卒來入門。紫衣挾刀斧，草草十餘人。奪我席上酒，掣我盤中餐。主人退後立，斂手反如賔。中庭有奇樹，種來三十春。主人惜不得，持斧斷其根。口稱采造家，身屬神策軍。主人慎勿語，中尉正承恩。（鍾云：樂府妙語）（《唐詩歸》卷二十八中唐四，《續修四庫全書》影印明刻本，第一五九〇册，第一七二～一七三頁）

⊙白居易《和微之大觜烏》

烏者種有二，名同性不同。觜小者慈孝，觜大者貪庸。觜大命又長，生來十餘冬。物老顔色變，頭毛白茸茸。飛來庭樹上，初但驚兒童。老巫生奸計，與烏意潜通。（譚云：發奸髓伏之手）云是非凡烏，遥見起敬恭。千歲乃一出，喜賀主人翁。（鍾云：聲口面目酷像）祥瑞來白日，神靈占知風。陰作北斗使，能爲人吉凶。此烏所止家，家産日夜豐。上以致壽考，下可宜田農。主人富家子（譚云：三字妙，老重爲人起念在此），身老心童蒙。隨巫拜復祝，婦姑亦相從。殺雞薦其肉，敬若禋六宗。烏喜張大觜，飛接在虚空。烏既飽羶腥，巫亦饗甘濃。烏巫互相利，不復兩西東。日日營巢窟，稍稍近房櫳。雖生八九子，誰辨其雌雄。羣雛又長成，衆觜逞殘兇。探巢吞鷇卵，入簇啄蠶蟲。豈無乘秋隼，羈絆委高墉。但食烏殘肉（鍾云：罵鷹隼，妙妙），無施搏擊功。亦有能言鸚，翅碧觜距紅。暫曾說烏罪，囚閉在深籠。青青牕前柳，鬱鬱井上桐。貪烏占棲息，慈烏獨不容。慈烏爾奚爲，來往何憧憧。曉去先晨鼓，暮歸後昏鐘。辛苦塵土間，飛啄禾黍叢。得食將母哺，飢腸不自充。主人憎慈烏，命子削彈弓。絃續會稽竹，丸鑄荆山銅。慈烏求母食，飛下爾庭中。數粒未入口，一丸已中胸。仰天號一聲，似欲訴蒼穹。反哺日未足，非是惜微躬。誰能持此冤，一爲問化工。胡然大觜烏，竟得天年終。

寫到可笑可哭處，極痛極快，物無遁情，然風刺深微之體索然矣。知此，可與讀元、白詩。（鍾惺評）

長篇中，情事極真樸，委折處，其法亦有自《焦仲卿妻》詩及蔡琰五言《悲憤詩》來者。（譚元春評）（《唐詩歸》卷二十八中唐四，《續修四庫全書》影印明刻本，第一五九〇册，第一七三頁；《明詩話全編》第七册，第七三五二頁）

⊙白居易《清夜琴興》

月出鳥棲盡，寂然坐空林。是時心境閒，可以彈素琴。清冷繇木性，恬淡隨人心。（鍾云：三字深澹難了，下二語以妙理解之，反覺多言）心積和平氣，木應正始音。響餘羣動息，曲罷秋夜深。（鍾云：此句妙于上句）正聲感元化，天地清沈沈。（《唐詩歸》卷二十八中唐四，《續修四庫全書》影印明刻本，第一五九〇册，第一七三頁）

⊙白居易《琵琶引并序》

元和十年，予左遷九江郡司馬。明年秋，送客湓浦口，聞舟中夜彈琵琶者，聽其音，錚錚然有京都聲，問其人，本長安娼女，嘗學琵琶於穆、曹二善才，年長色衰，委身爲賈人婦。遂命酒，使快彈數曲。曲罷憫然，自敘少小時歡樂事，今漂淪憔悴，轉徙於江湖間。予出官二年，恬然自安，感斯人言，是夕始覺有遷謫意。（鍾云：妙在真情不諱）因爲長句，歌以贈之，凡六百一十二言，命曰《琵琶行》。

潯陽江頭夜送客，楓葉荻花秋瑟瑟。主人下馬客在船，舉杯欲飲無管絃。醉不成歡慘將别，别時茫茫江浸月。忽聞水上琵琶聲，主人忘歸客不發。尋聲闇問彈者誰，琵琶聲停欲語遲。移船相近邀相見，添酒回燈重開宴。千呼萬喚始出來，猶抱琵琶半遮面。轉軸撥絃三兩聲，未成曲調先有情。絃絃掩抑聲聲思，似訴平生不得志。低眉信手續續彈，說盡心中無限事。輕攏慢撚撥復挑，初爲霓裳後六幺。大絃嘈嘈如急雨，小絃切切如私語。嘈嘈切切錯雜彈，大珠小珠落玉盤。間關鶯語花底滑，幽咽泉流水下灘。水泉冷澁絃凝絕，凝絕不通聲暫歇。（鍾云：以此說曲罷，情理便深）別有幽愁闇恨生，此時無聲勝有聲。銀缾乍破水漿迸，鐵騎突出刀鎗鳴。曲終收撥當心畫，四絃一聲如裂帛。東船西舫悄無言，唯見江心秋月白。沈吟放撥插絃中，整頓衣裳起斂容。自言本是京城女，家在蝦蟇陵下住。十三學得琵琶成，名屬教坊第一部。曲罷長教善才服，妝成每被秋娘妬。五陵年少爭纏頭，一曲紅綃不知數。鈿頭銀篦擊節碎，血色羅裙翻酒汙。今年歡笑復明年，秋月春風等閒度。弟走從軍阿姨死，暮去朝來顏色故。門前冷落鞍馬稀，老大嫁作商人婦。（鍾云：喚醒人語，不怕說得敗興。）商人重利輕別離，前月浮梁買茶去。去來江口守空船，遶船明月江水寒。夜深忽夢少年事，夢啼妝淚紅闌干。我聞琵琶已歎息，又聞此語重喞喞。同是天涯淪落人，相逢何必曾相識。（鍾云：止此，妙，亦似多後一段）我曾去年辭帝京，謫居卧病潯陽城。潯陽地僻無音樂，終歲不聞絲竹聲。住近湓江地低濕，黃蘆苦竹遶宅生。其間旦暮聞何物？杜鵑啼血猿哀鳴。春江花朝秋月夜，往往取酒還獨傾。豈無山歌與村笛？嘔啞嘲哳難爲聽。今夜聞君琵琶語，如聽仙樂耳暫明。莫辭更坐彈一曲，爲君翻作琵琶行。感我此言良久立，却坐促絃絃轉急。凄凄不似向前聲，滿座重聞皆掩泣。座中泣下誰最多？江州司馬青衫濕。（《唐詩歸》卷二十八中唐四，《續修四庫全書》影印明刻本，第一五九〇册，第一七三～一七五頁）

⊙白居易《採蓮曲》

菱葉縈波荷颭風，荷花深處小船通。逢郎欲語低頭笑，碧玉搔頭落水中。

⊙白居易《王昭君》

漢使却迴憑寄語，黃金何日贖蛾眉。君王若問妾顏色，莫道不如宮裏時。

鍾云：情婉而調直。（《唐詩歸》卷二十八中唐四，《續修四庫全書》影印明刻本，第一五九〇册，第一七五頁）

智按：鍾惺（一五七四～一六二四，一説一五七四～一六二五），字伯敬，號退谷、退庵，湖廣竟陵（今湖北天門）人。萬曆三十八年（一六一〇）進士，授行人司行人，一官八年，遷工部主事，改南京禮部主事，進郎中，浮沉於冷官閒職。天啟初年，擢福建提學僉事，到任未及半年，以父憂歸。晚年逃禪，臨終受戒，卒於家。鍾惺在前後七子和公安派之後，力矯復古派膚熟格套和公安派俚俗莽蕩，另闢「幽深孤峭」之徑。爲此與同邑譚元春編選《詩歸》數種，以求培養奇情孤詣，驅駕古人之上。其詩文喜用怪字險韻，幽深孤峭，當時稱「鍾譚體」或「竟陵體」。著《隱秀軒集》四十二卷，附録三卷，有今人李先耕、崔重慶標校本（上海古籍出版社一九九二年九月版）。《明史》卷二八八附載《袁宏道傳》。

譚元春，字友夏，號鵠灣，又號寒河，湖廣竟陵（今湖北天門）人。天啟七年（一六二七）鄉試第一。與同里鍾惺共選《詩歸》，流布天下，相率而趨纖仄，一時名聲甚赫，世稱「鍾譚」。崇禎十年（一六三七）赴京會試，病死途中。有《譚友夏合集》二十三卷，今人陳杏珍標校《譚元春集》（上海古籍出版社一九九八年第一版），卷第一至卷十為《嶽歸堂合集》十卷，卷第十一至卷第十五為《嶽歸堂新詩》五卷、卷第十六至卷第十九爲《嶽歸堂未刻詩》九卷，卷第二十至卷二十八爲《鵠灣集》九卷，卷二十九爲雜著，卷第三十爲諸稿自題輯録，卷第三十一、三十二爲《鵠灣未刻古文》二卷，卷第三十三爲《遇莊》，卷第三十四爲著者待考文，附録二卷。《明史·文苑傳》附載《袁宏道傳》中。

馮夢龍（一五七四～一六四六）

《古今譚概》

荆州街男子葛清，自頸已下，通劄白居易詩，段成式嘗與荆客陳至呼觀之，令其自解，背上亦能闇記。反手指其劄處，至「不是花中偏愛菊」，則有一人持杯臨菊叢，「黄夾纈窠寒有葉」，則指一樹，樹上掛纈窠，窠紋絶細。凡劄三十餘首，體無完膚，陳至呼爲「白舍人行詩圖」。（《古今譚概》怪誕部卷二，《續修四庫全書》影印明刻本）

張祜《柘枝》詩云：「鴛鴦細帶抛何處，孔雀羅衫屬阿誰？」白樂天每呼爲「問頭詩」。祜曰公亦有目連經，《長恨歌》云：「上窮碧落下黄泉，兩處茫茫皆不見。」此非目連訪母耶？（《古今譚概》苦海部卷七，《續修四庫全書》影印明刻本）

⊙擬古人名字

東丹國長子奔唐，賜姓李，名華，頗習詩文，甚慕白居易，思配擬之，每通名刺，曰：鄉貢進士黄居難，字樂地。

樂天初至京師，以所業謁顧著作。顧覩姓名，熟視曰：「長安米貴，居大不易。」及披卷，首篇曰：「咸陽原上草，一歲一枯榮。野火燒不盡，春風吹又生。」乃嗟賞曰：「道得箇語，居亦何難！」夫李華本欲擬白，而白居自易，黄居自難，乃自作供狀耳。（《古今譚概》不韻部卷八，《續修四庫全書》影印明刻本）

⊙福先寺碑文

裴度脩福先寺，將求碑文於白居易。判官皇甫湜怒曰：「近捨湜而遠取居易，請從此辭。」度亟謝，隨以文屬湜。湜飲酒揮毫立就。度酬以車馬玩器，約千緡。湜怒曰：「碑三千字，每字不直絹三匹乎？」度又依數酬之。湜又索文改竄，度笑曰：「文已妙絶，增一字不得矣。」（《古今譚概》矜嫚部卷十二，《續修四庫全書》影印明刻本）

《智囊補》

⊙蘇軾

蘇軾知杭州時，歲適大旱，饑疫并作，軾請于朝，免本路上供米三之一，故米不翔，貴復得賜度僧牒百，易米以救饑者。明年方春，即減價糶常平米，民遂免大旱之苦。杭本江海之地水，泉鹹苦，居民稀少。唐刺史李泌始引西湖水，作六井，民足于水，故井邑日富。及白居易復浚西湖，放水入運河，自河入田，取溉至千頃。然湖水多葑，自唐及錢民歲輒開治，故湖水足用。宋廢而不理，至是湖中葑積為田，一十五萬餘丈，而水無幾矣。運河失河水之利，則取給于江潮。潮渾濁多淤河，行闤闠中，三年一淘，為市井大患，而六井亦幾廢。……堤成，植芙蓉楊柳其上，望之如圖畵，杭人名之蘇公堤。

（《智囊補》明智部經務卷八，《四庫全書存目叢書》影印明積秀堂刻本）

《警世通言》

武甯有妓關盼盼，乃徐方之絕色也。但見：歌喉清亮，舞態婆娑。調弦成合格新聲，品竹作出塵雅韻。琴彈古調，棋覆新圖。賦詩琢句，追風雅見於篇中；搦管丹青，奪造化生於筆下。建封雖聞其才色無雙，緣到任之初，未暇召於樽俎之間。忽一日，中書舍人白樂天，名居易，自長安來，宣諭兗鄆，路過徐府，乃建封之故人也。喜樂天遠來，遂置酒邀飲於公館，只見：幕卷流蘇，簾垂朱箔。……

忽一日，金風破暑，玉露生涼，雁字橫空，蛩聲喧草。寂寥院宇無人，靜鎖一天秋色。盼盼倚欄長歎，獨言曰：「我作之詩，皆訴愁苦，未知他人能曉我意否?」沉吟良久，忽想翰林白公必能察我，不若賦詩寄呈樂天，訴我衷腸，必表我不負張公之德。遂作詩三絕，緘封付老蒼頭，馳赴西洛，詣白公投下。白樂天得詩，啟緘展視，其一曰：「北邙松柏鎖愁煙，燕子樓人思悄然。因埋冠劍歌塵散，紅袖香消二十年。」其二曰：「適看鴻雁岳陽回，又睹玄禽送社來。瑤瑟玉簫無意緒，任從蛛網結成灰。」其三曰：「樓上殘燈伴曉霜，獨眠人起合歡床。相思一夜知多少？地角天涯不是長!」樂天看畢，歎賞良久。不意一妓女能守節操如此，豈可棄而不答？亦和三章以嘉其意，遣老蒼頭馳歸。盼盼接得，拆開視之，其一曰：「鈿暈羅衫色似煙，一回看著一潸然。自從不舞《霓裳曲》，疊在空箱得幾年?」其二曰：「今朝有客洛陽回，曾到尚書塚上來。見説白楊堪作柱，爭教紅粉不成灰。」其三曰：「滿簾明月滿庭霜，被冷香銷拂臥床。燕子樓前清夜雨，秋來只為一人長。」盼盼吟玩久之，雖獲驪珠和璧，未足比此詩之美。笑謂侍女曰：「自此之後，方表我一點真心。」正欲藏之篋中，見紙尾淡墨題小字數行，遂復展看，又有詩一首：「黃金不惜買蛾眉，揀得如花只一枝。歌舞教成心力盡，一朝身死不相隨。」（第十卷 錢舍人題詩燕子樓，人民文學出版社《警世通言》上册，第一二三～一二六頁）

又唐時有刺史白樂天，築一條路，南至翠屏山，北至棲霞嶺，喚做白公堤，不時被山水衝倒，不只一番，用官錢修理。後宋時蘇東坡來做太守，因見有這兩條路被水衝壞，就買木石，起人夫築得堅固。六橋上朱紅欄杆，堤上栽種桃柳，到春景融和，端的十分好景，堪描入畫，後人因此只喚做蘇公堤。又孤山路畔，起造兩條石橋，分開水勢，東邊喚做斷橋，西邊喚做西寧橋。真乃：隱隱山藏三百寺，依稀雲鎖二高峰。（第二十八卷 白娘子永鎮雷峰塔，人民文學出版社《警世通言》下册，第四三五～四三六頁）

再說孫九回至南陽，見了明霞，便悲泣不已。明霞道：「莫非你路上吃了苦？草非周家郎君死了？」孫九只是搖頭，停了半晌，方說備細，如此如此：「他不發回書，只將羅帕、婚書送還，以絕小姐之念。我也不去見小姐了。」說罷，拭淚歎息而去。明霞不敢隱瞞，備述孫九之語。嬌鸞見了這羅帕，已知孫九不是個謊話，不覺怨氣填胸，怒色盈面，就請曹姨至香房中，告訴了一遍。曹姨將言勸解，嬌鸞如何肯聽？整整的哭了三日三夜，將三尺香羅帕，反覆觀看，欲尋自盡，又想道：「我嬌鸞名門愛女，美貌多才。若嘿嘿而死，卻便宜了薄情之人。」乃制絕命詩三十二首及《長恨歌》一篇。詩云：

倚門默默思重重，自歎雙雙一笑中。情惹游絲牽嫩緑，恨隨流水縮殘紅。當時只道春回準，今日方知色是空。回首憑欄情切處，閒愁萬里怨東風。

餘詩不載。其《長恨歌》略云：

《長恨歌》，為誰作？題起頭來心便惡。朝思暮想無了期，再把鸞箋訴情薄。妾家原在臨安路，麟閣功勳受恩露。後因親老失軍機，降調南陽衛千戶。深閨養育嬌鸞身，不曾舉步離中庭。豈知二九災星到，忽隨女伴粧臺行。秋千戲蹴方才罷，忽驚牆角生人話。含羞歸去香房中，倉忙尋覓香羅帕。羅帕誰知入君手？空令梅香往來走。得蒙君贈香羅詩，惱妾相思淹病久。感君拜母結妹兄，來詞去簡饒恩情。只恐恩情成苟合，兩曾結髮同山盟。山盟海誓還不信，又托曹姨作媒證。婚書寫定燒蒼穹，始結于飛在天命。情交二載甜如蜜，才子思親忽成疾。妾心不忍君心愁，反勸才郎歸故籍。叮嚀此去姑蘇城，花街莫聽陽春聲。一睹慈顏便回首，香閨可念人孤另。囑付殷懃別才子，棄舊憐新任從爾。那知一去意忘還，終日思君不如死。有人來説君重婚，幾番欲信仍難憑。後因孫九去復返，方知伉儷諧文君。此情恨殺薄情者，千里姻緣難割捨。到手恩情都負之，得意風流在何也？莫論妾愁長與短，無處箱囊詩不滿。題殘錦劄五千張，寫秃毛錐三百管。玉閨人瘦嬌無力，佳期反作長相憶。枉將八字推子平，空把三生卜《周易》。從頭一一思量起，往日交情不虧汝。既然恩愛如浮雲，何不當初莫相與？鶯鶯燕燕皆成對，何獨天生我無配。嬌鳳妹子少二年，適添孩兒已三歲。自慚輕棄千金軀，伊歡我獨心孤悲。先年誓願今何在？舉頭三尺有神祇。君往江南妾江北，千里關山遠相隔。若能兩翅忽然生，飛向吴江近君側。初交你我天地知，今來無數人揚非。虎門深鎖千金色，天教一笑遭君機。恨君短行歸陰府，譬似皇天不生我。從今書遞故人收，不望回音到中所。可憐鐵甲將軍家，玉閨養女嬌如花。只因頗識琴書味，風流不久歸黄沙。白羅丈二懸高梁，飄然眼底魂茫茫。報導一聲嬌鸞縊，滿城笑殺臨安王。妾身自愧非良女，擅把閨情賤輕許。相思債滿還九泉，九泉之下不饒汝。當初寵妾非如今，我今怨汝如海深。自知妾意皆仁意，誰想君心似獸心！再將一幅羅鮫綃，殷勲遠寄郎家遥。自歎興亡皆此物，殺人可恕情難饒。反覆叮嚀只如此，往日閒愁今日止。君今肯念舊風流，飽看嬌鸞書一紙。

書已寫就，欲再遣孫九。孫九咬牙怒目，決不肯去。正無其便，偶值父親痰火病發，喚嬌鸞隨他檢閲文書。嬌鸞看文書裏面有一宗乃勾本衛逃軍者，其軍乃吴江縣人。鸞心生一計，乃取從前倡和之詞，並今日《絶命詩》及《長恨歌》匯成一帙，合同婚書二紙，置於帙内，總作一封，入于官文書内，封筒上填寫「南陽衛掌印千户王投下直隸蘇州府吴江縣當堂開拆」，打發公差去了。王翁全然不知。……

有詩歎云：

一夜恩情百夜多，負心端的欲如何？若云薄幸無冤報，請讀當年《長恨歌》。（第三十四卷 王嬌鸞百年長恨，人民文學出版社《警世通言》下册，第五五一~五五五頁）

智按：馮夢龍，字猶龍，別號龍子猶、墨憨齋主人，另有詹詹外史、茂苑野史、綠天館主人、可一居士等筆名，長洲（今江蘇蘇州）人。幼年志在經學，曾編有《麟經指月》、《春秋衡庫》、《四書指月》等時文著作。然科舉屢試不第，仕路蹭蹬，沉淪下層。崇禎三年（一六三〇），補爲貢生；四年，破例授丹徒訓導；七年，爲福建壽寧知縣；十一年，離任返鄉，卒於家，年七十三。著述宏富。小説有《古今小説》（一名《喻世明言》）、《警世通言》、《醒世恒言》、《新列國志》、《新平妖傳》、《情史》等；戲曲有《雙雄記》、《萬事足》等；此外編撰有《古今譚概》、《笑府》、《廣笑府》、《智囊》、《智囊補》、《山歌》、《掛枝兒》等雜著。一九九三年，江蘇古籍出版社出版有《馮夢龍全集》。

高出（一五七四～一六五五）

《時景》（其三）

年年詞客慣悲秋，八月潮生萬里流。昨見新詩王季木，宛如長慶白江州。雲霄嘶嘶天鶏舞，荇藻輝輝赤鯉遊。閒理釣絲吟詠罷，溪萍山葉且深愁。（《鏡山庵集》卷十七郎潛稿卷二，《四庫禁毀書叢刊》影印明天啓刻本）

《除櫻篇有序》

堂後植櫻桃七樹，數年間繁陰蓋庭，晝不見日，下有苦栢石竹，反掩鬱就槁，此樹結實，既稀遠揚，尤肆其葉，有螫蟲焉，不可以息陰，遂命斤斧去之，亦不能材。豈封殖之初意耶？良足悲矣。因題數語，意無比興，紀事云爾。予觀白樂天八木之詠，櫻桃其一，不謂不知言哉。

僻間小堂成，樹植資茂幽。兒女悦甘實，櫻桃差易求。稍茁欣榮笑，微花颺修留。北扉扃衆卉，三歲出牆頭。方六七年間，枝撐羅庭周。屈幹偃門樞，遠□遮書樓。其陰蛇蚪伏，其上鳥雀啾。老苔不雨滑，□葉隨風柔。翠栢鬱尚活，小竹困已休。背有萱與葉，無復知春秋。螫蟲憑其勢，刺毒蝨蠆儔。揞枕避北牕，初願豈相讐。我乎何愛惜，伐之用執劉。根株□剗盡，曠朗天宇浮。翻悔封殖過，亦匪滋蔓尤。鄭子名胡取，婉孌嬌不愁。物理夫孰定，世事空悠悠。□根初蛩吟，日澹兎絲收。徙倚遂至暮，長吟紓沉□。

(《鏡山庵集》卷二十郎潛稿卷五,《四庫禁毁書叢刊》影印明天啓刻本)

《贈劉子福光禄三首》(其三)

家有慈世尊,母儀常自如。終身日見之,心養不求餘。得子而益彰,思修回向初。我聞長者子,憐救十千魚。浄因自浩劫,圓滿爲報劬。好生卽無生,西方何遠諸。再來白香山,或似王龍舒。遭患得逢君,夫豈偶然與。資糧急辦取,永願拔三塗。子其頻接引,吾欲識真吾。(《鏡山庵集》卷二十五拘幽稿卷四,《四庫禁毁書叢刊》影印明天啓刻本)

《己巳元日元白體》

幽苦偏嫌歲月遲,回頭又過一年期。習來慣辱非關忍,悟得貪生總是癡。鄉思牽情惟婢妾,新祥叶契望蓍龜。早梳白髪憎多事,笑語燈前狎小兒。(《鏡山庵集》卷二十五拘幽稿卷四,《四庫禁毁書叢刊》影印明天啓刻本)

智按:高出,字孩之,山東萊陽人。萬曆二十六年(一五九八)進士。歷任曲周、盧氏兩縣矧縣及戶部主事、郎中、江南布政使司參議、山西按察使、按察副使、遼東監軍道等。有《鏡山庵集》。

李流芳(一五七五~一六二九)

《閘河舟中戲效長慶體》

濟河五十閘,閘水不濡軌。十里置一閘,蓄水如蓄髓。一閘走一日,守閘如守鬼。下水顧其前,上水還顧尾。帆檣委若棄,篙櫓靜如死。京路三千餘,日行十餘里。迢迢春明門,何時得到彼。長安遠於日,斯言亦有以。人生天地間,所貴適志爾。八極可橫鶩,風雲屬鞭弭。胡為動羈棲,縮縮如行蟻。舍彼廣莫鄉,守此涓滴水。哀哉世間人,都為名利使。韁鎖一著身,事事不由己。請君轉頭看,即此有妙理。觀彼名利人,皇皇赴朝市。當其守閘時,靜躁皆如此。知其無奈何,安心勿妄儗。豈無捷徑路,車馳與馬駛。吾行寧倭遲,君子進以禮。(《四庫全書》本《檀園集》卷一)

智按：遼寧省博物館藏李流芳行書書跡之文字略異：上水還，書跡作上水常；觀彼，書跡作如彼；赴朝市，書跡作走朝市；倭遲，書跡作遲回。

《南歸詩十八首·途中示子將三首（其三)》

我年未四十，已懷退隱圖。俯仰又十年，何為尚躊躇。經過怯往蹟，魂魄識畏途。去來廿年間，道里三萬餘。車裝敝屢更，何況此微軀。所以不自決，豈徒為饑驅。富貴亦復佳，歲月待我乎。婚嫁幸已畢，余口亦易餬。故山皋亭下，桃李滿村墟。深塢秀泉石，近築靜者廬。新梢想出籬，疏泉行遶渠。雙髻指天目，一勺見西湖。言之病已蘇，況當長久居。息黥補吾劓，造物豈區區。(《四庫全書》本《檀園集》卷一；《列朝詩集》卷七十八丁集第十三之下)

智按：《列朝詩集》引朱雲子曰：「『富貴亦復佳，歲月待我乎』較樂天『欲留年少待富貴，富貴不來年少去』二語，婉折多少。」朱隗，字雲子，長洲（今江蘇蘇州）人。治博士業。天啟中，吳中復社聚四方績學之士，分主五經，隗驅馳江表，為一時廚顧。詩宗中晚。弟陵，字望子，亦能詩畫。(《江南通志》卷一百六十五)

《為陳維立題畫》

樂天作草堂，勝絶擬終老。出處不自決，徒為泉石道。（廬山）(《四庫全書》本《檀園集》卷五)

《蔬齋詩序》

愚公蔬齋詩，凡三刻矣。余嘗為序其二集。別二年，而愚公之詩復滿篋中，出以示予，其格益工，益能達其所欲言者。余曰：子之為此，將以為名乎？抑有不得已於是者乎？杜子美云：「語不驚人死不休」，而白樂天詩成，欲使老婢讀之，皆能通其意，兩人用心不同，其於以求工，一也。然余嘗有疑焉，以為詩之為道，本於性情，不得已而詠歌嗟歎以出之，非以求喻於人也。激而亢之而使人驚，抑而平之而使人通，豈復有性情乎？曰：非然也。夫人之性情，與人人之性情，非有二也。人人之所欲達而達之，則必通；人人之所欲達，而不能達者而達之，則必驚，亦非有二也。然則求工於詩者，固求達其性情而已矣，詩之傳也，久而且多。凡為詩者，不求之性情，而求諸紙上之詩，掇拾餖飣而為之，而詩之亡也久矣。……（《四庫全書》本《檀園集》卷七；鄭元勳《媚幽閣文娛二集》卷二；《四庫全書》本《明文海》卷二百六十九序六十；《明詩話全編》第七册，第七六八九頁）

《題閑孟詩册》

五言古詩至少陵而一變，流而為退之、樂天，至於東坡，而變已極矣。然皆不出於少陵，而能各成其一家者也。閑孟跅弛之才，不為律縛，獨古詩時一作之，有韓之奥，有白之達，有蘇之縱横，而吐納風流，率其胸懷，韻致獨絶，則前後五百年詩人中所無也。閑孟不喜以詩人自居，世無知其詩者，獨余與孟陽時稱之。……（《四庫全書》本《檀園集》卷十二）

《題畫册為同年陳維立》

維立兄以素綾小幀索畫，且戒之曰：「為我結想世外，勿作常景。」余思世外之境，則如三島十洲，雪山鷲嶺之類，不獨目所未經，亦意所不設也，其何能施筆墨？竊以為，景在人中，而人所不能有之者多矣；前人之所有，而後之人不得而有之者多矣。夫人所不得而有之即謂世外之景，其可乎俯仰古今，思其人因及其地，或目之所經而意之所可設，是可以畫畫，凡十幀，如淵明之柴桑，無功之東皐，六逸之竹溪，賀監之鑑湖，摩詰之輞川，次山之浯溪，樂天之廬山，子瞻之雪堂，君復之孤山，所謂今之人不得而有之者也。如漁父之桃源，則所謂人亦不得而有之者也。畫成，偶有所觸，因各賦一詩，不咏其地，而咏其人，以為地非人不能奇，如三島十洲，雪山鷲嶺，非仙佛亦不能奇也。然仙蹤佛跡，不在世外如桃源之類，往往有之，非其人自不遇耳。余所詠諸賢，亦有不能終保丘壑者，或老於丘壑，而文采風流不足以傳，并山川之奇，湮没而不彰者，可勝道哉？如是，則古人之所不能盡有者，又將待其人以有之，其人伊何將求之世外乎？求之世間乎，請以此扣之維立。（《四庫全書》本《檀園集》卷十二）

智按：李流芳，字長蘅，嘉定（今屬上海）人。萬曆三十四年（一六〇六）丙午舉人。三上公車，不第，因魏忠賢亂政，遂絕意進取，築檀園，讀書其中。善詩文，工書畫，精印刻，與唐時升、婁堅、程嘉燧合稱「嘉定四先生」，與昆山名士歸昌世、王志堅並號「三才子」，吳偉業《畫中九友歌》贊其與董其昌、楊文聰、程嘉燧、張學曾、卞文瑜、邵彌、王時敏、王鑒等九位畫家為「畫中九友」。《明史·文苑傳》附見《唐時升傳》中。

梅之煥（一五七五～一六四一）

《與表兄劉太凝館師》

秀才時聞瀛洲如仙，庶常時見館師如神，兄今仙且神矣，豈屑下問人間猥事，視一切賈豎爭言，正白樂天所謂「何異諸天觀下界，一微塵裏鬭蝸牛」，但五濁惡世不平事多，不得不借平章軍國者一平之，似又不得槩為厭棄也。聞兄為里中無罪之士，多方噓植於首輔之前，此無與弟事，而弟却切骨感服，世間若無此一種，天日不在天上矣。……（《梅中丞遺稿》卷三，《四庫未收書輯刊》影印清順治衛貞元刻本）

智按：梅之煥，名長公，字松文，又字彬父，別號信天，湖北麻城人。侍郎梅國楨從子。十四歲爲諸生。好讀書，善騎射，能詩能文。萬曆三十二年（一六〇四）進士。後任吏科給事中。天啟元年以通政參議召還太常少卿，擢右僉都御史，巡撫南、贛。崇禎十四年病逝。

王思任（一五七五～一六四六）

《游廬山記》

白樂天草堂，云去爐峰不數丈。又云寺東，跡之，竟茫然。「春有錦繡谷（花），夏有石門澗（雲），秋有虎溪月，冬有爐峰雪。」其言甲廬山矣。又曰：司馬秩滿，行止自由，「則必左手引妻子，右手抱琴書，終老於斯」，以成其志，「清泉白石，實聞此言。」畢竟下回分解若何？……（上海雜誌公司《王季重十種·游廬山記》，第二～三頁；浙江古籍出版社《王季重十種》，第一六八頁；

《古今圖書集成》山川典第一百四十二卷廬山部藝文三第一六頁）

智按：王思任，字季重，號謔庵，山陰（今浙江紹興）人。萬曆二十三年（一五九五）進士，曾任九江僉事。清兵南下，魯王監國，以思任為禮部右侍郎，進尚書。順治三年，紹興城破，絕食而死。詩重自然，文章筆調詼諧，時有諷刺時政之作，隱寓憤激之情。有《王季重十種》。

曹學佺（一五七五～一六四六）

《游潯陽隺問湖有浸月亭何郡伯作》

此去匡山路，南湖欲泥人。月中倒影下，靜裏愈相親。隺問烟霞族，魚游楊柳津。使君落成日，心境已超塵。（《石倉詩稿》卷二十一雪桂軒草，《四庫禁毀書叢刊》影印清乾隆十九年曹岱華刻本）

《送東林無外覺圓二上人歸》

師行不忍別南亭，三宿俄然半歲零。廬岳夏蓮開處白，臺江煙柳折時青。丁東水滴雙林漏，彩翠雲生九疊屏。每讀潯陽司馬記，教人慚負草堂靈。（《石倉詩稿》卷三十二西峰集，《四庫禁毀書叢刊》影印清乾隆十九年曹岱華刻本）

《送呂叅知分守河内詩序》

夫世家之子青妙之年，或貴而不文，文而不美，或自好有餘而鮮適用之才，或容人不足而致虛憍之誚，蓋缺焉者多而兼焉者少矣。餘姚呂公者，南國良金，會稽美箭，業傳韋氏，經習戴生，夙負賈誼之名，遂登郄詵之第。潘安入洛，果擲盈車；衛玠度江，人觀如堵。宣城理郡，何如謝朓風流；吏部叅司，便擬山濤識度。燕臺駿骨，朝費黃金；趙郡蛾眉，夜分白璧。潯陽司馬，漫聞江上琵琶；滁邑醉翁，豈在杯中麯蘗。共推何遜之句，梅裹香生；匪同漁父之歌，蘆中餓活。長安直北，無蔽日之浮雲；大江以南，破長風於巨浪者矣。……（《石倉文稿》卷二，《續修四庫全書》影印明萬曆刻本；明何偉然《十六名家小品》曹能始先生小品卷一，《四庫全書存目叢書》影印

明崇禎六年陸雲龍刻本）

智按：曹學佺，字能始，號石倉、澤雁，侯官（今福建福州）人。萬曆二十三年（一五九五）乙未進士，官至四川按察使，以著《野史紀略》削籍。崇禎初，起廣西按察司副使，不就。後為朱聿鍵禮部尚書，聿鍵敗，入山自縊。有《石倉集》、《石倉十二代詩選》、《蜀中廣記》、《明詩存》、《輿地名勝志》等。事迹具《明史·文苑傳》。

范鳳翼（一五七五～一六五五）

《夏日郊居即事效長慶體》

秋光先到野人家，手把農書坐古槎。芋子葉高于藕葉，草綿花小似葵花。酒酣岸上漁開網，寐醒門前僧餉茶。斥鷃搶榆聊寄適，有涯安敢徇無涯。（《范勛卿詩文集》詩集卷十一，《四庫禁毁書叢刊》影印明崇禎間刻本）

智按：范鳳翼，字翼羽，通州（今江蘇南通）人。萬曆二十六年（一五九八）戊戌進士。除户部主事。監南新濟陽二倉，酌放軍糧，清核所積米，計六十萬，得免浥爛。改吏部考功，汰墨吏，進名臣顧憲臣、高攀龍等，爲時所忌。歸。有《范勛卿詩文集》。（《江南通志》卷一百四十五）

費元禄（一五七五～一六四〇）

《甲秀園集自序》

不佞賦質頑鈍，加以父母驕愛，明師見憐，生平夏楚未及於體，以故少懶惰，不肯就學。十三歲，從家君讀書閩粵時，竊家君笥中諸家古文辭，及《草堂詩餘》、《玉壺冰》，諷誦不盡解也，間亦伸筆展紙，師心摹擬，期成一家。至歲乙未，余年二十有一，時讀書甲秀園中，其所論著，不下萬餘言，友人從更為刻《啟秀集》。集成，余沾沾自喜，自謂觀止矣。丙申，遇吾友吳孟堅，出以就正，孟堅大為詆訶，曰：「此寧可令識者見邪！」余大竦悟，立取原板火之。孟堅因為余言濟南、弇州諸先生，余亦師事孟堅，每一篇出，或詩或文，即為删定改竄，不遺餘力。戊戌，余從園中闢黿采館，更因孟堅得交吳元卿。元卿，吾畏友也。三人下帷，盡發汲冢諸秘書讀之，彼唱此和，互為更定相樂也。庚子，余刻《黿采集》，集成，出示孟堅，孟堅笑曰：「與啓秀孰多？」時四明屠緯眞、檇李馮開之兩先生，俱亟稱之為之序。余因是濫附詞林之末，皆孟堅力也。辛丑，走武林，謁徐孟吳先生，先生弗之許，曰：「子詩與文多擬議歷下，即優孟之似叔敖，奚當焉？」余歸而語元卿，覺有味乎先生之言者。自是與孟堅論文之旨，微有不合。會余有北堂之戚，壬癸二年，棲遲苫塊，絕不與外事，與元卿共相摩勵，舍其故而新是圖，覺余之詩若文，又一變矣。方欲與孟堅更議千古，乙巳之春，孟堅舍我長逝。典刑云亡，風範永墜，惜也。今所與定吾文者，獨一元卿耳。悲夫！悲夫！會余年齒漸長，塵務經心，亦不復留意此道，所作皆置之敝笥，為鼠嚙蟲蝕者過半。丙午之冬，雪巢子自天池訪我，留宿山中，談及故業，不覺定中起舞。余因檢有韻之文，合新舊稿，付雪巢子，曰：「千秋微名，賴是不朽，願因子成之。」雪巢子畢力為余删削，復余曰：「捧讀佳集，不容擬議。歛手驚心，所有點綴增減一二，乃《春秋》責備耳。」於是集中有韻之文，俱斐然矣。丁未之秋，元卿復集自湖上，追囊道故，感日月之易邁，哀修名之不立，兩人相對，不覺涕滛滛下。元卿尚勉余以經國大業，余曰：「年運而往矣。昔與君相遇，彼此茂齒。今二十之年，俱忽忽已過，人生適志耳。即富貴何時，况乎身後之微名，又奚益于即朽之枯骨哉！余休矣。舊稿具在，願君為綴集去取，有不佳者，即為更定，然後播之通都，可否一任世人，千秋而下，終知子定吾文矣。」元卿首肯，為余校讐，幾半載，共得若干卷。元卿曰：「子之集，可謂有秦漢，有六朝，有唐，有宋，有何、李，有弇州，歷下，有濂洛關閩，今之集大成者，舍此集，將誰屬哉！」余謝曰：「主臣皆子潤色之力，及孟堅曩日啟迪之功也。」他如獻酬群心，無關性靈者，元卿別定為十卷，《四書五經翼》，《歷朝史乘補遺》，《詩學別紀》，共定為一百卷，以他日梓行。嗟乎！余生平鏤心嘔肝，棄經義，忘寢食，以攻此藝者，幾二十年。所經取裁，更定于孟堅，元卿、雪巢子二君之手者，幾數十過，余于詩文，可為滛溺矣。今集已成，欲何為乎？集非青雲不傳，余不能自致青雲，誰復能傳此集者。

方今家握靈蛇，人侈隋璧，附青雲以傳者，無慮數百家。余不能附青雲，此集又安能與世競傳者。即令此集必傳，余之聲名，與李杜、遷固並稱，一切有為，皆同泡幻，傳亦奚裨于性靈者！宇宙大矣，立德立功，皆可自致。余又奚藉此區區詩若文以傳者，殆有宿業焉。以入余之膏肓，即余亦不自知其解，大可笑也。惟是余生平精神意氣出處，先世積德之報，硜硜自好之守，欣喜歡愛之懷，拂抑無聊之態，與夫交游親戚，園林泉石，皆得附此集以自見。萬一天下後世得一有心人讀之，因余之文，以知余之人，愛其文而傳之，萬世之後，姓名不至黯然與秋草同折，虞仲翔所謂一人知己，足以不恨。吾之精神魂魄，尤樂與周旋，又余之所不能不望于兹集之傳也。余嘗于豫章過鄒子尹、賀可尚，談性命之學。余語子尹以生平諸緣，皆脱然無累，獨好名一念，結習未忘，會須盡以生平著述傳之而後快。子尹不答，可尚曰：「此費君宿世文字魔也。當任其了此，不然恐生生世世，墮此魔中，不能入道。」余今了矣，可以謝兩君矣。千生萬劫，詩文之願，一時俱盡。此後胸中，尚復得著一好名之念哉！頃余家遇暴客，凡先世所寶，琴劍珍玩，法書名畫，樽彝鑪鼎，及家君所請縣官四十年俸餘，俱歸烏有，余之外緣空；二十年所著詩文，俱已傳播，余之内緣空。内外雙遣，各相盡忘，當辦一瓣香，從世尊前，懺悔如白香山所言，願以今生狂言綺語之障，為後世贊佛乘轉法輪之因，丈夫結局，斷不在文字中作活計，遂負如來也。刻成因自序其為詩文之本末如此，以不忘孟堅、元卿、雪巢諸君子及徐茂吳先生教誨力也。惜茂吳、孟堅俱已遄化，無能起九原而語之，館在園中，因以甲秀園名集，異日或園重集，集重園，俱未可知也。(《四庫全書》本《明文海》卷二百五十三序四十四；《甲秀園集》卷首，《四庫禁毀書叢刊》影印明萬曆間刻本)

《咏懷古蹟一百五十首·琵琶亭九江府》

泛泛潯陽送客舟，琵琶哀響暮江頭。只緣紅袖傷心調，笑殺青衫雙淚流。瑟瑟衰烟蘆荻暗，茫茫冷月水天秋。曲終無語星河曙，淪落娥眉怨未休。(《甲秀園集》卷十二詩部，《四庫禁毀書叢刊》影印明萬曆間刻本)

《西湖遊覽志序》

夫志者，史家一體也，徵往乘来，以備勸戒耳。《西湖志》遊覽則發山川之勝，存詞人之藻，旁搜曲引，假借雄觀，脉宗天目苕水，事則李泌、白樂天、蘇子瞻諸君子繼治，書則《水經》、唐宋史記，得以載其大者，其録則附城邑，述遊觀，而譚歌舞，凡以昭俗長化，寓規於填，所謂竊取大義者乎。

漢金牛之見，明聖發祥，而傑構雄篇，寥落莫睹。唐宋吳越浸以營治，而興廢不一，昭代經理，右文綴若晨星，安在其為文獻足徵。志著遊覽前後圖。宋明制勝，爰自天目翔舞，入於臨安，天竺靈隱之際，谿谷縷注，澗道百潴，為湖南北兩高，佛刹精廬半焉，名賢祠墓，宮觀亭臺，干霄拂雲之榱，以麗名勝，題咏溢於百堵可紀。志孤山三堤。

通湖二山勝跡，鄴侯鑿井，香山蘇堤相望。劉敷二吳，楊高議濬之勲爛焉。禹登會稽，秦皇帝繫纜西津，勾踐、夫差更伯迭治，錢王有國，宋室建都，而郡邑城闉錯峙，安得斥鹵通江，絶王氣之鍾罄，竭泉脉，葑茂堙塞，自令廢為高帝分省治，惟其俗利，澤推以與民，中具豐殖貨賄，運河所經，方興舟楫，官民之便，而仁和海寧，瀕塘萬頃，豈直子瞻眉目之喻也。志帝王都會。

德壽龍舸，光堯魚羹，聚景玉津之園，往往修舊京金明故事，以安太上之心，而燕幸清華，上下倡和，都人競奇宣奢，蕩慾士女，遊膽相娱，今安可謂緇流不逞，嚙項刺臂，不知戎首，實階之厲藉，使痛哭雙勝之環，直抵黄龍之府，兇除恥雪，然後伯可應瑞僊之制，子和賦遷鸞之詞，以天下養養之至也。志偏安佚豫。

洞霄既相望，僊格天二策，所以震動天下，韓史繼起，師憲卧治，四夫人通籍慈明，皆以淫侈宮禁，放浪湖山，駝必負重，臨平頽然，微管左衽，車攻復古，安用改秩，而葛嶺蟋蟀，半間雲水，此豈平章軍國重事耶？志佞幸盤荒。

海若失靈，少帝啣璧，瑣尾流離，西湖雨闇，故宮霧擠，亦由沿江不守，識者謂汪立信之謀汎舟，長淮戰守相間，蓋以勢扼則險為用，而敵不得薄，乃自撤長城，乞和孟柱，伯顔師入，坯土陵夷，唐珏臯羽之淚，憯於發掘之禍矣。志板蕩凄凉。

褚陶范琰，韓王趙抃，冲晦高風，孤山巍岕，北控放鶴，豪放玩世，何慙梅隱哉！觀鄭明德之慟，疏於武穆，露臺之憤，斯為激烈，赤山之北，于肅愍殊勳國家，廟食之報，亦聖明所獨厚矣。慶雲之祥，縱飲狂歌，有瞱真主，數言佐命。志賢達高風。

元微之之淛東觀察，猶樂天之守杭，聲華相等，詩筒往来，殆無虛日。惟荀鶴、飛卿得勝風物，卓哉子瞻，映山螭舫，風流騷雅，熙世游蹤，不可再矣。迨建炎駐蹕臨安，衣冠雲集，樂事賞心，張子野樂府，楊廉夫竹枝，宗吉太白之徒，更執牛耳，而况海觀籜冠之才。志才情雅致。

唐宋之季，實崇佛老。昭慶之壇，自我澄照。南岳開止觀，法門教通，智顗、辨才、參寥，世稱神秀，明本高峰，領袖嗣響，出入宰官之緣，最為際遇。張伯雨三茅玄史，石室勒銘，虞伯生子昂賡和之什，碧岩尋山之篇，至今談詩者取焉。叔玄西岫，渭叟葛溪，麻姑蔡京之降，方平蜕駕。志方外玄踪。

情所鍾在我輩，司馬才仲之於蘇小，洛下見夢，黄鷄白日，紅顔易失，朝雲禮塔，琹操參禪，朱淑真、魏夫人之倫，咸以芳韶發藻詞林，聲妓遊冶，無怪其漸被雅化也。志香奩艷語。

孔不廢游藝，萬幾之暇，垂意翰墨，待詔賜金，北轅之慘，懵然置焉。李嵩匠意經營，情留像外，可謂預存後鑒。叔明雲林意氣，各有所寄，葉簡季咸，巧發奇中。志藝文術技。

禮不越人情，歲時伏臘，湖山内外，士女麇至，尋花走馬，浴佛觀潮，布金施會，漢公主龍舟之觀，至傾城罷市，侈溢於海，失之履霜。志熙朝樂事。

王氣欝於民間，而錢氏偏伯，趙宋南遷，人才都會，文學奥區，惜正心誠意，未竟其藴，經術世務，不副時名，敦節比礪，先輩遺風，夏時正孤山，陳謙怡老，雖太學讜論，引救國是，何補喪亡，洪永之盛，彬彬作者，銷水以生金，禁佛以塞火，緇徒外宅，尼姑供遊，怪異間出，盖其浮誕驕惰，習為之耳，兼采並存，志委巷䜌談，傳疑幽怪。

凡為卷五十通，為目十二，其於游冶歌舞獨詳焉。若曰以存文獻，備故事，寫全湖之具體而已，勸戒畢在，此田汝成先生之志也。後之君子，有推明其意，補闕畧而弼訛謬，斯竊取大義者乎，是為序。(《甲秀園集》卷二十五文部，《四庫禁毁書叢刊》影印明萬曆間刻本)

《吳越紀行》

余以萬曆辛丑孟春走武林，候查虞臯先生，兼往檇李弔黄葵陽太史之喪，卜廿八日丁卯，束裝午刻，奉別二尊人，偕吳元卿登舟，兄緯叔，侄美中、美大挈酒榼，命二歌者，餞余舟次，舟小狹，纜隣船而飲歌者，唱渭城之柳，蘇蘇可人，時雨亦霏霏下也。晚林衍甫自建陽歸，因同元卿、衍甫枕籍舟中，誦「春明門外即天涯」之句，悽然動念，莫謂餘杭非遠別也。廿九日，雞鳴發棹，三十里至葉村洲……十六日，吳伯霖招同馮太史、潘景升、吳二水飲湖上，天朗氣清，致自有蘭亭景象，惟風差惡耳已。艤舟進三賢祠，訪一伎，伎卧病歛眉，對客如西子捧心，若耶荷花，遂失生色。随復登舟更酌，時堤畔有桃花一樹，芬豔如新開者，把酒酹之。念西湖春色，且屬儕家，復欷歔久之。暮夜別歸。十七日，同元卿買舟至新堤，於時緑暗紅稀，柳花紛下，如回風舞雪，謝道藴風流，猶可想見已，過三賢祠，訪項貞玄未遇，盪舟至湖心亭，復返岳王廟，就舟循堤而東，至孤山，弔和靖之墳，低回放鶴亭下，而不能去。後為四賢祠，祀白樂天、李鄴侯、蘇長公、林和靖四公，三公皆刺杭，獨林以布衣而奠尊俎，乃知不朽自在，信纓紱不足貴也。祠下有宋家庄，枕山臨湖，樹木紛拏，疑小蓬萊者，問之舟人，曰：非是。跨湖之北，有大佛寺，中塑大佛，隠身之半，高可十丈，盖削石成之，餙以金丹，故寺因佛名耳。時日斜暉，就陸緣新堤，再訪項貞玄，貞玄出右軍墨蹟相示，古色蒼然，咄咄逼人。步中庭，有為角觝之戲，觀者如堵，頃而歸舟，風大作。堤行，有絳桃盛開，與元卿倚風浩嘆，抵暮而返。十八日，雨，上午陸庸成招飲，陸故兩浙名士，同柴樹駿諸君，促膝論文，暢飲甚適。柴為敬泉之子，自言其尊人日逐少年湖上游，不得與余接杯酒歡，意為大憾。……下午，族中諸伯叔輩各相問訊，談往返事甚悉。晚過黽采，黄鸝醉語，白鶴低廻，庭樹婆娑，復有生意，皆喜主人歸，而黽采不令為穢第也。然別時薔薇已抽條過墻，楊柳濯濯，大數圍矣。是遊也，走武林、檇李、姑蘇凡千餘里，而弔死問生，登臨慷慨，風雨悲歡，靡不畢具，開帙掩卷，如重遊其地，然了不異夢中囈語。既為抵掌之資，秪增慨嘆之具云耳，得詩凡若干首，文若干首，往返六十二日。（《甲秀園集》卷二十九文部，《四庫禁毀書叢刊》影印明萬

曆間刻本）

智按：費元禄，字無學，一字學卿，鉛山（今屬江西）人。據其《甲秀園集自序》「至歲乙未，余年二十有一」，則生於萬曆三年（一五七五）。南太僕卿堯年之子。費為故相家，又貴公子，折節讀書，為歌詩，落筆數千言，蘊義生風，傾慕賢士大夫，如恐不及。鉛山之河口有五湖，其一曰官湖，即鼂采湖也，元禄搆館其上，著《鼂采館清課》二卷，計七十九條，記其館中景物及遊賞閒適之事。刻《甲秀園集》，侑以好賄問遺海内名士，輪蹄舟楫，交錯吳會閩楚間。史稱鄭莊置驛，殆無以過。屠隆報詩云：「相思累寄蘼蕪草，見面難於優鉢花。」其推重如此。

王志堅（一五七六～一六三三）

《讀史商語》

白居易在憲宗朝，言牛僧孺等直言不宜斥外，王鍔以進奉求平章不可許，吐突承璀不宜爲將，李師道、田季安名爲進兵，實與承宗通，不可信。穆宗討幽鎮，居易言王師無功，由節將太衆，請用李光顔、裴度二帥，東西夾攻，罷諸道軍不可用者，魏博兵尤不可用，宜令田布速退，尤切中事機。使當時用其言，幽鎮或有他隙可乘，田布不死，河朔不至盡陷也。如樂天者，眞有用之才也哉！（《讀史商語》卷四，《續修四庫全書》影印明萬曆四十七年刻本）

劉湛附彭城王，與殷景仁相讐，諸附湛者，相戒無過景仁。獨庾炳之往來兩人之門，皆得其歡心，而密輸忠於朝廷，方兩人之勢如水火，豈有一人而皆得其歡者，此理之所無，所以然者，固炳之奸，亦湛之愚耳。惟白香山處朋黨之世，與元稹、劉禹錫善，而舉世不得以黨目之，雖不爲李贊皇所喜，而亦不爲所忮，則以其中懷淡然，非世味之所能累也。思其人，令人有願爲執鞭之想。（《讀史商語》卷四，《續修四庫全書》影印明萬曆四十七年刻本）

智按：王志堅，字弱生，更字淑士，亦字聞修，崑山（今屬江蘇）人。萬曆三十八年（一六一〇）進士，官至湖廣提學僉事。

李孫宸（一五七六～一六三四）

《過白樂天琵琶亭》

日暮潯陽古渡頭，蘆花瑟瑟似含秋。懸知司馬江州淚，不爲琵琶也自流。（黃大明主編《九派詩廊詩詞選》，上海古籍出版社，二〇一四年十一月，第一九三頁）

智按：李孫宸，字伯襄，中山（今屬廣東）人。萬曆四十一年（一六一三）癸丑進士。授翰林院庶吉士。光宗元年（一六二〇）掌內書堂，晋掌春坊左庶子。天啟五年（一六二五）進南國子祭酒，次年晋詹事府侍讀學士，教習庶吉士；晋南禮部右侍郎，攝禮、戶兩部尚書事中。崇禎初年（一六二八）晋禮部侍郎，掌翰林院察典。三年回禮部視事，晋禮部尚書。六年三上疏乞退歸隱，奉旨慰留；七年病故於任。有《建霞樓集》。

馬元調（一五七六～一六四五）

《重刻元氏長慶集凡例》

元、白二集，同創體於元和，共取名於長慶，況其唱和之辭，十居五、六，允宜合刻，以便參閱。但以元集卷帙校少，雕鐫易畢，故刻自元始焉。（明萬曆三十二年馬元調魚樂軒刻本《元氏長慶集》卷首，中國社會科學院文學研究所圖書館善本室藏）

智按：馬元調，字巽甫，上海儒學生，僑居嘉定（今屬上海），人稱簡堂先生。有《詩説》十卷、《易説》六卷及《横山遊記》。

王璞（一五七六～一六四八）

《馬上詠畧草序》

相如賦子虛，名徹御所，令漢皇飄飄有凌雲氣，今試取一覽過，春華耳，雕蟲耳。六朝綺靡，在《選》中者，曹、劉、沈、謝，人各矜長，風雲月露，雜以累氣蕪音。有唐三百年來，李杜作冠軍，一仙一聖，流離牢騷，情態百出，要亦自寫其羈愁，各述其悲況而已。元輕白俗、郊寒島瘦，門格既殊，不免千秋月旦總之。葉水心曰：文不關世教，雖工無益。可一掃作者煙塵，懸藝林心案矣。……（《王無瑕先生詩文集》文集卷二說解記，《四庫未收書輯刊》影印清王揚宗王振宗刻本）

《裕軒汪太公傳（代作）》

裕軒汪太公諱樞，字希慎，余外舅也。方擇倩余時，自謂識不減蒼梧太守，愧余遠卸陶謙耳，因思李漢序昌黎文，以罄半子誼，則今日獨有藉不律以爲報，稱地已乎，公諸表表，已勒百歲里記貞珉中。惟是公之生也，大河之潤幾涸，曹南之山幾禿，瀫映豐麗，體質俱稱是。甫勺象，齗齗如也，誦大義輒了了，《詩》至《蜉蝣》之章曰：風刺我土矣。「鳲鳩在桑」，亦猶是此邦之人，法誡具備，可勿作佔俾觀，以學以行，當陬訾墟祭酒，屢蹶於試，遂絶意進取，退而修河汾之業，以公指受，從遊者日益衆。蓋其冲夷雅恬，饒靖節風度，以故人多暱就。詩文則自白香山入，適情暢興而止，且多不以示人，懼爲詅癡符嗤也。性好施予，赤灰朱提，爪分無悋，嘗調錢虜曰：王安豐估籌，劉宣城鐵算子，至今在否？娛賓，犇必三戈，醪必三雅，苔破燭炧，交融融焉。……（《王無瑕先生詩文集》文集卷三傳墓誌祭文，《四庫未收書輯刊》影印清王揚宗王振宗刻本）

智按：王璞，字無瑕，別號連城，濟南（今屬山東）人。邢其諫（一五七九～一六六七）《連城王先生雲來館集序》稱王璞長其三歲。

吳沛（一五七七～一六三一）

《賦得何處難忘酒》

何處難忘酒，淒淒客卧情。故園心事集，孤榻旅魂驚。葉落秋聲減，鐘揺夜漏平。此時無一醆，何以到餘更。

何處難忘酒，扁舟路自遥。沙平明遠雪，浪湧接通潮。漁市紅燈出，酤

帘緑樹招。此時無一艭，何以謝征橈。（《御選明詩》卷六十四）

智按：此詩師法白樂天《何處難忘酒》詩（《白氏長慶集》卷五七）。

吴沛，字宗一，號海若，晚年又號槼園，吴敬梓高祖。廪生。曾修建西墅草堂，用以課子讀書，並將平生寫作八股制藝經驗，結爲《題神六秘說》、《作法六秘說》二文。

許自昌（一五七八～一六二三）

《樗齋漫録》

白香山作詩，令一老嫗解之，問曰解否，嫗曰解則録之，不解則易之。此老善于玩世，渠知天下後世多老嫗手眼，故乃爾爾。（《樗齋漫録》卷一，《續修四庫全書》影印明萬曆刻本）

文章功業之士，於世願已足，則往往求服餌以希慕長生，然于世法中取數已多，恐造物者所靳，惟以嗇處泰，廉取而薄享，以迓續其餘可也。昔白香山忠州别駕命下，明日而丹竈敗，蓋世間法與出世間法不兩立若此。（《樗齋漫録》卷二，《續修四庫全書》影印明萬曆刻本，第一一三三册，第六三頁）

唐詩「三十六所臨春殿，一一香風透管絃」，白樂天「緑浪東西南北水，紅闌三百九十橋」，劉禹錫「春城三百九丁橋，夾岸朱樓隔柳條」，又「煩君一日殷勤意，示我十年感遇詩」，陳郁云：「十音當爲諶，謂之長安語音，非也。十當音旬，古人以十日爲旬，故如此讀也。」無知妄釋，可恨可笑。（《樗齋漫録》卷五，《續修四庫全書》影印明萬曆刻本）

蘇子瞻文章妙天下，而有不及婦人處。昔明肅太后上徽號，初欲御天聖殿，王沂公爭之，乃改御文德殿。元祐初，宣仁太后受册有司，援文德故事爲請，宣仁不許，令學士院降詔，蘇子瞻當制，頗斥天聖之制，猶以御文德爲非是，既進本，宣仁批曰：「如此是彰先姑之失，可别作一意，但言吾德薄，不敢比方前人。」聞者無不畏服，乃知文章全在乎識，識又根乎德也。冷居士戲曰：「此白香山之所以折衷于老嫗也。」（《樗齋漫録》卷七，《續修四庫全書》影印明萬曆刻本）

白樂天賦牡丹有云：「一叢深色花，十户中人賦。」可以為園圃之戒。鄭雲叟賦珠翠有曰：「豈知兩片雲，載却數鄉税。」可以為歌舞之戒。一衲子見此云：此乃秀才見識，中人賦，數鄉税，亦不至付之無用之地，匠氏工人，衣食嫁娶，實取之此矣。（《楞齋漫録》卷十，《續修四庫全書》影印明萬曆刻本）

《捧腹編》

⊙幽閑鼓吹・居卽易矣

白居易應舉至京，以詩謁著作顧況，況覩姓名，熟視白公曰：「米價方貴，居亦弗易。」乃披卷，首篇曰：「離離原上草，一歲一枯榮。野火燒不盡，春風吹又生。」却嗟賞曰：「道得箇語，居卽易矣。」（《捧腹編》卷二，《續修四庫全書》影印明萬曆刻本）

⊙皎皎

貞元末，妓阿軟産一女，求小名于白樂天，樂天曰：「此兒甚白皙，可名曰皎皎。」有文士過之，見呼皎皎，爲釋其義，始悟樂天之戲，盖其種姓不明，取古詩云「皎皎河漢女」也。（《捧腹編》卷二，《續修四庫全書》影印明萬曆刻本）

⊙問頭詩

張祜《憶柘枝》詩云：「鴛鴦綉帶抛何處？孔雀羅衫屬阿誰？」白樂天呼爲問頭詩。祜曰：「明公亦有《目連經》。《長恨詞》云：『上窮碧落下黄泉，兩處茫茫皆不見。』此不是目連訪母耶？」（《捧腹編》卷五，《續修四庫全書》影印明萬曆刻本）

⊙空腹用心

章孝標及第後，寄白樂天曰：「及第全勝十改官，金鞍鍍了出長安。馬頭漸入揚州路，爲報時人洗眼看。」答曰：「假金方用眞金鍍，若是眞金不鍍金。十載長安得一第，何須空腹用高心。」（《捧腹編》卷五，《續修四庫全書》影印明萬曆刻本）

⊙酉陽雜俎・白舍人行詩圖

荆州街子葛清，勇不膚撓，自頸已下，遍刺白居易舍人詩，成式常與荆客陳至呼觀之，令其自解，背上亦能闇記。反手指其劄處，至「不是此花偏愛菊」，則有一人持盃臨菊蘗。又「黄夾纈林寒有葉」，則指一樹，樹上挂纈，纈窠鏁勝絕細。凡刻三十餘處（首），體無完膚。陳至呼爲「白舍人行詩圖」也。(《捧腹編》卷五，《續修四庫全書》影印明萬曆刻本)

⊙爭得水喫

白樂天之母因看花墜井，後有排擯者，以賞花、新井之作左遷，穆皇常題柱曰：「此人一生爭得水喫。」(《捧腹編》卷八，《續修四庫全書》影印明萬曆刻本)

⊙舊唐書・囁嚅翁

竇鞏性温雅，多不能持論，士友言議之際，吻動而不發，白居易等目爲囁嚅翁。(《捧腹編》卷八，《續修四庫全書》影印明萬曆刻本)

智按：許自昌，字玄佑，吳縣（今江蘇蘇州）人。天啟三年（一六二三）卒。

沈德符（一五七八～一六四二）

《徐清之秘書園亭招聽家伎六首》其四

風流白傅重新聲，教出鸞簫配鳳笙。不獨蠻腰并素口，紫綃菱角盡傾城。(《清權堂集》卷二雌蜺樓草，《續修四庫全書》影印明刻本)

《結夏十首》(之十)

畏景消遥詎偶然，漁歌牧笛晚風前。咏閒中好段柯古，賦酒難忘白樂天。粉本遠山生色畫，鉛毫蒼沼殺青編。澤癯偶爾深居久，未必儒生便列仙。(《清權堂集》卷六菜根菴草，《續修四庫全書》影印明刻本)

《慰貧用香山體》

齋柈何羨武昌魚，安步聊充下澤車。志墮掃來惟一室，隱堅愛處即吾廬。忍飢耻受胡奴米，罷選慵騎漫漢驢。百念不關餘習在，晨窗□了借鈔書。

日御難留欲繫繩，春裝未辦掛行縢。单栖老受長生藥，糲飯貧傳無盡燈。宿業尚纏身友蝨，雄心未戢夢呼鷹。窮雖可憎人差佚，歉歲農兼退院僧。

（《清權堂集》卷七鐵硯堂草，《續修四庫全書》影印明刻本）

《何處難忘酒用白題白體四首》

何處難忘酒，填膺閱季唐。徤兒屠鎮帥，闒尹樹天王。力小伓文敗，謀疎訓注亡。此時無一盞，終卷錫文皇。

何處難忘酒，神州嘆陸沈。青衣著懷愍，□□引□欽。嘯駭王夷甫，吟悲宗汝霖。此時無一盞，□激黍離心。

何處難忘酒，餘生付草萊。池邊鍜嵇吕，輞口答王裴。告墓誓不出，候門歸去來。此時無一盞，那得世心灰。

何處難忘酒，師□□□□。根將烹枸杞，城欲主芙蓉。過嶺笙偕鶴，投陂竹化龍。此時無一盞，仙侶枉相逢。（《清權堂集》卷七鐵硯堂草，《續修四庫全書》影印明刻本）

《秋暮咏懷用香山貧堅志士節病長高人情爲韵十首》

昔賢欲驕人，所恃乃賤貧。胸先横一物，氣豪失則均。貴後益著謙，實與倨傲隣。醉後益温恭，不如任天眞。何爲居逆境，道詘志反伸。狂呼鍜錫公，鷀洲竟沉淪。登牀叱挺之，幾喪浣溪身。所以栗里翁，誨子潁水濱。冷入縣令被，吐污丞相茵。七尺旣受役，安能免呵嗔。

百歲電泡爾，疇不慕長年。究竟命制之，修短非我權。玉局出從地，玉棺墮自天。劉安遇八公，雞犬凌蒼烟。彼雖欲眄身，自有清都緣。大丹紫汞煉，神鼎白石煎。尅日飛舉人，非久歸重泉。信哉服食誤，以藥求神仙。老任韓齒豁，卧甘邊腹便。幻軀聽大期，要豈金石堅。

男兒桑弧辰，便有四方志。道大數每奇，名高才爲祟。失路即旋軫，進退有餘地。惜哉破山劒，頑石僅一試。斂耀韜輝光，他年尚可冀。所貴識期運，匪直補黥劓。賦客感摇落，宫姬傷篋笥。泣固兒女情，悲亦丈夫事。柯笛亭中枯，神驥道旁棄。如意逢唾壺，始下英雄淚。

學劒一人敵，文章亦小技。天隨有至言，吾曹旣已士。奈何亂四民，甘同商賈鄙。亦有章甫人，貌儒心則市。謅相乃嘗液，得車因舐痔。身障士少簏，核鑽濬冲李。旁觀穢欲嘔，作者甘激齒。望塵車前拜，如絃道邊死。一水分足纓，寧以彼易此。爾固嗤愚公，我亦輕餘子。

壯士不羞飢，匹婦尚垂烈。精誠所感注，天地亦崩裂。西山歌虞夏，北海握禿節。荆卿笑倚柱，亞父怒舉玦。拳透清臣爪，衣染延祖血。思漢塚尚青，面嵩影不滅。冉閔奴僕才，得謚始致雪。堅貞出殊族，何况眞英傑。老去蠹書圍，寒至鶉衣結。要將剛百煉，試此途九折。

秋色從西來，商飇漸以勁。起坐開陳編，凛然生愛敬。書研別有田，孝友亦爲政。南陽梁父吟，東山洛生咏。托命效杜陵，長鑱白木柄。亦慕徐景山，時或一中聖。長慵謝沭櫛，何况膺召聘。霍禹大司馬，荀勗尚書令。位極反失權，觖望因貴盛。老矣甕牖中，憲也貧非病。

向愛柴桑詩，仲夏草木長。復意朱明景，未及素秋爽。吾廬吾亦愛，有托何用廣。樹老紅槎枒，波新緑沆漭。庭除落葉中，館宇寒流上。草堂雖無詩，亦似東西瀼。時泛剡溪舟，但匪石城槳。固哉阮遥集，欲知屐幾緉。浮生屈伸臂，世事反覆掌。三千世界内，不作往來想。

少亦慕貴達，不遇成吾高。懶草光範書，更鄙鬱輪袍。失馬乃免戍，亡羊纔補牢。未蠲合歡忿，粗釋臯蘇勞。噬窮始抉臍，蘭煎但因。智囊載厨車，次公到佩刀。已撫東陽槐，又咏玄都桃。從古忌獨醒，所以歠餔糟。圓坐酒盛盆，爛蒸瓠去毛。但少瘖子光，來醉王東臯。

無論今遲暮，少已不如人。雖無雞碑智，實媿龍性馴。最耻因人熱，妄將吾鼎珍。禮設非爲我，時受俗子嗔。對乏青眼見，交逢白頭新。欲卻胡奴米，先謝元規塵。醉侯離少室，漫士辭瀼濱。一嬰朝市網，永棄丘壑身。陋矣驚亭卒，懷綬驕買臣。晚達博早誅，何似歌負薪。

我家南渡初，世世習躬耕。本朝始輟耒，一經守伏生。穮蔉亦逢年，累葉絓簪纓。小子荷堂構，蹭蹬歸柴荆。坐擁南面書，樂豈減百城。倘云憎華膴，太詭非人情。神或號掠剩，鬼多瞰高明。畎畝服先疇，閉門種蕪菁。嘗嗤昌黎公，詩作不平鳴。典刑粗自存，敢遂肖老成。（《清權堂集》卷九醉經堂草，《續修四庫全書》影印明刻本）

《何處難忘酒讀史用香山勸酒題》

何處難忘酒，三分鼎未成。摅牀公路嘆，覽鏡伯符驚。皤腹燃郿塢，嶋聲隨易京。此時無一盞，抵几慟炎精。

何處難忘酒，元嘉失計初。宫中驕劭濬，閫外聽江徐。衛士瀦宫後，嬰兒貫槊餘。此時無一盞，誰弔宋淪胥。

何處難忘酒，初終晉宋時。竹林人把臂，蓮社客攢眉。洛下狂胡嘯，凌敲霸佐詩。此時無一盞，浩歎愴興衰。

何處難忘酒，生分共死傷。筑初辭易水，笛易起山陽。都尉悲胡服，明妃憶帝鄉。此時無一盞，斷盡九廻觴。（《清權堂集》卷十四蠟屐亭草，《續修四庫全書》影印明刻本）

《不如來飲酒再用香山題》

莫作逢時計，窮通數所司。功名棄繻早，富貴負薪遲。决絶思歸引，悲凉絶命辭。不如來飲酒，榮辱付醇醨。

莫想烟霄路，仙禪事總賒。周何生有累，晨肇返無家。石發因耽藥，疽成或餌砂。不如來飲酒，醉國甚幽遐。

莫被儒科賺，魚龍幾變成。浪仙官僅簿，昭諫榜無名。衣鉢虚陶鑄，編摩錮俊英。不如來飲酒，枕麯勝登瀛。

莫過貪華赫，高明與福俱。佳人填禁掖，甲第受洿瀦。赴市思黄犬，臨樓嘆緑珠。不如來飲酒，久享醉鄉娱。（《清權堂集》卷十四蠟屐亭草，《續修四庫全書》影印明刻本）

《壽錫山顧又玄都護顧家富聲伎》

勝侣吴趨袂可連，風流豪舉到君全。借名事美同元嘆，贈内詩成類彦先。日牖雁池親綺歲，風程鵬翮起初年。虎頭侯貴因投筆，鳥爪仙過或賜鞭。驛欵嘉賓頻赴鄭，魚留下客競依田。公卿執贄醇交洽，樵牧忘形社約堅。高卧窓安人栗里，宿酲身倚石平泉。編摩印指看成粉，書畫盈船嬾辨顛。汲到慧山茶竈水，煉來句曲水爐烟。華胥自譜音宫徵，淳寂堪分酒聖賢。松异支離鳴窅窱，花關詰曲貯嬋娟。著書晝擀樊通德，賭曲晴過白樂天。墨瀋茗甌新慧業，紅芽白苧舊因緣。欲驂鸞鶴先鶯燕，將奏琅璈暫管絃。採到朱櫻澆白酪，攀來文杏染紅顴。未論西母持觴至，蕚緑雙成已是仙。（《清權堂集》卷十七鵠城草，《續修四庫全書》影印明刻本）

《萬曆野獲編》

⊙致仕官

唐宋士人以致仕為榮，如白香山見之歌詠，以誌慶倖。宋陸務觀亦受人賀禮，詩集可考。蓋不特臣子以為幸事，即主上亦憂禮之。故唐令致仕官朝參，俱居本班之上，宋時致仕俱給半俸。今則不然。乃至內外考察，以致仕處年老及有疾者，而被論之善去者，與得罪之稍輕者，俱云着致仕去，於是林下之人，以致仕為恥矣。猶憶孫簡肅（植）生前，以刑部尚書請告，後以工部尚書起用，孫辭不赴，屢疏始允。得旨加褒語，以原官致仕。身後其家求先大父文其墓石，因於銜上入「致仕」二字，其家入石時抹去之，大父屢以古道規之不從。孫有子六人，一任子，一甲科，一乙科，而所見乃爾，真習俗之移人也。（卷十一吏部，中華書局本，第二八二頁）

⊙詩禍

正統十四年，福建剿賊都御史張楷作除夕詩云：「靜夜深山動鼓鼙，生民何苦際斯時?」又云：「亂離何處覓屠蘇，濁酒三杯也勝無。」又云：「庭院不須燒爆竹，四山烽火照人紅。」為給事中王詔所劾罷去。宣德中，楷先為御史，作詩以獻宣宗，意欲求進，罪之，賴學士陳循力救而免，至是終以詩敗。天順四年，江西萬安縣民羅學淵進所作詩三百餘首，名《大明易覽》，中有詠犬，詠蜜，詠蝨，嘲醜婦，及譏當道者，詞多謬安，上大怒，出其詩，命下獄訊治，集諸大臣廷鞫，坐妖言律論斬。弘治十二年，雲南副使趙炯作詩十二首，自序身諭孟密夷使入貢之功，以獻，上怒，降為運同。嘉靖四年，巡撫應天右都御史吳廷舉，陞南工部尚書，具疏辭中引白香山詩「月俸百千官二品，朝廷僱我作閒人。」又引張詠詩「可幸太平無一事，江南閑殺老尚書」，末又用「嗚呼」二字，上怒，令致仕。又嘉靖十七年，上幸承天府，都御史胡纘宗作詩紀上南巡，末句云「穆王八駿空飛電，湘竹英皇淚不磨」，又云「東海細臣瞻巨斗，北樞中夜幾曾移」，自刻而勒之石。後為讐家任邱王聯所訐，指為詛咒譏訕。上震怒，逮下詔獄，拷掠論死，後宥戍極邊。此等拙筆，無論為頌為規，要無佳句，何足塵乙覽？時兩英主在御，宜乎得罪。此比蔡確《車蓋亭詩》不及遠甚，直如古人目為「斬準惡詩」可也。張楷，浙江慈

溪人。吳廷舉，廣西蒼梧人。胡纘宗，陝西泰安人。……（卷二十五評論，中華書局本，第六三五～六三六頁）

⊙禪林諸名宿

竺乾一時尊夙，盡在東南，最著則為蓮池、達觀兩大宗主。然二老行徑迥異：蓮專以西方直指化誘後學，達則聰明超悟，欲以機鋒言下醒人；蓮枯守三條，椽下跬步不出，達則折蘆飛錫，所在皈依。二老各立教門，雖不相下，亦不相笑。其後達老示寂獄中，蓮拊膺悼歎，亦微咎其昧於明哲，如白香山詩云：「當君白首同歸日，是我青山獨往時。」寓意甚遠，非幸災也。大抵蓮老一派主于靜默，惟修淨土者遵之。而達老直捷痛快，佻達少年驟聞無不心折。其時雪浪洪恩，本講經法司，而風流文藻，辨博自喜，有支郎蓄馬剪隺之風，則蓮老頗不謂然。蓋近日叢林議論，崇尚宗門，主於單刀入陣，寸鐵殺人，而鄙禪修為齷齪。如雪浪輩不禪不宗，又欲兼有禪宗之美矣。憨山歸自粵中，聲譽轉盛，來游吳越，一時俊少，以得奉盤匜滌溲器為幸，而大家妻女檀施，悲泣求片語拔度而不得，蓋雪、憨所至皆然。雪先下世，憨則至今神旺如盛年，乃謦欬間，多趨縉紳談時局，以是信向者愈繁。又作達老塔銘，語含譏諷，識者遂微有後言。至如近日宗門諸名下，爭以壇坫自高，相駁相嘲，以至相妒相詈。真一解不如一解矣。（卷二十七釋道，中華書局本，第六九三～六九四頁）

⊙土官職名

本朝土官之名，多仍元舊。如宣尉使始於唐，不過一時因事而設，初非兵官，亦非守土吏，事定即罷。又如宣撫使則始於宋，其事權最重，文武大臣至兩府始得拜。而安撫使少次之，尚得專僇大將。今去「使」字，為從四品從五品官，且屬都司或府鈐轄，而卑極矣。至若招討使一官，在唐為制將，遇外夷不廷，及藩鎮違命，始暫設遣征。吐突承璀以宦官得之，白居易力諫而改命，其重可知。今秩亦與安撫同，然今海內惟四川有天全六番招討使司一衙門，他方更無此官，不知何故？然而正副兩招討，一高氏，一楊氏，世相婚姻，世相讐殺，僅通西番入貢之路耳，無能為西陲藩蔽也。（卷三十，中華書局本，第七五九頁）

智按：沈德符，字景倩，又字虎臣，嘉興（今屬浙江）人。萬曆四十六年（一六一八）舉人。精音律，熟諳掌故。有《清權堂集》、《萬曆野獲編》。

淩濛初（一五七八～一六四四）

《拍案驚奇》

詩云：近有人從海上回，海山深處見樓臺。中有仙童開一室，皆言此待樂天來。

又云：吾學空門不學仙，恐君此語是虛傳。海山不是吾歸處，歸即應歸兜率天。

這兩首絕句，乃是唐朝侍郎白香山白樂天所作，答浙東觀察使李公的。樂天一生精究内典，勤修上乘之業，一心超脱輪回，往生淨土。彼時李公師稷觀察浙東，有一個商客，在他治内明州同眾下海，遭風飄蕩，不知所止，一月有幸，才到一個大山。瑞雲奇花，白鶴異樹，盡不是人間所見的。山側有人出來迎問道：「是何等人來得到此？」商客具言隨風飄到。岸上人道：「既到此地，且繫定了船，上岸來見天師。」同舟中膽小，不知上去有何光景，個個退避。只有這一個商客，跟將上去。岸上人領他到一個所在，就象大寺觀一般。商客隨了這人，依路而進。見一個道士，鬚眉皆白，兩旁侍衛數十人，坐大殿上，對商客道：「你本中國人，此地有緣，方得一到。此即世傳所稱蓬萊山也。你既到此地，可要各處看看去麽？」商客口稱要看。道士即命左右領他宫内游觀。玉臺翠樹，光采奪目。有數十處院宇，多有名號。只有一院，關鎖得緊緊的，在門縫裏窺進去，只見滿庭都是奇花，堂中設一虚座。座中有褥，階下香煙撲鼻。商客問道：「此是何處？卻如此空鎖著？」那人答道：「此是白樂天前生所駐之院。樂天今在中國未來，故關閉在此。」商客心中原曉得白樂天是白侍郎的號，便把這些去處光景，一一記著。别了那邊人，走下船來。隨風使帆，不上十日，已到越中海岸。商客將所見之景。備細來稟知李觀察。李觀察盡録其所言，書報白公。白公看罷，笑道：「我修淨業多年，西方是我世界，豈復往海外山中去做神仙耶？」故此把這兩首絕句回答李公，見得他修的是佛門上乘，要到兜率天宫，不希罕蓬萊仙島意思。

後人評論:「道是白公脫屣煙埃，投棄軒冕，一種非凡光景，豈不是個謫仙人？海上之説，未為無據。但今生更復勤修精進，直當超脱玄門，上證大覺。後來果位，當勝前生。這是正理。要知從來名人達士，巨卿偉公，再沒一個不是有宿根再來的人。若非仙官謫降，便是古德轉生。所以聰明正直，在世間做許多好事。如東方朔是歲星，馬周是華山素靈宫仙官，王方平是琅琊寺僧，真西山是草庵和尚，蘇東坡是五戒禪師，就是死後或原歸故處，或另補仙曹。如卜子夏為修文郎，郭璞為水仙伯，陶弘景為蓬萊都水監，李長吉召撰《白玉樓記》，皆歷歷可考，不能盡數。至如奸臣叛賊，必是藥叉、羅刹、修羅、鬼王之類，決非善根。乃有小説中説：李林甫遇道士，盧杞遇仙女，説他本是仙種，特來度他。他兩個都不願做仙人，願做宰相，以至墮落。此多是其家門生、故吏一黨之人，撰造出來，以掩其平生過惡的。若依他説，不過遲做得仙人五六百年，為何陰間有『李林甫十世為牛九世倡』之説？就是説道業報盡了，遼歸本處，五六百年後，便不可知。為何我朝萬曆年間，河南某縣，雷擊死娼婦，背上還有『唐朝李林甫』五字？此卻六百年不止了。可見説惡人也是仙種，其説荒唐，不足憑信。」

小子如今引白樂天的故事説這一番話。只要有好根器的人，不可在火坑欲海戀著塵緣，忘了本來面目。……（卷二十八 金光洞主談舊變　玉虚尊者悟前身，上海古籍出版社《拍案驚奇》下册，第四八四~四八五頁）

《二刻拍案驚奇》

卻説唐朝侍郎白樂天，號香山居士，他是個佛門中再來人，專一精心内典，勤修上乘。雖然頂冠束帶，是個宰官身，卻自念佛看經，做成居士相。當時因母病，發願手寫《金剛般若經》百卷，以祈冥佑，散施在各處寺宇中。後來五代、宋、元兵戈擾亂，數百年間，古今名跡海内亡失已盡，何況白香山一家遺墨，不知多怎地消滅了。唯有吳中太湖内洞庭山一個寺中，流傳得一卷，直至國朝嘉靖年間依然完好，首尾不缺。凡吳中賢士大夫、騷人墨客曾經賞鑒過者，皆有題跋在上，不消説得；就是四方名公游客，也多曾有讚歎頂禮、請求拜觀、留題姓名日月的，不計其數。算是千年來希奇古蹟，極為難得的物事。山僧相傳至寶收藏，不在話下。（卷之一 進香客莽看金剛經，

出獄僧巧完法會分，上海古籍出版社本《二刻拍案驚奇》上册，第三頁）

智按：此則故事又見《古今圖書集成》神異典第一百六卷佛經部紀事四第二一～二二頁：「明嘉靖四十三年，東南郡縣大荒。蘇州洞庭山某寺，有唐白樂天所書金剛全卷，為鎮寺至寶。是年，寺眾饑。主僧不得已，取此經質山塘王宦米五十石為食。越歲，王宦呼主僧至家，願施前米作齋僧用，以經還寺。僧歸過湖，對眾稱揚王宦大德。舟眾共求一看，纔展開時，風大作，竟揭經前數幅，飄空入雲而去。僧懊悔不已。三年後，忽有一上官，聞此經名，陷王僧以他事，禁獄逼獻經。至以非全卷，不愜意，釋僧罪，仍以經還之。僧過湖，風又大作，昏黑，艤舟入一深村避風，登岸索火，詣一老漁戶家，壁間粘前所失經數幅，毫無傷損。漁戶姓姚，詢之，但云：前三年有火光一道，墮田中，驚視之，是字紙，因粘於壁。僧向經悲泣，頂禮呼護法韋馱不休，曰：『非兩番神風顯異，此經必入權門，不得完璧鎮寺矣。』因備述顛末，漁戶驚感，遂改業務農。又出重貲裝裹，每歲遇得經還經之日，必往寺展禮，壽八十二，無疾終。」

詩云：在天願為比翼鳥，在地願為連理枝。天長地久有時盡，此恨綿綿無絕期。

這四句乃是白樂天《長恨歌》中之語。當日只為唐明皇與楊貴妃七月七日之夜，在長生殿前對天發了私願，願生生世世得為夫婦。後來馬嵬之難，楊貴妃自縊，明皇心中不舍，命鴻都道士求其魂魄。道士凝神禦氣，見之玉真仙宮，道是因為長生殿前私願，還要復降人間，與明皇做來生的夫婦。所以白樂天述其事，做一篇《長恨歌》，有此四句。蓋謂世間惟有願得成雙的，隨你天荒地老，此情到底不泯也。……（卷之六 李將軍錯認舅，劉氏女詭從夫，上海古籍出版社本《二刻拍案驚奇》上册，第一二二頁）

智按：又見《今古奇觀》第九卷「劉翠翠長恨情難圓」。

淩濛初，字玄房，號初成，別號即空觀主人，烏程（今浙江湖州）人。副貢生。崇禎初年，授上海縣丞，官至徐州通判。著有《國門集》，及雜劇《虯髯翁》、《北紅拂》等。編有《南音三籟》及短篇小說初刻、二刻《拍案驚奇》，後人稱為「二拍」。

陳仁錫（一五七九～一六三四）

《荒政考上·人主》

……憲宗以久旱，欲降德音，翰林學士李絳、白居易上言，以爲欲令寔惠及人，無如減其租稅。又言宫人驅使之餘，其數尤廣，宜出之，請禁諸道，横歛以克進奉，禁嶺南、黔中、福建多掠良人，賣爲奴婢，皆如其請。……（《陳太史無夢園初集》勞集三，《續修四庫全書》影印明崇禎六年刻本）

《奇賞略紀》

……孫樵曰：「爲史官者，明不顧刑辟，幽不見神怪，若梗避於其間，其書可燒也。」不可無此膽，白居易不經鍊處，太逢迎老嫗邪。劉禹錫《與宗元書》端而曼，苦而腴，佶然以生，癯然以清，已嚼出柳文佳處。柳宗元《獻平淮夷雅表》有方剛之力，不得備戎行，致死命，況今已無事思報國恩，獨惟文章，李商隱序、元結文，如以萬世換人一朝，李白、王維文極佳，正爲各帶詩賦氣，未為大作手。權德輿曰：或以興亡有數，則但取瞽聾者而相之，立土木而尊之可矣，如云文章與時高下，斯言請三復。（《陳太史無夢園初集》馬集四，《續修四庫全書》影印明崇禎六年刻本）

《説山水》（義興山長水遠，余今所存者，鼠之竹也，十忘其三矣）

……九陽江之水，不入蕪湖，反東注震澤，下又有吳江岸之阻，而震澤之水積而不洩。記云：岳國君章雄麗峙於前，都柯陽計蜿蜒拱其後，兩溪夾翼於肩脅，百瀆分疏於尾閭，西北則洮滆遠引乎三江，東南則具區震蕩乎二曜。《寰宇記》「宜興山長水遠」，此一評可作一部荆溪志。李端詩（送宜興元少府）：「路長人返顧，草盡燕回飛。」張祜詩：「山暝水雲碧，月涼烟樹青。長橋深夜影，遠櫓下溪聲。」皇甫冉詩（酬裴十四）：「舊國想平陵，春山滿陽羡。」（題高雲客舍）「惟將山與水，處處諧眞賞。」（三月三日同義興李明府泛舟）「處處藝蘭春浦緑，萋萋藉草遠山多。」（送蔣逸人歸義興）「長帶溪沙淺，時因山雨深。」皆可誦也。若姚舍詩《送喻校書歸陽羡》：「山春烟樹衆，江晚遠帆踈。」孫覿詩（題溪亭）：「雲蘿屬地青霞帔，雨莢塡溝赤岸錢。」方干詩（贈陶詳隱居陽羡）：「竿底細鱗輸釣伴，花邊白犬吠黃鶯。」李嘉佑詩：「淺溪通野水，緑茗滿春山。」王昌齡《東溪翫月》：「澄清入幽夢，影破抱空巒。」白居易《送李較書寒食歸義興山居》：「到舍將何作寒食，滿船唯載樹陰歸。」趙孟頫詩：「初日出雲光射地，雙溪入湖波接天。」若太白「緑水清以閒，白雲有時來」句，可謂遊過荆溪數遍也。方逢時《義興八景》有序云：「壯年奇趣，消磨澌盡，追憶舊遊，慚無惠政，而佳山佳水，自知無恙也。」八景曰：龍池夏雲、蛟橋秋月、洴洌雪篷、國山烟寺、陽羡茶泉、畫溪花浪、玉潭凝碧、銅峯疊翠。（《陳太史無夢園初集》江集二，《續修四庫全書》影印明崇禎六年刻本）

《丁大理白門草序》

大理茂嘉丁公糸岳，玉陽翁之仲子也。夙承家學，早舉于鄉，八上春官，僅終棘寺。嗟乎！公固志士也。公生而即以功名矢，以士不繇制科起家，即不得有所發舒，故公平生孜孜一第，短檠一編，披帷斯在者，如處女閉户，愁人仰屋，蓋不知其爲貴介公子，為少年賢書，且至爲家人產中落，而捉襟稱貸也，又何論米鹽臧獲矣。嗟乎！公真志士哉！……惜乎，天既悋之一第，又奪之一官，可見者僅有此數首詩耳。即公之于詩，素饒吟趣，而一生不敢以分，帖括之餘晷，吏隱哦松，始有此帙。此固公駸駸五言長城，七言絕頂之發軔，而天又奪之于詩矣。長君禹卿弗忍散落而鐫之，謂予不佞，兩家祖父師友，淵源子孫，纏綿姻婭，而予又先後同公上春官者最久，知公莫若予。故特因公之詩，而闡公之志，與公之遇，若此以公之志，與公之遇，跡公之詩，則當年短檠孜孜之意，一段憤光，猶出紙背，毋乃開元、大曆之不足，而可以怨之有餘乎？雖然，公葛天人也，唐虞猶屬雕鏤，所以公坳而人，咸知有公長者也，則公之爲人，如白香山，詩解到老妪矣，又何必更言公詩乎，相與言公可矣。（《無夢園遺集》卷二，《續修四庫全書》影印明崇禎八年刻本）

智按：陳仁錫，字明卿，號芝臺，長洲（今江蘇蘇州）人。天啟二年（一六二二）壬戌進士第三，天啟七年（一六二七）因忤閹黨魏忠賢而削籍，崇禎初召復故官，累遷南京國子監祭酒。有《無夢園集》、《重訂古周禮》、《四書考》等。編有《明文奇賞》四十卷（天啟年間刻本）。事迹具《明史·文苑傳》。

姚希孟（一五七九～一六三六）

《游洞庭諸剎記》

西洞庭多古寺，有十八招提之目。余次序游之。十七日，從包山至羅漢塢有寺，廢而將興，上方寺亦蒼涼，無足觀。是日，登縹緲。循山後坡陀而下，問西湖寺宿焉。寺衰颯，將成菜圃。賴沈朗矊修淨因於此，而某生新之。坐稍定，有聲洶然鳴，以寺逼西太湖，奔濤震響，霜月之下，倍覺悽清。夜半夢醒，巨聲轟磕，欲排匡牀，使我神骨俱慄。詰旦，緣湖入村塢，朱實黃離，與旭光相炤，此昔人所謂「好景君須記」也。將抵水月寺，長松夾道，寺前銀杏數本，大可合圍，霜葉凌舞，令人鬚眉古淡，摩石碑，讀白香山、蘇滄浪二詩，迂道觀無礙，泉涓涓一泓而已。……（《循滄集》卷一，《四庫全書存目叢書》影印明清閟全集本；鄭元勳《媚幽閣文娛》卷七，《四庫禁毁書叢刊》影印明崇禎刻本；《古今圖書集成》山川典第九十六卷洞庭山部藝文一第一七～一九頁）

《伯舅文起先生六十壽序》

司馬君實在洛中為堂，于獨樂園讀書既勸，投竿取魚，執袵采藥，决渠灌花，揉斧斫竹，擅天下之至樂，乃其傲世之言曰：叟之所樂，世之所棄，推以與人，人皆不取，故自號曰迂叟。叟之在洛也，與劉貢甫、范淳甫輩開秘閣，纂千三百年之事，成通志一書為職業，而與文寬夫、富彦國輩十三人置酒賦詩，訂洛社耆英之會為遊息，君實於耆英中齒最少，而倜然自命曰叟，蓋未六十而叟也。……其為先生祝者，言乎壽則如寬夫，出入將相，終躋武公之年，言乎樂則如裴中立，功成身退，築午橋，開緑野，與白樂天、劉夢得諸子，把酒窮日夜相歡，而涑水氏皆非得全于天者，獨其介在潛躍，身關泰否，兩者巧相符，故僭為論次若此。以某之無似，夙為先生所憐愛，其同官禁近，如汲長孺之司馬安今先生，迫子蒲輪將黽勉就道，正君實從陳州過闕之時矣，東山未許久卧，請以安石别墅，乞與甥羊曇，可乎？先生一笑而頷之。(《響玉集》卷四壽序，《四庫禁毁書叢刊》影印明清閟全集本)

《西湖遊記序》

凡遊覽所及，不能形諸記咏，則林嵐草木，亦有暗投之。嗟然惠徽寸管，描畫山靈，濃淡合離，存乎其文，亦存乎其人。繡腸綵筆，昭回雲漢，而鉅麗焜煌，止堪廊廟，施之丘壑，不勝傖父泬寥蕭寂之致，悽其搖落之托，使人儆然獨往，峭然興悲，其於玄對，庶幾近之。又恐墨液已枯，文波垂竭，譬如童山不滋卉植，涸澤不興雲雨，何以寫烟姿之滅沒，極丰茸之怪偉。至於造境，更多區别，或疏觀曠遠，或仄徑孤幽，或韶麗熙和，或森寒慘澹，喜則冶服靚粧，悲則啼痕顂頞，豈關强適，亦非造哀，若繁商而度房中之曲，和簧而送廣柳之車，其於性情，不逾遠乎？古多遊記，獨推柳州。然子厚方為遷客，驚風密雨，縈繞胸懷，鈷潭石澗之間，所謂悄愴幽邃，悽神寒骨者，風鳴谷響，疑於山鬼、招魂之章，物之相物，不謀而應，彼化工者，又偏使慘顇無聊之人，與斷崖荒楚結為知己，并將此抒悲排悶之事，留與後賢，而禊辰良讌，則逸少發其趣；花源靈蹟，則元亮繪其眞。人與地，山水與文章，以為不從其類，吾不信也。吾友曾大雲氏，文章吏治擅天下，以直道左於時，亦以直道見知於時。其官介於浮湛吏隱，憔悴不若子厚，曠達不若逸少，遐舉不若元亮，而能兼菆其勝，觸緒痗心，不啻靈均之睠，顧宗國而登山臨水，釃酒賦詩，能傳麗景光，以陶寫其鬱紆，不至于邑侘傺。如昔人所謂無復之者，天懷所近，與人事機緣所環集，殆可望香山居士、玉局翁之芳塵，而徐步其後。夫此兩君子，皆與武林作緣者也。聖湖之水静而文，六橋三笠諸勝艷而幽，論山水之性情，眞有好色不淫，怨誹不亂之意，宜為白蘇所躭賞，後之君子，起而紀之咏之者不乏，然考班按部，如余所謂人與地，山水與文章各從其類，并前人與後人亦以類相從者，舍旃何適乎？若香山之放江州，而記廬山草堂；玉局之寓黄州，而賦赤壁，正大雲之宛遊時也。余知之最稔者，姑為譜歲月前後，以觀厥成。(《響玉集》卷八集序，《四庫禁毁書叢刊》影印明清閟全集本)

《兗東道趙駐同》

都門一別，彈指間不知幾番陵谷。年翁牙幢熊軾坐鎮海東，目下叛逆遊魂，尚未就縛，整軍經武犄角成功，或亦年翁處囊未見之時乎？吾輩驅馳王路，苟可隨時自奮，則殫力盡瘁，應所不惜。今之雍頌廟堂，坐登槐棘者，自是一種驕子，非有心人所健羨，知年翁不以鄙言為迂耳。弟本迂疏腐儒，而久為鷹眼之刺，今得以微罪行，幸矣。江空歲晚之感，何異白香山「殘燈無焰」一絕，捧覽不勝愴懷，至於去國之人，重承睠注，則年翁高誼，層霄不足喻矣。率爾裁報，不一一。（《文遠集》卷二十五書牘，《四庫禁毀書叢刊》影印明清閟全集本）

《錢前輩御冷》

昨歲將出都門，忽接老先生手教，盱衡世故，娓娓盈篇，咀嚼迴環，不勝嘆服。夫楸枰往復數十年於茲矣，即使一全是一全非，而有晝必夜，有春夏必有秋冬。神廟時，猶以功名角，此十年中，皆以性命角矣。魂遊北寺，首揭藁街，從史册中見之，尚堪骨戰目擊，耳聞之餘相尋覆，輒非有狂藥入心，不可救療。必是夙命業緣，不償不止耳。至於曹分畛別，藤牽蘿絓，不肖每以虛舟之見謾為品評，絕非君厨俊及。元祐紹聖之局，直是中唐牛李之局耳。漢宋是非，别於蒼素，若唐之牛李，其源自李絳、李吉甫兩相，而分材品自有軒輊，牛李互懷愎忮，修怨無已，贊皇功名意氣，籠罩一時，名流豪雋，樂為皈附，然而奇章清約自持，即以廣大化主如白香山，亦喜牛而惡李，則牛可盡抹摋哉！有開千古之眼者，以今況古公案，皎然惜哉！長安道上，盡從詩云子曰中來，而中立不倚一句，皆抹去不讀，有讀者兩疑而擯之，如不肖之以微罪行，猶可謂及於寬政，此後尚不知作何布算也。至不肖尚有一種心曲，恐不見諒於老先生，而貽書慰藉，情文沃靄，然則當世之迹疏，而神照徑睽而旨契者，孰踰老先生，海內一人死不憾矣。瑶箋珍貺，輝映雀羅，後進疏慵，益用為媿，率爾布謝，尚圖嗣陳。（《文遠集》卷二十五書牘，《四庫禁毀書叢刊》影印明清閟全集本）

《韓前輩求仲》

湖州山水清遠，賓客非有事於其地者不至，此蘇長公語，而老先生於三十年前，辛丑之春初下交時，即以此言柑訂，髣髴猶昨日耳。廼從塵鞅中，出没顛倒，素面為緇，緇髩改素，而所謂清遠之鄉，盈盈衣帶，若不勝溯洄之難，即元禮門庭，原非孤峻，鄭僑末座，可望攀躋，而半阻躊躇，半奪塵冗，惟有撫迷陽而增嘆，對朗月以興懷而已。老先生萬卷之樓，奪於一炬，雖腹笥具存，足供翻繹，而朝夕婆娑，何以自遣？豈造物有意，如當年白香山忠州之命將下，先遣鬱攸收其丹竈耶？不肖迹與心左，動為世猜，已不當竄名仕版，而功令森凛，若從家園，請告有類驕蹇日下，不得不一赴留署，又與清光稍遠矣。棲霞牛首間，不妨作芒屩遊，先生其有意乎？如此邂逅，正便於傾倒也。……（《文遠集》卷二十六書牘，《四庫禁燬書叢刊》影印明清閟全集本）

《南京大理寺鄉徐良彦勅命》

制曰：國家定鼎之後，兩京相望，九列共張，廼有弼教之官，轉作優閑之任，如白居易分司於東洛，司馬光留臺於西京，何忍長材置茲散地，一則優其禄賜，稍供舒嘯之資，一則節彼勤勞，更裕仔肩之重。況驚魂甫定，沉痛方蠲者，始予新階徐收後効爾。某以豫章楩梓之奇，備王國楹櫨之用，花封雨露，雉隴來威鳳之棲；栢署冰霜，豨喙畏神羊之觸。……（鄭元勳《媚幽閣文娱》卷五，《四庫禁燬書叢刊》影印明崇禎刻本）

《禮科給事中張心鏡勅命》

勅曰：昔漢張普惠作司諫，任城王澄謂之曰：不喜君得諫議，喜諫議得君耳。唐張方同抗疏朝政，精神昂然，玄宗稱其為忠，此皆諫垣美談，在孝友之裔，則傳家故事也。爾禮科給事中張心鏡，金石礪躬，水霜剉骨，花封三仕，單足清比，姑臧茂宰，五年慈父，惠同長葛，遂以治平之上，選作予禁闥之親臣。玆受事數月耳，碧枝未冉，皂囊屢騰，鐵補闕聲震抨彈，緊拾遺忠含獻替。方烏烏集升平之第，猶白馬入光武之朝。……韓魏公七十餘章，不妨頻頻自副；趙忠簡三十六事，何難一一朱銷，常令日映丹心，乃見風生青瑣，毋戒心于仗馬之斥；共看去鳥啣環，第和衷為鳴鷺之求。終令遊魚得水，借爾侃直，開我臣鄰，玆用覃恩，改授徵仕郎，錫之勅命。昔唐臣白居易之言曰：諫臣之選甚重，而秩甚卑，重選者，使下不忍負心，上不忍負恩也。卑秩者，使位不足惜，身未足愛也。余聞此語，唯恐崇獎之未至，無以發謇諤之氣，雖然，爾豪傑也，詎待文王興哉！（鄭元勳《媚幽閣文娱二集》卷七，《四庫禁毁書叢刊》影印明崇禎刻本）

智按：姚希孟，字孟長，號現聞，長洲（今江蘇蘇州）人。生十月而孤，母文氏勵志鞠之，稍長與舅文震孟同學，竝負時名。萬曆四十七年（一六一九）己未進士。改庶吉士。崇禎元年起左贊善，歷右庶子，官至詹事府詹事。有《公槐集》六卷，《響玉集》十卷餘一卷，《棘門集》八卷，《沆瀣集》五卷，《松瘿集》二卷，《文遠集》二十八卷補。另有《循滄集》二卷，上卷十三篇，皆游太湖、洞庭所作，下卷十五篇，則平生所作南北游記。生平見《明史》卷二百十六本傳。

魏浣初（一五八〇～一六三六）

《不如還獨坐（擬白）》

新詠從今歇，陳篇莫更删。縱饒凌鮑謝，曾不救飢寒。驅使愁花鳥，雕鐫苦肺肝。不如還獨坐，枯伴蠹魚殘。（《明詩紀事》庚籤卷二十三，《續修四庫全書》影印清陳氏聽詩齋刻本）

智按：魏浣初，字仲初，一字仲雪，常熟（今屬江蘇）人。萬曆四十四年丙辰（一六一六）進士。有《四如山樓集》，不傳。今存《詩經脈》八卷（《四庫全書》本）、《蹁庵集》不分卷（中國國家圖書館藏明抄本），《四留堂襍著》不分卷（中國國家圖書館藏清抄本），《四留堂雜著》二卷（湖南圖書館藏清咸豐間抄本）。按《蘇州府志》：魏浣初，字仲雪，萬曆丙辰進士，謁選當作縣，自念為諸生時，苦志文藝，欲秉鐸課士，以發其胸之所儲，遂改嘉興府教授，執經者恒滿，浣初悉為講論，德藝一如家塾之課子弟者。署海鹽、桐鄉二縣，有惠政，遷南京戶部主事，差榷蕪湖，商民有清水之頌，遷禮部員外，晉吏部郎中，革弊興利，不以南為冷曹自委，陞廣東僉事，分巡嶺南，擒巨盜李魁奇、鍾國讓等，陞參政，提學廣東。公慎明允柄，無旁假文，有未善，每召諸生，面為指授，衡文之官，罕有其比。蓋生平醉心於文，故不自知其勞瘁也。卒於官。為人清隘自好，喜為詩，得元白意，所著詩文集十二卷。弟沖，字叔子，崇禎庚午舉人，與兄齊名，一時名士，多從之游，詩亦倣元白體。(《古今圖書集成》官常典第六百八卷督學部名臣列傳第一二頁；文學典第一百十一卷文學總部列傳九十九第一四～一五頁；清光緒九年刊本《（同治）蘇州府志》卷九十九與此字句略異）《明詩紀事》引《馮舒懷舊集》云：「仲雪少為詩喜袁中郎，晚好湯義仍，余竊笑之，君因自祕，不以示余。每謂人曰：若家詩法與我異，愧不得當也。晚而讀白傅集，頗得其意。」

李植（一五八四～一六四七）

《初拜忠州作》

一壑松楸偃蹇身，佩銅聊欲慰慈親。州名有義民須厚，地勢無偏道亦均。白傅浙江詩意苦，敬輿遷峽肘方新。何如放迹紆殊渥，甘旨萱堂祝萬春。(《澤堂先生續集》卷三，《韓國文集叢刊》本）

《雲水菴，訪應祥長老》

山形祖印屹相參，下有曹溪水亦甘。一錫卓基初敞宇，四禪棲影別開龕。香雲晝覆金爐焰，亂石晨聽玉麈談。頗憶青衫白司馬，老投廬阜結茅菴。(《澤堂先生續集》卷五，《韓國文集叢刊》本）

《李蒼石　挽》（三首其三）

經幄三朝舊，書帷一壑深。方聞祈大斗，何意貫喬岑。寶鑑中興策，金針後崑箴。流傳長慶體，千古見徽音。(《澤堂先生續集》卷五，《韓國文集叢刊》本）

《次東淮舟中示韻》（二首其二）

龍門休白傅，燕寢侍黃香。江漢看歸楫，晨昏好奉觴。向來名作祟，何似醉爲鄉。彷彿桐江叟，垂綸不姓莊。(《澤堂先生續集》卷六，《韓國文集叢刊》本）

《學詩準的》

歐陽公晚年，取平生所爲文，自編次今所謂《居士集》者，往往一篇數十過，有累日去取不能决者。白樂天詩流便暢達，若無事於鍛煉者，而後人有得其草本，點竄甚多。古人於文章，不肯草草如此，吾輩可不服膺！（《韓國詩話全編校注》，人民文學出版社，二〇一二年版，第一五六四頁）

古人稱白樂天與劉禹錫游，人目以劉白，而不陷八司馬黨中；與元稹游，人目以元白，而不陷北司馬黨中；又與楊虞卿爲姻家，爲李文饒所忌嫉，而不陷牛李黨爭中，是固然矣。然元、劉皆身有玷累，而樂天與之厚善，至老死而交情不渝，亦可謂篤厚長者矣。行身則特立獨行，不染滋垢；處人則舍短取長，不忘久要。斯其所以爲樂天乎？（《韓國詩話全編校注》，人民文學出版社，二〇一二年版，第一五九〇頁）

白香山年十八，病中有詩曰：「久爲勞生事，不學攝生道。少年已多病，此身豈堪老。」此豈未弱冠之人所道語？然樂天壽貴兼至，年近八秩而終，亦未可知也。且此是樂天少作，而宛然長慶風調，乃至文章韵趣，本出於天得，未嘗有老少之異也。（《韓國詩話全編校注》，人民文學出版社，二〇一二年版，第一六〇五頁）

《疏菴先生言行録》

公晚好濂洛書，研究多自得。每言王陽明雖博辯善遁，吾觀其語脈，自有破綻難掩處。欲著論而明之，亦不及。少時，好觀奇勝。嘗遊金剛遇異僧，窮到九龍淵古今人跡不到處。有行録傳于世。後三十年，余入金剛，聞寺僧苦擔輿，仍問此事孰創？曰楊府使士彦也。曰有不輿者乎？曰惟任進士某云。公爲持平，有所嫌，詣闕引避而退。是夜，無所病而卒。隣有老嫗言，昨夢吏人持青紙赤管，急索任持平家，正其易簀時也。前卒之數歲，頗有異説傳世，如白樂天、王安國事，及歿皆驗。公異人也，其生死必有先兆，世或以仙解稱之，豈其然乎。……（見任叔英《疎菴集》，《韓國文集叢刊》本）

智按：李植，字汝固，號澤堂先生，德水人。有《澤堂先生集》。

孫奇逢（一五八四~一六七五）

《中州人物考》

⊙党中丞以平

平字守衡，其先自平陽徙禹州，正德甲戌進士。管倉淮安餉，事清簡，日與諸生講學論文，東南高士，多從遊者，時閹宦用事，屢犯其怒，使校日夜踪跡，無所得乃已，武宗新收家將朱乾等六百名，直入臺基廠取馬草，平禁之，責發兵馬司獄，提督太監江彬面奏上，朱乾率數十人，執平至豹房，彬又奏上，上竟釋之。所涖諸差，盡心職守，加意民瘼，大司徒秦公嘆曰：「爾才十倍，某不能及。」吏部擬提學外補，秦公留之曰：某老矣，部事全賴此官整理。疏上，中止。冢宰廖公招與相見，避嫌不往。廖益重之，轉浙江温處兵備副使，清節表表，貪污者望風遯去。温處軍素驕，因餉激變，教塲中樹旗幟為亂，平往諭之，曉以恩信，衆皆首伏，即日解散。倭夷讐殺，為地方患，獲海賊五百人，憲臣欲以為功，喜謂平曰：「我列公功，以聞於朝，例當封侯。」平訊其為海中漁人，為賊所掠悉，縱之曰：「殺無辜以幸賞，吾不為也。」以副都御史協理院事，家居三十四年，權門要津，不通一字。太監黃錦，南行過訪，許以起用，比歸再過，不復出接。語人曰：「刀鋸之餘，薦天下豪傑，司馬子長之所恥也。元稹晚依閹宦而相得，豈如白居易之為全節耶?」内外臺諫，前後薦舉二十二疏，若罔聞知，亦有大臣以書勸之起者，反貽書勸其歸，既而大臣被譴，人咸服其高識。

野史氏曰：公忤朱乾、江彬而不動，自不肯殺無辜以幸賞，定亂軍係夙昔風采，有所以見信於衆者，非取辦於臨時也。家居三十餘年，其品望自是鳳翔千仞。(《四庫全書》本《中州人物考》卷四清直)

《尚論篇下》

唐以秦王世民爲天策上將，開館延賢杜如晦、房玄齡等十八人，並以本官兼文學館學士，士大夫得預其選者，時人謂之登瀛洲。圖功臣長孫無忌等二十四人於凌煙閣。按凌煙二十四臣，蓋象二十四氣，所以輔天而宏化也。

長孫、房、杜諸公，開國保邦，功雖大小不侔，庶幾可當此選。李勣贊立武后，侯君集、張亮躬爲叛臣，信乎，知人之哲，惟帝其難之。白居易清修忠諒，元和以來名臣，香山九老亦是暮年快事。五星聚奎，周顯德中，竇儼與盧多遜、楊徽之同爲諫官，儼善推步星曆，嘗曰：「丁卯歲五星聚奎，自此天下始太平。」二拾遺見之，儼不與也。（《夏峰先生集》卷八，《續修四庫全書》影印清道光二十五年大梁書院刻本）

智按：孫奇逢，字啟泰，號鍾元，又號夏峰，直隸容城（今屬河北）人。萬曆庚子（一六〇〇）舉人。以節俠聞。天啟間魏閹竊柄，荼毒正人，左光斗、魏大中、周順昌被誣下獄時，與其友鹿伯順傾身營救，義聲動天下。崇禎九年，清師入關，他以一諸生督率昆弟親戚，調和官紳，固守容城，清兵攻之下下而去。其後流寇遍地，人無安枕，他率領子弟門人入易州五公山避亂，遠近聞風來依者甚眾，一面修飾武備抵抗寇難，一面從容講學。未幾，清廷畿滋輔各地圈佔，賞給旗員作采地。其田園廬墓被占，舉家避地河南輝縣之百泉山（即夏峰，亦名蘇門山），躬耕終老。明清兩代被薦舉十數次，屢蒙詔書特徵，他始終不出。有《理學宗傳》，《畿輔人物考》、《中州人物考》、《兩大案録》、《甲申大難録》、《蘇門紀事》等。

陳龍正（一五八五～一六四五）

《幾亭外書》

⊙白詩得老子意

白樂天作詩詞，童婦能解乃喜，與《老子》「下士聞道，大笑之」，無乃戾乎，下士胸襟齷齪，所見必差，故所笑必道。童子天機，老婦無識，正可與上士通，非下士也。白俗遺譏，然深得老子之意。（《幾亭外書》卷二，《續修四庫全書》影印明崇禎刻本）

智按：陳龍正，初名龍致，字惕龍，號幾亭，嘉善（今屬浙江）人。崇禎七年（一六三四）甲戌進士，崇禎十年（一六三七）授中書舍人，左遷南京國子監丞。福王召為禮部祠祭司員外郎。清軍陷落南京時，龍正身已有疾，南明弘光元年（一六四四）絕藥而卒。有《政書》、《學言》、《文録》，《朱子經說》、《秘垣疏草》、《皇明儒統》、《高子遺書》、《陽明要書》、《救荒策會》、《外書》，還有《朱子語類》、《程子評本》、《陶詩衍》等。其子陳揆，彙編《幾亭全集》六十卷行世。事迹見《明史》本傳。

黄道周（一五八五～一六四六）

《馭將議》

凡古今馭將之道，必曰謀略。光武劉裕善用謀，高祖曹操善用略。所謂略者，亦相窾郤因勢利導之耳。自有四鎮以來，興平之貫盈于江左淮楊之間，至比于王仙芝、李昌言，焚掠吞噬，莫之敢問。比為許定國所殺，無問識與不識，撫掌稱歎，以為快談。雖然興平已經制授，列于藩鎮，許定國即梟雄，猶之裨將耳。裨將殺藩鎮，先不請于天子，後不歸于司敗，既十數日中外疑揣，而朝廷寘之不問，意者朝廷心宥許帥，為江淮攄憤，借興平以勵三鎮，使人人自盡也。然是窾郤為藩鎮向背，國家安危之本，不可不察也。唐元和間，恒、冀連兵討王承宗，不效，欲息肩于蔡州。白居易曰：「蔡州不討少陽，則河北諸帥必請雪承宗。章一再上，義無不許，則予奪一由鄰道，恩信不出朝廷矣。」（智按：見白居易《再言承璀疏》）及昭義盧從史叛，牙將烏重胤有功，敕使欲立為留後。李絳曰：「從史雖蓄奸謀，然已經制授。重胤一列校耳，以承璀一牒代之，恐諸藩憤怒，罪狀承璀，連表請命，始為改除，則朝廷之威令去矣。」故恩信威令，朝廷所藉以自強也。朝廷以兵馬自強，雖歲費千萬，猶有不足；以謀略自強，雖詔令數行，賢于十萬之師，今何不遣一重臣，體察其事，令許帥自引擅殺之罪，令三鎮共暴興平之辜，使淮濮之間知積惡者，雖戮而不嫌，使江淮之上知殃民者，横死而無恤，亦使長河内外，知朝廷之制四鎮，操縱得宜，不姑息于諸藩，不媕阿以釀亂，移其私鬪，以赴公戰，齊豫之衆，猶或可鼓也。會昌間，盧龍軍亂，殺節度史元忠，推陳行泰為留後。李德裕曰：「易帥之初，衆懷觀望，朝廷速遣使，則軍情遂固。若寘之數月不問，必變矣。」既而軍中果殺行泰，又殺張絳，寘久而後定，是所寘不問者，以為彼急，而吾故緩之，以為觀變則可以為定，亂則不可及。劉從諫死，劉稹欲自立。李德裕毅然曰：「澤潞事體，與河朔異。河朔習亂已久，故朝廷寘之度外。今澤潞近處腹心，素稱忠義，朝廷不制，以至跋扈，奈何聽之？」于是遣重臣諭成德、魏博，共討澤潞，而澤潞以平。今睢陽之情形，雖殊于澤潞。而東平、靖南、廣昌則皆有成德魏博之心，使三鎮連章請討，則許帥驁而不可復制。使三鎮離合，彼此疑揣，則靖南不動，東平必翩。或淮濮三鎮，自為報復，或鼓或罷，或歌或哭，則閲墻窺闞者，不可兩試。牙孽間生，反間易入，朝廷之威令，與中外之藩籬，皆蕩然已矣。今即不遣重臣，先行體察，且頒尺一之詔，責諸封疆大吏，何裨將殺帥，不蚤申明，使罪有所歸，惡有所棄，受者不疑，聞者足戒。隨撤其兵馬，以隸文臣，為江淮之間，一洗污穢，于揚厲鎮靜，未為姑息也。即若許帥懼罪，西投羌，北投狄，或擁重城據防為要，三鎮姝姝，一不敢問，則無所怙。……（《黃石齋先生文集》卷三策對議，《續修四庫全書》影印清康熙五十三年鄭玫刻本，第一三八四册，第九〇～九一頁）

智按：黃道周，字幼玄，一字螭若，漳浦（今屬福建）人。天啟二年（一六二二）壬戌進士，崇禎中官至少詹事。明亡後，為唐王聿鍵禮部尚書，督師出婺源，師潰被執，不屈死。事迹具《明史》本傳。

蕭士瑋（一五八五～一六五一）

《深牧庵日涉録》

廿八。歐公每讀子瞻文，輒為終日喜；贊皇與白傅不恊，終身不肯見其詞翰，恐一見便為回心。近日司文之吏，率多痿痺，於文章痛癢，了無覺觸，而歸獄於功令之嚴，致病其忍於棄才，不亦周内之甚乎。試訊其永叔終日所喜何為，文饒終身怕見何事，則彼必憒憒。余憫其憒憒，故特發此平恕之論也。（《四庫全書》本《文章辨體彙選》卷六百四十）

智按：蕭士瑋，字伯玉，號三莪，泰和（今屬江西）人。天啟二年（一六二二）進士，授行人，謫為光禄典簿，遷南大理評事，再遷禮部主事。後改吏部，歷員外郎、郎中。福王立，遷光禄少卿，拜太常卿，移疾歸。有《春浮園集》。事見錢謙益《蕭伯玉墓誌銘》。

葉廷秀（？～一六五一）

《詩譚》

⊙弔麴信陵

白樂天《感遇》詩云：「我聞望江縣，麴令撫惸嫠。在官有仁政，名不聞京師。身没欲歸葬，百姓遮路岐。攀轅不得去，留葬此江湄。至今道其名，男女涕皆垂。無人立碑碣，唯有邑人知。」然則信陵之治行，可以觀矣，讀此不覺，重有感也。守令賢否，百姓知之最眞，言之最確，曾不過而問之，以致殿最顛倒，與百姓之好惡大不相侔，遂使守正之士，刓方爲圓，要譽弭謗，惟利害是圖，而不恤萬姓之生死者，謂萬姓無能為也。嗚呼！直道在人，民口如川，秉懿好德，尤不可泯，因記明嘉靖間，朝城王鼇土以進士爲蒲城令，猛擊豪强，寛撫赤子，嘗執法處一銓曹之兄欲赴京廷奏，後伸法而止，諸有惠政蒲民父母戴之數月而調去，蒲民尸祝不已，家立一木主焚拜，可謂得人心之至矣。再調被謫，終于南部。白詩所云：「男女涕皆垂，惟有邑人知。」正此公之謂也。萬姓之頌聲，不能達于天子，豈可數數哉！大抵巧于愛民者，必拙于沽譽。是在銓人者，破格舉用，將人人以良吏自勉矣。愚嘗謂，吏治之不清，由于官評之失實，官評之失實，由于採訪之遠民，吹嘘之口日僞，道路之口不靈，何以收察吏安民之效哉！（《詩譚》卷五，《全明詩話》第五册，第四二三一頁）

⊙問池臺主

白樂天絶句云：「試問池臺主，多爲將相官。終身不曾到，惟展畫圖看。」此言富貴之人，當知知足之義，仕宦不止車生耳，徒貽笑耳。（《詩譚》卷五，《全明詩話》第五册，第四二三九頁）

⊙朱陳村詩

朱陳村，在徐州豊縣東南一百里深山中，民俗淳質，一村惟朱陳二姓，世爲婚姻。白樂天有《朱陳村》詩三十四韻，其略云：「縣遠官事少，土深民俗淳。有才不行商，有丁不入軍。家家守村業，頭白不出門。生爲陳村人，死爲陳村塵。田中老與幼，相見何欣欣。一村惟兩姓，世世爲婚姻。親屬居有族，少長遊有羣。黄雞與白酒，歡會不隔旬。生者不遠别，嫁娶先近隣。死者不遠葬，墳墓多繞村。既安生與死，不苦形與神。所以多壽考，往往見玄孫。」及讀坡翁《朱陳村嫁娶圖》詩云：「我是朱陳舊使君，勸農曾入杏花村。而今風雨那堪畫，縣吏催錢夜打門。」則宋之朱陳，已非唐時之舊。若以今視之，又不知其何如也？（《詩譚》卷五，《全明詩話》第五册，第四二四〇頁）

智按：此據都穆（一四五八～一五二五）《南濠詩話》，《歷代詩話續編》第一三六四頁。又見明宋嶽（成化八年，一四七二進士）《晝永編》下集，《續修四庫全書》影印北圖藏明嘉靖四十三年閻永光刻本，第一一二四册，子部；明黄學海（嘉靖四十一年，一五六二進士）《筠齋漫録》卷十，《續修四庫全書》影印上圖藏明萬曆三十年刻本，第一一二七册，子部。

⊙古人以學爲詩

趙昌父云：「古人以學為詩，今人以詩爲學。夫以詩爲學，自唐以來則然，如嘔出心肝，掐擢胃腎，此生精力盡于詩者，是誠弊精神于無用矣，乃若古人，亦何嘗以學爲詩哉！」今觀《國風》間出于小夫賤隸、婦人女子之口，未必皆學也，而其言優柔諄切，忠厚雅正，後之經生學士，雖窮年畢世，未必能措一辭，正使以後世之學爲詩，其胸中之不淳不正，必有不能掩者矣。雖貪者賦廉詩，仕者賦隱逸詩，亦豈能逃識者之眼哉！如白樂天之詩，曠達閒適，意輕軒冕，孰不信之然！朱文公獨謂：「樂天人多説其清高，其實愛官職，詩中及富貴處皆説得口津津涎出。」可謂能窺見其微矣。嗟夫！樂天之言，且不可盡信，况餘人乎？楊誠齋云：古人之詩天也，後世之詩人焉而已，此論得之。(《詩譚》卷五，《全明詩話》第五册，第四二四一頁）

智按：此據《鶴林玉露》乙編・卷三，王瑞來點校本第一六二～一六三頁。

⊙贈内詩

白居易詩：「生爲同室親，死爲同穴塵。他人尚相勉，而況我與君。黔婁固窮士，妻賢忘其貧。冀缺一農夫，妻敬儼如賓。陶潛不營生，翟氏自爨薪。梁鴻不肯仕，孟光甘布裙。君雖不讀書，此事耳亦聞。至此千載後，傳是何如人。人生未死間，不能忘其身。所須者衣食，不過飽與温。蔬食足充饑，何必膏粱珍。繒絮足禦寒，何必錦繡文。君家有貽訓，清白遺子孫。我亦貧苦士，與君新結婚。庶得貧與素，偕老同欣欣。」世人嗜利營利，大半從妻子起見耳，安得以此告之。張文節爲相，自奉養如河陽掌記時，所親諷之，嘆曰：人之常情，繇儉入奢易，繇奢入儉難。吾今日之俸，豈能常有身，豈能常存，一旦異于今日，家人習奢已久，不能頓儉，必至失所，豈若吾居位去位、身存身亡，如一日乎？達人之識，自合如此。（《詩譚》卷七，《全明詩話》第五册，第四二七二頁）

⊙贈隱士

白樂天詩：「丘中有一士，不知其姓名。面色不憂苦，血氣常和平。每選隙地居，不踏要路行。舉動無尤悔，物莫與之爭。藜藿不充腸，布葛不蔽形。終歲守窮餓，而無嗟嘆聲。豈是愛貧賤，深知世俗情。勿矜羅弋巧，鸞鶴在冥冥。」「丘中有一士，守道歲月深。行披帶索衣，坐拍無絃琴。不飲濁泉水，不息曲木蔭。所逢苟非義，糞土千黄金。鄉人化其風，薰如蘭在林。智愚與强弱，不忍相欺侵。我欲訪其人，將行復沉吟。何必見其面，但在學其心。」讀「鄉人化其風，薰如蘭在林」，一士之能化人如此，何況鄉紳？乃國家之望，家居而爲善，可以感郡縣，可以風州里，可以培後進，其爲功化，比士人百倍。然把積慶垂休的日子，忙過錯過，都是隋珠彈千仞去也，可勝惜哉！故能親賢揚善、主持風俗，其上也，即不然，而恬静自守，正己率家，其次也；下此則求田問舍，此下則欺弱暴寡，風之變也，有不可言矣。又「爭體面」，此三字最悮人。今且以何者為體面？若屈身關說，干瀆官府，此無體面之甚者也。官府即姑從我而心厭薄其人，此又與於無體面之甚者也。得勢騰着而以豪於里，而人陰指之日。「此翼虎不可犯耳」，尚得為體面乎？認得體面真時，便不爭體面矣。（《詩譚》卷七，《全明詩話》第五册，第四二七六頁）

⊙琵琶亭詩

呂文煥遊潯陽琵琶亭，龍麟洲見之，呂令賦詩，麟洲即席爲詩曰：「老大蛾眉負所天，忍將離怨付哀絃。夜深正好看秋月，却抱琵琶過別船。」呂見之大慚，蓋譏其負宋而降元也。(《詩譚》卷八，《全明詩話》第五册，第四二九六頁)

智按：又見明葉子奇《草木子》卷四。

⊙杜詩論

白樂天海圖屏風之作，前輩窺見其心之不忍用兵。劉禹錫《三閣詩》四章，識者謂可以配《黍離》，後之讀工部詩者，安可不求詩之意哉！吾觀公之氣節高邁，秋霜爭嚴，風標屹立，砥柱中流，嗜殺人如嚴武，則瞪睨而兒戲之，房琯毀師，公乃排衆而申救之，而議者不挈，置於仁人之列，至與沈宋諂諛温李淫艷者為伍，前輩深以是爲恨，惜哉！夫公之詩，蓋愛君之盛心也。《北征》之篇，蓋「倉皇問家室」而作也，使或者處之對童稚語妻孥，他不暇顧，而終篇諄復惟及國事，山谷喜之，謂退之《南山》不必作……先輩謂公詩足以歷知一代治亂，以為一代之史，則非詞人之詩，乃詩中之史也。先儒作公詩序，又謂詩與唐録猶槩見事迹，復許之以為詩之六經，則非特詩中之史，又詩中之經也。曾謂三百既删之後，果無詩乎？（出《源流至論》）。(《詩譚》卷八，《全明詩話》第五册，第四二九九頁)

⊙司天臺

白居易《司天臺》云：「司天臺，仰觀俯察天人際。羲和死來職事廢，官不求賢空取藝。昔聞西漢元城間，下陵上替謫見天。北辰微暗少玄色，四星煌煌如火赤。耀芒動角射二台，半見半滅中台折。是時非無太史官，眼見心知不敢言。明朝趨入明光殿，惟奏慶雲壽星見。天之時變兩如斯，九重天子不得知，安用臺高百尺爲？」夫昔人論國家治亂，係于言路之通塞。李沆爲相，日以四方水旱盜賊之事，奏聞于上，自言人主當知四方之艱難，區區可以報國家者，此耳。卓哉！其慮遠矣。(《詩譚》卷九，《全明詩話》第五册，第四三二三頁)

智按：又見孫承澤（一五九三～一六七六）《春明夢餘録》卷五十九。

⊙黄綿襖

何斯舉云：壬寅正月，雨雪連旬，忽雨開霽，閭里翁媪，相呼賀曰：黄綿襖子出矣。因作歌以紀之。此名甚新，但所以作歌，未甚愜人意，乃更爲補作一絶句云：「范叔綈袍煖一身，大裘只蓋洛陽人。九州四海黄綿襖，誰似天公賜與均?」白樂天詩云：「安得大裘長萬丈，與君都蓋洛陽人。」(《詩譚》詩譚續録，《全明詩話》第五册，第四三五一頁)

⊙樂天對酒詩

古詩多矣，夫子獨取《三百篇》，存勸戒也。吾輩所作詩，亦須有勸戒之意。庶幾不為徒作，彼有繪畫琱刻，無益勸戒者，固爲枉費精力矣，乃若吟賞物華，流連光景，過于求適，幾于誨淫教偷，則又不可之甚者矣。白樂天《對酒》詩曰：「蝸牛角上爭何事，石火光中寄此身。隨富随貧且懽喜，不開口笑是癡人。」又曰：「百歲無多時壯健，一春能幾日晴明。相逢且莫推辭醉，聽唱陽關第四聲。」又曰：「昨日低眉問疾來，今朝收淚弔人回。眼前見例君看取，且遣琵琶送一杯。」自詩家言之，可謂流麗曠達，詞旨俱美矣，然讀之者，將必起其頹惰廢放之意，而汲汲於此快樂，惜流光則人之職分，與夫古之所謂三不朽者，將何時而可為哉！且如《唐風·蟋蟀》之詩，蓋勸晉僖公以自虞樂也，然纔曰：「今我不樂，日月其除。」卽曰：「無已太康，職思其居。」吕成公釋之曰：「凡人之情，解其拘者，或失于縱；廣其儉者，或流于奢。故疾未已，而新疾復生者多矣。」信矣。《唐風》之憂深思遠也。樂天之見，豈及是乎?（《詩譚》詩譚續録，《全明詩話》第五册，第四三五二頁)

智按：葉廷秀，字潤山，號謙齋，濮州（今屬山東）人。天啟五年（一六二五）乙丑進士，明亡後官至唐王兵部右侍郎，抗清失敗，不屈而死。有《葉潤山輯著全書》。傳見《明史》卷二五五、《皇明遺民傳》卷一。

陸時雍（一五八五？～一六四〇）

《詩鏡總論》

詩之所以病者，在過求之也。過求則真隱而偽行矣。然亦各有故在，太白之不真也為材使，少陵之不真也為意使，高岑諸人之不真也為習使，元白之不真也為詞使，昌黎之不真也為氣使。人有外藉以為之使者，則真相隱矣。（《歷代詩話續編》第一四一七頁）

書有利澁，詩有難易。難之奇，有曲澗層巒之致；易之妙，有舒雲流水之情。王昌齡絕句，難中之難；李青蓮歌行，易中之易。難而苦為長吉，易而脫為樂天，則無取焉。總之，人力不與，天致自成，難易兩言，都可相忘耳。（《歷代詩話續編》第一四一八頁）

元白以潦倒成家，意必盡言，言必盡興，然其力足以達之。微之多深著色，樂天多淺著趣。趣近自然，而色亦非貌取也。總皆降格為之，凡意欲其近，體欲其輕，色欲其妍，聲欲其脆，此數者格之所由降也。元白偷快意，則縱肆為之矣。（《歷代詩話續編》第一四二二頁）

元白之韻平以和，張王之韻庳以急。其好盡則同，而元白猶未傷雅也。雖然，元白好盡言耳，張王好盡意也。盡言特煩，盡意則褻矣。（《歷代詩話續編》第一四二二頁）

《唐詩鏡》

樂天詩，淺淺能真，語多近達，佳處不在句內。元、白言情，元粘白解；遣意鑄詞，元修白率。體裁冗塌則均耳。

⊙溪中早春

南山雪未盡，陰嶺留殘白。西澗冰已銷，春溜含新碧。東風來幾日，蟄動萌草拆。潛知陽和功，一日不虛擲。愛此天氣暖，來拂溪邊石。一坐欲忘歸，暮禽聲嘖嘖。蓬蒿隔桑棗，隱映煙火夕。歸來問夜餐，家人烹薺麥。

⊙郊夏

西日照高樹，樹頭子規鳴。東風吹野水，水畔江蘺生。盡日看山立，有時尋澗行。兀兀長如此，何許似專城。

⊙首夏南池獨酌

春盡雜英歇，夏初芳草深。薰風自南至，吹我池上林。緑蘋散還合，赬鯉跳復沈。新葉有佳色，殘鶯有好音。依然謝家物，池酌對風琴。慚無康樂作，秉筆思沈吟。境勝才思劣，詩成不稱心。

起二語修棹。

⊙三月三十日

今朝三月盡，寂寞春事畢。黄鳥漸無聲，朱櫻新結實。臨風獨長歎，此歎意非一。半百過九年，豔陽殘一日。隨年減歡笑，逐日添衰疾。且遣花下歌，送此杯中物。

「半百過九年，艷陽殘一日」，無心出口亦佳，著意擬之即陋矣。

⊙早秋晚望兼呈韋侍御

九派繞孤城，城高生遠思。人煙半在船，野水多於地。穿霞日脚直，驅鴈風頭利。去國來幾時，江上秋三至。夫君亦淪落，此地同飄寄。憫默向隅心，摧頹觸籠翅。且謀眼前計，莫問胸中事。潯陽酒甚濃，相勸時時醉。

「人烟」二語，墅趣最佳。湘亭晚望，登亭望湘水，水縮湖底出，亦佳。

⊙秋霽

金火不相待，炎凉雨中變。林晴有殘蟬，巢冷無留燕。沈吟卷長簟，惻愴收團扇。向夕稍無泥，閑步青苔院。月出砧杵動，家家擣秋練。獨對多病妻，不能理鍼線。冬衣殊未製，夏服行將綻。何以迎早秋，一盃聊自勸。

⊙秋凉閑卧

殘暑晝猶長，早凉秋尚嫩。露荷散清香，風竹含疎韻。幽閒竟日卧，衰病無人問。薄暮宅門前，槐花深一寸。

⊙秋山

久病曠心賞，今朝一登山。山秋雲物冷，稱我清羸顔。白石卧可枕，青蘿行可攀。意中如有得，盡曰不欲還。人生無幾何，如寄天地間。心有千載憂，身無一日閒。何時解塵綱，此地來掩關。

⊙立秋夕凉風忽至炎暑稍消即事詠懷寄汴州節度使李二十尚書

嫋嫋簷樹動，好風西南來。紅缸纖微滅，碧幌飄飆開。披襟有餘凉，拂簟無霏埃。但喜煩暑退，不惜光陰催。河秋稍清淺，月午方徘徊。或行或坐卧，體適心悠哉。美人在浚都，旌旗遶樓臺。雖非滄溟限，難見如蓬萊。蟬迎節又換，鴈送書未廻。君位日寵重，我年日摧頹。無因風月下，一舉平生杯。

⊙南湖晚秋

八月白露降，湖中水芳老。旦夕秋風多，衰荷半顛倒。手攀青楓樹，足蹋黄蘆草。慘澹老容顏，冷落秋懷抱。有兄在淮楚，有弟在蜀道。萬里何時來，煙波白浩浩。

⊙客路感秋寄明準上人

日暮天地冷，雨霽山河清。長風從西來，草木凝秋聲。已感歲倏忽，復傷物凋零。孰能不憯悽，天時牽人情。借問空門子，何法易修行。使我忘得心，不教煩惱生。

「孰能不憯悽，天時牽人情。」知其隨時感動，中固無根。詩道人情，無意中逗漏如此。

⊙曲江感秋

沙草新雨地，岸柳凉風枝。三年感秋意，併在曲江池。早蟬已嘹唳，晚荷復離披。前秋去秋思，一一生此時。昔人三十二，秋興已云悲。我今欲四十，秋懷亦可知。歲月不虛設，此身隨日衰。暗老不自覺，直到鬢成絲。

⊙秋懷

月出照北堂，光華滿堦墀。凉風從西至，草木日夜衰。桐柳减緑陰，蕙蘭銷碧滋。感物私自念，我心亦如之。安得常少壯，盛衰迫天時。人生如石火，為樂常苦遲。

⊙感秋寄微之

葉下湖又波，秋風此時至。誰知濩落心，先納蕭條氣。推移感流歲，漂泊思同志。昔為烟霄侶，今作泥塗吏。白鷗毛羽弱，青鳳文章異。各閉一籠中，歲晚同憔悴。

⊙冬日早起閒詠

冰塘耀初旭，風竹飄餘霰。幽境雖目前，不因閒不見。晨起對爐香，道經尋兩卷。晚坐拂琴塵，秋思彈一遍。此外更無事，開樽時自勸。何必東風來，一盃春上面。

三四語淺而旨，可稱名通。

⊙宿東亭曉興

温温土爐火，耿耿紗籠燭。獨抱一張琴，夜入東齋宿。牕聲度殘漏，簾影浮初旭。頭癢曉梳多，眼昏春睡足。負暄簷宇下，散步池塘曲。南鴈去未迴，東風來何速。雪依瓦溝白，草遶墻根緑。何言萬户州，太守常幽獨。

「眼昏春睡足」，語有味。

⊙西原晚望

花菊引閒行，行上西原路。原上晚無人，因高聊四顧。南阡有煙火，北陌連虛墓。村隣何蕭疎，近者猶百步。吾廬在其下，寂寞風日暮。門外轉枯蓬，籬根伏寒兔。故園汴水上，離亂不堪去。近歲始移家，飄然此村住。新屋五六間，古槐八九樹。便是衰病身，此生終老處。

淡而旨。

⊙清都夜境

夜久連觀静，斜月何晶熒。寥天如碧玉，歷歷綴華星。樓榭自陰映，雲牖深冥冥。纖埃悄不起，玉砌寒光清。栖鶴露微影，枯松多怪形。南廂儼容衛，音響如可聆。啟聖發空洞，朝真趨廣庭。閒開蕊珠殿，暗閲金字經。屏氣動方息，凝神心自靈。悠悠車上馬，浩思安得寧。

⊙閒夕

一聲早蟬歇，數點新螢度。蘭缸耿無烟，筠簟清有露。未歸房後寢，且下前軒步。斜月入低廊，涼風滿高樹。放懷常自適，遇景多成趣。何法使之然，心中無細故。

好作解語，亦詩家所病。陶令「問君何能爾，心遠地自偏。」意味儘佳，樂天「何法使之然，心中無細故」，語亦不惡，固知言無定趣，惟真假何如耳。

⊙泛春池

白蘋湘渚曲，緑篠剡溪口。各在天一涯，信美非吾有。何如此庭内，水竹交左右。霜竹百千竿，煙波六七畝。泓澄動堦砌，澹泞映户牖。蚍皮細有文，鏡面清無垢。主人過橋來，雙童挾一叟。恐污清泠波，塵纓先抖擻。波上一葉舟，舟中一樽酒。酒開舟不繫，去去隨所偶。或繞蒲浦前，或泊桃島後。未撥落杯花，低衝拂面柳。半酣迷所在，倚榜兀迴首。不知此何處，復是人寰否。誰知始疏鑿，幾主相傳授。楊家去云遠，田氏將非久。天與愛水人，終焉落吾手。

⊙官舍内新開小池

簾下開小池，盈盈水方積。中底鋪白沙，四隅甃青石。勿言不深廣，但取幽人適。汎灎微雨朝，泓澄明月夕。豈無大江水，波浪連天白。未若牀席前，方丈深盈尺。清淺何狎弄，昏煩聊漱滌。最愛曉暝時，一片秋天碧。

⊙小池二首

晝倦前齋熱，晚愛小池清。映林餘景没，近水微凉生。坐把蒲葵扇，閒吟三兩聲。

三四清快欲絕。

有意不在大，湛湛方丈餘。荷側瀉清露，萍開見游魚。每一臨此坐，憶歸清溪居。

⊙張常侍池凉夜閒宴（贈諸公）

竹橋新月上，水岸凉風至。對月五六人，管絃三兩事。留連池上酌，欵曲城外意。或笑或謳吟，誰知此閒味。迴看市朝客，矻矻趨名利。朝忙少游宴，夕困多眠睡。清凉屬吾徒，相逢勿辭醉。

⊙孟夏思渭村舊居寄舍弟

嘖嘖雀引雛，稍稍笋成竹。時物感人情，憶我故鄉曲。故園渭水上，十載事樵牧。手成榆柳成，陰陰覆牆屋。兔隱豆苗大，鳥鳴桑椹熟。前年當此時，與爾同游矚。詩書課弟姪，農圃資僮僕。日暮麥登場，天晴蠶折簇。弄泉南澗坐，待月東亭宿。興來飲數杯，悶來碁一局。一朝忽分散，萬里仍羈束。井鮒思返泉，籠鶯悔出谷。九江地卑濕，四月天炎燠。苦雨初入梅，瘴雲稍含毒。泥秧水畦稻，灰種畬田粟。已訝殊歲時，仍嗟異風俗。閒登郡樓望，日落江山綠。歸鴈拂鄉心，平湖斷人目。殊方我漂泊，舊里君幽獨。何時同一瓢，飲水心亦足。

⊙首夏同諸校正游開元觀因宿翫月

我與二三子，策名在京師。官小無職事，閒於為客時。沈沈道觀中，心賞期在玆。到門車馬迴，入院巾杖隨。清和四月初，樹木正華滋。風清新葉影，鳥思殘花枝。向夕天又晴，東南餘霞披。置酒西廊下，待月盃行遲。須臾金魄生，若與吾徒期。光華一照耀，樓殿相參差。終夜清景前，笑歌不知疲。長安名利地，此興幾人知。

掇景道情，中有欣色，乃知此言非妄作者。

⊙送客廻晚興

城上雲霧開，沙頭風浪定。參差亂山出，澹泞平江淨。行客舟已遠，居人酒初醒。嫋嫋秋竹稍，鳴蟬聲似磬。

「鳴蟬聲似磬」，當是爽氣高襟，能使聲遠。

⊙司馬廳獨宿

荒涼滿庭草，偃亞侵簷竹。府吏下廳簾，家僮開被襆。數聲城上漏，一點牕間燭。官曹冷似冰，誰肯來同宿。

⊙續古詩

掩淚別鄉里，飄颻將遠行。茫茫綠野中，春盡孤客情。驅馬上邱壠，高低路不平。風吹棠梨花，啼鳥時一聲。古墓何代人，不知姓與名。化作路傍土，年年春草生。感彼忽自悟，今我何營營。

此詩最覺高潔。

⊙重到渭上舊居

舊居清渭曲，開門當蔡渡。十年方一還，幾欲迷歸路。追思昔日行，感傷故游處。插竹作高林，種桃成老樹。因驚成人者，盡是舊童孺。試問舊老人，半為繞村墓。浮生同過客，前後遞來去。白日如弄珠，出没光不住。人物日改變，舉目悲所遇。廻念念我身，安得不衰暮。朱門銷不歇，白髮生無數。唯有山門外，三峯色如故。

絕無驚窘語色。

⊙將之饒州江浦夜泊

明月滿深浦，愁人卧孤舟。煩冤寢不得，夏夜長於秋。苦乏衣食資，遠為江海游。光陰坐遲暮，鄉國行阻修。身病向鄱陽，家貧寄徐州。前事與後事，豈堪心併憂。憂來起長望，但見江水流。雲樹靄蒼蒼，煙波淡悠悠。故園迷處所，一念堪白頭。

語有蒼色。

⊙自江州至忠州

前在潯陽日，已歎賓朋寡。忽忽抱憂懷，出門無處寫。今來轉深僻，窮峽巔山下。五月斷行舟，灩堆正如馬。巴人類猿狖，矍鑠滿山野。敢望見交親，喜逢似人者。

末語藴而韵。

⊙游方【坊】口懸泉偶題石上

濟源山水好，老尹知之久。常日聽人言，今秋入吾手。孔山刀劒立，沁水龍蛇走。危磴已懸泉，澄灣轉坊口。虚明見深底，淨緑無纖垢。僊棹浪悠楊，塵纓風抖擻。巖寒松柏短，石古莓苔厚。錦座纓高低，翠屏張左右。雖無安石妓，不乏文舉酒。談笑逐身來，管絃隨事有。時逢杖錫客，或值垂綸叟。相與澹忘歸，自辰將及酉。公門欲返駕，溪路猶迴首。早晚重來游，心期罷官後。

⊙山路偶興

筋力未全衰，僕馬不至弱。又多山水趣，心賞非寂寞。捫蘿上煙嶺，蹋石穿雲壑。谷鳥晚仍啼，洞花秋不落。提籠復攜榼，遇勝時停泊。泉憩茶數甌，嵐行酒一酌。獨吟還獨嘯，此興殊未惡。假使在城時，終年有何樂。

「谷鳥」二語，風味極佳。「泉憩」二語，格雖晚，要不乏趣。

⊙李盧二中丞各創山居俱誇勝絕然去城稍遠來往頗勞敝居新泉實在宇下偶題十五韻聊戲二君

龍門蒼石壁，浥澗碧潭水。各在一山隅，迢迢幾十里。清鏡碧屏風，惜哉信為美。愛而不得見，亦與無相似。聞君每來去，矻矻事行李。脂轄復裹糧，心力頗勞止。未如吾舍下，石與泉甚邇。鑿鑿復濺濺，晝夜流不已。洛石千萬拳，襯波鋪錦綺。海珉一兩片，激瀨含宫徵。緑宜春濯足，淨可朝漱齒。遶砌紫鱗游，拂簾白鳥起。何言履道叟，便是滄浪子。君若趣歸程，請君先到此。願以潺湲聲，洗君塵土耳。

⊙登香鑪峯頂

迢迢香鑪峰，心存耳目想。終年牽物役，今日方一往。攀蘿蹋危石，手足勞俯仰。同游三四人，兩人不敢上。上到峰之頂，目眩神怳怳。高低有萬尋，闊狹無數丈。不窮視聽界，焉識宇宙廣。江水細如繩，湓城小於掌。紛吾何屑屑，未能脱塵鞅。歸來思自嗟，低頭入蟻壤。

⊙仙娥峰下作

我為東南行，始登商山道。商山無數峰，最愛仙娥好。參差樹若插，匼匝雲如抱。渴望寒玉泉，香聞紫芝草。青崖屏削碧，白石牀鋪縞。向無如此物，安足留四皓。感彼私自問，歸山何不早。可能塵土中，還隨衆人老。

⊙題西亭

朝亦視簿書，暮亦視簿書。簿書視未竟，蟋蟀鳴座隅。始覺芳歲晚，復嗟塵務拘。西園景多暇，可以少躊躇。池鳥澹容與，橋柳高扶疎。烟蔓嫋青薜，水花披白蕖。何人造兹亭，華敞綽有餘。四簷軒鳥翅，復屋羅蜘蛛。直廊抵曲房，窈窱深且虛。修竹夾左右，清風來徐徐。此宜宴嘉賓，鼓瑟吹笙竽。荒淫即不可，廢曠將何如。幸有酒與樂，及時歡且娛。忽其解郡印，他人來此居。

⊙題楊穎士西亭

静得亭上鏡，遠諧塵外蹤。憑軒東望好，鳥滅山重重。竹露冷煩襟，杉風清病容。曠然宜真趣，道與心相逢。即此可遺世，何必蓬壺峰。

⊙雙石

蒼然兩片石，厥狀怪且醜。俗用無所堪，時人嫌不取。結從胚渾始，得自洞庭口。萬古遺水濱，一朝入吾手。擔舁來郡内，洗刷去泥垢。孔黑烟痕深，罅青苔色厚。老蛟蟠作足，古劍插為首。忽疑天上落，不似人間有。一可支吾琴，一可貯吾酒。峭絕高數尺，坳泓容一斗。五絃倚其左，一杯置其右。窪樽酌未空，玉山頹已久。人皆有所好，物各求其偶。漸恐少年場，不容垂白叟。迴頭問雙石，能伴老夫否？石雖不能言，許我為三友。

白樂天於水石之趣，言之津津，知其中於膏肓深矣。

⊙登村東古塚

高低古時塚，上有牛羊道。獨立最高頭，悠哉此懷抱。迴頭向村望，但見荒田草。村人不愛花，多種栗與棗。自來此村住，不覺風光好。花少鶯亦稀，年年春暗老。

閑閑語，似不關情，乃其關情特甚。

⊙青塚

上有饑鴈號，下有枯蓬走。茫茫邊雪裏，一掬沙培塿。傳是昭君墓，埋閉蛾眉久。凝脂化為泥，鉛黛復何有。唯有陰怨氣，時生墳左右。鬱鬱如苦霧，不隨骨銷朽。婦人無他才，榮枯繫妍否。何乃明妃命，獨懸畫工手。丹青一詿誤，白黑相紛糺。遂使君眼中，西施作嫫母。同儕傾寵幸，異類為配偶。禍福安可知，美顏不如醜。何言一時事，可戒千年後。特報後來姝，不須倚眉首。無辭插荊釵，嫁作貧家婦。不見青塚上，行人為澆酒。

坦衷人作感語，不至扼腕努目。

⊙遣懷

寓心身體中，寓性方寸内。此身是外物，何足苦憂愛。况有假飾者，華簪及高盖。此又踈於身，復在外物外。操之多惴慄，失之又悲悔。乃知名與利，得喪俱為害。頽然環堵客，蘭蕙為巾帶。自得此道來，身窮心甚泰。

⊙寄情

灼灼早春梅，東南林最早。持來翫未足，花向手中老。芳香銷掌握，悵望生懷抱。豈無後開花，念此先開好。

詩人隨注生情，無所不可。

⊙寄微之

去國日已遠，喜逢物似人。如何含此意，江上坐思君。有如河嶽氣，相合方氛氲。狂風吹中絕，兩處成孤雲。風迴終有時，雲合豈無因。努力各自愛，窮通我爾身。

⊙初與元九別後忽夢見之及寤而書適至兼寄桐花詩悵然感懷因以此寄

永壽寺中語，新昌坊北分。歸來數行淚，悲事不悲君。悠悠藍田路，自去無消息。計君食宿程，已過商山北。昨夜雲四散，千里同月色。晚來夢見君，應是君相憶。夢中握君手，問君意何如。君言苦相憶，無人可寄書。覺來未及説，叩門聲鼕鼕。言是商州使，送君書一封。枕上忽驚起，顛倒著衣裳。開緘見手札，一紙十三行。上論遷謫心，下説離別腸。心腸都未盡，不暇叙炎凉。云作此書夜，夜宿商州東。獨對孤燈坐，陽城山館中。夜深作書畢，山月向西斜。月前何所有，一樹紫桐花。桐花半落時，復道正相思。殷勤書背後，兼寄桐花詩。桐花詩八韻，思緒一何深。以我今朝意，即君此夜心。一章三遍讀，一句十廻吟。珍重八十字，字字化為金。

散散誕誕，稱情便足。

⊙和思黯居守獨飲偶醉見示六韻時夢得和篇先成頗為麗絕因添兩韻繼而美之

宮漏滴漸閒，城烏啼復歇。此時若不醉，爭奈千門月。主人中夜起，妓燭前羅列。歌袂默收聲，舞鬟低赴節。絃吟玉桂品，酒透金杯熱。朱顏忽已酡（酡），清奏猶未闋。妍詞黯先唱，逸韻居繼發。鏗然雙雅音，金石相磨戛。

⊙早祭風伯因懷李十一舍人

遠郡雖褊陋，時祀奉朝經。夙興祭風伯，天氣曉冥冥。道騎與從吏，引我出東垌。水霧重如雨，山火高於星。忽憶早朝日，與君趍紫庭。步登龍尾道，却望終南青。一別身向老，所思心未寧。至今想在耳，玉音尚玲玲。

「水霧」二語，甚有景色。

⊙感舊寫真

李放寫我真，寫來二十載。莫問真如何，畫亦銷光彩。朱顏與玄鬢，日夜改復改。無嗟貌遽非，且喜身猶在。

⊙除官去未間

除官去未間，半月恣游討。朝尋霞外寺，暮宿波上島。新樹少於松，平湖半連草。躋攀有次第，賞翫無昏早。有時騎馬醉，兀兀冥天造。窮通與生死，其奈吾懷抱。江山信為美，齒髮行將老。在郡誠未厭，歸鄉去亦好。

⊙和李勢女

減一分太短，增一分太長。不朱面若花，不粉肌如霜。色為天下艷，心乃女中郎。自言重不幸，家破身未亡。人各有一死，此死職所當。忍將先人體，與主為疣瘡。妾死主意快，從此兩無妨。願信赤心語，速即白刃光。南郡忽感激，却立捨鋒鋩。撫背稱阿姊，歸我如歸鄉。竟以恩信待，豈止猜妬忘。由來机上肉，不足揮干將。南郡死已久，骨枯墓蒼蒼。願於墓頭上，立石鐫此章。勸誡天下婦，不令陰勝陽。

特起佳。

⊙婦人苦

蟬鬢加意梳，蛾眉用心掃。幾度曉粧成，君看不言好。妾身重同穴，君意輕偕老。惆悵去年來，心知未能道。今朝一開口，語少意何深。願引他時事，移君此日心。人言夫婦親，義合如一身。及至死生際，何曾苦樂均。婦人一喪夫，終身守孤子。有如林中竹，忽被風吹折。一折不重生，枯死猶抱節。男兒若喪婦，能不暫傷情。應似門前柳，逢春易發榮。風吹一枝折，還有一枝生。為君委曲言，願君再三聽。須知婦人苦，從此莫相輕。

⊙長相思

古詩曰：「客從遠方來，遺我一書扎。上言長相思，下言久離別。」李陵詩曰：「行人難久留，各言長相思。」蘇武詩曰：「生當没來歸，死當長相思。」長者久遠之辭，言行人久戍，寄書以遺所思也。古詩又曰：「客從遠方來，遺我一端綺。文綵雙鴛鴦，裁成合歡被。著以長相思，緣以結不解。」謂被中著棉，以致相思綿綿之意。故曰「長相思」也。又有「千里思」，與此相類。

九月西風興，月冷霜華凝。思君秋夜長，一夜魂九升。二月東風來，草折花心開。思君春日遲，一日腸九迴。妾住洛橋北，君住洛橋南。十五即相識，今年二十三。有如女蘿草，生在松之側。蔓短枝苦高，縈迴上不得。人言人有願，願至天必成。願作遠方獸，步步比肩行。願作深山木，枝枝連理生。

⊙茶舍

旋取山上材，架為山下屋。門因水勢斜，壁任巖隈曲。朝隨鳥俱散，暮與雲同宿。不憚採掇勞，衹憂官未足。（智按：此乃陸龜蒙詩，誤入於此。）

⊙新栽竹

佐邑意不適，閉門秋草生。何以娛野性，種竹百餘莖。見此溪上色，憶得山中情。有時公事暇，盡日繞欄行。勿言根未固，勿言陰未成。已覺庭宇内，稍稍有餘清。最愛近窗卧，秋風枝有聲。

語韻灑灑。

⊙落花

留春春不住，春歸人寂寞。厭風風不定，風起花蕭索。既興風前嘆，重命花下酌。勸君嘗緑醅，教人拾紅萼。桃飄火燄燄，梨墮雪漠漠。獨有病眼花，春風吹不落。

種情語。

⊙廢琴

絲桐合為琴，中有太古聲。古聲淡無味，不稱今人情。玉徽光彩滅，朱絃塵土生。廢棄來已久，遺音尚泠泠。不辭為君彈，縱彈人不聽。何物使之然，羌笛與秦箏。

⊙放鷹

十月鷹出籠，草枯雉兔肥。下韝隨指顧，百擲無一遺。鷹翅疾如風，鷹爪利如錐。本為鳥所設，今為人所資。孰能使之然，有術甚易知。取其向背性，制在饑飽時。不可使長飽，不可使長饑。饑則力不足，飽則背人飛。乘饑縱搏擊，未飽須縶維。所以爪翅功，而人坐收之。聖明馭英雄，其術亦如斯。鄙語不可棄，吾聞諸獵師。

（以上《四庫全書》本《唐詩鏡》卷四十二「五言古詩」）

⊙琵琶行并序

元和十年，予左遷九江郡司馬。明年秋，送客湓浦口，聞舟船中夜彈琵琶者。聽其音，錚錚然有京都聲。問其人，本長安倡女，嘗學琵琶於穆、曹二善才，年長色衰，委身為賈人婦。遂命酒，使快彈數曲。曲罷，憫默。自敘少小時歡樂事，今漂淪憔悴，轉徙於江湖間。予出官二年，恬然自安，感斯人言，是夕始覺有遷謫意。因為長句，歌以贈之，凡六百一十二言，命曰《琵琶行》。

潯陽江頭夜送客，楓葉荻花秋瑟瑟。主人下馬客在船，舉酒欲飲無管弦。醉不成歡慘將別，別時茫茫江浸月。忽聞水上琵琶聲，主人忘歸客不發。尋聲暗問彈者誰？琵琶聲停欲語遲。移船相近邀相見，添酒回燈重開宴。千呼萬喚始出來，猶抱琵琶半遮面。轉軸拔弦三兩聲，未成曲調先有情。弦弦掩抑聲聲思，似訴平生不得志。低眉信手續續彈，説盡心中無限事。輕攏慢撚抹復挑，初為霓裳後六么。大弦嘈嘈如急雨，小弦切切如私語。嘈嘈切切錯雜彈，大珠小珠落玉盤。間關鶯語花底滑，幽咽泉流水下灘。水泉冷澀弦凝絕，凝絕不通聲暫歇。別有幽愁暗恨生，此時無聲勝有聲。銀瓶乍破水漿迸，鐵騎突出刀槍鳴。曲終收撥當心畫，四弦一聲如裂帛。東船西舫悄無言，唯見江心秋月白。沉吟放撥插弦中，整頓衣裳起斂容。自言本是京城女，家在蝦蟆陵下住。十三學得琵琶成，名屬教坊第一部。曲罷曾教善才伏，妝成每被秋娘妒。五陵年少爭纏頭，一曲紅綃不知數。鈿頭雲篦擊節碎，血色羅裙翻酒汙。今年歡笑復明年，秋月春風等閒度。弟走從軍阿姨死，暮去朝來顏色故。門前冷落鞍馬稀，老大嫁作商人婦。商人重利輕別離，前月浮梁買茶去。去來江口守空船，繞船月明江水寒。夜深忽夢少年事，夢啼妝淚紅闌干。我聞琵琶已歎息，又聞此語重唧唧。同是天涯淪落人，相逢何必曾相識。我從去年辭帝京，謫居卧病潯陽城。潯陽地僻無音樂，終歲不聞絲竹聲。住近溢江地低濕，黃蘆苦竹繞宅生。其間旦暮聞何物？杜鵑啼血猿哀鳴。春江花朝秋月夜，往往取酒還獨傾。豈無山歌與村笛？嘔啞嘲哳難為聽。今夜聞君琵琶語，如聽仙樂耳暫明。莫辭更坐彈一曲，為君翻作琵琶行。感我此言良久立，卻坐促弦弦轉急。淒淒不似向前聲，滿座重聞皆掩泣。座中泣下誰最多，江州司馬青衫濕。

樂天無簡錬法，故覺頓挫激昂為難，形容髣髴。

⊙霓裳羽衣舞歌答微之

我昔元和侍憲皇，曾陪内宴宴昭陽。千歌百舞不可數，就中最愛霓裳舞。舞時寒食春風天，玉鈎欄下香案前。案前舞者顏如玉，不著人家俗衣服。虹裳霞帔步搖冠，鈿瓔纍纍珮珊珊。娉婷似不任羅綺，顧聽樂懸行復止。磬簫箏笛遞相攙，擊擫（擫）彈吹聲邐迤。［凡法曲之初，衆樂不齊，唯金石絲竹次第（發聲，霓裳序初亦復）如此］散序六奏未動衣，陽臺宿雲慵不飛。［散序六遍無拍，故不舞也。］中序擘騞初入拍，秋竹竿裂春冰拆。［中序始有拍，亦名拍序。］飄然轉旋（去聲）回雪輕，嫣然縱逸（送）游龍驚。小垂手後柳無力，斜曳裾時雲欲生。［四句皆霓裳舞之初態。］煙蛾斂略不勝態，風袖低昂如有情。上元點鬟招萼綠，王母揮袂別飛瓊。［許飛瓊、萼綠華，皆女仙也。］繁音急節十二遍，跳珠撼玉何鏗錚。［霓裳曲凡十二遍而終。］翔鸞舞了卻收翅，唳鶴曲終長引聲。［凡曲將畢，皆聲拍促速，唯霓裳之末，長引一聲也。］當時乍見驚心目，凝視諦聽殊未足。一落人間八九年，耳冷不曾聞此曲。溢城但聽山魑語，巴峽唯聞杜鵑哭。［予自江州司馬轉忠州刺史。］移領錢塘第二年，始有心情問絲竹。玲瓏箜篌謝好箏，陳寵觱篥沈平笙。清弦脆管纖纖手，教得霓裳一曲成。［自玲瓏以下，皆杭之妓名。]虛白亭前湖水畔，前後只應三度按。便除庶子却歸來，聞道如今各星散。今年五月至蘇州，朝鐘暮角催白頭。貪看案牘常侵夜，不聽笙歌直到秋。秋來無事多閒悶，忽憶霓裳無處問。聞君部内多樂徒，問有霓裳舞者無？答云七縣十萬户，無人知有霓裳舞。唯寄長歌與我來，題作霓裳羽衣譜。四幅花箋碧間紅，霓裳實録在其中。千姿萬狀分明見，恰與昭陽舞者同。眼前彷彿睹形質，昔日今朝想如一。疑從魂夢呼召來，似著丹青圖寫出。我愛霓裳君合知，發於歌詠形於詩。君不見，我歌云，驚破霓裳羽衣曲。[《長恨歌》云。]又不見，我詩云，曲愛霓裳未拍時。[錢塘詩云。]由來能事皆有主，楊氏創聲君造譜。[開元中，西京（涼）節度使楊敬述進。]君言此舞難得人，須是傾城可憐女。吴妖小玉飛作煙，越豔西施化為土。[夫差女小玉死後，形見於王。其母抱之，霏微若煙霧散空。]嬌花巧笑久寂寥，娃館苧蘿（羅山）空處所。如君所言誠有是，君試從容聽我語。若求國色始翻傳，但恐人間廢此舞。妍媸優劣寧相遠，大都只在人擡舉。李娟張態君莫嫌，亦擬隨宜且教取。

作長歌，須得崩浪奔雷、驀澗騰空之勢乃佳，樂天只平鋪次序。

⊙五絃彈

五絃彈，五絃彈，聽者傾耳心寥寥。趙璧知君入骨愛，五絃一一為君調。第一第二絃索索，秋風拂松疏韻落。第三第四絃泠泠，夜鶴憶子籠中鳴。第五絃聲最掩抑，隴水凍咽流不得。五絃並奏君試聽，淒淒切切復錚錚。鐵擊珊瑚一兩曲，冰寫（智按：應為瀉）玉盤千萬聲。鐵聲殺，冰聲寒。殺聲入耳膚血憯（智按：一作慘），寒氣中人肌骨酸。曲終聲盡欲半日，四坐相對愁無言。座中有一遠方士，唧唧咨咨聲不已。自歎今朝初得聞，始知孤負平生耳。唯憂趙璧白髮生，老死人間無此聲。遠方士，爾聽五絃信為美，吾聞正始之音不如是。正始之音其若何？朱絃疏越清廟歌。一彈一唱再三歎，曲淡節稀聲不多。融融曳曳召元氣，聽之不覺心平和。人情重今多賤古，古琴有絃人不撫。更從趙璧藝成來，二十五絃不如五。

掩抑悲壯。

⊙九日宴集醉題郡樓兼呈周殷二判官

兩邊蓬鬢一時白，三處菊花同色黄。一日日知添老病，一年年覺惜重陽。

江南九月未搖落，柳青蒲緑稻穟（穗）香。姑蘇臺榭倚蒼靄，太湖山水含清光。可憐假日好天色，公門吏静風景涼。榜舟鞭馬取賓客，掃樓拂席排壺觴。胡琴錚鏦指拨刺，吴娃美麗眉眼長。笙歌一曲思凝絕，金鈿再拜光低昂。日腳欲落備燈燭，風頭漸高加酒漿。觥盞灩翻菡萏葉，舞鬟擺落茱萸房。半酣憑檻起四顧，七堰八門六十坊。遠近高低寺間出，東西南北橋相望。水道脈分棹鱗此，里閭棋布城册方。人煙樹色無隙罅，十里一片青茫茫。自問有何才與政，高廳大館居中央。銅魚今乃澤國節，刺史是古吴都王。郊無戎馬郡無事，門有棨戟腰有章。盛時儻來合慙愧，壯歲忽去還感傷。從事醒歸應不可，使君醉到亦何妨。諸君停杯聽我語，此語真實非虚狂。五旬已過不為夭，七十為期蓋是常。須知菊酒登高會，從此多無二十場。

⊙秋日與張賓客舒著作同游龍門醉中狂歌凡三（智按：應為二）三十八字

秋天高高秋光清，秋風嫋嫋秋蟲鳴。嵩峰餘霞錦綺卷，伊水細浪鱗甲生。洛陽閒客知無數，少出游山多在城。商嶺老人自追逐，蓬丘逸士相逢迎。南出鼎門十八里，莊店邐迤橋道平。不寒不熱好時節，鞍馬穩快衣衫輕。並轡踟躕下西岸，扣舷容與繞中汀。開懷曠達無所繫，觸目勝絕不可名。荷衰欲黄荇猶緑，魚樂自躍鷗不驚。翠藻蔓長孔雀尾，彩船櫓急寒鴈聲。家醖一壺白玉液，野花數把黄金英。朝游回看（智按：一作晝游四看）西日暮，夜話三及東方明。暫停盃觴輟吟詠，我也（智按：一作有）狂言君試聽。丈夫一生有二志，兼濟獨善難得並。不能救療生民病，即須先濯塵土纓。況吾頭白眼已暗，終日戚促何所成。不如展眉開口笑，龍門醉卧香山行。

⊙和裴令公一日日一年年離言見贈

一日一日作老翁，一年一年過春風。公心不以貴隔我，我願唯將閒伴公。我無才能忝高秩，合是人間閒散物。公有功德在生民，何因得作自由身？前日魏王潭上宴連夜，今日午橋地頭游更（智按：一作拂）晨。山客硯前吟待日，野人樽前醉送春。不敢與公閒中爭第一，亦應占得第二第三人。

⊙蘇州李中丞以元日郡齋感懷詩寄微之及予輒依來篇七言八韻走筆奉答兼呈微之

白首餘杭太白守，落魄抛名來已久。一辭渭北故園春，再把江南新歲酒。杯前笑歌徒勉强，鏡裏形容漸衰朽。領郡慙當潦倒年，隣州喜得平生友。長洲草接松江岸，曲水花連鏡湖口。老去還能痛飲無，春來會作閒游否。憑鶯傳語報李六，倩鴈將書與元九。莫嗟一日日催人，且貴一年年入手。

⊙王夫子

王夫子，送君為一尉，東南三千五百里。道途雖遠位雖卑，月俸猶堪活妻子。男兒口讀古人書，束帶斂手來從事。近將狗禄給一家，遠則行道佐時理。行道佐時須待命，委身下位無為耻。命苟未來且求食，官無高卑及遠邇。男兒上既未能濟天下，下又不至饑寒死。吾觀九品至一品，其間氣味都相似。紫綬朱紱青布衫，顔色不同而已矣。王夫子，别有一事欲勸君，遇酒逢春且歡喜。

達事語。

⊙三月晦日晚聞鳥聲

晚來林鳥語殷勤，似惜風光説向人。遣脱破袍勞報暖，催沽美酒敢辭貧。聲聲勸醉應須醉，一歲唯殘半日春。

末二語，落手最便。

⊙寒食野望吟

丘墟郭門外，寒食誰家哭？風吹曠野紙錢飛，古墓纍纍春草緑。棠梨花映白楊樹，儘是死生離别處。冥冥重泉哭不聞，蕭蕭暮雨人歸去。

淺淺語自慘澹。

⊙和雨中花

真宰倒持生殺柄，閒物命長人短命。松枝上鶴蓍下龜，千年不死仍無病。人生不得似龜鶴，少去老來同旦暝。何異花間旦暝間，未落仍遭風雨横。草得經年菜連月，唯花不與多時節。一年三百六十日，花能供得幾攀折。桃李無言難自訴，黄鶯解語憑君説。鶯雖為説不分明，葉底枝頭謾饒舌。

結不老。

⊙詔下

昨日詔下去罪人，今日詔下得賢臣。進退者誰非我事，世間寵辱常紛紛。我心與世兩相忘，時事雖聞如不聞。但喜今年飽飯喫，洛陽禾稼如秋雲。更傾一樽歌一曲，不獨忘世兼忘身。

起二語痛徹世事，遂為千古一案。

⊙和自勸

稀稀疎疎遶籬竹，窄窄狹狹向陽屋。屋中有一曝背翁，委置形骸如土木。日暮半爐麩炭火，夜深一盞紗籠燭。不知有益及民無，二十年來食官禄。就暖移盤簷下食，防寒擁被帷中宿。秋官月俸八九萬，豈徒遣爾身温足。勤操丹筆念黄沙，莫使饑寒囚滯獄。

⊙畫竹歌（并序）

恊律郎蕭悦善畫竹，舉世無倫，蕭亦甚自秘重。有終歲求其一竿一枝而不得者。知予天與好事，忽寫一十五竿，惠然見投。予厚其意，高其藝，無以答貺，作歌以報之，凡一百八十六字云。

植物之中竹難寫，古今雖畫無似者。蕭郎下筆獨逼真，丹青以來唯一人。人畫竹身肥擁腫，蕭畫莖瘦節節竦。人畫竹稍死羸垂，蕭畫枝活葉葉動。不根而生從意生，不笋而成由筆成。野塘水邊碕岸側，森森兩叢十五莖。嬋娟不識箹粉態，蕭颯近得風烟情。舉頭忽看不似畫，低耳静聽疑有聲。西叢七莖勁而健，曾向天竺寺前石上見。東叢八莖踈且寒，憶曾湘妃廟裏雨中看。幽姿遠思少人别，與君相顧空長歎。蕭郎蕭郎老可惜，手顫眼昏頭雪色。自言便是絕筆時，從今此竹尤難得。

寫得活。

⊙朱藤杖紫驄吟

拄上山之上，騎下山之下。江州去日朱藤杖，忠州歸曰紫驄馬。天生二物濟我窮，我生合是栖栖者。

詩絕如畫，一筆二筆，具得生韻，便佳。

⊙潛别離

不得哭，潛别離；不得語，暗相思。兩心之外無人知。深籠夜鎖獨棲鳥，利劍舂斷連理枝。河水雖濁有清日，烏頭雖黑有白時。唯有潛離與暗别，彼此甘心無後期。

⊙山鷓鴣

山鷓鴣，朝朝暮暮啼復啼，啼時露白風淒淒。黄茅岡頭秋日晚，苦竹嶺下寒月低。畬田有粟饑不啄，石楠有枝何不栖。迢迢不緩復不急，樓上舟中聲闇入。夢鄉遷客展轉卧，抱兒寡婦彷徨立。山鷓鴣，爾本北鄉鳥，生不辭巢不別羣，何苦聲聲啼到曉？啼到曉，唯能愁北人，南人慣聞如不聞。

⊙眞娘墓

眞娘墓，虎邱道。不識眞娘鏡中面，唯見真娘墓頭草。霜摧桃李風折蓮，真娘死時猶少年。脂膚荑手不牢固，世間有物難留連。難留連，易銷歇，塞北花，江南雪。

結韵甚。

⊙挽歌詞

丹旐何飛揚，素驂亦悲鳴。晨光照閭巷，輀車儼欲行。蕭條九月天，哀挽出重城。借問送者誰？妻子與弟兄。蒼蒼上古原，峨峨開新塋。含酸一痛哭，異口同哀聲。舊壠轉蕪絕，新墳日羅列。春風草綠北邙山，此地年年生死別。

⊙賦詩字詩

詩。綺美，瓌奇。明月夜，落花時。能助懽笑，亦傷別離。調清金石怨，吟苦鬼神悲。天下只應我愛，世間唯有君知。自從都尉別蘇句，便到司空送白辭。

⊙憶江南詞

江南好，風景舊曾諳。日出江花紅勝火，春來江水綠如藍，能不憶江南？

不滅隋人所為。

⊙花非花

花非花，霧非霧。夜半來，天明去。來如春夢幾多時，去似朝雲無覓處。

⊙吟四雖

酒酣後，歌歇時，請君添一酌，聽我吟四雖。年雖老，猶少於韋長史。命雖薄，猶勝於鄭長水。眼雖病，猶明於徐郎中。家雖貧，猶勝於郭庶子。省躬審分何僥倖，直酒逢歌且歡喜。心榮知足委天和，亦應得盡生生理。

詩思物情，火（大）都出此，是此老一生受用處。

（以上《四庫全書》本《唐詩鏡》卷四十三「七言古詩」）

⊙和春深

何處春深好，春深富貴家。馬為中路鳥，妓作後庭花。羅絃駈論隊，金銀用斷車。眼前何所苦，唯苦日西斜。

三四説春真好。

何處春深好，春深學士家。鳳書裁五色，馬鬣剪三花。蠟炬開明火，銀臺賜物車。相逢不敢揖，彼此帽低斜。

⊙新春江次

浦乾潮未應，堤濕凍初銷。粉片粧梅朵，金絲刷柳條。鴨頭新緑水，雁齒小紅橋。莫怪珂聲碎，春來五馬驕。

⊙何處春先到

何處春先到，橋亭水北亭。凍花開未得，冷酒著難醒。就日移輕榻，遮風展小屏。不勞人勸醉，鶯語漸丁寧。

⊙秋思

夕照紅於燒，晴空碧勝藍。獸形雲不一，弓勢月初三。鴈思來天北，砧愁滿水南。蕭條秋氣味，未老已深諳。

三四不琢而工。

⊙閑卧

盡日前軒卧，神閒境亦空。有山當枕上，無事到心中。簾卷侵牀日，屏遮入座風。望春春未到，應在海門東。

⊙社日關路作

晚景函關路，凉風社日天。青巖新有燕，紅樹欲無蟬。愁立驛樓上，厭行官堠前。蕭條秋興苦，漸近二毛年。

⊙客中守歲

守歲樽無酒，思鄉淚滿巾。始知為客苦，不及在家貧。畏老偏驚節，防愁預惡春。故園今夜裏，應念未歸人。

「防愁預惡春」，説得宛轉深入，當年余卧病中，深諳此况。

⊙早春題少室東巖

三十六峯晴，雪消嵐翠生。月留三夜宿，春引四山行。遠草初含色，寒禽未變聲。東巖最高石，唯我有題名。

⊙晚春酒醒尋夢得

料合同惆悵，花殘酒亦殘。醉心忘老易，醒眼别春難。獨出雖慵懶，相逢定喜歡。還攜小蠻去，試覔老劉看（小蠻，酒榼名也）。

四語落手快絕。

⊙冬初酒熟

霜繁脆庭柳，風利剪池荷。月色曉彌苦，鳥聲寒更多。秋懷久寥落，冬計又如何。一甕新醅酒，萍浮春水波。

⊙詶夢得霜夜對月懷

淒清冬夜景，揺落長年情。月帶新霜色，砧和遠鴈聲。暖憐爐近火，寒覺被衣輕。枕上酬佳句，詩成夢不成。

三四淒淒，結語好意。

⊙望亭驛酬別周判官

何事常長洲，連宵飲不休。醒應難作別，歡漸少於愁。燈火穿村市，笙歌上驛樓。何言五十里，已不屬蘇州。

「歡漸少於愁」，語約而至。

⊙江南鄭常侍赴鎮之日有寄因酬和

來暮亦何愁，金貂在鷁舟。旆隨寒浪動，帆帶夕陽收。布令滕王閣，裁詩郢客樓。即應歸鳳沼，中外賛天休。

智按：此乃許渾詩（《全唐詩》卷五三〇），誤入於此。

⊙賦得古原草送別

離離原上草，一歲一枯榮。野火燒不盡，春風吹又生。遠芳侵古道，晴翠接荒城。又送王孫去，萋萋滿別情。

⊙酬皇甫十早春對雪見贈

漠漠復紛紛，東風散玉塵。明催牕竹曉，寒退柳園春。緑醑香堪憶，紅爐暖可親。忍心三兩日，莫作破齋人。

「寒退柳園春」，最是雅意。

⊙寄皇甫七

孟夏愛吾廬，陶潛語不虛。花樽飄落酒，風案展開書。隣女偷新果，家童漉小魚。不知皇甫七，池上興何如。

⊙從郏至東京

從郏至東京，山低路漸平。風光四百里，車馬十三程。花共隨鞭看，杯多並轡傾。笙歌與談笑，隨分自將行。

五六好寫作。

⊙渡淮

淮水東南闊，無風渡亦難。孤煙生乍直，野樹望多圓。春浪棹聲急，夕陽帆影殘。清流宜映月，今夜重吟看。

⊙初入瞿塘

瞿塘天下險，夜上信難哉。岸似雙屏合，天如匹帛開。逆風驚浪起，拔簽闇船來。欲識愁多少，高於灩澦堆。

三四形狀宛然。

⊙人定

人定月朧明，香銷枕簟清。翠屏遮燭影，紅袖下簾聲。坐久吟方罷，眠初夢未成。誰家教鸚鵡，故故語相驚。

⊙偶吟

里巷多通水，林園盡不扃。松身為外户，池面是中庭。元氏詩三帙，陳家酒一瓶。醉來狂發詠，隣女應籬聽。

⊙惜落花

夜來風雨急，無復舊花林。枝上三分落，園中二寸深。日斜啼鳥思，春盡老人心。莫怪添杯酒，情多酒不禁。

三四寫景，實在得多。

⊙醉中戲贈鄭使君（時使君先歸留妓樂重飲）

密座移紅毯，酡顔照淥杯。雙娥留且住，五馬任先迴。醉耳歌催醒，愁眉笑引開。平生少年興，臨老暫重來。

⊙武丘寺路

自開山寺路，水陸往來頻。銀勒牽驕馬，花船載麗人。芰荷生欲遍，桃李種仍新。好住湖堤上，長留一道春。

七言律詩

⊙三月三日

畫堂三月初三日，絮撲紗牕燕拂簷。蓮子數杯嘗冷酒，柘枝一曲試春衫。堦臨池面勝看鏡，户映花叢當下簾。指點樓南翫新月，玉鈎素手兩纖纖。

六語趣。

⊙春題湖上

湖上春來似畫圖，亂峯圍繞水平鋪。松排山面千重翠，月點波心一顆珠。碧毯線頭抽早稻，青羅裙帶展新蒲。未能抛得杭州去，一半勾留是此湖。

五六倒裝句法。

⊙江亭翫春

江亭乘曉閱衆芳，春妍景麗草樹光。日消石桂緑嵐氣，風墜木蘭紅露漿。水蒲漸展書帶葉，山榴半含琴軫房。何物春風吹不變，愁人依舊鬢蒼蒼。

⊙早春憶蘇州寄夢得

吴苑四時風景好，就中偏好是春天。霞光曙後殷於火，水色晴來嫩似烟。士女笙歌宜月下，使官金紫稱花前。誠知歡樂堪留戀，其奈離鄉已四年。

⊙春中與盧四周諒華陽觀同居

性情懶慢好相親，門巷蕭條稱作隣。背燭共憐深夜月，踏花同惜少年春。杏壇住僻雖宜病，芸閣官微不救貧。文行如君尚憔悴，不知霄漢待何人。

⊙錢塘湖春行

孤山寺北賈亭西，水面初平雲脚低。幾處早鶯爭暖樹，誰家新燕啄春泥？亂花漸入迷人眼，淺草纔能沒馬蹄。最愛湖東行不足，緑楊陰裏白沙隄。

⊙池上逐凉

青苔地上銷殘暑，緑樹陰前逐晚凉。輕屐單衣薄紗帽，淺池平岸庳藤床。簪纓怪我情何薄，泉石諳君味甚長。徧問交親為老計，多言宜静不宜忙。

⊙馬上晚吟

人少街荒已寂寥，風多塵起重蕭條。上陽落葉飄宫樹，中渡流澌擁渭橋。出早冒寒衣校薄，歸遲侵黑酒全消。如今不是閒行白（日），日短天陰坊曲遥。

⊙病中多雨逢寒食

水國多陰常懶出，老夫饒病愛閒眠。三旬卧度鶯花月，一半春銷風雨天。

薄暮何人吹觱篥，新晴幾處縛鞦韆。綵繩芳樹長如舊，唯是年年换少年。

⊙詶思黯相公晚夏雨後感秋見贈

暮去朝來無歇期，炎涼暗向雨中移。夜長祇合愁人覺，秋冷先應瘦客知。兩幅彩箋揮逸翰，一聲寒玉振清辭。無憂無病身榮貴，何故沈吟亦感時。

⊙送令狐相公赴太原

六纛雙旌萬鐵衣，并汾舊路滿光輝。青衫書記何年去，紅旆將軍昨日歸。詩作馬蹄隨筆走，獵酣鷹翅傍觥飛。北都莫作多時計，再為蒼生入紫微。

五六出句佳。

⊙同諸客題于家公主舊宅

平陽舊宅少人游，應是游人到即愁。春穀鳥啼桃李院，絡絲蟲怨鳳凰樓。臺傾滑石猶殘破，簾斷真珠不滿鈎。聞道至今蕭史在，髭鬚雪白向明州。

⊙履道池上作

家池動作經旬别，松竹禽魚好在無。樹暗小巢藏巧婦，草荒新葉長慈姑。不因車馬時時到，豈覺園林日日蕪。猶喜春深公事少，每來花下得踟蹰。

⊙飲後夜醒

黄昏欲散歸來卧，夜半人扶强起行。枕上酒容和睡醒，樓前海月伴潮生。將歸梁燕還重宿，欲滅寒燈却復明。直至曉來猶妄想，耳中如有管絃聲。

⊙與諸客攜酒尋去年梅花有感

馬上同攜今日杯，湖邊共覺去春梅。年年只見人空老，歲歲何曾花不開。詩思又牽吟詠發，酒酣閑唤管絃來。樽前百事皆依舊，點檢唯無薛秀才。

三四顛倒之法，似少陵來。

⊙庾順之以紫霞綺遠贈以詩答之

千里故人心鄭重，一端香綺紫氛氲。開緘日映晚霞色，滿幅風生秋水文。為褥欲裁憐葉破，製裘將剪惜花分。不如裁作合歡被，寤寐相思如對君。

白詩之佳，在傾囊而出，每覺意趣圓滿渾成。

⊙與皇甫庶子同游城東

閑游何必多徒侶，相勸時時舉一杯。博望苑中無職役，建春門外足池臺。緑油剪葉蒲新長，紅蠟粘枝杏欲開。白馬朱衣兩宫相，可憐天氣出城來。

⊙洛下雪中頻與劉李二賓客宴集因寄汴州李尚書

水南水北雪紛紛，雪裏歡游莫厭頻。日日暗來唯老病，年年少去是交親。碧氈帳暖梅花濕，紅燎爐香竹葉春。今日鄒枚俱在洛，梁園置酒召何人。

⊙自喜

自喜天交我少緣，家徒行計兩翩翩。身兼妻子都三口，鶴與琴書共一船。僮僕減來無冗食，糧資算外有餘錢。攜將貯作丘中費，猶免饑寒得數年。

三四拈出佳趣。

⊙令狐相公與夢得交情素深眷予分亦不淺一聞薨逝相顧泫然旋有使來得前月未歿之前數日書及詩寄贈夢得哀吟悲歎寄情於詩詩成示予感而繼和

緘題重疊語殷勤，存歿交親自此分。前月使來猶理命，今朝書到是遺文。銀鉤見晚書無報，玉樹埋深哭不聞。最感一行絕筆字，尚言千萬樂天君。

⊙哭崔二十四常侍

貂裘初別九重門，馬鬣新封四尺墳。薤露歌詞非白雪，銘旌官爵是浮雲。伯倫每置隨身鍤，元亮先為自祭文。莫道高風無繼者，一千年内有崔君。

（以上《四庫全書》本《唐詩鏡》卷四十四）

⊙早春西湖閒游悵然興懷，憶與微之同賞，因思在越官重事殷鏡湖之游，或恐未暇，偶成十八韻寄微之

上馬復呼賓，湖邊景氣新。管絃三數事，騎從十餘人。立換登山屐，行攜漉酒巾。逢花看當妓，遇草坐為茵。西日籠黃柳，東風蕩白蘋。小橋裝雁齒，輕浪甃魚鱗。畫舫牽徐轉，銀船酌慢巡。野情遺世累，醉態任天真。彼此年將老，平生分最親。高天從所願，遠地得為鄰。雲樹分三驛，煙波限一津。翻嗟寸步隔，卻厭尺書頻。浙右稱雄鎮，山陰委重臣。貴垂長紫綬，榮駕大朱輪。出動刀槍隊，歸生道路塵。雁驚弓易散，鷗怕鼓難馴。百吏瞻相面，千夫捧擁身。自然閒興少，應負鏡湖春。

⊙奉酬侍中夏中雨後游城南莊見示八韻

鳥樹間林巒，雲收雨氣殘。四山嵐色重，五月水聲寒。老鶴兩三隻，新篁千萬竿。化成天竺寺，移得子陵灘。心覺閒彌貴，身緣健更歡。帝將風后待，人作謝公看。甪里年雖老，高陽興未闌。佳辰不見召，爭免趁盃盤。

⊙和鄭方及第後秋歸洛下閒居

勤苦成名後，優游得意間。玉憐同匠琢，桂恨隔年攀。山靜豹難隱，谷幽鶯暫還。微吟詩引步，淺酌酒開顔。門迥暮臨水，牕深朝對山。雲衢日相待，莫誤許身閒。

⊙江州赴忠州至江陵已來舟中示舍弟五十韻

昔作咸秦客，常思江海行。今來仍盡室，此去又專城。典午猶為幸，分憂固是榮。箯篁州乘送，艛艓驛船迎。共載皆妻子，同游即弟兄。寧辭浪跡遠，且貴賞心並。雲展帆高掛，飆馳棹迅征。溯流從漢浦，循路轉荊衡。山逐時移色，江隨地改名。風光近東早，水木向南清。夏口煙孤起，湘川雨半晴。日煎紅浪沸，月射白砂明。北渚寒留雁，南枝暖待鶯。駢朱桃露萼，點翠柳含萌。亥市魚鹽聚，神林鼓笛鳴。壺漿椒葉氣，歌曲竹枝聲。繫纜憐沙靜，垂綸愛岸平。水餐紅粒稻，野茹紫花菁。甌泛茶如乳，臺粘酒似餳。膾長抽錦縷，藕脆削瓊英。容易來千里，斯須進一程。未曾勞氣力，漸覺有心情。卧穩添春睡，行遲帶酒酲。忽愁牽世網，便欲濯塵纓。早接文場戰，曾爭翰苑盟。掉頭稱俊造，翹足取公卿。且昧隨時義，徒輸報國誠。衆排恩易失，偏壓勢先傾。虎尾憂危切，鴻毛性命輕。燭蛾誰救護？蠶繭自纏縈。斂手辭雙闕，回眸望兩京。長沙抛賈誼，漳浦卧劉楨。鵩鳩鳴還歇，蟾蜍破又盈。年光同激箭，鄉思極搖旌。潦倒親知笑，衰羸舊識驚。烏頭因感白，魚尾為勞赬。劍學將何用？丹燒竟不成。孤舟萍一葉，雙鬢雪千莖。老見人情盡，閒思物理精。如湯探冷熱，似博鬭輸贏。險路應須避，迷途莫共爭。此心知止足，何物要經營？玉向泥中潔，松經雪後貞。無妨隱朝市，不必謝寰瀛。但在前非悟，期無後患嬰。多知非景福，少語是元亨。晦即全身藥，明為伐性兵。昏昏隨世俗，蠢蠢學黎甿。鳥以能言䌸，龜緣入夢烹。知之一何晚，猶足保餘生。

⊙東南行一百韻，寄通州元九侍御、澧州李十一舍人、果州崔二十二使君、開州韋大員外、庾三十二補闕、杜十四拾遺、李二十助教、員外竇七校書

南去經三楚，東來過五湖。山頭看候館，水面問征途。地遠窮江界，天低接海隅。飄零同落葉，浩蕩似乘桴。漸覺鄉原異，深知土產殊。夷音語嘲哳，蠻態笑睢盱。水市通闤闠，煙村混舳艫。吏征漁户稅，人納火田租。亥

日饒蝦蟹，寅年足虎貙。成人男作丱，事鬼女為巫。樓暗攢猖婦，堤喧簇販夫。夜船論鋪賃，春酒斷瓶沽。見果多盧橘，聞禽悉鷓鴣。山歌猿獨叫，野哭鳥相呼。嶺徼雲成棧，江郊水當郛。月移翹柱鶴，風泛颭檣烏。鼇礙潮無信，蛟驚浪不虞。鼉鳴江擂鼓，蜃結氣浮圖。樹裂山魈穴，沙含水弩樞。喘牛犁紫芋，羸馬放青菰。繡面誰家婢？鴉頭幾歲奴？泥中採菱芡，燒後拾樵蘇。鼎膩愁烹鱉，盤腥厭膾鱸。鍾儀徒戀楚，張翰浪思吳。氣序涼還熱，光陰旦復晡。身方逐萍梗，年欲近桑榆。渭北田園廢，江西歲月徂。憶歸恒慘澹，懷舊忽踟躕。自念咸秦客，嘗為鄒魯儒。蘊藏經國術，輕棄度關繻。賦力淩鸚鵡，詞鋒敵轆轤。戰文重掉鞅，射策一彎弧。崔杜鞭齊下，元韋轡並驅。名聲逼楊馬，交分過蕭朱。世務輕摩揣，周行竊覬覦。風雲皆會合，雨露各沾濡。共遇升平代，偏慚固陋軀。承明連夜直，建禮拂晨趨。美服頒王府，珍羞降御廚。議高通白虎，諫切伏青蒲。柏殿行陪宴，花樓走看酺。神旗張鳥獸，天籟動笙竽。戈劍星芒耀，魚龍電策驅。定場排越伎，促坐進吳覦。縹緲疑仙樂，嬋娟勝畫圖。歌鬟低翠羽，舞汗墮紅珠。別選閒游伴，潛招小飲徒。一杯愁已破，三盞氣彌粗。軟美仇家酒，幽閒葛氏姝。十千方得斗，二八正當壚。論笑杓胡硉，談憐鞏囁嚅。李酣猶短竇，庾醉更蔫迂。鞍馬呼教住，骰盤喝遣輸。長驅波卷白，連擲采成盧。［骰盤、卷白波、莫走、鞍馬，皆當時酒令。］籌並頻逃席，觥嚴別置盂。滿卮那可灌，頹玉不勝扶。入視中樞草，歸乘內廄駒。醉曾衝宰相，驕不揖金吾。日近恩雖重，雲高勢卻孤。翻身落霄漢，失腳倒泥塗。博望移門籍，潯陽佐郡符。［予自太子贊善大夫出為江州司馬。］時情變寒暑，世利算錙銖。即日辭雙闕，明朝別九衢。播遷分郡國，次第出京都。［十年春，微之移佐通州。其年秋，予出佐潯陽。明年秋，杓直出牧澧州，崔二十二出牧果州，韋大出牧開州。］秦嶺馳三驛，商山上二邘。［商山險道中，有東西二邘。］峴陽亭寂寞，夏口路崎嶇。大道全生棘，中丁盡執殳。江關未撤警，淮寇尚稽誅。［時淮西未平，路經襄、鄂二州界，所見如此。］林對東西寺，山分大小姑。［東林、西林寺在盧山北。大姑、小姑在盧山南彭蠡湖中。］盧峰蓮刻削，湓浦帶縈紆。［蓮花峰在盧山北，湓水在江城南。何遜詩云：「湓城對湓水，湓水縈如帶。」］九派吞青草，孤城覆綠蕪。［潯陽江九派，南通青草、洞庭湖。南方城壁多以草覆。］黃昏鐘寂寂，清曉角嗚嗚。春色辭門柳，秋聲到井梧。殘芳悲鶗鴂，暮節感茱萸。蕊坼金英菊，花飄雪片蘆。波紅日斜沒，沙白月平鋪。幾見林抽筍，頻驚燕引雛。歲華何倏忽，年少不須臾。眇默思千古，蒼茫想八區。孔窮緣底事？顏夭有何辜？龍智猶經醢，龜靈未免刳。窮通應已定，聖哲不能逾。況我身謀拙，逢他厄運拘。漂流隨大海，錘鍛任洪爐。險阻嘗之矣，棲遲命也夫。沉冥消意氣，窮餓耗肌膚。防瘴和殘藥，迎寒補舊襦。書床鳴蟋蟀，琴匣網蜘蛛。貧室如懸磬，端憂劇守株。時遭人指點，數被鬼揶揄。兀兀都疑夢，昏昏半是愚。女驚朝不起，妻怪夜長吁。萬里拋朋侶，三年隔友于。自然悲聚散，不是恨榮枯。去夏微之瘧，今春席八殂。天涯書達否？泉下哭知無？［去年聞元九瘴瘧，書去竟未報。今春聞席八歿。久與還往，能無慟矣。］謾寫詩盈卷，空盛酒滿壺。只添新悵望，豈復舊歡娛。壯志因愁減，衰容與病俱。相逢應不識，滿頷白髭鬚。

⊙發白狗峽次黃牛峽登高寺卻望忠州

白狗次黃牛，灘如竹節稠。路穿天地險，人續古今愁。忽見千花塔，因停一葉舟。畏途常迫促，靜境暫淹留。巴曲春全盡，巫陽雨半收。北歸雖引領，南望亦回頭。昔去悲殊俗，今來念舊游。別僧山北寺，拋竹水西樓。郡樹花如雪，軍廚酒似油。時時大開口，自笑憶忠州。

⊙詶令狐相公春日尋花見寄六韻

病卧帝王州，花時不得游。老應隨日至，春肯為人留。粉壞杏將謝，火繁桃尚稠。白飄僧院地，紅落酒家樓。空裏雪相似，晚來風不休。吟君悵望句，如到曲江頭。

⊙早發楚城驛

過雨塵埃滅，沿江道徑平。月乘殘夜出，人趁早涼行。寂歷閒吟動，冥濛闇思生。荷塘翻露氣，稻壠瀉泉聲。宿犬聞鈴起，棲禽見火驚。曨曨煙樹色，十里始天明。

⊙題洛中第宅

水木誰家宅，門高占地寬。懸魚掛青甃，行馬護朱欄。春榭籠煙暖，秋庭鏁月寒。松醪粘琥珀，筠粉撲瑯玕。試問池臺主，多為將相官。終身不曾到，唯展畫圖看。

⊙題遺愛寺前溪松

偃亞長松樹，侵臨小石溪。静將流水對，高共遠峯齊。翠蓋煙籠密，花幢雪壓低。與僧清影坐，借鶴穩枝棲。筆寫形難似，琴偷韻易迷。暑天風摵摵，晴夜露凄凄。獨憩依為舍，閒行繞作蹊。棟梁君莫採，留著伴幽棲。

⊙箏

雲髻飄蕭緑，花顔旖旎紅。雙眸剪秋水，十指剝春蔥。楚豔為門閥，秦聲是女工。甲鳴銀玓勒，柱觸玉玲瓏。猿苦啼嫌月，鶯嬌語詬風。移愁來手底，送恨入絃中。趙瑟清相似，胡琴鬧不同。慢彈迴斷雁，急奏轉飛蓬。霜珮鏘還委，冰泉咽復通。珠聯千拍碎，刀截一聲終。倚麗精神定，矜能意態融。歇時情不斷，休去思無窮。燈下青春夜，樽前白首翁。且聽應得在，老耳未多聾。

樂天《送客春游嶺南》:「天黄生颶母，雨黑長楓人。」微之和詩:「歌鐘排象背，炊爨上魚身。」其言可作記類。

⊙登閶門閑望

閭門四望鬱蒼蒼，始覺州雄土俗强。十萬夫家供課稅，五千子弟守封疆。闔閭城碧鋪秋草，烏鵲橋紅帶夕陽。處處樓前飄管吹，家家門外泊舟航。雲埋虎寺山藏色，月耀娃宫水放光。曾賞錢塘嫌茂苑，今來未敢苦誇張。

⊙憶杭州梅花因叙舊游寄蕭協律

三年閒悶在餘杭，曾為梅花醉幾場。伍相廟前繁似雪，孤山園裏麗如妝。踏隨游騎心常惜，折贈佳人手亦香。賞自初開直至落，歡因小飲便成狂。薛劉相次埋新隴，沈謝雙飛出故鄉。歌伴酒徒零散盡，唯殘頭白老蕭郎。

⊙泛太湖書事寄微之

煙渚雲帆處處通，飄然舟似入虚空。玉盃淺酌迎初匝，金管徐吟曲未終。黄夾纈林寒有葉，碧琉璃水淨無風。避旗飛鷺翩翻白，驚鼓跳魚潑剌紅。澗雪壓多松偃蹇，岩泉滴久石玲瓏。書為故事留湖上，吟作新詩寄浙東。軍府威容從道盛，江山氣色定知同。報君一事君應羡，五宿澄波皓月中。

⊙餘思未盡加為六韻重寄微之

海内聲華併在身，篋中文字絕無倫。遙知獨對封章草，忽憶同為獻納臣。走筆往來盈卷軸，除官遞及掌絲綸。制從長慶辭高古，詩到元和體變新。各有文姬才稚齒，俱無通子繼餘塵。琴書何必求王粲，與女猶勝與外人。

⊙六言

把酒留君聽琴，那堪歲暮離心。霜葉無風自落，秋天不雨多陰。

人愁荒村路遠，馬怯寒溪水深。望盡青山猶在，不知何處相尋。

⊙臨都驛答夢得六言

楊子津頭月下，臨都驛裏燈前。昨日老於前日，去年春似今年。

顛倒得佳。

五言絕句

⊙池上二首

山僧對棋坐，局上竹陰清。映竹無人見，時聞下子聲。

小娃撑小艇，偷採白蓮迴。不解藏蹤跡，浮萍一道開。

⊙池畔二首

結構池西廊，疏理池東樹。此意人不知，欲為待月處。

持刀開密竹，竹少風來多。此意人不會，欲令池有波。

好格致。

⊙閨怨詞

珠箔籠寒月，紗牕背曉燈。夜來巾上淚，一半是春冰。關山征戍遠，閨閣別離難。苦戰應憔悴，寒衣不要寬。

⊙問淮水

自嗟名利客，擾擾在人間。何事長淮水，東流亦不閒。

七言絕句

⊙王昭君二首

滿面胡沙滿鬢風，眉銷殘黛臉銷紅。愁苦辛勤憔悴盡，如今却似畫圖中。

漢使却迴憑寄語，黃金何日贖蛾眉。君王若問妾顏色，莫道不如宮裏時。

⊙後宮詞

淚濕羅巾夢不成，夜深前殿按歌聲。紅顏未老恩先斷，斜倚薰籠坐到明。

雨露由來一點恩。爭能遍布及千門，三千宮女臙脂面，幾個春來無淚痕。

⊙傷春詞

深淺簷花千萬枝，碧紗牕外囀黃鸝。殘妝含淚下簷坐，盡日傷春春不知。

甚是惱恨。

⊙採蓮曲

菱葉縈波荷颭風，荷花深處小船通。逢郎欲語低頭笑，碧玉搔頭落水中。

⊙吳宮詞

澹紅花帔淺檀蛾，睡臉初開似剪波。坐對珠籠閒理曲，琵琶鸚鵡語相和。

⊙暮江吟

一道殘陽鋪水中，半江瑟瑟半江紅。可憐九月初三夜，露似眞珠月似弓。

⊙離別難詞

緑楊陌上送行人，馬去車迴一望塵。不覺別時紅淚盡，歸來無淚可沾巾。

劇倒語。

⊙醉後聽唱桂華曲（并序）

詩云：「遙知天上桂花孤，試問嫦娥更有無。月中幸有閒田地，何不中央種兩株。」此曲韻怨切聽輒感人，故云耳。

桂花詞意苦丁寧，唱到嫦娥醉便醒。此是世間腸斷曲，莫教不得意人聽。

⊙春老

欲隨年少强游春，自覺風光不屬身。歌舞屏風花障上，幾時曾畫白頭人。

愈淺愈眞。

⊙三月三十日題慈恩寺

慈恩春色今朝盡，盡日徘徊倚寺門。惆悵春歸留不得，紫藤花下漸黃昏。

⊙代春贈

山吐晴嵐水放光，辛夷花白柳稍黃。但知莫作江西意，風景何曾異帝鄉。

⊙答春

草煙低重水花明，從道風光似帝京。其奈山猿江上叫，故鄉無此斷腸聲。

⊙春詞

低花樹映小粧樓，春入眉心兩點愁。斜倚欄干背鸚鵡，思量何事不迴頭。

每覺淺處藏情。

⊙杏園花下贈劉郎中

怪君把酒偏惆悵，曾是貞元花下人。自別花來多少事，東風二十四迴春。

⊙上香爐峯

倚石攀蘿歇病身，青筇竹杖白紗巾。他時畫出廬山障，便是香爐峯上人。

雖非正格，却是手輕口快。

⊙宿府池西亭

池上平橋橋下亭，夜深睡覺上橋行。白頭老尹重來宿，十五年前舊月明。

⊙浦中夜泊

暗上江隄還獨立，水風霜氣夜稜稜。迴看深浦停舟處，蘆荻花中一點燈。

⊙同李十一醉憶元九

花時同醉破春愁，醉折花枝作酒籌。忽憶故人天際去，計程今日到涼州。

⊙對月答元明府

山下孤城月上遲，相留一醉本無期。明年此夕游何處，縱有秋光知對誰。

⊙和友人洛中春感

莫悲金谷園中月，莫嘆天津橋上春。若學多情尋往事，人間何事不傷人。

白詩情到語流，絕無粧疊之病。

⊙惜落花贈崔二十四

漠漠紛紛不奈何，狂風急雨兩相和。晚來悵望君知否，枝上稀疏地上多。

⊙有雙鶴留在洛中忽見劉郎中依然鳴顧劉因為嘆二篇寄予予以絕句答之

辭鄉遠隔華亭水，逐我來棲緱嶺雲。慚愧稻粱長不飽，未曾迴眼向雞羣。

⊙戲答諸少年

愧我長年頭似雪，饒君壯歲氣如雲。朱顏今日雖欺我，白髮他時不放君。

語却老氣。

⊙寄湘靈

淚眼凌寒凍不流，每經高處即迴頭。遙知別後西樓上，應凭欄干獨自愁。

⊙題王侍御池亭

朱門深鎖春池滿，岸落薔薇水浸莎。畢竟林塘誰是主，主人來少客來多。

⊙題韋家泉池

泉落青山出白雲，縈村遶郭幾家分。自從引作池中水，深淺方圓一任君。

⊙春題華陽觀

帝子吹簫逐鳳凰，空留仙洞號華陽。落花何處堪惆悵，頭白宫人掃影堂。

⊙樟亭雙櫻樹

南館西軒兩樹櫻，春條長足夏陰成。素華朱實今雖盡，碧葉風來別有情。

⊙別柳枝

兩枝楊柳小樓中，嫋娜多年伴酒翁。明日放歸歸去後，世間應不要春風。

⊙憶江柳

曾栽楊柳江南岸，一別江南兩度春。遥憶青青江岸上，不知攀折是何人。

⊙小橋柳

細水涓涓似淚流，日西惆悵小橋頭。衰楊葉盡空枝在，猶被霜風吹不休。

⊙劉家花

劉家墻上花還發，李十門前草又春。處處傷心心始悟，多情不及少情人。

是解語，是不解情。

⊙羅敷水

野店東頭花落處，一條流水號羅敷。芳魂豔骨知何在，春草茫茫墓亦無。

⊙閨婦

斜凭繡牀愁不動，紅銷帶緩緑鬟低。遼陽春盡無消息，夜合花前日又西。

⊙思婦眉

東風摇蕩自東來，折盡櫻桃綻盡梅。唯餘思婦愁眉結，無限春風吹不開。

⊙聽都子歌（詞云試問嫦娥更要無）

都子新歌有性靈，一聲格轉已堪聽。更聽唱到嫦娥字，猶有樊家舊典型。

⊙樂世（一名六么）

管急絃繁拍漸稠，六么宛轉曲終頭。誠知樂世聲聲樂，老病人聽未免愁。

⊙水調

五言一遍最殷勤，調少情多似有因。不會當時翻曲意，此聲腸斷為何人。

⊙夜箏

紫袖紅絃明月中，自彈自感闇低容。絃凝指咽聲停處，別有深情一萬種。

⊙聽彈湘妃怨

玉軫朱絃瑟瑟徽，吴娃徵調奏湘妃。分明曲裏愁雲雨，似道蕭郎久不歸。

⊙贈内

漠漠闇苔新雨地，微微涼露欲秋天。莫對月明思往事，損君顏色減君年。

⊙舟夜贈内

三聲猿後垂鄉淚，一葉舟中載病身。莫凭水窗南北望，月明月暗總愁人。

⊙附：暮立

黄昏獨立佛堂前，滿地槐花滿樹蟬。大抵四時心總苦，就中腸斷是秋天。

⊙附：急樂世辭

正抽碧線繡紅羅，忽聽黄鶯斂翠娥。秋思冬愁春悵望，大都不稱意時多。

⊙附：龍門下作

龍門澗下濯塵纓，擬作閒人過此生。筋力不將諸處用，登山臨水咏詩行。

（以上《四庫全書》本《唐詩鏡》卷四十五）

韋莊

⊙長門怨

長門花泣一枝春，爭奈君恩别處新。錯把黄金買辭賦，相如自是薄情人。

白樂天《昭君詞》：「君王若問妾顔色，莫道不如宫裏時。」崔道融《長門怨》：「錯把黄金買辭賦，相如自是薄情人。」此乃巧於取意。戴叔倫《湘南即事》：「沅湘日夜東流去，不為愁人住少時。」韋莊：「無情最是臺城柳，依舊烟籠十里堤。」此為巧於托情，俱大雅之所不道。（《四庫全書》本《唐詩鏡》卷五十四）

智按：陸時雍，字仲昭，一字昭仲，其先吴興人，後遷桐鄉（今屬浙江）。崇禎六年（一六三三）癸酉貢生。有《古詩鏡》三十六卷、《唐詩鏡》五十四卷，《詩鏡總論》一卷。生平見周拱辰《陸徵君仲昭先生傳》（康熙十七年刻《桐鄉縣誌》卷五）。

董斯張（一五八六～一六二八）

《吹景集》

⊙詩詞紀日月

古樂府：「良吉三十日，今已二十七。」晉李尤銘：「正月七日，厥日唯人。」潘尼詩：「孟月涉初旬，吉日唯上酉。」稽含詩：「七月有七日，蠢動思登高。」玄宗詩：「端午臨中夏。」盧照鄰詩：「九月九日眺山川。」王維詩：「九月九日時，菊花空滿手。」杜甫詩：「皇帝二載秋，閏八月初吉。」又：「二月六夜春水生，七月六日苦炎蒸。」元稹詩：「十月初二日，我行遂州西。」白居易詩：「六月初七日，江頭蟬始鳴。」又：「何日同宴游，心期二月二。」又：「畫堂三月初三日，絮撲窗紗燕拂檐。」顧況詩：「四月八日明星出，摩耶夫人降前佛。八月五日佳氣新，昭成太后生聖人。」韓愈詩：「元和庚寅斗插子，月十四日三更中。」李義山詩：「二月二十二，木蘭開坼初。」賈島詩：「三月正當三十日」，又「千巖一尺壁，八月十五夕。」韋莊《女冠子詞》：「四月十七，正是去年今日。」均之紀日月也，而樂府詩詞晉唐初盛中晚之變備極，不可假借一字，氣運與文字相上下如此。若溯源求之，其十月之交朔日辛卯乎（李尤銘載《藝文類聚》中，考郭緣生《述征記》以為魏東平王翕，未審孰是）。(《吹景集》卷五，《續修四庫全書》影印明崇禎二年韓昌箕刻本）

⊙句法有宗

范夫人《見鄰舟美人，戲成一絕》云：「絮柳鵶黃隱緑隄，相逢暫爾卻相違。相違應復勞相憶，見說明朝是別離。」客謂居士此詩，「相違」二字疊用，聲情妙協，刱體新詭。居士曰：此法亦有所宗。陳思《雜詩》云：「僕夫早嚴駕，吾行將遠遊。遠遊欲何之？吳國為我仇。」阮公《詠懷》云：「幽荒邈悠悠，悽愴懷所憐。所憐者誰子？明察自照妍。」陶公《飲酒》詩云：「所以貴我身，豈不在一生。一生能復幾？倏如流電驚。」又《移居》詩：「農務各自歸，閒暇輒相思。相思則披衣，言笑無厭時。」范雲贈俊公詩：「幸及清江滿，無使明月虧。月虧君不來，相期竟悠哉。」古樂府中，此類極多。太白《答杜秀才》、少陵《示從孫》詩咸祖之，白士亦臨摹手，非刱也。客曰：往足下詩「閒尋田父語，語語只農桑」，古人亦有此法乎？居士曰：曹子桓《雜詩》「吹我東南行，行行至吳會」，太白《翫月》詩：「贈我數百字，字字淩風飆」，白樂天詩：「新詩三十軸，軸軸金玉聲」，三君皆為僕篳路啟山矣。客復曰：幸哉！有子今如此，豈若吾身親見之，非足下近詩乎？《語》、《孟》句前，亦有入詩者否？居士曰：曹瞞不云：「三分天下而有其二，九合諸侯不以兵車」乎？阮公不云「求仁自得仁，豈復歎咨嗟。下學而上達，忽忽將如何」

乎？陶公不云「先師有遺訓，憂道不憂貧」乎？鮑明遠不云「富貴人所欲，道得亦何懼」乎？謝康樂不云「德不孤兮必有鄰」乎？謝莊《明堂歌》不云「維天為大，維聖祖是則」乎？杜夔《食舉樂歌》不云「夷險平亂，威而不猛」乎？蕭子雲《雅樂歌》不云「車同軌，行同倫。自衛反，魯刪詩。書弋不射，宿殺已祛」乎？虞騫《鍾山》詩不云「冠者五六人」乎？庾子山《徵調曲》不云「草上之風無不偃」乎？少陵不云「富貴於我如浮雲」乎？太白不云「比干諫而死，屈平竄湘源」乎？張燕公不云「五十知天命，吾其達此生」乎？邢象玉不云「新聲是何曲，滄浪之水清」乎？韓吏部不云「以能問不能，其蔽豈可祛」乎？總之，善陶冶者，杯珓泥絮，皆詩料也，於《語》、《孟》乎何有？客讚歎不置，居士曰：「君勿記我語，世尊說法且云：昨日定，今日不定，若執此摹古，生搨活剝，索驥按圖，大有人笑汝在。」（《吹景集》卷五，《續修四庫全書》影印明崇禎二年韓昌箕刻本）

⊙唐詩用字異音

唐人詩中字音，有以十讀如諶，相讀如厮，帆、蒲、番、槃俱作仄韻，備見《野客叢書》、《餘冬序録》、《丹鉛録》、《筆叢》、《說略》諸書。按，韓退之《縣齋》詩「雀鼠得驅嚇」，嚇音罅；《合江亭》詩「事往悲豈奈」，奈音儒；《岳陽樓》詩「軒然大波起，宇宙隘而妨」，妨音訪；《遊青龍寺》詩「由來鈍騃」之騃，音矮；《酬崔少府》詩「貸借何患」之借，音迹；《東都》詩「新輩只潮評」之評，音病；《聯句》詩「誰與刪荒茸」之茸，音穴。元微之《東南行百韻詩》「徵俸封魚租」，封音俸；《痁卧》詩「一生長苦節，三省詎行怪」，怪音乖；又「奔北驟成勇，司南却是高」，咼音歪；《嶺南》詩「聯游虧片玉，洞照失明鑒」，鑒，平聲；《夜池》詩「高屋無人風張幕」，張音漲；《春》詩「藥排難犯雪，花乞擬連風」，乞音氣；又「苦思正旦酬白雪，閒觀風色動青旂」，思音四，旦音丹；又「雁思欲迴賓，風聲乍變新」，自注：「思，上聲。」白樂天《和令狐相公》詩「仁風扇道路，陰雨膏閭閻」，扇平聲，膏去聲；《長慶集·元日對酒》詩「一碟膠牙餳」，膠，去聲。李義山《石城》詩「簟冰將飄枕，簾烘不隱鉤」，自注：「冰，去聲。」陸龜蒙《包山》詩「海客施明珠，湘蕤料淨食」，自注：「料，平聲。」可補諸書之逸。（《吹景集》卷十，《續修四庫全書》影印明崇禎二年韓昌箕刻本）

智按：王士禛《居易録》卷三十四（《四庫全書》本）節録此則。

⊙俗語有所祖

俗語亦有所祖。宋景文《筆記》、戴埴《鼠璞》及王野客、王伯厚、何燕泉、楊用修、焦澹園、顧太初諸君載之詳矣。兹更得數十則。吾里謂愚者，曰不知鼎董。《爾雅·釋草》云：「薡，蕫。」董注：「似蒲而細。」不知薡董者，豈不辨菽麥意乎？語不堅確者，曰活脱。《釋草》又云：「倚商，活脱。」注：「草生江南，高丈許，大葉，莖中有瓤，正白。」活脱者，豈靡然如草意乎？……扶持曰擡舉，白樂天《高荷》詩「亭亭自擡舉」（智按：《高荷》應為元微之作，見《元氏長慶集》卷八）。負而不償，許而不予皆曰賴，《晉語》曰：已賴其地，而又愛其實。虚而少實曰空頭，《北史·斛律金傳》「空頭漢合殺」。習氣曰毛病，黄山谷《刀筆》云：此荆南人毛病。匠斲木而復平之曰鉋（去聲），元微之詩：「巨礎荆山采，方椽郢匠鉋（平聲）。」牽船之索曰彈（平聲）子。《癸辛雜識》云：鍾會呼捉船索為百丈。趙氏注云：百丈者牽船篾，内地謂之宣（音彈）。熱而不甚曰溫暾（音吞），樂天《開元寺》詩：「池水暖温暾。」……（《吹景集》卷十，《續修四庫全書》影印明崇禎二年韓昌箕刻本）

⊙牛僧孺好石

胡元瑞駁用修云：牛僧孺不聞有好石事，李德裕有平泉醒酒石，恐楊因牛、李誤舉之。按，《唐書》：僧孺留守東都，多致嘉石美木，與客相娱樂。《英華》有白樂天《太湖石記》，其略云：丞相奇章公嗜石，游息之時，與石為伍。石有族聚，太湖為甲，先是公之寮吏，多鎮守江湖，知公之心惟石是好，乃鉤深致遠，纍纍而致，公又待之如賓友，親之如賢哲，重之如寶玉，愛之如兒孫。石有四等，以甲乙丙丁品之，每品有上中下，各刻于石之陰，曰：牛氏石，甲之上，丙之中，乙之下。又，鄭虎臣《吳都文粹》載僧孺《題太湖石詩二十韻》，其略云：「醜凸隆胡準，深凹刻兕觥。雷風疑欲變，陰黑訪將行。噤瘮微寒早，輪囷數片横。似逢三益友，如對十年兄。王（去聲）興添魔力，消煩破宿酲。媲人當綺皓，視秩即公卿。」夢得、樂天俱和之。東坡《石林亭》詩云：「唐人唯奇章，好石古莫攀。盡令屬牛氏，刻鑿紛班班。」樂天、子瞻之文，明著如此，而元瑞云云，何其莽也。當時牛、李俱有石癖。奇章石獨得香山月旦，贊皇於此輸一著矣。吾郡陳君潤祖，勝國時進士也，其記采菱渡石云：牛李交相訾毁，如冰炭。品甲乙，戒子孫，嗜石如出一人。嗟乎！使二君者，以嗜石之心輔世，鹽梅相濟，何至蠻觸紜紜哉！(《吹景集》卷十四，《續修四庫全書》影印明崇禎二年韓昌箕刻本，子部第一一三四册，第一二二～一二三頁)

⊙文人相祖

……樂天《冷泉亭記》、呂溫《虢州三堂》二記，都以四時寫景物。希文狀岳陽，文山歌正氣，一擷其菁，爭光日月。文之顯晦，有數哉？愚謂蘇公學韓，白公學杜，尤是翻著襪手，若但以形骸求之，魯男、柳下有甚干涉？(《吹景集》卷十四，《續修四庫全書》影印山東省圖書館藏明崇禎二年韓昌箕刻本，子部第一一三四册，第一二四頁)

⊙司空圖詩賦

表聖詩云：「儂家自有麒麟閣，第一功名只賞詩。」此賦亦有戰昆陽、走虎豹氣象，然使香山居士何處生活。(《吹景集》卷十四，《續修四庫全書》影印明崇禎二年韓昌箕刻本，子部第一一三四册，第一二九頁)

《吴興備志》

（章）岷，浦城人，舉進士，與范仲淹同賦《鬬茶歌》，岷詩先就，仲淹覽之，曰：「此詩真可壓倒元、白。」官至光禄卿（《八閩通志》）。(《四庫全書》本卷五)

李犨，字和父，菏澤人，家吴興三滙之交。效元、白為歌詩，不樂仕進。年登髦期，自銘其墓云：「孰生予，孰死予，自不知。為文之徒、詩之徒。」(《佩楚軒客談》)(《四庫全書》本卷十三)

崔玄亮，滎陽人也。奕世好道，勤於香火，常諷誦《黄庭》、《道德經》。寶曆中，授湖州刺史，修黄籙齋於紫極宫，有鶴二百五十六隻，集降壇上。内一隻立於虚皇臺頂，周身皎白，朱頂而已，紫氣彌亘壇所，自辰及酉方散。杭州刺史白居易為讃。元亮自是通感，彌加精誠。一旦於靜室誦《黄庭經》，執手爐於靜室，諷經，奄然化去。歸葬滎陽，坐龕中，但有手爐法水也。（杜

光庭《神仙感遇傳》)(《四庫全書》本卷三十)

智按：董斯張，字遐周，烏程（今浙江湖州）人。有《吹景集》。

譚元春（一五八六～一六三七）

《贈李表兄長叔叅議》

六旬鬈黑四旬斑，自是輸君澹與閒。頗喜常師黄叔度，不須親見白香山。官宜水部梅花裹，身在沙門貝葉間。更欲摳衣重下拜，日從歌笑學朱顔。(《譚友夏合集》卷四七言律七言排律)

《同李師游遺愛寺尋草堂遺迹師出山錢授僧修公復之欲常居其中》

日問草堂者，不識草堂地。柯亦未憂雲，瀑亦未瀉砌。蒙茸翳片石，兼惑臺沼位。茗田僧所家，指此界峰寺。堂之即香山，河用發虚喟。茆茨貴眼見，來路竹光翠。(《譚元春集》卷十六，第四五九頁；清毛德琦《廬山志》卷十三山川分紀十二，清康熙五十九年順德堂刻本)

《萬茂先詩序》

聞茂先之名者十年矣。人稱其至性深淳篤實，而有光深思好學，不知倦怠，古今高深之文，聚爲一區，而性靈淵然以潔，浩然以曠，且爲吾輩同調。及予過蠡浮貢，舟未息櫂，遇一黄冠，問此中人士，黄冠卽應聲曰萬先生。萬先生，予心知其爲茂先也，怪之何其名至是。其後延接友朋所稱茂先者，亦謂其與吾輩調同，而人地之美，如予家居十年所聞者，但益以獎來學，抑薄俗，卽緇素童孺之長，一技有韵，必令其聞于人人而後快。……蓋吾輩論詩，止有同志，原無同調。……試取古人之詩而盡讀之，志無人不同，調無人同。陶淡謝麗，其佳處不同；元輕白俗，其累處亦不同。譬如人相知，貴知其所不足，因而濟之，豈在衣履同，笑哭同哉。夫茂先之詩，如鐘鼓聲中報晴，如大江海中扁舟，汎汎又如冠進賢，不俗之人，又如數十百人持斧開山，聲振州郡，而其實則幽人山行也。此豈吾輩聲調所有哉！而至其原本古音，審度物我之志，茂先無纖毫不與予同，則何也？所謂志也。然則十年間，

稱茂先不容口者，恐亦不能與黄冠之稱爭其深淺已。（《譚友夏合集》卷九；《明詩話全編》第九册，第九〇六二頁）

智按：譚元春，字友夏，湖廣竟陵（今湖北天門）人。天啟間鄉試第一。與鍾惺同為「竟陵派」創始者。論文強調性靈，反對摹古。所作詩文，幽深孤峭，僻奧冷澀。有《譚友夏合集》。

周之夔（一五八六～一六四八）

《送史念冲還河内有序》

白樂天《吳郡詩石記》始羡郡守之尊，終服左司之句，因想見古人風流文采，不以吏事減，今賦急民貧，官苦绳墨蹙蹙，無須臾之休，相對愁嘆，惟以得去為幸，又安有政優禄遒，翛然自得者哉！獨吾念冲史公，襟度弘達，才情暇豫，每以無事處事而事咸就理，人之安公與公之安吳也，無一宜去，而竟以隣紳誤用郵符累公去，士民遮道，兩臺疏留，朝廷方欲信功令，暫聽公去，雖去而復出，勲業聲名，嚇然未艾，其如吳民何哉！公粹于易，動静語默皆龍德，處紛紜之會，而圖史詩画不離手，嘗於雪中作堂題曰凝清，取樂天所服左司句也。時時率縉紳先生僚友生徒，觴咏其中，真無愧古人矣。公于予一見如故，久敬不衰，公去而予何所師資乎？公清澈澄潭，至無以爲歸費，予又無可贈，公作凝清之詩并録韋白在吳諸篇以遺之，知公雖歸而不忘斯堂，不忘斯民，或并不忘予也。

南瞻斗耀樞，三江滙震澤。穹窿縹緲間，神仙之窟宅。高人掇菁華，維昔韋與白。千載及史公，悠然繼芳迹。學既稱仕優，道不受物役。歌舞欣載途，圖書淨四壁。清能凝古香，韻可留新賾。去矣謝公山，懷哉虞愿石。觴前吳會吟，囊裹河洛畫。回首望太行，凌風乘羽翮。何日復相從，鳴琴奉三益。明月滿湖山，雪堂蔭松栢。（《棄草詩集》卷二五言古詩，《四庫禁毁書叢刊》影印明崇禎木犀館刻本）

《石倉記西園雜詠序》

曹能始先生舉進士之年，予纔十歲，知誦其文。先生官廷尉假歸，輒冬月遊詠予里梅花塢，從兒童中瞻望顏色，併讀其詩。越數年，予與先生弟能證同泮同社，稱通家子，遂登其堂，歷覽所爲城居西園者，是先生奉尊君子侍膳藏書處也。因知先生孝友大節，及著述之富。先生宦跡在白下、蜀中、匡廬、桂林，文章經緯輒隨之，中間數起數廢，淡如也。既闢石倉於其鄉，推西園，與弟往來無間，蓋先生宦三十年，今始得執筆，從其後問述作大旨，文章師友，離合得失之際，其難可知也，古之爲詩者，其人一生心力，盡用諸君臣父子兄弟朋友，而後因物抒之，又晦其意，不使人知。召公被周公之命，作《棠棣》及《卷阿》，中亦致思，馮翼孝德以吉甫勲勞，而得張仲孝友在其宴爲榮喜，詩之所爲作與作詩之人豈易也。先生少失恃，孝養繼母。及没，爲之毁瘠蔬食，前後禄入，與弟共之，讀《潞河送弟》諸詩，何減棠棣，非陸士衡、謝康樂兄弟倡酬所可望也。生平樂道人善，與人交至淡，而陰緩急之，其汲引後人如不及。精心玄理，廣修淨業，而無福田想，石倉中樵徑汲道不絶，入其園如郊藪，泛其池如江湖，對其人如幽人韻士，讀其詩如太和元氣，噫！予不知所以名之矣。或曰王右丞、白樂天皆兼通儒釋，擅文章名，有池園之樂，史稱右丞與其弟縉，樂天與其弟行簡，皆相友愛，宜足擬先生，然二公之後無聞，而先生才子世其業，人倫樂事差勝之，蓋先生盡於是，而不盡於是。若其池園風景之美，則先生已自記自詠之矣。(《棄草文集》卷二,《四庫禁毀書叢刊》影印明崇禎木犀館刻本)

《與董葱德論時文書》

比得佳章，伏讀喜慰。……僕嘗譬之詩矣。詩之本《三百篇》、《離騷》漢魏也，不可易也。至唐以近體策士，士之生貞觀、開元，不得不亟稱燕、許、沈、宋，其後王、岑之于天寶，錢、劉之于元和，元、白之于長慶，亦皆竝操風尚，如必執《三百篇》、《離騷》漢魏而盡格時製，無論燕、許而下，卽李、杜、韋、孟、韓、柳，雖自開門戶，亦當以竝時見簡矣，此可謂知言者乎？……(《棄草文集》卷四,《四庫禁毀書叢刊》影印明崇禎木犀館刻本)

智按：周之夔，字章甫，閩縣（今福建福州）人。崇禎四年（一六三一）辛未進士。為人負氣節，任事敢言。授蘇州推官，督兑漕糧。會太倉知州劉士斗徇其州人，議欲以本州輪額派各邑代匀，之夔不忍邑民重，困堅執弗從，以此忤時，棄官歸傭書画自給，後居僧寺中，卒。(《福建通志》卷四十三）有《棄草詩集》七卷《文集》八卷《棄草二集》二卷。

林眞悠（一五八六～一六五七）

《次俞灊溪效白香山何處難忘酒體韻》

何處難忘酒，平生笑楚臣。醒非加戀國，醉豈減懷宸。鬢髮全添雪。容顔已謝春。此時無一盞，何以暢心神。

何處難忘酒，羈懷慕少遊。長吟雲夢月，高卧洞庭秋。佳句頻難得，良朋每不留。此時無一盞，何以滌牢愁。

何處難忘酒，光陰客裡歸。席猥爭野老，踈放脱重鞿。樹密風全起，簷虚鳥倦飛。此時無一盞，何以送殘暉。

何處難忘酒，殘生半百年。詩書期白首，窮達任蒼天。雨意三旬盡，秋聲一葉傳。此時無一盞，何以慰蕭然。

何處難忘酒，相思不見人。遥知窓外竹，應向雨中新。縮地嗟無術，泥程奈致身。此時無一盞，何以阻懷陳。

何處難忘酒，愁邊送一生。休言攀桂易，粗竊採蓮名。未縱青雲靶，翻驚白雪莖。此時無一盞，何以打愁城。（《林谷先生文集》卷一詩〇五言律詩，《韓國文集叢刊》本）

智按：林眞悠，字樂翁，號九曲老夫。有《林谷先生文集》。

沈顥（一五八六～一六六一後）

《香眉小案》

稽史得兩公，曰香山白，眉公蘇，尤稱文章壁立，格法霜凝。其玄遠清易之性，往往與道自合，而跡或若離。離，政公之合也。兩公之居官無論，卽其爲詩，如陶所云，稱心而言，人亦易足，樂其天倪，以達群趣。若白之《清夜琴興》有云：「清泠由木性，恬淡隨人心」。静味此語，性與道合，未嘗與道期，知人哉！至其機情逸流，借物生動，乘其悠賞，無所遏留，則有小蠻、阿素爲嘶書鶴，爲解語花，盤舞清歌，響影狎妙，月卽可掇，風焉用繫。若曰櫻花扇底黃金賤，楊柳尊前白璧輕。公于道也，果若離耶？不知太傅之游鳥窠，忙亦彌陀。學士之友佛印，西方有據。素蠻、琴操，如經所云，香風吹花，雨以新好，繫風掇月，何有何無。卽不然，兩公之文章風骨，靡然不立，矧夫道耶！山豐溪童，可以指指。矧夫窠印兩禪，尚稱函蓋耶。吾故曰：離，政公之合也。噫！香眉往矣，追其格法，吾有其人。世人尋香索眉，不得本來面目，猶自遥耳。試欲覯止，請得之白公堤畔。

文後评云：「覷見本來，雖謂一人現身可也。朗公殆拍肩香眉之間，應使相視而笑。」（鄭元勳《媚幽閣文娱》卷八，明崇禎刻本；施蟄存主編《媚幽閣文娱》，上海雜志公司，一九三六年二月，第二五一頁）

智按：沈顥（一作灝），字朗倩，號石天，吴縣（今江蘇蘇州）人。補博士弟子員。性格豪放，博雅多聞。早年曾剃髮爲僧，中年還俗。能詩歌古文辭及真行篆籀，精于繪畫，深究畫理。主張師自然而法古人。有《枕瓢》、《焚硯》等。

崔奇男（一五八六～？）

《次白樂天味道韻》

老來省事塵緣淺，靜裡看經道味深。近檻青峯參燕坐，垂簷白日照禪心。靈龜不被漁人得，驚鳥翻遭獵者侵。回首丹丘羞白髮，謾將三疊撫玄琴。（《龜谷詩稿》卷一七言律詩下，《韓國文集叢刊》本）

智按：崔奇男，字英淑，號拙翁。有《龜谷詩稿》。

張維（一五八七～一六三八）

《和天章韻》

愁邊偶乘興，一出到晡時。閑對故人坐，細評前日詩。淵明初解綬，白

傅欲分司。却恨春歸盡，殘花半已披。（《谿谷先生集》卷二十八，五言律詩一百五十首，《韓國文集叢刊》本）

《山人道俊，從樂全都尉乞得六言二絶。病裏被此，牽帥強爲和韻》

淨業年年添白，衰顏日日凋紅。名山久負宿志，法侶深慙遠公。晚節聊師白傅，平生漫守玄經。不有山僧覓句，何人踏破苔庭。（《谿谷先生集》卷三十三，六言 十首，《韓國文集叢刊》本）

《谿谷漫筆》

⊙白樂天行身則特立獨行處人則舍短取長

古人稱白樂天與劉禹錫游，人目以「劉白」，而不陷八司馬黨中；與元稹游，人目以「元白」，而不陷北司黨中；又與楊虞卿為姻家，為李文饒所忌嫉，而不陷牛李黨中；是固然矣。然元、劉皆身有玷累，而樂天既與之厚善，至老死而交情不渝，亦可謂篤厚長者矣。行身則特立獨行，不染滋垢；處人則舍短取長，不忘久要；斯其所以為樂天乎！（《谿谷先生漫筆》卷一，《韓國文集叢刊》本）

⊙張尙禮作宮怨詩而不免坐死

白樂天作《長恨歌》，說盡宮中行樂，至於閨閣密誓，非外人所可知，而亦及於詩中，可謂甚矣。洪武中，監察御史張尙禮作宮怨詩：「庭院沈沈晝漏清，閉門春草共愁生。夢中正得君王寵，却被黃鸝叫一聲。」高皇帝以其摹寫宮閫心事，下蠶室死。樂天之詩，當時未聞以爲非，而尙禮宮怨，自是詩人恒言，至不免坐死，所遭之時異也。然後之君子，當以尙禮爲鑑戒，不當以樂天褻語爲風流才致也。（《谿谷先生漫筆》卷一，《韓國文集叢刊》本）

⊙唐太宗享壽正誤

貞觀二十三年己酉歲，唐太宗崩，史稱年五十三。然則當以丁巳歲生也，攷之實不然。蓋太宗生於庚申歲，而崩時年五十也。按大業乙亥歲，煬帝爲始畢所圍，太宗時年十六歲，應募隸雲定興，以策說定興，卒解雁門之圍。至十三年丁丑，晉陽之師起，白樂天詩曰「太宗十八舉義兵」是也。乙亥歲爲十六，丁丑歲爲十八，則其生之歲可推而知。所謂五十三者，其誤明甚。（《谿谷先生漫筆》卷一，《韓國文集叢刊》本）

⊙古人於文章必有致意

歐陽公晚年，取平生所爲文自編次。今所謂《居士集》者，往往一篇至數十過，有累日去取不能決者。白樂天詩，流便暢達，若無事於鍛煉者。而後人有得其草本，點竄甚多。古人於文章，不肯草草如此。吾輩可不服膺。（《谿谷先生漫筆》卷一，《韓國文集叢刊》本）

⊙白香山年十八有詩乃知文章韻趣本出於天得

白香山年十八，病中有詩曰：「久爲勞生事，不學攝生道。少年已多病，此身豈堪老。」此豈未弱冠人所道語，然樂天壽貴兼至，年近八秩而終，亦未可知也，且此是樂天少作，而宛然長慶風調，乃知文章韻趣，本出於天得，未嘗有老少之異也。（《谿谷先生漫筆》卷二，《韓國文集叢刊》本）

智按：張維，字持國，號谿谷、默所。朝鮮陽明學奠基者，其陽明學代表作為《谿谷漫筆》。

朱芾煌（一五八七～一六六二）

《客蘇州紀興排律效長慶體（時從遊有季兕曾呆歌兒曲帥及泗州寺選書吕賡虞并諸僧皆日日同盤桓者）**》**

蕭寺居非寂，吳門樂可湛。客情今覺穩，旅況漸能諳。文字交方廣，金銀氣不貪。馬卿遊未倦，阮籍哭何憨。煙艇門前繫，雲峰樹杪含。吳趨歌欲歇，水調聽常耽。日日虎丘北，行行鶴市南。靈巖看窈窕，笠澤發淵涵。山寺遥如畫，溪雲澹著嵐。江楓愁冉冉，霜柳冷毵毵。曠覽情方暢，幽人名自慚。船呼老梢子，佛拜古燈龕。晝短燭還繼，飢来食欲餤。酒嘗惠泉洌，橘食洞庭甘。蘇款同人熟，儂音學語喃。阿蒙逢吕子（賡虞），舊曲有何戡（劉汝玉）。笑癖調曾老，留兕飲季三。名倡尋小玉，淨侶挈瞿曇。出共金閶肆，歸同貝葉菴。空囊留錦字，敝篋勝瑤函。雅興戴安道，雄言張孟談。良遊從此繼，無意問冠簪。（《文嘻堂詩集》卷下五言排律，《四庫全書存目叢書》影印清康熙三十七年紫陽書院刻本，集部第一九四册，第六二頁）

《潯陽江過琵琶亭》

小泊江干夜已秋，空亭月冷水悠悠。應知司馬青衫在，莫遣哀弦動客愁。

(《文嘻堂詩集》卷下七言絕句，《四庫全書存目叢書》影印清康熙三十七年紫陽書院刻本，集部第一九四册，第六五頁)

智按：朱芾煌，字子衷，又字玉璠，自號濡須江漁，無為州人。崇禎七年（一六三四）甲戌進士，官至兵部武選司郎中。

梁維樞（一五八七～一六六二）

《玉劍尊聞》

樂天嫗問。唐白居易字樂天，其先太原人，徙華州下邽，敏悟絕人，擢進士拔萃皆中，補校書郎，對制策一等，累遷左拾遺，事無不言，對殿中，論執彊鯁。歲滿當遷，聽自擇官。居易請以學士兼京兆户曹參軍。詔可。拜左贊善大夫。有言居易母墮井死，而居易賦新井篇，言浮華無實，行出爲州刺史，追貶江州司馬。累官太子少傅。進馮翊縣侯。會昌初，以刑部尚書致仕。卒，贈尚書右僕射，謚曰文。居易以直道奮，多爲當路擯斥，所藴不能施，乃放意文酒。東都所居履道里，疏沼種樹，構石樓，香山鑿八節灘，自號醉吟先生。常與胡杲、吉旼、鄭據、劉貞、盧直、張渾、狄兼謨、盧眞燕集，人慕之，繪爲《九老圖》。與嵩山僧如滿爲空門友，平泉客韋楚爲山水友，劉夢得爲詩友，皇甫明之爲酒友。暮節惑浮屠道尤甚，稱香山居士。居易於文章精切，最工詩，每作詩，問老嫗曰解否，嫗曰解則録之，不解則易之。初與元稹詶詠，號元白。稹卒，又與劉禹錫齊名，號劉白。(《玉劍尊聞》卷三，《四庫全書存目叢書》影印清順治刻本)

智按：梁維樞，字慎可，河北眞定人。

尹善道（一五八七～一六七一）

《擬唐翰林學士白居易請勿以中官爲制將都統表》

天下多艱，注意方在於良將，小人勿用，帥師豈合於中官？兹當撫髀之辰，敢陳披腹之愳。欽惟皇帝陛下，知人則哲，任官惟賢。曰咈曰吁，堯庭無幸位之累；其難其愼，商官絶及嬺之私。第念拜將之時，尙失惟人之道。乃令金璫之下賤，遂作玉帳之元戎，輟洒掃於長秋。濫荷三錫之寵，辭奔走於永巷，奄啓十乘之行。顧茲上將之權，實司三軍之命。師中之吉，必才高德重而乃能，閫外之分，非人微望輕者可任。彼哉瑣瑣之內豎，莫非庸庸之下材，不可使干於朝家。守門傳令乃其職，縱有稍拔於其類，揚旄建纛何敢當。以爲監軍，固是前古之未有；用至制將，寧創近代之所無。非徒來世之貽譏，抑亦月前之僨事。聞大君之有命，士卒多解體之心。謂中國之無人，賊虜倍侮我之志。矧熏腐之爲禍，在古昔而可監。齊國用豎刁，竟致五公子之爭立；漢家任曹節，以啓十常侍之亂邦。今令統衆建牙，實恐弄柄擾紀。三品官不立內侍，太宗之良法宜遵；九節度同敗相州，朝恩之覆轍可戒。臣伏望許臣一得，謀國萬全。念弟子之輿尸，永罷貂省之都統；思丈人之無咎，亟命虎臣而專征。則旗幟一新，士氣自倍。長蛇封豕，何憂迅掃之難；堅甲利兵，可以不戰而屈。臣謹當益勵駑質，圖煥皇猷。令宦官脱靴，縱乏李太白之風采；命將帥製誥，庶效韋處厚之詞鋒。（《孤山遺稿》卷六 上 別集，《韓國文集叢刊》本）

智按：尹善道，字約如，號孤山、海翁，朝鮮李朝時期詩人。原籍海南，生于漢城。歷任兵曹佐郎、工曹佐郎、工曹參議、同副承旨等。後辭官歸故鄉海南。

汪砢玉（一五八七～？）

《珊瑚網》

⊙劉松年著色九老圖（在絹素上）

予少有山林之志，後縻升斗，碌碌紅塵，以成七十。時在紫微郎署，偶得劉松年所繪《白傅香山九老圖》，鑒觀之際，不覺神遇於曠世之下，景仰高風，莫能自已，因記舊所聞九老結社時各賦詩一章，遂憮録於卷端，庶企慕之誠，獲見於厠名之末也。在無逸、武英二殿録。中書舍人事馬嵎識。（《四

庫全書》本《珊瑚網》卷三十）

智按：又見卞永譽《式古堂書畫彙考》卷四十四。予作「余」，樵録，作「撫録」。

⊙摩詰句圖（有檄徵得百餘幀，大約人各二題，乃並存者無幾，姑置者過半，而續至未已也）

余嘗得蔡虧父所彙畫册，俱寫右丞詩意，以摩詰詩中有畫也。廼吳下諸先哲，則畫中有詩矣。因憶都中數年，每見吾禾諸君子點染之好，竊謂東吳一帶，不能專孅，余不揣，敢遍求鉅筆，一啚輞川遺韻，絶勝嗜白香山者刻句盈肌乎，藉是以開檇李崇禎畫社，庶令梅道人、姚侍御諸公不至，久落寞也。勿靳吮毫，而夷鄙人之請，幸甚。社走汪砢玉拜徵。（時戊辰改元之秋）（《四庫全書》本《珊瑚網》卷四十五；《四庫全書》本《式古堂書畫彙考》卷三十七）

司訓王一鵬，字九萬，號西園，詩宗元、白，淡雅成一家言。人復瀟洒出塵，有晉永和風致。工書工畫……（《四庫全書》本《珊瑚網》卷四十五；《四庫全書》本《式古堂書畫彙考》卷三十七）

⊙婁江王元美家藏（畫品跋，載四部稿續稿）

宋畫香山九老圖。（《四庫全書》本《珊瑚網》卷四十七；《四庫全書》本《式古堂書畫彙考》卷三十二）

⊙無錫鄒氏藏

許道寧秋山晴靄圖（柯九思物）。李後主重屏圖（宋人書白樂天詩）。（《四庫全書》本《珊瑚網》卷四十七；《四庫全書》本《式古堂書畫彙考》卷三十二）

智按：汪砢玉，一作珂玉，初名國潤，字源昆，號玉水，徽州（今屬安徽）人。世代業鹽，寄居嘉興，萬曆四十七年與魏仲雪、沈止柏結詩社於北山草堂。崇禎間，官至山東鹽運使判官。崇禎十六年（一六四三），著《珊瑚網》四十八卷。明亡後不知所終。

楊嗣昌（一五八八～一六四一）

《武山西雙石記》

（山松曰武山，卽河狀山，雙石卽俗所云西牛石也。）

雙石在武山西，可二百步，裸而不膚，百步比而不相及，十餘步左昂而右顧，右頫而左湊，左如雄如拒，右如雌如附，左者蛟龍之盤拏，右者豺虎之蹲踞，其闕則衝波之所吞吐，其坳則飛礫之所縈聚，其下則據通津，其上則抵馳路，故凡游而涉於斯，不意而出於斯者，咸形解而不欲去。□翁曰：余嘗蜀游，披九江剔九頂，窮舟輿矣，沅江者其汶乎？武山者其凌雲乎？雙石，其大佛之所乎？何若是類也？夫物有神類，有形類，有形神之間類，虎賁似蔡中郎，此形類也；優孟似孫叔敖，則形神之間；至蘇子瞻自言□（智按：當為似）陶淵明、白樂天兩人，乃耑於其神，而不言其形，世之論者，亦莫以爲非也。余論雙石亦然，汶水至嘉州，得青衣沫水而衝舂，直掃於凌雲之崖，其勢齧凌雲，且盡大佛，以其頑礓積骨，捍而怒之，撞而走之，而遂有凌雲之勝。……（《楊文弱先生集》卷五十七，《續修四庫全書》影印清初刻本）

《楚游草序》

僕嘗以爲，文有二趣，有之苦焉，有之樂焉，苦者其神慘澹而經營，其旨幽悲而夷鬱，其詞迫窘而語曲，其聲咽絶而喑嗚；樂者其畜意若雲，其騁詞若風，其滿志若雨。其於人也，屈原、杜甫、韓愈、孟郊之徒爲苦，莊周、李白、樂天、子瞻之徒爲樂。其於時也，苦者爲秋猿嘯而風號，樂者爲春水流而花開。其地則楚爲苦，江南爲樂，大較然也。楚風善變人，其士者牢騷不平之思，有動於中，必發而爲怨聲，爲苦調，洛陽少年，豪氣足以激天子，而一入長沙，則揶揄聊蕭，默然不自得，然後惜誓弔屈之詞作焉。其後仲宣有登樓之篇，夢得有大鈞之賦，皆楚苦之流也。夫能入楚而無苦者，於馮子楚游之草見之，馮子生江南樂國，爲王謝門優子弟，讀書破萬卷，其爲文也，僕嘗見其未刻諸篇，將取將舍，將合將離，再欲斂之，其於題欲不下一語，而一語下，即爲不刊，戛戛乎其難哉，其之苦也已。（《楊文弱先生集》卷五

十七,《續修四庫全書》影印清初刻本)

智按:楊嗣昌,字文弱,號字微,湖南武陵人。萬曆三十八年(一六一〇)進士。崇禎十年(一六三七)任兵部尚書。有《楊文弱先生集》、《武陵兢渡略》。

李敏求(一五八九~一六七〇)

《次金善述用樂天韻述生男》

簪纓衮衮繼高華,衰晚生兒莫自嗟。郎罷縱看顛似鶴,閨闈方對髻如鴉。霜輕老竹抽新筍,露潤芳蘭吐嫩芽。懶慢耽觴兼骯髒,休將式穀效渠爺。(《東州先生詩集》卷四鐵城録 四)

《新寓紙閤蘆簾成,仍記白傅江州日詩「紙閤蘆簾着孟光」,念余老境鰥獨,何由可羡,聊以自哂》

流落他鄉只一身,江州司馬共清貧。蘆簾紙閤眞相似,却恨中無可着人。(《東州先生詩集》卷八牙城録 一,《韓國文集叢刊》本)

《次龍洲翁用白香山韻調我坐禪》

風塵戰血至今腥,萬念灰來七尺輕。欲慕劉綱眞不分,寧同白傅謾多情。青霄倚杖雲初卷,滄海廻帆浪始平。陋巷一瓢堪自樂,肯從西竺學無生。春湖水氣晚來腥,簾幕風花片片輕。撥棄浮歡遺俗累,招邀隣舍展幽情。深居日覺天機靜,獨往方知世路平。不是學禪還解脱,暫時趺坐得吾生。寧將鼎肉換溪腥,掃盡紛華世累輕。近市魚鹽知物態,隣家鷄黍見人情。喧時習靜諸緣妄,實際觀空萬法平。同病無由相呴沫,歲寒丘壑各餘生。(《東州先生詩集》卷二十三斲輪録 一,《韓國文集叢刊》本)

《一松沈相國文集序》

國朝專以右文陶至治,前後作者咸奮厲爲不朽業,繼起名家犖犖相望,而論其世,則必稱宣祖朝爲最盛。洪惟我宣祖大王尤嚮用儒術,訖臨御四十年間。宗臣鉅公以文學致庸,雍容盛位,賁飾乎一世者,彬彬輩出。至壬辰兵興，國家多故矣，干戈浩穰，域內雲擾。維匡夾濟，宜必資力能之佐。而時則漢陰李相國、白沙李相國暨一松沈相國，皆繇兩館大學士，晉當鼎軸，灼有彰施。蓋聖人之所以扶世道，轉化樞，輝發其鴻猷，不在彼而在此矣。沈相國自始登朝，已負藝苑重望。歷玉署，賜讀書暇，華問藹鬱。及漢陰、白沙兩相國相繼釋文柄，諸公之掉鞅斯文、闚堂奧以待次者不止一二，而至當執牛耳莅盟詞壇，則無敢跨公先鳴，可謂盛矣。公之文，以辭達爲宗，以事核爲尚，醲贍而不俚，隱惻而不怨。菽粟裘褐，適於饑寒而已；嘻笑怒罵，合乎性情而已。世以公詩沖和款曲，無一字矯厲，擬諸白太傅乃媱言媟語入人肌骨，公則無是也。……（《東州先生文集》卷二，《韓國文集叢刊》本）

智按：李敏求，字子時，號東州、觀海。有《東州先生詩集》、《東州先生文集》。

張遂辰（一五八九？～一六六八）

《讀唐風人集·白居易少傅》

每讀白傅集，輒欲歎奈何。乍看諸慮淡，轉覺古情多。下語便且淺，嫻雅孰能過。因知達生者，始解可憐歌。（《張卿子先生遺集·蓬宅編》卷二，中國社會科學院文學研究所圖書館藏民國刻本）

智按：張遂辰，字卿子，號相期，祖籍江西。能詩文，晚年在杭州行醫。有《張卿子傷寒論》。

曾異撰（一五九〇～一六四四）

《甲戌秋林挺甫五十初度效白記年吾少挺甫六歲誕之辰後十日也》

陳亮五十始登第，落拓林生木得意。屈指君如陳亮時，老猶未遲後三歲。眼花秋室喞蠅聲，安排訓詁須小試。蒼頭折柬謂我曰，九月十三初度至。更謂爾生亦是月，似憶其期至耶未。因君問我方憮然，我生之辰不欲記。蒼茫忽覺十日間，老來迫人何處避。一時千古事如何，人生有幾四十四。雖云社齒以肩隨，拈鬚比君白數倍。（《紡授堂集》詩集卷三，《四庫禁毁書叢刊》影印明崇禎刻本）

《讀香山集》

可以神仙可以佛，千載知音曰白俗。生前老嫗後子瞻，韋絲陶竹香山肉。（《紡授堂集》詩集卷八，《四庫禁毁書叢刊》影印明崇禎刻本）

《讀書山集》

天才更有白樂天，世人只數李謫仙。鬼才我推孟東野，李賀琢句非作者。盲童漢書卷未開，從衆謂班不如馬。賦鵩弔屈是何言，離騷而後稱屈賈。餘子耳食蒼蠅薨，堂上有人笑啞啞。（《紡授堂集》二集卷三，《四庫禁毁書叢刊》影印明崇禎刻本）

《放言効白題空相院》

蘧然覼我曉鐘空，依舊紅塵日上東。到口隨他葱韭薤，回頭朽盡德言功。有時自冷鼻端火，何故又生耳後風。快馬揚鞭燈市鬧，撥忙試認主人翁。（《紡授堂集》二集卷六，《四庫禁毁書叢刊》影印明崇禎刻本）

《答施辰卿書》

弟觀世讀書遇意，所不快輒喉中作聲，曰奴奴來人。講學詆李卓老，著書詆韓非，詩詆孟東野、白香山、韓昌黎，誤謂我奴駡之。吾嘗上下千古，求其堪爲人奴者，而難其人。獨於東西兩漢間，僅而得之焉。前之衞青，後之李善是也。然則古今之忠臣孝子，仁人義士多，而奴不可得。乃加之鄉里間，不足爲有無之人，無乃爲不虞之譽乎？吾縱失言，未必過情至是也。來書戒我爲郭林宗，使我爲劉四，駡人更無此一字之褒矣。附詩一章，或謂生無賴發狂，吾兄敢和之否也？（《紡授堂集》文集卷五，《四庫禁毁書叢刊》影印明崇禎刻本）

智按：曾異撰，字弗人，晉江（今福建泉州）人。崇禎十二年（一六三九）中舉。工書法，草書筆勢豪放。有《紡綬堂集》。

曹文秀（一五九〇～一六四七）

《宫中四時詞，唐詩集句》（其二）

薰風清禁籞（源乾曜），輦路挾垂楊（楊師道）。林熱鶯啼懶（無名氏），泥新燕影忙（白居易）。新衣裁白苧（賈島），薄汗誤紅粧（李德裕）。最有相如渴（李義山），君王命玉觴（司空曙）。○右夏。（《雪汀詩集》卷六，五言律詩，《韓國文集叢刊》本）

《次白香山尋郭道士不遇韻》

遠度深林趁岳鍾，尋師洞裏未相逢。雲深小澗牛眠草，煙鎖虚壇鶴繞松。牀上玉琴風自響，竹間茶臼露空舂。臨還爲問青童子，幾日重來可許從。（《雪汀詩集》卷七七言律詩，《韓國文集叢刊》本）

智按：曹文秀，字子實，號雪汀。有《雪汀詩集》。

瞿式耜（一五九〇～一六五一）

《牧齋先生初學集目録後序》

……先生之詩，以杜、韓為宗，而出入於香山、樊川、松陵，以迨東坡、放翁、遺山諸家，才氣横放，無所不有。忠君憂國，感時歎世，采苓之懷美人，風雨之思君子，飲食燕樂，風懷譃浪，未嘗不三致意焉……（錢仲聯標校《牧齋初學集》上册，第五三頁）

智按：瞿式耜，字起田，又字伯略，號稼軒，常熟（今屬江蘇）人。萬曆四十四年（一六一六）進士，授吉安、永豐知縣。崇禎初，擢戶科給事中。南明福王弘光元年（一六四四），起為右僉都御史，巡撫廣西。福王敗，與丁魁楚等擁立桂王即帝位（一六四六），任文淵閣大學士兼兵部尚書。桂王永曆二年（一六四八）清軍圍困桂林。四年（一六五〇）十一月初五城破被執，關押四十餘日，閏十一月十七日被害（時已一六五一年）。有《瞿忠宣公集》十卷，清道光十四年（一八三四）常州許氏刊行。

邢昉（一五九〇～一六五三）

《琵琶亭下作（戊子）》

北風拍浪吹帆破，百尺檣高波中簸。千里已到九江城，日落琵琶亭下過。琵琶亭空水遶天，嶙峋四角含秋烟。當時風景復何有，楓葉蘆花猶宛然。此地連年兵革苦，前年殺人如刈楚。岸上無人鬼哭多，江邊白骨堆成土。我來湓浦更逢秋，祗聽江聲咽復流。孤城未有三家店，估客曾無一葉舟。艤舟夜宿潯陽郭，東船西船非估舶。安有商婦撥琵琶，能使天涯嘆流落。亭子蕭條亦可憐，琵琶聲絕戍鼙連。誰知此夕江州涙，非復傷心為四絃。（《石臼集》後集卷二七言古詩，《四庫禁毀書叢刊》影印清康熙間刻本）

《唐風定》

（白居易《王昭君二首》其二）詠昭君，別出一想，溫柔悱惻，怨情無限。（《唐風定》卷十，貴陽邢氏思適齋一九三四年影刻明刊本）

（元稹《田家詞》）骨力莽蒼，白集無此一篇。（《唐風定》卷十，貴陽邢氏思適齋一九三四年影刻明刊本）

智按：邢昉，字孟貞，一字石湖，高淳（今屬江蘇）人。因家近石臼湖，人稱邢石臼。明末諸生，復社名士。與夏允彝、陳子龍等交。嘗入楊文聰幕。入清不仕，不屑借交游以博名譽，伏處湖濱，以遺老終。有《石臼集》。事迹見《國朝耆獻類征》卷四二八、《國朝名家詩鈔小傳》、湯之孫《邢孟貞年譜》。

鄭二陽（一五九一？～一六五六）

《裕德彙編序》

孔子傳《易》曰：益德之裕也，而益之所以興利，亦惟曰：君子見善則遷，有過則改而已。吾人終日舉足動念，非善則惡，惟是昏昏悠忽，未免恬不自覺，若一猛然提醒，足令通身汗流，所以得善服膺過則不貳，惟顏氏之子其庶幾乎，而聞義不能徙，不善不能改，即夫子自道，且凛以爲吾憂者。昔白樂天問佛法大意于鳥窠禪師，鳥窠曰：「諸惡莫作，衆善奉行。」白曰：「三歲孩兒也解恁麽道。」鳥窠曰：「三歲孩兒雖道得，八十老人行不得。」禪師之機鋒峻矣哉，是故易之六子，靡不有益，而獨取巽之風，震之雷者，何義？蓋撓萬物者，莫疾乎風；動萬物者，莫疾乎雷遷，善改過義，不容于姑息，法須風飛雷厲，交相助益，庶不至有八十老人行不得之誚耳。……（《鄭中丞公益樓集》卷一，清康熙世德堂刻本）

智按：鄭二陽，字敦次，號潛庵，開封鄢陵（今屬河南）人，萬曆四十七年（一六一九）己未進士。授德安司理，聽斷明允，事無寃滯，時逆璫擅權，陽不為屈，遂左遷。累官僉都御史巡撫安慶。羣盜日熾，以孤軍保障南方，一時倚賴。崇禎十七年（一六四四）逃出京城，居里中以詩文自娱。

覺浪道盛（一五九二～一六五九）

《題方孩未侍御書白香山八漸偈卷》

白香山於教義無涯中，揭出八漸，如使人從一摩尼圓照中，求入頭處，亦是導人一方便也。士大夫家，誰有閑心，於此循序而求其從容中道者哉！方孩未直心言事，於獄中有得，晚年逍遙，偶爾下筆，皆類香山。今于其弟萍水上座處，見其手録之卷，亦可見其留神慧業，蓋亦從香山而進步者也。心性本妙，衆生自粗，猶將金剛寳刀，日以割泥，則其鋒芒日損，如能以純静心，以法理自磨，則其智刃日新，不可當也。此非佛祖聖賢之所以異于衆生百姓者，以其能善用此寳刀也哉！穎上契闊，今日重得一相見矣。然青山白石之誓，切不可又同香山之忘之也。（《天界覺浪盛禪師全録》卷二十八，新文豐出版公司《嘉興藏》第三十四册；《禪宗全書》第五十九册）

智按：覺浪道盛，字覺浪，號浪杖人，俗姓張，福建柘浦人。明末高僧。少習舉業，但好禪寂，依端嚴識和尚出家，棲夢筆山。初參博山元來，旋謁晦臺元鏡禪師于建陽東苑。元鏡讚歎曰：「吾壽昌這枝慧燈屬子矣！」即付源流，承嗣曹洞宗三十三世。崇禎八年（一六三五）開法於福船寺，遷住廬山園通寺三載，結雞鳴庵於寺東，與黎川人祠部郎忠節黄端伯友善，旦夕相依，漫話千載因緣。後入主南京天界寺。入清，明遺民大仕紛紛出家為僧。投名僧道盛門下求法者，先後有進士倪嘉慶、方以智等，後皆主江西名山大寺法席。順治乙未（一六五五），道盛應請回江西，入主廣豐縣博山能仁寺。有《天界覺浪盛禪師全録》（又稱《天界覺浪禪師全録》）三十三卷，別録一卷，大成、大峻、大狀、大浩等編。清康熙十九年（一六八〇）刊。

愼天翊（一五九二～一六六一）

《題白樂天賀雨詩後》

今春久雨民皆苦，今夏久旱苦且顰。久旱得雨豈不好，破顰爲笑喜賀申。民生喜苦易爲耳，雨與不雨誰所因。君不見：至德之世，曰雨而雨，曰暘而暘。民不苦雨，亦不喜雨，誰更賀雨相紛繽。當夏年年詠賀雨，後來苦賀何其頻。(《素隱先生遺稿》卷一,《韓國文集叢刊》本)

智按：愼天翊，字伯擧，號素隱先生。有《素隱先生遺稿》。

王彦泓（一五九三～一六四二）

《菰川紀遊（用元白體)》

一隊明粧擁碧油，羅衣風影照溪流。郊原紫翠今秋早，亭館青紅近日修。謝女捉將團扇出，潘郎扶得板輿遊。司香侍史攜犀合，卷袖廚娘用玉鉤。綵勝蟲魚工翦刻，牙盤橙笋細雕鎪。緋桃布席苔侵襪，銀鹿移琴柳拂頭。萍景波中抛果核，桐陰石上置茶甌。縱横一榻陳簫管，歷亂三巡送酒籌。捧硯久知荑玉冷，擎觴兼度眼波秋。唾花落點魚爭競，髻蕊烘香蝶逗遛。臨水偶來同倚檻，隔花何路可登樓。殷勤子敬能持檝，佻達齊姬欲蕩舟。何處雪檐期射鳥，此時河岸似牽牛。青莎逕軟韀蹤淺，紫桂堂深浴室幽。小院竹涼清枕簟，疏牕松蔭暗棋楸。箋紈就手巾箱取，鈿翠隨身鏡匣收。歸路別穿紅葉徑，同袍猶隔白蘋洲。也知重向燈前見，難訴佳游一段愁。（《疑雨集》卷三，上海書店《叢書集成續編》影印清光緒郎園先生全書本，第一二〇册，第三一八頁）

智按：王彦泓，字次回，金壇（今屬江蘇）人。恭簡公王樵孫，王歷昌子。窮年力學，屢困場屋，以歲貢爲華亭縣學訓導，卒于官。少有文名，博學好古，工艷體詩，詞亦深婉凄麗。錢謙益《列朝詩集小傳》丁集下稱其「詩多艷體，格調似韓致光」。賀裳《皺水軒詞筌》謂「王次回作小艷詩，最多而工，《疑雨集》二卷，見者沁入肝脾，里俗爲之一變，幾于小元白云。詞不多作，而善改昔人詞，殊有加毫頰上之致」。朱彝尊《静志居詩話》稱王彦泓之作「結構深得唐人遺意」。有《疑雨集》。事迹見《明詩紀事》辛籤卷三二。

吴麟徵（一五九三～一六四四）

《戲和樂天四十五詩三首》

行年四十五，髯髩忽為蒼。不覺班超老，空餘阮籍狂。貧憐孫在抱，愁豈醉為鄉。一種忘憂草，淒其近北堂。

行年四十五，萬事信蒼蒼。薄宦仍尊拙，微名不願狂。憶登黄紙榜，淚盡白雲鄉。始覺付榮苦，吞聲哭寢堂。（自戊午迄乙亥，歷遭先父母、王父、諸父之變）

行年四十五，野興適蒼蒼。入眼山常健，投懷月并狂。潛夫初有論，君子舊名鄉。共話雲濤叟，騎驢歸草堂。（九杞山人亦以四十五懸車，所居名雲濤莊）（《吴忠節公遺集》卷四，《四庫禁毁書叢刊》影印明弘光刻本，集部第八一册，第四四七頁）

智按：吴麟徵，字聖生，海鹽（今屬浙江）人。天啟二年（一六二二）進士。官至太常少卿。李自成攻打北京，麟徵值守西直門，城破自殺而死。有《吴忠節公遺集》。

倪元璐（一五九三～一六四四）

《沈易菴六十（按，沈以越人而隸吳籍，旋棄儒冠）**》**

吳有純鈎越有鋋，一時最貴沈郎錢。地靈奪客李供奉，才子饒年白樂天。袍以去青仙骨净，花因出紫壽杯妍。不知南極星何意，偏照人間處士筵。（《四庫全書》本《倪文貞詩集》卷下）

智按：清順治八年刻本《倪文正公遺稿》卷二詩類詩序云：「易菴，會稽人，補弟子員雲間，遂為吳士。未幾，棄儒冠，以詩翰自娱，人多稱之。」詩後跋云：「以沈充小錢橐爐吳越，無恠乎魯蜀之各據青蓮也，況香山再傳，長慶真堪服金液而應弧南。」

《醉白樓》

金沙深處白公堤，太守行春信馬蹄。冶豔桃花供祗應，迷離煙柳藉提攜。閒時風月為常主，到處鷗鳧是小傒。野老偶然同一醉，山樓何必更留題。（《西湖夢尋》卷三西湖中路，馬興榮點校《西湖夢尋 陶庵夢憶》，第五六頁）

智按：清乾隆丙子副貢生方塘（字蒸砂）《醉白樓》：「華構幽棲半幻休，夢尋舊跡此淹留。佳名醉白非耽酒，古埠昏黃獨倚樓。山月團團三雅後，松風簌簌四時秋。縱然剩有吳莊在，敗卉叢煙入望愁。」（朱彭《吳山遺事詩》第二集）

《王瞻斗比部詩序》

現宰官身説詩，則其情必出於避酸而迎福。避酸者，規模臺閣，以為流於瘦寒，即與其進賢冠不副。迎福者，以為詩誠有識，習為豐肥華貴，則其官遂亦如之也。是二者之於官愈近，於詩愈遠。而吾友王子猶然笑之。夫王子者，其官可以驟貴，而顧取苜盤雲署，其才宜在天子左右，而乃樂金陵山水。其詩無不通，而特好為陶元亮、孟郊、賈島。世人驅詩以就官，王子驅官以就詩；世人以官治詩，王子以詩治官——其不同如此也。雖然，却為王子下一轉語：詩固不在官。高達夫官西川節度，羽檄邎午，而詩正清微，能為高士之心。却又為世人下一轉語：官亦不在詩。白居易詩，風流妙騁，杜牧譏其非莊人雅士所為，而官至尚書少傅。由此言之，世人之詩不可知，王子之官，則豈可量乎哉！（《四庫全書》本《倪文貞集》卷七）

《祁止祥稿序》

文章之不治，則由其才墮而體升，才墮而體升者，詭羮酒於太玄，逃燈劍曰帷匣，此二托者其名大尊，而其情如春冰，彈指可破也。……夫使止祥澹然而唱，曉風殘月或可以歡，十七八女郎，信口而長吟，亦可以通曉白香山之老嫗，然止祥不為止祥，以為使天下婦人知之，則不如窮以死耳。觀於止祥之為文，亦足知羮酒燈劍四者之才，可得而極。……（《四庫全書》本《倪文貞集》卷七；鄭元勳《媚幽閣文娱》卷四；《四庫全書》本《明文海》卷三百八序九十九）

《封中丞范仁元公墓誌銘》

……公諱永年，字延齡，别號仁元。其先自河内徙吴，又自吴徙齊，居齊數世，至處士德始家吴。橋德生理，理生祥，祥生玉，玉生鑑，鑑生桂，是為月山公。月山公生二子，次汝河，號會川，會川生公，公生三年會川公没，公既幼失怙，恃其祖云。……公之為人，大都盡於司馬所自稱述，雅量類黄叔度，謹厚類萬石君，窮經類鄭元成，吏治類黄次公，清節類胡質，勇退類陶靖節，觀化類白香山，正俗類王彦方，固不誣也……（《四庫全書》本《倪文貞集》卷九）

《題徐漢官孝廉近藝》

……徐子讀書，日夕與秦漢人卧起，雜賓即是徐庾。下令逐客，元、白、歐、曾亦在逐中矣。……（《四庫全書》本《倪文貞集》卷十六）

《題卓左車集》

根天極人，鑽宗貫德，上有盤庚，下至眉山，而止其情與法，無不取之今世，膚言求解老嫗，奥學矜負牛蛇，二氏至死不相往來。然不知世間牛蛇

老嫗，必知老嫗所通，牛蛇必伏，特非白香山諸賢可辦。古今二才，子長、左車耳。(《四庫全書》本《倪文貞集》卷十六)

智按：倪元璐，字汝玉，一作玉汝，號鴻寶，上虞（今浙江紹興）人。天啟二年（一六二二）進士，歷官至戶、禮兩部尚書。李自成入京，自縊死。福王謚文正。書畫俱工，嘗喜口寫文石，以水墨生暈，蒼潤古雅。

蒲秉權（？～一六四四）

《復陳仲來孝廉》

與兄臺交臂而失，遂如雨辭於天，即往返劍江、昭武間，亦未能假途珂里，一下君家蕃榻，爲榮籍褰帷，矯首空抱西方美人之思而已。兄臺學則海涵地負，才更電爍飈馳，將來斡旋國運，維挽時局，實嘉賴之。屈指卽吉之期，便是飛騰之會。丘壑故人，所冀分榮割彩，以增氣色，端有日也。不肖五技已窮，一籌莫展，且受閩八閲月而始拂衣，其視陶眞白服官八十日，尋解印綬，賦歸來者，殊甚愧之。顧又笑白香山七十致政，猶沾沾自喜，曰「達哉達哉白樂天」，則某五十投閒，亦差不惡耳。令兄遺風善政，尚膾炙營浦口碑，計李令君改北後，敝邑員缺，倘萬一機緣湊合，不遐遺我并州，而再借寇君，是尤舊部子氓二天之幸也，率爾捉筆，不成報章，西望江雲，曷已馳遡。(《碩邁園集》卷六，《四庫禁毀書叢刊》影印清光緒元年蒲蔭枚手拙齋刻本)

智按：蒲秉權，字度之，一字平若，永明（今湖南永州）人。少年即補秀才，為提督學政董其昌所器重。萬曆四十二年（一六一四）進士，授江西建昌令。天啟中，擢吏科給事中。時魏璫竊國柄，會有襲封之命，秉權力疏争之，得寢。璫敗，起西寧兵備道，歷肅州副使。崇禎十七年（一六四四），李自成攻破北京，蒲秉權絕食身亡。有《掖垣奏議》等。

河弘度（一五九三～一六六六）

《辛未歲除日，次白樂天韻》

明日爲元月，宣尼不惑時。如今思遠復，夙昔愧迷幾。（《謙齋先生文集》卷一詩○五言絶句，《韓國文集叢刊》本）

智按：河弘度，字重遠，號謙齋。有《謙齋先生文集》。

金之俊（一五九三～一六七〇）

《金華遊記序》

金子曰：士非近乎道者，未可與語遊也。嘗讀白樂天《遊大林寺》序云：「此地實匡廬第一境，由驛路至山門，曾無半日程，自蕭、魏、李遊迨今，垂二十年，寂寥無繼來者。嗟乎！名利之誘人也如此。」以是知名勝之在天地間，如清風明月，處處有之，人人得而有之，而苟非近道之人，則將終其身糾纏膠結于名塲利窟，靡他志亦靡暇晷，能有天地間之所，不禁人有者，胡可得耶？此魯論以樂山樂水，獨歸之仁知，良有以也。太學張子三省，積學好古，士之近乎道者也，一日，出笥中所攜《金華遊記》示余，且告余曰：省自八歲渡楊子，從先人客白下，輒有志四方，既而充邑弟子員，凡六蹶棘闈，自恨局影篷簷甕牖中，目圍未廣，學力未充，尚遠于聖賢之道，若遇合遲速，豈容心哉！于是聞婺州仙洞之勝，甲于東南，且多古今有道之士，遺風可挹，遂溯錢塘，歷桐江，偕二三同人往遊，因為之記，以誌其勝，誠不敢負斯遊也。然未審果能不負斯遊否也，請先生一言正之。余夢想三洞，非朝夕矣。但未嘗曳履其間，亦烏能知子之果不負斯遊否耶？雖然，余卒業茲記。觀子筆繪口吟，若置我于圓暢樓中，挹沈約諸人流風遺韻于千載之下，而盡有全婺勝概矣。謂子之不負斯遊，可也。嗚呼！向使張子以困阨諸生故，一為名利所誘，其能有此遊否乎？故曰：士非近道者，未可與語遊也。然則張子從此道日益進，則遊日益廣，而茲記特其嚆矢已耳。（《金文通公集》卷二，《續修四庫全書》清康熙二十五年懷天堂刻本）

《病起仿白樂天自誨》

古來七十稀，余年四十六。七十或可期，來日已苦速。二十四年間，光陰如轉軸。追前以思後，世事槩可燭。生計本來疏，宦情終未熟。富貴總逼人，享受良跼促。而況草上霜，修短杳難卜。只今一病餘，未老同枯木。到此不回頭，眞可深痛哭。第宅寧吾廬，逆旅僅一宿。眷屬豈久依，棲鳥偶相簇。徒隸與王侯，到頭皆枯髑。嗜羶固豢豕，嗟窮亦癡鹿。身世兩俱空，胡為自結束。刈愁如刈草，毋使斷還續。破妄猶破闇，須將慧炬矚。鼎食吾不甘，但辦饑時粥。重裘非所願，擁爐亦自燠。不餒又不寒，蕩然無可欲。嘿坐向空王，夢境忽有觸。夢醒還防夢，努力幸自勗。繇來聞道難，得少勿遽足。(《金文通公外集》卷八,《續修四庫全書》清康熙二十五年懷天堂刻本)

《自咏》其四（效樂天咏慵體）

我貌慵不澤，我心慵不役。權勢慵不趨，寧開貴人隙。錢財慵不求，寧受室人謫。惟有頂上髮，未許慵不白。(《金文通公外集》卷八，《續修四庫全書》清康熙二十五年懷天堂刻本)

智按：金之俊，字豈凡，吳江（今屬江蘇）人。萬曆四十七年（一六一九）進士，官至兵部侍郎。睿親王定京師，命仍故官。

孫承澤（一五九三～一六七六）

《春明夢餘録》

⊙欽天監二・觀象臺

唐白居易《司天臺詩》:「司天臺，仰觀俯察天人際。羲和死來職事廢，官不求賢空取藝。昔聞西漢元成間，下陵上替謫見天。北辰微暗少光色，四星煌煌如火赤。耀芒動角射三台，半見半滅中台拆。是時非無太史官，眼見心知不敢言。明朝趨入明光殿，惟奏慶雲壽星見。天之時變兩如斯，九重天子不得知，安用臺高百尺為?」夫昔人論國家治亂，係於言路之通塞。李沆為相，日以四方水旱盜賊之事，奏聞於上，自言人主當知四方之艱難，區區可以報國

家者，此耳。卓哉！其慮遠矣。(《四庫全書》本《春明夢餘録》卷五十九)

智按：又見葉廷秀（？～一六五一）《詩譚》卷九（《全明詩話》第五册，第四三二三頁）。

《硯山齋雜記》

⊙帙

《羣碎録》云：書曰帙者，古人書卷外必用帙藏之，如今裹袱之類。宋真宗取廬山東林寺《白居易集》，命崇文院寫校，包以斑竹帙送寺，嘗于秀水項氏見王右丞畫一卷，外以斑竹帙裹之，云是宋物。帙如細簾，其内襲以薄繒，故帙字從巾。(《四庫全書》本《硯山齋雜記》卷一)

⊙書紀

宋人名手作獨樂園圖，與輞川嵩草堂並傳，畫苑點綴，司馬君實許大富貴相，當時實止一畝居耳。園無廣狹，相也。白香山自謂：東都有美酒者，無不造；有名園者，無不游。圖無人我，相也。維摩居士毗邪文室，攝取三千世界，如陶家輪，忽復不見，是有無相，亦不可得也。(《四庫全書》本《硯山齋雜記》卷二)

智按：孫承澤，字耳北，一作耳伯，號北海，又號退谷、退谷逸叟、退谷老人、退翁、退道人，益都（今山東青州）人，世隸順天府上林苑（今河北大興）。崇禎四年（一六三一）進士。官至刑科給事中。清順治元年（一六四四）被起用，歷任吏科給事中、太常寺卿、大理寺卿、兵部侍郎、吏部右侍郎等職。富收藏，精鑒別書畫。有《春明夢餘録》、《天府廣記》、《庚子消夏記》、《九州山水考》、《溯洄集》、《研山齋集》等四十餘種。

鄭鄤（一五九四～一六三九）

《白香山不應繁知一清詞》

千古風流未易題，劉郎删剩四篇詩。蘇州刺史真才子，閣筆寒江洗豔詞。

（《埜陽草堂詩集》卷十六，《四庫禁毁書叢刊》影印民國二十一年活字本；《明詩話全編》第九册，第九四七一頁）

《選蘇東坡詩序》

有問坡公學詩者，公云：熟讀《國風》、《離騷》，次及李杜諸大家，則得之矣。此先生詩學之原本也。郊寒島瘦、元輕白俗之評，實出于先生。先生一生，嘗自比香山，而詩評不掩其俗，豈非卓有自得者哉！鄖繫禁獄，從雷生應元得蘇詩全帙，命珏兒日誦數章，想見先生風度，大都有拙重而無輕儇，有方峭而無圓滑，非獨才大無不可，其于詩道，亦杜陵嫡派也。至海外諸作，清深高妙，迥然絶塵，追和淵明，彷彿故似，而終于南還。夢中「惟有不貪寶，凜然照塵寰」之句，廉頑立懦，斯以爲百世之師也與。和陶詩，俞兒悉録之，餘則簡鄖所時欲諷者，置枕案間，人間事何當之？有柴桑金馬，海外圜扉，是一是二，願從先生下一轉語。（《埜陽草堂詩文集》文集卷四，《四庫禁毁書叢刊》影印民國二十一年活字本）

《孫宗伯唐詩選序》

詩與禮樂並學，吾夫子之教也。興于詩，立于禮，成于樂是也。詩與書並學，孟子之教也。誦其詩，讀其書，所以知人而論世也。詩與《春秋》並學，亦孟子之教也。詩亡然後《春秋》作是也。乃予獨謂詩與《易》相表裏，何也？六經垂世，先王之志，皆典要之書也。惟《易》不可爲典要，而後知天心之至變；惟詩不可爲典要，而後知人心之至變，故曰：變動不居，周流六虚。又曰：神而明之，存乎其人。吾夫子于學禮學樂學書學《春秋》之法不甚詳，而于詩一再言之，且舉商與賜之可與言詩者爲法，斯亦千古説詩之案已。繼詩者，莫如騷，騷無一襲詩之語，并未嘗有擬詩之意，而人人信爲續詩無異詞者，此千古不亡之詩，亦千古不絶之《春秋》也。《春秋》明直道，詩實先之，故陳詩觀民風，先王特採之于無意，上與下不必相求而相應，故直道行也。至唐以詩取士，利禄入乎胸中，則先王之志荒矣。然而忠臣孝子之激昂，征夫閨婦之寄託，不能已于言，而不能盡之于言，無不可盡之言，而不必人知我之言者，皆于是乎在。第貞淫正邪，濟于後人之手眼者多矣。孫宗伯淇翁先生舊有詩説，謂詩亡爲直亡，而慨嘆于靈均之以婉廢，質之千古，可以不惑。近復得選唐詩全帙，鄤受讀之，矗然深感其選，蓋成于逆魏毒焰甫熄之時，昔人云：「作《易》者，其有憂患乎？」余亦云：「選是詩者，其有憂患乎？」蓋先生生平學問，莫深于《易》。《易》爲君子用，不爲小人用；詩爲忠孝節義用，不爲匪人用。如先生用《易》，而後可以選詩；後有能讀先生之選詩者，即可以知《易》如是，而後可以窮天人之變，而六經聖學亦次第燦然已。卷中若白香山樂府，先生以爲是選詩之原；至李青蓮諸什，直謂詩中之經。此千古特識，知具解者，旦暮遇之也。（《峚陽草堂詩文集》文集卷四，《四庫禁毀書叢刊》影印民國二十一年活字本）

智按：鄭鄤，字謙止，號峚陽，武進（今江蘇常州）人。天啟二年（一六二二）壬戌進士，改庶吉士。崇禎中，為溫體仁所構誣，以杖母不孝，磔於市。

茅元儀（一五九四～一六四○）

《暇老齋雜記》

耆老詩酒之會，實為盛事，所聞者，若洛社耆英白居易等，後洛社耆英，則富弼、文彥博等，至道九老，則宋琪、李昉、僧贊甯，寺（智按：疑應作至）本朝正統間，杭州有郎子貞等，嘉靖間湖州峴山逸老劉應麟、顧應祥等，本朝兩會，惟我湖其名爵皆盛，然皆無相也，後洛社與至道，俱有兩故相，至道有方外，更覺為雅，然以蜀寇作，不及宴，明年昉卒，雅事之難就如此。（《暇老齋雜記》卷二十四，《續修四庫全書》影印清光緒李文田家抄本）

侍中，自六朝便為宰相之職，唐宋大臣亦帶其銜，極為隆重，然無專官，其職事不明。觀白居易作《鄭覃可給事中制》曰：「有司選補不當，得與侍中裁退之。」觀此，侍中之重可見。（《暇老齋雜記》卷二十八，《續修四庫全書》影印清光緒李文田家抄本）

唐人作詩，即有平格、半格。見于元白《長慶集》。其一依平仄為異，見于沈括《筆談》。至宋人作詞，則即用填法矣。填法者，因其平仄不可移易，其有移易者，亦必譜之所可移易者也；尋其長短不可更動，其可更動者，必其自譜之所可更動者也。即沈括所云，隋唐以降，鄭譯諸儒，以臆更作，使夫清廟之歌徒諧里耳。高下混淆，紛亂無統，於雅頌之風微矣。獨太樂署所掌十七宫調，以不隸太常，故樂官得以世守之，而不敢易。但撰詞長短不齊，各限以平仄為一定之制。學士大夫有作，亦必尋其制爲之，謂之新樂府。推原其始，黄鍾宫諸曲當如四牡之于鹿鳴，無射清商諸曲當如葛覃之于關雎，起調畢曲之律，同其逗遛曲折不必盡同也。……（《暇老齋雜記》卷三十二，《續修四庫全書》影印清光緒李文田家抄本）

智按：茅元儀，字止生，歸安（今浙江湖州）人。茅坤（一五一二～一六〇一）之孫，茅國縉之子。崇禎初，以薦授翰林院待詔，尋參孫承宗軍務，改授副總兵官，守覺華島，旋以兵譁下獄，遣戍漳浦而卒。

談遷（一五九四～一六五八）

《續琵琶行寄張深之都督并序》

月應黃鐘，里名白苧。綈袍贈而得暖，黍穀吹而忘寒。雁作南賓，喜緩不鳴之命；魚游北渚，仍潛在藻之歡。極綣河山，堅情琬琰。刻玉以鐫二女，非曰常流；築亭以表三高，庶希舊迹。方是時也，觥籌交錯，捍撥紛披，進樂器于龜茲，屬佳人于金縷。動左右之腕，銀甲輕挑；灑大小之珠，玉盤迸落。坐客嘉賞，妙伎清揚。在昔湓浦之聲，既愴司馬；今日鴛湖之調，亦感騷人。屈都督于海隅，寃同白傅；老書生于鄰國，悲切舊姬。維歲鑰之將徂，緊修名之未立。聞新聲于隋苑，路多垂淚之夫。傷絕唱于廣陵，時鮮嚶鳴之友。悲吟澤畔，勉綴梁塵。若夫離情歡緒，事各不符，室遠人遐，義非有間。即江州猶不能陳其既往，而薄劣又何可概其將來！

霜風剪剪寒冰夕，掩月妖蟇光漸白。（是夜月蝕。）暗香聲裊碧梧稍，東園狂殺并州客。并州可望不可即，流落江南謝傅屐。綈袍戀戀眼加青，別有閑情娱畫戟。華堂喚出芙蓉面，洛川子建驚初見。羅襪春波步步輕，牡丹鞋擁彤雲餞。嬌眉不似益州圖，新鬟昨入吳宫宴。南人文弱北人豪，生生各問誰鄉縣。蠟影深深斬絳蟲，淚流紅燭心難卷。詞客高歌四座空，銅笳吹徹大江東。曉風殘月古如此，更聽佳人訴漢宫。檀槽金縷雙飛鳳，半面猶遮忽雷動。緑水青絲拈玉纖，芳魂催醒鴛鴦夢。六么護索不復彈，梁州又畏邊城慟。

輕挑淺撥兩三聲，多情略作山坡弄。凉飃簌簌碎離筵，千峰萬騎奔向送。俄聞小語緑窗前，桃花樹樹縈飛烟。鶯絲靜裊春初囀，龍澗潛流月未圓。或手前推或手却，餘音裊裊來笑靨。紫袖斜籠玉笋芽，榴裙怕濕當年篋。此時詞客俱回首，太原王郎雅自負。組歡織恨好鸞箋，銷得清河今夜酒。使君慷慨遂大呼，天下英雄爾與吾。凡人失志無戚戚，荊高當日本屠沽。前林啞啞枝上烏，金爵觚棱明月孤。廣平書生正愁絕，江州司馬詎前誣。使君投荒書生老，眼底忠才各草草。商婦悲心我亦知，浙闈長泣雍門道。天涯聚散有何常？曲項琵琶紅粉妝。欲將兩地勞人淚，抵盡千秋才子狂。（《棗林集》卷一，羅仲輝校點《談遷詩文集》，遼寧教育出版社，一九九八年十二月版，第二〇～二一頁）

《棗林雜俎》

⊙藝簣·論幼儒勅

太祖高皇帝論幼儒勅有曰：「蓋於《馬退山茅亭記》，見柳子厚之文無益也，柳子厚之兄司牧邕州，搆亭於馬退山之巔，非勞人而弗成，既成而無益於民，是害民也，略不規諫其兄，使問民瘼之何如，卻乃咏亭之美曰：因山之亭爲基，無雕椽斲楝，五采圖樑，以青山為屏障。此雖無益，文尚有理。其云：白雲為藩籬，此果虛耶實耶?」談遷曰：讀聖諭，得作文真訣矣。存誠去浮，根理資用，今曲學矜句字之間，沿誕謾之習，於文體人品不相研切，如《五柳先生傳》「先生不知何許人也」，蓋淵明寓避世之意，可一不可再，而白樂天、陸龜蒙輩效之，則誕矣。虛實之論，誠如宸諭。（《棗林雜俎》聖集，《四庫全書存目叢書》影印清抄本）

智按：談遷，原名以訓，字仲木，號射父，海寧（今屬浙江）人。明末諸生，明亡後改名遷，字孺木，號觀若，自稱「江左遺民」，隱居不仕，以傭書、作幕僚為生。喜好博綜，子史百家無不致力，對明代史事尤所注心。有《棗林詩集》、《棗林雜俎》、《國榷》等。傳見《南雷文案》卷八《談孺木墓表》。

那波道圓（一五九五～一六四八）

《白氏文集後序》

詩文之稱於後世，不知其數千萬家也。至稱於當時，則幾希矣，况稱於外國乎？夫文之粹也，無若昌黎，而當時有人必以為惡矣之言。二百年之後，歐陽永叔始得之壁角之弊篋，故不能無補綴考異之議。詩之聖也，無若少陵，而當時有「名豈文章著」之句。及唐之晚，退之、微之之輩，始推尊焉，亦不免有亡逸紕繆之論。韓、杜既殆乎泯沒矣，猶復不韓、杜者乎？獨白樂天何其幸哉！當時則禮吏部舉選人皆以為準的，王公卿相無不讀其文，孀婦倡妓無不詠其詞，且《長慶集》五十卷，微之編焉而序焉。《後集》二十卷，自為序，附《長慶集》。又《續後集》五卷，自為記，附其後，是為全集。若夫其集之在廬山，在東都，在蘇州，及《洛詩》、《洛中集》、《因繼集》、《劉白唱和集》等，雖盡在全集中，無一不自記自解焉。於是乎補綴考異、亡逸紕繆，又安在哉？遂至柏其櫃，詩其上矣。夫自寶之如此，人奉之如此，宜哉稱於後世，稱於外國也矣！在雞林，則宰相以百金換一篇，所謂傳於日本、新羅諸國。於戲！菅右相者，國朝詩文之冠冕也。渤海客覩其詩，謂似樂天，自書為榮，豈復右相之獨然而已矣哉？昔者，國綱之盛也，文章亦盛也，故世不乏人，學非不粹，大凡秉筆之士，皆以此為口實。至若倭歌、俗謠、小史、雜記，暨婦人小子之書，無往而不沾溉斯集中之殘膏賸馥，專其美於國朝，何其盛哉！嗚呼！

國綱之與文章俱廢，而一變入於禪林。禪林嗜枯槁蔬筍之氣，不識臺閣正雅之味，以故斯集不行矣，而後禪林之文亦廢矣。哀哉！天之未喪斯文也，幸有我滕先生，道德文章，百世之偉人也，林提學嗣武而起，斯文勃興矣。如拙親炙也，聞先生之品藻古之人材也，到於樂天，則曰：「雖有朱紫陽之所謂『口津津地』之誚，小家數之『白俗元輕』之異議，好其為人之醖藉，愛其集語意之平易眞率矣。」拙也雖有其奉佛之可疑，讀其集則快活不可言也。復願學者之周知焉。故命剞劂氏以廣其傳，又壯斯集之不苟也，自校讎焉，庶幾乎無誤歟！且記一時之懷，以貽後人。戊午秋七月丁亥朔，那波道圓書

於洛中遠望臺。(《四部叢刊》翻宋大字本《白氏長慶集》附録)

智按:那波觚,字道圓,號活所,日本播磨人。藤原惺窝(一五六一~一六一九)弟子。(日本元和四年)戊午,當明神宗萬曆四十六年(一六一八)。菅右相,指菅原道真(八四五~九〇三),日本平安前期著名廷臣、學者和詩人,人稱「菅公」、「菅丞相」,至今在日本被作為學問之神供奉祭祀。菅原道真對於他兩歲那年去世之白居易,深愛而敬仰。有《菅家文草》、《菅家後集》。

賈開宗(一五九五~一六六一)

《李空同先生詩選序》

……杜甫既没,有元白郊島之徒,矯重就輕,矯雅就俗,矯莊腴而就寒瘦。其初以喜新厭陳,其説至淺也。士之無識者,群然從之,而世無大人先生輩以正其非,故其説遂倡,詩之道以是淪喪。……(清道光八年賈洪信重刻本《溯園文集》卷一,《清代詩文集彙編》第九册,第三三七頁)

《詩説》

學少陵者,學其氣之混茫、辭之雄博,非學其痛哭流涕也;學淵明者,學其自靖之志、寄托之苦,非學其耕田飲酒也。……公安、竟陵起而排之,然不法高、岑、王、孟,而法白居易,法孟郊,自以為唐有唐之詩,明有明之詩,發天地之奇秘,抒自己之性情。夫白與孟非唐乎?二者何嘗創為明詩也?且不法白之大而法其俗,不法郊之清而法其寒,亦何益哉!(《溯園詩集》卷首,又見《永城縣志》;《清詩話三編》第三四頁)

樂府者,随古人所遇之事、所履之境而創名也。……少陵集中無樂府,其《垂老别》、《無家别》、《新婚别》,皆自製題為之。以至白樂天,亦自製《賣炭》諸行,淒惻可傳。……(《溯園詩集》卷首,又見《永城縣志》;《清詩話三編》第三六頁)

七言詩雖起于宋玉《九歌》,柏梁體祖之,然句法艱澀,不可學也。至魏代父子及甄後,爲七言古詩之祖。唐初、盛及中、晚法之皆有至境。叙事之中有以略而勝者，如《三百・綿》之篇……有以詳而勝者，如《三百・生民》之什，叙后稷初棄，重重反覆，寸步不移是也。摩詰《輞川圖》，尺幅中有千里之勢，乃唐李小將軍畫人物百狀，絲髮生動。兩者不可偏廢，故樂天歌行與少陵并傳，非曰少陵爲長，而樂天爲短也。（《溯園詩集》卷首，又見《永城縣志》；《清詩話三編》第三七頁）

智按：賈開宗，字静子，自號野鹿居士，又號溯園，先世太原人，明初始徙商丘（今屬河南）。明末諸生。自負有王佐之才，年二十餘舉茂才第一。壯歲嘗北歷燕齊，南適吴越，廣交名士奇人，其性格豪放不羈，曾耗其家財，與僧人、道士、術士、巫師等交游，被視爲狂人。與侯方域爲同學至交。順治八年八月，與同里侯方域、徐作肅、徐世琛、徐鄰唐、宋犖重修「雪苑六子社」，在中原一帶有相當影響。爲文不及侯方域，而詩或過之。其詩多憑弔古迹、寫景游歷。律詩酷肖杜甫。南明弘光時舉家至淮上，欲倚劉澤清爲用而無所就，後猶數往來淮徐之間。「其爲詩文初尚僻異，而終出入廬陵（歐陽修）、眉山（蘇軾）、北地（李夢陽）、婁江（吴偉業）」（徐作肅《賈静子墓志銘》）。著作多散佚，後人輯成《溯園詩集》一卷、文集四卷（又名《賈静子先生文集》），有道光八年（一八二八）重刻刊本。又有《秋興八首偶論》一卷、《溯園語商》一卷、《賈静子詩説》一卷，均收入《溯園全集》。事迹見《國朝耆獻類征》初編卷四二三侯方域《賈生傳》（亦見《壯悔堂文集》卷五）、《碑傳集補》卷四四徐作肅《賈静子墓志銘》（亦見《偶更堂集》卷下）、抱陽生《甲申朝事小紀初編》卷八《賈開宗紀》等。

黄景昉（一五九六～一六六二）

《國史唯疑》

吴廷舉以不規正梁儲、蔣冕過，引為己咎，二公業久去，似可無翹訐爲名。末年，舉白居易、張詠詩乞罷，疏内用「嗚呼」二字，豈敬君體？近於率意，直行少藴藉。何良俊記其人短黑輕動，若山猴然，殊不稱其志氣。（《國史唯疑》卷六，《續修四庫全書》影印清康熙三十年徐抄本）

智按：黄景昉，字太穉，號東厓，晉江（今屬福建）人。天啟五年（一六二五）進士。

黎元寬（一五九六～一六七五）

《張蕙嶸先生館中詩集序（代）》

文章之境，前道德，後事功，以爲内分，而官職品流以爲外分。其所重輕，端可識也。先輩有言，文章不在翰林，韙矣。然王、李諸子，用是解嘲，究其成就與人，無以相過。蓋内者亦未足焉。若我蕙嶸張公，乘時起代，風雲之氣，百倍中晚，遂以詞賦高第，直躋蓬山，某乃瞠後，望見不得，于是乎公館閣而公重也。今所著詩歌，其在有一語，不近金華殿，或搙撦西崑，人否以爲經國盛事，殆非溢美。無幾何也，而來漕江右，此勿論事權有加，即幄帷子房，毗以鄭國，在人傑中亦進三累。于是乎公不館閣，而公又重也。雖然，請言其所以重者，將文焉而已乎。森戟凝香，句非不麗，而設無康民之心，即一已氣體閒，亦何足寄高唱。昔之君子，有若歐陽粂知以文名家，而口必談政事，夷陵閲牘，情僞周知，其後治七郡有聲，至越孝肅而上。有若白傅詩滿三千，尤貴諷諭《新樂府》諸題，無非言下人之急病，此可爲翰林佳話。……公于文章内外二分，又奚而不兼致之也哉！某故非能知言者，何敢操吳歈而入漢宫，顧因館中詩刻成，輒爲之引伸觸類，託寓篇什，宣導人情，使夫至尊知體元之職，執政進忠厚之碁，而下吏亦寡奉行之過。斯公所優爲，某所期許而仰望耳。若夫催租敗詩，山林吟客，尚爾歌詠，簿書雜施，雅俗曾是，足爲公致規，而某于公鴈行避影，驥尾成名，種種之私，抑非語意所主，可畧而不論也。謹序。（《進賢堂稿》卷二，《四庫禁毁書叢刊》影印清康熙間刻本）

《芸暉堂詩集序》

嚴絜菴先生以文章名當世，而功業副之。余心儀已久，近乃得一望見顔色，則余竊自幸有餘榮，顧在先生爲下交，匪獨屈貴勢也。昔元微之序其詩，恐白樂天得友不如己之誚，先生之交余也，將毋實友不如。乃未幾芸暉堂詩成，復屬余以序。余何足知先生，余竊有感于今日詩家，動分鍾譚、王李之二門，相與牴牾不休，亦時勝時劣，然而其爲王李者，必徵諸事物；其爲鍾譚者，必求諸性情，而性情、事物皆《三百篇》之有也，取一而置一，則何哉！先生之詩，合會人境，依于天然，其言外猶其言內，其言獨猶其言同，諧而不縟，暘而不複，今文古姿，似而不酷，斯不惟爲兩家而弄丸，抑亦三唐之造極者已。詩之六義，若興比賦，故每互見，而至于風雅頌者，則鮮能以一人兼之，以一人兼之，亦鮮能以一篇著之，惟《豳・七月》爲全是周公之作也，召公而下，不得望焉。今先生功德，在明聖兩高間，自有千古，既而帝簡公卿，不過以嶺北為之納麓。乃讀其詩，斧錡之聲畢調，衮舄之容甚盛，余知清廟明堂之掃除以竢也，有若周公然，然則朝見士七十二，余亦豈其人乎。比者滕閣晚眺先生，高唱絶塵，余瞠乎其後，猥蒙擊節，夫雖吐哺握髮之意也，余終愧不如焉，抑先生深遠矣。夫元白爲詩，猶貴諷與怨與譎之三體，然由乎其時耳，時爲之而才能爲之者，屈靈均之流也；時爲之而才能為之，而又能不爲之者，陶淵明之流也。若先生者，其志乃與元氣太和爲歸，雅怨騷憂詎足抗揖。十年以來，遭世多故，吟詠之家，未免有情而或過或不及，其過則鼓之而不成聲，其不及則姑與之爲馬牛也，嬰兒也，以視乎先生之為詩者，誠不如矣。卽以視乎先生之爲詩題者，亦皆不如矣。是故余于先生，將非元白之喻，而温之昇、邢子才之喻也，乃大畧爲之序而論之。（《進賢堂稿》卷二，《四庫禁燬書叢刊》影印清康熙間刻本）

《劉二致詩草序》

今之文人，務爲韻語者十而九，則或鋭揣之，以爲選士法，設有更張，當用詞賦，是不得不遷業以求工，然能言之事畧等，其本所肄業卽常拙，而遷業即乍工，豈別有道以取之哉？非然也。蓋今之爲詩者離于文，而古之選文者合于詩；離之則兩失，合之則兩得，此明乎其非二道，而爲騷雅之宗，必爲文章之伯矣。武昌劉二致先生，故擅場經義，譽馳四海，余閣筆久，猶耳雄名，有同見獵，乃至今復得讀其所著《待月軒詩草》，益信其才之合會，無所不入；非無所不入也，曩者之能事，既有與爲一門深入者矣。余雅不羽詩評，而間嘔心于此道，因儳頌先生作，一爲之意得，一爲之情移，遂欲私定先生詩，終不敢以時代而爲進退，擬名于其一家，則亦隨州、棗強之鼎足也。先生時倅筠州，清冷之署，道院之比，是殆于咏歌，宜未得云，一行作吏，此事都廢，乃昨年假令新建，化爲萊蕪，今年于役淮陰，居然鄭國爲政，風流又何一不與詩文相副而起者，而凡所收于山川之奇，世變之異，人物之志，道路之情，萬端千狀，固在其詩，抑在其詩之類，于是各體之文，余又將得爲先生定之耳。昔白樂天司馬江州，一賦琵琶，遂足千古，而未聞其有清德；王休徵別駕徐州，治行至高，人以邦國不空，興歌而用，德掩其言，亦未聞其自精題詠。若先生者，乃能兼之。斯余所謂合會之材，誠不諛也。雖然，太保初年，嘗出冰鯉供母，而先生鮓州避亂，有先子不食魚鰕，誕祭以楮粟之題。太傅極聲色之娱，晚鞽一嗣，而先生都門除夕懷母詩，有「納新無片簌，分歲僅雙僮」之句，此亦可見時命之遭逢，古今才人有餘不足之大較也已。（《進賢堂稿》卷二，《四庫禁毀書叢刊》影印清康熙間刻本）

《奕世詩紀序》

曩避兵過瓘上，望其地文，有煥發叠積之氣，而無黲黥衰殺之形，雲光九重，金光九重，珠玉光九重，私以爲非其人，孰能當此，而是時熊之達者，既頂背相望矣。無幾何也，效抃先生拾級以起用，進士高第，讀中祕書，爲御史裹行，聲震天下，地固不妄有靈哉！已得侍十影公，頗承拊擊，與爲韻語。余又喜見河源也，而效抃乃今行其《奕世詩紀》，則公所著《蜩丈集》在焉，冠之以楚秀公之《瓘塘集》，汝登公之《海山集》，南羅公之《七七翁集》，玆不惟若是其多奇，乃峰極各造，血脈相通，余亦不惟識火墩腦兒，義同星宿，而直以身入天漢間矣。古之爲一家言者，如三曹三謝，並駕齊驅，然時過卽已，或渝時而生，不及接事，唐杜少陵集成百代，至于父閑，子宗武纔聞其名而無留句，由審言以下四世，大氐一盛卽一衰也，孰有如熊氏之業之引而勿替者耶？余讀覽鄱湖匡廬之勝之作，望古遙集，志在無窮，而逮乎催試、鬱然、癡望、擬捷諸什，然後知其數世之精神，未嘗不總萃于效抃，今日之事，乃效抃益復光而大之，由其能傳之，資以不忘其所傳之業，門庭述作，夫亦猶柴桑紙筆之勤，而終無東野得意之誕，其于爲詩，亦可以風而不失雅也。計敏夫緝《唐詩紀事》，終三百年，熊之以詩著者，僅一孺登，得與白香山還往，今其遂爲風雅摠持，且欲與香山爭雞林之價，而藉延譽為哉！日者雪堂先生語余，效抃得古汾陽侯印，暨其命圭，可謂具九重光者，抑吾宗之守器也。余對曰：器故可傳，而傳乃不止此。趙孟七子，占他語以寄懷；渭城三叠，即小技爲本領。矧詩豪世伯有如此者，而不干秋器之貴重在手，文章之精微在心，鬻融氏之火傳，其已久矣。（《進賢堂稿》卷四，《四庫禁毁書叢刊》影印清康熙間刻本）

《蔣同野詩集序》

……造柴桑之平淡而不少咏荆軻之激昂，存元白之諷諭而不作種桃、新井之譏刺。……（《進賢堂稿》卷四，《四庫禁毁書叢刊》影印清康熙間刻本）

《送熊雪堂起少司馬趨朝序（代）》

雪堂先生奉簡命，起貳樞密，行有期，則人望大協，自朝野公私間懽躍，各倍恒等，非異時登用者所能概見，乃里中諸君子，過而屬余以祖道之詞。余非能言者也，先旬日嘗奮筆序先生全書，如劍首之吹盡于一吷，其庸可復續。顧以犬馬齒為役，執爵侑而藉口，余何敢？然余竊惟古大臣，能以身繫天下安危，處則藴風世之規，出則展捄時之略，使人聞其姓字，仰其丰裁，如景星慶雲之幾，一見而又惟恐不再見者，在晉莫盛于謝安石，在唐莫盛于裴中立，在宋莫盛于司馬君實，而在今日有先生，遂若三公不足四矣。然三公重名，或肇于未宦之初，或騰于旅退之後，而真宰相之稱，又或成于未爲宰相之日，此皆先生能有之，而能似之者也，于是先生資少宰，且十有九年，復除乃補少司馬，蓋用新例，曰非起家庶常，即不得更佐銓也，而庶常者是劉忠宣之所初不欲就，周文襄之所始就而卒去之，而先生嘗不屑之者矣。顧此番推擇，又似勿以用例為觖焉，而當宁拊髀庭臣推轂，海内人士，莫不延頸企踵，屈指以數先生趨朝之蚤晚者，其意亦在于爰立作相也，夫相固重先生乎？相亦人臣也，以官制而言之，尚書正卿，實蒙中官之號；閣學緊機，原參五品之列，即尊貴豈有定論，就如樞密與中書，古稱兩府，如漢丞相太尉之互爲表裏，温國嘗堅辭樞密副，則魏國潞國從而交譏。先生于此，應書忻然，絶無薄而不爲之意，蓋亦有所用之矣。先生生平勇義不讓，而聲利之際，獨能處以澹泊，即十九年少，宰未或終，三年淹始以投箋，繼以讀禮，皆不暇煖席也。魯國一人，尚復殆庶今日者，出其緒餘，陶堯鑄舜，其有加于先生乎？抑有變于先生之昔日乎？救時者不能爲時，能不失時而奉時已矣，四海一家，冲聖在御，其前凝後承，左輔右弼，甚設而惟倚先生而調劑之，此如水火金木之安于土，而春夏秋冬之行以元氣也。先生籌之有素，而布之甚優，豈未學補衮若學之而不至焉者，所能效其一辭之贊哉！然先生自爲蒼生，而山霖雨務普施，而得月亦有先後，《詩》不云乎「維桑與梓，必恭敬止」？里中諸君子，同慶彈冠，固僉謂先生之能厚倍于己也。而余雖衰邁，三日之事，尚冀湔滌，則恃有不腆弁言，若此日之驪歌，在余與先生可曰三同，謂同學同師同患難也；所不同者，直先生不屑之庶常耳。當老洫時，念此東塗西抹，少年所得，已爲剩物，而先生勿之唾棄。長安日下，軟紅塵中，頗復憶南浦五君子，詩筒往來其間，曾有此婆然一公否？蓋先生爲謝安石，余未必能爲王彪之共掌朝政，而先生爲裴中立、司馬君實，則余尚得與里中諸君子，或以詩文，或以議論，為之白樂天、劉夢得、畢仲游也。先生栖遲蓼水之上，讀書十年，實與余滄浪亭子相望，春水緑波，觀其起落，以知世運之升沉，吾道之消長，而獨靡有定居，求田問舍，知非所急，今日一出，乃始搆湖上數椽，爲退隱地，是余德甫先生舊宅，而余向謂其形勢似弇州園者也，出入大小七才子間，既不羨兩文端爲鼎足，而又兼有土山、午橋、獨樂之勝，則余將寄語遠人，以爲此無地起樓臺相。（公今亦有可以旋馬處矣，若夫先生不朽大業，必他氏金管書之，余未能更僕，余方艤舟南下，尚得為先生前驅以從容乎？燕磯牛首，平山堂邊，漂母祠側，而言其未備。）（《進賢堂稿》卷五，《四庫禁毁書叢刊》影印清康熙間刻本）

《送周計百擢丞雲中之任祖道序》

計百周公自虔理而晉貳守于大同，則群情有所未足，以為公蓋國體之良，非輩數之士也，才如是，顧不館閣之，臺省之，乃州郡之，邊方之，又僅而得半刺，使與二千石，参校政事，利病短長，不盡由己，此誠所謂未足，公門生熊子漁賓間語余曰：是不為知公者，公于此初無所嗛也。公其亦猶忠臣之義，不擇事而安之之説乎？而或曰不然，是今日之極選也，公適為舉首焉。

夫異時遷擢專重内，而今日則專重外，此由功令，亦以云捄。彼清要之司，未嘗不可為得志行道之藉，及其弊也，但以誇雄而冒膴，無益人國，固不如別乘分竹者之尤足上贊元功，而出宣王化于萬里矣。雲中何地乎？蓋不獨在緊望之間，且實有軍旅之寄者也。自西漢盛時，其人足以應拊髀之求，而一再為之藩屏者，止于魏尚此際人才無出公右，故當宁特為之簡畀，正其推心腹而干城，不欲虛言禁中頗牧，又神京密邇，如首之于臂，凡有謀猷，曷不通呼吸于帝座，然則公豈惟不負丞哉，公雅善詩，天保治内，采薇治外，雖分二篇，實非兩際，而公則必兼為之而裕如耳。古亦有言，小獄陳于市朝，大獄陳于原野，兵刑之用，蓋互相出入，公昔治刑而期于無刑，今治兵矣而何必不期于偃兵。司馬之始事，即士師之終事，意者亦不惟在侯之于撻乎，若夫仕宦之升沈顯晦，由天人所為者，公無容心，而福德之徵，亦正與才望相副，白衣蒼狗，可使化為卿雲，蕭朱之末，乃王貢之初，從是以往，丞不負公，亦斷可知也。雖然，余嘗聞之魯肅遺先主書曰：龐士元非百里之才，使處治中別駕之任，始當展其驥足，治中猶今之丞也，人如鳳雛，纔堪勝任一丞，而丞豈得薄視邪？後乎此者，王休徵之在徐州，則有邦國不空之謠，是能戡亂；白樂天之在江州，則有司馬青衫之咏，是能思初；而宋之名臣若富鄭公、李文靖俱用監州起，而即有公輔之望，以得召還。又呂許公倅濱州，王文正公謂沂公曰：此人異日當與舍人對秉鈞軸，沂公曰：何以得之？曰：以其奏請得之，如不税農具數事是也。卒與沂公並相。夫由乎鳳雛，知公此日之委重；由乎休徵、樂天，知公後日之能官；而由乎宋之諸名臣，知公最後之大用無窮盡也。余皆可為操左券，而匪直決之于冥冥者矣。公理贛踰十年，無人不懷，而于余尤有至分，前日者余得而頌其詩，又知其政文學治行種種在第一流，顧余以躬逢盛事為榮，筆花且萎，不復能著文章，而摩金精之崖，沈儲潭之底，是役也，特將送之常言耳。漁賔引而進之，余實不佞，而公以公家吉齋之誼，每前輩余，其實則余將師公也，敢與公相齒于輩數哉！漁賔率其同門七子為公寵行，余請從而後，言之不文，漁賓曰：吾師固貴其質也，即以吾言吾師，亦莫不貴其質也。因次第而奏之，以代驪駒之唱，于斯時也，送公者及岸而返，公自此遠矣。余未必能如郭大業之于羊荆州也，而推漁賓之心，則更有過乎後山之于坡老者，乃為之歌「一雨五月凉，中宵

大江滿」之句，以收其聲焉。(《進賢堂稿》卷八，《四庫禁毀書叢刊》影印清康熙間刻本)

《李老師母朱太夫人壽序》

今以五十年三分之其一，乃入于海桑之既變，而不啻矣，是陶家義熙以後之歲月也，詩題甲子，或非内事之與内言……崇禎癸未之歲，有詔起吾師田間，時則師母全為内政矣，師可以踐端揆之席，師母可以承大國之封，而終無汲汲焉也。逆賊起秦隴，猖甚，至欲射天師，于是排衆論而矢，嘉謀召對，稱旨遷國焉，依黄麻且下，母不為之色喜，及阻黨人，遂收成命，母不為之失聲，何者？母誠有憂時之心，非小得失所能動。《詩》不云乎「惟鵲有巢，惟鳩居之」？母于斯時，亦不徒為毁巢慮耳。大清入主中國，則吾師志在《春秋》，其後以其文也而脱身去之，達行在所之三章，影靜千官，心蘇七校，母未嘗不共肄業也。南方之帝為儵，實非所圖，而自是乃可以議偕隱矣。即林下風氣，與閨房之秀，誰得而岐視之？夫十九年之踪跡，不雪窖冰天而冷，姑衷之今古，滁槎其鹿門乎？西湖邗上，其浮家乎？蓼水杏邨，其吳門之市乎？吾師優游焉，則師母無不隨侍也，而近日始婚文孫學思，又似為尚子平贊其嶽遊矣，學思者，余初卜相攸而中失之，母不第門牆余，仍葭莩余也，倘亦以其人之不近富貴利達而存之耶，然而母自生富貴，自行富貴，自老富貴，直無富貴之心耳，信國嘗安聲伎，而疊山之妻，亦幸不食草木，母曩者費十年之功，為師置女樂一部，頗極選鍊，而何居乎，一旦决去，學思語余曰：前以助太傅東山之遊，後以遠衛尉金谷之禍也，韙矣，于是師不第為王處仲，亦為白香山，而余則既為戴崇，復為彭宣，各自得也，而母意乃深遠不可測識矣。母善用富貴，又善不用富貴，而後可不出于求富貴，其所以裨吾師者，蓋多乎哉！抑帝王之子孫，為庶為青門可也，有客白馬，猶善之微，姑姊妹之間已矣。母將以此告同姓之有須眉者，《論語》曰：子曰：歲寒，然後知松柏之後彫也……此余所聞于師者，即持而為師母壽，率斯以往，雖更五十年，猶未有艾也，麻姑清淺之説，豈如阿閦之一見而已乎。(《進賢堂稿》卷十，《四庫禁毀書叢刊》影印清康熙間刻本)

《甘殿貞別駕四十壽序》

一代之君，與一代之臣，其相須而必有也恒也，然以人材原本氣運，則上世往往產于一家，後世亦復產于一地。產于一家，若元愷之系高陽高辛，周召畢散之同姬姓是已；產于一地，若兩漢之豐沛、南陽，前代之鳳泗是已。……蓋前賢有求郡，而願得無監郡處者，可以見監郡之風威，龎士元非百里才，而必處之治中別駕，方當展其驥足，可以見治中別駕之華重，白樂天自作廳記，乃曰：州民康非司馬功，郡政壞非司馬罪，又可以見司馬之清高。今跡公所行，風威而不至于陵人，華重而不至于足已，清高而不至于無所事事，率此道也，可以三公，亦復可以千古，而陳留阮瑀、京兆田郎，公自優為之，又不能無意漁樵之向也，至若腹中書萬卷，身外酒千杯，余與諸大夫未嘗不歌黄鳥之教誨飲食矣，于是日也，第取中衢置尊，為之借獻公，或不以侑辭之陋而噴飯焉。（《進賢堂稿》卷十一，《四庫禁毀書叢刊》影印清康熙間刻本）

《余磻石遇仙記》

夫得道者，不在于高山遠海之間，即在于通都大邑之內，蓋將為接物而應機，以庶幾一遇其人也，乃其人之處富貴無咎罪者，則神仙必至之，一取其從來，一取其未喪耳，不然幾不化為高明之鬼瞰矣。古之富貴而遇仙者，如顏魯公、李鄴侯，斯可謂終始相應，至于馬周則沈湎失諸其前，李林甫則好殺失諸其後，仙家檢録亦無遺焉。牙門將軍余磻石固富貴人也，而持誦皇經有年，可以知其前後無咎罪之大概，雷雨之夕，上仙臨之，視壁間光，人隨以入，躶而不衣，群衆相譟，叩其言詞，乃徵于過去未來兩際，奉紙筆索書，碎之而出，不知所往，及閉户求之，楮先生無恙，其上有「丹壑移紅節」五字，五字甚類仙家詩，而無第二句，亦有隱乎？然紅節必磻石，此日而丹壑必磻石從來，此無難解，且以磻石此日之所為無變，則後日之歸宿更可知也。韓退之遇其侄湘，即牡丹花葉中俱為刻畫，山横秦嶺二句，二句雖全，要非得意，此當以退之有詆佛之過，而白樂天現有院在蓬萊，賈客為報，顧曰：「海山不是吾歸處，歸即應歸兜率天。」此其言又得無近誕？今夫詆與誕，二微細過，磻石尚不有，何况沈湎好殺二麄重過，若然即清臣長源終始不改節者，磻石當可企及操行，若茲故宜以丹壑歸宿地相許矣。楊用然交磻石久，為余言其遇仙之情，余是以著其操行之美，總不越乎處富貴而無咎罪之一道，而更合有唐遇仙之六家者以校之，以見磻石之應得仙，而不但遇仙者如此。其軼乃時時見于諸名公所詠歌，余文不足為之嚆矢也。(《進賢堂稿》卷十四，《四庫禁毀書叢刊》影印清康熙間刻本)

《重修雲巖寺募序》

無住大師曇晟，固曹洞之開先而宗門之不祧者矣，其道場在雲巖，蓋嘗極盛，至于徒衆千人，田糧千七百石，而後乃稍稍陵替也。祖庭之化為房頭，房頭之化為僧兵，僧兵之化為戴髪，豈一日之積哉！道不能弘人，人能弘道，分寧之長者，為虔請元潔和尚以振起之，既得半功矣。未竟之緒，有非一州之物力所能辦者，則必求之于會省通達之區，而通達中不可無說而為之鐸，是在能言。顧余豈其人乎？且潔公先疏其緣起，余何以續之哉！和而不倡，則亦可也。昔有秀才問千佛國土，長沙和尚曰：黄鶴樓崔顥題後還題也。未秀才得閒，題取一篇，而白樂天在廬山，曾訪歸宗常禪師，值其朽壁，遂為之過泥，常曰：汝今乃有過泥分。今潔公之謂余也，其謂之題樓黄鶴之人也乎？其亦謂之泥壁歸宗之人也乎？余閒考《五燈會元》，雲巖典牛天游禪師，是湛堂高足，而山谷自蜀與之偕來者也，必嘗居于此處矣。潔公未及，附此以訊之。(《進賢堂稿》卷二十六，《四庫禁毀書叢刊》影印清康熙間刻本)

《募作靜室序》

無界和尚住于普賢，而琳宮紺宇，煥乎其一新者，此豈有為之功哉！抑所謂道在人弘，不然則心隨法顯也。僧宗之實主乎此，沐浴于風流者兩歲，其謀作靜室，必有不安于其教而欲大進乎。禪者，準阿含弊宿喻品，負麻已足，而黄金更貴，是向上之義也；捐重為安，而穀草不宜棄，是著實之義也。宗之見及乎是，亦著實而亦向上，其室精，其事更精，豈其有以自異，分行角立，直如白樂天詩所謂「一山門作兩山門」者哉。又其處在鐘樓之後，則杜工部所云「令人發深省」者，此矣。凡寺鐘皆鳴，而惟普賢之鐘不鳴，宗之如能諦其不鳴之鳴，則亦庶幾乎不聞之聞，于禪宗不思過半耶，而何難于圓滿萬行，蓋前者提督嚴公嘗欲莊嚴普賢像，屬余疏之，而會有二人爭為之者，卒以一人就之，宗之審能歸禪宗而依于普賢，萬行知亦必有人焉，爭為其靜室也。(《進賢堂稿》卷二十六，《四庫禁毀書叢刊》影印清康熙間刻本)

《飯僧募序》

歸宗寺僧大華以誓募飯僧一萬八千人之故，坐于余門者三日而不責施，乃責言是為求其所得求也，余從而言之，是為與其所能與也。余深惟飯僧之義在世法亦當如與，而在佛法則反如求福田之說是已，夫以人之恒情，容或有出粟之慳，而必不無歸田之喜矣。立說于此，隱其出粟，而顯其歸田，則人之不慳而喜者，亦固然矣，而矧其且求得良福田耶？契經所記，飯百凡人不如飯一善人，飯千善人不如飯持戒一人，乃至飯百千聲聞辟支，不如飯一佛，飯百千佛，不如飯一無心道人，其量數皆可考矣。今飯僧而至一萬八千，安知其中不有一佛若無心道人也，其中而有一佛若無心道人，則未知誰之飯之，然而佛若無心之田，良且大矣。人人可求又假手于大華，不復別異其財，則是諸公之與此會者，皆得而飯。佛若無心也，而余為此言，佛若無心實式聞之，余視諸公雖僅在說食之列，亦未始無得飽之分耳。夫歸宗昔有二赤矣，耶舍之髭也，智常之眼也，是也在于衆中，必皆可以物色而求之，儻亦佛若無心之流亞也。白樂天嘗微行詣常禪師，值其杇壁而為之過泥，禪師曰：而今乃有過泥分。假令禪師而在，且謂余曰：而今亦有得飽分也，余為之說食所忻慕焉。（《進賢堂稿》卷二十八，《四庫禁毀書叢刊》影印清康熙間刻本）

《延壽寺右偏募建千華精舍疏》

進外之梵刹，以數十計，而延壽獨負高原而處，其壞也先，其復也後。其初嘗夷于菜畦，余為文而起之，其中將併于法雲律掌併，則不能更寺，仍夷于菜畦耳。方伯余公見余文而特留之，此今日所以有延壽也。彌勒菴者，蓋數十梵刹之一矣，僧智本又彌勒之僧之一矣。以風水營遷，將建靜室于此，豈以高原為喬木乎，抑更有高高山上立之意在，而以此當別峰相見乎？然其于延壽，則又以白樂天所謂「一山門作兩山門者」矣。曰千華，猶之其曰千燈也，千燈故一燈，此可以喻眞如，千華非一華，此可以喻法界有大仁者，為之建立法界，而隨舉眞如焉，不亦善乎？（《進賢堂稿》卷二十八，《四庫禁毀書叢刊》影印清康熙間刻本）

智按：黎元寬，字左嚴，號博庵，南昌（今屬江西）人。崇禎元年（一六二八）戊辰進士。授兵部主事、兵部郎中，浙江提學副使，後罷官。明亡後，閒居南昌廣潤門外蓼洲頭，深居簡出，閉門讀書，潛心寫作，於谷鹿洲講學以終。詩文書法怪倔，人呼「黎體」。有《進賢堂稿》。

徐樹丕（一五九六～一六八三）

《識小録》

⊙九老會

白樂天香山九老會。懷州司馬胡杲年八十九，衛尉卿吉旼年八十八，龍武長史鄭據年八十五，慈州刺史劉真年八十七，侍御史盧貞年八十三，永州刺史張渾年七十七，刑部尚書白居易年七十四，秘書監狄兼謩（謨）、河南尹盧真，以年未七十，雖與會而不及列。宋李文正公昉，以司空致仕，年七十二矣。思樂天九老之會，適交游中有此數。曰太子中允張好問年八十五，太常少卿李運年八十，故相吏部尚書宋琪、廬州節度副使武允成皆年七十九矣，僧贊寧年七十八，郢州刺史魏丕年七十六，左諫議大夫楊徽之年七十五，水部郎中朱昂與李公同七十二，其中兩相乃著一僧甚奇【時以蜀寇起而止】。

文潞公守洛為耆英會。凡十有三人，守司徒韓國公富弼年七十九，守太尉判河南府潞國公文彦博、司封郎中席汝言，俱年七十七，朝議大夫王尚恭年七十六，太常少卿趙丙、秘書監劉九（凡）、衛州防禦使馮行已（己），俱年七十五，太中大夫充天章閣待制楚建中年七十三，朝議大夫王慎（謹）言年七十二，宣徽南院使檢校太尉王拱辰年七十一，太中大夫張問、龍圖閣直學士張燾，俱年七十，端明殿學士太中大夫司馬光六十四。夫以耆年碩德，當太平之世，投老歸閑，結同心之盟，修宴樂之老，優游晏衎，身世兩忘，真古今盛事，不易得也。

又，杜祁公有睢陽五老會。曰太子太師杜衍年八十，禮部侍郎王焕年九十，司農卿畢世長年九十四，兵部郎中朱貫年八十八，駕部郎中馮平年八十七。（《識小録》卷二，上海書店《叢書集成續編》第八九册，影印涵芬樓秘笈景稿本）

⊙白公夜聞歌者

白樂天《琵琶行》，蓋在潯陽江上為商人婦所作。商既賣茶于浮梁，婦對客奏曲，樂天移船，夜登其舟與飲，了無所忌，豈非以其長安故娼女，不以為嫌耶？集中又有一篇題云《夜聞歌者》，時自京城謫潯陽，宿于鄂州，又在《琵琶》之前。其詞曰：「夜泊鸚鵡洲，秋江月澄徹。鄰船有歌者，發調堪愁絶。歌罷繼以泣，泣聲道復咽。尋聲見其人，有婦顏如雪。獨倚帆檣立，娉婷十七八。夜淚似真珠，雙雙墮明月。借問誰家婦，歌泣何凄切。一問一霑襟，低眉終不說。」陳鴻《長恨傳》云：「樂天深于詩，多于情者也。」故所遇必寄之吟詠，非有意于漁色。然鄂舟所見者，亦一女子獨處，夫不在焉，爪田李下之疑，唐人所不譏也。今詩人罕談此章，聊復表出。（《識小録》卷三，上海書店《叢書集成續編》第八九册，影印涵芬樓秘笈景稿本）

智按：參見《四庫全書》本《容齋三筆》卷六（上海古籍出版社《容齋隨筆》，第四八六頁）。

⊙元微之詩

《唐書·藝文志》：「元稹《長慶集》一百卷，小集十卷。」而傳于今者，惟閩、蜀刻本為六十卷。三館所藏，獨有《小集》。文惠公鎮越，以其舊治，而文集盖缺，乃求而刻之。外《春游》一篇云：「酒户年年減，山行漸漸難。欲終心懶慢，轉恐興闌散。鏡水波猶冷，稽峰雪尚殘。不能辜物色，乍可怯春寒。遠目傷千里，新年思萬端。無人知此意，閒凭小闌干。」白樂天書之，題云：「元相公《春游》。」錢思公藏其真跡。穆父守越時，摹刻于蓬萊閣下，今不復存。集中逸此，文惠為列之于集外。李端民平叔嘗和其韻寄公云：「東閣經年別，窮愁客路難。望塵驚岳峙，懷舊各雲散。茵醉恩逾厚，檣歌興未殘。馮唐嗟已老，范叔敢言寒。玉燭調魁柄，陽春在筆端。應憐掃門役，白首滯江干。」樂天所書，予少時得其石刻，後亦失之。（《識小録》卷三，上海書店《叢書集成續編》第八九册，影印涵芬樓秘笈景稿本）

智按：參見《容齋五筆》卷二（上海古籍出版社《容齋隨筆》，第八二八～八二九頁）。

⊙楊太真

武惠妃薨，明皇悼念不已。後宮數千，無當意者。或言壽王妃楊氏之美，絶世無雙。帝見而悦之，乃令妃自以其意乞為女冠，號「太真」，更為壽王娶常昭訓女。潛納太真宫中，寵遇如惠妃，册為貴妃，與楚平生自取秦女、衛宣公納伋之妻何以異？白樂天《長恨歌》云：「楊家有女初長成，養在深閨人未識。天生麗質難自棄，一朝選在君王側。」為尊者諱也。近時楊誠齋《題武惠妃傳》云：「桂折秋風露折蘭，千花無朶可天顔。壽王不忍金宫冷，獨獻君王一玉環。」詞雖工，意亦未婉。唯李商隱曰：「龍池賜酒敞雲屏，羯鼓聲高衆樂停。夜半宴歸宫漏永，薛王沉醉壽王醒。」其辭微而顯，得風人之體。(《識小録》卷四，上海書店《叢書集成續編》第八九册，影印涵芬樓秘笈景稿本)

智按：參見《四庫全書》本《鶴林玉露》卷八（王瑞來點校《鶴林玉露》乙編・卷二，第一四二～一四三頁)。

智按：徐樹丕，字武子，號活埋庵道人，長洲（今江蘇蘇州）人。明季諸生。姚希孟婿。有《埋庵集》(見《千頃堂書目》卷二十八)。

魏學洢（一五九六？～一六二五）

《秋興（時同社競賦紅葉)》(其一)

菊花當牖酒當簾，楓樹當風動遠帘。紅葉有詩追白傅，素秋無事獨陶潛。十年夢境留天壤，一夜溪聲到草簷。此日登高賦秋興，歸来蘆畔月纖纖。(《四庫全書》本《茅簷集》卷二)

智按：魏學洢，字子敬，嘉善（今屬浙江）人。給事中大中長子。為諸生。好學工文。大中忤閹被逮，學洢微服變姓名，匿定興鹿善繼家，萬計營救不得。柩歸之後，竟以毁卒。年二十歲左右。世稱忠臣孝子萃於一門。有《茅簷集》八卷。事迹附見《明史・大中傳》。

陳弘緒（一五九七～一六六五）

《寒夜録》

唐杜秋娘，金陵女子，為淛西觀察使李錡妾，能詩。錡反，被籍入宫。後隨皇子漳王，王有罪，廢秋娘，放歸故里。杜牧之過金陵，感其窮且考，為之賦五言長篇五十六韻。長安某妓女，學琵琶於穆、曹二善才，年考色衰，嫁為賈人婦，舟泊湓浦，夜彈琵琶，白樂天方謫九江郡司馬，送客江上，聞而悽感，為作長短句，亦贈，凡六百二十二言，曰《琵琶行》。古今來，佳人才婦，考大而漂淪憔悴者多矣，秋娘與此妓，幸而遭遇牧之、樂天，感歎歌咏，淋漓宛轉，遂使其人常留宇宙之間。視彼金屋之貯，瓊樓之奉，倏忽而湮沒者，得失竟何如，固未可以此羨彼也。（《續修四庫全書》影印北大圖書館藏清抄本卷下，第一一三四册，第七二七頁）

予友朱禹卿宗侯《登泰山》五律：「鷄鳴登日觀，雪隠一峰青。天地只如許，鬼神徒杳冥。陰晴雲日日，齊魯曉星星。漫道碑無字，泰原沒五經。」高秀迥出衆作。禹卿有《雪堂選詩》，徐巨源稱其幾欲與王江寧、常盱眙、張文昌、韋左司分席。元白而下，不足擬也。世人貴遠而忽近，若禹卿者，固當不磨於異日耳。（《續修四庫全書》影印北大圖書館藏清抄本卷下，第一一三四册，第七三四頁；《叢書集成初編》本卷下，第二九五三册，第三八頁）

智按：陳弘緒，字士業，新建（今屬江西）人。明末以薦授晉州知州。時劉宇亮以閣臣督師，欲移兵入晉州，弘緒拒不納，坐謫為湖州府經歷。有《陳士業全集》、《江城名蹟録》等。

張自烈（一五九七～一六七三）

《答李映碧書》

承示僕覽，既私謂書不可一日已，讀書如公，必不能一日已，已則業由此廢，蠅以夕諫，欲公夜節目力，使書可繼，非遽廢讀也。僕年七十，無俄頃釋書，比日眉睫間蛛絲萬縷，縈繞弗絶，惡知蛛非以絲諫？然僕丹黄如初，但少節勞耳。使蛛有知，宜不讓僕閽且愎，益信諫蠅抱筆，功在成公之勤，不在習惰，猶忠臣抱牘，功在匡主之過，不在遂非也，信如老友，已而之説，則不可已皆已，知蠅之無罪於夕，而不知蠅之有功於晝也。夕可以輟筆，晝豈可以廢卷哉！公尚圖之。澹寧齋所著《竟陵三註鈔跋語》録左。

跋云：予得鍾伯敬《三註鈔》，字畫黯然。一夕，取置燈前，以筆潤色之，忽一蠅盤旋筆端，驅去復至，如相撓者，命小婢捕至，將殺之，老友太息曰：蠅無罪君。憶白樂天乎？言：少時課習過勤，致眢然如飛蠅，垂珠在眸子，中者萬數，君今年六十有一，雖目力尚强，宜寶不宜恃，乃晝覽不已，繼之以夜，彼眢然者可慮也，營營者何聲？無乃曰：已而已而。君昔爲諫官矣，諫草猶在，蠅其亦有諫乎？君抱牘，蠅抱筆，明主容諫，君獨戮諫耶？蠅何罪？予曰：蠅無罪，且有功。令婢縱之，掩卷披幃而睡。（《芑山文集》卷九與同人書四，《四庫禁毀書叢刊》影印清初刻本）

《邵漆夫詩序》

春余過陵陽，友人邵子笈詩屬余序，讀既不能不竊悲其志也。或言詩盛於唐，自元和以後，作者踵相望，孟郊、元稹、白居易，世咸稱之。邵子成一家言，求其似唐者不可得，卽曰似昌谷，非必盡似也。故讀邵子詩皆喜，子獨悲，何與？余曰：邵子志存乎悲者也，悲邵子者，悲世也。當天步崩蹶時，邵子晨夜號慟，不爲詩，及爲詩，憂思危聲，如其志而後卽安……余偶與邵子論語，持是說以告之，邵子懼然曰：韓愈云：惟乖於時，乃與天通，言不自欺，卽天也，與時乖者，與道合也，未聞畔道而能天者也，若今士者，豈非我儕烱鑒哉！然則邵子之志，古賢人君子之志也。憂亂不改操，處友不忘規。詩蓋以寓悲也。世徒讀其詩而喜，而卒不知邵子之所自悲，與余之所以悲邵子者，由所志殊也。邵子尚始終自勗哉！辛亥仲春月日。（《芑山文集》卷十四序四，《四庫禁毀書叢刊》影印清初刻本）

智按：張自烈，字爾公，宜春（今屬江西）人。崇禎末南京國子監生。博物洽聞，著有《四書大全辨》、《諸家辨》、《古今文辨》、《正字通》十餘種行世，累徵不就，晚卜居廬山，年七十七卒。無嗣。

張岱（一五九七～一六八〇）

《白香山》

江山一老，自號樂天。江山風月，古佛神仙。詩惟婢讀，書藉禽言。上陪玉帝，下陪卑田。（路偉、馬濤點校《沈復燦鈔本琅嬛文集》，浙江古籍出版社，二〇一六年二月，第十五頁）

《西湖夢尋》

自馬臻開鑒湖，而由漢及唐，得名最早。後至北宋，西湖起而奪之，人皆奔走西湖，而鑒湖之淡遠，自不及西湖之冶豔矣。至於湘湖則僻處蕭然，舟車罕至，故韻士高人無有齒及之者。余弟毅孺常比西湖為美人，湘湖為隱士，鑒湖為神仙。余不謂然。余以湘湖為處子，目氐娗羞澀，猶及見其未嫁之時；而鑒湖為名門閨淑，可欽而不可狎；若西湖則為曲中名妓，聲色俱麗，然倚門獻笑，人人得而媟褻之矣。人人得而媟褻，故人人得而豔羨；人人得而豔羨，故人人得而輕慢。在春夏則熱鬧之至，秋冬則冷落矣；在花朝則喧哄之至，月夕則星散矣；在晴明則萍聚之至，雨雪則寂寥矣。故余嘗謂：「善讀書，無過董遇三餘，而善游湖者，亦無過董遇三餘。董遇曰：『冬者，歲之餘也；夜者，日之餘也；雨者，月之餘也。』雪巘古梅，何遜煙堤高柳；夜月空明，何遜朝花綽約；雨色涳濛，何遜晴光瀲灩。深情領略，是在解人。」即湖上四賢，余亦謂：「樂天之曠達，固不若和靖之靜深；鄴侯之荒誕，自不若東坡之靈敏也。」其餘如賈似道之豪奢，孫東瀛之華贍，雖在西湖數十年，用錢數十萬，其於西湖之性情、西湖之風味，實有未曾夢見者在也。世間措大，何得易言游湖。（西湖總記——明聖二湖，馬興榮點校《西湖夢尋 陶庵夢憶》，第一頁）

玉蓮亭。白樂天守杭州，政平訟簡。貧民有犯法者，於西湖種樹幾株；富民有贖罪者，令於西湖開葑田數畝。歷任多年，湖葑盡拓，樹木成蔭。樂天每於此地，載妓看山，尋花問柳。居民設像祀之。亭臨湖岸，多種青蓮，以象公之潔白。右折而北，為纜舟亭，樓船鱗集，高柳長堤。游人至此買舫入湖者，喧闐如市。東去為玉鳧園，湖水一角，僻處城阿，舟楫罕到。寓西湖者，欲避囂雜，莫於此地為宜。園中有樓，倚窗南望，沙際水明，常見浴鳧數百，出沒波心，此景幽絕。

白居易《玉蓮亭》詩：「湖上春來似畫圖，亂峰圍繞水平鋪。松排山面千層翠，月照波心一點珠。碧毯綠頭抽早麥，青羅裙帶展新蒲。未能拋得杭州去，一半勾留是此湖。」「孤山寺北賈亭西，水面初平雲腳低。幾處早鶯爭暖谷，誰家新燕啄春泥。亂花漸欲迷人眼，淺草才能沒馬蹄。最愛湖東行不足，綠楊陰裏白沙堤。」（卷一西湖北路，馬興榮點校《西湖夢尋 陶庵夢憶》，第五～六頁）

六賢祠。宋時西湖有三賢祠兩：其一在孤山竹閣。三賢者，白樂天、林和靖、蘇東坡也。其一在龍井資聖院。三賢者，趙閱道、僧辨才、蘇東坡也。寶慶間，袁樵移竹閣三賢祠於蘇公堤，建亭館以沽官酒。或題詩云：「和靖、東坡、白樂天，三人秋菊薦寒泉，而今滿面生塵土，欲與袁樵趁酒錢。」又據陳眉公筆記，錢塘有水仙王廟，林和靖祠堂近之。東坡先生以和靖清節映世，遂移神像配食水仙王。黃山谷有《水仙花》詩用此事：「錢塘昔聞水仙廟，荊州今見水仙花。暗香靚色撩詩句，宜在孤山處士家。」則宋時所祀，止和靖一人。明正德三年，郡守楊孟瑛重濬西湖，立四賢祠，以祀李鄴侯、白、蘇、林四人，杭人益以楊公，稱五賢。而後乃祧楊公，增祀周公維新、王公弇州，稱六賢祠。張公亮曰：「湖上之祠，宜以久居其地，與風流標令為山水深契者，乃列之。周公冷面，且為神明，有別祠矣。弇州文人，與湖非久要，今並四公而坐，恐難熟熱也。」人服其確論。

張明弼《六賢祠》詩：「山川亦自有聲氣，西湖不易與人熱。五日京兆王弇州，冷面臬司號寒鐵。原與湖山非久要，心胸不復留風月。猶議當時李鄴侯，西泠尚未通舟楫。惟有林蘇白樂天，真與煙霞相接納。風流俎豆自千秋，松風菊露梅花雪。」（卷一西湖北路，馬興榮點校《西湖夢尋 陶庵夢憶》，第一二～一三頁）

西泠橋。一名西陵，或曰：即蘇小小結同心處也。及見方子公詩有云：「『數聲漁笛知何處，疑在西泠第一橋。』陵作泠，蘇小恐誤。」余曰：「管不得，只西陵便好。且白公斷橋詩『柳色青藏蘇小家』（智按：白居易《杭州春望》，原詩青作春），斷橋去此不遠，豈不可借作西泠故實耶！」昔趙王孫孟堅子固常客武林，值菖蒲節，周公謹同好事者邀子固游西湖。酒酣，子固脱帽，以酒晞髮，箕踞歌《離騷》，旁若無人。薄暮入西泠橋，掠孤山，艤舟茂樹間，指林麓最幽處，瞪目叫曰：「此真洪谷子、董北苑得意筆也。」鄰舟數十，皆驚駭絕歎，以為真謫仙人。得山水之趣味者，東坡之後，復見此人。（卷一西湖北路，馬興榮點校《西湖夢尋 陶庵夢憶》，第一三～一四頁）

韜光庵。在靈隱寺右之半山，韜光禪師建。師，蜀人，唐太宗時，辭其師出游，師囑之曰：「遇天可留，逢巢即止。」師游靈隱山巢溝塢，值白樂天守郡，悟曰：「吾師命之矣。」遂卓錫焉。樂天聞之，遂與為友，題其堂曰「法安」。内有金蓮池、烹茗井，壁間有趙閲道、蘇子瞻題名。庵之右為呂純陽殿，萬曆十二年建，參政郭子章為之記。駱賓王亡命為僧，匿跡寺中。宋之問自謫所還至江南，偶宿於此。夜月極明，之問在長廊索句，吟曰：「鷲嶺鬱岧嶢，龍宫鎖寂寥。」後句未屬，思索良苦。有老僧點長明燈，同曰：「少年夜不寐，而吟諷甚苦，何耶？」之問曰：「適欲題此寺，得上聯而下句不屬。」僧請吟上句，宋誦之。老僧曰：「何不云『樓觀滄海日，門對浙江潮』？」之問愕然，訝其遒麗，遂續終篇。遲明訪之，老僧不復見矣。有知者曰：此駱賓王也。

……蕭士瑋《韜光庵小記》：「初二，雨中上韜光庵。霧樹相引，風煙披薄，木末飛流，江懸海掛。倦時踞石而坐，倚竹而息。大都山之姿態，得樹而妍；山之骨格，得石而蒼；山之營衛，得水而活；惟韜光道中能全有之。初至靈隱，求所謂「樓觀滄海日，門對浙江潮」，竟無所有。至韜光，了了在吾目中矣。白太傅碑可讀，雨中泉可聽，恨僧少可語耳。枕上沸波，竟夜不息，視聽幽獨，喧極反寂。益信聲無哀樂也。」（卷二西湖西路，馬興榮點校《西湖夢尋 陶庵夢憶》，第二六～二七頁）

秦樓。初名水明樓，東坡建，常攜朝雲至此游覽。壁上有三詩，為坡公手跡。過樓數百武，為鏡湖樓，白樂天建。宋時宦杭者，行春則集柳洲亭，競渡則集玉蓮亭，登高則集天然圖畫閣，看雪則集孤山寺，尋常宴客則集鏡湖樓。兵燹之後，其樓已廢，變為民居。（卷三西湖中路，馬興榮點校《西湖夢尋 陶庵夢憶》，第三六頁）

片石居。由昭慶緣湖而西，為餐香閣，今名片石居。閎閣精廬，皆韻人別墅。其臨湖一帶，則酒樓茶館，軒爽面湖，非惟心胸開滌，亦覺日月清朗。

張謂「晝行不厭湖上山，夜坐不厭湖上月」，則盡之矣。再去則桃花港，其上為石函橋，唐刺史李鄴侯所建，有水閘泄湖水以入古蕩。沿東西馬塍、羊角埂，至歸錦橋，凡四派焉。白樂天記云：「北有石函，南有笕，決湖水一寸，可溉田五十餘頃。」閘下皆石骨磷磷，出水甚急。（卷三西湖中路，馬興榮點校《西湖夢尋 陶庵夢憶》，第三六～三七頁）

關王廟。北山兩關王廟。其近岳墳者，萬曆十五年為杭民施如忠所建。如忠客燕，涉潞河，颶風作，舟將覆，恍惚見王率諸河神拯救獲免，歸即造廟祝之，並祀諸河神。冢宰張瀚記之。其近孤山者，舊祠卑隘。萬曆四十二年，金中丞為導首鼎新之。太史董其昌手書碑石記之，其詞曰：「西湖列刹相望，梵宮之外，其合於祭法者，岳鄂王、于少保與關神而三爾。甲寅秋，神宗皇帝夢感聖母中夜傳詔，封神為伏魔帝君，易兜鍪而衮冕，易大纛而九旒。五帝同尊，萬靈受職。視操、懿、莽、溫偶奸大物，生稱賊臣，死墮下鬼，何啻天淵。顧舊祠湫隘，不稱詔書播告之意，金中丞父子爰議鼎新，時維導首，得孤山寺舊址，度材壘土，勒牆墉，莊像設，先後三載而落成。中丞以余實倡議，屬余記之。余考孤山寺，且名永福寺。唐長慶四年，有僧刻《法華》於石壁。會元微之以守越州，道出杭，而杭守白樂天為作記，有九諸侯率錢助工，其盛如此。……」（卷三西湖中路，馬興榮點校《西湖夢尋 陶庵夢憶》，第四四頁）

醉白樓。杭州刺史白樂天，嘯傲湖山，時有野客趙羽者，湖樓最暢，樂天常過其家，痛飲竟日，絕不分官民體。羽得與樂天通往來，索其題樓。樂天即顏之曰「醉白」。在茅家埠，今改吳莊。一松蒼翠，飛帶如虯，大有古色，真數百年物。當日白公，想定盤礴其下。

倪元璐《醉白樓》詩：「金沙深處白公堤，太守行春信馬蹄。冶豔桃花供祗應，迷離煙柳藉提攜。閒時風月為常主，到處鷗鳧是小傒。野老偶然同一醉，山樓何必更留題。」（卷三西湖中路，馬興榮點校《西湖夢尋 陶庵夢憶》，第五六頁）

《夜航船》

⊙香山九老

白樂天、胡杲、吉旼、鄭據、劉真、盧慎、張渾，年俱七十以上。狄兼謨、尹盧貞未及七十，白香山重其品，亦拉入會，日飲于龍門寺。時人稱香山九老。(《續修四庫全書》影印天一閣藏清抄本卷三　人物部)

⊙居燕子樓

關盼盼，張建封侍姬也。建封歿，盼盼獨居燕子樓十餘年。一日，得白樂天和詩，泣曰：「自我公薨，妾非不能死，恐世以我公重色，有從死之妾，而玷公也。」遂怏怏不食而卒。但吟云：「兒童不識沖天物，漫托青泥汙雪毫。」(《續修四庫全書》影印天一閣藏清抄本卷五　倫類部)

⊙樊素小蠻

白樂天兩婢，一名樊素，一名小蠻。有云：「櫻桃樊素口，楊柳小蠻腰。」(《續修四庫全書》影印天一閣藏清抄本卷五　倫類部)

⊙湘帖

古人書卷外必有帖藏之，如今裹袱之類。白樂天嘗以文集留廬山草堂，屢亡逸。宋真宗令崇文院寫校，包以斑竹帖送寺。(《續修四庫全書》影印天一閣藏清抄本卷八　文學部)

⊙福先寺碑

裴度修福先寺，將求碑文於白居易。判官皇甫湜怒曰：「近舍湜，而遠取居易，請從此辭。」度亟謝，隨以文屬湜。湜飲酒，揮毫立就。度酬以車馬玩器約千緡，湜怒曰：「碑三千字，每字不直絹三匹乎？」度又依數酬之。湜又索文改竄，度笑曰：「文已妙絕，增一字不得矣！」(《續修四庫全書》影印天一閣藏清抄本卷八　文學部)

⊙詩評

敖陶孫評：「魏武帝如幽燕老將，氣韻沉雄。曹子建如三河少年，風流自賞。鮑明遠如饑鷹獨出，奇矯無前。謝康樂如東海揚帆，風日流麗。陶彭澤如絳雲在霄，舒卷自如。王右丞如秋水芙蕖，倚風自笑。韋蘇州如園客獨繭，暗合音徽。孟浩然如洞庭始波，木葉微脱。杜牧之如銅丸走坂，駿馬注坡。白樂天如山東父老課農桑，言言著實。元微之如李龜年説天寶遺事，貌悴而神不傷。劉夢得如鏤冰雕瓊，流光自照。李太白如劉安雞犬，遺響白雲，核其歸存，恍無定處。韓退之如囊沙背水，惟韓信獨能。李長吉如武帝食露盤，無補多欲。孟東野如埋泉斷劍，卧壑寒松。張籍如優工行鄉，飲酬獻秩，時有詼氣。柳子厚如高秋獨眺，霽晚孤吹。李義山如百寶流蘇，千絲鐵網，綺密瓌妍，要非適用。本朝蘇東坡如屈注天潢，倒連滄海，變眩百怪，終歸渾雄。歐陽文忠如四瑚八璉，止可施之宗廟。王荊公如鄧艾縋兵入蜀，要以險絕為功。黃山谷如陶弘景祇詔入官，析理談玄，而松風之夢故在。梅聖俞如關河放溜，瞬息無聲。秦少游如時女步春，終傷婉弱。陳後山如九皋獨唳，深林孤芳，沖寂自妍，不求識賞。韓子蒼如梨園按樂，排比得倫。呂居仁如散聖安禪，自能奇逸。其他作者，未易殫陳。獨唐杜工部，如周公制作，後世莫能擬議。」語覺爽俊，而評似穩妥，惟少為宋人曲筆耳，故全録之。（《續修四庫全書》影印天一閣藏清抄本卷八　文學部）

⊙壓倒元白

唐寶曆中，楊嗣復大宴，元稹、白居易亦與賦詩，惟楊汝士後成，最佳，元、白嘆服。汝士醉歸，語其子弟曰：「我今日壓倒元白!」（《續修四庫全書》影印天一閣藏清抄本卷八　文學部）

⊙朱陳

白樂天詩：「徐州古豐縣，有村曰朱陳。去縣百餘里，桑麻青氛氳。一村惟兩姓，世世為婚姻。」（《續修四庫全書》影印天一閣藏清抄本卷九　禮樂部）

⊙飛雲履

白樂天燒丹於廬山草堂，製飛雲履，立雲為直，四面以素絹作雲梁，染以諸香，振履，則如煙霧。常著示道友云：吾足下生雲，計不久上升矣。（《續修四庫全書》影印天一閣藏清抄本卷十一　日用部）

⊙釀王

汝陽王璡，自稱「釀王」。种放號「雲溪醉侯」。蔡邕飲至一石，常醉，在路上卧。人名曰「醉龍」。李白嗜酒，醉後文尤奇，號為「醉聖」。白樂天自稱「醉尹」，又稱「醉吟先生」。皮日休自稱「醉士」。王績稱「斗酒學士」，又稱「五斗先生」。山簡稱「高陽酒徒」。（《續修四庫全書》影印天一閣藏清抄本卷十一　日用部）

⊙防風粥

白居易在翰林，賜防風粥一甌，食之，口香七日。（《續修四庫全書》影印天一閣藏清抄本卷十一　日用部）

⊙泖湖

楊鐵崖晚居泖，嘗曰：「吾未七十，休官在九峰三泖間，殆且二十年，優游光景過於樂天。有李五峰、張句曲、周易癡、錢思復為唱和友，桃葉、柳枝、瓊花、翠羽為歌伎。風日好時，駕春水宅（先生舟名）赴吳越間，好事者招致，效昔人水仙舫故事，蕩漾湖光鳥翠，望之呼鐵龍仙伯，顧未知香山老人有此無也。」客有小海生賀公為「江山風月神仙福人」，且貌公老像，以八字字之，又賦詩其上曰：「二十四考中書令，二百八字太師銜，不如八字神仙福，風月湖山一擔擔。」（《續修四庫全書》影印天一閣藏清抄本卷十一　日用部）

⊙銀鑿落

韓公聯句：「澤發解兜鍪，酡顏傾鑿落。」白樂天詩：「金屑琵琶槽，銀含鑿落盞。」（《續修四庫全書》影印天一閣藏清抄本卷十二　寶玩部）

⊙婪尾杯

宋景詩云：「迎新送舊只如此，且盡燈前婪尾杯。」又樂天詩：「三杯藍尾酒。」改「婪尾」為「藍尾」耳。（《續修四庫全書》影印天一閣藏清抄本卷十二　寶玩部）

⊙韭葉簟

蘄州出美竹，制梅花笛、韭葉簟。白樂天詩：「笛愁春夢梅花裏，簟冷秋生韭葉中。」（《續修四庫全書》影印天一閣藏清抄本卷十二　寶玩部）

⊙淡妝

《楊妃傳》：虢國夫人不施妝粉，自有容貌，常淡妝以朝天子。白樂天詩：「虢國夫人承主恩，平明上馬入宮門，卻嫌脂粉汙顏色，淡掃蛾眉朝至尊。」（《續修四庫全書》影印天一閣藏清抄本卷十三　容貌部）

⊙木蓮

白樂天曰：予游臨邛白鶴山寺，佛殿前有木蓮兩株，其高數丈，葉堅厚如桂，以中夏開花，狀如芙渠，香亦酷似。山僧云：花折時，有聲如破竹然。

一郡止二株，不知何自至也。成都多奇花，亦未常見。世有木芙蓉，不知有木蓮花也。（《續修四庫全書》影印天一閣藏清抄本卷十六　植物部）

《余煌、陳函輝、陳潛夫列傳》

陳函輝，初名煒，字木叔，號寒山；浙臨海人。父三槐，夢楊椒山過訪，舉函輝；迨長，拆以為字。三槐以壬午乙榜，授廣州同知。函輝隨父任，甫十齡，為番禺令穆天顏所知；曰：「甯在來人，他日國家多事，時思吾言，幸努力！」解作《荔枝賦》及《仁物論》，一時以為異人。及三槐量移南康郡丞，方坐引茗，呼函輝語之：「持世無如忠孝，傳世惟有文章；勉之！」釋甌而逝。函輝因信禪，果終身不忘此語。母課嚴，讀書山寺，三年不歸。丁卯鄉薦，居小寒山，自號「小寒山子」。辛未，再罷歸，作《載愁日記》。壬申，修《台郡志》。甲戌，改今名，成進士；上書請旌母節，詔許之。授靖江知縣。海盜昝雲峰大掠，設間誘其黨「蛇山王」獻功幕府，盜息。分考南闈，得士來集之等。台抨歸，卧病放園，著《寒喜正續集》若干卷，著《易手抄》及《楞嚴法華宗通》二集。已坐前事削籍，賦《放言效白詩》十二章。……（《石匱書後集》卷四十五，中華書局上海編輯所一九五九年版，第二五三頁）

智按：張岱，字宗子，改字石公，號陶庵，又號蝶庵，山陰（今浙江紹興）人，僑寓杭州。出身於仕官人家，一生未仕。前半生極盡繁華，明亡後隱居山林，專事著述。其《自爲墓志銘》稱「少爲紈絝子弟，極愛繁華，好精舍，好美婢，好孌童，好鮮衣，好美食……年至五十，國破家亡，避跡山居」。卒年據胡益民《張岱卒年考證》，《古籍研究》一九九五年第四期；《張岱卒年考辨》，《安徽大學學報》二〇〇二年第五期及《張岱卒年及〈明史紀事本末〉作者問題考辨》，《首屆明代文學國際研討會論文集》第三六三頁，南京師範大學出版社，二〇〇四年十月；又載《復旦學報》二〇〇四年第五期。著有《琅嬛文集》、《陶庵夢憶》、《西湖夢尋》等。又有《石匱書》及《石匱書後集》，記載明代開國至南明歷史。有今人夏咸淳校點《張岱詩文集》（包括《張子詩粃》五卷，《琅嬛文集》六卷及補遺、附録），上海古籍出版社一九九一年第一版。

姜紹書（？～一六八○？）

《無聲詩史》

⊙唐寅

唐寅，字伯虎，一字子畏。吳縣吳趨里人。幼有俊才，愽雅多識，工古文辭，詩歌效白香山體，其合者尤能令人解頤。畫品高甚，自宋李營丘、李唐、范寬、馬遠、夏圭以至勝國、名家、大癡、山樵之蹟，無不探討，由諸生舉應天鄉試第一，當赴禮闈，與江陰徐生同載，以賄主司程敏政得題事株累，罷為吏。謝弗就。先生賦性踈朗，任逸不羈，頗嗜聲色。既坐廢，益游於酒。……晚好佛氏，自號六如……（《無聲詩史》卷二，《四庫全書存目叢書》影印清康熙觀妙齋刻本）

⊙董其昌

董其昌，字玄宰，號思白，華亭人。萬曆戊子、己丑，聯掇經魁，遂讀中秘書，日與陶周望望齡、袁伯脩中道游戲禅悅，眎一切功名文字，黃鵠之笑壤蟲而已，時貴側目，出補外藩。視學楚中，旋反。初服高卧十八年，而名日益重。四方徵文者日益多……在禮部時，高麗進貢使者詢知公名，以為異事，盖筆跡亦流傳彼中。夏子陽黃門使琉球歸，追請公書，以應琉球使人，曰：「彼國中所寶，如白香山故事云。」（《無聲詩史》卷四，《四庫全書存目叢書》影印清康熙觀妙齋刻本）

智按：姜紹書，字二酉，號晏如居士，丹陽（今江蘇鎮江）人。崇禎三年參中府軍事，崇禎十五年為南京工部郎。工繪畫，善鑒别。仿元代周密《雲煙過眼録》，著《韻石齋筆談》二卷，記所見所聞藏書、字畫、古器、奇玩，並記敘諸家得失經過及古器形模色澤。《無聲詩史》七卷，所録皆明畫家小傳。另有《瑤琨譜》、《二筆》等。

劉鱗長（一五九八～一六六一）

《上大司空黄鍾梅堂翁書》

惟閣下之正色立朝也，衡曲直如尺，洞貞邪如鏡，凝定不動如喬嶽泰山。移宫一事，力鎮羣疑，紅丸一案，獨排輿論，立砣柱于怒濤之衝，揭皎日于豐蔀之下。至于名可辱，身可去，而一段愛君憂國之精誠終不可轉，一段維綱常扶名教之節概終不可回。……我朝忠厚立國，久無此事，廼今突見于英妙之主，誰令啓之，以至于此，夫人才實難，無事之時，當爲朝廷愛惜，除是大奸大惡，必不可容，非然者各宜使之自新，不宜使之自棄，就使在彼門户之中，豈無真才，其人可收拭用者，若動以黨之一字，横肆羅織，豈盛明之世與人爲善之意。昔柳仲郢先爲牛奇章所辟，後李贊皇辟爲京兆，謝曰仰報盛德，敢不如奇章公門館。白樂天與楊虞卿爲姻家，而不累于虞卿，與元稹、牛僧孺相厚善，而不黨于僧孺、元稹。温公在朝，欲盡去元豐間人，程子曰：作新人才難，變化人才易，諸人之才皆可用，豈肯甘爲小人，在君相變化何如耳。沈忠敏公求再居言路，或疑其悉出范宗尹之黨，公曰：近世人才，視宰相出處爲進退，習以成風，當别其邪正能否，公言之豈可謂一時所用皆不賢，而使視宰相進退哉！……（明金日昇《頌天臚筆》卷十三上起用，《續修四庫全書》影印明崇禎二年刻本）

智按：劉鱗長，字孟龍，號乾所，晉江（今福建泉州）人。萬曆四十七年（一六一九）己未進士，天啟初授工部主事。官至南京户部郎中。文題之下金日昇案語云：「旹天啓乙丑年八月，黄公奉召命在途，劉公起復，候補在京。」《頌天臚筆》卷首朱鷺（一五五三～一六三二）《頌天臚筆引》後署「崇禎己巳（一六二九）清和」。

姚孫棐（一五九八～一六六三）

《醉中倣樂天體》

消息行藏總任緣，不關人事不關天。朱提撒手吾何有，白雪盈頭薙也便。

友念貧厨輸斗粟，寒謀薄醉損囊錢。只愁市酒無兼力，難護通宵蝶栩然。(《亦園全集》四集，《四庫禁燬書叢刊》影印清初刻本)

《赴席歸與董繁露小酌（倣長慶體）》

非關嗜酒重呼酒，秪畏深寒且却寒。凍月一天看不得，嚴城二鼓擊將殘。旋煨芋栗貧厨供，莫問米蔬來日餐。是事任緣俱足遣，持杯好報夜平安。(《亦園全集》五集，《四庫禁燬書叢刊》影印清初刻本)

《歲暮倣長慶體》（四首）

久矣膏肓石與泉，此中何處不悠然。三杯酒作夜功課，一炷香令心静便。煮雪盈鐺堪試茗，將詩贈月不遑眠。甘貧亦是吾儒事，羞澁看囊也過年。

雪霽殘陽護一關，坐看飛鳥又飛還。窮無他計終須耐，老弗禁愁只是閒。身歷巨濤叢棘後，興留高咏淺斟間。軒南硯北無拘束，大隱由來不在山。

忙多閒少笑浮生，一味偷閒自性情。老眼怕觀書更静，幽懷喜對雪同清。放慵漸穩午時夢，得醉何須身後名。漫其兒童喧爆竹，衝將烟氣解微酲。

區區鼴鼠與鷦鷯，爲底膏煎不自饒。未必安貧非受享，可知垂老在逍遥。寄愁天上詩千首，適意燈前酒一瓢。又喜同年送新曆，眼看春事漸相招。(《亦園全集》五集，《四庫禁燬書叢刊》影印清初刻本)

《雨夜飲同王申之吴壻汝繩兒熙倣樂天體》

終日雨聲喧不斷，小窗暝色逼將來。明缸厭濕焰猶短，茉利惜香葩未開。偃息久安居士榻，慇勤共醉聖人杯。少焉月影稀微見，似照東墻長緑苔。(《亦園全集》六集，《四庫禁燬書叢刊》影印清初刻本)

《七夕倣樂天體》

輕陰細雨作凉秋，但得凉時醉便休。腹久無書何必哂，老安能巧不須求。那堪耳畔傳風鶴，未暇天邊問女牛。移取數枝香茉莉，將花照酒兩綢繆。(《亦園全集》六集，《四庫禁燬書叢刊》影印清初刻本)

智按：姚孫棐，字純甫，號戊生。崇禎十三年（一六四〇）進士。初授浙江蘭溪知縣，調東陽。因功升兵部職方司主事。後歸隱龍眠山。有《亦園全集》。

張儁（？～一六六三）

《讀白太傅集》

讀罷香山半格詩，恰逢衰菊墜秋池。鄧魴見喜唐衢泣，此意元劉或未知。（王豫輯《江蘇詩徵》卷五十五；《萬首論詩絕句》第一册，第二二二頁）

智按：張儁，字非仲，一字文通，别號西廬，人稱非翁，吴江（今屬江蘇）人。明諸生。順治末，應吴興南浮莊氏之聘，參與删定纂削明史，稿成付梓。因書中多指斥清廷語，案發就逮，被戮于杭之弼教坊。有《西廬詩草》。

謝泰宗（一五九八～一六六六）

《遙和白樂天北窗三友詩謂詩酒琴也》

白詩多樂妙名傳，樂意無多几案前。句滿奚囊肝欲嘔，醉吟東邑醒誰憐？甲庚九老新投契，臭味三朋舊譜緣。得句名山皆勝地，棲心軟飽亦逃禪。三瓻鴟腦初非酒，十弄龍吟不在絃。忌取文饒終屈相，名齊元稹節尤全。西湖桃柳春堤麓，北牖風雲午篆煙。雅興尋常曾不淺，新詩拈就友生篇。（《天愚先生詩鈔》卷七，《清代詩文集彙編》影印清康熙四十五年刻本，第十二册，第四二〇頁；《天愚山人詩集》卷十一，光緒六年謝氏靈蕤館重刻本）

智按：謝泰宗，字時望，定海（今屬浙江）人。崇禎十年（一六三七）進士，歷官番禺知縣，工部主事、南安推官。隆武時，任兵科給事中。入清不仕，隱居二十餘年。有《天愚山人詩文集》。

毛晉（一五九九～一六五九）

《竇氏聯珠集跋》

……余向讀白樂天《與微之書》，極稱竇七與元八絕句，可見同時早有定論矣。嘗手録一編，併《唐書》列傳附於集後，寄友人云：「向謂竇氏聯珠，今可謂竇氏合璧否?」海虞毛晉識。(《汲古閣書跋》第八〇～八二頁；《四庫全書》本《竇氏聯珠集》卷末)

《蘆川詞跋》

仲宗別號蘆川居士，三山人。平生忠義自矢，不屑與奸佞同朝，飄然挂冠。紹興戊午，胡澹菴上書乞斬秦檜被謫，作《賀新郎》一闋送之，坐是，與作詩王民瞻同除名。兹集以此詞壓卷，其旨微矣。人稱其長於悲憤，及讀《花菴》、《草堂》所選，又極嫵秀之致，真堪與片玉、白石並垂不朽，凡用字多有出處。如「洒窗間惟稷雪」云云，見《毛詩》疏，「稷雪」，霰也，形如米粒，能穿窗透瓦，今本改作霰雪。又如「薄劣東風，夭斜飛絮」云云，見白香山詩「錢塘蘇小小，人道最夭斜」自注：「夭音歪。」時刻改作「顛斜」，便無韵味。姑記之，以為妄改古人字句之戒云。古虞毛晉識。(《汲古閣書跋》第九三頁；《四庫全書》本《蘆川詞》卷末)

《張耒宛丘題跋一卷》

元祐間，蘇子瞻方為翰林，豫章黄魯直、高郵秦少游、濟北晁無咎、譙郡張文潛俱在館中，趨學蘇門，世號「四學士」。子瞻遇之甚厚，每集必命侍姬朝雲取密雲龍飲之，一時文物之盛，自漢迄唐，未有也。陳後山《與李端叔書》云：「黄、晁、秦則長公客也，張文潛則少公客也。」二公及三子相繼云亡，文潛巋然獨存。士人就學者眾，公日載酒殽飲食之，故著作傳於世者尤多。晚年詩效白樂天，樂府效張文昌，故陸放翁云：「自文潛下世，樂府遂絕。」知言哉！蘇長公嘗品第諸子云：「晁無咎雄健俊拔，筆力欲挽千鈞；張文潛溶衍靖深，若不得已於書者。」又云：「秦得吾工，張得吾易。」而世謂工可致，而易不可致。以君為難云。其題跋數條，皆讀史時偶書，其胸中成竹絕無，殿最詩文補亡析疑之語，聊以存少公之客云爾。毛晉識。(《古今圖書集成》經籍典第四百七十五卷集部彙考六第五三～五四頁)

《三家宮詞・王建宮詞跋》(題擬)

余閱王建《宮詞》，輒襍以他人詩句，如「奉帚平明金殿開，暫將紈扇共徘徊。玉顔不及寒鴉色，猶帶昭陽日影來。」此王少伯《長信秋詞》之一也。

「日晚長秋簾外報，望陵歌舞在明朝。添爐欲爇熏衣麝，憶得分時不忍燒。」「日映西陵松栢枝，下臺相顧一相悲。朝來樂府歌新曲，唱著君王自作詞。」此皆劉夢得《魏宫詞》也。「淚盡羅衣夢不成，夜深前殿按歌聲。紅顔未老恩先斷，斜倚熏籠坐到明。」此白樂天《後宫詞》之一也。「新鷹初放兎初肥，白日君王在内稀。薄暮午門臨欲鎖，紅糚飛騎向前歸。」「黄金捍撥紫檀槽，絃索初張調更高。盡理昨來新上曲，内官簾外送櫻桃。」此皆張文昌《宫詞》也。「銀燭秋光冷畫屏，輕羅小扇撲流螢。天街夜色凉如水，卧看牽牛織女星。」此杜牧之《秋夕》作也。「閒吹玉殿昭華琯，醉打梨園縹蔕花。千年一夢歸人世，絳縷猶封繫臂紗。」此又杜牧之《出宫人》之一也。意宋南渡後逸其真作，好事者摭拾以補之，今余歷參古本，百篇具在，他作一一删去。(《四庫全書》本《三家宫詞》卷上；明天啓刻本《三家宫詞》卷中蜀)

智按：毛晉，字子晉，號潛在，原名鳳苞，字子久，常熟（今屬江蘇）人。明末諸生。藏書八萬四千餘册，多宋元善本，建汲古閣目耕樓以儲之。以刊印《汲古閣叢書》聞名。曾校刻《十三經》、《十七史》、《津逮秘書》、《六十種曲》等，為歷來私家刻書最多者。好鈔録罕見秘籍，繕寫精良，後人稱之為「毛鈔」，所著有《隱湖題跋》，並編有《毛詩陸疏廣要》。傳見錢謙益《毛君墓誌銘》(《有學集》卷三一)。

費經虞（一五九九～一六七一）

《雅倫》

⊙元和體

元和，唐憲宗年號，元白諸公之詩。唐李珏奏文宗云：「臣聞憲宗為詩，格合前古，當時輕薄之徒摛章繪句，聱牙崛奇，譏諷時事，鼓扇聲名，謂之元和體。」或云元和以後，學奇於韓愈，學澀於樊宗師，歌行則學於張籍，詩句則學矯激於孟郊，學淺易於白居易，學淫靡於元稹，俱謂之元和體。(《續修四庫全書》本卷二「體調」，第一六九七册第二九頁)

⊙元白體

中唐元稹、白居易之詩。杜牧之云：「白居易詩纖艷不逞，非莊人雅士所為，淫言媟語，入人肌骨，不可去也。」又云：「近有元白，專為淫言媟語，鼓扇浮囂。」司空表聖云：「白力勍而氣孱，都市豪估耳。」敖器之云：「元微之如李龜年説天寶遺事，貌悴而神不傷。白樂天如山東父老課農桑，事事言言著實。」蘇子瞻云：「元輕白俗。」張為以白樂天為廣大教化主。《古今詩話》云：「樂天詩辭甚工，然拙於紀事，寸步不移，猶恐失之。」（《續修四庫全書》本卷二「體調」，第一六九七册第四〇～四一頁）

《詩藪》云：「唐憲宗讀白居易諷諫百餘篇而善之，召為學士。穆宗讀元微之歌詩百餘篇而善之，徵為舍人。」（《續修四庫全書》本卷十九「針砭」，第一六九七册第三〇〇頁）

白樂天退居洛中，作尚齒九老之會，云「胡、吉、劉、張等六賢，皆多年壽，余亦次焉，於東都弊居履道坊，為尚齒之會。七老相顧，既醉且歡，此會希有，因各賦七言六韻詩以記之。……其年夏，又有二老，年貌絶倫，同歸故鄉，亦來斯會，續書姓名年齒，寫其形貌，附於圖右，名曰九老。……時秘書監狄兼謨，河南尹盧貞，以年未七十，雖與會而不及列。」（胡杲、吉皎、劉貞、鄭據、盧貞、張渾、白居易、李元爽、釋如滿，九老也）（《續修四庫全書》本卷二二「盛事」，第一六九七册第三八二～三八三頁）

元白之詩，唐人已有議論，而後人亦有學之者，亦有非之者，大抵為詩家一體。其率易輕佻太甚者，固不可為法；若《長恨歌》、《琵琶行》、《連昌宮詞》，亦是絕物。（《續修四庫全書》本卷二四「瑣語」，第一六九七册第四四八頁）

徐伯魯云：「和韻有三體，一曰依韻，謂在一韻中而不必用其字也。二曰次韻，謂和其原韻而先後次第皆因之也。三曰用韻，謂有其韻而先後不必次也。如韓愈有《陸渾山火奉和皇甫湜》，用其韻是也。古人和答其來意而已，初不為韻所縛。又如韋迢《早發湘潭寄杜甫》云：『相憶無南雁，何時有報章。』甫和曰：『雖無南雁過，看取北來魚』，又如高適《人日寄杜甫》云：『東西南北更堪論，白首扁舟病獨存。』又如杜甫、王維、岑參《和賈至早朝大明宮》詩，並其意不用，况於韻乎？中唐以還，元白皮陸更相唱和，繇是此體始盛。此外又有因韻而增為之者，如柳宗元《同劉二十八院長述舊言懷感時書事奉寄澧州張員外使君五十二韻之作，因其韻增至八十》是也，又《□□□（智按：當為「酬韶州」）裴曹長使君》自序云『韶州以詩見及，用韻尤為高絕，余因拾其餘韻酬焉。凡為韶州所用者置不取，其聲律言數如之』是也。此皆繇依韻而推廣之。」（《續修四庫全書》本卷二六「音韻」，第一六九七册第四八〇～四八一頁）

智按：見明徐師曾《文體明辨序說》「和韻詩」條（羅根澤校點本，第一〇九～一一〇頁）。

費經虞，新繁（今四川新都）人。崇禎十二年（一六三九）舉人。知昆明縣。遷桂林太守，未到任，引疾歸。行至中途，因戰亂滯留江都。自以不得養親為恨，忌辰哭泣終日。返里後，講學、著書。卒，門人私謚孝貞先生。有《毛詩廣義》、《四書字義》、《古今方書》、《周易參同契合注》、《臨池懿訓》、《字學》、《四書懿訓》、《古韻拾遺》、《荷衣集》、《雅倫》行世。又與子密共輯《劍閣芳華集》二十卷。《四川通志》有傳。

朱之瑜（一六〇〇～一六八二）

《漢唐宦官論》

爲邦之道，廟朝清肅，綱舉目張，寇攘姦宄不作，而民風愿朴，禮義興行，豈非人君之大願，而治理之極則哉！然古來治日恒少，亂日恒多，君子不幸生於斯世，以一身係天下之安危，而作狂瀾之砥柱，更當永思其終，使寧輯無同流之恥，激揚無震竦之疑，斯爲善之善矣。

愚每讀史，至漢唐之誅宦官，未嘗不廢卷而長太息也。夫宦官職任親近，日夕宫闈，諂媚母后，比暱姬妾，窺伺人主意向，憑城憑社，薰之則燔其木，灌之則敗其塗。漢不當藉之以威權，唐不宜授之以兵柄。禍已至此，誅之亦反，不誅亦反，無問愚智，而咸知之也。而古今獨以其罪歸之陳蕃、竇武、李膺、韓縯，及唐之文宗與李訓、鄭注者，何哉？蓋君子舉事，一不當，則宗社蒙其禍，而身受惡名。竇武貪天之功，訓、注憸壬傾側，固不足惜。至於陳蕃、李膺，頗立名字，表表一時，文宗讀書求治，恥爲庸主；豈盡若史官之所記載，如鷹隼之悍厲，兒童之嬉戲，以致此酷烈哉！蓋事成則天下之善皆歸之，事一不成則天下之惡皆歸之，理勢之必然者。

漢不忍貴戚之專恣，初猶以貴戚浣濯之，其後遂謀及於中官宦豎，拉殺梁冀，如孤豚腐鼠，而宦官驕横，遂不可制已。譬猶去疥癬之疾，而毒入於膏肓肺腑也。諺云：「疔之著人在肉則割，在指則截。」若夫瘻麗於頸，而附於咽，不思所以消之潰之，不忍忿憤之氣，而求捷效於一割内，則有性命之憂，外則爲當世所非笑，甚不可不慎也。

桓靈之世，名賢碩輔，比肩接踵，不能爲訏謨石（碩）畫，而決計於女主，終以婦人之仁，阻亂大謀。文宗之朝，裴度、李德裕、牛僧孺、白居易固在也，或閒散，或放廢，而委心於訓、注，撩虺蛇之頭，蹈虎狼之尾，失計固已甚矣！其後袁紹大肆誅夷，如薙草然，濫及於無鬚男子，崔昌遐乘時掩殺，使無噍類，皆不過二千餘人而止耳。其禍尚至於此，況有什佰千萬於此者哉！

宦官深根固蔕，結連宫禁，故不易除，況有自内自外，無賢無愚，無貴無賤，共爲附麗者哉！然則必不可去乎，曰：是有道焉。人君以方富之年，操專明之斷，若能持之以堅定，守之以安靜，而行之以有漸，有罪不捨，有闕不補，彼宦官不能產子生孫，行之數年，何患其不立盡？所謂過十萬之師於衽席之上，折百尺之衝於樽俎之間，天下之耳目不驚，而愚夫愚婦、沸羹蜩螗之議論不起；無智名，無勇功，於都盛哉！顧乃爲此急遽苟且之計，身被汙惡之言，而廟社阽危，亦甚無術矣。……（《舜水先生文集》卷十三，《續修四庫全書》影印日本正德二年刻本；朱謙之整理《朱舜水集》下册，第四三二～四三三頁）

智按：朱之瑜，字楚嶼，又作魯嶼，號舜水，餘姚（今屬浙江）人。明末貢生。明末和南明二次奉詔特徵，未就。清兵入關後，流亡在外參加抗清復明活動。南明亡後，東渡定居日本，在長崎、江戶（今東京）授徒講學，傳播儒家思想，提倡「實理實學、學以致用」，認為「學問之道，貴在實行，聖賢之學，俱在踐履」，很受日本朝野人士推重。有《朱舜水集》。

左懋第（一六〇一～一六四五）

《剷宋王欽若圓覺禪院題名記》

余令韓之五年，以禱雨偶憩北門外寺下，見其寺巨眉，問誰筆，老僧應曰異代大臣也。余甚喜，意必我韓人唐白樂天、宋張杲卿筆，不或異代過韓之名人鉅公筆。拾步登眎之，則宋樞密院使王欽若也。笑而歎曰：「宋之佞臣也。」嘗讀《宋史》，欽若與寇平仲、王孝先、王子明同事宋眞宗，契丹圍瀛州，欽若參知政事，請幸金陵。寇準曰：可誅也，請為澶州之行，迺免遷國。欽若反以孤注，譖準知天雄軍，嗚呼！使從欽若言，南渡豈在後日哉！又欽若挾符瑞傅會帝意，陰排異己者，王曾當使會靈觀，因以推欽若故忤帝意，出曾知應天，嗚呼！挾天書符瑞以悅君意，取功名何心哉？又勸帝封禪，帝沈思久之曰：王旦得無不可乎。旦沒。後欽若始大用，語人曰：「為王公遲我十年作相。」嗚呼！欽若何人哉？當時固呼與丁謂、陳彭年、劉承珪、林特五人為五鬼，至今數百年，柰何使老僧尚呼之為大臣，為異代重哉！夫前言往蹟，所以可重者，為其賢也，吾人咸重萊公之枯竹、沂公之正色、文正公之舉笏，而柰何存佞人之鬼書於天地間哉！爰命斧斤，剷其名而去之。（《左忠貞公剩稿》卷三，《四庫未收書輯刊》影印清乾隆五十八年左彤九刻本）

《香山寺二首》

少梁亦自有香山，寺列眉旌不可删。喚作方山何日始，明霞空影上雙鬟。

絕世風流白樂天，山間春草自年年。烏紗勞吏遊行少，晚與香山結好緣。（《（乾隆）韓城縣志》卷十四，《續修四庫全書》影印清乾隆四十九年刻本，第六九三册，第二六二頁）

《香草坪二首》

香山新雨靚如粧，山以香名草亦香。佳句愛吟坪上過，春風吹處斷人腸。

春風拂拂吹香草，幽氣倩紅森緑老。要向西湖堤上看，如何□得香山道。（《（乾隆）韓城縣志》卷十四，《續修四庫全書》影印清乾隆四十九年刻本，

第六九三册，第二六二頁）

智按：左懋第，字蘿石，一字仲及，山東萊陽人。崇禎四年進士。授韓城知縣，有異政。十二年，擢戶科給事中。歷刑、禮、兵三科，陞太常少卿，巡撫，都御史，以兵部右侍郎兼都御史，督師河北，充通問使，不屈誅。

陳名夏（一六〇一～一六五四）

《白香山寄微之》

偶肰開一帙，二十二郎書。風雨懷人路，江州淚有餘。（明朱隗輯評《明詩平論》二集卷十八，《四庫禁燬書叢刊》影印清初刻本）

智按：陳名夏，字百史，溧陽（今屬江蘇）人。明崇禎十六年（一六四三）以一甲三名成進士，官翰林院修撰、兵科給事中等職。明亡，降李自成。清順治二年（一六四五）降清，擢吏部左侍郎兼翰林院侍讀學士。官至吏部尚書、弘文院大學士，加太子太保。後被政敵攻擊曾主張「留頭髮復衣冠」，以「蠱惑明紳，號召南黨」、「結黨懷奸，情事叵測」之罪，於順治十一年被處以絞刑。早年曾參加明末復社活動，列名於《留都防亂公揭》，一時頗負聲名。喜詩文，擅長科舉之文。早年書啓感時論事，有可讀之作。入清後以仕宦顯達，而有「海內文章宗主」（金之俊語）之稱。有《石雲居士集》三十卷。

宋存標（一六〇一？～一六六六）

《古英雄三語贊》（有引）

韓英已下猶有梁王，今第與雍齒同封，則三辰數千言，不敵沙中片語，每追隨絳、灌，慮其掩口笑人，斯言不欺我也。眷懷往哲，凌烟附驥，固抗志乎青雲；抽舌探肝，亦殉忠于白刃。或逍遥巖壑，半是神仙；或建勒旂常，總名豪俊。窮達暨旨同歸，雖昧必亮；生死因時共轍，無智不忠，誠尚論之獨鑑。取友之先資也，爲得數人，各系以贊。

⊙白香山

琴一張，酒一壺。月爲鏡，雲爲圖。天地寬，任浩歌。琵琶行，池上篇。

陶然醉，不条禪。香山老，白樂天。（明鄭元勳《媚幽閣文娛二集》卷七，《四庫禁毀書叢刊》影印明崇禎刻本）

智按：宋存標，字子建，號秋士，別署蒹葭秋士，華亭（今上海松江）人。崇禎間貢生。候補翰林院孔目。與宋徵璧與從弟宋徵輿皆以才學稱世，被明末詩人陳子龍譽爲「三宋」。有《史疑》、《國策本論》、《秋士香詞》、《棣華集》及雜劇《蘭臺嗣響》等。

鄭太和（一六〇二～一六七三）

《縣齋披閲白樂天集仍次卷中韻》

鬢上初驚新白髮，鏡中無復舊朱顔。吟詩小榻聞黄鳥，把酒高樓看碧山。宦興盡時猶紫綬，道緣深處即玄關。民無爭訟身無事，孰似通津太守閑。

遠慕河南座上春，一瓢猶自不憂貧。爲仁便是妨爲富，潤屋爭能及潤身。隨處若懷趨利計，此生誰謂讀書人。唯將清白傳家久，却恐胸襟有點塵。（《陽坡遺稿》卷二，《韓國文集叢刊》本）

《次白樂天閑臥韻》

高臥群囂靜，閑吟萬慮空。藏名浮世上，消日小齋中。暮色山前雨，涼聲樹裏風。翻雲何不定，南北又西東。（《陽坡遺稿》卷二，《韓國文集叢刊》本）

《次白樂天集中韻》

緑樹陰濃小閣西，寂寥簾外夕陽低。誰家樓上人如玉，何處樽前醉似泥。莫向暮年傷雪鬢，且從長路展霜蹄。風情尚不全消歇，獨倚烏皮夢大堤。

自從身上帶恩光，尤愧曹交九尺長。隨處却知皆雨露，向來虛度幾星霜。微誠但願酬明主，成績無因紀太常。已分身爲趨走吏，敢將前後較閑忙。（《陽坡遺稿》卷二，《韓國文集叢刊》本）

《次白樂天閑適韻》

自問簿書臨百里，何如言責在三司。攀天清切殊前日，得地優遊勝昔時。拙政尚圖民不怨，好官行被禍相隨。名場大抵多顛躓，底事經年解綬遲。

（《陽坡遺稿》卷二，《韓國文集叢刊》本）

《次白樂天偶吟韻》

無端靜念人間事，不寐空添病裏憂。榮辱本來皆自取，是非何處更他求。還將紫綬憑熊軾，猶勝黄塵沒馬頭。豈若解官歸故里，太平風月作閑遊。

三間高閣臨平野，一道長川繞茂林。老去漸知歡興薄，醉來猶喜酒杯深。何關禁直青綾被，空想佳人緑綺琴。窓外碧梧秋氣早，雨聲偏惱異鄉心。（《陽坡遺稿》卷二，《韓國文集叢刊》本）

《次白樂天對酒五絶韻》

元亮如今悟昨非，若爲舒卷合天機。樽前轉切思歸興，心逐孤鴻萬里飛。

青山暮色迎秋氣，紫綬恩光繞病身。獨把深杯勞遠目，欲歸猶作未歸人。

人懷勇退何曾勇，我欲休官亦未休。傾得一樽消萬慮，岸巾終日倚床頭。

常思繼世傳清白，每恐孤恩負聖明。醉後歸心憑遠夢，況聞仙樂鳳簫聲。

寒燠天時自去來，盛衰人事幾輪回。功名付與浮雲外，且趁身閑把酒杯。（《陽坡遺稿》卷二，《韓國文集叢刊》本）

《四月之初，放遣箕兒，泣辭出門，令人悵然，此白香山所謂「病與樂天相伴住，春隨樊子一時歸」者也。仍用白句，爲首尾體二律》

春隨樊子一時歸，雨後林花已盡飛。愁恨自能添寂寞，醉飲奚獨惜芳菲。即今離別情非淺，從古歡娱事易違。斜日海門西去路，春隨樊子一時歸。

春隨樊子一時歸，抱病空齋猶掩扉。風散落花紅片片，煙籠垂柳緑依依。山雲謾惱今宵夢，簷月猶窺昨夜幃。窓外杜鵑如訴怨，春隨樊子一時歸。

次囿兄韻

春隨樊子一時歸，簾幕空留燕子飛。主客風流無勝負，鴛鴦衾枕歇芳菲。東君邁邁情何薄，神女匆匆夢已違。莫向江南各悵望，春隨樊子一時歸。

士謙

春隨樊子一時歸，閤欲開時還倚扉。好事任他臺柳折，生涯欲向社蓮依。看君已却鴛鴦枕，愧我猶思翡翠幃。物去物來皆順應，春隨樊子一時歸。

士謙蓬萊公有春娘，全義人，得柳枝，相携宕蕩者，有年所矣。一朝柳捨李，鄭棄春，捨與棄相遠，而離恨無厚薄，豈非可笑事耶？居無何，不佞携書入山，偶過蓬萊公縣齋，得卷中詩，和以示之，如使後之評人物者見之，謂蓬萊公如何，而謂全義人如何耶？固以自警，以竢朝暮遇者云。（《陽坡遺稿》卷二，《韓國文集叢刊》本）

《伏次父主下示之韻》

那堪久病昏如醉，忽覩新詩瀅若冰。廚下一供知是幸，枕邊三復和難能。隣家有餽來何續，厚意非常料未曾。小子亦同諸子飽，暫眠風榻使驅蠅。

原韻：何處得來獐一脚，于囊加以映清冰。冬寒致此猶云罕，夏月如斯豈易能。一飽已堪追白傅，萬錢元不羡何曾。伻回未寄裁書謝，正到松園避午蠅。（《陽坡遺稿》卷六，《韓國文集叢刊》本）

《小弟庭對不利，詩以示之》

爲龍未必勝爲魚，白傅詩篇尚起予。何用早登名宦路，不如多讀古人書。傷時涕淚君須制，抱病呻吟我未除。想得海山秋色好，喚鷹佳興在閑居。（《陽坡遺稿》卷六，《韓國文集叢刊》本）

智按：鄭太和，字囿春，號陽坡。有《陽坡遺稿》。

葛麟（一六〇二～一六四五）

《孝烏賦》

墓廬前有高樹數株，慈烏群集其上，目擊反哺，悵然傷懷，賦以見志。

咨陽光之賦質，有篤摯之孝烏。通傴呼之仁氣，負神靈之異葆。瑞周室而流丹，感燕質而變縞。既戴角於代北，亦銜雀於江表。瞻之深君子之憂，愛之承丈人之好。敬及宗廟而朱翮煌煌，澤及昆蟲而素翰皜皜。……惟此烏之純孝，不以春之榮豔而易其心，玉露洗柯，金飈翦葉，四野蕭條，千峰寂歷，遊鶡啁　而悲鳴，毅鶻盤拏而捷獵，豈獨秋氣之傷人，實乃嚴威之感物。惟此烏之慈孝，不以秋之肅殺而變其德，所以群栖栢府，並處金臺，綉衣日冷，鐵柱霜迴，不以習見鵰鶚之猛，而易其愷悌之懷，集幕表營之空，流聲樂師之退，喜郊野之恬熙，惡兵凶之荒穢，不以生於衰亂之世，而替其和吉之氣，乃若風多前駃，雲暗後迷，辭枝枝起，棲樹樹低。梁元帝咏其晚集，唐文皇賦其宵啼。碧紗如煙，泣織錦之女；碧天如水，哀擣練之妻。蓋由其流連不已之懷，昊天罔極之意，是以動物而含悽，別有上林曉日之歡情，枯木夕陽之哀思，藏於白門楊柳，合博山沈水之儂家；坐於秦庭桂樹，逢睢陽蘇合之蕩子。何哀樂之殊情，惟生死之一致。秉淑良而不變，匪淫俗之能逝。吾見其畢逋向曙，撥刺迎風，一朝霰集，四野雲同，千山無鳥跡，萬徑絕人蹤。青鴛之腹裂紫，白鵠之眼流紅。獨此烏之躑躅，忍飢寒而西東；巡於窮巷之内，噪於野田之中。啄冰而嘴欲折，掘雪而距難狊。有所獲以遺母，絕勝乎旨蓄之御冬；蓋無心於芳樹，亦奚戀乎高墉。不匿影於日輪，豈愁后羿之箭；匪垂翾於帝輦，詎招王吉之弓。既以孝而生廉兮，弗同於大鴸之貪攫，為元微之、白樂天之所憎。復以誠而生哲兮，爰稱先覺之靈烏，而范希文、梅聖俞賡歌而賦其告凶，重為亂曰：鸒斯歸飛，何提提民。莫不穀我於罹，爾有母遺，我獨無睠焉。顧之終天悲慈，烏夜啼何惻愴，來日苦短更易往，桑榆急景若奔光。皋魚空死何足獎，烏兮烏兮，爾既愧人梟之悖逆，慕弄雛之善養，思風木而驚心，念菽水而鞅掌，值斯人之淳樸兮，時接飯於彭澤道中，幸此世之太平兮，不啄屋於延秋門上，慎而出入兮，勸而飛颺，毋嗜腐鼠兮，有鵂鶹匿於灌莽，抱淳守貞兮，與東隅之鵷鸞而頡頏，是之謂大孝，吾於烏乎厚望。（《葛中翰遺集》卷七，《四庫未收書輯刊》影印清光緒十六年敦本堂刻本）

智按：葛麟，字蒼公，號瞿庵。崇禎諸生。崇禎十五年（一六四二）舉於鄉。（據《葛中翰遺集》卷首年譜及傳記）

黎遂球（一六〇二～一六四六）

《送何象岡太史還朝時天啓丙寅》

彤雲翹首是承明，迢遞長安事遠征。客裏數棋疏放臘，禁中千柳待舒晴。商宗夢帝欣逢說，漢室安劉定相平。入座正嘒何次道，登瀛新挾董雙成。雞林鬻去香山句，鳳藻賡來柏殿聲。萬姓只今看捧日，中朝端此賴綢羹。已知開閣平津盛，徒愧通家北海名。遂以過庭勞緩頰，翻從祖帳戀交情。銀魚捧别餘煙墅，銅狄摩空想玉京。一曲驪歌天萬里，蓬萊高隔五僊城。（《蓮鬚閣集》卷八七言排律詩，《四庫禁毀書叢刊》影印清康熙黎延祖刻本）

智按：黎遂球，字美周，番禺（今屬廣東廣州）人。祖瞻、父密皆有詩名。球生而岐嶷，博學能文，舉天啟七年丁卯鄉薦。初上公車，名噪京師。歸而丁外艱，遂杜門著述。服闋，再赴春官不第，歸道揚州，進士鄭元勳集名流於影園，賦黃牡丹詩，遂球即席立成十首，一時共呼牡丹狀元。是時流寇内訌，詔大臣保舉經濟名儒，禮部侍郎陳子壯首舉遂球，以母老不就。丙子，粤東饑，遂球畫賑濟之法，存活甚衆。崇禎末，有叛將擁衆數萬，自湖南挾吉藩突至連州，省會洶洶，遂球言諸按察使方震孺，令嚴警備，勵人心，徐以檄呵，叛將去，亂遂寢。子壯力薦之，遂球始出授兵部職方司主事，監督廣東兵守，贛州城破，與弟遂珙死之。有《周易爻物當名》、《蓮鬚閣詩文集》。

徐士俊（一六〇二～一六八一）等

《古今詞統》

《憶江南》（江南好）徐士俊云：「非生長江南，此景未許夢見。」

《憶江南》（江南憶）徐士俊云：「胸中有丘壑。」（《續修四庫全書》影印明崇禎刻本卷一）

《花非花》（花非花）徐士俊云：「因情生文，雖《高唐》、《洛神》不及也。」（《續修四庫全書》影印明崇禎刻本卷一）

《感懷偶句》

樂天三友琴詩酒，我已無弦懶作詩。獨自夜窗傾竹葉，凄凉且度菊花時。（《雁樓集》卷十二，清順治刻本）

《西湖竹枝詞序》

巴人竹枝，固是詩家逸調。自劉、白並倡，作者漸繁然，而莫盛於廉夫矣。蓋廉夫倚西湖而重，西湖又得楊夫子而彰；千古風流，一時雲集。即其姬人，有命名竹枝者，可見鐵崖先生一片艷情，終年顛倒於琅玕箇箇中矣。雖散樂騰嘲，何礙梅花一賦。余幸生長西湖，思聯勝集，因與陸子藎思，遠搜名宿之詞，近索同人之句，上自洪永，下迄今茲，隨意編成，不拘世次，累累數百珠，不較勝曩時百八十五首也哉。其間雕烟鏤月，何難合繪一圖，品水題花，竟可臥游千日，且並收閨秀，堪匹張曹，間入緇流，不殊信璞，視秦淮、蘇臺、鏡湖、滇海諸什，未免滕薛邾莒矣。九原可作，必有當于香山、夢得兩君子，何况鐵崖。（《雁樓集》卷十五，清順治刻本）

智按：徐士俊，原名翽，字三有，號野君，仁和（今浙江杭州）人。工雜劇，所撰多至六十餘種，佳者欲與王、關、馬、鄭抗手。今存《洛水絲》、《春波影》（見《盛明雜劇》）。《四庫總目》有《尺牘新語》二十四卷，係士俊與汪淇（字瞻漪）所共撰。

李世熊（一六〇二～一六八六）

《抗談齋制藝自序》

予可發口談乎？予故單寒不聊之人也。……俯仰今昔，我益痛恨三人也。一曰范蠡，一曰中行說，一曰李德裕。蠡之絶吴使也，曰：予雖靦然人哉，予猶禽獸也。中行說之折漢使也，曰：漢使無多談，所給不備善，則馳騎蹂而稼耳。竊怪於越去中國雖遠，亦神明之胄，且在江淮間，語言情好，通愜非難，中行說去漢入胡，曾幾何日，乃蠻聲鴃然，毛角在面，雖碎蘇張之舌，斷班馬之腕，彼有餘戾矣，復可奇文靡論，刺撼其衷乎，猶曰禽獸胡夷。李德裕名相也，惡白居易之人，而心嗜其文，白每奏記，輒束不觀，曰：吾閲其文，必回吾心。夫文至能易人心，而終不可回其目。悲夫！悲夫！使予遇斯三人者，卽卷舌而退，猶懼唇不護齶也。將奚談哉！將奚談哉！所不忍不談者二事，陽奇陰偶，世士所通曉也。今制義必屬偶，偶極於八，皆陰也，八之外加虚，比爲十又陰也。……聊且談之，予豈不見於天下者乎！崇禎丁丑臘月序。（《寒支集》初集卷三，《四庫禁毁書叢刊》影印清初檀河精舍刻本；《四庫全書》本《明文海》卷三百十序一百一）

《伍母壽序》

往予在白門，同趙退之詣何玄子國博，適有持古玉卮求售者，或把玩不能釋，色頳肰，欲得之，玄子喟肰曰：人不可不學道。予問先生，奚爲是言也？先生曰：始予入長安，初遊廟市，見宋元墨蹟，及尊彝鼎玉諸珍寶，意有所屬，欲購之而無具，鬱不意得者累日，後見廷杖石齋先生，血肉潰落，在西庫創甚，時復展楮衍易圖傳孝經，設身當此，真一絲不掛，自此視世間寶玩，不啻壇土也。夫人欣羡在中，如蘊火包蓬，遇飈衝發，究其所極，摧劘掊擊，身爲跖蹻不難，若委命就義，木石爲腸，視龍比張許僅世間一男子耳，又何貨賄足移人乎？嘗以此審驗天下士大夫合于道者，蓋鮮不意婦人女子特有之，若伍母王太君者，太君爲壽，勳公愛女，自其先世以貲雄于邑，好賔客，凡文墨方術、羽人劍客之流，多聞風就之壽，勳年少通俠，輕貲重氣，往往借軀振阸，慕朱家郭解之爲人，皆太君所熟悉也。……夫富而無驕，固賢者事也，若捐己救人，辭豊就約，則雖賢者猶難之，且世有義激於一時，而幽悔於事後者，則貨賄之溺人甚也。白樂天非壙士歟？而眼赤腰黄之鄙懷，時見于吟咏。王戎亦有賢名，而單衣萬錢，不以貸其從子愛女。由此推之，世之德色於父，而誶誶於母者，又豈但秦俗肰哉！乃太君則又大有異視私奩也……故曰地道也，臣道也，妻道也，坤道之所以無疆也。世之不講坤道久矣，敢以無疆爲太君壽，則亦以道卜之而已。（《寒支集》初集卷五，《四庫禁毀書叢刊》影印清初檀河精舍刻本）

智按：李世熊，字元仲，號愧庵，自號塞支道人，福建寧化人。有《寒支集》八卷，《錢神志》二十卷，《史感》、《物感》各一卷，《本行録》三卷，《經正録》三卷，及《寧化縣誌》七卷，生平見《清史列傳》。

祁彪佳（一六〇三～一六四五）

《舟中詠懷（有小序）十首》（其一）

拙近静，癖近清。嚴狂梅隱，輕取天下之名，巧於拙者也。米之石，王之竹，滑於癖者也，吾亦不必問古人之眞拙僞拙，眞癖僞癖，但取其静而清者。古人自足，自足古人也。今之人，未得靜之理，而竊拙之效，則入於腐，未得清之趣，而冒癖之名，則化而誕，形骸且非我有，况於性靈，乃進而求其餙於巧，不習則以為眞拙也，貌其滑，不肖則以為眞癖也，予之所以或免世譏也。雖然，予不欲入俗，而未能免俗；予不能用世，而何敢玩世。予之所以或免世譏，而不能不自譏也。咏懷十首，志譏也。

白俗元輕自不同，懶將時樣鬬春風。久寧作我殷公遠，熱不因人梁子窮。松有雝枝鱗便老，鶴雖鎩翮影猶工。但能一事超於世，任却頽然天地中。(《遠山堂詩集》，《續修四庫全書》影印清初祁氏東書堂抄本)

《蒼壁序》

予昔嘗觀文於閩與吳矣，大都一取其醇雅，而鈎深索隱，貌諸子之膚似者，雖壇坫自高，予不敢過而問也。時方競新標異，且笑不敏為夏蟲之語冰，乃兹天子尚文右治，拔顔伯子以崇寔學，而離經叛註，飭之有加，盡宇内之文氣，將醇雅是趋，而予之所弋獲者，世或以為的鵠矣。謝病歸來，偶與自諸子陟巘入雲，航湖得月，從波光冶淡中，得遊錢懋士別業。園掌大耳，而濤花拍案，草帶垂書，苔斑點衣，鷗杯度夢，便覺耳目一新，神情為暢，忽有筆光墨怪，吞吐於煙波霞嶼之際，則懋士選政之蒼壁在焉。各手數篇，互相擊節，以為下酒物，盖不知今夕何夕矣。已而懋士問序於予，予於此道久荒，猶之避秦人，何知漢魏間事。然曾讀白香山詩，必老嫗能解，乃肯下筆，於文亦然，不歸平澹，不能神奇也。夫平澹豈同嚼蠟哉，予於邇曾鑿山築室矣，石家步障，王氏花奴，非不園林點綴，而獨是籬邊翠岫亭外，白雲與之相看不厭，惟景之眞者故也，平澹盖出於眞者也。予於吳文酌雅兩集，楊子常、顧麟士、侯雍瞻寔司其衡，吳門為之紙貴。懋士持予之說，以為兹選，將見為的為鵠，遍於宇内，寧第争霸吳門，雖天下可矣。章子厚評《九歌》，取諸《國風》九章，取諸二雅《離騷》，取諸項黄魯直，嘆其妙解文章，今固不乏魯直也，予於懋士亦復何言。(《遠山堂文稿》，《續修四庫全書》影印清初祁氏起元社抄本)

《遊蘭亭禹穴紀》

予生長鑒湖之濱，蘭亭在卧榻側，乃尚未寓目，不無遺誚於昔賢乎？於是約鄭季公、姚兆汝操舟遊焉。鄭、姚兩君時在西湖，遲之，至始發棹，盖端午後二日也。……舟次小酌，諸友中有因雨減遊興者，亟以酒澆之，各徵吾越韻事，成七絕，浮一大白，而後寢。陳聖鑒徵稽山鄭樵風遇仙人，每出入山谷間，輒有風隨舟送之；可孫徵勾踐夫人采葛事；季公徵苧蘿浣紗，可孫又以別意和之。予徵元微之守越州悦營妓劉采春，元遷去，白香山戲以「因循歸未得，不是恋鱸魚」，七絕成，乃就寢卧。……（《遠山堂文稿》，《續修四庫全書》影印清初祁氏起元社抄本）

《遠山堂曲品》

《燕子樓》（竹林逸士）

關盼盼不從張本立死，盖不欲張公有重色之名身，乃白香山以「歌舞教成心力盡，一朝身去不相随」之句，以促其死，故盼盼臨訣有所云：「鬼童不識冲天物，漫把香泥污雪毫」者，豈若此記傳出盼盼皎日之心，即所傳皆合歡而殉節之意，自在白公不能知盼盼，作者顧知之矣。（《續修四庫全書》影印北圖藏明抄本《遠山堂曲品》）

《倩女離魂（南四折）》（王驥德）

方諸生精於曲律，其於宮韻平仄不錯一黍若是，而復能作本色之詞，遂使鄭德輝《離魂》北劇不能專美於前矣。白香山作詩，必令老嫗能解，此方諸之，所以不欲曲爲案頭書也。（《續修四庫全書》影印北圖藏明抄本《遠山堂曲品》）

智按：祁彪佳，字虎子，一字幼文，又字弘吉，號世培，別號遠山主人，山陰（今浙江紹興）人。天啟二年（一六二二）進士，曾任御史，又出任蘇、松巡按，多有惠政，因與首輔不合，辭職鄉居九年，在鄉救荒賑災。南明弘光滅亡後，清兵入杭州，派人以書幣禮聘，他寫下絕命書和「含笑入九泉，浩氣留天地」之詩句，自沉於池。有《祁彪佳集》。

鄺露（一六〇四～一六五〇）

《諸夷有學》

永樂間，擒黎季犛、黎蒼，置交州三司，詔暴其罪。有云：以湯武不足法，尚父不足師，孟子為盜儒，程朱為剽竊。又云：聖優三皇，德高五帝，禹稱三苗。侮慢自賢，其天性然也。詔辭隆重，必不輕假。予游諸夷中，有摘文而宗淮南者，有稱詩而薄少陵者，而黜元白而誚長吉者，有談古今而鑿鑿者。於戲！禮失而求諸埜矣。（《赤雅》卷下，《叢書集成初編》據知不足齋叢書本排印，史地類，第三一二一册，第四六頁）

智按：《四庫全書》本《赤雅》未收此則。

鄺露，初名瑞露，廣東南海人。工詩詞駢文；篆隸行草楷，各體兼擅；通曉兵法、騎馬、擊劍、射箭，又是古文物鑒賞收藏家。南明唐王時任中書舍人，永曆帝時出使廣州，清兵入粤，鄺露與諸將戮力死守，凡十餘月，城陷，不食，抱琴而死。

黄㞞（一六〇四～一六五六）

《詠月效一七令體，用題爲韻，自一至七。唐白香山始有此體，宋人謂之一七令》

月。團圓，皎潔。絶纖翳，轉空闊。中天玉盤，大地銀闕。幾度三五盈，最多上元節。孤臣望斗無眠，游子經年怨別。漢水萬里光景同，燕市千家笳鼓咽。右燕行。（《漫浪集》卷二，《韓國文集叢刊》本）

智按：黄㞞，字子由，號漫浪。有《漫浪集》。

文德翼（一六〇四～？）

《千佛寺紀畧序》

丁未之冬，余過建武之壽昌寺，堂上梅逢師止宿焉。師固同邑，原薙髮廬山金竹坪千佛寺中。夜話久之，因憶余十五六時，侍先君子遊至坪，松石雲泉，盤桓左右，主僧出開山恭乾、續芳二大和尚遺像見示，兼取李太后所賜紫伽黎，暨荆王請書共觀，悚肰起敬，迄今數之，忽忽已五十年，殆如夢焉。師少余二十餘，將把茅舊隱，不鄙棄老人，結交方外，猶若以余尚弄筆墨，金湯手紀畧一册，屬以坪事甚切，且曰：「乾、芳二祖靈骨，共一塔藏，即居寺後，因無表識，恐後無知者，公幸爲貧道紀之。」歸因家務應酬不暇，及戊申中夏，師遣弟子德音來取文，乃展其紀略讀之，慨肰曰：廬山高哉，神禹登紫霄峯，孝武浮江涉其巔，爰名漢王峯，亦庶幾矣。自唐白樂天諸人到大林，遂題以為從無至者，何哉？金竹在山，如芙蓉結蕊，未吐奇秀甲一山，必俟有明神廟重熙之世，天荒始聞，地靈始闢，千佛寺儼如湧出焉。其故不盡關乎人力也。至今猶功二師者，豈以區區建立之勤哉！當是時，士大夫敦尚理學，屏遠學佛之徒，而學佛者亦復衰颯，宗風不扇，惟達觀、憨山二老，以無師之智，崛肰而興，人始尊異之。……（《求是堂文集》卷二，《四庫禁毀書叢刊》影印明末刻本，集部第一四一册，第三三二~三三三頁）

《郭聲希菊存草序》

嗚呼！吾友以約能作久久書者不錯，不錯洵吾鄉老博士歟，聲希未覩謝家之奕，空彈阮氏之絃，以菊存一草見示，余讀而悲之。杜子美曰：「但使閭閻還揖讓，敢論松竹久荒蕪。」此非用元亮「歸去」語乎？易菊爲竹，何也？豈卓彼竹傑，尚不歲寒耶？《占書》曰：竹爲隱君子，夢者歸隱，竹固朝秀，菊且晚香。南國粲於前，東蘺採於後，正可與松作耐久朋，何必瀟湘浦、篔簹谷，乃稱琳琳琅琅，爲世重耶？甚矣，子美之嗜癖也，郭氏父子語，大抵悲涼處多。昔者謂宋人詩學白樂天，元人詩學李長吉；白寬而李俠，李險而白平；不肯聞之老姥牀頭，而寧藏之奚童囊底？不肯置之黃金塔上，而寧草之白玉樓中？此以約平生之憨，聲希又甚焉，嗚呼！今之誦詩，亦有知人來歷者否歟？苟不知□久久之書，止可封之叢下□□，肰吾私有以告郭子，鄭先生不嘗畫蘭不着土乎？華□蘭類也，不知聲希一解畫與否？願畫菊且着土，不肰，晚香種子盡矣。（《求是堂文集》卷四，《四庫禁毀書叢刊》影印明末刻本，集部第一四一册，第三七九~三八〇頁）

《蒲亭十二詠序》

吾郡以文章爲宦業，葢自古如李拾遺之雅倩，元道州之兀傲，白少傅之和愷，韋蘇州之冲靜，見諸本集中。一峰一泉，一觴一咏，皆餐匡廬之秀色者也。……（《求是堂文集》卷五，《四庫禁毀書叢刊》影印明末刻本，集部

第一四一册，第三八一頁）

《寒灰退菴草序》

詩人説詩曰：句有筋，余不知誰爲筋也，明白焉而已。禪人説禪曰：杖有眼，余不知誰爲眼也，亦明白焉而已。洪覺範以秀媚精進之謔，不安於心，遂作「明白菴」以叅究，謂雖明白於此，而尚未明白於彼也。世尚競文字禪者，何哉？黄宜州深於禪，不爲死心所肯；然詩自豫章一派，亦絶不肯人也。蘇玉局本不解禪，而東林總繆印可之，豈惟不解禪而已。詩則白俗元輕，無所不有，而獎借時士，名實不酬，卽如温泉詩僧，衆生垢盡，語亦何成，自取噪隨之辱爲乎？林下自晉諸道人遊石門詩後，悠悠千載，靈光殿雖存，而廣陵散已絶。近得寒灰，以玅年靜志，篤好詩學，從吾友黄非雲遊。非雲，一代偉人，不野爲汝南評，特稱道灰公不置，必有以徵信四方者。余取其《退菴草》誦之，如風琴月節，雨竹霜蕉，何其癯然以清也，非雲不肯人，類宜州，尚推服不暇，況先生好好，逢人便賢，不幸有類于愛温泉一句之坡老乎，宜其把玩流連，知日精進於秀媚，未可止已。雖然，灰公遂以詩當□乎明白者，如可自肯，則有筋運句，不爲句所牽；亦有眼覷杖，不爲杖所□矣。西林有古嶷，大林有天嶽，皆禪而□嚴於詩，試以余語訊之。（《求是堂文集》卷五，《四庫禁毁書叢刊》影印明末刻本，集部第一四一册，第三八四頁）

《張道柯紀遊詩序》

凡古蹟之載圖經者，心攸熟也，輪帆及之，目攸生也。以生目啟熟心，雀躍而喜，雖卽次未安，而吟魂騣騣，見於少陽之宅矣。雖肰，尚有二患，客遊則倚杖于人，宦遊則拘畏于己，主人賢官，政暇可以豪矣。尚有二患，境爲興闌而言笑不劇，情爲境奪而詞律未工，故古蹟彌昭者，聲詩彌闇。惟康樂之於永嘉，子美之於夔郡，獨有斯絕耳。余垂老方圖卧遊，遥憶二十年前，曾浪跡鴛湖，張子道柯以妙齡異才，一岧籍甚，暗中摸索，固自識之博士業耳。不知其能詩也，今者張油羃坐泉府，稱良吏矣。偶適會城，故人戀戀，誼切高雲，出紀遊詩見示，且屬序之。見其古詩感岧切事，語極悲涼，卓有古人之致；近體絶屏蕭騷，比青儷白，或蹈軟美，下視崑體，如閬風之於板桐也。詩可以盡游，游不可以盡詩，何者？客言笑無厭，才境相能，四患捐矣，美哉其始，興之流歟！余有憾于張子過潯陽，吝訪匡廬，雲壑遥聞聲而相思，日進前而不御，可乎哉！爰招之曰：遠法師之蓮社，有二張焉；白香山大林之游，有三張焉，道柯其忘諸？（《求是堂文集》卷五，《四庫禁毁書叢刊》影印明末刻本，集部第一四一册，第三九四～三九五頁）

《祝李屏麓都督序》

三山都督李公來鎮九江也，余往謁之。瞻其貌，儒者也。周旋折旋，儒者也。鷹揚兔罝之中，有是人也與哉！既而散步景星湖，上有懸楔于陶白祠曰：作天際想，逼而視焉。乃公所題識也。益知公爲儒者無疑矣。既而有佟郡志之役，廣搜藝文，得公詩尤多，風流藴藉……（《求是堂文集》卷八，《四庫禁毁書叢刊》影印明末刻本）

《祝九江江太守念鞠初度序》

古今人同不同未可知也，遊宦後先之跡同不同猶未可知也。白公居易司馬江州，而後又守蘇州，韋公應物守蘇州而先實守江州，故一舉蘇州不問，而莫不知其爲韋；一舉江州司馬不問，而莫不知其爲白。今漢川江公，又以蘇州司馬而晉守江州，人爭稱爲江江州云。蓋洞庭、匡廬、震澤、彭蠡，山水風景似相近也，而三公之文采風流，人物藴藉，眞不相遠也。天地間事，固有偶合而絶奇者。於是乎，一千數百年，遥遥相望，居肰三公爲鼎峙矣。韋白治狀，傳或不傳，若我江公善政，固不可以一二數，而良法洵可以千百世垂。士大夫樂頌者，尤在乎三大政。一則曰賑荒，一則曰營屯，一則曰興學。旱既太甚，郡化枯魚，下車徬徨，寢食都廢，發預備之積穀，請太倉之金錢，瞿瞿乎若慈母之乳嬰兒也。五邑之民，乃辛而含哺鼓腹矣，衛所彫瘵，庚癸籲呼，欲立丁人，比之甲伍，形格勢禁，斷斷不可，乃力疏永蠲，至數千金以上，慇慇乎若神醫之起錮疾也。三屯之軍，乃幸而弛肩解□（暍）矣，不戢兵燹，講肆馬廐，螭碑卧草，鯨鐘沈沙，郡寓李署偪仄，風雨且不遑恤，動先以巨貲為新膠序，藹藹乎若父兄之養子弟也，六學之士，乃幸而勵精惕志矣。此皆古人之所難，今人之絶無而僅有者也。且也情僞如在鏡中，吏胥如立冰上，兵嫺於法，酒家乏呼號之聲；商靖於威，鹽肆無抑勒之色。知販夫之困也，而經紀之牒可捐；念閭左之瘴也，而行户之牌可絶。屬邑無事，庶獄不煩，考廬嶽之舊祠，仍歸詠眞之洞；瀦甘棠之新水，永依孛渤之隄，固度内所優為耳。夏五逢嶽降之辰，諱受始之辭於余，余將何以頌之？昔之頌於君子也，曰福禄不回，如川之方至，夫川孰有廣永於江者乎？胎於岷冢，放乎溟瀚，崩騰澎湃，光怪陸離，魚鳥生成，幽靈窟宅，一葦之舫，萬斛之艘，無不載焉。公之福禄，如公之錫姓，綽有餘裕矣。余何足以頌之？江州異日有畏壘之思，社而稷之，尸而祝之，定置公於白與韋之間，但不知蘇州之於三公，又何如也？（《求是堂文集》卷九，《四庫禁燬書叢刊》影印明末刻本，集部第一四一册，第四九二～四九三頁）

《江州復龍池寺地基碑陰》

郡人文德翼曰：江州南湖之有龍池，猶杭州西湖之有昭慶，饒州東湖之有薦福也。三寺之後，皆不幸没于民居。雖見佛尊，不知天大恒間數百禩矣。昭慶之復，自唐白少傅居易昉也；薦福之復，自宋范叅政仲淹昉也；惟龍池，實遠公八大叢林之一。據景星之勝，拱匡阜之高，珠池呈祥，石塔授記，因隣市井，遂坐陸沈，上干天和，題召火孽，適今太守致恭陳公閱視，嘆曰：豈非□祖靈哉，佔官地有律，且赦而還之僧。于是畚瓦礫剪，荆榛舊址，隆然遺溝畫若，蓋招提之崇歸，雖稍待於應器，而林園之光復，已同筆於袈裟矣。我公善政，秋兎春繭，未罄大書。祇此一舉，自與白少傅、范参政鼎立，而車驅共爭今古也。郡人士恐久而跡易湮，肅將公示，深刻貞珉，以告後人。余喜郡龍池得與昭慶、薦福並名寓内，昉自我公。他日甘棠之思，豈不與此湖共永哉？（《求是堂文集》卷十四，《四庫禁燬書叢刊》影印明末刻本，集部第一四一册，第六〇〇頁）

《陶白祠》（題擬）

城外晴湖水一曲，春波漾漾鴨頭緑。長堤岑寂少人行，兩兩三三鳧鷺浴。夕陽緩步欲誰歸，陶白祠邊柳依依。彭澤辭來松尚在，忠州命下丹已飛。詠眞一笏誰所憐？太守頻過抵足眠。世上不知五馬貴，湖中但覺二公賢。一樽卻向匡山笑，影涵千丈何孤峭。賓朋勿散且徘徊，藉草投竿漫學釣。（裘君弘《西江詩話》卷九，《續修四庫全書》影印清康熙刻本；清同治《德化縣志》卷七地理・古蹟）

智按：文德翼，字用昭，德化（今江西九江）人。崇禎七年（一六三四）進士，授嘉興推官。人品清逸，正直明允，不為權貴所撓。以父憂歸。學問淵博，有《雅似堂文集》十一卷《詩集》一卷《訟過録》一卷（《四庫全書存目叢書》影印明末刻本）、《求是堂文集》十八卷（《四庫禁毀書叢刊》影印明末刻本）及《宋史存》、《傭吹録》、《讀莊小言》等。

邢維楨

《陶白祠》（題擬）

曾過草堂懷往跡，也隣栗里訪遺民。遙遙隔代風流遠，誰把青衫伴葛巾？（清同治《德化縣志》卷七地理·古蹟）

智按：邢維楨，著有《性情三緯》。據雍正《江西通志》卷五十六，德化（今江西九江）人。

黄啓晟

《陶白祠》（題擬）

古跡重開堂構新，水流千載仰伊人。遙知故宅同荒徑，莫認香山在水濱。數畝耕耘情自適，一湖煙雨日相親。祠邊植柳流螢息，徙倚長隄愛緑蘋。（清同治《德化縣志》卷七地理·古蹟）

黄淳耀（一六〇五～一六四五）

《祭龔默思先生文》

下及詩章與其翰墨，元、白笙簧，蘇、黄翩鼎也。……（《四庫全書》本《陶菴全集》卷六）

《和陶詩二十首》（其十五）

逾壯添一丁，酒徒飲我宅。醉歌尚盈耳，殤去杳無迹。古來大聖人，乃衍螽斯百。豈無襄陵鄧，亦有香山白。此理茫昧然，而我何歎惜。（《四庫全

書》本《陶菴全集》卷十）

《次韻和東坡岐亭詩五首》（之五）

張生靜者流，初亦好米汁。偶然逢嘉賓，澆灌必取濕。以余淡蕩人，開懷忘失得。敲詩銅鉢殷，談禪箭鋒急。禪頌舉斬猫，詩歌追射鴨。殺活不可拘，俊氣固難羃。近知鯨飲非，久厭鸞刀赤。箴規同周、何，唱和謝元、白。願令禽集掌，無取獸抱幘。緬然雪浪中，悵矣楊朱泣。誓將一指微，堙彼河江缺。因舉岐亭詩，恬吟諷豪客。客勿笑其迂，編剗已成集。（《四庫全書》本《陶菴全集》卷十一）

智按：黄淳耀，字蘊生，號陶菴，嘉定（今屬上海）人。崇禎十六年（一六四三）癸未進士。南都破後，殉節死。事迹具《明史·儒林傳》。

譚宗（？～一六四五）

《近體秋陽》

《賦得古原草送别》

離離原上草，一歲一枯榮。野火燒不盡，春風吹又生。遠芳侵古道，晴翠接荒城。又送王孫去，萋萋滿别情。

渾樸，其情當在《十九首》之間。（《唐詩匯評》中册，第二一一四頁）

《入峽次巴東》

不知遠郡何時到，猶喜全家此去同。萬里王程三峽外，百年生計一舟中。巫山暮足沾花雨，隴水春多逆浪風。兩片紅旌數聲鼓，使君艛艓上巴東。

晐而愴，下句淺語至境（「萬里王程」聯下）。（《唐詩匯評》中册，第二一三六頁）

《惜花》（一作方干詩）

可憐夭艷正當時，剛被狂風一夜吹。今日流鶯來舊處，百般言語泥空枝。

瀟灑出脱，此非真得有文字之樂者必不能。（《唐詩匯評》中册，第二一八〇頁）

智按：譚宗，初名立卿，字九子，後更今名，字公子，晚號曼方野老，餘姚（今屬浙江）人。黄宗羲稱其豪宕不羈。所著詩文俱有詩法。順治二年（一六四五），卒於揚州。著有《南征雜詠》、《曼方初集》。編有《近體秋陽》十七卷，中國國家圖書館藏清初刻本一函六册。又名《唐律秋陽》，《光緒餘姚縣志》卷十七「藝文下」著録為十卷，臺北成文出版社有限公司《中國方志叢書》，第三四五頁。事迹見《光緒餘姚縣志》卷二十三「國朝」，臺北成文出版社有限公司《中國方志叢書》，第六五五～六五六頁。

孟稱舜（一六〇七～一六八四）

《柳枝集》

【寄生草】【旦】秀才們長向花前醉，文苑客多從月下迷，有一個李謫仙，題詩走馬華陰市，有一個杜子美，遊春醉倒黄花地，有一個白樂天，狂歌淚濕青衫袂（那幾個呵）。雖是朝來金鎖點朝班，也則暮回柳巷尋歌妓。（《柳枝集》，《續修四庫全書》影印明崇禎刻古今名劇合選本）

智按：孟稱舜，字子若，又作子適，子塞，號卧雲子，花嶼仙史，會稽（今浙江紹興）人。受家學影響，工詩文，擅詞曲。崇禎年間諸生，但科舉之途頗為坎坷，屢試不第。清順治六年（一六四九）被舉為貢生，選松陽訓導，十二年（一六五五）致仕還鄉。有傳奇五種：《嬌紅記》、《二胥記》、《貞文記》、《二喬記》（佚）、《赤伏符》（佚）；雜劇六種：《英雄成敗》（又名《殘唐再創》）、《死裏逃生》（又名《伽藍救》）、《花前一笑》、《眼兒媚》、《桃花人面》（又名《桃源三訪》）、《紅顏年少》（佚）。另編有元明雜劇選集《古今名劇合選》，分為《柳枝集》、《酹江集》二集。

魏學濂（一六〇八～一六四四）

《送方仍詰畫師》

客愁難遣早思還，今日才偷畫筆閒。扇底生風摇古木，屏間欲雨展春山。

無聲好句如元、白，一様中鋒亦柳、顔。却好入春歸棹遠，滿江粉本水灣灣。(《四庫全書》本《御選明詩》卷八十九)

智按：魏學濂，字申伯，一字德符，號容齋，又號内齋，嘉善（今屬浙江）人。給事中大中次子。崇禎十六年（一六四三）癸未科進士，改庶吉士。李自成攻入北京，魏學濂得授户部司務官職。既而因此自慚，賦絕命詞二章，自縊而死。魏學濂善詩，工書。有《後藏密齋詩稿》、《日知録》及《内齋集》等。

陳子龍（一六〇八～一六四七）

《紹南陳公傳》

紹南陳翁者，諱允德，字君一，其先大梁人，宋氏南渡為吳人。至國朝，遷於錢塘，家世授賈。至公父寄南公，獨好詩酒，然行其業不衰。公亦少行賈，其好詩酒益甚。於詩尤好陶元亮、元微之、白樂天云。性至孝友，既壯授室，念父且老，不欲煩以心計，則挾貲走襄漢，因以其間遊諸名山，眺觀觴詠，不類賈者。然以善决筭贏，每數倍歸，則悉以奉父及給諸弟，不營私財。公既喪母，而寄南公樂就閑逸，諸弟皆儒生，不任事，公獨治生産，秉家政秩如也，而自是遂不復行江湖間，操什一為坐賈，衆以其長者，樂歸之。與諸弟析産，則取其薄下者，曰：「若等儒也，吾聞儒者善貧，且我何患無千金裝也。」時時集朋舊，捧壺觴為堂上歡，又以金購吳中名樂工，奏聲歌，雜伎競進。蓋公解音律，自天性矣。杭固多湖山之勝，而公以春秋暇日，攜聲樂，選車騎，放歌林壑，觀者以為貴人也。然内行方謹，和雅寡怒，不好與人爭，人有犯之者，不之較，以故終身未嘗一謁郡邑長吏。營墓山中，墓側某子甲者，惡少年也，移櫬據之，子弟爭為言。公曰：「彼墓隣也，我百歲之後，將與若祖父隣。我生平睦隣，異日柰何爭地下。」卒弗訟之官。其人愧，移去。閭巷間無不稱公之恕。性慷慨，好施與，然獨不信釋老言。曰：「彼高者，我弗知，而欲挾以求福，甚可耻，且曷不以乞貧者耶?」及子濬舉進士，公喟然嘆曰：「吾屬持籌行役，良勞苦，以聲伎自娱樂可耳。士大夫之家，俗以觀禮焉，儉猶懼其汰也，柰何嘈嘈歌舞間，傷盛德哉!」遂謝衆樂工，弗與通。公之達而守正，類如此。居無何，病卒。公初娶於楊，繼娶於沈，皆賢婦人也。三子，長濬，丁丑進士，次澳，次湄，皆諸生。

陳子龍曰：周漢商族不得仕，蓋四民分矣。若陳公之溫雅端飭，即起為吏，當至賢公卿。及子始貴，未為報施也。以予所傳，本朝若許文穆、張文毅、王襄毅之流，皆以賈起家，其人咸至將相，使在周漢，何以得此耶？今夫仕者，或喜乾没齷齪算贏利，而公為賈乃慷慨寬厚，人固未可概也。諸子賢良，鬱為時楝，皆自公教，信矣哉！（《安雅堂稿》卷十三，《續修四庫全書》影印明末刻本）

《答胡學博》

……至萬曆之季，士大夫偷安逸樂，百事墮懷（壞）；而文人墨客所為詩歌，非祖述長慶，以繩樞甕牖之談為清真，則學步香奩，以殘膏剩粉之資為芳澤。……（《安雅堂稿》卷十八，《續修四庫全書》影印明末刻本，第一三八八册，第二〇一頁）

智按：陳子龍，字卧子，號軼符，晚號大樽，華亭（今上海松江）人。崇禎十年（一六三七）進士，選紹興推官。曾與夏允彝等組織幾社，與復社相呼應，欲復興古學。南明弘光時，任兵科給事中，憤朝政腐敗，辭職歸鄉。清兵陷南京，曾在松江、太湖起兵反抗。後於蘇州被捕，於押解途中乘隙投水死。有《陳忠裕公全集》，嘉慶八年（一八〇三）王昶編。生平見《自撰年譜》，《明史》卷二七七有傳。

郭金臺（一六一〇～一六七六）

《陶五徽詠史詩序》

吾友陶五徽，于綜覽暇，摭拾一二遺事，爲詠史一帙授予，與劉杜三讀，杜三序之，責予言，有告予爲太簡者，曰：廿一史，茫茫如浩海，而所撰僅是，將無蠡測乎？予曰：史至溫公《通鑑》，觀止矣。萃二百十一家言，滙劉、范大家十餘輩，閲八載乃成，能徧讀者，除王勝之外無餘人，史固或以多累也。嗣後，少微、新安、弇州所纂，皆無不捔梧脱漏，尚存乎見少，況詠史與撰史大逕庭乎？李杜光芒萬丈，詩多至千百，中間弔古詠事不數見，他如王粲、阮瑀詠史叠唱，阮籍《詠懷》乃至八十一篇，苟非興賞適與古會，史本紀事，詩特言情，何取前人糟粕，留連揣測，滯塞胸臆乎？或又疑爲含諷者，予又曰：不然。夫以言簧亂是非者謂之矯，以意排陷深抵者爲之誣，退之所論天制人禍，正屬此輩，敢不戒？敢不戒？今詠史自周秦下逮大元，舉其人，皆賢聖，舉其事，盡流芳，跡其掇事，謀篇有敬，心無愁思，有贊賞，無譏議者，何謂諷乎？白樂天終身榮遇，言論和平，其自序云：「言關美刺者謂之諷諭，逐事而發謂之感傷。」夫樂天所遇如此，而爲詩諷諭、感傷如彼，豈直如馬遷言，《三百篇》皆發憤所爲作乎？予治詩，念有爲訓詁説教予者，曰詩苟取貢諛獻美已也，彼寺人孟子之什，大夫家父之篇，其詩刻厲痛楚，無忠厚婉媚，孔子便當删斥，不應序此詞于《鹿鳴》、《魚麗》之後矣。予曰：然。其序此以質五徽。（《石村文集》卷中，《四庫禁毀書叢刊》影印清康熙間刻本）

《謝叔孚玉樹堂詩序》

嘗讀退之序裴僕射詩：「和平之音澹薄，愁思之音要妙，懽愉之辭難工，窮苦之音易好。」初心竊是之，及讀白樂天、王摩詰諸集，又竊恠其説，以爲不然。樂天身都膴仕逍遥間，適其言纖艷不逞，流傳人間，子父母女，交口教授，其爲詩何嘗不工？摩詰承肅宗興運，兄弟齊榮，就老輞川，孤居齋食，漁樵風雪，灑筆淋漓，其爲詩又何嘗不工？所云和平之音澹薄，懽愉之辭難工者，是耶？非耶？或曰：樂天年少衰疾，三十髮白齒落，四十青衫未脱，中蒙榮福，晚益褆考。摩詰中遭喪亂，凝碧賦詩，僅以身免，晚而有悟，乃始絶情婚宦，肥遯克終。然則白、王之遇侶乎？始窮而終懽，外榮而中戚者耶。其音肆好，其風孔碩，固有繇然也。吾讀吾友叔孚之詩，私竊又怪之。叔孚生長名家，子有剛材，鋭未中年，而諸兒成立，慈幃健飯，内外完好，于于喈喈，叔于若復引援門户，依附青雲，塵而垢中，何所不得，乃爾耽山水之清音，恥終南之捷徑，冷谿隱屋，伴侣烟雲。其爲詩也，思總而長，氣鬱而宕，無傲志而有静理，豈予所謂懽愉之辭工，和平之音要妙者是耶？抑亦樂天、摩詰之徒，其遇或不同，而其意亦將有合焉者耶？叔孚善讀退之者，歸乃柬予曰：韓公此論，贊美裴公，序中又推本其言，以舉侶樂天、摩詰，夫三公皆唐之顯人賢士，某則的的草野憔悴之流也，以之當愁思窮苦則固當，以之步白王、裴公，則吾豈敢？吾豈敢？如是固宜，叔孚之詩，其音要妙，而其辭亦易好也。（《石村文集》卷中，《四庫禁毀書叢刊》影印清康熙間刻本）

《張鹿牀先生聯句序》

聯句起自漢柏梁羣臣，獻規畧行古意，至唐諸家，研聲切律，曼引疊唱，幾如嚴敵堅壘，各整旗鼓刁斗，須濟河焚舟，乃克不爾，即負負即再計求决一戰無庸也。予竊謂，聯句較詩有三難，詩人負材無類，製體各殊，或聖或僊或鬼，各自登壇，元輕白俗，島瘦郊寒，瑕瑜不掩，必欲以命意謀篇，鍊章頓句，氣體高玅，如出一轍乎，則同調之難，太白斗酒百篇，子美吟成七章……（《石村文集》卷中，《四庫禁毀書叢刊》影印清康熙間刻本）

《復尹洞庭先生書》

某月日，天溪禪者來，辱賜書教，所以爲詩文者，皆劀剔宿垢，入膏肓而拯救之。予退廢久，几硯塵寸許，無意自淬。拭見時輩文字，循習蹊徑，侶爛熟耳目間物。今讀先生諸集，霍然驚喜曰：「道在是，道在是矣。」古今能文家，無慮千百數。其眞能獨創一家言者，丘明輔《春秋》作傳，馬遷變編年爲《史記》諸體，屈平變《三百篇》爲騷歌，蒙莊闢虚空談理。今先生于潰瀾倒柱時，鞭笞萬彙，躐秦而上詣殷周，此皆横亘今古，蟬聯諸家，立不祧祖位。他有作者，不此倣即彼傚，無所短長也。至于詩，則人人異，地分十五國風，體分古律絶歌行，運分漢魏晉唐，唐又分初盛中晚，謝鮑不同調，李杜不相師，元輕白俗，瑕瑜不相掩。悲乎痛哉，至于今，則不能無同，有同心者，乃有同遇；有同遇者，乃有同調。……（《石村文集》卷中，《四庫禁毀書叢刊》影印清康熙間刻本）

智按：郭金臺，字幼隗，湖南湘潭人，本姓陳氏，名湜。年十五，遭家難，賴中表郭氏卵翼得脱，遂爲繼。弱冠有聲黌序間，萬曆間，兩中副車。崇禎朝，屢以名薦，不起；例授官，亦不拜。既南渡，隆武鄉試登賢書，督師何騰蛟論薦，授職方郎中。再起監軍僉事，有司敦迫，皆以母老病辭不就。

避迹山中，然於時事多所論列。一二枕戈泣血之士，崎嶇嶺海，經營措置，不遺餘力。當是時，潰卒猖獗，積尸盈野，百里無人烟。金臺請於督師，命偏裨主團練，力率鄉勇，鍛矛戟，峙芻糗，鄉人全活者以數萬計。清初，當局特疏薦於朝，力請得免。晚授徒衡山，深衣幅巾，足不履戶外，絕口不談世事。惟論列當時殉難諸人，輒欷歔流涕。康熙十五年，以疾卒於家，年六十有七。自題其墓曰「遺民郭某之墓」。著有《石村詩文集》、《五經駢語》、《博物彙編》。

方以智（一六一一～一六七一）

《通雅》

元和體、長慶體，則以年號名也。（《四庫全書》本卷三「釋詁・綴集」；侯外廬主編《方以智全書》第一册《通雅》上，第一七七頁）

皮日休、白樂天皆守庚申。許渾詩：「年長每勞推甲子，夜長初共守庚申。」道士程紫霄曰：「任汝三彭說是非。」皮白何惑乎，文人滑稽自娱耳。

琵琶本借枇杷，轉為鼙婆……《說文》止有枇杷字，借當樂器，遂作琵琶，一名鼙婆，即琵琶聲之轉也……而元美以為，琵琶或後凡樂器之有槽軫者，皆借稱之邪？琵亦音擘，容齋引樂天「忽聞水上琵琶聲」為證，古詩何拘邪？《紀事》載宣宗《弔白居易》律詩云：「童子解吟長恨曲，塞兒能唱琵琶篇。」此知唐人有擘琶之音。（《四庫全書》本卷三十「樂舞」）

屏風有疊扇可開闔曰連屏。賈公彥云：屏風之名，出於《漢世春秋》……《李絳傳》：元和二年，為學士。憲宗命絳與崔羣、錢徽、韋弘景、白居易等搜次君臣成敗五十種，為連屏張便坐。……（《四庫全書》本卷三十四「器用」）

《物理小識》

硫〇……白樂天曰：「退之服硫終，一病訖不痊。」王讜《唐語林》曰：「韓愈病卒，召羣僚曰：吾不藥，今將病死矣。汝詳視吾手肢體，無誑人云。」韓愈，癩死也。老人原可服硫死，自天命翛然而去，與硫何與？而謗之。黃山谷在宜州服紫霞丹，自云得力，曾紆勸其勿服，山谷曰：公等痘根在旁，乃不可服。如僕服之，殆是晴雲之在川谷也。(《四庫全書》本；清光緒寧靜堂刻本卷五)

木筆玉蘭〇木筆卽辛夷，宜斬條插之。玉蘭卽木蘭，《大理府志》：木蓮花樹高大，花如蓮，有青黄紅白四種。白香山言忠州有木蓮花。王元美謂卽玉蘭。(方以) 智按，玉蘭春初開，木蓮四月花，蓋亦有别。《五雜俎》曰：「木蘭去皮不死。」(《四庫全書》本；清光緒寧靜堂刻本卷九)

庚申殺尸義〇人血以庚申日灑物上，爲妖道家爲三彭守庚申。白香山皆信之。庚申，殺氣也。(《四庫全書》本；清光緒寧靜堂刻本卷十二)

智按：方以智，字密之，號鹿起，桐城（今屬安徽）人。崇禎十三年（一六四〇）進士。官翰林院檢討。明末復社領袖之一。李自成起義軍攻入北京後，逃至南方，受到閹黨阮大鋮等迫害。明桂王建立南明永曆政權後，任方以智為經筵講官，又被太監王坤誣劾免職。永曆三年（一六四九），拜禮部尚書，東閣大學士，俱辭不就。明亡後削髮為僧，改名大智，字無可，别號弘智，浮雪山愚者，愚者大師，人稱藥地和尚。有《浮山全集》、《物理小識》及《東西均》、《通雅》、《藥地炮莊》、《易餘》、《性故》、《一貫問答》、《博依集》等。傳見《清史稿》卷五百。

黄周星（一六一一～一六八三）

《唐詩快》

(《賀雨》) 只如說家常話，忠愛懇惻，字字從肺腑中流出，真仁人君子之言。(康熙三十二年刻本卷五)

(《寄唐生》) 該哭 (「所悲」二句下)。此真奇人奇事也。世傳唐衢善哭，若無樂天此詩，只將衢看作楊朱、阮籍一流矣。即昌黎詩亦未曾寫出。(康熙三十二年刻本卷五)

(《贈樊著作》) 如此顯微闡幽，詩乃更勝於史。(康熙三十二年刻本卷五)

（《新樂府・海漫漫》）余嘗謂人皆可以求神仙，惟帝王不可以求神仙。神仙不無，但决非帝王所能求耳。

（《新樂府・上陽白髮人》）只此一語，可以泣鬼矣（「入時十六」句下）。泣鬼語（「零落年深」句下）。殊可切齒。馬嵬之死，不足悲也（「未容君王」二句下）。泣鬼語（「一生遂向」句下）。泣鬼語（「唯向深宮」句下）。要他何用（「大家遥賜」句下）？泣鬼語。此一語更慘（「天寶末年」句下）。

（《新樂府・新豐折臂翁》）泣鬼語（「夜深不敢」句下）。嗚呼，爲民父母者，奈何使天下有折臂翁乎！

（《新樂府・太行路》）此等詩可謂極顯淺矣。然一字一句，何非名理？即不作詩觀，亦當作格言觀。

（《新樂府・青石》）好句法（「石不能言」句下）。此不是以風世乎！

（《夜聞歌者》）畢竟是説不出口。可憐，可憐（末句下）！

（《琵琶行》）樂天詩如《長恨歌》、《琵琶行》，皆所謂老嫗解頤者也。然無一字不深入人情，而且刺心透髓，即少陵、長吉歌行皆不能及。所以然者，少陵、長吉雖能為情語，然猶兼才與學為之；凡情語一夾才學，終隔一層，便不能刺透心髓。樂天之妙，妙在全不用才學，一味以本色真切出之，所以感人最深。由是觀之，則老嫗解頤，談何容易！（《唐詩匯評》中册，第二一〇四頁）

（《放言五首》其三）真正千古名言。佛説真經，不過如是。

（《大林寺桃花》）只恐「此中」亦不能久駐，奈何！

（《編集拙詩成一十五卷因題卷末戲贈元九李二十》）直得賣弄，不差，不差！

（《問劉十九》）豈非天下第一快活人。

（《餘杭形勝》）足以敵微之之「四面屏障」、「一家樓臺」矣。文人之幸耶？抑山川之幸耶？（康熙三十二年刻本卷五）

智按：黄周星（一六一一～一六八三，一説一六一一～一六八〇），字景虞，號九煙，上元（今江蘇南京）人。崇禎十三年進士，崇禎十七年授戶部主事，明亡後不仕，浪跡吴越間，以教書鬻文為生。有《九煙先生遺集》六卷、《夏為堂别集》二卷。所編《唐詩快》十六卷，有南京圖書館藏清康熙二十六年（一六八七）書帶草堂刻本，上海圖書館藏康熙三十二年（一六九三）刻本。

劉道貞（一六二一舉人）

《遇僊記》

世儒於神僊事多諱，道家者流又幻詭，其説謂名在緑字玉書，道必飛精拔宅，乃可得仙，而予考古忠孝奇烈男子，强半以仙蹟聞，留侯、鄴侯采真佐命之時，中散、平原形解兵刃之際；預定生前，則白樂天名題蓬島，王平甫夢到靈芝；著靈身後，則蘇子瞻遊戲杏園，韓稚圭總眞紫府。人謂有宋羣儒，半是武夷仙伯，然則太清選客，豈離世上英雄，道炁長存，眞人不死，廼今於太史李仁卿遇德望陶公，事益徵信焉。萬曆甲午秋，李公時為諸生試畢，西返書劒，翛然日暮，行遲山煙間，寂倐有道士杖策馬前，掀髯言曰：子非應試者耶！子毋妄想解元，今科解元，故子邑羅生也。子當以庚子得雋，丁未始成名爾。李負才盛氣，怒而捶之，道士大言曰：「我會稽陶與齡也，吾若翁門下士，而乃辱長者為。」誶語紛紜，人影俱失。李始異之，歸問甫翁宗伯公。公曰：「噫！此予南中所取士，而今太史周望兄也。業久即世，子毋乃與魅語耶！」李自疑不祥，意忽忽不自得，已而其語果驗。蜀中盛傳，陶公實仙，太史周望業聞而採入家傳中矣。……（明鄭元勳《媚幽閣文娱二集》卷三，《四庫禁毁書叢刊》影印明崇禎刻本）

智按：劉道貞，法名濟斌，字長倩，號墨仙、默先，邛州（今四川邛崍）人。天啟元年（一六二一）辛酉舉於鄉。性恬澹，工詩文，張獻忠破四川，道貞避亂沈黎，激勵土漢，同曹勳等，舉兵敗賊於小關山，嚴道以南，不被寇者，道貞與勳之力也。道貞為人縝密，時羽書交馳，簿書必自校，以勞瘁卒。人咸哀之。(《四庫提要》)

江用世（一六二二進士）

《史評小品》

⊙漢武（又論纂一則）

自古文章於人主未必遇，遇者政不必佳耳。獨司馬相如於漢武帝，奏《子虛賦》，不謂其今人，至歎曰：「朕獨不得此人同時哉！」奏《大人賦》，則大悅，飄飄有凌雲之氣，似遊天際。既死，索其遺篇。得《封禪書》，覽而異之。此是千古君臣相遇，令傅粉大家讀之，且不能句矣。下此則隋煬恨空梁於道衡，梁武絀微事於孝標，李朱崖至屏白香山詩不見，曰見便當愛之。僧虔掘筆明遠，累辭於乎忌矣。後世覓一解忌人，了不可得。（《史評小品》卷九，《四庫未收書輯刊》影印明末刻本）

智按：見王世貞《弇州四部稿》卷一百五十一《藝苑卮言》「説部」。

⊙白居易唐書贊

杜牧謂纖豔不逞，非莊士雅人所爲，流傳人間，子父女母，交口教授，淫言媟語，入人肌骨不可去，蓋救所失，不得不云。觀居易始以直道奮，在天子前争安危，冀以立功，雖中被斥，晚益不衰。當宗閔時，權勢震赫，終不附離為進取計，完節自高，而稹中道徼險得宰相，名望漼然。嗚呼！居易其賢哉！（《史評小品》卷十八唐下，《四庫未收書輯刊》影印明末刻本）

⊙又玄宰一則

宋人有云：「士大夫必有退步，然後出處之際綽如。」此涉世語，亦淵識語也。讀白香山《池上篇》，其所謂「十畝之宅，五畝之園，有水一池，有竹千竿，有書有酒，有歌有絃」者，實爲衣冠巢許之助。温公之獨樂，卒成謝傅之同憂，有以哉！（《史評小品》卷十八唐下，《四庫未收書輯刊》影印明末刻本）

智按：見董其昌《兔柴記》（《容臺集》文集卷四，《四庫全書存目叢書》影印明崇禎三年董庭刻本）。

⊙又論纂一則

白樂天與楊虞卿爲姻家，而不累於虞卿；與元稹、牛僧儒相厚善，不黨於元稹、僧儒，爲裴晋公所愛重，而不因晋公以進；與李文饒隙，而文饒終未嘗深害之者，處世如是，人亦足矣。推其所繇，惟不汲汲於進，而志在於退，故能安然於去就愛憎之際，綽有餘裕也。（《史評小品》卷十八唐下，《四庫未收書輯刊》影印明末刻本）

⊙又說儲一則

白居易葬龍門山，河南尹盧貞刻《醉吟先生傳》于石，立墓側。相傳過者必奠巵酒，冢前方丈土常成泥濘。彼欲葬陶家側，及燒缸地者，何如作醉吟先生墓前方丈土。

又樂天《敘洛詩》云：「寄懷於酒，取意於琴，閑適有餘，酣樂不暇。苦詞無一字，憂嘆無一聲。豈牽强所能致耶？蓋亦發中而形外耳。斯樂也，實本之於省分知足，濟之以家給身閑，文之以觴詠絃歌，餙之以山水風月，此而不適，何往而適哉？茲又以重吾樂也。予嘗云：治世之音安以樂，閑居之詩泰以適。苟非理世，安得閑居，故集洛詩，別爲序引，不獨記東都履道里有閑居泰適之叟，亦欲知皇唐太和歲有理世安樂之音，集而序之，以俟夫採詩者。」觀樂天所言，眞可謂從容于名教之塲，坐卧于羲皇之代矣。非獨情閑，亦其福勝。此老終當以樂死。元稹以明經制策入仕，其一篇自述曰：「延英引對碧衣郎，江硯宣毫各別床。天子下簾親考試，宮人手裏過茶湯。」是時貴族並應制科，用爲男子榮進。

二李黨事興，樂天畏禍求退，故《詠懷》云：「人間禍福愚難料，世上風波老不禁。萬一差池似前事，又應追悔不抽簪。」

士人屈首受書，定當希制科榮進，而既已名遂功成，亦宜以安全退步，無恠元稹之津津，而樂天蚤爲抽簪計也。然微之矜詡之過，未免爲輕薄子導師。樂天但願爲無灾無難之公卿已耳，其風雲氣安在？元輕白俗，即功名上，亦可見一班。（《史評小品》卷十八唐下，《四庫未收書輯刊》影印明末刻本）

智按：江用世，太倉（今屬江蘇）人。天啟二年（一六二二）進士，崇禎七年（一六三四）任布政司左參政。

陳天定（一六二五進士）

《古今小品》

（《代書》白居易）代書奇創，道氣交情俱見之。（《古今小品》卷三，《四庫禁毁書叢刊》影印清道光九年刻本）

（《八漸偈序》白居易）寥寥數語，亦具起伏隱現之變。（《古今小品》卷四，《四庫禁毁書叢刊》影印清道光九年刻本）

（《荔枝圖序》白居易）寫生之筆，正貴此輕脆。（《古今小品》卷四，《四庫禁毁書叢刊》影印清道光九年刻本）

（《不能忘情吟序》白居易）情之所鍾，正在我輩，使我汩汩塵土中者，此文也。（《古今小品》卷四，《四庫禁毁書叢刊》影印清道光九年刻本）

（《題道宗上人十韻序》白居易）林間清吹，葉响泉飛。（《古今小品》卷四，《四庫禁毁書叢刊》影印清道光九年刻本）

（《琵琶行序》白居易）情境相逼，所謂人言愁今始愁。（《古今小品》卷四，《四庫禁毁書叢刊》影印清道光九年刻本）

（《和夢遊春詩序》白居易）水窮雲起，是我輩頂門針，不可使知，不可使不知，二語堪一涕。（《古今小品》卷四，《四庫禁毁書叢刊》影印清道光九年刻本）

（《遊大林寺》白居易）一味蕭騷，想老姥亦解得。（《古今小品》卷五，《四庫禁毁書叢刊》影印清道光九年刻本）

（《冷泉亭記》白居易）惟鬆故朗，惟脆故爽。（《古今小品》卷六，《四庫禁毁書叢刊》影印清道光九年刻本）

（《香山寺白氏洛中集記》白居易）本願依佛，與他記同，末添後身一意，更悽惻。（《古今小品》卷六，《四庫禁毁書叢刊》影印清道光九年刻本）

（《聖善寺白氏文集記》白居易）文情淡老。（《古今小品》卷六，《四庫禁毁書叢刊》影印清道光九年刻本）

（《蘇州南禪院白氏文集記》白居易）以文集作佛事，亦得未曾有。（《古今小品》卷六，《四庫禁毁書叢刊》影印清道光九年刻本）

（《祭廬山文》白居易）氣格蒼渾，包涵意大。（《古今小品》卷六，《四

庫禁毁書叢刊》影印清道光九年刻本）

（《哀二良文》白居易）意皆嘗談，其逸宕則不可及。（《古今小品》卷六，《四庫禁毁書叢刊》影印清道光九年刻本）

（《元微之墓銘》白居易）公與元誼至篤，銘特感愴。（《古今小品》卷七，《四庫禁毁書叢刊》影印清道光九年刻本）

（《酒功贊》白居易）有諧趣，不厭其俗。（《古今小品》卷七，《四庫禁毁書叢刊》影印清道光九年刻本）

（《畫彌勒上生幀讚并序》白居易）淡淡自老，落落自古。（《古今小品》卷七，《四庫禁毁書叢刊》影印清道光九年刻本）

（《貘屏贊并序》白居易）意至而文成，非關思索。（《古今小品》卷七，《四庫禁毁書叢刊》影印清道光九年刻本）

智按：陳天定，字祝皇，龍溪（今福建漳州）人。與文穆林公釬為中表，嘗師事之。天啟五年（一六二五）進士。遭魏璫方張，不釋褐而歸。日與友人談經史，操時藝選政，海内操觚家多宗之，而《陳氏説書》尤盛行於世。會漳中不靖，二十四將躪海濵，窺於郡，郡守施邦曜與共商捍敵之策，天定繕鄉兵，輕衣治戎，自城以東，皆主之，築土堡於鎮門兩岸，以固郡圉。賊嘗一夜以輕舟泊浦頭，天定乘月黑要之，賊幾不得出，自是不得内犯。歲復饑，天定捐貲勸賑，聚米分恤，活饑民無數，民為立碑紀其事。崇禎四年（一六三一）辛未，璫燄既熄，始廷獻授官行人。未幾，林文穆卒，遂請護喪以歸。著有《陳氏説書》及《慧山詩文全集》若干卷，行於世，學者稱為慧山先生。

周暉（一六二七前後）

《金陵瑣事》

⊙續樂天詩

幼峰余公，自拂衣後，朝政不談，門刺不通。獨騷人棋客，倒屣迎之。性不能飲酒，席上任客豪飲。飲至更深，對之殊無倦色。偶夏日，親友攜酌溪亭，命童子歌以侑之。因誦白樂天詩：「親朋治杯酒，僮僕解笙歌」二句遂足成一律，云「小榻臨流設，高軒冒暑過。親朋治杯酒，僮僕解笙歌。荷氣分涼入，松陰受月多。莫矜狂態在，年鬢各蹉跎」。觀此詩公之樂，閑曠而愛真率也。可窺其一二矣。（卷三，《國學珍本文庫》第一集本）

智按：周暉，字吉甫，上元（今江蘇南京）人。胸饒蘊蓄，性好編纂，著有《金陵瑣事》正續集。（《江南通志》卷一百六十五「人物志・文苑一・江蘇二府」）

解引樾（一六二八進士）

《香山寺二首》

香山居士舊風流，風雨年年閟石樓。一自新詩澷弔後，故眉殘碣亦千秋。

曾傍香山寫醉吟，誰教逸事委荒岑。千年雅韻如相待，蘿石香山並古今。（《（乾隆）韓城縣志》卷十四，《續修四庫全書》影印清乾隆四十九年刻本，第六九三册，第二六二頁）

智按：解引樾，字拙存，韓城（今屬陝西）人。解經邦之子。天啟八年（一六二八）戊辰進士。授翰林編修。為人孝友真摯，雄才博學，不可一世。李闖王入關，隱居太華龍門間，讀書不輟，稱韓山樵隱，或龍門逸史，與姚思孝時相往復，有「逸史二老」之目，所著有《素位篇》、《華遊草》、《名勝志》、《澹園稿》諸書，自為墓誌以終。

朱苞（一六三〇前後）

《黃山遊記》

黃山當休、歙、太平三邑界，其間名公大卿，曷可勝記。予獨重太平周恭節先生人品隱異之奇，知爲黃山之靈氣所鍾。天啓改元辛酉，於太平學宮望見山色，若拱若立，若故人在天半相待，然竟以試事閣。今年崇禎庚午八月，同友人鄭明衡、暨家、以一、以价、九章、仲謀、世式輩訂遊盟，秋中秋暮定買道由三溪過黃瓜嶺，望黃山而去，比各至家，或病或艱，或未辦買山之資，未肯如予之扺貧不顧家者，俱止。予益信白樂天云：人生得遊奇山水，亦是福緣，所招不可强也。遂決意孤遊，一傭人，一小力，傭人李寰叟，小力阿聯，於十月十日，遙告黃山，髪僧朱苞順祈半月晴，以遂遊志。（清閔麟嗣《黃山志》卷四，清康熙自刻本，沈雲龍主編《中國名山勝迹志叢刊》第四輯，臺灣文海出版社，一九七一年，第八三九～八四一頁）

智按：朱苞，字以九，涇縣（今屬安徽）人。少穎悟，明末贈朝議大夫、戶部郎中，四川嘉定府知府。工詩古文，有聲幾社。與郡中名士歌詩往還。愛游黃山，有記有詩。崇禎庚午（一六三〇），撰《黃山游記》。有《半庵集》。事迹見《涇縣志》卷十八。

朱時恩（一六三一前後）

《居士分燈録》

⊙白居易（佛光如滿禪師法嗣）

白居易字樂天，官太子少傅，捨宅為香山寺，號香山居士。久參佛光如滿，得心法。

元和四年，惟寬至闕，易問曰：「既曰禪師，何以說法？」寬曰：「無上菩提者，被於身為律，說於口為法，行於心為禪，應用者三，其致一也。譬如江湖淮漠，在處立名，名雖不一，水性無二律。即是法，法不離禪，云何於中，妄起分別。」曰：「既無分別，何以修心？」寬曰：「心本無傷損，云何要修理？無論垢與淨，一切勿念起。」曰：「垢即不可念，淨無念可乎？」寬曰：「如人眼睛上，一物不可住。金屑雖珍寶，在眼亦為病。」曰：「無修無念，又何異凡夫耶？」寬曰：「凡夫無明，二乘執著。離此二病，是曰真修。真修者，不得勤，不得忘；勤則近執著，忘即落無明。此為心要云爾。」

元和十五年，牧杭州，因入山謁鳥窠道林。問曰：「禪師住處甚危險。」林曰：「太守危險尤甚。」易曰：「弟子位鎮江山，何險之有？」林曰：「薪火相交，識性不停，得非險乎?」又問：「如何是佛法大意?」林曰：「諸惡莫作，眾善奉行。」易曰：「三歲孩兒也解恁麼道。」林曰：「三歲孩兒雖道得，八十老人行不得。」又以偈問曰：「特入空門問苦空，敢將禪事叩禪翁。為當夢是浮生事，為復浮生是夢中。」林答曰：「來時無跡去無踪，去與來時事一同。何須更問浮生事，衹此浮生是夢中。」易作禮而退。

又易嘗求心要於凝禪師，得八言，曰觀，曰覺，曰定，曰慧，曰明，曰通，曰濟，曰捨。易因廣為八漸偈，偈曰：

（一觀）以心中眼，觀心外相。從何而有，從何而喪。觀之又觀，則辨真妄。

（二覺）惟真常在，為妄所蒙。真妄苟辨，覺生其中。不離妄有，而得真空。

（三定）真若不滅，妄即不起。六根之源，湛如止水。是為禪定，乃脫生死。

（四慧）專之以定，定猶有繫。濟之以慧，慧則無滯。如珠在盤，盤定珠慧。

（五明）定慧相合，合而後明。照彼萬物，物無遁形。如大圓鏡，有應無情。

（六通）慧至乃明，明則不昧。明至乃通，通則無礙。無礙者何，變化自在。

（七濟）通力不常，應念而變。變相非有，隨求而見。是大慈悲，以一濟萬。

（八捨）眾苦既濟，大悲亦捨。苦既非真，悲亦是假。是故眾生，實無度者。

贊曰：樂天參佛，光悟明心地，其機緣莫可考已，乃所至尊宿，若鳥窠輩，樂天莫不嚮風瞻禮，俛焉受其鉗鎚，何以故？其心虛也。虛則明，明則淫房酒肆，不離道場，絃管花鈿，無非佛事，故曰「達哉達哉白樂天」。（《居士分燈録》卷上，《卍新纂續藏經》第八六册）

智按：朱時恩，佛教居士。崇禎四年（一六三一）撰《居士分燈録》二卷。一六三二年至一六五三年間，以二十一年時間仿孔子《春秋》而著《佛祖綱目》四十一卷。卷首除兩篇序文及作者自述寫作緣起外，另録宋濂《夾注輔教篇序》、《重刻護法論題辭》，宗杲《示真如道人書》及雲栖蓮池九篇法語。卷末收録宋道士張伯端等人傳記語要。

支允堅（一六三三前後）

《藝苑閑評》

樂天《長恨歌》，備述明皇貴妃之始末以垂戒，但辭語迫切，發揚大過，有失為尊者諱之義。不然，《國風》於姜氏、齊侯之事，曷為諱之？惟唐絕句有云：「薛王沉醉壽王醒」，得言外無窮之感。（《全明詩話》第四册，第二九四〇頁）

《連昌》、《長恨》，情致相似，風骨亦侔；然敍事宛轉勝在《長恨》，勸戒諷諭優在《連昌》。（《全明詩話》第四册，第二九四二頁）

樂天：「何意掌上玉，化為眼中沙？」柳州：「盛時一去貴反賤，桃笙葵扇安可常？」（《全明詩話》第四册，第二九四二頁）

白樂天詩：「兩枝楊柳小樓中，爛戀多年半醉翁。」醉翁，樂天自謂也。歐陽公滁州之號，不知先已有人。（《全明詩話》第四册，第二九四五頁）

智按：此則已見何孟春（一四七四～一五三六）《餘冬詩話》卷下。

李太白詩「孤帆遠影碧空盡，惟見長江天際流」，謝玄暉「天際識歸舟」句也。崔顥詩「晴川歷歷漢陽樹，芳草萋萋鸚鵡洲」，玄暉「雲中辨江樹」句也。《琵琶記》内白樂天詩句已有「兒家門戶重重閉，春色緣何得人來？」薛惟翰《春女怨》云：「白玉堂前一樹梅，今朝忽見數花開。兒家門戶尋常閉，春色因何入得來？」金石抹世勣《紙鳶》詩有「果物戲人人戲物？為風乘我我乘風」，是閉門造車，出門合轍。（《全明詩話》第四册，第二九四五～二九四六頁）

白樂天《寄李郎中》一絕云：「往年江外拋桃葉，近歲樓中別柳枝。寂寞春來一杯酒，此情惟有李君知。」注云：「柳枝、樊素，二愛妓也。」夫以李郎中與二妓同道，且言知己，李何如人耶？（《全明詩話》第四册，第二九四六頁）

《楊柳枝》即古折楊柳枝義也，本歌亡隋之曲，故陳子昂有詩云：「萬里長江一帶開，岸邊楊柳幾年栽？錦帆未落干戈起，惆悵龍舟去不回。」劉禹錫曰：「揚子江頭煙景迷，隋家官樹拂金堤。嵯峨猶有當時色，半蘸波中水鳥棲。」又韓琮曰：「昌樂隋堤事已空，萬條猶舞舊春風。」晉和凝云：「萬枝（株）枯槁怨亡隋，似弔吳臺各自垂」是也。後白居易愛妓樊素善歌，小蠻善舞，嘗有詩曰：「櫻桃樊素口，楊柳小蠻腰。」年既高邁，小蠻方豐豔，乃作《楊柳枝》詞以托意曰：「二樹春風萬萬枝，嫩於金色軟如絲。永豐西角荒園裏，盡日無人屬阿誰？」及宣宗朝，樂工唱是辭，帝問誰作？永豐在何處？左右具以對。時永豐坊西南角園中有垂柳一株，柔條極茂，因命取植禁中。居易感上知名，又作云：「一樹飄殘委泥土，雙枝榮耀植天庭。定知玄象令春後，柳宿光中添兩星。」後盧貞和之曰：「一樹依依在永豐，兩枝飛去杳無綜。玉皇曾采人間曲，應逐歌聲入九重。」劉禹錫曰：「塞北梅花羌笛吹，淮南桂樹小山詞。請君莫奏前朝曲，聽唱新翻楊柳枝。」此為白氏《楊柳枝》而作也。今人渾為一題，而《六朝樂府》收之，亦不辨也。及唐人詠此題極多。劉禹錫詩云：「花萼樓前初折時，美人樓上鬭腰枝。如今抛擲長街裏，露葉如啼欲恨誰?」「城外西風吹酒旗，行人揮袂日西時。長安陌上無窮樹，惟有垂楊管別離。」白居易曰：「紅板橋邊青酒旗，館娃宫暖日斜時。可憐雨歇東風定，萬樹千條各自垂。」韓琮曰：「枝鬭纖腰葉鬭眉，春來何處不成絲。灞陵原是（上）多離別，少有長條拂地垂。」溫庭筠曰：「陌上河邊千萬枝，怕寒愁雨盡低垂。黃金穟短人多折，已恨東風不展眉。」然當時傳誦，惟劉白為最而晚唐薛能又謂：「劉白之句，雖有才思，似太拘僻，且宫商不高。」遂作十九首以壓之。其曰：「潭上江邊嫋嫋垂，日高風靜絮相隨。青樓一樹無人見，正是女郎眠覺時。」「劉白蘇臺總近時，當年章句是誰推？纖腰舞盡春楊柳，未有儂家一首詩。」其妄如此，以令較之，豈能追劉白蘊藉耶？又有《折楊柳行》，可謂甚古，謝靈運嘗一作之，餘不多見。復有《月節折楊柳》，雖是古辭，則近似於唐人意矣。（《全明詩話》第四册，第二九四六～二九四七頁）

質而不俚，是詩家難事。張文昌善用之，劉夢得《竹枝》亦人妙。至白樂天，索解於老嫗，蓋欲反李義山之澀僻，而弊也淺俗。（《全明詩話》第四册，第二九四七頁）

智按：此則本自李東陽《麓堂詩話》（《歷代詩話續編》第一三七五頁）。

白樂天之詩，曠連（達）閒適，意輕軒冕，人皆信之。然朱晦庵謂樂天「人多説其清高，共實受官職。凡詩中説及富貴處，皆津津地涎出」，可謂窺見其微矣。（《全明詩話》第四册，第二九五一頁）

智按：支允堅，字子固、支山道人，號梅坡居士。生平未詳。有《梅花渡異林》十卷（《四庫全書存目叢書》影印北京大學圖書館藏崇禎間刊本），卷首有崇禎六年（一六三三）癸酉作者友人王屋序文、崇禎七年甲戌作者《自引》，書中卷九、卷十即《藝苑閒評》。卷九有序文冠於卷端，謂評詩並非易事，要在「評而有當」。此二卷不但有獨立序文，且有卷內目録，與前八卷形式迥然不同。蓋《藝苑閒評》原為單行，作者輯刊《梅花渡異林》時收入。品評孟浩然、王摩詰、白居易、元稹、楊慎等詩家詩作，指出優劣。其論詩宗盛唐，推崇王、孟，褒獎質而不俚、意調俱足之詩風。

秦鏞（一六三七進士）

《（崇禎）清江縣志》

【彭廷簡】字上拔，郡城人。伯祖璋，歲貢生。嘗從施閏章講學，存恤楊廷麟後人，以女妻其孫繼祖。廷簡朞歲而孤，祖母楊、母劉兩世守義鞠之。幼慧，十歲自知屬文，成童爲諸生，歷試經義及詩賦，輒冠一邑。遊學豫章書院，尤以文宗先正爲巡撫陳宏謀所賞，他試作馳騁經史，自鑄偉詞，有劉子壯、李來泰之風，學使每刊之試牘以行。詩初學長慶體，晚更出入高、岑諸家。終歲貢生，年五十八。以母喪哀毀致疾，卒。知府李昌昱愛其詩，欲訪録其遺稿，不可得，每為惋惜云。（墓志）（《（崇禎）清江縣志》卷八人物志中，《四庫全書存目叢書》影印明崇禎刻本）

智按：秦鏞，字大音，號弱水，無錫（今屬江蘇）人。崇禎十年（一六三七）進士。官清江知縣，充江西鄉試同考官，調蓬萊縣知縣。南明弘光時，擢江南道監察御史，尋告歸，居城東千休館，杜門讀書。纂有《清江縣志》八卷，有《參同閣文集》、《易序圖說》。

徐時勉（一六四〇貢生）

《種柳和白香山》

樹木十年事，吾衰計轉忙。小莊疎竹外，處處插垂楊。叢短初成帚，身高欲過牆。年逾三五後，遮莫暑風涼。（《四庫全書》本《御選明詩》卷六十五）

智按：徐時勉，字克勤，號蘧庵，江南嘉定府嘉定縣（今屬上海）人。崇禎十三年（一六四〇）庚辰，成歲貢生。十五年壬午，朝廷開特科，不限舉貢，皆得預試，通賜特用進士出身，授澄城知縣。有《毛詩注疏大全合纂》三十卷、《澄城政略》二卷、《蘧庵文鈔》二卷、《蘧庵詩鈔》三卷、《東歸稿》一卷、《徐氏家訓》二卷。

周嬰（一六四〇貢生）

《巵林》

⊙蘇小

《芥隱筆記》引白樂天詩：「揚州蘇小小，人道是夭斜（音伊邪切）。」

疑之曰：余在晉安，遇陳士傳，將為西湖之隱，作詩送之，中云：「釃酒頻游蘇小墓，載書時泛議曹湖。」既去，偶見白公此語，深悵使事之誤。更憶樂府《錢塘蘇小小歌》：「妾乘油壁車，郎騎青驄馬。何處結同心？西陵松柏下。」解題曰：「小小，南齊時錢塘名娼也。」《才調集》溫飛卿《蘇小小歌》云：「家在錢塘小江曲。」《香奩豔語》：蘇小小墓，或云湖曲，或云江干。今西陵在錢塘江之西，云江干近是。沈原理《蘇小小歌》「西陵墓下錢塘潮，潮來潮去夕復朝。」則予非誤矣。又緡《春渚紀聞》：司馬才仲櫄，初在洛下，晝寢，夢一美姝，牽帷而歌曰：「妾本錢塘江上住，花開花落，不管流年度」云云。且曰：「後日相見錢塘江上。」及才仲中第，為錢塘幕官。廨舍後，唐蘇小墓在焉。頃之，才仲復夢美姝迎笑謂曰：「夙願諧矣。」遂同寢。自是每夕必來。同宲咸曰：「蘇小小墓，妖也。」不踰年，才仲疾卒。按此則蘇小寔錢塘人。白樂天《楊柳詞》：「蘇州楊柳任君誇，更有錢塘蘇小娃。若解多情尋小小，綠楊深處是蘇家。」則亦以為武林人，知揚州為杭字之誤也。

（孫云：案白香山《餘杭形勝》詩云：「夢兒亭古傳名謝，教妓樓新道姓蘇。」自注：「蘇小小本錢塘妓人也。」無緣忽以為揚州。近刻香山詩，《和春深二十首》作杭州。《芥隱筆記》偶誤耳。《野客叢書》卷七引白詩，又作「莫言蘇小小，人道最夭邪」。蓋宋本不同如此。）

宋陳子兼《牕間紀聞》：嘉興縣西南六十步，《地記》云：晉歌妓蘇小小墓，今有片石，在通判廳，曰蘇小小墓。徐凝《寒食》詩：「嘉興郭里逢寒食，落日家家拜掃歸。只有縣前蘇小小，無人送與紙錢灰。」則小小墓又在嘉禾。豈麗嬡妖姬，兩地爭以為重乎？劉禹錫《送裴處士》詩云：「憶得當年識君處，嘉禾馹後聯墻住。垂鈎釣得王餘魚，踏芳共登蘇小墓。」夢得詠已及此，《紀聞》又非誣耳。（《四庫全書》本卷二；《叢書集成初編》本卷二《疑白》）

琴按：蘇小小非止一人，晉有歌妓名蘇小小，唐亦有名妓蘇小小，前人考證繁瑣，不作徵引。查今本《白香山集·和春深二十首》最後一首均作「杭州蘇小小，人道最夭斜」。《升庵詩話》云：「唐詩：『錢唐蘇小小，人道最夭邪。』又：『長安女兒雙髻鴉，隨風趁蝶學夭邪。』夭音歪。」所録又有不同。

⊙漢唐酒價

《叢談》曰：歷陽郭次象多聞，嘗與僕論唐酒價。郭謂前輩引老杜詩「速宜相就飲一斗，恰有三百青銅錢」，以此知當時酒價，然白樂天《與劉夢得沽酒閒飲》詩曰：「共把十千沽一斗，相看七十欠三年。」當劉白之時酒價，何太不廉哉！僕謂不然。十千一斗，乃詩人寓言，此曹子建樂府中語耳。唐人引此甚多，如李白詩曰：「金尊沽酒斗十千。」王維詩曰：「新豐美酒斗十千。」崔國輔詩：「與沽一斗酒，恰用十千錢。」權德輿詩：「十千斗酒不知貴。」陸龜蒙詩：「若得奉君歡，十千沽一斗。」唐人言十千一斗，類然，一斗三百錢，獨見子美詩所云，故引以定當時之價。然詩人之言，出於一時，又未知果否？一斗三百，別無可據，《唐・食貨志》云：「德宗建中三年，禁民酤，以佐軍費，置肆釀酒，斛收直三千。」此可驗乎？又觀楊松玠《談藪》：「北齊盧思道嘗云：長安酒賤，斗價三百。」杜詩引此，亦未可知。僕因謂郭曰：「曾知漢酒價否？」郭無以應。僕曰：「漢酒價，每斗一千。」郭問出何書，僕曰：「此見《典論》，曰：『孝陵末年，百司湎酒，一斗直千文。』此可證也。」

釋曰：曹子建《名都篇》：「歸来宴平樂，美酒斗十千。」此詩人筆興所至耳。甲觀張筵，大官供醴，豈無酒酤我者，而筭及酒錢也？梁元帝《長歌行》：「當壚擅旨酒，一巵堪十千。」簡文帝詩：「欲袪九秋恨，聊舉十千杯。」皆祖子建者。若泥其語，則一巵一杯，又價齊於一斗矣。王融《淥水曲》：「斗酒千金輕庾信。」云「今朝一壺酒，寔是勝千金。」亦可以為真耶？梅聖俞《春雪》詩：「三公免責百姓喜，斗酒十千誰復慳？」宋酒價亦復然與？《唐・食貨志》又言：「德宗貞元二年，天下置肆以酤者，斗錢百五十。」建中三年至此僅四年，酒價不同如此。此詩豈作於建中時耶？然貞元二年，歲饑，御膳減半，而酒價反廉，皆可資一笑也。但勉夫知漢靈末酒價斗一千，未知桓帝時斗二百，昭帝時斗四十也。案《神仙傳》：「漢桓帝時，王遠過吳胥門，以千錢與餘杭姥乞酤酒，信還得酒五斗，許是斗二百也。昭帝紀始元六年，罷榷酤官，令民賣酒，升四錢。」杜氏《通典》：「始元末，丞相田千秋奏，罷酒酤賣酒斗四錢。」此恐升字之誤。予嘗為之語曰：「西京若就壚頭飲，一斗惟消四十錢。」（《四庫全書》本卷三）

⊙耆英

《容齋四筆》曰：文潞公留守西京，年七十七為耆英會，凡十有二人。侍中富韓公年七十九，最長，至大中大夫張問年七十，唯司馬公方六十四歲，用狄監盧尹故事，亦預於會。狄、盧見《白樂天集》，今所謂九老圖者，懷州司馬胡杲年八十九，衛尉卿吉旼年八十六，龍武軍長史鄭據八十四，磁州刺史劉真、侍御史盧貞皆八十二，永州刺史張渾、刑部尚書白居易皆七十四，時秘書監狄兼謩、河南尹盧貞，以年未七十，與會而不及列。故温公紀韓公至張昌言，而自不書。唐兩盧貞，而又同會，疑字誤。

述曰：白居易詩序曰：會昌五年三月，胡、吉、劉、鄭、盧、張六賢，皆多年壽。予亦次焉於東都履道坊，合尚齒之會，賦詩記之。其夏又有二老，年貌絶倫，亦來斯會，續書姓名年齒，寫其形貌，附於圖右，題為《九老圖》，仍以一絶贈之。蓋洛中遺老李元爽年一百三十六，禪僧如滿歸洛年九十五也。時秘書監狄兼謩、河南尹盧貞，以年未七十，雖與會而不及列云。前懷州司馬胡杲年八十九，衛尉卿吉旼年八十八，前磁州刺史劉真八十七，龍武軍長史鄭據八十五，侍御史盧真八十三，前永州刺史張渾七十七，刑部尚書致仕白居易七十四。九老之會，盧真、盧貞，未嘗同名也。

又《夢溪筆談》紀洛社耆英云：元豐五年，文潞公守洛，為耆年會，命畫工鄭英圖於妙覺佛寺，凡十三人。守司徒韓國公富弼年七十九，守太尉潞國公文彥博、司徒郎中席汝言，皆七十七，朝議大夫王尚恭七十六，太常少寺趙丙、秘書監劉几、衛州防禦使馮行已（己），皆七十五，天章閣待制楚建中七十三，朝議大夫王慎言七十二，檢校太尉王拱辰七十一，大中大夫張問、通議大夫張燾，皆七十，端明殿學士司馬光年六十四。《筆談》又云：潞公歸洛日，年七十八，時有中散大夫程晌、朝議大夫司馬旦、司封郎中席汝言，皆年七十八，嘗為同甲會，各賦詩一首，潞公詩曰：「四人三百十二歲，况是同生丙午年。」按此是後一歲事，不知元豐五年之會，程、馬何以不預。

《四筆》又曰：至道九老者，李文正公昉罷相，後居京師，至道元年七十一矣。思白樂天洛中九老之會，適交游中有此數，曰太子中允張好問年八十五，太常李運年八十，吏部尚書宋琪、廬州節度使武允成，皆七十九，吳僧贊寧七十八，郢州刺史魏丕七十六，諫議大夫楊徽之七十五，水部郎中朱昂與昉皆七十一，欲繼其事，為宴集，會蜀寇起而罷。次年李公即世，此事竟不成，造物豈亦吝此耶？嬰按，此在會昌九老後一百五十二年，在洛社耆英前八十八年，然戍亥之際，於斯為盛云。

我明宣德間，湖州烏青鎮亦有九老。趙𡾋官司班年九十一，吳煥年九十，趙岐八十九，孫孟吉，建文中太常博士，八十五，水宗達運司八十二，漏瑜建文中（闕）唐其諒，建文中縣丞，胡敏、錢郁年皆八十。漏瑜，會稽人；唐其諒，鳳陽人。革除後，流寓烏鎮，俱能詩，結社倡和，亦一時之美。正統間，杭州亦有之大理正郎子貞八十一，封吏部員外郎孔希德八十，禮部郎中蔣廷暉七十八，處士項伯臧九十三，孫適、郭文敏皆七十三，又有稽勳郎中鄧林、布政使姚肇，以寓公與會，而年不及，見《宛委餘編》。（隆慶己巳，莆田有耆老會，太守鄭弼年七十八，少衾雍瀾七十七，太守陳敘七十六，運使林汝永七十五，主事柯維騏七十四，太守林允宗七十二，尚書康大和年七十一，大和賦詩云。故里重開耆老會，七人五百二十三，後尚書林雲同年六十九，亦與會）。（《四庫全書》本卷四）

智按：周嬰，字方叔，莆田（今屬福建）人。崇禎十三年（一六四〇）庚辰以貢入京，特授上猶知縣。去職後鄉居終老。

錢棻（一六四二舉人）

《偶筆》

北魏孝莊將還鄴，會霖雨行旅，擁于河橋，尚書令宋游道于幕下朝夕宴歌，行者曰：何時節作此聲也，固大癡，游道應曰：何時節不作此聲也，亦大癡。嗟乎！斯二者，我亦孰辨其爲癡然。白樂天詩云：「春光不過九十日，不開口笑是癡人。」況處顛沛而戚戚者，究無益于事，而徒損其懷，則不宴歌者真癡矣。荀崧一子羨年七歲，與母索刀欲殺，蘇峻年十二，辭婚帝室而逃，一女灌年十三，單騎突圍，乞師援父，如此英物，覺文舉家兒徒有其父風耳，恐當讓荀氏子女一頭地。（《蕭林初集》卷八，《四庫未收書輯刊》影印明崇禎間刻本）

智按：錢棻，字仲芳，嘉善（今屬浙江）人。崇禎十五年（一六四二）壬午舉人。文淵閣大學士士升子。

王祚昌（一六四四貢生）

《榆枋詩草書後》（題擬）

右先子《榆枋詩草》一册，始於萬曆戊寅，時二十四歲也。編年或存或缺，蓋散佚者多矣。悟眞寺書舍龍首朱氏墓廬，爲先子讀書處；蘆江及鹿芝書屋，則二三子所從問業也，鹿芝書屋，祚昌偕伯兄侍側。其在蘆江時尚幼，曾有詩勖祚昌兄弟，憶起語云：「我去課人兒，我兒誰與課？永夜自思之，輾轉不能卧。」自今讀之，方知其語之切也，乃并其簡失去，趙簡子之棄而不録，殆其謂乎？先子於古文詞，好李于鱗、王弇州諸家作法，於詩獨不好王、李。以爲詩者，我之志、我之學、我之時與遇存焉，有不可以倣古得者。嘗書卷首云：潘邠老有言，七言詩第五字要響，如「返炤入江翻石壁」、「歸雲擁樹失山村」是也，五言詩第三字要響，如「圓荷浮小葉」、「細麥落輕花」是也。余竊以字字活，則字字響。故先子之詩，其音清以越，其氣夷以卓，其旨近而遠，其體雅而風，其法正而游於自然，至無字不活，無字不響，則尤其大凡也。然而讀先子詩者，又不當獨論詩。先子當萬曆初載，海宇盜謐，畜厚力強，不一刻忘黼黻鴻業，鼓吹休明之志，故其詩曰：「翩翩南陌已鳴珂。」及其屢蹶武陵，睽違初志，則引命自安。嘗慨然諷白樂天「爲龍未必勝爲魚」語以自慰，故其詩曰：「天池亦恐難爲水。」讀書談道，樂以忘貧，故其詩曰：「明朝行拾穗，甘與野人羣。」信步聽天，不尤不怨，故其詩曰：「整理秧田日來暵。」見利思義，一介不苟，故其詩曰：「千里毫釐只此岐。」體萬物，痛無我，故其詩曰：「萬井同時一磬懸。」又曰：「乾坤胞與，意豈我獨。然若夫瑟，御寫幽閑。」《周南》之旨也。……《詩草》嚮名榆枋，至《病中書懷》詩結句云：「抉起榆枋聽鶚秋。」復特作七圈絕筆然者，嗚呼，乃遂成《逍遙曳杖歌》矣，豈非天哉！豈非天哉！祚昌闡述先子《易》學，於永嘉荷華池院，以諱日歸簡《易》稾，蒙翳蠹蝕，不可復讀，敬重録一册，將時覽焉，以見先子之志，亦庶幾愾然如聞寤嘆之聲云爾。如日退而學詩，痛已晚矣。（珠樹堂集一）（孫詒讓《温州經籍志》卷二十九集部，《續修四庫全書》影印民國十年刻本）

智按：王祚昌，字玄翼。溫州瑞安（今屬浙江）人。崇禎十七年（一六四四）舉歲貢，著有《周易敝書》、《珠樹堂集》。

王路（天啟間）

《花史左編》

⊙花妖（擬僉邪群小）

白樂天詩：「煇煇復煌煌，花中無此芳。艷妖宜小院，修短稱低廊。」蓋指榴花也。（《花史左編》卷一，《四庫全書存目叢書》影印明萬曆四十六年緑綺軒刻本）

⊙辛夷花

花如蓮，外紫内白，蕊若筆尖，故名木筆，一名望春，俗名猪心，本可接玉蘭者。《西湖志餘》云：花鮮紅，似杜鵑，躑躅，俗稱紅石蕎是也。白樂天《紅辛夷》詩云：「紫粉筆含尖火燄，紅胭脂染小蓮花。」（《花史左編》卷四，《四庫全書存目叢書》影印明萬曆四十六年緑綺軒刻本）

⊙蘆菔鮓

唐馮贄《雲仙散録》引《蛮甌志》云：白樂天入關齊，禹錫正病酒，禹錫乃饋菊苗虀蘆菔鮓，換取樂天六班茶二囊以醒酒。（《花史左編》卷十，《四庫全書存目叢書》影印明萬曆四十六年緑綺軒刻本）

⊙牡丹花

唐時此種獨少，長慶間，開元寺僧惠澄，自都下偶得一本，謂之洛花，白樂天攜酒賞之。唐張處士有《牡丹》詩，宋蘇子瞻有《牡丹記》，自古各家逸士無不首愛此花者。（花以人爲盛衷）（《花史左編》卷十四，《四庫全書存目叢書》影印明萬曆四十六年緑綺軒刻本）

⊙香落

坡詩註：昔有梵王，從天竺鷲嶺飛來，八月十五，嘗有桂子落，故白樂天詩：「天香桂子落紛紛。」（《花史左編》卷二十六，《四庫全書存目叢書》影印明萬曆四十六年緑綺軒刻本）

智按：王路，字仲遵，平湖（今屬浙江）人。家虹霓里，僻近海隅，蕭然窮處，集古安貧之士為書，曰《冰檗薈》，又著《花史約言》，并《客窗留三十咏》(《檇李詩繫》卷十八)。《浙江通志》載王路《花史》二十四卷，有天啟元年李日華序。今此本二十七卷，無日華序，而前有陳繼儒序，與路所作小引皆稱二十四卷。又此本二十五卷「花之友」，二十七卷「花之器」皆題「潭雲宣猷馭雲子補」。二十二卷「花塵」，題「百花主人輯」。則路書本二十四卷，此三卷乃後人所補入，而刊書者併為一目耳。又路《小序》稱此書為左編，別有右編為花之辭翰，約一十二卷。蓋有其名而未成書者也。(《四庫全書總目》卷一百十六子部二十六)

車以遵（崇禎間）

《題唐袖石緑聲集並慰其近事》

江雨落盡山雨空，好風眞與故人同。況復新詩常在手，哀梨無待蒸食供。元輕白俗世不貴，粤人食欖在回味。似君長吉亦卑之，三十六體皆可廢。憶昔坐君緑聲亭，秋煙漠漠花冥冥。南源固是嶽後户，大雲一席山來青。今年出山損懷抱，似望長安向西笑。我輩作事無不然，但可尋秋發秋棹。（《沅湘耆舊集》卷三十二，《續修四庫全書》影印清道光二十三年鄧氏南邨草堂刻本，第一六九一册，第六十二頁）

智按：車以遵，字孝則，徙字孝思，號劬園，邵陽（今屬湖南）人。車大任子。約生于明熹宗天啟初，貢生，入清後卒。享年八十三歲。有《高霞堂集》。

潘游龍（崇禎間）

《康濟譜》

白居易守杭州，有築堤浚井溉田之功，代還，取天竺片石攜歸，因賦詩曰：「三年為刺史，飲水復食蘗。惟向天竺山，取得一片石。」後守吴門，復取洞庭雙石，一以支琴，一以貯酒，又賦詩曰：「萬古遺水濱，一朝入吾手。」清操如此，可謂介如石、清如水矣。（眉批：苛者恐不能復謂之貪。）

潘鱗長氏曰：讀樂天詩，頗多規諷得失，始以直道奮，在天子前爭安危，中被放斥，及還朝為從官小不合，即捨去，當宗閔時，權勢震赫，終不復為進計，分司東雒，優游終老，蓋唐世士大夫之完節自高者，不獨以清操為吳越賢守而已。〇按，樂天從壯至老，仕官俸禄多寡之數，悉載于詩，其廉無餘資，亦可槩見矣。為左拾遺曰：「月慚諫紙二千張，歲愧俸錢三十萬。」為蘇州刺史曰：「十萬户州尤覺貴，二千石禄敢言貧。」為太子少傅曰：「月俸百千官二品，朝廷僱我作閒人。」為河南尹曰：「厚俸如何用，閒居不可忘。」其致仕曰：「全家遁世全無悶，半俸資身亦有餘。」其將下世，有《達哉行》曰：「先賣南方十畞園，次賣東郭五畝田。然後兼賣所居宅，髣髴獲緡二三千。但恐此錢用不盡，即先朝露歸夜泉。」試看他說愧，說敢言貧，說如何用，說亦有餘，說用不盡，步步是引分知足念頭，作官作詩，都不可無此好樣。

金孝章氏曰：如此作吏，斯可不廢吟詩；如此作詩，斯可稱曰非俗吏。彼不能其官，而借詩藏拙，與趨操甚污，而託之詩，以文其醜者，雖日號于人，曰：「我能詩，我非俗吏」，其誰信之？（《康濟譜》清操卷四，《四庫禁毁書叢刊》影印明崇禎間刻本，史部第七册，第二七六頁）

潘鱗長氏曰：先儒楊奐云：「晉魏出，臣道壞，佛老興，子道絶。」又曰：「異端蟠結于中國而不解者，以名士大夫主之也，故唐則蕭瑀、王縉、白居易、裴休，梁則蕭也，宋則王安石、蘇軾、黄庭堅、張商英，故上而君相，下而閭里，信之不疑。」嗟嗟，今之爲佛老主持者，名士大夫當不減唐宋，吾安得楊公輩起而喚醒之，無已，則述虞愿之諫明帝，梁公之諫造大像疏。望有心世道者，以主持佛老之心，爲國家幹辦天下事，子孫未有不食報于無彊矣。（清熊賜履《閑道録》卷十六譜，《四庫全書存目叢書》影印清刻本）（《康濟譜》正俗卷十四，《四庫禁毁書叢刊》影印明崇禎間刻本，史部第七册，第四六五頁）

智按：潘游龍，字鱗長，湖廣松滋人（《江南通志》卷一百九十一誤作長洲人）。另有《史學提要》等。黄淳耀（一六〇五～一六四五）《潘鱗長康濟譜序》云：「嘗與潘子鱗長論而悲之，鱗長出所著《康濟譜》示予。其書條分件繫，旁行敷落，自古人牧民應變之方，至近代兵制、屯田、魚鹽、茶馬、漕運，諸法皆具。又與金子孝章詳爲論説，以警發當世之憒憒者。予讀之，未嘗不撫卷而歎也。會鱗長扁舟泝大江，覽衡嶽，徘徊故里，遇所交通人奇士，輒出此書示之，爭爲哀金助刻，流通四方。予戲謂鱗長子之書，經世之書也。子之身未遇之身也，子方搰搰焉，以其身爲洴澼絖，而獨以其不龜手之藥公人耶？鱗長蹙然曰：使吾藥誠可用以取封，雖終身洴澼絖，何憾？予作而歎曰：大哉！潘子之言思。深哉！潘子之志在天下乎？使潘子伏闕上書，以布衣召見殿上，亦不過潘子自行其學而已。惟此書之出，使天下知熟爛敗壞之學，無可藉賴，而喜談大略者亦將有所稽考，是潘子之大有救於今日也。今天下之可憂者多矣，猶恃有潘子之徒，區區其間也。」（《四庫全書》本《陶菴全集》卷二）金俊明（一六〇二～一六七五），字孝章。彭城人。其《康濟譜序》末署「崇禎庚辰春二月彭城金俊明書」，崇禎庚辰，崇禎十三年（一六四〇）。嘉定朱之尚跋末署「崇禎辛巳夏四月」，崇禎辛巳，崇禎十四年（一六四一）。又，據平湖沈季友編《檇李詩繫》卷十九及《浙江通志》卷二百四十四，平湖人、天啟五年（一六二五）進士郭紹儀亦有《康濟譜》二十卷。

唐時（崇禎間）

《如來香》

唐白居易，字樂天，京兆人，官至中大夫、刑部尚書、太子太傅。蚤年以文章詞賦，風流蘊藉，冠絶一時，然獨傾心内典，恬於進取，達去就之故，舉世稱之。既至洛中，盡遣侍妾，捨宅爲香山寺，自號香山居士，勸一百四十八人結上生會，行念慈氏名，坐想慈氏容，願當來世，必生兜率。晚歲患風痺，遂專志西方，祈生安養，出俸錢三萬，命工人杜宗敬按《無量壽經》畫西方世界一部，依正莊嚴，靡不曲盡。公日對之，修念佛三昧，頂禮發願，以偈贊曰：「極樂世界清淨土，無諸惡道及衆苦。願如我身老病者，同生無量壽佛所。」又作偈曰：「余年七十一，不復事吟哦。看經費眼力，作福畏奔波。

何以度心眼，一聲阿彌陀。行也阿彌陀，坐也阿彌陀。縱饒忙似箭，不廢阿彌陀。日暮而途遠，吾生已蹉跎。旦夕清淨心，但念阿彌陀。達人應笑我，多却阿彌陀。達又作麼生，不達又如何。普勸法界衆，同念阿彌陀。」一夕念佛，坐榻上，翰墨不御，倏然而逝。

雲栖贊曰：人傳蓬萊有樂天名，樂天辭以偈曰：「海山不是吾歸處，歸卽須歸兜率天。」今復捨兜率而求淨土，豈所謂披砂揀金，愈擇而愈精者耶？(《如來香》卷五，《四庫未收書輯刊》影印清康熙孫丕璨刻本)

智按：唐時，字宜之，吳興（今浙江湖州）人。以諸生貢太學，出判壽陽，繼傳襄國。崇禎十四年（一六四一）二月初二日，闖王破襄陽，投端禮門左井中，家人掖之出，絕而復蘇。上書自訟，詔付三司究問，得白，放還家。時初參蓮池，授以念佛法門，遂勤修淨業。築室烏龍岡側，號妙意老人，興至則行書數幅，高吟遠眺以為常。事見《鍾伯敬先生遺稿》卷二《贈唐宜之署潁上縣事序》、《金陵通傳》卷二十四、《皇清書史》卷十八。

施顯謨（崇禎間）

《知夢菴題壁》（二首其一）

空山雨急萬松楸，夢醒圓菴最上頭。投足小園聊當宅，傷心故國獨登樓。杜陵已分偷生老，白傅多從覺路求。自有青厓馴白鹿，風波江外不關秋。(《兩浙輶軒録補遺》卷一，清嘉慶刻本；《孝豐縣誌》卷十)

智按：施顯謨，字伯文，一字松菴，孝豐（今浙江安吉）人。明崇禎間內閣中書舍人，入清不仕，結茆郭家隝口，去西圩村居三里而近，署曰知夢庵，著《知夢庵詩鈔》。營生壙於後山之麓。甲申後，臥疾庵中不復出。臨歿時盡焚其所作，題詩庵壁，後人得之菴中，墨痕尚在，一署丙戌，順治三年（一六四六），與施閏章，題為《與家尚白閏章》，一署辛卯，順治八年（一六五一），即《知夢菴題壁》，皆入清後作也。嚴彭年爲撰傳，稱其詩宗擊壤。

沈際飛（崇禎間）

《古香岑草堂詩餘四集序》

説者曰：周人制為樂章，漢世則有樂府，晋、宋之際有古樂府，與漢人之樂府不可同日語也。再變而為隋、唐五代之樂歌，又變而為宋、元之長短句，愈降愈下矣。此以風氣貶詞者也。或曰：曰風、曰雅、曰頌，三代之音；曰歌、曰吟、曰行、曰操、曰辭、曰曲、曰謡、曰諺，兩漢之音；曰律、曰排律、曰絶句，唐人之音。詩至於唐而格備，至於絶而體窮，宋不得不變而之詞，元不得不變而之曲。此以體裁貶詞者也。或曰：風雅本歌舞之具。漢不能歌風雅，則為樂府歌之。風雅但可作格，而不可言調。唐用絶句為歌，則樂府但可為格，而不可言調。由兹而下，詩變為詞，詞變為曲，代代如之。蓋古今之音，大半不相通，則什九失其調。此以音義言詞而為詞解嘲者也。而不知詞吸三唐以前之液，孕勝國以後之胎，斟量推按，有為古歌謡辭者焉，有為騷賦樂府者焉，有為五七言古者焉，有為近體歌行者焉，有為五七言律者焉，有為五七言絶者焉。而元人之曲，則大都吞剥之。故説者又曰：通乎詞者，言詩則真詩，言曲則真曲。斯為平等觀歟。而又有似文者焉，有似論者焉，有似序記者焉，有似箴頌者焉。於戲！文章殆莫備於是矣。非體備也，情至也。情生文，文生情，何文非情？而以參差不齊之句，寫鬱勃難狀之情，則尤至也。彼瓊玉高寒，量移有地；花鈿殘醉，釋褐自天。甚而桂子荷香，流播金人，動念投鞭，一時治忽因之。甚而遠方女子，讀《淮海詞》亦解膾炙，繼之以死。非針石芥珀之投，曷繇至是？雖其鎸鏤脂粉，意專閨幨，安在乎好色而不淫？而我師尼氏删《國風》，逮《仲子》、《狡童》之作，則不忍抹去，曰：「人之情，至男女乃極。」未有不篤於男女之情，而君臣、父子、兄弟、朋友間反有鍾吾情者。况借美人以喻君，借佳人以喻友，其旨遠，其諷微，豈僅如歐陽舍人所云「葉葉花牋，文抽麗錦；纖纖玉指，拍按香檀。不無清絶之詞，用助嬌嬈之態」而已哉！或又曰：辛稼軒以詩詞謁蔡光，蔡云：「子之詩未也，當以詞名。」馬鶴窗與陸清溪皆出菊莊之門，而清溪得詩律，鶴窗得詞調，詩與詞幾不可强同。而楊用修亦曰：「詩聖如子美，不作填詞；宋人如秦、辛，詞極工矣，而詩不强人意。」則不見夫李白之《憶秦娥》、《菩薩蠻》，王建之《調笑令》，白居易之《憶江南》，昔日以為詩而非詞，今日以為詞而非詩。讀者自作歧觀，而作之者夫何歧乎？故《詩餘》之傳，非傳詩也，傳情也。傳其縱古横今，體莫備於斯也。余之津津焉評之而訂之，釋且廣之，情所不自已也。嵇康曰：「著書妨人作樂耳。」其然，豈其然？吴門鷗客沈際飛天羽父自題。(《類編箋釋國朝詩餘》卷末)

智按：沈際飛，字天羽，自署震峰居士、吴門鷗客，崑山（今屬江蘇）人。編有《草堂詩餘》正、續、新三集。崇禎間刊行《獨深居點定玉茗堂集》，末附《玉茗堂四種曲》，每劇前各有題詞。

陸寶

《憨先生八袠奉祝四十韻》

今代香山會，誰知白傅賢。五朝天子籍，三島地行僊。不異中林景，還齊大耋年。勝遊鳩杖穩，高卧鹿裘便。往事頻堪指，時流少並肩。清方蟬飲露，俊擬鶻冲天。玉瓚承家美，瓊枝照世妍。心通虛室白，業授草亭玄。縱弋千秌圃，分操六義權。詩留紅藥砌，翰染碧苔牋。隨牒才無忝，彯纓遇有焉。詔辭巖下桂，恩許幕中蓮。禮寺聞金奏，戎樞侍綵旃。官從京兆拜，秩用水曹遷。鹽筴胸都貯，銅符肘獨懸。樹昏楊子驛，灘響建溪船。酉穴琅函啓，洪江羽檄傳。犢車迎問俗，虎署优開邊。雅望歸雙節，廉名寄一錢。忽經沙蜮射，終狎海鷗旋。郭北江千頃，墻東屋數椽。窻開髹几淨，壁挂瘿瓢穿。步月宜氈毰，耕雲戀石田。奕惟爭有劫，琴每美無絃。墨漬書籤雨，丹飛藥竈烟。時時期汗漫，種種志夷堅。酒創劉伶飲，茶依陸羽煎。老吟招客和，憨態謝人憐。越嶠疑盤谷，乾溪即輞川。蕙芳洲宛在，霞起閣巍然。陌度金衣曲，園參玉版禪。青門頻嘯傲，白社幾流連。衆卉輸桐直，羣雞讓鶴先。岳生逢此日，華祝效初筵。賓友瓊杯錯，孫曽綵袖翩。籌添椿樹歲，節届菊花天。顧我慙工瑟，從公喜執鞭。交投黄髪固，相覩緑筋全。異果供方

朔，喬松引偓佺。維祺將獻壽，九洞有靈篇。(《霜鏡集》卷七，《四庫禁毀書叢刊》影印明崇禎間刻本)

智按：陸寶，字敬身，一字青霞，鄞縣（今浙江寧波）人。授中書舍人。崇禎時，請以邊事自效；詔書褒答。弘光二年（一六四五），鄞義兵起，傾家輸餉。事敗，遁去。清兵入關，諸督師皆援之入朝，不赴。入清後，隱居不問世事，日以賦詩自娱，學者稱中條先生。藏書室名「南軒」。藏書甚富，多善本。鄞之以藏書名者，天一閣范氏、次四香居陳氏，又次則爲南軒之書。年逾八秩，詩逾萬首。有《霜鏡》、《辟塵》、《悟香》諸集。

青心才人

《金雲翹傳》

金公思量欲棄官尋訪，想道干戈載道，殺人如麻，軍營嚴肅，怎麼插得身子進去。沒奈何，思思切切，念念想想。想之無極，與翠雲詠一回翠翹的別詩，彈一回翠翹的胡琴，焚一回翠翹的遺香。詩餘琴罷，香爇之時，覺翠翹隱隱而前，唆唆而語者。此其別時精神凝注，故見於物者如此。金生便忘記了春花秋節，耽閣了冬雪夏雲，咄咄書空，不病似病，好苦惱情懷也。但見：「撫弦兮忽聲欲絕，展卷兮淚濕幾斑。舒毫兮欲就還停，啟口兮開言又咽。」一個青年進士，弄得不癡不癲，如夢如醉，不便飲食俱忘，連晨昏都不辨了。有白樂天詩為證。詩曰：「若不坐禪消妄想，也須痛飲發狂歌。不然秋月春花夜，怎奈閒思往事何？」愁愁悶悶，度了三年，進京補福建南平縣尹。(清康熙刊本《金雲翹傳》卷四)

智按：《金雲翹傳》又名《雙奇夢》、《雙和歡》，共四卷二十回，署「青心才人編次」。首有序，後署「天花藏主人偶題」。作於明末清初，寫女主人公王翠翹之悲慘遭遇，翠翹後與妹翠雲共嫁金重。王翠翹本明代青樓女子，在嘉靖年間官軍剿滅勾結倭寇之海盜徐海一役中，起到重要作用。因而成為多部明清筆記、小說、戲劇中之醒目角色。嘉慶十八年（一八一三），越南詩人阮攸（一七六五～一八二〇）將此書移植成長篇敘事詩體小說《金雲翹傳》，被推為越南文學經典作品。

陳深源

《寄錢塘白處士》

千里吟聲動海湄，夢中曾折五雲芝。江山驚識元章字，兒女能傳白傅詩。古寺對僧楓落夜，斷橋停棹雪深時。美人天際情蕭瑟，聊剪芭蕉寄所思。（《永樂大典》卷一萬三千四百五十引《片雲山人稿》，中華書局影印本，第五七六〇頁）

智按：陳深源，號片雲山人。《千頃堂書目》卷二十九：「陳深源《片雲小稿》一卷。」

丹川

《棧道早行效白香山體》

連雲石磴曉蒼蒼，天險分明百二强。萬里西南通鳥道，雙旌上下轉羊腸。一溝流水一溝竹，幾樹垂楊幾樹桑。登覽不知行役倦，半生詩債却犕償。（《四庫全書》本《明詩綜》卷九十六）

智按：署名之下原注：「李時遠云：丹川不知何許人，曾官給舍，轉御史。集不書撰人，無前後序。」《四庫全書》本《御選明詩》卷九十一署「玉華山樵」。

楊良弼

《作詩體要》

⊙白體

何處難忘酒（白樂天）

何處難忘酒？天涯話舊情。青雲俱不達，白髮遞相驚。二十年前別，三千里外行。此時無一盞，何以敘平生。

因題起句，樂天多有之。如《把酒思閒事》、《不如來飲酒》，皆是也。此詩共七首，起句與第七句，首首不易，亦一體也。樂天詩，人多學之，即所謂香山體也。（《全明詩話》第二册，第一五五一頁）

⊙仄律體

西樓月（白居易）

悄悄復悄悄，城隅隱林杪。山郭燈火稀，峽天星漢少。年光東流水，生計南飛鳥。月沒江沉沉，西樓殊未曉。

仄韻律，唐人不多作。如絕句，如古詩長短篇，則多用仄韻，欲其句法剛勁，聲調峭麗也。……（《全明詩話》第二册，第一五五三頁）

⊙入作平聲

正月三日閑行（白樂天）

黃鸝巷口鶯欲語，烏鵲河頭冰欲銷。緑浪東西南北水，紅欄三百九十橋。鴛鴦蕩漾雙雙翅，楊柳交加萬萬條。借問春風來早晚，只從前日到今朝。

「九十」之「十」，用作平聲，唐人多如此。（《全明詩話》第二册，第一五六二～一五六三頁）

⊙轆轤體

讀禪經（白居易）

須知諸相皆非相，若住無餘卻有餘。言下忘言一時了，夢中說夢兩重虛。空花豈得兼求果，陽焰如何更覓魚。攝動是禪禪是動，不禪不動即如如。

游戲三昧，不可以詩律拘佛語。「陽焰」者，謂遠地日光，如見水然，以對空花與夢幻泡影，譬喻一同。（《全明詩話》第二册，第一五六四頁）

智按：此本《瀛奎律髓匯評》卷四十七。

⊙調笑體

酬思黯戲贈（白居易）

鍾乳三千兩，金釵十二行。妬他心似火，欺我鬢如霜。慰老資歌笑，銷愁仰酒漿。眼看狂不得，狂得且須狂。

思黯嘗言：前後服鍾乳三千兩，甚得力，而歌舞之妓頗多。有詩謔居易羸老，故答戲之。如長孫無忌嘲歐陽詢形狀猥陋云：「聳髆成山字，埋肩畏出頭。誰令麟閣上，盡（智按：應作畫）此一獮猴。」詢應聲曰：「索頭連背暖，漫襠畏肚寒。只緣心渾渾，所以面團團。」太宗笑曰：「詢殊不畏皇后耶？」又如張元一嘲武懿宗臨陣畏懦而遁：「長弓短度箭，蜀馬臨高（智按：一作堦）騙。去賊七百里，隈牆獨自戰。忽前逢著賊，騎豬向南竄。」則天未曉，曰：「懿宗無馬耶？」元一曰：「騎豬夾豕也。」則天大笑。如此類，雖非雅作，然亦足以資談笑云。（《全明詩話》第二册，第一五七八頁）

智按：二事皆見《本事詩》，詩見《全唐詩》卷八六九。

楊良弼，字夢徵，號古嵩主人。生平事迹不詳。以詩學見長，其《作詩體要》，介紹近體詩體例與格律，推崇杜詩。又有《校刊吕祖文集後序》。

洪璐

《白知春傳》

白知春，大庾人也。初不詳其得姓之由，或曰太昊氏廷臣，有貌皙而傅粉者，帝呼為白郎，遂以為姓。至商高宗時，有善調鼎羹者，同傅説為相，大著勲業，天下始重其名。自後族類繁衍，徧處海内。漢末有族子，居鄧襄間，最繁盛，曹瞞師過，渴甚，獲濟，歸而勒其功於史，後世稱之。西晋時曰華魁者，為江南亭長，遇陸正平於傳舍，遂為通使長安故人為薦，拜秘書省，伴讀二世。至飛英落魄，不拘専事，放蕩其友，薦為上林内史，得入宫禁，為劉宋壽陽公主飾妝，公主甚喜，宫中爭效慕之。梁何遜官揚州，與清江盛開者為僚宷，日共賡吟，情誼甚密。唐宋璟未相時，於從父東川官舍見郡人一本，性姿素樸，儀容古雅，請為忘年交，作文美之，其後有名九英者，與白樂天、元稹、杜甫輩相友善，京師謂之連璧九英。女瓊姬，居羅浮，擇壻，名士趙師雄月夜遇之，遂定婚媾，世傳為奇過（《古今圖書集成》作「奇遇」，是）。宋有奇男子，同林和靖隱孤山，甘淡泊，忘勢利，和靖為詩美其行，今載集中。……（《四庫全書》本《御定佩文齋廣羣芳譜》卷二十二；

《古今圖書集成》草木典第二百七卷梅部藝文二第一五～一七頁）

趙沺

《戲效元白體作荔枝歌》

南行五月殊苦熱，火雲莽莽炎飈烈。况歷山城瘴氣多，復經漲海心如惙。久聞丹荔誇荔洲，征夫恰值濯枝節。船頭望見繁星垂，未曾入齒先怡悦。緩程繫纜促舟人，亟買盈筐要新擷。千顆黑葉須臾至，纔見流涎同饕餮。絳綃乍啓即魂驚，爪膚未忍憐奇絕。細剝嫣紅出瑩然，氤氳滿眼咀冰雪。潤喉那得顧中消，恣啖豈敢辭吻裂！座中相餉勸加餐，願予多端品題切。苞如紫障圍玉顔，坼如解襦吹燭滅。脱如赤盤瀉月珠，堆如肪脂并刀截。膜如點酪水晶鹽，瓤如盛釀玻璃澈。光如湯餅試素汗，味如蒲萄劇清冽。嚼如甘露液無滓，含如好女妃脣囓。芳澤無定屬生香，色態有質都不屑。荔支之美乃至此，似予所見徒饒舌。玉環慣愛走紅塵，君謨好事殺青列。自非親見果予腹，翻笑前人作口孽。還憶故鄉當兹辰，賞心佳果滿園拆。雖有朱櫻與醉李，一一方此味俱劣。人生若不食荔支，枉用繁華住江浙。作歌聊復倣《竹枝》，傳倡江頭助鼓枻。為分餘潤及長年，漫停邪許且三咽。更擬飽喫百千回，蔗漿十斛重須設。（《四庫全書》本《檇李詩繫》卷二十八）

智按：趙沺，字天來，號帆青，平湖（今屬浙江）人。諸生。年四十三，抱志而歿。與陸埜、陸菉（一六三〇～一六九九）、沈皞日、陸世栻、陸來章、沈隆峴稱當湖七子。有《讀杜慎言》，《光緒平湖縣志·藝文志》著録。

佚名

《性命圭旨》

白樂天云：「自從苦學空門法，消盡平生種種心。」浄業禪師云：「動不忘於觀照，静不忘於止息。」

⊙行禪圖

行亦能禪坐亦禪，聖可如斯凡不然。論人步履之間，不可趨奔太急，急則動息傷胎，必須安詳緩慢而行，乃得氣和心定，或往或來，時行時止，眼視於下，心藏於淵。卽王重陽所謂「兩脚任從行處去，一靈常與氣相隨。有時四大醺醺醉，借問青天我是誰。」

白樂天云：「心不擇時適，足不擇地安。窮通與遠近，一貫無兩端。」寶誌公云：「若能放下空無物，便是如來藏裏行。」

《維摩經》云：「舉足下足，皆從道場來。」

《法藏集》云：「晝心夜心，常遊法苑去。」

⊙卧禪圖

古人有言：「脩道易，鍊魔難。」誠哉是言也。然色魔食魔，易於制伏，獨有睡魔難煉，是以禪家有長坐不卧之法，盖人之眞元，常在夜間走失。苟睡眠不謹，則精自下漏，氣從上洩，元神無依，亦棄軀而出，三寶各自馳散，人身安得而久存哉！……陳希夷已留形於華山，蔣青霞曾脱殼于王屋，此乃卧禪的旨，與那導引之法不同，工夫到時，自然寢寐神相抱，覺悟候存亡，亦能遠離顛倒夢想，卽漆園公所謂「古之眞人，其覺也無憂，其寢也無夢」是已。然雖睡熟，常要惺惺，及至醒來，慢慢展轉，此時心地湛然，良知自在，如佛境界，正白樂天所云「前後際斷處，一念未生時」。此際若放大靜一塲効驗，眞有不可形容者。……（清康熙刻本《性命圭旨》，《道藏精華録》第七集）

智按：《性命圭旨》全稱《性命雙修萬神圭旨》，不著撰人，相傳為明代尹真人高弟之手筆。

佚名

《碧玉簫》

……映雪曰：「三唐諸公，郎君必有高見。」李生曰：「初唐沈宋蘇張之輩，詞研思精，而大體未備。至老杜則渾雄富麗，體大旨深。高古渾脱，不可攀躋。化簡淡以秀麗，矯纖巧以莊嚴。而高岑王李之流，亦且各和其聲，以鳴一時之盛。聲律至此，蔑以加矣。至若韓昌黎之高曠，劉夢得之秀麗，元微之之簡當，白樂天之渾雄。聲調體裁，各樹一幟，未可更分軒輊也。晚唐李義山，沉鬱渾涵，獨追盛唐風味。至若張崔盧李，綺豔溫香，曲徑旁門，非正軌矣。」映雪曰：「盛唐如王少伯、高達夫、王之渙三子齊名。當日旗亭按曲，均有表見，君能定其優劣否?」李生曰：「王少伯芙蓉樓一絕，情景入化，聲調絕高，非二子可及也。」映雪曰：「劉白有唱和集，元白亦有唱和集，三子殆可並駕齊驅了?」李生曰：「劉詩秀麗莊嚴，其神彩骨幹，勝於香山多矣。至於元白二子，雖無優劣之分，而微之詠李一詩，實為元白壓卷。」（《螢窗清玩》第四卷，上海古籍出版社《古本小說集成》第四輯）

佚名

《長拍》

鏡水鱸魚，鏡水鱸魚，吳堤芳草，白傅謾勞狂誚。西陵話別憶消魂，幾度江潮，淚點在冰綃。怨使君薄倖，負人年少。吟就聲聲羅嗊曲，酬不得可憐宵，無奈蝶煩蜂，惱把金釵買卜，零亂雲翹。（《四部叢刊》本白雪齋選訂樂府《吳騷合編》卷一）

《大勝樂（同上俗以聖誤）》

桃源洞花事都休，許劉郎重到否?啼痕湮透青衫袖，傷白傅，惱江州。這些時，瑤琴罷却求凰奏，可正是紅葉誰人寄御溝。陽臺夢杳苦追踪，問跡似無還有。（《四部叢刊》本白雪齋選訂樂府《吳騷合編》卷三）

佚名

《端正好》

［四煞］有一箇王妙妙死哭秦少游，有一箇裴興奴重逢白樂天，有一箇燕子樓許盼盼思張建，他都曾芳心恨寄青鸞鏡，抵多少淚血染成紅杜鵑。你道是娼優賤，怎生也夫妻情重節義心堅。（《四部叢刊》本《雍熙樂府》卷三）

佚名

《八聲甘州・天寶遺事引》

開元至尊，爲舞按霓裳。失政君臣，雲鬟霧鬢那，其間別是箇乾坤。亡家若無安禄山，傾國誰知楊太真。雨露九天恩難洗，妖氛混江龍，繁華將盡，嬌鶯啼破六宫春，長安融日，蜀道連雲。富貴一場鴛枕夢，是非千古馬蹄塵。君休問，嵬坡古迹，都付與，涿郡閑人。

[六么篇] 據先生俊多評論。書讀萬卷，筆掃千軍。按唐書監本，歐陽節文。曲兒壍，闘兒嵓，句兒匀。清新筆尖，招聚海棠魂賺。

[煞尾聲] 杜工部賦哀詩，白樂天《長恨歌》，都不似《通鑑》後史，回頭兒最緊，將天寶年間遺事引。與楊妃再賁遍，詞因剔胡倫，公案全新，與諸宫調家風，刱立箇教門，若説到兩頭話分，六軍不進，您敢替明皇都做了斷腸人。(《四部叢刊》本《雍熙樂府》卷四)

佚名

《粉蝶兒・白居易琵琶行》

[北中吕] [粉蝶兒] 送客江頭，照潯陽，月明如晝。正荻花，楓葉清秋。客登舟，主上馬，相看情厚。欲舉離甌，恨無他，管絃聲奏。

[醉春風] 悲慘未停歌，淒凉將折柳。忽聞水上響琵琶，早一時，消盡了酒。酒。主已忘歸，客猶不發，兩情迤逗。

[迎仙客] 離渡口，送行舟。尋問樂聲何處有，急回燈忙問酒，把他請唤無休。半晌時，纔迎候。

[紅綉鞋] 只見他：楊柳腰肢纖瘦，海棠顔色風流。猶抱琵琶半遮羞。恨身非年少景，長眉鎖，別離愁，怕生疎了絃上手。

[普天樂] 玉盤内撒珍珠，鴛瓦上傾簷溜。間關鶯語，幽咽泉流。銀瓶破，水迸漿，鐵騎出，刀鎗閗。細撥輕攏腔兒就，他把那《六么令》帶過《梁州》。出纖纖素手，待低低緩謳，動急急清愁。

［石榴花］自言家世本非優，呈樂藝，貫皇州，蝦蟇陵下住經秋。絡珠珍臂韝。裁紅錦纏頭。十三學得琵琶就，教坊名壓班流。五陵年少爭馳逐，按歌舞，幾曾休。

［鬪鵪鶉］只爲這秋月春花，閑茶浪酒。做些暮雨朝雲，伴些狂朋恠友。今日箇，冷落門前鞍馬游。題起愁上愁，不付能賣笑姨亡，又撞着從軍弟走。

［上小樓］新諧配偶，嫁爲良婦。誰想商人重利輕别，易去難留。前歲浮梁，去作茶商，却教我凄凉難受。因此上，寂寞得玉容消瘦。

［么篇］孤舟空自横，空房獨自守。對着那江月娟娟，江水潺潺，動我離愁。到夜深，夢少年，不由人不傷心感舊，却教人洒啼痕，淚淹羅袖。

［滿庭芳］我亦天涯客久，自從去歲，身離皇州。謫居卧病潯陽後，自嘆淹流。對苦竹黄蘆滿洲，聽哀猿杜宇供愁。此地無知舊，惟樵童牧叟，相伴楚天秋。

［耍孩兒］今宵自聽琵琶後，仙樂泠泠耳熟。有如空谷響清泉，覺飄然八表神游。試聽座上清新曲，能洗胸中磊塊愁。空對景，傷懷舊。當日思鄉國，情傳塞上，今日箇，訴别離愁，動江頭。

［三煞］撥新聲，耳願聞。洗塵襟，興未酬。再將一曲仙音奏。把伊平昔心間事，翻作琵琶行裹收。教萬古千秋後，清名不朽，美譽長留。

［二煞］立良久，感我言，坐促絃，瀉我憂。新翻旋撥音滑溜。凄凄不似前聲喨，滿座聞之盡淚流。把歡樂，成僝僽。憂心悄悄，離思悠悠。

［尾聲］問座中，泣最多，惟江州司馬愁。他把那淚珠兒，揾濕青衫袖。再聽撥琵琶，方纔箇，嚥下這酒。（《四部叢刊》本《雍熙樂府》卷六；《全明散曲》第五卷，第五三二五～五三二七頁）

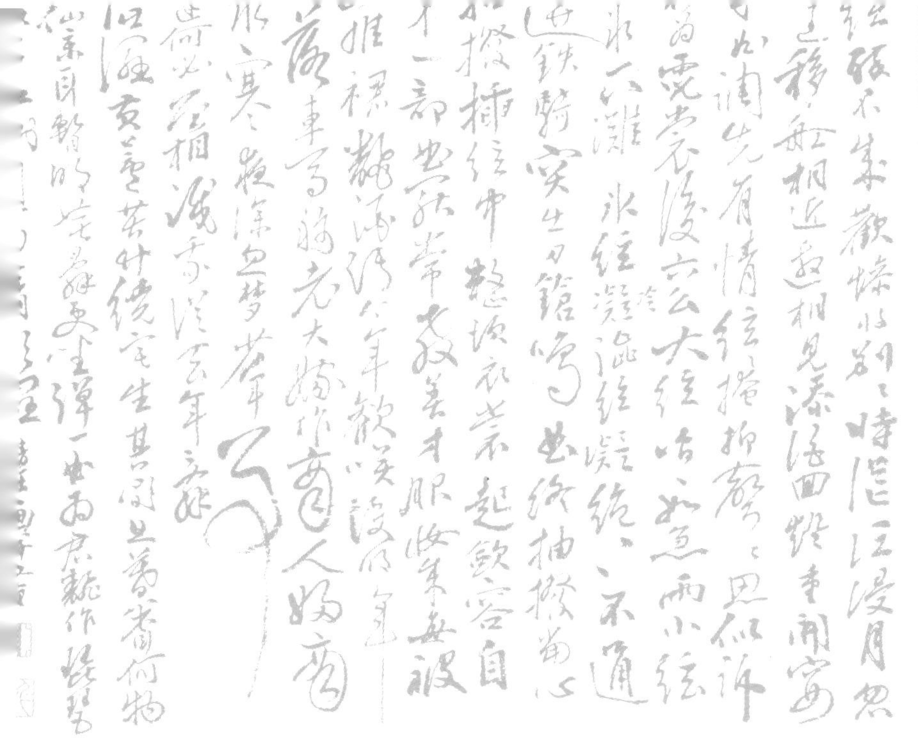

白居易資料新編

第六冊

陳才智 編著

中国社会科学出版社

目　錄

清代卷·一

錢謙益（一五八二～一六六四）

《喜復官誥贈内戲效樂天作》

三年偶失楚人弓，憂喜迴旋似塞翁。我褫緋衣緣底罪，君還紫誥有何功？佩環再試從風響，寶髻仍看耀日紅。重作安人莫侈太，饁耕還憶舊家風。（白詩云：「我轉官階常自愧，君加邑號有何功？」）（錢仲聯標校《牧齋初學集》卷五，上册，第一七七頁）

智按：白詩《妻初授邑號告身》見《白居易集箋校》第一二五八頁。

《冷飲示侍兒》

花前宜試樂天杯，冷飲東垣未可咍。笑殺家翁買燕女，錯將溫酒當行媒。（錢仲聯標校《牧齋初學集》卷七，上册，第二一七頁）

智按：白居易《和薛秀才尋梅花同飲見贈》：「忽驚林下發寒梅，便試花前飲冷杯。」見《白居易集箋校》第一三四八頁。

《九日宴集含暉閣醉歌一首用樂天九日二十四韻》

賓鴻之月為重陽，昔人登臨多感傷。人生如鴻誰非客？忍對佳節空壺觴。登高望遠不出戶，連山小閣臨莽蒼。翠微欲上齊女墓，緑淨遙分老子堂。白雲女牆作山帶，紅闌橋水含湖光。日影漏穿出觀閣，炊煙坌郁浮街坊。西原東樓差足擬，龍山馬臺知誰強？山椒白衣並馬立，樹杪紅袖如人長。須臾急雨灑飄瞥，穿林觸石走欲僵。崇朝陰晴忽如此，良辰燕樂安可常？况復開筵有佳客，豈可命酒無紅妝。清歌迭奏奮絲竹，談諧間作兼笙簧。吳娃行酒語啁哳，鄭老度曲聲悠揚。銀燈熒熒雨籠燭，胡琴嘈嘈風刮廊。坐中合歡爭笑噱，老夫沾酒仍激昂。籬邊誰送九日酒？海内共知雙鬢霜。莫嗤暮年裂風景，已勝窮命縣鋃鐺。試問中書傳仰藥，何似上蔡行牽黄？吟殘自綴菊花朵，醉後細把茱萸房。小婦盤飧具粗糲，兒子雒誦聽雷硠。簾下侍兒舞《鴝鵒》，掌上姬人歌鳳凰。劍舞酣歌想悲壯，頭童吹帽嗟風狂。百年未滿會不死，九日

一笑庸何妨？樂天作達猶未達，比較登高更幾場？（錢仲聯標校《牧齋初學集》卷十七，上册，第六一一～六一二頁）

《魯孔孫畫竹歌》

古來畫竹紛可數，長慶蕭郎乃其祖。樂天一百八十字，字字蕭森是竹譜。畫師畫竹如寫真，肥皮厚肉非其倫。能貌高流與靜士，豈是尋常點筆人。吳門朱鷺好登涉，華山歸來竹滿笈。倚壁揮毫每長嘯，長鬣飄蕭散籜葉。歸郎昌世亦瀟灑，風枝雪幹非常寫。一莖兩莖自點染，花前酒後晴窗下。朱老畫竹盈幾束，粉壁長竿森羽纛。粉壁移居賃俗人，卷軸叢殘散燈燭。歸郎知我愛此君，便面長箋頻見分。兒童竊取友朋乞，緣手散去成煙雲。每言賞竹貴得意，東軒北窗饒蒨翠。朱老歸郎吾眼中，渭濱千畝皆畫笥。錢塘魯生字孔孫，頻攜畫竹來江村。竹深堂中坐翻閱，堂前幾上爭翩翻。禾髯進士題識夥，近援仲圭往與可。竹家南董誠有之，譬如説食腹豈果。我掛魯竹堂之端，草堂五月生晝寒。輕紗幅巾六尺簟，竹窗盡日憑闌干。孔孫為人皎松雪，冷比霜筠直比節。閑來寫竹如白雲，只可山中自怡悦。我非樂天好事流，一十五竿慚見投。作歌愧乏檀欒思，但覺下筆風颼颼。清陰寂寂覆茅屋，棋罷間將道書讀。月落庭空一見君，世間果有千尋竹。（錢仲聯標校《牧齋初學集》卷二十，上册，第七一四頁）

《三良詩（有序）》

三良者，商丘段增輝含素、沂州高名衡平仲、遂安汪喬年歲星也。崇禎戊辰，賊陷商丘。含素謝賢良辟召，率鄉人捍賊。賊再攻，陷之，與翰林馬剛中俱被執，不屈而死。辛巳春，賊圍大梁，平仲以御史巡方，乘城，擊卻之。上特命以僉都撫豫。賊去，圍我師於郾。歲星以秦督赴援，遇賊於襄城，力戰死之。是冬，賊復圍大梁。平仲固守經年。九月汴沈於河，平仲渡河而北，賊解去，得請歸里。奴兵陷沂，平仲夫婦罵賊死之。嗚呼！是三君子者，皆余及門之士。余稿項黄馘，視息牖下，觀其接踵死事，横身殉國，有餘愧焉。白樂天有《哀二良文》，余仿之以哀三君子，作《哀三良詩》。

⊙段賢良含素

段生湖海士，矯志誉儒術。道心既渟泓，俠氣亦迸逸。臂鷹弄丸劍，亡羊視占畢。結客少年場，摳衣大儒室。玄纁有道聘，銅墨邑宰秩。折腰耻鳴琴，蒿目憂化瑟。投劾謝京華，襆被返蓬蓽。汝雒彌祲氛，汴宋連狂獝。奔竄咸戴頭，迎降多屈膝。拊心念多壘，奮袂起投筆。部署及婦女，饋餉罄鑼鎛。孤城我援絕，悉眾賊勢壹。衝梯舞崔嵬，炮石碎爨栗。城陷屍撐柱，巷戰血泌瀄。堂堂馬翰林，並馬困綆繘。生得齊慨慷，逼降互呵叱。南雲敢後死，臧洪意同日。聖朝崇死優，所司奏報失。千秋萬祀後，雙廟應崒律。余昔坐鉤黨，訟繫拘請室。子來訪幽囚，再拜慰薾疾。遂請職櫜饘，奮欲負斧鑕。重趼赴函丈，酹酒祝元吉。昂藏論節義，憔悴數國恤。盈朝誰負擔？舉世盡巾櫛。植冠髮如竿，流吻涎欲溢。斯人猶在眼，其言良可質。篝燈見光芒，摳衣想削戍。哭罷霜滿天，詩成月東出。入戶長歎息，陰風助啾唧。

⊙汪中丞歲星

汪子循良吏，斤斤飭簠簋。修謹固足多，剸割亦可倚。一朝擁旄纛，三秦為賜履。雄邊當重寄，豈能稱指使。况復覆軍餘，兵殘將亦弛。驚魂怯鼓鼙，敗氣蒙壁壘。賊兵下宛雒，軍威卷熊耳。乘勝圍郾城，援師絕蜉蟻。牽率殘傷卒，長驅與角抵。賊遂拔圍來，其行疾如鬼。士飽如狼噬，馬騰競帆駛。我師不能軍，轍亂復旗靡。哀哉二萬人，刲屠盡羊豕。堂堂大中丞，孤身策馬棰。首已離魚劍，胸猶集蝟矢。嗚呼數年來，盜賊易綱紀！弈棋國謀誤，兒戲師律否。武夫保項領，文臣塗腦髓。項城傅喪元，襄城汪折趾。甲棄戰場外，馬歸賊營裏。徵兵摶泥沙，催戰促刻晷。但知赴期會，誰復量彼己。歸元國子生，免胄先軫喜。三敗誰能反？一死亦可矣。憶子為郎時，矯時柱頑鄙。杭論每仰屋，憤盈或抵幾。裹革固所期，輿屍亦求是。哀哉殉國心，耿耿歿猶視。長歌聊慰藉，人生會有死。不見韓城相，低頭向槃水。

⊙高侍郎平仲

平仲巡兩河，攬轡出西臺。勍寇方燎原，宛雒蕩劫灰。移師圍大梁，投鞍成覆敦。登陴七晝夜，死守憑崔嵬。累卵我勢急，中目賊焰摧。保汴唯女勞，國功帝念哉！遂膺全豫寄，旌節煥昭回。解嚴逾夏秋，悉眾賊復來。長塹截飛鳥，巨炮轟殷雷。潛隧穿地裂，梯衝舞風頹。及堞骨相柱，薰穴屍成堆。負戶我告病，濡褐敵未衰。是時諸道兵，左次大河隈。半夜朱仙鎮，十萬潰喧豗。沈城聲援絕，饋運甬道隤。擂石盡發棟，陳焦資炊骸。噬指徒慟哭，大臨誰告哀？河伯為解圍，洪流夜擊礧。我師既北徙，賊戈亦南回。優詔許休沐，寵秩旌厥能。還家甫抹馬，虜入沂城隳。抗辭罵凶醜，並命捐匹儕。吁嗟忠壯士！糾纏罹凶災。賊鋒乍撞挑，奴刃旋提捶。自從兵興後，屠潰自相偕。金柝不夜擊，和門嘗晝開。九攻敵已窮，三板志不乖。方鎮皆斯人，王略寧未恢。何當大星隕，坐見長城壞。我非哭其私，惜此天下才。（錢仲聯標校《牧齋初學集》卷二十，上册，第七三三～七三七頁）

《〈姚黄集〉序》

姚黄花，世不多見。今年，廣陵鄭超宗園中，忽放一枝。淮海、維揚諸俊人，流傳題詠，爭妍競爽，至百餘章，都人傳寫，為之紙貴。超宗匯而刻之，特走一介，渡江郵詩卷以詑余，俾題其首。

余觀唐人詠牡丹詩，大都托物諷刺，如白樂天、杜荀鶴所云，其與夫極命草木，流連景物之指遠矣。韓魏公守維揚，郡圃芍藥，得黄緣綾者四朵。公召王岐公、荊公、陳秀公開宴，四公各簪一朵，其後相繼登宰輔，人以為花瑞。花發於超宗之圃，人亦曰：超宗之花瑞也。吾家思公為留守，始置驛貢雒花。當有宋之初，稱為太平盛事。今此花見於廣陵，為瑞博矣，宜作者之善頌也。雖然，花以人瑞也。向令今之演綸操筆，伴食覆餗者，胥在維揚幕中，此花將應之乎？不應之乎？不應則非花瑞，應之則為花妖，無一而可也。王師在野，飛蝗蔽天，超宗而為思公也，此花將貢致之乎？否乎？雒陽相君忠孝家，可憐亦進姚黄花。貢之誠未是也。令采詩者譯以獻之太師，回卿士愛花之心，念中人十戶之賦，則是編也，安知不為《長慶》之諷諭乎？或曰：朱遜之謂菊以黄為正，餘皆可鄙。諸君子之詠姚黄，取其正也。世有歐陽公《續牡丹》之《譜》，知作者之志，不在於妖紅豔紫之間矣。是則可書也。庚辰六月序。（錢仲聯標校《牧齋初學集》卷二十九，中册，第八八五～八八六頁）

《范璽卿詩集序》

今之譚詩者，必曰某杜，某李，某沈、宋，某元、白。其甚者，則曰兼諸人而有之。此非知詩者也。詩者，志之所之也。陶冶性靈，流連景物，各言其所欲言者而已。如人之有眉目焉，或清而揚，或深而秀，分寸之間，而標置各異，豈可以比而同之也哉？沈不必似宋也，杜不必似李也，元不必似白也。有沈、宋，又有陳、杜也。有李、杜，又有高、岑，有王、孟也。有元、白，又有劉、韓也。各不相似，各不相兼也。今也生乎百世之下，欲以其蠅聲蛙噪，追配古人，儼然以李、杜相命，浸假而膏唇拭舌，訾議其短長，蚍蜉撼大樹，斯可為一笑已矣。今之詩人，有廣陵范璽卿異羽。異羽之詩，清妍深穩，有風有雅，出入六朝三唐，不名一家，亦成其為異羽之詩而已。異羽舉進士，為吏部郎。人才國論，儲峙胸中。直道忤時，以清卿引退。蕭閑虛止，若無所與於人世者。其為詩終和且平，穆如清風，有忠君憂國之思，而不比於怨；有及時假日之樂，而不流於荒。斯所以為異羽也歟？斯所以為異羽之詩也歟？如必曰此為六朝，此為三唐，尋行數墨，取異羽以追配古人，則異羽之所以為詩者或幾乎隱矣。余知異羽之深者也，故於異羽之集成而序之如此。余往得異羽題扇詩，有「蹲石花間似定僧」之句。已又得范司馬夢章詩，有「埽花便欲親苔坐，刪竹嘗防礙月行」之句。回環吟咀，於詩家有二范之目，間將仿古人團扇屏風之例，撮取當世名章秀句，以傳於後，亦以二范為嚆矢焉。在昔池塘芳草之什，蟬噪鳥鳴之句，咸以么弦孤韻，標舉藝林。而後世則盈湘溢縹，蕪累山積，此亦作者得失之林，不可以不辨也。（錢仲聯標校《牧齋初學集》卷三十一，中册，第九一〇～九一一頁）

《陶不退〈閬園集〉序》

余少讀李卓吾之書，意其所與游者，必皆聰明辨博、恢奇卓詭之士。已而識新安方時化、汪本鈳於長安，皆卓吾高足弟子，授以九正易因者也。時化一老明經，斤斤為文法吏，褒衣大帶，應對舒緩。本鈳樸遫腐儒，偶坐植立，如土木偶。是二人者，與之游處，求其為卓吾之徒而不可得也。公安袁小修曰：「卓吾之平生，惡浮華，喜平實。士之矜虛名，炫小智，游光揚聲者，見則唾棄之，不與接席而坐。觀其所與，則卓吾可知也。」余聞小修言，復與二人者游，乃知為卓吾之徒。久之，如見卓吾之聲音肖貌焉。

同年生姚安陶珽，字不退，少有志於問學，游卓吾之門而有得焉者也。不退之為人，恂恂已爾，穆穆已爾。與之語，氾濫於物情吏事，剌剌不少休，未嘗以問學自表異。余與不退游甚狎，始知卓吾之所與，皆方、汪也，如小修之云。不退既沒，其弟仲璞以《閬園集》求敘。不退之詩文，緣情而攄詞，據事而立論，未嘗標門牆、設壇宇，名為某氏之學也。為吏言吏，居鄉言鄉，如父老之談農桑，如家人之問耕織，未嘗駢枝儷葉，致飾於語言文字之間也。其言曰：詩則香山，文則眉山。似矣。試就其詩文，求所謂香山、眉山者何有哉？讀《閬園集》者曰：「此陶不退之詩文也」，其斯以為卓吾之徒已矣。卓吾守姚安，清淨恬淡，有汲長孺之風。不退居官似之。卓吾晚年憤世，兀傲自放。而不退規言矩行，老而彌謹。此則不退之善學卓吾者也。（錢仲聯標校《牧齋初學集》卷三十一，中册，第九一七～九一八頁）

《陶仲璞〈遯園集〉序》

姚安陶仲璞，為吾同年兄穉圭之弟，兄弟俱以才名奮起天末。穉圭成進士，揚歷中外，官至監司。而仲璞以乙科官南工部，出守寶慶，得罪於藩府，掛冠以歸。其治行廉辨清真，亦略相似。余既為穉圭序《閬園集》矣，仲璞復以《遯園集》示余，求一言之弁。

余不知文，安能序仲璞之文？亦知其為陶氏兄弟之文而已矣。萬曆之季，海内皆詆訾王、李，以樂天、子瞻為宗，其説唱於公安袁氏。而袁氏中郎、小修，皆李卓吾之徒，其指實自卓吾發之。穉圭與小修俱龍湖高足弟子，而仲璞少受學於穉圭，其師友淵源如此。故其詩文之大指，可得而考也。夫詩至於香山，文至於眉山，天下之能事盡矣。袁氏之學，未能盡香山、眉山，而其抉擿蕪穢，開滌海内之心眼，則功於斯文為大。仲璞之集，稱心而言，指事而論，無薄喉棘手之艱，無東塗西抹之飾，則亦袁氏之遺風，可以祖香山而宗眉山，不墜落今世詞章道學窟穴中也。稚圭文多應世酬物之語，而仲璞多譚學問，逗露盱江、泰州宗指，顧猶沾沾於三峰入裸國而解衣，其亦有隨緣牽勸之思乎？龍湖一瓣香具在，安得促席從仲璞而問之？（錢仲聯標校《牧齋初學集》卷三十一，中册，第九一八～九一九頁）

《曾房仲詩序》

……自唐以降，詩家之途轍，總萃于杜氏。大曆後以詩名家者，靡不繇杜而出。韓之《南山》，白之諷諭，非杜乎？若郊，若島，若盧仝、馬異之流，盤空排奡，横縱譎詭，非得杜之一枝者乎？然求其所以為杜者，無有也。以佛乘譬之：杜則果位也，諸家則分身也。逆流順流，隨緣應化，各不相師，亦靡不相合。……（錢仲聯標校《牧齋初學集》卷三十二，中册，第九二

八～九二九頁）

《邵幼青詩草序》

辛巳二月，余將登黄山，憩余掄仲之桃源庵。日將夕矣，微雨霢霂，四山無人，白龍潭水撞耳如懸雷，顧而樂之。謂同游吳去塵曰：「此時安得一二高人逸士，剝啄款門，為空谷之足音乎？」俄而，籬落間颯拉有聲，屐齒特特然，則邵幼青偕其叔梁卿，儼然造焉，再拜而起曰：「吾兩人宿舂糧，從夫子於白岳而不及也，今乃得追杖屨於此。」皆出其詩以求正焉。越翼日，余登山憩文殊院，幼青踵至，曰：「梁卿肥，不便登頓，至慈光寺而返；吾亦從此而止。明日遙望天都峰頂，如昔人登蓮華峰，以白煙一縷為信，搖手一笑耳。」余語去塵：新安城市，浩如塵海，得二邵君，差足妝點物色，他日可以為美譚也。去塵問二邵詩云何？余曰：「古云詩人，不人其詩而詩其人者，何也？人其詩，則其人與其詩二也，尋行而數墨，儷花而鬬葉，其於詩猶無與也。詩其人，則其人之性情詩也，形狀詩也，衣冠笑語，無一而非詩也。吾與子游薌村、藥谷之間，山重水襲，谿回谷轉，青鞋布襪，杳然塵壒之外。於斯地也，穿煙嵐，穴雲氣，扶杖而追尋。司空表聖之論詩曰：晴雪滿竹，隔溪漁舟。可人如玉，步屧尋幽。吾之遇二邵於斯也，表聖之所云，顯顯然在心目間，稱之曰詩人焉其可矣。吾游黟山，不獲見桃花如扇，竹葉如笠，松花如纛，得二詩人於薌村、藥谷之間，夫然後而知詩，夫然後而知詩人，兹游之所得奢矣。」去塵告我曰：「幼青以求序故，典婦一釵，賃舟過虞山，食盡反矣，幸有以慰之。」余曰：「諾。」遂書之以為序。幼青膚清貌臒，如羽人道流。其詩少摹長吉，晚師香山，骨氣清穩，非以割剝為能事也。海内能詩者知之，余不具列焉。辛巳嘉平月序。（錢仲聯標校《牧齋初學集》卷三十二，中册，第九三四～九三五頁）

《邵梁卿詩草序》

余游黄山，海陽邵梁卿與其侄幼青追隨於薌村、藥谷之間，恨相見之晚也。梁卿好為詩，其詩每一時為一集，攜以就正於余。

余何能知梁卿之詩？以黄山之游知之也。夫黄山三十六峰，高者至九百仞，其高二三百仞者不啻千百，圖經略而不書。蓬峰之石橋，阮溪之仙樂，青牛之所棲，毛人之所止，非乘風雲禦六氣者莫能至焉。然而陟黟山之麓，未及翠微，固泚然足以駭矣。自郡至山口一百二十里，澗石如瑩，溪流如鏡，美箭衣壁，靈草被厓，人世之塵壒腥腐，莫得而至焉。吾以謂黃山之天都，天子之都也。率山匡廬大鄣，天子都之鄣也。一百二十里之内，譬之皇都之畿會也。吾詩有曰：兹山延袤蘊靈異，千里坤輿盡扶侍。不如此，則黃山之勢不尊，其脈不長，所蘊之靈秀亦峭薄而易盡。善游黃山者，徘徊於薌村、藥谷之間。旋觀其一重一掩，卻迎回合之形勝，而黃山之面目已在吾心目中矣。唐人之詩，光焰而為李、杜，排奡而為韓、孟，暢而為元、白，詭而為二李，此亦黃山之三十六峰，高九百仞，㢠㞜直上者也。善學者如登山然，陟其麓，及其翠微，探其靈秀，而集其清英，久之而有得焉，李、杜、韓、孟之面目亦宛宛然在吾心目中矣。余遇梁卿於薌村、藥谷之間，讀其詩而善之，以為善喻梁卿詩者，無如此何也。梁卿之詩。其氣深穩，其音和雅，塵壒腥腐之所不至，不若世之趨奇側古者，窮大而無歸，茫然喪其所懷來也。自薌村、藥谷而上之，煙嵐無際，雷雨在下，斯可以為登黃山矣。語人曰：我乘雲禦風，舍薌村而弗繇。非狂則惑也。余游黃山遇梁卿，知游山與學詩之法焉，亦知之薌村、藥谷之間而已矣。（錢仲聯標校《牧齋初學集》卷三十二，中册，第九三五～九三六頁）

《徐子能集序》

古之文人才士，當其隱鱗戢羽，名聞未彰，必有文章巨公，以片言隻字，定其聲價，借其羽毛，然後可以及時成名。若蔡中郎之於王仲宣，張茂先之於二陸，韓退之之於李長吉，顧逋翁之於白樂天是也。其有求之不得，而叫號以自見，則為陳子昂之破琴；又有求之而卒不得，而吊詭以自閟，則為唐山人之留瓢。古之人汲汲於知己，而惟恐不得一當，若是其急也。

余老而失學，衰遲屏廢，其言語文字，不能使人軒輊。然海内之俊民，掉鞅詞壇者，往往過而問焉。乙亥之秋，子能訪余於虎丘，膚神清令，翩翩美少年。出其《芳草》詩，名章繡句，絡繹奔會。余與西蜀尹子求，共歎賞之。更數年，而子能之著作益富，名益成。南昌徐巨源為之序，頗引余言以為子能重。吾郡張異度既為之序，又為子能索序於余，且死，猶以為屬巨源。

異度，文章家之渠帥也，片言隻字，可以軒輊人，業已為子能定其聲價，而假之羽毛矣。余雖有言，亦何以加諸？雖然，名不虛得，士不虛附，世有知巨源、異度者，即能知子能；世有知子能者，即以知巨源、異度。有中郎、茂先則仲宣、二陸不抑沒於晚進；有退之、逋翁則長吉、樂天不沈埋於舉子。世之知子能者必多矣。子能年甫壯而得末疾，須人以行，衣冠質雅，宛如古人，杜門埽軌，日晏忘食。若陳子昂、唐山人之汲汲於自見，或非子能之所屑也，此則余之知子能者也。（錢仲聯標校《牧齋初學集》卷三十二，中册，第九四一～九四二頁）

《朱雲子小集引》

吳中之才子，無如徐昌國、唐伯虎。昌國少與伯虎齊名，規摹六朝、初唐，婉弱綺靡，故其詩有「文章江左家家玉，煙月揚州樹樹花」之句。已而舉進士，遇李獻吉於長安，悔其少作，變為《迪功集》。伯虎不得志於名場，頹然自放，信口縱筆，不復櫽括，諷諭嘲戲，時有香山之風，人謂伯虎如李龜年流落江潭，紅豆一曲，使人淒然掩泣。昌國如明妃遠嫁呼韓，作穹廬中閼氏，不免風流頓盡。此雖戲語，亦可思也。今之才人，無如雲子。其才情繁富，纏綿絡繹，良可為昌國、伯虎之流亞。近所為長歌古詩，才力橫騖，淩逼退之，老夫不得不退避三舍矣。史稱大江之南，五湖之間，其人輕心。晉人言吳音妖而浮，故曰其人巧而少信。昔奪於秦，中服於齊，今咻於楚，此其徵也。雲子年富力強，以吳之文自立，一洗輕心少信之耻，余日望之。夫吳中之文，昌國之早就，固不如伯虎之晚而未就，要皆君子之所惜也。敘雲子之集，聊復及之，以為吾吳人告焉。（錢仲聯標校《牧齋初學集》卷三十二，中册，第九三七頁）

智按：朱隗，字雲子，長洲（今江蘇蘇州）人。治博士業，雅尚風藻。天啟中，吳中復社聚四方績學之士，分主五經，隗驅馳江表，為一時廚顧。詩宗中晚。弟陵，字望子，亦能詩畫。（《江南通志》卷一百六十五）

《石田詩鈔序》

石田先生詩集凡十餘本，余與孟陽居耦耕堂，互為評定，差擇其尤佳者若干卷。石田之詩，才情風發，天真爛熳，抒寫性情，牢籠物態。少壯模仿唐人，間擬長吉，分刌比度，守而未化。晚而出入於少陵、香山、眉山、劍南之間，踔厲頓挫，沈郁蒼老，文章之老境盡，而作者之能事畢。其或沿襲宋、元，沈浸理學，典而近腐，質而近俚，則斷爛朝報與村夫子《兔園册》，亦時所不免，兹鈔固已盡汰之矣。稼軒苦愛石翁畫，一縑片紙，搜訪不遺餘力，名其齋曰耕石，遂刻詩鈔，藏之齋中，並匯其古文若干篇及余所輯事略附焉。刻成，屬余序之。

石田之集，李文正、吳文定兩先生敘之詳矣，余可以無贅也。竊惟石田生於天順，長於成、弘，老於正德初。當國家昌明敦龐、重熙累洽之世，其高曾祖父，為文士，為隱君子，既富方穀，涵養百年，而石田乃含章挺生。其產則中吳，文物土風清嘉之地；其居則相城，有水有竹，菰蘆蝦菜之鄉；其所事則宗臣元老，周文襄、王端毅之倫；其師友則偉望碩儒，東原、完菴、欽謨、原博、明古之屬；其風流弘長，則文人名士，伯虎、昌國、徵明之徒。有三吳、西浙、新安佳山水以供其游覽，有圖書子史充棟溢杍以資其誦讀，有金石彝鼎法書名畫以博其見聞，有春花秋月名香佳茗以陶寫其神情。煙雲月露，鶯花魚鳥，攬結吞吐於毫素行墨之間，聲而為詩歌，繪而為圖畫，經營揮灑，匠心獨妙。其高情遠性，和風雅韻，使天下士大夫望而就之者，一以為靈山異人，不可梯接；一以為景星卿雲，咸可目睹。式其屋廬，以為柴桑之三徑；候其至止，以為雒陽之小車。人亦有言：太和在成周宇宙間，而先生獨當其盛，顧不休與！文定序石田之詩，擬於唐之陸魯望，魯望當唐之末造，為盧攜、李蔚所薦辟，未就而卒，比於皮襲美，蓋僅而得免。視石田生本朝全盛之時，稱大隱、躋大耋者，何可同日語哉！讀兩公之詩，而論其世，不能不為魯望惜，亦不能不為石田幸也。攬筆而為之序，回翔卷帙間，蓋不勝其慨歎云爾！崇禎甲申春月，虞山錢謙益謹序。（錢仲聯標校《牧齋初學集》卷四十，中册，第一〇七六～一〇七七頁）

智按：沈周《石田先生詩鈔》八卷，《文鈔》一卷，附錢謙益撰《事略》一卷，有明崇禎十七年瞿式耜刻本（《四庫全書存目叢書》集部第三七册）。

《李長蘅墓誌銘》

長蘅姓李氏，諱流芳，其先徽州歙縣人也。其祖贈奉訓大夫諱文邦，始徙嘉定。文邦之子諱汝筠，繼室以陳氏生長蘅。長蘅風流儒雅，海内知名者垂三十年。其歿也，識與不識，皆聞而悲之。然長蘅之生平，孝於親，友於兄弟，澹蕩於榮利，而篤摯於君臣朋友，則世未必盡知之也。長蘅少有高世之志，才氣宏放，不可絏羈。自其兄翰林君蚤世，始撫心下氣，求工應舉之業，以慰其父母。更十餘年，與予偕舉南京。當是時，長蘅之年漸長，而又以為不逮其父，雖橋褐趨時，其中固已不能無厭薄之矣。再上公車不第，又再自免歸，皆賦詩以見志。自是絕意進取，誓畢其餘年暇日以讀書養母，謂人世不可把玩，將刳心息影，精研其所學於雲棲者，以求正定之法。未久而病作，猶焚香洮額，手書《華嚴》不輟。又以其間寫唐、宋大家詩至數十帙，皆未就而卒。嗚呼！其可悲也！長蘅事母，色養甚備。敬其長兄，撫其弟妹若侄，絕甘分少，皆人所難能者。顧不修事飭邊幅，以孝謹取名。與人交，落落穆穆，不以握手出肺肝為信。磨切過失，周旋患難，傾身瀝腎，一無所輭避。平居不入公府，譚居間竿牘之事，輒頭面發赤。家貧，資修脯以奉母。稍羸，則以分窮交寒士，卒未嘗立崖岸之行，以潔廉自表襮也。性好佳山水，中歲於西湖尤數。所至詩酒填咽，筆墨錯互，揮灑獻酬，無不滿意。山僧榜人，皆相與款曲軟語，間持絹素請乞。忻然應之。其為人和樂易直，外通而仲介，少怪而寡可。其於君臣朋友之間，大節確然，不可得而犯干也。歲壬戌，廣寧陷，都城震驚，遂喟然束裝南歸，其意以為母老，身未仕猶可以無死也。以可以無死而歸，則其不可以無死而死焉必也。假令世不幸而有有唐天寶之事，苟受一命如王維、鄭虔之為，我知其必不忍也。丑、寅之交，每竊歎曰：「事不可為矣！」往往縱酒無聊，至於泣下。遂病喀血不能止。病且革，聞余被放，撫枕歎詫。亡何，遂不起，崇禎二年之正月也。享年僅五十有五。嗚呼！其尤可悲也！

長蘅交知滿天下，其少所與游處曰鄭胤驥閑孟、王志堅弱生，故其子娶閑孟之女，而其女歸弱生之子。其尤敬愛者曰程嘉燧孟陽，孟陽謂長蘅書法規橅東坡，畫出入元人，尤似吳仲圭，詩仿佛斜川、香山。晚於格律更細，

尤歎賞《皋亭》、《南歸》諸篇，以為非今人可及也。……（錢仲聯標校《牧齋初學集》卷五十四，中册，第一三四九～一三五〇頁）

《鄒孟陽墓誌銘》

李長蘅苦愛武林山水，歲必一再游。其游也，以鄒孟陽為湖山主人，花時月夜，晴雪煙雨，扁舟幅巾，茶爐筆床，未嘗不與孟陽俱。長蘅高人朗士，秀出人表，歌詩圖繪，與湖風山雲互相映發。孟陽鉤簾據几，隗俄其間。山僧舟子，皆能指而識之。長蘅於畫，矜慎自娱，不受促迫，顧獨喜為孟陽畫。《西湖江南卧游册》凡三十餘幀，孟陽所至必攜之以行，曰：「長蘅與江南山水，皆在吾篋笥中矣。」長蘅買山西跡下，環山三十里皆梅花，花時千村萬落，漫山熠野，欲構小閣臨之，名曰六浮，孟陽過而樂之，許代卜築焉。長蘅為詩曰：「十年山閣不得就，卻負青浮日夜浮。故人一見豁雙眼，何日三間銷百憂？百年有錢作底用？一朝卜築偕行休。」長蘅卒，孟陽家益落，閣竟不就。挐舟弔長蘅，還登鐵山，酹酒痛哭而去。歸而祀長蘅於小築，生平師友祔焉。春秋佳日，採蓴剪菊，山僧故人，取次助祭。其崇尚風義，絕出流俗，皆此類也。晚年山水之情彌勝，偕老僧游天台，軍持漉囊，居然兩衲子也。訪余拂水，輒留連旬月，攜《卧游册》索題，曰：「吾游天台，挾此册與俱。長蘅有知，當偕我越楢溪，淩石橋耳。」其托寄如此。孟陽名之嶧，其先世元末鎮撫海寧，居東門外，至今地名鄒家渡。四傳徙錢塘東溪，以貲雄里中。至孟陽，讀書好修，為知名士。不事生産，老而貧困以死。崇禎癸未六月某日卒，年七十，子曰某某。年某月，葬於某地之阡。昔盧簡辭游伊水别墅，霰雪微下，忽有蓑笠，牽蓬艇，白衣與衲僧同坐，炊桐甑，烹魚煮茗，溯流吟嘯。使問之，乃白傅同佛光往香山。每遇親友，無不話之，以為高逸之情莫及。余誌孟陽，詳書其與長蘅游跡如此。世有簡辭，其可以知孟陽也。銘曰：

猗鄒生，標美譽。儒行修，内美具。通經術，函雅故。慕節俠，鄙章句。萬卷書，簽軸互。手朱黄，自題署。師雲棲，奉檀度。友檀園，共毫素。攬湖山，寫情愫。生寂莫，死遲暮。神之游，非丘墓。西跡趾，石橋路。（錢仲聯標校《牧齋初學集》卷六十，中册，第一四五〇～一四五一頁）

《宋比玉墓表》

金陵顧與治（智按：顧夢遊，字與治，順治十七年卒，年六十二）來告我曰：「夢游與莆田宋比玉交，夫子之所知也。比玉歿十餘年矣，夢游將入閩訪其墓，酹而哭焉。比玉無子，墓未有刻文，敢以請於夫子。興化李少文，亦比玉之友也，巡方於閩，屬表其墓而刻焉。夫子其謂何?」嗚呼！比玉之死吳門也，余與程孟陽引延陵嬴博之義，欲窆之虞山，而其家以其喪歸。孟陽期余往弔，久而未果，與治之為，余與孟陽之志也，其何忍辭?

比玉諱珏，姓宋氏，莆之甲族也。比玉負才藻，踔厲風發。少為諸生，不能俯首帖括，以就舉子尺幅。志意高廣，不屑與鄉里衣冠相隨行，鬬雞走狗，滅沒里巷間。自其年三十餘，負笈入太學，僑寓於武林，於吳門，於金陵，滯淫不歸，卒以客死。其為人也，以文章為心腑，以朋友為骨肉，以都會為第宅，以山水為園林，以詩酒為職業，以翰墨為娛戲。故其雖窮而老，老而病，病而客死，而浩浩然，落落然，如無有所失也。比玉好為詩，橫從穿穴，信其手腕，出之於心腎，猶無與也。善八分書，規橅《夏承碑》，蒼老深穆，骨格斬然。畫出入二朱、仲圭、子久，不名一家。泛愛施易，不自以能事，不受促迫，或即席賦詩，或當筵染翰，或伸紙滌硯，從容揮灑，或書窗涴壁，淋漓戲劇。當其酒闌燈灺，興酣落筆，若風雨之發於畢牘，若鬼神之憑其指掌。或醒而求之，以為不能加也。或旦而視之，忘其誰作也。其神情軒舉，開顏談笑，可使慍者平，悲者喜，仇者釋，蕭閑迤逶，不為崖岸，庸奴賤隸，人人得至其前。意有所不可，雖王公大人，不與易也。嘗從人便面得孟陽《荔枝酒歌》，寤歎慨慕，必求得其人而後已。兄事孟陽，久而益共。其歿也，孟陽撫之瞑而受含。程、宋之交，君子以為有終始也。嗚呼！京兆之阡，北邙之塚，高墳石闕，巋然九京者多矣。松楸鬱然，碑版相望，樵人牧豎，行歌過之，而士大夫鮮有回車太息者。比玉一老書生，歿無三尺之息，一抔之土，沈埋於陳根墮樵之中，乃有如與治者訪求其墓，乞文以表之。董相之陵，下馬之名猶存；白傅之墳，漬酒之土常濘。以今視昔，豈不然哉？百世而後，風人志士，義與治之為，必有過比玉之墓，回翔而不忍去者，其益以此知比玉已矣。與治往謀於少文，伐石而志之，曰：是惟莆陽宋

比玉之墓。虞山錢謙益為之表。崇禎十五年三月。（錢仲聯標校《牧齋初學集》卷六十六，中册，第一五二九～一五三〇頁）

《孝女荊觀傳》

孝女荊觀者，丹陽人荊𤎆之女，而賀賓仲之出也。觀少巧惠，異甚。賓仲母華絕愛憐之，遂長賀氏。凡事絲纊文繡，不學而能，修嚴鮮潔，雜於珠璣紈縠之間，寥然獨異。華奉佛，觀亦好佛。賓仲讀書，觀亦嗜讀書。一日，讀白樂天廬山草堂詩，喟然而歎，願早依佛力，盡此報身，不復作兒女子刺促閨閤中。華以為不祥，趨而掩其口。𤎆寢疾於毗陵，觀從華往省視。病稍間歸，信宿而𤎆之訃至。觀蓬垢奔哭，時方沍寒，涕號慿塞，與風雪交咽，頓踴於輿中。輿夫契需蹈冰孔，聲相籍也。比至，伏屍哭極哀，已而哭聲下隊，弇抑喉吭間。群呼之不反，就視之，形神離矣。觀死時年十五，萬曆丙辰之二月也。觀死，賓仲哭之慟，曰：「𤎆有女而我無甥。」君子悲之。賓仲名某，國子生。𤎆官五城兵馬指揮，今舉稱司城，訛也。

錢先生曰：古之閑有家者，莫不有師傅保姆之教，詩書圖史之戒，珩璜琚瑀之節，是以女貞婦順，繡黼相望，而今世無聞焉。余家江南，采問故家遺俗。丹陽賀氏，頗著於家範。重垣如城，小弱女子，不識聽事。婦既抱子，朝於尊章，必匍匐叩稽，上食乃退。荊觀，賀之自出，越梁過宋，比於孝娥，豈偶然哉？傳荊觀者徐媛，媛以工筆劄名，多粉澤之語。余以為於觀不倫也，作荊觀傳。（錢仲聯標校《牧齋初學集》卷七十，下册，第一五八八～一五八九頁）

《玉淵生小傳》

玉淵生，陳姓，名三恪。年十八，代其父教授，生徒摳衣函丈，稱為大師。蚤夜力學，火燃巾角，燎及髮鬚，煙焰蓬蓬然，猶吾伊弗輟也。精研訓故，博綜小學、堪輿、卜筮、壬遁、風角家言。嘗游京師，過益津，有異風從北來。生筮之曰：「國其有大火乎？又當有大喪。」未幾，乾清、坤寧兩宮災，仁聖皇太后賓天。天啓中，私告所知曰：「歲丁卯，聖人龍飛，國家鼎革。水火薄射，其猶剝復之交乎？」己巳，虜薄都城。余屬生筮，曰：「虜當自退，本兵邊撫將不免。」後皆如其言。江陰議建塔君山，為賦以道其形勝，即席染翰，文不加點。繆當時尹孔昭皆嘆服焉。邑志之不修者百年矣，刓編蠹翰，街談里語，捃摭收弆，旁行側注，久之成書，名曰《海虞别乘》，多所援據是正，雖通人無以易也。卒年七十有七。贊曰：

生嘗為余言：唐人歌詩皆可被管弦，先輩知音律，猶有歌唐詩以行酒者。因歌樂天清江一曲之什，鼻齀牙豁，聲從齒縫中出，嗚嗚然如發蚓竅。坐客皆目笑，殊自得也。每别，必執手諈諉，曰：「公必傳我。」余故為之傳，邑里之志耆舊者，或有取焉。（錢仲聯標校《牧齋初學集》卷七十一，下册，第一六〇三頁）

《亡兒壽耇壙志》

……古之喪子者多矣，白樂天、蘇子瞻，所謂達生知道者也。其喪子也，未嘗不過時而悲。而况於余乎？……（錢仲聯標校《牧齋初學集》卷七十四，下册，第一六四三頁）

《書李文正公手書〈東祀録〉略卷後》

西涯先生李文正公《東祀録》一卷，在《懷麓堂全集》中。此其手書，以貽太原喬公白岩者。劉司空敬仲藏弆是卷，出以示余。余嘗與敬仲評論本朝文章，深推西涯，語焉而未竟也。請因是而略言之。

國初之文，以金華、烏傷為宗，詩以青丘、青田為宗。永樂以還，少衰靡矣，至西涯而一振。西涯之文，有倫有脊，不失臺閣之體。詩則原本少陵、隨州、香山以追宋之眉山、元之道園，兼綜而互出之。弘、正之作者，未能或之先也。李空同後起，力排西涯，以劫持當世，而爭黄池之長。中原少俊，交口訾謷。百有餘年，空同之雲霧，漸次解駁，後生乃稍知西涯。嗚呼唏矣！試取空同之集，汰去其吞剝尋扯，吽牙齟齒者，而空同之面目，猶有存焉者乎？西涯之詩，有少陵，有隨州，有香山，有眉山、道園，要其自為西涯者，宛然在也。卷中之詩，雖非其至者，人或狎而易之。不知以端揆大臣，銜君命祀闕里，紀行之篇什，和平爾雅，冠裳佩玉，其體要故當如此。狎而易之者，衹見其不知類而已矣。若近代訾謷空同者，魈吟鬼嘯，其雲霧尤甚於空同而不自知也，又烏足以知西涯哉！余將與敬仲别矣。敬仲暇日焚香簾閣，勿著西涯、空同於心眼中，取兩家之集，平心易氣，旋而觀之，以余言為何

如？他日幸有以教我也。（錢仲聯標校《牧齋初學集》卷八十三，下册，第一七五八～一七五九頁）

智按：參見《列朝詩集小傳》丙集中李東陽小傳。

《書笑道人〈自敍〉後（陳如松，又號白菊道人）》

顏延之稱陶淵明畏榮好古，此非知淵明者。飢來叩門，冥報相貽，淵明之畏飢寒、慕禄仕，亦猶夫人耳。飢凍誠不可耐，而違己不堪其病。口腹自役，悵愧交作。就官少日，眷然懷歸，固即其畏飢寒慕禄仕之本懷耳。淵明固云：「質性自然，非矯厲所得。」而以畏榮好古為言，則亦遠其懷矣。今世文煩吏敝，獨太倉州太守同安陳君清靜寡欲，蘇醒氓庶，有古人之風。觀君之自敍，峭獨自喜，意有不可，即日解綬，其亦昔人所謂腰下有傲骨者歟？君年五十餘，奮跡仕途，與淵明少異。然吾觀淵明賦《歸去來》，年四十一。而白樂天作醉吟傳，司空表聖記休休亭，年皆六十七。千載之下，第其品級，初無間然，則後世之視君，其又可知已矣。（錢仲聯標校《牧齋初學集》卷八十四，下册，第一七七八頁）

《跋張司業詩集》

唐《新書韓愈傳》後云：張籍，和州烏江人。番陽湯中據退之《張中丞傳後序》稱吴郡張籍及司業《寄蘇州白使君》云：「登第早年同座主，題詩今日是州民。」知司業為吴人，後嘗居和，故唐史誤以為和人也。同時張洎，亦曰蘇州吴人。此本多古詩十數首，《學仙》、《董公》二詩，樂天所稱可上諷人主、下誨藩臣者，亦具載焉，較它本為完善。（錢仲聯標校《牧齋初學集》卷八十五，下册，第一七八二頁）

《題李長蘅書劉賓客詩册》

壬申秋夜，夢與長蘅遇於濠、淮間，隔船窗相語。顧視舟中，筆床硯屏，位置楚楚。同游三人，幅巾道衣，皆有韻致。余問長蘅：「兄今筆墨之債，約略尚如生前乎？」長蘅曰：「甚苦。今早正受人刺促，紙燥筆枯，心癢癢不耐。故出游耳。」觀其意思灑落，故知不墮鬼趣，卻未知所與同游者為何人也？樂天哭夢得詩云：「賢豪雖沒精靈在。」此語信然。偶閱長蘅所書夢得詩册，漫記於此。嘉平九日，書於榮木樓之殘雪下。（錢仲聯標校《牧齋初學集》卷八十五，下册，第一七九七頁）

《讀杜小箋》

⊙《哀江頭》

明眸皓齒今何在？血污遊魂歸不得。清渭東流劍閣深，去住彼此無消息。人生有情淚沾臆，江水江花豈終極！黄昏胡騎塵滿城，欲往城南忘城北。

此詩興哀于馬嵬之事，專為貴妃而作也。蘇黄門曰：「哀江頭，即《長恨歌》也。」斯言當矣！清渭、劍閣，寓意於上皇、貴妃也。玄宗之幸蜀也，出延秋門，過便橋渡渭，自咸陽望馬嵬而西，則清渭以西，劍閣以東，豈非「蛾眉宛轉」、「血污遊魂」之地乎？故曰「去住彼此無消息」。行宫對月，夜雨聞鈴，寂寞傷心，一言盡之矣。「人生有情淚沾臆，江水江花豈終極」，即所謂「天長地久有時盡，此恨綿綿無絕期」也。宋人謂一秦一蜀，托諷玄、肅父子之間，非也。「黄昏胡騎塵滿城，欲往城南忘城北」。興哀無情之地，沉吟感歎，瞀亂迷惑，雖胡塵滿地，至不知城之南北，此所謂有情癡也。陸放翁但以避死惶惑為言，殆亦淺矣。（《讀杜小箋》卷上，錢仲聯標校《牧齋初學集》卷一百六，下册，第二一六〇頁）

⊙《漫興》

恰似春風相欺得，夜來吹折數枝花。

《老學庵筆記》：「『相』字從入聲讀。白樂天用『相』字，多從俗語，作思必切，如『為問長安月，如何不相離』是也。北人大抵以『相』字作入聲，至今猶然。」（智按：見《老學庵筆記》卷十）（《讀杜小箋》卷中，錢仲聯標校《牧齋初學集》卷一百七，下册，第二一七〇頁）

《西湖雜感》（其十四）

建業餘杭古帝丘，六朝南渡盡風流。白公妓可如安石，蘇小湖應並莫愁。戎馬南來皆故國，江山北望總神州。行都宫闕荒烟裏，禾黍叢殘似石頭。（有人問建業，云：吳宫晉殿亦是宋行都矣，感此而賦）（錢仲聯標校《牧齋有學集》卷三，第八十九頁）

《放歌行爲絳趺堂主人姚文初作》

闔閭城頭晝吹角，比屋窮廬似幽朔。長洲茂苑何處似，清廟回塘已非昨。有人過話吳趨里，文姚蘭錡俱頹剥。石經閣已新縑緗，絳趺堂又凋花萼。蠆尾法書隳禁扁，烏頭表門掩榱桷。他人入室主何之，訣别詩成淚雙落。失巢朱鳳聲慘悽，避風海鳥影回薄。誰云蓋頭無一茅，尚喜隨身有兩脚。感今懷昔心悄肰，白頭老客和淚眠。殘書枕席唐家曆，天寶元和在眼前。自從延秋啼白烏，王侯第宅飀灰烟。金雀銅人互凋換，青茅朱户爭飛騫。功臣甲第觚稜並，權倖飛甍歌吹連。金玉兩杯讖成毁，乾崗五龍圖蜿蜒。韓家南莊蒲荇茂，白傅新居水竹妍。親仁康崇誰得占，奉誠芸暉殊可憐。雞坊小兒依僧舍，津陽里老逢堯年。君不見脩羅戰敗藕絲藏，帝釋表賀得勝堂。千梁萬科容一綖，七寶嚴飾咸相當。目連噴火變煨燼，萬千天女空徬徨。須臾升坐受儭禮，妙法廣說常無常。毗闍延殿宛如故，琉璃寶地發淨光。淨名老病棲繩牀，諸天布座羅成行。陶輪世界手斷取，衆生安住如處囊。華藏十三一小界，局促何異蜂蝟房。天地變化豈終極，東海那得長栽桑。又不見絳趺屋烏聲啃啃，爲我謂烏且爲客。餘杭好酒盛琥珀，痛飲莫量油囊窄。閶門飛閣屋欲流，毒霧塵風暗阡陌。麻姑自識揚塵候，重過胥門蔡經宅。（錢仲聯標校《牧齋有學集》卷十三，第六一五頁）

《周元亮賴古堂合刻序》

……古之為詩者有本焉，《國風》之好色，《小雅》之怨誹，《離騷》疾痛叫呼。結轖於君臣、夫婦、朋友之間，而發作於身世偪側、時命連蹇之會，夢而噩，病而吟，春歌而溺笑，皆是物也。故曰有本。唐之李、杜，光焰萬丈，人皆知之。放而為昌黎，達而為樂天，麗而為義山，譎而為長吉，窮而為昭諫，詭詼奡兀而為盧仝、劉叉，莫不有物焉。槎枒於肺府，擊撞於胸臆，故其言之也，流傳至於歷劫而不朽。……（錢仲聯標校《牧齋有學集》卷十七，第七六七頁）

《督漕李石臺使君去思記》

凡方嶽監司大官，下逮郡邑吏任滿拜除，邦人必遮道攀留，塑像勒碑，刊陽木，斲貞石，相勸惟恐後若。左官見抵者，則例無有。豈古之所去見思，敝緇衣而茇甘棠者，胥在彼而不在此歟！督漕憲司江右李使君，視事經年，漕政治辦，考課當第一，用漕折不中額免官。……今夫達官能人，游光揚聲，傳遽公卿者，生祠堂屋，幡幢刺天，或彝為溲牢矣，趺龜護螭，黃金填字，牧敲火而牛礪角者有矣。白樂天之記麴信陵也，孫可之之書何易于也，詩不過短章，文不滿尺幅，至今人頌慕之不衰，吾不敢以信陵、易于蔽使君，而竊以樂天、可之徵夫子也。使君胡床挂壁，襆被蕭然，寒窻竹几，篝燈夜讀，書聲琅琅，與銅籤相應。文士握別，每雒誦夫子之文以相勉，然則父老所謂蒼苔白石，有愧詞者，峴首之山淵，豈有徵于此乎？夫子將奚讓？余欔然受簡，揖諸生，進諸耆老而告之曰：父老思使君則善。雖然，為留使君謀則疎，誠能選擇雄駿子弟，裹粮繭足，條使君治狀，投匭而叫九閽，卽朝上，夕報可耳，不此之為，而謀諸腐儒老民，炙枯竹，汗蠹簡，幾有聞于後世，石不能言，不已愚乎！言既，耆老潸然泣下，噤不置答。余懵瞪不忍復也，遂援筆書其語，俾刻石以爲記。使君名來泰，字仲草，橅州之臨川人，嘗督南學，有譽望，士大夫稱為石臺先生。（錢仲聯標校《牧齋有學集》卷二十七，第一〇三五頁）

《尹孔昭墓誌銘》

萬曆中，余應鄉會科舉，取友三人焉。曰嘉定李流芳長衡，江陰尹嘉賓孔昭，其人皆聰明特達，樂易淡蕩，恬于營進而急于君親，疎于勢利而篤于朋友，淺于世故而深于文字禪悅。辱與余交，古人所謂兄弟也，但各姓耳。長蘅晚謝公車，孔昭仕僅至監司，啓楨之交，相繼溘逝。余畹晚無徒，老而不死，今復抆淚而誌孔昭之墓，悲夫！孔昭祖淮，父延壽，家世為善人，孔昭奮跡為儒，落筆染翰，溺溲研削小生，己酉中，鄉試解元，庚戌舉進士，各家驚爆，海內褐衣敝巾，與故人酒徒，縱飲阡陌間，意自如也。讀書不穿穴章句，伸紙為古文短篇，疎行簇簇有新意，老于文學者弗如。酒酣興發，輒為歌詩，商歌曼聲，淋漓自喜，作《江上竹枝詞》云：「河豚雪後春猶淺，刀鱭風來水已波。擕酒江邊吹笛坐，那山今日出雲多。」長蘅吟賞不置，謂老鐵諸人，無此風味。孔昭不自以為能事，吟罷輒削藁，或過而忘之矣。孔昭魁顏皤腹，腰有傲骨，官中書舍人，如眉着面無所與，於世憂時謀國，攢眉擣心，不以冗長為解，奉使過清流關，穿井幹，而出平沙，千里腰刀，怒馬箭鏃，摩戛慨肰，賦詩曰：「莫道時清關失險，勇夫重自閉春秋。」（智按：據《牧齋初學集》卷一《過清流關讀尹二員外嘉賓題壁詩云莫道時清關失險勇夫重閉自春秋歐陽公曰漠然徒見山高而水清其意尤可感也輒書短歌繼之》，應作「勇夫重閉自春秋」）余拂廟壁讀之，駐車歎息而去。晉兵部職方司員外募兵山，東登蓬萊閣，望醫無閭，慨有勒白山、弓黑水之思。久次出為僉事，提學湖廣，意忽忽不懌，辛勤其官而卒，天啓壬戌某月某日也，年五十有一。孔昭于禪冢自詭有得，能拄禪人于句下。一夕醉酒，破雲棲尸，羅成截髮剪爪，然燈懺除，不肯自假易也。里居過從，促數解衣脫帽，臥瓶覆杯，語無町崖，雜以諧劇。晚好擘偏旁解字，時時以指畫肚自誇新樣，嘗有詩答余嘲云：「三點成伊君識否？好來墨海問狂夫。」間有妨難，都盧一笑而已。酒酣以往，把盞顧余，高歌白樂天「待君贊彌綸」之章（智按：《贈友五首》其四，《白居易集箋校》第九七頁），戟手長嘯，一似重有屬者，而余踧踖，未敢應也。己未春，送長蘅落第詩云：「海畔逢錢大，叮嚀莫作癡。」長蘅持扇示余曰：「此孔昭三千里一言也。」余方在酒所，潸肰泣下，所謂兄弟而各姓者，詎不信歟？於乎！可哀也已。……（錢仲聯標校《牧齋有學集》卷三十一，第一一二五頁）

《復遵王書》

昨得手書，循覽再三，深喜足下好學深思，助我良多，而惜余實固不足以承之也。僕少壯失學，熟爛空同、弇山之書。中年奉教孟陽諸老，始知改轅易向。孟陽論詩，自初盛唐及錢、劉、元、白諸家，無不析骨刻髓，尙未能及六朝以上。晚始放而之劍川、遺山。余之津涉實與之相上下，久之思沂流而上窮風雅聲律之由致，而世事身事，廹脅凌奪，晼晚侵尋，有志未逮，此自考之公案也。四十年來希風接響之流。

湯臨川亦從六朝起手，晚而效香山、眉山。袁氏兄弟則從眉山起手，眼明手快，能一洗近代窠臼。眉山之學實根本六經，又貫穿兩漢諸史，演迤弘奥，故能凌獵千古。然坡老論詩亦頗多匠心矯俗，不可爲典要之語。若少陵論太白詩，比論于庾鮑陰鏗，又云：「何劉沈謝力未工，才兼鮑照愁絶倒。」稱量古人，尺寸銖兩，不失針芒，此等細心苦心，恐坡老尙有未到處。偶讀謝康樂詩云：「連巖覺路塞，密竹使逕迷。來人忘新術，去子惑故蹊。」子美今體撮爲兩句云：「過客徑須迷出入，居人不自解東西。」此詩家採釧縮銀、攢簇烹煉之法也。今人注杜，輙云某句（智按：疑作句）出某書，便是印板死水，不堪把玩矣。袁小脩嘗論坡詩云：「他詩來龍甚遠，一章一句不是他來脈處。」余心師其語，故于聲句之外，頗寓比物託興之旨。庾辭讔語，往往有之。今一一爲足下拈出，便不值半文錢矣。王老師脩行無力，被鬼神覰破，只得向土地前也下一分齊。此可爲噴飯一笑也。居恒妄想，願得一明眼人，爲我代下注脚，發皇心曲，以俟百世，今不意近得之於足下。然探符取代，登臺觀莒，人固不可與微言，則亦戛戛乎難之矣。少暇當抵掌盡之，近來典故盡于絳雲一炬。三案之事，詳看三朝要典，得其案則斷易定，如知病便可定藥也。（錢仲聯標校《牧齋有學集》卷三十九，第一三五九頁）

《列朝詩集小傳》

⊙李少師東陽

……西涯之詩，原本少陵、隨州、香山，以追宋之眉山、元之道園，兼綜而互出之。其詩有少陵，有隨州、香山，有眉山、道園，而其為西涯者自在。……（《列朝詩集小傳》丙集中，第二四五～二四六頁）

智按：參見《書李文正公手書〈東祀録〉略卷後》，《牧齋初學集》卷八十三。

⊙王通判渙

渙字渙文，長洲人。正德己卯，舉於鄉，授嘉興府通判，改東川軍民府，未上而卒。渙文博綜群籍，能爲古賦，嘗爲雜賦小引云：「渙游南廱，會八省名士，爲時文以備春試。暇時爲三四雜賦。或成於移晷，或竟日終篇，遲不敢附太沖，速不敢擬子安。蛛絲屋角，辛苦自收，蝸涎滿壁，循行猶記。渙于落落沈寥之餘，步日挑燈，而有得者，不遂棄去，出以呈同遊諸公。劉勰負書于道左，李華稱名以求知，殆若是乎?」文徵仲云：「渙文詩宗白傅，晚效放翁、石湖。」今《墨池堂詩集》不傳，僅存雜賦及《墨池瑣録》。渙少與徵仲齊名，吴俗多淫祀，祠神鼓舞，必祝云：「生子當如陸南、王渙、文徵明。」南亦與渙同舉於鄉，吴人今不復知其氏名矣。（《列朝詩集小傳》丙集

中，第三一〇頁）

⊙湯遂昌顯祖

……義仍少熟《文選》，中攻聲律。四十以後，詩變而之香山、眉山，文變而之南豐、臨川。……（《列朝詩集小傳》丁集中，第五六四頁）

⊙袁庶子宗道

……伯修在詞垣，當王李詞章盛行之日，獨與同館黃昭素，厭薄俗學，力排假借盜竊之失。於唐好香山，於宋好眉山，名其齋曰「白蘇」，所以自別於時流也。其才或不逮二仲，而公安一派實自伯修發之……（《列朝詩集小傳》丁集中，第五六六頁）

⊙袁儀制中道

……小修又嘗告余：「杜甫之《秋興》，白之《長恨歌》，元之《連昌宮詞》，皆千古絕調，文章之元氣也。楚人何知，妄加評竄，吾與子當昌言擊排，點出手眼，無令後生墮彼雲霧。」……（《列朝詩集小傳》丁集中，第五六八～五六九頁）

⊙李先輩流芳

……其於詩，信筆書寫，天真爛漫，其持擇在斜川、香山之間，而所心師者，孟陽一人而已……晚尤遜志古人，草書杜、白、劉、蘇諸家詩，至數十巨册，故於詩律益細。……（《列朝詩集小傳》丁集下，第五八二頁）

⊙草衣道人王微

微字修微，廣陵人，七歲失父，流落北里，長而才情殊衆。扁舟載書，往來吳會間。所與遊，皆勝流名士。已而忽有警悟。皈心禪說，布袍竹杖，游歷江楚，登大別山，眺黃鶴樓、鸚鵡洲諸勝；謁玄嶽，登天柱峰，泝大江，上匡廬，訪白香山草堂，參憨山大師於五乳。歸而造生壙于武林，自號草衣道人，有終焉之志。偶過吳門，爲俗子所嬲，乃歸於華亭潁川君。潁川在諫垣，當政亂國危之日，多所建白。抗節罷免，修微有助焉。亂後，相依兵刃間，間關播遷，誓死相殉。居三載而卒。潁川君哭之慟。君子曰：「修微青蓮，亭亭自拔淤泥，昆岡白璧，不罹劫火，斯可爲全歸幸也。」修微《樾館詩》數卷，自爲敘曰：「生非丈夫，不能掃除天下，猶事一室，參誦之餘，一言一詠，或散懷花雨，或箋志水山，喟然而興，寄意而止，妄謂世間春之在草，秋之在葉，點綴生成，無非詩也。詩如是可言乎？不可言乎？」性好名山水，撰集《名山記》數百卷，自爲敘以行世。（《列朝詩集小傳》閏集，第七六〇～七六一頁；《列朝詩集》閏集卷四，《續修四庫全書》影印清順治九年毛氏汲古閣刻本）

智按：王微（一六〇〇～一六四七），字修微，别號草衣道人，廣陵（今江蘇揚州）人。七歲喪父，流落烟花巷陌。長而才情出衆，常扁舟載書，往來于吳（江蘇）會（浙江）之間。與之游者，皆一時名士。已而警悟，皈心釋氏。上廬山訪白居易草堂，參拜憨山大師于五乳峰。歸即造生墓于武林（今浙江杭州），自號草衣道人。後因奸人脅歸華亭（今上海松江）東林名士許譽卿。當政亂國危之日，譽卿極諫敢言，多得修微之助。亂後，相依兵刃間，三載而卒。修微色藝雙絕，尤工詩詞。有《樾館詩》。《歷代詞話》卷一〇稱其「詞集甚富，皆言情之作，多有俳調」。《詞苑萃編》卷一六稱其詞「風流醞藉，不減李清照」。

錢謙益，字受之，號牧齋，又號蒙叟、牧翁、絳雲老人、東澗遺老等，常熟（今屬江蘇）人。萬曆三十四年（一六〇六）舉於鄉，三十八年（一六一〇）中進士，授翰林院編修。旋丁父憂歸，在家侍母十載，四十八年始詣闕補官。天啟五年（一六二五），閹黨用事，削籍南還。崇禎元年（一六二八），應詔補詹事府詹事，轉禮部右侍郎兼翰林院侍讀學士，尋復革職。十年，因張漢儒訐告，入刑部獄。次年得赦歸。南明弘光朝為禮部尚書。清順治元年（一六四四），福王監國南京，召爲禮部尚書。二年五月，清兵陷南京，率先迎降，次年授內秘書院學士兼禮部侍郎，充《明史》館副總裁。不久託病歸里，終老於家。謙益在明末爲東林黨黨魁之一，一度被視爲士林領袖，晚年變節仕清，爲士人所不齒。他後來亦頗知悔恨，曾秘密與鄭成功、瞿式耜聯繫，從事反清復明活動。身為明末清初文壇宗主，謙益論詩主性情，重學問，力矯明七子與公安、竟陵之失。博學多才，詩宗杜甫，唐宋兼採，自成一家，在其影響下有「虞山詩派」。生平著述甚富，有《初學集》一百一十卷、《有學集》五十卷、《投筆集》二卷，又編撰有《列朝詩集》八十一卷、《杜詩箋注》二十卷等。《清史稿》卷四八四有傳。

釋讀徹（一五八八～一六五六）

《祝毛子晉五十（用香山九老吉公韻倒叶仄聲）》

閣高汲古千雲居，下臨直視疑無地。家富惟藏萬卷餘，龍宫仙島開幽祕。一聲如鳥叫春初，半百年來忽已是。傲骨侯門懶曳裾，稱觴海内同鄰比。月斜客散夜堂虚，静悟生前原是自。那有神仙不讀書，草號農夫能識字。何須海寶更求珠，所需莫不皆如意。（《蒼雪和尚南來堂詩集》卷一古風，《續修四庫全書》影印民國三年刻雲南叢書本）

《贈倪連山移居半塘》

爲問家何處？人當濠濮間。壇登常太守，堤傍白香山。吟苦鬚撚斷，髡愁髮盡刪。出門看花路，一日幾回還。（《蒼雪和尚南來堂詩集》卷二五言律，《續修四庫全書》影印民國三年刻雲南叢書本）

智按：釋讀徹，初字見曉，改字蒼雪，號南來，雲南呈貢人。精通佛理，工於吟詠，其詩慷慨悲愴，王士禛《漁洋詩話》譽為「詩僧第一」，一時名流如董其昌、陳繼儒、錢謙益、吴偉業等，俱與之唱酬。

沈嘉客（一五九○～一六七二）

《忍痛四十四首》（乙未）

乙未夏初，余與老妻同病者七旬，余尚留覊塵網，而老妻已待我於泉臺之上矣。計余勝杖未十日也。余猶匍匐勉畢，奠啥之局，甫竟五七，而余又病矣，勺漿不入口者七日，燃燭不暫停者七夕，時時心痛，時時腹痛，日下純血數升，六十六歲人，能堪此乎？計無可忍，遂向冰室中避冷，火坑裏逃熱，胸中喉中，喃喃欲吐，一痛一字，一痛數百字，值大痛時，似有數十萬字者，及今理論，大半不能記憶。其記憶者，亦止此數行，又皆囈語也。遂命門人書之，以資譚柄云爾。

香山居士何人者，紅淚青衫白司馬。去住依依陳結之，何如晏坐香鑪下。（《西溪先生文集》卷四，《四庫未收書輯刊》影印清康熙三十九年沈寅清刻本）

智按：沈嘉客，字無謀，河間故城人，居鄭口，性孤迥。與盧世㴶、汪大年、姚希孟交好，以詩相倡和。

王鐸（一五九二～一六五二）

《答日葵》

人人思致太平，而兵戈有歲年。吳越地坼，常熟山鬬，常德地陷，出水鎮江，江水墨臭。至彭蠡秦地復震，災異屢臻，臣子嘗實爲消弭，以報里上，豈世乏材，如之何使獨憂至尊耶！足下盱衡當世，裕有經綸，痗心刺骨，白香山官位少進，匡救之心，時時不替于朝廷。足下何以勉之歟。（《擬山園選集》卷五十五，《四庫禁毀書叢刊》影印清順治十年王鏞王鑨刻本）

智按：王鐸，字覺斯，一字覺之。號十樵，號嵩樵，孟津（今屬河南）人。天啟二年（一六二二）進士，入翰林院庶吉士，累擢禮部尚書、東閣大學士。清朝入關後被授予禮部尚書、官弘文院學士，加太子少保。謚文安。有《擬山園選集》。

馮舒（一五九三～一六四九）、
馮班（一六〇四～一六七一）

《二馮評點才調集》

⊙凡例

默庵先生名舒，字已蒼，以杜樊川為宗，而廣其道於香山、微之。鈍吟先生名班，字定遠，以溫、李為宗，而溯其源於騷、選、漢魏六朝。（《二馮評點才調集》卷一，《四庫全書存目叢書》影印清康熙四十三年垂雲堂刻本，集部第二八八册，第六三三頁）

⊙白居易一十九首

鈍吟云：「此卷以白公為首，惟選長律及諷刺，不選小律及閑適詩，蓋以白公為大詩之式也。閑適詩與此書體不合，小律却博取諸家。長律倡和盛于元白，其妍媸正是一例，此選白不選元。非不選也，舉白以例元也。元却選艷體。」

《代書一百韻寄微之》

憶在貞元歲（默庵云：直起），俱昇典校司。身名同日授，心事一言知。肺腑都無隔，形骸兩不羈。疎狂屬年少（默庵云：揔二句），閒散為官卑。分定金蘭契，言通藥石規。交賢方汲汲，友直每偲偲。有月多同賞，無杯不共持。秋風拂琴匣，夜雪卷書帷。高上慈恩塔，幽尋皇子陂。唐昌玉蕊會，崇敬牡丹期。笑勸迂辛酒，閒吟短李詩。儒風愛敦質，佛理尚玄師。（默庵云：辛玄【丘】度、李紳、劉敦質、庾玄師）度日曾無悶，通宵靡不為。雙聲聯律句，八面對宮棋。往往遊三省，騰騰出九逵。寒銷直城路，春到曲江池。樹暖枝條弱，山晴彩翠奇。峰攢石緑點，柳宛麴塵絲。岸草煙鋪地，園花雪壓枝。早光紅照耀，新溜碧逶迤。幄幕侵堤布，盤筵占地施。征伶皆絕藝，選伎悉名姬。（鈍吟云：疊韻對雙聲）鉛粉凝春態，金鈿耀水嬉。風流誇墮髻，時世鬬啼眉。密坐隨歡促，華樽逐勝移。香飄歌袂動，翠落衫釵遺。籌插紅螺碗，觥飛白玉卮。打嫌調笑易，飲訝卷波遲。殘席喧嘩散，歸鞍酩酊騎。酡顔烏帽側，醉袖玉鞭垂。紫陌傳鐘鼓，紅塵塞路歧。幾時曾暫別?（默庵云：總結）何處不相隨?（默庵云：又轉）荏苒星霜換，回還節候催。兩衙多請假，三考欲成資。運啓千年聖，天成萬物宜。皆當少壯日，同惜盛明時。光景嗟虛擲，雲霄竊暗窺。攻文朝矻矻，講學夜孜孜。策目穿如劄，毫鋒鋭若錐。繁張獲鳥網，堅守釣魚坻。並受夔龍薦，齊陳晁董詞。（默庵云：轉）萬言經濟略，三策太平基。中第爭無敵，專場戰不疲。輔車排勝陣，掎角搴降旗。雙闕紛容衛，千僚儼等衰。恩隨紫泥降，名向白麻披。既在高科選，還從好爵縻。（默庵云：轉）東垣君諫諍，西邑我驅馳。在喜登烏府，多慚侍赤墀。官班分內外，遊處遂參差。每列鵷鸞序，偏瞻獬豸姿。（默庵云：起）簡威霜凜冽（默庵云：雙聲），衣彩繡葳蕤。正色摧強禦，剛腸嫉喔咿。常憎持禄位，不擬保妻兒。養勇期除惡，輸忠在滅私。下韝驚燕雀，當道懾狐狸。南國人無怨，東臺吏不欺。理冤多定國，切諫甚辛毗。（微之使東川，奏冤八十餘家，詔從而平之，因分司東都。）造次行於是，平生志在茲。道將心共直，言與行兼危。水暗波翻覆，山藏路險巇。未為明主識，已被幸臣疑。（鈍吟云：前敘□□，無此一段剛正，是狎邪所為矣。古人云：「窗前閒詠鴛鴦句，壁上時看獬豸圖。」即此意也。大家式樣，應如此參究）木秀遭風折，蘭芳遇霰萎。千鈞勢易壓，一柱力難支。騰口因成痏，吹毛遂得疵。憂來吟貝錦，謫去詠江蘺。邂逅塵中遇，殷勤馬上辭。賈生離魏闕，王粲向荊夷。（默庵云：以下俱說江陵）

水過清源寺，山經綺季祠。心搖漢皋佩，淚墮峴山碑。驛路緣雲際，城樓枕水湄。思鄉多繞澤，望闕獨登陴。林晚青蕭索（鈍吟云：雙聲），江平緑渺彌。野秋鳴蟋蟀，沙冷聚鸕鷀。官舍黄茅屋，人家苦竹籬。白醪充夜酌，紅粟備晨炊。寡鶴摧風翮，鰥魚失水鰭。暗雛啼潟旦，涼葉墮相思。一點寒燈滅，三聲曉角吹。藍衫經雨故，驄馬卧霜羸。念涸誰濡沫？嫌醒自啜醨。耳垂無伯樂，舌在有張儀。負氣衝星劍，傾心向日葵。金言自銷鑠，玉性肯磷緇？伸屈須看蠖，窮通莫問龜。定知身是患，當用道為醫。想子今如彼，嗟予獨在斯。無憀當歲杪，有夢到天涯。坐阻連襟帶，行乖接履綦。潤銷衣上霧，香散室中芝。念遠緣遷貶，驚時為別離。素書三往復，明月七盈虧。舊里非難到，餘歡不可追。樹依興善老，草傍静安衰。前事思如昨（默庵云：總結），中懷寫向誰？北村尋古柏，南宅訪辛夷。此日空搔首，何人共解頤？病多知夜永，年長覺秋悲。不飲長如醉，加飧永似飢。狂書一千字，因使寄微之。（默庵云：代書寄微之作結）

鈍吟云：「匀細整贍，力自有餘。長詩有敘置次第，此文章自然之勢，其妙處全不在此。《品彙》之作，高棅不解聲病，便以長詩為排律，無識妄作。今人則排字已入骨矣，板拙不貫穿，只被排字誤了。起承轉合，不可不知，却拘不得，須變化飛動為佳。此二篇匀整之至，却細膩省淨，無疊辭累句、妃紅媲紫之病。長詩忌詞太煩，如此最善。」

智按：本卷「古律雜歌詩一百首」卷首，鈍吟云：「家兄看詩，多言起承轉合，此教初學之法。如此書，正要脱盡此板法，方見才調。」

《東南行一百韵》

南去經三楚（默庵云：《東南行》），東來過五湖。山頭看候館，水面問征途。地遠窮江界，天低接海隅。飄零同落葉，浩蕩似乘桴。漸覺鄉原異，深知土俗殊。夷音語嘲哳，蠻態笑睢盱。水市通闤闠，煙村混舳艫。吏徵魚户税，人納火田租。亥日饒蝦蠏，寅年足虎貙。成人男作丱，事鬼女為巫。樓暗攢倡婦，堤長簇販夫。夜船論鋪賃，春酒斷瓶沽。見果皆盧橘，聞禽悉鷓鴣。山歌猿獨叫，野哭鳥相呼。嶺徼雲成棧，江郊水當郛。……相逢應不識，滿頷白髭鬚。

鈍吟云：「元公云『排比聲律』，即沈休文云『一簡兩韻』，輕重聲韻不同者也，非排敘之謂。如四句一絶，亦須排比，豈但長詩！今人併不知絶句是律詩。唐宋人舊集，不經後人改定者可攷。今《白集》郭武定刻本，已更其次第矣。恐再經數十年，古人文集為癡人改盡，後學將何所取正乎？二篇俱匀整，佳句相接，斐娓可誦。長詩不可亂，不可排。高棅排律最害事。」

默庵云：「先敘《東南行》情景，因情景追念前時，以見題之後先輕重，與前篇體勢殊甚，各致其情。文章變化，因物賦形，多類此也。」（《二馮評點才調集》卷一，《四庫全書存目叢書》影印清康熙四十三年垂雲堂刻本，集部第二八八册，第六三九～六四一頁）

⊙白居易《四不如酒》

莫買金剪刀，虛費千金直。我有心中愁，知君剪不得。莫磨解結錐，徒勞人氣力。我有腸中結，知君解不得。莫染紅絲線，徒誇好顏色。我有雙淚珠，知君穿不得。莫近紅爐火，炎氣徒相逼。我有兩鬢雪，知君消不得。刀不能剪心愁，錐不能解長結。線不能穿淚珠，火不能銷鬢雪。不如飲此神聖盃，萬念千憂一時歇。

鈍吟云：諷刺體。（《二馮評點才調集》卷一，《四庫全書存目叢書》影印清康熙四十三年垂雲堂刻本，集部第二八八册，第六四三頁）

⊙白居易《初與元九別後忽夢見之。及寤而書適至，兼寄桐花詩。悵然感懷，因以此寄》〔元九初謫江陵〕（詩略）

默庵云：將題面匀匀作一首起結。

⊙白居易《秦中吟》并序（略）

鈍吟云：諷刺體。元白諷刺意周而語盡，文外無餘意，異于古人也。大略亦是《小雅》之遺。白公諷刺詩，周詳明直，娓娓動人，自創一體，古人無是也。凡諷諭之文，欲得深隱，使言者無罪，聞者足戒。白公盡而露，其妙處正在周詳，讀之動人，此亦出于《小雅》也。（《二馮評點才調集》卷一，《四庫全書存目叢書》影印清康熙四十三年垂雲堂刻本，集部第二八八册，第六四五頁；殷元勳注，宋邦綏補注《才調集補注》卷一，《續修四庫全書》第一六一一册，第二七一頁，影印清乾隆五十八年宋思仁思補堂刻本）

⊙白居易《玩半開花贈皇甫郎中》

勿訝春來晚，無嫌花發遲。人憐全盛日，我愛半開時。紫蠟粘為蒂，紅蘇點作蕤。成都新夾纈，梁漢碎胭脂。樹杪真珠顆，牆頭小女兒。淺深妝駁落，高下火參差。蝶戲爭香朵，鶯啼選穩枝。好教郎作伴，合共酒相隨。醉玩無勝此，狂嘲更讓誰？猶殘少年興，未似老人詩。西日憑輕照，東風莫殺吹。明朝應爛熳，後夜更離披。林下遙相憶，樽前暗

有期。銜杯嚼蕊思，唯我與君知。（默庵云：贈）

鈍吟云：詩以諷刺爲本。尋常嘲風弄月，雖美而不關教化，只是下品。此書純取才調，惟以白老數章冠篇首，自後所選，頗亦裁去奇怪淫暱，其文格大意可見。（《二馮評點才調集》卷一，《四庫全書存目叢書》影印清康熙四十三年垂雲堂刻本，集部第二八八册，第六四八頁）

⊙白居易《題令狐家木蘭花》

膩如玉指塗朱粉，光似金刀剪紫霞。從此時時春夢裏，應添一樹女郎花。

鈍吟云：小詩只此一絕。白公詩體與元相大同小異。第五卷元相惟選豔詩。此卷白公不選小律詩。元白唱和長篇次韻，只選白不選元者，皆有深意可參。（《二馮評點才調集》卷一，《四庫全書存目叢書》影印清康熙四十三年垂雲堂刻本，集部第二八八册，第六四八頁）

⊙白居易《送鶴與裴相臨别贈詩》

司空愛爾爾須知，不信聽吟送鶴詩。羽翮勢高寧惜别，稻粱恩厚莫愁饑。夜棲少共雞爭樹，曉浴先饒鳳占池。穩上青雲勿回顧，的應勝在白家時。

鈍吟云：比興忠厚。（殷元勳注，宋邦綏補注《才調集補注》卷五，清光緒二十年江蘇書局重刊本）

⊙白居易《王昭君》

漢使卻回憑寄語，黄金何日贖蛾眉？君王若問妾顏色，莫道不知宫裏時。

鈍吟云：終是小兒語。（殷元勳注，宋邦綏補注《才調集補注》卷五，清光緒二十年江蘇書局重刊本）

智按：馮舒，字己蒼，號默庵，又號癸巳老人。常熟（今屬江蘇）人。馮復京（一五七三～一六二二）子。明末諸生。有《默庵遺稿》十一卷，《附録》一卷，《詩紀匡謬》一卷，《虞山妖亂志》三卷。

熊文舉（一五九五～一六六八）

《懷歸記》

癸卯冬日，卧疴燕邸，夜坐霜月之下，無所不懷。自念受國厚恩，以病入膏肓，涓埃罔效，今當引去，而里中雜沓俶擾，求一丘一壑安頓病軀，倀倀無之。蓋嘗于近家數里，購得桃花嶺。此嶺拔地而起，似桃花，上有石屋三間，意欲搆山房數椽，凴高眺望，會省之風帆塔影，俱在目前。山僧爲我言，明月當空，一碧萬頃，時有鸞笙縹緲之音，而松竹蓊蔚，更爲幽絶。上檀溪後枕錦江，多老藤古木，鬱鬱蒼蒼。此吾先世祖居，亦有老屋數重，時往來合族省塋，長幼賓賓，猶存古道。靖安縣之龍丘鄉，去縣伯里，僻在南源，予弱冠卽授徒其地，愛其俗尚淳龎，可以辟世。近門人胡明府，爲余建一講堂。予亦捐金助成，頗巍峩宏敞，此地四面高山如城垣，中特闢一區，白石清泉，列于階下，致足樂也。奉新頭陀山，爲予戊巳避兵之地，上有西風塢，高出于仞，猿鳥俱絕，惟山僧采茶、居民采葛可到，餘則杳無人跡。門人王萬兩明府，爲予搆石屋數間，題曰：熊雪堂先生辟兵處。托近地張文學居守，今數年不復往矣。此與龍丘講堂，陳石莊先生俱採入《南昌府志》。廬山數次淂遊，近歸宗寺簡寂觀買得張家山，結有靜室，門人徐太守黎郡丞，爲經營就緒，約他年住廬山栖托，此亦白樂天之草堂也，亦復十年不及往遊，司李范祖生采入《廬山紀事》，而西山烏晶爲神仙窟宅，峰巒陡峻，石屋重重，往兩兒子皆避亂于其地，亦購有竹樹山房，托緇流習靜其中，是數處，俱可以栖遲。泌水衡門，依稀未遠；考槃薖軸，永矢弗諼。而馳逐世緣，欲往從之，因循未果。里中黄山人伯圓，曾爲予圖成小册，攜置篋中，每一展玩，水色山光，泉聲嵐影，如在目前，不自覺此身之滯于長安東華塵土也。宗少文卧遊五岳，而予獨尋一丘一壑，豈爲雄俊乎？因作《懷歸記》。（熊文舉《侶鷗閣近集》卷二，《四庫禁毁書叢刊》影印清康熙刻本）

智按：熊文舉，字公遠，號雪堂，新建（今屬江西）人。崇禎四年（一六三一）進士，授合肥縣令。擢吏部主事。黄道周、李汝燦、傅朝佑等因諫言得罪，文舉上疏力救。後遷稽勳司郎中。明亡降清，擢任通右政，曾兩任吏部左右侍郎。因病致休，起補吏部左侍郎兼兵部右侍郎。勤于學，尤耽著述，工詩、文、詞。清初馳名文壇，極享盛譽。有《荀香剩》、《守城記》、《墨盾草》、《使秦雜吟》、《恥廬集》、《雪堂全集》等。

丁耀亢（一五九九~一六六九）

《歸山不易詩仿元白體十九首》

歸山良不易，試語問津人。絕世難長�（往），逃名豈陸沉。鹿門無偕隱，鄭谷苦違親。不得寰中樂，安知物外真。

歸山良不易，靜者始能安。坐久神明照，獨行豕鹿盤。雲霞生意思，山水息波瀾。獨立看松雪，清齋洗肺肝。

歸山良不易，先淨入山根。忍辱為功行，清修是法門。無生思斷愛，有累為居喧。獨樂非幽寂，方知山水尊。

歸山良不易，深淺各相分。景物隨游賞，靈通入見聞。空林聰靜籟，絕壑起晴雲。不得幽居趣，移文入世氛。

歸山良不易，世累苦相尋。未悟窮通理，多生去住心。天公私福地，山鬼忌高林。四體能艱苦，方無異患侵。

歸山良不易，清賞但嬉遊。縱酒徒傷性，援琴不自謀。高談仍滯欲，嬰禍苦多求。事宜竹林子，曠達生隱憂。

歸山良不易，孤寂易生哀。學道徒為耳，求仙安在哉。躬耕難獨樂，肉食每多災。惟有饑驅士，長歌歸去來。

歸山良不易，學佛與藏書。佛理耽茹苦，書田得自如。鳶魚隨釣弋，丘壑足樵漁。靜看白雲起，春風任卷舒。

歸山良不易，行樂莫違時。白髮傷春暮，青雲悔歲遲。草深防鬭虎，林卧卻驚麋。多被浮生誤，吾衰亦足悲。

歸山良不易，真隱古人稀。渭水無遲暮，終南有是非。聽松吹好夢，把菊見忘機。出處關人望，占星識少微。

歸山良不易，清福幾人全。載酒尋青澗，吹簫向紫煙。芝田同鹿卧，柳岸聽鶯眠。樂事為君說，真堪號地仙。

歸山良不易，況值賞花辰。步屧依芳圃，攜壺招近鄰。鶯啼開戶蚤，蝶舞過牆頻。策杖宜清曉，白雲處處春。

歸山良不易，茅屋蔭松苔。野籜抽新粉，林花繡作堆。涼風吹牖入，新月到床來。時許羊求過，荷香一舉杯。

歸山良不易，山事正宜秋。紅葉濃如染，晴雲淡不流。林疏開遠岫，潦降出前洲。稻熟新篘滿，持鼇亦可求。

歸山良不易，寒色鬱蕭森。松老留殘雪，鶴孤返舊林。凍雪千樹肅，落葉一溪深。亦有梅花味，南枝伴醉吟。

歸山良不易，吾愛漢留侯。托跡赤松子，終從黄石遊。捐生學辟穀，志退在封留。遂得全生術，克剛以致柔。

歸山良不易，吾愛陶弘景。青山多白雲，欲贈無人領。桂叢青晝閑，松風午夢永，相業在丘壑，明哲何炯炯。

歸山良不易，吾愛葛稚川。采砂因作令，吏隱以求仙。著書存內訣，蜕化竟長年。不有煙霞骨，誰能脱世緣。

歸山良不易，吾愛陳希夷。高卧三峰頂，身全五代時。白龍傳蟄法，丹理注爻詞。蜕骨留華岳，清風永在兹。（《丁野鶴先生遺稿·歸山草》卷二，《四庫全書存目叢書》影印清初刻丁野鶴集八種本，集部第二三五册，第二八七～二八八頁）

智按：丁耀亢，字西生，號野鶴、紫陽道人、木雞道人，諸城（今屬山東）人。明諸生。入清後，官容城教諭。有《丁野鶴先生遺稿》及傳奇劇本《表忠記》、小説《續金瓶梅》等。

閻爾梅（一六〇三～一六七九）

《題方爾止四壬子圖（陶靖節、杜少陵、白香山皆壬子年生）》

靖節先生家栗里，高卧北牕徵不起。人知其卒在元嘉，不知其生歲壬子。杜陵天寶之詩人，香山變為長慶體。迨有明兮千餘年，桐城掘生方爾止。四子皆以壬子生，先後文章輝青史。畫作詞壇聚講圖，著其干支稱世紀。我聞宗氏少文喜卧游，滿屋琴書畫山水。撫絃動操萬峰鳴，如置身在烟泉裏。又聞謝子敬微愛步兵，手圖長嘯對孫登。古人初不問窮達，一往輒復有深情。爾止此圖傲古人，自命風雅之功臣。上下千秋若同堂，旦暮遇之須眉新。惜

哉漢圖無畫工，不圖風雅圖麒麟。（《白奓山人詩文集》詩集卷四，《續修四庫全書》影印清康熙刻本）

智按：方文（一六一二～一六六九），字爾止。徐芳（一六一九～?）《西江游草序》云：「古之善言情者，莫如陶彭澤、杜少陵、白香山。其詞淡樸真至，使人無不可解，而卒不可到其所以然，非一日之積也。……吾友方爾止，以文名天下有年；其于詩，獨好彭澤、少陵、香山而摹擬之。予嘗讀其《燕遊》、《魯遊》二集，淡樸真至，居然一香山。……蓋天將縱爾止以詩使與少陵、香山諸賢爭千古也，復何慨哉！」（《嵞山集》，上海古籍出版社影印康熙刻本，第七六五～七六七頁）

《燕子樓和韻》（有序）

唐貞元中，張尚書建封節度徐州，有愛妓關盼盼，善歌舞，尚書歿，徐州舊第有小樓名燕子，盼盼居其上十餘年不嫁，且作詩三首。白樂天聞而和之，又外贈一首，諷其不從尚書死也。盼盼得詩，泣下旬日，不食，卒。余故次其本韻，刻之樓中，樓在州城西北隅。

其一

空樓寂寂十經霜，百事無歡懶下床。每到春來常苦困，秋來苦醒夜偏長。

盼詩云：樓上殘燈伴曉霜，獨眠人起合歡床。相思一夜情多少，地角天涯不是長。

其二

初時弄筆寫雲烟，歲久魂銷意索然。絲竹滿堂花滿目，愁來都不似當年。

盼詩云：北邙松栢鎖愁烟，燕子樓中思悄然。自埋劒履歌塵散，紅袖香銷一十年。

其三

相思一夜一千迴，人在情中夢不來。無限愁腸真似火，幾時燒斷得成灰。

盼詩云：纔看鴻雁岳陽廻，又覩玄禽逼社來。錦瑟瑤箏無意緒，任從蛛網任從灰。（《白奓山人詩文集》詩集卷八，《續修四庫全書》影印清康熙刻本）

《朱玄洲詩選序》

余選昭代詩頗嚴，得耑集，成一家言者不數氏，私念天下大矣，豈無簡編遺佚，出時人耳目外者，擔簦歷險，金石兼蒐，行次嵩少，遇王孫朱鼒鑣，懷其先中尉玄洲公五七言律絶，幾五百首來謁，且云：先君一生苦心在是，亂後板焚矣，將謀重刻，質之先生，願先生留意也。余唯唯。讀竟，秀華圓茂似白香山、劉隨州風格，比本朝諸家則徐子與、謝茂秦伯仲倫也，時復有規模李于鱗處。余顧嫌其過肖，而香山老嫗所解，駸駸乎宋元腐徑也。因痛删之，僅存四十餘首，視舊本蓋不能十之一焉。噫，嚴矣。然公之詩，知必以此而傳，何也？昔卞荆山之剖玉也於璞，蔡郎中之審琴也於爨桐，離璞無山（玉），離桐無琴，然不剖而謂是璞皆玉，不審而謂是桐皆良琴也，可乎？故詩不必可傳，而可傳之詩具在詩中，則選之不可以已也。或曰：古詩無律，玄洲詩獨以律傳，何也？曰玄洲蓋為其難者也，采風而知列國之政，奏雅頌而章祖宗之功德，樂舞雖殊，要之善言性情而止。古詩澹穆自然，不假彫鏤，情至響生，宫商赴之，迨四聲用事，徐庾新體，五言律高曾也，然猶有出入焉。沈、宋七言則森森典刑矣，以太白天才宏放當之，舌本期期，律曷可易言耶？豈非逞才者任意、持法者難疏耶！蓋古詩先性情而後詩，律詩先詩而後性情，恊歸風雅，其旨一也，以此知公詩之必傳也。乃余又為之悲其志焉。……（《白耷山人詩文集》文集卷上，《續修四庫全書》影印清康熙刻本，第一三九四册，第四七九頁）

《諫官論》

古者君臣上下相親，自公孤以及士庶，皆得時時見天子，陳詩獻誦，故諫官無專設者。秦漢後，君臣分日嚴，百官去天子頗疎，宰相位高望重，持大體，不欲以小失爭，爭之者惟獨諫官，然則諫官豈非與宰相相表裏者耶？《周官》柱下史統之宗伯，秦改為御史，漢改為侍御史及直指使，又置黄門給事中，咸用名儒為之。元狩五年，置諫大夫，世祖改為諫議大夫，唐增置補闕、拾遺及監察御史，宋改補闕、拾遺為司諫、正言，又增置御史裏行，餘如故。凡此皆諫官沿革之大較也。夫諫官，以諫爭為官者也。諫爭之義，對天子而言也。白居易云：「《六典》謂拾遺秩卑選重，秩卑則不惜，位選重則不忍負恩，然後能有闕必規，有違必諫。朝廷得失無不察，天下利害無不言。國朝置拾遺本意如此。」夫守官必知置官之本意，始為無媿朝廷得失，天下利害，此何等事，而皆責之諫官。……（《白夅山人詩文集》文集卷上，《續修四庫全書》影印清康熙刻本，第一三九四册，第四九九頁）

智按：閻爾梅，字用卿，又字古古，沛縣（今屬江蘇徐州）人。崇禎庚午（一六三〇）舉人。有《白夅山人詩文集》。

姜栢年（一六〇三~一六八一）

《用白香山一七令古體寄李姪一舟》

簡。雪城，李侯。別數月，如三秋。涼飆乍動，宿雨初收。梧桐落井甃，蟋蟀近床頭。驪之山碧迢迢，渭之水波悠悠。相思相見知何日，獨坐獨吟難爲情。（《雪峯遺稿》卷二十城南録，《韓國文集叢刊》本）

《洛中耆老會》

平市令黄公，一日來訪余，適談及序齒之事。今暮春者，年七十以上諸公，已作眞率會于梨園空廨，復有後期，仍將一小帖，繪其迹，書其姓名云。余聞而悦之，請從而後也，令俛而笑曰：諾。後數日，令復來，哀一小册示之曰：「已録公姓名於此帖中，公盍賦而張大之，以助一場勝事耶?」又手提一小障而眎之，乃天啓己巳夏，諸老宰作蓮池會而記其名跡者也。其參坐十數人，皆嘗爲顯官得名聲，以老故自任者，而李五峯、李延平、徐三宰爲最著，谿谷張相序其事，而又以長律一篇尾之，眞盛事也，其可與古之香山、洛社之會相上下矣乎。然而以吾觀之，今日之事，過前輩遠矣。蒼顔華髮，盍簪團圓，古與今一般，而惟其多寡有異焉。香山之老，捨狄、盧則不爲九；洛社耆英，入司馬公而後乃爲十三。至於己巳蓮池之會，亦不過十數人而止。則今兹之會，其數比古人三倍之，何今日耆艾之多耶！使後之人覽此帖，則其爲欽艶，不翅如今之視昔而已。谿谷所謂龐鴻之化，仁壽之應，吾亦云云，而欲添之以康衢之詠，華封之祝，終歸之於會極建極之至德也。吾儕將自今共嬉遊於壽域之中，逢辰對景，或執盞而話，或鼓缶而歌，以送其餘日，其爲樂可勝計耶！余今耄且病，抛筆硯久矣，而既叨未至，重違勤懇，強疾構拙。又次張相韻而歸之：

金緋斑綵共翩翩，粉墨流傳閲幾年。佳句尚留丞相筆，芳塵仍想半池蓮。黄壚勝會今還繼，白傅清遊古豈偏。莫羨喬松蓬島外，座中華髪摠眞仙。（《雪峯遺稿》卷二十一城南録，《韓國文集叢刊》本）

智按：姜栢年，字叔久，號閑溪、聽月軒、雪峯。有《雪峯遺稿》。

車以遵（一六〇三～一六八五）

《題唐袖石緑聲集並慰其近事》

江雨落盡山雨空，好風眞與故人同。况復新詩常在手，哀梨無待蒸食供。元輕白俗世不貴，粵人食欖在回味。似君長吉亦卑之，三十六體皆可廢。憶昔坐君緑聲亭，秋煙漠漠花冥冥。南源固是嶽後户，大雲一席山來青。今年出山損懷抱，似望長安向西笑。我輩作事無不然，但可尋秋發秋棹。（《沅湘耆舊集》卷三十二，《續修四庫全書》影印清道光二十三年鄧氏南邨草堂刻本，第一六九一册，第六十二頁）

智按：車以遵，字孝則，徙字孝思，號劬園。邵陽（今屬湖南）人。車大任子。生于萬曆三十一年，貢生，入清後卒。享年八十三歲。有《高霞堂集》。

馮班（一六〇四～一六七一）

《古今樂府論》

古詩皆樂也，文士為之辭曰詩，樂工協之於鐘呂為樂。自後世文士或不閑樂律，言志之文，乃有不可施於樂者，故詩於樂畫境。文士所造樂府，如陳思王、陸士衡，於時謂之「乖調」。劉彦和以為「無詔伶人，故事謝絲管」。則是文人樂府，亦有不諧鐘呂，直自為詩者矣。樂府題目，有可以賦詠者，文士為之詞，如《鐃歌》諸篇是矣。樂府之詞，在詞體可愛，文士擬之，如「東飛伯勞」、《相逢行》、「青青河畔草」之類，皆樂府之别支也。七言創於漢代，魏文帝有《燕歌行》，古詩有「東飛伯勞」，至梁末而七言盛於時，詩賦多有七言，或有雜五七言者，唐人歌行之祖也。聲成文謂之歌。曰「行」者，字不可解，見於《宋書・樂志》所載魏、晉樂府，蓋始於漢人也。至唐有七言長歌，不用樂題，直自作七言，亦謂之歌行。故《文苑英華》歌行與樂府又分兩類。今人歌行題曰古風，不知始於何時？唐人殊不然，故宋人有七言無古詩之論。予按：齊、梁已前，七言古詩有「東飛伯勞」、「盧家少婦」二篇，不知其人、代，故題曰古詩也。或以為梁武，蓋誤也。如唐初盧、駱諸篇，有聲病者，自是「齊梁體」。若李、杜歌行不用聲病者，自是古調。如沈佺期「盧家少婦」，今人以為律詩。唐樂府亦用律詩。唐人李義山有轉韻律詩。白樂天、杜牧之集中所載律詩，多與今人不同。《瀛奎律體》有仄韻律詩。嚴滄浪云：「有古律詩。」則古、律之分，今人亦不能全别矣。《才調集》卷前題云：古律雜歌詩一百首。古者，五言古也；律者，五七言律也；雜者，雜體也；歌者，歌行也。此是五代時書，故所題如此，最得之，今亦鮮知者矣。大略歌行出於樂府，曰「行」者，猶仍樂府之名也。杜子美作新題樂府，此是樂府之變。蓋漢人歌謠，後樂工采以入樂府，其詞多歌當時事，如《上留田》、《霍家奴》、《羅敷行》之類是也。子美自詠唐時事，以俟采詩者，異於古人，而深得古人之理。元、白以後，此體紛紛而作。總而言之：制詩以協於樂，一也；采詩入樂，二也；古有此曲，倚其聲為詩，三也；自製新曲，四也；擬古，五也；詠古題，六也；並杜陵之新題樂府，七也。古樂府無出此七者矣。唐末有長短句，宋有詞，金有北曲，元有南曲，今則有北人之小曲，南人之吳歌，皆樂府之餘也。樂府本易知，如李西涯、鍾伯敬輩都不解。請具言之：李太白之歌行，祖述《騷》、《雅》，下迄梁、陳七言，無所不包，奇中又奇，而字字有本，諷刺沉切，自古未有也。後之擬古樂府，如是焉可已。近代李于鱗取晉、宋、齊、隋《樂志》所載，章截而句摘之，生吞活剝，曰「擬樂府」。至於宗子相之樂府，全不可通。今松江陳子龍輩效之，使人讀之笑來。王司寇《卮言》論歌行云：「有奇句奪人魄者。」直以為歌行，而不言此即是擬古樂府。夫樂府本詞多平典，晉、魏、宋、齊樂府取奏，多聱牙不可通。蓋樂人采詩合樂，不合宮商者，增損其文，或有聲無文，聲詞混填，至有不可通者，皆樂工所為，非本詩如此也。漢代歌謠，承《離騷》之後，故多奇語。魏武文體，悲涼慷慨，與詩人不同。然史志所稱，自有平美者，其體亦不一。如班婕妤「團扇」，樂府也。「青青河畔草」，樂府也。《文選注》引古詩多云枚乘樂府，則《十九首》亦樂府也。伯敬承于鱗之後，遂謂奇詭聱牙者為樂府，平美者為詩。其評詩至云：某篇某句似樂府，樂府某篇某句似詩。謬之極矣。樂府之名本於漢。至《三百篇》用之鄉人，用之邦國。樂之大者，正以郊祀為本。伯敬乃曰：樂府之有郊祀，猶詩之有應制。何耶？又李西涯作詩三卷，次第詠古，自謂樂府。此文既不諧於金石，則非樂也；又不取古題，則不應附於樂府也；又不詠時事，如漢人歌謠及杜陵新題樂府，直是有韻史論，自可題曰史贊，或曰詠史詩，則可矣，不應曰樂府也。詩之為文，一出一入，有切言者，有微言者，輕重無準，唯在達其志耳。故孟子曰：「不以文害詞，不以詞害志。以意逆志，是為得之。」西涯之詞，引繩切墨，議論太重，文無比興，非詩之體也。乃其敘語譏太白用古體，謬矣。西涯筆端高，其集中詩多可觀。惜哉，無是可也。古書敘樂府，唯《宋書》最詳整，其次則《隋書》及《南齊書》。《晉書·樂志》皆不如也。郭茂倩《樂府詩集》為詩而作，删諸家樂志作序，甚明而無遺誤，作歌行樂府者，不可不讀。左克明樂府，只取堪作詩料者，可便童蒙學詩者讀之。楊鐵老作樂府，其源出於二李、杜陵，有古題者，有新題者，其文字自是「鐵體」，頗傷於怪。然篤而論之，自是近代高手，太白之後，亦是一家，在作者擇之。今太常樂府，其文用詩。黄心甫作《扶輪集》序云：「今不用詩。」非也。余尚及聞前輩有歌絕句者，三十年來亦絕矣。宋人長短句，今亦不能歌。然嘉靖中善胡琴者，猶能彈宋詞。至於今，則元人北詞亦不知矣，而詞亦漸失本調矣。樂其亡乎！詩之不合於古人，余能正之也；樂之亡，如之何哉？（《鈍吟文稿》，《四庫全書存目叢書》影印清初毛氏汲古閣清康熙間陸貽典等刻鈍吟全集本，集部第二一六册，第五五二～五五三頁；《鈍吟雜録》，《清詩話》第三七～四〇頁）

《隱湖唱和詩序》

……唐元和間，元、白、劉角立於詩林，和韻之作，自兹而始。雄挑強戰，屢交不休，亦一時之聲也。……（《鈍吟文稿》，《四庫全書存目叢書》影印清初毛氏汲古閣清康熙間陸貽典等刻鈍吟全集本，集部第二一六册，第五五八頁）

《論樂府與錢頤仲》

「詩言志，歌永言。」「言之不足，故詠歌之。」然後協之金石絲管，詩莫非樂也。樂府之名，始於漢惠，至武帝立樂府之官，以李延年為協律都尉，采詩夜誦，有趙、代、齊、魏之歌；又使司馬長卿等造十九章之歌，此樂府之始也。迨魏有三調歌詩，多取漢代歌謠，協之鐘律，其辭多經樂工增損，故有本辭與所奏不同，《宋書・樂志》所載是也。陳王、陸機所制，時稱「乖調」。劉彥和以為「無詔伶人，故事謝絲管。」則疑當時樂府，有不能歌者，然不能明也。漢時有蘇、李五言，枚乘諸作，然吳兢《樂録》有古詩。而李善注《文選》，多引枚乘樂府，詩文皆在古詩中，疑五言諸作，皆可歌也。大略歌詩分界，疑在漢、魏之間。伶倫所奏，謂之樂府；文人所製，不妨有不合樂之詩。樂之所用，在郊廟宴享諸大體，或有民間私造，用之宴飲者。唐之五七言律長短句，以及今之南北詞，皆樂也，其體亦何常之有？樂府中又有灼然不可歌者，如後人賦《橫吹》諸題，及用古題而自出新意，或直賦題事，及杜甫、元、白新樂府是也。歌行之名，本之樂章，其文句長短不同，或有擬古樂府為之，今所見如鮑明遠集中有之，至唐天寶以後而大盛，如李太白其尤也。太白多效三祖及鮑明遠，其語尤近古耳。酷擬之風，起於近代。李于鱗取魏、晉樂府古異難通者，句摘而字效之，學者始以艱澀遒壯者為樂府，而以平典者為詩。吠聲譁然，殆不可止。但取《樂府詩集》中所載讀之，了然可見。蓋魏、晉樂章，既由伶人協律，聲有短長損益，以文就之，往往合二為一，首尾都不貫，文亦有不盡可通者，如《鐃歌》聲詞混填，豈可更擬耶？樂工務配其聲，文士宜正其文。今日作文，止效三祖，已為古而難行矣；若更為其不可解者，既不入樂，何取於伶人語耶？亦古人所不為也。漢詩之無疑者，唯《文選》班姬一章，亦樂府也。興深文典，與蘇、李諸作何異？總之，今日作樂府：賦古題，一也；自出新題，二也。舍此而曰某篇似樂府語，某篇似詩語，皆于鱗、仲默之敝法也。選詩者至汲取其難通以為古妙，此又伯敬、友夏之謬也。所知止此而已。（《鈍吟文稿》，《四庫全書存目叢書》影印清初毛氏汲古閣清康熙間陸貽典等刻鈍吟全集本，集部第二一六册，第五六一頁；《鈍吟雜録》，《清詩話》第四〇～四一頁）

《跋籟紀》

唐至天寶以後，古文騰湧，稍厭聲病。子美已還，競用古韻，韓、柳、元、白，人人不同。（《鈍吟文稿》，《四庫全書存目叢書》影印清初毛氏汲古閣清康熙間陸貽典等刻鈍吟全集本，集部第二一六册，第五六二頁）

《論歌行與葉祖德》

晉、宋時所奏樂府，多是漢時歌謠，其名有《放歌行》、《豔歌行》之屬，又有單題某歌、某行，則歌行者，樂府之名也。魏文帝作《燕歌行》，以七字斷句，七言歌行之濫觴也。沿至於梁元帝，有《燕歌行集》，其書不傳，今可見者，猶有三數篇。於時南北詩集，盧思道有《從軍行》，江總持有《雜曲文》，皆純七言，似唐人歌行之體矣。徐、庾諸賦，其體亦大略相近。詩賦七言，自此盛也。迨及唐初，盧、駱、王、楊大篇詩賦，其文視陳、隋有加矣。迤於天寶，其體漸變。然王摩詰諸作，或通篇麗偶，猶古體也。李太白崛起，奄古人而有之，根於《離騷》，雜以魏三祖樂府，近法鮑明遠，梁、陳流麗，亦時時間出，譎辭雲構，奇文鬱起，後世作者，無以加矣。歌行變格，自此定也。子美獨構新格，自製題目，元、白輩祖述之，後人遂為新例，陳、隋、初唐諸家，漸漸滅矣。今之歌行，凡有四例：詠古題，一也；自造新題，二也；賦一物，詠一事，三也；用古題而別出新意，四也。太白、子美二家之外，後人蔑以加矣。（《鈍吟文稿》，《四庫全書存目叢書》影印清初毛氏汲古閣清康熙間陸貽典等刻鈍吟全集本，集部第二一六册，第五六二～五六三頁；《鈍吟雜録》，《清詩話》第四一頁）

《鈍吟雜録》

……《文選》詞賦始於屈、宋，歌詩起於荊軻易水之歌，權輿於姬、孔已後，於理為得。近代詩選必自上古，年紀綿邈，真贋相雜，或不雅馴。又書傳引逸詩，多不過三四句，皆非全篇。《三百五篇》既是仲尼所定，又不應掇聖人之所棄者以炫人。余嘗與程孟陽言詩，謂其「如狗之拾骨」，非戲言也。詩至屈、宋，變為詞賦。《漢書・經籍志》不載五言。五言盛於建安，陳思王為之冠冕，潘、陸以下，無能與並者。子美言「詩看子建親」，故蘇子瞻云：「詩至子美，一變也。」元和、長慶以後，元、白、韓、孟嗣出，杜詩始大行，後無出其範圍者矣。今之論詩者，但當祖述子建，憲章少陵，古今之變，於斯盡矣。《詩》、《騷》已前，不論可也。……（《鈍吟雜録》卷三「正俗」，《叢書集成初編》第二二三册，第三五頁）

古人之詩，皆樂也。文人或不閑音律，所作篇什，不協於絲管，故但謂之詩。詩與樂府從此分區。又樂府須伶人知音律增損，然後合調。陳王、士衡多有佳篇，劉彥和以為「無詔伶人，故事謝絲管。」則於時樂府，已有不歌者矣。後代擬樂府，以代古詞，亦同此例也。文人賦樂府古題，或不與本詞相應，吴兢譏之，此不足以為嫌，唐人歌行皆如此。蓋詩人寓興，文無定例，率隨所感。吴兢史才，長於考證，昧於文外比興之旨，其言若此，有似鼓瑟者之記其柱也。必如所云，則樂府之文，所謂牀上安牀，屋上架屋，古人已具，何煩贅賸耶？又樂府採詩以配聲律，出於伶人增損併合，剪截改竄亦多，自不應題目，豈可以為例也？杜子美創為新題樂府，至元、白而盛。指論時事，頌美刺惡，合於詩人之旨，忠志遠謀，方為百代鑒戒，誠傑作絕思也。李長吉歌詩，雲韶工人皆取以協金石。杜陵詩史，不知當時何不採取？《文苑英華》又分歌行與樂府為二。歌行之名，不知始於何時？魏、晉所奏樂府，如《豔歌行》、《長歌行》、《短歌行》之類，大略是漢時歌謠，謂之曰「行」，本不知何解。宋人云：體如行書。真可掩口也。既謂之歌行，則自然出於樂府，但指事詠物之文，或無古題，《英華》分別，亦有旨也。（《鈍吟雜録》卷三「正俗」，《叢書集成初編》第二二三册，第四〇頁；《鈍吟雜録》，《清詩話》第四二頁）

齊梁聲病之體，自昔已來，不聞謂之古詩，諸書言齊梁體，不止一處。唐自沈、宋已前，有齊梁詩，無古詩也。氣格亦有差古者，然其文皆有聲病。（何焯評：李公垂《追昔遊詩序》云：或長句，或五言，或雜言，或歌，或樂府，齊梁不一其辭。唐人所分詩體，大抵盡是矣。齊梁自為一體，不可與古詩混也）沈、宋既裁新體，陳子昂崛起於數百年後，直追阮公，創辟古詩，唐詩遂有兩體。開元已往，好聲律者，則師景雲、龍朔，矜氣格者，則追建安、黄初，而永明文格微矣。然白樂天、李義山、溫飛卿、陸龜蒙皆有齊梁格詩，白、李詩在集中，溫見《才調集》，陸見《松陵集》，題注甚明，但差少耳。既有正律破題之詩，此格自應廢矣。（何焯評：白集中更分半格詩，不知何義？齊梁格詩，猶言齊梁體詩，格謂式樣也，既論聲病則有一定格樣，與古體異矣。《册府元龜》載，李懌，後唐天成初爲翰林學士承旨，時常侍張文寶知貢舉，中書奏落進士數人，仍請翰林學士作一詩一賦，下貢部爲學人格樣，學士竇夢徵、張礪輩撰格詩格賦各一，送中書宰相，未以為允。夢徵等請懌爲之，懌笑而答曰：李懌識字有數，頃歲因人偶得及第，敢與後生髦俊爲標格，假令今卻業進士，就春官求試，落第必矣。格詩不敢應詔。觀此一條，可以通格詩二字本義，故詳録之。項斯標格遇詩，亦指場屋所作，末句即是通榜之意，有過平時，幾度所見，今皆誤會也。《後漢書》注：格猶標準也。辛巳春日，過虞山遵王錢丈，出示其所著論詩語數紙，大抵本之馮氏爲多，記其中有論半格詩者，恨未詳閲耳。近日汪生謂，此卷附以律詩，其半乃格詩也，非別為一體，此論實祛余惑，不必更滋臆説。）皎然作《詩式》，敍置極爲詳盡允當，今人弗考，瞶瞶已久。古詩二字，牢入人心，今之論者，雖子美稱庾開府，太白服謝元暉，必欲降而下之，云古詩當如此論也。至於唐人雖服膺鮑謝，體效徐庾，仰而不逮者，猶以為無上玅品，云律詩當如此論也。吁！可慨已。（何焯評：休文謂，謝元暉之詩，二百年無此作，是直謂其高於祕監、參軍，繼響太康也，後人安得輕之）（《鈍吟雜録》卷三「正俗」，《叢書集成初編》第二二三册，第四〇頁）

元和體。東坡云：「詩至杜子美一變。」按大曆之時，李、杜詩格未行。至元和、長慶始變，此亦文字一大關也。然當時以和韻長篇為「元和體」。若以時代言，則韓、孟、劉、柳、韋左司、李長吉、盧玉川，皆詩人之赫赫者也。云「元白諸公」，亦偏枯。大略滄浪胸中不了了，每言諸公，不指名何人，為宗師參學之功少也。（《鈍吟雜録》卷五「嚴氏糾繆」，《叢書集成初編》第二二三册，第六八頁；《清詩話三編》第一册，第八頁）

琴按：《鈍吟雜録》中語，有對《滄浪詩話》而發者，須參看嚴羽《滄浪詩話》。

智按：末六句，陳友琴《白居易資料彙編》第二三七頁引文斷為「云『元白諸公』，亦偏枯大略，滄浪胸中不了了，每言諸公，不指名何人，為宗師參學之功少也。」陳貽焮《從元白和韓孟兩大詩派略論中晚唐詩歌的發展》引文與之同；郭紹虞《滄浪詩話校釋》第二八六頁引文斷為「云『元白諸公』，亦偏枯，大略滄浪胸中不了了，每言諸公，不指名何人為宗師，參學之功少也。」（《清詩話三編》同）胡才甫《滄浪詩話箋注》第四五頁引文斷為「云元白諸公，亦偏枯大略。滄浪胸中不了了，每言諸公，不指名何人為宗師，參學之功少也。」（上海，中華書局，一九三六年初版）均不甚妥。

何焯對此提出異議：「白公《秦中吟》，貞元中作。昌黎貞元進士，則貞元已變矣。韋左司詩，齊梁舊體也；柳儀曹亦然。」（據《鈍吟雜録》卷五，《叢書集成初編》第二二三册，第六八頁；參見郭紹虞《滄浪詩話校釋》，第二八六頁）

樂天見李義山云：「他生願與此人作兒。」故義山名子為白老。今許貞服自云學醉吟，乃輕薄溫、李，斯何説耶？又好唐子畏，不知唐詩自學羅江東，不學白也。小兒輩妄言，使人發惡。（《鈍吟雜録》卷七「誡子帖」，《叢書集成初編》第二二三册，第九二頁）

詩至貞元、長慶，古今一大變，李、杜始重。元、白，學杜者也。元相時有學太白處。韓門諸君兼學李、杜。韋左司自是古詩，與一時文體迥異。大略六朝舊格，至此盡矣。李玉谿全法杜，文字血脈却與齊梁人相接。溫全學太白，五言律多名句，亦李法也。（原注：與瞿隣臯）（《鈍吟雜録》卷七「誡子帖」，《叢書集成初編》第二二三册，第九三頁）

智按：馮班，字定遠，號鈍吟居士。常熟（今屬江蘇）人。明末諸生，錢謙益入室弟子，與兄舒齊名。屢試不第，遂棄去。性磊落，不事家人生產，動不諧俗，以狂名於名。入清，佯狂避世，當其被酒無聊抑鬱憤懣時，常就座中慟哭，因班行二，故人稱「二癡」。論詩推崇晚唐溫、李和北宋西崑，與其兄舒評點《才調集》，並作《嚴氏糾繆》以批駁嚴羽所主張之「興趣」、「神韻」與詩尊盛唐之説。其詩取法溫、李。入清以後，詩風有所變化。博學多奇，雅善持論，為文也重考據，並精書法，四體皆工。趙執信於近代文家少許可者，見班所著獨折服，至具衣冠拜之。嘗謁其墓，寫「私淑門人」刺焚塚前。有《鈍吟雜録》十卷、《鈍吟老人遺稿》等。《清史稿》卷四八四、《清史列傳》卷七〇有傳。

陳確（一六〇四～一六七七）

《和六謙哭乾初》（四首其三）

浮世馳駒隙，彭殤算未殊。海濱留故老，天下一迂儒。長慶詩頻和，蘭亭帖手摹。即論游藝事，大雅復誰扶。（《乾初先生遺集》遺集外編，《續修四庫全書》影印清餐霞軒抄本）

智按：六謙，即陳奕禧（一六四八～一七〇九），字子文，號六謙，又號香泉，海寧（今屬浙江）人。由安邑丞歷官貴州石阡府知府，工書，冠昭代。

陳確，初名道永，字非玄，後改名確，字乾初，海寧（今屬浙江）人。明諸生。與黄宗羲、祝淵同受業于劉宗周。明亡後，劉宗周絶食死，陳確繼劉之志，隱居鄉里二十年，足不出户，潛心著述。晚年得風濕症，生活極為貧困，仍寫作不輟。有《大學辨》、《葬書》、《瞽言》及詩文集等。

來集之（一六〇四～一六八二）

《倘湖樵書》

⊙正人之後便宜

《菽園雜記》云：「范希榮者，文正公之裔孫。嘗與他商行貨，道遇暴客，見其姿美，問之曰：『汝非秀才乎？』曰：『然，吾本范文正公之後。』暴客曰：『好人子息也。』凡舟中之物悉令認留，不取而去。」元遺山《壬辰雜編》云：「安平都尉完顔斜烈嘗鎮商州，偶搜伏於竹林中，得歐陽文忠公子孫甚多，以歐公之故，并其族屬鄉里三千餘人，悉縱遣之。」《畫墁録》云：「熙寧末，唐魏鄭公裔孫魏嚴所藏魏公像，有免車牛狀一紙。本縣判云：『魏公唐室勳賢，名傳青史，既是簪纓之後，難與百姓雷同，其車牛特免。』」《全唐詩話》：「白居易爲翰林學士，奏云：『今日奉宣，令撰李師道請收魏徵宅，還其子孫，甚合朕心，允依來奏。臣伏以魏徵，太宗宰相，盡心輔佐，以致太平，在其子孫，宜加優恤，事關激勸，合出朝廷。師道何人？輒掠斯美。伏願明勅有司，特以官錢收贖，以勸忠臣。』憲宗深然之。」……（《倘湖樵書》卷一，《續修四庫全書》影印清康熙倘湖小築刻本）

⊙發私柬

《唐史》云：錢徽為禮侍，穆宗時知貢舉。楊憑家多藏鍾王張鄭遺蹟在《書斷》、《畫品》者，憑子渾之盡獻於宰相段文昌，求致進士第。文昌托徽，繼以私書。翰林學士李紳亦托周漢賓于徽，及榜出，二人皆無名。而李宗閔與元稹素厚善，後以爭進相嫌隙，楊汝士與徽有舊。是歲，宗閔壻蘇巢及汝士弟殷士俱及第，故文昌、紳皆大怒。文昌面奏徽所放進士鄭朗第十四人，皆子弟，藝薄，不當選中。穆宗以訪于學士，元稹、李紳交證之，遂內出題，命中書舍人王起、主客郎中白居易重試于子亭，而朗等十人皆落下，貶徽為江州刺史。初議貶徽，宗閔及汝士皆勸徽以文昌、紳私書進呈，上必開悟，徽曰：「不然，苟無愧心，得喪一致，修身慎行，安可以私書相證耶？」令子弟亟焚之。其後朗以次舉登第，致位宰相，起與居易之覆落，非至公也。……（《倘湖樵書》卷二，《續修四庫全書》影印清康熙倘湖小築刻本）

⊙迴心

白樂天不為贊皇公所喜，每寄文章，緘一篋未嘗開。劉夢得或請之，曰見詞則迴吾心矣。是文章之妙，能轉忌嫉者之心也。豈所謂惡而知其美耶！羅昭諫隱為唐相鄭畋、李蔚所喜，畋女覽隱詩，諷誦不已，畋疑有慕才意，隱貌寢陋，女一日簾窺之，自此絕不詠其詩，是文章之妙，又不足蓋容貌之醜也。豈所謂好而知其惡耶！李定資深鞫蘇子瞻獄，雖同列不敢輒啓問，一日資深于崇政殿門，忽謂諸人曰：蘇軾誠奇才也。衆莫敢對，已而曰：雖二三十年，所作文字詩句，引證經傳，隨問即答，無一字差舛，誠天下之奇才也。嘆息不已。此出王鞏《甲申雜記》所録。若李定者，其亦迴心耶？其果不迴心耶？《南部新書》云：李訥僕射性卞急，酷尚奕棋，每下子安詳，極于寬緩，若狂躁怒作，家人輩則密以奕具陳于前，訥觀之，便忻然改容，即取

其子布算，忘其恙矣。（《倘湖樵書》卷二，《續修四庫全書》影印清康熙倘湖小築刻本）

⊙豢虎豢龍

古之仙釋，多有能豢虎豢龍，彼蓋別有道術存焉。……《中朝故事》云：長安有豢龍户，觀水即知龍色目，有無悉知之。懿宗朝，上言：「龍池中走失兩條。」往關東尋訪，于東都魏王池見之，取而歸闕。經華州，時李訥為華州刺史，訥父名建杓，與白居易相善。訥為人正直，聞得龍來，大以為虛妄，命就公府視之，則于一小瓶子中，倒于盆內，乃二細鰍魚也。……（《倘湖樵書》卷三，《續修四庫全書》影印清康熙倘湖小築刻本）

⊙尚白

《禮記》曰：「殷人尚白。」太史公作《殷本紀》，以孔子之語結之曰：「殷輅車為善，而色尚白。」……《唐六典》：「天子服有白紗帽。」杜詩：「光明白㲩（氎）巾」，「常念著白帽，采薇青雲端」。白樂天詩云：「青筇竹杖白紗巾。」古之所以不忌者，蓋喪服皆用麻重，而斬齊輕而功緦皆麻也，惟以升數多寡精粗為異耳。……（《倘湖樵書》卷三，《續修四庫全書》影印清康熙倘湖小築刻本）

⊙東坡考亭之號各有原本（附涪翁）

《名勝志》云：白樂天為蜀忠州刺史，于東坡種花，東澗種柳。《勝覽》云：東坡在南賓郡，圃有亭，名東亭。樂天詩「綠樹為朋友，紅蕉當美人」，又「何處慇懃重回首，東坡桃李種新成」，又「最憶東坡紅爛熳，野桃山杏水林檎」。蘇子瞻「東坡」之號，實始于此。其序云：「平生自覺出處老大粗似樂天。」非東坡之名偶爾同也。《二老堂詩話》云：白樂天為忠州刺史，有《東坡種花》二詩，又有《步東坡》詩云：「朝上東坡步，夕上東坡步。東坡何所愛，愛此新成樹。」蘇文忠公不輕許可，獨敬愛樂天，屢形詩篇，蓋其文章皆主辭達，而忠厚好施，剛直盡言，與人有情，于物無着，大略相似。謫居黄州，始號「東坡」，其原必起于樂天忠州之作。……（《倘湖樵書》卷七，《續修四庫全書》影印清康熙倘湖小築刻本）

⊙蘇州置獄

龔明之《中吳紀聞》云：姑蘇劉禹錫、白居易、韋應物為太守時，風物雄麗，為東南之冠。乾符間，雖大盜蠭起，而武肅錢王破黄巢，誅董昌，盡有浙東西。五代分裂諸藩，據數州自王，獨錢氏常順事中國本朝受命，盡籍土地府庫，率其屬朝京師遂去其國。蓋自長慶以來，更七代三百年，吳人老死不見兵革，承平時，太伯廟棟猶有唐昭宗時寧海鎮東節度使錢鏐姓名書其上，可謂盛矣。……（《倘湖樵書》卷九，《續修四庫全書》影印清康熙倘湖小築刻本）

⊙外國詩文

外國之詩文，唐永徽初，新羅國女王眞德大破百濟，乃織錦作五言《太平頌》以獻，其詩頗有唐風，五代至宋末，占城國王楊普遣使上表，詞亦可觀。高麗國則本箕子之遺風，詩書禮樂，歷代不廢。設科目以詩賦論取士。朝鮮詩集傳之中國，彬彬如也。若日本國，乃亦頗以詩文著見，其得于何教耶？宋端拱初，日本僧奝然等五六人，浮海而至，獻銅器及本國職貢并年代記各一卷，不通華言，而解隸書，有問則書以對，其國有五經書及佛法、白居易詩十七卷（智按：應為七十卷），而中國典藉頗多，後請詣五臺求印本大藏經，許之。奝然歸國，奉表來謝，有云：「傷鱗入夢，不忘漢主之恩；枯骨合歡，猶亢魏氏之敵。」又云：「望落日而西行，十萬頃之波濤難盡，顧信風而東別，數千重之山嶽易過。」又云：「金闕曉後，望堯雲于九禁之中；巖扃晴前，拜聖燈于五臺之上。蓮花廻文神筆，出于北闕之北；貝葉印字佛詔，傳于東海之東。季夏解台州之纜，孟秋達本國之郊。爰逮明春，初列舊邑。」其語皆儆策，云所附貢有金銀蒔繪硯、鹿毛筆、松烟墨、螺鈿書案、螺鈿書几等物，觀其文房器具如此，非深于詩書者不能。……（《倘湖樵書》卷九，《續修四庫全書》影印清康熙倘湖小築刻本）

⊙韓昌黎多溢美之詞

……《讕言長語》云：韓文公《送李愿盤谷序》，讀之則見愿之高不可及矣。不知愿乃李晟之子，愬之弟，屢為節度使，皆以貪奸敗事。韓文假借大過。愿有《觀翟玉妓》詩，最為淫褻。

《孔氏雜說》云：韓退之晚年，遂有聲樂，而服金石藥。張籍祭文云：「乃出二侍女，合彈琵琶箏。」既而更曰：「父疾日浸加，孺人侍湯藥。」白樂天《思舊》詩云：「退之服硫黄，一病訖不痊。微之煉秋石，未老身溘然。」

夫退之常譏人不解文字飲，惟解醉紅裙，而自敗于女妓，作《李博士墓誌》，切戒人服金石藥，而自餌硫黃乎？

愚觀昌黎文公《原道》闢佛，巍巍乎！孟子之後一人矣。文名既盛，其為人所乞，及上書乞人，未免詞多假借，不足為公訾也。至悦聲妓而餌金石，乃通人之一蔽，骨力如公，而不能自拔，反以速殞，其軀為可惜耳。（《倘湖樵書》卷十，《續修四庫全書》影印清康熙倘湖小築刻本）

⊙門生

……歐公與尹師魯、蘇子美俱出杜祁公之門，歐公雖貴，不替門生之禮。柳子厚云：凡號門生，而不知恩之所自者，非人也。白樂天云：「商山老皓雖休去，終是留侯門下人。」世道之薄久矣，士大夫當日誦此言。（《倘湖樵書》卷十一，《續修四庫全書》影印清康熙倘湖小築刻本）

智按：參見明郭良翰《問奇類林》卷十二材品下。

⊙浮山浮墩浮田

……南康縣西有浮石，形如覆鐘，水環其外。東坡詩「浮石已乾霜後水」，湖廣橘洲在善化縣西四里，上多美橘，湘江中有四洲，夏月水泛漲，惟橘洲不没。諺云：湘潭無底橘，洲浮江西。上高縣蒙山洞有兩洞，上洞不可遊，下洞可遊，深不可究。又有石立岩間，上下無所附，謂之無根石。衢州浮石潭在府治北五里，有石高可丈餘，水大漲亦不沒，唐白居易詩：「浮石潭前停五馬，望濤樓上得雙魚。」臨海縣有飛霞石，古老相傳，仙人上昇于此石，累三層，牧豎戲于其上，以手轉之不墜。……（《倘湖樵書》卷十二，《續修四庫全書》影印清康熙倘湖小築刻本）

智按：來集之，初名偉才，又名鎔，字元成，號倘湖，蕭山（今屬浙江）人。幼聰穎過人，就讀於冠山西隱寺，弱齡即通五經、詩詞。崇禎八年（一六三五），中禮部特科廩生第一，十二年為南京國子監貢生，十三年中進士，授安慶府推官。後改任太常少卿，兵科左給事。明亡後，卸職還鄉，隱居故里三十餘年，因傍依倘湖，人稱倘湖先生。康熙七年（一六六八），薦應博學鴻儒科，仍隱居不出，潛心著述。有《讀易偶通》、《易圖親見》、《卦義一得》、《春秋志在》、《四傳權衡》、《倘湖文集》、《南行偶筆》、《南行載筆》、《倘湖近刻》、《倘湖詩餘》及《樵書初編》、《樵書二編》等，另有雜劇《女紅紗》、《碧紗籠》、《藍采和長安鬧劇》、《阮步兵陵廨啼紅》、《鐵氏女花院全貞》等。

黎景義（一六〇四～?）

《壽清寰祖叔七十一初度》

璇河碧淨明南極，瑞繞卿雲噓五色。下燭桃源多異人，澹寧幽遠疇能識。我翁清淑挺其間，胎結英芬絢八寰。槧彩鉛輝吞武庫，筆濤墨霧賁名山。弱冠章逢觀璧水，春華秋實紛堪紀。……彤墀聖主頌難颺，白首潛夫篇就草。只今覽揆適從心，鴻羽儀形粹德音。願教歲歲人如玉，何必纍纍肘曳金。邇來締社珠山下，斌斌不乏於禺者。賦轍馳驤追屈宋，文江浩瀚凌班馬。盛事千秋意氣多，宏襟五嶽卧遊過。醉吟居士香山會，康節先生安樂窩。邵德遐齡古稀見，唐蓂十五開淵獻。羊裘鶴髮已傳徽，麟趾鳳毛尤足羨。未了勛華付有人，豫章七日何輪囷。結緑晶芒升紫氣，渠黃逸足絶紅塵。庭前森植三槐樹，桂殿雲牐會騫翥。苞雛唧得寶綸來，長向瑶池伴青羽。（《二丸居集選》卷二，《四庫禁毀書叢刊》影印舊抄本）

《七言古詩選序》

七言古詩，自春秋戰國間，如甯戚商歌，荀卿成相之屬，已有其句，然皆以三言造端，則全體未就。采葛婦純乎成篇，然中有用兮字，則句讀實分為二，如古歌楚詞，此又另為一體。白帝皇娥和歌，載《拾遺記》，少昊之母，上古之時，疑無厥調，必後人偽撰也。迨漢，製作漸開，於是純用七字，而無雜言，全取平聲而無仄韻，則武帝柏梁，實為七言古體之始。繇兹而後，張平子《四愁》，獨自成家，其章法本於風人，句法原諸騷律，和平婉麗，結構天然，盖七言之祖也。魏有《燕歌行》，晋有《白紵辭》，皆倣栢梁之制，《燕歌》出於曹文開，千古妙境，《白紵》亦情詞綺麗，巧極形容，流及六朝，作者殊寡，惟鮑明遠雄奇渾樸，振拔一時。梁武父子纖穠流麗，精妙輕盈，音響協調，已啟唐之源矣。王盧既興，義烏並起，其所為歌行長篇，體裁大暢，韻則平仄互換，句則三五錯綜，抑揚起伏，悉協宫商，開合轉承，咸中矩矱，而又傳以神情，宏以風藻，高華瀏亮，富美悠長，允可詠歌哉！沈雲卿繼之典雅豊蔚，宋延清繼之秀贍精工，至於李杜二大家，盡變出奇，窮高極遠，太白豪宕超逸，少陵沈鬱閎深，一以為仙，一以為聖，所謂星懸日揭，照耀太虚，地負海涵，包羅萬彙，是皆才峻氣雄正，而能變大而能化，爰以前無古人，後空作者也。其間雜以樂府，創立題名，或三言四言，五言六言，亦有八九言者，皆目為七言古詩云，同時之雋，若高常侍之渾，岑嘉州之麗，王右丞之雅，莫不音節鮮明，情致委折，濃纖得中，修短合度焉，降而中唐，則有韓昌黎之雄偉，柳河東之峭拔，李長吉之幽奇，皆能獨闢堂奥，卓冠宙合。又有張文昌、王仲初之樂府，真淡天成，元微之、白樂天之長篇，婉明䆫博，七言古體抑亦大備矣。讀者不必尊漢而卑晉，難盛而易中，要以開闢而下，世産英才，猶質文之異，尚各有其至，如其因兹篇什，會若性情，以我諷吟，契彼興象，而或得其氣骨，或得其風神，或得其詞藻，此道又不在漢唐，而在今日矣。深造逢源，大成可集，誰謂昭代不古處乎哉！（《二丸居集選》卷八，《四庫禁毁書叢刊》影印舊抄本）

智按：黎景義，一名内美，諸生。有《二丸居集》。

盧綋（一六〇四～？）

《琵琶亭懷古》

余每過江州訪琵琶亭故址，已不可得。庚寅季夏，赴任山左，孤征千里，意極黯然，與樂天之遷謫不同，而無聊之况無以異也。舟中率筆，即用《琵琶引》原韻，立成六百一十二言，意各有指，而調亦自别，非有意强襲而求合也，並易其目曰《琵琶亭懷古》。

飄然東海宦遊客，日暮孤舟意蕭瑟。兩岸蘆花送去船，江樓隱隱聞歌絃。征人無緒傷離别，偃卧舟中看明月。出門三日潯江濱，舟人到岸即催發。來此惆悵却為誰？懷人未已姑遲遲。江頭有亭今不見，江州司馬曾留宴。琵琶曲罷淚闌干，自舉青衫欲遮面。至今衹聽江流聲，晝夜嗚號無限情。殷殷我意多深思，脉脉古人各有志。古人固自不同時，正可往來說情事。素心何用苦絃挑，疑向虛空聽六么。奔騰忽似來風雨，咿唔又類窓中語。琵琶久斷何人彈，纍纍尚似珠走盤。佳人才子心魂在，草滿芳洲水漲灘。惟有眞情不可絕，風流百代曾何歇。草逢春意年年生，水激悲風夜夜聲。萬竅迭將清籟奏，虛空如訴不平鳴。明妃怨托銀鈎畫，塞外遐征難寄帛。長安娼婦何幸哉，湓口舟頭偏遇白。相與擊節江流中，低徊不語多愁容。果然原是娼家女，說起芳年淚不住。失身輕托少情人，不如飄零在京部。非是才人未輕服，媿殺庸流漫相妬。傾心許作琵琶行，頓高聲價應無數。晚歲相逢莫恨遲，盡教洗却平生污。何惜回船重整絃，調聲再引新翻度。傾蓋相遭定有因，兩心私許非無故。何言有眼只男兒，隨人定是閨中婦。琵琶娼妓一婦人，胡遇知音能不去。相依相傍不離船，傷心無限西風寒。至今已歷千餘載，猶傳良晤在江干。我來江干暫假息，鄉思正起生啾唧。無聊試問琵琶亭，土人掉臂云不識。但聞娼婦生西京，嫁商流寓潯陽城。適然幸遘曰司馬，欷歔感悼發商聲。作亭原為風流誌，故址無存荒蔓生。古來多少湮沉蹟，靜夜惟聞野鶴鳴。我今重唱琵琶引，一曲方終酒漫傾。同坐悽然生嘆息，停酒低頭不忍聽。歌罷潦倒相藉卧，鼾鼾忽報東方明。舟子相呼催解纜，輕舟已放中流行。沙汀時見閒鷗立，將近鄱陽帆愈急。今日傷心較古多，非徒惜別長途泣。仍倩西風送淚珠，遍沾兩岸蘆花濕。（《四照堂詩集》卷二，《四庫未收書輯刊》影印清康熙汲古閣刻本）

《重過琵琶亭》

曾記三年海上遊，亭前偶一駐孤舟。今來始信青衫濕，尚逐江聲日夜流。（《四照堂詩集》卷九，《四庫未收書輯刊》影印清康熙汲古閣刻本）

智按：盧綋，字元度，號澹巖。蘄州（今湖北蘄春）人。明崇禎九年（一六三九）舉人，清順治六年（一六四九）進士，授山東新泰知縣。歷任桂林府同知、東昌知府、長蘆鹽運使。康熙初遷江南布政司左參政，管理蘇、松、常、鎮四府糧儲。數年後，告歸林下，不復出。有《四照堂詩集》。

賀貽孫（一六〇五～一六八八）

《詩筏》

《長慶》長篇，如白樂天《長恨歌》、《琵琶行》，元微之《連昌宮詞》諸作，才調風致，自是才人之冠。其描寫情事，如泣如訴，從《焦仲卿篇》得來。所不及《焦仲卿篇》者，正在描寫有意耳。擬之於文，則龍門之有褚先生也。蓋龍門與《焦仲卿篇》之勝，在人略處求詳，詳處復略，而此則段段求詳耳。然其必不可朽者，神氣生動，字字從肺腸中流出也。（《清詩話續編》第一三九頁）

同時齊名者，往往同調。如沈宋、高岑、王孟、錢劉、元白、溫李之類，不獨習尚切劘使然，而氣運所致，亦有不期同而同者。獨李、杜兩人，分道揚鑣，並驅中原，而音調相去遠甚。蓋一代英絕，領袖群豪，壇坫設施，各有不同，即氣運且不得轉移升降之，區區習尚，何足云乎！（《清詩話續編》第一四二頁）

詩至中晚，遞變遞衰，非獨氣運使然也。開元、天寶諸公，詩中靈氣發洩無餘矣；中唐才子，思欲盡脱窠臼，超乘而上，自不能無長吉、東野、退之、樂天輩一番別調。然變至此，無復可變矣，更欲另出手眼，遂不覺成晚唐苦澀一派。愈變愈妙，愈妙愈衰，其必欲勝前輩者，乃其所以不及前輩耳。且非獨此也，每一才子出，即有一班庸人從風而靡，舍我性靈，隨人腳根，家家工部，人人右丞，李白有李赤敵手，樂天即樂地前身，互相沿襲，令人掩鼻。於是出類之才，欲極力剷除，自謂起衰救弊，為前輩功臣。即此起衰救弊一念，遂有無限詩魔，入其胸中，使之為中為晚而不自知也。蓋至此而詩運與世運亦若默受作者之升降矣。嗟夫！由吾前説推之，則為淩駕前輩者所誤；由吾後説推之，又為羽翼前輩者所誤。彼前輩之詩，淩駕而羽翼之，尚不能無誤，乃區區從而刻畫摹倣之，吾不知其所終也！嗟夫！此豈獨唐詩哉？又豈獨詩哉？（《清詩話續編》第一四二頁）

微之稱少陵詩「舖陳始終，排比聲韻，大或千言，次猶數百，太白不能歷其藩翰，况堂奧乎？」而樂天亦謂子美「貫穿古今，覼縷格律，盡工盡善，過於李白」。夫李以天分獨勝，而杜則天工人巧俱絕，卻推杜於李上，寧患無說，乃獨推其「排比聲韻」，「覶縷格律」，何耶？以聲韻格律論詩，已近於學究矣，況「排比」、「覶縷」，俗學所病。苟無雄渾豪邁之氣行於其間，雖千言數百，何益於短長？以此壓太白，恐太白不服也。大凡讀子美洋洋大篇，當知他人能短者不能長，能少者不能多，能人者不能天，惟子美能短能長，能少能多，能人能天，亦復愈長愈短，愈多愈少，愈人愈天。如韓信用兵，多多益善，百萬人如一人。漢高雖以神武定天下，然所將不過十萬而已。然則子美能長能多，而非「排比」、「覶縷」之謂。「排比」、「覶縷」，亦子美用長用多之一斑，然不足以盡子美也。韓信多多益善，然其奇在以萬人作背水陣，破趙兵二十萬。蓋韓信之能在用多，而其奇在用少。子美亦然。故於五言長篇，雖見能事，然其短篇，尤為神奇。三韻詩短極矣，然短而愈妙。蓋未有不能用少而能用多者。若太白短篇佳矣，乃其《蜀道難》、《鳴皋歌》、《夢游天姥吟》諸篇，亦何遽不如子美長歌。讀二家詩者，勿隨人看場可也。（《清詩話續編》第一七九～一八〇頁）

李頎七言古詩，佳者本多，其《雜興》二句云「濟水至清河至濁，周公大聖接輿狂」，亦偶然興到語耳。而樂天獨嘆服此語，以為絕倫。常建五言律詩多靈妙，其題《破山寺》詩，人皆賞其「山光悅鳥性，潭影空人心」，而歐陽永叔獨酷愛「曲徑通幽處，禪房花木深」二語，謂「生平欲髣髴之，而終不可得」。前輩看詩，不獨不隨人好尚，即其觸景觸機時，亦別有證入。（《清詩話續編》第一八五頁）

白樂天自愛其諷諭詩，言激而意質。故其立朝侃侃正直，所獻穆宗《虞人箴》並《雜興》詩「楚王多內寵」一篇，指點色禽之荒，婉切痛快，字字炯戒。及讀其《長恨歌》諸作，諷刺深隱，意在言外，信如其所自評，又不獨《大觜烏》、《雉媒》等篇（琴按：《大嘴烏》、《雉媒》二篇皆為微之原倡而樂天和之者，均見白氏《和答詩》十首中。）之有託而言也。乃杜牧之譏其詩「纖豔不逞，非端人雅士所為，流傳人間，子父女母交口教授，淫言褻語，入人肌骨」。但考樂天所行，不媿端雅，其詩亦未見淫褻。不若牧之在揚帥牛奇章幕中，微服冶游，奇章以街子潛隨，及召作拾遺時，授以一篋，皆街子報帖，云「杜書記無恙」。故其詩云：「落魄江湖載酒行，楚腰纖細掌中輕。十年一覺揚州夢，占得青樓薄倖名。」又在湖州時，欲採麗色，乃令刺史崔君大張水嬉，因閒行以物色之。見里姥引十餘歲女子，將至舟中，姥女皆懼。牧曰：「且不即納，吾十年必為此郡，若不來，乃嫁。」及守他郡，皆不愜意，至十四年後，乃上箋於所善宰相周墀，乞守湖州。蒞政之夕，亟使召之，則女以踰十年期，從人三載生子矣。女懼見奪，攜幼以往。故其詩云：「自是尋芳到已遲，往年曾見未開時。如今風擺花狼籍，緑葉成陰子滿枝。」又為御史司洛陽時，李司徒閒居，聲伎皆絕色，牧之方持憲，乃托人達意，願與宴會。至則南向坐，滿飲三巵，問曰：「聞有紫雲者，未知孰是？宜以見惠。」諸伎皆回首而笑。故其詩云：「華堂今日綺筵開，誰喚分司御史來？忽發狂言驚滿座，兩行紅粉一時迴。」風流罪過，己尚不免，獨奈何以此責樂天也！（《清詩話續編》第一八六頁）

七言古須具轟雷掣電之才，排山倒海之氣，乃克為之。張司業籍以樂府古風合為一體，深秀古質，獨成一家，自是中唐七言古別調，但可惜邊幅稍狹耳。若元、白兩公，才情有餘，邊幅甚賒，然時有拖遝之累。蓋司業所病者節短，而元、白所病者氣緩，截長補短，庶幾可與李、杜諸人方駕耳。（《清詩話續編》第一八八頁）

世傳楊汝士侍郎與元、白宴集賦詩，汝士後成，有「文章舊價留鸞掖，桃李新陰在鯉庭」之句。元、白覽之失色。汝士歸謂子弟曰：「我今日壓倒元、白矣！」又傳裴令公夜宴，半酣聯句，元、白有得色。時公為破題，次至楊侍郎，曰：「昔日蘭亭無豔質，此時金谷有高人。」元、白自知不能加，遽裂紙曰：「笙歌鼎沸，勿作此冷淡生活！」汝士二詩，小有意致，然亦元、白家常語耳，乃謂不能加此，何太怯耶？且汝士原無詩名，豈真元、白勁敵？何元、白一則失色，一則裂紙，才絀於一時，氣奪於七字？此又元、白十分虛心處，莫謂其好名多忌，矜勝護前也。（《清詩話續編》第一八八～一八九頁）

智按：前一則見《唐摭言》卷三（上海古籍出版社本，第三二頁），後一則見《唐摭言》卷十三（上海古籍出版社本，第一四九頁）。後一則「楊侍郎」下原注：「汝士，或曰非也。」

唐人作唐人詩序，亦多誇詞，不盡與作者痛癢相中。惟杜牧之作李長吉序，可以無媿，然亦有足商者。序云：「唐皇諸孫賀，元和中，韓吏部亦頗道其歌詩，以為雲煙綿聯，不足為其態也；水之迢迢，不足為其情也；春之盎盎，不足為其和也；秋之明潔，不足為其格也；風檣陣馬，不足為其勇也；瓦棺篆鼎，不足為其古也；時花美女，不足為其色也；荒國陊殿，梗莽丘隴，不足為其怨恨悲愁也；鯨呿鰲擲，牛鬼蛇神，不足為其虛荒誕幻也。蓋《騷》之苗裔，理雖不及，辭或過之。……長吉生二十有七死矣，……使……少加以理，奴僕命《騷》可也。」余每訝序中「春和」「秋潔」二語，不類長吉，似序儲、王、韋、柳五言古詩。而「雲煙綿聯」，「水之迢迢」，又似為微之《連昌宮詞》、香山《長恨歌》諸篇作贊。若「時花美女」，則《帝京篇》、《公子行》也。此外數段，皆為長吉傳神，無復可議矣。……（《清詩話續編》第一九〇～一九一頁）

智按：賀貽孫，初名詒孫，字子翼，號孚尹、水田居士。江西永新人。明末諸生，與徐世溥、陳弘緒等結社於南昌。順治七年（一六五〇）貢榜，不就。康熙十七年（一六七八）笪重光薦試博學鴻詞，削髮為僧以避之。著有《水田居詩文集》、《騷筏》等。《清史稿》卷四八四有傳。

王岱（一六〇六～一六七八）

《張螺浮晨光詩序》

螺浮先生以晨光詩，屬楚了菴子序，了菴子歎曰：今日親見唐音之作也。詩之有近體也，始于唐也。唐以後無唐音，無唐音而益學唐音，學者愈似，似者愈僞。為宋為元為明，唐音終不可見，不可見而詩亡矣。宋詩亡于理，元詩亡于詞，明之何李亡于笨，七子亡于冗，公安亡于謔，天池亡于率，竟陵亡于薄。石倉，竟陵之優孟；雲間，七子之優孟。後生輩出，標榜雲間，貢高自大，土飯塵羹，餒魚敗肉，合器煎烹，使人敗腸而吐胃，并雲間故步亦亡矣。螺浮公獨能挽風頹波蕩之勢，為空天昭氣之音，可敬也，可傳也。夫唐之音清而厚，俊而渾，其入人也深，無削弱之色，無叱咤之響。今公詩有一語不清以厚乎？有一語不俊以渾乎？廣大則鐘吕也，幽細則笙瑟也，自然則天籟也，有怡悦而遠蹤戾，適己性而移人情，用儲、王之骨，行錢、劉之調者也。余也楚傖也，何足以知詩。白香山詩，時令老嫗作解；公之意，將毋類是？余惟樂唐音之復，故不敢辭于言。（《了菴詩文集》文集卷六，《四庫禁毀書叢刊》影印清乾隆間刻本）

《數峰閣》

今名竹閣，祀漢以下名賢。自嚴光始，即唐白樂天。鳴鍾集容地，隔岸數峰，青插湖水，至此幽澄，傍有六一泉，出巖石，清洌。昔勤公駐錫于此，勤與歐文忠為文字交，子瞻守杭，推歐意，亦與之往來最密。文忠死，子瞻與勤公哭之泉傍，因以六一名之云。（《了菴詩文集》文集卷八，《四庫禁毀書叢刊》影印清乾隆間刻本）

智按：王岱，别號山長，湘潭人。崇禎舉人，與王士禛詩名並世。老年出仕。初授京衛學博，生性耿直，不容於朝，曾任澄海知縣。

朱鶴齡（一六〇六～一六八三）

《苦寒行》

頊帝寒威何酷烈，東南地維迸將裂。太湖堅冰百丈深，魚龍潛竄重陰穴。千村惟見凍凝雲，萬頃不聞濤噴雪。西風日吼天地昏，估客漁翁往來絕。瘦日隱見無晶輝，鍾山燭龍光欲歇。雖然陽氣終回旋，可忍罷民重酸切。官稅榜笞髓已枯，天行嚴凛骨還折。時聞艇子陷冰圍，絶炊隕命黿鼉窟。兼之茆屋僵赤膚，妻兒號寒忍嗚咽。嗟乎彼蒼何夢夢，水旱頻仍不堪說。復見殺氣東南行，災沴荆吴恐仍結。君不見，千户封，五陵俠，軟裘快馬出京闕，誰信無衣叫寒月。

宗定九曰：語出沈痛，能感愴人，樂天《秦中吟》之流亞也。（《四庫全書》本《愚菴小集》卷三）

智按：宗元鼎（一六二〇～一六九八），字定九，有《芙蓉集》。

《纈林集序》

徐子寀之掉鞅文場，名滿吳越，去歲讀書桐鄉，與汪子晉賢篇章唱酬，驩相得也，四方賡和其詩者，翕然響臻，積成卷軸，將以付梓，顏曰纈林，而問序於余。余曰：「子之名纈林也何居?」徐子曰：「子不觀夫錦樹乎? ……吾怪夫今之人，徒知夭桃弱柳，獻媚春畦，而不知凍樹丹青，寒山錦繡，尤可觀而可樂也。白香山有云：『黃夾纈林寒有葉。』夾纈者，唐成都錦名也。昔者王公欐菴中蓋有纈林館，而吾取之名詩，不亦可乎? 子且以為奚若?」余曰：善哉，子之言詩進於道矣。……（《四庫全書》本《愚菴小集》卷八）

智按：徐崧，字寀之，江蘇吳江人。編纂多種清詩總集。汪森，字晉賢，祖籍安徽休寧，浙江桐鄉人。輯有清詩總集《華及堂視昔編》，與徐崧等纂輯《國朝詩風》，與朱彝尊合編《詞綜》。《纈林集》，乃徐崧在汪森家中讀書時所集唱酬投贈之作，書名所本「黃夾纈林寒有葉」詩句，原出白居易《泛太湖書事寄微之》。

《汪周士詩稾序》

韭溪之西，古梧桐鄉，有寓公焉，為休陽汪仲子周士，與叔子晉賢，以詩文鳴吳越間。四方之聞風造請者，户屨相錯。琴樽在左，圖史在右，從容獻酬，無間晨夕。談者以為，顧氏玉山草堂，不是過也。周士之詩，憶癸丑冬，寀之攜以示余，見其清舉韶令，歎為時賢第一流。今年冬，往過其廬。周士出一編相質，清舉者加以精工矣，韶令者進而深穩矣。浮聲切響，無不合度；名章迴句，時獲驪珠。余方欣賞不置，禹慶青士起曰：「周士才信美，抑詩道有進此者乎?」余逡巡却席，曰：齡鄙人也，何敢云知詩。雖然，嘗流覽古今詩之盛衰，而得其說矣。夫古之作者，纂緒造端，淪瀾百變，而其中必有根柢焉。上之補裨風化，下之陶寫性情。如伯玉《感遇》三十八首，伯玉詩之根柢也。太白《古風》五十九首，太白詩之根柢也。子美《北征》、《詠懷》、前後《出塞》及《新安吏》以下諸篇，子美詩之根柢也。退之《南山》、《秋懷》，退之詩之根柢也。樂天《續古詩》、《秦中吟》數十篇，樂天詩之根柢也。唐人論詩，每云工于五言，蓋以五言工，則不必問其餘。是五言古為諸體之根柢，而五言古之根柢安在乎？亦曰：求之《三百篇》、《離騷》以及昭明之選而已矣。自近體盛行，便于應酬干謁，而世之辭人，率以之代羔雁、充筐篚，于是五言古幾廢。即披英散馥，排比極工，不過儷青妃白，流連景光已爾，于六義之道安取乎？豈惟今人。獻吉、于鱗，詩家之雄伯也，其論五言古，則愚有猜焉。獻吉之言曰：「李杜大家，不越唐調，不敢目以漢魏，何況《三百》。」于鱗因之云：「唐無五言古詩，而有其古詩。」陳子昂以其古詩為古詩，弗取也。夫《三百》不得不變為屈、宋，屈、宋不得不變為蘇、李，蘇、李不得不變為曹、劉，曹、劉不得不變為齊梁諸子，齊梁不得不變為神龍、景雲，以至開元、天寶，其間格調雖殊，所以補裨風化，陶寫性情者，源流則一。今必專祖漢魏，以時代限之，而謂初盛之詩，去古皆遠，非通論也。近世為五言古者，多宗《選》。然剽擬膚澤，幾于像設不靈，或遂概選體，而嗤薄之。子美云：「熟精《文選》理。」精其理者，必有神明變化之功焉，而豈徒掇拾其辭句、規橅其步武哉！學者誠取子美之所得深思之，因以求漢魏、《離騷》，因以求《三百》，則五言之根柢在是，而三唐風軌，皆可同條而共貫，奚至如二李之論，判為淄澠乎？今大江南北，以詩名者，秋嶽、蘧人、顧菴、大可、冰修、定九、玠右，無殊十數公，周士皆與往來鳴和。鈍翁蛟門，又君家嗣宗，試取鄙言質之，未知諸公以為何如也？

高漢思曰：如此論詩，可謂探源星宿。（《四庫全書》本《愚菴小集》卷八）

《宗定九全集序》

嘗讀淵明詩云：「養真衡茆下，庶以善自名。」而昭明之序其集亦曰：「語懷抱，則曠而且眞。」蓋古人文章，無不以真得傳者，有眞感傷而後有阮公正字之詩，有眞節概而後有工部、吏部之詩，有眞豪宕而後有青蓮之詩，有眞閒適而後有左司、香山之詩。乃後之作者，見諸公之成家在是也，遂相率而橅傚之，以為名高。不情之歌哭，隨衆之祧禰，縱極嘈囋，無關性靈，何以感情激聽，叶鐘律而壯風雲也。子美云：「別裁偽體親風雅。」今之詩文，其為偽體也多矣。能無待於別之裁之也乎？淮南宗子定九，夙以才藻擅場。余嘗取其前後集，分體詮次之，佩實銜華，兼工衆制。人歎定九之才，何善變如是。余請一言蔽之，曰眞而已。夫「矯訛翻淺，還宗經誥」，此劉勰之所尚也；「補衲拘攣，蠹文為甚」，此鍾嶸之所譏也。定九博極羣書，而學有原本，緪幅道義，鈎貫經史，優柔浸潤，灑然出之。當其少年盛氣，摇筆飛揚，寄懷香草，追風勺藥之篇；託興佳人，侔麗靈均之作，為六朝則眞六朝也。已乃漸謝鉛華，舉陳胸臆，開元、大歷之遺響，奔命行間；杜陵、白傅之偏師，直摩前壘，為三唐，則眞三唐也。……（《四庫全書》本《愚菴小集》卷八）

《閒情集序代》

……元白艷體，聯珠綴玉，先後一揆，乃杜牧之獨以勸淫導媟重相詆諆，何歟？即牧之所自作語，多絕艷，所謂勸淫導媟者，毋乃躬自蹈之歟？……（《四庫全書》本《愚菴小集》卷八）

《邑志私考十三則》

《吴郡志》載，褚家林亭在松江之旁。莫志云，褚家林亭，今舉無遺跡。今按，皮日休《褚家林亭》詩云：「廣亭遥對舊娃宫，竹島蘿溪委曲通。茂苑樓臺低檻外，太湖魚鳥徹池中。」又張賁和詩云：「疎野林亭震澤西，朗吟閒步喜相攜。時時風拆蘆花亂，處處風摧稻穗低。」據二詩語，林亭當在太湖西，與靈巖直不在吴江境内，莫公收入邑志，應為范志所惑耳。又郡志載，白居易《褚家林亭》五律一首，考《長慶集》，白詩作于居洛時，題本《諸家林亭》（智按：當作《尋春題諸家園林》），與吴中絕無干，改作「褚」既誤，入吴江尤誤，當急正之。（智按：明王鏊《姑蘇志》卷三十二注文將白詩置於褚家林亭，明錢穀《吳都文粹續集》卷十七將此詩誤題《褚家林亭》）（《四庫全書》本《愚菴小集》卷十四）

智按：朱鶴齡，字長孺，江蘇吴江人。明諸生。穎敏嗜學，嘗箋注杜甫、李商隱詩，盛行於世。疾惡如仇，嗜古若渴。不妄受人一錢，不虛誑人一語。入清後，屏居著述。晨夕一編，行不識途路，坐不知寒暑。人或謂之愚，遂自號愚菴。有《愚庵小集》。

胡承諾（一六〇七～一六八一）

《繹志》

……諸葛武侯、張益州治蜀，雖過于嚴肅，然覺悟愚迷，使髖髀有警，出死法而受生理，是以身既往，人致思也，以此益徵商君可誅爾。人臣事君之道，其上弭亂未形，其次撥亂反治，未有挑天下之亂，而曰為宗社奠磐石者，鼂錯之謀亦左矣，速亂臣以實其言，幾與楊國忠無異，學術不正之過也。儒者大惑有二：李陵喪師生降，輒欲宥之；鼂錯忠而見戮，輒欲罪之。是非若此，其書皆可燒也。故論錯者雖多，必以李觀為正；論陵者雖多，必以白居易為正。陵不足惜也，然武帝處此前後，皆失宜。始之遣陵，疑其畏敵，中止怒而驅之就道，後之族陵，以公孫敖免咎塞責之言，而怒不加察。故後人持論，多爲陵惜，因貸其罪，然陵實無可惜也。陵才雖美，既已降敵，則疇昔之美，一時頓盡，不必更為出脱，但當深責貳師，主軍所攻何處，而使匈奴左右地之兵，皆萃于陵。又當咎武帝將路博德之軍調置他處，使陵孤軍無援，近塞百餘里，而救者不至，是為邊將失職，然後得是非之正。若太史遷得當以報之語，未然之事，難成之功，非所當言于人主之前，況欲回雷霆之怒，救必死之獄乎？……（《繹志》卷十七尚論篇第五十九，《續修四庫全書》影印清道光十七年顧氏謏聞書屋刻本）

……英宗之命受于先帝，非太后所可廢置，見之真而守之固，他何知焉？琦之處此，更無他術，必誠必恭而已，不恭則有居功之意，兩宫皆不悦；不誠則同列不相信，小人得而閒之，若韓琦者，乃可臨大節而不奪也，仗節死義之臣，因國家多難而後有不可嘗試也，平居無事有能輕爵禄者，必不避艱險，有能抗權勢者，必不畏死生，臨難仗節死義即其人也。宣帝以蘇武堅貞老臣，令朝朔望，號稱祭酒，及其卒也，圖于麟閣，明著中興輔佐，其尊之也，至矣。憲宗知白居易家貧，用姜公輔故事，以學士兼參軍，便養其體之也，周矣。此皆位不甚尊，優禮獨隆，所以養人之氣節也。氣節之臣，用于朝，必能逆折姦萌，潛消禍本，天下晏然，無主憂臣辱之事，其人亦以功名終亡，何在事前者無所見而不能知，在事中者有所蔽而不能察，在事後者禍已成而不及悔，不可不于無事之時，任用其人，以消弭天下大難也。天下禍亂之幾，苟露其端，未有不至極盛而後已者。迨其已盛，未有不消滅也。……（《繹志》卷十八廣徵篇第六十，《續修四庫全書》影印清道光十七年顧氏謏聞書屋刻本）

智按：胡承諾，字君信，湖北天門人。崇禎舉人。入清，隱居不仕，卧天門、巾柘間。順治十二年，部銓縣職。康熙六年（一六六七），徵至京師，以老乞歸。構石莊於西村，自號石莊老人。有《繹志》六十一篇，《讀書說》六卷，及《菊佳軒詩集》。

湯來賀（一六〇七～一六八八）

《江磊齋太守詩序》

古者自朝聘燕享，以至行役贈答，莫不有詩，且陳之以觀民風，故里巷之勞人思婦，亦莫不能詩；後世作詩者鮮，而詩人之名，遂有所專屬，蓋古今之不同若斯也。賀昔備員邢水，頗尚聲氣，一時名流佳士，相接甚懽，然時際旱蝗，夙夜拮据，寢食且弗遑，而况能濡筆于風雅乎？蓋嘗自愧才短，而歎古今人之不相及也。磊齋使君，以天下士，負當世之文名，博貫經史，立就數千言，年來撰述，固非一端，而詩尤最著。其含英咀華，可謂善矣，而閎意眇指，皆從悲憫而出，與元道州之《舂陵行》如出一轍，此賀之所以佩服也。然則古今人亦何嘗不相及乎？昔白樂天爲江州司馬，一題一咏，至今傳爲不朽。當其時，豈以詩文飾吏治哉！蓋其志氣清明，而能與民休息，退食之暇，出其餘緒，有以迥異乎衆人，所謂無意爲詩，而性情至焉者也。磊齋繇令尹擢郡丞，亦既彰彰耳目，然吾盱相距八百里，雖聲氣遙慕，而未能謀面。今又以晉秩行矣，賀適遊匡廬，過柴桑里，邂逅相遇，得盡讀其所爲詩，如讀《舂陵行》，三復不置，則瀼水潯陽之政，不於玆而可想見耶！古今人之無異，又信然矣。（《内省齋文集》卷二十一序，《四庫全書存目叢書》影印清康熙刻本）

智按：湯來賀，原名來肇，字佐平，改字念平，號惕庵，別號主一山人，世皆稱其為「南斗先生」。江西南豐人。崇禎十三年（一六四〇）進士。任揚州推官。品行兼優，受史可法器重。官至兵部侍郎兼廣東巡撫。

蕭詩（一六〇七～一六九〇後）

《冬日狷庵先生見招留晤梅村吴先生辭歸賦此卻寄》

東郭林泉竹徑開，布袍藜杖野雲來。譚清冰雪留終日，飲對煙霞醉一杯。勝地著靈題白燕，名園生色綻紅梅。忘機懶入香山社，歸向南村卧草萊。（《釋柯集》第三二頁）

智按：蕭詩，字中素，號芷崖，以字行。華亭（今上海松江）人。工書畫，精音律，博學能文，斤削之暇，間以吟詠。尤長於詩，為漁洋所稱。有《南村近草》、《藥房詩草》、《釋柯集》等。

傅占衡（一六〇八～一六六〇）

《桐餘集序》

《桐餘集》者，楚人瞿君天門之詩也。何以鐫於臨？吾臨處士了翁游子，與遇於湖湘鄂岳間，相得歡甚，然皆癖於詩，故其交因詩而益固，賡酬費日，至歷死生之候弗輟也。了翁既歸，嘗爲所知者道瞿君曰：天門，才士也，詩人也。楚全盛時，所爲社黄鶴樓者也。顧謂徒才士、徒詩人則否。其爲人，可與經患難死生，而不可釣以富貴。僕嘗痍於賊，爲僕視藥，封創如己；值困阨時，通有無以活予如己；僕跳身獨歸，托之一女子，至今撫字之如己也。前年第明經，又明年領鄉書，既略定其地，有司索之，幾不免已，乃召而欲官之，以計謝絶，堅餓山中，不復出，此其人何必詩？即有詩，何可使君不一讀乎？

予受而卒讀之，其風期眉笑，皆見於行墨中矣。大抵如望飛將軍幕府，劍拔弩張旗獵獵，俯而過也，如水人泅於淵。所見奪目，畏睡龍寤貪而不得攫也，如風雨雷電，其中有鬼神焉，正衣冠窺牖，不敢迫而視也。然後知了翁之篤於瞿君者，其詩體亦酷類矣。

唐人以詩相類者元白，其交膠漆，不以升沉遠近變者，亦無如元白，世推爲「元和體」者，然牛童馬走無不道，婦人孺子無不誦，而邸舘市肆，至於假竊攙竄以自售者，未免爲二公累。何者？其體流靡輕艷，故易以僞，若天門了翁之體，庶幾乎《騷經》、《天問》者，自《卜居》《漁父》以下，尚不屑效也。篇什既少，人亦無能亂者，寡元白之累，而有元白之交，詩庸得無傳乎？了翁固嘗曰：「吾詩格律得瞿而深，亦微之之差肩於樂天也。」時時念瞿君不置，乃刻其笥中詩於臨以自慰，且嘆曰：「安知天門不亦鐫吾句武陵石上乎？」嗟夫！其人如此，其詩如此，其兩人朋友之際，可以並古人又如此，是故不當與黄鶴共頹燼者也。（《湘帆堂集》卷三，《四庫禁毀書叢刊》影印清康熙六十一年活字本；《四庫全書》本《明文海》卷二百七十六）

《還丘五唐十二家詩仍借元白集》

堂中十二釵，經過貧士屋。生處本西東，一一顏如玉。蕙心各有態，含嬌總上目。粲粲綺羅枚，名花滿金谷。寂魄蕩幽芳，頑質驚艷曲。媿以瞿曇黄，負此蛾眉緑。下女不能詒，相看未敢熟。還歸五侯家，珠簾舞春燭。酒就蒲萄傾，帳入芙蓉宿。美人上車去，悵然抱幽獨。更聞元和體，盈盈别結束。吾非初盛人，甘心學輕俗。（《湘帆堂集》卷十七，《四庫禁毀書叢刊》影印清康熙六十一年活字本）

《雨望懷廬山彭蠡間》（二首其二）

數面廬山不辨遊，利名牽愧白江州。東林泉石過曾愛，左里風波夢亦愁。弔望昔年悽落日，歸帆幾度怨殘秋。康郎戰處猶存廟，罌口滔滔水北流。（《湘帆堂集》卷十八，《四庫禁毀書叢刊》影印清康熙六十一年活字本）

《雪中釀酒》

明朝立春至，忽被無酒嗔。歲暮豈當沽，買秫倩東隣。泉香喜自汲，頭上雪雰雰。妻子皆笑我，作家一何勤。自從秋稻黄，床下甕生塵。月月乞糴來，所交皆酷貧。適讀香山詩，經爲朝中臣。有時酒亦涸，開觴賴南村。此去十日强，酒色正及春。作井汝雖勞，吾將漉以巾。俗臘多忌諱，告汝戢其

唇。言罷雪欲罷，舉家如富人。（《湘帆堂集》卷二十二，《四庫禁毀書叢刊》影印清康熙六十一年活字本）

智按：傅占衡，字平叔。江西臨川人。父傅魁為明末御史，曾隨父游京師，所交皆一時偉特之士。性淡泊，恥於仕逐。為學貫通古今，辨核詳博。與劉命清（字穆叔）友善，世稱「臨川二叔」。明亡後，奉父山中，專事著述。有《漢書摭言》、《編年國策》、《鶴園筆略》，又依郡志作《臨川記》，今皆不存。友人陳孝逸集為《湘帆堂集》二十六卷。事見《（同治）臨川縣誌》、《明代三千遺民詩詠（二編）》等。

金聖歎（一六〇八～一六六一）

《唱經堂杜詩解》

⊙《漫興九首》（其四）

二月已破三月來，漸老逢春能幾回。莫思身外無窮事，且盡生前有限杯。

此言春將盡矣，誠乃春光疾甚也。「逢春能幾回」語，在白樂天止解用入春來時，先生偏用入春去後，便令「能幾回」三字，竟有一回亦未必之事，可駭也。先生與白用筆迥絕如此，劉會孟小兒乃謂此詩近白，爾烏知？（《唱經堂杜詩解》卷二，鍾來因整理《杜詩解》，第九八頁；張國光校點《才子杜詩解》，第七五頁；《金聖歎全集》第四卷，第五九七頁）

《貫華堂選批唐才子詩》

⊙李白《送賀監歸四明》

久辭榮禄遂初衣，曾向長生說息機。真訣自從茅氏得，恩波寧阻洞庭歸。瑤臺含霧星辰滿，仙嶠浮空島嶼微。借問欲棲珠樹鶴，何年卻向帝城飛。

……嗚呼！先生詩，夫豈四七二十八字而已哉！（長生，殿名。先生用入此，正合笑白樂天用入《長恨歌》「夜半無人時」也。）（《貫華堂選批唐才子詩》卷二，曹方人、周錫山標點本，第一五〇頁）

⊙白居易《送王十八歸山寄題仙遊寺》

曾于太白峰前住，數到仙遊寺裏來。黑水澄時潭底出，白雲破處洞門開。（前解）林

間暖酒燒紅葉，石上題詩掃緑苔。惆悵舊遊無復到，菊花時節羨君回。（後解）

樂天詩都作坊廂刊板貼壁詩耳，胡可仰廁風雅末席？茲亦聊摘其數首稍文者，以塞人問，實非平時之所常讀也。○送人詩，只末句三字略帶，其外通首純是寄題。此法他人亦曾有之，然定覺還有意致，還有風格，此則不過直直眼見之筆耳。前解寫寺景。

後解寫舊遊。○前解「黑水」「白雲」，後解「紅葉」「緑苔」，一何醜乎。（只取其「無復到」三字，是詩家頓挫法。）（《貫華堂選批唐才子詩》卷五，曹方人、周錫山標點本，第二七八頁）

⊙白居易《香爐峰下新卜山居草堂初成偶題董壁》

日高睡足猶慵起，小閣重衾不怕寒。遺愛寺鐘欹枕聽，香爐峰雪撥簾看。（前解）匡廬便是逃名地，司馬仍為送老官。心泰身寧是歸處，故鄉何獨在長安？（後解）

日高猶慵起，此是閑客常理。今加「睡足」而猶慵起，此便是南郭子綦仰天長噓，嗒然自喪境界，固非心未降伏人所得冒濫也。三、四，欹枕聽鐘，撥簾看雪，須知不是誇語。新堂好景，便是此老身心放倒，得大快活之實在供據，看後解自知之。

前解本寫的好，何意後解又睹傖父？至於「心泰身寧」等字，風雅益復盡情矣。（後解）（《貫華堂選批唐才子詩》卷五，曹方人、周錫山標點本，第二七八～二七九頁）

⊙白居易《尋郭道士不遇》

郡中乞假來相訪，洞裏朝元去不逢。看院只留雙白鶴，入門唯見一青松。（前解）藥爐有火丹應伏，雲碓無人水自舂。欲問參同契中事，更期何日得相從？（後解）

一添「郡中乞假」，二添「洞裏朝元」，可惜手中已是添寫無數字，而紙上乃更并無好處，終竟只是「來相訪」「去不逢」之六字，為可嗤也。三、四，「白鶴」「青松」，已是道士家中刻板字樣，若是再加「雙」字「一」字，遂覺刻板更甚。取之者，只爲「看院只留」承「去」句，「入門惟見」承「訪」句，實是律詩舊様耳。（前解）

五、六，還丹火伏，雲母水舂，此正是《參同契》中事。唐人律詩，從無七八外之五六，此雖粗鄙，猶是舊様也。（後解）（《貫華堂選批唐才子詩》卷五，曹方人、周錫山標點本，第二七九～二八〇頁）

⊙白居易《臨卧聽法曲霓裳》

金磬玉笙和已久，牙床角枕睡常遲。朦朧閒夢初成後，宛轉柔聲入破時。（前解）樂可理心應不謬，酒能陶性信無疑。起嘗殘酌聽餘曲，斜背銀釭半下帷。（後解）

板板然，一句法曲，一句臨卧，一句臨卧，一句法曲，并無半點波折頓挫，誦之使人意盡。然而「閑夢初成」承睡遲，「柔聲入破」承調久，猶是律詩原樣也。（前解）

「樂可理心」，「酒能陶性」，筆墨墜地，乃至于此。然其意獨為「起嘗殘酌聽余曲」之七字，固是律詩原樣也。（後解）（《貫華堂選批唐才子詩》卷五，曹方人、周錫山標點本，第二八〇頁）

⊙白居易《餘杭形勝》

餘杭形勝世間無，州傍青山縣枕湖。遶郭荷花三十里，拂城松樹一千株。（前解）夢兒亭古傳名謝，教伎樓新道姓蘇。獨有使君年老大，風光不稱白髭鬚。（後解）

世必又有飯後無事，不能便卧，近窗攤腹，借書遮眼之人，極賞此等，以為大佳。我亦謂其實原是此輩之佳詩。何則？此真更不必用心於其間者也。〇收之者，為其「繞郭」二句寫盡餘杭，並非與後「夢兒」二句作成隊好語，便是不走律詩原樣故也。

上解三、四，承州縣句，已寫盡餘杭；此五、六，止為翻出「風光不稱」也。真不走律詩原樣也。（《貫華堂選批唐才子詩》卷五，曹方人、周錫山標點本，第二八〇 ~ 二八一頁）

⊙白居易《履道池上作》

家池動作經旬別，松竹禽魚好在無。樹暗小巢藏巧婦，草荒新葉長慈姑。（前解）不因車馬時時到，豈覺園林日日蕪。猶喜春深公事少，每來花下得踟躕。（後解）

前解一、二自問，三、四自答。如樹，如雀，如草，如菇，即其所問「好在」；如暗，如藏，如荒，如長，即其所怨「經旬」也。此固律詩樣也。

「猶喜」「每來」，即上「時時」「日日」也，雖寒漏之極，然是律詩原樣也。（《貫華堂選批唐才子詩》卷五，曹方人、周錫山標點本，第二八一頁）

⊙白居易《舟中晚起》

日高猶掩水窗眠，枕簟清涼八月天。泊處或依沽酒店，宿時多伴釣魚船。（前解）退身江海應無用，憂國朝廷自有賢。且向錢塘湖上去，冷吟閒醉二三年。（後解）

前解寫舟中晚起。○佳處在起句自聽，三、四承寫，次句乃別自抽手輕襯七字，此為唐人佳筆。

後解寫舟中晚起之故。○唐人有如此。五、六却不是用力語，只爲引出「湖上去」三字也。（《貫華堂選批唐才子詩》卷五，曹方人、周錫山標點本，第二八一頁）

⊙白居易《湖上春行》

孤山寺北賈亭西，水面初平雲腳低。幾處早鶯爭暖樹？誰家新鷰啄春泥？（前解）亂花漸欲迷人眼，淺草纔能沒馬蹄。最愛湖東行不足，緑楊陰裏白沙堤。（後解）

前解先寫「湖上」。○横開則爲寺北亭西，竪展則爲低雲平水；濃點則爲早鶯新鷰，輕烘則爲暖樹春泥。寫「湖上」，真如天開圖畫也。

後解方寫「春行」。○花迷草沒，如以等子稱量此日春光之淺深也。「緑楊陰裏白沙堤」者，言于如是淺深春光中，幅巾單袷，款段閑行，即此杭州太守白居士也。（五、六是「春」，七、八是「行」）（《貫華堂選批唐才子詩》卷五，曹方人、周錫山標點本，第二八二頁）

⊙白居易《西湖晚歸回望孤山寺贈諸客》

柳湖松島蓮花寺，晚動歸橈出道場。盧橘子低山雨重，栟櫚葉戰水風涼。（前解）煙波澹蕩搖空碧，樓殿參差倚夕陽。到岸請君回首望，蓬萊宮在海中央。（後解）

此詩又好。唐人每每有詩是因前順生後，有詩是因後倒生前。如此晚出道場詩，看他前解細寫湖上是島，島上是寺，又加柳、松、蓮、花等字，裝成異樣清華好景。意猶未愜，即又盡借其日之暮雨涼風，盧橘栟櫚，以加倍渲染之者，分明先生滿心滿眼，具有海山樓閣一段觀想，先在胸中，因而倒撰此一解四句，悄地填補在前。若只是出道場時，信筆閑寫，一順寫到後去，始有「到岸回首」之一結，便當措筆措墨都不是如此二十四字也。朗吟而後信之。

此「到岸請君回首望」，乃是未到岸，先請君必回首也。若既到岸已回首，則是更不必「請君」之二字也。○前解如寫美人，後解如寫美人影。（五是「海」，六是「宮」，然而皆寫影也）（《貫華堂選批唐才子詩》卷五，曹方人、周錫山標點本，第二八二～二八三頁）

智按：金聖歎，名采，字若采，明亡後改名人瑞，又名喟，字聖歎，一説庠姓張。吳縣（今江蘇蘇州）人。明諸生。入清後，順治十八年（一六六一）七月十三日，因「哭廟案」牽連，被殺害于南京。少有才名，喜批書。曾以《離騷》、《莊子》、《史記》、杜詩、《水滸傳》與《西廂》合稱「六才子書」，并對後兩種進行批改。其批改《水滸》，成書于崇禎末期，將七十一回以後關于受招安、征方臘等内容删去，增入盧俊義夢見梁山頭領全部被殺死情節，以結束全書。又能詩。所著有《沉吟樓詩選》。

傅維鱗（一六〇八～一六六七）

《明書》

白樂天《諷諫集》。（《明書》卷七十七志十七，《叢書集成初編》影印畿輔叢書本）

⊙吕本傳

吕本，字汝立，餘姚人，生而端穎異凡，兒稍長，順而白皙，眉目秀朗，父嘗攜謁謝遷，遷一見奇之，撫而嘆曰：異日名位，差勝我屬。……本家頗有池亭花竹之勝，客至則留，留必盡興，本頹然其間，竟夕不倦人，以爲裴晉公、白香山之在洛，不是過也。本居相位，仍李姓，自號南渠人，皆稱為李南渠先生，至是始疏，復姓吕，更其號曰期齋，謂吾雖耄，敢忘以聖賢自期天下，乃亦更稱曰吕期齋先生，年八十，上命彩幣餼酒，即家存問，命有司月給米四石，歲給夫六人，本頓首曰：上不忘老臣，老臣乃以邱壑之腹累縣官帑，因上書謝辭，不允，録一子，中書舍人，又四年，卒。上聞之為咨嗟。賜祭葬贈太傅，謚文安，仍予一子，中書舍人所著，有《期齋集》，奏稿為文典暢平直，如其人。……（《明書》卷一百三十三列傳四，《叢書集成初編》影印畿輔叢書本）

王世懋，字敬美，號麟洲，别號牆東生，登嘉靖十四年進士。……已而疾作，請告歸，遂不起，年五十三。公精《周易》，傍通諸經，亦喜讀釋老氏言，恒謂二氏學，吾於兩廡饗亡所貪，苟陰用其實，而陽詆其名，或假竊其似，而自文其陋者，俱恥之。所著撰《望崖編》等書，皆精至語，識者謂不下白香山、晁文元，於詩雖自濟南始，其所涵咏，多漢魏晉宋，以至盛唐諸大家，然不肯從門人，亦不規規名某氏業，而神詣之境為勝，七言律尤其踔絕者，文出入西京、韓歐諸大家，間采劉義慶《世説》，自以為得彼三昧，而於游名山記，尤詳婉有力。善持論，往往以識勝。少即工臨池，行草蕭散，小隸疏行，得晉人遺意。……所著《奉常集》若干卷，《日損齋雜著》數百卷。(《明書》卷一百四十八列傳十，《叢書集成初編》影印畿輔叢書本)

智按：傅維鱗，原名維禎，字掌雷，號歉齋，直隸靈壽（今河北靈壽）人。崇禎十五年舉人。清順治三年進士，選庶起士，入内翰林國史院，明年，授編修，改内翰林秘書院。歷任東昌兵備道、大理寺少卿、太僕寺卿、通政使、都察院左副都御史、戶部右侍郎、太子少保、工部右侍郎、工部左侍郎、工部尚書等職。有《四思堂文集》。

彭而述（一六〇八～一六六七）

《破門僧詩序》

予嘗讀《唐書》，重有感焉。何感乎爾？曰：唐人以詩取士，詩之盛在於唐，而詩人之好禅，與浮屠交，互相聲援引重，以有聞於世，亦莫如唐，若是乎？詩人不禪，必不成詩。畢竟逃而之禪而爲禪者，亦往往資詩人為名高，間復為詩，戛戛然可傳於後世無疑，則亦非此二三詩人不為力也。其最著者如盧仝，辟居洛陽，止一赤脚老婢，唯是鄰僧乞米作供養，日訂三傳同異，豈隣僧外閒無人哉！又如白樂天，初亦犯顏直諫，刺名郡，自所作詩，上自郊廟，下及委巷，里嫗罔不知名，乃歸病東都，尋諄諄以如滿塔側爲自老計，何見之拓落也。他如輞川莊上，裴廸而外，唯事禪悦；靈隱寺中，臨海舊尉，句湊浙江，是則唐詩人與唐詩僧之大氐也。詩與禪事不相需，而情與勢每至於相緣，此其故，何也？所稱芙渠處污泥之中，亭亭然不滓，則昌黎伯一人耳。史稱昌黎伯於文，比於武事，有摧陷廓清之功，當時天子迎佛骨，鳳翔王公以下，奔走膜拜，至於炙頂薪指舁大内三日，舉國誠若狂焉。公以佛骨一表得貶，名以籍甚，學者乃舉此一節，比於子輿氏之闢楊墨，是誠然矣，而亦知此非公意哉！蓋公之所駁者，佛骨也，非佛也。佛為西方聖人，不生不滅，即使生滅，亦超然於輪迴劫灰之外，顧安所得骨焉，而且遠託中國乎？跡昌黎之意，當以為必非佛骨，故投之耳，且使眞佛骨，而亦投之，此正佛意也。若使佛果有骨焉，則是中國之人而已，彼中國内塚纍纍，沙塲枕相藉，人骨正復不少，佛又何足輕重哉！則天下從此無佛矣，無佛何以治天下，非聖人神道設教意也，於何知之？曰此其以公之意而知之，今夫尋常交遊中，有所齮齕，不相能於其人，則並其人之相與爲厚善，而亦絶之，且惡之如仇讐焉，况於箠殺其父，而舔其犢乎？當公爲京兆時，賈浪僊撞其前導，公引爲布衣交。如謂公果不事佛，則島固佛弟子也，於佛則焚之，於子弟則友之，是葉公之好龍耳。曾謂韓公爲之哉，當其去潮州，上皇帝書，言封禪者屢，意固可知矣。衡山西址，舊傳爲公開雲處，噫！彼子瞻自作文字耳，且不如是，不足以甚憲宗耳，今衡之雲如故也。予登山者兩：一則皎月如晝，雞鳴得觀日出；一則新霽四望，空濶無片翳，豈雲亦不必韓公始開哉！破門僧吳人棲衡，凡八年，字飛舞，翔鸞糾螭，絕句猶奇逸，衝口成言，無僧習，並無詩人習，予亦樂得而交之，因衡麓集賢書院有韓公木主在焉，輒不禁嗇夫之諜諜耳。（《讀史亭詩文集》文集卷四，《四庫全書存目叢書》影印清康熙四十七年彭始摶刻本）

智按：彭而述，字子籛，號禹峰，河南鄧州人。崇禎十三年（一六四〇）庚辰進士，官陽曲知縣，母憂歸。順治初，英親王徇湖廣，薦為提學僉事，遷永州道參議。歷官廣西布政使。有《明史斷略》、《滇黔草》、《南游文集》、《讀史亭詩集》、《讀史亭文集》、《宋史外篇》、《讀史外篇》、《續讀史外篇》、《禹峰詩集》、《讀史新志》、《讀史別志》、《讀史異志》等，僅存《讀史亭詩集》（殘卷）。

梁清遠（一六〇八～一六八四）

《雕丘雜録》

居官不可一日不讀白樂天詩，居鄉不可一日不讀陶淵明，陸放翁詩，讀

三公集，則心無憂苦，覺到處有以自樂，庶於世味泊然也。（《雕丘雜録》卷四巡簷筆乘）

饒陽李文正公昉、余邑李叅政公至，爲詩俱務淺切，效樂天體，有《二李唱和集》行於世，見《青箱雜記》。（《雕丘雜録》卷九飽卿談叢）

李屏山序劉西嵓集云：「人心不同如面，其心之聲發而爲言。言中理謂之文，文而有節謂之詩。然則詩者，文之變也，豈有定體哉！《三百篇》，什無定章，章無定句，句無定字，字無定音，大小長短，險易輕重，惟意所適。雖役夫室妾悲憤感激之語，與聖賢相雜而無媿，亦各言其致也已矣，何後世議論之不公耶！齊梁以降，病以聲律，類俳優然。沈宋而下，裁其句讀，又俚俗之甚者，自謂靈均以來，此祕未覩，此可笑者一也。李義山喜用僻事，下奇字，晚唐人多效之，號西崑體，殊無典雅渾厚之氣，反詈杜少陵爲村夫子，此可笑者二也。黄魯直天資峭拔，擺出翰墨蹊徑，以俗爲雅，以故爲新，不犯正位，如叅禪，著末後句，爲具眼，江西諸君子，翕然推重，别爲一派，高者雕鐫炎刻，下者模影剽竄。公言韓退之以文爲詩，如教坊雷大使舞，又云學退之不至，卽一白樂天耳。此可笑者三也。嗟乎！此説既行，天下寧復有詩耶？比讀劉西嵓詩，質而不野，清而不寒，簡而有理，澹而有味，蓋學樂天而酷似之。觀其爲人，必傲世而自重者，頗喜浮屠，邃於性理之説，凡一篇一詠，必有深意，能道退居之樂，皆詩人之自得，不爲後世議論所奪，眞豪傑之士也。」西嵓詩，固是香山一派。而此論發前人所未發，殊有裨於詩道，惟謂魯直詩以俗爲雅，以故爲新，則未盡然耳。（《雕丘雜録》卷九飽卿談叢）

智按：《四庫提要》卷一二八謂：「九卷載李屏山所作《西嵓集序》，稱『李義山喜用僻事，下奇字，晚唐人多效之，號西崑體，殊無典雅渾厚之氣，反詈杜少陵為村夫子』。以楊億事為李商隱事，殆唐、宋不辨。又引黄庭堅之言，謂『韓退之詩如教坊雷大使舞』，『學退之不至卽為白樂天』。是以陳師道所評蘇軾詞、蘇軾所評陶潛詩，併誤為庭堅評韓愈詩之詞。顛舛尤甚。」

先大父澹明公問白香山詩於趙忠毅公，忠毅公以一字評之，曰透。（《雕

丘雜録》卷十過庭暇録）

智按：趙南星（一五五〇～一六二七），字夢白，號儕鶴，別號清都散客，高邑（今河北石家莊）人。萬曆二年（一五七四）進士。歷任吏部文選司員外郎、考功司郎中、太常卿、吏部尚書等。謚忠毅。有《趙忠毅公集》等。

弘正時，王宗貫在南京作壽俊會，蓋倣耆英會也。賀醫閭非之曰：耆英會名頭，本不十分好，今又做壽俊會，豈不貽笑天下後人。夫在己果英，人稱之可也，自曰英，可乎？今又自稱曰俊，不幾於無忌憚乎？白樂天九老會，其名方是耆英之名，是文潞公粗處，當時司馬公亦與列，然其初自謂年幼，不敢班於諸老，然則司馬公之謙退，安知不在於此也。然余讀司馬温公序云：時人謂之洛陽耆英會，非潞公自稱也，則賀公之議壽俊會爲是，而議耆英則非矣。（《雕丘雜録》卷十六耳順記）

智按：梁清遠，字邇之，又字葵石、無垢，號瘦冠道人、雕丘、祓園，真定（今河北正定）人。順治三年進士，授刑部主事。官至吏部侍郎。有《祓園集》。

張右民（一六〇八～一六九〇）

《李鄴侯白香山蘇子瞻三太守祠》

此地何人初涖州，衹應數子獨風流。行邊魚鳥多隨舫，臥處烟霞半入樓。碑擬峴山勤父老，祠方蜀郡敞春秋。千年魂魄猶思此，月出還疑堤上遊。（《續修四庫全書》本《兩浙輶軒録》卷一）

智按：張右民，字用霖，仁和（今浙江杭州）人。諸生。著《東皋文集》、《詩集》、《史論》、《史略》。《浙江通志》云：「右民子書無所不讀，然耻爲章句儒。天崇間與龍門諸子創爲登樓文社。甲申後，隱處城之東偏，講學授徒，遠近負笈者甚衆，如毛先舒，以詩古文名家，其尤著也。康熙癸亥，預修通志，己未舉博學鴻儒，撫軍欲以右民應，堅辭之。色温和，而性剛介。

爲人排解曲全，不可數計。年八十三卒，四方會弔者，八百餘家。學者稱爲東皋先生。」

吳其貞（一六〇九～一六七八）

《書畫記》

⊙李息齋雪蕉圖絹畫一大幅

畫雪用粉筆洒成，上有王覺斯題李息齋之筆，以上八圖，觀于紹興禮部郎中余季芳家。季芳諱有章，順治丙戌舉人，所有書畫，皆在淮安作司李時，得于河南張樵門先生令郎手。是日，見明畫中有唐六如《琵琶行圖》小紙畫一幅，上有文衡山小楷，《琵琶行圖》畫法文秀，氣韻過人，為六如少有，時則獲王氏畫日。(《書畫記》卷五，清乾隆寫四庫全書本)

智按：吳其貞，字公一，號寄谷，室名梅景書屋，安徽新安人，一說休寧人。少讀書，嗜好骨董，于崇禎至順治年間經營古書畫，時來往于江浙皖諸地，與當時諸名鑒藏家過從甚密，善鑒別書畫。黃公望《富春山居圖》從火中搶救後成為兩段，其貞輾轉收藏過其中一段。著有《書畫記》，載晋、唐、宋、元書畫，有上海人民出版社一九六三年影印本。

吳偉業（一六〇九～一六七二）

《琵琶行》并序

去梅村一里，為王太常烟客南園。今春梅花盛開，予偶步到此，忽聞琵琶聲出於短垣叢竹間。循墻側聽，當其妙處，不覺拊掌。主人開門延客，問向誰彈，則通州白在湄子彧如，父子善琵琶，好為新聲。須臾花下置酒，白生為予朗彈一曲，廼先帝十七年以來事，叙述亂離，豪嘈凄切。坐客有舊中常侍姚公，避地流落江南，因言先帝在玉熙宫中，梨園子弟奏水嬉、過錦諸戲，内才人於暖閣齎鏤金曲柄琵琶彈清商雜調。自河南寇亂，天顔常慘然不悦，無復有此樂矣。相與哽咽者久之。於是作長句紀其事，凡六百二言，仍命之曰《琵琶行》。

琵琶急響多秦聲，對山慷慨稱入神。同時渼陂亦第一，兩人失志遭遷謫。

絕調王康並盛名，崑崙摩詰無顏色。百餘年來操南風，竹枝水調謳吳儂。里人度曲魏良輔，高士填詞梁伯龍。北調猶存止弦索，朔管胡琴相間作。盡失傳頭誤後生，誰知却唱江南樂。今春偶步城南斜，王家池館彈琵琶。悄聽失聲叫奇絕，主人招客同看花。為問按歌人姓白，家住通州好尋覓。袴褶新更回鶻裝，虬鬚錯認龜兹客。偶因同坐話先皇，手把檀槽淚數行。抱向人前訴遺事，其時月黑花茫茫。

初撥鵾弦秋雨滴，刀劍相磨轂相擊。驚沙拂面鼓沉沉，砉然一聲飛霹靂。南山石裂黃河傾，馬蹄迸散車徒行。鐵鳳銅盤柱摧塌，四條弦上烟塵生。忽焉摧藏若枯木，寂寞空城烏啄肉。轆轤夜半轉咿啞，嗚咽無聲貴人哭。碎珮叢鈴斷續風，冰泉凍壑瀉淙淙。明珠瑟瑟拋殘盡，却在輕攏慢撚中。斜抹輕挑中一摘，漻慄颼飀憯肌骨。銜枚鐵騎飲桑乾，白草黃沙夜吹笛。可憐風雪滿關山，烏鵲南飛行路難。猿嘯鼯啼山鬼語，瞿塘千尺響鳴灘。

坐中有客淚如霰，先朝舊直乾清殿。穿宮近侍拜長秋，咬春燕九陪游燕。先皇駕幸玉熙宮，鳳紙僉名喚樂工。苑内水嬉金傀儡，殿頭過錦玉玲瓏。一自中原盛豺虎，煖閣才人撤歌舞。插柳停搊素手箏，燒燈罷擊花奴鼓。我亦承明侍至尊，止聞鼓樂奏雲門。段師淪落延年死，不見君王賜予恩。一人勞悴深宮裏，賊騎西來趨易水。萬歲山前鼙鼓鳴，九龍池畔悲笳起。換羽移宮總斷腸，江村花落聽霓裳。龜年哽咽歌長恨，力士凄凉説上皇。前輩風流最堪羡，明時遷客猶嗟怨。即今相對苦南冠，昇平樂事難重見。白生爾盡一杯酒，繇來此伎推能手。岐王席散少陵窮，五陵召客君知否。獨有風塵潦倒人，偶逢絲竹便沾巾。江湖滿地南鄉子，鐵笛哀歌何處尋。(《四庫全書》本《梅村集》卷四「七言古詩一」；李學穎集評標校《吳梅村全集》上册，第五五～五七頁)

智按：《吳越詩選》引朗詣評：「詳折蕭颯，固不能加於太傅，然風雨驟至，哀促繁亂，或序或悲，倏往倏來，則宫尹獨擅名山之技。」鄧漢儀《詩觀》初集云：「今讀祭酒斯篇，流連歎述，令人涕淚沾裳，乃知無故而妄擬白傅《琵琶》者，音雖諧，弗善也。」孫鋐《皇清詩選》云：「寫白生撮撥，如聽《鬱輪袍》，緩急入妙。彈罷致詞，豈但濕江州司馬青衫已哉。」袁枚《袁子才録本》云：「序既哽咽，詩復哀怨，以配江州，當無娣姒之恨。江州《琵琶》止敘一身流落之感耳，不如作此關係語。」秦佩珩（一九一四～一九八九）《秋窗囈語》（民國間序刊本）謂：「（《琵琶行》、《永和宮詞》）激楚纏綿處，不亞於拜倫佛落梭斯和比薩間大路上之詠懷也。」徐珂《清稗類鈔·音樂類》「白璧雙之琵琶第一手」條云：「白璧雙，名珏，蘇州人。順治初，琵琶稱第一手。嘗售技于南北，吳梅村《琵琶行》，為白作也。當時名流多有贈詩，王西樵曰：『四弦誰破夕煙昏，恰是香山老裔孫。國手那推賀懷智，妙音直壓康昆侖。移時寂歷鳴沙雁，一擿崩騰斷峽猿。不是狂奴能作達，此中應有淚千痕。』陳其年曰：『玉熙宮外繚垣平，盧女門前野草生。一曲紅顏數行淚，江南祭酒不勝情。十載傷心夢不成，五更回首路公明。依稀寒食秋千影，簾幕重重聽此聲。縱酒狂歌總絶倫，曾將薄藝傲平津。江南江北千餘里，能說興亡剩此人。醉抱琵琶訴舊游，禿衿矯帽脫梢頭。莫言此調關兒女，十載夷門解報讎。』鄧孝威曰：『北極諸陵黯落暉，南朝流水照烏衣。都來寫入《霓裳》裏，彈向空園雪亂飛。白狼山下白三郎，酒後偏能說戰場。颯颯悲風飄瓦礫，人間何處不昆陽。』」（中華書局，一九八六年七月版，第十册，第四九八七頁）

《補禊》

壬辰上巳，蔣事彥、篆鴻、陸我謀於鴛湖禊飲，余後三日始至，同集有道開師、朱子容、沈孟陽，徵詩以補禊事，余分得知字。

春風好景定昆池，散誕天涯卻誤期。溱洧漫搴芳杜晚，雒濱須泛羽觴遲。右軍此會仍堪記，白傅重游共阿誰？故事禊堂看賜柳，年來無復侍臣知。（《四部叢刊》本《梅村家藏稿》卷六詩前集六；李學穎集評標校《吳梅村全集》上册，第一七一頁）

《梅花庵話雨同林若撫聯句》

境奇窮想入，才退苦言砭。大曆場誰擅？元和體獨孅。聆音嗤下里，睹貌歎無鹽。好句奚囊貯，清談麈尾拈。飛觴邀阮籍，豎義問劉惔。（《四庫全書》本《梅村集》卷十六「五言排律」；李學穎集評標校《吳梅村全集》上册，第一九〇～一九一頁）

智按：林雲鳳（一五七九～一六四八），字若撫，號三素老人，長洲（今江蘇蘇州）人。

《感舊》

赤欄橋護上陽花，翠羽雕籠語絳紗。羡殺江州白司馬，月明亭畔聽琵琶。（《四庫全書》本《梅村集》卷十七「七言絶句」；李學穎集評標校《吳梅村全集》上册，第二〇二頁）

《秋日錫山謁家伯成明府臨別酬贈》

吾家司馬山陰公，子弟變化風雲中。琱戈帶礪周京改，碣石闕河禹穴通。泰伯城頭逢季子，登高極目霜楓紫。七十煙巒笠澤圖，三千歲月勾吳史。遍觀易象與春秋，魯頌唐風費考求。縞帶贈來同白璧，干將鑄就勝純鈎。此中盡説春申澗，草荒幸舍飛鳧雁。珠履何人解報恩，蒯緱枉自勤垂眄。黄初才子好加餐，季重翩翩畫省看。早負盛名游鄴下，只今詩酒駐江干。江干足比梁園勝，追陪衰叟招枚乘。八斗君堪跨建安，一編我尚慚長慶。剡山東望故人遙，玉局金吾未寂寥。汗簡舊開都護府，蘭臺新插侍中貂。感君意氣從君飲，燈火松窗安伏枕。數枝寒菊映琴心，百斛清泉定茶品。歸家回首木蘭舟，鐘鼓高城暮靄收。最是九龍山下水，伴人離抱向東流。（《四部叢刊》本《梅村家藏稿》卷十；李學穎集評標校《吳梅村全集》上册，第二七五頁）

《木蘭花慢（中秋詠月）》

冰輪誰碾就，千尺起，嘯臺東。記白傅堤邊，庾公樓上，幾度曾逢。今宵廣寒高處，問嫦娥、環珮在何峰？天上銀河珠斗。人間玉露金風。　聽江樓鶴唳横空，人影立梧桐。有宫錦袍緋，綸巾頭白，鐵笛仙翁。欲乘月明飛去，過嚴城、下界打霜鐘。醉卧三山絕頂，倒看萬箇長松。（《四部叢刊》本《梅村家藏稿》卷二十二詩後集十四；李學穎集評標校《吳梅村全集》中册，第五七六頁）

《沈伊在詩序》

……自來儒雅，詩與丹青為兩家，惟石田之畫，擅名當代，而一時鉅公，推挹其詩，以為舒寫性情，牢籠物態，彷彿少陵、香山之間。今伊在親其子孫，閲數世，踰百年，一旦起而修明祖業，其詩若畫，深造而日新者，家法具在，又何俟乎他求哉！……（《四庫全書》本《梅村集》卷二十二；李學穎集評標校《吳梅村全集》中册，第七〇一頁）

《龔芝麓詩序》

大宗伯合肥龔先生裒其新舊所著詩，手授丹徒姜子子翥曰：子知吾詩者也，亟圖所以廣其傳。……集成命其友婁東吳偉業弁簡端。……牧齋（智按：《四庫全書》本作先生）深心學杜，晚更放而之於香山、劍南。其投老諸什為尤工。既手輯其全集，又出餘力以博綜二百餘年之作，其推揚幽隱為太過，而矯時救俗，以至排詆三四鉅公，即其中未必自許為定論也。……（光緒九年龔彦緒刊本龔鼎孳《定山堂詩集》卷首；《四庫全書》本《梅村集》卷二十三；李學穎集評標校《吳梅村全集》中册，第六六四～六六六頁）

《黄媛介詩序》

夫檇李雅擅名家，獨推閨詠。……黄媛介者，體自高門，夙親柔翰。横塘楊柳，春盡聞鶯；練浦芙蕖，月明搗素。……點硯底之青螺，足添眉黛；記詩中之紅豆，便入吹簫。共傳得婦傾城，翻爲名士；却令家人竊視，笑似諸生。所攜唯書卷自隨，相見乃鉛華不御。發其舊篋，爰出新篇。卽其春日之詩，别倣元和之體。可爲妙製，允矣妍辭。僕也昔見濟尼，蚤聞謝藴，今知徐淑，得配秦嘉。是用覽彼篇章，加之詮次。庶幾東海重聞桃李之歌，不數西崑止載蘼蕪之賦爾。（《四部叢刊》本《梅村家藏稿》卷三十一文集九序；李學穎集評標校《吳梅村全集》中册，第七一二～七一三頁）

《王奉常烟客先生七十壽序》

……余每傷近時風習，士大夫相遇，惟飲酒六博為娱，獨過奉常見丹黄勘讐，揷架千卷，賓朋雜坐，舉史傳中一事，輒援據出入，穿穴舊聞，於尺牘師蘇子瞻、黄山谷，於詩倣白香山、陸渭南諸子，擩染家學，作為篇章，人人有集，四方徵文……（《四部叢刊》本《梅村家藏稿》卷三十七文集十五序十一；《四庫全書》本《梅村集》卷二十六；李學穎集評標校《吳梅村全集》中册，第七七九～七八一頁）

《題秣陵春》(題擬)

詞客哀吟石子岡，鷓鴣清怨月如霜。西宮舊事餘殘夢，南内新詞總斷腸。漫濕青衫陪白傅，好吹玉笛問寧王。重翻天寶梨園曲，減字偷聲柳七郎。(《四部叢刊》本《梅村先生年譜》卷三；李學穎集評標校《吳梅村全集》下册，第一四五九～一四六〇頁)

智按：《梅村先生年譜》卷三：「徐（釚）《詞苑叢談》：吳祭酒作《秣陵春》，一名《雙影記》。嘗寒夜命小鬟歌演。自賦《金人捧露盤》一詞，黄東崖所謂『法曲淒涼』者，正謂此詞也。祭酒又自題一律云云。（按詩集中逸。又考先生《寄房師周芮公》詩自注云：晉江黄東崖先生和予此詩，中一聯曰：『徵書鄭重眠餐損，法曲淒涼涕淚横。』知己之言，讀之感嘆。）」《詞苑叢談》云云，見王百里《詞苑叢談校箋》卷九，第五二一頁。

吳偉業，字駿公，號梅村，太倉（今屬江蘇）人。少從張溥（一六〇二～一六四一）遊，參加復社。崇禎四年（一六三一），會試魁元，殿試一甲第二名進士及第，授翰林院編修，充東宫講讀官，再遷左庶子。弘光朝任少詹事，因與馬士英、阮大鋮不合，辭官鄉居。入清後始杜門不出，清順治十年（一六五三），被逼應詔北上，次年抵京，授秘書院侍講，充修《太祖、太宗聖訓》纂修官。十三年任國子監祭酒，十四年因奔繼母喪南歸，遂里居不出。偉業被逼仕清，深自悔恨，在詩文中屢有流露。臨卒前囑其家人在其死後斂以僧裝，墓前立圓石，題曰「詩人吳梅村之墓」。生平著作頗多，長於詩，爲清初一大家，「婁東詩派」開創者。詩宗唐人，各體皆工，七言歌行尤所擅長，學長慶體而自成一格，「格律本乎四傑，而情韻爲深；叙述類乎香山，而風華爲勝。韻協宫商，感均頑豔，一時尤稱絶調」（《四庫全書總目·梅村集》提要），後人稱之爲「梅村體」。有《梅村家藏稿》五十八卷。《清史稿》卷四八四有傳。

尹宣舉（一六一〇～一六六九）

《次白樂天兄弟分散望月有感詩》

附原韻：時亂年飢世業空，弟兄羈旅各西東。田園寥落干戈後，骨肉流離道路中。

弔影分爲千里雁，辭根散作九秋蓬。共看明月應垂淚，一夜鄉心五處同。（原韻）

樂天所感，令人重有感焉。離憂別恨，此詩道盡，故録于首以寓懷，仍步其韻，各呈案下。

俯有黄壚仰碧空，月生西海日生東。身爲男子於斯裏，道在優游自得中。處世不關論白黑，隨時爭奈迹萍蓬。人間此樂無知者，好笑童兒莫我同。右南麓隱几，兼敍龍西志。

平生志業摠成空，萬事如今付水東。長物無餘一身外，寸腸消盡十年中。鷦巢不耐鷽遷木，鵬擊誰多鷃在蓬。榮辱戚歡唯所遇，我心何愧得天同。右獻寢齋所，兼見舍弟懷。

浮世於今念已空，計何之北又之東。行藏最忌非已惠，義理難分執一中。誰道淵明家乏粟，無嫌進伯髪如蓬。閑閑十畝眞吾好，此志平生野老同。（呂大忠字進伯，白首劬業，伊川多之）○右高村閑居。（《魯西先生遺稿》卷一，《韓國文集叢刊》本）

《巴東紀行》

三日，成緦服于外次，晏叔又至，偕入衙軒，同治南程。仲衍、子固與三少朝至，留敍半日，夕向清澗，詩以送之。余到江陵之日，得竹筒盛酒，蓋取杜少陵「酒憶郫筒不用酤」之義也。又截木通蔓枝，就筒吸酒，不用杯勺，便於行路，亦取白香山「悶取藤枝引酒嘗」之意也。江陵倅謂余曰：中原人以藤枝爲鞭者，實馬上飲水之計云。而藤枝則孔細，引飲不快，木通則差勝矣。……（《魯西先生遺稿》續卷三雜著，《韓國文集叢刊》本）

智按：尹宣舉，字吉甫，號美村。有《魯西先生遺稿》。

施男（一六一〇～一六八〇?）

《邛竹杖》

⊙衆緑分緑

宋舒王云：「『梨花一枝春帶雨』，『桃花亂落如紅雨』，『珠簾莫捲西山雨』，皆警句也，然不若『院落深沈杏花雨』爲佳。」此老眞韻語陽秋。廿六日，同冰公、文脊，飯伊蒲于東橋，劇雨壓篁，斜風穿幕，冰公因舉此爲觥録事，各占一字，余得「緑」字，卽覆之。曰：蘇端明「新愁舊恨眉生緑」，白香山「風荷老葉蕭條緑」，王承基「庭草亡人隨意緑」，何如韋左司「夏雨生衆緑」，楊誠齋「芭蕉分緑上窗紗」，曲得體物之妙。文脊揶揄曰：「若此半山復起，不易斯語矣。」因爲大噱。（《邛竹杖》卷二，《續修四庫全書》影印清初留�堂刻本，第一一七六册，第二九六頁）

⊙鬢絲

八月六日，薙髮得素絲一于鬢左，事何足道，然化玄而白，始基于此，人質脆萎，朕兆先矣。《大智度論》：五通仙人得好寶，秘之石中，磨金剛塗其外，令不破。金剛能破一切，不受一切破者。今云磨以塗之，則磨金剛者何物？浣花翁「髮短何勞白，顔衰肯再紅。」香山居士「醉貌如霜葉，雖紅不是春。」悼時傷邁，古今一轍。昭烈所以臨厠而屑涕也，得四絶：「秋草玄霜計月摧，如雲鬢髮亦奚爲。天工不是亡情者，故遣一莖著鬢絲。」「愛著仙家五銖裳，蓬萊清淺閲人忙。如今剩得玄絲變，坐泣滄桑淚幾行。」「學道亡成事已非，褰裳猶是老鶉衣。恒河水遶流如舊，羞向瞿曇問箭機。」「四十衰顔非所惜，馬頭幾度著征衣。兒童彈指應相笑，家在清湘猶未歸。」（《邛竹杖》卷四，《續修四庫全書》影印清初留髡堂刻本，第一一七六册，第三三六頁）

智按：施男，字偉長，吉水（今屬江西）人。順治初，隨征廣西，以軍功授廣西按察司副使。《邛竹杖》卷首有來集之、文德翼等序，前三卷爲其官桂林時所作，記峒黎風土，并所自作詩句，卷四、卷五則游於江浙吴楚間所作，多記山川名勝，卷六爲自著詩集，卷七則録劉湘客、楊廷麟、劉大璞、劉日襄、倪元璐五家之作，其所著詩文詞，多險僻，猶沿明末公安、竟陵之餘習。

蔣薰（一六一〇～一六九三）

《寫真詩》

白居易爲翰林時，年三十七，奉詔寫真於御書院，及七十有一復寫香山寺，世變形更，不無三紀之嘆。薰今四十七齡矣，視甲申相去幾何，衰瘁非昔，雖異年殊遇，感慨同之。

甲申曾屬張游寫，今日還逢蒼嶺生。醜老未如三紀遠，形神不覺十年更。拚將圖付香山寺，莫想身留御院名。寒署無朋攜對酒，醉時呼作弟和兄。（李太守以衮和詩：百丈丹崖金粟影，虎頭畫出古狂生。昔年箬笠羲風遠，今日幅巾晉樣更。筆漫長吟詩是史，杯供半醉酒爲名。仙姿蕭洒誰相似，我道香山舊弟兄。）（《留素堂詩删》卷一天際草，《四庫未收書輯刊》影印清康熙刻本）

智按：蔣薰，字丹崖。檇李（今浙江嘉興）人。

徐開任（一六一〇～一六九四）

《明名臣言行録》

⊙知縣樊孝介公玉衝

字玄之，號棠軒，湖廣黄岡人。萬曆乙未進士，官止崑山知縣。……

去崑時，賣絲販繒之家，感其休息，五年不出，一錢約製鮮衣二襲，長跪再拜上之，固不受，曰：崑民好事神，盍以施之，蓋其隱衷自許，不愧神明也。友人見其乏嗣寄書，爲念答書曰：子息有數，非可強求。吾生平每欲求一結束，以俟千載，而今且茫無著也，則何暇及子息，想千載上人，若羊叔子、白樂天、寇萊公，皆人豪也，而無子，諸葛公、邵堯夫，名世也，而晚獲嗣，恨吾不得當諸公萬一，寧汲汲計委蛇之人哉！即委蛇者纍纍，而我茫無可知，百年後不復認我一女，數十日不令一見，見即驚避去，況後代兒孫耶！（《明名臣言行録》卷四十，《續修四庫全書》影印清康熙刻本，第五二一册，第九〇～九一頁）

智按：徐開任，字季重，崑山（今屬江蘇）人。明諸生，有名。入清後，杜門著述，歷數十年。從子徐乾學、徐元文位皆通顯，貽書惟勖以砥礪名節，高風介節，與吴門徐枋、同里朱用純并爲鄉邦所推重。留心明史，仿晦庵義例，輯《名臣言行録》。著有《愚谷詩稿》傳世。

黄宗羲（一六一〇～一六九五）

《平陽寺觀舍利》

平陽茶話後，登樓觀舍利。推牕邀日光，微風捲空翠。小幢鳥思藏，内累錦絳地。瀉出白磁盆，銀匙聯撥刺。或如粟米大，或如芥子細。半紅或半白，細大同一致。此名爲瑟瑟。注自白居易（見集中《琵琶行》）。將無以寶石，而爲舍利僞。抑亦舍利者，原與瑟瑟類。譸張不可知，考索姑且置。卽如阿育王，銅塔慈聖賜。塔中方篋盛，篋中金鐘寄。故故爲遮闌，無非眩人視。遂有庸妄人，哆口所見異。吾友寒泉子，不作此兒戲。腐草化爲螢，老蚌明珠媚。何况於人身，總是尋常事。（《四部叢刊》本《南雷集·南雷詩曆》卷三）

《聞陳介眉陳葵獻訃音·介眉》

去日扁舟原死別，書來意外悦餘生。吉人未必終天相，鵩鳥胡爲忌大名。四海方傳長慶體，一棺已歛讀書聲。后岡亦僅年三十，藝苑何曾没定評。（《四部叢刊》本《南雷集·南雷詩曆》卷五）

《張仁菴先生墓誌銘》

儒釋之學，如冰炭之不同，然釋之初興，由儒以附益之，浸淫而至於毫釐之際，亦唯儒者能究其底藴，故自來佛法之盛，必有儒者開其溝澮，如李習之之於藥山，白樂天之於鳥窠，張無垢之於妙喜，胡康侯之於封秀；有歐陽永叔而鐔津圓通始著，有東坡而覺範大覺璉始顯。明初以來，宗風寥落。萬曆間，儒者講席遍天下，釋氏亦遂有紫栢、憨山因緣而起，至於密雲、湛然，則周海門、陶石簣爲之推波助瀾，而儒釋幾如肉受串，處處同其義味矣。……（清康熙刊本《南雷文定前後三四集》南雷文定後集卷四）

《天嶽禪師詩集序》

當今之世，士君子不可為者有二：講學也、詩章也。束髮授《四書》，即讀時文。選時文者，借批評以眩世，不知先賢之學，如百川灌海，以異而同，而依傍集注，妄生議論，認場屋為兩廡，年來遂有批尾之學。……天嶽晝公以《直木堂詩集》寄余評定，余閲之兩日方畢。五言古取裁於謝，而以輕清斂其鎚煉；七言律似香山，而不遷就老嫗之解不解，然其至處自在；五律凍澗枯槎，霽宇孤籟，務為擎斂，上之入王、孟之室，次亦不落大復以下，豈獨振響於僧中者哉！余於近日釋氏之詩，極喜澹歸。及《偏行集》出，粉墨黚雜矣。雪嶠之詩在語風，得之無意，開先不能繼也。……雖然，作詩難，知詩者尤難。劉會孟言吾之評詩，過於作者用意。故會孟談詩，世人鮮能及之，牧齋訾為一知半解。顧牧齋於明詩，去取失倫。晝公之詩，自有會孟其人者嗟賞之，則以余為知言。（清康熙刊本《南雷文定前後三四集》南雷文定三集卷一）

《謝莘野詩序》

余於近日交遊之詩，其心契者：曾弗人（智按：曾異）如天馬行空，不可羈勒；李元仲（智按：李世熊）如嵩嶽嫁女，所用非世間器物；戚緩耳（智按：戚玾，一字莞爾，著有《笑門詩集》）如天寶宮人話舊，針縷俱帶酸恨；杜于皇如洛水遊神（智按：杜濬），縹緲止見霓裳；澹歸初如琵琶妓邂逅樂天（智按：澹歸即金堡），及《偏行集》出（智按：「偏」當為「徧」），便似村僧沿門弄鈸矣。然此數子者，當今不以為詩人也。……（清康熙刊本《南雷文定前後三四集》南雷文定四集卷一）

《金石要例》

⊙子女不分書所出例

子女皆統於父，雖異母而不分書所出。……白樂天之志元微之，穆員之志鄭叔，則皆用此例。……

⊙書孫曾例

昌黎碑誌只書子女，更無書孫者。孫逖為杜義寬碑，書孫以表其墓。權文公為王端碑，書孫以其葬王父。白樂天碑崔孚，書孫以其求文。張曲江為吕處真書其孫女，為李仁瞻書其孫，李迥秀為裴希惇書其孫，皆以立碑故，其他皆不書也。至宋則皆書孫矣，不特孫也，且及於曾孫矣。……

⊙行狀例

行狀為議謚而作，與求志而作者，其體稍異。為謚者，須將謚法配之，可不書婚娶子姓（昌黎狀董晉亦書子姓）。柳州狀段太尉、狀柳渾是也。為求文者，昌黎之狀馬韓，柳州之狀陳京，白香山之狀祖父是也。（《四庫全書》本《金石要例》；清康熙刊本《南雷文定前後三四集》南雷文定三集卷三）

《明儒學案·郎中莊定山先生杲》

……形容道理多見之詩，白沙所謂「百煉不如莊定山」是也。唐人白樂天喜談禪，其見之詩者，以禪言禪，無不可厭。先生之談道，多在風雲月露，傍花隨柳之間，而氣象曜如，加於樂天一等。……（《四庫全書》本《明儒學案》卷四十五）

智按：黄宗羲，字太沖，號南雷，學者稱梨洲先生，餘姚（今屬浙江）人。明末以反對閹黨著名，清兵入關，積極投身抗清鬬爭，後隱居著述，屢拒清廷徵召。著有《明夷待訪録》、《明儒學案》、《宋元學案》、《律吕新義》、《易學象數論》，詩文集有《南雷文定》、《南雷文約》、《南雷詩曆》。事載《清史稿》卷四八七本傳。

黄宗羲（一六一〇～一六九五）、
全祖望（一七〇五～一七五五）

《宋元學案》

⊙石先生子植

石子植，佚其名，嘗説吕申公。哲宗賜御筆白樂天詩與二蘇，及進詩表謝，申公遂集古經句作一册進，云比以寫唐人無益詩，不如寫聖人語。曰：「君子作事，婉而成章。詩也須進，但中間有説爾。此恐非申公所為。」（參《晁氏客語》）（卷二十元城學案，陳金生、梁運華點校《宋元學案》，第八三三頁）

⊙莊靖汪適齋先生大猷

汪大猷，字仲嘉，號適齋，鄞縣人，贈少師思温子也。登紹興進士第，累官至敷文閣待制，謚莊靖。先生生而岐嶷，四歲誦《孝經》，能對客問。學中所講《論語》、《孟子》，輒述口義以示同舍，一日千里，儕輩皆畏之。登第後，嘗習宏辭科，應用之文足以行意，出為州縣，守將多委以箋奏。南宮名表一出，士林誦之。孝宗朝為給事，咨訪時政，陳奏無隱。經筵講義，進故事，論治道之要，務為實用。先生父少師深仁厚義稱於世，嘗曰：「事事上行方便，物物上有利益，此吾志也。」先生實能推廣之。居鄉，學校寖圮，勸率巨室，且為之文，謂「宗釋、老之居以邀福澤，不如新夫子之宮以助風化」。凡里中義事，多自先生倡舉。晚以白太傅自況，真率之約，未嘗以爵齒上人。樓攻媿謂其「内行修飭，名節純全，放於古之完人，先生庶幾無憾焉」。有《適齋存稿》二十册，手鈔書曰《適齋備忘》十七册，取唐、宋名公詩集編為《詩韻》四十册，又有《漫録》、《訓鑒》等書。（参《樓攻媿集》）（卷二十五 龜山學案，陳金生、梁運華點校《宋元學案》，第九八〇頁）

陸世儀（一六一一～一六七二）

《雙壽篇贈許南村姊丈先己亥春初梅花時為南村六十今年庚子花開又當家姊花甲之期雖相去一載而一唱一隨可同壽也作此贈南村卽壽家姊》

南村老梅三十樹，一年一度花無數。去年主人正六十，酌酒花間賦詩句。今年花開花更妍，壽酒又復張華筵。主人之嫗我老姊，六十再慶春風前。小弟今年已五十，雙鬢鬅鬙竟微白。老年姊弟來上壽，擎杯相共梅花立。憶昔少小兒童時，翁年弱冠姊次之。梅花香中賀新歲，翦燈爆竹爲兒嬉。日月如丸亦何有，相對忽焉成老醜。自念童心尚未除，未知翁姊如吾否。天地冰霜久凝積，歲寒萬物皆同厄。龍蛇蟄地不得奮，使我自顧無顔色。有客遺我桐花箋，揮毫勉作雙壽篇。夫婦花甲人所羡，齊眉恰是齊眉年。古來賢哲多高尚，夫耕婦饁常相傍。龐公共種鹿門田，冀缺如賓來陌上。君住南村廿載餘，桑麻雞犬足安居。牆外種瓜牆下豆，更有梅花覆草廬。梅花歲歲如人意，一歲花開一回醉。十年又是古稀時，依舊皤然成一對。是時老弟亦六十，三老稱觴相向揖。未知酒力定何如，詩律年高應細入。君學樂天才頗近，十載竿頭當更進。相邀再賦雙壽篇，賭酒看花君勿吝。（《桴亭先生詩文集》詩集卷

六，《續修四庫全書》影印清光緒二十五年唐受祺刻陸桴亭先生遺書本）

《思辨録輯要》

作詩之家，能合興觀群怨者，雖人有幾首，然求其全部大旨俱合者，《離騒》而後，惟陶淵明、杜子美，在明則劉文成、陳白沙，其他如李太白、白樂天、陸放翁，亦合格者多，皆由其立心正也。作詩者不可不讀。（《四庫全書》本《思辨録輯要》卷五）

予近輯《詩鑑》，自漢唐迄明，取其詩之有合於興觀群怨者，後各為小論，頗欲仿河汾之意，未知當世之人，其許我否？至如陶、杜、劉、陳，意欲另批詳其全帖。太白、樂天、放翁諸人，則附之尚未及也。（《四庫全書》本《思辨録輯要》卷五）

酒之為物，古聖賢未嘗不愛之。孔子之無量，愛而得其正者也。陶淵明、白樂天愛而得其趣者也。邵康節愛而得其養者也。如南朝八達，則愛而放僻邪侈，為無忌憚矣。況下此者乎。（《四庫全書》本《思辨録輯要》卷八）

嚴滄浪、高廷禮輩，分唐詩為初中盛晚，以為晚不如中，中不如初盛。此非篤論也。凡詩只是隨其人為盛衰耳。有其人則有其詩，無其人則無其詩。如初唐推沈、宋，沈、宋之為人何如者？其詩亦殊無氣骨。中唐如韓愈、白居易、韋應物詩，皆有識而藴藉，得《三百篇》意旨，豈反出沈宋下？盛唐之妙，全在李杜。晚唐自是無人物，稱雄如李義山輩，皆風流浪子耳。趙畋、韓偓稍勝，然憂讒畏譏，氣已先怯，何能為詩？賢者如聶夷中、張道古，又困于下位，即有詩，何由傳？故不論人論世而論詩，論詩又不論志而論辭，總之不知詩者也。（《四庫全書》本《思辨録輯要》卷三十五）

智按：陸世儀，字道成，號桴亭，太倉（今屬江蘇）人。

李漁（一六一一～一六八〇）

《陶白二公祠》

淵明、香山合祠在九江城外，舊址僅存。祠漸荒沒，郡守江念鞠煥然新之。予楚歸，假道潯陽，郡守索題，漫然賦此。

陶白二先生，昔年官此地。前後不相蒙，各自行其意。垂之千載後，考跡若符契。一豈折腰人，官為五斗棄。一非司馬才，貶作江州吏。一彈無絃曲，一灑琵琶淚。

陶歸辟三徑，白去縈香山。豈惟同出處，又復媲詞翰。今讀二公詩，如登一將壇。清空復靈異，欲辨無痕瘢。詩中覓昆季，千古成二難。並饗潯陽祀，道同心始安。

此祠建自昔，地蕪楹亦朽。祀田飽中蠹，俎豆惟名有。恢葺者何人？賢哉江太守。氣味遙相孚，口碑在黎首。他日配前賢，添位列三友。（《李漁全集》第二册《笠翁一家言詩詞集》卷一，浙江古籍出版社一九九一年版，第二十一頁）

智按：《李漁全集》誤作一首連排。同治《德化縣志》、吳宗慈《廬山志》、《廬山歷代詩詞全集》誤作施閏章詩。

《和白樂天詠慵詩，為嵇叔夜解圍》

唐時白樂天，有詩單詠慵。一句一慵字，意好詞亦工。後引嵇叔夜，與之較雌雄。自謂我勝嵇，凌古擅高風。死者不能辨，抱屈黃泉中。我持公道論，白難躡嵇蹤。首爲論出處，仕隱先無同。嵇官拜中散，不就甘貧窮。真慵始難出，稍勤即勉從。白官歷中外，所遇兼窮通。求慵慵不得，終為世所慵。其次較吟詠，嵇少而白豐。嵇詩僅數見，白詩棟可充。試讀《長慶集》，矯健如遊龍。真慵不如是，有證空彌縫。白慵稍遜嵇，只爲才興戎。才短力斯懈，才高興始濃。與子善解圍，前後無相攻。（《李漁全集》第二册《笠翁一家言詩詞集》卷一，浙江古籍出版社一九九一年版，第二十六頁）

《和白樂天齊物二首》

荊棘世所賤，覆垣有貴時。牡丹王諸花，結實遜凡枝。物無論好醜，於世各有資。賤為貴人薄，愚受智者嗤。處恒則皆然，遇變非所知。恒變若轉轂，存心以驗之。

冬青寒不凋，名難松柏齊。幽蘭非瑞草，與芝常並提。草木亦有命，同類分高低。歇後作宰相，鄭五常自嗤。功高不封侯，李廣嗟數奇。人亦同草木，貴賤任品題。不似幽蘭幸，甘爲冬青遺。承恩既略貌，慎勿夸蛾眉。（《李漁全集》第二册《笠翁一家言詩詞集》卷一，浙江古籍出版社一九九一年版，第二十六～二十七頁）

《窺詞管見》

詩詞未論美惡，先要使人可解，白香山一言，破盡千古詞人魔障，爨嫗尚使能解，况稍稍知書識字者乎。嘗有意極精深，詞涉隱晦，翻繹數過，而不得其意之所在。此等詩詞，詢之作者，自有妙論，不能日叩玄亭，問此累帙盈篇之奇字也。有束諸高閣，俟再讀數年，然後窺其涯涘而已。（《詞話叢編》第一册，第五五四頁）

「一氣如話」四字，前輩以之贊詩，予謂各種之詞，無一不當如是。如是即為好文詞，不則好到絕頂處，亦是散金碎玉，此為「一氣」而言也。「如話」之説，即謂使人易解，是以白香山之妙論，約為二字而出之者。千古好文章，總是説話，只多「者也之乎」數字耳。作詞之家，當以「一氣如話」一語，認為四字金丹。「一氣」則少隔絕之痕，「如話」則無隱晦之弊。大約言情易得貫穿，説景難逃瑣碎，小令易於條達，長調難免湊補。予自總角時學填詞，於今老矣，頗得一二簡便之方，謂以公諸當世。（《詞話叢編》第一册，第五五五頁）

《喬復生王再來二姬合傳》

喬、王二姬，生前無名，皆呼曰姊。喬，晉人，即名晋姊；王，蘭州人，即名蘭姊。既曰無名，則何以有復生、再來之號？曰：死後追憶，不忍叱其小字，故為是稱，一則冀其復生，一則喜其再來，皆不忍死之之詞。猶宋玉之作《招魂》，明知魂不可招，招以自鳴其哀耳。歲丙午，予自都門入秦，赴賈大中丞膠侯、劉大中丞擢薇、張大將軍飛熊三君子之招，道經平陽，為觀察范公字正者，少留以舒喘息。時止挾姬一人，姬患無侶，有二妁聞風而至，謂有喬姓女子，年甫十三，父母求售者素矣，盍往觀之，予曰：「旅囊羞澁，焉得三斛圓珠。」辭之弗獲。適太守程公質夫過予，見二妁在旁，訊曰：「納如君乎？」予曰：「否。」其以實告。太守曰：「無難，當為致之。」旋出金如（若）干，授二妁，少遲則其人至矣。雖非殊色，亦覺稍異凡姿。蓋純任本質，而未事丹鉛者。此女出自貧家，不解聲律為何事，以北方鮮音樂優孟衣冠，即富室大家，猶不數見，矧細民乎？是日，有二三知己攜罇相過，命伶工奏予所撰新詞，名凰求鳳，此詩脱稿未數月，不知何以浪傳，遂至三千里外也。……予未出門，時諸姬中有一善妬者，好與人角，予怒而遣之。再來不解予意，謬謂一遣百遣，乃向内子及諸妾曰：「生卧李家牀，死葬李家土，此頭可斷，此身不可去也。」内子故設疑詞難之曰：「主人老矣，不若乘此芳年，早求得所之為愈。」再來曰：「主人老，而主母之中，儘有艾者。諸艾可守，予獨不能安於室乎？」諸妾又曰：「我輩皆有子，汝或不生後，將奚恃？」對曰：「主母恃諸郎君，予請恃其所恃。」内子及諸妾聞之，無不沾沾泣下。有一人而三男者，嘉其賢淑，欲以幼子予之。再來曰：「姑緩數年，如果不育，請踐斯語。」其性之貞烈者此。臨逝，執予手曰：「良緣遂止此乎？」時欲泣無聲且無淚矣。二姬之年，皆終於十九。再來少復生一歲，亦死後一年。噫！予何人哉！嘗試捫心自揣，我無司馬相如、白樂天、蘇東坡之才，石季倫之富，李密、張建封之威權，而此二姬者，則去文君、樊素、朝雲、緑珠、雪兒、關眄眄不遠，是為何故？且造物既予之矣，胡復奪之？予是則奪非，奪是則予非，必居一于此矣。且予又有惑焉：婦人所尚者二——貌與年也。予貌若何？無論安仁、叔寶，不敢與之比衡，即偕王粲、左思並立，獨自覺形穢；至與古人序齒，即赴耆英、真率二會，猶居上座，例諸少年埸乎。若是則此二人者，宜求為覆水之不暇，柰何反作堅冰不解，自甘碎裂於盆盎中邪？或曰：推其本念，究竟出於憐才。夫才之有無多寡，姑置弗論，即曰有之，亦惟有才者，斯能憐才。彼非多識字善讀書之人，知才為何物而憐之乎？此千古難明之事，兹惟傳其行略，以示不忘而已矣。若謂二姬應為我得，人皆有目，吾將誰欺。（清鄭澍若《虞初續志》卷五，《續修四庫全書》影印清咸豐小嫏嬛山館刻本；中國書店，一九八六年七月影印掃葉山房一九二六年版，第四三～四六頁）

智按：李漁，字笠鴻，一字謫凡。號湖上笠翁。原籍蘭溪（今屬浙江），生於雉皋（今江蘇如皋）。明代考取秀才，入清後未曾應試做官。出身富有之家，園亭羅綺在本邑號稱第一。清兵入浙後，家道衰落，遂移居杭州，又遷南京。從事著述，並開芥子園書鋪，刻售圖書。又組織家庭劇團，北抵燕秦，南行浙閩，在達官貴人府邸演出戲曲。與吴偉業、尤侗結交。還居杭州，終老死去。有《笠翁十種曲》即《奈何天》、《比目魚》、《蜃中樓》、《憐香伴》、《風箏誤》、《慎鸞交》、《巧團圓》、《凰求鳳》、《意中緣》、《玉搔頭》；小説《無聲戲》（又名《連城璧》）、《十二樓》、《肉蒲團》等；雜著《閒情偶寄》和詩文集《笠翁一家言》等。

杜濬（一六一一～一六八七）

《送鄭肯厓先生北行時聽王郎琵琶口占》（亦名琵琶行）

昔年來往過江州，屢向琵琶亭上游。香山老去琵琶朽，亭前之水空悠悠。只今送客冶城下，重聽琵琶催上馬。四十年來酒一杯，頭白臨風淚如瀉。（《續修四庫全書》本《變雅堂遺集》卷二「七言古詩」）

《初聞燈船鼓吹歌》（丁亥四月十七日秦淮舟中作）

一聲著人如夢中，雙槌再下耳乍聾。三下四下管弦沸，燈船鼓聲天上至。居然列坐倚船舷，驚指遙看相詫異。鼓聲漸逼船漸近，亦解回環左右戲。急攢冷點槌猶澀，春雷坎坎初驚蟄。吹彈節鼓鼓倔強，中有閒聲闌不入。吁嗟此時聽鼓止聽嗚，誰能打掐聲裏情。誰能眼底求精妙，乍許胸中見太平。太平久遠知者稀，萬曆年間聞而知。九州富庶無旌麾，揚州之域尤稀奇。誰致此者帝軒羲，下有江陵張太師。江陵初年執國政，樂事無多廟謨競。爾時秦淮一條水，伐鼓吹笙猶未盛。江陵此日富強成，聖人官中奏雲門。後來宰相皆福人，普天物力東南傾。豪奢横溢散向水，此水不須重過秦。王家謝家侈紈綺，湖海游人鬬詞賦。廣陵女兒絕可憐，新安金帛誰知數。舊都冠蓋例無事，朝與花朝暮酒暮。水嬉不待二月半，袨服新裝桃葉渡。高樓來水對排窗，卷起珠簾人面素。騰騰便有鼓音來，燈船到處游船開。燭籠但恨天難夜，赤鳳從教晝不回。皇天此時亦可哀，龜年協律生奇才。善和坊接平康街，弄兒狎客多渠魁。船中百甕梁溪酒，膽大心雄選鋒手。蘇州簫管虎丘腔，太倉弦索崑山口。鎮江染紅製瓔珞，廿碗珠燈懸一角。當前置鼓大如筐，黄金釘鉸來淮陽。此聲一歡眾聲集，不獨火中聞霹靂。風雨叢中百鳥鳴，旌旗隊裏將軍立。熬波煮火火更然，積響沉舟舟未濕。可憐如此已快意，未到端陽百分一。記我來時卯與辰，其時海内久風塵。石榴花發照溪津，友生置酒我作賓。下船少遲渡口塞，踏人肩背人怒嗔。燈光鼓吹河河遍，銜尾盤旋成一串。蔽虧果覺星河覆，演弄早使魚龍顫。眾人洶洶我靜賞，初奏此時差可辨。須臾光響相糾結，惟聞森森沈沈直上翻雲漢。東船西舫更交加，下視何由睹寸瀾。偶然閃儵透水處，如金在鎔風掣電。樓樓堂客船船妓，近不聞聲遠察面。嗚呼此時燈船更難動，但坐飽食揮槌調絲按孔相凌亂。侯家別攜清商部，那得於中聞唱歎。復有劣鼓與劣吹，就中藏拙誰能見？爆竹聲低煙霧濃，暫借香風解沾汗。露零雨下不得退，樂極生悲真可厭。酒醒忽迷此何地，魂銷略記伊堪戀。直至明朝日亭午，船鬆卻退人相羨。歸來沈眠須竟日，流鶯啼破河陽戰。此後游人數日稀，清淮十里桃花片。記得坐中客，能說王穉登。穉登撾鼓湘蘭舞，賞音擊節屠長卿。後來好事潘景升，晚節猶數茅止生。絕藝於今誰作主，李小大歌張卯舞。當時惆悵說於今，忍見於今又說古。年復年來事可歎，燈船伐鼓鼓不歡。辛壬之際大饑疫，惟見鳳陵烽火照見秦淮白骨橫。青灘桃葉何須怨，寂寞天子孤立在長安。吾聞是時宰相薛復周，黃金至厚封疆仇。公卿濟濟咸一德，坐令戰鼓逼龍樓。甲申三月鼓遂破，斷管殘絲復誰和？半閒堂裏起笙歌，平章舟上稱朝賀。試問當時雷海青，階下池頭還幾個。新劇惟傳《燕子箋》，殺人有暇上游船。行人何必近前聽，荼毒鼓中無性命。同時阿誰伎畜爾，惟有劉黃高左五侯耳。君不見師延靡靡濮上水，未若玉樹後庭美。賞音何人丞相嚭，相對掀髯復切齒。一撥弦中半壁亡，一棒鼓中萬人死。鼓急弦驚曲不長，兩年歇絕隨漁陽。有客徒憐橋下水，無人不斷渡邊腸。及此相看真分外，何許藏舟一舟在。拂塵捍撥初光輝，奮槌揚袖藍縷衣。不燈漫乘夕波出，無伴知從何處歸？爭新誇奇各有故，君看西風桃李枝。西風一枝眾稱異，東風萬樹空爾為。入耳悲歡難具説，醉裏分明寸心熱。嗚呼，漢代金仙唐舞馬，此事千年無有者。興亡不入心手間，然後聲音如雨下。探湯撾鼓蒺藜刺，應有心肝礙胸次。餘音漠漠攪飛絮，燈船燈船過橋去。過橋去，傷鼓聲，長歌短歌歌當成。隴西李賀抽身死，舉杯相屬樊川生。此生流落江南久，曾聽當時煞尾聲，又聽今朝第一聲。（《續修四庫全書》本《變雅堂遺集》卷二「七言古詩」）

《二劉詩叙》

中唐劉夢得，才具縱横，波瀾壯閉，而幽緲處復極其致，正側並用，無媿大家。文房深婉閑暢，藴藉生風，使誦者心醉而尺幅又自不狹。夢得與白舍人齊名，時稱「劉白」，然舍人偏至一家，賓客時爲其體，而調不盡同。故善讀賓客，則不第可該元、白，並可該張、王諸家之風氣。文房與錢郎中齊名，時稱「錢劉」。然劉詩溫而錢微燥，劉詩純而錢微駁，故善讀隨州，則不第可該郎、錢，並可以洞視韋、柳之清深，旁通賈、孟之孤秀。蓋二劉者，殆中唐之大凡矣。……（劉雲份《全唐劉氏詩集七十種》卷首，清康熙劉氏野香堂刻本；孫琴安《唐詩選本六百種提要》，陝西人民教育出版社，一九八〇年版，第三五六頁）

智按：杜濬，原名詔先，後易為濬，字于皇，號茶村，黄岡（今屬湖北）人。明崇禎間太學生。明亡後，寓居江寧。家貧，有人欲代為申請免徵「房號銀」（官紳可免繳房屋租稅），因恥居官紳之列，堅決拒絕。又致書友人，勸勿出仕清廷作「兩截人」。詩長於五律，風格渾厚，部分作品流露眷戀明室感情。有《變雅堂集》。李聖華《冷齋詩話》第一五三頁「杜茶村變風變雅」謂：「茶村杜子求真詩，必歸於正，曰正風正雅。又察時考今，云當世之詩不能不變，惟道在，不失其正。其詩曰《變雅堂集》，以杜陵為師，紀敘喪亂，噍殺激越，不失楚騷遺意，亦楚狂流亞也。……《初聞燈船鼓吹歌》逾千言，歷述世變興廢，……格調蒼楚，為一代詩史，堪與梅村《圓圓曲》相媲美。」

董元愷（？～一六八七）

《微泉閣遣懷呈家叔集白香山句》

倚杖小池前（《即事》），半採紅蓮半白蓮（《看采蓮》），辜負春風楊柳曲，今年（《負春》）猶有，些些舊管絃（《閏九日獨飲》）。　相對一陶然（《酬淮南牛相公》），半醉行歌半坐禪（《自詠》）。緑竹掛衣，凉處歇時眠（《池上即事》），免被饑寒婚嫁牽（《贈鄰里往還》）。（《蒼梧詞》卷三，《續

修四庫全書》影印清康熙刻本）

《秋日懷友集白香山句》

非病亦非眠（《晝卧》），況是秋陰欲雨天（《聞虫》）。惟覔少年心不得，依然（《洛陽春》）老後，誰能惜酒錢（《與夢得沽酒閒飲》）。　久結靜中緣（《新昌新居書事》），滿地槐花滿樹蟬（《暮立》）。何處曾經，同望月堂前（《感月悲逝者》），池畔猶應泊舊船（《寄答周協律》）。（《蒼梧詞》卷三，《續修四庫全書》影印清康熙刻本）

智按：董元愷，字舜民，號子康，武進（今江蘇常州）人。順治十七年（一六六〇）舉人，次年即罹「奏銷案」被黜。有《蒼梧詞》十二卷，清康熙二十六年（一六八七）刊本。

冒襄（一六一一～一六九三）

《和阮亭秋柳詩原韻》三首（其三）

無復春城《金縷衣》，斑騅蝶躞是耶非。張郎街後人何處，白傅園中客已稀。暫作浮萍隨水去，好從燕子背人飛。誤傳柳宿來天上，一墮風塵萬事違。（《晚晴簃詩匯》卷十三）

智按：冒襄，字辟疆，號巢民，又號樸菴，江蘇如皋人。崇禎十五年（一六四二）壬午副貢，授台州府推官，不就。有《樸巢詩選》、《水繪庵詩集》。

賀裳（與吳喬同時）

《載酒園詩話》《載酒園詩話又編》

⊙詩不論理

「詩有別趣，非關理也。」然理原不足以礙詩之妙，如元次山《舂陵行》、孟東野《游子吟》、韓退之《拘幽操》、李公垂《憫農》詩，眞是六經鼓吹。

樂天《與微之書》曰：「文章合為時而著，歌詩合為事而作。」然其生平所負，如《哭孔戡》諸詩，終不諧於衆口。此又所謂「言之無文，行之不遠」。故必理與辭相輔而行，乃為善耳，非理可盡廢也。（《載酒園詩話》卷一，《清詩話續編》第二〇九頁）

⊙考證

《遯齋閒覽》曰：「杜牧《華清宫》詩：『長安回望繡成堆，山頂千門次第開。一騎紅塵妃子笑，無人知是荔枝來。』尤膾炙人口。據《唐紀》，明皇以十月幸驪山，至春即還宫，是未嘗六月在驪山也。然荔枝盛暑方熟，詞意雖美，而失事實。」此辨甚正。按陳鴻《長恨傳》敘玉妃授方士語曰：「昔天寶十載，侍輦避暑驪山宫，秋七月，牽牛織女相見之夕，秦人風俗，夜張錦繡，陳飲食，樹瓜花，焚香於庭，號為乞巧。宫掖間尤尚之。時夜殆半，休侍衛於東西廂，獨侍上。上憑肩而立，因仰天感牛女事，密相誓心，願世世為之夫婦。言畢，執手各嗚咽。」白詩曰：「七月七日長生殿，夜半無人私語時」，正詠其事。長生殿在驪山頂，則暑月未嘗不至華清，牧語未為無據也。然細推詩意，亦止形容楊氏之專寵，固不沾沾求核。正如義山「夜來江令醉，别詔宿臨春」，致堯則曰「密旨不教江令醉，麗華含笑認皇慈」，蓋總以寫幸臣狎客之態，惟在得其神情，原不拘於醉不醉，真所謂「淡妝濃抹總相宜」也，無容膠執耳。劉禹錫《哭吕衡州》曰：「遺草一函歸太史，孤墳三尺近要離。」若必拘拘切合，則要離塚在吴，《舊唐書》稱溫自衡州還，鬱鬱不得志而没，秦、吴相去數千里，不亦太失事實乎！然總以形容旅櫬槁葬之悲，所謂鏡花水月，不必果有其事。然用事亦有大可不詳辨者，如東坡《贈朝雲》詩曰：「不似楊枝别樂天，卻如通德伴伶玄。阿奴絡秀不偕老，天女維摩總解禪。」按伯仁語仲智曰：「阿奴火攻，固出下策。」則阿奴乃絡秀之子，與伶玄、樂天不倫，可謂大謬，當曰開林或安東耳。子應子瞻不辨，當係一時筆誤，或後人傳寫之訛。（黄白山評：「此題又一首云：『苗而不秀豈其天，不使童烏與我《玄》。』蓋朝雲有子而夭。『阿奴』句亦即此意。作者不誤，讀者自誤耳。」）又仲智對母曰：「伯仁志大而才短，名重而识闇，非自全之道。嵩性抗直，亦不容於世。惟阿奴碌碌，當在阿母目下。」顗以呼嵩，嵩又以呼謨，豈周氏盡以阿奴稱弟耶？但加之於浚，殊無所本。按東坡為高密、建安兩郡王生母孫氏封康國太夫人制曰：「舉觴座上，但伯仁、仲智之賢；持節洛濱，皆汝南、琅琊之貴。」足辨前詩係校者之誤。江鄰幾哭蘇子美曰「郡邸獄冤誰與辨？皋橋客死世同悲」，二語殊勝夢得前詩。子美坐宴客謫官，沒於吳中，故用皋橋事尤切。蓋使事雖不必拘，確切則尤妙，但不必過於吹毛。（《載酒園詩話》卷一，《清詩話續編》第二一三～二一五頁）

⊙三偷

詩家雖厭蹈襲，然如劉浚「不用茱萸仔細看，管取明年各強健」，豈不尤鈍。即樂天翻子美「斫卻月中桂，清光應更多」，為「月中幸有閒田地，何不中央種兩株」，亦猶芻狗之再夢也。（《載酒園詩話》卷一，《清詩話續編》第二一九頁）

⊙翻案

晚唐人多好翻案。如溫飛卿則有「但得戚姬甘定分，不應真有紫芝翁」，徐寅則有「張均兄弟今何在，卻是楊妃死報君。」此猶陰平之師，出奇幸勝則可，若認為通衢，豈止壺頭之困！

王介甫《明妃曲》二篇，詩猶可觀，然意在翻案。如「家人萬里傳消息，好在氈城莫相憶。君不見咫尺長門閉阿嬌，人生失意無南北。」其後篇益甚，故遭人彈射不已。至高季迪長篇，則翻案愈奇，結句曰：「妾語還憑歸使傳，妾身沒虜不須憐。願君莫殺毛延壽，留畫商岩夢裏賢。」意則正矣，有此事否？恐終是文人之語，非兒女子之言也。余因思此題終不及儲光羲「胡王知妾不勝悲，樂府皆傳漢國詞。朝來馬上《箜篌引》，稍似宮中閑夜時。」大都詩貴入情，不須立異，後人欲求勝古人，遂愈不如古矣。（黃白山評：「此真在裏【理】之言。」）又郭代公曰：「自嫁單于國，長銜漢掖悲。容顏日憔悴，有甚畫圖時。」樂天則曰：「漢使卻回憑寄語，黃金何日贖蛾眉？君王若問妾顏色，莫道不如宮裏時。」似此翻案卻佳，蓋尤為切情合事也。（《載酒園詩話》卷一，《清詩話續編》第二二〇頁）

⊙艷詩

王適「已能憔悴今如此，更復含情一待君」，徐安期「不須面上渾粧却，留著雙眉待畫人」，蔡環「但恐愁容不相識，為教恒著別時衣」，皆《草蟲》、《杕杜》之遺音，「飛蓬」、「曲局」之轉境也。（黃白山評：「此乃《催粧》

詩，殊非此解。」）即劉希夷「願作輕羅著細腰，願為明鏡分嬌面」，徐安貞「曲成虛憶青蛾斂，調急遙憐玉指寒。銀鑰重關聽未闢，不如眠去夢中看」，尚寫虛景，不失《漢廣》、《秣駒》之意。至元稹、杜牧、李商隱、韓偓，而上宮之迎，垝垣之望，不惟極意形容，兼亦直認無諱，真桑、濮耳孫也。又：元、白、溫、李，皆稱艷手。然樂天惟「來如春夢幾多時，去似朝雲無覓處」一篇為難堪，餘猶《國風》之好色。飛卿「曲巷斜臨」、「翠羽花冠」、「微風和暖」等篇，俱無刻劃。杜紫微極為狼籍，然如「綠楊深巷馬頭斜」，「馬鞭斜拂笑回頭」，「笑臉還須待我開」，「背插金釵笑向人」，大抵縱恣於旗亭北里間，自云「青樓薄倖」，不虛耳。元微之「頻頻聞動中門鎖，猶帶春酲懶相送」，李義山「書被催成墨未濃」，「車走雷聲語未通」，始真是浪子宰相，清狂從事。（《載酒園詩話》卷一，《清詩話續編》第二二四頁）

⊙詠物

詠物詩惟精巧乃佳，如少陵之詠馬詠鷹，雖寫生者不能到。至於晚唐，氣益靡弱，間於長律中出一二俊語，便囂然得名。然八句中率著牽湊，不能全佳，間有形容入俗者。如雍陶《白鷺》詩曰「立當青草人先見，行傍白蓮魚未知」，可為佳絕。至「一足獨拳寒雨裏，數聲相叫早秋時」，已成俗韻。此黏皮帶骨之累也。末句「林塘得爾須增價，況是詩家物色宜」，竟成打油惡道矣。鄭谷以《鷓鴣》詩得名，雖全篇勻淨，警句竟不如雍。如「雨昏青草湖邊過，花落黃陵廟裏啼」，不過淡淡寫景，未能刻畫。（黃白山評：「鄭語正以韻勝，雍句反以刻畫失之。賀之評賞倒置如此！」）又崔珏《鴛鴦》詩凡數章，其佳句如「暫分煙島猶回首，只渡寒塘亦並飛」，「溪頭日暖眠沙穩，渡口風寒浴浪稀」，「紅絲毳落眠汀處，白雪花成蹙浪時」，亦微有致，但神似亦不及雍也。至「映霧盡迷珠殿瓦，逐梭齊上玉人機」，語雖可觀，然遯之瓦與錦，終屬牽曳。又「琴上只聞交頸語，窗前空展共飛詩」，亦鄭谷「游子乍聞征袖濕，佳人才唱翠眉低」類耳。至「翡翠莫誇饒彩飾，鸊鵜須羨好毛衣」，益枵然告匱，不復能拊馬而秣以應客。樂天《鶴》詩「低頭祗恐丹砂落，曬翅常疑白雪消」，意態俱佳。然「轉覺鸕鷀毛色下，苦嫌鸚鵡語聲嬌」，亦不老氣也。至宋人謂詠禽須言標緻，祗及羽毛飛鳴則陋。此論亦僻，不足從。（《載酒園詩話》卷一，《清詩話續編》第二二五～二二六頁）

⊙改古人詩

樂天「丘墟北門外，寒食誰家哭？風吹曠野紙錢飛，古墓累累春草緑。棠梨花映白楊樹，儘是死生離别處。冥漠重泉哭不聞，瀟瀟暮雨人歸去。」東坡易以「烏飛鵲噪昏喬木，清明寒食誰家哭」，此如美人梳掠已竟，增插一釵，究其美處豈係此？至張子野衍其「花非花」為小詞，則掖庭之流入北里也。

近世謝山人茂秦尤喜改古人詩。白樂天《昭君》詩曰：「漢使卻回憑寄語，黄金何日贖蛾眉？君王若問妾顏色，莫道不如宫裏時。」謝云：「此雖不忘君，而詞意兩拙。」因改之曰：「使者南歸重妾思，黄金何日贖蛾眉？漢家天子如相問，莫道不如宫裏時。」……（《載酒園詩話》卷一，《清詩話續編》第二三九頁）

⊙宋人議論拘執

宋人多不喜孟詩。嚴滄浪曰：「孟郊之詩刻苦，讀之使人不歡。」又曰：「憔悴枯槁，其氣局促不伸，退之許之如此，何耶?」《青箱雜記》曰：「白樂天『無事日月長，不羈天地闊』，此達者之詞也。孟東野『出門即有礙，誰謂天地寬』，此褊狹者之詞也。」蘇潁濱亦指此為「唐人工於為詩，陋於聞道」。東坡亦有《讀孟詩》曰：「夜讀孟郊詩，細字如牛毛。寒燈照昏花，佳處時一遭。孤芳擢荒穢，苦語餘詩騷。水清石鑿鑿，湍激不受篙。初如食小魚，所得不償勞。又似煮蟛蚏，竟日嚼空螯。要當鬬僧清，未足當韓豪。人生如朝露，日夜火煎膏。何苦將兩耳，聽此寒蟲號？不如且置之，飲我玉卮醪」。愚意東野實亦訴窮歎屈之詞太多，讀其集頻聞呻吟之聲，使人不歡。但跼天蹐地，《雅》亦有之，「終窶且貧」，《邶風》先有此歎。且尤不可與樂天比擬，樂天二十八而中春官，逾年即中書判拔萃，未幾又以賢良方正對策高等，由畿尉拜翰林兼拾遺，遷左贊善，始一貶江州耳。然猶官五品，月俸四五萬，寒有衣，饑有食，施及家人。才數年，復以州守入為尚書郎知制誥，除中書舍人。屢典名郡，東南山水之區，恣其遨游。又入為秘書監，太子賓客分司東都，刑部侍郎，領河南尹，改少傅，以尚書終。其於遇合可謂榮矣。東野窮餓，不得安養其親，五十始得一第，才尉溧陽，又困於禿令。此其身世何如，而與白較。旁觀者但聞人嬉笑，而遂責向隅者耶？二蘇皆年少成名，雖有謫遷之悲，未歷饑寒之厄，宜有不知此痛癢之言。且韓詩雖氣魄勝之，而深厚處不及，故有「吾願身為雲，東野變為龍。四方上下逐東野，雖有離別無由逢」之句。此老自云：「若世無孔子，不當在弟子之列。」豈輕於自貶者！（黃白山評：「詩以言志，故觀其詩而其人之襟趣可知，苟戚戚於貧賤，則必汲汲於富貴。人品如此，詩品便為之不高。雖聲金石而詞錦繡，何足取哉！東野詩，余亦不甚喜，以為『陋於聞道』，誠然。賀君曲為回護，似若以其悲苦愁歎為當然者，可知賀亦褊狹之士矣。孟後及第，作詩云：『昔日齷齪不足嗟，今朝曠蕩思無涯。春風得意馬蹄疾，一日看遍長安花。』才獲一第，便爾志滿意得，如此尤為小器。若愈嘗作《送窮文》、《二鳥賦》，其逼窄狹隘之胸，正與東野相似，安得不引為同調！」）至於賈雖工為詠物之言，僅律詩有佳句，《風》、《騷》、樂府之體，實未之備。如《列女操》：「波瀾誓不起，妾心井中水。」《薄命妾》：「青山有蘼蕪，淚葉長不乾。」《塘下行》：「徒將白羽扇，調妾木蘭花。不是城頭樹，那棲來去雅？」《去婦篇》：「君心匣中鏡，一破不復全。妾心藕中絲，雖斷猶牽連。」情深致婉，妙有諷諭。至若贈文應、道月：「不踐有命草，但飲無聲泉」，「尋常晝日行，不使身影斜」，賈雖經為僧，未能如此形容也。又如《贈鄭魴》曰：「天地入胸臆，吁嗟生風雷。文章得其微，物象由我裁。宋玉逞大句，李白飛狂才。苟非聖賢心，孰與造化該？勉矣鄭夫子，驪珠今始胎。」《送豆蘆策歸別墅》曰：「短松鶴不巢，高日雲始棲。君今瀟湘去，意與雲鶴齊。力買奇險地，手開清淺溪。身披薜荔衣，山陟莓苔梯。一卷冰雪文，避俗常自攜。」《自述》則有「此外有餘暇，鋤荒出幽蘭。」此公胸中眼底，大是不可方物，烏得舉其饑寒失聲之語而訾之！（《載酒園詩話》卷一，《清詩話續編》第二五四～二五六頁）

⊙野客叢談

王勉夫《叢談》中多辨論，余獨喜其一則。樂天《長恨歌》「夕殿螢飛思悄然，孤燈挑盡未成眠」，或謂豈有興慶宮中夜不點燭，明皇自挑燈之理？王曰：「此所以狀宮中向夜蕭索之意，使言高燒晝燭，貴則貴矣，豈復有長恨意耶？」此言深得詩人之致，前說小兒強作解人耳。（黃白山評：「白語誠失檢，勉夫與黃公終屬書生之見。」）（《載酒園詩話》卷一，《清詩話續編》第二五六～二五七頁）

⊙和詩

古人和意不和韻，故篇什多佳。始於元、白作俑，極於蘇、皇助瀾，遂成藝林業海。然如子瞻和陶《飲酒》，雖不似陶，尚有雙鵰並起之妙。至子由所和，竟不知何語矣。子瞻於惠州炙食羊骨，謂子由三年堂庖所飽芻豢，滅齒而不得骨，豈復知此味？此詩和於秉政時，宜其強笑不樂也。然余喜其「生平不飲酒，欲醉何由成」，反真率得陶致。（《載酒園詩話》卷一，《清詩話續編》第二八二頁）

⊙王績

詩之亂頭粗服而好者，千載一淵明耳。樂天效之，便傷俚淺，惟王無功差得其仿佛。陶、王之稱，余嘗欲以東皋代輞川。輞川誠佳，太秀，多以綺思掩其樸趣。東皋瀟洒落穆，不衫不履，如「來時常道貰，慚愧酒家胡」，「家貧留客久，不暇道精粗。」至若「相逢寧可醉，定不學丹砂」，「昔我未生時，誰者令我萌？棄置勿重陳，委化何足驚」，真齊得喪、一死生之言。曠懷高致，其人自堪尚友，不徒音響似之。摩詰曰：「五帝與三王，古來稱君子。干戈將揖讓，畢竟何者是?」識田中尚費此一番輾轉。無功直曰：「禮樂囚姬旦，詩書縛孔丘。不如高枕上，時取醉消愁。」個中纖影不留矣。彭澤、東皋，皆素心之士，陶為饑寒所驅，時有涼音；王黍秫果蓏粗足，故饒逸趣。以九方皋相馬法觀之，顧不河漢。（《載酒園詩話又編》，《清詩話續編》第二九六～二九七頁）

⊙戴叔倫

《女耕田行》曰：「乳燕入巢筍成竹，誰家二女種新穀。無牛無人不及犁，持刀斫地翻作泥。自言家貧母年老，長兄從軍未娶嫂。去年災疫牛囤空，截絹買刀都市中。頭巾掩面畏人識，以刀代牛誰與同？姊妹相攜心正苦，不見路人惟見土。疏通畦隴防亂苗，整頓溝塍待時雨。日正南岡下餉歸，可憐朝雉擾驚飛。東鄰西舍花發盡，共惜餘芳淚滿衣。」此詩語直而氣婉，悲感中仍帶勉勵，作勞中不廢禮防，真有女士之風，裨益風化。張司業得其致，王司馬肖其語，白少傅時或得其意，此殆兼三子之長先鳴者也。近體詩亦多可觀，如「風枝驚暗鵲，露草覆寒蛩」，「對酒惜餘景，問程愁亂山」，「竹暗閒房雨，茶香別院風」，語皆清警。（《載酒園詩話又編》，《清詩話續編》第三四

三頁）

⊙劉禹錫

……夢得佳詩，多在朗、連、夔、和時作，主客以後，始事疏縱，其與白傅倡和者，尤多老人衰颯之音。長律雖有美言，亦多語工而調熟。嗚呼！名宿猶爾，何以責江湖小生！始信《墨子》素絲之悲，吾儕為學力文，時時當凜此懷。……（《載酒園詩話又編》，《清詩話續編》第三四九～三五〇頁）

⊙李賀

李賀骨勁而神秀，在中唐最高渾有氣格，奇不入誕，麗不入纖。雖與溫、李並稱西崑，兩家纖麗，其長自在近體，七言古勉強效之，全竊形似，此真理不足者。嚴滄浪至以「玉川之怪，長吉之瑰詭」共言，此猶以蘇蘭蜣轉並器，且置蜣轉於蘇蘭之上，其為識者不平，豈徒噲等為伍而已。賀贈朔客曰：「俊健如生猱，肯拾蓬中螢。」《贈陳商》曰：「太華五千仞，拔地抽森秀。」此即可以評賀詩。杜牧序賀曰：「蓋《騷》之苗裔，理雖不及，辭或過之。《騷》之有感怨刺懟，言及君臣理亂，時有以激發人意。乃賀所為，得無有是。」後又云：「少加以理，奴僕命《騷》可也。」宋人貶之，以為賀詩之妙，正在理外。余細觀賀詩，二說俱謬。賀詩誠不能悉合於理，此詞人皆然，不獨賀也。如……其《采玉歌》曰：「采玉采玉須水碧，琢作步搖徒好色。老夫饑寒龍為愁，藍溪水氣無清白。夜雨岡頭食蓁子，杜鵑口血老夫淚。藍溪之水厭生人，身死千年恨溪水。斜山柏風雨如嘯，泉腳掛繩青嫋嫋。村寒白屋念嬌嬰，古臺石磴懸腸草。」此詩極言采玉之苦，以繩懸身下溪而采，人多溺而不起，至水亦厭之。采時又饑寒無食，惟摘蓁子為糧。及得玉，僅供步搖之用，充玩好而已。傷心慘目之悲，及勞民以求無用之意，隱隱形於言外。此真樂天所云「下以泄導人情，上可以補察時政」者，而曰賀詩全無理，豈其然！……（《載酒園詩話又編》，《清詩話續編》第三五三～三五四頁）

⊙白居易

元、白詩不能高，論詩卻高。微之《少陵墓志》、《敘詩與樂天書》，樂天《寄元九書》，皆深得六義之解者，惜所作不逮耳，不得以其詩廢其言也。

白傅實一清綺之才，歌行曲行，樂府雜律詩，極多可觀者。其病有二：一在務多，一在強學少陵，率爾下筆，秦武王與烏獲爭雄，一舉鼎而絕脰矣。

《秦中吟》、《喜雨詩》、《哭孔戡》、《宿紫閣村》，皆樂天得意作。《紫閣村》尚有《石壕吏》遺意。《秦中吟》末篇「一叢深色花，十戶中人賦」，差可諷詠。餘皆骨弱體卑，語直意淺。雖欲以廣宸聰，副憂勤，而「言之無文，行之不遠」，去《祈招》之義遠矣。至如宣祖功宗德，固須明暢，然摛辭縱不必雕鏤，亦當深厚爾雅。《七德舞》云：「七德舞，七德歌，傳自武德至元和。元和小臣白居易，觀舞聽歌知樂意，樂終稽首陳其事。太宗十八舉義兵，白旄黃鉞定兩京。擒充戮竇四海清，二十有四功業成。二十有九即帝位，三十有五致太平。」輕率如此，何以奉之郊廟！退之《元和聖德詩》，體裁高渾，猶以其形容稍過，蘇子由遂謂「李斯頌秦所不忍言」，遽譏其陋，何況乃爾！吾讀白諷諭詩，每歎其有美意而無佳詞也。

選白詩，從無精識。喜恬澹者兼收鄙俚，尚氣格者並削風藻，此子瞻所云「不與飯俱咽，即與飯俱吐」者也。

《詩歸》選白，頗有具眼處，如《雜興》詩曰：「楚王多內寵，傾國選嬪妃。又愛從禽樂，馳騾每相隨。錦韝臂花隼，羅袂控金羈。遂習宮中女，皆如馬上兒。色禽合為荒，刑政兩已衰。雲夢春仍獵，章華夜不歸。東風二月大，春雁正離離。美人挾銀鏑，一發疊雙飛。飛鴻驚斷行，斂翅避蛾眉。君王顧之笑，弓箭生光輝。回眸語君曰：昔聞莊王時，有一愚夫人，其名曰樊姬。不有此娛樂，三載斷鮮肥。」此詩用意落筆，無限曲折蘊藉，初讀之，不信其出白手也，從未見選者，此可謂出珊瑚於海底矣。

樂天樂府不及文昌、仲初，可備采風者尚多。《司天臺》曰：「北辰微暗少光色，四星煌煌如火赤。耀芒動角射三台，上台半滅中台坼（「坼」原作「折」，據《全唐詩》改）。是時非無太史官，眼見心知不敢言。明朝趨入明光殿，惟奏慶雲壽星見。」《縛戎人》云：「沒蕃被囚思漢土，歸漢被劫為蕃虜。早知如此悔歸來，兩地寧如一處苦?」《杜陵叟》曰：「三月無雨旱風起，麥苗不秀多黃死。九月降霜秋早寒，禾穗未熟皆青乾。長吏明知不申破，急斂暴徵求考課。典桑賣地納官租，明年衣食將何如?」又云：「不知何人奏皇帝，帝心惻隱知人弊。白麻紙上書德音，京畿盡放今年稅。昨日里胥方到門，手持尺牒榜鄉村。十家租稅九家畢，虛受吾君蠲免恩。」《賣炭翁》曰：「可憐身上衣正單，心憂炭賤願天寒。夜來城外一尺雪，曉駕炭車輾冰轍。牛困人饑日已高，市南門外泥中歇。翩翩兩騎來是誰，黄衣使者白衫兒。手把文書口稱敕，回車叱牛牽向北。一車炭重千餘斤，官使驅將惜不得。半疋紅紗一丈綾，繫向牛頭充炭直。」《陵園妾》曰：「山宫一閉無開日，此身未死不令出。松門到曉月徘徊，柏城盡日風蕭瑟。」如此種詩，不惟悉一時蠹弊，兼可作後世之前車。吾獨怪姚鉉選《唐文粹》，至盡屏近體不録，固將備一代之風謠，繼千秋之《騷》、《雅》，乃棄此不收，而取其「紫綬朱衣青布衫，顔色不同而已矣。别有一事欲勸君，遇酒逢花且歡喜」，心眼真不復可思！（《載酒園詩話又編》，《清詩話續編》第三五七～三五九頁）

⊙元稹

詩至元、白，實又一大變。兩人雖並稱，亦各有不同：選語之工，白不如元；波瀾之闊，元不如白。白蒼莽中間存古調，元精工處亦雜新聲。既由風氣轉移，亦自材質有限。（《載酒園詩話又編》，《清詩話續編》第三六〇頁）

《連昌宫詞》輕雋，《長恨歌》婉麗，《津陽門詩》豐贍，要當首白而尾鄭。顧前人諸選，惟收元作者，以其含有諷諭耳。（《載酒園詩話又編》，《清詩話續編》第三六〇頁）

⊙李紳

短李以歌行自負，樂天亦稱之。又少以《憫農》詩見賞於吕温，今二絶盛傳，吕之鑒賞真是不謬。歌行遂不可復見，惟有《追昔游集》耳，頗有體格。如《石泉》詩「微度竹風涵淅瀝，細浮松月透輕明」，《翡翠》詩「蓮莖觸散蓮葉欹，露滴珠光似還浦」，皆秀句也。又「花寺聽鶯入，春湖看雁留」，「橋轉攢虹飲，波通鬬鷁浮」，深肖吴中風景。又《水寺》詩「坐看魚鳥沉浮遠，静見樓臺上下同」，《宿瓜洲》「衝浦回風翻宿浪，照沙低月斂殘潮」，寫景處亦有静觀之妙。（《載酒園詩話又編》，《清詩話續編》第三六二頁）

⊙張祜

樂天號為與物無競，乃致張祜坎壈終身，事雖成於元稹，要不能辭伯仁由我之譏也。祜自不能為徐凝俯首，何與於白，更何與於元？而泥令狐楚之薦乎？款頭詩，目連救母，藝林載為雅謔，安知不以其不為前輩少容而有意壓之？然宫體諸詩，實皆淺淡，即「故國三千里，深宫二十年」，亦甚平常，不知何以合譽至此！惟《金山寺》作真佳，祜自謂可敵綦毋潛《靈隱寺禪院》詩。余則謂正與王灣《北固山下》作並驅耳。結語稍湊，不能損價也。（黄白山評：「此詩結語實不佳，第此韻字數甚窄，結語似為湊韻所苦，又當為作者致想耳。」）升庵又以韓垂作勝之。垂中二聯曰：「盤根大江底，插影浮雲間。」金山一拳，苦不甚高，安能插影雲間？此可言匡廬耳。下曰「雷霆常間作，風雨時往還」，又可移入羅浮矣。（《載酒園詩話又編》，《清詩話續編》第三六九頁）

⊙杜牧

杜紫微詩，惟絕句最多風調，味永趣長，有明月孤映，高霞獨舉之象，餘詩則不能爾。昔人多稱其《杜秋詩》，今觀之，真如暴漲奔川，略少渟泓澄澈。如敘秋入宮，漳王自少及壯，以至得罪廢削，如「一尺桐偶人，江充知自欺」，語亦可觀。但至「我昨金陵過，聞之爲歔欷」，詩意已足，後却引夏姬、西子、薄後、唐兒、呂、管、孔、孟，滔滔不絕，如此作詩，十紙難竟。至後「指何爲而捉，足何爲而馳，耳何爲而聽，目何爲而窺」，所爲雅人深致安在？此詩不敢攀《琵琶行》之踵。或曰以備詩史，不可以篇章論，則前半吾無敢言，後終不能不病其衍。（《載酒園詩話又編》，《清詩話續編》第三七〇頁）

⊙王禹偁

王元之秀韻天成，常有臨清流、披惠風之趣。如「掃苔留嫩緑，寫葉惜殘紅」，「鶯花愁不覺，風雨病先知」，《題張處士溪居》「病來芳草生漁艇，睡起殘花落酒瓢」，《贈潘閬》：「江城賣藥嘗看鶴，古寺看碑不下驢」，《寄金鄉張贊善》「北堂視膳侵星起，南畝催耕冒雨歸」，《贈湖州張録事》「上直未歸紅藥院，供吟先得白蘋洲」，皆雋永可味。雖學樂天，然得其清，不墮其俗，此善於取材者也。（《載酒園詩話又編》，《清詩話續編》第四〇二頁）

⊙歐陽修

歐公古詩苦無興比，惟工賦體耳。至若敍事處，滔滔汩汩，累百千言，不衍不支，宛如面談，亦其得也。所惜意隨言盡，無復餘音繞梁之意。又篇中曲折變化處亦少。公喜學韓，韓本詩之別派，其佳處又非學可到，故公詩常有淺直之恨。公嘗謂人曰：「吾《廬山高》惟韓愈可及。《琵琶前引》韓愈不可及，杜甫可及；《後引》李白可及，杜甫不可及。」《石林詩話》則曰：

「吾詩《廬山高》，今人莫能為，惟李太白能之。《明妃曲》後篇，太白不能為，惟杜子美能之；至於前篇，則子美亦不能為，惟吾能之也。」二説聚訟，總可不論，大抵自矜，則斷然者矣。（黄白山評：「宋人沾沾自喜，如夜郎之不知漢大，歐公盛德，亦不免爾爾。」）今觀《廬山高》僅僅鋪敘，言外别無意味。至若「君懷磊落有至寶，世俗不辨珉與玒」，「丈夫壯節似君少，嗟我欲説安得巨筆如長扛」，雖曰「横空盤硬語」，實傖父聲音耳。至《琵琶引》前篇，散敘處已是以文為詩，至「推手為琵卻於琶」，大是訓詁，詩法所不尚。惟後數語「玉顔流落死天涯，琵琶卻傳來漢家。漢宫爭按新聲譜，遺恨已深聲更苦。纖纖女手生洞房，學得琵琶不下堂。不識寒雲出塞苦，豈知此聲能斷腸！」稍嗚咽可誦。其後篇「絶色天下無，一失再難得。雖能殺畫工，於事竟何益。」亦落議論。惟結處「明妃去時淚，灑向枝上花。狂風日暮起，飄泊落誰家？紅顔勝人多薄命，莫怨東風當自嗟。」點染稍為有情。此以追蹤樂天《婦人苦》、《李夫人》諸篇，尚猶河漢，以較李、杜，豈非夸父追日乎！（《載酒園詩話又編》，《清詩話續編》第四一一～四一二頁）

⊙王安石

宋人先學樂天，學無可，繼乃學義山，故初失之輕淺，繼失之綺靡。都官倡為平淡，六一附之，然僅在膚膜色澤，未嘗究心於神理。其病遂流於粗直，間雜長句，硬下險字湊韻，不甚求安，狀如山兕野麋，令人不復可耐。後雖風氣屢變，然新聲代作，雅奏日湮，大率敷陳多於比興，蘊藉少於發舒，求其意長筆短，十不一二也。讀臨川詩，常令人尋繹於語言之外，當其絶詣，實自可興可觀，不惟於古人無愧而已。吾嘗謂此不當以文恕其人，亦不當以人棄其文，特推為宋詩中第一。其最妙者在樂府五言古，七言律次之，七言古又次之，五言律稍厭安排，七言絶尤嫌氣盛，然佳篇亦時在也。（黄白山評：「所舉諸作，無一佳者，不知其『絶詣』何在？」）（《載酒園詩話又編》，《清詩話續編》第四一八頁）

⊙范成大

選宋詩，不復可繩以古法，真須略玄黄，取神駿耳。但當汰其已甚，違拜從純，不可無此度也。吾于汴宋，最愛子由，杭宋則深喜至能，真有驊騮騄耳歷都過塊之能，雖時亦霜蹄一蹶，要不礙千里之步。《代聖集贈别》曰：

「一曲悲歌水倒流，樽前何計緩千憂。事如夢斷無尋處，人似春歸挽不留。草色黏天鶗鴂恨，雨聲連曉鷓鴣愁。迢迢緑浦帆飛遠，今夜新晴獨倚樓。」《南徐道中》曰：「半生行路與心違，又逐孤帆擘浪飛。吳岫擁雲遮望眼，楚江浮月冷征衣。長歌悲似垂垂淚，短夢紛如草草歸。若使一廛供閉戶，肯將青雀易柴扉。」《入秭歸界》曰：「山根系馬得漿家，深入窮鄉事可嗟。蚯蚓祟人能作瘴，茱萸隨俗強煎茶。幽禽不見但聞語，野草無名都著花。窈窕崎嶇殊未艾，去程方始問三巴。」《鄂州南樓》曰：「誰將玉笛弄中秋？黄鶴飛來識舊遊。漢樹有情橫北渚，蜀江無語抱南樓。燭天燈火三更市，搖月旌旗萬里舟。卻笑鱸鄉垂釣手，武昌魚好便淹留。」此石湖帥蜀歸過鄂州作也，古云「寧飲建業水，莫食武昌魚」，卻如此點化，何減回道人半黍。《再渡胥口》曰：「古來此地快蓬心，天繞明湖日照臨。一雁雲平時隱見，兩山波動對浮沉。衰鬢都共荻花老，醉面不如楓葉深。罾戶釣徒來問訊，去年盟在肯重尋？」以上諸詩，有似元、白者，有似許渾、韓偓者。（《載酒園詩話又編》，《清詩話續編》第四五〇頁）

《皺水軒詞筌》

⊙王次回善改詞

王次回喜作小艷詩，最多而工，《疑雨集》二卷，見者沁入肝脾，里俗為之一變，幾於「小元白」云。詞不多作，而善改昔人詞，殊有加毫頰上之致。如《秋千》改徐文長云：「多嬌最愛鞵兒淺。有時立在秋千板。板已窄稜稜。猶餘三四分。　　一鈎渾玉削。紅繡幫兒雀。休去步香堤。游人量印泥。」（《詞話叢編》第一册，第七一三頁，增補賴古堂刊本）

智按：賀裳，字黄公，號檗齋，自署九曲河隱者、白鳳詞人。丹陽（今江蘇鎮江）人。國子監生。與吳門張天如、楊維斗執復社牛耳，一時推爲風雅之宗。著書甚富，其詩學在當時頗受推崇，康熙二十九年（一六九〇）秋，閻若璩跋《賀黄公載酒園詩話》，提到「老友吳喬先生嘗言，賀黄公《載酒園詩話》、馮定遠《鈍吟雜録》及某《圍爐詩話》可稱談詩者之三絶」。他急遣人購得，覺「口眼俱快，沁入心脾」，而嘆老友爲知言。今僅存《皺水軒詞筌》、《蛻疣集》、《載酒園詩話》。事迹見《明代千遺民詩詠三編》。

吳喬（一六一一～一六九五）

《答萬季埜詩問》

又問：「唐詩亦有直遂者，何以獨咎宋人?」答曰：「世間龍蛇混雜，誠是淆訛公案也。七律自沈宋以至溫李，皆在起承轉合規矩之中。唯少陵一氣直下，如古風然，乃是別調。白傅得其直遂，而失其氣。昭諫益甚。宋自永叔而後，竟以為詩道當然，謬引少陵以為據；而不知少陵婉折者甚多，不可屈古人以遂非也。且唐人直遂者亦不止少陵，皆少分如是，非詩道優柔敦厚之旨亦然，唯一歎耳!」（《清詩話》第二十八頁）

問曰：「丈丈於唐詩，皆如義山《無題》之見作者意乎?」答曰：「是何言歟? 安可淺視唐人也? 茅塞之心，有見者，有不見者，有疑者。其見者，如韓偓《落花》云：『眼尋片片隨流去』，言昭宗之出幸也。『恨滿枝枝被雨侵』，言諸王之被殺也。『縱得苔遮猶慰意』，望李克用、王師範之勤王也。『若教泥汙更傷心』，恨韓建之為賊臣弱帝室也。『臨階一盞悲春酒，明日池塘是緑陰』，悲朱溫之將篡弒也。明人云：不讀大曆以後一字。其所自作，未有命意如晚唐此詩之深遠者也，可易言『初』、『盛』哉? 疑者不可枚舉，止就致堯言之。如『動天金鼓逼神州』一律，觀其起句及『杜郵』、『鳳池』，酷似李茂貞兵犯京師，天子賜宰相杜讓能死，代其姬人之作，而題又絕不相近。白傅挽元微之云：『銘旌官重威儀盛，騎吹聲繁鹵簿長。後魏帝孫唐宰相，六年七月葬咸陽。』此詩有似具文見意。『具文見意』，乃杜元凱《左傳序》之言，謂但紀其事，不著議論而意自見。周伯弜以王建『五色雲中駕六龍』後二首卻哀惜當之。此所不同者，極其褒美，無哀惜之義，即似譏刺，然與平生交情不合故也。」（《清詩話》第三一頁）

《圍爐詩話》

學詩不可雜，又不可專守一家。樂天專學子美，西崑專學義山，皆以成病。大樂非一音之奏，佳餚非一味之嘗，子美所以集大成也。（卷一，《清詩話續編》第四七七頁）

梵偈四五七字為句而無韻，殊不礙讀，子瞻雜文多效之。詩入歌喉，故須有韻，韻乃其末務也。故《三百篇》叶者居多，《菁菁者莪》篇叶「儀」以就「莪」、「阿」，固可，叶「莪」、「阿」以就「儀」，亦無不可，於意無傷故也。詩宗《三百篇》，自當遵其用韻之法。漢至六朝，此意未失。休文四聲韻，小學家言，本不為詩，詩人亦不遵用。唐玄宗時，孫愐始就陸法言之《切韻》以為《唐韻》。肅宗時以此為取士之式，詩從此受桎梏。元、白作步韻詩，直是葅醢。或曰古體可用古韻，唐體當用唐韻。夫然則唐體別自為詩，不宗《三百》耶？古人多有韻，韻又皆叶用，毛晃誤以為古人實有是讀而作《古韻》，何異於衮衣玉食之世，論茹毛飲血事耶？（卷一，《清詩話續編》第四八二頁）

步韻，元、白猶少，皮、陸已多，今則非步韻無詩矣。陷溺之甚者，遂謂步韻詩思路易行，又或倡作而步古人詩之韻。（卷一，《清詩話續編》第四八六頁）

馮定遠云：「《文選》詞賦始於屈、宋，歌詩起於荊軻易水之歌，權輿於姬、孔已後，於理為得。近代詩選必自上古，年紀綿邈，真贋相雜，或不雅馴。又書傳引逸詩，多不過三四句，皆非全篇。《三百五篇》既是仲尼所定，又不應掇聖人之所棄者以炫人。余嘗與程孟陽言詩，謂其『如狗之拾骨』，非戲言也。詩至屈、宋，變為詞賦。《漢書·經籍志》不載五言。五言盛於建安，陳思王為之冠冕，潘、陸以下，無能與並者。子美言『詩看子建親』，故蘇子瞻云：『詩至子美，一變也。』元和、長慶以後，元、白、韓、孟嗣出，杜詩始大行，後無出其範圍者矣。今之論詩者，但當祖述子建，憲章少陵，古今之變，於斯盡矣。《詩》、《騷》以前，可勿問也。」（卷一，《清詩話續編》第四九二頁）

（馮定遠）又云：「詩家常言有聯有絕，二句一聯，四句一絕。宋孝武言『吳邁遠聯絕之外無所解』是也。四句之詩，謂之絕句，宋人不解，乃云是截律詩首尾，如此議論，非一事也。《玉臺新詠》有古絕句，古詩也。唐人絕句之有聲病者，是二韻律詩也。元、白、牧之、昌黎集可證。唐人集分體者少，今所傳分體者，皆近人所為。古本多存有分律詩絕句者，如《王臨川集》首題云七言律詩，下注云絕句，甚分明。唐人惟有元、白、韓、杜等是舊次，今武定侯刻白集，坊本杜牧之集，亦皆分體如今人矣。幸二集尚有宋板，而新本亦有翻宋板者可據耳。自高棅《唐詩品彙》出，今人不知絕句是律矣。高棅又創排律之名，雖古人有『排比聲律』之言，然未聞謂之排律，此一字而有大害於詩。朱雲子作《詩評》，直云『五排七排』，並去律字，可慨也！」（卷一，《清詩話續編》第四九三頁）

（馮定遠）又云：「齊、梁聲病之體，自古不謂之古詩，諸書言齊、梁體者，不止一處。唐自沈、宋以前，有齊、梁詩，無古詩也，氣格亦有差古，而皆有聲病。沈、宋既裁新體，陳子昂崛起，直追阮公，遂有兩體。開元以下，好聲律者則師景雲、龍朔，矜氣格者則追建安、黃初，而永明文格微矣。然白樂天、李義山、溫飛卿、陸魯望皆有齊、梁格詩，白、李詩在集中，溫見《才調集》，陸見《松陵集》，題注甚明，但不多耳。既有正律破題之詩，此格自應廢矣。皎然《詩式》敘置極詳盡允當，人自不能考耳。古詩二字，牢入人心，今人立論，雖子美所稱之庾開府，太白所稱之謝玄暉，必欲降而下之，云古詩當如此論也。至於唐人雖服膺鮑、謝，體效徐、庾，仰而不逮者，猶以為無上妙品，云律詩當如此論也。吁！可慨已！」（卷一，《清詩話續編》第四九三～四九四頁）

意由於識。馬嵬事吟詠甚多，而子美云：「不聞夏殷衰，中自誅褒妲。」曲折有含蓄，子瞻稱之。鄭畋云：「肅宗回馬楊妃死，雲雨雖亡日月新。終是聖明天子事，景陽宮井又何人？」人知其有宰相器。劉夢得、白樂天直言六軍逼殺天子之妃矣！（卷一，《清詩話續編》第四九五頁）

……《才調集》目録云「古律雜歌詩一百首」。古者，五言古也；律者，五七言律也；雜者，雜體也；歌者，歌行也。此是五代時書，故所題如此，最為得之；今亦鮮知者矣！漢人歌謠之採入樂府者，如《上留田》、《霍家奴》、《羅敷行》之類，多言當時事。少陵所作新題樂府，題雖異於古人，而深得古人之理。元、白以後，此體紛紛矣。總而言之，製詩以協於樂，一也；采詩入樂，二也；古有此曲，倚其聲為詩，三也；自製新曲，四也；擬古，五也；詠古題，六也；並少陵之新題樂府而為七，古樂府盡此矣。（卷二，《清詩話續編》第五一二頁）

唐樂府亦用律詩，而李義山又有轉韻律詩，杜牧之、白樂天集中律詩多

與今人不同,《瀛奎律髓》有仄韻律詩,嚴滄浪云「有古律詩」,今皆不能辨矣。(卷二,《清詩話續編》第五一三頁)

詩貴和緩優柔,而忌率直迫切。元結、沈千運是盛唐人,而元之《舂陵行》、《賊退詩》,沈之「豈知林園主,卻是林園客」,已落率直之病。樂天《雜興》之「色禽合為荒,政刑兩已衰」,《無名稅》之「奪我身上暖,買爾眼前恩。進入瓊林庫,歲久化為塵」,《輕肥》篇之「是歲江南旱,衢州人食人」,《買花》篇之「一叢深色花,十戶中人賦」等,率直更甚。東野《列女操》、《游子吟》等篇,命意真懇,措詞亦善;而《秋夕貧居》及《獨愁》等,皆傷於迫切。韋蘇州《寄全椒道士》及《暮相思》,亦止八句六句,而詞殊不迫切,力量有餘也。賈島之《客喜》、《寄遠》、《古意》,與東野一轍。曹鄴、于濆、聶夷中五古皆合理,而率直迫切,全失詩體。梁、陳於理則遠,於詩則近。鄴等於理則合,於詩則違。宋人雖率直而不迫切。(卷二,《清詩話續編》第五一八頁)

馮定遠曰:「五言雖始於漢武之代,而盛於建安,故古來論者,止言建安風格。至黃初之年,則諸子凋謝,止有子桓、子建,不須贅言黃初體也。永明之代,王元長、沈休文、謝朓一時有盛名,始創聲病之論,以為前人所未發。文體驟變,皆避八病,一簡之內,音韻不同;二韻之間,輕重悉異。其文兩句一聯,四名一絕,聲韻相避,文字不可增減。自永明至唐初,皆齊、梁體也。沈、宋新體,聲律益嚴,謂之律詩。陳子昂始法阮公為古體詩,唐因有古、律二體,始變齊、梁之格矣。齊時江文通詩不用聲病,梁武帝不知四聲,其詩仍是太康、元嘉舊體,嚴滄浪何以混言『齊、梁諸公』,元長、玄暉沒於齊朝,沈休文、何仲言、吳叔庠、劉孝綽併入梁朝,故聲病之格通言齊、梁,而其體直至唐初也。白太傅尚有格詩,李義山、溫飛卿皆有齊、梁格詩。律詩既盛,齊、梁體遂微,後人不知,咸以為古詩。」(卷二,《清詩話續編》第五二〇~五二一頁)

問曰:「七言古詩如何?」答曰:「盛唐人山奔海立,掩前絕後。此體忌圓美平衍,又不可槎盤牙猙獰。初唐圓美,白傅加以平衍,昌黎稍槎盤牙,劉叉猙獰,盧仝牛頭阿旁,杜默地獄餓鬼。」(卷二,《清詩話續編》第五二七頁)

長篇於意轉處換韻則氣暢,平仄諧和是元白體。……(卷二,《清詩話續

編》第五二七頁）

《連昌》、《長恨》、《琵琶行》，前人之法變盡矣。（卷二，《清詩話續編》第五二八頁）

唐時詩人不肯苟同，所以能自立。僧齊己見韋蘇州，仿韋體作數詩以投之，韋大不喜，獻其舊作，乃極嘉賞曰：「人人自有能事，何得苟同老夫耶！」樂天、義山詩體絕異，樂天見義山詩，愛重之極，謂曰：「吾死後當為爾子。」故義山名其子曰白老。弘、嘉貴人，莫不收拾同調，互相標榜，李、杜不死，高、岑復生，以誑誘無識。蓋唐人務實，明人務名，子瞻所謂「群兒自相名字」者也。（卷三，《清詩話續編》第五五七～五五八頁）

具文見意，又有如樂天挽微之云：「銘旌官重威儀盛，鼓吹聲繁鹵簿長。後魏帝孫唐宰相，六年七月葬咸陽。」極其鋪張而無哀惜之意。白傅自作墓誌，但言與劉夢得為詩友，不及於元，則二人之隙末，故詩如是也。（卷三，《清詩話續編》第五六一頁）

（賀黄公）又曰：「夢得佳詩，多在朗、連、夔、蘇時作，主客以後，始自疏縱，與白傅唱和者，尤多老人衰颯之音。七律雖有美言，亦多熟調。名宿猶爾，可不懔懔！《送李侍郎自河南尹再除本官》、《贈令狐相公鎮太原》等詩，或切其地，或切其人，或切其事與景，八面皆鋒。」（卷三，《清詩話續編》第五六五頁）

（賀黄公）又曰：「元、白詩不高，論詩却高。微之《少陵墓誌》、《敍詩與樂天書》，樂天《寄元九書》，深得六義之解。白實清綺之才，樂府雜律詩極多可觀，而受病有二：一務多，一強學少陵。率爾下筆，言之無文，行之不遠。選白詩者從無精識，喜恬淡則兼收鄙俚，尚氣骨則並削風藻。」（卷三，《清詩話續編》第五六六頁）

（賀黄公）又曰：「詩至元、白，又一大變矣。兩人雖並稱而却有不同：選語之工，白不如元；波瀾之闊，元不如白。白於蒼茫中時存古調，元精工處亦雜新聲。微之自是輕艷之才，排律動數十韻，雖有秀句，牽湊亦多；惟樂府多佳作。」（卷三，《清詩話續編》第五六六頁）

（賀黄公）又曰：「李紳以歌行自負，樂天亦稱之。今不可見，惟留《追昔游集》耳。其詩頗有體格，少以《憫農》詩為呂溫所賞，二絕盛傳，呂之

賞鑒不謬。沈下賢集不傳，宋人取稗史夢中詩成集，可笑。」（卷三，《清詩話續編》第五六七頁）

（賀黃公）又曰：「賈島詩最佳者，終以卷首《古意》為尤。五言詩實為清絕，有孟襄陽不能過者。其句多是深思靜會得之。閬仙有精思而無快筆，往往意工於詞。而好用倒句，又是一病。傚賈體者多專意中聯，忽略首尾，故人都少之。《紀事》謂『閬仙變格入僻，以矯元、白』。愚謂元、白之艷，己自諱之，亦何足矯？當矯者，鄙俚率直也。賈古詩此病亦多。『郊寒島瘦，元輕白俗』，病總在乎俗。酸陋亦是俗。元、白有袒裼裸裎之容，閬仙有囚首垢面之狀。好色而淫，怨誹而亂，均傷大雅。」（卷三，《清詩話續編》第五六七頁）

（賀黃公）又曰：「飛卿子憲集不傳，《杏花》詩流傳人口：『店香風起夜，村白雨休朝。』殊有鳳毛。憲登第後訴父屈曰：『蛾眉先妒，明妃為去國之人；猿臂自傷，李廣乃不侯之將。』此事差慰人意。李未聞有賢子。」喬曰：「樂天極愛義山詩，謂之曰：『吾死當為爾子。』義山因名其子為白老，然無樂天一字也。觀此，可知張承吉事成於氣激，固憐於才者也。余每讀『明妃』、『李廣』句，必為泣下。敍述感動千載後人，知將門有將矣。顧東橋頗有佳句，功力不深，自居盛唐，故訕飛卿。毀人可以自成，為李、杜也易矣！」（卷三，《清詩話續編》第五六九頁）

智按：顧東橋，顧璘（一四七六～一五四五），字華玉，別號東橋居士。

《三山語録》説子美《登慈恩寺塔》云，謂是譏天寶事。「秦山忽破碎」，言人君失道也。「涇渭不可求」，言賢不肖混雜也。「俯視但一氣，焉能辨皇州」，言京師與天下俱無綱紀也。「回首叫虞舜，蒼梧雲正愁」，思聖君而不可得也。「惜哉瑶池飲，日晏昆侖丘」，刺酒色也。「黄鵠去不息，哀鳴何所投」，言曲江輩之去位也。「君看隨陽雁，各有稻粱謀」，言小人之素餐也。不如此解，則詩與題全不相關矣。樂天《海圖屏風》，言李訓、鄭注之誅宦官，與子美同意。（卷四，《清詩話續編》第五八一頁）

馮定遠曰：「東坡謂：『詩至子美爲一變。』蓋大曆間，李杜詩格未行。元和、長慶始變，此實文字之大關也。然當時以和韻長篇為『元和體』，但言時代，則韓孟、劉柳、左司、長吉、義山，皆詩人之赫赫者也。」（卷五，《清詩話續編》第五八九頁）

樂天之後，又有羅昭諫，安得不成宋人詩！（卷五，《清詩話續編》第六〇六頁）

黃公（賀裳）於詩有深得，而又能詳讀宋人之詩，持論至當。閱其詩話，則宋詩之升降得失畢在，無讀宋詩之苦矣。故詳載之于左方。……

「王禹偁秀韻天成，如『掃苔留嫩緑，寫葉惜殘紅』，『鶯花愁不覺，風雨病先知』，《題張居士溪居》『病來芳草生漁艇，睡起殘花落酒瓢』，《贈潘閬》『江城賣藥嘗攜鶴，古寺看碑不下驢』，《贈張録事》『上直未歸紅藥院，供吟先得白蘋洲』，雖學樂天，得其清不得其俗。寇萊公，人多稱其『孤村芳草遠，斜日杏花飛』，余更喜其『數峰橫夕照，孤笛起江船』。」（卷五，《清詩話續編》第六二一～六二二頁）

「宋人先學樂天、無可，繼學義山，故失之輕淺綺靡。梅都官倡為平淡，六一附之，僅在皮毛，未究神理，遂流於粗直。間雜長句，硬下險怪字湊韻，如山兕野麋，不復可耐。後雖屢變，而雅奏日湮，敷陳多於比興，藴藉少於發舒，求其意長筆短者，十不一二也。惟介甫詩，能令人尋繹於語言之外，當其絕詣，實自可興可觀，特推為宋人第一。最妙者，樂府五言古也，七言律次之，七言古又次之。五方律嫌安排，七言律嫌氣盛，而佳篇亦時有之。《送喬執中秀才》曰：『薄飯午不羹，空爐夜無炭。寥寥日避席，烈烈風欺幔。謂予勿惡此，何為向子歎？長年客塵沙，無婦助親爨。寒暄慰白首，吾弟才將冠。邅徊歲又晚，想見淮湖漫。古人一日養，不以三公换。田園在戮力，且欲歸鋤灌。行矣子誠然，光陰未宜玩。負米力有餘，能無讀書伴？』前敘其不可不歸，後微諷其復來，曲折婉轉。介甫一生傲慢，此何溫厚也？《送孫正之》曰：『雲山參差碧四圍，溪水詰曲帶城陴。溪窮壤斷至者誰？予獨與子相諧熙。山城之西鼓吹悲，水風蕭蕭不滿旗。子今去此來無期，予有不可誰予規？』孫不以養歸，故下語剴切。又《日出堂上飲》曰：『日出堂上飲，日入未云休。主人笑而歌，客子歎以愀。指此堂上柱，始生在岩幽。雨露飽所滋，淩雲亦千秋。所願託永久，何言值君收。乃令卑濕地，百蟻上窮鎪。丹青空外好，鎮壓已堪憂。為君重去之，不使一蟻留。蟻力雖云小，能生萬蚍蜉。又能高其礎，不使繼者稠。語客且勿然，百年等浮漚。為客當酌酒，何預主人謀?』寫怡堂燕雀，直堪痛心。末數句即《魏風》『彼人是哉，子曰何其』意也，實《風》、《雅》正傳。又《我欲往滄海》曰：『我欲往滄海，客來自河源。手探囊中膠，救此千載渾。我語客徒爾，當還治昆侖。歎息謝不能，相看涕翻盆。客止我且住，濯髮扶桑根。春風吹我舟，萬里空自存。』即是前意，乃變法之本也。介甫未相時，不勝感慨，故《詳定試卷》則曰：『當時賜帛倡優等，今日論才將相中。』《偶成》則曰：『高論頗隨衰俗廢，壯懷難值故人傾。』《愁台》則曰：『傾壺語罷還登眺，岸幘詩成卻歎嗟。』相後則深憤異議，故《詠雪》則曰：『勢合便疑包地盡，功成終欲放春回。』堅執自是，而有瞑眩瘳疾之意，故曰：『何妨興世嫌迂闊，自有斯人慰寂寥。』而《雨過》云：『誰似浮雲知進退，才成霖雨便歸山。』則平生實志也。其閒適詩亦甚妙。《定林寺》曰：『眾木凜交覆，孤泉靜橫分。楚老一枝筇，于此傲人群。城市少美蔬，想今困惔焚。且憑東北風，持寄嶺頭雲。』又《定林》曰：『漱甘涼病齒，坐曠息煩襟。因脫水還屨，就敷岩上衾。但留雲對宿，仍值月相尋。真樂非無寄，悲蟲亦好音。』無所不佳。七律佳句，如《僧舍》云：『和風滿樹笙簧雜，霽雪兼山粉黛重。』《大風》云：『縱湧萬川冰柱立，分披千嶂土囊開。魯門未怪爰居至，鄭圃何妨禦寇來。』《梅花》云：『風亭把盞酬孤豔，雪徑回輿認暗香。』《贈陳正叔》云：『已同元亮傾樽酒，更與靈均續舊文。』《金陵懷古》云：『黃旗已盡年三百，紫氣空收劍一雙。』刻鏤極工。其《送彥珍》云：『握手百憂空往事，還家一笑即芳時。』《寄張先郎中》：『胡床月下知誰對？鑾榼花前想自隨。』《寄友人》：『一篇《封禪》才難學，五畝蓬蒿勢易求。』淡淡寫出，又好。《示妹》詩最佳：『孟光求婿得梁鴻，廡下相隨不諱窮。卓犖才名今日事，蕭條門巷古人風。《五噫》尚與時多忤，一笑兼忘我屢空。六月塵沙不相貸，泫然搔首又西東。』自解自悲，想見文士家庭之樂。『病身最覺風露早，歸夢不知山水長』，『佳時流落真何得，勝事蹉跎自可憐』，不堪多詠。」（卷五，《清詩話續編》第六二七～六三〇頁）

智按：吳喬，原名殳，字修齡，太倉（今屬江蘇）人，入贅崑山（今屬江蘇）。崇禎十一年（一六三八）諸生，尋被斥。入清後以布衣游於公卿間。曾與吳江戴笠同輯《流寇長編》。有《古宫詞》、《托物草》、《好山詩》、《舒拂集》、《圍爐詩話》、《西崑發微》、《答萬季埜詩問》、《正錢録》等。《清史稿》卷四八四有傳。

吳景旭（一六一一～一六九五）

《言詩十絕句》（其三）

釵留一股寄情多，譜出人天《長恨歌》。閑殺白家心自足，終朝放眼看嵯峨。（《南山堂自訂詩》南山堂自訂詩卷二長林草；《萬首論詩絕句》第一册，第二二三頁）

《花朝》

履道池亭白樂天，曾歌七十欠三年（時余六十有七）。應知送老憑詩卷，不惜逢花費酒錢。半雨半陰鳩婦恨，輕寒輕暖蕨兒拳。滿欄正入芳菲候，莫使番番風信遷。（《南山堂自訂詩》卷七花甲草，《四庫未收書輯刊》影印清康熙間刻本）

《行開第八袠》（三首）

年七十以上爲開八袠，辛酉初正，因白香山詩句有作。

行開第八袠，只愛一壺春。覔得兵厨酒，招同野席人。池亭多舊跡，雞犬隔凡津。拂面東風至，猶知有幸民。

行開第八袠，寥落撫庭柯。孤榦歲寒友，幻情春夢婆。洊饑蔬得力，酷嗜筍無他。可怪荒時節，溪魚患骨多。

行開第八袠，獨坐得便宜。失勢寧悲酒，長貧不廢詩。擁爐魚目辨，愛畫虎頭癡。本是閒家具，何妨老自怡。（《南山堂自訂詩》卷八開袠草，《四庫未收書輯刊》影印清康熙間刻本）

《效白香山丘中有一士》（二首）

丘中有一士，弱歲頗能文。年貌雖若暮，觀書日已勤。門前謝冠盖，几上陳典墳。茶銚瀏聲沸，香爐引篆熏。對之談俗務，掩耳如避蚊。惟鑒古器物，喜與人剖分。時復飛一盞，亦衹取微醺。其人不易見，其風可得聞。

丘中有一士，富貴不欲趨。時來無驕泰，失意無苦荼。有榮必有落，物理在斯須。問其何可樂，浩歌徹四隅。迴塘護苧槿，曲沼戲龜魚。盆山飽雨後，屋烏試晴初。所得皆閒穩，此樂誰與俱。高卧天所靳，獨許白髭鬚。(《南山堂自訂詩》卷八開衮草，《四庫未收書輯刊》影印清康熙間刻本)

《惜春用白香山和微之櫛沐韻》

我欲留春住，無計扃柴關。或倩游絲力，縶維百丈間。那堪雞唱曉，忽已日沉山。奔迫羲和馭，從無一日閒。飛紅且熸盡，嫩緑遂周環。春風願休沐，退處無後艱。人何不自達，雙足投闤闠。試一觀赬尾，勞則使血殷。年老不重少，春歸當復還。采藥寧延曆，飲醪足駐顔。洪崖肩可拍，西母宴常攀。我今用此法，逸樂又何患（音還）。(《南山堂自訂詩》南山堂續訂詩卷二獻春草，《四庫未收書輯刊》影印清康熙間刻本)

《歷代詩話》

⊙五馬

《珊瑚鉤詩話》曰：「五馬之事，不見於書。以《詩》言之：『孑孑幹旟，在浚之都。素絲組之，良馬五之。』《周禮》注云：『州長建旟，太守視之，漢御五馬。』或云：古乘駟馬車，至漢太守出，則加一馬。漢官儀注法。」

吴旦生曰：「潘子真《詩話》：禮，天子六馬，左右驂。三公九卿駟馬，左驂。漢制，九卿則二千石，以右驂。太守駟馬而已。其有加秩中二千石者，乃右驂。故以五馬為太守美稱。余喜此説最當，因考《漢書》：郡守秦官，掌理其郡，秩二千石，景帝二年，更名太守。《東方朔傳》：『太守駟馬駕車，一馬行春。』衛宏《輿服志》：『諸侯駟馬，附以一馬。』《南史》：『柳元策兄弟亦五人，並為太守，時人語曰：柳氏門庭，五馬逶迤。謝靈運為永嘉太守，以五馬自隨，立五馬亭。』」

《丹陽集》云：「昔人用五馬事，多因游遨動出處方用之，如老杜《賦王閬州餞蕭遂州云：『二天開寵餞，五馬爛生花。』其賓主出處分矣。又《送李梓州》：『五馬何時到。』《贈嚴武》：『五馬舊曾諳小徑。』《送賈閣老出汝洲》：『人生五馬貴。』太白云：『五馬莫留連。』岑參云：『門外不須催五馬。』

戎昱：『五馬幾時朝魏闕。』子厚：『五馬助征騑。』樂天：『五馬無由入酒家。』東坡：『鼓吹未容迎五馬。』介甫：『尚得使君驅五馬。』近人於太守安居閉閤，例稱五馬，此理恐未安也。《學林新編》云：按《陌上桑》曰：『使君從南來，五馬立踟躕。』亦用五馬為使君事者也。」（《歷代詩話》卷一，陳衛平、徐傑點校本，第一三～一四頁）

⊙作

「思無斁，思馬斯作。」吳旦生曰：「斁」音『度」，「作」音『做」。《小雅》：「采薇采薇，薇亦作止。曰歸曰歸，歲亦莫止。」《荀子》：「肉腐出蟲，魚枯生蠹。貪利忘身，禍災乃作。」《漢書》：「金可作，世可度。」樂府《安東平》云：「微物雖輕，拙手可作。余有三丈，為郎別厝。」梁元帝詩：「芙蓉作船絲作索。」齊武帝臨終，執鬱林王手曰：「若憶翁，當好作。」此皆「作」讀為「做」也。《西清詩話》載韓退之詩：「非閣亦非船，可居兼可過。君欲問方橋，方橋如此作。」乃『作」從其方言為之者。《漁隱叢話》引杜詩：「主人送客何所作。」謂此語已先退之用矣。兩家曾不知自古已然邪？白樂天詩：「作底歡娛過此夜。」唐人慣用之。洪武中，謝子蘭詩：「傷哉脊令原，黃蒿走狐兔。別墅破垣在，郵亭乃新作。」亦叶此音。祝枝山詩：「祝郎三百歲，為作挽春工。」錢牧齋詩：「小戶權為衝酒客，大家挨作別花人。」程孟陽詩：「衙齋天與閒人作，好辦饑飡和困眠。」皆自注：作去聲。《野客叢書》云：「《廣韻》作字有三音：一則洛切，二臧路切，三則邏切。退之詩韻，正叶則邏切，音佐耳。又《後漢・廉范傳》云：『廉叔度，來何莫？不禁火，民安作？昔無襦，今五袴。』此作字臧路切，音措耳。」據此，則楊升庵《古音略》所引《廉傳》「作」字音「做」誤，而諸書概作做讀，亦不無議矣。（《歷代詩話》卷六，陳衛平、徐傑點校本，第五六～五七頁）

⊙北征

《冷齋夜話》曰：老杜《北征》詩：「唯昔艱難（劉會孟本作憶昨狼狽）初，事與前世（劉會孟本作古先）別。不聞夏商（劉會孟本作殷）衰，終（劉會孟本作中）自誅褒妲。」意者明皇鑒夏商之敗，畏天悔過，賜妃子死也。而劉禹錫《馬嵬》詩：「官軍誅佞幸，天子舍妋姬。羣吏伏門屏，貴人牽帝衣。」白樂天《長恨詞》：「六軍不發爭奈何，宛轉蛾眉馬前死。」乃是官軍迫使殺妃子，歌咏禄山叛逆耳。孰謂劉、白能詩哉？其去老杜何啻九牛毛耶！《北征》詩識君臣之大體，忠義之氣，與秋色爭高，可貴也。

吴旦生曰：車若水亦言：「子美《北征》，讀之感泣，有功名教。如樂天《長恨》全是姍笑君父，以敗亡為戲，更無惻怛憂愛之意。」《墨莊漫録》亦以為，元微之《連昌宮詞》過於樂天《長恨歌》。白止於荒淫之語，終篇無所規正。元詞乃微而顯，其荒縱之意皆可考，卒章乃不忘箴諷，為優也。乃何元朗稱《長恨》為古今長歌第一，而嬾真子謂，明皇、太真之事，本有《新臺》之惡，而《歌》云：「楊家有女初長成，養在深閨人不識。」故世人罕知其為壽王瑁之妃，得《春秋》為尊者諱義。此皆未審立言之要歸也。（《夢溪筆談》云：《長恨歌》：「峨眉山下少人行，旌旗無光日色薄。」峨眉在嘉州，與幸蜀路全無交涉。）（《歷代詩話》卷三十五，陳衛平、徐傑點校本，第三二二～三二三頁）

⊙酒價

《玉堂詩話》曰：宋真宗宴羣臣於太清樓，問唐酒價幾何，無能對者。丁晉公奏曰：「唐酒每斗三百。」上曰：「安知？」丁曰：「臣讀杜甫詩『速令相就飲一斗，恰有三百青銅錢』，是知一斗三百。」上大喜，曰：「甫詩可為一時之史。」

吴旦生曰：郭次象謂，杜詩可知當時酒價。然樂天《與夢得沽酒閒飲詩》：「共把十千沽一斗。」當劉白之時酒價，何太不廉哉！《芥隱筆記》云：曹植樂府「歸來宴平樂，美酒斗十千。」十千恐未必酒價，言酒美而價貴耳。《野客葮書》云：唐人引曹語，如李白詩「金尊沽酒斗十千」，王維詩「新豐美酒斗十千」，崔輔國詩「與沽一斗酒，恰用十千錢」，許渾詩「十千沽酒留君醉」，權德輿詩「十千斗酒不知貴」，陸龜蒙詩「十千沽一斗」，而一斗三百錢，獨見子美所云，故引以定當時之價。《唐食貨志》云：德宗建中三年，禁民酤以佐軍費，置肆釀酒，斛收直三千。又觀楊松玠《談藪》：北齊盧思道嘗云：長安酒賤，斗價三百。杜引此，亦未可知。（《典論》曰：漢孝靈帝末年，百司湎酒，一斗直千文。此可證漢酒價。）（《歷代詩話》卷三十六，陳衛平、徐傑點校本，第三二八～三二九頁）

⊙賡和

吴旦生曰：「昔人言和之義有三：蓋依韻和之謂之次韻，或用其題而韻字同出一韻謂之和韻，如張文潛《離黄州》詩，而和杜老《玉華宫》詩是也。用彼之韻，不拘先後謂之用韻，如退之《和皇甫湜陸渾山火》是也。然晉宋間何劭、張華、二陸、三謝答其來意而已，非若後人為韻所局也。唐不勝載，姑論老杜，如高適《寄杜》云：「草玄今已畢，此外更何求」，杜則云：「草玄吾豈敢，賦或似相如」。杜《寄嚴武》云：「何路出巴山，重巖細菊班」，嚴則云：「卧向巴山落月時，籬外黄花菊對誰」。杜《送韋迢》云：「洞庭無過雁，書疏莫相忘」，迢則云：「相憶無南雁，何時有報章」。杜又云：「雖無南去雁，看取北來魚」。其往來反覆，不過如是也。惟元白矜尚次韻，至皮陸而盛，若宋黄、蘇輩唱一賡十，工拙見矣。

《洛陽伽藍記》：「王肅入魏，舍江南故妻謝氏，而娶元魏帝女，其故妻贈之詩云：『本為箔上蠶，今為機上絲。得路遂騰去，莫憶纏綿時。』繼室代答，亦用「絲」「時」兩韻。」則次韻始於元白，誤也。（《歷代詩話》卷四十八，陳衛平、徐傑點校本，第五三九～五四〇頁）

⊙擅場

吴旦生曰：唐人讌集每賦詩，必推一人擅場，此其例也。寶曆中，楊於陵僕射入覲，其子嗣復率兩榜門生迎於潼關，宴新昌里第，諸生翼兩序，元白在席，楊汝士詩云：「文章舊價留鸞掖，桃李新陰在鯉庭。」元白覽之失色。汝士歸，謂子弟曰：「今日壓倒元白。」

又，裴令公居守東洛，宴酣索句，公為破題，次至汝士，云：「昔日蘭亭無艷質，此時金谷有高人。」白遽裂之曰：「笙歌鼎沸，勿作冷淡生活。」元顧曰：「樂天能全其名。」此二則亦不得不推擅場。皇甫百泉舉高氏《晦日林亭會》崔劉二詩，何足與此？（《歷代詩話》卷四十九，陳衛平、徐傑點校本，第五五〇頁）

⊙山圍、潮打

劉禹錫《金陵五題》自序云：「山圍故國周遭在，潮打空城寂寞廻。淮水東邊舊時月，夜深還過女墻來。」樂天掉頭苦吟，歎賞良久，曰：「《石頭詩》『潮打空城寂寞廻』，吾知後之詩人，不復措辭矣。」

吴旦生曰：張表臣述其自矜云：「余雖不及，然亦不辜樂天之賞，則禹錫亦不復許後人措辭矣。」觀東坡詩：「山圍故國城空在，潮打西陵意未平。」薩天錫《登鳳凰臺》詩:「千古江山圍故國,幾番風雨入空城。」皆落牙後,正為浪措辭也。而天錫《招隱首山》又云:「千古江山圍故國,五更風雨入空城。」奈何復自拾其瀋耶?(《歷代詩話》卷四十九,陳衛平、徐傑點校本,第五五五頁)

智按:此事始見於《鑑誡録·四公會》(《鑑誡録》卷七,《叢書集成初編》第二八四三册,第五一頁)

⊙紫薇

白樂天《入直西省》詩:「絲綸閣下文章靜,鐘鼓樓中刻漏長。坐到黄昏誰是伴,紫薇花對紫薇郎。」

吳旦生曰:《天文志》:「紫微,大帝之座,天子之常居也。」與花何涉?唐中書省植紫薇花,後世舍人院紫微閣前輒植此花,雖循唐故事,要亦何義?後余見《海録碎事》云:「開元元年,改中書省為紫微省,改中書令為紫微令。則樂天入直西省,所稱紫薇郎,指此耳。薇當作微。」蓋樂天性愛此花,有《紫薇花》詩云:「除却微之見應愛,世間少有別花人。」又宋時府治虚白堂前有紫薇花兩株,相傳樂天所植。子瞻守郡時,神宗書樂天《紫薇花》詩以賜之。或植或咏,其性然也。舍人院亦重其人,植其花。謂即此是故實,可也。(《蕘山堂外紀》云:「范屏麓為國子時,赴京鄉試。卧舟中,夢入廣寒宫,嫦娥千百輩,齊聲歌樂天此詩。是科果成殿元。續娶吳夫人,小字紫薇。」蓋屏麓居甞山,距余前谿十里餘,特構紫薇樓,規制宏麗,亦取此兆耳,余猶及見之。)

《韻語陽秋》云:樂天又詩:「紫薇花對紫薇翁」,則此花之珍艷可知矣。爪其本則枝葉俱動,俗謂之「不耐癢花」。自五月開至九月尚爛熳,俗又謂之「百日紅」。……梅聖俞《贈韓子華》詩「薄膚癢不勝輕爪,嫩幹生宜近禁廬。」又《贈王景彝》詩「薄薄嫩膚搔鳥爪,離離碎葉剪城霞。」皆著不耐癢事。胡文恭詩:「雅當翻藥地,繁極曝衣天。」注云:「花至七夕猶繁。」似有百日紅之意。(《歷代詩話》卷五十《唐詩》卷中之中)

智按:見《韻語陽秋》卷十六(《歷代詩話》第六一〇頁),有删改。

⊙瑟瑟

白樂天《琵琶行》：「楓葉荻花秋瑟瑟。」楊升庵曰：楓葉紅，荻花白，映秋色碧也。瑟瑟，珍寶名，其色碧，故以瑟瑟影指碧字，讀者作蕭瑟解，非是。樂天又有《暮江曲》云：「一道殘陽照水中，半江瑟瑟半江紅。」此瑟瑟豈蕭瑟哉？正言殘陽照江，半紅半碧耳。

吳旦生曰：《博雅》：「瑟瑟，碧珠也。」《杜陽雜編》有瑟瑟幕，其色輕明虛薄，無與為比。《唐語林》：「盧昂有瑟瑟枕。憲宗估其值，曰：至寶無價。」《水經注》：「水木明瑟。」韋莊詩：「留得溪頭瑟瑟波，潑成紙上猩猩色。」丁謂詩：「翠影疏疏渡，波光瑟瑟凝。」王周詩：「嘉陵江水色，一帶柔藍碧。天女瑟瑟衣，風梭晚來織。」林逋《詠茶》詩：「石碾輕飛瑟瑟塵」。魯交《野果》詩：「碧如瑟瑟紅靺鞨。」（靺鞨，國名，古肅慎地也。產寶石，大如巨栗，中國謂之靺鞨。）據此，則升庵之説益信。乃陳晦伯以劉楨「瑟瑟谷中風」正之，蓋樂天詩言色，公幹詩言聲，用意各別。安得強證為蕭瑟之瑟也。若盧照隣《秋霖賦》：「風横天而瑟瑟，雲覆海而沉沉。」乃與公幹同意。（《歷代詩話》卷五十《唐詩》卷中之中）

⊙夭邪

楊升庵曰：唐詩：「錢唐蘇小小，人道最夭邪。」又：「長安女兒雙髻鴉，隨風趂蝶學夭邪（夭音歪）。」田子藝曰：夭作歪，非也。夭，少好貌，即妖也。邪即歪也。葛魯卿詞：「人間花月見新妖，不數江南蘇小。」正謂此也。

吳旦生曰：「錢唐」二句，乃白樂天詩。夭音歪，樂天自注也。升庵《詞品》引張仲宗詞（琴按：張仲宗應為張仲舉，即張翥，見《蛻岩［庵］詞》）：「薄劣東風，夭邪柳絮。」又升庵詩：「桃根桃葉最夭邪。」皆據樂天所注以為言也。余見《芥隠筆記》云：「樂天詩：『揚州蘇小小，人道是夭斜。（音伊邪反）』」豈子藝有取於《芥隠》耶？然《芥隠》作揚州，恐誤。按樂天《杭州春望》詩：「濤聲夜入伍胥廟，柳色春藏蘇小家。」又《餘杭形勝》詩：「夢兒亭古傳名謝，教妓樓新道姓蘇。」則樂天稔知其為錢唐妓也。應從錢唐為是。郭茂倩《樂府解題》（琴按：《樂府解題》非郭茂倩撰，吳景旭誤記）云：「小小，錢唐名娼。蓋南齊時人。西陵在錢唐江之西，故曰：西陵松柏下。」（按小小墓，一云江干，一云湖曲，張祜詩：「不知誰共穴，徒願結同心。」然不言何地也。《吳地記》

云:「嘉興縣前有晉妓,錢唐蘇小小墓。」徐凝詩:「嘉興郭里逢寒食,落日家家拜掃回,只有縣前蘇小小,無人送與紙錢灰。」元張光弼詩:「香骨沈埋縣治前。」)(《歷代詩話》卷五十《唐詩》卷中之中)

⊙藍尾

《碧溪詩話》曰:樂天詩「三杯藍尾酒,一楪膠牙餳。」觀《長慶集》,此詩題云「七年元日對酒」,非鑽火時事也。東坡詩「藍尾忽驚新火後,遨頭要及浣花前。」注引及白詩,非是。宋景文《守歲》云「且盡燈前藍尾杯」。

吳旦生曰:《荊楚歲時記》:「膠牙者,蓋使其牢固不動。」此為正旦故事,而藍尾詳考之可不拘時用也。按,藍一作啉,蘇鶚《衍義》云:「今人以酒廵匝為啉尾,即再命其爵也。」南朝有異國進貢藍牛,其尾三丈;或云藍潁水其深三丈,時人取之以為酒,今兩盞從其簡也。此皆非正。行酒廵匝即重其盞,蓋慰勞其得酒在後也。又啉者,云貪也。(《四庫全書》本誤為「啉云者貪也」)謂處於坐末,得酒最晚,腹癢於酒,既得酒廵匝,更貪婪之,故曰啉尾。啉字從口,此即侯白酒律所謂酒廵匝,末坐者連飲三盃以慰之之説也。按,藍又作婪,説文:「婪,貪也。」《杜林説》:「下者黨相詐驗為婪,盧含切。」《箋》云:「又作惏,音訓皆同。」《河東記》云:申屠澄與路傍茅舍老父嫗及處女環火而坐,翁自外挈酒至曰,以君冒寒,且進一盃。澄因揖遜曰,始自主人,翁即廵,澄當婪尾。蓋謂最後之盃也。宋景文詩:「稍倦持螯手,猶殘婪尾盃。」《古雋考略》云:「《廣韻》:飲酒半去半在曰闌。當作闌尾。」《石林燕語》云:「或謂啉為燷,如鐵入火,貴出其色。」此尤無稽矣。(《歷代詩話》卷五十《唐詩》卷中之中)

⊙侍姬

《本事詩》曰:白尚書姬人樊素善歌,妓人小蠻善舞,嘗為詩云:「櫻桃樊素口,楊柳小蠻腰。」年既高邁,而小蠻豐艷,因為楊柳之詞,以托意云:「一樹春風萬萬枝,嫩於金色軟於絲。永豐坊里東南角,盡日無人屬阿誰。」

吳旦生曰:樂天嘗稱妓有樊素者,年二十餘,善唱《楊柳枝》人多以曲名名之。一日,將放去。因作詩,自題曰:「不能忘情吟,且謂楊柳枝。」再拜長跪而致辭,辭曰:「素事主十年,凡三千有六百日。巾櫛之間,無違無失」,此東坡所謂「不似楊枝別樂天」也。洪景盧言:白集中有詩云:「菱角執笙簧，谷兒抹琵琶。紅綃信手舞，紫綃隨意歌。」自注曰：「菱、谷、紫、紅，皆小臧獲名。」王勉夫又言：「妓不止此，觀劉夢得《贈小樊》詩云：花面丫頭十三四，春來綽約向人時。終須買取名春草，處處將行步步隨。」又《同州與樂天》詩注云：春草，白君之舞妓也。白詩云：「小奴搥我足，小婢搥我背。」又不知小奴、小婢者，是何名也。（白別有詩云：「小花蠻榼二三升」；曰：「還攜小蠻去，試覓老劉看。」此小蠻乃酒榼名耳。）（《歷代詩話》卷五十《唐詩》卷中之中）

⊙三花

白樂天詩：「舞衣裁四葉，馬鬣剪三花。」

吳旦生曰：《唐六典》：外牧歲進良馬，印以三花飛鳳之字。東坡筆記言：李將軍思訓作《明皇摘瓜圖》。嘉陵山川，帝乘赤驃，起三騣，與諸王嬪御十數騎出飛仙嶺下，初見平陸，馬皆驚，而帝馬見小橋不進。不知三騣謂何。今見岑參有《赤驃馬歌》云：「赤髯胡雛金剪刀，平時剪出三騣高。」乃知唐御馬多剪治，而三騣其飾也。《復齋漫録》乃引楊巨源《觀打毬》詩：「玉勒回時露赤汗，花騣分處拂紅纓。」嚴維作《勑賜寧王馬》詩：「鏡點黃金眼，花開白雪騣。」又見《名畫録》言：開元、天寶，世尚輕肥，多愛三花飾馬。郭若虛藏韓幹畫《貴戚閱馬圖》，中有三花馬。蘇大衆家有韓幹畫三花御馬，晏元獻家有《虢國出行圖》，亦畫三花馬，蓋三花者，剪騣為三辮耳。楊升庵云：唐詩：「朝騎五花馬。」又：「五花馬，千金裘。」杜詩：「蕭蕭千里馬，箇箇五花文。」隋丹元子《步天歌》：「五箇花文。」以馬鬣剪為五花或三花，皆象天文也。（《歷代詩話》卷五十《唐詩》卷中之中）

⊙格是

白樂天詩：「如今格是頭成雪，彈到天明亦任君。」

吳旦生曰：「格」「隔」二字同義。《委巷叢談》云：「言已是如此，曰隔是。」元微之詩：「隔是身如夢，頻來不為名。」（《歷代詩話》卷五十《唐詩》卷中之中）

⊙鑿落、琵琶

白樂天詩：「銀含鑿落盞，金屑琵琶槽。」

吳旦生曰：韓退之詩：「酡顏傾鑿落。」按《海録碎事》云：「蒼梧令金佐堯從賊，被黥面，嘗自稱金鑿絡。湘楚人以盞斝中鐫鏤金渡者為金鑿絡。」又樂天《送春詞》：「銀不洛，從君勸。」不洛，酒器也。意落、絡、洛，古字通用。

張祜《琵琶詩》：「金屑檀槽玉腕明。」按《説文長箋》：「琵琶，本作擘（博戹切，搗也）杷（博下切，搥擊也）。」

唐人多以琵作必音讀。如云「四絃不似琵琶聲」、「斷腸猶繫琵琶絃」、「忽聞水上琵琶聲」之類是也。楊廉夫詩：「東山宴上琵琶骨。」自注：「琵音弼。」樂天句當如此讀。

《古今樂録》云：「琵琶出於絃鞉，杜摯以為秦末苦長城之役，百姓絃鞉而鼓之。又貞觀中，裴洛兒彈琵琶，始廢撥用手，今所謂搊琵琶是也。《席上腐談》云：王昭君琵琶壞，重造而其形小。昭君笑曰渾不似，今訛為胡撥四。即《元史》以為火不思，亦訛。（《歷代詩話》卷五十《唐詩》卷中之中）

⊙天地

《韻語陽秋》曰：孟郊詩：「食薺腸亦苦，強歌聲無歡。出門即有礙，誰謂天地寬。」許渾詩：「萬里碧波魚戀釣，九重青漢鶴愁籠。」皆是窮蹙之詩。白樂天詩：「無事日月長，不羈天地闊。」與二子殆天壤矣。

吳旦生曰：同一天地也，樂天以不羈便道闊，東野以有礙便不道寬。可見詩人胸次，隨其所發，即有天地。陳無己詩：「天地豈不寬，妾身自不容。」更得風旨。《泊宅編》云：韓退之多悲詩，三百六十首，哭泣者三十首；白樂天多樂詩，二千八百首，飲酒者九百首。（《歷代詩話》卷五十《唐詩》卷中之中）

⊙檠

白樂天詩：「鐵檠移燈背。」

吳旦生曰：樂天自注：「檠，去聲。」唐彦謙《雨》詩：「燈檠昏魚目，薰爐咽麝臍。」李義山詩：「九枝燈檠夜珠圓。」韓退之詩：「墻角君看短檠棄。」皆去聲。按《集韻》：「檠，渠映切。」注云：有足似几物也。諸詩作去聲，用本此。

《黄氏筆記》云：「檠者，定弓體之器。」《周禮·弓人》注：「音景。」《漢書·蘇武》注：「又音巨京反。」東坡詩：「大弨一弛何緣彀，已覺翻翻不

受鞶。」陸放翁云：鞶作平聲押，用《漢》注也。(《歷代詩話》卷五十《唐詩》卷中之中)

⊙暖溫暾

白樂天詩：「池水暖溫暾。」

吳旦生曰：《輟耕録》：「南人方言曰溫暾者，乃懷暖也。」《致虛雜俎》云：「今人以人性不爽利者曰溫暾湯，言不冷不熱也。」樂天慣以俗語入詩。王建亦云：「新晴草色暖溫暾。」(《歷代詩話》卷五十《唐詩》卷中之中)

⊙下馬陵

楊升庵曰：白樂天詩：「自言本是京城女，家在蝦蟇陵下住。」蝦蟇陵在長安。謝良輔詩：「取酒蝦蟇陵下，家家守歲傳卮。」齊己詩：「翠樓春酒蝦蟇陵，長安少年皆共矜。」

吳旦生曰：《國史補》謂董仲舒墓，門人過必下馬，以故號下馬陵，而語訛為蝦蟇陵。白公詩亦狥俗之過，奈何升庵又舉他詩以證之耶？東坡詩：「隻雞敢忘喬公語，下馬聊尋董相墳。」又《謝徐朝奉啓》云：「過而下馬，空瞻董相之陵。」元遺山詩：「千年荊棘龜趺在，會有人尋下馬陵。」黃晉卿詩：「時有北人來下馬，不知秦樹幾啼鵑。」(《歷代詩話》卷五十《唐詩》卷中之中)

⊙板輿

白樂天詩：「朱旛四從板輿行。」

吳旦生曰：潘安仁《閒居賦》：「太夫人乃（初）御板輿，升輕軒。」注云：「板輿一名步輿，方四尺，素木為之。」自樂天引用，世遂以板輿為奉母故事。然按當時三公告老，許以板輿上殿，如傳袛者。又梁韋睿以板輿自載，督厲衆軍，則非耑以奉母。(《歷代詩話》卷五十《唐詩》卷中之中)

⊙池魚

《清波雜誌》曰：張無盡作一表云：「魯酒薄而邯鄲圍，城門火而池魚禍。」上句出《莊子》(智按：《莊子・胠篋》。陸德明釋文：「楚宣王朝諸侯，魯恭公後至，而酒薄；宣王怒，欲辱之。恭公不受命。……宣王怒，乃發兵與齊攻魯。梁惠王常欲擊趙，而畏楚救。楚以魯為事，故梁得圍邯鄲。」又引許慎注淮南曰：「楚會諸侯，魯、趙俱獻酒於楚王，魯酒薄而趙酒厚。楚之主酒吏求酒於趙，趙不與。吏怒，乃以趙厚酒易魯薄酒，奏之。楚王以趙酒薄，故圍邯鄲也。」)，下句不知所出。以意推之，當是城門失火，以池水救之，池竭而魚死也。《廣韻》「池」字韻注云：「池，水沼也。古有姓池名仲魚者，城門失火，燒死。諺曰：『城門失火，殃及池魚。』」白樂天詩：「火發城頭魚水裹，救火竭池魚失水。」初不主姓名之説。然《廣韻》所載當有所據。【「當有所據」文淵閣本作「當必有據」。】(《歷代詩話》卷五十《唐詩》卷中之中)

智按：見周煇《清波雜誌》卷九（劉永翔校注本，第四一〇頁）。

吳旦生曰：古語有云：「楚國亡猿，禍延林木，城門失火，殃及池魚。」《通鑑》、正史具載之，非委巷媟語也。如池魚為姓名，豈又有姓林名木者耶？樂天詩正得語意，而張表下句謂即出古語可。(《歷代詩話》卷五十《唐詩》卷中之中)

⊙開八袠

白樂天詩：「行開第八袠，可謂盡天年。」

吳旦生曰：注：七十以上為開第八袠。蓋以十年為一袠。故樂天又云：「已開第七袠，屈指幾多人。」此年六十三元日詩也。

《芥隠筆記》云：「《禮》：年八十曰有秩，故以八十為八袠。又道家流用此語，樂天屢用之。」余按《禮記》：「八十、月告存。」鄭注云：「每月致膳。」「九十、日有秩」，鄭注云：「秩，常也。日有常膳。」則知《筆記》為未審矣。如陸放翁詩：「年開九秩尚不死，坐對一編殊未饜。」此年八十三以後所作，其用古始確。(《歷代詩話》卷五十《唐詩》卷中之中)

⊙自敍

白樂天詩：「自憐郡姓為儒少，豈料詞場中第頻。桂折一枝先許我，楊穿三箭盡驚人。」

吳旦生曰：樂天自作《墓誌》，以白起為祖，故言郡姓儒少也。與弟敏中、行簡三人，相繼皆中第，故言三箭驚人也。《避暑録話》云：「世以登科為折桂，此謂卻詵對策東堂，自云桂林一枝也。自唐以來用之。」

溫庭筠詩：「猶喜故人新折桂。」其後以月中有桂，故又謂之月桂，而月

中又言有蟾，故又改桂為蟾，以登科為登蟾宫。用卻詵事固可笑，而展轉相訛復爾。(《歷代詩話》卷五十《唐詩》卷中之中)

⊙芰

白樂天詩:「荷芰緑参差，新秋水滿池。」

吴旦生曰:芰，菱也。言荷與菱兩物也。杜牧之《晚晴賦》:「忽引舟於深灣，覩八九之紅芰。」是誤以芰為荷。東坡詩:「緑芰紅蓮畫舸浮。」乃分别言之。按《酉陽雜俎》云:「四角三角為芰，兩角為菱。」應劭作淩，司馬相如作薢。《老學菴筆記》云:「今人謂卷荷為伎荷，伎，立也。卷荷出水面，亭亭植立，故謂之伎荷。或作芰，非是。」

楊升庵云:「菱乃今之菱角，芰乃今之雞頭。《楚辭》:緝芰荷以為衣。若是菱葉，何可以為衣乎?」又「屈到嗜芰」，蓋決明之菜，非水中之芰也，審矣。緣楚人名菱為芰，所以致後世之紛紛也。余按，雞頭曰芡，《古雋考略》云:「雞頭、鵠頭、鴈頭、鴻頭、雞壅(音邕)，皆芡也。」《詞林海錯》云:「芡為鴻頭。」韓退之聯句「鴻頭排刺芡。」山谷詩「剖蚌煑鴻頭。」則升庵以芰為雞頭，誤矣。《管子》:芡名卵。菱乃藉以名之。豈升庵誤據此耶。《檇李》李君實云:吾地小青菱，被水而生，味甘美，熟之，可代飧飯。其花鮮白幽香，與蘋蓼同時，正所謂芰也。春秋時，吾地入楚，屈到所嗜，其即此耶?則升庵以為，決明之菜，又非篤論。

田子藝云:「《周禮·籩人》:『淩，芰也。』疏云:『即菱角。』亦誤。籩，實菜也，名薢茩，一名蕨攈。」余觀《學齋佔畢》云:「《爾雅》:『薢茩芙茪。』注:『芙明也，即今決明也。或曰蔆也，字從阝，非從冫』。及至『淩蕨攈』，然後從淩。注:『水中芰也。』則是陸生之蔆，與水中之淩，其為二物不同。」(《歷代詩話》卷五十《唐詩》卷中之中)

⊙酒令

白樂天詩云:「鞍馬呼教住，骰盤喝遣輸。長驅波卷白，連擲采成盧。」注云:「骰盤、卷白波、莫走、鞍馬，皆當時酒令。」

吴旦生曰:又樂天詩:「醉翻襴衫抛小令。」劉貢父謂今人以絲管歌謳為令者，是也。大都欲以酒勸，故始言送，而繼承者辭之。搖首挼舞之屬，皆卻之也。至八遍而窮，斯可受矣。其或舉故事物色，則樂天所云「閒徵雅令窮經史」，退之所云「令徵前事為」也。又元微之《題黄明府詩序》云：「昔年飲酒，嘗為觥録事。」謂為酒糾也。又《東臯雜録》云：孔常父言：唐人詩：「城頭催鼓傳花枝，席上搏拳握松子。」此藏鬮為戲也。又皇甫松手勢酒令，五指皆有名，大指名蹲鴟，中指名玉柱，食指名鈎戟，無名指名潛虯，小指名虎膺，指節名私根，通呼五指名五峰。此今俗所謂豁拳也。可見酒席諸戲，其來已久。《資暇集》云飲酒之卷白波義，當何起？按東漢既擒白波賊戮之，如卷席然，故酒席倣之，以快人情也。薛瑩《後漢書》云：黄巾郭太等起於西河白波谷，時謂之白波賊。《青箱雜記》以為杯名，非也。陸放翁詩：「快似麾兵卷白波。」楊廉夫詩：「觴令嚴行捲白波。」王元美詩：「相看只解呼紅友，半醉猶能捲白波。」（《歷代詩話》卷五十《唐詩》卷中之中）

⊙十

白樂天詩：「緑浪東西南北路，紅欄三百九十橋。」

吳旦生曰：唐宋詩人多以「十」字作諶音讀，往往作平聲入詩。劉禹錫詩：「春城三百九十橋。夾岸朱樓隔柳條。」宋文安公宫詞：「三十六所春宫館，二月春風送管絃。」晁以道詩：「煩君一日殷勤意，示我十年感遇詩。」金蕭真卿詩：「兩崕傴側無十步，萬頃逡巡酒一盃。」説家謂：里巷間人言，利之小者曰八文十二，謂「十」為諶，蓋語急故以平聲呼之。田子藝云：「非也，十當音旬。古人以十日為旬，故如此讀。」（又以司字作入聲讀，如樂天詩：「四十著緋軍司馬，男兒官職未蹉跎。」「一為軍司馬，三見歲重陽。」宋太素詩：「鄜州軍司馬，也好畫為屏。」「官為軍司馬，身是謫仙人。」又樂天詩：「為問長安月，誰教不相離。」相字上聲，杜詩：「恰似春風相欺得」，相字入聲。）（《歷代詩話》卷五十《唐詩》卷中之中）

⊙浪濺

白樂天《與盧侍御宴黄鶴樓》詩云：「白花浪濺頭陀寺，紅葉林籠鸚鵡洲。」

吳旦生曰：《塵史》云：頭陀寺在郡城之東絕頂處，西去大江最遠，風濤雖惡，何由及之。如孫魴《金山寺》詩：「驚濤濺佛身。」《漁隱叢話》云：「金山寺何其低而小哉？蓋詩人形似太過，率多此疵。」張仲達《詠鷺鷥》

詩：「滄海最深處，鱸魚銜得歸。」張文寶云：「佳則佳矣，爭奈鷺鷥嘴腳太長也。」亦同坐此。（《歷代詩話》卷五十《唐詩》卷中之中）

⊙十二行

白樂天詩：「鍾乳三千兩，金釵十二行。」

吳旦生曰：十二行，或謂六鬟也。齊肩並立，為釵十二。然此乃《答牛思黯》詩，自注云：「思黯自誇前後服鍾乳三千兩，而歌舞之妓甚多，乃謔予衰老，故答。」則所謂六鬟，良是也。又觀梁武帝所歌《莫愁》云：「頭上金釵十二行。」《演繁露》謂「排插十二釵」也。南齊周盤龍父子俱有神勇，高帝嘉之，送盤龍妾杜氏金釵十二枚。唐制：命婦以花樹多為高下，曰花釵若干也。《留青日札》謂：「古婦人髻高，故能插金釵十二行，乃六雙也。」據此，則又是一人用十二釵矣。（《歷代詩話》卷五十《唐詩》卷中之中）

⊙富貴

《後山詩話》曰：白樂天云：「笙歌歸院落，燈火下樓臺。」又云：「歸來未放笙歌散，畫戟門前蠟燭紅。」非富貴語，看人富貴者也。

吳旦生曰：唐人之言富貴者，晏元獻謂萊公詩「老覺腰金重，慵便玉枕涼」，未是富貴語，不如樂天詩「笙歌歸院落，燈火下樓臺」，此善言富貴者。黃魯直又謂樂天二句不如子美「落花游絲白日靜，鳴鳩乳燕青春深」也。唐人之言窮者，東野詩「種稻耕白水，負薪斫青山」，不如閬仙詩「市中有樵山，我舍朝無煙。井底有甘泉，釜中乃空然」。蓋孟氏薪水自足而賈家柴水俱無也。

人知樂天善言富貴，而不知其又善言窮也。有詩曰：「塵埃常滿甑，錢帛少盈囊。侍衣甚藍縷，妻愁不出房。」抑何其窘迫無聊耶！《野客叢書》引東坡曰：「淵明《歸去來辭》：缾無儲粟。使瓶有儲粟，亦無幾。此翁只於缾中見粟。」歐公曰：「孟郊詩：鬢邊雖有絲，不堪織寒衣。就令織得，能幾何！二公戲言之耳，非真譏之也。才人志士，筆端造化，抑揚高下，不可以一律觀。譬之水泉，揚之可以滔天，抑之不過涓涓於溝洫間爾。文章亦猶是。晏元獻常言富貴不及金玉錦繡，惟説其氣象，若「樓臺側畔楊花過，簾幙中間燕子飛。」「梨花院落溶溶月，柳絮池塘澹澹風。」窮人家有此景否？（《歷代詩話》卷五十《唐詩》卷中之中）

⊙依

白樂天詩：「坐依桃葉妓。」

吳旦生曰：樂天自注：「依，馬皆切。」又詩：「醉依香枕坐。」亦此音也。蘇子卿詩：「黃鵠一遠別，千里顧徘徊。胡馬失其羣，思心常依依。」曹子建詩：「願為西南風，長逝入君懷。君懷良不開，賤妾當何依。」古韻相叶如此，依字當作挨音也。然觀《漢・律曆敘傳》云：「官失學微，六家分乖，一彼一此，庶研其幾。」崔駰《達旨》云：「淳樸散離，人物錯乖。高辛攸降，厥趣各違。」《猛虎行》云：「自矜無當對，氣性縱以乖。朝怒殺其子，暮還食其妃。」則二韻本通故耶。《小雅・采薇》詩云：「昔我往矣，楊柳依依。今我來思，雨雪霏霏。行道遲遲，載渴載饑。我心傷悲，莫知我哀。」蓋其音韻最古。（《史記天官書》：「五帝座後，聚十五星，蔚然曰郎位」。《漢書》蔚然作哀烏。《甘氏星經》作依烏。依亦音哀也。）（《歷代詩話》卷五十《唐詩》卷中之中）

⊙交情

《本事詩》曰：「元相公稹為御史，鞠獄梓潼，時白尚書在京，與名輩游慈恩，小酌花下，為詩寄元曰：『花時同醉破春愁，醉折花枝當酒籌。忽憶故人天際去，計程今日到梁州。』時元果及褒城，亦寄夢游詩曰：『夢君兄弟曲江頭，也向慈恩院裏游。驛吏喚人排馬去，忽驚身在古梁州。』千里神交，合若符契。」

吳旦生曰：白傅、元相，交既深，又善詩，時號元、白。江淮間新進小生目為元和詩體。《北夢瑣言》乃謂白集内哭元（微之）詩云：「相看掩淚俱無語，別後傷心事豈知。想得咸陽原上樹，已抽三丈白楊枝。」洎自撰墓誌，云：「與彭城劉夢得為詩友。」殊不言元者，人疑其隙終也。余謂不然。按元寫白詩於閬州西寺，白寫元詩百篇合為屏風。又元守浙東，白守蘇臺，置驛遞詩往來，謂之詩筒。其詩有云：「有月多同賞，無杯不共持。」又元上令狐楚書云：「某與同門生白居易友善，居易雅能詩，或為千言，或為五百言律詩，以相投寄。小生往往戲排舊韻，別創新詞，名為次韻，蓋欲以難相挑耳。」又白序劉禹錫詩云：「予與元微之唱和頗多，嘗戲言，僕與足下二十年來為文友詩敵，幸也，亦不幸也。吟詠性情，播揚名聲，幸也；然江南士女語才子者，多云元白。以子之故，僕不得獨步於吳越間，此亦不幸也。今垂老，復遇夢得，非重不幸耶?」又白在洛，元過之，以二詩別去：「白頭徒侶漸稀少，明日恐君無此歡。」又云：「自識君來三度別，這回白盡老髭鬚。」未幾，死於鄂。白哭之曰：「始以詩交，終以詩訣。絃筆相絕，其今日乎?」據此，則兩人交情，白頭如故。即白之序劉，猶言與元為文友詩敵，且云垂老遇劉，未嘗獨厚於劉也。其自誌亦偶及耳，何言隙終，以誣前哲！（《賈氏談録》云：樂天葬龍門山，河南尹盧貞刻《醉吟先生傳》，立於墓側，四方過者必奠酒，方丈之前，常成泥濘。）（《歷代詩話》卷五十《唐詩》卷中之中）

⊙柘枝

楊升庵曰：白樂天詩：「柘枝隨畫鼓，調笑從香毬。」不知香毬何用。如今人詞中用金縷字，亦不知金縷於歌何關。

吳旦生曰：《羯鼓録》：柘枝，本拓枝舞也。其後字訛為柘枝。余觀《瑣碎録》云：「柘枝舞，本後魏拓拔之名，易拓為柘，易拔為枝。」其説為有理。《樂府雜録》云：「健舞曲有柘枝，軟舞曲有屈柘。」《樂苑》云：「柘枝曲，羽調也。屈柘枝，商調也。」屈一作掘，音扭。《韻語陽秋》云：「柘枝舞起於南蠻諸國，而盛於李唐。」章孝標云：「柘枝初出鼓聲招，花鈿羅衫聳細腰。」言當招之以鼓。張承福云：「白雪慢回抛舊態，黃鶯嬌轉唱新詞。」言當雜之以歌。而鄭在德詩云：「三敲畫鼓聲催急，一朵紅蓮出水遲。」則所用者一人而已。法振詩云：「畫鼓催來錦臂攘，小娥雙起整霓裳。」則所用者又二人。按《樂苑》：「用二女童，帽施金鈴，抃轉有聲，其來也，於二蓮花中藏，花折而後見。」則當以二人為正。《夢溪筆談》（卷五・樂律一）云：「《柘枝》舊曲，遍數極多，如《羯鼓録》所謂《渾脱解》之類，今無復此遍。寇萊公好《柘枝舞》，會客必舞《柘枝》，每舞必盡日，時謂之「柘枝顛」。今鳳翔有一老尼，猶是萊公時柘枝妓，云：「當時《柘枝》，尚有數十遍。今日所謂《柘枝》，比當時十不得二三。」老尼尚能歌其曲，好事者往往傳之。（《歷代詩話》卷五十《唐詩》卷中之中）

以上見《歷代詩話》卷五十，陳衛平、徐傑點校本，第五九〇～六〇八頁智按：《歷代詩話》卷五十關於白樂天者，共二十八則，「傳席」一則，已見前引宋龔頤正《芥隠筆記》、元陶宗儀《南村輟耕録》；「服章」、「牡丹」二則，過於繁瑣，未録。

⊙張祜

吴旦生曰：清河張祜，字承吉。張為作《主客圖》，以白樂天為廣大教化主，而以祜為入室。即白公「款頭」之謔，亦一時欽籍語。……（《歷代詩話》卷五十一《唐詩》卷中之下，陳衛平、徐傑點校本，第六一一～六一二頁）

⊙四雨

《漁隱叢話》曰：「『桃花亂落如紅雨』，『梨花一枝春帶雨』，『小院深沈杏花雨』，『梅子黄時日日雨』，皆古今詩詞之警句也。予嘗欲作一草亭，四面各植花一色，榜曰四雨，豈不佳哉。」

吴旦生曰：《捫蝨新語》：「『梨花一枝春帶雨』，句雖佳，不免有脂粉氣，不似『朱簾暮捲西山雨』，多少豪傑。因謂樂天句似茉莉花，王勃句似含笑花，李長吉『桃花亂落如紅雨』似薝蔔花，而王荆公以為總不如『院落深沈杏花雨』，乃似闍提花。」《野客叢書》云：「前輩謂『深院無人杏花雨』之句極佳，此非四雨之數，當作去聲呼，僕觀此句，正祖南唐潘佑之意。佑有詩曰：『誰家舊宅春無主，深院簾垂杏花雨。』然佑句作上聲，非去聲也。其下曰：『香飛緑鎖人未歸，巢燕承塵燕無語。』豈語字亦當作去聲耶？《花間集》亦曰：『紅憲寂寂無人語』，『黯澹梨花雨』。」

休齋云：「荆公以『院落深沈杏花雨』為佳。予謂杏花雨固佳，然而『梨花院落溶溶月，柳絮池塘澹澹風』却於風月上寫出柳絮梨花，尤有精神，嘗欲轉移兩句，作『溶溶院落梨花雨，澹澹池塘柳絮風。』此老杜『紅稻啄餘鸚鵡粒，碧梧棲老鳳凰枝』格也。（《歷代詩話》卷五十一《唐詩》卷中之下，陳衛平、徐傑點校本，第六一六～六一七頁）

⊙咏草

徐興公曰：白樂天咏草云：「野火燒不盡，春風吹又生。」已傳播今昔矣。又唐僧云：「時平生戰地，農惰入春田。」又元楊基云：「六朝舊恨斜陽外，南浦新愁細雨中。」風調情景，俱不在樂天之下。唐僧句見《山谷集》，或云是蔡襄詩，非也。

吳旦生曰：《八閩通志》載：王禹玉云：蔡君謨草詩有「時平生戰地，農惰入春田」之句，其言干教化，非「野火燒不盡，春風吹又生」之比。興公編纂《蔡端明別紀》，亦採入此條，而又云非蔡詩，何耶？（《歷代詩話》卷五十五《宋詩》卷上之上，陳衛平、徐傑點校本，第六九一頁）

⊙身

東坡詩：「公是主人身是客，舉觴登望得無愁。」

吳旦生曰：白樂天謂「心是主人身是客」，坡用其語。蓋身猶言我也。如張飛據水斷橋，瞋目横矛，曰：「身是張翼德也，可來共决死。」黄承彦謂孔明曰：「身有醜女，才堪相配。」……（《歷代詩話》卷五十八《宋詩》卷中之上，陳衛平、徐傑點校本，第七三五～七三六頁）

⊙蒼茫

東坡詩：「愁度奔河蒼茫間。」

吳旦生曰：趙注謂，「蒼茫」兩字，古人用之，皆是平聲，而先生所用乃是仄聲。蒼字，《廣韻》音麤朗反，而茫字上聲，皆不收，不知先生所用出處，以俟博聞。王勉夫云：揚雄《校獵賦》「鴻濛沆茫」，字音莽。白樂天《雪詩》：「寒銷春蒼茫。」又曰：「野道何茫蒼。」並音上聲。蘇子美詩「淮天蒼茫背殘臈，江上委蛇逢舊春。」自注蒼茫，仄聲。茫作仄用，似此甚多。（《歷代詩話》卷五十八《宋詩》卷中之上，陳衛平、徐傑點校本，第七三八～七三九頁）

⊙朱顔

《冷齋夜話》曰：山谷言，詩意無窮而人才有限，以有限之才追無窮之意，雖淵明、杜陵不得工也。不易其意而造其語，謂之换骨法；規摹其意而形容之，謂之奪胎法。樂天詩「醉貌如霜葉，雖紅不是春」，東坡詩「兒童悮喜朱顔在，一笑那知是酒紅」，此奪胎法也。

吳旦生曰：此種語意，不止白、蘇。觀《王直方詩話》，知又有鄭谷詩「衰鬢霜供白，愁顔酒借紅」，老杜詩「髮少何勞白，顔衰肯更紅」，陳無己詩「髮短愁催白，顔衰酒借紅」，皆相類也。（《歷代詩話》卷五十八《宋詩》

卷中之上，陳衛平、徐傑點校本，第七四五~七四六頁）

⊙放翁

王弇州曰：「昔人所稱廣大教化主者，於長慶得一人，曰白樂天；於元豐得一人，曰蘇子瞻；於南渡後得一人，曰陸放翁。為其情事景物之悉備也。然蘇之與白，塵矣；陸之與蘇，亦刼也。」

吳旦生曰：弇州又言：「放翁頗近蘇氏而麄，楊萬里、劉改之俱弗如也。然放翁又與子瞻殊科。」自余觀之，南渡以後，范石湖、陸放翁兩家為冠，楊誠齋謂范之清新、陸之敷腴；姜白石謂溫潤如范，俊逸如陸，當時已推服之。然范詩易看而難入，當由其溫潤，進其清新；陸詩難擇而易躭，當汰其敷腴，竇其俊逸。（《歷代詩話》卷六十一《宋詩》卷下之下，陳衛平、徐傑點校本，第七八〇頁）

⊙禽蟲

《夷白齋詩話》曰：元釋溥光，字元暉，俗姓李氏。特封昭文館大學士、榮禄大夫，賜號立悟大師。有二絶句云：「蟭螟殺敵蚊眉（白作巢）上，蠻觸交争蝸角中。何異（白作應是）諸天觀下界，一微塵裏（白作内）鬪英雄。」「荳苗鹿嚼解烏毒，艾葉雀啣奪燕巢。鳥獸不曾看本草，諳知藥性是誰教？」

吳旦生曰：此非元釋溥光詩也。《白樂天集·禽蟲十二章》自序云：「莊列寓言，風騷比興，多假禽蟲以為筌蹄。故《詩》義始於關雎、鵲巢，道說先乎鯤鵬、蜩鷃之類是也。予閒居，乘興偶作一十二章，頗類志怪放言，每章可致一哂。一哂之外，亦有以警其衰髦封執之惑焉。微之、夢得云此乃九奏中新聲、八珍中異味也。」按，前二首外有可采者，如云：「燕違戊己鵲避歲，兹事因何羽族知。疑有鳳凰頒鳥歷，一時一日不參差。」又云：「江魚羣從稱妻妾，塞雁聯行號弟兄。但恐世間真眷屬，親疎亦是強為名。」又云：「蠶老繭成不庇身，蜂饑蜜熟屬他人。須知年老憂家者，恐是二蟲虚苦辛。」又云：「一鼠得仙生羽翼，衆鼠相看有羨色。豈知飛上未半空，已作烏鳶口中食。」其於物理人事，參勘了達，非樂天未易到此。

《遯齋閒覽》云：瀏鶒能敕水，故宿水而物莫能害。鶴能巫步禁蛇，故食蛇。啄木遇蠹穴能以嘴畫字成符，即蠹蟲自出。鵲有隠巢木，故鷙鳥能免。燕啣泥避戊己日，故巢固而不傾。鸛有長水石，故能於巢中養魚而水不涸。燕惡艾，雀欲奪其巢，即啣艾置其巢中，燕見艾避去。此皆鳥之有智者。(《歷代詩話》卷七十一《元詩》卷下之下，陳衛平、徐傑點校本，第九二〇頁)

智按：吴景旭，字又旦、旦生，號仁山。歸安（今浙江湖州）人。明諸生。入清不仕。著《南山堂詩文集》。

汪价（一六一一～?）

《中州雜俎》

⊙緑野堂

唐裴晉公因閹宦擅權縉紳，道喪不復，有經濟意，乃于午橋作别墅，具燠館凉臺，號緑野堂，激波其下，野服蕭散，與白居易、劉禹錫為文把酒，晉公嘗有題云：「野人不識中書令，喚作陶家與謝家。」白樂天和云：「陶廬僻陋那堪比，謝墅幽微不足攀。何似嵩峰三十六，長隨申甫作家山。」（卷五，《四庫全書存目叢書》影印民國十年安陽三怡堂排印本）

⊙青山獨往

白樂天為王涯所讒，謫江州司馬。甘露之變，樂天在洛，適遊香山寺，有詩云：「當君白首同歸日，是我青山獨往時。」不知者以樂天為幸之，樂天豈幸人之禍者哉！蓋悲之也。(卷十，《四庫全書存目叢書》影印民國十年安陽三怡堂排印本)

⊙隆慮三老

元賈竹，字彦青，號竹軒，又號乖公，林慮人。才思敏捷，下筆成文。然不事雕鐫，其詩清婉有致。壽至七十五，屬纊揮一頌曰：「七十五歲賈乖公，耳目聰明步似風。况是兒曹身外事，夕陽流水各西東。」投筆而逝。嘗作《進酒歌》曰：「君不見：潯陽隱士陶淵明，漉酒便脱頭上巾。夏日高卧北窗下，偃然自謂羲皇人。又不見：山東豪士李太白，襟懷浩渺滄溟窄。長安吟醉不知休，知章一見呼仙客。乖公乖公眞乖公，世人那復知心胸？權門要路招不得，羽衣禪衲欣相從。吾名以行豈無謂，要見眞節凌蒼空。有時赤脚弄明月，有時散髮吟清風。清風明月不用買，對景且喜三人同。相逢有酒輒與飲，醉倒不管簞瓢空。歸去來，牛耕魏武殿，草没燕王臺。伯夷化，盜跖死，北邙亂塚空崔嵬。歸去來，且啣杯。百年三萬六千日，都教是醉能幾回?」《天平谷》詩曰：「六峰聳翠白雲間，頓遣幽人眼界寬。早晚隨師更深處，杖挑明月一輪寒。」

翟炳，字欽夫，號梅軒佚老，又號山翁。性坦率，不喜修飾。能詩，工書，作楷字尤遒美。詩效樂天。大定末，翰林學士遵古嘗寄一詩曰：「樂天兜率陀天客，不是蓬萊海上人。翟子老來無格似，香山無乃是前身。」山翁嘗作一歌云：「吾家無一有，中有書與琴。書載聖賢語，琴彈山水音。聖賢之語飽我腹，山水之音清我心。鄴兒六尺不識字，秦樓一笑擲千金。」又有《鄴臺行》：「君不見：黄輝萬丈當塗高，築臺鄴下矜雄豪。觚稜直抵霄漢極，洪基欲比西山牢。危樓曲欄照金碧，雲楣井藻分纖毫。美人侍宴悉傾國，詞客賦詠皆英髦。樽前歌舞未知倦，軍中戈戟難忘操。四征跋扈尚能戰，三分漢鼎猶鴻毛。曹瞞海内歸神武，隣死何為視兒女。西陵松柏翠生煙，臺上嬋娟泣如雨。銅雀惟餘漳水流，金鳳深埋城下土。鄴臺咫尺若有靈，好作移文來弔古。」

王鼎，字大鼐，號松軒，亦曰退翁。與翟、賈二公皆天下飄逸，眞神仙中人，時人目為三仙翁。好事者多繪像事之。至今稱之曰「隆慮三老」。大鼐為人整風儀，尤精翰墨，求書者踵門，日不暇給，兼有詩名。《詠梅花》詩云：「溪橋翠塢小池塘，間有横枝出短牆。一種是花偏耐冷，十分如雪更含香。翰林遭放情逾適，沈約緣詩瘦不妨。卧月棲煙本來分，何須驛使為傳芳。」又《遊林慮山》詩：「燕子來時春已賒，海棠開盡未還家。醉眠不覺東風惡，吹起衣巾滿落花。」（卷十一「人紀」十，《四庫全書存目叢書》影印民國十年安陽三怡堂排印本）

⊙柳枝有六

李義山屬情洛中婦，名柳枝，後為東諸侯取去，因寓詩五首，以墨其故處。韓退之侍兒，亦名柳枝，有詩：「別來楊柳陌頭樹，擺亂春風只欲飛。」白樂天侍兒，亦名柳枝，有詩：「兩枝楊柳小樓中，嫋嫋多年伴醉翁。」楊廉夫侍兒，亦名柳枝，有詩：「竹枝柳枝桃杏花，吹彈歌舞弄琵琶。可憐一箇楊夫子，化作江南散樂家。」楊基亦寄之詩云：「長笛參差吹海鳳，小璚楊柳舞妖魔。」而聶大年《讀廉夫集》云：「白髮草元揚子宅，紅妝檀板謝家湖。」蓋指此也。以上柳枝，皆本李將姬柳氏章臺柳得名。韓員外所謂「縱使長條似舊垂，也應攀折他人手」也。又有陽臺柳，亦蜀妓，柳氏贈詩有云：「從今喚作陽臺柳，舞盡春風萬萬條。」（卷十四，《四庫全書存目叢書》影印民國十年安陽三怡堂排印本）

⊙名公別號

唐元結為聱叟，宋司馬溫公自稱迂叟，韓魏公晚號安陽戇叟，文潞公號伊叟。白樂天致政，卜築洛陽，號香山居士；歐陽公居潁，號六一居士；蘇子由自嶺外歸許下，號潁濱遺老。居士、遺老，亦叟之類也。（卷十四，《四庫全書存目叢書》影印民國十年安陽三怡堂排印本）

⊙洛陽上壽

洛陽遺老李元爽年一百三十六歲，見白香山《九老會序》；甄權年一百三歲，拜朝散大夫，賜几杖，太宗貞觀中，嘗幸其家，明劉澤演號嵩門，曾任靜寧知州，壽至一百歲，有司扁之為中州人瑞焉。又劉太師健，洛陽人，壽一百七歲，甫生時，有僧過門曰：此兒七死不死，過四十，官至一品，壽百歲餘，後果經危難七次，爵與壽皆合僧，眞神人哉！（卷十四，《四庫全書存目叢書》影印民國十年安陽三怡堂排印本）

⊙洛陽古會

洛陽山川秀美，人物高華，古來名流，率傳雅會。謹志於後：

金谷會（晉石崇主之）、香山會（白居易主之）、春明會（唐裴度主之）、「耆英會」（宋富弼主之）、「同甲會」（文彥博主之）、「真率會」（司馬光主之）、「八耆會」（明詹棟主之）、「澹逸會」（明王正國主之）、「同年會」（明劉贊主之）、「敦誼會」（明朱用主之）、「惇誼會」（明王正國主之，改舊名，從心不從文）、「初服會」（明許夢兆主之）、「崇雅會」（明劉衍祚主之）。

中州諸老會

九老會九人（洛陽）：

白居易於東都履道坊，與胡、吉、劉、鄭、盧、張等，合尚齒之會，各賦七言韻詩一章，以紀其盛。後又有二老，年貌絕倫，一為遺老李元爽，一為禪僧如滿，亦來與會，仍以一絕贈之云：「雪作鬢眉雲作衣，遼東華表暮雙歸。當時一鶴猶稀有，何況今逢兩令威？」又云：「時祕書狄兼謨、河南尹盧貞，以年未及七十，雖與會而不之列。」

前懷州司馬安定胡杲（年八十九歲）

衛尉卿致仕馮翊吉皎空（年八十八歲）

前磁州刺史廣平劉真（年八十七歲）

前右龍武軍長史滎陽鄭據（年八十五歲）

前侍御史内供奉范陽盧真（年八十三歲）

前永州刺史清河張渾（年七十七歲）

刑部尚書致仕白居易（年七十四歲）

洛中遺老李元爽（年一百三十六歲）

僧如滿（年九十五歲）

五老會五人（睢陽）：

宮師相國杜祁公退居睢陽，與王、畢、朱、馮四公，優游鄉梓，為五老會，賦詩酬唱，宋人形於繪事，以紀其盛。祁公以故相耆德，尤為天下傾慕。兵部詩云：「九老且無元老貴，莫將西洛一般看。」五人年皆八十餘，康寧爽健，故祁公詩云：「五人四百有餘歲，深稱分曹與挂冠。」而畢年最高，故其詩云：「非才忝預最高年。」時歐陽文忠留守睢陽，借其詩觀之，次韻卒章云：「聞說優游多唱和，新詩何惜借傳看。」

太子太師致仕祁國公杜衍（年八十歲）

禮部侍郎致仕王渙（年九十歲）

司農卿致仕畢世長（年九十四歲）

兵部郎中致仕朱貫（年八十八歲）

駕部郎中致仕馮平（年八十七歲）

耆英會十三人（洛陽）：

潞國文公留守西都，韓國富公致政歸里，慕樂天香山九老之風。一日，潞公悉集士大夫老而賢者，於韓公之第，置酒相樂，賓主凡十有二人，圖形妙覺僧舍，時人謂之洛陽耆英會。時司馬君實年未七十，用狄監、盧尹故事，亦與斯會。時韓公年最高，而潞公次之，故潞詩云：「當年尚齒尤多幸，十二人中第二人。」韓公贈潞詩云：「顧我年齡雖第一，在公勳德自無雙。」潞再答韓公云：「惟公福禄并功德，合是人間第一人。」是時宣徽使王公拱宸年七十，留守大名，貽詩二公，預其數，凡十三人。

寧軍節度使守司徒開府儀同三司致仕韓國公富弼彦國（年七十九歲）

河東節度使守太尉開府儀同三司判河南府潞國公文彦博寬大（年七十七歲）

尚書司封郎中致仕席汝言君從（年七十七歲）

朝議大夫致仕王尚恭安之（年七十六歲）

太常少卿致仕趙丙南正（年七十五歲）

秘書監致仕上柱國劉几伯壽（年七十五歲）

衛州防禦使致仕馮行己肅之（年七十五歲）

中奉大夫充天章閣待制提舉崇福宮楚建中正叔（年七十二歲）

司農少卿致仕王謹言不疑（年七十二歲）

宣徽南院使檢校太尉判大名府王拱辰君貺（年七十一歲）

太中大夫提舉崇福宮張問昌言（年七十歲）

龍圖閣直學士通議大夫提舉崇福宮張燾景元（年七十歲）

端明殿學士兼翰林侍讀學士大中大夫司馬光君實（年六十四歲）

同甲會四人（洛中）

文潞公歸洛日，與程珦、司馬旦、席汝言為同甲會，各賦詩一首。潞公詩曰：「四人三百十二歲，况是同生丙午年。招得梁園為賦客，合來商嶺采芝仙。清譚亹亹風盈席，素髮飄飄雪滿肩。此會從來曾未有，洛中應作畫圖傳。」「四人三百十二歲」，蓋本樂天《九老會詩》「七人五百八十四歲」也。潞國公文彦博，中散大夫程珦，朝議大夫司馬旦，司封郎中致仕席汝言（皆年七十八歲）。（卷十四「人紀」十七，《四庫全書存目叢書》影印民國十年安陽三怡堂排印本）

智按：九老會中「衛尉卿致仕馮翊吉皎空」之「空」字，疑衍。

⊙洛陽神童

洛陽楊牢絕乳即能詩，白樂天七月未能言而識之無字，王寀方能言，為賊所負，而以計脫。（卷十五，《四庫全書存目叢書》影印民國十年安陽三怡堂排印本）

⊙白蓮花

洛陽無白蓮花，白樂天自吳中帶種歸，始有之。集中有《白蓮泛舟》詩云：「白藕新花照水開，紅窗小舫信風迴。誰教一片江南興，逐我殷勤萬里來。」又《種白蓮》詩云：「吳中白藕洛中栽，莫戀江南花懶開。萬里攜歸爾知否，紅蕉朱槿不將來。」（卷十九，《四庫全書存目叢書》影印民國十年安陽三怡堂排印本）

⊙牡丹唐人本有詩

歐陽永叔以為，牡丹初不載文字，惟以藥名載《本草》，自則天以後，洛陽牡丹始盛，然未聞有以花名者，如沈、宋、元、白之流，皆善詠花，當時一花之異者，彼必行於篇什，而牡丹寂不見稱，惟劉夢得有《咏魚朝恩宅牡丹》詩，但云「一叢千朵」而已，亦不云其美且異也。至宋而洛陽之花，遂甲天下。其實不然，白樂天《買花》詩云：「共道牡丹時，相隨買花去。」又有《題洛陽牡丹圖》詩，又有《白牡丹》一篇十四韻，又有《牡丹芳》一篇，三百四十七字，絕道花之妖豔，至有「遂使王公與卿士，游花冠蓋日相望。花開花落二十日，一城之人皆若狂」之語。又有《寄元微之百韻》詩，有云：「唐昌玉蕊會，崇敬牡丹期。」又有《惜牡丹》詩：「明朝風起吹應盡，夜惜衰紅把火看。」《歸盩厔》詩：「數日非關王事繫，牡丹花盡始歸來。」元微之有《入永壽寺看牡丹》詩八韻，又有《和樂天秋題牡丹叢》三韻，又有《酬胡三咏牡丹》一絕，又有五言二絕句。他如許渾亦有詩：「近來無奈牡丹何，數十千錢買一窠。」徐凝之詩：「三條九陌花時節，萬馬千軍看牡丹。」又云：「何人不愛牡丹花，占斷城中好物華。」裴說牡丹詩：「數朵欲傾城。」王建《題賃宅牡丹》詩：「賃宅得花饒。」李商隱集中有《牡丹》二詩，又有《僧院牡丹》詩，又有《回中牡丹》詩二首，是唐人如元白以下，未嘗無詩也。即劉夢得，又有《渾侍中宅看牡丹》、《唐郎中宅看牡丹》、《自賞牡丹》詩，安得云惟有魚朝恩宅一詩，又《龍城録》載，高宗宴群臣賞雙頭牡丹，則又在大曆以前，博稽如歐公，其疏如此，是以知立言之難也。又閱李綽（綽）《尚書故實》，言北齊楊子華畫牡丹，謝康樂集言水際竹間多牡丹，則南北朝已有之矣。（卷十九，《四庫全書存目叢書》影印民國十年安陽三怡堂排印本）

智按：汪价，字介人，號三儂，有《三儂嘯史》。

方文（一六一二～一六六九）

《顧與治詩序》

……古人詩之最多者，莫如少陵、香山。……古人之詩勿論，其他即少陵、香山，亦未必盡善盡美。……（《顧與治詩集》卷首，《四庫全書存目叢書補編》影印北京大學圖書館藏民國金陵叢書丙集刻本，第一册第四～五頁）

智按：顧夢遊（一五九九～一六六〇），字與治，金陵（今江蘇南京）人。

《初度書懷》（九首其二）

昔聞杜陵叟，降生乃壬子。厥後香山翁，生年亦復爾。相去六十載，英名千古垂。我生幸同庚，性情復相似。酷嗜二公詩，詩成差可擬。（《嵞山集》卷一，《續修四庫全書》影印清康熙二十八年王槩刻本；上海古籍出版社影印康熙刻本，第五八頁）

智按：順治八年（一六五一）辛卯四十歲生日所作。

《廬山詩三十六首》（其三十五）

大林寺之東即香爐峰。白樂天《草堂記》云：「匡廬奇秀，甲天下山。山北有香爐峰，遺愛寺、介峰寺間，其境絕幽，又甲廬山。」某見而樂之，若遠行客過故鄉，戀戀不忍去。因面峰腋寺作為草堂，則今紫雲菴後，是其故址，開先寺香爐峰下亦有草堂遺址，當是後人附會為之，恐即太白書堂，誤為白公耳。

江州名宦多，吾愛白司馬。築室香爐峰，盡室處其下。當時有官守，豈能越郊野。黃巖遠且巉，知是後人假。東林訪遺蹤，將以告來者。（右香爐峰）（《翕山集》卷二，《續修四庫全書》影印清康熙二十八年王槩刻本；上海古籍出版社影印康熙刻本，第八三～八四頁）

《崔李行》（甲午）

杜詩云：「晚定崔李交，會心真罕儔。每過得酒傾，二宅可淹留。」謂崔封、李戢也。白詩云：「平生相見即眉開，靜念無如李與崔。各是天涯為刺史，如何不覓九江來。」謂李公垂、崔晦叔也。夫杜、白當時交游何限，乃惓惓致意于崔、李二君。噫！亦異矣。予生平不乏交游，稱知己者則崔高淳正誼、李太湖漑林。嘗兩至高淳，三至太湖，二公待予之厚，始終無間，因有感於子美、樂天二詩而咏嘆之，似先獲我心者，爰作短歌以紀其事。

有唐詩人累千百，我獨師承杜與白。杜白同時人幾何？維崔與李情獨多。古今風雅有神契，况復俱生壬子歲。何緣崔李亦同時，氣味相合長相思。長相思不長相聚，會吟錦水香山句。（《翕山集》卷三，《續修四庫全書》影印清康熙二十八年王槩刻本；上海古籍出版社影印康熙刻本，第一六一～一六二頁）

智按：作于順治十一年（一六五四）甲午。

《訪劉賓仲先生寓園》

華亭宗伯久不作，赭山老人今尚存。自有法書垂異代，却無精舍借鄰園。詩中白傅夜猶讀，欄外絳桃春正繁。與我忘年交恨晚，佳期日日到柴門。（《翕山集》卷八，《續修四庫全書》影印清康熙二十八年王槩刻本；上海古籍出版社影印康熙刻本，第三八五頁）

《潘蜀藻招同陳二如夜集有贈》

吾鄉詩學自紛紜，古義深求在兩君。註就杜陵眞一絕（二如註杜詩甚精），吟成白傅渾無分（蜀藻學長慶體最肖）。為懽預訂花間月，欲別先愁江上雲。問我何年歸里住，三人歌笑日相聞。（《翕山集》卷八，《續修四庫全書》影印清康熙二十八年王槩刻本；上海古籍出版社影印康熙刻本，第三九五～三九六頁）

智按：作于順治九年（一六五二）。潘江（一六一九～一七〇二），字蜀藻，號木崖，桐城（今屬安徽）人。有《木厓集》。陳式（一六一五？～一六八九），字二如，號問齋，安徽樅陽人。有《問齋杜意》。

《王望如招飲談詩即席賦此》

潤州官舍姑溪寓，幾夜論詩情最懽。字句鍾譚今不少，沈酣杜白古來難。知君淵雅曾窺奥，好我狂吟每授餐。仕隱雖分本同氣，綈袍猶念故人寒。（《盫山集》卷九，《續修四庫全書》影印清康熙二十八年王槩刻本；上海古籍出版社影印康熙刻本，第四四四～四四五頁）

《秋日歸里飲潘蜀藻茅堂談香山詩甚快有贈并示從弟井公》（癸巳）

野老攻詩二十年，詩中警句亦流傳。貪看酷嗜無如爾，短諷長吟不論篇。自是性情眞契合，豈因朋好故周旋。往時刻畫杜工部，近日沈酣白樂天。異地何曾相告語，同心不覺自鑽研。君才通敏摹多似，我筆粗疏恨未全。別去乾坤誰解此，歸來閭里特懽然。乍窺草舍三間小，重覩芳詞七字妍。欲展客懷須命酒，忙分母饌已烹鮮。客非陶侃客堪比，母較茅容母更賢。況有方干為妹壻，也偕潘岳共留連。今宵偶聚黄花下，古調高歌翠竹邊。長慶風光俱在眼，香山胎骨本來仙。三人詠歎知非苟，百遍過從期莫愆。只恐浮踪猶未定，明朝又泛五湖船。（《盫山集》卷十，《續修四庫全書》影印清康熙二十八年王槩刻本；上海古籍出版社影印康熙刻本，第四七三～四七四頁）

智按：作于順治十年（一六五三）癸巳。

《宋副憲玉叔見惠繭袍謝之》

杜公居夔州，客遺細織段。逡巡不敢受，惡其太美煥。白公居江州，客寄輕裕布。愛其樸而文，受之製重袴。我今居營州，故人為監司。惠我山繭袍，古色如松脂。既非織段華，又比輕裕貴。雅稱山人服，服之有道氣。憶昔潤州城，與君兄弟居。衣我以萊葛，一着六年餘。此繭亦萊産，視葛尤渾堅。願言服無斁，奚止十餘年。（《盫山集》續集北游草，《續修四庫全書》影印清康熙二十八年王槩刻本；上海古籍出版社影印康熙刻本，第五五八頁）

《冷泉亭》

天竺下山路，皆從靈隱過。此亭臨澗壑，之子任婆娑。松檜夏偏密，樵蘇晚更多。當年白少傅，高咏意如何。(香山有《冷泉亭詩》)(《翕山集》續集徐杭遊草，《續修四庫全書》影印清康熙二十八年王槩刻本；上海古籍出版社影印康熙刻本，第六五九頁)

《烟水亭歌為崔正誼計部作》

九江城北江水横，九江城西湖水平。湖中央，有古臺，在臺之四面，烟波縈昔賢。於此搆亭子，遠眺廬山近湓水。群公暇日攜賓客，置酒遊觀信為美。左帥兵從武昌來，千萬人家化劫灰。此亭隔水幸未燼，楝宇摧殘亦可哀。又十六年壞已極，仕宦何人肯修飭？榷關使者崔大夫，過此停車三嘆息。慨然捐俸百金餘，立召工師來拮据。旬月頓還其舊制，秋晴開燕臨前除。我往南州泊江渚，訪君官舍淹行旅。詰朝與客登兹亭，石門雲屏咫尺許。是時江上紛捉船，使君關賦虧不全。高情豈肯同俗吏，黽勉從事湖山邊。假令充裕如疇昔，定知到處搜遺蹟。香爐草堂久凋落，庀材重建君豈惜。重建草堂事誠難，琵琶亭址在江干。但能修葺如烟水，長與詩人來往看。(《翕山集》續集西江遊草，《續修四庫全書》影印清康熙二十八年王槩刻本；上海古籍出版社影印康熙刻本，第七八九～七九〇頁)

《湓浦訪琵琶亭》

九江烟月聽琵琶，千古風流此岸沙。亭址尚存亭已廢，愁看楓葉與蘆花。(《翕山集》續集西江遊草，《續修四庫全書》影印清康熙二十八年王槩刻本；上海古籍出版社影印康熙刻本，第八二七～八二八頁)

《夜讀白詩》

門巷秋陰斷往來，堦除晚霽獨徘徊。消愁唯有香山集，夜夜燈前當酒杯。(《翕山集》續集西江遊草，《續修四庫全書》影印清康熙二十八年王槩刻本；上海古籍出版社影印康熙刻本，第八二九頁)

《縱筆》

平生無所好，寓意詩酒中。酒多令人病，詩多令人窮。愚者惑斯言，智者意能通。凡病以酒治，詩窮而後工。即使有小害，莫敵其大功。況我老詩人，對客飲亦雄。沈酣無肺疾，嘯詠有和風。竊比白香山，自號醉吟翁。（《盇山集》再續集卷一，《續修四庫全書》影印清康熙二十八年王槩刻本；上海古籍出版社影印康熙刻本，第八六七頁）

《贈張禹邨》

古人有慕藺相如，或慕顏曾伍子胥。取其姓名作名姓，因而百世垂令譽。今人嚮慕古人少，況乃命名從幼小。前賢且不解師承，近代風流復誰紹。潤州張子始成童，作詩作畫靡不工。厥名曰盇是何意，云慕盇山期與同。老夫薄劣安足數，縱有詩篇盡愁苦。妙年底事獨相親，良以若翁謬稱許。若翁風雅自翩翩，毓秀鍾靈非偶然。丹青已入倪黄室，詩法還從杜白傳。（《盇山集》再續集卷二，《續修四庫全書》影印清康熙二十八年王槩刻本；上海古籍出版社影印康熙刻本，第九四五頁）

《贈戴山人葭湄》

前年冬月涉邗水，董相祠邊訪知己。武林戴生居隔垣，爲我曾圖四壬子。柴桑範度本天人，杜白風標並絶塵。何幸置我於其側，意態相關若有神。因持此圖示同調，人人歎息誇精妙。先是曾鯨與謝彬，兩公心法惟君紹。今年夏月復來兹，何以報君惟此詩。西園雅集成千古，全賴龍眠李伯時。（《盇山集》再續集卷二，《續修四庫全書》影印清康熙二十八年王槩刻本；上海古籍出版社影印康熙刻本，第九五六頁）

智按：戴蒼，字葭湄，錢塘（今浙江杭州）人，以人物畫見長，曾分别爲朱彝尊、王士禛作過《烟雨歸耕圖》和《抱琴圖》。由此詩首句可知他爲方文所作《四壬子圖》，在康熙二年癸卯（一六六三）冬。

《從兄坦菴先生招飲寓齋看菊率成二首》

白髮新從紫塞還，淮南處處是家山。高秋濟水先停櫂，長夏蕪城又掩關。自有眞詩娱老眼，不須多酒破愁顔。此邦雖好兒孫遠，歸去青溪明月灣。（兄客刊溝，而子姪皆家白門，故欲其歸也）

猶記霜天入舊都，時時酒脯慰窮途。榆關一去腸堪斷，棣蕚相望眼欲枯。舟泊黄河驚會面，盆移白菊喜提壺。從來小謝論詩合，爲我重題壬子圖。（予與陶、杜、白三公皆壬子生，有四壬子圖）（《嵞山集》再續集卷四，《續修四庫全書》影印清康熙二十八年王槩刻本；上海古籍出版社影印康熙刻本，第一〇六〇頁）

智按：方文，字爾止，號嵞山，桐城（今屬安徽）人。復社骨干人物之一。與堂侄方以智年相若，同學達十四年之久，其詩前期學杜，多蒼老之作；後期專學白居易，明白如話，長於敘事。生平見李聖華《方文年譜》（人民文學出版社，二〇〇七年三月）。施閏章論其詩云：「爾止為詩，雖民謠里諺，塗巷瑣事，皆可引用。興會所屬，衝口成篇，款曲如話，真至渾融，自肺腑中流出，絕無補綴之痕」。方文與後期之方貞觀（名世泰，以字行）、方世舉（字扶南，號息翁），以「方氏三詩人」并稱於世。李聖華《冷齋詩話》第三五頁「長慶體不亡」謂：「明清好長慶體者不乏其人，睥睨一世者，在明，為袁中郎、江進之、鄧遠游（渼）；在清，為方爾止、孫豹人、潘木厓（江）。」同書第五三頁「嵞山體」謂：「方爾止詩真樸淡老，平中見奇，與歸熙甫之文異曲同工。潘木厓《跋嵞山續集後》云：『有明著作最權奇，熙甫文章爾止詩。淡處盡教耐思索，太羹玄酒少人知。』其又擅長敘事，詠物寫心，興會所屬，具自然之妙，以詩存史，足備史家采摭。閻古古（閻爾梅）《桃花城秋夜贈方爾止》贊云：『尚論古今作詩史。』張其淦《明千遺民詩詠》卷二五：『嵞山亦詩史。』潘木厓稱之嵞山體，李士雅則曰爾止體，足媲美梅村體、神韻體，惜識者不多，流傳未廣，可謂不幸矣。嵞山，在懷遠縣城外。周世宗望之，謂濠州有王者氣。爾止取以自號，志其不忘故國也，《嵞山》詩云：『蠡山吾自命，卻未到嵞山。驅馬自今日，與龍在此間。乾坤方正位，日月又回圈。俯首淚承睫，因之懷袖斑。』」同書第五六頁「杜骨白肌」謂：「方爾止詩宗子美、樂天，周櫟園《西江游草序》載其論詩語云：『今使世之為詩者，苟能推白之坦逸，以合於杜之雄渾，開闔頓挫，自為一氣，方足雄據作者之壇。』嘗得香山詩本，隨攜笥中。張文潛以五百金購之，見其塗乙滿卷，幾不存一字，乃作罷。鄧漢儀（孝威）、錢牧齋以其刻畫長慶，頗有箴規，爾止弗善也。……余檢《龕山集》數過，信其説，謂爾止『杜骨白肌』。其專學長慶之作，或傷率意，平淡中自具精神。竹垞《詩話》嘲笑其詩中有可笑語，然終嗗云粃糠少於粒米也。」

朴長遠（一六一二～一六七一）

《行年三十九三絶句》

行年三十九，歲准白香山。何事拘形役，東西南北間。

行年三十九，有志未歸山。何日專丘壑，琴書屋數間。

行年三十九，吏隱清平山。羡殺息庵子，休官棲此間。（《久堂先生集》卷三，《韓國文集叢刊》本）

《四十明朝是三絶句》

四十明朝是，猶當古強仕。思將仕學年，倒自明年起。

四十明朝是，吾慙學優仕。謝安豈可輕，晚向東山起。

四十明朝是，聊甘爲貧仕。去留挫囊懷，感歎中宵起。

「四十明朝是」，乃杜拾遺守歲之作也。「行年三十九，歲暮日斜時。孟子心不動，吾心亦庶幾。」乃白香山絶句也。杜子志在飛騰，而歎其老也。白傅之能不動心，未知果庶幾於鄒孟否耶？如吾疲劣，既未能讀破萬卷，下筆如神，闖堂奥而建旗鼓，如杜老之爲。而又於白傅之蚤退急流，以全晚節，亦余竊庶幾焉而未能者也，況敢望孟子之不動心乎。然亦以是自畫，則烏在其能塞受中以生之責乎？聊拈六絶，以抒余懷。非敢謂追蹤古人之徒，亦記余之犬馬之齒適與相符而已。然杜子美之詩，古人已謂如聖人制作，殆不及矣。白傅之香山石樓、八節灘，亦豈吾所能辦乎。孟子之不動心，眞不可及矣。然亦從孟子斡轉處看而有得焉則幾矣。（《久堂先生集》卷三，《韓國文集叢刊》本）

《用前韻寄呈昌平叔父》

三年客裹幾登臺，春入江城雁影回。骨肉久爲湖外別，音書猶阻日邊來。爐峯白傅三間屋，廨宇何郎一樹梅。早晚歸同田父飲，甕空呼取隔籬杯。

（《久堂先生集》卷四，《韓國文集叢刊》本）

《示尹生叔平》

岐路徘徊鬢雪飄，微燈蟲響坐殘宵。秋生隴畝猶慳雨，夢繞漁磯政落潮。自愧道根追白傅，誤疑禪味似參寥。功名努力煩公等，諸尹吾東古八蕭。

（《久堂先生集》卷六，《韓國文集叢刊》本）

《疊前韻》

楚騷來眼倚高樓，月色江光雨後秋。詩句秪今無苦思，菊花從此莫深愁。杜陵風憶千間廈，白傅寒思萬丈裘。三秀靈芝芳歲晏，短檠空愧舊儒流。

（《久堂先生集》卷六，《韓國文集叢刊》本）

《戲疊船字簡仲美》

百花潭上杜工部，八節灘頭白樂天。冷酒春嘗吾醉矣，中郎笑接又頹然。幽懷一架葡萄雨，詩思千村楊柳煙。更有西隣閑事約，墊巾同上泛湖船。

（《久堂先生集》卷八，《韓國文集叢刊》本）

《又疊出灘谷》

寒江連雨水黏天，冬半如春記此年。旗影幾低沽酒店，櫓聲時軋釣魚船。瀼西客騎難相遣，長慶詩筒漫自傳。又趁昏鍾覓歸路，對床何日穩朝眠。

（《久堂先生集》卷八，《韓國文集叢刊》本）

《答李進士書》

寒盡春生，伏惟二難。承顔萬福，人日得隔歲信，足慰澤畔逢辰之感。前後書中寄意，不但往復恒情，自惟無狀，何以得此於左右耶？其於感怍，又豈易言耶？第詳縷示前所苦者，尚爾纏繞。救治無術，在遠聞之，爲慮不少。以尊稟氣之清粹，當其初得疾時，不能完養思慮，積漸將息，以至於此。此症之積有歲年，宜亦然矣，然亦從事於古人寡欲養心之訓，而不責一服一散之效於時月之間，則庶乎心清而病去矣。惠篇甚寵，詞法兩臻其極，況其立意奥妙，其來有自者耶？爲之圭玩不釋。言志之作，極完且美，豈有自家意思如許，而乃反嬰情於衰盛之年者耶？何不觀於白香山少時所作絶句載於《谿谷漫筆》者，而時以自解耶？如僕之獲罪於天，臣而負國，子而別母，不

北而南，亦無非至恩。感祝之中，興寢飲啄。自齒人數，尙復何説哉。……（《久堂先生集》卷十四，《韓國文集叢刊》本）

《病閑録後小序》

余於去年仲冬之初，病解夙夜之務，此《病閑録》之所以權輿也。繼而冬至後三日，適坐銀臺時，微事特被罷退，白傅詩所云「天許作閑人」者，殆亦近之。自是出遊湖墅，歸掃湍岡，惟情之是適，無復拘礙。以及于今春末夏初，而會有筵官白上者，特命敍復。……自去冬至今夏首尾幾半歲，雖無實用工處，而亦不至全然廢書。賦詩呼酒，太半屬自己光陰，未知百年未滿之間，如此者復幾許時耶。又安得自放於荒閑寂寞之境，與兒子輩讀得殘書，而終收桑榆之功耶。聊書此以志之。癸巳六月八日。（《久堂先生集》卷十四序，《韓國文集叢刊》本）

《謫録》

……四月八日，所稱俗節。而遷謫之懷，庭闈之戀，必倍於恒日，吾等是以來耳。余聞言始覺是日爲節日也，遂交羅酒漿，舉杯相屬，而目見魚筍入饌，念及分甘，尤無以爲懷也。勸酬飲酣，至暮而罷。罷後猶耿耿不能寐，留與諸鄭飲。飲非我所好也，然亦不得已也。適有玉娘携琴至，令唱歸去來辭《琵琶行》數曲。客有一人醉，不覺起舞。燈裏傞傞之影，亦可觀也。勿令鼓琴，戒太康也。燈自官中來，而付與主人兒少，勿令懸於前，亦有以焉耳。嗟余謫來于此，過冬春而及夏矣。郡之儒士憐我窮寂，數來相見。至辦美肴膳，共此四時之興，其不視我以負國無狀之人而然耶。雖知其有罪累，而特哀其窮而已耶。諸君厚意，皆不可忘也。且記其姓名：陳遇亨、李昌亨、安克儉、柳尙悦、陳道亨五人。……（《久堂先生集》卷十九謫録，《韓國文集叢刊》本）

智按：朴長遠，字仲久，號隰川、久堂，高靈人。仁祖朝登第。官至吏曹判書、提學。有《久堂先生集》。

周亮工（一六一二～一六七二）

《西江游草序》

古人為詩，未有舍性情而專言格調者。今人好稱格調，而反略於性情，此詩之所以不古也。夫詩以言性情也，山澤之子，不可與論廟堂；華曼之詞，不可與言憔悴，其情殊也。今無與於頌述，而黼黻其貌；本無所感慨，而涕泗從之，以不情之悲喜，為應酬之章句，所謂鞞鐸之不中於音也。而挾其行卷，詡然曰：「我盛唐，我六朝也。」余竊怪之，而世俗之見鮮與余同。惟吾友方子爾止，其論詩與余最合。

蓋余聞爾止之言曰：《三百篇》尚矣，屈、宋而後，足以追蹤繼響者，惟漢人樂府。今觀其《戰城南》、《陌上桑》、《孤兒》、《病婦》諸行，以及《焦仲卿妻》等篇，指事屬詞，微言托諷，為後代高曾之規矩，而少陵、香山，其源皆出於此，雖氣格聲響不能畫一，而風旨所歸，先後同揆，期於聞者足以感動而後止，即有善析者，不能岐兩家而使之異轍也。而耳食之士，遂以少陵獨步，非香山所可幾，豈足為通論乎？今使世之為詩者苟能推白之坦逸，以合於杜之雄渾，開合頓挫，自為一氣，方足雄據作者之壇。若夫摘裂字句，補湊成章，至於前後易置，不可致詰，卑卑不足道也。爾止之論，與余合若此。

爾止之詩初出，猶為人所驚怪，越數年而漸習，又數年，玉叔、尚白與余輩後先宣導之，而爾止之教遂大著於天下。兹《西江游草》出，其為海内所尊信而誦服無疑矣，固無俟余贅。獨異爾止根蒂前古，發之詩歌，為於舉世未為之日，而一旦翕然從之，苟非有深識定力，當群議而不撓，烏能卓然自立，成一家言乎？余故舉其所論少陵、香山之合者如此，以見詩人之卓然自立，能成一家言，必有所挾持，非泛然而為之也。（《賴古堂集》卷十三，上海古籍出版社影印本，第五五〇～五五二頁）

《因樹屋書影》

白樂天《琵琶行》：「千呼萬喚始出來」，楊用修改「始」字為「才」字；且謂作者亦必心服。徐興公謂畢竟「始」字為妙。況「才」、「來」一韻，尤礙。余謂用修懼後人作惡謔耳，非謂「才」字勝「始」字也。用修謂《詩》古注「睍睆黄鳥」，睍睆，色也，非聲也。下句「載好其音」，以為重複，訓之為色，古注可憑也。嚴氏《詩緝》謂，睍睆指羽毛之鮮潔，而説詩者又謂目之流盼也。按二字俱從「目」，此解較長。（卷二，上海古籍出版社《書影》，第五四～五五頁）

白樂天詩：「已開第七秩，屈指幾多人！」又「行開第八秩，可謂盡天年。」《芥隠筆記》：「時俗謂七十以上為開第八秩。」冠五曰：「今人但用『望』字，無用『開』字者。」余謂方踰七者曰「開」，近八者曰「望」。（卷四，上海古籍出版社《書影》，第一一〇頁）

白樂天别駕忠州，為《荔枝圖》寄朝士姻舊，或干以財，率不答，但畫《荔枝圖》與之。見《杜陽編》。劉崇龜節儉，生平無恩澤及人。為廣州守，有親舊干謁者，但作《荔枝圖》與之。曰：「此嶺南佳果圖，愛之者直得百金。」見《宋史》。劉豈聞白有圖而仿之乎？此二則當收入《荔枝譜》。（卷四，上海古籍出版社《書影》，第一一九頁）

《白六帖》：「蘭子能燕戲，復干宋元君，元君大怒曰：『昔有異技干寡人，技無庸，適值寡人有歡心，故賜金帛，今而望吾賞！拘而戮之。』燕戲今絕，倒投挾也。」又引《列子》：「宋有蘭子，以技干宋元君，以雙技（疑枝）見，長倍其身，屬脛並馳，弄七劍而躍之，立賜金帛。」按雙枝屬足，即今踹高蹻之戲也。高蹻之戲，習於着屐，寸寸而上之，長倍身矣，亦能弄刀劍等。「倒投挾」不知何戲，今京師閹宦，畜童子為觔斗舞盤諸雜戲者，謂之倒喇。「喇」與「挾」音近，豈即倒投挾耶！恐燕戲自燕戲，雙技自雙技。（卷七，上海古籍出版社《書影》，第一九一～一九二頁）

智按：周亮工，字元亮，別號陶庵、減齋、緘齋、適園、櫟園等，學者稱櫟園先生、櫟下先生。金溪（今江西南城）人，原籍祥符（今河南開封），後移居金陵（今江蘇南京）。明崇禎十三年進士，官至浙江道監察御史。入清後歷仕鹽法道、兵備道、布政使、左副都御史、戶部右侍郎等，一生飽經宦海沉浮，曾兩次下獄，被劾論死，後遇赦免。生平博極群書，愛好繪畫篆刻，工詩文，著述甚多，惜晚年多焚之，僅餘《賴古堂集》及《因樹屋書影》

(一名《書影》)。《賴古堂集》中有多篇序文書信涉及文學批評，周氏於詩尚性情與自然淺近之詩風，故對白居易詩有好感。白詩素為某些正統文人所不齒，七子一派詆毁甚巨，周對白詩之喜好，或受公安派影響，乃為數不多對白詩有好感者。

嚴書開（一六一二～一六七三）

《東皋紀夢》

予山居沉寂，遊托浩渺，即夢境亦清泫殊絕。柳子厚云：意有所極，夢亦同趣。不其然耶？然予懼世之君子謂予好怪也，諸幽異奇詭者，槩隱勿録，而擇其尤確者，姑志一二焉。……十月，夢與草菴叔登一孤峰絕頂，四顧寂寥，忽遇一老翁，自稱白樂天，已忽不見。須臾，聞别嶺歌聲，廻視之，即翁也。緩步徐行，朗吟數十語，都不復憶，惟記其末二語云：「佳哉此遊，石與山仇。」……（《嚴逸山先生文集》卷九，《四庫禁毁書叢刊》影印清初寧德堂刻本）

智按：嚴書開，字三求，歸安（今浙江湖州）人。有《逸山集》。

錢澄之（一六一二～一六九二）

《潘蜀藻詩序》

吾鄉潘蜀藻，以詩文稱於世者三十餘年，凡吾鄉論名士，必推蜀藻，而四方稱吾鄉之名士，亦必首推蜀藻。予之知蜀藻，蓋知之於四方之士也。垂老始與蜀藻交，讀其詩與文，因以漸習其爲人，然後知四方之譽果不虚，而士之有盛名於當世者，固不妄得也。是時，蜀藻與方爾止學爲白香山詩，因見予之詩，間有似於香山者而好焉，予之於香山，非有意以似之也。予以爲，詩者性情之事，非緑飾藻繢者之可爲，故力求其眞率，而不自知其間有似也。而蜀藻之爲香山，亦時出入於錢、劉之間，其論詩多與予合，故與爾止同學香山，而吾鄉獨以香山名爾止，且爾止好苦吟，其有似乎香山者，必經累日搆思，摹儗刻畫，久而後近之。蜀藻之詩，多得諸應酬紛沓之餘，或卽席唱和，或酒罷挑燈，率援筆而成，而亦無不似者，則其才不可及也。以蜀藻之才，馳驟藝林，何所不得，使獲一第而居得爲之位，又何事不可爲，而乃以明經入太學，爲選人，以聊自解於太夫人，志良苦矣。既罷舉，則益肆力於詩文，因搜羅同鄉先輩及諸亡友逸士之遺稾，盈數千篇，欲悉爲之論定，而表章之其意甚厚。吾觀蜀藻平生躭嗜風雅，遇人有一語之善，歌舞贊歎不自知，其吟之於口，而誦之於人，蓋天性使然，而其詩學之老而彌深，殆亦由此其進也。今將梓其集，以應四方之求，語予曰：「吾且老矣，吾無以見於世，所可見者此耳。予知我者，其序焉。」吾猶記蜀藻甫十歲應童子試出，合郡傳誦其文，目以聖童，當時見者爭以爲潘氏千里駒矣。及其以詩交於予也，年正壯盛，方以全力攻制舉之文，而講求用世之學，詩特其餘事耳，而今乃以詩名也，悲夫！（《田間詩文集》文集卷十四序，《續修四庫全書》影印清康熙刻本；黄山書社一九九八年版《田間文集》，第二六八頁）

《曾庭聞二集詩序》

寧都曾庭聞游寓秦川，所爲詩沈鬱頓挫，觀其《出塞》諸篇，音調悲壯，居然《車轔》、《駟鐵》之遺響也。已乃輕去其鄉，挾吳姬，置諸塞下，匹馬絕大漠，竝長城，歷秦晉燕趙之墟，每積草邊沙，冰稜雪暗時，煙火斷絕，夜無幕廬，則枕卧馬腹下，以爲豪然，所至輒有旗亭觴咏之樂，故其詩復多情至之語，豔思藻句，與悲壯之聲雜出，蓋視初集又一變也。庚戌春下第，僕人胠其篋以逃，困甚，於是悉燒平生著作，獨策蹇南歸，歸則盡遣去諸婢妾，入天目山，禮玉公和尚爲師，求薙髮，不聽。今年復隨計偕入京，持戒精嚴，儼然一苦行頭陀矣。予謂古今詩人，皆有情人也。論詩者，惟曰發乎情止乎禮義。陶元亮嗜酒，著《閒情賦》，不入遠公社，然遠公聞其至則喜。謝靈運奉佛甚篤，而公謂其心雜，則遠公之取舍必有在矣。白樂天、蘇子瞻皆深通佛法，而未能忘情於聲色嗜味，然樂天自信生兒率天，子瞻爲戒禪師後身，後世之學佛者，於二公皆無譏焉，是情固不足以累道也。庭聞詩以豪氣而兼柔情，其斥遣愛好，皆豪氣之所爲也。以云槁滅，未也。吾願庭聞吟元亮之詩，去靈運之雜，學樂天之佛，參子瞻之禪，不必忘情，亦勿越於禮義，以是爲詩，卽以是作佛，則天目和尚之不聽薙染，或亦與予有同見乎？臨別，出兹集見示，因書此以爲之序。（《田間詩文集》文集卷十四序，《續修四庫全書》影印清康熙刻本）

《家爾斐七十初度序》

以吾觀，當今之時，有完人焉，則吾家爾斐一人而已。吾所謂完，非富貴福澤、壽考賅備之爲完，而一往適意、身名俱泰之爲完也。爾斐生長貴介，年三十，舉於鄉，聲譽滿東南，家本不貧，有園林池館之樂，可以自適然，而三吳之爲爾斐者何限，而不能適其適者多矣。君自改革以後，爲有司所迫，一上公車，輒以病免，而後遂不復再迫，因抗志高尚，優老林泉，可不謂身名俱泰者乎？伯兄中丞公、仲兄明經公俱艱於嗣，爾斐以其子若孫爲之後，皆不累爾斐，爾斐亦不以累其子孫。庭户闃然，獨與孺人處。惟老友至，一設酒脯，餘所有，悉以佐亭池花石之費，所謂一往適意者，非耶？爾斐風流蘊藉，其立身制行，在魏晉之間。吾嘗謂其有別趣而不僻，有逸興而不蕩，有深情而不癡。其於文章丘壑之妙，往往匠心而出，超然獨賞，未嘗不與人共欣賞也，故曰別而不僻。絲竹未嘗廢於耳，杯酌未嘗辭於口，興之所至，竟日觴咏，初不知有沉湎淊淫之事，故曰逸而不蕩。妖姬在前，孌童在側，把紈扇以題詩，掣練裙而作字，諧謔遄作，筆墨淋漓，情事之樂，於是極矣，酒闌客散，神明湛然，故曰深而不癡。總之皆不癡耳。故不忘名而不以名自累，不墮節而不爲節所苦，用是進無赫然之譽，退亦無風波之虞。平生所作詩文，寄懷託興，大抵雅人深致，不爲危苦悲憤之辭，往往能自言其志，而不與時迕。以是故爾斐之得爲完人也。或曰：爾斐亦有一癡，營谿默二十餘年，家以貧而意尚未已，夫人既無用世之志，又不爲出世之學，則其精神歲月，必有所寄。不寄於聲色榮利，而寄於山水園林，斯亦天下之善寄者矣。唯於所寄而癡，故他癡以盡，是其癡也，乃所以不癡也。然則爾斐何以不講出世之學乎？廬山遠公謂謝靈運心雜，而招陶元亮入社，不去。有人見海上三山，虛室以待白樂天，樂天不屑也，惟其不屑，斯其所以必欲得之。爾斐天資近道，衹求目適其適，有語以仙佛之事，亦欣然喜而志不存焉。吾謂□□成仙佛者，必是元亮、樂天及爾斐，不思成仙佛，一□□其專於學者，必不能成，何則？謂其癡也。爾斐今年七十旁，予亦已六十餘。三十年前，文酒諧謔無虚日，今皆白髮蒙頭，而予坎壈無狀，以視爾斐之於身世，予之缺陷何其多也。雖爲福薄，亦由慧少。若予乃所爲大癡者，故於其初度之辰，而深歎其爲今之第一完人也。（《田間詩文集》文集卷十八壽序，《續修四庫全書》影印清康熙刻本）

《先考敬修先生鏡水府君行略》

府君之歿，距今十五年。已歿之歲，先伯兄鉉爲行狀，乞墓志於相國何文端公，公志之甚詳。會府君已葬，未勒石，尋遇寇亂，烽火併行，狀胥失其稾。伯兄鉉謝世仲兄錡六十矣，恐府君生平之卽湮没也，暇日與叔兄鐔口府君遺事，屬鐙狀之，曰：子生也晚，先世事或不悉，幸及吾輩存猶能識其一二，以傳諸後，過是益荒略不足徵矣。不孝鐙用是惴惴然，輒據所傳說，參以幼時記臆，彙之爲行略云。（鐙係澄之原名）

府君諱某，字爾卓，别號鏡水，門人謚曰敬修先生。……晚年再讀《宗鏡録》，明儒釋同歸，於象山、陽明之學，多有發揮，自幼攻詩古文辭，里有弱其弟者，爲《曲生賦》，寓譏焉。府君不平，作《醉鄉賦》以解嘲，爲王父行狀，讀者至掩卷流涕，不能竟讀，中年著作頗多，尤長於尺牘，今皆散失。五七言詩，在白香山、陸放翁間，隨興脱稾卽弃去，今存者十之一二，仲子錡合諸雜文，彙爲十卷，藏於家。府君以隆慶丁卯六月初十日卯時生，以崇禎庚辰六月初一日未時卒，次年辛巳九月十三日□時，葬於宅後之來園山……蓋府君歿十有五年，而其季男不孝鐙始能爲之狀。（《田間詩文集》文集卷二十九行略，《續修四庫全書》影印清康熙刻本）

《仲兄湘之行略》

兄諱秉衞，字湘之，晚號桂莊老人，先府君次子也。生而頎嶷，有氣性，既長，岸傲自負，爲文不能趨時好。年三十，補郡諸生。母安人對之大慟曰：「何物子衿，困汝以至今日也？」兄亦慟，顧能爲詩。幼時，府君卽稱其有聲口，晚年詩益進，間似白香山，與予屢有倡和。生平惡富人，見富人輒詆以牛，見其美田宅珍坃，穢之不啻糞土，終無健羡意，至老猶目不識銖兩，手不能數錢也，人爭愚之，兄亦自以爲吾愚也。己巳，母安人歿，兄弟當析産，兄愀然謂予曰：產不多，何析爲？彼九世同居者何人耶？既已析，則奴婢田宅悉惟所授，不復問。府君歿，所遺笥篋服御之物，三年不忍啓，已皆爲烏有矣。予之僑寓白門也，兄再過白門，一與度歲，既遭黨禍，跳身匿武水，兄復送予妻子女之武水。……兄生萬曆年甲午八月初五日巳時，卒於辛丑十一月初七日未時，享年六十有八。……兄於兄弟中稟賦最强，人皆言似府君，府君年七十有四，疑兄當過之，而竟未及七十而死也。（《田間詩文集》文集卷二十九行略，《續修四庫全書》影印清康熙刻本）

《田間詩學》

我徂東山，慆慆不歸。我來自東，零雨其濛。鸛鳴于垤，婦嘆于室。洒掃穹室，我征聿至。有敦爪苦，烝在栗薪。自我不見，于今三年。

毛云：垤，螘塚也。將陰雨，則穴處者先知之。鸛好水，長鳴而喜也。鄭云：鸛將陰雨則鳴行者，于陰雨尤苦，婦念之則歎于室也。《易》占云：蟻封其穴，大雨將至。今朔地蟻封高大，有如冢者，所謂蟻冢也。《禽經》云：鸛俯鳴則陰，仰鳴則晴。此承「零雨其濛」之後，必非將雨，當是仰鳴則晴，晴則征夫將至，故洒掃穹室，以待之，以其宜至而猶未至，望之之切，故歎也。「洒掃穹室」，與上章「伊威蠨蛸」等語相應。嚴氏云：此皆想其婦在家之歎望，蓋行人念家之情，如白居易詩云：「想得家中夜深坐，還應説著遠行人」也。爪苦，爪之苦者。栗薪，以栗為薪，取以制棚架之類。行者至家，因見苦爪纍纍，係于栗薪之上，而曰我不見此，亦已三年矣。到門之初，是物皆可喜也。錢棅曰：古者兵出于農，故其所思，皆是農家風物。（《田間詩學》卷五，《四庫全書》本）

智按：錢澄之，原名秉鐙，字幼光，一作飲光，號田間，別號西頑。桐城（今屬安徽）人。明末國子監生，曾入復社。南明唐王時（一六四五），授彰州府推官；桂王時（一六四六）授禮部儀制司主事。永曆三年（一六四九）授翰林院庶吉士。曾在吴江起兵抗清，又曾因避南明黨禍出亡浙閩至粤，削髮為僧，改名幻光。後還俗歸隐故鄉，又改名澄之，不再出仕。錢澄之博學多才，詩文尤負重名。王夫之推許他「詩體整健」（《永曆實録·晏黄二劉列傳》)，由於飽經滄桑，歷盡憂患，其詩文反映之生活面比較廣闊。《水夫謠》、《催糧行》、《獲稻詞》、《捉船行》等詩描寫農民疾苦，《三吴兵起紀事答友人問》、《沙邊老人行》等詩反映戰爭帶給之災難，都堪稱佳作。《揚州訪汪辰初》一詩抒寫作者暮年在他鄉與故知相遇，慨歎時事，回憶往昔，頗見真情。錢澄之所作散文，編集時以《伯夷論》列為篇首，顯然寓有故國之思。《孤雁篇》、《縛虎行》、《江程雜感》等篇，蒼涼沉痛，感懷彌深。其前後詩風有所變化，但「詩屢變而不窮。要其流派，深得香山、劍南之神髓，而融會之。……昔賢評陶元亮詩云:『心存忠義，地處閒逸，情真景真，事真意真』，《田間》一集，庶幾近之」(朱彝尊《靜志居詩話》卷二十二；又見《明詩綜》)，「五言似陶公」(沈德潛、周準《明詩別裁集》二十一)，韓菼《田間文集序》稱:「讀先生之詩，沖淡深粹，出於自然，度王(維)孟(浩然)而及陶(潛)矣。」陳田《明詩紀事》辛籤卷十云:「田間五古擬柴桑，七古擬張、王樂府，亦近香山，殘明遺老，可與刑孟貞肩隨。」徐世昌《晚晴簃詩匯》卷十六《詩話》論及「錢澄之詩五古近陶，他體出入白、陸。原本忠孝，沖和淡雅中，時有沉至語。」其詩繼承陶淵明、白居易之傳統而有自己特點，於平淡中蘊藏著深厚民族感情。其五言古詩多為紀事、紀行之作，篇篇精采，剪裁得體，描寫生動，細節畢肖。其七律，沉雄勁健、慷慨激越、沉鬱悲涼。他往往將律詩、絶句組詩化，常有二十首、三十首、甚至長達六十首者，顯現出才力之充沛，構思之精熟。與顧炎武、吴嘉紀並稱「江南三大遺民詩人」。他在學術上也有根底。所作《田間易學》、《田間詩學》等，篤實有功力；《莊屈合詁》一書，則「以《離騷》寓其幽憂，而以《莊子》寓其解脱」(《四庫全書總目》)。有《田間詩集》二十八卷，《田間文集》三十卷，康熙斟雉堂初刻本，乾隆時禁毀，宣統二年重刻(《續修四庫全書》本、《四庫禁毀書叢刊》本)。《藏山閣集》詩十四卷，文六卷，系崇禎十一年至順治八年間作品結集，有海鹽朱氏本，桐城蕭氏本，光緒龍潭室印本、《續修四庫全書》影印上海辭書藏清光緒三十四年鉛印本。

高珩（一六一二～一六九八）

《北邙行》

闤闠王城人似堵，吹篪鳴鐘伐大鼓。流風迴雪吳姬妍，絳綃更作天魔舞。道旁嘖嘖羡行樂，貴人宜與仙人伍。那知得失一翻手，五内如焚足愁苦。城外松楸多古墳，千古公卿一抔土。慨然一嘆轉成笑，樂如電光愁萬縷。人居朝市心茫茫，請聽香山歌北邙。（《棲雲閣詩集》卷三，《四庫全書存目叢書》影印集部第二〇二册，第十五頁）

《明湖行（憶癸未夏寓濟南趙孝廉書舍）》

大明湖頭久做客，葦葉蒲花風瑟瑟。遠山虛靄人空楹，盡日讀書消不得。漫將清霽倚湖山，清霽湖山對正難。不有紅妝臨庵晝，縱依翠巘意闌珊。我欲當軒三里許，跨溪樓閣臨洲渚。曲樹風開翡翠簾，曉妝擁髻迎人語。顧步鴛鴦七十雙，解環鳴珮將翱翔。紫綺臨波還自笑，青鸞帳底入迷香。幽人睡足桐陰罅，一葉鳴橈疾於馬。飛飛白鷺掠吟瓢，送人直到朱闌下。龍香罷調又箜篌，舞入陽阿樂未休。縱不相憐許相對，遲遲延竚正嬌羞。有時漢女臨溪訪，清瀨采芝還蕩槳。芙蕖城外水仙家，登堂六博留清賞。不然隔岸生遙態，閑睇紫釵消欲墜。葛蒲門畔晝裙遮，碧銀塘下雙鳧睡。斜日遊人也自宜，哀絲聲落彩雲遲。回眸低扇偷成笑，擲果君前知不知。濟南自昔稱名勝，投鞭一度風流淨。秋娘老去秦娘衰，十里平湖空似鏡。文鴛盡日立茨菰，不見歌船到裏湖。乃知佳麗關時運，弱翠飛瓊今日無。書記閒遊無一可，果然好夢輸江左。神仙桃葉渡頭船，一曲秦淮留待我。（《棲雲閣詩集》卷三，《四庫全書存目叢書》影印集部第二〇二册，第二六～二七頁）

智按：摹白居易《琵琶行》之作。參見王培荀《鄉園憶舊録》卷四（清道光二十五年刻本）。

《後長恨歌》

後庭玉樹傷心曲，六代茫茫煙草緑。永嘉南渡不成龍，五侯七貴已紛逐。當時阮馬氣熏天，得意金吾亦盛年。鳳翼龍鱗誇侍衛，金貂玉珮儼神仙。小兒程李何足齒，賈鄧元勳一屈指。天子無愁將相驕，只言千載常爾爾。趙李經過珠箔開，連錢細馬下朝來。呼盧客賭青娥伎，滅燭人分紫燕釵。鸚哥嬌語鸜鵒舞，藏春別院驃姚府。花奴羯鼓杜秋歌，天魔小隊霓裳譜。重興詔獄殺清流，甲起晉陽朱桁愁。乍傳鐵騎飛天塹，又見降幡出石頭。降幡一片江頭豎，墮馬啼妝江北去。羅綺春寒青塚霜，胭脂淚灑白門樹。麻姑書信幾時傳，滄海桑田劇可憐。樓櫓共驚銅馬火，勾陳新闢玉京天。鴛鴦七十深深宿，誤向綺筵誇碧玉。遙接金陵曲未終，爭知鐵騎來相續。建業荒亡怨狡童，丘墟亦復坐諸公。祁徐流落臨春廢，璧月瓊枝回首空。昏昏叔寶已黄土，次第天誅及社鼠。自古奢淫是死媒。累臣懷璧誰容汝。紅顏無主任飄搖，又向何門鬪細腰。輕薄花方辭舊砌，翩躚燕亦換新巢。豪華百歲元難保，步障錦絲春悄悄。東市誰憐石季倫，珍珠十斛驚波渺。就中別有斷腸人，慷慨相期贈紫雲。細揀花枝鐫琬琰，鴛鴦待缺喚真真。那知三日存亡變，婉轉蛾眉空掩面。月榭綺窗鬼火青，彩雲一散何由見。目成苦憶曼波明，掛玉風流一座傾。銀灣乍涸瑤宫圮，紅淚珊珊曉鏡裏。叔夜不仙廣不侯，千秋恨事多如此。座客才聞已斷腸，如君那不消魂死。幽懷禪觀竟難忘，尚憶縷金夢裏香。人生莫做多情物，才有情時恨更長。（《棲雲閣詩集》卷三，《四庫全書存目叢書》影印集部第二〇二册，第二九頁）

智按：鄧之誠云：「此詩疑詠劉澤清事。」（《清詩紀事初編》卷六，中華書局上海編輯所，一九六五年十一月版，第六六八頁；上海古籍出版社，一九八四年二月版，第六六八頁）

高珩，字蔥佩，號念東，晚號紫霞道人，淄川（今山東淄博）人。崇禎十六年（一六四三）進士。入清，授翰林檢討，累遷至刑部左侍郎。能詩文，生平寫詩甚多，所作不下萬首，然不知收藏，隨寫隨棄。詩筆超拔，文有典則，又多涉及社會現實，風格與白居易相似。盧見曾《國朝山左詩鈔》稱其「才大如海固不須言，其簡易超曠，略如香山之為人」（《清詩紀事》第三册，順治朝卷，江蘇古籍出版社一九八九年版，第一六三一頁）。《四庫全書總目》

卷一八一云:「其詩多率意而成，故往往近元、白《長慶集》體。」(《欽定四庫全書總目提要》整理本，第二五一八頁）楊鍾羲《雪橋詩話續集》卷一稱其「瓣香在香山、放翁」（民國求恕齋叢書本)。鄧之誠《清詩紀事初編》卷六稱其「詩筆超拔，出手即成。平生詩不下萬首，不甚愛惜，隨手棄置。……詩文皆似白居易，為人坦率，自適其適，而悲憫為懷，亦于居易為近」(上海古籍出版社，一九八四年二月版，第六六七頁)。趙執信編有《棲雲閣詩集》十六卷，宋弼又輯有《拾遺》三卷。陸耀編有《棲雲閣文集》十五卷。另有《醒夢戲曲》一卷。

錢陸燦（一六一二~一六九八）

《題鑫山集再續集》(題擬)

壬子同年作者同，陶公杜公與白公。若修歲譜兼詩譜，又記鑫山江以東。

陶公沖淡杜公雄，白傅天然造化工。此筆千年誰伯仲？還將半格問方公。(《鑫山集》再續集卷首，《續修四庫全書》影印清康熙二十八年王槩刻本，第一四〇〇册，第二一一頁；上海古籍出版社影印康熙刻本，第八四四頁)

智按：錢陸燦，字湘靈，一字爾强，號圓沙。常熟（今屬江蘇）人。明陝西副使漢中備兵錢泮（？~一五五五）玄孫。自幼亡父，隨祖母、母親度日，勤奮苦讀。順治十一年（一六五四）以前明貢生廷試得候缺通判；順治十四年（一六五七）舉人；十八年，因上年奏銷有未完錢糧在史稱「江南奏銷案」中被除名。從此客居金陵、揚州三十年。好藏書，作詩骨力雄厚，其詩不爲虞山派所縛，別調獨彈，戛戛自異，在詩壇上聲望甚高。教授常州、金陵間，從學者甚衆。晚年居虞山，老屋三楹，適當石梅之下，松陰嵐翠，如眉臨目。精通佛法，爲蘖庵禪師入室弟子，自號石人。著有《調運齋集》、《圓沙和陶詩》、《再生録》，主纂《常熟縣志》，節録錢謙益《列朝詩集》成《列朝詩集小傳》。

徐增（一六一二～?）

《而庵詩話》

歌行尤重顿挫，下句尤要警策，用意尤要整密，收縱得宜，調度合拍，譬如跳獅子，鑼也好，鼓也好，獅子也跳得好，三回九轉，周身本事，全副精神，俱顯出來，方是善作歌行者。（《清詩話》第四三〇頁）

智按：元白「長慶體」之擅場正在於此。

《而庵說唐詩》

而庵曰：七言歌行，此唐之古詩也。初唐崇尚排偶、綺麗，傷於無骨，綢繆中時帶感歎，草創而已。至李太白蕩之以逸氣，杜子美振之以風格，而歌行之妙，擅場千古。後來作者，俱不能及。蓋用字須字字牢壯，用句須句句挺勁，用調須抑揚頓挫，用意須斬截淋漓，使讀者歷歷落落，有金石之節，眉開目朗，是為得之。自白樂天長篇出，人皆樂其易為，腕弱力薄，多所蒙繞，氣雖相通，而音節蕩然矣。（卷三「七言古詩」，《四庫全書存目叢書》影印清康熙間九誥堂刻本，集部第三九六册，第六五〇～六五一頁）

⊙白居易《琵琶行》（原詩略）

此篇鋪敘甚佳，語多情至，頓挫之法頗有，若較子美陟健，則相去遠矣，濫觴從此始。「潯陽江頭」，江自岷山發源，至此而分為九；「夜送客」，潯陽，寫地；夜，寫時；送客，寫事。「楓葉荻花秋瑟瑟」，人知是寫景而不知是寫秋。「主人下馬客在船」，「主人」，樂天自謂；「下馬」，自出郡署而來送客也。出船字，「船」是聽琵琶之所最要緊之字。「舉酒欲飲無管弦」，「無管弦」為琵琶作伏。「醉不成歡慘將別」，看他一字字溜到聞琵琶上去。無管弦，則飲易醉；既不成歡而又將別，故慘。「別時茫茫江浸月」，寂然無聲，但見水月。「忽聞水上琵琶聲」，聞著琵琶矣。「主人忘歸客不發」，各各頓住，為琵琶故。「尋聲暗問彈者誰」，尚未知聲從何處來，故要尋；尋著則要問；暗問，不作高聲。問彈者誰，尚未知是婦人也。「琵琶聲停欲語遲」，此去問他，他便停住不彈，待聲停而答；「欲語遲」，則宛然婦人行徑矣。「移船相近」，此船移去;「邀相見」,請他相見,不敢造次。「添酒回燈重開宴」,適已開宴將別,酒雖未撤,燈已移開。今適遇此奏琵琶者,重為開宴,非為婦人也。不寫抱琵琶過船,須知此婦人原在自己船中。司馬有體,婦人亦有體,作文作詩,當此等處切不可輕下一字也。「千呼萬喚始出來」,婦人出來與客見,而猶如是,不肯輕易,真是不曾過船者,商人婦自別于娼女如此。「猶抱琵琶半遮面」,尚不肯露全面,寫婦人有體,總見江州司馬之存大體也。「轉軸撥弦三兩聲」,婦人初不交一言,徑去彈他的琵琶。欲彈琵琶,必先和絃;弦繫於軸,故必轉軸,以平弦之緩急;又須撥動方知。古人作長篇,法有詳略。此篇純用詳法,此樂天短處也。「未成曲調」,尚未彈出曲來;「先有情」,情實也,人各有情。司馬遷謫,復當別離,此樂天之情也;嫁與商人,不得遂意,此婦人之情也。大家暗暗相關,故云「先有情」,此詩是樂天聽過琵琶,從亮處作的。「弦弦掩抑聲聲思」,逐弦逐弦用指掩捺聽去,審聲之調否,深于用意,故曰思。「似訴平生不得志」,又似乎訴其不得志者,平生是向來。彈,一彈;思,一彈。如人說到不得志處,不免咽住。「低眉信手續續彈」,復一總連聲彈去。「說盡心中無限事」,似把平生不得志事盡情發揮者。「輕攏慢捻抹復挑」,寫其彈琵琶手法如畫。「初為《霓裳》後《六幺》」,先敘所彈之曲,下便寫其節目。《霓裳羽衣曲》,河西節度使楊敬忠獻。《六幺》,貞元中,大旱,詔雨師祈雨,令天門街市人廣鬬聲樂。康崑崙善琵琶,遂請其登街東綵樓,彈一曲新翻羽調《六幺》,自謂街西無敵。「大弦嘈嘈如急雨」,嘈嘈,聲衆也,故如急雨,寫大弦。「小弦切切如私語」,切切,聲細也,故如私語,又寫小弦。「嘈嘈切切錯雜彈」,錯雜,不次第也,大弦小弦,一時交互彈去。「大珠小珠落玉盤」,聲大者如大珠,聲小者如小珠,其聲滚出如珠之圓,而又清潤,如落于玉盤中也。此句緊跟上句。「間關鶯語花底滑」,又聲嬌脆,如鶯在花間,兩相啼和者。「幽咽泉流水下灘」,又聲漸輕而欲咽住,如泉水流下灘者,水流有聲,下灘則聲止,前響方止,後響又至。「水泉冷澀弦凝絕」,聲細已極,若冷澀而水欲凝定者。「凝絕不通聲暫歇」,凝若不通,而手暫停有間。「別有憂愁暗恨生」,豈有憂愁暗恨生於胸中而彈中止乎?有聲則聽其聲,聲歇則想其情。「此時無聲勝有聲」,若不少歇,便無意味,寧必以有聲勝無聲哉?此正其節處。「銀瓶乍破水漿迸」,又忽彈起來,如瓶破而水漿迸響者。然「鐵騎突出刀鎗鳴」矣，彈得勇猛，如陣上刀鎗忙迫者。然「曲終抽撥當心劃」，「曲終抽撥」，示不彈也，在弦之中心一劃。「四弦一聲如裂帛」，琵琶止四弦，「一聲」言住琵琶之齊截，「如裂帛」言聲去之速也。「東船西舫悄無言」，浦口之船上人都聽琵琶，靜悄無有言聲。「惟見江心秋月白」，半晌俱在琵琶上傳神，幾乎忘卻身在潯陽江月夜舟中，所謂「半夜摸著鼻孔宛然」也。又，聽琵琶時，耳中熱鬧，忽彈罷悄然，愈覺江月之明皎，不是特去看江月也。「沉吟抽撥插弦中」，沉吟者，有事在心，口尚未言而意中先為沉吟也。撥，所以揮弦。《明皇雜録》：「楊妃琵琶，以龍香板為撥。」上抽撥當心劃，撥尚在手中；今方插于弦內不彈矣。官長前，自不敢率意也。「整頓衣裳」，放下琵琶把衣裳整理；「起斂容」，方彈琵琶時，意在聲音，容或放失，今為一斂容。婦人跪拜則為斂衽，禮分之所當然也。「自言本是京城女」，于是方自敘京城是其出身之所。「家在蝦蟆陵下住」，蝦蟆陵是其住家之處。蝦蟆陵，本董仲舒墓，武帝幸宜春苑，每至此陵下馬，謂之「下馬陵」，歲遠訛為蝦蟆陵。「十三學得琵琶成」，少時便精此伎。「名屬教坊第一部」，樂部屬於教坊，琵琶之名，當時為第一。「曲罷常教善才服」，善才，曲師之稱。《序》云：「學琵琶于穆、曹二善才」，善才服則技過其師矣。「粧成每被秋娘妬」，《西溪叢語》：「望江南者，朱崖李太尉鎮關西日為亡姬謝秋娘所作，後進入教坊。」《國史補》：「李錡叛滅，有妾杜秋娘，沒入宮，後又放歸，杜牧感而作詩。」此帶言容色之美。「五陵年少爭纏頭，一曲紅綃不知數」，長安五陵，漢曾徙豪富之戶以實之，故此中子弟，肥馬輕裘，多好遊俠。「纏頭」乃賞歌舞之物。五陵年少爭慕其名，多以紅綃為纏頭，一曲才完，所得紅綃不計其數，言其多也。「鈿頭銀篦擊節碎」，古婦人餙，挽髪為髻，則用珠翠為花以繞之，謂之「鈿頭」，更有用牙櫛如月彎狀以餙者，玆用銀篦。歌則用手擊節，首爲之動，故碎其鈿頭銀篦。「血色羅裙翻酒污」，「血色」，言其紅艷；與年少宴飲謔浪，而裙每為翻酒所污染，此自敘其極得意事。「今年歡笑復來年」，日日快樂。「秋月春風等閒度」，把好時好景都浪擲過去。「弟走從軍阿姨死」，骨肉親戚頓盡。「暮去朝來顏色故」，顏色非復舊時。「門前冷落鞍馬稀」，顏色雖衰，而琵琶本事尚在，俄遂冷落，可見色重於聲。「老大嫁作商人婦」，不得不委身於人。「商人重利輕別離」，言不在家，依舊冷落。「前月浮梁買茶去」，所嫁商人是販茶者。饒州有浮梁縣，「前月」，見出門去已久，「去來」，説商人去去來來，「江口守空船」，言己只在江口守空船過日。「繞船月明江水寒」，空船外惟是水，夜來明月之光，若迴繞于船四際者，覺得孤另，故寒。「夜深忽夢少年事」，「夜來」，是昨夜；久不作此夢，故云「忽夢」。夢見少年時事，可見遇司馬彈琵琶已先徵于夢矣。「夢啼粧淚紅闌干」，「闌干」，眼眶也，啼哭則眼眶紅。夢中卻記得日里淒涼，故落出淚來，不然少年時事多歡愉，何至啼紅眼眶耶？自敘至此竟。「我聞琵琶已歎息」，聽琵琶之聲已嗟歎。「又聞此語重唧唧」，是口中歎息不住聲也。「同是天涯淪落人」，樂天華州下邽人，貞元十四年擢進士第，元和對策為翰林學士，因事貶江州司馬，官於此。婦人本京城教坊第一部，今嫁商人為婦，守空船于此，故云：「同是天涯淪落人」也。「相逢何必曾相識」，婦本京師，樂天又官于京師，宜乎相識者。人生會面有緣，從不相識而適相逢于此。此四句是樂天開談。「我曾去年辭帝京，謫居卧病潯陽城」，自去年謫于此者，曾從來在京師作宦，此是初次也。「潯陽地僻無音樂」，地僻則人陋，或有音樂而人不精，有若無也。史稱樂天九歲暗識聲律，是難為聲律者。「終歲不聞絲竹聲」，終一歲而不聞一日之音樂。「住近湓江地底濕」，湓浦在九江府城西，源出瑞昌青盆山。「黄蘆苦竹繞宅生」，黄蘆苦竹皆喜濕之物，繞宅盡是。「其間旦暮聞何物」，卻作是問辭，句法變，方無直下之病。你道其間朝夕所聞者，卻是何物？「杜鵑啼血猿哀鳴」，更無他物，真是苦境。「春江花朝秋月夜」，時常旦暮聞慣罷了，獨花月良時耐他聲不得。「往往取酒還獨傾」，又無朋友相對，即取酒消遣，只好獨傾，往往然也。要知樂天不是單對此婦人自敘，還有所送之客在此，正是眼光向客處。此二句妙甚，《（唐詩）品彙》集上無此。「豈有山歌與村笛」，「豈有」二字活極，真是好筆。「嘔啞」，吹尚吹不響，「啁哳」，吹來亦無調，口唱亦如是；「難為聽」，教人如何聽得去？「今夜聞君琵琶語」，今夕何夕，得聞君彈《霓裳》、《六幺》二曲，不勝欣慰。「琵琶語」，彈來直似口説者，贊其彈之妙，勿認作既聞其琵琶而又聞其語也。「如聽仙樂耳暫明」，《霓裳》、《六幺》曲，畢竟非教坊樂部彈不出，故以仙樂比之，耳中始為明亮。「暫」字妙極，適明過，隨又不明也，有伸後腳意，欲其再彈也。

「莫辭更坐彈一曲」，此婦是江州司馬管他不著者，故叫他坐，不直命其彈，而曰「莫辭」，何等委曲，此一曲當是《六幺》矣。「為君翻作《琵琶行》」，此樂天以詩為纏頭矣。「感我此言良久立」，感樂天對其所說之言，若細細躊躇者，故「良久立」。要知此婦彈完前《霓裳》時，已立在那邊，聽樂天說話，至此尚未坐也，立眞良久。「卻坐促弦弦轉急」，「卻坐」，坐略比前向後些，夜已深，客將散，更不得遲延，故為「促弦彈」，手勢亦急。「淒淒不似向前聲」，凄凄切切，聲細而密，又是一種調。「滿座重聞皆掩泣」，滿座聞之皆掩泣，人皆下淚，琵琶之感人如此。「座中泣下誰最多」，較量眼淚之多少起來，蓋要顯己之傷懷也。「江州司馬青衫濕」，不是自敘官爵，蓋「江州司馬」四字在胸中，最不快活，遂不覺滿口吐出，而所衣之青衫，已濕透矣。（卷六「七言古詩」，《四庫全書存目叢書》影印清康熙間九浩堂刻本，集部第三九六册，第六二五～六二九頁）

⊙白居易《閨怨詞》「珠箔籠寒月，紗窗背曉燈。夜來巾上淚，一半是春冰。」

「珠箔籠寒月」，室中映得空洞，是夜間將睡去的凄凉；「紗窗背曉燈」，床頭耿耿如豆，是曉來將醒時的凄凉。月與燈皆愁人下淚物也。「夜來」是從夜以至天曉巾上，總有一夜之淚。為何又說「一半是春冰」？那一半却是甚麼？蓋既云「夜來」，則巾上有一半隔宿之淚，有一半新下之淚。隔宿之淚已冷，故成冰；新下之淚尚溫，故未成冰也。「一半」二字妙絕，而奄拈出來，供人一笑。

又

白居易《閨怨詞》：「關山征戍遠，閨閣別離難。苦戰應憔悴，寒衣不要寬。」

「關山征戍」，良人偏去得「遠」；「閨閣別離」，婦人偏又覺得「難」。二語已盡情事。「苦戰應憔悴，寒衣不要寬」，又十分體惜忖量他，此因自己之難想到良人之苦。若謂閨中凄凉，肌容憔悴、衣帶寬緩。安坐尚然，良人在邊上日夜苦戰，當前則虞死傷，退後則犯軍法，其何以堪？形體想比舊時瘦了。今作寒衣，定不可把來寬了。「不要寬」，非是照舊衣放出來，是要比舊衣收窄些也。「不要」二字妙絕！衣在汝手中作，畧把來裁窄些就是了，為何要說出？汝要那个来聽？雖然，心中萬種思量，口中無數暗語。樂天心孔如絲，故能寫到。而菴亦覺技癢，不過可恨被他先作去也。（卷八「五言絕句」，《四庫全書存目叢書》影印清康熙間九誥堂刻本，集部第三九六册，第六四九～六五〇頁）

⊙白居易《池畔》：「結構池西廊，疏理池東樹。此意人不知，欲為待月處。」

園亭最要疎曠，若把樹木房屋塞寔，便是俗漢胸頭矣。玆先將池來作主，乃分出池東池西來，眞匪彝所思！夫池上所最不可少者是廊，廊妙處又在月；若造廊在池東，則背却月矣，故造廊于池西。若池東無樹，則空豁不好看，必須種樹；若已被樹充塞，不去疏理，則月出亦不妙。疏理者，刪其繁枝。既不損樹，却又得月，此老胸襟真不可及！千載來，使讀者恍置身于池西廊下也。

⊙白居易《池畔》：「持刀開密竹，竹少風來多。此意人不會，欲令池有波。」

樂天作是詩，即用造廊法，最為窃窕。起云「結構池西廊」，承云「疏理池東樹」。夫「池東樹」與「池西廊」有何關涉，而以為承說？是為樹稠密，故要疏理，即不「結構池西廊」，亦須疏理。說是為池西廊疏理，何不少待池西廊成，然後去疏理池東樹未晚。今將此二句平列看去，一邊是池西、一邊是池東，一邊是廊、一邊是樹，一邊去結構、一邊去疏理。人初看去，不知是爲了樹結構那廊，還是爲了廊疏理那樹。鴛鴦雖繡得好，金針却在何處見？轉云「此意人不知」，若不說出，眞个人不知其故，又要待第四句道破。吾想此老落此句，必且停住筆，要人去思想，不能不說出，又不肯即說出者，乃曰「欲為待月處」。方知疏理樹不是為廊，是為月；連結構廊，立在閒空裏，蓋為待月設也。譬如說笑話，好笑處必要留在末一句，起初聽去，不知說那一邊話，全不露一些風縫，自己又不要先笑，方使人大好笑。今人不善作詩，只是不明白作笑話的道理，請以愚論思之。（卷八「五言絕句」，《四庫全書存目叢書》影印清康熙間九誥堂刻本，集部第三九六册，第六五〇～六五一頁）

⊙白居易《池上》：「小娃撑小艇，偷採白蓮回。不解藏踪跡，浮萍一道開。」

小娃只見白蓮開得好，背着人定要去採，見有小艇在池上，便撑舟去採；及至花已採得，滿心歡喜，那裏有心去檢點浮萍之開合？于是，萍中遂有一道形迹在那邊。甚矣，人之不可亂動也！而菴說此詩，初主是說，既而思之，瞿然曰：「吾錯矣！吾錯矣！」今人看詩，輒尋他有關係處，然此詩正不必在小娃分上尋討，要想此老天機動宕處。

既栽白蓮于池內，復置一小艇，非徒供自己一人賞玩，盡人皆可賞玩者。此老興至，即登此艇，或同賓客，或同羣從，或解事僮子，或得意青衣，或停扇迎風，或啣杯遲月，或採花吸露，或擎葉代杯，或剝子贈美人，或吟咏于花前，或吹簫于葉後，此池中即是騷壇，即是酒國，即是仙鄉，即是佛土，鳶飛魚躍，一總由他，天地間樂境，任人分取，何爭一個小娃，而不容其採蓮哉？有一日，此老偶不在池上，小娃尋一閒空，乃撑此小艇以採蓮；莲既採，仍撑此小艇回來以上岸。纔去，此老即至，見池面緑萍中間露出一道天光來，且照白蓮之影，是此老最得意境界。因有此痕跡，不免要問，方知是小娃撑艇採蓮去也。于是復從小娃分中着想：蓮花由你採將去，踪跡如何瞞得人？你若能藏得此踪迹更妙，但小娃見花要採，那得解到此？雖然，即解得，亦何能藏得？浮萍既開，一霎時合不及。除非此老遲些來，則不見藏，則再無神通也。不解，妙，樂天意中正喜其不解；若解，則不去採蓮，浮萍中又安得有此一道天光哉？此種詩着不得一些擬議，猶之西子面上，着不得一些脂粉。今人胸中不乾淨，那有此好詩作出來也？（卷八「五言絕句」，《四庫全書存目叢書》影印清康熙間九誥堂刻本，集部第三九六册，第六五一～六五二頁）

⊙白居易《昭君詞》：「漢使却回憑寄語，黃金何日贖蛾眉？君王若問妾顏色，莫道不如宮裏時。」

此詩妙在冷敲。漢皇元帝思得絕色于圖画，而絕色反嫁呼韓，許呼韓時尚不敢悔，恐失信于外國。既已去矣，縱有黃金，豈易云贖，只提起顏色使他慚愧而已。「黃金何日贖蛾眉」，忖量得妙；「莫道不如宮裏時」，又叮嚀得妙。行路之客，雖遙，却早已惹其香歸去矣，總之為艷字追魂動魄。寫殺艷女，得無罪過否？（卷十一「七言絕句」，《四庫全書存目叢書》影印清康熙

間九誥堂刻本，集部第三九六册，第六八六頁）

⊙白居易《草》：「離離原上草，一歲一枯榮。野火燒不盡，春風吹又生。遠芳侵古道，晴翠接荒城。又送王孫去，萋萋滿别情。」

前一解要看「原上」二字，後一解要看「王孫去」三字。古人作法，一絲不走。「離離原上草」，草相附而生。「離離」，言其密布無空處也，草無處不是；「原上」，舉草之多處而言也。「一歲一枯榮」，草榮草枯，每一榮枯，則為一歲。「原上」，是草之界；「一歲」，是草之世也。「野火燒不盡」，承「原上草」字，又承「枯」字；原上草枯，可放埜火。「春風吹又生」，承「榮」字；「又」字見生之易也。二語真是絶唱！「遠芳侵古道，晴翠接荒城」，此説路上之草，蓋欲轉到王孫去也。「遠芳」，草生得遠；略有空，即便生，謂之「侵」。「晴翠」，天晴則色愈翠；到處相連，謂之「接」。古道、荒城皆人跡所不到之處也。「又送王孫去，萋萋滿别情」，「王孫」、「芳草」本《楚辭》曰：「王孫游兮不歸，春草生兮萋萋」。草生時則王孫出遊，若草之送去者；「又」字，見一年一度，無有盡期。看其「萋萋」，總是離情，故曰「滿」也。（卷十五「五言律詩」，《四庫全書存目叢書》影印清康熙間九誥堂刻本，集部第三九六册，第七三一～七三二頁）

智按：徐增（一六一二～?，一説一六一三～?），初字子益，又字無減，後字子能，號而庵、十足道人、梅鶴詩人。吴縣（今江蘇蘇州）人。崇禎間諸生，能詩工書，師事錢謙益，從金聖歎、周亮工遊，入清不仕。年甫及壯即患風痹，足不能行，偶爾以籃輿往來江浙間，其他時間只能在家讀書、寫作、編書。徐增平生最服金聖歎，為《才子必讀書》序，稱「聖歎固非淺識寡學者之能窺其涯者也，聖歎異人也，學最博，才最大，識最超，筆最快」，其詩學亦承聖歎之餘緒。以三十五年編成《説唐詩》二十二卷，選詩三百十九首（見自序，但實為三〇五首）。另有《靈隱寺志》、《池上草》、《九誥堂集》，選有《詩表》、《元氣集》。事迹見陳宗之《梅鶴詩人傳》（湖北圖書館藏抄本《九誥堂全集》卷首）、《皇明遺民傳》卷六。

歸莊（一六一三～一六七三）

《朱清甫先生詩序》

近世工琱鏤之技者，稱朱小松，蓋隆、萬間人，而未悉其里居名字。余交嘉定朱九初且十年，一日，九初出其曾大父清甫先生詩藁，屬余序，因得其鄉人徐宗伯、婁文學所為誌及傳，觀之，知所稱朱小松者，即其人云。惜哉先生之為人與其文采，而以末技掩也。誌傳皆稱先生嗜酒放達，又孤介獨往，嘗拒俗吏之求，卻藩王之聘，其志操有過人者。夫士生一統之世，不幸不為科目所收，則終其身草莽耳。其聰明才氣，無所發之，不得已而寄於詩酒，託於技藝，世俗不知其中懷不屑，而遂以詩酒技藝之人目之；又或以其藝之工也，并其詩酒沒之，而直以為一藝之人，卒至老死窮巷，文采不表，若此者，可勝嘆哉！先生之詩，風流灑落，任意抒寫，有自然之致。婁君謂其有白香山遺風，良然。詩僅見五七言近體、七言絕句，凡得若干首，序而歸之九初藏於家。（《續修四庫全書》影印民國十二年上海中華書局鉛印本《歸玄恭遺著》；《歸莊集》卷三，上海古籍出版社一九八四年版，第一八三～一八四頁）

《王異公詩序》

詩之道難言矣！唐以詩取士，宜有定格，然觀其風調，不能無初、盛、中、晚之異。後世不以詩取士，士大夫不必皆工詩，惟能者始以詩名於世，於是文人才士，各宗一派，爭持一說。大抵厭常者取立異，後起者排前人，終無定論。近世錢宗伯始為之除榛莽，塞徑竇，然後詩家始知趨於正道，還之大雅；而吳司成又慮其矯枉過正，復從而折衷之，後之論詩者，不能易也。吾友王異公，素以詩鳴，蓋以過人之才，承相國、太史之家學，又嘗聞宗伯、司成之緒論，於是下筆千言，珠璣錯落。五言長篇，有類白太傅；七律時似劉隨州；七古綺麗流美，往往欲入初唐，於所謂各宗一派、爭持一說者，殆兼其長而無其病，居然風雅名家矣！昌黎、廬陵之論詩，以為窮而後工，蓋不獨孟東野、蘇子美輩為然，其言至今而尤驗。頗怪異公以紈絝子弟，有良田美宅，何緣得工於詩？近寓婁東，始知異公於諸昆弟中最貧，而居家復多不自得者，乃知異公工詩之所繇來也。雖然，余於家庭亦多憾，而窮又百倍於異公，宜詩有過人者，乃詞拙而格卑，多入宋人風調，人皆以劍南相擬。余視異公方懷愧，而敢為之敘，蓋承命再三，而不得辭云爾。（《續修四庫全書》影印民國十二年上海中華書局鉛印本《歸玄恭遺著》；《歸莊集》卷三，上海古籍出版社一九八四年版，第一九五頁）

智按：歸莊，字爾禮，又字玄恭，號恒軒，又號懸弓、園公、鏖鏊鉅山人、逸群公子等，江蘇崑山人，歸有光曾孫。清兵入關後更名祚明，號歸藏、歸來乎、歸妹，曾參加抗清活動，兵敗後一度改僧裝逃亡，隱居家鄉著述。赫有文名，其「兩口寄安樂之家，妻太聰明夫太怪；四鄰接幽冥之宅，人何寥落鬼何多」，時稱奇聯。與同鄉顧炎武齊名，並稱歸奇顧怪。詩仿白居易、陸游，敘述國仇家難，意醉辭苦。著有《恒軒詩集》、《懸弓集》、《恒軒文集》等。

陳瑚（一六一三～一六七五）

《四不如酒效樂天體》

莫鑄金錯刀，枉用磨礲力。我有眼中絲，知君割不得。莫牽五綵繩，纏綿亦無益。我有腸中輪，知君挽不得。莫撥博山爐，寒夜徒蕭瑟。我有心中灰，知君燃不得。莫求巨海犀，空費囊金直。我有鬢邊塵，知君辟不得。刀不能割眼中絲，繩不能挽腸中輪。爐不能燃心中灰，犀不能辟鬢邊塵。不如且飲劉伶酒，一醉長眠萬古春。（《確庵文稿》卷五下詩歌，《四庫禁毀書叢刊》影印清康熙間毛氏汲古閣刻本）

《題李膚公聽鸝圖》（三首其三）

骨節珊珊豹隱時，山中松火熟蹲鴟。新愁舊恨歸尊酒，和得陶詩與白詩。（睿公有和陶白兩公詩）（《確庵文稿》卷七下詩歌，《四庫禁毀書叢刊》影印清康熙間毛氏汲古閣刻本）

《同庚和白詩序》

酒肉歌舞之地，車馬馳驟之埸，庸夫濁子溺情喪志，迷途而不返，窮老而不悔者，蓋有之矣。達人視之則以為猥瑣齷齪，如蛾之自焚，蠶之自縛，漠然無所動於其中，是故捐欣戚，齊得喪，一生死，竺乾之教，儒者老而學焉，往往而然也。昔唐之白樂天，庶幾乎知道者也，觀其出處之際，忠誠鯁亮，敢於劘上而切於論事，其時可大用者屢矣，然而廻翔容與，難進易退，不屑以楊、李之援，驟躋於太和、開成之間，終於乞身歸里，優游林壑，以全其年，史稱其順適所遇，託浮屠生死說，若忘形骸，其信然哉！後千餘年，而虞山蔣南陔、毛子晉、孫子長、嚴孚文四君者，今之學為樂天者也，讀其集，有《我年五十七》之作，四君之齒，適與之齊，乃相與後先屬和，謂之同庚和白詩。四君之為人，外以儒行修其身，内以釋教治其心，旁以山水風月、詩歌琴酒樂其志，未知其於樂天何如？而吾於此竊有感也。樂天當憲宗之朝，生全盛之世，擢高科，被榮禄，知無不言，言無不盡。其於鎮陽之拒命，則指中人為制將，而戰士悦心；於武相之被傷，則責京兆以討賊，而奸臣屏息。杭州救旱，則因農隙而積湖水；龍門通險，則出家財而鑿八灘。甚至郵墻邸壁，無不記其篇章，牛童馬走亦能言其姓氏，可謂得行其志矣。今四君不幸丁陽九之厄運，或困於鷄肋，或老於蝸角，或浮沉於丘園，隴畝蓄才而不試，引分而自守，不得已而尚羊於筆床茶竈、清泉白石之間，借詩歌禪悦，以蕩滌其情志，而磨耗其歲月，其行誠高而其所遇則已窮矣，此可為嘆息者也。雖然，樂天之當五十七也，念謀身之未遂，傷歸去之已遲，岌岌焉有溷迹衆人、終老塵土之惧，而今讀四君之詞，或云諸有一空，或云家累已了，或謝徵車之招或幸門庭之寂，蓋皆超然逆旅之中，蟬蜕污泥之表，較之樂天當日之所得，不已多乎？百世而下，其有過琴水昆湖之濱，憑弔往迹而問香山故事者，必且以是詩為美談，曰猶望四君也。（《確庵文稿》卷十二古文，《四庫禁毀書叢刊》影印清康熙間毛氏汲古閣刻本）

《和石田詩序》

……昔者，元、白之交驩也，其詠中秋有「有月多同賞，無杯不共持」之句，千里同聲，如出一口。……（《確庵文稿》卷十二古文，《四庫禁毀書叢刊》影印清康熙間毛氏汲古閣刻本）

《林屋王君墓志銘》

君諱國瑜，字子握，一字述之，號林屋，其先唐張公藝之裔，世家中都大柳莊，明初徙常熟之半涇鄉，今太倉沙溪也。十世祖以避黨禍，更姓王氏。高祖西村諱詔，曾祖懷村諱臣，祖世充諱府，父季村諱公求，皆隱不仕。君幼端重，寡言笑。年二十即抗顏為弟子師。工舉業，連試有司，不得志，遂肆力為古文詞。博綜六經，旁通百家衆術，手不釋卷。家貧，膏火不給，與妻子同篝燈吟誦，織作聲相間。夜分飲熟水一盂，始就寢。如是者，三十餘年。性至孝，歲入束修羊，必上其父母。母晚得眩疾，君口為哺食，厠牏必親，冬夜必解衣擁蔽。父母没，勺漿不入口者三日，飦粥百日，茹蔬者三年。日誦《孝經》、《喪記》，哀毁骨立。今其子之道，執君之喪，亦不御酒肉，蓋其家教然也。……君好山水遊，又好為詩，凡遊覽感觸，悲喜無聊，可歌可歎者，皆于詩焉發之。丙戌以後，則多直書時事，或以長慶體病之，君曰：「予用紀事而已。嘔心撚鬚，不屑也。」生平繩幅自持，燕居相對必莊，孌童好女屏弗近……（《確庵文稿》卷十九古文，《四庫禁毁書叢刊》影印清康熙間毛氏汲古閣刻本）

智按：陳瑚，字言夏，號確庵、無悶道人、七十二潭漁父。居江蘇太倉小北門外，與同里陸世儀、江士韶、盛敬齊名，合稱「太倉四先生」。崇禎十六年（一六四三）舉人。明亡，絶意仕進，奉父居崑山。康熙八年，詔舉隱逸，知州以其名上，瑚力辭乃已。游其門者，多英俊之士。卒，年六十二歲。門人私謚「安道先生」。《清史》有傳。

顧炎武（一六一三～一六八二）

《錢糧論下》

嗚呼！自古以來，有國者之取於民爲已悉矣，然不聞有火耗之説。……今也泉貨弱而害金興，市道窮而僞物作，國幣奪於上，民力單於下，使陸贄、白居易、李翱之流而生今日，其咨嗟太息，必有甚於唐之中葉者矣。（《四部叢刊》本《亭林詩文集·文集》卷一；中華書局《顧亭林詩文集》第一九～二〇頁）

《與顏修來手劄》

大作清勁，無一俗筆。太華、伊闕諸作為集中第一，《思悲翁》、《戰城南》亦有白傅諷諭之遺意，大雅之音，將復起於今日矣。敬服敬服。元稿返上，略商數字，識以浮票，未知有當否？諸容晤悉。弟炎武頓首。（《亭林文集》卷之六補遺；中華書局《顧亭林詩文集》第二二八頁）

《日知録》

⊙誇毗

「天之方懠，無為誇毗。」《釋訓》曰：「誇毗，體柔也。」天下惟體柔之人，常足以遺民憂而召天禍。夏侯湛有云：「居位者以善身為靜，以寡交以為慎，以弱斷為重，以怯言為信。」白居易有云：「以拱默保位者為明智，以柔須安身者為賢能，以直言危行者為狂愚，以中立守道者為凝滯。故朝寡敢言之士，庭鮮執咎之臣。自國及家，浸而成俗。故父訓其子曰：無介直以立仇敵。兄教其弟曰：無方正以賈悔尤。且慎默積於中則職事廢於外。強毅果斷之心屈，畏忌因循之性成，反謂率職而居正者不達於時宜，當官而行法者不通於事變。是以殿最之文雖書而不實，黜陟之典雖備而不行。」羅點有云：「無所可否，則曰得體；與世浮沉，則曰有量。衆皆默，己獨言，則曰沽名；衆皆濁，己獨清，則曰立異。」觀三子之言，其於末俗之敝，可謂懇切而詳盡矣。至於佞諂日熾，剛克消亡，朝多遝遝之流，士保容容之福。苟由其道，無變其俗，必將使一國之人，皆化為巧言令色孔壬而後已。然則喪亂之所從生，豈不階於誇毗之輩乎？是以屈原疾楚國之士，謂之「如脂如韋」，而孔子亦云「吾未見剛者」。（《日知録》卷三）

⊙知縣

知縣者，非縣令，而使之知縣中之事。知，猶管也。杜氏《通典》所謂「檢校、試攝、判知之官」是也。唐姚合為武功尉，作詩曰：「今朝知縣印，夢裹百憂生。」唐人亦謂之「知印」，其名始於貞元已後。其初尚帶一「權」字。《白居易集》有《裴克諒權知華陰縣令制》曰：「華陰令卒，非選補時。調租勉農，政不可缺。前鎮國軍判官大理評事裴克諒，久佐本府，頗有勤績。屬邑利病，爾必周知。宜假銅墨，試其才理，待有所立，方議正名。」是權知

者，不正之名也。至於普設知縣，則起自宋初。……（《日知録》卷九）

⊙驛傳

《續漢・輿服志》曰：「驛馬三十里一置。」《史記》：「田横乘傳詣洛陽，未至三十里，至尸鄉廄置」是也。唐制亦然，白居易詩：「從陕至東京，山低路漸平。風光四百里，車馬十三程」是也。……（《日知録》卷十）

⊙財用

古人制幣，以權百貨之輕重。錢者，幣之一也。將以導利而布之上下，非以為人主之私藏也。《食貨志》言：「民有餘則輕之，故人君斂之以輕；民不足則重之，故人君散之以重。凡輕重斂散之以時，則凖平。使萬室之邑必有萬鐘之臧，臧繦千萬；千室之邑必有千鐘之臧，臧繦百萬。」

齊武帝永明五年九月丙午，詔：「以粟帛輕賤，工商失業，良由圜法久廢，上幣稍寡。可令京師及四方出錢億萬，糴米穀、絲綿之屬，其和價以優黔首。」唐憲宗時，白居易《策》言：「今天下之錢日以減耗，或積於内府，或滞於私家，若復日月徵收，歲時輸納，臣恐穀帛之價轉賤，農桑之業益傷，十年以後，其弊必更甚於今日。」而元和八年四月，敕以錢重貨輕，出内庫錢五十萬貫，令兩市收買布帛，每端匹視舊估加十之一。十二年正月，又敕出内庫錢五十萬貫，令京兆府揀擇要便處開場，依市價交易。今日之銀猶夫前代之錢也。乃歲歲征數百萬貯之京庫，而不知所以流通之術，於是銀之在下者至於竭涸，而無以繼上之求，然後民窮而盗起矣。單穆以有言，絕民用以實王府，猶塞川原而有潢汙也。自古以來，有民窮財盡，而人主獨擁多藏於上者乎？此無他，不知錢幣之本為上下通共之財，而以為一家之物也。《詩》曰：「不弔昊天，不宜空我師。」有子曰：「百姓不足，君孰與足？」古人其知之矣。（《日知録》卷十二）

⊙俸禄

今日貪取之風，所以膠固於人心而不可去者，以俸給之薄而無以贍其家也。昔者武王克殷，庶士倍禄。《王制》：「諸侯之下士視上農夫，中士倍下士，上士倍中士，下大夫倍上士。」漢宣帝神爵三年，詔曰：「吏不廉平則治道衰。今小吏皆勤事而俸禄薄，欲其毋侵漁百姓，難矣。其益吏百石已下俸十五。」光武建武二十六年，詔有司增百官俸，其千石以上減於西京舊制，六百石已下增於舊秩。晉武帝泰始三年，詔曰：「古者以德詔爵，以庸制禄，雖下士猶食上農，外足以奉公忘私，内足以養親施惠。今在位者，禄不代耕，非所以崇化本也。其議增吏俸。」唐時俸錢，上州刺史八萬，中下州七萬；赤縣令四萬五千，畿縣、上縣令四萬；赤縣丞三萬五千，上縣丞三萬；赤縣簿尉三萬，畿縣、上縣薄尉二萬。玄宗天寶十四載，制曰：「衣食既足，廉耻乃知。至如資用靡充，或貪求不已，敗名冒法，實此之由。輦轂之下尤難取給，其在西京文武九品已上正員官，今後每月給俸食、雜用、防閣、庶僕等宜十分率加二分；其同正員官加一分。仍為常式。」而白居易為盩厔尉詩云：「吏禄三百石，歲晏有餘糧。」其《江州司馬廳記》曰：「唐興，上州司馬秩五品，歲廩數百石，月俸六七萬，官足以庇身，食足以給家。」……（《日知録》卷十二）

⊙直言

張子有云：「民吾同胞。」今日之民，吾與達而在上位者之所共也。救民以事，此達而在上位者之責也；救民以言，此亦窮而在下位者之責也。

「天下有道，則庶人不議。」然則政教風俗苟非盡善，即許庶人之議矣。故《盤庚之誥》曰：「無或敢伏小人之攸箴」，而國有大疑，卜諸庶民之從逆。子產不毁鄉校，漢文止輦受言，皆以此也。唐之中世，此意猶存。魯山令元德秀遣樂工數人連袂歌《于蔿》，玄宗為之感動；白居易為盩厔尉，作樂府及詩百餘篇，規諷時事，流聞禁中，憲宗召入翰林。亦近於陳列國之風，聽輿人之誦者矣。（《日知録》卷十九）

⊙作詩之旨

舜曰：「《詩》言志。」此詩之本也。《王制》：「命太師陳詩以觀民風。」此詩之用也。荀子論《小雅》曰：「疾今之政以思往者，其言有文焉，其聲有哀焉。」此詩之情也。故詩者，王者之跡也。建安以下洎乎齊、梁，所謂辭人之賦麗以淫，而於作詩之旨失之遠矣。唐白居易《與元微之書》曰：「年齒漸長，閲事漸多，每與人言，多詢時務。每讀書史，多求理道。始知文章合為時而著，歌詩合為事而作。」又自敍其詩，關於美刺者，謂之諷諭詩，自比於梁鴻《五噫》之作，而謂好其詩者，「鄧魴、唐衢俱死，吾與足下又困躓，豈六義四始之風，天將破壞不可支持邪？又不知天意不欲使下人病苦聞於上邪?」嗟乎！可謂知立言之旨者矣。晉葛洪《抱朴子》曰：「古詩刺過失，故有益而貴；今詩純虚譽，故有損而賤。」(《日知録》卷二十一)

⊙李太白詩誤

李太白詩：「漢家秦地月，流影照明妃。一上玉關道，天涯去不歸。」按《史記》言，匈奴左方王將直上谷以東，右方王將直上郡以西，而單于之庭直代雲中。《漢書》言呼韓邪單于自請留居光禄塞下，又言天子遣使送單于出朔方雞鹿塞（原注：今在河套内），後單于競北歸庭。乃知漢與匈奴往來之道，大抵從雲中、五原、朔方，明妃之行亦必出此。故江淹之賦李陵，但云「情往上郡，心留雁門」。而玉關與西域相通，自是公主嫁烏孫所經，太白誤矣。《顔氏家訓》謂：「文章地理必須愜當。」其論梁簡文《雁門太守行》，而言「日逐康居、大宛、月氏」，蕭子暉《隴頭水》，而云「北注黄龍，東流白馬」。沈存中論白樂天《長恨歌》「峨眉山下少人行」，謂峨眉在嘉州，非幸蜀路。文人之病，蓋有同者。(《日知録》卷二十一)

⊙次韻

今人作詩動必次韻，以此為難，以此為巧。吾謂其易而拙也。且以律詩言之，平聲通用三十韻之中，任用一韻，而必無他韻可易；一韻數百字之中，任押五字，而必無他字可易。名為易，其實難矣。先定五字，而以上文湊足之，文或未順則曰牽於韻耳，意或未滿則曰束於韻耳。用事遣辭小見新巧，即可擅場。名為難，其實易矣。夫其巧於和人者，其胸中本無詩，而拙於自言者也。故難易巧拙之論破，而次韻之風可少衰也，嚴滄浪《詩話》曰：「和韻最害人詩，古人酬唱不次韻，此風始盛于元白、皮陸，本朝諸賢乃以此而鬬工，至往復有八九和者。」

按，唐元稹《上令狐相公啓》曰：「稹與同門生白居易友善。居易雅能為詩，就中愛驅駕文字，窮極聲韻，或為千言，或為五百言律詩，以相投寄，小生自審不能有以過之，往往戲排舊韻，別創新詞，名為次韻，蓋欲以難相挑耳。江湖間為詩者或相仿效，或力不足，則至於顛倒語言，重複首尾，韻同意等，不異前篇，亦目為元和詩體。而司文者考變雅之由，往往歸咎於稹。」是知元、白作詩次韻之初，本自以為戲，而當時即已取譏於人。今人乃為之而不厭，又元、白之所鄙而不屑者矣。（《日知録》卷二十一，黄汝成

《日知録集釋》，欒保群、吕宗力校點本下册，第九三〇頁）

⊙氏族相傳之訛

白氏。唐白居易自序《家狀》曰：「出於楚太子建之子白公勝。楚殺白公，其子奔秦，代為名將，乙丙巳（已）降是也。裔孫白起，有大功於秦，封武安君。」按白乙丙見於僖之三十二年。白公之死，則哀之十六年，後白乙丙一百四十八年。曾謂樂天而不考古，一至此哉！（原注：唐宰相世系表，以西乞術白乙丙為孟明之子，尤誤。）（《日知録》卷二十三）

⊙自稱字

《漢書》注：「張晏曰：「匡衡少時字鼎。世所傳衡《與貢禹書》，上言『衡敬報』，下言『匡鼎白』。」《南史》：「陶宏景自號華陽，隱居人間，書劄即以『隱居』代名。」此自稱字之始也。

《東觀餘論》言：「古人或有自稱字者。王右軍《敬謝帖》云「王逸少白」，《廬山遠公集》盧循《與遠書》云「范陽盧子先叩首」，柳少師《與弟帖》云「誠懸呈」。今按唐權德輿《答楊湖南書》稱「載之再拜」，柳冕《答鄭衢州書》稱「敬叔頓首」，白居易《與元九書》稱「樂天再拜」，宋陳摶《謁高公詩》稱「道門弟子圖南上」。

唐張謂《長沙風土碑銘》：「有唐八葉，元聖六載，正言待理湘東」；張洗《濟讀廟祭器幣物銘》：「濯纓不才，謬領兹邑」；元稹作《白氏長慶集序》自書曰「微之序」，乃是作文自稱其字。

自稱其字不始于漢人，家父、吉甫、寺人，孟子之詩已先之矣。（《日知録》卷二十三）

⊙正五九月

……唐人正、五、九月齋戒，不禁閏月。白居易有《閏九月九日獨飲詩》云：「自從九月持齋戒，不醉重陽十五年。」是閏九月可以飲酒也。……（《日知録》卷三十）

⊙潮信

白樂天詩：「早潮才落晚潮來，一月周流六十回。」白是北人，未諳潮候。今杭州之潮，每月朔日，以子、午二時到。每日遲三刻有餘，至望日則子潮降而為午，午潮降而為夜子。以後半月復然。（原注：西興江岸有候潮碑）故大月之潮一月五十八回，小月則五十六回，無六十回也。水月皆陰之屬，月之麗天，出東入西，大月二十九回，小月二十八回，亦無三十回也，所以然者，陽有餘而陰不足，自然之理也。（《日知録》卷三十一）

⊙量移

唐朝人得罪，貶竄遠方，遇赦改近地，謂之量移。《舊唐書・玄宗紀》：「開元二十年十一月庚午，祀后土於脽上，大赦天下，左降官量移近處。」「二十七年二月己巳，加尊號，大赦天下，左降官量移近處。」「量移」字始見於此。李白《贈京兆韋參軍量移東陽》詩云：「潮水還歸海，流人卻到吳。相逢問愁苦，淚盡日南珠。」白居易貶江州司馬，《自題》云：「一旦失恩先左降，三年隨例未量移。」及遷忠州刺史，又云：「流落多年應是命，量移遠郡未成官。」故韓愈自潮州刺史量移袁州，有「遇赦移官罪未除」之句。而《宋史》盧多遜貶崖州，詔曰：「縱經大赦，不在量移之限。」今人乃稱遷職為量移，誤矣。（《日知録》卷三十二）

智按：顧炎武，初名絳，字忠清，清兵破南京後改名炎武，字寧人，世人尊稱亭林先生，崑山（今屬江蘇）人。明諸生。南明福王時，授兵部司務；唐王時，除兵部主事。十四歲即參加復社，清兵南下，又曾參加崑山、嘉定等地抗清戰爭。失敗後，奔走南北，來往於山東、河北、山西、陝西一帶，致力於邊防地理研究，同時結納各地志士，考察山川形勢，不忘恢復大志。晚歲卜居華陰，卒於曲沃。炎武博學多識，提倡經世致用，與黃宗羲、王夫之並稱「清初三大儒」。其論詩文，則提倡「文須有益於天下」（《日知録》卷十九）。詩學杜甫，用典精切，沉鬱蒼勁，又多有關易代興亡之事，被譽爲「風騷詩史之遺」（顧雲臣《顧詩箋注序》）。有《亭林詩集》五卷、《亭林文集》六卷、《亭林餘集》一卷。《清史稿》卷四八一有傳。

法若真（一六一三～一六九六）

《觀刈麥》

江高雲氣黑，陵陂麥漸黃。霍霍搖銀粒，往來山鳥忙。飽者坐鼓翼，饑者起翺翔。飛飛無所歸，啄泥江水傍。自顧畏彈弋，營巢失稻粱。搴搴毛毿濕，舉尾望青蒼。崑崙去無力，禹穴未可藏。進退顏羞澁，陌上自倘佯。吁嗟乎！壯士捉刀驚電赤，夜深龍吼聲奕奕。丈夫貧卧老低垂，商賈高筵輕一擲。黄金括盡自參商，莫問百年輕嘆惜。（《黄山詩留》卷三，清康熙刻本）

智按：此二詩直承白居易《觀刈麥》。

法若真，字漢儒，號黄山、黄石，祖籍濟南。先祖于明景泰間任職膠州，遂定居于此，以爲故里。工書畫，擅長山水。早年傾心李賀，但詩風略無長吉氣息，晚漸平淡，有杜之悲感，無其格律，不能以杜擬之。（見《清詩紀事初編》）有《黄山詩留》十六卷。

惠周惕（？～一六九六）

《題江東册子唐禮部實君》

神奇只欲窮三篋，芳潤元来在六經。珍重唐庚新册子，詩家始見舊儀型。

詼諧奏賦終成戲，涉獵為儒郇得醇。歎息老成彫謝後，祇應風雅屬斯人。

正變源流各有師，尋聲逐跡未為奇。知君祖述香山法，不襲香山半格詩。

李杜文章已不同，元和體格竟争雄。如何舉舉江南子，團扇圖来盡放翁。

（《硯溪先生集》囈語集，《續修四庫全書》影印清康熙惠氏紅豆齋刻本）

智按：惠周惕，字元龍，吴縣（今江蘇蘇州）人。康熙三十年（一六九一）辛未進士，官密雲知縣。有《硯溪詩集》。

苗蕃（一六一三～？）

《七夕之次日夢龍文一幅字皆金繡體類右軍行書題名儘多止記白居易三字最真》

昨夢何祥未等閑，龍文迥不類人間。依稀玉案泥金牋，髣髴天孫織錦斑。字似右軍王逸少，名眞太傅白香山。也知素位皆天數，一覺黄粱任往還。

(《瀑音》卷三,《四庫禁毀書叢刊》影印清康熙間刻本)

智按：苗蕃，字九符，號賁皇，又號汶瀼，山西平定人。天啟四年（一六二四）舉人。性耽山水，博雅閎通，工詩文，尤精書法。北上春官名傳都下，清康熙三年（一六六四）任南城知縣。愛匡廬之勝，築室隱居于東林寺。有《瀑音》三卷。

宋琬（一六一四～一六七四）

《約同友人九日登高啓》

江涵秋影，白雁書天，菊放疎籬，黄花匝地。届授衣之令序，易起羈愁；感落帽之佳辰，雅宜勝賞。登高望遠，有林處士之孤山；擊汰揚舲，尋白香山之古埭。烟寒橘柚，交加水面樓臺；鬢插茱萸，快聚天涯兄弟，臺空戲馬，重吟宣遠之詩；目送歸鴻，共撫嵇康之摻。歌成白苧，無勞急管繁絃；酒醉烏程，試看長林落葉。願攜襆被，信宿山阿。(《安雅堂文集》卷二，《續修四庫全書》影印清康熙三十八年宋思勃刻本)

智按：宋琬，字玉叔，號荔裳，萊陽（今屬山東）人。順治四年（一六四七）進士，授戶部主事，累遷吏部郎中，出為隴西道。順治十八年擢浙江按察使。康熙十一年，授四川按察使。次年入京覲見，適逢吳三桂舉兵佔領成都，因家屬留蜀，驚悸憂愁去世。

蕭震（？～一六七四）

《舟泊琵琶亭有作》

蒲帆風逗泊江濱，引興孤亭縱目頻。慢撚輕攏曾怨婦，青衫白髮又詩人。樓空荻岸琵琶月，江隔僧扉車馬塵。何必相逢定相識，今今古古幾沉淪。

《又截句》二首

檻外江流柳外樓，片帆亭下客遲留。無端一夕琵琶淚，撥動西風今古秋。

亭閣蕭然夏正長，納涼吟詠句鏗鏘。今人古調同風味，何必香山不姓唐。（《輯刻琵琶亭詩》，清乾隆十一年古柏堂刊本）

智按：蕭震，字長源，侯官（今屬福建）人。順治九年（一六五二）進士。由順德推官升爲湖廣道監察御史，掌管登聞鼓院，管理奏章，爲正四品京堂。後任山西道監察御史，中途因父喪歸家，喪服期滿而耿精忠叛亂。蕭震表面接受耿精忠之任命，暗中與張端午、高天爵等密圖討賊。康熙十三年（一六七四），事情敗泄，耿將蕭震縊死。著有《西臺奏議》、《理刑末議》、《洗冤録》等。

金堡（一六一四～一六八〇）

《重刻文昌化書説》

記得做秀才時，開口排斥異端，才説到文昌帝君，職司桂禄，便覺悚然。二月初三，買羊頭，放鯉魚，備酒果，燒香燭，必誠必敬，不敢置一毫議論。後來見了《化書》，好生慚愧。且如文昌，只是箇忠臣孝子，累代文儒。當佛法未入中國，先曉得有西方聖人，古皇先生之教，稽顙信受，其母亦持内觀經，百歲坐逝，皆在西周之世。及以報冤發憤，陷及無辜，罰爲孽龍，受諸苦惱，得如來開示解脱，始在漢明時耳。他聰明正直而爲神，不甚昧於多生因果，眼孔稍長，胸襟稍濶，知識稍廣，不似世間人，少所見，多所怪，卻似老師面前罵太老師，得幾許唐突。又有人批判道：他雖是天中尊，卻不曾了，那得便證如來果？且道一切闡提皆有佛性，一切衆生悉當成佛。文昌記莂，豈爲分外？或云：即今證果，當來證果，一向證果，只爲不曾了，所以有此説。若是了的，有什麽過去未來現在？一刹那無數百千劫，無數百千劫一刹那，乞兒没得蛇弄，蛇沒得乞兒弄，特地疑他，得幾許淆訛。又有人批判道：他是三代時人，作麽降筆詩文，都是宋時格調？須知聖人不能違時，能不失時，你要把三墳五典，八索九丘，做諭衆通知的告示，學士大夫尚不能明，匹夫匹婦如何理會？又得幾許糊塗。從古聖賢作君作師，莫大於與人爲善。文昌帝君降筆，是與人爲善之心；番禺彭令君退菴，捐俸重刻，是與人爲善之事。卽此一事，撥轉人心，挽回風俗，扶持世道，迴向善政善教，福德之聚菩薩行門，但是與人爲善，順行逆行，權說實說，大被小被，顯通隱通，皆應歡喜讚歎助成。若將些小知小見，生是非，長人我，更得幾許障礙。昔白樂天爲杭州刺史，問鳥窠禪師佛法大意，鳥窠云：「諸惡莫作，衆善奉行。」樂天云：「恁麼說話，三歲孩兒也道得。」鳥窠云：「三歲孩兒道得，八十歲老人行不得。」樂天作禮而退。若識得此意，便向《化書》中更打幾回之遶，總在這裏。（《偏行堂集》文集卷三，《四庫禁毀書叢刊》影印清乾隆五年刻本，段曉華點校本《偏行堂集》第一册，第七五～七六頁）

《陸林士雜曲序》

林士才高學廣，今之子雲，極其思致，可以草《玄》，可以反《騷》，可以獻賦，乃降意作曲子，其微奥仍是玄，幽靈仍是騷，博衍仍是賦。惟尖新一派，爲塡詞本色，錯綜流露，別開蹊徑，都不從人間來。白樂天詩，使婦人豎子皆可解，如郭恕先拉負販傭共飲曰：「吾所與遊，皆若輩耳。」林士曲子，卽學士大夫，俱不易解。如西方化人，謂周穆王宮室陋而不可處，侍御者惡而不可近，酒肴腥穢不可食飲，攜之遊其所居，莊嚴珍異無可比，無可名狀，此皆一肚皮不合時宜也。或以度曲，宜便伶人，林士尚不欲便於學士大夫，豈問伶人？然使學士大夫不解，與伶人何異？蓋以林士之筆，不夢如椽，則降意於此，故自感慨不少。司馬長卿著犢鼻滌器市中，計其嚬笑舉止，飄飄悉具凌雲之氣；若待賦《大人》而後識之，已滅卻一隻眼矣。然則欲識林士，不必《玄》，不必《騷》，不必賦，《達磨泛海漫詞》、《度柳樹》、《貨郎兒》、《偷乞觀》，卽漢武帝恨不同時之針芥，長門千金之賈，卓文君亡奔之琴心也。（《偏行堂續集》文卷四，《四庫禁毀書叢刊》影印清乾隆五年刻本，段曉華點校本《偏行堂集》第四册，第八五頁）

《趙天行眞讚》

是儒之巍巍堂堂者，而覈空空，譚玄玄。不作傅大士，亦非陶隱居，宜爲白樂天：三教任其提衡，九重覲其揮麈，顧乃托野服於癯仙。然則常住不遷之性，與人爲善之願，既已漸入而逾堅矣。清涼之山，菩薩一萬；梵網之座，學士三千。豈猶曰：有餘於才，不足於年也。（《徧行堂續集》文卷七，《四庫禁毀書叢刊》影印清乾隆五年刻本，段曉華點校本《徧行堂集》第四册，第一五七頁）

《書錢舜舉畫卷後》

「長恨春歸無覓處，不知轉入此中來」，白香山此語直用到臘月三十日，不消回换。古德云：「冬不寒，臘後看。」何見事之晚乎？或以秋花明媚，畢竟帶三分黯澹，豈知千紅萬紫，全是雪窖冰天。兩段不同，總被蛙聲閣閣，一時道盡，且莫令錢舜舉聽得，硬著翅髈兒，飛入花間去也。（《徧行堂續集》文卷九，《四庫禁毀書叢刊》影印清乾隆五年刻本，段曉華點校本《徧行堂集》第四册，第二一二頁）

智按：金堡，字衛公，又字道隱。仁和（今浙江杭州）人。崇禎十三年（一六四〇）進士。授臨清知縣。順治二年，清軍攻下杭州，金堡偕原都督同知姚志卓起兵抗清，勢孤而敗。後唐王在福建自立，號隆武帝，金堡被授兵科給事中，因爲母服喪，堅辭不受。隆武帝死，桂王在廣西自立，號永曆帝。永曆二年（一六一八），金堡赴廣西，任禮科給事中，永曆四年被黜戍清浪衛（今貴州岑鞏），中途得瞿式耜之助，留居桂林。桂林爲清兵所破，金堡削髮爲僧，初取名性因，後投廣州雷鋒寺函是和尚門下，又名澹歸。後於廣東韶州（今韶關市）辟丹霞寺，任住持，又名今釋，號舵石翁。有《徧行堂集》、《嶺海焚餘》、《千山剩人禪師語録》、《丹霞澹歸禪師語録》等。

曹溶（一六一四～一六八五）

《坐韜光菴泉上和白香山韻》

久識青蘿杪，元和老衲家。怪峰常怖虎，古瀑間飄花。路僻留禽語，春深長石芽。明朝逢穀雨，燒竹試新茶。（《靜惕堂詩集》卷十九五言律，《四庫全書存目叢書》影印清雍正三年李維鈞刻本）

《倦圃蒔植記》

⊙梨

《洛陽風土》：梨花，時人多擕酒，曰為梨花洗粧。予謂不獨為梨花洗粧，更足為俗人洗胃。春風庭院，安可無此瀛洲玉雨也。花有二種，瓣舒者佳，春間下種，三尺移栽，或將旺梨笋取作拐樣，斫其兩頭，火燒鐵器，烙定津脈，卧栽於地，來春發芽，別取嫩條，截長八寸，名曰梨貼，削開原幹，插入梨貼稻草，緊縛不可摇動，月餘自發，長即生梨，梨生用箬包裹，勿為象鼻虫所傷，洞庭山梨，俱用此法。或云：接梨桑上生子，甘脆然。《齊民要術》：獨殿桑梨，未可盡信也。一説，接梨以春分前十日，接柹以春分後十日。白樂天《杭州春望》詩：「紅袖織綾誇柹葉，青旗沽酒趁梨花。」果於此時得少佳趣，便覺天子燒梨，尤為多事矣。（《倦圃蒔植記》卷上，《四庫全書存目叢書》影印清抄本）

智按：曹溶，字潔躬，號秋嶽。秀水（今浙江嘉興）人。崇禎丁丑（一六三七）進士，官監察御史。入清，官至戶部侍郎，出為廣東布政使，左遷山西陽和道。

葉矯然（一六一四～一七一一）

《龍性堂詩話》

杜「重碧拈春酒，輕紅擘荔枝」，「拈」字亦新，唐人多用之。元稹《元日詩》：「笑看稚子先拈酒」，白樂天詩「歲酒先拈辭不得」，杜又云「醉客拈鸚䳇」，是也。（《龍性堂詩話》初集，《清詩話續編》第九六七頁）

元稹云：「玉碎無瓦聲……鏡破有半明」，白居易云：「擣麝成塵香不滅，拗蓮為寸絲難斷」，較李義山「蠶死絲盡，蠟灰淚乾」，又進一解。（《龍性堂詩話》初集，《清詩話續編》第九八三頁）

智按：元稹《思歸樂》：「金埋無土色，玉墜無瓦聲。劍折有寸利，鏡破有片明。」「擣麝成塵香不滅，拗蓮為寸絲難斷」，非白居易詩句，乃溫庭筠

《達摩支曲（雜言）》句。

《袁中郎詩集》幾千首，矯枉初盛，終落元、白後塵。入格者數首，録存其本色。……（《龍性堂詩話》初集，《清詩話續編》第九九一頁）

白樂天「一為州司馬，三見歲重陽」，「四十著緋軍司馬，男兒官職未蹉跎」，武元衡亦云：「惟有白鬚張司馬，不言名利尚相從。」此以司作仄聲也。又樂天「在郡六百日，入山十二回」，又「緑浪東西南北路，紅欄三百九十橋」，是以百十字作平聲也。翰字本平，而杜老「扁舟不獨如張翰」，又作仄。楊巨源「請問漢家誰第一？麒麟閣上識酇侯」，乃以酇字作平。陸務觀名遊，秦少游名觀，似皆平聲，而劉後村云：「晚節初寮集，中年務觀詩。」又「黄本何堪處秦觀，白麻近已拜申公。」又作仄聲。達磨之磨，今人都訛作平，而温公云：「達磨自云傳佛心。」東坡亦云：「西來達磨尚求心。」劉更生之更，本平聲，宋郊《答葉清臣》云：「莫驚書録題臣向，便是當時一更生。」又作仄。劉後村乃云：「未應天禄閤，便欠一更生。」又作平。坡公云：「仙心欲捉左元放，癡疾還同顧長康。」及作古詩，又云：「道逢眇道士，疑是左元放。我欲從之語，恐復化為羊。」又作平聲。諸如此類甚多。姑舉所見者言之，以見當酌用也。（《龍性堂詩話》續集，《清詩話續編》第一〇〇五頁）

微之之所謂「凡近」者，即殷璠之所云「俗體」也。王建詩往往在人口中，而樂天稱為麗則；許渾詩極斐然，而放翁詆其鄙陋。能通於二公之論，此道思過半矣。（《龍性堂詩話》續集，《清詩話續編》第一〇一一頁）

智按：葉矯然，字子肅，又號思庵，閩縣（今福建福州）人。順治九年（一六五二）進士，官工部主事、樂亭知縣。有《易史參録》、《龍性堂詩集》、《東溟集》、《鶴唳編》。

李煥章（一六一四～?）

《白樂天詩鈔序》

余幼時聞唐人詩有元輕白淺之論，又目元白詩曰長慶體，有志三唐者，詘薄而不足為。迨余長且壯，學為古文辭，遂置而不為理，而李杜亦東之高閣，何論樂天也。今忽忽年過七十，古文辭頗彙成帙，遂有意於詩，自李、杜外，好王、孟；王、孟外，好樂天。一日，篝燈良夜，展《琵琶行》讀之，四顧泬寥，神寂意冷，若顔成子侍南郭子綦之坐，聞天籟地籟人籟而嗒焉，若喪其偶，不覺其心之動而情之移也。詩至於令人心之動，情之移，即樂天之詩，可以為王、孟，可以為李、杜矣。遂取《長慶集》，以己意鈔之，得若干首，余序其本。昔人曰元白，蓋以其生同時，仕同官，情好密篤，意氣推許，故爾。其寔元非白敵也，即其詩亦少遜。韓魏公慕樂天之為人，築其堂曰醉白，東坡為之記，反覆於魏公、樂天之所有無。後袁伯修名其齋曰白蘇，又反覆於東坡、樂天之長短。余考樂天生平本末，似有出於魏公、東坡之外者，樂天與奇章、中立為友，而不肯借之以進，與文饒有郄，文饒亦不得而中傷，且極稱其詩。憲宗朝，與李絳多所建明。至會昌，避權相，奉身而退，樂湖山，築園囿，以空門為友，不若魏公於新法大行之日，猶判相州諸郡，奉青苗諸法，以守藩臣之體，而東坡終竄逐，未得一還其故里，省先人之丘墓。嶺表北來，病歿於宜興，死葬於汝郟。雖曠達廓落，未免有異域飄泊之感。而樂天十畝之宅，五畝之園，有池一區，有竹千竿，以醉吟先生自名，故於其詩，以意為句，矢口成吟，令老嫗解之，其胸次人人知之，不然使樂天為幽深要眇之音，豈出李長吉、盧仝之下哉！（《織水齋集》，《四庫全書存目叢書》影印清乾隆間抄本）

智按：李煥章，字象先，號織齋，山東樂安人。前明諸生，後棄舉子業，專肆力於詩文古詞。所著有《龍灣集》、《無學堂集》、《老樹村集》，凡百餘萬言。後合諸集而刊削之，定為《織水齋集》。

方都秦（一六一四～?）

《遊西湖記》

西湖之水，周三十里，以觀海者，視之不過清流一掬耳，而東南之名勝稱最焉。漢代金牛見湖中，人言明聖之瑞，故舊稱聖明湖。杭苦江水鹵惡，李鄴仙刺郡時，引湖水入杭，鑿六井以爲民利，至白樂天刺郡，甃函筧，以司蓄洩，洩水一寸，可溉田五十餘頃。去官之日，有「惟留一湖水，與汝救荒年」之句。唐後，亦代有濬治，宋初廢置，遂成葑田二十五萬餘丈。蘇文忠守杭，力疏五不可廢，乃濬葑泥，築長堤十里以障，而湖始開復。至紹興建都之後，君相日嬉遊晏樂于此，致啓金人立馬吳山之志，論者致罪西湖爲尤物，比之西子沼吳，嗟乎！淄川有靈，何不幸而蒙兹詬詈也。元代遂爲桑田，霸初因之，縱横阡陌，曾不容刁（智按：當為刀）。宣德正統間，稍稍搜剔，阻于羣議。弘治間，御史吳公一貫修築石閘，漸有端緒。正德三年，楊公孟瑛守郡，不避怨讟，疏請至再，極力開濬，而湖始復唐宋之舊。嘉隆以後，點綴昇平者，百有餘年。湖山佳麗，頓還舊觀。遊者四時歌舞之不休，而千里舟車之罔輟也。迨革除以後，而湖山不可復識矣。健兒牧馬其上，歌臺舞榭，强半榛蕪，使人有煑鶴焚琴之嘆。然平陂往復，天道固然，無足怪者。己亥春，偕余季、周士，作淮楚之遊，歸泊廣陵，忽動念吳越山川之勝，遂移舟京口，至金閶而遇戴子赤玉，過檇李而又值范子五湖，卽相與維丹結伴，勇訂同遊之約。蓋四月之上浣也，偕抵昭慶，時暮靄銜山，瞑鐘初動矣。寺門容與，見新月在林，波光蕩漾，把酒與老僧話西湖全盛事，并商遊政，座客有感慨悲涼者，余曰：「西湖之真面目在山水，如邢夫人衣故衣，時能令尹夫人自嘆不如者，非以天然本色爲都麗乎，何必孤山有梅，蘇堤有柳，藕花居有菡萏，湖心亭有歌板舞衣，而後見西湖之勝哉！」明日晨起，即理遊具，放舟烟水間，青山四照，澄波萬頃，亭榭非綺麗爲工，林樹以蕭疏見致。櫓摇明鏡中，遂不覺心曠神怡，如翠袖佳人，暮倚修竹。夢想頻年，一旦對此，淡粧濃抹，宜何如定情也。每值一境，榜人即艤舟待客，登臨憑弔，輙流連不忍即去。隨波上下，繫舟湖心亭。夕陽返照，影射波紅，不啻赤城霞起，泳遊再四，歸棹入林，而月映前川矣。繼此則吳中勝友，日集如雲，時方初夏，寒暄之氣候不齊，風日之陰晴未卜，鷗眠鷺宿，竊步水仙蠟屐，攜筇願追山賊，而湖中之日月長矣。時或入孤山而弔和靖，問昔時梅鶴，猶無恙乎？紹興中，起四聖延祥之觀，官民之墓盡徙，而死士之隴，何以巋然獨存？彼富貴而終磨滅，其不穴狐狸，薪樵牧者，幾人之墳墓哉！時或登棲霞而拜鄂王之墓，喟然嘆曰：鬱鬱葱葱，萬古忠魂之所式也微，義士隗順之負屍潛瘞，殉以玉環，識以雙橘，雖孝宗之詔求改葬，豈可得哉！時或登于墓而生哀，益太息痛恨于石亨諸人也。奪門之後，少保含冤，固已天荒地老矣，乃湖水清漣，孤臣之丹心碧血，猶照耀千秋耶！時或登南屏而望，潮鎖海門，雲生天目，近則怪石峻嶒，聳霄漢間，人語不聞，松濤遞響，若萬馬騰空而下，亟支、筇次、靜慈方一瞬，而殷殷雷聲，從北高峰至。歸舟，烟雨迷離，羣山叠岫，滄茫莫辨，回視保叔浮圖，微有彷彿而已，眞米南宮畫圖一幅也。夜深，再商遊政，忽念白香山《長慶集》以爲，東南山川之勝，餘杭爲最，而餘杭之勝，又以靈隱、冷泉、弢光為最，以故有「在郡六十日，入山十二回」之句。明日，虎陵諸子，如月鹿、汝平、蘭臯輩，僉謂余曰：「至西湖，不至靈隱，與不至西湖同；至靈隱，不至弢光，與不至靈隱同。」余應之曰：「古人登高望遠，身到處不肯放過，敢不窮千里之目乎?」于是覔笋輿，尋山徑，徑曲折，入深谷中，盤溪飛瀑，阻之不可行，而長松修竹，引渡危橋，得茅屋幾家，遙指古寺門，卽下天竺也。一徑達靈隱，幽邃絶倫，萬山環抱，門外一峯奇削，號曰飛來。相傳咸和中，西僧慧理過此，大呼曰：「昔在靈鷲山，見一峯飛去，今乃在此耶！」峭石縱横，嵌空玲瓏，山膚竟□寸土，而長松老樹，悉出雲根。中有龍泓一洞，深窅莫測，聞其水與江海通，其洵然耶！山僧引之出，卽小憩冷泉亭，見百丈飛泉，從萬丈懸崖而下。晴空濺雨，夏日生寒，同人盡呼肌粟，殆凜乎其不可留也。及入寺，衹徊尋攬，詠宋延清之句，而海日江潮，殊不能見，惟階森雙塔，堂擁千僧，作選佛道場而已。隨繞寺循蹊，再問幽壑，歷翠竹千重，過飛泉百道，而弢光在望矣。客至此，不過謂木末山巔，一幽深禪院耳。及到門登樓，而放眼青天之上，一望千里纖毫，畢見竹外有樹，樹外有湖，湖外有城，有萬家烟火，城内有山，山外有江，江外有海，眞大千世界也。乃信海日江潮之詠，惟是庵足以當之。師號弢光，故庵以師得名。與白香山友善，入山十二回，勾留白傅者，其在斯乎！余既喜白傅之詩，復信諸子之言，故能與二三好友，窈窕尋壑，崎嶇經丘，而窮兹湖山之勝槩也。古今人豈欺我哉！是夜，月明如晝，山庵無酒，意覺岑寂，而余季已解杖錢，覔甕頭春于長鬚肩上矣。同人舉酒相屬，謂桓子野對清光，輒喚奈何，因各聯韻賦詩，以酬良夜。殿前方池半畝，鑿石爲龍形，泉從龍口中噴出，聲入枕畔，達旦不能寐。遲明亟起，登樓望朱輪湧出，扶桑海天，一碧卽身，在日觀峯，何以異此。少焉，白雲冉冉，從山下飛來，瀰空繞室，以襟袖拂之，皆戎戎不能散。停午，始整歸屐，取徑入上天竺，見長林蔽日，遠瀑濺空，古寺蕭森，禽聲上下，意必有高僧法座，若辨才其人者，共一時清話，而山僧持簿索錢，追逐無厭，因與同人大笑曰：「我輩愧非子瞻，故辨才不出，而使傖荒法子，下令逐客耶！」行行且止，一路斷橋流水，茅屋疏籬，野花黃蝶，助歸途詩興者，正復不淺。薄暮，抵招提，貰酒大醉，謂今日之遊，不可無紀也，因共追數晨夕。大約風日晴和，高朋雅集，登放鶴之亭，訪魚樂之國，步錦唐之月，觀段橋之荷，青簾白舫，泛泛中流者十六，八荒同雲，殷雷不已，山雨驟至，颶風忽來，舡窓不啓，飲酒樂甚，枕藉無歸者十一，長堤步屧，絶巘扶筇，渡西泠合澗之橋，入石屋烟霞之洞，不假輪蹄舟楫，而吳山葛嶺，輞川諸勝地，詩筒酒盞，挈伴以遊者十三。我故曰：西湖之眞面目在山水，我輩之眞性情亦在山水，繁華銷歇，正見本來，千里來遊，會心自遠，何事撫今追昔，慷慨悲涼，而下斷亭之淚哉！是爲記。（《梅溪文集》卷一，《四庫未收書輯刊》影印清乾隆十五年方汝翼刻本，集部第七輯第二九册，第六三七～六三九頁）

《賣字後説》

裴晉公以平淮蔡多殺之，故建福先寺，而請碑記於白居易。是時皇甫湜在其幕下，恚而爭之，謂：「近捨湜而遠求居易，是棄湜也。」晉公因屬筆焉，文成，賫贈千金。湜復大恚，謂其文一字可易絹三匹，三千字則宜酬以九千絹，使者歸述晉公，笑而足之。輦負相望，比於雍絳，汎舟之役，至今以為美談。議者羡湜文聲價之高，余則鄙其陋，而服晉公之寬大也。蓋晉公初未請之湜也，湜雖有聲於當時，而其文亦無盛傳於世者，其所自矜詡，謂爲顧况序詩，而後不復作矣。然顧之詩序，并福先之碑文，何以至今不膾炙人口耶？且當時亦幸得晉公耳。夫九千絹小哉，誠何足悋。而幕士驕恣，以輕國相，使非休休有容之量，其不血濺鸜鵒者，幾希矣。嚴續爲其父請韓熙載之文，纁組珍貝而外，佐以麗鬟，韓但敘其世糸官階，而不及其功業，續再四請益，韓不之許，因璧其珍幣，并所贈麗鬟，題一絕于泥金雙帶而去。此兩人者，皆恃其文字，以傲岸當時，然相提而論，則熙載可節取焉。蓋裴與嚴，其功業固不可同年而語也。晉公碩德奇勳，中興唐祚，卽極力表章，亦何慚于翰墨，而一記之微，猶索九千絹，以報知己哉！是則人以爲高，而余以爲陋者也。是時昌黎亦同淮蔡之役，而福先之記，何以不屬，或以謂平淮之頌，毁於李愬之妻，朝廷既易以段文昌之筆矣，韓固却此而不為歟？余曰：非也，昌黎嚴氣正性，方以佛骨廷諍憲宗，而崇浮圖以修冥福，斯固晉公之所不敢請也。是豈九千絹能易其隻字者哉！（《梅溪文集》卷四，《四庫未收書輯刊》影印清乾隆十五年方汝翼刻本）

智按：方都秦，字百工。諸生。以詩古文名一時，晚益嗜學。有《梅溪文集》、《嶺雲詩集》。

陳殿桂（一六一五～一六六六）

《吳吏部詩集序》

寧邑僻陬，海上彌望，黃茅白葦，其地無高原廣隰，其物無靈藥大貝，其人無鉅公鴻儒，寓内文章家，旗鼓相角逐，有能提偏師會獵海上，長駈而出五湖三江間，庸非薦紳士大夫任，既已具耳目饒智巧，詎止工持籌營媚竈、持粱刺齒肥而已。孫子荆云：山㠑巍水泙渫人磊砢英多，良由囿乎其地，而弗能為才也。培塿無丈之松，蹄涔無尺之鯉，東海若亦太頑冥，不好文哉！明興三百年迄兹，而藥師先生卓然以吳吏部集鳴天下。先生才大遇晚，諸生時，落落好奇，唾壷歌伏櫪，一切可駭可愕之事，沉鬱而淬爲詩，其言故自工，及登制科，荐臻清要，四牡騑騑，輶軒四出，海内名山大川，罔不有先生車轍馬跡焉。孤遊浩渺，横眺遐矚，凡榮華之遇，莽蒼之觀，風謡方言之譎怪細碎，感遇而發，悉以寫其生平牢落骯髒之懷，如嶧陽孤桐，風霜千祼，鳳翮龍脣，非常弘朗，眞可陋子長之禹穴，狹少陵于瞿峽者，且其時方内亦既多故矣，目無平覽，胷無頹思，憂深邊塞，則有若僧超之壯士；歌睠戀宫闕，則有若仲宣之灞陵；詠諷戒寮友，則有若蘇、李之賦河梁；脱屣圭組，寄情林壑，則有若潘安仁《閒居》，白樂天《池上》；述道路之艱虞詭險，則有若《北征》，若《南山》。即三百年來，昌大如宋承旨，高妙如高侍郎，窈窕如楊孟載、何大復之精融，李獻吉之蒼古，先生如海而百川匯之，以至近代濟南、瑯琊、公安、竟陵諸家，類皆燀赫一時，廣武所歎，時無先生耳。夫才華珍惜造物，視富貴百之才矣，或無其遇，遇矣或鞅掌簿書，埋没軒冕，假手賦詩，捉刀答策，喈舌求吐一言而不可得……即其解吏部，歸築室讀書，擊木行野，疑為賈島後身，猝遇之不知為故侯也。先生為余父執行，家君每口先生義極高，高山仰止，不徒以其文矣。（《與袁堂文集》卷一，《四庫未收書輯刊》影印清刻本）

《嘯塢焚餘草敘》

文章飾吏治，自古記之。文者，貫道之器，本諸六藝。《論衡》謂書疏文義，奪於肝心，不徒雕文縟辭，苟爲花葉，故有學道而未必能文，未有能文而不繇學道。嚮歲僕執刀筆之役，竭隨驄馬，驅馳轍環十郡殆徧，所聞嶺以南，固多賢士大夫哉。而香山明府絹菴胡先生，卓冠一旹。……然年來掩關窮巷，日者蓬藋蛩音，吾友約菴氏至，手絹菴《焚餘草》一編相示，因語僕曰：「晉人家有名士，三十年而不知引爲已責，然猶是牀頭數語耳。孰若以雅以南，入風人之奥，家於珍而國於嗇，重爲昔人嗤乎。」僕讀之而莫名其器，大都啟心閒繹，自然清彩，體氣如輕縑素練，亦復如于闐之質温，如栗如肉，好瑟好火，三日而不色變，所在常有神物護持，豈復昆明之燼，能蝕其光芒哉！約菴睥睨鮮推許，即攻之以火，詎肯五鳳樓相假借，唯有本如，是焚香埽地，再睹風流，所歎操刀之絶跡者矣。昔白樂天宦迹滿天下，侍郎拂衣，卜築周南，賦詩開社，後人仰止，香山若神仙中人，絹菴鳴琴，嶺海蠻煙，蠶雨中坐擁三洲七星勝槩，政成而民樂，絃歌歗詠，何減池上之篇，今古兩香山，寧遽弗若，後之考胡香山先生者，循吏傳中求之，更當于儒林傳中求之也。康熙元年壬寅秋七月下澣一日某題於越邸之間青臺。（《與袁堂文集》卷二，《四庫未收書輯刊》影印清刻本）

智按：陳殿桂，字岱清，海寧（今屬浙江）人。陳之遴從弟。有《與袁堂詩集》十卷、《與袁堂文集》四卷。

宋徵璧（一六一五～一六七一?）

《抱真堂詩話》

元、白體格不必論，若《琵琶行》，頗盡情事。（《清詩話續編》第一二〇頁）

七言初唐、盛唐雖各一體，然極七言之變，則元、白、溫、李，皆在所不廢。元白體至卑，乃《琵琶行》、《連昌宫詞》、《長恨歌》，未嘗不可讀，但子由所云：「元、白紀事，尺寸不遺」，所以拙耳。（《清詩話續編》第一二六頁）

智按：蘇轍《欒城三集》卷八《詩病五事》謂：「白樂天詩，詞甚工，然拙於紀事，寸步不遺，猶恐失之。」

聯句若昌黎《石鼎》，自佳。元、白動必數百韻，有類乘舟泛溟海，星辰不辨，但覺身熱頭痛之煩。（《清詩話續編》第一二六～一二七頁）

楊升庵曰：「白居易『千呼萬喚始出來』，不如易以『才』字。」予意詩以聲調為工，若「才出來」，則不中宫商矣。升庵强作解事。（《清詩話續編》第一二七頁）

智按：宋徵璧，字尚木，原名存楠，又字讓木。華亭（今上海松江）人。崇禎十六年（一六四三）進士，官中書舍人。入清官潮州知府。有《含真堂詩稿》、《抱真堂詩稿》。事迹見《皇明遺民傳》卷五。

彭孫貽（一六一五～一六七三）

《尋琵琶亭已廢》

一郡荆榛草獨青，重来湓浦問荒亭。朱弦已絶江聲急，夜夜悲風入洞庭。（《茗齋集》卷四，《四部叢刊續編》景寫本）

智按：彭孫貽，字仲謀，一字羿仁，號茗齋。浙江海鹽武原鎮人。明貢生，痛父殉國難，入清後布衣蔬食，終身不仕。與同邑吴蕃昌創瞻社，爲名流所重，被稱爲「武原二仲」。能詩善書，有文名，邑中碑銘記頌多出其手。上自經史百家，下至氏族、方技、釋老、稗乘之書，靡不畢究。明亡後，杜門不出，留心史事，尤熟于明代掌故。有《甲申以後亡臣表》、《明朝紀事本末補編》、《流寇志》、《茗齋集》等。《清史列傳》卷七〇有傳。

龔鼎孳（一六一五～一六七三）

《吕正始觀察之虎林》其二

春風畫戟耀江東，開府名爭彩筆雄。千里吕安征駕後，六橋白傅醉吟中。官逢吴越輕津要，客到湖山屬鉅公。總爲兩高淹謝屐，金門還望舊游同。（《定山堂詩集》卷二十二七言律詩十一，《四庫禁燬書叢刊》影印清康熙十五年吴興祚刻本）

《和答友沂贈行四首序》

奉使出都之次日，友沂遣急足以新詩投送。時泊舟潞南荒寺邊，風雨寒蓬，秋氣凄颯，頗爲同學諸子作牽衣之戀，非同白傅江州聽琵琶曲時語也。（《定山堂詩集》卷二十四七言律詩十一，《四庫禁燬書叢刊》影印清康熙十五年吴興祚刻本）

《吴江公冒雨先歸遣急足以和詩馳示卽於紙尾奉答》

雨過沙堤策馬歸，深宵燈燭伴初違。池邊白傅吟偏就，香後荀公座可依。三匝風烟朋舊共，一春花事鬢毛非。長期阿閣開萋菶，鷗鷺空天各自飛。（《定山堂詩集》卷二十六七言律詩十一，《四庫禁燬書叢刊》影印清康熙十五年吴興祚刻本）

《送太傅息齋先生假歸吴門》（其四）

一畝亭臺榆柳垂，畫欄風定唱經時。沙堤早割王珣宅，履道翻荒白傅池。此去川巖增淨業，重來魚鳥識前期。急流始驗神仙福，過眼長安幾奕棋。（《定山堂詩集》卷二十八七言律詩十一，《四庫禁燬書叢刊》影印清康熙十五年吴興祚刻本）

《饒江夜泊雨卧不成寐》

江州淚灑琵琶夜，老大何關遷客愁。雨濕短篷風透枕，離人白盡五更頭。（《定山堂詩集》卷三十九七言絕句四，《四庫禁毀書叢刊》影印清康熙十五年吳興祚刻本）

《琵琶仙·弔白舍人蘇學士（用秋岳琵琶亭志懷韻）》

絶代西家，風流容、二老柳堤花榭。管領公事湖山，芳晨並良夜。開柘鼓、雲裳雪面，似樊素、小蠻初嫁。鵲尾團香，螭頭會食，高韻天假。　際昇平、金紫神仙，兩朝人湊合清狂社。冷眼江峯又飽，覷銀戈紅帕。飛絮恨、青驄莫繫，羅扇淚、哀松同瀉。試呼公一片吟魂，夕陽之下。（阮亭云：二公風流文采，固不可及，然金紫神仙此福，豈易消受，俛仰今古，爲之慨然）（《定山堂詩餘》卷二，《四庫禁毀書叢刊》影印清康熙十五年吳興祚刻本；鄒祗謨《倚聲初集》卷十六長調二，清順治十七年刻本）

智按：龔鼎孳，字孝升，號芝麓，别署定山堂。合肥（今屬安徽）人。明崇禎七年（一六三四）進士，官兵科給事中。李自成起義軍攻入京城，授直指使，巡視北城。清兵至，迎降，授吏科給事中，升太常寺少卿、左都御史。康熙時，官至禮部尚書。卒謚端毅。與吳偉業、錢謙益并號「江左三大家」。有《定山堂集》。

黄晉良（一六一五～一六八九）

《論官禄》

閒讀貢禹上武帝書云：臣為諫大夫，俸月九千二百，廩食大官，及為光禄大夫，俸錢月萬二千，禄賜益厚，家日益富。……唐初制禄，正一品米七百石，錢九千八百；正二品米五百石，錢八千；正三品米四百石，錢七千，大率如此，而貞觀、永徽人才之盛，不可枚舉。至大曆中，權臣月俸有至九千貫，刺史無大小，皆千貫。故元微之《悼亡》詩有云：「今日俸錢過十萬，與君營奠復營齋。」白樂天典校書，亦云「俸錢萬六千，月給亦有餘」。校書，小職也，月亦萬六千。其後群枉迭興，遂至侈靡相尚，貨賄相傾，往往挾外以重内，尾大不掉矣。原盛衰之際，豈不由爵禄哉！雖然，此猶為朝制言也，從來小人禄薄者心競，禄厚者心侈。（《皇朝經世文編》卷十八吏政四，清光緒十二年思補樓重校本）

智按：黄晉良，字朗伯，閩縣（今福建福州）人。明季弟子員。得黄道周《易象正》、《三易洞璣》二書，窮年伏誦，明平陂徃復之數。重氣節，善排難解紛，人比之魯仲連。工詩古文詞，長於書法，遍遊齊楚吴粤間，每托詩文以見志。晚號東叟，還居三山之井上草堂。有古文詩歌若干卷。生平見《福建通志》卷五十一。

陳式（一六一五？～一六八九）

《同方爾止飲潘蜀藻石經齋同賦》

我與君常會面難，逢君約便過潘安。里門縱到翻成寄，麄糲雖炊怯勸餐。……白水識從篇里見，香山集向肘邊攤。……（清潘江輯《龍眠風雅續集》卷十七，《四庫禁毁書叢刊》影印清康熙十七年潘氏石經齋刻本，集部第九九册，第六〇一頁）

智按：陳式，字質生，又字二如，號問齋，安徽樅陽人。康熙初貢生，寓居南京，與張度爲好友，又與里人胡如蛙、何應珏、何秉哲、吴昶、方玄成、方亨咸、姚文勛、姚文然、姚文焱等爲「潛園十五子之會」，文采風流照耀江左。方文贈陳二如詩云：「岑城雖寂寞，風雅屬吾曹。近體潘江麗，長歌陳式豪。雙騫鴻鵠志，五色鳳凰毛。憔悴林中鶴，清音亦九臯。」善畫花卉，酷好杜詩，有《問齋杜意》十五卷，錢澄之爲之作序。有《問齋集》。事見《龍眠風雅續集》卷十七，《四庫禁毁書叢刊》影印清康熙十七年潘氏石經齋刻本，集部第九九册，第五九七頁。

陳啓源（？～一六八九）

《楚薺》

……人當衰亂之時，道太平之樂，必言之娓娓不休。班、張之賦，喜述西京之盛時。元、白之詩，多咏開元之勝事，皆此意也。……（《四庫全書》本；《清經解》本《毛詩稽古編》卷十四）

智按：陳啟源，字長發，吴江（今屬江蘇）人。

柴紹炳（一六一六～一六七〇）

《西湖競渡》

西湖五月大堤路，五彩龍文舟競渡。疊鼓鳴笳去不停，雕檣畫檝空中騖。袨服爭看集水湄，水嬉舊俗效吳兒。惡子單衫錦半臂，少年帕首紅牙旗。乍離旋合縈如織，似沒俄浮驚叵測。攫拏萬載吐驪珠，潑刺千金翻鯉翼。湧金門外薰風香，錦帶橋頭藉草芳。擻波纔過蘇娘墓，夾岸還穿白傅塘。來凫暫向湖中泊，飛鳶忽自雲邊落。綺席淨懸湘竹簾，瓊樓卻下鮫綃幕。手攙銀瓶坐呼酒，笑開紈扇徐迴首。遠渚宜攀四照花，輕陰合傍三眠柳。綠水丹霞望裏明，榴裙蒲醴喜雙清。漫綰朱絲能續命，休誇綵繒善逃兵。離離煙樹山銜日，簫管喧聞人未息。拔浪成行逐浦西，奪標幾隊歸城北。追游此日樂重湖，魚鑰宵嚴片月孤。誰知鼓枻臨風者，楚調歌成弔左徒。（《古今圖書集成》山川典第二百九十一卷西湖部藝文四第一二～一三頁）

智按：柴紹炳，字虎臣，號省軒，仁和（今浙江杭州）人。

黃宗炎（一六一六～一六八六）

《敬業堂詩集序》

……余賣藥海昌，查子夏重屢有詩酬和，尋其佳處，真有步武分司、追蹤劍南之堂奥者。夫今人卒業兔園，孰不以風流自命，左掞右摛，東綆西繘，都欲駁正李杜之瑕璺，元白之卑弱，為漢為魏，為陶為謝，目空千古，苟從旁細覈正，如揚灰萬斛，求半銖銅鐵且不可得，况於金乎？此所以深歎於才難也。……（查慎行《敬業堂詩集》卷首，《四部叢刊》本，第二頁）

智按：黄宗炎，餘姚（今屬浙江）人，字晦木，一字立溪，學者稱鷓鴣先生。黄尊素次子，黄宗羲弟。與兄黄宗羲、弟黄宗會均為劉宗周弟子，學術大略與宗羲等，稱「浙東三黄」。兄弟三人南明弘光朝亡後，徒步迎魯王，兄弟毁家紓難，起義兵，時稱「世忠營」。敗後，奔走四明諸山寨間，被清吏所捕，幾死。宗羲以計劫出之。後賣藝文自給，潛心學《易》。工繆篆，善制硯，畫宗小李將軍趙千里，嘗作《連江疊嶂圖》，灑灑不窮。吴孟舉嘗約交遊中，挾一長一技者，共賣藝戲，作賣藝文，其中列賣印者晦木也。著有《周易象辭》、《尋門餘論》、《六書會通》、《二晦集》、《山棲集》。

魏裔介（一六一六～一六八六）

《張湛虚先生雲隱堂文集序》

……大約先生之為令也，似元魯山、陳太丘；其為諫議也，似魏鄭公、韓魏公；其總制百粤也，似韓襄毅、王文成；而其晚節，徜徉於山光水影、殘花枯碁之間，則又似陶靖節、白樂天。《易》曰：「知進退存亡，而不失其正。」若先生者，可謂出處不失其正者也。……（《四庫全書》本《兼濟堂文集》卷四）

《梁玉立悠然齋詩序》

恒山嵯峨而東下，滹沱分星宿之派，右轉而至滄海。鎮州，誠河朔一大都會也。夫其山水奇，所産人物亦奇。昔家宰梁乾吉先生，生際嘉隆之代，文章德業，吏治武功，麟麟炳炳，著在國史。時則余家少司馬子惠祖，以邊功捍禦西陲，兩家勲名，先後方駕，不止以姻婭稱莫逆也。迄今百年，玉立大司馬，英英魁碩，奮起而紹先業。受世祖章皇帝付託，久任樞密，奇謀大畧，多其擘畫，海内頌為偉人，中外倚以安危。而其文章筆舌妙天下，著之為詩者，其緒餘也。玉立之為詩，不屑屑摸擬三唐陳蹟，亦不屑屑取青媲白如近人，彷彿于鱗七子等聲調氣格之間。唯是枕籍六經，沈酣諸史，應制記事，陳大雅德音之辭；咏物懷人，備風人香草之義。蓋燕許大手，而非「元輕白俗」「郊寒島瘦」之所得而企及者。海内之言詩者，得玉立一字一咏，莫不珍為天球河圖，空青丹砂，而玉立虚懷自損，猶於公退之餘，手披一編，吟哦不輟。其詩之高華矜貴而不佻，淵泓静毓而有本，非偶然也。昔者風騷以降，漢魏下至六朝而詩弊，唐初乘一時元氣之會，名公鉅卿，起而振之。開元大歷之什，由是丕變，今乘元氣之會，起而振此道者，非他人，必玉立也。昨歲集為若干卷，友人刋之於杭，而徵余言以序。余自顧與玉立為髫齔之交，况數載以來，復承朝廷恩遇，或同侍帷幄，或共承飲讌，玉立之文章德業，吏治武功，亦稍稍覩，記其梗槩，則於玉立之詩，或亦窺豹，文之一斑，而見吉光之片羽也。夫玉立之詩之美，而由於祖澤之厚與，其身之文章德業，則世之讀兹集者，其勿易言詩也夫。(《四庫全書》本《兼濟堂文集》卷五)

智按：梁清標，字玉立，號蕉林，一號蒼巖，正定（今屬河北）人。明進士，入清歷官保和殿大學士，祀鄉賢。有《蕉林詩集》十八卷，各以古近體爲分，不列卷次，其詩作於明季者，多感慨諷刺之言，及入清以後，則渢渢乎春容之音。

《且亭秋響序》

自且亭詩一出，如長離苞羽，揚翬九霄，天下莫不争先睹之為快，於是論者遠擬王、孟，近媲何、李。余獨以為，楊子之真詩而已。兹秋響二十二首，乃其偶爾命吟，蒼洲野渚，寫其高凉，寒雁霜鐘，通其幽韻，然而性情關乎君國，憂樂槩夫人天。寓婉惻於激昂，涵戇直於忠厚，兼有屈哀宋怨，豈曰白俗元輕，可謂五言長城，秋懷絶唱也。嗟乎哉！金刀寶馬，盡埋没於邱山；玉盌魚燈，寄愁唫於樵牧。朱顔謝而魯戈難返，黄鶴去而仙人不來。……(《四庫全書》本《兼濟堂文集》卷五)

《嶼舫近草序》

人莫不有所好也，而或者好為詩，豈學焉而得其性之所近歟。自晉唐以來，好之者尤衆。如陶淵明、杜子美、李太白、白樂天、蘇子瞻、陸放翁，無歲不作，無月不作，甚或無日不作。……（《四庫全書》本《兼濟堂文集》卷六）

《白樂天長恨歌論》

余讀白樂天《長恨歌》而不能無疑也。妃子以傾國之色，專寵金屋，養成漁陽之亂，以致鞞鼓動地，城闕烟生，翠華西幸，六軍不發，蛾眉死於馬前，花鈿委於陌上。明皇於此，其有悔心之萌矣。故杜子美詩稱之曰：「不聞夏殷衰，中自誅褒妲。」以見肅宗之所以能中興者，由於明皇割衽席之愛，以援六軍之心，天下聞之，皆知其有遷善改過之思也。至於龍馭既廻，春風桃李，秋雨梧桐，復動其鴛鴦翡翠之夢，是以臨邛道士乘間而入之，排空馭氣，得之海上仙山，寄鈿釵以盟心，憶七日之私語，此術士幻化之所為，明皇墮其中而不覺也。夫以妃子之狐媚，誤人家國，使其死而有知，亦不過為麗色之鬼耳，豈得復處於金闕玉扃之間哉？然則七日之語，何以知之？金鈿之寄，胡為乎来？曰：此術之易曉者耳。凡物之精魅者，尚能知人已往之事，豈鴻都羽客而不解此耶？余深怪明皇之既悟而復迷，樂天又著為歌詞，以艷其事，恐後之人君陷溺於中，甘心尤物而煽處者，且妄覬於死後之餘榮也，則所云窒亂階者，恐反為亂階矣。故詩人之義，必當以子美為正。（《四庫全書》本《兼濟堂文集》卷十四）

《答趙總督啟》

保釐黔土，崇勳久茂於旗常；節制越江，新績益隆乎鎖鑰，形標麟閣，名重金甌。……錢塘弩發，每瞻衣錦之軍；白傅堤成，永勒常山之像。……（《四庫全書》本《兼濟堂文集》卷十六）

《和白樂天閒坐看書》

朝罷即掩關，中庭啖秋果。蕭散百餘步，復向齋中坐。坐久展書讀，烱烱見福禍。名以干進亡，身因求利墮。何况戀妖姬，自甘縛韁鏁。亦有耽麯

蘖，翠羽包焦火。人生染此毒，動静無一可。所以學道人，曠蕩觀真我。（《四庫全書》本《兼濟堂文集》卷十八）

《趙問源九日約觀菊阻雨不果》

聞君舊有龍山約，落落風期許我宜。籬下淵明貧自好，江州司馬俗難醫。酒逢幽士應飛斝，雨為重陽來助詩。此日登高惜未得，漫敲巖老枕中棊。（《四庫全書》本《兼濟堂文集》卷二十）

《和別寶坻杜純一相國》

版泉南渡近恒山，卻望彤廷豹尾班。自是長卿多卧病，非關白傅愛投閒。當公綸綍憂勞日，愧我雲霞縹緲間。此去杖藜尋藥餌，何時咨儆覲天顏。（《國朝畿輔詩傳》卷二，《續修四庫全書》影印清道光十九年紅豆樹館刻本）

《静怡齋約言録》

白樂天、蘇子瞻，皆千古達人也。惜其汩没於禪，若置之聖門，可以謂之狂矣。

諸葛武侯集、陶淵明集、李太白、杜工部集、王摩詰集、韓昌黎集、白樂天集、劉静修集、王陽明集、趙夢白集，此十書者，中多佳處。

弋説：凡貧賤人為善難，為惡亦難，何者？勢不足以濟也。富貴人為善易，為惡亦易，何者？力足以遂其願也。楊氏奂曰：「晉魏出，臣道壞。佛老興，子道絶。」又曰：「異端蟠結於中國而不解者，以名士大夫主之也。故唐則蕭瑀、王縉、白居易、裴休、梁肅也，宋則王安石、蘇軾、黄庭堅、張商英也。故上而君相，下而閭里，信之而不疑。」為士夫者，可不知守先王之道，以為一世標準耶！（《静怡齋約言録》外篇，《續修四庫全書》影印清刻本）

《論詩》

⊙論詩二十則

賈静子曰：學少陵者，學其氣之混茫、辭之雄博，非學其痛哭流涕也；學淵明者，學其自靖之志、寄托之苦，非學其耕田飲酒也。……公安、竟陵起而排之，然不法高、岑、王、孟，而法白居易，法孟郊，自以為唐有唐之詩，明有明之詩，發天地之奇秘，抒自己之性情。夫白與孟非唐乎？二者何

嘗創為明詩也？且不法白之大而法其俗，不法郊之清而法其寒，亦何益哉！（《溯廻集》卷末，《清詩話三編》第三四頁）

⊙樂府

賈靜子曰：樂府者，随古人所遇之事、所履之境而創名也。……少陵集中無樂府，其《垂老别》、《無家别》、《新婚别》，皆自製題為之。以至白樂天，亦自製《賣炭》諸行，淒惻可傳。……（《溯廻集》卷末，《清詩話三編》第三六頁）

⊙七言古

賈靜子曰：七言詩雖起于宋玉《九歌》，柏梁體祖之，然句法艱澀，不可學也。至魏氏父子及甄後，實爲七言古之祖。唐初、盛及中、晚法之，皆有至境。叙事之中有以略而勝者，如《三百・綿》之篇……有以詳而勝者，如《三百・生民》之什，叙后稷初棄，重重複複，寸步不移是也。摩詰《輞川圖》，尺幅有千里之勢，乃唐李小將軍畫人物百狀，絲髮生動。兩者不可偏廢。故樂天歌行與少陵并傳，非曰少陵為長而樂天為短也。

宋牧仲曰：詩至杜而精，至白而大。元微之《連昌宮辭》，白樂天《長恨歌》、《琵琶行》，為唐人艷述，皆獨絕千古。（《溯廻集》卷末，《清詩話三編》第三七頁）

智按：魏裔介，字石生，號貞庵、昆林，柏鄉（今屬河北）人。順治三年（一六四六）丙戌進士，官至保和殿大學士。乾隆元年，追謚文毅。

佘懷（一六一六～一六九五）

《四十九歲感遇詞六首・序》

白香山云：「四十九年身老日，一百五夜月明天。」蘇子瞻云：「嗟我與君皆丙子，四十九年窮不死。」余今年四十九，身既老矣，窮猶未死，追想生平，六朝如夢，每愛宋諸公詞，倚而和之，聊進一盃，正山谷所云「坐来聲歎霜竹」也。（《玉琴齋詞》，《續修四庫全書》影印民國十七年南京國學圖書館影印稿本）

《五十進酒詞四首・序》

余今年遂五十矣。半生落拓，雙鬢飄零，閬苑無緣，雲臺竟遠。白香山云：「青山舉眼三千里，白髮平頭五十人。」用爲首句，作《浣溪沙》詞，命紅袖歌之，歌一闋，聊進一盃。歌罷陶然徑醉，絶似辛幼安唱「千古江山」時也。余與寇萊公同月曰生，處士魏埜獻詩云：「何時生上相，明日是中元。」王文正公云：「寇準只是騃耳。」余騃過萊公，而窮同魏野。天實爲之，謂之何哉！（《玉琴齋詞》，《續修四庫全書》影印民國十七年南京國學圖書館影印稿本）

智按：余懷，字澹心，一字無懷，號廣霞，又號曼翁、荔城、衲香居士、壺山外史、寒鐵道人、天衣道者，晚年又號鬘持老人。福建莆田黃石人，僑居南京，自稱江甯余懷、白下余懷。晚年退隱吳門，漫遊支硎、靈岩之間，征歌選曲，與杜濬、白夢鼎齊名，時稱「余、杜、白」。有《余子説史》十卷、《四蓮華齋雜録》八卷、《東山談苑》三卷、《板橋雜記》三卷、《宮閨小名後録》一卷、《硯林》一卷、《茶史補》一卷、《味外軒稿》、《江山集》三卷、《七歌》一卷、《玉琴齋詞》一卷、《秋雪詞》一卷，以及《婦人鞋襪考》、《王翠翹傳》等。

李沂（一六一六～一七〇一）

《唐詩援》

（評白居易《寒食詩》）詩最忌盡。王建《寒食詩》、《北邙行》俱不及此首者，以其盡也。

初唐人喜為長篇，大率以詞采相高而乏神韻。至元、白，去其排比，而仍踵其拖沓。惟《連昌宮詞》直陳時事，可為龜鑒；《琵琶行》情文兼美，故特取之。（《唐詩援》卷十）

智按：李沂，字子化，别字艾山，號壺庵。江蘇興化陽山人。自髫年即喜為詩，及壯遭國變，棄舉業而益肆力於詩歌。有《秋星閣詩話》一卷（《清詩話》本）、《唐詩援》二十卷（北京大學圖書館藏康熙三十一年刻本）、

《鸞嘯堂集》九卷（中國國家圖書館藏康熙間刻本）。

陶季（一六一六～一七〇三）

《白少傅有九月初三夜詩》

初蟾挂遥夕，零露滋方塘。莎雞吟忽止，徒見草樹光。老夫愛深坐，鄰壁炊黄粱。兒女正繞膝，踟蹰鮮酒漿。啜茗冀少寐，太息心自傷。巷僻街鼓静，攬衣還空房。（《舟車集》後集卷七古今體詩，《四庫全書存目叢書》影印清康熙間刻本）

智按：陶季，原名澂，字季深，後以一字為字，又以字行，寶應（今屬江蘇）人。王士禛《漁洋詩話》記其與萊陽董樵同以一字為字，因而賦詩定交。其平生足跡半天下，詩多於舟車得之，因名《舟車集》。

周韓瑞（一六一六～？）

《遣妾四首》

割思已許判東西，春色憑渠出碧閨。幾點桃花紅淚濕，憐人此際是新啼。

出户垂將繡帶低，頭回一似絮粘泥。雙飛任爾營新壘，莫自傷心憶故棲。

飛去嬌鶯恰恰啼，難爲别處不須提。寒兜錦被挨单枕，夢莫來時手並攜。

孤舘燈清照獨眠，銜簪不復呼聯娟。小蠻嫁後楊枝遣，頭白香山意惘然。（《擷芙蓉集》卷三，《四庫禁毁書叢刊》影印清初刻本）

智按：周韓瑞，字輿仲，號迢龕。莆中（今屬福建）人。順治十一年（一六五四）舉人。曲江知縣。修《曲江縣誌》四卷。

魏象樞（一六一七～一六八七）

《公祭徐雲門貢士文》

嗚呼！文章道義之交，生死存亡之際，士君子所為惻焉心悼者也。若蔚代兩家之於雲老，則重有悼焉者。雲老才大而學博，安貧而樂道，有黄叔度、林和靖遺風，其為古文辭賦詩歌，則又元稹、白樂天之流也。乂手刻燭，不足喻其敏妙；郊寒島瘦，未可儗其清高，以故蔚代間，詩筒文楲往來，幾無虚日，而相成相規者，每每在語言文字之外，有精神氣味之投，故於蔚則嘗策蹇過從，雞黍是約，或升堂拜母，或促膝談心，或撿質疑問難之書，或商移風易俗之事，至今庸齋中，杖屨宛然也。於代則嘗風雨聯牀，苜蓿為歡，時而賦恒嶽之崔嵬，咏桑乾之沆瀁，時而追漢文之故址，弔蘇武之廢城，至今鐸署中翰墨依然也。而平城竟逝耶！且蔚於雲老交非一日，諸凡家世之譜牒，祖宗之祠祀，父母之喪葬，兒女之婚嫁，無不相聞，亦無不相信，前之陳情也，而雲老喜焉，後之奉召也，而雲老勉焉。是蔚之進退出處，亦惟雲老知之也。雲老蓋近於道者也。六經四子，研究已深，物理人情，體驗更熟。有道之氣，令人肅然起敬，而其虚懷善下，問道於蔚，則又抑然自處，謙讓弗遑也。……二月廿旬都門聞訃，乃於署務繁冗中，搦管為誄，灑淚致奠，深愧弗躬，靈其鑒之，來格斯筵，尚饗。（《寒松堂全集》卷十一，《四庫全書存目叢書》影印清康熙間刻本）

智按：魏象樞，字環溪，號庸齋，晚稱寒松老人，山西蔚州人。順治三年（一六四六）丙戌進士，歷官至都察院左都御史，遷刑部尚書，以病乞休，聖祖御書寒松堂額以寵其歸，卒謚敏果。有《寒松堂集》。

鄧漢儀（一六一七～一六八九）

《過江州琵琶亭》

江州遷客未歸秦，弦索初聞淚滿巾。今日善才風調盡，蝦蟆陵下總新人。（王士禛《感舊集》卷十四；阮元《淮海英靈集》丁集卷一；《晚晴簃詩匯》卷四十六）

《慎墨堂筆記》

葉襄，字聖好，曾刻《紅藥堂詩》行世，與余論詩極合。丙戌訪余吳趨，語余云：「元微之《連昌宮詞》、白樂天《長恨歌》皆唐人極有關係詩，而

鍾、譚不録，所以爲舛。」（泰州圖書館藏清抄《辟蠹山房叢書》本；天津師範大學圖書館藏道光間夏荃編《慎墨堂全集》本）

智按：順治三年（一六四六）丙戌，葉襄訪鄧漢儀于蘇州，有以上言論。參見王卓華《鄧漢儀〈詩觀〉研究》（南京師範大學博士論文，二〇〇七年）第一六二頁。

《詩觀》初集

今讀祭酒斯篇（智按：吴梅村《琵琶行》），流連歎述，令人涕淚沾裳，乃知無故而妄擬白傅《琵琶》者，音雖諧，弗善也。（《四庫全書存目叢書補編》影印康熙慎墨堂刻本《詩觀》初集）

（宋琬《蜥蜴行》）雄詞鷙語，直追老杜蒼鷹之作。下視香山《大嘴烏》等篇，奴僕命之可也。（《四庫全書存目叢書補編》影印康熙慎墨堂刻本《詩觀》初集）

智按：鄧漢儀，字孝威，號舊山，别署南陽、舊山農、舊山梅農、鉢史等。原籍吴縣洞庭之綺里，約于甲申變後，放棄吴縣諸生籍，舉家遷居泰州（今屬江蘇）。康熙十八年（一六七九）己未舉博學鴻詞，因年老授中書舍人歸里。有《過嶺集》。

方孝標（一六一七～一六九七）

《楊九皋丙午詩引》

杜少陵七齡而詠鳳凰，王子安十三而賦滕王閣，白樂天四歲識屏上字，而高達夫則年五十始知詩，蘇老泉二十七始爲章句，此數君子者，爲學之年雖不同，而皆有詩文傳後世，齒何先後哉！然而古人論學，每重早慧，而先儒穀種之喻，又何説也。余謂詩文，具出于天然，文猶可以人力强齊，而詩不可强齊也。詩發性情，止禮義，趨乎音響，牽乎節族，其爲道也，天多于人，故嘗有皓首矻矻，而無一篇一句之可幾于古人者，有早歲開口，而即非長老之所能及者，故曰：詩不可强齊也。然或生非其地，無父兄朋友之助，又或謂人莫己若，故雖早慧而無成者亦有之。若楊九皋，以靜山先生爲之父，以陶雲爲之兄，又生文獻之地，聞見澗大，早歲已有神童之譽，近益冲懷善下，學日博，器日深，所著甚富，兹特其丙午詩耳，秀神逸響，何讓唐人，充其所至，豈有量歟！昔張安道爲老泉小友，稱說二蘇，孜孜不怠，後軾爲儒宗，轍登臺閣，而安道年八十一，杜門隱約，子瞻至求其詩文于其家，而表章以報之，所謂樂全先生者是也，余何敢自比安道，而軾轍所就，亦豈足盡吾陶雲九皋哉！呈爲之引。（《光啓堂文集》不分卷，《續修四庫全書》影印清刻本）

智按：方孝標，原名玄成，避聖祖諱，以字行，號樓岡，桐城（今屬安徽）人。順治己丑進士，改庶吉士，授編修，歷官侍讀學士。有《鈍齋詩選》。

侯方域（一六一八～一六五四）

《與陳定生論詩書》

僕下里之鄙人也，承下究以作詩之旨，不知所對。及過陽羡，聞足下論詩，娓娓者三日，固已悉其源流正變，不止獨步江東，殆何、李既往後，天下一人也。僕雖不能窺作者藩籬，試自以其意，妄爲足下道之。夫詩壞於鍾、譚，今十人之中，亦有四五粗知之者，不必更論。救鍾、譚之失者，雲間也。雲間有病處，則深中今日之膏肓，卽一時才調絕出之士，亦尚未免。蓋鍾、譚所爲詩，虫鳥之吟，雲間所爲詩，裘馬之氣。……今人往往好爲樂府，僕謂如郊廟、鐃歌諸題，皆古人身在其間，鋪張賡歌，今無其事，而輒摹擬之，卽工亦優孟衣冠而已，若不求盡侶其音節，又何必其題。白香山嘗有《新樂府》，得風人之旨，不可以其生盛唐後輕非之也。今之作詩者，言風言情是已，此道鍾、譚亦嘗論之，木偶何嘗不類人形，其爲木偶者，無情故也。《風》爲四始之一，尤有關係。然竊以爲詩本經術，不同詞曲，其大者陳無外，微者道性情，俯仰興會，固自有風與情，而必非世之所謂風與情也。五七古律諸體，皆如黄鐘，如軒姚之琴，用以根本萬事，宣幽鳴滯，不可輕叩，惟七言絕句，初無盛晚，唐人已分兩種，太白、龍標自爲一種，大曆而後，劉夢得最爲擅場，又自一種，當時皆翻入樂部，韻調出入，無嫌輕婉，然亦須灝氣，寫其遠情可也。其年郎君，他日必不朽。僕入越後，見吳詹事偉業、曹太僕溶、姜行人垓、葉處士襄、宋學使徵輿，及西陵十子詩，皆具有源委，幸致郎君就而講求之。（《壯悔堂文集》卷三書，《續修四庫全書》影印清順治刻增修本，第一四〇五册，第六六四～六六五頁）

智按：文後評云：「論詩入微，行文欲化靜子。」

侯方域，字朝宗，號雪苑，商丘（今屬河南）人。明末諸生。祖父及父輩皆東林黨人。父爲明末兵部尚書。侯方域少年即有才名，參加復社，與東南名士交遊，時人以其與方以智、冒襄、陳貞慧並稱「四公子」。曾為史可法幕府於揚州。明亡後，歸里隱居。入清以後，於順治八年（一六五一），被迫應河南鄉試，中副榜。然侯氏對自己失節仕清頗爲悔恨。有《壯悔堂文集》、《四憶堂詩集》。《清史稿》卷四八四有傳。

劉體仁（一六一八～一六七六）

《通鑑札記》

⊙憲宗威行藩鎮獨討成德用人不當所以無功

用兵必先擇將，得將然後有功。憲宗平蜀用高崇文，而不用中人監軍也；平淮西用裴度，且任李愬也。始於討王承宗一役，用中人為統帥，已蹈肅代用魚朝恩之故轍，其不大敗也已幸，安能望有功哉！元和四年，成德節度使王士眞卒，其子副大使承宗自為留後，河北三鎮相承各置副大使，以嫡長為之，父歿則代領軍務，承宗叔父士則以承宗擅自立，恐禍及宗，與幕客劉栖楚俱自歸京師，是成德之人，未嘗不畏天威。從逆之勢，本不堅也。上欲革河北諸鎮世襲之弊，乘王士眞死，欲自朝廷除人，不從則興師討之，振舉綱紀，革除弊習，帝之主張，亦未嘗誤也。然裴垍一以為不可，李絳再以為不可，垍以王武俊有功為言，絳則重視三鎮連衡之勢從未有，為上畫策，如杜黃裳之荐高崇文者，左軍中尉吐突承璀欲希上意，奪裴垍權，自請將兵討之，中人而為是言，則當時士大夫之畏縮亦可羞矣。及承宗執薛昌朝而拒命，上乃以吐突承璀為左、右神策、河中、河陽、浙西、宣歙行營兵馬使、招討處置等使，白居易諫不宜專令中使統領天下之兵，諫官御史論承璀職名太重者相屬，上皆不可。上御延英殿，度支使李元素等群臣極言其不可，上不得已，削承璀四道兵馬使，改處置為宣慰而已，獨於討王承宗當務之急，從無一人論及宜置大將以統重兵者，當時朝臣之識，與杜黃裳較，有不可以相提並論也已。五年，吐突承璀至行營，威令不振，與承宗戰，屢敗。驍將酈定戰死，軍中奪氣，諸軍討承宗者久無功，白居易上言以為，河北本不當用兵，而不言無統將，居易亦常人之見耳。承宗遣使自陳，為盧從史所間，乞輸貢賦置官吏，許其自新。李師道等數上表，請雪承宗，朝廷亦以師久無功，下詔赦承宗，以為成德軍節度使，復以德、棣二州與之悉，罷諸道行營，承璀自行營還。裴垍曰：承璀首唱用兵，疲弊天下，卒無成功。陛下縱以舊恩不加顯戮，豈得全不貶黜，以謝天下乎？給事中段平仲、吕元膺言：承璀可斬。李絳奏稱，陛下不責承璀，它日復有敗軍之將，何以處之？上罷承璀中尉，中外相賀，諸臣之責承璀是矣。然何以命將之初，無一人請慎選將才者，殆諸臣以王師不跨河者二十五年，舉不敢為討伐之主張耳。朝臣不敢任此事，而中人任之，帝亦竟任之為統將，非所以激士夫，而愧朝臣乎？至是役之無功，固不足怪。魚朝恩為觀軍容使，而九節度師潰於相州，郭、李在軍，尚不能救，况其下者乎？十一年，再討王承宗，十二年，六鎮討承宗者兵十餘萬，回環數千里，既無統帥，又相去遠，期約難壹，由是歷二年無功，千里饋運，牛驢死者什四五。李逢吉及朝士多言，宜併力先取淮西，俟淮西平，乘其勝勢，取恒、冀如拾芥耳。上猶豫久，乃從之，罷河北行營各使還鎮，則又幾蹈相州之覆轍矣。是歲之平淮、蔡，則又以置帥用將之力，諸軍討淮西不克，宰相裴度請往督戰，上悦。以度為門下侍郎，同平章事，兼彰義節度使，仍充淮西宣慰招討處置使。上御門送之，度雖辭招討名，實行元帥事。至郾城，悉奏去諸道監陳中使，諸將始得專軍事，戰多有功。李愬入蔡州，淮西遂平。古人所云：「得人則興者」，非耶？淮、蔡既平，承宗納質，及誅李師道，淄青一下，河南北藩鎮，盡遵朝廷約束，固由於得勝效順之師，諸道並進，而亦兵事專任裴度之故耳。

⊙河朔再失之故

河北三鎮，在憲宗朝已漸遵朝廷約束矣。成德一鎮，自元和四年王士眞卒，子承宗自立，終元和之世，上討之者再，卒於十三年納質獻地而蒙洗雪，十五年，卒。其子承元請除帥，徙田弘正帥成德，承元帥義成，以李愬帥魏博，蓋穆宗初政也，魏博一鎮自元和七年田季安卒，軍亂，立田興，李絳勸上授興節度，送季安子懷諫於京師，承嗣帥魏四世四十九年而滅，興奉行朝廷法令，請官吏輸賦税，復為朝廷擊，承宗平，李師道入鄆州，時藩鎮以田弘正為最為忠順，弘正即興也。盧龍一鎮，自元和四年劉濟聽譚忠說討王承宗，五年，濟及長子緄為次子總所弑，而自立。長慶元年，總自請為僧，盖劉怦得幽州三十年而滅，是穆宗即位之初，三鎮節度舉非昔日之舊矣。未幾，盧龍軍亂，囚節度使張弘靖，立朱克融，上從劉悟請，即授克融節鉞，成德軍繼亂，殺田弘正，王庭湊自稱留後，逼監軍宋惟澄求節鉞，惟澄以聞，朝廷震駭，李愬將討庭湊，疾作不果，以田弘正子布繼之，以裴度為幽鎮兩道招撫使，翰林學士元稹與樞密魏弘簡從中阻壞度所奏畫軍事。自憲宗征伐四方，國用已虛，上即位賞賜左右，及宿衛諸軍無節及幽鎮用兵久無功，府藏空竭，勢不能支。執政乃議王庭湊殺田弘正，而朱克融全張宏靖，罪有輕重，請赦朱克融，專討庭湊，上從之。以朱克融為盧龍節度使。二年，白居易上言，節將太衆，其心不齊，朝廷賞罰不行，宜改張之，不省。魏博軍將更起異圖，迫田布，布自殺。史憲誠諭其衆遵河北故事，衆悦，奉憲誠留後，奏布自殺，以憲誠為魏博節度，憲誠與幽鎮接連，官軍乏糧，不得已，以庭湊為成德節度使，於是三鎮皆歸叛將矣。上之初即位也，兩河略定，蕭俛、段文昌以為，天下已太平，漸宜消兵，請密詔天下軍鎮，有兵處每歲百人之中限八人逃死，上方荒宴，不以國事為意，遂可其奏。軍士落籍者衆，皆聚山澤為盜，及朱克融、王庭湊作亂，而亡卒皆集。詔徵諸道兵討之，諸道兵既少，皆臨時召募烏合之衆，諸節度既有監軍，其領偏軍者亦置中使監陳，主將不得專號令，小勝則飛驛奏捷，自以為功，不勝則迫脅主將，以罪歸之，悉擇軍中驍勇以自衛，遣羸懦者就戰，故每戰多敗，又凡用兵，舉動皆自禁中，授以方略，朝令夕改，不知所從，不度可否，惟督令速戰，中使道路如織，驛馬不足，掠行人馬以繼之，不敢由驛路行，故雖以諸道十五萬之衆，裴度元臣宿望，烏重胤、李光顔皆當時名將，討幽鎮萬餘之衆，屯守踰年，竟無成功，財竭力盡，崔植、杜元穎為相，皆庸才，無遠略，史憲誠既逼殺田布，朝廷不能討，遂并朱克融、王庭湊，以節授之，由是再失河朔，迄於唐亡，不能復取。(《通鑑札記》卷十五，民國年間石印本「辟園史學四種」)

智按：劉體仁，字公勇、公勈，號蒲庵，安徽阜陽人。順治十二年（一六五五）進士，官吏部主事。工詩文，善山水。有《七頌堂識小録》、《七頌堂詩集》、《七頌堂文集》、《七頌堂隨筆》、《七頌堂詞繹》、《蒲庵集》等。

尤侗（一六一八～一七〇四）

《爲蔣曠生悼亡姬戴陵濤八首》（其五）

解讀香山長恨歌，旗亭畫壁唱黄河。風塵那得周郎顧，自抱紅牙弔翠蛾。(曠生云：姬能讀子《西堂雜組》，又喜看《桃花源》、《黑白衛》諸劇)(《西堂詩集》看雲草堂集卷六，《續修四庫全書》影印清康熙刻本)

《吾年五十七》（白樂天有此題生日擬之）

吾年五十七，生日逢戊午。日者重本命，得之受天祜。我生乃不辰，坎坎歷諸苦。昨非不可追，抑鬱向誰語。投老轉患貧，屢空及瓦釜。體疴時作劇，參苓貴難補。婦病復呻吟，閒愁結眉嫵。兒曹漫攤書，一字不堪煮。穀賤飽無時，吏呼急如雨。天地忽風塵，關山驚鼙鼓。六詔舉狼烽，七閩馳鷄羽。官軍又北來，突騎鬬虓虎。傾城走蒼黄，爭舟濟子女。老夫立踟躕，搔首無歸處。庭花爛熳紅，荷錢緑水渚。黄鶯自在啼，小園足消暑。方寸亂如斯，好景奈何許。且進杯中物，浮生當逆旅。安得中山釀，避世糟丘土。醉卧六千日，醒來七十五。(《西堂詩集》看雲草堂集卷七，《續修四庫全書》影印清康熙刻本)

《擬明史樂府・作佳傳》

入學宫，辭孔子，衣帶題詩自經死。出史局，別同官，官方飼豬不暇看。一死一生交情見，留與若翁作佳傳。

《擬明史樂府・閤門使》

閤門使，鐵簡賜。谷長史，兼理六王事。當局不敢讓，臣誼應如是。殿下百世後，難逃一箇字。下詔獄，黴髮死。嗟乎！此真文成子。張辟彊，豚犬耳。

《擬明史樂府・生程濟》

為忠臣，為智士。死高翔，生程濟。身免乎，軍中祭。君免乎，宮中剃。君乘車，臣執轡。君登舟，臣操楫。寒則燎衣飢持糒，四海從亡多故人。道旁相見惟流涕，萬水千山風復雨。送君還上金陵去，天外龍蛇有日歸，鴻飛冥冥不知處。

《擬明史樂府・靖難》

七國反，誅家令，灌將軍出山東定。北平起，討齊黃，曹國公出金陵亡。建文君，非景帝，燕王亦非吳王濞。靖難雖然百戰功，成敗何常總天意。太祖生男二十五，為王為庶知誰主？燕子高飛上帝畿，紇干凍雀無毛羽。可憐高煦亦英雄，頃刻燒死銅缸中。

《擬明史樂府・威武大將軍》

平陽侯，張公子。威武大將軍，三君一轍耳。漢家天子自待邊，大同宣府往復還。朕稱將軍封萬户，驃騎當屬江與錢。旌旗獵獵向北駐，樓船摇摇望南渡。豹房家裏樂未終，更覓春江花月處。朝登牛首山，夕宿鳳皇臺。鄱陽凱歌何雄哉，戎服簪花金銀牌。揚鞭却指隋堤笑，一狩江都竟不回。

《擬明史樂府・大禮》

明倫典，問誰作？唱者璁，和者萼。筆者方，削者霍。淶與綰，唯且諾。天子有私臣，朝中皆黨人，武夫何知咄郭勛。配爾祖，英烈傳，中山畧眙開平歎。

《擬明史樂府・根本彗》

根本彗，腹心彗，門庭彗，羣妖掃地偷龍睡。彗未退兮孛將至，大馮君，小馮君，忠臣孝子出一門，刺血上書動至尊。但看六月飛霜雪，君門之彗乃可滅。

《擬明史樂府・河套寃》

嚴夏兩家鷄相鬬，曾銑仇鸞分左右；嚴鷄方勝夏鷄孤，銑欲劾鸞胡為乎？套未復，身先死，朝璽書，墓西市。將軍横尸何足言？宰相駢首寧無寃？君莫哭，君不見，朱仙鎮上風波獄。

《擬明史樂府・長生藥》

五利戮，文成死。致一真人上天去，復有紫府神霄兩高士。天子齋居，日夜禱祠。相公宿直，爭獻青詞。赭衣半道，斷首滿稽。殺人媚天，修玄奚為？四十五年元氣削，王金方進長生藥。

《擬明史樂府・海瑞疏》

世宗在位四十五，建言諸臣盡圜土。末年乃有海瑞疏，直訐乘輿干上怒。擲地不已遶殿步，忠臣豈肯逃亡去？大行賓天應釋汝，獄吏酒肴相勞苦。但願飽啖得死所，誰知晏駕驚聞訃。此日方看臣哭主，當時尚擬子罵父。

《擬明史樂府・逐新鄭》

華亭去分宜，江陵逐新鄭。賢否故懸殊，門户總同釁。主少國疑賴元老，一留一去由馮保。宰相踉蹌出午門，先皇顧命寒秋草。大臣獄起重驚倒，不憐身歿無遺表。夫人泣涕致相公，敬為故夫獻微寶。富貴何常忽易人，江陵簿録還如埽。噫嘻乎！前人跌，後人滑。古來名位多相軋，死姚崇算生張說。

《擬明史樂府・趙高傳》

委鬼當頭坐，茄花滿地紅。趙嬈曹節竟私通，涿州道上馬游龍。月華門前車鬬風，内操撾鼓鳴刀弓。犴狴流血朝班空，祠堂昭德兼崇功。乾兒義子多如蟲，讀史至此再三歎。殆哉岌岌將作難，滿朝彈章君不見，中宫獨看趙高傳。(《池北偶談》卷十八)

智按：尤侗《擬明史樂府》，通稱《明史新樂府》，共一百篇，見《西堂詩集》(《續修四庫全書》影印復旦圖書館藏清康熙刻本，第一四〇七册，第七五頁～第一〇一頁)。朱庭珍《筱園詩話》卷二云：「尤西堂先生工填曲，其《明史新樂府》百首，自成一家，足奪鐵崖、西涯之席，卓然可傳。詩恃聰明，意欲以才情見長，究非專門正軌。中年後，流入淺近，頗傷俚俗，且多游戲率意之作，不足取也。」此據王士禛《池北偶談》卷十八選録若干首。清人張晉（一七六四～一八一九）有《續尤西堂擬明史樂府》（山右歷史文化研究院編，上海古籍出版社，二〇一六年十二月版）。

《西堂雜組》

樂天爲王涯所讒，謫江州。甘露之禍，樂天游香山寺，作詩云：「當君白首同歸日，是我青山獨往時。」不知者以樂天爲幸之。東坡曰：「樂天豈幸人之禍者哉！蓋悲之也。」予嘗謂顔延之，高曠士也，而自寓于《五君咏》云：一麾乃出守，則有悻悻小丈夫氣，樂天亦不免焉。其自中書舍人出知杭州，則云：「朝從紫禁歸，暮出青門去。」自江州司馬爲忠州刺史，則云：「正聽山鳥向陽眠，黄紙除書落枕前。」及被召中書，則云：「紫薇今日煙霄地，赤嶺前年泥土身。」小小升沉，輒動悲喜。豈惟聽商婦琵琶，淚濕青衫乎？至七十致仕，乃云：「達哉達哉白樂天。」此何異白頭寡婦自誇守節，可發一笑也。夫人于富貴之情未忘，則恩怨之見必不化。劉夢得《玄都觀》詩云：「種桃道士今何在？前度劉郎今獨來。」樂天詩意正相類耳。（《西堂雜組》雜組一集卷八，清康熙刻本）

⊙天機子像贊并序

古之知止者，賢哉二大夫，然其年已老矣。白樂天七十致仕，而曰：「達哉達哉白樂天。」此如白頭寡婦自誇守節，可笑也。惟錢若水年未四十，卽解樞務。雖激于太宗之言，然急流勇退，華山預决之矣。龍丘余孺子先生，官居翰苑，春秋甫壯，早賦遂初，久而不悔，介如石焉。陶潛有云：眞風告逝，大僞斯興。閭閻懈廉退之節，市朝驅易進之心。鴻飛冥冥，斯人而已。予心儀既久，因覩是圖，遂爲作贊：仕宦不止車生耳，非不愛熱官，思之爛熟耳，不知者稱爲太史；其知者題爲高士，不如自號曰天機子。天機子爲誰？宛然一孺子也。（《西堂雜組》雜組二集卷六，清康熙刻本）

⊙金陵懷古詩序

靖江鄭山公使君，閩之君子也。予壬寅歲，寓其東溪草堂者三月。又于乙巳客靖江月餘，相得甚歡，無厭也。晉江陳伯騶先生，亦閩之君子也。山公云：「癸卯嘗宿東溪草堂，癸丑一至靖江，其踪跡與予類。」然二人者，不相值也。乃陳子因山公之言，過吳門而訪予。予飲之水哉軒，出其金陵詩讀之，慨然有懷古之思焉。予謂之曰：昔劉夢得、元微之、韋楚客同會白樂天之居，各賦金陵懷古詩。劉滿引一揮而成，白公曰：「四子探驪龍，吾子先得其珠，其餘鱗爪，何用耶?」于是罷唱。今所傳「王濬樓船」之篇是也。又夢得《石頭城》一絕句，樂天歎賞良久，曰：「潮打空城寂莫回」，後之詩人，不復措辭矣。陳子豈劉郎後身耶？何嗣音能爾。既酒酣以往，慷慨傷懷，重謂之曰：子無言懷古矣。夫吳宮花草，晉代衣冠，此千百年事耳。……（《西堂雜組》雜組三集卷三，清康熙刻本）

⊙鄭山啓詩序

唐人以詩取士，若今之八股時文然，然童而習之，老而有未工者。鄭光業有一巨箱，凡投贄惡詩貯其中，號曰苦海。今之苦海，時文是也。乃今人以時文之暇爲詩，反思過于唐人專家之作者，此吾所不解也。唐人詩集，自李杜、元白而下，不過數家，其餘所傳，僅一二篇而已。今少年子弟，吟詩滿篋，儼然若大人先生之所爲集者，而大人先生又從而序之，曰李曰杜，曰元曰白，言之不怍，居之不疑，此更吾所不解也。予中表姪鄭山啓，年甚少，方肆力于時文以自見，其于詩疑不暇以爲，然性而好之，篇什遂多，且欲刻以問世，其言曰：昱非敢自居于詩人也。昱聞唐人應舉，必獻詩于前輩，謂之行卷，前輩喜而延譽，則一日名傳都下，主司屬耳目焉。然未數數見也。如韓愈之于李賀，賞其《雁門太守行》而已，顧況之于白居易，稱其「野火燒不盡，春風吹又生」而已。至韓愈、皇甫湜之于牛僧孺，并不問其詩，但取其拍板爲樂句而已。昱之詩，設幸而遇如韓、顧、皇甫諸公獎藉片言，亦足以豪矣。或不幸而浮沉苦海之中，則請退而更業焉。詩之佳惡，苦不自知，吾持是卷遥擲以卜之也。蓋鄭子之言，退然自下如此，不若世之短呻長號、手舞足蹈、囂然自負爲詩人者。及觀鄭子之詩，則規矩有法，縱横有才，又不若世之詩人東塗西抹、活剝生吞、靡然自附爲唐人之詩者，由此以進，鄭子將登于岸矣。予故喜而爲之序。（《西堂雜組》雜組三集卷三，清康熙刻本）

《艮齋雜説　續説》

杜牧之嘗言：「近日有元、白者，喜為淫言媟語，鼓扇浮囂，吾恨方在下位，未能以法治之。」此直以門戶相軋耳。揚州夢，真浪子行徑；杜書記平善又誰治耶？文人不自反如此。○元或有《會真記》之累，若樂天，學道人也，而以淫媟目之，冤矣！（《艮齋雜説》卷二，《續修四庫全書》影印清康熙刻西堂全集本，第一一三六册，第三五三頁；李肇翔、李復波整理本，第四一頁）

詩人嘲謔，如銀花合、今同丁之類不一。白樂天「上窮碧落下黄泉，兩處茫茫都不見」，是目連尋母詩；孟東野「春眠不覺曉，處處聞啼鳥。夜來風雨聲，花落知多少」，是盲子詩。李滄溟《送楚使詩》「江漢日高天子氣，樓臺秋敞大王風」，或見之曰：此賀陳友諒登極詩也。一經點破，便爲笑資。老杜「旌旗日暖龍蛇動，宫殿風微燕雀高」，洵壯麗矣，然楚藩懸此作牓，遂燬于火，亦龍蛇燕雀之讖也。（《艮齋雜説》卷三，《續修四庫全書》影印清康熙刻西堂全集本；李肇翔、李復波整理本，第五四頁）

林邦翰稱詩之言雨者，白樂天「梨花一枝春帶雨」，王子安「珠簾暮捲西山雨」，李長吉「桃花亂落如紅雨」，佳矣。王介甫又謂，不如「院落深沉杏花雨」，未見其勝于前也。予謂，詞亦有之，賀方回「梅子黄時雨」，一時稱絕，人呼爲賀梅子，然亦本蘇小小「紗窗幾陣黄梅雨」，但賀語尤簡而妙耳。（《艮齋雜説》卷三，《續修四庫全書》影印清康熙刻西堂全集本；李肇翔、李復波整理本，第五九頁）

《湧幢》云：「蔡邕飲酒一石，人號醉龍；謝玄飲酒一石，人號醉虎；今之子弟，有飲至一石者，當名曰醉狗耳。」予按，《醉鄉日月》：「或有勇于牛飲者，以巨觥沃之。」當呼爲醉牛。阮咸宗人大盆盛酒，有羣豕來飲，咸直接去其上，便共飲之，當呼爲醉豕。石曼卿與客痛飲，以槀束之，引首出飲曰鱉飲，當呼爲醉鱉，然未免貶之太過。醉聖、醉仙則吾豈敢，白樂天之醉尹，皮日休之醉士，歐陽公之醉翁，或庶幾焉，寧爲酒人，勿爲酒鬼也。（《艮齋雜説》卷五，《續修四庫全書》影印清康熙刻西堂全集本；李肇翔、李復波整理本，第一〇四頁）

雞豆一斗，用防風四兩，換水浸之，久久益佳。他菓煑以防風，水浸之，經月不壞。白樂天亦有防風粥，食之三日口香。（《艮齋雜説》卷六，《續修四庫全書》影印清康熙刻西堂全集本；李肇翔、李復波整理本，第一三〇頁）

皇甫湜為裴晉公作福先寺碑，至三千言，冗長如此，豈成文字！時湜索潤筆一字三縑，不過貪得幾匹帛耳，何至排樂天而奪之。……（《艮齋續説》卷八，《續修四庫全書》影印清康熙刻西堂全集本，第一一三六册，第四三〇頁；李肇翔、李復波整理本，第一五九頁）

《看鑒偶評》

唐太宗六年，録大辟囚三百餘人，縱使還家，約其自歸，以就死，其囚及期皆自歸，無後者，遂赦之。歐陽修論之，以為不可為法。然縱囚非太宗始也。予觀《晉史》，曹攄調臨淄令，有死囚歲久攄行獄，閔之曰：「卿等不幸，致此非所，新歲人情所重，豈不欲暫見家耶?」衆囚皆涕泣曰：「若得暫歸，無恨也。」攄悉開獄出之，尅期令還，並無違者。《南史》：何胤仕齊為建安太守，政有恩信，人不忍欺。每伏臘放囚還家，依期而返。梁王志為東陽太守，獄有重囚十餘人。冬至日，悉遣還家過節，皆返，惟一人失期，獄司以為言。志曰：「此自太守事，主者勿憂。」明旦，果自詣獄，辭以婦孕，吏民歎服。《北史》：蕭撝為上州刺史，為政以禮讓為本。至元中，放獄中囚繫歸家，聽三日後赴獄，諸囚荷恩，並依限而至。彼守令且然，况人主乎？偶閲《元史・王磐傳》，世祖以天下獄囚滋多，勅諸路自死罪以下，縱遣歸家，期秋八月悉來京師聽決，囚如期至。帝惻然憐之，盡原其罪。然則縱囚之事，非偶一為之者，但歐公未之見耳。〇宋太宗嘗問近臣：「朕何如唐太宗?」或詠白樂天詩「怨女三千放出宮，死囚四百來歸獄。」太宗失聲曰：「吾不如也。」然則縱囚，豈易言哉！（《看鑒偶評》卷三，《四庫未收書輯刊》影印清康熙間刻本；李肇翔、李復波整理本，第二五二頁）

智按：尤侗，字展成，一字同人，早年自號三中子，又號悔庵，晚號良齋、西堂老人、鶴棲老人、梅花道人等，長洲（今江蘇蘇州）人。康熙十八年（一六七九）舉博學鴻儒，授翰林院檢討，參與修《明史》，二十二年告老歸家。四十二年康熙南巡，得晉官號為侍講。有《西堂全集》。

顧安（？～一七○四）

《唐律消夏録》

（《賦得古原草送别》）三、四的是佳句，但「一歲一枯榮」雖是起下，而語太顯露，遂使下句意味不全。五、六雖分「古道」、「荒城」，而用意實是合掌。結句呆用王孫，更庸弱。香山諸體頗稱大手筆，此作獨枯率窄狹，不能展動，得非以好句累之乎？（《唐律消夏録》卷五，乾隆二十七年何文焕刻本）

智按：顧安，一名以安，字小謝，長洲（今江蘇蘇州）人。王煐（一六五一～一七二六）《挽顧小謝四首》序云：「（小謝）歿在（康熙四十三年）甲申（一七〇四）。」顧安子爲王煐之婿。趙執信《懷舊詩十首》其九序：「長洲顧以安小謝，少有才辨，能爲捭闔言，不屑場屋。游南北大吏間爲幕客，稍不合即舍去。潜習禪觀。其詩以妙語入，頗尚比興。中歲貧甚，來長安，依其侄以居。侄在翰林中，粗有文藻。小謝視其詩，輒唾駡。且曰：『爾曹安得有識字者。』其侄病之，遍索有時命之作，咸駡如前，雖阮翁亦不能免。最後見余詩于他所，擊節嘆賞。歸而笑其侄曰：『僅一人，而爾又不解，奈何？』遂來締交。後其侄以憂去。小謝從河上入都，囊無一錢。余適亦被放，過慰余，了無困苦之色。輾轉借貰，不復離輦下。居數年，忽攜十萬金歸吴，買田宅，構池亭，儼然素封，厚遺故舊，恤貧乏，通賓客，人莫之測也。余客吴門必主其家。小謝亡，家亦盡矣。」（《因園集》卷十二）顧安編《丙子消夏録》五卷，初刊於康熙三十五年（一六九六），録唐太宗以下五十一家五律一百五十餘首，計初、盛唐各二卷，中晚唐一卷，每詩有圈點，附評論。序稱注重闡發古人命意、立法、修詞之道。乾隆二十七年，嘉善人何文焕重刻此書，改名《唐律消夏録》，扉頁題《唐詩消夏録》。

李繼白（一六一八～？）

《窮神傳》

窮神者，少昊氏之不才子也。行窮好奇，故名曰窮奇。靜言庸違，不修共工之職。舜攝位，流之幽州，益怏怏不得志。奮其私智，與造物爭衡。所處多傾人之田廬，竭人之倉廩，散人之童僕，明主棄，故人疎，兄嫂妻子相爲詬厲。又安土重遷，或累年不去，或終身竟不去，四方人多苦之，籲訴于天，天帝欲坐之法。司命者進曰：使氣負才，而動輒不利者，此固非嘗人也。激之或以為變，不如以爵縻之，更觀其後，臣愚以爲封之便。天帝曰善，遂命司命持玉牒，敕窮奇爲窮神，其命之辭曰：唯爾有神，不邇聲色，不殖貨利，澹泊以明爾志，兹用錫爾以神，封享不必豐多，唯其潔；處不必忿怒，唯其安。君無轍跡，從爾遊者，爾能尊顯之，爾往欽哉。……六朝以來，爭以文辭相尚，鬬月露之形，誇風雲之巧，曰：「是造物者，烏能窮我也。」神乃奪江文通夢中筆，自是才盡，不復得佳句矣。至于唐，神又以爲吾昔佐令於麯糵，人莫逃我術中，肬杖頭不具，猶汪汪澹如水也，更轉而呼詩魔，與之語尚克相，余無作神羞。李白號謫仙，以樂府忤妃子，阨窮不振；劉禹錫坐種桃句刺連州；白居易坐新井篇，黜佐湓浦；孟浩然、賈島詩忤明皇、宣宗，終坎壈州縣；孟郊、杜甫、柳宗元、王楊盧駱等，盡不得大顯，神之爲也。憲宗朝，神之族類益繁，役使五鬼，使人面目可憎，語言無味，一曰智窮，二曰學窮，三曰文窮，四曰命窮，五曰交窮，凡爲五患，朝悔其行，暮又復肬，蠅營狗苟，驅去復還。昌黎韓愈，於元和六年正月乙丑晦奴星結柳，作車縛草，爲船載糗，與粻牛繫軛下，引帆上檣，三揖窮鬼而送之，五鬼相與張眼吐舌，跳踉偃仆，抵掌頓脚大笑，相顧歷歷有詞。韓愈于是垂頭喪氣，拱手稱謝，燒車與船，延之上座。繼又有王振自稱紫邏山人，引韓愈故事，亦爲辭以送之，而竟不能去。宋仁宗皇祐間，范文正公守饒州，有書生甚貧，時盛行歐陽率更書薦福寺碑，墨本直千錢。公爲具紙墨，打千本，售於京師，紙墨已具，神乃夜使雷震碎其碑，同時神又命馬夢德與蘇軾同生爲當年窮之冠，軾嘗記退之詩曰：「我生之辰，月宿直斗。」蓋退之以磨蝎爲身宫，而軾更爲命宫，兩人毁謗頗相似，乃故其終身黄州惠州儋州，流離遷播，未嘗樂處廟堂神之意，固不可違也。……大抵神之所在，賢者則奮之，庸人則困之，富貴利達之人則去之，居無處所，歷無歲月，或隨如形影，或棲爲旅舍，天帝不忍置之，以法司命者曰更觀其後，依人而行，蓋世之無可如何者也，故合千百年而傳其事焉。

李子曰：夫尺蠖之屈以求信也，人事已知，請以鬼事見者非耶？方其形頽志喪，貌瘁肌裂，朋友不顧，妻妾失懽，神之於人何慘也，故謝之不去，去之復來，抑可悲矣。肰出之困阨之中，而致之青雲之上者，何哉？士固有志於神乎，何尤緩之，或以急此道也夫。（《望古齋集》卷十一記，《四庫未收書輯刊》影印清順治刻本）

智按：李繼白，字夢河，臨漳（今屬河北）人。有《望古齋集》。

李明嶅（一六一八～？）

《三十初度自壽并序》

白樂天詩云：「莫言三十為年少，百歲三分減一分。」余今減一分矣，玉禾門人賦詩進酒，余心滋戚焉。憶辛巳秋，余年二十四，在桐川帷中自詠，有「鄧禹從今敢笑人」之句，豈知轉睞無成，有如此日。嗚呼！老將至矣，尚風塵役役爲耶，詩曰自壽，蓋自責也。

三十浮名累阿誰，天涯羈旅到今疑。渡江温嶠先無母，種秫陶潛未有兒。白鶴曾題高士傳，黄花空憶美人詩。五湖從此長漁釣，莫問長安是奕碁。（《樂志堂詩集》卷三今體詩，《四庫未收書輯刊》影印清康熙李宗渭刻本）

《婁東遊王氏專壑二首》（其一）

不到婁江三十年，白頭重泛木蘭船。為尋耆舊來專壑，得伴風流入輞川。緑野百年留相業，紅泉一道掃塵緣。東岡勝事難圖畫，請讀香山池上篇。（《樂志堂詩集》卷三今體詩，《四庫未收書輯刊》影印清康熙李宗渭刻本）

《寄彭雪襟》

故人萬里逐孤篷，楓葉蘆花兩岸風。愁殺潯陽江上客，琵琶一曲月明中。（《樂志堂詩集》卷四今體詩，《四庫未收書輯刊》影印清康熙李宗渭刻本）

智按：李明嶅，浙江嘉興人。順治元年（一六四四年）舉人。官福建古田教諭。受知于巡撫佟國鼐，延掌書記，屢有佐於治。後引疾歸，著述以終。嘗入蘇門山與孫奇逢辨析理學宗傳，頗為推重。尤工於詩，有《樂志堂詩集》。

孫潛（一六一八～?）

《水經再校本跋》

康熙丁未十一月十八日，從葉石君處借得清常道人三校本一勘，又用柳大中家鈔宋本再勘，亦自石君處，戊申正月三十日畢。是日，石君從洞庭來，述山中所聞見，如李龍眠三馬、米元章楷書寶章待訪録，其所見也。白樂天手書《金剛經》，一行一楷，趙韓王家譜，張循王鐵券，倪雲林手書所著《江南詞》，其聞而未見者也。此皆寶玉大弓。嗟乎！何日得盡觀，以暢予懷，記以俟異日。孫潛。(《四部叢刊》本《鮚埼亭集外編》卷三十二題跋六)

智按：康熙丁未，康熙六年（一六六七）。全祖望《孫氏水經再校本跋》：「柳趙諸本皆以國初始出，而集其成於潛夫，其功最篤。讀其跋語，兼知石君之好事，想見國初文明之盛，稽古之士，日得所未見，以恢張耳目，不禁神往。予游吴下，問諸後進，莫知潛夫之本末者矣。潛夫名潛，字竷園，一字節生，又曰知節君今是本，亦藏小玲瓏山館。」

周容（一六一九～一六七九）

《春酒堂詩話》

邱文莊嘗云：「眼前景致口頭語，便是詩家絕妙詞。」此言是矣，然元、白又何以輕而俗邪？此中兩參，乃得三昧耳。（《清詩話續編》第一〇五～一〇六頁）

智按：周容，字鄮山，鄞縣（今浙江寧波）人。有《春酒堂集》。

施閏章（一六一九～一六八三）

《續蘇長公外紀序》

余多病寡歡，以讀書為卧游，嘗取古能言之家，有得於筆墨之外者。以文則蒙莊、司馬太史、蘇端明，以詩則陶靖節、王右丞、李供奉、韋左司、白香山，以記則柳柳州，皆誦之，超然泠然，可以解憂，可以愈疾。然合論數家，或有獨詣而無兼長；求其旁見側出，嬉笑怒駡，各極才趣，自有文人以來，子瞻一人而已。……（《四庫全書》本《學餘堂文集》卷三；何慶善、楊應芹點校《施愚山集》第一册，第五四頁）

《西江游草序》

桐城方爾止，以詩名三十年，而别余不相見者垂二十年，始一聚於秦淮酒樓，酒罷復别去。至是有西江之游，所適皆賢主人。歲暮歸自贛，過臨江，留十餘日，出所為《西江游草》，屬序。予受而讀之，匪獨其詩工也，西江之時地人事，概見於斯矣。

夫時有古今，風有正變，體雖則古，言必由衷。近之論詩者，惟尚聲調噌吰，氣象軒朗，取官制、典故、圖經、勝蹟，綴輯為工，稍涉情語，訾以降格。於是前可移後，甲可贈乙，邪郭雖雄，中實弊陋。譬猶村童觀劇，但取華冠彩服，摐金撾鼓，作轟雷裂石之聲，目為上調，而賞音之士，如吴越間善歌者，於江清月白，羣籟俱静時，哀弦細管，按拍成聲，或疾或徐，哀樂涕笑各極，聽之者不自知其所由然，是之謂能移人情。爾止為詩，多主此論，雖民謠里諺，塗巷瑣事，皆可引用，興會所屬，衝口成篇。故其詩欵曲如話，真至渾融，自肺腑中流出，絶無補綴之痕。而豫章當凋瘵之餘，師行絡繹，供億煩苦，故憫時事則愀愴傷心，叙羇愁則鬱紆永歎，登臨則望古而悽惻，交游則慕義而纏縣。後之觀者，必有感於斯言。予尤怪世人多薄視香山，而爾止酷好之，輒以為爾止病。今試取香山詩，沉吟三復，清真坦率，飄然欲仙；及其雜文短記，杼軸己懷，寓目流連，愁疾自解，不煩藥石，豈可以「白俗」二字蔽之哉？嗟乎！此固未易為耳食者言也。

爾止有《盒山全集》數十卷，此後每歲出游，詩必成帙，故有《北游》、《魯游》諸刻，予特叙其《西江游草》云。（《四庫全書》本《學餘堂文集》卷四；何慶善、楊應芹點校《施愚山集》第一册，第八一～八二頁）

《顧赤方詩序》

……顧子樂府、五七言古體、排律，恢博雄悍，上之原本李杜，下之長吉、樂天、義山以及子瞻、放翁，旁見側出，無所不有，往往於時人近事，一言一笑，刻畫如生，嘗飲酣四顧，振衣昂首，自謂不讓古人，客或詫以為狂，及其遣興授簡，馳騁筆墨，食頃累數百言，頓挫激昂，不假琢磨，雖號稱工詩者，見其便給，又喑啞叱咤，未嘗不驚其言若河漢也。……（《四庫全書》本《學餘堂文集》卷四；何慶善、楊應芹點校《施愚山集》第一册，第八四頁）

《蜀道詩序》

海内詞學之友，聚則相朝夕，别則音驛不絶，未有若王户部阮亭先生者。其才筆雋拔，又喜録人詩，對客嗟誦。康熙辛亥夏，余客京師，出游嵩洛，阮亭與伯子、西樵諸公合為詩，祖帳國門。又歲餘，阮亭主四川省試，手録蜀道詩數十篇，屬余題其首。余往聞蜀客言彼中山川，飛魂悚骨，毋俟覃思研練，畧書即目，便爾瓌奇。竊謂不然，夫以白傅之才，輟翰巫山，蜀固未易詩也，且范至能、陸務觀出、入《蜀記》，以二子宦游所至，弭節策杖，累日經旬，故采録畧具。……（《四庫全書》本《學餘堂文集》卷五；何慶善、楊應芹點校《施愚山集》第一册，第八七頁）

《趙五弦詩序》

……吾友趙君五弦，守慶遠，不期月，輒移疾歸。豈徒以其地荒惡不可理耶？五絃嘗司刑兖州，强果明辨，遇事無難色。或大獄連數十百人，推勘累歲，以屬君，則燭照刃解，巡按御史為之倚重，累疏薦其才，當入為京朝官，會格他例不行。遷南安郡丞，督府以下諸大吏皆優重之，如在兖時。以其才何施不可？况太守得專制一方邪！然觀其在郡之作，多咨嗟跼蹐，悄然以憂。既謝免家居，南登京峴，北眺淮海，其神逾王，其詩愈雄健而鬱蒼，殆以棄官為樂者。往嘗喜讀香山、放翁諸家，近則專意杜陵，舉舊刻十餘種，將彙而删之，存其五六。……（《四庫全書》本《學餘堂文集》卷五；何慶善、楊應芹點校《施愚山集》第一册，第九一頁）

《天延閣詩序》

……唐以詩為業矣，李杜數家而外，以集名者，卷帙不多。以彼一代之制，竭其平生之勤，存者不逮什一。又不敢備體，其矜慎如此。今人束髮受舉子業，父師之所督，儕友之所切劘，胥是焉在，猶患不工。及壯長通籍，或中年放廢，始涉筆於詩。稍順聲律，便登簡帙。以不專之業，兼欲速之心，弋無涯之名，懷難割之愛，固宜出古人下也。吾觀前輩刻意矜慎者，或不幸而無傳，以其磨耗精力，劌腎抽肝，冀萬一不朽於來世，藏之篋笥，不肯輕出，年既遲暮，中更世故，十九散逸，蓋又有足悲者。白香山編《長慶集》成，作詩自快，有以也。吾友梅淵公有事於詩久矣，今刪擇諸編，合為《天延閣集》，其肆力以博，而守之以約者邪！……（《四庫全書》本《學餘堂文集》卷七；何慶善、楊應芹點校《施愚山集》第一册，第一四一頁）

《梅耦長詩序》

天之於人，常輕予以富貴，而重靳以文辭，故其彯纓組、擁車騎、乘時得志者，代不勝數；求之以文辭，百無二三。而閭巷窶賤之士，挾其藝以鳴，王公貴人，或推遜為不敢望，何其重也。然古立名之士，積其精華，需以年歲，大抵書成以暮齒，雖以子雲之才，尚悔其少作，况下焉者乎？而英絶領袖之士，負才特出，不為飢寒所亂，家酷貧而學富，年方少而名成，以裦然見穎於當世，蓋又有難能者焉。吾邑梅氏世以詩名，予嘗序亡友梅君朗三之詩，自聖俞以下數人，皆工文辭，卒未通顯，為之歎息。今朗三之子耦長，又以詩名於時。……郡佐營山張公又刻其詩以張之，不可謂無知已，而年垂三十，尚困於布衣。詩之能窮人至此哉！前歲載書挾册，將遊京師，以母太君老，臨發而止。今所與朝夕，惟余與阮懷淵公、方鄴諸窮人耳。夫顧况之於白居易，韓愈之於李賀，類有所引重，以成聲往。隆萬間梅氏諸賢，如禹金、季豹、泰符、子馬、勉叔，人各名家，率為當世巨公所器許，王元美所謂「梅家樹樹花」也，就中子馬、勉叔年最少，其詩具在，以耦長視之，尤為秀出，使復有偉人，負天下文章之望者，一定其品日，其聲施四遠，必矣。奈何局守閭巷，甘與一二窮愁野老相游處哉！或曰：士患無實，不患不彰，子姑蓄所學以俟時，客皆以為然。遂書之以張耦長之窮，其平生詩甚多，將有所待，以成集，今所刻三卷，謂之《山栖詩略》。（《四庫全書》本《學餘堂文集》卷七；何慶善、楊應芹點校《施愚山集》第一册，第一四四頁）

《重修烟水亭記》

潯陽地界匡廬、彭蠡間。承平時，所在亭榭，士大夫多燕游為歌詠。壬辰春，余奉使過潯陽，求所為琵琶亭者，不可得。更詢它所，土人云：此間有甘棠湖，以唐刺史李渤築堤名。湖中高阜，舊有亭曰煙水樓，曰鏡波，為士大夫詠遊處。亂後傾圮，十餘年無人跡矣。是時，余迫於王事，積雪餘寒，主人無好事者擇亭館留客遊，遂鼓枻去。後九年，崔君正誼以户部員外郎來司榷，居亡何，集工度木，構亭及樓，咸復舊觀，費槖金三百。是時軍興繹絡，賈舶罕至，虧榷稅萬計。或哂之曰：「爾甑且塵，何亭為?」崔君曰：「吾以榷為職，稅取諸舟，使舳艫銜尾，日燕於亭，無廢事；苟片帆不至，雖仰屋持籌，滅炊露處，亡錙銖補也。且吾既早夜會計，為簿書之顛頷，安得不間從賓客登臨，以節勞而解慍乎?」於是客至則挈榼往遊，江水湖烟，盪胸豁目，而匡廬之天池、石門、香爐、雙劍諸峰，頂背隱躍皆可數。觴燕盡驩，客多賦詩紀其事。會方子爾止來自湓浦，具言崔君屬為記，予聞之曰：異哉!崔君之為政。夫職在錢穀，則不問山水，有客則搖手戒勿通，官實使然，況處公私交匱之時乎？崔君何獨異是。予安得扁舟往游其間乎？昔嘗待罪於齊，崔君令平原，以學宮煨燼，率邑人新之，不給，出其俸三百有奇，乃落成。予上之兩臺為紀績，而君遷去，其它修舉稱是嗟乎！若崔君者，豈獨留意於山水燕遊之間已哉！(《四庫全書》本《學餘堂文集》卷十二；何慶善、楊應芹點校《施愚山集》第一册，第二四二頁)

《蕭江集小引》

《蕭江集》者，南州李太虛先生之作也。稱蕭江者，紀游也。先生既遣家伎，若不能忘情者。駕言出游以寫憂也。章門都會苦應酬，而蕭江簡僻，如在窮山，又有其親舊楊子為主人，故來游且淹也。愛此江山，謂不讓西湖虎丘，故無日不游，無游不詩，大抵漫與之言也，往所撰著，月必盈寸，老倦編次，屬諸故人往來者，力汰之，故所存僅十四五也，無意為詩，而天真爛漫，多人苦思所不及，世稱其敏捷如青蓮，真率如香山，先生欿然不居，江海之善下也。……(《四庫全書》本《學餘堂文集》卷二十六；何慶善、楊應芹點校《施愚山集》第一册，第五一二頁)

《韜光寺用白香山韻》(寺有吕真人閣)

丹閣仙人宅，香臺佛子家。嵐深晴作雨，樹老晚成花。磵口齊藤葉，牆根過笋芽。聽泉從日暮，自煑白雲茶。（《四庫全書》本《學餘堂詩集》卷二十六；何慶善、楊應芹點校《施愚山集》第二册，第五四二頁）

《白樂天有吾年五十七詩尤展成又廣為五十八余適當是歲因和之》

吾年五十八，出游月在午。回憶我生初，衰門方薄祜。隻影悲鮮民，蓼蟲習蓼苦。仰屋與向壁，心口自相語。夙好惟詩書，無心問庾釜。白眼睨青天，空手思撑補。終安野老愚，難競衆女嫵。肉食忝半生，磵石行當煮。如何甫清暇，杲日忽陰雨。安坐少弦歌，澒洞多鉦鼓。樂郊成戰場，禍山福如羽。生民復何辜，百萬飽貔虎。中宵或涕淚，實耻同兒女。杖策還出門，踽踽愁索處。南憩石頭城，東尋笠澤浦。靈境恣幽懷，登涉忘炎暑。向禽良獨難，稷契徒自許。游讌戀友生，内顧傷羈旅。烽火淹歲年，醉鄉迷國土。何當坐虎邱，看月當三五。（《四庫全書》本《學餘堂詩集》卷十二；何慶善、楊應芹點校《施愚山集》第二册，第二一六頁）

《自皖江過彭蠡連乘迅風時予赴官湖西》

風獵獵，水茫茫，青山兩岸如驅羊，大孤小孤爭鷁首，輕帆坐嘯陵馬當。遠看五老之峰冒雲霧，白頭如雪鬚髯蒼。我欲往從之，川路一何長。不見青蓮與白傅，至今猶有讀書堂。官限催人何太急，風檣破浪横飛揚。誰知予夢在廬嶽，暮雲回首勞相望。（《四庫全書》本《學餘堂詩集》卷十八；何慶善、楊應芹點校《施愚山集》第二册，第三三三頁）

《臨江仲夏有懷荔枝之美因寄吴福州聖水劉都使潤宗》

臨江長夏真可憐，熱如釜甑宵無眠。冰漿雪藕那可得，沉瓜浮李都茫然。忽憶往年使粤嶺，荔枝夾道垂江邊。絳襦仙人日滿坐，十年消渴為之捐。又向端江尋石硯，明舊沈朱歡見面（沈止岳、朱子暇）。沉水香中進羽觴，荔枝園裏開高宴。傾盤旋擿連百顆，驅童上樹將千遍。就中黑葉號無雙，喚取水團良足羡（黑葉、水團俱佳種）。客云此種猶未奇，閩為第一蜀次之。福郡人家千萬樹，驛亭官舍子纍纍。陳紫江緑尤奇絶，惜哉遙望空嗟咨。故人今作福州守，為政風流無不有。魁梧劉子氣如雲，相過斗酒常殷懃。此時五月荔枝熟，日啖三百還未足。圖傳白傅絶形容，譜較君謨多品目（白香山有《荔枝圖序》，蔡君謨作《荔枝譜》）。二君倚樹定狂呼，曾否思予亂心曲。寄聲為語陳使君（陳少衆階六），遺民更訪蘆中人（莆田余賡之先生自稱蘆中人）。平生知己各天末，孤城索處徒酸辛。東南烽火猶未息，出門道路多荆榛。安得憑虚生羽翼，一日飛騰周八垠。（《四庫全書》本《學餘堂詩集》卷十八；何慶善、楊應芹點校《施愚山集》第二册，第三三九頁）

《馮相國萬柳堂二十四韻》

不向城東去，名園我未諳。爭傳雄薊北，大好壓江南。僻地神京得，幽棲相國耽。雲霞元爛漫，水木復泓涵。化枳憎廬橘，求仙謝石楠。山亭蘿冉冉，堤樹柳毵毵。五樹陶潛隘，千條白傅慚。春風真在手，野興豈嫌貪。灑落疑蓮社，清深倍菊潭。緑波金縷覆，錦石碧烟含。溪靜留官舫，林間置佛龕。揮弦隨一鶴，載酒愛雙柑。酬唱分題數，登臨共客酣。樂游華敢羡，吏隐朴寧甘。秉軸憂遲暮，歸田乞再三。靈和稱可愛，宣武歎何堪。步屧滄洲近，書倉秘册探。蓬蒿懷仲蔚，弟子邁桓譚。膴仕存空橐，貧交屢盍簪。鄉心還海岱，莫怪嬾朝參。（《四庫全書》本《學餘堂詩集》卷四十四；何慶善、楊應芹點校《施愚山集》第三册，第四二五頁）

《北征口號》十二首（其六）

河決年荒處處愁，買魚沽酒問徐州。題詩白傅多情甚，留得春風燕子樓。（《四庫全書》本《學餘堂詩集》卷五十；何慶善、楊應芹點校《施愚山集》第三册，第五二三頁）

《戲示徐姬》（詩序）

姬人徐氏珠淵，小字善懷，江都人也。初畧識字，不欲令作詩。間竊誦余作，亦能為五七言句。予善病，嘗累月宿別館，相值如客，都無怨色。生一女，殤，不復乳。余憫而遣之，輒以死誓。藥餌飲饌，必手治以進，事余廿餘年矣。予應召改官，南人卧不習炕，衰體不温，既而老妻遣送來侍，固止之，不得，曰聊以煖老。於是暑則異榻，寒則同衾。牀第之間，邈若千里，而柔謹有加。曰君好自愛，妾得為侍書女史足矣。性厭葷血，强半清齋，家居或薄飲數杯，既來京邸，食貧，間三五夕不沾酒，茗飲歡然。予不為太常之齋禁，難遣白傅之楊枝，未盡忘情，笑示二詩。（《四庫全書》本《學餘堂詩集》卷五十；何慶善、楊應芹點校《施愚山集》第三册，第五四二頁）

智按：施閏章，字尚白，號愚山，又號蠖齋，晚號矩齋，宣城（今屬安徽）人。順治六年（一六四九）進士，授刑部主事，以員外郎試高等。擢山東學政，遷江西布政司參議，分守湖西道。康熙六年（一六六七），以裁缺歸里。十八年，召試博學鴻詞，授翰林院侍講，充《明史》纂修官，典試河南。二十二年，轉翰林院侍讀，尋病卒。詩宗漢魏盛唐，雖多反映民生疾苦之作，而風格平和，溫柔敦厚。與宋琬齊名，有「南施北宋」之稱。有《學餘堂文集》二十八卷、《學餘堂詩集》五十卷、《學餘堂外集》二卷。《清史稿》卷四八四有傳。

王夫之（一六一九～一六九二）

《和梅花百詠詩·西湖梅》

縹渺芳情送畫船，蘇堤莫詫柳如烟。葑田捲盡琉璃現，此是開山白樂天。（《四部叢刊》本《薑齋詩文集·詩集夕堂戲墨卷三·船山遺書五十五》）

《搔首問》

劉晦齋少師斥作詩者為「賣平天冠」，秋冶先生有作詩書扇投贈者，輒以濃墨塗令通黑置之，未免矯枉過正。然大臣當國而獎進文墨之士，勿論果瓦雜投，即如裴晉公之於白居易、司馬溫公之於蘇氏兄弟，亦以浮華眩動失去卻一隻眼，則二公之風操固足尚也。（《船山全書》單行本之十一張子正蒙注·思問録·俟解·黄書·噩夢·識小録·搔首問·龍源夜話，長沙：岳麓書社，二〇一一年一月，第六四〇～六四一頁）

《薑齋詩話》

太白胸中浩渺之致，漢人皆有之，特以微言點出，包舉自宏。太白樂府歌行，則傾囊而出耳。如射者引弓極滿，或即發矢，或遲審久之，能忍不能忍，其力之大小可知已。要至於太白止矣。一失而為白樂天，本無浩渺之才，如決池水，旋踵而涸。再失而為蘇子瞻，萎花敗葉，隨流而漾，胸次局促，亂節狂興，所必然也。（《清詩話》本卷下，第十頁；《四溟詩話 薑齋詩話》本，第一四九頁）

近體，梁、陳已有，至杜審言而始叶於度。歌行，鮑、庾初制，至李太白而後極其致。蓋創作猶魚之初漾於洲渚，繼起者乃泳游自恣，情舒而鱗鬐始展也。七言絕句，初盛唐既饒有之，稍以鄭重，故損其風神。至劉夢得而後、宏放出於天然，於以揚扢性情，馺娑景物，無不宛爾成章，誠小詩之聖證矣。此體一以才情為主。言簡者最忌局促，局促則必有滯累；苟無滯累，又蕭索無餘。非有紅爐點雪之襟宇，則方欲馳騁，忽爾蹇躓；意在矜莊，只成疲苶。以此求之，知率筆口占之難，倍於按律合轍也。夢得而後，唯天分高朗者能步其芳麗塵。白樂天、蘇子瞻皆有合作，近則湯義仍、徐文長、袁中郎往往能居勝地，無不以夢得為活譜。才與無才，情與無情，唯此體可以驗之。不能作五言古詩，不足入風雅之室；不能作七言絕句，直是不當作詩。區區近體中覓好對語，一四六幕客而已。（《清詩話》本卷下，第十八頁；《四溟詩話 薑齋詩話》本，第一六〇頁）

豔詩有述歡好者，有述怨情者，《三百篇》亦所不廢；顧皆流覽而達其定情，非沉迷不反，以身為妖冶之媒也。嗣是作者，如「荷葉羅裙一色裁」，「昨夜風開露井桃」，皆豔極而有所止。至如太白《烏棲曲》諸篇，則又寓意高遠，尤為雅奏。其述怨情者，在漢人則有「青青河畔草，鬱鬱園中柳」，唐人則「閨中少婦不知愁」、「西宮夜靜百花香」，婉孌中自矜風軌。迨元、白起，而後將身化作妖冶女子，備述衾裯中醜態。杜牧之惡其蠱人心，敗風俗，欲施以典刑，非已甚也。近則湯義仍屢為泚筆，而固不失雅步。唯譚友夏渾作青樓淫咬，鬚眉盡喪；潘之恒輩又無論已。《清商曲》起自晉、宋，蓋里巷淫哇，初非文人所作，猶今之《劈破玉》、《銀紐絲》耳。操觚者即不惜廉隅，亦何至作《懊儂歌》、《子夜》、《讀曲》？（《清詩話》本卷下，第二十一頁；《四溟詩話 薑齋詩話》本，第一六三～一六四頁）

琴按：王夫之論白居易、蘇軾之詩似甚苛刻，但在《薑齋詩話》卷下論近體詩時，有「白樂天、蘇子瞻皆有合作」一語，足見亦非一筆抹煞。至論元、白詩，極其迂腐，甚且以杜牧之言為是。不知杜牧之詩亦有蠱人心、敗風俗之處，何其厚於樊川而薄於香山與微之也？

經義之設，本以揚搉大義，剔發微言，或且推廣事理，以宣昭實用。小題無當於此數者，斯不足以傳世。其有截頭縮腳，以善巧脱卸吸引爲工，要亦就文句上求語氣，於理固無多也。守溪作此，以翦裁尺幅爲式，義味亦復索然，特不似後人作諢語耳。若荆川，則已開諢語一路，如曾子養曾晳一段文，謂以餘食與人，爲春風沂水高致，其所與者，特家中卑幼耳。三家村老翁嫗，以卮酒片肉飼幼子童孫，亦嘐嘐之狂士乎？諢則必鄙倍可笑，類如此。此風一染筆性，浪子插科打諢，與優人無别。有司乃以此求士，可謂之舉國如狂矣。唯有一種説事説物，單句語，於義無與，亦無所礙，可以靈雋之思致，寫令生活。此當以唐人小文字爲影本。劉蜕、孫樵、白居易、段成式集中短篇，潔淨中含静光遠致，聊擬其筆意，以駘宕心靈，亦文人之樂事也。湯義仍、趙儕鶴、王謔菴所得在此，劉同人亦往往近之，餘皆不足比數。（外編「四七」，《四溟詩話 薑齋詩話》本，第一八六頁；《四部叢刊》本《薑齋詩文集·夕堂永日緒論外編·船山遺書六十五》）

《詩廣傳·大雅》

往戍、悲也，來歸、愉也。往而咏楊柳之依依，來而歎雨雪之霏霏。善用其情者，不斂天物之榮凋、以益己之悲愉而已矣。夫物其何定哉？當吾之悲，有迎吾以悲者焉；當吾之愉，有迎吾以愉者焉；淺人以其褊衷而捷於相取也。當吾之悲，有未嘗不可愉者焉；當吾之愉，有未嘗不可悲者焉；目營於一方者之所不見也。故吾以知不窮於情者之言矣：其悲也、不失物之可愉者焉，雖然，不失悲也；其愉也，不失物之可悲者焉，雖然，不失愉也。導天下以廣心，而不奔注於一情之發，是以其思不困，其言不窮，而天下之人心和平矣。言悲則悴以激，言愉則華以慆，元稹、白居易之一率天下於褊促，宜夫杜牧之欲施之以刑也。（按魏源《詩古微》下編之下詩外傳演引此文，末數語作「孟郊、李賀言悲則悴以激，元、白、温、李言愉則華以慆，率天下於褊促，而詩教亡矣」。或所據本不同，録以備參。）（《詩廣傳》卷三，清同治湘鄉曾氏金陵節署刻本，王孝魚點校本，中華書局一九六四年版，第七五頁）

拂天地之位則亂，刓萬物之幾則賊。賊與亂非僞人不能，然且標門庭於辭之中曰：吾能為位置也，吾能為開闔也，吾能為筋脈也，吾能刮摩以淨也，吾能立要領於一字而群言拱之也，吾能縈紆往來而不窮於虛也，吾能剖胸噀沫而使老嫗稚子之無不喻也。嗚呼！偽人逞其偽辯之才，而煩促捭闔、顛倒黷亂、鄙媟之風中於民，而民不知，士乃以賊，民乃以牿，盜夷乃以興，國乃以亡，道乃以喪於永世。孰為此者，而「不實於亶」之禍亦酷矣。韓愈、李翺、元稹、白居易、蘇洵、曾鞏之辭興，而天下蔑不偽，知言者可弗歫哉？（《詩廣傳》卷四，清同治湘鄉曾氏金陵節署刻本，王孝魚點校本，中華書局一九六四年版，第一三〇頁）

《讀四書大全說》

說聖人樂處，須於程朱註中僞信而深求之，外此不足觀也。程子云：「須知所樂者何事」，固非刻定一事，爲聖人之所樂，然亦何嘗不於事而見其樂哉！朱子云：「『從心所欲不踰矩』，左來右去，盡是天理。」其非脱略事物，洒然不着，可知也。於此一差，則成大妄。莊子開口便說「逍遥遊」，弁髦軒冕，亦是他本分事，到來只是不近刑名，以至於嗒然喪耦而極矣。陳氏所謂「萬里明澈，私欲淨盡，胸中洒然，無纖毫窒礙」者，此也。萬里明澈則樂，有片雲點染便覺悶頓，所以他怕一點相干，遂成窒礙，而視天下爲畏塗；則所謂終日游羿彀之中者，亦相因必至之憂。聖人說「於我如浮雲」，明是以天自處。於我皆眞，於土皆安，聖人之天體也。若必萬里明澈而乃以得樂，則且厭風雲、憎雷雨，若將浼焉，而屯之經綸，需之宴樂，皆適以爲累矣。使然，則疏水曲肱而後樂，非疏水曲肱則不樂也。不義而富貴則不處，以義而錦衣玉食則亦不去，豈漫然任運而無心哉？遇富貴則不踰富貴之矩，遇貧賤則不踰貧賤之矩，乃是得。「左右來去，盡是天理」，方於疏水曲肱之外，自有其樂，而其樂乃以行於疏水曲肱之中。聖人所以安於疏水曲肱者，以樂爲之骨子，此非蕩然一無罣礙可知已。使但無欲則無得，無得則無喪，如是以爲樂，則貧賤之得此也易，富貴之得此也難，必將如莊子所稱王倪、支父之流，雖義富、義貴亦辭之唯恐不夙矣。此是聖學極至處，亦是聖學、異端皂白溝分處。若不了此，則袁安、張翰、韋應物、白居易皆優入聖域矣，而況於蒙莊！（《讀四書大全說》卷五，《續修四庫全書》影印清船山遺書本）

《讀通鑑論》

⊙宪宗

制科取士，唐之得元、白，宋之得二蘇，皆可謂得人之勝矣。稹、居易見知於裴中立，軾、轍見重於司馬君實，皆正人君子所嘉與也。觀其應制之策，與登科以後忼慨陳言，持國是，規君過，述民情，達時變，洋洋乎其為昌言也。而抑引古昔，稱先王，無悖於往聖之旨，則推重於有道之士而為世所矜尚，宜矣，推此志也，以登三事，任密勿，匡主而庇民，有餘裕焉。乃此數子者，既獲大用，而卞躁譸張，彙引匪人以與君子相持而害中於國，雖裴、馬秉均以臨之，弗能創艾也。然則制科求士，於言將不足采，而可以辯言亂政之責斥之乎？

夫此數子者，非其言之有過，善觀人者，不待其敗德之已章，而早已信其然矣。奚以明其然也？此數子者，類皆酒肉以溺其志，嬉游以蕩其情，服飾玩好書畫以喪其守。凡此，非得美官厚利，則不足以厭其所欲。而精魄既搖，廉恥遂泯，方且號於人以為清流之津逕，而輕薄淫佚之士樂依之，以標榜為名士。如此，而能自樹立以為君之心膂、國之楨榦、民之蔭藉者，萬不得一。

文章之用，以顯道義之殊塗，宣生人之情理，簡則難喻，重則增疑。故工文之士，必務推盪宛折，暢快宣通，而後可以上動君聽，下感民悅。於是游逸其心於四維上下、古今巨細，隨觸而引伸，一如其不容已之藏，乃為當世之所不能舍。則蘇軾所謂「行雲流水，初無定質」者，是也。始則覃其心以達其言，既則即其言以生其心，而淫佚浮曼、矜誇傲辟之氣，日引月趨，以入於酒肉嬉游服飾玩好書畫之中，而必爭名競利以求快其欲。此數子者，皆以此為尚者也。而抑博覽六籍，詭遇先聖之緒説以濟其辯，則規君過、陳民情、策國事，皆其所可沈酣以入、痛快以出，堂堂乎言之，若《伊訓》、《説命》、《七月》、《東山》之可與頡頏矣。則正人君子安得不斂衽以汲引為同心，而流傳簡册，淺學之士能勿奉為師表乎？乃有道者沈潛以推致其隱，則立心之無恒，用情之不正，皆可即其述古昔、稱先王之中察見其詖淫，況其濫於浮屠、侈於游冶者，尤不待終篇而知其為羊羶蟻智之妄人哉！

若其淋漓傾倒，答臨軒之問，陳論劾之章，若將忘辱忘死，觸忌諱，犯衆怒，以為宗社生民計者，固可取為人主之龜鑑，而不得斥之為非。則唯上之所以求之者，以直言敢諫設科，則以應知遇、取名位者在此，慧足以及，膽足以勝，固無難伸眉引吭以言之無怍，而可取者不乏也。

是故明主之求言，大臣之廣益，無擇於人也；言而可聽者，樂取其言，以釋吾回而增吾美也。若其用人也，則不以言也；言而可聽，必考其用心之貞淫，躬行之儉侈，而後授以大任也。《書》曰：「敷奏以言。」言無不盡。若其黜陟，則必「明試以功」而後定。子曰：「君子不以言舉人。」誠千古片言之居要矣。然則策賢良以問政，明王廣聽大智之道也；設制科以取士，唯其言以登用之，則國是亂、佞人進，治道之大蠹也。制科而得才士如元、白、二蘇而止，元、白、二蘇長於策問奏疏而止，不恣其辨以終為君子傷，節宣之權，人主大臣司之，可弗慎與！（卷二十五，中華書局《讀通鑑論》，第八七八頁）

⊙文宗

朋黨興，而人心國是如亂絲之不可理，將孰從而正之哉？邪正無定從，離合無恒勢，欲為伸其是、詘其非，畫一是非，以正人之趨向，智弗能知，勇弗能斷。故文宗曰：「除河北賊易，去朝廷朋黨難。」亦非盡暗弱之說也。

李宗閔、牛僧孺攻李吉甫，正也；李德裕修其父之怨而與相排擯，私也。乃宗閔與元稹落拓江湖，而投附宦官以進，則邪移於宗閔、稹，而德裕晚節，功施赫然，視二子者有薰蕕之異矣。李逢吉之惡，夫人而惡之，德裕不與協比，正也；而忽引所深惡之牛僧孺於端揆，以抑逢吉，而睦於僧孺，無定情矣。德裕惡宗閔，訐貢舉之私以抑之，累及裴度，度不以為嫌，而力薦德裕入相，度之公也；李宗閔與度均為被訐之人，乃背度而相傾陷，其端不可詰矣。宗閔與稹始皆以直言進，既皆與正人忤，而一爭進取，則稹合於德裕以沮宗閔，兩俱邪而情固不可測矣。楊汝士之污濁，固已；德裕以私怨蔓延而訐之使貶，俾與裴度、李紳同條受謗，汝士之為貞邪不決矣。白居易故為度客，而以浮華與元稹為膠漆之交，稹之傾度，居易不免焉，而德裕亟引其從弟敏中，抑又何也？李訓、鄭注欲逐德裕，而薦宗閔以復相，乃未幾陷楊虞卿而竄宗閔於明州，何其速也？聚散生於俄頃，褒貶變於睚眦，是或合或離，或正或邪，亦惡從而辨之哉？揆厥所由，則自李絳恃其忠直，而不知大臣之體，與小人比肩事主，而相角以言。口給之士，聞風爭起，弄其輔頰，議論興而毛舉起，權勢移而嚮背乖，貿貿焉馳逐於一起一伏之中，驚波反濺，罔知所届，國家至此，其將何以立綱紀而保宗祏哉？（卷二十六，中華書局《讀通鑑論》，第九一五頁）

⊙宣宗

知人之難久矣，而抑有其可知者，君子持之以為衡，而失亦鮮矣。人之為不肖也，其貪惏賊害、淫溺憒亂、得之氣質者，什不得一；類皆與不善者習，而隨之以流，因以氾濫而不可止。故君子之觀人於早也，持其所習者以為衡，視其師友，視其交游，視其習尚；未嘗無失，而失者終鮮。拔騂角於犁牛之中，非聖哲弗能也。

李德裕引白敏中入翰林，既為學士，遂乘武、宣改政之初，奪德裕之相，竭力排之，盡反其政，以陷德裕於貶死，而亂唐室。夫敏中之不可引而使在君側，豈待再計而決者哉？德裕之初引敏中也，以武宗聞白居易之名，欲召用之，居易老而德裕以敏中進。然則知敏中者以居易，用敏中猶其用居易也。居易以文章小技，而為嬉游放蕩、徵聲逐色之倡，當時則裴中立悅其浮華，而樂與之嬉；至宋，則蘇氏之徒喜其縱逸，於閑撿之外而推尚之；居易之名，遂喧騰於天下後世。乃覈其人，則元稹之死友也。稹聞謫九江而垂死驚坐，胡為其然哉？以蕩閑踰撿，相暱於聲色，而為輕浮俗艷之詞，以蠱人於淫縱。當其時如杜牧者，已深惡而欲按以法矣。稹鬻身奄宦，排抑正人，以使河北終叛，而為唐之戎首；居易護為死黨，不得，則託於醉吟，以洩其青衫之淚。敏中為其從弟，與居與游，因之而受君相之知，夢寢之所席而安者居易耳。若此而欲引為同心，以匡君而衛社稷，所謂放虎自衛者也，而德裕胡弗之知也！

使武宗欲用居易之日，正色而對曰：此浮薄儇巧之小人，耽酒嗜色，以淫詞壞風教者，陛下惡用此為？則國是定矣。李沆、劉健之所以允為大臣也。而德裕不能，其尚有兩端之私與？不然，則己習末端，心無定衡之可持而易以亂也。先儒謂蘇軾得用，引秦觀之徒以居要地，其害更甚於王安石，唯其習尚之淫也。舍是而欲鑒别人才，以靖國家、培善類，未有能免於咎者也。

（卷二十六，中華書局《讀通鑑論》，第九四三頁）

《古詩評選》

長句長篇斯為開山第一祖，鮑照、李白領此宗風，遂為樂府獅象，非但興會遙同，實乃謀篇夙合也。……自廬江小吏一種贋作流傳不息，而後元白踵承，潦倒拖遝之詞繁……彼《滬江小吏》諸篇，自是古人里巷所唱盲詞白話，正如今市井間刊行《何文秀》、《玉堂春》一類耳。稍有愧心者，忍辱吾神明以求其形似哉！《琵琶行》、《長恨歌》，允膺典型，不爲酷也。（《古詩評選》卷一曹丕《大牆上蒿行》後評，張國星校點本，第二三頁）

中間許多情事，平敘初終，一如白樂天歌行然者。乃從始至末但一人口述語耳，於《琵琶行》才占得一段，而言者之平生，聞者之感觸，無窮無盡，皆所含蓄。故言若已盡，而意正未發，自非唐宋人力所及、心所謀也。（《古詩評選》卷一鮑照《代東武吟》後評，張國星校點本，第四四頁）

七言長篇，此為最初元聲矣。一面敍事，一面點染生色，自有次第，而非史傳箋注論説之次第。逶迤淋漓，合成一色。雖盡力抉出示人，而淺人終不測其所謂，正令讀者猶恨其少。若白樂天一流人，才發端三四句，人即見其多。迨後信筆狂披，直如野巫請神，噥噥數百句，猶自以為不足。而云略請一聖，千聖降臨。然後知六代之所謂縱横者，異唐人縱横遠矣。（《古詩評選》卷一庾信《楊柳行》後評，張國星校點本，第七一頁）

句句序事，乃令人不知其序事。杜陵知此，亦何至為白樂天作俑。若然，則謂唐無詩人，亦非苛矣！（《古詩評選》卷二陸雲《答孫顯世》四言詩後評，張國星校點本，第九五頁）

蓋詩之為教，相求於性情，固不當容淺人以耳目薦取。況公且視劉、項為孺子，則人頭畜智者令可測公，不幾令泗上亭長反唇哉？人固自有分際，求知音於老嫗，必白居易而後可爾。（《古詩評選》卷四阮籍《詠懷》後評，張國星校點本，第一六七頁）

《唐詩評選》

宛折有神，乃以直承魏晋上。古人作一直語，必不人人意中。直而可以人意射得者，元、白之所輕俗也。（《唐詩評選》卷二，杜甫《遣興四首》其

二後評，王學太校點本，第五八頁）

大曆之詩，變為長慶，自如出黔中谿菁，入滇南佳地。元、白固以一往風味，流蕩天下心脾，雅可以韻相賞。隱括微至，自非所長，不當以彼責此。（《唐詩評選》卷四，白居易《錢塘湖春行》後評，王學太校點本，第二〇四頁）

韻度自非老嫗所省，世人莫浪云「元輕白俗」。（《唐詩評選》卷四，《杭州春望》後評，王學太校點本，第二〇五頁）

漢人不為透脱語，所謂珠涵玉韞、自媚山澤。西晉始倡則有「蝴蝶飛南園」之句，謝客踵之，「池塘生春草」遂為絕唱。玄暉一往，每拾清響，「李侯佳句」見許杜陵，其宗風相嗣，如雲門一二字照天照地，吟詠不廢，此不可泯。「落絮無風凝不飛」其來遠矣。結聯亦自《湛露》詩出引伸，旖旎尤為動人。所以貴有七言。（《唐詩評選》卷四，《酬李二十侍郎》後評，王學太校點本，第二〇五頁）

《明詩評選》

匀適生動。雖有次序，而不落元、白，故無損于風韵。成化以降，姑蘇一種惡詩，如盲婦所唱琵琶弦子詞，挨日頂月，謰謱不禁，長至千言不休，歌行傯賤，于斯極矣，非但如杜默瘟中村酒之譏而已。我思先民嗣音，誰俟哉！（《明詩評選》卷二，孫蕡《南京行》後評，陳新校點本，第四一頁）

長篇爲仿元、白者敗盡，挨日頂月，指三説五，謂之詩史，其實盲詞而已。（《明詩評選》卷二，祝允明《董烈婦行》後評，陳新校點本，第四六頁）

意本一貫，文似不屬，斯以見神行之妙。彼學杜，學元、白者，正如蚓蠖之行，一聳脊一步；又如蝸之在壁，身欲去而粘不脱。苟有心目，悶欲遽絕。（《明詩評選》卷二，顧夢圭《雷雪行》後評，陳新校點本，第五〇頁）

移換自有古法，自元、白以歌行名天下，世不知有此久矣！（《明詩評選》卷二，吳子孝《清明與孫都督伯泉出郊游迎恩隆禧二寺觀鄭尚書園池》後評，陳新校點本，第五一頁）

勻淨不入長慶。(《明詩評選》卷二，屠隆《長安明月篇》後評，陳新校點本，第五二頁)

元、白傚人以鋪序，不知鋪序之清順易，穿點之清順難也。(《明詩評選》卷二，朱陽仲《楊花篇》後評，陳新校點本，第五六頁)

得供奉、嘉州之神，不必形似。眯目者妄擬之香山。(《明詩評選》卷五，徐渭《十六夜踏燈與璩仲玉王新甫飲于大中橋之西樓》:「樹枝畫月千條弦，十五不圓十六圓。挂向酒樓檐外邊，南市好燈值底錢。大中橋上游人坐，不飲空教今夜過。紅脂在口香在樓，那能一個到壚頭。青衫白馬無聊甚，望斷黄金小鈾鞦。」後評，陳新校點本，第六〇頁)

學杜以爲詩史者，乃脱脱《宋史》材耳，杜且不足學，奚況元、白！(《明詩評選》卷二，徐渭《沈叔子解番刀爲贈》後評，陳新校點本，六二頁)

叙議詩不損風韵，以元、白形之，乃知其妙。錢受之謂公詩變而之香山、眉山，豈知公自有不變者存。(《明詩評選》卷二，湯顯祖《邊市歌》後評，陳新校點本，第六五頁)

香山、眉山得如此了否？不但能了，偏多旁射。(《明詩評選》卷二，湯顯祖《夏州亂》後評，陳新校點本，第六五頁)

自與袁海叟聯鑣，必不寄時人籬下，其遠祖則張謂、劉禹錫也。孟陽詩或從元、白入，近體中如「穀雨茶」、「清明酒」，一種死對，又投胎許渾、錢受之亦爾，似此者不多得也。(《明詩評選》卷二，程嘉燧《走筆答贈胡京孺》後評，陳新校點本，第六八頁)

作長行者，舍白則杜，而歌行掃地矣。(《明詩評選》卷二，顧開雝《游天台歌》後評，陳新校點本，第七一頁)

國初詩有直接魏、晋者，有直接初唐者，後來苦爲僞建安，僞高(適)、岑(參)、李(白)、杜(甫)，一種粗豪抹殺，故末流遂以僞元(稹)、白(居易)，僞郊(孟郊)、島(賈島)承之，而泛濫無已。(《明詩評選》卷五，劉璉《自武陵至丁郭舟中雜興》後評，陳新校點本，第一六八頁)

體兼韓、杜，然爲杜學者必此乃有淵源，大骨粗皮、長鼻肥脛如老象者，不知取益于杜者也。「熏華晨逗雨」二句，説盡武宗、世宗新故之際，大禮爭讁之由，文約而旨深，作長篇者無此極簡極嚴處，即不成詩矣。元、白之近于盲詞也，唯不解有此耳。（《明詩評選》卷五，楊慎《雨中夢安公石張習之二公情話移時覺而有述因寄》後評，陳新校點本，第二一四頁）

白描生色，喚作古今梅花絕唱，亦無不可。……國初袁景文、高季迪集中，片羽略亦不乏，乃以白燕則漢水梁園，梅花則美人高士、月明雪滿，參差共之，不過三家村塾師教村童對語長伎耳。擇藝吟圃者，乃以傳之，三百年千人一齒。嗚呼，蔑言作者，即求一解詩人亦不可得。一二稍知其非者，又將矯枉以求之元、白、郊、島之中，何怪乎詩人不亡也。（《明詩評選》卷五，高啟《梅花》後評，陳新校點本，第二七五頁）

智按：王夫之，字而農，號薑齋，又號夕堂，晚號船山病叟，學者稱船山先生，衡陽（今屬湖南）人。明崇禎十五年（一六四二）舉人，清兵南下，在衡山舉義兵抗清。清順治四年（一六四七），清兵下湖南，夫之入桂林，依瞿式耜。瞿引薦，授行人司行人。嘗三上疏劾王化澄。順治七年，桂林陷，夫之歸隱石船山，閉門著述，與黃宗羲、顧炎武並稱「清初三大儒」。詩詞亦頗具特色，詞作往往不拘音律，多用比興，寄託其故國之思。生平著述極多，後人輯有《船山遺書》，凡七十種，三百二十四卷。《清史稿》有傳。

吴綺（一六一九～一六九四）

《藥棲詞序》

名山毓秀，代有奇人。世德鍾祥，恒生偉器。……五字方成，即具元和之體，千言工就，如聞正始之音。而偶賦小詞，咸歸大雅。華而有典，五色爲組繡之文；巧而不淫，六律是琴聲之響。……況夫東西南北，見山水而移情；兼之寒暑陰陽，歷烟霜而換態。百端紛錯，意以時新；四序遷流，情因境改。莫不寫之青鏤，譜以紅牙，既與月以同清，亦將花而比笑。當尊前而點筆，如君絕似小山；在船上以吹簫，似我猶慙老石矣。（見鄭慶祐《揚州休園志》卷三文，清乾隆三十八年察視堂自刻本）

《家逸園姪留香集序》

予家豐水有姪逸園，少即工文，洗馬原稱才子，長而好古伯鸞，實異時流。心在名山，迥出風塵之表；情躭好句，每多月露之華。……爰吟七字，畧計百篇，蠶絲備極其纏綿，蛩語不嫌於悽切，似羅虬之寫恨，惟比紅兒；若杜牧之縈懷，寧譏白傅。蓮花破的，惟存苦意於心；湘竹留枝，只有血斑成節。彈淚痕以和墨，墨盡淚痕；裁愁粉以勻箋，箋皆愁粉。情天莫補石五色，以奚為恨海難填；木千枝而安用？腹轉車輪而自苦，口銜石闕以何言？於是見者為之神傷，讀之因而氣盡。……（《四庫全書》本《林蕙堂全集》卷四）

《家流章以余岸桴詩十二章譜之琴操是為序》

……書堪借讀，依然孫氏之樓；酒或能沽，不異陶家之里；牽船岸側，擬效張融；垂釣牀頭，略如白傅。花中覓徑，柳下横橋，凭欄而霽雪爭飛，望遠而斜陽不盡。若龐公之夫婦，時對一燈；有蔣氏之賔朋，頻來雙屐。……（《四庫全書》本《林蕙堂全集》卷四）

《重修黄山志序》

蓋惟司馬善游海外，難窮五岳；向禽多願，人間徒望三山。境有未通則神理為之不接，目有不至則紀載為之未詳。……若乃覽潯江之作，九子有待於謫仙；誦廬阜之篇，五老維彰於白傅。賦天台者，詞堪擲地；登太華者，語欲驚人。此又掞藻之英，共有采真之興。……（《四庫全書》本《林蕙堂全集》卷六）

《雲間魯謙菴太守江左仁聲序》

蓋惟雙麟剖玉，寵艾綬以親賢；兩鹿頒金，理蒲鞭而宣化。所以漢膺良牧，即拜三公；宋重名邦，常分兩制。……是以人比文翁，民多譙秀，房君鑿井，苦變為甘，白傅溉田，豐成於瘠，随車得相公之雨，揮扇銷酷吏之風，境外飛蝗，爭投海水，溪中巨鱷，遠遁江流，一錢之譽恒傳，五袴之謡徧起。……（《四庫全書》本《林蕙堂全集》卷六）

《秦太翁六十壽序》

地啓周封，人重蘭陵之學；溪由梁濬，世傳梅里之風。……昔香山居士，雒中允冠耆英；潁水名臣，宋室咸推碩果。同當降昴，並合生申，今古一揆，吾無間矣。先生繼美二公，追踪四皓。有輕裘緩帶之樂，當圍棋賭墅之年，八千歲以為春秋，六十度而成運會。桃開瑶水，齊眉攀王母之花；瓜獻温泉，捧手進安期之棗。華筵合樂，賜餘江上金錢；寶籙傳書，望見壇中絳節。筭將無極，美不勝書。余從孔鯉以聞詩，見李膺而得御。摩挲銅狄，空聞仙父同游；展玩瓊圖，莫測神人至止。聊同李委奏玄鶴之南飛，共望老聃引青牛而東度。(《四庫全書》本《林蕙堂全集》卷八)

《徐健庵先生六袠序》

皇上御極二十八年十有一月，健庵徐公以假乞歸，其次年大學士立齋公謝政而還，斯時也，良臣因浮言而避……將玉環之召，不待再賜於九重，而銀信之符，何必趣歸於萬里也。而予之臆見，更有鄙言，昔廬陵之忠，終以蒼蠅而有賦；眉山之直，還應磨蝎以興。嗟古之大文人，類有然者。今之諸君子，又何論焉。且也志炳日星，何妨身依泉石。東山局畔，蒼生之眼自青；北海樽前，白傅之頭正黑。宋温公之再相，終當福及蒸黎。……(《四庫全書》本《林蕙堂全集》卷八)

《跋高蒼巖太守洞庭倡和詩後》

蠟屐一雙，謝臨川時多逸興；畫船十隻，白香山每賦新篇。古人理政之餘，常為游覽，良由風雅之氣，足于性情。蒼巖高使君，績懋黄龍，聲高紫馬，乃湖中了其公事，而濠上適有會心。爰發山水之清音，無煩絲竹，遂振雲泉之逸彩，自得鳥魚。而汪子扶晨，及家鹿園，並擅清才，同追麗響。昔蘇家二客未見成吟，王氏羣賢猶傳闕製。兹則嬉如杜牧，賦比枚乘，同揮鸜鵒之毫，總艷蒲桃之錦。知公把酒，時當不似人間；笑我聞歌，此曲渾疑天上矣。(《四庫全書》本《林蕙堂全集》卷十)

《鄭若千詩箋》

予于辛未上巳之辰，重舉春江花月之社。維時庭前受簡，不乏羣賢；花下論文，盡來多俊。而鄭子若千，蘭夢一枝，草生雙帶。文章清麗，獨操正始之音；吟咏高華，自得元和之體。歷觀五作，足擅一塲。自可與子美聯鑣，豈但令君苗焚硯哉！因題蕪句，用授棗人。(《四庫全書》本《林

蕙堂全集》卷十）

《鬻園詩和丁鴈水觀察韻》（其三）

為有江湖興，看雲意輒怡。但能為圃好，豈恨得山遲。白傅攤書卷，蒼生看奕棋。寧須誇魯直，蘭斗種黃甆。（《四庫全書》本《林蕙堂全集》卷十六）

《詠冰》

皎潔同憐玉一方，長安大暑出陰房。楊家酌酒多圍席，白傅酬詩不計筐。雪已無膚全露骨，月方成魄未流光。緣寒獨得君王重，寢廟晶盤映蔗漿。（楊國忠張筵以冰圍席，香山晚年以冰換詩）。（《四庫全書》本《林蕙堂全集》卷十七）

《倚山閣偶咏》

垂楊垂柳共鷗邊，盡日凭欄映碧川。春水正添游女棹，夕陽長在酒人船。能言舊事樊通德，愛賦新詩白樂天。幾度自吟還自醉，維摩應不用參禪。（《四庫全書》本《林蕙堂全集》卷十八）

《早春雜詠初四日偕家巢薇同作·一先》

似奕都求着着先，寧知冷眼在枰前。詩成白傅吟花下，曲愛紅兒度酒邊。百尺幾曾容客上，一寒端不許人憐。請看庭畔桃和李，青帝来時即競妍。（《四庫全書》本《林蕙堂全集》卷二十）

《偶題》（其三）

浣花溪上一村孤，欲倩茅生更補圖。自愛娛情松與竹，都忘輯瑞穀兼蒲。紅兒歌舞非他日，白傅勾留是此湖。却笑丁郎無傲骨，等閒輕拂相公鬚。（《四庫全書》本《林蕙堂全集》卷二十）

《琵琶亭》

蘆花楓葉雨蕭森，寂寞空亭遂至今。自是逐臣雙淚盡，不關商婦少知音。（《四庫全書》本《林蕙堂全集》卷二十二）

《詠史·白居易》

江上秋來月滿林，香山送客為沾襟。同歸白首須臾事，一曲琵琶獨至今。（《四庫全書》本《林蕙堂全集》卷二十二）

《春從天上來・重登超然臺》

雨過知春。把萬壑千巖，盡滿晴雲。舊遊重到，携取芳樽。班荆共坐嶙峋。愛朝來風日，較往昔、益覺清芬。但開眸，有春山如髻，春水如鱗。依然去年醉處，聽碧管紅絃，已換閒人。雪殢梅鬚，金舒柳帶，江湖着意翻新。問風流蘇白，今如在、畫裏乾坤。酒微醺。振衣一嘯，煙靄紛紛。（《四庫全書》本《林蕙堂全集》卷二十五）

《沁園春・題友人照》

夫子為誰？曰鄭當時。抑鄭康成。向梅花閣上，詩同水部，菊英籬畔，酒似淵明。三徑長開，百城獨擁。笑倚南軒七尺屏，天然處，有點蒼翠色，月白霞青。　　葛陂偶爾閒行，問醉踞平泉復幾曾。愛獅蹲虎伏，羣峰聳秀，龍銜螭繞，九節能輕。天與宫商，地資丘壑，耐久交情畫未能。吾還笑，笑歐公白傅，曾主斯盟。（《四庫全書》本《林蕙堂全集》卷二十五）

智按：吴綺，字薗次，號豐南，一號聽翁，又號紅豆詞人，江都（今江蘇揚州）人。貢生，順治十一年（一六五四）甲午薦授秘書院中書舍人，歷官湖州知府。有《林蕙堂全集》。

潘江（一六一九～一七〇二）

《自問（六月晦日作）》

平生無所長，惟與懶相宜。詩書渾不愛，寒暑皆有辭。霜天手皸瘃，暑月汗淋漓。惜手喜斂袖，畏汗懼霑衣。豈無溫涼天，又為時務羈。以此懶成癖，日月如電馳。既不好讀書，亦不常作詩。一年去其半，自問有何為。返躬增慚恨，行衰志趣卑。男兒三不朽，垂名端在兹。德功諒難企，立言其庶幾。安能甘腐棄，下同草木萎。不見白樂天，所好在詩詞。行年七十五，垂老不知疲。（《木厓集》卷四五言古一，《四庫禁毀書叢刊》影印清康熙間刻本）

《偶吟白詩柬許綏人》

吾愛白傅詩，閒淡有高致。本不好艱深，亦不求工緻。唯取口頭言，寫我心中事。所以歷少壯，至老無更易。奈何世俗人，嗤予之所嗜。謂此閒淡詩，除非老將至。嗟彼亦何知，未摎古人秘。試觀長慶集，前後初何異。白傅十七八，摛辭即清粹。及補校書郎，感時詩猶記。不覺明鏡中，忽年三十四。（二句即日感時詩）繄豈非壯年，淺語轉幽邃。予今正其時，摹倣復奚媿。所恨心口間，未得全無二。詩淡被人嗤，昔賢猶不避。（白云：詩成淡無味，多被衆人嗤）何況今之人，焉能免流議。謡諑徒紛紛，予益堅予志。書罷示綏人，能無發長喟。（《木厓集》卷四五言古一，《四庫禁毀書叢刊》影印清康熙間刻本）

《有假予白詩未還者索得之喜成三十韻》

昔愛香山詩，手録成一編。一從借人去，羈留遂半年。今朝忽有思，呼童始索還。如與良友别，歡然接容顔。又如佳山水，久隔倏躋攀。開卷吟復吟，此樂何可諼。因思世俗人，所好匪一端。或好趨權勢，竭力附腥羶。或好營封殖，多藏買宅田。或好摴愽戲，百萬擲金錢。又或好豔冶，珠翠媚嬋娟。又或好制義，僥倖得一官。又或好釋老，逃禪與求仙。所好雖各殊，靡不精且專。而我獨淡漠，諸好無一焉。自問有何好，厥好在詩篇。復問好何詩，姓白字樂天。所以數年來，時時與周旋。讀其諷諭詩，可以勵薄頑。讀其感傷詩，可以助悲酸。讀其閒適詩，可以釋憂患。格律及歌行，亦復有餘妍。昔在長慶時，寥寥劉與元。焉知千載後，尚有人流傳。迴思初買日，讀之忘寢餐。奈何作輟多，在好不好間。致使世俗人，謂予志弗堅。反不如諸好，轇結有深緣。願自今以後，與君有成言。誓將持此集，一日一回看。（《木厓集》卷五五言古二，《四庫禁毀書叢刊》影印清康熙間刻本）

《濟上吟》

予以庚子秋入濟幕。聞見之間，有足感者，因效白少傅《秦中吟》為詩紀之。事不盡繫濟，曰《濟上吟》，志地也。

⊙昌平州

崖峩天壽山，乃在昌平州。遥臨白浮村，俯瞰高梁流。龍翔復鳳舞，靄若雲煙浮。河嶽所鍾孕，靈秀莫與侔。巍巍十二陵，千歲居上頭。緬懷肇造日，殯宫深且幽。既葬同軌至，羽葆颺旌斿。寢廟皆九楹，繚垣悉丹髹。金鏤與玉匣，珍秘羅天球。鬱葱三百年，疇敢盜一抔。自遭喪亂後，思陵闕未修。龍輴既已遠，石麟不可求。至今陰雨天，悲風聲颼颼。不聞馬鬣封，但見狐兔遊。雖有故舊臣，祇貽前代羞。驅馬入長安，誰肯一回眸。赫赫今天子，討賊殲同仇。今年幸昌平，翠華臨道周。俯仰園陵間，愁焉有殷憂。顧念甲申變，淚下霑黈旒。因與諸臣民，追維失國由。謂彼圖治意，宵旰不遑休。喪師匪失德，贊襄實罕儔。焉忍賢聖君，零落歸荒丘。其各輸金錢，薄言肅松楸。（以上皆檃括諭中大意）此語眞聖明，此舉足千秋。士庶且流涕，何况東陵侯。新恩不能報，舊德亦當酬。不知冬青樹，尚待唐生不。

⊙撫賊

濟上古都會，南北成通衢。遠接豐沛壤，近隣鄒滕區。復與虞城連，三省聚逃逋。頻年水旱災，出没無時無。白晝躍弓馬，禦人於泥塗。未晚劈門扉，拷掠及妻孥。大或攫金錢，小不遺袴襦。百十自為群，殺人直須臾。遂使居與行，無計避豺貙。夜宿不解帶，晝行無安趨。嗟此盜賊藪，處處皆萑苻。居民誠可憫，行旅復何辜。雖有賢守令，誓欲靖根株。胥吏不用命，左右皆賊徒。賊逸官謫黜，惟有長嗟吁。不知始何時，許賊得自輸。厥名曰投誠，一投便無虞。翻臚多名姓，某賊住某都。符牒分途出，曾不少踟躕。奸宄倖得脱，良民反見拘。及至訊鞫間，所言多仇誣。仇誣縱可雪，肌髓半已枯。不及投誠賊，公然有完軀。行營以為家，月糧以為餔。漸次出金帛，竄名執銅符。仍復潛殺掠，無人敢號呼。若輩本狗鼠，豈容稽天誅。撲之即不易，撫之一何愚。必欲撫若輩，莫若嚴其途。或收其妻子，或没其田租。待以不死法，捕賊使前驅。所捕多且眞，方得保頭顱。踰期無一獲，黥面刻其膚。獲者脱不實，立寘于王鈇。國法既已峻，民困庶可蘇。寄言謀國者，撫賊非良圖。

⊙逃人

新律彷前朝，重輕略相似。惟有逃人法，森峻莫與比。諸王暨八旗，入關收奴婢。此輩狡且獧，潛逃歸桑梓。隣佑復隱容，法嚴自此起。始設督捕官，大小飭綱紀。左右兩侍郎，樞府重所倚。武選與職方，郎署有專委。更有理事官，禁網益密邇。苟或匿東人，搒掠立流徙。仍用連坐法，株累及鄰里。至于所逃人，黥面復鞭捶。謂當遂廓清，令下疾如矢。胡為日見告，搜捕猶未已。甚或遇奸民，借名肆機詭。愚氓墮罟獲，流毒將安止。緬惟立法意，火烈良有以。名雖稱主僕，君臣無異理。豈容狐鼠輩，竄逸靡所使。但願吏奉行，慎無為禍始。不見汶上縣，一嫗老無齒。有子隸八旗，十有七年矣。去秋忽言歸，母子笑相視。朝投顔氏村，莫收縣獄裏。其子誠當誅，其母盍姑俟。何為赤日中，展轉無停晷。械繫到京師，又復赴濟水。自言七十餘，恨不須臾死。無夫已有年，獨居餍糠粃。一兒甫九歲，離亂陷營壘。分為溝壑泥，一旦拜階戺。慰問未及終，吏卒來如駛。焉知逃人法，不容母留子。

⊙逋賦

東南盛財賦，積逋良有因。軍興既旁午，水旱復洊臻。所以江浙間，賦逋民愈貧。其中大郡邑，册籍密如鱗。一年復一年，動積十餘春。前官甫罷斥，後官仍邅迍。匪無龔黄輩，亦有卓魯倫。一聞典此地，淚下足逡廵。不見蘇郡守，五年遷三人。明知罹罪罟，弗敢一言申。苟非蠲積逋，吏治胡由淳。我聞兖司馬，李公（名正華。北直人）清且仁。天官最治蹟，晉秩馳朱輪。除郡乃松江，事繁俗難馴。公獨叱馭去，攬轡行駪駪。雅尚勵冰蘗，植節如松筠。下車訪利弊，微服前咨詢。首先除稂莠，吏民畏其神。豪右皆屏跡，群盗亦還淳。然後布惠愷，甘澤流江濵。謂宜賜金璽，立可致要津。一朝罣吏議，拂衣甘隱淪。歸櫂不得發，釜甑徒生塵。欻有數父老，買舟維河湄。器具悉殽列，食用咸羅陳。其餘感恩者，奔走無昏晨。或抱布數匹，或持錢數緡。或挈室中藏，或輓村中囷。紛紛競投擲，不言何鄉民。哭泣震閭巷，攀送咽城闉。嘗聞史所載，其事恐未眞。選錢送劉寵，遮道借寇恂。何幸當吾世，尚覩鳳與麟。李公洵長者，愛戴如君親。得民已如此，長吏胡怒嗔。祗以積逋故，坐失循良臣。（李公事張揆原水部，為予言其詳。張，松江人也）

⊙牽夫

江南苦捉船，淮北苦拽牽。軍興十餘年，年年事征戰。或班師北歸，或出師南援。艨艟蔽天來，先期飛羽箭。牽夫動數千，沿河檄州縣。長令急勾攝，窮黎已睊睊。地甿與牌甲，均派淚如霰。部議禁民夫，徵調仰驛傳。站銀及正額，僱募仍從便。其如驛站銀，名存實罕見。正額復協餉，安得有餘羨。美意雖可嘉，仁言豈能踐。不見己亥秋，王師出畿甸。舟經齊魯邦，長令遭訶譴。中有三郡邑，奔走如掣電。可憐千萬人，赤脚走淤澱。越站肆鞭笞，氣絶血猶濺。死亡七百餘，泥沙足埋竄。更有千餘人，流落他鄉徧。嗟此亦赤子，魚肉任武弁。豈無獨子親，亦有空房眷。飛去復飛還，不及梁間燕。朝廷聞此情，惻焉色為變。八旗各有長，下令疾推讞。仍復牓河干，勒石曉愚賤。自非出征師，索夫敢專擅。天語雖煌煌，奉行惜不善。一遇兵船至，供應仍鍛鍊。我聞船舵手，鎮日惟酣讌。曷若著為令，人各給米麪。俾彼自挽拽，焉敢辭勞倦。敬告大中丞，此疏盍早繕。

粵稽古先王，五年一親巡。漢興典禮廢，始用御史臣。暴勝衣繡衣，張綱埋車輪。皆能稱厥職，惠澤被斯民。沿及唐宋後，慎遣猶頻頻。所貴持風憲，為國不為身。柰何執法吏，先以枉法論。雖有鈇鉞威，怙慝終不悛。廷議懲此弊，欲罷復因循。昔有翁御史，蹇諤冠朝紳。夙懷澄清志，誓欲一朝伸。拜命巡宣大，朝辭夕駪駪。霜稜馳萬里，鞅掌無冬春。邊風吹黄沙，手足為皸皴。所務察民隱，利弊廣諏詢。貪墨皆解綬，軍吏畏如神。直聲撼山嶽，正氣肅秋旻。事竣復朝命，謂宜遂即眞。俛仰叢竹間，僅還舊絲綸。借問是何故，手無金與銀。必執御史法，難救御史貧。大法小斯廉，風厲良有因。憲長無苞苴，寮屬知所遵。臺端根本地，得不簡忠純。近聞又議罷，聚訟轉相嗔。廢置率如此，治平胡由臻。自古無治法，所貴有治人。當其選遣初，首必拔殊倫。更嚴考課法，不得久沉淪。庶使清白吏，勁節達楓宸。根本茍弗治，何以秉國鈞。

⊙河夫

濟上諸州邑，地衝田復荒。或近運河側，或臨黄河傍。運河勤疏濬，黄河慎隄防。因有徭淺夫，歲役以為常。昔在天崇間，半鎰足糧粻。湖地猶可畊，薪水得自將。不知始何年，以地為池塘。畊種有厲禁，民心愈恐惶。區區十二金，安得充飢腸。其夫多倩代，奸民益不良。私增輒數倍，窮黎焉能償。脱復緩須臾，需索如虎狼。代役一告訐，正夫遂逃亡。胥吏復中飽，僉點網厚贓。畝多者得脱，畝少者罹殃。畝少力復弱，苦累不可當。更有豪右輩，隱寄于他鄉。紳士因為利，其名曰寄莊。一入仕宦籍，夫役免不遑。下及輿臺流，此苦亦未嘗。惟餘幾窮黎，終歲代桃僵。富者日以富，貧者日以傷。此弊不蚤剔，比户歸北邙。剔之將若何，按籍稽行糧。行糧有多寡，夫役與頡頏。貧富既已均，苦樂可共商。然後議加額，公私兩無妨。河夫雖重務，民命未可戕。不見挑淺夫，負鍤淚成行。秖以數畝地，難填代役囊。歲除不得歸，泥土飽風霜。為問輦上人，謀之胡不臧。

⊙大赦

先王制五刑，本用懲奸僞。時或赦眚災，一寓解網意。木鳳馳紫泥，金雞飛丹翅。大赦亦偶然，詎得常希覬。所以古名臣，曠典不一試。吳漢與孔明，尤能明此義。後人好市恩，恐非國家利。奸宄氣益揚，何以勸善類。頻年頒赦書，驛遞無停駟。昨歲命未旋，今朝使又至。揆厥好生心，非不同天地。其如作奸者，恃此益横恣。山東群盜藪，殺人亦容易。當其犯科時，便欲冀宥肆。設或罹禁網，宛轉賕胥吏。經年無爰書，百計圖規避。直待恩赦來，一朝頓無事。案牘非不多，充棟日填委。惟有援赦牒，日夕來如駛。我思管夷吾，立言亦善譬。謂赦為大害，猶犇馬委轡。貪墨當誅鋤，黠悍合流棄。公然保身家，逍遥鳴得志。反使善良人，不勝憤且恚。刑賞弗能平，勸懲何由遂。勢必驅愚氓，盡化為鬼魅。我聞賢君相，鋭意追古治。古人赦恒少，赦少民恐惴。今人赦恒多，赦多民無忌。必若師古人，此事勿輕議。(《木厓集》卷六五言古三，《四庫禁毀書叢刊》影印清康熙間刻本)

《方爾止有姬名鶴胎者，將放之，戲作鶴吟二首，冀爾止之不能忘情也》

知君酷嗜是詩篇，尤喜唐時白樂天。惜别馬猶增眷戀，傷離鶴亦動悲憐。如何欲送人中鶴，縱得乘軒意惘然。白傅老年情尚在，君今未老豈無情。儻堪相伴還留住，必欲長抛任遣行。衹有些些惆悵事，耳邊難捨咏詩聲。(《木厓集》卷九七言古二，《四庫禁毀書叢刊》影印清康熙間刻本)

《維揚行送趙五絃之任南安》

維揚俊人饒才略，釋褐來佐東魯幕。舉笏能驅殿上蛇，褰帷但載琴邊鶴。由來折獄最稱難，詩書法律持兩端。廿七州縣治尤劇，君獨翛然刷羽翰。以兹海嶠騰冰譽，祥刑屢入山公疏。如何上賞失循良，一麾却向南安去。南安舊有緑陰亭，槐堂亦以此命名。宦海東西信有數，安知非即兆此行。君不見，安西司馬有謝奕，胡牀大笑惟岸幘。又不見，江州司馬白樂天，香爐峰在宅門前。自古才人多散吏，南安山水佳麗地。勸君有酒且賦詩，等閒莫下青衫淚。（兗署有古槐，五絃曾題其堂曰緑陰）（《木厓集》卷九七言古二，《四庫禁毁書叢刊》影印清康熙間刻本）

《壽方繡山民部六十》

鳳凰臺上佳氣浮，鳳凰臺下人烟稠。中有大隱含香客，閉户煮石秋復秋。問君底事娱朝夕，長庚偶向人間謫。春雨勤翻玉斧書，秋燈愛檢蓬壺籍。憶昔長干聯席時，草堂文酒共追隨。一朝起草明光殿，十年宦蹟銘鐘彝。抗疏歸來種花柳，清風不受塵軒誘。香山况有子讀書，彭澤何須人送酒。自是林泉日月長，餐霞吸露如瓊漿。我觀君自懸車後，髮轉鬢黑身轉彊。從兹七十八十至百歲，鬚眉更與今朝異。勸君有詩有酒足長生，等閒莫作兒孫計。（《木厓集》卷十七言古三，《四庫禁毁書叢刊》影印清康熙間刻本）

《自題小像》

我昔年少逢明盛，羞將青鬢看銅鏡。直擬功成將相時，凌烟閣上圖光儀。荏苒到今五十六，形容醜老存眉目。聊呼畫師一寫神，科頭箕踞山人服。君不見，香山居士題其眞，自言神骨山中人。又不見，東坡寫眞贈何克，亦欲置身山巖中。何况我本烟霞客，合伴青松與白石。（《木厓集》卷十一七言古四，《四庫禁毁書叢刊》影印清康熙間刻本）

《將之潯陽同戴令及舟發皖口次韻和方還山送别之作》（二首其二）

不是吟無興，窮愁怯反騷。小孤吞浪濶，匡阜插雲高。秋色容蓬鬓，新霜狎布袍。江山空助我，焉敢和韋陶。（白樂天謂，陶、韋詩文得潯陽江山之助）（《木厓集》卷十四五言律三，《四庫禁毁書叢刊》影印清康熙間刻本）

《秋夜吟白傅詩辱江向若先輩以詩見投依韻奉答》

長慶詩情逸似秋，夜深吟咏出墻頭。何期惠我風前句，悔未從君月下遊。汝士果然堪壓白，東家應笑不知丘。近來憂旱非無意，祇恐淵明秫不收。（《木厓集》卷十七七言律二，《四庫禁毁書叢刊》影印清康熙間刻本）

《方爾止以嵞山集見示賦贈》

經年未聽誦詩聲，夢想高踪何處行。昔寓司空山比峻，今來姑孰不同清。

家貧買妾為生子，歲早還鄉不入城。投我鴻篇三十卷，竹窗吟咏有餘情。

知君言行古為師，詩亦前賢杜白詩。聲律苦吟非一日，勲名强仕却何時。杜雖不第官猶貴，白縱無兒福已奇。豈有同生壬子歲，窮千工部及分司。（杜白皆生壬子歲，爾止亦然，故云）（《木厓集》卷十七七言律二，《四庫禁燬書叢刊》影印清康熙間刻本）

《友人頻命録拙詩恨書法不工賦以解嘲》

詩學粗諳書法微，鸞箋幅幅帶慚揮。安能筆下龍蛇走，更覺行間珠玉霏。書法僅堪傳墨妙，詩篇動輒寫天機。歐虞褚陸唐名手，得有香山一字希。（《木厓集》卷十七七言律二，《四庫禁燬書叢刊》影印清康熙間刻本）

《癸巳元日》（二首其一）

老去浮名不可期，每逢元日喜兼悲。癡兒乍覺高于几，短髮微嫌白似絲。已是安仁懷令後，爭如白傅校書時。惟存詩興年年好，走筆能成幼婦辭。（《木厓集》卷十八七言律三，《四庫禁燬書叢刊》影印清康熙間刻本）

《秋柳次王阮亭先生韻》（四首其二）

耻學丹楓倩早霜，寧甘憔悴卧横塘。鞦韆影靜閒深院，砧杵聲殘冷舊箱。絮似雪花俱幻質，葉成金色等空王。無情最是香山老，不要春風履道坊。（樂天《别柳枝詩》：「今日放歸歸去後，世間應不要春風。」）（《木厓集》卷十九七言律四，《四庫禁燬書叢刊》影印清康熙間刻本）

《哭齊古愚墓示外甥張若湛方將》

文章憎命孰如君，問向青天天弗聞。忍以無兒酬伯道，更將不第蹴劉蕡。一抔幸傍朱公墓（塚與漢大司農朱公墓隣），斗酒誰澆白傅墳。（香山墓過客輒酹酒，墓前土為之濘）哭罷殷勤呼二子，可知房杜出河汾。（唐宰相房玄齡杜如晦皆出文中子之門）（《木厓集》卷二十一七言律六，《四庫禁燬書叢刊》影印清康熙間刻本）

《讀白香山詩十韻有序》

白香山善學杜者也，杜詞宛而白過直，杜意蓄而白過盡，杜用事隱約而白過分明，或疑學杜之過，然不如是不足見香山之杜，以為必似杜之宛之蓄之隱約，則有似有不似，有小似有大不似矣。香山入蜀，望浣花里而祀之，元微之亦云：「詩人以來，未有如子美者。」則元、白意中何嘗不好杜，抑何嘗襲杜哉！今人盛毁長慶，謬袝少陵，烏知其異世同揆也。元學杜，而白學杜勝之；白學陶，而其學杜勝之。予嘗謂香山學杜，類狂北地學杜類狷，今詩家則杜之鄉愿而已。惡其似也，秋齋蕭遠朗詠連旬，愛其冲㕡明快，意到筆隨，不似今人點竄故實，蒙昧性靈，雖于杜微有不及，而吾即取其寧直寧盡寧分明，不屑屑似杜為工，則猶廣陵散之未絕耳。爰舉其大意，質我同心，無智出雞林國相下也。

漫道千年人已逝，尚存百卷調逾高。心情疑是仙兼佛（公少好神仙，晚學浮屠），骨味全同杜與陶。大抵詩成聊寫意，不妨興到即揮毫。誇張吴越風光美（公歷刺蘇杭，集中亟稱其勝），唱和元劉聲氣豪（與微之、夢得酬和甚富）。疏受本能輕仕宦（詩中屢求致仕），鄧攸未覺少兒曹（暮年以景受為子）。最宜白髮傾黄酎，更愛紅顔遶緑袍（所至多贈官妓詩）。家有孟光相贈答（贈内詩輒以德耀方之），客惟惠遠共遊遨（嵩山僧如滿為空門友）。匡廬長嘯尋幽徑（江州有廬山草堂），伊洛閒吟泛小舠（東都有履道新池）。何地何時無雅什，一篇一句亦風騷。譬如清水芙蓉出，豈似隋宫剪綵勞。（《木厓集》卷二十三七言排律，《四庫禁毁書叢刊》影印清康熙間刻本）

《紫牡丹為人所摧感賦》（四首其三）

白傅篇中詠物辭，最憐雨後牡丹詩。高人猶為衰紅惜，何況含苞未吐時。（白《雨後牡丹詩》云：「夜惜衰紅把火看。」）（《木厓集》卷二十五七言絕句一，《四庫禁毁書叢刊》影印清康熙間刻本）

《又和蒲亭催妝詩》（十首其六）

青衫司馬太多情，一曲琵琶聽不成。何似香爐峰下坐，小蠻樊素自通名。（《木厓集》卷二十六七言絕句二，《四庫禁毁書叢刊》影印清康熙間刻本）

智按：潘江，字蜀藻，號木崖，桐城（今屬安徽）人。著有《木厓集》二十七卷（《四庫禁毁書叢刊》影印康熙間刻本），《木厓續集》二十四卷末四卷（《四庫禁毁書叢刊》影印康熙二十年刻增修本），輯有《龍眠風雅》六十四卷（《四庫禁毁書叢刊》影印康熙十七年潘氏石經齋刻本），《龍眠風雅續集》二十七卷末一卷（《四庫禁毁書叢刊》影印康熙二十九年自刻本）。馬其昶《桐城耆舊傳》卷七《潘木崖先生傳》云：「其詩法白香山，亦時出入錢、劉。」

張綱孫（一六一九～？）

《南州草堂集舊序》

杭城之西，有水曰西湖者，吾浙中之名川也。環以林麓之美，峯巒洞壑之奇峭，禽魚螺蚌，茭芰之生，皆爲民利，而荒陵廢殿，鼪鼬蔓草之徑，與夫仙靈窟宅，漁樵廬舍，釋子鬼怪，異類憑依之幽谷，十居五六，若其景物秀麗之色，俯仰上下，掩暎乎淪猗流沫之間者，匪獨私于土之人，往往出以供四方名賢之嘆賞，騷人逸士之咏歌。昔唐白樂天、宋蘇子瞻宦遊此地，首闢其境，有功德于民，民至今祠之。厥後趙孟頫、楊載、劉基諸先輩，攬勝湖中，作爲詩歌，以傳其盛，而今徐子電發亦倈遊焉。君家于吳江，以詩才知名當世，淮徐吳楚，聞聲相思，其來于杭也，吾錢塘令冶湄梁公實招之入幕，而挐舟而至。嗟乎！以君之才，固不異乎西湖林麓之美，峯巒洞壑之奇峭，乃不獲遇用于世，而顧邑邑與鳧鷖鳺鶄呼嘯于蒼烟白雨之際，亦大可慨矣。雖然，梁公有治劇之能，自非百里才也，而又得君以左右之則，吾杭彫敝之民，庶幾有瘳乎？是君雖不遇，吾以爲猶遇也。君又以其餘暇，乘興登眺，足遍遐邇，製詩若干篇，題曰《西陵草》，示其友陸子藎思，屬予一言。在昔子昂有詩曰：「東南都會帝王州，三月鶯花非舊遊。」青田詩曰：「雲霞行殿起，荊棘寢園蕪。」皆有致憫乎宋室《黍離》之意，而君詩亦曰：「四面鶯花誰是主，杜鵑枝上鷓鴣啼。」又曰：「葫蘆宮井無人跡，劫化紅羊又幾年。」撫林木之蕭瑟，哀故國之丘墟，其曠懷感悼，古今人又如一轍也。玆者予披讀再過，觀其研騁妙思，而暢以雋永之旨，嗟山川其何幸，賴名言以不朽，是又豈時流所得竊其藻思也哉！時康熙丙辰春月。（《南州草堂集》卷首，《續修四庫全書》影印清康熙三十四年刻本）

智按：《南州草堂集》三十卷，徐釚（一六三六～一七〇八）撰。張綱孫，字祖望，號秦亭，錢塘（今浙江杭州）人。

申涵光（一六二〇～一六七七）

《王胥庭詩序》

……古詩之傳，或數篇，或數十篇，陶至多亦不過百餘篇耳。李、杜照耀千古，非以多故。多莫若元、白，今有取其全集誦之者乎？……（《聰山文集》卷一，《四庫全書存目叢書》影印清康熙間刻本，集部第二〇七册，第四七九頁）

《青箱堂近詩序》

詩之必唐，唐之必盛，盛必以杜爲宗，定論久矣。近乃創爲無分唐宋之説，于是少陵、青蓮、眉山、放翁相提并論。其意謂不必專宗唐耳。久之潛移默化，恐遂專于宋而不覺。夫唐，自大家名家而外，亦非一格，如郊、島之孤僻，溫、李之駢麗，元、白之輕便，流弊所至，漸亦啓宋之端，然而唐之詩自在也。宋賢自眉山、放翁而外，如永叔、山谷、聖俞、子美，非不崢嶸一代，然而唐法蕩然。至須溪、滄浪，枕藉少陵，字櫛句比，而去之愈遠。此其故難言也，所爭在風神氣象之間，而造語疏密，立意顯晦不與焉。……（《聰山文集》卷一，《四庫全書存目叢書》影印清康熙間刻本，集部第二〇七册，第四八四頁）

智按：申涵光，字和孟，又作孚孟、符孟，號鳧盟，又號聰山。直隸永年（今屬河北）人。明諸生。不屑爲舉子業，日與同志者論文立社。明崇禎十七年（一六四四），痛父殉難，渡江南謁陳子龍、夏允彝，請爲父作志傳。歸里後足不入城，日與殷岳、張蓋往來酬唱，人稱「廣平三君」。順治十七年（一六六〇）郡縣舉孝行，後再舉隱逸，均力辭，以遺民終。晚究心理學，師事孫奇逢。又解琴理，工書法。爲著名遺民詩人。其詩見賞于王士禛、汪琬等，士禛謂其「開河朔詩派」（《漁洋詩話》），《晚晴簃詩匯》引張玉書語，稱其所作「吐納百氏，不名一家，而音節頓挫，沉鬱激昂，一以少陵爲師」。有《聰山集》。生平事迹見《清史稿》卷四八四、《清史列傳》卷七〇、《國朝先正事略》卷四七、申涵煜《申鳧盟先生年譜》。

姚文然（一六二〇～一六七八）

《壽高郵隱者》

香山居士芰荷裳，雀舸樵車足徜徉。手植松陰隨歲長，自移瑶草拂堦長。魚傳甓社銀絲色，酒到高郵琥珀光。蕭洒知君多逸興，飛觴况值菊華黄。（《姚端恪公集》詩集卷四，《四庫未收書輯刊》影印清康熙二十二年刻本）

《虛直軒日記摘抄》下

讀白樂天詩有省，侍郎千古人物，而竟無子，至以姪孫阿新為後，使今人值此，亦安能逍遥池上，作醉吟先生哉！古人眼明心曠，故不可及。若吾輩人品卑鄙，而有田有舍，有子有孫，邀天之恩，直在白侍郎之上，使不樂則不知享見在，徒樂亦無以積將來，且喜且懼，惟日孜孜，勉為善而已矣。古人云，為善最樂。（《姚端恪公集》外集卷十七，《四庫未收書輯刊》影印清康熙二十二年刻本）

智按：姚文然，字弱侯，號龍懷，謚端恪，桐城（今屬安徽）人，崇禎十六年進士，授翰林院庶吉士。明亡，一度自殺未遂，一說降於李自成，授密雲縣知縣。後歸故里。清朝入關，下詔求賢。順治三年（一六四六），姚文然經安慶巡撫李猶龍舉薦赴京，授國史院庶吉士。順治五年（一六四八）任禮科給事中，改兵科。康熙五年（一六六六）補戶科給事中。康熙十年（一六七一）陞左副都御史，又陞左都御史。康熙十五年（一六七六）官刑部尚書，任内剛正無私，冤獄多有平反。康熙十七年卒于任上，朝廷命賜祭葬，謚端恪。

朱瀚（一六二〇～一六七八）

杜甫《賓至》評語（題擬）

幽棲地僻經過少，老病人扶再拜難。豈有文章驚海内，漫勞車馬駐江干。竟日淹留佳客坐，百年麤糲腐儒餐。不嫌野外無供給，乘興還來看藥欄。

一主一賓，對仗成篇，而錯綜照應，極結搆之法。起語鄭重，次聯謙謹，腹聯真率，結語殷勤。如聆其謦欬，如見其儀型。較之香山諸作，真覺高曾規矩，肅肅雝雝也。（仇兆鰲《杜詩詳註》卷九引，中華書局標點本，第七四二頁）

智按：朱瀚，字霍臨，號南詢，與李燧合撰有《杜詩解意七言律》四卷，康熙十四年（一六七五）蒼雪樓刻本（浙江圖書館、成都杜甫草堂藏）。又有《寒香集》一百零八卷（上海歷史文獻圖書館藏抄本）。

南夢賚（一六二〇～一六八一）

《次金安安（泰基）遊黃山寺韻》

丙辰冬，余在伊溪堂。盆梅盛開，香臭滿室。寓興吟詩，攬物懷人。逌然有不得與同志者共賞之恨也。是夕，余友金君安安以書來曰：「昨者與諸友會於黃山寺，惟兄不在座，咸有少一人之歎」云云。且録一首詩以寄。觀其詩意，先言蕭寺景物之好，次言相思不見之苦，而末句有「溪上寒梅著幾花」之語，此亦出於攬物懷人之意也邪，是可感也。仍念黃山是瓢老易簀之地，記得白樂天《金山寺感舊遊》詩曰：「坐見龙眉徒睡耳，不知何處託詩魂。」樂天所謂詩魂，未知指爲何人，然此不過騷壇一舊要耳，猶且爲詩以悼之，况今日吾儕之遊於黃山寺者，皆是瓢老門下士也。其感愴之懷，比之於樂天，奚止三十里之遠也。不勝愴然之懷，謹步其韻，而分爲二首。其一爲陽關一律，以寓羹牆之慕；其一爲近體一首，以謝憶梅之意云。

老仙當日別南華，遺躅今存道士家。元非物色分留少，自是人情感愴多。無端鶴背驚歸夢，何處龙眉著睡魔。遙知昨夕吾儕會，應有羊曇醉後花。

尺土孤根度歲華，昂藏猶保野人家。仍教逋客塵心少，更使騷翁雅趣多。瘦骨縱難添雨露，清標元不染官魔。慇懃一札來相問，知是吾君愛此花。（《伊溪先生文集》卷一，《韓國文集叢刊》本）

《病懷次白樂天韻》

老去一身在，年來百疾攻。眼花燃□火，肘柳鞸頭風。形體如枯木，生涯似轉蓬。天君猶不動，樂地在其中。（《伊溪先生續集》卷一，《韓國文集叢刊》本）

《讀茶山詩》

茶山詩律冠羣賢，妙入心通定入禪。富也寧爲豪也語，正唐高出晚唐年。同時婢使黃知命，曠世奴看白樂天。倘使九原人可作，願爲樵服拜門前。（《伊溪先生續集》卷一，《韓國文集叢刊》本）

智按：南夢賚，字仲遵，號伊溪先生。有《伊溪先生文集》。

董說（一六二〇～一六八六）

《何處難忘雨》

樂天有《何處難忘酒》七首，余用其體，作《賞雨詩》，使後人知余之嗜雨，如樂天嗜酒也。

何處難忘雨，涼秋細瀑垂。小窗佳客在，白荳試花時。漁笛聲全合，水村煙正宜。谿山苕上好，雨癖少人知。（《董説集》詩集卷六，民國吳興叢書本）

智按：董說，字若雨，號西庵，烏程（今浙江湖州）人。諸生。幼年受業于復社領袖張溥。又曾從黃道周學《易》。明亡易姓名爲林蹇，號南村，後削髮爲僧，法名南潛，字月函，一字寶雲，號補樵、楓庵。從靈岩釋弘儲游，出家三十餘年。嘗葺豐草庵以居，足不出戶，潛心著述。工詩古文詞，又能爲小說，作《西游補》。另著有《南潛日記》、《豐草庵雜著》、《楝花磯隨筆》、《豐草庵詩集》、《寶雲詩集》、《禪樂府》等。生平事迹見《國朝耆獻類征》卷四七一、《國朝先正事略》卷四七、孫靜庵《明遺民録》。

孫枝蔚（一六二〇～一六八七）

《勸酒效樂天（辛丑）》

作賦凌子虛，無由獻聖君。持戈向邊塞，不如羽林軍。兩事不可爲，何以對斜曛。昔日謝東山，日日醉紅裙。更有白太傅，卯時卽醺醺。彼皆居大位，得酒尚歡欣。况我田野人，何時立功勳。坐令髮已斑，年少恥爲羣。未知臨老骨，定傍誰家墳。在世能幾日，酌酒胡不勤。自飲還自勸，高歌看白雲。堯舜與湯武，醉後卽無分。樂哉劉伯倫，聽雷如秋蚊。（《溉堂前集》卷二，《續修四庫全書》第一四〇七册，第三〇八頁；《四庫全書存目叢書》集部第二〇六册，第四九八頁）

《賴水西與其婚姻之友蔣別士周旋廣陵數年衣物皆典盡蕭然還鄉察其意畧無所怨苦獨以別士貧不能偕歸殊有悵惘之色予感其篤于交誼也爲作詩贈之》

雨雪冬正寒，送君還故鄉。還鄉意苦悲，毋乃戀維揚。維揚何足戀，歌吹滿蜀岡。大估襄陽來，使錢如粃糠。中有苦節士，卒歲無衣裳。于君本婚姻，遠別焉能忘。富別多意氣，貧別無輝光。哀哉賢親戚，執手淚千行。富亦安足榮，貧亦安足傷。管仲與鮑叔，千載令名長。當時不相累，後世誰稱揚。盛德各努力，無爲徒徬徨。末世風俗壞，親情如道旁。作詩送君行，兼儆愚且狂。竊比白樂天，朱陳傳歌章。（《溉堂前集》卷二，《續修四庫全書》第一四〇七册，第三〇九頁；《四庫全書存目叢書》集部第二〇六册，第四九九頁）

《題方爾止四壬子圖》

盋山攻詩三十載，老來作事何癡顛。不願左揖安期袖，不願右拍洪厓肩。但願論文遇陶叟，更招杜白坐兩邊。工部請吟收京作，太傅請書諷喻篇。楊柳未衰身在宅，菊花才香客送錢。古今怪事無不有，四人同生壬子年。豈無崔相與劉郎（白詩云：「何事同生壬子歲，老於崔相及劉郎。」），彼雖同庚非高賢。性情已向卷中得，相貌兼求畫裏傳。丹青無如戴蒼好，位置不敢亂後先。列坐宛如師弟子，嚮往何妨為執鞭。世人尊杜或嗤白，盋山大笑看青天。王楊盧駱皆千古，何况白詩近自然。我命偶合韓與蘇，三磨蠍圖壁新懸。他時得共四壬子，觀者一例增流連。（《溉堂前集》卷三，《續修四庫全書》第一四〇七册，第三二八頁；《四庫全書存目叢書》集部第二〇六册，第五一八～五一九頁）

智按：晉郭璞《游仙詩》之三：「左挹浮丘袖，右拍洪厓肩。」浮丘，洪厓，安期，皆傳說仙人名。徐珂《清稗類鈔·文學類》「方爾止詩學白樂天」

條云：「桐城布衣方爾止，名文，號嵞山，居金陵。晚歲為詩，學白樂天。以己壬子生，命畫師作《四壬子圖》，中為陶淵明，次杜子美，次白樂天，皆高坐，而己傴僂於前，呈其詩卷焉。性坦率，每見人誦詩者，輒為竄改，以是忤人意。及退，未嘗不稱其長而掩其短也。」（中華書局，一九八六年三月版，第八册，第三九一〇頁）

《不如飲美酒效樂天體》

不如飲美酒，倚醉過寒冬。無被同元亮，讀書疲彥龍。窻空風易入，户小雪初封。但使杯常滿，將身比老松。

不如飲美酒，窻外雨冥冥。身賤無賔客，兒多足使令。詩中題白髮，醉後看青萍。須盡今宵興，還聞粟滿瓶。（《漑堂前集》卷六，《續修四庫全書》第一四〇七册，第三五一頁；《四庫全書存目叢書》集部第二〇六册，第五四一頁）

《歸自越中贈内子效樂天》

愛國勤家一樣愁，忍于臨老不綢繆。三升乳盡黄君面，千首詩成白我頭。如此孟光差艷麗，較他諸葛太風流。眼中兒女新成立，莫悔頻年萬里遊。（《漑堂前集》卷七，《續修四庫全書》第一四〇七册，第三六一頁；《四庫全書存目叢書》集部第二〇六册，第五五一頁）

《梨花酒有序》（壬午）

梨花酒惟吾邑有之，問釀者，乃不知杭州舊有梨花春之名也。余既愛此酒名，又歎樂天故不易及，因賦一絶。

獨坐長吟老杏邊，梨花春熟杖無錢。青旗摇颺西湖路，妬殺風流白樂天。（《漑堂前集》卷八，《續修四庫全書》第一四〇七册，第三八一頁；《四庫全書存目叢書》集部第二〇六册，第五七一頁）

《孫老橋》

孫老橋邊孫老過，閒思往事笑聲多。鍾鳴漏盡不歸去，欲立賢名奈爾何。

附：王仲光詩

詩序：吉利橋西唐白頭橋，白樂天爲之。天聖初，孫冕修之。樂圃云：

孫公治蘇，人畏愛，故名。

詩云：白傅經營年紀衰，蕭蕭白髮滿頭絲。孫公領郡來修葺，又在衰年白髮時。（《溉堂後集》卷四，《續修四庫全書》第一四〇七册，第四四一頁；《四庫全書存目叢書》集部第二〇六册，第六三一頁）

《舟中晚起和白樂天（卧董天池官舫作）》

畫舫朱門意署同，全忘身在大江中。僧船來化十方米，客夢驚回一畝宫。起揭牀帷常見日，泊依蘆荻易聞風。朝朝鼓吹非因我，莫認高眠似白翁。（《溉堂後集》卷六，《續修四庫全書》第一四〇七册，第四六八頁；《四庫全書存目叢書》集部第二〇六册，第六五九頁）

《生日酬汪叔定次令弟韻見贈詩》

難覔無塵洛下坊，亦無仙鶴翮如霜。（白樂天洛下卜居詩：遂就無塵坊，仍求有水宅。又云：聞籠展霜翮。）惟欣好友居偏近，頻枉新詩篋每藏。禽自飢來憑羽倦，馬因老去厭途長。栢崖男女眞難學，那得椿年樂性塲。（栢崖老人自號無名先生，男削髮，女黄冠，錢起贈以詩云：「古也憂婚嫁，君能樂性塲。長男棲月宇，少女炫霓裳。」性塲，一作道塲。）（《溉堂後集》卷六，《續修四庫全書》第一四〇七册，第四七九頁；《四庫全書存目叢書》集部第二〇六册，第六七〇頁）

《京口遇方爾止》

去年賦詩平山下，今年飲酒鐵甕城。湖海飄零成二老，相逢漸覺少弟兄。君髯雖白氣猶壯，樓上吟詩樓下驚。醫學旁搜未肯已，六書辨論何其精。將訪故人適閩粤，無錢買舟那得行。我有山田未歸去，歲辦租税借人耕。苦吟空滿二千首，一字未可示公卿。已愁嫁女重婚男，夢中五嶽徒崢嶸。昨日讀君生女詩，香山東野同傷情。有兒失學亦堪慮，古來哀怨何時平。不如置此且痛飲，春風千樹黄鸝鳴。萬歲樓邊雨初歇，坐對長江如練横。（《溉堂續集》卷一，《續修四庫全書》第一四〇七册，第四九四頁；《四庫全書存目叢書》集部第二〇六册，第六八四頁；《晚晴簃詩匯》卷十二）

《送汪舟次遊廬山兼寄施尚白少条》

萬事吾輸爾，風塵多苦顔。經年看閉户，遠別爲尋山。塌翼青雲上，題名白石聞。千秋論得失，高興邈難攀。

匡續成名後，廬山結搆新。古來天下士，半作此中人。婚嫁情難已，飄零趣轉眞。過溪聞虎嘯，莫悔往來頻。

何路逢知己，施公待往還。榻留徐孺子，堂卽白香山。菡萏尋僧寺（貫休東林寺詩：白菡萏花三四枝），茱萸送客灣。相思不相見，煩爾道衰顏。

留汝應非計，看人伴去船。窮途交最密，老日興徒然。家寄蕪城裏，身行溢口邊。倚閭早寬慰，僧舍漫流連。（《溉堂續集》卷二，《續修四庫全書》第一四〇七册，第五〇七～五〇八頁；《四庫全書存目叢書》集部第二〇六册，第六九八頁）

《得爾止書》

故人書信發長千，入夜重須秉燭看。勸我出門因計拙，聞君弄瓦轉心酸。作詩易似白居易，行路難如蜀道難。桃葉渡邊桃葉少，誰家玉樹與芝蘭。（《溉堂續集》卷二，《續修四庫全書》第一四〇七册，第五一四頁；《四庫全書存目叢書》集部第二〇六册，第七〇四頁）

《爲房明府輓李夫人》

宦遊誰不羨榮華，扶病猶聞撫落霞（琴名）。豈料河陽春色裏，今朝忽有斷腸花。

永訣何堪對早春，嬌啼背面語酸辛。樓中不少金釵伴，妾是相從患難人。（李蓋長安青樓女也，歸明府在關寇未入關時）

香魂冥漠路間關，短命桃花折翼鸞。却比楊枝緣分好，生前忍別白香山。

三五良宵倍可傷，依然明月下空房。侍兒怪底燈前哭，火樹開花不久長。（死于燈節前三日）（《溉堂續集》卷三，《續修四庫全書》第一四〇七册，第五四〇頁；《四庫全書存目叢書》集部第二〇六册，第七三〇頁）

《哭李岸翁叔則》

文章垂古今，日月同光彩。未聞知味人，肯復食敗餒。世士學無益，往往工剪綵。或復守丘壑，便忘嶽與海。此道最高深，誰當繼千載。我心徒慨然，我力復不逮。哲人已云亡，盛名空驪嵬。遺文誰收拾，勿爲仇者紿。芙蓉滿江邊，見之不忍采。邂逅廣陵日，折贈意曾每。我聞兜率天，白傅歸無

悔。今或與同遊，庶免久相待。（岸翁晚年頗究心内典）

伊呂等伯仲，秦晉成婚姻。推此論作者，可知必有隣。山川當吾世，所産已不貧。東有錢虞山，西有李河濵。小兒妄持衡，長短頗紛紛。但知有西子，何曾見虢秦。二鳥鳴唐代，二鬼駭明人。二公未相見，無乃是參辰。回頭俱已矣，遺草光千春。發揮愧才短，彌使增酸辛。

一官寧足道，爲貧良可哀。如何遭猘子，中路吠君回。至今寶應縣，誰繼彭澤才。栖栖常乞食，落落罷啣杯。我亦依人者，時復羡鄒枚。梁王好詞賦，梁苑盛池臺。帝子方多暇，賓客誰不來。公卿未易取，且使愁眉開。自古有遭遇，而我獨何哉。我窮亦其宜，更爲君徘徊。猶言皇天意，將使如老梅。枝横山谷裏，香發雪霜堆。忽焉化異物，天道誰能猜。

名士能作達，亦有不必為。取快平生意，徒令老日悲。不學王處仲，開門放衆姬。亦當學樂天，未老别楊枝。先生勤著作，也復盛蛾眉。未識蓋棺目，幾人哭繐帷。相從或已久，無復如花姿。或各有所生，亦難聽他之。翰墨雖可實，價難充衆飢。相譏吾豈敢，聊以告相知。感激冀有助，勝題眄眄詩。勿言絶交論，但因任昉兒。（《溉堂續集》卷三，《四庫全書存目叢書》集部第二〇六册）

智按：詩後，汪舟次曰：「筆如轉軸，意如剝笋。」

《燕子樓（有序）》

予嘗讀關眄眄和白樂天詩而傷之，夫既守節至十年之久，雖更二十三十年，當無異也。雖終身不死，未害其爲節婦也。觀其和詩之工，必讀書達禮者，其不與張僕射建封同死，固白云恐彰好色之失耳。燕子樓題咏甚多，未有及此者。余故特爲表出。

彭城我再到，燕羽正義池。經過燕子樓，城上長蒿藜。或言關眄眄，雖死無乃遲。白楊可作柱，紅顔亦已衰。君請聽我言，於禮故有之。不見魯文伯，内人行哭時。賢母語弔客，此子與禮違。不見楚昭王，有蔡姬越姬。蔡姬許以死，越姬獨相非。苟死成君過，敢取後世譏。眄眄讀此書，定然喜得師。待至十年後，泉路亦易追。愚生遭亂世，所遇驚且悲。紛紛偷生者，反面無不爲。道喪風俗壞，運去人心移。誰如張公妾，肯死樂天詩。（《溉堂續

集》卷五，《續修四庫全書》第一四〇七册，第五五九頁；《四庫全書存目叢書》集部第二〇六册，第七四九～七五〇頁）

《與任淑源》

平山分袂，黯然歸城，追思前會，便成昔遊，况濶别至今耶！……家兄既開稻田，復鑿煤井，而租税拖欠未完，每用增憂，乃鬚髮黑于其弟，亦無異夏凉千秋也。弟則兀坐空齋，一日之間，忽思妻子在江都，忽思親知滿里門，東西南北，腹輪轉遍，無有定時，止堪獨自一笑。引筆及此，言無次第，惟以抒懷，幾忘却紙長幾幅。白香山曾云：勿以繁雜爲倦，且以代一夕之話也。（《溉堂文集》卷二，《續修四庫全書》第一四〇七册，第六〇六頁；《四庫全書存目叢書》集部第二〇六册，第七九六～七九七頁）

智按：孫枝蔚，字叔發，號豹人，又號溉堂，陝西三原人。康熙二十八年（一六八九）召試博學鴻詞，授内閣中書，固辭。王士禛《居易録》卷四：「孫（枝蔚）豹人，三原人，僑居揚州，高不見之節，予訪之，先以詩云：『焦穫奇人孫豹人，新詩雅健出風塵。王弘不見陶潛迹，端木寧知原憲貧。』遂為莫逆交。」

毛先舒（一六二〇～一六八八）

《詩辯坻》

子厚《田家》，曾吉甫以比淵明。然敍事樸到，第去元、白一塵耳，似不足方柴桑高韻。（卷三，《清詩話續編》第四五頁）

七言歌行，雖主氣勢，然須間出秀語，不得全豪；敍述情事，勿太明直，當使參差，更附景物，乃佳耳。唐代盧、駱組壯，沈、宋軒華，高、岑豪激而近質，李、杜紆佚而好變，元、白迤邐而詳盡，溫、李朦朧而綺密。陳其格律，校其高下，各有耑詣，不容斑雜。唯張、王樂府，最為俚近，舉止矜露，不足效也。（卷三，《清詩話續編》第四六頁）

司勳《江邊老人愁》，敍事坦直，亦不懈，然無復奇出，此等便為香山長詩之祖。（卷三，《清詩話續編》第四八頁）

太白「楊花落盡」，與樂天（實為元稹詩）「殘燈無燄」，體同題類，而風趣高卑，自覺天壤。（卷三，《清詩話續編》第五七頁）

《解頤新語》云：「詩貴和平，令人易曉。」予謂和平固不在易曉。又云：「子淵《簫頌》傳於宮媵，百藥《童規》諷於樵廝，《長恨》一曲童子解吟，《琵琶》一篇胡兒能唱，豈必深險哉！」予謂詩不貴險，却自須深。元、白鄙俚，詎足為訓！借如《簫賦》在今，亦未易讀，詩索媪解，豈稱高唱！且百泉嘗稱「文宗能辨苹非藾蕭，知釧為跳脫」；又以「自古帝王皆遜志典學，故相如、子雲詞賦譎誕，音韻聱牙，漢帝一誦如聞閑習」。而兩論並核，殊復矛盾，何耶？（卷三，《清詩話續編》第六二頁）

皇甫汸云：「詩苟音律欠諧，終非妙境，故無取拗體。」斯言殆不盡然。又云：「元、白六韻，七言排律之始。」豈未睹崔融、杜甫諸公之作耶？（卷三，《清詩話續編》第六二頁）

次韻非古，今人每好作之；重字不妨古，而今每酷忌。蓋次韻始於元、白，微之《上令狐文公書》中自敍其故；而重字唐多有之，不止李藩之舉錢起也。……（卷三，《清詩話續編》第六四頁）

謝茂榛云：「白樂天正而不奇，李長吉奇而不正。」直囈語耳。（卷三，《清詩話續編》第六五頁）

何元朗最喜白太傅，稱其「不事雕飾，直寫性情」，不知此政詩格所由卑也。又稱白《琵琶行》、元《連昌宮詞》為古今長歌第一，殆見淺耳。（卷三，《清詩話續編》第六五頁）

智按：何元朗即何良俊（一五〇六～一五七三），其説見《四友齋叢説》卷二十五《詩》二，中華書局，一九八三年四月，第二二六頁。

「元、白詩太直，又二人唱酬，惟恐一語或異，是其病，所謂同調正不在語俱同。」鍾云。（卷四，《清詩話續編》第八三頁）

智按：鍾即鍾惺。

《藝苑卮言》云：「填詞小技，尤為謹嚴。」夫詞宜可自放，而元美乃云

「謹嚴」，知詩故難作，作詞亦未易也。柴虎臣云：「指取溫柔，詞歸醞藉。昵而閨帷，勿浸而巷曲；浸而巷曲，勿墮而村鄙。」又云：「語境則咸陽古道，汴水長流；語事則赤壁周郎，江州司馬；語景則岸草平沙，曉風殘月；語情則紅雨飛愁，黃花比瘦。」可謂雅暢。（卷四，《清詩話續編》第九四頁）

智按：柴紹炳（一六一六～一六七〇），字虎臣，號省軒，仁和（今浙江杭州）人。

毛先舒，字稚黄，更名騤，字馳黄，號蕊雲。錢塘（今浙江杭州）人。明末諸生，入清棄舉業。陳子龍弟子，通經學、小學，名列西泠十子，又與毛奇齡、毛際可並稱為「浙中三毛」。有《東苑詩文鈔》、《思古堂集》、《毛稚黄十二種書》等，後人彙刊為《毛古庵先生全集》。

陸嘉淑（一六二〇～一六八九）

《序漁洋續詩集》

……今操觚之家，好言少陵者，以先生為原本拾遺；言二謝、王、韋者，又以為康樂、宣城、右丞、左司；其欲為昌黎、長慶及有宋諸家者，則又以為退之、樂天、坡、谷復出；而先生之詩，其為先生者自在也。……（《漁洋續集》卷首，《帶經堂集》卷十三漁洋詩十三，《清代詩文集彙編》第一三四册，第一五五頁）

智按：陸嘉淑，字冰修，海寧（今屬浙江）人。有《辛齋遺稿》二十卷（南京圖書館藏道光本）。《靜志居詩話》稱其：「崇情遠跡，高酣長謡，文采風流，溢於賓座。晚雖藏身人海，而青蓮在泥，心終不染。」

宗元鼎（一六二〇～一六九八）

《題王漁洋冶春詩二十首後》（題擬）

休從白傅歌楊柳，莫向劉郎演竹枝。五日東風十日雨，江樓齊唱冶春詞。

（引自王士禛《漁洋詩話》卷上，《清詩話》上册第一六六頁；《居易録》卷四）

《王西樵〈上浮集〉序》（題擬）

……鼎思古之善遊者有二，在唐則為樂天，宋則為東坡。白公元和、太和，東坡熙寧、紹聖，俱偃蹇不得志，而不知天正使之遂山川之願也。樂天杭州詩最多，又自長安抵吳越，江館佛寺壁柱間，往往題詩不絕。而坡公遊覽京口、西湖群作，則又與先生兹集相仿佛。二公年壽既長，爵位復達。白公晚節稱香山居士，經月不食葷，每歲詩必編以甲子，年七十外，猶與胡杲等宴集為樂，人慕之，繪為九老圖。坡公五十餘歷中臺端右，先生年才四十耳，過此以往，方且越蘇白之年，享松泉之樂。……若夫尋江州琵琶之亭，賦赤壁周郎之事，弔宋玉之遺風，題賈誼之故宅，逍遙容與，桂楫中流，則續編之集，又在午未之交矣。……（《十笏草堂詩選》卷首，《四庫全書存目叢書補編》影印清初刻增修本，第七九册，第一二六～一二七頁）

智按：宗元鼎，字定九，號梅岑，江都（今江蘇揚州）人。有《芙蓉齋》、《新柳堂》等集。

王嗣槐（一六二〇～?）

《重修湧金門三義祠序》

予八九歲時，從諸父兄出湧金門，詣萬松崗祖塋，游歷所到，頗可記憶。及從先人官吳楚間，十餘年始歸，與少時所見，已若別一境界。比遘災荒，繼以兵火，間與友人一出此門，青山頹墜，烟水蒼凉，尋柳洲，問水諸亭，聊一假憩，不可復得。屯營牧馬，西逼水草，哀笳蘆管，時浮動於夕陽枯柳中，輒黯然不怡而返。今國家庶績咸熙，黔首樂業，意謂蒼沙紅樹，奈苑丹臺，點綴太平景色者，將必焕然復其舊觀，而未能遽得。可知兵火流亡，十年未復，自古難之。今夏，當事諸大夫飲湖上，過湧金門、三義祠小憩，僧來前曰：此祠之建也舊矣，今兹傾圮亦已甚矣，敢告大夫。諸大夫曰：諾。因各書佽助於其册，而命余為文以紀之。余觀天下名山水，供人宴遊者，其間菴林為多，然更創修復，必得一時在位者鼓倡之。杭之西湖，其為佳勝已久，至今郡人歎美者，莫如李長源、白樂天、蘇子瞻三人，然三君子皆不得志于中朝，而出補外職，宜皆有憂讒畏譏，離愁怨亂之狀。考其暇時，惟以開渠鑿井，築隄種樹，與緇羽高人往來贈答，若忘其在遷謫者。今諸大夫處不諱之朝，居得為之勢，其視遊覽嘯歌，若有所拘持，而不得行，又何暇與方外之人談廢興之事，而汲汲焉謀之哉！雖諸大夫之勤其官，似勝於前人，亦若其時為之，不可得而强也。雖然，凡物之盛者未有不趨於衰，而其衰者亦未有不返於盛。今之湖山亦漸而之盛之時也，以國運之日升，加惠政之休養，諸大夫行遊所至，將見頹者日新，廢者再起，太平景色，水濱一區，特先見之耳。余山藪之遺民也，時攜竹杖，著木屐，於少年游歷處，如過新豐里社，所見無非舊物，其樂為何如？因與里中人士，奉諸大夫于三君子之列，而歌咏其功，亦不足為後人之美談乎。（《桂山堂詩文選》文選卷一，《四庫未收書輯刊》影印清康熙青筠閣刻本）

《萬柳堂修禊詩序》

康熙二十一年，歲在壬戌，暮春三日，文華殿大學士兼刑部尚書益都馮公修禊事于萬柳之堂，從遊者三十有二人，堂為公之別墅，累土為山，引泉成沼，臺榭亭梁，花木竹石，靡不備具，而四圍植柳，因以名堂。是日微雨，車騎甫集，嵐霧忽開，日光鮮潔，倉庚鳩燕之屬，飛鳴于濕紅浮翠之間，所為暮春洋洋，景物和暢，莫美于斯矣。公賦七律二章，屬和既畢，就席而飲。笑談彌日，油油如也。士大夫朝修夕考，從事於公朝，而一日之休暇，以宣滯而導煩，莫如春日修禊，臨水賦飲為最適。晉摯虞以三月三日，舉平原徐肇故事，對武帝而束晳非之，為周公城洛邑，因流水以汎觴，引逸詩「羽觴隨波」之句，秦昭王三日置酒河曲，金人捧劍而出，因其處立曲水祠，二漢相襲為盛事。然嘗考《周禮》女巫掌歲時袚除，應劭《風俗通》云：禊者，潔也。巳者，祉也。于水上盥濯之，邪疾去而介祉來也。鄭國桃花水下，三月上巳，溱洧兩水間執蘭招續，韓嬰釋《詩》可考也。是上巳祓除，自古有之。至魏以後，止用三日，不用上巳，流俗相沿，久而不察。漢時，徐氏三女是日俱亡，一村為怪，古人祓除，原非三日，而平原此日相攜盥洗，虞謂事由此起，未為無據。周公成洛，未聞三日，秦昭三日，不紀袚除，是束晳於周逸詩，止取流觴，而於秦置酒，亦止取曲水，未嘗追溯厥初，上及《周禮》、《韓詩》之本義也。上巳之會，相沿三日，至于今因之。宋程端明紀寶慶三年，京尹袁公招從班十三人，西湖修禊，稱上巳之集，蘭亭而後，惟裴、白洛濱為盛，其時河南尹李待價招裴晉公、白少傅及李仍叔、劉禹錫輩十五人，合讌舟中，左筆研，右壺觴，觀者如堵，望若神仙，似以蘭亭列敘時人、開成洛濱而後，又惟寶慶足繼之，然余讀《蘭亭》二序，及後之好事繪為圖畫者，共四十二人，以詩傳者，僅及其半。洛濱晉公首倡，白公又為十二韻，其屬和者亦多不傳。至西湖之會，所謂聯轡山館，放舟中流，不過哦東坡之什，論晚唐之詩而已。倡和之作，槩乎未之聞也。今我公遭逢明盛，主臣一德，馴頑服梗，坐贊昇平，當懸輿之年，而乞休屢上，主上眷懷，不許公時，以一朝之暇，當香山洛社之遊，招賓客，集生徒，先日而戒期，晨明而夙駕，禺中而畢會，賦成而坐飲。冠纓翰墨，蔚蔚彬彬；東城父老，知為盛事，莫不聚觀而太息，以視永和開成，似猶過之，而寶慶不足論已。且逸少、興公之徒，方其席芳草，俯清流，自為游日騁懷，縈拂曖昧，何其樂也，已而流連生死，興歎遼落，憶往悲來，撫今追昔。所以然者，徒為斯人不必其長聚，良時莫必其再來耳。我公自搆茲園，歲時花月，未嘗不與客游息宴衎于此。昨歲之會，今茲復行；上巳之歡，繼以重九。公蓋深有慨乎王孫之旨，所為永一日之足，當百年之溢，流連俛仰，而不能己已者，隨時與物以行之，其於賢達之曠情，不可謂非視昔有加焉矣。程端明云：使當日無文以紀，幾何不埃滅，而能奕然至今也。某客游京師，得與斯集，歎為極盛，為追論而序述之，使後之人，亦將有感于斯文也耶！時從游者，左春坊左贊善徐健菴乾學，翰林院侍講施愚山閏章，編修徐果亭秉義，陸義山棻，沈映碧珩，黃忍菴與堅，方渭仁象瑛，曹峩嵋禾，袁杜少佑，汪東川霦，趙伸符執信，檢討尤悔菴侗，毛大可奇齡，陳其年維崧，高阮懷詠，吳志伊任臣，嚴藕漁繩孫，倪闇公燦，徐勝力嘉炎，汪悔齋楫，潘稼堂耒，李渭清澄中，周雅楫清原，徐電發釚，龍石樓燮纂修，主事汪蛟門懋麟，刑部主事王爾迪無忝，中書舍人林玉巖麟焻，督捕司務馮玉爽慈徹，候選郡丞馬躬，暨恊一與嗣槐，共三十有二人，各為七言律詩二首。（《桂山堂詩文選》文選卷一，《四庫未收書輯刊》影印清康熙青筠閣刻本）

《嘲孫宇台新納姬不飲》

坐中一老白香山，贏得金錢買小蠻。似記叮嚀休酊酩，阿誰扶上花驄還。（《桂山堂詩文選》詩選卷十二，《四庫未收書輯刊》影印清康熙青筠閣刻本）

《秋日大可納姬戲贈》（八首其七）

手畫雙鴉緑鬢鬟，多情似勝白香山。只愁博得櫻桃笑，又愛纖腰買小蠻。（《桂山堂詩文選》詩選卷十二，《四庫未收書輯刊》影印清康熙青筠閣刻本）

智按：王嗣槐，字仲昭，號桂山，浙江仁和人。諸生。性慷慨，善談論，書無不窺。康熙十八年（一六七九）舉「博學鴻儒」。以老不與試，授内閣中書。性簡脱，與俗忤，日偕友人散髮袒裸，嬉笑怒罵，不復知人間事。馮溥延致邸第，與吴農祥、吴任臣、毛奇齡、陳維崧、徐林鴻稱為「佳山堂六子」。嗣槐少工駢體，晚乃專為大家文，尤善作賦，詩與陸繁弨並推。薦鴻博時，撰賡盛詩一百韻，又為長白、瀛臺二賦，文詞瑰麗。有《桂山堂偶存》、《嘯石齋詞》，及《太極圖說論》十四卷，並行於世。

范士楫（一六三七進士）

《歷代詩家》

樂天之骨鯁，令天子弗堪、王涯輩所側目，屢斥不怯。其為詩則不然，汲汲乎下偶俗好，今日訂老婢，明日鬻雞林，一何相反哉！然其規諷得失，樂府諸什，本色也。無憀中，流連景物，取易解以快淺人，非本色也。今準樂天之人，薙樂天之詩，存其棱棱有骨者，足致饒味則儐之，使天下知平油之決不可為大雅。（清順治年間木刻本）

智按：范士楫，字箕生，號橘州，定興（今屬河北）人。崇禎十年（一六三七）丁丑進士，授陽曲知縣，丁外艱服闋，補洪洞知縣。入清，官至吏部郎中。博學能文，尤嫺於詩。有詩集《匪棘堂集》十二卷（中國國家圖書館藏清順治九年序刊本；「北京圖書館古籍珍本叢刊」影印本），後修訂為《橘洲詩集》六卷（中國社會科學院文學研究所圖書館善本室藏清順治十六年劉崇基等校刊本,《四庫全書存目叢書》據以影印)。

周召（一六四八拔貢）

《雙橋隨筆》

詩文皆不厭改，杜子美云:「新詩改罷自長吟。」歐陽永叔作文，先貼於壁，時加竄定，有終篇不留一字者。黄魯直長年多改定前作。張文潛云:「世以白樂天詩為得於容易，嘗於洛中一士人家，見白公詩草數紙，點竄塗抹，及其成篇，殆與初作不侔。是當時所傳，每作詩令一老嫗解之，問曰解否，不解則又易之，故唐末詩近於鄙俚」云云。樂天之詩，實未嘗淺易若此也。魏菊莊極言《冷齋夜話》之謬，極是。(《四庫全書》本《雙橋隨筆》卷一)

眉公先生《書孫樵書何易于事》曰:「古来如何君賢令者不少矣。無樵等記述，幾與草木同腐。」即如白樂天《秦中吟》十詩，其《立碑》篇云:「我聞望江縣，麴令撫惸嫠（集作：麹令撫煢嫠。原注：麹令名信陵）。在官有仁義，名不聞京師。身殁欲歸葬，百姓遮路岐。攀轅不得去，留葬此江湄。至今道其名，男女涕皆垂。無人立碑碣，惟有邑人知。」每一讀之，為憮然歎者良久。蓋從古及今何易于、麴令常有，而孫樵、白樂天不常有，易于得樵而書其事，麴令得樂天而咏以詩，復得眉公為之表出，兩人軼事，遂堪不朽，雖為善者，無意于人知，以視夫撫字心勞之吏，僅載口碑，而無所聞於後世者，可不謂之厚幸乎哉!(《四庫全書》本《雙橋隨筆》卷四)

智按：周召，字公右，號拙菴、存吾，衢州（今屬浙江）人。順治五年（一六四八）拔貢，康熙初，官陝西鳳縣知縣。「生平不接佛老，不事祈禱，年八十三乃終。」(《衢州府志》)《雙橋隨筆》作於康熙十三年（一六七四）至十五年（一六七六）。又有《雙橋隨筆》、《鳳州瘁語》、《受書堂稿》等。

吳宗孟（一六四九進士）

《登香山九老閣》

崇朝麗雲物，緬懷山谷幽。解佩趨郊莽，願言山澤遊。蠟屐登絶巘，碧苔斷碣搜。所進境愈寂，蕭然越林邱。微雨過招提，煙靄淡沈浮。憑虛履高閣，指顧臨滄洲。二龍自今古，觴咏逸興留。新篁俯澗泉，古柏列蒼虯。蓮社本非遥，敢附樂天儔。溯此清靜理，涣焉消百憂。（《四庫全書》本《〔雍正〕河南通志》卷七十三）

智按：吴宗孟，字孟嘗，號汝瀾，河南寶豐人，順治六年（一六四九）己丑進士。順治七年知雲夢縣，十三年（一六五六）陞工部屯田司主事，監督琉璃廠，後出督淮安清江廠。

何偉然（一六五一舉人）

《馬又如（傳）》

……仙郎曰：技到妙處，皆足不朽，何必騷詞？倘李杜、元白，有可挾以自尊，寧沾沾於韵字為？獨恐爭長者，才一拊絃，手口自相胡越，令人擊玉磬以清耳，則不若扯幾句歪詩，或可冒山人之名，而掩技士之欵也。至於青樓之目挑手語，自是常局。相如之於文君，多少作用，豈專在琴中一曲乎？茗椀可欣，則渴消亦易易事。茂陵之病，何取金莖露乎？又如當自廣矣。予願又如明月山頭，一唱三歎，和子晉之笙，驕孫登之嘯，以寄其《咸池》、《洞庭》之思，無以三寸管揣元摩白以自愚也。（《四庫全書》本《明文海》卷四一九；中華書局影印本，第四三七六頁）

智按：何偉然，字仙臞，仁和（今浙江杭州）人。順治八年（一六五一）辛卯舉人。

戴宏烈（一六五一舉人）

《九江》

戎馬瘡痍已十年，潯陽灰劫倍堪憐。水分九派濤聲闊，山抱孤城塔影懸。野燒荒原銜落日，秋風廢壘起殘煙。蕭騷此際江州客，一曲《琵琶》意惘然。

（《晚晴簃詩匯》卷二十五）

智按：戴宏烈，字山民，號鐙岩，桐城（今屬安徽）人。順治八年（一六五一）辛卯舉人，官成都知縣。有《朗瑄齋集》、《西嶽游草》。

沈雄（一六五七前後）

《古今詞話》

⊙凡例

詞評向無是書，錯雜見於古今論列新舊刻本，因其表見者節取之，以昭歷代文人，以鼓後來學者。遠可追蹤青蓮、香山，以迄五代、兩宋不磨之佳話。……（《詞話叢編》第一册，第七三〇頁）

⊙別見之七言詩

今以七言之別見者略舉之，如《江南春》，既列長短句之小令矣。茲載劉禹錫之平韻《江南春》云：「新妝宜面下朱樓，深鎖春光一院愁。行到中庭數花朵，蜻蜓飛上玉搔頭。」又後朝元之《江南春》云：「越王宮裏如花人，越水溪頭采白蘋，白蘋未盡秋風起，誰見江南春復春。」按劉夢得為答王仲初之作，仲初與樂天俱賦仄韻，而茲以平韻正之。後朝元又是一種感慨所係矣。如《步虛詞》，已列長短句之雙調矣。茲載陳羽之《步虛詞》云：「樓閣層層阿母家，昆侖山頂駐紅霞。笙歌往見穆天子，相引笑看琪樹花。」如《漁歌子》，已列長短句之單調、雙調矣。茲載李夢符之《漁父詞》二首云：「村市鐘聲渡遠灘，半輪殘月落前山。徐徐撥棹卻歸去，浪疊朝霞碎錦翻。」「漁弟漁兄喜到來，婆官賽卻坐江隈。椰榆榴子瘤杯酒，爛煮鱸魚滿盎堆。」如《鳳歸雲》，已列林鍾商之長調矣。茲載滕潛之《鳳歸雲》二首云：「金井闌邊見羽儀，梧桐樹上宿寒枝。五陵公子憐文采，畫與佳人刺繡衣。」「飲啄蓬山最上頭，和煙飛下禁城秋。曾將弄玉歸雲去，金翿斜翻十二樓。」他如離別難、金縷曲、水調歌、白苧，各有七絕，雜以虛聲，亦有可歌者，總不欲以詩句而亂詞調也。（詞話上卷，《詞話叢編》第一册，第七四五～七四六頁）

⊙江南春與阿那曲

錢謙益曰：白樂天《江南春》詞：「青門柳枝軟無力。東風吹作黃金色。街前酒薄醉易醒，滿眼春愁消不得。」王仲初《江南春》詞：「良人早朝夜半起，櫻桃如珠露如水。下堂把火送郎歸，移枕重眠曉窗裏。」未曾見有律作詞者。兩首畢竟是詞而非詩，阿那曲本此。今録臺城妓曲云：「宮前細草紅香濕，宮内纖腰碧窗泣。惟有虹梁春燕雛，猶傍珠簾玉鉤立。」崔公達女郎曲云：「晴天霜落寒風急，錦帳羅幃羞獨入。秦箏不復續斷弦，回身掩映挑燈立。」此阿那曲之入選體者。（詞話上卷，《詞話叢編》第一册，第七四七頁）

⊙白居易柳枝詞

《唐詩紀事》：白居易在洛，有妓樊素善歌，小蠻善舞。小蠻方豐豔，白已衰邁，乃作《柳枝詞》云：「一樹春風萬萬枝，嫩於金色軟於絲。永豐東角荒園裏，盡日無人屬阿誰。」有人歌之，聞於宣宗，因命移永豐柳二枝植内庭。白復作詞云：「一樹衷殘委泥土，兩枝移植在天庭。定知此後天文裏，柳宿光中添兩星。」用以識宣宗之知遇也。（詞話上卷，《詞話叢編》第一册，第七五〇頁）

智按：此則非出《唐詩紀事》，實出孟啓《本事詩》（李學穎標點本《本事詩 續本事詩 本事詞》，第十六頁）。清馮金伯輯《詞苑萃編》卷十「紀事」亦沿襲此誤，見《詞話叢編》第二册，第一九八六頁。

⊙晏殊小詞未嘗作婦人語

《詩眼》曰：晏叔原見蒲傳正曰，先君小詞，未嘗作婦人語。傳正云：「緑楊芳草長亭路，年少抛人容易去。」豈非婦人語？叔原曰：公謂年少為所歡乎？因公言，遂曉樂天詩兩句「欲留所歡待富貴，富貴不來所歡去」。傳正笑而悟其言之失。（詞話上卷，《詞話叢編》第一册，第七七一頁）

⊙疏名

都穆曰：《滿庭芳》，取柳柳州「滿庭芳草積」。《玉樓春》，取白香山「玉樓宴罷醉餘春」。《霜葉飛》，取杜子美「清霜洞庭葉，故欲別時飛」。《宴清都》，取沈隱侯「朝上閶闔宮，夜宴清都闕」。又云：《風流子》，出劉良

《文選》注，言其風美之聲，流於天下，子者，男子通稱。《荔枝香》，出《唐書》，貴妃生日，命小部奏新曲未有名，適進荔枝，故以名曲。《解語花》，出《天寶遺事》，亦明皇稱貴妃語。《解連環》，出《莊子》，連環可解。《華胥引》，出《列子》，夢游華胥之國。《塞垣春》，出《後漢・鮮卑傳》。《玉燭新》，出《爾雅》。此載《南濠詩話》者。（詞品上卷，《詞話叢編》第一册，第八二七頁）

⊙詳韻

趙千門曰：詩韻中平聲十灰、十三元，上聲十賄、十三阮，去聲十卦、十一隊、十四願，皆令人之割半分用者也。今考宋詞，凡此等類，一概不分，悉依詩韻原本。如稼軒《沁園春》用灰韻，少游《千秋歲》用隊韻，俱全用不分。將以宋人為全遵沈韻耶，其不遵者乃十之八九。考白樂天《長相思》詞用支、微韻，已與灰半通用。唐人守沈韻如山，而作詞已透宋人之韻。況各韻分半，洪武正韻亦然。作者當遵有宋辛、秦諸公多仍唐韻，然亦不必相沿也。（詞品上卷，《詞話叢編》第一册，第八三三頁）

⊙和韻

沈雄曰：古者歌必有和，所以繼聲也。倡予和汝，詩詠籜兮。調高和寡，曲推白雪。至一韻而為之數回往復，長慶之元、白，松陵之皮、陸，實濫觴焉。屬和工而格愈降矣。蘇、黄間一為之，辛、劉復為迭出，顧其才力優為之，此猶夫絕塵遠馭之才技，不馳逐於康莊大堤，而躐驟於巉崖峭壁，若不藉此無以擅長者。余作周勒山《閒情集序》云然。（詞品上卷，《詞話叢編》第一册，第八三三頁）

⊙用字

凝，樂天「落絮無風凝不飛」，幹臣「淚漬羅衫猶凝」，賓王「想蓴汀水雲愁凝」。（《詞品》下卷，《詞話叢編》第一册，第八五七頁）

⊙用字

鬧裝，帶名。始於白樂天詩「貴主冠浮動，親王帶鬧裝」。薛田詩「九苞綰就佳人髻，三鬧裝成子弟韉」。蓋子弟腰帶所垂，以繫觿帨等具者。（《詞品》下卷，《詞話叢編》第一册，第八六〇頁）

智按：參見明楊慎《詞品》卷二、《丹鉛摘録》卷三及《升庵集》卷六十九、胡應麟《少室山房筆叢》卷二十一「藝林學山三」、彭大翼《山堂肆考》卷二百三十五、清陳元龍撰《格致鏡原》卷十七。

⊙句法

「花非花，霧非霧」，白居易詞。黄玉林曰：雖高唐、洛神，不及也。(《詞品》下卷，《詞話叢編》第一册，第八六四頁)

智按：黄玉林，黄昇號玉林。此處所引，黄昇《花庵詞選・唐宋諸賢絶妙詞選》無。

⊙花非花

楊慎《詞品》曰：予愛白樂天《花非花》一首，雖高唐、洛神，不及也。後張子野衍之為《御街行》。沈雄曰：近刻有作古風者，《唐詩擘香集》中收此。(詞辨上卷，《詞話叢編》第一册，第八八九頁)

⊙望江南（謝秋娘 春去也）

《海山記》曰：隋煬帝開西苑，中鑿五胡北海，相通泛舟，令人歌《望江南》：「湖上花，天水浸靈芽。淺蕊水邊匀玉粉，濃苞天外剪明霞。清賞思何賒。」「湖上月，偏照列仙家。水浸寒光鋪玉簟，浪搖晴影走金蛇。恰稱汎靈槎。」「湖上柳，陰覆畫橋低。宿霧洗開明媚眼，東風調弄好腰支。煙雨更相宜。」「湖上酒，終日助清歡。檀板輕聲銀甲暖，醅浮香米玉蛆寒。醉眼暗相看。」本無換頭，後强添之，終非六朝人語。《古今詞譜》曰：大石調曲，朱崖李太尉為亡妓謝秋娘作《望江南》。白居易思吳宫、錢塘之勝，作《江南憶》。劉禹錫作《春去也》，李後主作《望江梅》，馮延巳作《憶江南》。(詞辨下卷，《詞話叢編》第一册，第八九〇頁)

⊙竹枝（巴渝曲）

《太平樂府》曰：白居易《竹枝》云：「瞿唐峽口冷煙低，白帝城頭月欲西。唱到竹枝聲咽處，寒猿晴鳥一時啼。」劉禹錫《竹枝》云：「楊柳青青江水平，聞郎江上唱歌聲。東邊日出西連雨，道是無情也有情。」沈雄曰：作者須不似子夜、歡聞體，亦不得全脱本意，又不可竟作七言絕句，如「盤江門

外是儂家」，為不可及。（詞辨下卷，《詞話叢編》第一册，第八九一頁）

⊙何滿子（斷腸詞）

《杜陽雜編》云：文宗宮人沈阿翹，為舞何滿子，則一舞曲也。誤刻河字，一名斷腸詞。人傳文宗疾亟，目孟才人。孟請歌畢，指笙囊就縊。爰歌何滿子，一聲腸斷而殞。張祜為詩以弔之云：「一聲何滿子，雙淚落君前。」白居易曰：「何滿子，滄州歌者，開元中進此曲以贖死。」因作七言云：「世傳滿子是人名，臨就刑時曲始成。一曲四詞歌八疊，從頭便是斷腸聲。」今用長短句，有單調、雙調。（詞辨下卷，《詞話叢編》第一册，第八九六頁）

⊙長相思（山漸青　雙紅豆　憶多嬌　青山相送迎）

《樂府解題》曰：長相思，古怨思二十五曲之一。本古詩「上言長相思，下言久離別」。又「著以長相思，緣以結不解」。以致纏綿之意。《玉臺新詠》載徐陵、蕭淳各有長短句，而非詞也。《唐詞紀》載令狐楚五言：「君行登隴上，妾夢在閨中。玉箸千行落，銀床一夕空。」張繼五言：「遼陽望河縣，白首無由見。海上珊瑚枝，年年寄春燕。」皆非詞也。止收雙調三十六字，如：「深畫眉，淺畫眉。蟬鬢鬔松雲滿衣。陽臺行雨回。　巫山高，巫山低。暮雨瀟瀟郎不歸。空房獨守時。」此白居易作。花庵詞客，稱為世人莫及。（詞辨下卷，《詞話叢編》第一册，第八九八頁）

⊙浪淘沙（賣花聲　過龍門）

《古今詞譜》曰：歇指調曲。《堯山堂外紀》曰：幼卿女史過龍門有詞，仍立名曰過龍門，又曰賣花聲。別有中調賣花聲六十六字。《浪淘沙》亦有詩體而入選列前單調者，亦即歇指調也。《唐詞紀》名為水鼓子，作者如白居易、劉禹錫輩。惟司空圖一首為得大體，詞云：「不必長漂玉洞花。曲中止愛浪淘沙。黃河卻勝天河水，萬里縈紆入漢家。」（詞辨下卷，《詞話叢編》第一册，第九一六頁）

⊙離別難

《樂府解題》曰：武后時，士人陷冤獄，其家配入掖庭，撰離別難，一名大郎神，一名悲切子，俱見《教坊記》。其詞即五言近體，《唐詞紀》中「此別難重陳，花飛復戀人」是也。白樂天七言近體云：「綠楊陌上送行人，馬去車回一望塵。不覺別時紅淚盡，歸來無淚可沾巾。」乃《離別難曲》。惟薛昭蘊一首為

長短句，詞家用之。（詞辨下卷，《詞話叢編》第一册，第九三七頁）

⊙六么令

沈雄曰：楊慎云：古之六博，即今骰子也。晉謝艾傳，梟者邀也，六博得么者勝。即骰子之么也。曲名六么序，義取六博之采。胡應麟曰：六朝盛用樗蒲，以五木為之，其采曰盧、曰雉，曰捷、曰梟，其制如銀杏仁，僅二面。《春秋演繁露》考甚詳，儼然遺制在目。初無么二三四五六等稱，以梟為么者。且《晉書・謝艾無傳》附《張重華傳》中。《碧雞漫志》曰：六么名緑么。《吐蕃傳》曰：奏涼州、胡渭、緑腰雜曲。《琵琶録》曰：緑腰，本録要也，樂工進曲，令録其要者。王仲初《宮詞》：「琵琶先采六么頭。」元微之《琵琶歌》：「逡巡彈得六么徹。」白樂天《竹枝》：「六么水調家家唱。」永叔詞：「六么催拍盞頻傳，貪看六么花十八。」於義何取乎。《青箱記》曰：曲有六么，即霓裳羽衣曲。沈雄曰：按霓裳羽衣，黄鐘宫音，而六么令為仙吕宫曲。清真集中「快風收雨」是也。晏小山「緑陰春盡」，辛稼軒「酒群花隊」，實與霓裳羽衣殊絕，然則並非六博之義可知。詞有與六么調名無干者，如晏小山《六么令》詞：「緑陰春盡，飛絮繞香閣。晚來翠眉宫樣，巧把遠山學。一寸狂心未説。已向横波覺。畫簾遮匝。新翻曲妙，暗許閒人帶偷掐。　　前度書多隐語，意淺愁難答。昨夜詩有回文，韻險還慵押。都待笙歌散了，記取留時霎。不消紅蠟。閒雲歸後，月在庭花舊闌角。」（詞辨下卷，《詞話叢編》第一册，第九三九～九四〇頁）

⊙白居易《長慶集》

《唐詩紀事》曰：白字樂天，自號香山居士。作詩每詢一老嫗，解則録之。以所業謁顧著作郎，因為延譽，名大振。貞元中進士，出知杭州，以尚書致仕，有《長慶集》。

花菴詞客曰：白樂天《長相思》、《望江南》，縟麗可愛，非後世作者可及。《花非花》一首，又纏綿無盡。（詞評上卷，《詞話叢編》第一册，第九六八～九六九頁）

智按：又見《歷代詩餘》卷一百十二，「又纏綿無盡」，又作尤。黄昇號花庵詞客。此處所引與黄昇《花庵詞選・唐宋諸賢絕妙詞選》不盡相同。

沈雄，字偶僧，江蘇吴江人。有《柳塘詞》、《古今詞話》。

張匀（一六五八前後）

《平山冷燕》

詞曰：「才須好，何女何男何老。十歲閨娃天挨藻，直壓群英倒。　溫李笑他纖巧，元白怪他潦草。繡口錦心香指爪，直個千秋少！」右調《謁金門》。（第四回「玉尺樓才壓群英」，馮偉民校點本，第三六頁）

智按：《平山冷燕》，天花藏主人撰，前有順治十五年（一六五八）戊戌天花藏主人序。天花藏主人即張匀，秀水（今浙江嘉興）人。

周克復（一六五九前後）

《淨土晨鐘》

⊙宰官往生

唐白居易，字樂天，官太子少傅。暮年盡遣妾侍，捨宅爲香山寺，號香山居士。出俸錢三萬，繪西方極樂世界圖，發願頂禮，日日向之念佛。以偈贊曰：「極樂世界清淨土，無諸惡道及衆苦。願如我身老病者，同生無量壽佛所。」又偈曰：「余年七十一，不復事吟哦。看經費眼力，作福畏奔波。何以度心眼，一聲阿彌陀。行也阿彌陀，坐也阿彌陀。縱饒忙似箭，不廢阿彌陀。」有異人傳蓬萊有樂天名，公辭以偈云：「海山不是吾歸處，歸即須歸兜率天。」今復舍兜率而求生淨土，豈所謂愈擇而愈精者耶？臨終安然坐逝，往生有明驗矣。（《淨土晨鐘》卷十，《卍新纂續藏經》第六十二册）

智按：周克復，號同善道人，常州荊溪（今屬江蘇）人。順治十六年（一六五九）己亥，撰《淨土晨鐘》十卷。此外還編撰有《華嚴經持驗記》、《觀音經持驗記》、《法華經持驗記》。

張潛（一六二一～一六七八）等

《詩法醒言》

⊙本源

陸無文曰：聲者，歌也；辭者，文也。夫曰無辭，非盡無辭也，謂其不成文也。如琴譜之鉤挑剔抹，止圖其形，實無其辭，而彈之却有聲焉。又如漢樂府《臨高臺》之末句曰：「收中吾。」此後世所謂尾聲也，雖傳其辭，實不成文。若曰無聲，是前調已盡，後調未興。如白樂天《琵琶行》「此時無聲勝有聲」，餘音嫋嫋，雖有聲，實無聲也，又安得有辭。（《詩法醒言》卷一，《四庫未收書輯刊》影印清乾隆刻本，集部第六輯第三〇册，第六五八頁）

智按：陸無文，指康熙間三塘詩人陸朝。

⊙七言古詩說

醒言曰：七言古詩起句必用引韻。何謂引韻？以首句所押之韻領起次句之韻也，若轉韻首句，亦必用引韻，使不用引韻則聲調不順。長篇貴陡起陡接，不用過脉，幅員既大，要彼疆此界，域限分明，聲如江河，滄滄漭漭，色如松柏，鬱鬱葱葱，似賦似歌，如悲如泣，至末一句便住不得，同短篇之留餘意也。若元微之《連昌宫詞》、白樂天《長恨歌》詞清意摯，皆千古絕調，但傾囊倒匣，洩發太盡，如「禄山宫中養作兒，虢國門前鬧如市。」「七月七日長生殿，夜半無人私語時。」皆直刺宫幃，毫無容隱，選本以此訓世，後學不知，尤而效之，漸不可長也。（《詩法醒言》卷二，《四庫未收書輯刊》影印清乾隆刻本，集部第六輯第三〇册，第六七二～六七三頁）

⊙鍊字

白樂天云：「句中須雕藻一二字，不得全直致，恐傷朴鄙。有當面敘事，隱一字者，如『糾糾葛屨，可以履霜』，隱一『不』字也。」（《詩法醒言》卷二，《四庫未收書輯刊》影印清乾隆刻本，集部第六輯第三〇册，第六七四～六七五頁）

⊙命意

白樂天答元微之云：常與足下同筆硯，時患其意太切，而理太周，理太周則辭繁，意太切則言激，然與足下爲文，所長在此，所病亦在此。(《詩法醒言》卷二,《四庫未收書輯刊》影印清乾隆刻本）(《詩法醒言》卷二,《四庫未收書輯刊》影印清乾隆刻本，集部第六輯第三〇册，第六七六～六七七頁）

⊙用事

白樂天云：用事多傷于浮艷，不用事又不精華，用古事似今事爲上格。(《詩法醒言》卷二，《四庫未收書輯刊》影印清乾隆刻本，集部第六輯第三〇册，第六七七～六七八頁）

⊙詩品

醒言曰：白氏謂詩有上、中、下三品，而未有名目，余揣白氏之意而漫爲之名。(《詩法醒言》卷五,《四庫未收書輯刊》影印清乾隆刻本，集部第六輯第三〇册）

⊙歷代詩體·中唐詩體

元和體。元和，憲宗年號。韓愈、孟郊、賈島、張籍、王建、元稹、白居易之詩。

元白體。元稹、白居易，名《長慶集》。(《詩法醒言》卷十,《四庫未收書輯刊》影印清乾隆刻本，集部第六輯第三〇册）

智按：張潛，字幽光，號果園，歷城（今屬山東濟南）人。曾輯經傳及先儒格言中修身、治家、涉世之語，為《家藏貫珍録》一卷。其《詩法醒言》十卷，彙編前人詩說並益以己說（皆標「醒言曰」)，前有乾隆元年（一七三六）九月汪文璧序、自序。卷一為「本源」、「支派」、「統論」。卷二為各體之分說。卷三為各體之平仄格法及句法、對仗之各種變格。卷四為各體起、對、結之法。卷五至卷七為詩品，包括託名白居易《金針詩格》三品等。

吴見思（一六二一～一六八〇）

《杜詩論文・凡例・餘論》

即就唐人而論，杜公已奄有衆長。如「不見李生久，佯狂真可哀。世人皆欲殺，吾意獨憐才」，則元白也；「客醉揮金碗，詩成奪錦袍。麝香眠石竹，鸚鵡啄金桃」，則溫李也；「萬壑樹聲滿，千崖秋氣高」，「眼穿當落日，心死著寒灰」，則賈島也；「崩石欹山樹，清漣曳水衣」，「紅漫珊瑚短，青懸薜荔長」，則錢劉也；「俱飛峽蝶元相逐，并蒂荷花本自雙」，則韓偓、杜牡也。（《四庫全書存目叢書》清康熙十一年常州岱淵堂刻本影印《杜詩論文》卷首）

智按：吴見思，字齊賢，武進（今江蘇常州）人。《杜詩論文》編於康熙壬子（一六七二）。

吴風翔（一六二一～一六八六）

《北固山聽風記》

余嘗焦山聽雪矣，兹又聽風于北固山。山前有鉄塔、甘露寺，山後有多景樓、凌雲亭、溜馬磵，山麓有秋月潭，山下有試劍石、白香山書院、海岳庵諸遺跡。己丑夏，余卜居此山，一日兀坐山房，聽江上風聲，壯烈怒號倍常，如是者三晝夜，此風當與天下共被也。時有聽風詩數首紀其事，後逸去，僅存一首，詩云：「山室了無事，終朝獨聽風。頓釋塵世界，一洗俗胸中。有力不爭國，無形能蹈空。端居江上者，亘古自相同」云云。因憶去冬聽雪焦山，而焦山亦嘗聽風，其風則自海岸沂圖山上，其所聽之地，面西北一石户前，旁有静室曰石舟，如雲洞而幽僻，不敧不湫，雖陬而不隘，外稍翼以窗槅，宛若舟然静，主僧居之，余所棲一簰篷四椽卓石上，上覆以草石，凸出懸空，篷挂空壁，椽足蹋石如浮石，畧不施斧鑿，其于椽足也，與霧露之沾衣帽同，主僧安隱石舟，余每夜卧此篷，忽狂風乍起，寒氣凜然，几榻摇摇如撼，疑在天畔雲景中，稍動轉則隋大江矣。七夜不寐，以候掀翻，迨入夜，自笑曰：「便掀翻，待恁麽，一任風吹，吾心不動。」于是大呼而寢。是冬且居此篷度歲。（此戊子十二月事也。次歲己丑，遷居北固山矣。予遷北固五月，而此石崩江中）偶因北固聽風，而轉憶之，謂爲焦山聽風可也。歷二十有六年，追而爲之記。（《天瓢文鈔》，《四庫未收書輯刊》影印清雍正四年吳昌刻本）

智按：吳風翔，字遙吟，自號雪門、香海、雪棧、雪冷、天瓢、石瓢等。歙縣（今屬安徽）篁南人。

顧景星（一六二一～一六八七）

《效杜甫樂府序》

唐擬古樂府卽莫善太白、長吉、文昌、仲初輩，題不必今，辭不必古。元、白輩始創新題諷諭，體裁盡變。若劉猛、李餘古題新意，流傳則少。至明李西涯詠古，無切于時，于鱗則覼覼然，稱如「胡寬營新豐」為善擬，其用至剿古為己有。元美變襲各半，其後撰《樂府變》，謂少陵即事命題，千古卓識。甫本古體詩，謂之樂府也，可以其風刺善也。僕自知識見聞，可風可刺多矣，將細聲竊吟，近於衰朝，非所宜有。於是掇拾其大，因事為辭，當少陵諸篇，庶不謬作者之意，可感動當代云爾。凡八章，甲申冬月記。（《白茅堂集》卷二，《四庫全書存目叢書》影印清康熙間刻本）

《明君詞》（有序）

予幼有王明妃樂府，壯其有忠義之情，讀李白「昭君拂玉鞍」、白居易「漢使却回憑寄語」二詞，又未嘗不蠹傷也，體事緣情，復有斯作。

君恩聯望斷，冷落漢宮春。自為胡地妾，翻得號和親。

紅顏天上落，呼韓笑解兵。雖為胡地妾，不負漢宮人。（《白茅堂集》卷三，《四庫全書存目叢書》影印清康熙間刻本）

《山蜂兒閩人以供饌坐中為樂天體》

山蜂兒避人，結窠石屋間。釀將花露綴作格，薄如蟬翼乾如綿。房房生兒隔中蟄，隔中育兒兩頭蜜。食蜜育兒冬不出，待兒長大給餘汁。中有高臺象葵蕊，蜂王赤腰金帶尾。黃衣裰沓是其嬪，宮門更有司宮臣。儼然萬井自尊大，卻笑南柯小比（上聲讀）鄰。蜑人不獨石蜜貴，眉涎更羡蠭兒味。前門執炬後門攻，火逼阿房無計避。掃來一屋幾斛餘，茶子榨油酥不如。白如白下盤中蛹，青似青城雪裏蛆。山蜂兒，汝何苦，汝不毒人人毒汝。季倫豪富天下無，慢藏誨盜還遭誅。陶夷折像散所積，長年鼓缶無憂虞。世間禍福有如此，異類雖微事堪比。蜜蜂智巧善依人，割卻膏腴身不死。（《白茅堂集》卷九，《四庫全書存目叢書》影印清康熙間刻本）

《頹垣柬張大有序》

竹園鄰墻塌盡，每欲小葺。思白香山《與元八卜鄰》有云「綠楊宜作兩家春」，近來顧文僖公於鄰墻作《綸竿釣詩倡和》，有云：「一竿風月共鄰墻」，雖頹垣何害。此間有公卜張子教讀，予素負張廌竹中之癖，頗作延之籬下之聽，聞張子將他徙，病中占一律。

一竿風月釣鄰墻，兩面春光共綠楊。棗熟不妨西舍撲，履聲還許竹中藏。誰家送笑鞦韆女，何處開醅酒罋香。倘少清談張鏡在，更難籬下坐胡牀。（《白茅堂集》卷十五，《四庫全書存目叢書》影印清康熙間刻本）

《戲題李義山遺事》

《蔡寬夫詩話》：白樂天晚年愛義山詩，曰：我死得為爾子足矣。義山生子，遂以白老名之。長，略無文性。

死生如臂屈伸間，安得人人識舊鐶。總是文人癡不了，義山生子認香山。（《白茅堂集》卷二十，《四庫全書存目叢書》影印清康熙間刻本）

《病中唱和序》

病中唱和詩者，曲周王公與予倡和作也。歲壬辰，王公從御史臺出按楚，治兵下江。適湖南羽檄交馳，荆揚大旱，公方移病卧護，諸將千里晏然，其性情才識，瞻豫鎮靜，足以勝亂故也。……公之為詩，簿書敲晷，喧諍盈前，意有所屬，輒裂紙尾，當移病掩閤，值予亦有采薪之憂，日照樹頭，公使已在門，徐起應之，撾鼓傳送，如公事節級屬於道，或枉駕草堂，樵蘇不爨，清談移日。計公得五言近體四十五首，予八十首，為一卷。黄梅鄧大尹梓之。公落筆，頃刻數百言，直舉胸肊，有豪傑風。先宮諭有言：豪傑之文，雲蒸龍蔚，得意疾書，奚暇計工拙哉！以之况公，其似焉矣。昔白香山與元微之倡和，又與劉孟德倡和，裴楊荆潭倡和，皮陸嵩陵倡和，楊大年同館倡和，凡如是者，或同吏事，或皆閒曹，或偕退隱。僕山中人，得事筆墨，而公兵刑鞅掌，何以獲此，庶幾見公贍豫鎮靜如是焉耳。公諱顯，字純伯，崇禎十年進士。(《白茅堂集》卷三十四，《四庫全書存目叢書》影印清康熙間刻本）

《蘇次公詩序》

莊浪蘇次公，以別駕莅黃，政尚清淨，暇則負手嘯咏，移牀清話，自號鶴山人。……詩以道性情，然則性情者，四始六義之本，天倪人事之兆也。故詩有得于學者，有得于性者。讀書萬卷，下筆如神，得之學者也；語無師授，趣脫凡塵，得之性者也。以余聞莊浪蘇氏，武勳累世，惟次公以文鳴，髫齔即慧解自天，非謂得之性情者邪？及觀攝那時自述六十章，泓崢蕭瑟不可言，有空山老宿雨雪獨立之悟，有藐姑仙子烟火都絕之姿。問次公何以都得如是？笑而不答。嗟乎次公，古之慧業，文人不厭宰官身，若王摩詰、白香山、張無垢、公家玉局，皆是邪，皆能保根本之聰明，而享人間之位壽，次公鼎富春秋，方隆事業，豈止以摩詰諸公望之。次公珍重。康熙辛酉七月。(《白茅堂集》卷三十五，《四庫全書存目叢書》影印清康熙間刻本）

《秋亭倡和題詞》

甲子菊秋，石城徐公方養和東山，僕自蘄以一葦衝寒洪波，鼉鼓北風，數嘷江山四百里，八日而後至。握手纔定，高唱遂興，凡館于翠微堂旬月。公詩如千首，皆得於飛爵騰觚、刻燭擊盋之頃，或盅和澹泊，《十九首》正始之音；或寄喻蕭疏，《百一篇》高嚴之作。筆花欲舞，㡌落如飛。僕既偃蹇追隨，而玉峰姪、維貞、兒昌亦邯鄲躄躠。公都為一集，名《秋亭倡和》。夫倡予和女，見于蘀兮，漢晉以還，三唐益盛。長慶時，白樂天與元微之名元白倡和，復引劉夢得為劉白倡和，裴晉公與楊常侍有荆潭倡和，陸甫里皮襲美有嵩陵倡和，宋則楊大年諸公西崑倡和，蘇黃倡和，才角力敵，流傳美譚。今公胸次雲夢八九，而兒輩望洋，其何以稱雖，然其以快一時之雅集，憺百慮于妍詞，亦不可弗志矣。(《白茅堂集》卷三十五，《四庫全書存目叢書》影印清康熙間刻本）

《黃郡太守蘇公五十壽序（代）》

……古昔太守，銅虎符竹，稱為將軍，元眉自海徼治師，嫻于鈐略，故于黄境千里之內，山川形勢，城池巉阻，指示修備，明于聚米。又以暇日汎羅洲，臨赤壁，想孫曹之用兵，俯仰吳王之臺，泳游樊湖之口，往來臨皋，雪堂緑楊之橋，前賢綦履故地，歔謌觴咏，慷慨壯凉，遂為一代詩家冠冕。昔子瞻樂黄之東坡，山水清淑，取白樂天別號以自署。按，樂天起家盩厔，亦嘗三典名郡，入為尚書，封晉陽縣男。子瞻典郡者七，再入翰林，兩除尚書，三班侍讀，至今人稱坡公，亦曰坡仙。元眉名既著時，亦稱眉公、眉仙，豈非先後輝暎，五百年名世之昌期哉！……（《白茅堂集》卷三十六，《四庫全書存目叢書》影印清康熙間刻本）

《修石鼓寺序》

《一統志》：「蘄州南一十五里，蟠龍山石鼓院，有麻衣道者、無藥禪師二眞身。」《蘄州志》云：「石鼓寺，宋咸寧建。明天順初，承奉阮古重修。」萬曆末，兵憲濟北李公、郡侯仁和錢公皆有記，言有二石鼓寺。一在蟠龍山，為麻衣無藥道場，當治之西北；一在羊子墩，當治之東南。二公之說如此。羊子墩寺今存，蟠龍無院，院在安平鄉，庳陋不覩。所謂眞身者，《一統志》云：「石鼓山在蘄水縣北一十里，巨石如鼓，叩之作聲，而蘄之寺院得名，不詳何故。」錢公曰：「瞿曇家言，木石金革，鐘磬鼓板，可號衆者，悉名楗椎。石音常止，心能止觀，取譬云爾。」李公引堪輿家以實之。二公之說荒矣。且來年號無咸寧，咸寧，晉武帝號也，後凉篡僭號也。舊志誤，二公失考。蓋寺實有石鼓，父老云，城南圜濠內，有鐵牛與石鼓，昔人以鎮風水者。牛為一中官掘出，數見光怪。會荆藩災，乃復瘞。今失其處，然則石鼓與獻衣無藥眞身，古有而今，無復何疑哉！兵燹後，寺復就圮。僧寂惠者，募修之，乞為敘。僕近敘貞慧正覺，又敘石鼓不幾為三寺化主，取笑大方。雖然，白香山、蘇子瞻於詩文無所不有，號廣大教主。然則竊二公之美名以解嘲，奚為不可？（《白茅堂集》卷三十六，《四庫全書存目叢書》影印清康熙間刻本）

《陳穉白住篁川記》

丙戌十二月，予在金壇，大雪擁罏飲酒，談弘光節義士及陳穉白。穉白者，荆州人，予同年友也，授銅仁推官，上書詆馬相國，相國怒欲褫職，科臣袁彭年爭，得免，改知餘慶縣，距南都數千里。穉白老狂，知其無恙否？

忽持刺者自外至，書方外陳惺。予驚起曰：「豈穉白陳惺邪？何以至此？」穉白入，緇衣帶繩，髮鬖鬖白，相見持泣，述其遭亂為僧之故，述已，大哭。……後數日，盡載書籍往篁川。予有詩云：「何必杖屨訪高人，高人具眼自識汝。」指賀先生也。穉白因先生詩中語，自號楚雲。楚雲住篁川，先生又有詩：「荒園春寂寂，有客遠尋盟。草木多愁思，君來作楚聲。尚隔良常路，松風已覺幽。年來賓客散，時見醉僧游。」自是得讀書饜酒肉，或遠出數日不歸，先生亦不問，僮僕皆知敬而愛之，遂不哭。先生戒其猶子書楚雲才子，棄官為僧，其意皦然，下死者一等，汝輩作出世交可，作方內交亦可。諸子敬楚雲如先生言。丁亥八月，訪我虎丘，執手歡甚，復出一册，皆先生往來詩劄，屬予為記，以志知己之感。且曰：「予生平有三大感，而先生不與焉。感閻羅天子，不與我小兒女，無向平昏嫁之累；感張獻忠殘破家園，斷絕歸路，令我一切喜捨；感老婦悍妒，不置妾婢，無王處仲開閤放姬之苦，亦無白樂天駱馬楊枝之戀，流浪為僧，恣情山水，得良師友，皈命授忱，講求生死，是三大菩薩慧劍法旛，慈威所及。繇是言之，先生不過羯磨闍黎護法長者耳。」予大笑，如來既證菩提，謂提婆達多為導師，而于燃燈佛前，無所說法。予為子記質淨香居士，居士其許我知言否？（《白茅堂集》卷三十七，《四庫全書存目叢書》影印清康熙間刻本）

《黃州安國寺放生池碑代徐參議》

黃州安國寺旁，有蘇子瞻放生池，居民占業，久就汙隘，牛浴豕涉，鵝鴨呷唼，黿黽緜產，鮒鱧不生。歲癸丑，某巡郡縣，爰止寺中，弔坡仙之往蹟，慨惠政之久墜，出奉若干，就居民贖還官，稍加疏浚，仍為放生池，以寺僧主之。唐白居易守杭，即西湖為放生池。宋神宗，大有為之君，聰明自許，更絃拓綱，用兵西夏，有事交瀘，法令毛舉，斯民頓困。是時子瞻守杭，濬西湖，灌漑田畝，歲放羽鱗蠃介數萬億計，為天子祝壽，在黃亦然，所謂云何謂夫，人主好生，齊年如天，不必好大喜功，勞神外物，求海島之靈藥，問神光于齋房，第使百司奉職，守廉布公，小過不敢忽，一物必得所……（《白茅堂集》卷三十七，《四庫全書存目叢書》影印清康熙間刻本）

《又答（潘）江如（褋）》

……笳，唐人謂之觱栗，今謂之頭管。李長吉《申胡子觱栗歌》：「誰截太平管，列點排空星。」白香山《薛陽陶觱栗歌》：「剪削乾蘆插寒竹，九孔漏聲五音足。」李贊皇《觱栗歌》：「忽聞吹管鳴朔風。」皆言管，不言琴也。《樂書》謂，鳴笳似觱栗，而無孔。《六書正譌》謂，觱栗九竅，皆角音，並非十八拍。辭非文姬作，文姬曲調不傳，後有董生者，想像寫聲於琴，此《元史》胡琴之誤也。拍者，解也。解者，歌舞之節也。拍者，拍抹也。白香山《琵琶行》「四絃一聲如裂帛」，《琴譜》四指齊批七絃曰打，是也。拍始於笳管，寫於琵琶。後人因又寫於琴也。胡曲則謂之胡琴，亦非今之鞮琴也。董生後又有大小十九拍，沈家聲、祝家聲之不同，詞皆後人為之，琴集樂府解誤注琰作也，琴調又有楚妃歎七拍，明君二十六拍，皆後人作。（《白茅堂集》卷四十三，《四庫全書存目叢書》影印清康熙間刻本）

智按：顧景星，字赤方，號黃公，蘄州（今屬湖北）人。明末貢生，南明弘光朝時考授推官。入清後屢征不仕。康熙十八年（一六七九）己未薦舉博學鴻詞，稱病不就。在京師時和方孝標、邵長蘅、周亮工、施閏章等交游，受到器重。有《白茅堂集》四十六卷，有康熙刻本，《白茅堂詞》一卷，另有《讀史集論》九卷，《暱池録》一一八卷，《顧氏列傳》十五卷，《南渡來耕集》七十三卷等。

馮元飂（一六二二～一六五三）

《朱明道院上梁文》

靈山開落，亦關小刦因緣；勝刹崩興，合聽人天普會。故龍沙迎而聖人示化，琪樹茁而佛祖演乘。屬在同人，可昧因地，羅浮居洞天第七，朱明當複嶺初層。擷秀南離，福曜遠騰於十嶽；鍊形地胏，虛危每集乎群眞。……祝億萬年，永綿聖歷。白少傅嵩邱紀歲，歎名利長能没人；韓昌黎鱷渚留聲，羡江山終堪作主。努力荷擔，勿負清時。幸念景光，專精愛日。未遑均賦，聊頌四聲。浮峰羅嶽氣兼秋，峊岃嵯峨跨十洲。日觀新恢天不夜，翠亭春洗月常流。竭來帝子皈金粟，遮莫仙人駕赤虬。玅蹟只今依玉斧，勝情容易到丹邱。（宋廣業《羅浮山志會編》卷十三，《四庫全書存目叢書》影印清康熙

宋志益刻本）

智按：馮元飂，字沛祖，慈溪（今屬浙江）人。天津巡撫元揚、兵部尚書元飆弟。以五經中崇禎十六年進士。死於海外，年三十二。事見清翁洲老民撰《海東逸史》卷十八。

陳允衡（一六二二～一六七二）

《熊文舉〈書南昌府誌〉識語》（題擬）

史乘之不可爲，昌黎言之詳矣。廬陵五代一書，可繼三史，在當時已不免嘲彈于荆公，好惡是非，安能盡準之大道乎？石莊苦心排纘，以一手定一郡之書，得先生數行，從羣言中折衷至當，可稱定論。要知先生于郡志自首至尾，繙閲殆遍，而石莊之苦心始見，若夫摘其一二端，以論全書，作者恐不任受也。○裴晉公論列元微之，因與白樂天落落不合，嘗言生平不欲看樂天文字，一看便欲與之訂交，古人憐才如此，觀先生于石莊既没之後，撫其遺卷，流涕表章，豈不較深于晉公哉！陳允衡識。（熊文舉《侣鷗閣近集》卷二，《四庫禁毁書叢刊》影印清康熙刻本）

智按：熊文舉《書南昌府誌》云：「《南昌府誌》，一修於太守范公晞陽，再修於太守盧公眞常，二公皆政事文學有聲，精覈不苟，流傳多年，叠遭兵火喪亂，江右故家所藏書籍，盡皆焚燬散失，而此兩誌亦付之秦灰矣。近總督張公題請蠲免南昌府浮糧，欲求舊誌一册，以宋元原額，而不可得，家伯兄以重價得一集於西山老儒家，縣父母轉送制臺此本，隨奏疏進呈備覽，後浮糧既免，而復徵郡志，亦不可問，而吾友陳石莊慨然重修。書出一人之手，事當兵火之餘，其中豈無踳駁得失，然其搜羅之苦心，結撰之工力，以嗣續既往，而開示方來，功何可泯也。當石莊纂集萩文時，予得翔覽，後成集，予已出山，不及商訂，及歸而議論繁興，予亦未敢索觀，亡幾何而石莊没矣。遺草汗漫，無從翻閲。今日於魏明府處借得，展卷爲之感涕。郡志且然，而況一代之信史乎？吾猶及史之闕文大哉！聖人之言，安得不爲之三復也。蓼汀文舉謹書。」

陳允衡，字伯璣，南昌（今屬江西）人，避亂寓蕪江。杜門窮巷，以詩歌自娛。與王士禛、施閏章交最篤。體清羸，雙瞳碧色。家貧，不輕以言人。有引其家伯玉事者，答曰：「吾愛吾琴耳」！因署其堂為「愛琴」。構屋南州之蘇公亭畔，嘯歌自適。允衡好表章故人遺書，所選婁堅、徐世溥古文，人競傳之。又選魏裔介以下五十餘家詩為《國雅》，又著《古人几部》六卷，及《詩撰》、《詩慰》等；自著詩文，有《澄懷閣》、《愛琴館》諸集，並傳於世。

李鄴嗣（一六二二～一六八〇）

《萬季野新樂府序》

詩之教，以言志述事，陳美刺，而驗時政得失，觀四方土俗異同，則雖言志之詩，無非述事也。《三百篇》而後，西漢尚為近古。孝武皇帝時，始立樂府，命有司采詩夜誦，謂采取秦楚趙代問百姓謳謠，以考政教得失，其言未可即宣露，故夜誦之。是則其所采之詩，多諷切時事可知矣。復極一時文士之選數十人，以司馬相如舉首，造為詩賦，以饗天地宗廟。而班《志》所載，其篇可名者，惟《安世樂》十七章，《郊祀歌》十九章。其人可名者，惟唐山夫人、司馬長卿、匡丞相。其事可名者，惟獲宛馬、得鼎芝、生齋房、獲白麟赤雁。此俱侈揚功德，比于三頌，與風雅諷諫之義無與也。若他所載樂府，如《鐃歌》、《奏愷》之樂，而其詞翻云：「轉鬬野死，若招國殤。」與本題不合，其餘名篇，亦多不端不倫，莫測其義。至所采夜誦，一時諷切之詩，絕不得見。始知西京制作，遭新莽蕩廢，在東漢已闕然，誠可嘆也。晉以後，古意益亡。至唐杜工部，以詩名世，于五言始有《出塞》、《留花門》、《垂老別》諸詩，七言始有記《麗人》、《王孫》、《悲陳陶》諸詩。其詞既工，于古人諷切之義復合，獨出冠時，于是李公垂、元微之諸人遂創為新樂府，譏刺當時之事，而白太傅所撰五十篇最善，自《七德舞》、《法曲》至《採詩官》，俱以諷諭為體，可播于樂章。以至近世楊廉夫、李西涯諸公，亦有所作，爛然可觀，要皆變風雅之遺也。余閒居嘗與吾友萬季野言，謂謝皋羽生于宋末，尚能追撰《鐃歌》、《騎吹》之曲，意在揚厲國威，其義可取。因亦補作《鐃歌十八曲》，以竊附正雅，而文義膚薄，深愧古人。季野則獨取三百季間朝事，及士大夫品目片言隻句可撮為題，俱系樂府一章，意存諷刺，以合于變風雅之義。雖其詞未即方駕工部，而以前視元白、後當楊李，則幾過之矣。或謂以季野史學，蓋世之才，不使纂成一朝之史，而徒取單文里句，造為韻語，以寄諷當世，似近于識小，殊為季野惜之。余獨謂不然。詩以述事，其詩即其史也。詩亡而史作，義本相貫，但有簡繁之分耳。季野即未及纂成一朝之史，而且以《新樂府》先之，是亦史之前驅也。先詩而後史，與祭先河而後海同，詩其源也，史則其委也。誦其詩者，即可知季野之史學矣。（《杲堂詩文鈔》文鈔卷二，《四庫全書存目叢書》影印清康熙刻本）

智按：清同治己巳七月刻本《萬季野先生明樂府》全祖望跋云：「此乃先生少年館李嗣鄴杲堂家所作也。隨意拈題，未及賅備。要其議論有足安史案者。遠仿香山，近擬茶陵，雖稍近率易，然不礙其爲學人之詩。若更能以鐵厓之奇古出之，則妙絕好辭也已。」

李鄴嗣，原名文胤，也作文允，字鄴嗣，又字渺亭，以字行，號杲堂，自號東洲遺老。鄞縣（今浙江寧波）人，宋忠襄公李顯忠之後。以著書爲事，有《杲堂詩文鈔》、《漢語》、《南朝語》、《續世說》。

杜濬（一六二二～一六八五）

《春日邀馬在天飲用白樂天短歌行韻》

寒食數日間，春遊心所欲。不雨麥苗黃，終風相與逐。閒曠愜素願，淡泊嗤干祿。攜樽常共酌，抱衾每獨宿。睡與飲相資，兀兀身與腹。日斜乃晨梳，三月猶冬服。起看架上書，不問盎中粟。朋從三兩人，談笑無拘束。狂和接輿歌，悲擊漸離筑。琴惟有獨絃，盤更無兼肉。我年三十餘，四十尚未足。鬚根宛已白，朝昏怯寒燠。戲謂桃李花，莫怨春去速。人生壯復衰，爛熳歌此曲。

毛云：此詩之妙，老嫗能解，香山不能作。（《湄湖吟》卷二，《四庫未

收書輯刊》影印清康熙刻道光九年杜堮增刻本）

智按：杜漺，字子濂，山東濱州人。順治四年（一六四七）丁亥進士，初除正定府推官，隨總督張存仁平榆園賊，所俘獲咸就訊於漺，漺録渠魁，釋脇從，凡活數百餘人。擢禮科給事中，抗疏言黄河潰決，由濱入海，淹没民田，皆由河員防治不力，請遣大臣行河，尋轉河南驛傳，鹽法道，竭蹶供職，事無鉅細，必躬必親，後以疾篤乞歸。先是，在維揚，以無子，娶江寧崔氏女為妾，既見詢，知為士人女，遽遣歸，復贈十金，以為舟車費，人咸欽其厚德云。卒祀鄉賢。(《山東通志》卷二十八之四)

黄生（一六二二～一六九六）

《載酒園詩話評》

⊙詩不論理

「詩有别趣，非關理也。」然理不足以礙詩之妙，如元次山《舂陵行》，孟東野《游子吟》，韓退之《拘幽操》，李公垂《憫農》詩，真是六經鼓吹。樂天《與微之書》曰：「文章合為時而著，歌詩合為事而作。」然其生平所負，如《哭孔戡》諸詩，終不諧於眾口，此又所謂言之無文，行之不遠。故必理與辭相輔而行，乃為善耳，非理可盡廢也。

黄白山評：此語本嚴滄浪。「理」字原説得輕泛，只當作「實事」二字看。後人誤將此字太煞認真，故以《舂陵》、《游子》、《拘幽》、《憫農》諸詩當之。方采山極詆滄浪此説，豈知全失滄浪本意。古人有知，必且遙笑地下矣。(見《載酒園詩話》，《清詩話續編》第二〇九頁)

⊙考證

《遯齋閒覽》曰：「杜牧《華清宫》詩：『長安回望繡成堆，山頂千門次第開。一騎紅塵妃子笑，無人知是荔枝來。』尤膾炙人口。據《唐紀》，明皇以十月幸驪山，至春即還宫，是未嘗六月在驪山也。然荔枝盛暑方熟，詞意雖美，而失事實。」此辨甚正。按陳鴻《長恨傳》敘玉妃授方士語曰：「昔天寶十載，侍輦避暑驪山宫，秋七月，牽牛織女相見之夕，秦人風俗，夜張錦繡，陳飲食，樹瓜花，焚香於庭，號為乞巧。宫掖間尤尚之。時夜殆半，休侍衛於東西廂，獨侍上。上憑肩而立，因仰天感牛女事，密相誓心，願世世為之夫婦。言畢，執手各嗚咽。」白詩曰：「七月七長生殿，夜半無人私語時」，正詠其事。長生殿在驪山頂，則暑月未嘗不至華清，牧語未為無據也。然細推詩意，亦止形容楊氏之專寵，固不沾沾求核。正如義山「夜來江令醉，別詔宿臨春」，致堯則曰「密旨不教江令醉，麗華含笑認皇慈」，蓋總以寫幸臣狎客之態，惟在得其神情，原不拘於醉不醉，真所謂「淡妝濃抹總相宜」也，無容膠執耳。劉禹錫《哭呂衡州》曰：「遺草一函歸太史，孤墳三尺近要離。」若必拘拘切合，則要離塚在吳，《舊唐書》稱溫自衡州還，鬱鬱不得志而沒，秦、吳相去數千里，不亦太失事實乎！然總以形容旅櫬槁葬之悲，所謂鏡花水月，不必果有其事。然用事亦有大可不詳辨者，如東坡《贈朝雲》詩曰：「不似楊枝別樂天，卻如通德伴伶玄。阿奴絡秀不偕老，天女維摩總解禪。」按伯仁語仲智曰：「阿奴火攻，固出下策。」則阿奴乃絡秀之子，與伶玄、樂天不倫，可謂大謬，當曰開林或安東耳。子應子瞻不辨，當係一時筆誤，或後人傳寫之訛。

黃白山評：此題又一首云：「苗而不秀豈其天，不使童烏與我《玄》。」蓋朝雲有子而夭。「阿奴」句亦即此意。作者不誤，讀者自誤耳。（見《載酒園詩話》卷一，《清詩話續編》第二一三～二一五頁）

⊙翻案

晚唐人多好翻案。如溫飛卿則有「但得戚姬甘定分，不應真有紫芝翁」，徐寅則有「張均兄弟今何在，卻是楊妃死報君。」此猶陰平之師，出奇幸勝則可，若認為通衢，豈止壺頭之困！

王介甫《明妃曲》二篇，詩猶可觀，然意在翻案。如「家人萬里傳消息，好在氈城莫相憶。君不見咫尺長門閉阿嬌，人生失意無南北。」其後篇益甚，故遭人彈射不已。至高季迪長篇，則翻案愈奇，結句曰：「妾語還憑歸使傳，妾身沒虜不須憐。願君莫殺毛延壽，留畫商岩夢裏賢。」意則正矣，有此事否？恐終是文人之語，非兒女子之言也。余因思此題終不及儲光羲「胡王知妾不勝悲，樂府皆傳漢國詞。朝來馬上《箜篌引》，稍似宮中閒夜時。」大都詩貴入情，不須立異，後人欲求勝古人，遂愈不如古矣。

黃白山評：此真在裏【理】之言。（見《載酒園詩話》卷一，《清詩話續編》第二二〇頁）

⊙艷詩

王適「已能憔悴今如此，更復含情一待君」，徐安期「不須面上渾粧却，留著雙眉待畫人」，蔡環「但恐愁容不相識，為教恒著別時衣」，皆《草蟲》、《杕杜》之遺音，「飛蓬」、「曲局」之轉境也。

黃白山評：此乃《催粧》詩，殊非此解。（見《載酒園詩話》卷一，《清

詩話續編》第二二四頁）

⊙詠物

詠物詩惟精巧乃佳，如少陵之詠馬詠鷹，雖寫生者不能到。至於晚唐，氣益靡弱，間於長律中出一二俊語，便囂然得名。然八句中率著牽湊，不能全佳，間有形容入俗者。如雍陶《白鷺》詩曰「立當青草人先見，行傍白蓮魚未知」，可為佳絕。至「一足獨拳寒雨裏，數聲相叫早秋時」，已成俗韻。此黏皮帶骨之累也。末句「林塘得爾須增價，況是詩家物色宜」，竟成打油惡道矣。鄭谷以《鷓鴣》詩得名，雖全篇勻淨，警句竟不如雍。如「雨昏青草湖邊過，花落黃陵廟裏啼」，不過淡淡寫景，未能刻畫。

黃白山評：鄭語正以韻勝，雍句反以刻畫失之。賀之評賞倒置如此！

樂天《鶴》詩：「低頭只恐丹砂落，曬翅常疑白雪消。」意態俱佳。然「轉覺鷺鷥毛色下，苦嫌鸚鵡語聲嬌」，亦不老氣也。至宋人謂詠禽須言標緻，祇及羽毛飛鳴則陋。此論亦僻，不足從。

黃白山評：此論是極意刻畫，翻墮惡道。至以鷺鷥、鸚鵡相比，益令人欲嘔，豈止不老氣而已。蓋鶴本清高之物，自不致以二禽反形也。（見《載酒園詩話》，《清詩話續編》第二二五～二二六頁）

智按：《池鶴二首》（其一）：「低頭乍恐丹砂落，曬翅常疑白雪銷。轉覺鸕鷀毛色下，苦嫌鸚鵡語聲嬌。」大和三年（八二九），五十八歲，長安，刑部侍郎。《白居易集箋校》第一八四〇頁。《載酒園詩話》，清初賀裳作。

⊙宋人議論拘執

宋人多不喜孟詩。嚴滄浪曰：「孟郊之詩刻苦，讀之使人不歡。」又曰：「憔悴枯槁，其氣局促不伸，退之許之如此，何耶?」《青箱雜記》曰：「白樂天『無事日月長，不羈天地闊』，此達者之詞也。孟東野『出門即有礙，誰謂天地寬』，此褊狹者之詞也。」蘇潁濱亦指此為「唐人工於為詩，陋於聞道」。東坡亦有《讀孟詩》曰：「夜讀孟郊詩，細字如牛毛。寒燈照昏花，佳處時一遭。孤芳擢荒穢，苦語餘詩騷。水清石鑿鑿，湍激不受篙。初如食小魚，所得不償勞。又似煮蟛蚏，竟日嚼空螯。要當鬬僧清，未足當韓豪。人生如朝露，日夜火煎膏。何苦將兩耳，聽此寒蟲號？不如且置之，飲我玉卮醪」。愚意東野實亦訴窮歎屈之詞太多，讀其集頻聞呻吟之聲，使人不歡。但跼天蹐地，《雅》亦有之，「終窶且貧」，《邶風》先有此歎。且尤不可與樂天比擬，樂天二十八而中春官，逾年即中書判拔萃，未幾又以賢良方正對策高等，由畿尉拜翰林兼拾遺，遷左贊善，始一貶江州耳。然猶官五品，月俸四五萬，寒有衣，饑有食，施及家人。才數年，復以州守入為尚書郎知制誥，除中書舍人。屢典名郡，東南山水之區，恣其遨游。又入為秘書監，太子賓客分司東都，刑部侍郎，領河南尹，改少傅，以尚書終。其於遇合可謂榮矣。東野窮餓，不得安養其親，五十始得一第，才尉溧陽，又困於秃令。此其身世何如，而與白較。旁觀者但聞人嬉笑，而遂責向隅者耶？二蘇皆年少成名，雖有謫遷之悲，未歷饑寒之厄，宜有不知此痛癢之言。且韓詩雖氣魄勝之，而深厚處不及，故有「吾願身為雲，東野變為龍。四方上下逐東野，雖有離別無由逢」之句。此老自云：「若世無孔子，不當在弟子之列。」豈輕於自貶者！

黄白山評：詩以言志，故觀其詩而其人之襟趣可知，苟戚戚於貧賤，則必汲汲於富貴。人品如此，詩品便為之不高。雖聲金石而詞錦繡，何足取哉！東野詩，余亦不甚喜，以為「陋於聞道」，誠然。賀君曲為回護，似若以其悲苦愁歎為當然者，可知賀亦褊狹之士矣。孟後及第，作詩云：「昔日齷齪不足嗟，今朝曠蕩思無涯。春風得意馬蹄疾，一日看遍長安花。」才獲一第，便爾志滿意得，如此尤為小器。若愈嘗作《送窮文》、《二鳥賦》，其逼窄狹隘之胸，正與東野相似，安得不引為同調！（見《載酒園詩話》卷一，《清詩話續編》第二五四～二五六頁）

⊙野客叢談

王勉夫《叢談》中多辨論，余獨喜其一則。樂天《長恨歌》「夕殿螢飛思悄然，孤燈挑盡未成眠」，或謂豈有興慶宮中夜不點燭，明皇自挑燈之理？王曰：「此所以狀宮中向夜蕭索之意，使言高燒畫燭，貴則貴矣，豈復有長恨意耶？」此言深得詩人之致，前説小兒強作解人耳。

黄白山評：白語誠失檢，勉夫與黄公終屬書生之見。（見《載酒園詩話》卷一，《清詩話續編》第二五六～二五七頁）

⊙張祜

樂天號為與物無競，乃致張祜坎壈終身，事雖成於元稹，要不能辭伯仁由我之譏也。祜自不能為徐凝俯首，何與於白，更何與於元？而泥令狐楚之薦乎？款頭詩，目連救母，藝林載為雅謔，安知不以其不為前輩少容而有意壓之？然宮體諸詩，實皆淺淡，即「故國三千里，深宮二十年」，亦甚平常，不知何以合譽至此！惟《金山寺》作真佳，祜自謂可敵綦毋潛《靈隱寺禪院》詩。余則謂正與王灣《北固山下》作並驅耳。結語稍淒，不能損價也。

黃白山評：此詩結語實不佳，第此韻字數甚窄，結語似為湊韻所苦，又當為作者致想耳。（見《載酒園詩話又編》，《清詩話續編》第三六九頁）

⊙歐陽修

歐公古詩苦無興比，惟工賦體耳。至若敍事處，滔滔汩汩，累百千言，不衍不支，宛如面談，亦其得也。所惜意隨言盡，無復餘音繞梁之意。又篇中曲折變化處亦少。公喜學韓，韓本詩之別派，其佳處又非學可到，故公詩常有淺直之恨。公嘗謂人曰：「吾《廬山高》惟韓愈可及。《琵琶前引》韓愈不可及，杜甫可及；《後引》李白可及，杜甫不可及。」《石林詩話》則曰：「吾詩《廬山高》，今人莫能為，惟李太白能之。《明妃曲》後篇，太白不能為，惟杜子美能之；至於前篇，則子美亦不能為，惟吾能之也。」二説聚訟，總可不論，大抵自矜，則斷然者矣。

黃白山評：宋人沾沾自喜，如夜郎之不知漢大，歐公盛德，亦不免爾爾。（見《載酒園詩話又編》，《清詩話續編》第四一一～四一二頁）

《唐詩摘鈔》

《湖心寺》

柳湖松島蓮花寺（花木裝點），晚動歸橈出道場。盧橘子低山雨重（相因句），棕櫚葉戰水風涼。（三四承首句）煙波澹蕩搖空碧，樓殿參差倚夕陽。（五六承次句）到岸請君回首望，蓬萊宮在海中央。

環堤植柳，曰柳湖；滿山皆松，曰松島；蓮花則寺之本色字。只此七字，三用花木裝簇濃至，便自引入勝地。以後接去一派渾是寫景，而結以云云，令人通身快樂，如在清涼國也。（《增訂唐詩摘鈔》卷三）

智按：詩題，集作《西湖晚歸回望孤山寺贈諸客》。

《春題華陽觀》

帝子吹簫逐鳳凰，空留仙洞號華陽。落花何處堪惆悵，（轉換）頭白宮人掃影堂。

一二作骨，本是「影堂何處堪惆悵，頭白宮人掃落花」，卻將四字換轉，後人從不曉此法也。（《增訂唐詩摘鈔》卷四）

《華陽觀中秋夜招友玩月》

人道中秋明月好，欲邀同賞意如何？華陽洞裏秋壇上，今夜清光此最多。（智按：此最，集作此處）

章法錯敘，以四句為二句。此詩順說，則云「人道中秋明月好」，況華陽洞裏云云，欲邀同賞，君意如何？卻將邀賞意說在前，後找出華陽觀，味便雋永，且第三句用實接，更覺渾健無比。（《增訂唐詩摘鈔》卷四）

《楊柳枝》

紅版江橋青酒旗，（本色點綴）館娃宮暖日斜時。可憐雨歇東風定，萬樹千條各自垂。

詠楊柳，未有不詠其舞風者，此獨從風定時著筆，另是一種風致。只寫景，不入情，情自無限。（《增訂唐詩摘鈔》卷四）

《一木堂詩麈》

對起，如……白居易「帝子吹簫逐鳳凰，空留仙洞號華陽。落花何處堪惆悵，頭白宮人掃影堂。」（智按：《春題華陽觀》）以一二句作骨。（《一木堂詩麈》卷一，《清詩話三編》第八七頁）

元白倡酬，了無深致。（《一木堂詩麈》卷二，《清詩話三編》第一〇二頁）

《杜詩說》

此詩（智按：《哀江頭》）半露半含，若悲若諷。天寶之亂，實楊氏為禍階，杜公身事明皇，既不可直陳，又不敢曲諱，如此用筆，淺深極為合宜。

善述事者，但舉一事而衆端可以包括，使人自得之於言外，若纖悉備記，文愈繁而味愈短矣。《長恨歌》今古膾炙，而《哀江頭》無稱焉。雅音之不諧俗耳如此！（《杜詩說》卷三，徐定祥點校本，第八七頁；《杜詩詳註》卷四《哀江頭》補注，中華書局標點本，第三三二～三三三頁）

《義府》

⊙鄭重

《漢書（王莽傳）》「非天所以鄭重降符命之意也」，師古云：「鄭重，猶頻煩也。」予謂顏訓是也。然得其意而未得其聲。蓋鄭重即申重（平聲）之轉去者爾。《三國志（夷翟傳）》：「國家哀汝，故鄭重賜汝好物。」《顏氏家訓》：「吾亦不能鄭重，聊舉近世切要，以啓寤汝耳。」此用鄭重字，皆與顏註合。至白居易詩：「千里故人心鄭重。」又「交情鄭重金相似。」《筆談》（沈括）：「他日試使人通鄭重，則閉門不納。」此又用為珍重之意，非本指也。（清指海

本《義府》卷下）

智按：黄生，原名琯，又名起溟，字扶孟，號白山。歙縣（今屬安徽）人。明季諸生，入清不出。精研音韻訓詁之學，留意詩學，著書頗富。有《三禮會籥》、《三傳會籥》、《字詁》、《義府》、《叶書》、《押韻便讀》、《一木堂詩文稿》、《詩矩》、《杜詩說》、《一木堂詩式》等，又輯有《唐詩摘鈔》、《植芝堂今體詩選》。

王鉞（一六二二～一七〇二）

《孝義歌效白樂天體》

啞啞樹頭烏，反哺當春陽。春烏豈有知，至性天所將。吳門嚴麟如，其字為文祥。九歲失慈母，哭泣輟水漿。伊父憐其苦，撫之增恓惶。誓言不再娶，惸獨相依傍。挈以如京邑，投親謀裹糧。豈料人情異，中道起炎凉。嚴子年雖少，有骨原激昂。奉父歸逆旅，菽水親供張。皇天降鞠凶，其父感寒傷。十月長安道，風驕雪正狂。薪米亦已艱，况復藥與湯。總髫垂髻兒，一一自趨蹌。至情動隣里，奉養亦未妨。所嗟時命薄，老父病郎當。露香禱上帝，願以身代償。上帝如不聞，五内痛徬徨。幼習故老言，割股格穹蒼。萬或有一效，敢復計深創。搡刀親從事，鬼神為惻愴。一割肉狼藉，再割血沱滂。三割魂魄動，志定氣逾强。裹瘡手炮炙，婉轉供親嘗。意謂格幽杳，至竟命荒唐。嚴親終不濟，天意故難量。可憐奇孺子，苦塊自紀綱。含殮與棺槨，事事並精詳。勺水不入口，七日杖而行。旁人哀立骨，孝子自摧腸。奇懷動五老，至德貫三光。峩峩承光主，東平最賢王。聞之深歎詫，此事邁尋常。收之窮阨中，置之子姪旁。死骨與再肉，奇情為闡揚。童也如益友，不阿亦不亢。乃知求忠義，必於孝子堂。人生有二親，離裹關天良。况復凛明訓，孝經大義煌。如何鮮民輩，終古浩茫茫。（《世德堂集》詩集卷四，《四庫全書存目叢書》影印清康熙四十年刻本）

智按：王鉞，字仲威，號任庵，諸城（今屬山東）人。順治十六年（一六五九）己亥進士，官西寧知縣。有《世德堂集》。

王弘撰（一六二二～一七〇二）

《山志》

《夢溪筆談》載，司馬相如敘上林諸水曰：丹水紫淵，灞滻涇渭，酆鎬潦潏，「八川分流，相背而異態」，「東注太湖」。舊註：「太湖，所謂震澤。」按八水皆入大河，如何得東注震澤。又白樂天《長恨歌》云：「峨嵋山下少人行，旌旗無光日色薄。」峨嵋在嘉州，與幸蜀路全無交涉。杜甫《武侯廟柏》詩云：「霜皮溜雨四十圍，黛色參天二千尺。」四十圍乃是徑七尺，無乃太細而長乎？防風氏身廣九畝，長三丈，姬室畝廣六尺九畝，乃五丈四尺，如此防風之身，乃一餅餤耳。此論雖似過刻，其實亦文之病也。（王勉夫獨謂不宜深泥，笑其用九章算法）（《山志》卷一，《續修四庫全書》影印清初刻本）

客有言未得見王摩詰真蹟者，余曰：摩詰《與裴迪書》曰：「近臘月下，景氣和暢，故山殊可過。足下方溫經，猥不敢相煩。輒便往山中，憩感配寺，與山僧飯訖而去。北涉玄灞，清月映郭。夜登華子岡，輞水淪漣，與月上下。寒山遠火，明滅林外。深巷寒犬，吠聲如豹。……露濕青皐，麥隴朝雊。斯之不遠，儻能從我遊乎。」此摩詰輞川圖也。昔人謂摩詰詩中有畫，不知文中亦有畫，特未見皴法耳。客大笑。余曰：又如白樂天《荔枝圖》云：「荔枝生巴、峽間，形狀團團，如帷蓋葉，如桂冬青華，如橘春榮實，如丹夏熟朶，如蒲桃核，如枇杷殼，如紅繒膜，紫綃瓤肉，瑩白如冰雪漿液，甘如醴酪。大略如彼，其實過之。如離本枝，一日色變，二日香變，三日味變，四五日外，香色味盡去矣。」此真畫出一幀荔枝也。客笑曰：「此畫何如摩詰?」余曰：「此亦精手畫工搨本也。纖細曲折，無不畢肖，第生動氣韻不及耳。」客曰：「狀草木者，亦有能得其生動氣韻者乎?」余曰：「嵇含《南方草木狀》云：『仰望渺渺，如插叢蕉於木杪，風至獨動，似舉羽扇之埽天。』又俞益期《與韓康伯牋》云：『步其林則寥郎，庇其蔭則蕭條，可以長吟，可以遠想。』庶幾耳。」客曰：「何謂也?」余曰：「今試倣樂天語圖荔枝，必無一筆不似，若倣此語圖檳榔，非高手必不能得其彷彿也。乃知形實語中，雖工非工；意含象外，以不似為似。今賞鑒家看畫，亦當作如是觀，而知者鮮矣。」客曰：「子論畫，實論詩也。」相與大笑而別。（《山志》卷六，《續修四庫全書》影印清初刻本）

智按：王弘撰，字文修，一字無異，號太華山史，華陰人。監生，博學工書，對書畫金石精鑒別。康熙十七年薦博學鴻詞，堅辭不就。世居華山，有讀易廬，著《易象圖述》、《山志》、《砥齋集》等。

范方（一六二二～？）

《答石五中書》

昨薄暮歸，燈下展讀翰教，纚纚纍數百言，知足下不肯遺棄蒭蕘，開誠獎許，非同虛譽，不佞私心自反，固執支離，實無一知，何足蒙此揄揚也，不敢當，不敢當，敝輯三種，領到前小兒曾傳台指，謂《聞疑》卷首附論文一條當删去，此語誠然。曩有示教者，亦如此云聽删，自不待言矣。但此書可删處甚多，自恨不能割愛，安得高明如足下，利刃披藤，爲一稱快乎？昔人以修改爲美談，所謂先生之風，環滁皆山，傳聞已久，又仕宦至將相兩句，業已謄真，送去復索原本來，無他修改，只添得兩而字妙甚。張文潛以五百金購得白居易詩本，其竄改塗乙，幾不存一字。又前明戊辰，曹允大稿緇雪子某序文云：余寓古寺中，允大訪余，案上見余詩文本，硃墨勾塗，幾不可辨，讀未竟，袖去。前哲苦心如此，可見脩餙須煩子羽，斷不可少，正如痼疾遇神手，以一匕瘳之，樂何如也。蒙索《聞疑》全稿，蓋此書已謄過十四部，其第十四部在通州黄百忍處存留，卒業俟取來呈覽，不□立雪誠求，非敢僞謙，垂槖捆載之説，所望於足下非淺鮮也，率覆不旣。（《默鏡居文集》卷三，《四庫禁毁書叢刊》影印清乾隆間刻本）

智按：范方，字令則。江蘇如臯人。有《默鏡居文集》。

笪重光（一六二三～一六九二）

《戲擬樂天放歌行》

人喜生男好，生男結姻苦不早。人知養女愛，養女嫁年索穿戴。富室繁華若自然，貧家莫怪多愁態。一重歡集一重悲，今生未了前生貸。掉脫鄉閭省牽累，也無兒婦無門婿（行書作「免呼兒婦添門婿」）。顛髩芟除著處安，東邊持鉢西邊憩。又防老大失依棲，衰疾誰爲供廩餼。波波碌碌搆庵居，出世還如出世未。嗟哉人生七尺身，生營子孫死營隧。聽汝精英不肯來（行書作「但聽精英不肯來」），不怕來而使聰慧。我爲君謀久長計，希夷且向空中寄。本無壁落任游行（壁，刻本作「壓」），休說仙班並果位（行書作「漫說仙班分果位」）。只待虛空隕碎時（隕，行書作「粉」），與爾虛空同一氣。（中國社會科學院文學研究所圖書館藏民國十四年橫山草堂刻本《江上詩集》卷二）

智按：北京故宮博物院藏紙本行書題作《擬白樂天放歌行》，落款：「丙寅孟夏，始青道人書于鷃笑齋。」丙寅為康熙二十五年（一六八六）。

《偶題》

銀箏玉柱拂晴霞，紅燭金尊照鬟鴉。不是潯陽江上客，莫將雙淚落琵琶。（《晚晴簃詩匯》卷二十六）

智按：笪重光，字在辛，號江上外史，晚改名蟾光，自號鬱岡真隱、始青道人。句容（今屬江蘇）人。順治九年（一六五二）進士，由刑部郎中轉湖廣道監察御史。以劾明珠、余國柱罷歸。鄭成功攻鎮江，重光縋城求援兵。事平，賜御書榜，然終未再仕。晚好道，善龔賢、張風、程邃等逸士。書、畫皆絕倫。詩不甚經意，而有閒曠之思。有《江上詩集》、《書筏》、《畫筌》。生平事迹見《清史稿》卷二八二、《國朝耆獻類征》卷一三三、《國朝書人輯略》卷二。

王撰（一六二三～一七〇八）

《夜宿山樓》

重重煙靄望中收，漁網參差古渡頭。木葉凋時孤雁遠，月華高處一橋浮。謝公屐冷山無恙，白傅船空水自流。話盡淒涼十年淚，秋風殘醉卧南樓。（《晚晴簃詩匯》卷二十七）

智按：王撰，字異公，號隨庵，太倉（今屬江蘇）人。王時敏第三子。年十三，為州學生。旋入太學，試十二次而不遇。自少不事生產，家以漸落，晚益貧困，日以篇章翰墨自理性情。工詩文。書學右軍，尤擅擘案，大字自謂波折體勢，有合古人，兼工行楷、八分。畫仿大癡，邱壑深層，小幅亦饒遠致，深得乃翁衣缽，為「婁東畫派」重要成員。曾與里中老友互聯道義，列入「婁東十老」之中。於先世遺著極意搜羅，整理其曾祖王錫爵、父王時敏詩文集。嘗自為《隨庵年譜》，詳述事迹，至六十九歲而止。他是「太倉十子」之中享年最久和最晚辭世者。生平見王寶仁《舊香居文稿》、竇鎮輯《國朝書畫家筆録》，以及《太倉州志》等。有《太倉王異公文集》不分卷稿本（北京故宫博物院藏）、《王異公詩稿》不分卷稿本（上海圖書館所藏）、《隨庵詩稿》一卷（中國國家圖書館藏），《太倉十子詩選》所録《三餘集》一卷，共收詩九三首，皆為順治十七年（一六六〇）前所作；上海圖書館藏清抄本《揖山集》十卷，北圖及上海黄裳先生所藏康熙王氏三餘堂刻本《揖山集》十卷等諸種。

徐倬（一六二四～一七一三）

《全唐詩録・白居易小傳》

居易字樂天，其先蓋太原人，後徙下邽。居易敏悟絶人，工文章。未冠，謁顧況。況，吳人，恃才，少所推可。覩姓名，熟視曰：「長安米貴，居大不易。」及讀其芳草詩，至「野火燒不盡，春風吹又生。」嘆曰：「吾謂斯文遂絶，今復得子矣。」貞元中，擢進士拔萃，皆中，補校書郎。元和元年，對制策乙等，調盩厔尉，為集賢校理。月中，召入翰林為學士，遷左拾遺。歲滿，當遷。帝以資淺，且家素貧，聽自擇官。居易請如姜公輔，以學士兼京兆户曹參軍以便養，詔可。明年，以母喪解還，拜左贊善大夫。是時盜殺武元衡，京兆震擾，居易首上疏，請亟捕賊，刷朝廷恥，以必得為期。宰相嫌其出位，不悦。俄有言居易母墮井死，而居易賦新井篇，言浮華，無實行，不可用，出為州刺史。中書舍人王涯上言，不宜治郡，追貶江州司馬。既失志，能順適所遇，託浮屠生死説，若忘形骸者。久之，徙忠州刺史。入為司門員外郎，以主客郎中知制誥，俄轉中書舍人。匄外遷，為杭州刺史。久之，以太子左庶子分司東都，復拜蘇州刺史，病免。文宗立，以秘書監召，遷刑部侍郎，封晉陽縣男。太和初，二李黨事興，險利乘之，更相奪移，進退毁譽，若旦暮然。楊虞卿與居易姻家，而善李宗閔，居易惡緣黨人升，乃移病還東都，除太子賓客分司。開成初，起為同州刺史，不拜，改太子少傅，進馮翊縣侯。會昌初，以刑部尚書致仕，六年卒，年七十五，贈尚書右僕射。宣宗以詩弔之，遺命薄葬，毋請謚。與弟行簡、從祖弟敏中友愛，東都所居履道里，疏沼種樹，搆石樓，香山鑿八節灘，自號醉吟先生，為之傳。暮節惑浮屠道尤甚，至經月不食葷，稱香山居士。嘗與胡杲等燕集，皆高年不事者，人慕之，繪為《九老圖》。居易於文章精切，然最工詩，頗以規諷得失，及其多，更下偶俗好，至數千篇，當時士人爭傳雞林，行賈售其國相，率篇易一金，其僞者相輙能辨之。初與元稹酬詠，故號「元白」。稹卒，又與劉禹錫齊名，號「劉白」。其始生七月，能展書，姆指「之」、「無」兩字，雖試百數不差。九歲暗識聲律，其篤於文章，蓋天稟然。敏中為相，請謚，有司曰：「文」。後履道第卒為佛寺，東都江州民為立祠焉。(《四庫全書》本《全唐詩録》卷五十八)

智按：徐倬，字方虎，德清（今屬浙江）人。康熙十二年（一六七三）癸丑進士，改庶吉士，授編修，官至禮部侍郎。有《應制集》、《蘋村集》。

毛奇齡（一六二三～一七一六）

《雙壽序（為陳隣軒翁并于太君）》

……天下聞翁名，爭欲一拜庭下，相為引重。鄉里之飲德而食利者，羣倚翁若屏蔽，則是虞翻功曹尊於會稽，參軍孫邵見重北海，非異事也夫？齒鄉不以爵禮也。香山居士居家時，其所與游皆長年不仕，世稱九老，翁非其數乎？……（《四庫全書》本《西河集》卷二十七）

《張賔門游西山記序》

記游之習有三：形摩險窄過於瑣屑類稗官家一，貪叙故實雜以沿革類方輿家二，自愬起居猥陋齷齪類簡札記簿家三，故白傅過洞庭無詩，而韓愈登華山未嘗為記，非無故也，京師以西山為名勝地，四方來京師者，必以游西山為愉快。當車輪馬蹄，搰撲塵埃中，得山青水碧，耳目開滌，誠亦甚善。第前此無佳文，一志名勝，而游其地者，不過唫詩數章，便稱能事，即偶有紀游，亦第如前之所為簡札記簿者，猥陋齷齪不可名狀。……（《四庫全書》本《西河集》卷三十四）

《范熊巖雜集總序》

……夫官制之不同久矣，考之節推之制，古無其官，而自宋以後，則歷明迄今，皆為要職，故蔡忠惠送劉總之甌江，即有曰司理之權，重於太守，而至如郡贊，則自昔輕之，故白傅記江州廳壁，且有等司馬之職於部從事者，今則不然。……（《四庫全書》本《西河集》卷三十五）

《琴溪合稿序（丁克揚別字琴溪）》

向與琴溪之伯氏論詩城西，琴溪方以舉進士走長安道上，未暇及也。暨琴溪筮仕懷印之下雋，始得竊讀其所為《楚中吟》者。夫以為吏之賾，當下雋之邑之敝，宜板稽簿責，惟日不給，而反從容焉，而為之賦詩，則其地之不足與有為，奚待計哉。第伯氏論詩，雅好刻覈，非備極幽拗，略一過不省，即未嘗動色稱嘆，而琴溪坦然獨行，澔澔然若決陂之灌河，曠然無所芥蔕於其詞，是豈履道之所為，務為可曉者與？乃琴溪為邑，與民休息，終以不善事督郵，投劾竟去。會兩湖用兵，荊岳之劃江而相抵者，合巴東上下，彊弩百萬，烽火照夜不徹，而琴溪以解組未歸，棲遲於武昌楊柳之間，目極晴川，喟焉嘆興，而又時時還下雋，與父老子弟，山川城郭，重道故舊，其流連賦詠，哀與怨併，讀其詩而見其志，與其所以遇也。今琴溪歸里，思彙其所著，若所稱前後《楚吟》，與《秋夢》、《旅愁》、《消夏》諸編，合為一集，而命予以敘。

夫履道任達，本無宦情，而感時觸事，隤然自放，嘗見之投閒置散之間。琴溪遇不及履道，而情文曠遠，往往相近。自夫論詩者好言初盛，遂致貞元、元和以後棄置不問，而昔有終身為詩，始悟《長慶集》之不易為者。夫從容游娛，易事雕飾，而有如造次當前，痌瘝未解，非大聲疾呼，即徑情自訴，而不諒者，猶欲以研練之詞責之。彼夫不病而呻者，謂之樂憂；病而不呻，而故為巧言令語以達之，謂之飾喜。樂憂與飾喜同一不倫，則向使伯氏而在，猶必以為琴溪所言，當有不出於履道而不可者，而況乎情之有相近耶。（《四庫全書》本《西河集》卷三十七）

《倘湖樵書序》

……考之稗官著作，原有二家：一則集事以資用，一則考義以資辨。故《黃覽》、《類苑》而後，在唐時名臣，集羣書北堂，作使事資。而白傅列陶家缾於書楹，區分門目，集所記，以資六科試帖之用，名曰《六帖》，此皆集事資用所自始。而王仲壬作《論衡》，則實創為考覈駁辨之文，以助談議，故後之為稗官家者，雜記之外，復有論説，如《筆談》、《叢書》、《隨筆》、《友議》諸書，每可為談議所藉，如所稱考義資辨者，而是書兼而有之，類事而無方，比義以廣異，此誠伐山之能事，折竹所未逮也。……（《四庫全書》本《西河集》卷三十七）

《周千仞八十壽序》

予與千仞先生，戚也而為友，少試於杭，每千仞其兄，而平山其弟記曰：「十年以長，則兄事之。」予之兄先生，與平山之兄予，皆以是也。乃十年以前，予為其尊大人稱期頤之觴，爾時先生宦高要也。予自視既非盛年，而高要君以杖國之歲，棲遲嶺表，往往於稱觴之次，拜而思之。今予請假歸，而先生巋然以八十大耋，張弧於庭。在昔香山居士作九老之會，東都故人無復存者，司馬温國會耆英於洛，則但敘官閥，而故人未仕者，又不得與。予年近七十，舊交尚在梓里，諸賢幸不以出處相間，而尚齒之會至今未逮。先生與平山伯仲，把臂入林，早已與邑中耆德時會於幹山之麓，以樂嬴年，然則其年可量乎？予將持一觴以自厠於諸賢之間矣。（《四庫全書》本《西河集》

卷四十）

《李侍讀卧象山人集序》

……昔元稹在長慶中，與白傅齊名，其為文無以大加於時人，而當時推之，上自王公，以下逮妾婦、牛走，無不誦習，其所為甚有假其文以賣於市者。……（《四庫全書》本《西河集》卷四十六）

《五雲唱和篇序》

《易》曰：方以類聚。《詩系》曰：才人當叔伯，而予汝以興。故白傅守杭，元九為越州觀察，始製詩筒。而涪翁與眉山，則各以著作為丹禁詞官，因之有蘇、黄唱和之作。蓋吹律用同，而躍劍當合，理固然也。……（《四庫全書》本《西河集》卷四十八）

《唐七律選序》

……是以宋襲長慶，元襲大曆，嘉、隆襲開、寶，皆欲遞反舊習，而自趨流弊，翻就污下。彼不讀書者，每稱吾為宋、元，不為三唐，則蘇、陸、虞、趙、高、楊、張、徐，原深論唐詩，極為趨步，其言不足道，而即矯枉之徒必欲張元、白以表宋、元，揚王、杜以祖何、李，皆不必然之事也。……（《四庫全書》本《西河集》卷五十三；清康熙四十一年序刊本《唐七律選》卷首）

《何使君九日龍山張别記》

……昔鄧攸去吳興，與父老子弟連舟並行，話别三日。而白傅去蘇與杭，則張之武丘之路，湖水之濵，其一時流連之情，皆形諸詠歌，而見之記載。……（《四庫全書》本《西河集》卷六十四）

《慈雲灌頂法師開堂碑記》

嘗避地少林，繙三藏文，知釋有三學，原具禪與教與律三家，而近崇禪學，第守臨濟一棒喝，而教與律無傳人焉。考之摩騰入中國，馱經以隨，而八代高坐，如鳩魔羅什輩，皆以闡繹文字為唱導宗師，即西來面壁後，亦復有圭峰論學，舍天龍一指而修十六觀經者，然則三學之必有藉於教也，審矣。是以兩浙名山，三宗悉備，如靈隱為禪，上竺為講，靈芝為律，類所至比比，而至於慈雲舊刹，則初祖大休觀公，應李鄴侯相國之請，以講宗為開山一代，而次祖寰中空公，則白傅為刺史時，實延繼之，蓋禪宗也。洎三祖普濟覺公，則律宗。……（《四庫全書》本《西河集》卷七十）

《古今無慶生日文》

古有賀生文，無慶生日文。……以諸侯朝王而曰「以介眉寿」，《江漢》以方伯征伐而曰「天子萬壽」，《閟宫》以祭廟述祖德而曰「俾爾壽而富」，《楚茨》、《信南山》以祀田祖禱歲而曰「壽考萬年」，曰「曾孫壽考」，並與生日無與焉。即或實以引年加禮，如六十杖鄉，七十杖國，六十養於國，七十養於學，類或自為宴會，以私誌慶幸，如唐白傅作香山九老社，宋宋琪輩有至道九老社，以及文彥博有耆英會，司馬温公有真率會，類要皆重年歲，不重生日。……（《四庫全書》本《西河集》卷一百二十三）

《白雪紅梅詞限韻仿長慶體和枚臣》

雪裏誰歌白雪詞，紅梅開得似胭脂。雪花堆在梅花上，半是桃枝半李枝。

白雪紅梅有慢詞，梅如紅粉雪如脂。慢言霧幛遮華燭，慢道冰綃裹荔枝。

春來隻唱雪梅詞，不唱歡聞阿得脂。誰道石家綾幔裏，珊瑚擎出一枝枝。（《四庫全書》本《西河集》卷一百四十二）

《敬製仁孝皇后孝昭皇后輓歌詞十四章序》

……雖前人哀體，多用短章，唐世輓詩率皆五律，顧白傅之輓元相，亦用七言，即江淵之哭宣妃，僅成兩韻。……（《四庫全書》本《西河集》卷一百四十三）

《戲聯白傅題東武丘寺詩有序》

閉旅寺孤游，一日如一歲，寺僧童妙喜，敏姿而效吟倣，初學八比法，舉粘壁白居易《題東武丘寺》六韻，回互起對，為上下偶，雖稍訂童句，故亦童粉本耳。武丘，虎丘也。

香刹看非遠（自呼白句），靈丘到自遥（童對）。龍蟠松矯矯（童呼白句），虎去路蕭蕭（自對）。怪石千僧坐（自呼白句），寒峰七級摇（童對）。海當亭兩面（童呼白句），池以劍圍腰（自對）。酒熟憑花勸（自呼白句），臺荒恨草銷（童對）。寄言軒冕客（童呼白句），勿忘此招邀（自對）。

化徑行還近（童起），祇園入始深（自對白句）。金生蓮片片（自起），玉立竹森森（童對白句）。寳殿三車會（童起），靈池一劍沉（自對白句）。塔懸天外目（自起），山在寺中心（童對白句）。講下呼龍聽（童起），詩成倩鳥吟（自對白句）。慢尋蓬島去（自起），此地好抽簪（童對白句）。（《四庫全書》本《西河集》卷一百五十）

《陪天童鐸菴兩和尚立雪齋雨集食桃時天童有食桃之問予不能答用長慶體和韻即事》

設食香林養大慈，何期得遇道安師。同來白雪巖邊坐，正是黄梅雨過時。山葛覆肌涼未解，冰桃到口味方知。當前不會無生法，欲下般籤遲又遲。

空亭高坐為宣慈，況對人天兩國師。豈是可中纔過午，曾經大内住多時（天童曾住大内萬善殿故云）。雨來拂面空相覿，雪後探心了不知。秪為伊蒲香供好，綏桃在手食嘗遲。（《四庫全書》本《西河集》卷一百七十五）

《參上人枉示詩集並較定古本〈大學〉戲作長慶體酬意》

新雲百迭上衣裾，笑解花函拂蠹魚。瑤瑟已成湯惠句，石經仍作蔡邕書。敢言釋教通儒教，自演三車得五車。白馬未來麟册啓，須知此際有真如。（《四庫全書》本《西河集》卷一百七十七）

《贈天童曉公和韻仿長慶體》

金粟山頭早化身，杯浮千里渡來新。傳心自許終歸漢，譯字何須更入秦。海上逢師俱在客，座中念佛是何人？可憐不識東山路，花落花開幾度春。（《四庫全書》本《西河集》卷一百八十一）

《西河詞話》

⊙古樂府語近詞

白樂天《花非花》詩，唐人《醉公子》詞，長孫無忌《新曲》，楊太真《阿那曲》，自是詞格。他若回鶻、石州、阿彈廻、廻波樂、烏鹽角、鷃濫堆、水調歌頭諸名，俱是樂府。然其語有近詞者，則亦可以詞名之。如隋帝《望江南》，徐陵《長相思》，初亦何嘗是詞，而句調可填，即為填詞。由是推之，則梁武《江南弄》諸樂，以及鮑照《梅花落》，陶弘景《寒夜怨》，徐勉《迎客》、《送客》，王筠《楚妃吟》，梁簡文《春情》，隋煬《夜飲朝眠曲》，皆

謂之古詞，何不可哉？（卷一，《詞話叢編》第一册，第五七〇～五七一頁）

⊙張也倩集唐詞

姑蘇周五郎，巷貨郎，貨紙團扇者。晨起，有道士乞食過門，貨郎匄書扇，道士書數扇去。其一《菩薩蠻》詞，是集唐者，詞曰：「玉樓明月長相憶（温庭筠），侍兒扶起嬌無力（白樂天）。不語欲魂銷（李恂），雲鬟裊翠翹（魏承班）。抱琴時弄月（李白），皓腕凝雙雪（韋莊）。何處最相知（牛嶠），爇香私語時（毛熙震）。」觀者異之，但不得道士所在，或疑道士為女冠賦此，觀詞中「玉樓」、「翠翹」、「抱琴」、「爇香」，俱類女冠，可見。或曰此非道士詞，考《花間集》，爇香本作竊香，女冠與竊香微不合。後有人從吴淞歸，云此詞係海上張也倩作也。倩號梅禪道人，有刻集，其未刻集中載此詞，未知是否。（卷一，《詞話叢編》第一册，第五七五頁）

⊙和李夫子上元詞

康熙己未上元夜，予尚依内閣學士李夫子宅。夫子方出閣，招予至東華門舊宏文院夜飯，觀燈歸第。夫子當夕製《上元觀燈曲》，予依韻和之。次日，舍人汪蛟門録予詞，詣梁尚書請觀。值尚書作勝會，設席於猪市對門王光禄宅，有内務府供奉太倉王生、無錫陸生、陳生，攜笙笛在座。其時薦舉來京者，惟施愚山大糸，陳其年、高阮懷兩文學，赴召請到門。尚書立命具小輿招予，酒再巡，二生遞歌。王生把笛，演舊清曲畢，尚書命二生歌予詞，使王生以笛倚之，倜儻嘹喨，一坐皆竦聽。尚書大悦，因問笙笛必有譜，此無譜而能倚曲，何耶？王生曰：「善歌者以曲為主，歌出而譜隨以成。不善歌而斆歌者，欲竊其歌聲，則以譜為主，譜立而曲因以定。」尚書曰：「有是耶？然則今所歌者，其歌聲已歇矣，君尚能依其聲立一譜乎？」曰：「何不可？」次日，王生就昨所歌者，竟定一笛色譜，尚書命他僮就笛按聲，與昨歌無異。因嘆息謝去。尚書者，真定相公梁夫子也，時為司農有年矣。後予臨入館，執摯門下。特是詞倉卒凑趚，極不愜意，不知夫子何以見賞如此。益信李白《清平調》詞、白樂天《桂華曲》，原不必佳也。……（卷二，《詞話叢編》第一册，第五八三～五八四頁）

《西河合集・詩話》

《水調歌》五疊是五首，《伊州》三疊是三首，非一首而唱三遍也。觀白樂天《聽水調歌》詩，有「五言一遍最殷勤」句，注云：「第五疊乃五言調，調韻最切。」則以前四首皆七字四句，後一首獨五字四句，故云然。今所傳唐樂府可驗也。信此，則《陽關三疊》，當時必有續王維一首而作三首者。後人以「腸斷陽關第四聲」句，謂是上三句疊唱，下一句單唱，可笑之甚。其所云「第四聲」者，以第四句獨調苦耳。且一疊即一遍，如《霓裳曲》散序六遍、破十二遍類。近代琴曲有《陽關三疊》，竟以一字一句疊作唱聲，如「渭城渭城」、「朝雨朝雨」，陋之陋矣。（《四庫全書存目叢書》本卷二，集部第四二〇册，第五二四頁）

唐樂人歌《桂華曲》，亦法曲之一，其詞係白樂天所作。樂天每有詩云：「桂華詞意苦丁寧。」謂其曲韻怨切，動能感人，初不知其詞如何。及考其詞，甚俚鄙。如云：「月中幸有閒田地，何不中央種兩株。」是底語！先子嘗論樂，謂此詩本詠吳城桂三首之一。前二首但傷名材多棄地耳，此一首則有風朝廷應用賢意。觀此，則「月中」二句，正是佳語，且恍然悟風人之旨，即唐樂府猶然，今人昧此矣。樂天《聽唱桂華曲》落句云：「此是世間腸斷曲，莫教不得意人聽。」按樂天時為蘇州守，所云「不得意人」，正自指外調不見用，故云然。然則先子所論，概可據耳。（《四庫全書存目叢書》本卷二，集部第四二〇册，第五二五頁）

白樂天《竹枝詞》云：「江畔何人唱竹枝，前聲斷咽後聲遲。怪來調苦緣詞苦，此是通州司馬詩。」樂天善歌，每識歌法，觀第二句，則長年唱和之法盡之矣。其以調與詞分二端，亦屬歌法。所謂善歌者須得詩中意耳。樂天又有《問楊瓊》詩云：「古人唱歌兼唱情。」即此意。（《四庫全書存目叢書》本卷二，集部第四二〇册，第五二五頁）

杭州錢塘湖中有一堤，穿於湖心。作志者初稱白堤，後稱白公堤，謂白樂天為刺史時所築。及讀樂天《杭州春望》詩有云：「誰開湖寺西南路，草緑裙腰一道斜。」則並非白築，未有己所開堤而反曰誰開者。且詩下自注云：「孤山寺路在湖洲中，草緑時望如裙腰。」是必前有此堤，而故注以證己詩，其非初開可知也。是以張祜詩云：「樓臺映碧岑，一徑入湖心。」其詩不知何時作。但樂天出刺杭州，在長慶末，而陸魯望每推祜為元和詩人，則此堤非長慶後始築，斷可知者。嘗考此堤名白沙堤，樂天《錢塘湖春行》有云：「最愛湖東行不足，緑楊陰裏白沙堤。」則意此堤本名「白沙」，或有時去「沙」字單稱「白堤」，而不幸「白」字恰與樂天姓合，遂誤稱「白公」。觀有時去「白」字，單稱「沙堤」，如樂天又有詩云：「十里沙堤明月中。」是一「沙」一「白」，遂多誤稱。而不知白堤不得稱「白公堤」，猶沙堤不得稱「宰相堤」也。杭志極荒唐，至錢塘湖諸志，則尤荒唐之至者，此第一節耳。（《四庫全書存目叢書》本卷三，集部第四二〇册，第五三七頁）

白樂天工聲呂，故詩中每寓歌格、舞法。如《霓裳羽衣舞曲》，此世人所最難響象者。樂天有《答微之霓裳羽衣譜歌》一首，仿拂有舞法存乎其中，如云「我昔元和侍憲皇，曾陪内宴宴昭陽。」謂陪憲宗皇帝內宴，在昭陽殿也。又云「舞時寒食春風天，玉鉤欄下香案前。」謂舞時及舞地也。又云「案前舞者顔如玉，不著人家俗衣服。」謂换衣也。然舞者祇一人。又云「虹裳霞帔步搖冠，鈿瓔累累佩珊珊。」謂著舞衣畢也。「虹」與「霓」同，「虹裳」即「霓裳」，蓋青紅相間如虹然，霞只紅色。不言羽衣者，羽白色，在所略耳。于是上覆瓔珞，下繫環珮。又云「娉婷似不任羅綺，顧聽樂懸行復止。」謂舞者入鉤欄時，先有唱舞曲者，將合樂，而舞人且視且聽，行而復止，若不勝羅綺然。然未舞也。又云「磬簫箏笛遞相攙，擊擫彈吹聲邐迤。」謂爾時和者，為編磬、單簫、竪箏、横笛四器，以法曲初作，眾樂来齊，唯金石絲竹，次第如此。又云「散序六奏未動衣，陽臺宿雲慵不飛。」謂将舞，曲歌至六首，皆散序無拍，故不舞。蓋舞必有節，與曲中拍序相應。「六奏」一作「六么」，「么」亦遍也，六遍即六首。又云「中序擘騞初入拍，秋竹竿裂春冰裂。」謂中序有拍擘騞，拍聲如折竹裂冰然。蓋舞曲有散序，有拍序，此拍序也。或曰：拍者，句拍，一句一拍。拍序者，序拍以次按拍。又云「飄然轉旋回雪輕，嫣然縱送游龍驚。」謂于是忽然而舞，旋如廻雪，縱若驚龍。「旋」，去聲。此驟聞拍而忽起舞者。又云「小垂手後柳無力，斜曳裾時雲欲生。」謂横直上下舞之，初態如此，然猶未放也。又云「煙蛾斂略不勝態，風袖低昂如有情。」謂面端寄意，衣中見情。又云「上元點鬟招萼緑，王母揮袂別飛瓊。」謂舞至放時，或點鬟，或揮袂，皆有故事。又云「繁音急節十二遍，跳珠撼玉何鏗錚。」謂舞曲至趨了時，煩音促節，凡歌十二首，共十二遍，其聲如跳珠，如撼玉，鏗鏗錚錚，舞亦如之。又云「翔鸞舞了卻收翅，唳鶴曲終長引聲。」謂歌了舞亦了，舞者如翔鸞已收翅矣，而歌者尚如唳鶴聲来已也。凡曲将畢，皆止如槁木，惟《霓裳》之末，長引一聲而後止。又云「由來能事皆有主，楊氏創聲君造譜。」謂《霓裳羽衣曲》本開元中西涼節度使楊敬述所進，當時所稱《婆羅門曲》是也。「君造譜」者，指微之也。惜微之譜歌，原唱不傳，不得其詳。然即此一詩，亦大概可見乃爾。（《四庫全書存目叢書》本卷五，集部第四二〇册，第五五〇頁）

同年陸義山寓會城陳子襄宅，予過之。時吴寶崖、孫嘯夫在坐，謂近學宋詩者，皆以唐詩為籠統，不若宋人寫情事暢快，真不可解。適子襄宅屏聯書「文章舊價留鸞掖，桃李新陰在鯉庭」句。予即顧之曰：「此唐楊汝士詩也。亦知是詩所由賦乎？當寶曆中，楊嗣復領貢舉，值其父於陵僕射自東洛入覲，嗣復率門生迎父潼關，開宴於新昌里第。時元、白俱在坐，請即席賦詩，及汝士詩成，元、白見之皆失色，當時所謂『壓倒元、白』是也。夫只此二句，不過一修飾唐律，何便使元、白折服，傳為話柄？正以當時情事紆曲難道，且欲於聲律中概括簡盡，則此二句未易矣。假令是題倩學宋者再賦之，丈人在堂，賓客在牖，門生兒子，前拜後拜，當不知作幾許惡態！而謂唐人慣籠統，不識何等！」（《四庫全書存目叢書》本卷六，集部第四二〇册，第五六二頁）

劉長卿與錢起齊名，錢不及劉遠甚，而劉似甘之。觀劉自言曰：「李嘉祐、郎士元，豈得與我齊名耶？」以當時原有劉、郎、錢、李之稱，而劉辭郎、李而獨不及錢，則其甘之可知也。若白居易與劉禹錫齊名，又與元稹齊名，當時有《劉白集》，又有《元白長慶集》，而白並不辭，世亦疑之。予謂夢得與樂天原可肩併，元則卑劣抑下矣。白豈不自知，而甘與頡頏。蓋其時丁開、寶全盛之後，貞元諸君皆怯於舊法，思降為通俗之習，而樂天創之，微之、夢得並起而效之，故樂天第喜其德鄰之廣，而不事較量。然猶自言曰：「每被老元偷格律，苦教短李伏歌行。」則亦若有不甘於並名者。夫既創斯體，已置身升降之際，使能者為之，不過舍謐（密）就疏，舍方就圜（圓），舍官樣而就家常；而自不能者效之，則卑格貧相，小家數，驅儈氣，無所不至。幸樂天才高，縱卑貧小巧，而意能發攄，力能搏捥，才與氣能克斥布濩，而所在周給。老元短李，又何能為！白所自言，固審耳。（《四庫全書存目叢書》

本卷七，集部第四二〇册，第五六六～五六七頁）

唐人七字詩，每句必四字一住，此不易之法。……如杜甫「且看欲盡」、「莫厭傷多」，雖直下不斷，而仍自可斷。自元和以後，競作變調，白傅稱變之尤者，然其七字句猶是舊法。即狡儈如「就荷葉上包色鮓」、「榮先生老何妨樂」，仍不能變。惟有「聲早雞先知夜短」、「大屋檐多裝雁齒」，則直以「聲早」一住，「大屋檐」一住，則「先知」、「多裝」自不能以「先」、「多」站足，以爲大巧。然此成何語？以爲此佳詩乎？白傅生平道佳處並不在此，且其七字句，亦偶以此為，萬中一見……（《四庫全書存目叢書》本卷七，集部第四二〇册，第五六九～五七〇頁）

白樂天《贈龍華寺主家小尼》詩結句：「應似仙人子，花宮未嫁時。」自注云：「郭代公愛姬薛氏，幼嘗為尼，小名仙人子。」此是以本朝故實用入詩句，故注之。後見類書，有「愛姬為尼」一條，注云：「郭代公愛姬為尼，名仙人子。樂天嘗贈以詩。」竊甚怪之。樂天安能與代公周旋耶？及見本集，則以此注注題下，不注詩下，遂疑此注是題中之注，遂以仙人子為即龍華小尼，故曰樂天曾贈詩，誤矣。且代公愛姬是初為尼而後為姬者，故曰：「花宮未嫁時。」謂此小尼可以比未嫁代公時之仙人子耳。若云「愛姬為尼」，則先姬後尼矣，小尼安得作姬，過耶！（《四庫全書存目叢書》本卷八，集部第四二〇册，第五七六頁）

智按：《龍花寺主家小尼》詩云：「頭青眉眼細，十四女沙彌。夜靜雙林怕，春深一食飢。步慵行道困，起晚誦經遲。應似仙人子，花宮未嫁時。」長慶二年（八二二），五十一歲，長安，中書舍人。《白居易集箋校》第一二九四頁。

《古今通韻》

元微之《春游》詩。寒部有「散」字（原注：酒戶年年減，山行漸漸難。欲從心懶慢，轉恐興闌散）。考宋韻俱無有，惟《增韻》有之，其注引此詩為據，稱白樂天詩。後見同官檢討朱氏（原注：竹垞名彝尊）云：曾見樂天手書石刻，係宋錢穆父刻於越郡蓬萊閣下者，凡十九行，草書，前有寄元札。《春游》題下有「寄元八相公」數字，言之鑿鑿。但予按，是詩中有「稽山鏡水」語（原注：鏡水波猶冷，稽峰雪尚殘。不能辜物色，乍可愛春寒），細繹之，似屬元作。是時白在吳，元在越，白未東渡，安有遠指越中山水寫游情者？此必錢刻時誤增數字，傅會樂天，未可知也。若元（微之）集《春游》題下注云：「此篇乃樂天所書，錢穆父在越，填刻於蓬萊閣下，今亡矣。」則錢刻亦但言樂天書，未嘗言樂天作，不知檢討所見者又何本耳。（原注：此斷是元詩，非白詩，不特詞義不合，即以韻押考之，元詩好用去聲字入平韻，如此部「散」字、「判」字，灰部「怪」字，刪部「訕」字，咸部「鑒」字，俱三聲字，雖排律用三聲者少，而元獨有之。以此知斷屬元詩，非白詩也。第三，唐以前極多三聲，必如晁增字，則不勝增矣。其説見東部及各部韻首）（《四庫全書》本卷四）

……宋人韻學專為試事而設，然好增古讀別音字，與唐人皮、陸、韓、盧、元、白搜列僻韻、爭尚生撰者，風氣又別。即一押類，而唐宋兩時各隨時圜轉如此。（《四庫全書》本卷四）

……唐韻多於宋韻不可計數，但偶然不押及，便無從蹤跡耳。觀唐人用韻，稍廣如韓、柳、元、白、皮、陸輩，即有如許韻字在宋韻之外。……（《四庫全書》本卷五）

宋韻麻部俱無佳字，唐詩有之。按，公乘億《賦得秋菊有佳色》（原注：陶令籬邊菊，秋來色自佳。翠攢千片葉，金剪一枝花），是六韻律，係唐時試題，當時所稱官韻者。若劉禹錫《送蘄州李郎中》（原注：楚關蘄水路非賒，東望雲山日夕佳），是七律，分明皆律韻中字。至杜甫《喜晴》（原注：皇天久不雨，既雨晴亦佳。出郭眺四郊，蕭蕭增春華）、白樂天《擬陶詩》（原注：坐愁今夜醒，其奈秋懷何！有客夜叩門，言語亦何佳）、元稹《和東川李相公慈竹》（原注：峻節高轉露，貞筠寒更佳。託身仙壇上，靈物神所呵），雖係古體，然亦歌、麻相通字耳。他若杜甫《柴門》詩，則佳、麻合用，其為麻部字更瞭然矣。不知者，妄謂今韻即唐韻，今《廣韻》及《禮部韻集》韻俱無此字，然則唐詩非耶？（《四庫全書》本卷五）

智按：毛奇齡，原名甡，字大可，一字于一，又字齊于，別號河右，又號西河，又有僧彌、僧開、初晴、秋晴、晚晴、春莊、春遲諸號，蕭山（今屬浙江）人。諸生。康熙十八年（一六七九）己未召試博學鴻詞，授檢討。有《西河集》。

毛奇齡（一六二三～一七一六）等

《唐七律選》

樂天為中唐一大作手，其七古五排，空前掩後，獨七律下乘耳，然猶領袖元和、長慶間，寶、太以後竊脂乞澤者，越若干年亦文豪也，若同時倡和，爭相摩仿，終不得似。此如東家效西家，才分懸遠。老元、短李，久在下邽嗤笑中矣，但黃鐘大呂鏗鍧已久，既降細響，則蝸吟蚓呻，自所不免，兹擇其於卑格貧相、小家數、駔儈氣不甚浸淫者，備録於篇，以厭時好之目，善讀者察之。

《八月十五日夜禁中獨直對月憶元九》

銀臺金闕夕沉沉，獨宿相思在翰林。三五夜中新月色，二千里外故人心。渚宮東面煙波冷，浴殿西頭鐘漏深。（色相雖變，猶饒聲勢。）猶恐清光不同見，江陵卑濕足秋陰。

《池上閑詠》

青萍（智按：集作莎）臺上起書樓，緑藻潭中繫釣舟。（對起，猶是舊法。）日晚愛行深竹裏，月明多上小橋頭。暫嘗新酒還成醉，但（智按：集作「亦」）出中門便當遊。（巧笑識卻有意趣。）一部清商聊送老，白鬚蕭颯管弦秋。

《酬贈李煉師見招》

幾年司諫直承明，今日求真禮上清。曾犯龍鱗容不死，欲騎鶴背覓長生。（此必白為拾遺後作，或云煉師嘗為諫官以事去者，則不宜稱煉師，且五六不合，其說非是。）劉綱有婦仙同得，伯道無兒累更輕。若許移家相近住，便驅雞犬上層城。（言欲赴招也。）

《題新居寄元八》（元八是元宗簡侍御，非微之也，俗改八作九，誤矣。）

青龍岡北近西邊，移入新居便泰然。冷巷閉門無客到，暖簷移榻向陽眠。階墀寬窄才容足，牆壁高低粗及肩。誰似（智按：集作「莫羡」）昇平元八宅，栽花種柳傍林泉。(智按：集作「自思買用幾多錢」)(清境兼到，並饒氣調。)

《得微之到官後書備知通州之事悵然有感因成四章》(今録第二首)

匼匝巔山萬仞餘，人家應似甑中居。寅年籬下多逢虎，亥日沙頭始賣魚。衣斑梅雨長須熨，米澀畬田不解鋤。(語生調澀，仍是失拈。始知初盛沿習，雖中晚未嘗改也。)努力安心過三考，已曾愁殺李尚書。[李實尚書曾貶此州身死。](結又闌入小家數矣。)

《酬元員外三月三十日慈恩寺相憶見寄》

悵望慈恩三月盡，紫桐花落鳥關關。誠知曲水春相憶，(一句賦題，有法。)其奈長沙老未還。赤嶺猿聲催白日(一作白首，與結犯，誤)，黄茅瘴色換朱顔。誰言南國無霜雪，盡在愁人兩鬢間。(故作一宕，便成佳語，唐人多有此。)

《妻初授邑號告身》

弘農舊縣授新封，鈿軸金泥誥一通。我轉官階常自愧，君加邑號有何功?(只見女齷齪語，妙在□習，且原有書卷，非庸筆可□噸也。)花箋印去排窠濕，錦卷裝來耀手紅。倚得身名便慵懶，日高猶睡緑窗中。(解頤處不厭輕薄。)

《夜歸》

半醉閑行湖岸東，馬鞭敲鐙轡瓏驄。萬株松樹青山上，十里沙堤明月中。樓角漸移當路影，潮頭欲過滿江風。(景次之細，身歷始解。)歸來未放笙歌散，畫戟門開蠟燭紅。

《杭州春望》

望海樓明照曙霞，護江堤白蹋晴沙。濤聲夜入伍員廟，柳色春藏蘇小家。紅袖織綾誇柿蒂，(自注：杭州出綾柿，蒂花者尤佳。)青旗沽酒趁梨花。(自注：其俗釀酒趁梨花時熟，號為梨花春。)誰開湖寺西南路?草緑裙腰一道斜。(自注：孤山寺路在湖洲中，草緑時望如裙腰。)

據此詩及自注，則湖洲中一堤，本舊時有之，而不知所始，故曰「誰開」，且自注如此，未有樂天開此堤而反曰「誰開」，且加一注腳者。今西湖諸志皆稱為樂天所築堤，誤矣。按，樂天在長慶末始出刺杭州，而張祜早有詩云「樓臺映碧岑，一徑入湖心。」(智按：見張祜《題杭州孤山寺》。映，原作

「聳」）陸魯望每推祐元和詩人，則此堤非長慶後築，斷可知者。又考此堤名曰白沙堤，樂天《錢塘湖春行》有云「最愛湖東行不足，緑楊陰裏白沙堤」，則必以「白沙」偶去「沙」字而單稱「白堤」，遂誤認白築，然有時去「白」字而單稱「沙堤」，如樂天詩「十里沙堤明月中」，不得謂此堤為宰相築也。故作杭志者，當稱「白沙堤」。或稱「白堤」，或稱「白公堤」，便誤耳。

智按：參見《西河合集·詩話》卷三。

《西湖晚歸回望孤山寺贈諸客》

柳湖松島蓮花寺，晚動歸橈出道場。盧橘子低山雨重，棕櫚葉戰水風涼。煙波澹蕩搖空碧，樓殿參差倚夕陽。到岸請君回首望，蓬萊宮在海中央。

《春題湖上》

湖上春來似畫圖，亂峰圍繞水平鋪。松排山面千重翠，月點波心一顆珠。碧毯線頭抽早稻，青羅裙帶展新蒲。（物態新出。）未能拋得杭州去，一半句留是此湖。（萬千讚歎，盡此二句。）

《西湖留別》

征途行色慘風煙，祖帳離聲咽管弦。翠黛不須留五馬，皇恩只許住三年。緑藤陰下鋪歌席，紅藕花中泊妓船。處處回頭盡堪戀，就中難別是湖邊。

此首刻意作初唐調，不事佻子，觀首二句便見。

「未能拋得杭州去」，以遲回見留意；「皇恩只許住三年」，以促速見留戀。才人用意，兩面皆見，故妙。

《早發赴洞庭舟中作》

閶門曙色欲蒼蒼，星月高低宿水光。棹舉影搖燈燭動，舟移聲拽管弦長。（又是一景界，蘇杭名勝，舊云不得刊置他處是也。）漸看海樹紅生日，遥看包山白帶霜。出郭已行十五里，唯銷一曲慢霓裳。（與頸句不複者，彼寫舟馳，此形曲慢也。）

《村居寄張殷衡》

金氏村中一病夫，生涯濩落性靈迂。唯看老子五千字，不蹋長安十二衢。藥銚夜傾殘酒暖，竹床寒取舊氈鋪。（以貧相寫貧事，幸句練有氣，其降于杜者，尚咫尺耳。）聞君欲發江東去，能到茅庵訪别無？

《府中夜賞》

櫻桃廳院春偏好，石井欄堂夜更幽。白粉牆頭花半出，緋紗燭下水平流。閑留賓客嘗新酒，醉領笙歌上小舟。舞袖飄揺棹容與，忽疑身是夢中游。

此類宋元詩修染一種，亦令人細腰也。

《春晚詠懷贈皇甫朗之》

豔陽時節又蹉跎，遲暮光陰復若何。一歲中分春日少，百年通計老來多（智按：集作「老時多」）。多中更被愁牽引，少裏（智按：集作「少處」）兼遭病折磨。賴有銷憂治悶藥（智按：集作「治病藥」），君家濃酎我狂歌（智按：集作「君嘗濃酎我聽歌」）。（三四以「春日」頂「豔陽」，以「老來」頂「遲暮」，猶是舊法，至五六以「多」、「少」明頂，則變體矣。結又頂「愁」、「病」，係白集舊本刊正，與時刻異。）

《閒居春盡》

閑泊池舟靜掩扉，老身慵出客來稀。愁因暮雨留教住，春被殘鶯喚遣歸。（雨教愁住，不失俊語，鶯喚春歸，便似入俗，何也？）揭甕偷嘗新熟酒，開箱試著舊生衣。（方干竊此，「盃盂未稱嘗生酒，砧杵先催試熟衣」，便赧然矣。）冬裘夏葛相催促，垂老光陰速似飛。（單以衣服作結，承接不妥，語亦俚甚。）

《菩提寺上方晚眺》

樓閣高低樹淺深，山光水色暝沉沉。嵩煙半卷青綃幕，伊浪平鋪緑綺衾。飛鳥滅時宜極目，遠風來處好開襟。誰知不離簪纓內，長得逍遙自在心？

此結與張説《灉湖山寺》落句同意，而此直彼曲，遂覺霄壤，觀升降者，於此著眼即得矣。

智按：張説《灉湖山寺》：「楚老遊山寺，提攜觀畫壁。揚袂指辟支，睩眄相鬬鬩。險哉透撞兒，千金賭一擲。成敗身自受，傍人那歎息。」

《早春憶游思黯南莊因寄長句》

南莊勝處心常憶，借問軒車早晚遊。美景難忘竹廊下，好風爭奈柳橋頭。

冰消見水多於地，雪霽看山盡入樓。（冰消覺水寬，雪霽覺山盡，意中語，寫出殊快。）若待春深始同賞，鶯殘花落卻堪愁。（早春憶游，意亦四句轉合。）

《與夢得沽酒閑飲且約後期》

少時猶不憂生計，老後誰能惜酒錢。共把十千沽一斗，相看七十欠三年。（全乎猾口，只是近情。）閑征雅令窮經史，醉聽清吟勝管弦。更待菊黄家醖熟，共君一醉一陶然。

《與牛家妓樂雨夜合宴》

玉管清弦聲旖旎，翠釵紅袖坐參差。兩家合奏洞房夜，八月連陰秋雨時。（點題極清，且時亦可念。）歌臉有情凝睇久，舞腰無力轉裙遲。（梁簡文有此俊句。）人間歡樂無過此，上界西方即不知。（言不堪為達人道耳，然已入俗調矣。）

《三月三日》

畫堂三月初三日，絮撲窗紗燕拂簷。蓮子數杯嘗冷酒，柘枝一曲試春衫。階臨池面勝看鏡，戶映花叢當下簾。指點樓南玩新月，玉鉤素手兩纖纖。（清康熙四十一年序刊本卷三）

智按：《唐七律選》署毛奇齡論定，王錫、李庚星、周崧、裘巘生仝輯，選樂天七律二十二首，僅次於杜甫。王錫（一六六〇～?），字百朋，仁和（今浙江杭州）人，諸生，有《嘯竹堂集》十六卷《二集》二卷（上海圖書館藏康熙本）。

申混（一六二四～一六五六）

《偶閲〈白氏長慶集〉戲吟》

自笑行身似樂天，慢爲官事喜詩篇。縱無酒戶猶躭飲，不是僧房亦坐禪。妻勸諫時常厭聽，友留連處每酣眠。若教更得香山社，何必閑居待晚年。（《初菴集》卷三雪山録，《韓國文集叢刊》本）

《又用前韻，效微之以州宅誇樂天體》

危樓徙倚不宜休，金碧搖光盡日流。春晚樹花高下亂，雨餘池藕後先抽。

平川繞榭琴書冷，列峀當窓几席幽。滿眼風烟圖畫裏，一家疑泛鏡湖舟。清遊隨意可能休，霽水梯川滿眼流。魚膾下盤銀縷散，筍香登筥玉簪抽。樓臺影亂中天遠，皷角聲殘盡日幽。不似金城徒嶄絶，雷封無處覔乘舟。(《初菴集》卷三雪山録，《韓國文集叢刊》本)

智按：申混，字元澤，號大加山人。有《初菴集》。

潘高（一六二四～一六七八?）

《刈麥行》

山田高，渚田低，山田麥盈擔，渚田麥苗稀。山田薄，渚田肥，渚田稻纂纂，山田枯豆萁。山田渚田收各半，叱叱驅牛分兩岸。一崦雨霏霏，一崦晴靄靄，東家收麥西家曬。(《南村詩稿》詩卷八，清康熙鶴江草堂刻本)

智按：此詩直承白居易《觀刈麥》。

潘高，字孟升，號鶴江，金壇（今屬江蘇）人。諸生，受業于錢謙益。有《南村詩稿》二十四卷。參見《清詩紀事》。

魏禧（一六二四～一六八一）

《漱芳詞序》

文之與詩，可恃學而成，天資朴魯者，積其攻苦之力，恒足入古人之室。唯詩餘，則視夫人之才與情，才與情弗善者，雖學之而不工。越子辰六，予向見其中式文，典雅湛深，爲明堂辟雍之器。及讀《漱芳詞》廬山諸作，峭然高岸邃壑，漭漾激湍之水接於目，所擬《宫詞》，婉戀多豔，如聞幽房曲室季女愁嘆之聲，何其又工也！

予於詩文諸體，每學爲之。獨生平未嘗作詩餘，非志不欲，才儉而不能豪，情朴而不能艶。世之爲豪者，多生撰桀劣，不稱其體，而艶者往往雜出于吴歈曲調。吾不能工，所以不作。辰六作之而能工，然辰六固不以詩餘爲工也。今天下詩餘大興，而歌法無傳。唐時□小妓以能歌白樂天詩，遂得名。廣陵佳麗地，其有能歌辰六詩餘者，吾知必名於江、淮之間矣。(《魏叔子文集外篇》文集卷九敘，《續修四庫全書》影印清易堂刻寧都三魏全集本，第一四〇八册，第五七〇頁；胡守仁等點校本，第四六二～四六三頁)

智按：魏禧，字冰叔，一字叔子，號裕齋，寧都（今屬江西）人。明諸生。康熙十八年（一六七九）己未舉博學鴻詞，辭不就試。有《魏叔子集》。

汪琬（一六二四～一六九一）

《楊柳枝詞序》

予按，郭茂倩《樂府》有《折楊柳詞》，凡四調，其二為横吹曲，則梁元帝有詩及古詞「上馬不捉鞭」五曲是也，其一為相和歌瑟調曲，則「默默施行違」一篇是也，其一為清商西曲歌，則「月節折楊柳」詞是也。又有《楊柳枝詞》者，白樂天尚書所製，其詞皆咏楊柳。《本事詩》云：「尚書有妓樊素善歌，小蠻善舞，年既高邁，而小蠻方豐艷，乃作《楊柳枝詞》以託意，曰：『永豐西角荒園裏，盡日無人屬阿誰?』宣宗聞是曲，問誰詞，左右具以對，因東使命取永豐坊兩株，植於禁中，尚書感上知名，且好尚風雅，又作詞一章曰：『定知玄象今春後，御宿光中添兩星。』」其後乾符五年，薛能為許州刺史，令部妓少女作《楊柳枝》健舞，復賦其詞，為新聲《楊柳枝詞》。本末如此。又按，樂天此詞，自《本事詩》所載之外，復有八首，中間或云洛陽，或云館娃，錢塘，蓋不盡為小蠻作，劉夢得屬和亦然。《本事詩》云云，未可泥也。今此卷倡和，雖非專宗劉、白，然不可不知其緣起，故録於卷端，以示覽者有考焉。(《四庫全書》本《堯峰文鈔》卷二十七)

智按：初，汪琬自翰林告歸，居堯峰别業，偶仿白樂天，作《姑蘇楊柳枝詞》十八章，一時東南文士多相屬和。琬乃手自選定，得一百十二家，一百九十七首，令周枝群排次成帙，而周靖爲之箋注，故今存本另有《補》一卷，《補注》一卷。

《皇清詩選序》

吾門孫子思九素以才學知名，既發為舉業之文，及其暇也，復與知交以詩歌相贈答，尤多清麗迥拔風流韶令之詞，固已為時賢所引重矣。間又取本朝士大夫及騷人墨客方外之徒之所作散見於世者，彙而葺之以行，其選既成，攜於邱南示予。予未暇寓目也。試問思九所以删存去留之意，知其用唐開元、大歷為宗，則又告之曰：古之為詩者，問學必有所據依，章法句法字法必有所師承，無唐宋，一也。今且區唐之初盛中晚而四之，繼又區唐與宋而二之，何其與予所聞異也。且宋詩未有不出於唐者也，楊、劉則學溫李也，歐陽永叔則學太白也，蘇黃則學子美也，子由、文潛則學樂天也。宋之與唐，夫固若壎篪之相倡和，而駏蛩之相周旋也，審矣。且吾子獨不見夫庖人乎，均之肉也，或切之為胾，或粉之為饕，為菹或捶，而暴之為脯，烹之為羹，其若精若矗若濡若乾之質不同也，而味同。其若酒若酏若糁若蓼若醯醢若桂薑，所以佐之之味不同也，而其為肉則又無不同。一旦薦諸几席，或嗜或否者何與，此非肉之果有異也。蓋羣一坐之，口與其齒舌，為庖人之工拙所易故也。詩道亦然。善於選者，其猶吳人之善為庖者也，於以易學詩者之耳目，導其心志，而轉移其風氣，皆在是矣。洵如是也，雖專宗唐之開元、大歷，可也。（《四庫全書》本《堯峰文鈔》卷二十七；《四部叢刊》景林佶寫刻本卷二十七）

《山中游僊詩四十首・序》

詩家小游僊，此白樂天所云「九奏中新音，八珍中異味也」。今予所作，又與唐宋以來者小異，蓋欲極文字之變，以示山林之樂爾。姑妄言之，姑妄聽之可也。（《四庫全書》本《堯峰文鈔》卷四十八）

智按：汪琬，字苕文，號鈍翁，長洲（今江蘇蘇州）人。順治十二年（一六五五）乙未進士，由戶部主事陞刑部郎中，降補北城兵馬司指揮，再陞戶部主事。歸堯峰山，閉戶著述，學者稱堯峰先生。康熙十八年（一六七九）己未應博學鴻詞試，授翰林院編修。有《鈍翁類稿》。《清史稿》卷四八四有傳。

虞兆漋（？～一六九一）

《天香樓偶得》

⊙劉夢得贈白樂天詩

劉夢得贈白樂天詩中兩聯，用高山高門，複高字，自註云：高山本高，高門使之高，二字為義不同。然其詩云：「于公必有高門慶，謝守何煩曉鏡悲。」以高門對曉鏡，又似門自高矣。若云使門高，則豈可曰使鏡曉耶？要之作詩，偶有複字，初無傷于大雅，倘欲謹守繩墨，則雖音同異義之字，亦仍須避之為妙耳。

⊙舍下字叶韻

《曲禮》「將適舍，求毋固；將上堂，聲必楊；將入户，視必下。」每二句皆叶韻，舍字，審暮切，與固字叶，如《離騷》：「余固知謇謇之為患兮，忍而不能舍也。指九天以為正兮，夫惟靈修之故也。」又如白樂天《效陶體詩》：「所以陰雨中，經旬不出舍。始悟獨住人，心安時亦過。」皆是也。堂字，徒江切，與楊字叶，其聲最近下字，後五切，音户，與户字叶，如《易・乾卦・文言》「本乎地者親下」，叶「聖人作而萬物覩」；《詩・大雅・緜緜章》「至于岐下」，叶「聿來胥宇」，皆是也。

⊙玉蘭辛夷

玉蘭、辛夷二花，形體相似，今俗稱色白者曰玉蘭，色紫者曰辛夷，《群芳譜》亦分二種，玉蘭一名迎春，辛夷一名望春，一名木筆，亦曰木房。然愚按，唐宋人詩咏辛夷者極多，而咏玉蘭者絕少，至陸龜蒙《揚州看辛夷花》詩云：「若得千枝便雪宫」，則白者亦明稱為辛夷矣，始悟玉蘭古亦名辛夷，但辛夷有白紫兩種，唐宋人咏辛夷詩，其不著顏色者，如杜甫所云「辛夷始花亦已落，況我與子非壯年」，錢起所云「谷口春殘黄鳥稀，辛夷花發杏花飛」，王安石所云「回頭不見辛夷發，始覺看花是去年」之類，則紫白皆可通用。其著顏色者，如裴廸所云「況有辛夷花，色與芙蓉亂」，白居易所云「紫粉筆含尖火焰，紅胭脂染小蓮花」之類，則詩人偶因所得者是辛夷耳。夫夷與荑同苞而生，似荑而味辛，故名辛夷，此花開在二月，視桃李為最早，故名迎春、望春，未開之蕊，形尖如筆，故名木筆。諸義皆不專屬於紫，論其香色白者為勝，故圃人以紫色之本，上接白色之枝，明王世貞《咏木蘭》詩所云「暫借辛夷質」是也。然詳味王詩之意，判然以玉蘭為非辛夷，誤矣。若夫白之外，又有淡黃；紫之外，又有桃紅、鮮紅諸種，則又顏色之極異者也。(《四庫全書存目叢書》影印清抄本)

智按：虞兆潨，字虹升，嘉興（今屬浙江）人。康熙初諸生。官侍御。康熙時東軒主人《述異記》卷上《尸解遺發》條：「嘉興虞虹升侍御，……于南門外構小園名壽鹿，土木精麗，時復改易，布置不輟。康熙三十年掘地爲池，丈許得一石板，板下兩缸對合，啓之一尸，儼坐如生，髮長被體，指爪繞身。虹升舉棄南湖深處，未幾得病恍惚，百藥不效而死。」參見來新夏《邃谷談往》，百花文藝出版社，一九九九年三月，第一七八頁。

錢孫保（一六二四～?）

《窮愁漫語》

《才調集》十卷……或以首卷為問，白詩百韻，《代書》便足，何故并載《東南》? 應曰：子信解人，可與言《才調》矣。《代書》平敘，《東南》倒敘，此并載意也。平敘者，不失頓挫之奇；倒敘者，倍見連絡之妙。長律體格，盡此兩言。……（《逸樓四論·論詩》，中國科學院圖書館藏抄本；《清詩話三編》第九二三頁）

智按：錢孫保，一名容保，字求赤，號匪庵，別署木訥逸人、木訥野人，錢牧齋之從弟、毛晋友人錢謙貞（一五九三～一六四六）之子。錢牧齋從侄。常熟（今屬江蘇）人。校讎精審，日讀書，夜必記于卷尾，日某日讀若干頁，某日起，某日竟。所評明代詩文，曰《匪庵選本》。今國家圖書館藏明刻本《東坡續集十二卷》五册，卷内有「彭城」、「天啟甲子」、「匪庵」、「求赤氏」、「錢印孫保」、「蝶隱」、「李莊沖圖書記」等印記。室名「懷古堂」。崇禎十七年（一六四四），謙貞以《未學庵詩稿》請毛子晋付梓，順治二年乙酉（一六四五）開雕。三年丙戌（一六四六），謙貞卒，子晋復以其《未學庵集外詩》開雕。

計東（一六二五～一六七六）

《答諸弟子論詩二十五則有序》

僕初願與足下輩粗畢制舉之業，各有所成立，始旁及詩、古文之學。以僕三十年來，所聞於師友，及己所尋索於古人者，悉以語足下輩，不敢悋。不意足下輩每見僕，輒以詩爲問，或聚首五六月，僕無一語及詩，而得閒即惓惓問學詩之法。若以僕爲知詩，僕何敢當。然不欲重拂足下輩意，且詩亦六學之一，舜命夔教諸胄子十二字，後學詩者，莫越焉。故次第其説，爲二十五則，足下輩各寫一通，據依僕説，而求之古人，即未盡乎今，或亦不謬於古，僅可告無罪於足下輩之惓惓矣。

學詩必先從古體入，能古體矣，然後學近體。若先從近體入者，骨必單薄，氣必寒弱，材必儉陋，調必卑靡，其後必不能成家，縱成家，亦灑削小家而已，許渾、方干之類是也。

初學漫無主見者，一見中唐元白體，及温飛卿、李長吉體，未有不愛且信之，謂爲七古佳境，然元輕白俗，李之牛鬼蛇神，温之纖靡堆砌，一入肺肝，終身難療，不可不辨之蚤也。（《改亭詩文集》文集卷十二，《續修四庫全書》影印清乾隆十三年計瑸刻本，第一四〇八册，第二二六～二二七頁）

初學入門，有即當學杜者，杜五言排律一體是也，其才調，其使事，千古無雙矣，其法之備，盡美盡善，使初學者有階級可尋，老學者亦範我馳驅，而不可軼。後白樂天刻意學之，得其十之六七，李義山得其四五，亦足名家，李賀《惱公》一篇，頗得其法，惜不多見也。（《改亭詩文集》文集卷十二，《續修四庫全書》影印清乾隆十三年計瑸刻本，第一四〇八册，第二二八頁）

智按：計東，字甫草，號改亭，吴江（今屬江蘇）人。順治十四年（一六五七）丁酉舉人，有《改亭集》。

陳維崧（一六二六～一六八二）

《蔣冷生詩序》

李唐蓋丹陽多詩人，如皇甫曾、冉兄弟，張籍、權德輿、冷朝陽、許渾，俱有聲中晚間。其風土樸而秀，練湖經山之界，往往多典午時故蹟，吾生平獨歎息昔人所輯《丹陽集》不傳。丙申冬，余來游其地。始獲交蔣冷生清云。冷生二十年耆舊，弱冠以舉子業掉鞅藝林，諸先生翕然稱之。既壯齒不遇，婆娑鬬雞坊，與諸小兒爲伍，非其好也，則益工爲詩。其詩自乙酉以前，余不及見。論其見者，卷軸浩繁，不下數十種，大約沉鬱蒼勁，瀏脱頓挫，上者子昂《感遇》、杜甫夔州之作，次亦王建、張籍、白居易一流，義必有繫，譎必有諫，其纏綿諷諭之旨，若斷若續，若滅若没於唱歎間。嗟乎！蔣子之性情，可謂深矣。生平急友難，重然諾，常以槖饘事，往來舊京請室間。又冷生自言：少時挽弓能至三石石，騎駿馬逐兎，箭如鐖鴟叫大澤中，爲健兒第一，今已棄去久矣。語次若有不自得者。又余聞丹陽尚有眭修年思永、賀公裳，咸能詩。修年恨余未及數見，僅道上一揖，黄公則酒間談論娓娓數四，其所著《載酒園詩話》，余所尤喜云。（《四部叢刊》本《陳迦陵文集》卷一）

《醴泉記（代）》

……昔歐陽文忠得紫微泉，因名豊樂。又范文正有惠政，溪側忽湧醴泉。兹泉也，其爲公出乎。公先世白樂天尚書，築堤錢塘，至今呼爲白公堤。然則兹泉也，其爲白公泉也歟？余曰：是不然。傳曰：人君行政和平，則豊泉漉。今國家以水德王，我皇上復涵濡萬彙，滋液百物，民和俗阜，協氣應之，然則泉之出也，神之賜，實君之賜也。……（《四部叢刊》本《陳迦陵文集》卷六）

《效長慶體次阮亭集中韻》

鉤弋夫人後，修嫞弟子行。三條斜博望，七葉直明光。愛飾紅椒壁，貪居青漆房。豔情深媠嫿，雅步妙相羊。小髻摹孫壽，新詞學韋莊。烏絲描筆格，玉尺鎮書囊。緑柳愁中弱，紅蘭靜裏芳。軸簾嗔小婢，卻扇昵諸郎。屏畫蕃家馬，衣薰心字香。小寧同碧玉，貴合擬金堂。記識柔奴面，纔扶阿母床。銅街何怕問，白日未渠央。夏五書尤擅，秋千戲最長。一雙紅蛺蝶，十二紫鴛鴦。犀盒安蛾緑，牙筒注麝黄。鶯啼宣曲里，騶哄善和坊。金斗燒紅獸，文簫叫紫凰。春山低楚峽，秋水入巴湘。漸有湔裙約，俄逢蹴鞠場。鬬輸園内草，採剩陌頭桑。吹笛櫻桃煖，挑琴春笋凉。晨鐘邀共聽，夜月許相望。一破陳宫鏡，重廻越女腸。頗聞憐宋玉，似説嫁王昌。粉褪陽臺夢，丹流漢帝創。已多新訣絕，猶憶舊清揚。顧我眞詩瘦，如予定酒狂。中年情曲折，小事記精詳。剗襪妗㛹髻，更衣閙掃粧。指揮平樂價，捉搦汝南王。薄衩蜹（一作蚊）毫織，单衫蕙葉纕。衹期梁案舉，妄意蜀壚當。空翠迷中閣，輕紅想下裳。尺書勞計吏，小令惱前廊。（賈彦章妻詞云：貪做前廊，忘却廻廊）往事燈邊話，閒情雨後傷。年年紅豆熟，消息杳盤塘。（《四部叢刊》本《陳迦陵文集·湖海樓詩集》卷一）

《題翕山丙午詩卷首二絕句》（其一）

字字精工費剪裁，篇篇陶冶極悲哀。白家老嫗休輕誦，曾見元和槁本來。（張文潛以五百金購白香山詩本，見其竄改塗乙，幾不存一字，蓋其苦心如此）（《四部叢刊》本《陳迦陵文集·湖海樓詩集》卷二）

智按：方文（一六一二～一六六九），號翕山。參見周了閑《香山詩評》：「陳檢討有詩云：『白家老嫗休輕誦，曾見元和稿本來。』自注云：『張文潛以五百金購白居易詩本，見其竄改塗乙，幾不存一字，蓋其苦心如此。』」王拾遺《白居易研究》（上海：文藝聯合出版社，一九五四年八月）第一二四頁所引。清人周文在，字振之，一字了閑。編有《白氏長慶集選》二卷。

周必大《跋宋景文唐史稿》：「香山詩語平易，六一文體清駛，疑若信手而成者，閒觀遺稿，則竄定甚多。」袁枚《隨園詩話》卷六：「周元公云：『白香山詩似平易；閒觀所存遺稿，塗改甚多，竟有終篇不留一字者。』余讀公詩云：『舊句時時改，無妨悦性情。』然則元公之言信矣。」

《聽白生彈琵琶》（八首其八）

淼淼潯陽秋復春，琵琶亭下事成陳。因君今夜淒涼曲，重憶元和白舍人。（徐釚《本事詩》卷十二，清光緒十四年徐氏刻本）

《余澹心鴛鴦湖傳奇序》

原夫玉樹歌殘，心傷後主；霓裳曲冷，魂斷明皇紅顏。……懷中玉笛，誰忘舊日之寧王？枕底丹鞋，暗泣前朝之李后。遇龜年於劍外，無非故人紅豆之悲；逢白傅於江州，大有知己青衫之感。西宫秦曲，猶尋故伎於平康；北寺鳴箏，尚作新聲於長樂。蛾眉失路，原同庾信之哀；螓首離家，大似江淹之賦。……（《四部叢刊》本《陳迦陵文集·駢儷文集》卷七）

《閻牛叟貫花詞序》

牛叟向有悼亡之戚，曾為賦兑閣遺徽詞十首，今新納小姬，同人贈句，顔以貫花，仍為製敘。

昔言新婦宜配參軍，共説傾城足當名士。唐家白傅，園留楊柳纖腰；宋室坡公，坐擁雲藍小袖。咸哀窈窕，並縱清狂。雖老去而恒然，在詩人為尤甚。適遣渦河之遠使，郵來淮上之新聞。……（《四部叢刊》本《陳迦陵文集·駢儷文集》卷七）

《琴怨詩序》

……白楊齋畔（見素伯序，並詳逸齋序），千秋長恨之歌（《長慶集》白樂天《長恨歌》有曰：「天長地久有時盡，此恨綿綿無盡期。」序云：盖述太真馬嵬之變，及仙去為玉妃事也）；黄葉村中，三尺小蠻之墓（白樂天詩：「櫻桃樊素口，楊柳小蠻腰。」註：樂天二妓，小蠻善舞，樊素善歌）。……（《四庫全書》本《陳檢討四六》卷五）

《萬柳堂修禊倡和詩序》

……鞭絲帽影，爭窺白傅之池臺（《洛陽名園記》：白樂天居東都履道坊，治園池亭榭，與元微之、劉禹錫、韋楚老等往来唱和，自著有《池上篇》）；松韻泉鳴，競和東山之絲竹（《晉書》：謝安舊隱會稽東山，後於金陵築山擬之，營洽樓舘松竹，甚盛好音樂，朞喪不廢絲竹）。……（《四庫全書》本《陳檢討四六》卷八）

《荆州亭·題扇上琵琶行圖》

苦竹黄蘆想像，溢浦潯陽怊悵。半幅小丹青，畫出東船西舫。　白傅

青衫已往，商婦琵琶猶響。無限斷腸聲，只在行間紙上。（《四部叢刊》本《陳迦陵文集·迦陵詞全集》卷三）

《滿江紅·舟次丹陽感懷二首仍用天山韻》（其一）

水面絃生，郭索響、誰能遣此。問白傅、潯陽江上，可曾如是，天外雨隨帆共落，洲邊雁與船同寄。人奴之、笞罵此生無，應足矣。　河蟹賤，肥而旨。秋山暮，紅兼紫。但酒酣以後，呼牛亦唯。鑄鐵竟成千古錯。讀書翻受群兒耻。笑道旁、石馬亦何為，風吹耳。（《四部叢刊》本《陳迦陵文集·迦陵詞全集》卷十二）

《雨中花慢·雨中過蘧庵先生宅看紅梅》

白傅堂前，裴相庭中，一株濃艷垂垂。恰掩將輕雨，嚲盡腰肢，絨索猩脣唾後，淚珠鴝舌凝時，似㦃㦃。宿酒慣趓，朝粧來暈春肌。　嫣然一笑，悄無人處，倚欄心事誰知？亟倩茜衫，籠著絳袖，盛之帶雪，三分粉綻，愁陰一朵紅攲，還須囑付，小樓鈿笛，莫漫頻吹。（《四部叢刊》本《陳迦陵文集·迦陵詞全集》卷十五）

《念奴嬌·秋夜攜姬人稚子借宿椒峰東園追憶與白生讓木叔氏虞掌讀書此間已十七年矣今二子已亡而余重複經此不勝今昔之感詞以愴舊》

枯荷敗柳，恰書郎、再過畫樓全圮。十七年前蕉鹿夢，斜倚風廊重記。白傅高人，竹林賢阮，詼笑饒名理。飛觴覓句，琅玕刻盡空翠。　今日擊筑筵空，絕纓會散，人去多年矣。我作驢鳴黃葉下，沉痛忽焉盡致。繡褓童烏，雲藍小妾，匿笑屏風地。癡兒騃女，那能了乃公事。（《四部叢刊》本《陳迦陵文集·迦陵詞全集》卷十八）

《摸魚兒·聽白璧雙琵琶》

家善百自崇川來，小飲冒巢民先生堂中。聞白生璧雙亦在河下，喜甚，數使趣之。須臾，白生抱琵琶至，撥絃按拍，宛轉作陳隋數弄，頓爾至致。余也悲從中來，併不知其何以故也。別後寒燈孤館，雨聲蕭槭，漫賦此詞，時已漏下四鼓矣。

是誰家本師絕藝？檀槽搯得如許！半彎邐迤無情物，惹我傷今弔古。君何苦：君不見、青衫已是人遲暮。江東烟樹。縱不聽琵琶，也應難覓，珠淚曾幹處。　凄然也，恰似秋宵掩泣，燈前一隊兒女。忽然凉瓦颯然飛，千歲老狐人語。渾無據。君不見、澄心結綺皆塵土。兩家後主，爲一兩三聲，也曾聽得，撇却家山去。(《四部叢刊》本《陳迦陵文集·迦陵詞全集》卷二十九)

《瑞龍吟·送董舜民之廬山用周美成春景原韻》

西江路，多少溢浦波濤，鞋山烟樹，相傳白傅當年，月明送客，青衫濕處。　　船須竚，記得南康一郡，大江門戶。此中萬疊匡廬，夜深毛女，緑崖笑語。　　君到試窺峭壑，縈紅繚碧，獅蹲豹舞。第一為訊棲賢，可能如故。捫蘿剔蘚，好劃紀游句。只休望，楚江赤壁，吳天瓜步。怕事隨潮去。望時又惹，高人愁緒。短髮搔千縷。君且坐，峰頭拈花成雨。晚來拍手，白雲堆絮。(《四部叢刊》本《陳迦陵文集·迦陵詞全集》卷三十)

智按：陳維崧，字其年，一字迦陵，宜興（今屬江蘇）人。諸生。康熙十八年（一六七九）己未召試博學鴻詞，授檢討。有《湖海樓集》。

李霨（一六二五～一六八四）

《浦城旅舍早秋效長慶體》

娟娟池面荷，淡淡河下水。寂寂虛廊靜，獵獵微風起。魚影近依依，竹光青靡靡。森爽涼肌骨，徘徊閒杖履。新秋迎可親，殘暑去如委。勿爲羈旅嗟，幽居胡得此。(《國朝畿輔詩傳》卷一，《續修四庫全書》影印清道光十九年紅豆樹館刻本，第一六八一册，第二五～二六頁)

智按：李霨，字坦園，高陽人。順治三年（一六四六）丙戌進士，官至大學士，謚文勤。有自編《心遠堂詩集》十二卷，初刻於康熙辛亥，至於丁巳，又續廣之。其論詩，謂「王、李、鍾、譚其詞皆予，而所不予者在其效顰學步之流」，持論平允。故集中諸作，皆沖和雅正，不為叫囂之音，亦不蹈纖仄之習。其門人陳廷敬序，稱其寫一時交泰之盛。蓋遭際盛時，故其詩有雍容太平之象。

李翊相（一六二五～一六九一）

《次白香山分司閑適詩韻》

留守爲名不是卑，規模大抵倣京師。歡情可掬迎賓日，牒訴全疎把酒時。官閣捲簾詩自就，仙區携屐鶴仍隨。香山宦興吾皆得，莫恨林泉返駕遲。（《梅澗集》卷五，七言律詩下，《韓國文集叢刊》本）

《次金萬年韻》

文園抱病謝朝紳，白傅分司作浪人。邂逅他鄉眞似夢，留連佳節恰經旬。鬓因交雪憐吾質，唾必成珠見爾身。夜久挑燈談屑穩，睦媚高義看逾新。（《梅澗集》卷五，七言律詩下，《韓國文集叢刊》本）

《敬次亡伯喜雨堂韻》

索居休道客愁長，花滿階庭酒滿觴。繞樹流鶯歌自雅，因風落絮舞還狂。官閑最愛琴書静，地爽偏憐枕簟凉。晚節分司同白傅，吟詩高卧即吾鄉。（《梅澗集》卷五，七言律詩下，《韓國文集叢刊》本）

智按：李翊相，字弼卿，號梅澗。有《梅澗集》。

何蔚文（一六二五～一六九九）

《偶爾》

偶爾看秋色，茶鐺借石支。吟詩翻白俗，學畫愛黄癡。南畝禾將刈，東籬菊弄姿。何妨留雅客，是我不窮時。（《明詩紀事》辛籤卷三十一，《續修四庫全書》影印清陳氏聽詩齋刻本）

智按：何蔚文，字穉玄，云南浪穹人。

潘檉章（一六二六～一六六三）

《杜詩博議》

趙次公注引蘇黄門嘗謂其姪在進云：《哀江頭》即《長恨歌》也。《長恨歌》費數百言而後成，杜言太真被寵，只「昭陽殿裏第一人」足矣。言從幸，只「白馬嚼齧黃金勒」足矣。言馬嵬之死，只「血污遊魂歸不得」足矣。

按黃門此論，止言詩法繁簡不同耳，但《長恨歌》本因《長恨傳》而作，公安得預知其事而為之興哀。《北征》詩「不聞夏殷衰，中自誅褒妲」，公方以貴妃之死，卜國家中興，豈應於此詩為天長地久之恨乎？（仇兆鰲《杜詩詳注》卷四《哀江頭》注評引，中華書局標點本，第三三二頁）

智按：浦起龍（一六七九～一七六一）《讀杜心解》駁云：「潘氏之說亦非也。黃門之意，謂與《長恨》同旨，非謂預知其傳而賦之。至以《北征》例此詩，則又迂甚。語有之：『對此茫茫，百端交集。』告中興之主，《北征》自應莊語；過傷心之地，《江頭》定激哀衷心。發情止義，彼是兩行。一派頭巾氣，未可與言詩已矣。」（王志庚點校本第二四九頁，中華書局，二〇〇〇年十月）

《白雲泉是白太傅題詩處》

白公遺碣蒜苕生，落日空亭見一泓。借問涓流爭到海，何如終古在山清。（《晚晴簃詩匯》卷十五）

智按：潘檉章，字聖木，號力田，吳江（今屬江蘇）人。明諸生。潘耒（一六四六～一七〇八）之兄。隱居力學，綜貫百家，尤精於史裁，有《國史考異》、《松陵文獻》、《觀物草廬焚餘稿》不分卷（臺北中央圖書館藏四册；北京大學圖書館藏两册）。曾與同邑同學吳炎（一六二四～一六六三）合撰《今樂府》，仿效白居易新樂府，多以二字為題，詩題之下標出創作旨意，例如「《雅鶻關》，譏李寧遠棄地也」。「《客夫人》，紀乳媪亂政也」。「《紅閣詔》，紀甲申之變」。「《仙霞關》，悲失守也」。此書上下兩卷標目相同，卷上為吳炎撰，每篇附潘檉章評語；卷下為潘檉章撰，附吳炎評語。

王士禄（一六二六～一六七三）

《杜詩説》（題擬）

（《哀江頭》）亂離事只敘得兩句，「清渭」以下以唱歎出之，筆力高不可攀。樂天《長恨歌》，便覺相去萬里。即兩句亦是唱歎，不是實敘。（翁方綱《石洲詩話》卷六；《帶經堂詩話》卷三十《評杜》，戴鴻森校點本第八五六頁）

智按：翁方綱《石洲詩話》卷六「漁洋評杜摘記」云：「按此西樵評，所説皆合，但不必以《長恨歌》相較量耳。」（《清詩話續編》第一四七九頁）

《聽白璧雙琵琶》

四弦誰破夕煙昏？恰是香山老裔孫。國手那推賀懷智，妙音直壓康昆侖。移時寂歷鳴沙雁，一摘崩騰斷峽猿。不是狂奴能作達，此中應有淚千痕。（《十笏草堂詩選》卷，《四庫全書存目叢書補編》影印清初刻增修本，第七九册；徐釚《本事詩》卷九，清光緒十四年徐氏刻本）

智按：徐珂《清稗類鈔·音樂類》「白璧雙之琵琶第一手」條云：「白璧雙，名珏，蘇州人。順治初，琵琶稱第一手。嘗售技于南北，吳梅村《琵琶行》，為白作也。當時名流多有贈詩，王西樵曰：『四弦誰破夕煙昏，恰是香山老裔孫。國手那推賀懷智，妙音直壓康昆侖。移時寂歷鳴沙雁，一摘崩騰斷峽猿。不是狂奴能作達，此中應有淚千痕。』陳其年曰：『玉熙宫外繚垣平，盧女門前野草生。一曲紅顔數行淚，江南祭酒不勝情。十載傷心夢不成，五更回首路公明。依稀寒食秋千影，簾幕重重聽此聲。縱酒狂歌總絶倫，曾將薄藝傲平津。江南江北千餘里，能説興亡剩此人。醉抱琵琶訴舊游，秃衿矯帽脱梢頭。莫言此調關兒女，十載夷門解報仇。』鄧孝威曰：『北極諸陵黯落暉，南朝流水照烏衣。都來寫入《霓裳》裏，彈向空園雪亂飛。白狼山下白三郎，酒後偏能説戰場。颯颯悲風飄瓦礫，人間何處不昆陽。』」（中華書局，一九八六年七月版，第十册，第四九八七頁）

《聞大司寇五弦李公罷遣歌姬遥呈此歌》

聽歌曾入忘憂界，月落河傾不知憊。令公豈是尋常人，天與豪華當十賚。近聞學道遣諸姬，爲公搖搖不可耐。汾陽聲伎娱暮年，疇能寂寞甘鮭菜。況公磊落須達觀，不應竟縛枯禪戒。未是香山與病緣，何妨樊子同春在。安石攜妓誠有取，處仲開閤終無賴。誰爲公畫此策者？狂奴恨不鞭其背。一朝解脱追舊歡，瓊枝仍粲春風内。好炙笙簧教細吹，更展氍毹待高會。司勛雅有牧之狂，尚書元是司徒輩。掉頭會訪午橋莊，洗眼重看回鶻隊。（《十笏草堂詩選》卷二，《四庫全書存目叢書補編》影印清初刻增修本，第七九册；徐釚《本事詩》卷九，清光緒十四年徐氏刻本）

智按：王士禄，字子底，號西樵，新城（今山東桓臺）人。少工文章，清介有守。弟士祜、士禛從之學詩。順治十二年（一六五五）壬辰進士，投牒改官，選萊州府教授，遷國子監助教，擢吏部主事。康熙二年，以吏部考功司員外郎典試河南，磨勘罣吏議下獄。久之得雪，免歸。居數年，起原官。學士張貞生、御史李棠先後建言獲咎，力直之，人以為難。尋又免歸。母喪，以毀卒，年四十有八。

嚴熊（一六二六～一六九一）

《賞日詩有序》

風花雪月，山水竹樹，詩人多愛而賞之，獨于日未聞有賞者。庚戌夏，連雨三十餘日，高下田皆成巨浸，街衢水深三尺，行旅斷絶，岌岌乎抱為魚之憂。五月十四夜，西風驟起，明旦晴旭當空，人情欣悦，恍若希有。予乃置酒，邀賓肆筵，合樂而賞之，復製《賞日詩》一篇，曼聲長吟，亦猶白香山之新樂府也。

古來勝事人競賞，賞或以酒紀以詩。獨于太陽則不賞，豈以習見而忘之。今年降割天氣異，牀牀淫雨無休期。三春花柳雨中過，入夏水勢尤渺瀰。田塍不辨麥穗爛，新秧一寸寧支持。乘船入市古有讖，誰料目擊非我欺。村村望日如望寶，户户怕雨如怕虎。有時雲隙漏片影，小兒跳躍喧堦墀。須臾濃雲又四合，昏昏如眼帶幕羅。為魚微禹劉夏歎，失日舉國箕子危。天公作用眞老手，西風一夕蕭蕭吹。殷轟蚊蝢盡掃迹，煜燁燈火騰光熹。几榻爽暟倏收濕，衣被不須爐火施。五更鷄鳴報快事，青天星斗森圍棋。祥光覆界星彩斂，曈曨一日扶桑馳。日出本是尋常事，萬古照耀無盈虧。今朝乃爾顯奇特，優鉢曇花匪易窺。嚴子忭舞就地拜，額榻沙土忘勞罷。陶侃分陰倍堪惜，趙盾夏日忘炎曦。舉頭發噫風疾爽，炙背頻伸筋楚治。殘書乍展蠹驚走，破衾具沭虱暗悲。苔堦除潤縮紫蚓，卧柳半水曝緑龜。欣欣草木動生意，交交禽鳥相娛嬉。急呼山妻為治具，邀賓四面奔童兒。快事人人有同志，不待折簡叩槿籬。久雨隔濶動盈月，乘此日色瞻鬚眉。寒暄種種何暇敘，唯知賞日把酒巵。酒酣揮戈將挽日，凌霄活捉神烏騎。不然逐走斆夸父，暍死擲杖生柯枝。更命狎客衆樂奏，肉果勝竹竹勝絲。陶琴絃乾寬緊軫，禰鼓皮燥輕施槌。爾曹技畢我呈技（楊鐵崖語），伸紙信筆成此詞。此詞題新古未有，兀奡甘受時人嗤。春秋五行例有紀，天反其時則為災。反時為災應時瑞，此理奚俟司天推。固知異事不足異，唐虞麟遊威鳳儀。嗚呼麟鳳不可見，日亦埋没愁黧黴。人命盆底得暫出，賞竟轉念涕淚垂。（《嚴白雲詩集》卷六，《四庫未收書輯刊》影印清乾隆十九年嚴有禧刻本）

智按：嚴熊，字武伯，號楓江釣叟，六十以後自號白雲先生。常熟（今屬江蘇）人。嚴栻之子，文震孟外甥。錢謙益入室弟子。有《嚴白雲詩集》二十七卷。

陸世楷（一六二六～一六九一）

《偕前玉弟訪琵琶亭》

湓浦停橈日已午，杖藜徐步尋村塢。試問琵琶亭有無，居人遙指臨江滸。江滸巋然締構新，幽亭寂寂四無鄰。秋來風景自蕭瑟，荻花楓葉能愁人。愁人到處生傷感，況復蒼茫對葭菼。怨婦孤臣抱恨同，琵琶訴出多悽慘。往事留連斷夕陽，疎窗習習北風涼。匡廬山色正相向，更憶當年舊草堂。古來文士常遷謫，此地風流良可適。何事青衫淚不收，胸中崕𡾰（磈磊）應難釋。憐余襆被去炎荒，南望雲山萬里長。江舟今夜誰相送，不待哀絃已斷腸。

(《四庫全書》本《［雍正］江西通志》卷一五一)

智按：陸世楷，字英一，號孝山，浙江平湖人，陸浚睿（一六〇七～一六七四）子。順治三年（一六四六）拔貢，五年以選貢授山西平陽府通判。李自成部姜瓖圍攻平陽，率眾固守百日，城得不破。後大饑，人相食，施粥賑災，活民無數。越四年同知登州，又六年遷廣東南雄知府，與澹歸和尚（金堡）唱和最盛，助其營建丹霞別傳寺。後十九年丁父艱，服滿，補貴州思州知府。先後視府二十四年未得升遷。告歸後四年卒，年六十五。撰有《南雄府志》、《思州府志》。工詩詞，善吟咏，著有《越吟》、《晉吟》、《齊吟》、《種玉亭詞》、《踞勝臺詞》。今傳者僅《國朝詞雅》録存七首。事迹見朱彝尊撰《墓志銘》。

吴肅公（一六二六～一六九九）

《梅都官詩集序》

有天寶不能無元和、長慶，有王、孟則不能無韓、孟、元、白、溫、李諸家也。世人率禰唐而祧宋，右王、孟而左諸家，而修辭者戒毋讀唐以後書，是宋且無書也，而況於詩溫澤而美、清瑩而諧適乎？口耳燦乎幅紙者，真唐之詩也，非天寶、大曆不録，非王、孟不唫。苟舉似以韓、孟、元、白、溫、李諸詩，則瞠目而視，呀然弗應也，而不虞諸家之悉唐人也。嗚呼，彼其所謂唐者，毋亦高廷禮之《品匯》、李攀龍之《詩選》已乎？兔園之册，鉛槧之牘耳。故以韓、孟、元、白、溫、李諸家絀宋可也，以延禮、攀龍絀宋不可也。以王、孟絀韓、孟、元、白、溫、李諸家不可，而乃以王、孟之似者絀諸家奚可哉！子美氏海涵地負，吾見有以排奡粗率公然斥之者，然則何有於宋若梅都官者乎？賈人之販玉也，真贋巨細，裒然錯落，人愛其溫澤清瑩，購而珍焉，及示以徑尺之璧，則望其璞也瑕也而置之。夫子美之洽於眾口，猶幸於其生於唐耳，都官不幸而生於宋，遂不能無遺議。令夫子孫之於祖父，形貌衣飾或違其故度，然而神骨是矣。使奴僕而衣之雍容華美，而遂以當宗嫡也哉！故以衣飾衡都官，失之遠矣！歐陽子論都官詩「涵演深遠，間刻琢出其怪巧」，又曰「可以喜，可以悲，其感人與樂同也」。其心之所得不可以告語，則予小子之所謂才與情並至者，其是夫？予友東渚，都官後裔也，傷其集漫漶剝蝕，久而或湮，會當事者徵索其書，為補而重梓焉，而屬序於肅公。肅公不工詩，而論詩與時牾，蓋無徵不信矣。然慨世之以唐絀宋也，不能以嘿，抑東渚以詩紹其先世，著於遠近，吾知其宗嫡所在有至者，而必毋為衣飾之觀也已。同里後學吳肅公拜撰。（《街南文集》卷七，《四庫禁燬書叢刊》影印清康熙二十八年吳承勵刻本；清康熙本《宛陵先生集》卷首）

智按：吳肅公，字雨若，號晴岩，一號逸鴻，別號街南，宣城（今屬安徽）人。明末諸生，師事同邑人沈壽民，入清後不仕，以賣字行醫為業，與黃宗羲、王猷定、徐枋、蔣平階、李鄴嗣、魏禧等交遊，曾言「宋之天下亡於蒙古，而人心不與之俱亡。」文章似韓愈，後人稱他「文不苟作，同時惟顧炎武能之」。晚年多疾，患喘咳，又有足痿之病。有《明語林》十四卷、《雲間雜記》三卷、《街南文集》二十卷、《街南文集續集》七卷、《闡義》二十五卷。

盧震（一六二六～一七〇二）

《杜詩說略》

⊙品格

梅之品孤，桂之品貴，菊之品幽，牡丹之品豔，海棠之品媚，竹之品疎松，檜之品貞，蘭之品遠，水仙之品潔，繁花靡質，不與焉。鶴以品古，鳳以品威，鵬以品變，白鷳以品逸，雉以品文，鷹以品雄，鴈以品別，鸚鵡以品慧，鷗以品閒，騶虞以品仁，鹿以品伏，虎豹以品蔚，馬以品駿，小鳥凡獸不與焉。龍以品神，蛟螭以品化，鯤鯨以品武，龜以品靜，蜃以品幻，庸鱗文介不與焉。鼎彝以品厚，玉以品和，珠以品潤，圖書以品富，墨以品奥，硯以品介，筆以品穎，劍以品華，鐘磬以品辨，窑器以品質，小珍常甂不與焉。詩文一道，未觀其材，先觀其品，品之庸者，雖取資富，而用意工，鑒賞者不顧也。品之貴者，外若疎落，芳香内蘊，不炫時采，古質穆然，此匠人波斯之所以卧而不去也。三代之文，品隨世遷，渾渾不如噩噩，文明不如朴茂，至其不屑一切而實自成一家，殆至自成一家而又無不可，納之一切則品斯大矣。品有大小，有偏全，皆其識力學力所至，而實有天授之，材小之不能爲大，偏之不能為全，亦猶方員之不相易也。人之欲成其品，在於初發念之始而賢愚定；詩之欲成其品，亦在初搆思之始而高下定。元結、孟浩然、儲光羲，如梅映孤山，桂生秋嶺，寒香異豔，古榦蒼姿，品清而介矣，下此者，或枯或纖，晚唐諸子，雖有佳朵，而無全枝。王維、韋應物、高適、岑參，如竹苞松茂，菊馥蘭芳，品清而和矣。下此者，非平則支。王昌齡、崔顥、錢起、劉長卿，鳳騫鶴舞，豹變麟翔，及夫開國之楊盧，大手筆之燕許，皆能亭亭翼翼，自成壇坫，品亦宏碩博大矣。下此而非綺則靡，元稹、白居易、柳宗元、韓愈、王建、許渾得其一偏，品斯中矣。賈島、杜牧、温李之流，各爲雜卉，間出小香，品又下矣。以世而下，未易數也。如太白、子美，集奇葩於太液，收異質於若木，龍蟠虎卧，玉潤珠圓，可以古，可以今，如石家之珊瑚火浣，武庫之天寶物華，集其大成，無一不備出，其緒餘可以富國，稱為詩品之聖，信不誣矣。竊謂立品之道，固各隨其才，而不越乎真之一字，千古詩文之新舊，皆以不真而壞，狂狷之過於中行者，以其真耳。真則精神出而光華附之，故自不可磨滅，不然碔砆混玉，傀儡象形，具體而不靈，此真僞之別也，而品亦隨之矣。（《説安堂集》卷三杜詩說略，《四庫未收書輯刊》清康熙刻本）

⊙聲律

舜之命夔曰：詩言志，歌永言，聲依永，律和聲，八音克諧，無相奪倫，聲音之道盡矣。吾不知咸英之音何音也，至齊景猶有徵招角招之遺，蓋韶在齊而文不傳也。《樂記》曰：情動於中，故形於聲，聲成文謂之音，要知古今之聲歌，總不外五音六律者，是古詩即古樂章也。雅頌之詩，奏歌清廟，皆合八音而叶之，時皆四言。及漢魏五言，而律未嚴，及唐五七言爲律詩，則全乎聲律矣。是律者，聲歌之所出入，以之協神人而通情性，由清濁而生高下，由高下而生抑揚，長言之為咏歌，節取之為詞曲，不能備論。……蓋有聲律而後可以詠歌，或為泛濫渟蓄，沉鬱頓挫，聲律之叶不叶，吾自知之施於樂，亦無不叶矣。何也？聲律者，三尺童子皆有之，故白樂天詩成而誦於

老嫗，欲其諧俗也。……（《説安堂集》卷三杜詩説略，《四庫未收書輯刊》影印清康熙刻本）

智按：盧震，字亨一，漢軍旗人。官至偏沅巡撫。有《説安堂集》。

朱耷（一六二六～一七〇五）

《行書白居易琵琶行卷跋》（題擬）

唐至元白體，流風一變，以其濫觴也。濫觴而作四弦聲，可歌處正在委宛。而其不可及處，步驟至于體貼，不必言也。己卯十二月二日，呵凍漫書一過，八大山人記。（王朝聞主編《八大山人全集》第三卷，江西美術出版社，二〇〇〇年十二月，第五二二頁）

《題畫》

鴿原此高蹈，鴻鵠曷翱翔。下者命儔匹，樂天歸草堂。北風歲已晏，秋水人何方。迢遞巢雲子，漁歌楚竹傍。八大山人題畫。（北京故宫博物院藏行書題畫詩軸）

智按：朱耷，譜名統鍌，字雪个，號八大山人，又别號傳綮、驢屋等。南昌（今屬江西）人。明寧獻王朱權後裔。諸生。明亡後，傷世變國亡，托迹佛子，後又當道士，在南昌建青雲譜道院。擅畫山水、禽鳥、竹木，筆情縱恣，不泥成法，而生動盡致，開一代生面。書法亦稱大家。有詩數卷，秘不令人見。後人輯爲《八大山人詩鈔》。

釋上慧

《次牧園潘先生晤闃堂和尚韻》

柴門寥寂甚，徙倚望遙天。卻喜香山老，論詩妙入禪。席移花外月，簾動柳梢煙。幸有牛頭月，光華得洞然。（《晚晴簃詩匯》卷一百九十七）

智按：釋上慧，字天覺，號覺庵，江西建昌南城人，本姓吴。主松江蒲溪七寶寺。與八大山人（一六二六～一七〇五）、饒宇樸交游。事迹見倪永清《詩最》二集卷十。

單隆周（一六二六～？）

《趙子昂八駿圖》（有序）

江上所親家得見此圖，上有元學士虞集題，蓋删白居易原詩，而取其首尾，又有宋景濂小敘云：「趙魏公八駿圖，蓋摹李伯時筆，伯時元本，余及見之，與此無纖微不似，但李用白描，趙則設色耳。人物古雅，筆法雄健，不獨可與伯時竝驅，當令曹韓虚左。」

穆王八駿善馳突，朝秣燕秦暮芻越。深宫一旦厭垂衣，愛向崦嵫禮蓬髪。歕沙成玉飛鞚高，指竹爲觚屬車發。鳳舄瓊瑽不待人，數聲嘶落瑶池月。瑶池月冷雪作花，北風吹凍人咨嗟。弇山蒐野一萬里，悄然歸思懸中華。此後雄心久寂寞，天馬詩成青鳥落。渥洼神種不復存，唯有斯圖供盤礴。兩史以後稱伯時，蹄噭之中見魂魄。臨者誰歟趙魏公，特爲神駿開顔色。廻毛如乳幹骨深，紫艷繞睛金影薄。昂者吐氣噓青天，鬐張頳駒舌本圓。低者努目注雙蹢，闋廣倒垂尾上拳。三匹成羣各馳騁，兩匹跔跳勢欲前。金鞍玉勒寄後乘，圉人廐吏無先鞭。逐隊茫茫而西走，驕態雄姿無不有。白狼白鹿中作奴，風塵騰踔龍爲友。就中一馬尤恢奇，偏身棗赤連錢黝。四蹄踏空蹀躞行，顧望東隅獨回首。（《雪園詩賦》初集卷八，《四庫未收書輯刊》影印清康熙間刻本）

智按：單隆周，字昌其，蕭山（今屬浙江）人。

鄒祗謨（一六二七～一六七〇）

《題方文嵞山續集二首》（題擬）

懸知老杜是前身，待與香山作後塵。平淡盡從攻苦得，時賢未許鬬清新。

君詩字字到空靈，易解甯煩老嫗聽。自有太羹玄酒味，何曾珍重五侯鯖。（方文《嵞山續集》卷末，上海古籍出版社影印康熙刻本《嵞山集》，下册第

八四四頁）

智按：康熙五年（一六六六）丙午，鄒祗謨三十四歲所題。《畲山續集》書口刻「題乙巳、丙寅詩。」

《遠志齋詞衷》

⊙調名原起辨

調名原起之説，起於楊用修及都元敬，而沈天羽掩楊論為己説。如《蝶戀花》取梁元帝「翻階蛺蝶戀花情」，《滿庭芳》取吳融「滿庭芳草易黃昏」，《點絳唇》取江淹「白雪凝瓊貌，明珠點絳唇」，《鷓鴣天》取鄭嵎「春游雞鹿塞，家在鷓鴣天」，《惜餘春》取太白賦語，《浣溪沙》取杜陵詩意，《青玉案》取《四愁詩》語，《踏莎行》取韓翃詩「踏莎行草過青溪」，《西江月》取衛萬詩「只今惟有西江月」，《菩薩蠻》，西域婦髻也。《蘇幕遮》，［高昌女子所戴油帽。］西域婦帽也。《尉遲杯》，尉遲敬德飲酒，必用大杯也。《蘭陵王》，每入陣必先歌其勇也。《生查子》，古槎字，張騫乘槎事也。瀟湘逢故人，柳惲句也。此升庵《詞品》也。［即沈天羽所載疏名。］又如《滿庭芳》取柳柳州「滿庭芳草積」，《玉樓春》取白樂天詩「玉樓宴罷醉和春」，《丁香結》取古詩「丁香結恨新」，《霜葉飛》取杜詩「清霜洞庭葉，故欲別時飛」，《宴清都》取沈隠侯「朝上閶闔宮，夜宴清都闕」。又云：《風流子》出《文選》，劉良《文選注》曰：「風流，言其風美之聲，流於天下。子者，男子之通稱也。」《荔枝香》出《唐書》，貴妃生日，命小部奏新曲，未有名，適進荔枝至，因名「荔枝香」。《解語花》出《天寶遺事》，亦明皇稱貴妃語。《解連環》出《莊子》「連環可解也」。《華胥引》出《列子》，黃帝晝寢，夢游華胥之國。《塞垣春》，「塞垣」二字出《後漢書·鮮卑傳》；《玉燭新》，「玉燭」二字出《爾雅》。此元敬《南濠詩話》也。卓珂月又云：《多麗》，張均妓名，善琵琶者也。《念奴嬌》，唐明皇宮人念奴也。愚按宋人詞調不下千餘，新度者即本詞取句命名，餘俱按譜填綴，若一一推鑿，何能盡符原指。安知昔人最始命名者，其原詞不已失傳乎。且僻調甚多，安能一一傅會載籍。自命稽古學者，寧失闕疑，毋使後人徒資彈射可耳。（《詞話叢編》第一册，第

六四六～六四七頁)

智按：參見明都穆《南濠詩話》(《歷代詩話續編》第一三四三～一三四四頁)。清沈雄《古今詞話·詞品》上卷、徐釚《詞苑叢談》卷一亦引此。

⊙賀黄公紅牙集

賀黄公詩話云：元、白、溫、李，綿稱豔手。而元之「頻頻聞動中門鎖，猶帶春酲懶相送」，李之「書被催成墨未濃，車走雷聲語未通」。始真是浪子宰相，清狂從事。《詞筌》云：詞至少游「無端銀燭殞秋風」之類而蔓草頓邱，不惟極意形容，兼亦直認無諱數語，可謂樂而不淫。然黄公紅牙一集，其刻畫迷離處，西陵松柝，北里菖蒲，履遺纓絕，宛然在目。所云生平悔習此技者，其黄才伯如花落梅之喻耶，抑弇洲所謂寧為大雅罪人也。(《詞話叢編》第一册，第六五五～六五六頁)

⊙倚聲非卑格

梁溪、雲門諸子，才華斐然。近對岩以蓀友、樂天、景行、華峰、青蓮及家黎眉詞見示，合之山來、沛玄諸子舊作，筆古蘊藉，清豔兼長。惜全集欲成，採擷絕少，不無蛤帳將旦之恨。乃對岩以古文作手自命，諸子亦詩歌競爽，而詞悉當家。故知攬芳擷蕤，正不以倚聲為卑格耳。(《詞話叢編》第一册，第六五九頁)

智按：鄒祇謨，字訏士，號程村，武進(今江蘇常州)人。順治十五年(一六五八)戊戌進士。有《遠志齋集》。

王昊(一六二七～一六七九)

《醉吟》

香山居士古先生，觴詠吾今亦有情。總愛百觚人磊落，敢誇八斗墨縱橫。典衣換得花如笑，刻燭搜來鬼欲驚。若論詩懷憑酒膽，放翁未許傲淵明。(放翁吟灑最富，其《村飲》詩却云：「自覺勝淵明，但飲不賦詩。」)(《碩園詩稿》卷二十二甲辰，《四庫未收書輯刊》影印清五石齋抄本)

智按：王昊，字惟夏，太倉（今屬江蘇）人。康熙十八年（一六七九）己未舉博學鴻詞，授正字。有《碩園集》。

湯斌（一六二七~一六八七）

《送徐電發序》

徐君電發以徵辟官禁苑，文章詩賦，在香山、涪翁之間。常請假里居，門庭蕭然。還署未匝月，遽謫官去，同朝士大夫多太息賦詩，以贈其行。余方病，杜門謝客，不能出郊一送，又怔忡不能為詩，無以為電發贈，乃強起邀至小亭酌酒，而告之曰：「人生豈必以一官為重哉？古之賢者，宦跡落寞，而聲名表表於後世者衆矣。如君之才，固不以官之崇卑論也。吳中山水清妍，多隱君子，君往從之，相與究性命之微、探濂洛之旨，必將斂華就實，超然自得，道德之歸有日矣，豈止以文辭擅長乎？余違夙好，潦倒中外，精力頹然，而勢不能遽去，即幸而得請而舊學荒落，無所進益。百年碌碌，良可歎也。人生絀於此，必伸於彼。君不得志於時矣，必有聞於後。君其勉之。」電發曰：「諾。」爰書以誌別。（《四庫全書》本《湯子遺書》卷四；菊莊編《楓江漁父圖題詞青門集》，中國社會科學院文學研究所圖書館藏清抄本）

《江南鎮江府海防同知冉渠吳公墓誌銘》

公姓吳氏，諱淇，字伯其，別號冉渠。先世山西洪洞人，明初遷睢州，居大麓崗，高祖將仕，曾祖待價，祖與點以文學名。余嘗誌其墓，所謂幼兆先生者也。父斯信，博學，工詞賦，以公仕贈文林郎，廣西潯州府推官。……銘曰：

羽陵宛委擦秘笈，纘遺補亡人莫識。結繩掌故羲皇畫，地負海涵驚奇特。鏗鍧震曜貫冥賾，揚風扢雅追三百。胡不賡颺丹陛側，百年禮樂會生色。功名遺愛在南極，灕江之水何湜湜。北固山頭一片石，至今父老淚霑臆。鄴架縹緗存手澤，有子文章壓元白。奕葉繩繩傳休德，舊史銘辭在幽宅。（《四庫全書》本《湯子遺書》卷七）

《潛庵先生擬明史稿》

党以平，字守衡，河南禹州人。正德九年進士，授户部廣西司主事。為人清節挺然，無所附麗，管淮安倉，宦官李宣乾沒糧儲，具疏糾之。……以平學有原本，所至聚鴻生畯儒講學無虛日。家居三十四年，太監黄錦與舊相知，南行過禹，許以起用，比北歸再過，以平杜門不復與見，語人曰：「刀鋸之餘，薦天下豪傑，司馬子長之所耻也。元稹晚依宦豎得相，豈如白居易之為全節耶?」內外臺諫，前後論薦二十二疏，堅志不起，薦疏中有言其可屬大事者，暑月見邸報，寒色凜然，見于顏面，其避名恬退如此。（潛庵先生《擬明史稿》卷二十，《四庫未收書輯刊》影印清康熙二十七年刻後印本）

智按：湯斌，字孔伯，號潛菴、荊峴，河南睢州人。順治九年（一六五二）進士，官至工部尚書，謚文正。

許纘曾（一六二七～一七〇〇）

《三奇記前序》

環溪老人病起齋居，肝不得其養，觸物善怒，會逢市儈胠篋，生計蕭然，年饑歲寒，書空咄咄，思所以懲忿寫憂，計無所出，偶涉稗乘，見《春宵小傳》及《王翹兒傳》，皆嘉靖中逸事，欣然曰：是足以消磨貧病矣。遂考其日月，並參倭亂始末，合兩編次焉，得二十六則，仿佛《雙紅記》中昆侖、紅線及車中女子合傳蹊徑，遂分題授簡於諸同人，各填詞以相怡悅，余亦戲成三四首，以備續貂之選，除夕詞成。甲戌春首，余年六十有八，家有童子六七人，飽食終日，計所以約束其放心，乃教以聲歌，畀以釵弁，儼然優孟矣。諸同人朝斯夕斯，各聽其所制新詞，並討論家門，推敲律呂，移晷忘倦。余婆娑其間，不懲忿而忿自蠲，不寫憂而自遣矣。

抑余遍觀傳奇中有借古人姓氏以諷刺今人者，如《琵琶》一劇，世稱作者詆毀王四，乃令中之母，硬派淨婆中郎之婦，抱琵琶賣頭髮，重繭長途，望門投止，風斯下矣。此一可笑也。有直指可恨之人，而插寫之歧，是非顛倒，貞淫失實者，如《西廂》一劇。元稹銜恨於雙文，遂醜詆其門庭，桑濮聞言欲嘔。然志稱崔氏適鄭恒，恒之為唐室大臣，並蒙波累。近見馮元成《稗談》所載，成化間滎陽畊者掘地得廢塚石碣，乃唐李給事撰滎陽鄭府君夫人博陵崔氏墓誌銘也。其略曰：夫人四德兼備，六親雍和，母儀内則，動静可師，禮行詩諷，進止成法，以大中九年終於淇澳，第年七十有六，子六人，頊、珮、瑾、玘、瓚、琬，皆有名位。畊者鬻之鄭氏，為亭中香案石，而魏縣令愛其跡，置之邑治，雲間陳繼儒又以其文選入《古文品外録》，曰：「崔氏一辱於《會真記》，再辱於伶工褻侮，千百載而後，為崔氏一洗冰玉。」又《三水續志》云：「崔雙文美麗絕世，才德逾人，元稹以中表親相逢逆旅，挑之，固拒不從，稹銜之，偽為《會真記》，自撰往來問答以辱崔氏。稹雖與樂天齊名，世稱元白，而元稹附離權勢，排陷裴度諸君子，阻撓蔡功，其雌黄臧否，不辨可知。」今觀墓碣如此，載乘如此，以視元劇所稱月下琴聲牆頭影，不大相刺謬乎？此一可笑也。……（《四庫全書存目叢書》影印清稿本《寶綸堂集》，集部第二一八册）

智按：許纘曾，字孝修，號鶴沙，華亭（今上海松江）人。順治己丑（一六四九）進士，官至雲南按察使。

葉燮（一六二七～一七〇三）

《百家唐詩序》

……吾嘗上下百代，至唐貞元、元和之間，竊以為古今文運、詩運至此時為一大關鍵也……三代以來詩運，如登高之日上，莫不復逾；迨至貞元、元和之間，有韓愈、柳宗元、劉長卿、錢起、白居易、元稹輩出，群才競起，而變八代之盛，自是而詩之調之格、之聲之情，鑿險出奇，無不以是為前後之關鍵矣。起衰者，一人之力專，獨立砥柱；而文之統有所歸；變盛者，群才之力肆，各途深造，而詩之尚極於化。今天下於文之起衰，人人能知而言之，於詩之變盛，則未有能知而言之者。此其故，皆因後之稱詩者胸無成識，不能有所發明，遂各因其時以差別，號之曰中唐，又曰晚唐。不知此「中」也者，乃古今百代之「中」，而非有唐之所獨得而稱「中」者也……意以為是詩也，時值古今詩運之中，與文運實相表裏，為古今一大關鍵，灼然不易。……（《已畦文集》卷八，上海書店出版社《叢書集成續編》影印《郎園先生全書》本，第一二四册，第七一九頁；《已畦集》卷八，《四庫全書存目叢書》影印陝西圖書館、中國國家圖書館藏清康熙葉氏二棄草堂刊本，集部第二四四册，第八一～八二頁）

智按：《百家唐詩》，席啓寓編。啓寓，字文夏，號約齋，蘇州（今屬江蘇）人。官工部虞衡司主事。清康熙三十八年（一六九九）康熙皇帝南巡至東山，席啓寓之東園成爲駐蹕之地。當時，康熙曾問啓寓：「有否官職?」啓寓回奏：「曾任過工部虞衡司主事。」問：「爲何不做?」回奏：「在家養親。」繼奏：「暇讀唐詩，蒔種蘭花。」當年曾向康熙帝進新茶，并且進獻四套《唐詩百家全集》、兩盆蘭花。著有《治齋詩甲乙集》等。《百家唐詩》又名《唐詩百家全集》，以李白、杜甫以前諸集善本易得爲由，不列開元、天寶以前詩人，專選元和以後詩人之作，以詩人登第年代爲序，共收唐大曆至唐末五代諸家詩集共一百種。始自劉長卿、錢起，終于五代王周、王貞白，不僅對元稹、白居易等中唐詩人作品搜羅完備，而且對晚唐皮日休、陸龜蒙等重要詩人作品也搜羅得比較完備。席啓寓《自序》云：「蓋諸家之輯者，各徇所見，務擇其精；而余之所刻者，必博采所傳，務求其備。」書中各集多以宋本爲底本，同時又據《唐文粹》、《文苑英華》、《唐詩紀事》、《唐詩類苑》及其他詩集版本進行校勘、補遺，用力頗多。每集之前有作者小傳，並附諸家評語。

《原詩》

白居易詩，傳為「老嫗可曉」。余謂此言亦未盡然。今觀其集，矢口而出者固多，蘇軾謂其「局於淺切，又不能變風操，故讀之易厭。」夫白之易厭，更甚於李；然有作意處，寄託深遠。如《重賦》、《致仕》（一作不致仕。《才調集》作合致仕）、《傷友》、《傷宅》等篇，言淺而深，意微而顯，此風人之能事也。至五言排律，屬對精緊，使事嚴切，章法變化中，條理井然，讀之使人惟恐其竟，杜甫後不多得者。人每易視白，則失之矣。元稹作意勝於白，不及白春容暇豫。白俚俗處而雅亦在其中，終非庸近可擬。二人同時得盛名，必有其實，俱未可輕議也。（卷四外篇下，《清詩話》第六〇四頁；《原詩　一瓢詩話　說詩晬語》本，第六六頁）

詩文集務多者，必不佳。古人不朽可傳之作，正不在多。蘇、李數篇，自可千古。後人漸以多為貴，元、白《長慶集》實始濫觴。其中頹唐俚俗，十居六七。若去其六七，所存二三，皆卓然名作也。宋人富於詩者，莫過於楊萬里、周必大，此兩人作幾無一首一句可採。（卷四外篇下，《清詩話》第六〇六頁；《原詩　一瓢詩話　説詩晬語》本，第六八頁）

智按：顧炎武《日知録》卷十九：「今人著作則以多為富。夫多則必不能工，即工亦必不皆有用於世，其不傳宜矣。」申涵光《聰山集》卷一《王胥庭詩序》：「古詩之傳，或數篇，或數十篇，陶至多亦不過百餘篇耳。李、杜照耀千古，非以多故。多莫若元、白，今有取其全集誦之者乎?」

蘇轍云：「《大雅・綿》之八九章，事文不相屬，而脈絡自一，最得為文高致。」轍此言譏白居易長篇拙於敘事，寸步不遺，不得詩人法。然此不獨切於白也。大凡七古必須事文不相屬，而脈絡自一。唐人合此者，亦未能概得，惟杜甫無所不可。亦有事文相屬，而變化縱横，略無痕跡，竟似不相屬者，非高岑王所能及也。（卷四外篇下，《清詩話》第六〇九～六一〇頁；《原詩　一瓢詩話　説詩晬語》本，第七三～七四頁）

智按：葉燮，字星期，號横山，嘉善（今屬浙江）人。康熙九年（一六七〇）庚戌進士，官寶應知縣。有《已畦集》。

伊藤仁齋（一六二七～一七〇五）

《題白氏文集後》

詩家有「郊寒島瘦、元輕白俗」之稱。予以爲，其以俗目白，此白氏之所不可及，但少傷冗耳。蓋詩以俗爲善，所以《三百篇》之所以爲經者，亦以其俗也。詩以吟味性情爲本，俗則能盡情。……後山謂「書當快意讀易盡」，予以爲讀易盡者，天下之至言也。若《長恨歌》、《琵琶行》是已，才誦首二三句，後必讀到終篇，句句如新，不覺其終，以其近俗故也。（三宅正彥編集解說《古學先生詩文集》文集卷三，東京：ぺりかん社一九八五年版，

第七一頁）

智按：伊藤仁齋，名維禎，字源助，號仁齋、棠陰，又號古義堂，平安（今京都）人。江戶前期儒學家，古義學派（又稱堀川學派）創立者。幼習儒家經典，崇奉朱熹學說。後疑宋儒性理之學背離孔、孟，主張恢復儒家經典之古義，認爲道之傳在書不在人，孔孟之道盡在《論語》、《孟子》，尤其推崇《論語》。有《古學先生詩文集》等。

馮武（一六二七～？）

《二馮評點才調集・凡例》

先世父默庵、鈍吟兩先生，承先大父嗣宗公博物洽聞之緒，學無不賅，尤深於詩賦。默庵先生名舒，字己藏，以杜樊川為宗，而廣其道於香山、微之；鈍吟先生名班，字定遠，以溫李為宗，而溯其源於騷選漢魏六朝，雖徑路不同，其修詞立格必謹儀雅馴，於先民矩矱不敢少有逾軼，則一也。……

以白太傅壓通部，取其昌明博大、有關風教諸篇，而不取其閒適小篇也；以溫助教領第二卷，取其比興邃密、新麗可歌也；以韋端己領第三卷，取其氣宇高曠、辭調整贍也；以杜樊川領第四卷，取其才情橫放，有符風雅也；以元相領第五卷，取其語發乎情、風之義；以太白領第六、第七卷，而以玉谿生次之，所以重太白而尊商隱也，以羅江東領第八、第九卷，取其才調兼善也。（《四庫全書存目叢書》集部第二八八册，第六三三頁）

智按：馮武，號簡緑，常熟（今屬江蘇）人，馮班之從子。

申晸（一六二八～一六八七）

《偶閱白傅何處難忘酒詩，感吟一律》

何處難忘酒，孤臣別帝鄉。九重雲杳杳，千里路茫茫。舉目唯看日，搔頭已着霜。此時無一盞，那制淚成行。（《汾厓遺稿》卷四詩○登州録 二，

《韓國文集叢刊》本）

《偶閱長慶集，有男兒生世不作公侯，當作神仙之語，戲賦一律》

謾將書劍滯窮邊，霜雪騣騣已滿顛。漢代麒麟非有望，淮南鷄犬亦無緣。春風緑蟻金尊酒，夜月青娥錦瑟筵。咲倩傍人稱我號，睡鄉侯作飲中仙。（《汾厓遺稿》卷四詩○登州録 二，《韓國文集叢刊》本）

《次白傅履道里新居二十韻，詠衿陽別業兼寓感懷》

拓址依山角，誅茅枕水頭。樹林堪度夏，田畝亦宜秋。湖勢看通海，潮聲聽入溝。栽松遮野逕，移柳蔭谿流。岸芷清香馥，汀蘭緑葉稠。莊臨青雀舫，簷壓白鷗洲。野老時相訪，林僧夜或留。雲霞終有分，丘壑足蠲憂。白日移高枕，煙波棹小舟。忘情從蝶化，知樂任魚游。放浪天應賦，優閒地自幽。不材甘作櫟，爲曲恥如鉤。抹撥心還泰，沈潛視欲收。耕桑課僕隸，墳典勵箕裘。分作溝中斷，終爲物外遊。披雲尋岳寺，携月上津樓。書劍才無用，琴罇興獨優。我生元有命，於世更何求。屛迹依江漢，無心騁道周。從今假歲月，吾可樂天休。（《汾厓遺稿》卷三詩○屛居録，《韓國文集叢刊》本）

《戲題角巾亭》

渼陰形勝好江山，樓觀岧嶢俯碧瀾。黄閣卽今歸計左，只應時展畫圖看。（白樂天詩：「試問池臺主，多爲將相官。終身不曾到，惟展畫圖看。」）（《汾厓遺稿》卷六詩○卯酉録，《韓國文集叢刊》本）

智按：申晸，字寅伯，號艮齋、夢齋、汾厓。有《汾厓遺稿》。

姚文燮（一六二八～一六九三）

《昌谷詩注自序》

世稱少陵為詩史，然少陵身任其為史也。唐人詩無多注，惟注少陵甚多，以少陵常自注，故注少陵者依自注以推之，易易也。然且患魚魯者，不乏焉。昌谷，余亦謂之詩史也。然不敢以史自見也。不惟不自注，更艱深其詞，并其題又加隱晦，後人注之，不過詮句釋字，皆以昌谷詩作《說文》耳。至依文生解者，百不得一。王季重之序，曾謙謂推心代口，一一詰之，而一一通之。嗚呼！長吉之心與口，亦甚難爲推代矣。以余所閱諸家註，卒與詩無與，而文長、揆仲寥寥點次，邈不相及，猶不能如謙之博搜細譯也。總之，不度其時，不得其情，不入其隱，則毫釐千里。客有謂余者曰：子雲之後，復有子雲。余則奚敢當此？又謂現昌谷身而為說法也，又何多讓焉。詩至六朝以迄徐庾，騷雅漢魏，浸失殆盡，正始之音没於淫哇，識者傷之。唐詩自開元、天寶而後，愈趋卑弱，元白才名相埒，其詩為天下傳諷，當時號為元和體，人競習之，類多淺率靡薾，而七言近體尤甚，至問老姫（智按：一作嫗）之可否于竈下，博才子之聲譽于禁中，賀心許之乎？當元稹謁賀，賀呵之曰：明經中第，何用謁為？豈真薄其為明經耶？薄其競趋時名，以此中第也。故力挽頽風，不惟不知有開寶，并不知有六朝，而直使屈宋曹劉再生于狂瀾之際。斯集古體為多，其絕無七言近體者，深以爾時之七言近體爲不可捄藥，而姑置之不議論也。夫以起衰八代之昌黎與皇甫諸公，儼然先輩，乃獨降心于隴西一孺子者，則可知昌谷起衰之功，不在昌黎下已。（《無異堂文集》卷一，《四庫未收書輯刊》影印民國五石齋抄本）

智按：又題爲《昌谷集注·凡例》，見王琦《李長吉歌詩匯解》首卷，《李賀詩歌集注》，上海人民出版社，一九七七年十月，第二九～三〇頁。

姚文燮，字經三，號羹湖，桐城（今屬安徽）人。順治十六年（一六五九）己亥進士，由推官歷官開化同知。有《羹湖詩選》、《詠園詩集》、《無異堂文集》。

林雲銘（一六二八～一六九七）

《老女行》

徽俗多賈，放外婦持家政，以男僕入室為嫌，畜婢無配，甚至終身不字。此風休甯爲最。古詩云：「老女不嫁，蹋地喚天。」怨而必怒矣。述所見以歌當哭焉。

海陽曉發女方汲，身無完裙露足立。手持綆練倚轆轤，潛向寒泉垂頭泣。停鞭問女何所悲，自言我是良家兒。十三賣與主翁後，朝朝出汲供晨炊。書負樵薪猶未歇，助織飛梭夜矻矻。可憐蓬鬢三十年，更殘獨伴空牀月。憶昔主翁方在家，主婦嗔我整堆鴉。年年許我嬌夫壻，遲得春風又落花。花開花落如流水，隣女當年齒未毀。昨夜良媒催靚妝，鵝黃滿額躡絲履。願爲巢梁燕，雙雙入高殿，願爲傳沫魚，出没同泥淤。願為人間木與土，無情不識傷心苦。語罷哽咽淚沾巾，勞人馬上眉爲顰。九年不調堪比倫，安得相對哭十旬。（休甯，一名海陽）（《挹奎樓選稿》卷十二，《四庫全書存目叢書》影印清康熙三十五年陳一夔刻本，集部第二三〇册，第一七一頁；張應昌《詩鐸》卷二十六）

智按：林雲銘，字西仲，號損齋。閩縣（今福建福州）人。順治十五年（一六五八）進士，官徽州府推官。康熙六年（一六六七），以裁缺歸。康熙十三年，三藩之亂中，爲耿精忠所囚。逾三年，清兵破閩，始獲釋。居杭州，以賣文爲活。少嗜學，每探索精思，數日不食，里人皆呼之爲書痴。因久在徽州爲府縣吏，其詩多寫當地百姓種種苦難，如《登陴紀事》、《白門治獄》、《憫旱》、《猛虎詞》、《老女行》，詩學白居易，流暢通俗，平易之中時有鬱勃之氣。有《損齋焚餘》八卷、《吴山鷇音》四卷、《挹奎樓選稿》十二卷。善於以通俗文字解釋典籍，著有《楚辭燈》、《莊子因》、《韓文起》、《古文析義》等書。所著文言小説《林四娘記》流傳頗廣。《國朝耆獻類徵》卷二四九有傳。翟理斯（Herbert A. Giles）《中國文學史》（*A History of Chinese Literature*）云：「（《琵琶行》）講訴一位可憐的琵琶女的悲傷故事。這首詩後來被評論者林西仲（Lin His - chung）給予非常高的評價。林西仲謂，此詩辭情并美，如此令人嘆服，其技藝之超絕，已令讀者深造三昧（samadhi）。」（倫敦一八九七年版）

姜宸英（一六二八～一六九九）

《遂初堂詩集序》

韓退之論書，謂喜怒窘窮，憂悲愉佚，怨恨思慕，酣醉無聊，不平有動於心，必於書焉。發之後人，嘗取之以論詩，而其言情炎於中，利欲鬭進，然後一決之於書，與夫淡泊相遭，而頽墮委靡，潰敗不可收拾。審是，則退之不得為知書也。夫書之入神，惟其垂縮徃收，藏鋒不露，能得意於行墨之外耳。張伯英、王逸少，風流標格，高出世俗，故其書亦妙絶古今，而豈以求工於劍拔弩張之態哉？推此以觀古人之詩，陶淵明、左太冲、張孟陽、韋蘇州、白樂天，其人品皆高潔，薄於世味，故其詩亦閒淡真率，稱其生平。至如潘岳之乾没，沈約之詭譎，唐沈宋之躁兢，雖其才高辭麗，令人讀之索然無餘思者，不得澹泊故也。不澹泊，則志浮動；志浮動，則本不立。彼既惟利欲之是求，而復返於性情之正哉？夫惟澹泊是將者，為能得其性情之正，故其翰墨馳騁，無適而不可。歷觀詩人，鮮不以此為重。……（《四庫全書》本《湛園集》卷一）

《周弘濟臯懷詩鈔序》

同邑友人周君弘濟，中進士三年，攜其詩卷，來京師謁選，與余談終日，言詩益妙，而頗見其有厭薄為吏之意。……或疑其以好閒廢事，余驟讀君之詩，冲淡閒遠，誠有落落如世外之人不可近者，顧其中寄託深遠，常嘆司牧失職，閭閻虚秏，飢寒勞苦之不恤，而王德之不下究，閔閔然有不任其憂者，故知君非無意當世人也。子美之詩史，樂天之諷諭，其中寓意，無所不有。推是道也，以及於天下斯民，其有濟乎？而何區區一邑之足為嗟乎。奔利騖名，滔滔皆是，君之道誠難矣。獨絃哀歌激，太古之音，以邀里耳之聽，其能不嗑然以笑者，誰與吏治之不古，詩格之日下，有嘿同氣機者焉。余撫此卷，蓋不勝感慨係之也。（《四庫全書》本《湛園集》卷一）

《封君陳公八十壽序》

……在昔唐楊於陵僕射入覲，其子嗣復方知貢舉，率兩榜門生郊迎，宴新昌里第。嗣復引門生列兩序，元、白諸名士俱在坐，賦詩以為榮。異時夫子翊贊元化，躋世仁壽，而太公安車，至止膺憲乞之典，某等門下士二百人次第上壽邸中，意必有如元、白其人者，倡為歌詩，播之樂府，斯乃太平之嘉瑞。（《四庫全書》本《湛園集》卷二）

《題徐武功書後》

武功倜儻畸人，故其書亦多奇氣。然予浙人也，于忠肅事不能學吳人，

以私恕之，於此帖亦不欲多觀，亦如李衛公之惡白香山詩，以為見則必好也。(《四庫全書》本《湛園集》卷八)

《柳公權榮示帖》（中云：有赤箭，多寄三五兩，以扶衰病）

赤箭即天麻苗，陶宏景曰：其苗為粉，久服，益氣力，長陰肥健，輕身增年。唐太平公主與宫人元氏謀，於赤箭粉中置毒，進玄宗。白香山《齋居》詩：「黄耆數匙粥，赤箭一甌湯。」公權所須，亦此類。盖是唐時風尚，猶晉宋間朝賢之服散石也。(《四庫全書》本《湛園集》卷八)

《望雲詩藁序》

舍弟友棠詩初學香山、義山，已乃漸染渭南，跡其頹然自放處，絶不類少年意度。予時以老杜詩律格之，友棠岸然，輒有以復予。(《續修四庫全書》本《兩浙輶軒録》卷十二引)

智按：姜宸萼，字友棠，慈谿（今屬浙江）人，宸英弟。康熙三年（一六八四）甲子舉人。有詩名，舉孝廉，授龍門知縣，未任，卒。有《望雲詩藁》。

《湛園札記》

幾年逢熟食，秦人以冷食為熟食，以將禁火，先具饔飧也。齊人呼為冷節（見《潛確類書》，未查出處）。按白樂天詩：「留餳和冷食」，即杜熟食也。張籍亦云：「廊下御厨分冷食。」（《四庫全書》本《湛園札記》卷四）

智按：姜宸英，字西溟，號湛園，又號葦間，慈谿（今屬浙江）人。明末諸生，康熙十九年以布衣薦入明史館任纂修官，分撰刑法志，記述明三百年間詔獄、廷杖、立枷、東西廠衛之害。又從徐乾學在洞庭山修《大清一統志》。在京因得罪大學士明珠受冷遇。康熙三十六年（一六九七）丁丑進士，以殿試第三名授翰林院編修。康熙三十八年（一六九九）己卯充順天鄉試副考官，因主考官李蟠舞弊，被連累下獄死。有《湛園集》、《葦間集》、《海防總論》。

趙吉士（一六二八～一七〇六）

《寄園寄所寄》

韓詩多悲，韓詩三百六十首，哭泣者三百首；白詩多樂，白詩二千八百首，飲酒者九百首。詩本性情，多悲多樂，不免性情之偏。（《說儲》）（《寄園寄所寄》卷四撚鬚寄，《續修四庫全書》影印清康熙三十五年刻本）

楊柳枝，即古折楊柳枝義也，本歌亡隋之曲，故陳子昂有詩云：「萬里長江一帶開，岸邊楊柳幾千栽。錦帆未落干戈起，惆悵龍舟去不回。」後白居易有愛姬樊素善歌，小蠻善舞，故當時詩曰：「櫻桃樊素口，楊柳小蠻腰。」年既高邁，小蠻方豐艷，乃作《楊柳枝》詞以托意，曰：「一樹春風萬萬枝，嫩於金色軟於絲。永豐西角荒園裏，盡曰無人屬阿誰?」及宣宗朝，國樂唱是詞，帝問誰製，永豐在何處，左右具以對。時永豐坊西南角園中有垂柳一枝，柔條極茂，因命使取二株植禁中。居易感上知名，且好尚風雅，又作一章云：「一樹飄殘委泥土，雙株榮耀植天庭。定知玄象今春後，柳宿光中添兩星。」故後盧貞、劉禹錫等和其題，自是為白氏楊柳枝。今人渾為一題，莫知其故，而六朝樂府收之，亦不辨也。又古有《折楊柳行》，可謂甚古，謝靈運嘗一作之，餘不多見也。復有月節折楊柳，雖是古詞，則似近於唐人意矣。（《稗史》）（《寄園寄所寄》卷四撚鬚寄，《續修四庫全書》影印清康熙三十五年刻本）

梁武帝宴華光殿聯句，曹景宗後至，詩韵已盡，沈約與以所餘競病二字，景宗操筆而成，所謂「去時兒女悲，歸來笳鼓競。借問行路人，何如霍去病」是也。初讀此，了未曉賦韵韵盡為何等恪法，偶閱《陳後主集》，見其序宣猷堂宴集五言曰：「披鈎賦咏，逐韵多少，次第而用。」座有江摠、陸瑜、孔範等三人，後主詔得「迮」、「格」、「白」、「易」、「夕」、「擲」、「斥」、「折」、「唶」字，其詩用韵，與所得韵次前後正同，曾不攙亂一字，乃知其說是先詩韵為鈎，坐客探鈎，各據所得，循序賦之，正後世次韵格也。唐之次韻，起元微之、白樂天，二公自號元和體，古未有也。抑不知梁陳間，已嘗出此。但其所次之韵，以探鈎所得，而非酬和先倡者，是小異耳。又楊衒之《洛陽伽藍記》載：王肅入魏，舍江南故妻謝氏，而娶魏元帝女。其故妻贈之詩曰：

「本為筐下蠶，今為機上絲。得路遂騰去，頗憶纏綿時。」其繼室代答以謝，止次用「絲」、「時」二韻，則亦以倡和為次矣。（《寄園寄所寄》卷四撚鬚寄，《續修四庫全書》影印清康熙三十五年刻本）

《稗史》云：詩有一句叠三字者，如吳融《秋樹》詩云「一聲南雁已先紅，摵摵淒淒葉葉同」是也；有一句連三字者，如劉駕云「樹樹樹稍啼曉鶯，夜夜夜深聞子規」是也；有兩句連三字者，如白樂天云「新詩三十軸，軸軸金玉聲」是也；有雙聯叠字者，如古詩云「青青河畔草，鬱鬱園中柳」、「盈盈樓上女，皎皎當窗牖」、「娥娥紅粉粧，纖纖出案手」是也；有七聯叠字者，昌黎《南征》詩云「延延離又屬，夬夬叛還遘。喁喁魚闖萍，落落月徑宿。誾誾樹墻垣，巘巘架庫厩。参参削剣戟，煥煥銜瑩琇。敷敷花坡萼，闔闔屋拙暫。悠悠舒而安，兀兀狂明狃。超超出猶奔，蠢蠢駭不懋」是也。然宋人咏西溪云：「灣灣灣處復灣灣」，更叠更切，愈出愈奇矣。（《萬青閣偶談》）（《寄園寄所寄》卷四撚鬚寄，《續修四庫全書》影印清康熙三十五年刻本）

周憲王朱燉，明高皇之孫，周定王長子。勤學好古，留心翰墨，集古名蹟十卷，手自臨摹，勒石名東書堂，集古法帖，歷代重之，製《誠齋樂府》、《傳奇》若干種，音律諧美，流傳內府，至今中原絃索多用之。李夢陽《汴中元宵》絕句云：「中山孺子倚新粧，趙女燕姬總擅場。齊唱憲王新樂府，金梁橋外月如霜。」王有《誠齋録》、《新録》諸集，傳於世，如《春日》云：「深巷日斜巢燕急，小樓風靜落花閒。」《春夜》云：「彩檻露華垂柳濕，珠簾風靜落花香。」《秋夜》云：「梧桐露滴鴛鴦瓦，楊柳風寒翡翠堂。」《牡丹亭書景》云：「鶯歸小院穿青柳，燕蹴飛花過粉墻。」《日暮》云：「林鳩喚友常知雨，海燕將雛不避人。」《雲林清趣》云：「采藥一僧雲外去，巢松雙鶴雨中還。」《送人》云：「南浦斷虹收雨去，西風新鴈帶霜來。」《漫興》云：「南國音書歸雁盡，西園風雨落花愁。」《和王長史》云：「採得藥苗還竹徑，着殘棋子坐花陰。」《紅心驛》云：「枕上夢回鶯語滑，窗前風定柳陰凉。」《横堤晚望》云：「神如秋水十分淨，心似中原萬里平。」皆風華和婉，盛世之音也。又作《柳枝歌》三首，序云：「白居易《楊柳枝》云：『永豐西角荒園裏，盡日無人屬阿誰？』宣宗朝，樂工唱此詞，遂令中使取二株植於苑中。予於洪武年間至長安，尋訪永豐坊，乃在陝西城內，東西兩街尚有垂楊，柔枝拂地，愛而賦之。」歌云:「蘇小門前萬縷垂,白家園内兩三枝。聽歌看舞人何在?惟有東風展翠眉。」「三月風和散麯塵,枝枝垂地每傷神。為君縶得春心住,忍折長條送遠人。」「宛轉千條罥晚風,拖烟帶雨渭城東。征衫點得輕輕絮,寄入陽關曲調中。」(《客中間集》)(《寄園寄所寄》卷四撚鬚寄,《續修四庫全書》影印清康熙三十五年刻本)

壽考。富貴我所自有,所不可知者,壽耳。壽誰主之?得壽則得天矣。若夫坐享大年,而名不傳於後世焉,又當別論。商伊尹壽百有五歲,卒於仲丁之世,見《竹書紀年》。周太公壽百有十歲,卒於康王六年,見《金石録》。漢竇公,本魏文侯樂官,至漢文帝時二百八十歲,見懷瓘《書斷》。魏羅結壽百三十歲,趙逸五百歲,見《北史》。唐李元爽一百三十六歲,見《白樂天集》。蜀范長生先事劉玄德,至李特時一百三十餘年,嶺南雞窠老翁年二百餘,宋譙定百三十餘歲,猶横經授《易》,見《蜀志》。然則彭祖之壽,豈誣哉?(《升菴外集》)(《寄園寄所寄》卷六焚塵寄,《續修四庫全書》影印清康熙三十五年刻本)

古之異人,去來必有所自。微子感牽牛星,顔子感中台星,張良感弧星,樊噲感狼星,東方朔感歲星,則生而禀星精者也。傅說為箕奚仲四星,造父王良並五星,各堯象於天,則殁而成列宿者也。又如唐房琯為永禪師,白樂天海中山主,宋晁迥靜居天工,楊億武夷君,陳堯咨南庵主,張方平山藏院知藏,歐陽修神清洞主,韓琦紫府眞人,富弼崑崙眞人,王曾青草堂和尚,蘇軾陜右戒禪師,皆生而知前身者,蔣濟為南山伯,荀顗為泰山君,劉聰須遮國王,韓擒虎蔡襄並閻羅王,皆死而知後身者。(《說儲》)(《寄園寄所寄》卷六焚塵寄,《續修四庫全書》影印清康熙三十五年刻本)

今人賀壽者,七十曰七袠,八十曰八袠。按字書,袠與袟、帙同,書衣,又書卷編次也,與年壽絕無涉,不識稱者何居。因觀白樂天詩「年開第七袠,屈指幾多人」,自注云:「余與蘇州劉郎中同壬子歲,今年六十二。」又詩「行開第八帙,可謂盡天年」,注云:「時俗謂七十以上為開第八秩。」字書訓袟字與帙同,又與秩同。唐《蕭至忠傳》「官袟益輕」,是則袠、帙、袟、秩四字皆可通為一義。而白詩所引,則謂過此而及彼,若繙書帙然也。信如此解,則稱慶七十者當云八袠,八十者當云九袠,乃與古語合,第如其年而稱

之，殊未宜也。（《雲谷卧餘》）（《寄園寄所寄》卷七獺祭寄，《續修四庫全書》影印清康熙三十五年刻本）

白樂天與元微之常以竹筒貯詩，往來賡唱。和靖翁故有「帶班猶恐俗，和節不防山」之句。每謂既有詩筒，可毋吟咏以助清灑。一日，許判司執中，遠以葵牋分惠，緑色而澤入墨，覺有精采。帶露葵葉研汁，用布擦竹紙上，候少乾，用温火熨之。許嘗有詩云：「不取傾陽色，那知戀主心。」此法不獨便於山家，且知二公俱有葵藿向陽之意，又豈不愈於題芭蕉、書柿葉？（《山家清事》）（《寄園寄所寄》卷七獺祭寄，《續修四庫全書》影印清康熙三十五年刻本）

智按：屠隆《考槃餘事》卷三「詩筒葵牋」：「採帶露蜀葵研汁，用布揩抹竹帋上，伺少乹，以石壓之，可爲吟箋，以貯竹筒，與騷人往來賡唱。昔白樂天與微之亦嘗爲之，故和靖詩有『帶斑猶恐俗，和節不妨山』之句。」（《續修四庫全書》影印明萬曆沈氏尚白齋刻陳眉公訂正秘笈本）

以財乞文，俗謂潤筆之資。……《容齋續筆》謂，文字潤筆自晉宋以來有之，至唐始盛。李邕作文受納餽遺至巨萬，皇甫湜為裴度作福先寺碑，度贈車馬繒綵甚厚，湜大怒，度又酬絹九千匹。白居易作《元稹墓志》，謝以鞍馬綾絹及玉帶之物，價當六七十萬。裴均死，其子持萬縑詣韋貫之求銘，劉禹錫祭韓昌黎文云：「公鼎侯碑，志隧表阡，一字之價，輦金如山。」自宋以後，此風衰息矣。（《珊瑚網》）（《寄園寄所寄》卷七獺祭寄，《續修四庫全書》影印清康熙三十五年刻本）

香山九老。胡杲（八十九）、吉旼（八十八）、劉眞（八十七）、鄭據（八十五）、盧貞（八十二）、張渾（七十七）、白居易（七十四）、狄兼謨、盧貞（以年未七十與會而不列）。（《寄園寄所寄》卷七獺祭寄，《續修四庫全書》影印清康熙三十五年刻本）

閑居用緑野，乃裴度於文宗時，留守東都治堂，雖野服蕭散，不問事時，尚保鼇留臺，非閑居事也。宮觀用蓮社，乃白居易致仕，與僧如滿在香山修净土，號白蓮社，是致仕後事。（《鼠璞》）（《寄園寄所寄》卷八豕渡寄，《續

修四庫全書》影印清康熙三十五年刻本）

智按：趙吉士，字天羽，號恒夫，休寧（今屬安徽）人，寄籍仁和（今浙江杭州）人。順治八年（一六五一）辛卯舉人，由知縣歷官戶科給事中。有《萬青閣自訂詩》、《新又堂詩》。

蔣楛（一六二八～？）

《壬申秋日贈何崑孚觀察》

西園翰墨點朝班，甲第人稱大小山。簡在銅符由虎觀，書留玉軸動龍顏。翱翔閩越流膏渥，鞅掌牂牁著績艱。馳驛卽登觀察重，紫袍曾映荔枝殷。

藩參兩浙聽潺湲，高度仙霞萬仞關。東閣喜來何水部，西湖重見白香山。粒輸鸎鵡倉箱實，風送艅艎案牘閑。廡下阿蒙遙企慕，扁舟擬載頌聲還。（《天涯詩鈔》卷四，《四庫未收書輯刊》影印清康熙三十三年丘如升刻本）

智按：蔣楛，字荊名，號天涯，長洲（今江蘇蘇州）人。與杜首昌等友善，唱酬甚多。

董以寧（一六二九～一六六九）

《同郡舊遊畢集同雲孫訏士邀觀查東山及徐太守女樂連宵譙集共念少遊臨別和白香山江南逢蕭九話舊遊戲贈五十韻呈諸公》

每因多病日，却憶少年場。詞賦梁天監，風流晉永康。同過司馬第，競逐鬬雞坊。選伎徵前部，邀歡到後堂。葳蕤藏少艾，欵段繫垂楊。仙引劉晨路，鄰窺宋玉牆。醉教纓盡絕，涸促翠重粧。慣把風前扇，時鳴月下榔。籌分雙陸局，賦寫十三行。冠挂搔頭薄，香留繫肘囊。玉臺曾嗣詠，金谷舊飛觴。世事蒲猶綠，年華柳向黃。相逢還鮑庾，過從復金張。座擊珊瑚樹，泥承玳瑁梁。冶遊停下澤，歌舞聚平陽。共作當關客，閒呼記曲娘。綺筵方合奏，銀箭未渠央。新月鈎連襪，微風露茜裳。身輕隨燕羽，腰細出蜂房。寵擅荀家鶩，聲傳梁氏鶱。細聽俱按拍，近睨各移牀。荆玉尤無玷，秦味獨有光。芙蓉明小衩，芍藥艷華襠。侶覺眉頻語，遥知體自香。火齊吴妁見，琥珀麗娟藏。入破櫻丸小，吹彈筍甲長。悲歡親閲歷，出落倍尋常。欲壓龜兹隊，羞翻回紇裝。支持蓮瓣上，宛轉柘枝旁。送睞渾無賴，停踪若有望。銜簪隨太喜，持履唤無方。掩袖工調笑，嫌籠忝悚惶。氍毹巾紵亂，袙袜麝蘭芳。倦恨銅龍水，寒防玉兔霜。蚖膏偏晰晰，蝶夢總茫茫。雜組愁零落，哀絲具抑揚。為雲思楚岫，解佩憶江鄉。桂闕殊難到，藍橋詎可航。束綾三致意，十刻九迴腸。抱璧終歸趙，搴蘭合渡湘。曲闌成懊惱，坐久人微凉。待喜宵光暝，俄聞曉色蒼。犀簾看皎皎，雞唱已荒荒。野岸横青雀，迴波漾緑蔣。羣公詩各就，三婦艷難忘。興會東山好，豪華南路強。桃根何處覓，竹葉漫同嘗。莫以今時感，仍餘舊日狂。情懷拚竟擲，少壯已堪傷。縱有蓬萊信，重遊笑阮郎。（《正誼堂詩文集》詩集五言排律，《四庫未收書輯刊》影印清康熙書林蘭蓀堂刻本）

《愁春未醒·青兒曲（有引）》

青兒者，邑先達楊中丞家妓也。今為余家僕婦。嗟哉！憔悴矣。然猶記旗亭舊曲，適文夏、右文、艾庵、程邨諸子，同渠舊主人東起過飲，因索清歌。覺有羞見江東之意，其音瑟瑟，似聽潯陽江上聲，詞以傷之。還恐才人老大，都如是耳。

千金不惜，歌舞教成。似燕離巢後，呢喃猶作畫梁聲。自分年踰，絃索笙簫讓後生。今宵何事，重聞呼唤，幾度如醒。　欲奏清音，花檀乍拍，淚已盈盈。幸得非牙郎買絹，不受伊輕。但覺歌餘，蘆花楓葉滿中庭。最堪憐、是卿猶既嫁，我未成名。(《蓉渡詞》中，《十五家詞》卷三十，《四庫全書》本）

智按：董以寧，字文友，號宛齋，武進（今江蘇常州）人。諸生。有《正誼堂文集》不分卷《詩集》二十卷，清康熙三十九年刊本，中國社會科學院文學研究所圖書館善本室藏，書名頁題《董文友全集》。

葉方藹（一六二九～一六八二）

《歲暮病中效元白放言五首》

急景奔騰去似梭，鏡中華髪奈他何。西尋弱水無舟楫，東望龜山乏斧柯。

銜食鳥應悲力少，號寒蟲自覺聲多。幾時借得騶生，管窮谷吹來遍太和。

九陌千輪鬬萬鞍，誰人不願老長安。生貪周顗黃金印，死盼王喬白玉棺。舉扇遮塵寧得了，抱薪止火果然難。滔滔東下元無底，幾見天潢倒卻乾。

病非魘魅復非狂，筮得爻詞勿藥良。未遣三尸行出户，難驅二豎已離肓。夢中帝所聞天樂，海上仙人乞異方。説與時流渾不信，靈臺贏得自清涼。

魚遊荇藻戀沙汀，鶴破樊籠入窅冥。各有升沉依本性，苦將桎梏喪眞形。魯邦展季甘三黜，楚國靈均愛獨醒。蕙死蘭枯元不惜，只教留得是芳馨。

早知天地是蘧廬，去住奚分久暫殊。有肘儘堪生柳樹，此身行便作桃符。刼殘尚問灰存否，柯爛休驚局換無。一擲得梟君莫笑，爭禁明日不成盧。（《四庫全書》本《讀書齋偶存稿》卷二）

《同屺瞻聽琵琶伎三首》（其二）

聲聲怨似扣哀玉，片片清如擊斷冰。座上豈無白司馬，尊前自對鄭中丞。（《四庫全書》本《讀書齋偶存稿》卷四）

《自題獨賞集》

婁水虞山相代興，長篇學士更誇能。《連昌》、《長恨》猶難匹，近代何人敢作朋。（王士禎《感舊集》卷十一，清乾隆十七年刻本）

智按：葉方藹，字子吉，號訒菴，崑山（今屬江蘇）人。順治十六年（一六五九）己亥進士，官翰林院學士，兼禮部侍郎，加禮部尚書銜。卒，謚文敏。

葉奕苞（一六二九～一六八七）

《憶南村（有序）》

余居甲子巷東，面城背寺，去闤闠稍遠，而酬應雜沓，甚苦之。偶讀陶九成《南村雜興》詩，不啻身在柴桑栗里間也。間憶乙丙之交，避地泙川鄉，依先世之敝廬，不復知有城市囂，遂效白香山《思酒》、元微之《生春》體，以「最憶南村處」為起句。泙川鄉，在吳淞江南，故亦以「南村」命篇云。

最憶南村處，南村小涇東。耕烟十畝綠，春雨一燈紅。籬短初栽槿，池平屢灌菘。荒蕪誠久矣，轉瞬十年中。

最憶南村處，南村檻獨凭。春風牽渡艇，夜火集漁燈。已老門前樹，相期雲外僧。自嫌貧過懶，傍屋起魚罾。

最憶南村處，南村深柳堂。晴多蜂釀足，雨小燕泥香。寂寂人三户，招招水一方。彈琴修竹畔，不數輞川莊。

最憶南村處，南村户日扃。浸堦苔甃碧，�水竹扉青。世論凫猶乙，仙歸鶴是丁。孤鴻分影後，嘹淚不堪聽。（與先兄長别于南村，故云）

最憶南村處，南村遠市囂。柳陰魚巨口，松下飯長腰。傍寺雲迷徑，開籬水拍橋。優游堪卒歲，自署玉山樵。

最憶南村處，南村石户農。自無名姓著，不覺往來慵。卜雨憑鳩喚，收禾學鷺舂。早輸官賦外，惟問緑醅醲

最憶南村處，南村落木秋。日斜江上寺，葉滿竹間樓。遠碧天如水，空青月似鉤。搗衣聲自切，嘗醉不知愁。

最憶南村處，南村颺酒帘。赤欄風約柳，白屋月鉤簾。社散投兒棗，客來典婦襜。總饑驅未得，腰折鑒陶潛。

最憶南村處，南村放犢歸。花深紅印屐，草暖緑霑衣。一笛長風裏，三江落炤圍。比隣多酒伴，踏月上漁磯。

最憶南村處，南村釣雪天。絲輕嘗墮餌，帆重不移船。天地容孤往，江湖幸苟全。故人雖貴盛，狂態只依肰。（《經鋤堂詩稿》卷三五言律詩，《四庫禁毁書叢刊》影印清康熙刻本）

《次韵和唐人絕句二十首・白居易秋夕》

金井飛凉葉，玉堦堆薄霜。夢長蓮漏短，輾轉合歡床。（《經鋤堂詩稿》卷七五言絕句，《四庫禁毁書叢刊》影印清康熙刻本）

《薛瑩羨僧》

不共二雲去，當前事事非。何須白少傅，始願空門歸。（時太倉王元達僧號願雲，在雲居山，同邑李木公僧號二勝，在雲門寺，故有首句）（《經鋤堂詩稿》卷八七言絕句十宫詞，《四庫禁毁書叢刊》影印清康熙刻本）

《燕子樓》

張尚書一朝身去，白舍人千里心傷。關盼盼半生苦節，燕子樓百世流芳。（正名）

智按：《燕子樓》四折，主角是唐代妓女關盼盼。第一折寫禮部尚書張建封（孤扮）寵愛名妓關盼盼（旦扮），白居易（末扮）為之作伐。第二、三折寫張死後，關盼盼居燕子樓為之守節十年。第四折寫白氏寄詩諷之「一朝身死不相隨」，盼盼閲後自盡而亡。劇本根據白居易《燕子樓》詩序以及宋計有功《唐詩紀事》所載《張建封妓》有關「盼盼得詩後，往往旬日不食而卒」傳説敷衍情節，並將二人相關詩作穿插入劇。此題材宋元明南戲、雜劇和傳奇遞有搬演，但就具體影響而言，葉奕苞更直接受到《警世通言・錢舍人題詩燕子樓》影響。然戲曲小説大多回避悲劇結局，如從劇名看，元雜劇《關盼盼春風燕子樓》就不像悲劇；祁彪佳《遠山堂曲品》讚賞明傳奇《燕子樓》，「即所傳皆合歡，而殉節之意自在」；馮夢龍話本寫盼盼因受侍女一勸，遂放棄墜樓、長齋念佛而終。以關盼盼自盡終場者，以葉氏雜劇為始——「旦：舍人尚爾，何況時流？［作痛哭沉吟介］『兒童不識沖天物，漫把青泥汙雪毫』，少不得尋個自盡便了！」全劇在濃郁悲劇情緒中結束。

《金石録補》

⊙唐鄭府君夫人崔氏合塟誌

右誌題云：唐故滎陽鄭府君夫人博陵崔氏合祔墓誌銘，給事郎試太常寺奉禮郎攝衛州司法參軍秦貫纂，無書人姓名。敘云：恒字伯常，試太常寺協律郎，高祖世斌，新鄭縣開國男。曾祖元嘉，祖有年，皆襲封。考探賢，魏州昌樂朝城縣令，君之夫人博陵崔氏，令門清族，内則可師。子六人，瑱、珮、瑾、玘、璿、琬，咸繼遺芳，克修至行，以大中十二年合祔府君夫人于先塋之側云云。孫北海侍郎云：萬曆初年，此誌石出于石門土中，其文其書，非唐人佳者，以伯常令族，崔氏淑德，當日著《會眞記》者，何乃造此梨舌業耶！按，鄭恒姓氏，偶見于《西廂》傳奇，世遂以此碑爲鶯鶯崔氏夫婦之詩。宋王銍辨張子野詩云：「詩人老去鶯鶯在」，註言張生卽張籍爲謬，乃元微之託而云肰，引微之所作姨母鄭氏誌云：「其既喪夫，遭亂軍，微之爲保護其家備至。」與傳奇之言合，而元氏古豔詩中《春詞》二首，皆隱鶯字，或隱作雙文，以二鶯字爲雙文也。予考微之《陸氏姊誌》云：「外祖父授睦州刺史鄭濟。」白樂天作微之母鄭夫人誌，亦言鄭濟女則鶯鶯者，乃崔鵬之女，于微之爲中表。《會眞記》果爲微之所託，何疑。此碑未詳崔氏家系，豈必即爲鶯鶯，況《會眞記》雖謂鶯鶯委身于人，未嘗言某氏。王實甫、關漢卿所作，乃烏有之辭也。今以碑中名姓，適與烏有之辭同，而恒配又適與鶯鶯之氏同，遂欲舉而實之，恐失古人闕疑之義。予故詳録而辨焉。王山史曰：「崔鶯鶯，鄭恒夫人也。恒字行甫，碑爲衢州叅軍陳貫纂述，成化間出于舊魏縣廢塚。恒之字貫之姓，與此碑不同。」未知山史何據，即以此崔氏爲鶯鶯也，予在都門，與山史游最久，未嘗及此碑。爲貿次未了，事後過吳門，遇山史，示金石，史跋此碑甚詳。山史名宏撰，華陰人。（《金石録補》卷二十一跋尾，《續修四庫全書》影印清道光二十四年別下齋刻本，第九〇一册，第二二六～二二七頁）

⊙雜記

宋虔州天竺寺，有白樂天手書詩云：「一山門作兩山門，兩寺原從一寺分。東澗水流西澗水，南山雲起北山雲。前臺花發後臺見，上界鐘清下界聞。遙想吾師行道處，天香桂子落紛紛。」蘇長公云：「予年十二，先君謂予言，此詩墨蹟如新，筆勢奇逸，今四十七年矣。予來訪之，則有石刻在耳。」文忠去今六百餘年，未知此石在否。（《金石録補》卷二十七，《續修四庫全書》影印清道光二十四年別下齋刻本，第九〇一册，第二七二頁）

漢人碑文云：某君之孫之子，不著祖父諱。隋唐以後率直書之，如陳子昂、顔魯公、白樂天序先世名，并不加諱字。竊笑今之人，事事不及古，而狀祖父行畧，必屬戚友塡諱。偶得宋人黃裳墓誌，乃其孫中美所撰。末云壻進士吳容塡諱，在光宗嘉定之三年，此風固已久矣。（《金石録補》卷二十七，《續修四庫全書》影印清道光二十四年別下齋刻本，第九〇一册，第二七四～二七五頁）

智按：葉奕苞，字九來，號二泉，別署群玉山樵，崑山（今屬江蘇）人。

少師葛芝及葉宏儒，尤工書法，與姜宸英、陳維崧、歸莊等詩酒流連，吐納風流，爲時所推。康熙十七年（一六七八）以監生薦舉博學鴻詞試，見擯，歸築半繭園，徜徉林壑，集研金石碑刻，預修邑志等。有《經鋤堂詩集》附詞一卷，康熙刊本。事迹詳見鄧長風《明清戲曲家考略三編》（上海古籍出版社一九九九年版，第一一三～一一七頁）；陸林《清初戲曲家葉奕苞生平新考》（《文學遺産》二〇〇七年第三期）。

錢曾（一六二九～一七〇一）

《讀書敏求記》

⊙《白氏文集》七十一卷。《年譜》一卷。

樂天自杭州刺史以右庶子詔還，排纂其文，成五十卷，號《長慶集》，微之為之序。又成《後集》二十卷，自為之序。嘗録一部置廬山東林寺經藏院，北宋時鏤諸板，所謂廬山本是也。絳雲樓藏書中有之，惜乎不及繕寫，庚寅一炬，此本種子斷絶，自此無有知廬山本者矣。

予昔從婁東王奉常購得宋刻，卷次與世行本無異；後亦歸之滄葦。此乃對宋本校寫者，其一之二、五之七、四十三；四十八之五十二；共宋刻十一卷，仍同奉常本。十三之十六、二十六之三十、三十三之三十八，共十七卷，是金華宋氏景濂所藏，小宋板，圖記宛然，古香可愛，更精於奉常本。然總名《白氏文集》，愈知廬山舊本之為難得矣。

戊子己丑，予日從牧翁遊，奇書共欣賞，駭心悦目，不數蓬山。今人侈言藏書，陋板惡鈔，盈箱插架，書生見錢，但不在紙裹中，可爲一嘅。（清雍正四年松雪齋刻本《讀書敏求記》卷四，丁瑜點校《讀書敏求記》，第一二四～一二五頁）

⊙《新雕校正大字白氏諷諫》一卷。

《白氏諷諫》原自單行。此新雕者，其字句與總集中稍異。歲久墨敝紙渝，《園陵妾》缺一字，竟無從補録，可惜也。（清雍正四年松雪齋刻本《讀書敏求記》卷四，丁瑜點校《讀書敏求記》，第一三二頁）

《錢遵王述古堂藏書目録》

《白氏長慶集》七十五卷，十本，宋板。（《錢遵王述古堂藏書目録》卷七，清初錢氏述古堂抄本）

智按：錢曾，字遵王，號也是翁，又號貫花道人、述古主人。虞山（今江蘇常熟）人。順治十八年（一六六一）因江南奏銷案被革去生員。得錢謙益絳雲樓之書。並寫有《述古堂書目》、《也是園書目》、《讀書敏求記》及《懷園集》、《判春集》、《奚囊集》、《今吾集》等。

錢霍

《贈江州司馬陶（與白與白香山皆自舍人出爲江州司馬而偶字與白故末句及之）》

遠嶼雙孤出，分江九派流。染衣彭澤柳，吹笛洞庭舟。送客臨湓浦，懷人上庾樓。古今陶與白，司馬在江州。（《續修四庫全書》本《兩浙輶軒録》卷七）

智按：錢霍，字去病，號荊山。山陰（今浙江紹興）人。貢生。與魏耕（一六一四～一六六二）來往甚密。有《望舒樓集》八卷。《兩浙輶軒録》卷七引《紹興府志》云：「霍居上虞籍，爲諸生，貢太學，精舉子業，然不好，獨好爲詩，其詩自闢阡陌，勁出横貫，不假雕飾，而姿態横生。性豪飲，喜劇談，酒酣興至，吐音如洪鐘，目閃閃有光，驚起座客，咸指爲狂生。嘗遊京師，少詹事沈荃獨嚴重之，曰：『去病，今之李謫仙也。』鄉人姚儀好其詩，爲梓之，欲挾之沅州官署，霍至吳門，以老不欲往，儀遂居之楓橋，每歲餽二百金資之。儀死，霍家貧日甚，而豪氣不衰。迨吏部以次除訓導，而霍已物故矣。」引《國朝詩話》云：「山陰錢去病霍《望舒樓集》，《長門怨》一首，予所最愛。『十度漢宫秋，不曾聞促織。一朝入長門，蟲聲始唧唧。盛年羞別離，掩面空悲啼。靜夜疑妾心，傾耳聽車音。』『春殿昭陽歌舞空，玉階白露起秋風。還他鏡中顔自看，阿嬌仍是少年紅。』全首怨而不怒，起四句極善形容得意人忽然失意情景。」引陶元藻云：「按，《海嶼詩話》專論上虞詩人，中有錢霍一條云：『霍詩無可考。其詠土城山，原作見於《曝書亭集》。詩云：西湖明鑑世間希，此地曾經換舞衣。春色不隨流水盡，暮山猶見彩雲飛。竹垞和云：江花江草滿江關，浣女清歌日暮還。曲罷彩雲猶未散，春風吹上土城山。』此錢霍卽山陰之去病，特占籍虞邑，遂編入上虞耳。」揆之上引，則錢霍當與朱彝尊（一六二九～一七〇九）及沈荃（一六二四～一六八四）（字貞蕤，號繹堂，華亭人。順治九年壬辰一甲三名進士，授編修，官至禮部侍郎。謚文恪。有《充齋集》）同時。參見《清詩紀事》第六册（康熙朝卷），第三八七九頁。

徐林鴻

《豫章秋懷》

楓樹蘆花兩岸霜，江分九派是潯陽。帆檣晚趂秋濤轉，鴻雁寒依秋水長。遠地星霜殊渺渺，孤城風景自茫茫。琵琶亭外千秋月，詞客經行淚滿裳。（《續修四庫全書》本《兩浙輶軒録》卷八）

智按：徐林鴻，字大文，一字寶名。海寧（今屬浙江）人。其先莆田林氏，贅徐襲其姓。諸生。康熙中，試鴻博不遇。詩文負有盛名，與吳農祥、王嗣槐、吳任臣、毛奇齡、陳維崧同爲大學士馮溥幕客，稱「佳山堂六子」。有《兩閒草堂集》四十卷。

石頤

《琵琶亭》

蹤跡頻年漢水濱，思鄉懷古鬢如銀。青衫莫漫悲司馬，我亦天涯淪落人。（阮元《淮海英靈集》丁集卷四，《續修四庫全書》影印清嘉慶三年小琅嬛仙館刻本）

智按：石頤，字正也，號養齋、頑仙。江蘇如皐人。以增貢生考授州同知。善畫，法王麓臺。有《瓠浮軒詞》。

朱彝尊（一六二九～一七〇九）

《虎山橋夜泊》

薛家車子十四，白傅歌童一雙。風定虎山橋水，月明蠡殼船牕。（《四部叢刊》本《曝書亭集》卷十九）

《方乾木蓮花圖為鐵夫上人作》

少日誦《九歌》，芙蓉搴木末。得非三閭大夫本寓言，豈有江花樹頭掇壯年。草木多識之，乃知黃心之樹產自西北陲，母丘道士曾作畫，醉吟先生亦有詩。傳聞雖久虛增羡，膩粉輕紅幾人見？黃山山後鐵頭陀，示我生綃圖一卷。葉如青桂身青楊，花開朵朵青蓮香。天都方乾染初就，拒霜不數滕昌祐。我思此圖更百年，定有好事爭流傳。老夫為題詩一篇，卷還頭陀須愛惜，慎勿輕污飛蠅點墨瓜牛涎。（《四部叢刊》本《曝書亭集》卷二十一）

《四月八日效長慶體》

今年孟夏行冬令，夜尚南風曉北風。露頂劇憐黃面佛，披裘仍作鹿皮翁。榆錢柳絮愁飄損，且喜餘花婪尾紅。（《四部叢刊》本《曝書亭集》卷二十三）

《清平樂詞集句送李天生還關中》

環山繞野（白居易），驛路飛泉灑（王維）。還把玉鞭鞭白馬（張籍），取酒蛤蟆陵下（謝良甫）。渭水處處流澌（謝良甫），登高望見昆池（范燈）。更愛終南壩上（呂渭），五陵共獵秦祠（樊珣）。（《四部叢刊》本《曝書亭集》卷三十）

《重刊白香山詩集序》

詩家好名，未有過於唐白傅者。既屬其友元微之排纘《長慶集》矣，而又自編《後集》，為之序，復為之記，既以集本付其從子外孫矣，而又分貯之東林、南禪、聖善、香山諸寺，比於杜元凱峴山碑，尤汲汲焉。或疑公曠達，不應戚戚於年歲之逾邁，沾沾於官秩之遷除，計禄奉之損益，不知公之進退出處，係時事之否泰，恒恐後人論世者不得其詳，故屢見之篇詠，斯則公之微意乎？公集自宋李伯珍刊之吳郡，何友諒刊之忠州，二本均有年譜。其後坊刻雜出，漸失其舊，或以譜非其要，置而不録。迄於今，紕繆轉甚，予友汪君西亭氏憂之，既定其卷次，正其愆譌，因仿國史表，補撰《年譜》一卷，書成，鏤板以行。予聞常熟毛氏藏有陳伯玉氏《白文公譜》，假而觀之，則君所編，悉與陳氏合，而《海圖屏風》一篇，君力辨非討淮蔡時事，驗之陳譜，亦同，於是人皆服君之考證。予乃勸君並刊陳譜示諸學者，陳氏有言，維揚李德劭作為年譜而不編年，疎略牴牾。今者李氏譜亡，而陳氏譜復出，與君所撰，一經一緯，互相發明，不可謂非斯文之厚幸矣。康熙四十二年夏六月幾望，南書房舊史秀水朱彝尊序，時年七十有五。（《四部叢刊》本《曝書亭集》卷三十六；《四庫全書》本汪立名《白香山詩集》卷首）

《王學士西征草序》

華亭王學士瑁湖主陝西試事，榜既放，攬咸陽之勝，……往還賦詩五十首，乃甄綜闈墨以行鏤詩板，以示同好，其言曰：文章無盡境，譬之登山，然其入必有徑，雖懸崖絶壁，亦必有磴道可尋，綆繘可挽。苟力不足以相赴，非困則躓矣。華嶽不知幾千仞，游者必極于三峰而後已。善夫學士之論文也，惟詩亦然。學詩者以唐人爲徑，此遵道而得周行者也。唐之有杜甫，其猶九達之逵乎？外是而高岑王孟，若李若韋，若元白、劉柳，則如崇期劇驂，可以交復而岐出，至若孟郊之硬也，李賀之詭也，盧仝、劉叉、馬異之怪也，斯綆繘而登險者也。正者極于杜，奇者極于韓。此躋夫三峰者也。宋之作者不過學唐人而變之爾，非能軼出唐人之上。……（《四部叢刊》本《曝書亭集》卷三十七）

《成周卜詩集序》

吾於畿輔，友雞澤殷伯子岳焉，伯子之論曰：「詩言夫志也。自唐人以之取士，而格而律，抽黃儷白，專尚比偶之工，言志之旨微矣。」故伯子於詩，不作近體，尤不喜作七言近體，人怪之不顧也。予覽觀唐人，惟杜陵、香山多作七律，然集中所存，終不及諸體之半。逮蘇子瞻、陸務觀、楊廷秀，多以斯體見長。至郝天挺之《鼓吹》，許中麗之《光岳英華》，專收七律，餘皆舍而不録。其後瞿佑、朱紹、胡琰之徒，踵其故智，各事采獲，古風漸衰，宜詩教之日下矣。予近録明三百年詩，閱集不下四千部，集中凡古風多者，其詩必工；開卷即七言律者，其詩必下。蓋以此自信，並信伯子之言，雖矯枉而得其正焉。大名成子文昭，字周卜，相遇虎丘。風度之雍容，辭氣之和雅，望而知爲王、謝、崔、盧之子姓。酒間論詩，以不善七律自慙。予索其詩誦之，則斯體未嘗不工，特不好焉爾。夫人心之動，音起而聲應之，九歌八風，七音六律，要以爲言志之助。自四聲既畫，而律詩之韻，止取其一。五言以試士，七言以應制。久而邦國天下，悉用之焉。而又唱酬之作，必次韻以見才。所言者志，而所尚者韻，其於義也何居？成子曰：然斯則文昭助先生張目者也。四月維夏，成子告歸，遂述之以當詩序。（《四部叢刊》本《曝書亭集》卷三十九）

《楝亭詩序》

杜子美言詩：「語不驚人死不休。」韓退之言詩：「横空盤硬語，妥帖力排奡。」而白傅期於老嫗都解。張子厚云：「致心平易始知詩。」陸務觀云：「詩到無人愛處工。」羣賢之論，若枘鑿之不相入者，然其義兩是，亦就體製分殊爾。今之詩家，空疎淺薄，皆由嚴儀卿「詩有別才匪關學」一語啓之，天下豈有舍學言詩之理。通政司使楝亭曹公吟稾，體必生澀，語必斬新，蓋欲抉破藩籬，直開古人窔奥，當其稱意，不顧時人之大怪也。公於學博綜，練習掌故，胸中具有武庫，瀏覽全唐詩派，多師以為師，宜其日進不已，譬諸蓟騮騻騄，郭椒丁櫟，騰山超澗，馳騁既熟，下而縱送，劇驂之區，其樂有不可喻者已。（《四部叢刊》本《曝書亭集》卷三十九）

《胡永叔詩序》

世之論者恒言尼父删詩，不録吳楚，吳則無聞，若楚於《二南》録「南有喬木」，而江漢存於《大雅》，不可云楚無詩也。迨王迹熄列國之詩盡亡，惟楚有材，屈宋唐景交作，是詩之後亡者，莫如楚矣。自明萬曆以來，公安袁無學兄弟矯嘉靖七子之弊，意主香山、眉山，降而楊、陸，其辭與志，未大有害也。景（竟）陵鍾氏、譚氏從而甚之，專以空疏淺薄詭譎是尚，便於新學小生操奇觚者。不必讀書識字，斯害有不可言者已。於時秦有文天瑞，越有王季重，閩有蔡敬夫，爭相效尤，變而益下，無惑乎，世之言詩者，以楚相誠矣。有人焉生乎楚，而不爲楚俗所移，吾友黄岡杜于皇是也。于皇僑居白下者也，今楚風既漸返而淳，又永叔昆友移家無錫，所食者西神之禾，所飲者慧泉之水，相往還酬和者，率吳越大夫卿士，宜其詩之不類於楚遺派也。雖然學詩者當進於古，師《三百篇》者，庶近於漢，師魏晉乃幾於唐，未有師宋元而翻合乎群雅者。譬諸彼汎舟然溯洄者，不若溯游之便，必欲逆流而上，吾知鼓舵之匪易矣。書以爲序。(《四部叢刊》本《曝書亭集》卷三十九)

《白樂天草書春游詩拓本跋》

右白傅草書一十九行，錢穆父在越勒石，寘蓬萊閣下。今《長慶集》不載。或以是詩補入元微之集中，誤也。「散」字《廣韻》未收，而毛晃《增注禮部韻略》有之，引白詩為證，且注云「重增」。然則今之《廣韻》，亦非唐韻之舊矣。「從」，雕本譌「終」；「愛」，雕本譌「怯」，皆所當勘正者。(《四部叢刊》本《曝書亭集》卷四十九)

智按：《春遊》詩云：「酒户年年減，山行漸漸難。欲從心懶慢，轉恐性闌散。鏡水波猶冷，稽峯雪尚殘。不能孤物色，乍可愛春寒。遠目傷千里，新年思萬端。無人知我意，閑憑曲欄干。」《元氏長慶集》收入集外文章，《全唐詩》卷四二三收入元稹詩。顧學頡據歷史博物館藏明王氏藏宋拓本四名人法書册頁及朱彝尊説、朱金城《白居易集箋校》據朱彝尊説，以爲白氏之作。此詩又見洪邁《容齋五筆》卷二《元微之詩》：「《唐書·藝文志》：『元稹《長慶集》一百卷，《小集》十卷。』而傳於今者，惟閩、蜀刻本爲六十卷。三館所藏，獨有《小集》。文惠公鎮越，以其舊治，而文集蓋缺，乃求而刻之。外《春遊》一篇云……。白樂天書之，題云『元相公《春遊》』。錢思公藏其真跡，穆父守越時，摹刻於蓬萊閣下，今不復存。集中逸此詩，文惠爲列之於集外。李端民平叔嘗和其韻寄公云……樂天所書，予少時得其石刻，後亦失之。」(上海古籍出版社《容齋隨筆》第八二八～八二九頁) 陳尚君修訂《全唐詩外編》引此，云：「錢思公指錢惟演，穆父指錢勰，爲北宋前中期人。其言似比明清人所説更可靠些。此詩是否白作，恐尚難論定。」按，據洪邁説，此詩爲白居易書元稹詩，宋人刻《元氏長慶集》既已列入集外。朱彝尊等因其爲白氏所書，便以爲白居易詩，實誤。

《書楊太真外傳後》

宫闈之事，外人罕知，所見或異辭，矧出于傳聞者乎？《太眞外傳》，宋樂史所撰。稱妃以開元二十二年十一月，歸于壽邸，二十八年十月，玄宗幸温泉宫，使高力士取于壽邸，度為女道士，住内太眞宫。此傳聞之謬也。按，《唐大詔令》載，開元二十三年十二月二十四日，遣户部尚書同中書門下李林甫，副以黄門侍郎陳希烈，册河南府士曹叅軍楊玄璬長女爲壽王妃。考之開元禮，皇太子納妃將行納采，皇帝臨軒命使，降而親王禮儀，有殺命使則同由納采，而問名，而納吉，而納徵，而請期，然後親迎同牢備禮，動需卜日，無納采受册即歸壽邸之禮也。越明年，武惠妃薨，後宫無當帝意者。或奏妃姿色冠代，乃度爲女道士。勑曰：壽王瑁妃楊氏，素以端毅作嬪藩國，雖居榮貴，每在清修。屬太后忌辰，永懷追福，以兹求度，雅志難違，用敦弘道之風，特遂由衷之請，宜度爲女道士。盖帝先注意于妃，顧難奪之朱邸，思納諸禁中，乃言出自妃意。所云「作嬪藩國」者，據妃曾受册云然。其曰「太后忌辰」者，昭成竇后以長壽二年正月二日受害，則天后以建子月爲歲首，中宗雖復舊用夏正即正月，行香廢務直，至順宗永貞元年，方改正以十一月二日為忌辰。開元中，猶循中宗行香之舊，是妃入道之期，當在開元二十五年正月二日也。妃既入道，衣道士服入見，號曰太真，史稱不朞歲禮遇如惠妃，然則妃由道院入宫，不由壽邸。陳鴻《長恨傳》謂高力士潛搜外宫，得妃于壽邸，與《外傳》同其謬。張俞《驪山記》謂妃以處子入宫，似得其實。而李商隱《碧城》三首，一咏妃入道，一咏妃永歸壽邸，一咏帝與妃定情，係七月十六日，證以「《武皇内傳》分明在，莫道人間總不知」。是足當詩史矣。《新唐書·宰相世系表》妃之祖志謙，三子，長玄琰，次玄珪，次玄璬。玄琰子銛，玄珪子錡，玄璬子鑑，若國忠則妃再從兄也。妃本玄璬長女，大書册壽王妃父，乃天寶四載立爲貴妃，帝欲掩天下之耳目而箝其口，遂令妃不父其父，而移作玄琰少女，于是贈玄琰太尉齊國公，母封涼國夫人。玄珪工部尚書，銛鴻臚卿，錡侍御史，尚太華公主，姊三人，大姨韓國，三姨虢國，八姨秦國。玄璬獨永聞加恩焉，子鑑官湖州刺史，後雖尚主册，貴妃曰恩澤亦未之及，盖推而遠之也。且銛係玄琰子，而劉昫《唐書》以爲妃再從兄，則當時業有識其非者矣。明皇英主，開元之政，稱全盛時，惑一妃子，至淪亡社稷，作僞心勞，迹愈晦而言之益醜。《詩》不云乎「亂匪降自天，生自婦人」，又云「鼓鐘于宫，聲聞于外」，國史無識，誤落帝度内，謂妃少孤養于叔父玄璬，而以琰爲妃父子，故驗之載紀，辨外傳之誣，特發其微焉。至於玉谿生詩，箋之别幅。（《曝書亭集》卷五十五）

智按：參見惲敬《駁朱錫鬯書楊太眞外傳後》（《四部叢刊》本《大雲山房文稿》初集卷一）。

《静志居詩話》

漏瑜字叔瑜，一字大美，别號越南，會稽人。革除間，河南道監察御史。有《石軒集》。

侍御潛迹江湖，締交耆舊。宣德中，在烏墩為九老之會。時趙巘伯高年九十一，吳焕汝文年九十，趙岐伯通年八十九，孫孟吉兆禎、唐其諒年八十五，水宗達朝宗年八十二，叔瑜與壺敏中行、錢郁耀宇皆八十餘，時人有詩紀其事云：「景廹桑榆盡日閒，更邀同志效香山。尋常樽酒頻酬勸，適意林泉任往還。心遠自忘塵世事，年來不鎖利名關。莫言九老非前比，養得天和總一般。」流傳以為佳話。巘，宋安定郡王後，洪武中，官鑾儀司序班；岐，安康郡王後；孟吉，革除間，太常博士；其諒，革除間，以文史院出署天長丞；郁，湖廣石門知縣。巘、焕、孟吉、敏，皆烏墩人；岐，青鎮人；宗達，吳江人；其諒，鳳陽人；郁，臨安人。敏，好乘舟玩水，時號浮瀾先生，著有《竹松集》。焕，有《怡安集》。烏墩，一曰烏戍，亦曰烏鎮，又曰烏陀。青鎮，即青墩也。萬曆中，扶溝何出光撰《蘭臺法鑒録》，凡任御史者，書其名系，獨不載叔瑜。殆以革除間任舊籍，去之故爾。（卷六「漏瑜」，黄君坦校點本《静志居詩話》第一四四頁）

姚夔，字大章，桐廬人，正統壬戌進士，累官禮部尚書，調吏部加太子少保，卒贈少保，謚文敏，有《蠢蠹堆稾》。

文敏久領容臺，修明禮樂，其於先賢祀典，聞必舉行，因錢長沙澍之請而建祠賈誼之井，因章布政繪之疏而樹碑比干之祠，因商學士輅之章追封董仲舒等伯爵，因左吏部贊之奏而修護李泰伯之塋，他若爲金華四先生及劉因立祠，皆有裨名教。自公沒，而程敏政建議於前，張孚敬順之於後，舉凡戴聖、劉向、鄭衆、賈逵、何休、馬融、服虔、鄭玄、盧植、王肅、王弼、杜預、范甯等一十三人，從祀孔子之廡者皆罷之，眞天資刻薄人所爲也。文敏過忠州，弔陸宣公墓，賦詩云：「一讀遺文數行淚，拜瞻松柏不勝悲。」因而訪李吉甫、白居易、胡旦諸公，皆謫此地，問有祠否？土人爲言：故有今廢。乃檢行囊廩米一石倡之，屬州守廣文修舉作詩，以勉其成焉，可以媿程、張諸老也已。（卷七「姚夔」，黃君坦校點本《靜志居詩話》第一八〇～一八一頁）

顔瑄字竇之，江陰人。成化丙戌進士，官户部主事。有《一菴詩抄》。

竇之賦才捷敏，嘗即内兄夏希明座上，令侍女喬妙福捧硯，王碧雲展紙，和香山《琵琶行》韻，援筆成篇，不竄一字。詩多穠縟，七律頗近錢、郎。（卷八「顔瑄」，黃君坦校點本《靜志居詩話》第二一六頁）

袁宗道，字伯修，公安人，萬曆丙戌進士，改庶吉士，授編修，歷中允，洗馬，庶子，贈禮部右侍郎。有《白蘇齋集》。

嘉靖七子之派，徐文長欲以李長吉體變之，不能也。湯義仍欲以尤、蕭、范、陸體變之，亦不能也。王百穀、王承父、屠長卿雖迭有違言，然寡不敵衆。自袁伯修出，服習香山、眉山之結撰，首以白蘇名齋，既導其源，中郎、小修繼之，益揚其波，由是公安流派盛行。然白、蘇各有神采，顧乃頹波自放，舍其高潔，專尚鄙俚。鍾、譚從而再變，梟音鴃舌，風雅蕩然，泗鼎將沉，魑魅齊見，言作俑者，孰謂非伯修也邪？（卷十六「袁宗道」，黃君坦校點本《靜志居詩話》第四六四～四六五頁）

公鼐字孝興，蒙陰人。萬曆辛丑進士，改庶吉士，授編修，歷少詹事，禮部右侍郎。卒，謚文介。有《問次齋稿》。

言詩於萬曆，則三齊之彦，吾必以公文介為巨擘焉。即其論詩，大指云：「風雅之後有樂府，如唐詩之後有詞曲，聲聽之變，有所必趨；情詞之遷，有所必至。古樂之不可復，久矣。後人之不能漢魏，猶漢魏之不能風雅，勢使然也。如漢《朱鷺》、《翁離》之作，魏晉諸臣擬之，以鳴其一代之事，易名別調，當極其長，豈以古今同異為病哉？後世文士如李太白，則沿其目而革其詞。杜子美、白樂天之倫，則創為意，而不襲其目，皆卓然作者，後世有述焉。……」（卷十六「公鼒」，黃君坦校點本《靜志居詩話》第四九〇～四九一頁）

智按：公鼒，字孝興，蒙陰（今屬山東）人。萬曆二十九年（一六〇一）進士。其《問次齋稿》三十一卷《續稿》五卷《西游稿》七卷，有明萬曆四十七年河南副使呂邦燿刻本；齊魯書社一九九八年影印抄本。

幼光禁網潛蹤，麻鞋間道，或出或處，或嘿或語，詩屢變而不窮。要其流派，深得香山、劍南之神髓，而融會之。……昔賢評陶元亮詩云：「心存忠義，地處閒逸，情真景真，事真意真」，《田間》一集，庶幾近之。（卷二十二「錢秉鐙」，黃君坦校點本《靜志居詩話》第六七一頁）

智按：錢澄之（一六一二～一六九二），原名秉鐙，字幼光，一作飲光，號田間（別號四頑）。桐城（今屬安徽）人。

梅生，姓梅氏，麻城士子周世遴伯玉妻。

生有逸才，兼工古文辭。南昌王于一向予稱之。其夫周伯玉赴試省闈，生賦落葉小詩寄之云：「落葉滿庭階，秋風吹復起。遙憶別離人，寂寞何堪此。」伯玉省詩悽愴，不入鎖院而返，足以見伉儷之重矣。傳聞生有外行，未免蘭形棘心，曾塡小曲寄情人云：「假若是淚珠兒，穿得起，拚翦下，一股青絲，穿一穿，寄把你。」于一謂古之喻淚者，曰沱若，曰漣如，曰流泉，曰垂露，曰連絲，曰玉箸，曰綆縻，曰鉛水，曰日南珠，未有道及此者。于一好劇譚，譚必傾座，斯言稍過，綫不能穿淚珠，本香山句爾。（卷二十三「梅生」，黃君坦校點本《靜志居詩話》第七二四～七二五頁）

月山大君婷。婷《古寺尋花》詩云：「春深古寺燕飛飛，深院重門客到稀。我正尋花花盡落，尋花翻爲惜花歸。」見吳子魚《朝鮮詩選》。愚山云，應是朝鮮女子。按，《說文》、《廣韻》均不載有婷字，惟《玉篇》有之，注徒寧切，和色也。《樂府詩集》漢辛延年《羽林郎》篇「不意金吾子，娉婷過我廬。」娉婷字並用，始此。《江南弄》和云：「陽春路，娉婷出綺羅。」喬知之詩：「明珠十斛買娉婷。」杜甫詩「不嫁惜娉婷」，劉長卿詩「不知娉婷色，回照今何似」，韓愈詩「砧影伴娉婷」，白居易詩「明妃風貌最娉婷」，李商隱詩「娉婷小苑中」，羅虬詩「大都相似更娉婷」，則唐人固相沿用之。載考丁度《集韻》，娗或作婷，可補《廣韻》之闕。《采風集》收婷詩，婷上冠以「月山大君」字，當是東國尊稱，殆非民間女子也。（卷二十四「月山大君婷」，黄君坦校點本《靜志居詩話》第七九三頁）

《明詩綜》

李開先，字伯華，章邱人。嘉靖己丑進士，除户部主事，改吏部歷員外郎，中擢太常少卿，提督四夷館，罷歸。有《閒居集》。朱中立云：「中麓著作甚富，一韻百篇，蓋白樂天之流也。詞浮意淺，繩墨𠞰中，多何為焉。」（《四庫全書》本《明詩綜》卷四十六）

劉胤昌，字燕及，桐城人。萬曆甲辰進士，知宜黄、臨川、廣濟三縣，遷南京大理評事，歷官興化知府，有《遷草》、《覲草》、《游草》。潘蜀藻云：「廷評詩不假思索，衝口而出，往往有逸氣，間似香山。」（《四庫全書》本《明詩綜》卷六十四）

許令典，字稚則，海寧人，萬曆丁未進士，官至淮安知府，有《靈泉嬴史集》。《詩話》：稚則一官不達意，薄淮陽，散髮歸田。陶潛之屋不豐，范蠡之舟偏小，籃輿竹杖，紙帳繩牀，雅饒樂趣，所云愛官，何似愛吾廬也。詩取適意，無意求工，蓋本於香山、擊壤。（《四庫全書》本《明詩綜》卷六十五）

吳伯與，字福生，宣城人，萬曆癸丑進士，除户部主事，歷員外郎中，出為浙江布政司參議，遷廣東按察副使，有《素雯齋集》。李本寧云：「福生詩簡遠曠達，兼彭澤、左司、香山、眉山之長。」董思白云：「福生騷賦古律，體齊梁之綺靡，兼燕趙之悲壯。」黄貞父云：「福生曠懷雄藻，高岑韋柳，惟所汲取，而激越時近樊川。」……（《四庫全書》本《明詩綜》卷六十五）

徐弘澤，字潤卿，號春門，嘉興處士，有《竹浪齋集》。李君實云：「隱君詩喜白香山、陸放翁，流利清越，不為鈎棘索隱。」陳仲醇云：「隱君詩清真流便，雅類元白。」（《四庫全書》本《明詩綜》卷七十二）

智按:《古今圖書集成》字學典第九十卷書法部紀事第二六頁引《嘉興府志》:「徐弘澤,字春門,春波里人。所居當闤闠,拂衣澹宕,每與老衲逸民相往來,為詩類元白,書出入子久、仲圭、丹陽、句曲間,書法從吳興取途,而尤愛張伯雨,時稱春門三絕。晚登峨嵋絕頂,得山水之助,歸而益工詩畫。自號竹浪老人,年七十七,無疾而逝。」

《經義考》

白居易曰:天之文三光首之,地之文五材首之,人之文六經首之,講詩者以六義風賦為宗,不專於鳥獸草木之名也;讀書者以五代典謨為旨,不專於章句訓詁之文也;習禮者以上下長幼為節,不專於俎豆之數、裼襲之容也;學樂者以中和友孝為德,不專於節奏之變、綴兆之度也。夫然,故温柔敦厚之教疏通,知遠之訓暢於中而發於外矣。莊敬威嚴之貌,易直子諒之心,行於上而流於下矣。(《經義考》卷二百九十五通說,《四庫全書》本)

⊙劉氏軻《翼孟》三卷(佚)

缺名曰:劉御史軻上京,師白樂天,以書介紹於所知,若庾補闕、杜拾遺、元員外、牛侍御、蕭正字、楊主簿兄弟,謂其開卷慕孟軻為人,所著《翼孟》三卷,於聖人之旨,作者之風,往往而得。惜乎所著書散佚無存也。(《經義考》卷二百三十二孟子,《四庫全書》本)

智按:朱彝尊,字錫鬯,號竹垞,晚號金鳳亭長、小長蘆釣師,秀水(今浙江嘉興)人。早年曾參與抗清活動,失敗後漫遊四方,與屈大均、顧炎武、傅山等遺民交往。康熙十八年(一六七九)以布衣應博學鴻詞,授翰林院檢討,充《明史》纂修官。二十年,充日講起居注官。二十二年,入值南書房,旋因私挾小胥入内鈔書被劾,降一級,後復原官。三十一年(一六九二),再次罷官,遂歸里築曝書亭,專事著述。彝尊經學深湛,詩早年宗漢魏盛唐,晚年兼取宋人,主性情,重學問,爲清初「浙派」代表詩人。詞宗姜夔、張炎,以清空醇雅爲歸,爲「浙西詞派」開山祖。有《經義考》三百卷、《曝書亭集》八十卷、《曝書亭外集》八卷(馮登府輯),又編撰有《明詩綜》一百卷等。《清史稿》卷四八四有傳。

嚴我斯（一六二九～？）

《和東坡岐亭戒殺詩四首》（其三）

人生鐘鼎貴，徒誇禁臠汁。時時刲肥鮮，僅博寸喉濕。豈知貧家兒，食薺苦亦得。所養有大小，曾不知緩急。何曾食萬錢，不數鵝與鴨。柳玭不二羹，蔬食安用羃。二公身名殊，較若黑與赤。閒居俯仰餘，斗室生虛白。羨彼祝雞翁，粥粥呼絳幘。朝聞南舍歌，夕聽西隣泣。浮生本何常，過分卽爲缺。蓬門常不關，每來不速客。為君釀松花，共讀香山集。（張應昌《國朝詩鐸》卷二十四，《續修四庫全書》影印清同治八年秀芷堂刻本）

智按：嚴我斯，字就思，號存菴，歸安（今浙江湖州）人。康熙三年（一六六四）甲辰一甲一名進士，授修撰，官至禮部侍郎。有《尺五堂詩刪》。

陸隴其（一六三〇～一六九三）

《辨學術》

顔魯公，唐代偉人，而載於姚鉉所輯《唐文粹》者，寶應寺有記，放生池有碑，深溺於浮屠之說如此。其他如張說、王維、盧肇、李華、白居易、柳宗元之徒，連篇累牘，稱揚佛教者，又何足怪哉！故知韓退之，真人傑也。《唐文粹》不載退之《諫佛骨表》，大端已差。（原第四十七條）（《松陽鈔存》卷下，《四庫全書》本；清刻陸子全書本）

《三魚堂日記》

和間朝廷置書局以數十計，其荒陋而可笑者，莫如博古圖。閱《隨筆》十五卷，摘十一條。

廿七，過丹陽，《隨筆》言文章一小技，於道未為尊。雖子美有激而云，然要為失言。釋氏以正五九月為三長月，故奉佛者皆茹素，其說云，天帝釋以大寶鏡輪照四天下，寅午戌月，正臨南贍部洲，故當食素以徼福，俗謂之惡月，士大夫赴官者輒避之。唐世士人初登科，或未仕者，多以從諸藩府辟置為重，觀韓文公送石洪、溫造二處士可見。唐人歌詩，其於先世及當時事，直辭詠寄，略無避隱，至宮禁嬖昵，非外間所應知者，皆反覆極言，而上之人亦不以為罪。如白樂天《長恨歌》、元微之《連昌宮辭》、杜子美《兵車行》、《前後出塞》、《新安吏》、《潼關吏》、《石壕吏》、《新婚別》、《垂老別》、《無家別》、《哀王孫》、《悲陳陶》、《哀江頭》、《麗人行》，今之詩人不敢爾也。唐人論隋惡者，莫過於柳宗元，曰：隋氏環四海以為鼎，跨九垠以為爐，爨以毒燎，煽以虐焰，沸湧灼爛，號呼騰蹈。……（《三魚堂日記》卷四，《續修四庫全書》影印清同治九年浙江書局刻本）

廿一，閱康對山《武功縣志》，載姚合縣居詩三十首，不過是歎老嗟貧、飲酒看花之事，與白樂天《秦中吟》十首相去遠矣。至云：「一日看除目，終年損道心。」亦何至如此，可見胸無主張。又云：「惟愁明早出，端坐吏人旁。」抑何不憚煩也。又云：「長羨劉伶醉，高眠出世間。自嫌多檢束，不似舊來狂。」尤説得不是。（《三魚堂日記》卷九，《續修四庫全書》影印清同治九年浙江書局刻本）

智按：陸隴其，初名龍其，字稼書，平湖（今屬浙江）人。康熙五年（一六六六）舉鄉試，康熙九年（一六七〇）庚戌進士，官嘉定、靈壽二縣知縣，行取御史。卒於四川道監察御史任上。雍正二年，從祀孔子廟庭，乾隆二年賜謚清獻。

屈大均（一六三〇～一六九六）

《琵琶行贈蒲衣子》

王郎好音能琵琶，千愁萬恨歸邊沙。明妃紫臺作胡語，公主烏孫思漢家。慷慨惟憑馬上樂，淒涼豈必軍中笳。新聲鼓出好詞曲，三日一調勞紅牙。古詞元人百雜劇，新曲《牡丹》兼《浣紗》。伯龍紅友供繁弄，酒酣一唱三咨嗟。改調高彈颯風雨，攢點忽似更蝦蟆。手撥口歌聲若一，絲肉紛飄如飛花。小聲吹裂漆篳篥，大聲摻亂《漁陽撾》。自矜琵琶與琴應，眩精駭耳非淫哇。一一暉音合清濁，上腔下柱同整斜。十指絕光若驚電，雙袖奮影爭流霞。亂擊空中白翎雀，橫奔塞上拳毛騧。毛血淋漓儘揮灑，又如胡漢相紛拏。大雷小雷響四迸，天驚石破愁女媧。兒女呢呢不得語，恩怨爾汝潛相加。緩調平弦有時倦，掩抑奇態嫌娙娿（女作姿態也）。聯綿斷續轉嗚咽，又如緪瑟悲匏巴。一激一昂真當泣，哀歌銷盡情萌芽。鵾弦石槽兼鐵撥，翻嫌古法多喧譁。逢君但乞《飛龍引》，發揚蹈厲除姦邪。鎮西更作《大道曲》，羅襦胡牀臨闉闍。阮咸淒鏘竹林下，風流豈似君瑯琊。我今煩冤神越散，《大招》須君為景差。不然節奏盡傳我，十調五調成豪奢。一枚昨致惠文婦，槽用香楠連木瓜。得曹左手裴右手，亦可持慰吾秦嘉。琵琶弟子君多少，中有幾人顏如荼。楓香定移西樓女，鞋帶可記楊家娃。得君琵琶諸楔子，聾婆舊譜寧足誇。梳山音律此一種，教坊買斷傾金車。王郎王郎爾莫苦，埋憂國腹如丹砂。天際真人既有此，北窗跂腳殊風華。（《翁山詩外》卷四七言古，《續修四庫全書》影印清康熙刻淩鳳翔補修本；《晚晴簃詩匯》卷十八，《續修四庫全書》，第一六二九册，第三三一頁）

《題梅村集》

七字初唐好，司成變化中。自兼長慶體，先賦永和宮。事補先朝史，聲高列國風。遺音在流水，洄溯意無窮。（《翁山詩外》卷八五言律，《續修四庫全書》影印清康熙刻淩鳳翔補修本）

《甲子初春賦得今歲花前五十五》（白樂天句）

今年逢甲子，五十五年春。願學白居士，長爲花主人。嬰兒時自作，弟子日相親。堂上八旬母，承歡未覺貧。

五十不如人，蹉跎又五春。無言能學易，所喜未違親。萱草煙初暖，桃花雨更新。那知誰甲子，且復醉芳辰。

流年頻假我，天意似相私。已少無聞日，猶多大過時。緑交山桔葉，紅亞海棠枝。一片風烟裏，春光人不知。

五十又餘五，生生數所期。南枝猶有待，春色不妨遲。碩果羲皇物，瑶華姑射姿。東風如有意，莫遣鬢如絲。（《翁山詩外》卷八五言律，《續修四庫全書》影印清康熙刻淩鳳翔補修本）

《賦得六旬猶健亦天憐白樂天句》

年高但願似慈親，白首長爲膝下人。六十未同蘧瑗化，九旬應返子桑真。方剛帝與經營力，未老天留問學身。菉竹詩篇教日誦，莫辭圭璧琢磨新。

黔婁未老已甘貧，萊子初衰始煖人。婚嫁少完須大耋，酥醪多酌望長春。先寒塞雁銜霜苦，欲曙天雞喚日新。蓬鬢不勞青女點，蕙心方與翠娥親。（《翁山詩外》卷十七言律，《續修四庫全書》影印清康熙刻淩鳳翔補修本）

《古丈夫洞草堂記》

予游太華，於北斗峰絕壁之下，得秦時古丈夫洞及毛女洞，堂奥相連，是乃陽明之室，欲與内人王華姜氏分居之，尋以還羅浮養親不果，因為古丈夫洞草堂一扁，隨地懸之，以志不忘西嶽之意。桐城方文曰：「古丈夫、毛女二洞，自秦迄今，千五百年未聞有高人居之，直至翁山始開闢而居，其中亦奇矣。然翁山不久居此，又攜家而南，將無為二洞所笑矣乎？」非然也。昔少陵居浣花草堂，白樂天居香鑪峰草堂，蘇子瞻居黄州東坡、惠州白鶴觀，皆未及數年，而此地遂為三公所有，翁山復何疑焉。大均因為之記曰：吾觀古丈夫，其賢過於四皓，夫四皓嘗為秦之博士矣，以始皇無道乃隱商顔之山，古丈夫則未嘗一日服官，且無姓與名，以致子房之知，並無采芝一歌，使後人得而傳誦，《易》所謂遯世不見知，又曰：不成乎名，斯人可以當之矣。乃毛女玉姜，顧有其名，至今芬人齒頰。噫嘻！亦大異甚。常人之情，喜傳女過於傳男，張丽英不嫁，長沙王芮為石鼓之歌仙去，一時乃有女高士二人。吾為是草堂，雖以古丈夫為期，然得無愧於二女高士也，亦云足矣。洞之上，予刻曰：南海屈翁山先生與其配榆林王氏華姜夫人同隱於此。凡二十二字，用漢隸，並刻所為《古丈夫洞草堂歌》一篇，歌在翁山詩外，中歌之序則在翁山文外，是為古丈夫洞之故事云。（《翁山文鈔》卷一記，《四庫禁毀書叢刊》影印清康熙間刻本）

《高士傳》

韓畕，字石畊，宛平人，父位，有行誼，與無錫高忠憲公文善，攜其二子來南中，畕其仲也。方畕少時，父往跡入閩，不及名，畕長，以兄名田，遂自名曰畕，謂兄之田一，而吾之田二云。好學能詩，尤善鼓琴，年四十不娶，以琴自資，所至人爭延致，然畕伉率無威儀，一不當意，輒唾棄去，或主其家，即役使其家僮如己者，多厭苦之，雖其主人雅知畕，終亦不能久留也。……卒，年四十三初。畕之南來也，天下尚無事。既遭喪亂，乃敘次其流寓之槩，為詩一篇，數千言，兒時在留京，其父與守陵内官相識，從觀陵祭，及見弓劍之陳，俎豆之設，與夫灌壇寢殿，規制曲折悉于詩見之，江淮間競傳寫焉。又嘗倣白居易《醉吟傳》，作《卧琴先生傳》以比之，藏于兄子所。其他雜詩文尚數百篇，唯琴秘甚，不輕授人，人亦畏從畕學，竟無有傳之者。（《翁山文鈔》卷四，《四庫禁毀書叢刊》影印清康熙間刻本，集部第一二〇册，第一九五頁）

智按：《池北偶談》卷十一：「韓畕字石耕。北平人。亂後遊江南。徧歷台宕諸勝。客死平湖。畕善鼓琴。尤工五言詩。有句云：春愁當二月。酒渴起三更。」《檇李詩繫》卷二十九：「畕字經正。號石耕。興人。性高僻。善鼓琴。酒酣耳熱。拂袖作聲。無不驚為絶調。人欲學其一曲。必奉千金。以是遂無傳者。終身不娶。徧游諸關塞。晚年僑居平湖。有《天樵集》。」

《廣東新語》

⊙劉御史集

自韓昌黎入粤，粤之人士與之遊，而因以知名於世者，在海陽則有趙德，在南海則有區册、區弘。於時昌黎於德有牒，又有詩以別之，於册有序，於弘亦有詩送之，至今粤人以為榮。若曲江劉君軻者，其在匡廬，夢書生遺二雞子，事甚奇。昌黎過韶時，嘗欲為文以傳之，不果，君故能文，當時與韓、柳齊名，學士大夫之稱韓、柳者，未嘗不言及君。上京時，白樂天以書薦之於庾補闕、杜拾遺、元員外、牛侍御、蕭正字、楊主簿兄弟，稱君為人慕孟軻，為文慕揚雄、司馬遷，所著若《翼孟》，若《豢龍子》，若雜文，於聖人之旨、作者之風，皆往往而得於是，君名動一時，人謂曲江公之後，嶺南復有君接武其人，云君生平問學，多得力於朋友，為僧時，師月華寺惠朗禪師，即大小朗也；居羅浮，師壽春楊生，講授《春秋》；在東林，則與隱者茅君遊，又與扶風馬植交善。植嘗稱其文為韓愈之流，疏薦於朝君，由此官至御史者也。先是時君事黄老，求輕舉，繼又參學浮圖，習《南山疏鈔》、《百法論》諸書，得其指歸，已而盡吐棄之，專心儒術，直求三代聖王之道於春秋，得春秋之精，微於三傳，蓋其睿智過人，非昌黎所謂魁奇而迷溺者可比也。……君所著書，若《三傳指要》，若《漢書古史》，若《黄中通理》，若《隋鑑》，若《三禪五革》及《翼孟》、《豢龍子》，皆亡，僅存者文十餘篇，予録之為《劉御史集》。（清康熙木天閣刻本《廣東新語》卷十一文語，中華書局斷句本，第三二三～三二五頁）

⊙粵歌

粵俗好歌，凡有吉慶，必唱歌以為歡樂，以不露題中一字，語多雙關，而中有掛折者為善。掛折者，掛一人名於中，字相連而意不相連者也。其歌也，辭不必全雅，平仄不必全叶，以俚言土音襯帖之，唱一句或延半刻，曼節長聲，自迴自復，不肯一往而盡。辭必極其艷，情必極其至，使人喜悦悲酸而不能已已，此其為善之大端也。故嘗有歌試，以第高下，高者受上賞，號為歌伯。其娶婦而親迎者，壻必多求數人，與己年貌相若而才思敏給者，使為伴郎。女家索攔門詩歌，壻或捉筆為之，或使伴郎代草。或文或不文，總以信口而成，才華斐美者為貴。至女家不能酬和，女乃出閣。此即唐人催粧之作也。先一夕，男女家行醮，親友與席者或皆唱歌，名曰坐歌堂。酒罷，則親戚之尊貴者，親送新郎入房，名曰送花，花必以多子者。亦復唱歌，自後連夕親友來索糖梅啖食者，名曰打糖梅。一皆唱歌，歌美者得糖梅亦多矣。其歌之長調者，如唐人《連昌宫詞》、《琵琶行》等，至數百言千言。……（清康熙木天閣刻本《廣東新語》卷十二，中華書局斷句本，第三五八～三五九頁）

⊙酒

《唐國史補》：酒則有嶺南之靈谿、博羅，靈谿在樂昌東北，源出泠君之山，以其水釀曰靈谿酒，博羅鑾村有桂，以其花釀曰桂酒，蘇長公有桂酒頌，並與釀法刻於羅浮鐵橋下，謂非忘世求道者，不以授云。惠州有羅浮春，長公以寄山中道士，鄧守安有詩云：「一杯羅浮春，遠餉采薇客。」又有海醞及萬戶酒。長公詩「嶺南萬戶皆春色」，又有雪釀，長公詩「雪花浮動萬家春」，蓋宋時，酒皆官釀，惟嶺南以煙瘴不禁，謂之萬戶酒。唐子西以萬戶酒之和者名養生主，勁者名齊物論。梅堯臣云：「越林多蔽天，黃甘雜丹橘。萬室通釀酤，地遠無禁律。」粵地故多靈泉甘液，終年花果鮮美芬芳，而當時人民饒裕，戶戶為酒，爭以奇異相高，故名賢遷謫至此，多好嗜之。而粵又有酒泉焉，一在陽江之南泉，甘而香，以為釀，曰陽江香；一在龍川霍山之青華觀，泉甘如飴，曰醴泉。昔時出酒極清異，日滿數斗，今泉孔滴水，猶含酒味。有酒峽焉，東莞之龍潭峽是也，以其水釀曰龍潭清。有酒山，在香山境，以其白泥為餅雜藥物釀之。有酒井，在開建似龍山之下，其泉如醴。有酒樹，曰嚴樹，產于瓊州，搗皮葉浸之，和以香粳，或以石榴葉釀醞數日，即成酒，曰嚴樹酒。又有酒花，以石榴花著甕中，經旬而成，其曰荔支酒，則土人齎持釀具就樹下，以荔支熘酒一宿而成者，有倒捻酒，以倒捻子為之，倒捻子如棠梨而小，外紫內赤，有紅漿，甜美，食必倒捻，故曰倒捻子。其花如紅海棠，花生於春，而實成於秋，醞釀日深，陽精純固，以之為酒，益人。有酒草，其形如艾，名曰甜娘，以為釀，曰甜娘酒。有酒藤，以葉之辛香者和米粉釀，有曰酒香，則以角沉黃熟等為釀，所謂七香酒也。大抵粵中花木多禀陽明之德，色多大紅，氣多香，紅以補血，香以和中，故無不可以為酒者，龍眼之蒳，橘之凍蒲，桃之冬白，仙茅之春紅，桂之月月黃，荔支之燒春，皆酒中之賢聖也。荔支燒，唐時最珍。白樂天云：「荔支新熟鷄冠色，燒酒初開琥珀春。」然以陳者為貴，志稱廣有十八仙，韶有換骨玉泉，皆名酒，今不可考。今廣州所常用者，惟龍江燒細餅，而陳者以諸鮮花投其中，封缸兩月，加沉香四兩，以發群芳之氣，名百花酒，一名百末酒。……（清康熙木天閣刻本《廣東新語》卷十四食語，中華書局斷句本，第三八五～三八七頁）

⊙紅翠

羅浮有紅翠，每更則鳴，響徹山谷，日出時碧雞先鳴，則紅翠山鷓鴣以次相應。白樂天詩「紅翠數聲瑤室靜」，予詩「紅翠碧鷄知客至，相迎直至玉溪陽」。鄺露云：羅浮有天鷄，朱冠錦尾，天晴則迴翔對舞，凡天鷄鳴而潮鷄鳴，潮鷄鳴而家鷄鳴。天鷄者，碧鷄也。語云：「天鷄知日，潮鷄知潮。」（清康熙木天閣刻本《廣東新語》卷二十禽語，中華書局斷句本，第五一九頁）

智按：屈大均，初名紹隆，字翁山，又字介子。番禺（今屬廣東廣州）人。明諸生。南明永曆時，曾謁永曆於肇慶，上中興六大典書。清順治七年（一六五〇），清兵圍廣州，屈大均為避禍，於番禺縣雷峰海雲寺削髮為僧，法名今種，字一靈，又字騷餘。名其所居為「死庵」，以示誓不為清廷所用之意。順治十三年（一六五六），開始北游，入會稽至南京謁明孝陵，又到北京，尋崇禎帝死所哭拜。康熙二十二年（一六八三），鄭成功之孫降清，屈大均大失所望，即由南京攜家歸番禺，還俗更今名，終不復出。康熙四年（一六六五），再次北遊關中，交顧炎武、傅山等志士，不忘恢復。八年，歸粵。十二年，三藩事起，大均參加吳三桂反清活動。不久，失望而歸，隱居讀書著述。工詩，師法屈原、李白，慷慨有奇氣，富於浪漫色彩，與陳恭尹、梁佩蘭並稱「嶺南三大家」。有《道援堂詩集》十三卷及《道援堂詞》、《騷屑詞》。另《翁山詩外》、《翁山文外》、《翁山易外》、《廣東新語》、《四朝成仁録》，合稱「屈沱五書」。《清史稿》卷四八四有傳。

陸棻（一六三〇～一六九九）

《歷朝賦格》

⊙《動靜交相養賦（并序）》白居易

居易常見今之立身從事者，有失於動，有失於靜，斯由動靜俱不得其時與理也。因述其所以然，用自儆遵，命曰《動靜交相養賦》云。

天地有常道，萬物有常性，道不可以終靜，濟之以動；性不可以終動，濟之以靜。養之則兩全而交利，不養之則兩傷而交病。故聖人取諸震以發身，受以（一作諸）復而知命，所以莊生（一作子）曰「智養恬」，《易》曰「蒙養正」者也。吾觀天文，其中有程。日明則月晦，日晦則月明。明晦交養，晝夜乃成。吾觀歲功，其中有信。陽進則陰退，陽退則陰進。進退交養，寒暑乃順。且躁者本于靜也，斯則躁爲民，靜爲君。以民養君，教化之根，則動養靜之道斯存。且有者生于無也，斯則無爲母，有爲子。以母養子，生成之理，則靜養動之義明矣。所以動之爲用，在氣爲春，在鳥爲飛，在舟爲檝，在弩爲機；不有動也，靜將疇依？所以靜之爲用，在蟲爲蟄，在水爲止，在門爲鍵，在輪爲柅；不有靜也，動奚資始？則知動兮靜所伏，靜兮動所倚。吾何以知交養之然哉？以此有以見人之生於世，出處相濟，必有時而行，非匏爪不可以長繫；人之善其身，枉直相循，必有時而屈，故尺蠖不可以長伸。嗟夫！今之人知動之可以成功，不知非其時，動必（一作亦）爲凶；知静之可以立德，不知非其理，静亦爲賊。大矣哉！動静之際，聖人其難之。先之則過時，後之則不及時。交養之間，不容毫釐。故老氏觀妙，顔氏知幾。噫！非二君子，吾誰與歸？

動静二義，天地人物體用之原委也，非明乎乹坤開闔，則交養工夫如何了然于心，快然于口。太傅達觀，良由聞道。誰云理學必俟宋儒。（《歷朝賦格》上集文賦格卷四，《四庫全書存目叢書》影印清康熙間刻本）

⊙《敢諫鼓賦（以「聖人來諫諍之道」爲韻）》白居易

大矣哉，唐堯之爲盛（一無此八字）。鼓者樂之器，諫者君之命。鼓因諫設，發爲治世之音；諫以鼓來，懸作經邦之柄。納其臣於忠信，致其君於明聖。將俾乎内外必聞，上下交正，然後爲一人之慶。顧其旨知君上之無私，酌其義知臣下之勿欺。獻納者於焉直節，諷議者由是正辭。故謇謇匪躬，道之行也；鼘鼘不已，聲以發之。雖言之無罪，而擊之有時。始也土鼓增革，蕢桴改造。外揚音以應物，中含虚而體道。不窕不摦，由工人之作爲；大鳴小鳴，隨諫者之擊考。若乃宸居謐静，閶闔洞開，隱隱聞於天闕，鼛鼛發於帝臺。有若坎其缶于宛丘之下，亦如殷其雷在南山之隈。音鏗鏘以鞺鞳，響容與以徘徊。儆乎帝心，四聰之耳必達；納諸人聽，七諍之臣乃來。故用之于朝，朝無面從之患；行之於國，國無居下之訕。洋洋盈耳，幽贊逆耳之言；吹吹動心，明啟沃心之諫。且夫鼓之爲用，或備於樂懸，或施於戎政，以諧八音節奏，以明三軍號令。未若發揮謇諤，啟迪諫諍，聲聞於外，以彰我主聖臣良，道在其中，以表我上忠下敬，稽前典敘彝倫。諫鼓既陳，諫聲乃臻。對善旌而俱懸，義之與比；將謗木而並出，德必有隣。是以聞其音，則知有獻替之士聆其響，豈獨思將帥之臣。嗟乎！捨之則聲寢，用之則氣振。雖諫諍之在鼓，終用捨而因人。

以鼓召諫者器，以耳受諫者心，故朱檻不易，而安昌之劍卒免杜郵；白樽雖施，而魏晋之廷未聞楊觶。善法堯舜，惟在明目達聰，使嘉言罔伏，奚繫于鼓之設與不設也。用捨因人，一言破的。（《歷朝賦格》下集騈賦格卷三，《四庫全書存目叢書》影印清康熙間刻本）

⊙《賦賦（以賦有古詩之風為韵）》白居易

賦者，古詩之流也。始草創於荀宋，漸恢張於賈、馬。冰生乎水，初變本於典墳；青出於藍，復增華於風雅。而後諧四聲，祛八病，信斯文之美者。我國家恐文道寢衰，頌聲陵遲。乃舉多士，命有司。酌遺風於三代，詳變雅於一時。全取其名，則號之爲賦；雜用其體，亦不違乎詩。四始盡在，六藝無遺。是謂藝文之儆策，述作之元龜。觀夫義類錯綜，詞彩分布。文諧宫律，言中章句。華而不豔，美而有度。雅音瀏亮，必先體物以成章；逸思飄颻，不獨登高而能賦。其工者，究精微，窮旨趣，何慙《兩京》於班固；其妙者，抽秘思，騁妍詞，豈謝《三都》於左思。掩黄絹之麗藻，吐白鳳之奇姿。振金聲於寰海，增紙價於京師。則《長揚》、《羽獵》之徒，胡可比也；《景福》、《靈光》之作，未足多之。所謂立意為先，能文爲主。炳如繢素，鏗若鍾鼓。郁郁哉溢目之黼黻，洋洋乎盈耳之韶武。信可以凌轢風騷，超逸今古者也。今吾君網羅六藝，澄汰九流。微才無忽，片善是求。况賦者雅之列，頌之儔，可以潤色鴻業，可以發揮皇猷，客有自謂握靈蛇之珠者，豈斯文而不收。

文先立意，不獨作賦爲然。中間其工者，其妙者二段，韻脚脱卸，一抹無痕，亦帖括家流水對法也。（《歷朝賦格》下集駢賦格卷四，《四庫全書存目叢書》影印清康熙間刻本）

智按：陸棻，字次友，號義山，平湖（今屬浙江）人。康熙六年（一六六七）丁未進士，内秘書院典籍。康熙十八年（一六七九）己未召試博學鴻詞，授編修，歷官内閣學士。有《雅坪集》。

顧景文（一六三一～一六七五）

《月夜憶潯陽江舊遊》

春江渺渺不可涉，入夏飛湍如箭急。風波往往愁殺人，駭浪兼天與雲接。忽然八月潮水平，斷岸懸崖已千尺。中流泝洄静如練，瀟灑長空弄秋色。行人到此多感傷，更有楓林助蕭瑟。船隨估客費牽挽，坐眺行吟已成夕。少焉明月升東山，不覺茫茫滿江白。潯陽是處多酒壚，紫蟹黄橙揖賓入。登樓召客盡眠卧，此宵不醉眞可惜。琵琶亭子已荒凉，猶似嘈嘈響蘆荻。萬恨千愁此一時，白髮青衫銷不得。劇憐秋月解傷神，况復飄零對遷謫。少年憔悴對江州，無語沉吟動魂魄。隱隱青山冷笑人，投老思之淚沾臆。（《顧景行詩集》卷下，《四庫未收書輯刊》影印清康熙三十一年美閒堂刻本）

智按：顧景文，字景行，號匏園。無錫（今屬江蘇）人。顧憲成曾孫，顧樞子，顧貞觀兄。明末諸生，入清棄去。順治六年，與張夏等會詩忍草庵。十一年，與秦保寅、嚴繩孫、安璇、顧貞觀等在里結雲門社。有《顧景行詩集》。

趙宗著（一六三一～一六九○）

《白香山守杭州時，元微之在越州。白送歌者商玲瓏於越州，往返時輒有贈詩，爲詩話中好事。余送采雲於尹使君養一，養一曾有書以勿爲愛惜戲余，余亦以一絶戲贈云，仍令轉呈使君》

一曲離歌曉月寒，佳人此去幾時還。使君陶寫無他物，早使函關趙璧完。（《南岳集》卷一七言絶句，《韓國文集叢刊》本）

《問致仕》

……古之仕者，不退則不已者，良以此也。雖然宦海漫天，易溺難返，名繮縛人，未容退步。……灘名八節，白傅結社。亭以三休，司空所扁。噫！乞身强健，最是差事。而竺乾一癖，其如叛卒。墜笏歸來，鴻飛冥冥。而謂之衰野，恐被瞞過。……（《南岳集》卷六執策，《韓國文集叢刊》本）

智按：趙宗著，字裘叔，號艮齋。有《南岳集》。

徐乾學（一六三一～一六九四）

《贈錢飲光》

別予皖口十經春，京國相過意倍親。詩句還如長慶體，風流宛是義熙人。據鞍顧盼風生腦，入座談諧酒污巾。博物君真荀濟北，可憐斯世有勞薪。（《憺園文集》卷九，《續修四庫全書》、《四庫全書存目叢書》影印清康熙刻冠山堂印本）

《漁洋山人續集序》

新城王阮亭先生刻《漁洋山人續集》成，序之曰：詩自《三百篇》以降，漢魏六朝辭則贍矣，而韻或未舒。至於唐，古風近體兼作，聲文相宣，不差圭黍，而杜子美極風雅之正變，千匯萬狀，兼古今而有之。其後韓退之去陳言為硬語，時則有若孟郊、盧仝、李賀、劉叉、馬異為之輔。白樂天趨平易，為奔放，時則有若元稹、楊巨源、劉夢得為之朋。李義山變新聲為繁縟，時則有若溫庭筠、段成式為之和。非不欲決子美之藩籬，別成一家言，然卒莫能出其範圍，特具體焉而已。余嘗合錢受之、胡孝轅所輯《全唐詩》而裒益之，審其正變，竊以為詩人之能事備焉。近之說詩者，厭唐人之格律，每欲以宋為歸，孰知宋以詩名者，不過學唐人而有得焉者也。宋之詩，渾涵汪茫，莫若蘇陸。合杜與韓，而暢其旨者，子瞻也；合杜與白，而伸其辭者，務觀也，初未嘗離唐人而別有所師。然則言詩於唐，猶樂舞之有韶武，而絺繡之有黼黻也。今乃挾楊廷秀、鄭德源俚俗之體，欲盡變唐音之正，毋亦變圓而不能成方者與？先生弱冠成進士，遂以詩名海内。自揚州推官入爲曹郎，擢授翰林，弘獎風流，振興古學，京輦士大夫言詩者，以先生爲正宗。先生之於詩，擇一字焉必精，出一辭焉必潔，雖持論廣大，兼取南北宋元明諸家之詩，而選練矜慎，仍墨守唐人之聲格。或乃因先生持論，遂疑先生續集降心下師宋人，此猶未知先生之詩者也。《記》曰：「治世之音安以樂。」張子曰：「詩之情性，温厚平易。」今以崎嶇求之，以艱難索之，則其心先陿隘矣。讀先生之詩，有温厚平易之樂，而無崎嶇艱難之苦，非治世之音能爾乎？（《憺園文集》卷二十一，《續修四庫全書》、《四庫全書存目叢書》影印清康熙刻冠山堂印本；《漁洋山人全集·漁洋詩集續集》卷首）

《光禄大夫太子太傅禮部尚書保和殿大學士加一級栢鄉魏公墓誌銘》

光禄大夫太子太傅、禮部尚書、保和殿大學士、加一級栢鄉公薨于里第，其孤以宅幽之銘，屬其門下士崑山徐乾學。……公服官日，少讀書，輿中輒攜一卷，及奉身而退，優游林泉，紬繹經史百家之書，拳拳服膺於窮理盡性之義，有所深省，獨得而不以告人，其見於所著書及語録，有《約言録内外篇》，《聖學知統録》二卷，《知統翼録》二卷，《致知格物解》二卷。晚歲又著《論性書》二卷，所纂書有《重訂周程張朱正脈》、《薛文清讀書録纂要》，其經學則有《易經大全纂要》、《四書精義彙解》、《惺心篇捷解》、《孝經注義》，其史學則貫穿全史，上下數千年，成敗得失，録其要而論斷之，以附左氏外傳之例，曰《經世編》，凡七十二卷，生平賦詩數千首，有《嶼舫詩集》《嶼舫近草》，爲文六千餘首，有《兼濟堂集》、《京邸集》、《崑林小品》、

《崑林論鈔》、《林下集》、《二集》共五十餘卷，其他著述尚夥。又著《希賢録》一書，分五門二十五目，以括格致誠正修齊治平之要，詩以陶、章爲宗，文出入於昌黎、廬陵，其於科舉之文，亦必規先正大家，而尤惡近日之雷同勦襲，浮蔓支離，故庚戌南宮之試，公爲主司，文體爲之一變云。公孝行純篤，與人交質直無城府，久要不忘，尤善獎掖後進，急人之難，周人之急，不啻飲食嗜欲，懸車十六年，課督農桑，循行阡陌，混迹於田夫野老人，不知其爲舊相也。嘗自作贊，生平嚮慕留侯二疏及裴晉公、白樂天之爲人，其出處亦略相類云。公生於萬曆之丙辰，卒康熙之丙寅，享年七十有一。……(《憺園文集》卷二十七，《續修四庫全書》、《四庫全書存目叢書》影印清康熙刻冠山堂印本)

《傳是樓書目》

白氏長慶集（七十一卷。唐白居易。憲宗）十本。

又一部（七十一卷）十本。

又一部（七十一卷）十四本。

白氏諷諫（一卷。唐白居易）一本。

白氏策林（唐白居易）一本。(《續修四庫全書》影印清道光八年味經書屋抄本《傳是樓書目》)

智按：徐乾學，字原一，號健庵，崑山（今屬江蘇）人。康熙九年（一六七〇）庚戌，一甲三名進士，授編修，官至刑部尚書。有《憺園集》三十卷。

彭孫適（一六三一～一七〇〇）

《賦得龍池柳色雨中深》（二十韻）

龍池春水生，曲曲抱瑶京。柳暗拖新雨，花濃失舊晴。緣溪枝婀娜，疊浪色晶瑩。點鏡青蛾濕，窺人翠黛明。一泓波自照，二月草初萌。裊裊吹魚藻，萋萋傲野苹。林陰深欲暝，嵐氣静如迎。影淨湘紋縠，光流楚竹笙。攬游吟白傅，感物賦蘭成。泥潤頻巢燕，簧寒未囀鶯。拂堤千萬樹，映水兩三莖。濯月姿逾皎，因風態倍清。烟籠偏嫵媚，霧鎖轉葱菁。濃緑低簾幕，空蒼漾檻楹。蓬萊仍帝里，興慶即仙瀛。蕙沼鋪澄練，蓀橈擊素瓊。上林眠乍起，太液拂還輕。天近偏多澤，恩深獨向榮。宸游迴鳳輦，睿賞引霓旌。留待朝來霽，追歡會玉纓。（《四庫全書》本《松桂堂全集》卷二）

《湖心亭晚眺》

葛帔絺巾信手提，虚亭送眺柳陰西。盪胸直欲吞雲海，解渴還思擣雪虀。白傅風流猶宛在，玄暉詩句待重攜。澄波向夕青蘋散，一幅分明罨畫溪。（《四庫全書》本《松桂堂全集》卷十六）

《寄上侯筠菴夫子三首》（其二）

汴樹嵩雲縹緲懸，春來雨滴緑蘿烟。山中宰相陶弘景，洛下耆英白樂天。把盞吟詩人健在，聽松看竹思悠然。奮身便欲隨巾屨，轉憶西樵立雪年。（《四庫全書》本《松桂堂全集》卷十八）

智按：彭孫遹，字駿孫，號羡門，海鹽（今屬浙江）人。順治十六年（一六五九）己亥進士。康熙十八年（一六七九）己未，召試博學鴻詞第一，授編修，官至吏部侍郎。有《松桂堂集》。

吴歷（一六三二～一七一八）

《白傅湓江圖》

逐臣送客本多傷，不待琵琶已斷腸。堪嘆青衫幾許淚，令人寫得筆淒涼。（《澄蘭室古緣萃録》卷八，《續修四庫全書》影印清光緒三十年上海鴻文書局石印本，第一〇八八册，第一五三頁；《虚齋名畫録》卷五，《續修四庫全書》影印清宣統元年及民國十三年烏程龐氏上海刻本，第一〇九〇册，第四四〇～四四一頁）

智按：吴歷，又名子歷，字漁山，號墨井道人，常熟（今屬江蘇）人。學畫於王時敏，心思獨運，氣韻厚重沈鬱，迥不猶人。晚年棄家從天主教，曾再游歐羅巴。作畫每用西洋法，雲氣綿渺淩虚，迥異平時。《清史稿》卷五〇四有傳。《澄蘭室古緣萃録》卷八録跋云：「予在嶴中第二層樓上，師古得此。墨井道人並題。辛酉年冬十月廿八日曉窗。」第二層樓指三巴寺第二層樓，為吴歷在澳門學道時眠食之所。《虛齋名畫録》卷五録跋云：「梅雨初晴寫此並題。吴歷。」「偶檢□（行）笥得此圖，以寄青嶼老先生，稍慰雲樹之思。辛酉七月。吴歷。」「青嶼老先生」，指許之漸（一六一三～一七〇一），字青嶼，武進（今江蘇常州）人，與吴歷為文酒相娱之至交。此《白傅湓江圖》，今藏上海博物館。

柳命天（一六三三～一七〇五）

《咏謫居次白香山送人南遷十二韵排律》

說我南遷狀，煩君仔細聽。官名肇羅季，地界接開寧。近峽殘氓戶，依巖小縣庭。溪流一帶駛，嵐氣四圍冥。民食饒山菜，官厨絶海腥。灌田分水勢，築石認城形。讒說曾銷骨，榮途暫鎩翎。謫來髭換白，對處眼稀青。身計同孤鴈，僑居類泛萍。禍由名宦大，淚爲老親零。縮跡蝸粘殼，寬心蟻置瓶。餘生都付酒，堪笑屈平醒。（《退堂先生詩集》卷一龜城録，《韓國文集叢刊》本）

《次白香山江南謫居十韵》

楚澤今遷客，天曹舊宰臣。居仍僦邑宰，炊或藉鄉人。几席霑嵐脚，盤厨絶海鱗。少眠難度夜，衰鬓不當春。自笑羈孤狀，誰憐老病身。五雲思聖主，九耋戀慈親。望斷青冥靶，魂驚紫陌塵。危途慚折臂，矮屋足怡神。境寂忘巾櫛，村深絶鞅輪。此生今已斷，榮悴付洪勻。（《退堂先生詩集》卷一龜城録，《韓國文集叢刊》本）

《偶閲白傅集，年六十八，放樊蠻二姬，吾年適然相同，戲占一絶》

香山六十八皤然，始放樊姬斷舊緣。堪笑此翁遲見事，吾曾獨宿二三年。（《退堂先生詩集》卷四退堂録，《韓國文集叢刊》本）

《次白香山寄通州元微之韵四首録呈》

曾將薄藝獻皇州，身占龍門第一頭。開卷廈氈慚學士，抽毫館閣厌名流。

恩光帶駿來天廄，暖氣隨貂出御樓。怊悵鑾鄉羈絆久，舊遊如夢續無由。右自叙。

山河襟帶是羅餘，舊地迎烏始僑居。太守樓臺元借蜃，村民契活半爲魚。泥深濁井偏藏毒，土瘠燒畬不受鋤。猶喜千秋膏馥在，蓬窓坐閲圃翁書。右謫居。

數椽茅屋迢迢隔，一枕歸魂夜夜多。半破垣籬修得否，舊栽桑柘長如何。踈林錦籜應穿砌，小沼青錢欲點波。分付壁題須好護，昔時宗匠有詩歌。右故山壁間，有亡相和詩，故及之。

絶裾前歲憐遊子，擢第當時悔作官。春老萱庭光不住，家貧菽水繼應難。鄉書篋裏傷心閲，手線衣邊掩淚看。莫遣離懷長作惡，高堂連月報平安。（《退堂先生詩集》卷四烏川録，《韓國文集叢刊》本）

《次白香山送人南遷十二韵》

謫況艱難甚，悲歌子細聽。兩年吾旅泊，幾日爾歸寧。縣郭圍滄海，村廬面斗庭。濤聲來枕聒，瘴氣滿簾冥。泉井驚盂濁，魚蝦悶著腥。蜮常窺隻影，漁或笑枯形。憔悴蝸粘殼，悲凉鴈鎩翎。秦關倘烏白，楚國厭蠅青。失木憐雙鳥，隨波愧兩萍。烏川黿共處，鶴野葉同零。迭唱聯詩帖，分嘗寄酒瓶。莫慳佳述作，頻喚我心醒。（《退堂先生詩集》卷四烏川録，《韓國文集叢刊》本）

《李文順次白樂天家醸新熟，妻侄勸令少飲之詩。余亦有是事，戲次其韵》

休驚日日細傾巵，酒味吾將説汝知。心死寒灰重煖處，顔衰枯木欲春時。醒看世事腸堪折，醉送生涯計未癡。謝遣伶妻珍重意，陶然復飲入無爲。（《退堂先生詩集》卷五退堂後録，《韓國文集叢刊》本）

《李文順和白樂天病中十五韵，余亦戲次十五首，病中五絶，皆以本詩意順和》

少日尫羸病輒隨，七旬三壽不曾知。寰中殺運看看滿，生厭支離死恨遲。

喉氣綿綿廑一絲，死生都付彼蒼爲。卜言多誕醫言謬，看取吾玄獨守時。

静弟較兄差十歲，重泉玉樹已凋枯。遮翁今病猶云幸，問醫何論效有無。

神昏長作曲肱眠，胸痞眞同絶粒禪。玄晏病來賓友少，雀羅堪設退堂前。

年來漳水抱幽憂，春盡孤山未作遊。最是夢中能識路，觀魚臺畔釣魚舟。

《送嵩客》（以謝來客代之）

塵生客榻少交期，詩與誰酬酌與誰。身似玄翁心定釋，靜中滋味我偏知。

《罷灸》（以退灸與藥代之）

百巡點炷猶慵聽，八味爲丸亦厭聞。謝遣醫言投藥裹，都將變滅任浮雲。

《賣駱》（以賣馬買牛代之）

懸車不傍帝京行，賜馬何關舊擅聲。牽出破槽催換犢，一犂春雨寄閑情。

《放柳枝》（以斷色慾代之）

雲雨巫山捻夢中，蕭然心貌達摩翁。欲知定力今多少，止水微瀾不起風。

《歲暮呈思黯》（以千載思香山代之）

七旬俱退作田夫，孤墅香山孰勝無。最是兩翁悽絶處，暮年無子可身扶。

《自解》（順和）

香山衣鉢傳文順，二老風流卽我師。格價最高閑後作，咏歌追和病中詩。詞華縱劣官年似，只恨吾生未並時。

《初病風》（順和）

七十三衰翁，偏驚二竪攻。心虛難鎮火，骨瘦最嫌風。軟褥常鋪罽，深窓久掩蓬。向來尤減匙，枵腹日過中。

《枕上作》（順和）

八滿七除垂死頭，飲思甘淡嚼思柔。病深久作漳濱卧，官黜難望洛社遊。靜後太玄猶自守，衰來大白不堪浮。眞同已擲經年曆，敢比虛橫古渡舟。竟日塵能調酪粥，逢春猶未脫羊裘。官年已足應知足，老不須驚死不憂。

《答閑上人問病》（以客問病代之）

亭午柴門手自開，荷君勞苦枉車來。人生七十雖乘化，便是登仙不是灾。

《就煖偶酌》（順和）

山妻催報壓糟床，歲序欣逢日載陽。枯木欲華春入面，寒灰重活煖生腸。盈樽竹葉雖難強，細酌葵花亦不妨。涓滴尚能存妙理，形骸吾得兩相忘。（《退堂先生詩集》卷五退堂後録，《韓國文集叢刊》本）

智按：柳命天，字士元，號退堂。有《退堂先生詩集》。

李瑞雨（一六三三～一七〇九）

《挽李忠州》

雲波江漢少歸舟，目斷中原涕再流。辱札敢忘秋孟餽，通家長記道南遊。循良召杜知誰怨，死病盧倉不自謀。聞説祝螟能繼業，使君猶勝白忠州。（《松坡集》卷七，《韓國文集叢刊》本）

《乙亥十月，京城銷鑪助役募軍輩，作鬧於宣惠門外，詬辱廳郎，毆傷廳吏，至裂衣破面。聞之駭歎，作詩效白樂天》

銷鑪匠，三十名，匠二助役六十丁。匠役晝公夜私鑄，召募由於宣惠廳。公卿帖託六千餘，去百留一將何如。郎官多智作探籌，半公半私計終踈。六千人，待榜苦，六十者喜他皆怒。我輩人人出白銀，多者二十少十五。錢不得，其奈何，銀之失，良可惜。宣惠吏受打，面破衣壞爾莫恨。恨不打爾郎，一百又一百。（《松坡集》卷八，《韓國文集叢刊》本）

《挽李參判》（二首其二）

厚貺尋常表，深情簡牘間。三窪丹石硯，一袠白香山。潤筆初非望，希斤再莫攀。扶痾緘拙稿，忍付惠連還。（《松坡集》卷十，《韓國文集叢刊》本）

《夜中無睡，作對句一兩聯，或出語，令兒子覔對不得，仍自成之，頗有天然者，不忍棄，録此》

柳絮迎風憐白起，荷花落水惜朱浮。雉羽煤熏爲墨翟，柳條紅染是楊朱。夜雨桃應發，春風柳渾舒。（渾作仄聲）亂帙壓肩擔項籍，清潭洗面對顔淵。梅花雪壓韓開地，柳絮風高白樂天。（一作：春回草色韓開地，風起楊花白樂天。）……右人名對。（《松坡集》卷十，《韓國文集叢刊》本）

智按：李瑞雨，字潤甫。有《松坡集》。

胡渭（一六三三～一七一四）

《禹貢錐指》

按，今陝西西安府之耀州，本唐華原縣，州東有磬玉山，出青石，扣之鏗然有聲。白居易《華原磬》詩序云：「天寶中始廢泗濱磬，用華原石代之。詢諸磬人，則曰：故老云，泗濱聲下調不能和，得華原磬考之乃和，由是不改。」其詩曰：「磬襄入海去不歸，長安市人為樂師。華原磬與泗濱石，清濁兩聲誰得知。」刺樂工非其人也。泗濱磬廢已久。（《四庫全書》本《禹貢錐指》卷五）

智按：胡渭，初名渭生，字朏明，一字東樵，德清（今屬浙江）人。徐乾學奉詔修《一統志》，開館洞庭山，延先生與閻若璩、黄儀、顧祖禹分郡纂輯，因得博觀天下郡國書。康熙四十三年，清聖祖南巡，撰《平成頌》並《禹貢錐指》獻諸行在，有詔嘉獎，召至南書房值廬賜饌，賜御書詩扇，並御書「耆年篤學」四字。

杜臻（一六三四～一七〇三）

《粵閩巡視紀略》

壬寅行七十里，次城月驛，其地山圍四面，中低處如月，故以名地。蒸濕多穢氣，必爇香以亂其臭，因讀白樂天《送客遊嶺南》詩有云：「翁鬱三光晦，溫墩四氣匀。陰晴變寒暑，昏曉錯星辰。」又云：「不凍貪泉暖，無霜毒草春。雲烟蟒蛇氣，刀劍鱷魚鱗。」真實録也。李忠定于此別僧琮，嘗作詩贈之。（《四庫全書》本《粵閩巡視紀略》卷一）

乙亥自江口驛過蒜嶺，行八十里，至福清縣，自縣東北行十里，至鍾山，登其顛，望海壇山、鎮東衛諸處，薄暮而返。……白輿又名陳山，絶頂曰鴻休岩，岩竇天成，下瞰滄海，浩無涯矣，以僧鴻休居此，故名。其西又有烏窠岩，烏窠禪師居之，即杭州守白居易所參請者也。（《四庫全書》本《粵閩巡視紀略》卷五）

智按：杜臻，字肇餘，一字遇徐，嘉興（今屬浙江）人。順治十五年（一六五八）戊戌進士，改庶吉士，官至禮部尚書。有《經緯堂集》、《煙霞集》。

李驎（一六三四～一七一〇）

《三月三日清明卞格齋招飲北園》

花開置酒水雲灣，令節雙逢一日間。引蕩春心牽醉眼，吟詩何似白香山。（「水引春心蕩，花牽辭眼迷」，香山三月二日詩）（《虬峰文集》卷十三，《四庫禁毀書叢刊》影印清康熙刻本）

《木蘭堂詠古》

太守風流好賦詩，花開邀客坐銜卮。只今誰似堂前樹，曾見龜蒙醉倒時。

霓裳鎮日舞花前，好事爭傳白樂天。堂上至今明月夜，依然官妓影翩翩。（《虬峰文集》卷十三，《四庫禁毀書叢刊》影印清康熙刻本）

《重修柱國坊紀事》

國家之制，階極於恃進光禄大夫，勳極於柱國，官極於尚書大學士，爵極於公，孤典至降也。惟文定公夾輔兩朝，功在社稷，隆慶二年夏，一品考滿，勳晉柱國，四年夏，一品再滿，爵加少師，是時文臣生不位三公，加至少師，尊無尚矣。公凛凛亢悔，越明年秋，即日上疏，力辭政歸。一莊皇帝重違其意，特勑優奬，仍諭郡大夫建柱國坊於通衢，崇元輔，旌舊德，用為海内矜式也，於今一百有四十有五年矣。過其下者，罔不瞻仰而休美之。……昔魏鄭公徵玄孫稠貧甚，以故弟質錢於人，李師道請以私財贖之，而白居易猶以事關激勸，宜出朝廷，憲宗乃出内庫錢贖以賜門，仍禁質賣，夫第且不可質賣，況坊乃朝廷顯揚先臣之美者，為子孫而忍盜鬻之，□誠不□□□□大者也，若不懲□而警百焉，則祖墓之松□祀田，先祠之榱桷祭器，皆不可保矣。……康熙丙戌夏五朔六世孫騎薰□□□□識。（《虬峰文集》卷十八，《四庫禁毀書叢刊》影印清康熙刻本）

智按：李驎，字西駿，號虬峰，江蘇興化人。

王士禛（一六三四～一七一一）

《桂花初開得景呂越中書有懷》

西風黄入洞庭柑，越客書來水半帆。更發月中雙桂樹，白公那不憶江南！

（《落箋堂集》卷四，袁世碩主編《王士禛全集》第一册第八〇頁）

智按：王士禛自八歲吟詩，至十五歲有詩一卷，曰《落箋堂初稿》，其兄西樵序而刻之。

《代贈戲效元白體》

憶在垂髫日，名先姊妹行。才皆比荀憲，人獨過袁光。其折珊瑚樹，同居玳瑁房。鏡臺初畫黛，曲巷始乘羊。麗玉年猶少，瓊華齒最芳。風流嗟昔昔，歲月去堂堂。紅豆空垂實，青梅憶繞床。兩心如半字，千媚各中央。水似雙流闊，山如九疊長。那能知謝韞，便許嫁文鴦。病倦消眉緑，愁多減額黄。夢過金雁驛，書斷碧雞坊。扇侶辭丹鵲，琴心別鳳凰。鬟煙消汜水，屏翠掩瀟湘。自製離鸞曲，慵過射雉場。空聞迷下蔡，何計見稠桑。櫻笋風光早，梧桐池館涼。一生拚決絕，十載復相望。暫避還含笑，微嗔欲斷腸。經時思玉蕊，今日遇唐昌。鳥析相思羽，霞留如意創。似添新婉娩，未減舊清揚。盧女姿元媚，袁生態尚狂。室遙人暫邇，別遽語難詳。送目還留語，將愁亦號妝。微辭邀宋玉，作意惱陳王。私欲同蘭畹，何由結蕙纕。畫樓金屈戌，寶髻玉郎當。越燕雕釵股，吳綿漬薄裳。青山對疎箔，殘雪響回廊。洛浦神難合，文園病益傷。空餘紅淚滴，愁思問橫塘。（《帶經堂集》卷三漁洋詩三，《續修四庫全書》影印清康熙五十年程哲七略書堂刻本；《漁洋山人全集·漁洋詩集》卷二，第十四～十五頁；袁世碩主編《王士禛全集》第一册第一七六頁）

智按：順治十三年丙申（一六五六）作，二十三歲。

《絕句》（二首）

波繞雷塘一帶流，至今水調怨揚州。年來慣聽吳娘曲，暮雨瀟瀟水閣頭。

七載離筵喚奈何，玉壺紅淚斂青蛾。瀟瀟暮雨南陽驛，重聽吳娘一曲歌。（《帶經堂集》卷十三漁洋詩十三，《續修四庫全書》影印清康熙五十年程哲七略書堂刻本）

智按：康熙元年壬寅（一六六二）作，二十九歲。仿自白居易《寄殷協律》詩「吳娘暮雨蕭蕭曲，自別江南更不聞。」（朱金城《白居易集箋校》，第一七四六頁。參見《清詩紀事》(四) 順治朝卷，江蘇古籍出版社一九八九年版，第二〇五一頁）臨摹之迹宛在，其《香祖筆記》卷八亦并不諱言。(湛之點校本，第一六〇頁)

《戲倣元遺山論詩絕句》

草堂樂府擅驚奇，杜老哀時託興微。元白張王皆古意，不曾辛苦學妃豨。(其九)

京兆風情紛黛叢，髩絲晚惜落花風。湖州箋記揚州夢，綺語翻教詆白公。(其十)

廣大居然太傅宜，沙中金屑苦難披。詩名流播雞林遠，獨愧文章替左司。(「豈有文章替左司」句，公刺蘇州時詩也。)（其十一）(《帶經堂集》卷十四漁洋詩十四，《續修四庫全書》影印清康熙五十年程哲七略書堂刻本；《漁洋山人全集・漁洋詩集》卷十四；《四部叢刊》本《漁洋山人精華録》卷五，第六九頁；周興陸編《漁洋精華録匯評》，第一六六～一六八頁；《萬首論詩絕句》第一册，第二三三頁)

智按：據蔣寅《王漁洋事蹟征略》，康熙二年癸卯（一六六三）作，三十歲。其十為《漁洋山人精華録》删去。

《詢白公東坡不得二首》

巴歌渝唱總紛紛，長慶新詩久不聞。欲訪東坡但搔首，浪花高捲入蠻雲。

東坡東澗緑成陰，刺史當年惠愛深。想見竹枝歌舞處，木蓮花映水林檎。(《帶經堂集》卷二十七漁洋續詩五，《續修四庫全書》影印清康熙五十年程哲七略書堂刻本；《四部叢刊》本《漁洋山人精華録》卷七；《漁洋精華録集注》第七一四頁；《漁洋山人全集・漁洋詩集續集》卷五第十六頁)

智按：據蔣寅《王漁洋事蹟征略》，康熙十一年壬子（一六七二）十月十三日作，三十九歲。

《題〈蘇臺楊柳枝詞〉後二首》（汪鈍翁編修首唱，吳越和者數百人）

白家半格詩曾見，愛説蘇州柳最多。〔「不似蘇州柳最多」，樂天詩也。〕今日鈍翁吟卷裏，雨條風絮奈君何？

雁齒紅橋鴨嘴船，麴塵風起豔陽天。明湖憶得吟秋柳，慘緑當年最少年。（予賦《秋柳》詩，時順治丁酉歲，海内和者亦數百家）（《帶經堂集》卷三十四漁洋續詩十二，《續修四庫全書》影印清康熙五十年程哲七略書堂刻本；《漁洋山人全集·漁洋詩集續集》卷十二第二頁）

智按：康熙十八年己未（一六七九）作，四十六歲。

《題元氏長慶集後》

少年嗤點元和體，不泝波瀾未易知。試看婁江窮筆力，較量纔似望雲騅。（《帶經堂集》卷三十四漁洋續詩十二，《續修四庫全書》影印清康熙五十年程哲七略書堂刻本；《漁洋山人全集·漁洋詩集續集》卷十二第十九頁）

智按：康熙十八年己未（一六七九）作，四十六歲。

《再送念東先生八首》

龍門雪後山爭白，金谷園中花映紅。著箇香山老居士，任人圖畫作屏風。（白詩：「兼聞好事者，寫我作屏風。」）

解印歸來履道居，風情真似白尚書。孤琴雙鶴還留在，駱馬楊枝卻讓渠。

錦湖秋色漾漣漪，湖裏游人歌竹枝。斜陽泊船紅蓼岸（斜陽，《精華録》作斜日），神鴉飛過魯連祠。

長白山中跨白驢，偏提時掛小籃輿。八騶朱雀航南路，可似先生薄笨車。

沂鎮西回歐冶泉，萬竿修竹一溪煙。興來欲泛滄浪去，恰有南鄰放鴨船。

籠水群山繞郭明，杖藜隨處有泉聲。名藍金碧和煙雨，小李將軍畫不成。

木魚粥鼓雲門寺，曾訪禪棲款竹扉。今日宰宮何所似？朝衣新換七條衣。

花前白角三升酒，池上紅茵六尺床。公已忘情吾解惜，長松修竹李家莊。

（李家莊先生別業有俠仙園，最幽勝，鬻之幾年矣，故云云）（《帶經堂集》卷三十五漁洋續詩十三，《續修四庫全書》影印清康熙五十年程哲七略書堂刻本；《漁洋山人全集・漁洋詩集續集》卷十三，第二十三～二十四頁；《四部叢刊》本《漁洋山人精華録》卷九；《漁洋精華録集注》第一一三二頁）

智按：據蔣寅《王漁洋事蹟征略》，康熙十九年庚申（一六八〇）十一月作，四十七歲。

《即席賦送念東先生還山聯句》（高念東先生、施愚山、宋牧仲、王阮亭、謝方山）

莫教巖漏促行觴（阮亭），好月遲來縱我狂（念翁）。九老幾人歸洛社（牧仲），五言今日賦河梁（阮亭）。還山白首身猶健，愛客清樽夜未央（愚山）。他日登臨重相意（方山），平泉風物輞川莊（阮亭）。

蕭灑由來屬樂天，曠懷今復見菑川（方山）。廬山舊癮應無恙，長慶新詩世久傳（阮亭）。纔罷朝參翻獨笑（愚山），頻耽野飲縱高眠（牧仲）。勞君三疊殷勤唱，我已風塵四十年（念翁）。（《帶經堂集》卷三十五漁洋續詩十三，《續修四庫全書》影印清康熙五十年程哲七略書堂刻本；《漁洋山人全集・漁洋詩集續集》卷十三，第二十九～三十頁）

智按：據蔣寅《王漁洋事蹟征略》，康熙十九年庚申（一六八〇）十一月作，四十七歲。

《立秋日雨中用樂天韻》

夢驚清商至，蕭晨攬衣起。寒雨何處來？瀟瀟竹窗裏。庭樹緑未零，砌萼紅將委。四序若魚鱗，誰能究終始？（《帶經堂集》卷三十六漁洋續詩十四，《續修四庫全書》影印清康熙五十年程哲七略書堂刻本；《漁洋山人全集・漁洋詩集續集》卷十四，第八頁）

智按：據蔣寅《王漁洋事蹟征略》，作於康熙二十年辛酉（一六八一）六月二十四日，四十八歲。

《冬夜詠説巖翰長貽詩感舊賦懷兼呈容齋侍郎（效白體）》

凍雲釀雪故低垂，手爇松明漏箭遲。半世心期三歲字，殘年風景六篇詩。草橋南畔看花處，浴殿西頭下直時。暗數同游幾人在，吟成催白數莖絲。(《帶經堂集》卷三十七漁洋續詩十五，《續修四庫全書》影印清康熙五十年程哲七略書堂刻本；《漁洋山人全集·漁洋詩集續集》卷十五，第十六頁；《四部叢刊》本《漁洋山人精華録》卷九；周興陸編《漁洋精華録匯評》卷十，第四百七頁；《漁洋精華録集注》卷十，第一二一六頁)

智按：作于康熙二十一年，四十九歲。説巖，指陳廷敬（一六三九～一七一二），號説巖。容齋侍郎，指李天馥（一六三七～一六九九），號容齋。《漁洋山人精華録》本，詩題無「效白體」三字，姚鼐評云：「香山體。阮亭晚年喜此，故卑冗彌甚。」(周興陸編《漁洋精華録匯評》卷十，第四百七頁)

《琵琶亭晚望》

雪重江天合，寒深鳥不飛。炊烟何處起，知是庾樓磯。(《帶經堂集》卷五十六蠶尾續詩二，《續修四庫全書》影印清康熙五十年程哲七略書堂刻本；《四部叢刊》本《漁洋山人精華録》卷九；《漁洋精華録集注》第一二八四頁)

智按：據蔣寅《王漁洋事蹟征略》，康熙二十四年乙丑（一六八五）正月初三日作，五十二歲。

《喚渡亭》

西望雲居一抹青，元和遷客昔曾經。草風莎雨修江岸，千古人傳喚渡亭。(樂天詩：「好似當年歸蔡渡，草風莎雨渭河邊。」)(《帶經堂集》卷五十六蠶尾續詩二，《續修四庫全書》影印清康熙五十年程哲七略書堂刻本；《漁洋山人全集·南海集》卷上，第十六頁)

智按：據《南来志》，作於康熙二十四年（一六八五）正月初六，五十二歲。

《題牧仲中丞述鹿軒詩卷二首》

七十二峰充下陳，漁洋一點具區濱。胸吞雲夢君何有，却對漁洋憶故人。（中丞有望漁洋見懷之作）

燕寢凝香畫戟枝，放衙花底鶴相隨。愛君五字風流甚，實有文章替左司。（白樂天詩：「敢有文章替左司」）（《帶經堂集》卷五十四蠶尾詩二，《續修四庫全書》影印清康熙五十年程哲七略書堂刻本）

智按：據蔣寅《王漁洋事蹟征略》，康熙三十三年（一六九四）甲戌作，六十一歲。《西陂類稿》卷十三附題為《題述鹿軒詩二絶句》；「愛君」，作「羡君」。

《望龍門香山寺懷白傅》

神女浦前眉月上，窈娘堤畔臉波横。輸他六十河南尹，五度香山雪後行。（白詩：「五望香山雪。」）（《帶經堂集》卷五十八蠶尾續詩四，《續修四庫全書》影印清康熙五十年程哲七略書堂刻本；《漁洋山人全集・雍益集》，第三十頁）

智按：蔣寅《王漁洋事蹟征略》據《秦蜀驛程後記》卷下，系於康熙三十五年丙子（一六九六）七月初三，六十三歲。時王漁洋出新安東門外，過漢函谷關，渡洛水，抵河南府洛陽縣治。門人錢肇修銓授知縣，新到任，邀游龍門香山寺，不果往。

《齒落》

前日落左車，今日落右車。齴然落未已，一往將何如。輔車一失勢，舌在空躊躕。枕流愛清泠，漱石愁齟齬。齒髮關神明，斯言聞豈虚。編貝妬曼倩，嘯歌希幼輿。勿慨馬齒長，後殆無留餘。是身如浮雲，變滅在須臾。何妨此贅疣，造物爲驅除。昔者白太傅，頗躭釋氏書。既知順化理，胡爲重欷歔。悔不早致柔，或以永居諸。（白樂天《齒落辭》：「老與齒别，齒隨涕零。」）（《帶經堂集》卷六十蠶尾續詩六，《續修四庫全書》影印清康熙五十

年程哲七略書堂刻本）

《謝劉太乙翰林以八分手書拙集藏少林寺二首》（其一）

白家詩舊傳三本，無恙廬山劫火餘。別向嵩陽嵐翠裏，勞君親作八分書。（《帶經堂集》卷六十三蠶尾續詩九，《續修四庫全書》影印清康熙五十年程哲七略書堂刻本；《漁洋山人全集·蠶尾續集》卷一，第七頁）

智按：據蔣寅《王漁洋事蹟征略》，作於康熙四十七年戊子（一七〇八），七十五歲。

《倚聲集序》

甚矣，聲音之道，詎不大哉！古者歌詩三百，弦詩三百，意三百五篇之外，可以被管絃、諧金石者，篇目猶衆，特其聲弗傳耳。然予又考諸《史記》，古詩蓋三千餘篇，孔氏删取三百五篇，皆弦歌以合韶武之音，則所謂歌弦之詩，殆即今所傳《關雎》以下正變之詞，獨歌弦之法不傳，而歌弦之詩固在也。《小雅》南陔、白華、華黍三篇，有其義而亡其辭。孔穎達以為，此三篇在武王之時，周公制禮，用為樂章，吹笙以播其曲，孔氏删定，有三百一十一篇，遭戰國及秦而亡。由是推之，則知三百一十一篇，皆歌弦之文，乃其聲自秦火而後闕軼，固已久矣。漢末杜夔，號嫺雅樂，而所得止《鹿鳴》、《騶虞》、《伐檀》、《文王》四篇。至太和中，又失其三。左延年所得，僅《鹿鳴》一笙耳。夫師曠覘風而識盛衰，季札觀樂而知興廢，非聲音之為道，何以感人如此其深耶？鄭樵考定漢魏以來樂府之詩，自鐃歌、鞞舞而下，系之風雅；郊祀而下，系之頌聲；三侯而下，系之別聲。大抵世代升降不同，而聲音之道則一，故樂辭曰詩，詩聲曰歌，尼父之删詩也，得詩而得聲者，則列之風雅，得詩而不得聲者，則置之逸詩，善讀詩者，由聲以考義，而與聖人之志，庶幾其不遠矣。唐詩號稱極備。樂府所載，自七朝五十五曲之外，不槩見。而梨園弟子所歌，率當時詩人之作，如王之渙之《涼州》、白居易之《柳枝》，王維《渭城》一曲，流傳尤盛。此外雖以李白、杜甫、李紳、張籍之流，因事創調，篇什繁富，要其音節，皆不可歌。詩之為功既窮，而聲音之祕，勢不能無所寄。於是温、和生而《花間》作，李、晏出而《草堂》

興，此詩之餘，而樂府之變也。詩餘者，古詩之苗裔也。語其正則南唐二主爲之祖，至漱玉、淮海而極盛，高、史其嗣響也。語其變則眉山導其源，至稼軒、放翁而盡變，陳、劉其餘波也。有詩人之詞，唐、蜀、五代諸人是也；有文人之詞，晏、歐、秦、李諸君子是也；有詞人之詞，柳永、周美成、康與之之屬是也；有英雄之詞，蘇、陸、辛、劉是也。至是，聲音之道，乃臻極致。而詩之為功，雖百變而不窮。《花間》、《草堂》尚矣，《花菴》博而雜，《尊前》約以疎，《詞統》一編，稍撮諸家之勝。然詳於隆、萬，略於啓、禎，鄒子與予蓋嘗歎之，因網羅五十年來薦紳隱逸宮閨之製，彙為一書，續《花間》、《草堂》之後，使夫聲音之道，不至湮没而無傳，亦猶古歌弦之意也。書成，命曰《倚聲》。陸游有言：「唐自大中後，詩家日趨淺薄，會有倚聲作詞者，頗擺落故態，適與六朝跌宕意氣差近。」義取諸此。後之作者，將由音聲之微，以進求夫六義之正變，斯集也，可以興矣。（《帶經堂集》卷四十一漁洋文三，《續修四庫全書》影印清康熙五十年程哲七略書堂刻本）

智按：蔣寅《王漁洋事蹟征略》繫於康熙二年癸卯（一六六三），三十歲。

《跋祝枝山書》

祝京兆書，原本晉人，為明代之冠。世所傳類顛素草書者，皆贋也。予在廣陵一士夫家，見京兆家書十餘紙，遒美圓勁，與此略相似。信為希有，至八詩高古，頗近韓文公《琴操》，而京兆自序，擬於白太傅《秦中吟》，殆不然也。康熙丁巳，訒菴學士攜以見眎，遂題其後。（《帶經堂集》卷五十漁洋文十二，《續修四庫全書》影印清康熙五十年程哲七略書堂刻本）

《韓白蘇陸四家詩選序》

予曩傚元裕之作《論詩絕句》，於唐、宋諸名家每三致意焉。而唐人詩之多者，除李白、杜甫外，惟退之、樂天為最，而白與甫之詩，人之童而讀之、習之，至老而不倦，其全篇累帙，重刊叠箋，轉相注述，罕有遺之者，是不必更為搜取矣。退之詩可選者多，不可選者少，去其不可者甚難。樂天詩可選者少，不可選者多，存其可者亦難。若夫宋人之詩，其多可與韓、白并者，莫如子瞻、務觀。子瞻貫析百家及山經海志、釋家道流，冥搜《集異》諸書，縱筆驅遣，無不如意，如風雨雷霆之驟合，砰訇戛擊，角而成聲，融然有度，其用實處多而用虛處少，取其少者為佳。務觀閒適，寫村林茅舍、農田耕漁、花石琴酒事，每逐月日，記寒暑；讀其詩，如讀其年譜也；然中間勃勃有生氣，中原未定，夢寐思建功業，其真樸處多，雕鎪處少，取其多者爲佳。凡此四家之詩，美而可傳，擇而不易精，故全刻者或見之，而撮其精英者，蓋未嘗聞善本也。余子柏巖，僑居廣陵。庚寅冬，予弟幔亭及次兒汸過廣陵，與柏巖交如平生歡，出其所業四家詩付梓人，工將竣，即以其書寄予，而求予言。以是知柏巖年少天姿高，能讀書，工吟詠，眼光獨窺古人堂奧，其去韓之不可而存白之可者，與夫取蘇之少、取陸之多者，切與予心有契合焉。……(《帶經堂集》卷六十五蠶尾文一，《續修四庫全書》影印清康熙五十年程哲七略書堂刻本)

智按：康熙四十九年庚寅（一七一〇）撰，七十七歲。

《答棲霞楚雲和尚二首》(其一)

吾師暢天界宗風，作人天眼目，僕願順風以請久矣。先和尚竺菴大師保護六朝松事，僕久皈仰，載之遊記。今師手植萬松，虬鬣龍鱗，當與此山不朽。牧老弘護，自有同心，正不以鄙言爲輕重也。昔白樂天自録其集三本，一寘東都聖善寺，一寘廬山東林寺經藏中，一寘蘇州南禪院。願以今生世俗文字之因，轉為將來世世贊佛乘、轉法輪之緣。雖拙集不逮樂天，其本願亦猶是耳，並惟大師照鑒。(《帶經堂集》卷六十七蠶尾文三，《續修四庫全書》影印清康熙五十年程哲七略書堂刻本；《漁洋山人全集・蠶尾集》卷八，第十四頁)

《寄宋牧仲中丞二首》(其二)

山言入都，得書詢知道味清腴，極慰。述鹿軒新詩，風味瀟灑，似非車前人騶人所為。昔白樂天在蘇州賦詩云：「敢有文章替左司」，以今觀之，樂天襟韻曠達，故不減韋公；而詩格相去何啻萬里。左司替人，求之千載上下，固難得也。先生襟韻，在韋、白之間，以卷中詩論之雖沖古，未逮韋公，而豪逸實勝樂天遠甚，以之上替左司，誰爲不可？山言傳命屬評次，即於燭下呵凍點筆一過，藉手以報。三子古文鈔雕刻最精，但如朝宗《寧南侯》傳，回護失實，似當删去，不則蘇峻、侯景亦須為作佳傳耶！（《帶經堂集》卷六十七蠶尾文三，《續修四庫全書》影印清康熙五十年程哲七略書堂刻本）

智按：宋至（一六五五～一七二五），字山言，號方庵，晚號緯蕭散人。宋犖子。有《緯蕭草堂集》。據蔣寅《王漁洋事蹟征略》，康熙三十三年（一六九四）甲戌作，六十一歲。

《敕封文林郎望江縣知縣伊公墓誌銘》

唐三百年，稱循吏，無過韋丹、何易于、麴信陵三人。丹以杜牧，易于以孫樵之文，爲史家採掇，鏗耀千古，而信陵名字，僅見於白氏諷諭詩，史臣略之，故其名不甚著，等循吏耳。而幸不幸若此，文章之所係，顧不重歟？然或不遇其人，或遇矣，而其文章未必傳信後世，或事迹湮没，秉筆者雖欲採摭而無從，不如白氏之詩，落落數言，尚足徵信，而不必以史之有無爲重輕也。此吾誌同年伊君之墓，而不勝慨然於中者也。君諱巘，字允陟，晚號聽菴，濟南新城人也，家世詳予所爲中丞公誌。祖諱覺民，父諱光啟，皆以中丞贈中大夫通政使。□右通政中丞諱闢，仕至巡撫雲南都察院、右副都御史。君少爲文章，與中丞名相甲乙，稱二伊。順治丙戌，再行鄉試，君中副車，戊子，中丞以第一領解額，明年，中會試，入翰林，君益鍵户，發憤揣摩。初，君兄弟同業《毛詩》，至是以《春秋》領丁酉鄉薦，明年成進士。康熙元年，謁選得思南府推官。二年，改補寧國府推官，矜慎庶獄，以明允稱。施侍讀閏章、梅大理鋗、劉光禄楷，皆宛陵人也，爲作《祥刑遺愛録》，時君去宛餘十年矣。癸卯，爲同考試官，得十人，其九人成進士，如汪懋麟、倪長犀、龍光輩，皆名士。六年，裁李官補廣宗縣知縣，未幾以内艱歸，而父通政公春秋高，君無意仕進。久之，以通政公命，勉謁選人，補望江縣知縣，至望江日，首謁麴公靈施祠下，誓以古人爲師，清吏胥，緩征徭，嚴保甲，望江人歌之曰：「伊君之清清莫比，但飲雷池一杯水。」二十七年，武昌叛卒倡亂，漢黄皆被兵，皖屬震鄰，而望江與黄梅壤相錯，譌言繁興。君集父老，謂曰：「賊蟻附豕突，旦夕必潰，望江城小而堅，賊即至，不能旦夕下。但嚴備以待之，大軍雲合，賊四面受敵，自救且不暇，豈能頓兵數百里外，爭此彈丸哉！」已而，賊敗滅如君言，其遇變鎮定如此。居望江七載，縣人戴如父母，白居易之稱信陵也，祇撫孤嫠一語，而震澤編載信陵行事，亦僅著其《禱雨文》云云，他政事無傳焉。君之施於望江者，雖未能件繫書之，其視信陵，不既多乎！是歲，通政公考終於家，訃聞，縣人罷市，農泣於野，女泣於閨，大吏皆歎息其去，曰：「令去，誰爲繼者？」其感人之深至此。歸里，卻掃三徑，無行迹，通政公既葬，君年近七十，乃決計不出。康熙三十三年二月一日，感微疾，竟卒，距其生明天啟甲子，得年七十又一。伊氏以恭謹仁厚世其家，至君兄弟，始以文章經術顯名當代，而君連蹇下僚，特自淬厲，以廉潔慈惠著聞，其令望江，政事尤在人口，後來史官，必有特書之者，惜事蹟已多散軼，不獲件繫，如丹、易于之例，略據所聞，以文隧道之石，異時或比諸白氏之詩云爾。公娶鄭氏，敕封孺人，子二人，作梅矩，女二人，適于某，韓逢庥，孫若干人。銘曰：麴葬望江，朱葬桐鄉。皖郡之人，千祀烝嘗。君歸故鄉，皖人懷止。下馬之陵，嗚呼在此。（《帶經堂集》卷六十九蠶尾文五，《續修四庫全書》影印清康熙五十年程哲七略書堂刻本）

智按：蔣寅《王漁洋事蹟征略》（人民文學出版社二〇〇一年版第四〇九頁，中國社會科學出版社二〇一四年版第三九一頁）繫於康熙三十四年乙亥（一六九五），蓋誤，應繫於康熙三十三年。

《跋婁子柔古文》

讀元氏、白氏《長慶集》婁堅子柔二序，紆徐唱歎，真古文也。子柔，嘉定人，與唐時升、程嘉燧、李流芳齊名。萬曆末，婁之文，程之詩，號「吳中二絕」。崇禎中，有臨川傅占衡，字平叔，能古文，在艾南英之上。入國朝，言古文者益多，如婁、傅者，予未見其比也。占衡乃天啟中給事中櫆之子。（《帶經堂集》卷七十二蠶尾文八，《續修四庫全書》影印清康熙五十年程哲七略書堂刻本；《漁洋山人全集·蠶尾集》卷十，第二十三頁）

《跋白孔六帖》

白樂天作《六帖》，本當時科舉之書。《通典》載，唐制帖經者，以所習經，掩其兩端，中間微開一行，裁紙為帖；凡帖三字，隨時增損，可否不一。或得四，得五，得六者為通，蓋取中帖之數，以名其書，故曰《六帖》。（《帶經堂集》卷七十一蠶尾文七，《續修四庫全書》影印清康熙五十年程哲七略書堂刻本；《漁洋山人全集·蠶尾集》卷九，第三頁）

《李容齋相國千首詩序》

……予弱冠游京師，於翰林友二人焉。曰今相國合肥公，與今户部尚書澤州陳公。予既散曹，二公雖號清切，然嗜好略相似，每下直日必相聚，聚必相與研六藝之旨，窮四始五際之變，至參横月落，然後散去。中間蹤跡離合數變易，而三人者之交，白首如新，終不易也。乙卯秋，予至京師，二公即日訪予天寧寺，予適他往。二公坐塔下待予，牡鑰將下，始連騎入城門。予歸也，公偕崐山葉文敏公堅坐慈仁寺邸，流連至日晏不得發。戊辰正月，予以國恤再至，時公爲吏部侍郎，陳公爲尚書，聞予至，趣相見齋所，曰：「吾二人方賦詩懷君，而君適至此，與元、白梁州之事何以異?」公自輯其新舊之詩，僅存千首，以眎予曰：吾集成，不乞人序，序之者，君與澤州兩人耳。佩公知我之言，略述三十餘年故舊之情如此。……（《帶經堂集》卷七十三蠶尾續文一，《續修四庫全書》影印清康熙五十年程哲七略書堂刻本）

智按：容齋，指李天馥（一六三七～一六九九），號容齋。

《五畝園雜詠序》

昔李文叔記洛陽名園，不下數十，予嘗過之。唯嵩邙龍門之山，伊洛瀍澗之水，流峙無恙，而所謂名園者，皆已化爲荒烟蔓草，欲髣髴其故處而不可得，因思古之名流勝地，如盧鴻乙嵩山草堂，以十志傳，王摩詰輞川以五言傳，白樂天香山、石樓、八節灘，亦以其詩傳。李衛公平泉，洪丞相盤洲，一草一木，各以其詩與記傳，而李伯時龍眠山莊，與右丞輞川，又皆以其畫傳，自非其人之能言，與丹青皴染之工，足以自寫其胸中丘壑之趣，或不百年，不數十年，遂化爲荒烟蔓草者，蓋亦多矣。夫園林水石，真也；詩與畫，幻也。真者，或不百年，不數十年，已不可恃；而幻者托之簡册縑素，反足以傳於無窮。吾烏知夫真者之非幻，而幻者之非真耶？然吾又嘗讀唐人題平泉詩云：「卓女壚前金線柳，隋家堤畔錦帆風。貪爲兩地行霖雨，不見池蓮照水紅。」宋賈文元題潞公許昌别業云：「畫船載酒及芳辰，丞相園林濮水濱。虎節麟符抛不得，却將清景付閑人。」乃知古來賢達之流，自其少壯，多從仕宦。所謂園林水石之樂，固不易得。縱得之，而終其身汩没於形勢之途，奔走於江湖崎嶇之地，曾不獲一日從容晏息其間，雖得之而與不得者，無以異也。豹嵒先生昔以建言歸卧，闢五畝園居之，計其經營，甫始至今，已四十餘年矣。春秋寒暑，風日雨雪，無一日不在園中，故其形爲篇詠，言之親切而有味如此。此不必論，其孰爲真，孰爲幻，而皆可以傳之於無窮。彼徵君、右丞諸君子，又足多乎哉！（《帶經堂集》卷七十四蠶尾續文二，《續修四庫全書》影印清康熙五十年程哲七略書堂刻本）

《萬首唐人絶句選自序》

……樂府之名，其來尚矣。世謂始於漢武，非也。按《史記》高祖過沛詩《三侯之章》，又令唐山夫人為《房中之歌》，《西京雜記》又謂戚夫人善歌《出塞》、《入塞》、《望婦》曲，則樂府始於漢初。武帝時，增《天馬》、《赤蛟》、《白麟》等十九章，以李延年為協律都尉，集五經之士，相與次第其聲，通知其意，而樂府始盛。其云始武帝者，託始焉爾。東漢之末，曹氏父子兄弟雅擅文藻，所為樂府，悲壯奥崛，頗有漢之遺風。降及江左，古意寖微，而清商繼作，於是楚調、吴聲、西曲、南弄，雜然興焉。逮於有唐，李、杜、韓、柳、元、白、張、王、李賀、孟郊之輩，皆有冠古之才，不沿齊梁，不襲漢魏，因事立題，號稱樂府之變。若考開元、天寶已來，宫掖所傳，梨園弟子所歌，旗亭所唱，邊將所進，率當時名士所為絶句耳。故王之涣「黄河遠上」，王昌齡「昭陽日影」之句，至今豔稱之。而右丞「渭城朝雨」，流傳尤衆，好事者至譜為《陽關三疊》。他如劉禹錫、張祜諸篇，尤難指數。由是言之，唐三百年以絶句擅場，即唐三百年之樂府也。……（《帶經堂集》卷七十五蠶尾續文三，《續修四庫全書》影印清康熙五十年程哲七略書

堂刻本）

智按：康熙四十七年（一七〇八），七十五歲，王漁洋去世前三年，編定《萬首唐人絶句選》。

《登忠州屏風山記》

忠州，漢地里志之臨江，南宋陞咸淳府，《水經》「江水又東逕，臨江縣南」是也。城堞冠山，略如巴涪。列肆民居，頗輻輳。程生來謁，同遊屏風山。山在岷江之北，山麓二石表，一西南向者曰大禹廟，一南向者曰唐陸宣公神道。東上數十步即禹祠，榱桷陋甚，舊有少陵詩碣。自祠東北，盤旋而上二里許，石級甚峻，夾道修竹，巖下石洞，即宣公集方書處。洞左微逕達峰頂，爲唐玉虚觀故址，一碑大書：唐忠州别駕贈兵部尚書陸宣公墓。蓋宣公初稾葬於此，有内江趙文肅公撰碑。東偏有故祠址。數碑或立或仆，道茀不可行。州守劉君踵至，爲伐山開道，拂拭出之，乃明嘉靖中錦衣陸炳二碑。炳自詭宣公後也。聊城傅伯俊光宅詩碣云：「祠前古墓千峰遶，祠下春江萬里流。自是知臣惟聖主，縱爲别駕亦忠州。」展拜畢，劉守邀往龍興寺。寺即少陵所嘗寓居者，今改名治平寺。迫於解維，不及往。白太傅祠，舊在州西巴臺寺側，臺爲巴蔓子所登以望楚兵者。東坡相傳在州宅，亦蕪没不得其處矣。山谷云：樂天在忠州，東樓以讌賓佐，西樓以瞰鳴玉溪。登龍昌寺以望江，南山張樂巴子臺，以會竹枝歌女。東坡種花，東澗種柳，其風流好事如此。今惟巴臺尚存髣髴爾。（《帶經堂集》卷七十六蠶尾續文四，《續修四庫全書》影印清康熙五十年程哲七略書堂刻本）

《登高唐觀神女廟記》

十七日，抵巫山縣。縣在江北，緣山爲墉，正面巫山，吴之建平郡也，山形絶肖巫字。泊舟即騎，登高唐觀。觀在城西三里許，西山用兵日，於此築堡遏賊，荒凉特甚。朝雲之廟，略無髣髴。其東即陽雲臺，在縣治西北五十步，高一百二十丈。二山皆土阜，殊乏秀色，而古今豔稱之，詎不以楚大夫詞賦重耶？二山之間，有楚王細腰宫址，有池曰楚王池。東行二里許，渡小河源，亦出大寧之千頃池，至此入江水，經巫峽，合聖泉水，南入大江者也。溪東一山，枕江岸之北，與巫山隔水相望，曰箜篌山。山下即神女廟，舊燬於兵，近始構苑屋三楹，西向冠帔儼然，頗得嬔嫿幽静之態。有嘉靖中范守己碑，極辨神女是王母第二十三女，爲雲華上宫夫人，嘗命其侍大翳、庚辰、童律、虞余等佐禹治水，有大功德於人，不應緣宋玉微詞以兒女子褻之。按六朝、唐人詩多言入夢之事，白樂天刺忠州，泝峽未至，士人繁知一先題詩廟中云：「忠州刺史今才子，行到巫山必有詩。爲報高唐神女道，早排雲雨候清詞。」時人傳爲佳話。至二蘇，乃作詩正之，子瞻云：「上帝降瑤姬，來處荆巫間。神容豈在猛，玉座幽且閑。」子由云：「堯使大禹導九川，石隕山墜幾折股。丹書玉笈世莫窺，指示文字相爾汝。」騷賦之詞，不必深辨也。舊廟本在十二峰下，去縣東四十里，范石湖《吴船録》載之甚晰。父老二人爲予言，廟址在飛鳳峰，有古碑，以江濤洶怒，不可繫舟，前代始移於此。廟西有琵琶驛，相傳其鄉婦女多善吹笛，嫁時諸女子相與吹笛，唱竹枝送之。陽臺之南爲南陵山，有晉南陵故縣址，山凡一百八盤，山谷《歌羅驛》詩：「浮雲一百八盤縈，落日四十九渡明。鬼門關外莫言遠，四海一家皆弟兄。」「命輕人鮓甕頭船，日瘦鬼門關外天。北人墮淚南人笑，青壁無梯聞杜鵑。」按，鬼門關在夔州東北三十里，人鮓甕在歸州，四十九渡水，今黔江縣柵山即其處也。舟入巫峽，酈注謂杜宇所鑿者也。迴望神女廟、陽雲、高唐臺觀，帆遠猶見，過三分水，山益奇麗，有神鴉四五，飛逐行舟，以肉擲之，妙如承蜩，飽即歸巖洞中。《入蜀記》云：「神女祠舊有烏數百，送迎客舟。乾道元年，忽不至。至今絶無一烏。」蓋放翁未之見也。過此即十二峰。舟人指似，得其六七，縹緲秀拔，令人有驂鸞駕鶴之想，中有三峰連綴，其一修纖，如人揚袂而立，俗曰美人峰，即放翁所謂神女峰，最爲纖麗，宜爲仙真所託者也。會風急灘迅，所謂十二峰者，不及盡矚，然陸務觀、范至能經此所見，亦僅八九峰耳。至萬流驛，入湖廣界。巫峽之山奇處，與夔峽相將，十二峰娟妙，不啻過之。（《帶經堂集》卷七十六蠶尾續文四，《續修四庫全書》影印清康熙五十年程哲七略書堂刻本）

《自黄陵廟登蝦蟇碚記》

二十日，早過黄牛山，謁黄陵廟。廟在山麓，頗宏麗。前祀黄陵之神，旁一黄牛，舊鐵鑄，今易以木，後祀諸葛忠武侯。侯入蜀，于山巖上見神像旌旗，始立此廟，侯像設是石砫司宣撫女官秦良玉造，有崇禎壬申題字。登名山大川閣，望天柱諸峰，尋歐公詩刻，不可得。惟正德庚辰南太僕少卿西蜀劉瑞所撰《黄陵神績頌詞》，甚馴雅，書學歐陽率更，碑額篆書亦妙，碑首刻鳥獸形，甚奇。古祠門石幢一枚，刊武侯廟記，是近時重刻俗書。遥望祠後四峰，如屏風狀，絶頂上有黄牛，昂首北向，頭角宛然，一人立牛側，如繪畫，人牛皆有神氣注，高厓間有色，如人負刀牽牛，人黑牛黄，成就分明，驗之良然。李長庚云，色當作石，非也。自此下黄牛灘，歷扇子峽，數十里間，皆土山戴石，峰巒森削。至蝦蟇碚泉，從巖腹洞中流注蝦蟇口鼻間，成水簾，下入于江，濺珠歕玉，望之極可愛。蝦蟆形尤肖似，放翁謂其頭鼻吻頷絶類，而背脊皰處尤逼真，信然。踏江中亂石，溯瀑而上，從蝦蟇背至洞中，水自洞中，聲如風雨，中有巨石，泉匯其下爲池，清泠沁骨。巡覽壁間，都無前人題字。蓋石質麤疎，不任刻畫，尤易剝蝕故也。循碚左而下，衣屨盡濕，大索舟中缾盎汲貯之，此水水品列在第四。山谷記云：泉味亦不極甘，冷熨人齒。惜自蜀來，無佳茗試發之耳。順流下西陵峽，蜀江之險始此，即東來入峽之首也。峽口有三遊洞，昔白樂天自江州司馬遷忠州刺史，與弟知退偕行。元微之自通州司馬遷虢州長史，遇於彝陵，同遊此洞，各賦詩二十韻，白記其事，洞以名焉。山谷入黔，放翁入蜀，皆作記。二蘇公嘗侍老泉遊此，亦各有詩，載集中。予發興獨往，躡巉巖而上，甫行半里，舟人云徑久荒翳，迫發舟，廢然而返，昔人謂：「身到處，莫放過。」固未易言。（《帶經堂集》卷七十六蠶尾續文四，《續修四庫全書》影印清康熙五十年程哲七略書堂刻本）

《誥授通奉大夫刑部左侍郎念東高公神道碑銘》

康熙三十六年丁丑十一月十一日，致仕刑部左侍郎高公卒於里第，遺命勿請卹謚，勿訃聞，勿受弔，勿作佛事，勿求碑誌之文，子孫違者，是謂不孝。二子奉治命，弗敢違。越二載，公仲子之騱來京師請間曰：先君治命弗敢違，隧道之石，麗牲之碑，文悉闕如，異時國史家乘，亡所考據，不孝將焉辟罪。先生與先君外兄弟也，而相契合最深且久，敢以碑銘累下執事。余曰：然。碑誌昉於西漢，古賢達不廢。微子請余，亦不能無言，其敢例辭？按，狀公諱珩，字葱佩，别字念東。其先自蒙陰徙淄川，爲淄川人，數傳至柳溪先生汝登，積德累仁，鄉里慕義，殁有專祠。是生東溟公，舉萬曆庚辰進士，歷官巡撫浙江都察院，右僉都御史。事具國史。是生宏室先生所藴，湛於經術，旁通二氏，著《無生銓》等書，娶於王，爲先太師大司馬府君女，有二丈夫子，長繩東先生瑋，次即公也。兄弟皆具異秉，讀書一目輒不忘，太師公奇之曰：「二孫雖童稺，天下才也。」崇禎己卯，繩東先生以第一人領山東解，公亦同舉，才名籍甚，人擬之機雲、軾轍。癸未，舉禮部，賜同進士出身，改翰林院庶吉士。明年丁甲申之變，微服遁歸。世祖章皇帝定鼎，起家授檢討，遷國子監祭酒，道德尊嚴，而科條寬簡，士皆宜之。先是，祭酒率一歲輒遷去，公三年不調。一日，洪文襄公承疇攝祭太學，戲謂公曰：「先生可謂五丁開山矣。」公笑答曰：「何妨六丁六甲。」果逾三年，始遷秘書院侍講學士。辛卯，典江南試，故舊有遺公文籍者，不虞其詐也。發之，則皆關節契剳，貨賄且不訾，公大駭，亟焚之，終不告人以姓名，其厚德如此。是科南榜多名士，尋遷少詹事，遷詹事，國史院學士，禮部侍郎，吏部左右侍郎。奉命賑畿輔，久之，以議奏部例獨為一議，左遷太常寺少卿，稍進大理寺少卿。會有朝官得罪，應法司杖遣者，或下石將以斃之，公力持之曰：「罪人法不應死，故從寬典予杖，脱重杖而斃，豈法之平哉？」卒得免。尋遷宗人府府丞，奉命祭告神農、虞帝二陵，往來瀟湘洞庭、衡岳九疑間，皆山水清絶處，有詩數百篇，益雋永超詣，得江山之助。峻却供帳陋例，湖南人立碑頌德。楚俗多溺女不舉，公語當事者，嚴為科禁。又倡立放生池，淮安歲饑，捐私錢糴米數百石賑之。進都察院左副都御史，疏請復中行評博考選之例。先是，臺省缺，以郎中改授，停考選舊例。至是，言官請復知縣考選，而不及中行。公謂同一例也，僅復其半，烏乎可。於是部議皆復其故，論者韙之。一日召見便殿，命講《易·乾卦》，賦詩稱旨從容，問羣臣才品孰可大用者，公遜謝至再，敬對曰：「以臣所知，王伯勉可任吏部尚書，姚文然可任户部尚書，魏象樞可任左都御史。」上頷之。厥後，姚、魏二公皆至尚書，王公前殁，未及大用。蓋上夙知公廉慎不欺，故見信如此。尋進刑部左侍郎。定例，官員負官錢，而家産盡絶，其家口没為官奴。公察知胥吏負官錢，而家産盡絶，有豁免之例，欲比例引之，同官持不可。公曰：「胥吏作奸犯科，尚得邀恩蠲豁，況職官乎？此定例時漏略，非法之平也。」竟毅然引之，得俞旨，遂著為令，自時厥後，全活亡算。公居恒謂：「即事之活人有限，立法之活人無窮。」其持論公正寬平，類如是也。尋請急歸鄉里，城東門外有菜圃，林木翳然，築載酒堂三楹，破茅不補，椽桷不斵，素木為几，椶皮為屩，束書行竈，翛然獨往，置小舟池中，與客觴咏，泝洄上下，自以為濠濮之趣，不減江湖。棘籬無門，苦竹蔽虧，人望之如方壺、員嶠，時行吟於野，時跨驢入市，舍者不避席，煬者不避竈，夷然自適，而鄉人化之，亦忘機如海鷗焉。嘗訪道東浙，喜會稽山水，慨然思王、謝、支、許之風，歸上雲棲而後返。己未，魏公象樞為御史大夫，薦清節八人，公居首。召起刑部左侍郎，管右侍郎事，疏辭不允。司屬佟某，以讞獄失出當罷，公惻然曰：「佟有老母在，吾不忍其以罷官傷母心，吾代任之耳。」遂鐫一級。佟感泣曰：「高公，古人也。」下直輒與予輩飲酒賦詩，邸舍湫隘，庭不旋馬，出入不識圉卒之背。居一年，以老病乞骸骨，既得請，移居宣武門西松筠菴。相國馮文毅公過之，禪喜竟日，公賦詩曰：「户倚雙藤禪宇開，無人知是相公來。相看一笑忘朝市，風味依然兩秀才。」予繼和云：「二老前身二大士，相逢半日畫爐灰。他年古寺經行地，記取寒山拾得來。」迄今松筠傳為故事。公將東歸，唯一羊裘，無禦寒具。姚儀郎中者，慕公清德，為製重裘，追送數十里外，以裘衣公，而後返。姚督臣某子以俠聞，其後改總兵官，云公天懷坦蕩，與人交，不為編籬插棘；入其室，機心械事，令人自消。方門户之説興，各有部黨，公坦懷游其間，視蠻觸蝸角不足當一瞬，而南北部舉，無疑之者。夫以白樂天之賢，而猶不免衛公之忌，必其猶有町畦者存也，公於是賢於樂天遠矣。公歸田，坐卧一小閣，不接賓客，几上唯梵夾旁行，《金剛》、《淨名》數卷外，不復觀他書。常和寒山子詩以見意，預作生壙。春秋佳日，時攜親故，觴飲其中。大抵公齊物似莊生，平等似調御，三樂似榮啓期，坐人春風中似程明道，樂道人善似邵康節，躭禪悦似晁文元、蘇文忠。予常謂公：「非圖作佛，正藉此打破利名圈繢耳。」公笑而不答。蓋公天性純粹，又涵養於道德仁義者最深，為仙為佛，無所不可，而其要歸，則吾儒「修己以敬，反身而誠」二語而已。公為詩，如麻姑擲米，粒粒皆成丹砂。然不自愛惜，緣手輒散去，結集之責，微大迦葉，其孰任之？餘如《和寒山詩文稿》、《迂儒話救荒略》等書，尚數十種，藏於家。公素無疾，丁丑十一月，忽飲食稍減，呼諸子孫前語之曰：「吾將逝矣。己所不欲者，勿以施諸人。天之所惡者，勿以行諸己。爾輩勉之矣。」洒然而瞑。公生以萬曆壬子八月二十九日，距其卒得年八十有六。元配岳氏累封夫人，前公二十一年卒。子男子二人，之騊，順治己亥辛丑進士，平越縣知縣；之騝，太學生候銓州同知。子女子三人，適余姪啓沆、宋士僩、張篤慶。孫八人，肇恒、肇恪等。以戊寅年四月二十六日大葬於淄川城南之祖阡，公治命也。銘曰：謂公為慧業文人，而遺其糟粕；謂公為經濟名臣，而志存丘壑；謂公為道學真儒，而不名濂洛；謂公爲人天導師而已，解禪縛世，出世間天，游寥廓八十六年，不愧不怍，衆香國中游戲去來，空山無人，水流花開。（《帶經堂集》卷八十三蠶尾續文十一，《續修四庫全書》影印清康熙五十年程哲七略書堂刻本）

《誥授中大夫福建提刑按察使司按察使清止趙公墓誌墓》

康熙三十八年六月，春坊贊善趙君伸符以書抵予，曰：「從祖父清止府君葬有日。府君病且革，治命乞先生銘隧道之石。今既八年矣，敢請。」昔公之歿，予在京師，未及哭寢門，今贊善君將治命，鄭重千里以書相屬，不佞其忍辭？乃據贊善所爲行述，序而加銘。公諱進美，字嶷叔。一字韞退，號清止。其先蒙陰人，始祖平徙益都，始卜居顔神鎮。七傳至龍溪公課皇，贈中大夫，陝西布政使司条政，公之祖也，父暨垣公諱振業，中明天啓乙丑進士，仕為御史，累官江南布政使司条議，誥封中大夫，陝西布政使司条政。母李氏，封淑人。公幼具夙慧，讀書有神解。帖括之暇，輒私作為詩歌、古文，人稱聖童。十四補博士弟子，十五學大就，自《左》、《史》、兩漢、唐宋六大家之文，皆已窺其堂奥，發爲文章，老師避席。十七，中崇禎丙子鄉試第一。又四年庚辰，成進士，授行人，奉使江西寧、益二藩府。值甲申之變，僑居金陵，轉徙吴江之汾湖。順治乙西，亂定北歸，會世祖章皇帝下詔直省撫按，薦舉地方人才，公在舉中，召授太常寺博士。博士冷曹，無所短長，而公負文章盛名，都人士負笈從游甚衆。今大學士宛平王公、故吏部尚書謚恭定、霸州郝公，皆高第弟子。丙戌，充順天同考試官，得金侍郎鋐、李學士昌垣等六人。庚寅，以才望推擇為刑科給事中。公居言路，不為矯激，不樂彈劾，立言本經術，務持大體，若北郊奉配，及籍田、祈穀諸典禮，皆所請也。辛卯，頒詔山西。癸巳，遷户科右給事中。甲午，轉禮科左給事中，典湖廣鄉試，得程飛雲、歐陽鼎等，多奇偉之士。丙申，出為江西按察司副使，分巡湖西道。江右新附，吉安之永豐，及臨江之新淦、峽江，贛之興國，素號盜藪，公刺姦發伏，得其要領，言于巡撫張中丞朝璘，盛兵扼賊要害，而馳檄招之，賊倉卒遽降，乃官其酋長數人，解散其衆。未幾，海寇犯江寧，沿江皆纂嚴，彭蠡以西，人無固志，守令以下請為備。公曰：「海寇之不能飛渡彭蠡，明矣。」顧山賊乘間虞竊，發第防之，乃陰部勒將士。不數日，賊果寇永豐。公日莫聞警，夜遣兵赴之，戒以詰旦破賊。明日合戰，大敗之，禽其魁，得前降酋官南昌者，交通狀馳白巡撫，悉斬之。會江寧圍不解，巡撫徵諸郡兵戍湖口。公慮吉安空虚，而興國賊未被大創，勢且與永豐、新淦、峽江餘黨合，奏記南贛巡撫蘇中丞弘祖，請發勁卒五百人，順流趨吉安。至之明日，興國賊千人，掠廬陵之富田，殺一巡檢，僚屬請往援。公不聽，曰：「是將走永豐山中耳。」命偏將將贛兵，入山邀之，行鳥道。三日，果遇賊，乘曉霧薄之，賊出不意，大驚潰顛，墜崖谷，禽斬亡算，盡奪其俘獲，於是興國、永豐、新淦、峽江四縣，賊次第悉平。初，贛江盜賊縱橫殺人于城下白鷺洲，既捕獲，僇之矣。惟李毛者逸去，適安福兵餉三千金被劫，江中久不得盜，公偵知李毛匿處，密使禽之。既至，毛搏顙請貸死，願捕諸盜自贖。許之，與約三日，或言毛黠賊反覆，不可信。公笑曰：「是不負我，諸君勿疑。」三日，毛果以主名至，悉按捕就誅。既而毛請間曰：「不殺盜魁，後恐滋蔓，奈何？」公問：「誰也？」曰：「南贛營裨將郭某也。」公密遣壯士數輩易服入贛州，禽之于家，而先以書上蘇中丞，謝越境之罪。一軍皆驚，卒無敢譁者。公訊得實，按誅之，於是贛江無盜患。張中丞上公功于朝，方議内遷卿寺，而賊帥萬雲龍者，前攻破吉水、新喻二縣，既獲復逸。坐是奪公俸。越二年，弋獲于粤，而内遷之議遂寢。庚子，轉廣東布政使司參政，分守左江道。甫抵肇慶，防兵以缺餉大譁。公單騎至其營，諭禍福，衆遂定。會藩伯缺督撫將，以屬公。公念父母老矣，亟圖北歸省覲，力辭以齎表請行，而左江道尋裁去。里居侍養者五年。乙巳，起補陝西布政使司參政，分守關西道，駐鳳翔。鳳翔故有蘇公東湖，為八觀之一。公日嘯咏其間，務與民休息。尋復奉裁，遂里居養親不出。叅政公與李淑人，年皆踰八十，考終，公執喪盡禮。甲寅，滇逆發難，閩粵繼煽動。公慨然曰：「此豈臣子避險辭難時耶?」出補江南江鎮道叅政，改浙江之杭，嚴會軍前，題補有人。丁巳，改河南布政使司叅政，分守河北道。是時，大兵四出，彰、衛、懷三郡當子午，供億紛然。公夙戒儲偫，民不知勞。戊午，詔舉博學鴻儒，内閣首推薦公，徵詣闕。公自惟宿素，恥與後進爭尺寸，卒報罷歸。巡撫董中丞國興，重公為人，恒稱先輩，不敢齒屬吏也。署臬司事安陽，民受僞劄，株連甚多，公當其首罪，全活者三百餘人。壬戌，擢福建按察使，閩當叛亂後，大獄旁午，公晝訊囚，夜定爰書，三月囹圄一空，獄無冤濫，閩人歌舞之。護巡撫篆「寛大有體」，而金侍郎來爲巡撫，公謁之外，語不及私。甲子，引年乞骸骨，遂致政歸。歸治園亭于城東之秋谷，丘壑勝絶，泉水遶舍下。幅巾藜杖，相羊其間，如是者八年。以康熙三十一年十二月初五日，卒于里第，得年七十有三。配張氏，贈淑人，前總督宣大兵部尚書張公曉之孫，静默有壼德，以順治十六年，卒吉安官舍，年三十有六，與公合葬虎山之阡。葬之日，康熙三十八年己卯九月二十四日也。子一，作謀，官監生，候銓國子監典簿前，卒。女子二，適翟恂、吕烔。孫一，執璲，官監生。公少為詩，清真絕俗，得王、孟之趣，使江西時，尤刻意二謝。其《放吟》一卷，皆樂府詩。丁明末造，多悲天閔人之思，顧盼跌宕，不主故常，有邯鄲生天人之歎。丙戌後，官京師，與龔芝麓尚書、曹秋岳侍郎諸公倡和，一變而高華，尚聲調，然《梨花》、《楓葉》諸篇，風致不減青丘、海叟，《使楚》一集，尤爲萩林所貴重。江西以往浮湛監司者，積三十年，公既倦遊，而筆墨亦奇減，早通二氏之說，髮未燥，作《瑶臺夢》、《立地成佛》諸傳奇，論者謂，不減張小山、貫酸齋云公。清癯如不勝衣，雙瞳碧色，吐納無俗語。一爲諫官，斥而不復，世皆惜之。其斥也，或云以黨論，故公終不自言。予亦不欲顯言之也。系之銘曰：「公之早歲，為真名士。綜敘九流，沈酣六藝。公之中年，為真諫官。衆皆毛鷙，我乃龍鸞。坐鎮雙江，折衝千里，緩帶輕裘，似羊叔子；角巾東第，飛蓋西園，圖畫屏風，似白樂天。公之出處，如雲舒卷，貞觀丘壑，孰云軒冕。瀧流舒舒，顔山叢叢。於萬斯年，奠此幽宮。」（《帶經堂集》卷八十六蠶尾

續文十四,《續修四庫全書》影印清康熙五十年程哲七略書堂刻本)

《跋長慶集》

白樂天論詩多不可解，如劉夢得「雪裏高山頭白早，海中仙果子生遲」,「沉舟側畔千帆過，病樹前頭萬木春」等句，最爲下劣，而樂天乃極賞歎，以爲「此等語在在當有神物護持」，悖謬甚矣。元白二集，瑕瑜錯陳，持擇須慎，初學人尤不可觀之。白古詩晚歲重複，什而七八，絶句作眼前景語，却往往入妙，如「上得籃輿未能去，春風敷水店門前」,「可憐八月初三夜，露似珍珠月似弓」之類，似出率易，而風趣復非雕琢可及。(敷水在華州東，水出羅敷谷，酈注：敷水又北，逕集靈宮西，予數過其地，憶白詩，亦爲之流連而不發也)(《帶經堂集》卷九十一蠶尾續文十九,《續修四庫全書》影印清康熙五十年程哲七略書堂刻本)

《與青溝和尚書》(之六)

弟自客秋八月，日在藥爐之側，心力俱竭，鬚鬢蒼然。昨四月遂有悼亡之戚，益復不堪。承手教，竟失裁答，知大師能曲諒其苦也。更承關切雅誼，特勞書記慰唁，來詩廿八字，字字鉗錘，敬謝教矣。……拙作前續二集各一部請教。昔白樂天嘗別録其集三本，一置東都聖善寺缽塔院，一置廬山東林寺，一置蘇州南禪院。弟未敢上擬昔人，亦如白公所云，願以今生世俗文字之因，轉為將來贊佛乘、轉法輪之緣。大師其許我乎？(釋智朴輯《(康熙)盤山志》補遺卷一)

智按：據蔣寅《王漁洋事蹟征略》，康熙三十二年癸酉（一六九三）作，時年六十歲。青溝和尚，即智樸，號拙庵，俗姓張。江南徐州人。十五歲出家。三十五歲至盤山，結廬於青溝。康熙二十五年，上游盤山，曾與樸在山唱和，御書「戶外一峰」四字賜之，由是名噪一時，士大夫皆樂與之交往酬唱。有《電光録》。

《秦蜀驛程後記》

康熙三十五年丙子，年家子南毓涓來，明工部尚書二太先生（居益）孫也，言白樂天紫蘭村在渭河北，有三塚，白氏尚聚居於此。（《四庫全書存目叢書》影印清康熙刻後印本卷上；袁世碩主編《王士禛全集》第五册，第三五五六頁）

智按：據蔣寅《王漁洋事蹟征略》，《秦蜀驛程後記》為康熙三十五年丙子（一六九六）編就。

《池北偶談》（康熙二十八年）

⊙《池北偶談》序

予所居先人之蔽廬，西為小圃，有池焉，老屋數椽在其北。予宦游三十餘年，無長物，唯書數千卷，廢置其中，輒取樂天池北書庫之名名之。池上有亭，形類畫舫曰石帆者，予暇日與客坐其中，竹樹颯然，池水清澈，可見毛髮，游鯈浮沉，往來於寒鑒之中。顧而樂之，則相與論文章流別，晰經史疑義；至於國家之典故，歷代之沿革，名宦大儒之嘉言懿行，時亦及焉；或酒闌日墜，閑舉神仙、鬼怪之事，以資嘔噱；旁及游藝之末，亦所不遺。兒輩從旁記録，日月既多，遂成卷軸。因憶二十年來，官京師所聞見於公卿。大夫之間者，非甚不暇，未嘗不筆之簡册。散在篋中，未遑編劃。一日，乃出鼠齧之余，盡付兒輩，總次第為一書。略區其條目，曰《談故》、曰《談獻》、曰《談藝》、曰《談異》。其無所附麗者，稍稍以類相從。凡二十六卷，藏之家塾，示吾子孫，大之可以畜德，小亦可以多識。賢乎博奕，昔聞諸聖人之言矣。康熙辛未秋，漁洋山人王士禛序。（靳斯仁點校《池北偶談》，第六頁）

⊙謚文公

劉後村云：「謚，古也。復謚，非古也。」封演云：「謚二字者，一字為文，一字為質。」世言歐陽永叔卒，將謚文，常秩時為太常博士，議當謚文忠，或謂必留此以待介甫，已而果然。然唐宋以來謚文者，獨韓退之、朱元晦為不愧，他如白居易、李翺、陸希聲、權德輿、楊億、王安石、姚燧、歐陽玄輩，皆謚文，亦未盡允也。獨孤及云：「二字不必為褒，一字不必為貶。果在字數，則是堯、舜、禹、湯、文、武，不如威烈、慎靚王也；齊桓、晉文不如趙武靈、秦莊襄、楚考烈也。……」唐人論如此，則謂文必優於文忠，亦未必然。初元晦議謚文忠，劉後村時年十七，代其父尚左作駁議，因止謚文。其略曰：「正主庇民之學，鬱而未伸；著書立言之功，大暢於後，合文與忠，謚公似矣而非也。有功於斯文而謂之文，簡矣而實也。請以韓子之謚謚公。」右謚議見《後村集》第二十五卷。（《四庫全書》本卷八，靳斯仁點校《池北偶談》，第一七四頁）

⊙公文介公詩

吾鄉公文介公（原注：鼒），萬曆中，為詞林宿望，詩文淹雅，絕句尤工。如《習家池》云：「峴首岧嶢漢水長，習池煙樹野亭荒。羊公流涕山公醉，並枕殘碑卧夕陽。」《西郊金主釣臺》云：「花石遺綱入戰圖，薊門衰草釣臺孤。不知艮岳宮前叟，得見南軍入蔡無?」《畿南問宋遼戰地》云：「戰勝河東下薊丘，高梁失御陣雲愁。六飛不入燕山府，直見鑾輿下廣州。」《明湖獨眺》云：「窄岸平橋萬柳斜，半城春水半人家。東風吹雨宵來急，一片鄉心到海涯。」《別邢子願》云：「南浦分攜暮雨微，平林望斷送將歸。新詩一一題團扇，隴首秋雲片片飛。」《衍元白詩寄馮用韞》云：「千里襟期付此詞，郵筒珍重寄相思。將來莫遣玲瓏唱，淚盡夷陵緩棹時。」「生平有意皆成幻，死去憑誰得報君。燈影幢幢對疏雨，一聲哀雁入秋雲。」《濟南晤李季重》云：「一望并州雁影沉，三年幽夢蜡湖陰。歷城四面寒泉水，堪照青陵臺下心。」《泉林寺》云：「百里天涯一夕分，月華中斷悵離群。坐聞莊子城頭水，卻憶夷吾臺上雲。」《蘭溪望金華山水》云：「新安水色括蒼煙，熀熀金華婺女連。靈異果應仙路近，始知此是蔚藍天。」（杜子美梓州金華山詩「上有蔚藍天」，謂潼川之金華山，此乃借用）「百折桐江繞釣臺，四明雲起接天台。半空突出冰輪湧，定是龍湫雁宕開。」《南樓》云：「十二樓開列玉京，分明天上落層城。簷前寂寂三珠樹，半夜鶴飛來上鳴。」《掖縣道中》云：「齊疆行盡海雲生，處處看山自問名。麥秀漸漸桑柘緑，馬頭不見曲侯城。」《襄陽》云：「江上輕帆落浴鳧，鏡中倒影數峰孤。林鶯送客岩花笑，曾見銅鞮歌舞無?」《南竺寺》云：「晚霞掛重塔，微月碧殿空。林壑松檜響，十里聞秋風。」皆不減唐人風致。而《列朝詩》取之甚少，不可解。蓋牧翁多抑西北也。（《四庫全書》本卷十一，靳斯仁點校《池北偶談》，第二四三頁）

⊙公文介論樂府

「鄭漁仲曰：『繼三代之作者，樂府也。樂府之作，宛同風雅。今之行於世者，章句雖存，聲樂無用。崔豹之徒，以義說名；吳兢之徒，以事解目。蓋聲失則義起，樂府之道，幾乎熄矣。』此言樂府原為詩樂之用，而事義則必有所由起，均不可廢也。愚謂風雅之後有樂府，如唐詩之後有詞曲，聲聽之變，有所必趨，情辭之遷，有所必至，古樂之不可復久矣。後人之不能漢魏，猶漢魏之不能風雅，勢使然也。如漢《朱鷺》、《翁離》之作，魏晉諸臣擬之，以鳴其一代之事，易名別調，各極其長，豈以古今同異為病哉？後世文士，如李太白則沿其目而革其詞，杜子美、白樂天之倫，則創為意而不襲其目，皆卓然作者，後世有述焉。近乃有擬古樂府者，遂顓以擬名，其說但取漢魏所傳之詞，句撫而字合之。中間豈無陶陰之誤，夏五之脫？悉所不較。或假借以附益，或因文而增損，局蹐床屋之下，探胠縢篋之間，乃藝林之根蝨，學人之路阱矣。以此語於作者之門，不亦恧乎？夫才有長短，學有通塞，取古今之人，一一強同，則千里之謬，不容秋毫，肖貌之形，難為覿面。若曰樂府，則樂府矣，盡人而能為樂府也。若曰必此為古樂府，使與古人同曹而並奏之，其何以自容哉？李于鱗曰：『擬議以成其變化。』噫，擬議將以變化也，不能變化，而擬議奚取焉？予知其不可而不能不為也。第命曰古樂府，而不敢以擬稱云。」右蒙陰公文介公孝與（鼐）樂府自叙也。虞山錢牧翁，嘗亟取東阿于文定公（智按：于慎行，一五四五～一六〇八）論樂府之說，不知文介此論，與文定若合符節。予嘗見一江南士人擬古樂府，有「妃來呼豨豨知之」之句。蓋樂府「妃呼豨」皆聲而無字，今誤以妃爲女，呼爲喚，豨爲豕，湊泊成句，是何文理？因於《論詩絕句》著其說云：「草堂樂府擅驚奇，杜老哀時托興微。元白張王皆古意，不曾辛苦學妃豨。」亦于、公二公之緒論也。（康熙四十年文粹堂刊本卷十一，靳斯仁點校《池北偶談》，第二六六～二六七頁）

⊙唐詩字音

李子田舉唐人詩用字音與今人別者，如劉夢得「停杯處分不須吹」，分作去聲。王建：「每日臨行（城南）空挑戰。」（智按：王建《贈李愬僕射二首》其二，《全唐詩》卷三〇一）羅虬：「不應琴裏挑文君。」（智按：羅虬《比紅兒詩》，

《全唐詩》卷六六六）挑皆上聲也。（包）佶：「曉漱瓊膏冰齒寒。」（智按：包佶《宿廬山贈白鶴觀劉尊師》，《全唐詩》卷二〇五）冰去聲。段成式：「玳牛獨駕長擔車。」（智按：段成式《戲高侍御七首》其二：「玳牛獨駕長簷車。」《全唐詩》卷五八四）長上聲。予按《白氏長慶集》中此例尤多，如「請錢不早朝」，請作平聲。「四十著緋軍司馬」，司入聲。「紅闌三百九十橋」，十讀如諶。「為問長安月，如何不相離」，相，思必切。「燕姬酌蒲桃，燭淚黏盤壘」，蒲桃，蒲上聲。「三年隨例未量移」，量平聲。「金屑琵琶槽」，琵，仄聲之類。予田皆未暇及。又劉夢得：「幾人雄猛得寧馨。」寧平聲。「拋卻丞郎爭奈何。」爭去聲。獨孤及：「徒言漢（屹）水纔容舠。」（智按：獨孤及《喜辱韓十四郎中書兼封近詩示代書題贈》，《全唐詩》卷二四七）纔去聲。盧綸：「人主人臣是親家。」（智按：盧綸《王評事駙馬花燭詩》，《全唐詩》卷二七七）親去聲，讀如靚。徐鉉《騎省集》：「莫折紅芳樹，但知盡意看。」自注云：「但，平聲。」予按，《老學菴筆記》云：「但姓，音讀如檀。」又宋陶穀「尖簷帽子卑凡廝。」廝入聲。宋文安：「三十六所春宮館，鄜州軍司馬，也好畫為屏。」亦如白詩。又《猗覺寮記》舉李商隱「可惜前朝玄菟郡。」菟去聲。「九枝燈檠夜珠圓。」唐彥謙：「燈檠昏魚目。」《釋文》：檠音景。《前漢・蘇武傳》注：音警。唐人如此尚多，未能枚舉。又陸游：「燒灰除菜蝗。」蝗仄聲。「拭盤堆連展。」連上聲。今山東製新麥作條食之謂之連展，連讀如輦。東坡詩：「左元放。」放作平聲。司馬相如，如作上聲。（《四庫全書》本卷十三，靳斯仁點校《池北偶談》，第三一四頁）

⊙板橋詩

白氏集有板橋詩云：「梁苑城西三十里，一渠春水柳千條。若為此路今重過，十五年前舊板橋。曾共玉顏橋上別，不知消息到今朝。」今訛作劉夢得，而說者疑《中山集》不載此詩，蓋未考《長慶集》耳。（《四庫全書》本卷十三，靳斯仁點校《池北偶談》，第三一六頁）

⊙詩使本朝事

或謂作詩使事，必用六朝已上為古，此說亦拘墟不足信。要之唐、宋事，須選擇用之，不失古雅乃可。如劉後村詩，專用本朝故實，畢竟欠雅。如「煉句豈非林處士，鬻書莫是穆參軍。」「艱虞夷甫方謀窟，老懶堯夫少出窩。」「未愛潘郎呼作友，便教米老拜為兄。」「山房惜未從公擇，書局聞曾擬道原。」「立志如歐母，生兒似富公。」「野人只識羹芹美，相國安知食筍甘。」（自注：富鄭公事）「事先白傅求閑後，銜似溫公約史年。」「公閑去伴種司諫，我懶思尋靖長官。」「清於坡老游杭市，儉似乖崖在劍州。」「軍皆歌范老，民各像乖崖。」「賈董奇才無地立，歐蘇精鑒與人同。」「安知李膺揮門外，不覺劉幾入彀中。」此類數十聯，皆宋事也。後見後村四六亦然。（《四庫全書》本卷十四，靳斯仁點校《池北偶談》，第三四一頁）

智按：參見趙翼《陔餘叢考》卷二十四「劉後村詩多用本朝事」一則。

⊙樂天論詩

樂天作《劉白倡和集》解，獨舉夢得「雪裏高山頭白早，海中仙果子生遲」，「沈舟側畔千帆過，病樹前頭萬木春」，以為神妙。且云「此等語，在在處處，應有靈物護之」。殊不可曉。宜元、白於盛唐諸家興象超詣之妙，全未夢見。（《四庫全書》本卷十四，靳斯仁點校《池北偶談》，第三四二頁）

⊙集句

《夢溪筆談》亟稱王介甫集句「風定花猶落，鳥鳴山更幽」，以為上句靜中有動，下句動中有靜。且云：「公始為集句詩，有多至百韻者。」黄震曰：「荊公集句諸作，其巧其博，皆不可及。」近代頗有之，然無如泗上施端教匪莪，平生集句詩數千首，屬對精切，縱横曲折，無不如意。偶舉一章，如贈鸚鵡長律云：「莫恨雕籠翠羽孤，（劉憲）主人情義自辛劬。（王初）人憐巧語情雖重，（白居易）鳥憶高飛意正殊。（李正平）三舍鄭牛徒識字，（李山甫）千年丁鶴任歌呼。（羅隱）多言應伴高吟客，（嚴郊）學語還稱問字徒。（崔璞）始覺琵琶弦鹵莽，（白居易）終憐吉了舌模糊。（孫繁）文章辨慧皆如此，（白居易）事業紛呶亦大都。（魏朴）歸去不煩詞客賦，（羅鄴）夢來還記隴頭無。（張謂）勸君不必分明語，（羅隱）且自三緘問世途。（胡曾）」格律寄託，兩詣妙境，奇作也。（《四庫全書》本卷十五，靳斯仁點校《池北偶談》，第三六四頁）

⊙表語本樂天詩

宋任忠厚惇坐上書入籍，久不得調，投時相啟云：「籠中翦羽，仰看百鳥之翔；岸側沉舟，坐閱千帆之過。」蓋用白樂天詩「沉舟側畔千帆過，病樹前頭萬木春」語。（《四庫全書》本卷十六，靳斯仁點校《池北偶談》，第三九三頁）

智按：「沉舟側畔千帆過，病樹前頭萬木春」應為劉禹錫詩語。

⊙會昌一品集

李衛公一代偉人，功業與裴晉公伯仲。其《會昌一品制集》，駢偶之中，雄奇駿偉，與陸宣公上下。別集《憶平泉》五言諸詩，較白樂天、劉夢得不啻過之。（《四庫全書》本卷十七，靳斯仁點校《池北偶談》，第四一六頁）

⊙排律

唐人省試應制排律，率六韻，載諸《英華》者可考。至杜子美、元白諸人，始增益至數十韻或百韻。近日詞林，進詩動至百韻，誇多鬬靡，失古意矣。（《四庫全書》本卷十七，靳斯仁點校《池北偶談》，第四二二頁）

⊙一鳴集

唐司空圖《一鳴集》十卷，雜著八卷，碑版二卷。前有自序云：所撰《密史別編》，又有《絕麟集述》，亦其自著也。其與王駕論詩曰：「國初雅風特盛，沈宋始興之後，傑出于江寧，宏肆于李杜。右丞、蘇州，趣味澄夐，如清沇之貫逵；大曆十數公，抑又其次。元白力勍而氣孱，乃都市豪估耳。」又與李生論詩曰：「江嶺之南，凡是資於適（目）［口］者，若醯，非不酸也，止於酸而已。若鹺，非不鹹也，止於鹹而已。酸鹹之外，醇美者有所乏耳。王右丞、韋蘇州，澄澹精緻，格在其中，豈妨於遒舉哉？」晚唐詩以表聖為冠。觀此二書持論，可見其所詣矣。（《四庫全書》本卷十八，靳斯仁點校《池北偶談》，第四三三頁）

⊙慈恩塔詩

元白因傳香於慈恩寺塔下，忽覩章先輩八元詩，吟咏竟日，悉令除去諸家之詩，惟留章作。其五六句云：「迴梯暗踏如穿洞，絕頂初攀似出籠。」殊不成語，不知元白何以心折如此？盛唐高、岑、子美諸公同登慈恩寺塔賦詩，或云：「秋色從東來，蒼然滿關中。五陵北原上，萬古青濛濛。」（原注：岑）或云：「秋風昨夜至，秦塞多清曠。千里何蒼蒼，五陵鬱相望。」（原注：高）或云：「秦山忽破碎，涇渭不可求。俯視但一氣，焉能辨皇州。」（原注：杜）此是何等氣概，視章作真小兒號嗄耳。每思高、岑、杜輩同登慈恩塔，高、李、杜輩同登吹臺，一時大敵旗鼓相當，恨不厠身其間，為執鞭弭之役。（《四庫全書》本卷十八，靳斯仁點校《池北偶談》，第四三九頁）

智按：據蔣寅《王漁洋事蹟征略》，《池北偶談》為康熙二十八年己巳（一六八九）編就，康熙三十年辛未撰寫《池北偶談》自序。

《五代詩話》（王士禛原編，鄭方坤刪補）（康熙二十九年）

⊙南唐玄宗

周文矩畫《重屏圖》，江南李中主兄弟四人圍棋，紙上著色，人皆如生。前有宣和御書白居易《偶眠》一章云：「放杯書案上，枕臂火爐前。老愛尋思事，慵多取次眠。妻教卸烏帽，婢為展青氈。便是屏風樣，何勞畫古賢。」（原）《研北雜記》。（《四庫全書》本卷一，戴鴻森校點本《五代詩話》，第七頁）

⊙閩主王延羲

朱文進、連重遇既獲罪康宗時，懼國人見討，相與結婚自固。帝果於誅殺。又常酒酣詠白居易詩以誚文進、重遇，詩云：「惟有人心相對間，咫尺之情不能料。」因舉酒屬二人。二人起，流涕再拜曰：「臣子事君父，安有他志？」帝不應，二人大懼。（補）《十國春秋》。（《四庫全書》本卷一，戴鴻森校點本《五代詩話》，第三六～三七頁）

⊙殷文圭

瑟瑟，殷紅也，碧也。殷文圭云：「水面風吹瑟瑟羅。」白樂天云：「半江瑟瑟半江紅。」又文圭詩「一篷秋雨睡初起，半硯冷雲吟未成。」儘有思致。（補）《留青日札》。（《四庫全書》本卷二，戴鴻森校點本《五代詩話》，第六二頁）

⊙李昉

李文正公昉，深州饒陽人。太祖在周朝，已知其名，及即位，用以為相。常語昉曰：「卿在先朝，未嘗傾陷一人，可謂善人君子。」故太宗遇昉亦厚，年老罷相，每曲宴，必宣赴賜坐。昉嘗獻詩曰：「微臣自愧頭如雪，也向鈞天侍玉皇。」昉詩務淺切，效白樂天體，晚年與參政李公至為唱和友，而李公詩格亦相類，今世傳《二李唱和集》是也。（補）《青箱雜記》（《四庫全書》本卷二，戴鴻森校點本《五代詩話》，第一〇八頁）

⊙徐鉉

詩中有字音平仄借讀者，既經前人用過，亦可據以諧律，今就所見拈出之：杜牧詩：「南朝四百八十寺。」白居易詩：「紅闌三百九十橋。」十讀平聲。姚合詩：「每月請錢共客分。」白居易詩：「請錢不早朝。」又「紅樓許住請銀鑰。」又「當時綺季不請錢。」請讀平聲。包佶詩：「曉漱瓊膏冰齒寒。」冰讀去聲。武元衡詩：「惟有白鬚張司馬，不言名利尚相從。」白居易詩：「四十著緋軍司馬，男兒官職未蹉跎。」又「一為軍司馬，三見歲重陽。」司讀去聲。（《容齋隨筆》讀入聲，《野客叢談》據《集韻》作去聲。）盧綸詩：「人主人臣是親家。」親讀去聲。陸龜蒙詩：「莫把榮枯異，但知上下包。」又「得失任渠但取樂，不曾生箇是非心。」徐鉉詩：「莫折紅芳樹，但知盡意看。」但讀平聲。杜甫詩：「恰似東風相欺得，夜來吹折數枝花。」白居易詩：「為問長安月，誰教不相離。」相讀入聲。王建詩：「綠窗紅燈酒初醒。」燈讀去聲。杜甫詩：「會須上番看成竹。」獨孤及詩：「舊日霜毛一番新。」番讀去聲。李商隱詩：「可惜前朝元菟郡。」菟讀去聲。白居易詩：「燭淚粘盤累蒲萄。」又「燕姬酌蒲萄。」蒲讀入聲。李羣玉詩：「紅芳點袈裟。」袈讀去聲。白居易詩：「金屑琵琶槽。」又「四絃不似琵琶聲。」張祜詩：「宮樓一曲琵琶聲。」方干詩：「語態不及琵琶槽。」琵讀入聲。獨孤及詩：「徒言漢水纔容刀。」纔讀去聲。白居易詩：「況對東溪野枇杷。」張祜詩：「生摘枇杷酸。」枇讀入聲。白居易詩：「金盃翻污麒麟袍。」李賀詩：「銀韉刺麒麟。」李山甫詩：「志公偏愛麒麟兒。」麒讀去聲。白居易詩：「三年隨例未量移。」量讀平聲。蘇軾詩：「聞道已許談其粗。」又「寂寞閒窗易粗通。」粗讀上聲。陶穀詩：「尖簷帽子卑凡厮，短靿靴兒末厥兵。」厮讀入聲。今北地「親家」之

「親」讀去聲。吾吳「蒲萄」之「蒲」、「枇杷」之「枇」讀入聲。詩人皆隨方言入律，四聲遂無定位矣。（補）《叢殘小語》。（《四庫全書》本卷三，戴鴻森校點本《五代詩話》，第一六八～一六九頁）

⊙羅隠

白居易詠老柳樹：「但見半衰臨此路，不知初種是何人。」羅隠咏長明燈：「不知初點人何在，衹見當年火至今。」語似祖述，而用法一順一倒不同。（原）《唐詩統籤》。（《四庫全書》本卷五，戴鴻森校點本《五代詩話》，第二三一頁）

自唐末，無賴男子以劄刺相高，或鋪《輞川圖》一本，或砌白樂天、羅隠二人詩百首，至有以平生所歷郡縣飲酒蒱博之事，所交婦人姓名、年齒、行第、坊巷、形貌之詳，一一標表者，時人號為「針史」。（補）《清異録》。（《四庫全書》本卷五，戴鴻森校點本《五代詩話》，第二三二～二三三頁）

⊙韓偓

韓偓詩云：「洞門深閉不曾開，横卧烏龍作妒媒。」又云：「柏風不動烏龍睡，時有幽禽自喚名。」又云：「遥知小閣還斜照，羨殺烏龍卧錦茵。」祝鎡子權賢良，窮探古詩，無不貫通，一日問余曰：「韓致光詩用烏龍為何事？」余答曰：「樂天和元微之《夢春游》詩云：『烏龍卧不驚，青龍飛相逐。』當是犬爾。」子權曰：「何所據？」余戲之曰：「豈不聞俚語云：『拜狗作烏龍。』」後閲沈汾《續仙傳》云：「韋善俊攜一犬，號烏龍，化為龍，乘之飛昇而去。」樂天、致光詩未必不用此事。（補）《槁簡贅筆》。（《四庫全書》本卷六，戴鴻森校點本《五代詩話》，第二四八頁）

智按：據蔣寅《王漁洋事蹟征略》，康熙二十九年庚午（一六九〇），撰《五代詩話》。

《居易録》（康熙四十年）

偶與學子言，詩用字不可臆為杜撰，即如古人名字，司馬長卿，長字無平聲，相如，相字無仄聲，如字或作上聲。馬援，援字無平聲。曹操，操字無平聲之類。今人率通融以就己便，非也。又如樂毅稱樂生，賈誼稱賈生，司馬長卿稱馬卿，李膺稱李君，阮籍稱阮公，嵇康稱嵇生，山濤稱山公，王導稱王公，郗愔稱郗公，謝安石、謝靈運、謝朓皆稱謝公，庾亮稱庾公，王凝之稱王郎，袁粲稱袁公，江淹稱江郎，徐陵自稱徐君，杜甫稱杜公，李白稱李生，孟浩然稱孟公，韓愈稱韓公，韋應物稱韋公，白居易稱白公，歐陽修稱歐公，蘇軾稱蘇公。又謝惠連、謝朓皆稱小謝，宋祁稱小宋，蘇轍稱小蘇，杜牧稱小杜之類，皆有所本。即是出處，不可假借。若杜甫稱杜生，李白稱李公，知復為誰耶？……（《四庫全書》本卷四）

予嘗與袁昭令、杜于皇諸名宿，宴於紅橋。予自為記，作詞三首。所謂「緑楊城郭是揚州」是也。昭令酒間作南曲，被之絲竹，又嘗與林茂之、孫豹人、張祖望（綱孫）輩，修禊紅橋，予首倡《冶春詩》二十餘首，一時名士皆屬和。予既去揚州，過紅橋，多見憶者。遂為廣陵故事。陳（維崧）其年云：「官舫銀燈賦冶春，廉夫才調更無倫。玉山筵上頽唐甚，意氣公然籠罩人。」宗（元鼎）梅岑云：「休從白傅歌楊柳，莫向劉郎演竹枝。五日東風十日雨，江樓齊唱冶春詞。」此例甚多。丙寅丁卯間，曲阜孔（尚任）東塘以濬河至揚州，題詩紅橋云：「阮亭合向揚州住，杜牧風流屬後生。廿四橋頭添酒社，十三樓下説詩名。曾維畫舫無閑柳，再到紗窗祇舊鶯。等是竹西歌吹地，煙花好句讓多情。」

竹垞又言：近寫得彭汝礪《鄱陽集》、洪丞相《盤洲集》、王炎午《吾汶集》、程鉅夫《雪樓集》。予因詢竹垞所見唐人文集，自韓、柳、元、白數集外，則張曲江、顔魯公、獨孤及、劉禹錫、元結、李衛公、陸宣公、杜牧、沈亞之、吕温、李觀、司空表聖、皮日休、陸龜蒙、羅隱、皇甫湜、李翺、孫樵、劉蜕、黄滔、歐陽詹二十餘家，皆予所及見者。若富嘉謨、吴少微、李華、蕭穎士、賈至、李翰、樊宗師、梁肅、盧肇、馮宿、劉軻之徒，皆不見其全矣。（《四庫全書》本卷十二）

鄒忠公浩《道鄉集》四十卷，其子柄栩所編，有李忠定公序，邵文莊寶後序，正德七年壬申重刋本也。道鄉立朝大節在諫立劉后、論章惇二事，其立后疏，古今仰之，如泰山北斗；劾章惇三疏，其二云：「元祐之朋黨方絶，後來之朋黨又熾。」其三云：「惇在元祐初，詆斥先帝保甲之法，以為非是，其言甚力。自陛下躬覽以來，凡語及先帝者，槩從竄逐，惟惇久置不問」云云，則是薰蕕不分，且躋惇於元祐君子之列，其言誖矣，無怪蔡京立黨人碑，而惇倖竄名其末也。先生受學程門，而特嗜禪理，詩文多宗門語。居衡昭時，古詩時似樂天，格詩深穩，與葉石林工力相敵，北宋之雄也。……（《四庫全書》本卷十二）

嘗讀耶律文正詩「花落餘香著莫人」，盖本朱淑真詞「無奈春寒著摸人」語；適讀宋彭器資汝礪《鄱陽集》，有《湖湘道中見梅花》絕句云：「滴葉開花妙入神，酥盤憶看北堂春。瀟湘此日堪腸斷，隨處幽香著莫人。」乃前此矣。唐人唯元白集中多用此等字，未暇考《長慶集》也。《經籍志》：「《汝礪集》四十卷，今才十二卷。」（《四庫全書》本卷十二）

《西塘先生集》九卷，宋福清鄭介公俠著。萬曆中，其鄉人葉文忠公向高得秘閣本，刻於金陵。隆興甲申，公之孫嘉正守建昌軍刊本也，有黄祖舜序。嘉正之孫元清跋云：「乾道丁亥，侍郎簡肅林公出鎮九江，鋟板郡齋。淳熙改元，太師左丞相史公出鎮鄉邦，復取是集，親為題跋而刋之。」蓋先生集，南渡後凡三刻，今本乃第四刻也。先生之人，所謂浩然之氣，至大至剛，其為詩文，亦如之。大抵似石守道而無其怒張叫呶之習，有德之言仁者之勇，彷佛見之。古詩如《古交行》、《呈子京》等篇，在樂天、東野之間；近體《和荊公何處難忘酒》一章，令奸邪九原之下，猶當慚汗。（《四庫全書》本卷十二）

鍾退谷惺論高、岑云：「唐人如沈宋、王孟、李杜、錢劉，雖兩人並稱，皆有不能强同處，惟高、岑心手如出一人。」此語謬矣。所舉數家，惟李、杜門庭判然，其他皆不甚相遠。推而至於元白、張王、溫李、皮陸之流，莫不皆然。獨高、岑逈不相似。五言古則高古樸，岑靈秀；七言古則高雄渾多正調，岑奇峭多變調，强同之，不已疏乎？（《四庫全書》本卷二十一）

帛、白姓同。按帛道猷，西天竺人，居剡之沃洲。然《白氏長慶集·沃洲山禪院記》但作白。其詞曰：「昔道猷肇開兹山，寂然嗣興兹山，（僧寂然亦白氏。）樂天又垂文兹山，異哉！沃洲山與白氏，其世有緣乎？」（《水經注》：灃水西有真人帛仲理墓，仲理名護，巴郡人。）（《四庫全書》本卷二十五）

唐人章八元《題慈恩寺塔》詩云：「迴梯暗踏如穿洞，絕頂初攀似出籠。」俚鄙極矣，乃元白激贊之不容口，且曰：「不意嚴維出此弟子。」論詩至此，亦一劫也。盛唐諸大家，有同登慈恩寺塔詩，如杜工部云：「七星在北戶，河漢聲西流。」又「秦山忽破碎，涇渭不可求。俯視但一氣，焉能辨皇州？」高常侍云：「秋風昨夜至，秦塞多清曠。千里何蒼蒼，五陵鬱相望。」岑嘉州云：「下窺指高鳥，俯聽聞驚風。」又「秋色從西來，蒼然滿關中。五陵北原上，萬古青濛濛。」已上數公，如大將旗鼓相當，皆萬人敵。視八元詩，真鬼窟中作活計，殆奴僕儓隸之不如矣，元白豈未覩此耶？（《四庫全書》本卷三十三）

白居易詩：「嫁得黔婁作夫壻，可能還寄蜀茶來。」謂蜀産如蒙頂茶之類也。然閩有蜀茶一種，樹似山茶高者，丈餘，花開以二三月，大如牡丹，色皆正紅，但香稍不逮耳。南唐徐常侍鉉言，常得李超墨一挺，長不過尺，細才如筯，與弟鍇共用之日，書約五千字，十年乃盡。超與常侍同時，其珍重已如此，宜北宋諸公得其殘圭斷璧，以為希有也。（《四庫全書》本卷三十四）

智按：據蔣寅《王漁洋事蹟征略》，《居易録》為康熙四十年辛巳（一七〇一）定稿。跋云：「右《居易録》三十四卷，予康熙己巳冬梢重入都門，隨所聞見而雜記之。歲有記録，合前所著《池北偶談》二十六卷，通六十卷。辛巳四月，三十四卷既成，而予隨上疏請告，詎非數之前定耶？」序云：「在公之暇，結習未忘，有所見聞，時復筆記，歲月既積，得數百條，厘爲三十四卷。憶顧况語『長安米貴，居大不易』，因取以名其書。」

《香祖筆記》（康熙四十四年）

唐時升叔達《三易集》有《南翔八老人詩》，序云：「南翔里有八老人為社，徐爵九十六，趙陸九十四，陸淙八十五，徐勲、張樂俱八十四，董儒八十三，朱梓八十二，陸球八十一，居止不一二里，而耄耋相望，日杯酒談笑相娱樂，誠太平盛事也。」詩云：「白鶴村頭春日曉，香霧濛濛百花好。蒼顔素髮八老人，花前置酒相傾倒。笑説鄰翁學語時，追談邑子知名早。不知主客更勸酬，争引曾玄互提抱。今年孟春甲子晴，占云麻麥俱豐成。坐中祭酒九十六，敬酹社翁旨且清。其間迭起拜更祝，但願脚健雙眸明。桂林從事八十一，只聞喚弟無呼兄。南村翳翳桑榆日，出且持杯歸散帙。但課兒孫種黍苗，何知道士餐芝朮。香山居士有遺篇，九十不衰真地仙。公等康健逢聖世，能無旦莫歌皇天。願炊香飯釀秫酒，日奉杖履長周旋。正嘉遺事多訛謬，欲聞鑾輿南幸年。」魏學禮《長林片葉集》有《九峰青厓先生年一百二十一歲》詩，尤奇。(《四庫全書》本卷一，湛之點校《香祖筆記》，第七～八頁)

章八元賦慈恩塔詩，元白見之云：「不意嚴維出此弟子。」其詩鄙惡俚俗，予於《居易録》已言之。姚園客（智按：見姚旅《露書》）乃以為盧照鄰作，又似無目人語矣。(《四庫全書》本卷三，湛之點校《香祖筆記》，第五一頁)

《琵琶録》云：「羽調緑腰。」注云：即録要也。本自樂工進曲，上令録出要者，以為名，誤為緑腰也。白樂天詩注又譌為六幺，乃其曲。又有高平、仙呂，非羽調。吴楚材《強識略》云然。(《四庫全書》本卷四，湛之點校《香祖筆記》，第六七～六八頁)

白樂天論詩多不可解，如劉夢得「雪裏高山頭白早，海中仙果子生遲」、「沉舟側畔千帆過，病樹前頭萬木春」等句，最為下劣，而樂天乃極賞嘆，以為「此等語在在當有神物護持」，悖謬甚矣。元白二集，瑕瑜錯陳，持擇須慎，初學人尤不可觀之，白古詩晚歲重複什而七八，絕句作眼前景語，却往往入妙，如「上得籃輿未能去，春風敷水店門前」，「可憐八月初三夜，露似珍珠月似弓」之類，似出率易，而風趣復非雕琢可及。（原注：敷水在華州東，冰出羅敷谷。酈注：敷水又北逕集靈宫西。予過其地，憶白詩，亦為之流連而不發也）(《四庫全書》本卷五，湛之點校《香祖筆記》，第八四頁)

《丹鉛録》云：「《麗情集》載湖州妓周德華者，劉采春女也。唱劉夢得《柳枝詞》云云。此詩甚佳，而劉集不載。」余按，此乃白樂天詩，詩本六句，非絕句，題乃《板橋》，非《柳枝》。蓋唐樂部所歌，多剪截四句歌之，如高達夫「開篋淚沾臆」，本古詩，止取前四句；李巨山「山川滿目淚沾衣」，本《汾陰行》，止取末四句是也。白詩云：「梁苑城西三十里，一渠春水柳千條。若為此路今重過，二十年前舊板橋。曾與美人橋上別，更無消息到今朝。」板橋在今汴梁城西三十里中牟之東，唐人小説載板橋三娘子事即此，與謝玄暉之「新林浦板橋」異地而同名也。升菴博極羣書，豈未睹《長慶集》者，而

亦有此誤耶?(《四庫全書》本卷五，湛之點校《香祖筆記》，第一〇〇頁)

《具區志》止載麴信陵《投江禱雨文》，余讀洪文敏《萬首絶句》載信陵詩三首，一過眞律師舊院，一酬談上人海石榴，一出自賊中謁恒上人，詩皆不工，而信陵篇什，賴此尚存後世。按，信陵貞元元年鮑防下及第，以六年爲望江令。白樂天《秦中吟》云：「身殁欲歸葬，百姓遮路岐。攀轅不得歸，留葬此江湄。」則信陵卒于官，未嘗遷秩審矣。不知其何時陷賊，豈未第以前事耶?(《四庫全書》本卷五，湛之點校《香祖筆記》，第一〇一頁)

王介甫《唐詩百家選》全本，近牧仲開府寄來新刻，乃常熟毛扆所得江陰某氏藏本，計百有四人，有乾道己丑蘭皋倪仲傅序，略云：「予自弱冠肄業於香溪之門，嘗見是書。頃有親戚宦南昌，得之臨川以歸，惜其道遠難致，且字畫漫滅，故鏤版以新其傳云。」余按其去取多不可曉者，如李、杜、韓三大家不入選，尚自有説，然沈、宋、陳子昂、張曲江、王右丞、韋蘇州、劉昚虛、劉文房、柳子厚、劉夢得、孟東野概不入選，下及元、白、温、李諸家不存一字；而高、岑、皇甫冉、王建數子，每人所録幾餘百篇。介甫自序謂欲觀唐詩者，觀此足矣，然乎否耶?世謂介甫不近人情，於此可見。故物自可寶惜，然謂為佳選，則未敢謂然。請以質諸後之善言詩者，當知予言不妄。(《四庫全書》本卷六，湛之點校《香祖筆記》，第一〇四頁)

唐牛僧孺人稱太牢，楊虞卿稱少牢，京師語曰：「太牢手，少牢口。」謂牛善為文，楊善言説也。白樂天不失為賢者，而黨於二牢，未免為累，每讀《長慶集》，輒惜之，不啻如癰疽瘠環耳。(《四庫全書》本卷七，湛之點校《香祖筆記》，第一二五頁)

智按：清獨逸窩退士《笑笑録》卷四題「二牢」(《續修四庫全書》影印清光緒五年鉛印申報館叢書本)。

(汪鈍翁〔原注：琬〕嘗問予：「王、孟齊名，何以孟不及王?」予曰：「正以襄陽未能脱俗耳。」汪深然之，且曰：「他人從來見不到此。」)予又嘗謂鈍翁，李長吉詩云「骨重神寒天廟器」，「骨重神寒」四字可喻詩品。司空表聖《與王駕評詩》云：「王右丞、韋蘇州趣味澄敻，如清沇之貫達，元、白

力勍而氣孱，乃都市豪估耳。」元、白正坐少此四字，故其品不貴。（《四庫全書》本卷八，湛之點校《香祖筆記》，第一四八頁）

白樂天詩：「吳娘暮雨蕭蕭曲，自别江南久不聞。」極是佳句。虞山錢牧翁宗伯詩：「東風誰唱吳孃曲，暮雨瀟瀟閶禁城。」予亦有二絶句云：「波遶雷塘一帶流，至今水調怨揚州。年來慣聽吳孃曲，暮雨瀟瀟水閣頭。」「七載離筵喚奈何，玉壺紅淚斂青蛾。瀟瀟暮雨南陽驛，重聽吳孃一曲歌。」（《四庫全書》本卷八，湛之點校《香祖筆記》，第一六〇頁）

荊州街子葛清，自項以下，遍體刺白居易詩，凡三十餘處，人呼為白舍人行詩圖。此視書團扇繡弓衣者奇矣，而出於市井之流，尤奇之奇。（《四庫全書》本卷十，湛之點校《香祖筆記》，第一九一頁）

宋人詩至歐、梅、蘇、黄、王介甫而波瀾始大，前此楊、劉、錢思公、文潞公、胡文恭、趙清獻輩皆沿西崑體，王元之獨宗樂天。然予觀宋景文近體，無一字無來歷，而對仗精確，非讀萬卷者不能，迥非南渡以後所及。今人耳食，譽者毁者皆矮人觀場，未之或知也。（《四庫全書》本卷十，湛之點校《香祖筆記》，第一九二頁）

楊汝士於楊於陵座上賦詩云：「文章舊價留鸞掖，桃李新陰在鯉庭。」元、白嘆伏。汝士歸謂子弟曰：「今日壓倒元白。」又在洛中，裴晉公夜宴，汝士詩云：「昔日蘭亭無艷質，此時金谷有高人。」元、白失色。此本一事，而重複誤書之耳。按裴、白在洛與劉夢得多倡和聯句，裴詩所謂「成周文酒會，吾友勝鄒枚。唯憶劉夫子，而今又到來」，是其事也。是時文宗太和七年癸丑，白罷河南尹，再授賓客分司；八年甲寅，裴為東都留守；開成元年丙辰，劉分司東都，楊汝士東川節度使；二年丁巳，留守裴侍中修禊於洛，合宴舟中。先是太和五年，元已薨於武昌，安得與樂天、汝士同在洛中飲宴賦詩耶？小説之不考而妄語如此，可笑也。（《四庫全書》本卷十，湛之點校《香祖筆記》，第一九七頁）

《白氏文集記》云：「家藏之外，别録三本，一寘東京聖善寺鉢塔院，一寘廬山東林寺經藏，一寘蘇州南禪寺千佛院。」《澠水燕談》云：「廬山寺白集七十卷，廣明初為高駢强取去，後四十年，有王長史者，徧求善本，較正而藏之，尋又易去，頗多舛謬。眞宗詔取至都下，命侍臣以諸本參訂繕寫，

付寺僧謹藏之。」眞宗可謂右文之主也。（《四庫全書》本卷十，湛之點校《香祖筆記》，第一九七～一九八頁）

王禹玉作《龐穎公神道碑》，其家筆潤，參以古書名畫三十種，中有唐杜荀鶴及第試卷。予生平為人家作碑版文字多矣，惟安德李氏以楊孟載手書《眉菴集》一部相餉耳。宋時至有督潤筆者，不以為非。唐白樂天與元微之至交，白作元誌銘，潤筆亦至五六十萬。今則諛墓之金殆絕響矣。（《四庫全書》本卷十一，湛之點校《香祖筆記》，第二一五頁）

唐詩人張祜，字承吉，與白樂天、杜牧之同時，其詩事班班可考。《野客叢書》引祜「不信寧王迴馬來」及「金輿遠幸無人見，偷取邠王小管吹」之句，以為祜目擊時事而作；又祜有詠武宗時孟才人之作云：「一聲何滿子，雙淚落君前。」一述明皇，一述武宗事，遂疑其身涉十一朝，年且百二十歲云云。此說愚甚可笑。唐人詠明皇、太真事者不可枚舉，如元、白《連昌宮詞》、《長恨歌》二篇，其最著者；又如李義山「如何四紀為天子，不及盧家有莫愁」之類，亦多矣，豈皆同時目擊者也？即祜樂府《春鶯囀》、《雨霖鈴》等作，皆追詠天寶間事，何獨疑於前二詩耶？（《四庫全書》本卷十一，湛之點校《香祖筆記》，第二一六頁）

《羣碎録》云：書曰帙者，古人書卷外必用帙藏之，如今裹袱之類。宋眞宗取廬山東林寺《白居易集》，命崇文院寫較，包以斑竹帙送寺。嘗於秀水項氏見王右丞畫一卷，外以斑竹帙裹之，云是宋物。帙如細簾，其内襲以薄繒，故帙字從巾。（《四庫全書》本卷十二，湛之點校《香祖筆記》，第二三四頁）

古人文章，身後所託不一，如白居易以轉輪藏，唐球以瓢，劉蛻以冢，陸龜蒙以白蓮寺佛腹。後百千年，必有知者，何必藏之名山，副在通都耶！（《四庫全書》本卷十二，湛之點校《香祖筆記》，第二三七頁）

智按：據蔣寅《王漁洋事蹟征略》，《香祖筆記》為康熙四十四年（一七〇五）所作。

《師友詩傳録》（康熙四十五年）

阮亭答：「樂府之名，始於漢初，如高帝之《三侯》，唐山夫人之《房中》是也。《郊祀》類《頌》，《鐃歌》、《鼓吹》類《雅》，琴曲、雜詩類《國風》。故樂府者，繼《三百篇》而起者也。唐人惟韓之《琴操》最為高古。李之《遠別離》、《蜀道難》、《烏夜啼》，杜之《新婚》、《無家》諸別，《石壕》、《新安》諸吏，《哀江頭》、《兵車行》諸篇，皆樂府之變也、降而元、白、張、王，變極矣。元次山、皮襲美補古樂章，志則高矣，顧其離合，未可知也。唐人絕句，如『渭城朝雨』、『黃河遠上』諸作，多被樂府，正得《風》之一體耳。元楊廉夫、明李賓之各成一家，又變之變也。李滄溟詩名冠代，袛以樂府摹擬割裂，遂生後人詆毀。則樂府寧為其變，而不可以字句比擬也亦明矣。來教必具懸解，另有風神，無蹊徑之可尋，乃入其室，數語盡之。」（《清詩話》第一二七頁）

問：竹枝、柳枝自與絕句不同，而竹枝、柳枝亦有分別，請問其詳？……

張歷友答：竹枝本出巴渝。唐貞元中，劉夢得在沅湘，以其地俚歌鄙陋，乃作新詞九章，教里中兒歌之其詞，稍以文語緣諸俚俗，若太加文藻，則非本色矣。世所傳「白帝城頭」以下九章是也。嗣後擅其長者，有楊廉夫焉。後人一切譜風土者，皆沿其體，若柳枝詞始於白香山，《楊柳枝》一曲，蓋本六朝之《折楊柳》歌詞也。其聲情之儇利輕雋，與《竹枝》大同小異，與七絕微分，亦歌謠之一體也。……（《清詩話》第一三四頁）

問：昔人云，詩貫六義，諷喻抑揚，停蓄淵雅，皆在其中。至直著所得，以格自奇，前人並不專工於此。是耶非耶？

阮亭答：詩有六義：一曰風，二曰賦，三曰雅，四曰頌，五曰比，六曰興。夫六義之序，以賦次風者，何也？元晏先生所云：賦也者，因物造端，敷弘而體理也。引而申之，故文必極美；觸類而長之，故辭必盡麗。是賦者古詩之流也。雅頌之則，於是乎托；比興之音，於是乎儷。故諷喻抑揚之音以寓，涵蓄淵停之義以存，是其風雅之正則也。流極其後，綴文之士，不率典言，並務恢張其辭，博誕絕類。大者罩天地之表，細者入纖毫之內。祖搆之士，雷同附和，罔知所終。至杜少陵，乃大懲厥弊，以雄辭直寫時事，以創格而紓鴻文，而新體立焉。較之白太傅《諷喻詩》、《秦中吟》之屬，及王建、張籍新樂府，倍覺高渾典厚，蒼涼悲壯。此正一主於賦，而絛比興之旨者也。以貫六義，無遺憾矣。（《清詩話》第一四三頁）

智按:《師友詩傳録》一卷,郎廷槐編。郎廷槐問、王士禛、張篤慶(一六四二~一七二〇,字歷友)、張實居(一六三三~一七一五,字蕭亭,一字賓公)答。據蔣寅《王漁洋事蹟征略》,《師友詩傳録》撰於康熙四十五年丙戌(一七〇六)。

《師友詩傳續録》(劉大勤編)

(劉大勤)問:唐人樂府,何以别於漢、魏?

(王士禛)答:漢、魏樂府,高古渾奥,不可擬議。唐人樂府不一。初唐人擬《梅花落》、《關山月》等古題,大概五律耳。盛唐如杜子美之《新婚》、《無家》諸别,《潼關》、《石壕》諸吏,李太白之《遠别離》、《蜀道難》,則樂府之變也。中唐如韓退之《琴操》,直遡兩周;白居易、元稹、張籍、王建創為新樂府,亦復自成一體。若元楊維楨、明李東陽各為新樂府,古意寖遠,然皆不相蹈襲。至於唐人王昌齡、王之涣,下逮張祜諸絶句,《楊柳枝》、《水調》、《伊州》、《石州》等辭,皆可歌也。(《清詩話》第一五一頁)

(劉大勤)問:鍾嶸《詩品》云:「吟詠性情,何貴用事?」白樂天則謂「文字須雕藻兩三字,文采不得全直,致恐傷鄙樸」,二説孰是?

(王士禛)答:仲韋(偉)所舉古詩,如「高臺多悲風」、「明月照積雪」、「清晨登隴首」,皆書即目,羌無故實,而妙絶千古。若樂天云云亦是,而其自為詩,卻多鄙樸,特其風味佳,故雖云「元輕白俗」,而終傳於後耳。(《清詩話》第一五三頁)

(劉大勤)問:高、岑似微不同,或高優於岑乎?

(王士禛)答:唐人齊名,如沈、宋、王、孟、錢、劉、元、白、皮、陸,皆約略相似,唯李、杜、高、岑迥别。高悲壯而厚,岑奇逸而峭。鍾伯敬謂高、岑詩如出一手,大謬矣。(《清詩話》第一五九頁)

《古夫于亭雜録》(康熙四十七年)

⊙白居易集

白樂天東林寺藏集,唐末為高駢取之,宋真宗重令繕寫裝潢送東林。其龍門香山寺本,經亂亦不復存。後履道宅為普明僧院,後唐明宗子秦王從榮,

又寫本置院之經藏，即今本是也。乃知右文好事，不但真宗。（趙伯陶點校《古夫于亭雜録》卷一，第十八頁）

⊙方文詩

桐城方盉山（文），少有才華，後學白樂天，遂流為俚鄙淺俗，如所謂打油、釘鉸者。予常問其族子邵村（亨咸）曰：「君家盉山詩，果是樂天否?」邵村笑曰：「未敢具結狀，須再行查。」（趙伯陶點校《古夫于亭雜録》卷四，第九七~九八頁）

⊙常熟馮氏

常熟馮班，字定遠，著《鈍吟雜録》，多拾錢宗伯牙慧，極詆空同、滄溟，於弘、正、嘉靖諸名家，多所訾謷。其自為詩，但沿《香奩》一體耳，教人則以《才調集》為法。余見其兄弟（兄名舒）所評《才調集》，亦卑之無甚高論，乃有皈依頂禮，不啻鑄金呼佛者，何也？班之子曰行賢，字補之，詩學白樂天，卻有自得之趣，與吳雯天章善。嘗求余論定其詩，惜逸其本矣。（趙伯陶點校《古夫于亭雜録》卷五，第一一五~一一六頁）

⊙蕎麥花入詩

稻花、豆花，《麥秀》、《黍離》皆以入《詩》。蕎麥為五穀最下之品，而其花殊嬌豔。唐人詩云：「日落鴉飛散，滿庭蕎麥花。」蕎麥自田野間物，詎可植之庭中？此較邊華泉「庭中何所有，有萱復有芋」尤可議。白樂天詩：「自起開門望野田，月明蕎麥花如雪。」差不謬耳。（趙伯陶點校《古夫于亭雜録》卷六，第一二五~一二六頁）

⊙元積

唐張祜，長慶、寶曆間詩人之翹楚。或薦於上，時元稹為相，力沮之，不得召見，罷歸。祜見知於樂天而沮於微之，此理之不可解者，而元之相度、人品，亦從可想見。（趙伯陶點校《古夫于亭雜録》卷六，第一二九頁；《四庫全書》本卷五）

⊙康洽

盛唐詩人多有贈康洽之作，最傳者李頎所謂「西上雖因長公主，終須一見曲陽（智按：《全唐詩》作陵）侯」，蓋指楊國忠暨秦、虢輩也。後長慶中白居易作忠州刺史，亦有贈康詩云：「殷勤憐汝無他意，天寶遺民見漸稀。」（智按：白居易《贈康叟》：「再三憐汝非他意，天寶遺民見漸稀。」）天寶至是，已歷六朝，而康猶在，則禄山之亂，流落西蜀，至元和、長慶之時，亦已老矣。（趙伯陶點校《古夫于亭雜録》卷六，第一三七～一三八頁；《四庫全書》本卷五）

智按：白居易《贈康叟》：「再三憐汝非他意，天寶遺民見漸稀。」元和十四年（八一九），四十八歲，任忠州刺史。《白居易集箋校》第一一五四頁。

⊙老劉

元、白《長慶集》皆有老劉，白謂夢得，元謂太眞，非一人也。（趙伯陶點校《古夫于亭雜録》卷六，第一三九頁；《四庫全書》本卷二）

智按：據蔣寅《王漁洋事蹟征略》，《古夫于亭雜録》為康熙四十七年戊子（一七〇八）編就。

《分甘餘話》（康熙四十八年）

⊙明清之際歌行有三派

明末暨國初歌行，約有三派：虞山源於杜陵，時與蘇近；大樽源於東川，參以大復；婁江源於元白，工麗時或過之。（《四庫全書》本卷二，張世林點校本《分甘餘話》，第五三頁）

智按：此則又見《帶經堂詩話》卷一（戴鴻森校點本，第二十一頁）。

⊙杜牧書張好好詩真蹟

唐杜牧之《張好好詩并序》真蹟卷，用硬黄紙，高一尺一寸五分，長六尺四寸，末闕六字，與本集不同者二十許字。卷首楷書「唐杜牧張好好詩」，宣和御筆也。又御書葫蘆印，雙龍小璽，宣和連珠印，後有政和長印，政和連珠印，神品小印，内府圖書之印，董宗伯（其昌）跋云：「樊川此書，深得六朝人氣韻，余所見顔、柳以後，若温飛卿與牧之，亦名家也。」愚案，《宣和書譜》：唐詩人善書者，賀知章、李白、張籍、白居易、許渾、司空圖、吴融、韓偓、杜牧，而不載温飛卿。然余從它處見李商隱書，亦絕妙，知唐人無不工書者，特為詩所掩耳。此卷今藏宋太宰牧仲家。（《四庫全書》本卷四，張世林點校本《分甘餘話》，第一〇五頁）

智按：此則又見《漁洋詩話》卷下。

據蔣寅《王漁洋事蹟征略》，《分甘餘話》為康熙四十八年己丑（一七〇九）編就。

《漁洋詩話》（康熙四十九年）

香鑪峰在東林寺東南，下即白樂天草堂故阯，峯不甚高。而江文通《從冠軍建平王登香鑪峰》詩云：「日落長沙渚，層陰萬里生。」長沙去廬山二千餘里，香鑪何緣見之？孟浩然《下贛石》詩：「暝帆何處泊？遥指落星灣。」落星在南康府，去贛亦千餘里，順流乘風，即非一日可達。古人詩，衹取興會超妙，不似後人章句，但作記里鼓也。（《四庫全書》本卷上；《清詩話》卷上，第一八三頁）

白樂天自寫其集三本：一置東都聖善寺，一置廬山東林寺，一置蘇州南禪院。自云：「願以今生世俗文字之因，轉為來世讚佛乘、轉法輪之緣。」余昔亦嘗以《漁洋集》一本付楚雲師藏之南嶽，一本付拙菴師藏之盤山。昨門人劉翰林太乙（青藜）言欲以八分手書余正續集，藏之嵩山少林寺，亦香山居士後一段佳話。（《四庫全書》本卷中；《清詩話》卷中，第一九四頁）

方盦山（文），桐城人，居金陵，少多才華，晚學白樂天。好作俚淺之語，為世口實，以己壬子生，命畫師作《四壬子圖》，中為陶淵明，次杜子美，次白樂天，皆高坐，而己傴僂於前，呈其詩卷，余為題罷，語座客曰：「陶坦率，白令老嫗可解，皆不足慮，所慮杜陵老子文峻網密，恐盦山不免喫藤條耳。」一座絕倒。（《四庫全書》本卷下；《清詩話》卷下，第二〇八～二〇九頁）

唐杜牧之《張好好詩并序》真蹟卷，用硬黄紙，高一尺一寸五分，長六尺四寸，末闕六字，與本集不同者二十許字。卷首楷書「唐杜牧張好好詩」，宣和御筆也。又御書葫蘆印，雙龍小璽，宣和連珠，印後有政和長印，政和連珠印，神品小印，内府圖書之印，董其昌跋云：「樊川此書深得六朝人氣韻，余所見顔柳以後，若温飛卿與牧之，亦名家也。」愚案，《宣和書譜》：唐詩人善書者，賀知章、李白、張籍、白居易、許渾、司空圖、吴融、韓偓、杜牧，而不載温飛卿。然余從它處見李商隱書，亦絕妙，知唐人無不工書者，特為詩所掩耳。此卷今藏宋太宰牧仲家。（《四庫全書》本卷下；《清詩話》本卷下，第二二〇頁）

智按：此則又見《分甘餘話》卷四。

據蔣寅《王漁洋事蹟征略》，康熙四十九年庚寅（一七一〇），編就《漁洋詩話》三卷，授門人黄叔琳，叔琳序而梓之。

《帶經堂詩話》

《琵琶録》云：羽調《緑腰》。注云：即《録要》也；本自樂工進曲，上令録出要者以為名，誤為《緑腰》也；白樂天詩注又譌為「六么」。乃其曲又有高平、仙吕，非羽調。吴楚材《彊識略》云然。《香祖筆記》。（卷一《品藻》，戴鴻森校點本第二十四頁）

鄭漁仲曰：「繼三代之作者，樂府也。樂府之作，宛同風雅。今之行於世者，章句雖存，聲樂無用。崔豹之徒，以義説名；吴兢之徒，以事解目：蓋聲先則義起，樂府之道，幾乎熄矣。」此言樂府原為詩樂之用，而事義則必有所由起，均不可廢也。愚謂風雅之後有樂府，如唐詩之後有詞曲。聲聽之變，有所必趨；情辭之遷，有所必至。古樂之不可復，久矣。後人之不能漢魏，猶漢魂之不能風雅，勢使然也。如漢《朱鷺》、《翁離》之作，魏晉諸臣擬之，以鳴其一代之事，易名别調，各極其長，豈以古今同異為病哉？後世文士，如李太白，則沿其目而革其詞，杜子美、白樂天之倫，則創為意而不襲其目，皆卓然作者，後世有述焉。……夫才有長短，學有通塞，取古今之人一一強同，則千里之謬，不容秋毫，肖貌之形，難為覿面。若曰樂府，則樂府矣，盡人而能為樂府也？若曰此必為古樂府，使與古人同曹而竝奏之，其何以自容哉？李于鱗曰：「擬議以成其變化。」噫！擬議將以變化也，不能變化而擬議，奚取焉？予知其不可而不能不為也，第命曰古樂府，而不敢以「擬」稱云。右蒙陰公、文介公孝與

（龕）【當作鼐。公鼐字孝與，謚文介。公鼐乃其弟，字敬與。見《明史》本傳。】樂府自序也。虞山錢牧翁嘗亟取東阿于文定公論樂府之説，不知文介此論與文定若何符節。予嘗見一江南士人擬古樂府，有「妃來呼狶狶知之」之句。蓋樂府「妃呼狶」皆聲而無字，今誤以妃為女，呼為喚，狶為豖，湊泊成句，是何文理？因於《論詩絶句》著其説云：「草堂樂府擅驚奇，杜老哀時託興微。元白張王皆古意，不曾辛苦學妃狶。」亦于、公二公之緒論也。《池北偶談》。（卷一《品藻》，戴鴻森校點本第二十五～二十六頁）

樂府之名，其來尚矣。世謂始於漢武，非也。按《史記》高祖過沛詩《三侯之章》，又令唐山夫人為《房中之歌》，《西京雜記》又謂戚夫人善歌《出塞》、《入塞》、《望婦》曲，則樂府始於漢初。武帝時，增《天馬》、《赤蛟》、《白麟》等十九章，以李延年為協律都尉，集五經之士，相與次第其聲，通知其意，而樂府始盛。其云始武帝者，託始焉爾。東漢之末，曹氏父子兄弟雅擅文藻，所為樂府，悲壯奥崛，頗有漢之遺風。降及江左，古意寖微，而清商繼作，於是楚調、吴聲、西曲、南弄，雜然興焉。逮於有唐，李、杜、韓、柳、元、白、張、王、李賀、孟郊之輩，皆有冠古之才，不沿齊梁，不襲漢魏，因事立題，號稱樂府之變。若考開元、天寶已來，宫掖所傳，梨園弟子所歌，旗亭所唱，邊將所進，率當時名士所為絶句耳。故王之渙「黄河遠上」，王昌齡「昭陽日影」之句，至今豔稱之。而右丞「渭城朝雨」，流傳尤衆，好事者至譜為《陽關三疊》。他如劉禹錫、張祜諸篇，尤難指數。由是言之，唐三百年以絶句擅塲，即唐三百年之樂府也。《蠶尾續文》。（卷一《品藻》，戴鴻森校點本第二十七頁）

鍾退谷惺論高、岑云：「唐人如沈宋、王孟、李杜、錢劉，雖兩人竝稱，皆有不能強同處。唯高、岑心手如出一人。」此語謬矣。所舉數家，唯李、杜門庭判然，其他皆不甚相遠。推而至於元白、張王、溫李、皮陸之流，莫不皆然。獨高、岑迥不相似：五言古則高古樸，岑靈秀；七言古則高雄渾多正調，岑奇峭多變調：強而同之，不已疏乎？《居易録》。（卷一《品藻》，戴鴻森校點本第三八～三九頁）

唐人詩之多者，除李白、杜甫外，唯退之、樂天為最。退之詩可選者多，不可選者少，去其不可者甚難。樂天詩可選者少，不可選者多，存其可者亦

難。《靏尾文》。(卷一《品藻》,戴鴻森校點本第四二~四三頁)

唐人章八元《題慈恩寺塔》詩云:「回梯暗踏如穿洞,絕頂初攀似出籠。」俚鄙極矣!乃元、白激賞之不容口,且曰:「不意嚴維出此弟子!」論詩至此,亦一劫也。盛唐諸大家有同登慈恩寺塔詩,如杜工部云:「七星在北戶,河漢聲西流。」又:「秦山忽破碎,涇渭不可求。俯視但一氣,焉能辨皇州。」高常侍云:「秋風昨夜至,秦塞多清曠。千里何蒼蒼,五陵鬱相望。」岑嘉州云:「下窺指高鳥,俯聽聞驚風。」又云:「秋色從西來,蒼然滿關中。五陵北原上,萬古青濛濛。」已上數公,如大將旗鼓相當,皆萬人敵。視八元詩,真鬼窟中作活計,殆奴僕儓隸之不如矣。元、白豈未觀此耶!《居易録》。(卷二《推較》,戴鴻森校點本第五一頁)

章八元賦慈恩塔詩,元白見之云:「不意嚴維出此弟子。」其詩鄙惡俚俗,予於《居易録》已言之。姚園客(智按:見姚旅《露書》)乃以為盧照鄰作,又似無目人語矣。《香祖筆記》。(卷二《推較》,戴鴻森校點本第五一頁)

智按:參見前引《池北偶談》卷十八、《居易録》卷三十三、《香祖筆記》卷三。

樂天作《劉白倡和集解》,獨舉夢得「雪裹高山頭白早,海中仙果子生遲」,「沉舟側畔千帆過,病樹前頭萬木春」,以為神妙。且云「此等語,在在處處,應有靈物護之」。殊不可曉。宜元、白於盛唐諸家興象超詣之妙,全未夢見。《池北偶談》。(卷二《推較》,戴鴻森校點本第五五頁)

白樂天論詩,多不可解。如劉夢得「雪裹高山頭白早,海中仙果子生遲」,「沉舟側畔千帆過,病樹前頭萬木春」等句,最為下劣。而樂天乃極賞歎,以為「此等語在在當有神物護持」,悖謬甚矣!元、白二集瑕瑜錯陳,持擇須慎。初學人尤不可觀之。白古詩晚歲重複,什而七八。絕句作眼前景語,卻往往入妙。如「上得籃輿未能去,春風敷水店門前」,「可憐八月初三夜,露似珍珠月似弓」之類,似出率易,而風趣復非雕琢可及。(王漁洋)自注:「敷水在華州東,水出羅敷谷,谷受誇領以北諸水,酈注:敷水又北逕集靈宮西。予過其地,憶白詩,亦為之流連而不發也。」《香祖筆記》。(卷二《摘瑕》,戴鴻森校點本

第五五頁)

智按:此則亦見《蠶尾續文》。又清梁章鉅《退庵隨筆》卷二十一「學詩二」:「王漁洋力戒人看《長慶集》,此漁洋一家之論,後學不必理會他。」(《清詩話續編》,下册,第一九七三頁)

杜七言千古標準,自錢、劉、元、白以來,無能步趨者。貞元、元和間(集本有「能」字)學杜者,唯韓文公一人耳。鈔韓詩一卷。李義山《韓碑》一篇,直追(集本作「追配」)昌黎,今附卷末。(卷四《纂輯》,戴鴻森校點本第九五頁)

愚鈔諸家七言長句,大旨以杜為宗,唐宋以來善學杜者則取之。非謂古今七言之變盡於此鈔,觀唐人元、白、張、王諸公悉不録,正以鈔不求備故也。舉一隅以三隅反,其在同志(「同志」集本作「後」)之君子。已上《七言詩凡例》。(卷四《纂輯》,戴鴻森校點本第九七頁)

給事中孫君笠山,少負奇氣,俶儻自喜,承其家學,《三百篇》穿穴箋疏,洎廬陵、眉山、東萊、華谷諸家之説,以上探六義之奥旨。讀書之餘,尤善為詩,雖舟車行役、簿書期會,未嘗輒廢。西游咸秦,南窮甌越,詩日益工,五言如:「禁煙寒食路,霽雨杜陵春。」「楓丹千籟發,山紫萬蟲悲。」「爽籟午峯竹,清流幽澗泉。」「一帆凉月轉,四面翠屏開。」七言如:「河聲入洛三門合,嶽色來秦萬里明。」「島藏諸國晴時見,風卷洪濤静夜聞。」「黄菊候中無雁到,緑榕林外有猨啼。」此類數十句,雖古作者無以加,而其憂天憫人之意,亦間見於篇,有皮日休《農夫謠》、元白《秦中謠》遺意,求之輓近不易得也。《漁洋文》。(卷十二《佳句》,戴鴻森校點本第二九二頁)

西陵峽口有三游洞,昔日樂天自江州司馬遷忠州刺史,與弟知退偕行,元微之自通州司馬遷虢州長史,遇於彝陵,同游此洞,各賦詩二十韻,白記其事,洞以名焉。二蘇公嘗侍老泉游此,亦各有詩,載集中。余發興獨往,躡巉巖而上,甫行半里,舟人云徑久荒翳,迫發舟,廢然而返,昔人謂身到處莫放過,固未易言。(《蜀道驛程記》)(亦見《蠶尾續文》)(卷十三《遺跡》上,戴鴻森校點本第三三三頁)

過喚渡亭，亭以白傅詩得名，有白詩石刻。堤行二里，人家種竹為藩籬。雞聲人語，皆在竹中。《南來志》。（卷十三《遺跡》上，戴鴻森校點本第三三八頁）

喚渡亭在修水南岸，白居易過此，有詩云：「建昌（一作修江）江水縣門前，立馬教人喚渡船。好似當（智按：本集作往）年歸蔡渡，草風莎雨渭河邊。」黄庭堅書之亭上，明知縣梁崧重刻，石今存。《皇華紀聞》。（卷十三《遺跡》上，戴鴻森校點本第三三八頁）

予過江西建昌縣，南渡修水，岸上有亭，貯白樂天詩碣。一絕句云云（見上）。愛其風調，然未詳蔡渡所在。偶閱《渭南縣圖經》云：渭水至臨潼縣交口渡，東入渭南境，又東折至縣城北，曰上漲渡。又東南流，曰下漲渡。又東北折而流，曰蔡渡，以漢孝子蔡順得名。其地有蔡順碑，與樂天故居紫蘭村正隔渭河一水耳。《居易録》。（卷十三《遺跡》上，戴鴻森校點本第三三八～三三九頁）

唐人記板橋三娘子事甚怪異。板橋在今中牟縣東十五里。白樂天詩：「梁苑城西三十里，一渠春水柳千條。若為此路今重過，十五年前舊板橋。」李義山亦有《板橋餞別》詩，皆此地。《隴蜀餘聞》。（卷十三《遺跡》上，戴鴻森校點本第三五〇頁）

雲南有地名板橋，升菴題句云：「還如謝朓宣城路，南浦新林向板橋。」曹能始（學佺）板橋詩云：「兩岸人家映柳條，元暉遺跡草蕭蕭。曾為一夜青山客，未得無情過板橋。」汴梁西三十里有板橋，是白樂天題詩處。《漁洋詩話》。（卷十四《遺跡》下，戴鴻森校點本第三八〇頁）

元、白《長慶集》，皆有老劉，白謂夢得，元謂太真，非一人也。《古夫于亭雜録》。（卷十五《氏籍》，戴鴻森校點本第三八七頁）

盛唐詩人多有贈康洽之作，最傳者李頎所謂「西上雖因長公主，終須一見曲陽（智按：《全唐詩》作陵）侯」，蓋指楊國忠暨秦、虢輩也。後長慶中白居易作忠州刺史，亦有贈康詩云：「殷勤憐汝無他意，天寶遺民見漸稀。」天寶至是，已歷六朝，而康猶在，則禄山之亂，流落西蜀，至元和、長慶之時，亦已老矣。《古夫于亭雜録》。（卷十五《氏籍》，戴鴻森校點本第三八八頁）

《具區志》止載麴信陵《投江禱雨文》，余讀洪文敏《萬首絕句》載信陵詩三首，一過眞律師舊院，一酬談上人海石榴，一出自賊中謁恒上人，詩皆不工，而信陵篇什，賴此尚存後世。按，信陵貞元元年鮑防下及第，以六年爲望江令。白樂天《秦中吟》云：「身歿欲歸葬，百姓遮路岐。攀轅不得歸，留葬此江湄。」則信陵卒于官，未嘗遷秩審矣。不知其何時陷賊，豈未第以前事邪？《香祖筆記》。（卷十五《品詛》，戴鴻森校點本第三九七頁）

閻古古（爾梅）在濟南有詩云：「四圍松竹山當面，一望樓臺水半城。」雖本白太傅「燈火萬家樓四面，星河一道水中央」，實難甲乙也。《池北偶談》。（卷十五《襲故》，戴鴻森校點本第四〇二～四〇三頁）

白樂天詩：「吳娘暮雨蕭蕭曲，自別江南久不聞。」極是佳句。虞山錢牧翁宗伯詩：「東風誰唱吳孃曲，暮雨瀟瀟閶禁城。」予亦有二絕句云：「波遶雷塘一帶流，至今水調怨揚州。年來慣聽吳孃曲，暮雨瀟瀟水閣頭。」「七載離筵喚奈何，玉壺紅淚斂青蛾。瀟瀟暮雨南陽驛，重聽吳孃一曲歌。」《香祖筆記》。（卷十五《近似》，戴鴻森校點本第四〇六頁）

智按：白居易《寄殷協律》，「久不聞」，作「更不聞」。大和二年（八二八），五十七歲，洛陽，秘書監。《白居易集箋校》第一七四六頁。

白居易詩：「嫁得黔婁作夫婿，可能還寄蜀茶來。」謂蜀產如蒙頂茶之類也。然閩有蜀茶一種，樹似山茶，高者丈餘，花開以二三月，大如牡丹，色皆正紅，但香稍不逮耳。《居易録》。（卷十六《名物》，戴鴻森校點本第四五四頁）

智按：《楊六尚書新授東川節度使代妻戲賀兄嫂二絕》：「覓得黔婁為妹婿，可能空寄蜀茶來。」開成元年（八三六），六十五歲，洛陽，太子少傅分司。《白居易集箋校》第二二九〇頁。

稻花、豆花，《麥秀》、《黍離》皆以入《詩》。蕎麥為五穀最下之品，而其花殊嬌豔。唐人詩云：「日落鴉飛散，滿庭蕎麥花。」蕎麥自田野間物，詎可植之庭中？此較邊華泉「庭中何所有，有萱復有芋」尤可議。白樂天詩：「自起開門望野田，月明蕎麥花如雪。」差不謬耳。《古夫于亭雜録》。

宗柟附識：北地蕎麥是處有之，余少客河南密縣，籬落間常見此花，竊謂詩人托物書懷，若近若遠，未須泥定句字，與白詩一例論也。……（卷十六《名物》，戴鴻森校點本第四六四～四六五頁）

楊汝士於楊於陵座上賦詩云：「文章舊價留鸞掖，桃李新陰在鯉庭。」元、白嘆服。汝士歸謂子弟曰：「今日壓倒元、白！」又在洛中，裴晉公夜宴，汝士詩云：「昔日蘭亭無豔質，此時金谷有高人。」元、白失色。此本一事，而重複誤書之耳。按裴、白在洛，與劉夢得多倡和聯句。裴詩所謂「成周文酒會，吾友勝鄒枚」，「唯憶劉夫子，而今又到來」，是其事也。是時文宗太（大）和七年癸丑，白罷河南尹，再授賓客分司。八年甲寅，裴為東都留守。開成元年丙辰，劉分司東郡，楊汝士東川節度使。二年丁巳，留守裴侍中修禊於洛，合宴舟中。先是太（大）和五年，元已薨於武昌，安得與樂天、汝士同在洛中裴宴賦詩耶？小説之不考而妄語如此，可笑也。《香祖筆記》。（卷十八《辨晰》，戴鴻森校點本第五一三頁）。

李君實日華鑒別法書名畫最精，然引古人詩文往往紕繆，如云：子昂行書詩一幅，不知子昂自作，或書古人作，語氣似白樂天、陸放翁，因録之云：「山石犖确行逕微」云云。不知乃韓退之詩也。又云：白樂天孫龜年住嵩山，遇李白曰：近過潼關，有一詞曰：「曾宴桃源深洞」云云，乃後唐莊宗作也。又云：杜樊川詩：「獨憐幽草澗邊生」云云，有甲秀堂刻牧之行草真蹟。此韋蘇州詩。與前韓詩，載本集中，皆人人耳而目之者，而舛午至此，陋矣。又一條云：林君復極富畫情，見與可、伯時終日逯逯徇人，遂不為。和靖乃大中祥符間人，文、李後出，安得此不根語。又云：元有兩閑閑，一為禮部尚書趙秉文，或云今（疑作金）人，蓋未目《金史》及《中州集》耳。意此公留意書畫，而於詩文考證全疎。然劉原父、黄伯思輩，考證何嘗不精確耶。《居易録》。（卷十八《校勘》，戴鴻森校點本第五二一頁）

《丹鉛録》云：「《麗情集》載湖州妓周德華者，劉采春女也。唱劉夢得《柳枝詞》云云。此詩甚佳，而劉集不載。」余按，此乃白樂天詩，詩本六句，非絕句，題乃「板橋」，非「柳枝」。蓋唐樂部所歌，多剪截四句歌之，如高達夫「開篋淚沾臆」，本古詩，止取前四句；李巨山「山川滿目淚沾衣」，本《汾陰行》，止取末四句是也。白詩云：「梁苑城西三十里，一渠春水柳千條。

若為此路今重過，二十年前舊板橋。曾與美人橋上別，更無消息到今朝。」板橋在今汴梁城西三十里，中牟之東。唐人小説載板橋三孃子事即此。與謝宣城之「新林浦板橋」異地而同名也。升菴博極羣書，豈未睹《長慶集》者，而亦有此誤耶。《香祖筆記》。（卷十八《校勘》，戴鴻森校點本第五二五頁）

白氏集有板橋詩云：「梁苑城西三十里，一渠春水柳千條。若為此路今重過，十五年前舊板橋。曾共玉顔橋上别，不知消息到今朝。」今訛作劉夢得詩，而説者疑《中山集》不載此詩，蓋未考《長慶集》耳。《池北偶談》。（卷十八《校勘》，據《池北偶談》卷十三補）

智按：白詩題為《板橋路》（《白居易集箋校》第一二九八頁），「三十里」一作「二十里」。

康熙丁巳，訒菴學士攜祝京兆書見眎。其書原本晋人，為明代之冠。世所傳類顛素草書者，皆贋也。予在廣陵一士大夫家，見京兆家書十餘紙，遒美圖勁，與此略相似，信為希有。至八詩高古，頗近韓文公《琴操》，而京兆自序，擬於白太傅《秦中吟》，殆不然也。漁洋文。（卷二十二《書畫》，戴鴻森校點本第六三八～六三九頁）

唐詩人，人多慕而寫之，傳於畫圖，如王右丞畫《孟浩然吟詩圖》之類。故白太傅詩云：「兼聞好事者，畫我作屏風。」前蜀房從真嘗畫《常建冒雪入京圖》，見《圖繪寶鑑》。《居易録》（卷二十三《書畫》，戴鴻森校點本第六五二～六五三頁）

唐時升叔達《三易集》有《南翔八老人詩》，序云：「南翔里有八老人為社，徐爵九十六，趙陸九十四，陸淙八十五，徐勳、張樂俱八十四，董儒八十三，朱梓八十二，陸球八十一，居止不一二里，而耄耋相望，日杯酒談笑相娱樂，誠太平盛事也。」詩云：「白鶴邨頭春日曉，香霧濛濛百花好。蒼顔素髮八老人，花前置酒相傾倒。笑説鄰翁學語時，追談邑子知名早。不知主客更勸酬，爭引曾玄互提抱。今年孟春甲子晴，占云麻麥俱豐成。坐中祭酒九十六，敬酹社翁旨且清。其間迭起拜更祝，但願脚健雙眸明。桂林從事八十一，只聞唤弟無呼兄。南邨翳翳桑榆日，出且持杯歸散帙。但課兒孫種黍苗，何知道士餐芝朮。香山居士有遺篇，九十不衰眞地仙。公等康健逢聖世，能無旦莫歌皇天。願炊香飯釀秫酒，日奉杖履長周旋。正嘉遺事多訛謬，欲問鑾輿南幸年。」魏學禮長林《片葉集》有《九峯青厓先生年一百二十一歲》詩，尤奇。《香祖筆記》。（卷二十五《軼聞》，戴鴻森校點本第七二〇頁）

荊州街子葛清，自項以下，遍體刺白居易詩，凡三十餘處，人呼為白舍人行詩圖。此視書團扇繡弓衣者奇矣，而出於市井之流，尤奇之奇。《香祖筆記》。（卷二十八《瑣綴》，戴鴻森校點本第八〇八頁）

問：鍾嶸《詩品》云：「吟詠性情，何貴用事？」白樂天則謂：「文字須雕藻兩三字文采，不得全直致，恐傷鄙朴。」二說孰是？

仲偉所舉古詩如「高臺多悲風」，「明月照積雪」，「清晨登隴首」，皆書即目，羌無故實，而妙絕千古，若樂天云云亦是，而其自為詩，却多鄙朴，特其風味佳，故雖云「元輕白俗」而終傳於後耳。

蒿廬云：即前性情、學問之論。（卷二十九《答問》，戴鴻森校點本第八四二～八四三頁）

（《哀江頭》）亂離事只敘得兩句，「清渭」以下以唱歎出之，筆力高不可攀。樂天《長恨歌》，便覺相去萬里。即兩句亦是唱歎，不是實敘。（卷三十《評杜》，戴鴻森校點本第八五六頁）

智按：王士禎，字子真，一字貽上，號阮亭，別號漁洋山人，新城（今山東桓臺）人。雍正時避諱改稱士正，乾隆中詔改爲士禎。順治十五年（一六五八）進士，次年任揚州推官，後官至刑部尚書。乾隆中追謚「文簡」。早年即受前輩詩人錢謙益獎掖，許其與己代興。康熙年間主盟文壇達半個世紀之久，影響極大。其詩初宗漢魏盛唐，「中歲越三唐而事兩宋」（俞兆晟《漁洋詩話序》），晚年復以盛唐爲歸，尤喜王、孟清音。提倡神韻之説，標舉「羚羊掛角，無跡可求」、「不著一字，盡得風流」，輯《唐詩三昧集》宣揚其説。平生著述甚豐，有《帶經堂全集》九十二卷、《池北偶談》二十六卷、《居易録》三十四卷等數十種。《清史稿》卷二六六有傳。

毛師柱（一六三四～一七一一）

《琵琶亭》

懶向潯陽夜泊船，江清月白兩茫然。琵琶亭下春風裏，淪落青衫已廿年。（《端峰詩選》，《四庫未收書輯刊》影印清康熙三十三年王吉武刻本）

《戲倣樂天寄呈同志》

一春有幾晴和日，百歲無多壯健時。幸未龍鍾天適好，卽應把酒對花枝。

得逢老友心纔曠，偶出狂言道却存。除是白頭頻聚會，跨驢寧更適誰門。

詩成慣索微之和，老去猶同夢得吟。却怪香山閒澹叟，一生惟此最關心。（《端峰詩續選》卷三，《四庫未收書輯刊》影印清康熙三十三年王吉武刻本）

《十二日雅集繭菴西園偶倣白體》

快事無過老友招，醉醒隨意共逍遥。詩如北郭宜更和，集擬西園不再邀。藉使昨年非閏歲，便應今日是花朝。隙駒易邁身猶健，秉燭休令負此宵。（《端峰詩續選》卷三，《四庫未收書輯刊》影印清康熙刻本五十二年毛煜刻本）

《簡江應六倣香山體》

昔遊如夢已茫然，追數重驚歲月遷。皓首尋常俱七袠，青衿五十又三年。囊空我總家猶客，筆秃君還硯作田。健可爲師欣咫尺，睽離應不似從前。（應六癸酉生，余甲戌生，順治辛卯同補博士弟子員）（《端峰詩續選》卷四，《四庫未收書輯刊》影印清康熙三十三年王吉武刻本）

《殘冬吟戲效白體》

一日復一日，一年復一年。年去年來老忽至，殘冬何苦仍憂煎。身爲應酬役，意被情塵牽。幾見髮白曾重黰，況我今年身已病，病不卽死寧非天。濁醪飲三杯，好句哦一聯。莫籌歲豊歉，莫計人媸妍。初生面目本無事，掃除萬有非逃禪。園蔬堆盤幸飽飯，宵長且穩藜牀眠。較量他人正疾痛，我縱蹩躠猶神仙。只消過兩日，青帝旋司權。春風催放春花鮮，花間步屧知無緣。客來對酌須陶然，人生到老不作達，請一看我殘冬篇。（《端峰詩續選》卷五，

《四庫未收書輯刊》影印清康熙刻本五十二年毛煜刻本）

智按：毛師柱，字亦史，號端峰。太倉（今屬江蘇）人。諸生。工詩。冒襄水繪園招四方名士，師柱與焉。王士禛為揚州推官，酬和甚相得。晚歲杜門息影，吟詠甚富。有《端峰詩選》、《毛端峰詩》、《端峰詩續選》。

宋犖（一六三四～一七一三）

《白香山詩集序》

余好為詩，尤喜讀古人書，嘗以為：詩者載道之文，言若止嘲風雪、弄花草，則於六義盡去矣。其後觀《唐書》，至白公樂天傳，公所言往往與余合，因愛讀其詩不輟。乃知公立身本末，無不合乎道，特餘事作詩人耳。公為左拾遺時，史載其諫草不一而足，皆人所難言。嘗殿中面對，情辭切至，論執強梗，憲宗未喻，輒進曰：「陛下誤矣。」帝變色罷，謂李絳云云，賴絳救免。噫！公真古之大臣以道事君者與？而或徒以詩人目之，豈知公者哉！公嘗與元稹書，略云：「大丈夫所守者道，所待者時，進退出處，何往而不自得。僕志在兼濟，行在獨善，奉而始終之則為道，言而發明之則為詩。」又曰：「今僕之詩，人所愛者，悉不過雜律詩與《長恨歌》以下耳。時之所重，僕之所輕。」則公之立言載道為何如？而豈屑屑嘲風雪、弄花草，以矜豔麗於雕章者比哉！故余嘗讀公諷諭詩，見兼濟之志焉；讀公閒適詩，見獨善之義焉。此公所以進退出處，無往而不自得也。今《香山集》徧天下，顧俗本多訛，浸失其舊，於是汪西亭氏重編訂而梓之。旣蕆事，請序於余。余惟公之賢史載之，公詩之美，元序詳之，余能益一語乎哉！惟願世之好為詩如余者，得公兼濟獨善之志而師之，以進於道，則於六義也幾矣！康熙癸未且月商丘宋犖序。（《四庫全書》本汪立名《白香山詩集》卷首）

智按：康熙四十三年（一七〇四）撰。

《元詩選序》

顧子選元詩凡百家，刻成，以序請予，乃為之序曰：

盈天地間皆以氣運也，而氣之神而善變者莫如風。今夫風，春而熙熙，夏而陶陶，秋冬飂飂而觱發，而未也，出於土囊，汎乎蘋末，俄焉而刁刁，而調調，山林畏隹，萬物變態，且將蓬蓬然起南海而掠乎北海，一西一東，下上旁皇，或浹日而變，或三日而變，或隔宿變，或一日之間而數變。彼其有噓吸是者邪？意者莫知其然而然邪？夫造物且不知其所以然，而況萬彙之推移於其際者邪！

夫聲詩之變，亦若是已。《三百篇》變而騷，騷變而五言。漢魏，宗風、騷者也，而不能不變為漢魏，又變為六朝。初、盛諸公，宗漢魏者也，而不能不變為唐。中、晚，宗盛唐者也，而不能不變為中為晚。宋與元皆宗唐也，而不能不變為宋，變為元。蓋皆有不知其所以然者存。夫風者，風也，四始之首也。操十五國之音，正變各異，而統之曰風。或亦以其善變邪？由明迄今，詩變逾數，成、弘一變，嘉、隆再變，而皆學初、盛。萬曆以後，變而學晚唐，又變而學溫、李，近乃變而學宋，而元無稱焉。先是予友石門吳孟舉有《宋詩鈔》行世，學者靡然趨之，距今將三十年矣，而顧子乃起而為元詩之選。論者謂元詩不如宋，其實不然，宋詩多沈僿，近少陵；元詩多輕揚，近太白。以晚唐論，則宋人學韓、白為多，元人學溫、李為多，要亦娣姒耳。

間瀏覽是編，遺山、靜修導其先，虞、楊、范、揭諸君鳴其盛，鐵崖、雲林持其亂，渢渢乎亦各一代之音，詎可闕哉！聞之，風變而不善者曰頹。《小雅》曰：「維風及頹。」解曰「風之焚輪」也。詩亦有之，朱子有言，今人詩益巧密細碎，無復古風。嗟乎！後生耳剽，昧厥根柢，弟靡波流，日下不止。《易》曰：「窮則變，變則通。」稱詩於今日，固當變之會也。其泝而變也則之唐，其沿而變也則之元。氣動而風隨，予又烏知其所以然。顧子第懸是編於國門，以徐俟其變之所之焉耳矣！顧子名嗣立，字俠君，年少而才雋，蓋有志於立言者。康熙癸酉嘉平月，商丘宋犖序。（顧嗣立《元詩選》初集卷首）

《二老歎》（有序）

余行大江以南，見二老焉，其行事有足異者。爰著於篇，命為《二老歎》，竊比於白樂天之《秦中吟》云。

維漢二千石，爵高權亦專。龔黄有遺烈，千載揚簡編。我行見太守，名郡儼神仙。出入擁旌旆，道路恒喧闐。簿書委官閣，日午猶宴眠。萬金設僧飯，百金開歌筵。遂將惟正供，揮霍如流泉。昨奉大府牒，責算庫藏錢。漏卮其何補，稱貸及市廛。百端索屬吏，湯火相熬煎。稍稍囊槖充，又復事管絃。元宵觀火樹，一樹値十千。旁人為太息，座上方陶然。嗟哉此一老，霜華已盈顛。但恣己所欲，不問民顛連。朝廷有功令，煌煌日麗天。何事位邦伯，褎如充耳焉。爰為一老歎，用代相鼠篇。

征商維古制，本抑逐末人。豈意當關者，竟同虎豹蹲。朝出楚江道，帆檣蔽通津。正値節使出，冠蓋如雲屯。僕從何赫奕，登舟來算緡。爰有吳地賈，絲絮前具陳。苛計溢銖兩，遂攖節使嗔。敲扑等劇盜，仍責贖罪銀。税一罰乃百，敢不俛首遵。揚揚方得意，歸詡筵上賓。嗟哉此一老，貴游名譽振。胡為遲暮年，惟與阿堵親。倒行而逆施，覩此愴心神。再為一老歎，願勿效其顰。（《四庫全書》本《西陂類稿》卷四）

《題尤悔菴萬峰探梅圖二首》

昂藏海鶴鬬精神，長嘯空山作好春。真才子與老名士，又署新銜梅道人。

八十老翁一壺酒，梅花萬樹興飛揚。香山句子取相贈，從此無多二十塲。（《四庫全書》本《西陂類稿》卷十三）

《滄浪亭詩·滄浪亭》

滄浪之水清且漣，亭子結向滄浪邊。滄浪之亭幾興廢，滄浪之水今依然。蘇州南國最幽曠，池館創自武肅年。厥後踵事非一姓，轉眼變滅隨雲烟。湖州長史昔貶謫，愛此卜築將終焉。輕舟野服恣嘯傲，援琴命酒樂靜便。長史作記歐公賦，金鐘大鏞聲相宣。斯亭遂與人不朽，買得只用四萬錢。曰余嚮往自弱歲，今宦於此嗟華顛。手捉孤筸徧探歷，荒岡突兀臨長川。方花古礎纏蔓草，幾株喬木仍粲天。都官園空接斷壠，蘄王廟在餘數椽。老夫顧此願修復，勝事肯令他人專。伐石作亭懸舊額（衡山書），爰飭祠宇肅豆籩。蘄王英魂定來此，會與長史相周旋。觀魚處敞儼對鏡，自勝軒小疑乘船。隔城山色落衣袂，步碕矯首聊遲延。迴廊略彴紛點綴，管領風月淩平泉。山僧野老共登眺，央央旂旐却勿前。官熱心冷每自笑，山林痼疾良難湔。左司文章久避席，白傅游宴或比肩。綿津滄浪忽對舉，西堂（尤悔菴）意厚語則偏。吳人好事更好我。任教畫作屏風傳。(《四庫全書》本《西陂類稿》卷十四)

《韋菴間興示百藥兼寄子湘》

聽罷旗門鼓二撾，深沈庭院靜無譁。韡紋碧沼飛新燕，亞字朱欄護好花。老興自憐追白傅，驚才近喜得劉叉。韋菴聯句須髯急，悵望蓉湖日又斜。（子湘家芙蓉湖）(《四庫全書》本《西陂類稿》卷十四)

《會昌九老圖歌》

香山老仙風流客，致政歸來洛陽宅。合鑜尚齒招六賢，拖紫紆朱盡頭白。後來方外兩令威，年貌絶倫竝几席。九老八百十六歲，此會人間信創獲。賦詩紀事繪作圖，頓使千秋仰高躅（叶）。或琴於榭棊於舟，或展圖書互探索。衣冠嵬峨鬚眉古，童僕清妍户庭寂。一亭林際更幽閒，落葉頻掃莓苔積。畫畫者誰天機精，寫出冲襟洽泉石。流傳妙蹟到紹興，宸翰揮灑生顔色。吳興（趙松雪）巴蜀（鄧善之）競題名，秘翫棠村（梁相國）抵荆玉（叶）。老夫何幸得拜觀，一段零縑神奕奕。會昌典刑令人欽，豈獨寶此粉與墨。我膺旄節近縣車，撫卷歸歟念轉迫。幾時結社淥波邨，也效耆英踵其跡。(《四庫全書》本《西陂類稿》卷十五)

《九日游寒山五首》（其五）

漫同樵子問歸途，片月迎人興不孤。新詩寫就兒孫和，白傅當年似此無。(《四庫全書》本《西陂類稿》卷十七)

《小圃》（其二）

身雖塵坱興滄溟，小圃柴扉盡日扃。是處蕭閒堪獨往，揭来朱墨喜初停。穿林曲折憑雙屐，傍水傾攲有一亭。泉出池隅澄似練，軒開松下泛如舲。菁葱北望分鄰樹，空闊東偏對射廳。牆角樓桑紛羽葆，風前逕竹列竛竮。疎梅叢桂柯交葉，國色天香尹竝邢。雜本四時移虎阜，名葩千里走園丁（牡丹来自故鄉）。西羌賜果虬盤架，南海甘蕉鳳展翎。上客勾吳數晨夕，曠懷彭澤仰儀型。沈酣尚憶婪尾宴，節序將看河鼓星。已覺佩纓無顧戀，更饒酬唱是家庭。昂藏高格偕孤鶴，偃卧清宵弄溼螢。矢口吟成追白傅，滄浪煙月上遙汀。

(《四庫全書》本《西陂類稿》卷十八)

《寄彭無山黃門》

春月從舍姪接足下寄書，娓娓數千言，開心寫意，無異潞河把臂。時適大雪盈尺，於蕭然官舍中長歌起舞，其欣快非復語言可喻。隨賦小詩紀事，雖不及來書之高古委折，而語語流出肺腑，一段勤懇至情，似有針芥。元、白千里唱酬，形於夢寐，以今較音（昔），殆為過之。……(《四庫全書》本《西陂類稿》卷二十九)

《春日同湯潛菴介山弟至兒過聖安寺小飲有懷高念東先生》

草色纔青放馬蹄，春風隨意過招提。旃檀又拜諸天像，楊柳兼尋幾曲堤。精舍閑花留對酌，空牆醉墨和前題。曠懷不見香山老，回首雙林落日低。(《晚晴簃詩匯》卷三十二)

《滄浪六詠·南禪寺》

莊嚴千佛堂，藏經歲已久。忍殿屢廢興，常聽蒲牢吼。卻笑白香山，遺集竟何有。(白公自書《長慶集》藏寺中)(宋犖《滄浪小志》下卷，《四庫全書存目叢書》影印清康熙刻本，集部第二四五冊)

《筠廊偶筆》

唐顧況《題石上藤》云：「委曲結繩文，離披草書字。」黃山谷《題蕭子雲宅》云：「風流掃地無尋處，只有寒藤學草書。」白樂天《池上絕句》云：「小娃撐小艇，偷采白蓮回。不解藏踪跡，浮萍一道開。」元張仲舉詞云：「吳娃小艇應偷采，一道綠萍猶碎。」即此見古人措語，必有所本也。(宋犖《筠廊偶筆二筆》偶筆卷上，《四庫全書存目叢書》影印清康熙刻本，子部第一一四冊)

白樂天《有感》詩云：「莫養瘦馬駒，莫教小妓女。後事在目前，不信君看取。馬肥快行走，妓長能歌舞。三年五歲間，已聞換一主。借問新舊主，誰樂誰辛苦？請君大帶上，把筆書此語。」俗稱揚州養女者，為養瘦馬，當本諸此。(宋犖《筠廊偶筆二筆》二筆卷上，《四庫全書存目叢書》影印清康熙刻本，子部第一一四冊；《古今圖書集成》閨媛典第二十二卷閨媛總部雜録二

第三七頁）

《漫堂説詩》

古樂府音節久亡，不可摹擬。王世貞、李攀龍及雲間陳子龍、李雯諸子，數十年墮入雲霧，如禹碑石鼓，妄欲執筆效之，良可軒渠。少陵樂府以時事創新題，如《無家别》、《新婚别》、《留花門》諸作，便成千古絶調。後來張籍、王建樂府，樂天之《秦中吟》，皆有可採，楊鐵崖《詠史》，音節頗具頓挫；李西涯倣之便劣。要當作古詩讀，無煩規規學步也。亡友顧赤方景星擅長此體，余最好之。（《清詩話》第四一七頁）

智按：又見《四庫全書》本《西陂類稿》卷二十七。

初唐王、楊、盧、駱倡為排律，陳、杜、沈、宋繼之，大約侍從游宴應制之篇居多，所稱臺閣體也。雖風容色澤，競相誇勝，未免數見不鮮。《品彙》以太白、摩詰為正宗，錢起、劉長卿録為接武，均之不愧當家。晚唐李義山刻意學杜，亦是精麗。若夫渾涵汪茫，千彙萬狀，惟少陵一人而已。《上韋左相》、《贈哥舒翰》、《謁先主廟》等篇，雄渾悲壯，譬諸泰岱滄溟，高深無際。《品彙》推為大家，諒哉！後來元、白儘多長篇，去之霄壤。（《清詩話》第四一八頁）

智按：又見《四庫全書》本《西陂類稿》卷二十七。

宋犖曰：「阮亭謁選得揚州推官，游刃行之。與諸士游宴無虚日，如白、蘇之官杭，風流欲絕。」（伊丕聰《王漁洋先生年譜》，山東大學出版社版）

智按：宋犖，字牧仲，號漫堂，別自署綿津山人，商丘（今屬河南）人。由侍衛授黄州通判，官至吏部尚書。贈太子少師。有《西陂類稿》。

唐孫華（一六三四～一七二三）

《元夕同姜西溟趙蒙泉張漢瞻湯西厓宫恕堂集》

吳元朗齋以白樂天「明月清風三五夜」爲韻，分得明字。

今春雨雪不肯下，天意快作元宵晴。長安燈火苦寥落，蠻歌秧鼓空生獰。同心數子喜連巷，期會不用相延迎。吳郎爨下得好手，魚飡入饌皆南烹。春燈四牖足點綴，錯落聊助蟾光明。憶昨平泉饒勝賞，火城絳樹紛縱横。照地奇葩吐蓮萼，矗天高格垂珠瓔。須臾煙火催迸發，星飛電走聲砰訇。書生窮眼未省見，游仙夢覺心猶驚。吾徒仕宦知不遂，分無珠翠張長檠。富貴何時且行樂，濁醪一斗須同傾。青簾深閉塵不到，坊冷兼絶驅車聲。四坐清吟有餘味，合彈何必琵琶箏。且喜城門弛牡鑰，金吾不復譏宵行。今宵既醉且歸去，鼕鼕街鼓方三更。（《東江詩鈔》卷三，《四庫禁燬書叢刊》影印清康熙間刻本；上海古籍出版社影印本，第一七八～一七九頁）

《圍爐》

光搖四座氣氤氳，休辨桃紋與鴿紋（宋時諸州貢炭，以胡桃紋鵓鴿色者為佳）。豈有沉香供夜燎，未妨榾柮帶煙焚。眼明恍似紅霞照，耳熱非關綠酒醺。莫訝龍鍾白少傅，春深爐火悵離分（樂天有《別春爐》詩）。（《東江詩鈔》卷七，《四庫禁燬書叢刊》影印清康熙間刻本；上海古籍出版社影印本，第三二二頁）

《沈白溇自以與王冰菴太守年皆踰七十而余與張蒿園廣文復叨十年之長因倣白少傅詩以四箇老人三百歲為起句見贈次韻奉酬》

四箇老人三百歲，文章三老合推兄（謂蒿園冰菴白溇）。頹齡久絶龍髟夢（來詩有渭老之句），逸興還尋鷗鷺盟。敢為澗松徒歎屈（用左太冲詠史詩意），幸同杜櫟得全生。澤車欵段優閑日，鄉里惟期善自名（陶詩庶以善自名）。

四箇老人三百歲，誰為張丈與殷兄。少年目久無前輩，老友心終念舊盟。商皓尚嫌多一出，榮期聊喜竊餘生。但須斗酒相娛樂，誰顧悠悠世上名。（《東江詩鈔》卷十二，《四庫禁燬書叢刊》影印清康熙間刻本；上海古籍出版社影印本，第五一一頁）

智按：唐孫華，字實君，太倉（今屬江蘇）人。康熙二十七年（一六八八）戊辰進士，官吏部主事。有《東江詩鈔》。

曹申吉（一六三五～一六八一）

《二月一月作用白香山韻兼倣其體》

二月忽云至，土中百蟄出。年增道力減，聞十不知一。徒留抱朴篇，愧乏理人術。苗俗挺戈鋋，難用中原律。常恐嵐氣薰，觸眼成昏疾。高樹澹搖風，深簷閒曝日。安穩歸田園，浮生此願畢。作書報朝貴，不堪今有七。（王士禛輯《感舊集》卷十二，《四庫禁毀書叢刊》影印清乾隆十七年刻本，集部第七四册，第三六七頁）

智按：曹申吉，字錫餘，別號澹餘，安丘（今屬山東）人。順治十二年（一六五五）乙未進士，官至貴州巡撫。有《澹餘詩選》。

田雯（一六三五～一七〇四）

《小孤山》

名山廣袤亘百里，或千百峯或數峯。獨有小孤何挺拔，高標奇絶摩蒼穹。大江浩淼中央立，亭亭一本青芙蓉。四圍斗壁無路涉，懸絙鳥道捫蘿通。岩虛半垂石齒齒，梅開將落花重重。巔頂一亭小如笠，下有佛閣雲膧朧。坐衲拖杖不相識，睢盱傴僂走扣鐘。入厨煑蕨供客飽，齋鉢餘粒施魚龍。倚欄長嘯豁心目，八荒四海誰能窮。匡廬當前作屏障，五老相向如鞠躬。馬當康郎枕左右，彭蠡溢浦連西東。江州淚濕白司馬，蓮社酒送柴桑翁。神鴉結陣巢嶺背，飛栖嘔啞斜陽紅。微醺貪眠柁樓底，雪葉颼颼吹寒風。濟勝無具還西笑，筋衰髮白嗟龍鍾。（《四庫全書》本《古歡堂集》卷六）

《迎春詩》

土犂禿速毛頳黄，勾芒鴉髻鞭箠長。千夫舁舉蜃霧吐，春帖紅膩鑾花張。岑牟摻撾次第起，立部之伎何堂堂。權輿一隊老農態，荷鉏毆犢東作强。斜旗大書豐年字，蒙頭草笠腰鶉裳。山謡秧謌語莫辨，盱睢口眼羣相將。逐隊結連各變化，風檣陣馬神飛揚。僰童年紀十四五，朱鉛塗面錦裲襠。或彈箜篌弄箏笛，或披甲冑揮戟槍。或騎兕象佛子國，或鬭珠貝波斯羌。壯者壁壘頗與牧，美者嬌冶施兼嫱。旋風豈類天魔舞，當筵不是成都倡。最後一隊更奇絶，身輕一鳥空中翔。聳尻翹足立肩背，公孫劍器爭毫芒。斑文貍走雲旓動，游竜蜒蜿來何方。……金鍍雙睛銀貼齒，假面獅子吟西凉。（白樂天有《西凉伎》詩，上句即用白語）……（《四庫全書》本《古歡堂集》卷七；卷三十八）

《又和公旦並示元龍》

空負元宵好時節，竹竿小巷罷歌筵。疎狂態度蕭思話（謂韓坡），冷淡心情白樂天（「冷淡病心情，暄和好時節。」香山句）。愛數寛杯招飲客，强開笑口入新年。近來作事癡頑甚，鎮日昏昏但醉眠。（《四庫全書》本《古歡堂集》卷十一）

《甲戌除夕雜詩》

平頭六十歷年華，老子陳人歲月賖。迋事悔從何處說，龘才衰向幾人誇。婢嫌白傅詩篇少，客笑齊髡酒量加。二豎連朝蹔辭去，寒廳坐賞欵冬花。（《四庫全書》本《古歡堂集》卷十二）

《村居褋詩》（其一）

頭白還家第二春，小園風景又重新。陰晴自哂安鳩拙，南北空勞記雁臣。滿樹桃花紅㕾匝，數峯石色碧嶙峋。香山居士心情淡，本是荒村一老民。（《四庫全書》本《古歡堂集》卷十二）

《壬午紀恩四首》（其二）

寒緑茅堂如笠大，高懸三字以三峯。元和體格驚新様，天水規橅邁舊蹤。捧出巷喧希代寶，詮來義取後彫松。一條下署冰銜在，赤篆盤拏抱六龍。（《四庫全書》本《古歡堂集》卷十二）

《題長齋繡佛圖五首（遇暴客後作）》（其五）

酒魔詩械亦須清，打疊僧包放脚行。擬結香山作禪伴，竺乾師是古先生。（用白樂天《齋戒》詩，略廣其意。）（《四庫全書》本《古歡堂集》卷十三）

《題西齋夜話圖》（其四）

楓葉蘆花秋氣清，不殊憔悴在江城。今朝似遇白司馬，為弄琵琶三兩聲。

（《四庫全書》本《古歡堂集》卷十三）

《病足二首柬李陶菴》

芒鞵布襪總成虛，孤負春光一月餘。眼底花朝動游興，商量舁出小籃輿。

詞場酒社不須閒，最苦高眠日閉關。但有心情何用脚，十分狂態白香山。（第三句即用白語）（《四庫全書》本《古歡堂集》卷十三）

《題樊川集後》四首（其三）

才名誰似張公子，文采風流是一班。左袒詩人多習氣，不須輕詆白香山。（《四庫全書》本《古歡堂集》卷十四）

《自題乙亥詩卷後二首》

簡略頹唐竟若何，排成新卷意銷磨。一年事事成真嬾，半格詩篇截句多。（内截句百廿三首，別體僅數餘篇）

肯容書簏酒螺閒，欲策詩勲未許删。俳體百篇教婢讀，老來合學白香山。（《四庫全書》本《古歡堂集》卷十四）

《論詩絶句》（其五）

氣麤語大排詩卷，長慶齊名已盛傳。白傅變成新格律，老元剽盜秪堪憐。（《四庫全書》本《古歡堂集》卷十四）

《論詩絶句》（其十一）

琢肝鉥腎費尋思，攤飯澆書病不支。揀取前人篇什讀，老來白陸最相宜。（《四庫全書》本《古歡堂集》卷十四）

《讀元人詩各賦絕句》

好友熊生知己外，唐臨晉帖識應稀。休從長慶談元、白，賣卜詩人范德機（原注：范梈）。（《四庫全書》本《古歡堂集》卷十五）

《論詩》二首（其一）

漁洋一派唐三昧，抉出詩人第一班。錦瑟玉谿真絶調，大兒合是白香山。（《四庫全書》本《古歡堂集》卷十五）

《論詩》

自蘇、李以來，古之詩人各有匹耦。然李、杜並稱，其境大異。王、孟則同矣，皮、陸又同矣，韋、柳又同矣，劉、許又同矣。此外顏不及鮑，陰不及何，沈不及宋，元不及白，島不及郊。而匹耦之最奇者，盧仝、馬異也。(《古歡堂集雜著》卷一)

玉谿生，詩中之聖。白樂天晚年極嗜之，云：「我死當為爾子足矣」。義山生子，遂以白老名之。古人之樂善如此。(《古歡堂集雜著》卷一；《清詩話續編》第六九四頁；《四庫全書》本《古歡堂集》卷十六雜著・論詩)

香山諷諭詩，乃樂府之變。《上陽白髮人》等篇，讀之心目豁朗，悠然有餘味，後李西崖樂府又變於白。(《古歡堂集雜著》卷二；《四庫全書》本《古歡堂集》卷十七 雜著論五言古詩)

五家而外，樂天（五律）極清淺可愛，往往以眼前事為見到語，皆他人所未發。(《古歡堂集雜著》卷二；《四庫全書》本《古歡堂集》卷十七 雜著論五言律詩)

放翁意摹香山，取材甚廣，作態更妍，讀去歷歷落落，如數家珍，而苦心覃思，體純格正。(《古歡堂集雜著》卷二；《四庫全書》本《古歡堂集》卷十七 雜著論五言律詩)

白香山、張司業（七律），名言妙句，側見橫出，淺淡精潔之至。(《古歡堂集雜著》卷二；《四庫全書》本《古歡堂集》卷十七 雜著論七言律詩)

香山（七絕）山峙雲行，水流花開，似以作絕句為樂事者。(《古歡堂集雜著》卷二；《四庫全書》本《古歡堂集》卷十七 雜著論七言絕句)

智按：「似以作絕句為樂事者」，《山薑詩話》作「無意求工，而自有按節合拍之妙」(上海師範大學圖書館藏清康熙間田雯手稿本)。

劉孝綽妹詩：「落花掃更合，叢蘭摘復生。」孟浩然：「林花掃更落，徑草踏還生。」此聯豈出自劉歟？白樂天《詠原上草送別》詩「野火燒不盡，春風吹又生」，一句之意，分兩句，風致亦自不減。古人作詩，皆有所本，而脫化無窮，非蹈襲也。(《古歡堂集雜著》卷三；《四庫全書》本《古歡堂集》卷十八 雜著詩話)

韋蘇州曰：「窗裏人將老，門前樹已秋。」白樂天曰：「樹初黃葉日，人欲白頭時。」司空曙曰：「雨中黃葉樹，燈下白頭人。」三詩同一機杼，司空為優，善狀目前之景，無限凄感見於言表。（智按：見謝榛《四溟詩話》卷一）余所見，與茂秦不同。司空意盡，不如樂天有餘味。初字欲字，妙有含蓄，老淚暗流，情景難堪，更深一層。（《古歡堂集雜著》卷三；《四庫全書》本《古歡堂集》卷十八雜著詩話）

乙丑自楚還，舟泊維揚茱萸灣口，大雪。蛟門造余，坐篷窗下論詩，曰蘇、陸詩中聲韻宜細玩，「量移」、「量」字，「料理」、「料」字，皆作平讀；司馬相如「如」字，「煌」、「燐」等字，又作仄讀；唯「如」字最奇，東坡曾叶仄韻；顧長康「長」上聲，左元放「放」、「方」同，不可不知也。白香山詩云：「園亭定要乘閒置，筋力應須及健回。莫學因循白賓客，欲年六十始歸來。」「因循」二字最佳；「欲」字妙不容說，他人俗筆，則用「行年」矣。（《古歡堂集雜著》卷四；《四庫全書》本《古歡堂集》卷十九 雜著詩話）

盧德水《尊水園詩集》，余初不甚好之，及看之久，始知人不能及，虞山推重非謬，特刻本稍氾濫耳。曾鈔其五言《忻口》以往十餘篇，古健清爽，無油膩氣，風骨詞采，在鮑、謝之間。五律《次井陘》、《宿趙州》、《久不得簡翁書》諸作，翩翩可愛。七律佳聯皆開生面，然未免有句無篇。曾以此語方山，亦以余為知言也。至絕句尤為奇觀，《清夜讀韓子志感》云：「生來孤冷世情稀，曾向《陰符》問殺機。自怪此心終不歇，白頭燈下讀《韓非》。」《蘭答問》云：「靜坐微聞蘭太息，肅然起立密詢渠。答云薄命偏當戶，斂氣收香一任鋤。」《與毛經夫閒談》云：「九州之外又名州，萬里風生十二樓。索隱探奇須到此，黃河一線貼天流。」《鹿泉有感》云：「餘耳初年刎頸親，凶終即屬舊張陳。莫言時輩交情短，薄幸原來是古人。」《漫興》云：「涼州一斗古蒲萄，恰配迎霜兩巨螯。暮景生涯惟此是，誰能辛苦讀《離騷》?」《夕旦偶吟》云：「雕章繪句費精神，脫手從無半字真。《垓下》、《大風》衝口出，始知劉項是詞人。」又「《白頭吟》稿回環讀，山雪排空月出雲。簡斥錢刀重意氣，女中誰是卓文君?」《酒坐聞箏》云：「五嶽填胸未易平，一杯空水失崢嶸。白頭爛醉無餘想，且向樽前聽豔箏。」此等詩，入之香山、東坡、放翁集中，不可復辨。（《古歡堂集雜著》卷四；《四庫全書》本《古歡堂集》卷十九 雜著詩話）

《詩文演法》

余嘗謂白香山《琵琶行》一篇，從杜子美《公孫大娘舞劒器》詩得來。「臨潁美人在白帝，法曲妙舞神揚揚。與余問答既有以，感時撫事增惋傷。」杜以四語，白成數行，所謂演法也。鳧脛何短，鶴脛何長，續之不能，截之不可，各有天然之致，不惟詩也，文亦然。楊升庵曰：「郭象《莊子注》云：工人無為於刻木，而有為於運矩，主上無為於親事，而有為於用臣。」柳子厚演之為《梓人傳》一篇，凡數百言。毛萇《詩傳》云：「漣，風行水成文也。」蘇老泉演之為《蘇文甫字説》一篇，亦數百言。皆得脫胎換骨之三昧。知此，則余之論白、杜之詩，了然無疑義矣。（《古歡堂集雜著》卷三；《四庫全書》本《古歡堂集》卷十八 雜著詩話）

琴按：杜詩原文作「妙舞此曲」，非「法曲妙舞」，當系田雯誤記。

《游嵩》

白香山《送嵩客》詩：「登山臨水分無期，泉石烟霞今屬誰？君到嵩陽吟此句，與交三十六峯知。」香山家洛陽，何以有此語，或亦不得常游，甘以泉石煙霞讓人耶！丙子三月，書於嵩陽書院。（《四庫全書》本《古歡堂集》卷二十一）

《宗茂深不如白香山》

黄山谷曰：「南陽宗少文，嘉遯江湖之間，授琴作金石弄，遠山皆與之同聲。其文獻足以配古人。孫茂深亦有祖風，當時貴人欲與之游不得，乃使陸探微畫像掛壁觀之，聞茂深閉閣焚香，因作香饋之，時謂少文大宗，茂深小宗，故傳小宗香云。」余以為，當時公卿大夫皆有好名之過，故爭奔走於一時。若白香山没，而鄉人羣祀其墓，則無論田夫牧豎，無不慕其文章矣。（《四庫全書》本《古歡堂集》卷二十一）

《海右陳人集序》

古之詩人官水部者，梁有何遜，唐有杜甫、張籍，夫三詩人之生平，不專官水部也。遜曾為廬陵記室，甫拾遺，籍亦國子司業。千百世下人稱之，獨水部之名為甚美，一似司水大夫，風流醖藉，瓌詞雄響，足以領袖壇墠，出其剩馥殘膏，猶可沾丐，佗曹長而不敢與之列，僚友爭坐位者……詩人之宜在水部，才地稱也；水部之遇詩人，水部之光也。前有三詩人，後無繼者，水部之不幸，而詩道之孤也。由今考之，遜綺才麗藻，為約、雲輩所賞歎，東閣梅花詩，乃官水部時作。甫居浣花里，結廬枕江，縱酒嘯咏，自言晚節律細，正依嚴武在劍川為工部員外郎時也。白居易撰《張籍制》云：「文教興則儒行顯，王澤流則詩歌作。」以水曹郎處張籍焉。蘇子瞻謂：「詩人例作水曹郎。」殆以此與？落落千餘年，司水大夫正夫之詩出，研鍊體格，穩順聲勢，掉鞅飛洋，奪六朝唐人之席，與三詩人後先輝映，司空吟署，不至寡侶少徒，庶乎風雅未墜也。盖正夫之為詩也，穿穴書傳，自六經以下，嚅嚌搜討，故才氣岔涌，文彩麗蔚，如山川出雲，如老將用兵，如鈞樂奏廣庭，浄洗筝笛之耳。無難方駕仲言，差肩文昌矣。還山春事以後，窺園、百一、百二、葸菴數卷，一變再變，激楚悲涼，排宕沉鬱，而歸之和平忠愛，則直入少陵之室，為水部詩派之傳人也。詎偶然哉！……（《四庫全書》本《古歡堂集》卷二十四）

《桐餘吟集序》

今夫大江限南北，而鍾才遂以絶異。子輿氏謂北方之學，未能或先，意以奬許陳良，其立詞抑揚高下，實若袒護北學，推而崇之，為不可易及者。南與北何優何絀，亦視其人何如。大抵才以地較，非千載公論也。梁庾信西崑艷體，擅文章之長，而開府清新，則自其使北以後稱道之，然信在南，與徐陵齊名，在北又與王褒同稱，亦猶唐之沈宋、李杜、王孟、皮陸諸人，各有儕偶，不欲落落孤行於天地，分路揚鑣，主盟並駕，可謂才人之極致矣。余以為，褒亦一南産耳，北地豈其無人，信客北地久，何至必引江左之彦，為其匹敵。薛道衡、盧思道輩不足以爭衡，而韓陵一片石，獨不可與蘭成《枯樹賦》角技逐鹿于詞壇之上耶！此又南人袒護之私懷，或亦温子昇之所不屑也。葉孝廉蕃久，江左名流，負雋才，抱經術，胸春志塞，悉發之於詩。諸體已優，其揭調尤在樂府。讀之如房露之曲、唐山夫人之遺響焉，其策時憤俗，又如賈董之疏、白太傅之《秦中吟》焉。余昔者嘗持一節以程才於江南矣，挂揚子之峭帆，驚瀧駭浪，以為天之所以限南北者在此，而數年来，所與往来交遊，多嶔崎歷落之英、瑰偉通明之士，指不槩僂，而論詩則皆退讓辟易，推蕃久為能工。噫！徐陵、王褒之流，大江以南，豈今日末可多遘耶！陽羨陳君子萬，為迦陵難弟，能詩者也，持蕃久詩来示余，因書此為序。（《四庫全書》本《古歡堂集》卷二十四）

《叢碧堂詩序》

余少時，愛讀白、陸之詩。嵫景驀眣，益癖嗜痂。每當侘傺忳鬱、胸春莫解之際，一攤卷，心目曠怡，無異塵疴之去體。余齋僅三間，日眠食其中，欄榮下置柵以衛，餘地二三笏，種菊數本，室以内無長物，鬢絲禪榻，風雨蕭然。几上，白、陸集在焉。此外，《南華》、《楞嚴》二者而已，他書皆東庋高閣。即陶淵明詩，亦不一寓眉睫也。淵明之詩，要當與一丘一壑者共之，若夫白、陸之作，掉臂遊行，脱手皆有生趣，多至數千百首。隨時即事，無非快境，殆所謂近於道者與。杜少陵詩，非不多且深，其大致悲天憫人，雉噫鳳歎，憂思約帶，罄憤無憀，勢必苦吟髭斷，不免於耒陽之一夕。雖崛奇之氣，不以千載讓人，而飦顆之誚亦隨之。說者謂，天寶之季遭遇使然。王右丞生亦同時，僅「傷心」、「野烟」一篇耳。詩之得於性情者各異，遭遇非所論也。余之所以嗜白、陸，蓋於詩外求之矣。

雪嵟之詩，其權輿未嘗不自少陵入，力厚而思沉，久之漸造平淡，無鏤金錯采之痕，而饒初日芙蓉之致。詩之多，勝於白、陸。兹以第四集示余，吹氣若蘭，弄驪取珠，斵輪匠心，出之以自然。風枏花落，水散苽踈，不以當其快境。雪嵟臞羸喜病，病則焚香掃地而坐，旬日不飦。病良已，人彊之飲，不過蕉葉三合，啜荈湯則十倍玉川。間與至棗花寺僧房對奕，日春忘歸，恢諧啁笑，似東方曼倩、郭舍人之流。再與之揚扢今古，縱懸河之辨，聽者豁然自是。君身有異骨，世人那得知其故。雪嵟之謂也。余齋中，白、陸而外，又安置雪嵟此卷。白、陸篇章，實與余衰暮相宜，是以篤嗜之。雪嵟兼香山、劒南之長，得之㣲悟，而近於道。如伯牙學琴於成連，刺船至海上，波聲汩沒，山林杳冥，作《水仙操》也。余將以薔薇露浣手，並《南華》、《楞嚴》，日披讀一過矣。（《四庫全書》本《古歡堂集》卷二十四）

智按：《叢碧堂詩》，龐塏（一六三九～一七〇七）撰。塏字霽公，號雪崖，任丘（今屬河北）人。康熙十八年（一六七九）己未召試博學鴻詞，授翰林院檢討，降中書舍人，終於建寧府知府。有《叢碧山房集》五十七卷。《欽定四庫全書總目提要》卷一八三云：「田雯為作《戶部稿序》，以白居易、陸游比之，塏意頗慍，然實箴規之言也。」

《石樓和蘇詩序》

……世之為和詩者，吾竊疑之，河梁之咏，彼酬此唱，已發其端，讀之如見蘇、李當日促席對語時。魏晉而下以迄於唐，和詩者日衆，然有意相呼應而韻別者，有用韻而頓放次第各異者。步韻之詩，唐元、白、皮、陸諸家為最。而後之學詩者遂尊之，卷舌同聲，擬足並跡，搰搰役役於一家之體製，一時之情事，其為詩豈復知有變化哉？……（《四庫全書》本《古歡堂集》卷二十四）

《鹿沙詩集序》

夫詩盛於唐，尤莫盛於盛唐。王、孟、李、杜，世皆俎豆之矣。……余嘗謂學詩者，宜分體取法乎前人。五言古體，必根柢於漢魏，下及鮑、謝、韋、柳也；五七言近體，則王、孟、錢、劉、晚唐温、李諸人也；截句則王、李、白、蘇、黄、陸也；至於歌行，惟唐之杜、韓，宋之歐、王、蘇、陸，其鼓駭駭，其風瑟瑟，旌旗壁壘，極闔闢雄蕩之奇，非如是不足以稱神明變化也。學詩者何分唐宋？總之，以匠心求工為風雅之歸而已。然戛戛乎難之。……（《四庫全書》本《古歡堂集》卷二十五）

《學政條約序》第十四則

……右文之代，閎通淹雅，正切旁求，江南素號才藪，諸生中有古學優長、斐然述作者，使者尤所敬重，當於正考之餘，別出詩賦等題，以占宿學。果有出羣之才，自當破格超奨，如不命題，亦無以㴑擾為也。使者向有杜、韓、白、蘇、黄、陸六家詩選，容授之梓人，與多士訂正而細論之。（《四庫全書》本《古歡堂集》卷二十七）

《寒緑堂讀詩定本序》

詩之道大矣，漢魏齊梁而上，休文、彦和輩娭娭言之，下此唐宋元明千百年間，如繁星儷天，孤霞捧日，曾無人焉。鱗次成書，區別正變之聲，釐定升降之故，詩道至今日，欲求篇章之珠澤，文采之鄧林，烏可得耶？……吾衰矣，無復縋海鑿山，雕搜寶藏，重録舊牘，用代鼓吹，卧茅屋之青峰，供老人之黄妳，間一攘臂，讀詩非陶處士，則白香山乎。秋清將游歷下，亦攜繕本以行。……（《四庫全書》本《古歡堂集》卷二十七）

《孫文恭公祠碑記》

……大抵人情各樂祀其鄉里之聞人，齊人高石慶之行，立石相祠；白居易以文章名没，而鄉人祭其墓。以視欒公之社，朱邑之桐鄉有間焉。……（《四庫全書》本《古歡堂集》卷三十）

《王叔明琵琶行畫跋》

杜甫《觀公孫大娘舞劒器行》小序古致錯落，姿態奇横，如青天數峯，晴霞上下，入其中，莫可端倪。申聰山謂詩不大佳，取「宫中侍女八千人，公孫劒器初第一」二句而已，以余評之，首四語説盡無餘味，連用「燿如」、「矯如」、「來如」、「罷如」，只是形容套語，「羿射九日落」、「羣帝驂龍翔」、「雷霆收震怒」、「江海凝清光」，設想平常，「五十年間似反掌」以下，又復太露，收處「老夫」二語，音節蹙縮，大失驚人本色。小序工，而詩轉遜矣。惟中四句云：「臨潁美人在白帝，妙舞法曲神揚揚」，與余問答，俱有以感時撫事增惋傷。白香山《琵琶行》一篇，擴充之，脱化粉本於此，雅妙無匹，所謂分其餘技，足了十人，少陵所以不可及也。（《四庫全書》本《古歡堂集》卷三十四）

智按：田雯，字子綸，一字綸霞，號山薑，德州（今屬山東）人。康熙三年（一六六四）甲辰進士，授中書舍人，官至戸部侍郎。

高一麟（一六三五～一七〇九）

《刈麥行》

百日霪雨一日晴，大麥小麥倒縱横。農夫敢惜泥淖濕，載穫錢鎛掣電明。

同川萬畝人似蟻，語言囂雜鳥無聲。五歲嬰兒荷稞走，八旬老叟引車行。引車荷稞莫辭倦，陰陽反覆傾刻變。脫使腐漬委溝壑，豈止鳩形與鵠面。君不聞，上官移牒徵夏糧，昨夜三更已到縣。（《矩庵詩質》卷三七言古詩，清乾隆高莫及刻本）

智按：此詩直承白居易《觀刈麥》。

高一麟，字玉書，號矩庵。河南登封人。歲貢，曾任登封縣訓導。曾在嵩陽書院講學。有《理學標正》、《閩游記事》、《矩庵詩質》、《矩庵文匯》、《嵩陽考稿》等傳世。

熊賜履（一六三五～一七〇九）

《閑道録》

⊙釋家

周昭王二十四年，釋迦佛生于西域刹利王家，年十九，恨父聽後母讒，見其國人好殺，出家修行，勸人慈悲不殺。後漢明帝永平三年，帝夢金人，時則有傅毅者，言西域有此神，使蔡愔等使天竺求之，攝摩騰等以白馬馱經而來。中國之有佛書，始此。其書大抵以虛無爲宗，貴慈悲不殺，以爲人死，精神不滅，隨復受形，生時所行善惡，皆有報應，故所貴脩煉精神，以至爲佛。善爲弘濶勝大之言，以勸誘愚俗，初止于鴻臚寺，明帝于東都門外立精舍，以處沙門，攝摩天竺法蘭郎，沙門云者，西域得其道之稱言息也，欲息而歸于無也，精舍名曰白馬寺，以白馬馱經而來得名。中國之有寺，始此。沙門之教，男曰僧。僧，師也。又曰優婆塞，又曰德士，又曰苾蒭，始于漢明帝聽劉峻出家。中國之有僧，始此。晉道安學于佛圖，澄姓帛氏以其師莫過于佛，遂以釋爲姓，沙門稱釋，始此。釋教專師一釋迦，後供奉三金人者，一曰法身，釋迦之本性也；一報身，釋迦之德業也；一曰肉身，釋迦之眞身也。佛之一身，今分爲三像而列祀之已，可大笑。而道流遂倣傚之，尊老子爲三清，曰元始天尊，曰太上道君，曰太上老君，此又師他人之失，益大可笑矣。佛書只四十二章，是其眞言。厥後釋迦者流，援老、莊、列子之說，以廣其教。至梁時，達摩至，又有坐禪之教，而吾儒之昧于道者，如蕭瑀、王縉、賈島、白居易、裴休、張説、王安石、張商英、陸子靜之徒，又爲黨惡以助之，卒之梵經彌陀、佛頂、圓覺、蓮華、金剛、維摩、華嚴、光明諸經，汗牛充棟，異教蟠結，而不可解。朱子謂此輩爲亂臣賊子之流，愚謂其名雖爲儒，而實老釋之徒，孔門叛賊，世道之大蠹也。雖佛教不起于莊子、老子、列子之虚無寂滅，其實全與之合。又如《庚桑子》一篇，都是禪學。道家類楊子，僧家類墨子，莊、列又皆老氏之流。楊朱，老氏弟子也，墨子亦學老氏之學者，其無君父，棄人倫，滅天性，諸神仙，等藥、刑名、放達、清談、陰符之類，非老聃之所啟乎？老子實天下萬世一鉅賊，雖聃亦不自知其流弊至此，滔天之罪，何所逃也？（清熊賜履《閑道録》卷七，《四庫全書存目叢書》影印清刻本）

潘鱗長氏（潘游龍，字鱗長，湖廣松滋人）曰：先儒楊奐云：「晉魏出，臣道壞，佛老興，子道絶。」又曰：「異端蟠結于中國而不解者，以名士大夫主之也，故唐則蕭瑀、王縉、白居易、裴休、梁肅也，宋則王安石、張商英，故上而君相，下而閭里，信之不疑。」嗟嗟，今之爲佛老主持者，名士大夫當不減唐宋，吾安得楊公輩起而喚醒之，無已，則述虞愿之諫明帝，梁公之諫造大像疏。望有心世道者，以主持佛老之心，爲國家幹辦天下事，子孫未有不食報于無窮矣。（清熊賜履《閑道録》卷十六譜，《四庫全書存目叢書》影印清刻本）

智按：熊賜履，字敬修，孝感（今屬湖北）人。順治十五年（一六五八）戊戌進士，官至大學士。

陸次雲（一六三五？～一六九〇）

《長相思・西湖雜咏》

蘇公堤，白公堤，蘇白堤邊漾酒旗。當壚擁翠眉。　鶯已飛，燕已飛，土鮒魚兒春正肥。松醪醉竹籬。（聶先《百名家詞鈔・玉山詞》，清康熙綠蔭堂刻本）

《圓圓傳》

《語》云：「無征不信。」圓圓之說，有徵乎？曰：「有。」徵諸吳梅村祭酒偉業之詩矣。梅村效《琵琶》、《長恨》體，作《圓圓曲》以刺三桂，曰：「衝冠一怒爲紅顏。」蓋實録也。三桂賫重幣，求去此詩，吳勿許。當其盛時，祭酒能顯斥其非，却其賂遺而不顧。於甲寅之亂，似早有以見其微者。嗚呼！梅村非詩史之董狐也哉。（張潮《虞初新志》，潘公昭標點，沈世榮校閲，大達圖書供應社，一九三四年四月，第一三七頁）

《吳梅村〈雁門尚書行〉評語》

梅村先生長歌甚多，率皆《琵琶》、《長恨》之遺，然用意每隱于使事，亦是詩家一病，未有清真精勁若此章者。末句補出參軍，大傳中藏一小傳，真一語千鈞矣。（靳榮藩輯注《吳詩集覽》卷六《雁門尚書行並序》，《續修四庫全書》第一三九六册，第五二七頁上，影印清乾隆四十年淩雲亭刻本）

智按：陸次雲，字雲士，號北墅，錢塘（今浙江杭州）人，監生，考授州判。高才績學，康熙十八年（一六七九）己未應博學鴻詞試，報罷。次年授郏縣令，有政聲，後丁父憂去，服满，於二十四年起宰江陰。有善政，載酒征歌，風雅好客，一時名士至者必過訪燕集。因曾官江陰知縣，江陰或稱澄江，故集名《澄江集》。

閻若璩（一六三六～一七〇四）

《潛邱劄記》

吕伯恭大事記：朱子謂其有纖巧處，如指公孫弘、張湯姦狡處，皆說得羞愧殺人。愚謂朱子之說白樂天也亦然。曰樂天多說其清高，其實愛官職，詩中凡及富貴處，多說得口津津地涎出。此豈不令人愧殺乎。至論陶淵明則不然，曰：「晉宋間人物，雖曰尚清高，然箇箇要官職，這邊一面清談，那邊一面招權納貨。淵明真箇是能不要，此所以高於晉宋人物。」嗚呼！此可謂深得淵明之心者矣。乃蘇子瞻者生平嘗慕二公，至為之辭曰：「淵明形神似我，

樂天心相似我」，合二公而並稱之，其無乃未識二公之心也歟。（《四庫全書》本卷一）

⊙釋地餘論

按白詩：「七月七日長生殿，夜半無人私語時。」范元實謂：「長生殿乃齋戒之所，非私語地，若改作飛霜殿，則脗合矣。」蓋《長安志》：「天寶六載，改溫泉為華清宮，殿曰九龍，以待上浴；曰飛霜，以奉御寢；曰長生，以備齋祀。」楊升庵又引《津陽門詩》「金沙洞口長生殿，玉蕊峰頭王母祠」以實其駁正。余謂胡三省《通鑑》卷二百七長生院註云：「院即長生殿，明年，五王誅二張，進至太后所寢長生殿，同此處也。蓋唐寢殿皆謂之長生殿，此武后寢疾之長生殿，洛陽宮寢殿也。肅宗大漸，越王系授甲長生殿，長安大明宮之寢殿也。白居易《長恨歌》所謂長生殿，則華清宮之寢殿也。」此殿本名飛霜，蓋同一長生殿也。學者讀顧况《宿昭應》詩：「武帝祈靈太乙壇，新豐樹色繞千官。那知今夜長生殿，獨閉空山月影寒。」當知為齋宿之殿。李義山《驪山有感》詩：「驪岫飛泉泛暖香，九龍呵護玉蓮房。平明每幸長生殿，不從金輿惟壽王。」當知為寢宿之所。（清原刻本《潛邱劄記》卷三；《四庫全書》本卷二）

智按：《四庫全書》本卷二「寢宿之所」，「所」作「殿」。

⊙補刻唐百家詩選序

今年中秋後三日，大中丞宋公以賑荒舟過淮，余以病未往謁公，手唐百家詩選全本授謁者曰：子為我致百詩作一序以賀，余之遭彼序，固有言，珍此以俟俟焉。果得矣，命竟未達，豈委之於草莽乎？抑謂我老耄而舍我也。既而有獻疑者曰：吳下人好作偽紙，非宋箋刻易而為繕寫安知不復如楊公濟所為，以博公之一笑乎？余獨以為不然，公撫軍久，吳人仰若神明，非惟不可欺，實不忍欺。凡事且然，况書籍乎？有試之之法在，高棅見全本以玄宗皇帝《早度蒲關》為開卷第一，今其書合乎？合則真矣。陳振孫見全本，非惟不及李杜韓三家，而王維、韋應物、元白劉柳、孟郊、張籍皆不及，倘闌入以上之一首則不合，合又真矣。公觀詩之眼，如月有隙，斯昭苟出，近人假託，譬

衣布衲者，必不能如前刻八卷一色之精。……（《四庫全書》本卷五）

⊙與戴唐器書

張籍《寄白樂天使君》，「登第早年同座主」，非同年進士。白，貞元十四年，見《舊書》。張，貞元十五年，見《韓集》。但統是禮部侍郎高郢知貢舉，故曰同座主也。（清原刻本《潛邱劄記》卷五；《四庫全書》本卷六）

又

錢牧齋嘗教其族孫遵王作詩法曰：元、白二公，往復論詩，司空表聖與李生書，皆作者之津涉，後人之針藥也。……（清原刻本《潛邱劄記》卷五）

智按：《四庫全書》本《潛邱劄記》無此則。

《尚書古文疏證》

又按，白居易記其《白氏文集》，家藏外，別録三本，一本置于東都聖善寺鉢塔院律庫中，一本置于廬山東林寺經藏中，一本置于蘇州南禪院千佛堂內。蓋樂天佛弟子也，故欲廣藉佛力護持。余非學佛者，雅愛《太史公自序》，有藏之名山之例，此疏證第四卷成時，別録四本，一寄置太華山頂友人王弘撰司之；一寄置羅浮山，應屈大均之請，是所謂藏之名山；其二本則寄千頃堂、傳是樓之主人宦長安者，又所謂副在京師也。至于俟後世聖人君子，愚竊有斯志，深恐未足以當之云。（《尚書古文疏證》卷四，《四庫全書》本；清乾隆眷西堂刻本）

智按：閻若璩，字百詩，號潛丘，太原（今屬山西）人。康熙十八年（一六七九）己未舉博學鴻詞。有《潛丘劄記》、《尚書古文疏證》。

徐釚（一六三六～一七〇八）

《詞苑叢談》

毛氏《唐詞通韻説》云：唐詞多守詩韻，然亦有通別韻用之，略如宋詞韻者。偶覩數闋，漫記之，以備考證。「東」、「冬」通用，温庭筠《定西番》

云：「一枝春豔濃。樓上月明三五，瑣牕中。」按此詞，則上之「董」、「腫」通用，去之「送」、「宋」通用，俱可類推。他韻上去例亦放此。「支」、「微」、「齊」及「十灰」前段通用，白樂天《長相思》云：「深畫眉，淺畫眉，蟬鬢鬅鬙雲滿衣。陽臺行雨廻。　　巫山高，巫山低，暮雨瀟瀟郎不歸。空房獨守時。」「真」、「文」及「十三元」後段通用，韋莊《小重山》云：「一閉昭陽春又春。夜寒宫漏永，夢君恩。」又温庭筠《清平樂》云：「鳳帳鴛被徒燻。寂寞花鎖千門。競把長門買賦，為妾將上明君。」「寒」、「刪」通用，顧敻《虞美人》云：「小屏屈曲掩青山。翠幃香粉玉罏寒。兩眉攢。」又按「十三元」，後段既通入「真」、「文」，則前段應與此韻通用。「庚」、「青」通用，李白《菩薩蠻》云：「何處是歸程？長亭更短亭。」「覃」、「咸」通用，薛昭藴《女冠子》云：「去住島經三，正遇劉郎使，啓瑶緘。」「語」、「麌」通用，牛嶠《玉樓春》云：「小玉牕前嗔燕語，紅淚滴穿金線縷。」按此詞則「魚」、「虞」通用，可類推也。「篠」、「皓」通用，牛希濟《生查子》云：「語已多，情未了。廻首猶重道。記得緑羅裙，處處憐芳草。」又尹鶚《滿宫花》云：「月沉沉，人悄悄，一炷後庭香裊。風流帝子不歸來，滿地禁花慵掃。離恨多，相見少，何處醉迷三島。漏清宫樹子規啼，愁鎖碧窗春曉。」按此二詞，則「蕭」、「豪」通用，可類推也。（卷二，王百里《詞苑叢談校箋》，第一四二～一四三頁）

智按：清馮金伯輯《詞苑萃編》卷十九「音韻」之「唐詞多守詩韻」一則引此。

毛氏《唐宋詞韻互通説》云：唐白樂天《長相思》云：「深畫眉，淺畫眉，蟬鬢鬅鬙雲滿衣。陽臺行雨迴。」「支」與「微」與「十灰」半通用，是宋詞韻也。宋秦太虛《千秋歲》用「隊」韻，辛稼軒《沁園春》用「灰」韻，皆渾用唐韻。由是觀之，唐詞亦可用宋韻，宋詞亦可用唐韻，自不必過判區畛耳。（卷二，王百里《詞苑叢談校箋》，第一四四頁）

智按：清馮金伯輯《詞苑萃編》卷十九「音韻」引此。

吳二娘《長相思》云：「深畫眉，淺畫眉，蟬鬢鬅鬙雲滿衣。陽臺行雨迴。　巫山高，巫山低，暮雨瀟瀟郎不歸。空房獨守時。」白樂天詩：「吳娘暮雨瀟瀟曲，自別江南久不聞。」蓋指此詞也。（卷三，王百里《詞苑叢談校箋》，第二〇五頁）

智按：清馮金伯輯《詞苑萃編》卷一「體制」引此，又見《詞苑萃編》卷二十四「餘編二」引《樂府紀聞》。《長相思》詞，《詞綜》、《歷代詩餘》均作白樂天詞。王小盾《唐代酒令藝術》認為吳二娘先唱此曲，撰辭起舞：「深花枝，淺花枝，深淺花枝相間時，花枝難似伊。巫山高，巫山低，暮雨瀟瀟郎不歸，空房獨守時。」白居易依令唱和，另撰曲詞之上片，遂有兩辭。

王司理（士禛）去維揚日，作《江南好》數調云：「江南好，風日近秦郵。銀甲暫停朱閣午，玉笙才度碧雲秋。扶醉且淹留。」「江南好，春暮雨廉纖。魚子天晴初出水，鼠姑風細不鉤簾。底事惱江淹。」「江南好，最好是盂湖。何處情人名碧玉，誰家亭子號真珠。聊為結相於。」「江南好，畫舫聽吳歌。萬樹垂楊青似黛，一灣春水碧於羅。懊惱是橫波。」「江南好，又過落花朝。玉茗歌殘情歷歷，金堂人散水迢迢。魂去不須招。」予曾於畫舫白板上見之，清歌宛轉，似樂天憶西湖諸作。（卷五，王百里《詞苑叢談校箋》，第二七八頁）

智按：清馮金伯輯《詞苑萃編》卷八「品藻六」引此。

青兒者，楊中丞家妓也。適毘陵董氏，為青衣婦。嗟哉！憔悴矣，猶記旗亭舊曲。一日，文友宴客，因索清歌。青兒掩抑自傷，遷延不出。促之至再，始發聲。其音瑟瑟，似在潯陽江上。時文友賦《愁春未醒》一闋以傷之。詞云：「千金不惜，歌舞教成。似燕離巢後，呢喃猶作畫梁聲。自分年踰，絃索笙簫讓後生。今宵何事，重聞呼喚，幾度如醒？　欲奏清音，花檀乍拍，淚已盈盈。我幸非、牙郎買絹，不受伊輕。但覺歌餘，蘆花楓葉滿中庭。不知可似白家老嫗，舊日聞名。」陽羨生《和青兒曲》云：「檀槽尚撥，仙帔初成。似沙場老將，醉來偏喜楚歌聲。隔著屏風，舊恨新愁指下生。當年此際，額黄嬌暈，紅粉羞酲。　樂府嬌嬈，從來屬董，何必盈盈？但越公、朱門何在？玉瘦花輕。分付歌奴，休将臨本笑黄庭。須知一様，悮卿絶世，老我虚名。」二詞成，座客聞之都不樂。羅江東云：「我未成名卿未嫁，可能俱是不如人。」紅粉飄零，才人老大，安能無杜秋之悲，江州之泣也。（卷九，王百里《詞苑叢談校箋》，第五四一～五四二頁）

智按：清馮金伯輯《詞苑萃編》卷十九「紀事」引此。

古平原村店中，姑蘇女子題壁《鷓鴣天》一闋，有「收拾菱花把劍彈」之句。庚申春暮，丁觀察之任虔南，和詞云：「瓜字初分碧玉年，花枝憔悴一春前。陌頭塵涴文鴛錦，柳外風欺墮馬鬟。　郵壁上、墨光懸。柔腸百疊念鄉關。才人廝養千秋恨，箏柱調來拭淚彈。」頗有白香山商婦琵琶之感。［附録姑蘇女子原詞云：「弱質藏閨十六年，嬌羞未敢出堂前。眉顰曠道悲新柳，袖卷輕塵擁翠鬟。　腸欲斷、意懸懸。舉頭何處是鄉關？臨粧莫遣紅顔照，收拾菱花把劍彈。」壬子北上，余猶及見之］（卷九，王百里《詞苑叢談校箋》，第五六二頁）

廣陵吳壽潛字彤本，號西瀛。其妻賀氏，名字，字乃文，吳與之情好甚篤，常戲作《你我詞》贈之，調一七令，曰：「我。情理，愁裹。無奈事，如何可。薄幸些些，癡頑頗頗。眼下總成空，心中全未妥。堪嗟泣慰牛衣，難負書乾螢火。慢言枕上枉封侯，還憐有夢卿同我。」「你。前來，語子。誇弄玉，隨蕭史。視我何如，憐卿乃爾。時事笑秋雲，韶光悲逝水。難忘孔雀屏前，常記櫻桃帳底。一生苦樂任天公，白頭惟願我和你。」按此調有平、仄二韻，始終唐人送白樂天，即席指物為賦，作者頗多。然諸譜中不載，惟楊升庵有《風》、《花》、《雪》、《月》四作，彤本蓋偶與其婦為之耳。後十年，乃文死，彤本不勝哀悼。諸名士為作輓歌甚多。彤本亦有《無夢詞》調《子夜歌》曰：「夜臺難道情俱死？如何只我思量你？你若也思量，應知我斷腸。　待夢來時省，夢也無些影。畢竟是多情，怕添離恨生。」（卷九，王百里《詞苑叢談校箋》，第五六六頁）

《續本事詩》

梅村先生躡屐東山，縱情聲伎，當歌對酒，隻字流傳，人爭購寫。論者以爲杜牧風情，樂天才思，不是過也。虞山蒙叟題其艷體詩曰：「撾鼓吹簫罷《後庭》，書帷别殿冷流螢。宫衣蛺蝶晨風舉，畫帳梅花夜月停。銜璧金釭憐旖旎，翻階紅藥笑娉婷。水天閑話天家事，傳與人間總淚零。」（《續本事詩》卷八，李學穎標點本《本事詩 續本事詩 本事詞》，第二五二頁）

《哭方爾止二首》

忽得青谿信，驚傳竟失君。冶城淒宿草，鍾阜隱寒雲。河朔人何在，元和體自分。畬山三十卷，誰與讀遺文。（爾止氣類河朔，詩宗元白）

昨歲相逢處，京江萬歲樓。君今湘水没，我尚岱雲留。（爾止遊楚，没於途中）失路誰青眼，還家少白頭。雙魚曾託訊，到得皖江不。（别時曾以數行煩寄安慶程郡丞）（《南州草堂集》卷三，《續修四庫全書》影印清康熙三十四年刻本，第一四一五册，第二五三頁）

《西湖竹枝詞八首序》

白香山云：「未能抛得杭州去，一半勾留是此湖。」蘇東坡云：「莫把西湖比西子，淡粧濃抹總相宜。」昔賢于此流連嘆賞，可謂至矣。今欲以區區烟瀋刻畫唐突，得毋令西子笑人耶？然余客杭既久，時時刺小艇獨立湖心，每從斷岸殘陽夕烟衰草之際，回念古今繁華，銷沉無限，輒憮然有興廢之感。適陸子藎思暨家野君徵選《竹枝詞》，因隨筆書數首，亦一時興會所觸，彷彿懊儂、欸乃而已，若云以此繪湖山之妍麗，寫士女之嬉遊，則猶未盡一二也。（《南州草堂集》卷五，《續修四庫全書》影印清康熙三十四年刻本，第一四一五册，第二六三頁）

《居易軒》

丙寅初夏僦屋宣武門外，庭有老椿二株，即新城祭酒王先生舊寓得樹堂也。余囑年友朱子竹垞題爲「居易軒」。客有誚余者曰：「昔顧況謂白樂天云：『長安米貴，居大不易。』今子月粟一囊，爨煙時時不舉，猶以此名軒，恐未免爲侏儒所笑。」余曰：「子知其一，不知其二也。君子居易俟命，豈必食有萬鍾乎？」客笑而退，遂成絶句二首，書於壁間，兼寄王先生。

小窗濃緑恰初晴，老樹空庭舊得名。曾記漁洋吟好句，也應百過藥欄行。（王先生自題得樹堂云：全將苔徑護，百過藥欄行）

插架空餘數卷書，瓶中無粟任軒渠。可知方朔金門住，不似香山履道居。（《南州草堂集》卷十一，《續修四庫全書》影印清康熙三十四年刻本，第一四一五册，第三一三頁）

《徵選續本事詩啓》

蓋聞文通叠恨，班管催題，孝穆牽情，玉臺留詠。是以豪家破鏡，傳來公主短詩；别殿分釵，歌就樂天長句。樓頭燕子，紅粉都非，江上琵琶，青衫欲濕。斯皆譜新詞於樂府，譚往事於尊前者也。……（《南州草堂集》卷二十四，《續修四庫全書》影印清康熙三十四年刻本）

《青門集序》（題擬）

余以丙寅四月病起補官……明年二月，始買歸棹，或有以樂天、子瞻相慰勞者，余謝不敏。同朝諸公卿咸賦詩相送，遂詮次成帙，題曰「青門集」云。康熙丁卯上巳虹亭徐釚書於潞河舟次。（菊莊編《楓江漁父圖題詞青門集》，中國社會科學院文學研究所圖書館藏清抄本）

智按：徐釚，字電發，號虹亭，吴江（今屬江蘇）人。監生。康熙十八年（一六七九）己未召試博學鴻詞，授檢討。不久即乞歸。家居不出，晚年號楓江漁父。工詩詞古文。有《南州草堂集》、《詞苑叢談》。

黄儀（一六三六～?）

《刈麥行》

刈麥復刈麥，野風吹炎暑。腰鐮事朝夕，捆載登場圃。沙汰顆粒匀，掌上粲可數。含笑謂農人，我腹庶可鼓。忽逢催租吏，顏色一何怒。坐門不復去，火急供軍旅。新麥尚未食，聊以付諸賈。那知廛市間，此物賤如土。（《國朝畿輔詩傳》卷二十五，《續修四庫全書》影印清道光十九年紅豆樹館刻本）

智按：此詩直承白居易《觀刈麥》。

黄儀，字子鴻，又字六鴻，又字吉羽，號紉蘭。常熟（今屬江蘇）人。

參纂《大清一統志》，以地理學名家，有《訂晋書地理志》。兼擅長詩詞，有《紉蘭集》。生平事迹見《清史稿》卷四八四、《清史列傳》卷七〇。

孫琮（一六三六～？）

《夜宿韜光山樓》

秋雲飛盡秋山出，石梯百仞煙嵐濕。幾經攀躡到山樓，山僧一見如相識。樓前澄泓水一窪，水中猶種金蓮花。香山居士題詩處，樓閣依然夕照斜。佛火微微諸慮冷，風枝不動惟清磬。去年春夜宿靈岩，夜色幽清同此境。韜光泉，北峰巔，潺湲落枕疇能眠，蒼蒼寒氣三更天。夜静山高人不到，一聲月下聞虎嘯。(《晚晴簃詩匯》卷五十一)

智按：孫琮，字執升，一字質聲，號寒巢，原籍安徽黄山，寓居浙江嘉善。一説華亭（今上海松江）人。諸生。家有「山曉閣」，喬木參天，古樹環列，藏書數千卷，手自鈔閲，筆耕贍老親。善評點，每評選一書出，人爭購之。晚歲放跡山水間，與一二高僧逸士談禪賦詩。方志稱其為「國初江南隱君子」。著有《山曉閣詩》十二卷，《山曉閣詞》一卷附（中國社會科學院文學研究所圖書館善本室藏，清康熙精刊本三册；清精刊本六册)。其早期詞作，與胡殿陳、顧璟芳、李葵生、顧琦坊、鄭允達等六人之作合編為《蘭皋詩餘近選》二卷，附《蘭皋明詞彙選》以行，有康熙元年（一六六二）刊本。

金萬重（一六三七～一六九二）

《西浦漫筆》

李、杜齊名，而唐以來文人左右袒者，杜居七、八。白樂天、元微之、王介甫及江西一派並尊杜。歐陽永叔、朱晦菴、楊用修右李。韓退之、蘇子瞻並尊者也。若明弘、嘉諸公，固亦並尊，而觀其旨意，率皆偏向少陵耳。詩道至少陵而大成，古今推而為大家無異論，李固不得與也。然物到盛便有衰意，邵子曰：「看花須看未開時」。李如花之始開，杜如盡開。（鄭健行、陳永明、吳淑鈿選編《韓國詩話中論中國詩資料選粹》，第一四九頁）

《次琵琶行韻》

洛陽才子湓浦客，澤畔平生最蕭瑟。偶聞琵琶月下船，妍辭翻出泠泠絃。聊從怨女訴遠別，要與離騷懸日月。樂府新腔沸成雷，吳歈越吟喑不發。千秋苦心識者誰，尚想沈吟下筆遲。蘆花楓葉如眼見，彷彿未散回燈宴。解道人間婦人苦，當時自矜如花面。十二十三學新聲，傳得宮嬙遠嫁情。星星香撥無限思，萬事終傷不如意。空聞漢帝選玉色，浪說侯門多樂事。佳期幾誤緑綺挑，暗恨每結朱絃幺。悲歡翻覆若雲雨，往事還羞向人語。煙波離別淚幾彈，搖蕩君心珠轉盤。洞庭瀟湘水粘天，瞿塘灩澦多危灘。雲邊消息雁影絶，鏡裡容華芳草歇。夢回南浦片月生，一曲涼州猶舊聲。文人邂逅亦一奇，哀怨猶堪托善鳴。旗亭清唱壁間畫，黃四芳名留竹帛。人生貴賤各一時，越女休誇天下白。嫦娥曼睩競閨中，莫笑他鄉憔悴容。飄零豈獨薄命女，佩玦危蹤無着住。屠龍不惜破千金，少小三冬書四部。賈生翻遭絳灌讒，靈均苦被椒蘭妬。書成燕石謾自奇，獵回藍田誰更數。三言終使慈母走，白璧無奈青蠅污。夜郎風波舟楫危，商山冰雪征車度。靈修一念夢裡餘，蘭佩殘香手中故。欲識生離惻惻悲，看取君臣與夫婦。呑聲含意鬱未伸，地角天涯去復去。借問秋江送客船，何似瓊樓玉宇寒。心逐行雲朝北闕，身同化石留江干。湘娥停瑟助歎息，蜀魄巴猿共啾唧。一篇新詩婉而哀，衷情不許人人識。祥雲瑞靄白玉京，御柳宮花丹鳳城。傳聞廣樂奏勻天，五絃誰和南薰聲。協律爭道李延年，詼諧更有東方生。能令天笑一爲新，誰念騷人不平鳴。龍門枯桐且莫彈，郢客陽春何足聽。願寫此詩置香案，時時倘回重瞳明。空留哀響天地間，至今人傳琵琶行。擊節高詠爲起立，清霜倒飛商飈急。曲長調悲不易竟，蒼涼夜色寒蟾泣。不待琵琶更促絃，應知四座衫袖濕。（《西浦先生集》卷二，七言古詩，《韓國文集叢刊》本）

智按：金萬重，字重叔，號西浦，光山人。文科及第，歷任大司諫、大提學、判書。朝鮮李朝小說家。於肅宗十五年（一六八九）創作《九雲夢》，標示韓國長篇小說時代之開始。

松下見林（一六三七～一七〇三）

《異稱日本傳》

今按《江談抄》曰：嵯峨太上天皇得白居易《文集》珍之。又越後守平貞顯《金澤文庫》所藏《文集》卷第三十三後，書曰「會昌四年五月二日夜奉爲日本國僧惠蕚上人寫此本。」西峰謂：樂天所謂日本傳寫者（按，指《白氏長慶集後序》），正謂是耶？惠蕚本，題曰「文集太原白居易」。乃此本流布于世，故我朝古之人引《白氏長慶集》，唯稱《文集》。《源氏物語》、《江吏部集》等俱曰《文集》是也。其後，中國印本文集渡于我朝，題曰《白氏文集》，爾來亦僉謂《白氏文集》，咏歌大概曰《白氏文集》是也，各知其有由矣。（《新皇學叢書》第十一卷，廣文庫刊行會，一九二七年，第二五一～二五二頁）

智按：松下見林，日本江戶時代前期國史學家、藏書家、儒醫。大阪人。本姓桔，名慶。初名秀明，字諸生，通稱見林，號西峰山人。十三歲從古林見宜學醫，同時研究儒學、國史。著有《異稱日本傳》、《前王廟陵記》、《國朝佳節録》、《西峰筆記》等。

彭鵬（一六三七～一七〇四）

《寄林司傳書》（己巳臨洵稿）

四十八而試一令，與六十一而舉一子，皆後時也。兩後之中，生子後時者倍喜，晨夕為兄祝天以此。三月，知小嫂昨歲□男□□□□詞命各曰潤，海中仙果，劉夢得贈白樂天，可以移贈。遠致二金為賀，此金客冬十月皇上召見時，賜洵令臣鵬也。臣年五十二，受天子知，不落人後矣。他日語賢郎君臣朋友之誼，於此槩見。憶十七八歲時，與兄締交，兄年雖長，尚未三十，今耳根稱順，彈指間事耳。以前計後，賢郎成立，吾兄弟老眼可拭盻，晨夕祝兄自祝又以此。（《古愚心言》卷五，《四庫全書存目叢書》影印清康熙愚齋刻本）

智按：彭鵬，字奮斯，號無山，莆田（今屬福建）人。順治庚子（一六六〇）舉人，由知縣官至廣東巡撫。有《古愚心言》。

邵長蘅（一六三七～一七〇四）

《廬山遊記四・三疊泉記》

遊玉簾後十日，乃往尋三疊泉。先一日，宿觀音閣，晨起雞僧導行，五里，抵玉川門。玉川門者，峭石撐拄成洞，旁有竇人，傴僂穿竇中，如門焉，門内小菴，正瞰鐵壁峰。峰皆斧削，横亘二三里，如張大屏障，色黑類鐵，因以名聞。春夏山鵑開，景最奇麗。菴後循澗行里許，抵一潭，石多異狀，泉作三級下，注十餘丈。僧曰：是三疊泉也。余意盡去之，仍憩玉川門。老衲元公詢遊狀，笑曰外龍潭耳，泉距此尚五里，然險絶，近罕遊者，乃賈勇復往。元公操杖，從尋舊徑抵潭，揭澗而北，踰一石，齞不能受趾腹，帖石翕翖然，過此皆鳥道榛莽，不及頸以下三之一，磴碕而滑，每陟磴必攀援上膝，幾拄頰茅脊，劇十指至血濡縷，不顧矣。澗闊十餘丈，牽衣屢渡，從石上猱接猿騰，湍壯石巉，爲之股栗。久之，先見下疊，轉絶壁，三疊俱見，至此，則兩壁削峙，青天逼狹，如纚泉從天落，奚止千仞。山志稱，初級自崖口縣注，褭褭垂練，既激於石，則如雨如霧噴灑，二級石上，然後滙注龍潭，轟轟如萬人鼓，乃三級之半，石又軋之，別似一級，則志未之及也。泉於廬山最奇，最後出，太白、樂天、晦菴諸公皆未及觀，兹游余似有厚幸然，使曩騾信導僧所紿，即不之信，而不遇元公導之遇矣，而或怵於險泉之奇，迄無由覩也。噫嘻！天下一闚其藩，遽信爲是，與夫困於無導，與怵險而郤者，蓋什且八九也，斯又重可嘅惜也哉！（《邵子湘全集》青門簏稾卷九，《四庫全書存目叢書》影印清康熙刻本）

《吴趨吟并引》

予久客吴閶，見風俗有可慨者，輒記以詩，學白香山《秦中吟》作八首，似亦足備采風，詩體則不盡倣白也。

⊙粥女

吴人重生女，不望爲門楣。桃花醴女面，祝女艷容儀。十二弄脂粉，十三調箏絲。十五髮被肩，姚冶好蛾眉。阿母大懽笑，價直千金爲。上客來何方，揮金買吳娃。聞有此好女，登門前致辭。女出跪拜客，媒嫗相扶持。拂帬露纖趾，約腕呈冰肌。問女好弦索，正柱彈烏栖。問女好臨池，衍波寫新詞。問女好手談，對面試圍棊。客喜語阿母，千金詎爲多（叶）。今夕定情夕，跳脱壓金釵。合歡紅羅帳，四角流蘇垂。都梁自有香，兔絲自有枝。今夕就郎宿，明日與母辭。女兒不戀母，阿母亦不啼。蓬去迷故科，雛成各東西。重利輕骨肉，念之令人悲。

⊙《種花》

山塘映清溪，人家種花樹。清溪鴨頭青，門前虎丘路。春陽二月中，雜花千萬叢。朝賣一叢紫，夕賣一叢紅。百花百種態，牡丹大嬌貴。一株百朵花，十千甫能賣。朱門買花還，四面護紅闌。繡幕遮風日，嬌歌閑清彈。復有些子景（元人呼盆景爲些子景），點綴白石盆。咫尺丘壑趣，屈蟠松檜根。買寘几案間，一盆值十缽。老圃解種花，老農解種穀。種穀輸官租，種花招儂目，種花食肉糜，種穀食糠秕。還復受敲朴，肉剜服為醫。嗟呀重嗟呀，老農若奈何？呼兒賣黄犢，明年學種花。

⊙《酒船》

峩峩白鵠舫，漾漾十丈餘。緑絲持作笮，木蘭持作艫。周遭紅闌干，碧紗交綺疏。吳儂大好事，用以供遨嬉（叶）。船船競裵束，日日追歡愉。舟人飾共張，舟婦理中廚。飲客惠山白，清醪冰玉壺。薦客吳羹味，江瑤壓松鱸。纖指弄嬌弦，朱唇發清謳（叶）。戲具拉雜陳，投瓊列摴蒲。小娃年十五，韶慧無匹儔（叶）。行酒工調笑，樂方良獨殊。人言吳儂樂，我笑吳儂愚。中人一家產，酒船一日需。十船十中家，漏卮焉不枯？巷有饑餓人，晨哭炊無煙。奢靡何以救？會須燔其船。念此坐太息，惜哉我無權。

⊙《贋骨董》

閶門古吳趨，陳椽如鱗比。骨董大紛紜，請從書畫起。鐵石充逸少，朱繇作道子（用子瞻語）。當時已雜糅，近來益幻詭。好手不自運，臨筆取形似。牛馬署戴韓，山水大小李。董巨至唐仇，一一供橅擬。蘇黄字郭填，唐宋碣磨洗。藏經熏煙煤，宣和指印璽。名重賈易售，千金尋常耳。近派重筆亭（董文敏），插標遍井里。不意翰墨場，駔儈乃尔尔。次復辨鼎彝，髣髴秦漢字。藥鑄出斑駁，紅緑紛可喜。柴汝官哥定，直亦璠璵比。貴人負賞鑒，金多購未已。真者豈能多？贗物乃填委。徇耳不貴目，世事盡如此。

⊙《度曲》

有明嘉隆間，吴騷變新聲。唐祝擅填詞，崑腔始魏生（良輔）。流傳百餘年，屢變伎益精。兩兩清客輩（吴人工簫管度曲者稱清客），弦拍簫笛箏。相與期何所？虎丘可中亭。相與期何時？三五蟾兔盈。廣場人聲寂，獨奏衆始驚。細如駐遊絲，簷牙揚春晴。一字度一刻，嫋嫋絕復縈。或如瑣窻語，喃喃未分明。又如春園花，睆睆囀流鶯。入耳忽淒緊，淅淅蕉雨清。聽者唤奈何，靡靡蕩我情。坐立互徙倚，仿徨達五更。何人理元曲，嗑然笑荒傖。人情貴後來，世俗悦哇淫。新衣自勝故，古調不如今。元曲且掩耳，何況瑟與琴。

⊙《冶遊》

吴峰如點黛，吴溪如染藍。吴娃豔粧裹，冶遊心所攸。玉腕黄金釧，鵶鬟琥珀簪。月華百褶帬，杏子單紅衫。二月春始半，踏青邀女伴。小桃虎丘紅，新柳山塘短。燒香觀音山，絲繡三丈旛。拔釵供佛會，共郎遊梵天。五月胥江怒，水嬉讙競渡。團扇薄不遮，故教冶容露。六月荷花蕩（平聲），輕橈汎蘭塘，花嬌映紅玉，語笑熏風香。中秋千人石，聽歌細如髪。十八楞伽山，湖亭待串月。何許更登高，吴山黄花節。冶遊春復秋，婉戀不知愁。西鄉大養蠶，東鄉種棉花。養蠶姊條桑，種花妹紡車。儂自袖手坐，衣著綾羅衫。

⊙《財婚》

古人重佳偶，今人重財昏。麗皮風已遠，兹義誰能敦。況乃吴俗奢，媒氏費較論。既須計錢帛，亦復矜高門。西家昨聘婦，千金光爛爛。紈綺三百匹，文采何斕斒。東家昨嫁女，資送紛繽繙。繡袱冒腧笥，流蘇墜琅玕。玉釵大秦珠，值可千萬緡。錦繡照途巷，光彩溢里鄰。夫婿承咳唾，公嫗大懽欣。亦有貧女嫁，蓍簪青布帬。三日向暗壁，低頭減容顔。富女易嬌妒，貧女淑且溫。富女熏香篝，貧女井臼勤。胡不此較論，富女不如貧。

⊙《重賦》

九四起鹽販（九四，張四誠小字），桀時竊為王。毒斂周鐵星，鞭算析毫芒。刮膏嗍民髓，髓竭國亦僵。明祖自天授，作法胡乃涼。租簿定稅額，畝賦七斗盈（叶）。相沿三百年，吳閶有重糧。吳俗喜奢淫，吳民尠蓋藏。譬如酒色夫，中幹而外彊。奈何吏吳者，又不悉民窮（叶）。春絲接秋穀，箕斂終歲忙。太守急縣官，縣官責甿農（叶）。里正彳彳來，杼軸倚空墻。隸卒獰獰來，雞狗亦倉皇。五日一搒笞，血殷布裲襠。寬大天子詔，考課大農章。銖黍不中程，斥逐及龔黃。豈不愛民命，且自念功名（叶）。吏半遭譴謫，民寧免流亡。我欲竟此辭，援筆中慷慨。（《邵子湘全集》青門賸稾卷二，《四庫全書存目叢書》影印清康熙刻本）

智按：詩後阮亭評云：「八詩絕妙，漢魏樂府又有關係，風人遺音也，詩至此，不堪泣鬼神耶?」

《九江》

吳楚一江共，波濤九派分。湖光寒自白，廬岳曉常雲。虎鬬芳村迹，猿啼落日聞。琵琶亭廢久，楓葉正紛紛。（《邵子湘全集》青門賸稾卷四，《四庫全書存目叢書》影印清康熙刻本）

《題廬山詩刻》

廬山之勝，至淵明、慧遠始著。遠常倡蓮社於山中，好事者圖之，世傳《匡廬十八賢圖》是也。鮑照「陰冰寔夏結，炎樹信冬榮」，謝靈運「晝夜閉日月，冬夏共霜雪」，要是廬山警語。唐宋以來詩文，為廬山重者，李太白、白樂天、周茂叔、蘇子瞻、朱元晦，明則王伯安、李獻吉六七君子耳。嗟乎！自淵明至今，山遊者，日千百人亡論已，其間文章之士，作為詩歌，深鐫大刻，欲與茲山爭不朽者何限，而千三百年間，剥泐頹仆於樵斤牧礪，風霜野火之餘，亡一二存者。梁蕭統、南唐李景，且不能有是山也，矧下此者與，然而六七君子之名特重者，詎不以其人與？壬申秋，漫堂先生自江右移撫吳，泛舟彭蠡，攜衲子宿應、超淵、山人羅牧訪白鹿洞，尋栖賢、三峽、開先諸勝，得古體詩六章，既刻石開先寺，復命蘅題。蘅以謂，公之名垂廬山者，當與六七君子同不朽，蓋不獨以詩重也。羅山人故善畫，惜未能為之圖，與蓮社竝傳然，而後世誦公詩，一時文采風流，具可想見，畫之有無，亡足論云。（《邵子湘全集》青門賸稾卷八，《四庫全書存目叢書》影印清康熙刻本）

智按：邵長蘅，一名衡，字子湘，别號青門山人，武進（今江蘇常州）人。諸生。能詩文。客于江蘇巡撫宋犖幕，選王士禛及宋犖詩，編為《二家詩鈔》。所著有《青門簏稿》、《旅稿》、《剩稿》等。

鄭梁（一六三七～一七一三）

《芝源适意草序》

舜曰：「詩言志。」則是言志者詩，不言志者非詩也。孔子曰：「《詩三百》，一言以蔽之，曰：思無邪。」則是思之貞者為可傳之詩，思之淫者即為可刪之詩也。後世豪傑雲興，諒無以過於舜與孔子，而談詩則務出乎其上。是故香山、坡老言志者也，則卑而黜之為淫哇；康節、江門思之無邪者也，則淺而易之為學究；而反取一種勦說陳言、浮浪不根之語，尸而祝之曰：此王、孟也，此李、杜也，此漢、魏及六朝也。不問其有志無志，又安論其無邪有邪乎？如此則雖《三百篇》中，其不能符其聲調而合其體格者，十且十一矣。嗚呼！豈今日之言詩者，果有以勝於舜與孔子耶？……（康熙刻本《寒村詩文集·見黃稿》卷二）

智按：鄭梁，字子夏，繼字松生，後字禹梅，别字孟游，字孫隱，字十二。初號香眉，繼號淡簡，號文臞，號踽巷，後號寒村、安庸、譬齋、因亭。晚得風疾，身半廢，因改名風，字聲雅，號半人，又號半生，世稱寒村先生，慈溪（今屬浙江）人。康熙二十七年（一六八八）登進士第，選庶吉士，改工部湖廣司主事，旋陞本司員外。三十四年（一六九五）出守高州知府。請養歸。曾就學黃宗羲。善畫。著有《寒村詩文集》。事迹見鄭性（一六六五～一七四三）《顯考寒村府君行述》（《南溪偶刊》，《四庫未收書輯刊》影印清乾隆七年刻本）。

秦松齡（一六三七～一七一四）

《蝶戀花·泊潯陽》

倚棹琵琶亭下住。司馬當時，聽曲傷心處。楓葉蘆花秋已暮。青山又送斜陽去。　淪落天涯詞客淚。我泛孤舟，別到淒涼地。吏隱須知風月趣，文章也得江山助。（《微雲集詩餘》，《四庫未收書輯刊》影印清嘉慶四年秦瀛刻本）

智按：秦松齡，字漢石，又字次淑，號對岩，又號留仙，無錫（今屬江蘇）人。順治十二年（一六五五）進士。改庶吉士，授檢討，因奏銷案削職歸里。康熙十八年（一六七九）應薦赴博學鴻詞試，舉一等，復授檢討。二十年，充日講起居注，歷左春坊左諭德。二十三年，主順天鄉試，又因磨勘落職入獄。經徐乾學爲之力解，得釋放歸，家居三十年而卒。有《蒼峴山人集》。事迹見《清史列傳》卷七〇、《清史稿》卷四八四、《國朝耆獻類征》卷一一八。

冉覲祖（一六三七～一七一八）

《莘野集序》

厭常喜新，翻盡窠臼，□前賢所論定，棄者取之，取者棄之，色求腴而氣骨漸凋，意欲逸而音節不振。宋元諸家迭出相軋，不僅如昔所云「元輕白俗，郊寒島瘦」已也。（康乃心《莘野詩集》卷首，康熙刊本）

智按：據蔣寅《王漁洋與康熙詩壇》，《莘野集序》作於康熙三十三年（一六九四）。康乃心（一六四三～一七〇七），字太乙，一字孟謀，號河山。學者稱莘野先生，晚署恥齋居士、飛浮山人。陝西郃陽人。康熙四十四年（一七〇五）舉人。研理學，工詩文，名滿關中。王漁洋《秦蜀驛程後記》卷上、《居易録》卷二十九載其事迹。著書數十種，刊有《莘野詩集》、《三千里詩》，另有《莘野先生遺書》二卷卷首一卷收入《關中叢書》第三集，其餘稿本或自焚其書，或散軼不存。子弟門人匯輯遺稿，編為

《莘野先生遺書》。

冉覲祖，字永光，號蟫庵，河南中牟人。康熙三十年（一六九一）辛未進士，改庶吉士，授檢討。有《寄願堂詩集》。

蕭惟豫（一六三七～?）

《三月廿五日程二如羅豨崑李元琪堦見訪雲庄六首》（其一）

獨卧雲庄尚抱痾，閒居較比樂天多。（白樂天歸休香山二十年，余歸養家居已二十八年矣）諸君早入香山社，轉眼春歸奈老何。（《但吟草》卷七，《四庫未收書輯刊》影印清康熙五十年刻本）

智按：蕭惟豫，字介石，號韓坡，德州（今屬山東）人。順治十五年（一六五八）戊戌進士，改庶吉士，授編修，歷官侍讀。有《但吟草》。

曹亮武（一六三七～?）

《賀新郎·訪琵琶亭故址》

司馬真情物。記當年、客舟相送，酒闌時節。楓葉蘆花秋風起，誰撥琵琶淒切。覺此際、最難離別。商女含悲纔訴罷，溼青衫淚比珍珠脫。重把盞，醉明月。　我來往事都銷歇。只滔滔、噌吰澎湃，怒濤如雪。舊日孤亭休借問，何處斷碑殘碣。有亦被、晚潮埋没。明夜卸帆江岸宿，料潯陽、煙樹懸天末。聊共影，浩歌發。（《南耕詞》卷一，《續修四庫全書》影印清康熙刻本）

智按：曹亮武，字渭公，號南耕，原名璜。宜興（今屬江蘇）人。陳維崧二姑父曹茂勳嗣子。其父早卒，從舅父陳貞慧學，又受業于侯方域。少與陳維崧同學，長以詩文相切磋。維崧導之學詞，初不肯爲，後溯楚江，越彭蠡，登匡廬，葺廢閣讀書兩年，填詞紀游，歸後遂致力于詞。爲陽羨派重要詞人。有《南耕草堂詩》、《南耕詞》。事迹見《四庫全書總目》卷二〇〇、陳維崧《南耕詞跋》。

江殷道（一六三七～?）

《陶白祠》

吾愛陶處士，高卧東籬下。吾愛白侍郎，醉吟香山野。出處各有懷，古今識此寡。俯仰托詩歌，惟用杯常把。相去數百年，相合不相假。風流至今存，神靈依蘭若。（清廖元度《楚詩紀》卷七國朝，清乾隆十八年際恒堂刻本；清同治《德化縣志》卷七地理·古蹟）

《重修陶白祠記》

陶白祠，為明萬曆間鹽郡葛屺瞻先生諱寅亮所創，以祀五柳、香山兩先生者。在郡之南熏門外，負城面湖，遙拱廬峰。四時波光蕩漾，絕遠塵囂。階前田十餘畝，守僧藝之以充香燈。田外池方畝，可灌花木，池岸緣以修隄，隄植柳數株，行人出入柳下，小艇欸乃隄間，煙卷霞舒，鳥飛魚躍，致足樂也。皇清定鼎以來，兵燹之餘，守僧逃竄，祠遂為學宮子弟所據，田亦為所侵蝕。堂廡就圮，椽壁僅存。辛亥秋，余奉命來守是郡，慕兩先生之高風，造其祠瞻禮之。見夫頹垣斷壁，風雨凄其，荒草寒煙，悲蛩鳴砌。念兩先生山高水長，名垂不朽。方當與海內弔古之士立祠景仰，而乃令流風所存、餘韻未墜之邦，無以棲其神靈，實守斯土者之羞，因亟思修葺。然時值歲星失度，流亡遍野，義振義糶，日蹙蹙然，不遑寧處。明年春，督撫兩憲，以歲饑請於朝，發帑金數萬振之。溝中之瘠，漸有起色。余以災荒之後，政務簡要。會簿計而外，訟堂闃寂，遂乘暇命工人相度。廣其原宇為三棟，中位西方聖人，東設兩先生主。虛其西偏，以爲公餘憩息之所。牓其額曰「自怡」。匠役粡食竹頭木屑，悉出之二千石俸，故一時供役之眾，樂於趨事，不日而成。客有告余者曰：「君涖此直傳舍耳，胡經營卜築為?」余應之曰：「否。千百年來，生斯地與涖斯土者，不知凡幾。獨五柳、香山兩先生，照耀兩間，高風迥出。固有不可及者。余追芳其後，方竊竊焉，以得遂瞻仰爲幸，敢以去留之久暫，遺憾夙夜乎？况余曷敢以傳舍視此席也，正欲借此數椽，俾四方君子來告余義者，時以土俗民風，興利淡災，諮商于兩先生之側，庶無媿守土之任。即使此席而果傳舍也，又何妨留此數椽，俾後之君子來游其地者，思予所以祠兩先生之意，或因余『自怡』之額，而並知余處此地之微衷也，則余之憂勞，不且藉兩先生以自慰，而敢曰附兩先生以不朽哉！將擇行僧守之，合耕其田，而世背灑掃焉。」是為記。（《湖北文徵》卷六，湖北人民出版社，二〇一四年一月，第四九七頁）

智按：江殷道，字念鞠，一字九同，湖北漢陽人，順治十五年（一六五八）戊戌進士。康熙九年任九江知府。康熙十一年（一六七二），重建陶白祠。撰《康熙九江府志》十八卷（丁仁《八千卷樓書目》卷六史部）。《［雍正］江西通志》卷一百九載：「陶白祠，在府城文明門甘棠湖上，祀陶靖節、白居易。明萬曆癸丑，兵巡道葛寅亮建，旋燬。國朝康熙十一年知府江殷道重建。有記。」

任相元（一六三八～一六九七）

《效白樂天體》

閑中惟日任吾眞，朝起尋常首不巾。罷宦自非逃世客，歸田仍是讀書人。禮賓山下灘聲咽，太子城邊月色新。爲問洛中諸伴侶，夜長誰與守庚甲。（《恬軒集》卷一，《韓國文集叢刊》本）

《日暖》

今年冬暖不須裘，時仗官醪制客愁。堪恨地偏孤四美，自憐官拙負三休。江寒石色秋增潔，峽靜灘聲夜更遒。每向放衙詩輒就，還思白傅在杭州。（《恬軒集》卷四，《韓國文集叢刊》本）

《遣興》

峽中花事底須催，時倚朱欄數舉杯。芳草汀洲人獨去，垂楊池館燕雙來。文章久覺難尋價，吏道眞知自有材。目極日邊書未到，江流直過漢陽廻。

一從經幄着疏狂，歷落嶔崎只舊腸。敢擬黃公初守潁，眞同白傅暫遊杭。

江流似撥葡萄酒，山氣疑熏錦繡香。吏退訟庭春晝永，花邊獨立笑蜂忙。（此江爲漢江上流，府有錦繡山）（《恬軒集》卷四，《韓國文集叢刊》本）

《答玄令疊前韻》

爲愛滄江草閣寒，浮言終自止流丸。拓開方圃雙扉迴，疏引廻川一派漫。輕艇雇從漁叟輯，濁醪賒共野翁歡。閉關春日看書懶，還揷松枝理藥闌。

幽居遙隔雪峯寒，妙語眞同脫手丸。書罷未曾傷咄咄，歌來寧復恨漫漫。鴻殘篆籀工添興，鳥喚壺盧解助歡。相見苦稀春又晚，可堪邀月獨憑闌。（讀《白香山詩集》，取其情有相類者，擬成篇什，寄貽玄令，以供閑中遣興之資）（《恬軒集》卷十，《韓國文集叢刊》本）

《霖雨效香山體五言十韻》

早夏雷頻作，南風日復陰。九衢車欲斷，三角岫全沈。松鬣昏凝黛，花鬚暗墜金。庭溝鳴汩汩，園莽擢森森。擬續愁霖詠，差寬望歲心。青苔將上榻，緑蘚已生琴。坐苦淋鈴響，眠嫌戛屐音。苗漂稻陂溢，萍漲柳塘深。官是閑曹好，門無俗客尋。將何慰幽獨，家釀悶時斟。（《恬軒集》卷十，《韓國文集叢刊》本）

《效樂天體》

十月上旬閉藏節，五十老翁閒廢時。生產盈虛猶不問，朝廷得失顧何知。燈前眼澁書休讀，爐側身醺酒屢持。幸有東莊田百畝，歸耕擬趁杏花期。（《恬軒集》卷十七，《韓國文集叢刊》本）

《學香山體》

欲說休官好，恒人聽必咍。身閑無繫絆，迹隱免讒猜。曉起先抽卷，宵吟更把杯。何能縻寸祿，奔走老相催。（《恬軒集》卷二十，《韓國文集叢刊》本）

《次中表兄韓金山示韻》

衡廬岑寂歲仍飢，尙憶幽尋石路危。翳日深林花較晚，撑空高嶂月偏遲。縱當白傅休官後，肯忘莊生貸粟時。莫道耕中難免餒，已聞春雨遍公私。（《恬軒集》卷二十四，《韓國文集叢刊》本）

智按：任相元，字公輔，號恬軒。有《恬軒集》。

張英（一六三八～一七〇八）

《鶴來詩》

（寶應喬聖任先生年五十，畫小像甫成，有鶴飛來，因畫於側。此鶴相依二十餘年，令子石林道其事，為作鶴來詩。先生諱可，聘明崇禎年間御史）

青田有靈羽，古稱為皓鶴。仙人王子喬，跨之入寥廓。碧天無際海雲寬，孤飛肯向人間落。有客翛然池上樓，蒼顏白髮淩丹邱。荷鋤自種青門圃，絶口不道東陵侯。閒寫荷衣挂秋室，縞裳丹頂穿雲出。刷羽長鳴喚主人，虎頭回顧驚停筆。從此香山居士圖，傍添一鶴如相呼。水邊飲喙月中舞，二十餘年時與俱。先生服氣頗好道，愛爾閑眠藉芳草。先生垂老猶讀書，一聲清唳秋晨蚤。澹味闇修知者稀，仙禽瑤草思依依。不然翠壁丹巘多舊侶，圓嶠仙人呼爾歸，胡為花下隨人常不飛。（《四庫全書》本《文端集》卷八）

《讀白樂天詩六首》

昔人有深悲，百年如轉轂。恥以千金軀，幻化同草木。天地藉勞人，甘心謝巖谷。勲名寄寰宇，精誠留簡牘。捨彼百年歡，博此方寸竹。鄙哉後世人，所躭在微禄。身名同時滅，塵鞅苦征逐。緼袍苟自適，輕華勝綺縠。藜藿得所如，燕衎倍粱肉。豈能拂天性，巧媚時人目。長歗看青山，花谿置茅屋。

鷦鷯本微姿，羅畢或致之。不解語言好，復無羽毛奇。主人枉見珍，陋質深自知。居以玳瑁籠，宿以珊瑚枝。野田黄雀來，驚羡各有辭。焉知此物賤，野性終不移。一飲復一啄，顧影鳴且悲。故林有徒侶，桑柘濃陰時。

小雅楚茨篇，畫出田家廬。後世有作者，風流陶與儲。清流飲黄犢，晚日驅柴車。帶露翦菘韭，不食城中蔬。雖賤夢常安，縱貧閒有餘。春陰種樹時，自荷移花鋤。左招山畔樵，右挾澤中漁。斯人洵鄙樸，忘機誰能如。

三峽日奔注，驚濤千古愁。若比世人情，三峽為安流。劍門古巉巖，鬼哭猿啾啾。若比世人情，劍門如平邱。肺腑方寸地，何乃荆棘稠。脣吻苦不大，何乃攢戈矛。如彼涉滄海，日夕懷百憂。逝將謝囂嘖，伴我南汀鷗。

一輪中天日，萬斛南陌塵。有馬無閒蹄，有車無停輪。日出照羣動，芻狗良苦辛。富貴與貧賤，譬彼環相循。華胥日已遠，舉世無先民。堯舜立賞罰，萬古雕其淳。忽而空山谷，忽而要路津。勢去骨肉疎，時來秦越親。巧拙各相笑，誰能識其真。寄語世間人，上有高高旻。

人生有萬端，適意固為好。睠彼枝上花，與此砌邊草。倘違風露情，青青坐枯槁。蒼鷹恒苦饑，淘河不常飽。鵲巢鳩來居，誰拙復誰巧。鸚鵡憎籠時，緘口苦不蚤。智者物之災，用愚以為寶。置身才不才，黠哉漆園老。（《四庫全書》本《文端集》卷八）

《江南憶十首》

《長慶集》中有《憶江南》詞。注云：「此曲亦名謝秋娘。章五句。」樂天，秦人也。遊宦於南，深用相憶。況予生長兹土者乎？因廣其意，遂成十章。

江南憶，最憶小亭前。送暑迎涼桐葉雨，怯寒偎暖杏花烟。風景勝當年。

江南憶，最憶近城山。曲曲清泉垂石乳，層層翠岫疊烟鬟。數武隔塵寰。

江南憶，最憶小池隈。近舍傍城三畝許，水花木卉四時開。薄薄有亭臺。

江南憶，最憶是湖邊。賽社家家秔稻熟，嘗新處處鱖魚鮮。十里白花蓮。

江南憶，最憶是江頭。楊柳岸藏沽酒肆，桃花港泊釣魚舟。春水泛輕鷗。

江南憶，最憶筍櫻時。碧玉萬竿拋錦籜，火珠千點壓高枝。烹摘小花瓷。

江南憶，最憶是梅花。幾樹傍谿圍草閣，一枝凝雪近窗紗。多少盡堪誇。

江南憶，最憶是春深。花謝海棠紅似雨，葉藏梅子緑成陰。黄鳥惜春心。

江南憶，最憶竹林中。迴環白石陰陰路，宛轉清谿澹澹風。穿破碧玲瓏。

江南憶，最憶桂花叢。深苑黄垂千點粟，小城香滿一秋風。人在月輪中。（《四庫全書》本《文端集》卷八）

《兩軒成詩以落之二十韻》

甲子上巳日，吾廬肇版築。閲時彌九旬，亭軒已麤足。北軒資曠爽，數椽倚山麓。繞屋羅千峰，横天琢蒼玉。偃松紛萬態，嶺岫互連續。遙岑補青靄，展對如長幅。水榭敞西隅，俯看清池曲。梧柳覆清陰，芙蕖艷繁縟。中庭治閒壤，待以藝蘭菊。碧澗當階流，泠泠近可掬。南軒迥幽窅，滿簾映寒竹。微風戞球琳，四壁湛深綠。海棠間緋桃，曲檻穠華簇。修除學圃齋，補葺梅花屋。經營亦已瘁，聊可避寒燠。朝對嵐光餐，夜就荷香宿。稻畦接前邨，十里散遙矚。入室延四友，陶白與蘇陸。白雲青山下，賜書已先告。日夕愛吾廬，悠然詠薖軸。(《四庫全書》本《文端集》卷九)

《題江眉瞻太守秋樹讀書圖》

我愛松下人，清才粲如玉。賦詩三十年，鮑謝踵芳躅。行吟鈷鉧潭，坐對匡廬瀑。今古才人宦蹟同，江州司馬柳州牧。君方蒿目賦春陵，未許松風卧空谷。平生雅嗜在林泉，畫裏秋山映書綠。我闢龍眠烟際峰，為種青松間梅竹。待子功成返舊山，共住青谿飲黃犢。(《四庫全書》本《文端集》卷九)

《對菊四首》其三

我意營傑閣，尸祝有四公。陶白與蘇陸，澹蕩高人踪。樂天雅天趣，水竹洛城東。世路困子瞻，皎皎若孤鴻。賦詩多逸響，萬首龜堂翁。近道貴自然，洒然塵滓空。頫首柴桑老，真味獨醇濃。(《四庫全書》本《文端集》卷十一)

《送四松先生之金陵》

扶笻何處意翛然，桃葉谿頭酒肆邊。戚里歌樓空蔓草，南朝古寺半荒煙。鳳凰臺影江流合，燕子濤聲瓜步連。懷古祗今誰第一？久知元白讓詩篇（原注：將從金陵之瓜步）。(《四庫全書》本《文端集》卷十四)

《大隱園詩四首（園在金陵為族叔觀察公別業）》(其一)

楊柳春煙覆白門，冶城佳氣滿亭軒。香山居士今遺老，鑑水風流在小園。鷗夢池邊稀過客，鳳雛花下引諸孫。謝公此地多游迹，絲竹東山意尚存。(《四庫全書》本《文端集》卷十四)

《雙鬟曲十首（爲念齋作)》(其三)

澹著臙脂淺著黃，吳儂別自有新妝。櫻桃楊柳應如許，不耐人誇白侍郎。(《四庫全書》本《文端集》卷十六)

《憶午涯煙舫題南來小舟四絶句》(其三)

南船應載五湖遊，散盡行人萬頃愁。得似多情白太傅，歸來舊舫憶蘇州。

（《四庫全書》本《文端集》卷十九）

《山居即事二首》（其二）

久向塵囂謝俗緣，閒中忙事亦幽偏。露垂自翦當門柳，雨過來扶蘸水蓮。分碉每教烹緑雪，履霜時復弄朱絃。枕前榻畔知何有？陶白遺詩只一編。（范文正公琴只學履霜一操）（《四庫全書》本《文端集》卷二十四）

《香山集有潯陽三春詩作帝城春三首》

⊙春生

雪晴宮瓦碧參差，澹淹春生太液池。冰泮有聲微緑處，柳垂無力嫩黄時。窗横梅蕊香初覺，衾覆貂褕暖漸知。幾度江南還冀北，莫嫌花信較來遲。

⊙春來

鳳城遊騎錦韉香，桃李隨風出御牆。陌上清明沽酒鬧，擔頭紅紫賣花忙。新鶯樹底啼春晚，雙燕梁間話晝長。開徧杜鵑山徑合，可能無憶陸渾莊。

⊙春去

梅子離離葉底青，小園春去户常扃。抛來風月知誰管，老卻鶯花不暫停。上苑朱櫻初入籠，豐臺紅藥乍登瓶。子規催徧千山緑，深掩芸窗怯與聽。（《四庫全書》本《文端集》卷二十五）

《讀白詩二首》

醉吟千首總蕭疎，底事閒情苦讓渠？世上風光全管領，蘇杭太守洛城居。

霓裳舊曲三升酒，履道新居十畝池。不解樂天緣底事，猶從宰相乞分司。（《四庫全書》本《文端集》卷二十七；《萬首論詩絕句》第一册，第二五三頁）

《聞友人談吳下園亭之勝輒仿白意二首》

千堆松色壓層巒，一帶桃花覆碧灘。莫漫吾廬嫌窄小，煙雲林壑望中寬。

岸梅交影落清渠，亭榭無多致有餘。三十年來花下坐，餐香飲翠更誰如。（《四庫全書》本《文端集》卷二十七）

《遺山集中有陶淵明晉之白樂天語》

采菊風期近自然，醉吟猶未免蹄筌。瓣香元自歸彭澤，謾説淵明似樂天。

（《四庫全書》本《文端集》卷二十八）

《讀樂天詩》

放懷天地總蕭然，前數潛明後樂天。竹石幽居伊水入，霓裳法曲柳枝妍。家無塵累身兼鶴，詩有煙霞宦亦僊。為問洛陽歸老日，東都賓客太和年。（《四庫全書》本《文端集》卷二十八）

《四兒廷瑑送四女于歸南還》

黃犢巾車畨戒塗，小年兒女涉江湖。方知白傅詩中意，苦愛朱陳嫁娶圖。（《四庫全書》本《文端集》卷二十八）

《六月二十六日》

隔簾瓜蔓綠參差，葉底殘紅三兩枝。此際心情最閒適，朗吟白傅洛中詩。（《四庫全書》本《文端集》卷三十）

《題石谷寒泉落木圖》

蕭蕭衆木響，霜葉落秋清。雲中遠鴈度，階下寒蛩鳴。谿流漱石瀨，琴筑相琮琤。我昔山窗夜，飽聽同韶韺。手把白傅詩，甌泛黃菊英。盡滌塵世想，深愜幽人情。十載謝邱樊，撫卷思縱横。時方坐齋堂，静慮寂無營。空山共今夕，憶我寒泉聲。（《四庫全書》本《文端集》卷三十一）

《送姚君山之江西三首》（其三）

彭蠡波光動小孤，匡山雲氣接香爐。憑君為訪西林寺，白傅遺蹤尚有無。（《四庫全書》本《文端集》卷三十四）

《中年》

中年萬事不相關，惟見林巒一破顔。出處規模錢若水，詩篇枕藉白香山。五官用盡都成拙，百計輪來未勝閒。陌上樵人時放擔，聽予高詠落花間。（放翁詩：「閉門誰共處？枕藉樂天詩。」）（《四庫全書》本《文端集》卷三十四）

《香山集中有萬事平分衆所知何嘗苦樂不相隨惟餘躭酒吟詩客但有樂時無苦時因廣其意得六長句》

萬事人間倚伏奇，何嘗苦樂不相隨。松棚一枕漁樵話，社飲三巡土穀祠。石上吹笙邀鶴伴，牀頭釀酒待花期。枳籬茅屋園林小，但有樂時無苦時。

讀史千秋歎奕棋，何嘗苦樂不相隨。一簾紅雨花初落，三徑烟蘿柳乍垂。洗硯春波臨禊帖，焚香夜雨和陶詩。浮名不挂閒宵夢，但有樂時無苦時。

大纛高牙擁路岐，何嘗苦樂不相隨。千村樹竹迷幽徑，萬壑烟霞護短籬。古柳長堤扶杖穩，碧蓮小港泛舟宜。清琴伴取閒詩卷，但有樂時無苦時。

紫綬金魚上赤墀，何嘗苦樂不相隨。春烟古樹經時雨，寒食新花滿故枝。手種嘉蔬堪採掇，自疏清澗看漣漪。茫鞵布襪朝乘興，但有樂時無苦時。

繡閣羅帷簇粉脂，何嘗苦樂不相隨。玉玲瓏（水仙名）本離塵客，蕚緑華為絶世姿。一點芳心蘭蕙露，十分春色牡丹枝。垂藤翠幄花茵暝，但有樂時無苦時。

吹竹彈絲舞袖垂，何嘗苦樂不相隨。花圍紙閣攤書卷，竹覆漁磯引釣絲。芍藥濃香迷粉蝶，梧桐新緑聽黄鸝。一甌茗熟消塵事，但有樂時無苦時。（《四庫全書》本《文端集》卷三十四）

《董華亭書清福吟因其意而廣之得三百字》

試語世間人，何者為清福？我有一頃田，乃在北山麓。峰攢紫翠殷，路遶幽潭曲。陽坡景物鮮，平疇土膏沃。清流貫其中，波紋淨如縠。逶迤桃岍紅，環抱松堤緑。高敞杏烟亭，杳靄梅花屋。傍砌一池蓮，沿籬萬竿竹。奇石卧幽花，古藤挂喬木。門徑接陂橋，庭軒稱凉燠。風月四時佳，鶯花終歲續。中有白髪翁，蕭然常野服。閒情託魚鳥，忘機友麋鹿。焚香坐清晝，扶筞縱遐矚。目不離煙霞，手自藝蘭菊。魴鯉一竿取，秔稻八口足。雞豚法王政，場圃倣豳俗。誦讀課兒孫，耕耘問童僕。曉林鴉喚起，晚窗鶴同宿。祠古四先生，陶白與蘇陸。松籟雜琴聲，花飛亂枰局。有時泛扁舟，枕籍書一束。船尾挂酒壺，飣餖羅果蔌。蕩漾隨春風，鷗鷺行相逐。駐檝芙蓉灣，繫艇篔簹澳。劃然發長嘯，幽響振嵓谷。手拍洪崖肩，高踵王喬躅。耳不聞喧囂，心不驚寵辱。樂且不自知，憂從何處觸。倘肯從吾游，焉敢矢弗告。（《四庫全書》本《文端集》卷三十四）

《余所居陽和坊可比白傅履道里》

履道南坊搆一廛，近居池館亦翛然。葛衣紈扇容吾嬾，柳暗花濃喜地偏。鶴正眠時驚鵲起，魚無人處蹴波圓。幾回斷續蟬聲裏，長日真堪似小年。

（《四庫全書》本《文端集》卷三十五）

《擬秦中吟雞犬誡諱盜也》

雞犬不收户不閉，休哉此風誠至治。或駕單車賊壘清，或縫綵線渠魁斃。能使桴鼓長不驚，漢家京兆稱能吏。不聞上避考功法，聞雷掩耳成壅蔽。年來水旱多窮民，荒村雞黍無甯歲。老翁匍匐訴縣官，未語吞聲先出涕。縣官無端怒且嗔，案頭老吏識官意。區區為爾稻粱謀，誰肯明廷干吏議。吁嗟老翁夫豈愚，翻然搖手向官吏。昨夜荒村犬不吠，老翁抱孫且酣睡。（張應昌《國朝詩鐸》卷十，《續修四庫全書》影印清同治八年秀芷堂刻本）

《擬奏中吟素絲　儆墨吏也》

我聞壽春令，始駕牛車來。三年報政去，仍駕牛車回。一犢且不攜，留置清池隈。于今入仕何草草，橫將民社營温飽。眞謂五色石，可以補蒼昊。眞謂精衛力，可以填浩渺。向使貪吏長子孫，負郭千頃高於門。蹙額不受鬼神瞰，車中薏苡今常存。胡爲乎昔人祇自苦萊蕪，釜內無饔飧。君不見鸕鷀十百魚舟上，日日爲人涉風浪。長喙徒勞腹苦饑，幾曾飽食還飛颺。何如白鶴遊青田，少飲少啄全天然。（張應昌《國朝詩鐸》卷十八，《續修四庫全書》影印清同治八年秀芷堂刻本）

《徽言秘旨序》

……又念古人，類不能多學白樂天，止習《秋思》，范希文惟彈《履霜》，或亦其寄托高遠，有在於朱絃素琴之外者。……（《四庫全書》本《文端集》卷四十一）

《聰訓齋語》

……古人有言：「掃地焚香，清福已具。其有福者，佐以讀書。其無福者，便生他想。」旨哉斯言，予所深賞。且從來拂意之事，自不讀書者見之，似為我所獨遭，極其難堪，不知古人拂意之事有百倍於此者，特不細心體驗耳。即如東坡先生，歿後遭逢高孝，文字始出，名震千古，而當時之憂讒畏譏，困頓轉徙潮惠之間，蘇過跣足涉水，居近牛欄，是何如境界？又如白香山之無嗣，陸放翁之忍饑，皆載在書卷。彼獨非千載聞人，而所遇皆如此，誠一平心静觀，則人間拂意之事，可以涣然冰釋，若不讀書，則但見我所遭甚苦而無窮，怨尤嗔忿之心，燒灼不寧，其苦為何如耶！且富盛之事，古人亦有之，炙手可熱，轉眼皆空，故讀書可以增長道心，為頤養第一事也。記誦纂集，期以爭長應世，則多苦。若涉覽，則何至勞心疲神，但當冷眼於閒中窺破古人筋節處耳。予於白、陸詩，皆細注其年月，知彼於何年引退，其衰健之蹟，皆可指斯不夢夢耳。

圃翁曰：聖賢仙佛，皆無不樂之理。彼世之終身憂戚，忽忽不樂者，决然無道氣，無意趣之人。孔子曰樂在其中，顔子不改其樂，孟子以不愧不怍為樂，《論語》開首説説樂，《中庸》言無入而不自得，程朱教尋孔顔樂處，皆是此意。若庸人多求多欲，不循理，不安命，多求而不得則苦，多欲而不遂則苦，不循理，則行多窒礙而苦，不安命，則意多怨望而苦，是以跼天蹐地，行險徼幸，如衣敝絮行荆棘中，安知有康衢坦塗之樂。惟聖賢仙佛，無世俗數者之病，是以常全樂體。香山字樂天，予竊慕之，因號曰樂圃。聖賢仙佛之樂，予何敢望，竊欲營履道一丘一壑，倣白傅之有叟在中，白鬚飄然，妻孥熙熙，雞犬閒閒之樂云耳。

古來士大夫學琴，類不能學多操，白香山止《秋思》一曲，范文正公止《履霜》一曲，高人撫絃動操，自有夷曠冲澹之趣，不在多也。……

圃翁曰：昔人論致壽之道有四，曰慈，曰儉，曰和，曰静。人能慈心于物，不為一切害人之事，即一言有損于人，亦不輕發。推之戒殺生以惜物命，慎剪伐以養天和，無論冥報不爽，即胸中一段吉祥愷悌之氣，自然災沴不干，而可以長齡矣。人生福享，皆有分數。惜福之人，福嘗有餘。暴殄之人，易至罄竭。故老氏以儉為寳，不止財用當儉而已，一切事常思儉嗇之義，方有餘地。儉於飲食，可以養脾胃；儉於嗜慾，可以聚精神；儉於言語，可以養氣息非；儉於交遊，可以擇友寡過；儉於酬錯，可以養身息勞；儉於夜坐，可以安神舒體；儉於飲酒，可以清心養德；儉於思慮，可以蠲煩去擾。凡事省得一分，即受一分之益。大約天下事，萬不得已者，不過十之一二，初見以為不可已，細算之，亦非萬不可已。如此逐漸省去，但日見事之少。白香山詩云：「我有一言君記取，世間自取苦人多。」今試問勞擾煩苦之人，此事亦儘可已。果屬萬不可已者乎？當必恍然自失矣。人常和悦，則心氣冲而五臟安。

圃翁曰：山居宜小樓，可以收攬羣峰衆壑之勢，竹杪松梢，更有奇趣。予擬于芙蓉島南向構一小樓，題曰「千崖萬壑之樓」，大溪環抱，羣峰聳峙，可謂快矣。築小齋三楹，曰佳夢軒。夫人生如夢，信矣。使夕夢至此，豈不以為佳甚耶？陸放翁夢至仙館，得詩云：「長廊下瞰碧蓮沼，小閣正對青蘿峰。」便以為極勝之景。予此中頗有之，可不謂之佳夢耶？香山詩云：「多道人生都是夢，夢中歡樂亦勝愁。」人既在夢中，則宜稅駕咀嚼其夢，而不當為夢幻泡影之嗟。予固將以此為睡鄉，而不復從邯鄲道上，向道人借黃粱枕也。

圃翁曰：人往往於古人片紙隻字，珍如拱璧，其好之者，索價千金。觀其落筆神彩，洵可寶矣。然自予觀之，此特一時筆墨之趣所寄耳。若古人終身精神識見，盡在其文集中，乃其嘔心劌肺而出之者。如白香山、蘇長公之詩數千首，陸放翁之詩八十五卷，其人自少至老，仕宦之所歷，游跡之所至，悲喜之情，怫愉之色，以至言貌謦欬，飲食起居，交游酬錯，無一不寓其中，較之偶爾落筆，其可寶不且萬倍哉！予怪世人於古人詩文集不知愛，而寶其片紙隻字，為大惑也。……

圃翁曰：予嘗言，享山林之樂者，必具四者而後能長享其樂，實有其樂，是以古今來不易覯也。四者維何？曰道德，曰文章，曰經濟，曰福命……從來愛閒之人，類不得閒；得閒之人，類不愛閒。公卿將相，時至則為之。獨是山林清福，為造物之所深吝。試觀宇宙間，幾人解脱？書卷之中，亦不多得。置身在窮達毀譽之外，名利之所不能奔走，世味之所不能縛束，室有萊妻而無交謫之言，田有伏臘而無乞米之苦，白香山所謂「事了心了」，此非福命而何哉！四者有一不具，不足以享山林清福，故舉世聰明才智之士，非無一知半見，略知山林趣味，而究竟不能身入其中，職此之故也。（《四庫全書》本《文端集》卷四十五篤素堂文集九雜著）

《寄叔兄西渠先生書》

自傳柑節後至驚蟄，遂無一刻之暇。伯顧來，道大兄抱恙於榻前數語，心甚懸結。嗣得玉兒正月十二日字，知道體安好如常，始大慰。竊嘗與知交戚友，縱談故鄉人，當閒放適意者，殆莫吾西渠先生若也。家不至憂飢寒，耳目視聽猶健壯；市有宅，宅有園；有子可教，有田可租；有僮僕可供使令，無里巷之輕侮，無當時之責備，無胸次之愧怍，無升沈之寵辱，無趨走之勞苦，無意外之風波。愚竊觀内外人富貴利達，聲名炫赫，高軒大纛，過先生者，則有之矣；求安穩恬曠，可以自樂其天者，舉耳目間，不一二數也。側聞勺園主人，晨起科頭，便往一花一葉，一草一木，自其甲坼，觀其榮落。園亭雖不大，然近而相狎，無跋涉之勞，四時之花皆具，温凉之室薄有。世間有多少高臺廣榭，名花異卉，而主人没齒不能享者，又有雖身在其中，而牽於名利，憂患煩惱，而不能得其趣者，所以白香山履道里住得七八年，便詡詡自矜得意，形之詩篇。蓋古之達人，深知閒適之不容易，雖暫得而亦不敢忽也。來教云云，不知胸次何所感觸，而作此語。吾家湖上仲子，三十年不入城，以漁自樂，每以語之公卿，輒爲屈第一指，無不嚮往欣羡者。若論先生所遭遇，尚在湖上翁之上，是舉世所難見者，吾家便有兩人，益不可不自勉。木厓寄來《真樂篇》，殊可誦詠。愚之望於勺園者，且在河墅之上，當有過更無不及也。天下無不樂的，聖賢《論語》，開口便說箇樂，便說箇說，便說箇不愠。此卽是聖賢傳心之妙訣。今人鹵莽讀去，不察耳。昔有門客，爲貴公盛誇其榮快。貴公曰：「我如金魚在玻璃缾内，汝見之則樂，我則太苦。」亦可謂達論。如弟之所遭遇，外觀豈不甚好，而同輩之詬厲，當局之憂危，晨昏之奔走，寒暑風霜之冒觸，饑飽寢興之不時，人情之怫逆，難於措置之展轉戰懼，古人所云如衣敗絮，行荊棘中，不足以方其棘手。且鄙性酷好閒適，又有草木山水之癖，今事事相違，退食片晷，只在斗大一室。春花秋草，終年不入目，如此，則將抑結以死乎？五六年來，得一法，一身五官百骸，聽其與憂喜煩苦相纏綿，獨守靈府方寸之地，堅閉四門，不許憂喜榮辱、進退升沈、勞苦生死、得失一切之念，稍稍闌入其中。間或踈虞，打入片刻，卽忙驅逐，仍前堅守。若此外之聲音笑貌，惟有聽其波委雲屬，與憂喜相浮沈而已。更有安心一法：非理事決不做，費力挽回事決不做，敗壞生平、不可告人事決不做。衙門中事，一切因物付物，一事當前，只往穩處想，應過輒已。不將迎於事前，不留滯於事後。所以每卧輒酣，當食輒飽，視斗室如千巖萬壑，燭下濁酒一盃，以解飢劬；清琴一曲，以調心氣。此則一二年來之，又進一格，較之昔躇跼於求退，以致形神交困者，則差勝也。今敢進芻蕘於先生左右，以家事付之諸子，而畧持其大綱。措大之家，朝饔夕飧，有甚麽大差錯處，以致擾達人之襟抱乎？觀草木之榮落，以寓其耳目；聽時鳥之間關，以抒其懷抱。良辰美景，必不可棄。好山好水，興至則往；一觴一詠，隨時而結。當思白香山七十無子，陸放翁常貧乏食，是何如境界，而洛下吟千篇言樂，劔南集萬首怡情，究竟討盡便宜，何嘗有負兩公哉！春來甚忙，惟此刻得歸寓齋，晴日烘窗，罄所欲言，雖無次第，聊以當對牀之語耳。（清沈兆澐《篷窗隨録》卷十一序説書，《續修四庫全書》影印清咸豐刻本，第一一九七册，第六五二～六五三頁）

智按：張英，字敦復，號樂圃，桐城（今屬安徽）人。康熙六年（一六六七）丁未進士，改庶吉士，授編修，官至文華殿大學士兼禮部尚書。謚文端，雍正初贈太子太傅。有《存誠堂詩集》。

陳廷敬（一六三九～一七一二）

《憶樊川梅花用東坡松風亭梅花韻》

半林喬木樊川村，數株梅花牽夢魂。媌娥靡曼不掛眼，夭桃野杏為狂昏。一廛未安揚子宅，五畝欲老香山園。玉妃鬖髿露身手，暗香冷豔來相溫。有時先生春睡美，綺窗喚起驚朝暾。經寒故嘗卻羅幔，避風勤與關柴門。翻笑孤山林處士，擁衾對花花無言。只今人去花寂寞，誰憐落月閑清尊。（《四庫全書》本《午亭文編》卷三；《晚晴簃詩匯》卷二十八）

《再遊乾明寺二首》

峯腰雨歇野雲留，晴樹斜陽在上頭。野蘚全凝臺殿色，土花半老繚牆秋。丹青照夜餘神鬼，河漢凌空近斗牛。除却牧闌樵隖客，何人解作看山遊。

千峯排浪湧遥空，一抹雙林磴道通。山暝僧歸紅雨外，樹深鳥度碧烟中。澗泉色冷元無暑，松閣聲多豈為風。擬學香山老居士，往來蹤跡似秋鴻。（《四庫全書》本《午亭文編》卷八）

《十二月二十日夢中得句春苑多桃李孤松獨稱心云是白香山所貽覺而有異因續成詩》

春苑多桃李，孤松獨稱心。夢中名句味，天上紫虚音。夫子云何在，高風實所欽。詩仙題鳳藻，聲價重雞林。最有文章貴，還知道德深。言辭嘗諫諍，勲業不銷沉。千里黄河曲，三峯華岳臨。曇花開一見，薝蔔與重尋。騎換令公鶴，絃添元亮琴。唐家猶盛日，精爽到如今。（《四庫全書》本《午亭文編》卷二十）

《吴元朗詩集序》

於乎，此吾元朗之遺詩也。元朗以藐諸孤，承先人之緒修，其家學詩名，盛於一時，而戊辰對策，萬言超然獨異。予時讀其文廷中，曰：「此必吾元朗也，當魁天下。」已而竟弗得。後予在户曹，元朗為郎官，以其暇日，得與論詩。予嘗謂元朗：「古人有言聲畫之美者，無如文；文之精者，無如詩。夫文以載道，詩獨不然乎？自昔宋初學者祧少陵而宗義山，雖以歐陽公之賢，猶捨杜而學韓。歐陽公詩不逮文，固無可論。然亦豈非以韓詩之為尤近於道與？近世詩人多學白香山，香山之詩視義山為優，然當時之人，已有議之者，而杜牧之為特甚，則其弗幾乎道者，不為時所重，而傳之後世，得無流弊也，不其難與！二子，予之鄉人也予，不敢諱言之。昔有吳中巨公，自負攬文章之柄，一日謂予：人不學杜詩，斯可矣。予心識其言之非，而未有以應也。今吾子生長吳中才俊之區，能不狃於鄉人之見，取其近於道者，去其不近於道者，此子之詩所以見重於時也。」元朗以予言之不謬，故時時與予論詩。今元朗已矣，此予之所為悼歎過時，而不能自已也。……（《四庫全書》本《午亭文編》卷三十七）

智按：陳廷敬，字子端，號説巖，澤州（今山西晉城）人。順治十五年（一六五八）戊戌進士，改庶吉士，授檢討，官至文淵閣大學士兼吏部尚書。謚文貞。有《尊聞堂集》八十卷，晚年手定為《午亭文編》，其門人侯官林佶繕寫付雕。

仇兆鰲（一六三八～一七一七）

《四賢祠》

李相功名白傅詩，坡公風雅亦同之。只今廟貌依然在，過客猶瞻百世詩。

（《續甬上耆舊詩集》卷一百一十五「康熙以後諸薦紳詩」）

智按：此處之四賢祠位于浙江錢塘孤山，初時祠祭白居易、蘇軾和林逋，名為三賢堂。明正德三年，增祀唐朝宰相李泌，更名四賢祠。「明正德三年，郡守楊孟瑛重濬西湖，立四賢祠，以祀李鄴侯（泌）、白（樂天）、蘇（東坡）、林（和靖）四人。」（《西湖夢尋 陶庵夢憶》卷一西湖北路）

《杜詩詳注》

益王漢南曰：五言排律，與五言律詩，其句法雖同，篇法實異。律詩描寫情景，止盡於四十字耳，故貴寬閒醞籍之中，又有嚴密緊湊之妙。若排律，或數十韻，或百餘韻，其篇法豈五言律法可同。故作排律，其要有四：一貴鋪敘得體，先後不亂；二貴隊仗整肅，情景分明；三貴過渡明白，不令人沈思回顧；四貴氣象寬大，從容不迫，斯為得體。其修辭煉句，繁冗混雜，險怪艱深，令人三讀不知，翻不如五言律矣。昔白樂天作小詞，尚令老婢得解，況於長律乎哉！（《杜詩詳註》卷一《臨邑舍弟書至苦雨黃河泛溢隄防之患簿領所憂因寄此詩用寬其意》，中華書局標點本，第二七頁）

智按：又見清蔡鈞輯《詩法指南》卷一（《續修四庫全書》影印清乾隆刻本）。

「漢使黄河遠，凉州白麥枯。因君問消息，好在阮元瑜。」【朱注】好在，乃存問之辭。《通鑑》：高力士宣上皇誥曰：「諸將士各好在。」白居易詩：「好在李使君。」（《杜詩詳註》卷三《送蔡希魯都尉還隴右因寄高三十五書記》，中華書局標點本，第二四〇頁）

《庚溪詩話》：士人程文，窮日力作一論，不限聲律，不拘詩句，尚罕得反復折難，使其理判然者。觀《赴奉先詠懷五百言》，乃聲律中老杜一篇心迹論也。自「杜陵有布衣，老大意轉拙。許身一何愚，竊比稷與契」，其心術祈嚮，自是稷、契等人。「窮年憂黎元，歎息腸内熱」，與飢溺由己者何異。然嘗為不知者所病，故曰「取笑同學翁」，世不我知，而所守不變，故曰「浩歌彌激烈」。又云「非無江海志，瀟灑送日月。當今廊廟具，構厦豈云缺。葵藿傾太陽，物性固莫奪」，亦非不知隱遯為高，亦非以國無其人也，特廢義亂倫，有所不忍，「以玆悞生理，獨恥事干謁」，言志大術踈，未始阿附以借勢也，為下士所笑，而浩歌自若，皇皇慕君，而雅志棲遁，既不合時，而又不少低屈，皆設疑互答，屢致意焉。非巨刄有餘，孰能之乎。中間鋪叙，間關酸辛，宜不勝其戚戚，而「默思失業徒，因念遠戍卒」，所為憂在天下，而不為一己失得也。禹稷顔子，不害為同道，少陵之迹江湖，而心稷契，豈為過哉。孟子曰：「窮則獨善其身，達則兼善天下。」其窮也，未嘗無志於國與民；其達也，未嘗不抗其易退之節。蚤謀先定，出處一致矣。是詩先後周復，正合乎此。昔人目元和《賀雨》詩為諫書，余特目此詩為心迹論也。（《杜詩詳註》卷四《赴奉先詠懷》補注，中華書局標點本，第二七四頁）

智按：見宋蔡夢弼《杜工部草堂詩話》卷二引《庚溪詩話》，《歷代詩話續編》第二二二～二二三頁。

《送楊六判官使西蕃》：「送遠秋風落，西征海氣寒。帝京氛祲滿，人世别離難。絕域遙懷怒，和親願結歡。敕書憐贊普，兵甲望長安。宣命前程急，惟良待士寬。子雲清自守，今日起爲官。垂淚方投筆，傷時即據鞍。儒衣山鳥怪，漢節野童看。邊酒排金盞，夷歌捧玉盤。草輕蕃馬健，雪重拂廬乾。慎爾參籌畫，從兹正羽翰。歸來權可取，九萬一朝摶。」按：元、白、劉賓客輩《汝洛唱和集·九日送人》「清秋方落帽，子夏正離群」，假對之工，本于杜句。（《杜詩詳註》卷五《送楊六判官使西蕃》，中華書局標點本，第三七六～三七八頁）

胡應麟曰：杜之《北征》、《述懷》，皆長篇叙事，然高者尚有漢人遺意，平者遂爲元、白濫觴。李《送魏萬》等篇，自是齊、梁，但才力加雄，辭藻增富耳。（《杜詩詳註》卷五《北征》，中華書局標點本，第四〇七頁）

智按：見胡應麟《詩藪》内編卷二《古體》中（王國安校補本，第三四～三五頁），文字略異。

魏泰道輔曰：唐人咏馬嵬之事尚矣，世所稱者，劉禹錫云：「官軍誅佞幸，天子舍妖姬。」白樂天云：「六軍不發無奈何，宛轉蛾眉馬前死。」此乃官軍背叛，逼迫明皇，不得已而誅貴妃也，頗失事君之禮。老杜《北征》詩曰：「不聞夏殷衰，中自誅褒妲。」蓋言明皇畏天悔禍，賜妃子以死，無預官軍也。(《杜詩詳註》卷五《北征》，中華書局標點本，第四〇七頁)

智按：見魏泰《臨漢隱居詩話》(《歷代詩話》第三二四頁)，文字略異。

此詩各四句轉韻。邨人與門叶，古入真韻。白樂天《北邨》詩：「晨遊紫峰閣，暮宿山下邨。邨老見予喜，為予開一樽。」邨叶七倫切，樽叶踪倫切。《國風》：「出自北門，憂心殷殷。」荀卿《賦篇》：「往來惛憊，通於大神。出入其極，莫知其門。」門俱叶眉貧切。劉氏作出門首，是邨與人叶，走與首叶也。以下文例之，不宜兩句換韻。舊本作出門看，與人字相叶，人讀如延切，本劉向《列女頌》。看讀丘虔切，本吳邁遠《長相思》詩。依此，則人看可叶，而邨字未合，與下文亦不相符。謝靈運詩：「暝投剡中宿。」(《杜詩詳註》卷七《石壕吏》，中華書局標點本，第五二八頁)

《賓至》：「幽棲地僻經過少，老病人扶再拜難。豈有文章驚海内，漫勞車馬駐江干。竟日淹留佳客坐，百年麤糲腐儒餐。不嫌野外無供給，乘興還來看藥欄。」朱瀚曰：一主一賓，對仗成篇，而錯縱照應，極結搆之法。起語鄭重，次聯謙謹，腹聯真率，結語殷勤。如聆其謦欬，如見其儀型。較之香山諸作，真覺高曾規矩，肅肅雝雝也。」《杜詩詳註》卷九《賓至》，中華書局標點本，第七四二頁)

《可惜》：「花飛有底急，老去願春遲。可惜歡娱地，都非少壯時。寬心應是酒，遣興莫過詩。此意陶潛解，吾生後汝期。」申涵光曰：「可惜歡娱地，都非少壯時。」是「歡娱恨白頭」注脚。下云：「寬心應是酒，遣興莫過詩。」語近淺率矣。如《定官後》詩：「老夫怕趨走，率府且逍遙。」詞亦近俚。此皆開長慶一派，非盛唐氣象也。(《杜詩詳註》卷十《可惜》，中華書局標點本，第八〇三～八〇四頁)

【朱注】突兀見此屋，即廣厦千萬間也。白樂天詩「安得布裘長萬丈，與君都盖洛陽城」，即祖此意。(《杜詩詳註》卷十《茅屋為秋風所破歌》，中華

書局標點本，第八三三頁）

「亂後今相見，秋深復遠行。風塵為客日，江海送君情。晉室丹陽尹，公孫白帝城。經過自愛惜，取次莫論兵。」【邵注】取次，猶言即次之處。【黃生注】此當時方言，猶從容之意。今按：當是次第之意。北齊樂歌：「日日飲酒醉，國計無取次。」白居易詩：「老愛尋思事，慵多取次眠。」又：「遇客踟躕立，尋花取次行。」又「閒停茶椀從容語，醉把花枝取次吟。」《史記》：「孫子臏脚而論兵法。」（《杜詩詳註》卷十二《送元二適江左》，中華書局標點本，第一〇三三頁）

升庵所引，此一體也。唐人諸法畢備，皆當參考，以取衆家之長。凡絕句散起散結者，乃截律詩首尾，如李白《春夜洛城聞笛》云「誰家玉笛暗飛聲，散入春風花滿城。此夜曲中聞折柳，何人不起故園情」，張繼《楓橋夜泊》云「月落烏啼霜滿天，江楓漁火對愁眠。姑蘇城外寒山寺，夜半鐘聲到客船」，是也。有對起對結者，乃截律詩中四句，如張仲素《漢苑行》云「回雁高飛太液池，新花低發上林枝。年先到處皆堪賞，春色人間總未知」，王烈《塞上曲》云「紅顏歲歲老金微，砂磧年年卧鐵衣。白草城中春不入，黃花戍上雁長飛。」有似對非對者，如張祜《胡渭州》云「亭亭孤月照行舟，寂寂長江萬里流。鄉國不知何處是，云山漫漫使人愁」，張敬忠《邊詞》云「五原春色舊來遲，二月垂楊未挂絲。即今河畔冰開日，正是長安花發時」，是也。有散起對結者，乃截律詩上四句，如李白《上皇西巡歌》云「誰道君王行路難，六龍西幸萬人歡。地轉錦江成渭水，天回玉壘作長安」，李華《春行寄興》云「宜陽城下草萋萋，澗水東流復向西。芳草無人花自落，春山一路鳥空啼」。有對起散結者，乃截律詩下四句，如李白《東魯門泛舟》云「日落沙明天倒開，波搖石動水縈回。輕舟泛月尋溪轉，疑是山陰雪後來」，雍陶《韋處士郊居》云「滿庭詩景飄紅葉，繞砌琴聲滴暗泉。門外晚晴秋色老，萬條寒玉一溪烟」，是也。有全首聲律謹嚴不爽一字者，如白居易《竹枝詞》云「瞿塘峽口冷煙低，白帝城頭月向西。唱到竹枝聲咽處，寒猿晴鳥一時啼」，賈島《渡桑乾》云「客舍并州已十霜，歸心日夜憶咸陽。無端更渡桑乾水，卻望并州是故鄉」。有平仄不諧而近于七古者，如李白《山中問答》云「問余何意棲碧山，笑而不答心自閑。桃花流水杳然去，別有天地非人間」，韋應物《滁州西澗》云「獨憐幽草澗邊生，上有黃鸝深樹鳴。春潮帶雨晚來急，野渡無人舟自橫」。……（《杜詩詳註》卷十三《絕句四首》，中華書局標點本，第一一四四～一一四五頁）

杜詩「巫峽忽如瞻華嶽，蜀江猶似見黃河」，此在峽而憶華州也。白樂天《九江春望》詩云：「鑪烟豈異終南色，盆草寧殊渭北春。」蘇子瞻《橫翠閣》詩云：「已見西湖懷濯錦，更看橫翠憶峨嵋。」其句意皆本於少陵。（《杜詩詳註》卷十五《峽中覽物》，中華書局標點本，第一二八九頁）

詩有近體，古意衰矣。近體而有排律，去古益遠矣。考唐人排律，初帷六韻左右耳。長篇排律，起於少陵，多至百韻，實為後人濫觴。元白集中，往往叠見，不免誇多鬬靡，氣緩而脉弛矣。此篇典雅工秀，才學既優，而部伍森嚴，章法尤為精密。（《杜詩詳註》卷十九《秋日夔府詠懷奉寄鄭監審李賓客之芳一百韻》，中華書局標點本，第一六一六～一六一七頁）

胡應麟曰：「飛星過水白，落月動沙虛」，吳均、何遜之精思；「春色浮山外，天河宿殿陰」，庾信、徐陵之妙境；「山河扶繡户，日月近雕梁」，「碧瓦初寒外，金莖一氣旁」，高華秀傑，楊、盧下風；「冠冕通南極，文章落上台。詔從三殿去，碑到百蠻開。」典重冠裳，沈、宋退舍；「耕鑿安時論，衣冠與世同。在家常蚤起，憂國願年豐。」寓神奇於古澹，儲、孟莫能為前；「片雲天共遠，永夜月同孤。落日心猶壯，秋風病欲蘇。」含潤大於沉深，高、岑瞠乎其後；「退朝花底散，歸院柳邊迷。花動朱樓雪，城凝碧樹烟。」王右丞失其穠麗；「地平江動蜀，天潤樹浮秦。日月低秦樹，乾坤繞漢宮。」李太白遜其豪雄。至「岸北飛送客，檣鷰語留人」，則錢、劉圓暢之祖；「兩行秦樹直，萬點蜀山尖」，則元、白平易之宗。「兩邊山木閤，終日子規啼」，盧仝、馬異之渾成；「山寒青兕叫，江晚白鷗饑」，孟郊、李賀之瑰僻；「湅泉依細石，晴雪落長松」，島、可幽微所從出；「竹齋燒藥竈，花嶼讀書牀」，籍、建淺顯所自來；「雨拋金鎖甲，苔臥綠沉槍」，義山之組織鮮新；「圓荷浮小葉，細麥落輕花」，用晦之推敲密切；杜集大成，五言律尤可見者。（《杜詩詳註》卷十九《吾宗》，中華書局標點本，第一六八四頁）

《秋日夔府詠懷奉寄鄭監【審】李賓客【之芳】一百韻》「南内開元曲，當時弟子傳。法歌聲變轉，滿座涕潺湲。」【朱注】白居易詩「法曲法曲合夷歌，夷聲邪亂華聲和。以亂干和天寶末，明年胡塵犯宮闕。」自注云：「玄宗雖雅好度曲，然未嘗使蕃漢雜奏。天寶十三年，始詔諸道調法曲，與胡部新聲合作。識者深嘆異之。明年冬，禄山反。」（《杜詩詳註》卷十九《秋日夔府詠懷奉寄鄭監【審】李賓客【之芳】一百韻》，中華書局標點本，第一七〇三頁）

詩題詠懷寄友，是賓主兩意，此詩或分或合，極開闔變化、錯綜恣肆之奇，而按以紀律，却又結構完整。刻本割裂段落，多寡不勻，幾於亂絲難理。今分作十段，每段各有起正，各有承轉，天然位置，不容毫髮混淆，此在讀者詳翫耳。詩有近體，古意衰矣；近體而有排律，去古益遠矣。考唐人排律，初帷六韻左右耳。長篇排律，起於少陵，多至百韻，實為後人濫觴。元白集中，往往叠見，不免誇多鬬靡，氣緩而脉弛矣。此篇典雅工秀，才學既優，而部伍森嚴，章法尤為精密。短章詩斷處多用突接，長排體則須用鈎挑之法。每段出落處，回顧上文者為鈎，逗起下文者為挑，必層層連絡，各有關合照應，否則散漫不屬矣。玩此詩，逐段鈎挽挑逗，俱見作法之巧。（《杜詩詳註》卷十九《秋日夔府詠懷奉寄鄭監【審】李賓客【之芳】一百韻》，中華書局標點本，第一七一六～一七一七頁）

《讀杜拾遺老瓦盆戲作》（洪希文）：「此翁坦率性，長享甕頭春。觴客終頹玉，傾人嬾注銀。干戈塵世淚，風月草堂身。賴爾有蘇鄭，情親不厭貧。」杜詩有麴米春，松醪春。白香山杭州詩：「青旗沽酒趁梨花。」則杭俗有梨花春，舊矣。可補杜注所未及。（《杜詩詳註》，中華書局標點本，第二二八六頁）

智按：仇兆鰲，字滄柱，鄞縣（今浙江寧波）人。康熙二十四年（一六八五）乙丑進士，官至吏部侍郎。

申厚載（一六三九～一六九九）

《記舊遊，效樂天體》

生平愛山水，早痼烟霞疾。負笈廬山寺，吾年方十一。每趁讀書暇，頻造敏公室。霜菊傍堦披，風松臨澗欝。春遊鳳棲村，杜鵑花正發。折花揷滿頭，困眠依林樾。觀浪舍人巖，黿鼉紛出沒。遵路李家庄，層厓高突兀。深潭澈底明，坐數潛鱗鱍。十七來京師，壯麗瞻雙闕。八角觀燈夜，親朋斗酒挈。白岳與終南，眺望天際豁。長江淨練橫，遠帆飛電掣。冬深太古庵，佛燈明書帙。蘿寺往來頻，松窓寒暑閱。伊時同榻人，如今半存歿。烏臺起風浪，青油佐湖臬。臨江作麗譙，從古關防設。北樓江月白，嬌歌聞二八。錦壁歸來晚，鳴琴吹觱篥。四郡窮歷覽，漣漪復硉矹。二樂清無眠，流泉枕上聒。三峯水中峙，玉筍雲外出。江撼五更樓，風生萬古穴。舊題壁間留，吾詩愧荒拙。義湖碧萬頃，或疑藏神物。賴爾資溉灌，四野黃雲割。北壁𥉻蘭舟，秋江正寥泬。俗離界湖嶺，岳色如皆骨。東臺夕烟斂，飛甍似頏頡。縹緲雲莊臺，鐵鎖誰能掇。鐫石水精峯，諛詞眞堪咥。搖搖不繫蓬，畫欄俯溟渤。澹月退寒潮，疎鍾來遠刹。白江訪古墟，葭葦秋蕭瑟。釣龍臺邊石，唯懸舊時月。成忠諫不用，國步忘臲卼。定方非名將，怒隣乃自伐。臯蘭借一宿，水雲滿窓闥。居然四十秋，勝景吾能說。爽鳩辟郎署，疑獄雞林讞。月城生蔓草，六陵埋殘碣。凄凉鮑石亭，後車存淫佚。往跡杳鴻泥，興亡眞一瞥。指點將軍墓，行人毋敢爇。怪哉僧舍松，斫殘猶生蘖。書雲奏星變，奉命測彗孛。沁都騁遠眺，海山青一髮。落照下西岑，鮫室如火爇。不愁近黃昏，朝野方寧謐。承綸戒南轅，歷路原廟謁。荒城酹國殤，甘霖驅旱魃。回軺訪舊鄉，先祠揭忠烈。熊魚辨取舍，漢紀千秋匹。披香憩荷亭，夜雨跳珠沫。漆齒嘖移舘，馹路當盛熱。公餘辨勝遊，浩浩東溟濶。孤雲有古臺，芳塵猶未歇。馬島脚底看，蠢蠢如蟻蝨。傷心憶龍蛇，二陵羞未雪。梵魚眞壯觀，紅濤擎白日。洛江朝日夜，何處尾閭洩。秋登七點山，落木風飉飉。故國吊金官，危樓看木末。名山屬分符，祈靈薦芬苾。俯視嶺之南，郡邑紛星列。清凉最瑰奇，金塔隣文筆。卓立入雲表，恰似霜後鶻。歸來在望中，闤闠獨超絶。清芬邈難儔，吏役徒哺啜。紅亭眺極浦，漁火時明滅。龍門望迢遞，翠眉空外抹。神勒古寺在，澄江耀藻棁。懶翁去已久，誰與論悟悅。英陵歲事將，郅隆思髣髴。吾祖文僖相，經綸等稷契。於焉起遐想，雲仍慙譾劣。湛恩荷明時，濊貊春按節。先登斷髮嶺，萬峯崑玉潔。次入衆香城，千巖驪珠綴。揷天香爐峯，星辰手可撮。懸瀑喧雷霆，傍觀欲奪魄。蕭洒正陽寺，傾危寶德窟。高僧訪地藏，絶壁臨天逸。荒墟妙吉祥，住世曇無竭。探奇盡瑣細，飽勝忘飢渴。繁陰憩薜蘿，晴翠依楓栝。同遊二三子，苦吟如蟋蟀。層厓一逕通，險阻難盡述。居僧熟擔輿，峭磴能超越。殘雪尙踰丈，徐行畏蹉跌。向晚到楡岾，餘興猶滃浡。老衲談眞際，似傳楓潭鉢。棟宇自參差，水石相磨戛。塵緣愧不斷，列郡將巡察。百川橋下路，仙凡從此別。海山左右視，孤亭殊豁達。四仙跡已陳，丹書字半缺。叢石信靈異，玉樹海中茁。賴得鬼神護，不爲風濤嚙。停驂侍中臺，一回湖澄澈。隔海望扶桑，雙袖天風拂。花津與仙潭，物色俱清切。清澗及望海，壯觀無優劣。最愛洛山寺，日馭升蕩潏。那得繫長繩，去來免倏忽。數椽跨巨壑，浮屠信多術。驚波日舂撞，老石何能掘。鏡湖明似鏡，其深纔過膝。比如君子心，終古無泛溢。雪岳出青冥，森羅斧與鉞。鉢淵亦奇勝，水嬉看旋斡。竹西樓上望，一溪環又玦。下樓登小舟，笙歌雲外咽。松浦碧萬株，參天摠秀拔。愛此歲寒姿，不被風霜殺。海棠濯川錦，鳴沙鋪玉屑。芳洲對白鷗，便欲投朱紱。路從福嶺回，馬向臨溪秣。轉入月精寺，中臺最峭崒。羣山讓其尊，環立同丘垤。中多絶粒僧，朝夕茹芝朮。老釋笑相迎，眞如話文佛。苦海洒甘露，迷津渡寶筏。歸路出清平，臨風懷往哲。二水遠逶迤，高閣倚嵂嵲。鳴鳥不可聞，客子愁如結。涒灘我去國，一麾來湖邑。卧對月出山，起居若相接。明月照萬峯，頭角爭濈濈。命郡自有以，大石峯頂立。一夫搖能動，千夫還妥帖。南溟近周遭，漢拏遙拱揖。登樓悄無興，北望懷愁悒。壯哉道岬寺，僧徒紛合沓。詵公去千載，蘚碑今半塌。甲子牧星山，梅軒過二臈。海印信壯觀，鍊石高十級。僧房未易遍，廊廡迷周匝。剞劂自羅麗，梓板何稠疊。僧言諸佛護，故能免灰劫。寂寂紅流洞，一溪羣岡夾。肥遯憶文昌，愧我如維縶。磴路向雙溪，萬景供跋涉。開山有信公，佛家誇事業。茂溪對清瀾，泛泛鳧與鴨。海門知不遠，猶見朝宗急。己巳蒙起廢，感激孤臣泣。銀臺耿光邇，玉帛燕都執。行邁過箕城，愁雲擁殘堞。古井認遺跡，荒陵悲馬鬣。僧寮孤島臨，客亭洪濤壓。含杯澹忘歸，勝賞西州甲。薩水亦名區，風烟錦囊拾。孤軍敵百萬，乙支才難及。義州濱鴨江，疆界分華鰈。緬懷存邢恩，百感中宵集。三江皷枻去，九連城下宿。往往漢人居，至今餘瓦礫。蘆花間楓葉，秋容正淡泊。塞上射鵰兒，走馬控鳴鏑。安市誠險阻，固守同墨翟。貞觀莫我何，畢竟褒束帛。道從鳳城入，伐木爲其柵。迤西列七站，大都依林麓。溪山隨處好，秀麗如東域。峩嶺劣容軌，征人愁犖确。瓮河既入渡，峻阪又深谷。山回到冷井，孤塔望中白。新亭政洒淚，不復來遼鶴。瀰水向東流，燕丹想遺躅。千金買短匕，不救邦運促。狼秦非霸齊，料事荊卿錯。西山駐仙蹕，其勢強呑弱。勝之豈爲武，僅免隋車覆。惠眞何爲者，甘就轅門伏。慕容此創基，渤海復開國。而今并磨滅，荒臺遊麋鹿。獨有逢與管，清風動寥廓。迢迢十日行，曠然皆平陸。北顧莽空濶，螺螺時露碧。瀋都據形勝，宮廟明丹艧。時來國有人，帝醉王爲宅。松杏已凋殘，廣寧復寂寞。戰池見朽骨，耕田拾遺鏃。張公死爲厲，洪帥生爲僕。鴻毛與太山，丈夫宜審擇。截彼醫無閭，儼作天西壁。散爲十三山，龍脉如蕩析。草沒聖水巖，賀老難重覿。東人駐干旋，問字悅如昨。大小凌河渡，紅白旗堡歷。寧遠五十萬，不早徵一檄。廟謨失猶豫，啜泣終何益。自遼至關河，烟臺高矗矗。人謂熊袁智，此計未爲得。如但報警急，何爲此綿絡。自守固不暇，豕突安能敵。一臺費萬金，封彊終日蹙。古祠吊孟姜，高風悲落木。思婦及放臣，睠顧應相若。何獨湘潭人，懷沙不化石。山海非秦關，云是徐公築。八里罷築城，樞臣獻石畫。望海海連天，日月雙轉轂。蓬萊渺安在，鯨波窮遠目。負山峭入雲，擧頭天疑觸。孤島數點青，望之眞碌碌。撫寧古榆塞，山木今濯濯。西南昌黎縣，數峯看如削。孕得文章士，著書胡鬼斥。碣石既沉海，何處尋禹跡。盧龍過脩阪，北平問孤竹。二子清風凜，廟貌山之脊。灤河在其下，不受秋霖濁。苔深道傍石，沒羽猶可識。薊州輔神京，在漢如馮翊。橋記羯胡安，城憶將軍戚。津梁疲卧佛，烟樹迷高閣。南宮濕燎衣，蕪亭飢進粥。重恢固天眷，亦資良臣力。三河宿路傍，竟夜聞鈴鐸。云有皇后喪，葬之遵化北。車馬首尾接，大道爲之塞。槖駞數萬匹，載去帷與幕。牽羊復驅豕，揷奈何食肉。帝駕從喪行，輦路別開拓。不見鸞旗建，萬騎相馳逐。行人不呵禁，去來紛絡繹。隨行大車將，有女顏如玉。人傳是貴主，露面固夷俗。通州枕惠河，艤岸多海舶。漕運自東南，京師所仰食。酒帘襯駢肆，喧闐街路窄。艱危作保障，緬思孫閣學。過橋四十里，烟火通紫陌。墓舍樹豐碑，皆是名公穸。岳廟塑神像，中設冥間獄。豈其使愚民，恐動知禍福。目中未曾有，壯哉皇城郭。齊化門巍峩，九街如繩直。羃羃人袵連，轟轟車轂擊。喧喧動歌吹，燦燦羅錦縠。侯王摠甲第，豪貴皆列戟。公子紫貂裘，遊俠黄金策。綺筵翠幕張，繡幰紅塵撲。初入東長安，玲瓏見黄屋。觚稜紫磨金，蕩漾晨光射。御溝列五橋，其下晴波緑。擎天四玉柱，不知何代植。蜿蜒鱗甲動，或恐雲雨作。廟社在東西，森森松與栢。朝儀戴紅帽，摠非明禮樂。高皇掃胡元，宇宙重開闢。成祖學昊濞，餘威振沙漠。崇禎號恭儉，慘矣死社稷。寶命一朝訖，熹廟嗟流毒。南遷是良圖，廷議終見格。愁雲鎖煤山，寒流來太液。晨鍾故國聲，暮鴉前山色。祖訓失忠厚，後嗣仍刻薄。縱宦弄朝權，戮諫傷國脉。礦稅務藏富，寵賂充壑欲。陜浙始分黨，啓禎頻換局。勦撫舍道傍，安危秦肥瘠。藩封恩太厚，九州供湯沐。民愁天亦怒，安得更迓續。金陵一龜兹，恃險耽宴樂。內訌蔑外凋，竟受青衣辱。明人尚氣節，臨難操愈確。壬午暨甲申，班班光史册。慘惔柴市廟，從游多毅魄。河館四十日，感古懷未釋。築宫想郭隗，憩棠思召伯。東還已九載，蘧然春夢覺。海邦忝居守，匪才慚鎖鑰。撤土備陰雨，覆車懲往昔。金張彼何人，只可遺巾幗。暇日陟摩尼，參星聊遠矚。青齊極杳茫，仙槎斷消息。伏波倚譙樓，小池通潮汐。僧舍可藏兵，正與文殊角。軍廩貯紅粟，戰艦羅青雀。緩急作晉陽，復有城池役。麗季亦屯難，移都此避狄。彈丸僅自保，黔首遭殺戮。洪陵一掬塵，惻愴來樵牧。分司出故都，訪古登嵩岳。松殘未棲鴉，嶺寒空餘鵠。宫庭暗禾黍，輦路生荊棘。諸陵臥石獸，王氣偏蕭索。外禦闕良籌，內修多慙德。舅甥結大國，寶位頻黜陟。握權強臣逼，釀禍妖僧酷。眞人一朝出，曆數終五百。獨怪鐵原相，征倭稱壯略。奈何攻遼議，國事輕一擲，慷慨烏川子，一死輸忠赤。復有杜門人，不爲名利縛。至今業行商，摠是簪纓族。天磨碧岧嶤，北流同衆壑。沉沉百丈虹，疑自雲間落。噴薄一何壯，或恐坤維拆。睥睨亘晴空，天風吹兩腋。懲前諒毖後，關路眞控扼。苦心見老將，伺影潛沙蜮。識幾嗟不早，有淚空沾臆。循崖下洞深，剔蘚觀碑刻。斯人間世出，象數窮羲易。遺祠閉空山，考槃思薖軸。畫欄枕清漣，灘聲揚又抑。照我鬢蕭蕭，鏡光明新拭。徘徊水石間，不覺西暉昃。秋深甘露寺，海天横一笛。風送片帆孤，潮來兩岸隘。勝賞潤州同，但欠無梁鑊。甲戌黨禍作，乃有驪興謫。民川與雷巖，杖屨任所適。釋負喜閑閑，處難寧慽慽。旅舍閱秋冬，忽見雲間鵲。松楸感雨露，蝸室還初服。曩日宰官身，暮年林下客。蟾水一漁舟，烏山雙蠟屐。沙暖鳥相呼，潭深魚自躍。老圃邵侯瓜，東籬陶令菊。深巷草芊芊，小園花簇簇。雨出披簑衣，泥行躡草屩。石逕陟千仞，溪流循九曲。羞囊乏孔方，滿架堆書籍。含飴孫可弄，開卷兒能讀。野事課僮奚，沙田勤力穡。聞雞曉飯牛，趁鴉昏驅犢。山蔬採薇蕨，岸菜挑苜蓿。方春折露葵，御冬茹旨蓄。野老時爭席，村醪亦滿酌。端居萬念灰，但有豊年祝。奈何歲連荒，無禾又無麥。息錢富家催，租稅縣官索。生事一何微，糲飯聊自足。差勝流離子，朝夕枵其腹。素志樂丘園，棄材甘樗櫟。涼飈日夕來，頓覺蒸熱滌。翩翩燕辭巢，咽咽虫催織。倚杖月出山，秋郊正岑寂。追思舊游地，渾似蓬瀛隔。不有記諸文，歲久應遺却。永柳賴子厚，名園遇文叔。中州萬里外，探奇猶咫尺。聊將目所覩，閑中付子墨。言大諒非夸，一一皆實録。（《葵亭集》卷三詩○五言古詩，《韓國文集叢刊》本）

智按：申厚載，字德夫，號恕菴。有《葵亭集》。

龐塏（一六三九～一七○七）

《詩義固説》

梁武帝同王筠《和太子懺悔》詩押韻，晚唐效之。嚴滄浪以為和韻始於元、白，非也。和韻最害詩，古人唱酬不次韻，後人乃以此鬭工，往復有八九和者，叠出既多，遂至牽率鄙俚不成語。原欲見長，反以出醜，而不自知也。（卷上，《清詩話續編》第七三○頁）

智按：龐塏，字霽公，號雪崖，任丘（今屬河北）人。康熙十八年（一六七九）己未召試博學鴻詞，授翰林院檢討，降中書舍人，終於建寧府知府。有《叢碧山房集》五十七卷附《詩義固說》二卷。凡文八卷，雜著三卷，《翰苑稿》十四卷，《舍人稿》六卷，《工部稿》十一卷，《戶部稿》十卷，

《建州稿》五卷，皆其所手自編定也。

朱載震（? ～一七〇七）

《題希文我與我周旋圖》

陶公曠千載，贈答形影神。香山任縱達，酬和只心身。自得理超竗，抗志邈風塵。出門交有功，古聖重所因。豈無斯人徒，可為吾德鄰。遂謂交可息，此論恐未眞。金石託傾蓋，毀譽起緣黌。離索與泛愛，其失正相均。知人爲人知，斯義難具陳。所以廉讓子，世路閲艱辛。幡然用我法，我與我爲倫。展圖還一笑，相見合相親。攜手且歸去，莫逆迭主賓。何當繪陶白，尚友成三人。（《京華集》，《四庫未收書輯刊》影印清康熙刻本）

智按：詩後評云：「此題甚不易作，起手四句，已獲驪珠。」

朱載震，字悔人，潛江（今屬湖北）人。貢士朱士尊子，刑部郎朱宗望曾孫，翰林朱士沖、常州推官朱士達侄。諸生，知石泉縣。有循聲。著《京華集》、《東浦集》。

方中發（一六三九～一七三一）

《送姚聚山之汀州赴位齋太守幕六首》（其五）

分符元白恰同鄉，幕裏賓僚各擅長。寄語會稽賢太守，莫將新政讓餘杭。（白香山守餘杭，元微之守會稽，曾有詩相唱和。今程梅齋守建寧，去汀州甚近，與位齋先後赴官幕中，皆同鄉人）（《白鹿山房詩集》卷十五七言絕句，《四庫禁毀書叢刊》影印清康熙間雲松閣刻本）

智按：方中發，字有懷，號鹿湖，縣學生。桐城（今屬安徽）人。幼孤侍祖，歸隱白鹿山，祖旋卒。時初鄉居亂離蕩析，奔世父。方以智之難，時方酷熱，銀鐺有聲。中發為畫《峨眉匡廬積雪圖》以解暑。後奔以智喪于萬安水月庵，歸葬白沙嶺。奉伯母潘以居，不吝資產，措置盡善。以監貢授職。

性簡淡，嗜古。善真草書及畫，寸縑尺幅世爭寶之。著有《白鹿山房詩文集》。事見《道光續修桐城縣誌・卷第十一・人物志・孝友》。

顧永年（一六三九～?）

《與許公子功占相遇聊城出其尊大人侍御繡衣衲子歌及令姊丈陳椒峯舍人壽言一册見示于其歸也詩以送之（己卯）》

來時梅正雪，別去麥方秋。總爲肥甘計，非躭汗漫遊。炎蒸憎豹脚，潮落想槎頭。何日中泠側，同君碧玉甌。諫草當年事，高蹤寄碧岑。談經雄馬隊，得句售雞林。籬有陶潛菊，橐無陸賈金。家尊名藉甚，所遇必知音。無限林泉樂，寧須鵷鷺班。机鋒蘇玉局，禪悅白香山。雨後門方啓，花時手自刪。功名五十載，強半卧田間。乘龍桓氏客，花底設春筵。閬苑詩能好，秋河賦並傳。風流前輩格，歡會大羅仙。別業臨江渚，交柯樹色連。（《梅東草堂詩集》卷五，《四庫未收書輯刊》影印清康熙刻增修本）

《題藍采飲古木春草山鵲各一絶（乙酉）》

曾聞妙手挾雙莖，半寫枯枝半寫生。此老精神全不似，偏于冷處著閒情。

春意初萌看却無，芳菲踏遍總模糊。裙腰一道香山句，夢裹還尋西子湖。

山林投契卽深交，無地能容共結茅。最是失時看鵲起，凌雲細審爲安巢。

（《梅東草堂詩集》卷七，《四庫未收書輯刊》影印清康熙刻增修本）

智按：顧永年，字九恒，號桐村，錢塘（今浙江杭州）人。康熙二十四年（一六八五）乙丑進士，官甘肅華亭知縣。有《梅東草堂詩》。

張永銓（一六三九～?）

《楊屺園鄉飲序》

於養老之中，而寓風世之微權者，莫如鄉飲酒禮。所謂大賓者，卽古之國老，介賓者，卽古之庶老。……余聞之，竊謂匪鄉飲能重先生，實先生重鄉飲也。往歲壬戌遇先生時，先生由大梁謁補京師，與余語，惟津津講道義，論風雅，以古人之法書爲珍玩，於富貴利達之途，則泊如也。及爲雄州别駕，公餘之暇，闔韻哦詩，與白香山之爲江州司馬，先後一轍。及歸，囊橐蕭然，惟梓其贈答詩若文以自娱。自解組至今，抱膝于浦南，種竹澆花，吟風弄月，足跡罕入城市。先生之高風曠致，類如此。當其爲諸生也，則閉户讀書者若干年；及其爲循吏也，則廉謹自飭者若干年；迨其爲鄉老也，則淡泊寧靜，以表率後起者若干年。若先生者，洵無愧乎國之大賓哉！今以先生爲大賓，將見膠序之，子弟無不曰：「先生之閉户讀書，以致隆禮於今日也如此。」冠紳之大夫無不曰：「先生之廉謹自飭，以致隆禮于今日也如此。」卽歸田之鄉老，亦無不曰：「先生之淡泊寧靜，以致隆禮於今日也如此。」則是隆禮一先生，而當日之爲子弟者，爲循吏者，爲鄉老者，無不則之傚之，將見風俗日以醇，人心日以厚，吾故謂匪鄉飲重先生，實先生能重鄉飲也。……（《閑存堂集》文集卷一序，清康熙刻增修本）

智按：文後評云：「毛西河曰：發出化民成俗之至意，文有灝氣，固由識高，亦由養到。」

張永銓，字賓門。上海人。康熙三十二年（一六九三）舉人。「《河上紀事九十六韻》敘述甚備，體格極近香山。」（《清詩紀事初編》卷四甲編中，第四八三頁）

汪懋麟（一六四〇～一六八八）

《百尺梧桐閣集·詩集凡例》

余學詩，初由唐人、六朝、漢魏，上溯風騷，規旋矩折，各有源本，不敢放逸。庚戌，官京師，旅居多暇，漸就頽唐，涉筆于昌黎、香山、東坡、放翁之間，原非邀譽，聊以自娱。詎意重忤時好，群肆譏評。故兹集前後并存，俾覽者知余本末，亦自驗所學一變再變，誠不自知其非矣。（《百尺梧桐閣集》詩集卷首，《四庫全書存目叢書》影印清康熙間刻本，集部，第二四一册，第四九八頁；上海古籍出版社影印本，第五三五～五三六頁）

《題爾止四壬子圖》

爾止自云生壬子年，考淵明、少陵、香山皆然，平生又酷好三公詩，因繪茲圖。

客從白門來，示我壬子圖。壬子者爲誰？晋唐三老夫。旁有龠山氏，脱帽依坐隅。生年既無異，賦性豈有殊。黄菊秋正華，東籬且提壺。長鑱托爲命，入谷聲相呼。有時彈清琴，知音良不誣。古今雖異代，先後皆同趨。况乃抱奇節，此君非腐儒。千歲思高人，圖畫安可無。（《百尺梧桐閣集・詩集》卷十六，《四庫全書存目叢書》影印清康熙間刻本，第二四一册，第五一五～五一六頁）

《金蓮池觀白太傅題石二首》

春去纔逢一日晴，深山四月喜聞鶯。忽來小閣驚飛雨，卻是山泉滴瀝聲。韜光絶壁好禪關，今古遊人池上還。何事紅薑與青芥，高吟只愛白香山。（《百尺梧桐閣集・詩集》卷十六，《四庫全書存目叢書》影印清康熙間刻本，第二四一册，第六五九頁；上海古籍出版社影印本，第一一七八～一一七九頁）

智按：清厲鶚《增修雲林寺志》卷六（《續修四庫全書》影印清光緒十四年刻本）題爲《坐金蓮池上二首》。「今古遊人池上還」，作「今古遊人自往還」。「何事紅薑與青芥，高吟只愛白香山」，作「何事題名留片石，高吟只數白香山」。

《三月晦日漫興五首》其五

近愛元和以後詩，冷吟閑醉意遲遲。停機倦婦難成錦，下箔餘蠶不吐絲。任彼是非甘忤俗，已拚弃置惱逢時。相如大有黄金在，詞賦何勞世上知。（《百尺梧桐閣集》遺稿卷三，《四庫全書存目叢書》影印清康熙間刻本，第二四一册，第八二一頁；上海古籍出版社影印本，第九八～一〇〇頁）

《選白詩竟題一絶句》

淡粥三杯藥一匙，清晨忽報日中時。欲知閒裏忙功課，要畢丹黄白傅詩。（《百尺梧桐閣集》遺稿卷五，《四庫全書存目叢書》影印清康熙間刻本，第二四一册，第八三四頁；上海古籍出版社影印本，第一五一頁）

智按：汪懋麟，字秀甪，號蛟門，江都（今江蘇揚州）人。康熙六年（一六六七）丁未進士，授祕書院中書舍人，朱方旦以邪術傾動一時，懋麟著辨道論，抵其妄，以主事銜與修《明史》，擢刑部主事，罷歸，杜門著書。有《百尺梧桐閣集》。（《大清一統志》卷六十八）其詩法傳自王士禛，而才氣縱横，視士禛又為别格。趙執信《談龍録》記嘗見其《浯溪中興頌詩》，起句云：「楊家姊妹顔妖狐」，卽擲去不視，謂「頌中興而自天寶致亂敘起，雖萬言不難辦也」。雖以懋麟為新城弟子，借懋麟以攻士禛，未免操之已蹙，然亦足見其少所翦裁矣。（《四庫提要》）

蒲松齡（一六四〇～一七一五）

《荷珠賦》

一曲之沼，十畝之塘，氣蒸新草，影暗垂楊。荷結叢而族處，根據水而分疆，華摇摇而逞媚，粉細細而流香。美矣哉！荷之為物也！獨是荷咏蓮詞，錦列綉聚，陳陳之詞，言之已故。惟青盖之微霜，綴金盤之甘露，非珠似珠，可愛可慕。予于此時，荷珠可賦。若夫地脉發，天氣清，濛菘下，顆粒生，月涵星泣，烟斜霧横，見遺鱗與剩璧，睹碎玉與殘晶，想淵客之隕涕，乃顆顆而圓成；映初出之皎日，似晨宿之熒熒。近而即之：摩尼失耀，照乘非明，濕不沾盖，白可眩睛，既無風而欲滴，纔着雨而忽傾。非有麻姑擲米，乃細碎以精瑩；豈是駐輦撒殿，胡磊落以澄泓？上燕宫而暑解，疑堕弹而雀驚；倘是睡龍之遺寶，當齊重價于連城。朝摇寒蕊，暮洒芳萍。鉛鎔欲流，水凝難弄。奇既類於走盤，冰疑摧于解凍；非啓木蘭之櫝，即開瑪瑙之甕；憐一葉之孤擎，恒摇摇而欲動。至乃大堤之女，采蓮之人，畫橈始入，緑霧全分，袖長惹刺，丹重蕩雲；光初瀉兮沾錦襦，翠下滴兮染羅裙。短梗垂地，濺襪成文，高枝拂面，破粉為痕，怨無情之草木，散細雨之紛綸。迨夫金飈始折，晴日猶熏，破難槃雨，敗已蒙塵；泥班班兮黯淡，無復疇曩色爛其如銀。

亂曰：荷之青兮清以婉，珠之動兮圓以轉。傷美人之遲暮兮，悵秋江之已晚。怨王孫兮不歸，近公子兮未敢。願在荷而為盖兮，受金莖之一點。（《聊齋文集》卷一，《續修四庫全書》影印清道光二十九年邢祖恪抄本；路

大荒整理《蒲松齡集・聊齋文集》卷一，中華書局上海編輯所一九六二年版，第二九～三〇頁）

智按：仿自白居易《荷珠賦》。

《王村募修地藏殿序》

蓋以齋薰諷唄，是謂善根；建刹脩橋，厥名福業。三生種福，沾逮兒孫；一佛生天，拔及父母。所謂無有際岸，功德具慧性者所不疑也。是以香山居士，盡忘形骸；輞川才人，悉捐庭榭。彼其愚於後人，事猶傳于今日。閻羅女以鬼絹相投，廬山神將匕箸作襯。趙州到處，則盆斗焚香；佛趾行來，則琉璃界道。何止錦襜籠座，驚御殿之洪恩；金澱書經，詫香閨之異數哉！……惟願恒河八寶，並獻雞園；金像十圍，再輝雁塔；由此罄流花界，解八難于慈雲；梵落梅梁，脱十纏于甘露；則挑脚之成功，即為善之快事也。（《聊齋文集》卷二，《續修四庫全書》影印清道光二十九年邢祖恪抄本；路大荒整理《蒲松齡集・聊齋文集》卷三，中華書局上海編輯所一九六二年版，第七五～七六頁）

《祭麗宇韓先生文》

嗚呼！含珠墮蓐，黍僅一炊；欺魄没臯，夢無兩幻。蓬萊罷晏，回首頓變滄桑；棨戟盈門，轉瞬已成墟墓。采雲之散，脆等瑠璃；朱履之群，長抛玳瑁；雍門之歡，所由來已。……迨至晚忌世味，早悟法門；腦脱十纏，心空五蘊。香山居士，形體如僧；輞水才人，池亭作寺。像雕白玉，香聞叨利之宫；地布黄金，影徹水晶之道。既已身登寶岸，品證金蓮；為善種其福根，成佛須其慧業。……臨穴十士，半奉倩之同年；野笑千家，盡鄭僑之鄉里。三生石精魂不滅，還踐村門；一斗酒沃酹相聞，應通泉路！（《聊齋文集》卷二，《續修四庫全書》影印清道光二十九年邢祖恪抄本；路大荒整理《蒲松齡集・聊齋文集》卷九，中華書局上海編輯所一九六二年版，第二五四～二五五頁）

《擬白香山想東游五十韵》（有序）

白太傅太和三年春作《想東游詩》，其序曰：「予病免官後，憶游浙右數郡，兼思到越一訪微之。故兩浙之間，一物已上，想皆在目，吟且成篇，不能自休，盈五百字，亦猶孫興公想天台山而賦之也。」齡年五十，腰脚頗健，輒思游浙而未之果，然六橋三竺，夢寐不忘。既仿蘇子作《放鶴招鶴歌》，遂觸西湖之興，復成此篇。景行前哲，湖山有約，儻或不負吟筇乎？

洛下分司日，江南望遠秋。舊遊懷蚤歲，昔仕憶賢侯。疆城吳連越，星辰斗共牛。鱗塍開萬井，鼎足峙三州。秀挹川原美，來無寂寞憂。管弦深巷聚，燈火夜船流。住可誇蓮岛，人誰憐故邱！松篁懷遠嶺，臺榭問長洲。堤草青描黛，湖波緑瀉油；楊花迎夾岸，菱葉縮通溝。古寺香瓢桂，空池劍隱湫；蕭疏聞爽籟，清淺沒驚虬。已悉林泉趣，還覘物產幽；果珍霜後橘，枝擅棘端猴。酒趁黎花釀，綾裝柿蒂稠；天機工點綴，匠巧逞雕鏤。曉騎移鞭影，荷花送棹謳；舟程牽锦纜，馬遞送前騶。北固朝陰散，東城暮靄浮；行厨供小膳，妓樂奏圓甌。賓御從談讌，謳歌緩勸酬；令催消短晷，杯動遲輕籌。翠袖欺園柳，紅裙妒石榴。膏環炊作字，鱸鲙斫成毬。照席燈雙炬，侵筵月牛鉤；塵飛歌韻切，拍緊舞釵愁。良會真堪賞，餘歡且漫收；招尋仍彳亍，選勝任優游。慧圃搴芳入，蘭畦得氣柔；興酣聊自適，樂在好徐謀。始被才名誤，難言老病休；含香宵默默，領郡道悠悠。世路猶艱險，平生畏罪尤。久悲魚近網，何日兔離罘？幻滅看朝露，虛無悔海漚；乞閒優詔許，慰我素心求。随分身瀟灑，關情事鬱攸；嬌兒空望眼，霜鬢已盈頭。待結忘形侶，兼營理釣舟。辭家將永泛，念子又遲留。惜别吟江月，多時怨蹇修。郵筒幾度到，羲馭七回舟。舊雨縈今夢，停雲憶曩儔。尚期親跋涉，相與展綢繆。預掃河濱艇，先調岸上騮；浣紗溪並訪，採药迹同搜。劇飲傾春甕，題詩滿郡樓；終年諧杖履，竟夕話衾裯。朱紱吾抛矣，金魚爾念不？殷勤意不極，檢點付神遊。（《聊齋全集·詩》，廣益書局，一九三六年四月，第六十～六十一頁）

智按：蒲松齡，字留仙，號劍臣，別號柳泉居士，淄川（今山東淄博）人。清順治十五年（一六五八），以縣、府、道三第一補博士弟子員。後屢試不第，在同邑畢際有家為塾師。康熙四十九年（一七一〇），援例補爲歲貢生。有《聊齋誌異》。

任埅（一六四〇～一七二四）

《送春日用白香山閒居春盡韻示漢儒》

垂柳陰陰護半扉，病棲窮巷故交稀。東風有意堂堂去，西日無情冉冉歸。紅惜階花如老面，緑嫌庭草似朝衣。殘鶯亦解芳菲盡，啼向愁人坐不飛。（《水村集》卷一，《韓國文集叢刊》本）

《自笑戲效香山體》

自笑西陵十載郎，又除巖邑極淒涼。官因數易無儲蓄，民爲頻饑半在亡。堆案簿書愁未了，滿盤蔬菜苦難嘗。天涯歲月空催暮，唯得青銅兩鬢霜。（《水村集》卷二，《韓國文集叢刊》本）

智按：任埅，字大仲，號水村、愚拙翁。有《水村集》。

金聲久（一六四一～一七〇七）

《卧病無聊中，用白香山枕有思鄉淚門無問疾人爲韻》

卧病又高秋，遠客愁難禁。人生足别離，薄俗多譏讒。括囊羲象晰，三緘孔訓凜。狂言觸駭機，萬事邯鄲枕。

世情我備嘗，雲雨飜覆手。落井猶下石，索瘢仍洗垢。金多若甘醴，利盡如棄箒。人間難托些，去入無何有。

絶域逢秋日，湖山欲暮時。一身惟許國，雙鬢已添絲。咄咄成何事，悠悠坐似癡。哀歌鄰杵急，惹起白雲思。

節序堂堂去，蛩吟夜夜忙。魂迷瀛海濶，秋入鴈聲長。罇酒無銀渚，尖山有釰鋩。清宵歸思切，何日好還鄉。

處世若方輪，豨膏安可施。一言批龍鱗，千里隣鬼魅。去國同王粲，哀時類賈誼。君親俱未報，不禁斜陽淚。

敬通宜却掃，阮子可無言。宿霧埋前嶽，歸雲失後村。觸蠻均勝負，凡楚孰亡存。萬事渾如夢，秋風獨掩門。

西風吹碧樹，落日照襟孤。臣罪宜膏斧，君恩許剖符。傾陽憐野藿，反哺羡林烏。好事時憑夢，如今夢亦無。

用舍便行藏，洋洋有古訓。龐公不入城，閔子將歸汶。獨昧坎流機，遠投炎海郡。既知由自作，何必蒼天問。

佩玦已逾年，賜環知幾日。消憂賴竹葉，扶病惟參朮。兩部蛙鳴閣，三更虫語唧。支頤消永夜，頭上光陰疾。

聖朝方側席，昭代起沉淪。廊廟皆時彦，飄零只此身。透簾山海色，擁座柚柑新。芹曝無由獻，微忱愧野人。（《八吾軒先生文集》卷一，《韓國文集叢刊》本）

《乞歸養仍陳時弊疏》

……國家無彊之赫業，至今日而有淪喪顛隮之形。君臣上下所宜汲汲遑遑，有如兵戈搶攘之日，危急存亡之秋。而一時氣像，舒緩寬縱，泄沓悠泛，略無異於昇平無事之時，臣竊痛焉。……昔在唐憲宗時，久旱民飢，欲降德音，李絳、白居易上言以爲欲令實惠及人，無如減其租稅而絶諸道進奉。宋臣曾鞏有言曰：遇非常之變者，必有非常之恩，然後可以活民而保國。……（《八吾軒先生文集》卷三，《韓國文集叢刊》本）

智按：金聲久，字德休，號海村道人。有《八吾軒集》。

張大受（一六四一～一七二五）

《寄滄洲太守詩用香山代書寄微之一百韻》

正直神能與，文章命孰司。星霜三歲隔，天地兩心知。最喜名流挺，都愁俗網羈。身能安進退，秩肯計崇卑。如水恒成友，他山屢獻規。往來情亹亹，反覆語偲偲。天道應堪問，人倫庶共持。向分為郡竹，曾欵讀書帷。徑接降龍地，門連養鴨陂。八州官舸議，十子夜燈期（先生在蘇州會議公事，晚至潮生閣為詩社，同會者十人）。怪應挂冠讖，悲吟落葉詩。露章拘旅舍，明詔赴京師。暫爾金門待，何妨下士為。浮沉同給札，得失比彈碁。拜舞親三殿，行歌遍九逵。緑楊依象闕，青草漾魚池。南苑紅香簇，西峰翠色奇。

落梅吹出管，飛鴈拉為絲。北雪寒圍火，東風醉折枝。逐年情放蕩，隨處步逶迤。入局籤常展，當筵令亦施。市交鳴筑客，壚傍數錢姬。自分虛成浪，由來慣學嬉。説餘遊客舌，畫恥鬭時眉。史職書重輯，君恩府再移。出都車有載，開閣案無遺。俗泰誇纚屣，財空苦漏巵。愚民剽竊細，凶歲藝耘遲。衙散舟頻坐，郊行馬不騎。甘霖因地灑，皎日向天垂。正擬雲霄上，重憐道路岐。鸞棲叢棘困，鱷舞巨濤隨。晴雨祟朝換，雷冰四序推。幣金均作算，刀筆巧為資。法密逃何所，名高黜亦宜。蘭寧生大澤，玉屢獻明時。户暗鼃横結，簷低鼠側窺。畏人時惴惴，學古夕孜孜。耽詠思抽繭，工書力運錐。金山當海窟，鐵甕倚巖坻。本是班揚筆，無非屈宋詞。烟霏終日態，臺館昔時基。決溜狂誰遏，登埸勇勿疲。家家傳畫扇，箇箇豎降旗。政孰先龔遂，文仍似趙衰。樓居曾數訪，詩卷得全披。正氣殊開豁，孤身久繫縻。聽琴江上別，贈策道中馳。直節存清議，私懷望紫墀。公卿猶鼎列，臺省若鱗差。願保能鳴物，須明不染姿。清霜廻栗冽，麗旭照葳蕤。丹鳳容翔躍，青蠅禁喔咿。雅歌憐楚客，温語慰吳兒。淑慝天能鑒，庸威帝不私。芟除專長柏，畜養肯容貍。富貴生常定，詩書古豈欺。吏廉三代直，主聖萬民毗。士論皆如此，卿材寔在兹。志伸能耐屈，道坦敢忘危。宦海憑漂泊，交情任嶮巇。温恭持未失，忠信往何疑。峻谷秋彌潔，貞英晚不萎。白頭鋒少挫，赤手柱猶搘。伯樹常留愛，王綸正録疵（靈皐新奉温旨）。竟教騰冀駿，焉許賦湘蘺。自媿空衰質，相於乏好辭。堯年齊泰華，舜德格苗夷。几杖黎民膳，牲牢古聖祠。俊賢搜藻泮，文字訪苔碑。盛德敷天下，庸才念水湄。何時居埜屋，與客向城陴。塔頂朱磷爛，橋彎碧漫瀰。花疎尋蛺蝶，葦長蔽鶥鷀。岸設芙蓉障，堂連豆莢籬。丹青公等繪，稻黍老夫炊。樹大筐收耳，波渾網得鬐。朋來須更酌，路遠只相思。幾夜短書讀，誰家長笛吹。荒城居最陋，老守卧應羸。餓合仙餐石，醒從衆啜醨。袍將秦范叔，操解楚鍾儀。失水誰憐鮒，傾陽但擬葵。劒埋仍有耀，璧涅詎曾淄。吉信全憑鵲，憂思更決龜。氣衰非上將，肱折是良醫。觚觚休為彼，崢嶸獨取斯。幾年棲道院，連夕夢江涯。對雨懷牀席，因風想履綦。久居牽蔓草，偶出采靈芝。歲月多淹滯，山川遠別離。跡為雲屢變，形似月常虧。舊恨新方洗，前歡後尚追。並誇精力健，休悵齒牙衰。古意承知我，長言寫寄誰。劉郎驚燕麥，元氏問辛夷。何日重攜手，斯人最解頤。芬芳千載慕，躑躅一身悲。司馬愁增病，東方笑忍飢。疊箋將尺鯉，渺渺去何之。（《匠門書屋文集》卷五，《四庫未收書輯刊》影印清雍正七年顧詒禄刻本）

《和院長西厓先生新拓書齋倣樂天體》

好詩元似謫仙人，更愛香山適性真。牆外拓將三步地，巷南併作一家春。撫時默坐居忘陋，對客清談室耐貧。公退翛然耽賦詠，最忙官職最閒身。

仕世元知閉户難，只教塵慮不相干。座容風月為良友，銜領文章是冷官。一角鳥聲通別院，四時花影接雕欄。市朝妙得山林趣，煮石舂英當晚餐。（《匠門書屋文集》卷八，《四庫未收書輯刊》影印清雍正七年顧詒禄刻本）

《題香山圖西厓院長督學河南時重修香山寺退谷中允遊此地出橐中金為寺僧買田圖中題詠甚多》

香山夢屢游，巖澗環精舍。白公結淨因，更證千載下。中允嗣買田，學士始命駕。倡和殊風流，身心寄圖畫。雲飛石闕開，風激泉流瀉。何年負鉢從，一笑遠師社。（《匠門書屋文集》卷八，《四庫未收書輯刊》影印清雍正七年顧詒禄刻本）

智按：張大受，字若谷，一字可之，號蔚園，常熟（今屬江蘇）人。諸生。有《蔚園詩鈔》、《匠門書屋文集》。

周篆（一六四二～一七〇六）

《字說》

自古有道之士，率皆無名，如世所傳披裘公、漢陰丈人之類是已。其達而在上，功德及人，人欲從而稱之，則往往即其所有事以名之，如堯時之殳斨、熊羆，是已名雖傳於後世，要非其名也，而況於字乎？迨德下衰，人不能無名，然而未有字也。試問西周以前，為聖為賢，為卿為相，其字云何？未有不茫然者。予故嘗為之說，曰：人之稱字也，其始於東周後乎好名之心勝，故名之不足，而繼之以字。然而無名者，往往傳其事；有字者，或不著其名。豈非所以聞當時而垂後世者，顧其行事何如，而不在字之有無也。況字不足，而復加之以號，如晚近之世乎，是故取號與字較而字貴，取字與名較而名貴，取有名與無名較，而無名貴。嗚呼！無名尚矣，意者其無字乎？無字尚矣，意者其無號乎？居今之世，不容無字，猶唐虞以降之不能無名也，去號而稱字，其猶行古之道歟？作《字說》。《冠禮》三加而字之，敬其名也。周道尚文，有字實始於西周，故聖門朋友，皆以相字為尊，未有以號稱者。號始於唐，而盛於宋。然必皆晚年德盛望尊，人并其字不敢稱，而始以所居之地稱之。如史傳中往往云，學者稱為某某先生之類是也。其偶有自號者，如香山居士、醉翁、東坡居士、伊川老人之類，亦皆晚年偶取所居之地以自寓，未若明以來之無貴賤老幼，無不有號者，是以齋亭呼及童稚，坡谷濫於輿臺，而等威齒德之辨混然矣。（《皇朝經世文編》卷六十八禮政十五，清光緒十二年思補樓重校本）

智按：周篆，字籀書，號草亭，江南青浦人。有《草亭先生文集》二卷、《詩集》四卷。

李振裕（一六四二～一七〇九）

《善鳴集序》

……虞山錢牧齋先生乃始排時代升降之論而悉去之，其指示學者，以少陵、香山、眉山、劍南、道園諸家為標準，天下始知宋金元詩之不可廢，而詩體翕然其一變。……（《白石山房集》卷十四，《四庫全書存目叢書》影印康熙間香雪堂刊本，集部第二四三册，第六九六頁）

智按：李振裕，字維饒，吉水（今屬江西）人。康熙九年（一六七〇）庚戌進士，改庶吉士，授編修，官至戶部尚書。有《白石山房集》。

李光地（一六四二～一七一八）

《榕村語録》

道理是分共的，不是一己的。舜之居深山之中，與木石居，與鹿豕游，於野人之中，聞一善言，見一善行，若决江河，沛然莫之能禦。難道野人勝似大舜不成？白香山詩令老嫗讀之，老嫗説不好便改，全要解得此意：道理原是天地間公共的。(《四庫全書》本《榕村語録》卷二十三)

如今人學詩文，動説歐公、白傅。二公的詩體、文體學不得，天才、學問都比不得他，只是學他平調，他都是「讀破萬卷書」，就是音節之間，如何能到得他地位。(《四庫全書》本《榕村語録》卷二十九)

詩文全關氣運，都是帝命。王荆公學問何必下於柳子厚，而詩大不及；東坡學問何必下於白樂天，而詩亦不及。(《四庫全書》本《榕村語録》卷三十)

《榕村語録續集》

凡一件事，要眞知狠難。看得古人文字不明白處，正當留心。予初年看八股，最不喜王守溪，不知其佳處安在。今觀之其不討好處，纔是眞好。道理平實妥當，而體製近古。初看詩，了不知所傳爲好詩者，有何好處。只得用自己意思，覺得好者，便以爲好看。杜工部最有名者，有句中字覺得不妥者卽改之，自覺得意，不過以爲文從字順。今思之，大不然。其不從順字眼，正是唐人用工處。蓋如此下字眼，方有言外之味。不爾，便是帖括體。如「人烟寒橘柚」，改作「人烟圍橘柚」，豈不可笑？李、杜、韓、柳四家改不得，他家便有可改處？四家眞缺一不可，不能相兼。李詩雖王荆公嫌其全詩不過脩仙喫酒，如所謂飛仙劍客者，然其擬古，如《長干行》之類，雖工部不能無奈其不像，惟青蓮像漢魏，豈惟像，更覺得飄洒。杜之五七言古詩，初年倣摹漢魏亦似，而晚年自開派頭，冠絶今古，一空依傍。韓詩要追到漢魏以前，古文欲造希微淡泊田地，雖極服杜工部，卻不摹倣，又自開一派。柳詩最後出，竟有集大成意思。漢魏也有些，六朝也有些，工夫獨到。四家竟彀了。他如陳子昂、韋蘇州、王摩詰、張曲江、儲光羲、孟襄陽、張文昌、錢起、劉長卿，不過數首焉，能全佳。至白香山、李義山諸人，雖詩集甚大，而力量氣味差之遠矣。然此事予至今尚不能認得眞，古文從少讀，又比詩認得些。(《榕村語録續集》卷二十，《四庫未收書輯刊》影印清光緒傅氏藏園刻本)

智按：李光地，字晉卿，號厚庵，又號榕村，安溪（今屬福建）人。康熙九年（一六七〇）庚戌進士，改庶吉士，授編修。官至文淵閣大學士。謚文貞。有《榕村集》。

徐豫貞（一六四二～?）

《喜郁子涵山數過草堂賦贈》

郁子嘗謂予曰：「世人稱《逃莽詩草》者，以其愈邨樸，愈風雅，如長慶體，此麄得皮毛耳。竊觀詩中有一段悠然自得處，其性情淵厚，正與陶公相似，長慶非所擬也。」予媿不敢當此言，然郁子識具亦略可見已，故詩中及之。

家貧苦藉舌畊資，見面恒難每見思。行詣我廬常十里，坐留君語必移時。田園謂得陶公致，邨樸知非白傅詩。頗訝少年存藻鑑，晚將末契託何疑。（《逃莽詩草》卷十，《四庫未收書輯刊》影印清康熙楊崑思誠堂刻本）

智按：徐豫貞，字滄浮，號逃莽。海鹽（今浙江海寧）人。監生。有《逃莽詩草》十卷。參見《清詩紀事》第七册（康熙朝卷、雍正朝卷），第三九〇九頁。

萬斯同（一六四三～一七〇二）

《明史新樂府》

⊙序

昔之擬樂府者，率用漢魏古題，獨唐白少傅取本朝事為題，而名之曰新樂府。蓋新題體□，非漢魏遺制也。余讀而愛之，因采明室軼事為題而係之以詩，不過五七言長短句，非有音節可被之管絃也。今而直名為樂府，則與漢魏遺制不類，欲不名為樂府，又非余效法白傅之意，故循襲其舊，亦名之曰《新樂府》云。

⊙沉瓜步

元順帝至正辛卯，欒城人韓山童聚衆起兵，爲元將所殺，其子林兒逃之。武安山童黨劉福通、杜遵道等據汝寧光息諸郡，迎林兒爲帝，國號宋，建元龍鳳。明太祖起兵初，依郭子興。子興死，遂歸宋，受其官爵，奉其年號。至癸卯龍鳳九年，張士誠將陷安豐，太祖迎宋主歸滁陽。丙午十二月廖永忠沉之于瓜步。

韓家弟子年雖少，曾據中原稱帝號。明祖起兵十年間，江南實頒龍鳳詔。安豐既敗滁陽遷，歲時朝賀尚儼然。自從丙午沉瓜步，明年遂改吳元年。廖永忠，爾何逆，豈不知我皇之興賴其力，胡乃弒主甘爲賊。人言此事實逢君，異日將希格外恩。寧知終受誅夷禍，太祖何嘗念若勛。

⊙李太師

名善長，佐高皇帝定天下，歷官太師、左丞相、封韓國公。後坐胡惟庸黨賜死。

李太師，佐命勛，當日論功稱首臣。胡爲身蹈諸夷罪，毋乃耄荒辜帝恩？李太師，起刀筆，雖乏經國才，寧少謀身術。官爲太師爵國公，富貴誰能逾此翁？縱使惟庸改玉步，更有何官加爾躬。人生富貴思保身，年高更念子若孫。太師生平素畏禍，何至乘危求滅門。又况事發十年後，羅織豈乏仇人口。一家供狀二百紙，將毋逼勒刑官手。開國元勛猶若斯，坐令聖代少光輝。乃知蕭何下獄尋常事，漢族何爲尚見嗤。

⊙百歲衣

洪武中，翰林學士承旨宋濂既告歸，復來朝。太祖大喜，賜以錦綺，問卿年幾何，對曰：「六十八矣」。帝曰：「待三十二年後，可爲卿製百歲衣也。」尋坐孫順事，謫戍茂州，行次夔州而卒。

學士歸鄉兮，寵以霞綺。學士來朝兮，醉以甘醴。期歲一見兮，天顏有喜。主臣歡樂兮，盛事誰比？望以百歲兮，永保終始。君恩難報兮，誓以沒齒。胡百歲之未届兮，遽投異乎荒鄙。彼茂州之絕僥兮，實遙遙乎萬里。竟隕生于遷謫兮，魂望闕而徙倚。豈臣節之有虧兮，將君寵之難恃。弔遺墳于巴國兮，徒付慨乎青史。

⊙刑囚手

洪武中，劉觀爲嘉興守，方聽訟，有囚于掌中書千金二大字，舉示之。觀即斬其手，獻于太祖，太祖賜書褒之。觀後至左都御史。

太守賢，不受錢，此手胡爲至我前。公堂非汝行私地，豈得將金污清吏。斬將此手獻明君，遂使奸徒失巧計。劉太守，清且嚴。囚手一斷人心悚，始識我公真不貪。從此公廷畏斷手，遂不囊金私室走。君不見，今人暮夜通苞苴，清名猶復播人口。

⊙埋羹守

建文時，山東王公璡爲吾郡太守，清操絕俗。其子來省，偶食肉羹，公見而大怒，埋之于地，時稱爲埋羹太守。後燕師逼近，甸公率先勤王，退老于里。

埋羹守，爾爲誰，仕宦何人不食肉，何事將羹向土埋。官爲太守本非賤，日食一羹亦足辦。爾乃瞿然動色驚，此事今人曾幾見。埋羹守，清且賢，何獨埋羹後代傳。不見燕師逼江左，勤王一旅獨爭先。埋羹守，世誠少，今之仕宦皆爭巧。飲人膏血猶未厭，區區一肉何足道。吾欲買絲綉王君，天下太守普使聞。肉食腥風方未歇，眼前何日見斯人。

⊙防江將

建文末，燕軍逼近甸。朝廷使都督陳瑄率舟師扼江，防其南渡。及燕軍至，瑄即以舟師迎降。京師失守。瑄以功封平江伯。

北軍渡江需舟楫，南軍樓船正鱗集。南軍翻爲北軍用，遂而揚船抵建業。天子命爾統艅艎，正爲防燕扼大江。大江天塹稱易守，何乃翩然赴北降。陳將軍，顔何厚？功之魁，罪之首。假使當時爾不迎，安能飛渡來鍾阜。一夫顛越大事隳，悲感陳迹有餘慨。異時江北開河功，寧抵江南迎罪降。

⊙姚少師

僧道衍，吴人，本姓姚。佐長陵起兵得國，賜名廣孝，授官太子少師。

姚少師，爾何人，宰官之服比丘身。一生學佛惟嗜殺，長陵佐命稱首臣。已拼此身辭家室，何事將人宗社嚙。逆臣領裹忠臣仇，功兮罪兮俱第一。高皇在昔嘗爲僧，遂召群僧集帝京。詔遣此老侍燕國，奸謀逆節從此生。吾聞聖主貽謀在得士，未聞輔導須禿子。開國神謨乃若斯，安得一傳不覆祀。姚少師，功誰比，傾人家國如反掌，自古沙門寧有此。功成只合抽身早，富貴由來如敝屣。胡爲戀此章服榮，玉階趨走無時已。不見漢時張留侯，名成即伴赤松游。爾既將身托方外，何不辭榮歷九州。乃知此老本俗物，千載徒爲漢簡羞。

⊙火燒頭

燕王稱兵犯闕。既入京，宫中火起。帝已潛身逸去。王問帝所在，或指灰中他骨曰：「燒死矣。」王撫尸而哭曰：「火燒頭，何至是也。」

高皇垂統建諸蕃，欲貽子孫磐石安。豈知身沒骨未冷，兵戈雲擾起燕山。嗣王好文不好武，上欲登三下咸五。燕兵已至齊魯郊，猶詔莫令殺叔父。不殺叔父誠爲仁，誰料天心不屬君。金川門開兵才入，乾清宫閉火已焚。火燒頭，真還假，當年火裏尸若真。異日遜荒胡爲者，乃知天心終有存，雖亡天下不亡身。頭白歸來帝城死，眼看仇人已易孫。君不見：高皇寄食蕭寺裏，前爲沙門後天子。又不見：嗣王行遁滇江濱，前爲天子後沙門。人間得失難具數，得者何喜失何怒。試看長陵千尺墳，寧似西山一抔土。

⊙下西洋

永樂初，命太監鄭和等率舟師二萬七千人，由長江出海，直抵西洋。或言建文君出亡西域，故使和蹤迹之。俗謂三寶太監下西洋。

西洋萬里人蹤絕，洪波淼淼誰能越。揚舲不憚黿鼉居，淩濤直簸蛟龍窟。蠻邦海外紛如埃，語言屢譯猶致猜。忽驚漢使浮槎至，疑是天兵乘霧來。我皇聲教已遐普，天威更欲揚遠土。殊方從此識中華，異寶因之輸内府。昔聞漢帝開西域，亦越唐皇啟北庭。黷武久蒙青史誚，洪濤何事更長征。人言讓帝遁西極，此舉意在窮其迹。被褐已辭黄屋尊，泛舟寧作滄波客。何妨尺地使容身，應念高皇共本根。徒使狂濤填猛士，幾曾窮島遇王孫。宿師海外餘十載，讓帝行蹤竟安在。遺事人傳三寶名，窮兵徒發千秋嘅。

⊙獻蠻王

鄭和既至西洋，諸國皆柔服，惟錫蘭山國王亞烈古奈兒不順命。和發兵擒之，獻于京師。

錫蘭國，知何處。浩浩狂濤萬里程，惡風惡浪誰能溯。天兵忽自雲中來，旌旗戈甲如電雷。呼聲震地波濤吼，殺氣霾空山岳摧。縛取名王獻中國，威行海外讋殊俗。蠻邦君長爭來王，荒服由兹奉正朔。憶昔西京傅介子，手馘樓蘭如拉豕。亦有東都班仲升，鄯善一梟西域寧。下至唐世王元策，天竺擒王勇莫敵。聲名照耀編簡中，千古英豪皆嗔嗔。此皆大陸奮甲兵，西域雖遥易縱横。豈若揚舲浮大壑，直探滄海制長鯨。勞師荒島雖黷武，中華氣已淩今古。不見至今窮海上，猶懾天威戴明祖。

⊙索妖婦

永樂時，妖婦唐賽兒作亂山東，兵敗不知所之。詔盡逮天下尼姑，歸于京師。

妖婦稱亂起舊齊，六郡良家多受迷。兵敗不知竄何處，詔書下逮郡國尼。尼何辜，遭此禍？一人作難萬人灾，空使無辜泣道左。廟堂創議爲何人，四海怨嗟聞不聞。興朝刑政乃如此，豈特十族遭横死。

⊙獻金人

永樂中，王師既平交趾，因郡縣其地。已而蠻酋復叛，王師屢敗。宣德初，遂撤兵還國，封其酋長黎利爲安南王。利乃鑄金人以獻，明代已入朝也。

金人何來來交趾，背鑄蠻王名及氏。稽首天恩謝不誅，鑄金藉首獻天子。我聞往日蓋蘇文，曾鑄金人獻唐君。千載之下事相似，正可相提與并論。唐師征遼遼未服，三渡遼河徒辱國。明師征交交即平，既平復叛乃休兵。與其窮兵好黷武，豈若釋兵各還伍。古與今兮兩金人，何必非金獨是古。

⊙下麓川

正統中，麓川蠻酋思任發叛，命尚書王驥率師征之。思酋遁去，凱旋，復叛，如此者三。馴至中國虚耗，致有土木之變。

麓川小醜思披猖，盜弄戈兵頻跳梁。邊臣自可鞭棰制，何煩虎旅出帝疆。司馬軍書飛寓縣，徵兵百萬選堪戰。長征深入渡金沙，兵未交綏蠻已竄。捉生斬馘幾何人，捷書快馬達九閽。天子開顔君臣賀，論功上擬開國勛。定西晋爵靖遠封，賞延亦世何優崇。天兵凱旋才釋甲，邊人又報蠻内訌。王師不厭再三出，往日元戎仍受鉞。思家父子多狡謀，兵刃何曾沾縷血。廟堂設策稱神妙，豈知海内從此耗。馴至皇輿陷土木，四方反者遍海嶠。當年主議果爲誰，闔内中涓實主之。兵戎大政由宦竪，盈廷卿相將何爲？

⊙青菜王

正統時，尚書王公質歷官内外，所至惟食青菜，人呼爲青菜王。

天下何人咬菜根，菜根之味勝八珍。仕宦紛紛厭粱肉，豈知菜根更適人。官至尚書惟食菜，清貧誰與公爲輩。世上雖嫌食肉鄙，究竟誰知菜根味。何况爲官求肉食，不顧民間有菜色。民有菜色官不知，官有肉食民豈識。安得今日有王公，大起天下溝中瘠。

⊙祭忠臺

正統中，翰林侍講劉公球以直陳時政，爲奄人王振所殺。姚江布衣成器操雞酒于山巔，爲文祭之。人因呼其地爲祭忠臺。

劉侍講，骨何亢。成布衣，氣何壯。遥遥萬里哭孤忠，義聲直薄雲霄上。忠良被禍世所哀，閶闔雖高尚可排。盈廷卿相徒飽粟，坐看勁骨淪塵埃。忠臣死，義士悲，不見至今舜江上，山顛猶有祭忠臺。貴人何必輕寒士，田間饒有奇男子。布衣高義足千秋，濟濟達官誰得似？

⊙搗穀郎

正統時，吾郡李公山如以兵部郎中家居。貧乏無人，賃舂，常自搗穀以食，人呼搗穀郎中。

李郎中，一生仕宦常苦窮。家無童僕自任舂，至今談者生清風。人生何必須好官，好官不過多得錢。得錢自可厭粱肉，何至居貧自苦煎。李郎中，誠癡絕，天下何人重清節。虚名後代幾人傳，豈若當年擁厚實。李郎中，爾何人，我聞貴者必得富，貴者豈有如公貧。只今當途正役役，愛我家兒了無極。蕭蕭杵臼間，永言懷明德。

⊙王振兒

正統中，奄人王振竊柄，侍郎王佑者附之。振見其年少美丰姿，謂曰：「侍郎何以無鬚？」佑曰：「老爺無鬚，兒子豈敢有鬚？」時人爲之絕到。

古之制，奄守門，身下蠶室絕兒孫。兒孫何必己所産，異姓爲兒更蕃衍。奄人之種無時絕，奄人之禍遂不淺。英皇御極方少年，中官于時始擅權。秀眉白面誰家子，屈膝權門首乞憐。謂爺無鬚兒有鬚，父兮子兮不相如。兒既蒙恩爲一體，何惜膚髮不教除。嗚呼侍郎官非賤，公然狐媚形盡現。誰令此輩爲公卿，天下何由致太平。猶勝天啓之世魏奄子，朝端充滿如列星。

⊙于公妾

景泰時，于忠肅公握樞務。侍郎項文曜附之，時爲諂媚之狀，人號爲于公妾。後于公被難，文曜亦謫戍。

項氏子，何便辟，朝暮承顏于公側。我公正直不受私，胡爲談笑工諂姿。他日荷戈遼海塞，無乃此事實貽之。雖然此子多嫵媚，眼中猶能識善類。不見長沙王侍郎，朝受功恩夕即背。（兵部侍郎王偉，以于公薦，超爲侍郎。乃伺公過誤，密疏奏之，帝方信任公，即授以疏，公讓偉，曰僕有過，君不妨直言，何乃如此？偉慚愧無地。）

⊙銀蠟燭

成化中，吾鄉豐公慶爲河南布政使。有縣令以蠟燭饋，公不視，付吏藏之。及夜，取燃，則銀也。公密呼令還之，亦不揭其私。

高高銀蠟燭，可燃不可燃。縣令雖巧計，長官不愛錢。廉不近名古來鮮，豐公還燭意誠善。但使吾心清若水，何必暴揚他人短。寄語後來縣令知，慎勿好行暮夜私。世間自有楊伯起，莫言大吏無男兒。

⊙狀元膳

成化中，羅文毅公倫家居，時留賓早膳，日旰不能具，公問家人，以無米告，公大笑，客亦大笑而别。

狀元歸里長苦饑，盎中無米常絶炊。有客晨來欸客飯，日旰不至何遲遲。家無宿糧人盡知，乃公不知何太癡。待客無肴須得米，缸之罄兮將責誰？羅狀元，爾誠過，三餐不繼爾貫經，客也何辜同遭餓。不見他家狀元歸鄉里，中廚粱肉飽犬豕。

⊙高墻錮

文皇帝既正位，錮建文帝幼子于高墻中，時方兩歲。越六十餘年，至天順時，英宗憫之，始許出高墻，任期婚娶，僅二年，即卒。建文帝遂無後。

空墻高兮百尺，中有人兮獨息。情抑鬱兮誰語，身羈束兮自惻。瞻昊天兮何小，履大地兮何窄。有耳目兮安所施，度歲月兮無終極。嗟親戚之永絶兮，憐起居之鮮匹。彼四時之莫知兮，況萬物其誰識。昔之人兮齒未生，今之出兮頭早白。感帝德之浩蕩兮，惜桑榆之已迫。雖暫等于人類兮，遽逍遥乎窀穸。何王孫之足羨兮，求爲民庶其何得。

⊙昭德宫

昭德宫，憲廟萬貴妃所居也。妃年倍于帝，舊爲太后宫人。帝登基始得幸，幾四十矣。宫中常爲武人裝，帝嬖之甚，每呼爲侍官。及妃薨，帝慟曰：「萬侍官死，我何用生?」爲成疾，遂崩。

貴妃寵，無乃遲，青春婉孌日，胡爲不見知？玉顔一盼可移愛，何待新君踐極時，寵雖深，遇已暮。佳人會合自有期，多少紅顔暗中過。蛾眉猶可博君歡，今日承恩還自賀。獨卧空閨幾度春，豈知一旦被殊恩。少年莫謾誇妖冶，留待他時步後塵。美人學得武人貌，君王一顧每含笑。後庭豈乏傾城姿，未若戎裝多窈窕。昭德宫中綺席開，一簇紅塵擁輦來。流連歌舞常忘夜，誰道坤寧有翠眉（坤寧宫皇太后所居）。侍官在側天顔喜，原期百歲同生死。徘徊不見眼中人，那復移情憐彼美。侍官殂，年已邁，何故濃恩猶未怠。我皇自是多情君，豈因華落能弛愛。笑殺曹家輕薄兒，致彼洛神發長慨。

⊙望三台

茂陵朝，萬安久居内閣，至泰陵即位，始勒令致仕。猶于道中望三台星，冀已復用也。

眉州閣老休官去，道望三台頻却馭。作相已經十九年，還擬歸期竊權勢。昔日潛通昭德宫，主恩稠叠何其濃。一緘密進房中術，九重大動君王容。一生作相此得力，萬歲閣老何時極？（上久不視朝，首輔商輅懇請，始一臨御。商公方有所陳奏，安遽呼萬歲而退。時人謂之萬歲閣老。）誰道宫中龍馭徂，忽然宫内牙牌摘。孝皇御極帝道昌，政府黜佞登賢良。爾時三台自焜耀，豈爲爾安始降祥。驅車速向西川去，無勞長途頻眺望。

⊙劉棉花

劉吉久居内閣，彈劾不去，人謂之劉棉花，以其愈彈愈起也。

劉閣老，爾何顔？相兩君，十八年。宰相非汝一家物，胡爲戀此無休日。後者尹直前萬安，彼雖小人還易黜。未見頑鈍如此翁，鐵甲千重不可攻。我皇若非親放逐，根盤窟據何時終？憲皇天性本慈厚，爲爾晚年事多苟。孝皇君德道神明，爲爾初年政不清。一身誤國十餘祀，還將橫議罪舉子（吉謂棉花之謠，出于老舉子，定例三科不第，不許復會試。）朝野耳目原紛然，豈惟舉子能詆毁。劉閣老，爾誠昏，急流勇退有幾人。試看前後諸卿相，多少龍鍾白髮身。乃知棉花更有種，此種何時始斷根。

⊙枯魚壽

弘治中，大學士李公東陽生日，司業魯公鐸無以爲壽，問家中所有，僅一枯魚，已食其半。魯公即持以獻，李公大喜，即烹魚酌酒，盡歡而别。

丞相生辰百寮壽，筐篚煌煌映戶牖。半尾枯魚何自來，滿堂賓客皆掩口。丞相不嗔顔反開，烹魚還復共傾杯。門前雜還高車客，趑趄欲進多空回。魯公魚，李公酒，相看大笑復陶然，何必肥鮮酌巨斗。兩公風流絶代稀，殘魚直足稱珍奇。安得此風垂後世，高門獻壽盡如斯。

⊙投銀釵

弘治時，吾郡張公昺以副使家居。日昃，不能具早膳，夫人慍甚，出所藏銀釵以易米。公問所從來，告以門生所遺。公取而視之，即投水中，卒不得食。

副使歸來室如洗，桁無懸衣盎無米。留得銀釵持易糧，那復奪將投水底。張副使，爾何刻，官雖清，心則酷。妻子何辜遭爾殃，終年不得果其腹。我聞趨利必爭先，那得爲官不受錢。一生清節只自苦，千載虚名安足傳。怨莫怨兮廉吏妻，苦莫苦兮清宦子。自有妻子不能養，天下誰如張副使。

⊙戮奸相

正德時，泌陽焦芳以故相家居。流賊趙風子破其城，索取不得，乃戮其衣冠，曰爲天下誅此賊。

焦相公，年踰七十老成翁，何事咆哮尚逞凶？若得上方斬馬劍，首應摽刀揕其胸。還得錦衣歸故里，老而不死真爲賊。賴有凶渠戮衣冠，奸臣稍得褫其魄。噫嘻！盜亦有道真非誣，誅奸戮佞誠丈夫。若使此人居殿陛，巨奸豈得保殘軀。嘆息朝堂論功罪，不及草間一賊徒。

⊙鎮國公

武宗巡游天下，嘗自稱太師、鎮國公、威武大將軍朱壽。

天子深居厭九重，朝游宣府暮大同。璽書制誥皆不用，文牒惟稱鎮國公。奉天殿虚不肯莅，乾清宫冷時時閉。後妃經歲始聞聲，嬖佞終年恣游戲。錦衣都督稱義兒（錢玏名刺自稱皇庶子），貂襠韎韐皆兄弟（張忠張鋭自稱天子十兄弟）。海内但遵將軍令，朝中不聞天子制。鎮國公，爾何人，古有人臣欲爲帝，那見天子欲爲臣？將軍太師雖榮貴，寧若垂旒稱至尊。鎮國公，爾家王侯多不忠，耿耿正欲逞其凶，胡爲魚服效白龍？他年樵舍擒不早（王新建擒宸濠于樵舍），爾家天下豈能保？終賴先朝遺澤深，令人長憶敬皇考。

⊙蔣太守

武宗南巡至揚州，親釣于湖，得大魚。諸嬖佞請賣于太守蔣瑤，索銀五百兩。蔣公無以應，盡脱夫人簪珥以進。諸嬖佞大怒，窘辱備至，公不爲動，武宗笑而止之。公後至工部尚書。

蔣太守，性强項。居官貧，世無兩。雷霆不能威，叱咤安能强？脱得簪珥獻御前，共知太守囊無錢。君王賣魚原戲耳，何必將軍張老拳？蔣太守，膽何壯？志伸萬乘前，氣奪千官上。始識我公真人豪，直視宵小如兒曹。盈庭卿相皆如此，奴輩蠢蠢安得驕。

⊙曹妃怨

嘉靖時，宮婢楊金英等謀弑逆。乘帝晝寢，曹妃宮遽以繩加帝頸，氣已絕矣。賴方後急救，獲甦。後素妒妃寵，遂誣妃預謀，乘帝未甦而殺之。及帝甦而妃已死，後帝常惜之。

曹妃美，方後妒。曹妃寵，方後怒。妃寵久，欲殺欲殺愁無路。君恩方深那可閑，君顔難犯寧敢忤。後猜妃，不知婢謀妃豈預。不乘此會復何時，聖體將蘇莫能顧。哀哉佳人真薄命，浩蕩冤魂將誰訴。玉顔持出萬人嗟，西市臨刑淚如雨。尚冀君王醒時憶，引聆望北久延佇。君王既醒身已分，向時恩愛今何處。倘使當年寵未深，後庭猶可容身住。無端誤被君王憐，翻使花容隨朝露。自古蒙恩多受灾，誰言君寵可長固。

⊙定安南

嘉靖中，安南莫登庸篡位，朝貢久絕。廷議興師討之，乃起尚書毛伯溫於制中，俾之專征。師未臨境，登庸懼，泥首轅門，乞貸命，毛公承制許之。事聞帝，命削其王號，降授安南統制，使朝貢復通。

安南小酋思跳梁，倔强自大擬夜郎。南金廿載不入貢，阻兵直欲逆顔行。天子赫怒怒烈烈，大師奪情起授鉞。詔書遠征十萬師，長驅電掃犁其穴。蠻邦蠢爾本游魂，弄兵何敢逆至尊。師未臨疆先自縛，泥首銜璧來軍門。飛書萬里請帝賚，帝曰休哉赦汝罪。授以統制削王封，至今貢琛來海外。猗嗟我公功非常，兵不血刃靖一方。文臣用武武莫當，文能柔遠武摧强。中華兵氣久不揚，小丑往往肆披猖。設策未有如公良，一麾遂爾服蠻王。

⊙王江涇

嘉靖中，倭奴擾東南，總督尚書張公經大殲之于王江涇。捷聞逮入，論死。時視師侍郎趙文華，與監軍御史胡宗憲，皆欲攘其功，而授宗憲以總督，乃勝謗于朝。内閣嚴嵩主之，故有此獄。張公竟伏尸西市。

張尚書，王江涇上剿倭奴。倭奴剿絕無遺餘，東南戰功稱第一。中華兵氣從此舒，膚功一奏應重錫。廟堂自有賞功格，有功不賞人已悲，何況功成膺大辟。張尚書，爾師大捷還受誅，爾師不捷將何如？自古大冤寧有此，街童里婦猶嗟吁。朝廷功罪何顛倒，謗書勝布由胡趙。一思攘位一攘功，功不能明身不保。張尚書，爾誠愚，師中殺賊何其勇，君側防奸何其疏。恨不早將殺賊手，中外群狐盡掃除。

⊙倭無敵

嘉靖中，有倭奴數十，遭風破舟，流劫內地，所至人莫敢攖。自浙歷徽州寧國太平，直犯金陵，閉城者三日，復由鎮江常州抵蘇州，始被剿絕。

倭何猛，猛無敵，數十倭奴橫中國。官兵如鳥倭如鶻，一鶻奮翅群鳥伏。長驅千里無留行，敢向金陵犯帝京。帝京禁軍數十萬，司馬下令惟守城。官兵飛矢矢何疾，矢來不動還手接。殺人如草不聞聲，百城將士惟灑泣。倭何猛，我何怯？數十倭奴已若斯，千乘萬騎嗟何及？不見此倭剿滅時，海上元戎猶奏捷。

⊙青詞相

嘉靖中，世宗好神仙，命詞臣供奉青詞，一時宰臣無不由此進者，時號爲青詞相。

天子鋭意求長年，深居秘殿求神仙。一時臣僚爭獻媚，西苑供奉何榮貴。撰得青詞文句工，富貴即時超儕輩。君不見：夏相當年棄西市，頗由青詞失帝旨。又不見：嚴相當年擅國權，實由青詞邀帝歡。神仙之事誠有無，君兮相兮乃爭趨。天下未得神仙力，群公實賴神仙扶。試觀前後諸公輔，誰不由茲登政府。君王論相只青詞，廟堂衮職更誰補？噫吁嘻，廟堂衮職更誰補？

⊙句容令

嘉靖時，徐公九思江西人，爲句容令。有善政，民歌思之。公嘗曰：「吾初至邑，邑人呼爺者以萬計，爲之聳然。吾何以當其稱，思有以答其民，故不至隕越耳。」

句容令，有徐君。政何善，心何仁。循良何必古之人。古有召父及杜母，我公父母兼而有。遺澤應同江水深，頌聲猶在邑人口。我公惠政由呼爺，一呼惠乃及萬家。天下何令不呼爺，安得如公動色嗟。今來民生更憔悴，望我徐公如望歲。呼爺之聲上徹天，今也何人肯加惠。古之令，有徐公，今之令，何不聞？

⊙遊金焦

嘉靖時，吳公岳守瀘州，王公庭守蘇州，偶以事俱至鎮江。吳公邀遊金焦，所具只肉一斤、菜一束、酒兩壺而已。王公笑曰：「其只是耶？」吳公曰：「吾兩人食之，猶不能盡，何見少也?」

兩郡太守游金焦，舟中具饌何其豪。有肉盈盆菜盈把，浮杯大嚼足陶陶。金焦之游何日無，高墻大舳吹笙竽。百味須教窮水陸，餘珍猶足飽台輿。壯游如此方爲美，不爾江山亦見鄙。太守游山似兩公，將無傳笑冷人齒。兹山今古兀崢嶸，游人若個傳其名。兩公高風照江水，山若益峻水益深。安得游人如兩守，一洗兹山酒肉腥。

⊙負耕犁

嘉靖時，楚人黄公卷以副使歸鄉，躬耕以食。嘗借鄰人犁，鄰人以公貴人也，欲代負之，公不可而去。

黄副使，好躬耕。胼胝不自覺，寒暑總忘形。山農野老日爲伍，哪知仕版曾列名。黄副使，爾身豈田父?昔日嘗膺章紱榮，今日耕田何自苦。不見他人居四品，奴婢千指膚且敏。奴不知耕婢不織，室中粟帛仍充牣。黄金横帶只嫌重，清裘被體猶蹙頞。爾披襏襫復荷犁，憔悴身形如下民。前者爲官後爲農，天下幾人同乃公?

⊙兔生子

世宗好神仙，嘗得白兔，謂上元所賜，甚寶之。已而兔復生子，益大喜，謁謝上元，群臣稱賀。

白兔來兮山中，皇心悦兮動容。拜神祝兮叩玄宫。兔復生子兮，嘉瑞重重。天顔益喜兮，帝賚何隆。慶百辟兮舞群工，潔蘋蘩兮謝蒼穹。嘆成仙之可冀兮，何寵錫之胼蒙。彼小物之偶至兮，吾安知帝眷之所鍾。

⊙射草人

嚴嵩擅國，錦衣衛經歷沈鍊疏劾之，下獄受杖，謫戍邊。公乃爲草人以像嵩，日唾駡而射之。事聞于嵩，嵩囑巡撫中丞楊順、巡按御史路楷，設計殺之。穆宗登極，下詔恤公，而置順于辟，楷謫戍。後高拱反其獄，順謫戍，楷削籍而已。

沈經歷，爾何官?身無言責位無權，金吾之署聊備員。省郎柱史充廷立，爾獨何爲敢犯顔?邊城荷戈猶肮髒，縛得草人代權相。鳴弦日射奸臣頭，悲歌唾駡氣何壯?已拚一死擊奸魁，軀骨雖糜甘若飴。宵小助虐徒爲爾，益教孤憤貫虹霓。楊中丞，路侍御，爾曹富貴幾多時，他年亦向窮邊戍。忠邪同作塞上軍，看誰青史留芳譽?

⊙馬將軍

將軍名芳，嘉靖末北邊良將也。

馬將軍，勇絕倫，聲名塞外都遠聞。天子撫髀思良將，良將如公有幾人。少時被掠入胡中，能騎生馬挽强弓。後來拔身歸本國，屢率偏師摧大敵。是時胡馬方憑陵，縱横千里誰能攖。百城將士但堅壁，日暮唯聞野哭聲。將軍按劍鬚髮張，身馳鐵騎臂兩槍。馬鞍累累懸敵首，出入萬衆神飛揚。積功塞上屢建節，威服名王使心折。聞聲不敢肆長驅，無復飲馬長城窟。馬將軍，軍功誰與爾并論？諸邊大帥皆巾幗，中華士氣由爾振。不見至今關塞上，邊人猶說馬將軍。

⊙築邊城

萬曆元年三月，築宣府北路諸邊墻。明年二月，築遼東西臺墻。四年三月，復築蘇州昌平諸邊墻。十年二月，又築山西諸邊墻。

秦人備胡築長城，長城一築天下傾，至今笑齒猶未冷。豈知明人防北狄，專藉築城爲長策。不曰長城曰邊墻，版築紛紛無時息。東方初報墻功完，西方又傳虜寇邊。虜人潰墻如平地，縱横飽掠無所忌。虜退復興版築功，朝築暮築竟何利。帥臣徒受内府金，川原空耗司農費。我聞漢人却虜得陰山，匈奴不敢窺幽燕。又聞唐人逾河城，受降突厥不敢掠朔方。自古禦胡在扼險，豈在萬里築垣墻。屢朝廟算皆如此，奈何獨笑秦始皇？

⊙嘲邊將

明師掃胡如掃塵，胡兒畏明如畏神。漠南漠北千萬里，名王何地不來賓。自從文王撻伐後，我弓漸弛矢漸朽。烽火時交内郡城，馬駝敢牧諸邊口。朵顔一棄薊遼單，開平再棄宣府寒。西海河套迭侵擾，甘肅嚴綏守益艱。胡兒自此心膽大，控弦飛鏑時入塞。不聞鏖戰郊原中，惟聞護送關城外。君王撫髀思虎臣，高懸賞格勵三軍。軍機進退由文吏，行間士氣何由振。君不見：孝宗弘治十三年，苗達帥師出鄜延。搗巢獻馘只三級，廟堂録功餘二千。又不見：世宗嘉靖十三載，仇鸞統軍出雲代。捉生捕虜惟二人，天子謝元爲再拜。一代邊功總如此，將吏賜金還蔭子。試觀國史紀載功，浮馘餘首亦僅耳。北摧匈奴西烏孫，千古只應推漢人。書生不曉本朝事，猶自高議衛霍勛。

⊙獲王三

王三者，大同左衛指揮王鐸之子也，素爲虜用，頻年入犯。至是，隨虜入水峽口，爲官軍所縛。巡按御史李天龍以聞，上大悦，告謝郊廟社稷及朝天等宫廟。百官上表稱賀。嘉靖中年事也。

大同城中一男子，走向胡中作奸宄。偶然入塞爲人擒，邊將侈功鋪滿紙。皇心喜悦爲開顔，躬叩玉燕謝上元。圜丘廟社皆遣告，獻俘行慶遍朝端。吁嗟王三一匹夫，生死豈足爲有無。一時論功乃如此，真若擒王與滅胡。假使當年俘俺答，廟堂策勛將何如？防邊歲勞百萬師，犁庭掃穴果何時。將帥輸籌只筆舌，聖王訏謨惟禱祠。不見唐宗擒頡利，不見漢臣斬郅支。

⊙獻白蓮

萬曆初，翰林院産白蓮。大學士張居正以獻帝，却之不納。

翰林院庭産白蓮，宰相肅容獻御前。君王好德不好瑞，天顔不動仍却還。是時天子方年少，左右弼臣應有道。豈乏嘉謨可上陳，區區微物安足寶。小臣獻媚非所宜，何况獻之自元老。不見宋廷李丞相，日取水旱陳主上。太平無事應防微，弱齡尤貴端趨向。進此小瑞將何爲？天子不受氣誠壯。當年宰相屬何人，海内皆稱社稷臣。匡輔幼君乃若此，忠耶奸佞當細論。

⊙相門子

張居正枋國，其諸子皆登上第。一狀元，一榜眼，一進士，悉由關節得之。其三場文，則倩人代作，及居正死，諸子俱削籍。

相門子弟多才傑，甲第翩翩居上列。兄爲榜眼弟狀元，一家盛事真奇絶。丞相家兒貴莫倫，寒士原應步後塵。彩筆未濡文已就，春闈欲入名先聞。張家昆弟何競爽，榮華海内真無兩。假使相公館未捐，幼兒又復誇蟬聯。（居正未死前，其家人揚言曰：「明年殿試，吾家小公子必中探花。」後居正死，不果。）曳白那顧旁人羞，及時且爲子孫謀。豈料乃翁一朝隕，還復青衫到白頭。

⊙洪侍郎

萬曆時，刑部侍郎洪公朝選家居，爲大學士張居正所惡。及勞堪巡撫福建，會有訟洪公者，堪知居正素惡之，急捕置于獄，三日而即斃之。堪得召入内臺。未幾，居正死，堪謫戍觀海會。

侍郎死，真堪悼。中丞威，毋乃暴。借問胡爲殺大臣，欲博相君一微笑。但得相君肯解頤，安顧他人軀骨糜。軀骨糜，他自悲，且得好官還我爲。霹靂手，原神速。（堪將治洪公，先移書于居正。居正報書云：「閩人狡猾，非公霹靂手，無以治之。」）侍郎何辜遭爾毒，昔年曾被相君嗔。不道中丞嗔更酷，侍郎非仇何見嗔，此嗔總因爲相君。相君之嗔猶可解，中丞一嗔即殺身。噫嘻中丞自謂巧，豈料冰山不日倒。異時亦向海濱行，誰道好官長得保。

⊙冢宰歸

萬曆中，姚江陳恭介公有年謝事歸，無屋可居，借蕭寺以宿。廉潔之操，爲當時第一。

冢宰歸來居無屋，鄰有招提常寄宿。十年不易一布袍，三餐何由營脱粟。人生仕宦思適身，爾獨官高家亦貧。紫綬金章雖挂體，猶是田間憔悴人。陳冢宰，爾何苦？假使爲官盡若公，天下何人想珪祖。不見他人膺一命，軟裘快馬相誇競。居有廣厦出有車，粱肉中厨有餘剩。未見清貧如此翁，孤標凜凜真可風。姚江城外東流水，照見斯人冰雪容。

⊙荷花兒

萬曆中，京師有盜。入周皇親家，劫其財，殺其主而去。及捕盜者入，止見婢荷花兒哭于尸側。遂執送官，謂其通奸殺主也。法師嚴刑鞫之，兒不勝楚，即自誣伏。詔磔于市。臨刑，謂行刑者曰：「我實冤死，乞先絶我氣，不然吾爲鬼殺汝矣。」其人不聽，竟臠盡而死。越三日，其人坐于市肆，忽大叫：「荷花兒殺我。」遂諸竅流血死。人始知其冤。後獲大盜十人，自供嘗殺周皇親家。詔刑官翁大立而下，俱追論罷職。

荷花兒，兒無罪，兒死甘心亦何悔。但願刑人早斷喉，莫教身死留餘悔。荷花兒，兒誠冤。兒生不識路人面，閨閣何由通外奸。兒身雖壯年還幼，誰識人間有婚媾。生平愛身如愛玉，枉使此身蒙大垢。當時兒被殺主名，兒雖有口誰復聽。官司惟采道旁語，君王豈識閨中情。苦無長劍自引決，遂向街頭伏上刑。荷花兒，兒竟死。兒身如粟原渺然，兒冤如山誰爲洗。身受桁楊不敢呼，飲泣吞聲遂自誣。兒身雖殺名難辱，死向人間捉賊奴。

⊙三孃子

三孃子者，順義王俺答之外孫女也。俺答愛其美，娶以爲妻。俺答死，其子黄台吉妻之。台吉死，其子扯力克妻之，扯力克死，其孫卜石兔復妻之。

三孃子，誠佳人。天生此婦主胡國，一身五代更四君。始嫁外祖既嫌老，晚配玄孫又嫌小。祖孫數世將何稱，自古佳人如此少。天朝寵賜五十年，文衣綉被何爛然。我使出邊時入帳，彼婦叩闕常肆筵。忠順賜封和其重，烽烟賴此得無動。安邊專藉一婦人，文武將吏亦何用？

⊙援屬國

萬曆時，倭奴破朝鮮，我師援之，頗有斬獲。已而大司馬石星主封王入貢之説，倭佯許之。封事竟不成，會其酋關白死，兵乃得解。

倭奴蠶食高句麗，天子赫然奮義旗。始入平壤多斬馘，既乃封王約退師。封事何成徒辱國，戰既無功款亦失。廟庭獻策何紛然，司馬籌邊真太拙。宿師海外逾八年，百萬徒耗司農錢。倭不畏威鮮亦怨，中原戰士何時還。凶渠自殂得奏凱，不爾兵連禍安解。豈惟屬國苦軍儲，海內虚耗誰當罪。一時將相賴天功，宣捷還將告祖宗。中華天子正多福，誅渠竟不煩元戎。

⊙復松山

甘凉之北有地曰松山，廣袤六七百里，戎人據此爲巢穴，常爲西北患。萬曆二十六年，甘肅巡撫田樂舉兵拔之。

松山高，數千雉。松山廣，數百里。我得戎人悲，我失戎人喜。玆山勢足壯嚴疆，南接凉州東朔方。不知何年棄不守，益教戎馬肆披猖。甘凉自此失肩背，靈武亦憂斷右臂。鳴鏑時聞達隴西，狼烟還復驚闕内。憶昔漢家得祁連，匈奴顧之常涕漣。又聞河西開四郡，爲防戎騎通諸番。自古守邊在扼險，要害何得長棄捐。田公威名振凉土，指揮兵事真雄武。一麾攘却西海戎，開疆盛烈超前古。天朝中葉武備弛，邊庭流血無已時。中華賴此兵威振，坐得鞭棰制四夷。猗嗟我公一書生，談兵决策何縱横。武功一代誰能比，應與玆山并崢嶸。天子策勛告廟社，尚方寵賜頻頻下。膚功自合銘太常，偉略還應拜司馬。（功成後，即召公爲大司馬。）

⊙平播州

萬曆中，播州宣慰使楊應龍作亂，命尚書李公化龍督師討之。未幾，應龍授首，因分其地，置遵義、平越兩郡。

倔强負固楊家兒，阻兵直欲抗王師。豈知天兵若雷電，殲渠掃穴寧逾時。李公用師真雄武，功成一麾不再鼓。西南千里廓輿圖，浩蕩戎功將誰伍？楊家竪子本小酋，焉敢猖狂逞狡謀。邊臣趨媚猶驕子，坐致燎原貽主憂。居然夜郎敢自大，遐方流毒三十載。玩弄天朝股掌間，壯夫扼腕忠臣慨。若非我公决策征，小丑依然得縱橫。樽俎坐握兵家勝，天戈一試膚功成。行間劉師悍無比（謂劉綎），目中久已無强敵。層崖千仞獨先登，一呼萬衆都辟易。蕩平奏凱天顔喜，開疆盛業前無比。巴黔從此息烽烟，殘黎始得保妻子。策勛自合錫侯封，加銜豈是酬殊功。不有元臣能辟國，他年那得號神宗。

⊙歐邏巴

歐邏巴者，大西洋中之國也，去中華十萬里。萬曆時，其國人利瑪竇輩始泛海而來，善天文曆數諸技藝，皆巧絶。所設天主教，怪妄特甚，其徒相繼而來，幾延蔓於中國。中國人多惑其教者。

歐邏巴，何自來？遙遙泛海十萬里，驅光逐影無津涯。彈丸窮島居西極，古來原不通中國。博望乘槎初未經，章亥步地幾曾識。欻然慕義來中華，曆學精微誠可嘉。驚人奇技尤巧絶，魯輸馬均曷足誇。天主教設何怪妄，著書真欲欺愚昧。流入中華未百年，駸駸勢幾徧海內。君不見：釋教初興微若荄，馴至滔天不可排。萌芽今日已漸長，他日安知非禍胎。興王為治當防漸，中土那容此輩玷。詩書文物我自優，何煩邪説補其欠。會須驅斥使崩奔，一清諸夏廓邪氛。火其書兮毁其室，永絶千秋禍亂根。

⊙哀閩商

海外有吕宋國，地産金銀，閩商人多貿易其國。萬曆中，内官高采至閩，榷税貪虐特甚。有奸徒張嶷言：「吕宋國有金銀礦，可開采。」將聽之。其國長知而大懼，恐我潛師入其境，遂殺閩商之在其國者，凡二萬五千人，其事聞于朝，竟不能問也。

嗟爾商兮，胡爲巨海泛輕舠，往來絶域兮無乃勞。狂濤拍天兮，長風怒號。蛟龍可畏兮，更有黿鼉伺人膏。晝不見山厓兮，夜惟星月與天高。拚一身以貿利兮，身被萬死夫安逃。蹈不測兮誰見招，水不愛人兮毋自驕。身爲魚兮，閨中少婦猶陶陶。所喪丘山兮，所得五一毫。

⊙其二章

望家鄉兮天一涯，海可畏兮浪難排。險既脱兮登岸來，地産金銀兮豈患無財。蠻兒可欺兮會見高檣滿載而回。禍生不測兮變起有胎，山有礦兮畏我所開。聲先傳兮致彼疑猜。商不幸兮竟罹其灾。奸徒何人兮，內竪爲誰？雖食肉而寢皮兮，豈足瀉萬姓之哀。前不飽夫魚腹兮，後反委于草萊。骨荒荒其遍野兮，死無親屬誰肯埋？萬鬼啾啾晝哭兮，青天白日爲昏霾。華人填于異域兮，冤魂阻海何由回？致彼無辜蒙禍兮，天朝君臣悲不悲？

⊙其三章

謂狂瀾可畏兮，謂颶風可憂。謂蛟龍食人兮，謂鯨魚吞舟。豈知城郭塵世兮，更險于滄海之横流。由一夫之狂言兮，致萬骸之遍丘。家鄉邈其修阻兮，魂杳靄兮何投。髮飄飄兮縈蔓草，肉星星兮飽蟻螻。嘆家人兮不相見，尋枯骨兮安所求。泣閨中之紅顔兮，隕堂上之白頭。思覓利絕域兮，竟捐生于荒陬。告後世之商賈兮，戒前車兮慎所謀。

⊙修功匠

司馬熊明遇，曰：「劉將軍綎爲余言，征蠻功更罔甚，彼方人能改婦人尸，作男形，名修功匠。」

修功匠，始何人，易蠻首，換蠻身。博取富貴榮家門，誰辨首功僞與真。君不見：西南守邊諸將士，朝蒙晋官夕蔭子，功名大率皆由此。修功匠，爲誰修？武人歡喜死人愁，多少冤魂是爾仇。凄風凄雨陰寒夜，野鬼無知還覓頭。修功匠，爾何功？腰金拖玉他人事，朱紫何曾被爾躬。徒使無辜血沾土，哭聲哀苦通蒼穹。行間積習誰能破，蠻兒嚱笑朝廷賀。論功上及省達臣，何怪邊人爲奇貨。

⊙尚書料

新安畢懋良知萬載，頗留心民事。其鄉大夫諷之曰：「今之仕官者，善事上官，即超遷去矣。民生休戚，何與官評，而孳孳若是？」懋良曰：「公此言固尚書料也，其如我不能何。」

仕宦紛紛矜捷足，朝理苞苴暮竿牘。一心但求長吏歡，豈問民間歌與哭。萬民詛，不敵一人譽。萬民喜，不敵一人詆。不見漢廷巧宦司馬安，九卿四至共稱賢。不見唐時循吏楊道州，一官數載即歸休。人間仕宦原有樣，强項失官徒自悵。憑君得此去爲官，何愁不至卿與相。

⊙遼東餉

萬曆四十六年，遼左軍興增田賦二百萬。明年，再增如之。又明年，復增百二十萬，爲歲額。

遼左軍興告餉匱，九重下詔增田稅。詔書一下疾如雷，重征加派擾海內。我聞瓊林多積儲，金銀日夕相灌輸。發帑自足充軍實，何至誅求遍里閭。當日民情已漸渙，豈知斂財即斂怨。從此萬方遂土崩，馴至一朝廟社换。大臣謀國果何人，欲保封疆不保民，至今追論奪餘恨，誰其尸之有李君（大司農李如華也）。

⊙梃擊行

萬曆四十三年，有奸徒張差者，持梃入東宫，將擊太子，爲內宫所獲。法司以風癲蔽罪，提牢主事王之采詰之，始供爲鄭妃家所使。事聞于上，但斬張差于市，竟不能窮治也。

太子宫門持梃擊，奸徒何事敢逞逆。都下爭傳擊少爺，少爺擊死授官職。噫嘻少爺真可憐，三十年來憂患纏。比來乍可安食息，專諸忽復起屏間。鄭家設謀誠巧智，功成則帝敗不預。爾時誰敢窮主謀，哀哉徒敝此狂豎。紅廟分金事豈誣，三十六頭都勇夫。發奸若非王主事，此事他年安保無。

⊙進紅丸

光宗即位一月，遘疾，大漸，鴻臚寺丞李可灼以紅丸進帝，晝服而暮崩。內閣方從哲擬旨，猶賞銀五十兩。

李寺丞，爾何人？官居鴻臚非太醫，何故紅丸投至尊？此藥雖云美，聖躬未易起。他人難可輕嘗試，何况僥幸進天子。紅丸晝御駕暮崩，爲功爲罪豈難明。尚方猶然賜白鏹，視彼何重君何輕。國有常刑敢顛倒，諒哉糊塗方閣老。盈庭何怪起煩言，此事毋乃真草草。

⊙五人墓

五人者，吳中義士顔佩韋、沈揚、周文元、馬傑、揚念如也。時吏部郎周公順昌家居，爲逆奄魏忠賢所惡，遣緹騎逮之。吳人爲公稱冤，聚者數千人，五公不勝其忿，擊緹騎一人斃。事聞，詔戮五人于市。周公竟瘐死。吳人義之，爲合葬于虎丘山塘，題曰：五人之墓。

蘇州吏部廉且賢，姓名里巷人爭傳。忽然駕帖來郡邑，頭囊三木身徽纏。吁嗟五人誠義士，出身本是里人子，生來誰識吏部公，一旦感憤爲公死。憶昔姑蘇有要離，千載俠士爭稱奇。無端借軀湛家族，勇哉氣矜義安施？豈若五人激公憤，慷慨不顧身軀糜。義聲直奪奸人魄，諒爲烈士當如斯。不見虎丘道旁五人墓，宵小顧之膽猶破。

⊙九千歲

魏忠賢竊柄，給事李魯生、御史李蕃輩咸稱爲九千歲。

皇明十二葉聖孫，深居法宫儼若神。天下萬機由廠臣。廠臣者誰魏忠賢，勢雄獨坐力回天。幕下幹兒已十百，庭中祝釐遂九千。九千歲，安足貴，豈知更有萬歲在。胡爲靳此一千年，不使乃翁尊無對。未幾宫車遂晚出，乃翁壽止六十一。何不呼嵩祝萬齡，致使乃翁凶短折。

⊙黄河清

天啓初，陜西巡撫吕兆熊奏，黄河清五百里，閲五日而止。

黄河清，古稱異。此何時，降斯瑞。瞻闕廷，政豈治。望秦凉，民何悴。孰召之，有斯事。昔所希，今胡至。水無心，神豈戲？祥邪灾，真邪僞。人誰知，問天地。

⊙虎彪横

魏忠賢竊柄，其黨人最用事者有五虎五彪之目。五虎者，兵部尚書兼左都御史崔呈秀、工部尚書吴淳夫、兵部尚書田吉、左副都御史李夔龍、掌河南道御史太常寺卿倪文焕也。五彪者，掌錦衣衛事左都督田爾耕、掌北鎮撫司事左都督許顯純、協理鎮撫司事左都督崔應元、東廠理刑左都督孫雲鶴、西私房提刑左都督楊寰也。毅宗登極，皆伏誅。

虎何暴，彪何酷，張牙相向誰敢觸？虎在郭，彪在郊，白日當路人安逃。更有鬼倀助其虐，彌天嚮導噬人肉。荒荒朝市斷行踪，騶虞遠遁麒麟伏。噫嘻正人爾何愁，食肉已飽猶未休。森森萬衆不足憚，豈無上帝司其幽。天心愛人甚愛獸，看爾横行且狂吼。他日雷霆奮怒時，爪牙雖猛豈相宥。

⊙四姓奴

魏忠賢竊柄，内閣魏廣微、馮銓、尚書崔呈秀、霍惟華皆爲其乾兒。有御史李蕃者，始附廣微，微敗更附銓，銓敗更附呈秀，秀敗復附惟華，而蕃已加太僕卿矣，時號爲四姓奴。

自古奄人原有兒，惟有魏奄之兒多。且奇兒既蒙恩邀富貴，兒家有奴爺應知。兒爲公卿奴御史，一門主僕皆金紫。不向奄門效力勤，安得富貴有如此。魏南樂、霍東光，前者非薄後非厚，人間主僕何有常。馮涿州、崔薊州，得勢者附失勢仇。爾自失勢我何憂？世間人奴原多怪，惟有此奴更無賴。幸哉先皇御極奄即除，假使真成九千歲，不知更作幾姓奴？

⊙納闖王

崇禎末，李自成横行中原，民苦賦役者相率歸之。時有謠曰：「吃他糧，穿他孃，大家開門納闖王，闖王來時不納糧。」

闖王來，城門開。闖王不來，誰將衣食與吾儕？寒不得衣，饑不得食，還把錢糧日夜催。更有貪官來剜肉，生填溝壑誠可哀。欲得須臾緩我死，不待闖王更待誰？闖王來兮我心悦，闖王不來我心悲。君不見：朱泚當年據關內，大呼街市免加税。又不見：劉豫當年據汴城，聲傳都邑捐重征。民畏重征不畏盜，自古如斯君莫驚。寄語有司各守職，慎勿迫民使爲賊。

⊙九宫山

李自成敗績，至通城縣九宫山，饑困甚，率親騎十餘上山，覘形勢，授錢于僧，令炊飯。僧疑爲逃將，有重資，下山語村民。競持梃鋤上，亂擊之，皆斃。解其衣中有龍袍，又見目有劍痕，乃知爲自成。其徒無所歸，推其兄子李錦爲主，即時降于巡撫何勝蛟。

封豕横逆五千里，中原流血如流水。雞犬已盡人民稀，極目郭原但荊杞。猖狂直逼幽燕來，黄屋忽傾廟社頽。蔑視崇巢笑安史，滔天之勢誰復排。皇都豈爾能長守，崩奔仍向楚郊走。他日思移玉步尊，今來却喪耰鋤手。九宫山上斃凶渠，九宫山下散狂徒。廿年作賊竟何有，空使人間泣鼎湖。

清同治己巳七月刻本《萬季野先生明樂府》

智按：萬斯同，字季野，號石園，鄞縣（今浙江寧波）人。康熙中薦博學鴻詞科，不就。後以布衣參史局，《明史稿》五百卷，皆其手定。及卒，門人私謚「文貞先生」。著作甚多，有《石園文集》八卷（《續修四庫全書》影印民國二十五年張氏約園四明叢書本；上海書店出版社《叢書集成續編》影印本）。

《明史新樂府》有清同治己巳七月刻本《萬季野先生明樂府》（中國國家

圖書館藏），後又有民國十二年（一九二三）崑山趙氏《又滿樓叢書》本，上海書店出版社《叢書集成續編》據以影印（見史部第二十八册，第二四五～二六四頁），將《刑囚手》、《火燒頭》兩首置於附録，文字略有差别。前有李鄴嗣序。《明史新樂府》共六十六題六十八首，均為三字命名，題後有序，與白居易《新樂府》一脈相承（參見張煜《萬斯同〈新樂府〉對白居易〈新樂府〉的因革》，載《樂府學》第四輯，學苑出版社，二〇〇九年一月）。創作時間在萬斯同入京之前，他與友人李鄴嗣相約，仿白居易《新樂府》，將明朝歷史大事中，士大夫風節有關名教之逸事，創為明史新樂府。李鄴嗣《杲堂詩續鈔》亦有《古樂府》，但以歌頌為主。

吴雯（一六四四～一七〇四）

《贈謝鶴菴二首（時將納姬）》（其二）

楊柳東風柔軟條，真如十五女兒腰。香山居士風流甚，待選雙蛾仔細描。（《四庫全書》本《蓮洋詩鈔》卷七）

智按：吴雯，字天章，蒲州（今山西永濟）籍，遼陽（今屬遼寧）人。康熙十八年（一六七九）己未舉博學鴻詞。有詩集《蓮洋集》二十卷。

魏麐徵（一六四四～？）

《讀長慶集》

白公意真率，託興皈瞿曇。語發歸自然，閒適性所耽。官俸儻至物，稱述何再三。嗣子各天數，往往嗟無男。七十頗戀祿，尚想齊彭聃。遂喜人傳聞，海上留一龕。吟成索嫗解，寧免以俗談。惟有諷諭篇，體從變雅探。美者良足勸，刺者有遺慙。初視若瑣細，深味彌泓涵。生負忠愛心，政宜固宿諳。至今西湖水，餘澤猶潭潭。（《石屋詩鈔》卷六，《四庫全書存目叢書》影印康熙本，集部第二四二册，第二九六頁）

《和白香山身心問答詩》

⊙心問身

軀長七尺亦徒然，兀坐閒行倦即眠。勞我心神渾不惜，恐教腹負已多年。

⊙身報心

誰嫌磨蠍在身宫，癡骨妍皮滿目中。我只無思無慮好，知君思慮有何功。

⊙心重答身

此中空洞元無物，是體多需妄亦多。知爾定應臀骨相，不圖溫飽奈吾何。（《石屋詩鈔》卷六，《四庫全書存目叢書》影印康熙本，集部第二四二册，第三〇〇～三〇一頁）

《和白香山樂府・新豐折臂翁》

折臂翁，因避征戍開邊功。今皇神武雲南復，不驅一丁遙從戎。東南十載偃兵革，黎民長養愛厥躬。聖主天下為一身，與民疾苦時相親。如臂使指身使臂，豈可一肢或不仁。恭聞帝庸乃作歌，元首股肱喜起多。左右庶事待倚畀，股肱惟良將若何。（《石屋詩鈔》卷七，《四庫全書存目叢書》影印康熙本，集部第二四二册，第三〇三頁）

《和白香山樂府跋》

右和白香山新樂府如干首，有同者有不同者。古今時不同，事不同，人之遇亦不同。同此題，不必同此詩也。韻不同，從古也。篇之長短不同，各發其意也。至於辭之質而徑，直而切，事之覈而實，體之順而肆。雖不盡同，總之為君為臣為民為物為事而作，不為文而作，意則無不同焉。香山亦云，同者不能自異，異者不能強同。然則同不同，不自知其所以然而然也。（《石屋詩鈔》卷七，《四庫全書存目叢書》影印康熙本，集部第二四二册，第三〇七頁）

智按：魏麐徵，字蒼石。江蘇溧陽人。康熙六年（一六六七）丁未進士。官至邵武府知府。有《石屋詩鈔》，其中卷七為「和白香山樂府十九首」，其他十八首為《法曲歌》、《道州民》、《馴犀》、《五絃彈》、《澗底松》、《牡丹芳》、《司天臺》、《紅線毯》、《杜陵叟》、《陰山道》、《杏為梁》、《官牛》、

《紫毫筆》、《隋堤柳》、《草茫茫》、《黑潭龍》、《天可度》、《采詩官》。

高士奇（一六四五～一七〇三）

《春日感懷四首》

庭前終夕雨，點點到心頭。積溜縣檐急，孤燈隔幔幽。幾曾通夢寐，空自怨更籌。禁盡寒宵永，春來又益愁。

心事遣難盡，盤旋斗室間。繁憂過夜半，芳意識春還。梅綻南枝蕊，圖披江上山（偶閱□□谷臨大庭江山勝槩圖）。笑他白太傅，年老說樊蠻。（白香山詩：十年貧健是樊蠻。余此生誓不置侍妾，故云）

年光正月晦，故故作春陰。透竹茶煙細，粘苔屐齒深。懶迎青翰客，苦憶白頭吟。眠食朝昏過，都忘利濟心。

愁極翻無語，悲深只自知。把書聊送日，拂紙强臨池。寶鏡奩虚設，藜牀幕竟垂。東風太多事，不斷檻前吹。（《獨旦集》卷三古今體詩共七十五首，《四庫未收書輯刊》影印清康熙間刻本）

《史胄司編修屬題尊人子修前輩字卷》

日長山静唐庚句，種竹穿池白傅吟。修禊亭邊敝廬在，披來頓起故園心。（卷中書唐子西《山居志》、白樂天《池上篇》及《蘭亭叙》）（《苑西集》卷十二，《四庫未收書輯刊》影印清康熙間刻本，第七輯第二十六册，第七二六頁）

《綺羅香》（洞庭朱璿）

圓頰塗脂，赬毬縐縠，碧葉彈枝深綴。一樹霜紅，頻顫露床凉吹。擘素指、不數橙黄，對珍盤、未輪萸紫。愛攜來、書几安排，越窰奪得晚峯翠。

垂虹橋外古水。占取山茨苔徑，白花香細。風冷江天，獨自冶容沈醉。誰壓倒、長慶詩人，漫留說、好秋吟紙。（香櫞見於唐人詠歌者絶少，惟樂天有之）待年年、滿摘筠籃，片帆湖上艤。（《竹窗詞》，《四庫未收書輯刊》影印清康熙間刻本）

《小重山令・題董又敏書白太傅琵琶行後》

休爲琵琶淚濕衣。横江秋月，白夜何其。一生難得是閒時。楓林外，應遣醉如泥。　人誤是，蛾眉回燈頻細語，各依依。我如相遇在天涯，當狂笑，重與譜新詞。（宋夏英公《琵琶亭》詩云：「流光過眼如車轂，薄宦拘人似馬銜。若遇琵琶應大笑，何須收淚濕青衫。」）（《竹窗詞》，《四庫未收書輯刊》影印清康熙間刻本）

《再題董文敏所書琵琶行》

余辛未暮春感疾，五月初愈。足尚不能履地，日坐樓頭，拈弄筆研，曾題《小重山令》於此册之後，云：「休為琵琶淚濕衣。橫江秋月，白夜何其。一生難得見聞時。楓林外，應遣醉如泥。　人誤是，蛾眉回燈頻細語，各依依。我如相遇在天涯，當狂笑，重與譜新詞。」是時山荆往往勸余收攝精神，然展軸拂紙，伴余岑寂，恭謹無倦。壬申五月，山荆謝世。忽又兩年，今日雨窗閱此，興懷疇昔，因賦小詩。

鶯語間關緑樹枝，閒居無侶晝長時。紅薔花孃濛鬆雨，不聽琵琶也合悲。

慢撚輕攏總不須，開函流淚眼模糊。蠻牋難寫蕭郎恨，添酒回燈歎影孤。（《獨旦集》卷七古今體詩共六十四首，《四庫未收書輯刊》影印清康熙間刻本）

《北墅抱瓮録》

⊙荔枝

平湖去海，僅三十里。偶有閩客，攜鮮荔枝，泛海來者。值風利，兩日夜達此，色味俱未變。白香山云：「殼如紅繒，膜如紫綃，瓤肉潔白如冰雪，漿液酸甘如醴酪。」非妄語也。私幸殊方珍果，得嘗所未經，因取其核，埋著土中，發苗一莖，葉似楊柳，初生淡白，數日色漸紅黃，又數日始成緑色。每兩葉相對而發，月餘後已高尺許，雖未必能花實，園中萬卉雜陳，不可少此異品耳。（《北墅抱瓮録》，《續修四庫全書》影印清康熙刻本，第一一一九册，第二二八～二二九頁）

《江村銷夏録》

⊙元楊竹西草亭圖卷

竹西詩文，前之諸君子賦之備矣。金華邵衷效白樂天歌，以贈翟君彦林，一笑歌曰：「君不見古來愛竹知幾人，幾人愛之能逼真。請君為我側耳聽，我今作歌歌具陳。唐人愛竹誰第一，精妙獨數王摩詰。作亭在東得竹法，却對篔簹咏蕭瑟。後來復出蕭協律，瘦莖竦節稱絕筆。香山居士欣得之，常作長歌更飄逸。蕭後愛者絕不聞，賴有湖州文使君。使君相與數百載，繼與此竹傳其神。自言平生少知者，惟有蘇子嗟云云。東坡得意下筆親，筆底葉葉皆凌雲。當時好事刻諸石，雪堂之墨今猶存。其餘諸子不暇論，載之畫譜何紛紛。元朝豈亦無作者，國初以來誰復寫。尚書高公生古燕，風致不在蘇文下。吳興復出松雪翁，飛白之石猶瀟洒。息齋父子俱解畫，籍籍聲名在朝野。丹丘先生典秘閣，閲盡古蹟天所假。嗚呼數子各枯槁，我欲從之生不蚤。清風散落天地間，遺墨蕭條已如寶。楊君愛竹隱竹西，竹西之名人共知。卷中題咏豈易得，價重不減珊瑚枝。翟君彦林今得之，座中篋笥生風漪。昨朝邀我觀此卷，清風滿地歌竹詞。感君此意何以報，索紙為作長歌詩。報以雙南金，南金非我有。報以錦繡段，繡段不可久。贈君相交期白首，此卷此詩傳不朽。」（《江村銷夏録》卷一）

智按：又見《式古堂書畫彙考》卷四十九。

《江村書畫目》

明董文敏真迹。文恪公跋。康熙四十四年六月揀定。……書白太傅《琵琶行》一册自跋。真迹。永藏。（《江村銷夏録·江村書畫目附》，遼寧教育出版社，二〇〇〇年一月，第二〇二頁）

《三體唐詩·注》

⊙《雲居長老》王貞白

巘路躡雲上（《說文》：「巘，山脊也」），来參出世僧。松欹半巖雪，竹覆一溪冰。不說有為法，非傳無盡燈。了然方寸内，應祇見南能。（南能大鑒禪師。按，唐儒用佛語禪機作詩文者，惟梁肅、裴均、柳子厚、白樂天、裴休諸人，可為盡善。其餘但作故事用者，多不可曉。以其未嘗留心於禪學，而但用其語也。如此篇後四句，及皇甫冉「道者億千燈，看心是一乘」之語，皆得之）（《四庫全書》本《三體唐詩》卷六）

智按：高士奇，字澹人，號江村，錢塘（今浙江杭州）人。以監生直南書房，授内閣中書，擢翰林院侍講，官至禮部侍郎。有《清吟堂》、《苑西》、《扈從》、《城北》、《獨旦》、《歸田》諸集。

吴道一（一六四五～一七〇三）

《次白香山韻賦清明登南岳寺》

歷歷風煙三月日，紛紛爻象一場間。遙看翠蓋纔南陌，忽見丹旌又北山。達士故應齊得喪，浮生那復有寬閒。關心多少悲懽事，漢水東流更不還。（《西坡集》卷二詩〇漢渚録，《韓國文集叢刊》本）

《宣化堂次白香山韻》

輕霞漏日閃餘光，雉嶽峯陰落半牀。耐雨柳粧深院色，受風荷送小池香。銅文匣閉蛛絲合，畫戟庭閒草縷長。尚有金釵舊時興，晚來歌吹沸華堂。（《西坡集》卷六詩〇關東録，《韓國文集叢刊》本）

《次白香山藍田山韻》

自余來嘉林，心境絶滓塵。誰知遷謫客，便作隱遯人。簾戶旁巖阿，松篁蔭溪濱。宜耕復宜釣，遲暮可安身。浮榮摠夢幻，此樂方是眞。（《西坡集》卷八詩〇嘉林録，《韓國文集叢刊》本）

《清風誌序》

……有退陶先生，李蒼石諸公爲之宰，而鋪張之潤色之。……凡國中之見稱以名山水者，皆瞠乎下風矣。乃撮其尤敍其勝，而其名號則或因其舊，或易以新，條分彙列，作爲一册子，且記邑之壤土、風謠、儒宫、學舍暨倉廨、壇場、樓亭、院宇之大略而弁之卷，名之曰清風誌，庶山蹊水逕可一覽瞭然，而爲搜幽討勝之指南耳。仍念優游吟賞，非吏道之緊務，然視壅則聽蔽，心煩則慮亂。故溪山之樂，有以疏滌其心源，不無與政化相流通者。如古之柳宗元之宰柳，白香山、蘇長公之治杭，歐陽永叔之在滁州是已。余不佞雖不敢侔擬於昔人，然區區之意，非直爲景物役而已。……（《西坡集》卷十七序，《韓國文集叢刊》本）

智按：吴道一，字貫之，號西坡。有《西坡集》。

洪昇（一六四五～一七〇四）

《長生殿·自序》

余覽白樂天《長恨歌》及元人《秋雨梧桐》劇，輒作數日惡。南曲《驚鴻》一記，未免涉穢。從來傳奇家非言情之文，不能擅場；而近乃子虛烏有，動寫情詞贈答。數見不鮮，兼乖典則。因斷章取義，借天寶遺事，綴成此劇。凡史家穢語，概削不書，非曰匿瑕，亦要諸詩人忠厚之旨云爾。然而樂極哀來，垂戒來世，意即寓焉。且古今來逞侈心而窮人欲，禍敗隨之，未有不悔者也。玉環傾國，卒至隕身，死而有知，情悔何極！苟非怨艾之深，尚何證仙之與有！孔子删書而録《秦誓》，嘉其敗而能悔，殆若是歟？第曲終難於奏雅，稍借月宫足成之。要之廣寒聽曲之時，即遊仙上升之日。雙星作合，生忉利天，情緣總歸虚幻，清夜聞鐘，夫亦可以蘧然夢覺矣。康熙己未仲秋，稗畦洪昇題於孤嶼草堂。（徐朔方校注本第一頁）

《長生殿·例言》

憶與嚴十定偶坐皋園，談及開元、天寶間事，偶感李白之遇，作《沉香亭》傳奇。尋客燕臺，亡友毛玉斯謂排場近熟，因去李白，入李泌輔肅宗中興，更名《舞霓裳》，優伶皆久習之。後又念情之所鍾，在帝王家罕有，馬嵬之變，已違夙誓，而唐人有玉妃歸蓬萊仙院、明皇游月宫之説，因合用之，專寫釵合情緣，以《長生殿》題名，諸同人頗賞之。樂人請是本演習，遂傳於時。蓋經十餘年，三易稿始成，予可謂樂此不疲矣。史載楊妃多穢亂事，予撰此劇，止按白居易《長恨歌》、陳鴻《長恨歌傳》為之，而中間點染處，多采《天寶遺事》、《楊妃全傳》。若一涉穢跡，恐妨風教，絕不闌入，覽者有以知予之志也。今載《長恨歌》、《傳》，以表所由，其《楊妃本傳》、《外傳》及《天寶遺事》諸書，既不便删削，故概置不録焉。……（徐朔方校注本第一頁）

《長生殿》（節選）

【南吕引子·滿江紅】〔末上〕今古情場，問誰個真心到底？但果有精誠不散，終成連理。萬里何愁南共北，兩心那論生和死。笑人間兒女悵緣慳，無情耳。感金石，回天地。昭白日，垂青史。看臣忠子孝，總由情至。先聖不曾刪鄭、衛，吾儕取義翻宮、徵。借太真外傳譜新詞，情而已。

【中呂慢詞·沁園春】天寶明皇，玉環妃子，宿緣正當。自華清賜浴，初承恩澤。長生乞巧，永訂盟香。妙舞新成，清歌未了，鼙鼓喧闐起范陽。馬嵬驛、六軍不發，斷送紅妝。西川巡幸堪傷，奈地下人間兩渺茫。幸遊魂悔罪，已登仙籍。回鑾改葬，只剩香囊。證合天孫，情傳羽客，鈿盒、金釵重寄將。月宮會、霓裳遺事，流播詞場。

唐明皇歡好霓裳宴，楊貴妃魂斷漁陽變。

鴻都客引會廣寒宮，織女星盟證長生殿。（第一齣《傳概》，徐朔方校注本第一頁）

智按：洪昇，字昉思，號稗畦，又號稗村、南屏樵者。錢塘（今浙江杭州）人。康熙七年（一六六八），赴北京，國子監肄業。二十八年，因演出《長生殿》案，被國子監除名，歸鄉不仕。四十三年六月初一，過浙江烏鎮，因酒醉墮水身亡。有《嘯月樓集》、《稗畦集》、《稗畦續集》，一九九二年浙江古籍出版社出版輯校本《洪昇集》。所作戲曲十二種，包括敷衍白居易《琵琶行》詩意之《青衫濕》（已佚），今存《長生殿》傳奇、《四嬋娟》雜劇。《長生殿》全劇五十齣，「借太真外傳譜新詞，情而已」（《長生殿》第一齣《傳概》），重新演繹唐明皇、楊貴妃故事，繼承白居易詩《長恨歌》和白樸劇《梧桐雨》之內容和意蘊，而有所改變。作者將李楊「釵盒情緣」理想化，使之昇華成爲「真心到底」之不朽至情；同時也真實描繪天寶年間各種尖鋭復雜之社會矛盾和政治鬬爭，寫出安史之亂前後唐王朝由盛而衰之歷史變遷，以「垂戒來世」（《長生殿自序》）。劇作結構嚴謹，排場精美，「句精字妍，罔不諧叶，愛文者喜其詞，知音者賞其律，以是傳聞益遠」（吳人《長生殿序》）。胡梁《長生殿跋》云：「今者一曲淋鈴，惟佳人之不再；半庭殘月，思往事之難忘。得方士以傳情，借才人而寫怨。雙栖切利，永歸權盒之盟；并處仙宫，終守死生之約。空憐白傅歌《長恨》以何爲，足笑青蓮賦《清平》而無當。」（蔡毅編《中國古典戲曲序跋彙編·三》，齊魯書社，一九八九年十月版，第一五九三頁）

衛既齊（一六四五～一七一〇）

《壽孫怍庭司馬二首》

閒氣爰生命世賢，丰姿海鶴共蹁躚。三層樓上陶宏景，八節灘頭白樂天。門外青山堪眺望，城中湖水伴淪漣。朝衣夾道迎鑾日，温語慇懃問大年。（是春先生迎駕，頻蒙天語溫問）

解組歸時見老臣，籃輿笻杖倍相親。中書事業留青史，林下風流似晉人。華髮蒼顏看自好，上尊玉食賜來新。（行宫朝見，賜上方酒果）蓬瀛仙侶頻還往，熊鳥何須說屈伸。（前人詩：熊經有屈伸。三層樓，陶隱居在句容時，作下弟子輩中，藏經論上，則以自居。八節灘，樂天鑿龍門八節灘，為園池，逍遥三十年）（《廉立堂文集》卷二律詩，《四庫未收書輯刊》影印清乾隆刻本）

智按：衛既齊，字爾錫，一字伯嚴，山西猗氏人。康熙三年（一六六四）甲辰進士，改庶吉士，授檢討，官至貴州巡撫。有《廉立堂集》。

卞永譽（一六四五～一七一二）

《式古堂書畫彙考》

⊙宣和御府藏 白居易

行書豐年帖、洛下帖、生涯帖、劉郎中帖、送敏中歸邠寧幕等詩。（《四庫全書》本卷四）

⊙宣和御府藏 唐告

白居易。（《四庫全書》本卷四）

⊙賈似道悦生堂別録

白居易豐年帖。（《四庫全書》本卷四）

⊙郭北山御史家藏（與《珊瑚網》異）

白居易行元微之告。（《四庫全書》本卷四）

⊙王弇州爾雅樓藏法書（跋載四部稿并續稿中）

雅宜書江文通擬古詩，書《長恨歌》、《白雀帖》……（《四庫全書》本卷四）

⊙北宋李咸熙《寒林歸晚圖》

天啓二年，歲在壬戌，二月十日，予與米參知仲詔，同觀於晉陵舟次。昔白香山守杭，元微之以守越州過杭，都人士聚而觀者如堵墻，曰：「非欲觀相公，欲觀世所謂元、白者耳。」余與仲詔皆有煙霞之癖，世有南董北米之稱，或不愧元、白故事。收藏者新安程繼白，亦以雅道為東南顧阿瑛、曹雲西輩人也。董其昌題。（《四庫全書》本卷三十三）

⊙劉待詔九老圖（絹本著色。按，後詩與三朝耆社集刻本多異）

唐九老詩并序。（略）

余少有山林之志，後縻升斗，碌碌紅塵，以成七十。時在紫微郎署，偶得劉松年所繪《白傅香山九老圖》，鑒觀之際，不覺神遇於曠世之下，景仰高風，莫能自已，因記舊所聞九老結社時各賦詩一章，遂撫録於卷端，庶企慕之誠，獲見於厠名之末也。在無逸、武英二殿録。中書舍人事馬芻識。

外録：

吴原博《家藏集·為陸全卿題劉松年香山九老圖》云：「高松大竹生翠寒，密林隱隱攢峰巒。杳然流水出深谷，新鑿山中八節灘。江州司馬不愛官，笑領諸客來盤桓。棋枰詩卷共有適，適意豈在陳杯盤。酒酣耳熱忽起舞，戲折名花斜插冠。趨朝疲薾足非病，在野輕（闕）心偏安。權門赫赫誇牛李，門下黨人分彼此。直氣騰騰逼石樓，甘作香山老居士。劉侯此圖超俗塵，能與九老俱傳神。衣冠雖作山林樣，狀貌終為臺閣人。孰為胡杲與吉旼，孰為鄭據並劉真。二盧張狄總預集，居士樂易皆相親。獨憐舊友今何處，禹錫微之嗟失身。」（《四庫全書》本卷四十四）

智按：卞永譽，字令之，一字仙容，漢軍旗人。蔭生，由通政司知事官至刑部侍郎。有《式古堂集》。

陳鏈（一六四五～一七一五）

《野望書懷》

衝寒閑踏舊魚磯，瑾戶人情識履稀。何處水雲孤雁叫，滿城風雪一僧貧。杜陵廣廈雞窠是，白傅長裘犢鼻非。漸愧綈袍溫范叔，千村機杼泣無衣。（《西林詩鈔》卷一，《毗陵六逸詩鈔》，康熙五十六年壽南堂刻本）

智按：《清詩別裁集》卷二十六所收此詩字句略異：「霜晨閒踏舊魚磯，地僻應憐屐齒稀。何處水雲孤雁叫，滿天風雪一僧歸。杜陵廣廈蓬茅是，白傅長裘犢鼻非。豈獨袁安正僵卧，千村隨在足寒饑。」評云：「書生負如許懷抱，韻語中可以想見生平。」

陳鏈，字道柔，晚號半緣居士，武進（今江蘇常州）人，諸生。幼讀書，過目不忘。及長，以諸生餼于庠，文譽大起。所為時文及詩古文，深為韓菼所賞。卒困頓以死。因世居於北郭外距城五十里而遙，地名西林，故學者稱為西林先生。莊杜芬、徐梅輯録《六逸詩話》云：「陳子古文得其鄉先生唐應德遺法，詩由香山、義山溯源少陵，信其必傳於後，後之讀者當以予言為不謬也。」（《毗陵六逸詩鈔》，康熙五十六年壽南堂刻本）有《西林詩鈔》。

彭定求（一六四五～一七一九）

《誥封奉直大夫羲齋汪太翁墓誌銘》

……翁諱與圖，字河符，號羲齋，又稱雙梧老人，徽州歙縣籍也。汪氏自唐越國公始居新安，至宋浚公遷章岐（瞻淇），二世楫公登嘉熙己亥進士，五傳為翁之高祖錫公，曾祖一吾公諱守道，祖玉房公諱應珍，歙庠生，考公量公諱士度，封內閣中書舍人，鄉飲大賓。妣方孺人，繼妣姚孺人。錫公父子皆以惇德隱居，玉房公學行推於鄉里，公量公當前明之季，承玉房公命，始來吴門經營鹺務治生起家。……翁方居耆齡，遂以就閑為樂，築小園于居宅之後，鑿池壘石，雜樹花竹，亭館數椽，雙梧當門，迥隔城市囂塵，嘗邀余輩數友盤桓嘯詠其間，暇則遴選漢魏至三唐詩，手自抄録，藏之篋笥，其自著詩一編，顏曰《就閑吟稿》，體格以香山白傅為宗，因授全集于水部君，令之校輯重鐫，四方見者，皆以為藝林善本云。水部君當聖駕南巡時，拜御書之賜，捧歸堂上，翁喜動顏色，諄勖以服官盡職之義，趨之北行，久之，水部君補營繕任時，切白雲親舍之慕，因請假歸覲……子五人，長立王，太學生，早卒；次立名，工部營繕清吏司主事；次立元，候選兵馬司指揮；次立文，太學生，早卒；次立均，太學生。女五人……（《南畇文稿》卷七，《四庫全書存目叢書》第二四六册，第七三二頁）

智按：汪與圖第二子汪立名（一六七九～?），編有《白香山詩集》，當受到乃父「以香山白傅為宗」之影響。

彭定求，字勤止，又字訪濂，晚號止庵，學者稱南畇先生。長洲（今江蘇蘇州）人。康熙十五年（一六七六）丙辰一甲一名進士，授修撰，歷官侍講。有《南畇詩稿》。

王鴻緒（一六四五～一七二三）

《西湖雜詠》（十二首其十）

泉自雲中翠嶺分，流從幽澗靜堪聞。山亭惟有青松色，不見風流白使君。（《橫雲山人集》卷二十一還朝集，《續修四庫全書》影印清康熙刻增修本）

《靈巖山》其三

曉入深林麋鹿羣，籃輿到處領清芬。不攜遊妓尋山衲，風味依然白使君。（白樂天《遊靈巖山》詩末云：「使君雖老頗多思，攜觴領妓處處行。今愁古恨入絲竹，一曲梁州無限情。」）（《橫雲山人集》卷二十五還朝續集，《續修四庫全書》影印清康熙刻增修本）

智按：王鴻緒，初名度心，字季友，號儼齋，又號橫雲山人，婁縣籍，華亭（今上海松江）人。康熙十二年（一六七三）癸丑一甲二名進士，授編修，官至戶部尚書。有《橫雲山人集》。

錢良擇（一六四五～一七〇七）

《唐音審體》

⊙新樂府論

太原郭氏曰：「新樂府者，皆唐世之新歌也。以其辭實樂府，而未嘗被於聲，故曰新樂府也。元微之病後人沿襲古題，唱和重複，謂不如寓意古題，刺美見事，猶有詩人引古以諷之義。近代唯杜甫《哀江頭》、《悲陳陶》、《兵車》、《麗人行》等，率皆即事名篇，無復依傍。乃與白樂天、李公垂輩謂是為當，不復更擬古題矣。」愚按：少陵《麗人行》及前、後《出塞》，郭氏列之古題中；其《哀江頭》等篇，元相略舉一二，他詩類此者正多，少陵新樂府或不止是，不知《樂府詩集》何以止載五首？然杜集不標樂府之名，郭氏去唐未遠，當必有考。《文苑英華》分樂府、歌行為二，以少陵《兵車行》、白傅《七德舞》等列之歌行中。《英華》分類，恐不如郭氏分體之精也。（《清詩話》第七八〇頁）

⊙律詩七言四韻論

七言律詩始於初唐咸亨、上元間，至開、寶而作者日出。少陵崛起，集漢魏六朝之大成，而融為今體，實千古律詩之極則。同時諸家所作，既不甚多，或對偶不能整齊，或平仄不相黏綴；上下百餘年，止少陵一人獨步而已。中唐律詩始盛。然元、白號稱大家，皆以長篇擅勝，其於七言八句，竟似無意求工。（《清詩話》第七八三頁）

白傅詩平易坦直，如家人婦子談布帛菽粟事，自我作古，前人從無此格，豈非千古絕調，然必不可效也。效他家不得，各隨其力之所至；而效白體不得，將流為淺率俚俗。刻鵠畫虎之辨，學者不可不慎所擇。（康熙四十三年昭质堂刊本《唐音審體》卷六）

（《游悟真寺詩》）用韵之多至此，亦前人所未得。平鋪直叙，不用意，不用力，不用章法，畫工化工，天造地設，不可有二。（康熙四十三年昭质堂刊本《唐音審體》卷六）

（《東南行一百韵寄通州元九侍御澧州李十一舍人果州崔二十二使君開州

韋大員外庾三十二補闕杜十四拾遺李二十助教員外竇七校書》）馮班曰：長詩有叙置次第，此文章自然之勢，其妙正不在此。起承轉合，不可不知，却拘不得，須變化飛動爲佳。《品匯》之作，高棅不解聲病，妄以長詩爲「排律」，今人「排」字已入骨矣。板拙不貫串，只是一「排」字誤之。此詩匀整之至，却細膩明淨，無叠詞累句，無妃紫媲紅之病，可爲大詩之式。（康熙四十三年昭质堂刊本《唐音審體》卷六）

錢良擇，字玉友，號木庵。常熟（今屬江蘇）人。九歲學作詩，出語驚長老。弱冠上京，與查慎行兄弟游，才名益噪。然累應試不第。曾隨大吏出使海外，康熙二十七年（一六八八）又佐朝貴出使俄羅斯。後出家為僧。有《出塞紀略》、《撫雲集》。事迹見《國朝耆獻類征初編》卷四二九、《海虞詩苑》卷十。

潘耒（一六四六～一七〇八）

《煙水亭》

湖迴環城角，亭孤峙水心。江光浮幙淨，嶽影浴波深。碑碣三朝聚，風帆四面臨。琵琶亭廢後，只此可閒吟。（《遂初堂集》詩集卷十一黄廬遊草，《續修四庫全書》影印清康熙刻本）

《香爐峰尋白樂天草堂故趾》

江州司馬愛山好，築堂欲向廬山老。一朝官滿還別山，巖瀑松雲棄如掃。始知陶劉未易及，解組深棲樂枯槁。紫雲菴前竹蒙密，香爐峰陰谿繚繞。老僧指點草堂基，是耶非耶費搜討。千年遺跡埋草間，清泉白石仍班班。如何後來仕宦者，曾無片屐來茲山。拄笏遙看雖自美，坐嘯寧無半日閑。嗟哉白公誠已賢，嗟哉白公誠已賢。（《遂初堂集》詩集卷十一黄廬遊草，《續修四庫全書》影印清康熙刻本）

《題宋蘭揮潯陽送客圖三首》

白傅襟懷原曠達，江州山水最清幽。無端逢著京都女，撥動遷人萬里愁。

長歌舊愛挑燈讀，小卷新看潑墨成。一片蒼寒蕭瑟意，如聞絃嚮與江聲。

我亦潯陽暫泊船，匡廬秀色落尊前。憑君更倩荆關手，畫出層峰挂瀑泉。

（《遂初堂集》詩集卷十五卧遊草，《續修四庫全書》影印清康熙刻本）

智按：宋筠，字蘭揮，號晋齋。犖之子。

《尤悔菴八十壽序》

古來文人既負當世重名，而能履高位、享大年、身名俱泰者，歷稽載籍，蓋無幾人。自司馬子長有窮愁著書之說，歐陽永叔有窮而益工之論，近世王元美作文章九命，至舉人世轗軻之事，悉屬諸文人，是豈天之獨薄于文人哉！亦人之取于天者太奢而致然也。今夫高才大名與膴仕厚禄二者，皆天之所甚靳，而不輕與人，既得於此，而復鋭意乎彼，則天人交忌而殃咎及之，故夫專精於富貴利達者，不惜舉語言文字之習割而弃之，其不能割者，則必恬于榮進，淡於聲利，薄取而勇退，知足而無求，然後造物者不怒而或陰厚焉。人生所最難得者壽，而文士尤難，古來惟陶淵明、白樂天、陸魯望、王盧溪、陸放翁、楊鐵崖、王仲山、皇甫子循數人，得享高壽。迹其生平，皆冲恬清素，不汲汲于榮利者，則天之所相，蓋可知已。吾吴尤悔菴先生，少負絶異之姿，文章雋妙，每一篇出，輒傳誦人口，名聞九重，先皇帝有才子之目，然仕宦不遂，一爲永平司理，卽罷歸家居，二十餘年，著述益富，聲望益隆，西堂雜俎之刻，流播人間，不啻雞林之購白集，番錦之織梅詩也。今天子求大雅宏達之士，召先生入禁林備顧問，明史局開，監修大臣，故出先生之門，纂修者多載筆就正，天子亦重先生老成宿名，駸駸嚮用，而先生天情蕭遠，絶無意于進趨，比賢子慧珠，踵武入詞林，益浩然有歸志，分撰畢事，决意乞休，一時祖送者，皆咨嗟歎羡，以爲不可及。家居又十四五年，慧珠亦已爲禁林宿望，請告歸省，而先生年登八袠，精明强固，一如壯盛時，賦詩屬文無虚日，人謂天之畀先生者獨優，而不知惟其取于世者廉，故集于躬者厚也，以先生之才之遇，遷延少需，何難坐致華要，然人皆褰裳，我獨却步；人方發軔，我已懸車。老氏云：知足不辱，知止不殆。孰謂先生文人，蓋進乎道矣。試問此十五六年中，宦海之風波，仕途之翻覆，不知其幾，向之横翔直上，震炫一時者，既已光沈響絶，其巍科顯秩，富於春秋者，亦多蘭摧桂隕，而先生休有譽處，後凋不食，巋然爲魯靈光，以彼易此，未知其孰得而孰失也。以耒之駑下，獲與先生同升奉教之日久，不能見幾明决，至麾之而後去，爲有愧於先生，然而竹素之娱，林泉之癖，與先生有同好焉。敢述先生之高懷深識，齊蹤古賢者，以爲先生頌。比聞先生方研窮禪理，究極心宗，則夫外形骸而獨立，超天地而長存者，更自有在千秋不朽，猶未云壽，而况其他哉！（《遂初堂集》文集卷十，《續修四庫全書》影印清康熙刻本）

《遊廬山記》

域中之山，自五嶽外，匡廬最著名。其山絶高大，數百里皆見之。臨江傍湖，驛路出其下，有事於江楚者必過焉。然遊者甚少，古來名賢，題詠如林。跡其所至，涉獵而已。大率之官奉使取便一遊，乘軺馳傳，吏卒守之，勢不得窮搜極覽也。余少閲圖志，即嚮往兹山，形諸夢寐，頻年足跡半天下，獨未遊廬山，以爲欠事。今年春，决策來遊。遊黄山已即，從饒州泛鄱陽，達九江德化，令紀秉乾，余門生也，爲治籃輿具人力，先過仙居鄉，訪文允言，邀與偕遊，允言少從其父鐙巖先生讀書山中，數名勝如指掌，工詩習禪，禪衲多舊識，欣然樂往，遂以閏三月晦日，同允言及陳甥周綸，發九江，出西門五里，爲濂溪書院，元公故居在焉，荒落無主者。二十里抵山麓太平宫，唐明皇所創，以奉九天使者，形勢絶佳，宋元時尚弘麗，多前代物。白玉蟾之流棲託焉。今頽敗不支，黄冠拾薪鋤菜而已。踰蛇岡五里，至東林寺。寺於山爲最古，遠公於僧爲最高。東晉以前，無言廬山者。自蓮社盛開，高賢勝流，時時萃止，廬山之勝，始聞天下，而山亦遂爲釋子之所有。迄於今，梵宫禪宇，彌滿山谷，望東林，皆鼻祖也。然而東林之僧甚俗，畫地分門，各營巢窟，委棄大殿，令戍兵得居之，弓刀挂壁柱，支竈李北海碑間，可痛也。幸十八高賢像尚存，長松清泉，如挹道韻。宿三笑堂側，徘徊白蓮池，夜分乃寢。晨起，上後山，禮耶舍塔。塔小而制古，僧史稱佛馱耶舍舉鐵如意示慧遠，遠不悟，拂衣去，似是宗門一流人，然亦在十八賢之數，則固同修淨業者也。沿虎溪而西，爲香谷。谷中有西林寺，浮圖巋然，林木清疎，院宇明潔，平陽之孫魯宗主之，猶能整齊其衆力，復寺田之侵蝕者。昔何無忌訪西林慧永，永衲衣半脛，翛然而來，於今無此僧矣。廬山約有數層，東西林是山北第一層，最其淺者，往時客至此，亦謂遊廬山矣，余則以爲甫發軔也。遂渡虎溪，上香爐峰，尋白公草堂，循澗而上，山漸深秀，竹樹蓊鬱。菴院在山塢中者十數，乍見乍隱，峰半得紫雲菴，僧言此古遺愛寺也，指菴後百步外隙地爲草堂基。余以白公記審之，所云平地輪廣十丈，有臺有池者，似在下方寬平處，不應在此，衹以面峰腋寺一語指此當之，然未見紫雲，即遺愛也。香爐峰有二，一在山南，一在山北，山北者人罕至，余以尋草堂故址特至焉，境自幽勝，正不必以古蹟爲佳耳。却行渡澗，得緑雪菴，菴藏深竹中，滴翠可掃。僧斯旨具午餐，且請爲前導。上峻嶺，舍輿而步數里，至講經臺，云遠公講涅槃經於此，是山北最高處。回望大江，如弓彎，潯陽城郭如聚米，允言言山徑舊多古松，人行不見日，今村民盜伐且盡，僧不敢言。余言於紀令禁止之，并東林戍兵遷出焉。又前至大林寺，寺在山巔，而平敞多竹木，碧澗流於門外。臨流寶樹一株，柯條扶踈，垂蔭數畝，千年物也。昔白樂天夏月遊此，見山桃盛開，作詩歎異。余來亦當初夏，有山牡丹數十樹，作花，爛如雲錦。詠白公詩，彌覺其工。主僧冏詹，亦平陽之孫，留宿繩牀。明旦，傍澗西行，三四里間，皆茂樹，樹多作花，所謂司馬花徑者也。澗盡處，爲水口，兩崖壁立如門，水自中落，崖石層層，刻削如堆疊而成，輪囷離奇，不可名狀，雲霧所漬，都生苔花，助其蒼古，崖斷處，豁然開廓，俯見平疇繡野，澄江逶迤，風帆歷歷，幽邃空曠，兼而有之，山中絶境也。傍有石隱菴，潔淨如書屋，令人有挂瓢終老之思，戀戀不能去。……風飄日映，千態萬姿，絶類鴈宕大龍湫，龍湫一道，而此三疊，似當勝之，然龍湫下垂到地，而此孤懸山心，龍湫肩輿可至，而此須攀藤附葛，故遊鴈宕者，必到龍湫，而遊匡廬者，罕至三疊泉也。唐宋人未知有此泉，故太白、子瞻都未得見，元明人知有此泉，亦多望崖而返。余幸得見之，非勇决不及此。還宿巢雲，誇語允言，此遊不獨傲他人，併可傲君矣。近五老峰者，二層崖木瓜崖皆可遊，以雨將復作，不果往，遂涉相思澗，抵甘棠舖，東北行，由吳章山謁濂溪墓，以歸九江，環山一周，可二百餘里。蓋半月而遊事畢云，綜覽一山之體勢，大抵土石相条，山水相得，秀頑相半，主賓相當，蓋得天地中和之氣，獨王於江湖間，盤礴數百里。言其高，則層峰插天，雲雨在下；

然而山巔多有平土流泉，隨地湧出，可耕可鑿，非如他山之高，枯瘠而不可居。言其深，則重岡複嶺，迷徑惑蹊，灌木長林，不見日月；然而在在皆有僧舍，笠屩所至，隨意眠餐，無途窮之苦，非如他山之深，荒險而不可遊。言其奇，則孤峰拔地，絶壁造天，瀑落雲中，泉懸空際；然而意象古雅，標格清疎，即之可親，復之無斁，非如他山之奇，詭怪而不可圖畫。宜乎高人逸士，棲託於斯，留連忘返，未至焉者，夢想歌思，圖詠讚歎不置也。兹山跨兩郡，韋左司、白樂天輩，官九江者，僅至其北，王子充、王敬美輩，官南康者，僅至其南，周益公、李溉之、李獻吉輩，雖嘗徧遊，而繞其邊，未穿其腹，余以林居無事，特酬宿願，又得故人爲地主，同好爲侶伴，風日晴和，輿從便給，故得從容搜討，窮諸奇勝，然而山深谷廣，勝地無數，精籃無數，遊之累月經年，恐未能竟。兹來亦僅僅得其梗槩，若夫漢陽紫霄之巔未及上，石室禹刻未及探，谷簾泉未及嘗，聖燈神光未及覩，遺憾尚多，俟續遊，次第補之。姑就所見作記及詩，留之山中，如東坡所云「他日入山不爲生客」，則庶幾耳。（《遂初堂集》文集卷十五，《續修四庫全書》影印清康熙刻本）

《遊金牛山記》

楚南山水之勝聞天下，余浮湘涉沅數百里，烟濤浩然，水觀頗暢，獨未及登山。頃來龍陽，邑令余若山學博申宮雍爲言金牛之勝，欣然欲往。天久陰，質明忽霽，遂呼肩輿出邑。南門見遠山蒼然，矗立天際，則金牛也。距縣六十里，半道入山塢，茅簷竹舍，錯落谿谷間，夾道多楓楠雜樹，霜餘皆作丹黄色，籠岡絡阜三十里，斐亹不絶，如行雲錦中，饒有佳致。吾鄉紅葉，涉冬即殘，楚南地煖，得霜稍遲，十月杪方盛。白樂天四月遊廬山，見山花盛開，賦詩云：「常恨春歸無覓處，不知轉入此中來。」金牛秋光，正如匡廬春色耳。山徑蒙密，多不可輿。時時步屧，踏落葉行，緣谿度壑，路殊幽峭。過數小嶺，至山南面，境界忽開，數十里川原村落，皆在掌中。遥山連綿包其外，隱隱如大環，環中雞犬桑麻，别一世界。金牛寺在山半，不甚高，而臨望廣博，遥青叠翠，如朝如拱，烟雲開合，瞬息萬變，諸山勝槩，一寺遂能收之，信絶境也。金牛爲古道場，載在燈録，蕪廢殆百年，僧跡幾絶。今住持鶴宕，本江左人，靈巖之法孫卓一茅居此，人頗敬信，稍稍營葺殿宇舊制，未十二三，然規模宏遠矣。鶴公見余至，大驚喜，擷山蔬作羹，宿其丈室，互訊吳楚法門事。夜分不寐。明晨上山，巔地益高，所見益廣，遠山周遭，皆數層近者。鐘釜帖伏，不可算數。循崖東下，得風雨二洞，一石下垂，如鼻中分二孔，咫尺間燥濕迴殊，亦一異也。志載金牛之勝有八，皆瑣細不足誇。余所喜者，佛寺多幽邃，金牛獨雄偉軒豁，百里山川，悉入目中，且若天造地設，爲茲屏障者，宜乎爲歷代祖庭，而久廢不能驟振，將顯晦自有時耶？鶴公言，居此山二十七年，從未見衣冠過客有至此者，余謂有師二十七年不下山之堅苦，遂有余一宿，即入山之勇決人不負山水，山水亦何嘗負人，吾未遊鼎朗諸山，遊於是乎始，故記之。（《遂初堂集》文集卷十六，《續修四庫全書》影印清康熙刻本）

智按：潘耒，字次耕，號稼堂，吳江（今屬江蘇）人。康熙十八年（一六七九）己未，召試博學鴻詞，授檢討。有《遂初堂集》。

吕賁恒（一六四六～一七一〇）

《白樂天祠》

白傅千秋在，荒祠夕照間。風流傳洎水，名姓重香山。里俗疎蘋藻，詞人獨往還。當年江上淚，應為破愁顔。（《四庫全書》本《河南通志》卷七十四藝文三）

智按：吕賁恒，字文啟，號素園，吕兆琳長子，新安（今屬河南）人。《中州先哲傳・文苑》有傳。吕履恒《先兄素園先生行狀》謂賁恒生於順治丙戌，卒於康熙庚寅，享年六十五歲。吕兆琳因兄兆璜無子，便將賁恒過繼給兆璜為嗣子。康熙二十一年（一六八二）壬戌，以明經選官，任長葛縣教諭，十四年後升任湖北武昌知縣。有《鄂渚小吟》一卷，《中州藝文録》卷二十三著録；民國《新安縣誌》卷十三「藝文」記吕賁恒還著有《素園文集》一卷。

崔錫鼎（一六四六～一七一五）

《偶覽白詩有吟》

平生最愛白香山，詞翰風流遠欲攀。位顯獨超標榜外，官低猶落郡州間。心因好道常多静，鬢爲憂時早已斑。湖上草廬歸意動，不應黄綬待瓜還。(《明谷集》卷四詩○鹽城録，《韓國文集叢刊》本)

《此君亭記》

和順，湖南一小縣也，殊有溪山竹樹之勝。沂川洪相國嘗出補是邑，構一小亭於齊隱堂之隅，名曰此君，蓋取義於竹也。歲久亭圮，洪侯子益以水曹郎出宰，慨然謀所以新之。鳩材陶瓦，改構而加拓焉。仍作聽民之所，以書來請記。余惟植物之可愛者多，而古人多稱竹，何哉？豈不以材資中於世用，而其德比於君子矣乎？夏書荊楊之貢，歷言篠簜箘簵，《周禮·職方》稱東南之美者，有會稽之竹箭，而《漢志》云竹之解谷生，合伶倫之律吕，然則材美之中於用尚矣，至於《衛風·淇澳》之詩，則其取美而託興，尤足以詠歎淫泆而有餘味，白香山贊：「夫竹之似賢，本固而性直，心空而節貞。」其於論竹之德備矣。然世之人遇竹，孰不稱美而賞翫。其能尚德而眞解愛者，蓋亦鮮矣。子益少負英秀之才，可謂無施不宜，足比於箭管之中用。雖失意公車，勉就禄仕，而今爲邑長於斯。官無不舉之政，邑有維新之治。廩廩古之神君，間嘗兼治傍邑劇務，恢然游刃，其才具之需世，已見其一斑矣。……(《明谷集》卷九記，《韓國文集叢刊》本)

《草坪新構春睡堂上樑文》

古者，棟宇蓋取諸《大壯》，以備風雨之襲，人物之成毁，相尋於無窮。復見江山之有主，爰得庇身之所，以爲知足之圖。主人才乏一長，性有甚拙，少日科第，竊文字之虛聲；中歲宦塗，忝雨露之殊渥。徒藉累世之緒蔭，濫極一時之高華。如軒鶴梁鵜，懼實深於負乘；譬池魚籠鳥，志常在於泳飛。而況憂哀疾疢之相乘，而齒髮早凋；世運翻覆之靡定，而滄桑屢換。雖聖人行藏用舍，非所與能；而天道虧益盈謙，蓋亦有得。乞身於未衰之日，嘗聞白居易之風；辭禄於防滿之時，深慙韋世康之語。彥倫雅有高趣，恐移北山之文；淵明自少宦情，已就彭澤之賦。豈若是忘世者，縱難遂於遐心，玆予其明農哉，庶幾存於晚計。……（《明谷集》卷九駢儷，《韓國文集叢刊》本）

《先考東岡公府君墓表》

先祖遲川文忠公晚有子，曰後尙字周卿，自號東岡。妣陽川許氏，宗廟令嶙女。崇禎辛未正月十五日降，甲午進士，甲辰文科。歷翰苑、憲府、諫院、春坊、玉堂官，至應教，庚申十一月十八日卒。配咸平李氏，咸陵府院君澥女。以癸酉十一月廿四日降，無子，取兄左尹公諱後亮中子錫鼎爲後，卽不肖也。先君資稟絶高，溫良簡重，容貌清癯，而有深識弘量。幼失所恃，年十七，文忠公棄世，居喪毁甚。事兄如嚴父，篤於朋友。所與甚者，情若兄弟。少時受經書於趙浦渚翼，學騷選於尹童土舜舉，攻古詩文有聲。早抱虛羸疾，未克充養肆力以爲恨。既登朝，歷敭清華，見世人崇虛名而事黨論，恥趨競於名塗，守靜絶交遊。雖嘗親與者及貴盛，不跡其門。顧託趣於杯酒，獨喜陶靖節、白香山之風，悠然慕之。意到，輒小酌微吟以自陶寫。世間一切事物，無足以累其心，然深中蘊藉，寡於言笑，和而能莊，體質自然，論者比之黄叔度、吕與叔之至性云。事行略具於趙南岳宗著所撰誌銘。……（《明谷集》卷二十八墓表，《韓國文集叢刊》本）

智按：崔錫鼎，字汝和，號存窩、存所子。有《明谷集》。

李玄錫（一六四七～一七〇三）

《醉後詠白香山贈行簡詩，略换數字，用贐安東倅之行》

吾年卌二安東宰，爾亦新紆太守章。齒髪恰同追白傅，瓊雷今況勝蘇郎。酒傳清閣花聯蕚，詩掛湖樓雁趁行。大抵鈴齋皆樂地，莫嫌名路足風霜。（《游齋先生集》卷十寒碧録，《韓國文集叢刊》本）

《早春聞雁，忽起古今鳥之戀，因誦白香山弟兄羈旅各西東之句，徹夜感歎，遂次其韻》

雪凍荊園雁叫空，棣華消息海天東。音容想像煙濤外，魂夢凄涼栫棘中。

淚盡庭闈悲望月，跡拘門閾羡飄蓬。三年一别偏添戀，五十光陰齒髮同。（《游齋先生集》卷十寒碧録，《韓國文集叢刊》本）

智按：李玄錫，字夏瑞，號游齋。有《游齋先生集》。

謝重輝（一六四七～一七一一）

《偶閲長慶集即效其體戲呈字臣》

五十六年五事日，不愁不病自由身。晚來課子詩成卷，興至看花醉幾巡。骨肉漸多猶可繼，糧儲雖少未全貧。何須較量千秋計，若比君還是幸人。（《杏村詩集》卷二癸未詩，《清代詩文集彙編》影印清康熙刻本，第一七二册，第十九頁）

《道旁碑》

朝廷防官耶，照然象魏垂。公私罪百條，中載禁立碑。若有扶同者，罰以不應為。偶行西河上，舉眼碑纍纍。或稱守官廉，或稱撫民慈。兩稅恒緩征，火耗無毫釐。文句雖不同，同是虚官詞。君子與小人，譬諸蕕與芝。迥然□□别，人見自能知。胡為同一傳，將無筆涉私。或者盡取廉，貪吏任為之。或者盡比貪，廉者憂寒飢。奈何茫無别，使人不一窺。去官多被仆，徒費民膏脂。吾聞漢循良，悃愊似無為。在官鮮聲稱，去後常見思。徘徊仆碑前，偶爾成此詩。初欲寄隣里，亦可上有司。有司倘或從，不為士人欺。隣里倘見信，賢愚有等夷。（《杏村詩集》卷三甲申詩，《清代詩文集彙編》影印清康熙刻本，第一七二册，第二四頁）

智按：王士禛評云：宛然白氏《秦中吟》矣。有位者宜敬聽之。

《歲暮絶句》

小槽新壓勝流霞，斟酌雞鍾酒浪斜。漫笑醉餘無箇事，膽瓶親插水仙花。

映階殘雪尚輝光，一笑柴門掩夕陽。屋角梅花争破臘，夜闌消受下風香。

攤書卓午紙窗明，遣興新詩又早成。賣却巾車贏歲事，深居不用歎徒行。

四壁殘鐙一樂窩，蕭然獨坐鬢成皤。較量故舊無多在，休怪門前有雀羅。(《杏村詩集》卷六丁亥詩，《清代詩文集彙編》影印清康熙刻本，第一七二册，第五九頁；《晚晴簃詩匯》卷六十二）

智按：王士禛評云：極似白傅。又云：杏村近詩不學樂天，而有其自得之趣，由其胸次近也。

謝重輝，字千仞，號方山，又號匏齋，德州（今屬山東）人。大學士陞嗣子。生父陛，拔貢生，甲申之變，率衆同盧世㴶誅僞官，重輝以廕授中書舍人，官至刑部郎中。博雅好古，與田雯齊名。王士禛所稱京師十子詩，德州居其二者。性傲岸，不與俗伍。著有《杏村詩集》七卷。鄧之誠《清詩紀事初編》云：重輝「歸田後，撰《杏村詩集》七卷，為壬子至戊子之詩，詩格一變，專作閒適語，極近香山」。

金昌集（一六四八～一七二二）

《又次重過韻》（四首其一）

風情白傅集，義理紫陽書。諷誦常留案，沈潛獨閉廬。發生欣草木，游泳樂禽魚。俗客還多事，時來慰索居。(《夢窩集》卷一，《韓國文集叢刊》本）

《次白樂天悼亡韻》

終年藥院病餘身，默念存亡自損神。莫道思家歸未得，室中誰有出迎人。

重泉消息已茫然，轉覺悲涼最老年。練事忽聞今夜是，五更歸夢几筵前。(《夢窩集》卷二，《韓國文集叢刊》本）

智按：金昌集，字汝成，號夢窩。有《夢窩集》。

劉獻廷（一六四八～一六九五）

《廣陽雜記》

白樂天詩：「還家問鄉里，詎堪持作夫。」鄉里謂妻也。《南史・張彪傳》

呼妻為鄉里：「今我不忍令鄉里落他處。」今人言家里，本此。（《劉繼莊先生廣陽雜記》卷五，《續修四庫全書》影印清同治四年周星詒家抄本，第一一七六册，第六七五頁）

智按：同治四年周星詒家抄本《廣陽雜記》多有録自明張萱《疑燿》者，此則即見《疑燿》卷六。刊本已删去此則。「還家問鄉里，詎堪持作夫」，非白居易詩，乃沈約詩。

惕厲，本《乾·九三》古注「夕惕若厲」句。《淮南·人間訓》：「夕惕若厲，以陰惜也。」《漢書》：「張竦為陳崇奏王莽功德，夕惕若厲，公之謂矣。」張衡《思玄賦》：「夕惕厲以省愆兮。」唐白居易《賀雨表》：「發於若厲之誠，散作如膏之澤。」今人亦常用「憂勤惕厲」。（《劉繼莊先生廣陽雜記》卷五，《續修四庫全書》影印清同治四年周星詒家抄本，第一一七六册，第六六〇頁；汪北平、夏志和點校本，第二四三頁）

智按：劉獻廷，字繼莊（莊者，莊子也），大興（今屬北京）人，以布衣遊名士間，為世所重。「其少時，好讀書，輒竟夜不寐，父母憐之，禁絶其膏火，則燃香以代，因眇一目。又折其左肱。居恒落落，躡敝衣冠，躑躅風塵中。」（王源《劉獻廷傳》）曾與修《一統志》，有《廣陽雜記》傳世。

王源（一六四八～一七一〇）

《汪淡洋詩序》

易簡道也，雖然，大樂必易，樂易言哉？鳥獸知聲而不知音，衆庶知音而不知樂，知樂者惟君子。易簡之說，下里巴吟之謂乎。予常怪宋人知尊少陵，而多襲元白，嚴儀卿謂蘇黄盡失唐人之體，自為江西宗派，亦元白之流弊耳。然則爲詩者，務使老婢能解，風雅之不亡者幾何矣！（《居業堂文集》卷十四，《續修四庫全書》影印清道光十一年讀雪山房刻本）

《燕齊近草序》

韓觀察霍岳赴官江西，予遇之廣陵，出所爲《燕齊近草》示予。蓋出都至歷下紀游詠懷之作，共絶句六十首，風韻遒上，得龍標遺意。予與霍岳爲布衣交，握手燕市者十載，霍岳雖官郎署，而與予二三酒徒，日沈飲放歌呼嘯，睥睨一世，發爲詩，雄肆蕭淡，落落焉絶塵氛而上，於戲！霍岳之志何如哉！予嘗以謂情見乎詞，而根於志。白香山身居顯榮，而詩清老淡樸入妙，蓋志不同於流俗，卽與世浮沈，不難自見其眞而不染，霍岳奕奕，京華冠蓋，今且爲憲千里，而詩益清新。蓋其爲人倜儻豪逸，重然諾意念之深，有非世人所知者。予把卷朗吟不釋手，飲酒申旦，而其詩有《期友人卜築白下》之篇，詩曰：「人涉卬否，卬須我友。」又曰：「惠而好我，攜手同行。」吾移家江左之志久矣。霍岳眞我友也，舍霍岳誰與謀之？（《居業堂文集》卷十五，《續修四庫全書》影印清道光十一年讀雪山房刻本）

智按：王源，字昆繩，號或庵，大興（今屬北京）人。康熙三年（一六八四）甲子舉人。

邵廷采（一六四八～一七一一）

《東南紀事》

⊙黄道周

黄道周字幼元，福建漳浦人，幼孤，好學，窮微極博。天啟壬戌成進士。授編修，充經筵展書官。故事：展書必跪膝行數武，道周獨謂膝行非禮，平步進，監侍駭愕。魏忠賢連目攝之不動。歸，讀書白鹿洞，躬執薪爨，天下士大夫高推之。……乃上言：「……昔唐憲宗獨斷而平淮蔡，然遇藩鎮大事，皆咨策杜黄裳，謀於李絳，詢於斐泊，納諫於白居易，後乃委心於裴度。方今上天告災，星象示儆，宜以實示群情，無以文稽眾論。惟陛下發樞臣前後諸疏，眾正其罪。」……（《續修四庫全書》影印清光緒十年徐乾刻本卷三）

智按：邵廷采，字允斯，又字念魯。餘姚（今屬浙江）人。曾可之孫。有《東南紀事》、《西南紀事》。門弟子為編刊其《思復堂文集》二十卷。

張雲章（一六四八~一七二六）

《四疊前韻寄金穀似惠元龍湯西厓侯大年周宜一諸子》

風騷昔代變，作者非一格。元和體多奇，韓孟與劉白。深探力能工，不辭窮作客。吳子夙有聲，獨躡開寶跡。搖毫出新意，佳句錦囊積。用告二三子，八極共揮斥。魯鈍本倦書，多病沉年厄。穿窗雪片飍，帶雨瓦溝澤。悲吟體復佳，不殊王湛易。諸君詩律嚴，森森出矛戟。（《樸村詩集》卷一古詩，《四庫禁毀書叢刊》影印清康熙間華希閔等刻本）

《上元日集吳元朗齋以白樂天長安元夜詩明月清風三五夜為韻分得月字》

十年不看長安月，茅屋低簷度佳節。有如戴盆未望天，漫漫長夜悲歌發。村燈社鼓茅柴酒，邇來民力并此竭。乾死螢窗吾所安，無盡一燈誰為揭。佛維摩言冥者明，亦為貧窮起檀越。朅來蕩蕩行天衢，城如不夜何嗟咄。星橋火樹未足侈，百枝千炬無時歇。近堪炙手高薰天，照野光明起突兀。開筵玉饌金虀羅，曼舞妖歌弄清滑。纏頭三十萬緡錢，蜀錦越羅眼生纈。輿臺倡優炤燿同，軀為鮮明技非拙。小儒錯莫頭冬烘，未信不完有短褐。當今開邊極萬里，親駕鑾輿杖黃鉞。欃槍熒惑痛掃除，烽火沙塲亂明滅。騰驤萬匹寄死生，地用莫如馬超忽。三花六印神駿空，臺積黃金市至骨。吾恨不能頸繫左賢王，直搗北庭張撻伐。又不能奮舌動天意，陳古羈縻但勿絕。黎元愁困吾不知，戰士蒼黃吾不惜。得毋風痺膜不仁，手足已痿矜無缺。平時壯心自比千里驥，豈如今日凡馬疆塲效撇烈。吁嗟乎！月明三五始此夜，徒與數君歡一瞥。揮杯縱飲氣憑陵，捉鼻哀吟句騷屑。差勝寂寂卧滄江，神傾意豁主賓迭。回頭此樂已成空，坐使朱顏變白髮。（《樸村詩集》卷二古詩，《四庫禁毀書叢刊》影印清康熙間華希閔等刻本）

《壽徐中允果亭先生六十次西溟韻》

曾從歸院撤金蓮，題處宮衣並自天。鶴禁回翔瞻華蓋，雲罍傾倒祝長筵（中允五十，余適在京師，與進壽觴）。歸來抱甕方中歲，默數投簪已十年。一曲將雛餘樂事（公晚得子），忘機終日對鷗眠。

高風允矣陶弘景，不羨達哉白樂天。神武挂冠成早計，洛中尚齒是初筵。

著書上下三千歲，閲世尊卑五百年。輸與伯兄行卜相，車前容我吐茵眠。（《樸村詩集》卷六律詩，《四庫禁毁書叢刊》影印清康熙間華希閔等刻本）

《周宜一詩序》

世之為詩者，不學少陵，其果可謂之詩乎？古今詩人多矣，自李杜二公出，而後人之趨向始專，咸奉為不祧之祖，亦莫有從而軒輊之者。……嗚呼！少陵之詩，難言矣！苟能會乎其文與意之著者，斯可以學少陵矣。而吾尤以為學者欲登少陵之堂室，當先辨少陵之門户階級。唐之昌黎、樂天，宋之子瞻、放翁，登少陵之堂室者也。學少陵者之門户階級也，以昌黎之才力之排奡破，千古而獨出矣，而究其所自，不可謂之不學少陵者。樂天之清穩暢達，得之少陵鋪陳排比者為多。至子瞻，則祖杜而宗韓，放翁則祖杜而宗白，今其書具在，學者沉潛反復，而求諸其文與意之著者，則知韓白蘇陸之所以為韓白蘇陸，而四君子之一趨向於少陵者不誣矣。吾友鍾陵周子宜一，與余定交於京師，居處相接，暇則相過，從論詩析骨析髓，別裁眞僞，無非欲奉一少陵以為歸，而其於韓白蘇陸四君子，沉潛反復，而力討之者有年矣。……（《樸村文集》卷九，清康熙華希閔等刻本）

智按：張雲章，字漢瞻，號樸村，嘉定（今屬上海）人。監生。康熙初舉孝廉方正，議敘知縣。有《樸村詩集》。

馮廷櫆（一六四九～一七〇〇）

《送楊恭士歸錢塘》

潞水黃花發，歸舟欲放時。薄寒添絮早，微雨落帆遲。家近青衣洞，門臨白傅祠。看山湖上好，遥憶醉題詩。（《馮舍人遺詩》卷四，《清代詩文集彙編》影印清雍正十一年刻本，第一七五册，第六五〇頁；《晚晴簃詩匯》卷四十八）

《論詩十首示謝文偉、陳初山》（之七）

長慶詩成體較強，春風野火好文章。郊寒島瘦何煩説，絕倒風流白侍郎。

(《馮舍人遺詩》卷五,《清代詩文集彙編》影印清雍正十一年刻本,第一七五册,第六五七頁;《萬首論詩絕句》第一册,第二七一頁)

智按:馮廷櫆,字大木,德州(今屬山東)人。康熙二十一年(一六八二)壬戌進士,官内閣中書。有《馮舍人遺詩》六卷,清雍正十一年刻本。

張謙宜(一六四九~一七三一後)

《讀白香山和四皓廟詩有感作即仿其體》

我嘗疑四皓,其人未必真。肥遁年已高,肯為漢室臣。子房好結客,東見滄海君。邂逅遇黄石,踪跡如鬼神。焉知非俠士,託名為逸民。虚聲震宫闕,潛懾劉季魂。欲為太子死,此豈有道言?果能輔惠帝,啟沃當益親。何為瞥然去,老死竟無聞。文人多耳食,頌讃空紛紜。(《絸齋詩選》卷二,《四庫全書存目叢書》影印清乾隆二十四年法輝祖刻本,集部第二六三册,第八五八頁)

《絸齋詩談》

方爾止詩以杜為骨,白為膚,不知者以為膚淺。(《絸齋詩談》卷六,《清詩話續編》第八七一頁)

智按:張謙宜,字稚松,號山農。山東膠州人。少年落拓,以詩名,中年折節讀書,潛心宋儒性理之學,老而彌篤。康熙五十一年(一七一二)登進士第,已至暮年。有《絸齋詩選》二卷《補遺》一卷(中國國家圖書館藏清乾隆二十四年法輝祖刻本及《四庫全書存目叢書》影印本),《四庫提要》卷一八四稱「其詩出入於香山、劍南之間」。《絸齋詩談》八卷,有《續修四庫全書》影印上海圖書館藏清乾隆二十三年法輝祖刻家學堂遺書二種本。《絸齋詩談》前有康熙四十九年(一七一〇)八月自序,末署「山南書隱老人張謙宜六十二歲自撰」,《絸齋論文》(《家學堂遺書》乾隆二十三年膠西法氏又敬堂刊本)前有康熙六十年辛丑(一七二一)六月十日自序,末署「山南書隱老人張謙宜七十三歲自撰」,可推知其生年爲順治六年(一六四九)。《晚晴簃詩匯》卷五十七稱其「年八十二自作傳，縷述其平生」，可見卒於此後。

張潮（一六五〇～一七〇九）

《跋陸次雲〈圓圓傳〉》（題擬）

唐陳鴻作《長恨傳》，白居易因譜爲歌。今雲士乃因歌作傳，詳略之際，較之前人稍難，誠足輝映後先矣。（張潮《虞初新志》，潘公昭標點，沈世榮校閱，大達圖書供應社，一九三四年四月，第一三七頁）

智按：張潮，字山來，號心齋居士，歙縣（今屬安徽）人。曾任翰林院孔目。能詞。以刊刻叢書知名當世。刻有《昭代叢書》、《檀几叢書》。著有《心齋聊復集》、《花影詞》、《幽夢影》等，輯有《虞初新志》等。

臧琳（一六五〇～一七一三）

《經義雜記》

⊙有渰萋萋

《詩·大田》：「有渰萋萋。」《釋文》：「渰，本又作弇，《漢書》作黤。（《呂氏春秋·務本》作晻。）」《正義》曰：「《毛傳》：渰，雲興貌。定本《集注》云：渰，陰雲貌。」案：《説文·水部》：「淒，雲雨起也，從水，妻聲。《詩》曰：『有渰淒淒。』」則「渰」正字，訓為雲起，與孔本《毛傳》合。又《説文·廾部》：「弇，蓋也，從廾，從合。」是作「弇」亦通。陸引《漢書》作「黤」，今《食貨志》作「渰」。案：《説文·黑部》：「黤，青黑也，從黑，奄聲。」蓋天將雨則黑雲興於上，定本《集注》《毛傳》作「陰雲貌」，義與《漢書》、《説文》同。《顔氏家訓》引《毛傳》亦作「陰雲」。高注《呂氏春秋》、顔注《漢書》，莫不儘然。（高注本或作陰雨者，誤。）《正義》作「興雲」，理雖通，而未得其真也。又「萋萋」當從《呂氏春秋》、《兩漢書》（後漢《左雄傳》）作「淒淒」，與《説文》所引同。《玉篇·水部》、《廣韻·五十琰》、《初學記》一、《白氏六帖》二皆然。《開成石經》

從草，今《釋文》、《正義》同誤也。（《續修四庫全書》本卷二）

智按：啴一作嘽。《呂氏春秋·務本》作「有晻萋萋」。

⊙湜湜其止

《詩·谷風》「涇以渭濁，湜湜其沚」，本作「湜湜其止」，今各本及注疏本皆作「沚」。此因經誤作「沚」，淺人又於《箋》首增「小渚曰沚」四字，於《釋文》加「其沚，音止」四字，誤遂不可解矣，今特正之。毛公此句無《傳》，《箋》云：「涇水以有渭，故見謂（舊誤同《釋文》作渭，今據《正義》改）濁。湜湜，持正貌。喻君子得新昏，故謂己惡也。己之持正守初如止然，不動搖。」《正義》釋經云：「言己顏色雖衰，未至醜惡，由新舊並而善惡別。新昏既駁己為惡，君子益憎惡於己。己雖為君子所惡，尚湜湜然持正守初，其狀如止然，不動搖，可用為室家矣。」其標起至，亦「涇水以有渭」起，絕不言毛、鄭「止」字有異。《説文·水部》：「湜，水清底見也，從水，是聲。《詩》曰：湜湜其止。」（鏞堂謹案：《玉篇·水部》：「湜，水清也。《詩》曰：湜湜其止。）水清底見，即止然不動搖之義，與鄭君正合。《白氏六帖》卷七兩載此詩，皆作「湜湜其止」。（玉裁案：予購得宋本《白帖》，轉不如此，先生所見最為善本。）則唐時未誤也。朱子《詩集傳》「湜湜其沚」，下有「音止」二字，又云：「沚，水渚也。」疑此誤始於朱子，後見《潁濱詩集傳》（蘇轍著）云：「沚，小渚也。」呂祖謙曰：「於洲渚淺處視之，渭之清猶可見也。」則朱子亦承前人之誤，以「止」為「沚」，起於北宋矣（鏞堂謹案：唐石經已誤作「沚」）。（《續修四庫全書》本卷二九）

智按：臧琳，字玉琳，武進（今江蘇常州）人。康熙中，補縣學生。生平博極群書，尤精《爾雅》、《說文》之學。潦倒諸生三十年，未嘗一日不讀經。有所得，輒隨筆記之，積文成《經義雜記》三十卷。別有《尚書集解》百二十卷。適宛平郭金湯作令桐鄉，聘其往治所，舉邑以聽，政教大行。逾年返里。謁選得知縣，以母年高，改選通州學正，旋以疾告歸，遷居博野，修葺習齋學舍，以收召學者，從游日衆。公卿屢謀薦之，辭不就。雍正十一年卒，年七十五。其著作由臧庸匯刻入《拜經堂叢書》。

查慎行（一六五〇～一七二七）

《六月十五夜銅仁郡齋坐雨憶去年此夕同韜荒兄潯陽對月有作》

琵琶亭外記停船，昨歲今宵月最圓。短篷迴風湓浦浪，孤燈響雨夜郎天。文章幕府才相左，鱗羽天涯眼並穿。若筭歸程余較遠，江樓西上又三千。（兄時在南昌幕府）（《四庫全書》本《敬業堂詩集》卷二《慎旃集》中）

《茨菰見唐人詩如白香山云渠荒新葉長慈姑朱放云茨菰葉爛別西灣劉夢得云菰葉風開緑剪刀未有及其花者余盆池偶種一窠立秋後忽發細蕊每節叢生花開純白色如玉蝶梅差小頗有清香因作一首以補詩家之缺》

舊葉復新葉，碧莖忽抽芽。誰將緑剪刀，剪出白玉花。水邊有秋意，凉蝶來西家。（《四庫全書》本《敬業堂詩集》卷十三《勸酬集》）

《琵琶亭次宋郭明復舊韻》

春江帶城沙嘴白，弓勢彎環抱新月。我來縱棹半日游，敗意眼前無一物。吟詩直入老僧家，小技忽癢難搔爬。分明有句和不得，古調豈叶箏琵琶。先生不作誰與語，白日茫茫變風雨。男兒失路雖可憐，何至紅顏相爾汝！與公相去又千年，依舊荒城無管絃。掃空題壁孤亭在，笑指門前浪拍天。（《四庫全書》本《敬業堂詩集》卷十四《湓城集》）

《夜夢入廬山桃花滿谷一僧指云此杏林也因誦樂天遊大林寺絶句夢中了了醒而以詩紀之即用白韻》

指點仙家手自栽，桃花却傍杏林開。眼前一笑真成幻，公是身遊我夢來。（《四庫全書》本《敬業堂詩集》卷十四《湓城集》）

《同王令詒泛甘棠湖至城南謁陶白祠》

艇子打兩槳，剪風如燕梢。白鷺導我前，行行入蘆茭。古祠晝常啟，不待遊人敲。門前十畝田（按碑記云：有田十畝，即以給居僧），夏旱土不膠。牛宮柱欹側，旁種苦葉匏。居僧老業農，叱犢犂黃茅。苦云生理拙，歲歲山田墝。入門風氣遒，沙水互裹包。湖光隱林杪，山色遮城坳。天然好位置，結構宜楢橾。緬懷二先生，潛見各一爻。潔身苟有歸，千載應神交。如何斗室中，湫隘隣湢庖。誰能移佛座，勿令名實淆。（正室三間，中設大士像，而

二公祠反在其左，與僧廚偪處，殊不稱也）（《四庫全書》本《敬業堂詩集》卷十四《湓城集》）

《香爐峰下尋香山草堂故址》

古寺折而南，一峰矗香爐。北有草堂址，荒榛穴鼪鼯。白公真天人，笑傲淩中區。本挾煙霞性，歷游仕宦塗。當其卜築時，意已忘羈孤。人生營菟裘，寧必皆故廬。等是有興廢，此中別賢愚。（《四庫全書》本《敬業堂詩集》卷十五《雲霧窟集》）

《大林寺冏上人茅齋》

盤烟下層霄，山骨微負土。陰陰日光澹，漠漠風氣古。寶樹壓橋低，一溪環菜圃。香山舊吟地，花徑兼宿莽（白樂天曾於此四月看桃花，其地猶名花徑）。廢寺亦荒涼，半間用茅補。孤清耐久坐，客至何必主。林靜無匿聲，虛簷應樵斧。（《四庫全書》本《敬業堂詩集》卷十五《雲霧窟集》）

《留別恒齋太守次見送原韻》

樂天《琵琶行》自述遷謫之情，託於送客，而不著其姓字，未必果有其人也。今余與恒齋別，正值楓葉蘆花之候，恒齋官況，不異左遷，別後倘有詩見及，其毋使人疑此客為烏有子虛乎？

小住衙齋忽半年，河梁只在一尊前。重攜風雨登山屐，又上江湖載酒船。有此別離成我老，無多才調感君憐。蘆花楓葉殘秋路，不聽琵琶亦黯然。（《四庫全書》本《敬業堂詩集》卷十六《客船集》）

《對雨戲效白樂天體四首》

兩岸沙沈樹，千帆浪拍天。長風吹不斷，獨鳥去無邊。白酒標旗濕，紅鱗出網鮮。此時如對雨，最好是江船。

忽聽笙歌起，烟波何處尋。四圍山漸澹，一角日初沈。捲幔通荷氣，停橈隔柳陰。此時如對雨，最好是湖心。

一片秧針緑，村村罷踏車。黄梅多放鴨（鄉人以芒種買新鴨名黄梅鴨），翠剡盡鳴蛙。種水牽菱蔓，開門落楝花。此時如對雨，最好是農家。

竹色涼牕户，泉聲落珮環。不知青嶂合，長在白雲間。篛籠分茶早，椶衫挂壁閒。此時如對雨，最好是深山。（《四庫全書》本《敬業堂詩集》卷十

七《冗寄集》）

《重過相國明公園亭四首》（其三）

莫漫閒居比洛濵，猶從泉石見經綸。栽花覘土知肥瘠，種樹因材識苦辛。白傅龍門無俗客，薛宣東閣有奇人。平生齒冷孫弘輩，車廐誰論舊主賔。（相國曾以唐實君文品上達宸聽）。（《四庫全書》本《敬業堂詩集》卷十七《冗寄集》）

《補和大司寇徐公遂園修稧詩限蘭亭二字二首》（其二）

獨擅千秋著作庭，文躔光透老人星。官同白傅歸仍蚤（樂天以刑部尚書致仕），史到温公局未停。妙手成圖初見畫，高僧入社亦忘形。分明洛下風流在，不數詩家曲水亭。（《四庫全書》本《敬業堂詩集》卷十八《白蘋集》）

《人日同孫松坪張漢瞻楊晚研宫友鹿錢亮功方拱樞吴元朗蔣楊孫家德尹集王赤抒邸舍分賦上元燈八首》（其四）

故紙形容大可憐，敢同南極指星躔。誇人只有香山老，張丈前頭炫少年。（右老人燈）（《四庫全書》本《敬業堂詩集》卷二十三《得樹樓集》）

《分咏詩人居址得東坡》（迎涼第五集）

東坡本屬宜賓郡，桃李陰從郡圃收。前輩風流傳白老，後來名勝擅黃州（白樂天為忠州刺史，於郡圃東坡手種桃李，往往見於詩句。蘇公自謂：「出處老少粗似樂天。」東坡之號實本於白，非偶合也）。平生得力在憂患，此地何心繫去留。大似高鴻向寥廓，雪泥指爪記曾不？（《四庫全書》本《敬業堂詩集》卷三十六《道院集》）

《湯西崖前輩自洛中寄示重修香山寺記石刻拓本》

龍門十寺已全荒，金剎誰尋古道場。刼外豐碑開闕塞，天中軼事在文章。雲泉舊境緣曾結（白樂天《香山寺》詩：「且共雲泉結緣境，他生應作此山僧」），山水初心後果償（幸為山水主，是償初心、復始願之候也。語出樂天《重修寺記》中）。公是樂天還記否？前題多在暢師房。（《四庫全書》本《敬業堂詩集》卷三十七《槐簃集》上）

《座主大宗伯許公七十壽辰敬呈長律四章》（其三）

集賢曾寫樂天真，九老中今第幾人。三月韶光連上巳（三月二日，公誕辰也），七旬觴咏屬初辰。芝蘭得氣殊庭秀，桃李成陰薄海春。共仰官高能下士，虛懷仍以讀書親。（《四庫全書》本《敬業堂詩集》卷三十七《槐簃集》上）

《擬樂天一字至七字體以題為韻分得簾字》

簾，傍檻，依檐。防客見，避花嫌。平鋪湘簟，斜搭吳襜。額飄風細細，鈎暎月纖纖。更無人處垂地，但有香時透奩。試問陰陰芳樹底，後堂玉笛是誰拈。（《四庫全書》本《敬業堂詩集》卷三十七《槐簃集》上）

《題紫滄醉吟圖小照三首》（其三）

醉裹清吟眼界花，樂天猶作少年誇。證因亭上新翻偈，枯木寒灰別一家。（《四庫全書》本《敬業堂詩集》卷三十七《槐簃集》上）

《送宋蘭暉庶常養親歸商邱兼呈漫堂先生四絶句》（其二）

長假緣知為老親，隨身匹馬兩車輪。較量白傅香山社，膝下今多奉杖人。（《四庫全書》本《敬業堂詩集》卷三十七《槐簃集》上）

《送大司冦張景峯前輩罷官歸韓城二首》（其一）

朝典推糾職，皇仁體好生。事關同列忌，公視一官輕。已抱回天意，休高去國名。應同白司寇，家世説韓城。（白樂天以刑部尚書致仕，按《唐書》本傳，其先本家韓城。）（《四庫全書》本《敬業堂詩集》卷三十八《槐簃集》下）

《庚寅元日試筆戲效樂天體》

朝回剥啄門無客，家會團圞巷有鄰（潤木寓相去一里許）。簷竹半經霜壓捺，盆梅全得雪精神。顛毛白後無多許，花甲周來第一春。除卻過頭年六十，另編詩槁起庚寅。（《四庫全書》本《敬業堂詩集》卷三十八《槐簃集》下）

《送周桐野前輩督學順天》

先生人中龍，天與君子性。平時頗跌宕，臨事乃剛正。憶昨典浙闈，量涵江海淨。無私消謗談，冰雪久彌瀞。至今桃李門，得士稱最盛。數椽居帝里，貧過滎陽鄭。俸錢付書估，斗酒謀主孟。時復召朋儕，琅琅發高詠。彈丸躍奇句，傳寫寧待竟。李杜韓白蘇，篇篇資考証。他文率稱是，手筆誰能倩。以此徹主知，蓬山夐無併。趨營幾新輩，時世梳粧靚。恬澹其素然，卓哉覘品行。國家設遺補，拔擢半長令。庶常間改授，歷職例不更。敢云著作庭，遷轉薄諫諍。於公實久次，事異初徵聘。比者適乏人，銓曹列名請（去聲）。終焉寢前議，上賴天子聖。宮坊俄晉秩，侍讀繼申命。小試惜宏才，留爲作人慶。使星不泣蜀，畿輔觀爲政。古來豪右區，當代儒風競。文通山後族，武達代來姓。一一摻管從，妍媸歸皎鏡。將空冀野群，往矣執衡柄。絃琴視拂拭，匣劒待磨鋥。苞苴自不入，籬棘何妨摒。必若振先聲，務須蠹積病。朱衣群吏導，絳帳諸生迎。詎非稽古力，榮寵一時併。公貌謙愈冲，公懷直且勁。和光得人愛，嚴氣生我敬。良辰乍招攜（同人於端午日餞別城南江亭），臨別心怲怲。城南好亭榭，快若披畫幀。每來必遲留，天水互瀲暎。飲徒散將盡，自此稀游泳。計公還朝日，吾已理歸榜。贈言抒所懷，甘被俗嘲評。（《四庫全書》本《敬業堂詩集》卷三十八《槐簃集》下）

《西厓視學中州重修龍門香山寺後一年汪退谷以事入秦過洛中命主僧種松數百株因繪成横卷兩公往復之作在焉索余繼和四首》

俸薄官清舉廢難，種松初返舊時觀。風流二老知誰繼，畫裏亭臺補復完。

甲子俄驚十五周，刹那滅刧已千秋。（自開成六年至今踰十五甲子矣）多情八節灘頭水，重挾松聲上石樓。

曾否經堂認寫真，却將綺語懺前塵。他時編入支提藏，莫忘題詩第四人。（兩公倡和而外，惟索西谷及余詩，故云）

夢裏曾遊亦勝緣，鼎門南去是伊川。打鐘掃地初心在，終著袈裟喚渡船。（《四部叢刊》本《敬業堂詩集》卷三十九《棗東集》）

《長告集・小序》

（起壬辰正月盡十二月）辛卯臘月，左手病風，今春漸及右臂，蒙恩停免内直，始得因病乞假，前後滿百日，患猶未除，適兩院長俱遠出，遂因循度歲。昔白香山守蘇州，時年甫五十八，而退居之計已决，其詩有「長告雖當百日滿，故鄉元約一年回」之句。未幾，果歸。又十年，而風疾作。余今年六十有三，患病在前，請假在後，出處之際，有媿昔賢多矣。（《四部叢刊》本《敬業堂詩集》卷四十《長告集》）

《病風》

香山臨老愁風痺，昭諫多時患臂攣。自分早衰宜速退，敢云同病比前賢。

三災有刼誰能免，五苦無塵可怕纏。不學維摩佯示疾，道場還作散花天。（《四庫全書》本《敬業堂詩集》卷四十《長告集》）

《湯西厓前輩自通政改授翰林掌院學士時奉使嶺南未歸馳詩寄賀兼述鄙懷八首》（其七）

敢擬微之並樂天，才名官職兩殊懸。只除一事差相似，恰比先生老七年。（白香山詩自注云：予老微之七年，今余與先生年齒相去亦爾，故得借用此事。）（《四庫全書》本《敬業堂詩集》卷四十《長告集》）

《立秋後七日偕周桐野宮恕堂錢絅菴張日容繆湘芷林鹿原顧俠君郭雙村家查浦潤木兩弟再集樵沙道院用白香山游開元觀韻》

未忍別朋友，乃如戀京師。循環互主賓，荏苒淹歲時。自我為此會，四三年於兹。中間小聚散，比復相追隨。心閒耳目清，地曠花卉滋。手攜白藤杖，笑倚青松枝。林風有餘涼，襟袂快一披。蓐收鞭白日，西走不稍遲。顧惟衰病身，乞歸行有期。但恐出處跡，從今遂參差。兄弟幸無遠（是日潤木治具），羣公莫告疲。聊希達士達，仰托知音知。（《四庫全書》本《敬業堂詩集》卷四十《長告集》）

《題宋蘭暉潯陽送客圖》

聊借琵琶寓苦吟，多緣淪落望知音。後來信有商人婦，直被香山賺到今。（《四庫全書》本《敬業堂詩集》卷四十一《待放集》）

《寄祝劉蘧菴光禄七十壽》

我昔皖上游，過君之里第。南陵好山水，風俗古不替。君時已挂冠，鄭重敦夙契。開園設几席，話舊接襟袂。次第見諸郎，森森盡蘭桂。一别十八年，回頭如隔世。聞君今七十，精采溢顔際。室有參語賢，齊眉正同歲。全家多道氣，此福天所畀。養壽得奇方，烟霞閟清閟。假如在高位，已合懸車例。何似白樂天，林泉早為計。（《四庫全書》本《敬業堂詩集》卷四十一《待放集》）

《肩輿》

禮有扶衰病，吾今釋負擔。徒行何不可，安坐得毋慙。未免役人力，將何解謔談。香山援舊例，陋巷得乘籃。（樂天詩：「陋巷乘籃入，朱門挂印

回。」）（《四庫全書》本《敬業堂詩集》卷四十二《計日集》）

《渡江雲》

六月十五夜，同韜兄琵琶亭對月，沽酒不可得，填此解嘲。

烟波三十宿，一輪鄉月，兩度向人圓。洞庭西上路，弱柳江頭，旋換白門船。天涯淪落，泣青衫司馬誰邊。漫留得、琵琶亭古，泠落四條絃。　依然。流分九派，劍指雙峰，嘆荒凉滿眼；便擬博、兄酬弟勸，醉也無緣。前生定入東林社，知後期、重結何年。征夢澗，白雲回首江天。（《四庫全書》本《敬業堂詩集》卷四十九《餘波詞》上）

《廣四雖吟並敘》

白香山《四雖吟》，以年老、命薄、眼病、家貧，與同時四人相校，自謂已勝於彼。余意不然。命薄、家貧，夫何足道；眼病，特年老之一端耳。爰舍其三而廣其一。義取達生，未免援儒入莊矣。

眼雖病，日出猶生明；耳雖聾，風來猶作聲；手雖戰，信筆書猶成；足雖廢，倚杖跛猶行；牙齒雖脫落，猶能茹菜羹，鼻雖若齆𪖙，猶能遠薉邇椒馨。天既賦以形，又復勞其生。行年七十八，尚欲逃天刑。曾家貧與命薄，足以擾吾宇而攖吾寧？（《四部叢刊》本《敬業堂詩續集》卷四）

《轉應曲效樂天體秦郵舟中即目六首》

浮沈豈必緣輕重，此理難從物性求。沙鳥羽輕偏善没，水牛蹄重獨能浮。

後先豈必爭遲速，此訣須從達者傳。欲速馬因失足後，開遲船爲得風先。

貪廉豈必由取舍，此段難從有意求。二寸白小多漏網，尺半紅鱗或上鈎。

灾祥豈必因旱潦，此事終須人力饒。千金隄塞一蟻穴，百里水洩三虹橋。

死生豈不論長短，此事難從天道爭。黄口小兒多夭折，白頭老子却長生。

富貧豈必關憂樂，此意須從處境謀。萬户富平侯不樂，一瓢貧巷士忘憂。（《四部叢刊》本《敬業堂詩續集》卷六）

《兀坐唫效香山體》

瞶者視惟明，盲者聽必聰。兩官互爲用，缺陷相彌縫。今我殊不然，眼暗耳復聾。無聞亦無見，兀坐成癡翁。逝將塞其兑，毋勦説雷同。作詩以自箴，庶免尚口窮。（《四部叢刊》本《敬業堂詩續集》卷二《悔餘湲與集》下）

《柳梢青》

（原注：從廟市買菊花二本，白者先開，黃者較遲半月，戲嘲之）

零露漙漙，重陽過也。菊蕋初團，本來同譜，根曾同種，花擬同看。問伊開則誰先？似兩姓詩人，一般白在黃前。樂天樂地，居易居難。（唐末有舉子，能爲詩，每通名刺云：鄉貢進士黃居難，字樂地。欲比白居易字樂天也。）（《四庫全書》本《敬業堂詩集》卷五十《餘波詞下》）

《邁陂塘·高江村宮詹屬題蔬香圖》

展生綃、天開圖畫，恍然身在璚。圃宮羹禁臠多嘗，偏偏愛蔬香繞筯。江畔路，擬挂却衣冠，暫領田園。趣斑鳩啼，午正土輭，春酥疎畦，小稜（去）一陣，菜花雨。　　筠籠淺，把送不勞地主。自擕鴉觜鉏去。十年宰相非難事。且與撥灰煨芋，煩致語。料五畝池邊，未是歸休處。聊追白傅，向紫莧青菘，黃芽緑甲，博取醉吟句。（《四庫全書》本《敬業堂詩集》卷五十《餘波詞下》）

《蝶戀花》

（原注：入冬風雨，盆菊離披，折供案頭，經旬色猶鮮好，戲贈以詞）

葉亞梢頭看競吐，已是經霜，又怕經風雨。手揀數枝親折取，殷勤誰似東籬主。　　半月寒窗相媚嫵，冶冶融融，出水鮮於土。不為無花偏愛汝，有花多在人擡舉。

（原注：杜牧之詩：融融冶冶黃。白樂天詩：不是花中偏愛菊，此花開後更無花【智按：此乃元微之《菊花》】。元微之詩：大都只在人擡舉【智按：此乃白居易《霓裳羽衣歌》】）（《四庫全書》本《敬業堂詩集》卷五十《餘波詞下》）

《廬山記遊》

早飯後拉僧如升爲鄕導，取細路望東南行，度澗路，皆登陟，過崇福寺門不入（崇福有上中下三寺）。五里，爲遺愛寺。修篁滿山，中藏老屋。忽聞桂香自竹下來，尋至後山，已開一樹矣。樂天云：「湓浦多竹，廬山多桂」，此乃兼之。（遺愛）寺本唐鄭弘憲所創，韋應物刺江州時有《題鄭侍御遺愛草堂》詩云：「居士近依僧，青山結茅屋。」寺僧不知，但設香山木主耳。

從東林寺東北撥草覓路，直上里許，地稍平衍處，即白香山草堂故址。背香爐峰，面鶴問湖。遙視九江城南，白塔如石笋一株，點破平碧，境踞絕勝。二十年前，會稽陶某爲九江丞，曾補築數椽，近爲野火所燒，惟敗垣在耳。守僧以《草堂記》刻本見貽。盤香炉峰址至化成寺，徑稍坦。中化城茅屋数間，下臨大江，以曠勝。……上大林寺，樂天先生曾游此，于四月見桃花，集中有詩序，今猶稱白司馬花徑。白居易《游大林寺序》云：大林窮遠，人迹罕到，環寺多清流蒼石，短松瘦竹。寺中唯板屋木器，其僧皆海東人。……（《新輯查慎行文集》，第二〇八頁；《查慎行集》第二册，第二七八頁）

《孤石山房詩集序》

自我歸田後，里中有學為詩者，謬推為識途老馬，往往以所作過問。沈子房仲，其一也。房仲為家少詹聲山外孫，其尊人東隅挾其文才，校書内廷，宦游海外，詩名播寰宇有年矣……今讀房仲之詩，雄厚者其氣，雋永者其韻，超邁者其才，沉摯者其學，少年所詣如此，探源窮委，充其所到，不難步武香山，淩轢蘇陸。……少詹風雅一脈，已得傳人……乃房仲則以心香一瓣屬之。……初白老人查慎行篹。（沈心撰《孤石山房詩集序》卷首；沈心撰，姚鼐選《房仲詩選》卷首）

《初白菴詩評纂例》

插架所藏纂録無餘，耳目之外，所遺應多。先生《跋香山集》云：「閱元白詩凡十四日，點勘始畢。」今元集評本無從訪求，殊為闕事。遠近同志之士搜羅必廣，倘卷中未及詩集或所載各家内別有手筆閱本，慨借原書，助成續録，當敬識卷端，永矢自諼爾。（清乾隆四十二年刻本《初白庵詩評》卷首）

智按：《初白庵詩評》三卷，收陶淵明、李白、杜甫、韓愈、白居易、蘇軾、王安石、朱熹、謝翱、元好問、虞集及《瀛奎律髓》共十二種詩集，爲查慎行康熙三十六年（一六九七）至五十三年（一七一四）所作評語，或有關本題考證，或統論全詩語意，或標明起結，或校正原文之訛，或論定諸家評注之失，一字不肯放過。前有乾隆三十三年（一七六八）上巳張宗橚序、乾隆三十二年（一七六七）九月八日自序、纂例，後有乾隆四十二年（一七七七）春蕭嘉植跋，同年七月十二日張柯跋。編者張載華（一七一八~?），字佩兼，一字芷齋。海鹽（今屬浙江）人。師從許蒿廬，習聞其論詩之旨曰「南北兩宗堪并峙，可憐無數野狐禪」，以漁洋、初白爲南北風雅總持。載華自序曰：「余生也晚，不獲親炙先生，幸自幼及壯得從許蒿廬夫子游。夫子與先生同里，于友朋間每聞先生評閲古人詩集，必展轉購借，攜至涉園，約諸兄亟爲鈔録。……余年忽五十，百念俱灰，自唯平生私淑之志，耿耿難忘，檢理故篋，合邇年所得先生評本計十二種，載歷寒暑，綴輯成帙。」據纂例言，書草創于乾隆二十八年（一七六三）冬，乾隆三十二年（一七六七）秋冬之際得張宗橚、婿蕭嘉植商訂仇校，凡三易其稿而卒業。查慎行爲康熙後期詩壇一大家，平生瀏覽博綜，參學甚廣，自漢魏六朝以迄唐宋元明諸家詩集皆有涉獵，每閲一編，輒施評點，當時珍如拱璧，遠近傳鈔。張載華于各書校理，用功勤謹，非但詳録原書題識、評語，即一聯一句之圈點，亦隻字無遺。杜詩、蘇詩均借他人藏本參訂，增訂校改之處，一一注明，堪稱初白功臣。又取查氏《蘇詩補注》及本朝諸家杜詩、韓詩、《宋詩鈔》評本可與書中評語相發明者，附録以資參悟，甚便于學者。至原評失當者，則加按語陳述己見，或引他說發明之，體例頗爲完備。

《初白菴詩評》

《凶宅》「四者如寇盜」四句，口頭語，道得出。

《雲居寺孤桐》言簡而意盡，不在排比見長。

《答友問》「當其斬馬時」六句，曲折如願。

《寄唐生》「琴淡音聲稀」，希。「亦任親朋饑」，譏。琴按：查校「稀」應作「希」，「饑」應作「譏」。

《問友》「鋤艾恐傷蘭」二句，卻是未經人道。

《村居苦寒》詩境平易，正以數見不鮮。

《秦中吟》十首（議婚）「天下無正聲」八句，此即王摩詰「賤日豈殊衆，貴來方悟稀」二句意，而神韻不逮遠矣。

智按：「賤日豈殊衆，貴來方悟稀」見王維《西施詠》（《全唐詩》卷一二五）。

《和答詩十首》序：「頃者在科試間，嘗與足下同筆硯，每下筆時，輒相顧，共患其意太切而理太周，故理太周則辭繁，意太切則言激然。與足下為文，所長在於此，所病亦在於此。」「文章千古事，得失寸心知」，數語自道，可為元、白定評。

《答四皓廟》「勿高巢與由」八句，有意矯原唱，未免推崇過當。然此段議論，天地間亦不可少。

《華原磬》「知有新聲不如古」，知。琴按：查校下「如」應作「知」，即「知有新聲不知古」也。

《縛戎人》「忽逢江水憶交流」，河。琴按：查校「江」應作「河」。

《遣懷》「寓心身體中」八句，透快，醒人心目。

《隠几》「既適又忘適」二句，蒙莊之理。

《東坡秋意寄元八》「時景亦無餘」，殊。琴按：查校「餘」應作「殊」。

《詠慵》「彈琴復鍛煉」，煉字訛，當作屐。

載華按：汪本作鐵。

《游悟真寺詩》「風從石下生」十六句，似柳州小記。

《登香爐峰》「上到峰之頂」至末，不到其上，不知此詩之工。「歸去思自嗟」私。琴按：查校「思」應作「私」。

《弄龜羅》「汝生何其晚」四句白描高手，只是善達性情。「入意老更慈」，人。琴按：查校「入」應作「人」。

《贖雞》「遲回未死間」二句，令我惻然心動。

《題舊寫真圖》「如弟對老兄」，妙想妙論。

《洛下卜居》「豈獨為身謀」二句，好結束。

《曲江早秋》「殘暮暝來散」，暑。琴按：查校「暮」應作「暑」。

《初見白髪》「勿言一莖少」二句，口頭語，寫得透闢。

《別元九後詠所懷》「同心一人去」二句，元、白交情，兩言説盡。

《送兄弟回雪夜》「寂寞滿爐灰」六句，詩境細靜。

智按：「寂寞滿爐灰，飄零上階雪。對雪畫寒灰，殘燈明復滅。灰死如我心，雪白如我髮。」元和六年（八一一），四十歲，下邽。《白居易集箋校》第五一八頁。

《溪中早春》「蓬蒿隔桑棗」二句，似陶。

《感鏡》「美人與我別」四句，信手拈來，如燈取影。

《村居卧病三首》（其一）「唯有病客心」二句，東坡「唯有宿昔心，依然守故處」二語本此。

《自覺二首》（其二）「親愛零落盡」二句，意本少陵，終覺彼勝於此。

《江樓聞砧》「江人授衣晚」，城。琴按：查校「人」應作「城」。

《感秋懷微之》「誰知獲落心」，濩。琴按：查校「獲」應作「濩」。

《花下對酒二首》（其二）此詩誤入《東坡集》。

《哭王質夫》「誠知天至高」二句，悲辛豪健。

《山鷓鴣》「南人慣聞如不聞」，黄山谷「北人墮淚南人笑」語意本此。

《花非花》「來時春夢幾多時」，如。琴按：查校「時」應作「如」。

《代書詩一百韻寄微之》「幄幕侵堤布」，「粉黛凝春態」，宋板「布」作「步」，「粉」作「鉛」。「醉落舞釵遺」，宋板「醉」作「翠」。「回環節候催」，「催」字出韻，疑當作「推」。「堅守鈞魚坻」，宋板「守」作「待」。「簡威寒凜冽」，宋板「寒」作「霜」。「謫去詠江籬」，蘺。「王粲向荆夷」，「夷」字與後重叶而意義不同。

《敘德書情四十韻上宣歙翟中丞》「呼鷖正及饑」，鷹。琴按：查校「鷖」應作「鷹」。

《秘書省中憶舊山》「厭從薄宧挍青簡」，校。琴按：查校「挍」應作「校」。

《夜深行》「百年關外夜行客」，牢。琴按：查校「年」應作「牢」。

《和元九與呂二同宿話舊感贈》「八人雲散俱游宧」二句，自在。

《病中哭金鑾子》「有女誠為累」二句，二語寫得出，說得完。

《眼暗》「早年勤倦看書苦」四句，妙在前一層說。

《渭村退居寄禮部崔侍郎翰林錢舍人詩一百韻》「晝扉肩白版」，「肩」字疑當作「扃」。「官垣紫界牆」，宮。琴按：查校「官」應作「宮」。

《欲與元八卜鄰先有是贈》「明月好同三徑夜，緑楊宜作兩家春」，對更好。

《累土山》「恐見新山望舊山」，忘。琴按：查校「望」應作「忘」。

《白牡丹》「應是東宮白贊善」，似。琴按：查校「是」應作「似」。

《東南行一百韻寄通州元九侍御、澧州李十一舍人、果州崔二十二使君、開州韋大員外、庾三十二補闕、杜十四拾遺、李二十助教、員外竇七校書》「堤喧簇貶夫」，販。琴按：查校「貶」應作「販」。「嬋娟勝畫圖」，圖字重叶。「李酣尤短竇」，竇字疑訛。「琴匣網踟躕」，蜘蛛。琴按：查校「踟躕」應作「蜘蛛」。

智按：《東南行一百韻》「李酣猶短竇」，元和十二年（八一七），四十六歲，任江州司馬。《白居易集箋校》第九六五頁。

《早發楚城驛》後六句，句句含早字。

《香爐峰下新卜山居草堂初成偶題東壁五首》（其三）「嵐隠山廚火獨幽」，燭。琴按：查校「獨」應作「燭」。

智按：元和十二年（八一七），四十六歲，任江州司馬。《白居易集箋校》第一〇二八頁。

《江樓夜吟元九律詩成三十韻》「道屈才方振」八句，屬對至此，可謂灑脱瀏灘。

載華按：劍器、渾脱，各為舞曲之名，詳見王漁洋先生《居易録》中。先生點閲杜詩序從渾脱句，此蓋偶沿世俗之誤耳。

智按：《江樓夜吟元九律詩成三十韻》元和十二年（八一七），四十六歲，任江州司馬。《白居易集箋校》第一〇五八頁。

《晚題東林寺雙池》「濺水躍紅麟」，鱗。琴按：查校「麟」應作「鱗」。

智按：元和十三年（八一八），四十七歲，任江州司馬。《白居易集箋校》第一〇六五頁。

《贈寫真者》「更兼病客儀」，容。琴按：查校「客」應作「容」。

《歲暮》「高明自爇緣多事」，「高」當作「膏」。

智按：元和十三年（八一八），四十七歲，任江州司馬。《白居易集箋校》第一〇九七頁。

《風雨夜泊》「青苔撲地連香雨」，宵。琴按：查校「香」應作「宵」。

《山中戲問章侍郎》「我抱反雲志」，「常吟棲招隱」。「棲」字譌。

載華按：反、棲二字，先生旁用雙抹，當從汪本互易。

《山中戲問韋侍御》：「我抱棲雲志，君懷濟世才。常吟反招隱，那得入山來?」

智按：元和十三年（八一八），四十七歲，任江州司馬。《白居易集箋校》第一一〇四頁。

《題遺愛寺前溪松》「閑行繞作溪」，蹊。琴按：查校「溪」應作「蹊」。

《自江州司馬授忠州刺史仰荷聖澤聊書鄙懷》「網初鱗蹬刺」，潑。琴按：查校「蹬」應作「潑」。

智按：《白氏長慶集》卷十七：「蹬，普活切。」《白香山詩集》卷十七、《御定全唐詩》卷四百四十《自江州司馬授忠州刺史仰荷聖澤聊書鄙誠》「網初鱗撥剌」。元和十三年（八一八），四十七歲，任江州司馬。《白居易集箋校》第一一二七頁。

《重贈李大夫》「早接清斑登玉陛」，班。琴按：查校「斑」應作「班」。

智按：《重贈李大夫》元和十四年（八一九），四十八歲，江州至忠州途中，忠州刺史。《白居易集箋校》第一一三七頁。

《入峽次巴東》五六聯用少陵五言成句。

《昭德皇后挽歌詞》「詔留窈窕章」，詩。琴按：查校「詔」應作「詩」。

《琵琶》「賴是心無惆悵事，不然爭奈子弦聲」。兩句轉折，自成創調。

《初罷中書舍人》「還有癡心怕素飱」，餐。琴按：查校「飱」應作「餐」。

《初到郡齋寄錢湖州李蘇州》時長慶二年十月。

智按：長慶二年（八二二），五十一歲，任杭州刺史。《白居易集箋校》第一三三一頁。

《醉題候仙亭》候仙亭在靈隐寺前。

《虛白堂》虛白堂在杭州府治後。

《花樓望雪命宴賦詩》花樓失考。

《宿竹閣》竹閣在孤山。

《錢唐湖春行》「孤山寺北賈亭西」，賈亭今失考。

《候仙亭同諸客醉作》《咸淳志》：候仙亭，唐韓皋建，白樂天記，所云候仙、虛白、見山、觀風、冷泉五亭相望，如指之列，是也。

《東樓南望八韻》東樓一名望海樓，在中和堂之北，又名望潮樓，唐武德七年置。

《樟亭雙櫻樹》《咸淳志》：臨安有樟亭驛。

《餘杭形勝》「教妓樓新道姓蘇」，教妓樓失考。

《江樓夕望招客》「星河一道水中央」，黃山谷「快閣」名句本此。

《余以長慶二年冬十月到杭州，明年秋九月始與范陽盧賈、汝南周元范、蘭陵蕭悅、清河崔求、東萊劉方輿同游恩德寺之泉洞竹石，籍甚久矣，及兹目擊，果愜心期，因自嗟云：到郡周歲，方來入寺，半日復去，俯視朱綬，仰睇白雲，有愧於心，遂留絕句》「雲水埋藏恩德洞」，考之《咸淳臨安志》，恩德洞即風水洞。

智按：長慶三年（八二三），五十二歲，任杭州刺史。《白居易集箋校》第一三八〇頁。

《九日宴集醉題郡樓兼呈周殷二判官》「七堰八門十六坊」，《吳郡志》云按《長慶集》六十坊者，舊經所籍如之，後頗隨事有創有易。則十六當作六十。

《同微之贈別郭虛舟煉師五十韻》「泥壇方合矩」二十句，此段單説爐火事。

《霓裳羽衣歌》「四幅花箋碧間紅」，以下説譜之妙。「君言此舞難得人」，以下説舞人。

《小童薛陽陶吹觱篥歌》「翕然聲作疑管裂」十句，節節變，聲聲換，無意不透，無筆不靈。

智按：寶曆元年（八二五），五十四歲，任蘇州刺史。《白居易集箋校》第一四一七頁。

《有感三首》（其一）「悲哉可奈何」，何必悲。

《和微之詩二十三首·和三月三十日四十韻》「雪回風旋絮」，此「絮」字實用息據切。「水葵鹽豉絮」，此絮字虛用，乃《曲禮》毋絮羹之義，一作抽據切。

《和寄樂天》「征掉遞排北」，「比」。琴按：查校「北」應作「比」。

《九日思杭州舊游寄周判官及諸客》「風景不隨宮相去」，先生以庶子分司，故得自稱宮相。

《夢行簡》「虛卧春窗夢阿憐」，連。琴按：查校「憐」應作「連」。

《答客問杭州》「小航船亦盡龍頭」，畫。琴按：查校「盡」應作「畫」。

智按：寶曆元年（八二五），五十四歲，任蘇州刺史。《白居易集箋校》第一六二七頁。

《東城桂》（其二）「賣作蘇州一束柴」，太淺則近俚。

智按：寶曆元年（八二五），五十四歲，任蘇州刺史。《白居易集箋校》第一六三五頁。

《五月三日閑行》正。琴按：查校「五」應作「正」。「紅欄三百九十橋」，

「十」字疑可作平聲，但不知所出。

載華按：王漁洋先生《池北偶談·唐詩字音》一則：「李子田舉唐人詩用字音與今人別者，如劉夢得『停杯處分不須吹』，分作去聲。王建：『每日臨行空挑戰。』羅虬：『不應琴裏挑文君。』（智按：羅虬《比紅兒詩》，《全唐詩》卷六六六）挑皆上聲也。（包）佶：『曉漱瓊膏冰齒寒。』（智按：包佶《宿廬山贈白鶴觀劉尊師》，《全唐詩》卷二〇五）冰去聲。段成式：『玳牛獨駕長擔車。』（智按：段成式《戲高侍御七首》其二：『玳牛獨駕長簷車。』《全唐詩》卷五八四）長上聲。予按《白氏長慶集》中此例尤多，如『請錢不早朝』，請作平聲。『四十著緋軍司馬』，司入聲。『紅闌三百九十橋』，十讀如諶。『為問長安月，如何不相離』，相，思必切。『燕姬酌蒲桃，燭淚黏盤壘』，蒲桃，蒲上聲。『三年隨例未量移』，量平聲。『金屑琵琶槽』，琵，仄聲之類。子田皆未暇及。」據此與先生論合。又歷舉劉夢得、盧綸諸人詩字音與今人別者，不及備録，詳載《帶經堂詩話·音訓》類。

《夜游西虎邱寺八韻》《吳郡志》：雲岩寺即虎邱寺，即劍池，而分東西，今合為一。顏魯公亦有詩云：「不到東西寺，於今十五春。」

《感悟妄緣題如上人壁》結語深於禪悅。

《初到洛下閒游》「尋春放醉尚粗豪」，後半俱從粗豪二字中設想。

《酬裴相公題興化小池見招長句》「蓬斷偶飄桃李徑」二句，意思曲折，亦從煉句得之。

《有小白馬乘馭多時，奉使東行，至稠桑驛，溘然而斃，足可驚傷，不能忘情，題二十韻》「芳草承蹄葉」四句，輕倩。「度關形未改」二句，用事恰合。

《有雙鶴留在洛中，忽見劉郎中，依然鳴顧，劉因為鶴歎二篇寄予，予以二絕句答之》（其一）「慚愧稻粱長不飽」二句，富家身分。

《履道春居》「暝助嵐陰重」二句，煉。

《和錢華州題少華清光絕句》「蘇州肥膩不如君」，吳兒未必心服。

智按：大和二年（八二八），五十七歲，長安，刑部侍郎。《白居易集箋校》第一七五一頁。

《曲江有感》結句不測，妙有餘味。

《杏園花下贈劉郎中》「東風二十四回春」，澹而旨。

《伊州》「亦應不得多年聽」二句，綺語作達，分外風流。

《送敏中歸豳寧幕》「弟兄垂老相逢日」二句，只消直敘，自爾情到。

《早寒》「鏡遇雨來昏」，不必粘題，亦成好句。

《送河南尹馮學士赴任》「別教三十六峰迎」，好想路。

《重答汝州李六使君見和憶吳中舊游五首》「吳調吟詩句句愁」，時。琴按：查校「詩」應作「時」。

《贈王山人》「秋來唯長鶴精神」，醒豁。

《酬令狐相公春日尋花見寄六韻》「晚來風不休」，活句。

《送東都留守令狐尚書赴任》發端突兀，恰與題稱。

《元相公挽詞三首》（其一）「後魏帝孫唐宰相」二句，莊重簡淨，可悟作志銘之法。

《結之》目録作「終」，此作「結」，總不可解。按公有《感舊》詩云：「太湖石上鐫三字，十五年前陳結之。」則結之當是人名，但於本章意義不相入。先生又有《對酒寄李郎中》詩：「往年江外抛桃葉。」公自注云：「結之也。」對句云：「去歲樓中別柳枝。」自注：「樊，蠻也。」則結之乃先生家姬。

智按：《感舊石上字》開成四年（八三九），六十八歲，洛陽，太子少傅分司。《白居易集箋校》第二四〇〇頁；《對酒有懷寄李十九郎中》會昌元年（八四一），七十歲，洛陽。《白居易集箋校》第二四四六頁。

《問江南物》「月明雙鶴在裴家」，送鶴詩在二十六卷中。

《予與微之老而無子，發於言歎，著在詩篇。今年各有一子，戲作二什，一以相賀，一以自嘲》「五十八翁方有後」，微之是年才五十一，少樂天七歲。

《晚桃花》「寒地生材遺校易」二句，為「晚」字生波，寄慨絕遠。

《阿崔》「豈料鬢成雪」四句，暮年舉子，委婉入情。「膩剃新胎髮」六句，好描寫，結還起意。

《觀游魚》「一種愛魚心各異」二句，仁義之人，其言藹如也。

《和微之任校書郎日過三鄉》「不獨年催身亦變」，「身」字當作「官」字。

《題岐王舊山池石壁》往往於後半首自作轉折，章法獨創。

《除夜》東坡《常州除夕》詩直用起一句。

《哭崔兒》「掌珠一顆兒三歲」四句，字字沉痛。

載華附識：申鳧盟先生評老杜《奉濟驛送嚴公》詩三四一聯，最得詩中三昧，附見下卷。香山此詩三四兩句，亦是倒裝文法。其意甚平，而語則甚痛，便覺含味無窮。學者於此細參，即眼前語意，可免庸俗之病。

《初喪崔兒報微之、晦叔》「蟬老悲鳴拋蛻後」二句，每從比擬擅長。

《府齋感懷酬夢得》「合是人生開眼日」二句，曲折如意。

《履道池上作》「樹暗小巢藏巧婦」二句，纖新如《松陵集》中語。

《重修府西水亭院》「園西有池位」二句，老杜風格。

《早春雪後贈洛陽李長官長水鄭明府二同年》鄭俞為長水縣令，見本集自注中。

《神照禪師同宿》「前後際斷處」二句，此境界正自難到。

《感白蓮花》「忽想西涼州」至末，事具《縛戎人》樂府中。

《寄盧少卿》「老誨心不亂，莊誡形太勞」，守此二語，形神兩適矣。

《和皇甫郎中秋曉同登天宮閣言懷六韻》「碧天忽已高」四句，秋曉二字寫得出。

《送呂漳州》「端居惜風景」四句，妙得詩趣。

《短歌行》「耳目聾暗後」八句，晚遇尚爾，况乃不遇。讀此真令落魄老生無生活處。

《詠懷》「遑遑干世者」至末，詩境正以屢見為嫌。

《老熱》「何乃有餘適，祇緣無過求」，十字完得知足兩言。

《題文集櫃》「前有七十卷」，後。琴按：查校「有」應作「後」。「誠知終散失」二句，此具達者之言。

《十二月二十三日作兼呈晦叔》「案頭曆日雖未盡」四句，隔句對。

《自詠》「當時綺季不請錢」，「請」字不可解。後和裴令詩，又有「請錢不早朝」之句。

《送陳許高僕射赴鎮》「常與司徒同苦樂」，「司」字當作「師」。

《青氈帳二十韻》「骨盤邊柳健」四句，切貼。「有頂中央聳」二句，今蒙古包也。

《同諸客題于家公主舊宅》「春谷鳥啼桃李院」，舂。琴按：查校「春」應作「舂」。「聞道至今簫史在」二句，第三十二卷中有《寄明州于駙馬使君》絕句，可引為注腳。

智按：《同諸客題于家公主舊宅》「布谷鳥啼桃李院」，大和七年（八三三），六十二歲，洛陽，太子賓客分司。《白居易集箋校》第二一三七頁。

《家釀新熟，每嘗輒醉，妻侄等勸令少飲，因成長句以諭之》「王侄分踈叔不癡」，疏。琴按：查校「踈」應作「疏」。

《楊柳枝詞八首》（其四）「可憐雨歇東風定」二句，無意求工，自成絕調。（其七）「小樹不禁攀折苦」二句，楚楚動人憐。

《春早秋初，因時即事，兼寄浙東李侍郎》「和風細動簾帷暖」八句，句句分對。

《劉蘇州寄釀酒糯米，李浙東寄楊柳枝舞衫，偶因嘗酒試衫，輒成長句寄謝之》「慚愧故人憐寂寞」，二句，總結。

《九年十一月二十一日感事而作》此詩不知因何人被禍而作，須考。

載華附識：東坡《志林》論此詩三四兩句，極為平允。先生評閱《律髓》，已評載格上。按甘露之變，在太（大）和九年，與本題正合。此條評語云云，想偶爾遺忘故耶。

《奉和裴令公新成午橋莊綠野堂即事》「青山為外屏」，虛對，《裴令公席上贈別夢得》「轉難相見轉難思」，相。琴按：查校「難」應作「相」。「便是鄒牧分散時」，枚。琴按：查校「牧」應作「枚」。

《尋春題諸家園林》「聞健朝朝出」，鬬。琴按：查校「聞」應作「鬬」。

《清明日登老君閣望洛城贈韓道士》「何事不隨東洛水」二句，只一聯意味極佳，可惜前後纏攪不了。

《三月三日》此詩訛入宋人蘇才翁集。《咸淳臨安志》亦采之。

《閒居春靜》「閑泊池州靜掩扉」，池州二字有一譌。

載華按：汪本作「池舟」。

《以詩代書寄戶部楊侍郎勸買東鄰王家宅》「林園亦要聞閒置」，乘。琴按：查校「聞」應作「乘」。

《嘗酒聽歌招客》「一甕香醪新插芻」，蒭。琴按：查校「芻」應作「蒭」。

《長齋月滿，攜酒先與夢得對酌，醉中同赴令公之宴，戲贈夢得》「解醒仍對姓劉人」，「醒」應作「酲」。

《宅西有流水，牆下構小樓，臨玩之時，頗有幽趣，因命歌酒，聊以自娛，獨醉獨吟，偶題五絕》（其一）「唯我栽蓮越小樓」，「越」字當作「起」。

《偶作》「清涼秋寺行香火」，「火」字訛，當作「入」。

智按：《偶作》「清涼秋寺行香去」。開成二年（八三七），六十六歲，洛陽，太子少傅分司。《白居易集箋校》第二三〇九頁。

《幽居早秋閑詠》「從他世險難」，艱。琴按：查校「險」應作「艱」。

載華按：「不必入山川」句，先生抹去「川」字，於「山」字上增一「深」字。

《寒食日寄楊東川》「不使黔婁夫婦看」二句，弘農郡君為東川女弟，故詩中屢及之。

《自罷河南，已換七尹，每一入府，悵然舊游，因宿内廳，偶題西壁，兼呈韋尹常侍》「每日河南府」，入。琴按：查校「日」應作「入」。

《酬夢得比萱草見贈》結句「白劉」二字譌，當是「頭」字。

《聽歌六絕句》（水調）「此身腸斷為何人」，「身」當作「聲」。

《離別難詞》「歸來無可可沾巾」，淚。琴按：查校上「可」字應作「淚」。

《夏日與閑禪師林下避暑》「熱惱漸知隨念盡」四句，磊落夷猶，老境獨得。

《談氏小外孫玉童》「子幼能文似馬遷」，子幼，楊惲字也，楊亦太史公外孫。

《答客説》「海山不是我歸處」二句，出此入彼，便可作仙釋優劣論。

《游趙村杏花》「今春來是別花來」，未經人道，他人不能道，亦不肯道。

《和白尚書賦垂柳》（有序）此詩不知何人所和；反將原唱附後，殊不可解。

載華按：汪本「一樹春風」一首，題作《楊柳枝詞》，「一樹衰殘」一首，題作《詔取永豐柳植禁苑感賦》，其為香山原唱明甚。後附盧貞和一首，「永豐坊西南角園中有垂柳一株」云云，乃盧作小引也。汪西亭凡例云：錢考功、馬元調所刻白集，往往前後紊雜，即此數詩之顛倒舛調，概可見矣。先生未經查閱，故評語云然。今訂正。又按，汪本尚有韓琮和詩一首，此本失載。

載華按：先生手筆閱本三十七卷，末有跋語一則，附録於此：「丁丑春，落第還家，半月陰雨，謝絕應酬，閱元、白詩，凡十有四日，點勘始畢，附記於後，時閏三月二十四日慎行書。」

《戊申歲暮咏懷》「老病傍人豈得知」，語淺情真。

《閑卧有所思》，此首爲楊虞卿而發。時鄭注用事，楊爲所構，貶虔州。公與楊本姻親，故傷之。

《喜張十八博士除水部員外郎》，八句一氣呵成，章法亦本于杜。「今日聞君除水部」二句，足見交誼真切。（以上皆卷上，清乾隆四十二年涉園觀樂堂刻本，中國社會科學院文學研究所圖書館藏）

（蘇軾《李頎秀才善畫山以兩軸見寄仍有詩次韵答之》）先生不滿意于樂天、東野，然時一學其格。如此篇者，移置《長慶集》，正復難辨。（《蘇軾資料彙編》第五册，第一七七七頁）

（蘇軾《和章七出守湖州二首》其一「早歲知休心共在」）淡語似樂天，亦似牧之。（《蘇軾資料彙編》第五册，第一七七九頁）

（蘇軾《九月十五日邇英講論語終篇賜執政講讀史官燕于東宫又遣中使就賜禦書詩各一首臣軾得紫薇花絕句其詞云絲綸閣下文書靜鐘鼓樓中刻漏長獨坐黄昏誰是伴紫薇花對紫薇郎翌日各以表謝又進詩一篇臣軾詩云》）白樂天詩也。（《蘇軾資料彙編》第五册，第一七九三頁）

（蘇軾《荔支歎》）耳聞目見，無不可供我揮霍者。樂天諷喻諸作，不過就題還題，那得如許開拓。（《蘇軾資料彙編》第五册，第一八〇〇～一八〇一頁）

（蘇軾《無題》：引手攀紅櫻，紅櫻落如綫。仰首看紅日，紅日走如箭。年光與時景，頃刻互衰變。何當血肉身，安得常强健。人心苦執迷，富貴憂貧賤。憂色常在眉，歡容不上面。吾今頭半白，把鏡非不見。惟應花下杯，更待他人勸。）白香山詩。（《蘇軾資料彙編》第五册，第一八〇五頁；《初白菴詩評》卷中，清乾隆四十二年涉園觀樂堂刻本，中國社會科學院文學研究所圖書館藏）

《瀛奎律髓》白居易詩評語

（《解蘇州自喜》：自喜天教我少緣，家徒行計兩翩翩。身兼妻子都三口，鶴與琴書共一船。僮僕減來無冗食，資糧算外有餘錢。攜將貯作丘中費，猶免饑寒得數年。）第二聯，有對句，則出句不覺其淺易。（李慶甲《瀛奎律髓匯評》卷六「宦情類」，第二五七頁）

（《宴散》：小宴追涼散，平橋步月回。笙歌歸院落，燈火下樓臺。殘暑蟬催盡，新秋雁帶來。將何迎睡興，臨卧舉殘杯。）三、四即俗所云無不散之筵席也，虚谷引此謂是富貴語，失其旨矣。（李慶甲《瀛奎律髓匯評》卷八「宴集類」，第二九八頁）

（《宴周皓大夫光福宅》：何處風光最可憐，妓堂階下砌臺前。軒車擁路光照地，絲管入門聲沸天。緑蕙不香饒桂酒，紅櫻無色讓花鈿。野人不敢求他事，惟借泉聲伴醉眠。）前六句模寫豪華，盡態極妍矣。結處疏淡，微含諷意。（卷八「宴集類」，李慶甲《瀛奎律髓匯評》，第三〇四頁）

（《歲日家宴戲示弟姪兼呈張侍御殷判官》：弟妹妻孥子姪甥，嬌癡弄我助歡情。歲盞後推藍尾酒，春盤先進膠（去聲）牙餳。形骸老倒雖堪歎，骨肉團圓亦可榮。猶有誇張少年處，笑呼張丈唤殷兄。）七實字作句，昌黎古詩中有之，香山用於律詩尤奇。（卷八「宴集類」，李慶甲《瀛奎律髓匯評》，第三〇四頁）

（《履道春居》：微雨灑園林，新晴好一尋。低風洗池面，斜日折花心。暝助嵐陰重，春添水色深。不如陶省事，猶抱有弦琴。）誰謂香山淺易？皆耳食而不味其胾者也。（李慶甲《瀛奎律髓匯評》卷十「春日類」，第三三五頁）

（《酬夢得窮秋夜坐即事見寄》：焰細燈將盡，聲遙漏正長。老人秋向火，小女夜縫裳。菊悴籬經雨，萍銷水得霜。今冬暖寒酒，先擬共君嘗。）五、六有作意。（李慶甲《瀛奎律髓匯評》卷十五「暮夜類」，第五三七頁）

（《長齋月滿攜酒先與夢得對酌醉中同赴令公之宴戲贈夢得》：齋宮前日滿三旬，酒榼今朝一拂塵。乘興還同訪戴客，解酲仍對姓劉人。病心湯沃寒灰活，老面花生朽木春。若怕平原怪先醉，知君未慣吐車茵。）第四句生動有機趣。「寒灰活」襯「病心」，「湯沃」翻「心如死灰」成語，非支湊也。（李慶甲《瀛奎律髓匯評》卷十五「暮夜類」，第七三五頁）

（《賦得古原草送別》：離離原上草，一歲一枯榮。野火燒不盡，春風吹又生。遠芳侵古道，晴翠接荒城。又送王孫去，萋萋滿別情。）人但知三、四之佳，不知先有「一歲一枯榮」句緊接上，方更精神。試置他處，當亦索然。（李慶甲《瀛奎律髓匯評》卷二十七「着題類」，第一一五九頁）

（《阿崔兒詩》：謝病卧東都，羸然一老夫。孤單同伯道，遲暮過商瞿。豈料鬢成雪，方看掌上珠。已衰寧望有，雖晚亦勝無。蘭入前春夢，桑懸昨日弧。里閭多慶賀，親戚共歡娛。膩剃新胎髮，香綳小綉襦。玉芽開手爪，酥顆點肌膚。……乳氣初離殼，啼聲漸變雛。何時能反哺，供養白頭烏。）「膩剃」以下四聯，熨貼細膩。（李慶甲《瀛奎律髓匯評》卷四十一「子息類」，第一四七八頁）

（《初到忠州贈李六（一作李大夫）》：好在天涯李使君，江頭相見日黄昏。吏人生梗都如鹿，市井疏蕪只抵村。一隻蘭船當驛路，百層石磴上州門。更無平地堪行處，虛受朱輪五馬恩。）一味條暢。（李慶甲《瀛奎律髓匯評》卷四十三「遷謫類」，第一五五七頁）

（《晚春登大雲寺南樓贈常禪師》：花盡頭新白，登樓意若何。歲時春日少，世界苦人多。愁醉非因酒，悲吟不是歌。求師治此病，唯勸讀楞伽。）三、四至理名言。（李慶甲《瀛奎律髓匯評》卷四十七「釋梵類」，第一六四三頁）

《得樹樓雜鈔》

⊙四考五考

《唐書·選舉志》定格三年一考，中品以下四考皆中中者，進一階。凡千牛備身，五考送兵部試，有文者送吏部。白香山詩云：「上佐近來多五考，小應四度見花開。」此其證也。《佩文韻府》誤以考為老，附載五老條下。當年在書局，不知屬何人校勘。余與絅庵皆不得辭其咎也。（《得樹樓雜鈔》卷一，上海書店《叢書集成續編》第九二册，影印民國適園叢書本，第二七四～二七五頁）

⊙紫虌

〇沈約《郊居賦》：「陸卉則紫虌，緑葹，天著，山韭。」楊龜山《感懷》詩：「籬下蹲鴟餘晚實，雲間紫虌奮新拳。」蹲鴟為芋，人皆知之。紫虌，詩家罕有用者。按，《爾雅》蕨虌注引舍人曰：「蕨，一名虌。」郭璞云：「初生無葉可食，江西謂之虌。」陸璣《詩疏》云：「蕨，山菜也。初生似蒜，莖紫黑色。」又白香山詩「紫蕨行看采」，李贊皇詩「飯思餐紫蕨」，朱韋齋詩「蕨拳嬰兒手」，楊誠齋詩「絕愛杞萌如紫蕨」，方岳詩「紫蕨成拳著雨肥」，王晦叔詩亦有「紫虌有根妻子喜，免填丘壑棄閭里」之句，蓋蕨根可食，今蕨粉是也，合諸說觀之，其為蕨菜無疑。（《得樹樓雜鈔》卷一，上海書店《叢書集成續編》第九二册，影印民國適園叢書本）

⊙白社

《水經注》：洛陽城東有馬市，北則白社故里也。昔孫子荆會董威輦于白社，謂此矣。以同載為榮，故有威輦圖。〇按，白社，洛中地名。《晉書》：董京字威輦，初至洛陽，被髮行吟，常宿白社中，時乞于市，得殘碎繒絮，結以自覆。孫楚時為著作郎，數就社中與語，勸之仕。京以詩答之，遂遁去云云。王維詩云：「自從歸白社，不復到青門。」正用其事。後人指白樂天香山社為白社者，訛也。（《得樹樓雜鈔》卷十，上海書店《叢書集成續編》第九二册，影印民國適園叢書本）

⊙官樣花

〇放翁《紫薇》詩「鐘鼓樓前官樣花」，用白樂天「紫薇花對紫薇郎」詩意，自我作古，不妨創改花名也。（《得樹樓雜鈔》卷十五，上海書店《叢書集成續編》第九二册，影印民國適園叢書本）

智按：查慎行，海寧（今屬浙江）人。初名嗣璉，字夏重，早年曾從軍西南，後游學四方，就讀國子監，爲太學生，康熙二十八年（一六八九），因在國喪期間觀演《長生殿》，與洪昇、趙執信被劾，被革去太學生籍。後改名慎行，字悔餘，號他山，又號查田。晚年築初白庵，故又號初白。康熙三十二年，舉鄉試。康熙東巡，以陳廷敬薦，詔詣行在賦詩，又詔隨入都，入值南書房。康熙四十二年（一七〇三），賜進士出身，選庶吉士，特授翰林院編修，入直内廷，充武英殿書局校勘。五十二年，乞休歸里，家居十餘年。雍正四年（一七二六），因弟查嗣庭訕謗案，以家長失教獲罪，被逮入京，次年，特許放歸，旋病卒於家。生卒年據顧曉宇《查慎行生卒年考辨》（《南京師大學報》一九九二年第四期）。有《敬業堂詩集》四十八卷，《續集》六卷，另有《詞集》二卷。文不多作，所存絕少，《敬業堂文集》三卷，《别集》一卷，子孫搜訪彙編而成。另有《蘇詩補注》。《清史稿》卷四八四有傳。

蔡霖蒼

《過白香山韓昌黎符離寓居處有感》

符離古孔道，前賢流寓多。白韓二鉅公，到處跡不磨。白年方二十，五歲居此邑。每從劉使君，與張伯仲集。韓以仕建封，三年羈客蹤。建封歿乃去，而致足音跫。今過兩公宅，離離湮黍稷。何處供嘯吟，渺茫不可識。幸有遺文在，千年星日垂，《原道》、《新樂府》，觸目繫人思。（《光緒宿州志·藝文》；《宿縣文化志》，安徽文藝出版社，一九八五年版，第一五一頁；《宿縣縣誌》，黄山書社，一九八八年版，第四五五頁）

智按：蔡澤，字霖蒼，號雪岩。工畫，與陳卓（一六三四～一七〇九後）等，稱「金陵八家」（見乾隆《上元縣誌》卷二十四「方伎」）。孔尚任（一六四八～一七一八）有《贈蔡霖蒼》（《四庫全書存目叢書》影印清康熙間介安堂刻本《湖海集》卷二，汪蔚林編《孔尚任詩文集》第二册，第一四六頁，中華書局，一九六二年版；徐振貴主編《孔尚任全集輯校注評》，齊魯書社，二〇〇四年版，第一〇四五頁），及《與蔡霖蒼》、《答蔡霖蒼》（《湖海集》卷十三札，《孔尚任詩文集》第五六一、五六三頁)。參見楊際昌（一七一九～一八〇四)《國朝詩話》卷二（《清詩話續編》第一七〇二頁)。

胡壯生（一六六二前後）

《登岳麓和張巡憲韻》

盛遊髣髴在天間，清夏攜從一往還。陶鑄親承皇甫謐，風流如拜白香山。三湘近遠疑無際，八景參差遞作關。不有新詩競吐秀，空餘逸事負躋攀。（清趙寧纂修《長沙府岳麓志》卷六，《續修四庫全書》影印清康熙二十六年鏡水堂刻後印本，第七二〇册，第二四八～二四九頁）

智按：胡壯生，江西南康拔貢。康熙元年（一六六二）曾任長沙知縣。監修《康熙長沙縣志》。此詩前後還有順康間胡景曾、錢奇嗣、倪康年同題之作。

譚暹（一六六三舉人）

《重修名宦祠記》

學宫最爲尊崇之地，而名宦一祠，亦得並建，誠盛典也。韓所祀名宦，其祠宇創造重修，皆無記，莫可稽其年，而風雨震凌，上漏旁穿，于今亦幾頹敝矣。其神座木主，傾圮剥蝕，不稱觀瞻。守土諸君，非不因仍黝堊，而更新鼎建，蓋戛戛乎其難之。河東康公來宰是邦，獨留意，捐俸修理，委庠士李子輝斗、吳子正□董其事，且誡曰：無惜費，無計工木，必良陶，必貞牆，必甃砌，如治家構務，以堅久爲期，匠有給餉，役以值庸，起于甲申之冬，不歷時而翬飛丹雘，整飭厨座，拂拭牌位，煥然聿新矣。事既竣，李子、吳子請余爲記，以示不朽。余惟公蒞任以來，政成人理，百廢俱興，尤溯洄前賢，崇表古蹟，若漢太史蘇子卿、唐白香山諸祠墓，皆事修葺，其於前令左蘿石先生，因民歌思彌切，爲建祠肖像，以時瞻禮，於戲！可以覘公志之所在矣。此名宦一祠，所以必捐俸修築也。然吾聞韓之人，皆思從左公書院，祀公生禄，屢請不許，則公之齊芳前哲，不卽可於今日卜之哉！公諱行僩，字鍔霜，甲戌科進士，山西安邑人，韜園其别號云。（《（乾隆）韓城縣志》卷十三，《續修四庫全書》影印清乾隆四十九年刻本，第六九三册，第二四五～二四六頁）

智按：譚暹，康熙二年（一六六三）舉人，官浙江仁和縣知縣。

李曰鉞（一六六六舉人）

《白司馬花徑》

大林寺前，樂天游此，於四月見桃花，集中有詩序。

每憶花叢好，遙懷少傅情。山從蓮社起，路共草堂平。白晝貪眠在，青衫倦送迎。春晴看錦綉，谷底映芳城。（清同治《德化縣志》卷七地理・古蹟；吳宗慈編《廬山志》下册，江西人民出版社，一九九六年四月，第三五四頁；吳宗慈編，金石目，宗九奇校補《廬山詩文金石廣存》，江西人民出版社，一九九六年八月，第三五三頁）

智按：李曰鉞，字遙集，江西德化人，康熙丙午（一六六六）舉人。負才不羈，爲詩、古文、詞，下筆立就。

孫錫蕃（一六六六前後）

《爲琵琶亭老婦解嘲（贈黄劬菴先生）》

風冷潯江霜葉落，帝京一别妾命薄（癸未燕京）。飄零何復問輕身，狹斜古道非夙昔。清白女兒昔嬌誇，不嫁隴西第二家。霞綃霧縠鎖清秋，瀟湘欲濟河無舟。邯鄲少年提長戟，才人院閉厮養儔。妾也家本京城女，蝦蟆青草年年緑。十三垂髮學箜篌，月冷雲愁琵琶曲。宛轉粧生五色光，暗度春風羅幃香。五陵褊襹美之子，姊妹同行妬秋娘。關山不覺光陰掃，石爛海枯容顔老。漢宫草木明妃怨，含悲此别銅龍道。自來苦樂非繇人，何事嫁商哭風塵。酒池覆舟舟所阨（金陵近事），大賈相逢在陽翟。陽翟賈有趙家姬（謂馬阮也），棄妾孤舟空頭白。相見相親不知音，安得一絃清一心。水上琵琶聲欲絶，忽驚人語更嗚咽。江州司馬自天涯，煙波送客重離別。掩羞對語琵琶竹，一曲聊為話生平。免絲失附老大悲，鴛鴦孤飛羽差池。妾身所天惟明月，妾心能照長安闕。（《復庵删詩舊集》卷二七言古，《四庫未收書輯刊》影印清康熙麓樵居刻本）

智按：孫錫蕃，字棐臣，號復庵，湖北黄岡人。貢生。順治十五年任公安縣訓導。纂修《楚荊公安縣志略》。康熙二年（一六六三），升直隸遵化知縣。康熙五年（一六六六）任霑化知縣。有《復庵删詩舊集》。

孫熉（一六六七前後）

《五賢祠記》

五賢祠，祀漢孝子蔡公、唐節度王公、右僕射白公、晋國裴公、宋萊國寇公。之五人者，或孝于家，或忠于國，或生長于渭，或不生長于渭。時地有殊，功德亦異，而皆祀之，重爲一方勸也。孝者，立身之本；忠者，行義之正。具齒髮而克全此，何愧華衮于生、俎豆與死哉？渭昔祠蔡、祠裴、祠寇，未祠王、白也。祠蔡，近郊坰；祠裴、寇，近闤闠。近郊坰，風雨所摧。蔡之不屋，久矣。近闤闠，如故。己酉冬，遷蔡主于裴、寇之前，爲三楹，復立王、白于蔡之左右，忠可與孝祫也。且蔡、裴異地，而既祠矣；裴，寇異代，而同祠矣。産同地、仕同代者，而功德不下蔡與裴、寇，得勿祠乎？王、白合三公而享食焉。春秋霜露，萃忠孝之靈，以相揖讓，何殊把臂事君父時哉？抑令拜其祠而有感者，知古今之大，千里之內，乃有所謂五賢之爲臣子者，忠孝益不孤矣。是爲記。（雍正十年刻本《〔雍正〕渭南縣志》卷十三）

智按：孫熉，和州（今安徽和縣）舉人。康熙六年（一六六七）任渭南知縣。

王符曾（康熙初）

《古文小品咀華》

⊙《荔枝圖序》

荔枝生巴峽間，樹形團團如帷蓋，葉如桂，冬青；華如橘，春榮；實如丹，夏熟。朵如蒲萄，核如枇杷，殼如紅繒，膜如紫綃，瓤肉瑩白如冰雪，漿液甘酸如醴酪。大略如彼，其實過之。若離本枝，一日而色變，二日而香變，三日而味變，四五日外，色香味盡去矣。（寫出品格）元和十五年夏，南賓守樂天，命工吏圖而書之，蓋為不識者，與識而不及一二日者云。（為荔枝便有一片熱腸，高人不同如此。）

特為荔枝立傳，想見太守風流。昔東坡有空寓嶺表之歎，對此，真令人恨不生巴峽也。（錫周）（《古文小品咀華》卷三，楊揚標校本，第二一六～二一七頁）

⊙《冷泉亭記》

東南山水，餘杭郡為最。就郡言，靈隱寺為尤；由寺觀，冷泉亭為甲。（出冷泉亭，如剝蕉心）亭在山下水中央，寺西南隅。高不倍尋，廣不累丈，而撮奇得要，地搜勝概，物無遁形。春之日，我愛其草薰薰，木欣欣，可以導和納粹，暢人血氣。夏之夜，我愛其泉渟渟，風泠泠，可以蠲煩析酲，起人心情。山樹為蓋，岩石為屏，雲從棟生，水與階平。（絕妙好辭。作者其有賦心乎？）坐而玩之者，可濯足於床下；卧而狎之者，可垂釣於枕上。矧又潺湲潔澈，粹冷柔滑，若俗士，若道人，眼耳之塵，心舌之垢，不待盥滌，見輒除去，潛利陰益，可勝言哉！斯所以最餘杭而甲靈隱也。（一語挽前，健峭可喜）杭自郡城抵四明，叢山複湖，易為形勝。先是領郡者，有相里君造虛白亭，有韋僕射皋作候仙亭，有裴庶子棠棣作觀風亭，有盧給事元輔作見山亭，及右司郎中河南元藇最後作此亭。於是五亭相望，如指之列，可謂佳境殫矣，能事畢矣。後來者雖有敏心巧目，無所加焉，故吾繼之，述而不作。（老氣無敵）

記「冷泉亭」，夏月讀之四坐風生，真造五鳳樓手。文章無寄託者，大不易作。此文一無寄託，而波瀾老成，經營匠心，洵稱毫無遺憾。似此才情，不知何以列於八家之外？（錫周）（《古文小品咀華》卷三，楊揚標校本，第二一七～二一八頁）

⊙《陸長源鄭通誠哀辭》

伊大化之無形兮，浩浩而茫茫。中有禍兮，若機之張。梁之亂兮，陸受其毒；徐之難兮，鄭罹其殃。惟善人兮，邦之紀綱。邦之瘁兮，正人先亡。謂天之惡下民兮，胡為乎生此忠良？（問天而天不言）謂天之愛下民兮，胡為乎生此豺狼？我欲階冥冥，問蒼蒼。（神來之筆）蒼蒼之不可問兮，俾我心之盡傷。悲夫，而今而後，吾知夫天難忱而命靡常耶！

造物每留此種不平事，持贈千秋萬世後騷人遷客于吟風弄月時感傷懷抱。江州司馬情種也，作此青衫又濕。（錫周）（《古文小品咀華》卷三，楊揚標校本，第二一九頁）

智按：王符曾，字錫周，吳門（今江蘇蘇州）人。康熙初人。《古文小品咀華》成書年代與《古文觀止》大致相同，流傳有兩個版本，一是耕讀軒刊本，收文二九一篇；一是魯迅祖父周介孚（一八三八～一九〇四）藏清抄本，現存中國國家圖書館，收文八十一篇。其中兩篇與刊本異，其餘皆同。

孫鋐（康熙初）

《皇清詩選》

竊意詩本性情，苟中有所得，則如太阿繞指，皆不失為神物，有高岑之標格，而後運以元白之風流，何患不登顛造極耶？茲選實非龐雜。（卷首，盛集初編刻略，《四庫全書存目叢書》本，集部第三九八册，第一三頁）

（吳梅村《琵琶行》）寫白生擫撥，如聽《鬱輪袍》，緩急入妙。彈罷致詞，豈但濕江州司馬青衫已哉。（卷六，七言古，《四庫全書存目叢書》本，集部第三九八册，第一五四～一五五頁）

錢謙益《徐娘歌》：「徐娘二十絕代無，當場一曲千明珠。小妹鳳生恰三七，輕妝薄裞雙雙出。肩摩擔壓篙櫓横，半塘水沸山隄平。清歌緩舞廣場寂，千人石上無人聲。風流徐郎字夢雨，一見魂銷足不舉。油壁青驄並載歸，連枝共命交相許。多情多病轉堪憐，最是清明寒食天。楊柳風前行藥坐，海棠樹下對花眠。相送卻回凡幾度，暗別偷啼更無數。珍重叮嚀囑歌扇，護惜頻煩寄窮綺。離筵我賦送春詩，更與新翻《柳絮》詞。津逮軒中低唱夜，初平石下踏歌時。徐郎笑劇還相向，在旁惟爾曾知狀。長將皎日留誓盟，縱及黄泉肯相忘？豈知人世不相於，共命拋離連理虚。三秋司馬纏綿病，一紙蕭娘決絕書。小樓窗前齊女墓，婁江即是天河路。空餘白骨裹秋衾，拚為紅顔即朝露。淒涼此事十餘春，取次沉吟淚滿巾。白楊荒草知何處？況復嬌花殢酒人。燕山糧艘高於屋，鶯梢燕乳樓船腹。將軍組練白差差，小婦榴裙紅蔟蔟。五日蒲榴正舉杯，有人玉帳寄聲來。因知河上淩波女，曾向江頭行雨回。殷勤慰問南冠客，髩髮新添幾莖白。聊搏角黍祝團圞，更炙王餘勉餐食。白頭殘客重咨嗟，舊雨新愁恨似麻。已分歌殘吾谷樹，更堪哭損馬塍花。十年一夢如夙昔，往事如風豈堪摘。小鳳公然作阿婆，夢雨荒庵更第宅。我囚君嫁不爭多，毻毲心情可奈何！禁城暮雨蕭蕭夕，還想吳娘一曲歌。」

其情纏綿，其詞香豔，白傅之《琵琶行》、《長恨歌》可與伯仲。（卷六，七言古，《四庫全書存目叢書》本，集部第三九八册，第一六〇～一六一頁）

智按：孫鋐，字思九，一字思遠，號雪窗，青浦（今屬上海）人。康熙初諸生，嘗從學於汪琬，游徐乾學、宋實穎之門，與王士禛、朱彝尊往來。有《繪影詞》、《鏤冰詞》各一卷。《皇清詩選》三十卷，有康熙二十七年（一六八八）鳳嘯軒刻本。又輯有《素心集》一卷，清康熙三十二年（一六九三）刊本，中國社會科學院文學研究所圖書館善本室藏。

王焕（一六五一～一七二六）

《戲傚元白放言二十首有引》

春雨聯緜，漫漫長夜，拊髀增感，兀坐書空。偶讀往哲遺篇，遂爾效顰學步，茶餘酒後，枕上厠中，有觸即鳴，無情不寫，閉户三日，得詩廿章，聊自豁其胸懷，未遑計夫工拙也。

俯仰浮生笑此身，區區行義更存仁。争誇媚竈王孫賈，絶勝求仙梅子眞。未斷俗緣還自了，難除習氣爲誰馴。有獃欲賣無人買，一羽空傳重百鈞。

廉因沈硯嗤包老，貪爲分泉恕隱之。駿骨何曾需苜蓿，花王端的費臙脂。曲中易顧周公瑾，琴外難逢鍾子期。獻玉莫悲重被刖，從來識寶定波斯。

蜀主雄心老未灰，不驚寵辱却驚雷。鼠殘鴟口徒多赫，斗碎鴻門付一唉。設阱麒麟遊久避，忘機鷗鷺狎無猜。乾坤鍾秀非男子，辜負斯人美且鬈。

有歲流光掣電過，那堪觸處更風波。憤深精衛思與海，遇蹇牽生恨隔河。

避世難求千日酒，感時怕聽五噫歌。人間天上誰能遣，脉脉心情奈若何。

夏屋誰將一木支，補餘天柱又多時。展禽焉往非三黜，行父從來豈再思。慮亂決疑曾有卜，疾深不信已無醫。古今大抵都如此，莫漫長懷千歲悲。

木得全天喜不材，象因有齒却爲災。烏留愛本推由屋，瓶罄羞應漸及罍。非傳已曾同老子，常奴那便比方回。耐看滿眼花狐哨，更聽新腔羅狸來。

南柯太守曾承寵，東郭先生慣受欺。螻蟻功名隨得失，觸蠻勝負省歡悲。對妻且問猶存舌，爲倅何妨任灸眉。傀儡場中閒着眼，全憑線索鬭新奇。

折腰五斗愧淹留，雅量須容萬斛舟。蕉鹿隍中踪豈在，弓蛇杯底影全收。賔筵俎豆聊烹雁，仕路衣冠任沐猴。一榻北窓涼可納，葛天懷抱獨悠悠。

鷰籠幻境想非非，蒼狗須臾變白衣。夢破邯鄲卿相失，藥成蓬島帝王稀。芥舟水勢坳堂濶，鵬翼雲程北海微。翻爲聰明亂人意，不聞不見可忘機。

縹緲三山十二樓，神仙有路定須求。清虚珠子曾誰識，貞白方瞳只自修。伎倆山魈終夜逞，離奇海市一朝收。應知至道因魔進，莫認諸彭是我讎。

年來豪氣漸消餘，滿射何妨等魏舒。跨下猶羞與噲伍，幃中豈屑共伶居。已無磊磈須澆酒，絶少憂煩欲廢書（用昌黎《送高閑上人序》論張旭草書語意）。牛馬隨人呼可應，更無餘披似黔驢。

性與人殊那可量，曾傳美盼不如盲（用《淮海集》梁舍少年事）。口頭月旦瘖痂癖，皮裏春秋疥癬方。東海有夫惟逐臭，西天見佛定燒香。展雄莊蹻都無恙，樂得刳肝酌酒嘗。

解紛排難古稱賢，斯世誰爲魯仲連，張許孤軍援久絶，左羊遠道力難全。何能豹虎俱逃匿，更使蚉䖟省撲緣。刺繡競爭羣倚市，掃眉那許獨朝天。

齊諧荒怪不須疑，非想非非想愈奇。飛伏雄雌那可定，襟裾牛馬正其宜。宮商黑白聰明亂，冷煖酸鹹嗜好岐。滾滾人才皆令僕，願卿從此好爲之。

自是公高太傅深，櫨梨橘柚各爲珍。越吟病裡憐莊舄，吳語狂來笑季眞。卿欲用卿宜自愛，我寧作我肯相因。羞騎欵段游鄉里，衣食無虧稱善人。

且向尊前聽郰何，平生意不在於多。捫心但信無慚怍，折齒猶然有嘯歌。毀語日聞良易惑，謗書盈篋豈難訛。古來賢哲誰能免，學易須明大小過（王肅音戈）。

漱流枕石漫嗚高，山有寅君水有蛟。孤竹采薇常慼慼，於陵咽李亦囂囂。臧文稱智真堪哂，甯武其愚乃足豪。善不可爲曾誡女，從今諄囑及兒曹。

黄公壚畔久荒凉，往事思量易斷腸。但欲爾時那可得（用王導對羊曼語），未能言處最難忘。才多每惜嵇康傲，醉久翻疑阮籍狂。誰復堪同牛渚會，雞籠東望歎孫郎。

薝蔔林中更覓香，却從閒處自尋忙。弄丸絶技誇熊子，喝射雄風壯項王。斲鼻運斥良亦險，屠牛迎刃幸無傷。何如息踵居重蔭，聲影驚疑得兩忘。

饒舌豐干惱普賢，布衫乾矢野狐禪。學遺辭假非文舉，寓興緣情等樂天。萬竅怒號因氣閉，一聲淚落爲情牽。敢云嬉笑皆文字，應怒南宫性本顛。（《憶雪樓詩集》卷下，《四庫禁毁書叢刊》影印清康熙三十五年王氏貞久堂刻本）

智按：王煐，字紫詮，號子千，天津寶坻人。康熙十七年（一六七八）舉博學鴻儒，歷官光禄寺丞、水部郎中，其間獲派纂修會典。康熙二十八年，出守惠州。有《憶雪樓詩集》。

田從典（一六五一～一七二九）

《擬七德九功舞歌效樂天體》（有序）

康熙二十年十月，官軍收滇南，海内底定。十一月，宣捷午門。十二月，頒詔中外，與天下更始，隨允羣臣請恭上太皇太后、皇太后徽號，復佈告天下，澤逮臣庶，懽動區宇，大哉休烈，巍巍煌煌，充滿天地，近古以來所未有也。臣伏惟我皇上，義征不譓。仁育羣生，獨運神謀。式遏亂略，殲渠魁如。霓掃破兇，黨若冰離。八載憂勞，一戎耆定。武功偉矣，布行慶施惠之文，下尚德緩刑之令。展孝思而錫類，觀人文以化成。綱紀宣昭，聲教暨訖，文德敷矣。粵稽古者，治定功成，必播之聲詩，形之律吕，以發揚鴻休，總章簫韶之奏，遐哉尚矣。近考唐宗，亦有文德武功之舞，武曰七德，文曰九功，而唐臣白居易作為詩歌，傳示後世，臣不文，敬擬其詞，為七德九功舞歌一篇，凡八十句五百五十八字，以獻，未敢附風雅之遺，聊以備瞽矇之誦云爾。

《七德舞》，《九功舞》，武緯文經耀千古。朝廷干羽在兩階，天下車書盡九土。我皇御極垂衣裳，四方萬國來享王。自朝乃至日中昃，堯兢舜業不敢康。為念斯民亦勞止，丹詔夕封馳萬里。咨爾強藩且載戈，釋甲歸來見天子。苞有三蘗方憑陵，一朝敢弄潢池兵。蕩搖滇黔連楚蜀，虔劉閩粵驅鯢鯨。驛聞天子赫斯怒，皇言一宣天日午。誓將滅此後朝食，取彼兇殘畀豺虎。臨軒命將親推轂，中有天潢建牙纛。日射春旗萬馬鳴，雲開曉帳千軍（《國朝詩鐸》作千官）肅。一從荊鄂向三湘，一自江州下豫章。西指秦川臨劍閣，南經吳越渡錢塘。王師所至如風電，合圍掩羣開一面。狼奔鼠竄皆倒戈，市肆不驚芸不變。王師所至多謠頌，行者願齎居者送。天語殷勤再四宣，毋令南畝妨春種。一年轉戰雍梁間，二年克敵威荊蠻。三年掃清甌與越，一皷遂進仙霞關。四年官軍收閩地，逆臣稽首歸藩位。五年賊渠死岳陽，六年百粵胥置吏。七年一舉入成都，夾擊東西疾渡瀘。八年蕩掃昆明穴，普天率土（《國朝詩鐸》作率地）歸皇圖。羽騎宵馳傳露布，從此江山復如故。侍臣拜手賀昇平，武士鳴鐃歌《大濩》。我皇恭已開明堂，木鳳銜書下八方。嘉與吾民共休息，欲偕斯世為陶唐。思齊太任及太姒，翼子貽孫既受祉。恭上徽音萬國歡，再沛恩綸與更始。昔時民間苦被兵，烏烏聲樂多荒城。今日言旋復邦族，閭里不聞愁嘆聲。昔時民間苦征役，男子輟耕婦休織。今日公家免踐更，鼓腹行歌仍作息。欃槍滅跡三階平，我皇宵旰猶未寧。手披目覽釐庶績，早朝晏罷勤蒼生。天縱聰明兼聖學，研精書史窮《丘》、《索》。著述開天冠百王，四海文明生禮樂。舞《七德》，舞《九功》。五弦（《四庫全書》本《皇清文穎》卷六十三作虞廷）之琴歌《南風》。願令世世陳王業，王業艱難萬古同。（《清詩別裁集》卷十六；張應昌《國朝詩鐸》卷十一，《續修四庫全書》影印清同治八年秀芷堂刻本）

智按：《四庫全書》本《皇清文穎》卷六十三署「翁叔元」，題《敬擬七德九功舞歌效白居易體》。《清詩別裁集》卷十六：「康熙二十年十月，官軍收滇南，頒詔中外，示天下蕩平，允群臣請上太皇太后、皇太后徽號，恩逮臣庶。陽城因仿唐代《七德》、《九功》之舞，作為歌詩。中間三蘗之畔，三蘗之平，一一可考，當以詩史目之。詩之曲折頓挫，迤邐往復，得昌黎《平淮西碑》之體，不專學白樂天也。詩料見翁司寇集中，豈翁為大司成時，田為太學生，代師長擬成稿本耶？唐人詩中兩見者有之。」

田從典，字克五，陽城（今屬山西）人。康熙二十七年（一六八八）戊辰進士，官至大學士。

先著（一六五一～？）

《東岡南惠燒春》（其四）

遠客從人乞兩瓻，倘因知我別澠淄。故人用意醲於酒，戶大空慚只小詩。（一月前顒將來白下，從人轉乞滦口酒見惠，闕報一詩。白香山句：「戶大嫌甜酒，才高笑小詩。」）（《之溪老生集》卷六藥裹後集下，《四庫未收書輯刊》影印清刻本）

智按：先著，字遷甫，江寧（今江蘇南京）籍，瀘州（今屬四川）人。

沈季友（一六五二～一六九八）

《檇李詩繫》

⊙徐襄陽咸

咸字子正，號東濵，泰同母弟。正德辛未進士，雅度高懷，駿材穎發。居官務持大體，初知沔陽州，擢守襄陽，會中嫉者，免歸。孝友之樂，終身無間。築園城堙，與里中耆碩飲酒賦詩，名小瀛洲社，風流文雅，為一時之盛。人以白香山、司馬君實比之。嘉靖壬子，島冦入邑所在，焚儲，當事議徙邑倉，或曰徐太守南園便，咸慨然曰：吾素笑文饒之愚，安用戀此。即捐地為之。著有《國朝名臣言行録》、《澤山野録》、《四朝聞見録》、《西園雜記》、《鹽邑文獻志》、《東濵三稿》，私謚曰文達先生。（《檇李詩繫》卷十一，《四庫全書》本）

智按：沈季友，字客子，號南疑，平湖（今屬浙江）人。康熙丁卯（一六八七）副貢。有《學古堂詩集》。

朱昆田（一六五二～一六九九）

《無功招集一峰草堂學香山體》

杜陵未老歸苑屋，覓句攤書驥子存。三徑割來花隔舍，一峰留得翠當門。試將新水添春沼，不異金釵澗畔村。（《四部叢刊》本《曝書亭集》附録《笛漁小稾》卷四）

智按：朱昆田，字文盎，號西畯，秀水（今浙江嘉興）人。朱彝尊子。有《笛漁小稾》。

趙于京（一六五二～一七〇七）

《白侍郎墓碑記》（題擬）

唐白侍郎墓，在洛陽龍門左青山上，余訪之土人，即此。其轉而南，舊有香山寺，先生常與九老嘯咏林泉間，人故以香山稱先生。卒年七十五，有李義山所撰墓志文，然《長慶集》中先生亦自作志，謂葬于渭南下邽里者，乃生時戲筆，今渭上之塋，是先生之父及弟也。「風雅比興外，未嘗著空文」，嗚呼！可以此瓣香先生矣。太守趙于京題。（洛陽白園白居易墓側）

智按：趙于京，字豐原，因讀書濟南明湖客亭（即大明湖歷下亭），又稱客亭先生。祖籍北直隸大興人，其父趙士通遷居歷城（今屬山東濟南）。康熙二十年舉人，三十二年，選任成武（今山東菏澤）教諭。歷官陝西臨潼知縣、綏德知州，康熙四十二年（一七〇四），任河南知府，立《白公墓碑記》於白居易墓側。

馮景（一六五二～一七一五）

《湯中丞雜記》

予問黄進士春江：湯中丞潛菴，自明至今，撫吳者誰比？曰海忠介周文襄，得公而三。因言公涖任時，某親見其夫人暨諸公子衣皆布，行李蕭然，類貧士，而其日給惟菜韭。公一日閲簿，見某日市隻雞，公愕問曰：吾至吳，未曾食雞，誰市雞者乎？僕叩頭曰公子。公怒，立召公子跽庭下而責之。曰：汝謂蘇州谿賤如河南邪？汝思啖雞便歸去。惡有士不嚼菜根而能作百事者哉！并笞其僕而遣之。公生日，薦紳知公絕餽遺，惟製屏為壽。公辭焉。啓曰：汪琬撰文在上，公命録以入，而返其屏。及内擢詹事將行，百姓號呼如兒失母，罷市三日，各繪像以祀。去之日，窮鄉下邑，士女童叟，手焚瓣香，咸來會送民，其闔城門不得出，公勞且慰曰：我何德而勞父老乃至於？此民皆羅拜涕泣，良久乃得行，敝簏數肩，不增一物於舊，惟廿一史，則吳中物，公指謂祖道諸公曰：吳中價廉，故市之，然頗累馬力。嗚呼！清興以來，八座之中，一人而已。宋李及知杭州，在郡數年，不市吳中一物。比去，惟市白樂天集一部，當時賢之。然李則郡守，而湯公位開府，又賢於幼幾遠矣，宜其可以媲美周海而三也。謹記之，以備異日史官之闕。(《解春集詩文鈔》文鈔卷四記，《續修四庫全書》影印清乾隆盧氏刻抱經堂叢書本)

《與閻徵君論疏證第五卷雜著》

按《漢・藝文志》，六國之君，魏文侯最為好古，孝文時得其樂人竇公獻其書，乃周官大宗伯之大司樂章也。近日有人援此，以表章為古樂經與禮經並配，亦小有致。景聞之先儒曰：樂經之失傳，乃其鏗鏘鼓舞，許多度數節奏亡焉耳。班氏曰：周衰禮壞，樂尤微眇，以音律為節，又為鄭、衛所亂，故無遺法。……景頗疑仲虺之誥及湯誥中，必采用黃帝說四十篇云，迂誕依託，以上凡十三種，可見西漢時即有此等撰著，至於如是之多，以僞亂眞，為晚出古文嚆矢，其源遠矣，其流毒長矣，區區孔衍之三書，王通之百二十篇，虞溥之《學誥》，顔延之之《庭誥》，夏侯湛之《昆弟誥》，白居易之《補湯征》，蘇伯衡之《周書補亡》三篇，較之《漢・藝文志》所依託諸書，乃其幺麿者爾。(《解春集詩文鈔》文鈔卷八淮南子洪保，《續修四庫全書》影印清乾隆盧氏刻抱經堂叢書本)

《持盈》

高爲其居，顛莫之救。江海所以能爲百谷王者，以其善下之。國家之將興也，君子自以爲不足，其亡也若有餘。夫無底之管，天下不能實之以粟，其所處者虛也。故有道者不平其稱，不滿其量，盛而不落，盈而不昃者，自古至今，未之有也。居上之患，莫大乎主盛處賢而自予雄。趙恬爲將，東向而朝，軍吏無敢仰視，一念之盈，殺身亡軀，阬長平四十萬眾而有餘。滿之爲害也，大矣。是故管子曰：「釜鼓滿則人槩之，人滿則天槩之，故先王不滿也。」秦始皇欲以一世二世傳至萬，新莽推三萬六千歲歷紀，而光武云：「天下大器，常恐不任，日復一日，安敢遠期十歲乎？」卒之彼亡此興，在滿與不滿之間耳。《書》曰：「志自滿，九族乃離。」又曰：「能自得師者王，謂人莫己若者亡。」昔者，魏武侯嘗謀事，羣臣莫能及，罷朝而有喜色。吳起進曰：「楚莊王語申公曰：『寡人聞之，世不絕聖，國不乏賢，能得其師者王，能得其友者霸。今寡人不才，而羣臣莫及，楚國其殆哉！』此楚莊王之所憂。而君悦之，臣竊懼矣。」武侯有慙色，夫其羣臣莫及者，豈真莫及哉！殆亦從臾承意，讒諂面諛，以驕其君焉耳。郎顗有言：「明王聖主，好聞其過。忠臣孝子，言無隱情。」末世導諛之人，堯稱君，舜稱相，其果昏主愚相與，則懵然受之，否則未有不心怍者。宋太宗嘗問輔臣曰：「朕何如唐太宗？」皆曰：「堯舜主，唐太宗何足云。」李昉獨無言，徐誦白居易詩云：「怨女三千放出宫，死囚四百來歸獄。」太宗曰：「朕不及也。」王導每出一言，一坐贊美，王述正色曰：「人非堯舜，何得每事盡善。」導改容謝。故曰：「孝子不諛其親，忠臣不諂其君，臣子之盛也。」噫！周昌以漢高為桀紂，劉毅比晉武於桓靈，二君容之，不失為賢主。人將死，惡聞酒肉之味；國將亡，惡聞忠直之氣。善持盈者，德薄而執謙，功高而不伐，其要在遠佞人而求直言。（《解春集詩文鈔》文鈔卷十一雜著，《續修四庫全書》影印清乾隆盧氏刻抱經堂叢書本，第一四一八册，第四八一頁）

《上都御史新城王公書》

景頓首獻書王公夫子閣下。景自康熙甲子年以文受知公之門，於今五閏，而當時所謂湯、馮、查、李者，公無日不賞於口，而揚聲公卿間，曰：「是四人者，天下之能文者也。」其後湯右曾、查嗣韓，皆聯取科第，入翰林，今工部都水司員外郎李我郊雖不以文顯，亦能自致功名。淪落困厄，白首無所遇，惟景一人忝公知而已。雖然，遇不遇，命也，文則其人自力，而又決於大賢之口，傳諸無窮者也。景日益枯槁，而文頗豐，莫不曰琅邪公識之最先。然則景雖淪落困厄，而猶幸不辱公知，可無恨。蓋景感恩知己，思有以報之者，十五年於心矣。君子之愛是人也，則欲其有成；其德之而思報之也，則欲其徧德於天下而享令名於無窮。今公為左都御史，景固知其非猶夫人之為之也。何也？公蓋古之詩人而善於立言者也，溫柔忠厚，婉而多風，不危於其身，不獲戾於其君，而可徧德於天下。景嘗誦公之詩，見有若忠君愛國，感激時事，油然藹然，位有所不得言，則寓之於詩。夫古人以詩諷諫者，若韋孟、王式是也。彼皆不居諫諍之職，故託於詩以言，即烏有居其職而隱其言者哉？……方今天下和平，無水旱疾疫之災、兵革之患，而猶謀生不給。吏貪而兵驕，工商困，士多奔競而無恥，民欲其無貧，何術而使藏其富？吏欲其無貪，何術而使生其廉？兵欲其無驕，何術而使戢其暴？工商欲其無困，何術而使阜其財？士欲其有恥，何術而使厲其志？昔真西山一月三十六封事，任伯雨半載上一百八疏，即詩人如白香山，猶月請諫紙，而今歷歲踰時，豈無一事可言哉！《詩》不云乎「凡百君子，其肯用訊，而匪舌是出，維躬是瘁」者，則固不能言之人而可哀者也，曾是有風人之心，而猶不善於言者乎？夫韓退之於陽大夫，歐陽永叔於范司諫，為後進而言之，切直如此，亢宗、希文，夫豈有所畏而不能言者，是誠愛之深，而欲其有成也。況感知己十五年之久如景者哉！芻蕘之獻，無所逃罪，惟公留意焉，天下幸甚。（《解春集詩文鈔》文鈔補遺卷二，《續修四庫全書》影印清乾隆盧氏刻抱經堂叢書本，第一四一八册，第五二〇頁）

智按：馮景，字山公，一字少渠，錢塘（今浙江杭州）人。監生。有《解春集》。

楊大鶴（？～一七一五）

《香山詩鈔序》

昔韓魏公作堂於私地之池上，名之曰「醉白」，取白樂天《池上》之詩，為醉白堂之歌，而屬蘇子為其記。蘇子輒以樂天平生與韓公所得，較其孰有孰無，以為「忠言嘉謀，效於當時，而文采表於後世，死生窮達，不易其操，而道德高於古人」，公與樂天同有之。夫樂天乞身於強健之時，退居十有五年，日與其朋友賦詩飲酒，盡山水園池之樂，自號醉吟先生，以終其身。韓公歷相三朝，以宗社安危為己任，薄海要荒，想聞風采，顧若深有羨於樂天而不能及，而蘇子又為之反覆辨論其美。以是言之，樂天之賢於人遠矣。始樂天在元和初，作樂府詩百餘篇，規諷時事，流聞禁中，天子悅之，召入翰林為學士。遷左拾遺，自以為不世之遇。慨然以直道自奮，犯顏敢諫，欲以其言為天下安危，為道路所忌，輒被擯斥，既雖復用，國益多故，愈偃蹇不合，居官即以病去，絕不以譽毀遷謫介意。蓋自元和、長慶歷開成、太和以迄會昌，數十年間，終樂天之世，邪正是非，君子小人，混然而無別，無他焉，忠義之風微，而勢利之習熾耳。彼其所見者小，所持者淺，失意則相怨望，得意則相應援，睚眥發心，不啻蜂蠆之螫。士大夫生於其時，如入荊棘之林，鉤衣刺眼，訖不得自解脫。樂天獨逍遙掉臂其間，謂之黨人，可乎？彼李相父子所忌於樂天者，只以救牛僧孺、李宗閔及元稹兩疏耳。在樂天，自是公忠愛國、直道事君之言。當僧孺、宗閔、元稹作相，樂天移病再三，有退無進。裴度用吉甫策平淮蔡，薦德裕有相才，元稹目為傾危，擠出之。樂天力言度老臣忠勇，宜還召討，舊任專軍。德裕至不欲見樂天詩文，且曰：「見便當愛。」會昌二年，武宗欲相樂天，德裕言其衰老，不任朝謁，力阻之。以樂天之清風亮節、曠懷高致，其於若輩，真如鵷雛之遇鴟嚇、孔雀之逢牛骶，而豈有所容心於其間哉！余論次樂天詩，而不推究當日時事，詳考始末，則樂天之人品心術，不可得而見，即其詩固不可得而論也。是故就樂天之詩論，亦詩之無黨者也。夫詩之作也，由於運會遷流、風氣好尚不一，作者自闢戶庭，學者爭趨壇坫，卑者依以揚聲，鄙者附而干進，仿佛形似而雷同，竊和樂天，生於詩道大昌之世，前不為漢魏，後不為齊梁；初不為四傑，盛不為十子；所感觸者，當世之時事；所發抒者，一己之性情；經之以六義，緯之以五音；務直接乎《三百篇》作者之意，而止於今。論其為人，所謂志合道同，肺腑無間。進而在朝，得一李深之；退而居洛，得一裴中立。論其為詩，稟經以立義，舉類以見情。唐興二百年，所可舉者，陳伯玉《感遇》、杜子美《新安》、《石壕》、《塞蘆子》、《留花門》三四十首而已，余故曰：人與詩皆無黨者，蓋如此。然則樂天與元微之，往來唱和二十年無間，無問知不知，稱之曰「元白」，豈尚有遺議歟？是不知微之之為人與其所為詩，皆非樂天匹也。樂天誌微之之墓，言其始以直躬律人，勤而行之，坎廩而不偶，次以權道濟世，變而通之，齟齬而不安。居相位，僅三月，席不煖，罷去，通介進退，卒不獲心，時乎命乎，不徒惋惜之，蓋悲傷之矣。至於樂天之詩，有諷諭、閒適、感傷、雜律，自言：啟奏間，有可救濟人病、裨補時闕，而難於指言者，輒詠歌之；亦欲稍稍進聞，上以廣宸聰，副憂勤；次以酬恩遇，塞言責。大丈夫所守者道，所待者時，時之來也，為雲龍風鵬；時之不來，為冥鴻霧豹。奉而始終之則為道，言而發明之則為詩。諷諭之詩，兼濟之義也；閒適之詩，獨善也，皆道也。當是時，微之方徼幸行險，因嬖人召相，以為得計，正與蜣蜋逐蟬、雞鶩爭粒，而豈知樂天翺翔寥廓之志哉！所得與樂天並稱才子者，不過雜律小詩，行舟逆旅之所流傳，僧徒婦女之所誦習，如《長恨歌》以下等篇已耳，其相與始終無間者，何也？曰樂天為人，深於情者也，楊枝駱馬，猶戀戀不能忘情，而況於微之乎？夫君子之於朋友也，行有不合於道者，若己身之負疚，且惋惜傷悲之不暇，又何始終相間之有間？嘗讀《序洛詩》、《醉吟先生傳》，見其放意山水，疏沼種樹，嗜酒逃禪，自號居士，以為自居恬處順，安分知止，不樹黨援引，完節自高，其於身心性命之旨，精研切證，所為夢幻，身世浮雲，富貴幕席，天地瞬息百年，陶陶然，不知老之將至者。中所根柢據依，實有此具，豈真以如滿禪師，與酒徒琴侶共狎，三乘教典，與霓裳法曲雜陳，為雪朝月夕、陶情適興之資者哉？嘗試跡其生平，進而論之，實與吾夫子不義而富且貴於我如浮雲，子思子素其位而行，無入而不自得，孟夫子得志與民由之，不得志獨行其道之義，一一脗合，則樂天殆幾於聞道者耶？宜乎蘇子為之反覆辨論其美之不置也。後之讀樂天詩者，推究當時黨禍始末，詳考其人品心術，以求其根柢據依、得力之所在，亦可以得其作詩之本矣。嗟夫嗟夫！此則余《香山詩鈔》所為作也。夫康熙四十年歲次辛巳十月既望，武進楊大鶴謹序。（楊大鶴《香山詩鈔》卷首，清康熙四十年刻本）

《香山詩鈔凡例》

《白氏長慶集》前後七十五卷，共有五本。一在廬山東林寺經藏院，一在蘇州南禪寺經藏内，一在東都聖善寺鉢塔院律庫樓，一付姪龜郎，一付外孫談閣童，各藏於家。此會昌五年夏，白香山所自定。明年八月，殁於東都。詩筆大小凡三千八百四十首。今集中有《自詠老身示諸家屬》及《六年立春日人日作》等詩，則當在七十五卷之外者也。唐代詩人著述之多，無過香山者。兹所鈔不過十之三四，非敢强分工拙，第撮其最而已。

白集余未得宋板，止見明萬曆時松江馬元調所刻詩文總目，共七十七卷，其非香山手定原本可知。中間雖稍別年代，而前後錯雜倒亂者，亦時有之。至訛字頗多，未可臆度。兹從同年張卣臣宫詹得所校對宋本，張又得之余門人汪若谷編修、吳元朗户部者。逐字比勘，澄心較量，其的然誤書無疑者則改從宋本，而旁註俗本作某字，其辭句意旨本無背馳，各有佳處，間有或今本較善者則仍馬本，而旁註宋刻作某字，務求折衷至當，俾讀者勿作拘墟之見云爾。

《長慶集》中，詩凡三十七卷，分諷諭、閒適、感傷、雜律四類。今所鈔止以古體、近體、五言、七言部分卷帙，不更以類從也。五言古詩六卷，七言古詩一卷，新樂府一卷，五言排律二卷，七言排律一卷，五言律二卷，七言律三卷，五言絶句一卷，七言絶句三卷，共得二十卷。

先生精于格調，雅工聲律，分刌合度，不爽銖黍。故自定集中，有古調，有新樂府，有古體歌行曲引雜體，有律詩，有格詩，有半格詩。比來古調漸遠，律吕坳嫺，正恐沿流轉滋譌誤。今所鈔凡古調詩，古體詩，槩入古詩。其律詩、格詩、半格詩内，有近似古詩者，輒次入五言古、七言古，五言四句、七言四句有近似絶句者，輒次入五言絶句、七言絶句。非敢妄為改竄，良以便于楷模。

有一題而詩數章者，間有去取，則題下註明選第幾首，有一題而詩數章，章又不一體者，則分體編次，題下註明再見。若有序則刻于首章題下，後不復見。凡詩中四聲小注，悉遵宋刻所載。如原本所無，不復更注。

排律有五言、七言，他選多附于律詩之後。香山排律富贍鉅麗，長篇最多，尤號擅場，故于五言古詩後即附五言排律，七言古詩後即附七言排律，俱編于五律七律之前，總欲擷其菁英，便于展讀。

周平園謂，香山詩語平易，疑若信手而成，而張文潛嘗得香山詩草，真蹟點竄，多與初作不侔，乃知慘淡經營，漸近自然也。王荆公評張文昌詩云：「看似尋常最奇崛，成如容易却艱難。」移此以論香山，乃適當耳。杜紫微之力詆，固不相知，而王黄州極力揣摩，亦似第得其淺易，未為入室也。夫其推敲句字，既如此細密，則夫自定之外，所謂兩京人家傳寫者，安保其能無異同耶？韋縠《才調集》亦多字面相異者，叅而酌之，庶幾盡善。

元遺山《鼓吹》於李、杜、元、白四家，一首不入，蓋謂當讀其全集也。王元美晚年曾選《香山集》，然所録甚少，窺豹一班耳。方爾止、錢飲光皆祖述香山，未見其閱本。余業師澄江黄仔薪先生，朱墨點勘，不啻數番。少時頻見其書，惜休在都門而先生老死無後，書散佚不可得矣。

余弱冠在家塾，先君以詩課誦，尤醉心於香山。壬戌、癸亥間，請告里居，甲乙次第，彙成卷幀。書林頻請問世，余辭不果。會有昌黎、劍南諸鈔，已付剞劂，頗為大雅君子所賞可。頻年以來，因于校士之餘，行篋中翻閱是鈔，稍加詮次，用公同好；夫亦家有敝帚之見也。倘云定論，則余何敢。

集中如《琵琶行》、《長恨歌》諸什，皆公自創新格，纏綿婉□，即公所云「苦教短李伏歌行」者，又何嘗不獨喜自負哉！然在公全集中，不足為絶唱也。公詩之妙，全在平淡閒冷一種，真一語耐人百思。讀者當另具隻眼。《朱子語録》謂：「樂天詩中凡及富貴處，都説得口津津地涎出。」朱子蓋恐後學不能深析先生寄言本旨，多致以辭害意耳。先生于轉階鐫秩，雖多形之篇什，然忻喜憂慼，皆言在于此，而意歸于彼。直是雪花水鏡，一毫不着熱鬧場中。焚香展讀，不啻一劑清凉散也。

芝田謹識。（楊大鶴《香山詩鈔》卷首，清康熙四十年刻本）

智按：楊大鶴，字九臯，號芝田，武進（今江蘇常州）人。康熙十八年（一六七九）己未進士，官至左春坊左諭德。編《香山詩鈔》二十卷，依馬元調刊《白氏長慶集》本選録，數量爲馬元調本十之三四，按照詩體編排，依五言古體與今體、七言古體與今體編次。另編有《劍南詩鈔》，參修《淵鑒類函》。

徐宗泰（一六五二～一七一九）

《謹次金鍾城丈分屬諸公六律韻》

華國高文映世資，晚來愛客禮逾卑。趣深琴酒怡愉地，身佚風波震蕩時。豪氣百年安石興，悲歌中夜夢陽詩。那抛清廟舂容響，謾在山巔與水涯。右屬金鍾城丈。此卽其自詠韻也。

提衡藝苑判銓司，晚息郊扉日月遲。白傅風流渾得趣，坡翁忠愛動成詞。湖山儘被題吟煥，民庶重睎惠澤滋。同里後生沾丐地，共瞻文雅大宗師。右屬南判書丈。

醖藉風姿稱席珍，漢廷曾是老儒臣。山林或作神明宰，經術仍兼翰墨人。離索縱睽千里面，行藏將伴百年身。仙鳧宜趂高秋返，叢桂幽幽一壑新。右屬趙公子直。

堂構新看百尺亭，西頭二陸動文星。春搴深谷煌煌草，秋蕩長湖泛泛舲。志繼遠探東魯學，跡高寧怕北山靈。靜觀池上舊風月（舊風月，一作清芬在），瞻挹千秋可作刑。右屬同甫兄弟。

每愧微蹤踐兩閨，愁看世路劇青泥。流年欲變簪邊髮，幽性初安野外棲。短檻傍林青嶂合，小園臨水白雲迷。瀼東幸近詩翁社，時得珠璣滿袖携。右自詠。此卽詠我韻也。

香山洛社渺千春，二老風流定後身。且復從游看我輩，不須歡趣遜前人。登朝齒爵雖相絶，臨晚心期轉自親。追逐雲龍誠勝事，百年唯願共清眞。右摠敍從游之樂。（《晚静堂集》卷二，《韓國文集叢刊》本）

《至後觀梅詩序》

……赤谷遂作七言《梅花歌》一篇，以記其事，陶村及數三子皆從而和之。於是余不佞驩然而進，諗於諸君子曰：今觀梅誠樂矣，而特二公寓其樂於物耳。其所以樂，則有不待乎梅者，諸公知之乎？中世士大夫斥于朝，而歸乎野者。其佗傑色見者，卑之無論，卽其稍稱外輕者，鮮能超然自樂於流坎華槁之際。今二公遭際明時，位崇寮秩大夫，世一口稱文章家宗師，方且毗贊我鴻昌之業，而或一朝被譴，來遯于荒。或偃蹇自放於衡泌之下，其挫擓甚矣，而不特無幾微出於色辭，顧乃以懸車爲至樂，纓組爲弁髦，嬉怡乎頤養性靈，婆娑雲月，日尋裴緑野、白香山故事，是以其高風餘韻，藹然被於里社之間，而得其題品藻飾山川草木，皆爲之吐氣……（《晚靜堂集》卷十一，《韓國文集叢刊》本）

智按：徐宗泰，字魯望、君望，號瑞谷、松厓。有《晚靜堂集》。

宋徵殷（一六五二～一七二〇）

《題白香山集後》

余嘗看《白香山集》，詞藻映發，體格具備，實爲盛唐大家。然其染指於蔥嶺之學，棲心釋梵，寄意空寂，蓋多伊蒲塞氣味。其八漸之偈，阿彌菩薩之贊，崇信甚篤，以冀冥福，可謂惑矣。但遺外名利，拋官恬退，浪迹山水，頗得閒靜之趣。其視王摩詰、柳宗元之徒，豈可同日而論哉。（《約軒集》卷十，《韓國文集叢刊》本）

智按：宋徵殷，字質夫，號約軒。有《約軒集》。

王廷燦（一六五二～一七二〇）

《廢檠》

鐵檠（去聲）移燈背（白香山句），牆邊等棄捐（韓昌黎詩：「牆角君看短檠棄。」）。塵埃悲此地，珠翠落當年（韓詩：「長檠高張照珠翠。」）。書幌分鄰火，蘭房帶舊煙。從今嗟燼冷，鼷鼠不須前。（《似齋詩存》卷四今體詩，《四庫未收書輯刊》影印清刻本）

《罷官作》

流光百歲如奔電，富貴千般似落花。若對潯陽江上月，祗應大笑聽琵琶。（《似齋詩存》卷六今體詩，《四庫未收書輯刊》影印清刻本）

智按：王廷燦，字逸仙。錢塘（今浙江杭州）人。康熙二十年舉人。康熙四十八年（一七〇九）任崇明知縣，康熙五十八年（一七一九）接任朱穎蕃再任崇明知縣，同年因病離職。有《同姓名録》八卷。

景星杓（一六五二～一七二〇）

《蘇州白公檜》

檜爲白樂天手植，在州宅後，池光亭前水中，政和初已半悴，高不二尺，朱勔采歸京道死，余自長洲歸，賦此。

亭亭水中檜，栽培自名賢。托根已得地，積勢欲參天。良宵占風月，樛枝紛雲烟。公餘盛宴會，勝賞在賓筵。馮玩雅無算，醉吟殊有年。遙遙數百載，乃爲艮岳遷。結蓋飛青霞，孤根斲黄泉。豈知蛟龍姿，節秉金石堅。異材無媚骨，中道甘棄捐。寧逐萍梗枯，不為朋黨牽。美哉北池植，冥冥如通玄。（《拗堂詩集》卷二古體詩，《續修四庫全書》影印清乾道蘭陔堂刻本）

《山齋客譚》

⊙不愛遺金

陳仲衡諱鼎銓，蘇郡長洲縣學生，其祖母多厚蓄，嘗以一匣藏于衡所及，亡父與叔分其遺貲既畢事，仲衡出前匣于案曰：此祖母所藏也，啟視皆珠寶珍飾，其叔授以二紗衣、扇二柄而已。生子阿恒，年三歲能識五十餘字，其母各書一字於紙以教之，乃復雜然淆之，問曰何者爲天字，阿恒手指之餘不失一，可謂神童矣。

菊公曰：今之人未有不愛貨者，他人而爲仲衡必深藏矣。此管寧之流亞歟？其爭遺財而鬩牆者不可勝，僕視仲衡有泚矣。昔白香山三歲而辨之無，今阿恒之慧，遠勝十倍其父子，所至寧可量哉！（《山齋客譚》卷八，《續修四庫全書》影印清乾隆抱經堂抄本）

⊙瀟溪女史

按，白樂天有妾小蠻、樊素，人皆知之，尚有瀟溪女史者，蓋亦白妾也。史姓顔氏，名初元，字待月，母夢絳雪而生，年十九歸樂天，聰慧能詩，後爲蠻素所譖失寵，病中有詩曰：「月瘦花殘不似前，淚珠零落枕函邊。可憐惟有金條脱，臂上依然伴妾眠。」樂天召還京師，以病不復隨，以會昌六年閏七月初九日卒於西湖之靈隱山女真菴中。臨没曰：白尚書已爲海山院主，先妾五月逝矣。今來相召，妾當赴也。端坐而化。樂天又有姬，名春帥。

菊公曰：吾友汪子弘，樸厚尚義，居方伯里，蓋即女史之別院也。其家偶于乩上遇女史降，粗述其事，惜已沈埋幾千載矣。（《山齋客譚》卷八，《續修四庫全書》影印清乾隆抱經堂抄本）

智按：景星杓，字亭北，仁和（今浙江杭州）人。喜種菊，自號菊公。工詩文，書法亦精美，有《山齋客譚》等。

戴名世（一六五三～一七一三）

《北行日紀序》

往余居鄉，以教授餬口，不過一百里二百里之内，歲得一鍰兩鍰，與村學究爲曹伍，計四時中省親，一再歸，歸數日即去，雖無安居之樂，亦無行役之苦。後以死喪債負相廹，適督學使者貢余於太學，遂不得已而爲遠役，則始於歲丙寅之冬，距今不五年，往返奔走，徧歷江淮、徐泗、燕趙、齊魯、閩越之境，凡數萬里，每行輒有日紀。余性懶，不自收拾，往往多散軼。而乙亥之夏，自金陵至燕山，有《北行日紀》，付宿松朱字緑，丁丑之春，自燕山返金陵，有《南還日紀》，付祁門汪獻其。已而獻其卒於客舍，其稿無從尋覓……余所處不過爲一身一家之計，而猶不能遂窮巖斷壑之中，必有高人逸士起而笑余者矣。余之游四方，以賣文爲生，自文體之壞也，是非工拙，世無能辨別。里巷窮賤無聊之士，皆學爲應酬之文，以遊諸公貴人之門，然必濟濟以狡譎諛佞，其文乃得售，不然雖司馬子長、韓退之復生，世皆熟視之若無覩，而余性疎慵頽放，即已亦自厭之，而不能改宰輔大官相見，一揖之外無他語，酒酣論世事，咄嗟吁嘻，旁若無人，人頗怪之，然諒余之無他，多不以禮數相責，而余文章之名，故在四方，所至必有主人延掌書記，或遣子弟受學，然大抵皆出於耳食，計日傭賃而已，未有行度外之事，以給余養親隱居讀書之費者，而倡優便嬖之徒居其門下者，輒傾困倒廪，以與之而無所惜。昔白居易爲元稹作墓誌，謝之以七十萬，皇甫湜作福光寺碑，凡三千字，裴晉公每字酬以一縑，湜大怒，以爲太薄，以今視昔，文章輕重，風尚美惡，竟何如也？嗚呼！客游之困，果未有甚於余，而馳驅奔走之無益，果未有如余之甚者也。……偶因讀北行日紀，而書其志如此。時庚辰二月。（《南山集》卷二序，《續修四庫全書》影印清光緒二十六年刻本）

《香山高蹈》

朋黨牽延四十年，冤家牛李逐飛煙。還容高蹈香山上，笑看蠻邊與觸邊。（戴名世《古史詩鍼》，許總、許結、許永璋注析本，第一二〇頁）

智按：戴名世，字田有，一字褐夫，號藥身，又號憂庵。桐城（今屬安徽）人。世居桐城南山，後人稱為南山先生。康熙四十八年（一七〇九）進士，授翰林院編修。兩年後，因《南山集》中有南明三王年號而遭劾下獄；又兩年後被處死。此案牽連數百人，為清初著名文字獄。《南山集》初刻于康熙四十年辛巳（一七〇一）遭禁毀，已不可見。他死後一百多年，其族人戴鈞衡重行收集擴編，于道光辛丑（一八四一）刊行。後有各種翻印本。

汪森（一六五三～一七二六）

《梅山續稿序》

余讀宋諸家詩，而自始迄終，各有其原本焉。五季以還，家少陵而戶元、白，然分途攬轡，超詣各殊。……（姜特立《梅山續稿》卷首，《四庫全書》本）

智按：汪森，字晉賢，休寧（今屬安徽）籍，桐鄉（今屬浙江）人。官桂林府通判。

查嗣瑮（一六五三～一七三四）

《香山》

老去風流白侍郎，猶嫌無興可顛狂。盡收相業歸禪悦，小覓温柔傍醉鄉。

墜水孤鐘和月冷，隔烟雙塔比人長。誰能好事尋遺跡，滿種青松與白楊。（《四庫未收書輯刊》影印清刻本《查浦詩鈔》卷三）

《都下舊游以散館在邇寄聲促裝壬午三月廿六日攜累北行途中自嘲》（三首其一）

來往真同不繫船，皇恩初不限三年（散館之期例滿教習三年，然非古時三考也，故用香山句）。空慙林壑期相負，畢竟饑寒忍未堅。人笑馬牛為太史，身攜雞犬似神仙。猶煩關吏殷勤問，萬卷何曾值一錢。（《四庫未收書輯刊》影印清刻本《查浦詩鈔》卷八）

《易州使院歲暮同祝甥良仲姚生公桓作》（二首其二）

俗尚餘輕俠，才難有四賢。人來虛館候（余於仲冬朔二日受事馳赴易署，即分檄州郡生童，以歲晚，無一至者），鴈起護霜天。易酒充燕玉（少陵詩：「暖老思燕玉」），羊裘抵越綿。皇恩應不淺，努力駐三年（惟學使尚循三年報滿之例，故用香山句）。老境憐徂歲，人情羨履新。客慚分苜蓿，童許竊椒辛（用韓卓事）。有酒終沾禄，無書始是貧。悲歌聲自苦，吾欲和陽春。（《四庫未收書輯刊》影印清刻本《查浦詩鈔》卷十）

智按：查嗣瑮，字德尹，號查浦，海寧（今屬浙江）人。康熙三十九年（一七〇〇）庚辰進士，改庶吉士，授編修，歷官侍講。有《查浦詩鈔》。

朴泰淳（一六五三～一七〇四）

《次李達夫韻》

忽覺炎蒸滌，雨餘涼意多。高軒廻晚睡，小扇屏輕羅。已習嵇康懶，難降白傅魔。聊題漫興句，酬唱擬陰何。

附原韻：忽忽浮雲改，蕭蕭晚雨多。朱門泥不見，窮巷雀堪羅。學道身爲累，看書睡作魔。東隣舊同趣，近日復如何。（《東溪集》卷三，《韓國文集叢刊》本）

《次白香山晚寒韻》

雪舞焬鵞羽，風銛截玉刀。宙雲催日暝，簷溜積冰高。獨閉袁安室，

誰憐季路袍。盈樽幸有酒，不羡賦歸陶。（《東溪集》卷四，《韓國文集叢刊》本）

智按：朴泰淳，字汝厚，號東溪居士。有《東溪集》。

王崇炳（一六五三～？）

《金華徵獻略》

滕珦，東陽人，歷任茂王傅，太和初，以庶子致仕，四品給券還鄉自珦始，子亦侍御史。白樂天贈詩云：「身着錦衣兒戲彩，東陽門外數滕家。」其爲時所榮如此。珦所著有《國學觀禮》詩云：「太學時觀禮，東方曉色分。威儀何棣棣，環珮又紛紛。古樂從空盡，清歌幾處聞。六和成遠吹，九奏動行雲。聖德尊儒業，春和奠茂勳。幸因陪齒列，聊以頌斯文。」（《金華徵獻略》卷十文學傳，《續修四庫全書》影印清雍正十年刻本）

智按：白居易《送滕庶子致仕歸婺州》：「春風秋月攜歌酒，八十年來玩物華。已見曾孫騎竹馬，猶聽侍女唱梅花。入鄉不杖歸時健，出郭乘軺到處誇。兒著繡衣身衣錦，東陽門戶勝滕家。」大和三年（八二九），五十八歲，洛陽，太子賓客分司。《白居易集箋校》第三八三〇頁。

王崇炳，字虎文，東陽（今屬浙江）人。

劉廷璣（一六五三～一七一六）

《悲歌用白香山原韻》

五陵豪興未消磨，不忿衰顏奈鏡何。少結親朋傷老盡，後生兒女較前多。難留白日離弦箭，易送青春逝水波。強對名花翻一曲，含悲嗚咽漫成歌。（《葛莊分體詩鈔》七言律下，《四庫全書存目叢書》影印康熙本，集部第二六〇册，第三七五頁；《葛莊編年詩》庚辰，《四庫全書存目叢書》影印康熙本，集部第二六〇册，第六〇四～六〇五頁）

《潯陽懷古》

穆然遐想晉唐間，宦海游人不等閒。五柳先生陶靖節，九江司馬白香山。謫來身共寒松老（白詩：寒松縱老風標在），歸去心同倦鳥還。一樣能詩兼愛酒，高風自昔已難攀。（《葛莊分體詩鈔》七言律下，《四庫全書存目叢書》影印康熙本，集部第二六〇册，第三八二頁；《四庫全書》本《［雍正］江西通志》卷一五五）

智按：劉廷璣，字玉衡，號在園，漢軍旗人。廕生，歷官江西按察使，降江南淮徐道。有《葛莊分體詩鈔》。卷首有康熙五十三年（一七一四）廷璣自序，據序知《葛莊分體詩鈔》乃其於康熙五十二年，沙汰舊作而成。生卒年據曹琳《清劉廷璣詩集版本考略》（《中國典籍與文化》二〇一五年第二期）。

李玄祚（一六五四～一七一〇）

《次任上舍述懷感遇詩韻》

天難窺測海難斟，坐筭盈虚費獨吟。隆殺國風觀世運，盛衰文教係儒林。經殘後覺慚先覺，聖遠人心勝道心。大雅已亡今不作，淳源一散竟誰尋。……學業五車書滿腹，詞華千丈錦裁衾。吟邊白雪人誰和，鬢上秋霜鏡不禁。堪笑俗儒徒泥古，豈知才子獨超今。孅辭却陋元和體，絶響能回正始音。驚世聲名聞已飽，出塵標格見方欽。懸河注處偏傾耳，朙月投來輒整襟。交誼鶴樓逢太白，客程夔府轉巫黔。……（《景淵堂先生詩集》卷三關東録，《韓國文集叢刊》本）

智按：李玄祚，字啓商。有《一齋集》。

愛新覺羅·玄燁（一六五四～一七二二）

《樂府説》

樂府之名，昉於漢武帝，然不自漢始也。蓋古者樂即詩也。《虞書》命后夔典樂，而曰詩言志，歌永言，聲依永，律和聲。《周禮·春官》宗伯教六詩，曰風雅頌，曰賦比興，而以六德為之本，六律為之音。班固謂周詩既備，而其器用張陳具在，周官故國子學歌九德，誦六詩，習六舞八音之和，皆是物也。古詩三千，孔子刪之為三百，著以為經而記，謂歌詩三百，弦詩三百，舞詩三百，由是觀之，《詩》三百篇，孔子皆嘗弦而歌之，以求韶武雅頌之音，故曰古者樂即詩也。漢高帝過沛，賦三侯之章，其時唐山夫人又作《安世房中之歌》，樂府已權輿於此。逮乎武帝，崇尚文學，於是作為十九章，設恊律都尉之官，而樂府之名始立。魏晋以來，歷代踵之。綜其大凡，漢郊祀已下，皆頌之類也。漢鐃歌已下，皆雅之類也。漢横吹以及六朝清商楚調諸曲，皆十五國風之類也。其詞雖古今不同，正變不一要，皆有三經三緯之遺意焉。他如《京洛行》、《出塞曲》、《雁門太守行》、《飲馬長城窟》之類，其名甚夥，或因事以屬詞，或比託以寄意，主於古雅頓挫，深婉動人。漢魏而後，六朝以及唐人，多仿其音節而為之，至白居易，則自製數十篇，為《新樂府》，以諷諭當時。韓愈製《琴操》十章，杜甫亦以時事為樂府體，此則其源流之大槩也。後之人由流以遡源，師漢魏淳古簡澹之義，以求合乎詩人溫柔敦厚之旨，庶於古義有當歟。作《樂府説》。（《四庫全書》本《聖祖仁皇帝御製文集》第二集卷三十）

《御定全唐詩·白居易小傳》

白居易字樂天，下邽人。貞元中擢進士第，補校書郎。元和初，對制策入等，調盩厔尉，集賢校理，尋召為翰林學士，左拾遺，拜贊善大夫。以言事貶江州司馬，徙忠州刺史。穆宗初，徵為主客郎中，知制誥，復乞外，歷杭、蘇二州刺史。文宗立，以秘書監召，遷刑部侍郎，俄移病，除太子賓客，分司東都，拜河南尹。開成初，起為同州刺史，不拜，改太子少傅。會昌初，以刑部尚書致仕。卒贈尚書右僕射，謚曰文。自號醉吟先生，亦稱香山居士。與同年元稹酧詠，號「元白」；與劉禹錫酬詠，號「劉白」。《長慶集》詩二十卷，《後集》詩十七卷，《别集》、《補遺》二卷，今編詩三十九卷。（《全唐詩》卷四百二十四）

智按：愛新覺羅·玄燁，即清聖祖仁皇帝康熙，清朝第四位皇帝、清定都北京後第二位皇帝。八歲登基，是中國在位時間最長（六十一年）之皇帝。

朱星渚（一六五四～？）

《閏九日休園雅集倣香山體分賦》

四人三百十一歲（時蔣湘帆年七十八，潘陋夫年七十七，鄭耕巖年七十六，余年八十四，人共三百十一歲，即用爲起句），有約登高過曲樓。林樹再逢黃葉隕，江天遥見白雲流。百年節罕兩重九，十丈峯寒已杪秋。置驛家風還置酒，當筵不醉不教休。（清鄭慶祜《揚州休園志》卷八詩，《四庫禁毀書叢刊》影印清乾隆三十八年察視堂自刻本，史部第四一册，第六三一頁）

智按：據詩中「百年節罕兩重九」，此次閏九日休園雅集乃乾隆二年丁巳閏九日（公曆一七三七年十月一日）。據其自注「余年八十四」，其生年為順治十一年（一六五四）。

納蘭性德（一六五五～一六八五）

《滿庭芳・題元人蘆洲聚雁圖》

似有猿啼，更無漁唱，依稀落盡丹楓。濕雲影裏，點點宿賓鴻。占斷沙洲寂寞，寒潮上、一抹煙籠。全不似，半江瑟瑟，相映半江紅。　楚天秋欲盡，荻花吹處，竟日冥蒙。近黃陵祠廟，莫采芙蓉。我欲行吟去也，應難問、騷客遺蹤。湘靈杳，一尊遙酹，還欲認青峰。（《通志堂集》卷九，《續修四庫全書》影印清康熙三十年徐乾學刻本；上海古籍出版社「清人別集叢刊」本，第三三三～三三四頁）

智按：「全不似」三句：典出白居易《暮江吟》：「一道殘陽鋪水中，半江瑟瑟半江紅。」

《原詩》

……近時龍眠錢飲光以能詩稱。有人譽其詩為劍南，飲光怒；復譽之為香山，飲光愈怒；人知其意不慊，竟譽之為浣花，飲光更大怒，曰：「我自為錢飲光之詩耳，何浣花為！」此雖狂言，然不可謂不知詩之理也。……（《通志堂集》卷十四，《續修四庫全書》影印清康熙三十年徐乾學刻本；上海古籍出版社「清人別集叢刊」本，第五五九～五六〇頁）

智按：錢澄之（一六一二～一六九二），原名秉鐙，字幼光，一作飲光，號田間（別號四頑）。桐城（今屬安徽）人。其「詩屢變而不窮。要其流派，深得香山、劍南之神髓，而融會之。……昔賢評陶元亮詩云：『心存忠義，地處閒逸，情真景真，事真意真』，《田間》一集，庶幾近之」（朱彝尊《靜志居詩話》卷二十二）

《淥水亭雜識二》

《錢徽傳》：長慶元年，徽爲禮部侍郎。時宰相段文昌出鎮蜀川，故刑部侍郎楊憑子渾之求進，盡以家藏書畫獻文昌，求致進士第。文昌將發，面托徽，繼以私書保薦，翰林學士李紳亦托舉子周漢賓於徽，及榜出，渾之、漢賓皆罷，李宗閔與元稹有隙，宗閔子婿蘇巢及楊汝士季弟殷士俱及第，文昌、紳大怒，文昌赴鎮，辭日內殿面奏，言徽所放進士，皆子弟藝薄，不當在選中。穆宗訪于學士元稹、李紳二人，對與文昌同。遂命中書舍人王起、主客郎中知制誥白居易重試，內出題目《孤竹管》賦、《鳥散餘花落》詩，而十人不中選。尋貶徽爲江州刺史，中書舍人李宗閔劍州刺史，右補闕楊汝士開江令。初議貶徽，宗閔、汝士令徽以文昌、紳私書進呈，上必開悟。徽曰：「不然。苟無愧心，得喪一致，修身慎行，安可以私書相證耶?」令子弟焚之。嗚呼！如徽居心行事，休休有容，大臣器量也。（《通志堂集》卷十六，《續修四庫全書》影印清康熙三十年徐乾學刻本；上海古籍出版社「清人別集叢刊」本，第六四五～六四七頁）

《淥水亭雜識四》

建安無偶句，西晉頗有之，日盛月加，至梁陳謂之格詩，有排偶而無粘。沈、宋又加翦裁，遂成五言唐律。《長慶集》中尚有半格體。（《通志堂集》卷十八，《續修四庫全書》影印清康熙三十年徐乾學刻本；上海古籍出版社

「清人别集叢刊」本，第七〇〇頁)

智按：納蘭性德，原名成德，後避太子保成（後改名胤礽）諱改今名，字容若，號楞迦山人，滿洲正黄旗人。權相明珠長子。康熙十年（一六七一）舉人，十五年殿試二甲七名，賜進士出身，選授三等侍衛，後循遷至一等侍衛，出入扈從，深得康熙帝隆遇。二十四年，以寒疾卒，年僅三十一。生平愛才好客，所與游皆一時名士，與顧貞觀（一六三七～一七一四）、陳維崧（一六二六～一六八二）、姜宸英（一六二八～一六九九）尤爲契厚。納蘭雖長於貴胄之家，而性多愁善感，所作類多婉麗淒清之調。詩詞皆工，詞尤擅長，其詞真摯自然，風格接近李煜，有「李重光後身」之稱。況周頤尊之爲「國初第一詞手」（《蕙風詞話》卷五）；王國維更尊之爲「北宋以來，一人而已」（《人間詞話》）。著有《通志堂集》十八卷，詞集有《側帽集》，後增補爲《飲水詞》。《清史稿》卷四八四有傳。

顧圖河（一六五五～一七〇六）

《白香山紫藤詩云先柔後為害有似諛佞徒又如妖婦人綢繆蠱其夫似乎斥之太甚特反其意成詩一首》

古柳八九株，紫藤千萬花。藤蔓生有知，依柳如一家。柳枝輒援引，繞身任盤拏。焕然凌雲霄，葳蕤散天葩。藤非附古柳，含英委泥沙。柳非絡藤蕊，榦秃枝槎枒。閭閻固窮子，采芳而佩華。托彼青雲士，千載爭傳誇。有如藤與柳，枝葉常交加。奈何香山翁，指斥為妖邪。（《雄雉齋選集》卷二，《四庫全書存目叢書》影印清康熙刻本，集部第二六四册，第三八六頁）

《洗竹用香山韻白集有洗竹詩即删竹也》

新筍大如拱，舊竿圍不足。莫嫌新間舊，可喜筍過竹。當門迸轉多，梗路行須曲。駢根亂無行，叢榦動成束。擁衆犯軒楹，侵疆越花木。鋤強尋利斧，薄伐領徤僕。疏風乍穿林，清月已照屋。舉觴嘲此君，滿盛終遭辱。（《雄雉齋選集》卷三，《四庫全書存目叢書》影印清康熙刻本，集部第二六四册，第三九七頁）

智按：顧圖河，字書宣，江都（今江蘇揚州）人。康熙己丑（一七〇九）進士。江左十五子之一。官翰林院編修。

胡煦（一六五五～一七三六）

《讀白樂天詩》

揀得頭陀不肯先，為人先願掃天壇。誰云白傅專心處，不愛金丹只愛禪。（《葆璞堂集》詩集卷四，《四庫未收書輯刊》影印清乾隆刻本）

智按：胡煦，字蒼曉，號紫弦，河南光山人。康熙壬辰（一七一二）進士，改庶吉士，授檢討，官至禮部侍郎。謚文良。有《葆樸堂詩集》。

沈辰垣（一六五五～？）等

《歷代詩餘》

詞者，詩之餘也。《詩》三百篇，皆可歌，採諸列國，領於樂官，至漢而為樂府。古詩至唐而為古今體詩，而詩不盡叶於管弦。自李白創為《菩薩鬘》、《憶秦娥》二詞，以及白居易、王建、温庭筠、韋莊諸人，相繼有作，流傳詞苑，至南北宋而大盛。雖體製因時遞變，而和聲協律之中，具有古樂府遺意，今自唐迄明，網羅採擇，彙為成書，鼓吹風雅。（《四庫全書》本《歷代詩餘》凡例）

望江南。此調本李德裕為亡妓謝秋娘作，原名《謝秋娘》。温庭筠作為《望江南》，又名《夢江口》。白居易思吳宮、錢塘之勝，作《江南憶》，劉禹錫作《春去也》。李煜作《望江梅》，馮延巳作《憶江南》，後又名曰《歸塞北》、《夢游仙》，皆一調而異名也。《海山記》載，隋開西苑，鑿湖泛舟，作《望江南》詞，皆雙調。按白居易及晚唐詞皆單調，二十七字，至宋方加後疊，則知隋詞乃贋作矣。（《四庫全書》本《歷代詩餘》卷一）

智按：參見清馮金伯輯《詞苑萃編》卷二十「辨證」（《詞話叢編》第三册，第二一七七頁）。

《歷代詞話》

⊙白居易柳枝

白居易在洛作《柳枝詞》云:「一樹春風尤尤枝,嫩於金色軟於絲。永豐東角荒園裏,盡日無人屬阿誰。」有人歌之,聞於宣宗,因命移永豐柳二枝植內庭。白復作詞云:「一樹衰殘委泥土,兩枝移植在天庭。定知此後天文裏,柳宿光中添兩星。」[唐詩紀事](卷二,《詞話叢編》第二册,第一一〇二頁;《四庫全書》本《歷代詩餘》卷一百十二)

⊙白居易自度曲

白樂天詞云:「花非花,霧非霧。夜半來,天明去。來如春夢不多時,去似朝雲無覓處。」蓋其自度之曲,因情生文,雖高唐、洛神,奇麗不及也。張子野衍之為《御街行》,亦有出藍之色。[楊慎](卷二,《詞話叢編》第二册,第一一〇二頁;《四庫全書》本《歷代詩餘》卷一百十二)

⊙白居易花非花

白樂天《長相思》、《望江南》,縟麗可愛,非後世作者可及。「花非花」一首,尤纏綿無盡。(花菴詞客)(卷二,《詞話叢編》第二册,第一一〇三頁;《四庫全書》本《歷代詩餘》卷一百十二)

智按:又見清沈雄《古今詞話·詞評》上卷(《詞話叢編》第一册,第九六九頁),「尤纏綿無盡」,尤作又。黄昇號花庵詞客。此處所引與黄昇《花庵詞選·唐宋諸賢絶妙詞選》不盡相同。

⊙王建霓裳詞

王建《霓裳詞》云:「弟子部中留一色,聽風聽水作霓裳。」今教坊尚存其聲,而其舞則廢不傳矣。近世有望瀛府、獻仙音二曲,乃其遺聲也。霓裳曲,前世傳記論説頗詳,不知「聽風聽水」為何事。白樂天有《霓裳羽衣歌》,其詳,亦無風水之説。第記之,必有知者爾。[六一詩話](卷二,《詞話叢編》第二册,第一一〇三頁)

⊙王次回詞

王次回喜作小豔詩,最多而工,《疑雨集》二卷,見者沁入肝脾,里俗為之一變，幾於「小元白」云。詞不多作，而善改昔人詞，殊有加毫頰上之致。如《秋千》改徐文長云：「多嬌最愛鞋兒淺。有時立在秋千板。板已窄棱棱。猶餘三四分。　一鉤渾玉削。紅繡幫兒雀。休去步香堤。游人量印泥。」起句已比舊作較穩，换頭「紅絨止半索。繡滿幫兒雀」，僅能刻畫其纖，改語則見其晳而直矣。且雀不可以紅絨繡，乃以絨繡雀於紅幫上耳，亦改語為是。其《別意》改洪叔璵云：「花露漲冥冥。欲雨還晴。薄羅衫子著來輕。解道明朝寒食近，且莫成行。花下酒頻傾。　纖手重增。十三弦畔訴離情。又得一宵相伴也，無限丁寧。」比洪作止存三句，詞意俱换，幾於虞允文用王權之卒，不止李太尉入北軍也。其《茉莉》改劉叔安云：「簾櫳午寂，正陰陰窺見，後堂芳樹。緑遍長叢花事香，忽接瓊葩豐度。豔雪肌膚。蕊珠標格，銷盡人間暑。還憂風日，曲屏羅幕遮護。　長記歌酒闌珊，微聞暗麝，笑覓衣沾露。月沒闌干天似水，相伴謝孃窗戶。浴後輕鬟，涼生滑簟，總是牽情處。惹人幽夢，枕邊零亂如許。」起處簾中堂後，緑陰奄藹，説花時已覺有情。豔雪蕊珠狀花之色，暗麝狀花之香，鬟間、簟上、枕連，舉護花者之張設，戴花者之神情，摹擬畢到，語復俊麗，可謂詞中聖手。所用劉語，不過四句，此可竟稱次回作也。［詞筌］（卷十，《詞話叢編》第二册，第一三一七頁）

智按：沈辰垣，字芝岸、紫翰，嘉善（今屬浙江）人。康熙二十年（一六八一）舉人，康熙二十四年（一六八五）進士，後入選庶吉士，歷官翰林院侍讀學士。康熙三十三年任會試同考官，四十五年任武闈總裁。參修《明史》和續編《唐類函》、《群芳譜》等，康熙四十六年奉敕編撰《御選歷代詩餘》。

湯右曾（一六五六～一七二二）

《喬侍讀造一舟名曰雲裝烟駕之舫貽詩索和次韻四首》

書庫琴亭白傅池，青蘋微動獨來時。只應細槳虛徐去，未用高帆美滿吹。騰上乍驚龍化速，退飛常笑鷁行遲。晚來波静川如練，呼客清醪與共持。

（《四庫全書》本《懷清堂集》卷三）

《送朱敬如出守九江三首》（其一）

望郎文采敵枚鄒，旌蓋南行及晚秋。三十宿宜新月色，二千石是古諸侯。門前爐擁一峯秀，郭外江看九派流。高詠琵琶亭上路，使君何減白江州。

（《四庫全書》本《懷清堂集》卷四）

《效樂天體和赤抒下簾見寄》

憶君六扇湘簾下，吟出新詩冰齒寒。當檻花宜垂處見，近秋月待卷來看。小加障蔽流塵少，似覺虛明拓地寬。瓜飲時時兼茗飲，人間閒殺是枝官。

（《四庫全書》本《懷清堂集》卷八）

《趙豐原太守招游龍門香山竟日傚樂天體》

賓游聯騎出城闉，山水佳時氣色新。底用清商隨一部，不須明月作三人。餘霞似綺連嵩少，殘雪如花舞洛濵。多謝風流賢太守，十分先借水邊春。

（《四庫全書》本《懷清堂集》卷十一）

智按：趙于京，字豐原，康熙四十二年（一七〇四），任河南知府，立《白公墓碑記》於白居易墓側。

《再次悔餘見訓韻學白體》

來看濕雪冷烟中，尚有餘香戀故叢。對客留連誰送酒，助君愛惜自障風。往來箋札添詩興，顛倒春秋笑歲功。任爾溫房烘不出，好誇都市賣花翁。

（《四庫全書》本《懷清堂集》卷十三）

《題香山寺圖》

八節灘邊畫得無，嶺雲沙月興還孤。清風一舸棹歌去，疑有水仙來弄珠。

一啜茶甘味未回，多羅千樹繞香臺。祇因七百年前塔，曾見龍門十寺來。

絮落萍飄西復東，爪痕誰省雪飛鴻。憶從方丈三韓外，一點青山指洛中。

幾時真作此山僧，石壁千龕古佛燈。更擬雪中尋慧可，五峯仙骨秀崚嶒。

（《四庫全書》本《懷清堂集》卷十四）

《送履公往住香山寺》

此心宿火撥寒灰，旛動鈴鳴日幾回。雪裏依然吳會別（丙寅冬訪師半塘寺，留止旬日），夢中曾自洛陽來。任飛白鶴先提錫，欲飯青猿已築臺。師到諸天合歡喜，百千萬億閣門開。（《四庫全書》本《懷清堂集》卷十四）

《香山寺予所重建也前詩未盡意復作一篇仍用原韻》

金碧何從問劫灰，伊川勝概挽仍回。恍從禪老浮杯去，可憶檀那獻座來。留客堂寬臨石壁，飯僧田薄倚香臺。只應徧種菩提樹（寺少樹故云），寶藏千花次第開。（《四庫全書》本《懷清堂集》卷十四）

《題汪退谷中允香山詩後》

嵩山邐迤來，百里到伊闕。巖巒忽中斷，伊水漾清越。山靈草木香，百竇泉争發。層龕金粟影，嵌空出石窟。東巖青蓮宇，千仞俯硉矹。美人何方來，弄此川上月。烟華夕堪采，空水遠欲没。自啟玉齒歌，歌聲散林樾。鳴鶴久徘徊，朱絃坐超忽。搴芳時有贈，懷舊情未歇。感兹山澤遊，喟焉謝朝謁。（《四庫全書》本《懷清堂集》卷十四）

《退谷將歸吳中小詩道别》

子歸萬里自天西，伊闕春風試馬蹄。白傅墓前新月皎，韋郎泉上晚烟迷。六時洗鉢多華滿（退谷嘗留金為香山寺僧買田），千尺磨崖健筆題（又書香山寺碑及白少傅墓碑各一）。今日迴看又陳迹，一尊珍重此分攜。（《四庫全書》本《懷清堂集》卷十四）

智按：汪士鋐（號退谷）所書白居易《香山寺記》之碑，康熙四十八年（一七〇九）三月十五日刻。石在河南洛陽龍門。

《次退谷原韻》

留得香山一卷詩（退谷許歸吳中刊自唐以來香山詩，都為一集），寶坊真喜復開時。大千界裏如來火（寺成後，山頂時有火光如斗大入寺，遠近居人皆見之），三百年餘内史碑（退谷未至時，寺先有一碑，若預儲以待者）。新種竹枝風嫋嫋，乍踈槐葉雨離離。與君他日同歸鞅，異代分司共左司。（《四

庫全書》本《懷清堂集》卷十四)

《僧房閑寂，偶憶東坡「白髮相望兩故人」句因念磵房甫至，悔余將歸，隔越數百里，不得見也，悵然各寄一首》(其二)

鵷鸞臺閣正連翩，忽賦歸歟種秫田。為樂每憂兒輩覺，生天一任丈人先。元和體有三千首，謝朓才論二百年。我欲舉君還自代，似君真合領群仙。(《四庫全書》本《懷清堂集》卷十五)

智按：查慎行（一六五〇～一七二八）和詩《次韻奉酬院長西厓前輩贈行之句》：「直從毛羽假翩翩（原注：用《南史・蕭引傳》中語），送我歸耕穎上田。比校鵷鸞宜落後，簸揚糠粃愧居先。東門古有回車路，西夕天留養拙年。且喜歐陽為學士，蓬山領袖得詩仙。」（《四部叢刊》本《敬業堂詩集》卷四十一）所附原作前三句與上引略異：「鵷鸞臺閣正聯翩，忽賦歸與種秫田。為樂恐教兒輩覺」。

《藤廳花事較去年殊減》

紫藤陰裏重婆娑，花事匆匆倏又過。白侍郎來嗟老矣，杜樊川至奈春何。赤衣貴仕塵中夢，青鬢流年水上波。等是容華易銷歇，轉思開少勝開多。(《四庫全書》本《懷清堂集》卷十六)

《舍旁新拓書齋倣樂天體》

六十過頭是幸人，如何不樂損天真。但令有石皆應拜，縱使無花也當春。堆案圖書堪送老，滿林風月未全貧。更營煖室莎臺上，調護冰霜歲晚身。

經過步屧卜鄰初，景物園林南路徐（地初經營於山陰徐氏，壬申癸酉間，予僦屋鄰，並常游□於此）。人去已同流水逝，燕來還認故巢居。連峯紫翠看皆好，喬木風烟畫不如。塵事少休來獨坐，恍疑仙爪為爬梳。

孟門虞阪路艱難，扃户知無異患干。幸以疎狂逢聖世，況兼蕭散本儒官。間中掃掠新蘿徑，病後扶持舊藥闌。裝點青紅任兒女，欣然一笑得加餐。

見山便已似還家，偃仰幽情十倍加。隙地更思勤放竹，明年準擬徧栽花。故人來共留終日，名酒求還載滿車。長憶風流謝康樂，不曾邱壑廢京華。（謝詩：「昔余游京華，未嘗廢邱壑。」）（《四庫全書》本《懷清堂集》卷十七）

《重修香山寺記》

去洛城二十五里，曰龍門香山。東巖西嶺，相望若闕，伊水歷其間。水東舊有香山寺，即《舊唐書》所載「白公居易與僧如滿結香火社，嘗寫其文集送寺中，如佛書雜傳例流行之」者也。考郡縣誌，皆不詳寺興廢所由。宋陳振孫為公年譜，謂寺在龍門山，後魏熙平元年建。按，熙平元年，明帝初改元，母胡太后幼得佛經大義，立寺建刹甚衆。《北史·明帝紀》：熙平二年，皇太后幸伊闕石窟寺。酈道元生其時，注《水經》，亦謂伊闕鐫石開軒，高甍架峯，盖曰伊闕，曰龍門，曰香山，本同一地。意者，石窟寺乃其先所命名，顧未有以深考。陳氏博采諸家傳記，審訂詳確，其言有據依，則寺之創於熙平，其信然歟。歷周隋至唐，以公故而始大顯於世。自後名人游眺所至，輒見篇咏。北宋時，梅堯臣《游龍門》詩曰：「香庵徧岩曲。」范純仁亦云：「杉松隱映皆祇園。」是當此時，寺尚無恙，初不聞騫崩破缺、撓折隤壞也。迨金魏摶霄至龍門，始云：「白傅已矣不可見。」元薩天錫《龍門記》云：「舊有八寺無一存，但東崖巔有纍石址兩區，餘不可識。有數石碑，多仆，其立者字剥落不可讀。」則茲寺之廢，在金元之際。今巋然惟兩石塔在耳。榛蘗茀草，昏翳滅沒，無有即而問之者，盖又數百年矣。右曾前年冬試士洛陽畢，至其地，慨然有復營建之願，而力薄不果。今年春，太原張君玾來守是邦，過大梁，言次及此，君欣然不期而志同。右曾乃捐月俸為之倡，手書《重建香山寺引》授君，俾與郡人共經營焉。君始至，即有惠政，吏民懷之，凡所欲興，奔走踴躍，如其意指，而諸生亦念使者校試於此，刻苦自厲，未嘗通一賂遺，遂率其私錢，衆力咸傳推陜州學博孟君桓任以事，而以洛陽明經張君所修佐之。孟君謹幹精敏，心維手畫，若所已經，伐石而基，循山而垣，首為亭五，楹級而升。以次為堂者三，堂各三楹，列屋翼其旁，凡深一百八十尺，廣半之，良材堅甓，縮板椓土，纖悉擸摭，既修既好，自三月一日訖閏三月八日，凡三十有八日而卒功。嗚呼！何其成之之速歟。李格非《洛陽名園記》如李衛公、富鄭公、文潞公，園池景物之勝，今皆為平田荒墟，無能指其故處，世多謂僧坊佛廬依託可久，然《伽藍記》載東都盛時，寺至千三百餘，今亦無一二存者，而茲寺以公得復興於千載而後，其可喜也已。公自太和二年至洛，迄薨凡十八年，朝夕之所游，意思之所注，常在此寺。寺去公墓不一里，公修寺記，有「願結後缘」「它生復游」之語，則公雖生天成佛，靈爽其長依於此乎？孟君言，自鳩工以至落成，凡閲四旬，無飄風暴雨。初太守之相度於斯也，伊水方落，估筏不時至，搆木為難。是夕，水忽暴漲。明日，銜尾而下，楝楹梁桷板檻之屬，罔不畢具。人驚嘆，以為奇。夫雀離浮圖，天慶火珠，事有缘會，良非偶然。右曾適以試士復來洛中，既蕆事，因得遵曲磴，升重岩，以至乎香山之寺，謁公之像，周覽遐矚，徐休乎亭之上。倚峭壁，俯清瀾，層阿香林，蒨翠隔岸，南睇九皋，北望王屋，洛城烟火，鬱鬱靄靄，若在牕牖；耳目曠如，心神既怡。自惟固陋猥，以兹後之權輿，得掛名寺中，以垂將來，顧非幸哉？已而憮然，又念人事之不常，而成毁之不可以定也。石有時以泐，水有時以凝，深谷高陵，變遷非一，更百千年，兹寺其能久存而不廢歟？後之視今，亦猶今之視昔。思賢好善，歷劫護持，其以俟之來者，因為之辭，紀其歲月云。（《四庫全書》本《河南通志》卷七十九藝文八）

智按：湯右曾，字西厓，仁和（今浙江杭州）人。康熙二十七年（一六八八）戊辰進士，改庶吉士，授編修，康熙四十四年（一七〇五），提督河南學政。康熙四十六年（一七〇七），太原人張玶任河南知府之際，湯右曾撰《重修香山寺記》。康熙四十八年（一七〇九），遷奉天府府丞。官至吏部右侍郎兼翰林院掌院學士。有《懷清堂集》。

張尚瑗（一六五六～一七二二）

《左傳折諸》

繩武曰：《左傳》三大戰文字，凡晉人勝負，情形俱於楚人目中看出、口中説出；楚人勝負，情形俱於晉人目中看出、口中説出。如此長篇，無一句正叙、直叙，極整極暇，錯綜變化，神乎技矣。至此處騁而左右一段，尤是奇外無奇更出奇也。《史》、《漢》以下，便多一氣直叙，不復能如《左傳》之處處錯綜、處處變化矣。昔人論杜詩長律，逐句轉折。元、白長律，便多

一直寫去。此即《左氏》與《史》、《漢》之辨。（《四庫全書》本《三傳折諸》卷十三）

智按：張尚瑗，字宏蘧，一字損持，吴江（今屬江蘇）人。康熙二十七年（一六八八）戊辰進士，改庶吉士，散館，外補興國縣知縣。

魏學誠（一六五七～一七二一）

《春日褉感四首》（其二）

早謝東華十丈塵，如何小隱尚非真。可憐詩酒都成債，定使溪山也笑人。白傅日斜吟當慨，茂陵消渴病兼貧。今年倘不能聞道，慙愧明年四十春。（白樂天詩有「行年三十九，歲暮日斜時」之句）（《一齋舊詩》，《四庫未收書輯刊》影印清康熙間刻本）

智按：魏學誠，山西蔚州人。清初刑部尚書魏象樞子，康熙二十一年（一六八二）三甲十二名進士，官主事，後又以父恩授編修。官至諭德。

吴陳琰（？～一七二一）

《葛莊詩鈔序》

……古人如「池塘春草」、「空梁燕泥」，以逮「楓落吴江」諸句，單詞片語，膾炙人口，惟其妙合自然耳。至于摹畫情景，在在逼真者，唐則有白樂天，宋則有陸務觀。兩公而外，或風格聲調高出其上者尚夥，而論自然之境，必以兩公稱最。……昔樂天詩成，必令老嫗解而後存，故其詩切近人情，確不可易。或嘗疑其率易，後人見其原稿，竄改塗乙，有不存一字者，其矜貴可知。務觀詩自鉅至細，無不曲寫入微，幾於撚斷吟髭，而不屑為人所愛，然使人不能不愛，不啻親履其境，目覩其事，皆人所難也。迺後人猶議樂天失之俗，務觀失之纖，論亦刻矣。今公之詩，雖極自然，未嘗不鏤心刻畫，兼有兩公之長，而去其短。鳶飛魚躍，觸處皆是，直如化工之肖物，微會心其孰能與於斯？而况政績表表，尤駕乎兩公之上者哉！……（《葛莊分體詩鈔》卷首，《四庫全書存目叢書》影印康熙本，集部第二六〇册，第二三七～二三八頁）

智按：吴陳琰，字寶崖，錢塘（今浙江杭州）人，監生，浮沉場屋，落拓不遇。康熙二十年（一六八一），與唐夢賚（一六二八～一六九八）等作有《辛酉同游倡和詩餘》。康熙四十二年（一七〇三）癸未召入南書房纂修，康熙五十二年（一七一三）出爲山東茌平知縣。師曹溶，與王士禛、宋犖、洪昇、朱彝、張潮等交善。有《江右》、《江東》、《聊復》等集，及《春秋三傳異同考》、《五經今文古文考》、《曠園雜志》等。

金鎮圭（一六五八～一七一六）

《次白樂天早春憶遊思黯南莊》

平生東閣投深契，此日南莊憶勝遊。正值春光來極目，怳疑佳境入回頭。柳條新嫩垂雕檻，梅蘂初明映畫樓。須許枯笻陪大盖，莫敎花鳥獨含愁。（《竹泉集》卷四，《韓國文集叢刊》本）

《次白樂天南湖早春》

湓城春色屬新晴，望裏湖山錦繡明。猩血漸斑花蘂坼，龍鱗欲動水紋生。羣鷗泛渚聲初暖，雙燕啣泥壘未成。楚國風光雖可賞，其如極目易傷情。（《竹泉集》卷四，《韓國文集叢刊》本）

《次白樂天寒食寄楊東川》

使節光輝臨重鎭，名區風物屬佳辰。蜀城芳樹迷朝日，巴水清流漾暮春。滿酌郫筒應浹骨，新裁賨布想宜身。蕭條洛下分司客，惟對山妻憶遠人。（《竹泉集》卷四，《韓國文集叢刊》本）

《叔父崇政大夫行禮曹判書兼判義禁府事、知經筵事弘文館大提學藝文館大提學、知春秋館成均館事、五衛都摠府都摠管西浦先生府君行狀》

……上嘗命我先考和進白居易《琵琶行》，先考屬府君代草，府君以其仳離之思，寓意於侘傺之悲，所以屬辭比事，極其悽惋，欲借詩詞以諷君聽。朱子所謂放臣怨妻謳吟於下，而使所天者聽之，則於天性民彝，交有所發云者，卽府君微意也。……（《竹泉集》卷三十五，《韓國文集叢刊》本）

智按：金鎮圭，字達甫。有《竹泉集》。

汪士鋐（一六五八～一七二三）

《山西鄉試録序（代）》（是科後遂停刻試録矣）

皇上御極之五十有三年，海宇敉寧，仁風翔洽，於是四海九州之内，近而畿甸，遠而侯衛，莫不鼓舞聖化，彬彬乎文學之選矣。昨歲皇上六旬聖壽，推恩天下，一年之内，兩開萬壽恩科。今者復遇賓興之歲，以次遣官典試，最後及於山西，於是命臣某及翰林院檢討臣某為主考官，宣旨之曰：驚惶莫措，伏念臣以吳都下士，弇鄙無能，自成進士二十四年，蒙恩擢用，兹復畀以掄才重役，如蚊負山，罔克勝任，自惟薄劣，敢不精白一心，以仰報聖恩于萬一乎？聞命之下，臣卽與臣某並馳就道，入闈之日，臣與臣某暨同考官臣某臣某等，焚香設誓，務期遴選真才，上報天子之恩，下吐孤寒之氣，於是進提學臣某所取士，幾千幾百人，鎖闈考試，得士若干人，臣例得颺言簡端，乃拜手稽首，而為之言曰：教化者，風俗之原；人材者，國家之本也。故盛王之世，其教莫不自近而遠，詩之《國風》，首自《周南》、《召南》，而編詩之序則最後，及於《唐風》，今山西去京師千有餘里，亦《周南》、《召南》之比也，而《唐風》適當其地。臣嘗為縣令，往來其間，識其山川，諳其民情土俗，真有陶唐氏之遺風焉。其地在太行恒山之西，太原太岳之野，晉水在其南，汾水在其東，一天下之都會也。其民守禮而好義，其俗儉嗇而朴畧，故詩人本其風俗，思邇慮遠，而欲其儉而用禮，而在位之人能恤其民，則皆相親相愛，而顧戀不捨，民俗之厚，至於如此，此陶唐氏之風，所以不遠也。今我皇上文武聖神，寬厚愛民，天下海内，莫不嚮風戴德。况太原鄰畿輔之近，凡有恩澤，必先及焉。往者聖天子巡方問俗，親幸其地，蓋嘗撫臨其人民，而周覽其形勢，教諭諄篤，不啻耳提面命，所以移風易俗者，無所不用其極，故其民皆知易其朴野，而相進於禮義，風俗淳厚則教化昌明，其士人君子，亦皆趨於文事，而無椎魯固陋之誚。況其地在唐為北都，風流儒雅，自古而然，而太原則有王維、白居易，河東則有盧綸、柳宗元，汾陰則有宋之問諸人，其文章篇什，至今流播人口，今之所取之士，敢謂盡如其人乎？而臣等以人事君之心，亦欲此諸生景仰前人之風烈，誦其文章，考其篇什，而卽以知其行事，推其用心，皆兢兢焉，自勉於風操節義，以上報聖恩，而無失乎陶唐之舊，此則臣等用以勗多士，而卽以自奮者也。臣故本其土風以為獻。（《秋泉居士集》卷二，《四庫未收書輯刊》影印清乾隆清蔭堂刻本）

《履公山居詩序》

履公與湯侍郎學士先生交有年，來京師，欲謀住興福禪院。先生曰：「余重興香山寺，師可卓錫於此，奚必興福爲？夫人所必爭之地，一與之競則必受其害。興福爲虞山勝地，浮屠欲居者趨之若鶩。香山居洛陽閒曠之地，經七百餘年，荆榛蕪穢，乃得重修佛宇。師往住之，去喧囂而就岑寂，豈不與人無患乎？」師欣然，即日偕其徒往焉，洛陽令高君爲送入方丈。余前於寺中首買常住業田十畝，已而河南守張君臬司金公相繼捐助，得田百餘畝，師經理之，可歲食僧徒五人。復撿點余舊所植小樹，皆稍長，師爲護持之。又以佛殿三重，尚少廊廡，師欲持鉢募修，以固地脉。師之用心亦勤矣。暇日復爲山居詩百首，冲淡蕭遠，真與人無競者。昔白傅有經藏堂，貯所撰詩集。余前以白公《長慶集》善本，及御刊《全唐詩》中白集納寺中，師得之，卷不去手，爲作詩三章。云：「一日讀一首，十年猶未了。」持此以養性情，即終身可也。師遣其徒以書報侍郎，并以及余，且請爲山居詩序云。（《秋泉居士集》卷二，《四庫未收書輯刊》影印清乾隆清蔭堂刻本）

《題唐少傅白公墓》（題擬）

公諱居易，字樂天，仕至太子少傅，刑部尚書。墓在香山寺旁，已近千餘年，半爲居人所侵毀，學使者都給事湯公右曾與河南守張君珺既重興香山寺，復清公之故壟而加崇焉，封殖其草木。又舉守祠生二人，春秋奉祀不絕。士鋐適過洛陽，因書大字，揭諸墓道。康熙四十八年歲次己丑三月十三日，

內廷侍直日講官、左春坊左中允吳郡汪士鋐題，守祠生白璧、白錦立石。（洛陽白園白居易墓前）

智按：「唐少傅白公墓」碑，位於河南洛陽白園香山琵琶峰上，高二百七十三厘米、寬八十五厘米。正書。小字六行，行十四字。大字一行，行六字。東側由南至北，依次立有三碑。首為康熙四十二年（一七〇四）河南太守趙于京（一六五二～一七〇七）白侍郎墓題字碑，碑高一百六十五厘米、寬六十三厘米。文七行，行十幾字，正書。次為乾隆五十五年（一七九〇）庚戌仲秋，高密單可堪題「唐太子少傅香山白文公墓」碑，碑高一百八十四厘米、寬七十厘米。大字一行，行十一字。正書。末為乾隆三十六年（一七七一）所立之「特調洛陽縣正堂候補同知張公捐修碑」（大字），公諱秩臺字成德山東武定府海豐縣藉壬申恩科解元甲戌進士（小字），碑高一百六十五厘米、寬五十九厘米。小字一行，行二十六字。大字一行，行十六字。後題：「白少傅後裔生員白長呈白家責白庚星白家勝白鑌白太鵬合族立石，乾隆三十六年七月」。

《白少傅修香山寺記》

洛都四野山水之勝，龍門首焉；龍門十寺觀遊之勝，香山首焉。香山之壞久矣。樓亭騫崩，佛僧暴露。士君子惜之，予亦惜之；佛弟子恥之，予亦恥之。頃予爲庶子賓客分司東都，時性好閑遊，靈跡勝概，靡不周覽。每至兹寺，慨然有葺完之願焉。迨今七八年，幸爲山水主，是償初心、復始願之秋也，似有緣會，果成就之。噫！予早與故元相國微之定交於生死之間，冥心於因果之際。去年秋，微之將薨，以墓誌文見託。既而元氏之老狀其臧獲、輿馬、綾帛洎銀鞍、玉帶之物，價當六七十萬，爲謝文之贄，來致於予。予念平生分，文不當辭，贄不當納。自秦抵洛，往返再三，訖不得已，迴施兹寺。因請悲知僧清閑主張之，命謹幹將士復掌治之，始自寺前亭一所，登寺橋一所，連橋廊七間，次至石橋一所，連廊六間，次東佛龕大屋十一間，次南賓院堂一所，大小屋共七間，凡支壞補缺，壘隤覆漏，圬墁之功必精，赭堊之飾必良，雖一日必葺，越三月而就。於是龕像無燥濕陊泐之危，寺僧有經行宴坐之安，遊者得息肩，觀者得寓目。關塞之氣色，龍潭之景象，香山之泉石，石樓之風月，與往來者耳目，一時而新。士君子佛弟子，豁然如釋憾刷恥之爲。清閑上人與予及微之，皆夙舊也，交情願力，盡得知之，感往念來，歡且贊曰：凡此利益，皆名功德，而是功德，應歸微之。予應曰：乘此功德，安知他劫不與微之結後緣於兹土乎？因此行願，安知他生不與微之復同遊於兹寺乎？唐太和六年八月一日河南尹太原白居易記。

都諫湯公先生視學中州，廉明公正，冠於天下，暇日重興香山寺，爲堂三楹，既成而落之，余適西行過此，獲登斯堂。明年東歸復來，因憶少傅白公舊有《香山寺記》文，求之郡乘，不可得，乃索於郡守張君所，遂爲書之。明經張君因請刻於門屏間，凡十二。

康熙四十八年三月十五日，內廷侍直日講官、左春坊左中允吳郡汪士鋐題。（據《中國金石總録》録入；《北京圖書館藏歷代石刻拓本彙編》第六六册，第一二五～一二六頁）

智按：行書《香山寺記》碑刻，見《北京圖書館藏歷代石刻拓本彙編》，計十二塊，均四行，行十四字，均高一百九十厘米，寬四十九厘米，石在河南洛陽龍門。唐白居易撰，清康熙四十八年（一七〇九）三月十五日汪士鋐書並跋。乾隆二十七年（一七六二）壬午，朱休度（一七三二～一八一二）云：「又於洛陽訪白馬寺，尋龍門附近諸蹟。觀康熙間汪退谷重書《白香山修寺記》，刻於白槑屏間，可摹搨。」（清嘉慶刻匯印本《小木子詩三刻·梓廬舊稿》壬午）

《重修香山寺記（辛丑改）》

香山寺在龍門東巖，距洛陽縣南三十里。唐少傅白公為元相國作誌銘，元氏厚遺之，辭不獲，乃以其資作寺。自太和至今，廢已八百年餘矣。後之官此土者，大吏或黷於貨賄土苴，前賢名蹟，既無意於為其州縣疲於奔命，又力不能為，宜其廢且久也。學使湯公，由翰林為都諫，搜奇拔彦，士樂其教，具束脯重建兹寺。舊地有小雙石塔，因於其間，相視而卜食焉。浮圖之法，非儒者所先。然藉其徒衆，資其屋宇，而名人才士亦可永其傳，故吾徒有取焉。白公分司東都，後卽於此為菟裘，殁而遂葬於此。都諫今為封殖，擇白氏後以奉祀，為饗堂三楹，土人皆知為白公墓也。歲戊子，余過大梁，都諫為余言此寺修復之由，曰：「子曷遊乎？」余欣然問其寺常住有業乎？曰：「無。」余曰：「龍門在荒郊中，僧無田，無所乞食。余雖旅人，當率先謀之。」遂遊其地，遇郡守張君。余出微橐，屬買田數畝。明年重來，又為栽樹，且捨所乘馬，以易耕牛。都諫為余言玆寺之興，具有靈異。一夕水漲，村木俱下，樑楝悉備，遂搆殿若干楹，白公祠三楹，禱者輒應，居人殖樹栽松以報焉。夫天下事，皆以誠感。都諫以其校士之誠，與白公遇，而余年三十時，曾手勘白公集，及校刊官書，遂用之。今復得往來斯寺，蓋誠之所至，必有物焉陰相之，非偶然也。當白公作記時，欲結後緣於此，安知他日不異於昔所云乎？公嘗裒集詩文，與經藏並藏於寺。余因以官書中白集，及舊本《長慶集》還納寺中，倘亦公精靈不爽歟，後之來者其有感於斯。（《秋泉居士集》卷三，《四庫未收書輯刊》影印清乾隆清蔭堂刻本）

《致獅峰先生》

古來名人勝地，必有圖畫，以垂久遠。右軍之蘭亭，右丞之輞川，至今不去人口，不獨以其詩文，亦傳於畫筆也。西崖少宰視學中州時，曾復修白公香山寺，自爲之文，并囑鋐爲之記。玆病鋐前作煩冗，改竄一篇，欲淨寫入石，非先生通靈之筆，不足與蘭亭、輞川並傳也。（《秋泉居士集》卷四，《四庫未收書輯刊》影印清乾隆清蔭堂刻本）

《答香山寺履中上人》

屏居京城南，冠蓋已絕迹。有客自遠方，云是香山室。手把書一通，兼致詩數册。上言離别情，下言山中適。舊樹已成行，新栽復連陌。榆柳千百株，桃梨八九尺。更植江南梅，頗怪風土易。僧徒十餘輩，禪誦課朝夕。遊人無冬春，來往紛絡繹。緬昔樂天翁，洛城留舊宅。蕭條數百年，空山日狼籍。不有湯侍郎，誰能再開闢。履公飛錫來，經營費籌畫。薄田一頃餘，糞壤苦磽瘠。擔柴復運水，勞瘁不敢惜。以之聚僧徒，禪理參良蘗。洛陽寂寞鄉，誰與競此席。亦有攘利人，煩言或嘖嘖。地勝物不廉，名高世所責。胡爲懷貪嗔，曾不舍山澤。公今得信心，靜勝我所獲。三復山居詩，輸公遍遊屐。（《秋泉居士集》卷九，《四庫未收書輯刊》影印清乾隆清蔭堂刻本）

《湯少宰輓詩》

昨日香山僧，來欲求公文。公今不可作，有淚紛紜紜。香山白傅蹟，自公始再聞。既建白公祠，又修白公墳。重爲營結搆，一一心力勤。公今惜已矣，誰其嗣此勳。憶公造寺初，曾向余云云。命余爲作記，藏若草未芸。昨歲復改攡，頗具骨與筋。因爲書一通，不雜蕕旨薰。僧念公功德，佛前拈香焚。余方親哭公，益復悲離聲。書以作挽章，靈兮冀氤氳。（《秋泉居士集》卷九，《四庫未收書輯刊》影印清乾隆清蔭堂刻本）

《送履中和尚住香山寺》

此生隨分作寒灰，合向空山去不廻。當日石樓嘗獨往，他年彌勒笑重來。閒書經藏堂中記（余曾書白傅香山寺記，刻之屏間），遍上龍門寺裏臺。好剩半弓屋角地，茆齋待我拂塵開。（《秋泉居士集》卷十二，《四庫未收書輯刊》影印清乾隆清蔭堂刻本）

《履中和尚募建石樓》

石樓風雨舊莓苔，遺迹憑誰問刧灰。兩岸龍門終古在，千年佛閣幾時開。猶傳白傅題詩壁，惟欠生公說法臺。天竺禪師令努力，特爲持鉢洛陽來。（《秋泉居士集》卷十二，《四庫未收書輯刊》影印清乾隆清蔭堂刻本）

《送蔣檀人視學河南》

香山居士留遺宅，白傅遺蹤在洛陽。灘水平鋪開鏡面，石樓高矗引嵐光。文餘經藏千秋在，詩納僧房異代彰。君去衡材爲尋訪，好栽高木接連行。（《秋泉居士集》卷十二，《四庫未收書輯刊》影印清乾隆清蔭堂刻本）

《懷慶守方實村既遷贛南道以舊許重建香山石樓以其資付主僧履中成之喜其得償夙願》

懷州太守遷官去，猶建香山舊石樓。能以高情齊闕塞，直將愛水接伊流。當年白傅時來宿，今日精靈或共遊。香火因緣結異代，後賢還與續前修。（《秋泉居士集》卷十二，《四庫未收書輯刊》影印清乾隆清蔭堂刻本）

《題寄齋尚書大房精舍》

淡煙喬木護山居，位置天成畫不如。一自高房山住後，半千年內兩尚書。

（元高尚書居房山）

此生早分作樵人，十載蹉跎未卜鄰。今日來遊陪杖履，輸公管領大房春。

伊闕龍門夢想中，房山仙窟境還同。儼然八節灘頭宿，皓月臨溪一鏡空。（前歲記獨遊香山寺，玩八節灘頭月也）

半弓隙地得城南，擬就松陰置一龕。便喚松南老居士，與公還往日停驂。（《秋泉居士集》卷十五，《四庫未收書輯刊》影印清乾隆清蔭堂刻本）

《題香山寺卷詶湯太常前輩》

聽說松栽已滿山，緑烟杳渺白雲間。他時八節灘邊路，定有清陰十畝閑。（余己丑歲過香山，出囊金付寺僧栽松，昨道人來云：已活數百株矣）（《秋泉居士集》卷十五，《四庫未收書輯刊》影印清乾隆清蔭堂刻本）

《鄭東光詩集序》

一行作吏，疑便廢書。忽示新篇，幾將燒研。鄭侯官之詩句，膾炙儒林；東光令之賢聲，流傳人口。惟君三山才子，百粤名流，比之珍果，則樹樹離支；語其芳心，則叢叢蘭蕙。尚書之履聲不遠，都官之家集猶存。幼卽工文，旋膺妙譽。桂花叢裏，早有新唫；杏苑池邊，時多高詠。以至曉趨金殿，染翰偏勞；夜勘王函，篝燈猶在。已而考居上第，特宰名區，案牘如山，心情似水，撚鬚苦思，家人竊笑。著書抱卷，傍觀小吏，幾忘署尾，覽烟霞而作賦，對簿領以成篇。憶得草堂，月惟一束，時來良友，坐卽揮毫。王昌齡之詞，樂人爭唱；白香山之句，老媪皆通。積此珠璣，刋之梨棗。睠言朝士，都傳白日之篇；不鄙愚蒙，得捧停雲之什。聊爲弁首，以誌傾心云爾。（《秋泉居士集》卷十七，《四庫未收書輯刊》影印清乾隆清蔭堂刻本）

智按：汪士鋐，字文升，號退谷，吳縣（今江蘇蘇州）人。康熙三十六年（一六九七）丁丑進士，改庶吉士，授編修，歷官右中允。有《秋泉居士集》。

趙德鄰（一六五八～一七三七）

《移松效白樂天體》

風得琴聲暑得陰，共君長保歲寒心。自生自老空山上，何似移來處士林。

（《玉川先生文集》卷一，《韓國文集叢刊》本）

《次沈判書（檀）追尤堂韻》

大夫湘畔幾時廻，閒傍青坡緑墅開。萬折水朝滄海去，百重山擁禁城來。經綸手縮巖操築，江漢舟横溜置杯。白傅新篇裴令宅，病心湯沃活寒灰。

第一園林故相墟，碩人薖軸更寬舒。西江波浪逍遙裏，北極星辰祝望餘。遶宅杉松無改色，當門蘭芷不辭鋤。康衢自在優閒老，何似靈均謾卜居。（《玉川先生文集》卷一，《韓國文集叢刊》本）

《長興庫奉事梅堂權公墓碣銘》

李山陰介立，與權監役文啓諸人來訪，酌酒甚歡也。李公曰：「此老以梅名堂，意其有謂，吾與諸君子來會于此，倣白香山故事，叙以爲梅堂契帖其可。」於是聞風而至者數十人。李校理光胤爲之序。……（《玉川先生文集》卷十，《韓國文集叢刊》本）

智按：趙德鄰，字宅仁，號玉川先生。有《玉川先生文集》。

江世棟（一六五八～？）

《新柳用香山柳枝詞韻八首》

大堤冉冉寒初解，南浦差差淥漸吹。來時雨雪悲游子，又見鵞黄裊裊枝。

大別寺前金縷樹，武昌門外緑絲條。便是天涯好春色，盈盈偏夢小紅橋。

東風擡舉日青青，掠霧捎烟煞有情。到得成陰渾不管，藏烏偏許共藏鶯。

青粉銅鋪出繡旗，秋千正及早春時。殘寒料峭門關閉，不肯輕陰傍馬垂。

風流濯濯漸堪誇，嬌妒吳娃與越娃。可惜空江千萬樹，十分春思落誰家。

當年張緒擅芳名，漂泊那堪此日情。惺惺未得東風力，早促陽關腸斷聲。

筆花空賦江淹恨，帶孔頻移沈約腰。怕得春來惱春緒，禁他酥雨變柔條。

纖痕淡掃窈娘眉，苦憶江南碧嫩絲。眼看春色垂垂徧，回首鄉關失後期。（阮元《淮海英靈集》丙集卷四，《續修四庫全書》影印清嘉慶三年小琅嬛仙館刻本）

《新秋集小漪南時琴友徐錦堂至自九江談琵琶亭之勝各賦長句》

江州司馬千年蹟，榷使風流境重闢。徐生抱琴冰暑中，能作琵琶語幽抑。

歸來為話佳景殊，月榭風軒閒楓荻。江光蕩漾儘忘機（樓扁到此忘機），碧瓦甃鷗飛隻隻（以甃鷗置檐間）。公餘領客追清娛，遠宦渾忘地偏僻。清癯增塑香山翁，高挂詩牌待遊客（時牌四片挂壁，來者輒題其上）。我曾三度叩江關，泉幣不征征翰墨。至今夢遶潯陽津，白月空江景如昔。紅葉濕雨又鴛愁，四座無言水閣秋。不如煩君手為口，為我重彈憶舊遊。（阮元《淮海英靈集》丙集卷四，《續修四庫全書》影印清嘉慶三年小琅嬛仙館刻本）

智按：江世棟，字右李，號岱瞻，歙縣（今屬安徽）人，居揚州，儀徵諸生。以子恂（即蕪湖道江禹九）贈安慶知府。本為儒者，潛心學問，并善詩文，後舍儒從商，爲揚州著名鹽商，曾資助晚年石濤。著有《樂志軒集》、《雁落山莊漫筆》等。

徐旭旦（一六五九～一七二〇）

《愛桂説》

余性愛花，夙稱花癖，由天授也。蓋萬花之在人間，無不可愛者。惟蘭與桂，與余最稱神契焉。余生也晚，凡可愛之花，大率爲前人占去。余何必奪其所好，如梅花之於江采蘋、宋璟、何遜、林處士，桃花之於劉郎、崔生、天台諸女伴、武陵避秦人，杏花之於薛能、裴度，李花之於蕭瑀、青蓮。若夫牡丹則有李家三郎、楊玉環，芍藥則有元才子，海棠則有王元之，紫薇則有白香山，山茶則有羅昭諫。爲花洗粧，唐人之愛梨也；萬里乘槎，漢使之愛榴也；錦繡相照，美人初醉，孟後主、王介甫之愛芙蓉也。至於陶彭澤之菊，稱為逸民；周茂叔之蓮，比為君子；黄山谷之水仙，號爲凌波仙子；李衛公之玉蘭，品為傑閣高人。寧有不深情默契，如余之愛蘭與桂若是乎。尤有甚者，韋袁微愛松，齊武帝愛柳，王子猷愛竹，以及曹子建之槐，僧懷素之芭蕉，倪迂士之梧桐，莫不如余之癖嗜蘭與桂焉。……（《世經堂初集》卷十三，《四庫未收書輯刊》影印清康熙刻本）

《願圃志》

宋人有云：「士大夫必有退步，然後出處之際綽如。」此涉世語，亦淵識語也。讀白香山《池上篇》，其所謂「十畝之宅，五畝之園，有水一池，有竹千竿，有書有酒，有歌有絃」者，實爲衣冠巢許之助。溫公之獨樂，卒成謝傅之同憂，有以哉！今觀且菴顧侍御公願圃，其疏泉斸石，經始未久，已抗枕漱之思，及在蘭臺領衆，正稱耆宿，雖業在匡時，而尋盟之猿鶴，手植之松桂，未嘗一日釋於懷。及是以請急歸，而喜可知也。嗟乎！輦下貴人，攖情好爵，騾鐸馬通之外，別無活計。即解組家山，不乏平泉金谷，亦僅付園丁筦鑰，作者游者，賓主誰分。求其如白傅之飲一杯、吟一篇於池上者，少矣。况能左伊川，右康節，著書談道，焕山川之色而隱，起海宇之望如溫公者哉！是在願圃主人矣。余家居落拓，未能買山乞湖，幸有願圃接隣，日夕游詠其中，如香山池上故事，作者游者，賓主俱忘。人世之家俱，畧相埒。獨世方急公，而余能使世兼忘我爲異耳。(《世經堂初集》卷二十一，《四庫未收書輯刊》影印清康熙刻本)

智按：此文襲自董其昌（一五五五～一六三六）《兔柴記》(《容臺文集》卷四，《四庫全書存目叢書》影印明崇禎三年董庭刻本)。

《白蘇致語》

白香山得法於鳥巢，有《六漸偈》，深入禪悅，不知何以多為情語。「今年歡笑復明年，秋月春風等閒度」，蓋千古壯夫惜時之感，魏武「老驥伏櫪」之句，堪令擊碎唾壺，豈關銅雀臺伎者耶？知此，可與讀《琵琶行》矣。又香山有詩云：「病與樂天相伴住，春隨樊素一時歸。」東坡感其語，以爲樊素竟棄香山去矣。顧朝雲與公嶺南終始，頗稱自好，不知香山因刺當時黨人行徑，所云「又抱琵琶過別船」，亦可爲《琵琶行》解耳。尤與「春盡絮飛留不得，隨風好去落誰家」同一条看。(《世經堂初集》卷二十一，《四庫未收書輯刊》影印清康熙刻本)

智按：此文襲自董其昌（一五五五～一六三六）《容臺集》別集卷一「題跋・雜紀」(《四庫全書存目叢書》影印明崇禎三年董庭刻本)。

徐旭旦，字浴咸，號西泠，錢塘（今浙江杭州）人。康熙十八年（一六七九）舉博學鴻詞。官至連平知州。有《世經堂初集》。

汪文柏（一六五九～一七二五）

《宋漫堂中丞築滄浪亭成和韻紀事》

綿津山人埽寒煙，刈除蔓草疏流泉。亭館略彴矗位置，未能如宋聊勝前。咄哉滄浪一勺水，古來往往棲名賢。文章功業既不朽，要知地乃因人傳。錢王歌舞一時盡，開元有寺曰南禪。風流白傅曾游衍，特留文集手自編。吳興長史因放廢，構亭垂釣臨潺湲。滄浪之名自此著，廬陵遠贈詩一篇。天災抗疏直不諱，語則纚纚心拳拳。不待功成拂衣去，快如良馬初見鞭。都官梅公亦卜築，二老觴詠時留連。山水清音洵可樂，何用嬌歌沸管絃。忠武提兵來駐此，華堂廣厦連千椽。飛軒跨水多清敞，傑閣凌雲絕可憐。魚影游空波數尺，鶯梭織翠柳三眠。參差緑竹圍歌館，狼藉飛花落舞筵。豈獨園林累興廢，眼中滄海皆桑田。剩有勲名存廟祀，一春簫鼓尚喧闐。挈伴閒過趁暖日，坡陀穩坐聽啼鵑。赤欄橋畔香如霧，無數紅妝時往還。平頭鞵子誇新樣，金縷短衫顏色鮮。小齋如舫門洞窄，香裾綷縩人摩肩。吳儂好游成習俗，處處筍輿與畫船。茶肆酒壚如櫛比，山塘七里鶯花天。增此勝概恣宴樂，得無糜費輸官錢。（《柯庭餘習》卷三，《四庫未收書輯刊》影印清康熙間刻本）

智按：汪文柏，字季青，號柯庭，桐鄉（今屬浙江）人。官北城兵馬司正指揮。有《柯庭餘習》。

方登嶧（一六五九～一七二五）

《題潯陽送客圖爲同年宋太史筠》

月影蘆花共一灣，篷窗猶寫舊雲鬟。儂今別有青衫淚，不在哀弦十指間。

少時車馬博知名，漫撥琵琶訴不平。辛苦入宮諸姊妹，白頭銀甲學彈箏。（《如是齋集》，收入《何陋居集》，黑龍江人民出版社一九九七年版，第七四

八～七四九頁）

智按：方登峄，字鳧宗，號屏柘。桐城（今屬安徽）人。康熙三十三年（一六九四）貢生，官工部主事。康熙五十年，受戴名世《南山集》案牽累，與其子式濟、侄世莊等長流黑龍江卜魁城。有《依園詩略》、《星硯齋存稿》、《垢覲吟》、《葆素齋集》、《如是齋集》等行世。事迹見《清史列傳》卷七一、《國朝耆獻類征》卷一四三、《國朝詩人征略》卷二十。

陳大章（一六五九～一七二七）

《由遺愛寺尋白公草堂故址宿萬壽菴和壁間晦山韻》

遺愛寺前松，聞是鄭公植。香山昔來遊，已作甘棠惜。大澤隱龍蛇，驚風聞霹靂。僧殘香火微，像古鬚眉戟。再拜溯流風，蒼茫雲水碧。（唐侍御鄭弘憲草堂，白公改今名，寺中遺像猶存）

草堂在何許，石徑穿蒙昧。斷崖十畝居，恰與香爐對。山高雲氣濃，樹密泉聲細。薄宦約三年，清風灑百世。魂乎應歸來，從公結冥契。（公辭草堂詩，三年官滿即歸來，然公自此不復再至。）

晻曖夕氣微，确犖倦遊躅。似聞隔嶺鐘，褰衣來不速。清甘玉雪茶，風味鹽虀粥。（山僧以笋作虀，甚美）起尋壁上詩，卧聽窗前竹。遥夜耿無眠，孤雲天一握。（《玉照亭詩鈔》卷十巢雲集上，《四庫未收書輯刊》影印清乾隆九年陳師晉刻本）

《琵琶亭》

半生噩夢墮江關，破浪衝風狎往還。二十七年成底事，却挑竹杖入廬山。（予壬戌下第過此，有句云：「平生江海夢，無淚與青衫。」今二十七年矣）

江州司馬奈情何（樂天有《不能忘情圖》），淚漬青衫恨不磨。遺愧平生多綺語，爲公釃酒酹江波。（《玉照亭詩鈔》卷十一巢雲集下，《四庫未收書輯刊》影印清乾隆九年陳師晉刻本）

《亭前新開小池》

小池新鑿罷，乍喜雨冥冥。劃地分微溜，涵空得數星。預規栽藕法，遍覓養魚經。擬學香山老，臨流幾醉醒。（樂天有《新開小池》詩）（《玉照亭詩鈔》卷十三敝帚後集二，《四庫未收書輯刊》影印清乾隆九年陳師晉刻本）

《自詠效長慶體》

人苦不知足，我拙願無餘。人苦不知止，我懶甘守愚。床頭一壺酒，架上千帙書。飲酒復不多，升合已蘧蘧。讀書不求解，引睡恣歌呼。時作一禽戲，起披五岳圖。八口食易足，三間屋可居。二十早通籍，三十已懸車。或欲勸之仕，揣分實狂迂。浪得高尚名，於中本頑疎。物生各有適，大小稟受殊。鯤鵬起北溟，扶摇礙天衢。不見藩籬鷃，決起搶枋榆。神龍一嘘吸，雲雨彌八區。不見千歲龜，曳尾行泥淤。作詩用自嘲，拊手聊胡盧。（《玉照亭詩鈔》卷十六秋篷集上，《四庫未收書輯刊》影印清乾隆九年陳師晉刻本）

智按：陳大章，字雨山，號仲夔，黄岡（今屬湖北）人。康熙二十七年（一六八八）戊辰進士，改庶吉士。有《玉照亭詩鈔》、《鉤輈》、《敝帚》諸集。

王譽昌（？～一七二七）

《和繆念齋夫子志圃十六咏·白石亭》

招尋石友位丘園，薜帶苔衣侍小軒。知是香山詩酒伴，當時風度自能言。（石為白樂天所遺）（《含星集》卷三，《四庫未收書輯刊》影印清康熙刻本）

智按：王譽昌，字露湑，號話山。常熟（今屬江蘇）人。諸生，然不事舉子業，專攻詩書。嘗向王翬借畫，僅還其摹本，王翬竟無法分辨。二十歲後，師從錢陸燦學詩，為虞山詩派後期代表。其詩關心時局，多慷慨之音。

戴晟（一六五九～一七三五）

《靄靄四月初用香山句起（依原韻己丑）》

靄靄四月初，連朝成積陰。病餘慵對客，冥坐喜静深。力疲心逾細，還將熟處尋。忽焉好風至，開顔一披襟。白詩行尚把，展轉幾廻唫。吟罷步庭除，木末仰鳴禽。匪惟愜人意，鳥亦訴歡心。藥爐行抛却，往坐茂樹林。(《寤硯齋集》寤硯齋學詩，《四庫未收書輯刊》影印清乾隆七年戴有光等刻本)

《壬寅除夕用香山詩成長作獨吟人句為韻（存三）》

松茗數杯後，挑燈意態清。廻環白傳句，欲和竟難成。

開卷見古人，古人不可作。仰止是高山，誰尋孔顔樂。

天竺紅纍纍，黄梅伴幽獨。横斜濃淡影，暗香凝雪屋。(《寤硯齋集》寤硯齋學詩，《四庫未收書輯刊》影印清乾隆七年戴有光等刻本)

《廿四日又過郭池》

畫船中坐琵琶婦，絕似潯陽送客圖。從此地名人問得，因他喚作女兒湖。(《寤硯齋集》寤硯齋學詩，《四庫未收書輯刊》影印清乾隆七年戴有光等刻本)

智按：戴晟，字晦夫，山陽（今江蘇淮安）人。有《寤硯齋學詩》。

林佶（一六六〇～?）

《新竹用白香山韻為顧秀埜賦》

渡江别此君，半年違舊識。何意到君齋，覩此幾竿直。孤根本自危，朔風吹何極。艱難挺青篠，空庭爲君得。比者新雨餘，緣滋好顔色。封客哦其間，懽賞窮日力。而我亦來過，樽前道相憶。此君顧我笑，醉舞欹吾側。似共南山南，不忌北山北。我欲移此君，無力轉凄惻。(《樸學齋詩稿》卷一，《四庫全書存目叢書》影印清乾隆九年家刻本，集部第二六二册，第十一頁)

智按：林佶，字吉人，又號鹿原，侯官（今福建福州）人。康熙壬辰（一七一二）進士，官中書舍人。有《樸學齋詩》。

王汝驤（一六六〇～？）

《劉賓客詩集序》

癸卯春，余晤雲間趙子潤川于白下。趙子爲吾友石牧黃君中表戚也，從游其門，善屬文，兼工于詩。余侄漢階及當塗吳子穎長、會稽徐子笠山，稱其詩之工，以爲波瀾意度，皆合古人。至詢其得力之處，則平時奉瓣香者，劉、白也。夫白詩已盛行于時，劉詩則久置高閣。在當日，連鑣掉鞅，其才本自相埒，而後人所好，乃在彼不在此，此在古之人似亦有幸不幸存乎其間。余嘗欲作夢得功臣，録其專集行世，而趙子今有同志，爲覓善本，付之梓，明乎白詩之外，更有劉詩，而後人之所好，不可以分彼此。是微獨質諸古人固以爲厚幸，抑亦其不忘得力之處，爲有可風也。吾友石牧聞此舉，當亦稱快，爲浮大白無數矣。雍正癸卯初夏，金壇王汝驤耕渠氏題。（雍正涵碧齋刻本《劉賓客詩集》卷首，陶敏等《劉禹錫全集編年校注》第一五一一～一五一二頁）

智按：王汝驤，字雲衢，亦字雲劬，亦稱耘渠，號墻東，金壇（今屬江蘇）人。由貢生官通江縣知縣。有《墻東雜著》一卷。

廖志灝（一六六一～一七〇六）

《愓齋放言》

茅茨與舟刻無加舒也，布帛與文繡無加煖也，菜根與珍錯無加飽也，若此為儉，若彼為奢，猶是飽煖安居，而必欲惡此而居彼，甘冒奔滛之愆，而不居儉約之美，不亦惑哉！宋太祖謂世蔭子弟，但能彈琵琶，弄絲竹，白樂天詩「平封還酒債，堆金選蛾眉。聲色狗馬外，其餘一無知。」僧貫休《公子行》「稼穡艱難總不知，五帝三王是何物？」今觀梨薗家狀，一切公子，貌皆歪肩捉鼻，糊言諂笑，如出一模，厥狀出而豎兒匄子亦耻效之，而莫不群然笑之，將士大夫一為顯官，而為之子者，豈人人愚不肖哉！若是則官不可為矣，而不知官可為，而子不可不教也。官可為而德不可不積也，今貴介之子，有不知琵琶者乎？有不放鷹逐狗者乎？有能道五帝三王之全體大用者乎？有之，則亦什一而已。所謂醜態堪羞，蓋狀其九而一者不與焉。又江湖一等狂且稱清客燻衣剃面，以誇於愚者曰：我某官子也，某官弟也，某官姻戚也，是又不耻豎兒句子之所耻，而為梨薗中九公子之唾而罵焉者耳。可惜傳奇脚本，未曾狀出此種人。（《燕日堂録七種》卷一，《四庫禁燬書叢刊》影印清康熙刻本）

智按：廖志灝，字湘門，湖南醴陵人。康熙貢生。曾創辦天山精舍，聘安福吴雲主講。有《燕日堂録》，含《夢餘草》五卷、《一樂編》一卷、《學吟草》一卷、《恒産録》一卷、《盧雲藝草》一卷、《盧雲前編》一卷、《外紀》一卷、《小築》一卷、附録一卷、《惕齋放言》一卷（整理編輯其祖父廖登宸之作）。有清康熙間刻本。乾隆時以「集中詩文鄙俚，語多妄誕」，列為禁燬書。

史申義（一六六一～一七一二）

《九江絶句》（四首其二）

曲終酒冷月舟斜，憔悴青衫淚點加。永憶江州白司馬，半生魂夢恨琵琶。（《使滇集》卷下，《四庫未收書輯刊》影印清康熙間刻本）

智按：史申義，字叔時，一字蕉飲，江都（今江蘇揚州）人。康熙二十七年（一六八八）進士，改翰林院庶吉士。散館，授編修。聖祖嘗以後進詩人詢陳廷敬，舉申義及周起渭對，特賜御書嘉獎，因有兩詩人之目。官至禮科給事中，乞病歸。申義能以詩傳王士禛之衣鉢，與湯右曾稱「王門二弟子」。有《蕪城集》、《使滇集》、《過江集》等。

南九明（一六六一～一七一九）

《除日用白香山韻》

五十明朝又過三，衰年吏役最難堪。睽離父子兼兄弟，漂泊東西復北南。

公牒頻繁忙裏見，歸程迢遞夢中諳。從兹投劾行當速，梅鶴丁寧怨古菴。（《寓庵先生文集》卷一，《韓國文集叢刊》本）

智按：金景善，字矯然、箕瑞，號寓庵。有《寓庵先生文集》。

何焯（一六六一～一七二二）

《書白香山集後》

聞之錢曾（遵）王云：絳雲樓舊有廬山本白集，燬於庚寅之災，然此本亦非唐時所藏故物刋刻。陸放翁《入蜀記》云：「白公嘗以文集留草堂，後屢亡逸，眞宗皇帝嘗令崇文院寫校，包以斑竹帙送寺。建炎中又壞於兵，今獨有姑蘇板本一帙備故事耳。」是則黄山谷類編生平之詩，分内外篇者，乃照崇文寫校之本，南宋以後則所藏廬山者，又不過姑蘇板本，了無異人處也。讀白集者，但得宋本便佳，非必以廬山爲甲云。康熙癸未，何焯記於南薰殿之直廬，時立秋前二日也。（《義門先生集》卷九跋，《續修四庫全書》影印北大圖書館藏清道光三十年姑蘇刻本，第一四二〇册，第二三三～二三四頁）

《白氏長慶集》批語

（《雜興三首》）此三篇其因長慶初政而作耶？（何焯批本香山詩《白氏長慶集》卷一）

（《宿紫閣山北村》）「中尉正承恩」，此亦謂承璀。（何焯批本香山詩《白氏長慶集》卷一）

（《輕肥》）言將相皆中官私人，召灾害而爲民賊也。（何焯批本香山詩《白氏長慶集》卷二）

（《輕肥》）《秦中吟》中何以所書者「江南」？其實秦中適當天旱人饑之會，故深刺之也。《春秋，莊公十一年》：「秋，魯大水。」公羊子曰：「灾不生，此何以書及我也？時魯亦有水灾，書魯則宋灾不見，兩舉則煩文不省，故詭例書外以見内也。」公之詩學，其源遠矣。（何焯批本香山詩《白氏長慶集》卷二）

（《新樂府・上陽白髮人》）不可斥言宮掖，故舉别都言之，却以呂向

《美人賦》一語暗包兩都。(何焯批本香山詩《白氏長慶集》卷三)

白公本宏肆豔發之才，今欲廻易為沖淡閑遠之音，則已長既有所不能盡，而韋、柳佳處亦渺遠矣。白公之不能為韋、柳，猶韋、柳之不能為《秦中吟》、《新樂府》。白公諷諭四卷誠可獨出一時，若閒適、感傷八卷多至枯直無餘味，遠不逮柳子厚之五言也。(何焯批本香山詩《白氏長慶集》卷五)

(《長恨歌》)(「養在」句)此爲尊者諱。(「仙樂」句)「仙樂風飄」乃暗入《霓裳曲》，不爲突也，此處不甚鋪叙最足。(「驚破」句)《霓裳羽衣曲》、金釵鈿合二事乃傳中綱領，此處宜先伏。然後照顧有情。今則「驚破霓裳」句，既覺其突，「唯將舊物表深情」，「舊」字都無著落，亦不見二物繫情之重矣。(「六軍」二句)不直書「六軍」二句，則「恨」字不出。以《北征》比擬而議之者，真痴俗也。(「春風」句)此處鋪叙，專爲透出「恨」字，(「梨園」二句)二語亦是對貴妃之横夭。(「梨花」句)畫出玉真。(「鈿合”句)唯其定情時所寄之妙，故曰謹獻以尋舊好。前半不伏，此處遂少情致。白公此詩流傳且向千載，愚者獨妄議之如此。「此恨綿綿無絕期」，留在結處，煞出「恨」字，纏綿中轉峭拔。

又曰：是傳奇體，然法度好，風神頓挫，亦要爲才子之最也。(何焯批本香山詩《白氏長慶集》卷十二)

(《邯鄲冬至夜思家》)却翻轉道，妙甚。(何焯批本香山詩《白氏長慶集》卷十三)

(《欲與元八卜鄰先有是贈》)起句含盖全篇。後四句變化生動。結句欲遠及「子孫」，第五却言「暫出」，轉掣不測。(《白居易集箋校》第二册第十五卷第八八七頁)

(《寄李蘄州》：下車書奏龔黄課，動筆詩傳鮑謝風。江郡謳謠誇杜母，洛城歡會憶車公。笛愁春盡梅花裏，簟冷秋生薤葉中。不道蘄州歌酒少，使君難稱與誰同?)寄詩却切蘄州事，春秋二句點化固妙，然章法又不甚緊，所以七言四韻須教夢得獨步也。(《白居易集箋校》第四册第三四卷第二三五二頁)

《劉禹錫詩》批語

⊙《賞牡丹》

庭前芍藥妖無格，池上芙蕖淨少情。唯有牡丹真國色，花開時節動京城。

記白公有詩，亦如此，俟考。

智按：白居易有《惜牡丹花》、《看渾家牡丹花戲贈李二十》、《白牡丹》、《秦中吟·買花（一作牡丹）》、《新樂府·牡丹芳》等十二首牡丹詩，詳見拙撰《惟有牡丹真國色，詩豪吟咏妙風神——白居易咏牡丹詩讕論》（收入《牡丹與中國古代文學》，山東人民出版社，二〇一五年八月）。

⊙《送王司馬之陜州》

暫輟清齋出太常，空攜詩卷赴甘棠。府公既有朝中舊，司馬應容酒後狂。案牘來時唯署字，風煙入興便成章。兩京大道多遊客，每遇詞人戰一場。

勝樂天。（「司馬應容酒後狂」之「酒」）「醉」。（每遇詞人戰一場）「戰」字必「擅」字之誤。

⊙《翰林白二十二學士見寄詩一百篇因以答貺》

吟君遺我百篇詩，使我獨坐形神馳。玉琴清夜人不語，琪樹春朝風正吹。郢人斤斲無痕跡，仙人衣裳棄刀尺。世人方內欲相尋，行盡四維無處覓。

夢得別集七言律詩，大抵多效白公之體，但起結多恨其過於平直。

⊙《始至雲安寄兵部韓侍郎中書白舍人二公近曾遠守故有屬焉》

天外巴子國，山頭白帝城。波清蜀柝盡，雲散楚臺傾。迅瀨下哮吼，兩岸勢爭衡。陰風鬼神過，暴雨蛟龍生。峽斷見孤邑，江流照飛甍。蠻軍擊嚴鼓，笮馬引雙旌。望闕遥拜舞，分庭備將迎。銅符一以合，文墨紛來縈。暮色四山起，愁猿數處聲。重關群吏散，静室寒燈明。故人青霞意，飛舞集蓬瀛。昔曾在池籞，應知魚鳥情。

（波清蜀柝盡）「蜀柝」用王濬、吾彦事。

⊙《白舍人自杭州寄新詩有「柳色春藏蘇小家」之句因而戲酬兼寄浙東元相公》

錢塘山水有奇聲，暫謫仙官守百城。女妓還聞名小小，使君誰許喚卿卿。

鼇驚震海風雷起，蜃鬬噓天樓閣成。莫道騷人在三楚，文星今向斗牛明。

（暫謫仙官守百城）「守」字乃與「謫」字應。

⊙《春日書懷，寄東洛白二十二楊八二庶子》

曾向空門學坐禪，如今萬事盡忘筌。眼前名利同春夢，醉裏風情敵少年。野草芳菲紅錦地，遊絲撩亂碧羅天。心知洛下閒才子，不作詩魔即酒顛。

白公體。

⊙《蘇州白舍人寄新詩，有嘆早白無兒之句，因以贈之》

莫嗟華髮與無兒，卻是人間久遠期。雪裏高山頭白早，海中仙果子生遲。于公必有高門慶，謝守何煩曉鏡悲。倖免如新分非淺，祝君長詠夢熊詩。

（謝守何煩曉鏡悲）「曉」字佳。

⊙《酬樂天揚州初逢席上見贈》

巴山楚水淒涼地，二十三年棄置身。懷舊空吟聞笛賦，到鄉翻似爛柯人。沉舟側畔千帆過，病樹前頭萬木春。今日聽君歌一曲，暫憑杯酒長精神。

聲淚俱下。

⊙《答白刑部聞新蟬》

蟬聲未發前，已自感流年。一入淒涼耳，如聞斷續弦。晴清依露葉，晚急畏霞天。何事秋卿咏，逢時亦悄然。

夢得詩往往空闊，有咫尺萬里之勢。

（蟬聲未發前，已自感流年）取「新」字卻過一步。（逢時亦悄然）取前四句渾然。

⊙《同樂天送河南馮尹學士》

可憐五馬風流地，暫輟金貂侍從才。閣上掩書劉向去，門前修刺孔融來。崤陵路靜寒無雨，洛水橋長晝起雷。共羨府中棠棣好，先於城外百花開。

三、四死事捉對，卻非作者佳處。

（閣上掩書劉向去）學士。（門前修刺孔融來）河南尹。（共羨府中棠棣好）同樂天。

⊙《同樂天和微之深春二十首》（其七）

何處深春好，春深京兆家。人眉新柳葉，馬色醉桃花。盜息無鳴鼓，朝回自走車。能令帝城外，不敢徑由斜。

（朝回自走車）疑作「有」。

⊙《刑部白侍郎謝病長告改賓客分司以詩贈別》

鼎食華軒到眼前，拂衣高坐豈徒然。九霄路上辭朝客，四皓叢中作少年。他日卧龍終得雨，今朝放鶴且沖天。洛陽舊有衡茆在，亦擬抽身伴地仙。

「豈徒然」三字，包涵鈎黨紛紜，獨能辭榮勇退之意，故落句亦擬自附於知幾也，否終則假君子豈遂道消。第五非聊以慰藉之辭，故自曲折有深味。

（九霄路上辭朝客）三字中暗藏自己。（四皓叢中作少年）「少年」二字即帶起第五。（今朝放鶴且沖天）「沖天」二字便含「仙」字意。

⊙《遙和（賀）白賓客分司初到洛中戲呈馮尹》

西辭望苑去，東占洛陽才。度嶺無愁思，看山不懊來。冥鴻何所慕，遼鶴乍飛回。洗竹通新徑，攜琴上舊臺。塵埃長者轍，風月故人杯。聞道龍門峻，還因上客開。

（西辭望苑去）是「初到」發端。（塵埃）初（長者轍）到。

⊙《始聞蟬有懷白賓客去歲白有聞蟬見寄詩云衹應催我老兼遣報君知之句》

蟬韻極清切，始聞何處悲。人含不平意，景值欲秋時。此歲方晼晚，誰家無別離。君言催我老，已是去年詩。

（君言「催我老」）即借元唱，收足「悲」字，筆到意到。

⊙《月夜憶樂天兼寄微之》

今宵帝城月，一望雪相似。遙想洛陽城，清光正如此。知君當此夕，亦望鏡湖水。輾轉相憶心，月明千萬里。

（一望雪相似）「望」字直貫注「千萬里」。

⊙《酬鄆州令狐相公官舍言懷見寄兼呈樂天》

詞人各在一涯居，聲味雖同跡自疏。佳句傳因多好事，尺題稀為不便書。已通戎略逢黃石，仍占星文耀碧虛。聞説朝天在來歲，霸陵春色待行車。

（「聲味雖同跡自疏」之「聲」）疑作「馨」。

⊙《吟白君哭崔兒二篇愴然寄贈》

吟君苦調我沾纓，能使無情盡有情。四望車中心未釋，千秋亭下賦初成。庭梧已有棲雛處，池鶴今無子和聲。從此期君比瓊樹，一枝吹折一枝生。

（四望車中心未釋）魏舒事。

⊙《赴蘇州酬別樂天》

吴郡魚書下紫宸，長安厩吏送朱輪。二南風化承遺愛，八詠聲名躡後塵。梁氏夫妻爲寄客，陸家兄弟是州民。江城春日追遊處，共憶東歸舊主人。

三連難學。次連勝三連。四連若非「共憶」二字收得好，便成死句。後四句極變極細。

（梁氏夫妻爲寄客）此句承「風化」。（陸家兄弟是州民）此句承「聲名」。

⊙《和樂天耳順吟兼寄敦詩》

吟君新什慰蹉跎，屈指同登耳順科。鄧禹功成三紀事，孔融書就八年多。已經將相誰能爾，抛卻丞郎爭奈何。獨恨長洲數千里，且隨魚鳥泛烟波。

（鄧禹功成三紀事）疑作「後」。（孔融書就八年多）已五十之年，融又過二。

⊙《到郡未浹日登西樓見樂天題詩因卽事以寄》

湖上收宿雨，城中無晝塵。樓依新柳貴，池帶亂苔青。雲水正一望，簿書來繞身。烟波洞庭路，愧彼扁舟人。

（烟波洞庭路）「自此謝歸」。

⊙《早夏郡中書事》

水禽渡殘月，飛雨灑高城。華堂對嘉樹，簾廡含曉清。拂鏡整危冠，振衣步前楹。將吏儼成列，簿書紛來縈。言下辨曲直，筆端破交爭。虚懷詢病苦，懷律操剽輕。閽吏告無事，歸來解簪纓。高簾覆朱閣，忽爾聞調笙。

發端擬韋左司。觀劉、白詩，其治蘇之狀，可想見於千載之下，均為盛名不妄云也。

⊙《憶春草（春草，樂天舞妓名）》

憶春草，處處多情洛陽道。金谷園中見日遲，銅駝陌上迎風早。河南大君頻出難，只得池塘十步看。府門閉後滿街月，幾處游人草頭歇。館娃宮外姑蘇臺，鬱鬱芊芊撥不開。無風自偃君知否，西子裙裾曾拂來。

春草，白之舞妓名，即小樊也。

⊙《樂天寄憶舊遊因作報白君以答》

報白君，別來已渡江南春。江南春色何處好，燕子雙飛故官道。春城三百七十橋，夾岸朱樓隔柳條。丫頭小兒蕩畫槳，長袂女郎簪翠翹。郡齋北軒卷羅幕，碧池逶迤繞畫閣。池邊緑竹桃李花，花下舞筵鋪彩霞。吴娃足情言語黠，越客有酒巾冠斜。坐中皆言白太守，不負風光向杯酒。酒酣襞箋飛逸韻，至今傳在人人口。報白君，相思空望嵩丘雲。其奈錢塘蘇小小，憶君淚點石榴裙。

（「燕子雙飛故官道」之「官」）「宮」字以意改。

⊙《和白侍郎送令狐相公鎮太原》

十萬天兵貂錦衣，晉城風日斗生輝。行臺僕射深恩重，從事中郎舊路歸。疊鼓蹙成汾水浪，閃旗驚斷塞鴻飛。邊庭自此無烽火，擁節還來坐紫微。

（行臺僕射深恩重）留守。（擁節還來坐紫微）劉琨爲并州刺史，辟盧諶，後爲從事中郎，其精切工假如此。樂天「青衫書記」、「紅旆將軍」，未免爲渠壓倒。

⊙《秋夕不寐寄樂天》

洞户夜簾卷，華堂秋簟清。螢飛過池影，蛩思繞階聲。老枕知將雨，高窗報欲明。何人諳此景，遠問白先生。

（螢飛過池影）不寐。（遠問白先生）結語畢竟少力。

⊙《酬樂天見寄》

元君後輩先零落，崔相同年不少留。華屋坐來能幾日，夜臺歸去便千秋。背時猶自居三品，得老終須卜一丘。若使吾徒還早達，亦應簫鼓入松楸。

（得老終須卜一丘）疑作「投」。

⊙《和樂天誚失婢牓者》

把鏡朝猶在，添香夜不歸。鴛鴦拂瓦去，鸚鵡透籠飛。不逐張公子，即隨劉武威。新知正相樂，從此脱青衣。

定翁云：「似勝白。」第三先起後半二句，直是叙得生動。

⊙《樂天寄重和晚達冬青一篇因成再答》

風雲變化饒年少，光景蹉跎屬老夫。秋隼得時淩汗漫，寒龜飲氣受泥塗。東隅有失誰能免，北叟之言豈便無。振臂猶堪呼一擲，爭知掌下不成盧。

夢得生平可謂知進而不知退矣。

⊙《和樂天洛下醉吟寄太原令狐相公兼見懷長句》

舊相臨戎非稱意，詞人作尹本多情。從容自使邊塵靜，談笑不聞桴鼓聲。章句新添塞下曲，風流舊占洛陽城。昨來亦有吳趨詠，惟寄東都與北京。

（舊相臨戎非稱意）太原。（詞人作尹本多情）洛下。（從容自使邊塵靜）臨戎。（談笑不聞桴鼓聲）作尹。

⊙《郡齋書懷寄河南白尹兼簡分司崔賓客》

謾讀圖書三十車，年年為郡老天涯。一生不得文章力，百口空為飽煖家。綺季衣冠稱鬢面，吳公政事副詞華。還思謝病今歸去，同醉城東桃李花。

（綺季衣冠稱鬢面）崔。（吳公政事副詞華）白。

⊙《酬樂天七月一日夜即事見寄》

夜樹風韻清，天河雲彩輕。故苑多露草，隔城聞鶴鳴。搖落從此始，別離含遠情。聞君當是夕，倚瑟吟商聲。外物豈不足，中懷向誰傾。秋來念歸去，同聽嵩陽笙。

「苑」，宋本作「茆」，新刻作「花」，皆非，必「苑」字無誤也。

⊙《題于家公主舊宅》

樹繞荒臺葉滿池，簫聲一絕草蟲悲。鄰家猶學宮人髻，園客爭偷御果枝。馬埒蓬蒿藏狡兔，鳳樓煙雨嘯愁鴟。何郎獨在無恩澤，不似當初傅粉時。

比樂天詩更曲折有味，三、四妙絕。馮已蒼極稱此詩，以為悲涼之中，自饒才致，他人為此而定薄矣。

（樹繞荒臺葉滿池）「繞」字不如「滿」字。

⊙《八月十五日夜半雲開然後玩月因書一時之景寄呈樂天》

半夜碧雲收，中天素月流。開城邀好客，置酒賞清秋。影透衣香潤，光凝歌黛愁。斜輝猶可玩，移宴上西樓。

白公體。

（置酒賞清秋）八月非新秋。

⊙《秋日書懷寄白賓客》

州遠雄無益，年高健亦衰。興情逢酒在，筋力上樓知。蟬噪芳意盡，雁來愁望時。商山紫芝客，應不向秋悲。

（雁來愁望時）「時」疑作「遲」。

⊙《酬樂天見貽賀金紫之什》

久學文章含白鳳，卻因政事賜金魚。郡人未識聞謠詠，天子知名與詔書。珍重賀詩呈錦繡，願言歸計並園廬。舊來詞客多無位，金紫同遊誰得如。

末句蓋簡兮詩人之意。

⊙《樂天見示傷微之敦詩晦叔三君子皆有深分因成是詩以寄》

吟君歎逝雙絕句，使我傷懷奏短歌。世上空驚故人少，集中惟覺祭文多。芳林新葉催陳葉，流水前波讓後波。萬古到今同此恨，聞琴淚盡欲如何。

五、六即取以解之。

⊙《和樂天閑園獨賞八韻前以蜂鶴拙句寄呈今辱蝸蟻妍詞見答因成小巧以取大咍》

永日無人事，芳園任興行。陶廬樹可愛，潘宅雨新晴。傅粉琅玕節，熏香菡萏莖。榴花裙色好，桐子藥丸成。柳蠹枝偏亞，桑空葉再生。睢盱欲鬭雀，索漠不言鶯。動植隨四氣，飛沉含五情。槍榆與水擊，小大強為名。

（槍榆與水擊，小大強為名）上以小巧取妍，仍以此二句收束，不離詩格，姚合以下不知也。

⊙《秋齋獨坐寄樂天兼呈吳方之大夫》

空齋寂寂不生塵，藥物方書繞病身。纖草數莖勝靜地，幽禽忽至似佳賓。世間憂喜雖無定，釋氏銷磨盡有因。同向洛陽閒度日，莫教風景屬他人。

（空齋寂寂不生塵）「不」疑作「坐」。不生塵亦不起塵之意。（纖草數莖勝靜地）言比之僧寺更嗣寂也。

⊙《和樂天齋戒月滿夜對道場偶懷詠》

常修清淨去繁華，人識王城長者家。案上香煙鋪貝葉，佛前燈焰透蓮花。持齋已滿招閒客，理曲先聞命小娃。明日若過方丈室，還應問為法來邪。

（佛前燈焰透蓮花）「透」字頂得「焰」字，精神。（還應問為法來邪）□句不可效。落句蘇氏兄弟多效此體。

⊙《樂天示過敦詩舊宅有感一篇吟之泫然追想昔事因成繼和以寄苦懷》

淒涼同到故人居，門枕寒流古木疏。向秀心中嗟棟宇，蕭何身後散圖書。本營歸計非無意，唯算生涯尚有餘。忽憶前言更惆悵，丁寧相約速懸車。

五、六極有味，此退之貴勇也。

（蕭何身後散圖）翻新。（本營歸計非無意）仍貼「宅」。

⊙《閒坐憶樂天以詩問酒熟未》

案頭開縹帙，肘後檢青囊。唯有達生理，應無治老方。减書存眼力，省事養心王。君酒何時熟，相攜入醉鄉。

（應無治老方）「治」字不避否？

⊙《和樂天洛城春齊梁體八韻》

帝城宜春入，遊人喜意長。草生季倫谷，花出莫愁坊。斷雲發山色，輕風漾水光。樓前戲馬地，樹下鬭雞場。白頭自為侶，緑酒亦滿觴。潘園觀種植，謝墅閱池塘。至閒似隱逸，過老不悲傷。相問焉功德，銀黄遊故鄉。

（過老不悲傷）妙語。

⊙《三月三日與樂天及河南李尹奉陪裴令公泛洛禊飲各賦十二韻》

洛下今修禊，群賢勝會稽。盛筵陪玉鉉，通籍盡金閨。波上神仙妓，岸傍桃李蹊。水嬉如鷺振，歌響雜鶯啼。歷覽風光好，沿洄意思迷。棹歌能儷曲，墨客競分題。翠幄連雲起，香車向道齊。人誇綾步障，馬惜錦障泥。塵暗宫牆外，霞明苑樹西。舟形隨鷁轉，橋影與虹低。川色晴猶遠，烏聲暮欲棲。唯餘踏青伴，待月魏王堤。

樂天固不可及，此作亦自秀整。齊韻容易窘人，非夢得幾于擱筆矣。

（通籍盡金閨）「連」、「通」字謬。（塵暗宫牆外，霞明苑樹西）轉。（烏聲暮欲棲）次第。（待月魏王堤）「三日」收。

⊙《和樂天洛下雪中宴集寄汴州李尚書》

洛城無事足杯盤，風雪相和歲欲闌。樹上因依見寒鳥，坐中收拾盡閒官。笙歌要請頻何爽，笑語忘機拙更歡。遥想兔園今日會，瓊林滿眼映旂竿。

（樹上因依見寒鳥）比。（遥想兔園今日會）汴州。

⊙《洛中早春贈樂天》

漠漠復靄靄，半晴將半陰。春來自何處，無跡日以深。韶嫩冰後木，輕盈煙際林。藤生欲有托，柳弱不自任。花意已含蓄，鳥言尚沉吟。期君當此時，與我恣追尋。翻愁爛熳後，春暮卻傷心。

（花意已含蓄）「早」字新添。（春暮卻傷心）反結「早」字，預更有味。

⊙《和樂天宴李周美中丞宅池上賞櫻桃花》

櫻桃千萬枝，照耀如雪天。王孫宴其下，隔水疑神仙。宿露發清香，初陽動暄妍。妖姬滿髻插，酒客折枝傳。同此賞芳月，幾人有華筵。杯行勿遽辭，好醉逸三年。

（好醉逸三年）末句用千日酒故事。

⊙《和牛相公游南莊醉後寓言戲贈樂天兼見示》

城外園林初夏天，就中野趣在西偏。薔薇亂發多臨水，鸂鶒雙遊不避船。水底遠山雲似雪，橋邊平岸草如煙。白家唯有杯觴興，欲把頭盤打少年。

（城外園林初夏天）南莊。（水底遠山雲似雪）新警。一句中四層結構，以少收拾。

⊙《樂天少傅五月長齋廣延緇徒謝絕文友坐成暌間因以戲之》

五月長齋戒，深居絕送迎。不離通德里，便是法王城。舉目皆僧事，全家少俗情。精修無上道，結念未來生。賓閣緇衣占，書堂信鼓鳴。戲童為塔象，啼鳥學經聲。黍用青菰角，葵承玉露烹。馬家供薏苡，劉氏餉蕪菁。暗網籠歌扇，流塵晦酒鐺。不知何次道，作佛幾時成。

（黍用青菰角，葵承玉露烹。馬家供薏苡，劉氏餉蕪菁）薏苡蕪菁，屬對尤工。四句福足「五月長齋」。（作佛幾時成）落四句。

⊙《樂天池館夏景方妍白蓮初開綵舟空泊唯邀緇侶因以戲之》

池館今正好，主人何寂然。白蓮方出水，碧樹未鳴蟬。靜室宵聞磬，齋廚晚絕煙。蕃僧如共載，應不是神仙。

（「應不是神仙」之「是」）疑作「似」。

⊙《樂天以愚相訪沽酒致歡，因成七言聊以奉答》

少年曾醉酒旗下，同輩黃衣頷亦黃。蹴踏青雲尋入仕，蕭條白髮且飛觴。令徵古事歡生雅，客喚閒人興在狂。猶勝獨居荒草院，蟬聲聽盡到寒螿。

（「客喚閒人興在狂」之「在」）「任」字為是。

⊙《新秋對月寄樂天》

月露發光彩，此時方見秋。夜涼金氣應，天靜火星流。蛩響偏依井，螢飛直過樓。相知盡白首，清景復追遊。

（此時方見秋）新字。（「天靜火星流」之「靜」）「淨」。（蛩響偏依井）

的是新秋語。（清景復追遊）落句暗使秋興事。「復追遊」言當□日達夜。

⊙《酬樂天小臺晚坐見憶》

小臺堪遠望，獨上清秋時。有酒無人勸，看山只自知。幽禽囀新竹，孤蓮落靜池。高門勿遽掩，好客無前期。

腹連幽遠。

⊙《早秋雨後寄樂天》

夜雲起河漢，朝雨洒高林。梧葉先風落，草蟲迎濕吟。簟涼扇恩薄，室靜琴思深。且喜火前別，安能懷寸陰。

猶近六代氣味。

（室靜琴思深）秋涼雨後，乃無弦急之患，第六入妙。（且喜火前別）「炎」字不誤，「前」字可疑。

⊙《酬樂天咏老見示》

人誰不願老，老去有誰憐。身瘦帶頻減，髮稀冠自偏。廢書緣惜眼，多炙為隨年。經事還諳事，閱人如閱川。細思皆幸矣，下此便翛然。莫道桑榆晚，微霞尚滿天。

四語中極起伏之勢。○結句氣既不衰，文章必傳無疑。故是劉、柳分重，與乾沒不已語又別。

⊙《酬樂天醉後狂吟十韻》

散誕人間樂，逍遥地上仙。詩家登逸品，釋氏悟真筌。制誥留臺閣，歌詞入管弦。處身於木鴈，任世變桑田。吏隱情兼遂，儒玄道兩全。八關齋適罷，三雅興尤偏。文墨中年舊，松筠晚歲堅。魚書曾替代，香火有因緣。欲向醉鄉去，猶為色界牽。好吹楊柳曲，為我舞金鈿。

（處身於木鴈，任世變桑田）此當是甘露事後語。（魚書曾替代）同州與白替代。（欲向醉鄉去）收「醉」。（猶為色界牽）為狂。

⊙《酬元九院長自江陵見寄》

無事尋花至仙境，等閒栽樹比封君。金門通籍真多士，黃紙除書每日聞。

較之樂天「舉目爭能不惆悵，高車大馬滿長安」，蘊藉多矣。（卞孝萱《劉禹錫詩何焯批語考訂》，《唐研究》第二卷，北京大學出版社一九九六年版，第一八五～二〇二頁）

《瀛奎律髓》批語

白居易《百花亭》：杼山《詩式》云：「雖欲廢巧尚直而思致不得置，雖欲廢詞尚意而典麗不得遺。」此唐人篤論，虚谷輩何以不加研味耶？（《瀛奎律髓》卷四）

白居易《寄太原李相公》：一貂裘即詫爲貴盛，樂天亦是酸子。（《瀛奎律髓》卷五）

白居易《戊申歲暮咏懷二首》：落句變化。（《瀛奎律髓》卷十三）

白居易《彭蠡湖晚歸》：「此」，閩板作「北」。（《瀛奎律髓》卷十五）

白居易《正月十五夜月》：結圓且有餘味。（《瀛奎律髓》卷十五）

白居易《送姚杭州赴任因思舊游》（其二）：次聯擬姚監句法。（其二）：「竺寺」一連戲用姚監詩體。（《瀛奎律髓》卷二十四）

白居易《微之見寄與竇七酬唱之什本韵外加兩韵》：「却」，《聯珠集》作「亦」。（《瀛奎律髓》卷四十二）

白居易《卧病來早晚》：「爭」者，那能之意。（《瀛奎律髓》卷四十四）

白居易《晚春登天雲寺南樓贈常禪師》：前一篇已不似夢得，但非白耳，更考之。（《瀛奎律髓》卷四十七）

智按：前一篇《旅次景空寺宿幽上人院》，乃白居易詩。

白居易《龍化寺主家小尼》：吾謂不露出「未嫁」二字更有味。小尼必說到此，亦裂風景，隱約暗寓此意，可耳。（《瀛奎律髓》卷四十七）

陳師道《丞相温公挽詞》（其二）：杜詩：「附書與裴因示蘇，此生已愧須人扶。」白《和元投簡陽明洞天》：「貴仍招客宿，健不要人扶。」（《瀛奎律髓》卷四十九）

王安石《思王逢原》：三、四悲壯，然只似白。（《瀛奎律髓》卷四十九）

《義門讀書記》

《韋侍講盛山十二詩序》，十二詩，今元、白二集皆無之，傳者唯韋相及張文昌，張蓋慕而為者也。（《四庫全書》本《義門讀書記》卷三十二昌黎集）

智按：宋樓鑰《次韻東坡武昌西山詩》：「盛山十二詩俱在石刻，而不見于諸公集中。唱和之盛，未有如西山者，舊軸既不知所在，後來跋語亦僅存録本爾。」（《攻媿集》卷五）

鮑明遠樂府。詩至明遠，已發露無餘。李、杜、元、白，皆從此出也。（《四庫全書》本《義門讀書記》卷四十七文選）

「鞭撻其夫家」，指民怨。此等語《秦中吟》之祖。（《四庫全書》本《義門讀書記》卷五十一杜工部集）

《縛雞行》，句句轉，張、王、元、白，具體而微。（《四庫全書》本《義門讀書記》卷五十二杜工部集）

《寄岳州賈司馬六丈巴州嚴八使君兩閣老五十韻》，元、白代書百韻之祖。（《四庫全書》本《義門讀書記》卷五十三杜工部集）

《從韋二明府續處覓綿竹》，元、白小律多類此。（《四庫全書》本《義門讀書記》卷五十四杜工部集）

《絶句漫興》第四首：「莫辭身外無窮事。」莫辭，言無得辭也。此元白所本，曲而有直體。（《四庫全書》本《義門讀書記》卷五十四杜工部集）

（《絶句漫興》）第七首，白氊，青錢，元、白最好寫仿，其流遂有放翁。（《四庫全書》本《義門讀書記》卷五十四杜工部集）

《秋日夔府咏懷奉寄鄭監李賓客一百韻》，何必定以百韻為限，元、白為遺山所譏，亦有由也。（《四庫全書》本《義門讀書記》卷五十五杜工部集）

「日向花間留晚照」，朱晦翁云：西北邊多陰，盖日到彼方午，則彼已甚晚，不久則西落，故西邊不甚見日。元稹通州酬白居易詩有「州斜日易晡，未酉即桑榆」之句。（《四庫全書》本《義門讀書記》卷五十五李義山詩集）

「千里火雲燒益州」，白公《書通州事》云：「四野千重火雲合。」（《四庫全書》本《義門讀書記》卷五十七李義山詩集）

（《寓懷》）義山有極似庾子山處，不可以白公之清流繩之。（《四庫全書》本《義門讀書記》卷五十八李義山詩集）

《鈍吟·正俗》批語

白集中更分半格詩，不知何義？齊梁格詩，猶言齊梁體詩，格謂式樣也，既論聲病則有一定格樣，與古體異矣。《册府元龜》載，李懌，後唐天成初爲翰林學士承旨，時常侍張文寶知貢舉，中書奏落進士數人，仍請翰林學士作一詩一賦，下貢部爲學人格様，學士竇夢徵、張礪輩撰格詩格賦各一，送中書宰相，未以為允。夢徵等請懌爲之，懌笑而答曰：李懌識字有數，頃歲因人偶得及第，敢與後生髦俊爲標格，假令今卻業進士，就春官求試，落第必矣。格詩不敢應詔。觀此一條，可以通「格詩」二字本義，故詳録之。項斯標格遇詩，亦指場屋所作，末句即是通榜之意，有過平時，幾度所見，今皆誤會也。《後漢書》注：格，猶標準也。辛巳春日，過虞山遵王，錢丈出示其所著論詩語數紙，大抵本之馮氏（馮班）爲多，記其中有論半格詩者，恨未詳閲耳。近日汪生謂，此卷附以律詩，其半乃格詩也，非別為一體。此論實袪余惑，不必更滋臆説。（《鈍吟雜録》卷三，《叢書集成初編》據借月山房匯抄本排印本）

智按：「汪生」即編刻《白香山詩集》之汪立名。

《唐音戊籤》批語

韋莊詩調合許渾、趙嘏兩家，陶冶而出，細讀自見。……（古體）多從香山得法。……（七言律）本出於許渾，然才高氣逸，天分自有過人者，身經喪亂，頓挫淒壯，波瀾益闊，回視《丁卯集》，如勝、廣之于劉、項矣。其晚年似有得於香山。

表聖詆元白為都市豪估，然其長句仍似出於白公，何也？

（王周）古詩學白公，古直可愛，近體亦清婉閒靜，在唐末極不易得之。（上海圖書館藏沈岩過録本；南京圖書館藏焦循過録本）

《唐律偶評》

（《錢塘湖春行》）平平八句，自然清麗，小才不知費多少妝點。（《唐律偶評》）

《蘇文忠公詩注》

⊙《蘇州閶丘江君二家雨中飲酒二首》

小圃陰陰遍灑塵，方塘瀲瀲欲生紋。已煩仙袂來行雨，莫遣歌聲便駐雲。

肯對綺羅辭白酒，試將文字惱紅裙。今宵記取醒時節，點滴空階獨自聞。

五紀歸來鬢未霜，十眉環列坐生光。喚船渡口迎秋女，駐馬橋邊問泰娘。

曾把四弦娛白傅，敢將百草鬬吳王。從今卻笑風流守，畫戟空凝宴寢香。

白樂天《夜游西虎丘寺》詩：「搖曳雙紅旆，娉婷十翠娥。」自注：「容、滿、蟬、態等十妓從游也。」白樂天《聽琵琶妓彈略略》詩：「四弦千遍語，一曲萬重情。」又云：「莫欺江外手，別是一家聲。」（馮應榴《蘇文忠公詩合注》卷十一引）

智按：何焯，字屺瞻，號茶村，長洲（今江蘇蘇州）人。拔貢，直南書房。康熙四十二年（一七〇三）癸未賜進士，改庶吉士，授編修，奪職，仍直武英殿，贈侍讀學士。有《義門先生集》十二卷，道光三十年（一八五〇）刊本，中國社會科學院文學研究所圖書館藏，六册。

景日昣（一六六一～一七三三）

《白氏重修譜系序》

余嘗讀白少傅先生《長慶集》，知先生於長慶四年罷杭州刺史，授左庶子（賓客）分司東都時，賜居履道里者也。墓在龍門東山如滿雙塔之側，迄今九百餘載。亦幾疑其世遠年湮，未必其子孫若繩繩相繼，猶在譜碟矣。乃觀新舊史書，辨論不一，皆（未）得真。又觀先生有自撰墓志，其中先生祖父名諱，與先生死葬生辰，皆與諸書不合；且白樂天無後，以侄孫阿新爲後。夫先生之侄，如景回、景受、景衎、味道、晦之、龜郎數人，何不取侄嗣，而以侄孫嗣者？墓志又云：墓於華州下邽臨津里，附先葬。又與（邑）所志不合。察至唐大中三年李義山爲先生墓碑，「公子景受」。此語是矣，是不待觀白氏之真譜，而固知墓志與諸家記述之訛也。今年秋，先生正裔孫曰錦者，執譜求余序。余覽其譜而讀之，遂欣然曰：是譜也，可折千百年譜書之謬矣！

按譜，白本姬姓，百里奚之後，系出自周太王次子仲雍之後，封於虞，奚虞之祖也。去虞適素，受邑百里，因號百里奚。生孟明，裔孫白乙丙，其後固以爲氏焉。孫起封武安君，始皇思其功，封其子仲於太原，謂之白氏太原。其二十三世孫者，爲後魏太原守。又傳五世至建，北齊衛兵尚書，賜田韓城，又移籍同州。傳二世至溫，都官郎中，遷華州下邽，又二世至樂天先生，即白氏遷洛之始族也。史載，先生居官清正，中立不倚，所著文集七十餘卷行於世，其語句又政教風化所關，是以忠臣而兼理學者也。及沒，有曰：先生從弟白敏中請謚，上曰：「何不取《醉吟先生墓誌》觀之」，卒未賜謚。先生自撰墓誌曰：「勿請太常謚」。有曰：敏中爲相，請謚，有司曰「文」。而據新史，亦曰「白文公」。而此譜內無傳，則思謚未可定也。先生五十八歲生阿雀，早亡，以兄幼文次子景受為嗣，生邦翰，翰生思齊，歷代累宦，以明經出身，此殆天佑忠義文人以昌頤後耳。至後唐莊宗，改履道爲普明禪院，而思齊遷之洛城中，下傳三十二代。元末遭兵燹，而白氏族逃避四方，止遺嫡支貢士一人，諱介承祧，是天猶留一脉，不絕先生之後也。傳之庠生諱金剛，住城東南白磧村，重修譜系，以傳後人。可謂賢矣！生二子，具（俱）敦儒業，以賢行名世。下傳四世至修；生二子：長孔教；次孔景。而孔景者，錦之曾祖也。孔景生三子：長星燦；次星穆；三星輝。而星燦乃錦之祖也。孔教生一子：星微。乃錦之伯祖也。燦生二子，長本質，錦之父也。微生三子：長玉質；次存質；三松質。而玉質者錦之叔也。玉質生振，錦之弟也。錦雖守祠，溯修祖分派，實正裔之二門，振弟雖未守祠，溯孔教承業，乃嫡派之長門。詳細述之，恐世系紊也。按白樂天先生至金剛，幾三十六代。於守祠錦者，又九代矣。此譜著自百里奚者，溯其本也；略其遠者，慎之至也；詳其近者，親之至也；而序遷居者，備參考也。余序是譜，願白氏子孫，世世勖之哉！

大清康熙六十年歲次辛丑，秋七月望九日，賜進士出身、朝議大夫、禮部左侍郎，嵩陽景日昣東暘氏沐手拜序。（《白居易家譜》，中國旅游出版社，一九八三年三月，第十五～十七頁）

智按：景日昣，字東暘，號嵩崖。河南登封人。康熙十二年（一六七三）

入嵩陽書院求學，師從名儒湯斌、耿介治宋儒之學，以文章知名。康熙二十六年（一六八七）中舉，康熙三十年（一六九一）辛未進士，官高要縣令、禮部侍郎、户部右侍郎、禮部尚書。持政清簡，敢於直言。爲學博雅，精通醫術。雍正三年（一七二五）告老歸里，杜門謝客，在嵩山南麓建造别墅，從事著述。著有《嵩臺學制書》、《嵩岳廟史》、《説嵩》、《嵩崖文集》等。康熙六十年（一七二一），撰《白氏重修譜系序》。

焦袁熹（一六六一～一七三六）

《白樂天》

《中庸》稱「衣錦尚絅，惡其文之著也」，其白樂天之謂乎？卑鄙之談，俚俗之調，朝夕吟咏，累千百首，非狂非愚，不以爲耻。蓋是文外有事，深没其情，不欲使衆人皆得知之，此所以爲厚也。有村童師者，効其體而爲之，乃是别無餘事，如貧子披簑，或者指之爲古者，得道之流，而此貧子亦遂欣然自謂吾殆其人，豈不可爲一笑。（《此木軒雜著》卷五，《續修四庫全書》影印清嘉慶九年刻本）

《蘇子美詩》

蘇子美及第後，與同年宴李丞相宅詩云：「拔身泥滓底，飄迹雲霄上。氣和朝言甘，夢好夕魂王。軒眉失舊斂，舉意有新况。爽如秋後鷹，榮若凱旋將。」王阮亭論之曰：「一第常事，而津津道之如此。子美之早廢不達，已略可見矣。」愚謂，阮亭此言，略似朱子譏白香山，説著官職，即津津涎出之意，然以是而論詩，則未可謂爲知言也。夫詩人之旨，莫善於自處謙下，深没其志行之美，而顯露其不甚美者，於文辭之間，有其言如是，而其情不必如是甚者，此其所以爲厚也，不可不察也。子美豪邁拔俗之士，果若是滿志於一第而已邪！殆不然也。其所以窮極寫狀，出新意於陳篇之表，使人讀之神思爽健，而不知其他者，此作者之自鳴得意，而人自以爲弗及也。若曰：此辭人之習氣，莊靖之士不肯出此，則子美心折矣。若乃志汙而貌絜，行濁而言清，魂戀魏闕而託興江湖，心營田宅而寄詠魚鳥，是子美之所必不屑也。

故曰：以阮亭之說而論詩者，未可謂爲知言也。（《此木軒雜著》卷六，《續修四庫全書》影印清嘉慶九年刻本）

《論詩絕句五十二首》

清音吐出借詩人，嶰谷柯亭合有神。莫笑香山真入俗，白頭老嫗是伶倫。（其十三）

白傅雍容退老身，高官美職口津津。眼中朋黨浮雲似，故作津津賺世人。（恐負翟黑子故也，古人意之厚如此。）（其十四）

長恨歌成字字愁，不妨杜老並千秋。何人妄欲誅褒妲，地下詩人笑不休。（指事敘意，各有攸宜，優杜劣白，要非篤論。）（其十五）

誰知白俗真成狷，那識元輕絕類狂。若論兩家同調者，請君側耳辨絲篁。（其十七）（《萬首論詩絕句》第一册，第二七七頁）

元輕白俗真能事，島瘦郊寒並絕倫。世上幾多無病者，大都碌碌不堪珍。（其十九）

玄都觀裏詠桃花，毒口還如蠚草蛇。香山只是憐同調，老子韓非作一家。（夢得詩非求則忮，忮尤可惡，不特玄都二詩也。劉白並稱，是知詩而不知所以詩也。）（其二〇）（《萬首論詩絕句》第一册，第二七八頁）

《閲宋人詩集十七首》（其十三）

彈丸脱手如兒戲，射的當心是老成。寄語香山教化主，君家恰有好門生。（亦謂放翁也。前詩以陸配杜，此更為白之門生。或頗怪之。不知李、杜、元、白如齊、晉、秦、楚四大國，未可輕議優劣也。白有將相門生語，聊借言之耳）（《此木軒詩》卷十；《萬首論詩絕句》第一册，第二八四頁）

智按：焦袁熹（熙），字廣期，常州（今屬江蘇）人。康熙三十五年丙子（一六九六）舉人。有《此木軒雜著》、《此木軒自訂渾漫集》、《此木軒詩》（未刊）。

于東昶（一六六一～？）

《送陸坡星赴江西》

吳頭楚尾山水窟，客行到及秋方中。香爐峯前月皎潔，秋屏閣外花冥濛。洪州都督白居易，江西詩派黃涪翁。聽君新語定絶倒，百分一棹千觴空。（《續修四庫全書》本《兩浙輶軒録》卷十六）

智按：于東昶，字湯谷，號茲山，平湖（今屬浙江）副貢生，著《錦璇閣詩稿》。

潘甯（一六六一～？）

《閏九日休園雅集倣香山體分賦》

四人三百十一歲，我獨虛羸策短笻。闌入商山心局促，同遊谷口意從容。紅茱再插方推閏，黃菊齊看不厭重。最是當時能好客，惜無餘力遍登峯。（清鄭慶祜《揚州休園志》卷八詩，《四庫禁毀書叢刊》影印清乾隆三十八年察視堂自刻本，史部第四一册，第六三一頁）

智按：潘甯，字仲甯，一字退翁，號陋夫，自號平野居士，又號老玩。山陰（今浙江紹興）人。乾隆三年（一七三八），自稱七十有八。（見仲威《善本碑帖過眼録》，文物出版社，二〇一三年版，第一一一頁）乾隆五年（一七四〇），自稱八十漫叟。（見繆荃孫《雲自在龕隨筆》卷六）據朱星渚（漢源）同題詩中「百年節罕兩重九」，此次閏九日休園雅集乃乾隆二年丁巳閏九日（公曆一七三七年十月一日），詩注「蔣湘帆年七十八，潘陋夫年七十七，鄭耕巖年七十六，余年八十四」，及蔣衡（湘帆一六七二～一七四三），則潘甯生年為順治十八年（一六六一）。

李暾（一六六二～一七三六）

《霜降後三日南谿來因與訂遊光溪用香山南湖晚秋韻》

風勢十日狂，晴光一天老。病夫倦筋力，頻向牀中倒。挺立讓盆蕙，衰顏同庭草。無以新見聞，安得空懷抱。與君亟訂遊，鼓檝蘭江道。對彼霜葉稠，放我歌聲浩。（《松梧閣詩集》詩集，《四庫未收書輯刊》影印清雍正乾隆間刻本）

《韜光靜室》

湖外青山山外江，江外青山山外天。幾層看去幾層妙，何處叅來何處禪。西栗果香分鼠食，壇坵米白結人緣。香山居士今何在，水滴龍頭萬古傳。（《松梧閣詩集》四集，《四庫未收書輯刊》影印清雍正乾隆間刻本）

智按：李暾，字寅伯，一字東門，鄞縣（今浙江寧波）人，李杲堂鄴嗣之子。

趙執信（一六六二～一七四四）

《答洪昉思吴舒鳧》（擬同向湖頭徧游諸勝）

雲泥蹤跡半生塵，湖海襟情一夢新。天下應無他勝地，眼中能得幾高人。鄴侯井畔葑成徑，伍相潮頭月滿輪。祇合香山并玉局，能將文采照千春。（《四庫全書》本《因園集》卷五）

《聞尚有游鄧尉者寄訊絶句》

坡公偏趁未花來，白傅誇稱愛半開。何似寒風送孤棹，湖山尋徧爲殘梅。（《四庫全書》本《因園集》卷九）

《游滄浪亭六首》（其四）

南禪臺殿未全崩，賸遺游人感廢興。白傅藏詩無覓處，山門贏得賣茶僧。（《四庫全書》本《因園集》卷九）

《上元觀演長生殿劇十絶句》（其一）

傾國爭誇天寳時，才人例解説相思。三生影響陳鴻傳，一種風情白傅詩。（《四庫全書》本《因園集》卷十）

《談龍録》

詩人貴知學，尤貴知道，東坡論少陵詩外尚有事在是也。劉賓客詩云：「沉舟側畔千帆過，病樹前頭萬木春。」有道之言也。白傅極推之。余嘗舉似阮翁。答云：「我所不解。」阮翁酷不喜少陵，特不敢顯攻之，每舉楊大年村夫子之目以語客，又薄樂天而深惡羅昭諫。余謂昭諫無論已，樂天《秦中吟》、《新樂府》而可薄，是絕《小雅》也。若少陵，有聽之千古矣，余何容置喙！（趙蔚芝、劉聿鑫《談龍録注釋》，第三九～四〇頁）

智按：這裏趙執信説得有些過火，王士禛菲薄白居易是事實，他對於杜甫卻並非真不喜愛。他在《師友詩傳録》中答郎廷槐時，就説過「少陵以雄詞直寫時事，以創格而紓鴻文，而新體立焉」等話。在其他著作中也曾對於杜甫表示尊崇。從翁方綱所編《漁洋杜詩話》，可以看出「漁洋對杜詩所知不是一般的深，研討也不是一般的細。至於不喜歡白居易、劉禹錫、羅隱詩，容有個人趣味在，但漁洋不喜歡白居易，決不是鄙視《秦中吟》、《新樂府》。」（蔣寅《王漁洋與康熙詩壇》第二〇四頁）

始學為詩，期於達意，久而簡澹高遠，興寄微妙，乃可貴尚。所謂言見於此，而起意在彼。長言之不足，而詠歌之者也。若相競以多，意已盡而猶刺刺不休，不憶祖詠之賦終南積雪乎？句法須求健舉，七言古詩尤亟。然歌行雜言中，優柔舒緩之調，讀之可歌可泣，感人彌深。如白氏及張王樂府具在也，今人幾不知有轉韻之格矣。此種音節，懼遂亡之。奈何！（趙蔚芝、劉聿鑫《談龍録注釋》，第六一～六二頁）

元、白、皮、陸，並世頡頏，以筆墨相娛樂。後來效以唱酬，不必盡佳，要未可廢。至於追用前人某詩韻，極為無謂，猶曰偶一為之耳。遂有專力於此，且以自豪者。彼其思鈍才庸，不能自遠，故假手舊韻，如陶家之倚模制。漁獵類書，便於牽合，或有蹉跌，則曰韻限之也。轉以欺人，嘻！可鄙哉！

（趙蔚芝、劉聿鑫《談龍録注釋》，第八二頁）

《聲調譜・論例》

新樂府皆自製題，大都言時事，而中含美刺，所謂言之者無罪，聞之者足以爲戒。此詩家真實本領，近代名公，亡之久矣。（《清詩話》，第三二一頁）

漢人歌謠之採入樂府者，如《上留田》、《霍家奴》、《羅敷行》之類，多言當時事。少陵所作新題樂府，題雖異於古人，而深得古人之理。元、白以後，此體紛紛矣。總而言之，製詩以協於樂，一也；采詩入樂，二也；古有此曲，倚其聲為詩，三也；自製新曲，四也；擬古，五也；詠古題，六也；並少陵之新題樂府而為七，古樂府盡此矣。（《清詩話》，第三二一頁）

《聲調譜》

⊙齊梁體

《宿東亭曉興》白居易

温温土爐火，耿耿紗籠燭。獨抱一張琴，夜入東齋宿【折腰】。窗聲度殘漏【此句卻粘，不折腰，正調】，簾影浮初旭。頭癢曉梳多，眼昏春睡足。負暄簷宇下【第五字用仄】，散步池塘曲。南雁去未回，東風來何速？雪依瓦溝白【第五字仄】，草繞牆根緑。何言【不粘上句】萬戶州，太守常幽獨。

若上句末字平及下聯與上聯相粘，便是仄韻律詩也。（《清詩話》第三三九頁）

⊙半格詩

《小閣閑坐》白居易

閣前竹蕭蕭【第五字平】，閣下水潺潺【律句】。拂簟捲簾坐，清風生其間【五平字】。靜聞新蟬鳴，遠見飛鳥【可平。惟此詩此字以獨仄見律】還【此以上古體】。但有巾掛壁【第古字仄。古句】，而無客叩關。二疏返故里【第五字仄】，四老歸舊山【古句】。吾亦適所願【第五字仄】，求閑而得閒【後六句齊梁。第二字上下粘，末字上下諧】。（《清詩話》第三四〇頁）

智按：趙執信，字伸符，號秋谷，晚號飴山老人，无想道人，青州府益都縣顔神鎮（今屬山東）人。九歲即顯露才華，十四歲中秀才，十七歲中舉人，十八歲中進士，選翰林院庶吉士，散館授編修。二十三歲任山西鄉試正考官，二十五歲升右春坊右贊善，兼翰林院檢討，同時任《明史》纂修官，並參與修《大清會典》。至此堪稱官運亨通，春風得意。不料二十八歲時，因國恤期間觀看《長生殿》，被劾革職。「可憐一曲長生殿，斷送功名到白頭」。此後息影仕途，浪跡江湖，漫遊南北，徜徉林壑，以詩文及書法馳名於世。六十四歲退居家鄉，七十二歲因病目盲，八十三歲卒於因園。著《飴山詩集》二十卷（含詩餘一卷），《飴山文集》十二卷，《談龍録》一卷，《聲調前譜・續譜・後譜》各一卷，《禮俗權衡》二卷，《海鷗小譜》一卷。

鄭昂（一六六二～?）

《閏九日休園雅集倣香山體分賦》

四人三百十一歲，萍聚邗江逸興長。好客吾宗開曲徑，百年佳會再重陽。采芝謾擬商山隱，泛菊猶餘栗里香。更上高峯欣共健，望鄉仍隔樹蒼蒼。（清鄭慶祜《揚州休園志》卷八詩，《四庫禁毀書叢刊》影印清乾隆三十八年察視堂自刻本，史部第四一册，第六三一頁）

智按：此次閏九日休園雅集乃乾隆二年（一七三七）丁巳閏九日。鄭昂，字若干，號湘漁，又號耕巖，歙縣（今屬安徽）人。僑寓邗上。好讀書賦詩。後移家京口，時爲吴下豫章之游。康熙二十四年（一六八五）乙丑復居邗上，年二十四。康熙三十年（一六九一）與吴綺等在揚州重舉春江社。著《餘力吟》、《山水間詩》、《竹窗詞意》諸集，今均不傳。清倪匡世《振雅堂彙編詩最》卷六載鄭昂詩三十餘首。倪匡世評其詩曰：「湘漁諸作，如寒松積雪，絕壁摩天；如秋濤帶月，安流入海；如幽蘭自芳，如老鶴獨立，骨清氣逸，在高岑王孟之間。」據朱星渚（漢源）（一六六六～?）同題詩注「蔣湘帆年七十八，潘陋夫年七十七，鄭耕巖年七十六，余年八十四」，及蔣衡（湘帆一六七二～一七四三），則此次閏九日休園雅集在乾隆二年（一七三七）。

王之績（一六六三前～一七〇三後）

《鐵立文起》

記。王懋公曰：文莫難於傳記，必令筆筆飛舞，方爲妙手。蘇潁濱謂：白樂天詩，詞甚工，拙於記事，寸步不遺，猶或失之。《大雅・綿》九章，事不接，文不屬，如連山斷嶺，相去絶遠，而氣象聯絡，此最爲文之高致。杜少陵《哀江頭》詞氣如百金戰馬，注坡驀澗，如履平地，得詩人遺法。使以此爲記事之文，雖昌黎何以復加。王摩詰有《藍田山石門精舍》五言古，鍾退菴以爲妙在說得變化，有步驟而無端倪，作記之法亦然，益可見詩文之道相通如此，惟在人能佳處領其要爾。（《鐵立文起》前編卷二，《續修四庫全書》影印清康熙刻本）

祭文。王懋公曰：人有寄必有歸，如秦始惡言死，言死者輒誅，豈非大愚。陶淵明有《自祭文》，白樂天自作《生墓誌》，大觀何所不可，及讀朱弁奉送徽宗大行文，則又泣數行下。君臣至性情同父子矣。今特首標之以爲法。（《鐵立文起》前編卷五，《續修四庫全書》影印清康熙刻本）

論歷朝賦。葛稚川曰：古之著書者，才大思深，故其文隱而難曉。今人意淺力近，故其文露而易見。故水不發崑崙，則不能揚洪流以東漸，書不出英俊，則不能備致遠之弘韻焉。然則古人雖有隱而難曉之文，一出于自然，猶之龍翔雲附，虎嘯風生，其勢然也。今人以艱深之詞，文淺近之意，尚得謂之文哉。朱晦菴嘗謂《楚辭》平易，後人學做者反艱深，都不可曉，此其失之者一也。樂天爲詩，必老嫗能解而後存，所以白俗譏並元輕。（《鐵立文起》前編卷十，《續修四庫全書》影印清康熙刻本）

智按：王之績，字懋功，其齋名鐵立居。安徽旌德人。邑庠生。勤學博覽。與張玉書、黄白山及同郡梅銷、方伸、趙拓、趙廷揮等交游。康熙二十三年（一六八四），以評注金聖歎所選《才子古文》名天下。康熙四十二年（一七〇三），其《鐵立文起》行世，論作文之法，卷首曰文體統論，前編十二卷，自序至七凡九十三種，後編十卷，自王言至論判凡四十八種。大畧採之《文章辨體》、《文體明辨》二書，而以己意參補之。

葉舒璐（一六六三～一七三五）

《讀杜白二集》

子美千間廈，香山萬里裘。迴殊魏晉士，熟醉但身謀。（《分干詩鈔》卷三，中國社會科學院文學研究所圖書館善本室藏清乾隆顧學齋精刊本；《晚晴簃詩匯》卷六十三）

智按：葉舒璐，字景鴻，一字鏡泓，吳江（今屬江蘇）人。貢生。有《分干詩鈔》。

金埴（一六六三～一七四〇）

《不下帶編》

□□多津逮後人，即稱謂一端，亦所宜法，所謂韓文杜律，無一字無來歷也。如樂毅稱樂生，賈誼稱賈生，司馬相如稱馬卿，李膺稱李君，阮籍稱阮公，嵇康稱嵇生，山濤稱山公，王導稱王公，謝安、靈運、脁皆稱謝公，庾亮稱庾公，袁粲稱袁公，王凝之稱王郎，江淹稱江郎，徐陵自稱徐君，杜甫稱杜公，李白稱李生，孟浩然稱孟公，韓愈稱韓公，韋應物稱韋公，白居易稱白公，歐陽修稱歐公，蘇軾稱蘇公。又，謝惠連、脁皆稱小謝，杜牧稱小杜，蘇轍稱小蘇，宋祁稱小宋，皆不可假借【音跡】。（卷一【雜綴兼詩話】，王湜華點校本第十八～十九頁）

白居易作《景雲律師塔碑》，其弟子饋絹百匹。見本集。宋席大光倩吳傳朋書母碑銘，以文房玩好之物盡歸之，預儲六千緡而潤毫。見《貴耳集》。（卷二【雜綴兼詩話】，王湜華點校本第三十頁）

越城府署，雄踞卧龍山，樓抱臺懸，山屏水障，為宇内府庭之冠。元微之視察予郡，屢詫勝於白傅者也。按本傳，稹為浙東觀察使，在越辟入賓犖之天下。工為詩，與之酬和，故鏡湖、秦望之奇益傳，號曰「蘭亭絕唱」。埴賦《鏡中棹歌》云：「天下詩人官越來，盡誇屏障與樓臺。千秋一個元觀察，管領蘭亭絕唱才。」夫才終不絕，而奇貴能傳。追溯風徽，是所望於今之官越

者。（卷二【雜綴兼詩話】，王湜華點校本第三十六頁）

周侍郎櫟園亮工嘗言：「李贊皇與白傅不協，終身不欲見其詞翰，恐去一見便為回心。宋之問乞其甥劉希夷『花落花開』之句，許而不與，怒以土囊壓殺之。今人讀人詩文，痛癢了無覺觸，求其能以土囊壓人乞取詩句者，正不易得，況啟篋回心者乎！」此言前說所未經也，其所著《書影》載之。（卷二【雜綴兼詩話】，王湜華點校本第四十頁）

樂天嘗言：「文字須雕藻一兩字，文采不得全直致，恐傷鄙朴。」喻鳧曰：「吾詩無綺羅鉛粉，宜不售也。然則詩之售者，在唐人亦不免於雕藻者也。」昉思嘗以己作屬埴曰：「吾詩恐鄙朴難售，君筆如繪家設色，可為吾施淡粉輕胭，稍為點染。」顧昉思詩渾朴，淡而有風致。本華實相□，而遜心虛矜，深悉此中甘苦，故有是語耳。所撰《稗畦集》，今與《長生殿》傳奇並行於世。（卷三【雜綴兼詩話】，王湜華點校本第五十四頁）

楊升菴慎曰：「耕之不善曰鹵莽，耘之不善曰滅裂。」鹵，剛鹵之地也。耕剛鹵之地，必加功，所謂強土而弱之也。莽者，草莽之地。『《詩》所謂載芟載柞』。乃載耕也。不治【平】其剛鹵，不刪其草莽，是謂鹵莽之耕耘以去【上】草，古有鳥耘之說，如鳥俯而啄食，乃善耘也。《呂覽》謂，善耘者長【上】其兄而去【上】其弟。兄，嘉禾也；弟，荼蓼也。不善耘者長其弟而去其兄，是滅也。裂者并其土而扣之。【扣，仝掘。】埴按：《莊子》「鹵莽」二字，唐人多倒【去】用「莽鹵」。如韓愈贈劉師復詩，用於押韻曰：「後日懸知漸莽鹵。」【白居易詩「養（去）生仍莽鹵」。柳子厚文有「沉昏莽鹵」。又「食貧甘莽鹵」。猶之今諺云粗鹵也。】（卷三【雜綴兼詩話】，王湜華點校本第五十八頁）

凡筵會張（去）樂，人多樂效觀忠孝節義之劇。戊戌冬仲，家太守從祖紫庭公一鳳於兗署餞埴南旋，姑蘇名部演《節孝記》，至王孝子見母，不惟座客指顧稱歎，有欲涕者，即兩優童亦宛然一母一子，情事真切，不覺淚滴氍毹間。夫假悲而致真泣，所謂無情而有情者，彼文有至文，斯曲非至曲耶！兩優年各十四五，詢其淚落之故，則齊聲對曰：「伎授於師，師立樂色（俗誤作腳色，以樂腳同音也），各如其人，各欲其逼肖。逼肖則情真，情真則動（去）人。且一經登場，己身即戲中人之身，戲中人之啼笑，即己身之啼笑，而無所謂戲矣。此優之所以淚落也。」家太守嘉其對，以纏頭錦勞（去）之。顧埴謂座客曰：「白傅詩『古人唱歌兼唱情』，豈真能唱情者，曲藝且然，況君子之大道乎？」（卷四【雜綴兼詩話】，王湜華點校本第七十六頁）

智按：又見《巾箱説》，字句略異。

樂天《有感》詩：「莫養【去】瘦馬駒，莫教【平】小妓女。後事在目前，不信君看取：馬肥怕行走，妓長【上】能歌舞，三年五載間，已聞換一主。借問新舊主，誰樂誰辛苦？請君大帶上，把筆書此語！」今稱揚州養女者曰「養瘦馬」，本此。埴季父訓導公【諱烺，字子闇。】蚤有才名。【向有《綺霞詞》行世。】著《廣陵竹枝詞》三十首，有云：「十三學畫學圍碁，十四彈琴工賦詩。莫管人稱養瘦馬，衹誇家内有嬌兒。」此首尤傳人口。（卷五【雜綴兼詩話】，王湜華點校本九十二頁）

符昭遠以茶為冷面草，皮光業以茶為苦口師。埴謂苦口師之名佳甚，學者能以苦口為師，則無味不甘矣！按《學林新編》：茶之佳品在社前，謂春社前也；次則火前，謂寒食前也；下則雨【去】前，謂穀雨前也。佳品色白，若碧綠者，乃常品。且芽蘖細微，不可多得。其取數多者，皆常品也。佳品皆點啜之，其煎啜之者，亦常品也。齊己《茶詩》：「甘傳天下口，貴占【去】火前名。」又「高人愛惜深岩裏，白甀封題寄火前。」白居易《謝人寄新蜀茶》詩：「紅紙一封書後信，緑芽十片火前春。」凡此皆言火前，蓋未知社前之品為尤佳，惟吾越日鑄山有之，而得之不易。（卷五【雜綴兼詩話】，王湜華點校本第九十四頁）

前人謂唐人工於為詩而陋於聞道，然劉禹錫詩「沉舟側畔千帆過，病樹前頭萬木春」二語，乃詩人聞道語也。夫沉舟之側，宜片帆不過，而過千帆；病樹之前，宜寸木無春，而春萬木，非道乎？作詩要須有聞道語，方稱得詩人。趙宮坊秋谷極愛斯聯，以為白傅所推也。（卷五【雜綴兼詩話】，王湜華點校本第九十八頁）

「格是」即「隔是」，猶言「已是」也。白居易詩：「江州去日聽箏夜，白髮新生不願聞。如今格是頭成雪，彈到天明亦任君。」元稹句：「格是身如夢，頻來不為名。」又「天公隔是妒相憐，何不便教相決絕」！（卷六【雜綴兼詩話】，王湜華點校本第一〇七～一〇八頁）

智按：參見《容齋隨筆》卷二，上海古籍出版社本第十九頁。

《巾箱説》

昔鄴侯稱為經世神仙，嘗著《養和篇》以獻。肅宗為自燒二梨賜之。諸王聯句有云：「不食千鍾粟，惟餐兩顆梨。」此紀實也。康熙辛卯，仇少宰滄柱兆鼇予告歸甬東，上念其疾，召其公車二子，賜内府靈膏，服之即愈。少宰集《參同契注》進呈，尚未達御，而御書金箑頒賜至。落句云：「欲問《參同契》中事，更期何日得相從。」按，此乃白居易《尋郭道士不遇》詩也。而上屬意少宰，隨舉白詩書之，一似二語預為今日君臣契合而作者，斯真千秋罕遘者耶！夫少宰助化無為，養和有素，足以媲美鄴侯。而上之恩遇，迥出唐宗上矣！（王湜華點校本第一五八頁）

智按：金埴，字苑孫、小郯，號鰥鰥子、聳翁、淺人、壑門，山陰（今浙江紹興）人。父金煜，順治十年進士，山東郯縣知縣。康熙九年（一六七〇）罷官。金埴隨父在山東生活，曾以晚輩謁見王士禛，受到賞識，稱為「後進之秀」。曾參編《兗州府志》。通說文，精文字聲韻之學，仇兆鼇曾請其校訂《杜詩詳注》。

徐昂發（？～一七四〇）

《畏壘筆記》

⊙元德秀

白樂天詩自注云：元魯山山居阻水食絶而終。案，《新唐書》本傳云：天寶十三載，卒家，唯枕履簞瓢而已。愚案，樂天去魯山時不遠，魯山名德，天下所推。樂天載之詩注，不應或誤。顏子夭死，伯牛惡疾，所謂天道，是

耶？非耶？（《畏壘筆記》卷一，《四庫全書存目叢書》影印清康熙刻本）

⊙池魚

《日知録》引《清波雜志》云：不知所出，以意推之，當是城門失火，以池水救之，池竭而魚死也。《廣韻》「池」字下云：「又姓池仲魚，城門失火，仲魚燒死，故諺云：城門失火，殃及池魚。」愚案，白樂天詩：「火發城頭魚水裏，救火竭池魚失水。」《清波志》所云，即樂天詩意也。（《畏壘筆記》卷一，《四庫全書存目叢書》影印清康熙刻本）

⊙唐世廩賜

宋杜鎬曰：「百官廩賜，莫盛於唐。月俸之餘，既有食糧雜給，禄粟之外，又有利息本錢。加以白直執衣、防閤掌固之類，悉許私用役使，潛有所輸，又有職田，公廨田，所以優厚之者甚至。」愚案，《唐志》宰相月給錢十二萬，故元微之有「今日俸錢過十萬」之語，而白樂天《江州司馬廳記》曰：「上州司馬秩五品，歲廩數百石，俸六七萬」，其《送王建赴司馬任》詩云：「公事忙閒同少尹，料錢多少敵尚書。」案，《唐志》，尚書三品月俸錢七萬二千，今云敵尚書，則外吏俸入，比京官更優矣。若準會昌後制，則尚書俸錢百萬，不止如樂天所云也。（《畏壘筆記》卷二，《四庫全書存目叢書》影印清康熙刻本）

⊙何滿子

《何滿子歌》，白樂天注云：「滄州歌者何滿子，臨刑進曲以贖死，上竟不免。」元微之詩云：「梨園弟子奏玄宗，一唱承恩羈網緩。便將何滿爲曲名，御譜親題樂府纂。」元白同時，又最交好，其説乃不同如此，未詳孰是。（《畏壘筆記》卷二，《四庫全書存目叢書》影印清康熙刻本）

⊙親家

唐人詩有「人主人臣是親家」（智按：盧綸《王評事駙馬花燭詩》，《全唐詩》卷二七七），「親」讀去聲，未詳其所本。儲光羲詩有「敬酬陳掾親家翁」之作，白居易有《閑吟贈皇甫郎中親家翁》詩，又有《皇甫郎中親家翁赴任絳州宴送》詩，其宴送詩有云：「新婦不嫌貧活計」，則皇甫乃是婦家。案，范史《后妃紀》云：「會公卿諸侯親家讌飲。」則「親家」二字，其來亦古矣。（《畏壘筆記》卷二，《四庫全書存目叢書》影印清康熙刻本）

智按：徐昂發，字大臨，長洲（今江蘇蘇州）籍，崑山（今屬江蘇）人。康熙三十九年（一七〇〇）庚辰進士，改庶吉士，授編修。有《畏壘山人集》。

詹賢（一六六三～？）

《前題次同寅李啟亭韵》

峯外晴嵐水面颸，晋唐遺響寄幽祠。漣漪細蹴波千叠，蒼翠輕摇水一池。栗里醉來驕白眼，香山築就憶清時。微官半落全無味，搦管羞題弔古詩。（《詹鐵牛詩文集》詩集卷六于路吟，《四庫禁毁書叢刊》影印清活字本）

《歸舟憶湖上》

江上峰青塔影圓，遥看三竺海雲邊。白公祠畔苔將老，蘇小墳頭草尚芊。舊夢十年消眼角，新愁頃刻上眉巔。勾留忽憶香山句，拽起歸帆意惘然。（《詹鐵牛詩文集》詩集卷七京遊紀，《四庫禁毁書叢刊》影印清活字本）

《同寅胡函三拉遊陶白祠次李笠翁原韻》

陰柳漾湖光，内闢蒸嘗地。雙棲水之湄，此中有真意。人爲白與陶，心眼遙相契。時雖晋與唐，音響寧相棄。五斗耻折腰，羞言清白吏。大絃急小絃，薄濕青衫淚。伊人不可再，鬱鬱對蒼山。我來憺望久，幽風拂烏翰。良哉二千石，重肅麗牲堙（祠爲郡伯江念鞠先生重建）。標稱都大雅，誰人敢索瘢？韻事存千古，方今難上難。慚予躭薄禄，俗抱且求安。厚顔對兩賢，心地憐枯朽。塵襟不可醫，藥石將無有。靈英宿匡峯，把臂長相守。憑弔起悲思，摳衣同稽首。酹酒漫臨風，庶幾云尚友。（《詹鐵牛詩文集》詩集卷九寄亭草，《四庫禁毁書叢刊》影印清活字本）（《詹鐵牛詩文集》詩集卷六于路吟，《四庫禁毁書叢刊》影印清活字本）

《病中同董幼成重過陶白祠》

探春遊未久，秋爽又重過。蕭寂採蓮徑，悠揚穫稻歌。冷懷空骯髒，倦足強滕挪。一揖遺風在，瞻依遣病魔。（《詹鐵牛詩文集》詩集卷九寄亭草，《四庫禁毁書叢刊》影印清活字本）

《次重幼成遊琵琶亭韻》

夏雲收雨遍長汀，有客搜奇訪古亭。暖日照開湓浦緑，晴嵐推出劍峰青。堦前自昔聞絃唱，江上如今濕淚零。笑我羈愁逾兩歲，僅從人語憶西溟。（亭距江城三里，予客潯二載，未得一遊，亦一恨事）（《詹鐵牛詩文集》詩集卷九寄亭草，《四庫禁毁書叢刊》影印清活字本）

《即席又贈閔五玉二首》（其二）

詩成煙水訴琵琶，弔古留題句自嘉。（五玉席間為予誦烟水亭、琵琶亭二詩，甚工妙）憑巴操機撚錦片，倩人濡筆灑瓊砂。溶溶午話琴添韻，落落春情酒送華。愧我頻年虛學步，也分眉黛哂東家。（《詹鐵牛詩文集》詩集卷十一寄亭草，《四庫禁毁書叢刊》影印清活字本）

《琵琶亭懷古》

琵琶亭上水雲閒，凄響空餘屋半間。剩有傷心人過此，青衫依舊宿啼斑。（《詹鐵牛詩文集》詩集卷十三師山草，《四庫禁毁書叢刊》影印清活字本）

《寄亭草自序》

予曩讀白香山《琵琶行》，心竊悲之。既而思曰：公以曠世人豪，司馬是邦，江州一味，不過因人就事，觸景寓言，以舒其憤鬱無聊之氣，而其平昔之風流嘯歌，斷不因境遇為增減。即所遭之時，所值之地，亦未必嗒焉若喪，凄焉若絕，至于斯極也。予於戊子冬，司鐸潯陽。既至，則老屋三間，頹園破壁，禮樂絃誦之地，竟為荆榛瓦礫之場。予幾欲舍此而去，幸同官諸君子為余另覓居停，棲託其間，覺樹影風聲，水光鳥語，贈答徘徊，皆有挽袂相留之意。於是顧而樂之，中有水榭一椽，峙立方塘上，左右石梁環抱，通透而入，因是編蘆構室，剪紙糊窗，設几攤書，聊為昕夕計，并顔其額曰寄亭。有詰之者，曰：「寄之為義也何？居乎？」予應之曰：「無他也，姑寄其所暫寄之人，且寄其所偶寄之時，還寄其所不得不寄之情而已矣。」詰之者曰：「善乎，子之言寄也。」予遂以亭名其詩，編録之下，盖不勝青衫獨濕之感焉。（《詹鐵牛詩文集》文集卷二序，《四庫禁毁書叢刊》影印清活字本）

《一草亭詩序》

余與內兄龔幹恒交四十年，稱莫逆，雖相距五十里，而賞晰之功，問難之益，以及贈答慰勞之勤，恍然如共一室。蓋其所投契，不在葭莩之末，而在性情之微矣。幹恒素躭詩，又不數為詩，且不樂人見其詩，故其風雅之稱，落落不出戶庭外，以此之故，故見其詩者惟予，即知其不數為詩而躭詩者，亦惟予也。不然，幹恒直一詩人耳。豈乏當世之名流巨公為之弁冕揚厲，而何取於予之序之而，必惟予序之者，豈惟陋幹恒實甚然，亦可以覘幹恒之志矣。予寂守潯水，與幹恒別凡三年。庚寅冬，幹恒襆被攜笻，訪予於荻窻葦屋之下，因得劇談往事，且叩其三年中之筆酣墨飽，必大有可觀。而幹恒瞿然曰：無有。惟是留連半月數日之間，晤予有詩，別予有詩，鰉脆有詩，即遊煙水亭暨陶白祠，亦無不有詩。予詫曰：子何良賈深哉若是。幹恒曰：子殆穹我矣，其亦進我者乎？隨從枕中出一秘本，顏曰一草亭集，屬予評且属序。……（《詹鐵牛詩文集》文集卷三序，《四庫禁毀書叢刊》影印清活字本）

智按：詹賢，字左臣，一字鐵牛，號耐莊，江西崇仁人。官職卑微，有《詹鐵牛文集》十五卷、《詩集》十五卷、《詩續集》十二卷，中國科學院圖書館藏乾隆間刻本。

閔俊瑞（一六六三～?）

《丁卯冬遊琵琶亭有作》

琵琶遺跡古隄邊，水有餘音泛檻前。湓浦風搖千樹柳，匡廬雨罩一亭烟。千秋雅韻逢知己，四壁詩歌詠昔賢。淚濕青衫人去後，黃蘆苦竹月娟娟。（《輯刻琵琶亭詩》，清乾隆十一年古柏堂刊本）

智按：丁卯，即乾隆十二年（一七四七）。

閔俊瑞，德化（今江西九江）人。時年八十有五。

劉青藜（一六六四～一七〇九）

《效樂天體詩》

驛馬有常額，飼秣支天儲。如何千郵裏，計口具青芻。一丁三十束，束必十束逾。昨有農家子，滿載充官需。主者不時收，遷延日欲晡。低聲前致辭，某里某甲輸。委積雖滿地，僅作一束餘。蹌踉出廐門，仰天號路衢。行人來借問，自言生何辜。家無一稜田，派名日追呼。聞說官給直，何曾見錙銖。老吏動咆哮，逼索如催租。屈指營辦足，翻謂有餘逋。勸爾且吞聲，努力完須臾。明朝急符下，行行就囚拘。（張應昌《國朝詩鐸》卷九，《續修四庫全書》影印清同治八年秀芷堂刻本）

《效樂天體詩》

富家衣綺羅，貧家衣布素。綺羅不自織，布素手親作。朝朝采棉花，夜夜擘破絮。紡車札札鳴，兒啼不暇乳。待到機杼登，辛勤知幾度。可憐釜甑空，嗸嗸嗟四顧。眼前饑欲死，遑恤襦與袴。抱布易斗粟，八口且沾飫。白望巧相逢，揚言收官布。值十不償一，欲語恐嗔怒。獻公分所甘，枵腹將安措。官本千金軀，此物甯堪御。似聞載還鄉，奇貨從此寓。吁嗟胡威絹，吁嗟沈香渡。此風久寥落，已矣將誰訴。

坐賈囊無錢，力耕村無土。窮民何所業，餬口資網罟。悉索雖多門，誰知到水滸。輪日輸官庖，簽名為漁户。官久厭雞豚，鮮鱠登盤俎。日日攜網去，泝沿徧浦漵。絶流澤已竭，喁險息水府。大魚騰波去，蝦蛆歸何許。徒手詣縣門，再拜聲酸楚。怒發如迅霆，白梃落如雨。（張應昌《國朝詩鐸》卷十八，《續修四庫全書》影印清同治八年秀芷堂刻本）

《香山寺懷白傅》

履道長歸不論貧，洛陽城裡最閑身。從將遺老招同社，時與高僧作近鄰。十寺煙消餘馬鬣，八灘風急蹙魚鱗。須知白傅饒風骨，不似微之易染塵。（譚習朴《歷代詩人詠洛陽》引《乾隆洛陽縣誌》，中國城市經濟社會出版社，一九八九年版，第二九〇頁）

智按：劉青藜，字太乙，襄城（今屬河南）人。康熙四十五年（一七〇六）丙戌進士，改庶吉士。有《高陽山人集》。

陳鵬年（一六六四～一七二三）

《閒夕偶次白香山韻》

鐙前蠨蛸飛，牆外流螢度。霏微楚閒溼，明滅花上露。卧轍無修畛，虛庭縱徐步。暑雨困歊蒸，新涼在高樹。言愜消夏情，益得閒居趣。豈必懷邱園，華簪漸非故。（《沅湘耆舊集》卷六十三，《續修四庫全書》影印清道光二十三年鄧氏南邨草堂刻本，第一六九一册，第三六四頁）

智按：陳鵬年，字北溟，號滄洲，湘潭（今屬湖南）人。康熙三十年（一六九一）辛未進士，官至兵部侍郎，河道總督，謚恪勤。

徐錫我（一六六四～一七一四後）

《我儂說詩》

⊙律詩總說

至元、白之庸俗，則又象嘉靖、萬曆間一種惡習，既非澹永，又非淹博，一入俗口，便牢不可除破，乃文字之鄉原也。

元、白律詩則無一首入選者，別體本來寬大，如江湖河海，雖泥滓諸穢，俱容著得下；律體則如碗中之茶，湯水既少，且又近不得些子雜味，那許他街謠里諺，一切齊來？蓋詩道有《風》、有《雅》，律則尚《雅》而不尚《風》。元、白乃字字狥俗，甚為欲老婢皆解，猶得稱雅道乎？夫俗則必粗，俗則必淺。他文字粗淺，且不可爲訓，况詩之爲道，聲之以管弦，象之以干羽！于是乎格天神、感地祇、享宗祖，甚者使鳥來儀、獸來舞。此爲何等樣文字，乃可令一字不精，一字不深？故獨汰元、白，以其不知詩之本來也。詩本來便即精深，故能詩者每通仙道，每通禪道，并通鬼道。而佛老靈鬼，亦往往托之于詩，以寫其玄微者。詩道精深，可憑之以見也。

詩除元白粗淺者不選，即專工寫景，亦詩家下乘，不選。（清乾隆間趙覲雅抄本《我儂說詩》卷八；《清詩話三編》第九六〇頁）

一種是徒然寫景，絕無寄託之詩。如樂天《杭州春望》、《西湖晚歸》等作，試看有何意味？律以刪《唐棣》之法，不但性情不真，並不真之性情亦無有矣。不入儂詩說者，此一種也。一種性情即真，卻細按之，章不成章，句不成句，外強中幹，百病叢生，亦「巧笑」詩「素以為絢」一類。不入儂詩說者，此一種也。

兩種病，前一種除元、白低手外，稍有才思者俱能避而不犯。獨後一種，雖唐人好手，如李，如高，如岑，如王、孟輩，往往犯之。惟少陵諸律，無一疵可指，以推詩聖，洵是不愧。（清乾隆間趙覲雅抄本《我儂說詩》卷八；《清詩話三編》第九六二頁）

辛巳冬，儂作《病夫聞箏起舞歌》畢，座客有譽儂者以《琵琶行》相比。依應之曰：若然，則我儂此歌可覆瓿矣。客問故。因舉《琵琶行》疵處云云。客又譽儂歌卓絕千古。儂笑曰：「非也，前已有王少伯爲儂作倡，或者稱千古雙璧，則不敢多讓耳。」（清乾隆間趙覲雅抄本《我儂說詩》卷八）

智按：康熙四十年辛巳（一七〇一）冬，徐錫我病，養病圓音寺。其《病夫聞箏起舞呈博土孫問亭》，見《聲中詩》卷四。

（評王昌齡《箜篌引》）唐人音樂詩，入妙者極多。然有一種專事揣摩，不與胸中所欲言者相關，雖甚肖其聲，終是膚殼。如樂天《琵琶行》膾炙人口，儂獨嫌其寫琵琶聲中，不即將商婦生平寫入，卻夾雜急雨、鶯花、流泉、灘水、大珠、小珠等沒緊要物件來擬似，則與上文「說盡心中無限事」不合。直至放撥之後，還要自言云云，是聲自聲，言自言，心手未能融洽，開後來庸近方便敷衍之門。（清乾隆間趙覲雅抄本《我儂說詩》卷八）

（評白居易《雜興》）樂府佳境，嘗幸長吉無七言律，藏卻一生醜拙，便元白亦如之，祇留如此等作，吾又何譏焉？（清乾隆間趙覲雅抄本《我儂說詩》卷十二）

附：《我儂說詩》批語

香山詩無病，病在□□□□之是已。以體制言之，《箜篌引》，如《邯風》「擊鼓其鏜」；《琵琶行》，「終風且暴」之類也。同工異曲，烏可伸此而屈彼哉？

己卯三月，謂明識。復閱《琵琶行》，韻或二句一轉，或四句一轉，錯雜相間，若除此二句，則韻不諧。惟有望香山復起，請其改作二句耳。（清乾隆間趙觀雅抄本《我儂說詩》卷八王昌齡《箜篌引》）

智按：己卯為嘉慶二十四年（一八一九）或光緒五年（一八七九）。

《說原》

⊙卜子夏詩序

文章而至於詩，玄遠已極，幽深已極，以玄遠動玄遠，以幽深感幽深，自然不介而孚，不謀而合，故儂于唐律，獨汰元、白，以其膚淺，失詩之本來。（清乾隆間趙觀雅抄本《說原》卷上「杜詩」）

即成章句，亦是粗粗白話，令市井小人聽之狂喜。故詩而至於元、白，真是詩中蠹賊，敗壞詩道不淺。（清乾隆間趙觀雅抄本《說原》卷上「杜詩」）

智按：徐錫我，字我純。自署晉陵籍，即武進（今江蘇常州）人，乾隆間，流寓漢陰，教授童蒙。有《我儂說詩》二十二卷附《說原》三卷，《聲中詩》十四卷。參見戶圓圓《清初抄本〈我儂說詩〉研究——兼論分解說詩理論》（上海大學碩士論文，二〇〇六年）、黃斌《徐錫我〈我儂說詩〉研究》（上海大學博士論文，二〇一〇年）。

費錫璜（一六六四～？）、沈用濟

《漢詩總說》

詩惟漢詩最難學，最難讀。極頂才人，到漢人輒不能措手，輒不能解隻字；有強解者，多屬皮裹膜外，止堪捧腹。漢詩即贊歎亦難盡，高古雄渾等語，俱贊不著也。然則將置之乎？曰：正於此要著一明眼。讀漢詩不可看作三代衣冠，望而畏之；須看得極輕妙，極靈活，極風豔，極悲壯，極典雅，凡後人所謂妙處，無不具之。即如《陽關》一曲，唐人送別絶調，讀李陵三詩，知從此化出；《陌上桑》、《董嬌嬈》，即張、王、李、韓輕豔之祖也；「紅塵蔽天地」、「十五從軍征」，李、杜悲壯之祖也；「冉冉歲雲暮」，駱賓王、白樂天皆祖之；《郊祀》諸詩，顔、謝、昌黎皆祖之。大抵六朝、唐、宋名家，多祖漢詩，不能盡述也。（《清詩話》，第九四三頁）

智按：《漢詩總説》，費錫璜、沈用濟合撰，康熙間掣鯨堂刊本。前有康熙四十八年（一七〇九）沈用濟自序。費錫璜，字滋衡。詩人費密（一六二五～一七〇一）次子。其先爲四川新繁人，祖父經虞（一五九九～一六七一）避難至揚州，後爲吴江（今屬江蘇）人。詩用功于兩漢樂府，爲沈德潛、李調元所賞。有《掣鯨堂詩選》。傳記見《國朝耆獻類征初編》卷四二八。沈用濟，原名瑛，字方舟。錢塘（今浙江杭州）人。國子監生。少喜吟咏，毛先舒嘆爲後生領袖。有《方舟集》。生平見《清史列傳》及《民國杭州府志》卷一四五文苑傳。此卷原列于費、沈同撰之《漢詩説》十卷前，爲全書之通論，楊復吉輯《昭代叢書》采入，單署費錫璜撰，遂爲單行詩話。《漢詩説》系取馮維訥《詩紀》、梅鼎祚《詩乘》所載漢詩加以評釋，介乎總集與詩評之間，《四庫提要》列入存目總集類。

任守幹（一六六五～一七二一）

《次白香山浩歌行》

浮生有始會有畢，少壯須臾能幾日。悲歡目前遆相催，俛仰年光三十七。前去四十且數年，可憐鬢髮已蕭然。既無仙方覔長生，不信靈丹能駐顔。世間無人獨能故，海外蓬瀛杳何處。人情所慕富與貴，難拒其來追其去。我欲乘舟渡長河，蛟龍出沒多驚波。我欲驅車上太行，羊腸屈曲石嵯峩。歸來市朝且逃名，擊劍慷慨成悲歌。今年不如去年健，來日孰與逝日多。世事糾紛君莫説，有酒不飲奈老何。（《遯窩遺稿》卷一詩，《韓國文集叢刊》本）

《李汝雨宅醉後口呼次白香山韻》

我本江海客，策驢入長安。手彈蒯緱劍，悲歌行路難。宦海風浪起，極目注狂瀾。薄宦不捄飢，旅遊覺酸寒。棲遲衡門趣，夙昔矢不諼。頭上珥綵筆，手中抛漁竿。常恐衆草盛，蕪沒埋孤蘭。今日訪沈淪，引盃盡君歡。忘形競喧呼，不知落簪冠。紛紛世間事，一笑高枕看。門前車馬道，驅馳多盛官。誰知藥肆中，講道窮兩端。(《遯窩遺稿》卷一詩，《韓國文集叢刊》本)

《次白香山韻》

滯雨村居僻，緣階草色深。歸田餘短髮，經世愧初心。虛閣炎威退，疎簾露氣侵。暮年常少睡，愁聽候虫吟。

江城凉意早，聽雨夜窓深。伏枕經時病，殘編萬古心。世緣身外遣，秋氣鬢邊侵。覔酒空尊倒，撚髭但苦吟。(《遯窩遺稿》卷一詩，《韓國文集叢刊》本)

《讀白香山集》

吾聞諸夫子，辭達而已矣。復讀詩三百，要在宣其指。觸境寫性情，不求文彩美。天機自然鳴，葩正誰與比。自從秦漢來，文章漸夸侈。辭艱爭取奇，意淺或傷俚。唐家盛詩詞，作者接武起。其中白少傅，力追風人軌。爲詩不雕琢，條暢若流水。世事有得喪，人情異憂喜。飄淪江海上，優遊禁省裏。所遇常累變，輪寫一於是。心中多少事，下筆不自止。急流放輕舠，平衢騁緑駬。文字自妥帖，旨義轉邐迤。信手拈得來，言盡意不已。諧笑與叱咤，燦然成文理。憂時諷疵政，疾惡譏顯仕。六義無虛設，不學雕篆士。達生忘寵辱，耽禪齊生死。陶情長坦蕩，靈府淡無累。足稱經世文，誰謂一小技。唐詩數百家，最數杜與李。詞藻非不美，風流惟此子。小杜評未公，那用故謗毁。(《遯窩遺稿》卷一詩，《韓國文集叢刊》本)

《觀漁效白香山體》

春來風色惡，經月不出門。今夕稍霽威，天氣暫妍溫。隣生勸我起，打魚江之濆。試携子姪輩，閑步過前村。小徑草色分，新翠被皐原。臨流喚漁舠，一葦波吐呑。春江渺空闊，沿洄逐鳧鴛。截江設長網，輕棹似箭奔。提網圍漸蹙，脩緪拖白蘋。潛鱗無隙漏，如鳥入籠樊。謂言多擊鮮，狼籍陳鮪鯤。何意水無魚，舉網但苔痕。所獲堇數頭，亦足充夕飧。相視共一笑，斟酌濁醪尊。縱棹下急流，漁村近黄昏。(《遯窩遺稿》卷一詩，《韓國文集叢

刊》本)

《燈下與兩兒讀書效白香山體》

秋盡苦多雨，冬初始見暘。天氣尚未寒，夜刻覺漸長。江村閉茅屋，篝燈照書牀。老夫常少眠，左右散籤箱。興至隨手拈，吟諷盡數章。時遇會心處，欣然寢食忘。兩兒勤咿唔，伴讀聲琅琅。詩禮吾家事，努力勉肯堂。田居雖淡泊，蔬糲亦充腸。不映雪中字，不借鄰壁光。父子共一燈，窮經敢怠荒。詞翰當文繡，道義爲膏粱。人必才須學，貧亦士之常。安貧宜種學，林壑且方羊。窮通自有時，忘懷信彼蒼。(《遯窩遺稿》卷一詩，《韓國文集叢刊》本)

智按：任守幹，字用譽，號遯窩。有《遯窩遺稿》。

顧嗣立（一六六五～一七二二）

《言懷十首》其四

詩中集大成，萬古一少陵。昌黎韓吏部，光怪方騫騰。香山白太傅，蕭散神仙稱。要皆從杜出，奇正各擅能。後代有眉山，落筆如雲蒸。方圓成珪璧，妍醜肖其形。四賢豈不偉，泰華同崚嶒。下視郊島輩，不翅蒼蠅聲。再拜往從之，天高不可登。(《閭丘詩集》卷一五，《四庫全書存目叢書》影印清康熙間刻本，集部第二六六册，第一七〇頁；《秀野草堂詩集》卷一，《清代詩文集彙編》影印清道光二十八年顧元凱潯州郡署刻本，第二一四册，第二〇頁)

《龍門四首》(其三)

白傅愛香山，老作香山主。詩留香山藏，骨埋香山土。潤筆七十萬，勝緣自修舉。元相有夙因，功德施佛祖。雲泉結社會，白髮聚儔侶。一朝兜率歸，風流散如雨。茫茫菟裘地，突兀寄宿莽。俯瞰清伊水，八灘橫別浦。石樓舊風月，瀟灑自千古。(清路朝霖《洛陽龍門志》不分卷，引《秀野草堂集》，《中國佛寺志叢刊》第八輯影印光緒丁亥家刻本，廣陵書社，二〇〇一年版，第一〇九頁；《乾隆河南府志》卷九十八藝文志，上海書店出版社《中國地方誌集成·河南府縣誌輯》六二，二〇一三年版，第四九八頁；李文生主編《龍門石窟志》引《河南府志》，中國大百科全書出版社，一九九六年五月，第三五六頁）

《擬白香山樂府四首》

⊙城西嫗

城西路上風蕭蕭，攔街痛苦聲號啕。就中一嫗聲更哀，上前問哭緣何來。官司誤傳點繡女，家家婚嫁不擇主。爆竹終宵響遏天。輿馬喧闐無空土，我女閨中十五年。眉如柳葉顔如蓮，匆忙錯信東家女，細馬馱歸紅錦纏。入門結髮堂上坐，膝下兩兒年已大。側目追隨婢妾班，夜抱衾裯和月卧。可憐嬌養蕙蘭姿，忍淚吞聲從此畢。聽嫗言，且勿哭。君不見，趙家女，年十六，昨宵花燭照顔色，夫婿今朝作八十。

⊙關中民

關中三年旱風起，大麥焦黄小麥死。兒哭耶孃妻覓夫，襍沓飢民如集市。官家蠲租詔發棠，煮糜調粥療飢腸。長吏公私多扣刻，一斗只合三升糧。攜囊挈缾爭領牒，口飢打手踵相接。縣官三日不開倉，十人八九僵路傍。

⊙煮鹽商

煮鹽商，銀鞍鑿蹏出紫韁，前驅呼喝行人立，黄羅繖影隨風揚。本是西門大賈客，輸粟官高兩千石。父授皇封子部曹，門楣不數金張宅，可憐南國有詩翁，蠹魚老死破麓中。敗壁酸風衣百結，半生莫送一身窮。乃知讀書縱使五車熟，不敵黄金滿一斛。

⊙賣柴翁

賣柴老翁六十六，旁行傴僂頭髮禿。閣閣梆聲孤燭搖，帶絮披氈蹲矮屋。自言今年田稻歉，秋成遂使陸梁小醜黄昏行。大官嚴令申保甲，柵門添置魚鱗接。西山日落斷行人，當街不敢收鵞鴨。前夜街西火焱流，昨宵羣嘯城南樓。倒騎屋山入閨閣，珍珠玳瑁落臂鞲。長街寂靜月如水，十十五五公然遊。金吾兜牟舞駿馬，劈面驚回伏鞍下。須臾賊退始張威，攔街呼喝平民打。打平民，莫敢陳。嚴夜禁，立法新。老翁無嫗又無孫，里正驅來守柵門。三十青銅博一夜，更長頭眩目昏昏。近聞官兵號令肅，冀得下鄉殲鼠族。安排布被折鐺邊，一覺瞢騰眠破屋。（《誾丘詩集》卷一五「大小雅堂集卷五」，《四庫全書存目叢書》影印清康熙間刻本，集部第二六六册，第二七二頁；《秀野草堂詩集》卷十五，《清代詩文集彙編》影印清道光二十八年顧元凱潯州郡署刻本，第二一四册，第一一六～一一七頁；張應昌《國朝詩鐸》卷十，《續修四庫全書》影印清同治八年秀芷堂刻本）

《寒廳詩話》

阮亭先生曰：「余嘗見一江南士人擬古樂府，有『妃來呼豨豨知之』之句。蓋樂府『妃呼豨』皆聲而無字，今誤以『妃』為『女』，『呼』為『喚』，『豨』為『豕』，湊泊成句，是何文理？」因於《論詩絶句》著其説曰：「草堂樂府擅驚奇，老杜哀時託興微。元白張王皆古意，不曾辛苦學妃豨。」先生此論，深中嘉、隆七子剿襲古樂府之病。（《清詩話》第八八頁）

麻城劉百年（淑頤）善集唐，贈商邱宋西陂先生云：「曾入甘泉侍武皇（李郢），暫隨紅旆佐藩方（韋莊）。長承密旨歸家少（王建），出使星軺滿路光（錢起）。謀略久參花府盛（韋渠平），風流三接令公香（李頎）。共言東閣招賢地（孫逖），肯為詩篇問楚狂（周賀）？」使事最切，而無組織之痕。至若《郊行》云：「聞鐘投野寺（李端），看竹到貧家（王維）。」《過毛丹儀郊居》云：「四鄰因野竹（楊顔），一室向青山（耿湋）。」《寄周示素》云：「萬事無成空過日（戎昱），百年多病獨登臺（杜甫）。」《晴霽即事》云：「蒲生岸腳青刀利（韋莊），雲鎖峰頭玉葉寒（劉兼）。」《贈歌妓》云：「弦弦掩抑聲聲思（白居易），字字清新句句奇（韋莊）。」皆巧妙句也。（《清詩話》第九三頁）

《元詩選凡例》

太史采詩，所以觀風。學者誦詩，期於論世。詩之為用，非苟焉而已。故於諸家集中，凡有義關風化、事涉紀載者，在所亟收，亦樂天諷喻、少陵詩史之遺意也。至於風雲月露之詞，香草美人之喻，體兼比興，用在勸懲，此選家之微尚，豈與氣數為升降者乎？（《元詩選》卷首）

智按：顧嗣立（一六六五～一七二二，一説一六六五～一七二四），字俠君，長洲（今江蘇蘇州）人，博學工詩，性嗜書，耽吟詠，弟兄六人，皆名滿京國，以嗣立為最。曾被召入京分纂宋、金、元、明四代詩選及《皇輿全覽》等書；康熙五十一年（一七一二）會試，特賜進士，改翰林院庶吉士，後以散館改授知縣，移疾而歸。自著有《秀野集》及《閭邱集》，箋注韓昌黎、溫飛卿二家詩，皆極賅洽；又有《詩林韶》、《閭邱辨囿》二書。但影響最大者首稱《元詩選》。顧氏年輕時即留意元人詩集，著手選編《元詩選》。康熙三十二年（一六九三），顧氏二十八歲時已將初集一百家（並附一百十六家）編成，並在次年由顧氏秀野草堂刊行。是書之二集（並附一百零七家）刊於康熙四十一年（一七〇二），三集（並附一百十七家）刊於康熙五十九年（一七二〇）。顧嗣立將每集又按天干分編為十集，其中自甲至辛八集所收各家均有專集可據，方外、閨秀編入壬集；諸家選本僅存四、五首及山經、地志、稗官、野史所傳者則總編為癸集附後。因此初、二、三集均無癸集。顧氏在世時，癸集雖已編目，並在秀野草堂開刻，但不久顧氏謝世，因此未及最後成書。過了十餘年，才由顧氏門人席守樸編成並補刊剩餘部分，但並未印行。經戰亂，舊版散失，守樸之子席世臣又在顧嗣立曾孫顧果庭處尋得已刻之版和未刻之稿，又經十載，終於在嘉慶三年（一七九八）刊印成書。這個印本後來又在戰亂中散失。現存之癸集是席世臣曾孫席威據殘存之舊印本與掃葉山房藏版，于光緒十四年（一八八八）重新刊印成書。

柯煜（一六六五～一七三五）

《題潯陽送客圖為宋蘭揮檢討賦》

梁園才子瀛洲仙，幕府讀書方少年。潯陽樓高試騁望，雕闌一曲横江天。登臨懷古意緜邈，生綃染出《琵琶篇》。當時白傅佐江郡，曠懷日習東林禪。無端送客成邂逅，京都音樂聞江邊。青衫紅袖兩淒惻，千秋歌曲分流傳。只今丹粉絢本事，水雲仿佛鳴香弦。貞元朝士感淪落，善才弟子餘嬋娟。《霓裳》、《六幺》疑可識，檀槽手撫神宛然。古來悲歡事何限，豈必同病纔相憐。高歌妙繪恣揮灑，動盪胸臆開心田。乃知賢豪襟韻各有托，非同非異非言詮。

奇章贊皇兼將相，豈岩香山佳句爭流連。還君此畫情悁悁，幽齋燈灺耿不眠。疏簾剩有玲瓏月，曾照西江詩酒筵。（《清詩別裁集》卷二十四）

智按：柯煜，字南陔，嘉善（今屬浙江）人。康熙六十年（一七二一）辛丑進士，官宜都知縣。有《石庵樵唱》。

朱軾（一六六五～一七三六）

《張栻》

論曰：朱子平生所交友，最著者敬夫、東萊、象山三先生而已。象山既同門而異戶，而東萊之教先列史而後六經，於博約之歸亦似不無異旨。其始終若符者，惟宣公一人。夫友所以講學，所以輔仁。漢之王、貢，唐之元、白，情厚矣，然所取不過意氣、文藝之間。即進乎此者，亦僅以政事節誼相鼓勵。惟朱子與宣公，出則欲同，行所學，舉明主於三代之隆。處則闡道傳心，思樹億萬世人倫之極。後之交友者，可以奮矣！（《四庫全書》本《史傳三編》卷六）

《白居易》

白居易，字樂天，其先太原人。後徙韓城，又徙下邽。父季庚，為彭城令，李正已之叛，說刺史李洧自歸，累擢襄州別駕。

居易敏悟絕人，工文章。未冠，謁顧況。況甚重之。貞元中，擢進士、拔萃皆中，補校書郎。元和元年，對制策一等，調盩厔尉，為集賢校理，月中，召入翰林為學士。遷左拾遺。

四年，天子以旱甚，下詔有所蠲貸，振除災沴。居易見詔節未詳，建言乞盡免江淮兩賦，以救流瘠，且多出宮人。憲宗頗采納。于頔入朝，悉以歌舞人納禁中，或言普寧公主取以獻，居易以為不如歸之，無令頔得歸曲天子。李師道上私錢六百萬，為魏徵孫贖故第，居易言：「徵任宰相，太宗用殿材成其正寢，後嗣不能守，陛下宜以賢者子孫贖而賜之。師道人臣，不宜掠美。」帝從之。河東王鍔獻羨餘將加平章事，居易言鍔求進奉，不恤彫瘵，若假以名器，恐諸道聞之，爭裒割生人，以求所欲，殃民壞法，不可復追。李絳亦諫曰：「鍔在河東，雖頗著績效，今因獻家財而命之，若後世何?」乃止。山南東道節度使裴均進銀器千五百兩，居易又與李絳上言，均欲以此嘗陛下願，却之。帝遽命出付度支。是時，孫璹以禁衛勞，擢鳳翔節度使。張奉國定徐州，平李錡有功，遷金吾將軍。居易請罷璹，進奉國，以竦天下忠臣心。度支有囚繫閿鄉獄，更三赦不得原。又奏言：「父死，縶其子，夫久繫，妻嫁，債無償期，請一切免之。」奏凡十餘上，益知名。

會王承宗叛，詔吐突承璀率師出討，居易諫：「唐家制度，每征伐，專委將帥，責成功，比年始以中人為都監。韓全義討淮西，賈良國監之；高崇文討蜀，劉貞亮監之。且興天下兵，未有以中人專統領者。神策既不置行營節度，承璀為制將，又充諸軍招討處置使，是實都統。恐四方聞之，必輕朝廷。後世且傳中人為制將自陛下始，陛下忍受此名哉?又諸將耻受承璀節制，心有不樂，無以立功。且陛下念承璀勤勞富之可也，至於軍國權柄，動關理亂，陛下寧忍徇彼之欲而自墜法制以損聖明乎?」帝不聽。既而師老不決，居易又言亟宜罷兵，毋貽後患。會承宗請罪，兵遂罷。

元微之以使外召還，宿敷水驛，有内侍後至，破驛門入擊微之，傷面。帝引前事，貶江陵士曹，居易言：「中使陵辱朝士，中使不問，而使臣先貶，恐自今中使益横，人無敢言者。且其為御史，舉奏不避權貴切齒者，衆恐自今無復為陛下言者矣。」不聽。

後對殿中，論執彊鯁，帝未諭，輒進曰：「陛下誤矣。」帝變色，罷，謂李絳曰：「是子我自拔擢，乃敢爾，必斥之!」絳曰：「陛下啟言者路，故羣臣敢論得失。若黜之，是箝其口，使自為謀，非所以發揚盛德也。」帝悟，待之如初。歲滿當遷，帝以資淺，且家素貧，聽自擇官。居易請如姜公輔以學士兼京兆戶曹參軍，以便養，詔可。明年，以母喪解，還拜左贊善大夫。

盜殺武元衡，京都震擾。居易首上疏，請亟捕賊，刷朝廷耻，以必得為期。宰相嫌其出位，不悦。俄為流言所中，出為蘇州刺史。中書舍人王涯上言不宜治郡，追貶江州司馬。既失志，能順適所遇，若忘形骸者。久之，徙忠州刺史。入為司門員外郎，以主客郎中知制誥。

穆宗好畋游，獻《續虞人箴》以諷。俄轉中書舍人。田布拜魏博節度使，命持節宣諭，布遺五百縑，詔使受之，辭曰：「布父讎國耻未雪，人當以物助之，取其財，誼不忍。方論問旁午，若悉有所贈，則賊未殄，布貲竭矣。」詔聽辭餉。

是時，河朔復亂，合諸道兵出討，遷延無功。賊取弓高，絕糧道，深州圍益急。居易上言：「兵多則難用，將衆則不一。宜詔魏博、澤潞、定、滄四節度，令各守境，以省度支貲餉。每道各出鋭兵三千，使李光顔將。光顔故有鳳翔、徐、滑、河陽、陳許軍無慮四萬，可徑薄賊，開弓高糧路，合下博，解深州之圍，與牛元翼合。還裴度招討使，使悉太原兵西壓境，見利乘隙夾攻之，間令招諭以動其心，未及誅夷，必自生變。且光顔久將，有威名，度為人忠勇，可當一面，無若二人者。」不聽。居易乃匄外遷，為杭州刺史，始築堤捍錢塘湖，鍾洩其水，溉田千頃。復濬李泌六井，民賴其汲。久之，以太子左庶子分司東都。復拜蘇州刺史。

文宗立，遷刑部侍郎，封晉陽縣男。太和初，二李黨事興，險利乘之，更相奪移，進退毀譽，若旦暮然。楊虞卿與居易姻家，而善李宗閔，居易惡緣黨人，斥乃移病還東都。除太子賓客分司。開成初，起為同州刺史，不拜，以太子少傅，進馮翊縣侯。會昌初，李德裕當國，素惡居易，以刑部尚書致仕。六年，卒，年七十五，贈尚書右僕射。宣宗以詩弔之，遺命薄葬，毋請謚。

居易被遇憲宗時，知無不言，多見聽可。為當路者所忌，遂擯斥，不獲施，乃放意文酒。與弟行簡、從祖弟敏中友愛。東都所居，疏沼種樹，構石樓香山，鑿八節灘，自號醉吟先生，為之傳，嘗與胡杲、吉旼（旼）、鄭據、劉真、盧真、張渾、狄兼謨、盧貞燕集，皆高年不仕者，人慕之，繪為《九老圖》。

居易最工詩，頗以規諷得失，尤能諧俗好，至數千篇，士人爭傳。雞林行賈售其國相，率篇易一金，其偽者，相輒能辨之。初，與元微之酬詠，故號「元白」；微之卒，又與劉禹錫齊名，號「劉白」。及敏中為相，請謚，曰文。東都、江州人皆為立祠。

《新唐書》贊曰：居易與元微之以詩齊名，然居易用直道奮，在天子前爭安危，以立功，雖被斥而志不衰。當宗閔權勢震赫，終不附離為進取計，完節自高。而微之中道徼險得宰相，名望漼然。嗚呼，居易其賢哉！

論曰：憲宗未平蔡以前，孳孳為治朝，多直臣，時裴垍為相，居易及李絳為翰林學士，屢進讜言，天子改容聽納。及絳為相，直臣之氣益張，居易其可謂乘時而奮者矣。宋蘇軾每作詩，輒以居易自比，蓋平生遭遇有相似者，由今觀之，二人之忠節直氣不相上下，而雄邁之才，軾固不可及，至於冲遠和粹，居易又自有以過人者。雄峙二代，振耀今古，未知其孰先後也。然皆弗獲展布其能，豈所謂以文章掩其政事者歟？（《四庫全書》本《史傳三編》卷四十七）

智按：朱軾，字若瞻，號可亭，高安（今屬江西）人。康熙三十三年（一六九四）甲戌進士，改庶吉士，授編修，官至文華殿大學士。贈太傅，謚文端。

鄭性（一六六五～一七四三）

《中竺雲林堂同韞山北溟東崖用香山眉山天竺寺韵》

幾度尋山出郭門，春分在眼又秋分。半生滚滚溪中水，萬事茫茫嶺上雲。挈伴兩三還有興，甘心四十竟無聞。莊生緫不周公夢，蝸角憑他各自紛。

西子湖頭山舍好，諸君莫認作僧家。一空早遣心中馬，三醉還抛袖裹蛇。乘興間行談往事，滿庭明月照秋花。香眉二子今何在，坐憶題詩燭淚斜。（《南溪偶刊》，《四庫未收書輯刊》影印清乾隆七年刻本）

《曉入雪竇用香山宿東亭曉興韵》

紅日升東方，大塊然巨燭。仰止妙高峰，溪頭不再宿。石徑猶霜封，崖幽半未旭。嚴威太有餘，和光殊不足。入山過小亭，數里山腰曲。僕夫莫争先，主人偏欲速。黄茆白葦中，松柏參差緑。其下有青檽，看我飛昇獨。（《南溪偶刊》，《四庫未收書輯刊》影印清乾隆七年刻本）

《九月朔日寄軒感秋詠意用香山韵同韞山西郭》

秋光冉冉逝如飛，眼看東門又授衣。我已無懷栽柳去，人多得意踏槐歸。花開花謝誰榮辱，雲止雲行底是非。身病何妨心莫病，良醫大藥世間稀。（《南溪偶刊》，《四庫未收書輯刊》影印清乾隆七年刻本）

《霜降後三日夜東門寄軒晤北溟仍用香山感秋詠意韵》

秋空大鳥獨高飛，伴是江東一縞衣（時北溟衣素）。疇昔夢思曾未舍，今宵邂逅曷能歸。四通衢上容來往，一醉時間證是非（北溟舊有「醉到糊塗潮即真」之句）。只此東門相印合，不妨踪跡寄軒稀。（《南溪偶刊》，《四庫未收書輯刊》影印清乾隆七年刻本）

《宿寄軒同東門用香山南湖晚秋韵》

我形亦已衰，我心不知老。秋蕙挺羣英，經霜摧不倒。物榮雖終枯，遠志出小草。與君永今宵，願言易夙抱。時宜滿肚皮，何日乃聞道。深秋試仰觀，高天方浩浩。（《南溪偶刊》，《四庫未收書輯刊》影印清乾隆七年刻本）

《歸宿溪口用白香山宿靈巖寺上院韵》

忽隨飛鳥下平林，雪竇山深未是深。息足閑談支遁塵，回頭餘慕伯牙琴。溪灘湍沫前趋口，水碓輪盤晚定心。去宿何如來宿稳，塵埃萬慮揔銷沉。（《南溪偶刊》，《四庫未收書輯刊》影印清乾隆七年刻本）

《宿雁來菴用白香山與僧智如夜話韵》

雁嶺成三至，因緣揔藉朋。路疑將列處，貌認舊交僧。就竹安親榻，拈詩借佛燈。澄清海内事，讓與世人能。（《南溪偶刊》，《四庫未收書輯刊》影印清乾隆七年刻本）

《登龍山清道觀為東門壽用白香山登香爐峰頂韵》

觴壽事探奇，達流挾勝想。一作慈水遊，不暇春江往。昨日龍山俯，今日龍山仰。龍山西復東，同人下復上。昨眼尚迷離，今心不惝恍。昨雨脚千絲，今晴光萬丈。雨先晴在後，眼明心更廣。蒼天已示機，清福長握掌。從此縱仙槎，豈復控塵鞅。百年如一日，窮霄而極壤。（《南溪偶刊》，《四庫未收書輯刊》影印清乾隆七年刻本）

《訪巢寄齋司寇隱居》（四首其三）

滿頭霜雪半身風（香山句：「時寄齋亦患半風」），白傅風流逈不同。林下廿年閒著述，先君而後更逢公。（《南溪偶刊》，《四庫未收書輯刊》影印清乾隆七年刻本）

《王德載以雲海慈暉圖屬題（圖後載表哀詩）》

岵哀賦後賦哀哀，一病年餘卷不開。今日出門剛服闋，何堪把讀表哀來。

靡依歎我此餘生，開口吟成嗚咽聲。一字傷心拋一淚，與君没世有同情。

北堂幾載杳慈暉，客至如今尚似歸。人道三槐諸媳淑，不知只是守遺徽。

若翁年已六十餘，一室鰥鰥欝未舒。哀母不應人勸節，倘思慰父合何如（十讀作沉，平聲，見《香山集》）。（《南溪偶刊》，《四庫未收書輯刊》影印清乾隆七年刻本）

智按：鄭性，字義門，號南溪，慈溪（今屬浙江）人。貢生。有《南溪偶刊》。

儲大文（一六六五～一七四三）

《英衛公廟碑銘（代）》

英衛公廟，祠春秋吴行人伍公也。公歿，吴人祠諸江上，號胥山廟。唐封廣惠侯，錢武肅王奏改惠應。乾寧元年，旋晉吴安王。四年，宋賜祠額忠清，改封忠壯侯。紹興三年，又建英衛閣以祀。嘉熙三年後迄元季，叠晉八字王封。宋嘉熙至咸淳，累封忠武英烈顯聖福安王。元大德三年，加封順祐忠孝威惠顯聖王，明釐祀典詔，郡長吏歲以九月二十日祀，而祠額帥初不改。國家祗膺寶命，百神率職，薄海際天，颷紓濤謐。雍正紀元之三年，勅封英衛公，詔發帑銀，以新公祠。於是知杭州府事臣某，知仁和縣事臣某，知錢塘縣事臣某，祗承吏部左侍郎，署浙江巡撫臣某，承宣布政使臣某，提刑按察使臣某，檄牒選材，鳩工肇功，於秋八月之某日蕆事，於冬十一月之某日堂寢門廡，彤碧絢耀，而役不逮坊里，杭人士聚觀新額，謂宜有以宣上德，述神貺。臣某爰書其源流，暨歲月而鑱諸麗牲之碑。謹按，公懋勲偉節，《春秋左氏傳》、《史記》蓋綦詳矣，獨歿而歸神大海，依潮來往，其説始見《越絶書》、《吴越春秋》……昔漢有防海大塘，唐史載，鹽官塘浙江，惟富陽塘、錢塘長堤，差可考然。白居易任刺史，業慮濤激西北，而大曆八年，宋祥符、景祐、慶歷、元豐、淳熙、紹熙，元至和，暨明洪武後，五大潰決，毁陷漂敗，不可勝記。（永樂九年，成化甲午，弘治壬子，嘉靖戊子，萬曆乙亥）惟國家修舉水政，警惰覈冒，其於捍江捍海，實克舉端木氏、趙氏、范陽酈氏之所録，王充、虞喜、盧肇、燕肅、余靖、張載、蘇軾、史伯璿、金履祥之所覃思而極論，華信、李璿、李蟠，後諸賢之所昕塗，夕潦而塵獲集事者，胥薈萃其綜畫，以見諸石囤木櫃、絡竹排樁間，而祗薦罔或矯誣水害，訖用是息。……臣等備位列嶽，獲覩竣工，爰敢附唐宋守土臣後，肅譔廟銘焉，其辭曰：艾陵退息，城山進攻。凡為臣者，孰如公忠。昭關東奔，紀南西�。凡為子者，孰如公孝。維忠維孝，千人之英。歿而歸海，海若震驚。一日再來，素車白馬。火霆錯擊，銀潢倒瀉。揚波重水，異壤同神。忠孝協軌，以衞斯民。帝德覃敷，爰被二淛。濤清噴玉，隄堅屹鐵。迺報公功，崇封肇開。甍參星斗，楹飾雲雷。釃酒刲牲，雅歌節舞。湖平山碧，樂此終古。（《四庫全書》本《存研樓文集》卷十二）

《釋嫉》

語曰：「入朝見嫉，入宮見妬。」其要具於《尚書・秦誓》四言。顧娟嫉有二，或以權勢，或以文藝。權勢雖極，文藝軋之。文藝雖工，尤工者軋之。而紛態百變矣。蓋若騶衍之於公孫龍，唐勒之於宋玉，李斯之於韓非，楊勝、公孫詭之於鄒陽，公孫弘之於董仲舒，張竦之於揚雄，陳球之於蔡邕，郗慮之於孔融，王業之於王弼，鍾會之於嵇康，吕安、荀勗之於阮咸，盧志之於陸機，王述之於王羲之，傅亮之於顏延之，魏收、邢劭之互排，王孝籍、孫萬壽之特感，裴行儉之於王勃、盧照鄰、駱賓王，武三思之於陳子昂，喬知之、張説之於李邕，李林甫之於張九齡、蕭穎士，盧杞之於顏真卿，吴通微之於陸贄，韋高之於柳宗元、劉夢得、吕溫，王涯、李德裕之於白居易，牛僧孺、李宗閔之於李德裕，李逢吉、段文昌之於韓愈，令狐綯之於李商隱，杜悰之於杜牧，王鐸之於羅隱，徐鉉之於潘佑，張洎之於徐鉉，陳彭年之於楊億，王拱辰、魚周詢之於蘇舜欽，王益柔、錢易之於歐陽修，王珪、舒亶之於蘇軾，蔡京之於秦觀，王黼之於汪藻，秦檜之於綦崇禮，洪适之於周必大，何澹之於陳亮，史嵩之之於徐霖，賈似道之於文天祥，蔡松年之於党懷英，王庭筠、胥持國之於趙秉文，雷淵、李獻能之於李汾，王文統之於郝經，元明善之於虞集，李賢之於岳正，傅瀚之於程敏政，都穆之於唐寅，李東陽之於李夢陽、康海、王九思，朱曰藩、張孚敬之於趙時春，王慎中、夏言之於黃佐，霍韜之於仕瀚，嚴嵩之於趙貞吉，王世貞、吳國倫、徐階之於茅坤，申時行之於湯顯祖，郭正域之於焦竑，張問達之於李贄，李三才之於湯賓尹，饒伸、高桂之於王衡，孫振基、劉策于、玉立之於韓敬，馮銓之於繆昌期，溫體仁之於張溥、鄭鄤，黃淳耀之於陳子龍，張志發之於黃道周，楊嗣昌之於楊廷麟，張捷之於夏允彝，此胥載諸史册，灼灼在人耳目間者也，而椒蘭絳灌，暨殊塗雜流，不具列焉。萬世士觀此忮才之念，倘不覺涣然冰釋，而鴻鈞庶其永準乎！（《四庫全書》本《存研樓文集》卷十二）

《桐汭洪子詩集序》

詩繇阮、陶、謝後，唐鹿門孟氏、韋曲韋氏、武康孟氏得其精窔，宋宛陵梅氏、雙井黄氏，彌變而新淬之，而匪四靈暨金谿南辛氏、元清閟倪氏之所克逮也；明茂苑沈氏、大梁高氏，亦差彷彿焉，而匪竟陵鍾氏、譚氏之所克逮也。百年來，南村潘氏、石臼邢氏，亦差具前賢緒概。吾觀桐汭洪子雅工詩，越陌度阡，畛平畦列，而中藴匪阡匪陌之致，殆獨躋蒼逸品，而奮袂突前，出南村、石臼左右者邪！抑唐下邽白氏、宋山陰陸氏，詩體殊别阮陶，而摧藝者多謂異派而同源，何則？尚其達也。夫辭達則不蘄蒼而自蒼，不蘄逸而自逸，此又覈驪黄、辨淄澠者之所宜微研也。抑洞汭經義明，惟官明夏先生闡唐瞿之法，實克埒崑麓吳氏、靜臺杜氏，而長卿先生武之。今洪子工詩，又雅工經義，實克武官明、長卿二先生，而喆嗣上舍君、茂才君，又胥以文名，然則洪子詩編，雖謂下邽白氏之《百道判》，四達而不少齟齬，以登之巖廊，播之雅管，偕六十年日課一詩者，胥傳焉可也，而宛陵、四靈、溪南、茂苑暨南村、石臼，又宜析秒忽毫撮而微研之矣。（《存硯樓二集》卷五，《四庫未收書輯刊》影印清乾隆京江張氏刻十九年儲球孫等補修本）

《壽趙贊善序（代）》

吾師贊善趙公謝承明承華秩，退而盤桓秋谷園，頤天和，探天倪，奥編秘笈，靡所不窺，尤肆其日力於詩，牢籠百代，槖籥萬象，而盡破去擬倣拘瑣態習，其軼近世歷下、臨清諸家之格，而武東平公幹、山陽仲宣、臨淄太冲，以偕唐供奉李氏，參標翰苑，鶴天無疑也。公恢參政按察，公之緒怡封編修，公之養，夕膳晨羞，擬於絳趺朱萼，郡邑守長暨冠蓋士遊青者，造顔神里第，多楗闢不應，徑詣秋谷，則公侍編修，公延知舊業，觴詠彌日，客亦陶然就坐，頹然引滿，一切佐飲具，率不移晷立辦。而北趙家風，實類南阮，秖以鴻章雅詠之爭高嶽副嶽也，士胥膴楷，用此車輻輳秋谷，而海内指標當代才子，亦胥曰秋谷先生某某，受知於公久，間侍公論，退而衷諸史籍，如供奉之月夜放舟，著宫錦袍也；房太尉之留董庭蘭不遣也；李鄴侯之取樛松枝，撥煨芋也，白少傅之搆石樓，香山鑿八節灘也；楊學士之賦晬穆東房也；蘇端明之風月笛、雲霧窗也，夫公實胥類之。而若貞元集張拾遺之王吕，慶曆集進奏院之蘇王，暨近世武功康氏，新都楊氏，章丘李氏，抑未識其風趣雅類焉。不邪，夫公自以公才公望，焜耀館閣，而凡有托而逃者，抑豈足涯經國之偉畫，隳壽世之嘉祉也邪！……（《存硯樓二集》卷七，《四庫未收書輯刊》影印清乾隆京江張氏刻十九年儲球孫等補修本）

《記思嗜臺引》

載籍文辭，如白樂天、王元之、羅圭峰諸公，以竹名者衆矣。獨蘇端明《文與可畫篔簹谷偃竹記》超絶埃壒，蓋端明文至黄州而一變，子由所謂黄州後，如川之甫至，而輒瞠乎其後者也。至惠州昌化軍而又一變，而茲記清窈倏幻，成於元豐二年七月七日，時在湖洲，不踰月，旋北行，遂開《赤壁》、《石鐘》暨《志林》諸卷帙之先，而坡仙文，迄擅海外。定安距宋昌化軍不數舍地，雅多竹，�菴莫先生嘗築舍東小邱，爲讀書燕息之所，環藝以竹，署曰�酣別墅，今喆嗣孝廉中洲君，復闢邱東隙地十丈，繚以垣，而中臺之藝竹滋益密，署曰思嗜臺，其從弟，予同年友印山君，蘄予言以引。予謂筠菴嗜竹，夫匪直竹也，充其嗜之之極，雖樂天、元之、圭峯諸公摹畫蒼翠，恐未足以慊厥嗜也。世尠不嗜竹，而克嗜之者實少。矧思其所嗜者乎？筠菴奚獨嗜之，而不厭中洲，奚獨思之而不釋，噫嘻！予知之矣，此非端明之所謂「執筆熟視」，「振筆直遂」，而異於節節葉葉而爲之累之者乎？故曰：「用志不分，乃凝於神。」又曰：「彼自立彼，不思而得。」癸卯春三月十有四日。（《存硯樓二集》卷十，《四庫未收書輯刊》影印清乾隆京江張氏刻十九年儲球孫等補修本）

《祭曹莆田文》

嗚呼！先生雋戊午爲名孝廉，合莆田爲循吏，今齒踰六十，而又有謌廷以爲之子。然則先生殆可無憾。維是謌廷遊京師，名籍甚，聞先生病而歸，歸而先生卒，而某羈於此，不獲躬奠尊，其庸得無一言以逭情至而事不從之譽。昔明嘉靖庚戌，歸熙甫詘禮部試，主文茶陵相深用爲恨，邑邑數月卒。熙甫王夫人泣曰：世無知君者矣。雖然，茶陵公負君耳。己未，熙甫又試卷格於外廉，熙甫著解惑，援河南廳壁事曰：是皆杯中之影類也。嗚呼！世固不少杯中影，而影復生，影卽相責，豈有窮哉！維是謌廷齒行長矣。前二歲，陸夫人卒。曾不獲如王夫人之慰藉與知，其知謌廷而負謌廷者，得無微有憾邪？且今而後，其誰爲太倉、鄞二相之果知熙甫，與鄞相之知而卒不負之者邪，而要知而負之，與負之而絕不知者，是皆杯中之影也。然則先生良可無憾也。《禮》曰：「四十曰强而仕。」孔子曰：「四十而不惑。」孟子曰：「我四十不動心。」今江南人士，齒未四十，而制藝名天下，惟漢階、謌廷耳。齒不及謌廷，未有果能名世者也，齒不及謌廷而蕲名世，胥妄也。計謌廷免喪，齒適四十，然則先生之望雖少淹，而意者其行合於禮乎。某等盖卜今而後，知謌廷者當益衆，而卒亡負之者。而杯中之影，與影之所生者盡亡也。白居易詩曰：「孟子心不動，吾今其庶幾。」然則所以卒釋先生之憾意者，今其庶幾乎。某等雖不獲躬奠尊，而先生聞是言，當以爲何如也？嗚呼哀哉！意者不啻奠尊乎，嗚呼哀哉！（《存硯樓二集》卷十六，《四庫未收書輯刊》影印清乾隆京江張氏刻十九年儲球孫等補修本）

《書曾萬樓十三經源流後》

唐白居易《代書詩》：「策目穿如劄。」注曰：「時與微之結集策畧之目，其數至百十。」今樂天集存者可考，蓋偕六帖胥應用書也。詩又曰：「並受夔龍薦，齊登鼂董詞。」又曰：「取第爭無敵，專塲戰不疲。」予覽湘潭萬樓曾子《十三經源流》，竊謂是可爭無敵而戰不疲也。爰書此遺之。……（《存硯樓二集》卷十九，《四庫未收書輯刊》影印清乾隆京江張氏刻十九年儲球孫等補修本）

《山西通志》

白居易《杭越寄和詩》一卷（同元稹、李諒），《元白繼和集》一卷（元稹、白居易），《劉白倡和集》三卷（劉禹錫、白居易），《三州倡和集》一卷（白居易、元稹、崔玄亮）。（《四庫全書》本《山西通志》卷一七五）

智按：儲大文，字六雅，號畫山，宜興（今屬江蘇）人。康熙六十年（一七二一）辛丑進士，改庶吉士。有《存研樓集》。

何世璂（一六六六～一七二九）

《然鐙記聞》

學詩要窮源溯流。先辨諸家之派，如：何者為曹劉，何者為沈宋，何者為陶謝，何者為王孟，何者為高岑，何者為李杜，何者為錢劉，何者為元白，何者為昌黎，何者為大曆十才子，何者為賈孟，何者為溫李，何者為唐，何者為北宋，何者為南宋，析入毫芒，學焉而得其性之所近。……（《清詩話》第一二〇頁）

師（王士禛）曰：「……唐人樂府，惟有太白《蜀道難》、《烏夜啼》，子美《無家別》、《垂老別》，以及元、白、張、王諸作，不襲前人樂府之貌而能得其神者，乃真樂府也。後人擬古諸篇，終是贋物。」（《清詩話》第一二一頁）

智按：何世璂，字澹庵，一字坦園，號鐵山。新城（今山東桓臺）人。少有神童之目，初任莒州學正，康熙四十八年（一七〇九）進士，授翰林檢討，累官至直隸總督。卒謚端簡。有《何端簡公集》。事迹見俞正燮撰《何端簡公年譜》。

杜詔（一六六六～一七三六）

《清商怨·訪琵琶亭故址》

潯陽江上弔古，正月明溢浦。照得分明，琵琶亭下路。　　誰將幽怨暗數，聽瑟瑟蘆花秋暮。不是青衫，天涯淪落苦。（《雲川閣集》詞卷六，《四庫全書存目叢書》影印清雍正間刻本，集部第二六六册，第一六三頁）

《江城子·蘆花》

一彎秋水冷蒹葭。滿秋花。好浮查。望去漫漫，飛雪亂平沙。誰道夜深明月上，看一白，是蘆花。　　雁聲低壓擼嘔啞，細風斜，似吹茄，瑟瑟蕭蕭，楓葉共天涯。忍使潯陽江上客，衫淚落，濕琵琶。（《全清詞・順康卷》，中華書局二〇〇二年版，第一一一九七頁）

智按：杜詔，字紫綸，號雲川，又號蓉湖詞隱，學者稱半樓先生，無錫（今屬江蘇）人。康熙壬辰（一七一二）進士，改庶吉士。有《雲川閣集》。杜詔同門學弟沈樹本《浣花詞序》評云：「吾友杜五，詩則香山，文則歐陽子，而詞則晏小山也。」（《雲川閣集》，《四庫全書存目叢書》影印清雍正間刻本，集部第二六六册，第一二九頁）

杜詔（一六六六～一七三六）、杜庭珠

《中晚唐詩叩彈集》

癸未春，余與家詒穀讀書鴛湖之上，間為詩歌，因相與論次唐人詩。自長慶以下得三十有七人，詩凡一千六百十四篇，取平原「抱景咸叩，懷響畢彈」之意，名之曰《叩彈集》。……唐人如白香山以迄羅、韋諸家，不拘蹊徑，直抒胸臆，或因時感憤，或緣情綺靡，使神無不暢，景無不宣，而好色不淫、怨誹不亂之旨，未嘗不存乎其間。求所謂盡與俚者，不可得。能使學者疏瀹心靈，發皇耳目，不致美矉學步，以自抹殺其性情，此《叩彈》之所由選也。若別體裁、扶風雅，則俟當世之知言者。（杜詔自序）

唐人至白香山，獨辟杼機，擺脱羈紲，於諸家中最為浩瀚。比之少陵，一則泰山喬嶽，一則長江大河。憂樂不同，而天真爛漫未嘗不同也；難易不一，而沉著痛快未嘗不一也。學者熟之，可以破拘攣，洗塗澤。故是選以香山爲始，所録亦獨多。自元微之以下，各以類及，而世次先後，或不盡拘，其去取大概，每于卷末略附管見，兹不具載。（杜庭珠例言）

（《新樂府・縛戎人》）郭茂倩云：元微之病後人沿襲古題，倡和重復，乃與白樂天、李公垂輩不復更擬古題。其和公垂新題樂府，有《縛戎人》。公垂傳曰：「近制兩邊、每擒蕃囚，皆傳置南方，不加剿戳，故作歌以諷焉。」樂天此詩，却爲漢人之沒蕃歸漢者不蒙矜察時作，又務自爲意也。（中國書店

據采山亭藏版影印本卷一）

（《新樂府・杜陵叟》）詔按：貞元十九年，以李實爲京兆尹，爲政暴戾。時春夏旱，京畿乏食。實不介意，方務聚斂徵求以給進奉。每奏對，輒曰：「今年雖旱，而咎甚好。」由是，租稅皆不免，窮至壞屋賣瓦木、貸麥苗以應官。嘗有沼免畿內逋租，實不行用詔書，征之如初。詳見《順宗實録》。（中國書店據采山亭藏版影印本卷一）

（《新樂府・繚綾》）《文宗本紀》：「太和三年十一月詔：毋獻難成之物，焚絲布撩綾機杼。」撩綾，疑即繚綾也。（中國書店據采山亭藏版影印本卷一）

（《新樂府》總評）唐以來，古樂府音節久亡。少陵以時事創新題，爲千古絕唱。樂天規切時事，激昂痛快，亦足横絕古今日當不徒以聲調格律論其高下。（中國書店據采山亭藏版影印本卷一）

（《長恨歌》）詔按：明皇荒淫亂政只三字蔽之（「從此君王」句下）。庭珠按：此下明皇幸蜀及縊貴妃于馬嵬之事（「千乘萬騎」句下）。庭珠按：此下上皇還京之事。詔按：上寫禄山犯闕，只「鼙鼓」二字，此寫肅宗收復，只「天旋地轉」四字：讀者但覺叙事明暢，不知簡徑至此（「天旋地轉」句下）。庭珠按：此下命令求貴妃之事（「魂魄不曾」句下）。庭珠按：此下重申密約，結歸長恨之意（「天上人間」句下）。（中國書店據采山亭藏版影印本卷一）

（《琵琶行》）庭珠按：以上琵琶婦自叙；下，樂天自言遷謫之感也（「夢啼妝淚」句下）。（中國書店據采山亭藏版影印本卷一）

庭珠按：（元白傳論）元和主盟，微之、樂天而已。樂天亦嘗自言，江南士女語才子者，必稱元、白。愚意元（微之）詩比白翦裁差勝，而氣遠遜之。今掇其尤者，以次白後。（中國書店據采山亭藏版影印本卷二）

智按：杜庭珠，號詒穀。秀水（今浙江嘉興）人，尚書杜臻之子。據杜庭珠所作《中晚唐詩叩彈集・例言》原是「與紫綸兄手自摘鈔，本爲巾箱吟賞之具，未敢公之同好也。家大人督課之暇，偶見副本，喜曰：二子用心良苦，盍出而是正乎?」于是加以刻印。編選工作始于康熙四十二年（一七〇三）春，于第二年暮春編成前集，是年秋編成續集。

李必恒（一六六六～？）

《會昌九老圖歌和漫堂先生》

香山居士真老仙，洛中結社詩九賢。盛事圖繪足不朽，至今妙本爭流傳。太清樓中舊曾貯，雲散宣和欻南渡。艮齋題識鈐紹興，御墨淋漓元氣注。吳興得之歎希有，棠村寶此亦未久。物之鑑賞在真識，妙跡天遣落公手。我昔借觀六月中，刻畫入細驚神工。是日微雨破池面，湘簾戛觸生清風。君不見，元稹作相五月耳，朝籍紛紛黨牛李。中山（劉禹錫）屢黜元老（裴度）危，虞卿（楊）遭枉申錫（宋）死。又不見，太和年間甘露變，北寺南衙劇爭戰（《淮海英靈集》作征戰）。百僚駢首就誅戮，碧血横漂紫宸殿。幾人得見會昌春（即香山句），蚊蚋紛紛一聚塵。物外逍遥獨此老，摇毫把盞陶天真。履道歸來已七十，尚齒開樽樂泉石。好事縑素寫風流，千載摩挲認冠舄。方今聖治流雍熙，我公矍鑠天人姿。韋平贊皇有故事，底須漸退求分司（白詩：「猶被妻孥教漸退，莫須致仕且分司」）。埪澤門邊一區宅，淼淼西陂最堪憶。社踵耆英自有時（公詩云：「也效耆英踵其迹」），莫便披圖動顔色。（清嘉慶十四年半舫齋夏氏刻本《樗巢詩選》卷三，《清代詩文集彙編》第二一七册，第四五一頁；阮元《淮海英靈集》戊集卷一，《續修四庫全書》影印清嘉慶三年小琅嬛仙館刻本，第一六八二册，第二四六頁）

《題白氏長慶集》

三萬六千場，揮毫復縱觴。黨終憾牛李，禍已免舒王。晚退無妨達，多情不厭狂。江州原自好，何苦泣潯陽。（清嘉慶十四年半舫齋夏氏刻本《樗巢詩選》卷四，《清代詩文集彙編》第二一七册，第四五五頁）

《又題白氏長慶集》

廣大詩名蓋代推，笑看夢得與微之。如何氣盡樊南李，老願投身輩衮師。（白傅晚年酷愛李義山詩，嘗曰：「我死願為汝子。」）（清嘉慶十四年半舫齋夏氏刻本《樗巢詩選》卷五，《清代詩文集彙編》第二一七册，第四六六頁；《萬首論詩絕句》第一册，第三三二頁）

《論詩七絶句》

李杜中天更不疑，橫流元白漸離披。挽回實仗韓脩武，不獨文興八代衰。（其二）（清嘉慶十四年半舫齋夏氏刻本《樗巢詩選》卷五，《清代詩文集彙編》第二一七册，第四七二頁；清嘉慶十四年半舫齋夏氏刻本《樗巢詩選》卷五；《萬首論詩絕句》第一册，第三三一頁）

智按：李必恒，字百藥，一字北嶽，號樗巢。高郵（今屬江蘇）人，有《樗巢詩選》、《三十六湖草堂詩集》。

徐文靖（一六六七~一七五六）

《管城碩記》

「朝搴阰之木蘭兮。」《集注》曰：木蘭，木名。《本草》云：皮似桂而香，狀如楠樹，高數仞，去皮不死。

按：《神農本草》：「立春之日，木蘭先生。」《別録》曰：「杜蘭。」《本經》曰：「林蘭。」《綱目》曰：「木蓮，曰黃心。」《白樂天集》：「木蓮生巴、峽山谷間，民呼為黃心樹，身如青楊，有白紋。葉如桂，而厚大無脊，花如蓮花，四月初始開，二十日即謝，不結實。」《廣雅》：「木蘭似桂，皮辛可食。菓冬夏常似其實如小甘酸美。」則木蓮、木蘭不得為一種明矣。（卷十四「楚辭集注一」，范祥雍點校《管城碩記》，第二五二頁）

《漢書·東方朔傳》後臣泌曰：「傳云：一日卒有不勝洒掃之職。」師古注：「洒音信，又音山鼓反。」今校定此注合云：「洒，先禮反。古又為灑掃字，灑，汎也，所蟹反。蓋傳寫脱誤，多又音山鼓反五字。」

按：《郊祀歌》「騰雨師，洒路陂」，師古曰：「洒，灑也。洒音灑，又音山鼓反。」以兩處証之，則山鼓反非誤也。又《史·周本紀》引穆王《臩命》「其罰倍灑」，索隱曰：「灑音戾。」白居易《半開花》詩「西日馮輕照，東風莫殺吹」，自注：「殺，去聲。」陸氏粲曰：「殺當讀如灑。」今字書皆無此音。（卷十八「史類一」，范祥雍點校《管城碩記》，第三二五頁）

庾子山詩：「鳳翼纚篸管。」倪注云：「篸疑作篸，綴衣也。以从竹，故曰管也。」

按：梁簡文帝詩「簪管白鴉纓」與子山「鳳翼纓篸管」同，篸即簪。子山《鄭國夫人墓誌銘》「節行聲玉，副加珈篸」，姚翻詩「風摇翡翠篸」，吴筠詩「翹翻翠鳳篸」，白居易詩「銀篦穩篸烏羅帽」，皆簪字耳。子山《傷心賦》「犀角虚篸」，胡宿詩「雕盤分篸」，何由得从竹从糸？乃去聲篸耳。（卷二十五「詩賦一」，范祥雍點校《管城碩記》，第四六一頁）

白樂天《上裴晉公》詩：「為穆先陳醴。」自注云：居易每十齋日在會，蒙以三勒湯代酒。

按：《本草》：「蘇恭曰：毗梨勒出嶺南交、愛等州。謂之三果樹。子形似胡桃，核似訶梨勒，而圓短無稜。番人以作漿，甚熱。李時珍曰：古千金方補腎鹿角丸，用三果漿吞之云。無則以酒代之。」意三勒以三果而得名。或曰合菴摩勒、訶梨勒為之。故曰三勒。《南方草木狀》：「訶梨勒樹似木梡，花白，子形如橄欖，六路皮肉相著，可作飲，變白髭鬚令黑，出九真。」菴摩勒樹葉細如合昏，花黄，實似李青黄色，食之，先苦後甘。《本草》：「餘甘子，梵書名菴摩勒。」黄山谷《味諫軒》詩：「想共餘甘有瓜葛，苦中真味晚方回。」（卷二十五「詩賦一」，范祥雍點校《管城碩記》，第四六七頁）

歐陽永叔云：「牡丹初不載文字，唐人如沈、宋、元、白之流皆善咏花，當時有一花之異者彼必形於篇什，而寂寞無傳焉。惟劉夢得有咏《魚朝恩宅牡丹詩》。」

按：《素問》：「清明次五日，牡丹華。」唐王砅注引《吕氏·月令》：「田鼠化鴑，牡丹華。」段成式《酉陽雜俎》：「《謝康樂集》中言永嘉竹間水際多牡丹。」北齊楊子華有《畫牡丹》，極佳。歐謂初不載文字，何也？唐玄宗内殿賞牡丹，問程修己曰：「京師有傳唱《牡丹詩》者，誰稱首？」對曰：「李正封詩云：國色朝酣酒，天香夜染衣。」則又在夢得前矣。白樂天《寄微之百韻詩》「唐昌玉蕊會，崇敬牡丹期」，《西明寺牡丹花時憶元九詩》「詎知紅芳側，春盡思悠哉」，元微之有《和白樂天題牡丹叢三韻》乃謂其寂寞無傳，何也？（卷二十六「詩賦二」，范祥雍點校《管城碩記》，第四七四頁）

古詩：「天上何所有？歷歷種白榆。」注：白榆，星名。

按：《説文》曰：「榆，白枌也。」《春秋·元命包》曰：「三月榆莢落。」

榆先生葉，有莢皮色白，三月落英如錢。白居易詩：「隔籬榆葉撒青錢。」白又有《荷珠賦》云：「既羅列其青蓋，又昭彰於白榆。」亦以荷錢如榆錢為譬。徧撿書傳，無有星名白榆者。古詩「歷歷種白榆」，白榆指天錢星耳。《星傳》「天錢十星，在虚梁西南，北落西北」，故詩以歷歷言之。杜詩「種杏仙家名白榆」，李義山《聖女祠詩》「行車蔭白榆」，文靖在都門（《四庫全書》本有「曾作」二字）《和御製喜雪詩》「白榆星隐天容淡，黄竹風高地籟寒。到處瓊田堆玉粒，同時銀海叠冰紈」，亦用此（意）也。（卷二十六「詩賦二」，范祥雍點校《管城碩記》，第四七九頁）

智按：徐文靖，字容尊，號位山，當塗（今屬安徽）人。雍正癸卯，與任啓運、陳祖範同舉江南鄉試。主考黄叔琳詫曰：「吾得三經師矣！」乾隆元年（一七三六）丙辰，舉博學宏詞，又舉經學，授翰林院檢討。有《經言拾遺》十四卷。抄詩禮經論及考辨于史說部，成《管城瑣記》三十卷。

陳美訓（一六六七～?）

《又步唐人白香山原韻一首》

唐代開初地，名從僧作家。竹深雲擁幕，石激水翻花。玉勒誰遺跡，金蓮正吐芽。蕭然忘世味，丹鼎試烹茶。（《餘慶堂詩文集》卷四五言律，《四庫未收書輯刊》影印清餘慶堂刻本）

智按：陳美訓，字獻可，四明（今浙江寧波）人。

洪重聖（一六六八～一七三五）

《送春效白香山》

深深簾幕燕差池，九十韶光欲盡時。白髮漸於明鏡得，愁心唯有小尊知。無情却恨東風去，有力誰教西日遲。可惜殘花今委地，殷勤手把兩三枝。（《芸窩集》卷二，《韓國文集叢刊》本）

《雨中同子野次白香山韻》

手裏香山集，窻間白晝眠。客稀林外逕，花壞雨中天。嵐氣侵書架，松陰覆藥田。春光餘幾日，詩以惜流年。（《芸窩集》卷二，《韓國文集叢刊》本）

《豐城君族叔挽》

静翁文彩擅詞宗，公亦平生繡作胸。香嶽淏江詩膾炙，息庵明谷契雲龍。風流携妓消年興，老健如仙不俗容。何地更陪河朔飲，碧筒時節此重逢。

先人雌甲尚韶顔，譚笑春薰几杖間。平日樓臺阮北里，暮年絲竹白香山。靈龜壽闢初筵盛，塞馬榮歸散局閒。世稿未完公則逝，誰將斯役細抄删。（《芸窩集》卷三，《韓國文集叢刊》本）

智按：洪重聖，字君則，號芸窩、玄冥。有《芸窩集》。

王澍（一六六八～一七三九）

《虚舟題跋》

⊙唐白樂天書

右白傅寄元微之詩和明暢悦，生態坱然，翻覺顔柳為拘，信所謂散仙入聖者也。

白傅到杭州帖，比於寄微之詩，已覺大就規程，然意思灑灑，終不可绳以格律，良由胸次高，故了乏筆墨蹊徑也。（《虚舟題跋》卷七，《續修四庫全書》影印清乾隆五十三年溫純刻本）

《淳化秘閣法帖考正》

⊙博古堂帖

《閒者軒帖考》云：宋人集諸家善本為一帖，三代止周穆王壇山四字，漢止蔡中郎《石經》、《論語》二段，晉則右軍《蘭亭敘》、《筆陣圖》、《黄庭經》、《樂毅論》、《曹娥碑》、《東方朔贊》、《大令十三行》及謝太傅書，唐人則虞、褚、歐、柳小楷，顔魯公行楷書，及白樂天書，宋止米元章，末集漢隸千文，皆精工勁秀，蓋宋去唐未遠，名刻具在，故得以集其佳勝。又云：穆王「吉日癸巳」四字，在眞定府贊皇縣山中，宋祁搜獲，縣令劉莊鑿取，歸州權郡事李中祐龕置廳壁。政和五年，取入内府。（《淳化秘閣法帖考正》卷十一，《四部叢刊》三編景清雍正本）

智按：王澍，字箬林，號虛舟，又號竹雲，金壇（今屬江蘇）人。康熙壬辰（一七一二）進士，改庶吉士，授編修，歷官吏部員外郎。

王懋竑（一六六八～一七四一）

《書杜北征詩後》

《隱居詩話》曰：「唐人詠馬嵬事多矣。世所傳者，劉禹錫曰：『官軍誅佞幸，天子捨妖姬。』白居易曰：『六軍不發無奈何，宛轉蛾眉馬前死。』此乃歌詠禄山能使官軍叛，偪追明皇，不得已而誅楊妃也。豈特不曉文章體裁，抑亦造語蠢拙，失臣子事君之體。老杜則不然，其曰：『憶昨狼狽初，事與古先別。……不聞夏殷衰，中自誅褒妲。』乃見明皇鑒夏、殷之敗，畏天悔禍，賜妃子以死。官軍何與焉！」今按，此論直不曉文義，而妄為之説。不獨老杜笑之，即劉、白亦笑之矣。以褒妲比楊妃，則明皇為何等主，而歸其功於陳將軍。詞句雖畧，而指意明白。蓋有過於劉、白之所言，是豈明皇鑒於夏、殷之敗而自誅之者？古人文字，原無忌諱。唐世詩人，尚有《小雅》怨誹之遺，而猥以末世諂媚心腸，妄為測量，使古人之指意，晦昧而不白於後世，可歎也！昔石湖范氏議元次山《中興頌》為不合頌體，其自述云：「恰逢健筆剛題破，從此磨崖不是碑。」而朱子直以諂子目之，至今為笑。魏泰所論，與之正同也。

劉、白直叙其事，其詞迫，其情危，使後世讀之，為之悚然色變，足為千古之殷鑒。而老杜洞觀於興廢存亡之故，以為不誅國忠，不誅貴妃，必不能成中興之功。其識又遠出劉、白之上矣。故曰：「姦臣竟葅醢，同悪隨蕩折。周漢獲再興，宣光果明哲。桓桓陳將軍，仗鉞奮忠烈。微爾人盡非，於今國猶活。」此言中興之功，由於誅國忠貴妃，而國忠貴妃之誅，則皆陳將軍之力，而以管仲比之。其詞慷慨壯烈，所以謂之詩史也。昔黄涪翁論《北征》、《南山》詩，以詞語論，則《南山》勝；若書一代之事，與《國風》、《雅》、《頌》相表裏，則《北征》不可無，而《南山》雖不作亦可。此在古人，已有定論，而竊怪注杜者之不引此而反載魏泰之妄語也。……（《四庫全書》本《白田雜著》卷六）

智按：王懋竑，字予中（一作與中），號白田，江蘇寶應人。少從叔父式丹學，刻厲篤志，恥為標榜聲譽，精研朱子之學。康熙五十七年（一七一八）進士。乞就教職，授安慶府教授。雍正元年（一七二三）與蔡世遠同被召引見，授翰林院編修，命在三阿哥書房行走。二年，以母憂去官，諭即來京供職。素善病，居喪毀瘠。明年，入都謝恩畢，遂以老病辭歸，杜門著書，不聞外事。有《白田草堂存稿》二十四卷。

黄之雋（一六六八～一七四八）

《醉白池記》

予游醉白池，主人顧思照珠懷氏，自亭林遷宅於此。池方而橢，可三四畝，據宅之右。池東有老榆槎枒，二百年物。軒蔭其下，臨流可坐，曰老樹軒。貫以長廊。池西畝連亘，限之以籬，籬疏可眺也。池南兩三人家，窗戶映帶，婦孺浣汲，望若畫圖。池北，堂臨之，敞其四面。堂北與西，竹石環列。又北，則池尾繞而東；又北，有隙地，可構屋蒔卉木，亦籬限其外焉。此順康間顧水部見山（智按：顧大申）所剏别墅也。堂中額曰醉白池，王太常煙客（智按：王時敏）八分書也。水部歿六十餘年，主數易姓，池幾荒壞，珠懷以同姓來居之，頗為葺治，日與詩人徐櫄、李進、蔡顯、鬱造輩詠歌其中，遂為西郊勝地。而他閑曹勝流，亦時倡和贈答，慵拙如予，亦曾與焉。主人因求為文記之。

竊謂園池庭榭，惟富貴人力能有之。然貴人往往牽率仕宦，不能一日享林泉之娱；富人飾金碧，貯聲伎，相者長鬣，侍者曲眉，用矜其俗豔，文章風雅，蔑如也；騷徒寒畯，性近煙水，則一畝環堵，樊溷逼仄，欲想望萸泮鹿柴而不可得。人與地相遭，吁其艱哉！若白太傅居池上，寫樂趣於韻語，景物熙閑，宛在目睫。韓魏公慕白而築醉白堂於私地之池。水部君又仿韓而以堂名其池，池雖不同，其源流可疏已。

然蘇長公作《醉白堂記》，謂：「日與朋友飲酒賦詩，此樂天之所有，而魏公之所無者。」水部集中，皆宦遊之詩，唯《思舊園》一篇，有「西郊原隰，繞宅禾黍，修築方塘」之語，疑即指此。然則魏公勤勞政府，水部馳驅王事，咸不能樂樂天之所樂，而顧子一諸生，晏然有池亭之奉，延其同志，喁于宮商，狎魚鳥，暱水石，浩歌長吟，聲聞於野，因醉白以追白傅，以寫其樂者，又不但《池上篇》而已。所慮異日策名天衢，役役軒蓋車馬之場，故園風物，徒懷渺渺，回憶今日之樂，如斷夢，如隔塵，則奈何？何況俯仰百年，星移物換，寬閑寂寞之濱，幾何不與金谷、綠野同盡，孰知乾隆之初，醉白池上，有嘉賓賢主倡酬之盛，可以紹樂天而驕魏公者哉！則予之記是池也，綜今昔，溯原委，匪直為池主人永其跡，試朗諷斯文於水木間，水部有知，當亦聞而擊節矣。（《唐堂集》卷十三記二，《四庫全書存目叢書》影印清乾隆間刻本，集部第二七一册，第三四九頁；又見《清文匯》甲集卷五一、嘉慶《松江府志》卷七十八婁縣第宅附記園林）

智按：此記乃應醉白池主人顧思照之請而撰。顧思照，字藻文，號珠懷，華亭縣人，一作婁縣人，世居亭林鎮，移居郡城。性行古樸，博學工詩文，康熙六十年（一七二一）補諸生，以成績優異獲得廩貢，曾官丹徒縣訓導，别稱司訓。其家族與交友，可參見徐俠《清代松江府文學世家述考》（上海三聯書店，二〇一三年版，上册，第二三四頁）。辭歸，購得原顧大申醉白池，在府城谷陽門外，饒水竹之勝。乾隆初年，與黃之雋、周起士等人結詩社於此，黃執牛耳，徐標、李進、郁造、金玉堂皆社中人，相唱和焉（參見姜兆翀《國朝松江詩鈔》卷三十二顧思照小傳、嘉慶《松江府志》卷五十八、光緒《重修華亭縣誌》卷十六人物五顧梁佐傳附）。後來蔡顯弟子姜兆翀為他作了小傳，内容與醉白池詩會密切有關，中云：「思照居亭林鎮，移居郡城，又得顧水部醉白池，於其中創立詩社。是時，黃唐堂先生執牛耳，而徐標、李進、郁造、金玉堂，皆社中人也，觴詠風流，騷壇稱盛事。唐堂序其詩，謂為『池上固詩境也』，而水部遺徽，於以復振。」顧水部者，顧大申也。顧大申（一六二〇～?），原名鏞，字震雉，號見山，松江府華亭人，家住城内試院旁。後購别墅，即今醉白池。崇禎十五年（一六四二），與王廣心、盧元昌、彭賓等在郡城結「贈言社」，為「幾社」之分支。順治六年（一六四九）丙戌舉人，順治九年（一六五二）壬辰進士，授工部主事，擢為郎中，順治十四年（一六五七）主持江甯蘆政，治理夏鎮河道，節約公款，以築鎮城。又曾捐俸創設兩湖書院。康熙二年（一六六三），與朱錦、宋征輿、王廣心等共纂《松江府志》，分敘水利、兵防、文苑。康熙七年（一六六八），與宋琬等在松江社集。康熙八年（一六六九）己酉，一代詩宗漁洋山人回憶，顧大申「以工部郎中奉使榷贛關，作畫别余，自後不復相見」（《古夫于亭雜録》卷六，中華書局，一九八八年版，第一二八頁）。康熙九年（一六七〇），吴越水災，朝廷用其奏議，治理婁江、吴淞江。康熙十二年（一六七三），升洮泯道僉事，卒於官。顧見山博雅喜文辭，工樂府、七律，樂府詩擬漢魏六朝，五七律擬杜甫。《清詩别裁集》卷三稱：「雲間自陳臥子後，詩格漸衰，鶴巢（顧大申）古今體氣足神完，可以接武。」又善書畫丹青，尤工設色。所畫山水，遠師董源、巨然、黄公望、王蒙，近法董其昌，而有所融會；筆力蒼勁，用墨淋漓，並善設色，蕭然遠俗，為松江畫派之後勁。傳世作品有《秋日山居圖》、《老松飛瀑圖》、《寒林高士圖》等。葉夢珠《閲世編》卷五稱其「少以能文著……工詩畫，為海内所推。康熙中卒於官。」著有《詩原》二十五卷、《畫麈》八卷、《圖經》二十八篇、《堪齋詩存》八卷、《鶴巢詩選》六卷、《鶴巢樂府》，作有《東溪》雜劇，編有《河渠志》十八卷。康熙五年六月，顧大申「以七百金購董氏别業，移居尤墩，有終焉之志」（劉鳳橋點校《顧大申自訂年譜手稿》，國家圖書館出版社，二〇一六年版）。就在其新購之鄉前輩董其昌舊宅裡，顧大申寫下《董尚書畫卷歌贈朱子雪田》：「尚書（原注：董文敏其昌）雅得鍾王真，畫通書理空前人。下筆森瘦秀徹骨，吴振趙左（原注：振字竹嶼，左字文度，皆同時工畫者）皆逡巡。左之淡逸得天趣，振也瀟灑工枯樹。董公墨妙天下傳，潤飾特資兩君助。」（見李濬之《清代畫家詩史》甲卷下）

作為醉白池詩會雅集核心人物，黄之雋不撰有《醉白池記》，還撰有《醉白池詩序》，其中盛稱：「醉白池，則詩境也。」「有醉白之境，而後有珠懷之詩」（《唐堂集》卷九序五，《四庫全書存目叢書》影印清乾隆間刻本，集部第二七一册，第三一一頁）乾隆三年（一七三八），七十一歲時，撰有《戊午歲首春集醉白池》；乾隆十年（一七四五），黃之雋七十八歲時，撰有《飛鴻堂觀梅，過醉白池留飲，定東軒之約》。

《醉白池（得香字）》

小憩桐陰坐曲廊，一規鏡檻綠泱泱。魚跳密藻深無影，燕掠平蕪靜有香。農事繞籬分畝澮，畫圖隔水見村莊。釣碕漁逕名流集，風雅全勝古辟疆。（《唐堂集》卷四十四，《四庫全書存目叢書》影印清乾隆間刻本，集部第二七一册，第六五五頁）

智按：黃之雋，初名兆森，字若木，一字石牧，號唐堂，休甯籍，華亭（今屬上海）人，康熙六十年（一七二一）進士，改庶吉士，授翰林院編修，遷中允。雍正元年（一七二三）外調福建學使，雍正四年（一七二六），還京，參與《明史》續纂。雍正五年（一七二七）被劾落職還里，應江浙兩省政府之聘，主纂《江南通志》，學問富贍，詩文雄視海内，嘗集唐人詩句成詩九百三十餘首，各體皆備，妙若天成，輯為《香屑集》，被收入《四庫全書》。黃之雋詩作總數達一六五五首，沈德潛稱其為雲間詩學中興之主，別開生面，不失正軌。康、雍間實學正衰，詩多主格調，而黃之雋以詞采工麗取名當時，繼清初雲間詩人後領袖騷壇，一時推「東南老宿」（袁行雲《清人詩集敘録》，文化藝術出版社，一九九四年版，第六四三頁）。黃之雋不但善於學古，而且能在此基礎上自開生面，嘗試創立新體，徐珂《清稗類鈔》「黃唐堂詩用花字」一則云：「新安黃之雋唐堂，著《香屑集》，八寶樓臺，炫耀人目。其《生日對菊述懷》，創為一韻體，凡生平官位及所更曆事，俱藉一『花』字傳出，共得六十四韻。」（中華書局，一九九六年版，第三九二九頁）這首五言排律作於乾隆十二年（一七四七）黃之雋八十歲生日時，有《生日對菊創為一韻體得六百字》，中云「醉白池邊樹，飛鴻堂裏花」（《唐堂集續》卷八，《四庫全書存目叢書》影印清乾隆間刻本，集部第二七一册，第八一三頁)，第二年他就過世了。

蔡彭胤（一六六九～一七三一）

《丁未八月二十日離赤城，次白香山「遙飛一盞賀江山」韵，留題東軒，示交代趙使君》

萬峯匝處仙州闢，數牒題來訟閤閑。石室晚緣霞頂上，溪樓凉帶雨聲攀。白蓮雲壑千屯口，金鱖烟沙二嶼間。留謝風流新令尹，三年詩債在名山。(《希菴先生集》卷十九，《韓國文集叢刊》本)

《宜人韓氏誄》

葬有挽有誄，男子與婦人皆用之。父兄子孫必爲之請於人，今無請於人而自爲之誄，何也？閨閫之美，不外著。其爲女也者，將徵諸父。爲母也者，將徵諸子。則爲婦也者，非徵於夫而誰。嗚呼！宜人嘗喜聞詩書之旨，彭胤每讀書有擊節者，輒從傍請其義。或得句高吟自得，輒笑曰：吾聞白香山之詩，必問於隣嫗。吾不知夫子之於香山何如也，吾請爲隣嫗。彭胤爲之翻，良久曰：古人之言，淡而遠；夫子之言，苦而迫。彭胤哂之，然亦往往有悟而改者。死萬一能有知，必欲聞吾今日之言矣。我欲爲賦，劉夢得之傷往先之矣。我欲爲詩，潘安仁之悼亡先之矣。……(《希菴先生集》卷二十七，《韓國文集叢刊》本)

智按：蔡彭胤，字仲耆，號希菴。有《希菴先生集》。

勵廷儀（一六六九～一七三二）

《楓林效香山體》（二首）

吴江風冷越江寒，梧葉蕭疎楓葉丹。春色何如秋色好，無花却勝有花看。

高依禁苑低依岸，遠拂征車近拂闌。玉露曉零渾欲醉，霞蒸雲簇影珊珊。(《四庫全書》本《皇清文穎》卷八十)

智按：勵廷儀，字令式，號南湖，靜海（今江蘇南通）人。康熙三十九年（一七〇〇）庚辰進士，官至吏部尚書，太子太傅。謚文恭，有《雙清閣詩稿》。

沈宗敬（一六六九～一七三五）

《題湯右曾寫真》（題擬）

此非今少宰湯先生之真耶？天下方望其為川之舟、旱之霖耳，而何以遽寫諸山之巔、水之濱耶？先生曰：「吾甚愛夫樂天居士之醉吟也，故擬譯遺經於香葛水靈焉。」而吾則曰：「以先生而托志林泉也，其殆與緑野之裴相雅有同心；以先生而寄言古人也，抑或與醉白之韓公聊為嗣音歟？」雙鶴老叟沈宗敬識。康熙庚子小春月穀旦。（録自洛陽香山寺鼓樓旁石碑，拓片參見《千古白居易》，白山出版社，二〇一三年版，第五六頁）

智按：沈宗敬，字恪庭、南季，號獅峰、獅峰道人、雙鶴老人、雙杏草堂主人、卧虛山人等，華亭（今上海松江）人，沈荃之子。康熙二十七年（一六八八）進士，仕至太僕寺卿，提督四譯館。精昔律，善吹蕭、鼓琴，工詩、書。畫傳家學，山水師倪、黄，兼用巨然法。康熙五十九年（一七二〇）庚子，題湯右曾寫真像。

李宜顯（一六六九～一七四五）

《禮曹判書聾溪李公墓表》

……公頎而長身，風骨俊邁，淵渟山峙，拔出醜夷，一見可知其爲鉅人長德也。早服事儒門，立志旣高，操身有方，論人先取大節，處事必求至當。若其沖年失恃，常懷感痛，事繼妣盡誠，與羣弟白首同居，尤菴每歎其篤行，則孝之至也。立朝盡瘁服勤，不擇夷險，知無不言，言無不盡，一以匡主德、扶國勢爲主，前後章封，盈滿公車，則忠之極也。累典腴藩，歸橐如洗，常誦白樂天二蟲詠，有酒戶，亦以德將，服御克儉，辭受甚謹，交友必觀心術，其有回邪者，斥不許容……（《陶谷集》卷二十，《韓國文

集叢刊》本)

《雲陽漫録》

朝政之大，孰有加於宗廟陵寢之事，而宗臣乃敢肆然言之哉？其於祖宗禁制之意，可謂舛盭之甚矣。白樂天遊山寺日，聞王涯、賈餗等被誅，作詩曰：「禍福茫茫不可期，大都早退是先知。當君白首同歸日，是我青山獨往時。顧索素琴應未暇，憶牽黄犬竟何追？麒麟作脯龍爲醢，何似泥中曳尾龜？」樂天早退全身，固可尚矣，聞人之禍而少無悲傷惻怛之心，反有嘲笑自高之意，非君子之事也。……(《陶谷集》卷二十七，《韓國文集叢刊》本)

太白天仙之才，雖出天授，而其奇逸之氣，固自有所從來矣。宋詩門戶甚繁，而黄、陳專學老杜，以蒼健爲主，其中簡齋語深而意平，不比魯直之崚嶒、無己之枯澁，可以學之無弊。余最喜之。放翁如唐之樂天、明之元美，眞空門所謂「廣大敎化主」，非學富，不可能也。……(《陶谷集》卷二十七，《韓國文集叢刊》本)

《陶峽叢説》

……「射人先射馬，擒賊先擒王」、「四隣耒耜出，何必吾家操」，並杜甫詩也。「將此身心奉塵刹，是則名爲報佛恩」，佛經語也。「皓天不復，憂無疆也。千秋必反，古之常也。弟子勉學，天不忘也」，荀子語也。「歸來兮逍遥，西江波浪何時平」，黄山谷詞也。「野火燒不盡，春風吹又生」，白樂天詩也。或是外家語，或是閒漫詩句，而朱子引以譬喻，各當其事理。間有與本人語意絶相反者，意在斷章取義也。……(《陶谷集》卷二十八，《韓國文集叢刊》本)

唐文韓、柳外，李翺、孫樵、李翰、李觀、皇甫湜、元結、杜牧、元稹、白居易，其尤也。(《陶谷集》卷二十八，《韓國文集叢刊》本)

智按：李宜顯，字德哉，號陶叟。有《陶谷集》。

魏廷珍（一六六九～一七五六）等

《湖廣通志》

烏牙山。上有靈峯院，唐白居易撰碑。（《四庫全書》本《湖廣通志》卷八）

三游洞。州西北二十里。《明一統志》：唐白居易與弟行簡及元稹三人游此，作記刻石，因名。宋蘇軾與弟轍及黄庭堅亦游焉。軾詩云：「凍雨霏霏半成霜，游人屐冷蒼苔滑。不辭攜被巖底眠，洞口雲深夜無月。」（《四庫全書》本《湖廣通志》卷九）

孟浩然故居。在縣東南鹿門山。浩然嘗自賦詩云：「山水觀形勢，襄陽美會稽。」唐白居易詩：「南歷鹿門山，靄若有餘香。舊隱不知處，雲深樹蒼蒼。」（《四庫全書》本《湖廣通志》卷七十七）

智按：魏廷珍，字君璧，直隸景州人。李光地督學，招入幕閱卷，旋以舉人薦直内廷。康熙五十二年，成一甲三名進士，授編修。五十四年，遷侍講，直南書房。五十六年，轉侍讀。五十九年，轉擢詹事，遷内閣學士。六十一年，命領兩淮鹽政。乾隆十三年，乾隆東巡途經景州，魏廷珍聞訊前往迎駕，乾隆皇帝親賜其「林泉耆碩」之匾額，並賜詩一首。有《課忠堂詩鈔》。

白居易資料新編

第七冊

陳才智 編著

中国社会科学出版社

目　　錄

目　錄

清代卷·二

岳端（一六七〇～一七〇四）

《寒瘦集自序》

自東坡云「元輕白俗，郊寒島瘦」，後之論詩者，多不重元、白、郊、島。吾獨以為，寒瘦是褒非貶。凡物莫不寒者清，而瘦者古。清古，詩品之極致也。輕俗，則鄙薄之辭也。蘇之論詩，可謂得其利病矣。然蘇詩嘗作輕俗語，有甚於元、白者，吾歎其自知之難也。郊詩劌月鉥心，神施鬼設，琢削而成；島詩不欲使才氣掩性情，特於事理物態，豪忽體認，深者寂入，峻者迴出，非莊人雅士，不能窺其藩籬，然皆以苦澀為病。元、白於流便痛快中，頗有佳處，而苦於淺近，吾又歎全才之難也。今吾遠不及蘇，慮自知之難。與其輕也，甯寒；與其俗也，甯瘦。因選是詩自規，集以寒瘦名。(《雪橋詩話》卷三引，民國求恕齋叢書本)

智按：原封勤郡王蘊端，初名岳端，字正子，一字兼山，號紅蘭主人，安樂郡王岳樂子。初封勤郡王，降貝子，坐事奪爵。有《玉池生稿》十一卷，北京大學圖書館藏清抄本。

裘君弘（一六七〇～一七四〇）

《西江詩話》

⊙熊孺登

送弟孺復往廬山詩云：「能騎竹馬辨西東，未省煙花暫不同。第一早歸春欲盡，廬山好看過湖風。」白樂天《洪州逢孺登》詩云：「靖安院裏辛彝下，醉笑狂吟氣最麤。」劉夢得《送孺登歸鍾陵》詩云：「篋留馬卿賦，袖有劉弘書。」

孺登，元和進士，官鑿川從事，洪州人，以詩名，有詩集一卷。執易，其從姪也。(《西江詩話》卷一，《續修四庫全書》影印清康熙刻本)

⊙黃庭堅

山谷嘗謂白樂天「笙歌歸院落，燈火下樓臺」，不如杜云「落花遊絲白日靜，鳴鳩乳燕青春深」也，孟浩然「氣蒸雲夢澤，波撼岳陽城」，不如九僧云「雲間下蔡邑，林際春申君」也。（《西江詩話》卷三，《續修四庫全書》影印清康熙刻本）

⊙巫山詩

《全唐詩話》載，白樂天語繁知一云：「劉郎中理白帝，三年欲作一詩不能，罷郡過巫山，悉去千餘詩，但留四詩而已。」《詩話》載李端詩，又謂蜀路有飛泉亭，亭中詩板百餘篇，後薛能佐李福於蜀，過此題云：「賈掾曾空去，題詩豈易哉！」悉去諸板，惟留端《巫山高》一篇而已。平居讀此，輒疑夢得與能，同爲中晚詩人，兩事相類，何以有千餘篇、百餘篇，留四首、留一首之不同，豈劉除去在先，好事者又或量爲補入，薛後過蜀，仍復除去，并沈、王、皇甫三首而亦盡去之耶？細考夢得從播易連，徙夔州，在憲宗元和初，而薛登進士，在武宗會昌六年，至宣宗大中八年，始補盩厔尉。佐福爲西川節度副使，又在其後距夢得刺夔之時，蓋已五十餘年矣，其爲夢得留四詩之後，再加除去，只留一首無疑也，自來明眼人所見畧同，特有稍恕與不恕之別耳。僕生平好較讐古事，遇有異同疑難處，輒不憚糸互考訂，務求明白快然而後已，類如此。樂天移刺蘇州，自峽沿赴，有秭歸繁生知一，聞其將過巫山，先于神女祠粉壁大書曰：「忠州刺史今才子，行到巫山必有詩。爲報高唐神女道，速排雲雨候清詞。」樂天見而悵然，邀知一至，但道劉郎中已事，并誦沈、王等四篇，慨然共濟，卒不賦詩。樂天豈慮後世或有如劉者過其下，懼爲所去耶？不然何繁生書壁廹之，而竟不一作，虛神女清詞之候也。想見古人意興不屬，或句不出人頭地，决不輕下筆，蓋其慎也。愚嘗謂，樂天不賦巫山，太白不題黄鶴，古人遇急處，皆能善用其短。

繁生祠壁，一截激昂清麗，大是逼人，宜樂天之心動也。惜繁他詩不多傳，佺期等詩，皆五言近體，考之端作，工力似爲悉敵，不知端詩何以獨存，意薛或別有所見，豈端頸聯「廻合雲藏日，霏微雨帶風」，較佺期「闇谷疑風雨，幽崖若鬼神」，無競「徘徊作雲雨，婉孌夢荆王」，冉「雲藏神女舘，雨到楚王宫」，獨爲蘊藉，故宜作魯靈光耶？餘聯入題寫景，四詩大槩相類，似難軒輊，詩有別腸，固不可因人成事，請更以質世之精於知詩者。（《西江詩話》卷三，《續修四庫全書》影印清康熙刻本）

文德翼，字用昭，德化人，崇禎進士。官嘉興司李。以憂歸，屢徵不出，徜徉于五老二林之間者，三十餘年。工詩文，有《雅似堂》、《求是堂集》。

陶白祠，在九江郡城甘棠湖上，萬曆間葛副使寅亮建，後燬于兵。康熙十一年，江殷道守郡，卽舊址重構焉。東軒祠陶白二公，中奉準提佛，額曰詠眞一笏。右闢自怡軒，濬池植柳，蒔畝栽蓮，徵詩以紀其事，用昭爲賦歌行云：「城外晴湖水一曲，春波漾漾鴨頭緑。長堤岑寂少人行，兩兩三三鳧鷺浴。夕陽緩步欲誰歸，陶白祠邊柳依依。彭澤辭來松尚在，忠州命下丹已飛。詠眞一笏誰所憐？太守頻過抵足眠。世上不知五馬貴，湖中但覺二公賢。一樽卻向匡山笑，影涵千丈何孤峭。賓朋勿散且徘徊，藉草投竿漫學釣。」（《西江詩話》卷九，《續修四庫全書》影印清康熙刻本）

《妙貫堂餘譚》

⊙詩文流播外國

白樂天詩在當時，每一篇出，雞林賈爭以百金購之。東坡嘗于淯井監，得西南夷所賣蠻布弓衣，其文乃織成，梅聖俞《春雪》詩，坡以貽六一公，公喜甚，遂更爲古琴囊，極其寶愛。陳大士爲諸生，其八股流播海外，有海舶漂至遠島，見市廠懸一布旗，大書曰：大明國雜貨大士稿在焉。此三事相類，皆文苑佳話也。景泰二年，王越以進士廷對，風攝其卷，莫知所之，而墜于朝鮮之庭，國王方朝，得以獻景帝，因識其名，此又制科異事，并及之。（《妙貫堂餘譚》卷四譚詩文類，《續修四庫全書》影印清康熙刻本）

⊙宋僧惠洪駁劉白詩太過

《冷齋夜話》云：杜《北征》篇「唯昔艱難初，事與前世別。不聞夏商衰，終自誅褒妲。」意者明皇鑒夏商之敗，賜妃子死也。而劉禹錫《馬嵬》詩「官軍誅佞幸，天子舍夭姬。羣吏伏門屏，貴人牽帝衣」，樂天《長恨詞》「六軍不發爭奈何，宛轉蛾眉馬前死」，乃是官軍廹使殺妃子，歌詠禄山叛逆耳。孰謂劉、白能詩？其去老杜何啻九牛毛耶？惠洪之意，謂三公皆言妃子死，而措意不同，疑劉、白傷于徑直，無温柔敦厚之旨。然考妃子之死，實明皇次馬嵬驛，將士誅楊國忠，明皇杖履親出慰勞之，六軍猶不行，陳元禮遂奏請貴妃自裁，高力士又贊成之。明皇不得已，始割恩耳，非自己畏天悔過，而有掩袂之舉也。愚謂杜詩隱寓尊諱，存國體也，劉、白直書其事，志詩史也。三公各有深意，似不可以是軒輕之。矧杜紀當時，劉、白紀事過，一婉一直，爲時不同，易地則皆然耳。但褒妲誅，而周亂殷喪，太真除而唐用中興，前後衰盛原别，杜詩亦未爲錯，而宣宗御製挽樂天詩「童子解吟長恨曲」，則在唐後王，固已自知馬嵬之實不足諱也。(《妙貫堂餘譚》卷四譚詩文類，《續修四庫全書》影印清康熙刻本)

智按：裘君弘，字任遠，新建（今屬江西）人。幼穎悟，中順天鄉試舉人，補教習。生平見《同治南昌府志》卷四十五文苑傳。裘君弘嘗采江西人物事迹，於康熙四十年（一七〇一）辛巳冬編成《敬恭録》，以補《［雍正］江西通志》人物傳之脱略。此外所見昔賢撰著及雜家筆記有及於詩者，乃編為詩話。前有康熙四十三年（一七〇四）劉廷璣序、康熙四十二年（一七〇三）十二月自序，是年撰記西江詩話緣起。

宋俊（一六七二順天副榜）

《柳亭詩話》

⊙五相一漁翁（晁公武曰：樂天與劉禹錫遊，謂之劉白，而不陷司馬黨中；與元稹遊，謂之元白，而不陷北司黨中；又與楊虞卿姻家，而不陷牛李黨中。進退以義，風流高矣。）

白樂天分司東都，以詩寄留守李絳曰：「白首故情在，青雲往事空。同時六學士，五相一漁翁。」五相者，謂裴度、崔羣、裴垍、王播及絳也。王元之在翰林，時有同官大拜者，王賀啟曰：「三神山上曾陪鶴駕之遊，六學士中獨有漁猶之歎。」正用詩語。(《續修四庫全書》影印清康熙天茁園刻本卷一，第一七〇〇册，第一一一頁；辛味白校點本，第八頁)

⊙兩東坡

樊漢炳詩：「忠黃江上兩東坡，二老遺風凛不磨。人得矜誇知地勝，天教流落為才多。」按，白樂天刺忠州，於東坡種花，東澗種柳，其詩有「何處慇勤重回首，東坡桃李種新成」，又「最憶東坡紅爛熳，野桃山杏水林禽」，大蘇謫黃州團練，以為別號，嘗曰：「平生自覺出處，粗似樂天」，蓋慕之也。（《續修四庫全書》影印清康熙天茁園刻本卷一，第一七〇〇册，第一一一頁；辛味白校點本，第八～九頁）

⊙羅裙色

「雨過草芊芊，連雲鎖南陌。門前君試看，似妾羅裙色。」此江總妻詩也。具此才情，當日必與袁大捨輩倡和，而何以別無流傳也。白香山「誰開湖寺西南路，草緑裙腰一道斜」，用其語意。（《續修四庫全書》影印清康熙天茁園刻本卷二，第一七〇〇册，第一一九頁；辛味白校點本，第二七頁）

⊙青石

白樂天詠《青石》詩，略曰：「不願作人家墓前神道碣，墳土未乾名已滅；不願作官家道旁德政碑，不鐫實録鐫虚辭。願為顏氏段氏碑，雕鏤太尉與太師。刻此兩片堅貞質，狀彼二人忠烈姿。」緲小題，運以大議論，當與《立碑》一首參看。（《續修四庫全書》影印清康熙天茁園刻本卷二，第一七〇〇册，第一一九頁；辛味白校點本，第二八頁）

⊙姓四疊

白香山有《雪中酒熟欲攜訪吳監先寄此詩》。腹聯云：「自然須訪戴，不必待延枚。陳榻無辭解，袁門莫懶開。」戴滄洲曰：姓四疊，六朝法也。高廷禮輩便謂失格，但得格而俗，則不能辨矣。（元微之贈韓舍人詩：「延之苦拘檢，摩詰好因緣。七字排居敬，千詞敵樂天。殷勤閑太祝，好去老通川。」詩中疊人名，實始於班固《詠史》、杜摯《與毋丘儉》也。張喬送鄭谷詩，地名亦四疊。）（《續修四庫全書》影印清康熙天茁園刻本卷二，第一七〇〇册，第一二〇頁；辛味白校點本，第三〇～三一頁）

智按：元微之贈韓舍人詩即《見人詠韓舍人新律詩，因有戲贈》（《全唐詩》卷四〇七）。

⊙秋雪（《史記・趙世家》：「成侯二年六月，雨雪。」《漢書》：「文帝四年夏六月，大雨雪。」）

白樂天《望終南山秋雪和劉郎中》曰：「徧覽古今集，都無秋雪詩。」余於丙午七月，過飛狐峪，時大雪繽紛，千山玉立。又於丁卯六月，過太白山，其最高處，如水精屏，土人僉謂積年之雪，盛夏不消。故知秋雪，秦晉之界，時時有之。但求諸吟咏，誠有如香山所云者，要亦景象特殊，難于著筆耳。（雍陶蔚州詩：「胡盧河畔逢秋雪，疑是風飄白鶴毛。坐客停杯看未定，將軍已濕褐花袍。」飛狐略即蔚州地也。《清容集》有《秋雪聯句二十八韵》。）（《續修四庫全書》影印清康熙天茁園刻本卷六，第一七〇〇册，第一六五頁；辛味白校點本，第一三一～一三二頁）

⊙海䗯

皮陸江南唱和詩「遣客呼林狖，辭人寄海䗯」，又，「度歲賒羸馬，先春買小䗯。」䗯即蛸子，吳越嗜之。（樂天陽明洞詩：「鄉味珍彭越，時鮮貴鷓鴣。」彭越，小蟹也。吳人呼為沙裹狗。）（《續修四庫全書》影印清康熙天茁園刻本卷七，第一七〇〇册，第一七〇頁；辛味白校點本，第一四〇～一四一頁）

智按：樂天陽明洞詩即《和微之春日投簡陽明洞天五十韻》。

⊙親家

婚姻相通，例呼親家。親字作去聲。蕭瑀曰：天子親家翁是也。盧綸《王駙馬花燭詩》「人主人臣是親家」，白樂天有《送皇甫郎中親家翁赴任》詩。（《續修四庫全書》影印清康熙天茁園刻本卷七，第一七〇〇册，第一七〇頁；辛味白校點本，第一四一頁）

⊙飲酒（白香山集，酒字尤多）

陶靖節《飲酒詩二十首》小序曰：「余閒居寡歡，兼比夜已長，偶有名酒，無夕不飲。」首章曰：「忽與一觴酒，日夕歡相持。」又云：「寄言酣中客，日沒燭當炳。」又云：「父老雜亂言，觴酌行失次。」結章曰：「但恨多謬誤，君當恕醉人。」可知非一身一夕計也。梁昭明曰：「有疑陶淵明詩篇篇有酒，吾觀其意不在酒，亦寄酒為跡者也。」得之矣。（《續修四庫全書》影印清康熙天茁園刻本卷七，第一七〇〇册，第一七四頁；辛味白校點本，第一五〇頁）

⊙南荒風景（劉邵《人物志》云：「好奇之人，横逸而求異。」須知横而逸，方可言詩，方可立異）

沈雲卿《驩州》詩「歲貸胸穿老，朝飛鼻飲頭」，張道濟《岳州競渡》詩「齊歌迎孟姥，獨舞送陽侯」，白樂天《海南》詩「天黃生颶母，雨黑長楓人」，張祜《寄遷客》詩「溪行逢水弩，野店避山魈」，項斯《寄流人》詩「象跡頻藏齒，龍涎遠蔽珠」，陳孚《安南》詩「鼻飲如瓴甋，頭飛似轆轤」，於南荒風景，寫得險怪逼人，此種筆仗，自鮑明遠《苦熱行》始。（《續修四庫全書》影印清康熙天苗園刻本卷八，第一七〇〇册，第一八〇頁；辛味白校點本，第一六四頁）

⊙藍輿

右丞《酬嚴少尹徐舍人見過不遇》詩：「偶值乘藍輿，非關避白衣。」藍字從草，對白，輿作仄聲，白香山《閒行》詩：「病乘藍輿出，老着茜衫行。」亦屢作仄用。蘇長公《次黃魯直韵》：「莫嗟平輿空神物，尚有西齋接勝流。」自註云：「輿，音預。」（黃滔詩：「白馬嘶風三十輿。」亦從仄。）（《續修四庫全書》影印清康熙天苗園刻本卷九，第一七〇〇册，第一九〇頁；辛味白校點本，第一八八頁）

⊙梅雨（王季重曰：梅雨在四五月，如婦人之怒，易搆而難解，又如少年無行，子盟在耳門，須臾翻覆。取喻奇而確）

周處《風土記》：「夏至前雨，名黃梅雨。」《月令廣義》曰：「江淮四五月間久雨為黴天。」《説文》曰：「衣（智按：當作黴），中久雨，青黑色也。」《本草》曰：「梅雨水沾衣便腐。」詩人多用「梅」字。薛道衡「細雨應黃梅」，隋煬帝「黃梅雨細麥秋輕」，白樂天「黃梅雨裏一人行」，朱慶餘「梅天馬上愁黃鳥」，鄭谷「梅雨滿江春草歇」，薛能「濕風梅雨滿船輕」，少陵、柳州集俱有梅雨詩。（諺云：「夏至一聲雷，倒轉做重梅。」崔翹詩「杜馥重梅雨，荷香送麥秋。」《埤雅》曰：「三月為迎梅，四月為送梅。」）（《續修四庫全書》影印清康熙天苗園刻本卷九，第一七〇〇册，第一九五頁；辛味白校點本，第一九九～二〇〇頁）

⊙七言隔句

五言隔句多已，七言惟鄭都官有云：「昔年共照松溪影，松折碑荒僧已無。今日還思錦城事，雪消花謝夢何如?」白樂天《快活》一首，韓致堯《寒食有懷》一首，亦用此體，此類雖非至詣，然亦不可不知也。(《續修四庫全書》影印清康熙天茁園刻本卷十，第一七〇〇册，第一九九頁；辛味白校點本，第二〇六～二〇七頁)

智按：大和六年，白居易《快活》云：「可惜鶯啼花落處，一壺濁酒送殘春。可憐月好風涼夜，一部清商伴老身。飽食安眠消日月，閒談冷笑接交親。誰知將相王侯外，别有優遊快活人。」

⊙改易地名

邢凱《坦齋通編》曰：詩人好改易地名，以就句法。如大孤山旁有女兒港，小孤山對岸有彭浪磯，韓子蒼詩「小姑已嫁彭郎去，大姑常伴女兒住。」四者之中所不改者一耳，蜀大散關有喜歡舖，江西萬安縣有黄公灘，東坡入贛詩：「山憶喜歡來遠夢，地名惶恐泣孤臣。」乃更惶恐以對喜歡。余按，徐凝《過馬當》詩「三月盡頭雲葉秀，小姑新着好衣裳」，白樂天《東南行》「林對東西寺，山分大小姑」，是唐人已呼為小姑矣。又文信公有「惶恐灘頭說惶恐，零丁洋裹歎零丁」之句，前人所言，後人沿為故實，特問其詩之佳與不佳，人之傳與不傳耳。(《續修四庫全書》影印清康熙天茁園刻本卷十，第一七〇〇册，第一九九～二〇〇頁；辛味白校點本，第二〇八～二〇九頁)

⊙輕褣(《唐類苑》云無花薄紗)

香山集，有《元九以緑絲布白輕褣見寄》詩，所謂「緑絲文布素輕褣，珍重京華手自封」是也。然考之前人，多作「輕容」。如王建詩「嫌羅不著愛輕容」之類，或以為即方空也。(蔣永公曰：昌谷詩：「蜀煙飛重錦，峽雨濺輕容。」輕容紗名，與方空異。張睿父曰：輕容、方空、吹綸皆紗名。)(《續修四庫全書》影印清康熙天茁園刻本卷十一，第一七〇〇册，第二一一～二一二頁；辛味白校點本，第二三七頁)

智按：王建詩「嫌羅不著愛輕容」，《全唐詩》卷三〇二《宫詞一百首》(其九十七)作「縑羅不著索輕容」。昌谷詩，為《惱公》(《全唐詩》卷三九一)。

⊙御史娘（香山集有聽田順兒歌）

劉夢得《與歌童田順郎》詩：「天下能歌御史娘，花前葉底奉君王。九重深處無人見，分付新聲與順郎。」《樂府繼録》云：「貞元中，有善歌田順，為宮中御史娘子。」今據此詩，又似御史娘授曲於田順者。呼之曰郎，則非娘子可知。其次章亦曰：「惟有順郎全學得，一聲飛出九重深。」（《續修四庫全書》影印清康熙天茁園刻本卷十一，第一七〇〇册，第二一七頁；辛味白校點本，第二四九～二五〇頁）

⊙愁醉

白香山詩：「百年愁裏過，萬感醉中來。」蘇老泉衍為七言曰：「佳節每從愁裏過，壯心偶傍醉中來。」（《續修四庫全書》影印清康熙天茁園刻本卷十三，第一七〇〇册，第二三七頁；辛味白校點本，第二九六頁）

⊙浮石潭

衢州浮石潭，在府治北五里，有石高丈餘，大漲不没。白樂天《酬張使君》詩「浮石潭前停五馬，望濤樓上得雙魚」，張時刺衢也。（《續修四庫全書》影印清康熙天茁園刻本卷十五，第一七〇〇册，第二五一頁；辛味白校點本，第三二六頁）

⊙精神

元豐中，王岐公餞文潞公歸洛詩有「精神如破貝州時」之句，用白樂天上裴晉公詩「聞說風情筋力健，只如初破蔡州時。」（《續修四庫全書》影印清康熙天茁園刻本卷十五，第一七〇〇册，第二五六頁；辛味白校點本，第三三七頁）

⊙蒲字琵字

白香山《上裴令公》詩：「羌管吹楊柳，燕姬酌蒲桃。銀含鑿落盞，金屑琵琶槽。」蒲字從仄，琵字亦然。又有「酒餘送盞推蓮子，燭淚堆盤壘蒲桃」，「深山老去惜年華，况對東溪野枇杷」之句。（唐宣宗《弔樂天》詩：「侍兒能唱琵琶篇」，則指潯陽一曲）（《續修四庫全書》影印清康熙天茁園刻本卷十六，第一七〇〇册，第二六一頁；辛味白校點本，第三五〇頁）

⊙司字

司馬，司字作仄聲，老杜「殊錫曾為大司馬，總戎皆插侍中貂」，武黃門

「惟有白鬚張司馬，不言名利尚相從」，白樂天「四十着緋軍司馬，男兒官職未蹉跎」，亦止于夏官用之，餘司罕見。（東坡詩集以蒲團為團蒲，青紫為紫青，蒼茫，茫字作天，林花絮，絮字作平音，皆遊戲成文，不可為訓）（《續修四庫全書》影印清康熙天茁園刻本卷十六，第一七〇〇册，第二六一～二六二頁；辛味白校點本，第三五〇頁）

⊙長萬丈

樂天詩「百姓多寒誰可救，一身獨煖亦何情！……安得大裘長萬丈？與君都蓋洛陽城！」用老杜《茅屋為秋風所拔》語，覺莊宗作六合被，遠遜二公度量。（《續修四庫全書》影印清康熙天茁園刻本卷十六，第一七〇〇册，第二六二頁；辛味白校點本，第三五一頁）

⊙悲樂

韓退之多悲，詩三百六十，言哭泣者三十首；白樂天多樂，詩二千八百，言飲酒者九百首。見方勺《泊宅編》。余謂吏部骨鯁性成，凡其所悲，蓋深惡夫既不自悲，而又禁人之悲者也。分司天趣盎然，即其所樂，於詩酒琴棋之外，憂生歎老，去國離家之慘，無處無之。許渾千首水，杜甫一身愁，亦各從其志也。（《續修四庫全書》影印清康熙天茁園刻本卷十六，第一七〇〇册，第二六二頁；辛味白校點本，第三五二～三五三頁）

智按：方勺《泊宅編》卷上：「韓退之多悲詩，三百六十首，哭泣者三十首。白樂天多樂詩，二千八百首，飲酒者九百首。」

⊙王褒邢邵

王褒詩：「產空交道絕，財殫密親疏。」邢邵詩：「衰顏依候改，壯志與時闌。」性情境遇，總在個中。樂天、文昌祖此一派。（《續修四庫全書》影印清康熙天茁園刻本卷十七，第一七〇〇册，第二七一頁；辛味白校點本，第三七一頁）

智按：王褒《和殷廷尉歲暮詩》（《類聚》卷三。《御覽》卷二十七作歲暮詩。《詩紀》卷一百十三），邢邵《冬夜酬魏少傅直史館詩》（《初學記》卷三。又卷十二作酬魏收冬夜直史館詩。《文苑英華》卷一百九十。

《詩紀》卷一百十。）

⊙愛妾換馬（裴晉公《戲答白樂天乞馬》「君若有心求逸足，我還留意在明姝」。）

梁簡文樂府有《愛妾換馬》詩曰：「誰言似白玉，定是愧青驪。」其結句曰：「真成恨不已，願得路旁兒。」解題曰：愛妾換馬，淮南王所作，今不傳。錢希言《戲瑕》引魏任城王曹彰以伎換馬，號曰白鶻，獻之文帝，此說最為佳証。張祜咏此題「侍宴永辭春色裏，趨朝休立漏聲中」，似得其解，若唐之韋、鮑二生及東坡事，皆稗官家，言不足信也。（《續修四庫全書》影印清康熙天茁園刻本卷十七，第一七〇〇册，第二七二頁；辛味白校點本，第三七三頁）

⊙黄心樹

忠州鳴玉溪，有花如蓮，葉似桂，四月初開，土人呼為黄心樹。白香山為刺史，見而詠之曰：「如折芙蓉栽旱地，似抛芍藥掛高枝。雲埋水隔無人識，唯有南賓太守知。」或謂即木蓮花也。陸放翁《老學庵筆記》云：臨邛白鶴寺有之。周濂溪詩曰：「枝懸縞帶垂金彈，瓣落蒼苔墜玉杯。」蓋純白也。黄山雲谷寺亦有此花。余友鐵公繪以為圖，見示於武林。方虞臣謂即西域之寶檀花。（香山又有《畫木蓮花圖寄元郎中》：「花房膩似紅蓮朵，豔色鮮如紫牡丹。惟有詩人應解愛，丹青寫出與君看。」則又有紅色一種。江文通贊所云「緗麗碧巘，紅豔桂洲」也。）（《續修四庫全書》影印清康熙天茁園刻本卷十八，第一七〇〇册，第二八八頁；辛味白校點本，第四一〇頁）

⊙水碓風罏

岑嘉州詩：「岸花藏水碓，溪竹映風罏。」寫景閒曠，脱盡兆牟氣色。又「野罏風自爇，山碓水能舂」，雖語意似乎重複，然前二句眼在實字，後二句眼在虚字，竝存可也。賈長江易上一語，而用其下句。白香山則兩句全用之。（《續修四庫全書》影印清康熙天茁園刻本卷十九，第一七〇〇册，第二九二～二九三頁；辛味白校點本，第四一九～四二〇頁）

⊙桂子（魏鶴山巘柱詩：「虎頭點點開金粟，犀首纍纍佩印章。」）

駱義烏《靈隠寺》詩：「桂子月中落。」劉績《霏雪録》詳載其事。白香山詩：「偃蹇月中桂，結根依青天。天風繞月起，吹子下人間。」自注云：「杭州天竺寺有月中桂子。」按《漢武洞冥記》有「遠飛雞，嘗含桂實，歸於南土」，蓋月路也。自此詩人多襲用之。（《續修四庫全書》影印清康熙天茁園刻本卷二十，第一七〇〇册，第三〇七頁；辛味白校點本，第四五二頁）

智按：《留題天竺靈隱兩寺》：「在郡六百日，入山十二回。宿因月桂落，醉為海榴開。」自注云：「天竺嘗有月中桂子落，靈隱多海石榴花也。」長慶四年（八二四），五十三歲，任杭州刺史。《白居易集箋校》第一五六四頁。

⊙白紵

《宋書・樂志》有白紵舞，詞曰：「質如輕雲花如銀，制以為袍餘作巾，袍以光軀巾拂塵。」此巾乃手中所持之物，即帨也，然古人巾幘，亦未嘗忌白。雍陶「新裁白紵作春衣」，可為制袍之証，白樂天「青筇竹杖白紗巾」，可為作巾之証，歷代史帝王有戴白帽御白衣者，世人翻以為嫌，何耶？（《藝林伐山》云：唐時士子入試皆著白衣，至宋猶然。《七修類稿》云：洪武二十四年，方易藍衫）（《續修四庫全書》影印清康熙天茁園刻本卷二十一，第一七〇〇册，第三一三頁；辛味白校點本，第四六五～四六六頁）

⊙雲門寺

「一山門作兩山門，兩寺原從一寺分。」此香山為韜光靈隱而作。然於越州之雲門廣孝尤切，以韜光尚踞山顛也。蘇子美《雲門寺》起句云：「翠障環合封白雲，中有蕭寺三為鄰。」自注云：「雲門為梁武所作，今分為三寺相連。」意北宋時尚有一支（招）提相雜其間，今止二寺列，猶狺狺不置也。東坡有《天竺寺》詩，序云：「予年十二，先君自虔州歸。言近城天竺寺，有樂天親書詩，筆勢奇麗，墨蹟如新。今四十七年，予來訪之，則詩已亡，有石刻存耳。」然考之《長慶集》，此詩非虔州所詠，何以遂有石刻，而明允尚見之耶？《贛州志》謂是寄韜光禪師詩，或當時流傳至彼耳。（《續修四庫全書》影印清康熙天茁園刻本卷二十一，第一七〇〇册，第三一五頁；辛味白校點本，第四七一～四七二頁）

⊙左馮

蘇頲《長春宫》詩「赫赫惟元后，經營自左馮」，鄭谷《上狄右丞》詩「昔歲曾投贄，關河在左馮」，稱左馮翊為左馮，亦如以河南尹為河尹也，馮讀如字，不作平音。白樂天有「左馮雖穩我慵來」之句，劉禹錫有《自左馮歸洛下》詩。(《續修四庫全書》影印清康熙天茁園刻本卷二十三，第一七〇〇册，第三三三頁；辛味白校點本，第五一三～五一四頁)

⊙巧婦才人

白樂天《見小侄龜兒詠燈詩並臘娘製衣因寄行簡》一首。結曰：「巧婦才人常薄命，莫教男女苦多能。」老人閲歷既多，關心自切。可見騎羊臘鳳，詠絮銘椒，直與庭前瑞草等耳，何必多！(《續修四庫全書》影印清康熙天茁園刻本卷二十三，第一七〇〇册，第三三七頁；辛味白校點本，第五二三頁)

⊙想夫憐

李涉《聽多美唱歌》曰：「一曲梁州聽未了，為君別唱想夫憐。」白樂天有《想夫憐》詩，題結曰：「長愛夫憐第二句，請君重唱夕陽開。」註曰：王右丞詞「秦川一半夕陽開」。如此箋釋，難以臆解，而或謂「想夫憐」者，係「相府蓮」之訛，蓋庾杲之緑水紅蓮故事也。(《續修四庫全書》影印清康熙天茁園刻本卷二十三，第一七〇〇册，第三三八頁；辛味白校點本，第五二四頁)

⊙三賢堂賣酒（豫章徐孺子亭賣酒，劉後村以詩諷之，與此略同）

寶慶丙戌，袁樵尹京，於西湖三賢堂賣酒，有人題壁曰：「和靖東坡白樂天，三人秋菊薦寒泉。而今滿面生塵土，却與袁樵課酒錢。」按，南渡時有一袁紹，知臨安府，多惠政，人稱為袁佛子，其姓名與本初全同，罕有知者，而此袁反以賣酒傳。(《續修四庫全書》影印清康熙天茁園刻本卷二十三，第一七〇〇册，第三四〇頁；辛味白校點本，第五二八～五二九頁)

⊙觀物吟

王筠《野中吟》曰：「蘭薰種而不茂，樗藉剪而還多。」邵康節用為《觀物吟》曰：「芝蘭種不榮，荆棘剪不去。二者無奈何，徘徊歲將暮。」白樂天《齊物》詩「青松高百尺，緑蕙低數寸。同生大塊間，長短各有分。」天覆地載，何所不容，知其不可奈何，而安之若命，非天下之達人，其孰能與於斯！

（程明道謂堯夫襟懷放曠，如空中樓閣，四通八達，如云「須信畫前原有易，自從刪後更無詩。」從古未有人道得）（《續修四庫全書》影印清康熙天茁園刻本卷二十三，第一七〇〇册，第三四〇頁；辛味白校點本，第五三〇頁）

⊙春歸春在（梅花尼名習靜）

白香山與元集虛十七人，游廬山大林寺。時已孟夏，見桃花盛開，乃作詩曰：「人間四月芳菲盡，山寺桃花始盛開。長恨春歸無覓處，不知轉入此中來。」梅花尼子（名習靜）行腳歸，有詩曰：「著意尋春不見春，芒鞋踏破嶺頭雲。歸來笑撚梅花嗅，春在枝頭已十分。」二絕可謂得禪機三昧矣。（《續修四庫全書》影印清康熙天茁園刻本卷二十五，第一七〇〇册，第三五四頁；辛味白校點本，第五五九頁）

智按：《永樂大典》卷一萬三千四百五十引《南康志》：「唐元集虛，河南人。入五老峰，臨相思澗居焉，足不至城市。元和中，白居易訪之，題其亭云：『怪君不喜仕，又不游州里。今日到幽居，了然知所以。宿君石溪亭，潺湲聲滿耳；飲君螺杯酒，醉卧不能起；見君五老峰，益悔居城市；愛君三男兒，始歎自無子。余方爐峰下，構室為居士。山北與山南，往來從此始。』自是數相往還。顏詡隱白鹿洞三十年，孟賓于詩云：『園林蕭灑聞來久，欲訪因循二十秋。今日開襟吟不盡，碧峰重疊水長流。』為詡作也。」

⊙連昌宮

曾南豐曰：「《津陽門》、《長恨歌》、《連昌宮》俱載開元間事，微之之詞，不獨富麗，至『長官清平太守好，揀選皆言由相公』，委任責成，治之所由興也。『禄山宮裏養作兒，虢國門前鬧如市』，險詖私謁，無所不至，安得不亂耶？微之敍事，遠過二子。」余按南豐此論，似屬皮相，此彭淵材所以為五恨之一也。（《續修四庫全書》影印清康熙天茁園刻本卷二十六，第一七〇〇册，第三六三～三六四頁；辛味白校點本，第五七九～五八〇頁）

⊙一代言（樂天與微之書：「八九年來，與足下小通則以詩相戒，小窮則以詩相勉，索居則以詩相慰，同處則以詩相娛。知我罪我，率以詩也。」）

白香山贈樊著作詩，以陽城興起元稹，又將劉闢、庾氏、盧從史、孔戡參錯序之。其末乃曰：「君為著作郎，職廢志空存。雖有良史才，直筆無所申。何不自著書，實録彼善人。編為一代言，以備史闕文。」戴道默曰：「直是飭諭，白之手，樊之耳，皆千古。」（《續修四庫全書》影印清康熙天茁園刻本卷二十七，第一七〇〇册，第三七三～三七四頁；辛味白校點本，第六〇一～六〇二頁）

⊙和韻

徐伯魯論詩，於和韻一條極為詳核。顔延年、謝玄暉有《和伏武昌登孫權故城》等篇，此和詩之始。梁武帝同王筠《和太子懺悔詩》云：「仍取筠韻」，蓋同用「改」字十韻，和韻之始。筠後又取所餘未用者十韻，别為一篇，所謂「聖智比三明，帝德光四表」。故史於諸文士中獨言筠善押強韻。逮及唐人，和意而不和韻，至元、白而此風一變，至皮、陸而為之再變。自宋以還，誇奇鬬險，毋論元氣索然，即腠理之間亦覺不相連綴，刻楮雕冰，幾何而不唐喪耶！（東坡《和蕭大夫》「贈我皆強韻，知君得異書」。）（《續修四庫全書》影印清康熙天茁園刻本卷二十八，第一七〇〇册，第三八二頁；辛味白校點本，第六一九～六二〇頁）

⊙樺燭

陳藏器《本草》註樺木似山桃皮，堪為燭。《秦中歲時記》：宰相入朝，金吾卒以樺燭導引，代漏院記，所謂火城也。白樂天詩「宿雨沙隄潤，秋風樺燭香」，因其弟行簡自拾遺入閣而言。鄭谷詩「樺飄紅燼趨朝路，蘭縱清香宿省時」，則借以贈禮部郎中者，嘗見一扇頭賀新婚詩「樺燭雙間出艷柱」，恐非韋平世胄，不可濫用也。（《續修四庫全書》影印清康熙天茁園刻本卷二十八，第一七〇〇册，第三八五頁；辛味白校點本，第六二七頁）

⊙麴塵（鄭樵《通志》：「鞠衣，黄桑服也，色如麴塵。」用《周禮》註。《北户録》云：「鶴子草蔓生，其花麴塵色。」卽媚草也）

張樞密嵇仲，面目嚴冷，而小詩極有風味。岐王宫嘗有侍兒祝髮為尼，張以詩贈之曰：「六尺輕羅染麴塵，金蓮穩步襯湘裙。從今不入襄王夢，剪盡巫山一朶雲。」麴塵，疑即麥塵。前此惟劉夢得「龍墀遥望麴塵絲」，白樂天「墻柳誰家晒麴塵」，俱係咏柳。若李義山「小眼紅牕暗麴塵」，始别用矣。但註家俱未之解，後此則「百尺長條浣麴塵」，亦徐鼎臣咏柳，「緑岸波生染麴塵」，則陸放翁《野飲》，「仿佛新粧改麴塵」，則錢牧齋咏臘梅。(《續修四庫全書》影印清康熙天苗園刻本卷二十八，第一七〇〇册，第三八七頁；辛味白校點本，第六三二～六三三頁）

智按：張叔夜（一〇六五～一一二七），字嵇仲。歷簽書樞密院事。靖康殉難。贈開府儀同三司。謚忠文。事見《宋名臣言行録續集》卷六，《宋史》卷三五三有傳。宋周紫芝《竹坡詩話》：「樞密張公嵇仲，喜談兵論邊事，面目極嚴冷，而作小詩有風味。岐王宫有侍兒出家為此丘尼者，公賦詩云：『六尺輕羅染麴塵，金蓮步穩襯緗裙。從今不入襄王夢，翦盡巫山一朵雲。』殊可喜也。」「龍墀遥望麴塵絲」，見劉禹錫《楊柳枝詞九首》其三（龍墀，一作龍池）；「墻柳誰家晒麴塵」，見白居易《宫閣早春》(《白氏長慶集》卷二十八)。「小眼紅牕暗麴塵」，當作「小眼紅牕襯麴塵」，見白居易《重題小舫贈周從事兼戲微之》(《白氏長慶集》卷二十四)，非李商隱詩。「百尺長條涴麴塵」，見徐鉉《柳枝詞十首座中應制》其五（《騎省集》卷五)。「緑岸波生染麴塵」，見陸游《野飲》(《劍南詩稿》卷三十三)。「仿佛新粧改麴塵」，見錢牧齋《蠟梅二首》其一（《初學集》卷三)。

⊙白頭

香山詩：「何故水邊雙白鷺，無愁頭上亦垂絲。」楊誠齋全用其意曰：「君道愁多頭易白，鷺絲從小鬢成絲。」宋子虚亦云：「吴霜兩鬢早先秋，聞道愁多會白頭。溪上鷺絲渾似雪，想應無那一身愁。」(《續修四庫全書》影印清康熙天苗園刻本卷二十八，第一七〇〇册，第三八八頁；辛味白校點本，第六三五～六三六頁）

智按：宋無《髮白解嘲》「吴霜兩鬢早先秋，聞道愁多會白頭。溪上鷺鷥渾似雪，想應無那一身愁。」見宋無《翠寒集》，《兩宋名賢小集》卷三七六。

⊙異代同悲

唐衢善歌詩，應進士不第，見人文章有傷歎者，讀訖必哭。白樂天贈以詩曰：「賈誼哭時事，阮藉哭路岐。唐生今亦哭，異代同其悲。」金聖歎嘗謂，哭者人生暢遂之事，則凡有杜默、謝翺之感者，不必向高山頂上作十日計也。（許伯□世代有傳人）（《續修四庫全書》影印清康熙天茁園刻本卷二十九，第一七〇〇册，第三九六頁；辛味白校點本，第六五二頁）

⊙忙閒

白香山詩：「見苦方知樂，經忙始愛閒。」又：「巧未能勝拙，忙應不及閒。」皆閱歷到家語。高房山曰：「無限飛紅隨馬足，春光更比路人忙。」可見「不是閒人閒不得，閒人不是等閒人」也。（祝無功曰：吾儕聰明不在人先，年力不在人後，安得閒士人，為人説閒話，管閑事，必閒人之所忙，忙人之所閒，庶幾無忝所生）（《續修四庫全書》影印清康熙天茁園刻本卷二十九，第一七〇〇册，第三九九頁；辛味白校點本，第六五九～六六〇頁）

⊙百韻

百韻排律，杜少陵後，如元、白《東南行》，溫岐《抱疾書懷》，韋莊《秋日感事》，俱極精到，可入風人之選。宋沈立《詠海棠》，王阮《聖德惠民詩》，皆散漫無法。王元之排至百五十韻，亦奚以為。（耶律楚材《懷古一百韻》，於宋、遼、金三朝故實極為羅縷，自跋其後曰：使入世之人知成敗之可鑑，出世之人識其興廢之不常。系之以偈，殊可摭拾也。）（《續修四庫全書》影印清康熙天茁園刻本卷三十，第一七〇〇册，第四〇二頁；辛味白校點本，第六六五～六六六頁）

⊙醉翁亭

歐陽公題醉翁亭曰：「野鳥窺我醉，溪雲留我眠。山花徒能笑，不解與我言。惟有巖風來，吹我還醒然。」有行雲流水、自得其樂之意。《會峰亭》結語四句，全同白香山《閒居》詩「深閉竹間扉，靜掃松下地。獨嘯晚風前，何人知此意」。二公胸次，固非寒瘦者可比。（《續修四庫全書》影印清康熙天茁園刻本卷三十，第一七〇〇册，第四〇三頁；辛味白校點本，第六六八頁）

⊙雲和

《周禮·大司樂》「奏雲和之琴瑟」，註云：「雲和，地名，産良材，中琴瑟。」《漢武內傳》：「王母命董雙成吹雲和之笙。則又非琴瑟也。」張景陽《七命》曰：「吹孤竹，拊雲和。」王龍標《宮詞》：「斜抱雲和深見月。」是以地名作器具矣。白香山詩：「非琴非瑟亦非箏。」不知確似何物。太白「纖手弄雲和」，老杜「朱袖拂雲和」，或樂器，另有其製也。（《續修四庫全書》影印清康熙天茁園刻本卷三十，第一七〇〇册，第四〇五頁；辛味白校點本，第六七二～六七三頁）

⊙白蓮

洛陽無白蓮花，樂天自吳中帶種歸，乃始有之。其《白蓮（池）泛舟》詩曰：「白藕新花照水開，紅窗小舫信風回。誰教一片江南興，逐我殷勤萬里來？」又《種白蓮》詩曰：「吳中白藕洛中栽，莫戀江南花懶開。萬里攜歸爾知否，紅蕉朱槿不將來。」（周濂溪謂蓮為花中君子，況純白者耶？但移入洛陽，是以君子而入富貴之鄉矣。）（《續修四庫全書》影印清康熙天茁園刻本卷三十，第一七〇〇册，第四〇六頁；辛味白校點本，第六七六頁）

⊙險韻（松陵夜宴聯句云：「清言聞後醒，强韵壓來開。」强，猶險也，《梁書》謂王筠善押强韵）

大曆以前，用險韻者不過數字而止，韓孟聯句始濫觴矣，如皮襲美《新秋書懷寄魯望三十韻》用三爻，《江南書情二十韻》用十五咸，魯望皆步韻和之。元微之《江邊四十韻》亦用三爻，《痁卧三十韻》用九佳。白樂天《和令狐公二十二韻》用十四鹽，柳柳州《述舊感時詩》用六麻，增至八十韻，愈出愈奇，始覺髯蘇「叉尖」二字未足多也。（東坡《雪》詩「叉」字用劉义，即指昌黎為諛墓中人語者，唐詩屢見此人。《苕溪漁隱》、《麓堂詩話》俱作「劉義」。《正字通》從之。）（《續修四庫全書》影印清康熙天茁園刻本卷三十，第一七〇〇册，第四〇八頁；辛味白校點本，第六八〇頁）

智按：宋俊，字長白，以字行，號岸舫。山陰（今浙江紹興）人。康熙十一年（一六七二）順天副榜。游福建、寧夏幕府三十餘年，曾以功擢同知，辭不赴。後選江山縣教諭，年七十卒。有《岸舫詩》、《增補嶺南風物記》等。另《岸舫詞》三卷，計二百一十首，有康熙刻本。其抒情之作，氣勢、情韻俱佳。事迹見清商盤輯《越風》卷六、《四庫全書總目》卷一九七。其《柳亭詩話》三十卷，康熙四十三年（一七〇四），客游廣德柳亭著書消夏，故名《柳亭詩話》，有康熙四十八年（一七〇九）天茁園原刊本、光緒八年

（一八八二）刊本、《懺花庵叢書》本（所據為光緒八年刊本，臺灣新文豐出版公司《叢書集成續編》第二〇一册、上海書店《叢書集成續編》第一五七册據以影印）、民國十九年（一九三〇）上海新文化書社排印本、胡協寅校勘本（上海大達圖書供應社民國二十四年十一月鉛印本）、辛味白（即張春橋）校點本（上海雜誌公司據天茁園刻本排印，貝葉山房張氏藏版，《中國文學珍本叢書》第一輯第二種，全二册，上册民國二十四年九月，下册民國二十五年五月）、臺灣廣文書局一九七一年《古今詩話叢編》影印本。中國社會科學院文學研究所圖書館藏本為李慈銘困學樓舊藏，前有康熙四十四年（一七〇五）自序、康熙四十六年（一七〇七）羅坤序，有李慈銘手批、光緒五年己卯（一八七九）題記，《四庫全書存目叢書》第四二一册、《續修四庫全書》第一七〇〇册據以影印。該書以記録與詩相關之知識爲旨，內容龐雜廣泛，上自三代，下迄清初，引書甚富，涉獵甚廣，又非僅爲摘録，而多有評論考辨。羅坤序稱「自三代以迄今茲，凡涉于詩句、詩聯、詩之格律、詩之長短本末、名物象數，罔不兼收畢舉。而一字半語，具有根蒂，正訛辟謬，裨益無窮。」論及經典雜録、歷史掌故、奇聞軼事、地方風俗、名勝古迹等，着重探究同一詩題、詩義、詩法之歷代沿習演變，及詩歌典故、寫作背景、俗語、字詞來歷出處，間涉詩體、聲律、對偶、叠字等。

墨浪子（一六七三前後）

《西湖佳話》

⊙序

宇內不乏佳山水，能走天下如鶩，思天下若渴者，獨杭之西湖。何也？

碧嶂高而不亢，無險崿之容；清潭波而不濤，無怒奔之勢。且位處於省會之間，出郭不數武，而澄泓一鑒，瞭人鬚眉。蒼翠數峰，圍我几席，舉目便可收兩峰、三竺、南屏、孤嶼之奇，隨棹即可躋六橋、十錦、湖心、花港之勝。至欲窮其幽奇，則風雅之跡，高隱之廬，仙羽之玄關，名衲之精舍，山之麓，水之湄，傑閣連雲，重樓霞起，又竟月之遊不足盡也。所以佳人才子，或登高選句，或鼓楫留題者比比；而忠貞節烈，寄影潛形者，亦復不少。

甚而點染湖山，則又有柳帶朝煙，桃含宿雨，丹桂風飄，芙蓉月浸，見者能不目迷耶？黄鸝枝上，白鶴汀中。畫舫頻移，笙歌雜奏，聞者有不心醉乎？隨在即是詩題，觸處盡成佳話，故筆不夢而花，法不說而雨。自李鄴侯、白香山而後，騷人巨卿之品題日廣，山水之色澤日妍；西湖得人而顯，人亦因西湖以傳。

嗟嗟！西湖至今日，而佳麗幾不可問矣。以淡妝濃抹之西子，竟成蓬首捧心之西子矣。然而人皆為西子惜，余獨為西子幸。幸古人之美跡猶存，品題尚在，則西子之面目自若也。但有其跡，而不知其跡之所從來，猶不足為西子寫生，因考之史傳志集，征諸老師宿儒，取其跡之最著、事之最佳者而紀之。如仙翁之藥爐丹井，和靖之子鶴妻梅，白蘇之文章，岳于之忠烈，錢鏐之崛起，駱宋之聯吟，辨才、圓澤、濟癲、蓮池之道行，小青、蘇小之風流，俱彰彰於人耳目者，亟為之集焉。今而後，有慕西子湖而不得親見者，庶幾披圖一覽，即可當卧遊云爾。

⊙白堤政跡

古詞有云：「景物因人成勝概。」西湖山水之秀美，雖自天生，然補鑿之功，卻也虧人力。這西湖風景，莫說久遠者不知作何形狀，就是到了唐時，杭州一帶地方，還都是沮洳斥鹵之所。居民稀稀疏疏，不能生聚，何況山水？直到唐玄宗時，李泌來為刺史，留心政事，方察出民之凋敝，皆由水泉鹹苦之故。因自到西湖之上，親嘗那西湖之水，見其恬淡可以養生，便思量要引入城中，以救那鹹苦之害，卻無計決鑿。因再三審視，方又察出西湖之水，原有泉眼數十，暗行地中，必鑿井相通，將湖水引入，令居民食淡，方遂其生。因不惜一時之財，分用民夫，在郡城中開鑿了六個大井。你道是那六井：

相國井 西井（一名化成井）金牛池 白龜池 方井 小方井。

自六井鑿通之後，果然水泉清淡，萬姓不受鹹苦之害，遂致生聚漸繁，居民日富。凋敝人情，轉變作繁華境界，卻還無人料理到西湖上去。不意李泌去任之後，後官只管催科，並不問及民間疾苦。日積月累，遂致六井依然湮塞，民間又飲鹹苦之水，生聚仍復蕭條。那西湖冷淡，是不須說了。直到貞元中，杭州又來了一個大有聲名的賢刺史，方才復修李鄴侯的舊跡，重洗刷出西湖的新面目來，為東南勝境。

你道這賢刺史是誰？就是太原白樂天，名居易。樂天生來聰慧過人，才華盖世，有人從海上來，見了他些奇蹤異跡，相傳于人，故人盡道他是神仙轉世。唐時以詩取士，有一位前輩老先生，叫做顧況，大有才名。一時名士，俱推重他為詩文宗主。凡做的詩文，都要送來請教於他，以定高下。這顧況的眼睛又高，看了這些詩文，皆不中意，絕無稱賞。若經他看了一遍，再看一遍，便要算做上等的了。故人送詩到他門首，都躡足而不敢進，因相傳顧況之門為鐵門關，金鎖匙，難得開了讓人入去。

此時白樂天年還未冠，聞知顧況之名，也不管好歹，竟攜了一卷詩，親送到門前，叫門上人傳將入去。顧家門上人是傳送慣了的，一面接了詩，一面就說道：「相公請回，候老爺看過了，再來討信罷。」白樂天道：「不消得，煩你送入，我在此候，只怕老爺就要請我相見。」門上人見他年紀小，說大話，不好搶白他，只笑了一笑，便傳將入去。此時顧況坐在書房裏，正對著幾卷套頭詩，看厭了，推在半邊，吃茶消遣。忽又見門上人送進這卷詩來，他卻又接在手中。原來這顧況本意原甚愛才，不是輕薄，只因送來這些詩，不是陳腐，就是抄襲，若要新奇，便裝妖作怪，無一首看得上眼，故露出許多高傲之態，為人畏懼。然他本心卻恐怕失了真才，故送進詩來，他又接在手中。先看見詩卷面上，寫著「太原白居易詩稿」七字，竟無一謙遜之詞，又不致求教之意，又見他名字叫做白居易，因大笑道：「他名居易，只恐長安米價太貴，『居』之也還不『易』。」說便說，笑便笑，詩卻恐怕失了佳句，因展開一看。才看得第一首，便覺是自出手眼，絕不與人雷同。再看第二首，更覺淡雅中有些滋味，不禁那些嬉笑之容，早已收斂。再信手揭開中間一看，忽看見一首詠芳草的道：

離離原上草，一歲一枯榮。野火燒不盡，春風吹又生。遠芳侵古道，晴翠接荒城。又送王孫去，萋萋滿別情。

顧況讀完，便忍不住將案一拍，大叫道：「此詩拓陶韋之氣，吐杜李之鋒，好佳作也！」因問門上人道：「這白相公既送詩來，為何不請他入坐，卻放他去了？」門上人道：「小的不知好歹，倒肯放他去，他卻不肯去，還立在門外，等老爺相請哩。」顧況道：「如此還好，快去相請。」門上人一面出去請，他就立起身，也隨後踱了出來相接。二人相見了，甚是歡然。顧況因說道：「我只道斯文絕矣，不意吾子還為天壤間留此種子，何其幸也。」遂邀白樂天到書房裏去，置之上座，待以貴賓之禮。杯酒之間，細論古今，竟成了莫逆之交，當時有人戲題兩句道：

顧才子掣開金鎖匙，白樂天撞破鐵門關。

自此之後，白樂天詩名大播，長慶中就登了拔萃的進士，年紀只得二十七歲。唐時凡登進士第的，都在曲江飲聞喜宴，宴罷，便都到慈恩寺雁塔下題名。他時有為將相者，就以朱塗其名上以為榮，且各各題詩紀事。樂天所題之詩，有兩句道：

慈恩塔下題名處，十九人中最少年。

樂天因詩才有名，又兼年少，故召入翰林為學士，隨遷了左拾遺。每每奏對班中，論事鯁直，不肯少屈，天子變色，謂宰相李絳道：「白居易，朕所拔擢也，怎敢直言放肆如此，朕豈能堪。」李絳忙跪奏道：「言路大開，乃朝廷之盛事。白居易敢於直言者，正所以報陛下拔擢之恩也。望陛下姑容之，以發揚盛德。」天子聞言大悅，待居易如初。後又因論事觸怒廷臣，怪其出位多言，遂貶為江州司馬。久之，穆宗即位，聞其才名，又召入翰林以知制誥。但天子性好游畋，出入無度，白居易耐不住，又做了一篇《續虞人箴》，獻于天子，以寓規諷。天子見了，不勝大怒。是時宰相無力，沒人解救，遂謫遷為杭州刺史。樂天聞報，略無慍色，因說道：「我白居易，既蒙拔擢，做一日之官，自當盡一日之職。立朝則盡言得失，守邦則撫字萬民，總是一般，何分內外？況聞杭州有山有水，足娱我性情，有何不可？」便就在東都收拾行囊，帶領家眷，同赴杭州之任。正是：

非關有意逐賢人，豈是私心作遠臣。多分西湖山與水，催他來點十分春。

白樂天不日到了杭州，上了刺史之任。一完了許多酬應的公務，即遍訪民間疾苦，方曉得李鄴侯開的這六井，歲久年深，無人料理，依然湮塞，居民仍苦鹹水，生聚又復蕭條。樂天訪察明白，因又急發人丁，重修六井，不日功成，百姓感激不盡。又訪察得下塘一帶之田，千有餘頃，皆賴西湖之水，以為灌溉。近因湖堤倒塌，蓄泄無時，難以救濟，往往至於荒旱。樂天因又築起湖堤，比舊堤更高數尺，以便多蓄湖水。放水口上，又恐水高，易於泄去，又設立水閘以為啟閉。自築堤立閘之後，蓄水有餘，泄水不竭，故下塘一帶百姓，竟無荒旱之苦，又感激不盡。

樂天因行了這幾件德政，見民間漸漸有富庶之風，與前大不相同，他也滿心歡喜，便於政事之暇，日日到西湖上來遊覽。見南山一帶，樹色蒼蒼，列著十數里的翠屏，甚是豁人的心眼。又見湧金、清波一帶的城郭列於東，又見保叔塔、葛仙嶺、棲霞、烏石、北高峰繞于西北，南高峰、南屏山、鳳凰山繞於西南，竟將明聖一湖，包裹在內，宛如團團的一面大水鏡。但恨水闊煙深，舉動要舟，不便散步。又見孤山一點，宛在水中，而西泠一徑，盡是松筠，往來必須車馬，因而動了一片山水之興，遂從那斷橋起，又築了一條長堤，直接著孤山，竟將一個湖，分作裏外兩湖。又在長堤上種了無數的桃李垂楊，到春來開放之時，紅紅緑緑，綿延數里，竟像一條錦帶，引得那些城裏城外之人，或攜樽揭盒，或品竹彈絲，都到堤上來遊賞。來來往往，就如蟻一般，再沒個斷絕之時。初還是本郡遊人，既而又添了外邑，漸漸引動四方，過不多時，竟天下聞西湖之名矣。樂天既做一個西湖上的山水主人，就有那好事的道：「這裏可憩憩足力。」就添蓋了一間亭子。又有的道：「這裏可以眺望遠山。」就增造了一座樓臺。由是好佛的撿幽靜處起建寺宇，好仙的擇名勝地創立宮觀，好義的為忠孝立廟，好名的為賢哲興祠。西湖勝地，無不為人占去。至於酒樓茶館，冷靜處，也隔不得三家五家，酒簾高掛。若到熱鬧處，竟比屋皆是酒壚。初還只在西湖上裝點，既而北邊直裝點到靈隱、天竺，南邊直裝點到淨慈、萬松嶺，竟將一個西湖，團團裝點成花錦世界。後來這條堤，因是白樂天所築，遂叫做白公堤。樂天見此光景，也十分得意，因賦詩自表道：

望海樓臺照曙霞，護江汀畔踏晴沙。濤聲夜入伍胥廟，柳色春藏蘇小家。紅袖織綾誇柿蒂，青旗沽酒趁梨花。誰開湖寺西南路，草緑裙腰一道斜。

自此之後，百姓感白樂天事事為杭州盡心修治，皆心悅誠服，巴不得他在湖上受用。他政事一完，也便到各名勝的所在遊賞題詩。若煙霞石屋、南北兩峰、冷泉亭、雷峰塔，以及城中虛白堂、因岩亭、忘筌亭，凡有一景可觀，無不留題以增其勝概，只恨沒一個同調的詩友，與之相唱和。忽一日，聞得他一個詩酒知心的好友，叫做元微之，也除授到浙東做觀察使。雖有一江之隔，為官守所繫，不能往來，然同在數百里內，消息可以相通，滿心觀喜，但不知何時方能到任，因差人去打聽。又暗想道：「我與微之二人，皆以詩酒山水為性命。前見我遷了杭州刺史，又見我說身臨明聖之邦，有西湖山水之樂，他甚是氣我不過。今日他自經歷到禹穴、蘭亭，並山陰道上，他豈不誇張其美，也要來氣我？諒西湖名甲天下，對得他過，須要打點回他方妙。」果遲不得數日，到任後，有一和尚叫做賀上人，自浙東回杭，替元微之帶了一封書來，忙忙拆開看時，卻無一句寒暄之語，惟有一首七言律詩，誇獎他州城之美，並他為官得勝地之樂道：

州城回繞拂雲堆，鏡水稽山滿眼來。四面常時對屏障，一家終日在樓臺。星河似向簷前落，鼓角驚從地底回。我是玉皇香案吏，謫居猶得住蓬萊。

樂天看了，知他是來爭氣，因笑一笑道：「他要爭氣，我偏要貶駁他一番，看他何詞以對。」因而也不敘寒暄，但只題詩一首，差人送去。元微之得了書，拆開一看，也只一詩，因讀那詩道：

賀上人回得報書，大誇州宅似仙居。厭看馮翊風沙久，喜見蘭亭煙景初。日出旌旗生氣色，月明樓閣在虛無。知君暗數江南郡，除卻餘杭總不如。

元微之見了，知是樂天戲他，故相貶駁，因和韻答他一首，仍自誇張，卻隱寓貶駁杭州之意，又差人寄復樂天。樂天開看，其詩道：

仙都難畫亦難書，暫任登臨不合居。繞廓煙嵐新雨後，滿山樓閣上燈初。人聲曉動千門辟，湖色宵涵萬象虛。為問西州羅刹岸，濤頭衝突近何如？

原來錢塘江未經築岸之時，那潮頭起時，直高數十丈，拍天一般的湧將上來，就如千軍萬馬奔騰，也不似這般洶湧，所以元微之做入詩中，以來取笑。樂天看了，因笑道：「微之此詩，要來笑我，卻笑差了。錢塘江潮如雪山銀障，乃天下奇觀也。便是漢時枚乘所賦的八月廣陵濤，何等稱雄，也比不得我錢塘潮之萬一。微之為何反以羅刹來貶駁？由此看來，我杭州的好處，他尚未盡知，若不說明，豈不埋沒了。因又做詩一首，寄與元微之道：

君問西州城下事，醉中疊紙為君書。嵌空石面摽羅刹，壓捺潮頭敵子胥。神鬼曾鞭猶不動，波濤雖打欲何如？誰知太守心相似，抵滯堅頑兩有餘。

元微之看了這首詩，細細辨明羅刹二字，是稱美錢塘江的徽號，不是貶他之說，方自知笑差了，做聲不得。復因公事到杭州，因而一游，方知西湖之美，實實及他不來，方才心服，不敢再爭。正是：

柳簇花攢紅袖新，山搖水曳翠眉顰。何須著屐東西覓，日出湖中對美人。

樂天因山山水水，日對著西湖這樣的美人，又詩詩酒酒，時題出自家這般的才子，一片尤滯之魂，那裹還按納得定，遂不禁稍稍寄情於聲色。身邊早蓄了兩個姬妾，一個叫做樊素，一個叫做小蠻。樊素善於清謳，每歌一聲，而齒牙鬆脆，不啻新鶯。小蠻善於飛舞，每舞一回，而腰肢擺折，勝似游龍。故樂天愛之特甚，日侍不離，因有詩二句贈他兩人道：

櫻桃樊素口，楊柳小蠻腰。

要知櫻桃口，不是單贊其口，贊其口能歌也。楊柳腰，也不是獨羨其腰，羨其善舞耳。故後人又有詩駁其櫻桃口，贊之不盡道：

吐去新鶯穿齒滑，吞來舌上滾明珠。朱唇一起嬌無那，細想櫻桃怎得如？

又有詩駁楊柳腰道：

衫袖翩躚總不消，細看妙盡在纖腰。輕輕款款尋思去，轉覺粗疏是柳條。

樂天既有了兩個絕色的姬妾在旁，便日日帶他到湖山深處，或是蓮藕灣頭，或是風前歌一曲，或是月下舞一回，又自作詩以紀其事。所稱山水之樂，詩酒與風流之福，十分中實實也享了八九。卻又逢著唐朝的法網甚寬，凡是官府到任，宴會飲酒，俱有官妓承應，或是出郊迎接，或是騎馬相隨。皆習以為平常之事，恬不為怪。樂天因營妓中沒有出色的女子，又因有樊素、小蠻足以娛情，故不甚去追求官妓。忽一日，見了一官妓，叫做商玲瓏，生得姿容鮮媚，甚是可人，又且琴棋技藝，種種皆可應酬，故此樂天亦甚鍾愛，每每喚他來承應。一日，與他對雪飲酒，正飲到酣暢之際，忽元微之差人來寄書問候。樂天看了書，因大笑對商玲瓏說道：「元相公一向要以浙東形勝，與俺杭州的西湖比較，只就山水論，已比較不過，今番又有你在此賞雪對飲，又添了一段風流佳話，只怕元相公一發比我不過了。待我再題詩一首，取笑他一番。」因乘著酒興，又題詩寄元微之道：

可憐風景浙東西，先數餘杭次會稽。禹廟未勝天竺寺，錢湖不羨若耶溪。擺塵野鶴春毛暖，拍水沙鷗濕翅低。更對雪樓君愛否？紅欄碧甃點銀泥。

元微之得了這首詩，已自知爭他不過，便自心服。但因「雪樓君愛」之句，訪問出商玲瓏之美，不勝羨慕垂涎。遂寫書與樂天，並送許多金币與商玲瓏，要邀他去相見一面。樂天因是好友，推辭不得，只得著人送去。微之一見大悅，遂留在浙東，盤桓了數月，方才送還，完了一案。正是：

山水既然輸服矣，為何官妓又來爭？須知才色原相近，才盡焉能色不生。

此時樂天雖然縱情詩酒，卻於政事未嘗少廢，但裝點的西湖風景，天下聞名。到了三年任滿，朝廷知他政績，遂仍召回京，做秘書監。樂天聞報，喜少愁多，又不敢違旨，只得要別杭州而去，因思想道：「我在西湖之上，朝花夕月，冬雪夏風，盡盡的受用了三載，今聞我去，你看山色依依，尚如不舍，鳥聲戀戀，宛若留人。我既在此做了一場刺史，又薄薄負些才名，今奉旨內轉，便突然而去，豈不令山水笑我無情？」因叫人快備一盛席，親到湖堤上，來祭奠山水花柳之神，聊申我白樂天謝別之敬，以了西湖之緣。祭奠畢，遂與商玲瓏一班名妓，縱懷暢飲，直飲得爛醉如泥，仍題詩道：

征途行色慘風煙，祖帳離聲咽管弦。翠黛不須留五馬，皇恩只許住三年。絲藤蔭下鋪歌席。紅藕花中泊妓船。處處回頭盡堪戀，就中難別是湖邊。

題罷，方才歸去。到了臨行這日，合城百姓，感他三年恩惠，若大若小，皆來擁著馬頭相送。樂天因笑謝道：「我在此為官三年並無好處。」遂信口念出兩句道：

惟留一湖水，與汝救荒年。

須臾眾百姓散去，樂天方得長行。但一路上又無病痛，又無愁煩，只是不言不語，胸懷不樂。朝夕間，連酒也不飲，詩也懶做。眾隨行的親友見他如此，不知何故，只得盤問於他道：「你在杭州，做了三年刺史，雖然快活，卻是外官。今蒙聖恩，新升除了秘書監，官尊職顯，乃美事也，有何愁處，只管皺了眉頭？」樂天道：」升遷榮辱，身外事耳，吾豈為此。所以然者，吾心自有病也。」親友又問道：「我見你步履如常，身子又不像疼痛，卻是何病？」樂天道：「我說與你罷：

一片溫來一片柔，時時常掛在心頭。痛思舍去終難舍，苦欲丟開不忍丟。戀戀依依維自系，甜甜美美實他鉤。諸君若問吾心病，卻是相思不是愁。」

眾親友聽了，俱又驚又笑道：「聲色場中，脂脂粉粉，老先生亦可謂司空見慣矣，況櫻桃口、楊柳腰尚在身邊，盡可消遣，為何一個商玲瓏便鍾情至此？」樂天道，「商玲瓏雖然解事，亦不過點綴湖山，助吾朝夕間詩酒之興耳，過眼已作行雲流水，安足系吾心哉？吾所謂相思者，乃是南北兩峰，西湖一水耳。」眾親友聽了，盡鼓掌大笑道：「這個相思病，實害得新奇，但可惜《本草》、《岐黃》俱不曾留方，無藥可治，如之奈何?」說罷，連樂天也大笑道：

但聞山水癖，不見說相思。既說相思苦，西湖美可知。

此時樂天已將出浙江境，要打發杭州送來的船回去，因戀戀不捨，又做了一首絕句，叫他帶回杭州去，貼在西湖白堤亭子上。那詩道：

自別錢塘山水後，不多飲酒懶吟詩。欲將此意憑回棹，報與西湖風月知。

自此之後，樂天為想西湖害了相思病之事，人人傳說，以為美談。後因言事觸怒於人，又將白樂天出為蘇州刺史。那蘇州地方，雖也有虎丘山、觀音山並東西兩洞庭湖，可以遊賞，但樂天心心念念，只想著西湖，口口聲聲，只說著西湖。嘗對一個相好朋友道：「俺與西湖，既結下宿世之緣，便當生生死死，終身受用，為何緣分只有三年? 況此三年中，公事簿書，又破費了我許多，山灣水曲，何曾遊得遍。細想起來，我與他相處的情分，尚未十分親切，今突然撇來，又因官守羈身，再不能夠重與他一見，真可謂之負心人矣。」那相好的朋友笑道：「害相思須要害得有些實際，不可徒害了虛名。白先生既如此羨慕西湖，吾輩尚不知那西湖果是怎生的模樣，可果有三分顏色，以領略白先生之病否?」樂天聽了道：「你要知他的顏色麼? 一時如何摹寫得盡，待我說個大概與你聽罷。」因提起筆來，題詩一首道：

為我踟躕停酒盞，與君約略說杭州。山名天竺堆青黛，湖號錢塘瀉綠油。大屋簷多裝雁齒，小航船亦畫龍頭。所嗟水路無三百，官繫何由得再遊。

那好朋友見詩中「堆青黛」、「瀉綠油」之句，不覺驚喜起來道：「原來西湖之美有如此，莫說你見過面的害相思，連我這不見面的，也種下一個相思的種子在心上了。」未幾，又召入京，後來只做到刑部尚書。他因宦情不濃，也就請告了，就在東都履道里所住之處，築池種樹，構石樓看山，與弟白敏中、白行簡、裴度、劉禹錫散誕逍遙，因號為「香山居士」，又號為「醉吟先生」。後來老了，又與胡杲、吉旼、鄭據、劉真、盧真、張渾、狄兼謨、盧貞八個年高有德致仕之友，時時往來，故一時榮之羡之，稱為「香山九老」。直活到七十五歲方終。臨死時，捨不得小蠻，因做一首絕句別他道：

一樹香風萬萬枝，嫩于金色軟於絲。永豐東角荒園裏，盡日無人屬阿誰?

總之，白樂天的文章聲價為天下所重，自不必言矣。守杭時，重開六井，點染湖山，是他一生的功績，故流傳至今，建詞祭祀不絕，以為西湖佳話。(《西湖佳話》卷二，邵大成校注本，浙江人民出版社，一九八一年版，第二二～三四頁)

智按：《西湖佳話》十六卷，全名《西湖佳話古今遺跡》，輯作者古吳墨浪子，又名西湖墨浪子。成書於清康熙十二年（一六七三）。

魏憲（一六七三前後）

《百名家詩選·傅為霖小引》

魏子曰：嗚呼！詩之重也，詎不以性情哉！《大易》云：「脩辭立其誠。」誠者，性情之始也；辭，其體要焉耳。古聖賢以性情發而爲辭，而詩名爲故尚書之教胄子也，以樂合詩，進而可以和神人。吾夫子删詩，斷自商周，于風也疏達，于雅也莊肅，于頌也奥質，極辭之變，而性情見焉，非是則無辭。漢魏六朝，作者林立，然綺靡成習，軌于正則者鮮矣。至唐以李杜鳴，然李以氣韻雄，杜以研深勝，揆諸中和之旨，猶有議之者。及明，北地信陽、太倉、歷下諸公，非不金谷瑶臺，居然天府也，然優孟衣冠，不免薄俗之議，况蓊然閭巷歌謡，而可與子晉之笙、成連之琹並聞天際者哉！此暘谷之詩，所以脱然不滓，純乎性情，爲絶學倡也。余嘗與同人論次其詩，皆有關吏治，甚切民瘼，至敷詞和雅，用意深厚，得涉世持躬之要，可擬白香山。觀其通守雲間，政治之餘，登峰泛泖，日與郡縉紳酬唱，及今被謗，絶無悲天憫人之意，介介于胸。優游山水，嘯歌晨夕，亦惟香山可相彷彿，是性情也，進于道矣，而僅以詩稱乎？余且與之學《易》矣，與之論樂矣。(《百名家詩選》卷三十六)

智按：傅為霖，字石漪，號暘谷，南安（今屬福建）人。

《贈魏愽郡司馬戴雪看序》

秦時置郡丞，以佐守爲長史兵馬，漢改郡從事史一人，秩六百石，綦重矣。歷晋隋唐宋元明，變置不一，而兩輔六雄之任，必愼簡其選，以無負厥職。我國家肇造區夏，百僚是優，郡司馬之權，與刺史別駕互相倚庇，非作學兼至者弗以居，魏郡為京甸股肱，內而宰執，外而督撫，諸臺責愈重，而任愈尊。年來恪守成憲，上不諂而下不瀆者，于雪看戴公首屈指焉。公起家樅楊，發跡白嶽，乃祖遜菴先生以理學碩儒，與從祖渾奄公絜才伯仲，渾奄成甲辰進士，世宗廷試，奇其策，有一部蘇義之批，擬第一人，以權要翟鸞二子有挂物議，並易之，未竟其業。……偕林林總總，遊於春風夏雨之內，復以其餘閒，與諸大夫士談經論古，從容詩文，灑然風塵之外，豈不紳綽焉有古人風哉！昔謝元奕在西安，岸幘嘯吟，自稱方外司馬；白樂天佐江州，南樓山而北樓水，以匡廬泉石作知己，視我公何如也？故于其懸弧之辰，為之引滿大爵，曰此仙官也，岡陵日月之諛，曷足多乎？（《枕江堂集》卷十一，《四庫未收書輯刊》影印清康熙十二年有恒書屋刻本）

智按：魏憲，字惟度，號兩峰居士。福清（今屬福建）人。明諸生。順治十一年（一六五四）副貢。有《枕江堂詩》十卷、《枕江堂文》不分卷（清康熙十二年有恒書屋刻本，《四庫未收書輯刊》集部第八輯第十六册）。杭世駿《榕城詩話》載其《同友宿白雲洞》云：「白雲留一宿，同聽海潮音。漁火空江亂，鐘聲隔院沈。烟光浮半榻，夜氣結層陰。忽喚松間鶴，能清夢裏心。」（《全閩詩話》卷九引）輯有《海內百名家詩選》八十九卷，乃補明曹學佺《石倉歷代詩選》之作，自天啟甲子以後，康熙壬子（一六七二）以前，由縉紳迄方外，共得百人，人各立一小引，并列字號籍貫於前。其詩或以體序，或以類序，或以時與地序，各從原本。其登選則以得詩之先後為次，不拘行輩。

鄒篤生（一六七六貢生）

《陶白祠》（題擬）

拂衣初拜兩先民，似是前身與後身。隔代共商名教樂，千秋應結看山鄰。煙霞勝處風常在，俎豆開時夢亦因。借問匡君誰主祀？晴川僊吏政方新。（清

同治《德化縣志》卷七地理·古蹟）

智按：鄒篤生，字因子。江西高安縣桂林霞溪人。康熙十五年（一六七六）貢生。與修康熙十年《高安縣志》十卷。

繆昌緒

《陶白祠》（題擬）

醉石横今古，於時已數遷。鋤隄新種柳，刈草薄成田。酒事留羲日，詩情想晉年。桑麻須早課，遙接武陵煙。

有如司馬日，了不異平生。小鳥啼深樹，孤煙起暮城。山隨春草緑，月仗主人明。併卧南風裏，青衫何事更？（清同治《德化縣志》卷七地理·古蹟）

智按：繆昌緒，德化（今江西九江）人。康熙間貢生。據《（乾隆）貴州通志》卷十八秩官，曾任貴定縣知縣。

陶越

《過庭紀餘》

友人沈襄熊顯渭、程屺瞻實林曾當成童時，習乩仙術，潔治一室，夜半即起，焚香書符，誦咒如是者七日，夜還乩，乩自能動，乃以細沙承盤畫字，無論眞行草書，皆極精妙，所降仙，或稱靖節、太白、樂天、和靖、東坡諸公，長篇短句，積久録成一帙，秘不示人。余偶見太白五言古風一篇，其自序生平本末甚悉，沈、程年少，亦未之知也。又有稱八秀者，晋朱淵修、唐許隱眞、宋歐陽太叔、羊青田、元蔣浩然、明王定文、馬閔時、本朝張秉奇也，每有請召，此八人降乩，倡和為多，其詩僅記得羊青田《秋日山居》云：「残紅萬樹映晴川，秋鳥高飛入翠嵐。零落倦遊懷枕石，醒來只聽澗流泉。」許隱眞《秋暮山居》云：「夕陽繚亂舞千鸞，坐看横霞過嶺南。倚杖出門遥選勝，忽聞鶯語在松間。」蔣浩然《秋夜山居》云：「長夜秋聲幾度年，山中寂靜半桃源。蓬萊猶待乘槎去，不若清陰伴我眠。」詩雖出韻亦佳。又，《樂人賦》云：「江海無邊，阡陌閒閒。幽境堪同，賞心自憐。或登清風亭，或憩古木軒。往來梧槐之下，出入松栢之間。尋丘壑以逍遥，赴崎嶇而盤桓。絶塵囂之鹿鹿，服羽衣其蹁躚。向樵夭而舉火，對漁父而烹鮮。焚香談竹譜，把酒說詩篇。夜聽笛簧聲，朝聞鸚鵡言。倦讀虎鳥山龍記，狂歆龜蛇烏雪篇。揮毫出風雨，落紙如雲烟。欲極目以觀薄土，先抱膝而看青天。睹白雲之飛舞，望明月之高懸。時乎時乎不復來，悠哉游哉是神仙。」後書：此因定文詩有怨音，吾七人隨口而成，為其解怨之作。八人姓名耳目所不習，叩其出處，歷歷言之，大抵隱逸不得志之流也。一日，余邀沈、程于英上館中，試之乩，忽書云：「我乃江南第一風流才子唐六如是也。」隨書《十月十三日過鴛湖》一絶云：「鴛水淒淒空自流，長歆萬里送行舟。荒城鼓角聲悲壯，不盡烟霞動客愁。」英上問讀書之法，示云：「天下無通才者，不知天地之趣，山水之樂，惟在聲色貨利中雜沓，雖云讀書，不遇口耳叩其方寸，無一得也。今諸子欲讀書，心思不可不曠，意氣不可不高，見識不可不定，力量不可不堅。如是如是。」余時久病初瘳，因問如何可以養生。示云：「人生在世，清心寡慾，閑邪存誠，以天地為父，以鬼神為母，以山水為友，淡然自處，漠然自得，眞不死之藥耳。」英上乃出醇酒饗之，索詩，又書《寄懷》一絕云：「日光皎皎萬山寒，把酒狂吟太白篇。一棹尋遊湘水蹟，興來不醉也陶然。」又云：集中有《安分歌》，今有《醒世吟》，其一云：「十二巍樓環水丘，故園春色莫重遊。空江木落驚時暮，塵夢何曾到海洲。」其二云：「脱却青袍披羽裘，槐南一卧笑王侯。江山風月誰為主？蘆荻年年伴白鷗。」適有客至，復書云：「本欲成百首，奈為俗子敗興，異日可也。」時己未十月十三日，世謂乩仙詩多才鬼託名古人，若果六如降臨，洵稱奇遇，因記之。（《過庭紀餘》卷上，《四庫全書存目叢書》影印清抄本）

智按：陶越，字艾村，秀水（今浙江嘉興）人。曹溶（一六一三～一六八五）門人，增訂曹溶輯《學海類編》。又重訂明王光魯撰《元史備忘録》。著有《禾中災異録》一卷。其《過庭紀餘》雜綴聞見瑣事，以多聞之其父口述，故以「過庭」為名。

王永命（一六七八前後）

《雲在軒記》

昔余之搆澹寄齋也，凌玉先生題曰雲在；今余之建別寄亭也，仍奉前額，題曰雲在。雲亦安往而不在哉！獨是出岫無心，倚峰多態，則傍山而語也。且其擘絮兆咏，收籠名篇，則依才而笑也。即或華陽對君，太行顧親，則由性而發也。進而色蓋，廳宇祥溢，殿楹則因貴而垂也，旋且為白鵠，為赤珠，為絳衣，為困蒼，為冠纓，蟠石雲亦安往而不在哉？然非所論於在軒也，當軒主人既為嵰山別寄，則宋人士大夫必有退步一語，殆熟諳於胸中。且讀白香山《池上篇》所謂「十畝之宅，五畝之園，有水一池，有竹千竿，有書有酒，有歌有絃」者，實為《停雲》樂在之助，由是跏坐天遊，寥廓當面，雲在於席；漱流高枕，鬱律遥親，雲在於卧；策杖躡巔，觸石肆出，雲在於行；客來觥錯，增麗几前，雲在於動。凡此悉從軒上遇之，雲又安往而不在哉！雖然，知道者有所寄，而無所繫，明有在也，且明無乎在，無乎不在也。若躭躭焉，奇是崇而恐輪囷之不現瑞，是嗜而憂卷舒之莫定，斯未免於繫矣，繫則烏乎在此，凌玉先生亦知山有白雲，不堪持贈，故以山來雲在贈也。雲不堪贈，在須自怡，嵰山主人領悟久矣。山在軒在，寄在雲在，即寄不在，而山在，雲仍在也。孟陽張子不云乎：「流波戀舊浦，行雲思故山。」更足竟雲在軒之記。（《有懷堂筆》卷二，《四庫未收書輯刊》影印清康熙間刻本）

智按：序後署「康熙戊午」，即康熙十七年（一六七八）。

王永命，字九如，號劬菴，臨汾（今屬山西）人。順治五年（一六四八）戊子舉人，官遷安知縣，擢行人。有《有懷堂筆》、《松韻堂筆》、《邊工漫記》。

張廷瓚（一六七九進士）

《代内子贈三妹》（其二）

詩如長慶元和格，書擬黄庭内景篇。自是清才皆夙慧，非關絳帳有師傳。（《傳恭堂詩集》卷二，清康熙刻本）

智按：張廷瓚，字卣臣，號隨齋。桐城（今屬安徽）人。張英長子。康熙十八年（一六七九）進士，由編修累官至少詹事，二十六年，典試山東，後隨康熙三征絕漠。先于其父卒。著有《傳恭堂詩集》五卷。

梁允植（一六八〇前後）

《四賢祠（祀李鄴侯、白香山、蘇子瞻、林和靖）》

祠堂春晝厰晴暉，廊廟山林志不違。湖水多情還曲向，東風故傍柳依依。（《藤塢詩集》七言絕句，《四庫未收書輯刊》影印清康熙間刻本，集部第五輯第三〇册，第六九二頁）

《贈郭九芝少府》（七十韻郭雲中人）

恒嶽嵯峨出，天池瀲灧清。星躔分畢野，地軸護燕京。石擅千人譽，津留君子名。高風空驥足，靈氣毓瑶瑛。閥閲家聲遠，箕裘世德宏。聖泉飛舄影，撫洞散琴聲。問俗公劉邑，勞農不窋城。遺棠思蔭樾，名郡佐持衡。伯仲白居易，頡頏陶士行。論文羅弟子，佩劍握戎兵。國事方多難，王臣獨矢貞。孤城時偪仄，寇盜勢縱横。江水軍書急，廬山一木檠。喧闐鼙鼓震，轉戰革車轟。一日甘全節，千秋痛結纓。忠堪追許遠，烈可配眞卿。風助石鐘泣，泉哀彭蠡鳴。麻衣憐孝子，繐帳擁孤檠。鶴問湖邊樹，牛眠坂上塋。蓼莪十載恨，風木百年情。襆被來孤掉，囊書事遠征。雙輪歸素幔，萬里導前旌。秋夜荒村雨，寒煙晚照晴。伶仃艱跋涉，窀穸幾經營。純孝真天賦，高才自性生。秉心尊古道，擒藻咀芝英。舒嘯虹霓動，揮毫風雨驚。縹緗羅象緯，帶佩富香蘅。自是鵾鵬侶，寧同鷄鶩争。雲霄高意氣，山斗狀崢嶸。庾亮聞樓卧，子安事筆耕。蜚聲盈楚越，任俠冠幽并。白雪中原貴，黄金一諾輕。星文占太史，月旦起鄉評。充橐三都備，雄談四座傾。才堪王者佐，德乃聖人氓。童子文千古，馬援業晚成。瞻雲朝紫極，對策拜朱甍。珠玉成金馬，龍蛇動石泓。之官當少府，佐邑理常平。喜見盈家室，無煩呼癸庚。有年看比櫛，暇日勸田更。玉尺師還錦，冰壺止受羹。開軒看筆陣，辟蠧厰書棚。閒對松蘿蒨，不争桃李榮。蕭踈高偃仰，淡漠絶將迎。拂檻多青玉，焚香撫紫瓊。晴嵐看太白，曉露挹金莖。劈華凭僊掌，分泉煮雪阬。偏耽詩賦癖，豈為利名縈。下榻賔盈座，張筵酒滿罌。自嗟余落落，為客影煢煢。千里逢師友，十年譜弟兄。玉墀同獻賦，宫柳共聞鶯。幾咏蒹葭什，今申車笠盟。幸憐阮籍哭，不棄左思傖。揮麈燒銀燭，敲詩對藥鐺。時來摹古帖，深坐飯香秔。韋曲紅霞罥，終南翠色呈。花前開綺席，月下擁桃笙。君有深宏器，吾消鄙吝萌。鄉愁思趙瑟，客路聽秦箏。數月聯衣袂，來朝返旆鉦。多情攀霸柳，悵别話柴荊。中士言為贈，巴人勉作賡。公才豈百里，鳳詔入承明。況復歌麟趾，行看賦鹿苹。諸孫疑桂樹，奇骨似瓊瑩。先後輝廊廟，聯翩列珮珩。暫時稱吏隱，憂思莫惸再。（《藤塢詩集》五言排律，《四庫未收書輯刊》影印清康熙間刻本，集部第五輯第三〇册，第七一八～七一九頁）

智按：梁允植，字承篤，正定（今屬河北）人。以恩貢生授錢塘知縣。性明敏，有幹濟才。甲辰閩變，總督李之芳移鎮三衢，巡按田逢吉督兵城守，咸以允植為才，命佐軍興，遷袁州府同知題留，以同知攝縣事，事平，擢延平府知府。康熙十九年（一六八〇）任延平府知府。（《畿輔通志》卷七十五）

獨孤微生（一六八二前後）

《顧來陽壽序》（壬戌）

吾郡自唐宋後，稱良二千石者，必舉白樂天、蘇子瞻兩賢，以其風流經濟，交映山川也。顧樂天刺杭州，不聞御其父季庚以行，而子瞻出守，老泉亦未之從也。兩賢皆名父子，皆有聲跡。今讀《白氏長慶集》，誇示西湖形之篇什，惟與劉賓客、元相往還贈答，而子瞻于西湖倡導風雅，至羽客山僧，無不邀致，而于庭幃几杖，皆隔樽罍遠浣滌，豈時代有殊歟？抑道路修阻歟？輿山顧公，吳越望族，所謂顧陸名家也。以名進士起家，屢典劇郡，以循良報最，天子以東南財賦重地，藉公名守，吾郡兒童父老聞公至，驚喜慰藉，雜遝奔走，胥賀曰：吾民自此安枕席矣。而公迎太公來陽先生於官署，凡地方利弊，爬搔積垢，疏通有無，條牒陳請，無不稟太公教以行，於是人稱我公之慈和剛斷，無不歸我太公之教者。余嘗謂子夏序詩曰：《南陔》，孝子相戒以養也。《南陔》廢則孝友缺；《白華》，孝子之潔白也，《白華》廢則廉耻缺。夫廉耻，報主之大節也；孝友，立身之大本也。言孝友而必歸于廉耻，則凡言威而病於猛厲，言惠而入於姑息，皆于報主之節缺焉未備，而所謂潔白者未可謂無玷辱也。……除是州，則有宋全盛也。我朝自經閩變，浙為其吭，兵燹所過，易成邱墟，典是郡者，較難于前賢，公以為，繁莠不薙，則嘉穀不生，故吏胥牙爪，豪右根株，斤斤以為斯俗之所由敗，而教之所不成，每公餘侍起居，必以一日之所行為言，而太公亦曰：吾非戀此山川，欲汝所行事，無慚於潔已，愛民者則汝之養，我為得其志矣。太公平生重然諾，好施與，視千金若涕唾。己未歲飢，發倉勸輸，活邑中貧苦數十萬。朱顔青矑奕奕，射人百步，我公善辭賦，所至必有題。……聞郡人感公，因感太公之教，先河後海，自葉流根，欲追配于香山、東坡之前，則旅人之心，亦與江流為無盡矣乎！（《泊齋別録》，《四庫未收書輯刊》影印清抄本）

智按：獨孤微生，自署古燕人。

李中黄（一六八二前後）

《逸樓四論・論詩》

論元白者，或曰俚俗，或曰淺直，此皆不足病，所病者一「凡」耳。凡則不貴，不貴則賤；凡則不遠，不遠則卑。（《逸樓四論・論詩》，中國科學院圖書館藏抄本；《清詩話三編》第九〇二頁）

白香山論詩，必使老嫗能解乃為佳，而三家村學究遂奉為第一義諦。試取《三百篇》、楚騷誦之，雖有俊嫗，其能遽解耶？長慶樂府，凡近不待言，每曲終必要道破，卻似恐老嫗不解者，此意真不可解也。

作詩與作文不同，文貴說明，要使可解；詩不必說明，要使可解不可解。

予於詩文鮮能成誦，獨《長恨歌》、《赤壁賦》，小時篤好，今雖棄去，然尚一字不忘。可發一笑。

白雖凡近，猶自成一家，若元微之定是惡道。（《逸樓四論・論詩》，中國

科學院圖書館藏抄本;《清詩話三編》第九〇三頁)

「昔日蘭亭無艷質,此時金谷有高人」,此成何語?而曰「壓倒元、白」,彼元、白者,亦且望而退舍,識趣可知矣。……(《逸樓四論·論詩》,中國科學院圖書館藏抄本;《清詩話三編》第九〇五頁)

只要妙極,不論風格,則堯夫、玉蟾已是詩家絕唱矣,何必樂天。(《逸樓四論·論詩》,中國科學院圖書館藏抄本;《清詩話三編》第九〇七頁)

智按:李中黄,字子石,號逸樓。湖北麻城人。增貢生。曾旅居揚州。博極群書,與弟中素均有文名。有《逸樓焚餘詩詞》、《李中黄詩文集》,《民國湖北通志》卷八十七藝文志據《麻城縣志》著録。又編有《薩都剌詩選》。《逸樓四論》四卷,論禪、論史、論文、論詩。中國科學院圖書館藏抄本。前有康熙二十一年(一六八二)冒辟疆序,後有康熙五十九年(一七二〇)男延喜跋,稱此書先由作者弟刊于揚州,後板毁于火。延喜重爲梓行。其初刻約在康熙二十一年至二十六年間。

黄中(一六八二前後)

《吴梅村稿題辭》(吴偉業)

明之盛,元魁多,英豪賢哲,一代偉人,名當時而傳後世,蓋閲卷者有伯樂之衡,故應之者多脱穎之雋也。如衡鑑非其人,而欲才士之見遇焉,豈可得乎?蓋世運有污隆,文運有升降,皆氣數嘿定,人力何能爲哉!吴駿公辛未掄元,而其文字清新俊偉,超軼絶倫,頗有洛陽年少之風,詩古文詞,皆足名當世而傳後世,彼都人士,徒令人夢入華胥耳。

辛未主會試者,首輔周延儒……以元卷呈御覽,御批:昌明博大,足式浮靡,故其稿曰:式靡編。

梅村長歌古詩,實爲詩史,能言之士多稱服之,較之白樂天,猶多雅調也。文以載道,道之不明,文於何有?詩以道性情,性情不具,何以言詩?梅村之詩,固有性情在也。此其名于天下而傳于後世歟!(《黄雪瀑集》,《四庫未收書輯刊》影印清康熙泳古堂刻本)

《廬郡太守薛公壽文》

蘇長公爲武陵守，修白樂天之政，濬西湖，築堤防，溉田十餘萬畝，民無潟鹵之厄，户有饒洽之資，而其芬芳卉植，名勝甲於天下，至今賴之。人知蘇公學術文章，而不知其政事之善，經濟之能，農田水利之棕核，有度越尋常者。蓋蘇公崛起於西蜀，騰越於汴京，冠冕於翰苑，擢巍科，登顯仕，忠言讜論，諫議文章，炳炳蔚蔚，燦星嶽而光河漢，皆西蜀山川之秀，蘊隆鍾毓，而代生賢喆。吾廬陽爲江北要郡，其地南通嶺廣，北枕齊魯，東控淮泗，挽馭大江，乾象爲斗，六度處箕尾之後，履牛女之先，七政之所自起，雲漢之所由開……歐陽永叔守滁陽，搆豊樂、醉翁二亭，遂與乾坤並朽，其文云：「人知太守之樂，而不知太守之樂其樂。」蓋歐公仁義在躬，功施天下，精忠大節，經濟文章，人猶可得而知，至於樂天知命之學，分憂同患之心，固公之自喻，非人之所得而易知也。以我公今日之壽，固亦有其壽焉者在。鯫生帖括之書，管窺蠡測之見，何能揄揚其萬一哉！壬戌四月書。(《黄雪瀑集》,《四庫未收書輯刊》影印清康熙泳古堂刻本)

智按：黄中，字平子，號雪瀑，舒城（今屬安徽）人。順治十四年（一六五七）舉人。有《別本朱子年譜》二卷。

陳僖（一六八三前後）

《與孫徵君書》

僖再拜徵君先生足下，曩者鼎革之後，先生浮家渥水時，僕以陳氏闔門死節狀上呈，辱示書惠教，徵輓詩引兼述兩接先王父於鹿太常座上言，以爲仁人有後，獎掖後進，殷殷懇懇，至今奉之等拱璧焉。……今歲陽月，蓮陸集詩奉祝，敬賦俚言，附諸君子後，用代稱觴，復爲書。冀先生垂聽，先生忠孝性成，清風高節，照耀今古，其千百世後，所以傳先生者文集耳。竊見古人著作，惟杜少陵、白香山詩集無掛漏之感，以二公皆手自編年紀地故也，大約文之一道，貴可傳不貴充棟，須汰之又汰，其可存者，必如咸英韶濩之樂，可以降神人，和萬物，使學者聞聲而思旁皇而不得其處，庶幾可傳。退之以六經之文，爲諸儒倡，而傳銘不及，司馬氏則文宜選也。歐公曰：「晉無文章，惟陶淵明《歸去來詞》；唐無文章，惟韓昌黎《送李愿歸盤谷序》。」昔人謂取其大而變，僕則謂取其題義可訓也，則題目宜擇也。漢季黄叔度有顔子之稱，而所爲徵君書，皆僞筆耳，識者憾之。……（《燕山草堂集》卷一，《四庫未收書輯刊》影印清康熙間刻本）

智按：陳僖，字藹公，號餘龕。河北清苑人，以古文名河北。拔貢生，康熙十八年（一六七九）應博學弘詞不第。王士禛門人。有《燕山草堂集》。（參見《居易録》卷十四）

朱道則（一六八四前後）

《天然居士懷淨土詩·儒釋一貫·唐白居易》

社結香山老太傅，古希之外愈心堅。送迎不敘寒溫話，念念神遊極樂天。（新文豐版《嘉興藏》第四十册）

智按：朱道則，字天然，蘭溪斗南公長子。母童氏。隨父習業江陰，二十外至餘杭雙溪。其《天然居士懷淨土詩》末有康熙甲子（一六八四）冬日苕川大禄禪寺超機之跋。

張貴勝（一六八八前後）

《遣愁集》

⊙一集趣事

宋神宗元豐五年，潞公文彦博以太尉留守西都，時魏公韓琦以司徒致仕，慕白樂天九老會，乃集洛中公卿年高者爲耆英會，就資聖院建大廈，題曰耆英堂，令閩人鄭奂繪像堂中，共一十三人，皆七十餘齡。唯司馬温公光年未六十，亦得與社，人尤羡之。（《遣愁集》卷一，《續修四庫全書》影印清康熙二十七年刻本，第一二七三册，第三五一頁）

⊙一集知足

方進思退，欲行且止，知幾其神，載之經史，既已不辱又復不殆，職此以往，物我無害，集知足。

白樂天被貶爲江州司馬，喜曰：「匡廬在念久矣，今得於青山緑水中爲風月主人，何快如之。」乃築一堂於香爐峯以自適。（《遣愁集》卷五，《續修四庫全書》影印清康熙二十七年刻本）

⊙一集安分

案位而行，弗踰尺寸，不用强求，無庸苦掙，君子守常，達人知命，笑彼貪夫，徒勞營運，集安分。

唐樂天白居易，以刑部尚書致仕，居履道里，與香山寺僧如滿等九人結香山社，自號香山居士。

宋潞國公文彦博，自河南入朝，帝深嘉其輔立英宗，而不伐其功，加兩鎮節度使。將行，賜宴瓊林苑，遣中使遺詩祖道，當世榮之。至是請老，乃以太師致仕，復歸河南，因與富弼、司馬光等，用白居易故事，號洛陽耆英會。就弼第，置酒相樂，尙齒不尚官，已而圖形妙覺僧舍，衆皆七十餘，獨光年未六十。（《遣愁集》卷五，《續修四庫全書》影印清康熙二十七年刻本）

⊙一集快心

唐敬宗寶曆中，楊嗣復大宴賓朋，時元稹、白居易甚有詩名，亦預席，因各分韻賦詩，惟楊汝士最佳，微之與樂天極其歎服，汝士大暢，盡醉而歸，語諸子弟曰：「我今日好快人，直壓倒元白。」袁筠娶蕭安女，言甫定，未幾，擢進士第，欽賜歸娶，羅隱贈詩云：「細看月輪還有意，定知丹桂近姮娥。」（《遣愁集》卷五，《續修四庫全書》影印清康熙二十七年刻本）

⊙一集感慨

白樂天《對酒》詩云：「蝸牛角上爭何事，石火光中寄此身。隨富隨貧且隨喜，不開口笑是癡人。」又：「百歲無多時壯健，一春能有幾天晴。相逢且莫推辭醉，唱徹陽關第四聲。」又：「昨日低眉問疾來，今朝收淚弔人回。眼前現例君看取，且遣琵琶送一杯。」

人生有限光陰，百歲無過瞬息，每爲離別死亡，攪得人没情沒緒，這段愁魔何日是了。白公看破機關，不禁無窮感慨。（《遣愁集》卷六，《續修四庫全書》影印清康熙二十七年刻本）

⊙一集警悟

白樂天《將卜居因作》詩云：「莫嫌地窄園亭小，莫厭家貧活計微。大有高門空鎖宅，主人到老不曾歸。」

白樂天有云：「親故歡娱童僕飽，始知官爵爲他人。」予謂豈惟官爵，凡多積而不善爲我用者，徒爲他人造孽，於己惟招怨報耳。明有富翁，積金鉅萬，愛惜秋毫，及病革，命取巨鏹，手摸注視，太息曰：「美哉阿堵，奈何欲棄此去乎！」余聞而笑曰：「何不令與白骨同葬。」（《遣愁集》卷十一，《續修四庫全書》影印清康熙二十七年刻本）

⊙一集吐氣

唐裴度爲東都留守，辟皇甫湜爲判官，修福先寺，將立碑，使人求文於白居易，湜怒曰：「近捨湜而遠取居易，請從此辭。」度謝之。湜乃請斗酒，縱飲極酣，援筆立就，度驚歎曰：「不羈之才也。」（《遣愁集》卷十一，《續修四庫全書》影印清康熙二十七年刻本）

⊙一集風流

唐白樂天有妾，一名樊素，口如含桃；一名小蠻，腰如細柳。嘗有詩云：「櫻桃樊素口，楊柳小蠻腰。」（《遣愁集》卷十三，《續修四庫全書》影印清康熙二十七年刻本）

智按：張貴勝，字晉侯，古吴（今江蘇）人，其《遣愁集》十四卷，為消遣讀者之愁懷，選取史鑒、傳記、野史中「反悶為快、破涕為笑」之故事，仿馮夢龍《古今譚概》之體，采輯古今雜事，分五十四門，有康熙二十七年（一六八八）刻本。

趙燦英（一六九〇前後）

《論白樂天詩》

白樂天詩云：「親故歡娱僮僕飽，始知官爵爲他人。」予謂豈惟官爵，凡多積而不善爲我用者，徒爲他人造孽，于己惟招怨報耳。按《白氏長慶集》題作《自感》，全詩附録于下：「宴游寢食漸無味，杯酒管弦徒繞身。賓客歡

娛僮僕飽，始知官爵爲他人。」（雍正《悦心集》卷四，《叢書集成新編》第五五册，第八四頁）

智按：趙燦英，字殿颺，一字恬養。武進（今江蘇常州）人。歲貢，居鑒湖，自號鑒湖釣叟。著《詩經集成》三十卷，有《四庫全書存目叢書》影印清康熙二十九年（一六九〇）金陵陳君美刻本。

顧復（一六九二前後）

《平生壯觀》

祝允明，字希哲，號枝山，官曰京兆。

抄白香山吳中詩二十九首，小行書，規模李范菴者，文文水、朱白民跋，小册。（《平生壯觀》卷五，《續修四庫全書》影印清抄本）

智按：顧復，字來侯，自署方徑上農。顧復《平生壯觀引》署「康熙三十一年春季望日，書于方徑草堂」。

康行僴（一六九四進士）

《重修白公祠記》

鄉先生没而祀於社，宜也。白傅，太原人也。從於下邽，而韓祠之，何哉？或曰：公之先，賜田於韓，子孫家焉。或曰：前令君因夢有徵也，故祠之。余俱不深考。蓋嘗驅車過之，而瞻眺於其間，背負崇岡長溪，迴抱樹影參差。鳴語啁啾而上下，輒低回久之，謂此眞賢人君子之所樂，而仙靈之必於是乎寄意也。然而歲深矣，風雨之所漂揺，宇圮垣頽，廟貌弗飭，無以妥神靈，而肅瞻仰，是誰之責哉！爰當農隙，鳩工庀材，載畚載鍤，既茨既雘，不浹旬而告成事焉。公風雅澹正，人地或者其栖神駐鶴於斯鄉，而大庇我民乎？則韓之祠公也，不徒然已。（《（乾隆）韓城縣志》卷十三，《續修四庫全書》影印清乾隆四十九年刻本，第六九三册，第二四五頁）

智按：《(乾隆）韓城縣志》卷十三後按：「樂天先世賜田於韓，子孫家焉。載在唐史，是以前誌據之以立傳，今此碑文不據史，而據夢，何也？筆墨過快，未免有疎。」參見譚暹《重修名宦祠記》(《(乾隆）韓城縣志》卷十三，《續修四庫全書》影印清乾隆四十九年刻本)。

康行僩，字鍔霜，安邑（今屬山西運城）人，康熙三十三年（一六九四）進士。

褚人穫（一六九五前後）

《堅瓠集》

⊙風花雪月

楊升庵有風花雪月詩，自一字至七字，以題爲韵，昉於白香山。即宋人所謂一七令也。《滄浪詩話》云：「有一字至七字，唐張南史雪月花草等篇是也。」姚文初先生効其體，以示沈匡厓老伯。匡厓答之，并囑予和焉。「風。偃草，飄蓬。過竹院，拂蘭叢。柳堤摇緑，花徑飛紅。青缸殘熖滅，碧幌嫩凉通。漆園篇中芊籟，蘭臺賦裏雌雄。無影迴隨仙客馭，有情還與故人同。」「花。摘錦，舖霞。邀蝶隊，聚蜂衙。珠瓔姹女，寶髻宫娃。風前香掩冉，月底影交加。緑水名園幾簇，青樓大道千家。謝傳金屏成坐笑，陳朝瓊樹不須誇。」「雪。凝明，澄徹。飛玉塵，布瓊屑。蒼雲暮同，岩嵐曉别。深山樵徑封，遠水漁舟絕。南枝忽報花開，北戶俄驚竹折。萬樹有花春不紅，九天無月夜長白。」「月。霜凝，冰潔。三五圓，二八缺。玉作乾坤，銀為宫闕。如鏡復如鈎，似環仍似玦。蘭閨少婦添愁，揄寒征人怨别。漢家今夕影娥池，穆穆金波歌未闋。」【升庵】「風。氣散，力雄。静生動，虚中通。虞歌解阜，列御行空。陳詩采列國，説卦巽為宫。四大無形無色，高竅自西自東。明月溫涼皆伴侶，馬牛向背不相同。」「花。土貢，天葩。紅白面，富貴家。艷陽時至，園林景賒。金谷明光錦，晴蜂午放衙。後主宫中奪綵，江郎筆底如霞。優曇佛國時時現，鹿女青蓮步步誇。」「雪。冰纈，玉屑。柳絮飛，形鹽撒。天女散花，粉霜層叠。蔡州擒賊夜，藍關凍馬冽。詞賦陽春同調，忠良朔漠苦嚙。最愛千山變白地，寒梅早結同心訣。」「月。晶宮，貝闕。奪夜光，照絺髮。素娥臨鏡，瑤臺通謁。刀頭白玉池，露下凌彼襪。無雙靈魄循環，三五前後出沒。標指一輪團扇影，賞心金斗何時歇。」【文初】「風。有自，無踪。牕几上，沆瀣中。御冷行列，破浪乘宗。不平鳴澗谷，無意入簾櫳。二十四番花信，一十五國詩同。結夏每思華陽舘，援琴習習來長松。」【藏夏】「花。繁卉，奇葩。催開鼓，點落笳。粧濃燕掠，房馥蜂譁。林閒散香雨，水上拍紅霞。去歲韶華拋擻，今春新好橫斜。洛陽姚魏名仙種，欄譜偏傳處士家。」【藏春】「雪。撒鹽，飛屑。方成珪，圓成玦。賦抽秘思，嚙樹奇節。馬疾銀盃翻，輪碾長練叠。一曲陽春寡和，百壷寒谷生熱。老人舊日曾年少，手捧瓊瑤幾龜裂。」【藏冬】「月。如依，可啜。三五盈，三五滅。天上高寒，秋中皎潔。鏡懸奪象緯，銀瀉爛宮闕。搔首幾問青天，泥飲任生白髮。蕩蕩明河洗我心，題詩起舞影踈越。」【藏秋匡崖】「風。氣暢，景融。起青蘋，吼花叢。葉翻見白，燭影搖紅。且莫分南北（鄭弘若耶溪事），貴賤別雌雄。太液池邊欲避，馬當山下曾逢。孟婆若肯行方便，紅葉從教頃刻通。」「花。秋實，春華。剪綵施，羯鼓撾。牧童遙指，漁父傳誇。點額矜粧艶，飛筵綴坐賒。玉樹重重行列，金蓮步步交加。洛陽紅紫人爭羨，吾愛東籬處士家。」「雪。陰凝，寒結。銀樹花，玉塵屑。河陰赤異，廣延青別。寒犬吠空庭，凍狐迷舊穴。騎驢詩客添思，破虜孤臣堪嚙。（段熲破羌，割肉嚙雪四十餘日，見《後漢書》）飄飄六出天公賜，點綴書牕讀不輟。」「月。望盈，弦缺。玉作宮，銀為窟。畫閣夜吟，征車曉發。魄滿桂初圓，輪虧兔半沒。漁舟帆影橫斜，牛背笛聲疏越。登樓老子興無窮，邀飲深盃拚百罰。」【稼軒】（《堅瓠集》甲集卷一，《續修四庫全書》影印清康熙刻本）

⊙呂仲實詩

《輟耕録》載，元中書左丞呂仲實（思誠）未遇時，晨炊不繼，將攜布袍貿米於人，室氏有難色。因作詩云：「典却青衫供早廚，老妻何必更躊躇。瓶中有醋堪澆菜，囊底無錢莫買魚。不敢妄為些子事，只因曾讀數行書。嚴霜烈日皆經過，次第春風到草廬。」後果登第。《水東日記》又載仲實寄內詩云：「自從上馬苦思卿，一箇窮家兩手擎。少米無柴休懊惱，大男小女好看承。恩深夫婦情何極，道合君臣義更明。早晚太平歸計遂，連盃共飲話離

情。」真切語不減元白。（《堅瓠集》甲集卷一，《續修四庫全書》影印清康熙刻本）

⊙繁知一

繁（音婆）知一，蜀之巫山人，贈白樂天詩云：「忠州刺史今才子，行過巫山必有詩。爲報高唐神女道，速排雲雨候清辭。」樂天見之，邀繁生同舟，且曰：「巫山有王無競、沈佺期、皇甫冉、李端四詩。」竟不肯作，樂天之服善無我如此。（《堅瓠集》乙集卷一，《續修四庫全書》影印清康熙刻本）

⊙四雨

宋陳善與林邦翰論詩及「四雨」句。邦翰云：「梨花一枝春帶雨」句雖佳，不免有脂粉氣。不如「朱簾暮捲西山雨」，多少豪傑。陳謂：樂天句似茉莉花，王勃句似含笑花，李長吉「桃花亂落如紅雨」似薝蔔花。王荊公以為摠不如「院落深沉杏花雨」乃似提花。邦翰撫掌曰：「吾子此論，不獨詩評，乃花譜也。」（《堅瓠集》乙集卷一，《續修四庫全書》影印清康熙刻本）

⊙東坡慕樂天

洪容齋隨筆：東坡慕樂天，因以為號。按《南賓志》：東坡西坡，皆白文公故跡。樊漢柄詩曰：「忠黄江上兩東坡，二老遺風凛不磨。人得矜誇知地勝，天教流落為才多。」可証。（《堅瓠集》乙集卷二，《續修四庫全書》影印清康熙刻本）

⊙夜半鐘

唐張繼《宿楓橋》詩：「姑蘇城外寒山寺，夜半鐘聲到客船。」六一居士謂，繼此詩句則佳矣，奈夜半非鳴鐘時。或云：姑蘇寺鐘，多鳴於半夜。或云：惟承天寺至半夜則鳴，其他皆五更鐘也。《庚溪詩話》云：昔官姑蘇，每三鼓盡，寺鐘皆鳴。後覩于鵠詩云：「定知別後宮中伴，遙聽緱山半夜鐘。」白香山云：「新秋松影下，半夜鐘聲後。」温庭筠曰：「悠然旅榜頻回首，無復松窗半夜鐘。」皇甫冉《秋夜宿嚴維宅》云：「秋深臨水月，夜半隔山鐘。」陳羽《梓州與溫商夜別》：「隔水悠悠午夜鐘。」則詩人皆言之，不獨繼也。他處亦皆半夜鳴鐘，不獨姑蘇也。《南史》載，齊丘仲孚少好讀書，以中宵鐘鳴爲限，則夜半鐘，其來久矣。（《堅瓠集》乙集卷二，《續修四庫全書》影印清康熙刻本）

⊙白髮紅顏

杜少陵詩云：「髮短何劳白，顔衰肯更（一作再）紅。」尹武云：「愁髪含霜白，衰顔寄酒紅。」鄭谷云：「衰髩霜供白，愁顔酒借紅。」白香山云：「髩為愁先白，顔因醉後赬。」又：「霜侵殘鬢無多黑，酒伴衰顔只暫紅。」陳後山詩：「髮短愁催白，顔衰酒映紅。」語意相類，必有定其優劣。（《堅瓠集》乙集卷三，《續修四庫全書》影印清康熙刻本）

智按：尹式《别宋常侍》詩云：「秋鬢含霜白，衰顔倚酒紅。」（《文苑英華》卷二百六十六）

宋人周遵道《豹隱紀談》：「杜工部詩云：『髮短何勞白，顔衰肯更紅。』鄭都官云：『衰鬓霜供白，愁顔酒借紅。』白太傅云：『鬓為愁先白，顔因醉後赬。』陳后山云：『髮短愁催白，顔衰酒借紅。』語意相類，必有定其優劣。」（《四庫全書》本《説郛》卷二十下）

⊙鏤臂

《酉陽雜俎》：長安貧兒鏤臂詩云：「昔日已前家未貧，苦將錢物結交親。如今失路尋知己，行盡関山無一人。」鏤臂，卽所謂箚青。唐宋間，惡少競刺其身，恣爲不法。又蜀市人趙高背鏤毘沙門天王，吏欲杖其背，見天王輒止，爲横坊市，李夷簡擒而杖之，命打天王，盡則已，經旬日，高袒衣歷門叫呼，乞修理天王功德錢。段成式門下騶路神通，背亦刺天王像，每朔望具乳糜焚香袒坐，使妻兒供養其背而拜焉。又葛清剳白香山詩，段成式與陳至呼觀之，凡剳三十餘首，體無完膚，如「不是花中偏愛菊」，則有一人持盃，臨菊叢之類，陳至呼爲「白舍人行詩圖」。（《堅瓠集》乙集卷三，《續修四庫全書》影印清康熙刻本）

⊙婦人朱粉

婦人修容，不知起於何代。及觀《詩》云：「豈無膏沐，誰適爲容。」《莊子》云：「天子之侍御，不瓜揃，不穿耳。」則是塗面油髮，穿耳帶環，自古已然。《前漢・佞幸傳》：「籍孺、閎孺傅脂粉，以婉媚幸上。」梁朝子弟，無不薰衣剃面，傅粉施朱。男子且然，而况婦人乎？唐虢國夫人，美質不施脂粉，少陵詩：「却嫌脂粉污顔色，淡掃娥眉朝至尊。」白香山有《時世粧》歌：「時世粧，出自宮中傳四方。」惟崔樞夫人治家嚴肅，貴賤皆不許時世粧，至後周，禁天下婦人，皆不得粉黛，惟黄眉墨粧而已。○《日札》載：美人粧面，既傅粉，復以臙脂調匀，掌中施之，兩頰濃者爲酒暈粧；淺者爲桃花粧；薄薄施朱，以粉罩之，爲飛霞粧。梁簡文詩有「分裝開淺靨，繞臉傳斜紅」之句。(《堅瓠集》丙集卷一，《續修四庫全書》影印清康熙刻本)

⊙金釵十二

唐人詩，多用金釵十二。如白香山《酬牛思黯》詩：「鍾乳三千兩，金釵十二行。」十二行，或言六鬟耳，齊肩比立，爲釵十二行。然梁武帝《河中之水歌》云：「洛陽女兒名莫愁，頭上金釵十二行。」是以一人帶十二釵也。又，《南史》載，齊周盤龍伐魏有功，高帝送金釵十二枚，與其愛妾杜氏，手敕云：「餉周公阿杜。」此事甚佳，罕有用者。(《堅瓠集》丙集卷一，《續修四庫全書》影印清康熙刻本)

⊙清江引

明宗海翁（登春）詩有天趣，兼善小詞。作《清江引》詞云：「糯米酒兒鮮魚鮓，還喜生薑辣。秋天不肯明，只把雞兒罵。呼童兒，點燈來花下耍。」晚年信口，漸入香山。(《堅瓠集》丁集卷二，《續修四庫全書》影印清康熙刻本)

⊙市名

市井之區，交易之地，其名各省不同。南方謂之牙行，牙本作互，以交互爲義，互字似牙，因訛爲牙。牙音似衙，又訛爲衙。昌黎《廣州》詩云「衙時龍户集，上日馬人來」是也。北方謂之集，謂百貨集於此也。聲轉亦謂之積。西蜀謂之痎，豈痎卽集之誤耶？或言欲其交易之疾速也。嶺南謂之虚。柳子厚詩：「青箬裹塩歸峒客，緑荷包飯送虚人。」王臨川云：「花間人語趂朝虚。」黄山谷云：「荷葉裹塩同趂虚。」義或取夫市朝滿而夕虚也，一曰虚而往，實而歸也。或謂古虚、墟字通用。又有謂之亥者。南昌有常州亥，則因亥日爲市。元微之謫通州，白香山詩云：「寅年籬下多逢虎，亥日沙頭始賣魚。」後人有《東市行》云：「亥日饒蝦蟹，寅年足虎狼。」張籍云：「江村亥日常為市。」山谷亦有「魚收亥日妻到市」之句。南中諸夷謂之墟，每以丑卯

酉日爲市，故曰牛塲、兎塲、雞塲云。(《堅瓠集》丁集卷三，《續修四庫全書》影印清康熙刻本)

⊙號寒虫

五臺山有鳥，名號寒虫，四足有肉，翅不能飛。其糞即五靈脂，當盛暑時，文采絢爛，常自鳴曰：「鳳凰不如我。」至深冬嚴寒之際，毛羽脱落，索然如鷇，遂自鳴曰：「得過且過。」噫！世人中無所守者，不甘澹泊鄉里中，必振拔自豪，求尺寸名，便志得意滿，及遇貶抑，遽若喪家之狗，摇尾乞憐，視號寒虫何異哉！白香山有詩曰：「得過且過，飲啄隨時度朝暮。得隴望蜀徒爾為，未知是福還是禍，得過且過。」《新知録》作張東海詞，誤。(《堅瓠集》丁集卷三，《續修四庫全書》影印清康熙刻本)

⊙劉改之詩詞

廬陵劉改之過，以詩鳴江西，厄於韋布，放浪荆楚間。開禧乙丑，過京口，岳珂爲饟幕庚吏，因識焉。……嘉泰癸亥，改之在中都，時辛稼軒(棄疾)帥越，聞其名，遣介招之。以事不及行，因倣辛體賦《沁園春》詞，并緘往。其詞曰：「斗酒彘肩，醉渡浙江，豈不快哉！被香山居士，約林和靖，與蘇公等，駕勒吾回。坡謂西湖正如西子，濃抹淡妝臨照臺。諸人者，都掉頭不顧，只管傳杯。　白云天竺去來，圖畫裏，崢嶸樓觀開。看縱横一澗，東西水遶，兩山南北，高下雲堆。逋曰不然，暗香疎影，只可孤山先探梅。蓬萊閣，訪稼軒未晚，且此徘徊。」辛得之大喜，致餽數百千，邀之去。館燕彌月，酬倡疊疊，語皆似辛，愈喜。垂别，賙之千緡，曰：「以是爲求田資。」改之歸，竟蕩于酒。如崑山某氏愛之女焉。未幾，卒。以初來守九江，以憂免，至金陵，亦卒。(《堅瓠集》戊集卷一，《續修四庫全書》影印清康熙刻本)

⊙屠酥酒

《四民月令》：元日飲屠酥酒，次第當從小起，以年少者起。後漢李膺、杜密以黨人同繫獄，值元日，於獄中飲酒，曰：元旦從小起。《時鏡新書》：晉海西令問董勛曰：正旦飲酒先從小者，何也？勛曰：「俗以少者得歲，先酒賀之，老者失歲，故後飲酒。」劉夢得、白樂天元日舉酒賦詩，劉云：「與君同甲子，壽酒讓先杯。」白云：「與君同甲子，歲酒合誰先？」白有《歲假内命酒篇》云:「歲酒先拈辭不得,被君推作少年人。」顧況云:「不覺老將春共至,更悲攜手幾人全。還丹寂寞羞明鏡,手把屠蘇讓少年。」裴夷直云:「自知年幾偏應少,先把屠蘇不讓春。儻更數年逢此日,還應惆悵羨他人。」成文幹云:「戴星先捧祝堯觴,鏡裏堪驚兩鬢霜。好是燈前偷失笑,屠蘇應不得先嘗。」方干云:「纔酌屠蘇定年齒,坐中皆笑鬢毛斑。」東坡云:「但把窮愁博長健,不辭最後飲屠酥。」〇《七修》作屠蘇,《四時纂要》:屠蘇,孫思邈庵名。《天中記》:屠,割也。蘇,腐也。(《堅瓠集》戊集卷二,《續修四庫全書》影印清康熙刻本)

⊙藍尾酒

《容齋四筆》引白樂天元日對酒詩云:「三盃藍尾酒,一楪膠牙餳。」又「老過占他藍尾酒,病餘收得到頭身。」「歲盞後推藍尾酒,春盤先勸膠牙餳。」《荊楚歲時記》云:「膠牙者,取其堅固如膠也。」而藍尾之義,殊不可曉。《河東記》載,申屠澄與路傍茅舍中老父嫗及處女環火而坐,嫗自外挈酒壺至,曰:「以君冒寒,且進一盃。」澄因揖遜曰:「始自主人。」翁卽廵,澄當婪尾。蓋以藍爲婪,當婪尾者,謂最在後飲也。《石林燕語》云:「唐人言藍尾,藍字多作啉(婪),出於侯白《酒律》,謂酒廵匝末,連飲三盃爲藍尾。蓋末坐遠酒,行到常遲,連飲以慰之。故以啉爲貪婪之意。」《七修》云:「藍,濫(澱)也。《說文》云:『澱,滓垽也。』滓垽者,渾濁也。據此,則藍尾酒乃酒之濁脚,如盡壺酒之類,故有尾字之義。知此則樂天之詩,及少蘊所謂酒廵匝末,俱通矣。」(《堅瓠集》戊集卷二,《續修四庫全書》影印清康熙刻本)

⊙何處難忘酒

白樂天始為「何處難忘酒」詩,後人多傚之。宋王景文(質)《雪齋集》雋放豪逸。岳珂《桯史》載其四篇曰:「何處難忘酒?荊蠻大不庭。有心扶白日,無力洗滄溟。豪傑將班白,功名未汗青。此時無一盞,壯氣激雷霆。」「何處難忘酒?姦邪大陸梁。腐儒空有鄙,好漢總無張。曹趙扶開寶,王徐賣靖康。此時無一盞,淚與海茫茫。」「何處難忘酒?英雄太屈蟠。時違聊置畚,運至郎登壇。梁父吟聲若,干將寶氣寒。此時無一盞,拍碎石闌干。」「何處難忘酒?生民太困窮。百無一人飽,十有九家空。人說天方解,時和歲自豐。

此時無一盞，入地訴英雄。」又王荆公《臨川集》亦有二篇，其一篇特典重，曰：「何處難忘酒？君臣會合時。深堂拱堯舜，密席坐皐夔。和氣襲萬物，歡聲連四夷。此時無一盞，真負鹿鳴詩。」二公同一題，而喑嗚叱咤，一轉於俎豆間，便覺閑雅不侔矣。（《堅瓠集》戊集卷二，《續修四庫全書》影印清康熙刻本）

⊙蟻蝶圖

黄山谷居黔，有以屏圖遺之者。繪雙蝶翾舞罥於蛛絲而隊，蟻憧憧其間。題六言於上曰：「胡蝶雙飛得意，偶然畢命網羅。羣蟻爭收墜翼，策勛歸去南柯。」崇寧間，又遷于宜。圖偶為人攜入京，鬻於相國寺肆，蔡客得之，以示元長。元長大怒，將指為怨望，重其貶。會以訃奏，僅免。其在黔，嘗摘香山句為十詩。卒章曰：「病人多夢醫，囚人多夢赦。如何春來夢，合眼在鄉社。」一時網羅之味，蓋可想見。（《堅瓠集》戊集卷二，《續修四庫全書》影印清康熙刻本）

⊙酒色

酒有以緑爲貴者，白樂天所謂「傾如竹葉盈尊緑」是也；有以黄爲貴者，老杜所謂「鵝兒黄似酒」是也；有以白爲貴者，樂天所謂「玉液黄金巵」是也；有以碧爲貴者，少陵所謂「重碧酤新酒」是也；有以紅爲貴者，李長吉所謂「小糟夜滴珍珠紅」是也。廣中所釀酒，謂之紅酒，其色殆類胭脂。《酉陽雜俎》載，賈鏘家蒼頭能別水，常乘小艇於黄河中，以瓠匏接河源水以釀酒，經宿酒如絳，名爲崑崙觴，是又紅酒之尤者也。（《堅瓠集》戊集卷三，《續修四庫全書》影印清康熙刻本）

智按：清陸廷燦《南村隨筆》卷三（《續修四庫全書》影印清雍正十三年陸氏壽椿堂刻本）轉録此則。

⊙裴晋公贈馬

《全唐詩話》：白樂天求馬於裴晋公（度），裴贈以馬，因戲云：「君若有心求逸足，吾還留意在名姝。」引妾换馬之事，樂天答曰：「安石風流無柰何，欲將赤驥换青娥。不辭便送東山去，臨老何人與唱歌。」（《堅瓠集》戊集卷

四，《續修四庫全書》影印清康熙刻本）

⊙書齋各友

白樂天以詩、酒、琴爲三友，作詩云：「今日北窗下，自問何所爲？忻然得三友，三友者爲誰？琴罷輒舉酒，酒罷輒吟詩。三友遞相引，循環無已時。」江南李建勳榜竹軒曰四友，以琴爲嶧陽友，磬爲泗濱女，《南華經》爲心友，湘竹榻爲夢友。張芝堦書齋七友，各有五言絶句，如意爲直友，木榻爲夢友，麈尾爲談友，劍爲俠友，石磬爲清友，琴爲音友，酒鐺爲醉友。顧元慶有《山房十友譜》，各有贊語，石屏爲端友，玉麈爲談友，鷺瓢爲狎友，紫簫爲節友，玉磬爲清友，古陶器爲陶友，湘竹榻爲夢友，鐵如意爲直友，方竹杖爲老友，銀潢硯爲默友。予草堂中亦有四友，書卷爲益友，毛穎爲徤友，眼鏡爲明友，草花爲趣友。莫逆於心，無時不接也。（《堅瓠集》戊集卷四，《續修四庫全書》影印清康熙刻本）

⊙失婢詩

白樂天《失婢》詩云：「宅院小墻卑，坊門帖榜遲。舊恩慚自薄，前事悔難追。籠鳥無常主，風花不戀枝。今宵在何處？惟有月明知。」詩止罪己，而不責婢爲淫奔，用意良厚。末句尤深，所謂「想應只在秋江上」，蓋本此。劉禹錫和云：「把鏡朝猶在，添香夜不歸。鴛鴦分瓦去，鸚鵡透籠飛。不逐張公子，即隨劉武威。新知正相樂，從此脱青衣。」便覺描寫發露矣。（《堅瓠集》己集卷二，《續修四庫全書》影印清康熙刻本）

⊙白香山罷郡詩

白樂天《喜罷郡》詩云：「五年兩郡亦堪嗟，偷出遊山走看花。自此光陰爲己有，從前日月屬官家。樽前免被催迎使，枕上休聞報坐衙。睡到午時歡到夜，迴看官職是泥沙。」久困仕宦，方味此詩之趣，真樂天哉！（《堅瓠集》己集卷三，《續修四庫全書》影印清康熙刻本）

⊙丫頭

《留青日札》：今呼侍婢曰丫頭，言頭上方梳雙髻，未成人之時，卽漢所謂偏髻也。劉賓客詩：「花面丫頭十三四，春來綽約向人時。」爲白香山小樊而作。花面者，未開臉也。（《堅瓠集》己集卷四，《續修四庫全書》影印清康熙刻本）

智按：明田藝蘅《留青日札》卷六：「今呼侍婢曰丫頭，蓋言其頭上方梳雙髻，未成人之時，即漢之所謂偏髾也。劉賓客詩：『花面丫頭十三四，春來綽約向人時。』爲小樊而作。花面者，未開臉也。」（《續修四庫全書》影印明萬曆三十七年刻本）

⊙富貴語

《歸田録》云：「晏元獻喜評詩，嘗曰『老覺腰金重，慵便土枕凉』未是富貴語，不如『笙歌歸院落，燈火下樓臺』爲善言富貴。」江爲詩云：「吟登蕭寺旃檀閣，醉倚王家玳瑁筵。」又「軸裝曲譜金書字，樹記名花玉篆牌」乃乞兒相，未嘗識富貴者，元獻言富貴不及金玉錦繡，惟說氣象，若「梨花院落溶溶月，柳絮池塘淡淡風」，及「樓臺側畔楊花過，簾幙中間燕子飛」之類，元獻嘗以此句語人曰：「窮人家有此景否?」○《後山詩話》云：「白香山『笙歌埽院落，燈火下樓臺』（《山堂肆考》作石曼卿詩），又『歸來未放笙歌散，畫戟門前蠟燭紅』，非富貴語，看人富貴者。黃山谷謂不如杜子美『落花遊絲白日靜，鳴鳩乳燕青春深』也。」或以此二句恐亦僧堂道院之所有，仍取元獻梨花二句，至于「舞低楊柳樓心月，歌罷桃花扇底風」，富貴氣象，形容盡矣。（《堅瓠集》庚集卷一，《續修四庫全書》影印清康熙刻本）

⊙詩賀兄嫂

楊汝士以尚書出鎮東川，白樂天是尚書妹婿，時以太子少傅分洛，樂天戲代内子作詩賀兄嫂曰：「劉綱與婦共登仙，弄玉隨夫亦上天。何似沙哥（汝士小字）領崔嫂，碧油幢引向東川。」又曰：「金花銀碗饒兄用，罨畫羅裙任嫂裁。嫁得黔婁爲夫婿，可能空寄蜀茶來。」（《堅瓠集》庚集卷二，《續修四庫全書》影印清康熙刻本）

⊙琵琶亭

明吳江沈韶，年弱冠，美姿容，嘗和薩天錫韻，題吳中二首，爲時輩所稱。洪武初，避徵辟，泛舟游襄漢，次九江，登琵琶亭，月下彷彿聞歌聲，有司馬青衫之感。明日復往，徙倚亭中，有麗人冉冉而來，呼韶同茵而坐。曰：「妾僞漢陳主婕妤鄭婉娥也。年二十而死，殯于亭側。」命侍兒鈿蟬設酒餚，歌《念奴嬌》二闋，曰：「昨夕郎所聞也。」日占一律，贈韶曰：「鳳艦龍舟事已空，銀屏金屋夢魂中。黄蘆晚日空殘壘，碧草寒煙鎖故宫。隧道魚燈油欲燼，粧臺鸞鏡匣長封。憑君莫話興亡事，淚濕胭脂損舊容。」韶答詩云：「結綺臨春萬户空，幾番揮淚夕陽中。唐環不見新留襪，漢燕猶餘舊守宫。别苑秋深黄葉墜，寢園春盡碧苔封。自慚不是牛僧孺，也向雲階拜玉容。」韶與劉連半載，談元末羣雄興廢，及僞漢宫中事，歷歷可記。臨别以金條脱爲贈，同游梁生作《琵琶佳遇歌》。（《堅瓠集》庚集卷三，《續修四庫全書》影印清康熙刻本）

⊙陽關三疊

唐人餞别多唱渭城，即王右丞「渭城朝雨浥輕塵」詩也。每句皆再唱，而第一句不叠，故曰「陽關三叠」。白香山詩云：「相逢且莫推辭醉，聽唱陽關第四聲。」註云：「第四聲，『勸君更進一杯酒』也。」若《秋澗集》所云：「就中儘是銷魂處，不待聽歌第四聲。」乃「西出陽關無故人」句也。（《堅瓠集》辛集卷一，《續修四庫全書》影印清康熙刻本；《四庫全書》本《陝西通志》卷九十八引）

⊙白香山語

白樂天云：「十畝之宅，五畝之園。有水一池，有竹千竿。勿謂土狹，勿謂地偏。足以容膝，足以息肩。有堂有庭，有橋有船。有書有酒，有歌有絃。有叟在中，白髮飄然。識分知足，外無求焉。如鳥擇木，姑務巢安。如龜居坎，不知海寬。靈鶴怪石，紫菱白蓮。皆我所好，盡在吾前。時飲一盃，或吟一篇。妻孥熙熙，雞犬閒閒。優哉游哉，吾將終老於其間。」（《堅瓠集》辛集卷二，《續修四庫全書》影印清康熙刻本）

⊙古人好尚

唐李洞愛賈島詩，銅鑄島像，事之如神，嘗念賈島佛。又，南唐孫晟少爲道士，居廬山簡寂觀，亦畫島像于壁，朝夕禮拜。宋張功父好白香山詩文，建景白軒，置香山畫像并文字。宋劉子儀爲詩，宗尚李義山，畫其像，寫其詩句，供列左右。四人好尚如此。（《堅瓠集》辛集卷二，《續修四庫全書》影印清康熙刻本）

⊙琵琶亭

洪容齋《隨筆》：「江州琵琶亭，下臨江津。國朝以來，題咏甚多。淳熙乙酉，蜀士郭明復中元日至亭，賦古風一章，前云：『白樂天流落湓浦，作《琵琶行》，其放懷適意，視憂患死生、禍福得喪為何物？非深於道者，能之乎？賈傅謫長沙，抑欝致死；陸相竄南濱，屏絕人事。至從狗竇中度飲食，兩公有累於世，未能如樂天逍遥自得也。』」又云：「樂天《琵琶行》，蓋在潯陽江上爲商人婦而作，商乃買茶於浮梁，婦對客奏曲。樂天移船，夜登其舟與飲，了無所忌，豈非以其長安故娼女，不以爲嫌耶？樂天集又有《夜聞歌者》一篇，時自京城謫潯陽，宿於鄂州，又在《琵琶行》之前。其詩云：『夜泊鸚鵡洲，秋江月澄澈。鄰船有歌者，發調堪愁絶。歌罷繼以泣，泣聲通復咽。尋聲見其人，有婦顔如雪。獨倚帆檣立，娉婷十七八。夜涙如珍珠，雙雙墮明月。借問誰家婦，歌泣何淒切。一問一霑襟，低眉終不說。』陳鴻《長恨傳序》云：『樂天深於詩，多於情者也。』故所遇必寄之吟咏，非有意於漁色。然鄂州所見，亦一女子獨處，相造與語。瓜田李下之疑，唐人不譏。」或亦取《離騷》女嬃等，意未必寔有是事也。(《堅瓠集》辛集卷四，《續修四庫全書》影印清康熙刻本)

智按：參見《續問奇類林》卷二十達觀，《四庫未收書輯刊》影印明萬曆三十七年黄吉士刻本。

⊙石炭麩炭

北方多石炭，卽今所燒之煤是也。熙寧間，東坡初到京師，作《石炭行》，有「豈料山中有遺寶，磊落如盤萬車炭」句，言以治鐵作兵器甚精，不言始於何時。覩《前漢·地理志》豫章郡出石，可燃爲薪。隋王邵論火事，中有石炭字，則知爲用已久。南方多用木炭，而蜀又有竹炭，燒巨竹爲之，易燃無烟，且耐久。陳無已托酒務官買浮炭，今人謂之�炭。白香山詩「日暮半爐麩炭火」，宋人詩「一爐麩炭火初温」，則「麩炭」二字，非俗語也。(《堅瓠集》辛集卷四，《續修四庫全書》影印清康熙刻本)

⊙失婢榜

唐人有《誚失婢》榜詩云：「撫養在香閨，嬌痴教不依。總然桃葉寵，打得柳花飛。曉露空調粉，春羅枉賜衣。内家方妬殺，好處任從歸。偷鎖出深闈，風花何所依。想應乘月去，難道綽天飛。燭暗新垂淚，香凝舊舞衣。恩情如不斷，還向夢中歸。揭榜諱因依，千聲叫不歸。頭盤紅縷髻，身着紫羅衣。夾帶無金玉，窩藏有是非。請君看賞格，惆悵信音稀。」白樂天云：「舊恩慚自薄，前事悔難追。」有忠厚之意。劉賓客和云：「新知正相樂，從此脱青衣。」難乎其爲情矣。（二詩見六集）（《堅瓠集》癸集卷二，《續修四庫全書》影印清康熙刻本）

⊙闌干三訓

闌干有三義，如李太白詩「沉香亭北倚闌干」及《詩》中「朱闌畫栖」，「此木闌干」，人人所知。若曹子建詩曰「月落參横，北斗闌干」，註：「闌干，横斜貌也。」又薛令之詩：「盤中何所有，苜蓿長闌干。」闌干，當作縱横意，長宜音常，今讀掌音，直作木闌干矣，盤中字無着落。至《長恨歌》曰「玉容寂寞淚闌干」，此闌干，謂眼眶也。閲《韻會》等書，闌干有眼眶之訓。（《堅瓠集》續集卷一，《續修四庫全書》影印清康熙刻本）

⊙楊鐵崖

楊鐵崖云：「吾未七十，休官在九峰三泖間且二十年。優游光景，過於樂天。有李峰、張句曲、周易痴、錢思復為倡和友；桃葉柳枝，瓊花翠羽，為歌歈妓。第池臺花月主者乏晋公耳。然東諸侯如李越州、張吳興、韓松江、鍾海鹽，聲伎高宴，余未嘗不居其右席，則池臺主者，未嘗乏也。風日好時，駕春水宅（先牛舫名），赴吳越間，好事者招致，效昔人水仙舫故事，蕩漾湖光島翠，望之呼鐵龍仙伯，顧未知香山老人有此無也。客有小海生賀公為江山風月福人，且貌公老像，以八字字之，又賦詩其上曰：『二十四考中書令，三百六字太師銜。不如八字神仙福，風月湖山一擔擔。』」（《堅瓠集》續集卷三，《續修四庫全書》影印清康熙刻本）

⊙傳席撒帳

撒帳，始於漢武帝。李夫人初至，坐七寶流蘇輦，幃鳳羽，長生扇，帝迎入帳中，共坐飲合巹酒，預戒宫人，遥撒五色同心花果。帝與夫人以衣裾盛之，云得多，得子多也。又，女初至門，壻迎之，相者授以紅緑連理之錦，各持一頭，然後入，謂之通心錦，又謂令歡梁。三日後，命工分作二袴，夫婦各穿其一，謂之永諧袴。俱見《戊辰雜抄》。又，新婦入門，不踏光地，必傳席始行，唐人呼爲轉席。白香山《春深娶婦》詩云：「青衣轉（去聲）氊褥，錦繡一條斜。」（《堅瓠集》續集卷四，《續修四庫全書》影印清康熙刻本）

⊙輕容方空

《齊東野語》曰：「紗之至輕者曰輕容。」《唐類苑》：「輕容，無花薄紗也。」即今銀條紗之類。王建《宫詞》：「嫌羅不著愛輕容。」李賀詩：「蜀烟飛重錦，峡雨濺輕容。」元微之有《寄白樂天白輕容》詩。方空亦薄紗，言紗薄如空也。王荆公詩「春衫猶未着方空。」漢史齊王服官，有輕綃、冰紈、吹綸之名，皆紗之輕細者。（《堅瓠集》續集卷四，《續修四庫全書》影印清康熙刻本）

⊙人臣異稱

闟編仙人【莊周】，五羖大夫【百里奚】，三閭大夫【屈原】，……醉尹【白樂天】，……怪魁【陸游】，……清客宰相【來宗道】。（《堅瓠集》續集卷四，《續修四庫全書》影印清康熙刻本）

⊙文士潤筆

以財乞文，俗謂潤筆之資。隋鄭譯拜爵沛國公，位上柱國，高頴爲制，戲曰：「筆乾。」答曰：「出爲方伯，杖策言歸，不得一文，何以潤筆。」唐柳玭善書，東川節度使顧彦琿請書德政碑，玭曰：若以潤筆爲贈，即不敢從命。《容齋随筆》謂：文字潤筆，自晋宋以來有之，至唐始盛。李邕作文，受納餽遺至巨萬。皇甫湜爲裴度作福先寺碑，度贈車馬綵繒甚厚，湜猶以爲薄，度又酬絹九千匹。白居易作《元稹墓志》，謝以鞍馬綾帛玉帶，價踰六七十萬。裴均死，其子持萬縑，詣韋貫之求銘。劉禹錫《祭韓昌黎文》云：「公鼎侯銘，志隧表阡，一字之價，輦金如山。」自宋以後，此風衰息矣。王弇州云：饒介之仕僞吴，求時彦作醉樵歌，以張仲簡作爲第一，高季廸次之，介之贈仲簡黄金十兩，季廸白金三斤。後承平日久，張修撰洪，每爲人作一文，僅得錢五百文，尚未慊意也。《戒庵漫筆》云，有人求文於桑思玄悦，託以親昵，無潤筆。思玄曰：「吾平生未嘗白作文字，可暫將白銀一錠，置吾案間，鼓吾興；致待文作完，并銀送還可也。」唐子畏寅有一巨本，録記所作文字簿面，題「利市」二字。都南濠穆生平至不苟取，嘗有疾，以帕裹頭，强起坐書，室中人有請其休息者，答曰：「若不如此，則無人來求文字索潤筆矣。」馬懷祖嘗爲人求文字於祝枝山允明，枝山問曰：「是現精神否?」俗以銀錢爲精神也。馬曰：「然。」祝則欣然捉筆。又，《南窓閒筆》載，陳白沙善畫梅，求之者衆。白沙戲題坐側曰：「烏音人又來。」人不解問之，白沙曰：「白畵白畫。」衆爲絕倒。(《堅瓠集》廣集卷一，《續修四庫全書》影印清康熙刻本)

⊙隱說

楮記室隱一也。昔之人謂有天隱，有地隱，有人隱，有名隱，又有所謂充隱、通隱、仕隱。其說各異。天隱者，無往而不適，如嚴子陵之類是也。地隱者，避地而隱，如伯夷、太公之類是也。人隱者，詭跡混俗，不異衆人，如東方朔之類是也。名隱者，不求名而隱，如劉遺民之類是也。他如晉皇甫希之，人稱充隱；梁何點，人稱通隱；唐唐暢爲西川從事，不親公務，人稱仕隱。觀白樂天詩云：「大隱住朝市，小隱住丘樊。不如作中隱，隱在留司間。」則隱又有三者之不同矣。○長沙鄧粲，與南陽劉驎之、南郡劉尚公友善，並以高潔著名，後粲應桓冲聘，二劉非之。粲曰：足下可謂有志於隱，而未知隱。夫隱之爲道，朝亦可隱，市亦可隱，隱初在我，不在於物。二劉無以難之，而粲亦名譽減半矣。(《堅瓠集》廣集卷三，《續修四庫全書》影印清康熙刻本)

⊙美人雙名

……皎皎。【阿軃女。白香山名皎皎。】……(《堅瓠集》廣集卷三，《續修四庫全書》影印清康熙刻本)

⊙玉眞觀女冠

白香山《咏玉眞觀小女冠阿容》詩云：「綽約小天仙，生來十六年。姑山半峰雪，瑶水一枝蓮。晚院花留立，春窗月伴眠。𢌞眸雖欲語，阿母在傍邊。」與昌黎「白咽紅頰長眉青」詩，俱盡女冠奇衺之態。(《堅瓠集》補集卷一，《續修四庫全書》影印清康熙刻本)

⊙昭君

昭君名嬙，以良家子，選入掖庭。《琴操》云：齊國王穰女，年十七，儀容雅麗。國中長者求之，皆不許，乃獻元帝。後呼韓邪單于來朝，願為漢婿。勅宮女五人賜之。嬙以入宮不見御，積怨請行。臨辭大會，豊容靚飾，光明漢宮，顧影徘徊，竦動左右。帝見驚悔，然重失信，遂與匈奴。入胡，號寧胡閼氏。生一子，伊屠知牙師，呼韓邪死，前閼氏子代立。欲妻之，嬙上書求歸。成帝勅從胡俗，遂為後單于閼氏生二女。長女云須卜居次，小女當于居次。平帝時，單于遣須卜居次，云入侍太后。此見《漢書》，並無画工圖形之說。《西京雜記》載画工事，亦止毛延壽，而《樂府解題》所載，又有劉向、陳敞、龔寬、楊杜、樊青等。近見《南軒集異》，有昭君入胡報帝書云：「臣妾得備禁鑾，謂身依日月，死有餘芳，而失意丹青，遠竄異域。誠得捐軀報主，何敢自憐。獨惜國家黜陟，移於賤工。南望漢廷，徒增愴結。妾有父弟，惟陛下幸少憐之。」帝迴思不置，窮究其事，画工毛延壽、樊青等，同日棄市。據此，則画工之說，似實有之。《漢書》或未之載耳。又《堯山堂》載，昭君在胡作詩云：「秋木萋萋，其葉立黃。有鳥處此，集于苞桑。養育毛羽，形容生光。既得升雲，上游曲房。離宮絕曠，身體摧藏。志念抑沉，不得頡頏。雖得委食，心有徊徨。我獨伊何，來往變常。翩翩之燕，遠集西羌。高山峩峩，河水泱泱。父兮母兮，道里悠長。嗚呼哀哉，憂心側傷。」覩書與詩，昭君何嘗忘漢，且胡地草皆黃，惟昭君墓草獨青，既死猶以青塚自旌。王荊公云：「漢恩自淺胡自深。」豈不冤哉。古今咏明妃者甚眾，然皆說是婦女怨歎之情，惟樂天「漢使卻廻頻寄語，黃金何日贖蛾眉。君王若問妾顏色，莫道不如宮裏時。」前輩以為，高出眾作之上，謂其有不忘君之意。歐陽永叔云：「絕色天下無，一失難再得。雖能殺画工，於事竟何益。耳目所及尚如此，萬里安能制夷狄。」遂為絕唱。錢穎題其圖云：「陰陽強合春風惡，山水含羞夜月寒。胡始下機開要路，漢終無力挽頹瀾。固知作俑皆婁敬，圖國君臣仔細看。」歸罪婁敬，立意亦創。鄧茂之詩：「紅顏薄命漢昭君，一曲琵琶撥塞雲。藉此和戎為上策，滿朝簪笏亦釵裙。」又某詩末云：「籍令倚此為長計，昭君應合画麒麟。」又明江陰某題其圖云：「驪山舉火因褒姒，蜀道蒙塵為太真。能使明妃嫁絕塞，畵工應是漢忠臣。」（《堅瓠集》補集卷二，《續修四庫全書》影印清康熙刻本）

⊙白香山好遊

長慶中，白香山自中書舍人出守杭州，徙蘇，首尾五年，自云：「兩地江山遊得徧，五年風月詠將殘。」可謂極宦遊之適矣。嘗夜泛太湖，有「十隻畵船何處宿？洞庭山脚太湖心」句。又《在湖心泛舟連五日夜寄元微之》詩云：「報君一事君應羨，五宿澄波皓月中。」雖樂天風格高邁，亦當時法網太疏，不以爲怪也。使今人如此，必染物議矣。（《堅瓠集》補集卷二，《續修四庫全書》影印清康熙刻本）

⊙刺繡

吳中女郎王道蘊，詣尼菴，見二尼刺繡。尼謂道蘊能詩，請詠其事。蘊集唐句云：「風捲楊花拂繡床，爲他人作嫁衣裳。因過竹院逢僧話，始覺空門興味長。」○白香山《題刺繡圖》云：「倦倚繡床愁不動，緩垂緑帶髻鬟低。遼陽春盡無消息，夜合花前日又西。」朱絳詩云：「獨在紗窓刺繡遲，紫荆枝上囀黄鸝。欲知無限傷春意，盡在停針不語時。」（《堅瓠集》補集卷三，《續修四庫全書》影印清康熙刻本）

⊙唐朝酒價

宋眞宗問臣下：「唐酒價幾何?」丁謂對以每升三十。眞宗曰：「何以知之?」謂引少陵「速來相就飲一斗，恰有三百青銅錢」爲對。眞宗喜之。後人因李太白有「金尊美酒斗十千」句，以爲李杜同時，何故所言酒價頓異。客有戲噱者云：「太白謂美酒，恐老杜不擇飲，是村店壓茅柴耳。」然十千一斗，唐人詩多用之。如白樂天「共把十千沽一斗」，又「軟美仇家酒，十千方得斗」，又「十千一斗猶賒飲，何况官供不着錢」。王摩詰詩「新豐美酒斗十千」，崔輔國詩「與酤一斗酒，恰用十千錢」，諷詠甚多。而三百一斗，惟見少陵詩，當不足以定唐酒價也。但《唐・食貨志》云：「德宗建中三年，禁民酤，以佐軍需。置肆釀酒斛，收直三千。」北齊盧思道嘗云：「長安酒賤，斗酒三百。」少陵引此，亦未可知。（《堅瓠集》補集卷三，《續修四庫全書》影印清康熙刻本）

⊙甜酒

《齊民要術》云：「勿使米過，過則酒甜。」白樂天詩：「戶大嫌甜酒。」蘇東坡詩：「酸酒如虀湯，甜酒如蜜汁。」《北山酒經》云：「北人不善投甜，所以飲多，令人膈上懊憹。」是酒味忌甜也。然梁元帝云：銀甌貯山陰甜酒，時復進之。杜工部詩：「不放香醪如蜜甜。」口之於味，亦有不同。（《堅瓠集》補集卷三，《續修四庫全書》影印清康熙刻本）

⊙題琵琶行

宋學士濂《題李易安所書琵琶行》詩云：「佳人薄命紛無數，豈獨潯陽老商婦。青衫司馬太多情，一曲琵琶淚如雨。此身已失將怨誰，世間安樂常相隨。易安寫此別有意，字字似訴心中悲。永嘉陳侯好奇士，夢裏謬為兒女語。花顏國色草上塵，朽骨何堪污唇齒。生男當如魯男子，生女當如夏侯女。千年穢跡吾欲洗，安得潯陽半江水。」此有關世教之作。故録之。（《堅瓠集》補集卷四，《續修四庫全書》影印清康熙刻本）

⊙東坡詩病

孫沙溪先生又云：蘇東坡作《韓文公廟碑》詩曰：「作詩詆佛譏君王，要觀南海窺衡湘。」方作諫書時，亦惟望諫行言聽耳，豈故意詆譏君王，要為南海之行哉。大抵東坡詩過於豪縱，如「老死南荒吾不恨，兹游奇絕冠平生」之類，何如少陵所云「尚憐終南山，回首清渭濵」，太白所云「回頭語小姑，莫嫁如兄夫」，樂天所云「君王若問妾顏色，莫道不如宮裏時」，為得詩人忠厚溫柔之意。宋人終輸唐人一籌也。（《堅瓠集》補集卷六，《續修四庫全書》影印清康熙刻本）

⊙俗語有本

里巷長談，出於史書者，廣集三卷，載之詳矣，兹更得數十則。人謂愚者，曰不知鼎董。《爾雅·釋草》云：「蘱，薡董。」注：「似蒲而細。」不知薡董者，即不辨菽麥意。事不堅確者，曰活脫。《釋草》云：「倚商活脫。」「注：草生江南，高丈許，大葉。莖中有瓤正白。」活脫者，靡然如草意也。隱跡曰畔。陳後主時，謠曰：「齊雲觀，冠來無處畔。」事穩當曰妥帖。杜詩「千里初妥帖」。饋人曰作人情，杜詩曰「粔籹作人情」。官之職掌曰管事，《李斯傳》云：「管事二十餘年。」不正曰差路。差去聲，唐詩云：「枯木巖前差路多。」虛而少實曰空頭。《北史·斛律金傳》：「空頭漢合殺。」習氣曰毛病。黄山谷《刀筆》云：「此荊南人毛病。」熱而不甚曰溫暾。樂天詩「池水暖溫暾」。（《堅瓠集》餘集卷四，《續修四庫全書》影印清康熙刻本）

⊙鏤身

古人多有鏤身爲飾者，蓋文身雕題之舊習也，越人以此避蛟龍之患。南中有繡面老子，裸人刺胸前作花。蜀將韋少卿，胸刺張燕公「挽鏡寒鴉集」詩。

荆州街子葛清自頸以下，遍刺白樂天詩。蜀市趙高，背鏤毘沙門天王。段成式門下騶路神通，亦背刺天王。又有一道士，爲郭威、馮暉雕刺，刺郭於項右作雀，左作穀粟，刺馮以臍作瓮，中作雁數隻，戒曰：「爾曹各於項臍自愛，他日雀銜穀，雁出瓮，則爾曹亨泰日也。」後郭祖秉髦，雀穀稍近，比登極，雀遂銜穀，而暉之雁，亦自瓮中累累出矣，是時暉亦秉髦。一時之雕刺，却寄先徵，奇哉！（《堅瓠集》餘集卷四，《續修四庫全書》影印清康熙刻本）

《隋唐演義》

……玄宗哭道：願仗佛力，使妃子善地受生。回顧高力士，汝可引至佛堂善處之，說罷大哭而入。楊妃上佛堂，禮佛畢，高力士奉上羅巾，促令自縊，於佛堂前一果樹下，年三十有八，時天寶十五載六月也。噫！此正白樂天《長恨歌》中所云：「九重城闕煙塵生，千乘萬騎西南行。翠華摇摇行復止，西出都門百餘里。六軍不發無奈何，宛轉蛾眉馬前死。」後人題討馬嵬坡甚多，惟杜眞卿一詩極佳，詩云：「楊柳依依水拍堤，春城茅屋燕爭飛。海棠正好東風惡，狼籍殘紅襯馬蹄。」楊妃既死，高力士即出驛門，對眾宣言。……（清四雪草堂刊本《隋唐演義》卷十九第九十一回，上海古籍出版社一九八一年一月版，第七〇三～七〇四頁）

智按：褚人穫，字稼軒，一字學稼，號石農，長洲（今江蘇蘇州）人。平生不求聞達，一生未仕，以布衣終。性豪爽，寄情聲酒。能詩文。於書無所不閱，尤諳明代野史稗乘，雅好著述，與尤侗、洪昇、毛宗崗交遊，尤侗頗稱賞之。有《讀史隨筆》、《退佳鎖録》、《聖賢群輔録》、《鼎甲考》。康熙三十四年（一六九五），曾以四雪草堂名訂正刊行《封神演義》。四十二年，自著筆記《堅瓠集》七十六卷成。另有《隋唐演義》二十卷一百回，最早有四雪草堂刊本，卷首有康熙五十八年（一七一九）己亥自序。

范允鏘（一七〇〇進士）

《新製布裘和白香山韻》

狐貂深且輭，麗錦綴于雲。似兹白氎布，同是一裘溫。被重無寒夜，衣厚無霜晨。自晨以至夜，四體皆陽春。攤袖不出手，舉杯猶逡廵。御窮少長物，此製穩稱身。茫茫風塵色，浩浩天無垠。雪中有僵卧，恥爲獨煖人。(《續修四庫全書》本《兩浙輶軒録》卷十一)

智按：范允鏋，字用賓，號愚溪。錢塘（今浙江杭州）人。康熙三十九年（一七〇〇）庚辰進士。官山東道御史。

徐依采（一七〇二前後）

《琵琶亭感懷》

一夕琵琶淚，千秋直到今。書空還咄咄，誰識此琴心。(《輯刻琵琶亭詩》，清乾隆十一年古柏堂刊本)

智按：徐依采，字錦堂。號廣陵琴客。康熙四十一年（一七〇二），曾刊刻徐常遇撰《琴譜》。

岳冠華（一七〇五舉人）

《重建五賢祠記》

倫，莫重于君親；節，莫大于忠。其節既顯，則其賢自傳。百世以後，思其人麗不得見，爰爲建祠尸祝之，以慰高山景行之慕。渭南于古爲京兆所轄，名賢代出。其尤卓卓者，于漢得一人焉，曰蔡公，名順，由汝南徒居廣鄉原，拾椹供母，聞雷泣訴。舉祭酒、孝廉，皆不應。此以孝著其賢者也。于唐，得三人焉：一曰裴公，名度，河東人，夾輔唐室，身系安危者二十餘年，封晋國公。二曰王公，名忠嗣，東南里人；驅殘破敢，時推名將，官節度使，贈兵部尚書。三曰白公，名居易，舊下邽縣人；强鯁性生，疏陳得失，以刑部尚書致任，贈尚書右僕射。于宋得一人焉，曰寇公，名凖，棠村里人，面斥廷諍，號真宰相，贈萊國公。是各以忠著其賢者也。之五賢者，生不必同時，居不必同地。而或孝于親，或忠於君，其盡倫顯節，則一轍也。邑之西關外，舊有晋公祠，以祠裴公。萬曆間，邑張令棟增祀寇公，顏曰：「裴寇二公祠」。順治間，孫令燨又增祀蔡公、王公、白公，易名「五賢祠」。歲之戊申，予來宰是邑，過斯祠也，已鞠爲茂草矣。表章前烈，實有司之責，割俸資以鼎新之，不數月而告成。易塑象，以五碑勒五賢之爵名于上，復爲作歌以祀之，曰：於戲五賢，忠孝克全。千秋合享，渭水偕綿。（雍正十年刻本《〔雍正〕渭南縣志》卷十三）

智按：岳冠華，字子賓，鹽亭（今四川綿陽）人，康熙四十四年（一七〇五）乙酉科舉人。雍正六年（一七二八）任渭南知縣。《〔雍正〕渭南縣志》十五卷，岳冠華修，劉慶昌纂，修于雍正六年（一七二八），十年書成刻印。全書約十四萬字，分十二門九十七目。記事起先秦，迄于雍正九年。

程允基（一七〇五前後）

《誠一堂琴談》

白樂天得博陵崔晦叔贈琴，音甚清。又得蜀客姜發授秋思操，聲甚淡，乃作池西琴亭，日援鶴琴彈秋思，頽然自適，不知其他。（《語林》）

《白氏長慶集》曰：每良晨美景，或雪朝月夕，好事者相過，必為之先拂酒罍，次開篋，詩酒既酣，乃自援琴操宮聲，弄秋思一遍。

白樂天以詩酒琴為三友。詩曰：「今日北牕下，自問何所為？忻然得三友，三友者為誰？琴罷輒飲酒，酒罷輒吟詩。三友遞相引，循環無已時。」（《誠一堂琴談》卷二紀事，《四庫全書存目叢書》影印清康熙四十四年程氏誠一堂刻本）

智按：程允基，字寓山，徽州（今屬安徽）人。康熙乙酉（一七〇五）秋，撰成《誠一堂琴談》二卷，有康熙四十四年（一七〇五）程氏誠一堂刻本。

徐基（一七〇六前後）

《鏡湖吟》

西子今安在？惟餘響水流。波飄千頃月，杯泛一扁舟。遇目成聲色，登山淩絶壁。問天而嗚嗚，笑歌止自適。前者白樂天，亦長造此川。何以遨遊侶，舉世誦蘇仙。蘇前既有白，皆屬觀魚客。託賦在詩章，於今且籍籍。籍甚餘光喜縱遊，悲哉瞬目是千秋。月明盈我枕，風清吹我襟。清風明月我上下共登臨，人生如寄亦如露，遇此不樂將焉慕？我將慕夫樵，莫往莫來興可消，亦嘗飛舞憑陵出洞壑，挾抱何曾有一毫。我將慕夫漁，非我非魚樂自如，不須絶流竭取潛藏物，羨得臨江不在魚。西山山色正蒼蒼，東海海波更茫茫。山海蒼茫皆浩渺，遊子悲懷亦不少。（《十峰集》卷二，《四庫全書存目叢書》影印清康熙刻本）

《賀汪鈞笙六十雙壽》

秋月秋風人共適，風前月下來仙客。仙客人間各一周，桂月風飄桂子秋。襟懷千頃藏明德，郎星接武盡風流。接武清光（唐汪瀆，字清光）如山斗，寄籍於今得未有。能詩能酒白樂天，無慕無懷孟浩然。周南窈窕流餘響，長枕和風則友焉。立德遺安子所獨，魚蛟變化在瞬目。瞬目秋山山正清，萬川流海海不盈。南山酒海千杯舉，東海仙山一葉橫。東海南山皆可誦，仙山酒海曾相共。適今蘭桂正秋風，嫋嫋簫聲秋月中。樽前秋色長歌舞，千秋舉酌更何雄。（《十峰集》卷二，《四庫全書存目叢書》影印清康熙刻本）

《從今》（四首其四）

出處方之白樂天，又嘗過我和蘇仙。巖巖山斗人皆仰，谷水興歌自十千。（《十峰集》卷三，《四庫全書存目叢書》影印清康熙刻本）

《白樂天》

我懷白樂天，世世仰詩仙。（宣宗有詩弔之曰：誰教冥路作詩仙）上能步子美，何須羨浩然。七月識之無，詩章盈十千。既成問里婦，無有不知焉。攜之見顧況，驚羨在長安。（顧況恃才少所推可，白上長安攜詩進謁，驚歎斯文得人）獨有不喜者，開視恐如蘭。（樂天不為贊皇所喜，每寄詩文緘之一篋，劉夢得請開視，李曰恐見詞則廻吾素心矣）生長履道里，清幽樂小山。方州聽自取（憲宗以白貧，聽自擇官，請以學士兼京兆户曹參軍，詔可），高危從不攀（楊虞卿為姻家而善李宗閔，白惡緣黨人升，乃移病免）。松陵與天目，旌飛亦閒閒（松陵江屬蘇州，天目山屬杭州，曾爲兩地刺史）。坐歞千人石，徘徊十景間。浩歌起長歎，清音託放言（有《長恨歌》、《放言》詩）。口誦出漁樵，如泥日泛尊（自號醉吟先生）。有車且安步，有舟可叩舷。赤鱗共白羽，盡在草堂前。草堂揖仙客，白須（鬚本字，在頤曰須）皆飄然（香山九老）。暮景懷開士（釋如滿），色空如是觀。我今希上友，舉動何翩翻（躚）。樂哉七十餘（白七十而致仕，壽七十五），飲露得仙盤。笑彼不知止，寂莫空草玄。高山良可仰，月落在萬川。（《十峰集》卷四，《四庫全書存目叢書》影印清康熙刻本）

《蘇子瞻》

在昔一蘇仙，化鶴託人言。能與虎豹侶，蛟龍可共盤（蘇躭成仙後，有白鶴數十集於城樓，其一以口畫字而言曰：城郭是人民非三百甲子當來歸，咸謂是躭）。瞬目千餘歲，天道又何玄。麋（與眉同）山蘇長子，姓名起四川。草木皆無色，詩歌何翅千。知友黄山谷，亦美爲蘇仙（山谷有詩曰：風流文物屬蘇）。高風世共仰，後更光於前。章成縱且横，出處聽自然。可以相天下（仁宗覽軾轍制策，喜曰：朕為子孫得兩宰相）落，莫無怨焉。曾爲木天士，時亦出東安（吴黄武五年置東安郡，今杭州府）。十里波中岸，千巘水上觀。孤山問小小，鶴放自蹁躚。風流何所步，步彼白樂天。困窮能自固，海南寄孤蘭。更有臨臯樂，挾客何翩翩。浩歌在雪堂，明月長叩舷。松下可踞坐，赤壁泛匏尊。於今壁星去，壁賦在人間。下士將屬和，高哉不可攀。萬中無一得，松江懷小山。（《十峰集》卷四，《四庫全書存目叢書》影印清康熙刻本）

《閲蘇蘭（名蕙，字蘭）〈織錦璿璣圖〉因倣白樂天遊紫霄宫詩式作五言十句以美之》

人仰蘇為斗，三蘇前有蘭。東壁星如粟，西江月正盤。殳飛千頃破，石

立萬山安。女子縱横賦，武夫變化觀。見者皆驚慕，莫不誦詩仙。(《十峰集》卷五，《四庫全書存目叢書》影印清康熙刻本)

智按：璿璣圖中央有「玉連環」三字，圖上云：「藏頭回文拆字詩。『仙』字爲結句之韵，拆『仙』傍『人』字爲起字，餘倣此。」白居易《遊紫霄宫》(藏頭拆字詩，七言八句)：「水洗塵埃道味嘗，甘於名利兩相忘。心懷六洞丹霞客，口誦三清紫府章。十里採蓮歌達旦，一輪明月桂飄香。日高公子還相覓，見得山中好酒漿。」見宋桑世昌《回文類聚》卷二(《四庫全書》本)。

《寄懷榆谿宋子調寄思佳客》

木落波興斷岸前，尊光上客自東川。詩餘可步黄山谷，七絶應如白樂天。歌浩浩，聽玄玄，窮山問水地行仙。悲秋在昔曾留賦，懷友於今寄放言。(《十峰集》卷五，《四庫全書存目叢書》影印清康熙刻本)

智按：徐基，字宗瑱，號十峰，又號後坡，自號閒閒道人，華亭(今上海松江)人。由貢生官訓導。有《十峰集》五卷，卷首有康熙四十五年(一七〇六)丙戌陳元龍序。

葉良儀(一七〇六前後)

《餘年閒話》

人之有才，患無知己。若果遇知者，雖不愛而忌，亦所甘心。然豢養其身，非眞愛也；詆毁其文，非真忌也。武則天讀徐敬業討己檄，問左右曰：「誰所作?」或對曰：「駱賓王。」則天嘆曰：「人有此才，而不見用，宰相之過也。」此眞愛者也。李文饒素惡白樂天，帝欲用為翰林，文饒力沮，而轉薦白敏中，然常屏香山詩不見，曰：「見便當愛之。」此眞忌者也。夫天日生才，何代蔑有？悠悠泛視，誰能知之？非惟求真愛人不可得，即求眞忌人亦不可得也，噫！(《餘年閒話》卷一，《四庫未收書輯刊》影印清康熙四十五年葉

士行三當軒刻本，子部第一〇輯第一一册，第一四頁）

人心不足，美事難兼，愚人弗悟，達者哂焉。如夏侯嘉正喜丹術，又欲為知制誥，常曰：使我得水銀銀半兩，知制誥三日，平生之志足矣。二願竟不克遂而卒。白樂天棄冠冕而歸，鍛煉丹藥未成，除書已到。世事相妨，每每如此。蓋造化之美，不容兩全。既欲為官，又欲為仙，此必無之事也。小說載，四人相聚言志，一願富有千萬，一願騎鶴成仙，一願生居揚州，其一瞠目不言，三人怪問之，曰：汝獨無所願耶？其人笑答曰：「吾願腰纏十萬貫，騎鶴上揚州耳。」蓋兼三人之願，以相戲也。此雖諧談，實足醒世。（《餘年閒話》卷四，《四庫未收書輯刊》影印清康熙四十五年葉士行三當軒刻本，子部第一〇輯第一一册，第八四～八五頁）

智按：葉良儀，字孚周，號簡廬，又號齊安旅人，休寧（今屬安徽）人。有《周易翼說》。其《餘年閒話》四卷，書成於康熙丙戌（康熙四十五年），有康熙四十五年葉士行三當軒刻本。自序謂不及朝政，不談閨閫，不評時賢，不語神怪，然引證古事，以況當時，意遠語肫，多陳教戒，議論文筆，俱有可觀。

顧紹敏（一七〇七前後）

《秋柳和亮直韻》

江南何處迥添愁，眉葉腰枝逼杪秋。一帶殘黄鴉數點，斷腸正在水西頭。

西風一夜報新霜，衰柳寒煙澹夕陽。愁煞青衫白司馬，永豐西角泣秋光。（《清詩別裁集》卷二十六）

智按：顧紹敏，字嗣宗。長洲（今江蘇蘇州）人。廩生。康熙四十六年（一七〇七），參與沈德潛等在蘇州創立之城南詩社。有《陶齋詩鈔》。《清詩別裁集》云：「嗣宗屢試南北闈，終於不遇，晚而著書自娛，亦足悲其志矣。詩自中唐以下，兩宋、金源、元明無不含咀採擷，匯而成家。平昔論詩，以情韻為上，風骨次之。故稿中詩品，亦恰如其議論。」評此詩曰：「全以韻勝。」

張所修（一七〇七前後）

《香山》

曾讀白傅香山記，香山上有香山寺。白傅酒中愛逃禪，依僧投老香山地。更將元家諛墓金，一時滿布舊禪林。幢翻錦繡迷紅日，殿嵌琉璃混碧岑。兜率天遙白傅去，戒壇冷落無人顧。殘月空回破石樓，螭碑鴛瓦無尋處。天教還我舊香山，湯公校士來中天。公餘采勝臨天闕，遙瞻雙塔隔雲煙。香山名刹不可見，公時慨然發大顛。風流太守有同心，香山重與開生面。劈青剗翠掃殘霞，紅亭碧殿供維那。開徑斜通居士墓，墓前種樹更栽花。猿鶴歡喜山靈笑，願為湯公作東道。一朝聞說軒車來，山横新黛猿鶴嘯。人傳白傅修寺時，曾言此德歸微之。仍與微之結夙願，他生應許再來茲。今日湯公與賢守，把臂相稱山水友。安知二公非元白，先後同來重聚首。青山影裡證前身，綠水灘頭醉白雲。香山香山爾有識，認取三生石上人。（《乾隆洛陽縣誌》卷二十，臺灣成文出版社有限公司《中國方志叢書》，一九七六年版，第一六四二~一六四四頁）

智按：張所修，字子揚，洛陽（今屬河南）人。恩貢生。孝友仁慈，樂善好施，兩舉孝廉不起。子雄文，邑庠生，性孝友，母亡時一慟而卒（《（雍正）河南通志》卷六十四）。康熙四十六年（一七〇七）學政湯右曾、知府張玶、知縣吳微等出資倡建香山寺於龍門東山，陝州訓導孟桓、貢生張所修督工修成。

吳謙吉（一七〇七前後）

《香山》

畫疊青雲館，風流白侍郎。盃盤空谷嶼，詩賦葉宮商。遺像茅廬冷，孤墳石徑荒。葛亡人亦盡，徒自說山香。（《乾隆洛陽縣誌》卷二十，臺灣成文出版社有限公司《中國方志叢書》，一九七六年版，第一七五五~一七五六頁）

智按：吴謙吉，洛陽（今屬河南）人。《（嘉慶）洛陽縣志》載，神州廟，在西北隅吴家街西道北，康熙四十六年（一七〇七），邑人吴謙吉修。

戴森（一七〇八舉人）

《論詩絶句》（二十六首之六）

宫中齊誦呼才子，樂部能謳負盛名。我欲按歌徵舊譜，定教字裏出金聲。（元白歌行）（《萬首論詩絶句》第三册，第一一九五頁）

智按：戴森，字柘庵，號肅齋。鎮江（今屬江蘇）人。監生。康熙四十七年（一七〇八）戊子科舉人。有《瑞芝山房詩鈔》。

徐文駒（一七〇九進士）

《吏部左侍郎趙先生士麟行狀》

先生諱士麟，字玉峰；雲南澂江府河陽縣人也。……甲子春，皇上念兩浙為東南重省，特簡巡撫浙江。甫下車，博采群言；凡一切地方利弊，虚公聽受。故浙東西人情物態，咸在目中。先生謂「養民必先於作士、作士必先於明理」，因大啟書院；每月朔、望躬詣講堂，親釋「五經」、「四子」、「通書」、「西銘」、「正蒙」、「太極圖說」之義，聽者莫不心悚。由是，申嚴官守、厘正風俗：有司時節之饋送則有禁，佐貳官濫收詞訟則有禁，有司藉酷濟貪、株連淹系則有禁，地方諱盜、豪強窩盜則有禁，邑中鹽捕、關上巡攔遇事生風、多方勒索則有禁，錢江舟子網利多載則有禁。至於浙江漕運，經費既大，叢弊滋多；先生曲加體訪，厘剔務盡。數十年蛇盤蚓結不可究詰者，一旦爬抓剔抉，天日清明；訖今奉為良法。至通省地丁賦役，尤百姓利弊攸關；私斂横徵，所在不免。先生尤用心搜剔，申誡再三；撫字催科，並行不悖。杭城河道淤塞幾二百載，民居窪濕，擔負為難。前此亦有議浚以通水利者，估費十萬；計費無所出，事訖無成。先生蒞浙，毅然以為己任；乃與屬吏商搉，先出數百金試之。始事回龍橋，一日而浚若干丈尺。次日，杭城當事聞風捐助；先生喜曰：『事可分曹理矣！』遂分遣屬員畫地程工，畚鍤具舉；公時乘小輿，周覽遍視。所浚之污泥、瓦礫運棄郭外，人航物載，無不便者。事竣，實費銀一萬三千兩，較恒估不過什一。杭之人以為白傅在唐、眉山在宋，常為兹土興水利矣；求其利之閎且溥，未有若斯之最也。杭城生齒繁盛，百貨雜陳；朝謀夕食，率皆揭貲貿販。向駐防旗兵借貸，名「印子錢」，一可至十；輾轉盤剝、移舊翻新，以致營兵馬化龍等毆官、毆民、釀成大獄，皇上特嚴首惡之誅。所欠，奉旨：『著將軍、督、撫照市息算結。』先生受命往，兵民交鬨爭若沸湯。先生往令容城，曾代償民逋；至是，焦思假寐，恍惚有人告曰：『容城償債，可效也！』先生曰：『此神靈告我！但吾蒞容小邑，民借旗債，其本不多。吾代賠，莊頭感動；讓利之外，本復減半：捐數百金畢矣。今杭城旗債多至三十餘萬，我何以償?』一日，接滇來萬太夫人家報曰：『此邦叛服不常，吳逆之亂，汝弟以非命死；吾痛之！吾家原籍江左，今盡變家產，歸籍金陵可也。』先生喜曰：『太夫人攜金至，可代民償矣！』遂向將軍等自認，因訂次年四月。屆期，萬太夫人果至，先生迎於境外。舟次北新，告太夫人以故；太夫人欣然曰：『可！』遂發產資二萬。鼓吹迎入營，將軍等詣公署閱視，訝曰：『真滇物也！公既如此，我輩當助成盛德。』於是讓利歸本，本復減十分之六；民乃得室家完聚，頌聲如雷，有天地、父母之感。（清錢儀吉《碑傳集》卷十九）

智按：徐文駒，字子文，鄞縣（今浙江寧波）人。康熙四十八年（一七〇九）己丑進士。自編《師經堂集》十八卷（文十三卷，詩五卷），前有自序，署「康熙五十一年仲秋日，甬上丹崖居士徐文駒子文自序」（《師經堂集》卷首）。前有孫勷序，稱其「濬伊洛之淵源，探韓歐之骨髓，沉浸濃郁，積有年歲」。其自序稱為文主「自達其情」。其集之詩文思臆滔滔湧出，行文流暢不拘，有不凡蘊致。有清刊本。《四庫全書總目》列入存目書著録。

鄭羽逵（一七〇九進士）

《除夕前三日夜集寄軒用香山歲暮夜坐對酒韻》

一棹偶然來甬水，連朝未得返蟾山。苦吟同在軒窗下，快意相期詩酒間。

影比寒梅尤覺瘦，身如倦鳥不知還。歸舟明發江村去，尚有鳧鷗伴我閒。(《續修四庫全書》本《兩浙輶軒録》卷三十一)

智按：鄭羽逵，慈谿籍，遷錢唐，官安縣知縣。著《懷遠堂集》。

佟賦偉（一七〇九前後）

《二樓紀略》

⊙重修敬亭山七賢祠記

……白樂天元和中寓宣城，與侯權秀才俱爲宣州守所貢，明年擢進士，今郡志選舉、流寓悉載之，而選舉云：貞元（闕）年。《長慶集》有《祭烏江十五兄》文云：「宣城之西，荒草道傍。」今城西有白府君墓。夫太白、昌黎皆以寓公祠祀敬亭，不宜遺州考貫籍之白傅。齊梁風流相繼，即江文通亦嘗後謝公守郡，若以江本集不言宣城，則晏元獻有出知宣州之命，數日即改大名，范文正但判廣德，豈非以人情景慕，故欲位之山水間耶？然則職官志既有江淹，復奚疑焉。至附祀姜、張二公，嘉其忠貞，則文信國之遺風餘烈未亡也。信國守郡越月，召還，昔有專祠在宛陵驛故址，尋亦久廢。余力圖修舉，而以憂去官矣。竊爲此末議，以俟賢者博訪，故老条定，祀典請增祀三公名，十賢祠或亦非盡强合者與？……（《二樓紀略》卷一，《續修四庫全書》影印清康熙刻本，第一一七六册，第四六七頁）

江南皆尚湖筆，余在嘉禾習用之，至寧索可供摹畫者，亦解仿湖筆，殊不能窮其工。然宣筆久流傳於世，觀黄山谷頗重宣州鼠鬚筆，林和靖云：頃得宛陵諸葛筆，如麾百萬之師，所向如意。今未聞有得諸葛高法者。《墨池璅録》載，宣州陳氏家傳右軍與其祖求筆帖，至唐柳公權求筆，陳氏先與二管，戒其子曰：柳學士如能書，當留此，不爾退還，即可常筆與之。柳果以爲不入用。陳謂先與者，非右軍不能，柳信與之遠矣。夫筆之應手，手之應心，所謂有數存其間者耶？白樂天有《宣州紫毫筆歌》，故今猶稱紫毫，蓋唐時曾以入貢。樂天因事託諷，殆得風人之遺者，又不獨以其善咏物也。白居易《宣州紫毫筆歌》（「紫毫筆，尖如錐兮利如刀。江南石上有老兎，喫竹飲泉生紫豪。宣州之人采爲筆，千萬毫中選一毫。毫雖輕，功甚重。管勒工名歲充貢，君兮臣兮勿輕用。勿輕用，將何如？願賜東西府御史，須頒左右臺起居。搦管趨入黃金闕，抽毫立在白玉除。臣有姦邪正衙奏，君有重言直筆書。起居郎，侍御史，須知紫毫不易致。每歲宣城進筆時，紫毫之價如金貴。慎勿空將彈失儀，慎勿空將填制詞。」）。又《日下舊聞》載，元王惲《贈燕京筆工張進中》詩云：「雖出劉遠徒，妙有宣州致。」然則筆之名於世者，宣城最也。而今失其傳，乃仿湖筆爲贋鼎矣。宣城包氏工畫虎，而世傳包鼎虎，尤見貴重。李廌《德隅齋畫品》云：包鼎所畫乳虎圖，絹素雖破，精潤如新。余嘗記金人詩有咏虎者，開章云：風色偃貂裘。遽擲筆大叫曰：虎來矣，遂單行五字，蓋神來也。近每索沈兆符（廷瑞）、劉亦陶（期侃）、尤二酉（書）、倪渟可（志淵）四子畫，叩其所自，卽師法古人，亦其鄉有兩孝廉，梅瞿山（清）、雪坪（庚）、蔡曉原（瑤）、王湛斯（露）、釋半山（在柯）所謂畫手推前輩也。蘇長公論趙大年以爲更讀書十年，當不讓文與可。梅氏兩孝廉，詩名滿海內，而畫品亦高，只爲其中有萬卷故耳。（《二樓紀略》卷四，《續修四庫全書》影印清康熙刻本，第一一七六册，第五二九頁）

智按：佟賦偉，字青士，襄平（今遼寧遼陽）人。康熙二十四年為永寧令，四十八年（一七〇九）出任官寧國府知府（府治在安徽宣城）。寧國舊有北樓，卽南齊謝脁之高齋。明嘉靖中知府朱大器又起文昌臺，設書院其下。賦偉更為修治，題曰南樓。每乘暇遊宴其間，因雜録見聞為《二樓紀略》。

吳兆龍（一七一一舉人）

《晤簡齋先生賦呈》

一代文章仰鉅公，性靈揮灑古今空。盡包典籍開生面，别有精神奪化工。寫到黃庭剛恰好，拈來白傅偶然同。隨園咫尺如天上，幸許風雲信一通。（《隨園續同人集·投贈類》，新文化書社，一九三五年版，第十四頁；《袁枚全集》第六集續同人集，江蘇古籍出版社，一九九三年版，第四三頁）

智按：吴兆龍，字乘六。涇縣（今屬安徽）人。康熙五十年（一七一一）辛卯舉人，考授内閣中書，雍正間出任漢陰縣。逢灾年，捐俸賑饑。調任興安知州，卒於官。

莫與及（一七一二進士）

《唐少傅白公樂天先生贊文》

自古名賢，間出天地，名著功業。究而論之，有隱、現、精、粗、大、小之不等。……如狄仁杰、魏徵輩，守官盡職，匡國正君，蓋千古忠臣也。而較之守先待後之賢，功則小焉。精微者牽識難窺，如程子、朱子，闡發前聖之旨，振覺來世，斯千古名賢也。道脉之傳，賴之矣。若唐白公樂天，立功於先，所謂藴大含精，隱而至現，智者知之，無識者怫然也。考史書載：公以翰林學士拜左拾遺時，寢不安席，食不甘味；於朋黨蜂起之際，挺然獨出，中立不倚，小則上封，大則廷諍；殿中面對，不避上怒，皆人難言者。上多聽納，屢降德音。其後，奸豪當權，排擯沮塞，公累疏切奏，天子不用其言，則公雖負輔國濟民之志，一日暴，十日寒，亦寄之無可如何耳。始見幾而作，乃求外任，以遠禍保身，見事有不合適於道，不便於使者，發爲詩歌，欲進聞於上，庶幾望補政之闕，扶政之失。噫！其用心良苦矣。所著書名《長慶集》，七十餘卷。豈獨當時執政柄者見之相目變色，至今權貴開讀，無不相與膽寒，豈是他家之作止嘲風雪、弄花草者比哉！不知者見其篇咏之多，謂詩人才人，失之遠矣。孔子言：以道事君，不可則止者，大臣也；有道則仕，無道卷懷者，君子也。公亦嘗云：「大丈夫所守者道，所待者時。時之來也勃然突然，陳力以出；時之不來也，寂兮寥兮，奉身而退。志則兼濟，行則獨善。」則公真古之大臣君子者矣，更將忠君愛民之善書，垂誡於百年，其功爲何如，其賢爲何如耶！即晚慕浮圖，是其清靜治心之學，夫亦何妨其賢？歐陽、司馬、程、朱，自唐及今，賢士名人，悉仰企之。而楚狂之徒，或有自逞小智，謬議前賢，其不自量亦甚矣。世之論公者，試詳覽史書，再開公集，而曲味之，則自知公之立言載道，關於世風人心，必日抱其書，一誦三嘆而不忍釋手者矣。豈狄、魏等所可一例觀乎！

康熙五十五年二月十三日，賜進士出身、翰林院（編修）加一級紀録五次、洛中居士莫與及沐手頓首，書於周南書院。（《白居易家譜》，中國旅游出版社，一九八三年版，第六～七頁）

智按：莫與及，洛陽（今屬河南）人，康熙五十一年（一七一二）壬辰科第三甲進士，改庶吉士，授翰林院編修。康熙五十五年（一七一六），撰《唐少傅白公樂天先生贊文》。周南書院，康熙三十九年知縣錢肇修改廢府治建置，康熙四十三年知府趙于京移建於新府治東北。

王棠（一七一七前後）

《燕在閣知新録》

⊙造物忌名

白居易云：古人云：名者公器，不可以多取。僕以向者竊時之名已多，又欲竊時之富貴，爲造物者肯兼與之乎？陳摶嘗戒种放曰：子他日遭逢明主，名動天闕，名者古今美器，造物所惜，名之將成，有物敗之。故晚節果以侈飾，遂喪令聞。棠謂，侈飾自宜敗名，即貧賤之名，造物亦不輕與，請看前代得名者，非困乏即壽夭。如樂天者，眞世不多見者也。然又無子，可見造物寧與人富貴，必不與人名。（《燕在閣知新録》卷十四，《續修四庫全書》影印清康熙刻本）

⊙琵琶

推手向前曰琵，却手向後曰琶，一説自下而上曰琵，自上而謂下曰琶。漢烏孫公主嫁昆彌，念其行道之遠，思慕故國，使知音者載琴瑟箏筑空侯之屬，作馬上之樂，名琵琶。又蔡文姬《十八拍》云：琵琶出自胡中，緣琴翻出，皆未言及明妃。後人賦昭君，如老杜「千載琵琶作胡語」，皆以為明妃事用之矣。古用鵾雞筋為絃，石為槽，鐵撥，高麗以蛇皮為槽，楸木為面，象牙為捍，今之製同高麗。東坡詩「轉關濩索動有神」，《蔡寛夫詩話》曰：轉關六幺，言聲調閒婉也；濩索謂音節繁促也。其琶字作婆韻，琵字作匹讀，則見於白樂天《小庭見月》詩：「菱角執笙簧，谷兒掞琵琶。（音婆）紅綃信手舞，紫綃隨意歌。」又云「忽聞水上琵琶聲」，琵音匹。《類說》云：「吕與鍾離會武夷山，謝英妃撫長離，吕阿香戛圓腹。」注：「長離，畢篥也；圓腹，琵琶也。」……（《燕在閣知新録》卷十六，《續修四庫全書》影印清康熙刻本）

⊙吳越聲邪

音律今日以吳越為勝，而越稍遜於吳，所謬者以土音說白，未免潔玉遭點耳。白樂天云：「吳越聲邪無法用，莫教偷入管絃中。」誠哉是言。今可恨不但偷人管絃，正明演入詞曲，此則鄭聲之尤者。（《燕在閣知新録》卷十六，《續修四庫全書》影印清康熙刻本）

⊙豫凶事

晉陶淵明自作輓詩祭文，唐白樂天、辛秘、李棲筠、王績、嚴挺之、柳子華、衞大經、李大行皆自撰墓誌，顏魯公在蔡州度必死，乃作遺表墓誌祭文。朱翌曰：生前作誌謂之達，亦可謂之近名，亦可處死。若顏魯公可也。明朝楊文貞生前有少師楊公傳，王直作，又有東里先生小傳，陳賞作，又有東里楊公小傳，梁棨作，成化末年，南京吏部侍郎王僙爲三原王端懿公作傳，曰大司馬王公傳，而太醫院判劉文泰乃奏以爲估直，文泰雖正罪，而公亦從此失位矣，笨哉！生日未死，而自為之，猶之可也。若惠公仲子未死，而天王先歸，其賵尤爲無謂。左氏曰：豫凶事非禮也。《左傳昭二十年》：衞侯賜北宫喜，謚曰貞子，賜朱鉏謚曰成子，而以齊氏之墓子之皆水死，而賜謚及墓田，尤可笑。（《燕在閣知新録》卷十九，《續修四庫全書》影印清康熙刻本）

⊙文帝霸陵

漢文薄塟，人皆稱之。晉愍帝紀盜發霸陵，金玉綵帛，不可勝計，是文帝之陵亦遭掘矣。鮑溶詩云：「儉風本是張廷尉，霸陵一代無毀發。」白樂天詩云：「驪山脚下秦皇墓，一朝盜掘墳陵破。可憐寶玉歸人間，暫借泉中買身禍。奢者狼狽儉者存，一凶一吉在眼前。憑君回首向南望，漢文塟在霸陵原。」讀鮑白詩，則似霸陵未曾發也，不識何故。（《燕在閣知新録》卷十九，《續修四庫全書》影印清康熙刻本）

⊙燕在閣唐絶句選凡例

元微之謂詩要姿態，又貴思深語近，劉禹錫謂「片言可以明百意」，故中晚如韓愈、劉禹錫、白居易、元稹輩，入選亦多，李于鱗選唐詩，樂天無一字，何其刻也！（《燕在閣知新録》卷二十二，《續修四庫全書》影印清康熙刻本）

⊙養瘦馬

揚州買人家小女，教其歌唱，稍長鬻爲人妾，名之曰養瘦馬。初不得其意旨，後讀白香山《有感三首》，方知此語亦有來歷。詩曰：「莫養瘦馬駒，莫教小妓女。後事在目前，不信君看取。馬肥快行走，妓長能歌舞。三年五年間，已聞換一主。借問新舊主，誰樂誰辛苦。請君大帶上，把筆書此語。」此詩瘦馬與小女竝說，後世則竟以小妓女爲瘦馬矣。（《燕在閣知新録》卷二十五，《續修四庫全書》影印清康熙刻本）

⊙宋蔡公論字畫古器

自崇寧始命宋喬年掌御前書畫，繼以米芾輩，至末年尚方所藏，率舉千計，實熙朝盛事也。吾以宣和歲癸卯，嘗得見其目，若唐人用硬黄臨二王帖，至三千八百餘幅，顔魯公墨迹，至八百餘幅。歐、虞、褚、薛及唐名臣李太白、白樂天等書字，不可勝計。獨兩晉人則有數矣。二王《破羌》、《洛神》諸帖，真奇絶。又御府所秘古來丹青，其最高遠者，以曹不興玄女授黄帝兵符圖爲第一，曹髦卞莊子刺虎圖第二，謝雉烈女完節圖第三，自餘始數顧、陸、僧繇而下不興者，吴孫權時人曹髦，乃高貴鄉公也。謝雉亦晉人烈女，謂緑珠，實當時所筆，至唐人圖牒，已不足數。然唐則《度人經》者，乃褚河南書字，而閻博陵繪，其相類多有，此於今無復兹睹矣，每令人短氣，宋蔡修撰。（《燕在閣知新録》卷二十五，《續修四庫全書》影印清康熙刻本）

⊙不落

不落，酒器名。白樂天詩：「銀花不落從君勸」，又開運宰相馮有滑樣水晶不落一隻，今俗所謂没奈何是也。（《燕在閣知新録》卷二十六，《續修四庫全書》影印清康熙刻本）

⊙酒海

酒海，新安酒器之名。唐時亦有之。白樂天詩云：「就花枝，移酒海。今朝不飲明朝悔。」（《燕在閣知新録》卷二十六，《續修四庫全書》影印清康熙

刻本）

⊙帶

帶上有飾曰銙，唐一二品銙以金，六品銙用犀，九品以上銙以銀，唐人用鐵，明季革帶前合口處曰三台，左右排三圓桃排方，左右曰魚尾，有輔弼二小方，後七枚，大小共二十枚，唐之十三枚，卽此式初制也。明又有犀帶，其帶與銙皆以犀爲之，玲瓏轉折，絶無連綴，用整犀爲之，真有化工之巧。詢之老成云，明皇后，祭祀所用，不知然否。又，鬧掃，婦人髻名，而京師有鬧裝帶，其名始於唐白樂天詩「貴主冠浮動，親王帶鬧裝」，薛用詩「九包結就佳人髻，三鬧裝成子弟鞦」，然則今日之帶，有垂飾者，其鬧裝之遺也。（《燕在閣知新録》卷二十六，《續修四庫全書》影印清康熙刻本）

⊙信

信，卽使也，古者謂使爲信，故逸少帖云：「信還不取答。」《真誥》云：公「至山下，又遣一信見告。」謝宣城傳云：「荆州信去倚待陶」隱居帖云：「明且信還，仍過取反。」晉武帝書，數遣信還，凡言信者，皆謂使人也。故虞永興帖云：事已信人口具，而今之流俗，遂以遣書饋物爲信，故謂之書信，不復知魏晉已還，所謂信者乃使之别名也。此太原王常校帖語也。棠謂古符契曰信史，漢平帝紀漢律諸乘傳者持尺五木轉信，註兩行書繒帛，分持其一，出入關，合之乃得過，或用木爲之，此在朝則然，是古人所謂信乃符驗之別名。《周禮·掌節》註：節，猶信也，卽如信牌印信之類，不專謂使人也。晉魏後，始謂信爲使。又梁武帝賜到溉連珠曰：「研磨墨以騰文筆，飛豪毫同以書信。」白樂天詩「信題霞綺誠情重，酒試銀觥表分深」，以信字對酒字，亦如今日家書，謂之家信也。以書爲信，唐時已然。（《燕在閣知新録》卷二十七，《續修四庫全書》影印清康熙刻本）

⊙骰盤投盤

「骰盤喝遣輸」，此白樂天詩也，「叫噪擲投盤，生獰攝觥使」，此元詩也。劉禹錫《游南莊戲贈樂天》結句云：「白家惟有杯觴興，欲托頭盤打少年。」可見骰盤、投盤、頭盤、骰投頭三字，皆可用。潘氏紀聞云：骰子飾四以朱者，明皇與貴妃采戲，將北惟重四可轉敗爲勝，上連呼之骰子，宛轉良久，而成重四。上大悦，命高力士賜四緋，遂不易云。李郃有骰子彩選格，

劉蒙叟有尋仙彩選，楊億有文班彩選格。（《燕在閣知新録》卷二十七，《續修四庫全書》影印清康熙刻本）

⊙青雲白髮

元豐五年，文潞公以太尉留守西都，時富韓公以司徒致仕，文潞公慕白樂天九老會，乃集潞中公卿大夫年德高者，爲耆英會，以洛中風俗尚齒不尚官，就資聖院建大厦，曰耆英堂，命閩人鄭奐繪像堂中。時富韓公年七十九，文公與司封郎中席汝言皆七十七，朝議大夫王尙恭年七十六，太常少卿趙丙、祕書監劉几、衛州防禦使馮行已（己）年皆七十五，天章閣待制楚建中、朝議大夫王（御名）言皆七十二，太中大夫張問、龍圖閣直學士張燾皆年七十，時宣徽使王拱辰留守北京，貽書潞公，願預其會，年七十一。獨司馬温公年未七十，文公素重其人，用唐九老狄兼謩故事，請入會。温公辭以晚進，不敢班文、富二公之後。文公不從，令鄭奐自幕後傳温公像，又之北京傳王公像，於是預其會者，凡十三人。文公以地主攜妓樂就富公宅，作第一會。至富公會，送羊酒，餘不出；餘皆次爲會。洛陽多名園古刹，有水竹林亭之勝，諸老鬚眉皓白，衣冠甚偉，每宴集，都人隨觀之。文公又爲同甲會，司馬郎中旦、程太中珦、席司封汝言，皆丙午人也，亦繪像於資聖院。其後司馬公與數公又爲眞率會，有約：酒不過五行，食不過五味，唯菜無限。楚正議違約，增飲食之數，罰一會。皆洛陽盛事也。洛之士庶，又生祠潞公於資聖院，温公取神宗送潞公判河南詩，隸於牓，曰荮瞻堂，塑公像其中，冠劍偉然，都人事之甚肅。

《青湘雜記》云：本朝大官最享高年者，凡三人。曰退傅張公士遜，樞相張公昇，少保趙公槩，皆壽至八十六，又二人次之，曰陳文惠公堯佐，至八十二；杜祁公衍，至八十一，又一人次之，曰富文忠公弼，壽至八十餘，皆不及焉。故文惠致政以詩寄退傅曰：「青雲岐路遊討通，白髮光陰得最多。」蓋謂是也。

此上皆宋名位德壽之最高者，今日録之，其風流猶可想見，乃繪圖盛事，何後世絕無踵而行之。噫！卽此一節亦不及前人風致矣。惟是眞率一會，易於遵行，而江南風俗尚侈靡，往往初不踰約，不數月便有增飲食之數，如楚正議者，今與同志約增其數者，亦如楚正議罰一會，則前人盛事，亦可相沿

不墜也。(《燕在閣知新録》卷二十八,《續修四庫全書》影印清康熙刻本)

⊙白樂天詩紀歲時

白樂天詩多紀歲時，每歲必紀其氣血之如何，與夫一時之事，後人能以其詩次第而考之，則樂天平生大略可睹焉。如曰:「未年三十生白髮」,「不展愁眉欲三十」,「三十生二毛」,「三十爲近臣」,「又過三十二」,「憶昔初年三十二」,「忽年三十四」,「年已三紀餘」,「我年三十六」,「元和二年三十七」,「行年三十九」,「四十如今欠一年」,「四十有女名金鑾」,「衰病四十身」,「四十官七品」,「四十已如此」,「四十心如七十人」,「年來四十一」,「病鬢愁心四十三」,「面瘦頭斑四十四」,「髮鬢蒼蒼四十五」,「衰顡江城四十六」,「四十六時三月盡」,「鬢髮蒼浪四十七」,「應悟前非四十九」,「四十九年身老日」,「五十蹉跎得掌綸」,「吾年五十加朝散」,「五十江城守」,「白髮平頭五十人」,「長慶二年五十一」,「五旬已過不爲夭」,「前歲花前五十二」,「五十二人頭似霜」,「明年半百又加三」,「今年花前五十五」,「猶去懸車十五載」,「每思兒戲五十六」,「今年五十六」,「蘇杭兩州五十七」,「只欠三年未六旬」,「半百年過六年時」,「身爲三品五十八」,「我初五十八」,「五十八翁方有後」,「欲年六十始歸來」,「天明平頭六十人」,「六十衰翁兒女悲」,「不準擬身年六十」,「六旬猶健天亦憐」,「冉冉老去過六十」,「位踰三品過六旬」,「已過潘安三十年」,「來歲年登六十二」,「六十二三人」,「六十三翁頭雪白」,「六十四年明日催」,「行年六十四」,「七十我今欠五歲」,「無喜無憂六十六」,「相看七十欠三年」,「六十八衰翁」,「今日行年將七十」,「今年登七秩」,「已開第八秩」,「悠悠七十春外翁」,「七十孫三歲」,「七十我年幸過之」,「吾今已年七十一」,「眼昏鬚白七十一」,「七十三人難再到」,「七十三翁旦暮身」,「七十過三更較希」,「七十四年身」,「壽及七十五」,考《本傳》，白公年七十五薨，自三十至七十五，往往必見於詩。(《燕在閣知新録》卷二十八,《續修四庫全書》影印清康熙刻本)

⊙年開七秩年開八袠

以十年爲一袠，其説見《白樂天集》中，六十餘歲則曰「年開第七袠，屈指幾多人」，又曰「年開第八袠，可謂盡天年」，自注云：時俗謂七十以上，爲開第八袠也。(《燕在閣知新録》卷二十八,《續修四庫全書》影印清康熙

刻本）

⊙婪尾酒

婪，貪也，謂處於坐末，得酒遲，取貪婪之義。宋景文《守歲》：「迎新送故只如此，且盡燈前婪尾杯。」白樂天詩：「三杯藍尾酒，一堞膠牙餳。」改婪爲藍，或云，藍潁水其深三丈，取以爲酒。侯白《酒律》云：酒巡匝，末坐者連飲二杯，爲藍尾，末坐遠酒行遲，故連飲以慰之。見《石林燕語》。飲婪尾酒，與飲屠蘇酒不同，婪尾酒先老後少，屠蘇酒先少後老。（《燕在閣知新録》卷二十九，《續修四庫全書》影印清康熙刻本）

⊙海潮

浙江，一名錢塘江，一名羅刹江，所謂羅刹者，江心有山，卽秦望，山脚横截波流中。又漢東宣伯聚《浙江潮候圖說》云：「浙江之口，有兩山焉。其南曰龕山，其北曰赭山。竝峙於江口之間，謂之海門。下有沙潭，跨江西東二百餘里，若伏檻然，潮之入於浙江也，發乎浩渺之區，而頓就斂束，逼礙沙潭，回薄激射，折而趨於兩山之間，拗怒不洩，則奮而上隮，如素蜺横空，奔雷隱地，故爲東南之至險，非他江之可比也。原其消長之故者，曰天河激湧，曰地機翕張，揆其晨夕之候者，曰體陰而附陽，曰隨日而應月，蓋圓則之運，大氣舉之，方儀之靜，大水承之，氣有升降，地有浮沉，而潮汐生焉。日有盈虚，潮有起伏。月爲陰精，水之所生；日爲陽宗，水之所從。卯酉之月，陰陽之交，故潮大于餘月；朔望之後，天地之變，故潮大于餘日。」白樂天詩：「早潮纔落晚潮來，一月周流六十回。」白是北人，未諳潮候。今杭州之潮，每月朔日以子午二時到，每日遲三刻有餘，至望日則子潮降而爲午，午潮降而爲夜子，以後半月復然（西江江岸上有候潮碑），故大月之潮一月五十八回，小月則五十六回無六十回也，水月皆陰之屬，月之麗天，出東入西，大月二十九回，小月二十八回，亦無三十回也。所以然者，陽有餘而陰不足，自然之理也。（《燕在閣知新録》卷三十，《續修四庫全書》影印清康熙刻本，第一一四七册，第二七七～二七八頁）（《燕在閣知新録》卷三十，《續修四庫全書》影印清康熙刻本）

智按：參見《輟耕録》卷十二。「漢東宣伯聚」，據《西湖遊覽志》卷二

十四、《海塘録》卷二十、《浙江通志》卷二百六十七，應即元人褧伯宣。

⊙冷泉亭記

崚嶒其石，而後山孱顔，樛楬其枝，而後石掩映，葱蔚其水，而山石竹樹，蓊虈嵚寄，偃蓋於其上，而後俯仰給賞，物無遁形，濃淡色聲，奔馳妙會，然風日黯霾，僧俗宂闐，仍省遊事之趣。白香山記稱，東南山首靈隱，撮奇握要，甲冷泉一亭，詎非爲山川之淵滙哉！先是爲郡者，造虚白亭、候山亭、觀風亭、見山亭，最後元藇作此亭。樂天稱，敏心巧目，無以復加。然則冷泉爲元藇之所作，而非建於樂天也，明矣。記中云：「五亭相望，如指之列。」今獨此亭巋然介特，得非冷泉之幸也哉！抑得地者足以致然耶？白水潛夫《武陵遺事》（智按：當爲四水潛夫《武林舊事》）有云：「題額三字，非出一手，『冷泉』乃白公書，『亭』字乃坡公所書。」考《冷泉亭記》，白公備悉此亭肇造之由，又安遺此一「亭」字，以待後之人。某月某日，天子將臨幸，有司先期淨道，名賢題額，盡爲撤毁，或曰扁久不存矣。日月遷流，字無影響，二公之妙墨，或後人不能探討歟？抑書扁之由來，後人不復深信歟？元藇搆造，遺事流傳，竟置之如弁髦之不相惜，深可慨也。近「冷泉亭」三字，乃董太史其昌書，是日天宇晶晶，緇流屏當，洵爲遊事之幸。友人偶詢及冷泉肇基之由，因爲記其緣起如此云。（《燕在閣知新録》卷三十，《續修四庫全書》影印清康熙刻本）

⊙三花五花九花

三花馬者，剪鬃爲之瓣。白樂天詩云「舞衣裁四葉，馬鬣剪三花」是也。《唐六典》云：「外牧歲進良馬，印以三花、飛鳳之字。」杜詩「五花散作雲滿身，個個五花紋。」李詩：「五花馬，千金裘。」是又以馬印花爲言也。代宗時，又有九花虬馬，賜郭子儀，身被九花紋，故號九花虬也。杜詩：「近時郭家獅子花。」注云：「即九花虬。」（《燕在閣知新録》卷三十一，《續修四庫全書》影印清康熙刻本）

⊙桂子月中落

葉石林《玉澗雜記》云：「仁宗天聖中七月八月之望，有桂子從空降如雨，其大如豆，有黄、白、黑三色，食之味辛。寺僧道式取以種得二十五

本。」白樂天詩集載，月中常墜桂子於石竺寺。（《燕在閣知新録》卷三十一，《續修四庫全書》影印清康熙刻本）

⊙傳代

今人娶新婦入門，不令足履地，以袋遞相傳，令新婦步袋上，謂傳袋。袋、代同音也。白樂天《題娶婦家》詩云：「青衣轉（去聲）氊褥，錦繡一條斜。」古人以氊褥者，富貴家，重其事也。今則不用氊褥，而用袋者，重其名也。（《燕在閣知新録》卷三十二，《續修四庫全書》影印清康熙刻本）

⊙溫暾

唐王建《宮詞》：「新晴草色暖溫暾。」白樂天詩：「池水暖温暾。」皆言暖也。今方言說人不肯向前曰溫暾，酒不大熱曰温暾。（《燕在閣知新録》卷三十二，《續修四庫全書》影印清康熙刻本）

⊙蒼茫

二字本平聲，白樂天《雪詩》：「寒銷春蒼茫。」茫字作上聲，又曰：「野道何蒼茫。」注亦作上聲。蘇子美詩：「淮天蒼茫背殘臘，江路委虵逢舊春。」自注：「蒼茫，仄聲。」東坡詩亦然。（《燕在閣知新録》卷三十二，《續修四庫全書》影印清康熙刻本）

⊙擡舉

擡舉二字，俗語也。按，唐白樂天《晚春重列集賢院》詩結尾云：「虛薄至今慙舊職，院名擡舉號爲賢。」可知唐時已有此二字。（《燕在閣知新録》卷三十二，《續修四庫全書》影印清康熙刻本）

智按：王棠，字勿翦，歙縣（今屬安徽）人。《燕在閣知新録》成於康熙五十六年（一七一七）丁酉。每一事採集衆説，考其原始，參以論斷，各為標目。採摭頗富，而不著所出。

文行遠（康熙間）

《潯陽蹠醢》

樂天《司馬廳壁記》略云：「郡之南樓山，北樓水，湓亭月，百花亭，風篁石，巖布瀑，廬宮，源潭洞，東西二林寺，泉石松雪，司馬盡有之矣。苟有志於吏隱者，舍此官何求焉？」按，百花亭，梁刺史邵陵王綸建。元帝詩云：「極目纔千里，何由望楚津。落花灑行路，垂柳拂砌塵。」卽此。

百花亭。倚天閣。俱在都統司後。司對雙劍峯。張孝祥取「長劍倚天外」以名閣，都統司在州城南隅，今府治卽其處。《輿地紀勝》：「九叠樓，在府治後百二十步。長慶間，李渤爲刺史時建。北亭城北隅，與匡山對。白傅詩云：『廬宮山下州，湓浦沙邊宅。宅北倚高岡，迢迢數千尺。茅亭居上頭，豁達門四闢。江風萬里來，吹我涼淅淅。』」

白香山故宅。在府城中，有画像。祥符二年，令江州修之。九江分司相傳爲岳武穆故宅，中有石池，尚爲舊物。鄭岳有詩曰：「石甃方池歲百年，岳王故宅世猶傳。格天高閣今安在？葛嶺荆榛野雉眠。」

琵琶亭。唐白司馬送客湓浦，聞舟中夜弹琵琶，問其人，本長安倡也。年長色衰，嫁爲浮梁商婦，于是爲之作《琵琶行》，凡數百言。

浸月亭。甘棠湖。去縣南三十步。唐長慶二年春，刺史李渤徑湖心爲堤，長七百步，以利行旅，立斗門，以蓄水勢，人以比于甘棠，李文公翱爲之銘。初，渤隱廬山，學者望之如景星卿雲，亦曰景星湖，湖跨隄橋，曰思賢。湖心一土墩，如月，白居易亭之，名曰浸月，或曰烟水亭，卽其地也。

快觀亭。在縣治東。高遠亭。在府治東。皆李渤建。（以上《潯陽蹠醢》卷一宫室，《四庫全書存目叢書》影印清康熙穀明堂刻本，史部第二四九册，第六二〇頁）

張孝秀隱居草堂，白香山建，在香爐峰下。（《潯陽蹠醢》卷一宫室，《四庫全書存目叢書》影印清康熙穀明堂刻本，史部第二四九册，第六二二頁）

白樂天燒丹于廬山草堂，作飛雲履，玄綾爲質，四面以素綃作雲朵，染以四選香，振履則如烟霧。樂天著示山中道友曰：吾足下生雲，計不久上升朱府矣。（《樵人直説》）（《潯陽蹠醢》卷一服食器用玩好，《四庫全書存目叢書》影印清康熙穀明堂刻本）

鄭弘憲有草堂，在香爐峯下，紫雲之墟，弘憲高掾，不可汙，則徵之于韋應物之詩耳。「居士近依僧，青山結茅屋。踈松映嵐晚，春池含苔緑。繁花冒陽嶺，新禽響幽谷。長嘯攀喬林，慕兹高世躅。」後白樂天就遺愛寺側築草堂，卽鄭氏之舊隱也。(《潯陽蹠醢》卷三人物，《四庫全書存目叢書》影印清康熙穀明堂刻本，史部第二四九册，第六八八頁)

元集虚，河南人。貞元、元和間辟地來居廬山相辭澗。白香山在江州時，嘗與往還。白《題元八谿居詩》:「溪嵐漠漠樹重重，水檻山窻次第逢。晚葉尚開紅躑躅，秋房初結白芙蓉。聲來枕上千年鶴，影落杯中五老峰。更愧殷勤留客意，魚鮮飯細酒香濃。」又《雨夜贈元十八》詩:「早濕沙頭宅，連陰雨夜天。共聽簷溜滴，心事兩茫然。把酒循環飲，移床曲尺眠。莫言非故舊，相識已三年。」又有《題元十八溪亭詩》，二元皆居廬山下，不知孰爲集虚。(《潯陽蹠醢》卷三人物，《四庫全書存目叢書》影印清康熙穀明堂刻本，史部第二四九册，第六八九頁)

白樂天作廬山學堂，燒丹欲成，而鑪鼎敗。明日，忠州刺除書到，乃知世間事不兩立也。(《志林》)(《潯陽蹠醢》卷三方技，《四庫全書存目叢書》影印清康熙穀明堂刻本，史部第二四九册，第七〇八頁)

神湊，藍田人。叅鍾陵大寂禪師，然志在《楞嚴經》，行在四分律。其他諸教，餘力則通。大曆八年，制懸經論律三科，策試天下，出家者中等第方度，湊應是選，配九江興果精舍。後從僧望移居東林寺，春秋七十四，卒。門人奉全身塔于寺西道北，袝雁門墳左，若僧詮葬，近郭文之墓也。白樂天與湊相善，悼之以銘曰:「本結菩提香火社，共嫌煩惱電泡身。不須惆悵隨師去，先請西方作主人。」

智常駐錫廬山歸宗浄院，白樂天時貶江州司馬，最相欽重已。李渤亦刺史江州，與白談廬阜山水之最，人物賢哲隱淪，白述歸宗善談禪要。李曰:「朝廷金榜，早晚有嗜菜阿師名目。」白曰:「若然，則未識食菜阿師歟?」白强勸游二林，意同見常耳。及到歸宗，李問曰芥子納須彌語。常曰:「人言博士學覧萬卷，摩頂至踵，只若干尺，身萬卷書，向何處着?」李俛首無言，再思稱歎。(以上《潯陽蹠醢》卷四，《四庫全書存目叢書》影印清康熙穀明堂刻本)

白樂天常以文集留廬山草堂，屢亡逸。宋眞宗命崇文院寫校，包以班竹帙送寺，帙出卷外，又有帙藏之，如今裹袱之類。

樓大防作夕郎，出示其近得周文棨所畫《重屏圖》，祐陵親題白樂天詩于上，有衣中央帽而坐者，指以相問云：「此何人邪？」明清云：「頃歲大父牧九江，於廬山圓通寺橅江南李中主像藏于家。今此繪容卽其人。文棨丹青之妙，在當日列神品，蓋畫一時之景也。」亟走介往會稽，取舊收李像以呈，似面貌冠服，無毫髮之少異。因爲跋其後。樓深以賞激。繼而明清丐外得請，以詩送行，後一篇云：「遂初陳迹遽凄凉，擊節青箱極薦揚。談笑于儂情易厚，典刑使我意差强。重屏唐畫論中主，古殿遺文話阿章。舊事從今向誰問？尺書時許到淮鄉。」（《揮麈三録》）

唐白文公自勒文集，成五十卷，後集二十卷，皆寫本，寄藏廬山東林寺，又藏龍門香山寺。高駢鎮淮南，寄語江西廉使取東林集而有之。香山集經亂亦不復存，其後履道宅爲普明僧院。後唐明宗子秦王從榮又寫本，寘院之經藏，今本是也。後人亦補東林所藏，皆篇目次第非眞，與今吳蜀摹版無異。（宋敏求《退朝録》）

白香山于東林寺經藏中，見遠大師與諸文士倡和集卷，其後亦以所著文二千九百六十四首，爲六十卷，納于藏中，約不借外客，不出寺門，今倂不存。（《長慶集》）

熊孺登，洪州人，與白樂天、劉夢得相唱和。有詩送弟孺復往廬山曰：「能騎竹馬辨西東，未省烟花暫不同。第一早歸春欲盡，廬山好看過湖風。」（以上《潯陽蹠醢》卷五，《四庫全書存目叢書》影印清康熙穀明堂刻本）

白香山至廬山，謁歸宗常禪師，值師泥壁。師問曰：「君子儒？小人儒？」白曰：「君子儒。」師打泥柇一下。白遂過泥。師接得便用。良久云：「莫便是快俊的白侍郎麽？」白云：「不敢。」師云：「衹有過泥分。」（《傳法食湯》）（《潯陽蹠醢》卷六禅喜，《四庫全書存目叢書》影印清康熙穀明堂刻本，史部第二四九册，第七八六頁）

智按：文行遠，字允言，號樵菴，江西德化人。康熙間貢生。《潯陽蹠醢》六卷，專志九江一郡故實，首有凡例，自謂讀書時遇郡事，隨見隨録，自經史子集及稗官野乘小說之類，靡所不採。卷一分象緯、地輿、書院、祠廟、宫室、丘墓、服食、器用、玩好、草木、鳥獸、蟲魚十二目，卷二分仕宦、吏治、典禮、經費、兵防、盜賊六目，卷三分人物、棲逸、流寓、忠節、孝義、閨閫、交遊、器局、方技九目，卷四分眞仙、僧寶二目，卷五分詩文、書畫、典籍、名勝、遊覽五目，卷六分像教、禪喜、靈異、感應、果報、鬼神、災祥、妖異八目。摭拾頗爲繁富，而分別門類，殊多失當。如既有僧寶，又有禪喜，既有鬼神，又有果報、感應、靈異之類，中所採取，亦未見决擇，蓋有意求多，未免失之厖雜。

許登逢（康熙間）

《琵琶亭頹廢踰百年矣觀察劉公按舊址復新之眺覽之餘嵐色江光若開生面非獨為白傅存遺蹟也述之以詩用紀勝事并屬同遊諸子繼聲各言其情不復計五七言古近體也》

積水涵亭亭若縣，綺寮畫棟照澄鮮。岸樹濛濛汀草緑，遊鱗發發沙禽眠。此地當年秋月瀅，一曲琵琶衆船聽。淒音俄已散江風，却教詩擅千秒勝。我昔行經水郭西（予丁未歲曾過此），雙扉闔處叩禪棲。高人邈矣古亭廢，野色蒼然倦鳥啼。使君油幕臨江渚，商旅自歌民自舞。每披圖籍便懷賢，肯使遺踪蔽榛莽。客裏秋光欲寫憂，閒呼印友漭芳洲。亭虛地静滿凉吹，停橈竟日堪淹留。九派南來連楚蜀，蒲帆點點随飛鶩。匡廬昨夜雨初收，攙天列嶂青如沐。身在荆關畫卷中，飄飄頓使俗塵空。相將更有重來約，好待楓林萬樹紅。（《青笠山房詩文鈔》詩鈔卷二，《四庫未收書輯刊》影印清乾隆十三年緑玉軒刻本）

《雨後游琵琶亭次韻》

鏡裏雙橈此暫停，鵁鶄鳧鴨滿沙汀。蒼波杳杳迷郵徑，灌木森森暗野亭。茶竈喧時華乳碧，巘雲開後髻螺青。為憐司馬哦詩地，添得漁歌幾處聽。（《青笠山房詩文鈔》詩鈔卷五，《四庫未收書輯刊》影印清乾隆十三年緑玉軒刻本）

《琵琶亭作（代）》

閒理輕橈破野烟，琵琶亭上思悠然。無窮山色疎林外，不盡波光畫檻前。

紫蓼青蒲爭爛熳，浴梟飛鷺共留連。斜陽誰弄滄浪笛，也似鄰舟響四絃。（《青笠山房詩文鈔》詩鈔卷五，《四庫未收書輯刊》影印清乾隆十三年緑玉軒刻本）

《劉翁七十序代》

新鄭少伯劉翁年七十，其族人居京師者，謀所以為翁壽，而泌陽大令又臺千里致書，屬予以祝頌之詞。予為翁仲兄中翰公闈中所薦士，又嘗受知於其叔父中丞，固久知有翁矣。……翁一畝數椽，幽居靜攝，巾車笻杖，問壑尋邱，蕭然山澤之癯，不知功名富貴之足以震耀也。知翁者或規諷之：「子才堪世用，何忍早自晦匿?」翁亦笑而不答也。盖從來豪傑之士，抱用世之才，往往不肯竟其用，譬諸祥麟威鳳，為世指目，而終不若雞鶩可以籠樊，犬豕可以飼飯。范少伯之五湖，張子房之赤松，皆此意也。而白樂天優游履道，自號醉吟先生，與其時胡、吉、鄭、劉諸公，歲時醼集，繪圖九老，後之人慕其風流，數倣行之，斯雅人之極致矣。數年前，吾師斛其組綬，趣歸里門，與翁輩講林泉之樂，令春師開八袠，而翁之七袠亦在初秋，戚友過從，履舄交錯，長筵遞啟，嘯咏雜陳，一門之內，論者擬於東都，而令子象賢、文孫襲慶，芝蘭玉樹，羅植階除，猶有非樂天所能及者，無功名之累，則無困苦之情；無富貴之色，則無彫伐之慮。心和者形固，氣平者神凝若是，則與之以壽福康寧，而天有所不能靳也；譽之以松柏岡陵，而非人所能私也。由七十而進之，而八十，而九十，而期頤，目覩其子若孫乘時建立，度翁亦必曰：進退仕隱，各行其意，不必同也。翁之福，其可量哉！書以復於又臺，以明翁所自致之理，予蓋自比於詩人，而使天下言福者，必言德云。（《青笠山房詩文鈔》文鈔卷二，《四庫未收書輯刊》影印清乾隆十三年緑玉軒刻本）

《劉觀察公家傳（代）》

在園劉公既殁九年，其仲子副使君某復來觀察饒南間，裒公誌銘行狀年譜諸篇，走使致予，而請為之傳。予發緘喟曰：「此吾江西賢廉使也，其敢以不文辭。」予初入都門，得公所刻詩稾讀之，律度精嚴，而天趣溢發，謂於白樂天、陸務觀中擅長不難耳。既而公來司臬吾鄉，先以潔廉威惠竝著，遇凡重大獄，或疑難決者，呼燈危坐，終夜為思，得一可生之路，則喜見面顏，然豪強于法者，未嘗少寬假也。罷官歸，士民數千人擁輿抱刴，慰諭久之，乃得行老稚牽攜隨舟，纍纍哭失聲，迄於今，有餘思焉。……所著詩歌甚夥，彙為編年分體二集，若干卷，阮亭王公、漫堂宋公咸極推稱，并《在園雜志》、《唐五言六韻詩選》久行於世，最後手定詩鈔，副使君方謀鐫版以傳，副使君稟承家學，歷著賢聲，而諸孫中仕為監司、郡守、州牧、州郡縣佐者七人，青雲壯武，其所至尚未可涯量也。公之遺澤遠矣哉！抑亦可以覘天道矣。（《青笠山房詩文鈔》文鈔卷四，《四庫未收書輯刊》影印清乾隆十三年綠玉軒刻本）

《重建琵琶亭記》

太史公曰：高山仰止，景行行止。雖不能至，心竊鄉往之。况於知其人，讀其詩，身游其地，而獲睹其遺踪舊址。雍正二年甲辰，予奉命觀察饒南諸郡，越明年，巡撫大中丞以九江榷務屬予往攝，予忽忽念曰：此唐司馬白公秋宵送客，聞商婦琵琶，流連感愴而為作長歌處也。既而考之郡誌，乃得所謂琵琶亭者，去榷署數里，而近屢經修舉，洊至圮廢，雲烟葭葦之間，猶有遺基在焉。夫自有此郡以來，纓冕之盛，非一人矣，而羇旅寂寞者，反得以一篇一詠，擅其地於千古之下。甚矣，文詞之爲用久遠也。顧予之鄉往乎，公則有不獨以其詩者。公早膺拔擢，職在拾遺，其巉絶之行，忠讜之論，既足以動當宁而趨賢者矣，中間辭榮處約，優游物表，不一見其傲睨偪仄之氣，而託於名山勝水，以自娱用之而不逃，舍之而無所戀，處身至潔，而亦不為湔濯，以自纍於世。不知者以為石隱，即與公厚善者，或亦知之未盡焉。公嘗為詩云：「麒麟作脯龍為醢，何似塗中曳尾龜。」早退先知，非徒言之，實允蹈之。終唐之世，惟公以賢達見稱。今去公抑遠矣，而尚論之餘，其精神猶犖犖有存焉者。予生也晚，不獲與公同時，而猶幸承乏，此邦游流風而深嘅慕，豈復以今古為遥哉！亭深廣，各如千尺，悉仍其舊制而新之，鐫《琵琶行》於石，置亭中，會得廢祠餘木，作堂三楹，以奉公鐐，以周垣樹，以佳木凡鳩工，幾閱月而乃潰於成。匪曰舉贏，庶幾高山景行之一念焉耳。若夫遠岫參差，驚濤汗漫，舳艫銜尾，烟火鱗次，禽魚之翔躍，風日之吹暄，複渚廻汀之映帶，以云臨觀，亦豈有不備乎？後之人登斯亭也，悠然而四顧，緬然而遐思，嗣而葺之，無使復廢，予蓋有厚望云。（《青笠山房詩文鈔》文

鈔卷五，《四庫未收書輯刊》影印清乾隆十三年緑玉軒刻本）

《胡心禹囑録重建琵琶亭記書後》

右予江州代草之一，心禹致小册，使覆録之，予甚以其詞謭陋為慙，又不欲拒心禹之請，而老懶浸尋，遲之又久，書成則心禹已不及見矣。心禹，名家子，性嗜讀書，制義之外，旁及詩歌書法，皆工，異時成就，殆未可量，而天不假年，碎此名寶，為撫卷嗟惜者久之。（《青笠山房詩文鈔》文鈔卷六，《四庫未收書輯刊》影印清乾隆十三年緑玉軒刻本）

智按：許登逢，字亦士，號聽庵。舒城（今屬安徽）人。少年時，隨桐城宋潛虛遊，傳古文之派。青年時，隨父許明章宦遊瓊海（今海南）及德州，復游京師。以文名，凡建置碑版文多出其手，工書法。康熙五十年以《南山集》案牽連入獄，雍正元年始解，卒年約七十。有《青笠山房詩文鈔》，詩鈔五卷，文鈔六卷。

朱存孝（康熙間）

《（朱選）玉臺新詠》

《續古》

戚戚復戚戚，送君遠行役。行役非中原，海外黄沙磧。伶俜獨居妾，迢遞長征客。君望功名歸，妾憂生死隔。誰家無夫婦，何人不離拆。所恨薄命身，嫁遲别日迫。妾身有存歿，妾心無改易。生作閨中婦，死作山頭石。（《（朱選）玉臺新詠》卷三）

《簡簡吟》

蘇家小女名簡簡，芙蓉花腮柳葉眼。十一把鏡學點妝，十二抽針能繡裳。十三行坐事調品，不肯迷頭白地藏。玲瓏雲髻生菜樣，飄搖風袖薔薇香。殊姿異態不可狀，忽忽轉動如有光。二月繁霜殺桃李，明年欲嫁今年死。丈人阿母勿悲啼，此女不是凡夫妻。恐是天仙謫人世，只合人間十三歲。大都好物不堅牢，彩雲易散琉璃脆。（《（朱選）玉臺新詠》卷三）

《真娘墓》

真娘墓，虎丘道。不識真娘鏡中面，唯見真娘墓頭草。霜摧桃李風折蓮，真娘死時猶少年。脂膚荑手不牢固，世間尤物難留連。難留連，易銷歇，塞北花，江南雪。

末兩句，即申明上二句，牟尼一串。（《（朱選）玉臺新詠》卷三）

《長相思》

九月西風興，月冷霜華凝。思君秋夜長，一夜魂九升。二月東風來，草坼花心開。思君春日遲，一日腸九回。妾住洛橋北，君住洛橋南。十五即相識，今年二十三。有如女蘿草，生在松之側。蔓短枝苦高，縈回上不得。人言人有願，願至天必成。願作遠方獸，步步比肩行。願作深山木，枝枝連理生。

涉筆成趣。（《（朱選）玉臺新詠》卷三）

《玉真張觀主下小女冠阿容》

綽約小天仙，生來十六年。姑山半峰雪，瑤水一枝蓮。晚院花留立，春窗月伴眠。回眸雖欲語，阿母在傍邊。

優夷婆最難遣此。（《（朱選）玉臺新詠》卷七）

《人定》

人定月朧明，香消枕簟清。翠屏遮燭影，紅袖下簾聲。坐久吟方罷，眠初夢未成。誰家教鸚鵡，故故語相驚。（《（朱選）玉臺新詠》卷七）

《武丘寺路宴留別諸妓》

銀泥裙映錦障泥，畫舸停橈馬簇蹄。清管曲終鸚鵡語，紅旗影動潑汗嘶。漸銷醉色朱顏淺，欲語離情翠黛低。莫忘使君吟詠處，女墳湖北虎丘西。

黯然銷魂。（《（朱選）玉臺新詠》卷七）

《醉後題李馬二妓》

行搖雲髻花鈿節，應似霓裳趁管弦。豔動舞裙渾是火，愁凝歌黛欲生煙。有風縱道能回雪，無水何由忽吐蓮？疑是兩般心未決，雨中神女月中仙。（《（朱選）玉臺新詠》卷七）

《楊柳枝二十韻》

小妓攜桃葉，新聲蹋柳枝。妝成剪燭後，醉起拂衫時。繡履嬌行緩，花筵笑上遲。身輕委回雪，羅薄透凝脂。笙引簧頻暖，箏催柱數移。樂童翻怨調，才子與妍詞。便想人如樹，先將髮比絲。風條搖兩帶，煙葉貼雙眉。口動櫻桃破，鬟低翡翠垂。枝柔腰嫋娜，荑嫩手葳蕤。唳鶴晴呼侶，哀猿夜叫兒。玉敲音歷歷，珠貫字纍纍。袖為收聲點，釵因赴節遺。重重遍頭別，一一拍心知。塞北愁攀折，江南苦別離。黄遮金谷岸，緑映杏園池。春惜芳華好，秋憐顏色衰。取來歌裏唱，勝向笛中吹。曲罷那能別，情多不自持。纏頭無

別物，一首斷腸詩。(《(朱選）玉臺新詠》卷七)

《池上》

小娃撑小艇，偷采白蓮回。不解藏蹤跡，浮萍一道開。(《(朱選）玉臺新詠》卷十)

《燕子樓三首》並序

徐州故張尚書有愛妓曰眄眄，善歌舞，雅多風態。予為校書郎時，游徐、泗間。張尚書宴予，酒酣，出眄眄以佐歡，歡甚。予因贈詩云：「醉嬌勝不得，風嫋牡丹花。」一歡而去，邇後絕不相聞，迨兹僅一紀矣。昨日，司勳員外郎張仲素繢之訪予，因吟新詩，有《燕子樓》三首，詞甚婉麗。詰其由，為眄眄作也。繢之從事武寧軍累年，頗知眄眄始末，云：「尚書既歿，歸葬東洛。而彭城有張氏舊第，第中有小樓，名燕子。眄眄念舊愛而不嫁，居是樓十餘年，幽獨塊然，於今尚在。」予愛繢之新詠，感彭城舊游，因同其題，作三絕句。

滿窗明月滿簾霜，被冷燈殘拂卧床。燕子樓中霜月夜，秋來只為一人長。

鈿暈羅衫色似煙，幾回欲著即潸然。自從不舞霓裳曲，疊在空箱十一年。

今春有客洛陽回，曾到尚書墓上來。見説白楊堪作柱，爭教紅粉不成灰？

樹猶如此，人何以堪。(《(朱選）玉臺新詠》卷十)

《閨婦》

斜憑繡床愁不動，紅銷帶緩緑鬟低。遼陽春盡無消息，夜合花前日又西。

流光彈指，何堪誤此青春。(《(朱選）玉臺新詠》卷十)

智按：朱存孝，字行先，吴郡（今江蘇蘇州）人。其所輯録《玉臺新詠》十卷，選唐人詩，分體編排。第一卷為初唐古詩，二卷為盛唐古詩，三卷為中唐古詩，四卷為晚唐古詩，五卷為初唐律詩，六卷為盛唐律詩，七卷為中唐律詩，八卷為晚唐律詩，九卷為初盛唐絕句，十卷為中晚唐絕句。中國社會科學院文學研究所圖書館藏清刊本眉批署「吟香」。

徐岳（康熙間）

《見聞録》

⊙壽

熊公奮渭，汝寧人，於崇禎年間撫我浙，迨康熙庚戌，訪固始祝山公先生，因道及熊公，山公云：敝親家也，今年九十九矣。御女如少壯時，房中頗備姬媵，兩年前又娶二少艾，生一女，然其子若孫，皆致政矣。及甲寅，孫潔初先生爲南汝道謝病歸，經其里，投刺來謁，今又十餘年，不知尚在否。荆州城中一小庵僧云一百四十餘歲，每日挑野菜，同豆查煮食，誦法華經，鄭提督嘗備伊蒲饌遺之，彼但畧嘗一二，勸之食，曰消不得，又十餘年，趺坐而逝。僧水月住杭州城北，人不知其年，形如七十左右人，及范撫臺莅浙，太夫人謂撫軍曰：當日在遼陽，有一老僧號水月，年已八十餘，對汝祖曰：我家有孫巡撫浙江，彼猶及見之。今汝撫浙，其言雖驗，但又隔四十餘年，不知此僧果在否。撫軍訪造其庵，談昔年在遼事甚悉，撫軍老僕皆識之，云其容猶昔，言禍福亦時有中者。又姑孰端德箴言，其郡龍山中有張信者，業岐黄術，以嘉靖元年生，妻王氏以二年生，今一百三十餘歲，尚爲人行藥治病，僅似八十餘歲人，其子與孫皆去世，曾孫亦垂白矣。夫婦日啖鮮何首烏與醇酒，不茹葷味，五六十年矣。嘗見《竹書紀年》載商伊尹壽百有五歲，《金石録》載周太公百有十歲，懷瓘《書斷》言漢竇公，本魏文侯樂官，至漢文帝時二百八十歲，《北史》紀魏羅結壽乙百三十歲，《白樂天集》言唐李元爽百三十六歲，《蜀誌》范長生先事劉玄德，至李特時一百三十餘，宋譙定百三十餘歲，猶横經授《易》，壽之多者，代間有之，或云自先天者，或云由保養者，或云從服餌者，然如熊公則保養非眞，如荆州僧則不須服餌。若果自先天，則强者不皆壽，而弱者不盡夭，令人終莫得而測其理。昔黄帝或傳爲仙，或言壽三百歲，宰我疑以問孔子，孔子曰：人賴其利，百年而崩，人畏其神，百年而忘，人用其教，百年而移，故曰三百歲。以孔子之年論之，則萬古不朽之人，斯爲壽之極也。(《見聞録》卷二，《續修四庫全書》影印清刻本)

⊙黄白之法

顔子復度師功行甚高，博通道典，無所不知。余嘗問黄白之法，果有眞傳乎？曰：有，日常功行卽眞傳也。内丹成則外丹成，此不易之論也。不得丹，焉得仙；應得仙，自得丹。不必遠求，若凡俗之見，謂得此可作富厚仙翁，蓬萊方丈之間，豈容銅臭往來，此所以得眞傳，亦必不就也。昔劉向苦心力學，爲世儒宗，乃得淮南秘書，上之天子，令典上方鑄作，事甚費，卒無驗，詔下向獄，當大辟。兄陽成侯乞入國以贖，得減死，使向於是時死，不過文成五利之續耳。語曰：「金不可作，世不可度。」以向之賢，見不及此。唐白樂天貶江州，亦爲方士所惑，留意鑪鼎，一夕而敗，故其詩有「金丹遇火空」之語。宋潘逍遥亦獻方於太宗，及帝升遐，惧誅，削髮爲僧。此與劉向一間耳。蘇子由亦曾試之，將舉火，見一大猫據爐而溺，叱之不見，終亦不成。富鄭公積黄白書一櫃，後爲顒華崖長老投之火，豁然大悟，觀數公之事，則此術不可力求，明矣。若范文正得方於同舍生，程明道檢書於佛腹中，蘇子瞻傳術於扶風僧，而皆不爲，知此術之深者歟。(《見聞録》卷三，《續修四庫全書》影印清刻本)

智按：徐岳，字季方，康熙間嘉善（今屬浙江）人。張希良《見聞録序》云：「徐子季方稟豪士之姿，具淹博之才，不求聞達，孤笻芒屨，遍遊海内，……宜其以所聞所見之事，筆之於書。」

王慧（康熙間）

《冷泉亭》

泉聲簷檻外，林壑杳然深。人世熱何處，我來清到心。松林藏日色，潭底卧峰陰。一自樂天記，山光寒至今。(《清詩别裁集》卷三十一；《晚晴簃詩匯》卷一百八十三)

智按：王慧，字蘭韞，太倉（今屬江蘇）人。學使王長源女，冰庵太守妹，常熟諸生朱方來室。有《凝翠樓集》（中國國家圖書館藏光緒本，四卷）。王漁洋只賞其「一縷柳花飛不定，和風搭在繡床前」，猶以尋常閨閣待之。沈德潛稱其「一門風雅，得所承受，故其詩清疏朗潔，其品最上。」徐世昌謂其「所著《凝翠樓詩》，不示外人，年七十餘，其弟見之，乃付梓行世，長律或至千言，古體輒成數十韻，風格時近老杜」。生平見《清代閨閣詩人征略》卷二、《晚晴簃詩匯》卷一八三。

倪濤（順治、康熙間）

《六藝之一録》

⊙烏牙山碑

白居易撰，在湖廣黄州府黄梅縣靈峯院。（《古今碑刻記》）（《四庫全書》本卷七十五「石刻文字五十一」）

⊙香山寺碑

白居易撰。（《諸道石刻録》）（《四庫全書》本卷七十六「石刻文字五十二」）

⊙白居易與劉禹錫書

行書。無年月。（《金石録》）（《四庫全書》本卷八十七「石刻文字六十三」）

⊙白居易《虚白堂詩》

舊在鳳凰山府治，刻石立堂上，見《咸淳臨安志》。（《四庫全書》本卷一百十「石刻文字八十六」）

⊙白居易《錢塘湖石記》

長慶四年三月十日杭州刺史白居易撰，舊在石函橋側，見《成化杭州府志》。（《四庫全書》本卷一百十「石刻文字八十六」）

⊙翟炳

翟炳字欽夫，林州人，詩效樂天體，尤善楷書，遒勁可法，與同邑王鼎字大鼒、賈竹字彦清俱工翰墨，能詩，隱居不仕，時稱林慮三隱人。（《續弘簡録》）（《四庫全書》本卷三百五十八「歷朝書譜」）

智按：又見《佩文齋書畫譜》卷三十八書家傳十七元二、清吴運焜《補續群輔録》卷八（清乾隆刻本）。《續弘簡録》，清邵遠平撰，其《元史類編》卷三十六（清康熙三十八年原刻本）所載亦同，惟文末多「罕覯其面者，故其著作多不傳」二句。清王士俊等《(雍正) 河南通志》卷六十五：「翟炳字欽夫，林州人。工詩，效白樂天體。尤善楷書，以遒勁稱時。同邑王鼎字大鼒，整風儀，尤精翰墨，求書者踵門，日不暇給，兼有詩名。賈竹字彦青，

才思敏捷，下筆成文，不事雕鐫，詩亦清婉，時人稱為林慮三老。」(《四庫全書》本)

⊙孫得原

孫得原，字本卿，别號鴈洲。楷宗顔平原，八分法鍾太傅，小篆倣李丞相，詩句出入陶謝、元白諸家，操行甚卓，縉紳雅重之。(何三畏《漱六齋全集》)(《四庫全書》本卷三百七十「歷朝書譜」)

《擬白香山有木詩八首并序》

嘗讀前、後《漢書》列傳，見文章爾雅，訓辭深厚，以儒林稱者，時同功異，民有餘思，以循吏稱者，偪上并下，敗俗傷化，以貨殖稱者，不入道德，放縱末流，以游俠稱者，又見依倚道藝，非所能通，如方術所述者，才行高秀，不專一操，如列女所述者，又若事非通圓，風軌足懷，如獨行逸民之流，修奉朝貢，各以其職，如西羌西域所紀，因引風人騷人之興，賦有木八章，以寄望古振今之意。

有木名梧桐，棲鳳臨清池。朝陽承新色，碧玉拂疏枝。春風及萬物，枝葉方萎滋。別類或刺手，花發眩禎姿。浮華惜無實，譌似空參差。排雲高百尺，孤立耀後時。知音儻可待，《韶》、《雅》誇天資。檠阿厲名節，澍雨敷丹墀。

有木翳芳陌，釋名爲柔桑。葚繁喜沃若，枝敷詠遠揚。鳩鶻時相食，鷃雀集其旁。藉非施翦伐，豈能成秀良。薄物有本性，頻采每失常。遺愛冬日短，養榮飄風傷。因利勸勤植，知時及分秧。一榆百本薙，生意充垣牆。

有木名髹桼，其尤數陳夏。物華足本真，何用幻虛假。剛斧承竹筒，巧取心入冶。遂令刺繡文，轉傍市門下。藻棁改環堵，丹楹耀翠瓦。投膠眾所趨，合藥效偏寡。顧茲本微植，孰爲論大雅。有用轉相資，常度慨輕捨。

有木盛湖湘，其名賦束楚。同在薪蒸中，獨以翹楚許。叢生寖以滋，藩觸勢莫阻。託質非無用，橫生未得所。偏不儕梓枌，翻憂害禾黍。或慕堅彊性，相依近居處。下趨棘與荆，當路苦徒侶。山樵不可刈，聚類快一炬。

有木名椒聊，鍼棘傷人手。葉弄晚晴餘，花落新涼後。辨味誤荼乳，酌漿混桂酒。有實說蕃衍，其數卜升斗。衡星散何時，巫風傳已久。託根非所貴，榮枯置林藪。崇蘭有國香，佩萸辟羣醜。竊似亂其真，明聰爲所誘。

有木振清標，冬青長巖曲。石深根自生，地溼花不屬。獨全歲寒心，豈必長生籙。春光曉浮瓊，微雪香散玉。孰與賞孤芳，未易敦薄俗。浮豔趨眾玩，清芬遜遺躅。亂枝逐風塵，餘芳安可續。以之承其流，女貞隱相辱。

有木名香檀，喬柯振高風。守素著奇節，垂青表直躬。縝密質逾美，堅重氣自充。巖阿適清曠，何妨庭陛中。材大曷足貴，利用資良工。輪囷夙所望，車輻勞相攻。萊蕪歌閭里，避世同牆東。空山老閒散，滋培負蒼穹。

有木至不材，臭濁山有樗。生同覆載内，氣浮質幹疏。繩木難爲設，拳曲焉可舒。樵采幸相棄，天年欣有餘。乃因土膏潤，移根通邑閭。斧斤非不利，頑惷未忍除。虎目别椿種，鮑肆淆蘭居。雨露厚需被，冥然絕生初。（《兩浙輶軒續録》補遺卷一，《續修四庫全書》影印清光緒十七年浙江書局刻本）

智按：倪濤，字山友，號崑渠，錢塘（今浙江杭州）人。《晚晴簃詩匯》卷三十三「詩話」云：「崑渠閉門著書，貧無寫官，躬與妻子迻録成《六藝之一録》四百卷，甄綜古今文字源流，蔚為巨帙，四庫採其書，今其手稿尚在。前數年出海王村市上，居為奇貨，不知落誰手也。」《兩浙輶軒續録》補遺卷一引《府志》云：「濤幼聰穎，過目不忘，嗜讀書，榜其齋曰蛾術，於四部之書無所不窺，鋭意著述，考史傳之同異，六書之源流，秦漢以來金石文字，次第編纂，貧不能致鈔胥，與其子棠手自繕録。室無斗儲，而家人相對訢然，以鈔書爲樂。後乃專於治經，撰《周易四尚分辭變象占》，折衷諸儒之說，謂先天後天河圖洛書，位置巧合，但以陳摶之圖而竟指之爲伏羲先天，以孔子之言而反目之爲文王後天，則近於僭，有河圖而謂伏羲因以作易，有洛書而謂神禹因以演疇，則近於鑿，注釋愈多，攻辨遂起，因分載六圖於繫辭說卦之後，而附以諸家之辨，自比於春秋調人。識者韙之。」引《武林道古録》云：「濤性簡靜，見人訥然，如不能言，人亦罕知其學者。年八十餘卒。所著書多散佚，其存者得七百二十六卷。」

彭鑫（順治、康熙間）

《元微之白樂天俱有放言詩五首中多達人之言辛未除夕仿原韻》

守歲荒庭獨放歌，刑牲翦紙送詩魔。人間謾羨朱顏好，塚裏何嘗白髮多。斂子入匳還故我，當枰爭刼且由他。五侯七貴薰天勢，一敗其如腐鼠何。

江山清景愛長沙，小築園亭便是家。雪壓短籬穿瓦雀，煙浮喬木噪昏鴉。開罇只可招迂叟，入戶從來少狹邪。封樹雨花長繫念，一官舉室滯天涯。

洞庭煙水往來頻，鷗鳥依依慰此身。布被多年眞似鐵，羊裘五月不沾塵。出崖老樹常刳腹，近網嘉魚必損鱗。鸚鵡洲邊重酹酒，古今最忌露才人。

得失夷然進退安，無論朝市與林巒。巾車就道輕裘穩，杖履穿林落葉乾。終古清流多黨禍，片言媒蘗起兵端。何如寂寞龐居士，蓬蓽虀鹽婦子歡。

杖策西南萬里行，久通仕籍竊虚名。重投火宅無非命，幾見冰山有底榮。亂裏秪成狂酒客，貧來依舊老書生。年年臘盡餘篇什，手補詩囊仔細盛。（《沅湘耆舊集》卷五十九，《續修四庫全書》影印清道光二十三年鄧氏南邨草堂刻本，第一六九一册，第三二六頁）

智按：彭鑫，字秋水，號鈍叟，原籍溧陽（今屬江蘇），清初築室三湘，遂為長沙人。順治末，雲南撫軍袁九峯、藩司顔乃來聘之入幕。康熙元年，題授武定州、禄勸州知州。八年丁外艱。十一年服闋赴部。復補澄江府新興州知州。次年三桂叛。下獄。未幾釋出。後授翰林院編修。出為行營兵曹。隨胡國柱取樂昌。攻韶州。又隨攻永興。授職方司郎中。偽周平後。歸隱長沙。有《放餘吟》。

原良（順治、康熙間）

《韵林隨筆》

劉禹錫、白居易、元微之、宗楚客，擬共賦金陵懷古詩，劉詩云：「王濬樓船下益州，金陵王氣黯然收。千尋鐵鏁沈江底，一片降幡出石頭。荒苑至今生茂草，古城依舊枕寒流。而今四海歸王化，兩岸蕭蕭蘆荻秋。」樂天見之，曰：「四人共探驪龍，子先得珠。所餘鱗爪何用?」遂罷唱。此詩未是禹錫勝場，且金陵許多東晉六朝可懷事，而何專於王濬降吴一舉乎？太白短氣於黄鶴，或為崔氣所奪，而三名公遂為此詩所屈，不解也。(《聽潮居存業》卷九，《四庫全書存目叢書》影印清初刻本，子部第一一四册，第五九八頁)

元輕白俗，郊寒島瘦，未是定評。樂天詩雖衝口而成，到眼而解，何嘗不雅？而乃以為俗，此豈知言。(《聽潮居存業》卷九，《四庫全書存目叢書》影印清初刻本，子部第一一四册，第五九九頁)

白樂天問惟寬禪師，何以修心？師云：心本無損傷，云何要修理？無論垢與淨，一切勿念起。樂天謂：垢不可念，淨亦無念，可乎？師曰：如人眼睛上，一物不可住，金屑雖珍寶，在眼亦為翳。樂天有悟。此與五祖偈「時時勤拂拭，莫使惹塵埃」，亦是修心之義。至惠能「本來無一物，何處拂塵埃」，則并無垢淨之可修矣。(《聽潮居存業》卷九，《四庫全書存目叢書》影印清初刻本，子部第一一四册，第六〇四頁)

智按：原良，字鳴喜，江西樂安人。順治中貢生，官寧都縣訓導。有《聽潮居存業》，參纂《樂安縣志》。據《大清一統志》卷三百二十三，少工制舉業，已而篤志聖賢之學，研精覃思，每窮一理，或有未融，常至達旦不寐。年八十餘，猶孜孜好學。所著有《三山存業》十編，《步為草》二十四卷，《桑稠彙紀》三卷，《詩集》六卷。

鄭世元（一六七一～一七二八）

《同柯雲過中天竺宿旅亭上人山房用香山眉山虔州天竺寺韻二首》

夕陽扶醉寺橋門，纔到中天境便分。不斷澗泉晴聽雨，盤空石壁暮生雲。朋歡舊話翻新恨，人事前非每後聞。何日與師追白社，一枝藤竹共紛紛。

信宿禪房來借榻，支離野性自成家。秋晴杖履隨雲鶴，日晚湖山走電蛇。旅跡無憑身一葉，衰顔有感鬢雙花。鴻篇寂寞何人繼，醉墨飄瀟任我斜。(《耕餘居士詩集》卷六斜風細雨集二，《四庫未收書輯刊》影印清康熙江相

書帶草堂刻本）

智按：鄭世元，字亦亭，號黛參。餘姚（今屬浙江）人。博學工詩，與陳梓同遷秀水，家于鴛湖，唱和尤多。後入京，公卿爭相引重。有《耕餘居士集》。

佟法海（一六七一～一七三七）

《潯陽樓》

琵琶一曲斷腸聲，觸撥當筵謫宦情。為語江州白司馬，留將眼淚哭蒼生。（大臣心事，借題發揮，令人肅然起敬。）（《清詩別裁集》卷十八）

智按：《隨園詩話》卷一引作佟法海《弔琵琶亭》云：「司馬青衫何必濕？留將淚眼哭蒼生。」

佟法海，字淵若，號陶庵。遼陽（今屬遼寧）人。康熙三十三年（一六九四）甲戌進士，官至兵部侍郎。有《悔翁集》。

吴銘道（一六七一～？）

《沈石田畫白花牡丹一枝》

老筆狂居士，清於剪水刀。白香山妙句，最潔最孤高。（《古雪山民詩後》卷六，《四庫未收書輯刊》影印清乾隆間刻本）

智按：吴銘道，字復古，貴池（今屬安徽）人。有《復古詩集》。

成文昭（一六七二～一七〇七）

《寄子白百韻倣香山體》

涔涔秋日雨，泥滑街不乾。嗒焉扃户坐，出門一步難。老屋裏江風，敗籜吹成團。四壁起緜磋，一庭瘖暮蟬。天末懷伊人，作謌聊破眠。予生駑鈍資，環堵常蕭然。緬昔乙亥冬，病痼難釁湔。屏跡來山居，畏人逃俗緣。黎陽古名邑，山水秀且妍。大伾砥左峙，衛水湊右澴。更有一峰好，嬌嫮而蜿蜒。像形曰浮丘，城郭俯其巔。雄拔王威寧，秀挺盧次楩。爲文章事業，播在天壤間。高人去千載，山靈舍辛酸。荒蕪絶人跡，感舊涕泗潸。屋瓦壓墮榱，欄楹風雨穿。頹壁掛蛛絲，犖确雜枯菅。聾聵一畦丁，痰喘腰跼蹉。指説當廳槐，相公手植焉。景仰先德存，低徊發長嘆。盛衰溯今昔，浮雲隨變遷。頗聞張平子，投閒適歸田。倒屣接故人，握手而言歡。言念及門户，咨嗟語纏綿。記始搆此居，癸卯歲秋寒。少傅曾大父，予告投簪還。頤養賦遂初，恩賜買山錢。眷戀此山麓，於焉樂靜便。亂石疊牆低，枳棘編籬蟠。百株皴裂柏，千箇青琅玕。歸雲閣東畔，玉照亭南偏。偃仰二老杏，澄泓一水灣。桐影壓簾靜，草色上砌緐。窗牖極開拓，廊複相鈎連。措置皆古朴，絕不事雘丹。拾級漸西北，週帀護以欄。厜㕒得一堂，疎豁天何寬。朝挹嵐氣爽，暮對翠屏開。部曲領烟霞，風月歸平泉。杜門絕塵蹓，著書年復年。北地米太史（紫來），繪作圖畫傳。一時名公輩，題咏幾百篇。於時予未生，睹記或未全。臘風霽如掌，圍爐話惓惓。酒盡叫重沽，燭盡呼再燃。有時君過我，探幽劇盤桓。瓦鉢松麈尾，竹杖鹿皮冠。一觴復一詠，芒屩代輿篴。有時我過君，敲門夜半天。呼君起夢中，各笑褌不褰。與人作話柄，張癡與成頑。君夙嗜唫咏，爲句皆雅嫺。得意在古調，漢魏相提攀。又夙善書法，精理特入玄。楷法鄙歐虞，行草嗤蘇顔。不屑到米狂，常諱稱張顛。但爲知音者，一日書盈千。貴耀以勢臨，一畫興已竣。排當二髠童，尺幅撐以搴。淋漓驚四座，磅礴生雲烟。迅埽紙百捆，亟磨墨百丸。君於古篆法，精緊深究研。闡微出傑論，辯駁非一端。斯邕死千載，蠕（蝸）扁訛相沿。不知重遒勁，但知取纖嬛。譬如美婦人，美豈在釵鈿。親君見玅技，寓内大奇觀。刀落儼槊舞，撇捩比鷹鸇。嘗驅馳途路，仰卧車中鐫。文彭何雪漁，齟齬難比肩。君夙擅岐黄，妙悟得眞銓。尫羸垂斃人，立活如奔獾。薪傳傅青主，心血苦盡殫。君才故磊落，君意亦騰騫。酒酣耳熱時，脱帽舞當筵。慷慨輒語我，葛城作冷官。鉛槧那束縛，佔畢不拘牽。大開矍相圃，奢侈苜蓿盤。有時飲生徒，豪唱羣嘲讙。一醉常累日，酒逋遍市廛。縣官不解事，致辭頻來前。摅呼半晌醒，踉蹌睜目睍。奮臂一咤叱，撲趺口流涎。俗物亟走避，無取汗老拳。睥睨一世人，十載雄寒氈。詑我膏粱子，裘馬恥翩翩。行身慣作達，騰踔紈綺班。欵洽兩月留，慇懃精粥饘。忽忽歲聿暮，踟躕整歸鞭。馬首一再回，悵怏後會慳。瞬霎裘葛易，魚雁迴漫漫。我方去吳楚，聞君入幽燕。江國媿依劉，花縣竚迎潘。天涯淪落人，形衰病淹煎。秋夜爲此歌，付之西巖看。但知歌有情，遑恤辭多瘢。歌長辭已窮，辭窮意未闌。敝廬幸無恙，買棹明春旋。長鑱披短褐，躬耕浮丘山。（《四庫未收書輯刊》影印清康熙刻增修本《蓍觴詩集》卷一湘西集之荆集東吳萬里集；清陶樑《國朝畿輔詩傳》卷二十七，清道光十九年紅豆樹館刻本）

《琵琶亭》

西風溢浦路迢迢，九派潯陽上下潮。苦憶元和白司馬，青衫落月此魂消。

暮雲釀雪薄寒侵，懷古人愁江上心。商舶不聞絃索手，撩天一雁大江深。

不成一事秪浮游，卽次吳霜點髩秋。客淚争和燭淚冷，十年風雪又江州。（《四庫未收書輯刊》影印清康熙刻增修本《蓍觴詩集》卷一湘西集之荆集東吳萬里集）

《雷岸謁麴令祠紀事》

朝騖小孤山，暮艤大雷岸。舟輕等一匏，風峭欹帆半。轉側晷刻間，左右遞褰幔。趺斜苦欠伸，局縮廢櫛盥。瞠眸盼港汊，暫繫速午爨。揮箸得一飽，復覬腰脚散。踏岸面颼飀，意行殊衍曼。背村路犖确，穿林木皆灌。荒凉古祠存，門掩溪光亂。隋檐積燕矢，蒼鼠拱几案。土封三尺碣，滅沒亦漫漶。埽壁尋遊題，詩歌悉里諺。競謂屈大夫，曾於此擯竄。史册浩無垠，地誌良汗漫。一卷秦中吟，與人充近玩。老嫗尚解讀，過目則何憚。屈麴旣以淆，古近遂莫判。無忌號信陵，胡不并置讚。一笑巾欲欹，衣垢背貼汗。野店沽燒春，掩篷撥爐炭。（《四庫未收書輯刊》影印清康熙刻增修本《蓍觴詩集》卷一湘西集之荆集東吳萬里集；清陶樑《國朝畿輔詩傳》卷二十七，清道光十九年紅豆樹館刻本）

智按：成文昭，字周卜，號過村，又號鈍農，大名（今屬河北）人。候選主事。朱彝尊《成周卜詩集序》（《四部叢刊》本《曝書亭集》卷三十九）

稱其風度雍容，辭氣和雅。有《蓍觴集》。

李真望（一六七二～一七三七）

《次白居易歲晚韻》

天催短景易西昏，日夜嚴風擺小軒。深室擁爐傾竹葉，小堦培土護蕉根。門前雪覆晨樵逕，井上冰添夕汲痕。靜□□□愁歲暮，且看春意入梅園。（《陶雲遺集》册一，《韓國文集叢刊》本）

《次白居易早寒韵》

飽雨苔移色，經霜菊老根。朔雲多夾雪，殘日易成昏。座冷宵重被，山寒晝掩門。春風何處在，還有酒盈尊。（《陶雲遺集》册一，《韓國文集叢刊》本）

《對酒》

今日午飯厭，還喜酒盈觶。居然有高興，傾一又傾二。意中猶不足，促膾新鮮來。佳味解挑人，信口仍喚杯。天時屬清和，身氣亦安康。過飲亦何妨，觴空又滿觴。我嘗慕白傅，動靜循其則。終然不可及，但當師醉默。（《陶雲遺集》册二，《韓國文集叢刊》本）

智按：李真望，字久叔，號陶雲、退雲，全州人。有《陶雲遺集》。

蔣衡（一六七二～一七四三）

《閏九日休園雅集倣香山體分賦》

四人三百十一歲，同赴邗江第一園。閏月秋殘仍九日，參天樹老繚重垣。勝於前度多風雨，只有今朝劇笑言。况喜主人饒逸趣，萸尊復設敞窗軒。（清鄭慶祜《揚州休園志》卷八詩，《四庫禁燬書叢刊》影印清乾隆三十八年察視堂自刻本，史部第四一册，第六三一頁）

智按：據朱星渚（漢源）同題詩中「百年節罕兩重九」，此次閏九日休園雅集乃乾隆二年丁巳閏九日（公曆一七三七年十月一日），詩注「蔣湘帆年七十八」，恐為誤計。蔣湘帆時年六十六，恰多計十二歲。

蔣衡，原名振生，字湘帆，一字拙存，號江南拙叟、拙老人、函潭老布衣，金壇（今屬江蘇）人。僑居無錫，進子。十五歲從楊賓學書，試輒不利，益肆力于古，復博涉晋、唐以來各家名迹，積學既久，名噪大江南北，以小楷冠絕一時。性好游，足迹遍半華夏，所至賦詩作書，歌嘯不能自已。嘗入關，年羹堯招至幕下，偶游碑洞，縱觀諸石刻，慨然以楷書寫《十三經》，凡八十餘萬言（其間以恩貢選英山縣教諭，又舉鴻博，皆不赴）；越十二年，乾隆三年（一七三八）始告成。馬曰琯出白金二千鍰，裝潢成三百册五十函。次年，江南河道總督高斌特疏進呈，藏懋勤殿。乾隆五十六年（一七九一）諭旨以之爲底本，刻石太學，乾隆五十九年刻成，定名《乾隆石經》，今藏北京孔廟。據余集（一七三八～一八二三）《蔣湘帆先生傳》，卒於乾隆八年（一七四三）癸亥，年七十有二（《秋室學古録》卷五，《清代詩文集彙編》第三九五册，第五五頁）。有《拙存堂臨帖》二十八卷及《易卦私箋》、《拙存堂題跋》、《書法論》等，另《拙存堂文初集》八卷，乾隆六年（一七四一）辛酉刊本，卷首有乾隆五年（一七四〇）庚申劉吳龍序、門人諸洛《拙存先生小傳》。

魚有鳳（一六七二～一七四四）

《題二家詩選後》

右白香山詩一百二十三首，子朱子詩一百四十七首，卽農岩先生所抄也。先生晚年，不作詩，亦不談詩，而獨手抄此編，以與同志者共之。夫朱夫子詩，君子固當諷玩而終身。於樂天乎，又何取焉。記得當時有一學子，言樂天詩不高。先生笑曰：「有至高者存焉。」又嘗曰：「樂天詩近道，讀之使人悠然自得，世間悲愁憂惱都忘了。」此先生所以有味乎其言，而得以配夫朱夫子者歟。嗚呼！是豈可與不知者道哉。（《杞園集》卷二十一題跋，《韓國文集叢刊》本）

《農巖先生語録》

先生嘗抄白香山古詩，配晦菴詩，作一册。李瑋伯溫見之，言白詩卑甚。先生笑曰：「不然。有至高者存焉爾。」（《杞園集》卷三十二語録，《韓國文集叢刊》本）

智按：魚有鳳，字舜瑞，號杞園。朝鮮王朝英祖時期文臣。歷任戶曹參議、承旨等。有《杞園集》、《經説語録》等。

張廷玉（一六七二～一七五五）

《憶江南十八首・序》

故鄉别業，昔所盤桓，自入春明，時勞夢想。今夏炎威正熾，公事孔殷，車馬奔馳，形神況瘁。晚涼月上，始得稍休。因仿白香山《憶江南》曲，於舊所釣遊之地，各賦一章，令稚子歌於坐側。藉作卧遊之具，略抒羈旅之懷云爾。（《澄懷園詩選》卷一，《四庫全書存目叢書》影印清光緒間張氏重刻本，第二六二册，第五四七頁）

《恭跋先太夫人含章閣詩鈔後》

廷玉憶自髫齔時，依侍先文端公暨先太夫人膝下，時先公侍直内廷，戴星出入，日以爲常。惟於挑燈啜茗之餘，間一令背誦《尚書》、《毛詩》，或命屬對，先太夫人則經理摒擋虀鹽，猶日稽課程，訓誨嚴切，以佐先公之不暇。及通籍後，更諄諄以忠藎勤慎，上報君恩為勗。康熙癸未，廷玉蒙聖祖仁皇帝恩命，入直南書房，屢荷天語褒嘉。田曰張廷玉兄弟，皆其母教有素，非獨父訓也。聖諭春温，並及慈誨，其視蘇易簡之母，有餘榮焉。先太夫人幼讀書，深識大義，淹貫《毛詩》、《通鑑》，旁及醫卜百家之書，最愛白香山詩，往往成誦。生平不輕作詩，偶一爲之，不復留稿。其存者僅百餘首，題曰《含章閣偶然草》，大約皆與先公唱酬之作，及懷念先伯兄扈從北征，奉使行役，並所以勉勗廷玉，及訓誡諸子女者，意義嚴正，辭氣温厚，不爲閨閣纖麗之言，藏之笥篋者三十年矣。今夏同六弟廷瑑謹加校訂録，寄三弟廷璐敬登梨棗，以垂示子孫，且以見廷玉弟兄今日之同被三朝厚恩，叨榮忝禄，皆賴先太夫人曩昔恩勤，勞勩提命而訓廸之慈教，殷惓形諸篇什，儼音容之如在，感風木之徒悲，此更廷玉等之捧卷涕零，而不能自已者也。（《澄懷園文存》卷十，《四庫全書存目叢書》影印清乾隆間刻澄懷園全集本）

智按：張廷玉，字衡臣，號硯齋，桐城（今屬安徽）人。康熙三十九年（一七〇〇）庚辰進士，改庶吉士，授檢討，官至太保、保和殿大學士，三等伯。配享太廟，謚文和。有《澄懷園詩選》、《澄懷園文存》、《載賡集》。

張廷玉（一六七二～一七五五）等

《明史》

吴廷舉，字獻臣……嘉靖……三年……尋改南京工部尚書，辭不拜，稱疾乞休。帝慰留。已，復辭，且引白居易、張詠詩，語多詼諧，中復用嗚呼字。帝怒，以廷舉怨望無人臣禮，勒致仕。（《明史》卷二〇一列傳第八十九）

智按：清陸以湉《冷廬雜識》卷六「疏用嗚呼語」條引此云：「其疏載集中，有云：『親友勸臣治任，每誦白居易「月俸百千官二品，朝廷雇我作閒人」之詩；寮吏止臣辭官，輒舉張詠「幸得太平無一事，江南閒煞老尚書」之句。』又云：『比無官守，將近先廬，沿途訪藥尋醫，已至吴頭楚尾。東湖路近，難忘水木之心；西廣雲深，益動首丘之念。罪深渤海，事聞不待報而行；身等羈鴻，路盡失所歸為恐。嗚呼！零灰久冷，焰豈復燃！老馬已疲，齒無復壯，古今一道也。而日暮途遠，老病之人，又復夜行冥走，以餌虎狼之口，以葬萬仞之淵，此豈人情所願有哉！臣言至此，肝膽畢陳，危苦盡露矣。』夫奏章體宜莊重，而疏慢若此，其獲譴也亦宜。」

徐禎卿，字昌穀，吴縣人。資穎特，家不蓄一書，而無所不通。自為諸生，已工詩歌，與里人唐寅善，寅言之沈周、楊循吉，由是知名。舉弘治十八年進士。孝宗遣中使問禎卿與華亭陸深名，深遂得館選，而禎卿以貌寢不與。授大理左寺副，坐失囚，貶國子博士。禎卿少與祝允明、唐寅、文徵明齊名，號「吳中四才子」。其為詩，喜白居易、劉禹錫。既登第，與李夢陽、何景明游，悔其少作，改而趨漢魏、盛唐，然故習猶在，夢陽譏其守而未化。卒，年二十有三。禎卿體臒神清，詩熔煉精警，為吳中詩人之冠，年雖不永，名滿士林。子伯虯，舉人，亦能詩。（《明史》卷二八六列傳第一百七十四 文苑二）

……中道，字小修。……先是，王、李之學盛行，袁氏兄弟獨心非之。宗道在館中，與同館黃輝力排其説。於唐好白樂天，於宋好蘇軾，名其齋曰白蘇。至宏道，益矯以清新輕俊，學者多舍王、李而從之，目為「公安體」。然戲謔嘲笑，間雜俚語，空疏者便之。其後，王、李風漸息，而鍾、譚之説大熾。鍾、譚者，鍾惺、譚元春也。（《明史》卷二八八列傳第一百七十六 文苑四）

沈周，字啓南，長洲人。祖澄，永樂間舉人材，不就。所居曰西莊，日置酒款賓，人擬之顧仲瑛。伯父貞吉，父恒吉，並抗隱。構有竹居，兄弟讀書其中。工詩善畫，臧獲亦解文墨。邑人陳孟賢者，陳五經繼之子也。周少從之游，得其指授。年十一，游南都，作百韻詩，上巡撫侍郎崔恭。面試《鳳凰臺賦》，援筆立就，恭大嗟異。及長，書無所不覽。文摹左氏，詩擬白居易、蘇軾、陸游，字仿黃庭堅，並為世所愛重。尤工於畫，評者謂為明世第一。……（《明史》卷二九八列傳第一百八十六 隱逸）

智按：詩擬白居易，《古今圖書集成》文學典第九十八卷文學總部列傳八十六第三九～四一頁引《明外史本傳》作「詩學白居易」。

徐聖耇（一六六三～一七三五）

《何處難忘酒，效白樂天體》

何處難忘酒，明時一小臣。素心如日月，丹悃拱楓宸。未獻三千字，虛經六十春。此時無一盞，何以慰沉淪。

何處難忘酒，山深不見人。松聲風外鬧，梅蘂臘前新。排悶詩成壘，緣愁病着身。此時無一盞，仰屋歎吾貧。

何處難忘酒，山村欲暮年。孤懷付緑竹，萬事任蒼天。北警（有騷屑，故云）人休說，南憂世孰傳。此時無一盞，愁絶獨茫然。（《訥軒文集》卷二，《韓國文集叢刊》本）

智按：徐聖耉，字希彦，號雲谷主人。有《訥軒文集》。

李德壽（一六七三～一七四四）

《挽朴判尹》

傾然七尺渥丹顔，抵老生涯縹帙間。物外精神張邋遢，晚來詩酒白香山。氓懷善政鑱穹石，聖奬高年畀峻班。飄忽鸞驂無處覔，逝川東注月西殘。（余常戲公言：公貌如張三丰。若能修煉，當作不死人。只爲愛官爵，不能入山求道。公輒大笑。又公嘗以月川、扁堂號。有詩云：「月以無私臨大地，川能不息赴長河。」求記文於余而未及應也。）（《西堂私載》卷二詩，《韓國文集叢刊》本）

《朋黨論》

……國之將亡，愚智皆知，而卿士大夫曾不是恤。假朝廷之爵位，反以傷朝廷之氣脉，其勢終必至於亡朝廷而後已。朝廷既亡，黨論何地。比如虫食老木，不仆不已，木仆而虫無所依。今之喜黨者，皆食木之虫也，不亡則不已。其告之宜如此。語曰：「忠不必黨，黨不必忠。」唐李逢吉之黨，號爲八關十六子。宋蔡京之當朝也，同已者，謂之正士；異已者，謂之邪人。寶曆間，朋比大盛。宋申錫獨清介自守，不趨黨與，時論爲之改觀。白居易能不入於牛李黨，而史稱其賢。自今而尙論彼四人者，孰爲賢而孰爲不賢。世之君子，宜有所辨矣。循乎李逢吉、蔡京之舊轍，而恥爲宋申錫、白居易者，豈人之情也哉。其告之宜如此。今之立朝之士，喜人之順乎己，而不喜人之忤乎己。順則容而悅，忤則激而怒。黨議之所以日滋而不可遏也。……（《西堂私載》卷四雜著，《韓國文集叢刊》本）

智按：李德壽，字仁老，號西堂、蘗溪。有《西堂私載》。

李紱（一六七三～一七五〇）

《春風草卷・序》

凡詩文未訂者曰草，以其蒙也、雜也、率也、繁也、亂也、故於草乎，有取爾也。吾詩，自十一歲至十八歲得七百餘首，燒之不盡一百，又四年始成草。命曰火餘。吴、洪二先生餘而存之。自是又三年，續有《漁山草》、《春星堂草》、《楚游草》共三百有奇。今春開年以來，日永心暇，發篋撿之，怪其滋蔓，因憶白香山題草句子云：「野火燒不盡，春風吹又生。」啞然一噱，遂合録其可覽觀者一百七首（今復删四十八首），名曰《春風草》。豈謂生意無窮乎？亦以俟後人又燒薙也。康熙戊寅三月既望，李紱自識。（《穆堂類稿》初稿卷二《春風草卷》，《續修四庫全書》影印清道光十一年奉國堂刻本）

《陶存軒同年送親南還詩以贈之》

羁宦俱千里，浮踪媿五同（予與存軒同里，同以五經元鄉薦，同年成進士，同史館習國書，故用香山寄微之語）。多君能愛日，去我值秋風。朔氣臨邊早，河聲到閘雄。歸舟仗忠信，問寢想青篷。秘閣中天近，文章未習輕。游寧因俗熱，歸偶為親榮。仙酒經時熱，宫袍五色明。亦知家慶好，處直在蓬瀛。（《穆堂類稿》初稿卷七《瀛洲亭草卷》，《續修四庫全書》影印清道光十一年奉國堂刻本）

《琵琶曲爲宋蘭揮題潯陽送客圖》

山莫高兮匡廬，水莫深兮彭蠡。登山臨水兮送將歸，君何爲兮在此。悲莫悲兮遷客，怨莫怨兮棄婦。江淼淼兮九派，舟峨峨兮無數。天一方兮望美人，徒離憂兮思公子。蘆蕭蕭兮風瑟瑟，惜遠遊兮贈行客。公無渡兮此河，知不可乎驟得。聲嘈嘈兮琵琶，悲涕淫淫兮霑客衣。前古人兮後來者，吾安歸兮吾誰舍。江空兮月白，四弦兮一畫。天地蘧廬耳，吾又安知乎行客。（《穆堂類稿》初稿卷八《瀛洲亭草卷》二，《續修四庫全書》影印清道光十一年奉國堂刻本）

《九江大風阻渡》

天塹長江險，風號浪益狂。海潮回逆勢，汀雪卷寒芒。白傅流連地，南唐節義鄉。石尤故相戲，教作小襄羊。拙宦馳驅鈍，浮宗道路輕。陰風依老寺，殘日弔荒城。匡嶽古時色，琵琶何處聲。終當就三隱，買地學躬耕。(《穆堂類稿》初稿卷十一《望雲草卷》，《續修四庫全書》影印清道光十一年奉國堂刻本)

《舟過斷橋次白樂天韻》

孤山遙望倚晴霞，一水橋通鷺岸沙。陸敬輿忠應有祀，林和靖隱本無家。黄分舊緑憐楊葉，香帶微辛愛蓼花。為報畫橈須緩緩，要看荒蘚繞隄斜。(《穆堂類稿》初稿卷十三《觀潮草卷》，《續修四庫全書》影印清道光十一年奉國堂刻本)

《詠芍藥用白香山韻》

忽忽東皇老，微吟小謝詩。驚心相贈處，回首欲離時。當夕猶憐早，尋春未悔遲。露方愁厭浥，風故作參差。豔絕神偏遠，嬌多立每攲。緑衣看楚楚，妬錦記絲絲。束素綃痕重，添紅酒力支。月團禁晚對，雲彩屬朝為。粲者當星戶，靈兮蔭桂旗。弱翻驚蝶翅，輕顫惜蟬緌。金縷歌難駐，羅巾淚並垂。餘霞回頰暈，長日減唇脂。玉卮今如此，珠宮更訪誰。迢遙經歲別，仿佛夜來期。欄幄埋香質，瓶泉寄折支。容華易銷歇，惟有此花知。(《穆堂類稿》初稿卷十五《河上草卷》，《續修四庫全書》影印清道光十一年奉國堂刻本；《江西詩徵》卷七十)

《昌詩堂草序》

詩所以道性情，國風小雅是已，清廟明堂之奏，若大雅三頌所陳，不專以發抒性情，顧其思哀思敬，則舍性情亦無以爲鋪陳之本。自楚騷樂府以降，古今體不一，變本而加厲，乃有横空硬語，踵事而增華，乃溢爲天葩奇芬，要以極詩之致，以曲暢其性情焉耳。唐白香山務爲眞率，宋邵康節一於冲淡，若無意於詩而流傳不衰，則性情眞也。滇中李錫公先生，由鄉舉一試教職，遽歸，好爲詩，以昌詩名其堂，其性情有非流俗所能測者。歲丁酉，余典雲南鄉試，力求學古士，拔先生子堯疇列第二，因得讀《昌詩堂草》，眞率而冲淡，在白與邵之間，其眞能言其性情者歟？雖然，昌黎之稱貞曜也，曰執不猗，出不訾，卒不施，非徒言其窮而已，蓋謂萃其全力，以注於詩，乃能昌也。滇自盛覽賦心，不傳唐宋，阻聲教詩，不昌甚久，今列郡縣近五百歲，其昌之會乎？先生誠萃全力注之，以爲學者倡，則豈直國風小雅之遺，雖清廟明堂之奏，豈能舍西南之音也哉！（《穆堂類稿》初稿卷三十三，《續修四庫全書》影印清道光十一年奉國堂刻本）

智按：李紱，字巨來，號穆堂，臨川（今屬江西）人，康熙四十八年（一七〇九）進士，選庶吉士，累官工部右侍郎，乾隆初授戶部侍郎、累至內閣學士，其學原本陸九淵，幼以神童稱，博聞強記，下筆千言，論著頗多，有《穆堂類稿》、《續稿》、《別稿》等傳世。

沈德潛（一六七三～一七六九）

《説詩晬語》

白樂天詩，能道盡古今道理，人以率易少之。然諷諭一卷，使言者無罪，聞者足戒，亦風人之遺意也。惟張文昌、王仲初樂府，專以口齒利便勝人，雅非貴品。（卷上，《清詩話》第五三八頁）

大曆十子後，劉夢得骨幹氣魄，似又高於隨州，人與樂天並稱，緣劉、白有倡和集耳。白之淺易，未可同日語也。蕭山毛大可，尊白詘劉，每難測其指趣。（卷上，《清詩話》第五四一頁）

智按：毛奇齡《西河合集·詩話》：「若白居易與劉禹錫齊名，又與元稹齊名，當時有《劉白集》，又有《元白長慶集》，而白並不辭，世亦疑之。予謂夢得與樂天原可肩併，元則卑劣抑下矣。白豈不自知，而甘與頡頏。蓋其時丁開、寶全盛之後，貞元諸君皆怯於舊法，思降為通俗之習，而樂天創之，微之、夢得並起而效之，故樂天第喜其德鄰之廣，而不事較量。」

長律所尚，在氣局嚴整，屬對工切，段落分明，而其要在開闔相生，不露鋪敍轉折過接之蹟，使語排而忘其為排，斯能事矣。唐初應制、贈送諸篇，王、楊、盧、駱、陳、杜、沈、宋、燕、許、曲江，並皆佳妙。少陵出而瑰奇鴻麗，一變故方，後此無能為役。元、白滔滔百韻，俱能工穩；但流易有餘，鎔裁未足，每為淺率家效顰。溫、李以下，又無論已。七言長律，少陵開出，然《清明》等篇亦不能佳，何况學步餘子？（卷上，《清詩話》第五四一～五四二頁）

古人同作一詩，不必同韻；即同韻亦在一韻中，不必句句次韻也。自元、白創始，而皮、陸倡和，又加甚焉。以韻為主，而以意相從，中有欲言，不能通達矣。近代專以此見長，名曰「和韻」，實則趁韻，宜血脈橫亘，句聯意斷也。有志之士，當不囿於俗。（卷下，《清詩話》第五五三頁）

《楚辭》：「逢此世之劻勷。」注謂急遽意。勷讀同穰。韓昌黎文：「新師不牢，劻勷將逋。」杜牧之詩：「參軍與尉簿，塵土驚劻勷。」白樂天詩：「委命不劻勷。」正得此意。後世誤同贊襄，凡所遣用，百不合一。（卷下，《清詩話》第五五九頁）

《唐詩別裁集》

⊙重訂唐詩別裁集序

……鐫版問世，已四十年矣，第當時採録未竟，同學陳子樹滋攜至廣南鐫就，體格有遺……因而增入諸家，如王楊盧駱唐初一體，老杜亦云「不廢江河萬古流」也；白傅諷諭，有補世道人心，本傳所云「箴時之病，補政之缺」也；張、王樂府委折深婉，曲道人情，李青蓮後之變體也；長吉嘔心，荒陊古奥、怨懟悲愁，杜牧之許為《楚騷》之苗裔也。……（富壽蓀校點本第三頁）

⊙凡例

五言長律，貴嚴整，貴匀稱，貴屬對工切，貴血脈動蕩。唐初應制贈送諸篇，王、楊、盧、駱，陳、杜、沈、宋、燕、許、曲江，並皆佳妙。少陵出而瑰奇宏麗，變動開闔，後此無能為役。元、白長律，滔滔百韻，使事亦復工穩，但流易有餘，變化不足，故寧舍旃。（《唐詩別裁集》十卷本，富壽蓀校點本第三頁）

⊙例言

詩有膾至人口而集中未及收者，如七言古詩，初唐《帝京篇》、《長安道》等作，婉轉環生，極工富麗。後如張、王之恬縟，元、白之近情，長吉之荒誕詭奇，飛卿之穠纖秀麗，皆一時傑作。恐途徑多歧，俱未入選，俟另編入附覽中。(《唐詩別裁集》十卷本)

⊙白居易

樂天忠君愛國，遇事托諷，與少陵相同。特以平易近人，變少陵之沉雄渾厚，不襲其貌，而得其神也。集中可采者多，玆取其大有關係者。外間傴解之説，不可為據。(《重訂唐詩別裁集序》卷三，富壽蓀校點本第一〇五頁)

⊙白居易《賀雨》

皇帝嗣寶曆，元和三年冬。自冬及春暮，不雨旱爞爞。上心念下民，懼歲成災凶。遂下罪己詔，殷勤告萬邦。帝曰予一人，繼天承祖宗。憂勤不遑寧，夙夜心忡忡。元年誅劉闢，一舉靖巴邛。二年戮李錡，不戰安江東。顧惟眇眇德，遽有巍巍功。或者天降沴，無乃儆予躬？上思答天戒，下思致時邕。莫如率其身，慈和與儉恭。乃命罷進獻，乃命賑饑窮。宥死降五刑，已責寬三農。宮女出宣徽，廏馬減飛龍。庶政靡不舉，皆出自宸衷。奔騰道路人，傴僂田野翁。歡呼相告報，感泣涕沾胸。順人人心悦，先天天意從。詔下才七日，和氣生沖融。凝為悠悠雲，散作習習風。晝夜三日雨，淒淒復濛濛。萬心春熙熙，百穀青芃芃。人變愁為喜，歲易儉為豐。乃知王者心，憂樂與衆同。皇天與后土，所感無不通。冠佩何鏘鏘，將相及王公。蹈舞呼萬歲，列賀明庭中。小臣誠愚陋，職忝金鑾宮。稽首再三拜，一言獻天聰：君以明為聖，臣以直為忠；敢賀有其始，亦願有其終。

先敘遇災修省，次寫天人感應，而以箴規保治作結，忠愛之意，油然藹然。(《唐詩別裁集》重訂本卷三，富壽蓀校點本第一〇六頁)

⊙白居易《寄唐生》

賈誼哭時事，阮籍哭路岐。唐生今亦哭，異代同其悲。唐生者何人？五十寒且饑。不悲口無食，不悲身無衣。所悲忠與義，悲甚則哭之。太尉擊賊日（原注：段太尉以笏擊朱泚），尚書叱盜時（原注：顔尚書叱李希烈）。大夫死凶寇（原注：陸大夫為亂兵所害），諫議謫蠻夷（原注：陽諫議左遷道州）。每見如此事，聲發涕輒隨。往往聞其風，俗士猶或非。憐君頭半白，其志竟不衰。我亦君之徒，鬱鬱何所為？不能發聲哭，轉作樂府詩。篇篇無空文，句句必盡規。功高虞人箴，痛甚騷人辭。非求宮律高，不務文字奇。（白傳作詩，總是此旨）

惟歌生民病，願得天子知。未得天子知，甘受時人嗤。藥良氣味苦，瑟淡音聲稀。不懼權豪怒，亦任親朋譏。人竟無奈何，呼作狂男兒。每逢群動息，或遇雲霧披。但自高聲歌，庶幾天聽卑。歌哭雖異名，所感則同歸。寄君三十章，與君為哭詞。

歌以代哭，一篇本旨。（《唐詩別裁集》重訂本卷三，富壽蓀校點本第一〇七頁）

⊙白居易《傷宅》

誰家起甲第，朱門大道邊？豐屋中櫛比，高牆外回環。累累六七堂，棟宇相連延。一堂費百萬，鬱鬱起青煙。洞房溫且清，寒暑不能乾。高堂虛且迥，坐臥見南山。繞廊紫藤架，夾砌紅藥欄。攀枝摘櫻桃，帶花移牡丹。主人此中坐，十載為大官。廚有臭敗肉，庫有貫朽錢。誰能將我語，問爾骨肉間：豈無窮賤者，忍不救饑寒？如何奉一身，直欲保千年？不見馬家宅，今作奉誠園。

北平王子暢，暢子繼祖。暢為宦官竇文場所讒，暢懼，進安邑宅，改為奉誠園。此德宗之寡恩，而白傅藉以警驕侈者。（《唐詩別裁集》重訂本卷三，富壽蓀校點本第一〇九頁）

⊙白居易《傷友》

陋巷孤寒士，出門苦恓恓。雖云志氣高，豈免顏色低。平生同門友，通籍在金閨。曩者膠漆契，邇來雲雨睽。正逢下朝歸，軒騎五門西。是時天久陰，三日雨淒淒。蹇驢避路立，肥馬當風嘶。迴頭忘相識，占道上沙堤。昔年洛陽社，貧賤相提攜。今日長安道，對面隔雲泥。近日多如此，非君獨慘悽。死生不變者，唯聞任與黎。（自注：「任公叔黎逢。」）

「是時天久陰」六語，一經點染，便覺不堪。（《唐詩別裁集》重訂本卷三，富壽蓀校點本第一一〇頁）

⊙白居易《合致仕》

七十而致仕，禮法有明文。何乃貪榮者，斯言如不聞。可憐八九十，齒墮雙眸昏。朝露貪名利，夕陽憂子孫。掛冠顧翠緌，懸車惜朱輪。金章腰不勝，傴僂入君門。誰不愛富貴，誰不戀君恩。年高須告老，名遂合退身。少時共嗤誚，晚歲多因循。賢哉漢二疏，彼獨是何人。寂寞東門路，無人繼去塵。

「朝露」二語，耐人尋味，豈淺易人所能。(《唐詩別裁集》重訂本卷三，富壽蓀校點本第一一〇頁)

⊙白居易《買花》

帝城春欲暮，喧喧車馬度。共道牡丹時，相隨買花去。貴賤無常價，酬直看花數。灼灼百朵紅，戔戔五束素。上張幄幕庇，旁織巴籬護。水洒復泥封，移來色如故。家家習為俗，人人迷不悟。有一田舍翁，偶來買花處。低頭獨長歎，此歎無人諭。一叢深色花，十户中人賦。

連上三章（指《輕肥》、《五絃》、《歌舞》)，諷意俱於末二語結出。　樂天《和答微之詩序》云：「每下筆時，輒相顧共患其意太切而理太周。蓋理太周則詞繁，意太切則言激。與足下為文，所長在此，所病亦在此。」玩此數言，白傅已自定其詩，杜牧之譏之，直是隔壁語耳。(《唐詩別裁集》重訂本卷三，富壽蓀校點本第一一二頁)

⊙白居易《感鶴》

鶴有不群者，飛飛在野田。饑不啄腐鼠，渴不飲盜泉。貞姿自耿介，雜鳥何翩翾。同游不同志，如此十餘年。一興嗜欲念，遂爲矰繳牽。委質小池內，爭食群雞前。不惟懷稻粱，兼亦競腥羶。不惟戀主人，兼亦狎烏鳶。物心不可知，天性有時遷。一飽尚如此，況乘大夫軒。

有以峻潔持身而一念之誤遂喪生平者，故作詩諷之。元微之晚節亦蹈此患。(《唐詩別裁集》重訂本卷三，富壽蓀校點本第一一二頁)

⊙白居易《慈烏夜啼》

慈烏失其母，啞啞吐哀音。晝夜不飛去，經年守故林。夜夜夜半啼，聞者為沾襟。聲中如告訴，未盡反哺心。百鳥豈無母，爾獨哀怨深。應是母慈重，使爾悲不任。昔有吴起者，母殁喪不臨。嗟哉斯徒輩，其心不如禽。慈烏復慈烏，鳥中之曾參。

仁孝之人，其言藹然。（《唐詩別裁集》重訂本卷三，富壽蓀校點本第一一三頁）

⊙白居易《和大嘴烏》

烏者種有二，名同性不同。嘴小者慈孝，嘴大者貪庸。嘴大命又長，生來十餘冬。物老顏色變，頭毛白茸茸。飛來庭樹上，初但驚兒童。老巫生奸計，與烏意潛通。云此非凡鳥，遙見起敬恭。千歲乃一出，喜賀主人翁。祥瑞來白日，神聖占知風。陰作北斗使，能為人吉凶。此烏所止家，家產日夜豐。上以致壽考，下可宜田農。主人富家子，身老心童蒙。隨巫拜復祝，婦姑亦相從。殺雞薦其肉，敬若禋六宗。烏喜張大嘴，飛接在虛空。烏既飽膻腥，巫亦饗甘濃。烏巫互相利，不復兩西東。日日營巢窟，稍稍近房櫳。雖生八九子，誰辨其雌雄？群雛又成長，衆嘴騁殘凶。探巢吞燕卵，入蔟啄蠶蟲。豈無乘秋隼？羈絆委高墉。但食烏殘肉，無施搏擊功。亦有能言鸚，翅碧嘴距紅。暫曾說烏罪，囚閉在深籠。青青窗前柳，鬱鬱井上桐。貪烏占棲息，慈烏獨不容。慈烏爾奚為，來往何憧憧？曉去先晨鼓，暮歸後昏鐘。辛苦塵土間，飛啄禾黍叢。得食將哺母（哺母：一作母哺），飢腸不自充。主人憎慈烏，命子削彈弓。弦續會稽竹，丸鑄荊山銅。慈烏求母食，飛下爾庭中。數粒未入口，一丸已中胸。仰天號一聲，似欲訴蒼穹。反哺日未足，非是惜微躬。誰能持此冤，一為問化工？胡然大嘴烏，竟得天年終？

烏之殘惡，巫之奸計，主人之昏愚，三者合而慈烏自不能容身矣。（富壽蓀校點本第一一四頁）

⊙白居易《凶宅》

長安多大宅，列在街西東。往往朱門內，房廊相對空。梟鳴松桂樹，狐藏蘭菊叢。蒼苔黃葉地，日暮多旋風。前主爲將相，得罪竄巴庸。後主爲公卿，寢疾歿其中。連延四五主，殃禍繼相鍾。自從十年來，不利主人翁。風雨壞檐隙，蛇鼠穿牆墉。人凝不敢買，日毀土木功。嗟嗟俗人心，甚矣其愚蒙。旦恐灾將至，不思禍所從。我今題此詩，欲悟迷者胸。凡爲大官人，年祿多高崇。權重持難久，位高勢易窮。驕者物之盈，老者數之終。四者如寇盜，日夜來相攻。假使居吉土，孰能保其躬。因小以明大，借家可喻邦。周秦宅殽函，其宅非不同。一興八百年，一死望夷宫。寄語家與國，人凶非宅凶。

大聲疾呼，可破聾聵。集中惜未議及葬師。（富壽蓀校點本第一一四頁）

⊙白居易《上陽白髮人》（天寶五載已後，楊貴妃專寵，後宫人無復進幸矣。六宫有美色者，輒置别所，上陽是其一也。貞元中尚存焉。）

上陽人，紅顔暗老白髮新。緑衣監使守宫門，一閉上陽多少春。玄宗末歲初選入，入時十六今六十。同時采擇百餘人，零落年深殘此身。憶昔吞悲别親族，扶入車中不教哭。皆云入内便承恩，臉似芙蓉胸似玉。未容君王得見面，已被楊妃遥側目。妒令潛配上陽宫，一生遂向空房宿。秋夜長，夜長無寐天不明。耿耿殘燈背壁影，蕭蕭暗雨打窗聲。春日遲，日遲獨坐天難暮。宫鶯百囀愁厭聞，梁燕雙棲老休妒。鶯歸燕去長悄然，春往秋來不記年。唯向深宫望明月，東西四五百回圓。今日宫中年最老，大家遥賜尚書號。小頭鞋履窄衣裳，青黛點眉眉細長。外人不見見應笑，天寶末年時世妝。上陽人，苦最多。少亦苦，老亦苦。少苦老苦兩如何？君不見昔時吕向美人賦，又不見今日上陽白髮歌！［天寶末，有密采豔色者，當時號花鳥使。吕向獻《美人賦》以諷之。］

祇「唯向深宫望明月，東西四五百回圓」二語，已見宫人之苦，而楊妃之嫉妒專寵，足以致亂矣。女禍之誡，千古昭然。（《唐詩别裁集》十卷本卷八，富壽蓀校點本第二五七頁）

⊙白居易《新豐折臂翁》

新豐老翁八十八，頭鬢眉鬚皆似雪。玄孫扶向店前行，左臂憑肩右臂折。問翁臂折來幾年，兼問致折何因緣。翁云貫屬新豐縣，生逢聖代無征戰。慣聽梨園歌管聲，不識旗槍與弓箭。無何天寶大徵兵，户有三丁點一丁。點得驅將何處去？五月萬里雲南行。聞道雲南有瀘水，椒花落時瘴煙起。大軍徒涉水如湯，未過十人二三死。村南村北哭聲哀，兒别爺娘夫别妻。皆云前後征蠻者，千萬人行無一回。是時翁年二十四，兵部牒中有名字。夜深不敢使人知，偷將大石錘折臂。張弓簸旗俱不堪，從兹始免征雲南。骨碎筋傷非不苦，且圖揀退歸鄉土。此臂折來六十年，一肢雖廢一身全。至今風雨陰寒夜，直到天明痛不眠。痛不眠，終不悔，且喜老身今獨在。不然當時瀘水頭，身死魂飛骨不收。應作雲南望鄉鬼，萬人塚上哭呦呦。老人言，君聽取。君不聞開元宰相宋開府，不賞邊功防黷武？又不聞天寶宰相楊國忠，欲求恩幸立邊功？邊功未立生人怨，請問新豐折臂翁！

窮兵黷武之禍，慨切言之。末以宋璟、楊國忠對言，見開、寶治亂之機，實分於此。（《唐詩別裁集》十卷本卷八，富壽蓀校點本第二五八頁）

⊙白居易《長恨歌》（詩略）

此譏明皇之迷於色而不悟也。以女寵幾於喪國，應知從前之謬戾矣。乃猶令方士遍索，而方士因得以虛無縹緲之詞為對，遂信鈿釵私語為真，而信其果為仙人也。天下有妖豔之婦而成仙人者耶？詩本陳鴻《長恨傳》而作，悠揚旖旎，情至文生，本王、楊、盧、駱而又加變化者矣。時有一妓誇於人曰：我能誦白學士《長恨歌》，豈與他妓等哉！詩之見重於時如此。（《唐詩別裁集》十卷本卷八，富壽蓀校點本第二六二頁）

⊙白居易《琵琶行》（詩略）

寫同病相憐之意，惻惻動人。○諸本「此時無聲勝有聲」，即無聲矣，下二句如何接出？宋本「無聲復有聲」，謂住而又彈也。古本可貴如此。（《唐詩別裁集》重訂本卷八，富壽蓀校點本第二六四頁）

⊙白居易《真娘墓》（墓在虎丘寺）

真娘墓，虎丘道。不識真娘鏡中面，唯見真娘墓頭草。霜摧桃李風折蓮，真娘死時猶少年。脂膚荑手不牢固，世間尤物難留連。難留連，易銷歇，塞北花，江南雪。

不著跡象，高於眾作。夢得云：「香魂雖死人不怕」，真可笑人也。（《唐詩別裁集》重訂本卷八，富壽蓀校點本第二六四頁）

⊙白居易《醉後狂言酬贈蕭、殷二協律》

餘杭邑客多羈貧，其間甚者蕭與殷：天寒身上猶衣葛，日高甑中未拂塵。江城山寺十一月，北風吹沙雪紛紛。賓客不見綈袍惠，黎庶未沾襦袴恩。此時太守自慚愧，重衣複衾有餘溫。因命染人與針女，先制兩裘贈二君。吴綿細軟桂布密，柔如狐腋白似雲。勞將詩書投贈我，如此小惠何足論。我有大裘君未見，寬廣和暖如陽春。此裘非繒亦非纊，裁以法度絮以仁。刀尺鈍拙製未畢，出亦不獨裹一身。若令在郡得五考，與君展覆杭州人。

欲遍覆杭人，實有所難，然居官者不可不存此心也。與老杜之「廣廈萬間」，同一志向。(《唐詩別裁集》重訂本卷八，富壽蓀校點本第二六五頁)

⊙元稹

白樂天同對策，同倡和，詩稱「元白體」，其實元不逮白。白修直中皆雅音，元意拙語纖，又流於澀。東坡品為「元輕白俗」，非定論也。(《唐詩別裁集》十卷本卷八，富壽蓀校點本第二六六頁)

智按：中華書局本「修直」作「絛直」。

⊙元稹《連昌宮詞》

諸家選本與《長恨歌》、《琵琶行》並存，所謂「元白體」也。(《唐詩別裁集》十卷本卷八，富壽蓀校點本第二六七頁；中華書局本，第一二一頁)

⊙劉禹錫

中唐七律，夢得可繼隨州，後人與樂天並稱，因劉、白有唱和詩耳，神彩骨干，惡可同日語?(《唐詩別裁集》十卷本卷八、《唐詩宗》卷十二)

大曆後詩，夢得高於文房。與白傅唱和，故稱劉、白。實劉以風格勝，白以近情勝，各自成家，不相肖也。(《唐詩別裁集》重訂本卷十五劉禹錫七言律詩評語，富壽蓀校點本第四九〇頁)

⊙白居易《聞楊十二新拜省郎遙以詩賀》

文昌新入有光輝，紫界宮牆白粉闈。曉日雞人傳漏箭，春風侍女護朝衣。雪飄歌句高難和，鶴拂煙霄老慣飛。官職聲名俱入手，近來詩客似君稀。

前有「折君官職是聲名」句，故用末二句以解之。(《唐詩別裁集》卷十五，富壽蓀校點本第四九四頁)

⊙白居易《九年十一月二十一日感事而作》(其日獨游香山寺)

禍福茫茫不可期，大都早退似先知。當君白首同歸日，是我青山獨往時。顧索素琴應不暇，憶牽黃犬定難追。麒麟作脯龍為醢，何似泥中曳尾龜?

《東坡志林》云：「樂天為王涯所讒，謫江州司馬。甘露之禍，樂天在洛，適游香山寺，有『白首同歸』二句，不知者以為幸之也。樂天豈幸人之禍者哉？蓋悲之也。」　汪立名曰：「太和九年甘露事，李訓、鄭注、舒元輿、王涯、賈餗皆被害，味詩中『同歸』句，本就事而言，不專指王涯也。公自蘇州召還，秩位漸崇，見機引退，宦官之禍，早計及者，何致追憾王涯？況公之遷謫，本由宦官惡之，附宦官者成之，豈反以中人誅夷士大夫為快！幸禍之說，蓋出章惇，蓋以小人心度君子腹耳。」（《唐詩別裁集》重訂本卷十五，富壽蓀校點本第四九九頁）

⊙駱賓王《宿溫城望軍營》

長律以此種為正，少陵力量大，故能推擴，至元、白動成百韻，潦倒極矣。（《唐詩別裁集》重訂本卷十七）

⊙杜甫《投贈哥舒開府翰二十韻》

長律以少陵為至，元、白動成百韻，頹然自放矣。（《唐詩別裁集》卷十七，富壽蓀校點本第五六七頁）

智按：沈德潛在早年所選《唐詩宗》十七卷本（中國國家圖書館藏抄本）中，僅入選白居易《邯鄲至夜思親》一首七絕，詩選凡例談及原因：「後如張、王之恬縟，元、白之近情，長吉之荒誕詭奇，飛卿之穠纖秀麗，皆一時傑作，恐途徑多歧，俱未入選，此中微意可參《唐詩宗》。」可見沈德潛是特意不選白居易。在《唐詩別裁集》十卷本中，所選白居易作品增加了三首，都是七絕，分別為《魏王堤》、《竹枝詞》和《楊柳枝》。重訂本《唐詩別裁集》卻入選六十一首，名次提高到第五位（重訂本選詩共一九三六首，數量較十卷本增加了三百多首）。五古、七古部分所選多為諷諭詩和長篇敘事詩，五律、七律和五言長律部分入選了一些閒適詩和「元和體」作品，兼顧到白居易各類作品。所選六十一首白詩中，後有評語者約三十首，這些評語絕大部分抄録或改寫自《御選唐宋詩醇》。

《清詩別裁集》

錢謙益，字受之，江南常熟人。萬曆庚戌（智按：三十八年，公元一六一〇年），賜進士第三人。國朝官至禮部尚書。著《初學》、《有學》二集。○尚書天資過人，學殖鴻博。論詩稱揚樂天、東坡、放翁諸公。而明代如李、何、王、李，概揮斥之；餘如二袁、鍾、譚，在不足比數之列。一時帖耳推服，百年以後，流風餘韻，猶足讐人也。生平著述，大約輕經籍而重内典，棄正史而取稗官，金銀銅鐵，不妨合為一爐。至六十以後，頽然自放矣。向尊之者，幾謂上掩古人；而近日薄之者，又謂澌滅唐風，貶之太甚，均非公論。兹録其推激氣節，感慨興亡，多有關風教者，餘靡曼噍殺之音略焉。見《初學》、《有學》二集中，有焯然可傳者也。至前為黨魁，後逃禪悦，讀其詩者，應共悲之。（《清詩別裁集》卷一錢謙益小傳，《四庫禁毁書叢刊》，集部第一五八册，第一三五頁）

吳偉業字駿公，江南太倉人。崇禎辛未賜進士第二人。國朝官祭酒。著有《梅村集》。〇梅村七言古，專仿元、白，世傳誦之。然時有嫩句、累句。五七言近體，聲華格律不減唐人，一時無與為儷，故特表而出之。（《清詩別裁集》卷一吳偉業小傳，《四庫禁毁書叢刊》，集部第一五八册，第一四一頁；中華書局一九七五年影印本，第一三頁）

智按：參見李學穎集評標校《吳梅村全集》下册，第一五〇六頁。又，靳榮藩《吳詩集覽》引「舊説」：「梅村七言古專仿元白，世傳誦之。然時有嫩句累句，五七言近體聲華格律不減唐人，一時無與為儷，故特表而出之。」《續修四庫全書》第一三九六册，第四五〇頁上，影印上海辭書出版社藏清乾隆四十年淩雲亭刻本。

詳敘田貴妃始末。凡貴妃之明慧，思陵之恭儉，周後之賢淑，袁貴妃之失歡，以及田氏前此之承恩，後此之夭折，一一可被管弦，幾欲參長慶之席矣。唯「長者讀書少者弟」句，未免稚氣，而以伏後比擬周後，殊覺不於其倫。（《清詩別裁集》卷一吳偉業《永和宮詞》批語，《四庫禁毁書叢刊》，集部第一五八册，第一四三頁）

蔣平階《禹陵》：「撬輦逢堯祀，垂裳拜舜年。剖圭開日月，瘞玉鎮山川。南幸游方豫，東巡駕不還。衣冠辭岳牧，劍舄步神仙。寢廟春常閉，宮車夜自懸。千秋明德遠，萬眾寸心虔。海闊滄江外，星臨斗柄前。金莖留曉露，碧殿鎖青煙。魍魎猶留鼎，蛟龍想負船。秦碑荒草合，漢畤白雲連。蒼水書難得，玄狐籙可傳。按圖通百粵，淚盡九疑天。」

鋪敘有倫，不蔓不竭，此長律體也。陳、杜、沈、宋，素稱擅長，元、白滔滔百韻，才有餘而律不嚴矣。作者隊仗自然，淺深合度，猶可望見初唐。(《清詩別裁集》卷七蔣平階《禹陵》批語，《四庫禁毀書叢刊》，集部第一五八册，第二四八頁)

沈欽圻《生祠》：「虎丘七里塘，生祠何累累。榱棟高入雲，丹雘紛陸離。連牆與接牖，屹然豎豐碑。下承以贔屭，上蟠以龍螭。華文表德行，大論抒猷為。某公居官日，曲折行其私。析利如秋秧，忘卻民膏脂。文中頌清節，飲水邁伯夷。某公居官日，斷獄無矜疑。五刑任喜怒，罔恤童與耆。文中頌仁愛，皋陶為士師。周覽諛悅文，一例慚恧辭。舊有遺愛人，行政介且慈。行如打包僧，蕭然去官時。士民走相送，各各涕漣洏。誰為建祠宇，惟留後人思。好官無生祠，墨吏有生祠。好官與墨吏，行人知不知?」(又見《晚晴簃詩匯》卷五十二)

傾吐出之，如白傅《秦中吟》，辭氣風骨，無一不肖。(《清詩別裁集》卷七沈欽圻《生祠》批語，《四庫禁毀書叢刊》，集部第一五八册，第二五三～二五四頁)

尤侗，字展成，江南長洲人。康熙己未召試博學鴻辭，官翰林院檢討。家居後，加侍講。著有《西堂詩集》。〇先生所著《西堂雜俎》傳入禁中，章皇帝稱為真才子。後入翰林時，聖祖稱為老名士。位雖不尊，天下羡其榮遇，比於李青蓮云。〇西堂少歲時，專尚才情，詩近溫、李。歸田以後，仿白樂天，流於太易，雖街談巷議入韻語中，遠近或以游戲視之，比於王鳳洲之評唐伯虎。不知四十至六十時詩，開闔動盪，軒昂頓挫，實從盛唐諸公中出也。《詠明史樂府》一卷，尤為神來之作。今選中所收，皆錚錚有聲者，使藝苑人見之，共識西堂面目。(《清詩別裁集》卷十一尤侗小傳，《四庫禁毀書叢刊》，集部第一五八册，第三二四頁)

尤侗《民謠》：「急丈田，長洲縣。田幾何，百餘萬。奉部文，一年限。朝廷丈田除浮糧，浮糧若除須補亡。下跨河水上山岡，菜畦菱蕩都抵當。插旗四角周中央，男奔女走群慞惶。上官督縣令，縣令責里正，里正不識弓尺寸，轉雇狙獪代持籌，長短方圓一手定。一手定，一手更。私田縮，官田盈。移重挪輕無不有，田主瞠眼不敢爭。縣家覆丈豈能遍，但取溢額可考成。急丈田，限一年。官經票，吏索錢。官田未見增什一，民錢已聞費萬千。君不見一縣圖書七百四十一，日造黄册堆積高於山。」

用常言俚語入詩，轉近《古樂府》，胸次具有造化爐也。此種筆墨，又在元、白、張、王之外。（《清詩别裁集》卷十一尤侗《民謡》批語，《四庫禁毀書叢刊》，集部第一五八册，第三二六頁）

陳維崧《送張若水出關》（自注：若水，稚恭先生子也。）：「祖母秦州父錦州，盧家少婦又邗溝。百年骨肉拋三地，萬死悲哀並九秋。欲贈愧無銀絡索，將離怕聽鈿箜篌。漢庭早晚流人赦，望爾歸鞭度隴頭。」

白傅一家三處，乃處常之時，此當罹罪出關，劇可悲也。一起直下四語，千鈞筆力。（《清詩别裁集》卷十一毛奇齡《送張若水出關》批語，《四庫禁毀書叢刊》，集部第一五八册，第三三二頁）

蔣廷錫《豆荒》：「西北多高田，種花亦種豆。夏至二十日，播植唯其候。刈草復治穢，深耕還淺耨。疏根欲其幹，糞土欲其厚。望莢成二七，不先亦不後。（《吕覽》：「得時之豆，其英二七為族。」智按：《吕氏春秋》卷二十六「審時」：「得時之菽，長莖而短足，其莢二七以為族。」）誰知入五月，雨下大且驟。豆苗未盈寸，披靡倒若蹂。水浸及濕蒸，空敗不可救。綿連勢更甚，長草如長寇。庳水倏復盈，築岸旋已仆。浩歌《南山詩》，酌酒聊自酎。」

出白傅手，不過如此。意取其真，辭取其達。（《清詩别裁集》卷十九蔣廷錫《豆荒》批語，《四庫禁毀書叢刊》，集部第一五八册，第四七四頁）

蔣廷錫《柴荒》：「庭中多草萊，階下多松竹。朝取炊晨餐，夜拾煮夜粥。松竹易以盡，草萊生不足。朝持百錢去。暮還易一束。濕重不可燒，漉米不能熟。八口望曲突，嗷嗷歎枵腹。前月山中行，山木猶簇簇。今從山下過，遙望山尖秃。農民無以爨，焚卻水車軸。田事更無望，拆屋入城鬻，鬻之富貴家，可以爛魚肉。」

尤神似《秦中吟》，為諸生時，留心艱苦如此，他日相業，宜出諸大臣上。（《清詩别裁集》卷十九蔣廷錫《柴荒》批語，《四庫禁毀書叢刊》，集部第一五八册，第四七四頁）

楊賓《换車行》：「冰凍馬蹄行不止，歷盡千山復千水。邊門未出已難堪，况出邊門二千里。瀋陽城外换柴車，柴車换得無人使。坡陀木石相枝撑，谷口泥淖多呀坑。日日轅摧與轂折，翻雲覆雨如人情。人情翻覆烏可識，出門步步行荊棘。涕淚沾巾向北風，但見庭闈死亦得。」

直白語，從少陵出，不從白傅出。(《清詩別裁集》卷二十楊賓《換車行》批語，《四庫禁毁書叢刊》，集部第一五八册，第四九一頁)

張大受《呈竹垞先生四十韻》:「日月懸鴻筆，江湖伴釣翁。斯文如一發，此老不三公。世溯韋賢相，生稱江夏童。異書都默識，疑義若披朦。瑚璉珍初待，金刀數正終。蘭成終竄谷，王粲早飄蓬。寄興滄溟外，悲歌燕趙中。揮箋回雪白，拍板落花紅。劍拔看天小，觴浮覺海空。但隨遊野豕，未卜漸逵鴻。當代旁求說，盈朝並薦雄。對揚欽學邃，拔擢荷恩隆。太白官供奉，龍門史折衷。掄才弘鐵網，校藝試青銅。書卷裝歸橐，神仙近法宫。騎將天廄駿，捧出御書虹。自此期調鼎，無端怨失弓。歸來操翰墨，吟笑脱樊籠。軀舫波還泛，書亭日久烘。聖經羅象緯，物理析魚蟲。注地酈元似，論詩蕭統同。采飛神每助，斤運帝無功。鳳小能翔漢，蘭摧莫叫穹。暮年餘痛哭，篤志益明聰。鹿引晨穿屐，龍聽夕倚篷。門生輿請昇，朝士刺求通。斯畫珊瑚缺，邕文金帛充。共知占蔚豹，仍望載非熊。小子勞鑽仰，先生發覆蒙。逢人憐抱璞，知己撫炊桐。再謁鴛湖曲，高淡桂樹叢。森森開武庫，藹藹挹春風。世路誰輕薄，耆儒只困窮。養心欣事簡，糊口幸年豐。角里芝徒采，春卿爵可崇。人情留樸拙，天氣值和融。三歲依門下，千秋歎道東。經營慚小技，雕斫冀良工。廣樂陳鞀鼓，凡民警聵聾。升堂私有願，陶冶及纖洪。」

先敘門第，次敘學術，次敘榮遇，次敘被讒放歸，次敘膝前夭折，次敘成就後學，而以己之就正有道終焉。隊仗工整，琢句清新，視杜陵較薄，元、白較厚，長律中推高格矣。(《清詩別裁集》卷二十二張大受《呈竹垞先生四十韻》批語，《四庫禁毁書叢刊》，集部第一五八册，第五二〇～五二一頁)

王時憲字若千，江南太倉人。康熙己丑進士。官翰林院庶吉士。著有《性影集》。○蕭山毛氏詩序極誇其擬《十九首》、擬陶、擬杜、擬元、白、蘇、陸等作，然摹其體而未傳其真也。愚所取者，轉在自出新意之篇。(《清詩別裁集》卷二十二王時憲小傳，《四庫禁毁書叢刊》，集部第一五八册，第五三〇頁)

舒瞻，字雲亭，遼陽人。乾隆己未進士，歷任浙江知縣。○雲亭親交衛、霍，在京師屏居委巷，如寒素然，既出仕，而浙東西頌其廉明，傳其風雅，古所云文學飾吏治者也。詩品在元、白之間，近情處迴不易及。(《清詩別裁集》卷二九舒瞻小傳，《四庫禁毀書叢刊》，集部第一五八册，第六六〇頁)

黄子雲，字士龍，江南崑山人。布衣。著有《野鴻詩稿》。〇野鴻天賦俊才，少歲詩無一語平庸，無一字輕浮，真堪壓倒元、白。中年後成《詩的》上下卷，龍村、太白、昌黎、東坡概為揮斥，以下更不足言，而已詩頽放，前後如出二手矣。茲所録者，皆舊稿中作，予珍重之，又復惋惜之。(《清詩別裁集》卷三十黄子雲小傳，《四庫禁毀書叢刊》，集部第一五八册，第六八五頁)

張令儀《不寐》:「天將降陰雨，病骨必先痛。轉輾不能寐，常至霜鐘動。老覺近年增，愁自三生種。萬慮積此時，疾苦非所重。逝者日以久，憂來誰與共。一歲又將除，五窮復難送。翻羡長眠人，不醒鈞天夢。」

此稱未亡後詩，得白太傅神理。(《清詩別裁集》卷三十一張令儀《不寐》批語，《四庫禁毀書叢刊》，集部第一五八册，第七〇五頁)

《慈烏歎》

慈烏復慈烏，慈烏撫雛聲嗚嗚。朝為雛呼，暮為雛呼。一巢育三雛，慈烏棄雛先自殂。一雛雖長惸然孤，未能返哺聲淚枯！(《沈歸愚全集·竹嘯軒詩鈔》卷一)

智按：此沈德潛處女作，仿白居易「慈烏失其母」一詩，抒發對其母褚氏和祖母蔣氏接連病逝之悲痛。

《呈陳體齋師》

我師如松柏，秉性獨且正。温温就子舍，辭氣悉退屏。偘偘立中朝，議論矢恭敬。邪正審用人，治忽關立政。責難兼格心，敢恃意氣盛。諫草不復留，欲彰我后聖。生平喜詠詩，風旨別雅鄭。仿佛《秦中吟》，傳寫民利病。何當達九重，遠照代金鏡。(《沈歸愚全集·歸愚詩鈔》卷七)

《刈麥行》

前年麥田三尺水，去年麥田半枯死。今年二麥俱有秋，高下黄雲遍千里。

磨鐮霍霍割上場，婦子打曬田家忙。紛紛落磑白於雪，瓦甑時聞餅餌香。老農食罷吞聲哭：「三年乍見今年熟！」（《沈歸愚全集·歸愚詩鈔》卷八；《沈歸愚詩文全集·竹嘯軒詩鈔》卷六）

智按：詩中「前年」，指康熙四十七年（一七〇八），吳中地區澇災，德潛作《愁霖歎》（《歸愚詩鈔》卷八）；「去年」，指康熙四十八年（一七〇九），吳中地區又旱災，德潛作《夏日述感七首》（見《歸愚詩鈔》卷一二）之一：「旱澇頻仍後，三吳風景殊……瘠土農皆散，平田麥已蕪。」之三：「癘疫連三月，災荒歷二年。空村多鬼語，茅屋少炊煙。」康熙四十九年（一七一〇），經過連年災荒，終於迎來豐收，德潛喜而作此詩。詩中描寫收割場面，抒發喜悅心情。詩末老農吞聲而哭，傳神表現老農在連年災荒後豐收年中激動而又略帶感傷之心情。此詩在意蘊與思想內容上直承白居易《觀刈麥》。

《哀愚民效白太傅體》

吾吳禮讓俗，胡然逞兇虓。無食訴長官，面縛乞平糶。長官怒赫然，敲扑如賊盜。愚民忘分義，烏鴉亂叫譟。千百為一群，厥勢同聚嘯。大吏捕曹惡，草疏上陳告。若輩當誅夷，訊疾不待教。至今蚩蚩（蚩蚩）魂，昏寐永無覺。追泝無食由，此事足悲悼。吳民百萬家，待食在商棹。轉粟楚蜀間，屯積偏涯隩。商利權奇贏，民利實釜竈。彼此兩相須，歉歲補凋耗。不知何人斯，建議與眾拗。常平博虛名，商屯竟一掃。譬如水無源，立涸看流潦。三吳既紛爭，兩浙亦召鬧。腹枵輕國法，燕雀化鷹鷂。誰非斯人徒，而忍刈蓬藋。方今籌東南，民食此最要。安民在通商，利倍商遠到。粟多價自平，賑荒有成效。今皇見萬里，威惠及夷獠。聽言如轉圜，因勢利以導。起敝重救急，飲食先學校。霜雪回春溫，下土陰雨膏。請看無知民，回心慕忠孝。（《沈歸愚全集·歸愚詩鈔》卷十四）

《白隄春興》

破楚門西更向西，畫船雙槳白公隄。人家臨水花為市，僧舍沿山石作梯。弱柳似隨歌扇拂，好鶯偏傍舞筵啼。討春年少情難盡，不許亭亭日色低。（《沈歸愚全集·竹嘯軒詩鈔》卷二；《晚晴簃詩匯》卷七十六）

《春日白公隄雜興》（二首）

闔閭墳頭草如煙，貞娘墓上花芊綿。英雄兒女一抔土，何處春光不可憐。

芳草長堤滿緑雲，棗花簾卷日初曛。誰人唱出吳娘曲，暮雨瀟瀟不忍聞。（《沈歸愚全集·竹嘯軒詩鈔》卷八）

《書白司馬〈琵琶引〉後》

江州司馬遭遷謫，聽罷琵琶淚欲枯。爾日蒼生未寧靖，儲將痛哭比唐衢。（《歸愚詩鈔·餘集》卷七，清乾隆刻本）

《久旱倣白傅體》

伏陰不能興，剛燥緣亢陽。六月逓七月，雷電無聲光。上田龜字坼，下田秧漸黃。港汊水斷絕，戽救空奔忙。祈雨師江都，城門闔南方。江都術不效，建議將暴尫。咸指魃為雪，此鬼殊披猖。目在頂之上，身材三尺强。僵屍久而化，厥性同貪狼。橫行疾於風，千尺能飛搶。所指雲翳散，豐隆亦收藏。同類多獖魖，相助疑蜩螗。道流並進言，且任田疇荒。不則降祲疫，有生遍罹殃。我心大不然，萬類母張皇。昊天本仁愛，肯使民胥戕。九重更同天，宵旰懷如傷。德盛沴自消，妖魃旋逋亡。翹望甘雨降，猶及供神倉。亢旱雖有憂，終許歌時康。（《歸愚詩鈔·餘集》卷十，清乾隆刻本）

《潦後舟行紀所見作倣白傅》

放舟往嘉禾，遥指二百程。茫茫一水白，竟日田中行。禾苗沈波底，茭葉浮青青。農夫議築岸，内外鏡面平。盡力挽淤泥，堆垜聊支撑。狂風挾雨来，圍岸仍奔傾。田家無奈何，遠近聞哭聲。爾且停哭聲，九重重覃生。大吏倘入告，亟欲蘇疲氓。會看黃紙下，仁育同孩嬰。（《歸愚詩鈔·餘集》卷十，清乾隆刻本）

《恭和御製〈姑蘇覽古雜興〉元韻》（其四）

屈指蘇州守，韋郎白樂天。姓名今古重，不獨爲詩篇。簡淡治能久，風流政可傳。後來五馬客，若箇替前賢。（《矢音集》卷三，《沈德潛詩文集》第一〇〇九頁）

《塔影園記》

探名山之勝者，必梯崎嶔，緪幽深，嗜奇者快焉；而或病其勞，且不能經久。而結構林園休憩者，平池小丘，魚鳥翔遊；一切巉岩秀削之狀，又不能遊目而即得。惟因名山為名園，斯兩者兼之。摩詰輞川莊因乎藍田，白太傅草堂因乎廬山，其最著也。賦琴主人為園於虎丘東南隅，山之明麗秀錯，園皆得而因之。名曰塔影，山巔浮屠，隱見林隙，故名。（《歸愚文鈔》卷九，乾隆刻本）

《先祖行述》

（先祖欽圻）生平詩不一格，初喜橅劉隨州（劉長卿）；中年感時傷亂，師杜少陵（杜甫）；後出入於樂天（白居易）、劍南（陸游）。陸太僕起頑云：「鍾、譚狂藥，毒遍天下。不能毒沈君，大是豪傑之士。」（《沈歸愚全集·歸愚文續》卷十二）

《答某太史書》

務觀詩，七言律病在太熟太多，每至蹊徑複沓，又先麗句後足成之，未免有有句無章之誚。然使事穩切，對仗工整，非經史爛熟，胸有爐冶者，不能於白傅之外，並稱大家。又七言古詩沉雄激狀，恢復中原之志，時流露於筆墨之間，位雖卑微，得杜少陵一體。（《沈歸愚全集·歸愚文集》卷十五）

《一瓢齋詩存序》

生白游橫山葉先生之門，自少已工于詩，既長托于醫，得食以養其二人。其詩綺麗者本飛卿，鐫鑱荒幻者本昌谷，平易者本樂天、東坡，而最上者則又闖入盛唐壼奧。是生白之生平，難一一端概者；生白之詩，亦難以一體盡之。（薛雪《一瓢齋詩存》，清乾隆掃葉村莊刻本卷首；《晚晴簃詩匯》卷七十三引）

智按：沈德潛，字確士，號歸愚，長洲（今江蘇蘇州）人。早年科場困頓，以設館授徒爲生。乾隆元年（一七三六），以薦應博學鴻詞，報罷。乾隆三年，第十七次參加鄉試，始中舉人，時已六十六歲。次年成進士，選庶吉士，以詩受到乾隆信重，御製詩迭奉敕和，累遷內閣學士，官至禮部侍郎。乾隆十四年（一七四九），以年老歸里，加贈禮部尚書及太子太傅銜。歸里後掌教紫陽書院，乾隆還曾令其校改詩稿。德潛少學詩於葉燮，論詩以唐爲宗，強調「溫柔敦厚」，在乾隆一朝影響極大，形成「格調詩派」。有《歸愚詩鈔》二十卷、《歸愚文鈔》二十卷、《説詩晬語》二卷。《清史稿》卷三〇五有傳。

張璨（一六七三～一七八五）

《登琵琶亭次韻》

廿載霜毛十倍加，登樓猶幸眼無花。長江風送蛟龍雨，短劍心雄牛斗槎。快覩篇章追白傅，頗聞膏澤徧千家。無端欲下青衫淚，巴曲難諧却手琶。

曾傳勝蹟庾公樓，晉代衣冠事久幽。滾滾江流飛退鷁，飄飄身計逐輕鷗。何人不惜登臨費，即景眞成汗漫遊。尚憶江州白太傅，一時送客遂千秋。（《輯刻琵琶亭詩》，清乾隆十一年古柏堂刊本）

智按：次唐英乾隆八年（一七四三）癸亥《春遊琵琶新亭唱和草》之原韻。

張璨，字豈石，號湘門。湘潭（今屬湖南）人。康熙四十七年（一七〇八）戊子舉人，官大理寺少卿。查爲仁曰：工書法，能懸腕作小楷。雍正二年（一七二四）任河間府知府。

徐永宣（一六七四～一七三五）

《舟行即事用香山韻》

秋深酷愛水雲空，興到五湖東複東。船泊荻花全白處，酒沽楓葉半紅中。貴人翁仲埋荒草，浮世賓鴻逐斷蓬。何似素心晨夕共，詩簽茗碗得相同。（《清詩別裁集》卷十九）

智按：徐永宣，字學人，號辛齋、茶坪。武進（今屬江蘇）人。康熙三十九年（一七〇〇）進士，而後歸鄉里讀書。幾年後，授爲主事。有《茶坪詩鈔》。

揆敘（一六七五～一七一七）

《賜鮮荔枝》

側生全樹貢來新，異數分甘及小臣。漿滿玉壺香不改，露凝金掌味逾珍。曲江賦好安能繼，白傅圖傳恐未真。爲問東坡三百顆，何如頒賜出楓宸。（《益戒堂詩集》詩集卷三，《四庫未收書輯刊》影印清雍正刻本）

《初冬園居偶題二首》

陪輦初從絶域還，故園小憩豁愁顔。久憎塵土思臨水，飽歷巉巖尚愛山。枯樹參差殘照裏，遙村隱映亂雲間。地偏寂寞無人到，兩板衡門不用關。

每因珮馬下朝還，便借詩編暫解顔。但要自娱如栗里，何煩索解學香山。池冰乍結濃霜後，岸草全埋積雪間。況有千峰寒轉翠，朝朝屏障對荊關。（《益戒堂詩集》詩集卷六，《四庫未收書輯刊》影印清雍正刻本）

《謝餉鮮荔枝》

開籠尚趂驕陽候，出塞何煩下水船（白樂天《寄荔枝與楊使君》詩：寄去須憑下水船）。石貝無憂香未減，金微分餉色逾鮮。按圖欲驗君謨譜（蔡君謨有《荔枝譜》），謬賞還嗤白傅篇（白太傅有《蜀中荔枝詩》，君謨以夔梓所産，僅比閩之下品，謂公未見眞荔枝）。萬里南遊誇得計（蘇東坡荔枝詩：南來萬里眞良圖），嘗新争似向水天。（《益戒堂詩集》詩集卷七，《四庫未收書輯刊》影印清雍正刻本）

《松坪爲余删定益戒堂詩集賦謝》

錦囊斑管鎭隨身，八卷詩成亦自珍。年長未能捐嗜好，歲除何用補精神（唐賈島嘗以歲除取一年所得詩祭以酒脯，曰：勞吾精神，以是補之）。沈侯嗟賞常逾分，白傅矜誇敢失眞（樂天詩：莫怪氣粗言語大，新排十五卷詩成）。從此偷閒還結課，更煩君爲指迷津。（《益戒堂詩集》詩集卷八，《四庫未收書輯刊》影印清雍正刻本）

《自題涉江集後二首》

吴越風光看未窮，往還三月一船中。揮毫詎得江山助，慚愧周南太史公

（余己卯南來，他山先生贈余詩云：自從南涉江淮後，司馬文章世不如）。

累句難登主客圖，僅成西抹與東塗。自矜漫學香山老（白樂天詩：莫怪氣麄言語大，新排十五卷詩成），得免人間覆醬無。（《益戒堂詩集》詩後集卷四，《四庫未收書輯刊》影印清雍正刻本）

《次和他山師元旦試筆戲效香山體》

老去詩翁巧思新，文星夜夜燭比鄰。一年給札纔休沐，四始揮毫便入神。花下琴樽曾卜晝，雪邊旛勝記迎春。也應同茸囊中課，公是庚寅我甲寅。（《益戒堂詩集》詩後集卷五，《四庫未收書輯刊》影印清雍正刻本）

《歲暮歸自塞外偶成》

一月征驂踏塞沙，歸期愁負瓦盆花。幸無美疢寧須伴（東坡《除夜》詩：「惟有病相尋，空齋為老伴。」），猶及殘冬已到家。量小衹堪謀白醉，髪稀何用祝蒼華（蒼華，髪神名，見《白香山集》）。龍鐘較比眉山叟（東坡詩：「龍鐘三十九，勞生已強半。」），可奈陽烏影易斜（香山詩：「行年三十九，歲暮日斜時。」）。（《益戒堂詩集》詩後集卷六，《四庫未收書輯刊》影印清雍正刻本）

《西厓給諫重建香山寺來徵拙詩追次白太傅二十二韻用紀勝緣》

洛川嘉賞地，伊闕最高頭。精舍多年毀，仁祠併日修。隨山開月殿，倚壑架雲樓。（《辨正論》：雲樓暫起，影麗朝川）緬想緇衣住，曾邀白傅留。層軒臨石壁，飛閣比環洲。花照離塵服（《真諦雜記》云：袈裟，或名離塵服），風生無熱丘（釋迦方誌：無熱丘，即昆崙山）。招邀尋寶樹，沐浴向金流。（《無量壽佛經》：示有塵垢，沭浴金流）屢斷盈樽酒，專持滿鉢油。（《瑜伽師地論》：譬如衆會中有智丈夫，告一人曰，汝持是滿鉢油大衆中，過所有歌舞倡伎，悉當避之，鉢油一滴墮地，即斷汝命，專心持戒，當知亦爾）徘徊窮眺覧，俯仰得清幽。當暑寧揮扇，逢春或泛舟。壯觀煙易散，往蹟霧全收。零落亡鐘梵，荒凉起櫂謳。亭臺從圮剝，經卷失詮由。（《宗鏡録》：如三畫豎一畫，則詮王，右畫詮丑，左畫詮田，上出詮由，如是廻轉，詮不可盡）客過憐空釜，僧寒擁敝裯。幸當佛出世，喜覯法豐秋。（《本行經佛》曰：出於世服，曜法豐秋）望重持文柄，探奇酌茗甌。口吟華采發，目擊性情投。香火緣非淺，房廊葺未休。猴池增舊制，鹿苑豁新愁。禪誦知鵝聽，拘牽釋鳥囚。胸懷濠濮興，身擬淨居遊。有約終相訪，還披褐賴裘。（《翻譯名義集》：褐賴縭，織野獸毛爲之……故以見珍而充服用）（《益戒堂詩集》詩後集卷八，《四庫未收書輯刊》影印清雍正刻本）

《隙光亭雜識》

白樂天和元微之晨霞詩：「慈氏發真念，念此閻浮人。左命大迦葉，右召桓提因。」按，《翻譯名義集》釋提桓因，此云能天主，乃三十三天之主，所謂帝釋也。《雜阿含經》云：「佛言帝釋本爲人時，行於頓施，堪能作主，故名釋提桓因。」則白詩「桓提」應作「提桓」爲是。梁簡文《謝上爲開講啟》云：「提桓所聽，而今得聞。」可證白詩之誤。（《隙光亭雜識》卷一，清康熙謙牧堂刻本）

白樂天詩「兩衙但不闕，一醉亦何妨」，陸魯望詩「但和大小包」，「但」下俱自注平聲，亦少有知者。又，陸務觀《老學庵筆記》：「姓但者，音若檀，近歲有嶺南監司曰但中庸者是也。」（《隙光亭雜識》卷一，清康熙謙牧堂刻本）

白樂天《雜興》詩「四月芰荷發，越王日遊嬉。左右好風來，香動芙蓉蕊。」嬉字叶上聲，他詩未見。（《隙光亭雜識》卷一，清康熙謙牧堂刻本）

樂天《東林寺白蓮》詩「洩香銀囊破」，《効陶詩》「團團新晴月，林外生白輪」，銀囊、白輪，字甚新。（《隙光亭雜識》卷一，清康熙謙牧堂刻本）

《楞嚴經》：「必汝執言，身眼兩覺，應有二知，卽汝一身，應成兩佛。」坡詩：「淵明形神自我，樂天身心相物。而今月下三人，他日當成幾佛。」

《莊子》：「野馬也，塵埃也。」唐人以爲一物，如吳融云：「動梁間之野馬。」韓偓云：「窗裏日光飛野馬」是也。沈存中《筆談》辯以爲非謂野馬，乃田野間浮氣遠望之，如羣羊，又如水波。佛書云：「熱時野馬陽焰。」即此物也。余觀白香山《讀禪經》詩「陽焰如何更覓魚」，正取水波之義耳。

白香山《送宗實上人遊江南》詩「每過渡頭應問法，無妨菩薩是船師」，出《華嚴經》，善財童子五十三叅，其二十二叅，婆施羅船師爲說《大悲幢行》云：如諸菩薩，善能遊涉，生死大海，乃至能以神通度衆生海是也。婆

施羅者，華言自在。(《隙光亭雜識》卷四，清康熙謙牧堂刻本)

吳下短齋期滿食腥，謂之開葷，梁武帝謂之解素，見《淨業賦序》。白詩則云「開素」，如「開素盤筵後日開」，又「月終齋滿誰開素」是也，月終謂正、五、九月，唐人每以此三月持齋也。《老學庵筆記》云：唐高祖武德二年正月，詔自今每年正月、五月、九月十直日，所在公私宜斷屠殺，此三長月斷屠殺之始。士大夫如白居易輩，有遇此三齋月，謝客專延緇流作佛事者。(《隙光亭雜識》卷四，清康熙謙牧堂刻本)

白詩有一句中具三事或三物者，如云「遊山弄水擕詩卷，看月尋花把酒盃」，又「輕屐單衣薄紗帽，淺池平岸庳藤床」，又「魚鮮飯細酒香濃」，又「同年同病同心事」，又「野桃山杏水林擒」，又「棗赤梨紅稻穗黄」，又「短靴低帽白蕉衫」，又「冰池霜竹雪髯翁」之類，他集亦間有之，而此公爲多。(《隙光亭雜識》卷四，清康熙謙牧堂刻本)

智按：揆敘，字凱功，號惟實居士，滿洲旗人。廕生，由佐領官至左都御史。謚文端。有《益戒堂詩集》、《隙光亭雜識》。

趙泰億（一六七五～一七二八）

《兎園訪李監司景益幽居，夜與姜禮仲、鄭明卿、李聖諧、李子久拈韻共賦》

雪晴山閣夜坐寒（明），草草杯盤盡意歡（諧）。月暗孤村雙杵急（禮），霜侵虛牖一燈殘（景）。黄泥幸有蘓仙客（久），蓮社新休白傅官（年）。詩令更嚴金谷罰（明），陽春莫道和皆難。(《謙齋集》卷三，《韓國文集叢刊》本)

《仲約宅夜飲次白香山集韻》

閑披鶴氅步寒林，偶到東隣坐夜深。不有陳蕃誰解榻，幸逢鍾子爲彈琴。薰濃雪屋三盃酒，炯澈冰壺一片心。直待興闌相枕籍，小梅花下月初沉。(《謙齋集》卷十，《韓國文集叢刊》本)

《雨中孤坐偶吟，示諸益》（其五）

詩態春空藹藹雲，此翁才調古希聞。超來色相禪三昧，工着形容畫七分。夢得却能驚白傅，張儀只合讓蘇君。從今不敢爭牛耳，盡棄平生所著文。（《謙齋集》卷十二，《韓國文集叢刊》本）

《又次張李諸君韻》（其三）

凉蟬厲響候虫唫，久客歸歟有歎音。半世浮湛聊復爾，一官淹滯到如今。張公秋興蓴兼膾，白傅行裝鶴與琴。事事田園皆可樂，只應餘戀在清心。（《謙齋集》卷十三，《韓國文集叢刊》本）

《紫霞洞呈素軒兄案下》

悠悠萬事欲無關，世路如今足險艱。我學陶潛歸栗里，公如白傅卧香山。吟筇水石深深洞，釣艇烟波曲曲灣。聞說牛坡新罷相，不妨同占暮年閑。（《謙齋集》卷十四，《韓國文集叢刊》本）

《次潛叟韻》（其三）

同住京城隔歲思，日吟潛叟寄來詩。嗟吾骨肉皆衰境，憐爾形容異少時。寸禄未能餬十口，一年何忍哭三兒。共看明月無窮感，白傅篇中信覺悲。（右和懷李妹）（《謙齋集》卷十五，《韓國文集叢刊》本）

《又與泉翁次香山韻》（三首）

膜外榮名弊屣同，希夷吾欲效盲聾。狂言口失三緘戒，危禍身爲百鏑叢。八節早歸慚白傅，五湖遐遯學朱公。殘生得喪何須問，倚伏曾聞塞上翁。

摧頹齒髮恰相同，眼已昏花耳欲聾。末世未超榮辱境，一身長在毁譽叢。明時去國憐遭黜，深峽移家歎寄公。逆艇四宵才百里，天虛犯命笑雙翁。（右屬泉翁。○丹丘新屋未完，故今借蟾江沈氏亭舍，爲留住計，故云寄公。余與西泉，俱命犯天虛，有逆艇上溪之象，百事蹭蹬云。）

歸田晚計古人同，忘世忘言遂托聾。一壑雲霞曾卜築，滿庭蘭玉恰成叢。幽情自號新居士，緒業能傳故相公。遙想九秋楓菊裡，得詩應復憶灘翁。（《謙齋集》卷二十，《韓國文集叢刊》本）

智按：趙泰億，字大年，號謙齋。有《謙齋集》。

南漢紀（一六七五～一七四八）

《李尚書汝五，欲入庚稧，而以其生丙辰，差未滿七耋，自爲欠嘆，兹引白香山、司馬公故事，復用前韻，録奉冷泉臺案，兼示南厓諸益》

人情容易惜衰年，白傅諸賢讌最先。序不尚官惟右齒，生非並歲且隨肩。揄揚詩律留文苑，模寫丹青記勝筵。後代元豐耆老畫，溫公眞像鄭君傳。（《寄翁集》卷三律詩，《韓國文集叢刊》本）

智按：南漢紀，字國寶，號寄翁。有《寄翁集》。

楊繩武（一六七五～一七五〇）

《鍾山書院規約》

⊙論詩賦派別

詩原於《三百篇》，猶古文之原於《尚書》也，雅變而為風，風變而為騷，騷變而為賦，為漢魏樂府。古詩實出於一原者也，漢魏以後，子建為建安之傑，士衡為太康之英，靈運為永嘉之雋，此鍾嶸《詩品》之說，而前有嗣宗，後有淵明，皆未之及。其實陶之與阮，足為魏晉弁冕。永明以後，江左浮豔，而玄暉為太白所宗，子山為子美所出，未可輕訾也。唐初承六朝餘習，陳伯玉始變為古風，至開元、天寶之間，而李、杜、王、孟、高、岑傑然並出，極盛一時，要以盡古今之體勢，兼人人之獨專，則元微之所云「詩人以來，未有如子美者」，嗣是而為大曆，為元和，為長慶，為開成，各名其家。過此以往，自鄶無譏。高廷禮《品彙》有初盛中晚之分，正始、正宗、名家、大家之目，虞山錢受之極詆之，要其源流升降，次第井然，不可沒也。賦者，班固以為古詩之流。宋玉、景差立其體，司馬相如、揚雄之徒暢其風，至《二京》、《三都》而鉅麗極矣，然論者或有疊牀架屋之譏。自唐以前，皆古賦。唐以後，乃有律賦。而庾子山《哀江南》一賦，以古賦之氣體，擅律賦之聲情，且一代之興廢盛衰，具備於是，兼有詩史之義。嘗竊論之，屈子之《離騷》一變而為庾子山之《哀江南賦》，庾子山之《哀江南賦》一變而為杜少陵之《新樂府》，此如鯤鵬之化身二而實一者也。又少陵之新樂府，《詩》之變《大雅》也；白香山諷諭詩，《詩》之變《小雅》也；張文昌、王仲初之樂府，《詩》之變《國風》也，此皆愚之蠡見，俟暇日與諸生細質之。（清昭代叢書本《鍾山書院規約》，上海書店《叢書集成續編》，第七八册，第四七九頁）

智按：楊繩武，字文叔，長洲（今江蘇蘇州）人。康熙五十四年（一七一五）乙未進士，官翰林院編修。乾隆二年（一七三七），定立《鍾山書院規約》。年七十六卒。有《古柏軒文集》，道光二十八年刊本。

方世舉（一六七五～一七五九）

《蘭叢詩話》

詩屢變而至唐，變止矣，格局備，音節諧，界畫定，時俗準。今日學詩，惟有學唐。唐詩亦有變，今日學唐，惟當學杜；元微之斷之於前，王半山言之於後，不易之論矣。然其規模鴻遠，如周公之建置六官，體國經野；又如大禹之會同四海，則壤成賦，後學能驟窺耶？登高自卑，宜先求其次者，以為日漸之德。五古五律先求王、孟、韋、柳，七古歌行先求元、白、張、王，庶有次第。王荊公以為先從李義山入，似衹謂七律，然亦初學所不易求。其文太繁縟，反恐五色亂目，五聲亂聰也。（《清詩話續編》第七七一頁）

七古音節，李承六朝，杜逆漢，韓旁取《柏梁》、《黄庭》。譬之曲子，李南曲，杜、韓北曲。元、白又轉而為南曲，日趨於熟，亦宜略變。然歌行終以此為圓美，吹竹彈絲，嬌喉宛轉，畢竟勝雷大使舞。（《清詩話續編》第七七二頁）

換韻，老杜甚少，往往一韻到底。太白則多，句數必勻，勻則不緩不迫，讀之流利。元、白歌行，或一韻即換，未免氣促，今讀熟不覺耳。吾輩終當佈置均平。（《清詩話續編》第七七二頁）

古樂府必不可仿。李太白雖用其題，已自用意。杜則自為新題，自為新語；元、白、張、王因之。明末好襲之以為復古，腐爛不堪，臭厥載矣。李

西涯雖間有可取，亦可不必。杜句「衣冠與世同」，可作詩訣。（《清詩話續編》第七七三頁）

唐之創律詩也，五言猶承齊、梁格詩而整飭其音調，七言則沈、宋新裁。其體最時，其格最下，然卻最難，尺幅窄而束縛緊也。能不受其畫地濕薪者，惟有老杜，法度整嚴而又寬舒，音容郁麗而又大雅，律之全體大用，金科玉律也。但初學不能驟得，且求唐人之次者以為導引。如白香山之疏以達，劉夢得之圜以閎，李義山之刻至，溫飛卿之輕俊，此亦杜之四科也。宜田册子中未舉香山，而言二劉，一長卿也。然長卿起結多有不逮。（《清詩話續編》第七七三頁）

五排六韻八韻，試帖功令耳。廣而數十韻百韻，老杜作而元、白述。然老杜以五古之法行之，有峰巒，有波磔，如長江萬里，鼓行中流，未幾而九子出矣，又未幾而五老來矣。元、白但平流徐進，案之不過拓開八句之起結項腹以為功，寸有所長，尺有所短耳。其長處鋪陳足，而氣亦足以副之，初學為宜。李義山五排在集中為第一，是乃學杜，雖峰巒波磔亦少，而非百韻長篇，其亦可也。（《清詩話續編》第七七四頁）

韓昌黎受劉貢父「以文為詩」之謗，所見亦是。但長篇大作，不知不覺，自入文體。漢之《廬江小吏》已傳體矣，杜之《北征》序體，《八哀》狀體，白之《游悟真寺》記體，張籍《祭退之》竟祭文體，而韓之《南山》又賦體，《與崔立之》又書體。他家尚多，不及遍舉，安得同短篇結構乎？（《清詩話續編》第七七四～七七五頁）

韓詩不可專學。東坡云：「退之仙人也，游戲於斯文。」游戲三昧，何可易言？香山寄韓詩云：「戶大嫌甜酒，才高笑小詩。」畢竟是高才而後能戲，亦始可戲。要之還要博學，博學不是獺祭，獺祭終有痕跡。手不釋卷，日就月將，不待招呼而百靈奔赴矣。余家不蓄類書，不蓄《韻府》，剛制於己，使無可以望救，亦是一法。（《清詩話續編》第七七五頁）

余嘗覺文格前一代高一代，文心後一代進一代。香山云：「詩到元和體變新。」豈元和前腐臭耶？但日益求新耳。老杜自喜有云：「每於百僚上，猥誦佳句新。」然又云：「賦詩新句穩，不覺自長吟。」則新必須穩。宜田册子中有言不可求冷癖事，不可用作態句，此便隱射著求新而不穩者。（《清詩話續編》

第七七七頁）

香山有半格詩，分卷著明。昔問之竹垞先生，亦未了了。意其半是古詩，半是格詩，以詩考之，又不然也。今吴下汪氏新刻本，不得其解，竟削之。然陸放翁七律，以「莊子七篇論，香山半格詩」為對，又必實有其體。（《清詩話續編》第七七九頁）

余於七律，取為杜氏四輔者分之，卻皆不可專學。四人中劉夢得差可耳，伐毛洗髓不如白，鏤金錯采不如李，風流自賞不如温，卻抄撮三家之長，骨肉亦停匀矣，中邊亦俱到矣，不知者幾以為可專學矣。然其氣浮，其音靡，其熨貼近俗，其圓美近時，猶之子莫執中，執中無杜之權，亦與如白如李如温各偏一長者何異。（《清詩話續編》第七七九頁）

五七絕句，唐亦多變。李青蓮、王龍標尚矣，杜獨變巧而為拙，變俊而為傖，後惟孟郊法之。然傖中之俊，拙中之巧，亦非王、李輩所有。元、白清宛，賓客同之，小杜飄蕭，義山刻至，皆自闢一宗。李賀又闢一宗。惟義山用力過深，似以律為絕，不能學，亦不必學。退之又創新，然而啓宋矣。宋七絕多有獨勝，王新城《池北偶談》略采之，又由東坡開導也。（《清詩話續編》第七七九頁）

詩之有齊名者，幸也，亦不幸也。凡事與其同能，不如獨勝。若元、白，若張、王，若温、李，若皮、陸，一見如伯諧、仲諧之不可辨，令子產「不同如面」之言或爽然；久對亦自有異，讀者不可循名而不責實。張、王、皮、陸，其辨也微，在顰笑動静之間。元、白、温、李，則有顯著，如元之《騅馬歌》，白或未能；温之《蘇武廟》，李恐不及。其無和，亦或不能和耶！（《清詩話續編》第七七九～七八〇頁）

感懷詩必有點眼處，然有點眼不覺者。如白香山《故衫》七律，點眼在「吴郡」、「杭州」兩地名。故衫本不足以作詩，作故衫詩，非古人裘敝履穿之意，蓋慨身世耳。斥外以來，已遷忠州，苟邀眷顧，可以召還，乃忠州不已，又轉杭州，杭州不已，又轉蘇州，是則衫為故物，而人亦故物矣。如此推求，乃得詩之神理。（《清詩話續編》第七八三頁）

有同一訪人不遇而詩格高下迥別者，太白有兩五律，前六句全揭起不遇之情以入景，至結衹一點。一云「語來江色暮，獨自下寒煙」，一云「無人知處所，愁倚兩三松」，真是天馬行空，羚羊掛角，驟學如何能得？若白香山項聯「看院衹留雙白鶴，入門惟見一青松」，溫飛卿項聯「隔竹見籠疑有鶴，捲簾看畫靜無人」，是則雖平，卻易知易能矣。（《清詩話續編》第七八三頁）

七律章法，宜田尤善言之。衹就一首，如劉夢得《西塞山懷古》，白香山所讓能，其妙安在？宜田云：「前半專敘孫吳，五句以七字總括東晉、宋、齊、梁、陳五代，局陣開拓，乃不緊迫。六句始落到西塞山，『依舊』二字有高峰墮石之捷速。七句落到懷古，『今逢』二字有居安思危之遙深。八句『蘆荻』是即時景，仍用『故壘』，終不脱題。此摶結一片之法也。到於前半一氣呵成，具有山川形勢，制勝謀略，因前驗後，興廢皆然，下衹以『幾回』二字輕輕兜滿，何其神妙！」（《清詩話續編》第七八四頁）

《李長吉詩集批注》

白香山「江上琵琶」，韓退之「穎師琴」，李長吉「李憑箜篌」，皆摹寫聲音至文。韓足以驚天，李足以泣鬼，白足以移人。（卷一，《李賀詩歌集注》第四九六頁）

智按：方世舉，字扶南，號息翁。桐城（今屬安徽）人。博學篤行，不樂仕進。有《梁園詩話》、《昌黎詩集編年箋注》、《漢書辨注》、《世說考義》、《家塾恒言》。

陳正璆（一六七五～？）

《坐楊犀浦花亭感懷節齋用香山句爲首尾吟》

自亡元後減詩情，長慶流風百感生。海水聽來琴絕響，山門敲罷月猶明。數莖鬚斷殘燈影，三疊魂銷舊笛聲。我哭節亭重咏白，自亡元後減詩情。（《五峰集》七言律詩卷四，《四庫禁毀書叢刊》影印清乾隆九年刻本）

智按：陳正璆，一名方正璆，字子方，號序左、五峰。

金夏九（一六七六～一七六二）

《書白太傅詩後》

「須勤念黎庶，莫苦憶交親」，此香山居士《送楊八給事赴常州》詩也。噫！孰知此十箇字，實丕子得節用而愛民一句語意，使天下士大夫待朋友皆如此，民何患不見德。老杜一生忠義底人，然贈段功曹之任廣州，尚覓交之丹砂、韶之白葛，遂爲後世乞子口實。其視此詩，何翅天淵，不佞掌馬於湖南路之青巖，其職冷其民瘼矣，不知交親之望不佞者，殆黎庶乎，抑砂葛乎。聊書數語詩尾，以示同志。（《楸菴集》卷五，《韓國文集叢刊》本）

智按：金夏九，字鼎甫，號楸菴。有《楸菴集》。

沈鍾（一六七六～？）

《琵琶亭》

一曲樽前絕可憐，琵琶亭子至今傳。青衫我亦多情客，遮莫重逢下水船。（《霞光集》卷三，《四庫未收書輯刊》影印清刻本，集部第九輯第十七册）

智按：沈鍾，字大聲，號鹿坪。江蘇武進人。康熙四十七年（一七〇八）舉人。乾隆元年（一七三六），由清流縣調任屏南知縣。主修《屏南縣志》。有《霞光集》。

塞爾赫（一六七七～一七四七）

《謝紫峰送鮮荔枝》

楓亭妙品宋家香，絳錦囊中白玉瑺。染我指頭曾自昔，從君口角又分嘗（十年前曾於金中丞家得食生荔枝）。薦新欣得西岷果，轉餉如叨東壁光（即日分送諸戚好）。却笑忠州老刺史，只憑圖畫遠相將（用白香山以《荔枝圖》答姻戚之干財者）。（《曉亭詩鈔》卷二三餘集，《四庫未收書輯刊》影印清乾隆十四年鄂洛順刻本）

智按：塞爾赫，字栗庵，一字曉亭，號北阡季子，誠毅勇壯貝勒穆爾哈齊曾孫。封奉國將軍，官戶部侍郎，總督倉場。有《曉亭詩鈔》。

蔣衡（？～一七四七後）

《重遊琵琶亭一律呈政》

碧繞孤亭草正芳，浴鳧飛鷺雨茫茫。折巾遙憶仙人槎（去春袁匏隱同遊），載筆頻登大雅堂（唐使君懸粉牌以俟遊人留題）。雨後鶯花寒食暮，望中雲樹客驂忙。千秋勝地關清思，徙倚無端又夕陽。

《丁卯小春同人遊琵琶亭和榷使唐公原韻二首》

波光巒影碧交加，繞岸黃蘆又作花。斑管分題頻接席，籃輿假步擬乘槎。踏殘紅葉霜鋪徑，望斷青山客憶家。千里一官閒未得，暫留歡賞寄琵琶。

瀲灩澄江縹緲樓，使君旌節駐清幽。亭空階砌堪調鶴，興托烟波欲問鷗。夜月賓朋庾亮醉，畫船絲竹謝安遊。慚余兩度尋芳到，前值春風後值秋。（用唐句）

智按：次唐英（一六八二～一七五六）乾隆八年（一七四三）癸亥《春遊琵琶新亭唱和草》之原韻。詩題丁卯已為乾隆十二年（一七四七）。

《題唐六如琵琶亭送客圖（有小序）》

唐使君鼎新琵琶亭，樓閣廊檻，布置天然，為江州另開生面。余每經遊覽，輒徘徊不忍去，常有眞風雅令人不可企及之歎。丁卯仲春，督運入都門，公務甫竣，將南旋，適有持《江州送客圖》求售者，吾鄉六如居士作也。筆墨古雅，景界澹遠，斷非近今所能為役。因重值購得，歸而遺之唐公，為古今風雅天人璧合之証。因思六如與唐公系屬宗氏，一則寫其圖于昔，一則新其亭於今。遙遙百有餘年，不謀而合，豈非咄咄怪事耶？爰綴長句于圖，更志餘韻流風於不朽云爾。

使君持節來潯陽，政成人和悅且康。公餘吟嘯恣幽討，遊踪鶴問兼甘棠。

荒亭敗址瀕江渚，傳是香山送客處。琵琶聲逷江水流，斷碣殘碑臥僵樹。時異事遷重嘆嗟，名賢往蹟歸泥沙。爰命工師事營度，亭樓傑閣聯飛霞。沙隄柳徑花間騎，朱履高軒雜遝至。新詩名句海內傳，蔓草荒煙成勝地。憶昔登龍華讌開，張鐙亭畔管絃催。素月澄波儼圖畫，深宵欲別幾徘徊。昨歲奉職朝帝闕，此圖偶值神飛越。小印依稀認晉昌，使君宗譜識年月。雪白蘆花楓葉紅，繪情寫景疑神工。紅袖琵琶儼泣訴，衫淚想像醉吟翁。從來名勝遊屐戀，滄桑狐兔荊榛變。茲亭千載唐公心，六如圖早開生面。古今風雅機緣奇，神物遭逢自有時。使君嗜古具法眼，展圖如寶歸波斯。江水茫茫江岸濶，江亭風景圖包括。興代江州司馬狂，唾壺擊缺還擊鉢。（以上均見《輯刻琵琶亭詩》，清乾隆十一年古柏堂刊本）

智按：蔣衡，自署吳趨，非乾隆八年（一七四三）已往生之金壇蔣衡。詩序所云丁卯，為乾隆十二年（一七四七）。

周京（一六七七～一七四九）

《渭上用白香山渭上偶釣韻》

聞茲清渭濆，有鰷及鱒魴。緬彼垂釣人，持竿坐其旁。春風吹釣絲，嫋嫋三尺長。終年懷清賞，不出磻溪鄉。融融此朝日，遙遙此夕陽。誰云寶璜玉，垂白逢文王。得人周基興，失人商祚亡。陳跡千載下，忻覿神川光。顯晦會有時，且為陶一觴。（《無悔齋集》卷四，《四庫全書存目叢書》影印清乾隆刻本）

《復園池上紅板橋新成效白香山體分得入庚韻》

池上紅橋忽復成，水邊垂柳覺多情。還抛拄杖當風立，更倚闌干待月生。花外衫痕分半影，石邊屐齒有雙聲。前年記得春波闊，曾泛輕舠裹外行。（《無悔齋集》卷十二，《四庫全書存目叢書》影印清乾隆刻本）

智按：周京，字西穆，一字少穆，錢塘（今浙江杭州）人。雍正諸生。

洪重寅（一六七七～一七五二）

《東國詩話彙成》

⊙鄭子堂

曩者我國士林之禍薦仍，多士以放誕自點。公性豪邁，文才罕儔。……其賦有曰：「蘇子瞻讀詩窗畔，松風山雨夜浪浪；白樂天送客江頭，楓葉荻花秋瑟瑟。」其餘不能盡記，膾炙當時。（《東國詩話彙成》卷十一，《韓國詩話全編校注》第四册，人民文學出版社，二〇一二年版，第三一三一頁）

智按：洪重寅，字亮卿，號花隱，朝鮮豐山人，居忠州。肅宗癸巳增廣試進士。有《東國詩話彙成》二十二卷（收入蔡美花、趙季主編《韓國詩話全編校注》第四册，人民文學出版社，二〇一二年版）。所云鄭子堂，字升高，號青松，朝鮮燕山君時人。籍貫東萊。成宗十九年（一四八八）文科及第，官至承文校理。佯狂避禍。善詩，喜諧謔。著有《青松詩集》。

朴泰茂（一六七七～一七五六）

《次白香山眼漸昏昏耳漸聾韻》

眼漸昏昏耳漸聾，儀形非復少年風。倘來軒冕浮雲外，過去光陰說夢中。生計每因愚計拙，身名還逐醉名空。讀書如得朝聞道，暮死何悲此老翁。（《西溪先生集》卷一，《韓國文集叢刊》本）

智按：朴泰茂，字春卿，號西溪。有《西溪先生集》。

朱樟（一六七七～一七五七）

《續長恨歌用白香山元韻追悼女郎何玉桃寄王貞父孝廉》

名姬豈必生香國，量盡明珠買不得。誰家好女字玉桃，天賦芳情兼慧識。命賤吹為糞土英，紅顏墮落青樓側。綽約腰支窈窕心，十里平康無此色。靈根蟠結出瑶池，衣有蘭薰口有脂。踏青過後湔群罷，姊妹人家賽社時。曉梳慵懶雀釵摇，誰道千金直一宵。翠幄紅氊春復夏，玉笙檀板暮連朝。手揮紈扇銷餘暇，七字聲詩哦五夜。庾郎風起怕污人，畫檝誰迎桃葉身。絲管催成調笑令，綺羅都是可憐春。人間粉黛皆黄土，不屑低頭應樂户（北方皆以妓家為樂戶）。何勞贈句比紅兒，未會數錢同姹女。王郎早歲志挐雲，繡虎才名遠近聞。偶然趁韻題湘竹，小步邯鄲續鳳足。秦樓宛轉唱新詩，遂有狂情動心曲。春熱鴛鴦病易生，尋花院院錦鞭行。為訪青蛾行且止，咫尺香塵隔千里。相思只合對門居，癡絕自甘同穴死。卧病相逢淚半收，贖身費盡錦纏頭。松貞獨抱堅良願，水性長回挽潔流。可人坐對停絃索，攜手相邀登幔閣。槽頭暗認君馬黄，鏡裏偷啼妾命薄。王郎歸去紒青，帽壓銀花頓有情。頮水衣成魚藻色，嘉賓宴罷鼓簧聲（癸巳王生舉於鄉）。勝日晴郊挽鹿馭，春事撩人不能去。夫妻覼縷訴閒情，艷說當年題扇處。王桃待嫁理裳衣，眼斷瑯琊公子歸。停辛貯苦恩如舊，此身不是章臺柳。柳邊花底暗攢眉，王蒜雙钩麥穗垂。間關黄鳥求聲候，晼晚青梅乞聘時。一鳥傳書何草草，偷換鸞牋狂筆掃。窗中帶淚辨字痕，不信寒盟棄偕老。鱗鴻顛倒兩茫然，耿耿孤燈照獨眼。枉思織女填橋夕，寄恨牽牛隔水天。少君偏是閨情重，梁案鮑車甘與共。上堂長跪舅姑前，願娶秋娘賦同夢。門外無端來暴客，怨耦咆哮虛月魄。後房牢閉少人知，曲院藏嬌無地覓。柔聲嬌喘回驚電，上下裳衣針縷遍。小詩猶夾繡囊懸，芳訊不令狂蝶見。貞魂森森會巫山，纏項紅綃挂樹間。鬼燈如漆花陰起，一夜游魂追蕩子。桐棺三寸竟埋香，玉骨瘦來疑不是。從此幽園户不扃，冤鳴肺石獄難成。留春枕上仙郎覺，合夢樓中大婦驚。夢中枕上展低徊，羅幕無人自半開。絳縣吏傳尺牒至，藍橋水逐皂衣束。驀地旋風赫四舉，出穴排空羊角舞。暗中攘臂刺仇人，一對桃花泣紅雨。獨向經壇懺雁王，香燒心字恨茫茫。情田已割靈芬遠，悲火空焚別路長。再來庭院吟詩處，欲見雲鬟迷苦霧。方朔無緣畜小妻，大叫玉桃何處去。短篋愁開售時扇，小字泥金勝珠鈿。墨花未冷印唇紅，遮面春人難再見。王郎對客細陳詞，一家心事九泉知。緜緜荀令傷神日，黯黯潘仁悼麗時。懺向潙山除慧業，遥尋漁父訪生枝。天台有路還能到，玉洞重逢了後期。（清乾隆間刻本《觀樹堂詩集合刻·古廳集》卷四，《四庫全書存目叢書》集部第二五八册，第七四四頁；《清

代詩文集彙編》第二三九册，第一七七頁）

《泊舊忠州尋白樂天陸宣公舊治》

香山居士無遺跡，勾引詩人泊水涯。只有風前雌蝶喜，東坡曾見舊栽花。（東坡在忠州白傅種花處。）

秋草寒蕪失壞城，畬煙斷處土微平。鵶啼内相廳前樹，一片天涯謫宦情。（清乾隆間刻本《觀樹堂詩集合刻・白舫集》卷上，《四庫全書存目叢書》影印清乾隆間刻本，集部第二五八册，第六三九頁；《晚晴簃詩匯》卷五十五）

智按：朱樟，字亦純，一字鹿田，號慕巢，晚號灌畦叟，錢塘（今浙江杭州）人。康熙三十八年（一六九九）已卯舉人，歷官澤州知府。有《觀樹堂詩集》，收入《四庫全書存目叢書》集部第二五八册；《清代詩文集彙編》第二三九册。

周文在（？～一七五七）

《香山詩評》（存目）

智按：《香山詩評》一卷，周文在撰，孫殿起《販書偶記》著録：「《香山詩評》一卷，海甯周文在撰。其子周春校輯。乾隆丙戌精刊。」乾隆丙戌，乾隆三十一年（一七六六）。《民國杭州府志》卷九五藝文志（民國十一年本）著録為「《香山詩評》二卷，海寧周文在撰」。周文在，字振之，一字了閑。海寧（今屬浙江）人。性孝友，嗜書史，嘗手抄秘籍逾千卷。乾隆丁丑（一七五七）不戒於火，惋恨而歿。周春（一七二九～一八一五）父。監生。有《印譜》（自為序）、《何氏譜傳》，曾選《白氏長慶集選》二卷，此書即周春兄弟輯書中評語而成。周春《髦餘詩話》卷四云：「先君子詩稿毁於丁丑之火，僅存《長慶集選》二卷，載郡邑志藝文。春同先兄謹輯《香山詩評》一卷，桐城張樊川祭酒夫子撰序，謂不減方虚谷，而出劉須溪、馮鈍吟之上。」參見李靈年、楊忠主編《清人别集總目》第一四五三頁；蔣寅《清詩話考》第一六五頁。

田同之（一六七七～?）

《西圃詩説》

「陳、杜濫觴之餘，沈、宋始興之後，傑出於江寧，宏肆於李、杜，極矣！右丞、蘇州趣味澄夐，若清沇之貫達。大曆十數公，抑又其次。至元、白力勍而氣孱，乃都市之豪估耳。劉夢得、楊巨源亦各有勝。劉得仁時得佳致，亦足滌煩。賈浪仙誠有警句，觀其全篇，意思殊餒。大抵附寒澀方可致才，亦為體之不備也。」表聖之論卓有見地，宜其「一鳴」於晚唐也。（《清詩話續編》第七五一～七五二頁）

神韻超妙者絕，氣力雄渾者勝，元輕白俗，皆其病也。然病輕猶其小疵，病俗實為大忌，故漁洋謂初學者不可讀樂天詩。（《清詩話續編》第七五四頁）

《長慶集》易於模倣，究非雅宗。如唐伯虎，則尤《長慶》之下乘者。（《清詩話續編》第七五五頁）

智按：王世懋《藝圃擷餘》：「生平閉目搖手，不道《長慶集》，如吾吳唐伯虎，則尤《長慶》之下乘也。」（《歷代詩話》下册，第七八三頁）

子瞻云：「學詩當以子美為師；有規矩，故可學。退之於詩，本無解處，以才高而好爾。淵明之為詩，寫其胸中之妙爾。學杜不成，不失為工；無韓之才，與陶之妙，而學其詩，終為樂天爾。」此論微妙，足爲千古典型。（《清詩話續編》第七五六頁）

楊廷秀學李義山，惟覺鄙碎；陸務觀學白樂天，更覺直率。概之唐調，皆有所未協也。（《清詩話續編》第七六二頁）

梅花詩，在漢、晉未之或聞，自宋鮑照以下，僅得十七人，共二十一首。唐詩人雖多，而杜少陵才二首，白香山四首，元微之、韓退之、柳子厚、劉夢得、杜牧之各一首，其餘不過一二，如李翰林、韋左司、孟東野、皮日休並無一篇。至宋代方盛行，究其佳者，亦僅林和靖、蘇東坡數首數句耳，何至程祁、陳從古、周必大等，動輙千首，亦甚不自量矣！（《清詩話續編》第

七六二頁）

嘗聞之，昔人所稱廣大教化主者，于長慶得一人曰白樂天，于元豐得一人曰蘇子瞻，于南渡得一人曰陸務觀，爲其情事景物之悉備也。然王鳳洲列之于詩家正宗之外，亦千古卓識哉！（《清詩話續編》第七六二頁）

《西圃詞説》

⊙王士禛論詞

漁洋王司寇云：「自七調五十五曲之外，如王之渙《涼州》，白居易《柳枝》，王維《渭城》，流傳尤盛。此外雖以李白、杜甫、李紳、張籍之流，因事創調，篇什繁多，要其音節，皆不可歌。詩之為功既窮，而聲音之秘，勢不能無所寄，於是溫、韋生而《花間》作，李、晏出而《草堂》興，此詩之餘，而樂府之變也。語其正，則南唐二主為之祖，至漱玉、淮海而極盛，高、史其嗣響也。語其變，則眉山導其源，至稼軒、放翁而盡變，陳、劉其餘波也。有詩人之詞，唐、蜀、五代諸人是也。文人之詞，晏、歐、秦、李諸君子是也。有詞人之詞，柳永、周美成、康與之之屬是也。有英雄之詞，蘇、陸、辛、劉是也。至是聲音之道，乃臻極致，而詞之為功，雖百變而不窮。《花間》、《草堂》尚已。《花庵》博而雜，《尊前》約以疏。《詞統》一編，稍撮諸家之勝。然詳於隆萬，略於啓禎，故又有《倚聲》續《花間》、《草堂》之後。」（《詞話叢編》第二册，第一四五一頁）

智按：王士禛論詞内容見《帶經堂集》卷四十一。參見《蕙風詞話續編》卷一「王文簡《倚聲集序》」（《詞話叢編》第五册，第四五四五頁）。

田同之，字硯思，别字西圃，號小山薑，德州（今屬山東）人。康熙庚子（一七二〇）舉人，官國子監學正。有《硯思集》。

愛新覺羅·胤禛（一六七八～一七三五）

《題墨竹一十二首》（其九）

凌雲勁節堪延賞，應物虛心更可師。曲折欄邊千萬籦，蕭踈籬畔兩三枝。偏饒素士清高致，雅具閒僧冷淡姿。倚檻修容經雨沐，隔簾弄影被風篩。能

令白傅牽詩興，不使希公笑墨癡。愛此縱横揮滿紙，於今妙手勝王維。（《四庫全書》本《世宗憲皇帝御製文集》卷二十六）

智按：愛新覺羅·胤禛，即清世宗。清聖祖玄燁第四子，清朝入關後第三位皇帝，年號雍正。

陳邦彦（一六七八～一七五二）等

《歷代題畫詩類》

《樂天不能忘情圖》二首　元　元好問

得便宜是落便宜，木石癡兒自不知。就使此情忘不得，可能長在老頭皮。

芙蓉脂肉紫霞漿，別是仙家煖老方。只在柳枝拚不得，忘情一馬亦何妨。

《樂天不能忘情圖》二首　元　王惲

駱馬悲鳴頓玉珂，停杯重聽柳枝歌。做成一段閒公案，轉覺香山長物多。

楊柳新聲滿洛陽，樽前風味老難忘。筆端拈出新詩句，似為樊姬作嫁裝。

《樂天不能忘情圖》二首　元　袁桷

病來心事轉蹉跎，身外猶嫌長物多。況是春歸留不得，侍兒無用蹙雙蛾。

青衫憔悴老江州，放逐歸來萬事休。止有醉吟情未減，又翻新樣柳枝愁。

智按：此二首應為王惲作，見王惲《秋澗集》卷二十七（《四庫全書》本）。

《白樂天琵琶行圖》元　劉因

冀馬嘶寒風，逐臣念鄉國。江浦聞哀絃，長吟望南北。

《潯陽琵琶圖》元　張雨

一幅山屏秋月圓，荻花楓葉染江天。江州自是無司馬，多少琵琶上別船。

《湓浦琵琶圖》明　高啓

秋夜相逢處，閨愁雜宦情。四絃風共拂，兩櫂月同明。司馬青衫濕，佳人白髪生。至今湓浦上，楓葉尚哀聲。

《白傅湓浦圖》明　高啓

相逢淪落總天涯，舟泊湓江近荻花。逐客青衫自多淚，傷心不用怨琵琶。

《題九老圖二首》宋　陳造

涼亭燠館塵埃外，野鳥溪花俎豆前。但愛林泉暎華髮，豈知勛烈載青編。

帝憐憂國許歸田，猶得幽居俯澗瀍。應笑詩人賦招隱，茹芝帶索只臞仙。

《為陸全卿題劉松年香山九老圖》明　吳寬

高松大竹生翠寒，密林隱隱攢峰巒。杳然流水出深谷，新鑿山中八節灘。江州司馬不愛官，笑領諸客來盤桓。棋枰書卷各有適，適意豈在陳杯盤。酒酣耳熱忽起舞，戲折名花斜插冠。趨朝疲薾足非病，在野輕健心偏安。權門赫赫誇牛李，門下黨人分彼此。直氣騰騰逼石樓，甘作香山老居士。劉侯此圖超俗塵，能與九老俱傳神。衣冠雖作山林樣，狀貌終為臺閣人。孰為胡杲與吉旼，孰為鄭據并劉真。二盧張狄總預售，居士樂易皆相親。獨憐舊友今何處，禹錫微之嗟失身。

《香山九老圖》明　王恭

唐家名臣白居易，暮年脱略青雲器。抗節羞趨當路門，拂衣起謝人間事。以兹疎散愛香山，洛下羣公亦遂閒。玉堂金馬俱殘夢，流水孤雲同去還。石樓烟樹朧朧見，八節迴灘瀉秋練。雲衣落落古松姿，鶴髮皤皤凍棃面。人生宦達應如此，豈必浮名絓青史。楚國三生少見機，竹林七賢徒為爾。名遂身閒古所稀，洛陽山水饒清暉。青山何處無佳賞，白首湮沈空布衣。

《香山九老圖》明　莊㫤

山林我極勞千慮，宦海誰能著萬牛。自古更無陶靖節，而今須畫白江州。尋常此日才多病，八十他年更幾秋。俯仰乾坤無一語，道人乘月坐江樓。

《九老圖》（用邵二泉宗伯韻）明　顧應祥

香山老人避世人，性躭冲澹樂天真。招邀知己結雅社，眇視聲利同埃塵。流風已遠事若新，兹圖無乃傳其神。衣裳不異山中叟，抱負俱為席上珍。歲月悠悠幾百春，高名千載迥絕倫。廟堂勲業倘來寄，泉石襟期見在身。便欲相從一問津，撫卷令人感慨頻。浮玉山前亦堪樂，澄湖碧浪涵秋旻。

（《四庫全書》本《歷代題畫詩類》卷四十）

智按：陳邦彦，字世南，號匏廬，海寧（今屬浙江）人。康熙四十二年（一七〇三）癸未進士，改庶吉士，授編修，官至禮部侍郎。有《墨廬小稿》。

紀邁宜（一六七八～?）

《書白樂天集後》

香山詩恬澹，有如鹽着水。義山詩工麗，有如花弄綺。工處悉由穩，淡極彌復旨。至竗雖不傳，尋源可洞委。當其脗合時，佛法無多子。余於二公詩，瓣香深仰企。要當録成帙，百遍讀未已。漢魏及騷雅，沿流安敢止。若必薄宋人，相去乃萬里。（《儉重堂詩》卷一，《四庫未收書輯刊》影印清乾隆間刻本）

智按：紀邁宜，字偲亭，文安（今屬河北）人。康熙五十三年（一七一四）甲午舉人，官泰安知州。有《儉重堂集》。

方貞觀（一六七九～一七四七）

《方南堂先生輟鍛録》

古云：「詩有別材，非關書也；詩有別趣，非關理也。」此説詩之妙諦也，而未足以盡詩之境。如杜子美「雨露之所濡，甘苦齊結實」，白樂天「野火燒不盡，春風吹又生」，韓退之《拘幽操》，孟東野《遊子吟》，是非有得於天地萬物之理，古聖賢人之心，烏能至此？可知學問理解，非徒無礙於詩。作詩者無學問理解，終是俗人之談，不足供士大夫之一笑……（《清詩話續編》第一九三九頁）

白樂天歌行，平鋪直敘而不嫌其拖遝者，氣勝也。張文昌樂府，急管繁弦而不覺其跼蹐者，趣勝也。（《清詩話續編》第一九三九～一九四〇頁）

智按：方貞觀，名世泰，以字行，一字履安，號南堂，晚號三乳老人。桐城（今屬安徽）人。諸生。乾隆元年薦舉博學鴻詞科，不就。因戴名世《南山集》案株連，隸旗籍，十年始放還。工詩善書，為藝林所推重。有《南堂詩集》八卷。《方南堂先生輟鍛録》四十四則，不詳作年，手書稿本流落坊間，為金楷購得，始刊行傳世。前有道光十四年（一八三四）六月阮亨序、道光十三年十二月金楷序、是年李堃序。傳記見金鼎泰等纂《道光桐城續修縣誌》卷十六文苑傳。

程夢星（一六七九～一七五五）

《琵琶亭》

荻花楓葉總關情，感舊傷離昔未平。此日潯陽江上水，依稀應作撥琶聲。

懷古情深溯昔賢，臨江亭子尚依然。秋深泠露青衫淚，灑遍商人夜月船。（《輯刻琵琶亭詩》，清乾隆十一年古柏堂刊本）

智按：程夢星，字伍喬，又字午橋，號洴江，又號茗柯、香溪、杏溪，歙縣（今屬安徽）人。康熙五十一年（一七一二）進士，選庶吉士。後四年，以母喪歸，不復出。居揚州篆園，與一時名流以詩酒相往還。雅好李商隱詩，以舊注未精，重爲箋注。其詩略近劍南一派，而間出入於玉溪生。詞亦具南宋之體，但格力差减耳。有《今有堂詩集》、《茗柯詞》，編有《平山堂小志》、《江都縣志》、《兩淮鹽法志》，另有《李義山詩集箋注》、《詞調備考》。生平事迹見《國朝耆獻類征》卷一二四、《清畫家詩史》乙下、《國朝詩人征略》卷二。

顧棟高（一六七九～一七五九）

《毛詩訂詁》

⊙東山

我徂東山，慆慆不歸。我來自東，零雨其蒙。我東曰歸，我心西悲。制彼裳衣，勿士行枚。蜎蜎者蠋，烝在桑野。敦彼獨宿，亦在車下。

我徂東山，慆慆不歸。我來自東，零雨其蒙。果臝之實，亦施于宇。伊威在室，蠨蛸在戶，町畽鹿場，熠耀宵行。不可畏也，伊可懷也。

我徂東山，慆慆不歸。我來自東，零雨其蒙。鸛鳴于垤，婦歎于室。灑掃穹窒，我征聿至。有敦瓜苦，烝在栗薪。自我不見，于今三年。

我徂東山，慆慆不歸。我來自東，零雨其蒙。倉庚于飛，熠耀其羽。之子于歸，皇駁其馬。親結其縭，九十其儀。其新孔嘉，其舊如之何？

作是詩也，一章言其完也，二章言其思也，三章言其室家之望女也，四章樂男女之得及時也。君子之于人，序其情而憫其勞，所以悅也。悅以使民，民忘其死，其唯東山乎？……

三章言歸士有室家者，即末章所言其舊如之何也。鸛性好水，天將陰雨，長鳴于邱之上，因想其婦在家而悲歎，而洒埽穹窒，以待夫之至，又言苦瓜之不見已三年，如白居易詩云：「想得家中夜深坐，也應說著遠行人」也。末章述到家之樂，以慰悅之至家之時，適及仲春，情與景會，我軍士未受室者，可以及時而昏姻，言在途遇雨則勞，到家新昏則喜也。

秦對巖曰：第三章程、朱二子之說不同，程子曰：我征聿至，謂我之行者，其遂至也，復見苦瓜，常在其所，以比君子久留滯不還。嚴氏謂，此皆想其婦在家之歎望，如白居易詩云云也。朱子則謂，洒埽穹窒，以待其歸，而其夫之行，忽已至矣。因見苦瓜繫于栗薪之上，而曰：自我之不見此，亦已三年矣。何楷曰：闊別許久，見故園風物依然如舊，似喜似驚。唐詩云「始憐幽竹山窗下，不改清陰待我歸」也，二說俱有理趣，宜並存之。（《毛詩訂詁》卷三國風，《四庫未收書輯刊》影印清光緒二十二年江蘇書局刻本）

智按：顧棟高，字復初，一字震滄。無錫（今屬江蘇）人。乾隆十六年（一七五一）以經學入選，任國子監祭酒。融宋、元、明各朝諸儒學談而一，著有《方儒粹語》、《春秋大事表》、《毛詩訂詁》、《尚書質疑》等。

汪立名（一六七九～？）

《白香山詩集序》

昔人謂，大曆後，以詩名家者，靡不由杜出。韓之《南山》，白之《諷諭》，其最著矣。就二公論之，大抵韓得杜之變，白得杜之正，蓋各得其一體，而造乎其極者。故夫貫穿聲韵，操縱格律，肆厥排比，終不失尺寸，少陵而下，亦莫如二公。自後山妄斥昌黎，已非通論，至香山詩，辭旨雖主於暢達，要自刻意陶浣而出之，使人不復能尋其斤斲之迹，當時尤多好之者。

方牛李之隙，贊皇且憾及香山，每束其詩不觀，劉賓客以為言，則曰見便令人愛，將回吾心矣。憾之者猶若此，好之者宜何如也。嗚呼！豈非廬陵所謂怨家仇人，不能少毁而掩蔽之乎？乃世多謬指淺率不經意語為白體，甚者且拾東坡誄友之辭，至以輕俗同譏，抑又過矣。今海内風雅駸駸起，唐集舊本，先後流布，注韓集凡五百家，白詩日在人口，獨無披榛莽而埽蕪穢者，徒以公詩視唐人獨富，辟如營邱濬壑，則日求增拓為快，若黄河千里，望洋而歎，但能考星宿於圖經，而不暇躬泝其源流之分合也。自惟荒陋，無所窺見，竊嘗習聞於先生長者之言，既不敢附和，而又重惜其誤，若目之塵翳當去，務復其舊而已。世之好公詩者，必將辨焉。康熙壬午余月古歙汪立名序。（《四庫全書》本汪立名《白香山詩集》卷首）

《白氏長慶集序·按語》

「五六歲識聲韻，十五志詩賦，二十七舉進士。」按，公貞元十五年舉進士，年二十八。十六年及第，此云二十七，傳寫之誤也。說詳本傳注。

「貞元末，進士尚馳競，不尚文，就中六籍尤擯落。禮部侍郎高郢始用經藝為進退，樂天一舉擢上第。明年，中拔萃甲科。」按此序各本皆互異，疑有傳寫脱悞。如樂天十六年進士第，十八年登拔萃科，鑿然可據。此云二十七舉進士，是次年登第，為十五年矣。明年中拔萃，是十六年矣。元白書判同年，校正同省，又同登元和元年制科。公作元相墓志云：二十四試判入等，二十八應制科入三等。又元集《同州刺史謝表》云：年二十四登乙科，授校書郎，二十八蒙制舉首選。是首尾凡五年，盖貞元十八年壬午，至元和元年丙戌，相去正是五年。若樂天十六年中拔萃，去元和元年首尾七年矣。以元證白，可以知諸本之誤。總之，舊本為妄人改盡，此殆誤以及第之年為判選之年也。

「前輩多以前集、中集為名，予以為皇帝明年當改元，長慶訖於是矣，因號曰《白氏長慶集》。」按，長慶四年正月，穆宗崩，太子即位，是為敬宗。明年正月改元寳歷。序作於長慶四年冬，故曰明年當改元，即位必踰年改元，禮也。時本明年下有「秋」字，又删去「訖字」、「矣」字，誤。（《四庫全書》本汪立名《白香山詩集》卷首）

《白香山詩集凡例》

《白氏文集》七十一卷，内各體詩三十七卷，凡二千八百餘首。此外猶有集中遺漏者，可謂富矣。乃宋元以來，殊未見有詩集單行槧本。宋祁曰：「居易最長於詩，它文未能稱是。」公《與元九書》反覆千餘言，以自道其詩之所得力，而文章顧略焉。則公之自喜者，已有定論。舉其所長，不嫌略也。

《新唐書・藝文志》：「《白氏長慶集》七十五卷。」按，公《前集》為《長慶集》，元稹勘定，訖長慶二年冬，合五十卷以成於長慶四年。明年改元寶曆，故得名。亦猶之乎《前集》、《中集》云爾。元集具在，公之沒，去長慶末二十有二年，距微之沒亦十有五年。從杭州召還，及蘇州、洛中詩，皆在《後集》，奈何以《長慶集》括公之作乎？此誤相承已久，至今莫辨，良不可解。

白集相傳以郭武定本為最，海虞馮定遠猶謂已失次第，則其他可知。《春明退朝録》云：「公自勒文集，成五十卷，後集二十卷，皆寫本，寄藏廬山東林寺，又藏龍門香山寺。高駢鎮淮南，寄語江西廉使取東林集而有之。《香山集》經亂亦不復存。其後履道宅為普明僧院。後唐明宗子從榮又寫本實院之經藏，今本是也。後人亦補東林所藏，皆篇目次第未真，與今吳蜀摹板無異。」而《文獻通考》又云：「吳本蜀本編次亦不同，又有《外集》一卷，往往皆非自記之舊矣，並亡可考。」

《郡齋讀書志》：《長慶集》七十一卷。晁子止曰：《長慶集》五十卷，《後集》二十卷，《續後集》五卷本。七十五卷《續後集》亡三卷。按此，亦當有七十二卷。又云集後有《聞李崖州貶》二絕，固疑非樂天語，以編年考之，果謬。今集後無此詩，然則今本之七十一卷，又非復晁氏所論之舊矣。

今本有姑蘇錢考功刻，曰《白氏文集》。雲間馬元調刻曰《元白長慶集》，大都從元及白者，故獨詳於元。前有凡例，後有補遺。元刻既竣，漫鐫白集，以附行耳。往往前後紊雜，既非分體，又非編年。二本略同，而錢為甚。目與卷不合，卷首所標與卷内不合，有律詩卷而雜入古體者，有一題小序而冠作通卷之序者，有失去詩題竟以小序作題者，有本是他人作因公唱和附見者，輒易題中字扭為公作，甚至刪落字句，顛倒前後，舛譌未易枚舉，今悉從各本校正。

《唐音丁籤》載白詩全集，鹽官胡氏曰：集中詩三十七卷，前後為例不一，難以彙編，今通照後集分體，仍備注以存其舊，凡編五古二十卷，七古二卷，新樂府二卷，長短句一卷，五律五卷，五排六卷，七律九卷，半律七排合一卷，五絕一卷，七絕七卷，合五十四卷，繆戾雖稍減於馬錢二本，然分體太瑣遂，有一題之詩而割裂各卷者，且其所注前後集亦頗有誤。蓋白詩歲月，本井然可考，如《長慶集》公自謂訖二年冬，而胡本於三年詩亦注《前集》，公自杭州還始卜居洛中，得履道宅，乃《別杭州》等詩並在《後集》，而《洛中卜居履道里》等詩反注《前集》。雖本相沿之謬，要其考據亦不得謂之詳密矣。

古人詩多以地名，如蘇州、柳州、樊川、丁卯類然。今《長慶集》後集既各自為卷，而仍統之曰《白香山詩集》，從其歸老之地也。

是集依胡本，分前後集，各本雖不另分二集，然並載《後集》於二十一卷之首，且二十卷以上，分諷諭、閒適、感傷、律詩，凡四類，以類次卷，卷各以年為先後，二十一卷以下則但分格律，又互有間斷，而獨不雜入長慶三年以前詩，是後集之起於二十一卷，明矣。顧《前集》八卷及二十卷卷末，反雜長慶三年詩者，要亦有故。嘗考元序與公自序，長慶集五十卷，後集二十卷，各以詩文編次。舊本既亡，今本盡編文藁於三十七卷後，中間取足卷尾，未免移補，遂失其舊，如《曲江感秋》詩序云：「元和二年、三年、四年，皆有《曲江感秋》詩，編在第七集卷。」今本第七卷盡江州詩，而所謂「第七集卷」者，皆莫可考。《西溪叢話》云：「白樂天《後集》第五十一卷《同微之贈別郭虛舟鍊師五十韻》敘燒丹事甚詳。」今本此詩在二十一卷，可見宋本尚各集詩文次卷未嘗截然列文於後也，此非分并之明驗乎？今編《長慶集》二十卷，分類仍之。《後集》十七卷，各本僅分格律，亦仍之，合三十七卷。公集本有《續後集》，散失難稽，其亡據者，不敢臆分也。

集内應制諸詩及試作，皆附別卷，有列賦後者，有列制誥後者，本不在三十七卷内，蓋唐人多以此另為一體也。集後又有謡吟歌篇等作，《文苑英華》、《唐文粹》皆入詩選，從之都為別集一卷。

今本遺漏詩甚多，他不具論，即韋穀《才調集》所選，且有未備者，乃從各本蒐輯，次為白集補遺二卷，合前後別集凡四十卷。

公生平事略見於新舊《唐書》，其中亦互有詳略，第新書多假借字語，致本事反以辭晦，而年月先後，亦不甚詳。今備載《舊書》，仍參考異同為一卷。

宋鋟吳蜀本各有年譜一卷，今可考者，惟《唐詩紀事》中寥寥數行，不編年而多紕繆。《丁籤》自謂得虞山宋本校刻，然《年譜》亦多襲《紀事》之誤，而文加略焉，似未見宋譜者。蓋舊本之亡，久矣。竊不自揆，參考志傳，旁證諸家，次為年譜一卷，不過約略其出處先後之大概，俾讀公詩者，雖編次失舊，猶得按歲月以考之耳。

詩中箋釋，皆原注。間有增入者，則為按字以別之。但就本詩之可考者，而已不復蔓引他書，妄託箋注，自惟淺陋，不足以注古人詩，而公詩亦非撏撦餖飣所能摸索也。

集中字句之訛，悉從諸本校對，家塾數種之外，復假證於吳中舊家藏書，有萬閒堂校改本，苕溪草堂本，最後又得憩閒堂所藏泰興季侍御依宋刻手校本，聚本不一，自多互異，若銀根亥豕，鑿然譌謬，抹改固不待言，其或意義可通，原屬疑似，則注一作某字於其下，以存其舊。

唐宋詩話，或因事揚扢，引類旁通，或考據時地，頗足鼓吹風雅，今並采録本詩之後。又考公集中記序等作，凡時事相涉，詩文互見者，亦因詩附載。吟諷之下，既挹春華，兼登秋實也。

古人引用諸書，必詳根柢出處。嘉隆以後，此風邈矣。是集采用凡一百二十餘家，各標原書名目，其有邪説流傳，不根已甚者，亦間為折衷駁正。既卒業，適秀水朱檢討竹垞先生來探梅西山，因過草堂，留話竟日，疑難相質，多所發明，既歸復以藏弆鈔本郵寄，廣所未備，先生每及表章古人，輒津津娓娓，商榷忘倦，衣被後學之功，不敢忘也。

是集緣起，本以案頭，俗本訛誤，偶有考正，日注行間，漸采小史、詩話、筆記一二，積之窮年，不覺盈卷。北還杜門，重加編訂，時家姪陛來泰交，讀書小園，相與晨夕，謬謂此本能洗俗刻蕪穢，從臾剞劂，因為予讎校字畫，襄成之雅，固得附書。(《四庫全書》本汪立名《白香山詩集》卷首)

《白香山本傳·後案》

《新書》贊云:「居易譏『世人所愛惟雜律詩,彼所重,我所輕。至諷諭意激而言質,閒適思澹而辭迂,以質合迂,宜人之不愛也』。今視其文,信然。而杜牧謂:『纖豔不逞,非莊士雅人所為。流傳人間,子父女母交口教授,淫言媟語入人肌骨不可去。』蓋救所失,不得不云。」

立名按:史筆矛盾如此,安所謂識與斷乎?且所云「纖豔不逞」等,本非杜牧語。葉少蘊《避暑録話》:杜牧作《李戡墓志》,載戡詆元白詩語,所謂「非莊人雅士所為,淫言媟語入人肌骨」者,元稹所不論,如樂天諷諭、閒適之辭,可槩謂淫言媟語耶?戡不知何人,而牧稱之過甚。古今妄人,不自量好,抑揚予奪,而人輒信之,類爾。觀牧詩纖豔淫媟,乃正其所言而不自知也。《新唐書》取為牧語論樂天,傳以為救失不得不然,盖過矣。牧記戡母夢有偉男子持雙兒授之予孔丘,以是與爾,及生戡,因字之天授。晁無咎每舉以為戲曰:「孔夫子乃為人作九子母耶?」此必戡平日自言者,其詭妄不言可知也。(《四庫全書》本汪立名《白香山詩集》卷首)

《白香山年譜·世系後案》

按,《唐宰相世系表》:白氏出自姬姓,周太王五世孫虞仲封於虞,為晉所滅。虞之公族井伯奚媵伯姬於秦,受邑於百里,因號百里奚。奚生視,字孟明,古人皆先字後名,故稱為孟明視。孟明視二子,一曰西乞術,二曰白乙丙。其後以為氏。裔孫武安君起賜死杜郵,始皇思其功,封其子仲於太原,故子孫世為太原人。二十三世孫後魏太原太守邕,邕五世孫建白氏。《家狀》則曰楚殺白公,其子奔秦,代為名將,乙丙已降是也,未嘗作虞人及百里奚媵秦語。表又以建為後周弘農郡守,與家狀比齊五兵尚書贈司空不合,白敏中大父名鏻,與鍠同為温之子,乃以鏻為潾,凡此皆誤也。洪景盧《容齋隨筆》謂,《新唐書·宰相世系表》承用逐家譜牒,多所繆誤。歐陽公略不削筆,恐未可據信哉!白公自撰《醉吟先生墓志》云,有三姪,長味道,巢縣丞,次景回,淄州司兵叅軍,次晦之,舉進士,並不詳何人子。又云:「樂天無子,以姪孫阿新為之後。」大中三年,李商隱為公墓碑,云:子景受「自潁陽尉典治集賢」。御書表云,景受孟懷觀察使,以從子嗣,則非阿新明矣。按公墓志預作於會昌初，豈其後復易以從子承祧，而遂更其名乎？表於景受下，猶系二世，景受生邦翰，司封郎中，邦翰生思齊，鄭州録事叅軍，行簡子為味道，成都少尹。今世系並依文集家狀，仍載史表異同以備考。（《四庫全書》本汪立名《白香山詩集》卷首）

《白香山年譜・後案》

案，直齋陳氏《書録解題》曰：「吴郡守李伯珍刻白集，有《年譜》一卷，維揚李璜德劭譔。余病其疎略牴牾，號為《年譜》而不編年，乃別為新譜，刊附集首。」又曰：「知忠州漢嘉何友諒，以居易舊治，既刊其文集，又作《年譜》，列之集首。始余為譜既成，妹夫王梾叔守忠，録寄之，則忠已有此譜，視余《譜》詳略互見，亦各有發明。」按此即所謂吴蜀本也。今並亡失，無可考。惟《唐詩紀事》略有譜。胡氏《丁籤》列白集之首者，多從其説，亦間有異同，頗如陳氏所謂「疎略牴牾，號為年譜，而不編年」者，大都仍吴本之誤也。如貞元十六年本庚辰，而訛曰己卯。公生壬子歲，是年二十九，而訛曰二十八。元和三年，除左拾遺，見《本傳》，又見公奏狀，又見奉勑試撰制誥注，而訛曰二年。除謝狀稱，五年五月始授京兆戶曹叅軍，喪母則在六年四月，而訛曰五年喪母。《賀雨》詩云：「皇帝嗣寶曆，元和三年冬。自冬及春暮，不雨旱爞爞。」是明屬四年作矣，而訛曰三年冬作，豈未見「自冬及春暮」句耶？且云為贊善首尾四年，尤謬。公六年丁母喪，九年拜贊善，至十年謫潯陽才五年，《寄元九》詩云：「一病經四年，親朋書斷絕。」然則渭村退居已首尾四年，安得五年為贊善哉？十四年，同知退赴忠州任，於峽中遇微之，作《三游洞序》，而訛曰「三游洞庭」。會昌二年壬戌春致仕，《官俸初罷》詩云：「七年為少傅。」公以開成丙辰加少傅，至壬戌正是七年，而訛曰元年致仕。其中繆盭，略舉於此。既從而訂正之，乃益叅考傳志諸家所紀述，仍舉公詩之歲月可考者繫其下，次為《年譜》一卷。時代云遠，典籍淪亡，或失據依，寧闕其未確者，不敢穿鑿傅會，而曲為之説也，敢以質諸博雅君子。古歙汪立名譔。（《四庫全書》本汪立名《白香山詩集》卷首）

《白香山年譜舊本序》

歲在玄黓，敦牂四月，余方編刻白香山詩，購宋槧年譜未得，乃妄為考據，譔次年譜一卷。明年五月，剞劂既竣，復從朱檢討竹垞先生所，得琴川汲古閣毛氏故所藏香山宋譜，即直齋陳氏譔本，不特編年繫事與余譜略同，而其辨論《海圖屏風詩》為諷王承宗事作，及元白隙終之繆之類，無不暗合。相去數百年，如與古人晤對質疑，亦大快事也。始余為譜，頗極駁史傳紀事諸書譌誤，或者怪之，獲見是書，自幸可藉以白穿鑿杜譔之疑，遂欲削去所譔，獨留陳本，而竹垞先生以為二譜，一縱一横，體格本異，且互有詳略，不嫌並存，又因其得之既刻之後，遂附次新譜，非敢進今而退古也。譜既曰未嘗賜謚，而猶稱《白文公年譜》者，從新史耳，若其引據詩話，雖已采録，重惜古本，未忍裁節，並仍其舊，康熙癸未六月汪立名記。(《四庫全書》本汪立名《白香山詩集》卷首)

《白香山年譜舊本・後案》

立名按：今白集錢考功本並依吳門宋刋，獨無李璜譜，不知何時刪去。就直齋所訾，可以槩見其舛謬，豈特日不知有史傳，即白公文集亦似從未省覽者。吳本之年譜如此，無怪其編次之荒唐乃爾也。近世購書家但重宋本，略不鑒別，幸而李譜不傳，陳氏駁正之書尚在。設以彼易此，亦將據宋刻而信之否乎？顧白公以元和五年庚寅除京兆户曹，六年辛卯丁母陳太君喪，始歸渭村，時年四十，故《歸田》詩云「四十為野夫」也。直齋乃以此詩係之五年，且云「移疾求退」，然陳太君以六年卒於長安宣平里第，猶自京兆府申堂狀，安得先一年歸渭村？又，香山九老不及如滿、李爽，及七十致仕，並略有異同，語詳新譜及《九老圖》詩後。要之，直齋考據精確多詳，人所不能詳，其他自不嫌疎略也。(《四庫全書》本汪立名《白香山詩集》卷首)

《題海圖屏風（元和己丑年作）・按語》

立名按：此詩於題下注年，必有為而作。己丑為元和四年，四月，憲宗欲乘王士真死，除人代之，不從，則興師討之，以革河北諸鎮世襲之弊。裴垍不可。李絳言，武俊父子相承四十餘年，今承宗又已總軍務，一旦易之，恐未即奉詔。又河北諸鎮事體正同，必不自安，陰相黨助。中尉吐突承璀欲奪垍權，自請將兵討之，未行。九月，憲宗又欲以承宗為成德留後，割其德、棣二州，更為一鎮。命王氏壻薛昌朝領之。承宗果囚昌朝，抗不奉詔。遂命承璀統兵討承宗，自此兵連禍結，師久無功。公集有狀，論其事云：「臣伏以河北事體，本不宜用兵。」此詩當因是託諷也。東坡云：「吳元濟以蔡叛，犯許、汝以驚東都，此不可不討者也。當時議者欲置之，固為非策，然不得武、裴二傑士，亦未易辦也。白樂天豈庸人哉？然其議論，亦似屬置之者。其詩有《海圖屏風》者，可見其意。且注云：『時方討淮、蔡叛。』吾以是知仁人君子之於兵，蓋不忍輕用如此。淮、蔡且欲以德懷，况欲敵所恃以事無用乎？悲乎，此未易與俗士談也。」東坡此語，定有為，特借是以發之耳。然今本並無淮蔡叛之注，况元濟反在元和十年，縱兵侵掠，不容不討者。詩中「不量力」「鼇可求」等語，殊不相涉。是詩之作，確是元和四年，然則宋本亦有繆誤，東坡以注為據，遂不復推考也。(《白香山詩集》卷一)

《長恨歌·後注及按語》

《隱居詩話》云：「唐人詠馬嵬事多矣。世所稱白居易『六軍不發無奈何，宛轉蛾眉馬前死』，此乃歌詠禄山能使官軍叛，逼追明皇，不得已而誅楊妃也。豈特不曉文章體裁，而造語蠢拙，抑亦失臣下事君之禮。老杜則不然，其《北征》詩曰：『不聞夏殷衰，中自誅褒妲。』乃見明皇鑒夏、商之敗，畏天悔禍，賜妃子以死，官軍何與焉？」

立名按：此論為推尊少陵則可，若以此貶樂天，則不可。論詩須相題，《長恨歌》本與陳鴻、王質夫話楊妃始終而作，猶慮詩有未詳，陳鴻又作《長恨歌傳》，所謂「不特感其事，亦欲懲尤物、窒亂階，垂於將來」也，自與《北征》詩不同。諱馬嵬事實，則「長恨」二字便無著落矣。讀書全不理會作詩本末，而執片詞肆議古人，已屬太過，至謂歌詠禄山能使官軍云云，則尤近乎鍛煉矣。宋人多文字吹求之禍，皆釀於此等議論。若唐人作詩，本無所謂忌諱，忠厚之風，自可慕也。然陳傳中敘貢妃進於壽邸，而白詩諱之，但云「楊家有女初長成，養在深閨人未識，天生麗質難自棄，一朝選在君王側。」安得謂樂天不知文章大體耶！倘有詛其謬以羅織少陵者，必將以少陵《憶昔》詩「張後不樂天子忙」句，為失以臣事君之禮；「百官跣足隨天王」句，為歌詠吐蕃追逼代宗，又豈通論乎？(《白香山詩集》卷十二)

《夜歸·按語》

立名按：西湖蘇白堤，相傳二公始築。《新書》亦云：居易為杭州刺史，始築堤捍錢唐湖。此公初到杭州詩，已有十里沙堤句，又《錢唐湖石函記》但云修築河堤，加高數尺。《別杭民》詩注云：增築湖隄築。不自公始，明矣。或以公詩有「緑楊陰裏白沙隄」，為白隄所自來，然公詩如「護江隄白蹋晴沙」亦用白沙，不獨湖堤也。汎（況）公所修湖隄，在湖之東北，接連下湖。《舊志》近昭慶有石函橋、溜水橋，是其故址。即李泌設閘洩水，引灌六井處。今杭人率指蘇堤之西為白隄，益不相陟。又有指石徑塘為白隄者，不知張祜已有「斷橋荒蘚合」之句矣。白詩「誰開湖寺西南路，草緑裙腰一道斜」自注云：「孤山寺在湖州中，草緑時望如裙腰。」正指今石徑塘也。蘇公請開西湖，絶不及築隄事，但詳見本傳、墓誌。《方輿勝覽》：元祐間，蘇子瞻築隄湖上，自南山抵北山，夾道植柳，林子中牓曰蘇公隄。章子厚詩：「天面長虹一線痕，直通南北兩山春。」後吕惠卿奏毁之。乾道作新隄，自南山淨慈寺前，直抵北山，湖分為兩，遊人大舟不能達於北山。紹興中，始造二高橋，出北山，達於大佛頭，舟行徃來，始無礙。《咸淳臨安志》：嗣守林希榜曰：蘇公堤。邦人祠公堤上。郡守吕惠卿奏毁之。堤間齧於水，郡常隨時修治，訖罔克久。咸淳五年，朝廷給錢增築，然則蘇堤亦非治築之舊矣。（《白香山詩集》卷二十）

《後集一格詩·按語》

立名按：唐人詩集中無號格詩者，即大歷以還，有齊梁格、元白格、元和格、葫蘆、轆轤、進退諸格，多兼律詩而言，不專主古體也。顧格詩之義雖亡考，而見諸公之文章者可證。《元少尹集序》「宗簡河南人，自舉進士歷御史府尚書郎，訖京亞尹，二十年著格詩若干首，律詩若干首，賦述銘記等若干首，合三十卷。」由是觀之，格者但別於律詩之謂。公前集既分古調、樂府、歌行，以類各次於諷諭、閒適、感傷之卷，後集不復分類別卷，遂統稱之曰格詩耳。時本於十一卷之首格詩下，復繫歌行、雜體字，是以格詩另為古詩之一體矣。豈元少尹生平獨不為歌行、雜體乎？況公《後序》但曰「邇来復有格律詩」，《洛中集記》亦曰「分司東都及兹十二年，其間賦格、律詩凡八百首。」初未嘗及歌行雜體者，固以「格」字該舉之也。又時本三十六卷，首作半格詩附律詩。半者，本謂卷内半是格詩，而附以律詩云爾。乃直標半格詩，而注「附律詩」於其旁。是又將以半格詩另為一體矣。其誤不幾於眇者之捫燭揣籥以為日乎？今《後集》既別格律詩，次卷卷首但標格詩、律詩，不復承譌，以留疑案。○《後集》凡十七卷，首卷即各本之二十一卷也。胡氏丁籤自此卷以下皆作《後集》。各本雖卷第相次而並列《後序》於此卷，且編例與《前集》二十卷判然不同，既格律分卷，復前後互間，不可據依。今編一卷至五卷並格詩，六卷至十七卷並律詩，而畧為詮訂其失次者。按，《後集》起長慶三年春，即到杭州之明年，故杭州詩半在律卷，獨古詩則首《蘇州旬假命宴》一首，不及杭州作，此蓋删并時誤簡前集卷尾也，今並歸入。或曰元序成於長慶四年十月，而公自序乃曰訖二年冬，似相牴牾。不知古人詩文，必反覆勘定，然後成集，豈朝脱槀而夕就編者耶？况公以四年夏自杭州召還，除庶子分司東都，使《長慶集》訖於四年冬，則《除官赴闕》、《留别西湖》諸律詩，何以舊編《後集》而不入《前集》乎？○公自記有《續後集》五卷，《讀書志》云：「亡失三卷。」《書録解題》云：「亡失四卷。」要皆兼詩文而言，則所闕之卷，其為詩為文，並不可考。鹽官胡氏直謂《續後集》詩止一卷，近於宋本録附各體後，然《續後集》者，公晚年最後之詩，若胡氏所録，如《送劉郎中刺蘇州》在太和五年，不盡是續集詩，而會昌末年諸作，又已收《後集》，蓋卷次删并，其舊自不可復尋。姑以集中逸詩録諸補遺，而未敢據疑似之説以分之也。（《白香山詩集》卷二十一）

《詩解・按語》

立名按：平園周必大曰：「香山詩語平易，疑若信手而成者。間觀遺槀，則竄定實多。」觀此詩信然。乃有僞造不經語，以陰刺公者。如《墨客揮犀》云：「樂天每作詩，令一老嫗解之，嫗曰解則録之，不解則不復集。故唐末之弊至於俚。」其意不過欲竭力形容一俗字耳。且毋論其他，試舉公晚年長律，其根柢之博，立格鍊句之妙，果皆老嫗所能解否邪？其説之邪謬，真可付一噱也。（《白香山詩集》卷二十五）

《偶眠・按語》

立名按：《詩話總龜》云：「元、白詞多比圖畫，如《重屏圖》，自唐迄今傳焉；乃樂天《醉眠》詩，能盡人情物態，非筆端有口，未易到也。詩家

以畫為無聲詩，誠哉是言!」(《白香山詩集》卷二十八)

智按：《偶眠》(一作醉眠)：「放杯書案上，枕臂火爐前。老愛尋思睡，慵多（一本作慵便）取次眠。妻教卸烏帽，婢與展青氈。便是屏風樣，何勞畫古賢。」

《新製綾襖成感而有詠·按語》

立名按：樂天詩多學杜。葛常之云：「杜甫《茅屋為秋風所破歌》：『安得廣厦千萬間，大庇天下寒士多歡顔，風雨不動安如山。於乎，何時眼前見此屋？吾廬獨破受凍死亦足。』此飢寒而憫人飢寒者也。樂天《新置布裘》詩及《新製綾襖成》詩，此飽煖而憫人飢寒者也。」《芥隠筆記》云：「樂天此詩，與子美一意。」(《白香山詩集》卷三十)

《覽盧子舊侍御舊詩多與微之唱和感今傷昔因贈子蒙題於卷後·後注及按語》

《北夢瑣言》云：白太保與元相國友善，以詩道著名，時號元白，其集内有《哭元相詩》云：「相看掩淚俱無語」等句，洎自撰墓志云，與劉夢得為詩友，殊不言元公，人疑其隙終也。

立名按：此語在《醉吟先生傳》中，非墓志也。傳末曰：於時開成三年先生之齒六十有七，則是微之歿久矣。其所謂如滿為空門友，韋楚為山水友，夢得為詩友，皇甫朗之為酒友，皆就當時在洛之人而言，非該舉平生也。且公晚年哭微之作甚多，有《夢微之》詩云：「夜來攜手夢同遊，晨起盈巾淚莫收。」《又聞歌者唱微之詩》云：「時向歌中聞一句，未容傾耳已傷心。」感悼悽愴，如在初没。隙終之語，豈不大謬邪？又考史傳皆作白少傅，即公詩内止有少傅官停語，並無稱太保者，不知何所本也。(《白香山詩集》卷三十七)

《池上篇·按語》

立名按：公有《奉和牛思黯太湖石兼呈夢得》詩，其末云：「共嗟無此分，虚管太湖來。」自注：「與夢得俱典姑蘇，而不獲此石。」而此詩序中又云：「罷蘇州刺史時，得太湖石。」豈歸洛既久，舊物皆不復存邪？(《白香山

詩集》卷三十八)

《九老圖詩·後注及按語》

《新唐書》本傳:「白居易居東都履道里,疏沼種樹,構石樓香山,鑿八節灘,經月不食葷,自號香山居士。與胡杲、吉皎、鄭據、劉真、盧真、張渾、狄兼謨、盧貞宴集,皆高年不事者,人慕之,繪為《九老圖》。」

立名按:《新書》多約略意會之誤,記述頗失實,如遺卻李元爽及如滿僧,而以狄、盧為九老,謬矣。《白集》今本雖遺《九老圖》一絕句,然而狄、盧年未七十,雖與會而不及列。及詩中七人、七賢等語具在,則狄、盧自不與九老之數,明矣。此香山千古佳話,乃《集》中僅存公詩,因從各本搜考六老詩,及後題絕句一首,以歸補遺集。(《白香山詩集》卷四十)

智按:汪立名,字西亭,祖籍安徽歙縣瞻淇,祖父始遷蘇州。中年為官後多在浙江錢塘,自稱浙江杭州府錢塘縣人。官工部主事。精通六書,工詩文,著有《鐘鼎字源》、《今韻箋略》、《遙青齋詩集》等。編有《唐四家詩》八卷,合刻唐王維、孟浩然、韋應物、柳宗元四家之詩。其所編《白香山詩集》成於康熙四十一年(一七〇二)壬午,按語有一百七十七則,多附在詩後,許多僅為箋注,間或稱引前人評語,並無闡發,故未盡録。

藍鼎元(一六八〇~一七三三)

《林元白詩序》

南詔林元白先生,老於詩者也。少慕微之、樂天,因自字曰元白。集成,即以名編。吾鄉前朝侍御李寶弓先生,及今太史蔡梁村為之序。其詩冲和宕逸,瀟灑出塵,質不傷俚,華不及靡,是真能得微之之神,而兼樂天之致者。學優才長,可為世用。念祖父累世忠貞,遭寇難,愴痛傷心,敝屣功名,托於詩以自見。身經亂離,天倫聚散之感,慘然流溢行墨間。讀《懷浦七歌》、《寄弟》諸什,不墜淚者非人情矣。滄桑屢告,寄慨尤多。寅卯見聞,益增酸鼻。蓋蒿目坎坷,磊魂填胸,有所觸而不能自禁,故每放浪形骸,借山水花月潛消不平之氣,而以酒為家,旦暮歸宿。當其豪飲大醉,揖影徘徊,掉臂行吟，叶宫商而鏘金石，雖使微之騁詞，樂天分韻，騷壇牛耳，正未知執自誰手爾！今年逾八十，詩興益豪，回思生平心血，不忍聽其散佚。重鋟棗梨，而命予小子為序。夫前達鉅公，既詳哉言，小子更何庸贅？惟有盥手卒讀，奉櫽栝而守筌蹄，以無忘先生愛我之意而已。然是詩必傳於後，與微之、樂天增雞林之價，則予之文亦將附先生以行遠，且分賈人之金，先生其許我否？不揣荒陋，再拜稽首而書之。（《四庫全書》本《鹿洲初集》卷四）

《林元白先生哀辭》

南詔詩人林元白先生，以辛丑王春九日考終於教忠第姻家，猶子藍鼎元趨而哭之曰：嗚呼！先生死矣，老成遽凋，典型長謝，風雅道喪，廣陵響絕，宇宙間黯然可恨事，豈不痛哉？先生忠烈，子孫詞壇名宿，以烟霞詩酒束一生。忠孝鬱勃雄浩峻嶒之氣，投之所向，隨境而安。其發為文章，超宕俊逸，有霽月光風入其胸次。余嘗序其詩，以為得微之之神，而兼樂天之致，字曰元白，實稱其名。……（《四庫全書》本《鹿洲初集》卷十九）

智按：藍鼎元，字玉霖，號鹿洲，漳浦（今屬福建）人。由貢生官至廣州府知府。

太宰春台（一六八〇～一七四七）

《詩論》

唐人作詩之多者，莫如杜子美，次則白樂天是已。然子美好紀時事，所以有詩史之稱也。樂天亦好紀時事，而不及子美之雅馴，徒以常語矢口爲詩而已。雖多至千首萬首，亦何足觀哉？唯《長恨》、《琵琶》二歌行，較佳而已。子美雖稱詩聖，然終于此耳，一生更無他事業，則亦猶二王之終身于書，顧長康終身于畫，不免爲曲士，何望不器之君子乎？（池田四郎編《日本詩話叢書》第四卷，東京文會堂書店，一九一九年十二月版，第二九二～二九三頁）

智按：太宰春台，名純，字德夫，小字彌右衛門，號春台，又號紫芝園，信濃（今長野縣）人。德川時期儒學思想家。青少年時代跟隨荻生徂徠學習儒學。入萱園社，爲捍衛徂徠古學從事學術教育活動，終身生活清貧。有《春台先生紫芝園稿》二十二卷及《經濟録》、《論語古訓》、《六經略說》、《辨道書》、《聖學問答》。

張漢（一六八〇～一七五九）

《白氏世系譜序》

考自唐大和時，有少傅白樂天先生者，原籍太原人也。厥後，遷洛履道里。嘗會九老於龍門香山，人遂號爲白香山，而卒葬於其地也。史載先生居官，殿中面對，情辭切至，上書陳言，不避權勢，中立不倚，素有兼濟之志。所遺《長慶集》七十五卷。讀其詞，玩其味，誠政教風化所關，其功業開卷燦然。而或徒以詩人目之，豈知先生者哉？先生文集有自撰墓志云：「樂天無子，以侄孫阿新爲後。」余始讀之而疑焉。夫先生兄弟已伯仲叔季矣，季弟雖早亡，然猶有伯與叔者存，侄輩固自有人，而先生有寧舍其侄而以侄孫爲嗣之理乎？况先生文集所言，與史書所載多相矛盾，無有定論者，不僅在取嗣一端也。余固知必版籍之訛，而後人遂以訛傳訛耳。

先生四十五代裔孫諱錦，字綉章，於康熙四十七年蒙督學湯公閱舊譜，而舉爲守嗣生。而綉章猶卓意課誦，屢試場中。其文清筆捷，士君子多愛之敬之。至雍正二年甲辰秋月，奉命清查各賢之苗裔，時余任河南郡守。因查白氏之譜，而始知綉章系白先生正裔孫也。申文起册注部，次年乙巳春，衍聖公府挂號。而綉章自此陶然得意，日以博覽群書、吟咏賦詩爲事，而場試誦課文書辭焉。是年秋，綉章執譜求序，余欣然從命。

按譜，白氏系出姬姓，周太王次子仲雍裔孫，封於虞，是謂虞仲。其孫即虞公井伯奚，於秦受邑百里，因號百里奚。奚生百里視，視生白乙丙，丙子孫遂以白爲姓焉。其孫白起，有功有德於秦，封爲武安君。其子仲，始皇封諸太原，故子孫世爲太原人。傳至邕，賜田韓城，移籍同州。又傳至溫，遷下邽，子孫又爲下邽人。又二世，至樂天先生，即白氏譜中遷洛之始祖也。於會昌元年取兄幼文次子景受（小字阿新）爲後，受字介福，生邦翰，翰生奏績。因後唐莊宗改履道爲禪院，遂遷至洛城。宅兆邙山，景受葬於此焉。至元順帝失位大亂，白氏族逃奔四方，止遺諱介一人也（系先生三十二代之裔孫），於亂後修譜，可謂有心人也。又傳至四世諱金剛，遷洛東南，又重修舊譜，是樂天先生之世系，又借此一人以相傳於無替也。夫自先生遷洛，下傳至綉章四十五代矣，而世系相傳不朽，綉章又重修先代之舊譜，於金剛以下各門相衍者，又經彼一人之手而匯序之。其賢爲何如歟！後之子孫，再能繼述而接續焉，則白先生之高節懿行，日在人口而稱道不衰矣。於是爲序。

大清雍正三年歲在乙巳九月五日，特簡河南府知府張漢頓首拜序。（《白居易家譜》，中國旅游出版社，一九八三年三月，第一八～一九頁）

智按：張漢，字月槎，號蟄存，雲南石屏人。康熙五十二年（一七一三）癸巳進士。少負文名，雍正二年（一七二四），以檢討出為河南知府，與上官牴牾歸。乾隆元年（一七三六）丙辰，試博學宏詞科二等三名，復授檢討，改官御史，條陳河南荒歉狀，有直聲，江南儲大文、胡宗緒皆其禮闈所得士。著有《留硯堂詩選》六卷，《清代詩文集彙編》影印民國三年刻雲南叢書本，第二四八册。雍正三年（一七二五），應白居易四十五代裔孫白錦之求，撰《白氏世系譜序》。

朱倫瀚（一六八〇～一七六〇）

《題家書後效香山體疊韻四首》

幾度山幽復水清，卻將人隔向邊城。今年客有昨年夢，一日天無半日晴。纔值立秋風早冷，每當入夜月偏明。近牀扣枕無情物，不是蟲聲卽雨聲。

不愁身瘦喜身清，居傍青山山傍城。走馬隄邊泥正滑，懷人枕上夜難晴。聽殘鐘落窗欞響，看慣虹拖屋角明。鎮日憑欄愁獨立，亂喧街漲作潮聲。

畫債詩逋未易清，每驅羸馬過山城。渡橋水咽羣流滙，漏日峯涵一朵晴。潑墨懶因窗雨暗，放歌喜對夕陽明。但聞剝啄多相訪，不似家園索負聲。

迢遞關河望眼清，憑南一直是京城。沙禽靜夜如相喚，山市來朝又不晴。似水貼雲千里濕，如螢挂壁一燈明。漏聲最怕風鳴處，斷續吹來牧馬聲。

（《閑青堂詩集》卷三，《四庫未收書輯刊》影印清乾隆刻本）

《寄懷伊翼庭用香山與微之且結後期韻》

三年不相見，新詩勞遠貽。窮達謂有命，聚散復誰司。顧我衷腸結，思之淚沾衣。早起南山望，負手步階墀。繫職雖閒散，宅心慎細微。好友時相念，暌隔徒傷悲。歲月急流水，白髮懷舊知。往事空如夢，後會難爲期。當年起舞志，已愁筋力衰。何時借杯酒，傾我意所之。空窗度虚鐘，老去惜歲時。風雨竟晨夕，徒爲相思資。懷君何時見，默數鴻雁歸。（《閑青堂詩集》卷三，《四庫未收書輯刊》影印清乾隆刻本）

《閒吟效香山體》

時清歲稔樂年華，步鶴亭前散早衙。斟酌日來窗下句，移栽雨後月中花。靠江城廓依巖閣，拂檻風光入户霞。自寫畫圖還自賞，宦遊何必異山家。（《閑青堂詩集》卷五，《四庫未收書輯刊》影印清乾隆刻本）

《余以丁巳五月十五日赴湖北驛鹽道任庚申夏奉召還都亦於五月十五日出署僦寓僧寺偶憶白香山守杭時有只許住三年之句恰合詩以識之》

自笑風塵吏，隨緣住梵宫。漫搔霜鬢白，來伴佛燈紅。捧檄三年外，偷閒五月中。千秋白太傅，詩案詫雷同。（《閑青堂詩集》卷六，《四庫未收書輯刊》影印清乾隆刻本）

《題重修琵琶亭繪圖八首有序》

潯陽，我舊遊也；雋公，我老友也。地隔人暌，已非一日。予既宦遊楚省，公適司榷九江，相距甚近。既聞重新琵琶亭，冀他日轍迹帆影，經過其下，握老友，感舊遊，俯仰宇宙，憑弔今古，以附一時之盛。乃未幾馬首北歸，既老且衰，無復遠思。頃於京華暇日，伊翼亭寄到此册，兼輯集《重修琵琶亭倡和詩》，囑予補題。念余自髫年，兩度維舟潯陽城下，今五十餘載，不獲再見。慨江山之不可復識，興會之不堪追遡，就事抒懷，含毫寓意。於夢想間，得詩八首應之。非惟負慚香山老人，竊恐貽笑山川，并辜良朋雅意耳。時壬申秋九月。

五十年來憶舊遊，大江秋色順帆收。誰將一掬青衫淚，翻作潯陽萬古流。

太傅風流人去國，使君幽興客登樓。閒愁我亦何爲者，往事驚心歎白頭。

苦竹黄蘆一徑清，畫樓雕榭照波晴。如何司馬蕭條況，不及雲和半夜聲。

人面依燈江月寒，感時去國客心酸。青山濕處繁絃底，更有如珠落玉盤。

無端愁緒繫人心，開宴張燈坐夜深。此際關情難説與，一天風浪到而今。

腸斷猿啼三峽遠，曲終人杳數峯青。劇憐萬古濤聲裏，別有傷心此一亭。

白傅長吟詩有畫，幽人重寫畫兼詩。江山無恙勞相問，可記征人解纜時。

老去何堪感舊盟，使君況復故人情。憑南展卷三千里，重到因緣結再生。
（《閑青堂詩集》卷八，《四庫未收書輯刊》影印清乾隆刻本）

《答吴夔倫編修和余題重修琵琶亭繪圖詩仍疊前韻八首》

莫問身遊與夢遊，古今詩思一時收。緣何色相無生滅，司馬青衫一例愁。

休勞無際兩虚亭（古有休休勞勞二亭），水接沙長見遠汀。怒浪雄風帆晝夜，片時停泊不堪聽。

秋老空悲宋玉賦，春深虚憶仲宣樓。空亭更自何年始，浪打荒城下石頭。

卧老江湖天地清，波光月色夜初晴。船開人去繁絃絶，還照長吟萬籟聲。

他鄉愁客酒杯寒，絶調哀吟擁鼻酸。夜冷如冰霜底月，莫教觸著水晶盤。

感遇傷離共此心，波濤浩淼自來深。當筵一曲留千載，遮没閒愁直到今。

前古後今人不見，調風弄月一山青。若教伯玉今猶在，定碎胡琴哭此亭。

當年破浪一颿風，猶記江城落照紅。皓月長空魂夢外，難將心事向高鴻。

故人舊寫江山態，君復新敲太傅詩。祇恐衰年情緒少，畫來不似見山時（揆倫欲余作《琵琶亭圖》）。

與君原是舊詩盟，塞上長歌萬里情。今日風塵重握手，唱酬渾似隔前生。
（《閑青堂詩集》卷九，《四庫未收書輯刊》影印清乾隆刻本）

智按：朱倫瀚，字涵齋，一字亦軒，號一三，漢軍旗人。康熙壬辰（一七一二）武進士。由侍衛改郎中，擢湖北驛鹽道，復改御史，歷官正黄旗漢軍副都統。有《閒青堂詩集》。

許廷鑅（一六八〇～？）

《黄任傳略》

莘田宦粤有惠政。罷官歸，貧不能自存，而獨耽於詩，清詞麗句，錯落於弓衣羅帕間。七古出入韓、蘇，《棄婦詞》有樂府遺意，五言古《築基》、《賑粥》諸篇，愷直悱惻，香山之《秦中吟》也。至七言絕句，實兼玉谿、金荃、樊川之辰，有妙思，有新色，有跌宕之致，有虛響之音，一唱三歎，深情流注於其間，令人悄焉以悲，怡然以悅，黯然魂銷而不自持。（《晚晴簃詩匯》卷五十五引）

智按：許廷鑅，字子遜，號竹素。長洲（今江蘇蘇州）人。康熙五十九年（一七二〇）庚子舉人，官武平知縣。有《竹素園詩存》。黄任（一六八三～一七六八），字莘田，福建永福人。康熙四十一年（一七〇二）壬午舉人，官四會知縣。有《香草齋詩集》。參見《石遺室詩話》卷二十六，鄭朝宗、石文英校點本，第三九五～三九七頁。

許昂霄（一六八〇？～一七五一）

《詞綜偶評》

《長相思》（白居易）深畫眉，淺畫眉。蟬鬢鬅鬙雲滿衣。陽臺行雨回。巫山高，巫山低。暮雨蕭蕭郎不歸。空房獨守時。

（後段）古樂府之遺。（《詞話叢編》第二册，第一五四七頁）

《翦牡丹》（張先）野緑連空，天青垂水，素色溶漾都淨。柔柳搖搖，墜輕絮無影。汀洲日落人歸，修巾薄袂，擷香拾翠相競。如解凌波，泊烟渚春暝。　　採絳朱索新整。宿綉屏、畫船風定。金鳳響雙槽，彈出今古幽思誰省。玉盤大小亂珠迸。酒上妝面，花艷媚相并。重聽。盡漢妃一曲，江空月靜。

前闋説舟中，後闋説琵琶。末句即香山所謂「惟見江心秋月白」也。（《詞話叢編》第二册，第一五五一頁）

《賀新郎》（辛棄疾）【緑樹聽鶗鴂，更那堪杜鵑聲住。】舊注云：鵜鴂、杜鵑實兩種，見《離騷補注》。【看燕燕，送歸妾。】《詩小序》云：燕燕，送歸妾也。竟作換頭用，直接亦奇。【將軍百戰身名裂六句。】上三項説婦人，此二項言男子。中間不敘正位，卻羅列古人許多離別，如讀文通《別賦》，亦創格也。又悲壯。【鳳尾聲龍香撥三句。】貴妃琵琶以龍香板為撥，以邏逤檀為槽，有金縷紅紋，蹙成雙鳳，故東坡詩云：「數弦已品龍香撥，半面猶遮鳳尾聲槽。」【最苦潯陽江頭客二句。】用白香山詩。【記出塞黃雲堆雪三句。】用烏絲公主事。【弦解語二句。】略束。【千古事，雲飛煙滅至末。】一齊收拾。（《詞話叢編》第二册，第一五五五～一五五六頁）

《綺羅香·紅葉》（張炎）萬里飛霜，千林落木，寒艷不招春妒。楓冷吳江，獨客又吟愁句。正船艤、流水孤村，似花繞、斜陽歸路。甚荒溝、一片凄涼，載情不去載愁去。　　長安誰問倦旅。羞見衰顏借酒，飄零如許。謾倚新妝，不入洛陽花譜。為回風、起舞尊前，盡化作、斷霞千縷。記陰陰、綠遍江南，夜窗聽暗雨。

（「謾倚新妝」二句）香山詩：「醉貌如紅葉，雖紅不是春。」（《詞話叢編》第二册，第一五六六頁）

智按：《醉中對紅葉》：「臨風杪秋樹，對酒長年人。醉貌如霜葉，雖紅不是春。」元和十三年（八一八），四十七歲，任江州司馬。《白居易集箋校》第一〇七九頁。

《賀新郎》（陳紀）趁拍哀弦促。聽泠泠、弦間細語，手間推覆。鶯語間關花底滑，急雨斜穿梧竹。又澗底、松風簌簌。鐵撥鵾弦春夜永，對金釵鍾乳人如玉。敲象板，剪銀燭。　　六麼聲斷涼州續。悵梅花、歲晚天寒，佳人空谷。有限弦聲無限意，淪落天涯幽獨。頓喚起、閑愁千斛。賀老定場無處問，到如今，只鼓昭君曲。呼羯鼓，瀉醽醁。

（對金釵鍾乳人如玉）香山詩：「鍾乳三千兩，金釵十二行。」（《詞話叢編》第二册，第一五七一～一五七二頁）

智按：《酬思黯戲贈（同用狂字）》，開成二年（八三七），六十六歲，洛陽，太子少傅分司。《白居易集箋校》第二三二七頁。

《春草碧》（金 李獻能）

紫簫吹破黃昏月，簌簌小梅，花飄香雪。寂寞花底風鬟。顏色如花命如葉。千里涴凝塵，凌波襪。　　心事鑑影，鸞孤箏絃鴈絕。舊時雪堂，人今華髮，腸斷金縷新聲。杯深不覺琉璃滑。醉夢遶南雲，花上蜨。

（顏色如花命如葉）香山成句。（《詞話叢編》第二册，第一五七八頁）

智按：「顏色如花命如葉」見白居易《新樂府·陵園妾》。

許昂霄，字誦蔚，號蒿廬，海寧（今屬浙江）人。乾隆十五年（一七五〇）貢生。編有《唐人詩選》、《晴雪雅詞》、《詞韻考略》、《玉溪生詩箋注》等。其《詞綜偶評》以浙西詞論為宗旨，偏重於神情韻味，標舉神韻、清空、淡遠、清麗；生前並未成書，死後四十餘年，由門人張載華於乾隆四十二年（一七七七）編輯成書。許氏評詞是浙西詞論之具體闡述。

文昭（一六八一～一七三二）

《次白香山晚桃韻》

紅雨繽紛傍曲池，花開正值絮飛時。漫山粗俗應相笑，春浪潺湲郤未知。靧面盧家仍覺艷，尋芳杜牧莫嫌遲。樹頭自有千年實，會見纍纍壓滿枝。（《紫幢軒詩集》松風支集卷二乙集，《四庫未收書輯刊》影印清雍正間刻本）

《夏日冲澹偶然作效白體》

飰後理課程，面窗展經卷。作字五七行，自起滌塵硯。爐靄息煩襟，茶甌醒午倦。喜無市聲喧，時有山禽囀。簾押北户開，梧竹新陰徧。高梢影乍搖，清響風亦善。靜味人不知，瓶花落一片。（《紫幢軒詩集》松風支集卷三丙集，《四庫未收書輯刊》影印清雍正間刻本）

《題人潯陽問渡圖》

潯陽江上一帆開，水勢山容拂眼來。廬阜雪消青萬叠，鄱陽烟起緑千堆。停橈一問琵琶事，淚溼青衫定何處。知君前度老香山，白鷺横江忽飛去。（《紫幢軒詩集》松風塵餘集卷下，《四庫未收書輯刊》影印清雍正間刻本）

《料理煖室麤畢》

病骨不支寒，小窩頗安樂。鍵户一身藏，靜若龍蚍蠖。書生無伎倆，位置殊不惡。效白（香山）製氊廬，學王（半山）作紙閤。攝生遵天隱，展屏下簾幙（天隱子《神仙論》。吾所居，前簾後屏）。陡覺陽和生，不愁風雪虐。絮被可蒙頭，葦炕好伸脚。小酒偶成歡，圍爐自斟酌。陶然心血融，今宵睡應着。（《紫幢軒詩集》古莼續集卷二，《四庫未收書輯刊》影印清雍正間刻本）

《編次先三叔恪敏公遺稿泫然有作五首》（其四）

來往人間六十春，香山居士定前身。江東莫道無文嗣，賴有逢人作阿新。（叔無子以吾兒，逢人爲嗣，與香山阿新事同）（《紫幢軒詩集》古莼續集卷二，《四庫未收書輯刊》影印清雍正間刻本）

智按：文昭，字子晉，號薌嬰居士，又號紫幢軒主人、北柴山人，饒餘敏親王阿巴泰四世孫。有《紫幢軒詩集》。

李瀷（一六八一～一七六三）

《星湖僿説》

⊙《樂天諷喻》

白樂天有諷喻詩甚多，其間有警切，略採録焉。《新豐折臂翁》者，戒邊功也。其詩曰：「夜深不敢使人知，偷將大石鎚折臂。張弓簸旗俱不敢，從兹始免征雲南。骨碎筋傷非不苦，且圖揀退歸鄉土。此臂折來六十年，一肢雖廢一身全。至今風雨陰寒夜，直到天明痛不眠。」《道州民》者，美臣遇明君也。「道州民，多侏儒。長者不過三尺餘，市作矮奴年進送，號為道州任土貢。……一自陽城来守郡，不進矮奴頻詔問。城云臣按六典書，任土貢有不貢無。道州水土所生者，只有矮民無矮奴。吾君感悟璽書下，歲貢矮奴宜悉罷。……民到于今受其賜，欲説使君先下淚。仍恐兒孫忘使君，生男自以陽為名。」《馴犀》者，感為政之難終也。「南海進馴犀，冬大寒犀死。」《縛戎人》者，達窮民之情也。其詩曰：「自云鄉貫本凉原，大曆年中没落蕃。……誓心密定歸鄉計，不使蕃中妻子知。晝伏宵行經大漠，雲陰月黑風沙惡。忽聞漢軍鼙鼓聲，路旁走出再拜迎。遊騎不聽能漢語，將軍遂縛作蕃生。配向東南卑濕地，定無存恤空防備。凉原鄉井不得見，胡地妻兒虚棄捐。」《青石》者，激忠烈也。其詩云：「青石出自藍田山，石不能言我代言。不願作人家墓前神道碣，墳土未乾名已滅。不願作官家路傍德政碑，不鐫實録鐫虚辭。願為顔氏段氏碑，雕鏤太尉與太師。刻此兩片堅貞質，狀彼二人忠烈姿。」《澗底松》者，念寒儁也。其詩云：「有松百尺大十圍，生在澗底寒且卑。澗深山險人路絶，老死不逢工度之。天子明堂欠梁木，此求彼有两不知。誰喻蒼蒼造物意，但與之材不與地。」《紫毫筆》者，譏失職也。其詩云：「江南石上有老兎，喫竹飲泉生紫毫。宣城之人採為筆，千萬毛中選一毫。……慎勿空將彈失儀，慎勿空將録制詞。」《鵶九劒》者，思决壅也。「歐冶子後千秋後，精靈闇授張鵶九。鵶九劒鑄吴山中，天與日時神借工。……有客持金買一觀……三尺青蛇不肯蟠。客有心，劒無口。客代劒言告鵶九，君勿矜我玉可切，君勿誇我鍾可刜，不如持我决浮雲，無令漫漫蔽白日。」《海漫漫》者，戒求仙也。其詩云：「玄元聖祖五千言，不言藥，不言仙，不言白日昇青天。」此劈腦拔根之論也。（《星湖僿說》卷二詩文門，漢城：慶熙出版社，一九六七年）

⊙秦吉了

白樂天有《秦吉了》詩曰：「彩色青黑花頭紅。」此鸜鵒一種，能言者也。《説文》：「似鴝而有幘」，是則花頭也。樂曲有《鸜鵒舞》，此萬歲舞。唐武后時養鳥，宮中能人言嘗稱萬歲，故為樂而象之。《通考》云：「嶺南有鳥，似鸜鵒，稍大，乍視不可辨。久養之，能言，南人謂之吉了。開元初，廣州獻之，言音雄重，如丈夫，委曲識人情，慧於鸚鵡遠矣。北方常言鸜鵒踰嶺乃能言，傳者誤矣。」然則鸜鵒来巢之類，雖斷舌而不可使之言，其能言者，即吉了，而象為樂舞，則通謂鸜鵒舞。《事文類聚》載在鸚鵡下，與鸜鵒别，中土人亦不能細辨故耳。（《星湖僿說》卷五萬物門，漢城：慶熙出版社，一九六七年）

⊙牛李泉石

唐之牛李黨，與猜擊若風馬牛然，然性好有相類者。今人但知德裕平泉花石之勝，不知僧孺之癖于此更甚。今考白居易《太湖石記》，可謂精殫力竭，怪奇咸萃矣。然至論嗜石，則獨稱李者，良為李有遺教，謂鬻之非吾子孫，故人皆憐其惑之甚，而咍其吝之痼，其名更著也。牛則必刻以牛氏之石，

使百載之後，散在天壤間，而知其癖之在此，其滯而不化如此。（《星湖僿說》卷十二人事門，漢城：慶熙出版社，一九六七年）

⊙琵琶詩

無名氏《琵琶》一篇，專出於白樂天《琵琶行》，仔細較勘，如孫叔敖之優孟，詳其末句，亦恐如巫山雲雨之賦，若真有其人，豈合云「忽飛去」、「孤雲歸」耶？蓋謂人忽不見，只行雲獨歸也。其曰「粉胷繡臆」，何謂也？其胷臆所服者，粉地而彩繡，互文也。（《星湖僿說》卷二十八詩文門，漢城：慶熙出版社，一九六七年）

智按：李瀷，字子新，號星湖。朝鮮京畿道驪州人。有《星湖僿說》、《星湖文集》等。

薛雪（一六八一～一七七〇）

《一瓢詩話》

元、白詩言淺而思深，意微而詞顯，風人之能事也。至於屬對精警，使事嚴切，章法變化，條理井然，其俚俗處，而雅亦在其中。杜浣花之後，不可多得者也。蓋因元和、長慶間，與開元、天寶時，詩之運會，又當一變，故知之者少；而其即用現前俚語，如「矮張」、「短李」之類，斷不可學。（《清詩話》第六九〇頁）

宋人如陸放翁必是大家，如唐之元、白，不可輕議。但元、白原自烹鍊而成其面目，放翁惟欠此一著。（《清詩話》第六九九頁）

白香山「玉容寂寞淚闌干，梨花一枝春帶雨」，有喜其工，有詆其俗。東坡小詞「故將別語調佳人，要看梨花枝上雨」，人謂其用香山語，點鐵成金。殊不然也。香山冠冕，東坡尖新，夫人、婢子，各有態度。（《清詩話》第七〇一頁）

劉賓客《西塞山懷古》，似議非議，有論無論，筆著紙上，神來天際，氣魄法律，無不精到，洵是此老一生傑作，自然壓倒元、白。（《清詩話》第七一〇頁）

智按：薛雪，字生白，號一瓢道人，吳縣（今江蘇蘇州）人。諸生，乾隆元年（一七三六）丙辰舉博學鴻詞。邃于醫學，與葉天士、繆宜亭三家並稱名醫，曾集注《醫經原旨》。又工畫墨蘭，詩傳葉燮之學，得力于杜詩者深，然均為醫名所掩。有《周易粹義》、《一瓢齋詩存》、《抱珠軒詩存》、《斫桂山房詩存》等，輯有《唐詩正雅集》、《唐人七律花雨集》、《舊雨集》、《吾以吾鳴集》。

汪惟憲（一六八二～一七四二）

《王性如先生小傳》

王丈性如諱溥，一字桐原，襟韻灑落，如晴雲秋月，塵埃不到。以友朋為性命，賦詩飲酒，連日夜不厭。多髯，人或稱之為髯生，大喜。為杭郡庠諸生，困躓場屋三十餘年，興致愈高，當事有延之作文者，挾筆硯以往，兀昦坐試席，日將午，成數千言，洋洋纚纚，皆奇傑，不肯寄人籬下。……康熙庚子，始舉於鄉，辛丑成進士。館選讀中秘書散館，授即墨令。在官一以慈惠寬和為牧民之要，民歌舞其德政，如是者五年，思歸田而不得，竟卒於官。自庚子至今，十餘年不可復見，而僅僅哭七寸之棺，拜四尺之墓，其亦可哀也已。憶昔與性如周旋，其時有金丈、王度瑜、許君貽、豐宏祚，出入必偕，往往踏月謳吟，脫帽起舞，路人揶揄，不顧也。家人告薪米罄，弗恤也。偶暑退新涼，三人者詣余謀飲，遇諸塗，余偕至薛君廷章山居，比到門，主人已他出矣。視其屋後有酒盈尊，呼其家人，急治饌，盡此尊。頃之，盤飧畢具，相與徵令歡呼，鬨堂大笑。尊既空，而主人亦歸矣。洗盞更酌，主賓咸大醉，不知若木全低，金波欲上，其忘形若此，曾幾何時，而三人者倏淹淪於大化，惟余與廷章猶憶邀歡惜景時也。百年都妄，可勝喟哉！性如極坦率，吟詩效白樂天，直寫性情，不尚雕刻，書法踈勁秀媚，似蘇長公。與金交特厚，又命其少子旭林學於余，旭林字蓉初，事師恭而有禮，非世俗曰師曰弟子云者比。（《積山先生遺集》卷三，《四庫未收書輯刊》影印清乾隆三十八年汪新刻本）

《胡一山先生楚越詩序》

從古詩人多遊覽閒適之作，蓋其陶淑於風雅者既深，而又得勝地相引，故足以發其偉博雄麗之概，而歸於冲粹和平之旨，况楚越舊多名壤，岳陽、洞庭、黄鶴樓、鸚鵡洲，極宇内之大觀，在在可供唫嘯。至於兩浙西湖之秀美，尤昔賢膾炙不去口，南屏孤山，靈鷲天竺諸勝蹟，令人遊歷忘倦，官斯土者，公退之餘，寄懷幽邈，以其所得，播為歌詩，詎不幸歟。然而非有高情遠韻，寔寫其胸中之灑落，則夫風雲月露之形，花木蟲魚之玩，與山川原隰之窈窕佳妙，並不足以怡其神而滿其志，故知詩藉境地以相感觸，而境地之奇非詩不能顯著也。柳柳州云：「美不自美，由人而彰。蘭亭也，不遭右軍則清湍修竹，蕪没於空山矣。」某嘗誦其言，而深服之。宜賓胡公瀛以玉堂高選，早有能詩名，及出為湖南觀察使，未幾遷湖北，政清人和，教化大洽。乙卯歲，又擢兩浙觀察使。两浙之民，敬之如神，明愛之如父母，盖公以賞罰必信之才，而一本於忠厚長者之意，刑簡訟稀，踈節潤目，頗有曠懷，不廢韻語，天地之靈氣，山水之清音，筆底囊括，内恬外適，體寧神静如公者，殆所謂風雅頌咸得之一心，非猶夫摹揣聲律，體規畫圓，準方作矩，而拘拘於成格者，又其間覩公忠敬之至，每飯不忘勤恤之誠，遇事倍摯，匪特流連光景泉石自娱已也。昔白香山居官，每至其地，必覆簣土為臺，聚拳石為山，環斗水為池，以寓其煙霞物外之致，故集中不少閒適遊覽之詩，乃其《與元微之書》則云：「年齒漸長，更事漸多，每與人言，多詢時務，始知文章合為時而作，詩歌合為事而發。」今讀公楚越吟若干首，登眺之外，訓俗有詩，勸農有詩，忠孝節烈遺蹟有詩，生日述懷有詩，謳歌盛世，欲繪力耕之圖，承命拜官，感懷風木之痛，其所關於民事者甚大，其根柢於天性者甚懇切周詳，詩可以興，可以觀，不信然哉！不信然哉！某涖公宇下，自愧凡劣，萬不足以窺公之蘊奥，而沐公之化，又辱公以斯編見示，謙退下屬一言，遂不敢辭，而序其大都如此。（《積山先生遺集》卷五，《四庫未收書輯刊》影印清乾隆三十八年汪新刻本）

智按：汪惟憲，字子宜，一字積山，號水蓮，一作水蓮居士，仁和（今浙江杭州）人。雍正七年（一七二九）貢生。工書，仿蘇軾。鑒賞書畫，别其贋甚精。有《遵聞齋録》、《積山先生遺集》。

李重華（一六八二～一七五五）

《貞一齋詩説·詩談雜録》

七古自晉世樂府以後，成於鮑參軍，盛於李、杜，暢於韓、蘇，凡此俱屬正鋒。唐初王、楊、盧、駱體，為元、白所宗，可間一為之，不得專意取法，恐落卑靡一派。何仲默《明月篇序》，未可奉為確論。李長吉從楚詞發源，天才獨出，後人何得效顰？如溫、李七古，步步規橅長吉，其弊俱失之俗；與元、白得失正相等，緣未折衷於六義故也。至初學入手，求其筆勢穩稱，則王摩詰、高達夫二家，乃正善學唐初者；少陵如《洗兵馬》、《古柏行》亦然，但更加雄渾耳。（《清詩話》第九二四頁）

五言排律，至杜集觀止。若多至百韻，杜老止存一首，末亦未免鋪綴完局，緣險韻留剩後幅故也。白香山窺破此法，將險韻參錯前後，略無痕跡，遂得綽有餘裕。故百韻敘事，當以香山為法。但此亦不必多作，恐涉誇多鬬靡之習。（《清詩話》第九二五～九二六頁）

五言排律，至杜集觀止。若多至百韵，杜老止存一首，末亦未免鋪綴完局，緣險韵留剩後幅故也。白香山窺破此法，將險韵參錯前後，略無痕迹，遂得綽有餘裕。故百韵叙事，當以香山爲法。但此亦不必多作，恐涉誇多鬬靡之習。

趙宋詩家，歐、梅始變西崑舊習，然亦未詣其盛。至坡公始以其才涵蓋今古，觀其命意，殆欲兼擅李、杜、韓、白之長；各體中七古尤闊視横行，雄邁無敵，此亦不可時代限者。黄山谷雖同時並稱，才調迥不相及，至謂西江詩祖，追配杜陵者，妄也。南宋陸放翁堪與香山踵武，益開淺直路徑，其才氣固自沛乎有餘。人以范石湖配之；不知石湖較放翁，則更滑薄少味，同時求偶對，惟紫陽朱子可以當之。蓋紫陽雅正明潔，斷推南宋一大家。故知范、陸並稱，猶之溫、李，元、白，優劣自較然也。（《清詩話》第九二七頁）

樂府體裁，歷代不同。唐以前每借舊題發揮己意，太白亦復如是，其短長篇什，各自成調，原非一定音節。杜老知其然，乃竟自創名目，更不借徑前人。如《洗兵馬》、《新婚别》等皆是也。其合律與否，無從得知，取其筆力過人可矣。白傅《秦中吟》等篇，立意與杜無異。但古稱元、白詩都入樂章者，不係此種；蓋唐時入樂，專用七言絕句，詩家亦往往由此得名。（《清詩話》第九二七～九二八頁）

次韻一道，唐代極盛時殊未及之。至元、白、皮、陸始因難見巧。（《清詩話》第九二九頁）

學韓、蘇失之者，其弊在駁雜；學王、孟失之者，其弊在闃寂；學溫、李最易入於淫哇；學元、白最易流於輕薄。吟詠先須擇題；運用先須選料。不擇題則俗物先能穢目；不選料則粗才安足動人？（《清詩話》第九三二頁）

唐賢詩集惟白香山最多，宋則放翁尤甚，大約伸紙便得數首，或更至數十首，以故流滑淺易居多，筆力去少陵輩絕遠。可知詩必有為而作，作必凝重出之。不爾，不如輟筆。（《清詩話》第九三六頁）

近見阮亭批抹杜集，知今人去古，分量大是懸絕，有多少矮人觀場處，乃正昌黎所稱不自量也。余并聞近世名家云：少陵如四大天王，至白香山方是正殿觀音。彼蓋從文理光順起見也，不值一笑。（《清詩話》第九三八頁）

《唐人詩話（十三首）》

不似靈和愛柳枝，移陰總為白家詩。秦中有作誰吟諷，枉殺才人荷主知。（其十）

杼山強自學韋詩，别出清裁始授知。正似樂天師老嫗，願從商隱作嬌兒。（其十二）（《四庫未收書輯刊》本《貞一齋集》卷十）

智按：李重華，字實君，號玉洲，吴江（今屬江蘇）人。雍正二年（一七二四）甲辰進士，改庶吉士，授編修。以細故去官。少從王漁洋弟子張大受游，又曾向趙執信請教詩學，沈德潛序其詩，盛稱其才。有《貞一齋集》。

吴雷發（與李重華同時）

《説詩管蒯》

或謂奇醜之文，可以竊科第；而明珠白璧，竟有不售者，是科第固有命也。若詩之傳與不傳，庶足憑乎？余曰：是亦不儘然。即以易見者論之：唐人任華之詩，僅傳其寄李、杜二篇，如無此二篇，則竟湮沒矣；人蓋不知任華，但知李、杜也。白香山稱鄧魴詩，比於陶靖節，而鄧魴之詩不傳；藉非香山稱之，尚知有鄧魴乎？且古來所傳之詩，仍有庸俗不堪，人人能為之者，甚而選家雖於極窄之編，亦必列之，何也？愚謂詩之傳與不傳，亦若有命焉。幾百年來，孰敢以必傳之詩，而輕議之者？竊不自量，以為此乃千古一大疑案，無人能剖，不得已而以命為說。若區區科第之失宜，又不足論者也。至所論不足傳而傳者，固實有所指，有下問者始進芻蕘，世人耳食，未敢概以狂言貽誚。(《清詩話》第九〇四頁)

智按：吳雷發，字起蛟，號夜鐘，又號寒塘。江蘇震澤人。雍正、乾隆間諸生，與李重華同時。其《說詩菅蒯》後有道光十四年（一八三四）楊復吉跋，疑屬未竟之業。有楊復吉鈔本、《然松書屋叢鈔四十六種》本、道光刊《昭代叢書》丁集本、臺灣新文豐出版公司版《叢書集成續編》本。此外著有《琴餘集》等。

唐英（一六八二～一七五六）

《和答李仙蟠監司琵琶亭書懷之作》

潯陽江水流今古，琵琶亭子江之滸。斷碑圮岸賸荒基，荻花瑟瑟楓葉舞。彈絲寫淚傷心秋，一夕秋動千秋愁。亭側我歷十寒暑，閒鷗野鷺同悠悠。頭童齒豁不知倦，書山墨海恣遨遊。隨地隨緣隨分足，耕牛無力甘蝸牛。蝸角有國鬬蠻觸，我厭煩囂但留殼。循墻畫壁逐方圓，未能免俗聊隨俗。馬足車塵五十年，磨涅未損性中天。東西朔南足蹟徧，翠華豹尾隨盤旋。恩沐陶鑄三朝重，廿載西江五色煙。蕭騷白髮垂肩背，活活潑潑童心堅。童心活潑何妨老，分量志行自採討。丁耜舉趾方寸田，嚼墨含毫未云飽。君不見，樂天風雅傳至今，偶然謫宦愁何深。逆旅過客雲聚散，獨留勝跡供豪吟。淮潯兩地君共我，一彈再鼓憐知音。久要脈脈無終極，蝸仙亭合千年心。（蒼崖先生現在，結構蝸仙亭於甘棠湖中，留志我兩人踪跡，蓋以一號蝸寄，一號仙蟠也）（《陶人心語》卷一，《四庫未收書輯刊》影印清乾隆唐寅保刻本，集部第一〇輯第二一册，第六八六～六八七頁；《唐英集》，遼沈書社，一九九一年十月，第四六～四七頁）

智按：李根雲（一六八七～?），字仙蟠，號亦人，一號蒼崖，雲南大理府趙州人。由廩生中康熙五十六年（一七一七）舉人，五十七年（一七一八）進士，欽點翰林院庶吉士。六十年，散館授職檢討。雍正元年，以郎中補用。三年，辦浙江司郎中事。五年（一七二七），補授山東青州府知府。歷官江西驛鹽道，兩淮鹽運使，光禄寺卿。李根雲有吏才，爲官有循聲。年七旬謝病歸，僑寓武昌，内轉光禄寺卿，辭不赴。

《丙寅立秋後三日琵琶亭即景二首》

不墮琵琶淚，登臨俯大川。秋深寒水闊（秋新寒歲閏），雨霽淡紅烟（一作雨霽淡江烟）。鷗鷺幾灘雪，帆檣一鏡天。吟情老未倦，爽健興翛然。

三庚暑欲退，亭敞泬寥天。爽氣纔梳柳，秋聲已到蟬。漁磯狎客鷺，雨蓋渡江船。自笑風塵吏，居然烟水仙。（《陶人心語》卷二，《四庫未收書輯刊》影印清乾隆唐寅保刻本，集部第一〇輯第二一册，第六九六頁；《唐英集》，遼沈書社，一九九一年十月，第五九頁）

《琵琶亭看雨》

秋雲飛遠岫，攜雨過前川。烟鎖隔江樹，風催歸港船。野漁閒澤國，吟客愛詩天。却勝蕉窗外，更深枕臂眠。（《陶人心語》卷二，《四庫未收書輯刊》影印清乾隆唐寅保刻本，集部第一〇輯第二一册，第六九六頁；《唐英集》，遼沈書社，一九九一年十月，第五九頁）

《春遊琵琶新亭唱和草》

琵琶亭，唐白香山遺蹟也。在九江榷署之左，相距不里許。歷久傾圮，間有古今題詠碑碣，半淪没於寒煙蔓草中，孤亭攲仄，旦晚莫支。予司榷江州，數至其地，不忍古蹟荒落，因捐俸，新其亭，更創小樓三楹以供登眺。以冬春雨雪，未遽竣工。癸亥二月九日，始得朗霽，而樓宇適成，爰偕同事諸君子，泛舟一遊，憑欄遠矚，興會勃然，率成里語二章，諸君屬和。

新年舊臘雪交加，二月郊原未放花。行潦近山驚暴漲，客星浮水駐枯槎。東風白髮吹遲暮，春樹鄉心望遠家。試問潯陽江上路，幾人清夜訪琵琶。

欲開塵眼每登樓，此日登臨興更幽。遠水浮來舟似屐，孤亭閒立客如鷗。偶捐匕箸留風雅，喜附人文作勝遊。卻笑當年白太傅，琵琶聲裏泣深秋。(《陶人心語》卷三，《四庫未收書輯刊》影印清乾隆唐寅保刻本，集部第一〇輯第二一册，第七一二～七一三頁；《唐英集》，遼沈書社，一九九一年十月，第七八～七九頁）

智按：作於乾隆八年（一七四三）癸亥。第一首尾聯，《輯刻琵琶亭詩》作「今古商船多少婦，更誰重此弄琵琶」。陸以湉《冷廬雜識》卷三（崔凡芝點校本第一四四頁）引作「今古商船多少婦，更誰重此聽琵琶」。第二首首聯，《輯刻琵琶亭詩》作「半生何處不登樓，此日登樓興更幽」。

《中秋後一日賦答徐大川琵琶亭詩意二首》

白髮青衫老不知，天涯旅況自熙怡。衙齋近水驚秋半，廬嶽當樓得月遲。供養香甘童遲茗，幽閒鼓吹客投詩。頭銜商略冠裳外，民在無懷上古時。

西江秋色平分半，桂月曾看七度圓。斷簡偏能開老眼，牢愁從不壓吟肩。調高座對句吳客（座中吳姓者善琴），風古騷停孺子船。煙水琵琶持贈意，勞勞亭外有閒天。(《陶人心語》卷三，《四庫未收書輯刊》影印清乾隆唐寅保刻本，集部第一〇輯第二一册，第七一八頁；《唐英集》，遼沈書社，一九九一年十月，第八五頁）

《夏日琵琶亭納涼即事》

琵琶亭下泛輕橈，避暑登樓勝友邀。撲檻青來廬嶽翠，摇隄緑擁九江潮。機忘野鷺狎人近，雲幻奇峰隔水遥。塵面熱心方一息，樹林深處幾聲蜩。(《陶人心語》卷四，《四庫未收書輯刊》影印清乾隆唐寅保刻本，集部第一〇輯第二一册，第七二〇頁；《唐英集》，遼沈書社，一九九一年十月，第八七頁）

《丙寅中元琵琶亭讌集即事》

放眼秋雯望不窮，淡烟暝色水雲空。會心翠岫澄波外，寄興高天爽籟中。江失舊汀連夜雨，帆開遠浦夕陽風。相期載月遲歸棹，好看盂蘭寶炬紅。（《陶人心語》卷四，《四庫未收書輯刊》影印清乾隆唐寅保刻本，集部第一〇輯第二一册，第七二〇頁；《唐英集》，遼沈書社，一九九一年十月，第八八頁）

《立春前一日琵琶亭望春》

盼春已約來朝至，餞臘今辰興不孤。老鬢年華流似箭，豪情天地小於壺。東風漸暖噓冰泮，殘雪徐融熨柳蕪。瞥眼韶光濃似酒，江亭招集一歌呼。（《陶人心語》卷四，《四庫未收書輯刊》影印清乾隆唐寅保刻本，集部第一〇輯第二一册，第七二一頁；《唐英集》，遼沈書社，一九九一年十月，第九〇頁）

《丁卯上元前四日琵琶亭即景》

徙倚危欄放遠眸，野亭春首此登樓。紅新緑嫩鶯花信，雨卜風占菜麥秋。烟杪晴飛廬岳翠，沙痕漲溢九江流。鳶魚相對機忘處，漫撥琵琶動古愁。（《陶人心語》卷四，《四庫未收書輯刊》影印清乾隆唐寅保刻本，集部第一〇輯第二一册，第七二二頁；《唐英集》，遼沈書社，一九九一年十月，第九〇頁）

智按：丁卯，即乾隆十二年（一七四七）。

《正月廿五日琵琶亭望春》

柳欲成陰花漸好，融融春色滿平蕪。亂帆貼水官簰夾，新草連天鶴問湖。野艇渡江雙槳滑，東風伴我一亭孤。獨漸馬足車塵吏，此日全身入畫圖。（《陶人心語》卷四，《四庫未收書輯刊》影印清乾隆唐寅保刻本，集部第一〇輯第二一册，第七二二頁；《唐英集》，遼沈書社，一九九一年十月，第九〇頁）

《丁卯立秋前三日雨後琵琶亭望秋即景》

歷徧歊炎興宛然，遊乘新爽嫩涼天。望鄉路遠四千里，拊髀肌生二十年。

驅暑輕風嘲熱客，催詩小雨送歸船。自慚塵吏居名勝，結得潯陽山水緣。(《陶人心語》卷四，《四庫未收書輯刊》影印清乾隆唐寅保刻本，集部第一〇輯第二一册，第七二二頁；《唐英集》，遼沈書社，一九九一年十月，第九一頁)

《補上元詩》(有小序)

公務倥偬，上元虛度。越三日，案牘稍暇，偕諸同事琵琶亭望春，兼補傳柑雅會，即席衝口率成四律。

同試東風倚畫闌，野筵韻友覓清歡。呼山問水吟情壯，擘柳摧花春意寬。卜夜仍當燈月節，踏歌深幸太平官。青衫白髮江州客，不爲琵琶淚再彈。

其二

春色無邊到眼前，新花新柳帶江烟。馬蹄緑襯晴原草（適得新驥，馳試鶴問湖壖），颿影紅拖夕照船。塵境澹心多樂地，宦途安步有閒天。琵琶漫灑當年淚，此日清遊雜管絃。

其三

上元佳節忙中過，會補傳柑興不窮。銕鎖星橋連釣浦，銀花火樹逗春風(是日有爆竹烟火之戲)。江摇歌管清音細，鐙上亭樓碧落紅。(廊檻懸鐙廬兒輩度曲數闋）猶是琵琶彈恨地，今人何必古人同。(《陶人心語》卷四，《四庫未收書輯刊》影印清乾隆唐寅保刻本，集部第一〇輯第二一册，第七二三頁；《唐英集》，遼沈書社，一九九一年十月，第九一頁)

其四

歲首江城景色融，夜遊訪古樂天翁。亭垂柳影千條月，曲落梅花一笛風。鶴問湖空新漲白，龍迴磯聳遠燈紅。諸君莫負今宵興，同在春山春水中。(《輯刻琵琶亭詩》，清乾隆十一年古柏堂刊本)

《入覲回潯重遊琵琶亭四首（時戊辰九月廿一日也)》

景物依然未減加，我來重此泛枯槎。聲名廬嶽楓添色，歲序潯江浪蹴花。熱路舊裝慚褦襶，深秋宦況憶琵琶。香山應笑頻年興，白髮青衫手尚叉。

此日登臨是舊遊，匡山南峙水東流。年豐村落眠黄犢，灘長蘆洲下白鷗。柳岸漲浮雙槳渡，楓林霜染萬山秋。昔時送客人何在，風韻無邊倚檻收。

(《陶人心語》卷四,《四庫未收書輯刊》影印清乾隆唐寅保刻本,集部第一〇輯第二一册,第七二三~七二四頁;《唐英集》,遼沈書社,一九九一年十月,第九二頁;《輯刻琵琶亭詩》,清乾隆十一年古柏堂刊本)

千秋風調想徽音,去客重來豁素襟。紅袖青衫昔日淚,天空江闊此時心。情憐商婦憑深涉,人到青山自古今。倚檻孤亭神境會,閒雲野水逗狂吟。

送客空堂此暫停,潯江匡阜正秋冥。挾風黃葉蒲帆飽,近市寒磯漁網腥。隨意淡雲播水動,忘機白鳥破天青。醉吟漫道無消息,多少今人問古亭。(《陶人心語》原續卷三,《唐英集》補編,遼沈書社,一九九一年十月,第三四六頁;《輯刻琵琶亭詩》,清乾隆十一年古柏堂刊本)

智按:戊辰,即乾隆十三年(一七四八)。

《戊辰冬日琵琶亭縱目》

琵琶誰向此重聽,名勝邀入屐齒停。溢浦漲消沙岸闊,鯉魚風送網船鯹。淩雲古塔撐天白,暎水遙峰挂樹青。譜月彈秋娱冷宦,樂天許我借斯亭。(《陶人心語》卷四,《四庫未收書輯刊》影印清乾隆唐寅保刻本,集部第一〇輯第二一册,第七二四頁;《唐英集》,遼沈書社,一九九一年十月,第九三頁)

《立秋前三日琵琶亭望秋》

乘興三庚小隊遊,忘機閣上不知愁。泠泠江水流殘暑,嘒嘒蟬聲帶早秋。澹境野村無熱客,傲人遠浦有閒鷗。香山若也今猶在,寧惜琵琶寄隱憂。(《陶人心語》卷四,《四庫未收書輯刊》影印清乾隆唐寅保刻本,集部第一〇輯第二一册,第七二五~七二六頁;《唐英集》,遼沈書社,一九九一年十月,第九五頁)

《己巳仲秋潯陽官舍漫興》

連日秋陰雨未晴,秋窗秋興兀然生。腸枯不慣容愁住,眼老偏當顧曲明。益友周旋書卷得,仙遊汗漫枕函清。半官半野憑人笑,江上沙鷗解此情。

天涯皓首尚爲郎,柯上槎頭任渺茫。止酒敢誇能獨醒,愛閒無力勝人忙。

琴心空憶鍾期操，菊意行看栗里黄。陶白清風難繼迹，十年秋興暢潯陽。（《陶人心語》卷四，《四庫未收書輯刊》影印清乾隆唐寅保刻本，集部第一〇輯第二一册，第七二六頁；《唐英集》，遼沈書社，一九九一年十月，第九五頁）

《九月廿二日琵琶亭即景》

雨霽沙寒暴漲流，琵琶亭上小勾留。江環湖抱船穿市，鷺靜鷗閒人倚樓。遠近山光都到檻，丹黄樹色總粧秋。高天爽籟蕭騷興，銷盡風塵老大愁。（《陶人心語》卷四，《四庫未收書輯刊》影印清乾隆唐寅保刻本，集部第一〇輯第二一册，第七二六頁；《唐英集》，遼沈書社，一九九一年十月，第九六頁）

《將之粵海留别江州風景》

百歲韶華，陶榷西江二十載；客天羈旅，棲遲湓浦十經年。行將去也，曷勝黯然。江亭柳煙，濛濛春雨洒臨岐；嶺表心旌，剪剪東風吹遠道。未免有情，何以遣此。潯山匡水，清言共鑒。（二月十五日）

官齋惜别笑情癡，吏隱陶漁四序宜。迎社燕巢歌宛在，殿春花事詠將離。山愁去路雲深鎖，水挽行舟風倒吹。鷺約鷗盟期再訂，忘機閣反繫相思。（琵琶亭畔，余建有「到此忘機閣」）

雙旌嫋嫋路漫漫，庾嶺江城去住難。潯水精神清老興，廬山面目澹塵官。餞花頌月春秋慣，斗室冰衙心地寬。他日舊遊重此過，撥琶敲句補餘歡。（《陶人心語》卷四，《四庫未收書輯刊》影印清乾隆唐寅保刻本，集部第一〇輯第二一册，第七二六～七二七頁；《唐英集》，遼沈書社，一九九一年十月，第九六頁）

《壬申孟夏望日自粵返潯重遊琵琶亭口占二首》

三年又此卜居停，影響琵琶慰晦暝。平野岸低江水漲，遥天村遠樹痕青。伶俜鷗鷺盟重訂，伸欠羅浮夢乍醒。五老匡君迎故舊，情空飛翠撲孤亭。

江水洄環不斷流，前波後浪自春秋。青衫紅袖吟清淚，瘴雨蠻烟壯遠遊。力竭忙來忘歲序，心空老老澹欣憂。陶山榷海勞臣職，慙愧乘槎博望侯。（《陶人心語》卷四，《四庫未收書輯刊》影印清乾隆唐寅保刻本，集部第

一〇輯第二一册，第七三三頁；《唐英集》，遼沈書社，一九九一年十月，第一〇四頁）

《壬申長夏旱炎酷烈偕老文始北山人李鹰竹琵琶亭避暑清話即事口占》

琵琶亭上披襟坐，儼附仙舟賦隱淪。汗背熱中形累我，燻天炙手勢隨人。爲霖暑雨山圍隔，作態雲峰江瀨新。高柳鳴蟬心地静，與君炎界一清神。（數十日來，匡南潯北，皆降時雨，惟九江郡城尚未霑被，故炎酷特甚）（《陶人心語》卷四，《四庫未收書輯刊》影印清乾隆唐寅保刻本，集部第一〇輯第二一册，第七三三頁；《唐英集》，遼沈書社，一九九一年十月，第一〇四頁）

《七月十九日琵琶亭望秋（有小序）》

余由潯調粤，歷己巳、庚午、辛未，忽忽三載，征逐於蠻烟瘴雨間，兼之公私酬應，日無寧晷，惟覺四時皆夏，而清涼心地，幾成逐熱之場矣。荷蒙聖恩，復調回潯。登斯亭也，一天爽籟，滿目秋光。昔人云「秋風來故人」，不其然乎？濡毫率成志興。

登高作賦豈關愁，不爲琵琶戀此遊。放誕襟懷忘老況，留連風景宛前秋（余去粤三載，此重來第一度望秋也）。天邊暝障羃人眼，江上飄輕賈客舟。汀鷺沙鷗盟久訂，十年期過白江州。（白香山居潯三載，至今人以白江州呼之，余則往來此地者，十有三年矣）

秋水秋雲羃旅身，浮沉瀟灑寄風塵。何妨清濁之間客，暫作羲皇以上人。鷗鷺不親機未息，蜩蟬猶響序方新。回思海國炎天夢，三載瞢騰一欠神。（《陶人心語》卷四，《四庫未收書輯刊》影印清乾隆唐寅保刻本，集部第一〇輯第二一册，第七三三～七三四頁；《唐英集》，遼沈書社，一九九一年十月，第一〇四頁）

《二月廿一日琵琶亭再送李仙盤》（有小序）

仙盤解纜長行，正深悵悒，忽爲西風阻掉，復得盤桓于琵琶亭者終日，平生意外快事，莫此爲甚。口占一律識事。

臨岐把臂意無窮，岸柳堤花去路中。人喜纏綿遮道雨，天愁離別打頭風。琵琶送客仍迎客，烟水開篷又繫篷。快意平生兹第一，嘯歌重許片時同。（《陶人心語》卷四，《四庫未收書輯刊》影印清乾隆唐寅保刻本，集部第一〇輯第二一册，第七三四～七三五頁；《唐英集》，遼沈書社，一九九一年

十月，第一〇六頁）

《和友人琵琶亭讌集詩》

琵琶聲已斷江邊，老大商人婦杳然。縱使琵琶商婦在，青衫司馬正青年。（《陶人心語續》卷三，《唐英集》，遼沈書社，一九九一年十月，第一七八頁）

《聞友人遊琵琶亭率成却寄》

孤亭有古意，呼吸興堪通。澹世搖江浪，多情撲檻風。婆娑酸調杳，司馬軼群空。遙想君遊處，長吟落照紅。（《陶人心語續》卷五，《唐英集》，遼沈書社，一九九一年十月，第二〇六頁）

《中元夜琵琶亭即事》（二首）

中元秋正好，遊訪樂天翁。樹漏玲瓏月，歌飄斷續風。煙空江水白，夜靜市燈紅。共擊泝流楫，歸來興不窮。

亭距大江干，琵琶又一彈。清歌翻水調，白月對炎官。往事音堪續，新涼秋未殘。古今流不盡，檻外水漫漫。（《陶人心語續》卷五，《唐英集》，遼沈書社，一九九一年十月，第二〇七頁）

《春日琵琶亭閲堤工偕諸友即景有作時仲春望後四日也》

江水滔滔去，遊人得得來。青心先柳色，塵眼待花開。鷗鷺亭邊客，風光詩境媒。琵琶同調少，堤築擬琴臺。（《陶人心語續》卷七，《唐英集》，遼沈書社，一九九一年十月，第二三二頁）

《春日送張蕉衫歸蕪湖便面寫琵琶亭小景并綴小詩》

萍梗相逢客不單，知君有鋏肯輕彈。風批月抹情偏密，雲散星移興自歡。千里赭山歸隱士，七年湓浦戀閒官。空亭寫贈春如許，漫認琵琶江上寒。（《陶人心語續》卷七，《唐英集》，遼沈書社，一九九一年十月，第二三二～二三三頁）

《丙寅夏五月琵琶亭臨江廊檻工竣偕諸友遊覽疊賦二律以落之》

樂天興致敢言同，到此清涼心地空。隔岸村遮漁浦樹，順流船送藕花風。遊人野鷺棲亭澹，畫檻晴霞暎水紅。鐵板銅鈸今日客，掀髯齊唱大江東。

(《四庫全書》本《［雍正］江西通志》卷一百五十五)

今日亭臺古興同，泝洄莫嘆浪花空。青衫情觸琵琶淚，白髪神交司馬風。遠岫競奇雙眼闊，斜陽旭彩一江紅。香山雅韻終難繼，結草為堂五老東。(《陶人心語續》卷八，《唐英集》，遼沈書社，一九九一年十月，第二五三頁)

智按：丙寅，即乾隆十一年（一七四六）。

《即日琵琶亭縱目》

吳楚界蒼冥，登樓倦眼醒。野村幾點緑，遠岸一痕青。賈舶江横渡，漁罾風過腥。雲山直北望，何處近彤廷。(《陶人心語續》卷八，《唐英集》，遼沈書社，一九九一年十月，第二五五頁)

《琵琶亭看雨》(續)

琵琶亭瀕臨潯江，毗連吳楚。形勢規模，爲天下名勝冠。余駐節江州八載，屢游其地。類皆佳辰令節，日麗月明，秋草春花之會。而雲旗雷鼓、風雨晦冥之概，曾未一睹。兹于丙寅立秋後三日，雨霽新凉。望秋一到，適風滿亭樓，山雨驟至，憑欄遙矚，倏爾澎湃，空濛奇幻，不可名狀。洵半生游覽中大觀也。因口占五律四首以志興。

鐸聲亭角動，雲黑渡江東。眼縱陰晴外，詩探變幻中。清塵喝殿雨，解愠放衙風。攜鑛襟懷爽，炎炎暑一空。

空濛迷四野，滂沛雜江流。雨索詩衝口，風吹人下樓。豐占金粟界（時近秋成，雷雨甚急)，清比玉壺秋。此景真奇絕，堪稱物外游。

倚檻看山雨，波濤撼小樓。江湖驚作勢，寒燠乍分秋。一水翻風動，千帆避險收。榜人與賈客，多少艤舟愁。(《陶人心語續》卷八，《唐英集》，遼沈書社，一九九一年十月，第二五五頁)

《丙寅中元琵琶亭讌集即事》(續)

水暗朱闌柳暗樓，今今古古思悠悠。江浮星漢蓮燈火，亭聚風騷司馬秋。天寶琵琶彈白月，漁陽枹鼓操清流（是夜歌「漁陽三弄」、「天寶談詞」等曲，聲調激昂悲壯，四座愀然)。歌聲唤醒篷窗夢，小艇如鷗載客遊。(《陶人心語續》卷八，《四庫未收書輯刊》影印清乾隆唐寅保刻本，集部第一〇輯第二一册，第七二〇頁；《唐英集》，遼沈書社，一九九一年十月，第二五六頁)

《中秋日同事諸君子有琵琶亭之游余以病目不得附驥悵而有作》

放誕襟懷老不刪，琵琶亭上幾回還。堤新憑撼江湖水，樓小能容吳楚山。夕照歸帆都入畫，中秋霜葉未全斑。一年好景成虛度，婉轉依違阿堵間。(《陶人心語續》卷八，《唐英集》，遼沈書社，一九九一年十月，第二五七頁)

客裏中秋目作痾，形神裝點老婆娑。朗星光掩昏眵瞖，銀海潮生熱淚多。月似故人期再訂，酒如淡友飲空過。紫戀塵吏艱清興，絃管當筵喚奈何。(《輯刻琵琶亭詩》，清乾隆十一年古柏堂刊本)

《中秋病目憶琵琶亭用張蕉衫中秋讌集原韻》

佳節泠泠露漸稠，榷陶人寄水邊州。樂天送客亭還在，庾亮樓空江自流。但有照心千古月，何須放眼半分秋。管絃隊裏兀然坐，野興休猜減白頭。(《輯刻琵琶亭詩》，清乾隆十一年古柏堂刊本)

《長至前三日琵琶亭即事》

琵琶亭子凍雲隈，冷境清游自往回。漲退江平低岸長，天高木落遠山來。春歸一綫將舒柳，律轉三陽欲放梅。烟水窟中烟水吏，忘機鷗鷺愛相偎。(《陶人心語續》卷八，《唐英集》，遼沈書社，一九九一年十月，第二六二頁)

《丙寅嘉平月朔日迎候上官琵琶亭小憩乘便探春兼以書懷》

身名放誕隨緣適，束帶探春過野亭。詩癖耽吟頭任白，心空愛客眼多青。老梅入句香殘月，良友停雲淡曉星。自笑寄形蠻觸隊，半如沉醉半如醒。

其二

榷陶銜命遠塵囂，日近誰言帝里遙。新漲移痕冰欲泮，平原迸綠雪全消。一番風已催梅信，九十春先上柳條。此日琵琶亭獨坐，居然冠蓋隱漁樵。(《陶人心語續》卷八，《唐英集》，遼沈書社，一九九一年十月，第二六四頁)

智按：十二月初一日作。

《立春前一日琵琶亭望春》（續）

春風頭上好詩天，此日登樓興若仙。瘦馬平原芳草緑，新波野浦遠帆連。匡廬翠擁前宵雨，江郭年豐夕照烟。萬態千奇吟境闊，奚囊收拾共翛然。（《陶人心語續》卷八，《唐英集》，遼沈書社，一九九一年十月，第二六四頁）

《丁卯上元前四日琵琶亭即景》（續）

梅花風裏豁雙眸，收拾春光滿一樓。新水晴山詩境畫，撥琶揮泪古人秋。笙歌燈火元宵近，吳楚帆檣九派流。好景從今當歲首，太平雞犬不知愁。（《陶人心語續》卷九，《唐英集》，遼沈書社，一九九一年十月，第二六五頁）

《前題換韻和顧邑侯韻》

篆鎖浮生閑可偷，香山遺迹問清流。柳先衆木開青眼，蘆傲群芳殿白頭。盛世酬知宜委吏，頻年榷水寄名州。君門萬里勞臣遠，候雁東風獨倚樓。（《陶人心語續》卷九，《唐英集》，遼沈書社，一九九一年十月，第二六五頁）

《叠前韻》

郡古民淳俗不偷，九年樂土歲華流。榷陶事業方更始，錦綉風光正起頭。束帶願違歸靖節，醉吟神契住江州。心飛指日傳柑宴，隔斷烟雲五鳳樓。（《陶人心語續》卷九，《唐英集》，遼沈書社，一九九一年十月，第二六五頁）

《琵琶亭拙句二章有神交三四友自會城和寄者因叠二韻復謝》

興致天然不減加，那關名勝與鶯花。香山偶爾逢商婦，博望何須泛漢槎。事業昔賢難尚友，風騷老我自成家。會心得童謳吟外，且作痴人夢聽琶。

其二

亭畔無端更起樓，攜尊結伴境非幽。寰中勝概應多地，世外真閑幾箇鷗。冷宦興長原澹澹，解人詩奇不游游。神交呼吸皆知己，花想春風月想秋。（《陶人心語續》卷九，《唐英集》，遼沈書社，一九九一年十月，第二六七頁）

《丁卯仲春琵琶亭書懷用前上元前四日琵琶亭即景原韻》

花鋪游屐柳青眸，身近丹霄獨上樓。廬岳迎人真面目，樂天彈泪各春秋。千年問古孤亭在，萬里揚清九派流。再使琵琶商婦弄，壯心白首不知愁。（《陶人心語續》卷九，《唐英集》，遼沈書社，一九九一年十月，第二六七頁）

《琵琶亭樂天祠小跋並序》

近人有從海上回，海山深處見樓臺，中有仙童開一室，皆言此待樂天來。「吾學空門不學仙，恐君此語是虛傳。海山不是吾歸處，歸即應歸兜率天。」此香山先生詩也。人有傳先生乃蓬萊仙人降世者，先生吟前二詩答之。余兹建此祠，而範此道貌者，實由仰其才德，寓私淑于瓣香，爲天下後世之才德似先生者，留一風雅楷模。庶觀感之下，同澹熱心，并仙佛之説而澹之耳。脱以神道設教擬之，則吾豈敢？謹成小詩見意。

是仙是佛無人見，兜率蓬萊不可知。千載音容呼欲出，文章風雅即吾師。（《陶人心語續》卷九，《唐英集》，遼沈書社，一九九一年十月，第二六八頁）

智按：《輯刻琵琶亭詩》題為《琵琶亭樂天先生祠像告竣小詩志事》（有序）。

《丁卯仲春琵琶亭即景》

楚尾吳頭入望迷，青衫白髮大江西。蒙莊境會知魚樂，濠浪神游辟徑蹊。帆影藕花風口渡，詩情楊柳岸頭堤。孤亭猶在香山遠，音續琵琶鳥亂啼。（《陶人心語續》卷九，《唐英集》，遼沈書社，一九九一年十月，第二七〇頁）

《疊前韻》

泪拭青衫眼不迷，江聲東去日斜西。柳風蟬嘒詩囊句，水釣山樵心境蹊。音想琵琶尋故址，漲浮野艇上新堤。名流今古勘同異，事感情移自笑啼。（《陶人心語續》卷九，《唐英集》，遼沈書社，一九九一年十月，第二七〇頁）

《和葉幼清夏日遊琵琶亭六絕句原韻》

山抱孤亭水繞州，琵琶遺韻動人游。推前却後誰曾見，風雅青衫一泪留。

其二

白髮青衫老世塵，不逢商婦也傷神。古今調合江州客，插拔何須更一巡。

其三

水去山留任太虚，風騷今昔自相如。宦情豈爲秋深冷，楓葉蘆花意致疏。

其四

非佛非仙自樂天，後人私淑憶從前。瓣香模範真傾倒，雲合青山水匯川。

其五

太傅詩情敢唱酬，我來撫檻問江流。一從茶客張帆後，誰載琵琶此更游。

其六

亭向荒烟蔓草新，當年送客此嘉賓。從來歌哭自今古，豈爲秋悲豈爲春。（《陶人心語續》卷九，《唐英集》，遼沈書社，一九九一年十月，第二七〇頁）

《寄琵琶亭詩》

連朝奇熱，自委蛇斗室中。兼之疿癢蚊攻，日事搔爬揮箑，苦哉，憊矣！聞琵琶亭頗爲清敞蕭夷，幾欲一住，爲消暑納涼計。然以龍鍾俗吏，不便獨往，自來既不甘作襬襶觸熱之狀，又不得青鞋緑笠之游，殊自笑嘆也。戲成一律，爲山水名勝告，兼呈過往同志同興諸君子。

琵琶事上近如何？聞道游人逐漸多。熱路有情楊柳岸，閑天無暑釣魚蓑。詩成鑠石流金句，慍解秋風白雪歌。幾欲覓涼中又止，重憐輿從汗滂沱。（《陶人心語續》卷九，《唐英集》，遼沈書社，一九九一年十月，第二七一頁）

《六月十三日琵琶亭納涼二首》

小隊籃輿送客堂，紅闌碧樹足徜徉。晴沙浴浪鷗忘暑，賈舶乘風帆帶涼。音斷琵琶秋泪冷，青來山翠夏雲香。披襟揮箑機神遠，廬岳峰高潯水長。

其二

斗室連朝揮汗坐，熇煩到此一時空。曠懷極浦遙天外，野性平蕪深柳中。亭爲香山終古在，花憐商婦夕陽紅。兹游不負炎官興，襟袖涼生送雨風。（《陶人心語續》卷九，《唐英集》，遼沈書社，一九九一年十月，第二七二頁）

《琵琶亭自葺補迄竣工於茲八載》

琵琶亭自葺補迄竣工，於茲八載。惟今夏高軒大雅，墨客騷人，絡繹相接。且佳篇名句，珠玉琳琅，輝映壁間，洵勝事也。爰成里言，以志一時唱酬投贈之盛。

遺韻千秋問廢基，吟今弔古自忘痴。寒酸事業英雄笑，野淡襟期鷗鷺知。信是樂天天可樂，豈因悲調調堪悲。九年使節江州客，瓦缶陶人兼榷詩。（《陶人心語續》卷九，《唐英集》，遼沈書社，一九九一年十月，第二七三頁）

《琵琶亭望秋邀友人葉幼清以詩代簡》

昨宵山雨送新涼，熱路炎官野興狂。況又故人秋有信，郊迎先此倒壺觴。（《陶人心語續》卷九，《唐英集》，遼沈書社，一九九一年十月，第二七四頁）

《丁卯立秋前三日雨後琵琶亭望秋即景》（續）

時盡三庚暑漸收，新涼小隊此閑游。山添畫意匡廬翠，蟬動吟情湓浦秋。音斷琵琶荒址在，清思白傅大江流。金風玉露從茲始，陶榷頭宿鷗鷺儔。（《陶人心語續》卷九，《唐英集》，遼沈書社，一九九一年十月，第二七四頁）

《秋日聞李仙蟠監司遊琵琶亭》

琵琶亭子已千年，名勝因人細事傳。送客寫心昔白傅，吟今問古此青蓮。風光待久平章眼，仙韻停來郭李船。倚檻曠懷應有會，廬峰潯水泬寥天。（《陶人心語續》卷九，《唐英集》，遼沈書社，一九九一年十月，第二七四頁）

《中秋前四日琵琶亭望秋》（二首）

孤亭舒倦眼，風景靜來深。潯水一江白，匡山半壁藍。雁聲天外動，桂子月中含。人與秋分興，青衫淚未諳。

其二

爽籟又秋中，翛然野性同。烟開兩岸闊，柳老一亭空。風急蛩聲咽，霜新楓意紅。帆檣吳楚客，無恙挂江東。（《陶人心語續》卷九，《唐英集》，遼沈書社，一九九一年十月，第二七六頁）

《丁卯九秋月夜遊琵琶亭用〈前臨江河廊欃工竣偕諸友游覽〉原韻》

勝情逸興笑誰同，卜夜登臨心境空。篩影一堤楊柳月，飛聲四面荻蘆風。遠天映水江心白，野浦浮舟漁火紅。送客當年時與地，琵琶不聽響亭東。(《陶人心語續》卷九，《唐英集》，遼沈書社，一九九一年十月，第二七九頁)

《戊辰上元後一日琵琶亭春游》

昨宵已宴傳柑會，江上亭樓此日過。九派魚龍桃浪動，萬家燈火月明多。酒狂不作僛僛舞，童稚偏能婉婉歌。試問香山老居士，春秋今古興如何。(《陶人心語》軼編，《唐英集》，遼沈書社，一九九一年十月，第二八二頁)

智按：正月十六日（上元後一日）游琵琶亭作。

《首春琵琶亭野望疊韻二首》

香山遺韻在，景麗勝于聽。漲益江心靜，春開柳眼青。客堂虛貯月，廬岳翠當亭。灑泪揮弦地，酸風屐齒停。

琵琶無處問，山水有音聽。經雨淺蕪綠，得春衰柳青。匡君千叠峰，白傅一孤亭。十載東風興，謳吟此地停。(《陶人心語》軼編，《唐英集》，遼沈書社，一九九一年十月，第二八三頁)

智按：《輯刻琵琶亭詩》題為《戊辰首春琵琶亭野望疊韻二首》，第一首末聯作：「一夕留風雅，千秋屐齒停」。

《仲春望日琵琶亭即景口占》

何處問琵琶，東風吟興賒。魚苗方跳子，柳絮未飛花。隔岸村新樹，連天水漾霞。雲山極北望，縹緲是京華。(《陶人心語》軼編，《唐英集》，遼沈書社，一九九一年十月，第二八四頁)

《和西席陳分陽琵琶亭原韻四首》

送客江頭野月明，琵琶何處斷腸聲。曲憐商婦彈孤調，詩豈香山寫不平。宦海凡人留勝迹，鏡花若箇悟浮生。抽青配白零星句，管領風騷各有情。

其二

受知深愧報難申，肯把牢愁自損神。花裏蜂衙排冷宦，漁濱陶正置閑身。隨緣地僻龍鍾叟，樂志天涯淪落人。舊迹亭樓司馬後，青衫白髮興如新。

其三

風騷遺韻感登臨，到此游人意興深。朱履離軒罇北海，拈鬚叉手句南金。亭傳白傅荒沙渚，鳥代琵琶唱柳陰。雅集難期皆李杜，嗣音心是賞音心。

其四

坦易何妨世路難，風塵巖壑任迷漫。君門白髮心猶戀，客邸青衫淚不彈。近喜謳吟詩漸富，難言溫飽志全安。當年送客亭前草，今古春秋着眼看。
(《陶人心語》軼編，《唐英集》，遼沈書社，一九九一年十月，第二八九頁)

《琵琶亭漫興》

銷澹塵心似隱淪，頻來小隊憩江濱。寧無商婦彈今淚，盡把琵琶弔古人。剩水殘山名勝舊，野亭虛閣嘯吟新。青山白髮十年客，遙契貞元以往神。
(《陶人心語》軼編，《唐英集》，遼沈書社，一九九一年十月，第二九〇頁)

智按：「青山白髮十年客」，《輯刻琵琶亭詩》作「榷陶不墮青衫淚」。

《戊辰夏日將北上入覲琵琶亭獨坐口占二律留別風景也》

岫雲倦鳥未能閑，故國勞臣許暫還。白髮十年朝帝闕，青嶺三月想廬山(是役計程往還須得三月)。長江去浪歸心動，短棹游踪宦興删。高柳空亭誰送客，無邊風景逗離顔。

其二

不斷風騷自古今，今人古韻合相尋。青山驛路君王命，白髮歸裝赤子心。愠解南熏催匹馬，知酬北闕惜分陰。琵琶亭上重來坐，不盡情牽雲水深。
(《陶人心語》軼編，《唐英集》，遼沈書社，一九九一年十月，第二九〇頁)

《疊和重遊琵琶亭四首原韻》

余入覲回潯，曾賦《重游琵琶亭》七律四首。承遊覽諸君子不鄙惝謬，和者甚夥，殊深媿幸也。然樂此不疲，莫忘其醜。案牘餘閒，自復叠和四首，用謝同好，兼志興會。馮婦之誚，姑任之耳。

舊葺新營逐漸加，名區韻蹟泊星槎。青衫淚寫春明夢，紅袖絲彈秋陌花。駐景亭樓思太傅，感懷音響問琵琶。十年老大江州客，此地凝神手屢叉。

其二

騷雅何須弦上音，借題抒寫一開襟。三秋客送千秋蹟，名世風傳萬世心。商婦琶聲彈往古，香山淚眼濕來今。空江冷月孤亭在，聊把閑吟續醉吟。

其三

東去潯流不蹔停，樂天商婦杳冥冥。江連鶴問湖雲滿，風捲龍回磯水腥。老大彈心雙袖濕，古今合拍兩衫青。尋踪覓蹟真興感，豈爲琵琶重一亭。

其四

慕古懷今心眼遊，神交歌哭總風流。琵琶不少商船婦，司馬應多宦海鷗。白髮青衫憑老大，黄蘆苦竹自春秋。江湖事業浮魚艇，浪逐波隨棹未收。

（《陶人心語》軼編，《唐英集》，遼沈書社，一九九一年十月，第三〇八頁）

《琵琶亭種梅花口占八絕句》

不是孤山處士家，香山曾此聽琵琶。十年水部慚何遜，手植紅梅已落花。

其二

江山亭連鶴問湖，榷陶清況似林逋。匡山縱讓孤山好，却有梅妻伴老夫。

其三

愛將清俸買寒梅，玉蕊幽香抱未開。清氣乾坤鍾此地，偷閑小隊探春來。

其四

樂天此地留悲韻，蝸叟亭邊種冷花。香月空濛江水白，湘靈同調想琵琶。

其五

賣花船上買花栽，一日根培百歲開。從此春光亭畔駐，青青有子作羹來。

其六

商婦蝦蟆陵下花，秋深老大訴琵琶。而今梅種先春伴，免對東風吹怨嗟。

其七

淡心熱路冷排場，手植寒梅送客堂。第一番風吹玉琯，暗香仿佛度楓香。

其八

栽花原擬看花開，春到枯枝發草萊。人羡百花頭上品，那知香色苦寒來。

(《陶人心語》軼編,《唐英集》,遼沈書社,一九九一年十月,第三〇九～三一〇頁)

《琵琶亭望春》

陽和回有信,又此駐名區。雲捲龍磯塔,烟鋪鶴問湖。梅開逢閏早,柳凍近春蘇。呼吸香山在,長吟興不孤。(《陶人心語》軼編,《唐英集》,遼沈書社,一九九一年十月,第三一一頁)

智按:「烟鋪鶴問湖」,《輯刻琵琶亭詩》作「烟空鶴問湖」。

《同事諸友遊琵琶亭遣僮馳贈以詩》

日晴風暖,天氣甚佳,諸君之游,樂矣!予以風塵傖鄙,弗獲附驥,悵也何如!聊賦里言,以志健羨。

琵琶遺韻動嘉賓,不爲聽秋爲望春。凍柳早梅詩有料,晴江遠岫境宜人。笑看野浦紛紜鷺,可似閒游自在身。二十四番花信近,古亭打疊嘯吟新。(《陶人心語》軼編,《唐英集》,遼沈書社,一九九一年十月,第三一一頁)

智按:「傖鄙」,《輯刻琵琶亭詩》作「風塵傖鄙」。

《立春前三日琵琶亭望雪》

孤亭成玉宇,豐瑞兆人寰。天地分青白,炎涼嬗往還。漸蘇殘臘草,重整近春山。衫袖沾檐溜,非關泪作斑。(《陶人心語》軼編,《唐英集》,遼沈書社,一九九一年十月,第三一二頁)

智按:詩題,《輯刻琵琶亭詩》作「立春前二日琵琶亭看雪」。

《正月初四日琵琶亭望春》

塵吏偏多山水緣,探春拄笏廿經年。早花新草詩中畫,萬櫓千帆天上船。野浦零星翻鷺雪,遠村迷離隔江烟。亭横預訂傳柑會,明月來看第一圓。(《陶人心語》軼編,《唐英集》,遼沈書社,一九九一年十月,第三一二頁)

智按：「廿經年」，《輯刻琵琶亭詩》作「十經年」。「迷離」，《輯刻琵琶亭詩》作「羃䍥」。

《仲春望後二日琵琶亭看花》

陰雨連緜久閉關，遊乘晴暖一開顔。亭樓麗景花盈檻，天地閑心鷺幾灣。榮悴枯楊妝賈婦，呢響新燕話香山。無邊詩思吟春草，神往貞元長慶間。（《陶人心語》軼編，《唐英集》，遼沈書社，一九九一年十月，第三一三頁）

《己巳清和月望後三日琵琶亭訪友竹徐山人即事口占二首》

兩月不來亭上立，柳眠花醉得人憐。清流江續香山泪，遺響音停孺子船。櫻笋風光忘旅宦，謳吟案牘有閑天。琵琶商婦尋常亭，雅重千秋司馬傳。（《陶人心語》軼編，《唐英集》，遼沈書社，一九九一年十月，第三一四頁）

智按：四月十八日作。

《疊前韻》

大雅曾經留勝迹，黄蘆苦竹總堪憐。剩來湓浦亭邊月，撥動鵾弦泪上船。老大心情同宦境，風騷今古合江天。青衫紅袖淒清調，仿佛楓香鼓浪傳。（《陶人心語》軼編，《唐英集》，遼沈書社，一九九一年十月，第三一四頁）

《友竹徐山人居停琵琶亭以詩見遺和其原韻》

吟今考古羨君閑，地擇居停自往還。揮翰詩收當檻畫，倚闌神契對亭山。情深舊雨兼新雨，迹略禪關與抱關。維繫興歌懸小榻，高風孺子可能攀。（《陶人心語》軼編，《唐英集》，遼沈書社，一九九一年十月，第三一五頁）

《己巳立秋前三日琵琶亭望秋疊韻四首》

如斗冰銜夏日遲，故人將至動秋思。清涼心地炎途試，鬧熱排場冷眼知。鷗鷺避飛塵面目，江山入望淡襟期。琵琶亭上偷閑坐，不賦青衫灑泪詩。

《疊前韻》

風静江平帆影遲，兼葭白露動遥思。雲容送魚南山起，秋意先時高柳知。九夏天邊閑宦興，三庚頭上故人期。援琴不下琵琶泪，苦竹黄廬料入詩。

《疊前韻》

淡境斯亭寄淡游，淡人淡境淡忘慈。隨緣自得逢場戲，問古平分異地秋。征逐漫言皆熱路，江湖難必盡閑鷗。塞翁自笑垂垂老，得失何堪爲馬憂。（《陶人心語》軼編，《唐英集》，遼沈書社，一九九一年十月，第三一六頁）

《己巳孟秋望後琵琶亭獨坐即景兼以書懷疊韻四首》

又逐西風來倚闌，江烟廬翠淡迷漫。廿年白髮青衫客，一個陶山榷水官。境觸琵琶彈古泪，心空老大稱秋寒。眼中世外相形處，閑鷺機忘傍釣竿。

其二

千秋風味合知音，絕響誰言不可尋。太傅自彈身世泪，琵琶長撥古今心。亭游淡客豐神野，詩構閑曹意興深。雲白天空秋萬里，豁開倦眼振塵襟。

其三

亭對南山柳繞闌，江流今古水漫漫。清時不墮琵琶泪，勝地常舒心眼官。詩譜鴛花秋未晚，盟尋鷗鷺老寧寒。快逢萬寶功成候，勁草西風日幾竿。

其四

高蟬飛響帶秋音，疏柳空亭勝迹尋。雲掩山容商婦面，江吞浪咽樂天心。遭逢境況含情遠，品誼文章感世深。呼吸羹墻仰止切，瓣香應許納虛襟。（《陶人心語》軼編，《唐英集》，遼沈書社，一九九一年十月，第三一七頁）

《九月念二日琵琶亭即景二首》

寒雨兼旬江上城，登樓此日快新晴。匡山色爲秋色淡，潯水神因霜落清。白傅行踪同宦轍，陶人笑柄老詩情。青衫縱有傷心泪，懶向琵琶商婦傾。（《陶人心語》軼編，《唐英集》，遼沈書社，一九九一年十月，第三一九頁）

《琵琶亭冬望二首》

髮白宮閑客當家，歲去暮矣問琵琶。欄臨落漲堤痕水，亭繞三春手種花。帆帶凍雲遠浦過，鷗翻冷霧野汀斜。陽生漸轉東皇令，苦竹黃蘆雨露加。

其二

小陽春又在天涯，境自蕭凉興自奢。不了熱心嗟老大，全收冷泪笑琵琶。霜凝岸柳胎新色，寒勒亭梅釀早花。潯水匡山先訂約，翠巒桃浪泛枯槎。

（《陶人心語》軼編，《唐英集》，遼沈書社，一九九一年十月，第三二〇頁）

《己巳嘉平月琵琶亭望春》（二首）

湓浦探春十二回，琵琶遺韻重徘徊。寒烟轉釀垂堤柳，冷艶將舒繞閣梅。潯水波潭新雨露，廬峰雪映舊亭臺。陽和早訂東風面，重訪香山居士來。

大地洪鈞指日回，野亭縱目望徘徊。情閑淡淡零零鷺，春孕紅紅白白梅。新水遠帆天上舫，黃金故園意中臺。醉吟同興游踪異，柳綰花扶小隊來。（《陶人心語》軼編，《唐英集》，遼沈書社，一九九一年十月，第三二〇頁）

《庚午元旦後二日約同事琵琶亭看梅余以公冗不果悵成小詩六首譴伻馳呈看花諸君子》

手植梅花又滿枝，琵琶亭上約愆期。探春有興塵緣隔，玉笛東風緩緩吹。

其二

新歲晴和臘雪開，百花頭上見紅梅。才知造物真消息，極盛風光冷淡來。

其三

繞屋放翁三百樹，循檐白傅幾枝斜。灞橋驢背真風味，莫問冠簪肉食家。

其四

江柳江梅憶古人，高標麗色擁亭新。依然苦竹黃廬地，一到逢時滿眼春。

其五

新春老眼待花新，玉骨冰姿避俗塵。疏影暗香誰領略，林逋的的是仙人。

其六

廬岳峰高潯水長，江州司馬有餘芳。梅開送客堂前待，我拜先生作瓣香。（《陶人心語》軼編，《唐英集》，遼沈書社，一九九一年十月，第三二一頁）

《新春琵琶亭看梅四首》

向暖南枝又早開，山僧招客渡江來。寒花繞砌應相識，根柢風塵吏手栽。

其二

東風老興蓑天涯，旅況琴心不憶家。三弄梅花春在手，何如秋夜泣琵琶。

其三

非關遲暮偏忘老，春逗痴狂興倍加。誰是樂天誰是我，琵琶亭上看梅花。

其四

梅堪結子調金鼎，花向東風報早春。司馬左遷終太傅，寒枝淡境想奇人。（《陶人心語》軼編，《唐英集》，遼沈書社，一九九一年十月，第三二二頁）

《庚午清明日送客堂看桃花兼留别琵琶亭二首（時有量移粤海之役）》

十載閑情與境通，琵琶亭上意衝衝。花含别泪連朝雨，柳蹩新眉去路風。送客堂空誰是客，粤東帆挂我非東。問津重訂漁郎約，好待眷歸夾岸紅。

其二

曲叠陽關值禁烟，淒清去路草芊芊。粤東遠更三千里，冀北群空二十年。古迹心培縈旅夢，好花手植種情緣。布帆指日東風挂，水剩山殘一惘然。（《陶人心語》軼編，《唐英集》，遼沈書社，一九九一年十月，第三二五頁）

《題江州司馬汪少曾雙清圖小照兼以留荊》

司馬徽州休寧人，與余同官江州五載，相得甚歡，寫其照于蒼松翠竹間，故以雙清名圖。

清人清興繪清圖，人興雙清俗累無。漢廣江深心境淡，天空雲白宦情殊。竹堅勁節今君子，松挺高風古大夫。著個潯陽司馬在，香山千載可爲徒。

其二

陶榷匡潯十度秋，青衫司馬附遨游。竹苞松茂思君也，梅嶺羊城憶我否。人境雙清涵雅量，雲帆一葉載離愁。桃花潭水情何限，夢繞春風江上州。（《陶人心語》軼編，《唐英集》，遼沈書社，一九九一年十月，第三二六頁）

《和友人琵琶亭讌集詩（方仲駒司馬原韻）》（續）（十首）

其二

江州憑弔思無涯，滿目雲峰與浪花。千古興衰人不管，驚天動地一琵琶。

其三

琵琶亭上有人閑，吟向山間與水闊。逸韻遺飛何處問，無情流水不言山。

其四

商婦琵琶此處聞，我來今日對秋濆。有情天地留風雅，古碣荒亭罩暮雲。

其五

青衫司馬古江州，一曲琵琶行裏留。欲把鵾弦重技弄，恐驚楓葉落深秋。

其六

翼翼孤亭四面開，豐碑遺韻水雲隈。古今不少商人婦，誰更千呼萬喚來。

其七

漠漠寒烟江上陰，琵琶聲斷感登臨。當年商婦停舟處，蘆荻飛花風滿林。

其八

佳客今來非送客，爲尋逸韻恨重重。可憐商婦楓香調，翻入寒江野寺鐘。

其九

荒煙蔓草遠天連，十月秋殘景不妍。一夕琵琶千古恨，癡人望斷賈人船。

其十

當年司馬興夷猶，一曲琵琶引勝遊。今昔不須羣悵望，各人心事各悲秋。

（《陶人心語》原續卷三，《唐英集》補編，遼沈書社，一九九一年十月，第三三八頁）

《戊辰人日後一日琵琶亭探春二首》

琵琶亭子又新正，才過靈晨逸興生。岸柳烟籠寒釀緑，枝禽舌凍試啼聲。四千里客吟春早，第一番風蕩眼明。白傅難言同况味，胸塵到此片時清。

其二

蕩漾春波九派江，千帆萬櫓楚吳艭。一天新色含花柳，四面晴光撲檻窗。緑迸郊原生意動，痕多堤岸漲流撞。無邊景物撩詩興，打叠吟肩儘力扛。

（《陶人心語》軼篇，《唐英集》補編，遼沈書社，一九九一年十月，第三四六頁）

智按：正月初八日（人日後一日）作。

《中元讌集琵琶亭舊作二首近有友人以二韻合作廻紋體互合者因更作此答之（廻紋體）》

紅暎落霞晚上樓，客如鷗澹興悠悠。風騷續古吟荒址，逸響愁人動暮秋。中夜譜聲琶琵拔，種情逢眼淚殘流。空江遠岸霜飛葉，窮目喜登高步游。

（《陶人心語》原續卷三，《唐英集》補編，遼沈書社，一九九一年十月，第三四七頁）

智按:「琶琵拔」,《輯刻琵琶亭詩》作「琶斷拔」。

《和前韻送別》(有小序)

伊冀庭,余知友也。余以奉使江湖,别來三十年,絕無音問。丙寅秋,突邂逅于匡山潯水間。鬓髩互驚,垂垂老矣。把臂潸然,幾同隔世。翌日,旋即北上。伊冀賦得琵琶亭一律留别。爰步其原韻送之。噫!斯亭也,古送客處。樂天千載而後,又添兩副青衫淚眼。今古一切有情,自應解此。

相逢三十年來别,意興依然證眼前。潯水無情流歲月,匡山不老幻雲烟。撥琶曾墮青衫淚,判袂偏驚疏柳蟬。宛在伊人天際去,孤亭徙倚送歸船。(《輯刻琵琶亭詩》,清乾隆十一年古柏堂刊本)

《丙寅新秋題〈輯刻琵琶亭詩〉》(題擬)

琵琶亭子近龍河,畫意詩情此地多。野水佳山濃淡筆,騷吟漁唱短長歌。一江細浪瀅瀅去,千古遊人惓惓過。商婦樂天何處問,花含幽艷柳婆娑。(《輯刻琵琶亭詩》卷首,清乾隆十一年古柏堂刊本)

《琵琶亭懷古·調寄青衫濕》

琵琶一曲成佳話,此地種閒愁。水剩潯流,山存廬阜,人憶江州。
當年司馬,調高境冷,寄慨傷秋。新亭陳蹟,星移物換,風雅長留。(《陶人心語》卷五,《四庫未收書輯刊》影印清乾隆唐寅保刻本,集部第一〇輯第二一册,第七五三頁;《唐英集》,遼沈書社,一九九一年十月,第一三二頁)

《琵琶亭弔古·調寄满江紅》

一曲琵琶,挑撥動、今愁古慨。問遊人,到此消魂,也未猶是。潯陽江上月,誰來管領江山意。羡紅亭緑樹,俯清流,堪遊戲。　　青衫淚,憑誰寄。傷老大,悲身世。借檀槽,淒怨評量心事。不識當年風雅客,低徊停船風雅地。笑炎官,熱路冷經營,同中異。(《陶人心語》卷五,《四庫未收書輯刊》影印清乾隆唐寅保刻本,集部第一〇輯第二一册,第七五三頁;《唐英集》,遼沈書社,一九九一年十月,第一三三頁)

智按:《輯刻琵琶亭詩》字句略異:「一曲琵琶,挑撥動、今愁古淚。問遊人，到此銷魂，也未猶是。潯陽江上月，誰來管領江山意。羡青衫白髮，樂天翁，堪遊戲。　　商人婦，何關繫。悲古調，傷人事。借暮景，秋聲吟情慨世。不識昔年風雅面，低徊風雅泊船地。笑炎官，熱路冷經營，同中異。」。

《琵琶亭懷古・調寄青衫濕》（續）

千呼萬喚誰家婦，遮面半琵琶。似水繁華，如雲車馬，片月殘花。　秋深江冷，蘆荻琵琶。送客天涯。風酸插撥，朱顏白髮，清淚交加。（《陶人心語續》卷八，《唐英集》，遼沈書社，一九九一年十月，第二五五頁）

《固哉草亭詩序》

詩何以傳？傳其性情之真而已。窮通貴賤之故，無與于詩得失之數也。詩盛于三唐。夷攷其時，上自廟堂，下逮山林草澤，以詩名家者，不更僕數。如元、白之身都卿相而詩傳，郊、島之屈抑下僚，轗坷淪落，而詩亦傳。雖有豐腴、寒瘦之不同，要皆不失性情之真，如天籟自鳴，故同歷百世，而不可磨滅也。後之爲詩者，各私所好，刻意規橅，以求一似，矜采藻覈典故，務爲飾觀，以自炫其飣餖補綴之能，而性情之真遂以日失。……（《陶人心語》卷六，《四庫未收書輯刊》影印清乾隆唐寅保刻本，集部第一〇輯第二一册；《唐英集》，遼沈書社，一九九一年十月，第一四六頁）

《重修琵琶亭自記》

江州琵琶亭，天下古今一大名勝也。其地介於匡廬潯水間，為游覽者所必至。古今冠蓋，士夫騷人墨客，艷其事、訪其蹟者，率寄之謳吟。憑弔佳篇名句，不翅春花秋卉之蕃茂矣。自樂天迄今八九百年，不知幾經興廢。雖興而廢，廢而興，為時有久蹔之異，而人無有不知之而傳之者。以瀕臨大江，為風濤涮蕩，圮岍斷沙間，僅存一笠，柱檻傾側，旦晚莫支，幾為洪波巨浸中桑田。噫！司馬青衫之淚，應不免為斯亭再濕也。因思亭為天下古今之名勝，則修葺保護之責，謀所以興之者，天下古今，人所不得而辭。余自乾隆己未，奉命司榷潯關，計駐節亭側已八載，於茲觸目動心不忍視，名勝淪没於是，量節匕箸，經營葺補，數年來始得新其亭，培其基，築以隄，搆以樓檻廊廡，留先賢之遺韻，供後賢之游觀。矻矻孜孜，致熱心於冷澹排場，以蹔客而新久遠之蹟，固知往來於斯亭者，頷者半笑者，亦半然不暇顧也。

丙寅春，工既竣，爰約諸同事偕遊。遊而樂，樂而吟，吟而憑闌注目，見夫雲態烟容，大江東去，不禁爽然失睾然。歎曰：有是哉。往者過而來者續，物理其有然也。又何必斤斤於久蹔乎！天下事，有其始必有其繼。剏於始者，固不能要其終；而繼於後者，又何異於剏始。如斯亭之肇基，昔人鳩工庀材，不知幾經圖度，極思致力於久，而不欲速朽於蹔，然而荒落隨之矣。則昔日之久，皆為今日之蹔。又烏知後日之蹔，不即為今日之久乎？從來名勝之區，人傳事，事傳地，地傳人，在一時之事與地則甚蹔，而傳之後，則又甚久。要皆以人為政，天之篤生斯人，實非偶然。樂天之後，雖無樂天，千載而下，風塵牛馬中，傳其嘅息，尚有藐兹一余。余之後，又安必無風流大雅如樂天其人者，而余又何足道？斯亭也，剏於前，葺於後，其繼而葺之者，且或擴充輪奐，較勝於今日，則興於一時，感於百世，雖古今之時不同，先後之事不同，而人之雅風逸韻，當必有同焉者。試觀天地之氣，運人事之興會，循之環之，自相延於無盡，又豈可泥久蹔之説，以聽往蹟之興廢而弗論。是役也，余既私淑先余之樂天，而更勒之石，以為後余之樂天者告。亭乎亭乎，遥遥千古，庶幾可以不朽矣乎。乾隆十一年歲次丙寅二月穀旦瀋陽唐英撰。（《陶人心語續》卷八，《唐英集》，遼沈書社，一九九一年十月，第二五〇頁；《輯刻琵琶亭詩》卷首，清乾隆十一年古柏堂刊本；《四庫全書》本《［雍正］江西通志》卷一百三十五）

《輯刻琵琶亭詩小引》

余葺琵琶亭，自己未迄丙寅，八閱寒暑，而規模間架，始草草就緒。案牘餘暇，偕同事一為憑眺，見水色天光，朱鱗白鷺，澄澈晶瑩，飛躍上下，觸目會心之際，往往忘其㧑謬，託興以詩，風塵面目，巴里謳吟，此固白傅之唤，奈何？而方家應為捧腹者也。詎冠蓋名流，騷人墨客，過此維舟者，靡不惠然來思，登亭作賦，且有和余韻而賜之教者，書楹畫壁，滿目琳瑯，良深媿幸也。

第以江風山雨，難盡紗籠，墁堊帚塗，無分蝸篆，則幼婦黄絹之辭，遭玉泣珠遺之阨，不幾有負風雅之留貽哉！設粉坊，假寺僧筆硯以俟，凡諸君子之岸然自別者，或即景抒情，或憑今弔古，必有異想天開之旨，高懷雲絢之章。倘藉此粉坊，得意急書，并署名號梓里，俾採付梓人，則豈獨斯亭之幸。

是役也，濃中淡，熱中涼，風雅種子，於是乎在。此余貿貿狂瞽之見也。今將現刻成帙者，先以公諸同好，其有後此佳篇，陸續附入，將見唱余和汝，扢雅揚風，諸君子馳騁于青衫司馬之隊，余得附驥於遙遙千里之後塵，於以鼓吹休明，輝映今古，是詩與亭，且不脛而走天下，以較世之深謀遠慮，矻矻孳孳，計損益得失者，其久蹔清濁，為何如也？王右軍云，後之視今，亦猶今之視昔。使昔人管領風雅於前，我輩後起者，竟溟溟眩眩，低首下心而遜謝不敏，則余之葺此亭而饒此舌也，不其為多事乎哉！乾隆丙寅蕤賓節榷陶使者瀋陽唐英撰。（《輯刻琵琶亭詩》卷首，清乾隆十一年古柏堂刊本）

附：韓江開泰《重修琵琶亭記》

昔白樂天為江州司馬，詩多即景緣情之作，而《琵琶行》一篇尤馳聲樂府，傳誦至今。後人即其地，創琵琶亭，一共來者憑弔，由來舊矣。歷代移徙無常所，今所存者，前副使劉君所重建，歲久傾圮，無修葺者，值瀋陽唐使君司榷兹郡，慨然曰：白公逸才，吾生平所傾仰，遺蹟所在，可委諸荒榛漫嘲間乎？爰鳩材伐石，理而新之。亭臨江渚，四顧無礙，軒爽宜人。亭之外，宴會有堂，棲息有房，疏櫺闌砌，位置皆敞潔。使君詩極敏麗，畫亦精妙。暇日邀客遊憩於此，仰觀山，俯瞰江，煙雲風濤之變幻，草木禽魚之喧寂。覺一一與詩情畫意相觸發也。又復洞嫻音律，間出己所填新詞，披之弦管，宮商叶奏，幾欲與《琵琶行》爭擅千古。迺不謂余鄙，屬記之。余惟樂天文采風流，照耀史册，當時雖與元微之、劉夢得齊名，而其賢實非元、劉輩所能及。宋韓魏公作《醉白堂歌》，意欲彷彿其為人，蘇子瞻詩，多舉白以自況。以魏公之勲業，子瞻之文章，而猶忻慕若此，樂天之餘韻遠矣。今使君文采風流不減樂天，追惟尚於當年，結神交於異代，樂天有知，必當以同調相許，豈偶然哉！後之登斯亭者，徘徊眺望，見江山如畫，景物常新，或歌樂天之名篇，或誦使君之呀構，則兩人之名，後先輝映，斯亭盖藉以垂不朽，聞有與謝公爭墩，效歐公植柳者，其識趣為何如？固使君之所不屑也。是為記。韓江開泰撰并書。(《輯刻琵琶亭詩》卷首，清乾隆十一年古柏堂刊本)

智按：唐英，字俊公，自號蝸寄老人、陶成居士，關東瀋陽（今屬遼寧）人，隸漢軍正白旗。雍正六年（一七二八）奉使景德鎮御廠；乾隆二年（一七三七）以淮安關使並兼領陶務。乾隆四年（一七三九）為九江關監督兼理窰務。乾隆十四年（一七四九）奉命移粤海關；乾隆十七年（一七五二）返九江關兼管窰務，卒於任所關署。有《陶人心語》五卷、《問奇典注》、《古柏堂傳奇》。唐英敬仰白居易，稱「文章風雅即吾師」，「寓私淑於瓣香」，乾隆四年（一七三九），捐俸重葺琵琶亭（明萬曆間葛寅亮、清雍正七年副使劉均所建均已廢毁），更創小樓三楹，以供登眺，「留先賢之遺韻，供後賢之游觀」。乾隆十一年（一七四六）完成，亭臺樓閣，一應俱全。「量節匕箸，經營修葺，數年來，始得新其亭，培其臺，築以堤，構以樓、檻、廊、廡」，撰《重建琵琶亭自記》，手書白香山《琵琶行》，勒諸石，左建樓，手書「到此忘機」、「江天遺韻」，「忘機閣」及「殘月曉風大江東去」，榜於亭。并撰有一百多首琵琶亭詩。還在琵琶亭壁間左右皆懸詩板，上格横書「風雅長留」四字，下畫朱絲作格，置筆硯，以徵游人過客題詠。清袁枚有《琵琶亭弔唐蝸寄榷使》(《小倉山房詩集》卷三十，《袁枚全集》第一册，第七二八頁)。唐英將所徵集之詩編輯為《輯刻琵琶亭詩》一函四册，有古柏堂清乾隆十一年（一七四六）序刊本（中國社會科學院文學研究所圖書館善本室藏），中含唐英自繪《琵琶亭圖》及《重建琵琶亭自記》，其編年輯刻之詩，始自乾隆八年（一七四三）二月，訖於乾隆十六年（一七五一）。全書共一百二十五頁。此前《直齋書録解題》卷十五曾著録《琵琶亭詩》一卷，清文行遠《潯陽摭醖》曾著録《潯陽琵琶亭記詠》一卷，不知集者，均先後散佚，有目無書。

梁錫珩（一六八三～一七一九）

《戊戌長至孫莪山先生招飲兼承贈句次韻奉答》

未妨清福是單貧（用香山句），吟燭杯籌主及賓。嘗以煙霞供吐屬，更看龍馬似精神。西堂得句延詩客，東閣觀梅對酒人。愧我才長無一線，太音欲向大儒論。(《非水舟遺集》卷下，《四庫未收書輯刊》影印清乾隆四年梁浚劍虹齋刻本)

智按：梁錫珩，字楚白，號深山，介休（今屬山西）人。諸生，候選郎中。有《非水舟遺集》。

林象德（一六八三～一七一九）

《秋城太守歌戲答柳明府》

可使食無肉，不可使樽無緑。樽無緑尚可，不可使房無妾。含杯嚼肉對美姬，世間亦有揚州鶴。秋城太守老顛狂，家貧飢坐愁空房。故厭承明領名州，一時三事都破荒。邑田處處皆收秫，官吏人人能射獐。自言前身白香山，愛妓偏愛琵琶娘。七月新亭碧溪隅，溪月照之紅氍毹。堂前擊獸羅衆饌，堂中歌舞清且都。百盞羔兒夜沉沉，雙行蠟燭銀屏深。不愁笳鼓報三吹，但道良宵直萬金。此中行樂有誰知，令嚴不許旁人窺。忽怪故人寄書至，何從得此心中事。使君香名動四隣，人間萬口傳千里。使君使君莫相疑，男兒快意當及時。我亦於此興不淺，早晚一麾求南縣。勿論瑤池與月宮，與君同醉綺羅叢。(《老村集》卷一七言古詩，《韓國文集叢刊》本)

智按：林象德，字潤甫、彝好，號老村。有《老村集》。

安重觀（一六八三～一七五二）

《次白香山東亭韻》

滿室圖書在，中間着此身。齋躬尊聖者，論世友賢人。木舌諄諄命，蘭心淡淡親。眞成朝暮遇，誰謂隔千春。(《悔窩集》卷一，《韓國文集叢刊》本)

《感詠，次杜律》

日月悠悠去，無如老子何。英雄生有幾，宇宙事逾多。未就燒丹約，空

爲捋白歌。此身難再得，今世可虚過。（白樂天有捋白鬚之詩）（《悔窩集》卷三，《韓國文集叢刊》本）

智按：安重觀，字國賓，號悔窩、密窩、可洲、可湖。有《花溪先生文集》。

陳梓（一六八三～一七五九）

《立夏日作效香山體》

至微者燈心，偶懸屋棟間。此屋苟不燬，此草足千年。人於千年中，壽者百歲全。次者六七十，其下旦暮然。有酒不肯飲，笑爾徒癡顛。曉來摘青梅，苦中帶微酸。隣曲饋新荳，緑珠顆顆圓。朱櫻與青螄，瑣瑣陳豆籩。老夫户雖小，麥燒嘗滴涓。一勺復一勺，照鏡成朱顔。醉翁不在酒，卧看畫中山。（《删後詩存》卷六，《四庫未收書輯刊》影印清嘉慶二十年胡氏敬義堂刻本）

《題畫竹》

白香山云：「植物之中竹難寫，古今雖畫無似者。」蓋竹品極高，梅花道人云：與可畫竹不見竹，東坡作詩無此詩。非具此本領，豈易貌取哉！嚴君是幅着筆淡遠，如李東暘詩「青蛾舞罷婆娑曲，人在空山月影中」足以當之矣。（《删後詩存》卷十二，《四庫未收書輯刊》影印清嘉慶二十年胡氏敬義堂刻本）

《定泉詩話》

戴石屏《琵琶亭》「不尋黄菊伴淵明，忍泣青衫對商婦」，足使香山喪氣，故作詩貴有識。（《藜照廬叢書》本卷一；《清詩話三編》第一〇五七）

白香山句「乞錢羈客面，落第舉人心。月下低眉立，燈前抱膝吟」，以舉人比乞錢客、低眉婢，極低極肖，有志者可悟矣。……（《藜照廬叢書》本卷二；《清詩話三編》第一〇七五）

香山樂府有關世道人心，如《杜陵叟》一首，中云：「長官明知不申破（智按：白詩作長吏），急斂暴徵求考課。典桑賣地納官租，明年衣食將何如。……昨日里胥方到門，手持勑牒牓鄉村。十家租稅八九畢，虛受吾君蠲免恩。」當與聶夷中詩並傳也。(《藜照廬叢書》本卷二；《清詩話三編》第一〇七六)

香山詩：「陋巷乘籃入，朱門挂印迴。」「籃輿」何可單用「籃」字？此亦失檢處。(然本淵明，亦無害)《自題詩集》云：「身是鄧伯道，世無王仲宣。只應分付女，留與外孫傳。」與余同病，讀之不禁涕洟。又，「爐溫先煖酒，手冷未梳頭。」(《藜照廬叢書》本卷二；《清詩話三編》第一〇八一)

晚村（智按：呂留良）詩：「泥塗行竈晴繅繭，紙褙熏籠夜焙茶。」或疑「行竈」二字，俗不入詩，不知白香山蚤有「船頭有行竈」之句，未可遽議也。……(《藜照廬叢書》本卷二；《清詩話三編》第一〇八二)

白樂天《昭君怨》「自是君恩薄如紙，不須一向恨丹青」，自謂翻案，然比薛道衡「轉由妾命薄，誤使君恩輕」，則穹壤矣。(《藜照廬叢書》本卷四；《清詩話三編》第一〇九五)

耕餘（智按：鄭世元）……《哭姪女阿五》十三首，學白香山，未免失之鄙俚。……(《藜照廬叢書》本卷四；《清詩話三編》第一〇九七)

智按：陳梓，字俯恭，又字古銘，又作古民、菇緡，號一齋、客星山人，先世餘姚（今屬浙江）人，僑居嘉興。雍正二年（一七二四）甲辰舉孝廉方正，不就。以布衣終。工詩古文，擅書法。晚年館于胡氏筠穀園，從學者甚衆。私淑張楊園，學行與北地李錯齊名。陶元藻《鳧亭詩話》卷下甚稱其詩。其《定泉詩話》五卷，有嘉慶刊本、藜照廬叢書本、中國社會科學院文學研究所圖書館藏抄本。又有《四書質疑》、《毛詩正本》、《寓硤草》、《客星零草》、《陳一齋先生文集》、《删後詩存》、《删後文集》，選有《姚江逸詩》。傳記見張羲年《啖蔗文集》卷三、適園叢書本《陳一齋先生文集》張鈞衡跋。

黃任（一六八三～一七六八）

《築基行》

築基本護田，賣田為築基。哀此眼前瘡，卻剜心肉醫。綏邑之井稅，兩圍大藩籬。隄防一以潰，千頃皆汙池。今年困淫潦，衝決勢不支。粒食望已絕，預算金錢縻。縣帖昨催築，先相度土宜。原隰測深淺，形勢分險夷。其間腰底面，高厚頒定規。按田派力役，多寡等有差。遂令計稅畝，疆界爭毫釐。仍有不均怨，弱肉強食之。亦有遊惰民，而舍鋤以嬉。里正來下狀，喋喋相謷訾。董之宜朴作，欲朴還沉疑。蚩蚩子來前，長吏勤致辭。長吏實不德，灾害余所貽。古風有讓畔，汝忍相凌欺。好德好風雨，與汝蒼天祈。三冬急畚鍤，過此便失時。上官有嚴限，羽檄催紛馳。勞汝乃活汝，未可生怨咨。基長冬日短，促迫憂稽遲。夜役以繼晷，及老羸妻兒。或有募壯士，傭直傾家貲。堤上月皎皎，堤下水漪漪。綿亘百千丈，官誇如京坻。豈知一丸泥，千萬人膏脂！築基復築基，築完亦傷悲。今年筋力竭，歲修無了期。田園斥賣盡，安用築基為？擬上河渠書，言高嫌位卑。誰是采風者？為吾陳此詩。(《秋江集》卷三,《四庫全書存目叢書》影印清乾隆刻本)

《賑粥行》

今年米價高，乃自二月始。其時東作人，尚未及耘耔。綆短井水深，轆轤接不起。展轉七八旬，十室瀕九死。苟活始自今，登場十日耳。相傳此十日，艱苦更無比。譬彼行路人，九十半百里。一春發倉廩，賤價實倍蓰。奈今已懸磬，一錢亦坐視。甦我三閱月，難免須臾斃。此語痛至隱，使我抱愧鄙。急令煮饘粥，讙呼遍郇市。其日正赤午，千百若聚蟻。大半老羸多，肩摩足跛倚。叟叟與浮浮，津津于頰齒。長吏未朝餐，先汝嘗旨否。次乃恣饕食，流歠等波靡。癡嫗強其兒，不肯輟箸匕。老翁不量腹，哽咽頦有泚。僉曰傷飢腸，徐徐乃可爾。明發當復來，漸漸平瘡痏。揮之不即去，不去察其旨。問官賑幾日，好共妻兒止。官卑俸錢薄，能辦幾斛米？官云汝無慮，缾罄罍之恥。計較兩歲禄，兼旬供食指。亦有懿德士，告乏助為理。待汝刈獲聲，此舉我乃已。東郊一以眺，堅好惟穈芑。望歲如望梅，額蹙變色喜。歸衙持簞瓢，餘瀝飽稚子。(《秋江集》卷三，《四庫全書存目叢書》影印清乾隆刻本)

智按：許廷鑅《黄任傳略》云：「五言古《築基》、《賑粥》諸篇，愷直悱惻，香山之《秦中吟》也。」(《晚晴簃詩匯》卷五十五引)

黄任，字莘田，福建永福人。康熙四十一年（一七〇二）壬午舉人，官四會知縣。有《香草齋詩集》。參見《石遺室詩話》卷二十六，鄭朝宗、石文英校點本，第三九五～三九七頁。

安岐（一六八三～?）

《墨緣彙觀録》

⊙倪瓚秋林山色圖

白紙本，中掛，幅長三尺八寸七分，闊一尺六寸，水墨，作層巒峭壁，幽磵懸泉，疎樹空亭，坡陀沙水，各有幽致。用筆雖具關家遺意，其秀潤天眞，蒼莽簡略，又自成家法，不落畫家蹊徑者，米氏之後一人。若夫荒率秀勁處，惟董文敏得其奥旨。相傳明季江南士夫家，以倪畫有無論清俗，非虚譽也。然翁畫多小幅，所見大幅，惟此與絹本《吳淞山色圖》爲大手筆。《吳淞圖》有陶九成跋，筆墨淋漓，邱壑更勝，余得之廬州太守張見陽家，未用印記，卽爲有力者攝去。此圖左首倪自題詩云：「寓館風雨秋，閒門草苔翳。懷人思奮飛，攜書此留滯。玉琴和幽吟，竹牖聊靜憩。西山日在望，白雲澹生媚。寂寞棲德園，清虚損世味。石竈有餘烟，未收煮茗器。」八月二日，寫秋林山色并詩，以遺伯循文學，款瓚圖上，藏經紙，詩塘董文敏題云：迂翁畫，師吾家北苑，晚年一變，遂有關家小景古宕之致。嘗自謂合作處，非王蒙輩所能夢見。此圖及山陰邱壑荆蠻，喬林古木，漁莊秋霽，可爲絕調矣。山陰邱壑，在南徐陳從訓家，喬林在余家，漁莊在陳仲醇家。癸卯十月，夜宿周季良清鑒閣觀，因題款，董其昌下押董玄宰朱白二文印，太史氏白文印。此幅經耿都尉家所收者，及有希之朱文一印，又爲子賢作秋林山色一圖，水墨方幅，不作山巒峭壁，惟林木坡陀，與此相彷彿，上題五言古一首，自書效欒天體。（《墨緣彙觀録》卷三名畫上，《續修四庫全書》影印清光緒元年刻粵雅堂叢書本）

智按：安岐，字儀周，號麓村、松泉老人。天津人，一說朝鮮人。約卒於乾隆九年（一七四四）至十一年間。先世為鹽商，家資巨富。自幼讀書，喜愛法書名畫。當時幾位著名鑒藏家先期相繼謝世，所藏精品，大多為安岐收藏。據《文端公年譜》康熙五十九年中記載：「麓村安氏精鑒賞，凡檇李項氏、河南卞氏、真定梁氏所蓄古蹟，均傾貲收藏。圖書名繪，甲於三輔。」所居沽水草堂，在天津城東南。又有古香書屋，為其所藏書畫名跡處所。

納蘭常安（一六八四～一七四七）

《游雲林寺》

武林山水自天開，牽率游人往復回。石笋楊梅爲輔翼，蓮花月桂是輿臺。泉多咽砌供猿浴，公老留雲任鶴偎。慚愧香山白太傅，政閑數數入山來。（清厲鶚《增修雲林寺志》卷六「詩詠」，《續修四庫全書》影印清光緒十四年刻本；魏得良標點本，杭州出版社，二〇〇六年四月，第一四九頁）

《壬戌秋日偕程風衣、陸虛舟游韜光庵》

金天氣森爽，晴光媚秋容。西流大火盡，百卉零露濃。幽興窅然發，遠欣二客從。登舟復攬轡，迤邐循高峰。雲林暫休駕，鷲嶺插層空。言尋古巢塢，紆回一徑通。松篁飫眠碧，楓柟染未紅。捫葛叩禪室，澗泉響淙淙。老僧具袈裟，迎我蓮池東。趺坐嗅妙香，清凉心地融。小蛇名蜥蜴，出沒未化龍。與語多微諦，潛心南北宗。相邀登杰閣，恍若跨蒼穹。四望渺無際，肯惜目力窮。江濤與海洋，如聞聲洶洶。衆峰兒孫立，湖水一盂同。亭午日色淡，古甃鳴寒蟲。老僧呈詩籍，始自香山翁。沿革六七代，留題盡名公。就中論佳句，頗覺時賢工。莅浙斯游最，所嫌太匆匆。回瞻杳烟霧，落日已下舂。率客返歸路，林鴉噪夕風。舟中仍小酌，擬咏繼前踪。（清厲鶚《增修雲林寺志》卷六「詩詠」，《續修四庫全書》影印清光緒十四年刻本；魏得良標點本，杭州出版社，二〇〇六年四月，第一五〇～一一五頁）

《癸亥仲春八日，陪少司農彭石源重游韜光，和白香山、蘇東坡韵二首》

我來當叩此禪門，秋葉春花景自分。冰泮蓮池分淨水，光生佛頂覆慈雲。離離雪影當窗見，隱隱松聲徹耳聞。同上群峰最高處，頓將塵慮釋糾紛。

紆回竹徑疑無路，掩映杉扉却有家。束縛久如轅下馬，登臨暫去井中蛇。

野鳶日暖爭修羽，仙杏風和漸著花。嘉客莫嫌生活淡，冷泉亭畔酒簾斜。（清厲鶚《增修雲林寺志》卷六「詩詠」，《續修四庫全書》影印清光緒十四年刻本；魏得良標點本，杭州出版社，二〇〇六年四月，第一五四頁）

《韜光紀游集序》

西湖北峰之勝，惟靈鷲最奇，游者至冷泉亭，仰瞻林木，下視流水，憩息徘徊，興盡而返，不復知寺中西折，有曲澗索紆，層巒綿衍，邃深幽寂之巢塢也。巢塢有庵，名韜光，唐代宗時，蜀僧韜光卓錫于此，與郡守白公善，往還酬答，地以人傳，而韜光之名以著。迨後蘇子瞻、趙閱道輿寄烟霞，題名崖石，踵其游者日盛。昔人典型，續而不遂，自唐宋元明至我朝，天下名賢鉅公碩士高僧，登臨憑弔，撫景留題者多矣，皆散漫無紀，惟禪鐙一焰，至今耿耿，豈道之不若彼哉？無人焉爲之匯而集之，俾鴻篇藻句，淹沒于古苔荒草中，供山僧煮茗具耳。婁東顓庵王太史西清學士，東海名儒，敦好古之雅懷，輯人文之炳蔚，可謂收拾明珠，還之合溥，極一時之美事。己丑歲，予曾至浙，一躋其巔，垂今三十餘年，宦游四隅，時遇浙之士大夫，劇談韜光，欣然神往。壬戌春，來莅兩浙，偶偕彭少司農石源，尋幽討勝，入竹徑，循磵而西，巖岫窕窱，筧泉滴瀝，白雲滿衣裾殊，不知有人間世。嘆曰：「此真可以韜光矣。」啓窗眺江海，始信駱丞「樓觀」、「門對」之句爲不虛。俯視四山，排闥入檻，飄飄乎如列子禦風，佳處任人自領而已。因更得汲泉啜之，縱觀所藏卷册，數十餘年來，游者、咏者，又若而人輯而藏之，亦復裒然成集。想當年白傅韜光同此樂趣，遂賦詩一篇付山僧，冀附作者之林。山僧復請弁集首，是爲序。（清厲鶚《增修雲林寺志》卷五「藝文」，《續修四庫全書》影印清光緒十四年刻本；魏得良標點本，杭州出版社，二〇〇六年四月，第四五～四六頁）

智按：納蘭常安，字履坦。姓葉赫納喇氏，鑲紅旗滿洲人。康熙三十二年（一六九三）舉人，初任刑部筆帖式。歷官盛京兵部侍郎、漕運總督，江西、浙江巡撫。乾隆十二年（一七四七）被參劾罷官，卒于獄。有《受宜堂集》（《四庫未收書輯刊》影印清雍正十三年自刻本，集部第九輯第二十二册）。

王應奎（一六八四～一七五九?）

《柳南隨筆》

古者以十年為一秩，自六十以外，便可云開七秩。樂天詩：「已開第七秩，飽食仍安眠。」又云：「年開第七秩，屈指幾多人。」是時年六十二，此其證也。自七十以外，便可云開八秩。樂天詩：「行開第八秩，可謂盡天年。」自注：「時俗謂七十以上為開第八秩。」此其證也。自八十以外，便可云開九秩。司馬溫公作《慶文潞公八十會致語》云：「歲歷行開九帙新。」此又其證也。……（《續修四庫全書》本卷四，王彬、嚴英俊點校本第八二頁）

昌黎之文，字句皆古，人悉知為錘煉而成矣，而不知歐公之平易，亦是錘煉而成者。即如白香山之詩，老嫗能解，可謂平易矣，而張文潛以五百金得其稿本，竄改塗乙，幾不存一字，蓋其苦心錘煉如此。以此例之，則歐公可知，不特「環滁皆山」之句，數易稿而就也。（《續修四庫全書》本卷六，王彬、嚴英俊點校本第一一二～一一三頁）

詩之有次韻，自蕭衍、王筠《和太子懺悔》詩始也。唐之元、白遂踵其事，至皮、陸而加甚焉，今則非次韻無詩矣。……（《續修四庫全書》本卷六，王彬、嚴英俊點校本第一一三頁）

《莊子·秋水篇》：公子牟對公孫龍曰：「子獨不聞夫埳井之鼃乎？謂東海之鱉曰：『吾樂與』」云云。「東海之鱉，左足未入，而右膝已縶矣，於是逡巡而卻，告之海曰」云云。白香山《池上篇》有「如鼃居坎，不知海寬」之句，蓋即用此事也。按：「坎」字本即「埳」字，而「鼃」字筆劃頗近「黿」字，近世相沿誤刻，其失固了然可見。余觀工書之士，前明如董尚書，當今如王吏部，皆喜寫《池上篇》，而「鼃」字不免沿誤作「黿」，亦疎於考訂矣。（《續修四庫全書》本卷六，王彬、嚴英俊點校本第一一八頁）

《柳南續筆》

⊙三詩同意

杜少陵《茅屋為秋風所破歎》云：「安得廣廈千萬間，大庇天下寒士皆歡顏。」白香山《新製布裘》詩云：「安得萬里裘，蓋裹周四垠。」孟貞曜《詠蚊》詩云：「願為天下橱，一夜使景清。」三詩爲題各異，而命意則同。蓋皆仁人之言也。故並表而出之。（《續修四庫全書》本卷四，王彬、嚴英俊點校本第一九四頁）

智按：王應奎，字東漵，號柳南，諸生，常熟（今屬江蘇）人。工書法，初學顏真卿。亦善於山水畫，不落近人窠臼。有《柳南隨筆》、《續筆》、《柳南詩文鈔》、《海虞詩苑》。

阿克敦（一六八五～一七五六）

《觀刈麥》

黄雲連野澗，麥熟及新收。家有倉箱滿，田仍滯穗稠。薰風能解愠，好景更占秋。飽食村村樂，應寛宵旰憂。（《德蔭堂集》卷七，《續修四庫全書》影印清嘉慶二十一年那彦成刻本）

《再疊前韻》

曾見春苗盛，今來麥有收。登塲連樹起，比户似雲稠。婦子應知喜，盈寧不待秋。來牟詩可咏，無復一夫憂。（《德蔭堂集》卷七，《續修四庫全書》影印清嘉慶二十一年那彦成刻本）

智按：此二詩直承白居易《觀刈麥》。

阿克敦，章佳氏，字仲和，一字立恒，又字恒岩。滿洲正藍旗人。康熙四十八年（一七〇九）己丑進士，授編修。以學問優，典試有聲名，授侍講學士。雍正時，歷任翰林院掌院學士、署兩廣總督兼廣州將軍。乾隆時官至太子太保、協辦大學士，卒謚文勤，有《德蔭堂集》。

沈起元（一六八五～一七六三）

《九江春望同子遜作》

濕雲十日住江干，百尺城樓一倚闌。曾有夢歸春草緑，更無人處杏花殘。

井烟帶雨黄梅暗，估舶驚濤彭浦寒。流落青衫數行淚，琵琶亭外水漫漫。（《敬亭詩草》卷三，《四庫未收書輯刊》影印清乾隆十九年刻增修本）

《效白體寄兒子大抱一百韻代家信》

四民有恒業，士子恒為士。我世詩禮家，不士即不子。汝生母腹中，母夢指出雉。雉飛指即枯，汝生母遽死。苦孝恭順姿，遺體獨有爾。大父名汝抱，珍愛同卧起。憐汝失乳孩，望汝續祖妣。而翁苦饑驅，奔走動千里。繼乃通仕版，内外歷轉徙。趨過跡亦疏，言立罕提耳。常懼宦游早，聽汝廢書史。又懼紈絝習，誤汝於侈靡。我乃失教愆，長貽九泉恥。往往縉紳後，非愚即癡騃。往往寒素家，子孫踵前趾。故我罷官歸，無慍實有喜。且得課而曹，冀免豚犬訾。籯金既無累，一經聊可理。歸來汝已長，衣裳與我比。叩汝腹中書，荒蕪雜荊杞。試汝手中筆，艱澀叢糠秕。長歎幼學年，蹉跎象勺齒。俄然成弱冠，努力尚及此。聖賢與豪傑，皆從立志始。能具什伯功，愚柔豈終止。苟能惜寸陰，不爭鈍與駛。五經四子書，人生命之柢。昔聖垂此書，一一教踐履。一言得終身，即分聖一體。一語苟違背，撫躬面為泚。儻胥蔑棄之，貌人而心豕。須念制科義，豈僅命題紙。汝讀當熟讀，咀嚼味乃旨。汝讀當精思，貫穿到神髓。以之治汝心，如鏡刮塵滓。以之治汝身，如杖得仗倚。一讀一返念，應自得臧否。汝今為弟子，孝弟乃切己。後母非曾母，均愛無二視。家貧復善病，定省緊爾恃。自古稱長督，督義良有以。汝有兩幼弟，童牛繫金柅。須勤課記誦，勿任覓栗李。敬事諸父行，愆莫乾餱啟。善擇朋友交，親仁戒比匪。威儀慎爾容，虔肅將祭祀。況汝既娶婦，便作成人儗。百行將汝責，有敗不及悔。苟能學為人，為文道即是。天地間至文，只在性情裏。氣機妙闔闢，脈絡溯原委。結構師工匠，運思欲奇詭。上資《左》、《國》華，俯取秦、漢綺。佐以韓蘇筆，力勁如弩矢。擴充到蒙莊，變化掉龍尾。讀史先看鑒，今古如列軌。且放眼孔寬，庶拓識力偉。制藝法慶曆，步武森律紀。務絕陳俗語，剿襲尤足鄙。古來君子人，文章五嶽峙。我茲諄復誨，豈必貴朱紫。不見蜾蠃負，頻呼式穀似。而父不足學，祖德可無跂。大父純孝資，白首孺慕在。撫字諸弟妹，存沒罔不逮。内行重鄉邦，文名動四海。汝今若不學，如橘化為枳。昔年愛汝心，何以對筵几。汝母夢亦虛，汝母竟已矣。念此應慟哭，忍不加礪砥。去年攜汝出，高館鍾山趾。青燈理舊業，勤苦窮膏晷。復恤汝羸瘠，未免老牛舐，駑駘兼病驥，懼不任鞭箠。我出今汝留，又恐或廢弛。洗桐乃名師，居宇況密邇。朝夕就請業，進學貴憤悱。善疑復善問，辯難當徹底。領悟及談諧，效法到步跬。庶漸去其疾，冀以臻厥美。保身如執玉，毋令或損燬。力學如力田，及時務耘耔。未知出門後，所業復有幾。未知眠食間，精力尚亹亹。我行及淮壖，賜輪差足擬。詎願捨子出，傭書豈得已。是時三月暮，翦燭醉春蟻。醉餘時夢歸，委巷城南觜。舊林筍如簪，新梧葉如洗。畦菜正吐花，薔薇亦放蕊。仿佛讀書聲，明明爾兄弟。醒來日高舂，乾鵲噪桐梓。披衣覽明鏡，鬚髮日夕改。回首功業虛，萬事赴流水。惟餘念子心，鬱結未能擺。書此遠寄汝，汝宜朝夕視。宜書數十篇，閨闥門庭戺。處處拈一幅，在在得顧諟。如在我膝前，如聞我斥指。汝有不解處，可問顧夫子。（《敬亭詩草》卷六，《四庫未收書輯刊》影印清乾隆十九年刻增修本；《晚晴簃詩匯》卷六十一）

《婁東十老圖跋》（庚午）

婁東十老圖，繪自康熙庚戌。時莊谿先生年八十，最長；隨菴先生年五十，最少；餘皆六十以上。余生也晚，未及見。少時，尚及見隨菴先生，年八十餘歲，然未知為是圖中人也。莊谿先生為先君子外王父，先君子又受業於寒溪盛先生之門，得與陸桴亭、陳確菴、江藥園諸先生遊，常為余言諸先生道義學殖氣節。余聞之躍躍，自恨生也晚，不得步趨揖讓其間。今乃得於是圖，瞻仰衣冠，一若步趨揖讓其間，而接其謦欬，令人肅然以起復。自媿駑鈍，居君子之鄉，去先君子之師門非遠，乃白首而於道未有所聞，行未有所成也，為之悪然悚然。為想其時，諸老婆娑，談叙非千古絕學，即蓋世經綸，或魂招文謝，或侶狎耕漁，至今望之，若羣鶴在天，絕離塵壒，以遊寥廓，其清音素羽，足以曜白日而激清風。噫嘻！盛矣。昔唐有會昌九老，宋有十二耆英，皆以四方賢哲，會聚而得，兹以婁東百里地而得此，尤非偶然，且會昌、耆英以名位顯，而兹以隱晦而彌光，亦可見遇不遇存乎時，而卓然不可磨没者，非時所能為也。諸老徂謝雖已久，流風餘韻，著述具在，有志者聞而興起，當不徒為余之撫圖生媿也。（《敬亭文稿》卷一，《四庫未收書

輯刊》影印清乾隆十九年刻增修本）

智按：沈起元，字子大，號敬亭。太倉（今屬江蘇）人。康熙六十年（一七二一）辛丑進士，改庶吉士，授吏部主事，歷官直隸布政使，内擢光禄寺卿。有《敬亭詩草》八卷《文稿》九卷《補遺》一卷（中國科學院圖書館藏乾隆本）。《晚晴簃詩匯》卷六十一詩話云：「子大自為諸生時，即敦厲廉恥，嚴義利之辨。居官勤於民事，不畏强禦。尤精易學，有《周易孔義集説》。其詩踔厲沈雄，於國初諸大家外，能獨樹一幟，與許子遜廷鑅齊名，時有『許沈』之目。沈歸愚序其集，謂：『格高者規橅少陵，長篇百韻以下，俱近白傅。即小小詠吟，亦不入宋元纖佻之習。』今集中傑作，多在中年未達前，晚歲專心政事，篇帙寥寥，蓋未極其才力所致也。」

鄒一桂（一六八六～一七七二）

《國朝六家詩鈔序》

蓋一代之詩，必有數人焉，集諸家之大成。如唐之李、杜、韓、白、王、孟、韋、柳，宋之蘇、黄、范、陸，元之虞、楊、范、揭。此數人者，為一代風氣之所開，即為一代主盟之所屬，雖其外正不乏人，要之精華萃是矣。我朝文運昌明，明賢輩出，若宋荔裳、施愚山、王阮亭、趙秋谷、朱竹垞、查初白諸君子，後先踵起，並駕齊驅，猶唐之李、杜、韓、白、王、孟、韋、柳，宋之蘇、黄、范、陸，元之虞、楊、范、揭。[《國朝六家詩鈔》，乾隆三十二年（一六六七）詒燕樓刊本；光緒十三年（一八八七）汗青簃刊本；宣統二年（一九一〇）澄衷學堂石印本]

《小山畫譜》

⊙形似

東坡詩：「論畫以形似，見與兒童鄰。作詩必此詩，定知非詩人。」此論詩則可，論畫則不可。未有形不似而反得其神者，此老不能工畫，故以此。自文猶云：「勝固欣然，敗亦可喜」，「空鈎意釣，豈在魴鯉」，亦以不能弈，故作此禪語耳。又謂：「寫真在目與顴肖，則餘無不肖。」亦非的論。唐白居易詩：「畫無常工，以似爲工；學無常師，以真爲師。」宋郭熙亦曰：「詩是無形畫，畫是有形詩。」而東坡乃以形似爲非，直謂之門外人可也。（《小山畫譜》卷下，清粤雅堂叢書本）

智按：鄒一桂，字元褒，號小山，無錫（今屬江蘇）人。雍正丁未（一七二七）進士，官至禮部侍郎。贈尚書。有《小山詩鈔》。

錢陳群（一六八六～一七七四）

《題林豫仲庶常鄧尉探梅圖》

巡春脱帽減花騶，鄧尉山邊水似油。可是前身修得到，白杭州與韋蘇州。

静便香氣滿空中，淰淰春雲冉冉風。不畫月明畫臨水，人間不獨趙師雄。（《香樹齋詩文集》詩集卷五，《四庫未收書輯刊》影印清乾隆刻本）

《題從姪天谷不如飲酒圖》

飲中有至樂，輒問飲之人。千鍾與八百，史策傳云云。維聖曰無量，其理可引伸。賓筵有明戒，監史左右陳。自違温克旨，劉阮遺其身。香山致政日，於此一問津。吾姪抱誠朴，居然懷葛民。偶讀香山詩，千載契其神。圖成一相對，穆然忘喜嗔。詠歌太平日，近局邀比隣。不知添白髮，要自留青春。斟酌既醉後，庶乎飲之醇。非由慎勿語，三復書諸紳。（《香樹齋詩文集》詩集卷五，《四庫未收書輯刊》影印清乾隆刻本）

《自湘陰至長沙用香山韻》

柳色鬖鬖似髩絲，山田高下列如棋。寸陰湘月帆移疾，一髮衡雲鴈度遲。問俗惟思陳魏闕，事心常擬入靈祠。豈無江上青峰句，玉尺何因漫等差。（《香樹齋詩文集》詩集卷五，《四庫未收書輯刊》影印清乾隆刻本）

《曲周道中用香山韻》

平野秋容淨，輕雲晚更開。林喧村社散，水響估帆來。寒節傳鳴雁，鄉心到客杯。經年惟戴月，那問路紆廻。（《香樹齋詩文集》詩集卷八，《四庫未收書輯刊》影印清乾隆刻本）

《秋夜客舍題壁次香山韻》

賔館論風土，猶堪傲故鄉。柿甜香入酒，菜嫩白於霜。仰看河生角，方知漏已長。多情負梁月，有夢到寒塘。(《香樹齋詩文集》詩集卷八，《四庫未收書輯刊》影印清乾隆刻本)

《次答蒼崖參政前輩遊琵琶亭原韻》

尚憶潯陽送老年（司馬仍為送老年，樂天句也），偶翻一曲教坊傳。名心自副青山本（樂天嘗自寫詩集藏廬山），綺語應皈白社蓮。賔從同時來置酒，星旌斜日此停船（是歲七月杪余奉使渡潯陽江）。放歌楚些招居士，江水無聲月在天。(《輯刻琵琶亭詩》，清乾隆十一年古柏堂刊本)

智按：李根雲，號蒼崖。《四庫未收書輯刊》影印清乾隆刻本《香樹齋詩文集》詩集卷十二題為《琵琶亭次韻》，删去原注。

《渡潯陽江經廬山至德安次香山德安趨潯陽韻却簡柱川大守》

侵曉薄潯陽，煩慮始一展。廣川利泛涉，層巒揖清緬。穿石水紆迴，出岫雲舒卷。攀危倚僮僕，攬勝去帷幰。西崦竹逕封，東林碑字蘚。登頓信云疲，散誕乃忘倦。山程延信宿，茆屋就偃蹇。復此遵修塗，仍欣開別巘。村稠市稍喧，磵豁路初轉。通律俯金帶，古渡歷敷淺。稽圖豈遂遊，托志聊紀顯。凌虛馬蹄蹴，窮皺吾目眩。題詩報故人，即事得幽遣。(《香樹齋詩文集》詩集卷十二，《四庫未收書輯刊》影印清乾隆刻本；《四庫全書》本《［雍正］江西通志》卷一百四十九)

《廬山桂答白太傅即用其韻》

物生各傅地，命之實由天。天公但隨地，無意於其間。如魚必樂水，飛走各依山。匡廬毓靈異，能使桂樹鮮。不聞芭蕉卷，禪理參牢堅。高松倚幽澗，菁葱不計年。其種遭蒸爨，焉知幾萬千。荔子堆滿地，狼藉陳家園。豈無一顆貴，紅巾貢御前。(《香樹齋詩文集》詩集卷十二，《四庫未收書輯刊》影印清乾隆刻本；《四庫全書》本《［雍正］江西通志》卷一百四十九)

《廬山桂有序》

王孝廉昑為余丁卯所得士，己巳秋没於京師。又明年，余再主豫章試，其夫人高氏遣僕嚴雲問余起居，且請一言，其遺孤有嘉、有禎。因仿白太傅《廬山桂》示之。時乾隆庚午訓九月十日。

手植廬山桂，秋香發新條。西風忽摧折，孤幹隕霜朝。天道有冥晦，人事感飄搖。月中傳其子，雲裏護新苕。培扶洵非易，如農守良苗。毋使稂莠害，是蓘而是藨。老參種樹書，榮悴非所料。寄言孟氏母，明訓及垂髫。（《香樹齋詩文集》詩集卷十六，《四庫未收書輯刊》影印清乾隆刻本）

《次黃崑圃先生庚午十月六日集新孝廉舉同年會用王文恭癸卯公宴詩韻》

乞憲行開八秩筵，廻看甲子説同年。武夷君在山頭坐，笑指花前幾輩仙。

五雲曙色叫歸昌，聖節欣傳鷲嶺香（是年八月十三日恭遇皇上四十萬壽）。天上星辰歌復旦，人間科第紀重光。

同榜定知稀舊侶，後塵恰喜覓芳儔。晚香亭外笙歌沸，幾簇銀袍下紫騮。

往事低回到酒邊，紅裳爭看是明年。莫嫌絲髩蕭騷甚，更與諸君結勝緣。

家依尺五城南近，客到耆英會上新。京兆名流須認取，香山居士太平人。（《香樹齋詩文集》詩集卷十八，《四庫未收書輯刊》影印清乾隆刻本）

《坐金蓮池上用白樂天寄韜光禪師韻》

可愛韜光衲，無家自有家。至今碧水沼，時見金蓮花。眼界留空色，心根自發芽。幾餘閒徙倚，不問趙州茶。（《香樹齋詩文集》詩續集卷九，《四庫未收書輯刊》影印清乾隆刻本）

《用韜光禪師答白樂天詩韻》

當年卓錫便飛泉，鷗鷺忘機沙際眠。北嶺苕蕘窺北澗，金魚遊戲出金蓮。不知惠遠諧彭澤，試看韜光遇樂天。欲叩禪關參一指，特標石筍在牕前。（《香樹齋詩文集》詩續集卷九，《四庫未收書輯刊》影印清乾隆刻本）

《雲間沈上舍學子過訪出篋中所攜王樓山中丞小像索題》

不見王君二十年，看花鬬酒夢中緣。誰知月落懷人夜，圖畫重逢白樂天。

何曾樊日留居士，未計杭州作寓公。猶有詩人李昭玘，圖成笠屐錦囊中。（《香樹齋詩文集》詩續集卷十四，《四庫未收書輯刊》影印清乾隆刻本）

《題蔣心餘所藏金檜門小像》（其一）

昨聞丹旐返，赴寢哭微之。忽接通門札，來徵感逝詩。平生三友在，心事一言知（用香山句。先生後予十五年，入館而愛才，汲引務拔眞才，有同趣焉）。專席襟期遠，因風酹一巵。（《香樹齋詩文集》詩續集卷十六，《四庫未收書輯刊》影印清乾隆刻本）

《反白居易陰山道樂府兼用其韻》

陰山道，陰山道，古來廷議修和好。和戎兩利在貿易，蠶食桑兮馬齕草。縑成嫌薄馬嫌羸，況復蹄穿僅存皮。白家新調慮短匹，豈識太平有今日。我皇廟算必萬全，奚止規十得六七。料量工價憫夷苦，馬市通時各點數。黠夷遠近盡納款，縱有狡詐無使處。敬修三事和且敦，一誠所格萬里論。凝命時幾復時敕，重門洞開如矢直。流沙西極太一況，貢道年年看絡繹。西師既撤經數載，尚衣使者添供綵。嫘祖效靈海禁弛（年來江淮以南蠶桑有收，並弛新絲出洋之禁），絲人染人工亦倍。邊既寧，所獲多。試問古來司市者，以今視昔今如何？（《香樹齋詩文集》詩續集卷十七，《四庫未收書輯刊》影印清乾隆刻本）

《快活和白樂天韻》

八月三日，燈下喜王壻鎮之兄弟夜過，偶閱白香山詩，讀至《快活》一律，笑曰：是何足快也，鎮之曰「快活」二字，只就各人地位言之，香山境遇岑寂，只一生詩酒聲伎、園林山水討生活耳。若丈人為之，當更有眞樂也。予不欲虛其意，遂和一首，並録樂天詩，合為一册，寄大兒汝誠、孫端兄弟，讀之以自勉焉。

讀書氣弱神猶健（「憐汝身日羸，壯汝神猶鑠」，皇上賜假歸里門句也，今年七十九而讀書不倦，此皆聖恩再造也，何日忘之），酌酒逢秋意似春。散漫要全麋鹿性，慈祥為養宰官身。飯餘愛聽棋聲響，吟罷偏於蟲語親。說與兒曹須努力，待看頭白作閑人。（時誠兒聞母病擬乞假省視，今喜痊，可眠食如平時，讀此詩，當憬然知傳聞之過寔也。此際自有快活處，惟惴惴然，瞿瞿然，不敢太康，或可尋眞樂也。若曰傚古人以未經，則我豈敢。）（《香樹齋詩文集》詩續集卷十八，《四庫未收書輯刊》影印清乾隆刻本）

智按：大和六年，白居易《快活》云：「可惜鶯啼花落處，一壺濁酒送殘春。可憐月好風涼夜，一部清商伴老身。飽食安眠消日月，閒談冷笑接交親。誰知將相王侯外，別有優遊快活人。」

《觀劇雜詠八首》（其七）

從來逝水比流年，舞雪回風笑李娟。大都只在人擡舉，真賞終推白樂天。（《香樹齋詩文集》詩續集卷十九，《四庫未收書輯刊》影印清乾隆刻本）

《聖主四舉南巡盛典紀恩詩三十首謹序》（其二十六）

乾隆三十年春，皇上舉四次南巡典禮，承慈志，從民籲也。先是三舉斯典，晴雨時年穀順慶，賞行民，大欣悦，聖母顧而樂之，二十七年三月，典禮將竣回鑾，時浙江萬姓，咸叩頭願攀留數日，泥首路旁籲請者，所至同聲如雷。上鑒其誠，諭以三年後，當奉安輿南幸也。百姓咸敬應呼萬歲，至是封疆大吏，奏請舉行，允焉。諭所司各先備儲，偫是年冬，直省大吏暨京兆尹，皆報大熟。上額手稱慶，爰諏日啓蹕。其前屆已頒恩旨便民，益下者二十餘條件，命照例舉行，復詳求民隱，於蠲租免賦，尤三致意焉。俾群黎均沾實惠，所過臣民，莫不喜溢望外。上虚衷延攬，猶咨詢無倦，其有陳請者，必採納施行。去年冬，大江以南久晴，河水稍縮。入春後，雨澤霑足，庶草蕃昌，河流通暢，菽麥早卜有秋，萬姓咸謂，皇誠格天所致也。臣忝舊史官，趨直禁，近有年珥，筆記事職爾。雖精力衰邁，不得以不文辭，敬仿古雲吹水調體裁，用上下平韻，得詩三十首以進。伏惟聖主訓示，臣陳群曷勝懽喜，踴躍之至，其詞曰：

清淑扶輿間氣留，一人管領此風流。香山居士東坡老，僧紹林逋占上頭。（上獎賞風流，品題名勝，於唐宋詩人逸老，三致意焉。）（《香樹齋詩文集》詩續集卷二十一，《四庫未收書輯刊》影印清乾隆刻本）

《過九松山放歌》

山以松名松以九，猶之田盤之岭。遂以萬得名，是萬為九九分萬，離奇蒼翠，皆抱雲根生。吾皇秋巡適過此，松風拂澗，時玨笙簧鳴，龍蟠師蹲，各各標形，勢正如群后端冕，搢笏朝鳳城，天聲作歌振天籟。莫不敲金戛玉，自得松性情。（昔人謂善畫馬者，皆能得馬性情，詩道亦爾。歷代諸名家，如吳均、范雲、李白、杜甫、白居易、林逋、王安石、蘇軾之流，各有咏松詩，類皆節取，臣恭讀御製集百餘卷中，過九松山凡六七首，又咏松各體三十餘篇，皆體格古渾，其超出前代詩家者，以天趣高逸，自得蒼官性情耳。）（《香樹齋詩文集》詩續集卷二十六，《四庫未收書輯刊》影印清乾隆刻本）

《恭和御製錢陳群來京叩祝聖母萬壽詩以賜之元韻》

水驛山郵幾涉攀，紫煙深處覲天顔。渥恩慶溢葭灰候，温諭春回黍谷間。

三祝人抒多壽頌，九疇帝錫列仙班（臣叨與九老為林下諸人領袖，曷勝榮幸）。據鞍捧得驪珠顆，耄齒猶慚馬未閑（恩賜禁中乘馬）。恩命再入九老會，恭紀廿載林栖紫邏煙（臣世居鹽官之紫邏村）。賡颺韶濩近千篇，重趨鼇禁仍攜子，再拜鳩扶許學仙。寵秩久慚白傅老，領班新注潞公年（在籍九老，蒙恩特許臣居第一）。祝鼇優眷傳佳話，鶴髪銀鞍緩着鞭。（《香樹齋詩文集》詩續集卷三十三，《四庫未收書輯刊》影印清乾隆刻本）

《奉勑恭和命九老等遊香山再用白居易詩韻》

陽回黍谷春隨履，會約蓬山雪滿鬚。昌運萬年逥綺甲，勝遊十載繼清娛（辛巳年，恭遇慶典，蒙恩得與九老之列，曾賜遊香山繪圖）。攜筇躡蘚仍忘憊，解帶量松幾許麤。驂假禁中將子侍（蒙恩賜禁中乘騎，并令臣子臣錢汝誠隨侍出入，是日侍遊），鹿馴巖畔當童扶。煙霞好換新詩卷，面目應慚舊畫圖。歲數三千人廿七，問他桃熟又開無？（《香樹齋詩文集》詩續集卷三十三，《四庫未收書輯刊》影印清乾隆刻本）

《奉勑敬題恩賜御筆仿梁楷潑墨法以臣詩中鹿馴巖畔當童扶句為圖仍用白居易詩韻》

捧來潑墨傳仙藻，願乞松煙上鬢鬚。曾入雲來窺秘景，再遊文囿得嘉娛。案頭突見瑤光麗（鹿為瑶光之精），檐際猶餘雪片麤（前一日，喜得瑞雪）。學步敢誇黃絹好（臣才思弇拙，奉勑命和，方深慚悳過，蒙天語褒嘉，益增惶悚），拜恩況重紫團扶（蒙賞人參一觔）。香山眷許成三會，蓬壁榮珍第四圖（臣林栖後，曾賜如意、石芝、橋梓三圖，今拜此合為四圖矣）。慎保餘年承雨露，昇平此樂不能無。（《香樹齋詩文集》詩續集卷三十三，《四庫未收書輯刊》影印清乾隆刻本）

《臣陳群昨奉勑恭和命九老等遊香山再用白居易韻呈覽中有鹿馴巖畔當童扶之句寫野老山行景况乃蒙激賞並賜特仿梁楷潑墨法一幀臣謹依前韻賦謝敬題玆又頒示御筆第二幀伏讀御題指示詩中境界雲門之奏瓦缶之音相懸霄壤仰蒙睿訓慚悚滋深又蒙聖慈弆石渠以為臣陳群重來之驗臣草木餘年得沐生成雨露自當益加葆攝以副恩主優眷臣可勝感激懽忭之至仍依前韻敬題一首》

隨身再賜新藜杖，櫜筆仍攜舊鼠鬚。逸趣特邀天上賞，閒情祗稱野人娱。廿年幸耳咸韶盛（臣予告旋里，蒙恩頒讀元韻六七百首，無美不臻，晚年詩境，得稍有進，感謝難名），暮齒方知元白麤。觸處拈毫皆妙藴，偶然潑墨有神扶。畝邱願繼申嵩祝，蓬島欣重入瑞圖。堯舜璇闈堯舜主，徵祥紀美古來無。（《香樹齋詩文集》詩續集卷三十三，《四庫未收書輯刊》影印清乾隆刻本）

《乾隆辛卯冬陳群祝嘏來京荷蒙聖主，渥恩仍直内廷，再與香山高會，奉勅仍和白居易詩韻，隨承諸皇子皇孫次韻見貽，體格雅正，詞旨謙冲，益服聖朝家法美盛（陳群）耄齡荒殖勉和一章，殊形蹇拙，慚愧慚愧》

振振天上多麟趾，不棄林栖雪鬢鬚。為善樂時方有得，讀書佳處總堪娱。道從體認功能密，詩到温柔語不麄。藹吉親承心一寫，蹣跚再拜手為扶。慚叨雒社論年會，喜接堯衢擊壤圖。元愷由來傳盛事，可知古有豈今無。（《香樹齋詩文集》詩續集卷三十三，《四庫未收書輯刊》影印清乾隆刻本）

《與馬墨林》

棧雲燕樹，相憶經年，雙鯉何因，時為於邑。足下宦蹟所至，輒有賢聲。井里故人，長依目下，每為耳及，私心竊喜，亦自艷也。近企福履日增為慰，陳群自□兄分袂以來，僅守條冰寒署，日坐薄笨車，入金□門，循分編摩，申刻歸寓，閉門課子，不覺年歲之□，惟思吾輩受朝廷厚恩，年垂耳順，既列通顯，惟以成就人才，使實有裨于政事者，多得一人，則心上便添一分快活。不賢者教之，教之不改，則咨嗟良久而棄之，弟惟持此以期白首耳。記舞象勺時，同隊之魚，不下十數輩。今中外食禄，僅我與老長兄二人。白香山云：「猶有誇張年少處，頻呼張丈與殷兄。」此裁柬奉寄，而洋洋得意，不覺襲白傅故事相嘲也。便中仍望示眠食，及諸近舉措，以慰鄙懷。至弟之悚惕黽勉，則知我當想象于六千里外，無容多及。（《香樹齋詩文集》文集卷九尺牘三，《四庫未收書輯刊》影印清乾隆刻本）

《讀皇上登烟雨樓與莊有恭聯句用石鼎體元韻并跋》

自漢栢梁賦詩，一時食舉嘉會，各陳所職，聯句所由昉也。唐臣裴度、白居易輩人製一聯，成裘集腋，至韓愈、孟郊則互為屬對，標奇引勝，遂名其體。愈又序石鼎聯句，載于集間。其詩詰曲奇奡，不可方物，世稱石鼎體，未或有仿之者。我皇上學集大成，知周萬物，時廵所至，僻郡偏州，凡可供登眺者，往往紆步小留，覽民物之殷庶，課時候之陰晴，視古巡狩無非事者，有默契焉。郡治東南，湖名鴛鴦，樓署烟雨。上巡浙至杭必經之地，前次登樓，賦詩俱壽貞珉，永為觀仰。昨二月下浣，來登兹樓，瀹茗之頃，御題新詩數首，復賜御書聯對，湖光增煜，乃睿藻泉湧，特召撫臣莊有恭聯句，帆未移晷，得詩二百餘言，撫景寄懷，即使軒轅道人侍側，亦應屈伏，豈韓孟劉侯所能比擬萬一。有恭歷任封疆，猶不以案牘遮眼，露窘澀于口吻，由其及第後，即直内廷，耳濡目染者久，乃能是耶？章成，有恭既敬書鐫石，臣陳群才藝蹇拙，忝為舊供奉，扈從有年，奉勅賡和詩什，幾五六百首，今御製篇中賞及臣書恭繹之下，慚感交集，敬依元韻，以紀千載一時之遇云。（《香樹齋詩文集》文集卷十六跋二，《四庫未收書輯刊》影印清乾隆刻本）

《松泉香樹合書手卷跋》

宗盛甥從松泉官傅次子受時得官，傅手書李太白詩，乃仿松雪筆法，夭矯飛動，不可方物，乞余題識。昔元微之、白樂天齊名長慶間，互相推引，不特吟詠倚聲倡和，即文字題識，亦往往連署姓氏。宋文同畫竹招提，屬主僧曰：倘得東坡題之，不虚此畫矣。鮮于伯機作書，輒虚左以待松雪，至今收藏家多有兩公合作卷子。予與松泉同學友善，雍正間，館中以元白方比，復同直内廷，共事班聯，又非與可、東坡偶然會合同日語也，為録東坡長詩續之，李、蘇兩仙得無許我耶！（《香樹齋詩文集》文集卷十七跋三，《四庫未收書輯刊》影印清乾隆刻本）

《恭跋御製反白居易陰山道樂府》

臣按，居易《陰山道》樂府，蓋疾虜人貪恣居奇，時當途議者，咸以疋短絲輕為節費，益失回鶻心，亦就其時勢言之。本朝設誠懷遠，迴異於史册所載。自西師奏捷以還，大漠以北，隸版圖者，萬有餘里。又西北之三汗四比、輸鞢鞨貢，權奇相望於道，不但居易未曾夢見，即漢代衛、霍輩威振沙漠者，相去奚啻霄壤？上即居易之詞，反而曉之，俾拘愚耳食之流，揆理按時，其大旨具《開惑論》中，此又其緒餘矣。至章法密麗，結搆高古，即杜甫、元結手筆，未可比擬，諷諭體中最上乘也。臣才識莽陋，年垂八十，忝為舊史官，數載前，曾敬跋御製《開惑論》，並用韓愈《石鼓歌》韻以疏其義。癸未嘉平，既恭和樂府一篇以獻，伏思嘉湖為蠶桑要區，絲帛所出，供尚衣織局，及頒賚所需，近而直省，遠而重洋，絕島咸仰衣被，皆由我皇上量度用中，計贏絀，平價值，諸夷自效其忱，收市馬之益，無累民之苦。爰敬書屏幅，懸於斯樓，聖主省方登眺，一流覽焉，誠史氏之職也，且為士夫觀者，知治道污隆，今昔殊致，遭際昇平，涵濡德化，實有厚幸。(《香樹齋詩文集》文集卷十八跋四，《四庫未收書輯刊》影印清乾隆刻本)

《張東侯郡守屏風記》

江浙同為財賦重地，浙東西十一郡，計財賦所出，浙西三郡實可曹鄶餘郡。國家轉漕，每歲貢天庾者，數溢平江四郡。至蠶桑所成，供三尚衣諸織局，衣被華夷，重洋絕島，翹首企足，面内而仰章身者，惟嘉湖兩郡是賴。凡官於浙者，得浙西一邑治之，咸稱賀以為榮。……是年上親視海塘，時大吏仰禀睿畫，加築石塘，君督修甚力，數月工竣，柴塘亦次第告竣，海不為患，杭為旗民雜處地，闤廣通衢，莠民相與為匪，踪跡詭秘。君密得其情，痛懲為首者數人，餘散去為良民，各屬刑法，將成讞，時愚民罔識輕重，自蹈重罪，君為平反者數案，曰：吾敢絀法減之耶？民愚如盲者墮溝中，一拯之耳。居無何，以前任晉中失察，州民邪教，例應鐫級，上令該督撫勘君治狀，送部引見，仍命來浙。先是，吾郡缺出三韓，甘君來守是邦，適湖州守李君，以親老乞養，去大吏，奏請君守湖州。君奉檄之官湖，毗連秀州，熟知君政，懷德畏威，四境帖然。君亦雅愛苕霅佳山水，且曰浙西三大郡，代多賢守。唐韋左司刺蘇州，嘉禾僅半屬吳郡，白少傅由杭遷蘇，未治湖也，眉山先後知杭湖，未守嘉郡，予何人？斯五載中，握浙西三郡，符惟景行前徽，勉稱職守，上報國恩耳。月餘，奉特旨，仍知吾郡，郡民扶老攜幼，歡笑望左幡道迎者數里。君勤勞父老曰：「吾政何能及此？」數日，君詣予請見，曰：「鎮重莅茲土，思欲師古人，聽事壁記，請先生文識之，庶幾朝夕觀省，可乎？」……予平生不能作諛詞，所書一二事，皆得之里巷所稱述，及君自言，鞫勘刑罰，宜詳慎體察，不迎不拒，以協於平，予深然之。以君之才，方受主知，毗倚屏藩，沾溉通省，持是以往洞酌之義，予于君有厚望焉。唐貞元初，韋應物、房孺同時守蘇杭，以詩酒相尚。後白傅繼之，旬宴一章，與左司燕寢凝香，同為風雅公案。予所期於君，殆又有進於此者。本末先後間，惟賢者自度之耳。是為記。（《香樹齋詩文集》文集卷十九記一，《四庫未收書輯刊》影印清乾隆刻本）

《恭跋御製雪浪石記後》

臣惟石之在人間，其受形奇偉者，未有不轉移遷徙，不翼而翔者也。至其傳不傳，則又視其人焉。李德裕、牛僧孺皆好聚石，而傳世者絕少。白居易、米芾、僧維則亦有是癖，其人較牛李稍勝，世猶有稱之者。惟蘇軾一生忠直，去今六七百年，幸遇我皇上重其人品，賞其詩文，即其平生所愛石，亦流連往復，形於歌詠，繪於圖畫。兹恭讀御製《雪浪石記》，持論和平，引據詳晰，分見各路，異形同名，而仰邀睿賞則一也。語云：「人重官，非官重人。」臣又曰：「石以人重，非人以石重也。」（《香樹齋詩文集》文集續鈔卷一，《四庫未收書輯刊》影印清乾隆刻本）

智按：錢陳羣，字主敬，嘉興（今屬浙江）人。康熙六十年（一七二一）辛丑進士。選庶吉士。雍正元年，授編修。洊擢至右通政使。乾隆六年，授太僕卿，歷詹事內閣學士，刑部侍郎，乞休回籍。二十二年，加尚書銜。在家食俸二十七年，加太子太傅，三十九年，卒。贈太傅，謚文端。祀賢良祠。

羅天尺（一六八六～？）

《逆旅山房歌贈何丈善家（何丈積明緼香山人）》

鳳城五峯峰突兀，一峰一朶芙蓉發。西山鸞鶴語山堂（余明經兼五開語山別墅），中峰雨花（雨花洞為梁孝廉超士所闢）見山骨。錦巖花宮峭到天，梯雲鐘聲斷復連。登俊之峯獨出，其左錦鯉涵江煙。香山居士事幽討，卜居菟裘遂終老。占斷孤峰人不知，難得當門樹交抱。昔賢況復有同心（山房為陳中翰和明洞故址），高坐山齋弹素琴。掉頭自謝紫薇省，觀心時作青虫吟。同時宗伯秋濤子，石林題字傳青史（半山有陳文忠題「林靜度書聲」匾額）。月明同聽讀書聲，至今龍吼松濤裏。居士尚友稱吾師，茅亭新縛孤雲依。巢居自得鴻濛趣，蝸壁時從風雨吹。隔絕紅塵飛不到，樹底花陰終日掃。煙霞滿地竟難污，猿鶴當關莫輕報。山房徹夜燈熒熒，籜冠羊裘讀道經。子弟誦詩如瀉水，先生多事時添銘。今年居士年六十，手種青松尚能及。學佛思參婆子禅，註書欲成丁卯集。柴桑五男冀缺妻，飲酒耕田無是非。秋舠自載能言鴨，小牖同棲解語鷄。莫望故鄉欲歸去，出岫閒雲且教住。乾坤大夢世人癡，花鳥閒情吾輩妬。石湖二頃已荒蕪，何妨此地即吾廬。茯苓飽食身輕日，逆旅瀛洲又玉虛（予讀書山房五年）。（《瘦暈山房詩刪》卷三七古，《四庫未收書輯刊》影印清乾隆二十五年刻三十一年羅天俊增修本）

《冬夜仙閣月下賞菊讀李供奉集適得川南蔡雪南太史書因用李集答王十二獨酌有懷韵奉寄》

寂寞四無鄰，詩情靜中發。嶺南地煖冬不寒，菊不愁霜秖對月。况復鋤雲種上清，天河露蘸明月明。似笑主人志壹鬱，故向籬落生崢嶸。道人絶粒反不瘦，潛夫忘世原多情。我豈不言不語學渚鷄，弄雛志亦干虹霓。我豈徵貴徵賤逐泉刀，生平不恥季路袍。天下幾人在眼裏，九州直瀉一杯水。上下千秋漢與唐，青蓮詩歌一人耳。豪氣誰與同，南溟九萬摶高風。不數元輕與白俗，鳳凰之毛麒麟角。用則為清廟之圭璋，藏則為名山之太璞。拂衣何必待功成，菊花告汝莫相輕。陶公酒醉去乞食，賞奇析義求同聲。隔世李白有同調，斗酒百篇誰不驚。西川代有謫仙叟，金薤銀鈎落我手。貴賤本非殊，乾坤復何有。大賢得位容許巢，聖人在上無屠狗。鼓宮商應音何諧，鳳有高岡龍有乖。我將遠尋采石磯中騎鯨客，天閽欲叩無梯階。何不挾策長安謁金馬，蜀道歌易情不悲。金龜換酒就官舍，君為大兒吾小兒。胡為終日對花，獨自在南海，酒傾安樂詩自在。呼千古之酒徒，讀千秋之藏書。花，吾語汝，汝且居，何可一日與花疎。（《瘦暈山房詩刪》卷四七古，《四庫未收書輯刊》影印清乾隆二十五年刻三十一年羅天俊增修本）

《秋杪歸鷄皮軒即事有作》

不堪黄鳥勸深杯，湖館初歸滿緑苔。天上自從川反死，尊前怕見蜀茶開（適蜀茶花開謝）。秋聲早貯驚蕉葉，荒歲盈盤足芋魁。莫向齋中看舊牓，塵封鷄皮使人哀。

所喜兒歸自鼎湖，身強不用倩人扶（緒兒足病就醫何十端溪，適愈遝舟遊鼎湖）。看山聽瀑到孤寺，拾石囊雲餉老夫。資我卧遊終夜醒，招朋鬭酒遠村沽。香山居士添幽興，又送黄花滿座隅（適小欖友人何吟舟送盆菊數種）。（《瘦暈山房詩删》卷九七律，《四庫未收書輯刊》影印清乾隆二十五年刻三十一年羅天俊增修本）

智按：羅天尺，字履先，廣東順德人。羅孫耀之孫。少以淹雅聞，年十七，應試，日竟十三藝。惠士奇按試廣東，大加稱許，手録其《荔支賦》及《珠江竹枝詞》，聲譽蔚起。為「惠門八子」之一。乾隆元年，舉博學鴻詞，因親老不就。是秋，舉於鄉。一上春官，即歸奉母。篤于友誼，嘗力白同事勞孝輿之誣，衆論帖然。又與何夢瑶交密，郵詩招隱，殆忘形跡。所居裏名石湖，因以自號。世稱後石湖。有《瘦暈山房集》、《五山志林》。

張鉞（一六八六～?）

《花瑞和韻詩》（其四）

薰蘭雕玉兩堪誇，小别丹臺泛月槎。春入香山居士夢，不應仍唤女郎花。（《四庫全書》本《廣西通志》卷一百二十六）

智按：張鉞，字有虔，號毅亭，直隸保定府清苑縣（今屬河北）人，乾隆三至六年、乾隆八年至十二年兩任鄭州知州。

柳宜健（一六八七～一七六〇）

《寓南山，次白香山何處難忘酒，以遣幽懷》

何處難忘酒，他村寄寓辰。篋空塵撲手，衣薄冷侵身。懶甚看書罷，愁多倚檻頻。此時無一盞，那得慰酸辛。

何處難忘酒，親交日喪亡。老歸猶慘惻，夭逝最哀傷。消息都無好，聞來便欲狂。此時無一盞，那得豁心腸。

何處難忘酒，官差督債租。禾登秋刈盡，稻熟水沉無。腹裡惟文字，庭中但草蕪。此時無一盞，那得慰窮途。（《花溪先生文集》卷四詩○五言四韻，《韓國文集叢刊》本）

智按：柳宜健，字順兼，號花溪先生。有《花溪先生文集》。

李根雲（一六八七～?）

《承蝸寄使君寄琵琶亭落成讌集即事二章併輯刻諸詩步韻奉答》

江山難畫興難窮，長嘯孤吟天地空。日日日斜吳楚遠，人人人老雨風中。蘭亭賓從平原酒，楊柳樓臺玉笛風。欲乞香山老居士，分曹觴詠夕陽紅。

黃鶴東來起畫樓，登臨懷古思悠悠。琵琶聽是新翻曲，風月清於舊日秋。異代騷壇開大雅，何人旗鼓盛中流。相逢漫遣青衫濕，剩水殘山舉勝遊。

智按：次唐英《丙寅中元琵琶亭讌集即事》之原韻。

《秋日遊琵琶亭疊和唐使君原韻二首》

烟波江上動經年，殢雨尤雲藉曲傳。有恨澆殘千日酒，無情搖落一池蓮。憂生莫聽箜篌引，老我惟應書畫船。舊蹟重新殊曠絕，荻花楓葉盡詩天。

浮沉人海一年年，舊事新愁指下傳。幽夢未迴沙岸雨，情絲難斷藕塘連。閒將風月開生面，漫道琵琶是別船。若使醉吟重醉此（樂天又號醉吟先生），玲瓏應遣奏鈞天（玲瓏，樂天歌者）。（以上均見《輯刻琵琶亭詩》，清乾隆十一年古柏堂刊本）

智按：李根雲，字仙蟠，號亦人，一號蒼崖，雲南大理府趙州人，年四十歲。由廩生中康熙五十六年（一七一七）舉人，五十七年（一七一八）進士，欽點翰林院庶吉士。六十年三月內，散館授職檢討。雍正元年十月內，翰林院遵旨帶領引見，奉旨以郎中補用。三年三月內，刑部尚書勵廷儀等遵旨揀選，辦浙江司郎中事。五年六月十三日奉旨：高夢龍、李根雲着明日帶來引見。本月十四日，吏部帶領引見，奉旨補授山東青州府知府。（《中國第一歷史檔案館清代檔案史料叢編》第九輯，中華書局，一九八三年六月，第七五頁）雍正五年（一七二七），四十歲。歷官江西驛鹽道，兩淮鹽運使，光禄寺卿。李根雲有吏才，爲官有循聲。年七旬謝病歸，僑寓武昌，內轉光禄寺卿，辭不赴。

張鵬翀（一六八八～一七四五）

《戲作問答效白香山體四首》

⊙鬚嘲

爲君頤頷整威儀，鬱鬱蒼蒼挺秀姿。不解護持勤繞帛，秪教撚斷浪敲詩。平生幾得超羣譽，衆口翻同棄甲嗤。我不負君君負我，等閑嘲誚又何辭。

平生小過在吟哦，浪費于鬆得幾多。濩落縱慙空搰搰（見《石田乞須疏》），衰遲猶慰未皤皤。忘情似戟寧羞汝，媚世如髯莫羨他。無限世間新鑷手，不容輕出更如何。

⊙蝨對

一毛端許托微軀，化化生生笑爾愚。只是解投寒士袴，因何不上相公鬚。三年巧射穿常慣，一日雄談避得無。苦費爬搔嵇叔夜，欲求仙爪問麻姑。

於君敝縕合相依，塵垢何須辨是非。寒煖不離江革絮，子孫長托卞霳衣。處褌與世原無患，棄瘠何人輒見譏（見《後蝨賦》）。倘得提攜承御覽，蟣臣端合拜恩輝。（《南華山房詩鈔》卷三海螺賸稿，《四庫未收書輯刊》影印清乾隆刻本）

智按：張鵬翀，字天扉，一字抑齋，號南華，嘉定（今屬上海）人。雍正丁未（一七二七）進士，歷官詹事。有《南華山房詩鈔》。

沈彤（一六八八～一七五二）

《與沈六如論東湖行述書》

前承委校閱東湖行述，其文字如何不敢道，故但就其祖考之稱世之數，與三代鄉貫之列，權其可否，以答尊命，誠欲免於忌者之謗議。而不圖謗議之即是而集也。顧謗議之在，弟何恤，獨惜吾兄之崇信於姻黨，今因弟而見疑耳。夫安得不一一為兄言之。凡行狀之作，特狀其所狀之人，而無與乎其狀之者。故子狀父，而稱父之祖考，必從其父之稱，孫狀祖而稱祖之祖考，必從其祖之稱。故唐穆員狀父所云：「祖思恭，考元休。」白樂天狀祖所云：「祖志善，父温。」皆其祖父之祖考也。惟明之中葉，乃有稱其祖父之祖考，而從狀之者之所自稱，不從所狀之人之所稱者，用意惟傎為言，不順此流俗，無稽之失，不可以為典也。……（《四庫全書》本《果堂集》卷四）

《書古文尚書寃詞後二》

毛氏此書，自謂懼《古文尚書》將見廢而為之，然吾知其必不廢也。《古文尚書》非獨聚斂傳記所采語，其中間亦必有真古文之殘編賸簡，如《隋志》所載《尚書》逸篇之類者，故其尤善者，皆各有精言，以立一篇之幹，若不得真古文之要領，以深悉其偽，則其學彌粹，其信彌篤。李文貞，近世之大儒，其言曰：《禹謨》、《伊訓》、《説命》，傳道之書也；《太甲》、《旅獒》、《周官》諸篇，亦非董仲舒、劉向輩所能言。夫大儒而信之如此，則不信者罕矣。其書自東晉列國學，置博士，見《晉書・荀崧傳》，歷今千餘年，無貴賤賢愚，不之學習，安得有議其廢者？即或議之，而其勢固不行也。《傳》曰：「與其過而廢之也，寧過而立之。」果欲議廢，則亦乖於理矣。《禹謨》三篇，雖非親授受之文，而聖人之道存焉。《太甲》諸篇，有大醇而無小疵，以為非董、劉所能言，固也。夫董、劉之言，有志於修身行政，尚孳孳取為師法，況高出董、劉者乎？故吾知其必不廢也，以其言决之也，并書此於後，以解毛地下之懼，且以明辨真偽者之專以尊經，非有意於梅書之廢也。

李文貞以其書之精，言非董、劉所能道，而定宇以為王肅之為之，蓋自為，雖董、劉不能聚斂，以為則子雍能之矣，然魏晉百年間能之者，亦惟子雍耳，若但規撫其體氣，則後人頗有能之者，白居易之擬《湯征》，蘇伯衡之擬《獻禾》、《歸禾》、《嘉禾》，皆與古文曲肖也。（《四庫全書》本《果堂集》卷八）

智按：沈彤，字貫雲，號果堂，吴江（今屬江蘇）人。

尹鳳五（一六八八～一七六九）

《時有新令，大小享祀，亦停黄封。非有耽飲之心，聊效白香山何處難忘酒》

何處難忘酒，韋家花樹春。和風二三月，情話五六人。共說青春舊，相驚白髮新。此時無一盞，何以叙親親。

何處難忘酒，離騷大讀時。誠忠不見信，今古絶堪悲。頓激懷奇想，持爲引滿資。此時無一盞，何以洗嵬寄。

何處難忘酒，高吟兩出師。精忠可泣鬼，腔血以爲辭。可奈昏君聽，空留志士悲。此時無一盞，何以醉歌之。

何處難忘酒，親朋自遠方。十年傷久別，千里喜相將。把臂寒暄暫，開懷笑語長。此時無一盞，何以慰深情。

何處難忘酒，寒程客遠登。川原衝曉夜，衣袂半霜冰。旅榻風搖夢，虚窓雪灑燈。此時無一盞，何以壓凌兢。

何處難忘酒，溪山皓月圓。白榆光隱見，丹桂影連娟。浩浩詩將化，騰騰興欲仙。此時無一盞，何以問青天。

何處難忘酒，窓梅正吐芳。溪頭越女白，簷下壽陽粧。邀月偏矜影，撩詩不惜香。此時無一盞，何以與平章。

何處難忘酒，詩家對壘高。江山赴片紙，神鬼鬪尖毫。鍊骨仙凡換，焦情水月撈。此時無一盞，何以發雄豪。

何處難忘酒，田廬退士閑。星辰瞻北極，箕豆詠南山。病起看書罷，香殘送客還。此時無一盞，何以破愁顔。（《石門集》卷二，《韓國文集叢刊》本）

智按：尹鳳五，字季章，號石門。有《石門集》。

張迪（一六八八～？）

《跋〈白傅湓江圖〉》（題擬）

容齋洪氏謂，白傅《琵琶行》一篇，直欲攄寫天涯淪落之恨爾，非真為長安故倡所作也。東坡謫黄州，賦《定惠海棠》，亦同此意。余觀昔人於歌詞書畫，類非無故而作，無故而作者，必不工，不工則不能傳遠而感動人，以是知洪氏之言不誣也。吴子漁山與青嶼許先生遊最久。康熙辛酉秋七月還常熟後，畫《白傅湓江圖》一幅，寄贈先生，先生以名進士官御史，未竟其用，罷歸。夙性恬静，放浪詩酒丘壑，無纖毫遷謫意。漁山去時，絶不作離别可憐之色，而漁山於先生，獨有耿耿不能自已於中者，寫此以宣其鬱結。今七十餘年矣，視其圖之煙水蒼茫，楓荻蕭瑟，悲涼氣象，正不必聽琵琶聲，而青衫淚濕也。先生曾孫方亨出素紙命録白傅詩附其後。爰識數語左方。乾隆歲次辛未夏六月，京口張迪拜題。(《虚齋名畫録》卷五，《續修四庫全書》影印清宣統元年及民國十三年烏程龐氏上海刻本，第一〇九〇册，第四四〇～四四一頁)

智按：康熙二十年辛酉（一六八一），吴歷（一六三二～一七一八）有《白傅湓江圖》卷，乾隆十六年辛未（一七五一），張迪書《琵琶行》於《白傅湓江圖》之上並作跋。張迪，字恂叔。丹徒（今江蘇鎮江）人。大學士張玉書（一六四二～一七一一）孫，逸少子，適兄。寓居常州。康熙五十二年（一七一三）恩科舉人，授山東武定府同知，又遷河東鹽運同知。生性豪爽，好飲酒賦詩，亦精於書法。書格蒼秀，爲時所重，諸生求其墨迹及詩文者門庭若市。亦善寫生作畫，設色尤佳。有《與閒齋詩集》，已佚。事迹見民國《續丹徒縣志》卷十八；南京師範大學古文獻整理研究所《江蘇藝文志·鎮江卷》，江蘇人民出版社，一九九四年十月，第一五九頁。

屈復（一六六八～一七四五）

《論詩絶句三十四首》（其十五）

一代高才老嫗傳，卻嫌脂粉涴天然。人間那得真西子，顰殺雙眉諸少年。(學白者可省。)(《萬首論詩絶句》第一册，第三七〇頁)

《唐詩成法》

白傅才大如海，書破萬卷，使生盛唐，當與李、杜并驅中原，未知鹿死誰手。末季各有時尚，遂出真切平易，故往往失之淺俗，文章果關乎氣運耶！

然雖無江河急流之勢，泰華嶃絕之峰，而中正和平，意如抒絲，兼以轉折靈變，動循法度，所以超乎群倫之上，出乎眾妙之中，至今膾炙人口，沁人心脾，良有以也。後人或無其才，或不肯讀書，喜其明白易解，妄步邯鄲，止得淺俗，故日趨卑下耳。嗚呼，白詩豈易學者哉！（乾隆八年弱水草堂刻本《唐詩成法》卷十）

（《賦得古原草送別》）不必定有深意，一種寬然有餘氣象，便不同啾啾細聲。此大小家之別。（乾隆八年弱水草堂刻本《唐詩成法》卷五）

（《妻初授邑號告身》）一、二初授誥身，三横插一句，四到本題，法活。結帶諧謔，正是喜處，然詩到趣極處，便有小說家氣，故不足貴。（乾隆八年弱水草堂刻本《唐詩成法》卷十）

（《杭州春望》）八句皆寫春望，不用承接照應、一直排去，此一法也。「夜」字不妥，易「曉」字方與首句相應（「濤聲夜入」句下）。寫時間不浮，况又雅甚。末亦常語，競成故事。（乾隆八年弱水草堂刻本《唐詩成法》卷十）

（《西湖留別》）題是「西湖留別」，却先寫行色管弦之慘咽，已含不忍別意。三寫翠黛之留，四寫不得留，五六方寫西湖。以「回頭」結上六，「難別」結前四。白公雅愛西湖，遷官亦所不願也。（乾隆八年弱水草堂刻本《唐詩成法》卷十）

（《寄韜光禪師》）韜光詩此爲第一，最切最真。但重字一連六句，嫌於急口令。離之則雙美，合之則兩傷，信哉！（乾隆八年弱水草堂刻本《唐詩成法》卷十）

智按：屈復，字見心，號悔翁，又號金粟道人，陝西蒲城人。乾隆元年（一七三六）丙辰舉博學鴻詞，不就試。有《弱水詩集》。

鮑鉁（一六九〇～一七四八）

《稗勺》

⊙詩稱

白樂天推劉夢得為詩豪。……韓文公推白香山為詩仙。（《稗勺》，清雍正

乾隆間刻道腴堂集本，《清代詩文集彙編》第七九九册，第三一八頁）

智按：鮑鉁，字冠亭，一字安之，號辛甫、辛浦，别號信目堂主人，山西應州（今應縣）人，遷居松江（今屬上海）。康熙五十四年（一七一五）貢生，官長興縣令，乾隆十二年（一七四七）官嘉興海防同知。雅嗜藏書，喜作詩文，詩宗王士禛，深沉好古，豐贍流麗。有《裨勺》、《道腴堂雜編》等。

夏力恕（一六九〇～一七五四）

《讀昌黎詩》

韓子戛戛去陳言，文章既得萬口喧。我愛韓子好詩句，戛戛更覺陳言去。金鐘大鏞聲九天，罷考弛擊仍鍧然。赤手捉蛇足履虎，緩帶輕裘文不武。才大踏翻騷客壇，躡空走漠相盤桓。李唐一代詩如蜩，機同錦繡鼎同味。其先厥有陳子昂，後來韋柳繼孟王。仙風太白絕塵表，少陵之詩詩獨老。自餘支派非不多，眾流焉許肩江河。下視元白豔且惬，驅馳籍湜驂郊賀。公不步人人步公，縱肖其形神弗充。學者莫作雕鏤想，言以氣浮須善養。（《晚晴簃詩匯》卷六十一）

智按：夏力恕，字觀川，晚號澴農，孝感（今屬湖北）人。康熙六十年（一七二一）辛丑進士，改庶吉士，授編修，有《菜根堂集》二十六卷。

盧見曾（一六九〇～一七六八）

《購得牡丹一株乃左紫也開而賞之》（其三）

仙人琪樹白無色，王母蟠桃紅不香（香山句）。詎信品題高士後，便將蓮菊擬花王。（《雅雨堂集》詩集卷上，《續修四庫全書》影印清道光二十年盧樞清雅堂刻本）

智按：盧見曾，字澹園，字抱孫，號雅雨，又號道悦子，德州（今屬山東）人。康熙六十年（一七二一）辛丑進士，歷官洪雅知縣、灤州知州、永平知府、長蘆、兩淮鹽運使。形貌矮瘦，人稱「矮盧」。學詩於王漁洋，有詩名，愛才好客，四方名士咸集，流連唱和，一時稱爲海内宗匠。乾隆三十三年，兩淮鹽引案發，因收受鹽商價值萬餘之古玩，被拘繫，病死揚州獄中。紀昀長女嫁盧見曾之孫盧蔭文。鹽引案發，紀昀因漏言獲譴，戍烏魯木齊。有《雅雨堂詩集》、《出塞集》，刻有《雅雨堂叢書》。

趙弘恩（？ ~一七六八）

《〔乾隆〕江南通志》

江寧府。靈谷寺。……國朝康熙四十六年，聖祖仁皇帝南巡臨幸。賜御書「靈谷禪林」四字匾額。御書「天香飄廣殿，山氣宿空廊」對聯。御書石刻《金剛經》一部。御書泥金《心經》一卷。御書白居易絶句金扇一柄。「烟滿秋堂月滿庭，香花漠漠磬鈴鈴。誰能來此尋真諦，白老新開一藏經。」（《四庫全書》本《（乾隆）江南通志》卷四十三輿地志）

智按：此絶句《題香山新經堂招僧》詩，見白集卷三十五。

王渙，字渙文，長洲人。正德己卯舉人，官嘉興府通判。博綜羣書，善為古賦，詩宗白樂天，晚效范陸，少與文徵明齊名，吳中祀神，必祝云：生子當如陸南、王渙、文徵明，南亦與渙同舉於鄉。（《四庫全書》本《（乾隆）江南通志》卷一百六十五人物志）

智按：趙弘恩，漢軍鑲紅旗人。雍正十一年，以湖南巡撫署理兩江總督。次年正式任職。乾隆二年召回京師。

胡鳴玉（一六九〇 ~？）

《訂譌雜録》

⊙數奇

數奇，音朔基。《漢・李廣傳》：「大將軍陰受上指，以為李廣數奇，毋令（平聲）當單于，恐不得所欲。」注：「如淳曰：『數為匈奴所敗，為奇不耦。』服虔曰：『作事數不耦也。』師古曰：『數音所角反，奇音居宜反。』」柳子厚碑云：「不遇興詞，鬱駹眉之都尉；數奇見惜，挫猿臂之將軍。」楊蟠詩云：「仲父嘗三逐，將軍老數奇。」洪邁制詞云：「李廣數奇，應恨封侯之相；孟明一眚，終酬拜賜之師。」皆遵《漢書音義》，作疏數字用。王維詩：「衛青不敗由天幸，李廣無功因數奇。」《邵氏聞見録》曰：「《漢書音義》『數』作『朔』，則亦不可以對『天』矣。」其説良是。又案，范�詩：「數奇不可偶，性直誰能紆。」杜詩：「數奇謫關塞，道廣存箕潁。」白詩集序云：「文士多數奇，詩人尤命薄。」蘇詩：「數奇逢惡歲，計拙集枯梧。」竝作命數之數。黄山谷謂：「師古注以數奇為命隻不耦，乃命數之數，非疏數之數也。」《宋景文公筆録》謂：「得江南《漢書》本，乃所具反，傳寫誤以所具反為所角反耳。去入二聲，其用不同。」其説各異如此。（《四庫全書》本卷一）

⊙蒲萄枇杷

蒲萄之蒲，枇杷之枇，俗呼仄聲，亦有所本。白樂天《房家夜宴喜雪》詩：「酒鈎送盞推蓮子，燭淚粘盤壘蒲萄。」又《燕姬酌蒲萄山枇杷》詩：「深山老去惜年華，况對東溪野枇杷。」又張祜詩：「生摘枇杷酸。」皆仄用。（《四庫全書》本卷四）

⊙琵琶

琵琶之琶，古亦有作仄聲用者，白樂天《春聽琵琶》詩：「四弦不似琵琶聲，亂寫眞珠細撼鈴。」及《琵琶行》云：「忽聞水上琵琶聲。」洪文敏謂二琵字，竝入聲讀。又「金屑琵琶槽。」又張祜詩：「宫樓一曲琵琶聲。」唐宣宗《弔白樂天》：「童子解吟長恨賦，女兒能唱琵琶篇。」（《四庫全書》本卷四）

⊙作一讀做

昌黎詩：「非閣復非船，可居兼可過。君若問方橋，方橋如此作。」少陵詩：「主人送客何所作。」自注：「去聲」。岑參詩：「歸夢秋能作。」權德輿詩：「小婦無所作。」亦自音佐。白樂天、皮日休詩皆然。韻書謂俗作做，非做音，直信反。（《四庫全書》本卷四）

⊙膠一讀絞

膠上聲是活字，與平聲不同。白樂天詩：「三杯藍尾酒，一楪膠牙餳。」又：「歲琖後推藍尾酒，春盤先勸膠牙餳。」蘇詩：「童子愁冰硯，佳人苦膠杯。」皆仄用。(《四庫全書》本卷四)

⊙量移

詞人作賀陞任箋啓，用量移字，前人曾辨其非，而近時《日知録》言之甚悉。曰：「唐朝人得罪貶竄遠方，遇赦改近地，謂之量移。《舊唐書・玄宗紀》：『開元二十年十一月庚午，祀后土於脽（音誰），上大赦天下，左降官量移近處。』『二十七年二月己巳，加尊號，大赦天下，左降官量移近處。』量移字始見於此。李白《贈京兆韋參軍量移東陽》詩云：『潮水還歸海，流人却到吳。相逢問愁苦，淚盡日南珠。』白居易《貶江州司馬自題》云：『一旦失恩先左降，三年隨例未量移（量讀平聲）。』及遷忠州刺史又云：『流落多年應是命，量移遠郡未成官。』故韓愈自潮州刺史量移袁州，有『遇赦移官罪未除』之句。而《宋史》盧多遜貶崖州詔曰：『縱經大赦，不在量移之限。』今人乃稱遷職為量移，誤矣。」玉案，《柳子厚集》、《送薛判官量移》、《送南涪（音浮）州量移澧州》二序中，有「謫吏優詔，近地漸顯」等語，不特太白、樂天諸人詩可徵也。(《四庫全書》本卷五)

⊙袠

古者以十年為一袠，白樂天詩：「已開第七秩，飽食仍安眠。」又云：「年開第七秩。屈指幾多人。」是時年六十二。《元日》詩又云：「行開第八秩，可謂盡天年。」自注：「時俗謂七十已上，為開第八秩。」案此自六十一至七十，俱可稱七袠，自七十一至八十俱可稱八袠。司馬温公作《慶文潞公八十致語》云「歲歷行看九帙新」是也。後世祝七十壽曰開七袠，八十壽曰開八袠，非是。近見一書謂，《禮》年八十而有秩，故稱八十為八袠，六十、七十不得稱袠，其説尤非。(袠、秩、帙三字通用)(《四庫全書》本卷八)

智按：胡鳴玉，字廷佩，號吟鷗，青浦（今屬上海）人。歲貢生，乾隆元年（一七三六）丙辰薦舉博學鴻詞。有《訂譌雜録》十卷，刻于乾隆初年，後一再重刻。

陶士僙（一六九○～?）

《遊韜光寺次白香山原韻》

絕壁雲中磴，濃陰竹裏家。峯高馳野馬，門靜落松花。池水金蓮種（自注：上有金蓮池），春階玉笋芽。坐收江海勝，清話煮新茶。（《沅湘耆舊集》卷七十五，《續修四庫全書》影印清道光二十三年鄧氏南邨草堂刻本，第一六九一册，第四六九頁）

智按：陶士僙，字中少，號毅齋，寧鄉（今屬湖南）人。雍正元年（一七二三）癸卯舉人。由江西上饒孫知縣行取御史，累官福建布政使。著有《鳳岡詩鈔》、《豫章小草》、《東行小草》、《西江行役紀》等集。

趙顯命（一六九一～一七五二）

《和寄柳思叔》（四首其一）

樂此幽居愜素情，愛看峯翠坐邊呈。簾風細引爐香出，窓日暄臨案字明。軒冕只堪欺俗士，山林多是養虛名。山林軒冕中央處，千載誰追白傅聲。（《歸鹿集》卷一，《韓國文集叢刊》本）

《又次可憐，使之乞詩槎川》

爾是琵琶女，誰爲白樂天。蒼然嶽麓下，須訪老槎川。（《歸鹿集》卷三，《韓國文集叢刊》本）

《雲山倅邊翼老來索別詩，疊前韵，立草贈之》（九疊）

螺黛周遭拱楫遙，清溪一道洞天寥。遺篇圭老今猶在，喬木昌山久已凋。紫閣峰高明月落，琵琶亭冷暮烟消。名區復作閑人有，呵護松篁遠牧樵。（《歸鹿集》卷四，《韓國文集叢刊》本）

《次槎川韻，題李仲凞五怡堂圖》

畫墨詩毫蔚綺霞，好將雙絶侈君家。行藏白傅曾辭秩，經濟濂翁舊愛花。（《歸鹿集》卷四，《韓國文集叢刊》本）

智按：趙顯命，字稚晦，號鹿翁。有《歸鹿集》。

黄子雲（一六九一～一七五四）

《野鴻詩的》

孔子兼堯、舜、禹、湯、文、武、周公而成聖者也；杜陵兼風、騷、漢、魏、六朝而成詩聖者也。外此若沈、宋、高、岑、王、孟、元、白、韋、柳、溫、李，太白、次山、昌黎、昌谷輩，猶聖門之四科，要皆具體而微。向有客問曰：「『盛』、『中』、『晚』名家不少，而子必以少陵為宗者，何也？」余曰：「儒家者流，未聞去聖人而談七十子者也。」（《清詩話》第八四八頁）

命題何者為最難？一曰樂府，蓋古人作之者多也，詞意要必由中而發，不拾先進唾餘，寄託有在，方見我之志慮，方成吾之文章，且聲調又與古風異。一曰記事，太詳則語冗而勢渙，故香山失之淺；太簡則意闇而氣餒，故昌谷失之促，二者均有過不及之弊。……（《清詩話》第八五〇頁）

和韻人皆為難，我獨為易。就韻構思，先有倚藉，小弄新巧，即可壓衆。然究不能成大器，聊一為之可也。嚴滄浪云：「和韻最害人詩」，信然。此風盛於元、白、皮、陸，本朝諸賢，乃以此而鬬工，抑又何與？（《清詩話》第八五八頁）

香山《琵琶行》，婉折周詳，有意到筆隨之妙，篇中句亦警拔；音節靡靡，是其一生短處，非獨是詩而已。（《清詩話》第八六五頁）

智按：黄子雲，字士龍，號野鴻，崑山（今屬江蘇）人，居吴縣（今江蘇蘇州）。布衣，曾隨徐征齋使琉球。少有俊才，詩名甚著，與吴嘉紀、徐蘭、張錫祚合稱爲四大布衣。汪縉《吴黄兩先生傳》載：「于時吴中詩極盛，然先生一以弟畜之，若無與抗行者。論詩一以杜子美爲宗，非子美俱不屑意。見人詩無他語，唯痛詆而已。」（《汪子文録》卷九）人皆畏之，而竟亦以此困厄以終。著有《四書質疑》、《詩經評勘》、《野鴻詩稿》、《長吟閣詩集》。

張照（一六九一～一七五四）

《跋自臨趙文敏書唐律卷》（其二）

余年十一二，大人以敬慎老人書《琵琶行》及《溪上》等律七首同册付學。此余生平學字之始也。年十六至京師，從友人几研間見思翁臨《溪上》七首墨刻。年二十六，見陳學士世南所藏思翁《琵琶行》，乃知敬慎粉本於此。然但知《溪上》七首爲思翁臨松雪書，未見松雪帖也。歲癸卯雍正改元，狀元王君世琛貨其家名迹，爲密戚鹾使宋君償帑出此帖，索值百金，余摒擋不可得，以明璣易之，不許。議未定，會使閩典試而解，臨得數本，流落人間。歲丙午，乃知此帖歸海寧陳相公，復得借臨。其年四月，爲内子臨一本。未竟，又使滇典試，遂還眞跡于陳。行至武陵溪上，以他日所摹本彷彿，竟其卷以歸内子。後知眞跡歸南沙蔣相公，復歸怡邸，不可復見矣。雍正乙卯春，復從武陵本臨得此。明年正月，内子歸松，以卷中未著款識，送獄補之。嗚呼！空花幻影本如是，展卷無需更惘然也。（張照撰，張興載補輯《天瓶齋書畫題跋補輯》，上海書店《叢書集成續編》第八五册，第七六二頁；李佐賢《書畫鑒影》卷九卷類《張文敏仿趙文敏書唐律卷》，《續修四庫全書》影印清同治十年利津李氏刻本，第一八〇五册，第七四二頁）

智按：敬慎老人，即王鴻緒（一六四五～一七二三）。精鑒賞、富收藏，書法米芾、董其昌。康熙帝賜齋號敬慎堂。有《賜金園文集》、《横雲山人詩稿》等。陳學士世南、海寧陳相公，指陳邦彦（一六七八～一七五二）。思翁，指董其昌（一五五五～一六三六）。南沙蔣相公，指蔣廷錫（一六六九～一七三二）。張照《跋自臨董仿褚河南書〈枯樹賦〉》又回憶康熙五十五年丙申二十六歲時得見同鄉前輩董其昌書《琵琶行》之情境：「丙申冬，從陳世南處得見香光絹本，頗覺神山在夢中。」（《天瓶齋書畫題跋補輯》，上海書店《叢書集成續編》第八五册，第七六一頁）

《觀海》

境界真無兩，聊為物外觀。乾坤浮一氣，今古浸雙丸。野鳥飛難過，真仙望亦寒。人間白少傅，高詠《海漫漫》。（乾坤十字，本魏武、東坡句意。熔而成詩，可以壓倒一切。）（《清詩别裁集》卷二十二；《晚晴簃詩匯》卷五十八）

智按：張照，字得天，華亭（今上海松江）人。康熙四十八年（一七〇九）己丑進士，改庶吉士，授檢討，官至刑部尚書，加太子太保，吏部尚書，謚文敏。《清詩别裁集》稱其「性地高明，通釋氏教，所作左礚右觸，皆禪語也」。

張照（一六九一～一七五四）等

《秘殿珠林》

⊙唐白居易書楞嚴經一册（上等天一）

唐箋本楷書。欵云：香山白居易書。無印。音譯八字。後有「寶慶改元（智按：寶慶元年，公元一二二五年）花朝後三日重裝於寶易樓逐志題」十八字。前後俱有紹興璽，波羅蜜室印，首幅上角半印不可識。又半印，存室印二字，末幅上角半印，存「御府」二字，又半印不可識，每頁前幅邊有半印，存「珍藏」二字。後幅邊有半印，存「〔珍〕印」二字，册共一百幅，三百九十七行，幅高八寸三分，廣四寸，查對經文，係第九卷後半卷，經文遺失者二處，裝潢顛倒者三處。趙明誠跋云：「淄川邢□氏之邨，邱地平瀰，水林晶滑，牆麓硧硧布錯，疑有隱君子居焉。問之，兹一村皆邢姓，而邢君有嘉，故潭長，好禮，遂造其廬。院中繁花正發，主人出接，不厭余為兹州守，而重余有素心之馨也。夏首復相經過，遂出樂天所書《楞嚴》相示。因上馬疾驅，歸與細君共賞。時已二鼓下矣。酒渴甚，烹小龍團，相對展玩，狂喜不支。兩見燭跋，猶不欲寐，便下筆為之記。趙明誠。」又李維禎記語云：「萬曆庚戌（智按：萬曆三十八年，公元一六一〇年）仲夏二十日，江陵蘇惟霖、夏邑彭端吾、金谿謝廷瓚、京山李維禎同觀於邗溝舟中。維禎識。」後有梅氏秘玩印一。

御筆題籤。籤上有「乾隆御覽之寶」小璽。

按此卷雖殘闕，然的是樂天真蹟，筆意圓勁飄逸，雅稱其詩。（《四庫全書》本卷二）

智按：徐邦達《古書畫僞訛考辨》（江蘇古籍出版社，一九八四年十一月，上册文字版，第一四一頁）據明李日華《味水軒日記》卷二，認為所謂白居易書《楞嚴經》，實為宋人張即之書；所謂趙明誠《白居易書楞嚴經跋》大概是明人馮權奇、朱實僞造。參見繆荃孫《雲自在龕隨筆》卷二。

⊙明董其昌書白居易諸偈一册（上等黄八）

金粟箋本，行楷書。前書《八漸偈》。識云：白香山得法于鳥窠禪師，其生平宦路升沈皆以禪悦消融入，不思議三昧。此八偈名爲漸偈，實頓宗也。蘇端明亦是樂天輩人，筆鋩更峻利。受用處似香山何如耳。乙丑九月朔，書于采芹堂。次書六偈。識云：右六偈，亦香山太傅作。乙丑九月二十日爲孫庭生日書以付之。後有思翁印一。末附《逍遥詠》。識云：此亦白文公詩，亦可爲禪偈。公所得法于鳥窠和尚者如此。欵署其昌。下有董其昌印一，計十六幅，幅高六寸八分，廣四寸八分。（《四庫全書》本卷二）

李葂（一六九一～一七五五）

《遊琵琶亭有作》

香山遺蹟半消磨，幾度乘風草草過。白月自隨江水濶，青衫偏惹淚痕多。九秋楓荻聲猶在，一曲琵琶事奈何。不是重新亭可上，維舟那復得狂歌。（《輯刻琵琶亭詩》，清乾隆十一年古柏堂刊本）

智按：李葂，字讓泉，一字嘯村，皖城（今安徽懷寧）人。工詩及書法，爲盧見曾弟子，善山水，兼精翎毛、花卉，所畫荷花簡健古逸，曾爲盧見曾畫《虹橋攬勝圖》，聲譽于時。嘗往返于揚州、蕪湖、金陵之間，與《儒林外史》作者吴敬梓爲摯友。著有《嘯村近體詩集》。

趙觀彬（一六九一～一七五七）

《聽客妓鼓瑟》

何年飄落故山花，一曲令人鬢欲華。正似潯陽明月夜，江州司馬聽琵琶。

（《悔軒集》卷一，《韓國文集叢刊》本）

《次白香山詠慵詩韻》

不讀慵於書，不耕慵於農。有妻慵似我，廢職罕裁縫。有兒慵甚我，課學多曠空。奴慵婢亦慵，慵習靡不同。柴乏慵不刈，米盡慵不舂。而我只慵眠，永日門常封。慵慵復慵慵，渾室在慵中。我謂慵無妨，休官隱於慵。（《悔軒集》卷八，《韓國文集叢刊》本）

《次放翁韻，遣懷》

漠漠江雲苦結陰，僑樓羸卧歲華深。雪簷棲見羈禽迹，冰櫪嘶知老馬心。穷慕朱翁論黨語，詩憐白傅謝官吟。思山非爲便身計，大義遲徊十載今。（《悔軒集》卷八，《韓國文集叢刊》本）

智按：趙觀彬，字國甫，號東湖退士。有《悔軒集》。

張世進（一六九一～？）

《寄題琵琶亭》

潯陽郭外艤舟時，白傅遺踪蔓草披。畫棟朱闌人境改，青衫紅袖月明知。中年聞樂悲三已，臨老忘情詠四雖。遷客已歸兜率去，漫勞亭角更尋詩。（《著老書堂集》卷五，《四庫禁毀書叢刊》影印清乾隆間刻本）

《書香山集後》

少陵推詩聖，變化無端倪。篇中具微旨，隱躍使人思。我讀香山集，爽若哀家梨。所惜意太盡，不使少留遺。觀其與老元，曾序和答詩。辭繁而言激，公非不自知。要論品與學，唐代如公稀。高尚陶彭澤，冲和韋左司。熟精内外典，善為苦樂詞。談理必晰奥，言情每入微。豈惟細碎作，妙處堪解頤。後生作淺語，云以公為師。腹笥寡書帙，懷抱無襟期。匹如東家嫫，強效西家施。根柢失所據，弇鄙徒貽譏。寄語學白者，善學乃無疵。廣大教化主，吾聞諸張為。（《著老書堂集》卷八，《四庫禁毀書叢刊》影印清乾隆間刻本）

智按：張世進，字軼青，臨潼（今屬陝西）人。有《著老書堂集》八卷《詞》一卷。

李蘭（一六九二～一七三六）

《題琵琶亭即用香山原韻》

江州司馬玉堂客，富貴平生未蕭瑟。緑油湖裏載畫船，綺羅二八鳴朱絃。一朝謫官帝京別，湓浦江頭對秋月。地僻那聞絲管聲，麗情欲寄無由發。銀龍行酒餞客誰，停舟脈脈如有遲。皓月空江渺何見，把盞無歡不成宴。酒闌風荻響蕭騷，吹送琵琶來水面。伊誰操者京國聲，初聞此調不勝情。欲從捍撥發幽思，更假霓裳潑愁志。䆗㜸展手不辭彈，還訴中心可憐事。曲終調改妙指挑，哀音微激初絃幺。司馬酸心淚如雨，四座悲來悄無語。此曲那堪復再彈，雙憐玉筯垂銀盤。江楓葉葉寒聲駛，如吟水龍淒碧灘。玉顏妙技兩奇絶，彈指繁華已消歇。遷客揭來悵恨生，年復年兮無此聲。茫茫今夕百感集，何啻鵑血猿秋鳴。贈君長句句如畫，六百十字當縑帛。娥眉無復五陵歡，淪落一同尊前白。惟昔司馬元和中，芙蓉為佩清輝容。吟詩可頷老嫗女，託身每在蓬萊住。五言一篇傳新聲，仙韻長乞教坊部。行吟忽製楚平衣，上書又遭漢相妬。有唐詞人惜外遷，謫居如公未易數。乞身強健更蚤休，山水園林絶塵汙。不將出處異高懷，寧為升沈改常度。何來軒車淹此邦，頓覺襟情已非故。丈夫不為兒女泣，肯濕青衫對商婦。佐郡雖卑亦足為，人生寵榮有來去。官況琴書鶴一船，（樂天解蘇州句：「鶴與琴書共一船。」）我愛此語冰玉寒。曠懷不起遷謫思，隔船思婦誰能干？我讀此謌深太息，不為鳳鳴蛩唧唧。樂天自許達者人，如此悼傷豈達識。五柳高風世莫京，柴桑近接潯陽城。巾車載酒得深樂，撫琴要識無絃聲。東坡居士南荒老，但誇觀海絶平生。大篇流傳寫肺腑，金石聲破蟋蟀鳴。江州二歲亦偶爾，豈似此老頻顛傾。還朝旋已歷清要，尚説南中不願聽。（樂天《送客南遷》詩：「我説南中事，君應不願聽。」）只今亭子江之滸，琵琶故蹟猶分明。登臨懷古各有意，不惜再和琵琶行。達人自古皆有立，輔時澤物乃其職。官守何分崇與卑，一夫無使向隅泣。亭子淒涼何所遺，嶒崚古碑苔紋濕。（《四庫全書》本《［雍正］江西通志》

卷一五一）

智按：李蘭，字汀倩，號西園，直隸樂亭人。曾任江西布政使。有《李汀倩集》一卷（中國國家圖書館藏清抄本）。

厲鶚（一六九二～一七五二）

《曉登韜光絕頂》

入山已三日，登頓遂真賞。霜磴滑難踐，陽崖曦乍晃。穿漏深竹光，冷翠引孤往。冥搜滅眾聞，百泉同一響。蔽谷境盡幽，躋顛矚始爽。小閣俯江湖，目極但莽蒼。坐深香出院，青靄落池上。永懷白侍郎，願言脫塵鞅。（《四部叢刊》本《樊榭山房集》卷一）

《秋玉游洞庭回以橘茶見餉》

若士愛遠游，逸翮不可攀。朝乘一掌風，夕至洞庭山。胷吞三萬六千頃，大圓鏡裹八九羅烟鬟。奇文祕句滿藤笈，山中清味攜俱還。餉我洞庭橘，赤如莫釐峯頭日。白傅揀貢餘，右軍封題畢。蘙從平蔕間折枝，逆鼻香霏甘齒溢。緘藏歸待獻老親，不數湘湖楊梅頂山栗。餉我洞庭茶，鷹爪顆顆先春芽。虎丘近無種，剔目名可嘉。功能徹視比龍樹，金鎞不怕輕翳遮。瀹以龔春壺子色最白，啜以吳十九琖浮雲花。翩翩風腋乘興到，左神幽墟列仙之所家。告訴我生困識字，素書探得何足誇。許我紫泉白芝鍊毛骨，大勝塵土蹩躠於天涯。（《四部叢刊》本《樊榭山房集》卷八）

《廣陵苦熱賦何處堪消暑四首效香山體》

何處堪消暑，暑消泉響邊。竹中釃白雨，澗底瀉青天。淅淅侵肌爽，泠泠入耳便。韜光石橋畔，憶此已翛然。

何處堪消暑，暑消幽洞邊。佛棲深作屋，仙遇別為天。乳滴絺衣冷，泥行竹杖便。青林通別竇，赤日更凄然。

何處堪消暑，暑消深塢邊。雲多中有梵，篁密上無天。褦襶人誰到，拖挈性所便。法華西去路，山翠正蒼然。

何處堪消暑，暑消僧閣邊。松風灑翠壁，鳥影度湖天。蔬食安清儉，㚇䄸學靜便。南屏讓師在，懷我定殷然。(《四部叢刊》本《樊榭山房續集》卷六)

《滿庭芳（中呂宮）》

殘秋湖上有懷月田、筠谷、穆門三君之歿。

湖山宴娛，景留年去，社散人徂畫橋。煙艇風蒲，路極目愁予。　夢已隔。黃公酒壚。寫難窮、白傅詩圖。秋光暮，碧雲紅樹，泉下得知無？(《四部叢刊》本《樊榭山房集》續集卷十)

《東城雜記》

⊙葯園送春句

葯園在東城隅，與皐園相望。明季吴文學我匏，搆軒檻虛敞，竹木蕭森，玉照堂前玉蘭一株，大可數抱高，花如雪，蓋百餘年物。康熙中，蕭山毛西河太史奇齡，與吾杭諸名士集此，作《送春》詩，時橐筆數十人，多有佳句，末坐錢景舒汞年最少，獨集唐二首，其二五六用翁綬、白居易句：「百年莫惜千回醉，一歲惟殘半日春。」太史極賞歎之，後録入《西湖詩話》。(《東城雜記》卷上，清粤雅堂叢書本；《四庫全書》本)

《增修雲林寺志》

「冷泉亭」三大字，舊在亭上。「冷泉」二字，白居易書。「亭」字蘇軾續書。見《武林舊事》。

「冷泉亭」三大字，舊在亭上。盱江左贊隸書。見《西湖遊覽志》。

冷泉亭對聯：「圓機風與溪相答，妙義人同石共談。」世宗憲皇帝御製，華亭刑部尚書臣張照書。(清厲鶚《增修雲林寺志》卷八「著述」，《續修四庫全書》影印清光緒十四年刻本；魏得良標點本，杭州出版社，二〇〇六年四月，第一八三頁)

智按：厲鶚，字太鴻，號樊榭，錢塘（今浙江杭州）人。幼孤貧，至寄居沙門。性穎悟，初學為詩，便驚長老。稍長，於書無所不窺。康熙五十九年（一七二〇）庚子舉於鄉，需次縣令將入都，道天津，留滯查氏水西莊數月，竟不謁選而歸。乾隆元年（一七三六）丙辰，薦舉博學鴻詞，誤寫論置詩前，報罷。後曾赴都銓，行至天津，留友人查爲仁水西莊，同撰《絕妙好辭箋》，遂不就選而歸，終生未仕。聞揚州馬曰琯小玲瓏山館富藏書，因客之，得博覽群書，盡探其秘牒，尤熟宋代史事。往來大江南北，主盟壇坫者凡數十年。其詩孤淡瘦勁，幽冷清雋，好用僻典，爲雍、乾之際「浙派」代表詩人。亦工詞，宗姜夔、張炎，爲「浙西詞派」中期巨擘。有《樊榭山房集》二十卷、《宋詩紀事》一百卷。《清史稿》卷四八五有傳。

汪由敦（一六九二～一七五八）

《西湖四賢祠》

唐宋儀型在，祠開聖水濱。文章三刺史，風雅一山人。柳色排簷淡，湖光照檻新。小詩徒疥壁，竊想接芳塵。（《四庫全書》本《松泉集·詩集》卷一）

《春湖曲》

二月明湖春水新，湖頭是處好嬉春。段家橋聳雪初盡，白傅隄長草漸匀。眠起垂楊偏綽約，夢闌啼鳥越精神。年來未慣游閒趣，行過雷峯悵望頻。（《四庫全書》本《松泉集·詩集》卷一）

《家繕部西亭兄以所刻香山詩見遺却贈》

三唐諸大家，風雅衍餘裔。白傅挺異才，之無稱早慧。勃興杜韓後，託意在兼濟。生平數十卷，根苗緣六義。樂府切時事，秦中激流弊。正則懷離憂，賈生欲流涕。忠憤動日月，易下唐生淚。跌宕花月間，放浪山水地。新體豔流傳，險韻恣劇戲。辨真雞林相，長價青樓伎。誰雪樊川誣，未免贊皇忮。一篇長恨歌，千秋説才麗。時重已所輕，知音良不易。後人喜吹求，輕俗指瑕纇。摹傚昧別裁，茅葦雜蕪穢。吠聲滋游談，奩婢與擬議。豈知江河流，萬古浩不廢。決羽學謝生，三千詎容企。不聞鄰女顰，能掩夷光媚。歎息羣兒愚，誰為決蔀蔽。或疑達者胸，沾沾計名位。名心諒難忘，退尚有微寄。情雖戀簪組，跡幸遠權勢。歛足伾文間，脱身牛李際。劉元彼何人，擾擾冰炭置。自非秉明哲，寧能免顛躓。遺編吳蜀譌，離合亂篇第。東林與香山，藏録等淪棄。英英吾宗彦，汲古敦夙契。標舉四家詩，刊定韻府字。篤愛長慶詩，一一整編次。考事重表年，尚友資論世。辨證抉羣脊，鑿鑿起凡例。鑑精杜刋誤，功埒韓考異。揭來佐冬官，游刃見利器。有明諸曹郎，稱諸樹赤幟。吟壇執牛耳，内翰三舍避。况君淵源長，博雅想精詣。商邱暨長水，瓣香後塵繼。何時休假旬，一尊試談藝。(《四庫全書》本《松泉集・詩集》卷四)

《題少宰吴館師松篁坐嘯圖卽次原韻》

烟霞媚幽姿，泉石展清照。公望今斗山，披圖憶年少。白傅集賢眞，風流閱耆耄。何似松篁間，秀挺逼神肖。健筆想當年，天門儼龍跳。綿津風雅宗，燕寢奉言笑。名流時翕集，八座盡英妙。翩翩十五子，江左振高調。文壇蔚鏗轟，酒陣恣酣釂。夫子迥清拔，經訓窮窔奥。淄澠示別裁，鹹酸殊俗好。陶鎔納羣品，衣被極遐徼。曳履入文昌，斯文炳台曜。蚪枝摩蒼旻，縹節貞晚操。感舊寄深情，滄浪記游釣。逌然鸞鳳音，蘇門聽長歗。(《四庫全書》本《松泉集・詩集》卷七)

《題王石谷惲南田合作畫卷》

……胸次烟雲傾瀝液，佳人絕代羡尹、邢。才子同時擬元、白，妙從無意得流傳。簡遠蕭疏見風格，豈知品目煩後人？直為前賢傳正脉，我詩漫與何足多！……(《四庫全書》本《松泉集・詩集》卷九)

《恭和御製池上居二首元韻》

泉脈緣山導引便，開池隨地曲仍圓。半江緑剪屏間畫，一片青涵鏡裏天。風過縠紋重瀲瀲，雨跳珠點細涓涓。吟情遠暢元無別，樂水從知聖性淵。

虚白軒窗眺覽便，空明交映月痕圓。一杯誰瀉滄溟水，萬古仍通小有天。習坎便應敷遠潤，朝宗端不讓微涓。詩家漫詫香山句，學海何能較廣淵。(《四庫全書》本《松泉集・詩集》卷十六；《四庫全書》本《盤山志》卷十藝文一)

《奉勅撰元臣耶律楚材墓碑記》

瓮山之麓，有元臣耶律楚材墓一區，歲久弗治，漸就蕪没。會其地近別苑，所司將有所營建，上特命覆以屋三楹俾勿壞，而勑臣由敦記之。臣謹按，《元史》楚材事元太祖太宗歷三十餘年，時方草昧，一切定賦税，分郡縣，籍户口，别軍民，皆其所經理，嘗謂治弓尚須用弓匠，治天下安可不用天下匠，遇所不便，於民必力爭不少屈，至有厭其為百姓哭者，卒賴其規畫法制粗立，民得寧息，故論有元一代賢相，必以楚材為稱首。顧閲世久遠，遺蹟漸湮，當日豐碑高塚，已翳為荆榛，幾莫有過而問焉者。王士正《裂帛湖》詩已有「誰弔湖邊邪律墳」之慨，而趙吉士寄園所記并云：遭掘於摸金之手，則此荒隴之僅存，其不至蕩然磨滅盡也。難矣。乃一旦沐聖天子表彰培護，不惟不以在苑側為嫌，更為之界以垣墉，蓋以簷宇，較之貞珉綽楔，而愈垂不朽，斯豈楚材當日意計所敢及哉！昔唐元和中，因白居易一言而為魏徵子孫贖賜第，史册書之，以為盛事，然此猶第加恩於本朝勲舊，而於前代無與也。我皇上乃施及於異代之臣，雖遠至四五百年，猶為之表遺墟而存故蹟，褒功崇德之聖心，誠有度越前古萬萬者，固不徒以澤及枯骨，廣收恤之仁而已。史稱楚材精術數，其卜兆於此也，豈眞預知身後之必膺榮遇，抑亦其功烈所存，有不容終泯者。然使不遇我皇上眷懷賢哲，安望於世遠年湮之後，勿墜而益傳？則是舉也，固為楚材幸，而聖天子所以教忠勸功，大彰癉而示風厲直，使百世下咸知感奮，尤當大書特書，以垂示無極者也。臣得承命，紀斯盛舉，實不勝欣幸，謹拜手稽首而書於石。(《四庫全書》本《松泉集·文集》卷十一)

智按：據《中國金石總録》，末署「乾隆十五年歲次庚午夏四月上澣之吉，經筵講官太子少師刑部尚書臣汪由敦奉勑恭撰并書。」

汪由敦，字師茗，號謹堂，錢塘（今浙江杭州）籍，休寧（今屬安徽）人。雍正二年（一七二四）甲辰進士，改庶吉士，授編修，歷官刑部尚書，加太子少師、協辦大學士，旋罷協辦，官至吏部尚書。贈太子太師，謚文端。有《松泉集》。

何夢瑶（一六九二～一七六四）

《渡江》

江州司馬今何在，江上琵琶不可尋。惟見江豚吹浪起，牆鴉飛集暮城陰。

（乾隆十七年刻本《菊芳園詩鈔》卷二《鴻雪集》）

《送惕山陳郡伯錦旋六首》其四

蘆笙銅鼓迭中流，一葉輕飄載石舟。落日離筵南浦淚，西風歸路洞庭秋。四時有序成功去，八節無緣結社游。料得樂天吟興好，香山如畫勝羅浮。（乾隆十七年刻本《菊芳園詩鈔》卷五《寒坡集》）

《題瀘州林刺史畫像》其一

不是香山即左司，更無些事退衙時。老夫粗諳蘇州例，欲乞凝香五字詩。（乾隆十七年刻本《菊芳園詩鈔》卷七《懸車集》）

《讀歷朝詩》其一

香山直率無餘味，吏部奇横非正聲。獨有青蓮擅千古，未應子美得齊名。（乾隆十七年刻本《菊芳園詩鈔》卷七《懸車集》）

智按：何夢瑶，字報之，號西池，廣東南海人。初習儒，雍正八年（一七三〇）進士，歷任義寧、陽朔、岑溪、思恩縣令，因幼時多病，留心醫藥，並精於醫。官思恩時，瘟疫流行，夢瑶廣施方藥，存活甚眾。乾隆十五年（一七五〇），辭歸故里，先後在廣州粤秀書院、越華書院主持院務，並著書自娱。

喬光烈（？～一七六五）

《丁巳榜後聚奎堂燕會上下兩江諸同譜》

同日霓裳詠衆仙，宫衣傳賜玉堂前。人來吳會連江表，才盡南金耀斗邊。歌吹不停深剪燭，觥籌相送飲如川。還吟花底香山句，芝秀蘭馨永自聯（白香山詩：曲江花底拜年鬼）。（《最樂堂文集》卷六，《四庫未收書輯刊》影印清乾隆二十一年刻本）

智按：喬光烈，字敬亭，號潤齋，上海人。乾隆二年（一七三七）丁巳進士，官至湖南巡撫，罷再起，授甘肅布政使。有《最樂堂集》。

施廷翰（一六九二～?）

《次原韻》

年年青鬢雪霜加，猶向江頭溯浪花。吳楚客過催出郭，海天隄近暫停槎。漫遊有得拈成句，久宦因緣道出家。且住為佳人意適，渾忘斯地感琵琶。

琵琶亭外起層樓，登眺從之寄興幽。政拙獨慚稱渡虎，機忘同許狎浮鷗。煙波入望留真賞，文酒當前邁往遊。作郡潯陽殊可念，好山好水六春秋。（《輯刻琵琶亭詩》，清乾隆十一年古柏堂刊本）

智按：次唐英乾隆八年（一七四三）癸亥《春遊琵琶新亭唱和草》之原韻。

《琵琶亭》

舊跡文章著，新營使者成。江仍九派水，亭寄四絃聲。楓葉荻花邈，山歌村笛生。蒼茫何限意，空復賈船行。（《輯刻琵琶亭詩》，清乾隆十一年古柏堂刊本）

《奉次唐使君夏日琵琶亭納涼二首原韻並以寄懷》

數載遊蹤宦跡同，快聆珠玉忘疏空。量移仍作洪都客，闊別長懷湓浦風。岳近暮凝千疊翠，江清曉湧一輪紅。他年把筆從公後，攬景先期馬首東。

日閒銷夏蕩蘭橈，好友無須折簡邀。水木清華真卻暑，江湖浩淼勝觀潮。琵琶調絕餘情在，司馬神交論世遙。高唱繼吟時序改，秋風疏柳罷鳴蜩。（《輯刻琵琶亭詩》，清乾隆十一年古柏堂刊本）

智按：施廷翰，山西晉水人。《中國第一歷史檔案館 清代檔案史料叢編》第九輯載：「鑲黃旗漢軍蒲鼎勛佐領下人，年四十三歲。由捐貢于康熙五十九年十一月內，遵九款例捐知州。六十一年十一月內，遵阿爾泰運米例加捐知府。雍正六年（一七二八）九月內，遵旨改補郎中。十一年十二月，掣補戶部雲南司郎中。十二年（一七三四）七月十二日，吏部遵旨將原捐知府改補郎中人員帶領引見，奉旨：施廷翰著補授江西瑞州府知府。」（中華書局，一九八三年六月，第一四〇頁）有《棠村詩草》一卷。

趙龜命（一六九三～一七三七）

《叔父后溪先生七十四歲壽序》

……文章之士，既不可以窮，又不可以達。而窮而有養身之具，達而兼閒適之樂，此又事理之所不能有，而人謀之所不能及也。造物者，乃獨委曲經營，以厚我先生焉。先生之達，不達于躬而達于子，不達于躬也。故超然無當世之責，而晚歲卜築郊坰，剔巖石，疏瀑流，以供翫賞。優游放曠，以發吟哦，其閒適至矣，而達于子也。故承旨公歷敭華顯，推榮封誥，今復爲便養，出守圻輔，庖人之繼甘旨者，若於家廚乎取之。養身之具，蓋無所不備矣。世故有不窮不達，一線便宜之塗。前後文章之士，所未嘗幸焉者，而先生得以置其身也。彼世之以不第，而謂先生窮以推榮。而謂先生達者，孰知其窮而非窮，達而非達。而又孰知先生之壽所以成其材而富其業，不止爲尋常五福之首也。先生之文章，尤長於詩。其摸情寫事，似白香山；化腐爲新，似蘇長公；而鑱畫鼓鑄之妙，蓋亦有自得者。惟其探之深而擇之精，故發之者囏而鮮。……（《東谿集》卷一，《韓國文集叢刊》本）

《夢良兄墓誌銘》

君諱命弼，字夢良，姓沈氏，青松大姓，祖吏曹參議贈吏曹判書諱壽亮。父諱璟，母豐壤趙氏。余大父右議政孝憲公諱相愚第三女，諸女中最憐之。既壻，壻又賢，又嘉之。歲壬申，姑氏寡，時年二十四。君方在腹，而兩兄幼伶俜，常依私親。君生而英發穎悟，嬉戲出語，輒令長者懽笑。有才藝，如弈棊雜技，八九歲略皆通曉。與龜命日在大父膝下，若雙珥。大父常親課日月進退，以交相厲，於君念之尤摯。嘗見隨身小卷，書云：「外翁七十孫三歲，笑指琴書欲遺傳。自念老夫今耄矣，仍思稚子更茫然。中郎餘祚鍾羊祜，子幼能文似馬遷。才與不才爭料得，東牀空後且嬌憐。」此白傅贈玉童作，知其有爲而録也。……（《東谿集》卷三，《韓國文集叢刊》本）

智按：趙龜命，字錫汝，號乾川子。有《東谿集》。

周學健（一六九三～一七四八）

《重建琵琶亭碑記》

昔余北上暨告歸，過潯陽江頭，訪白樂天送客之處。惟見水天帆遠，江岸花稀。里人曰：「沿江有琵琶亭舊址在焉。」余匆匆未暇至也。今秋，余奉簡命，同高制君辦理江南賑務及水利事宜，往返淮上，微聞淮民偶語，謂「吾輩災黎，當聖恩稠疊之餘，若值前榷官唐憲，必蒙捐施之惠」。余乍未審唐憲為何人，乃高制君謂余曰：「此予廿年以往，同侍直內庭之蝸寄唐老先生也。舊榷淮，多惠德，今移榷潯郡矣。」余因恍然。在京邸時，曾於李穆堂先生案頭，閱所敘《陶人心語》，中多藹然仁者之言，而情文之美，則昌黎所云「吹竹彈絲，敲金戛石」者，無以過之，宜其多遺愛也。暮冬，余賑事將竣，居民安堵，適潯之紳士致書於余，謂江州勝跡，歷有廢興，而琵琶亭為從前當事所刱建，規模尚未宏敞；榷部唐公，起而新之，復綴以詩，真韻事也。又言：公數年之榷潯也，便商裕課而外，推獎士類，吐握人材，屬在商民；病有藥，死有棺，飢者饋之，寒者衣之，計清俸所入，幾分其半；間拈弄文翰，筆滓墨痕，皆可為寶；願乞一言以誌之，勒於亭之偏，傳不朽焉。

余謂江河浩淼，檣帆上下，商人挈婦以行者，不必皆善琵琶也。老大色衰，嫁做商人婦者何限，不必盡遇樂天也。惟樂天適然而見之，故與座客同泣之，為商婦泣則得矣，固因譴謫而泣，樂天寧未釋然於功名者耶？公之詩與文，日積日富，凡名山名壑，必探奇抉勝，以發胸中之奇，此與樂天之流連於草堂花徑者何異？若其天機盎然，曠懷高翥，有超乎富貴形骸而浮漚一切者。公能樂樂天之樂，而不必憂樂天之憂，其重建此亭也，亦寄焉以為江上形容者進一解也。豈沾沾江州司馬，綿綿此餘韻乎？我皇上網羅俊彥，不遺荒遠，矧內府根本之地，有傑出人群者，靡不任以大僚，委以提封，如公久結主知，則股肱柱石，將公是賴，蓋金鐘大鏞之振，固不僅作風月主人者也。異日者，余以王事得假道於潯，讌集潯之士大夫於亭上，荻花楓葉，聽江色水聲，必有與余邑之滕閣同其朝飛暮卷者，並與諸子讀公亭上之詩，以慨想其人，數十年後，此地又公之棠，而公之峴矣。亭云乎哉！琵琶云乎哉！

乾隆七年，歲次壬戌嘉平月。賜進士出身刑部右侍郎年家眷弟洪都周學健頓首拜撰並書。德化縣紳士公立。(《輯刻琵琶亭詩》卷首，清乾隆十一年古柏堂刊本)

智按：周學健，字勿逸，號力堂，新建（今屬江西）人。雍正元年（一七二三）進士，改庶吉士，三年授翰林院編修，參與《清一統志》纂修。十三年，充四川鄉試副考官，同年提督福建學政。乾隆元年（一七三六）至五年，先後遷侍讀、三禮館纂修、侍講學士、侍讀學士、講起居注官、內閣大學士、三禮館副總裁等。乾隆六年，先後署刑部侍郎，充《明史綱目》副總裁；補戶部右侍郎，仍兼署刑部侍郎事，並前往山東查辦私票鹽價案等。同年十月調刑部右侍郎。乾隆八年（一七四三），署福建巡撫，次年署浙閩總督。十一年，加太子少保，十二年九月授江南河道總督。十三年七月，因事獲罪，發往直隸城工效力贖罪。八月間，江西巡撫告發在學健原籍發現官員賄賂學健薦舉之書信，審訊後查實，奉乾隆旨賜自盡。時年五十五歲。

查為仁（一六九三～一七四九）

《蓮坡詩話》

吳梅村祭酒《病中》詩云：「忍死偷生廿載餘，而今罪孽怎消除。受恩欠債須填補，縱比鴻毛也不如。」其言亦哀矣！梅村最工歌行，若《永和宮詞》、《蕭史青門曲》、《圓圓曲》等篇，皆可方駕元白也。（第十二條）（《清詩話》第四七七頁；《叢書集成》據《龍威秘書》本排印，第三頁）

汪苕文編修琬贈人云：「家臨綠水長洲苑，人在青山短簿祠。」與沐景容《滄海遺珠集》所載日本使臣天祥題虎邱寺「樓臺半落長洲苑，簫鼓時來短簿祠」之句相似。細味之，用意各別，詩格亦自不同。崑山葛翼甫《夢航雜說》云：鈍翁作詩，規模舊句，間出新意。如「裴池故院無名畫，傳寫前賢未刻書」，本方夔「屏張前代無聲畫，架插今生未見書」；「須扶醉日移來竹，亟護分前接過華」，本范成大「開嘗臘尾蒸來酒，點數春頭接過華」；「呼我不妨頻應馬，逢人何敢遽稱貓」，本陸游「偶爾作官羞問馬，頹然對客但稱貓」；

「酴醿過了吾何恨，筍老蒓殘最惱人」，本陸游「荷花折盡渾閒事，老卻蒓絲最惱人」；「深山交舊俱無恙，惟欠樽前麴秀才」，本白居易「樽前百事皆依舊，檢點惟無薛秀才」；「玉輦不來花落盡，掠鷹臺上鳥空啼」，本段成式「鳳輦不來春欲盡，空留鶯語到黃昏」，如此甚多，不能悉數也。（第十二條）（《清詩話》第五〇五～第五〇六頁）

智按：查為仁，字心穀，一名成甦，號蓮坡，宛平（今屬北京）人。康熙五十年（一七一一）辛卯舉人。有《蔗塘未定稿》。

鄭方坤（一六九三～一七五五後）

《五代詩話·例言》

十國文物，首推南唐、西蜀。閩則韓、黃、翁、徐諸君子，連茵接軫，美秀而文，所謂「永嘉之末，猶聞正始之音」者也。楚風不競，而天策十八學士炳炳琅琅，亦拔戟自成一隊。吳越似稍亞，然有羅江東一人，便大為浙水吳山生色；孫光憲之於荊南也亦然。誰謂賢者之無益於人國哉？

韓致光為玉溪之別子；韋端已乃香山之替人；羅昭諫感事傷時，激昂排奡，以追配杜紫微，庶幾無愧：三公競爽，可稱華嶽三峰，佳話流傳，並秀句之膾炙人口者，正難枚舉。……

三公不獨以詩鳴也，其大節固自可觀。當朱三飛揚跋扈時，致光以一詞臣，觸虎狼之怒而去，迨後流落閩南，紫氣黃旗，日望乘輿返正。所作詩文，止署唐朝官職，此與淵明之書甲子何異。昭諫說錢武肅舉兵討梁，事見《通鑑》。其詠松云：「陵遷谷變須高節，莫向人間作大夫。」行芳志潔，有慨乎其言之也。端已為蜀王作書，所云「墨詔之中，淚痕猶在，枕戈待旦，思為主上報仇者」，大義凜然，自天復、天祐以還，未聞斯語。《聞再幸梁洋》之作，戀闕情深，與羅之《中元甲子》，韓之《六月四日》諸律，如響應聲，同其忠愛。文人浮薄，賴三君子一雪此言。史不云乎，皜皜焉與琨玉秋霜比質也。（戴鴻森校點本《五代詩話》，第二頁）

《全閩詩話》

⊙秦系

韋蘇州集載秦系詩，自署東海釣客，試秘書省校書郎，而詩有「久卧雲間已息機，青袍忽著狎鷗飛」之句，蓋系嘗隱泉州九日山，故有「東海」之號。「青袍忽著」，自謂其新授校書郎爾。故韋和詩云：「知掩山扉二十秋，魚鬚翠碧弄床頭。」正答其意也。或者乃謂青袍翠碧，皆為韋發，既失詩意，又謂唐刺史不借服色，則又誤矣。牛叢對宣宗云：「臣今服緋，是刺史所借。」而白樂天忠州被召時詩，言之極詳，何考之不審耶？（朱子大全集）

⊙陳彦博

陳彦博，閩縣人。元和四年，與謝楚同為廣文生。夢至一官司，几案有尺牘，如金字者，謂明年進士榜，見其名在三十二上，二人皆李姓，而無楚名。明年果如所夢。二李即顧行、仍叔也。又明年，楚于尹躬下擢第，先是李師道請贖魏徵宅，學士白居易言，事關激勸，合出朝廷，師道何人，敢掠其美。憲宗然之。其後有司以為試題，彦博詩云：「阿衡隨逝水，池館主他人。天意能酬德，雲孫喜庇身。生前由直道，沒後振芳塵。雨露承恩日，芝蘭故里春。勛庸流奕世，光彩映諸鄰。共喜昇平代，從兹得諫臣。」（《風雅叢談》）

⊙韓偓

韓偓詩云：「洞門深閉不曾開，横卧烏龍作妒媒。」又云：「栢風不動烏龍睡，時有幽禽自喚名。」又云：「遥知小閣還斜照，羡殺烏龍卧錦茵。」祝鎰子權賢良，窮探古詩，無不貫通。一日，問予曰：「韓致堯詩用『烏龍』，為何事？」予答：「白樂天《和元微之夢春游》詩云：『烏龍卧不驚，青龍飛相逐。』當是犬爾。」子權曰：「何所據？」余戲之曰：「豈不聞俚語云：拜狗作烏龍。」後閲沈汾《續仙傳》云：「韋善俊攜一犬，號烏龍，化為龍，棄之飛昇而去。」樂天、致光詩，未必不用此事。（槁簡贅筆）

⊙林藴

林藴仕不稱意，縱酒自適，多忤時政，白居易以詩戒之曰：「世上如今重檢身，吾儕恃酒似狂人。西曹舊日多持論，慎莫吐他丞相茵。」（《閩川名士傳》）

⊙黄滔

律有嫌韻，謂通韻之疑似者。多用之律詩首一句，以唐律四韻，首句原不在韻例之内，既非奸犯，亦非兼用，袛以韻音疑似，故及之，謂之嫌韻，然嫌韻可通而不可轉，如東之嫌冬，有黄滔《寄楊贊圖學士》「東堂第一領春風，時怪關西小驥慵」，王建《上張弘靖相公》「傳封三世盡河東，家占中條第一峰」諸詩。冬之嫌東，有白居易《妻初授邑號誥身弘農舊縣》「受新封細鈿，金泥誥一通」。……（《古今通韻》）（以上《四庫全書》本《全閩詩話》卷一）

⊙伯兄石幢先生

伯兄石幢先生，諱方城，字則望。……又嘗於叢臺官舍刻燭賦詩，拈題得寒柝，限雙字韵，方坤先得句云：「遲久更疑六，于喁唱或雙。」客皆歎其新穎。及先生詩成，則云：「偶作行歌互，應驚好夢雙。」於時徐靜谷先生在坐，乃拍案叫絕，謂是題能以神韵勝，斯為絕無僅有，豈但壓倒元白已哉？其為哲匠所咨賞如此。（《本朝詩鈔小傳》）

今年春，王子質夫參軍果郡，出《石幢詩》十卷。余受視，且驚且喜，曰：「君胡致此？」盡三日讀竟。古詩類曹、劉，間出入昌黎；長歌既類韓，又類杜，亦似元、白、東坡排律，耑效韓、孟近體，則盛、晚諸家不可悉數。（《九畹古文》）（《四庫全書》本《全閩詩話》卷九）

《國朝名家詩鈔小傳》

⊙堯峰詩鈔

三復其集，大致脱去唐人窠臼，而專以宋爲師。于宋人中所心摹手追者，石湖居士而已。取徑太狹，造語太纖。今觀其律體，平庸纖俗，意複語重，誠不能免。七絕時露俊警，古體圓融流亮，間闖入香山之室。《續稿》諸作，則愈老愈頹唐矣。論者乃以遺山儗之，未免不倫。（（《國朝名家詩鈔小傳》卷二，臺灣新文豐出版公司《叢書集成續編》第二五六册；《晚晴簃詩匯》卷四十五引）

⊙南州草堂詩鈔

徐釚，字電發，吳江人，故又自號虹亭。……時而爲豫章閩越之游，篇章益富。如是者又十年。會聖祖皇帝南巡，偕在籍諸臣接駕，詔復原官，兼有御書之賜，所云桑榆之晚照歟？虹亭以詩名江表三十餘年，早歲體尚華秀，壯游而後，與四方豪俊相切劘，格調一變。其自述云：「新詩學放翁，誰入畫團扇。」無俟記室品題，固可知其得力之所自矣。又雅善倚聲學，所制《菊莊詞》流入朝鮮。有會寧都護官仇元吉，用金一餅購去，題一絕贈之曰：「中朝寄得《菊莊詞》，讀罷烟霞照海湄。北宋風流何處是，一聲鐵笛起相思。」此與鷄林國相市白香山詩、西南夷弓衣織梅聖俞「春雪」句者何異？因並記録，以志詞林之佳話云。（《國朝名家詩鈔小傳》卷二，臺灣新文豐出版公司《叢書集成續編》第二五六册；菊莊編《楓江漁父圖題詞青門集》引）

智按：鄭方坤，字則厚，號荔鄉，建安（今福建建甌）人。雍正元年（一七二三）癸卯進士，由知縣歷官兖州知府。乾隆二十年（一七五五），以足疾辭官。政績卓著，文學造詣亦為時人激賞，人稱「雅宗」。詩詞文賦皆可觀，尤邃於詩，詩學承王士禛，曾重為删定補正王士禛《五代詩話》。有《蔗尾集》、《名家詩鈔小傳》、《經稗》、《全閩詩話》等。

鄭燮（一六九三～一七六六）

《跋西疇詩稿》

其氣深矣，其養邃矣。以香山溫逸之筆，烹煉而入於王、孟。觀其東馬半槎及崇川諸作，皆布帛菽粟之文，自然高淡，讀之反復想見其人。板橋弟鄭燮拜手。（揚州李梅閣藏墨蹟）（上海古籍出版社《鄭板橋集》，第一八二頁；卞孝萱編《鄭板橋全集》，第二八九～二九〇頁）

智按：鄭燮，字克柔，號理庵，又號板橋。揚州興化（今屬江蘇）人。乾隆元年（一七三六）進士。先後任范縣、濰縣知縣，以得罪豪紳去職。精書法，善畫竹蘭，系「揚州八怪」之一。有《鄭板橋集》。《清史列傳・鄭燮傳》云：「詩言情述事，惻惻動人，不拘體格，興至則成，頗近香山、放翁。」《清代學者像傳》云：「詩近香山、放翁，弔古諸篇，激昂慷慨。」

王藻（一六九三～?）

《讀梅村集》

百首淋浪長慶體，一生慚愧義熙民。（引自袁枚《隨園詩話》卷四，顧學頡校點本《隨園詩話》第一一四頁）

智按：王藻，字載揚，號梅沜，吴江（今屬江蘇）人。乾隆元年（一七三六）丙辰舉博學鴻詞。有《鷺脰湖莊集》。其《讀梅村集》，是最早將梅村七言古詩與「長慶體」掛鈎者。

尹繼善（一六九四～一七七〇）

《恭和御製白雲泉再疊白樂天元韻》

雨後峯頭響細泉，停驂暫對白雲閒。娱情別有心通處，不在山間與水間。（《尹文端公詩集》卷五，《續修四庫全書》影印清乾隆刻本）

智按：尹繼善，字元長，號望山，滿洲旗人。雍正元年（一七二三）癸卯進士，改庶吉士，授編修，官至文華殿大學士，加太子太保。贈太保，謚文端。有《尹文端公集》。

蔡鈞（一六九四～?）

《詩法指南》

【瀛奎律髓】宋詩有數體：有九僧體，即晚唐體也；有香山體者，學白樂天；有西崑體者，祖李義山，如蘇子美、梅聖俞，並出歐公之門。蘇近老杜，梅過王維，而歐公直擬昌黎，東坡暗合太白。惟黄山谷法老杜，陳後山棄其舊而學焉，遂名黄、陳，號江西派，非自爲一家也，老杜實初祖也。（《詩法指南》卷一，《續修四庫全書》影印清乾隆二十三年刻本）

《近軒偶録》：古詩多矣，夫子獨取三百篇存勸戒也。吾輩所作詩，亦須有勸戒之意，庶幾不爲徒作。彼有繪畫雕刻無益勸戒者，固為枉費精力矣。乃若吟賞物華，流連光景，過於求適，幾於誨淫教偷，則又不可之甚者矣。卽如白樂天《對酒》詩曰：「蝸牛角上争何事，石火光中寄此身。隨富隨貧且歡喜，不開笑口是癡人。」又曰：「百歲無多時壯健，一春能幾曰晴明。」是詩家言之，可謂流麗曠達，詞旨俱美矣。然讀之者，將必起其頹惰廢放之意，而汲汲於此快樂，惜流光則人之職分，與夫古之所謂三不朽者，將何時而可爲哉！（《詩法指南》卷一，《續修四庫全書》影印清乾隆二十三年刻本）

智按：參見宋羅大經《鶴林玉露》《四庫全書》本卷三（王瑞來點校《鶴林玉露》丙編・卷三，第二八七頁）；明葉廷秀《詩譚續録》（《全明詩話》第五册，第四三五二頁）。

益王潢南曰：五言排律與五言律詩，其句法雖同，篇法實異。律詩描寫情景，止盡於四十字耳，故貴寬閒蘊藉。之中又有嚴密緊凑之妙，若排律或數十韵，或百餘韻，其篇法豈五言律法可同。故作排律，其要有四：一貴鋪敘得體，先後不亂；二貴隊仗整肅，情景分明；三貴過度明白，不令人沉思回顧；四貴氣象寬大，從容不迫。斯為得體。其修辭煉句，繁冗混雜，險怪艱深，令人三讀不知，翻不如五言律矣。昔白樂天作小詞，尚令老婢得解，况於長律乎哉！（《詩法指南》卷一，《續修四庫全書》影印清乾隆二十三年刻本）

智按：蔡鈞，字及心，又字易園，蕭山（今屬浙江）人。諸生。其《詩法指南》書前有乾隆二十三年（一七五八）四月任應烈（一六九三～一七六八）序、夏至日朱坤（一七一三～一七七二）序、四月楊際昌（一七一九～一八〇四）序。任應烈序稱「戊寅春適丁子崑以蔡子易園所編《詩法指南》示余，並邀余一言以行世」，蔡鈞自序云：「詩之有體也，猶人之有五官百骸也。一體不備，不可以為人；則一體不知，不可以為詩。爰采詩家各體暨古今名人詩話，並檢先大夫《近軒偶録》、叔祖《梅庵筆記》諸書，分類編之，為子弟初學津梁。」

宋顧樂（一六九五 ~ 一七二三）

《夢曉樓隨筆》

白樂天論詩多不可解，如夢得「雪裏高山頭白早，海中仙果子生遲」，「沉舟側畔千帆過，病樹前頭萬木春」等句，最爲下劣，而樂天乃極賞歎，以爲「此等語在在當有神物護持」，悖謬甚矣。元、白二集，瑕瑜錯陳，持擇須慎，初學尤不可觀之。白古詩晚歲重複，什而七八，絶句作眼前景語，却往往入妙，如「上得籃輿未能去，春風敷水店門前」，「可憐八月初三夜，露似珍珠月似弓」之類，似出率易，而風趣非雕琢可及。（《清詩話三編》第一一三二頁）

智按：此則乃出自王士禛《跋長慶集》（《帶經堂集》卷九十一蠶尾續文十九，《續修四庫全書》影印清康熙五十年程哲七略書堂刻本），又見其《香祖筆記》卷五（湛之點校本，第八四頁）。

宋顧樂，字賓王，又字玉才，江蘇常熟人，占籍吳江。諸生。少有才名，與同里王峻、沈淑齊名。雍正元年正月卒，年二十九。有《願學集》，沈德潜序之。事迹見王應奎《柳南隨筆》卷四、《光緒重修常昭合志》卷三十文學傳。

阮玉堂（一六九五 ~ 一七五九）

《題九谿廨壁》

官閒緣地僻，不似武昌時。角勝三杯酒，淡兵一局棋。軍民喜和輯，升斗望經持。更有開顏處，香山長慶詩。（阮元《淮海英靈集》戊集卷四，《續修四庫全書》影印清嘉慶三年小琅嬛仙館刻本，第一六八二册，第二七八 ~ 二七九頁）

智按：阮玉堂，字履庭，號琢庵，儀徵（今屬江蘇）人。阮元（一七六四 ~ 一八四九）祖父。「官湖南參將，從征苗，活降苗數千人，有陰德。」

(《清史稿·阮元傳》) 誥授昭勇將軍，贈資政大夫，累贈光禄大夫、戶部左侍郎，誥贈太子太保、體仁閣大學士。

桑調元（一六九五～一七七一）

《琵琶亭疊白韻》

湓江去住都為客，萬里秋空氣蕭瑟。琵琶亭畔一艤船，想像滚撲鳴鵾絃。江水瀠洄如惜别，庭前沙洲圓似月。千條楊柳作（音做）秋聲，習習商飈空際發。無人問我子為誰，曲檽徙倚情逶遲。古人船舫不可見，焉知此地曾留宴。鵁鶄鸂鶒歷亂飛，滔滔逝水奔江面。咿鴉斷續聞櫓聲，舟人指點空復情。天涯淪落含客思，我獨滌蕩舒情志。乘興方為汗漫遊，空闊心中無一事。烟波一幀錦繡挑，桂樹蘞生荷茁幺。霽霞散綺過殘雨，凉生四砌吟蛬語。回憶去年指一彈，湘江直下恣遊盤。張帆影掠漢皐曲，鼓枻吟到潯陽灘。清遊處處真幽絶，浮屠桑下曾宿歇。亭存古蹟豈無情，何必親聞水上聲。風流白傅高詩格，老元短李輸先鳴。青青方罫蔬枰畫，掩映江光一疋帛。當時古物了無存，只有瓊輪碾空白。瓊輪正着碧霄中，水花雲葉澄秋容。玉宇凄凉憐素女，長在廣寒宫裏住。叮噹雙杵搗元霜，却思妙舞霓裳部。人間粉黛凝晚粧，含顰應把嬋娟妬。風月消磨成古今，天上寧無劫灰數。臨風喚起老吟翁，清暉不被塵氛污。元和到止一千年，添酒回燈恍前度。江頭相送是何人，怪少詩篇為道故。將無借寫遷謫懷，才人悵為斯養婦。新愁一夕月飛來，舊跡千年雲散去。由來勝地聯樓船，曼渌娥眉玉艷寒。寶瑟清歌大堤上，金尊銀燭小長干。江州闃寂波聲息，别樹羇雌夜啁唧。商婦琵琶知有無，漂淪之意吾能識。不然公孫劍器莫與京，老杜初聞自郾城。後來夔府得重見，李十二娘譁有聲。瀏灕頓挫詫獨出，感激豪蕩由之生。如何曹穆高弟子，教坊首以色藝鳴。香喉共道珠成串，玉貌還聞城欲傾。贈之長句無名姓，鐵撥檀槽率爾聽。轉徙江湖得題目，寓言十九知分明。司馬青衫為誰濕，聊用慷慨為歌行。江亭振衣浩獨立，高吟快拍闌干急。月高煙冷景淒清，秋露秋花泫然泣。賸客忘情解纜行，墨瀋倒翻銀壁濕。(《弢甫集》弢甫五嶽集恒山集卷一，《四庫全書存目叢書》影印清乾隆間刻本)

《嵩洛雜詩一百十六首》

紗巾草履信淹留，只有閒身得自由。伊水春來清滑笏，可無一葉釣魚舟。

大辨才從徹悟餘，香山居士本文殊。漁洋倦眼披金屑，失却光明大寶珠。

千春事往水滔滔，鴨緑初看漲一篙。白傅風情消不盡，夾隄楊柳間櫻桃。

風前得便即抽簪，成就先生老醉吟。勳業縱輸麟閣上，合教詩句播雞林。(《弢甫集》弢甫五嶽集嵩山集卷下，《四庫全書存目叢書》影印清乾隆間刻本)

第二首，《隨園詩話》卷三引作：「大辨才從覺悟余，香山居士老文殊。漁洋老眼披金屑，失却光明大寶珠。」《萬首論詩絕句》第一册，第三四九頁題為《論詩》。

《徐州懷古四首同箎兒作》(其三關盼盼)

我所傷兮關盼盼，莫以主恩死羅薦。秋宵原爲一人長，此意不隨塵劫變。燕子樓中宿孤燕，年年孤燕常相見。黄蜂紫蝶春叢亂，雙宿雙飛毫不羡。最無頭腦白香山，論事吟詩顛倒間。永豐之柳行人攀，樊素嫁矣嫁小蠻。(《弢甫集》弢甫續集卷七，《四庫全書存目叢書》影印清乾隆間刻本)

智按：桑調元，字伊佐，一字弢甫，錢塘（今浙江杭州）人。雍正十一年（一七三三）癸丑召試，賜進士，授工部主事。有《弢甫集》。

杭世駿（一六九六～一七七三）

《七夕汪徵君招集落花老屋用白香山早秋晚望兼呈韋侍御韻》

高齋有清課，曠士多遠思。招邀合朋歡，鄭重闢詩地。蕉衫既便褌，椶鞋復輕利。人挾詩偕來，風與涼俱至。名理愜素懷，元談佐幽寄。澹泊寡俗營，其樂乃不翅。分持一寸管，共此千秋事。落度不望傳，辛苦豈謀醉。(《道古堂詩集》卷二十六送老集，《續修四庫全書》影印清乾隆四十一年刻光緒十四年汪曾唯修本)

《韻典析疑序》

因題析義，因義謀篇，此承學之權輿，詩塗之梯級也。《賦彙》一書，爲相國陳文簡公所經進試帖，命題半由此出，題不易解，非宏覽博物不能盡得其出處，吾鄉篤志之士，競爲題解，以疏其僻事，用意亦良厚矣。然題有兩解，事有兩出，或沿訛而襲繆，或挂一而漏萬，不能無遺議焉。京口高明經雲墀氣專而志猛，汎濫百家，出入二氏，考證既確，辨析復精，而意未已也。夫排體有三難，用意晦則義不明，運事拙則調不協，押字生則韻不響。雲墀日課數篇，率皆八韻，金碧其光華，琳瑯其聲韻，興高采烈，渢渢乎屢誦而忘疲焉。唐李翰有《事類蒙求》，白居易有《金鍼詩格》，是書可謂兼之矣。余爲之序曰：漢魏以降，淳古淡泊之風微，而富麗繁密之製漸興。自高齋十學士所選，以迄周隋，名曰古詩，中間不離儷句。有唐大家，首推少陵，次及昌黎。少陵詩千四百六篇，排律多至百三十五首，集中五古屬對者十之八九。平則爲律，仄則爲古，順則爲律，拗則爲古，理本一貫也。昌黎詩三百七十一首，後人益以集外之詩二十六首，不滿四百篇，其中排律凡十五首，聯句十四首，用平韻者凡四篇，除《遣興》一篇不用對句，餘皆古詩也，鮮有不對者。其守少陵之法，跬步不移如此。他如元白，尤以長排見奇，故鄙人持論：自來大家，未有不工排律，而可冒托者也。近代鉅公，務以輕便宛轉之調，蠱惑後進，敢於議少陵，非昌黎，薄排律，而不屑爲。勉强爲之，不及十韻而已，胸喘膚汗，氣竭不能再鼓矣。我皇上稟聰明睿智之姿，深緝熙宥密之學，欲以言志永言之教，舉一世而甄陶之，改科場表判爲排律，用意至深，且遠操觚之士學詩，不由排律始，是躍冶之金，樗散之木也，其何以應明詔，而登著作之庭哉？余少嘗從事於斯，耄而善忘，終席不能成一字，得雲墀而昭若發曚，斅學相長，益我孔多。遂書平昔之所見，以冠於篇，并以規夫貌爲大家而不能爲排律者。（《道古堂文集》卷七序，《續修四庫全書》影印清乾隆四十一年刻光緒十四年汪曾唯修本）

《省試杜氏通典鄭氏通志馬氏通考總論》

有唐劉秩，採古事之有益治道者，倣《周官·六典》之意，爲《政典》三十五篇，迄於天寶而止。房琯以爲過於劉向，至德宗時，宰相京兆杜佑，乃更益以大曆以來時政，廣爲《通典》二百卷，首食貨，次選舉，次職官，次禮，次樂，次刑，次州郡，次邊防，分類凡八，右補闕李翰序之，以爲刊列朝典，緝熙皇猷，至精至粹，其道不雜。宋祁撰列傳，則又以爲博而能約，蓋其創體造論，固與《唐六典》、《開元禮》等書，及前所撰之《理道要訣》，皆所以佐治而出化，固非徐堅、虞世南、歐陽詢、白居易等之纂類所可絜。劉昫撰《經籍志》，習而不察，乃措之類家之列，可謂擬非其倫矣。《舊唐書》本傳指爲貞元十七年表進，昭德晁公武又謂其書凡三十六年而後成，蓋經世之偉略，而立國之大防，具於此矣。至宋淳熙間，莆田鄭樵漁仲嘗上書言：十年爲經旨之學，以其所得者，作書考，作書辯譌，作詩傳，作詩辯妄，作春秋考，作諸經序，作刊繆正俗跋，……五六年爲天文地理蟲魚草木之學所得者，作春秋列傳圖，作爾雅注，作詩名物志，又取史遷已下十五代之史，删併其紀傳，訖於隋年，以唐書及五代史爲本朝大臣所修，不敢復議，若禮樂刑政，務存因革，引而至唐，比之梁武之撰通史，高峻之輯小史，蓋庶乎可以無媿焉。而其總序則曰：江淹有言，作史之難，莫難於志，其次莫如表，因改表爲譜，倣志爲略，首於氏族，終於蟲魚，爲略者二十。馬氏評其書，以爲天文地理器服失之太簡，而禮及職官選舉刑罰食貨五略，盡寫通典全文，略無增損，明蘭谿胡應麟著《經籍會通》，則又譏其藝文、校讎二略，譌崔曙、許渾，盛晚唐之次第，亂晏嬰、董無心儒墨之標題，指《玉格》爲寶貨，入《樹萱》於草木，錯繆疊出，不復精核。又樵持論過當，力不副言，信毛漸之三墳，删子夏之小序，譏史遷，排班固，是非頗繆於前哲，是其病也。若其貫串百代，綜核異同，練氏族，校六書，正七音，删列史之荒蕪，成六經之奥論，則自司馬彪、沈約、魏收、于志寧以來，一人而已。……（《道古堂文集》卷二十二論釋，《續修四庫全書》影印清乾隆四十一年刻光緒十四年汪曾唯修本）

《古文尚書疏證跋》

信《古文尚書》爲眞者，蕭山毛簡討奇齡之冤詞也；疑《古文尚書》爲僞者，太原閻徵君百詩之疏證也。兩家之論，既如方圓枘鑿之不相入，各就所見，縱横穿穴，論辨亦雄矣哉。冤詞既刊之《西河合集》，獨《疏證》五卷，世鮮傳本。康熙壬寅，予得第一卷於繡谷吳氏，雍正癸卯，復得四五兩卷於錢塘龔明水。書凡八十篇，自十七以訖四十八，竟無由獲睹其全，可爲累息。徵君每於卷末各有自跋，其第一卷既寫成癸亥秋泊，武進郭外舟忽覆私念，《疏證》雖多副本在京師，然未若此本爲定，當邀東坡元符三年破宿大海中例以濟，其寫第四卷別録四本：一寄置太華山頂，友人王弘撰司之，一寄羅浮山，應某處士之請，其二本則寄千頃堂、傳是樓之主人。倣《白氏文集》家藏外，別録三本例。其寫第五卷成，年五十有三，屬閩謝氏寫圖二，一禮堂寫定圖，一傳與其人圖，藏諸丙舍秋山紅樹閣本，鄭康成疾篤，戒子書意徵君自信之篤如此。予特爲傳鈔二本，廣陵則馬君涉江有副墨，錢塘則趙君谷林置篋衍，兩家皆振奇汲古之士，質徵君於九原，當啞然首肯也。（《道古堂文集》卷二十六跋，《續修四庫全書》影印清乾隆四十一年刻光緒十四年汪曾唯修本）

《訂訛類編》

⊙量移

《金壺二集》云：官員得罪貶竄遠方，遇赦改近地，謂之量移。「量移」二字，見《唐書·玄宗紀》，今人稱陞遷亦曰量移，誤也。白香山詩「一旦失恩先左降，三年隨例未量移」，「量」字讀平聲，詳見《日知録》。（《訂訛類編》卷一，陳抗點校《訂訛類編·續補》，第三〇頁）

⊙楊妃入宮並竊笛事

《野客叢書》曰：「《容齋續筆》曰：『明皇兄弟五王，至天寶初已無存者。楊太真以三載方入宮，而元稹《連昌宮詞》云：『百官隊仗避岐薛，楊氏諸姨車鬭風。』失之也。』（智按：所引《容齋隨筆》見續筆卷二）僕考唐史，申王以開元十二年薨，岐王以十四年薨，薛王以二十二年薨，寧王、邠王以二十九年薨，而楊妃以二十四年入宮，號太真，遂專房宴。是時申、岐、薛三王雖已死，而寧、邠二王尚存，是以張祜目擊其事，繫之樂章，有曰：『日映宮牆霧半開，太真簾卷畏人猜。黃番綽指向西樹，不信寧王迴馬來。』又曰：『虢國潛行韓國隨，宜春小院映花枝。金輿遠幸無人見，偷把邠王小管吹。』蓋紀其實也。惟容齋認楊妃為天寶三年方入宮，所以有是失，不知天寶初太真進册貴妃，非入宫時也。集中謂虢國竊邠王笛，而《百斛明珠》乃謂楊妃竊寧王笛，此説不同。」

愚案，《讀書敏求記》載《唐大詔令》，開元二十三年乙亥十二月壬子朔二十四日乙亥，册立楊玄璬長女為壽王妃，開元二十八年十月，玄宗幸溫泉宫，使高力士取楊氏女子於壽邸，命孫逖册度為女道士，號太真，住為太真宫。天寶四載乙酉七月丁巳朔二十六日壬辰，册左勳衛二府右郎將軍韋昭訓第二女為壽王妃，是日即於鳳皇園册太真宫女道士楊氏為貴妃。據此，則開元時楊氏為壽王妃，為女道士，天寶初始為玄宗貴妃，與容齋之説合，與《叢書》所考唐史不合，俟查。（《訂訛類編》卷二，陳抗點校《訂訛類編·續補》，第五一～五二頁）

⊙楊妃入宫始末

李義山《驪山》詩：「平明每幸長生殿，不從金輿惟壽王。」馮孟亭箋注云：太眞之册爲貴妃，爲天寶四載八月。舊新紀所書同，傳無細年月，至其始爲壽王妃之事，舊書紀傳皆並無之，止云或言楊元琰女姿色冠代，召見時衣道士服，號曰太眞。新書所云，始爲壽王妃，而遂于開元二十八年十月紀文大書册壽王妃楊氏爲女道士，號太眞矣。夫爲道士者，卽傳所云丐籍女官也，必妃自父母家先遣人諭意，借此爲入宫之計，妃由父母家來，必非從壽王邸來。新傳所云，始爲壽王妃者，初聘而未娶，故下書更爲壽王聘韋氏女。白香山詩「楊家有女初長成，養在深閨人未識」，固非矯詞也。明皇納其子已聘之人，尙不免新臺之刺，若旣在壽邸，斷不至若是之無禮矣。陳鴻《長恨歌傳》謂詔高力士潛搜外宫，得於壽邸者，妄也。《曝書亭集》有《書太眞外傳後》一條，力辨妃以處女入宫，說至明核矣。此詩言，每遇平明幸長生殿，焚香之時，妃以女冠，必從焉，故壽王不得從金輿矣。（《訂訛類編》卷二，陳抗點校《訂訛類編·續補》，第五二頁）

⊙格是

《容齋隨筆》：「樂天詩云：『如今格是頭成雪，彈到天明亦任君。』微之詩：『隔是身如夢，頻來不為名。』『格』與『隔』二字義同，『格是』猶言『已是』也。」今本以不解「格」字，遂改作「況是頭成雪」，不成語矣。古人文集多為妄人改，盡可歎。（《訂訛類編》卷三，陳抗點校《訂訛類編·續

補》，第一〇七頁）

智按：所引《容齋隨筆》見卷二（上海古籍出版社本，第十九頁）。

⊙商玲瓏是女伎鄭櫻桃是男優

《白樂天集》有《醉歌示妓人商玲瓏》詩，注云：杭州妓名。自《脞説》僅云杭州歌者，不明爲女優，後人遂有誤認爲歌童者矣。鄭櫻桃方是男優，《樂府集》云：石季龍寵惑優僮鄭櫻桃而殺妻，郭氏更納清河崔氏櫻桃，又譖而殺之。櫻桃美麗，擅寵宮掖。按，僮與童有别，《前漢·衛青傳》注：僮者，婢妾之總稱。又《韻會》云：《説文》：童，孥也。僮，幼也。今以僮幼字作童，童僕字作僮，相承失也。《樂府集》僮字誤。《十六國春秋》云：石虎鄭后名櫻桃，晉冗從僕射鄭世達家妓也。唐樂府李頎《櫻桃歌》云：「美人姓鄭名櫻桃」，皆非也。王弇州《豔異編》卷三十一男寵部載鄭櫻桃事，而不厠於妓女五部中，且指摘李頎歌詞之誤，甚明且晰。明洪昉思《公子行》云：「春明門外酒樓高，稱體新裁蜀錦袍。花裏一聲歌子夜，當筵脱與鄭櫻桃。」查初白有《見白田喬侍讀家伶管六郎》詩云：「記得送春筵畔立，酒痕紅到鄭櫻桃。」皆用事不誤。（《訂訛類編》卷四，陳抗點校《訂訛類編·續補》，第一三八頁）

⊙白隄不在西湖

又云《咸淳臨安志》無白公隄，所謂白公築之隄在上湖，與下湖相隔處，公自著《錢唐湖石記》可證。今人所指之白隄，卽白詩所云「緑楊陰裏白沙隄」，白公前已有之。（《訂訛類編》卷五，陳抗點校《訂訛類編·續補》，第一六二頁）

⊙明皇幸蜀不行峨眉山

白樂天《長恨歌》：「峨眉山下少人行。」范元寔云：「明皇幸蜀，不行峨眉山，當改劍門山。」沈存中云：「峨眉在嘉州，與幸蜀路全無交涉。」（《訂訛類編》卷五，陳抗點校《訂訛類編·續補》，第一六二頁）

⊙唐寢殿皆謂之長生殿

白樂天《長恨歌》「七月七日長生殿，夜半無人私語時。」范元實云：「長生殿乃齋戒之所，非私語地也。華清宫自有飛霜殿，乃寢殿也，當改長生爲飛霜。」愚案，《長安志》分長生爲備齋祀之殿，飛霜爲奉御寢之殿。而程午橋《義山詩箋》云：「案《通鑑考異》：『唐寢殿皆謂之長生殿，武后寢疾之長生殿，洛陽宫之寢殿也。肅宗末，越王係授甲長生殿，長安大明宫之寢殿也。白香山《長恨歌》七月七日長生殿，華清宫之寢殿也。』據此，則義山所謂『平明每幸長生殿』者，但知爲離宫别館，而與晨夕寢處之典故，未曾分明，竟不知其專爲寢殿也。香山以『夜半無人』爲言，則合矣。若《長安志》云以備齋祀，則不當平明每幸之矣。范元實之論，亦非是。」馮孟亭《玉谿詩注》曰：《舊書·紀》天寶元年十月，華清宫新成長生殿，名曰集靈臺，以祀天神。《津陽門詩》注謂齋殿也，有事於朝元閣，即御長生殿以沐浴，則齋祀之説爲是，非寢殿也。七月七日之私誓，爲焚香乞巧之時，亦祀雙星也，故妃後爲方士述之。（《訂訛類編》卷五，陳抗點校《訂訛類編·續補》，第一六八頁）

智按：「齋祀之説爲是，非寢殿也」，則小標題「唐寢殿皆謂之長生殿」應據改。

⊙清和是二月

《説詩晬語》云：「張平子《歸田賦》云：『仲春令月，時和氣清，原隰鬱茂，百草滋榮。』明指二月。謝靈運詩『首夏猶清和』，言時序四月，猶餘二月景象，故下云『芳草亦未歇』也。自後人（案指司馬温公）誤讀謝詩，有『四月清和雨乍晴』句，相沿到今，賢者不免矣。試思『猶』字竟作何解。」愚案，「氣清」猶蘭亭謂「天朗氣清」，非春日常景也。即氣清當二月，尚未的切，況四月乎？白香山《首夏遊開元觀》詩「清和四月初，樹木正華滋」，已屬誤用。至宋楊誠齋《三月二十七日》詩云：「只餘三日便清和。」元人白珽并以清和爲題而所賦，皆是夏景，尤爲可笑。如東坡《清明日和陶郭主簿》云：「良辰非虚名，清和盈我襟。」方無語病。（《訂訛類編》卷五，陳抗點校《訂訛類編·續補》，第一六九頁）

⊙開素不應言開葷

今人奉齋後食葷，輒曰開葷，其語未通。《野客叢書》曰：「於理合曰開素，此風已見六朝，觀東昏侯喪，潘妃之女閹豎共營殺羞，云爲天家解菜，正其義也。」愚案，白樂天有《二年三月五日齋畢開素當食偶吟贈妻弘農郡君》詩，據此，則勉夫之説甚是。又東坡詩云：「太常齋未解。」則亦可言解齋。(《訂譌類編》卷六，陳抗點校《訂譌類編·續補》，第一八九頁)

⊙鳥鳴嚶嚶非黄鳥

(《野客叢書》) 又曰：「《東皋雜録》曰：《詩》『伐木丁丁，鳥鳴嚶嚶』，鄭箋云：『嚶嚶，兩鳥聲。』正文與注皆未嘗及黄鳥。白樂天作《六帖》，始類入鶯門中，又作詩每用之，其後人多祖述用之也。洪駒父謂，《禽經》稱『鶯鳴嚶嚶』，要是後人附會。僕觀張平子《東京賦》『雎鳩麗黄，關關嚶嚶』，然則以嚶嚶爲黄鸝用，自漢已然，不可謂自樂天始也。」愚案，嚶嚶詩屬之鳥鳴，則凡鳥皆可用，《東京賦》屬之黄鸝，未始不可。惟「關關雎鳩」本是一句，而以「嚶嚶」屬麗黄，則似《詩》之鳥鳴爲黄鳥矣。至梁昭明太子，十二月啟有「啼鶯出谷」語，不止用「嚶嚶」字，而直用「出谷」，遂以誤傳誤。唐人因以進士登第謂「遷鶯」，又省試并以「早鶯求友」、「鶯出谷」命題，循襲其誤，不典甚矣。劉賓客《嘉話録》已譏其別無證據爲誤。(《訂譌類編》卷六，陳抗點校《訂譌類編·續補》，第一九四頁)

⊙緑野非閒居事

《鼠璞》：閒居用緑野，乃裴度于文宗時留守東都治堂，雖野服蕭散，不問事時，尚保鳌留臺，非閒居事也。宫觀用蓮社，乃白居易致仕，與僧如滿在香山修淨土，號白蓮社，是致仕後事。(《訂譌類編》續補卷上，陳抗點校《訂譌類編·續補》，第二五〇頁)

⊙玉關非明妃所經

太白詩：「漢家秦地月，流影照明妃。一上玉門關，天涯去不歸。」按《史記》言，匈奴左方王將直上各以東，右方王將直上郡以西，而單于之庭直代、雲中。《漢書》言呼韓邪單于自請留居光禄塞下，又言天子遣使，送單于出朔方雞鹿塞（今在河套内），後單于竟北歸庭，乃知漢與匈奴往來之道，大抵從雲中、五原、朔方，明妃之行，亦必出此，故江淹之賦李陵，但云「情往上郡，心留鴈門」，而玉關與西域相通，自是公主嫁烏孫所經，太白誤矣。《顔氏家訓》謂：「文章地理必須愜當。」其論梁簡文《鴈門太守行》而言日逐、康居、大宛、月氏，蕭子暉《隴頭水》而云北注黃龍，東流白馬。沈存中論白樂天《長恨歌》「峨眉山下少人行」，謂峨眉在嘉州，非幸蜀路。文人之病，蓋有同者。（《訂訛類編》續補卷下，陳抗點校《訂訛類編·續補》，第三〇一～三〇二頁）

⊙天竺寺

白樂天《題天竺寺》：「一山門作兩山門，兩寺元從一寺分。東澗水流西澗水，南山雲起北山雲。前臺花發後臺見，上界鐘清下界聞。遥想吾師行道處，天香桂子落紛紛。」乃是題虔州城外天竺寺，今杭州府收入錢唐天竺寺，謬也。見《東坡詩集》第二卷中。（《訂訛類編》續補卷下，陳抗點校《訂訛類編·續補》，第三〇五頁）

⊙紗名

《漱石閑談》：輕容、方空，皆紗名。輕容，無花薄紗也。王建《宫詞》云「嫌羅不著愛輕容」是也。元微之寄樂天白輕容，樂天制而為衣，作詩答之，而集中「容」字為流俗妄改為「庸」字。方空者，紗薄如空也，後呼為方目紗，即今吳中所謂銀條紗是也。王荊公詩云：「春衫猶未著方空。」荊公好奇用之，而不知方空之不可為春衣也。（《訂訛類編》續編卷下，陳抗點校《訂訛類編·續補》，第三二一～三二二頁）

⊙三西

《雜纂》：唐白樂天以詩、酒、琴爲三友，今人言三酉爲酒，音同之誤也。（《訂訛類編》續補卷下，陳抗點校《訂訛類編·續補》，第三二四頁）

智按：杭世駿，字大宗，號堇浦，仁和（今浙江杭州）人。雍正二年（一七二四）甲辰舉人。乾隆元年（一七三六）丙辰召試博學鴻詞，授翰林院編修。有《道古堂集》。

李繼聖（一六九六～?）

《琵琶亭》

不到高亭坐，安知往日情。騷人存妓樂，悲調落江聲。（白樂天聽唐宫老妓琵琶作歌行處）燕舞柳花燦，烏啼煙霧生。難爲憑弔意，三復古歌行。（《尋古齋詩文集》詩集卷一，《四庫禁毀書叢刊》影印清乾隆刻本）

《率吟草自序》

或問詩自《三百篇》而下，有《離騷》，其後體製源流各異，有合於風雅者歟？某曰：詩以正言，義之用也，止乎義，斯得性情之正妙，之爲中和，宣之爲風雅，非徒區區遣懷抱矜聲韻已也。後世不明先王之大義，故不能曠觀古今之間，深究天人之故，以涵養於道德之原，而識者乃歎，刪後更無詩，豈其然乎？《三百篇》直與造物同體，冶適融而流，峯適蟠而住，波適宕而沓，過此以往，思緣門通，筆緣徑轉，其間或有拔類奇才，皆不得不因體製源流，而自爲出入，求其當於風雅，有碎玉而無完珠矣。詩之名，肇自唐虞，《書》曰：「詩言志，歌永言，聲依永，律和聲」，皆中自然之節，猶之雌雄，六六便成律吕，而非以律吕成句調。孔子獨刪周詩，上紹虞歌，下正人心，示大義於天下也。三閭大夫以孤憤義士，行吟澤畔，《史記》稱其不淫如風，不亂如雅，今讀《天問》、《山鬼》、《招魂》諸篇，奇而不法，《哀郢》諸篇，擬之一國之變風則可，配之以風雅則不可。詩降而騷，騷固詩之一變矣。慨自詩亡，而後有騷賦，騷賦難入樂，而後有古樂府，古樂府難入俗，而後有絶句。絶句少宛轉，而後有詞，詞不快於北耳，而後有北曲，北曲不快於南耳，而後有南腔，皆六朝爲濫觴之始，降而至於詞曲，固《三百篇》之螟螣蟊賊耳。元人乃欲以此稱雄，抑獨何哉？雖曰漢魏質過於文，六朝華浮於實，得二者之中，備風人之體，惟唐爲然。然初唐之最陳射洪，盛唐之最杜少陵、李青蓮、王摩詰，中唐之最白樂天，自晚唐以下可無譏，諸子之中推李、杜。李、杜二人，又翕然獨推子美，謂之詩史。卜子夏亦以詩爲國史，由此觀之，非明乎家國天下之大，故而妄希追踪者，斷斷不能，故河梁悽惋，栢梁麄率，他如賀鬼白仙，郊寒島瘦，庾、鮑之清新俊逸，温、李之譎怪濃華，其瑕其玉，難掩衆覩，而某且以爲《十九首》得《三百篇》之神而失之促，《胡笳十八拍》得《三百篇》之態而失之煩，建安、正始得《三百篇》之骨而失之澁，放懷遠託，謝、陶得《三百篇》之韻而失之游，子美雖為古今砥柱，王鳳洲嘉其聖於七言歌行律，而神於五言律，然玩其所爲神聖者，抑揚哀怨之意多，而温厚和祥之意少，以言乎端莊流麗，奇屈雄渾則有之，以言乎興觀羣怨則難焉。此其感通淺深之故自在人心，未可於文辭意氣髣髴求之也。……某曰：必為詩者質諸騷，夫詩一變而騷，一變猶未甚遠也，騷於詩，別子為祖，能尊祖而後能備物竭誠，合羣主以禘祖之所從出，而精神無不貫。自非好學深思，惡足以知之。或人莞爾而笑曰：「誰禁子者，而自畫於是?」某憮然曰：制藝畫我矣，我復畫於應酬之文，且世喜雕刻厭其纖，世喜幽秀厭其凉，世喜流轉厭其滑，是故又往往多自畫，敢遽號於人曰：吾詩也乎哉！吾詩也乎哉！某率吟之，某畧存之，某亦行某之私而已矣。其言所欲言，而不辭迂濶之譏者，恐詩之義終不明於天下，而思以所言贈天下後世之賢豪之能為詩者也，於是或人默然點首，揖而去。(《尋古齋詩文集》文集卷二，《四庫禁毀書叢刊》影印清乾隆刻本)

《祝鄧碧玉序》

商伊尹自朝夏歸商，至太甲七祀，百有六十歲，見《竹書紀年》，周太公壽百有十歲，見《金石録》，召公奭壽百九十餘歲，見《風俗通》，漢竇公，本魏文侯樂人，至漢文帝時壽二百八十歲，見懷瓘《書斷》，魏羅結百三十歲，見《北史》，唐李元爽一百三十六歲，見白樂天集，蜀范長生初事昭烈，至李特時一百三十歲，猶横經授《易》，見《蜀書》，然則彭祖非誤也。……予考稽自三代以下，大小存乎數，屈伸存乎時，但使難得之古人者，吾獨能得之古人，即萬難得之天者，吾無不能得之天，其誰堪與語此，吾惟以此語研堂。(《尋古齋詩文集》文集卷二，《四庫禁毀書叢刊》影印清乾隆刻本)

智按：李繼聖，字希天，號振南，自謂拖雄兒，常寧（今屬湖南）人。雍正二年（一七二四）舉人，曾遊歷大半個中國，歷任江西萬年、廣豐知縣，辭官後講學著述，晚年掌教石鼓書院。有《春秋今古合解》、《奇男女衍義》、《尚論篇》、《尋古齋詩文集》。

胡彦昇（一六九六～？）

《樂律表微》

⊙論俗樂二十八調

又有銀字之名。按大吕，宫曰高宫，商曰高大食，角曰高大食角，羽曰高般涉，皆加高字，以别于黄鍾之宫商角羽，謂之高調，即銀字也。俗樂雖用黄大夾中林夷，無七律為調，實黄鍾一均之律，闕大吕一均律，故中管起應鍾，而銀字為高調，于黄鍾均外補大吕一均耳。故《唐志》云：「銀字之名，中管之格，皆前代應律之器。後人失其傳，而更以異名。」蓋謂應大吕均之五律也。俗樂雖不辨大吕一均之聲而製為調，而中管銀字，亦用以和曲。王建《宫詞》有「中管五絃初半曲」之句，白居易《秋夜聽高調涼州》詩云：「樓上金風聲漸緊，月中銀字韻初調。促張絃柱高吹管，一曲涼州入泬寥。」涼州用宫調則高調，謂高宫也。夫人聲不能過高，俗樂聲高而歌者便之，則非過于高也，而前人皆以俗樂聲高，為靡靡之聲，豈古人合樂十二宫，無一高調乎？此不知樂者之言也。《唐志》謂俗樂宫調，應夾鍾之律，《西山燕樂篇》云：燕樂以夾鍾收四聲，曰宫，曰商，曰羽，曰閏，閏為角，其正角聲變聲徵聲，皆不收，而獨用夾鍾為律本，今按俗樂以夾鍾為黄鍾，是高于古雅三律，細按之不止高三律也。（《四庫全書》本《樂律表微》卷五）

智按：胡彦昇，字竹軒，德清（今屬浙江）人。雍正八年（一七三〇）庚戌進士，官定陶縣知縣。

愛新覺羅・允禮（一六九七～一七三八）

《賦得何處消寒好倣白樂天體四首》

何處消寒好，寒消薄雪邊。舞空花爛熳，掠地絮盤旋。緑蟻頻分盞，紅爐試割鮮。無勞灞橋畔，侵曉聳吟肩。

何處消寒好，寒消燈市邊。銀花千隊合，火樹百枝然。却入無愁國，從遊不夜天。燒殘香甲煎，容易照芳筵。

何處消寒好，寒消散帙邊。圍罏朱露暖，映雪緑文妍。匡坐思千古，行吟手一編。冬餘勤誦讀，有得若充然。

何處消寒好，寒消晴日邊。迎長添彩線，依暖負黄綿。陽馭東瀛會，飛輪北陸還。春風知不遠，芳意入華年。(《春和堂詩集》，《四庫未收書輯刊》影印清雍正間刻本)

智按：愛新覺羅・允禮，清聖祖康熙第十七子，封果毅親王。有《春和堂集》、《靜遠齋集》、《奉使紀行詩集》。

袁棟（一六九七～一七六一）

《書隱叢説》

⊙彌縫間隙

予幼時讀白香山《琵琶行》曰：「醉不成歡慘將別，別時茫茫江浸月。」又曰：「東船西舫悄無言，惟有江心秋月白。」頓悟作詩之法，在彌縫間隙處，安頓得好，自有一種遠神。迄今三十餘載，學不加益，惟從此更悟處世之道焉。(《書隱叢説》卷三，《續修四庫全書》影印清乾隆刻本)

⊙獨樂園詩

白樂天因老病遣去柳枝，然其鍾情處，竟不能忘。其《對酒懷李郎中》一絶云：「往年江外抛桃葉，去歲樓中別柳枝。寂寞春來一杯酒，此情惟有李君知。」又詩云：「兩枝楊柳小樓中，嫋娜多情伴醉翁。明日放歸歸去後，世間應不要春風。」又有「觴詠罷來賓閣閉，笙歌散後妓房空」之句，讀之使人悽然。然余謂凡物有聚必有散，有樂必有悲，與其樂去而悲來，孰若無樂而無悲乎？樂天向無桃葉、柳枝，飲酒賦詩，何嘗不是樂境，此境到老不失，必藉桃葉、柳枝以爲樂，則樂去而悲來，不亦宜乎？司馬温公無姬侍，鼓盆後時，至獨樂園中，詩曰：「暫来還似客，歸去不成家。」此眞悽然也。(《書隱叢説》卷五，《續修四庫全書》影印清乾隆刻本)

⊙族姓譜牒

唐明皇問張説曰：「今之姓氏，皆云出自帝王後，古者無民耶？」説對曰：

「古者民無姓，有姓者皆有土有爵者也，故《左傳》云：天子命德，因生以賜姓，胙之土而命之氏。黄帝之子二十五人，得姓者十四而已。其後居諸侯之國土者，其民以諸侯之姓爲姓，居大夫之采地者，以大夫之姓爲姓，莫可分辨，故云皆出自帝王也。」朱子云：「典謨中，百姓只是説民，如罔咈百姓之類，若《國語》説百姓，多是指百官族姓。」楊升菴曰：《尚書》所稱百姓，與《論語》所言百姓有分别，《尚書》之百姓，盖禄而有土，仕而有爵者，故上曰百姓昭明，是謂諸侯大夫，下曰黎民，於變時雍，乃是民也。至周人尚文，則人皆有姓，所稱百姓，則民庶也。《論語》曰：「修己以安百姓。」則直指民矣。顧亭林曰：《詩》言「群黎百姓，羣黎庶人」也，百姓，百官也。《春秋傳》曰：平章百姓，體群臣也。此可証矣。歸震川云：古者諸侯世國大夫世家，故氏族之傳不亂，子孫皆能知其所自始。迨周之季，諸侯相侵暴，國亡族散，已不可稽考。其後如官譜氏族篇稍稍間出，迨九品中正之法行，而氏族始重。迄五季之亂，譜牒復散，然自魏以來，故家大族，傳系不絶，猶爲不遠於古，今世譜學尤廢，雖當世大官，或三四世，子孫不知書，迷其所出，往往有之。《麈史》曰：自晉東渡，五胡亂中原，衣冠離散，譜牒難修，京房之先，李姓也；牛弘之先，遼姓也；疎之後，乃爲東氏之後；乃爲是元魏據洛諸虜，喜中原之姓而冒之者益衆。

棟按，氏族之原本，皆得乎帝王，而其後他姓冒亂，如以諸侯之姓爲姓，以大夫之姓爲姓者不少也。或譜牒散亡，不可稽考，豈能如諸侯之世國，大夫之世家乎？今世之爲譜者，間世崛起，前代越在草莽，往往昧其自出，乃遠追同姓，遥遥華胄，一經稽考，大畧世代參差，如司馬遷之帝王譜系也。或詭名越代，如沈隱侯之自敘欺人也；或顛倒錯亂，如白居易之自序家狀也。雖無不追踪古帝王，究何以爲傳信之本乎？故昔推歐陽蘇氏二譜爲最精，至謂其序至五世六世，確然可知者而已，並不冒附，以文其祖也。華亭蔡用卿爲譜，至於六世，不欲遠引也，其始二世，名字已不能詳，不欲詭冒也，所以震川極稱其慎耳。朱竹垞序劉氏族譜，自明威將軍始，譜系墳墓，灼然可信，稱其可法。大約顯仕之後，紀述有人，閱數十世而其序秩然然，盛時有攀附之支，而式微致譜牒之散矣。崛起之先，世次無稽，往往扳附昔賢，不免中斷，或則聯絡他宗，又成附葛。譜之在今日也，豈能一一傳信哉！况今人但知同姓可同譜也，不知同姓之中實有不同，如王有三姓，一子姓，出於畢公高之後；一嬀姓，出於諸田子孫；一姬姓，姬姓後又有瑯琊、太原之別。吳有二姓，一泰伯後，一舜後。荀有二姓，一出於敬氏，一出於勾氏。張有二姓，一出於晉公族，一出於叱羅氏。顧有二姓，一夏商諸侯，一勾踐之後。蓋有二姓，一音盍，蓋寬饒，一音踏，蓋嘉運。劉有三姓，一祁姓，一姬姓，一漢賜姓。唐有二姓，虞有二姓，夏有二姓，周有五姓，秦有三姓，陳有四姓，朱有三姓，沈有二姓，徐有二姓……（《書隱叢説》卷八，《續修四庫全書》影印清乾隆刻本）

⊙撒帳

撒帳始于漢武帝。李夫人初至，帝迎入帳中共坐，預戒宫人，遥撒五色同心果。唐景龍中，鑄撒帳金錢，每十文繫一綵絛，勑近臣送婚拾錢，則今之撒金錢，或始於此。白樂天《春深娶婦家》詩云：「青衣轉（去聲）氈褥，錦繡一條斜。」然則娶婦而傳席以入，弗令履地，唐人已然矣。（《書隱叢説》卷九，《續修四庫全書》影印清乾隆刻本）

⊙同姓名

兩伯夷：一爲舜秩宗齊國之祖，一孤竹君子。兩鬻熊：一夏一周。……兩柳枝：一韓退之侍兒，一白樂天侍兒。兩花蕊夫人：一王衍母，一孟昶妃。兩朝云：一後魏河間王婢，一蘇子瞻妾。兩小蠻。有兩參寥，一唐道士，一宋僧。兩辨才：一唐一宋。兩佛印，一唐賈島，一宋東坡之友，亦姓賈。兩玄奘，俱唐僧。兩智永：一唐，善書；一宋，善畫。（《書隱叢説》卷十二，《續修四庫全書》影印清乾隆刻本）

竇武之母産武及蛇，劉毅妻産一兒一鼠。白樂天生時，海島有院，王平甫夢中靈芝有宫，見緋衣者召，作玉樓記，有唐李賀，夢緑衣者召，賦曉寒歌，有宋蕭貫，劉聰死爲遮須國王，裴休没為于闐國王，石曼卿没爲芙蓉城主……（《書隱叢説》卷十二，《續修四庫全書》影印清乾隆刻本）

⊙用字平仄

詩中平仄有可通用者，韓昌黎「宇宙隘而妨（訪），新輩足嘲評（病）」，「稱多量少鑒裁（去）密」，孟浩然「不及日暮獨悲予（上）」，元微之「微俸封（奉）魚租」，「三省詎行怪（乖）」，「洞照失明鑒（平）」「高屋無人風張（漲）幕」，「苦思正旦（丹）酬白雪」，「仁風扇（平）道路」，李義山「九枝燈檠（景）夜珠圓」，「簟冰（去）將飄枕」，「琉璃冰（去）酒缸」，「碧玉冰（去）寒漿」，包佶「曉漱瓊膏冰（去）齒寒」，陸魯望「湘蕤料（平）净食」，徐鉉「但（平）知盡意看」，陸龜蒙「任渠但（平）取樂」，昌黎「婦懦咨料（平）揀」，「爲逢桃樹相料（平）理」，杜少陵「恰似春風相（瑟）欺得」，劉夢得「停杯處分（去）不須吹」，居易「處分（去）貧家殘活計」，王建「每日臨行空挑（上）戰」，羅虬「不應琴裏挑（上）文君」，段成式「玳牛獨駕長（上）檐車」，韓偓「應被品流呼差（去）人」，白樂天「四十着緋軍司（去）馬」，「紅欄三百九十（諶）橋」，「爲問長安月，誰教不相（瑟）離」，「燕姬酌蒲（孛）桃」，「金屑琵（枇）琶槽。」（《書隱叢説》卷十四，《續修四庫全書》影印清乾隆刻本）

⊙名句來歷

古人詩中名句，往往多有來歷。陶靖節詩：「犬吠深巷中，雞鳴桑樹巔。」本古樂府：「雞鳴高樹巔，狗吠深宫中。」王勃：「層臺聳翠，上出重霄；飛閣流丹，下臨無地。」本王巾：「層軒延袤，上出雲霄；飛閣逶迤，下臨無地。」又：「落霞與孤鶩齊飛，秋水共長天一色。」本庾信「落花與芝盖齊飛，楊柳共春旗一色」。王摩詰詩：「漠漠水田飛白鷺，陰陰夏木囀黄鸝。」本李嘉祐詩：「水田飛白鷺，夏木囀黄鸝。」……趙師秀詩「野水多於地，春山半是雲」，本白樂天「人家半在舡，野水多於地」。姚合「驛路多臨水，人家半在雲」，《會真記》「隔墻花影動，疑是玉人來」，本李益「開門風動竹，疑是故人來」。又本古樂府「風吹窗簾動，疑是所歡來。」宋林和靖詩「疎影横斜水清淺，暗香浮動月黄昏」，本唐江爲「竹影横斜水清淺，桂香浮動月黄昏」。……（《書隱叢説》卷十七，《續修四庫全書》影印清乾隆刻本）

⊙詩句指摘

昔人作詩，經後人指摘，便成笑柄。李山甫《讀漢史》云：「王莽弄來曾半破，曹公將去便平沉。」高英秀謂定是破船詩。李群玉《咏鷓鴣》云：「方穿詰曲崎嶇路，又聽鈎輈格磔聲。」定是梵語詩。羅隱云：「雲中雞犬劉安過，月裏笙歌煬帝歸。」定是見鬼詩。張祜詩云：「鴛鴦鈿帶拋何處，孔雀羅衫付阿誰？」白公謂是欵頭詩。欵頭者，問頭也。白居易詩云：「上窮碧落下黄泉，兩處茫茫皆不見。」張祜謂是目連變詩。「笙歌歸院落，燈火下樓臺。」謂是鬼詩。孟浩然詩云：「春眠不覺曉，處處聞啼鳥。夜來風雨聲，花落知多少。」謂是盲子詩。曹唐詩云：「洞裏有天春寂寂，人間無路月茫茫。」謂是鬼詩。昌黎聽琴詩：「昵昵兒女語，恩怨相爾汝。劃然變軒昂，勇士赴敵場。」歐陽公謂是聽琵琶詩。「漢家舊種明光殿，炎帝還傳本草經。」後人謂之櫻桃謎。僧貫休詩：「竟日覔不得，有時還自來。」宋人謂是失猫詩。程師孟静堂詩：「每日更忙須一到，夜深長是點燈來。」李元規謂是登溷詩。林逋《梅花》詩：「疎影横斜水清淺，暗香浮動月黄昏。」謂是野薔薇詩。張文潛《虎圖》詩云：「煩君衞吾寢，振此蓬蓽陋。坐令盜肉鼠，不敢窺白晝。」潘邠老謂是猫兒詩。(《書隱叢説》卷十七，《續修四庫全書》影印清乾隆刻本)

⊙清和

謝靈運詩「首夏猶清和」，言二月清和，首夏四月，猶然二月天氣也。沈歸愚力辨之，謂今人往往誤用。然謝朓詩云：「首夏實清和」，白樂天詩云：「清和四月初，樹木正華滋。」司馬温公詩云：「四月清和雨乍晴。」似亦可通用也。(《書隱叢説》卷十八，《續修四庫全書》影印清乾隆刻本)

⊙錬意

白樂天《王昭君》詩曰：「君王若問妾顔色，莫道不如宫裏時。」深遠有味，無率直之氣。所謂錬句不如錬意也。王荆公《明妃曲》曰：「君不見：咫尺長門閉阿嬌，人生失意無南北。」觀此殊令人意平。(《書隱叢説》卷十九，《續修四庫全書》影印清乾隆刻本)

⊙斷碑膾炙

白樂天應宏詞科不第，而賦竟傳於天下，登科者賦並無聞，劉蕡對賢良策下第，而策竟傳於至今，登科者策並無聞。嗟乎！登科亦何足爲重輕哉！亦係乎其人耳。所謂「千載斷碑人膾炙，不知世有段文昌」也。(《書隱叢説》卷十九，《續修四庫全書》影印清乾隆刻本)

智按：袁棟，字國柱，號漫恬，先世姓陶氏，松江（今屬上海）巨族，明季有贅袁氏者，遂承其姓，為江蘇吳江人。雅擅詩詞，工隸書，善寫竹石。

梁詩正（一六九七～一七六三）

《恭和御製坐金蓮池上用白居易寄韜光禪師韻元韻》

金蓮何處覓，鐘鼓梵王家。小雨魚吹沫，和風雀啅花。纔吟紅藹栗，又茁玉蘭芽。池上懷陳蹟，閒消石鼎茶。（《皇清文穎續編》卷八十二，《續修四庫全書》影印清嘉慶武英殿刻本）

智按：梁詩正，字養仲，號薌林，錢塘（今浙江杭州）人。雍正八年（一七三〇）庚戌一甲三名進士，授編修，官至東閣大學士。贈太保，謚文莊。有《矢音集》。

曹學詩（一六九七～一七七三）

《遊琵琶亭和唐使君原韻二首》

寒蘆苦竹晚交加，訪古移船出荻花。漂泊應多商婦舫，風流誰附使君槎。天涯宦擬青衫客，月夜愁如茶客家。隔浦江波聲斷續，依稀遺韻奏琵琶。

特為詩人建小樓，江天眼界最清幽。低徊往事悲司馬，領略餘音剩野鷗。漢北雲山思舊夢（壬子歲，余曾分校楚闈），潯陽煙樹訪前遊。功名我亦嗟遲暮，回首滋蘭已幾秋。（《輯刻琵琶亭詩》，清乾隆十一年古柏堂刊本）

智按：次唐英乾隆八年（一七四三）癸亥《春遊琵琶新亭唱和草》之原韻。

《來新剩草序》

滄海横流，困英雄於磨蝎；鑑湖獨徃，留騷雅於尊爐。幸存夢蝶之身，松風竹榻；試聽歸鴻之曲，白雪朱絃。廣陵若菴程君，以沈博絶麗之才，生歌吹繁華之地，而崎嶇世路，備歷蠶叢……問聽鸝之舊舘，緑樹交陰；收飯鶴之餘糧，紫芝無恙。茫茫花月，猶留醉後之身；落落乾坤，尚剩捫餘之腹。於是棋罷垂簾，夢廻支枕。滴來花露，餘朱尚可研磨；采得松烟，飛白猶堪揮寫。紅豆按銀箏之拍，思東冶以低徊；烏絲傳錦瑟之詞，得西崑之古艷。題向杏花城郭，踈雨空濛；吟歸燕子樓臺，微風澹宕。昔人句云：歸來空剩草堂新。此先生來新剩草之編所由作也。然而客或疑君身經多難，萬間廣厦，徒懷庇士之心；三徑閒園，空抱迷途之歎。將毋次公被酒仰屋興嗟，抑或馮衍多愁，杜門孤憤，則高齋獨坐，唾壺未免悲涼；斗室長歌，説劒定然飛動。而乃優游不怒，還追大雅之遺；婉麗彌工，直接元和之體。但使一簾草綠，舊有池塘；何妨四壁泥乾，新添翰墨。流風廻雪，依然手握靈珠；細雨落花，猶是聲和玉笛。絶少不平之感，何曾有激而鳴，則豈非敦厚溫柔，得諸心者應諸手，故能使風流文采，誦其詩者見其人也哉！……（曹學詩《香雪文鈔》卷二，清乾隆刻本）

智按：曹學詩，字以南，新安（今屬河南）人。乾隆十三年（一七四八）進士，授府城知縣，調崇陽，皆有政聲。以艱歸鄉，遂不出仕。著《經史通易蠡測》、《陰隲文頌》、《香雪文鈔》。

袁鉞（一六九七～一七七九）

《奉和唐使君琵琶新亭原韻》

霜毛旅鬢暗頻加，送客江頭漭浪花。千古潯陽思白傅，一時湓浦附仙槎。商船怨別應多婦，老嫗知詩又大家。山水清音亭畔樹，依稀爽籟撥琵琶。

一千里外此登樓，司馬遺踪古韻幽。鄉思飛來天際雁，閒情澹逐水中鷗。媿非昔送江頭客，卻喜今從驥尾遊。風雅使君多逸興，新亭豪詠繼千秋。

智按：次唐英乾隆八年（一七四三）癸亥《春遊琵琶新亭唱和草》之原韻。

《又奉次琵琶亭碑刻原韻十首》

江湖無地著人閒，笑我魚魚鹿鹿間。此日琵琶亭下過，清風今古仰高山。

晴空四面水天開，翼翼孤亭蘆荻隈。勝地名區荒落盡，千餘年後使君來。

琵琶亭古峙江邊，斷壁頹基今煥然。不是使君饒雅韻，何因勝概復當年。

昔日琵琶哀怨深，相傳司馬此登臨。千年歌詠新陳跡，月滿亭樓風滿林。

流風遺韻問江州，古典新詩碑版留。大雅襟期先後合，樂天古柏並千秋。

江流浩淼隔林聞，新葺樓亭近水濆。風雅使君推領袖，高吟蓮幕友如雲。

秋陰漠漠一樓風，蘆荻光搖月萬重。問古琵琶亭上立，海天野寺一聲鐘。（琵琶亭後有海天寺）

紅顏老大泣天涯，曾是蝦蟇陵下花。第一纏頭白太傅，歌行千古繫琵琶。

江流九派遠相連，亭畔新秋景物妍。往事千年佳話在，風流司馬賈人船。

高才今昔自相侔，媿我風騷附勝遊。吟古和今堪自笑，此來端不負清秋。（《輯刻琵琶亭詩》，清乾隆十一年古柏堂刊本）

智按：袁鉞，字震業，號清谿，又號匏隱。蘇州（今屬江蘇）諸生。六法宗黄公望，手染丹黄，朝夕不懈，書法得何焯指授，詩文取資惠棟，性拗僻，不諧於俗。旁通岐黄，精明命理。一赴鄉試卽息意。杜門教授生徒，執經者日益衆。卒年八十有三。《王雅宜山人借券卷子》題跋有「乾隆戊戌初夏書，清谿八十二叟袁鉞」（見端方《壬寅銷夏録》，稿本），可知乾隆四十三年（一七七八）戊戌，袁鉞八十二歲。

夏之蓉（一六九七～一七八四）

《讀史提要録》

⊙齊

温子昇文筆，傳於江外，梁武帝比諸曹植，陸機，吐谷渾國王牀頭有書數卷，悉是子昇文，此與白香山雞林賈人事同。楊遵素謂古今詞人，皆負才遺行，惟邢子才、温子昇彬彬有德素然，子昇外恬静，内深險，國家多故之秋，好豫其間，於明哲保身之道猶有歉焉。餓晉陽獄，食敝襦而死，亦自貽戚耳。高澄得國垂二載，恣行無道，謀受魏禪，使不遇蘭京之弒，則東魏之亡，已企踵可待。（《讀史提要録》卷七，《四庫未收書輯刊》影印清乾隆三十七年刻本）

《讀白香山詩集》

一代詩豪孰與儔，最清微處費冥搜。神傷天寶屯兵日，涕隕潯陽送客舟。妙趣應從元亮得，瓣香猶藉劍南留。閒披雅什三千首，擬向東都問石樓。（《半舫齋編年詩》卷十九古今體五十九首，《四庫未收書輯刊》影印清乾隆夏味堂等刻本）

智按：夏之蓉，字芙裳，號醴谷，高郵（今屬江蘇）人。雍正十一年（一七三三）進士，授檢討。工書法，用筆在趙孟頫、董其昌之間。有《半舫齋詩集》。

邊中寶（一六九七～?）

《朱陳村》

我聞朱陳村，自古稱仁里。一村惟兩姓，蔦蘿世相倚。門户雖崔盧，不以奪桑梓。男業安耕鋤，女工習麻枲。山深化日長，從不識城市。醇朴滋天和，耆耇多兒齒。黃雞白酒會，曾玄撰杖屨。雞犬恬不驚，婦子安所止。累世不出鄉，無問死與徙。向讀香山詩，嘆羨情無已。淪兒守徐州，乃知所部是。予也籍任邱，生長闤闠裏。今來郡廨中，來往衣金紫。淡泊性所甘，炎曦非所喜。蓬壺涉渺茫，桃源亦誕耳。但得安樂窩，菟裘足老矣。瞻望杏花村（即朱陳村），周道直如矢。行將膏吾車，卜居自今始。（《竹巖詩草》下卷，《四庫未收書輯刊》影印清乾隆四十年刻本）

智按：邊中寶，字識珍，一字適畛，號竹巖，任丘（今屬河北）人。乾隆三年（一七三八）戊午舉人，官遵化學正。有《竹巖詩草》。

沈維材（一六九七～?）

《跋毘陵裴太占田園樂記》

將買田於陽羨，最貪風壑雲泉，且卜宅於杜陵，亦為德隣仁里。偶教㗖荔，肯住嶺南；便想尋梅，尤懷江左。慧龍山畔，盍簪舊有朋歡；儀鳳城邊，傾蓋新添契好。溯千秋之世澤，緑野猶存；承三眷之門風，青雲不墜。惟人如鳴鳥遷喬，聽求友之聲，而地近奔牛，負郭得扶犁之趣。神遊太古，何必山居；身到平疇，别傳風度。白香山醉吟池上，能偷十畝之閑；朱晦菴洛誦窗間，會領四時之樂。繪田園之景物，應數儲王；孕山水之靈奇，端推吴越。姤他早歲，已擅才名，懷此高風，何殊樂志。然而無心富貴，偏富貴之偪人；有志山林，肯山林以終老。南雲朔雪，閲徧炎凉，槐市花磚，行將榮榮。君先得路，正如士雅之着鞭；我且望塵，不爲元規而障扇。于朝于市，展丈夫之經濟，乘此明時；某水某邱，尋童子之釣遊，俟諸異日。（《樗莊詩文稿》文稿卷一序跋，《四庫未收書輯刊》影印清乾隆十四年刻本）

智按：沈維材，字樗莊，海昌（今浙江海寧西南）人。有《樗莊詩文稿》。

南有容（一六九八～一七七三）

《寫適》

小蘿谷口人烟起，九藍山下芳草齊。溪心收釣牽魚藻，欄角移琴避燕泥。白傅説詩邀野老，劉伶止酒謫山妻。踈狂尚念豐年樂，坐喜崇朝雨一犂。（《雷淵集》卷二詩，《韓國文集叢刊》本）

《贈庶從叔漢昭昭叔》

昭叔將取婦于駒城，而二家之貧，實如秦晉之富，不能相下。君殊念異時生活之囏難，意若不豫然者。余偶誦白香山詩語，又衍若干言以寬之。

黔婁固窮士，妻賢忘其貧。冀缺一田叟，妻敬乃如賓。何能有此婦，由德在其身。君雖不讀書，此事耳頗聞。（上八句香山語）齎幣儷皮好，何必錦繡文。饗壻二簋足，何必膏粱珍。拘俗禮還薄，循分情彌眞。聞有寒家女，與君當結姻。柔嘉不卜知，親戚共所欣。努力樹家業，采桑而負薪。看君好額角，豈復長苦辛。（《雷淵集》卷二詩，《韓國文集叢刊》本）

《和槎川李丈壽辰韻》

風花雪月照空間，嶽下先生莞爾顔。奇數純陽三道士，高名比歲再香山。

（釋迦氏、呂洞賓，皆以四月降，公亦以四月降，白樂天以壬子生，公以辛亥生，所以有三再之說。）華胥夢罷聊觀世，紫氣圖成欲度關。鳥雀青天飛自得，化翁應與放生還。（《雷淵集》卷三詩，《韓國文集叢刊》本）

《東圃金公輓》

識公眉宇自吾童，文采常令四座空。妙句刮磨長慶體，清談潤色永和風。一官寂寂聊供世，雙鬢蕭蕭未送窮。收拾錦囊應不泯，百年玄晏有槎翁。（《雷淵集》卷五詩，《韓國文集叢刊》本）

《有懷鑑湖、香山吟成一詩》

賀季眞以太子賓客致仕，白樂天以刑部尚書致仕。今余謝事時，其官名偶與二老相符，或稱奇事。然鑑湖、香山優游終老之樂，乃余之所歆艷而不能得者，聊吟一詩以自嘲，因用自解。太子賀賓客，刑部白尚書。宦成知所止，清風邁二疏。今我謝事去，官名偶相如。緬懷高隱處，悵望千載餘。鏡湖可樂飢，黃冠混釣漁。香山眞福地，九老聯簪裾。人境得相遭，歸事亮不虛。得歸無歸處，前修應笑余。意適萬事足，何所非樂且。懷哉蜀肆隱，何必巖林居。自嘲還自解，甚矣迂且踈。（《雷淵集》卷七詩，《韓國文集叢刊》本）

智按：南有容，字德哉，號少華。有《雷淵集》。

吴玉搢（一六九八～一七七三）

《別雅》

浮炭，桴炭也。陸務觀《老學菴筆記》：浮炭者，謂投之水中而浮。今人謂之桴炭。白香山詩「日暮半罏桴炭火」是也。又《本草》：煎藥焙火，宜用麩炭。（《四庫全書》本《別雅》卷一）

鑿落，錯落也。崔顥詩：「錯落金鎖甲，蒙茸貂鼠衣。」《韻會》云：「錯落閒厠貌。」韓昌黎詩「澤髪解兕鍪，酡顔傾鑿落。」白香山詩「銀含鑿落盞，金屑琵琶槽」，皆指酒器名，以其雲雷錯落而名之，錯聲通作鑿也。（《四庫全書》本《別雅》卷五）

智按：吴玉搢，字山夫，山陽（今江蘇淮安）人。廪貢生，官鳳陽府訓導。

劉大櫆（一六九八～一七七九）

《吴大椿置酒丁香花下》

江南三月江水清，風暄日暖魚苗生。客子飄零慣車轍，辜負故園春景晴。今朝喜見草芽出，丁香枝上蒼玉明。延陵公子動逸興，安排酒盞招劉伶。平生抵死荷一鍤，況聞牛與羊魚腥。侑觴復有好弦管，《連昌宫辭》、《琵琶行》。吾聞阮嗣宗，因人善釀求步兵。又聞灌仲孺，一錢不直衛尉程。我輩天涯久淪落，春光入座誰能醒。畫史解衣槃礴臝，淳于失笑冠絶纓。飲者身在即不朽，何須刻作鐘鼎銘。君不見此花含吐如瓶瓴，欲開不開殊有情。一夜東風起蘋末，紛紛霰雪鋪簷楹。（《海峰詩集》今體詩二，《續修四庫全書》影印清刻本）

《琵琶亭》

獨上孤亭坐，匡廬屏障開。蒼茫彭蠡水，流合大江來。六月涼風會，千年往蹟哀。如何商婦曲，猶得表崔嵬。（《海峰詩集》今體詩五，《續修四庫全書》影印清刻本）

《游三游洞記》

出彝陵州治，西北陸行二十里，瀕大江之左，所謂下牢之關也。路狹不可行，舍輿登舟。舟行里許，聞水聲湯湯，出於兩崖之間。復舍舟登陸，循仄徑曲折以上。窮山之巔，則又自上縋危滑以下。其下地漸平，有大石覆壓當道，乃傴俯徑石腹以出。出則豁然平曠，而石洞穹起，高六十餘尺、廣可十二丈。二石柱屹立其口，分為三門，如三楹之室焉。中室如堂，右室如廚，左室如别館。其中一石，乳而下垂，扣之，其聲如鐘。而左室外小石突立正方，扣之如磬。其地石雜以土，撞之則逢逢然鼓音。背有石如床，可坐。予與二三子浩歌其間，其聲轟然，如鐘磬助之響者。下視深溪，水聲泠然出地底。溪之外，翠壁千尋，其下有徑，薪采者負薪行歌，縷縷不絶焉。

昔白樂天自江州司馬徙為忠州刺史，而元微之適自通州將北還，樂天攜其弟知退，與微之會於夷陵，飲酒歡甚，留連不忍別去，因共游此洞，洞以此三人得名。其後，歐陽永叔暨黃魯直二公皆以擯斥流離，相繼而履其地，或為詩文以紀之。予自顧而嘻，誰擯斥予乎？誰使予之流離至於此乎？偕予而來者，學使陳公之子曰伯思、仲思。予非陳公，雖欲至此無由，而陳公以守其官未能至。然則其至也，其又有幸有不幸邪？夫樂天、微之輩，世俗之所謂偉人，能赫然取名位於一時，故凡其足跡所經，皆有以傳於後世，而地得因人以顯。若予者，雖其窮幽徙險，與蟲鳥之適去適來何異？雖然，山川之勝，使其生於通都大邑，則好游者踵相接也。顧乃置之於荒遐僻陋之區，美好不外見，而人亦無以親炙其光。嗚呼！此豈一人之不幸也哉！（《海峰文集》卷五，《續修四庫全書》影印清刻本）

智按：劉大櫆，字才甫，一字耕南，號海峰，桐城（今屬安徽）人。雍正己酉、壬子兩舉副貢。乾隆元年（一七三六）丙辰舉博學鴻詞，庚午舉經學，官黟縣教諭。數年告歸。上承方苞（一六六八～一七四九）、下啓姚鼐（一七三二～一八一五），是桐城派「三祖」之一。《清史稿》卷四八五本傳稱：「大櫆雖游苞（方苞）門，傳其義法，而才調獨出，著《海峰詩文集》。姚鼐繼起，其學說盛行於時，尤推服大櫆。世遂稱『方劉姚』」。有《海峰集》。

蔡顯（一六九七～一七六七）

《紅蕉詩話》

「即從巴峽穿巫峽，便下襄陽向洛陽」，「桃花細逐楊花落，黃鳥時兼白鳥飛」，「一山門作兩山門，兩寺原從一寺分。東澗水流西澗水，南山雲起北山雲。前臺花發後臺見，上界鐘清下界聞。」此樂天連珠篇法。（《紅蕉詩話》卷一，《清詩話三編》第一三二七頁）

《衛皇后歌》云：「生男無喜，生女無怒，獨不見衛子夫，霸天下。」《飲馬長城窟》云：「生男慎莫舉，生女哺用脯，獨不見長城下，死人骸骨相撐拒。」哀樂之情迥別。《長恨歌》「不重生男重生女」本此。（《紅蕉詩話》卷

二，《清詩話三編》第一三四一頁）

樂天《長恨歌》艷褻，非其至者；《游悟真寺詩》空前絕後，無從鑽仰矣。……（《紅蕉詩話》卷三，《清詩話三編》第一三六四頁）

滄浪以盛唐為法，而云：「玉川之怪，長吉之瑰詭，天地間自欠此體不得。」日千謂：「元輕白俗，郊寒島瘦，長吉奇鬼，盧仝惡魔，不可涉一字。」近於褊矣。（《紅蕉詩話》卷四，《清詩話三編》第一三七〇頁）

智按：吳騏（一六二〇～一六九五），字日千，號鎧龍，又號九峰遺黎。松江華亭人。幼有神童之目。明諸生。以詩文受知於陳子龍、夏允彝。明亡，絕意進取。湯斌撫吳，聞其名欲招致，力辭。後又辭徐乾學之邀，不入《一統志》局。詩文外兼工傳奇。著有《吳日千先生集》、《芝田詞》、《杜鵑樓詞》及《金錢記》、《藍橋月》、《碧霞記》、《天台夢》諸傳奇，其傳奇今已佚。生平事迹見《明詩紀事》辛籤卷二八、姚光《吳先生傳》、宋際楷《吳日千先生行狀》。

樂天《哭金鑾子》云：「病來才十日，養得已三年。慈淚隨聲迸，悲腸遇物牽。」《雲仙散録》乃云：「金鑾十歲，忽書《北山移文》示家人，樂天方買終南紫石，欲開《文士傳》，遂輟以勒之。」不足信也。（《紅蕉詩話》卷四，《清詩話三編》第一三七六頁）

智按：《病中哭金鑾子（小女子名）》，元和六年（八一一），四十歲，下邽。《白居易集箋校》第八四六頁。

《本事詩》云：「白尚書姬人樊素善歌，小蠻善舞，嘗為詩云：『櫻桃樊素口，楊柳小蠻腰。』」香山詩集並無此二句。《小庭亦有月》云：「菱角執（報）笙簧，谷兒抹琵琶。紅綃信手舞，紫綃隨意歌。」《對酒開（有）懷寄（李）十九郎（中）》云：「往年江外拋桃葉［結之也］，去歲樓中別柳枝［樊素也（一作樊、蠻也）］。」《不能忘情吟序》云：「妓有樊素者，年二十餘，綽綽有歌舞態，善唱楊枝，人多以曲名名之。」詩云：「鬻駱馬兮放楊柳枝。」知楊枝即柳枝，樊蠻即樊素也。「十年貧健是樊蠻」，「春隨樊子一時歸」,「猶有樊家舊典型」,不見有小蠻名也。東坡:「我甚似樂天,但無素與蠻。」沿《本事》之誤。(《紅蕉詩話》卷四,《清詩話三編》第一三七七頁)

《閑漁閑閑録》

吳風宋詩源流太倉,周鳳奕論云:宋興以後,得唐人遺意,各自成家,騎省出自元和,楊、劉出自西崑,廬陵出自昌黎,後山學少陵,和靖學韋孟,宛丘學樂天、張籍此其章章者,若聖俞之淡遠,子美之超邁,臨川之精嚴深刻,山谷之薈萃百家,究極歷代,皆自為機杼,尤其傑出者也。至于波瀾宏闊,鋪敘宛轉,為有宋大家,則唯東坡而已。此北宋詩人源流之大略也。屏山淡宕遒練,紫陽沖雅渾涵,四靈之精苦,石屏之醇和,劉後村之新警,周益公之雅淡,謝皋羽之幽峭,莫不由宋人之門,造唐人之域,其中號為大家,楊誠齋、尤遂初、范石湖、陸放翁四人,而放翁為最。此則南宋詩人之大略也。嘉定奚士柱論云:閒嘗上下南北三百餘年,天聖以前,蓋以西崑為源者也。晏同叔、錢希聖、劉子儀、楊大年諸人,皆準繩玉谿,古風蕩然。迨六一洗削西崑,以退之為法,而聖俞則學東野也。介甫、子美則宗工部也。又若師樂天者,王元之;踵微之者,王禹玉;祖應物者,盛公量;效牧之者,石延年。一時風雅,彬彬稱盛。西崑之體,于是乎一變矣。蘇黄挺出于元祐,猶李杜之擅于四唐也。其初東坡、山谷共師李、杜,而能自開戶牖,以極宋之盛。後此詩人迭起,要不越乎二家。江西宗派,蘇門四學士,海內奉為衣鉢。宋之濬其源,而衍其流者,其在斯乎?南渡諸家,紫陽亦詩豪也。讀《齋居》、《感興》諸篇,實溯源伯玉,微此,則宋代五言古益寥寥矣,奈乎以理學掩之。他如尤、楊、范、陸,或以清婉勝,或以深刻勝,或擅宏麗,或擅敷腴,非不各極其美,要其步武,不離熙豐、元祐間者,近是迨其季也。趙師秀、翁靈舒輩,喜賈島、姚合,而學其清苦。江湖詩人多倣其體,然氣局窘,而音節促,等諸自鄶而下,豈刻論哉!就宋論宋,其源流類如此,而源流于易代而後,亦有略可考者。元好問,金之雋才也。其《中州》所選,如蔡松年、党懷英、周昂、吳彥高諸人,謂皆蘇、黄影響,則亦宋之餘分閏位已耳。得其流者,意唯元與明乎!迨觀松雪之規伯玉,晉卿之倣浩然,虞文靖學杜,閒及六朝,揭曼碩師李,旁參三謝,終之以廉夫,洵一代詩豪,而耽嗜瑰奇，沈淪綺麗，其果及宋之格調否歟？明初四大家，實足配唐初四傑，其後則北地濟南也，近剽竊矣。又其後，則公安也，趨率易矣。其終則竟陵也，益瑣碎枯寂矣。前燄既熄，後波復頹。二百七十年間，足追配宋人者寥寥。至今日，幾于家劍南，而戶石湖矣。（《閑漁閑閑録》卷六，民國嘉業堂叢書本）

智按：蔡顯，名立甫，號閑漁，華亭（今上海松江）人。雍正七年（一七二九）舉人，乾隆三十二年（一七六七）五月，以《閑漁閑閑録》中違礙語為鄉人謗議遭戮。王令梃《紅蕉詩話》序稱其「風流駘宕，為雲間詩伯」，并云：「乙丑，出《紅蕉詩話》一編示余，余受而讀之，宛見作者之指。其論古也，創獲而不偏矯，□時賢則揚美如不及，而各肖其天。……余於斯編尋條挹艷，如酣賞桂海奇芳，請戲詠白傅『紅蕉當美人』句，可乎?」著有《宵行雜識》、《潭上閑漁稿》、《閑漁剩稿》、《老漁尚存草》、《閑漁閑閑録》等。《紅蕉詩話》四卷，有中國社會科學院文學研究所圖書館藏門人王興謨、王興詩校刊本。

顧詒禄（一六九九～一七六八）

《緩堂詩話》

白傅詩微傷率易，然其《秦中吟》諷喻有體，固《小雅》遺音。至《上陽人》、《折臂翁》、《五弦彈》、《西涼伎》等篇，皆自所云「篇篇無空文，字字必盡規」者也。

七言長律最難，須處處流轉。昔竹垞先生屢作未工，問之亭林先生，亭林曰：「七言排律所以從來少作，作亦不工，何也？意多，冗也；字多，懈也。為七言者，必使其不可裁而後工也。」余選《瀛洲集》，搜羅此體，蓋開先於崔融《從軍行》，此外少陵亦不多作。有唐一代，首推王建，次則方干。昌黎、元白雖多，不如也。宋元僅數十首。元人間有佳者。明若李空同《送胡主事犒廣西軍便道耒陽送母》、楊升庵《燕歌行》、《龍編行》等篇，氣流力厚，突過前賢。（乾隆三十一年刊本《緩堂詩話》卷上；《清詩話三編》第

一六二一頁）

智按：顧詒禄，字禄百，別字花橋，又號緌堂，長洲（今江蘇蘇州）人。少孤，育於外祖張大受（一六四一～一七二五）。貢生，工古文，晚年不遇，為沈德潛記實，沈應酬文字多其捉刀。詩學得沈德潛指授。有《吹萬閣文鈔》、《緌堂文述》。生平見王昶《湖海詩人小傳》卷十一、顧宗泰輯《停雲集》卷一、袁枚《隨園詩話》卷十。《緌堂詩話》有乾隆三十一年刊本、楊復吉抄本然松書屋叢鈔四十六種本一卷、賜硯堂叢書未刻稿本。

劉統勳（一六九九～一七七三）

《評鑒闡要》

⊙上命簡出宮女前後三千餘人目

太宗即位，已放宮女三千矣。今又放三千，果爾，其淹留永巷者，又復何限。白居易詩：「怨女三千放出宮」，乃詞臣揄揚溢美之言，唐史不知其失實而書之，此不足以美太宗，而適足以誣太宗耳，何可為訓？（《四庫全書》本《評鑒闡要》卷五）

智按：劉統勳，字爾鈍，號延清，諸城（今屬山東）人。雍正二年（一七二四）甲辰進士，改庶吉士，授編修，官至東閣大學士。贈太傅，謚文正。有《劉文正公集》。

彭端淑（一六九九～一七七九）

《雪夜詩談》

詩之轉韻，古樂府已開之。……至元白長篇，專用此法，敷衍千言。覽未終，欠伸欲卧矣。（《雪夜詩談》卷下，《清詩話三編》第一四三一頁）

智按：彭端淑，字儀一，又字樂齋，四川丹稜人。雍正十一年（一七三三）進士，乾隆十二年（一七四七）充順天鄉試同考官，後以吏部郎中出任廣東肇羅道，署按察使。未幾告歸，主講成都錦江書院。與弟肇洙、遵泗以詩古文名蜀中，時號三彭。著有《白鶴堂詩文集》，輯有《八家詩選》。《清史稿》卷二八四有傳。《雪夜詩談》有乾隆四十二年（一七七七）刊三卷本、嘉慶五年（一八〇〇）重刊本。同治六年（一八六七）彭效宗重刊《白鶴堂詩文稿》本，于書口題《雪夜詩談》。後人以其刻于集內，或著録爲《白鶴堂詩話》。又有民國四年（一九一五）四川刊本、民國成都美學林鉛印本（作二卷）。

沈大成（一七〇〇～一七七一）

《陸嶽祥大雅樓詩集序》

吾友陸君嶽祥，以詩名北郭有年矣。往余歸自閩，即讀其大雅樓之詩，斷自戊申，距其時蓋二十五年之作胥在焉，可謂閎而肆美而備矣。嘗許序，而卒卒未暇，以爲今歲元日有以臣帙留於客次者，則前所觀大雅樓之詩，已次第開雕。來趣序，杜門雒誦，盡日忘倦。昔王充謂董仲舒、揚子雲文之烏獲，以余論嶽祥可謂詩之烏獲矣。其才大，其思深，其言皆有中乎古人，而其神韻格律，足以自造其極也。樂府之作，自唐以下，有擬古題者，有自製題者，李翰林、李長吉、王仲初、張文昌，此擬古之法乳也；明之青田，可謂傳衣矣。杜少陵、元微之、白樂天，此自製之善師也，明之長沙，可謂後勁矣。其它非剽賊，即鹵莽，閱未終篇，伏几思卧。夫古樂府之譜雖亡，其音節可尋，其姿致可想，其命意可得，是在善學之者，以我御之耳。誠使爲將作者畫形於堵，程材於矩，而運用於心，九成之臺，一柱之觀，可計日而就，是即魯般王爾之能也。孰謂古今人不相及哉！嶽祥之樂府，其善學古者乎！其將踵青田而問津者乎！世有崔豹、吳兢、郭茂倩之徒，必能辨之矣。嶽祥之詩，古近體皆工，而集中樂府尤多，故余備論之。（《學福齋集》文集卷三，《續修四庫全書》影印清乾隆三十九年刻本）

《幻花菴詞序》

世之論者，每曰詞與詩不兩能，豈以詞之筆貴柔，詞之調易弱，詞之語側豔而近媱，凡此皆足爲詩病邪？是大不然。太白，唐大家也。《菩薩蠻》、《憶秦娥》，爲塡詞之祖，他若韋左司、戴幼公、王仲初、白香山、劉夢得詞，與詩並傳，而温飛卿尤稱流麗，爲花間之冠。詞果何害於詩邪？下逮趙宋，而晏同叔、歐陽永叔、秦七、黄九之徒，先以詩鳴，南渡後，白石生，詞苑老仙；老學菴，詩林名宿，其詩其詞，未嘗偏廢。詞果何害於詩邪？蓋詞者，古樂府之遺，原本於詩，而別自爲體。夫惟思通於蒼茫之中，而句得於鉤索之後，如孤雲澹月，如倩女離魂，如春花將墮，餘香襲人，斯詞之正法眼藏耳。彼爲目睫之論者，不知詞，并不知詩者也。故夫竹屋、梅溪、賫洲、碧山、玉田、鋭巖及近時之竹垞、畊客，實傳鄱陽之法乳者，今觀諸家之作，神清骨峻，翛然出塵，皆有當於風雅，詞果何害於詩邪？……（《學福齋集》文集卷六，《續修四庫全書》影印清乾隆三十九年刻本）

《同里十老會序》

同里十老會者，蓋皆城西之年，自七十餘至幾六十者。自丙戌春，始於各生之朝，爲尚齒之會於其居。初則九人，今年春，予歸自廣陵，亦與焉，於是在會者，合予而十。昔唐會昌間，香山之會初祇七人，白詩所謂「七人五百七十歲」是也。其時又有二老同歸故鄉，亦來斯會，與前七老爲九老圖。夫在古，七者可益爲九，則今九者獨不可足爲十乎？況予嘗客於外，偶歸故鄉者乎？其可援以爲故乎？九，盈數也，箍至十而一終則有始，循環無已。諸公之招予也，其猶此意乎？夫是十人也，以年論之，徐君東麓年七十有二，最長，吴君端揆、朱君又雲少矢照切一歲，予族兄珠南少二歲，馮君立山少九歲，朱君雷照，金君量玉則少十一歲矣，吴君季常少十二歲，諸君東宿則加少一歲，而予則視徐君少四歲矣。蓋皆少於徐君者，故奉以爲祭酒焉。考香山會中，洛中遺老李元爽年一百三十六，以徐君視之，今特得半耳。其數若朒然，卽十人見在之齒，合爲年六百五十六，視香山之初會，則又加贏焉矣。夫人之生，懸之桑蓬，書之閭史，幼而黄，長而丁，《毛詩》之我辰，《楚辭》之初度，歲一逢之，親友相慶，人之情也。我十人幸生聖皇熙洽之世，沐浴膏澤，詠歌太平，因得擊豕釃酒，爲竟日之歡，幸矣乎，康衢之續乎。是日也，午而集，戌而散，一枰之奕，一篇之詩，有觴政而不苛。酒酣以往，談諧間作，或各隸事，或舉禪悅，取適吾意而已，豈敢妄慕胡、吉諸賢，而希蹤履道後者哉！徐君名王昱，朱君名龍鑑，馮君名勤忠，宋君名永均，金君名銓，諸君名煌，兩吳君，一名弼，一名謳，族兄名天德，而予之名大成。（《學福齋集》文集卷八，《續修四庫全書》影印清乾隆三十九年刻本）

智按：沈大成，字學子，號沃田，華亭（今上海松江）人。諸生。有《學福齋集》。

陳兆崙（一七〇〇～一七七一）

《黃孀詩鈔序》

予酷愛讀前輩鈔本詩文，而出自其後人之手，尤樂爲崇闡幽隱，俾大暴於世。如此者，蓋不一而足矣。或問予何以唯是之耽。曰有說焉。古人留世之作，或數十易藁，如杜甫、韓愈、白居易、蘇軾之徒，其生時，但有墨跡，別無雕本。在宋初，猶有見老杜淡墨改本者，唯深知斯道之難，故常不自信。不自信則用心苦，用心苦則其詞工。故凡出自門徒、執友及其子孫之所藏，多有可觀。非若今人吟得五七言未百首，卽題箋鏤版，汲汲若不可待。予是以貴之。就中亦不必皆善，譬猶求盤鼎於世家，購隨和於良賈，縱不易酬，必有一遇。若苟焉以闤一闠之市，欵暴富之門，必無倖矣。且夫人生世上，如逝水飄風，曾不停瞬。雖貴極金張，文如遷固，其後人擁貲而不能守，與積書而不能讀，同一悲也。《詩》不云乎：「宛其死矣，他人入室。」他人者，子孫也，其賢者與吾類，吾得而子孫之，否則直他人而已矣。故凡賢明之嗣寶，其先世之藏，又曲體其先人不自信之意，而以質之人，是卽其人不死，而其道將衍於無窮也，豈不美哉？黃州張子□□，與予同牒署，第其弟德源鄉舉出吾門，今年服闋來京，賫其父黃孀先生所爲詩，屬予爲序。嗚呼！如先生之詩，古氣名理，相薄而出，浩乎有蘇陸元楊之風，而過不自信，自題曰詩鈔，可以觀其用心矣。……（《紫竹山房詩文集》文集卷九，《四庫未收書輯刊》影印清嘉慶間刻本，集部第九輯第二五册，第三二五頁；清沈兆澐《篷窗隨録》卷十一序説書，《續修四庫全書》影印清咸豐刻本）

智按：陳兆崙，字星齋，號勾山，錢塘（今浙江杭州）人。雍正八年（一七三〇）進士。舉博學鴻詞，詣京師試，授內閣中書，充軍機章京。乾隆元年，廷試二等，授檢討。十七年，擢左中允。復擢侍講學士。再遷順天府府尹。二十一年，遷太常寺卿。再遷太僕寺卿。三十六年，卒。精六書之學，尤長經義，於易、書、禮均有論述。為詩文澹泊清遠。有《紫竹山房詩文集》。

邊連寶（一七〇〇～一七七二）

《讀義山》

詩家大成集浣花，含蓄百氏無垠涯。大曆以後稍靡弱，剽掠勦襲空紛拏。元白韓李名相亞，元輕白俗喧淫哇。獨有昌黎玉谿叟，杜陵鎔鑄雙鏌鋣。下及北宋起異議，江西派別西崑家。牛李蜀洛立門户，黨枯讐朽相疵瑕。余謂二子雖異派，鉤盤簡潔分梳爬。同出崑崙向碣石，仍歸一綫無等差。荆公許李窺杜奥，可云老眼無蒙遮。韓碑學韓便學杜，籌筆雖杜其何加。五言大篇愈雄渾，惶惑萬怪奔洪河。勢如武鄉圖八陣鳥，蛇龍虎相攫撾。又如淮陰將百萬，各就班部嚴讙譁。其餘豔體不無謂，宜濾精液捐滓渣。楚雨含情各有託，注脚自下何明耶。擬似應絕段十二，狹邪豈比温八叉。余素主韓不主李，筆如牛弩私矜誇。詎知韓體便枵腹，中乾外強徒查牙。不持寸鐵白手戰，終遭窘辱難騰那。題詩跋後用自警，兼示學子持頹波。（《國朝畿輔詩傳》卷三十四，《續修四庫全書》影印清道光十九年紅豆樹館刻本，第一六八一册，第四三三頁）

智按：邊連寶，字肇畛，號隨園，晚年自號茗禪居士，任丘（今屬河北）人。雍正十三年（一七三五）貢成均，廷試第一。明年，薦試「博學鴻詞」，報罷。復薦經學，辭不赴。自是無意進取。有《隨園集》。

黄圖珌（一七〇〇～？）

《友人新買二妾並擅聲口態度之妙聽歌觀舞不覺成章》

妙舞清歌各逞妍，柳腰櫻口並相傳。風流人有風流福，妒殺當年白樂天。

（《看山閣集》今體詩卷九，《四庫未收書輯刊》影印清乾隆刻本）

《丞倅》

丞即同知，倅即通判，皆府佐也。庾亮云：別駕，舊與刺史別乘，同宣王化千萬里，其任居刺史之半。按，通判列六品，爲郎官之首，而同知居五品，處大夫之中，官亦不爲小矣，然其職任不過清軍驛傳，水利巡鹽，船政督糧，捕盜而已，惟捕盜一席，頗有關係。如盜首不獲，盜窩不滅，盜線不窮，盜夥不靖，正贓不追，飛燒不禁，隱匿不報，誣良不察，流禍於生民者。其故雖在州縣，而是官有督緝之職，安所歸咎邪？夫盜賊之爲患也，揆厥所由，或好賭喪家，而造意或因姦忘命而起謀，或遇荒歉而羣聚爲匪，或迫饑寒而頓生不法，欲根尋弭盜之源，必先求澤民之政，與其察奸於後，不若防禍於前。繇此推之，則賭習不可不除，淫風不可不滅，水旱災荒不可不救，孤苦窮黎不可不恤也。然而太守必須若清獻者，庶幾良有同心，和衷協恭，所謂路不拾遺，夜不閉户，亦得復見於今日也。否則不以贊勸之力，反爲分奪其權，從此生嫌挾疑，而無底止矣。上司未必不以印官之言爲然諾，又何重乎佐治者邪？於是自好者，效白香山從容山水間，吟風弄月，飲酒彈琴而已。嗚呼！謂之閒官者，此耳。蓋人生於世汲汲營營，其所難得者一字，曰閒。不意居官亦得爲閒，則知今日竟有無所事事之官，而吾民可安享昇平之樂，其不美哉！（《看山閣集》閒筆卷五仕宦部，《四庫未收書輯刊》影印清乾隆刻本）

《人生樂境》

一曰人生須得韓昌黎之文才，杜子美之詩學，王逸少之法書，倪雲林之竹石，賀季眞之琴尊，陶元亮之松菊，又須潘安仁之美貌，秦淮海之風流，李太白之香名，石季倫之家道，王摩詰之園林，孔北海之賓客，白樂天之姬妾，謝安石之絲竹，更須郭令公之福德，黄眉翁之壽考，可謂樂矣。

一曰人生須得李鄴侯之骨格，葛稚川之道術，怡弘景之雲，餐陵陽之霞，鋤崑崙之芝，吹梅峰之笛，或騎白驢，或乘赤鯉，逍遙於丹臺玉室間，拜碧落侍郎，其樂爲何如邪！

一曰人生須守聖賢之教，養浩然之氣，求萬物之精微，發五經之鼓吹，窮其至理，通乎大道，源分清濁，根究淺深，明君臣父子之大義，開禮樂文章之正宗，闢邪說以正人心，除異端而易風俗，立千古不易之言，成萬世相绳之法，可爲樂矣。此樂爲吾儒者之樂，是眞樂也。(《看山閣集》閒筆卷十五游戲部，《四庫未收書輯刊》影印清乾隆刻本)

智按：黄圖珌，字容之（一說容工），一作容止，號蕉窗居士、守真子，松江（今屬上海）人。雍正六年（一七二八）入都謁選，得官杭州府同知，移為衢州府同知，乾隆十九年任滿入京。善詞曲，亦工詩文，有《看山閣集》。另有傳奇《雷峰塔》、《棲雲石》、《夢釵緣》、《解金貂》、《温柔鄉》、《梅花箋》等。

林良銓（一七〇〇～?）

《泊惶恐灘》

惶恐灘頭泊客舟，瑟瑟西風鳴清秋。望斷江南春思咽，獨倚篷窗逝波流。明月一圓東山側，萬里江天天一色。煙樹朦朧三五家，四面寒蛩吟唧唧。耳邊何來歌聲細，凄凄欲把人心繫。未是喁喁兒女語，夜半寒江孤鶴唳。有懷翻起古今愁，曲終哽咽音未收。潯陽琵琶今何在，青衫胡爲濕江州。我亦思鄉腸欲斷，無聊日向南山看。今夕蕭蕭江上寒，月照江心天欲旦。愁城怨海誰堪破，作客天涯無客過。古人每假酒腸開，暫教一醉篷間卧。顧予童子毋憚煩，殷勤爲我開青尊。漫云平原十日飲，且學左相巨鯨吞。童言有酒亦無殽，夜闌舉網驚青蛟。不須萬錢多侑酒，予自高歌舷上敲。童子高歌聲迅疾，喚起嫦娥如皎日。忽然爛醉在江邊，卧看江天樂何極。(《嶺南林睡廬詩選》卷上，《四庫禁毁書叢刊》影印清乾隆二十年詠春堂刻本)

《送方儀亭參軍致仕》

君不見，香山居士歸東都，醉吟繪作九老圖。又不見，南村徑口菊花開，陶令長歌歸去來。藍輿瀟灑松陰下，東籬一色黄金價。葛巾漉酒酒朋招，太古琴彈明月夜。綠野堂開徑曲折，主人原是人中傑。蓴羹鱸鱠味如何，秋風瑟瑟歸心切。何須買得五湖船，煙波萬頃浮青天。古人七十當致仕，君今恰值古稀年。廿年正氣贊烏臺，冰心不肯染塵埃。巴中黎庶知鸞鳳，嶺外同奇濟世才。不才宦海叨知己，中途別我歸故里。故山雲樹幾千重，我將思君秋風起。送君折柳賦長歌，千條萬縷緒如羅。不堪三唱陽關疊，一杯酒盡奈君何。嗟我風塵猶鹿鹿，投簪最羨君知足。普陽林下風月邊，靈臺各向雲間逐。東都社裏酒尊開，荒蕪三徑饒松菊。一席留我共他年，長吟短詠樂林泉。只今送君愁萬斛，揮手相看惟四目，楊柳隄邊眉頻蹙。（《嶺南林睡廬詩選》卷下，《四庫禁燬書叢刊》影印清乾隆二十年詠春堂刻本）

智按：林良銓，字衡公，廣東平遠人。乾隆五年（一七四〇）任瀘州知州。

趙駿烈（一七〇〇～?）

《劉賓客詩集序》

詩學至今日，稱權盛矣。上自朝廷，以迄閭巷，莫不追琢其章，弦歌成俗，而歷代諸名人全集以次重利廣布，若香山、眉山兩集，尤爲學者所樂誦。駿烈自愧謭劣，俯首受舉子業，不敢妄窺騷雅之林，于兩集常愛玩不釋。既而考之元和、長慶諸公，與香山唱和齊名者，劉賓客爲稱首。眉山起北宋，爲大家，其少亦嘗規橅賓客，已取其集而讀之，風神骨格雖不能窺見萬一，大約劉之比白，邊幅稍狹，而精詣未之或遜。蘇之無所不有，其比物托興處，法乳亦有自來矣。舊有《劉賓客全集》共若干卷，余特取其詩，分體録之，爲九卷，以便誦習。一二同志見之，謂宜刊布以公未見者，遂付諸梓，便讀白、蘇兩集者留連諷味，恍見古人友朋之樂，師資之廣。若夫知其人，論其世，由藩籬而入其閫奥，則有海內之具眼在。雍正元年歲在癸卯春正月華亭趙駿烈潤川氏題于涵碧山房。（雍正涵碧齋刻本《劉賓客詩集》卷首，陶敏等《劉禹錫全集編年校注》第一五一一頁）

智按：趙駿烈，字潤川，華亭（今上海松江）人，生於康熙三十九年，卒年不詳。雍正元年（一七二三），校編《劉賓客詩集》九卷。乾隆三十一

年六十八歲，在裏與人作十老會。乾隆間刻有《燕游草》、《宦游草》各一卷。(《贩書偶録》著録)

方夢騏（一七〇〇～?）

《遊琵琶亭唱和》

琵琶亭子夕陽邊，紅粉青衫已窅然。江上月明秋最好，於今司馬正芳年。

不在吟邊在酒邊。每逢佳客便留連。湖山合有風騷主，暫領名區愧不賢。(《輯刻琵琶亭詩》，清乾隆十一年古柏堂刊本)

智按：方夢騏，江都（今江蘇揚州）人，年三十一歲。由雍正八年（一七三〇）水利營田捐納同，十年在戶部營田加捐通判，即用今掣雲南省澂江府通判缺。參見秦國經主編《中國第一歷史檔案館藏清代官員履歷檔案全編》(華東師範大學出版社，第十三册，第三二四頁)。

陳鍾

《遊琵琶亭唱和》

空江寒逼水雲涯，片片西風鼓浪花。商婦情移千古客，琵琶亭上憶琵琶。

風流司馬愛幽閒，遠覓清歡煙水間。從此小亭添勝事，江州不數白香山。(《輯刻琵琶亭詩》，清乾隆十一年古柏堂刊本)

方怡

《遊琵琶亭唱和》

層巒疊翠大江連，滿眼楓林霜葉妍。一自琵琶留古調，不聞商婦更停船。

放懷山水棹夷猶，闘酒狂吟足勝遊。翠袖青衫成往事，尚餘風雨一亭秋。(《輯刻琵琶亭詩》，清乾隆十一年古柏堂刊本)

智按：方怡，桐城（今屬安徽）人。

方根茂

《遊琵琶亭唱和》

尊向琵琶亭上開，琵琶聲散水雲隈。老年司馬經遊處，還的芳年司馬來。

江含疏雨樹含煙，水逼清秋欲暮天。灘畔曾留商婦棹，至今流水似鳴絃。（《輯刻琵琶亭詩》，清乾隆十一年古柏堂刊本）

智按：方根茂，桐城（今屬安徽）人。

汪純

《遊琵琶亭唱和》

江雨霏霏江岸陰，一亭孤峙大江臨。香山送客長歌處，但見寒鴉繞暮林。

廬峰乍起雲千片，楚水還連浪幾重。共把一觴吟往事，江聲空滯隔林鐘。（《輯刻琵琶亭詩》，清乾隆十一年古柏堂刊本）

傅鳴玉

《遊琵琶亭唱和》

琵琶清響幾曾聞，衹此空亭賸水濆。一派江山收眼底。楚天晴靄接匡雲。

滿亭詩句繼江州，宛似青衫漬尚留。今古情多同白傅，登臨漫向荻花秋。（《輯刻琵琶亭詩》，清乾隆十一年古柏堂刊本）

智按：傅鳴玉，洪都（今江西南昌）人。

沙上鶴

《次原韻》

雪消江岸水痕加，雙槳衝風鼓浪花。繫棹更誰尋斷碣，憐才有客正乘槎。荒亭一匝開生面，雅調千秋又作家。從此潯陽添逸韻，歌行應不數琵琶。

江樹遥分忽見樓，柳煙深處境偏幽。不關送客停車馬，偶寄閒情狎水鷗。風月無邊留往蹟，鶯花自足供清遊。但看苦竹黄蘆地，小綴春光卻勝秋。

智按：次唐英乾隆八年（一七四三）癸亥《春遊琵琶新亭唱和草》之原韻。

《次原韻》

尚友高懷誰更同，使君司馬古今空。江頭韻事傳當日，閣上新詩拜下風。抖擻錦囊邀刻翠，安排粉簡代殷紅。（使君命懸粉排數面於亭樓各處，以便高雅留題）豪情何處聯吟臂，小築雲廊亭子東。

曲廊如畫列眉同，粉粉朱朱染碧空。探勝客來爭倚檻，題詩人共寫廻風。寄情何在蘆花白，柔櫓猶搖燈影紅。莫泥琵琶矜絕調，簷鈴有韻譜丁東。

四序推遷攬勝同，襟期豈必托秋空。千章夏木堪消暑，兩面疏櫺不礙風。已見荻芽沙迸緑，未須裙色酒污紅。使君自奏南薰操，一任商船西復東。

智按：次唐英《丙寅夏五月琵琶亭臨江廊檻工竣偕諸友遊覽疊賦二律以落之》之原韻。丙寅，即乾隆十一年（一七四六）。

《次原韻》

柳暗空亭繫畫橈，延涼勝集不須邀。一江風敵三庚暑，萬木聲酣九派潮。敞閣虚廊新搆好，豪吟逸韻寄情遥。從今翻出琵琶調，滿耳清音繞樹蜩。

智按：次唐英《夏日琵琶亭納涼即事》之原韻。

《次原韻》

爽滌煩襟暑漸窮，琵琶亭外水天空。江澄九派秋如昔，氣轉三元序適中。觴詠及時來勝地，管絃入夜動涼風。來看燈散盂蘭後，官燭尊前未卸紅。

西風吹月上江樓，景自蕭疏興自悠。天際歌聲爭爽籟，亭前木葉下新秋。多情仙吏今司馬，倒峽詞源匯勝流。想是青衫同座客，神回千載此重遊。

智按：次唐英《丙寅中元琵琶亭讌集即事》之原韻。丙寅，即乾隆十一年（一七四六）。

《次張韻》

荻花楓葉映紅欄，一笠江亭畫裏看。世外塵中留勝概，風騷占盡是僧官。

智按：次蕪湖張達《小陽廿二日遊琵琶亭奉懷蝸寄使君》之原韻。

《立春前一日琵琶亭野眺次韻》

旅懷又逐陽和動，勝地空將歲臘孤。雙劍摧寒明雪刃，一江融日湛冰壺。烟開楚岸千村近，春到吳頭萬彙蘇。消長機關誰漏洩，野亭青鳥自相呼。

乍晴江閣尚寒天，鏡似蓬萊客似仙。節到交年剛臘盡，春先除夕與寅連。競傳土鼓承清祀，又見香爐裊翠烟。多少熙臺閒草木，向榮有象各欣然。

《丁卯上元前琵琶亭即景次韻》

軟紅茸緑漸盈眸，小倚東風江上樓。卻喜芳原晴入畫，待看燈市月如秋。萬家金鼓豐年興，十日韶華歲序流。自有春光堪嘯詠，琵琶莫漫譜閒愁。

鵾絃鐵撥拍誰偷，曲罷人遙江亂流。鳥弄春聲翻越調，梅稍風信到吳頭。鄉心不耐芳菲節，好景偏宜山水州。客自常來秋自去，韶光獨擅柳間樓。

智按：次唐英《丁卯上元前四日琵琶亭即景》之原韻。丁卯，即乾隆十二年（一七四七）。

《戊辰正月十八日讌集琵琶亭次原韻》

宴罷傳柑興未闌，野亭選勝又追歡。時當街市收鐙後，春滿江天望眼寬。似錦韶華來客路，如泉詩思屬都官。自慙花管饒荊棘，賦手應輸三日彈。（使君即席揮毫，不移時而得詩四首，座客悉皆斂手，余則遲至三日後始和）

不減風光五夜前，柳堤火樹雜輕烟。琴樽移訪香山蹟，書畫重來海嶽船。（使君座船額「海嶽行館」）送客留賓同此地，春花秋月各詩天。遙遙千載如酬答，韻事新翻一抹絃。

問柳尋梅春乍到，踏歌按曲樂無窮。爭傳買夜當今日（元宵鐙火止於十六，後則添至十七八兩日，俗傳為買夜），猶及燒鐙倚晚風。月向詩人頭上白，酒隨燭影頰邊紅。醉吟何似豪吟客，境遇雖殊興味同。

喧闐夾岸笑歌融，雅俗環看烏帽翁。（是日，遊人駢集，自晡時至三鼓，歡騰於歌聲鐙影之下，羣謂有生未見之舉）共道樂天來曠代，勝如秋夜想遺風。冰蟾落盞同浮白，野馬隨人散軟紅。一曲琵琶鐙萬點，盡收仙吏錦囊中。

智按：戊辰，即乾隆十三年（一七四八）。

《古柏使君於琵琶亭極意培植其憐才念切尚友情深流連於歌詠之下者十年如一日戊辰冬復使買梅花環植亭畔以供遊覽并記之以詩蓋使君與香山實有臭味之投非僅潔清自況裝點江亭已也閱日梅花盛開余與諸友往觀遂次原韻以志勝》

芳信遙通白傅家，良媒聊爾藉琵琶。格高韻古千秋合，江上空亭官閣花。

遠移香雪出西湖，江郭詩添未了逋。清韻合超蘆竹境，栽培雅不惜工夫。

一笠孤亭繞逕梅，先春伴雪映江開。香飄送客堂前路，添得看花車馬來。

江頭商婦秋深恨，林下佳人春首花。時異事遷清調合，擬將玉笛對琵琶。

漫道孤芳無意栽，繞亭寒艷未春開。免教冷落探幽屐，負卻香山遺韻來。

像范青衫梅著花，憑欄莫只問琵琶。古今歷盡多風雅，點綴何人實可嗟。

韻事高懷各擅場，千秋心印即同堂。遙遙壇坫音徽在，手種寒梅當瓣香。

亭閣江天生面開，更栽疎影鬭蒿萊。風流仙使躭培植，擬是香山身再來。

智按：戊辰，即乾隆十三年（一七四八）。

《臘月七日偕諸友遊琵琶亭小飲梅花下使君以公事未至比回署齋使君已得新詠竊愧遊者之無句也勉就原韻率成二首以解嘲》

漫向江亭問主賓，臘融冷艷探先春。琵琶曲後無司馬，村笛聲遙有美人。誰把暗香薰小像，分明詩客塑前身。荻花雪盡添梅雪，千載風光一日新。

堂開送客卻留賓，同泛羅浮一醆春。雅集偏辜探勝屐，吟懷終讓種梅人。興輸東閣詩千首，醉倚南枝香滿身。翠羽幾聲亭上下，恍疑鐵撥又翻新。（以

上均見《輯刻琵琶亭詩》，清乾隆十一年古柏堂刊本）

智按：沙上鶴，號思亭，長洲（今江蘇蘇州）人。撰有《瀋陽唐叔子蝸寄先生傳》（古柏堂刊本《陶人心語》卷首）。

方原博

《次原韻》

供奉文章點不加，湖山占作禁林花。苔痕處處東坡屐，驅影遲遲博望槎。袖得清風探古蹟，招來白鷺集漁家。潯陽一夕閒遊句，韻續千秋再撥琶。

江亭江署又江樓，清宦清如野境幽。高步生原同海鶴，論心卻喜傍沙鷗。公偏遠致揮毫興，我已牢成戢翼遊。為報煙霞如有分，笥輿聊復擬三秋。

（《輯刻琵琶亭詩》，清乾隆十一年古柏堂刊本）

智按：次唐英乾隆八年（一七四三）癸亥《春遊琵琶新亭唱和草》之原韻。

方原博，字郇鶴，號一葉，桐城（今屬安徽）人。康熙間貢生，官泗州訓導。罷官居京師。工書畫琴曲雜藝，尤精八分。繼溪先生之子，海筠庭、徐徵齋兩太史出使琉球，邀與同行，撰《航海生涯集》。年八十餘。

汪文運

《次原韻》

舊雨重來意更加，新晴共喜探春花。滔滔江漢朝宗水，奕奕仙班榷使槎。勝蹟有情常寄興，高堂無恙許離家。青衫不墮香山淚，愛聽舟人夜撥琶。

琵琶亭外建雄樓，縱覽春江萬頃幽。岸繞綠楊飛矯翼，濤翻雪浪點浮鷗。霽窗開處宜三面，仙使公餘每一遊。眼底芳菲吟未了，波心月白想高秋。

智按：次唐英乾隆八年（一七四三）癸亥《春遊琵琶新亭唱和草》之原韻。

《集唐句跋輯刻琵琶亭詩後》

清詞麗句必為鄰（杜甫），起得幽亭景最新（張籍）。七字篇章看月得（陸龜蒙），九流人物待陶甄（譚用之）。已知奏課當徵拜（韓愈），且向東山為外臣（任華）。非是湓浦舊司馬（劉禹錫），譬如元是九江人。（《輯刻琵琶亭詩》，清乾隆十一年古柏堂刊本）

智按：汪文運，江西婺源（又稱星江）人。

吴宗訥

《次原韻》

興致翛然逐境加，名流勝蹟探鶯花。山餘積雪消晴日，時至新荑著舊槎。遊詠春秋同雅調，飄檣今古渡浮家。樂天不是當年叟，商婦無勞更撥琶。

柳風花雨共登樓，望裏韶華引興幽。天際錦帆浮畫鷁，水邊晴雪泛輕鷗。當年商婦留陳蹟，此日名流結勝遊。滿眼春光皆入賦，多情司馬只悲秋。

智按：次唐英乾隆八年（一七四三）癸亥《春遊琵琶新亭唱和草》之原韻。

《丙寅夏日唐使君偕幕府諸友琵琶亭讌集即席有作》

名勝清緣久住潯，琵琶遺跡數登臨。放開江滸亭中眼，闊大山陰道上心。雲隔遠帆憐旅況，詩傳高柳逗蟬吟。使君白傅千秋友，風雅情關一往深。（《輯刻琵琶亭詩》，清乾隆十一年古柏堂刊本）

智按：作於乾隆十一年（一七四六）丙寅。
吴宗訥，山陰（今浙江紹興）人。

施雨田

《次原韻》

曲欄叢樹遠交加，望裏青紅簇似花。添得春光留客屐，勝如秋夜問商槎。

野苔猶作羅裙色，清響今歸禪伯家（亭後有海天寺）。魚唄鳥音聲斷續，臨風仿佛弄琵琶。

一亭翼翼覆層樓，客裏登臨興倍幽。風到簷鈴驚過鳥，雪翻浪影亂浮鷗。蘚碑捫字尋陳蹟，雲棟增華副勝遊。留得香山遺韻在，新聲古調共千秋。

智按：次唐英乾隆八年（一七四三）癸亥《春遊琵琶新亭唱和草》之原韻。

《次原韻》

抗懷自喜與人同，勝地登臨心境空。畫似江村誰避暑，屋如釣艇擬乘風。柳陰滴翠侵衣緑，檻影流丹漾日紅。兩岸微茫新漲闊，小橋低浸水西東。

智按：次唐英《丙寅夏五月琵琶亭臨江廊檻工竣偕諸友遊覽疊賦二律以落之》之原韻。丙寅，即乾隆十一年（一七四六）。

《琵琶亭即事》

此地堪消暑，琵琶古調涼。渾如秋宛在，不覺夏來長。詩思登臨外，閒情鷗鷺行。敢方白太傅，同興異行藏。

《次原韻》

夏去秋來景不窮，孤亭收拾水雲空。蛩吟玉露詩方就，江擁金波月正中。銕撥一聲和爽籟，蓮燈萬點送西風。歸舟野興清心眼，遠浦微茫漁火紅。

智按：次唐英《丙寅中元琵琶亭讌集即事》之原韻。丙寅，即乾隆十一年（一七四六）。

《次韻》

漸次韶光暢客眸，丁年寅月一登樓。元宵近聽旗亭笛，春興同憐送客秋。柳魄花魂回淑氣，鷗心鷺性樂清流。行看燈火江州月，不照天涯旅客愁。

愛閒閒處不須偷，歲序流同江水流。十月春光來楚尾，一年吟興動吳頭。鶯花漸喜成佳會，燈火行看盛古州。曾是琵琶彈淚地，而今簫鼓上層樓。

智按：次唐英《丁卯上元前四日琵琶亭即景》之原韻。丁卯，即乾隆十二年（一七四七）。

《和唐使君琵琶亭讌集補上元原韻》

纔過元宵興未闌，移尊亭上補餘歡。張鐙倚柳東風暖，醉月聽歌客意寬。莫道風騷無白傅，驚看壇坫占郎官。青衫不濕當年淚，今古琵琶各自彈。

智按：次唐英《補上元詩》之原韻。

《辛未復至九江登琵琶亭作》

不聽琵琶已一年，於今漫復到亭前。遊人弔古情還重，緑柳生烟絲欲牽。先後二賢堪友伴（亭左向有香山遺像，今以唐師久任九江，惠及士民頗多，故士民亦設唐師長生位于右），往來千艇載詩篇（唐師所梓琵琶亭詩板留海天寺僧，往來買者甚夥）。海南若問潯陽景，江上遺音如昔然。（以上均見《輯刻琵琶亭詩》，清乾隆十一年古柏堂刊本）

智按：辛未，即乾隆十六年（一七五一）。

施雨田，無錫（今屬江蘇）人。唐英學生。

程林

《乙丑九日夜泊琵琶亭次原韻》

江流月色暎交加，九日登臨菊未花。即景長吟司馬句，凝神近接斗牛槎。名賢送客憐遲暮，商婦逢人話內家。也似漢宮元代事，無窮哀怨託琵琶。

琵琶亭畔創危樓，曲板通橋水面浮。調乏玉人彈走馬，機忘漁父狎飛鷗。六朝始遇知音賞，萬古同傳得意遊。到此神怡心亦曠，西風瀟灑半輪秋。（《輯刻琵琶亭詩》，清乾隆十一年古柏堂刊本）

智按：次唐英乾隆八年（一七四三）癸亥《春遊琵琶新亭唱和草》之原韻。乙丑，即乾隆十年（一七四五）。

程林，巴河人。

傅鳴訓

《十二月二十九日泊琵琶亭》

商婦琵琶詎足傳，新亭舊蹟在江邊。香山賦後成千古，南客遊來悵遠天。檻外寒江流日夜，樹頭殘雪冷風煙。孤帆此地逢除歲，把酒依依旅思牽。（《輯刻琵琶亭詩》，清乾隆十一年古柏堂刊本）

唐毓蓟

《泊琵琶亭次原韻》

隔江煙樹影交加，日日風來蹙浪花。故國何時依丙舍，星河無計問仙槎。（榷使家蝸寄公駐節於此，余以奉先太史諱，未及投謁而去）乘雲竟去應多恨，（謂方丈邴鶴）化鶴初歸尚有家。（蕪湖晤張子蕉衫，云自潯陽歸）寂寞孤舟腸已斷，那須商婦弄琵琶。

樓下空亭亭外樓，江山入望總清幽。遙天目送行行雁，近水機忘箇箇鷗。漫說勾留成左計，卻憐登眺豈閒遊。白蘋紅蓼重來日，領略西風一片秋。

智按：次唐英乾隆八年（一七四三）癸亥《春遊琵琶新亭唱和草》之原韻。

《奉次榷使蝸寄公原韻今年四過亭下（時丙寅季冬八日也）》

樓頭吟眺與誰同，浩渺江流接遠空。千里欲窮平野目，一帆高掛估船風。近人浴鷺晴波暖，作陣歸鴉夕照紅。倚檻低迴無限意，終年蓬梗任西東。（《輯刻琵琶亭詩》，清乾隆十一年古柏堂刊本）

智按：次唐英《丙寅中元琵琶亭讌集即事》之原韻。丙寅，即乾隆十一年（一七四六）。

唐毓蓟，天門（今屬湖北）人。

錢純

《次原韻》

亭榭巍然昔有加，重新古迹筆生花。清幽近接山僧寺，漂泊初停旅客槎。雅意不忘唐白傅，詩情真入晉陶家。今宵欲藉沙邊月，試把瑤琴效撥琶。

欲窮遠目倚高樓，望裏江山處處幽。雲外雪晴呼野鶴，水邊風好泛群鷗。敢將文藻邀欣賞，未值芳春愧此遊。鱗次商船聲悄靜，方今不共昔年秋。（《輯刻琵琶亭詩》，清乾隆十一年古柏堂刊本）

智按：次唐英乾隆八年（一七四三）癸亥《春遊琵琶新亭唱和草》之原韻。

錢純，東海（今江蘇連雲港）人。

徐謙

《次原韻（乙丑仲秋）》

潯陽煙景未曾加，楓自蕭蕭蘆自花。千里依人同怨婦，一時為客泛秋槎。波濤浩渺江州淚，風月消磨衲子家。我亦飄零嗟老大，誰教心事訴琵琶。

琵琶亭畔起高樓，點綴當年事更幽。江水有聲頻到檻，夜潮無浪不驚鷗。帆歸雲外含情遠，影落波心戀客遊。商婦此中彈一曲，不知還惹幾多秋。（《輯刻琵琶亭詩》，清乾隆十一年古柏堂刊本）

智按：次唐英乾隆八年（一七四三）癸亥《春遊琵琶新亭唱和草》之原韻。乙丑，即乾隆十年（一七四五）。

徐謙，蘇州（今屬江蘇）人。

劉正武

《次原韻》

盈盈春漲望中加，亭鎖江雲岸夾花。壁上詩新聯斷碣，樓高天近接浮槎。

雪消日暖漁爭網，帆落潮廻客憶家。對酒不須言旅況，且隨風月賦琵琶。

曉煙暮靄入江樓，綠樹紅蘭結構幽。一艇長衝千頃浪，孤汀閒集幾群鷗。香山舊蹟開新眼，榷使高風繼勝遊。鳥語時隨絃管度，琵琶何必撥三秋。

智按：次唐英乾隆八年（一七四三）癸亥《春遊琵琶新亭唱和草》之原韻。

《次原韻》

雅興尋幽結伴同，琵琶亭子倚天空。道心問水千層浪，狂態凌雲兩腋風。樹色陰陰侵袂綠，日光冉冉泝流紅。憑欄最是縈鄉思，人在吳頭楚尾東。

智按：次唐英《丙寅夏五月琵琶亭臨江廊檻工竣偕諸友遊覽疊賦二律以落之》之原韻。丙寅，即乾隆十一年（一七四六）。

《琵琶亭即事》

地勝來風雅，心清暑亦忘。樓高雲漢近，岸接水天長。樹暎煙波渺，風生几席涼。順流飛客舫，不復掛帆檣。

《次原韻》

琵琶亭上思無窮，水字長流天自空。古調淚彈秋老後，新詩景繪月明中。樓頭燈颺高低影，雲外歌飄斷續風。盡醉不知歸去晚，夜深猶唱滿江紅。

智按：次唐英《丙寅中元琵琶亭讌集即事》之原韻。丙寅，即乾隆十一年（一七四六）。

《次張韻》

水色天光映曲欄，疏林霜葉座中看。登樓漫賦琵琶事，千載風流擅一官。

智按：次蕪湖張達《小陽廿二日遊琵琶亭奉懷蝸寄使君》之原韻。

《戊辰上元後三日陪唐使君琵琶亭探春次原韻四首》

望春幾度此憑闌，韻致何如今日歡。機逗鳶魚詩思健，筵當山水酒懷寬。

醉吟向道空千古，大雅重看擅一官。不似愁人愁興味，琵琶遮莫向秋彈。

遠山近水接樓前，剪剪輕風淡淡烟。梅老遠招遊客屐，月明信宿釣魚船。昔時調苦憐商婦，今日詩吟想樂天。鐙火良辰拚一醉，不須哀怨撥鵾絃。

燒鐙踏月連朝興，此日探春更不窮。岸柳未搖金粉色，江梅早噴膩香風。鷗眠沙渚差池白，人蔟朱闌間雜紅。昔嘆荒亭今勝地，琵琶今古事難同。

粉箇淋漓墨瀋融，咄嗟四韻羡詩翁。（時酒未及數巡而使君立成四韻，舉座驚歎）清歌妙舞楊春雪，撲檻穿廊花信風。光突遠峰團月白，丹流飛閣綵鐙紅。無邊佳興歸來晚，漏滴蓮花午夜中。

智按：戊辰，即乾隆十三年（一七四八）。

《次古柏使君琵琶亭種梅原韻截句八首》

有脚陽春到處家，古香培植感琵琶。荒亭從此開新眼，漫認穠桃艷李花。

疎影橫波香滿湖，吟情詩債急於逋。江州名勝傳名宿，白髮青衫兩大夫。

先春生意在寒梅，手種江干已半開。古色古香饒古韻，憑教風雪到亭來。

昔年苦竹黃蘆地，此日先春耐冷花。今古樂天天可樂，聊將風雅託琵琶。

虬枝冷艷為誰栽，不共秋花春卉開。重遇江州風雅客，繞船明月暗香來。

玉笛吹香第一花，亭前來伴古琵琶。平章幸遇眞風雅，黃絹新詞辦咄嗟。

狂紅冶緑占歡場，雅澹梅花傍草堂。也似當年白太傅，孤清遺韻託楓香。

地以人傳勝蹟開，孤亭千載據蒿萊。春風頭上加培植，明月琵琶花影來。（以上均見《輯刻琵琶亭詩》，清乾隆十一年古柏堂刊本）

智按：劉正武，丹徒（今江蘇鎮江）人。

王杰

《次原韻》

結伴閒游樂事同，憑欄極目萬緣空。聯吟未得隨心句，驅暑徐來撲面風。隔岸古村新樹緑，繞堤野築小亭紅。豪情不為鄉思減，肯把雄心逐水東。

智按：次唐英《丙寅夏五月琵琶亭臨江廊檻工竣偕諸友遊覽疊賦二律以落之》之原韻。丙寅，即乾隆十一年（一七四六）。

《琵琶亭和韻》

潯江風景復何加，柳抱高樓浪擁花。勝地每留航海客，順風常送過關槎。詩精大雅應鐫石，人到忘機不憶家。亭上主人今古異，肯同太傅泣琵琶。

其二（用曲牌名）

銀濤雪浪勝如花，天際飛鴻雁過沙。深淺草鋪西地錦，古今人憶攬箏琶。茶商薄倖輕離别，怨婦排歌動使槎。意不盡時千載後，亭前柳色尚窋窶。（《輯刻琵琶亭詩》，清乾隆十一年古柏堂刊本）

智按：次唐英乾隆八年（一七四三）癸亥《春遊琵琶新亭唱和草》之原韻。

王杰，廣陵（今江蘇揚州）人。

沈松伍

《次原韻》

香山逸韻更誰同，巇豎騷壇千古空。仿佛琵琶彈夜月，飛翬輪奂仰清風。遶堤舊柳縈波緑，隔岸晴霞到檻紅。大雅從今題彩筆，敲金戛玉響丁東。（《輯刻琵琶亭詩》，清乾隆十一年古柏堂刊本）

智按：次唐英《丙寅夏五月琵琶亭臨江廊檻工竣偕諸友遊覽疊賦二律以落之》之原韻。丙寅，即乾隆十一年（一七四六）。

沈松伍，稽山（今浙江紹興）人。

駱標

《次夏五遊琵琶亭原韻》

玩青攬緑興偏同，遶境煙樓駐碧空。水漲南天飛彩鷁，波廻北渚拂薰風。

當軒弱柳浮蒼玉，隔浦新荷射粉紅。滿壁珠璣收不盡，渭川更憶暮雲東。

想像新亭趣致同，琵琶聲徹座中空。舟連鶴問漁家浦，人憶桃源洞口風。流水無心迎草緑，落霞有意逐波紅。一自甘棠萬里潤，不勝俯仰小橋東。(《輯刻琵琶亭詩》，清乾隆十一年古柏堂刊本)

智按：次唐英《丙寅夏五月琵琶亭臨江廊檻工竣偕諸友遊覽疊賦二律以落之》之原韻。丙寅，即乾隆十一年（一七四六）。

駱標，楓溪（今屬廣東潮州）人。

何有峻

《泊琵琶亭》

琵琶亭畔蹔停舟，水繞樓臺江自流。白傅丰神呼欲出，商船絃撥宛然留。嘈嘈浪落珠盤韻，瑟瑟風搖蘆荻洲。把酒曲欄今日興，不知何處著閒愁。(《輯刻琵琶亭詩》，清乾隆十一年古柏堂刊本)

智按：何有峻，齊安人。

裴文玉

《遊琵琶亭》

遺響琵琶問此間，亭空江静境幽閒。古今同調真風雅，點染無窮水與山。(《輯刻琵琶亭詩》，清乾隆十一年古柏堂刊本)

智按：裴文玉，西安（今屬陝西）人。

竹岩

《次唐使君原韻》

樂天丰致使君同，眺古憑今縱目空。吟詠一時成雅調，亭臺四面引清風，琵琶彈月江心白，楓葉驚秋渡口紅。此日我來成獨契，到門何必問賢東。

時地遙遙韻致同，誰言大雅古今空。座中揮盡琵琶淚，江上吹來司馬風。檻外匡山飛遠翠，樹頭夕照挂晴紅。潯陽地僻無音樂，野漲深莎闊活東。(《輯刻琵琶亭詩》，清乾隆十一年古柏堂刊本)

智按：次唐英《丙寅夏五月琵琶亭臨江廊檻工竣偕諸友遊覽疊賦二律以落之》之原韻。丙寅，即乾隆十一年（一七四六）。

竹岩，匡廬（今屬江西九江）人。

孫繼美

《次原韻》

幟樹騷壇今古同，忘機樓上熱心空。乘槎客異傷秋客，吹面風非灑淚風。楊柳牽情環水緑，野花惜色向人紅。後來不少琵琶婦，雅韻香山續作東。

智按：次唐英《丙寅夏五月琵琶亭臨江廊檻工竣偕諸友遊覽疊賦二律以落之》之原韻。丙寅，即乾隆十一年（一七四六）。

《次原韻》

琵琶亭畔住蘭橈，朱履青衫山水邀。暑氣夏清雲疊嶂，煩襟景滌漲添潮。危檣似葉江頭下，遠岸疑虹天際遥。千載香山重續跡，新堤高柳午風蜩。

智按：次唐英《夏日琵琶亭納涼即事》之原韻。

《琵琶亭唱和詩編成垂付剞劂時季春假讀因奉次原韻二首以跋簡末》

興擬香山老更加，平章秋月與春花。青衫不灑潯陽淚，商婦難逢博望槎。黄鶴詩同原絕調，巴人唱徹愧方家。風流今昔堪千古，何必江頭再撥琶。

江天縱目更登樓，今古茫茫一望幽。隔岸吳山青到楚，臨流城郭泛來鷗。機忘身世閒情曠，心契風騷澹境遊。拍鳥譜花詩橐富，陶人司馬各千秋。（以上均見《輯刻琵琶亭詩》，清乾隆十一年古柏堂刊本）

智按：次唐英乾隆八年（一七四三）癸亥《春遊琵琶新亭唱和草》之原韻。

孫繼美，德化（今江西九江）人。

張光祖

《夏日遊琵琶亭》

來此訪琵琶，清音已絕響。江波浩浩流，人事駸駸往。隔水散雲峰，尋蹤歸土壤。亭新興亦新，風雅使君掌。（《輯刻琵琶亭詩》，清乾隆十一年古柏堂刊本）

智按：張光祖，金陵（今江蘇南京）人。

張達

《夏日遊琵琶亭》

琵琶遺跡水雲鄉，水榭雲廊暑已忘。茗苦不同商婦調，瓜甘能使客途涼。青山似夢秋將醒，白髮如仙興更狂。樹陰風蟬斜照裏，羨他清韻自悠揚。

《次原韻二首》

地以琵琶著，斯遊勝輞川。濕雲歸遠岫，晴樹淡秋烟。珠玉尋常句（蝸寄公得佳句甚多），樓臺別樣天。忘機羨鷗鳥，來往自悠然。

小隊停沙岸，樓登雨後天。引凉看浴鷺，送暑聽吟蟬。活潑魚逃網（時公買網魚放之江流），流連客繫船。揮毫白髮吏，呼吸興通仙。

《次原韻》

好是兹亭景不窮，況當佳節肯教空。詩搜出水芙蓉裏，秋在微雲河漢中。銀練影搖漁網月，銅琶聲趁賈帆風。使君興較香山勝，花檻張燈照酒紅。

智按：次唐英《丙寅中元琵琶亭讌集即事》之原韻。丙寅，即乾隆十一年（一七四六）。

《小陽廿二日遊琵琶亭奉懷蝸寄使君》

江山如畫此憑欄，沙鳥風光耐遠看。紅日似春雲水暝，朱霞天畔憶郎官。

《奉和琵琶亭勒石原韻（用曲牌名）》

徙倚孤亭上小樓，一江風景足清幽。柳搖金線環朱檻，雁過沙汀起睡鷗。明月繞船新水令，青衫送客古梁州。聲聲慢撥琵琶調，駐馬聽來無限愁。

智按：次唐英乾隆八年（一七四三）癸亥《春遊琵琶新亭唱和草》之原韻。

《丁卯上元前四日和唐使君琵琶亭即景原韻》

新柳遙波緑映眸，琵琶亭擬仲宣樓。好看黃蓋行春日，漫認青衫送客秋。節近試燈風漸暝，山交雨水瀑添流。韶光從此多歡賞，月地花天那駐愁。

智按：次唐英《丁卯上元前四日琵琶亭即景》之原韻。丁卯，即乾隆十二年（一七四七）。

《秋日憶唐使君并和其琵琶亭原韻》

官有閒情似隱淪，陶烟榷水駐漁濱。乾坤何地無羈客，風月而今得解人。砥柱朝宗江水去（時使君入覲北上），香山遺愛檻花新（使君臨行有《留別琵琶亭風景》詩二首）。琵琶亭上成追憶，覓句輸公筆有神。（以上均見《輯刻琵琶亭詩》，清乾隆十一年古柏堂刊本）

智按：張達，字蕉衫，蕪湖（今屬安徽）人。

唐釗

《從遊琵琶亭》

千古孤亭送客橈，庾公賓佐此頻邀。花間小隊遲春日，壁上新吟撼春潮。使節久瞻麟閣重，德星時溯鶴湖遙。年來慚愧風塵吏，暫坐清陰聽曳蜩。

智按：次唐英《夏日琵琶亭納涼即事》之原韻。

《又次原韻》

落日望杳杳，憑欄酒半醒。波涵三楚白，峰傍九霄青。（遙望廬山，矗然天際）地勝人同樂，龍吟水欲鯹。知公盛名譽，嘉績達明廷。（以上均見《輯刻琵琶亭詩》，清乾隆十一年古柏堂刊本）

智按：次唐英《即日琵琶亭縱目》之原韻。

唐釗，瀋陽（今屬遼寧）童子。

李笨

《次原韻》

新亭點染倩誰加，大雅詩篇燦筆花。勝處有情懷送客，從遊何日羨乘槎。江風夜月山前影，野荻寒蘆水上家。似此乾坤能著我，那須幽怨寄琵琶。

人似神仙更愛樓，蓬壺虛敞水涵幽。雲黏碧渚行行雁，雨泛清漪點點鷗。音憶六幺歸客夢，屏開萬疊恣神遊。星霜磨老香山句（玉蟾句），此句還將春復秋。

智按：次唐英乾隆八年（一七四三）癸亥《春遊琵琶新亭唱和草》之原韻。

《唐使君於琵琶亭廊檻工成偕友遊覽並納涼其間賦詩以紀因次韻奉寄》

聞道新亭興不窮，總緣佳境俗塵空。長廊近對匡廬雨，曲檻頻廻楚國風。夜月半窺秋浦白，夕陽一抹暮林紅。使君勝客聯吟賞，二美應稱南與東。

乘舟避暑去停橈，六月清風必可邀。深樹一林藏古地，空江萬里送寒潮。吳頭楚尾情俱遠，楓葉蘆花夢獨遙。何日更從亭下住，晚涼高柳聽螗蜩。（以上均見《輯刻琵琶亭詩》，清乾隆十一年古柏堂刊本）

智按：第一首次唐英《丙寅夏五月琵琶亭臨江廊檻工竣偕諸友遊覽疊賦二律以落之》之原韻。丙寅，即乾隆十一年（一七四六）。第二首次唐英

《夏日琵琶亭納涼即事》之原韻。

李笨，湖廣人。

胡師濤

《遊琵琶新亭和唐樞使原韻》

新亭輪奐復何如，燦燦天星綴墨花。造物有情來客子，名區繼勝駐仙槎。幾回秋思思前哲，百遍吟詩詩大家。太傅風流應未歇，何須重此聽琵琶。

朱欄幾曲繞層樓，到此翛然意興幽。豁眼行雲飛碎錦，忘機穩浪臥羣鷗。詩天攬勝酬佳韻，雁字書空紀壯遊。遙憶偏舟明月夜，嘈嘈彈淚且千秋。

智按：次唐英乾隆八年（一七四三）癸亥《春遊琵琶新亭唱和草》之原韻。

《戊辰秋暮陪唐使君重遊琵琶亭次原韻二首》

曾和新詩興味加，兩年重此附仙槎。雲寒聲渡零星雁，蘆白風飛縹緲花。僧煮山茶浮琥珀，人臨秋水問琵琶。風流太傅饒佳興，得意忘言手自叉。

檐鈴幾角鬪清音，敲冷風塵客子襟。萬木丹黄商婦照，一隄樓閣醉吟心。天涯歸棹帆将挂，地主高情秋共深。老去久慚詩力退，也從壇坫附謳吟。（以上均見《輯刻琵琶亭詩》，清乾隆十一年古柏堂刊本）

智按：戊辰，即乾隆十三年（一七四八）。

胡師濤，山陰（今浙江紹興）人。與同鄉沈士鳳（字羽皇，號南塘）俱以書法擅名。事迹見沈元泰等纂《道光會稽縣志稿》卷十九人物，成文出版社有限公司，一九八三年三月，第八一八頁。

張文斗

《次原韻》

名流勝跡興相同，縱目江樓望眼空。撲檻青來廬嶽翠，貼天帆渡舜絃風。

高翔野鳥啼新緑，在藻遊魚躍日紅。一曲琵琶成雅調，依稀遺韻小橋東。

智按：次唐英《丙寅夏五月琵琶亭臨江廊檻工竣偕諸友遊覽疊賦二律以落之》之原韻。丙寅，即乾隆十一年（一七四六）。

《新秋次春遊琵琶亭唱和原韻》

江雲渡水影交加，燕逐浮波剪浪花。亭閣流丹新舊跡，珠璣滿壁去來槎。古今遭際非同轍，先後風騷總大家。千載遺音猶未歇，亂蛩聲裏憶琵琶。

荒基故址建新樓，曲徑迴廊處處幽。九派大江流到檻，一亭野月静眠鷗。當年風雅遺陳跡，此日名家續勝遊。今古樂天心境異，青衫濕後又逢秋。

智按：次唐英乾隆八年（一七四三）癸亥《春遊琵琶新亭唱和草》之原韻。

《次中元夜琵琶亭讌集原韻》

亭上琵琶思不窮，憑眺極目泬寥空。澹心自遠清流外，爽籟遄飛拍譜中。柳近野筵篩碎月，江遲蓮炬勒廻風。櫓搖背指饒歸興，夜泛微茫漁火紅。

智按：次唐英《丙寅中元琵琶亭讌集即事》之原韻。丙寅，即乾隆十一年（一七四六）。

《丁卯上元前四日恭和琵琶亭即景原韻》

廬山新色霧雲偷，瀑漲潺湲水續流。歲月遷移春有腳，花風逐漸信從頭。天開麗景三元節，氣轉洪鈞百二州。點染潯江名勝地，雕欄畫閣起層樓。

智按：次唐英《丁卯上元前四日琵琶亭即景》之原韻。丁卯，即乾隆十二年（一七四七）。

《恭和人日後一日琵琶亭探春原韻》

訪古名區序屆正，閒情如草逐春生。融融暖日占年瑞，剪剪和風試鳥聲。送客堂空留逸響，忘機樓聳敞虚明。隄花岸柳傳芳信，斗酒雙柑早寄情。

萬里韶華漾碧江，遠帆風正度飛艭。晴波九派環亭榭，淑氣三陽上檻窗。

滁眼閒鷗春水浴，敲詩古寺午鐘撞。才憐潁士霑文化，椽筆無能奮力扛。（以上均見《輯刻琵琶亭詩》，清乾隆十一年古柏堂刊本）

智按：次唐英《戊辰人日後一日琵琶亭探春二首》之原韻。戊辰，即乾隆十三年（一七四八）。

張文斗，吳門人。

脫齋

《遊琵琶亭和唐使君原韻》

鐵板銅琶興亦同，倚欄縱目客心空。彈愁吟淚成前事，建閣修亭繼雅風。野色水雲連地白，斜陽今古落江紅。遙知結伴登臨會，朱履青衫羨主東。

勝日登臨雅興同，琵琶聲已散遙空。朱檻吹入匡廬雨，畫閣移來彭蠡風。露草傷秋衫共濕，晚花遮面袖分紅。千年司馬斯亭在，不逐滔滔江水東。（《輯刻琵琶亭詩》，清乾隆十一年古柏堂刊本）

智按：次唐英《丙寅夏五月琵琶亭臨江廊檻工竣偕諸友遊覽疊賦二律以落之》之原韻。丙寅，即乾隆十一年（一七四六）。

荊振翱

《遊琵琶亭·調寄如夢令》

蔓草荒亭殘照，何處琵琶音耗。瑟瑟荻蘆秋，蕩漾江心月皓。憑弔憑弔，風雅古今同調。（《輯刻琵琶亭詩》，清乾隆十一年古柏堂刊本）

智按：荊振翱，鎮江（今屬江蘇）人。

荊辰鳳

《遊琵琶亭·調寄減字木蘭花　小掃花》

琵琶亭子，天下有情應到此。古事今傳，送別相逢是偶然。　水風山月，

雅韻不隨司馬歌。種得閒愁，目斷心飛別樣秋。(《輯刻琵琶亭詩》，清乾隆十一年古柏堂刊本)

鈕鎮

《奉和中元夜讌集琵琶亭原韻》

孤亭秋夜景無窮，江漲平坡月滿空。吟興連天高柳外，爽飈入座畫樓中。蘆花楓葉青衫淚，鐵撥銅琶水調風。古地新詞傳勝事，潯陽紙貴錦雲紅。

樞府筵開明月樓，吳山楚水望悠悠。琵琶聲斷頻懷古，詞賦吟成為愛秋。引滿壺觴歌既醉，載歸絃管盪中流。淩波萬點浮江火，蓮炬中元助勝遊。(《輯刻琵琶亭詩》，清乾隆十一年古柏堂刊本)

智按：次唐英《丙寅中元琵琶亭讌集即事》之原韻。丙寅，即乾隆十一年（一七四六）。

鈕鎮，山陰（今浙江紹興）人。

桂洲

《琵琶亭秋韻》

新亭舊跡意偏佳，滿壁詞章筆有花。江上數峰青入座，窗前九派碧浮槎。秋聲颯颯隨遊屐，雲影重重護遠家。司馬當年幾點淚，至今遺韻憶琵琶。

潯陽勝跡此無加，結構樓臺錦簇花。巒影濤聲留過客，騷翁詩伯駐星槎。憐才鐵網掺奇貝，傳世金徑集大家。商婦有知絃再促，應從夢裏訴琵琶。

蟬鳴高樹夕陽樓，月檻雲廊澹境幽。一望迷離披罨畫，數聲欸乃起潛鷗。使君高致追前躅，野叟浮踪續勝遊。古去今來同興會，是真風雅自千秋。

才非王粲喜登樓，一望江州野興幽。霜葉似花明遠岫，潯波疑境點輕鷗。天開圖畫縹緗麗，人在冰壺汗漫遊。漫道疏狂無好句，襟期領略十分秋。(《輯刻琵琶亭詩》，清乾隆十一年古柏堂刊本)

智按：次唐英乾隆八年（一七四三）癸亥《春遊琵琶新亭唱和草》之

原韻。

桂洲，慈溪（今屬浙江）人。

姚弘燮

《遊琵琶亭登樓感賦》

名勝潯江多過客，登樓我羨飽風帆。兩年况味詩三卷，千里鄉關書幾緘。借手彈心悲往事，憑今弔古濕青衫。琵琶商婦自幽怨，不是秋娘老被讒。

《續遊琵琶亭登忘機樓》

已到忘機處，塵襟澹宕開。鐸風敲雨至，帆影送詩來。三醉三吟矣，一回一快哉。先春消息好，蓓蕾探新梅。（以上均見《輯刻琵琶亭詩》，清乾隆十一年古柏堂刊本）

智按：姚弘燮，錢塘（今浙江杭州）人。

汪沂

《奉和蝸寄使君重葺琵琶亭兼增樓宇落成原韻》

江山何損復何加，不斷烟波與浪花。白傅昔年遺勝跡，使君今日泊仙槎。詩中有畫空千古，物外含情自一家。笑我青衫無淚濕，清時何事託琵琶。

嘯傲江天一倚樓，化工重闢景清幽。婆娑影過横江鶴，欸乃聲隨狎浪鷗。風月主人知有屬，琵琶亭子莫空遊。紫微垣裡郎官宿，榷水陶烟萬頃秋。

智按：次唐英乾隆八年（一七四三）癸亥《春遊琵琶新亭唱和草》之原韻。

《和唐使君琵琶亭臨江廊檻工竣原韻》

大雅隨緣興不同，恢宏古蹟氣凌空。千年有待唐公力，一老堪追白傅風。楊柳影飛鸜鵒緑，琵琶聲杳杜鵑紅。推敲愧乏驚人語，叉手低迴欄檻東。

智按：次唐英《丙寅夏五月琵琶亭臨江廊檻工竣偕諸友遊覽疊賦二律以落之》之原韻。丙寅，即乾隆十一年（一七四六）。

《奉和蝸寄使君長至前二日琵琶亭即景元韻》

江天勝地賴君開，六琯將飛暖漸回。日至巽維千古剖，風行廣漠一陽來。渾成畫景烟連水，待嚼寒香笑索梅。不問琵琶聲在否，幽亭尚有白雲偎。

《和唐使君重遊琵琶亭原韻四首》

訪古吟今意興加，樂天重返日邊槎。楓香調歇孤秋月，荼客舟空泣落花。一夕遭逢傳怨婦，千年歌詠藉琵琶。情緣不管江湖叟，獨守寒磯理釣叉。

相逢何必定知音，借景随缘自解襟。風雅感懷兼感世，後先同調即同心。香山遺韻文章古，榷部閒情事業今。我有青衫無淚濕，清時司馬樂謳吟。

陶烟榷水此居停，消受春光秋氣冥。風撼灘蘆驚鷺隊，雨戀樓角帶龍鯹。遠帆隱約雲拖白，野岸蒼茫草半青。瑟瑟蕭蕭飛爽籟，鵾絃仿佛響空亭。

槎回天漢此重遊，風雅堪推第一流。恍對故人亭畔月，似曾相識水邊鷗。罷彈白傅青衫淚，愛賦黃蘆苦竹秋。粉版留題成不朽，探珠選玉錦囊收。（以上均見《輯刻琵琶亭詩》，清乾隆十一年古柏堂刊本）

智按：次唐英《丙寅夏五月琵琶亭臨江廊檻工竣偕諸友遊覽疊賦二律以落之》之原韻。丙寅，即乾隆十一年（一七四六）。

汪沂，字魯濱，海陽人。曾任江州司馬。乾隆元年（一七三六）官九江府同知，屢斷鄰郡疑獄。又捐俸倡修清江舊堤，保田千頃。人懷其澤。

汪圖

《奉和蝸寄使君重葺琵琶亭兼增樓宇落成原韻》

遺亭重葺韻多加，尚憶當年擁荻花。地闢樓臺成樂境，天開圖畫泊仙槎。風流似結香山社，俊逸應歸古柏家。前白後唐同不朽，聲流商婦一琵琶。

高舒眼界愛登樓，造物同功闢境幽。縹緲廬山飛翠黛，瀠洄潯水泛沙鷗。雲皴樹杪春容澹，月到天心自在遊。名勝不逢風雅種，難將一笠遁千秋。

智按：次唐英乾隆八年（一七四三）癸亥《春遊琵琶新亭唱和草》之原韻。

《又和琵琶亭臨江廊檻工竣疊賦原韻》

名流心自樂天同，逸興遄飛矗碧空。一曲琵琶花殢雨，千秋亭榭鳥啼風。江頭目送浮光白，檻外帆歸返照紅。韻雅古今留勝蹟，翼然楚尾百川東。

葺舊增新致不同，名區不用畫虛空。臨流夜弄波間月，弔古談生座上風。螓首錦纏香夢冷，玉盤珠落淚痕紅。留題恐惹江山笑，極目鄉關白嶽東。（《輯刻琵琶亭詩》，清乾隆十一年古柏堂刊本）

智按：次唐英《丙寅夏五月琵琶亭臨江廊檻工竣偕諸友遊覽疊賦二律以落之》之原韻。丙寅，即乾隆十一年（一七四六）。

汪圖，字將南。海陽人。太學生。幼從其叔學楷書，頗有名。康熙四十二年（一七〇三），以字學應南巡召試，欽取第二名。七親王以賓禮延聘，請教書法。

汪鎮

《奉和原韻》

情關風韻意偏加，勝地重新繞浪花。亭在水中非泛宅，人從天際落靈槎。香山雅望真同調，榷使才華冠百家。名附賢豪商婦幸，千秋遺響憶琵琶。

曉日瞳曨影一樓，登臨極目望中幽。排青廬嶽雲連樹，湧碧潯江浪狎鷗。遺韻續新遺韻在，解人重葺解人遊。漫猜送客當年興，不是黃蘆苦竹秋。（《輯刻琵琶亭詩》，清乾隆十一年古柏堂刊本）

智按：次唐英乾隆八年（一七四三）癸亥《春遊琵琶新亭唱和草》之原韻。

汪鎮，海陽人。

宋學海

《步琵琶亭詩原韻》

琵琶一曲思無邊，翻出歌行亭翼然。秋到潯江夜月白，荻花楓葉自年年。

曹閒愁宋滯天涯，自況秋江蘆荻花。幸遇青衫白太傅，吟情採譜入琵琶。

多情司馬駐江州，歌贈琵琶韻事留。亭畔古今商婦有，空驚搖落自悲秋。

吟情詩境澹中開，碑碣樓亭潯水隈。翠袖青衫邈莫問，玉盤珠落寫懷來。

一亭情思點江陰，粧點栽培雅興臨。風月凄清蘆荻岸，已成畫譜與詩林。

青衫紅袖銷魂處，楓葉荻花月影重。為恐騷人詩夢僻，海天隔院響疏鐘。

《秋日琵琶亭詩和韻》

新亭舊蹟興偏加，好句驚看筆舞花。千載潯江秋自月，此時銀漢使停槎。紅欄白水開詩境，古碣豐碑聚大家。敢謂高懷追逸韻，行歌聊爾附琵琶。

琵琶亭畔起新樓，水剩山殘境自幽。滿壁詩情摩詰畫，一江帆影海翁鷗。凄其掩泣當年事，閒曠行吟此日遊。我亦天涯淪落客，何如商婦得鳴秋。

智按：次唐英乾隆八年（一七四三）癸亥《春遊琵琶新亭唱和草》之原韻。

《次棠郇先生原韻》

亭以詩重葺，詩因亭屢成。一椽憐玉意，千首擲金聲。楓葉經秋艷，荻花傍月生。青衫與翠袖，何處泊舟行。

《琵琶亭懷古調臨江仙》

月白江清秋夜冷，泊舟楓葉蘆花。主人送客去天涯。三杯分契闊，一曲聽琵琶。　添酒回燈重宴處，含情商婦增嗟。促絃轉急淚痕加。離亭潯水側，愁思夕陽斜。（以上均見《輯刻琵琶亭詩》，清乾隆十一年古柏堂刊本）

智按：次唐英乾隆八年（一七四三）癸亥《春遊琵琶新亭唱和草》之原韻。

宋學海，山陰（今浙江紹興）人。

徐之禮

《琵琶亭和唐樞使原韻》

舊跡重新點綴加，一樓山色四時花。使君風雅過司馬，勝地嬉遊集客槎。彈淚昔年憐怨婦，多情此日屬詩家。歌行共仰如椽筆，託寫推前卻後琶。

智按：次唐英乾隆八年（一七四三）癸亥《春遊琵琶新亭唱和草》之原韻。

《琵琶亭和韻》

空亭落葉影交加，秋月年年照荻花。五夜彈絲成往事，廿年奉使駐靈槎。登樓不減庾公興，採菊寧輸陶令家。風雅豪華有如此，笑他白傅泣琵琶。

江天結構起層樓，掩映孤亭風景幽。紅葉千峰供嘯詠，碧波萬頃點沙鷗。今朝尺鯉傳新句，何日扁舟附泳遊。勝地名流今古續，琵琶一曲足千秋。（以上均見《輯刻琵琶亭詩》，清乾隆十一年古柏堂刊本）

智按：次唐英乾隆八年（一七四三）癸亥《春遊琵琶新亭唱和草》之原韻。

徐之禮，長洲（今江蘇蘇州）人。

敖動齡

《重過琵琶亭集句》

千古風流一瞬間，小亭倚徧曲闌干。長空嘹嚦數聲雁，還擬琵琶續續彈。（《輯刻琵琶亭詩》，清乾隆十一年古柏堂刊本）

智按：敖動齡，無錫（今屬江蘇）人。

余樵谷

《琵琶亭弔古》

江邊亭子譜芳名，一夕琵琶千古情。白傅當年憐更惜，紅裙今日死猶生。

廬峰雨過雲都淨。湓浦波恬月正明。同時沉淪同一恨，非關司馬太多情。（《輯刻琵琶亭詩》，清乾隆十一年古柏堂刊本）

智按：余樵谷，新安（今屬河南）人。

蔡光斗

《奉和唐使君春遊琵琶新亭詩二首讌集詩六首》

潯陽春日景增加，細雨斜風浪自花。紫翠千峰當曲檻，玻瓈萬頃擁浮槎。寓情文雅經遊地，托興詩篇舊作家。寄語香山老居士，有人重與賦琵琶。

小亭清雅復層樓，畫棟紅欄事事幽。緑樹慣停沙島鶴，碧波閒泛水中鷗。窗迎湓浦開畫圖，簾捲匡廬入臥遊。點檢名人千古跡，春光盎盎勝於秋。

智按：次唐英乾隆八年（一七四三）癸亥《春遊琵琶新亭唱和草》之原韻。

《絕句》

琵琶亭子傍江邊，商婦彈絃事杳然。一自風流人去後，荻花楓葉自年年。

潯陽江上更清閒，憑弔遺踪烟靄間。能識青衫無限恨，前身應是白香山。

一曲琵琶水上聞，移船相見對秋濆。只今送客江邊路，烏柏丹楓鏁白雲。

緑柳毵毵一徑開，小樓畫閣傍江隈。先生自是多佳興，酒債詩逋得得來。

匡廬雲鎖山千疊，湓浦風搖浪幾重。為讀古碑探舊跡，黄昏烟寺一聲鐘。（琵琶亭後有海天寺）

小亭一望大江連，紅樹青山景自妍。同是江心秋月白，而今只照釣魚船。（以上均見《輯刻琵琶亭詩》，清乾隆十一年古柏堂刊本）

智按：蔡光斗，吳下人。

馬梅卿

《重陽後一日琵琶亭弔古和中元夜讌集原韻》

九月登臨水上樓，遙天極目思悠悠。遠帆歸載夕陽晚，漁笛橫吹湓浦秋。

人去江空留勝蹟，曲終事遠尚風流。蒼茫夜月荻花白，今古銷魂旅客遊。

智按：次唐英乾隆八年（一七四三）癸亥《春遊琵琶新亭唱和草》之原韻。

《恭和望春原韻》

氣清天朗近修禊，烟景蒼茫接緑蕪。細柳搖風遮古岸，新蒲刺水出平湖。新春鳥語綿蠻澀，試網漁舟欸乃孤。獨愛匡廬山色好，倩誰畫我入山圖。（以上均見《輯刻琵琶亭詩》，清乾隆十一年古柏堂刊本）

智按：次唐英《正月廿五日琵琶亭望春》之原韻。

吴紹英

《琵琶亭和韻》

峰繞雲疊樹交加，望裹烟迷江上花。一曲潯陽頻入夢，何年博望許浮槎。新吟不漬青衫淚，古蹟還傳白傅家。他日我從五老過，聽誰亭畔弄琵琶。

神仙何必好居樓，樓外亭開景更幽。雲裊香烟浮寶鴨，雪翻紅蓼起閒鷗。浣花未落江州勝，汎月猶逾赤壁遊。近憶當年白太傅，風流榷使繼千秋。（《輯刻琵琶亭詩》，清乾隆十一年古柏堂刊本）

智按：次唐英乾隆八年（一七四三）癸亥《春遊琵琶新亭唱和草》之原韻。

吴紹英，古吴人。

李莊然

《琵琶亭和韻》

無端短髩漸加霜，况值登臨見荻花。但說青衫傷白傅，又誰枯樹識靈槎。詞人老去都懷土，遷客愁來最憶家。試上斯亭頻悵望，傷心不獨為琵琶。

築罷新亭更建樓，使君儒雅復清幽。十年心事存青簡，一片閒情付白鷗。

往古風流何處問，從來名勝幾人遊。客懷對此傷搖落，苦竹黄蘆又暮秋。（《輯刻琵琶亭詩》，清乾隆十一年古柏堂刊本）

智按：次唐英乾隆八年（一七四三）癸亥《春遊琵琶新亭唱和草》之原韻。

李莊然，檇李（今浙江嘉興）人。

鈕讓

《琵琶亭和韻》

九派江環百尺樓，蓮花幙捲綺窗幽。使君霄漢凌翔鶴，釣叟波喜狎鷗。名勝但教供嘯傲，蓬瀛何必更遨遊。片帆他日潯陽挂，願賦壺天一鏡秋。（《輯刻琵琶亭詩》，清乾隆十一年古柏堂刊本）

智按：次唐英乾隆八年（一七四三）癸亥《春遊琵琶新亭唱和草》之原韻。

鈕讓，東吴人。

秦義均

《奉和新葺琵琶亭原韻》

波光雲影緑重加，十里江城看杏花。古蹟永傳唐代碣，新亭擬接漢時槎。風廻浪槳聞漁牓，烟鎖晴帘認酒家。千載香山溢浦淚，月中水上有琵琶。

路出潯陽好倚樓，山川襟帶總清幽。江關浩淼棲丹鳳，亭院蕭疏引白鷗。欲問隣僧真幻影，莫教羈客等閒遊。琵琶一曲傳今古，情景當年是杪秋。（《輯刻琵琶亭詩》，清乾隆十一年古柏堂刊本）

智按：次唐英乾隆八年（一七四三）癸亥《春遊琵琶新亭唱和草》之原韻。

秦義均，字敬資，錫山（今江蘇無錫）人。

伊爾謹

《丙寅秋日遊琵琶亭登忘機樓即景留別蝸寄故人》

登樓到此忘機閣（閣額「到此忘機」四字），潯水廬山娛眼前。風激浪花千里雪，雲垂嵐影萬家烟。荻洲清淺初歸雁，柳岸蕭疏尚帶蟬。鄉思離情難共載，琵琶亭下過江船。（《輯刻琵琶亭詩》，清乾隆十一年古柏堂刊本）

智按：丙寅，即乾隆十一年（一七四六）。

伊爾謹，氏伊爾根覺羅，字翼庭。滿洲正黄旗人。大學士伊桑阿（一六三八～一七〇三）子，伊都立弟。有《印月齋詩集》。《熙朝雅頌集》卷二十收詩四首。事迹見《八旗文經·作者考》。

雷寅

《季冬晚登琵琶亭有作》

山紫烟凝爽氣浮，當年送客此江州。琵琶彈月人何處，亭對夕陽鑠暮愁。（《輯刻琵琶亭詩》，清乾隆十一年古柏堂刊本）

智按：雷寅，古筠人。

孫品盛

《遊琵琶亭六截句》

韶光滿眼潑隄青，閒踏春郊憩野亭。風雅香山遺道貌，瓣香千古總儀型（亭側有樂天祠像，榷使唐公建造）。

當日江頭夜送客，秋風瑟瑟月明中。琵琶一夕彈紅粉，千古情深白首翁。

俯檻穿廊恣眺遊，無邊春色入江樓。香山居士今何在，應許唐公是一流。

風騷偶墮三秋淚，遺韻長流九派江。青柳拂簷吹細細，白鷗遶楫舞雙雙。

琵琶亭上春光好，湓浦江頭草木香。太傅今古應不少，醉吟風雅一人長。

商婦琵琶江上聲，淚彈老大不平鳴。至今淪落天涯客，到此登臨一樣情。（《輯刻琵琶亭詩》，清乾隆十一年古柏堂刊本）

智按：孫品盛，古棠（今屬江蘇南京）人。

陳甲

《丁卯春琵琶亭修葺工竣遊覽有作》

名勝留傳賴大方，使君韻雅起頹荒。竹風搖檻娟娟翠，花雨穿樓細細香。人繼樂天詩再續，情憐商婦興尤長。琵琶一夕亭千古，郱始重新烟水鄉。（《輯刻琵琶亭詩》，清乾隆十一年古柏堂刊本）

智按：丁卯，即乾隆十二年（一七四七）。

陳甲，德化（今江西九江）生員。

吴兆鶴

《丁卯夏日舟過琵琶亭二截句》

琵琶亭上夕陽斜，停泊登臨問酒家。淪落天涯人不識，夜深誰共訴琵琶。

琵琶亭下水潺潺，名勝千秋著此間。自對一樽歌一曲，篷窗夢擬訪香山。（《輯刻琵琶亭詩》，清乾隆十一年古柏堂刊本）

智按：丁卯，即乾隆十二年（一七四七）。

吴兆鶴，休寧（今屬安徽）人。

汪軔（一七一一～一七六七）

《登琵琶亭有感》

吴楚川原接，鴻飛入杳冥。江風吹遠客，山雨逼孤亭。水闊千颿白，樓高雙劍青。琵琶聲續浪，仿佛鼓湘靈。（《輯刻琵琶亭詩》，清乾隆十一年古柏堂刊本）

智按：汪軔，字輂雲，號魚亭，武寧（今屬江西）人。乾隆優貢生。官吉水訓導。有《魚亭詩鈔》。

徐洪圖

《次和唐使君重新琵琶亭原韻二首》

登臨勝地興偏加，罨畫樓臺擁浪花。柳陌徑穿晴雨路，風帆人泊往來槎。青衫濕淚悲商婦，老嫗知詩識大家。遺韻千秋江上水，依稀耳畔弄琵琶。

惠風化雨護亭樓，想見清標逸興幽。學有淵源驚繡虎，心無繫累澹浮鷗。當年送客人千古，此日登臨我獨遊。先後樂天神契合，潯陽接踵祀春秋。（《輯刻琵琶亭詩》，清乾隆十一年古柏堂刊本）

智按：次唐英乾隆八年（一七四三）癸亥《春遊琵琶新亭唱和草》之原韻。徐洪圖，瀼水人。

李天池

《琵琶亭懷古》

紅袖秋江曲，青衫送客聽。虛舟浮遠瀨，斷岸冷孤亭。一夜愁如織，千年夢已醒。琵琶何處問，流水咽沙汀。（《輯刻琵琶亭詩》，清乾隆十一年古柏堂刊本）

智按：李天池，洪州（今江西南昌）人。

蔡靜谷

《遊琵琶亭二絕句》

琵琶亭上共躋扳，碧樹紅欄罨畫間。自是唐侯風雅甚，千秋應和白香山。

欣看粉壁走龍蛇，刻翠裁紅籠碧紗。再鼓一彈風雅續，月明江上有琵琶。（《輯刻琵琶亭詩》，清乾隆十一年古柏堂刊本）

智按：蔡靜谷，吳門人。

秦學熙

《遊琵琶亭二首》

潯陽江畔幾經過，眺望孤亭感慨多。一曲琵琶明月夜，蘆花楓葉落紅波。

誰嗣香山逸響來，子西詞賦滿亭臺。慚予僕僕江關客，東去吳山首重回。（《輯刻琵琶亭詩》，清乾隆十一年古柏堂刊本）

智按：秦學熙，古吳人。

釋實利

《琵琶亭問古》

雲間鶴野笑空花，不畫葫蘆不種瓜。欲起香山居士問，傳燈可是借琵琶。

傳燈可是借琵琶，種豆因緣不結瓜。今日葫蘆非舊樣，雲心鶴骨又拈花。（《輯刻琵琶亭詩》，清乾隆十一年古柏堂刊本）

智按：釋實利，楚江人。

周之恒

《遊新建琵琶亭》

廢址臨江幾劫灰，琵琶舊蹟復新開。使君風雅傳千古，莫是香山今再來。（《輯刻琵琶亭詩》，清乾隆十一年古柏堂刊本）

智按：周之恒，江蘇人。

俞塔

《丁卯五月夜遊琵琶亭四截句》

亭樓結構畫難成，興感千秋自有情。檜鐸江流風過處，依稀插撥四絃聲。

老大悲秋倍慘神，荻花楓葉逐年新。漫愁今日無司馬，好向潯陽索解人。

水靜沙明旅雁飛，舊時送客景依稀。千年豈少琵琶婦，底事無人淚濕衣。

潯陽送客記深秋，水滿長江月滿舟。風雅若非白太傅，琵琶何至古今愁？

（《輯刻琵琶亭詩》，清乾隆十一年古柏堂刊本）

智按：丁卯，即乾隆十二年（一七四七）。俞塔，天都人。

蘇錡

《丁卯八月十日遊琵琶新亭二絕句》

潯陽舊蹟未全湮，結構亭樓一煥然。四壁琳瑯題詠富，今人誰道遜前賢？

秋江倦客暫停槎，垂柳朱樓鎖暮霞。猶是清風明月夜，空亭無復響琵琶。

（《輯刻琵琶亭詩》，清乾隆十一年古柏堂刊本）

智按：丁卯，即乾隆十二年（一七四七）。蘇錡，江都（今江蘇揚州）人。

沈葩文

《九月初三日登琵琶亭　用曲牌名》

江頭送別哭相思，駐馬離亭宴罷時。千古輪臺留短拍，三秋夜月鎖南枝。聲聲慢唱迎仙客，字字雙飛落雁兒。為憶多嬌意不盡，賺予一撮棹歸遲。

一江風裏勝如花，烏夜啼殘送別槎。二煞曲終川撥棹，四邊人靜浪淘沙。非關錦拍青衫濕，漫剔銀燈夜月斜。獨上小樓沉醉也，霜天曉角攪箏琶。

（《輯刻琵琶亭詩》，清乾隆十一年古柏堂刊本）

智按：沈葩文，鑑湖（今浙江紹興）人。

佘祖瀾

《丁卯菊月和唐使君原韻》

名勝潯陽地，新亭俯大川。風檣擎野月，雲輅破寒煙。柳拂橫秋雁，蘆

飛接水天。倚欄閒豁目，逸興此翛然。(《輯刻琵琶亭詩》，清乾隆十一年古柏堂刊本)

智按：丁卯，即乾隆十二年（一七四七）。余祖瀾，奉新（今屬江西）人。

王貽穀

《丁卯菊月舟過九江遊琵琶亭》

浩浩江流水接天，潯陽遺蹟古今傳。四絃無復彈霜月，千載還能泊客船。秋意未殘堪嘯咏，歸心欲別費纏綿。前賢風雅今賢續，輪奐重新豈偶然。(《輯刻琵琶亭詩》，清乾隆十一年古柏堂刊本)

智按：丁卯，即乾隆十二年（一七四七）。王貽穀，姚江（今屬浙江餘姚）人。

吳嗣憲

《丁卯暮秋遊琵琶亭》

水天一色楚江秋，上下風帆醒客眸。鷗鷺幾行隨處落，烟波萬頃望中收。吟懷漫續琵琶調，生面驚看蘆荻洲。風雅使君培故蹟，名齊司馬冠江州。(《輯刻琵琶亭詩》，清乾隆十一年古柏堂刊本)

智按：丁卯，即乾隆十二年（一七四七）。吳嗣憲，錢塘（今浙江杭州）人。

江潮

《丁卯仲秋登琵琶亭》

不盡潯江萬里流，天青雲白正凝秋。楓蘆似恨吹風咽，行旅含情動棹謳。送客事傳寒夜月，撥琶聲斷靜鄰舟。青衫淚濕人何限，商婦難逢空復愁。

(《輯刻琵琶亭詩》，清乾隆十一年古柏堂刊本)

智按：丁卯，即乾隆十二年（一七四七）。江潮，漢南人。

胡紹堂

《丁卯暮秋登忘機閣偶占》

登樓一望大江連，風緊雲寒秋暮天。孤棹東來尋勝蹟，琵琶亭外泊漁船。(《輯刻琵琶亭詩》，清乾隆十一年古柏堂刊本)

智按：丁卯，即乾隆十二年（一七四七）。胡紹堂，古歙（今屬安徽）人。

湯廣

《遊琵琶亭次唐使君原韻》

潯江煙景一亭加，春到梅風放早花。東望勾吳浮遠岫，西臨荊楚泛輕槎。京華計日三千里，湓浦衡門十萬家。雅韻香山今古在，行人過此問琵琶。

忘機樓封鎖江樓，遙望煙波野興幽。帆掛高空千樹雨，艇浮春水數枚鷗。堤邊懷古成新詠，膝下承歡快遠遊（時隨家大人往都）。更有當年賢刺史，湖中棠陰幾經秋。（江州城西甘棠湖中央有烟水亭，唐李渤建）(《輯刻琵琶亭詩》，清乾隆十一年古柏堂刊本)

智按：次唐英乾隆八年（一七四三）癸亥《春遊琵琶新亭唱和草》之原韻。

湯廣，南豐（今屬江西）人。

許槐蔭

《丁卯冬月再過琵琶亭》

再過潯陽續舊遊，琵琶千載一亭留。故人笑語還如昨，蘆渚蕭條不似秋。

幾縷晚烟迷古堞，一聲風角動江樓。開懷且滿樽中酒，莫把新詩寫旅愁。（《輯刻琵琶亭詩》，清乾隆十一年古柏堂刊本）

智按：丁卯，即乾隆十二年（一七四七）。許槐蔭，新安（今屬河南）人。

汪夏

《秋日歸舟次琵琶亭二首》

客子東歸興不窮，小船幾度繫秋風。荻花楓葉仍于此，商婦如何不再逢？

到此忘機上此樓，水流花放正悠悠。誰憐淚落青衫濕，為聽風悲月夜秋。（《輯刻琵琶亭詩》，清乾隆十一年古柏堂刊本）

智按：汪夏，古歙（今屬安徽）人。

葉愈久

《冬日遊琵琶亭瞻樂天先生像並頌唐使君重修雅致》

司馬當年事已過，琵琶遺韻寫情多。半生淪落數行淚，千古風騷一曲歌。君去君來誰識此，花開花落興如何。而今幸有知音者，亭建江干永不磨。（《輯刻琵琶亭詩》，清乾隆十一年古柏堂刊本）

智按：葉愈久，洪都（今江西南昌）人。

陸語

《冬杪遊琵琶亭》

昔賢興感地，短棹特來尋。一夕絃如訴，千秋詩尚新。青衫曾下淚，紅粉已成塵。對此情無限，何堪飄泊身。（《輯刻琵琶亭詩》，清乾隆十一年古柏堂刊本）

智按：陸語，崇明（今屬上海）人。

施用中

《琵琶亭即景·滿江紅并引》

唐使君秉節九江榷政，捐俸重修琵琶亭，增其舊制，題詠滿樓，大為香山生色，且虛懷若谷，復有招吟索和之雅。因不揣續貂，漫填一闋云。

遙睇潯陽，滿眼裏、江山如畫。剩一笠，荒亭坍圮，琵琶陳蹟。此夜尋聲人不見，當年淚客今吟客。問風流，重續此亭新，伊誰力？　營棟宇，闌干北。增傑閣，豐碑側。更虛懷若谷，詩徵文索。樹幟吟壇公牘暇，隱淪簪笏今無匹。羨使君，司馬兩齊名，唐和白。

《琵琶亭即景二截句》

琵琶亭讀《琵琶行》，古調今賢共得名。送客江頭今夜月，如聞當日撥絃聲。

琵琶彈罷數峰青，人去名留一笠亭。千載知音心自賞，何嘗度與使君聽。（《輯刻琵琶亭詩》，清乾隆十一年古柏堂刊本）

智按：施用中，新安（今屬河南）人。

金秀文

《正月十四日遊琵琶亭和唐使君探春原韻》

融和天氣喜初正，遊興還從醉裏生。緩步江皋舒倦眼，凭闌古榭訪新聲。紅橋窈折分波碧，彩筆紛披耀日明。不盡風騷今古合，琵琶一曲想孤清。（《輯刻琵琶亭詩》，清乾隆十一年古柏堂刊本）

智按：次唐英《戊辰人日後一日琵琶亭探春二首》之原韻。戊辰，即乾隆十三年（一七四八）。

金秀文，稽山（今浙江紹興）人。

薛澍霖

《讀輯刻琵琶亭詩三絕句（有序）》

九江榷使唐公重修琵琶亭，繪圖賦詩，并懸粉板於亭上，以待往來遊人題詠，彙刻成帙，風流大雅，眞堪與白太傅後先輝映也。余待罪巴陵，鹿鹿三載，役形案牘，頗為江山笑人。覩茲新集，發我舊愁，口占小詩寫意，豈徒為青衫紅粉置喙哉！

使君高雅駐江州，古蹟重新紀勝遊。愧我詠遊空意想，一回展卷一悲秋。

披圖風景興無涯，古木參差野徑斜。江月有情依舊白，更無人為弄琵琶。

岳陽樓上獨登臨，對此新亭感慨深。一曲琵琶何足道，青衫淚眼幾知音。（《輯刻琵琶亭詩》，清乾隆十一年古柏堂刊本）

智按：薛澍霖，韓城（今屬陝西）人。

蔣㟭

《前韻》

黃蘆苦竹影交加，水色黏天眼眩花。千古事傳商婦泣，一時神往使星槎。（時榷使公適臨饒郡，未及晉謁）沙邊鷺隊棲鷗渚，烟裏漁村近酒家。笑我多情桃隖客，春風春水問琵琶。

憑闌縱目賦登樓，江上孤亭景絕幽。去住歸程隨旅雁，行藏心跡問盟鷗。聞歌也濕青衫淚，載酒如陪白傅遊。最是風流唐榷使，秋心秋句寫清秋。（《輯刻琵琶亭詩》，清乾隆十一年古柏堂刊本）

智按：次唐英乾隆八年（一七四三）癸亥《春遊琵琶新亭唱和草》之原韻。蔣㟭，桃隖人。

葉鶴生

《遊琵琶亭和唐使君原韻》

蕭疎梧竹蔭交加，春早寒梅已著花。問古情深停鶴舫，謀生志澹羨魚槎。

名山作賦慚潘髩，池草聯唫屬謝家（謂蔣芝罔、括蒼兩君）。歧路縱多身世感，肎將清淚濕琵琶。

胡牀吟嘯擬南樓，屈曲紅闌徑轉幽。壁上新詩誇倚馬（遊人題壁殆遍），尊前歸思嘆浮鷗。只緣司馬留名蹟，豈為琵琶作冶遊。麗句新詞從乞取，今賢古調足千秋。（讀唐公輯刻琵琶亭唱和諸作）（《輯刻琵琶亭詩》，清乾隆十一年古柏堂刊本）

智按：次唐英乾隆八年（一七四三）癸亥《春遊琵琶新亭唱和草》之原韻。

葉鶴生，松陵（今江蘇吳江）人。

吳洪

《暮春登琵琶亭即事》

嘯傲忘機閣，長吟立晚風。落花春色裏，芳草夕陽中。江漢流今古，匡廬倚太空。樂天千載後，此日繼唐公。

《又成七律一首》

惆悵江州有所思，子規聲里唱新詩。春風楊柳人何在？午夜琵琶客自悲。桑柘陰稀花影瘦，櫻桃落盡燕飛遲。欲知亭上凝眸處，回首潯陽是別離。

《又成七絕一首》

江色蒼茫鎖寂寥，臨風懷遠欲魂消。樓前更有牽情處，不盡絲絲是柳條。（《輯刻琵琶亭詩》，清乾隆十一年古柏堂刊本）

智按：吳洪，江浦（今屬江蘇）人。

蔡存希

《琵琶亭和唐使君原韻二首》

錦節來江興更加，此心準擬護鶯花。一簾山色臨春水，兩岸雲飛傍客槎。

白傅當年留逸韻，使君今日自名家。新亭往蹟歸謳頌，不用紅裙再撥琶。

幾時乘興上高樓，極目湖山事事幽。檻外煙霞招野鶴，江濱蘆荻欲藏鷗。浪花蔟處邀文藻，簫管聲多紀勝遊。高唱入雲須記取，青衫知不濕悲秋。(《輯刻琵琶亭詩》，清乾隆十一年古柏堂刊本)

智按：次唐英乾隆八年（一七四三）癸亥《春遊琵琶新亭唱和草》之原韻。

蔡存希，雲間（今上海松江）人。

李廷玉

《琵琶亭懷古》

一夕琵琶斷客腸，酸風變雅此亭長。古今多少商人婦，不遇當年白侍郎。

老大傷秋銷旅魂，琵琶一曲至今存。亭前不斷寒江水，千古詞人續淚痕。

《琵琶亭懷古》

遊人競此問琵琶，能解風騷自歎嗟。異代名流成地主，同心勝槩著天涯。青衫紅袖情千古，榷客香山興一家（榷使唐公慕樂天風雅，建此亭樓，使千年舊址一旦重新。昔人謂蘇堤之築，東坡為香山後身，余于公亦云）。此日憑欄無限意，閒鷗神契下平沙。(《輯刻琵琶亭詩》，清乾隆十一年古柏堂刊本)

智按：李廷玉，西吳人。

劉士錫

《琵琶亭落成後遊覽有作》

琵琶聲斷大江橫，惟見孤亭接郡城。湓浦風帆千艦集，匡廬雲氣五峰清。當年送別悲蕭瑟，此日登臨喜落成。到處山川新勝蹟，知公邱壑未忘情。(《輯刻琵琶亭詩》，清乾隆十一年古柏堂刊本)

智按：劉士錫，湘南人。

因曰琮

《登琵琶亭》

琵琶遺舊址，風雅葺新成。司馬文章重，使君名譽清。樓臺增異代，今古契同聲。小立停舟處，低徊不忍行。（《輯刻琵琶亭詩》，清乾隆十一年古柏堂刊本）

智按：因曰琮，臨汾（今屬山西）人。

王臺

《戊辰夏日遊琵琶亭次留别風景原韻》

天應惜我許長閒，僑寓名區歲一還。憶濯足纓歌漢水，剩真面目對廬山。行踪乘興遊誰識，詩力因年進自删。竹苦蘆黄秋境界，烏衣子弟笑蒼顏。

琵琶一夕事傳今，遺韻千秋蠟屐尋。捫碣神馳懷古調，臨流清滌出塵心。江湖有志浮孤棹，日月無情照寸陰。避暑偶來亭上坐，風搖高柳緑雲深。（《輯刻琵琶亭詩》，清乾隆十一年古柏堂刊本）

智按：戊辰，即乾隆十三年（一七四八）。王臺，湖廣人。

白德馨

《登琵琶亭》

琵琶亭子江之濱，亭外江流自古今。吾家司馬夜送客，茫茫烟水月沉沉。江上誰鼓楓香調，四絃脉脉傳懷抱。憶昔紅顏今白頭，如泣如訴聲悲悼。天涯淪落有知音，聲聲彈動愁人心。明月繞船絃再鼓，青衫淚濕成高吟。千迴百折詞何妙，一曲琵琶兩寫照。摩情繪景傳千秋，愧我後人難為紹。晉陽使君今風雅，案牘餘閒自瀟灑。筆鋒直扛五嶽搖，詞源倒接三江瀉。營新葺舊主騷壇，文人墨客平生歡。青山事業簪笏隱，仙舟龍門人爭攀。撚鬚叉手勝難角，前有司馬後司権。司馬牢愁司権閒，西江廿載名卓犖。我自黄鶴樓中來，跨鶴仙人去不回。水剩山殘千里興，不聞鐵笛空徘徊。何如此日忘機閣，雲水滌蕩胸拓落。我公商婦縱無音，得與使君分餘樂。(《輯刻琵琶亭詩》，清乾隆十一年古柏堂刊本)

智按：白德馨，字上聞，一字香山，號季子，康熙間金陵（今江蘇南京）人。工草書，法二王。著有《書法金針》、《洗硯齋稿》、《藏山亭稿》。事迹見同治《上江縣志》、《金陵詩征》、《金陵通志》。

蔡繼祖

《次唐使君琵琶亭原韻》

緑樹紅闌景色加，使君政暇問鶯花。後先白傅千秋韻，陶榷勞臣十載槎。蔓草荒烟增勝概，吟今弔古屬名家。須知同調真風雅，豈為深秋一撥琶。

目窮千里上層樓，水緑山青入望幽。崔顥詩題難附驥，海翁機澹喜盟鷗。琵琶一夕成佳話，風雅千年繼勝遊。商婦秖今何處去，空亭冷月又新秋。(《輯刻琵琶亭詩》，清乾隆十一年古柏堂刊本)

智按：次唐英乾隆八年（一七四三）癸亥《春遊琵琶新亭唱和草》之原韻。

《步五月臨江廊檻工竣韻》

勝情遺韻古今同，到此登臨眼界空。傑閣吞江環碧水，長廊抱柳納涼風。逢時蒲草侵階緑，經雨榴花照檻紅。白傅使君盧嶽并，千秋五老峙亭東。(《輯刻琵琶亭詩》，清乾隆十一年古柏堂刊本)

智按：次唐英《丙寅中元琵琶亭讌集即事》之原韻。丙寅，即乾隆十一年（一七四六）。

《和琵琶亭青衫濕調》

微名也向浮梁去，廿載憶琵琶（予司鐸浮梁廿載）。舊跡韶華，亭樓如畫，綠樹紅花。　　香山同調，使君韻雅，遠播天涯。憑闌此日，吟今弔古，老興重加。（《輯刻琵琶亭詩》，清乾隆十一年古柏堂刊本）

智按：蔡繼祖，德化（今江西九江）人。康熙間，任江西浮梁教諭。鄭綬笙《九江名人小傳稿》載，蔡繼祖著有《花學集》，乾隆間遭查禁。

江之璿

《琵琶亭次韻四首》

探幽曾泊此江邊，昔日荒亭今煥然。司馬風騷千載續，風清月白自年年。

琵琶聲斷古亭閒，白傅詩名在世間。傳事傳人眞大雅，從來詞賦重名山。

空洞亭樓面水開，片帆夜泊傍沙隈。秋風挾雨聲蕭瑟，疑是琵琶江上來。

玲瓏秋柳罩亭陰，司馬當年送客臨。風雅江州今節使，更多佳句重雞林。（《輯刻琵琶亭詩》，清乾隆十一年古柏堂刊本）

智按：江之璿，漢陽（今屬湖北武漢）人。

盧鵬

《遊琵琶亭四絕句》

千載琵琶有嗣音，江心白月照閒吟。名流今古無憑識，秋滿亭樓烟水深。

圮岸孤亭蹟半湮，風流榷使又重新。高懸粉簡徵詩處，下里巴人也效顰。

新亭佳什久喧傳，此日登臨慰夙緣。太傅丰神慙未遇，片帆高掛暮雲天。

我已三年滯岳陽，片帆今日理歸裝。重經勝地難為別，江閣江亭繫客腸。（《輯刻琵琶亭詩》，清乾隆十一年古柏堂刊本）

智按：盧鵬，毘陵（今江蘇常州）人。

江邦鑑

《舟過琵琶亭有感步碑刻十首原韻》

孤亭一笠大江邊，幾度登臨思愀然。今日重來登眺處，蘆花楓葉憶當年。

蹉跎五載滯天涯，自笑萍踪逐浪花。幾度揚帆亭下過，傷心不敢問琵琶。

停舟問古片時閒，舊蹟新亭雲水間。今古香山風雅合，琵琶留韻伴江山。

音響琵琶已不聞，孤亭屹立向秋濆。青衫紅袖人何處？廬阜潯江賸水雲。

揚州纔過又江州，名利牽人到處留。別有傷心名利外，情癡端不為悲秋。

愁深不放旅懷開，神寄空亭烟水隈。此日乘風江漢去，何時跨鶴賦歸來？

蕭蕭黃葉下亭陰，客路登高水又臨。風雅千年公解續，居然白傅又山林。

寒蛩旅雁愁聲碎，漁火殘星落水重。更是夜深亭畔坐，敲人心膽寺樓鐘。

江亭倒影碧波連，秋草秋花景倍妍。纔入琵琶江上夢，曉風殘月又開船。

萍蓬湖海笑夷猶，嘲解東方汗漫遊。華髮星星憑老大，古今誰不負春秋。

（《輯刻琵琶亭詩》，清乾隆十一年古柏堂刊本）

智按：江邦鑑，字静波，新安（今屬河南）人。

李縠

《仲秋過琵琶亭感賦二首》

故國蓴鱸決策歸，帆停湓浦弔前徽。江頭月冷冰絃絕，檻外風清白鷺飛。撫景那堪霜落葉，關情也有淚沾衣。天涯不少商人婦，撥盡琵琶知者希。

獨上孤亭感慨生，蕭蕭楓荻總秋聲。葉鋪幽徑行來軟，烟補疎林望去平。商妇行踪同抱恨，樂天今古自多情。知音何處風流邈，山自蒼蒼水自鳴。

（《輯刻琵琶亭詩》，清乾隆十一年古柏堂刊本）

智按：李縠，吴興人。

李瓊

《戊辰冬與郎楊璟菴同赴海寧官署舟次斯亭登樓覽勝兼得遍識詞壇佳搆因贅里言以博一笑》

琵琶江上音聲歇，琵琶亭上多遊客。遊客羣深弔古情，可憐大半泥形跡。一曲鵾絃妙幾何，那能感激淚偏多。勞臣思婦千秋恨，好與詩人細詠歌。（《輯刻琵琶亭詩》，清乾隆十一年古柏堂刊本）

智按：戊辰，即乾隆十三年（一七四八）。李瓊，漢陽（今屬湖北武漢）閨秀，素華氏。

黄圖

《公車北旋過琵琶亭偶占（時戊辰十月也）》

新亭舊蹟占高隄，飄渺雲山遠繡谿。孤客尚留千里外，歸鴻已過數峰西。秋當紅葉青楓暮，眼向黄沙衰草迷。老大無媒羞未嫁，琵琶今古思依依。（《輯刻琵琶亭詩》，清乾隆十一年古柏堂刊本）

智按：戊辰，即乾隆十三年（一七四八）。黄圖，字璧軒，金谿人。

鄒紹朱

《奉步唐使君重遊琵琶亭原韻四首》

十載荒亭勝蹟加，天邊重喜返仙槎。鳶魚如故供詩料，山木依然助筆花。高世調傳今太傅，隨緣情寄古琵琶。使君雅欠江州債，月索風勾手再叉。

眞風眞雅少知音，一遇知音定解襟。明月照人人送客，琵琶彈淚淚傳心。聲華調合同今古，先後名齊自古今。管領江山天有意，醉吟千載續豪吟。

倚檻機忘望眼停，秋山秋水接秋冥。挾霜黄葉飛飛舞，撥棹漁舟細細艇。日暮煙凝千嶂紫，雲空天浸一江青。使君司馬潯陽客，萬古風流共一亭。

古蹟今人喜暢遊，傳風續雅賴名流。忙憐征逐千行雁，清羡伶仃幾箇鷗。昔日曾聞商婦曲，近時猶感樂天秋。會心化境斯川上，到此機忘景物收。（《輯刻琵琶亭詩》，清乾隆十一年古柏堂刊本）

智按：鄒紹朱，德化（今江西九江）庠生。

王文寧

《琵琶亭新搆停舟遊憩喜而有作》

重搆沙頭屋數楹，草風莎雨意淒清。紅顏曲訴平生恨，白傅詩傷淪落情。神往千秋江上蹟，客留半日畫中程。香鑪峯下堂何在？不似閒亭月倍明。（《輯刻琵琶亭詩》，清乾隆十一年古柏堂刊本）

智按：王文寧，字櫟門。蒲城人。

徐節徵

《春日遊琵琶亭漫賦七律二首》

碧瓦瑤牕鑑水心，名流勝地不浮沉。拍殘長慶詩人淚，響逸商船怨婦音。幾點閒鷗烟外沒，一江春恨客中深。風吞沙岸濺濺水，疑是琵琶撥到今。

花飛柳舞繞亭前，嫩緑殷紅春可憐。遠岫嵐光當檻落，東風雨氣送帆懸。塵心會境疑蓬島，客路探幽擬洞天。名勝主持憑造物，古賢遺韻續今賢。（《輯刻琵琶亭詩》，清乾隆十一年古柏堂刊本）

智按：徐節徵，金斗生員。

江昱（一七〇六～一七七五）

《琵琶亭爲唐蝸寄使君作》

銷魂詩句別離津，欄檻參差互水濱。白月空江絃語寂，荻花楓葉淚痕新。飄零何限嗟商婦，風雅由來屬解人。翻笑沙頭閒釣叟，一竿長對楚山顰。（乾

隆二十六年刻本《松泉詩集》卷二；《輯刻琵琶亭詩》，清乾隆十一年古柏堂刊本；《廬山歷代詩詞全集》第八冊，第五五三八頁）

智按：《輯刻琵琶亭詩》題爲《過琵琶亭有作》。江昱，字賓谷，號松泉，江都（今江蘇揚州）諸生。有《松泉詩集》。

史肇鵬

《憶琵琶亭》

臘破春回愜勝遊，琵琶亭上獨勾留。匡君山色看螺黛，白傅詩情問渚鷗。銀篦羅裙歸寂寂，荻花楓葉尚悠悠。登臨景物成追憶，目斷潯江九派流。（《輯刻琵琶亭詩》，清乾隆十一年古柏堂刊本）

《過琵琶亭和節使唐公原韻二首》

風流白傅更誰加，攬古重栽江岸花。寄託有詩留勝地，溯洄何日泛歸槎。雲橫匡嶺招僊侶，柳暗沙隄賣酒家。羈客那容輕繫纜，恐縈清淚濕琵琶。

依人千里獨登樓，放眼閒吟景最幽。雲水往來孤似鶴，萍蓬飄泊澹於鷗。別營亭榭蕭騷意，未了江湖汗漫遊。風雅寧同白太傅，庾公明月讓清秋。（琵琶亭有忘機樓，與庾亮樓相望）（《輯刻琵琶亭詩》，清乾隆十一年古柏堂刊本）

智按：次唐英乾隆八年（一七四三）癸亥《春遊琵琶新亭唱和草》之原韻。

史肇鵬，三原（今屬陝西）人。

殷惟德

《戊辰季冬遊琵琶亭即景》

縱目江樓逸興加，雕欄曲檻暎飛霞。琵琶亭上春偏早，破臘寒梅已放花。

白傅襟懷孰與同，深情樞使續高風。小樓收盡江山景，點綴名區擬化工。（《輯刻琵琶亭詩》，清乾隆十一年古柏堂刊本）

智按：戊辰，即乾隆十三年（一七四八）。

《和唐使君重遊琵琶亭原韻》

舊蹟更新景自加，江頭過客盡停槎。檻臨九派朝宗水，亭種三春可意花。勝蹟人傳思太傅，幽情寄物問琵琶。十年風月謳吟徧，後此遊人手敢叉？（《輯刻琵琶亭詩》，清乾隆十一年古柏堂刊本）

《和琵琶亭種梅原韻八首》

畫意詩情總大家，公餘江上問琵琶。亭邊親試調羹手，梅子先春吐玉花。

為訪名區泛鶴湖，吟情詩債甚於逋。梅花亭畔楓香調，今古傳聲兩大夫。

清韻幽香種早梅，昨宵雪裏幾枝開。黃蘆苦竹秋無賴，爭比先春一氣來。

居鄰靖節垂垂柳，手植林逋淡淡花。玉笛飛聲江上落，何如明月泣琵琶。

寒香冷艷手親栽，已見江亭次第開。二十四番逢閏早，先從江上報春來。

種得先春第一花，看花江上憶琵琶。艤船縱有商人婦，無復悲絃訴怨嗟。

孤清何必遠名場，疎影長留送客堂。海嶽仙槎頻往復（唐公有畫舫，額以海嶽行館），江亭徧繞令公香。

艷雅紅梅破臘開，幽香清韻出蒿萊。名流名世評春色，太傅孤芳續後來。（《輯刻琵琶亭詩》，清乾隆十一年古柏堂刊本）

智按：殷惟德，字馥園，平江（今江蘇蘇州）人。

金曉堂

《過琵琶亭有感》

誰撥潯陽夜月絃，空亭古碣紀當年。要知商婦琵琶怨，豈為浮梁賈客船。橙橘故鄉千里夢，楓蘆暮雨一江烟。不堪到此增惆悵，淅瀝聲中落葉天。（《輯刻琵琶亭詩》，清乾隆十一年古柏堂刊本）

智按：金曉堂，三楚人。

許聯奎

《琵琶亭有感集蘇長公句漫成二律》

隔江應已厭歌呼，來聽西風十幅蒲。落日孤烟知客恨，荻花楓葉憶秦姝。使君惜別催歌管，喬木如今似畫圖。會與江山成故事，春蕪秋莢兩須臾。

樂天長短三千字，傾蓋相逢一笑中。白髮青衫天所械，鵾絃鐵撥座生風。佳名會作新翻曲，晚歲人誰念此翁。惟有斯亭無一物，只應明月照還空。(《輯刻琵琶亭詩》，清乾隆十一年古柏堂刊本)

智按：許聯奎，字蘭軒。

吴一璸

《和唐使君重遊琵琶亭原韻四首》

兩髩星星漸次加，廿年天漢仰仙槎。居鄰彭澤五株柳，雅勝河陽滿縣花。賤子飄零存劍鋏，使君瀟灑賦琵琶。江州願切荊州識，春草豪吟看手叉。

茫茫何處覓知音，壁上留題一寫襟。辭賦盡憐商婦恨，亭樓具見樂天心。隄邊緑草隨衰長，江上青峰自古今。千載風流同氣味，醉吟興續使君吟。

勝蹟臨江車馬停，我來秋暮遠山冥。商船檻外張帆飽，漁夫磯頭曬網腥。幾樹春含花未吐，千年心種柏初青。低徊神往忘機械，鷗鷺親人立近亭。

空亭踽踽獨來遊，悵惘長江天際流。忙笑心如膏上火，清憐身似水中鷗。昔將俗累留塵跡，聊對西風寫素秋。弔古傷今無限意，也同司馬淚難收。(《輯刻琵琶亭詩》，清乾隆十一年古柏堂刊本)

智按：吴一璸，海陽人。

金啟南

《遊琵琶亭有作・調寄臨江仙》

一曲琵琶江上恨，惹人千載思量。空亭徙倚對滄浪，不聞絃上語，已是淚沾裳。　　十六年華如過隙，扁舟又到潯陽。鈿頭云篦幾曾忘，尚餘眉似月，鬒鬢碧天涼。(《輯刻琵琶亭詩》，清乾隆十一年古柏堂刊本)

智按：金啟南，字軒來，全椒（今屬安徽）人。

王寉

《和唐使君琵琶亭種梅八首》

客路尋梅衲子家，榜人指點說琵琶。當年司馬深秋淚，灑作先春第一花。
名區幽境儷西湖，梅似林家問老逋。不道使君袍笏隱，暗香疏影著工夫。
繞亭環閣種江梅，春到軒窓花共開。遊客忘機凭畫檻，漫教橫笛弄風來。
客來樹底香沾屐，飛入江頭浪逐花。幽鳥呀晴新試舌，依稀嘈切弄琵琶。
桃李門墻肯浪栽，古香梅愛首春開。江州司馬流風韻，重續千秋榷部來。
石砌苔痕繡作花，捫碑人盡想琵琶。千年詠歎知多少，紅袖青衫莫漫嗟。
碩人名久冠詞場，送客荒基建此堂。想見公餘來小隊，粉坊揮翰墨痕香。
花向春風笑欲開，登臨江郭小蓬萊。纔知仙使真風雅，攬勝同人愛客來。
(《輯刻琵琶亭詩》，清乾隆十一年古柏堂刊本)

智按：次唐英乾隆八年（一七四三）癸亥《春遊琵琶新亭唱和草》之原韻。

王寉，字聲九。金陵（今江蘇南京）人。

黄超然

《重遊琵琶亭和韻》

斧藻年來次第加，為探幽勝此浮槎。軒窗四面廬山月，樓閣千層庾嶺花。

白舫何人巡海嶽，青衫隔代譜琵琶。揮毫笑倩飛卿手，四韻詩成定幾叉。

恰恰鶯嚦載好音，旗亭對酒一開襟。荻楓送客當年事，兜率懷人此夜心。蝸寄名高誰得似？雞林價重到而今。臨歧莫悵逢難再，有約燒鐙伴醉吟。

赤馬盤蛟日脚停，晚香九老羡鴻冥。鳳傾自製傷心曲，魚泣還貪比目鰈。湓浦聲傳江月白，廬山峰接海天青。胭脂六代經過地，底事勞勞感廢亭。

榷詩老我許同遊，應是元和第一流。振羽翩躚雲外鶴，忘機閒澹水邊鷗。浮梁信杳猶如昨，醉白堂空又幾秋？舊蹟新亭供嘯詠，潯江九派片帆收。（《輯刻琵琶亭詩》，清乾隆十一年古柏堂刊本）

智按：次唐英乾隆八年（一七四三）癸亥《春遊琵琶新亭唱和草》之原韻。

黄超然，字性存，溧陽（今屬江蘇）人。

高顯宗

《和唐使君遊琵琶亭原韻》

夙仰金山，今瞻玉尺，愧非裴迪，敢邀輞水之相攜；欣遇元公，或許蘭陵之互唱。機中剪刻，雖難如康樂天然；驟背推敲，却喜得昌黎指點。謹成四律，妄綴雙聲，倘可裁成，伏希提命。

仙使春風已遍加，還吹江上滿林花。烟雲入筆耽揮翰，山水陶情稱泛槎。尋古非關千載恨，嗣音重起大方家。才人一過開生面，何必商船再撥琶。

長歌吟罷興交加，也憶當年上苑花。老大江干初捧檄，妙齡星漢幾乘槎。香山騷雅難同調，湓浦風流是一家。別有悠然懷古思，樽前誰與訴琵琶。

何時訪古上層樓（時尚未得遊琵琶亭，觀使君輯刻之詩并圖序，不禁悠然神往），展卷神移會境幽。柳眼露凝應聽鴂，江心月白好盟鷗。元公作賦多留賞，潘令栽花少紀遊。靜裏焚香吟傑句，碧岑朱樹擬清秋。

曠懷那得似登樓，緑滿琴堂未覺幽。苦竹籬邊調野鶴，黄蘆溪上羡閒鷗。一宵紅淚嚦殘夢，兩度青衫唱勝遊。風雅幸叨春座暖，天涯旅宦不驚秋。（《輯刻琵琶亭詩》，清乾隆十一年古柏堂刊本）

智按：次唐英乾隆八年（一七四三）癸亥《春遊琵琶新亭唱和草》之原韻。

高顯宗，字宜堂，古吴人。德安（今屬江西）令。與知縣衡陽左修品、嘉應梁德隆共同主修乾隆辛未《雩都縣志》。

德平

《從遊琵琶亭》

追隨師友此亭遊，蘆荻叢生未是秋。狑吠松關衝雨脚，鳥飛竹塢破雲頭。危樓翠挹青山郭，殘碣苔侵芳草洲。商婦空船雖不見，依稀逸韻向空留。（《輯刻琵琶亭詩》，清乾隆十一年古柏堂刊本）

智按：德平，長白人。時年十五。

德庸

《秋日遊琵琶亭》

不厭頻來此地遊，客情瀟灑最宜秋。一聲漁唱江天碧，到此忘機似水鷗。（《輯刻琵琶亭詩》，清乾隆十一年古柏堂刊本）

智按：德庸，長白人。時年十三。

朱鑑

《琵琶亭》（題擬）

水分九派入潯陽，獨上孤亭思渺茫。彭蠡晚烟迷極浦，匡廬空翠落虚堂。歌餘楊柳愁千縷，調冷琵琶酒一觴。司馬幽懷誰弔問，隔江遙聽響漁榔。

卓立孤亭夕照間，我來訪勝得躋攀。空明萬頃窗前水，杳靄千重屋後山。苔蘚盈堦春鳥寂，埜雲拂壁老僧閑。吟餘不覺歸途晚，沙磧初生月一彎。（《輯刻琵琶亭詩》，清乾隆十一年古柏堂刊本）

《望琵琶亭·調寄沁園春》

江到潯陽，匡廬半壁，煙消日斜。見楊柳陰中，深藏棟宇，水雲多處，高啄檐牙。金谷非遙，輞川在望，難叩雙扉探落花。落花竟，做了臨流無濟，對景咨嗟。　古今詞客詩家。想椽筆留題落彩霞。況紅粉多愁，青衫有淚，秋風蘆荻，夜月琵琶。地自風流，事傳騷雅。却不到當前負了他。重搔首，數峰青幾，處點歸鴉。（《輯刻琵琶亭詩》，清乾隆十一年古柏堂刊本）

智按：朱鑑，字省堂，長洲（今江蘇蘇州）人。

項樟（一七〇一～一七六二）

《琵琶亭》

離亭渺渺傍江濵，倚棹來遊近莫春。狼籍桃花人老大，飄零柳色客風塵。潯波廬岳凭欄遠，楚尾吳頭縱目頻。向晚祠堂瞻白傅，青衫猶覺淚痕新。（《玉山詩鈔》卷二，《四庫未收書輯刊》影印清乾隆二十六年項成龍等刻本）

智按：項樟，字景貽，號芝庭，江蘇阜寧人。祖籍歙之桂溪。雍正十一年癸丑進士。歷任四川大竹、萬縣、湖北黄岡、麻城縣令，蒲州府同知、太原府事、鳳陽知府。有《玉山詩鈔》。

金德瑛（一七〇一～一七六二）

《東林寺》

東林西林寺，當九江至南昌之孔道，今東林驛即以寺為名。寺中為往來行人踐踏不堪，慧遠當日胡弗擇廬山幽邃而托足焉，其意良欲與士大夫輩相往還耳。豈眞忘名之徒哉！且其地絶少幽勝，即白司馬游宿皆山北麓，去城廓甚邇，而山南之奇觀，則白公未之及也。（智按：《四庫全書》本《［雍正］江西通志》卷一百四十九無小序）

出郭三十里，息駕廬山陰。喬木標古刹，言是東西林。遠師負高名，影堂傳至今。虎溪不數武，一過何容心。（智按：《［雍正］江西通志》作：雖面香鑪峰，托足苦未深。）士既志出世，魚鳥同飛沈。肯令軒冕輩，車馬來駸駸。晉人惟好事，緇流亦浸淫。活活虎溪水，難洗戀名心。（智按：《［雍正］江西通志》無此二句）淵明不降志，自得絃外音。慧遠弗之就，反欲相逢迎。我聞栗里石，雲深不可尋。（《詩存》卷一，《清代詩文集彙編》影印清乾隆三十三年如心堂刻本，第二九四册，第三〇三頁；《四庫全書》本《［雍正］江西通志》卷一百四十九）

智按：金德瑛，字汝白，一字慕齋，號檜門，仁和（今浙江杭州）籍，休寧（今屬安徽）人。乾隆元年（一七三六）丙辰舉博學鴻詞。一甲一名進士，授修撰，官至都察院左都御史。有《詩存》（一名《檜門詩存》）四卷，《清代詩文集彙編》影印清乾隆三十三年如心堂刻本，第二九四册。

彭啟豐（一七〇二～一七八四）

《琵琶亭晚眺》

臨江亭榭欝嵯峨，九派潯陽檻外過。帆影微茫銜落照，笛聲幽怨激滄波。天涯易下青衫淚，商舶争傳白紵歌。待得新凉明月上，蘆花蕭瑟更如何。（《芝庭詩稿》卷三，《四庫未收書輯刊》影印清乾隆刻增修本）

智按：王昶《湖海詩傳》卷四所收此詩，「亭榭」作「臺榭」，「明月上」作「明月夜」。

《恭和御製題香山寺二首（元韻）》

龍門龕鑿險，白傅昔居山。秋老橘林實，寺深蘿徑閑（深，《皇清文穎續編》作幽）。中峯環嵂崒，別澗泝潺湲。逈眺招提境，衣霑紫翠殷。

鑾蹕暫盤旋，宸襟自灑然。水兼雲氣出（氣，《皇清文穎續編》作勢），天與樹光連。丈室妙香静，詩壇塵慮蠲。也參蔬筍味，石磴引吟鞭。（《芝庭詩稿》卷八，《四庫未收書輯刊》影印清乾隆刻增修本；《皇清文穎續編》卷八十二，《續修四庫全書》影印清嘉慶武英殿刻本）

智按：清高宗《題香山寺二首》云：「龍門凡十寺，第一數香山。自古才華地，當秋罫蹕間。闕峰迎巀嶭，伊水俯潺湲。始見人楓葉，霜前三兩殷。」「静室暫周旋，興懷每睪然。如斯看水逝，不改是峰連。畫意誰能貌，吟情祇合蠲。慮輸白少傅，已著祖生鞭。」（《四庫全書》本《御製詩集》二集卷二十一）

《恭和御製命九老遊香山用白居易詩韻》

香巖列席輝龍衮，僊讌揮毫授鼠鬚。正值呼嵩同愷樂，更看拄笏愜清娛。簪纓聯社人惟舊，劍佩飛觴語不粗。解組九官名屬籍，引年一倍杖同扶。清音泉石怡情性，皓首衣冠列畫圖。金母銅仙齊獻壽，神仙海上豈虛無。（《芝庭詩稿》卷十二，《四庫未收書輯刊》影印清乾隆刻增修本，集部第九輯第二三册，第七一七頁）

智按：彭啟豐，字翰文，號芝庭，長洲（今江蘇蘇州）人。雍正丁未（一七二七）一甲一名進士，授修撰，官至兵部尚書，降侍郎，旋復。有《芝庭先生集》。

倪瑞璿（一七〇二～一七三二）

《四弟懇予易其名字，子取文王世子語為更名曰克昕，字徵子，因詩以勖》

人生重賢豪，不在名字美。難以易相方（自注：唐進士黃居難為詩慕白樂天。故名居難字樂地），赤將白自比。（自注：李赤自比李白。）豈遂足追配，效顰空復爾。四弟性明慧，翩翩致可喜。世業下相城，生來故家子。先人早棄世，淪落來居此。家毁不謀歸，僑寓貧如洗。畫獲復和丸，提攜賴母氏。就傅勤誦讀，弱冠終軍齒。挺然才氣雄，籍甚聲華起。爾字與爾名，呼之有年矣。忽然厭舊稱，十呼懶一唯。向我索更之，我特不敢諉。文取《世子》篇。義載《大戴禮》。宋郊變宋庠，飲香從此始。名氏新改初，譬若居新徙。努力事葺修，棟梁庶不圮。莫若江南橘，逾淮化為枳。（酌雅稾經，顧名

思義，詩不徒作。)(《清詩別裁集》卷三十一)

智按：倪瑞璿，字玉英，江蘇宿遷人，才子倪紹瓚女，雍正四年（一七二六)，嫁徐起泰為繼妻，死後丈夫才中進士。有《篋存詩稿》。《清詩別裁集》稱其「柔順供職，婦德也，獨能發潛闡幽，誅奸斥佞，巾幗中易有其人耶？每一披讀，悚然起敬」。生平見清施淑儀輯《清代閨閣詩人征略》卷二(上海書店，一九八七年五月版)、《中國文學家大辭典·清代卷》第六六〇頁。

彭遵泗（一七〇二～一七五八）

《蜀故》

荔枝樓，在忠州西南，白居易所建。白詩云：「荔枝新熟鷄冠色，燒酒初開琥珀香。欲摘一枝傾一盞，西樓無客對誰嘗？」夔府東十五里萬丈樓，即杜工部東屯故居也。後人建樓，取「李杜文章在，光燄萬丈長」之句。

四望樓，忠州南。白居易詩：「江上新樓名四望，東西南北水茫茫。」(《蜀故》卷七，《四庫未收書輯刊》影印清乾隆刻補修本)

巴子臺，在忠州西五里。白居易詩：「迢迢東郭上，有土青崔嵬。不知何代物，疑是巴王臺。」(《蜀故》卷七，《四庫未收書輯刊》影印清乾隆刻補修本)

十賢堂，夔城内，初名歲寒，宋時建，以祀前賢嘗至蜀者，屈原、諸葛亮、嚴挺之、杜甫、陸贄、韋昭範、白居易、柳鎮、寇準、唐介堂，外栽竹。王十朋詩：「六月修筠帶雨移，丁寧護取歲寒枝。十賢清節高千古，不是此君誰與宜。」(《蜀故》卷七，《四庫未收書輯刊》影印清乾隆刻補修本)

繁知一，巫山人，贈白樂天詩云：「忠州刺史今才子，行過巫山必有詩。爲報高唐神女道，速排雲雨候清辭。」(《蜀故》卷十四，《四庫未收書輯刊》影印清乾隆刻補修本)

楊通幽，洪都人，唐天寶間道臨邛，明皇命通幽招致貴妃魂。白樂天《長恨歌》云：「臨邛道士洪都客。能以精神致魂魄。」即通幽也。(《蜀故》卷二十二，《四庫未收書輯刊》影印清乾隆刻補修本)

智按：彭遵泗，字磬泉，號丹溪生，丹稜（今屬四川眉山）人。與兄端淑、肇洙齊名，並稱「丹稜三彭」。乾隆二年（一七三七）丁巳進士，改庶吉士，官翰林院編修、凉州同知。有《丹溪遺稿》。

冒春榮（一七〇二～一七六〇）

《葚原詩説》

詩句中有眼，須煉一實字，句便雅健。如「行雲星隱見，叠浪月光芒」（杜甫），「古砌碑横草，陰廊畫雜苔」（司空曙），「旅愁春入越，鄉夢夜歸秦」（杜甫），「星河一秋雁，砧杵夜千家」（韓翃），「夜潮人到郭，昏霧鳥啼山」（張祜），「殘暑蟬催盡，新秋雁帶來」（白居易）。須用一響字，如「白沙留月色，緑竹助秋聲」（李白），「孤燈然客夢，寒杵搗鄉愁」（岑參），「荷香銷晚夏，菊氣入新秋」（駱賓王）。有故用一拗字者，如「掬水月在手，弄花香滿衣」（于良史），「殘影郡樓月，一聲關樹雞」（劉長卿）。此皆第三字致力也。（卷一，《清詩話續編》第一五八〇頁）

歸愚沈氏《説詩晬語》云：「古人同作一詩，不必同韻；即同韻亦在一韻中，不必句句次韻也。自元、白創始，而皮、陸唱和，又加甚焉。以韻為主，而以意相從，中有欲言，不能通達矣。近代專以此見長，名曰『和韻』，實則趁韻，宜其血脈横亘，句聯意斷也。有志之士，當不囿於俗。」（卷一，《清詩話續編》第一五八四頁）

智按：見沈德潛《説詩晬語》卷下，《清詩話》第五五三頁。

排律所尚，在氣局嚴整，屬對工巧，段落分明，而其要在開合相生，不露鋪敍、轉折、過接之迹，使語排而忘其為排，斯能事矣。其源自顔、謝諸人，梁、陳以還，儷句尤多。唐初始定此體，應制，贈送諸篇，王、楊、盧、駱、陳、杜、沈、宋、蘇頲、二張，並皆佳妙。少陵出，而瑰奇鴻麗，一變故方，後此無能為役。元、白滔滔百韻，俱能工穩；但流易有餘，鎔裁未足，每為淺率家效顰。溫、李以下，又無論已。七言長律，少陵開出，然《清明》

等篇，已不克佳。至如太白《別山僧》、高達夫《宿田家》諸作，終類古體，非排律也。（卷三，《清詩話續編》第一六〇一頁）

智按：見沈德潛《説詩晬語》卷上，《清詩話》第五四一～五四二頁。「然《清明》等篇」以下，原文作「亦不能佳，何況學步餘子?」

稱詩者莫盛於唐，惟去漢、魏日遠，古體遂乏渾厚之氣。擬古樂府，則以太白為正宗，而少陵及元、白、張、王其變也。五古以子昂、太白、王、孟、韋、柳為正，子昂復古之功尤大，少陵則變而不失其正也。至七古以高、岑、王、李頎及太白、少陵、昌黎為正，而王、楊、盧、駱四傑其變也。（卷四，《清詩話續編》第一六一八頁）

竊謂古詩之要在格，律詩之要在調，亦如遏雲社中所謂北力在絃，南力在板耳。絃可操縱於手，板不可游移於腔；調可默運於心，格不能不模範於古。唐人古詩，無有不從前代入者，子昂從阮入，王、孟、韋、柳從陶入，李頎、常建、王昌齡諸人從晉、宋入，太白從齊、梁入，獨老杜從漢、魏入，取法乎上，所以卓絕衆家。中唐諸子，其變斯極，長吉學楚騷不得，而趨於詭僻；退之追風、雅不及，而逃於生峭；孟郊之苦吟，盧仝之狂詬，創不成創，因無所因；張、王樂府，時有遺聲；元、白唱酬，了無深致：要之皆彼善於此也。……（卷四，《清詩話續編》第一六二〇頁）

智按：冒春榮，字寒山，號葚原，江蘇如皋人。居城北柴灣之花源港，自稱花源漁長，又號柴灣樵客。布衣，有名于士林。累掌江浙間書院，修《象山縣誌》、《通州志》、《鳳陽府志》、《兩淮鹽法志》，著有《葚原集》、《縈翠閣詩鈔》。事迹見《葚原詩説》後附江大鍵撰《冒葚原傳》。

姚範（一七〇二～一七七一）

《援鶉堂筆記》

⊙唐書

皇甫湜，舊史無傳，新史書：睦州新安人，擢進士第，爲陸渾尉，仕至工部郎中。卞急使酒，數忤同省，求分司，東都留守裴度辟爲判官。度修福先寺，將立碑，求文於白居易。湜怒曰：「近舍湜而遠求居易，請從此辭。」度謝之，湜卽請斗酒飲酣，援筆立就。度贈以車馬繒綵甚厚，湜大怒曰：「自吾爲顧況集序，未嘗許人。今碑三千字，字三縑，何遇我薄耶?」按，晉公以長慶元年罷河東節度使，充東都留守，未行，遂自太原至京師，命以守司徒揚州大都督府長史充淮南節度使，亦未行，復命知政事，尋以李逢吉代度爲宰相，出度爲山南西道節度使。寶歷二年，入覲京師，復知政事。太和四年九月，守司徒兼侍中充山南東道節度觀察臨漢監牧使，至八年，以本官判東都尚書省事，充東都留守。而持正《顧況集序》云：「去年從涼公襄陽，君之子非熊請序，涼公適移宣武，余裝歸洛陽，諾而未副，今又稔矣。生來速文，乃題其集首爲序。」涼公，李逢吉也。《舊書・敬宗紀》寶歷二年十一月甲申，以右僕射同平章事李逢吉檢校司空、同平章事，兼襄州刺史，充山南東道臨漢監牧使。太和二年十月癸酉，爲宣武軍節度使，代令狐楚。是顧況之序，作於太和三年也。(《顧況集序》：「余以童子見君于揚州孝感寺，三十年于茲矣。」)《白樂天集》有《哭皇甫七郎中》詩，注云：「湜也。」此詩之前，有與微之各生子二詩，詩云：「五十八翁方有後。」并《和微之道保生三日詩》，又有《思往喜今》詩云：「憶除司馬江州日，及此凡經十五秋。」按，樂天生于大歷七年壬子，卒於會昌二年丙寅，則五十八，正太和三年己酉也。元和十年乙未貶江州，則太和三年己酉正十五年，白自杭州秩滿除左庶子分司東都，此長慶四年也（時同官者爲皇甫鏞。鏞，鎛之弟也)。寶歷中，復出爲蘇州刺史。太和元年丁未三月，自蘇州刺史爲秘書監，而白《戊申歲暮詠懷》云：「猶被妻兒教漸退，莫求致仕且分司。」蓋其再求分司東都，在太和二年之冬也。至太和四年十二月，以太子賓客爲河南尹，有《早飲醉中除河南勑到》詩，又有《除夜》詩云：「火銷燈盡天明後，便是平頭六十人。」白傅是年五十九，次年六十也。以樂天詩推之，持正當卒於太和三四年己酉庚戌之間，又韋處厚薦湜于宰相書云：「前進士皇甫湜（晁氏《讀書志》云：「元和元年進士。」）年三十二。」此疑試賢良方正之時也。(劉禹錫《韋處厚文集序》初爲集賢殿校書郎，宰相李趙公監修國史，引公直東觀，就改咸陽尉。又，處厚元和元年四月與元稹等，應才識兼茂明于體用科登第。）按《牛僧孺傳》：元和初，以賢良方正對策與李宗閔、皇甫湜俱第一，條指時政，其言鯁訐，不避宰相。宰相怒，故楊於陵、鄭敬、韋貫之、李益等，坐考非其宜，皆貶。僧孺調伊闕尉，持正當亦於此時爲尉陸渾矣。又《憲宗紀》：元和三年四月乙丑，貶翰林學士；王涯虢州司馬，時涯甥皇甫湜，與牛僧孺、李宗閔並登賢良方正科第三等，策語太切，權倖惡之，故涯等坐親累貶，而處厚之尉咸陽，疑亦以薦皇甫之故矣。德載之薦，若係試賢良之時；持正之生，當在大歷丁巳之間，而下訖太和四年，得年不過五十三四耳。故樂天詩云：「多才非福禄，薄命是聰明。不得人間壽，還留身後名。」然則持正固不及太和八年晉公爲東都留守而爲之作記，而甘露之變，亦不見舅氏之禍也。

晁氏《讀書志》云：《持正集》三十八篇，《福先寺碑文》己失去。晁、陳據《新書》載作碑文事。余謂此失考也。持正既不及太和八年爲晉公作記，福先寺碑亦何至三千字。持正雖云學韓而不至，亦何遽不知體要乃爾。且持正自黨於逢吉，僧孺未必從晉公之辟也。樂天《洛下送牛相公出鎮》末云：「何須身自得，將相是門生。」注云：「元和初，牛相公應制策登第三等，予爲翰林考覈官。」據此，則持正亦白之門生矣。按，樂天尚多與皇甫郎中詩，疑别一人，其三十二卷《皇甫十郎中秋深酒熟見憶》，是其人矣，非持正也。（《援鶉堂筆記》卷三十三史部，《續修四庫全書》影印清道光姚瑩刻本）

智按：余嘉錫《四庫提要辯證》卷二十云：

姚氏此説，考證既詳，推勘亦密，似皇甫湜果未嘗爲東都留守判官，亦無作福先寺碑文之事，高彦休所記純出意造。《新書》及晁、陳書目並《提要》皆失於輕信矣。及余復加考核，乃知其説不足據也。《唐闕史》此條有彦休自注云：「其碑在寺西北廊玉石幢院，洛中人家，往往有本在。」又云，「愚幼年嘗數其字，得三千二百五十有四，計送絹九千七百有二。後逢寺之老僧曰師約者，細爲愚説，其數亦同。」彦休自序云：「愚乾符甲午歲生唐世二十有一，始隨鄉薦于小宗伯，或預聞長者之論，退必草于搗網。」由乾符甲午上推二十一年。蓋生於大中八年，其幼年已留心文學，能數碑之字數，至少亦必十二三歲，當在咸通六七年之間，上距大和八年，不過三十餘年，福先寺之碑，固當巋然無恙。彦休蓋嘗身入寺中，親見其碑，且得拓本而讀之，後又面質其事于老僧，故言之鑿鑿如此。《唐闕史》雖小説家言，然非盲詞演義，苟無其事，何爲憑虚捏造，作此夢囈之語乎？姚氏謂湜卒于大和三四年間，不及見裴度作東都留守，自無爲度撰碑之事，其惟一證據，只白居易《哭皇甫七郎中》詩，編次于大和三年《和微之道保生》詩之後耳。其他引證雖繁，然均無以見湜卒于何年也。余案《白氏長慶集》世所通行者，爲明馬元調所刻。(《四部叢刊》影印日本那波道圓刊本，卷第先後，與馬本不同，各卷中詩文次序，尚無大異，《經籍訪古志》卷六謂此本即《讀書敏求記》所謂盧山本。余考其書，于居易自注，删除殆盡，即間有存者，亦改作大字，斷非唐本之舊。）姚氏所據，當即此本。其詩本不編年，但于一卷之中略以年月分先後耳。然亦有淩亂失次者，如卷二十六（日本五十六，後仿此。）第一首爲《大和戊申歲大有年》，此大和二年也；其後有《元相公挽詞》，已是大和五年之作。元稹卒于大和五年七月，（見《白集》卷七十《元公墓志銘》）甫隔三首，即爲《寄劉蘇州》，詩云：「去年八月哭微之，今年八月哭敦詩。」則入六年矣。居易一年之中，所作律詩，必不只此數首，故其卷二十七，開卷即《戊申歲暮咏懷》，復回至二年之冬，而其後有《哭微之》詩，又是五年之秋矣。然其卷末乃有《分司初到洛中偶題六韵兼戲呈馮尹》一首，此三年春之詩也。其前後次序，顛倒錯繆如此，頗似隨手亂置者。然則惡能因其卷二十八編《哭湜》詩於《與微之生子》及《道保生》詩之後，便謂湜定死於大和三四年耶？乃姚氏堅持此説，以爲湜必不及裴度作留守之時，其亦不足據也已矣。姚氏謂湜生于大曆十二年丁巳，卒于大和四年庚戌，得年不過五十三四，以合居易「不得人間壽」之句。其實即使湜卒于大和八九年，仍不滿六十，猶不得謂之壽也，何必四年耶？余因考湜之事迹，而得姚氏之説，恐後人不察，復據之以疑《新唐書》，故辯之如此。至於《提要》因今本不載《福先寺碑》，以證非唐時之舊，亦有不盡然者。此集宋本雖分六卷，然只三十九篇，唐志作三卷，其文不應更少，盖宋本但分一卷為二耳，未必有所闕佚也。至《宋史·藝文志》著録作八卷，此則當是宋人重編之本。凡宋人重編之唐集，篇數往往增多，此集亦當如此，特不知福先寺碑一篇已否增入耳。(中華書局一九八〇年版，第二册，第一二八〇～一二八二頁）

錢鍾書《管錐編·太平廣記》云：「姚範《援鶉堂筆記》卷三三、蕭穆

《敬孚類稿》卷六《再跋〈皇甫持正集〉》皆疑無撰碑事。然湜與白居易争名，或出傳聞；碑文則彦休目驗，必非虚構。」（三聯書店版，第一一六五頁）

⊙韓文公集

《監察御史元君妻京兆韋氏夫人墓誌銘》「大王父迢……王考夏卿」。按，《禮記》：「祖曰王考。」又《爾雅》：「母之王考曰外曾。」《王父房啓墓碣》「大王父融」，融，啓之曾祖。《王仲舒神道碑》「大王父玄暕」，玄暕，仲舒之曾祖，此大王父，疑衍「大」字，或「玉」字，此「王考夏卿」，當作皇考，吕過（溫）有《韋夏卿碑》，白居易有《元微之墓誌》記考。（《援鶉堂筆記》卷四十二集部，《續修四庫全書》影印清道光姚瑩刻本）

錢牧齋《復遵王書》云：「孟陽論詩，自初盛唐及錢、劉、元、白諸家，無不析骨刻髓，尚未能及六朝以上。晚始放而之劍川、遺山。余之津涉實與之相上下，久之思泝流而上窮風雅聲律之由致，而世事身事，迫脅凌奪，晼晚侵尋，有志未逮，此自考之公案也。」（《援鶉堂筆記》卷四十四集部，《續修四庫全書》影印清道光姚瑩刻本）

趙伸符以漁洋不識格詩而誤云律詩。夫格詩僅見於《白氏長慶集》，趙云合齊梁者爲格詩。夫白之格詩，一皆里老竈婢之詞，不近齊梁不必言，但以聲病而論，則永明詩體蓋求之於浮聲切響、飛沉雙疊，原未嘗核之於粘綴之間，亦未嘗以一三五等字與取韻平側異者爲聲病也。今取白格詩一一勘之，不犯八病乎？即論粘綴，《小閣閒坐》一首，前六句亦同後六句第二字上下粘矣。且如趙説，以後六句爲齊梁，前六句爲古詩，是名半格。若全格者，當通首粘綴乎？且趙僅舉此一首，白詩格詩、半格詩最多，何嘗拘粘綴也？況齊梁以四聲殊音韻，别輕重，沈宋之研順聲勢，但取平側調協其間，如旁紐正紐、蜂腰鶴膝之類，恐亦不能盡避也。旁紐，雙聲也，一詩中亦時時見之。若叠韻，則杜公「卑枝低結子，接葉暗巢鶯」，亦故爲之，又何嘗不平側調協乎？大約後人之云「齊梁體」，取其詞氣之近似，非能悉合其聲病之説也。白集二十一卷既列格詩歌行襍體矣，而《九日代羅樊二姬招舒著作》自注「齊梁格」，則不以格詩爲齊梁可知。其詩云：「羅敷斂雙袂，樊姬獻一杯。不見舒員外，秋菊爲誰開？」以此爲齊梁，白傅之强作解事；以格詩爲齊梁，則又論者之强作解事。子建函京，仲宣灞岸，子荆零雨，正長朔風，此休文所云音律調韻，取高前式者也。永明氣體雖殊，想亦以音韻輕重合彼宫商之説者，趙何不於此一推究之？又沈答陸韓卿之書，亦永明體之根原，非粘綴及平側二音之説也。元長、玄暉、休文三公詩具在，如與趙説合，何不以此證之？故知其妄。又稱永明體者，以其拘於聲病也，稱齊梁體者，以綺豔及詠物之纖麗也。趙合而一之，亦非也。

白集分類有諷諭、閒適、感傷、律詩、格詩、歌行、襍體、半格詩諸名，而諷諭、閒適、感傷，自注古調詩，感傷復注古體詩者，古調、古體不知若爲分别？其格詩、半格詩，説者亦不一。余意格詩言其體語之近俳者，其半格詩旁，注律詩附者，疑本云半格詩，律詩言此一卷中有格詩，有律詩，而後人刊集改從旁注耳。又憶毛大可集云：格詩卽五言古詩，此語可信。觀其《因繼集序》云，收其新作格律五十首寄元微之，似亦以格爲古，而與律並。其歌行襍體，復自爲名七言古，統於襍體，編次在前者。有諷諭、閒適、感傷之目，而續集統曰格詩，不復别出矣。(《援鶉堂筆記》卷四十四集部，《續修四庫全書》影印清道光姚瑩刻本)

《晁氏讀書志》：李庭中《捉卧甕人事數》一卷，以畢卓、嵇康、劉伶、阮孚、山簡、阮籍、儀狄、顔回、屈原、陶潛、孔融、陶侃、張翰、李白、白樂天爲目，有趙昌言序。此書予未之見，蓋酒令也。不知其戲若何爲之。唐陸秉爲《木射圖》，作十五筍以代侯，擊地毬以觸之，飾以朱墨字，以貴賤之，朱者仁義禮智信温良恭儉讓，墨者傲慢佞貪濫，仁者勝，濫者負，而行一賞罰焉。嗚呼！此戲猶古人之風，古人之言也，後人欲倣其戲，正當易其所爲朱墨者而貴賤之。(《援鶉堂筆記》卷四十七集部，《續修四庫全書》影印清道光姚瑩刻本)

智按：姚範，字南青，號薑塢，桐城（今屬安徽）人。乾隆壬戌（一七四二）進士，改庶吉士，授編修。有《援鶉堂集》。

喬億（一七〇二～一七八八）

《劍溪説詩》

楊鐵崖樂府，亦元、白、張、王末派。（卷上，《清詩話續編》第一〇七四頁）

……韓、白五古自佳，一險一易，別成韓、白體耳。（卷上，《清詩話續編》第一〇八〇頁）

韋公五言正脈，白居易謂：「高雅閑淡，自成一家」，尚不為知言。（朱子謂：「左司五言所以高於王孟者，以其吳色香臭味也」。此是篤論）（卷上，《清詩話續編》第一〇八一頁）

孟郊詩筆力高古，從古歌謠、漢樂府中來，而苦澀其性也，勝元、白在此，不及韋、柳亦在此。（卷上，《清詩話續編》第一〇八三頁）

元、白長句，無初唐之整麗，老杜之激昂，而宛轉流暢，又自一格，大抵通贍有餘，遒緊不足。（卷上，《清詩話續編》第一〇八五頁）

韋公當天寶末，扈從游幸，目擊明皇敗度喪亂，後經驪山溫泉遇諸耆舊等篇，追維已事，備極敷陳，獨楊氏諸姨，未嘗顯及，為尊親隱也。或曰如杜不諱言何？余曰：「有忠愛之心如杜則可，不然，韋公為正。彼元、白、張祜之徒，長吟短咏，果足垂鑒戒與？抑宣淫與？不得援詩人刺衛宣、齊襄自解免也。」（卷上，《清詩話續編》第一〇八九頁）

韓詩多不經人道語，奇闢處驚人；白詩善道人心中事，流易處近人。（卷上，《清詩話續編》第一〇八九頁）

白傅諷諭詩有關世道，當別具隻眼觀之。（卷上，《清詩話續編》第一〇八九頁）

新城先生（《香祖筆記》）曰：「李長吉詩『骨重神寒天廟器』，『骨重神寒』四字，可喻詩品。元、白正坐少此四字，故其品不貴。」（卷上，《清詩話續編》第一〇八九頁）

當折落不折落，不當折落忽然折落，李、杜小詩且然，何況大篇？若元、白諸公，但穩順聲勢而已。（卷下，《清詩話續編》第一〇九二頁）

大曆以後七律，劉柳格調最優，香山、義山須合看以矯其偏，亦以參某變也。(卷下，《清詩話續編》第一〇九四頁)

次韻始於元、白，盛於皮、陸，再盛於坡、谷，後來記醜而博者，專用此擅場。戴叔倫詩有次韻者，此又在元白前。然祇小詩，偶次己韻耳。(卷下，《清詩話續編》第一一〇四頁)

智按：戴叔倫詩有次韻者，當指《夏日江樓會别》、《答崔法曹》二詩。前詩云：「不作十日别，煩君此相留。雨餘江上月，好醉竹間樓。」後詩云：「後會知不遠，今會亦願留。江天梅雨散，況在月中樓。」戴叔倫集中還有《寄禪師寺華上人次韻三首》(《全唐詩》卷二百七十三，中華書局繁體豎排本，第九册，第三〇七九頁)，這三首贈詩均為次己詩之韻，非和他人詩之韻。趙以武《唐代和詩的演變論略》(《社科縱横》一九九四年第四期) 謂其首標次韻之名，但蔣寅據詩中言及宋末人濟顛，推斷此詩為元明人僞作。見蔣寅《戴叔倫詩集校注》卷四，第二七九頁。

《劍溪説詩又編》

柳州歌行甚古，遒勁處非元、白、張、王所及。(《清詩話續編》第一一二二頁)

白樂天中懷坦蕩，見之於詩，亦洞澈表裏，曲盡事情，俾讀者欣然如對樂易友也。然往往意太盡，語涉粗俗，似欠澄汰之功。(《清詩話續編》第一一二六頁)

元和、長慶間，自韓、柳而外，古選首孟郊，歌行則李賀，張籍五律，劉禹錫七言律絕，張祜小樂府，並出樂天之右。樂天只長律擅場，亦無子厚筆力也。而當日名播雞林，後人多宗之，良由諸體贍博，儘疏快宜人耳。(《清詩話續編》第一一二六頁)

智按：喬億，字慕韓，號劍溪。寶應（今屬江蘇）人。太學生，應試不第，棄舉業，專肆力於詩。客游山西，主講猗氏書院、郇陽書院。有《小獨秀齋詩》、《窺園吟稿》、《三晉遊草》、《夕秀軒詩》、《惜餘存稿》、《劍溪文略》。選有《大曆詩略》。據乾隆十六年（一七五一）沈德潛序，書當成於此前。

顧錫鬯（一七〇二～？）

《次原韻》

草長離亭緑漸加，春江舴艋泛桃花。水雲窩裏喧漁鼓，楊柳根邊繫釣槎。人似好山常識面，身非閒鷺亦忘家。風情果比香山甚，何待尋聲夜聽琶。

水色山光入畫樓，風帆上下轉清幽。飛來幾頁雲藍紙，驚起一雙雪白鷗。我倚欄干尋往事，客從篷底探春遊。洞庭西去無多路，皓月相思渺接秋。

智按：次唐英乾隆八年（一七四三）癸亥《春遊琵琶新亭唱和草》之原韻。

《再一章次棠村先生韻》

白老風流邈，茲亭幸復成。一碑留古淚，幾櫓弄離聲。往往秋初到，看看月又生。彈箏無不可，也傍客舟行。

《丁卯上元前二日和蝸寄使君琵琶亭即景原韻二首》

青蕪緑柳漫凝眸，人在春風第一樓。擔酒吏為農省歲，鬧燈民喜穀登秋。六年製錦嘔花塢（於乾隆七年選授邑令），兩度鳴琴俯碧流（先宰瑞昌，後調德化）。幸賴太平雞犬靜，刑清政簡自無愁。

金吾不禁息群偷，映水紅燈影倒流。楊柳烟横小池口（在江北，與黄梅接壤），梅花香滿大江頭。新聲歌舞郎官署，古淚琵琶司馬州。遙想帝城春色裏，月明纔上景陽樓。（《輯刻琵琶亭詩》，清乾隆十一年古柏堂刊本）

智按：顧錫鬯，字孝威，號瓚園，錢塘（今浙江杭州）人。乾隆丙辰（一七三六）進士。乾隆十四年知南昌縣。修《［乾隆］南昌縣志》七十卷。官至江西廣饒九南道。著《凝碧堂集》。

龔煒（一七〇四～一七六九後）

《巢林筆談》

⊙元白不宜並稱

元、白並稱，雖僅以詩論，終恐元之浼白。（《巢林筆談》卷一，錢炳寰點校本，第一五頁）

智按：龔煒，字巢林，崑山（今屬江蘇）人，

全祖望（一七〇五～一七五五）

《厲樊榭墓碣銘》

余自束髮，出交天下之士，凡所謂工於語言者，蓋未嘗不識之，而有韻之文，莫如樊榭。樊榭少孤，家貧，其兄賣淡巴菰葉爲業以養之，將寄之僧寮，樊榭不可。讀書數年，卽學爲詩，有佳句。是後遂於書無所不窺，所得皆用之於詩。……忽忽十年，息壤在彼而今隕，涕而表其墓。悲夫！是爲銘。其詞曰：

沖恬如白傅兮，尚有不能忘情之吟。人情所不能割兮，賢哲固亦難禁。祇應尋碧湖之故槳兮，與握手以援琴（樊榭苕上之故姬也）。（《四部叢刊》本《鮚埼亭集》卷二十；《四部叢刊》本《樊榭山房集》卷首；《全祖望集彙校集注》第三六三～三六五頁）

《碧沚龍神廟碑銘》

《明道先生行狀》云：「上元之茅山有龍池，其龍如蜥蜴而五色。祥符間，命中使取二龍。至中途，中使奏，一龍飛空而去。自昔嚴奉，以爲神物。先生嘗捕而脯之，使人不惑。」及朱文公之高弟滕達道爲鄞尉，文公嘗叩以天井山五龍靈蹟之果否，則文公亦疑之，而未敢遽以爲妄。若呂忠公來鄞，力詆阿育王山龍井之誕，蓋大程子之緒言也。愚考唐白香山《新樂府・黑龍潭》詩極言祀龍之謬，已出大程子之先。雖然，龍之爲靈，昭昭也。其在經則見

於《易》，其在傳則見於《春秋繁露》諸書，作雲施雨，不可以爲誣。……然有中和位育之功，則盡人性以盡物性，不祥之魃退聽，而至靈之龍効命，正不必謂其無也，不然則古人雩禱之禮皆可廢，而《詩》所云「靡神不舉」者，不亦謬耶？特愚民惑於此，而妄以徼福，則有如白氏之所譏者。……（《四部叢刊》本《鮚埼亭集》卷二十四；《全祖望集彙校集注》第四五三頁）

《阿育王寺爲檗菴居士立祠議與住持畹荃》

育王向有王、蘇二公祠。荆國之祠，以其令鄞時，累嘗至寺，賦詩留連，見其集中，固有說也。坡翁則又何豫而祠之，將謂其作《大覺宸奎碑》文，竟足應祭法耶？可謂不學之甚矣。猶有應祠而不祠者，爲李布衣檗菴。檗菴本江都人也，名璜，字德邵，少負才，塊奇誕放，於書無所不觀，不肯應進士舉，或遂譙之，則曰：「無他，恐奪汝曹魁耳。」聞者哂之，則曰不信，請爲汝曹試之。一出果魁。建炎之難，寓居四明，太守仇愈、周綱、潘良貴皆重之，郡縣學校文字，多出其手。時信安郡王者，昭慈孟太后之弟也，正貴盛，聞檗菴之才，欲以女匹之。或告之曰：「是不特資送，且可得官。」檗菴笑曰：「老夫將逃人外，豈尚出此？」竟謝之，終身不娶。於是來育王，從宏智禪師者游，大有省悟，其自題影曰：「分明便是龎居士，又郤無人賣罩籬。」當時以爲見道之語。其於甬上諸公，最善王侍御伯庠，參政次翁之子也。檗菴病革，侍御過之，問以平日了達，今何所見？曰都無所見，但覺神氣漸散耳。以其遺稿爲屬，尚諧之曰：「勿竊吾詩文，爲君有也。」尋卒。侍御令客戴權編之，則檗菴生前已多殘斷，乃得其可録者二百篇，釐爲十二卷。其《白文公年譜》，樓參政攻媿序而附之於《長慶集》。（《四部叢刊》本《鮚埼亭集》卷三十三；《全祖望集彙校集注》第六二四～六二五頁）

《奉寄萬九沙編修論寧志補遺雜目·李璜當列隱逸》

深寧七觀以爲避世之士，其自咏曰：「此身便是龐居士，也更無人賣笊籬。」最博學，爲文嘗用僧騰客事，或問之，曰：「梁人臺城事也（簡文帝募敢死士登土山禦侯景，謂之僧騰客）。」所著有《白文公年譜》，見《攻媿先生集》，今亦失傳。《延祐志》中載其《重修明州學記》。（《四部叢刊》本《鮚埼亭集·外編》卷四十七；《全祖望集彙校集注》第一七七六頁）

智按：全祖望，字紹衣，號謝山，鄞縣（今浙江寧波）人。雍正七年（一七二九）貢生，三年後中舉。乾隆元年（一七三六），薦舉博學鴻詞，同年中進士，選翰林院庶吉士。次年即返里，後未出仕，專事著述。曾主講於浙江蕺山書院、廣東端溪書院。

夏敬渠（一七〇五～一七八七）

《野叟曝言》

……成之、雙人、何如同說道：「我等之志，齷齪卑鄙，本無足道。但不可匿而不陳。我等所願者，掄元魁於鄉會，占鼎甲於臚傳；蜚翰苑之英聲，著木天之清望。量才玉尺，桃李盡入門牆；藏簡名山，神鬼皆為呵護。老嫗俱拜樂天，外夷咸知蘇軾。顯祖宗於鳳誥，垂姓字於瀛州而已。」……（第一回「三首詩寫書門大意　十觥酒賀聖教功臣」）

……素臣正色道：「奸僧藉佛，愚哄世人，以至無惡不作，罪猶未滅，惟佛實為首惡，故我之惡佛，更甚於惡僧。天下真小人易識，則其禍顯而淺。偽君子難識則其禍隱而深。發和尚輩，害止一二人，或數十百人，且人皆知惡之，則其禍淺。至於佛，則其說足以駭俗，其文足以眩世，雖高明如白居易、蘇子瞻輩，皆靡然從而信之，何況庸愚？是以天下若狂，千年如夢，其禍遂深入于人心也！你說此教不滅，便見佛無欠缺。須知白蓮、長生、燈絡、糍團等教，鄙俚粗淺，庸愚陋劣之人也知，尚且至今不滅。況佛之言辯而堅，行偽而僻乎？……」（第二回「看花色眼急雨淋瓠子之頭　揮麈雄談冷水澆葫蘆之背」）

……飛娘道：「《楊玉環陰司惡報》，是翻去《長恨歌》窠臼的，怎也刪去？這等淫亂婦人，還是蓬萊宮中的仙子麼？」素臣道：「《長恨歌》原是詩人諷辭，並非說他是蓬萊仙子；後人讀這詩的，也並沒認他是蓬萊仙子。我們轉認真去翻駁起來，不反被前人笑了去嗎？」……（第七十五回「盤錦囊忽見廬山面目　定樂府拓開平日心胸」）

……懷恩問知改行來歷，笑道：「那年尊使欲手刃公相，今可謂吳、越一家矣！咱不好盡言，只要看今日席上，除了汪、藺兩老先，兩位小閣老，餘外那一位不是七八十歲？申先更是九十外了。方才出城，遇著洪大師們，一行有一二十人，説昨日在府中慶壽，今日往生祠游玩。也都是七八十歲老人。説什麼香山九老？數什麼洛下耆英？現在景星慶雲，和風甘露，四靈滿園，千丁繞膝，同年月日生出祖孫三代，本日三弟兄更同年同月日同時降生，沒除佛、老以前，有這等人物，這般祥瑞嗎？」……（第一百四十七回「五百道賜符三男同降　七十國獻壽六寶齊歸」）

……平書兩番言志，一在家鄉，一在京中，此則合而為一，而南北諸人皆以慶祝百壽，聚集於此。所少者，數人而已！屈指前後，事隔五十年。人壽幾何？恐洛陽耆英、香山九老雖極一時之盛，而僅為暮年高會，未嘗壯歲交游，當亦閧而愧弗如無矣！然作者極意經營，並不專為諸公获享遐齡，慶其健會。……（第一百五十二回「毀先賢豪客揮拳　開後局小兒言志」總評）

智按：夏敬渠，字懋修，號二銘，江陰（今屬江蘇）人。出身詩禮之家，由於父親早亡，家寒。從小好學，通經史，旁及諸子百家、禮兵樂刑、詩賦、錢穀醫算之學，靡不淹貫。受家學影響，尊程朱（程顥、程頤和朱熹）而斥陸王（陸九淵、王守仁），崇儒教而排佛老。為人迂直，權貴無所干避。一生不得意於科場。好游歷，足跡幾遍海内，乾隆十五年（一七五〇）文淵閣大學士高斌禮聘他講論性理，高斌亦粹于經學，二人十分相投。乾隆三十九年（一七七四）他七十壽辰，怡親王遙祝以額曰：「天驚耆英」。雖然沒有做官，但以經學而聞達於世。《野叟曝言》是其晚年之作，還有《綱目舉正》、《浣玉軒詩文集》、《唐詩臆解》、《醫學發蒙》等。

王又曾（一七〇六～一七六二）

《十月晦厚石招同籜石柘坡桐石集小方壺分效唐人體得白樂天用芝園玩菊韻》

人生雖多榮，不離出處間。瞥焉過四十，剝床恐膚連。上水亦有船，逆風亦有牽。四瞻寡所詣，益覺棲棲然。知音未云稀，歌者竟何如，百悲無一

歡。老葉霜後脱，病菊雨中鮮。且勿孤此夕，得酒開新顔。（清乾隆四十年刻本《丁辛老屋集》卷八）

智按：王又曾，一名右曾，字受銘，號谷原，秀水（今浙江嘉興）人。乾隆十六年（一七五一）乾隆南巡，召試舉人，授内閣中書。十九年（一七五四）進士，官禮部主事，改刑部。不久以病辭歸，筆耕自給。與厲鶚、錢載、袁枚、吴錫麒、嚴遂成並稱清詩「浙西六家」。有《丁辛老屋集》。

袁守定（一七〇六～一七八一）

《佔畢叢談》

元、白《長慶集》固近宋調，其實肇於少陵。少陵詩：「老妻畫紙為碁局，稚子敲針作釣鉤。」「酒債尋常行處有，人生七十古來稀。」「春水船如天上坐，老年花似霧中看。」「晝引老妻乘小艇，晴看稚子浴清江。」……如此類者甚多，的是劍南、石湖鼻祖。（《佔畢叢談》卷五）（《四庫未收書輯刊》本《佔畢叢談》）

智按：袁守定，字叔論，號易齋、漁山，豐城（今屬江西）人。有《叔論文稿》，光緒十年養正書屋刻本（江西圖書館藏）。

毛曙（一七〇六～？）

《擬唐三十種・白居易畫竹歌》

高人文士興所寄，圖史琹尊趣每異。卓犖蕭郎姿絶塵，揮毫獨喜摹霜�。岧嶢直幹屹中立，吐葉叅差不重襲。低昂背向各有情，含烟帶露疑天成。藝高名重人爭惜，尺素寶貴如瓊英。經時歷歲不易得，何幸丈幅輕相擲。鈎簾開卷忽風生，虚堂四座凝寒碧。高節峻嶒迴入雲，踈枝兀傲緣溪濆。清光幽色絶塵滓，非君丰骨誰堪倫。（《野客齋詩集》卷三，《四庫未收書輯刊》影

印清乾隆二十二年惇厚堂刻本，集部第一〇輯第二二册，第八六～八八頁）

智按：毛曙，字旭倫，號介峰，吴縣（今江蘇蘇州）人。

史承謙（一七〇七～一七五六）

《青梅軒詩話》

古今來惡詩衆矣。始自貞元、元和以後，元、白、張、王輩漸多。……（《青梅軒詩話》卷一，《清詩話三編》第一四六七頁）

香山欲模擬李東川「渭水至清涇水濁，周公大聖接輿狂」，弇州《卮言》中已指摘之矣。近方南堂又從而嗟賞之。作詩自有本色正路，何必如此。

智按：李頎《雜興》詩作「濟水自清河自濁」，白居易《放言五首序》作「濟水至清河自濁」。

香山《送客之湖南》云：「帆開青草湖中去，衣濕黄梅雨裏行。」鄭谷詠《鷓鴣》似脱胎於此。

智按：鄭谷《鷓鴣》詩云：「雨昏青草湖邊過，花落黄陵廟裏啼。」

香山《閒吟》一絶云：「自從苦學空門法，消盡平生種種心。唯有詩魔降未得，每逢風月一閒吟。」（《青梅軒詩話》卷一，《清詩話三編》第一四七一頁）

徐凝絶句殊有佳者，不盡惡詩也。如「娟娟水宿初三夜，曾伴愁蛾到語兒」，及「不寒不暖看明月，況是從來少睡人」，極似香山。其《留辭川守侍郎》云：「一生所遇惟元白，天下無人重布衣。欲到朱門淚先盡，白頭游子白身歸。」（《青梅軒詩話》卷一，《清詩話三編》第一四七二頁）

智按：史承謙，字位存，號蘭浦，陽羨（今江蘇宜興）人。與弟承豫（字衎存）均以詩鳴荆南。乾隆中卒于武昌。平生雅好論詩，除詩話外，所著《愛閒齋筆記》、《菊叢新話》、《靜學致偶志》三種筆記也多論詩語，與《秋琴集》、《小眠齋詞》合刊爲《史位存雜著六種》。《青梅軒詩話》二卷，國家圖書館藏乾隆六十年乙卯（一七九五）刊本，收入《史位存雜著六種》，前有乾隆六十年仲冬萬之蘅序。

汪師韓（一七〇七～一七八〇）

《詩學纂聞》

〔綺麗〕

魏文帝《典論》曰：「詩賦欲麗。」陸士横《文賦》曰：「詩緣情而綺靡。」劉彦和《明詩》亦曰：「四言正體，則雅潤為本；五言流調，則清麗居宗。」以綺麗說詩，後之君子所斥為不知理義之歸也。嘗讀《東山》之詩矣，周公但言「慆慆不歸」及「勿士行枚」數言而已足矣。彼夫獨在桑野，瓜在栗薪，「伊威在室，蠨蛸在戶」，町畽近廬舍而鹿以為場，熠燿乃倉庚而螢以為號；未至而「婦歎於室」，既至而「親結其縭」，皆贅言也。又嘗讀《離騷》矣，屈子但言「國無人莫我知」及「指九天以為正」，亦數言而可畢矣。彼夫駟玉虬，戎鸞皇，飲咸池，登閬風；索虙妃而求簡狄，占靈氛而要巫咸；始之秋蘭秋菊，終之瓊佩瓊靡，皆空談也。是則少陵之傑句，無如「老夫清晨梳白頭」；昌黎之佳作，莫若「老翁真箇似童兒」。「一二三四五六七」，固唐賢從《人日》之著題；「枇杷橘栗桃李梅」，且漢代大官之本色。香山《長慶集》，必老嫗可解也；鄭谷《雲臺編》，必小兒可教也。古樂府之《魚戲》，「魚戲蓮葉東。魚戲蓮葉西。魚戲蓮葉南。魚戲蓮葉北」。《浣花集》之《杜鵑》，「西川有杜鵑。東川無杜鵑。涪萬無杜鵑。雲安有杜鵑」。元劉仁本之《蕨萁》，「東山有蕨萁。南山有麟萁。西山有蕨萁。北山有蕨萁」。明袁中郎之《西湖》，「一日湖上行。一日湖上坐。一日湖上住。一日湖上臥」。同一排比也；晉之《懊儂》，「江陵去揚州，罕三百里，已行一千三，所有二千在」。蘇之《靜坐》，「無事此靜坐，一日似兩日。若活七十年，便是百四十」。同一真率也。刻畫而有唐之盧延遜；坦易而有明之莊定山，幾於風雅掃地矣。「窅窅乎思乙若抽，淵淵乎言長不足。」「起輪囷之調，揚縹渺之音。」《典論》、《文賦》之言，竊謂未可盡非也。（《清詩話》第四四一頁）

〔詩集〕

詩有一集止一體者，崔道融《唐詩》二卷，皆四言詩是也。詩有數人唱和因繼而彙為一集者，白香山與元稹、劉夢得有《還往集》、《因繼集》；元、劉又與李文饒有《吳越唱和集》；李逢吉、韓琪、令狐楚之《斷金集》；皮日休、陸龜蒙之《松陵集》；段成式、溫庭筠、崔皎、余知古、韋蟾、徐商諸人之《漢上題襟集》是也，宋以後尤不可勝數。……至如詩體相同者，元、白之為「元和體」。……(《清詩話》第四四二頁)

〔回文　集句　限韻　次韻〕

至若《詩家直説》謂梁武帝同王筠和太子《懺悔詩》，始為押韻。(太子謂簡文帝）按：當時和詩祇是同所用十韻，非若後人之次韻也。次韻創自元、白。元微之《上令狐相公詩啓》云：「某與同門生白居易友善，居易雅能為詩，或為千言，或為五百言律詩，以相投寄；小生自審不能有以過之，往往戲排舊韻，別創新詞，名為次韻，蓋欲以難相挑耳。」觀此，可知次韻之名由此起矣。若限韻為詩，古人謂之賦韻，亦曰成韻。如曹景宗之「競」、「病」二字，及《容齋續筆》所稱《後主文集》内之得某某幾字，凡數十篇，是也。(《清詩話》第四四七頁)

〔劉夢得金陵懷古詩〕

劉夢得《金陵懷古》詩，當時白香山謂其已探驪珠，所餘鱗角何用。以今觀之，「王濬樓船」所詠纔一事耳，而多至四句，前則疑於偏枯；山城水國，蘆荻之鄉，觸目盡爾，後則嫌其空衍也。抑何元、白閣筆易易耶？余竊有説焉：金陵之盛，至吳而始著，至孫皓而西藩既摧，北軍飛渡，興亡之感始甚。假使感古者取三國、六代事，衍為長律；便使一句一事，包舉無遺，豈成體製？夢得之專詠晉事也，尊題也。下接云：「人世幾回傷往事。」若有上下千年，縱横萬里在其筆底者。山形枕水之情景，不涉其境，不悉其妙。至於蘆荻蕭蕭，履清時而依故壘，含蘊正靡窮矣。所謂驪珠之得，或在於斯者歟？(《清詩話》第四六二頁)

〔稽陰台明〕

《陳書·文學·褚玠傳》：宣帝曰「稽、陰大邑，久無良宰」，謂會稽、山陰也。白香山詩曰：「台明地展圖」，謂天台、四明也。(《清詩話》第四六

九頁）

《題陶秉虔類函纂要》

類書之名，始見《新唐書》，顧唐志所載《皇覽類苑》、《華林遍略》等六家，在宋已無傳，陳直齋謂當以北齊祖珽《修文殿御覽》為首，唐後類書日多，唐若虞世南《北堂書鈔》、歐陽詢等《藝文類聚》、徐堅等《初學記》、白居易《白氏六帖》，宋若李昉等《太平御覽》、王欽若、楊億《册府元龜》、葉廷珪《海録碎事》，及淳熙十五年作、不著名氏之《錦繡萬花谷》，皆其久而猶存者。明志一代人著作，而類書多至二萬七千餘卷，乃今所流行，則惟唐順之《稗編》、陳禹謨《駢志》、彭大翼《山堂肆考》、袁黄《群書備考》、凌以棟《五車韻瑞》、黄一正《事物紺珠》、彭儼《五侯鯖》、陳仁錫《潛確類書》，與夫屠隆《漢魏叢書》、毛晉《津逮秘書》耳。類書在宋以前者，所載往往有後世未見之書，故雖學比餖飣獺祭，而每為學士所珍收。我朝《淵鑒類函》一書，則仍明俞安期《唐類函》之名，而實總彙唐宋以來諸家，無所不録，美哉！廣大悉備矣。然其文繁帙富，遍閲為難，今得陶君秉虔輯成《類函纂要》，可以藏之巾箱，攜之行篋，昔吾友杭丈堇浦晚年鈔撮《兩漢蒙拾》、《文選課虛》二編，所纂秖一書耳，而人爭搆之，是編門類，一準類函，而能斂博為約，吾知他日必有若論衡詩細秘之帳中者矣。（《上湖詩文編》分類文編補鈔卷下，《續修四庫全書》影印清光緒十二年汪氏刻叢睦汪氏遺書本）

《韓門綴學》

⊙韓文公

孔毅夫《雜說》稱，退之晚年有聲妓而服金石藥，引張文昌詩云：「爲出二侍女，合彈琵琶箏。」白香山詩云：「退之服硫黄，一病訖不痊。」謂退之嘗譏人不解文字飲，而自敗於女妓。作李博士墓誌，戒人服金石藥，而自餌硫黄。陳後山詩話亦同，俗人故援此爲口實也。嘗考韓公二妾號絳桃、柳枝者，僅見王讜《唐語林》及邵氏《聞見録》（《聞見録》作倩桃、風柳）。其引韓集詩云：「不見園花并巷柳，馬頭惟有月團團。」以爲寄意二姝之作。又云：「別來楊柳街頭樹，擺亂春風只欲飛。」并疑柳枝有踰垣追獲之事。竊謂絳桃、柳枝之名，亦由詩中有「園花」、「巷柳」、「楊柳」、「桃李」之字（因詩云：「惟有小園桃李在」，遂以桃爲絳桃），設爲之名，而文昌所指二侍女者，侍女而已矣。何必傳其名哉！文昌承韓公指教，相知最深，是以文酒之會，得見其侍女。於其没也，敘交契之蹦，等至乎此，而豈攻詰其短歟？不然，博塞之戲，無實之談，文昌猶致書悻悻焉，何獨於聲妓隱而不言，至白傅《思舊》一詩，則吕汲公嘗明之云：「衛中立，字退之，餌奇藥，求不死而卒死。樂天所指服硫黄而一病不瘥者，乃中立也。」《唐語林》又言韓愈病卒，召羣僚曰：吾不藥，今將病死矣。汝詳視吾手足肢體，無誑人云。夫韓公之行事，則新舊《唐書》載之矣。其言則本集傳之矣。文人樂聞邪説，以誣謗前賢，是則叔孫武叔毁仲尼，幸而其言無聞耳。設有聞焉，亦將以叔孫而上疑孔子乎？嗟乎！《書》有伊訓、太甲、咸有一德，而覽《竹書》之紀，信太甲殺伊尹之或然，《詩》有崧高、蒸民、韓奕、江漢而彈履霜之操，疑吉甫惑後妻之不德，邪説之行，豈不關於人心風俗也哉！（《韓門綴學》卷五，《續修四庫全書》影印清乾隆刻上湖遺集本）

《唐宋卿大夫廟制考》

……李紳以檢校户部尚書汴州刺史宣武節度使，於文宗開成間請立三廟，其官三品故也，而白香山為作先廟碑，乃書檢校尚書右僕射上柱國，此是開成四年，武宗即位，紳改鎮淮南，加職至於二品，紳於此時，未嘗疏請增廟，而但乞為其始得立廟之碑，香山亦未詳明其制，直以此為請廟時之官階，誠為疏於文律，韓柳必不然矣。至天寶十載，著令京官正員四品清望官，及四品五品清官，皆聽立廟，勿限兼爵，清望官惟四品有之，清官自四品至八品皆有之，是并四品五品，亦不須爵，皆可立三廟矣。至若崔圓為淮南節度觀察使，尚書左僕射贈太子太師，當立四廟，乃圓生前未曾疏請，身後其子僅以圓及祖禰為三廟，蘇雲卿作廟碑，但云不立五廟，而立三廟，不言何故。按，圓於天寶末為劍南節度，拜中書侍郎，同中書門下平章事。肅宗還京，拜中書令，封趙國公。明年削除階封，後乃復起，其不遵開元定制，而祗立三廟者，應是四廟，非朝命不得立而不論加職與贈官，則為節度者，其子孫自得立三廟也。此於史皆無明文，不有諸廟碑，何由得稽遺制於什一哉。

(《皇朝經世文編》卷六十六禮政十三)

《蘇詩選評》

(《泗州南山監倉蕭淵東軒二首》)有幽邃之趣,蕭條高寄,盡得風流。前首結句用老蕭郎,亦本香山「能文好飲老蕭郎」之句。容齋引老元爲例而不引此,疏矣。(《蘇軾資料彙編》第五册,第一八三四頁;《唐宋詩醇》卷三十八)

(《天竺寺》)點染處極其古秀,揭朗標華,較香山聯珠體詩更進一格。(《蘇軾資料彙編》第五册,第一八四六頁;《唐宋詩醇》卷四十)

智按:汪師韓,字抒懷,號韓門,又號上湖,錢塘(今浙江杭州)人。雍正十一年(一七三三)癸丑進士,改庶吉士,授編修。官至湖南提學使。晚年主講保定蓮花池書院。博通群籍,著述豐富。有《上湖紀歲詩編》。《清史列傳》卷七十有傳。

英廉(一七〇七~一七八三)

《草堂初夏倣白樂天》

簷花飛盡又春歸,樹影禽聲伴掩扉。有數好山爭人牖,無聊殘絮故縈衣。嬾銷詩債如焚券,醉捍愁城易解圍。多謝年年欄藥意,施朱敷粉照書幃。(《夢堂詩稿》卷十一,《四庫未收書輯刊》影印清嘉慶二年胡文銓朗江刻本)

智按:英廉,姓馮氏,字計六,號夢堂,漢軍旗人。雍正十年(一七三二)壬子舉人。官至文淵閣大學士,太子太保。謚文肅。有《夢堂詩稿》。

李海觀(一七〇七~一七九〇)

《歧路燈》

「千場縱賭家猶富,此語莫為詩人誤。強則為盜弱為丐,末梢只有兩條路。試看聚賭怕人知,此時已學偷兒步。輸鈔借貸語偏甜,乞兒面孔早全副。

一到山窮水盡時，五倫四維那能顧。縱然作態強支撑，妻寒子饑莫為護。回思揮金如糞日，隨意飛撒不知數。此日囊空羞澀矣，半文開元陡生慕。千態萬狀做出來，餓殍今日屬紈絝。苦語良言告少年，莫嫌此話太刻露：子賭父顯怒，父賭子暗怖。此中有甚難解故，五鼓捫心個個悟。」

寫完，智周萬道：「語質詞俚，卻是老嫗能解。」譚紹聞道：「不過為下等人說法，但求其切，不必過文。但『子賭父顯怒，父賭子暗怖』此二語，已盡賭博能壞人倫之大病。『強則為盜弱為丐』此二語，又說盡賭博下場頭所必至。門生願終身守此良箴。更期老師將戀妓病痛，亦作一箴銘。」智周萬道：「戀妓宿娼卻難作。總之，不切則辭費，切則傷雅。師弟之間，難以穢詞汙語相示。但執此類推，不過褻祖宗身體，傷自己體面；染下惡疾，為眾人所共棄；留下榜樣，為後世所效尤。白樂天名妓以皎皎，取古詩河漢女之意，尤為可危。只此已盡戀妓之罪，宿娼之禍，何必更寫一紙？」譚紹聞道：「門生聞老師之言，發聾震聵，永不做非禮事了。」

自此，譚紹聞沉心讀書。邊公考試童生，取了第三名，依舊文名大振。單候學憲按臨，指日遊泮。（清抄本卷九，第五十六回「小戶女攙舌阻忠僕　大刁頭吊詭沮正人」，欒星校注本第五一九～五二〇頁）

卻說紹聞回到書房，只見興官攤着霖臣所送《孝經》在案上翻閱。父親一到，即送前二册過來。前無弁言，後無跋語，通是訓蒙俗說，一見能解，把那涵天包地的道理，都淡淡的說個水流花放。及看到二百幾十宗孝子事實，俱是根經據史，不比那坊間論孝的本子，還有些不醇不備。凡一頁字兒，後邊一幅畫兒，畫得春風和氣，藹然如水之繪聲，火之繪熱一般。這父子也住了書聲，手不停披。

傍晚回家，點起燭來，同母親王氏、巫氏、冰梅，都看起書上畫的人人來。這個問那個也問，父子就指那像兒，指陳當年情事，個個喜歡。老樊也上樓來，聽的講說，忍不住也歎道：「真正好，真正難得！」這不是蘇霖臣作的書好，只為天性人所自有，且出以俚言，所以感人之速，入人之深，有似白樂天的詩，廚嫗能解。並可悟古人作書，右史必佐以左圖也。

這巫氏還要帶有圖像的兩本到東樓下看。紹聞道：「放下罷，明日再看。」巫氏道：「這比看戲還好。」紹聞道：「怎能比看戲好？」巫氏道：「那戲上

《蘆花記》，唱那『母在一子單，母去三子寒』；那《安安送米》這些戲，唱到痛處，滿戲臺下都是哭的。不勝這本書兒，叫人看着喜歡。」紹聞道：「你除了看戲，再沒的說。」巫氏道：「我不看《蘆花記》，咱這興相公，就是不能活的。」紹聞聽得話兒狠了，說道：「你自己聽你說的話。」巫氏道：「從來後娘折割前兒，是最毒的，丈夫再不知道，你沒見黃桂香吊死在母親墳頭上麼?」紹聞道：「你是他的大娘，誰說你是他的後娘?」巫翠姐道：「大婦折割小妻，也是最毒的，丈夫做不得主，你沒見《苦打小桃》麼?」冰梅着了急，向王氏笑道：「奶奶，你看俺大叔與大嬸子，單管說耍話，休要耍惱了。」興官也拉住悟果的手說道：「咱去讀書罷，明早背不熟，爹要打你這小手掌兒。」王氏道：「天晚了，你們各人都睡去。老樊與我收拾了床，也走罷，小心廚房的火。」於是各嘻嘻分散而去。正是：

乖情已被柔情化，喜氣還從正氣生。

卻說譚紹聞日在書房中父子課誦，心中掛牽着觀風一事，不聽有一點子動靜。……（清抄本卷十五，第九十一回「巫翠姐看孝經戲談狠語 譚觀察拿匪類曲全生靈」，欒星校注本第八五四～八五五頁）

智按：李海觀，字孔堂，號綠園，別署碧圃老人。原籍新安（今屬河南），祖父逃荒至寶豐，遂落籍寶豐（今屬河南），祖父、父親皆秀才。乾隆元年（一七三六）丙辰恩科舉人。此後幾次赴京會試，均未能考中進士。乾隆三十七年（一七七二）任貴州思南府印江縣知縣。卒年八十四歲。

蔡新（一七〇七～一七九九）

《過香山寺三首》

龍門對峙即香山，繫馬維舟鳥道攀。雪色未消空院裏，泉聲時出翠微間。高賢故宅知誰是，野寺殘僧亦自閒。到此便應當夜宿，靜看星火動漁灣。

樂天瀟灑冠當時，儒雅眞堪後世師。詩句未應慚太白，才名誰道亞微之。圖開九老攜仙侶，廟鎮雙峰藉佛持。惆悵寒雲荒樹裏，孤墳宿草自離離。（墳在寺東南里許）

琵琶亭畔昔逢秋，錦繡崖前憶舊遊。（甲子秋過九江，望琵琶亭、錦繡崖）試問匡廬多勝跡，何如香葛自清幽。雲生古洞依巖宿，月落寒溪逐水流。莫把青衫無限淚，錯將伊洛作江州。（《緝齋詩稿》卷三，《四庫未收書輯刊》影印清乾隆刻本）

《闇安楊先生八十壽序》

歲甲辰八月十四日，為廉訪使楊公闇安先生八十誕辰，嗣君晉錫與計偕來京師，乞余一言為壽。余知先生久，素心相與稱神契，其敢以不文辭？先生原隸閩汀，自先世徙居於粵，今為嘉應州人，登雍正庚戌進士，出令吾閩。壬子余舉於鄉，先生分校同考，余雖未得出先生門，然素知先生固粹然儒者也。……今天子壽考維祺，躋一世於仁壽，內外臣工，年登耄耋者，咸徵詣闕下。將以明年春，為千叟耆宴，以昭太平嘉瑞，先生得與茲選也，其在更老之班乎？平生表章正學，著述甚富，評點眞西山《文章正宗》原續本，唐宋八家文，韓子《原性》、《原道》等篇，梓以行世，津逮後學，間或旁及內典，著有《心經淺釋》、《金剛經續［讀］法》，以為教外別傳，得醒心之助，人比之白樂天，然先生固粹然儒者，非如樂天所稱佛容為弟子也，晉錫歸持吾說，以侑觴先生，其許我乎？是為序。（《緝齋文集》卷五，《四庫未收書輯刊》影印清乾隆刻本）

智按：蔡新，字次明，號葛山，漳浦（今屬福建）人。乾隆元年（一七三六）丙辰進士，改庶吉士，授編修，官至東閣大學士，加太子太師。謚文恭。有《緝齋詩文集》。

蔣溥（一七〇八～一七六一）

《恭和御製坐金蓮池上用白居易寄韜光禪師韻元韻》

池邊巖翠湧，雲岫幾人家。禪榻一簾雨，吟鞭滿樹花。苔錢疑古篆，石笋似新芽。半偈皈依地，松泉好品茶。（《皇清文穎續編》卷八十二，《續修四庫全書》影印清嘉慶武英殿刻本）

智按：蔣溥，字質甫，號恒軒，常熟（今屬江蘇）人，大學士蔣廷錫（一六六九～一七三二）長子。善畫花卉，得家傳。雍正八年（一七三〇）二甲第一名進士，官至東閣大學士兼戶部尚書。有《恒軒詩鈔》。

曹秀先（一七〇八～一七八四）

《衍琵琶行》（有序）

余過潯陽，訪所謂琵琶亭者，有亭巋然，不聞琵琶之聲。憶白司馬歌詠，當時情景，宛然在目。引其辭而長之，命曰《衍琵琶行》。

潯陽江頭夜送客，吳楚中間開水驛。兒童報導司馬來，名曰居易姓曰白。
楓葉荻花秋瑟瑟，一派秋聲吹觱篥。江上淒清總可哀，況是相逢驪唱日。
主人下馬客在船，紛紛別緒若為牽。冀得石尤風一起，明朝繫纜此江邊。
舉酒欲飲無管弦，寂然對酌當離筵。多少漁燈散江面，照成李郭兩神仙。
醉不成歡慘將別，天涯分袂情難説。潯陽作郡送迎難，只愁柳條盡攀折。
別時茫茫江浸月，異地風煙寄舟筏。故人心事訴分明，彼此書空還咄咄。
忽聞江上琵琶聲，此聲端不似無情。可能彈出明妃曲，教人怨恨一時生。
主人忘歸客不發，豈是離悰未休歇。但覓知音古亦稀，誰操絕調蛟龍窟。
尋聲暗問彈者誰，商陵牧子不同時。又疑滯跡江湖外，關山月向笛中吹。
琵琶聲停欲語時，知他何喜更何悲？底事四弦聲緊慢，惱人情緒一絲絲。
移船相近邀相見，渺渺予懷生眷戀。自哂文人癖未除，溷跡通榮與優賤。
添酒迴燈重開宴，江頭主客不知倦。醉吟居士久牢騷，藉澆塊磊咸稱善。
千呼萬喚始出來，故故姍姍步卻回。不是多情鍾我輩，那能覿面弗相猜。
猶抱琵琶半遮面，主客凝神銀海眩。纖纖諒不似從前，遮莫秋來舊紈扇。
轉軸撥弦三兩聲，調音操縵手將迎。欲待琵琶不振響，莫慰主客意縱橫。
未成曲調先有情，有情二字誤平生。而今試把鵾弦弄，涇水贏于渭水清。
弦弦掩抑聲聲思，性自沉吟百工媚。悠然想見漢宮人，按曲徵歌成金翠。
似訴平生不得意，弦中句語聲中字。何必鬚眉好丈夫，哭途泣路心如醉。
低眉信手續續彈，歷歷落落興未闌。遠客一尊消不得，幽憂苦調摧心肝。
説盡心中無限事，心中暗灑弦中淚。巾幗羈愁江上舟，命之窮也時不利。

輕攏慢撚抹復挑，徐徐盡態費招邀。淡泊形容聲細細，管渠雨驟與風飄。
初為霓裳後六么，隸事翻新譜亦調。轉疑不是文君操，司馬奚緣解渴消。
大弦嘈嘈如急雨，曾無點滴到塵土。怕與江上風水遭，雪浪直撼江邊樹。
小弦切切如私語，兒女妮妮相爾汝。不知琵琶是何聲，忘卻曲彈到幾許。
嘈嘈切切錯雜彈，閒暇神情活指端。除是精能成妙技，得心應手豈非難。
大珠小珠落玉盤，但聞清聲橫闌干。聲將透及珠微碎，聽來還未覺摧殘。
間關鶯語花底滑，好音弦上時相軋。歷歷偷囀紅袖中，一路清聲鳴遠戛。
幽咽泉流水下灘，清音互答向回湍。竟是冰桐齊一例，鍾期聆得愜餘歡。
水泉冷澀弦凝絕，凍風吹成澗邊雪。弦上莫問激號聲，感到人間歲寒節。
凝絕不通聲暫歇，依舊風情生倏忽。當筵悵望耳無聞，舉首青天問明月。
別有幽愁暗恨生，婦人心事果難明。誰無愁恨還輸汝，轉恐舟中載不輕。
此時無聲勝有聲，蕭蕭慘慘各崢嶸。萬事刺懷眉上現，未須撥弄客心驚。
銀瓶乍破水漿迸，紛灑井榦心不競。詎道鐵琵經手彈，隱隱清商帶風勁。
鐵騎突出刀槍鳴，鎧甲光寒大將行。潛師間道制奇勝，婦人幻作琵琶聲。
曲終收撥當心畫，轉捩權奇中隔逆。那聞五音競響臻，比視千金輕一擲。
四弦一聲如裂帛，清商暗動齒牙擘。彈者熟練局初完，多少豪人盡迴席。
東舟西舫悄無言，一洗耳畔袪勞喧。似解琵琶曲真妙，遷客離人何處村。
唯見江心秋月白，委波一片淨圓璧。依稀直上廣寒宮，霓裳羽衣仙子夕。
沉吟放撥插弦中，黯淡風姿若個同？玉人老去嬌如舊，江上秋風任轉蓬。
整頓衣裳起斂容，一枝霜月蘸芙蓉。多年未睹車旗色，此夜尊前抵折衝。
自言本是京城女，長安甲第連禁籞。區區弱質此間生，誓不牽絲到吳越。
家在蝦蟆陵下住，下馬陵成踵訛誤。我家住此幾何年，尚有田園有墳墓。
十三學得琵琶成，纔把琵琶玉手輕。自是因緣關愛好，嬌姿宛轉可憐生。
名屬教坊第一部，居然女子持門戶。豈真他可壓簪紳，能向人前歌且舞。
曲罷曾教善才伏，歌喉跌盪還回覆。品題今古善歌人，不絲如竹竹如肉。
妝成每被秋娘妒，不分眉蛾兼齒瓠。世途兩美傾軋多，同業同時不同路。
五陵年少爭纏頭，裘馬翩翩指翠樓。卻慕虛名謁門下，外間謾自詡風流。
一曲紅綃不知數，物力艱難那省顧。慘歟泣淚盡鮫人，歡盡朝朝還暮暮。
鈿頭雲篦擊節碎，少年不禁顛狂態。桃李春風爛漫花，蜂蝶紛紛舞成隊。

血色羅裙翻酒汙，石榴花瀉金盤露。狹斜惡少結同心，回望西陵松柏樹。
今年歡笑復明年，縮得光陰買笑錢。愛色人多愛才少，春蠶絲盡懶成眠。
秋月春風等閒度，別家管領情回互。描卻遠山頻蹙眉，學走金蓮尚翹步。
弟走從軍阿姨死，單形隻影苦蓮子。亦復門庭氣象衰，日日催人迅彈指。
暮去朝來顏色故，駒隙奔馳曾弗駐。兒時憶得醲桃花，肌容羞卻織縑素。
門前冷落車馬稀，待欲題門燕子飛。燕子自遺來往影，肯隨舊雨欵柴扉。
老大嫁作商人婦，也賦鸞鳳親井臼。昔年掌上弄明珠，青青化作章臺柳。
商人重利輕離別，自渠本色不相欺。我曾綺席承官長，低唱陽關卻為誰。
前日浮梁賣茶去，計較錙銖向覊旅。候火應烹苦味濃，未識夢回何處所。
去來江口守空船，今日船中儂可憐。水鳥雙雙掠舟過，野鴨無因飛上天。
繞船月明江水寒，江中穆穆跳金丸。薄命自慚無月樣，一年圓得幾回團。
夜深忽憶少年事，九枝燈下海棠睡。一刻千金不領春，癡人要墮傷心淚。
夢啼妝淚紅闌干，博得抛家髻一看。潯陽郭外人初醒，那識江城有達官。
我聞琵琶已歎息，風土操音來自北。往時王粲賦登樓，直是欲歸歸不得。
又聞此語重唧唧，譬如貴人初謝職。莫誇曩昔住京城，點綴風華來澤國。
同是天涯淪落人，謾言物色尚風塵。汝嫁茶商元寂寞，我官司馬剩清貧。
相逢何必曾相識，萍水孤蹤亦暫即。如此燈前一識君，錦字迴文認誰織。
我從去年辭帝京，蕭條僕馬指南征。算是玉皇香案吏，詎真物外住蓬瀛。
謫居卧病潯陽城，游宦無聊心曳旌。五架三間草堂在，謾勞五老笑相迎。
潯陽地僻無音樂，人誦詩書守淳樸。但知山水有清音，水宮亭背山廬嶽。
終歲不聞絲竹聲，東山冷處負平生。只學蘭亭修禊會，一觴一詠暢幽情。
住近溢江地低濕，九派風濤鋪瀵潘。均傳此地是長沙，若遇賈生哀欲泣。
黃蘆苦竹繞宅生，嫋嫋娟娟競野榮。信此官曹荒涼甚，不堪風雨下深更。
其間旦暮聞何物，深樹菁蒼遠山屹。因風訝得怪聲來，詎能久居不鬱鬱。
杜鵑啼血猿哀鳴，物類何當心不平。三更月上催歸急，十二時中落淚盈。
春江花朝秋月夜，貴游行樂居亭榭。謫宦心情怯景光，蕭索獨愁無稅駕。
往往取酒還獨傾，儼覺淵明風骨清。束帶無心营五斗，漉巾乞食有誰爭。
豈無山歌與村笛，粗有聲音破虛寂。或騎牛背棹漁舟，儗若梨園非勁敵。
嘔啞啁哳難為聽，敢從海上叩秦青。吏散官閒空索句，杯中物盡板扉扃。

今夜聞君琵琶語，惆悵何因理愁緒。西蜀琵琶即有峰，隴山鸚鵡弗如汝。
如聽仙樂耳暫明，鈞天仿佛奏瑤京。潯陽城外少此調，邇日江山韻亦清。
莫辭更坐彈一曲，妙曲泥人心不足。竟教北海再開樽，無礙楚庭方滅燭。
為君翻作琵琶行，胡笳十八拍還成。潯陽後有游人過，商婦能歌或著名。
感我此言良久立，由來知己下車揖。粉黛看看末路難，不獨傷心背鄉邑。
卻坐促弦弦更急，一彈再鼓難收拾。未是弦催手腕疲，新知舊好懷憂悒。
淒淒不似向前聲，木落風寒水一泓。惹恨難迴腸九折，歌喉順處逆人情。
滿座重聞皆掩泣，欣慨胡然遽交集。憐渠不早立身名，中流壺繫判呼吸。
座中泣下誰最多，樂極悲來泣當歌。懷土思鄉全不耐，鏡中髮白影婆娑。
江州司馬青衫濕，半世豪雄付歌什。酒闌歸散客亦行，商婦回向空船泣。

（《昭代叢書》戊集續編；《香豔叢書》第二集；《中國香豔全書》，第一五八～一六一頁；上海書店《叢書集成續編》第一三〇册影印《昭代叢書》戊集續編；《筆記小說大觀》五編第七册，臺北新興書局一九八〇年版，第四二三五～四二四二頁）

智按：曹秀先，字冰持，一字芝田，又字恒所，號地山，自稱鹿門子。新建（今屬江西）人。乾隆元年（一七三六）三甲二名進士，官至禮部尚書，四庫全書館總裁，經筵講官，博極群書，工詩文，尤善書法，有名于世。《衍琵琶行》有清道光六年長洲顧氏清稿本，此詩將白詩每一句敷衍成四句，依次而下，逐句攙寫，把八十八句六一六言之《琵琶行》，衍化成三五二句二四六四言之巨篇。雖若蜜中羼水，倒也頗為壯觀。後附《衍琵琶行跋》：「潯陽江頭，商婦琵琶。自有白傅一詩，遂成雙絕；今更得地山夫子引而申之，千秋韻事，鼎足而三矣。癸卯仲夏震澤門人楊復吉識。」

錢載（一七〇八～一七九三）

《動靜交相養并序》

同年以唐賦題課八韻詩，載既擬作，復檢白賦序云：居易嘗見今之立身從事者，有失於動，有失於靜，斯由動靜俱不得其時與理也，因述所以然，用自儆導。讀其賦多有得之言，遂撮文爲引，藉晹斯義。

靜如星拱極，動若卦生爻。道貴存於養，心常察所交。狷應充屑屑，狂亦歛嘐嘐。執兩中宜擇，隨時一莫膠。行雲元必返，止水豈難淆。鳥刷風前羽，花含露下苞。物情參自愛，人性謹先教。聖德符天地，絪緼邃理包。（《撵石齋詩集》卷十八，《續修四庫全書》影印清乾隆刻本，第一四四三册，第一八四頁）

《荷珠賦》（以「風來水面翠蓋擎珠」爲韻）

曉靄澄青，溼雲擁翠。恍回合浦之光，偏撒華池之次。田田未采，俄承受以明璣；顆顆誰投，莫蕩搖乎涼吹。雖隨風而聚散，渺爾無心；不與月以盈虧，適然如意。碧圓自潔，體以淨而相涵；點滴同珍，機以虚而恐墜。方夫得露，是卽爲珠。葉沆瀣以微積，中停勻而漸麤。玉女盆盛，皎若剖來蜌腹；仙人掌捧，端非捋下羊須。柄柄休敧，仰一規以細綴；纍纍欲貫，灑萬暈於平鋪。驟雨初飛，跳珠更美。颯踈響以徐生，漽圓光而不止。香氣逼闌干直上，抛擲玲瓏；紅衣遮徑寸低藏，迷離尺咫。回旋勢卻，流輝炫動金沙；索落聲驚，迸串傾還淥水。且也高猶濺浪，亂不關風。浴鳥翩翾，乍帶波而下上；戲魚撥刺，倏吹沫以西東。凡漬水之偶，託必團珠而皆融，直無脛至前，熒熒雪瀨；真與川增媚，熠熠煙叢。浩歌移畫鷁於銀塘，似逢蜑户；倒影浸采蟾於碧漢，疑入鮫宫。爾其小大何拘，淺深不衒；玓瓅溪心，玢瑞江面；足使緯蕭之子澹泊相遭，詎令交甫之儔徘徊有眷。而況植仙洲，獻瑶殿；備冥搜，超褻玩。羅英非濁水，願結佩於纖裳；發秀定璇源，冀攢星於華扇。觀物之象，寓道之精。披柳綫以翻翻，誡滿則溢；照芡盤而炯炯，葆和於平。得一者清，寫天心之靜寄；執中也允，喻聖性之明瑩。又奚僅求淵而暫出，覆沼而常擎。抑是含滋，尤堪呈繪。暢蓼蕭之既渥，其澤於胥；侔溫玉之不雕，惟馨斯最。故別收至寶於珠囊，而特錫嘉名於荷蓋。試掬初陽瑟瑟，幾曾銜以靈蛇；看張秋影亭亭，或亦巢夫神蔡。蜻蜓蘸屨，鸂鶒衝纔，有情兮俱化，無著兮本來。薏苡屏車中，祇覺芳菲在目；芙蓉吟木末，敢云璀瓅盈懷。竊嗣音乎居易，以奏賦於蓬萊。（《撵石齋文集》卷十八，《續修四庫全書》影印清乾隆刻本，第一四四三册，第四五一頁）

智按：仿自白居易《荷珠賦》。

錢載，字坤一，號籜石，秀水（今浙江嘉興）人。乾隆十七年（一七五二）進士，選庶吉士，授編修。歷官中允、侍讀、庶子、侍讀學士、少詹事、詹事、內閣學士、山東學政、禮部侍郎。屢典鄉試、會試。詩學黄庭堅，險入横出，嶄然成一家。有《籜石齋詩集》、《文集》。事迹見《清史稿》卷三〇五、《清史列傳》卷二五、朱休度《禮部侍郎秀水錢公載傳》、吴文溥《故禮部侍郎錢公傳》。

劉執玉（一七〇九～一七七六）

《遊琵琶亭·臨江仙》

依舊潯陽江畔路，檀槽餘響還留。天涯淪落怕經秋，青衫邅客淚，紅豆美人愁。　　今日琵琶亭子上，重瞻太傅風流。山光波影蕩簾鉤，休聽商婦曲，且坐庾公樓。（《輯刻琵琶亭詩》，清乾隆十一年古柏堂刊本）

智按：劉執玉，字復燕，無錫（今屬江蘇）人。輯有《國朝六家詩鈔》八卷，著有《貽燕樓詩稿》。

馮秉仁（一七〇九～?）

《前題和韻》

香山居士謫居年，江口紅亭蹟尚傳。愛敬寺鐘虛夜月（香山句：愛敬寺鐘欹枕聽），蝦蟆陵女賸秋蓮。攜來簫管離人曲，閱盡飄檣賈客船。等是荻花楓葉路，一尊孤負泬寥天。（《輯刻琵琶亭詩》，清乾隆十一年古柏堂刊本）

智按：次唐英《丁卯秋日聞蒼崖李參政遊琵琶亭急就一律遣僮馳呈》之原韻。

馮秉仁，字體元，號静山，歷城（今屬山東濟南）人。乾隆二年（一七三七）丁巳進士。官至兵科給事中。

宋宗元（一七一〇～一七七九）

《網師園唐詩箋》

⊙《重賦》（一作無名稅）（詩略）

有關係文字，不得僅以詩人目之。（《網師園唐詩箋》卷三，中國社會科學院文學研究所圖書館藏清乾隆三十二年序刊本）

⊙《輕肥》（詩略）

與少陵憂黎元同一心事。（《網師園唐詩箋》卷三，中國社會科學院文學研究所圖書館藏清乾隆三十二年序刊本）

⊙《歌舞》（詩略）

感時傷亂，讀其詩想見其人。（《網師園唐詩箋》卷三，中國社會科學院文學研究所圖書館藏清乾隆三十二年序刊本）

⊙《新制布裘》（詩略）

月色與人懷時時流露，杜陵後復見此公。（《網師園唐詩箋》卷三，中國社會科學院文學研究所圖書館藏清乾隆三十二年序刊本）

⊙《長恨歌》（詩略）

閑處一束，無限低徊（「遂令天下」二句下）。從景上寫出悲涼情味，虛際描摹，筆意宕漾，如聆三峽猿啼（「蜀江水碧」四句下）。引起下半首（「悠悠生死」二句下）。回眸一盼（「猶似霓裳」句下）。征典故以虛無，異樣空靈縹緲（「臨別殷勤」四句下）。（《網師園唐詩箋》卷六，中國社會科學院文學研究所圖書館藏清乾隆三十二年序刊本）

⊙《寒食野望吟》

丘墟郭門外，寒食誰家哭。風吹曠野紙錢飛，古墓累累春草綠。棠梨花映白楊樹，盡是死生離別處。冥寞重泉哭不聞，蕭蕭暮雨人歸去。（哀冷）（《網師園唐詩箋》卷六，中國社會科學院文學研究所圖書館藏清乾隆三十二年序刊本）

⊙《琵琶行》（詩略）

爲下二段伏綫（「醉不成歡」二句下）。即聲暫歇時言（「此時無聲」句下)。應首段作一束(「惟見江心」句下)。映上重作一束，爲文章留頓法(「繞船月明」句下)。雙收上二段，轉到自己(「同是天涯」二句下)。自叙踪跡，與起處相應(「其間旦暮」句下)。

此詩及《長恨歌》，諸家選本率與元微之《連昌宫詞》並存，然細玩之，雖同是洋洋大篇，而情辭斐亹，無論元詞之遠不逮白歌，即此與李亳州之《悲善才》，並為聞琵琶作，而亦幾有仙凡之判，固不但以人品高下為去取也。(《網師園唐詩箋》卷六，中國社會科學院文學研究所圖書館藏清乾隆三十二年序刊本)

⊙《賦得古原草送别》

離離原上草，一歲一枯榮。野火燒不盡，春風吹又生。(天然名句，宜見賞于逋翁) 遠芳侵古道，晴翠接荒城。又送王孫去，萋萋滿别情。(《網師園唐詩箋》卷九，中國社會科學院文學研究所圖書館藏清乾隆三十二年序刊本)

⊙《錢唐湖春行》(詩略)

娟秀無比。(《網師園唐詩箋》卷九，中國社會科學院文學研究所圖書館藏清乾隆三十二年序刊本)

⊙《西湖晚歸回望孤山寺贈諸客》(詩略)

有聲畫。(《網師園唐詩箋》卷九，中國社會科學院文學研究所圖書館藏清乾隆三十二年序刊本)

⊙《宴散》

小宴追涼散，平橋步月回。笙歌歸院落，燈火下樓臺。(實景即是佳景) 殘暑蟬催盡，新秋雁帶來。將何迎睡興，臨卧舉殘杯。(《網師園唐詩箋》卷九，中國社會科學院文學研究所圖書館藏清乾隆三十二年序刊本)

⊙《邯鄲至夜思親》

邯鄲驛裏逢冬至，抱膝燈前影伴身。想得家中夜深坐，還應説著遠行人。

三四與杜陵「明年此會知誰健」句，同一落想。(《網師園唐詩箋》卷十六，中國社會科學院文學研究所圖書館藏清乾隆三十二年序刊本)

智按：集作《邯鄲冬至夜思家》。

⊙《寒閨怨》

寒月沉沉洞房靜，真珠簾外梧桐影。秋霜欲下手先知，燈底裁縫剪刀冷。

意本崔國輔《怨詞》。崔詩他本又作張祜。（《網師園唐詩箋》卷十六，中國社會科學院文學研究所圖書館藏清乾隆三十二年序刊本）

智按：宋宗元，字魯儒，號愨庭，長洲（今江蘇蘇州）人。有《網師園唐詩箋》、《識字略》等。

徐文弼（一七一〇？～？）

《彙纂詩法度針》

按盛唐樂府，則太白擅奇古今，《蜀道難》、《遠別離》等篇，出鬼入神，惝怳莫測。老杜之《兵車行》、前後《出塞》、「三吏」、「三別」，皆自出己意，概寫時事，深得樂府遺意。中晚唐惟韓之《琴操》，直遡兩京。白居易、元稹等創為新樂府，亦復自成一體。（清乾隆間聚盛堂刊本卷一）

古人賡和，答其來意而已，初不為韻所縛，如高適《贈杜甫》云：「草玄今已畢，此外更何言」，甫和之則云：「草玄吾豈敢，賦或似相如」。又如韋迢《早發湘潭寄杜甫》云：「相憶無南雁，何時有報章」，甫和云：「雖無南雁過，看取北來魚」。中唐以還，元白皮陸更相唱和，由是此體始盛。此外又有因韻而增為之者，如《柳河東集》有《同劉二十八院長述舊言懷感時書事奉寄澧州張員外使君五十二韻之作，因其韻增至八十》是也。又有拾其餘韻，凡為所用者置不取，如《河東集》載《酬韶州裴曹長使君因以見示二十韻》，自序云「韶州幸以詩見及，往復奇麗，邈不可慕，用韻尤為高絕，今因拾其餘韻酬焉。凡為韶州所用者置不取，其聲律言數如之」是也。按次韻步韻，自晚唐宋人始盛行，此後群相倣效，不顧和章取義，置原倡而不答，或專以能次險韻為工，皆不足當大方家一哂。（清乾隆間聚盛堂刊本《彙纂詩法度針》卷一）

智按：參見明徐師曾《文體明辨序說》「和韻詩」條（羅根澤校點本，第一〇九～一一〇頁）。

徐文弼，字勷右、超盧，號蓋山，江西豐城人。乾隆六年（一七四一）舉人，歷官饒州府學教授、永川、伊陽知縣。有《吏治懸鏡》、《萍游近草》。《同治南昌府志》卷四十三文苑傳有傳。此書成於乾隆二十三年（一七五八）前，為作者於府學教授詩學之課本。前有乾隆二十三年九月張拜賡序、乾隆二十四年（一七五九）正月蔣士銓序、是年閏六月金玉序、是年正月袁守定序。參見蔣寅《清詩話考》第五五三頁。

陳文熺

《答復天朝册使》（二首其一）

玉堂綸綍屬才華，天漢遙遙載泛槎。驛路九千初發軔，葩詩三百舊生涯。胸中吐出霞千朵，紙上凝成雪六花。除卻盛唐元白外，騷壇幾見自成家。（《晚晴簃詩匯》卷二百）

智按：陳文熺，安南（今越南）人。

愛新覺羅・弘曆（一七一一～一七九九）

《白雲泉和白居易韻》

雲包白石石包泉，無色聲天太古閒。聊步天平問泉脈，喜逢白傅話雲間。（《四庫全書》本《欽定南巡盛典》卷二；《四庫全書》本《御製詩集》二集卷二十六）

《白雲泉再叠白居易韻》

昔年少傅此題泉，忘世高情祗愛閒。我却異香山所願，願流膏澤遍田間。（《四庫全書》本《欽定南巡盛典》卷四；《四庫全書》本《御製詩集》二集卷六十九）

《白雲泉三疊白居易韻》

白雲泉是白家泉，林色嵐光太古閒。不為炫能頻疊韻，高人風度緬其間。（《四庫全書》本《欽定南巡盛典》卷十；《四庫全書》本《御製詩集》三集

卷二十二）

《白雲泉四疊白居易韻》

山腰清泚噴靈泉，白傅當年好是閒。一覽便行不烹茗，恐妨煙火溷其間。（《四庫全書》本《欽定南巡盛典》卷十四；《四庫全書》本《御製詩集》三集卷四十九）

《題刻畫伽倆香山九老圖》

風流少傅十年閒，結社香山共往還。漫道滄桑多變幻，試看常住是香山。（《四庫全書》本《御製詩集》初集卷七）

《夏日游香山》（其二）

重基占佳勝，一覽富萬概。雨後朝爽凑，谽谺新染黛。高樓俯碧川，烟雲呈變態。檐樹緑婆娑，砌花紅瑣碎。游心竹素園，匪慕須彌芥。支公價誠論，白傅山今賣。（《四庫全書》本《御製詩集》初集卷十五；《皇清文穎》卷首二十）

《反白樂天放言句》

周公恐懼流言日，王莽謙恭未篡時。即使當時身便死，一生真偽有人知。（《四庫全書》本《御製詩集》初集卷十八）

《平湖秋月（調寄浣溪沙）》

倚山面湖，竹樹蒙密，左右支板橋以通步屧，湖可數十頃，當秋深月皎，瀲灧波光，接天無際，蘇公隄畔，差足方兹勝槩。

不辨天光與水光，結璘池舘慶霄凉。蓼烟荷露正蒼茫。　　白傅蘇公風雅客，一杯相勸舞霓裳，此時誰不道錢塘？（《四庫全書》本《御製詩集》初集卷二十二）

《讀白居易集》

人咸謂香山之詩傷於易，不知其易處正難及也，偶讀其集題此。

儒雅曾聞白樂天，漫將率易議前賢。但從性地中流出，月露風雲總道詮。（《四庫全書》本《御製詩集》初集卷二十三）

智按：《四庫全書》本汪立名《白香山詩集》卷首題為《讀白居易詩》。

《題張鵬翀〈翠巘高秋圖〉用其韻作七古示之》

問我繪事應師誰？横嶺近在帝城西。從來師心非所貴，師古道遠勞攀躋。鵬翀汝詩脫筌蹄，欲侔元、白志不低。我於詩畫涉藩籬，安能示汝匪手攜。得其環中游方外，疇謂半偈非全提。佳節展汝山水奇，興酣走筆一漫題。黄花笑我拈吟髭，蕭蕭寫影臨清溪。(《四庫全書》本《御製詩集》初集卷二十三)

《九松山歌》

九松山上松盤籊，九松山下路褘隋。幾度攬轡過山下，興至輒為留吟題。千巖隠伏東南去，此地秀結神堂奇。磵流淙淙兮，隔紅塵之襍沓。孤峯倚天兮，縈青繚白而匯㶟。羣山皆童無氣色，獨如偓佺，蒼顔緑髪垂絲絲，精藍數椽閒閒見。未至不知築者誰，是中疑有遠公駐，法雨霏作蓮花池。復如香山社中會九老，無言恒寫白傅詩。吁嗟乎山川，藴鬱有如此，何殊岱宗之麓華嶽嵋。意行所得契静悟，谷神語我停移時。(《四庫全書》本《御製詩集》初集卷二十七)

智按：畢沅亦有《九松山歌》：「山雖號九松，小大以萬數。揆厥命名初，前人諒匪誤。昔少今乃繁，條幹鬱煙霧。紆威輦道鞚花驄，清籟遙遙答梵鐘。曲澗但添流水綠，縣厓不見夕陽紅。山空別有清涼境，五月袂衣猶薄冷。兩耳惟聞風雨聲，滿身盡落龍蛇影。傳昔有偓佺，食實成神仙。儻辦長鑱覓飛節，縱不輕舉亦可常延年。巖之阿，澗之曲，結椶亭兮架竹屋。何人於此賦閒居，一榻綠雲春睡足。」(清嘉慶四年經訓堂刻本《靈巖山人詩集》卷十二青瑣吟香集，楊焄點校《畢沅詩集》，人民文學出版社，二〇一五年一月，上册，第二八〇頁)

《春雪和白居易韻》

放勲命羲和，定時以閏月。今歲閏在春，二月不妨雪。密雲連宵旦，庭樹踈陰歇。時而散冰花，時而灑瓊屑。但覺春融盎，不苦寒栗冽。縱賞意固佳，倚吟興堪結。被井乳欲酥，壓梅腰豈折。分茶漱芳潤，展帖挹清絶。破臘懸望餘，素景慰心别。已疾氣昭蘇，宜麥月单闕。白詩遣幾暇，事同異其説。堪方雨有靈，漫比霜不殺。孫賦亦熟讀，詎厭聞妖孽。農語有明徵，未至清明節。（農占清明斷雪，穀雨斷霜）（《四庫全書》本《御製詩集》初集卷三十）

《黄子久山居圖》

大癡道人黄子久，詩中元、白書顔、柳。富春大嶺稱絕作，膾炙都人士之口。金題玉躞標山居，然疑即是富春否？展卷一室饒古香，華亭妙筆存圖右。品評精確書法高，以書例畫珍瓊玖。江山萬里無足奇，萬里以外箇中有。平沙遠渚隔重林，水郭烟村帶層阜。耕者讀者褋漁樵，天高地下適飛走。渾噩全無意匠營，都來量物随所受。宜令香光拜下風，倪迂范緩誰妍醜。不必什襲誇鑒藏，丁甲呵持自能壽。（《四庫全書》本《御製詩集》初集卷三十）

《池上居》

槐日風清候，壺天池上居。潤含新樾重，爽挹午窓虚。古調彈聲鶴，天機唼浪魚。底須費穿鑿，水到自成渠。乍見錦綳勹，旋聽緑玉敲。有堂如白傅，不雨度西郊。囀樹鶯求友，啣莎雀補巢。一泓相對處，無慮置杯膠。（《四庫全書》本《御製詩集》初集卷四十）

《擬元白詩二首並用其韻·白少傅居易〈山中問月〉》

人生有離别，惟月不相離。問爾山中月，照山經幾時？我自愛山清，復不嫌月遲。一宵縱不眠，我心山月知。三萬六千場，從兹與月期。除却陰與晦，昏曉必相随。（《四庫全書》本《御製詩集》二集卷十）

《池上居》

田盤千溪萬澗，不可數計，然濆湧石罅沙渚，間或入地而伏流，故不能滙而為池。兹於山莊内，相地之宜，設法叠石為盆浦，以灰築之儼，成半畝之塘矣。建屋其上，輒成是詩。

為愛空明與性便，廓池盈畝任方圓。半輪貯就清秋月，一片圖將碧落天。屬我無心看澹澹，終朝盈耳聽涓涓。會須育取成龍種，荇藻光中躍在淵。

書屋臨流坐卧便，一泓恰對月窓圓。源頭句詠朱夫子，池上居同白樂天。畫本别教摹大匠，詩筒頻遞走中涓。可知事在人為耳，天半雲標自有淵。

（《四庫全書》本《御製詩集》二集卷十三）

《池亭清暑》

心浄能清暑，曾聞白樂天。疏軒閒筆硯，池上早成篇。（《四庫全書》本《御製詩集》二集卷十九）

《香山寺雜咏》（其四）

攀躋直到香山寺，尋遍殘碑可惜生。内翰書屏猶述古（尋白居易記，已無存，惟餘近年間翰林汪士鋐所書居易香山記，刻於屏間），一番讀罷見交情。（白居易《修香山寺記》云：「予為微之作墓誌，元氏具銀幣鉅萬志謝。予念平生分，堅辭不獲，乃廻施兹寺。」）（《四庫全書》本《御製詩集》二集卷二十一）

《題香山寺二首》

龍門凡十寺，第一數香山。自古才華地，當秋罕躍間。闕峰迎巀嶭，伊水俯潺湲。始見人楓葉，霜前三兩殷。

静室暫周旋，興懷每睪然。如斯看水逝，不改是峰連。畫意誰能貌，吟情衹合蠲。慮輸白少傅，已著祖生鞭。（《四庫全書》本《御製詩集》二集卷二十一）

智按：《（嘉慶）大清一統志》卷二百七「香山寺」（四部叢刊續編景舊抄本）云：「在洛陽縣西南二十五里，後魏熙平元年建，龍門十寺觀遊之勝，香山為首。唐白居易有《修香山寺記》。本朝康熙四十六年重修，乾隆十五年，高宗純皇帝巡幸嵩洛，經臨寺中，有御製《香山寺雜詠》、《題香山寺》諸詩，并御書『香巖淨域』扁額。」

《齋居讀書效白居易體》

志在魯論語，行在虞典謨。觀理上下易，游情三百詩（叶）。苟能體諸躬，四種藴無餘。但侈資博覽，五車亦云徒。新年景和韶，法宫此齋居。政務值多暇，吾還讀吾書。讀書如是讀，豈同章句儒。（《四庫全書》本《御製詩集》二集卷二十二）

《題唐人會昌九老圖》

簪盍車懸樂且康，引年頤志洛之陽。宛教撫蹟尋崖口，不異同時覩會昌。九老八百十六歲，一時翰墨几筵香。披圖猶憶東都路，惜未曾逢履道坊。（《四庫全書》本《御製詩集》二集卷二十二）

《姑蘇覽古雜興》

是地稱良守，風流白樂天。鑿渠敦實政，攬景富嘉篇。已覺山塘好，兼教霓舞傳。木蘭堂賦古，翹望屬前賢。（其四）

五賢祠畔過，應物（韋）果清真。劉（禹錫）白（居易）稱同調，蘇（軾）王（禹偁）繼後塵。江山真助秀，烟月鎮從新。即境求佳句，張家更絶倫。（其五）（《四庫全書》本《御製詩集》二集卷二十四）

智按：《大清一統志》卷五十五：「五賢祠在虎邱山平遠堂，祀唐刺史韋應物、白居易、劉禹錫、宋長洲令王禹偁、端明殿學士蘇軾，明萬曆中建。」（又見《江南通志》卷三十八）

《放鶴亭》

谿亭閲古坐斯須，千載孤山信不孤。豈必鶴歸識丁令，恰因梅放緬林逋。赢將白傅還蘇守，留得青山與碧湖。葛岭當前漫相傲，頑仙未必及潛儒。（《四庫全書》本《御製詩集》二集卷二十五）

《西泠橋》

玉蝀横分裏外湖，緑絲風裊柳千株。漾舟搨想前朝蹟，賢守風流白與蘇。（《四庫全書》本《御製詩集》二集卷二十六）

智按：清梁詩正等《西湖志纂》卷三（《四庫全書》本）亦録此詩，并云：「乾隆十六年春，駕幸西湖，御製《西泠橋詩》。」

《和聲署》（有序）

向來和聲署禮部主之，遇正朝慶賀，取市販鼓吹者流充其數，音節舛錯不可問，且粟錢虚糜，此不特白居易立部伎樂府所譏矣。既審定律呂，乃命易以内府承值，極知梨園司籥韶將有人議其後者，然今古異宜，典樂胄子之教既失，則責士大夫以吹笙鼓簧，將有不能俾，能其事者器使而効所長不猶愈於潦倒傭伎之介厠冠裳間乎，因效樂天體，為是作且見意也。

和聲署，異神樂，神樂太常司郊廟，登歌奏笙籥音節。略誤其禮存未似，唐制立部所退人。（白居易詩注云：太常選坐部伎無性識者，退入立部伎，又選立部伎絕無性識者，退入雅樂部，則雅樂可知矣）命工改正旋合度，不以他用用饗神。

和聲署，禮部司，太和三大節，萬國衣冠時。署中餼廪有人支，陛上塤篪乏人吹。乃取市販鼓吹兒，以調宮徵充工師。欲望獸舞鳳來儀，誠哉有如居易樂府詩。内庭承值雖優孟，命習宮縣歸以正。古人擊爾泗濱石，今人棄爾華原磬。

和聲署，今即古，文武之政在方策，其人存則其政舉，何能海上喚師襄，戛擊鳴球列朝序。君不見小學廢樂，徒云借問和聲署，安得衣冠倫懷哉，簫韶九成不得聞。（《四庫全書》本《御製詩集》二集卷二十八）

《讀史效白居易體》

貞觀出宮女，當時傳美政。一日放三千，怨曠各遂性。詎是盡遣去，掖庭乏承應。料衹減其半，率已銜恩慶。六千其居常，三千其僅賸。不知大官庖，日膳何以供（叶）。而今合三宮，五百備使令。美政不能法，後世論姑聽。（《四庫全書》本《御製詩集》二集卷二十八）

《仲夏香山》（其二）

連林雨足濯烟鬟，佳趣欣於得此間。入室依然忘来往，對峰難與較忙閒。風前竹韻金輕戛，石罅泉聲玉細潺。匡口去年曾駐罕，遥贏白傅占香山。（《四庫全書》本《御製詩集》二集卷二十八）

《讀白居易集率題》

立意為平易，虞人不知叟。千載誦其詩，而叟亦知否？（《四庫全書》本《御製詩集》二集卷三十；《四庫全書》本《白氏長慶集》卷首）

《曉游香界寺即事雜詠》（其二）

廻巒宛轉試躋攀，不辨東西片刻間。却為張公五里霧，忽藏白傅一區山。（《四庫全書》本《御製詩集》二集卷三十五）

《沈德潛纂西湖志成呈覽因題以句》（三首其二）

表裏江湖秀麗區，由來名勝擅三吳。誰宜作志傳明聖，老沈今時白與蘇。（《四庫全書》本《御製詩集》二集卷三十七）

智按：又見清梁詩正等《西湖志纂》卷首《御題西湖志纂》，末署「題西湖志纂三絶句代序」。

《倣倪瓚江岸望山圖并用其韻題句》

不留烟靄快初晴，了了嵐光入眼明。笑我曾同高士興，隔江亦復遠山横。錢塘秦望應如昔，白傅蘇公只剩名。若向錦賻論氣韻，輸他老驥騖前程。（《四庫全書》本《御製詩集》二集卷三十八）

《賦得窻中列遠岫（得同字八韻選館試題）》

向遠千林表，來青一牖中。非關隔紗緑，不藉照燈紅。横嶂還含秀，遥峰若接空。形容堪意入，呼吸與神通。手豈煩王宰，肩如拍葛洪。雲端常縹緲，天外尚穹窿。石澗垂簾水，松巖謖竅風。謝公將白傅，吟望恐難同。（《四庫全書》本《御製詩集》二集卷三十八）

《移竹用白居易題盧秘書新栽竹二十韻》

品稱松梅友，標從澗谷槃。端惟庚伏種，誰覺歲寒難。暑雨纔過漢，清風要拂欄。相延君子植，宣命上林官。遠莫離墻外，虚教暎座端。抛箨應折玉，置笛漫成欒。秋矣土仍溽，（時雖秋月，而尚在伏内，故可移竹）時哉露已團。琳階乍淇渭，員嶠擬珠玕。遐想白居易，時當夏日殘。友人相志契，題句忽心寛。籖拂秘書帙，蟬籠少傅冠。詩情真灑落，酒興未闌珊。颯颯葉全放，亭亭根互蟠。眼空上下古，意足兩三竿。而我曾何謂？亦為如是觀。畫疑展同軾，賔欲比金蘭。恍可消清暇，猶能引静歡。既深因既邈，宜密又宜單。聲戛盈聽寂，陰交滿目寒。獨思彼作者，寧識此廻看。（《四庫全書》本《御製詩集》二集卷六十四）

《坐金蓮池上用白居易寄韜光禪師韻》

最愛翠鬟處，因之白足家。鳥銜飛葉竹，魚上落溪花。倡和成陳迹，林

泉自道芽。上人者箇在，不領一杯茶。(《四庫全書》本《御製詩集》二集卷七十)

《用韜光禪師答樂天詩韻》

苾芻林下刱開泉，結得茅庵自在眠。官舍何妨辭玉粒，山池好在是金蓮。想他謝往招来日，仍此行雲流水天。何藉海寧稱好古，苕華重見碧峯前。(詩為海寧查嗣㻞書)(《四庫全書》本《御製詩集》二集卷七十)

《題金廷標畫》

誰家亭榭真延涼，足山足水足倘徉。迎風祇覺竹籟爽，過雨如聞荷氣香。主翁繩榻恣盤礴，童子適適各尋樂。樓裏何人意不盡，緑柳紅欄下珠箔。鶴鳴魚戲真性存，有臺有沼有植援。不擬白傅履道坊，定是温公獨樂園。温公獨樂樂豈獨，白傅履道道亦履。老安少懷我所廑，觸目賞心喜題此。(《四庫全書》本《御製詩集》二集卷八十七)

智按：金廷標（？～一七六七），字士揆，浙江桐鄉人。南巡進白描羅漢，稱旨，召入祇候。廷標畫不尚工緻，以機趣傳神。高宗題所作《琵琶行圖》曰：「唐寅舊圖，有琵琶伎在别船，廷標只繪白居易一人側耳而聽，别有會心。古人畫意為先，非畫院中人所及。」會愛烏罕進四駿，郎世寧繪之，復命廷標别作，仿李公麟法，增寫執靮人，古趣出彼上。及廷標卒，上命舊黏殿壁者悉付裝池，收入《石渠寶笈》。(《清史稿》五〇四列傳二百九十一藝術三)

《雨後游静明園雜詩》(其五)

慈姑葉長知幾日，巧婦巢深見乍時。恰憶閒官白居易，經旬還不到家池。(《四庫全書》本《御製詩集》二集卷八十七)

《待月西峯復下登舟賞玩》

山莊泛月偶一逢，況值新秋清且美。過望而復蔽東嶺，白傅詩中悟其理。急則計生因尋山，敵則氣作且置水。跋馬西峯最高處，下視東嶺乃眼底。不踰時尚未黄昏，東海湧出銀盤子。大千世界一廣寒，棗葉須彌難比擬。徐徐策騎下崇椒，月隨我共登舟矣。謝家高致昔留詩，別開生面惟予始。設云卿士在箕疇，旁求若濟亦將企。（《四庫全書》本《御製詩集》二集卷八十九）

《題寶月樓》

四時寶月最春秋，秋較春還勝一籌。看桂强於看梅冷，對晨饒却對宵留。有雲亦為（去聲）管絃避，便夕那資燈火稠。韻語更因思白傅，可能到此不登樓。（《四庫全書》本《御製詩集》三集卷七）

《靜怡軒作歌》

城市人煙庶倍常，宮庭繚繞圍紅牆。比較園居實覺熱，衹有靜怡猶爽涼。靜怡爽涼寧繫境，白傅詩禪趣堪省。然予憂樂以天下，自怡詎可常耽靜。（《四庫全書》本《御製詩集》三集卷十四）

《命九老等游香山再題以句用白居易詩韻》

九老作朋總廿七，隤顛華髮暎髭鬚。廟堂未免拘儀度，泉石特教恣讌娛。丹陛暫辭心肯忘，玉關歸後氣猶麤。聽松衹合鸞杯舉，陟巘寧須鳩杖扶。一例香山南讓北，千秋鞏彦畫成圖。如今擬問白居易，似爾當年少欠無？（《四庫全書》本《御製詩集》三集卷十六）

《竹閣用蘇軾韻》

白傅蘇公總杳然，湖邊尚說竹籠軒。成林未逮晉七士，畫水曾聞蜀兩孫（見東坡雪浪石詩）。徙置不離山下路，長（上聲）來都護寺前村。寄題何必紆清蹕，遵海常懷晏子言。（《四庫全書》本《御製詩集》三集卷二十二；《四庫全書》本《欽定南巡盛典》卷九）

《反白居易陰山道樂府》（有序）

居易作此，盖刺時，以有用之縑，市無用之馬，價重而貨輕，且有懼回鶻之意焉。獨不諒彼時所以為此者，盖出於不得已耳。且中行說之，所以為漢患者，政以繒絮為無用，馬為有用，是居易亦未思及。今之市哈薩克馬則不然，價廉而馬濟用，且操縱在我，恐無知者，取以為喻，故反其意，兼用其韻。

陰山道，陰山道，居易刺時詩詞好。江淮織縑户乏絲，紇邏送馬地空草。壯馬不来来者羸，誰論相骨與相皮。以五十四易一匹，和戎可以觀當日。豈其所願盖所畏，漢唐以来十六七。征之不能守之苦，權為和市幣帛數。易馬神崧復蹄穿，斫陣衝堅無用處。向年西師為鋪敦，要義已具開惑論。自兹大宛遵王勅，以馬来市帛酬直。帛酬直非取諸民，官貫絲斤如法織。（唐時縑帛或取諸民，今易馬所用，皆命各織造處平價買絲，官製復慮官匠冀圖省費，短長厚薄，或違程式，如居易所稱藕絲蛛網之弊，亦非所以惠遠人，則命該管官以時稽覈，所謂有治人無治法耳）伊犂兵駐閱數歲，馬供兵用勝縑綵。偶令計價贏與絀，（伊犂市馬由官吏操縱，偶令將所易成數，均計馬價帛價，每馬一匹，不過三四金，較内地市馬直尚不及三分之一），盖比尋常省數倍。縑不窮焉實多，白家少傅如可問，爾謂市馬今若何？（《四庫全書》本《御製詩集》三集卷三十三）

《偶讀白居易贈尹公亮詩因用其韻》

居易詩云：「如何持此將干謁，不及公卿一紙書。」是以詩為仕宦捷徑矣，尚可謂之詩哉？觀其詩，可以論世。抑亦有所不足於此老云。

抹月吟風樂有餘，反招隠操著康琚。若云干謁資斯道，言志先乖虞帝書。（《四庫全書》本《御製詩集》三集卷四十）

《庭松用白居易韻兼效其體》

清暉閣之前，九松盤當階。五十年以長（上聲），已與高閣齊。無端被回禄，枯焦氣為低。是有歎松作，園人命補栽。青瓦重覆屋，白石仍起臺。禽故絃調春，草還茵鋪泥。風清朝自爽，月白夜猶淒。嫩篁戛不改，閒花敷亦衰。祇有新移松，未卒放喬枝。特立堅貞性，遲成異凡儕。我方佇凌雲，癡望固宜咍。嘉蔭雖艱臻，謖籟亦時来。隔窓試披聽，一例塵襟開。用悟為學方，欲速非良才。鳳凰翺青霄，蚯蚓僵黄埃。因賡庭松詩，了識樂天懷。（《四庫全書》本《御製詩集》三集卷四十）

《夢中效白居易體詠清暉閣前松樹子醒而猶記輒復書以誌之》

清暉閣前松樹子，移来得地放新枝。便饒百歲看成長，纔似舊松回禄時。（舊松已歷五十餘年，今松若長至五十年，則余當百歲矣。並戲識之）（《四庫全書》本《御製詩集》三集卷四十）

《擬白居易寄韜光禪師仍用其韻》

試言太守第，何似法王家？入逕多松竹，盈庭有藥花。其来對蒲席，相

與剥蕉芽。奚必金蓮畔，恒耽泉煮茶。(《四庫全書》本《御製詩集》三集卷四十八)

智按：據《中國金石總録》，作於「乙酉春閏」。

《擬韜光禪師答樂天詩仍用其韻》

巢溝塢裏有清泉，足供（去聲）枕流漱石眠。那藉多人聯白社，願同枯木守青蓮。一泓清泚寧非水，萬古空明亦暎天。莫恠山僧不出户，伊蒲領在未招前。(《四庫全書》本《御製詩集》三集卷四十八)

《韜光菴襍詠》(其一、其二)

幽絶雲巢棲碧嶒，緑琅玕裏歷階登。笑予詩句非杭守（謂白樂天），又此無端訪蜀僧（唐時蜀僧韜光居是菴以此得名）。

金蓮池上小逡巡，名蹟千秋幾不堙。斷碣何從覔蘇（軾）趙（抃），書詩惟見近時人（查嗣瑮書白居易及韜光禪師詩，現勒壁間）。(《四庫全書》本《御製詩集》三集卷四十八)

《蘆鳥芙蓉》

一般出陸蓮花朶（《石林燕語》：芙蓉有二種，出於水者謂之草芙蓉，出於陸者謂之木芙蓉，即白樂天詩《木蓮》是也），鳥重（去聲）横枝尚水濱。木末芙蓉搴亦得，湧疑諷喻著騷人。(《四庫全書》本《御製詩集》三集卷六十六)

《題和闐玉應真觀泉圖》

是玉為和闐珍品，向命玉工成此圖，而不戒於癸未之回禄英氣盡矣，然琢磨結搆，不可泯焉，則以匹之，常玩置於山莊，夫一炬之不抵，又何有三日之燒焉？誠如白居易之言，斯天下終無真玉矣。觸目興懷，因成是什。

羼㒓卓錫偶觀泉，祝水能生十丈蓮。慢誚精英同假玉，（居易詩註云：真玉燒三日不熱）可知寂滅是真禪。一塵微裏何妨轉，大火聚中如是全。求劒莫尋契舟處，白居易語豈其然。(《四庫全書》本《御製詩集》三集卷六十七)

《再反白居易陰山道樂府仍用其韻》

陰山道，陰山道，伊犁城郭今完好。曰耕曰牧兩勤為，田有嘉禾原有草。經冬如春可起羸，分羣别色色潤皮。在坰之野數千匹，厄魯孳生計月日。（伊犁牧政，以每年騍馬三匹例得字駒一匹，牛則十字得二，積歲大加蕃息）將軍更復籌久長，内地撥來十六七。（將軍阿桂奏現在孳馬充牣，又得哈薩克貿易馬匹，為數日盈，自分往屯田各處應用。外并請撥給緣邊營伍，以資軍實，勅督臣吳達善議行）豈似唐時回鶻驅，市二萬翻為中國。苦計馬價絹五十，萬匹不免闕供數（二語櫽括白居易《與回鶻可汗書》）達覽將軍尚嘖有煩言，藕絲蛛網著之于身皆破處。爾時公主為可敦，皇帝敬問往復論。納廿五萬權頒勅，心愧于中辭不直。徒令江淮民入縑，長官督課精工織（皆見居易文及詩中）哈薩稱臣今數歲，來以牝牡去幣綵。一馬不過三四金，較内地價廉幾倍。從來邊事訾者多，以今較昔竟若何？（《四庫全書》本《御製詩集》三集卷六十九；那彦成《阿文成公年譜》卷三，清嘉慶十八年刻本）

《題静虚齋》

怪石羅曲徑，新筍發翠枝。散步欲小憩，書齋此恰宜。適可素几憑，於焉古帙披。邇日熾炎熇，箇中如不知。心静自然涼，白傅豈我欺。（《四庫全書》本《御製詩集》三集卷七十四）

《梅》

盆梅棄可惜，試種巖之隈。山中氣候遲，清和花始開。瀟灑五出葩，因緣值我來。羞同桃李芳，雅契泉石材。一樹不為少，雪海何為哉？白傅與林翁，假借聊相陪。（《四庫全書》本《御製詩集》三集卷八十一）

《戲題海棠廳》

兩度海棠俱未開，芳姿弗覩識丰裁。《連昌》、《長恨》都奇作，却憶傳神元、白來。（《四庫全書》本《御製詩集》三集卷八十九）

《静虚齋》

惟虚静以生，惟静虚斯受。四時無不宜，而最宜夏候（叶）。佳蔭鋪空

庭，清風入踈牖。五明底藉揮，三庚頗可守。白傅畧知津，往往出吟口。（《四庫全書》本《御製詩集》三集卷九十）

《養心殿晚坐效白居易體》

都京億萬戶，煙火從來盛。紫禁雖九重，自當炎夏令。未如御園中，水木實清淨。視朝縱循儀，一端示勤政。避炎而弗行，豈曰持躬敬。宮牆日影落，殿角風來競。五明詎藉揮，三幡頗堪證。白傅亦有言，凉乃生心定。心定更幾暇，遂因試理詠。（《四庫全書》本《御製詩集》三集卷九十一）

《清暉閣前松效白居易體》

清暉閣前松，亦有新陰佈。新陰雖可人，所惜非故樹。（一解）

池魚本無辜，殃及因城門。蟠龍失其水，徒歎僵老鱗。（二解）

舊松五十年，始具凌雲態。新松未十年，那便同肩背。（三解）

嘉植不可無，聊命移稚株。設如種松子，更當廿載需。（四解）

經久異欲速，松弗同楸樻。如嫌長（上聲）閱時，應鮮種松者。（五解）

一日復一日，秋月與春風。終愛骨格佳，豈類砌花紅。（六解）

新枝亦已放，舊榦嗟何往。每看汝敷蔭，不覺心悵惘。（七解）

種樹十年計，凡木詎松哉。良材必遲就，尤當勤栽培。（八解）

我今六十餘，百歲亦恒有。待汝四十年，老成或如舊（叶）。（九解）（《四庫全書》本《御製詩集》三集卷九十九）

《命九老等游香山再用白居易詩韻》

七賢初作洛中會，增二纔成九白鬚（洛中尚齒會，初本胡、吉、劉、鄭、盧、張與居易而七，後益以李元爽及禪師如滿，始足九老之數，見居易自序）。豈似三班同祝嘏，遂教一日共游娱。恩因尚齒優而渥，興忘引年豪且麤。那許林丞閉門拒，何妨内使陟山扶。拈髭佇待新詩詠，選手仍依舊例圖。更有三人重寫像（顯親王及錢陳羣、鄒一桂三人，於辛巳恭逢皇太后七旬慶典，已入九老會中，今復康强預列，洵為異數），方兹榮幸世真無。（《四庫全書》本《御製詩集》三集卷一百）

《一字至七字詩》序

此雖非古體，《白樂天集》中有之，以題為韻，因效其格，作五倫詩。其

亦所以自儆也夫。(《四庫全書》本《御製詩集》四集卷一)

《天禄琳瑯鑒藏舊版書籍聯句》

元才子直走而僵（原注：《白氏長慶集》。當時元、白齊名，其實微之不逮樂天遠甚也)。(《四庫全書》本《御製詩集》四集卷二十五；《欽定天禄琳琅書目》卷首)

《韻琴齋口號》

石溪屈注小齋臨，幽咽泉流作凍音。白傅未為知律呂，琵琶了識不知琴。(《四庫全書》本《御製詩集》四集卷二十五)

《熱》

夏熱而冬寒，天地自然理。山莊雖勝境，夫豈能違此。而有所獨者，早晚爽無比。原田芃禾黍，溽蒸長養恃。熱亦不可無，炎歊今日熾（叶)。然居嘉蔭下，風來本凉美。避暑暑嫩而，消夏夏長矣。白傅圖心静，我則以書史。(《四庫全書》本《御製詩集》四集卷三十一)

《用白居易新樂府成五十章並效其體序》

白居易新樂府五十章，少即成誦。喜其不尚辭藻，而能紀事實，具美刺；一代政要，畧見梗槩，有《三百篇》之遺意，所為為君臣民物而作，不為文而作，非虚言也。久欲效其體而為之，以萬幾少暇，日遷月延，且體大物博，未可率畧命筆也，然終弗忘於懷者。誠以如此為詩，方可謂之詩，有關於世道人心者，匪淺鮮耳。且以古喻今，以今方古，我國家受命開基，祖功宗德，俾子孫知刱業之艱，謹神器之守，則又有不可以不文，畏難而罷者。名各從其朔，是者是之，非者非之，長短有所弗拘，要以達意傳實為止。咨政之餘，積以月餘而成，讀者亦不必以重儓議之矣。

智按：《四庫全書》本《清通志》卷六十二樂畧云：「臣等謹按，御製《新樂府》五十章，皆用白居易原題，恭讀御製序云：『以古喻今，以今方古，我國家受命開基，祖功宗德，俾子孫知刱業之艱，謹神器之守。』至哉聖訓，所謂不因文而作者，與雖未宣諸樂部，命被管絃，而義叶人心，律符天矩，詢足藻金石，而絣萬禩已。」

⊙七德舞（美撥亂，陳王業也）

武德中作《破陳樂》，貞觀初重制《舞圖》。詔魏徵等歌詞撰，名曰《七德》，以示開國之鴻謨。七德破陳，是一是二終莫辨（居易自注云：武德中，天子始作《秦王破陳樂》以歌太宗之功業。貞觀初，太宗重制《破陳樂舞圖》，詔魏徵、虞世南等為之歌詞，名《七德舞》。自龍朔以後，詔郊廟享宴，皆先奏之）然魏徵既為之詞，何又稱徵諦觀？九功之舞至於七德破陳，俛首弗視乎楊隋失鹿其政亂，英雄並逐之，亦指草澤崛起徒。太宗以隋宮人刼，父留守之職叛縱，經親戰而成功業，其興究異漢高明祖，夫豈如我朝慶隆舞，肇興長白之神區，雖亦曾受明封號，不過羈縻外臣，較彼食毛踐土之民殊。以是論之，即漢高明祖亦莫及，七德之舞奚足比擬。本朝王業之規模，慶隆舞祖宗開刱，艱難謹記諸太祖薩爾滸之戰，立破明兵二十萬。太宗松山杏山之戰，殲明兵五萬而有餘，是皆懿親藎臣，同心戮力邀天佑，至今追憶猶欲淚墮，予及我世祖入京都，實得之流寇，為明雪仇，而有大德於彼，應感吾慶隆舞，皇清億萬斯年，子子孫孫，應憶列祖刱業艱難初。

⊙法曲（美列聖，正華聲也）

法曲法曲中和樂，五音宮商徵羽角。郊廟朝堂之所作，法曲法曲非霓裳（《霓裳羽衣曲》實屬鄭衛之音，居易謂之為法曲，則已誤矣），鄭衛之音豈洋洋（反居易之語），宋明已失無論唐（今《梨園曲譜》有所謂《霓裳羽衣》者，不過按詞為宮商曲調，至其舞，已久失傳矣）。法曲法曲奏中肅（謂中宗、肅宗），大厦之傾支一木，幸而未致失其鹿。法曲法曲天寶末，以夷亂華胡犯闕，明皇幸蜀遭播越。東夷西夷子輿言，舜文王豈非聖賢。諸馮岐周之樂惜已佚，借問何以亂華焉。夷狄有君諸夏無，夫子亦曾三致吁，而況四夷之樂舞於庭，為有虞氏治之徵。予謂明皇不寵林甫國忠及妃子，雖日奏夷樂，彼哉禄山無反理。

⊙二王後（明祖宗之意也）

三恪二王古有云，受禪征伐説徒紛。魏晉以降更以假，不脩實德脩空文。元之瀛國明崇禮，雖加封爵，未聞延及奕世享隆恩。天命天聰肇東土，順治奄有中外建極尊。然實取之流寇，並非取之勝國者，豈於明之後裔，有所慙德，而當待以賓。康熙有成命，雍正奉以遵。遂求朱氏之裔，賜以通侯，俾世守其祀而弗湮。則我祖宗興滅繼絶之意超往代，詎如李唐周旋周武隋文之子孫。

⊙海漫漫（戒求仙也）

海漫漫，天蕩蕩，皆知海之廓也涵大地，試思天之包海，其勢猶寬廣。海漫漫，波泱泱，中有三山：蓬萊瀛洲及方丈。舟或近之，率有風引去，徐市從何而得其名。因以傳影響，童男丱女去弗迴，傳聞今為外域，或即交趾與南掌。海漫漫，無際也，求仙人多遇仙寡，漢武秦皇其甚者，然而仙實誰所傳。椎輪落葉豈非因，彼道家，李老聃，居易闢仙而舉五千言，則何異夫抱薪救火，揚湯止沸焉。

⊙立部伎（刺雅樂之替也）

立部伎奏鼓笛喧，舞劍跳丸掉長竿（二句檃括樂天語）。今為掌儀司所屬，慶隆舞後用以呈賓筵。立部伎，昔在唐，三等皆司之太常，笙歌清樂坐上堂，立部鼓吹立堂下，又其次者始就樂。懸命彼郊廟調宫商，嗚呼！雅音陵替一至此，樂天刺之誠有理。立部伎事今實無，太常樂舞別聚生徒，居於神樂觀，惟演雅樂，以為郊廟祭祀之所需，以其居觀也，不知起自何時，遂有道士之稱呼。名不正則言不順，六宗正義豈宜厠以羽流乎，命還樂舞生之舊（乾隆壬戌年，以唐時立部伎遞降之説非理，因勅釐定郊廟樂舞之制），庶幾精習其事，以叶中和德充符。立部伎，皇清之制，較唐誠迥殊。

⊙華原磬（刺樂工非其人也）

華原磬，代泗濵，居易作詩因刺樂工非其人，泗濵磬下調樂不能和，必得華原考之乃可叶笙歌。今人而調古律吕，知有今聲乃不知有古。古聲今聲豈其殊，無過宫商角徵羽。試問居易古聲作何聲，知當舌强（上聲）不能語。雖然予亦更有言，泗濵華原皆石焉。金聲玉振以石代，華原泗濵所爭，不過毫釐間。豈如今日斲玉來和闐，明堂清廟八音宣，循名副實備樂懸，設以此磬奏之元和年，居易寧復惜泗濵而輕華原。

⊙上陽白髮人（愍怨曠也）

上陽白髮人，初選入時纔十六，稔冉四十四年春，仍閉上陽常看守。宫監使，衣著緑，將謂簾前賜錦袍，不然逐隊學歌曲。花鳥使者記名去，忍氣吞聲別親族。郮期楊妃生妬忌，發配上陽恒抱孤衾宿，念奴豈弗伴諸郎，羞他街中照燃燭。上陽白髮人，以資格久，雖賜尚書仍苦辛。不如老做村中婦，猶得齏鹽同守貧。上陽白髮人，國朝家法異唐李。八旗世僕家生子，輪年選秀曾弗逮乎萬民之鄉里。其中等級更分明，旗籍内府殊彼此。旗籍惟以備位號（如册后妃及皇子王公諸福晉之類），内府始用供驅使（屬内府者，始以供宫中使令之類）。供驅使，亦有年限，至廿五歲，率令出宫矣（年遠者不可考。雍正年間定例，宫中使女至廿五歲，皆令出宫。聽其父母聘人，誠善法，萬世宜守者）。上陽白髮人，時世裝成反不妍，心慵手慢弗能工管絃。我朝女樂初亦歷代沿，康熙年間，其數不盈千。想彼貞觀嘗憫幽閉，出有三千衆，其尚存者何止一半焉。以今喻古，多少之數天淵懸。雍正其數更減十之七，乾隆無一女樂，逮今四十年。假令居易生斯世，知其難成《上陽白髮人》之篇。

⊙胡旋女（戒近習也）

開元之末天寶年，康居獻舞女，其名曰胡旋。迢遥重譯至中國，樂聲雖不可識，咿啞宛轉，亦自合管絃。聲合管絃，身慣為旋舞，風吹雙袂軒然舉，千迴百匝似轉輪，但觀態度，誰解其言語。胡旋女，識旋胡，居易作歌之意在此夫？漁陽鞞鼓長安亂，明皇倉皇獨攜宫眷幸蜀都，胡旋遂旋胡，盖有所致然。廟堂去姚宋，省闥無張韓。内失太阿寵楊李，外脱金甌任禄山。皆因明皇一心之轉旋，又何繫乎西域舞女之來焉。適百里者半九十里，足見末路保全為尤難，白傅是章可為千秋萬載君鑑傳。

⊙新豐折臂翁（戒邊功也）

新豐折臂翁，年八十八鬢髮霜。非因力戰得受傷，乃是自折其臂，得脱為兵，至老身猶康。是翁盖學塞上之子，髀跛相保聚，又似支離，恃其無用，乃反攘臂武士行。雖然支離塞子皆其天然耳，自折其臂，實出詭詐避役，而非臣子之綱常。新豐翁，不識彎弓與射箭，如何三丁點一丁，瀘水瘴鄉遣征戰，是何異敺羊豕以飼豺狼，誠可笑亦誠可歎。工部石壕吏，少傅新豐翁，事雖異，意則同。古人雖曰兵寓農，平時訓習當有素。豈有未經一習而令供戰攻。國朝之制超千古，八旗子弟不待言。緑旗亦素予以糧餉，俾之操練居營伍，有事屯戍征戰乃用之。從弗驅彼平民使，有新婚垂老相別之苦楚。戒邊功，邊功豈易言。新疆二萬里，成功以五年。金川掃穴亦復然，未蔵功者祇緬甸。亦緣士卒不得用力於蠻煙瘴雨間，因其求降遂令班師旋。（緬酋懵駁負固抗干，不得已而用兵聲討，乃一誤於李時升賊衆，因得滋擾關内，再誤於額爾登額，致明瑞深入捐軀，勢更難於中止。大學士傅恒固請督師征勦，遂命前往經畧。傅恒既至，身先士卒，水陸分途進攻，即收服猛拱。尋復於新街破壘殲渠，進攻老官屯，軍威大振，已可計日摧堅。顧其地水土惡劣，官兵病亡者多，此乃地氣使然，勸懲皆無所用，且不忍驅勇鋭之衆，嘗試毒癘，因傳諭撤兵。旨未至，而緬酋遣大頭目詣軍營，奉書求赦。傅恒據以入告，因詔班師）是三役也，實多捐軀效命者，雖即賞延於世，祇今追憶猶酸然。不待開府不賞邊功防黷武，亦不待國忠幸立邊功致禍延。國之大事，藉彼相臣贊襄則可耳，惟當定之在君，斷以乾用，固出於不得已。然而窮兵黷武之名詎免旃，知我罪我何辭焉。居易新豐折臂翁之篇，欲和遲之再三下筆難。

⊙太行路（借夫婦以諷君臣之不終也）

太行路，行最難；巫峽水，每覆船。太行巫峽雖稱險，人知其險，畏而避之猶可得善全。惟有人心易變遷，藏之肺腑不啻城府堅。親莫親於夫婦間，好惡轉旋常有旃。好生毛羽顔色鮮，惡生瘡痏頓棄捐。古時多以君臣喻夫婦，是以白傅斐然有此篇。行路難，居易在臣言臣固如是，試思為人君者亦有難處吾當言。豈不示心與促膝，都稱露膽更披肝。然而十人同德之後曾有幾人焉，語云入朝必忌，士無不肖與其賢；入宫必妬，女無醜及妍。夫以必忌必妬者而共相周旋，欲其開誠布公以事其主，何異適越而北轅。世間夫棄婦者固不少，婦棄夫者亦復比比然。行路難，議論未可偏一邊。各思其難相保守，久而敬之，夫子故稱晏，平仲之善為可傳。

⊙司天臺（引古以儆今也）

司天臺，名剏後世製自古。乃命羲和堯所欽，璿璣玉衡舜所覩。以定歲紀授人時，釐工熙績是之取。司天臺，不聞唐虞之世言祥灾。予謂雨暘時若斯祥耳，旱暵水潦誠灾哉。敬天勤民當慎兹，慶雲壽星非所知。不能宵旰敬勤盡君道，逮現天文時變斯已遲。司天臺，高聳京城東南隅。各種儀器上置諸，測量度數察黍秒，三辰七政，赤道黄道，各有經緯圖。皇祖精製，足為萬世模。四時正，八政敷。欲問白家少傅，今日司天之臺何如乎？

⊙捕蝗（刺長吏也）

毫末弗扎尋斧柯，涓涓弗絶成江河。由來去害在始萌，尾大不掉將如何？一蝗能生九十九，物類繁衍，惟此為最多。其甫出也，去之猶覺易；及其長翅，飛如驟雨，捕之難盡，必致傷黍禾。所以每歲春夏之間，設遇缺雨先慎此，五申三令不厭為譙訶，（捕蝗獨有河南吏，以錢買蝗出無計。想其捕蝗法今綦嚴，或當春夏缺雨，恐蝻孽潛滋，必屢飭督撫董屬搜捕，毋使竊發，有司皆畏法預除，數年來，幸無蝗患）幸而年來未致害，豈非綢繆以豫，有司畏法因此勤搜羅。興元年間蝗為灾，奪民之食誠哀哉。受價仍利民，何乃為之重勞費（二語反居易詩意）。較之坐視終為差異哉，白傅乃為刺若然，將終不捕乎？是非殊覺斯倒置，况乎秉畀炎火小雅云，姚崇遣使曾殷勤。若云善政能驅蝗，吾惟半信半謂其荒唐。及至吞蝗感以誠，吾惟盡力除害於其始。一之為甚而不能再，為矯情之沽名。

⊙昆明春（思王澤之廣被也）

昆明春，非始唐宗及漢帝。嘗聞堯時治水此停船（見潘岳《關中記》及《三輔黄圖》），因有神池靈沼之名字。茂陵因而深廣之，乃為樓船習戰事。却因地高鮮來源，旱則枯竭成桑田。八水引注貞元間，始得滉漾仍舊觀。不惟活潑樂魚鳶，復有菰蒲之利焉。菰蒲無租魚無税，是以居易思王澤之廣被，而有昆明春之篇。吾謂其然豈其然，德宗之時特言利，苛取兩税問架錢。居易欲其吳興罷榷茗，鄱陽休封銀（叶）。是謂之姑徐徐耳，以德宗之鄙吝，抑豈能行旃。昆明春，今之昆明，昔之太液曾無異，太液在秦既可移名燕。（金時於燕京作瓊華島，其下為太液池，盖借漢時長安太液舊名，又稱為瀛臺三海。乾隆庚午，導西山玉泉諸水滙之，俗所謂西湖者，開濬深廣，名之曰昆明。仰放勲之績，兼寓習武之意。詳見舊所作《昆明湖記》。又設牐啓閉，以溉稻田，并自玉河引流入京城，繞紫禁而出歸通惠河，以濟運得水之利，而無病民之事，異於居易所云也。）昆明亦得用此例，勝朝是處號西湖，歲久淤塞命疏治，初時衆慮致水艱，既而衆復愁水潰，隄堰閘洞以次脩。今無水患收水利，稻田闢將百餘頃。菰蒲鳶魚更餘事，則有司存實禁地。設如芻蕘雉兔與民同，將見菰蒲鳶魚净盡，且增爭奪之相害（叶）。盡信書不如無書，我於為政，每每存此意。

⊙城鹽州（美聖謨而誚邊將也）

城鹽州，美聖謨而誚邊將。德宗築城五原上，不謀邊臣不謀相。自從城築鹽州安，闡布贊普增悵望。十餘載弗敢犯塞，萬姓夜眠晝無恙。又如張仁愿，受降築三城，北邊千里得安寧。其後邊將非不計及此，顧欲養寇翻得掘强兵。各為身謀將可鄙，獨斷築城君足美。白家樂府意在此，然亦不過慎守幸保無事而已矣。城廸化，烏魯木齊增廨舍；城惠遠，伊犁今為外户闥。野可牧畜田可耕，工商富聚謀經營，來往夜行無盜驚。哈薩布魯常至城，以馬易帛攜歸籯，是城較之鹽州受降拓萬里，香山白傅以為何如耳。

⊙道州民（美臣遇主也）

道州昔有侏儒貢，矮奴市取京都送。漢武侏儒一已足，歲歲取斯亦何用。道州任土誠堪嗤，勒民為奴民已卑。而况祖哭其孫父哭子，村里常歎生別離。道州民，幸得陽城坐讞罪人出而為刺史，催科政拙勞撫字（叶）。肯使矮民為矮奴，世為賤役無終止。朝廷感悟璽書下，矮奴之貢因永罷（叶）。猶是爭臣論所激，昌黎豈徒工文者。道州民生男，每以陽字之。是何異新息，之民多姓賈。

⊙馴犀（感為政之難終也）

馴犀馴犀來暹羅，脊如披甲角如戈。虎豹兕象世常有，世人曾得見犀否？康熙末年憶尚逮，海蠻獻犀金庭至。自稱溟渤不揚波，知有聖人中國治，越裳獻雉原可方。皇祖視之不經意，權教暢春飼板房。初未詫為奇瑞事，皇考踐阼先志承，遂命返之厚賜仍。既不似建中放象歸南方，亦不似貞元留犀致凍亡。以聖繼聖王道昌，勤政務本卻禎祥。慎終如始揆一蘉，白傅馴犀詞徒芳，如蒼蠅聲庸何傷。

⊙五弦彈（惡鄭之奪雅也）

五弦彈，舜所作。以歌南風樂民樂，解愠阜財意斯託。五弦彈，忽奪鄭，趙璧之技人愛聽，率牽於情失其性。吾雖不解琴，實會琴之理。古人操縵豈習巧，一字一弦而已矣。五弦彈，疏以越。大弦春温能使氣和平，小弦秋肅能使私消歇。其音曳曳復融融，要使人，皆可學。而能以致和與中，設如趙璧之所為，是乃梨園一樂工。五弦彈，鄭奪雅，後世之琴非古琴，人盡如斯，趙璧特稱其甚者，試看白傅所云凄凄切切冰鐵寒，何異《琵琶行》之「大珠小珠落玉盤」。謂翁不解其妙惡其奪，何乃形容曲盡而言人所不能言。善哉東坡得其旨，歸家直欲浄洗箏笛耳。

⊙蠻子朝（刺將驕而相備位也）

蠻子朝，彼自至，初非蜀將之所致。彼亦盖貪中國利，涉遠來朝必有賜。蜀將乃攘為己事，更謂開元鮮于仲通征蠻徒喪師。豈如貞元蠻慕明德而自通，誠覲玉陛德宗嘉其誘諭功，遂令蠻朝大明宮。異牟尋男尋閣勸，並教召對延英殿。召對賜衣更賜食，大臣歆羡不可得。蜀將揚揚頗得意，拖紫佩金相備位。白傅樂府因為刺雲南，天末六詔蠻來朝，弗朝於國誠何關？邊將得意相備位，爾時政治從可觀。辛卯土爾扈特來，跋涉萬里誠惫哉。伊犁收撫掄將才，（辛卯夏，土爾扈特汗渥巴錫等，自俄羅斯之額濟勒率屬内附，告之伊犁將軍伊勒圖以聞，特自烏什調舒赫德往彼為將軍，經理其事。舒赫德遵旨分地安插，俾資耕牧。渥巴錫等來山莊朝覲宴賚，回至所授游牧地，生計有頼，咸得安居樂業。越二年，授舒赫德為大學士，入閣贊理機務）示恩安輯非招徠。木蘭秋獮命厠陪，山莊挈廻鎬宴開。至今畜牧孳童孩，將亦為相調鹽梅。備位非相驕非將，白傅再生，應難騰口謗。

⊙驃國樂（欲王化之先邇後遠也）

驃國樂，遠在天末，隔之大海邊。舒難陁來獻表誠虔，至於貞元十七年，德宗受之聽其樂，玉螺銅鼓合奏，文身踊舞揺花鬘。一時驚喜文武班，拜表稱賀，願付史館宣。吁哉爾時為何時，亂臣賊子接踵伺神器，乘輿出奔，上下多流離。奸如盧杞弗忍去，忠如陸贄，危則珍惜，安則亟去之。驃國樂，想亦偶至中國窺，固非懷德與畏威。居易顧欲王化先邇而後遠，是謂不揣其本，而惟其末之徒齊。

⊙縛戎人（達窮民之情也）

縛戎人，不是戎人實漢人。鄉貫涼原没落蕃，皮裘毛帶束繫身。牧羊飼牛多苦辛，冒死奔逃欲歸漢。忽逢漢軍出拜見，却被將軍縛作蕃。同彼真蕃作俘獻，有詔赦死徙南方。離却蕃鄉投蠻鄉，蠻鄉言語本不解，有苦誰訴淚萬行。涼原故地不得歸，蕃中妻子歎別離。較諸真蕃更增苦。窮民之情誰達之，居易作歌良有以。邊將冒功率如此。縛戎人，聽我今歌縛戎真。促浸官寨噶喇依，大兵四面重重圍。據高壓下逐步進，奪碉破柴力不遺。神器火攻賊益懼，土囊堆積聊避危。（定西將軍阿桂攻勦促浸，至噶喇依督兵，四面圍攻，疊用大礮轟擊，所向摧圮，層層逼進，奪碉破卡，復斷賊取水之路。番衆絡繹來投，皆言高厚碉牆，俱為礮穿透，其寨垣坍塌者，復壓斃多人。逆酋膽落，因寨踞石峯之上，不能穴地而避，遂以土囊堆積護牆，迨攻擊益力，索諾木兄弟及其助惡大頭人丹巴沃雜爾等，計窮力竭，乃率二千餘人面縛乞降，即解京獻俘，以蕆斯役）復斷水路艱取汲，立待朝夕成掃犁。乃羣面縛蕃城出，牽羊肉袒難恕其。亦有漢人則實逆兵降賊者，（張坤忠以內地營兵盜竊軍營火藥逃入促浸，轉為賊人設謀畫策，及官兵攻圍，噶喇依賊勢窘廹，阿桂向其勒索逆酋等，遂將張坤宗縛獻，時當巡幸山左，令軍營派員解赴行在，疊加刑鞫，逆犯供吐伏辜，即令誅磔示衆）行營示衆正法明凌遲，是皆同聞共覩之實事，豈如唐代冒功屈陷以詐為。巡歸郊臺奏凱宴，獻廟獻俘蕆禮儀。縛戎人，由今視昔非同彼，縱有香山之才奚為辭。

⊙驪宮高（美天子重惜人之財力也）

驪山山勢高隆崇，其上建有華清宮。秦漢隋唐縱故有，特侈搆築惟玄宗。架峯梯嶺冠樓閣，往往複道相連通。温泉賜浴寵妃子，政務付之楊國忠。廟謨顛倒禄山反，倉皇蜀道奔秋風。驪宮高，元和天子勤政勞。考圖數貢事其事，羣臣率職勗相交。平夏平蜀平澤潞，藩鎮恐懼誰敢驕？驪宮咫尺不一幸，所思者大，所理者繁，寧祇重惜人之財力，而不為游遨驪宮高。憲宗不游天下治，玄宗屢游天下亂。治亂之幾，惟在敬與荒，以云崇儉靳費，則猶拾遺之淺見。

⊙百鍊鏡（辨皇王鑑也）

古稱鏡有百鍊銅，揚州江上鑄舟中。選時練日用重午，旃磨粉瀝窮精工。乃得鏡成瑩秋水，刺史封獻蓬萊宮。百鍊鏡，今實無，揚州亦弗鑄江上，刺史亦弗獻京都。不知樂天當此日，又將何以成詩乎？百鍊鏡，太宗三鑑誠卓然，而吾有語更進旃。以人為鑑明得失，至於鑑人亦要焉。人鑑知己猶覺易，鑑人知彼勢甚難。皮相其奚可，心存方寸間。苟其弗知賢與否，何以量材授職政治宣。吁嗟，吾嘗蒿目乎神禹之名言。

⊙青石（激忠烈也）

青石出石坑，綽楔可為碑。於古初無是，秦漢始有斯。藉用傳名垂不朽，杜預因以高岸深谷致慮，而立二碑於峴山殊高低。吁哉好為後世之名有如此，豈知今日陵谷未變，而高岸立石已毀滅無遺。道旁德政誰果甘棠詠，墳前神道無過諛墓辭。是以白氏有感乎此，獨思傳真卿、秀實之忠烈，庶不負地靈産石，與夫石工費磨治。吾欲因此擴充之，忠烈出板蕩，萬民早受危，不如紀召父杜母，循吏佳政績。俾萬民各安耕田鑿井，老老幼幼樂雍熙，天下無兵戈，何必效彼顔、段捐軀盡節為。

⊙兩朱閣（刺佛寺漸多也）

兩朱閣，相對為梵宇，其初誰所居？臨真宜都兩公主。公主粧樓作庋經，駙馬書臺為雁堵。笙歌鼓吹無復聞，祗聞鐘魚聚禪侶。兩朱閣，原為帝子家。李唐家法愛公主，賜予無算資奢華。奢華已不遜，漸至把持朝政恣淫邪。王維鬱輪袍，何事弗為耶？終於寥寂棲僧伽，幾曾吹簫作仙去，徒令過客生咨嗟。兩朱閣，溯始置吞并，平民屋舍為邸第，白家少傅是用刺。雖然責己斯難責人易，崖口亦有香山寺。（龍門香山寺為洛陽勝蹟。唐太和六年，白居易為河南尹，惜其頽圮，會為元微之作墓誌，以其謝文資六七十萬，迴施玆寺葺新之，越三月而就。詳見居易《修香山寺記》。居易又自號為香山居士，固未嘗不好禪學也）

⊙西涼伎（刺封疆之臣也）

西涼伎，裝作胡人跳獅子。云是安西都護來，獻此大胸怒目咆哮視，當埸奮迅舞弗已。忽傳安西歸路絶，獅子向西啼不止。邊將常陳斯樂傲諸蕃，以為能制彼生死。西涼伎，未陷涼州時，觀此誠可耳。涼州既陷四十年，觀此應為不知耻。昔也日闢國百里，今也日蹙國百里。詎止失去西安萬里疆，乃至鳳翔為西鄙。何待老兵前致辭，早使諸蕃笑冷齒。西涼伎，自從王晙掩毘伽於奚落水，契丹失信兵不赴，拔悉密敗走北庭，徙突厥遂張盡有，默啜衆侵尋掠涼州而有之矣。西涼伎，涼州之患，實因封疆之臣喜功好事始，寄語孟浪開邊人，將欲度人先度己。

⊙八駿圖（戒奇物懲佚游也）

文武開基成康守，其上世德更以久。厲宣幽平貪天禍，然自穆王耄荒政已醜。嗚呼！得之難實失之易，萬古君鑒亦知否？白家少傅因有《八駿圖》之歌，意實佳哉理尚聽。吾剖赤驥盗驪白義與渠黄，驊騮騧騟騄耳及山子

（叶）。此八雖曰天馬駒，原衹四蹄非翼脛而走，況能御者惟一人，封之趙城曰造父（叶）。萬里躗言千里誠史書，然即千里一日而行亦烏有。（向謂今之飛馳驛遞，晝夜限行六百里，即加緊，不過七百里而止。然一驛間，僅五六十里，即易人易馬，而更馳遞千里，馬縱健行不罷，足以當十數匹馬之力，一晝夜間，亦衹六七百里而止，安能馳千里乎？曾為《千里馬説》以正之）屬車暬御不能及，獨與造父諸事豈能成徒手。穆王之失在於志怠政而好佚游，祭公謀父固已箴其咎。八駿圖，國朝家法與古殊，守之以文勤撫字，濟之以武詰戎時，邁弗敢疎，馬射亦有駿者八，以示外藩猶非御以車。既至，踵事圖其後，則以愛烏罕及拔達山屢貢其名駒。（平定回部以後，愛烏罕、拔達克山皆貢名馬，並掄其駿，命以名而為之圖，詳見舊作《愛烏罕四駿、拔達山八駿歌》）然益持盈保泰，勤政之念日殷，吾未敢恣佚游而玩奇物，白家少傅知此乎？

⊙澗底松（念寒儁也）

澗底松，弘景弗能聽，橐駝弗能種。不宜作榱桷，却可任梁棟。衹以山深地僻無人知，雖具大材而不為世用。有如良士居隱淪，縱懷致君澤民之志，一時未得登要津。茅檐甕牖樂饑獨，所以淵明曾有五字哀其貧。欲為束帛與蒲輪，應慮充者以假而亂真。澗底松，他人弗知大匠宜知之，進賢求材人臣責。職無大小，此意皆當思，拾遺薦至尚書任，試問良士屈下責在誰？

⊙牡丹芳（美天子憂農也）

牡丹芳，世人甚愛牡丹自李唐。譜傳其名，盖不可以屈指數。縱有繪事，誰能貌其丰韻與艷香。上始紫禁下朱邸，無論寺觀及村莊。開落二十日之内，舉國游人誠若狂。牡丹芳，元和天子憂農務，不賞牡丹，惟是農務蘉。一念之誠天降祥，瑞麥兩岐為表揚。是以白傅因有《牡丹芳》之章，乃至願減牡丹色，以迴卿士愛花心。心其君心憂稼穡，我聞此語增歎息。白傅豈弗列乎卿士中，豈弗聞風行草偃，君令而臣從，弗愛牡丹惟憂農。君心如是臣心猶弗格而移，世道人心日流日下斯可知。

⊙紅線毯（憂蠶桑之費也）

紅線毯進貞元中，宣州太守加絲製。太原毳毯既嫌粗，蜀都錦毯仍嫌脆。不如宣州開樣紅線為披香，廣殿用鋪地宫人，羅襪繡鞋輕，垂手折腰陳舞隊，吁嗟！奪人之衣為地衣，拾遺補過之人應為刺。我朝正衙太和殿，染毳作毯供朝見。近知回部巧織斯養心（内朝殿名），地平驛致施（平回部後，知其俗工織罽，曾於壬午年發準式，令回人製毯，由驛傳送官給其直）。引見大僚及庶吏，前席奏對恒移時，是皆發價和雇命製造，而非歲貢勞民為。至於女伎歌舞，則更無其事。如宣州太守者，既不能獻諛，而香山居士，亦將何以致刺辭。

⊙杜陵叟（傷農夫之困也）

杜陵叟本杜陵居，種田被灾麥禾無。民隱弗達羣壅蔽，未施賑恤，翻行徵斂催官租。幸蒙詔書命免税，又以納畢不準抵為來歲正賦，徒受被免之名虚（本朝定制：地方遇水旱偏灾，視成灾分數輕重蠲免，本年正賦或未奉旨以前，百姓有已經輸納者，即抵作來年額賦，以紓民力，非若唐時之不準抵算、虚受蠲免之恩也）。吁嗟苛政有是，夫官吏若此，則其為君者所司何事乎？即如甘省報缺雨，不啻三令五申，丁寧大吏察灾區，蠲其租税，按灾之輕重，仍依户丁給米，俾口餬設米不足，以銀折給亦有例。慮銀不足預，撥司農帑待諸（昨歲甘肅夏月缺雨，高阜偏被旱灾，凡二十九州縣，一聞奏報，即再三馳諭督臣勒爾，謹加意勘查撫恤，按口授食米，或不足，則以銀折賑庫項。或有不敷，即令於陝西截留部撥川省軍需銀三百萬兩，内就近酌撥甘省若干萬，俾資寛裕，務使灾黎不致失所）。更令嚴察吏胥或乾没，忍使窮黎展轉溝壑哀聲呼。推之各省例視此，於此弗盡心，豈不懼皇天立君養民之意，孤然如杜陵叟者，那保必無有用，是朝乾夕愓，以誠感衆，以明恒勵吾。

⊙繚綾（念女工之勞也）

唐代繚綾製，精美遠過羅綃及紈綺，鋪煙簇雪月明前，如挂天台瀑布水，織者越溪寒女工，著者漢宫歌舞女（叶）。舞罷汗汙棄如遺，郇惜千金費於此，白家樂府徒念女工勞，欲令舞人知惜耳。繄余實懼風氣日趨華，更思亦有不得不然之勢已。大都開刱必儉樸，承平日久定奢靡。曾記賈生治安策，中言天子之后緣其領，庶人孽妾緣其履。唐之去漢已如斯，今之去唐又如彼。日甚一日將安窮，其間仍歸儉樸，亦不知凡幾。人心世道與文風，日流日下皆如是。一治一亂如轉旋，消息盈虚實定理。所以保泰持盈，應切承平無事時。繚綾猶其小者矣。返樸還淳豈不願，言易行難君師之。任將誰諉將誰諉，惟有業業兢兢，懷敬懷慙，欲以責人先責己。

⊙賣炭翁（苦宫市也）

賣炭翁，賣炭得錢養妻子。忽遇貞元開宫市，官吏弗主主宦寺。抑買以賤勒賣貴，白望數百為驅使。一車炭償一丈綾較賤，丈夫罔利猶堪鄙，孰謂天子而為此。建封入朝對便殿，亟言其弊，德宗之意亦稍變。既聞度支乃希宦者意，謂仰給者游手將及萬。自是諫者皆不聽，白傅用是刺政亂，其時罪魁實蘇弁。

⊙母别子（刺新間舊也）

母别子，欲去迴看哭不止。子别母，牽留弗住心更苦。驃騎將軍果伊誰？憐新棄舊事甚奇。使其無子犯七出，去之得言尚曰宜。不惟其一乃有二，忍心背理實非人。所為其子將來設，長大凱風之怨非母過。作詩貴在倫常中，似玆驃騎誠滛兇。策勳賜金酬汝功，豈資汝為不義不慈之事逞妬風。白傅刺之信有理，然如此者想鮮耳。

⊙陰山道（疾貪虜也）

陰山道，癸未戊子凡兩作。畏虜啓貪較昔非，柔遠濟用出今度。縑非勒民供，馬實資軍畧。大端二首詠之詳，玆不重儓而複言，約言馬政實亦國政關。李唐養馬稱最盛，四十萬匹曾見杜甫篇，當時已愁馬多地狹容不足，其稱七十萬實乃張大其數焉。（《唐書·兵志》：「張萬歲為太僕，自貞觀至麟德四十年間，馬七十萬六千匹，置八坊於岐豳涇寧間，地廣千里，分四十八監，後馬多地狹不能容，又折八監於河西豐曠之地」云云。《志》又稱：八坊之田一千二百三十頃，募民耕之，以供芻秣，計每田一畝之所産，當養七馬，勢必不給。疑當時張大其數，史家不考，書之耳。觀杜甫《天育驃騎歌》，稱當時四十萬匹馬，張公歎其材盡下，較史所稱已少三十萬，則史之不足信，更可知矣）彼四十萬，想即市取回鶻者，奈當草盡泉枯，馬病羸而不勝鞍，何如我朝上都諸部蒙古牧塲寬，育馬二十萬有奇，生駒增年年誉馬驛馬，乃分餧按月各給以馬乾，其數亦二十萬有奇，不動聲色得實用，並無扞格不通行之難。（本朝之馬分布於上都、達布遜諾爾、達里岡愛、烏梁海、大凌河暨左右兩翼各塲牧放，及各蒙古部落滋牧者，共二十萬二千八百餘匹，各就水草字育，仍歲有孳生。又滿漢各營，及各省驛遞塘站馬，共二十二萬五千二百餘匹，皆月給馬乾銀，各就所在分飼，均資實用，且無馬多地狹、不敷芻秣之患。）因讀古詩紀今實事耳，試問何以為刺，白家之樂天？

⊙時世裝（儆戎也）

城中好高髻，鄉間一尺長。元和亦有時世裝，因之流行徧四方。不為怡容為戚態，望而可知非兆祥。所以少傅作詩儆戎變，雖然當時戎變久矣，詎因髻椎面赭之改常，作善降祥，不善必致殃。應在君臣勤政持紀綱，區區婦人，一時習俗所好尚，安能貽禍於家邦。尚憶辛未南巡吳郡縣，婦女裝飾原似尋常之所見。及至丁丑復省方，吳女人人眉際烏綾作瓜瓣（叶）。馬上一過覺可憎，然而禮不下庶人，亦弗訶禁令改換。久將自厭必更易，似此亦何繫世道人心，而為灾祥之左券。五十篇可取者多（謂居易樂府），是篇吾謂近俗諺。

⊙李夫人（鑑嬖惑也）

李夫人，夫人病篤弗肯廻眸一見君。君之愛者以顔色，若見病容應不惜。以此結君之恩，死後猶相思，故有招魂之事。因歌是耶非耶其來遲，婦人深計有如此。以計結君恩者，謂應不止此而已。其被衆計結恩者，可不懔然而懼乎？如武帝者，誠所謂癡矣。香山居士知不知，既云尤物惑人無銷期，小蠻樊素又何為？

⊙陵園妾（憐幽閉也）

陵園妾，漢家弊政延及唐。茂陵訛傳多詭蹟，從來不學無術嗤霍光。阿瞞西陵更可鄙，空教賣履還分香。柏城松門秋風動，空留此輩誰供奉。生者戚戚常怨悲，死者冥冥不得知。以奉不知令悲怨，嗟爾唐家為此果何為？陵園妾，憐幽閉，以身先之，謂今歌姬怨曠或應無，（本朝初，女樂尚沿歷代之舊，康熙時數不盈千，雍正時更減十之七。今乾隆年間，則并無一焉。詳見《上陽白髮人》篇），孰知仍復有其事。西江饒贛二郡間，富家相率多錮婢（叶）。自幼養成指使慣，遂致指留弗婚配。臬司陳奏其言當（去聲。前江西按察使歐陽永裿奏饒州、贛州二郡蓄婢女多，有至老不得配偶者，請以二十五歲為限，不許逾期錮婢。以所言因當理，下部議行），更申明，舊成例，誠以民情有如水，澄清淆濁亦難盡以官法治（叶）。一曰樂天託幽閉，喻被讒遭譴黜然，而新井之事有慚德焉，寧能解之以文筆。

⊙鹽商婦（惡幸人也）

鹽商婦，豐衣足食一何幸。不屬州縣官，惟屬度支領。自唐以來已如斯，國賦所在難從省。鹽商婦，鹽利入官者少，入私多。鹽鐵尚書自護庇，守令不能如之何。所以居易為詩刺其甚，比之桑弘羊實不為過。鹽商婦，今日雖不殊，昔時庇商剥民，其事誠無之。巡鹽御史鹺政司，鹽價核定會督撫（本朝鹺務，雖鹽政專司，至各省鹽價，則會督撫核定，不使重值病民）。毋令鹽商私價增毫釐，微利商亦獲日用，民亦資設曰地利。應從民自取奪攘，鐍虔之害將日滋，有一利亦必有一弊。鹽商之制，豈可輕言弗用於今時。

⊙杏為梁（刺居處僭也）

杏為梁，古有此語殊荒唐。讀書明理在格物，理之所無，未可徒傳耳食，忽焉而不於物詳。杏之為木孰弗見，其粗不能數圍，更無幾丈長。即偶有一，亦鮮三四遇，質復脆弱，奚供五架之棟梁。王維裁為或乃蝸居茅舍耳，詎稱（去聲）桂為柱，與碧砌紅軒之華堂。即桂亦以其花芳，為柱遠遜松楠之堅剛。文人比喻之辭無不可，予則事惟務實，於物必求其理之明彰。或者雕刻為文山節藻梲之類耳，即如盧家玳瑁曾棲海燕雙。杏為梁，履道里之西北隅，雖非杏為梁而桂為柱，亦有十畝之宅，五畝之園，屋室琴書，酌酒聽歌以為娱，能保與否，雖曰異為時，久暫終莫殊。憶我巡豫曾經履道里，欲尋白家遺蹟，久矣其名無。杏為梁，本意在刺居處僭。開府將軍居弗久，冷眼觀同逆旅店。魏家雖云以儉存，待賜官錢贖取，則已失之之明驗。漢水亦應西北流，青蓮語，信超羣，足為千秋之炯鑒。

⊙井底引銀瓶（止淫奔也）

井底引銀瓶，氓之六章，别開生面無遁形。始而共語繼而約，遂至相奔圖共樂，為計非不狡以御，彼蚩蚩然，終於見棄。朱注以喻君子立身誠可思。井底引銀瓶，樂天形容浪子淫婦之態實無遺，似此艷體，恐汙筆硯，我誠不能為。

⊙官牛（諷執政也）

唐家故事拜宰相，京兆運沙填路上。自其私第至東街，名曰沙隄示旌尚。元齡、如晦或其可，林甫、國忠真恥喪。居易諷之詠官牛，期以濟人治國言允當。朱明以來宰相無，云大學士易稱呼。雖易稱名職實在，任崇責重應思黽勉贊廟謨。雖然吾更有後語，用執政者實人主，但使垂衣拱手，聽人燮理陰陽，已乃無所為，將恐得少失多有，孤天命作君而為民父母（叶）。

⊙紫毫筆（譏失職也）

紫毫筆，尖如錐，利如刀，宣城筆匠選其毫，植管勒名價甚高。居易欲以付之起居郎，御史曹，一以記君之言動，一以彈臣之奸滔。坐使廟堂之上，君明臣良以成上下之泰交。左右臺，東西府，名易令，職猶古。宣城此日雖無貢，何處無筆皆可用，莫使居易之言中。

⊙隋隄柳（憫亡國也）

隋隄柳，煬帝亡國實自取。亡國之政無不為，窮奢拒諫兼黷武。但以留守而代之，開刱實異漢高祖。自古一興必一亡，意謂白傅不宜存此章。設曰周鑒在殷殷鑒夏，召誥之篇，則已言之詳。

⊙草茫茫（懲厚葬也）

草茫茫，鄙秦皇而嘉漢文。秦皇固可戒，漢文不能無議云。斮絮之言誰所始，拾遺應未博覽漢家史。始皇無道文有道，安弗安應殊在是。然而有其成者必有毁，無過久暫之分而已耳。古人非不見及此，今之三代青緑何多矣。

⊙古冢狐（戒艷色也）

香山居士習禪味，空色色空應一致。如何再三於色中，真色假色辨不置。真色謂之褒妲倫，假色謂之狐妖類。設云取譬猶或可，竟謂化人實怪事。艷色固宜戒怪語，亦應忌孽惑。淫奔已見前，似此重儓出何意。

⊙黑潭龍（疾貪吏也）

黑潭龍，有似鄴邑之河伯；水旱豐歉，實不能為人間之禍福，率託於巫虚，受愚民之血食，貪吏有似河伯與潭龍，巫覡即如里胥及吏役。《長慶集》乃重摹《滑稽傳》，安得西門豹，為令一掃其穢迹。

⊙天可度（惡詐人也）

天可度，堯舜羲和璿璣示其端；地可量，豎亥盧敖亦畧涉其邊。曰惟人心不可防，然而人心亦不出乎誠僞間。眸子不能掩其惡，人焉廋哉孟子言。誠則明而僞則暗，明乃公而僞乃奸。但愁己之誠不至因明有蔽，奚慮他之僞日滋為奸以干。

⊙秦吉了（哀冤民也）

秦吉了，盖如鸚鵡能言而不離飛，鳥雖效人言，初不知人意，豈有並通百鳥語之道，香山謂其弗達雞燕之苦於鳳凰，蓋有激於哀冤民，而為朝官者，弗達之於其君。君莫曉，雖然，余有後言。香山非朝官乎？豈可自解，以非言職而視如藐，拾遺補過之謂何？余固不能無疑於此老。詩人託興比喻無不可，以理論之，鳥獸通人語，及訴童僕善惡之事（見《異苑》載張華事），皆屬怪誕不經鄰輕佻。向為雜説辨以詳，兹不復云文可考。（嘗謂古人有識禽言獸語者，是妄而非真，如葛盧之事，由左氏之浮夸；秦仲之事，由史遷之好奇，或別有踵之者，皆不足信，因證以哨鹿者，不過察鹿聲之高下剛柔，而隨機以應。使鹿聲中有語，則哨者實不能為鹿語以應其聲。且禽獸豢養熟，或能識人語，斷無各有其類之語之理，詳見向所作《雜説》。）

⊙鵶九劍（思決壅也）

風胡歐冶法不傳，張氏鵶九出唐年。豈鑿茨山鐵英，取何乃成劍，有如太阿與龍淵。候天伺地誰則見，斷蛟剸犀乃信然。白家少傅因有樂府篇，其云上決浮雲，無令漫漫蔽白日。意獨重於決壅蔽，而令無私之光及物焉。莊生所説天子之劍弗衹此，其包者廣慮者全，少傅特舉一端，以為詠繹思是義，亦足資為政，而吾以為更有要乎兹，慎勿倒持兹以授人柄。

⊙采詩官（監前王亂亡之由也）

采詩官，三代以上曰有，三代以下無。言者無罪聞者誡，下流上通誠善模。居易欲復此職導言路，以監前王亂亡由（叶）。雖然令古弗同矣［智按：令古，當為「今古」］，聽我一言折中乎。古人心純厚而語直樸，今人心巧偽而語華腴。直樸之語采而知得失，華腴之語采而增罔誣。笑可刀而烏可白，妍幻媸而陵幻谷（叶）。如是為言，采之何以聽。將見朝政紛更日日殊，而况無稽之言可勿聽。昔已見之《大禹謨》，至於廟堂之上，頌言日聞不聞箴，厥醜臣蔽君，而君不得知其否，斯可畏哉可監哉，予則以為非臣之咎皆君咎。

樂府五十章之作，實於去歲山莊長夏消暇而成。或一日一章，或一日兩章，既成書册泐石。逮畢工，遂至今歲新春，亦既頒賜臣工矣。新春慶典繁稡，無不即景摛什，篇愊已多［智按：篇愊，當為「篇幅」］，故未登之詩本。忽遭聖母大事，神魂飛越，心意索然，雖時節誌痛，暘雨課農，勉成數吟，而較之往歲，每歲必二本，每本必百四十餘篇，不惟闕其全，將欲減其半。因思此五十章，原成於去歲，不妨書之卷末，以補其空。歲暮憂居，於今思昔，

曷勝悽感，爰並識之。（《四庫全書》本《御製詩集》四集卷四十四）

《杏花》

圖來豈是自靈山，綻翠剪紅尺幅間。恰似未忘情白傅，舞腰仍對素和蠻（傍繪白山桃）。（《四庫全書》本《御製詩集》四集卷五十九）

《詠烏玉硯》

不冰雖足用嚴寒，受墨終須遜舊端。應寄香山白少傅，陸機文讀試燒看。（《四庫全書》本《御製詩集》四集卷六十四）

《聽松菴竹罏烹茶戲成效白居易體》

竹罏烹苦茗，本是山僧事。性海為清供，不涉人間世。侵尋成畫圖，輾轉傳文字。濫觴一至此，大乖其本意。豪敓與復還，益覺其辭費。我自辛未年，製匣因精弆（叶）。為之補圖全，（本四圖缺一，曾命張宗蒼補之）為之賡吟繼。兹閲十六載，復詣精藍地。聽松菴好在，竹罏亦妥置。獨惜四圖燬，斯則因俗吏。（聽松菴所藏竹罏圖四卷，上年十二月內為無錫縣知縣邱漣，攜至縣署重装，致燬于火，俗吏所為煞風景事，實可惜耳）熟境率難忘，可不茶一試。我既不解烹，僧亦難近厠。旋顧左右間，尚茶惟內侍。茗椀捧以獻，原來早預備。誰論文武侯，那識魚蟹沸。是謂當官差，非所論逸致。屈哉菴與罏，孰謂逢此輩。囅然亦自笑，松下排衙類。（《四庫全書》本《御製詩集》四集卷六十九）

《用白居易天竺寺七葉堂避暑詩韻》

峭蒨復葱鬱，陵谷不易畢。禪堂略坐憩，步勞忘若失。庭松張翠蓋，澗泉弄清瑟。韻和（去聲）香山詩，千年隔非疾。（《四庫全書》本《御製詩集》四集卷七十一）

《白雲泉五疊白樂天韻》

白雲復此俯巖泉，聊趁春游片刻閒。一十六年消底事，淙淙好在滴其間。（《四庫全書》本《御製詩集》四集卷七十二）

《題楊大章四時花卉・菊》

才邵評詩輕白傅，梨梅妃子錯相方。出塵試看清新態，祇合姓江不姓楊。

(宋劉才邵《梅花》詩云:「香山漫説工纖艷,錯把梨花比太真。」其意蓋指樂天「梨花一枝春帶雨」句為未當,而欲以梅比楊妃耳。不知玉環姿態肥穠,即明皇亦嘗以海棠為喻,其於寒梅高格,本自不倫,况彼時以江采蘋好梅,因有梅妃之號,又安可移置太真耶!)(《四庫全書》本《御製詩集》四集卷七十七)

《題木刻屏·竹林芳躅》

鼻祖香山白傅詩,豈知盛典倍乎其。乍觀木寫耆徽景,俛首無言有所思(欲舉其三歎未能也)。(《四庫全書》本《御製詩集》四集卷七十七)

《再用白居易天竺寺七葉堂避暑詩韻》

趂此一晌閒,諸勝欲探畢。林開山欲来,雲生寺如失。白詩清我心,勝於聽琴瑟。而此何可耽,歸鞭仍命疾。(《四庫全書》本《御製詩集》五集卷六)

《擬韜光禪師答白樂天詩三疊其韻》

蜀人性本樂林泉,偶爾結庵供食眠。覆釜漫招積厨飯,巢溝難捨耨池蓮。禪宗頗慗(去聲)曾參月,師囑聊安此遇天。(唐長慶中,蜀僧韜光辭師出游,師囑之曰:遇天可前,逢巢即止。因游靈隱山巢溝塢,值樂天守郡,悟曰:吾師命我也,遂卓錫焉。樂天聞之,因與為友,題其堂曰法安)偶撫遺踪三疊韻,底論成佛後和前。(《四庫全書》本《御製詩集》五集卷七)

《擬白居易寄韜光禪師三疊其韻》

莫説毘尼守,弗游居士家。寧忘彼摩詰,曾見散天花。笻竹何妨策,禪枝不復芽。有來應有往,擬去領杯茶。(《四庫全書》本《御製詩集》五集卷七)

《白雲泉六疊白樂天韻》

香山昔日對流泉,太守公堂一日閒。我自先憂天下者,豈能效彼樂斯間。(《四庫全書》本《御製詩集》五集卷七)

《題和闐玉會昌九老圖用白居易詩韻》

和闐質寫會昌讌,雅稱(去聲)皤然眉與鬚。七益二來成九數,三山五竺擬多娛。（二句檃括居易詩意）秘書（秘書監狄兼謩）府尹（河南尹盧貞二人以未至七旬，不及列，見居易詩注）歲未至，李老（元爽）滿公（僧如滿）格畧巍（入此二人，則為九老，然不在七老之列，故居易別有詩）。我亦祝鰲鴛集侶（辛巳歲，恭值聖母七旬萬壽，命於香山舉九老之會，諸王及在朝文臣為一班，武臣為一班，致仕者別為一班，各得九人。辛卯年，復依例舉行，而顯親王及錢陳羣、鄒一桂三人已於辛巳入會後復康強預列，尤為盛事，并有詩紀事），獨嘉賡韻鹿為扶（錢陳羣游香山賡韻詩有「鹿馴巖畔當童扶」之句，嘉其奇而正，因以其詩意仿梁楷潑墨法為圖賜之）。贏其翰墨徒成畫，視此琢磨重作圖。欲問清通裴叔則，玉人交此可能無？（《四庫全書》本《御製詩集》五集卷二十七；《御製樂善堂全集定本》卷二十七）

《題惠山園八景・水樂亭》

曲磵活流細落池，聽来水樂詎非斯。琵琶行著白居易，泠澀絃疑絶證之。（《四庫全書》本《御製詩集》五集卷五十二）

《題弘旿香山九老圖仍用白居易詩韻》

分班各具九之數，兩次命游白者鬚（辛巳、辛卯兩年，俱以恭逢聖母七旬、八旬大慶，因命舉九老之會，諸王與在朝文臣為一班，武臣為一班，致仕者別為一班，各得九人，令游香山，以副嘉名，並冀嗣後十年一舉，永茲盛典）。再已幸觀三絶望（辛丑年欲三舉此會，而已不可得，追維往事，曷禁悵懷），丑惟識悵戍寧娛（今歲朝臣以予八旬萬壽，欲請仍舉此典，予以丑歲既不獲遂願，而今豈忍以自娛，且諸臣中，亦罕有年長於予者，是以未允所請）。重儓弗忍宴而樂，置去又嫌疎且巍。衹以閙餘聊一至，尚仍强在未資扶。欲因靜慮省諸詠，却撫宗臣舊所圖（圖即貯此香山靜宜園）。那更白家較伯仲，大都佳話不如無。（《四庫全書》本《御製詩集》五集卷六十；《八旗通志》卷首之五）

智按：《香山九老圖》作者弘旿，乃弘曆之堂弟，玄燁第二十四子諴親王允祕第二子，平生工畫，講究筆致墨韻，風格清新，師從董邦達，自署「瑤華道人」。他與弘曆交往密切，《瑤華首人詩鈔》附有《御覽集》一卷，即為弘曆過目或與弘曆唱和之作。徐珂《清稗類鈔·恩遇類》「香山九老」條云：「乾隆辛巳，孝聖后七旬萬壽，賜三班九老宴於香山。在朝王大臣九人，武職九人，致仕諸臣九人。有《香山九老圖》，為貝子弘旿所繪。迨孝聖八旬萬壽（即乾隆辛卯），仍賜宴香山，命齊赴乾清門，令畫苑艾啟蒙繪圖。文職九老為顯親王衍潢，恒親王弘晊，大學士劉統勳，協辦大學士官保，吏部尚書託庸，刑部尚書楊廷璋，理藩院尚書素爾訥，刑部侍郎吳紹詩，工部侍郎三和；武職九老為都統四格、曹瑞，散秩大臣國多、歡甘都，副都統伊松阿、薩哈岱、李生輝、福僧阿、色端察；致仕九老為刑部尚書錢陳群，内大臣福祿，禮部尚書陳德華，兵部尚書彭啟豐，禮部侍郎鄒一桂，左都御史吕熾，内閣學士陸宗楷，詹事陳浩，國子監司業王世芳。」（中華書局，一九八四年十二月版，第一册，第三〇三～三〇四頁）

《題和闐玉香山九老圖》

香山嘉會洛之濵，八老同為不速賔。初有二還年未逮（白居易香山九老會詩祗七人，懷州司馬胡杲，年八十九；衛尉卿致仕吉皎，年八十八；前磁州刺史劉真，年八十七；前龍武軍長史鄭據，年八十五；前侍御史内供奉官盧貞，年八十四；前永州刺史張渾，年七十七；及居易年七十四。時秘書狄兼謨，河南尹盧貞，以年未至七十，雖與會而不列），後增繼者歲過真（居易詩注云：其年夏，又有二老，年貌絶倫，同歸故鄉，亦来斯會，續書姓名年齒，寫其形貌，附於圖，與前七老為九老圖，仍贈以詩。一為洛中遺老李元爽，年一百三十六；一為禪僧如滿，年九十五）。賦詩飲酒娱情性，耀古輝今鮮等倫。欲問三三箇中侶，幾人誠稱（去聲）玉為人。（《四庫全書》本《御製詩集》五集卷六十六）

《對瀑三首》（其二）

嘈嘈切切下高懸，白傅詩中大小絃。怪彼未曾對瀑用，琵琶豈古樂音傳。（《四庫全書》本《御製詩集》五集卷八十一）

《詠和闐玉香山九老圖》

盛事樂天舉會昌，琢追似勝畫圖詳。鬚眉生動人真玉，峯嶺高低山果香。

(《四庫全書》本《御製詩集》五集卷八十九)

《香山重九日》

丙辰立願竟符初，天錫崇恩古莫如。幸得高閒政歸子，然猶宵旰訓殷予。不堪九老昔年憶，却喜香山此日居。設以會昌較白傅，耆齡饒彼更旬餘。(《四庫全書》本《御製詩餘集》卷八)

《鑑始齋題句》

五集篇成四萬奇（讀作有餘之奇），自嫌點筆過多詞。然非弄月吟風爾，惟是書心信手斯。白傅陸監較過（平聲）彼，李狂杜苦亦殊其。却思此後應簡作，謾使人評意溺詩。(《四庫全書》本《御製詩餘集》卷十九)

《題白居易養竹記》

瀟灑白少傅，妙理寄清談。自為養竹記，竹性頗能諳。森森抽枝篠，千頭緑玉篸。欲踈不欲密，三昧還須探。亦思覔幾个，琅玕栽宅南。(《四庫全書》本《御製樂善堂全集定本》卷十五)

《觀刈麥》

麥苗入夏結穗黄，東壠西壠碩且長。老農此日走田忙，腰鐮遍割樂歲穰。笑看黄雲各成片，密莖隨手行行亂。肩挑背負晒檐頭，饘粥有餘他不羡。呼兒莫逐飛來雀，令渠亦識收成樂。(《四庫全書》本《御製樂善堂全集定本》卷十六；《四庫全書》本《皇清文穎》卷首二十一)

智按：此詩直承白居易《觀刈麥》。

《讀白樂天集》

元白夙齊名，並號能詩者。後來趨向殊，品格别高下。以此評其詩，我愛香山社。况復無繩削，體裁極閑雅。吟咏攄性靈，後人繼者寡。弗弗紗牖風，炎炎朱明夏。把玩不能置，博山香細灺。(《四庫全書》本《御製樂善堂全集定本》卷十七)

《題張照書白居易琵琶行卷》

張照此書，出入乎董、米而有過乎董、米。所謂寓端莊於流麗者矣，至其識語，則向於上書房，已聞蔣廷錫、蔡珽輩論之，是早有此言，非出於照也。然府倅入民船飲酒，誠有玷官方，登之白簡，固宜有以見唐政之弛，而我國朝之政肅，此不可謂煞風景也。豈照之流，猶以居易之事為是，而今之法網過密乎？即證以《周官》六計弊吏，亦未嘗以此為應為也。題之卷首，用勅官箴。(《四庫全書》本《御製文集》二集卷十八)

《鑑始齋題句識語》

余十二歲時，蒙皇祖賜居萬壑松風之側，因名之曰鑑始齋。自沖齡佔畢，至今八旬有八，仰沐昊慈祖佑，精神康健，訓政如常，實從古帝王未有之事。因憶予少時即喜作詩，不屑為風雲月露之詞。自御極以來，雖不欲以此矜長，然於問政勅幾，一切民瘼國事之大者，往往見之於詩。計丙辰至丁卯編為初集，得詩四千一百六十六首；戊辰至己卯編為二集，得詩八千四百八十四首；庚辰至辛卯編為三集，得詩一萬一千五百十九首；壬辰至癸卯編為四集，得詩九千九百二首；甲辰至乙卯編為五集，得詩七千七百二十九首。合計五集，共四萬一千八百首，亦云富矣。古之詩人，年高而詩多者，在唐為白居易，在宋為陸游。居易以太和、開成編年分四集，為卷僅二百有二，為篇僅千有五十六；陸游之詩，初編衹四十卷，再編通前衹八十五卷。本朝輯《全唐詩》，一代三百年，二千二百餘人之作，纔得四萬八千九百餘首，今予詩五集，釐為四百三十四卷，總計四萬一千八百首，而《樂善堂全集》在潛邸時所著者，尚不入此數，是予以望九之年，所積篇什，幾與全唐一代詩人篇什相埒，可不謂藝林佳話乎？然予初非以韻語一事，與文人學士絜量多寡也。夫詩以言志，言為心聲，非僅絺章繪句，如詞人東塗西抹之為，且為人君者，若專以吟詠為能，亦即溺情之一端，自古有戒，予曷肯出此，實因予臨御六十餘年，中間大功屢集，鴻儀疊舉，兼以予關心民事，課雨量晴，占年省歲，數十載如一日，而閱事既多，析理尤審，即尋常題詠，亦必因文見道，非率爾操觚者比，乃質言，非虛語也。今春秋八十有八，自丙辰授璽以来，猶日訓子皇帝政。自維耄耋之年，吟什原應從減，擬將每年依例之作，量為簡省，而事之有關大體者，仍不能不涉筆成章，以昭紀實。計丙辰至今，又閱三年，復得詩數百首。此後應於五集外，另編餘集，若更叨洪貺，算衍期頤，復得裒然成帙，匯為別集鉅觀，豈不更為史册希有之隆軌乎？偶題鑑始齋，迴溯髫齡，以至今日，即詩集之多，亦皆眷貽之厚，爰綜其全數，並抒夙志，附識於此。(《四庫全書》本《御製文集》餘集卷二；《御製詩餘集》卷十九)

《唐宋詩醇》

⊙凡例

一、唐宋人以詩鳴者，指不勝屈。其卓然名家者，猶不減數十人。兹獨取六家者，謂惟此足稱大家也。大家與名家，猶大將與名將，其體段正自不同。李、杜一時瑜亮，固千古希有。若唐之配白者有元，宋之繼蘇者有黄，在當日亦幾角立争雄，而百世論定，則微之有浮華而無忠愛，魯直多生澁而少渾成，其視白、蘇較遜。退之雖以文為詩，要其志在直追李、杜，實能拔奇於李、杜之外，務觀包含宏大，亦猶唐有樂天，然則騷壇之大將旗鼓，舍此何適矣。

一、大家全力多於古詩見之。就近體而論，太白便不肯如子美之加意布置。昌黎奇傑之氣，尤不耐束縛。東坡才博，又似不免輕視，故篇體常近於率。惟白、陸於古今體間庶無偏向耳。意向既殊，多寡亦異，而選詩者之進退，因之正不强為均齊也。

一、六家詩集中，白、陸最大，別擇較難，斷以風人之義，多取其有為而作者録之。顧其憂深思遠，隨處感發，寄興之作，亦美不勝收。佳處領要，則又芟其復，而拔其尤，探得驪珠，固不屑屑於一鱗片甲耳。

一、李、杜名盛而傳久，是以評賞家特多。韓、白同出唐時，而名不逮。韓之見重，尤後於白，則品論之詞，故應遞減。蘇、陸在宋年代既殊，名望亦復不敵，晚出者評語更寥寥矣。多者擇而取之，少者不容傅會，折衷一定，聲價自齊，燕瘦環肥，初不以粧飾之濃澹為妍媸也。

智按：《清文獻通考》按語云：「臣等謹按，是編于唐選李白、杜甫、白居易、韓愈，于宋選蘇軾、陸游，凡六家，實已括詩源正變之全，示藝苑權衡之準矣。蓋詩之大宗，莫如李杜，而白之平易近情，韓之奇辟有法，蘇之天才超妙，陸之人工精密，俱足以輔翼李杜，為後學之津梁。」(《四庫全書》本《欽定皇朝文獻通考》卷二百三十七經籍考二十七總集)

⊙襄陽杜甫詩

《鬬鷄》

鬬鷄初賜錦，舞馬既登牀，簾下宫人出，樓前御柳長。仙游終一閟，女樂久無香。寂寞驪山道，清秋草木黄。

浦起龍曰：「前後轉關處述明皇兩頭事，中間播遷一段泯然隱起，盛衰存沒之間滿目淚痕矣。假使單讀此詩，似明皇無失國之慘者，此意非元、白所曉。」黄生云：「不以荒宴直接播遷，則有傷痛而無譏刺，是温柔敦厚之遺教。」洵篤論也。(《四庫全書》本《唐宋詩醇》卷十七)

⊙太原白居易詩

唐人詩篇什最富者，無如白居易詩。其源亦出於杜甫，而視甫為更多。史稱其每一篇出，士人傳誦，雞林行賈，售其國相，詩名之盛，前古罕儷矣。且夫居易豈徒以詩傳哉！當其為左拾遺，忠誠謇諤，抗論不回；中遭遠謫，處之怡然；牛李構釁，絕無依附。不以婞婜逢時，不以黨援干進，不以坎懔顛躓而於邑無憀，自非識力涵養有大過人者，安能進退綽有餘裕若是。洎太(大)和、開成之後，時事日非，宦情愈淡，唯以醉吟為事，遂托於詩以自傳焉。其《與元微之書》云：「志在兼濟，行在獨善」，「諷諭者意激而言質，閒適者思澹而辭迂」。作詩指歸，具見於此。蓋根柢六義之旨，而不失乎溫厚和平之意，變杜甫之雄渾蒼勁，而為流麗安詳，不襲其面貌而得其神味者也。而杜牧譏其纖艶淫媟，非莊人雅士所為。夫居易之莊雅孰與牧，牧詩乃纖艶淫媟之尤者，而反脣以訾居易乎？宋祁據以立論，抑亦惑之甚者。《冷齋夜話》所載：「樂天每作詩，令一老嫗解之，解則録之，不解則又復易之。」亦屬附會之説，不足深辯。嘗考居易同時素相牴牾者，莫如李德裕，德裕每屏其詩不觀，劉禹錫以為言，德裕曰：「吾於斯人不足久矣，覽之恐回吾心。」此正歐陽修所謂「雖其怨家讎人，不能少毁而掩蔽之」者也。兹集之選，芟其體之重複，詞之淺易者，約存若干首，全集佳篇，殆盡於此。居易生平出處，亦略見於此。彼耳食者，或猶加詆毁焉。韓愈不云乎：「蚍蜉撼大樹，可笑不自量。」何損於香山居士歟？

《賀雨》

皇帝嗣寶曆，元和三年冬。自冬及春暮，不雨旱爞爞。上心念下民，懼歲成災凶。遂下罪己詔，殷勤告萬邦。帝曰予一人，繼天承祖宗。憂勤不遑寧，夙夜心忡忡。元年誅劉闢，一舉靖巴邛。二年戮李錡，不戰安江東。顧惟眇眇德，遽有巍巍功。或者天降沴，無乃儆予躬？上思荅天戒，下思致時邕。莫如率其身，慈和與儉恭。乃命罷進獻，乃命賑饑窮。宥死降五刑，已責寬三農。宮女出宣徽，廄馬減飛龍。庶政靡不舉，皆出自宸衷。奔騰道路人，傴僂田野翁。歡呼相告報，感泣涕沾胸。順人人心悦，先天天意從。詔下才七日，和氣生沖融。凝為悠悠雲，散作習習風。晝夜三日雨，淒淒復濛濛。萬心春熙熙，百穀青芃芃。人變愁為喜，歲易儉為豐。乃知王者心，憂樂與衆同。皇天與后土，所感無不通。冠佩何鏘鏘，將相及王公。蹈舞呼萬歲，列賀明庭中。小臣誠愚陋，職忝金鑾宮。稽首再三拜，一言獻天聰：君以明為聖，臣以直為忠；敢賀有其始，亦願有其終。

「皇帝嗣寶曆」至「皆出自宸衷」，歷敘遇災修省之政，應天以實，不以文也。「奔騰道路人」至「歲儉易為豐」，極形喜雨之情。天人感召，捷於影響也。「乃知王者心」至末，鋪陳賀雨之意，而以「願有其終」結，致規戒之詞焉。史稱憲宗剛明果斷，慨然發憤，削平僭叛唐之威令，幾於復振晚節信用，非人不終其業，蓋保治之難如此。是詩情辭剴切，忠愛藹然，極有關係之作。

《觀刈麥》

田家少閒月，五月人倍忙。夜來南風起，小麥覆隴黄。婦姑荷簞食，童稚攜壺漿。相隨餉田去，丁壯在南岡。足蒸暑土氣，背灼炎天光。力盡不知熱，但惜夏日長。復有貧婦人，抱子在其傍。右手秉遺穗，左臂懸敝筐。聽其相顧言，聞者為悲傷。家田輸税盡，拾此充飢腸。今我何功德，曾不事農桑。吏禄三百石，歲晏有餘糧。念此私自媿，盡日不能忘。

「力盡不知熱」二句，曲盡農家苦心，恰是從旁看出。貧婦一段，悲憫更深，聶夷中詩摹寫不到。

《雲居寺孤桐》

一株青玉立，千葉緑雲委。亭亭五丈餘，高意猶未已。山僧年九十，清淨老不死。自云手種時，一顆青桐子。直從萌芽拔，高自毫末始。四面無附枝，中心有通理。寄言立身者，孤直當如此。

香山集中，古體多以鋪敘暢達見長，短篇則以含蓄蘊藉生姿，此首短峭中殊有遠勢，「高意猶未已」五字尤妙。

《問友》

種蘭不種艾，蘭生艾亦生。根荄相交長，莖葉相附榮。香莖與臭葉，日夜俱長大。鋤艾恐傷蘭，溉蘭恐滋艾。蘭亦未能溉，艾亦未能除。沉吟意不決，問君合何如。

通首分三層，一層一意，妙有頓挫。短篇换韻，音節亦古。

《燕詩示劉叟》（并序）

叟有愛子，背叟逃去，叟甚悲念之。叟少年時，亦嘗如是。故作燕詩以諭之。

梁上有雙燕，翩翩雄與雌。銜泥兩椽間，一巢生四兒。四兒日夜長，索食聲孜孜。青蟲不易捕，黄口無飽期。觜爪雖欲弊，心力不知疲。須臾十往來，猶恐巢中饑。辛勤三十日，母瘦雛漸肥。喃喃教言語，一一刷毛衣。一旦羽翼成，引上庭樹枝。舉翅不回顧，隨風四散飛。雌雄空中鳴，聲盡呼不歸。却入空巢裏，啁啾終夜悲。燕燕爾勿悲，爾當返自思。思爾為雛日，高飛背母時。當時父母念，今日爾應知。

極尋常語，卻有關風化，足以警世。老嫗皆知，或謂此也。

《放魚》

曉日提竹籃，家童買春蔬。青青芹蕨下，疊卧雙白魚。無聲但呀呀，以氣相煦濡。傾籃寫地上，撥刺長尺餘。豈唯刀机憂，坐見螻蟻圖。脱泉雖已久，得水猶可蘇。放之小池中，且用救乾枯。水小池窄狭，動尾觸四隅。一時幸苟活，久遠將何如。憐其不得所，移放於南湖。南湖連西江，好去勿踟躕。施恩即望報，吾非斯人徒。不須泥沙底，辛苦覓明珠。

「施恩即望報」四語，小中見大，蘇軾《和潛師放魚》詩意本此。

《文柏牀》

陵上有老柏，柯葉寒蒼蒼。朝為風煙樹，暮為宴寢牀。以其多奇文，宜升君子堂。刮削露節目，拂拭生輝光。玄斑狀貍首，素質如截肪。雖充悦目翫，終乏周身防。華彩誠可愛，生理苦已傷。方知自殘者，為有好文章。

時貶江州，隱然有自傷之意。「方知自殘者，為有好文章」，即杜甫《古柏行》之意而反用之。

《重賦》

厚地植桑麻，所要濟生民。生民理布帛，所求活一身。身外充征賦，上以奉君親。國家定兩税，本意在愛人。厥初防其淫，明勅内外臣。税外加一物，皆以枉法論。奈何歲月久，貪吏得因循。浚我以求寵，斂索無冬春。織絹未成匹，繅絲未盈斤。里胥迫我納，不許暫逡巡。歲暮天地閉，陰風生破村。夜深煙火盡，霰雪白紛紛。幼者形不蔽，老者體無温。悲喘與寒氣，併入鼻中辛。昨日輸殘税，因窺官庫門。繒帛如山積，絲絮似雲屯。號為羡餘物，隨月獻至尊。奪我身上暖，買爾眼前恩。進入瓊林庫，歲久化為塵。

通達治體，故於時政源流利弊，言之了然，其沉著處令讀者酸鼻，杜甫《石壕吏》之嗣音也。

《傷宅》

誰家起甲第，朱門大道邊？豐屋中櫛比，高牆外回環。累累六七堂，棟宇相連延。一堂費百萬，鬱鬱起青煙。洞房温且清，寒暑不能乾。高堂虚且迥，坐卧見南山。繞廊紫藤架，夾砌紅藥欄。攀枝摘櫻桃，帶花移牡丹。主人此中坐，十載為大官。廚有臭敗肉，庫有貫朽錢。誰能將我語，問爾骨肉間：豈無窮賤者，忍不救饑寒？如何奉一身，直欲保千年？不見馬家宅，今作奉誠園。

《(新）唐書》曰：「馬燧子暢，終少府監。諸子無室盧（廬）自托。奉誠園亭觀，即其安邑里舊第云。」《桂苑叢談》曰：「馬暢，以第中大杏饋中人竇文場。文場以進德宗，德宗未嘗見，頗怪暢，因令中使就封其樹。暢懼，進宅，廢為奉誠園。」

《傷友》

陋巷孤寒士，出門苦恓恓。雖云志氣高，豈免顔色低。平生同門友，通籍在金閨。曩者膠漆契，邇來雲雨睽。正逢下朝歸，軒騎五門西。是時天久陰，三日雨淒淒。蹇驢避路立，肥馬當風嘶。迴頭忘相識，占道上沙堤。昔年洛陽社，貧賤相提攜。今日長安道，對面隔雲泥。近日多如此，非君獨慘悽。死生不變者，唯聞任與黎。（自注：「任公叔黎逢。」）

「是時天久陰」六句，摹寫炎涼之况，真是不堪。「近日多如此」，又拓開一層，寄慨益深。

《不致仕》

七十而致仕，禮法有明文。何乃貪榮者，斯言如不聞。可憐八九十，齒墮雙眸昏。朝露貪名利，夕陽憂子孫。掛冠顧翠緌，懸車惜朱輪。金章腰不勝，傴僂入君門。誰不愛富貴，誰不戀君恩。年高須告老，名遂合退身。少時共嗤誚，晚歲多因循。賢哉漢二疏，彼獨是何人。寂寞東門路，無人繼去塵。

「朝露貪名利」二句，入之《淵明集》中，幾無以辨，或謂樂天淺易，豈其然乎？

汪立名曰：按《八朝偶雋》：「元和初，杜佑為司徒，年過七十猶未請老。裴晉公時知制誥，因高郢致仕，令詞曰：『以年致仕，抑有前聞，近代寡廉，罕由斯道。』蓋譏佑也。」公詩所指，當與裴同。

《輕肥》

意氣驕滿路，鞍馬光照塵。借問何為者？人稱是内臣。朱紱皆大夫，紫綬或將軍。誇赴軍中宴，走馬去如雲。尊罍溢九醞，水陸羅八珍。果擘洞庭橘，膾切天池鱗。食飽心自若，酒酣氣益振。是歲江南旱，衢州人食人！

結句斗絕，有一落千丈之勢。

《買花》

帝城春欲暮，喧喧車馬度。共道牡丹時，相隨買花去。貴賤無常價，酬直看花數。灼灼百朵紅，戔戔五束素。上張幄幕庇，旁織巴籬護。水洒復泥封，移來色如故。家家習為俗，人人迷不悟。有一田舍翁，偶來買花處。低頭獨長歎，此歎無人諭。一叢深色花，十户中人賦。

結語即漢文惜造露臺意。

馮班曰：白公諷刺詩，周詳明直，娓娓動人，自創一體，古人無是也。凡諷諭之文，欲得深隱，使言者無罪，聞者足戒。白公盡而露，其妙處正在周詳，讀之動人，此亦出於《小雅》也。

《和陽城驛》

商山陽城驛，中有歎者誰。云是元監察，江陵謫去時。忽見此驛名，良久涕欲垂。何故陽道州，名姓同於斯。憐君一寸心，寵辱誓不移。疾惡若巷伯，好賢如緇衣。沉吟不能去，意者欲改為。改為避賢驛，大署於門楣。荆人愛羊祜，户曹改為辭。一字不忍道，况兼姓呼之。因題八百言，言直文甚奇。詩成寄與我，鏗若金和絲。上言陽公行，友悌無等夷。骨肉同衾裯，至死不相離。次言陽公迹，夏邑始棲遲。鄉人化其風，少長皆孝慈。次言陽公道，終日對酒巵。兄弟笑相顧，醉貌紅怡怡。次言陽公節，謇謇居諫司。誓心除國蠹，决死犯天威。終言陽公命，左遷天一涯。道州炎瘴地，身不得生歸。一一皆實録，事事無孑遺。凡是為善者，聞之惻然悲。道州既已矣，往者不可追。何世無其人，來者亦可思。願以君子文，告彼大樂師。附於雅歌末，奏之白玉墀。天子聞此章，教化如法施。直諫從如流，佞臣惡如疵。宰相聞此章，政柄端正持。進賢不知倦，去邪勿復疑。憲臣聞此章，不忍縱詭隨。然後告史氏，舊史有前規。若作陽公傳，欲令後世知。不勞叙世家，不用費文辭。但使國史上，全録元稹詩。

此詩分兩大段看，「商山陽城驛」至「事事無孑遺」，詳敘元詩；「凡是為善者」至末，贊嘆之中，自攄胸臆。中有所感，借題發揮，正合緇衣好賢之旨，不以理太周而辭繁為嫌也。

《答桐花》

山木多蓊鬱，兹桐獨亭亭。葉重碧雲片，花簇紫霞英。是時三月天，春暖山雨晴。夜色向月淺，暗香隨風輕。行者多商賈，居者悉黎氓。無人解賞愛，有客獨屏營。手攀花枝立，足蹋花影行。生憐不得所，死欲揚其聲。截為天子琴，刻作古人形。云待我成器，薦之於穆清。誠是君子心，恐非草木情。胡為愛其華，而反傷其生？老龜被刳腸，不如無神靈。雄鷄自斷尾，不願為犧牲。况此好顔色，花紫葉青青。宜遂天地性，忍加刀斧刑。我思五丁力，拔入九重城。當君正殿栽，花葉生光晶。上對月中桂，下覆堦前蓂。汎拂香爐煙，隠映斧藻屏。為君布緑陰，當暑蔭軒楹。沉沉緑滿地，桃李不敢争。為君發清韻，風來如叩瓊。泠泠聲滿耳，鄭衛不足聽。受君封植力，不獨吐芬馨。助君行春令，開花應清明。受君雨露恩，不獨含芳榮。戒君無戲言，剪葉封弟兄。受君歲月功，不獨資生成。為君長高枝，鳳凰上頭鳴。一鳴君萬歲，壽如山不傾。再鳴萬人泰，泰階為之平。如何有此用？幽滯在巖坰。歲月不爾駐，孤芳坐凋零。請向桐枝上，為余題姓名。待余有勢力，移爾獻丹庭。

元（微之）詩中有「爾生不得所，我願裁為琴。安置君王側，調和元首音」之句，此詩前段命意相似，所謂「同者不能自異」也。「我思五丁力」以下，推廣言之，放聲大作，所謂「異者不能強同」也。詞意本之杜甫入蜀《鳳凰臺》一章，然彼以淒涼激楚勝，此則纏綿濃至，一唱三嘆，可知居易非無意用世者，惜旋用旋黜，不獲竟其才耳。

《答四皓廟》

天下有道見，無道卷懷之。此乃聖人語，吾聞諸仲尼。矯矯四先生，同稟希世資。隨時有顯晦，秉道無磷緇。秦皇肆暴虐，二世遘亂離。先生相隨去，商嶺採紫芝。君看秦獄中，戮辱者李斯。劉項爭天下，謀臣竟悦隨。先生如鸞鶴，去入冥冥飛。君看齊鼎中，燋爛者酈其。子房得沛公，自謂相遇遲。八難掉舌樞，三界役心機。辛苦十數年，晝夜形神疲。竟雜霸者道，徒稱帝者師。子房爾則能，此非吾所宜。漢高之季年，嬖寵鍾所私。冢嫡欲廢奪，骨肉相憂疑。豈無子房口，口舌無所施。亦有陳平心，心計將何為？皤皤四先生，高冠危映眉。從容下南山，顧眄入東闈。前瞻惠太子，左右生羽儀。却顧戚夫人，楚舞無光輝。心不畫一計，口不吐一詞。暗定天下本，遂安劉氏危。子房吾則能，此非爾所知。先生道既光，太子禮甚卑。安車留不住，功成棄如遺。如彼旱天雲，一雨百穀滋。澤則在天下，雲復歸希夷。勿高巢與由，勿尚吕與伊。巢由往不返，伊吕去不歸。豈如四先生，出處兩逶迤。何必長隱逸，何必長濟時。由來聖人道，無朕不可窺。卷之不盈握，舒之亘八陲。先生道甚明，夫子猶或非。願子辨其惑，為予吟此詩。

元（微之）詩，責四皓定惠帝以釀吕氏之禍，此事後之論，未免過苛。假令當年廢長立愛，如意嗣位，所恃以託孤者獨一周昌耳，絳、灌諸人未必帖然心服，且產、禄輩根蒂深固，吕雉構患益急，保無意外之變耶？居易駁之，自是正論。起引孔子語，末又歸到聖人之道，前後照應，中間以子房作陪。蓋當劉、項逐鹿之時，羣雄擾擾，皆功名之士，子房獨具入道之姿，其傑出者也，借賓定主，身分愈高。隨手帶出陳平，則賓中賓也。末又以伊、吕、巢、由作襯，議論瀾翻不竭。全是以作文法行之，直可當一篇四皓論讀。

《和雉媒》

吟君雉媒什，一哂復一歎。和之一何晚，今日乃成篇。豈唯鳥有之，抑亦人復然。張陳刎頸交，竟以勢不完。至今不平氣，塞絕泜水源。趙襄骨肉親，亦以利相殘。至今不善名，高於磨笄山。况此籠中雉，志在飲啄間。稻粱暫入口，性已隨人遷。身苦亦自忘，同族何足言。但恨為媒拙，不足以自全。勸君今日後，養鳥養青鸞。青鸞一失侶，至死守孤單。勸君今日後，結客結任安。主人賓客去，獨住在門闌。

正意多，喻意少。言下竦然，驚心動魄。

以上《四庫全書》本《唐宋詩醇》卷十九

《七德舞》

美拔亂，陳王業也。（自注：武德中，天子始作《秦王破陣樂》以歌太宗之功業。貞觀初，太宗重制《破陣樂舞圖》，詔魏徵、虞世南等為之歌詞，因名《七德舞》。自龍朔已後，詔郊廟享宴，皆先奏之。）

七德舞，七德歌，傳自武德至元和。元和小臣白居易，觀舞聽歌知樂意，樂終稽首陳其事。太宗十八舉義兵，白旄黄鉞定兩京。擒充戮竇四海清，二十有四功業成。二十有九即帝位，三十有五致太平。功成理定何神速？速在推心置人腹。亡卒遺骸散帛收，饑人賣子分金贖。魏徵夢見子夜泣，張謹哀聞辰日哭。怨女三千放出宫，死囚四百來歸獄。剪鬚燒藥賜功臣，李勣嗚咽思殺身。含血吮瘡撫戰士，思摩奮呼乞效死。則知不獨善戰善乘時，以心感人人心歸。爾來一百九十載，天下至今歌舞之。歌七德，舞七德，聖人有作垂無極。豈徒耀神武，豈徒誇聖文。太宗意在陳王業，王業艱難示子孫。

五十首以此起，體裁極合《大雅》原周受命之由，而必本之文王，以明王業之所由盛。唐之受命，始於高祖；而開王業者，則太宗之功。大意歸重在得人心，人心之歸，王業之本也。「亡卒遺骸散帛收」十句，皆得人心之實事，鋪陳詳贍，詞旨莊雅，琅琅可誦。

《雞肋集》曰：予幼時讀《太平廣記》，見唐太宗遣蕭翼購《蘭亭叙》事，盖譎以出之，輒歎息曰：「《蘭亭叙》若是貴邪？至使萬乘之主，捐信於匹夫，傳稱子貢詐而存魯，弦高誕而存鄭，遺一言之細，建二國之業，猶不可以為常。以太宗之賢，巍巍乎近古所無，奈何溺小耆好，而輕喪其所常之寶，異於得原失信，不圍而去矣。晚多閒居，頗屏世好，獨於古人筆墨之遺，愛而不能置。」因誦白居易《七德歌》曰：「功成理定何神速，速在推心置人腹。怨女三千放出宫，死囚四百來歸獄。」歎曰：「太宗以一旅取天下，惟信耳。夫不吝三千女而放出宫，自信也，不約四百囚而來歸獄，人信也。晉捨原，何足道哉！」

《宋名臣言行録》曰：太宗語侍臣曰：朕何如唐太宗？左右互辭以贊。獨李昉無他言。微誦《七德舞》詞曰：「怨女三千放出宫，死囚四百來歸獄。」上聞之，遽興曰：「朕不及，朕不及，卿言警朕矣。」

《海漫漫》

海漫漫，直下無底旁無邊。雲濤煙浪最深處，人傳中有三神山。山上多生不死藥，服之羽化為天仙。秦皇漢武信此語，方士年年采藥去。蓬萊今古但聞名，煙水茫茫無覓處。海漫漫，風浩浩，眼穿不見蓬萊島。不見蓬萊不敢歸，童男髫女舟中老。徐福文成多誑誕，上元太一虚祈禱。君看驪山頂上茂陵頭，畢竟悲風吹蔓草。何況玄元聖祖五千言，不言藥，不言仙，不言白日升青天。

神仙之説，世主多為所惑，而方士因得乘其蔽而中之，史策所垂，足為炯戒，憲宗不悟，服柳泌金丹致殞。此詩作於元和初，想爾時已有先見耶？唐室崇奉老子，一結借矛攻盾，極其警快。

《新豐折臂翁》

新豐老翁八十八，頭鬢眉鬚皆似雪。玄孫扶向店前行，左臂憑肩右臂折。問翁臂折來幾年，兼問致折何因緣。翁云貫屬新豐縣，生逢聖代無征戰。慣聽梨園歌管聲，不識旗槍與弓箭。無何天寶大徵兵。户有三丁點一丁。點得驅將何處去？五月萬里雲南行。聞道雲南有瀘水，椒花落時瘴煙起。大軍徒涉水如湯，未過十人二三死。村南村北哭聲哀，兒别爺娘夫别妻。皆云前後征蠻者，千萬人行無一回。是時翁年二十四，兵部牒中有名字。夜深不敢使人知，偷將大石錘折臂。張弓簸旗俱不堪，從兹始免征雲南。骨碎筋傷非不苦，且圖揀退歸鄉土。此臂折來六十年，一肢雖廢一身全。至今風雨陰寒夜，直到天明痛不眠。痛不眠，終不悔，且喜老身今獨在。不然當時瀘水頭，身死魂飛骨不收。應作雲南望鄉鬼，萬人塚上哭呦呦。老人言，君聽取。君不聞開元宰相宋開府，不賞邊功防黷武？又不聞天寶宰相楊國忠，欲求恩幸立邊功？邊功未立生人怨，請問新豐折臂翁！

大意亦本之杜甫《兵車行》、《前、後出塞》等篇，借老翁口中説出，便不傷於直遂，促促刺刺，如聞其聲，而窮兵黷武之禍，不待言矣。末又以宋璟、楊國忠比勘，開元、天寶治亂之機，具分於此，前事不忘，後事之師也，可謂詩史。

《捕蝗》

捕蝗捕蝗誰家子？天熱日長饑欲死。興元兵久傷陰陽，和氣蠱蠹化為蝗。始自兩河及三輔，薦食如蠶飛似雨。雨飛蠶食千里間，不見青苗空赤土。河南長吏言憂農，課人晝夜捕蝗蟲。是時粟斗錢三百，蝗蟲之價與粟同。捕蝗捕蝗竟何利？徒使饑人重勞費。一蟲雖死百蟲來，豈將人力競天災。我聞古之良吏有善政，以政驅蝗蝗出境。又聞貞觀之初道欲昌，文皇仰天吞一蝗。一人有慶兆民賴，是歲雖蝗不為害。

姚崇之法，至今重之，固將以人力救天災也。詩意不主捕蝗，正以有向上一層在。

《城鹽州》

城鹽州，城鹽州，城在五原原上頭。蕃東節度鉢闡布，忽見新城當要路。金鳥飛傳贊普聞，建牙傳箭集群臣。君臣赭面有憂色，皆言勿謂唐無人。自築鹽州十餘載，左衽氈裘不犯塞。晝牧牛羊夜捉生，長去新城百里外。諸邊急警勞戍人，唯此一道無煙塵。靈夏潛安誰復辨，秦原暗通何處見。鄜州驛路好馬來，長安藥肆黃蓍賤。城鹽州，鹽州未城天子憂。德宗按圖自定計，非關將略與廟謀。吾聞高宗中宗世，北虜偈狂最難制。韓公創築受降城，三城鼎峙屯漢兵。東西亘絕數千里，耳冷不聞胡馬聲。如今邊將非無策，心笑韓公築城壁。相看養寇為身謀，各握強兵固恩澤。願分今日邊將恩，褒贈韓公封子孫。誰能將此鹽州曲，翻作歌詞聞至尊？

按，《新唐書·吐蕃傳》：自虜得鹽州，塞防無以障遏，而靈武單露，鄜坊侵迫，寇日以驕，數入為邊患。貞元八年，帝詔城之，九年訖功，而虜兵不出。嗣後韋皐等屢破其兵，取新城，拔末恭顒二城，禽其將乞悉蓖，獻京師。洎憲宗初，遣使修好，朝貢歲入。鉢闡布者，虜浮屠，豫國事者也；金鳥飛傳者，虜曰飛鳥，猶傳騎也。詩中敍事，源委井然，末又插入張仁願築受降城事，為當時邊將擁兵玩寇者警也。

《道州民》

道州民，多侏儒，長者不過三尺餘。市作矮奴年進送，號為道州任土貢。任土貢，寧若斯？不聞使人生別離，老翁哭孫母哭兒。一自陽城來守郡，不進矮奴頻詔問。城云臣按六典書，任土貢有不貢無。道州水土所生者，只有矮民無矮奴。吾君感悟璽書下，歲貢矮奴宜悉罷。道州民，老者幼者何欣欣。父兄子弟始相保，從此得作良人身。道州民，民到於今受其賜，欲説使君先下淚。仍恐兒孫忘使君，生男多以陽為字。

詔書何可違也，正言之不可，遜辭以謝之，而民被其澤矣。入情入理，解人不當如是耶？宋鮮于侁不散青苗錢，亦同此意。

《蠻子朝》

蠻子朝，泛皮船兮渡繩橋，來自巂州道路遙。入界先經蜀川過，蜀將收功先表賀。臣聞雲南六詔蠻，東連牂牁西連蕃。六詔星居初瑣碎，合為一詔漸強大。開元皇帝雖聖神，唯蠻倔強不來賓。鮮于仲通六萬卒，征蠻一陣全軍沒。至今西洱河岸邊，箭孔刀痕滿枯骨。誰知今日慕華風，不勞一人蠻自通。誠由陛下休明德，亦賴微臣誘諭功。德宗省表知如此，笑令中使迎蠻子。蠻子導從者誰何？摩挲俗羽雙隈伽。清平官持赤藤杖，大將軍繫金呿嗟。異牟尋男尋閣勸，特敕召對延英殿。上心貴在懷遠蠻，引臨玉座近天顔。冕旒不垂親勞徠，賜衣賜食移時對。移時對，不可得，大臣相看有羨色。可憐宰相拖紫佩金章，朝日唯聞對一刻。

自鮮于仲通、李密構兵南詔，喪師匱財，西南無寧歲，韋臯經略十餘年，僅能服之，而中國之力已殫矣。元微之詩云：「自居劇鎮無他績，幸得蠻來固恩寵。」蓋刺臯也。此詩命意略同。「誠由陛下休明德」二句，寫出藩臣驕蹇之狀。宰相備位，尾大不掉，唐室卒以不振矣。

《新唐書·南蠻傳》南詔官曰：「清平官，所以決國事輕重，猶唐宰相也。」大軍將十二，與清平官等列，曹長以降，繫金佉苴。佉苴，韋帶也。按呿嗟與佉苴同，大將軍恐是大軍將之訛。

《縛戎人》

縛戎人，縛戎人，耳穿面破驅入秦。天子矜憐不忍殺，詔徙東南吴與越。黄衣小使録姓名，領出長安乘遞行。身被金瘡面多瘠，扶病徒行日一驛。朝餐飢渴費杯盤，夜卧腥臊汙床席。忽逢江水憶交河，垂手齊聲嗚咽歌。其中一虜語諸虜，爾苦非多我苦多。同伴行人因借問，欲説喉中氣憤憤。自云鄉管本涼原，大曆年中没落蕃。一落蕃中四十載，遣著皮裘繫毛帶。唯許正朝服漢儀，斂衣整巾潛淚垂。誓心密定歸鄉計，不使蕃中妻子知。暗思幸有殘筋力，更恐年衰歸不得。蕃候嚴兵鳥不飛，脱身冒死奔逃歸。晝伏宵行經大漠，雲陰月黑風沙惡。驚藏青塚寒草疏，偷渡黄河夜冰薄。忽聞漢軍鼙鼓聲，路傍走出再拜迎。游騎不聽能漢語，將軍遂縛作蕃生。配向江南卑濕地，定無存恤空防備。念此吞聲仰訴天，若為辛苦度殘年！涼原鄉井不得見，胡地妻兒虚棄捐。没蕃被囚思漢土，歸漢被劫為蕃虜。早知如此悔歸來，兩地寧如一處苦？縛戎人，戎人之中我苦辛。自古此冤應未有，漢心漢語吐蕃身。

邊將冒功之狀，無辜被俘之情，曲曲傳出。結語尤令人失笑。元微之詩自注云：「近制西邊，每擒蕃人，例皆傳置，南方不加勦戮。」

《驪宫高》

高高驪山上有宫，朱樓紫殿三四重。遲遲兮春日，玉甃暖兮温泉溢。嫋嫋兮秋風，山蟬鳴兮宫樹紅。翠華不來歲月久，牆有衣兮瓦有松。吾君在位已五載，何不一幸乎其中？西去都門幾多地，吾君不游有深意。一人出兮不容易，六宫從兮百司備。八十一車千萬騎，朝有宴飫暮有賜。中人之產數百家，未足充君一日費。吾君修己人不知，不自逸兮不自嬉。吾君愛人人不識，不傷財兮不傷力。驪宫高兮高入雲，君之來兮為一身，君之不來兮為萬人。

格調摹騷，詞氣特婉約。

《青石》

青石出自藍田山，兼車運載來長安。工人磨琢欲何用？石不能言我代言。不願作人家墓前神道碣，墳土未乾名已滅。不願作官家道旁德政碑，不鐫實録鐫虚辭。願為顔氏段氏碑，雕鏤太尉與太師。刻此兩片堅貞質，狀彼二人忠烈姿。義心若石屹不轉，死節名流確不移。如觀奮擊朱泚日，似見叱呵希烈時。各於其上題名謚，一置高山一沉水。陵谷雖遷碑獨存，骨化為塵名不死。長使不忠不烈臣，觀碑改節慕為人。慕為人，勸事君。

「石不能言我代言」，發端奇特。後半表出二人，寫得凜凜有生氣。不忠不烈者讀之，故應汗下。

《西涼伎》

西涼伎，假面胡人假獅子。刻木為頭絲作尾，金鍍眼睛銀貼齒。奮迅毛衣擺雙耳，如從流沙來萬里。紫髯深目兩胡兒，鼓舞跳粱前致辭。應似涼州未陷日，安西都護進來時。須臾雲得新消息，安西路絕歸不得。泣向獅子涕雙垂，涼州陷沒知不知？獅子回頭向西望，哀吼一聲觀者悲。貞元邊將愛此曲，醉坐笑看看不足。享賓犒士宴三軍，獅子胡兒長在目。有一征夫年七十，見弄涼州低面泣。泣罷斂手白將軍，主憂臣辱昔所聞。自從天寶兵戈起，犬戎日夜吞西鄙。涼州陷來四十年，河隴侵將七千里。平時安西萬里疆，今日邊防在鳳翔。緣邊空屯十萬卒，飽食溫衣閒過日。遺民腸斷在涼州，將卒相看無意收。天子每思長痛惜，將軍欲説合慚羞。奈何仍看西涼伎，取笑資歡無所愧！縱無智力未能收，忍取西涼弄為戲？

前半敘事，卻插入「應似涼州未陷日」二句，所謂「橫空盤硬語」也。「涼州陷來四十年」四句與前相映，筆力排奡，仿佛似杜，結處仍是香山本色。

《澗底松》

有松百尺大十圍，生在澗底寒且卑。澗深山險人路絕，老死不逢工度之。天子明堂欠梁木，此求彼有兩不知。誰喻蒼蒼造物意，但與之材不與地。金張世禄原憲貧，牛衣寒賤貂蟬貴。貂蟬與牛衣，高下雖有殊。高者未必賢，下者未必愚。君不見沉沉海底生珊瑚。歷歷天上種白榆。

松是喻意，金、張、原憲是正意，一結仍用喻意，比擬恰合。「原憲貧」，或作「黄憲賢」者，誤。黄憲為牛醫兒，與牛衣無涉。

《牡丹芳》

牡丹芳，牡丹芳，黄金蕊綻紅玉房。千片赤英霞爛爛，百枝絳點燈煌煌。照地初開錦繡段，當風不結蘭麝囊。仙人琪樹白無色，王母桃花小不香。宿露輕盈泛紫豔，朝陽照耀生紅光。紅紫二色間深淺，向背萬態隨低昂。映葉多情隱羞面，卧叢無力含醉妝。低嬌笑容疑掩口，凝思怨人如斷腸。濃姿貴彩信奇絕，雜卉亂花無比方。石竹金錢何細碎，芙蓉芍藥苦尋常。遂使王公與卿士，游花冠蓋日相望。庳車軟輿貴公主，香衫細馬豪家郎。衛公宅静閉東院，西明寺深開北廊。戲蝶雙舞看人久，殘鶯一聲春日長。共愁日照芳難駐，仍張帷幕垂陰涼。花開花落二十日，一城之人皆若狂。三代以還文勝質，人心重華不重實。重華直至牡丹芳，其來有漸非今日。元和天子憂農桑，恤下動天天降祥。去歲嘉禾生九穗，田中寂寞無人至。今年瑞麥分兩岐，君心獨喜無人知。無人知，可歎息。我願暫求造化力，減卻牡丹妖豔色。少回卿士愛花心，同似吾君憂稼穡。

極寫牡丹之穠麗，忽接「三代以還文勝質」四句，迂腐語聳然奪目。下乃接「元和天子憂農桑」一段正意，便覺峭折有波瀾，若低手為之，則一直説下耳。

《容齋隨筆》曰：歐陽公《牡丹釋名》云：「牡丹初不載文字，唐人如沈、宋、元、白之流，皆善詠花，當時有一花之異者，彼必形於篇什，而寂無傳焉，唯劉夢得有詠魚朝恩宅牡丹詩，但云一叢千朵而已，亦不云其美且異也。」予按，白公集有《白牡丹》一篇十四韻，又《秦中吟·買花》一章……云：「共道牡丹時，相隨買花去。……」而《諷諭樂府》有《牡丹芳》一篇……絕道花之妖豔，至有「……一城之人皆若狂」之語。又《寄微之百韻》詩云：「……崇敬牡丹期。」注：「崇敬寺牡丹花，多與微之有期。」又《惜牡丹》詩……元微之有《入永壽寺看牡丹》詩八韻，《和樂天秋題牡丹叢》三韻，《酬胡三詠牡丹》一絕，又有五言二絕句。許渾亦有詩云：「近來無奈牡丹何，數十千錢買一窠。」徐凝云：「三條九陌花時節，萬馬千車看牡丹。」……然則元、白未嘗無詩，唐人未嘗不重此花也。

《紅線毯》

紅線毯，擇繭繅絲清水煮，揀絲練線紅藍染。染為紅線紅於藍，織作披香殿上毯。披香殿廣十丈餘，紅線織成可殿鋪。彩絲茸茸香拂拂，線軟花虛不勝物。美人踏上歌舞來，羅襪繡鞋隨步沒。太原毯澀毳縷硬，蜀都褥薄錦花冷。不如此毯温且柔，年年十月來宣州。宣城太守加樣織，自謂為臣能竭力。百夫同擔進宮中，線厚絲多卷不得。宣城太守知不知？一丈毯，千兩絲！地不知寒人要暖，少奪人衣作地衣。

通首直敘到底，出以徑遂，所謂長於激也。

《杜陵叟》

杜陵叟，杜陵居，歲種薄田一頃餘。三月無雨旱風起，麥苗不秀多黃死。九月降霜秋早寒，禾穗未熟皆青乾。長吏明知不申破，急斂暴徵求考課。典桑賣地納官租，明年衣食將何如？剝我身上帛，奪我口中粟。虐人害物即豺狼，何必鉤爪鋸牙食人肉！不知何人奏皇帝，帝心惻隱知人弊。白麻紙上書德音，京畿盡放今年稅。昨日里胥方到門，手持敕牒榜鄉村。十家租稅九家畢，虚受吾君蠲免恩。

從古及今，善政之不能及民者多矣。一結慨然，思深可為太息。

《賣炭翁》

賣炭翁，伐薪燒炭南山中。滿面塵灰煙火色，兩鬢蒼蒼十指黑。賣炭得錢何所營？身上衣裳口中食。可憐身上衣正單，心憂炭賤願天寒。夜來城外一尺雪，曉駕炭車輾冰轍。牛困人饑日已高，市南門外泥中歇。翩翩兩騎來是誰？黃衣使者白衫兒。手把文書口稱敕，回車叱牛牽向北。一車炭，千餘斤，官使驅將惜不得。半匹紅紗一丈綾，繫向牛頭充炭直。

直書其事，而其意自見，更不用著一斷語。

《杏為梁》

杏為梁，桂為柱，何人堂室李開府。碧砌紅軒色未乾，去年身殁今移主。高其牆，大其門，誰家第宅盧將軍。素泥朱板光未滅，今歲官收別賜人。開府之堂將軍宅，造未成時頭已白。逆旅重居逆旅中，心是主人身是客。更有愚夫念身後，心雖甚長計非久。窮奢極麗越規模，付子傳孫令保守。莫教門外過客聞，撫掌回頭笑殺君。君不見：馬家宅，尚猶存，宅門題作奉成園。君不見：魏家宅，屬他人，詔贖賜還五代孫。儉存奢失今在目，安用高牆圍大屋。

此詩與前《傷宅》一首，大意相似，後又引出魏徵宅一層，勸戒俱備。

《隋堤柳》

隋堤柳，歲久年深盡衰朽。風飄飄兮雨蕭蕭，三株兩株汴河口。老枝病葉愁殺人，曾經大業年中春。大業年中煬天子，種柳成行夾流水。西自黃河東至淮，綠陰一千三百里。大業末年春暮月，柳色如煙絮如雪。南幸江都恣佚游，應將此柳繫龍舟。紫髯郎將護錦纜，青娥御史直迷樓。海内財力此時竭，舟中歌笑何日休？上荒下困勢不久，宗社之危如綴旒。煬天子，自言福祚長無窮，豈知皇子封酅公。龍舟未過彭城閣，義旗已入長安宫。蕭牆禍生人事變，晏駕不得歸秦中。土墳數尺何處葬？吴公臺下多悲風。二百年來汴河路，沙草和煙朝復暮。後王何以鑒前王？請看隋堤亡國樹。

一起似諺似謡，最有古意，詳敘興亡之事，仍以柳結，俯仰情深。

《采詩官》

采詩官，采詩聽歌導人言。言者無罪聞者誡，下流上通上下泰。周滅秦興至隋氏，十代采詩官不置。郊廟登歌贊君美，樂府豔詞悦君意。若求興諭規刺言，萬句千章無一字。不是章句無規刺，漸及朝廷絶諷議。諍臣杜口為冗員，諫鼓高懸作虚器。一人負扆常端默，百辟入門兩自媚。夕郎所賀皆德音，春官每奏唯祥瑞。君之堂兮千里遠，君之門兮九重閟。君耳唯聞堂上言，君眼不見門前事。貪吏害民無所忌，奸臣蔽君無所畏。君不見厲王胡亥之末年，群臣有利君無利。君兮君兮願聽此，欲開壅蔽達人情，先向歌詩求諷刺。

末章總結「言者無罪聞者誡」一語，申明作詩之旨，隱然自附於《三百篇》之義也。諸篇全倣杜甫《新安》、《石壕》、《垂老》、《無家》等作，諷刺時事，婉而多風，其不及杜者，只筆力之縱横，格調之變化耳。

以上《四庫全書》本《唐宋詩醇》卷二十

《病假中南亭閑望》

欹枕不視事，兩日門掩關。始知吏役身，不病不得閑。閑意不在遠，小亭方丈間。西簷竹梢上，坐見太白山。遥愧峰上雲，對此塵中顔。

神韻酷似淵明，「西簷」二句，亦摹「採菊東籬下」語意。

《官舍小亭閑望》

風竹散清韻，煙槐凝緑姿。日高人吏去，閑坐在茅茨。葛衣禦時暑，蔬飯療朝饑。持此聊自足，心力少營為。亭上獨吟罷，眼前無事時。數峰太白雪，一卷陶潛詩。人心各自是，我是良在兹。回謝争名客，甘從君所嗤。

太白雪，陶潛詩，隨意所會，綴而成文，不相合而相合。

《松聲》（自注：「修行里張家宅南亭作。」）

月好好讀坐，雙松在前軒。西南微風來，潛入枝葉間。蕭寥發為聲，半夜明月前。寒山颯颯雨，秋琴泠泠弦。一聞滌炎暑，再聽破昏煩。竟夕遂不寐，心體俱翛然。南陌車馬動，西鄰歌吹繁。誰知兹簷下，滿耳不為喧。

清境可想。

《禁中寓直夢游仙游寺》

西軒草詔暇，松竹深寂寂。月出清風來，忽似山中夕。因成西南夢，夢作游仙客。覺聞宮漏聲，猶謂山泉滴。

酷似摩詰。

《秋游原上》

七月行已半，早涼天氣清。清晨起巾櫛，徐步出柴荊。露杖筇竹冷，風襟越蕉輕。閒攜弟侄輩，同上秋原行。新棗未全赤，晚瓜有餘馨。依依田家叟，設此相逢迎。自我到此村，往來白髮生。村中相識久，老幼皆有情。留連向暮歸，樹樹風蟬聲。是時新雨足，禾黍夾道青。見此令人飽，何必待西成。

樸實説去，一片真趣流行，非徒擬王、儲田家詩也。

《閒居》

深閉竹間扉，静掃松下地。獨嘯晚風前，何人知此意？看山盡日坐，枕帙移時睡。誰能從我游？使君心無事。

蕭疎蘊藉。

《游悟真寺詩》 鼬

元和九年秋，八月月上弦。我游悟真寺，寺在王順山。去山四五里，先聞水潺湲。自兹舍車馬，始涉藍溪灣。手拄青竹杖，足蹋白石灘。漸怪耳目曠，不聞人世喧。山下望山上，初疑不可攀。誰知中有路，盤折通岩巔。一息幡竿下，再休石龕邊。龕間長丈餘，門户無扃關。俯窺不見人，石髮垂若鬟。驚出白蝙蝠，雙飛如雪翻。回首寺門望，青崖夾朱軒。如擘山腹開，置寺於其間。入門無平地，地窄虚空寬。房廊與臺殿，高下隨峰巒。岩崿無撮土，樹木多瘦堅。根株抱石長，屈曲蟲蛇蟠。松桂亂無行，四時鬱芊芊。枝梢嫋清吹，韻若風中弦。日月光不透，緑陰相交延。幽鳥時一聲，聞之似寒蟬。首憩賓位亭，就坐未及安。須臾開北户，萬里明豁然。拂簷虹霏微，繞棟雲迴旋。赤日間白雨，陰晴同一川。野緑簇草樹，眼界吞秦原。渭水細不見，漢陵小於拳。卻顧來時路，縈紆映朱欄。歷歷上山人，一一遙可觀。前對多寶塔，風鐸鳴四端。欒櫨與户牖，恰恰金碧繁。云昔迦葉佛，此地坐涅槃。至今鐵鉢在，當底手跡穿。西開玉像殿，白佛森比肩。抖擻塵埃衣，禮拜冰雪顏。疊霜為袈裟，貫雹為華鬘。逼觀疑鬼功，其跡非雕鐫。次登觀音堂，未到聞栴檀。上階脱雙履，斂足升淨筵。六楹排玉鏡，四座敷金鈿。黑夜自光明，不待燈燭燃。眾寶互低昂，碧佩珊瑚幡。風來似天樂，相觸聲珊珊。白珠垂露凝，赤珠滴血殷。點綴佛髻上，合為七寶冠。雙瓶白琉璃，色若秋水寒。隔瓶見舍利，圓轉如金丹。玉笛何代物？天人施祇園。吹如秋鶴聲，可以降靈仙。是時秋方中，三五月正圓。寶堂豁三門，金魄當其前。月與寶相射，晶光爭鮮妍。照人心骨冷，竟夕不欲眠。曉尋南塔路，亂竹低嬋娟。林幽不逢人，寒蝶飛翾翾。山果不識名，離離夾道蕃。足以療饑乏，摘嘗味甘酸。道南藍谷神，紫傘白紙錢。若歲有水旱，詔使修蘋蘩。以地清淨故，獻奠無葷膻。危石疊四五，磊嵬欹且刓。造物者何意，堆在岩東偏。冷滑無人跡，苔點如花箋。我來登上頭，下臨不測淵。目眩手足掉，不敢低頭看。風從石下生，薄人而上摶。衣服似羽翮，開張欲飛騫。岌岌三面峰，峰尖刀劍攢。往往白雲過，決開露青天。西北日落時，夕暉紅團團。千里翠屏外，走下丹砂丸。東南月上時，夜氣青漫漫。百丈碧潭底，寫出黄金盤。藍水色似藍，日夜長潺潺。周回繞山轉，下視如青環。或鋪為慢流，或激為奔湍。泓澄最深處，浮出蛟龍涎。側身入其中，懸磴尤險難。捫蘿踏橑木，下逐飲澗猿。雪迸起白鷺，錦跳驚紅鱣。歇定方盥漱，濯去支體煩。淺深皆洞徹，可照腦與肝。但愛清見底，欲尋不知源。東崖饒怪石，積甃蒼琅玕。温潤發於外，其間韞璵璠。卞和死已久，良玉多棄捐。或時泄光彩，夜與星月連。中頂最高峰，拄天青玉竿。鼯鼪上不得，豈我能攀援。上有白蓮池，素葩覆清瀾。聞名不可到，處所非人寰。又有一片石，大如方尺磚。插在半壁上，其下萬仞懸。云有過去師，坐得無生禪。號為定心石，長老世相傳。卻上謁仙祠，蔓草生綿綿。昔聞王氏子，羽化升上玄。其西曬藥臺，猶對芝朮田。時復明月夜，上聞黄鶴言。回尋畫龍堂，二叟鬢髮斑。想見聽法時，歡喜禮印壇。復歸泉窟下，化作龍蜿蜒。階前石孔在，欲雨生白煙。往有寫經僧，身靜心精專。感彼雲外鴿，群飛千翩翩。來添硯中水，去吸岩底泉。一日三往復，時節長不愆。經成號聖僧，弟子名楊難。誦此蓮花偈，數滿百億千。身壞口不壞，舌根如紅蓮。顱骨今不見，石函尚存焉。粉壁有吳畫，筆彩依舊鮮。素屏有褚書，墨色如新乾。靈境與異跡，周覽無不殫。一游五晝夜，欲返仍盤桓。我本山中人，誤為時網牽。牽率使讀書，推挽令效官。既登文字科，又忝諫諍員。拙直不合時，無益同素餐。以此自慚惕，戚戚常寡歡。無成心力盡，未老形骸殘。今來脫簪組，始覺離憂患。及為山水游，彌得縱疏頑。野麋斷羈絆，行走無拘攣。池魚放入海，一往何時還。身著居士衣，手把南華篇。終來此山住，永謝區中緣。我今四十餘，從此終身閒。若以七十期，猶得三十年。

洋洋灑灑，一氣讀去，幾於千巖競秀，萬壑爭流，目不給賞矣。就其中細尋之，則步驟井然，一絲不紊。首四句點清因游寺而登山，並年月日俱細敘出。「去山四五里」至「置寺於其間」，寫寺外之景，曲折靈異，迥隔塵世，如入仙境。妙在以「回頭寺門望」四句作一頓，遂覺心神蕩漾，宛是初到神情。「入門無平地」一句，作提筆，至「聞之似寒蟬」，敘寺中路逕之逶迤，樹木之蒼鬱。「首憩賓位亭」至「可以降靈仙」，細敘寺中所歷之境，與相傳之法物。開北戶而前行，又回顧而見來路，是以對多寶塔也。玉像殿、觀音堂，皆寺西界。「是時秋方中」至「竟夕不欲眠」，摹寫夜中之景，與「八月月上弦」一句相映，又作一束。「曉尋南塔路」至「欲返仍盤桓」，歷敘連日所游之境，變化出之。由南而東、而中、而上，不言北者，自入寺門，大抵皆向北行也。其間有神像、有峯巖、有水、有怪石、有白蓮、有祠、有臺、有畫、有書，細細寫出，日落月上，復帶敘次日由晝入夜之景，更不拖沓。寫經僧、誦經弟子只虛寫，在傳聞上敘出。「靈境與異跡」四句作一總束，「一游五晝夜」又與「八月月上弦」照應。「我本山中人」至末收足游字意，四十餘、三十年，又與元和九年照應。細玩全詩，分明以作記序手筆，用之於詩，韓愈《南山》詩以奇肆勝，此以秀折勝，可謂匹敵。謝靈運游山詩，柳宗元山水記，素稱奇構，以彼方此，不無廣狹之別矣。

《朝回游城南》

朝退馬未困，秋初日猶長。回轡城南去，郊野正清涼。水竹夾小徑，縈回繞川崗。仰看晚山色，俯弄秋泉光。青松繫我馬，白石為我床。常時簪組累，此日和身忘。旦隨鴛鷺末，暮游鷗鶴旁。機心一以盡，兩處不亂行。誰辨心與跡，非行亦非藏。

機心既盡，行藏自如，居易一生真實受用在此。

《舟行》（自注：江州路上作。）

帆影日漸高，閒眠猶未起。起問鼓枻人，已行三十里。船頭有行竈，炊稻烹紅鯉。飽食起婆娑，盥漱秋江水。平生滄浪意，一旦來游此。何況不失家，舟中載妻子。

遷謫遠行，絕不作牢騷語，非實有見地者不能，如謝靈運《初發石首城》便云：「苕苕萬里帆，茫茫將何之。」豈復成胸襟耶？

《泛湓水》

四月未全熱，麥涼江氣秋。湖山處處好，最愛湓水頭。湓水從東來，一派入江流。可憐似縈帶，中有隨風舟。命酒一臨泛，舍鞍揚棹謳。放回岸傍馬，去逐波間鷗。煙浪始渺渺，風襟亦悠悠。初疑上河漢，中若尋瀛州。汀樹緑拂地，沙草芳未休。青蘿與紫葛，枝蔓垂相樛。繫纜步平岸，回頭望江州。城雉映水見，隱隱如蜃樓。日入意未盡，將歸復少留。到官行半歲，今日方一游。此地來何暮？可以寫吾憂。

寫景如畫。

《晚望》

江城寒角動，沙洲夕鳥還。獨在高亭上，西南望遠山。

小詩極有氣勢，集中尤難得者。

《香鑪峯下新置草堂即事詠懷題於石上》

香爐峰北面，遺愛寺西偏。白石何鑿鑿，清流亦潺潺。有松數十株，有竹千餘竿。松張翠傘蓋，竹倚青琅玕。其下無人居，惜哉多歲年。有時聚猿鳥，終日空風煙。時有沉冥子，姓白字樂天。平生無所好，見此心依然。如獲終老地，忽乎不知遠。架岩結茅宇，斫壑開茶園。何以洗我耳，屋頭落飛泉。何以淨我眼，砌下生白蓮。左手攜一壺，右手挈五弦。傲然意自足，箕踞於其間。興酣仰天歌，歌中聊寄言。言我本野夫，誤為世網牽。時來昔捧日，老去今歸山。倦鳥得茂樹，涸魚返清源。舍此欲焉往，人間多險艱。

草堂結構，四圍景致，詳於記中。此詩只淡淡寫去，自具樸老之致。

《長慶二年七月自中書舍人出守杭州路次藍溪作》

太原一男子，自顧庸且鄙。老逢不次恩，洗拔出泥滓。既居可言地，願助朝廷理。伏閤三上章，戇愚不稱旨。聖人存大體，優貸容不死。鳳詔停舍人，魚書除刺史。置懷齊寵辱，委順隨行止。我自得此心，於兹十年矣。餘杭乃名郡，郡郭臨江汜。已想海門山，潮聲來入耳。昔予貞元初，羈旅曾游此。甚覺太守尊，亦諳魚酒美。因生江海興，每羡滄浪水。尚擬拂衣行，況今兼祿仕。青山峰巒接，白日煙塵起。東道既不通，改轅遂南指。自秦窮楚越，浩蕩五千里。聞有賢主人，而多好山水。是行頗為愜，所歷良可紀。策馬度藍溪，勝游從此始。

中間以舊游一層作襯，推波助瀾，致有曲折。

《白文公年譜》云：「時河朔復亂，居易數上疏論其事，天子不能用，遂求外任。」蓋穆宗荒縱，宰相蕭俛、杜元穎、崔植等，皆齷齪無遠畧，宜公之不樂居朝也。時汴軍亂，路不通，故由襄漢赴任。

《自蜀江至洞庭湖口有感而作》

江從西南來，浩浩無旦夕。長波逐若瀉，連山鑿如劈。千年不壅潰，萬姓無墊溺。不爾民為魚，大哉禹之績。導岷既艱遠，距海無咫尺。胡為不訖功，餘水斯委積？洞庭與青草，大小兩相敵。混合萬丈深，淼茫千里白。每歲秋夏時，浩大吞七澤。水族窟穴多，農人土地窄。我今尚嗟歎，禹豈不愛惜？邈未究其由，想古觀遺跡。疑此苗人頑，恃險不終役。帝亦無奈何，留患與今昔。水流天地内，如身有血脈。滯則為疽疣，治之在針石。安得禹復生，為唐水官伯？手提倚天劍，重來親指畫。疏流似剪紙，決壅同裂帛。滲作膏腴田，踏平魚鱉宅。龍宫變閭里，水府生禾麥。坐添百萬户，書我司徒籍。

議論奇闢，筆力亦渾勁，與題稱。集中此種絕少，頗近昌黎，其源亦從杜甫《劍門》一篇脱胎。

《立春後五日》

立春後五日，春態紛婀娜。白日斜漸長，碧雲低欲墮。殘冰坼玉片，新萼排紅顆。遇物盡欣欣，愛春非獨我。迎芳後園立，就暖前簷坐。還有惆悵心，欲別紅爐火。

「遇物盡欣欣」二句，即茂叔不除牕前草之意。

智按：茂叔，周敦頤。《近思録》卷十四：「明道先生曰：周茂叔牕前草不除，問之，云：與自家意思一般。」

《初與元九別後忽夢見之，及寤而書適至，兼寄桐花詩，悵然感懷，因以此寄》

永壽寺中語，新昌坊北分。歸來數行淚，悲事不悲君。悠悠藍田路，自去無消息。計君食宿程，已過商山北。昨夜雲四散，千里同月色。曉來夢見君，應是君相憶。夢中握君手，問君意何如？君言苦相憶，無人可寄書。覺來未及説，叩門聲冬冬。言是商州使，送君書一封。枕上忽驚起，顛倒著衣裳。開緘見手劄，一紙十三行。上論遷謫心，下説離別腸。心腸都未盡，不暇敘炎涼。云作此書夜，夜宿商州東。獨對孤燈坐，陽城山館中。夜深作書畢，山月向西斜。月下何所有，一樹紫桐花。桐花半落時，復道正相思。殷勤書背後，兼寄桐花詩。桐花詩八韻，思緒一何深。以我今朝意，憶君此夜心。一章三遍讀，一句十回吟。珍重八十字，字字化為金。

一意百折，往復纏綿，極平極曲，愈淺愈深，覺兩人覿面對語，無此親切也。杜甫於李白，居易於元微之，皆友誼中最篤者，故兩集中贈答詩，真摯乃爾。「悲事不悲君」一句，見從前之上章論救，不係於私情也，此是篇中眼目。

《溪中早春》

南山雪未盡，陰嶺留殘白。西澗冰已銷，春溜含新碧。東風來幾日，蟄動萌草坼。潛知陽和功，一日不虛擲。愛此天氣暖，來拂溪邊石。一坐欲忘歸，暮禽聲嘖嘖。蓬蒿隔桑棗，隱映煙火夕。歸來問夜餐，家人烹薺麥。

通首寫早春之景，一結言外有情，悠然不盡。

《渭村雨歸》

渭水寒漸落，離離蒲稗苗。閒傍沙邊立，看人刈葦苕。近水風景冷，晴明猶寂寥。復兹夕陰起，野思重蕭條。蕭條獨歸路，暮雨濕村橋。

意致簡遠，極似韋應物。

《寄微之三首》

江州望通州，天涯與地末。有山萬丈高，有水千里闊。間之以雲霧，飛鳥不可越。誰知千古險，為我二人設。通州君初到，鬱鬱愁如結。江州我方去，迢迢行未歇。道路日乖隔，音信日斷絶。因風欲寄語，地遠聲不徹。生當復相逢，死當從此别。

君游襄陽日，我在長安住。今君在通州，我過襄陽去。襄陽九里郭，樓堞連雲樹。顧此稍依依，是君舊游處。蒼茫蒹葭水，中有潯陽路。此去更相思，江西少親故。

去國日已遠，喜逢物似人。如何含此意，江上坐思君。有如河嶽氣，相合方氛氲。狂風吹中絶，兩處成孤雲。風回終有時，雲合豈無因？努力各自愛，窮通我爾身。

清空一氣如話，三首直如一首。反覆讀之，令人心惻惻，殊難為懷。似古樂府，似蘇、李河梁詩，似杜甫《夢李白》二章，要自成為香山之詩，惟其真也。詩文到真處，則千古流傳，不可磨滅矣。

《孟夏思渭村舊居寄舍弟》

嘖嘖雀引雛，梢梢筍成竹。時物感人情，憶我故鄉曲。故園渭水上，十載事樵牧。手種榆柳成，陰陰覆牆屋。兔隱豆苗肥，鳥鳴桑椹熟。前年當此時，與爾同游矚。詩書課弟侄，農圃資童僕。日暮麥登場，天時蠶坼蔟。弄泉南澗坐，待月東亭宿。興發飲數杯，悶來棋一局。一朝忽分散，萬里仍羈束。井鮒思返泉，籠鶯悔出谷。九江地卑濕，四月天炎燠。苦雨初入梅，瘴雲稍含毒。泥秧水畦稻，灰種畬田粟。已訝殊歲時，仍嗟異風俗。閒登郡樓望，日落江山緑。歸雁拂鄉心，平湖斷人目。殊方我漂泊，舊里君幽獨。何時同一瓢，飲水心亦足。

村居之樂，寫來神往。歸鴈平湖，風景亦自不惡，而煙波江上之愁，已盡此十字中，足抵一篇《登樓賦》。

《司馬宅》

雨徑緑蕪合，霜園紅葉多。蕭條司馬宅，門巷無人過。唯對大江水，秋風朝夕波。

瀕江冷署，如在目前。

《寄王質夫》

憶始識君時，愛君世緣薄。我亦吏王畿，不為名利著。春尋仙游洞，秋上雲居閣。樓觀水潺潺，龍潭花漠漠。吟詩石上坐，引酒泉邊酌。因話出處心，心期老岩壑。忽從風雨別，遂被簪纓縛。君作出山雲，我為入籠鶴。籠深鶴殘悴，山遠雲飄泊。去處雖不同，同負平生約。今來各何在？老去隨所托。我守巴南城，君佐征西幕。年顏漸衰颯，生計仍蕭索。方含去國愁，且羨從軍樂。舊游疑是夢，往事思如昨。相憶春又深，故山花正落。

前後敘交情，中間忽作比體，格調頗近建安。一結有風致。

《送客回晚興》

城上雲霧開，沙頭風浪定。參差亂山出，澹濘平江淨。行客舟已遠，居人酒初醒。嫋嫋秋竹梢，巴蟬聲似磬。

江城風景，逐層寫得淒涼，筆墨之外，逼出一愁字。

《東樓竹》

瀟灑城東樓，繞樓多修竹。森然一萬竿，白粉封青玉。捲簾睡初覺，欹枕看未足。影轉色入樓，床席生浮綠。空城絕賓客，向夕彌幽獨。樓上夜不歸，此君留我宿。

娟淨可愛。

《東坡種花二首》

持錢買花樹，城東坡上栽。但購有花者，不限桃杏梅。百果參雜種，千枝次第開。天時有早晚，地力無高低。紅者霞豔豔，白者雪皚皚。游蜂遂不去，好鳥亦棲來。前有長流水，下有小平臺。時拂臺上石，一舉風前杯。花枝蔭我頭，花蕊落我懷。獨酌復獨詠，不覺月平西。巴俗不愛花，竟春無人來。唯此醉太守，盡日不能回。

東坡春向暮，樹木今何如？漠漠花落盡，翳翳葉生初。每日領童僕，荷鋤仍決渠。鏟土壅其本，引泉溉其枯。小樹低數尺，大樹長丈餘。封植來幾時，高下齊扶疏。養樹既如此，養民亦何殊？將欲茂枝葉，必先救根株。云何救根株？勸農均賦租。云何茂枝葉？省事寬刑書。移此為郡政，庶幾甿俗蘇。

前一首細寫種花之趣，靜觀物理，及時行樂，獨善之義也。後一首推廣言之，與柳宗元郭橐駞種樹説同意，兼濟之志也。妙在説得極纖悉，極平淡，乃具真實本領。宋儒謂杜子美情多，得志必能濟物，亦是此意。陳蕃不事掃除一室，而欲經營天下，宜其志大而才疎也。勸農、均賦、省事、寬刑，豈獨治一郡哉，雖以治天下可矣。

《二老堂詩話》曰：蘇文忠公不輕許可，獨敬愛樂天，屢形詩篇。蓋其文章皆主辭達，而忠厚好施，剛直盡言，與人有情，於物無著，大略相似。謫居黄州，始號東坡，其原必起於樂天忠州之作也。（智按：《歷代詩話》第六五六頁）

以上《四庫全書》本《唐宋詩醇》卷二十一

《江南遇天寶樂叟》

白頭病叟泣且言，禄山未亂入梨園。能彈琵琶和法曲，多在華清隨至尊。是時天下太平久，年年十月坐朝元。千官起居環佩合，萬國會同車馬奔。金鈿照耀石甕寺，蘭麝薰煮温湯源。貴妃宛轉侍君側，體弱不勝珠翠繁。冬雪飄搖錦袍暖，春風蕩漾霓裳翻。歡娛未足燕寇至，弓勁馬肥胡語喧。豳土人遷避夷狄，鼎湖龍去哭軒轅。從此漂淪到南土，萬人死盡一身存。秋風江上浪無限，暮雨舟中酒一樽。涸魚久失風波勢，枯草曾沾雨露恩。我自秦來君莫問，驪山渭水如荒村。新豐樹老籠明月，長生殿暗鎖黄昏。紅葉紛紛蓋欹瓦，緑苔重重封壞垣。唯有中官作宮使，每年寒食一開門。

前敘樂叟之言，天寶舊事也；後敘告樂叟之言，亂後景象也。俯仰今昔，滿目蒼涼，言外闇然欲絕。樂叟未必實有其人，特藉以抒感慨之思耳。

《醉後走筆酬劉五主簿長句之贈，兼簡張大、賈二十四先輩昆季》

劉兄文高行孤立，十五年前名翕習。是時相遇在符離，我年二十君三十。得意忘年心跡親，寓居同縣日知聞。衡門寂寞朝尋我，古寺蕭條暮訪君。朝來暮去多攜手，窮巷貧居何所有。秋燈夜寫聯句詩，春雪朝傾暖寒酒。陴湖緑愛白鷗飛，濉水清憐紅鯉肥。偶語閒攀芳樹立，相扶醉踏落花歸。張賈弟兄同里巷，乘閒數數來相訪。雨天連宿草堂中，月夜徐行石橋上。我年漸長忽自驚，鏡中冉冉髭鬚生。心畏後時同勵志，身牽前事各求名。問我棲棲何所適，鄉人薦為鹿鳴客。二千里别謝交游，三十韻詩慰行役。出門可憐唯一身，弊裘瘦馬入咸秦。咚咚街鼓紅塵暗，晚到長安無主人。二賈二張與余弟，驅車邐迤來相繼。操詞握賦為干戈，鋒鋭森然勝氣多。齊入文場同苦戰，五人十載九登科。二張得雋名居甲，美退爭雄重告捷。棠棣輝榮並桂枝，芝蘭芳馥和荊葉。唯有沅犀屈未伸，握中自謂駭雞珍。三年不鳴鳴必大，豈獨駭雞當駭人。元和運啟千年聖，同遇明時余最幸。始辭秘閣吏王畿，遽列諫垣升禁闈。蹇步何堪鳴佩玉，衰容不稱著朝衣。閶闔晨開朝百辟，冕旒不動香煙碧。步登龍尾上虛空，立去天顏無咫尺。宮花似雪從乘輿，禁月如霜坐直廬。身賤每驚隨內宴，才微常愧草天書。晚松寒竹新昌第，職居密近門多閉。日暮銀臺下直回，故人到門門暫開。回頭下馬一相顧，塵土滿衣何處來。斂手炎涼敘未畢，先說舊山今悔出。岐陽旅宦少歡娛，江左羈游費時日。贈我一篇行路吟，吟之句句披沙金。歲月徒催白髮貌，泥塗不屈青雲心。誰會茫茫天地意，短才獲用長才棄。我隨鵷鷺入煙雲，謬上丹墀為近臣。君同鸞鳳棲荊棘，猶著青袍作選人。惆悵知賢不能薦，徒為出入蓬萊殿。月慚諫紙二百張，歲愧俸錢三十萬。大底浮榮何足道，幾度相逢即身老。且傾斗酒慰羈愁，重話符離問舊游。北巷鄰居幾家去？東林舊院何人住？武里村花落復開，流溝山色應如故。感此酬君千字詩，醉中分手又何之？須知通塞尋常事，莫歎浮沉先後時。慷慨臨岐重相勉，殷勤別後加餐飯。君不見買臣衣錦還故鄉，五十身榮未為晚。

七古長篇，一氣盤旋，不必刻意求奇，自具大家風格，非晚唐人寒儉迫促者所能到。「惆悵知賢不能薦」四句，自占身分極高。末段仍歸曠達。是詩作於元和之初，居易為左拾遺，未幾即丐改官，除京兆戶曹參軍外出，蓋立朝而道不行，則奉身而退，知愧者庶可無愧也。

《畫竹歌》

協律郎蕭悅善畫竹，舉時無倫。蕭亦甚自秘重，有終歲求其一竿一枝而不得者。知予天與好事，忽寫一十五竿，惠然見投。予厚其意，高其藝，無以答貺，作歌以報之，凡一百八十六字云。

植物之中竹難寫，古今雖畫無似者。蕭郎下筆獨逼真，丹青以來唯一人。人畫竹身肥臃腫，蕭畫莖瘦節節竦。人畫竹梢死羸垂，蕭畫枝活葉葉動。不根而生從意生，不筍而成由筆成。野塘水邊埼岸側，森森兩叢十五莖。嬋娟不失筠粉態，蕭颯盡得風煙情。舉頭忽看不似畫，低耳靜聽疑有聲。西叢七莖勁而健，省向天竺寺前石上見。東叢八莖疏且寒，憶曾湘妃廟裏雨中看。

幽姿遠思少人别，與君相顧空長歎。蕭郎蕭郎老可惜，手顫眼昏頭雪色。自言便是絕筆時，從今此竹猶難得。

波瀾意度，直逼子美堂奥，與香山平日面貌不類，蓋有意規倣子美題畫諸作而為之者。

《長恨歌》

漢皇重色思傾國，御宇多年求不得。楊家有女初長成，養在深閨人未識。天生麗質難自棄，一朝選在君王側。回眸一笑百媚生，六宫粉黛無顏色。春寒賜浴華清池，溫泉水滑洗凝脂。侍兒扶起嬌無力，始是新承恩澤時。雲鬢花顏金步搖，芙蓉帳暖度春宵。春宵苦短日高起，從此君王不早朝。承歡侍宴無閒暇，春從春游夜專夜。後宫佳麗三千人，三千寵愛在一身。金屋妝成嬌侍夜，玉樓宴罷醉和春。姊妹弟兄皆列土，可憐光彩生門户。遂令天下父母心，不重生男重生女。驪宫高處入青雲，仙樂風飄處處聞。緩歌慢舞凝絲竹，盡日君王看不足。漁陽鼙鼓動地來，驚破霓裳羽衣曲。九重城闕煙塵生，千乘萬騎西南行。翠華摇摇行復止，西出都門百餘里。六軍不發無奈何，宛轉蛾眉馬前死。花鈿委地無人收，翠翹金雀玉搔頭。君王掩面救不得，回看血淚相和流。黄埃散漫風蕭索，雲棧縈紆登劍閣。峨嵋山下少人行，旌旗無光日色薄。蜀江水碧蜀山青，聖主朝朝暮暮情。行宫見月傷心色，夜雨聞鈴腸斷聲。天旋日轉回龍馭，到此躊躇不能去。馬嵬坡下泥土中，不見玉顏空死處。君臣相顧盡沾衣，東望都門信馬歸。歸來池苑皆依舊，太液芙蓉未央柳。芙蓉如面柳如眉，對此如何不淚垂。春風桃李花開日，秋雨梧桐葉落時。西宫南内多秋草，落葉滿階紅不掃。梨園弟子白髮新，椒房阿監青娥老。夕殿螢飛思悄然，孤燈挑盡未成眠。遲遲鐘鼓初長夜，耿耿星河欲曙天。鴛鴦瓦冷霜華重，翡翠衾寒誰與共。悠悠生死别經年，魂魄不曾來入夢。臨邛道士鴻都客，能以精誠致魂魄。為感君王輾轉思，遂教方士殷勤覓。排空馭氣奔如電，升天入地求之遍。上窮碧落下黄泉，兩處茫茫皆不見。忽聞海上有仙山，山在虚無縹緲間。樓閣玲瓏五雲起，其中綽約多仙子。中有一人字太真，雪膚花貌參差是。金闕西廂叩玉扃，轉教小玉報雙成。聞道漢家天子使，九華帳裏夢魂驚。攬衣推枕起徘徊，珠箔銀屏迤邐開。雲髻半偏新睡覺，花冠不整下堂來。風吹仙袂飄飄舉，猶似霓裳羽衣舞。玉容寂寞淚闌干，梨花一枝春帶雨。含情凝睇謝君王，一别音容兩渺茫。昭陽殿裏恩愛絶，蓬萊宫中日月長。回頭下望人寰處，不見長安見塵霧。唯將舊物表深情，鈿合金釵寄將去。釵留一股合一扇，釵擘黄金合分鈿。但教心似金鈿堅，天上人間會相見。臨别殷勤重寄詞，詞中有誓兩心知。七月七日長生殿，夜半無人私語時：在天願作比翼鳥，在地願為連理枝。天長地久有時盡，此恨綿綿無絶期！

從古女禍，未有盛於唐者。明皇踐阼，覆轍匪遠。開元勵精，幾致太平。天寶以後，溺情牀第，太真潛納，新臺同譏。艷妻煽處，職為厲階。倉皇播遷，宗社再造，幸也。姚、宋諸賢臣輔之而不足，一太真敗之而有餘。南内歸來，儻返而自咎恨無終窮矣，遑繫心於既殞傾城之婦耶?《長恨》一傳，自是當時傅會之説，其事殊無足論者。居易詩詞特妙，情文相生，沉鬱頓挫，哀艷之中具有諷刺。「漢皇重色思傾國」，「從此君王不早朝」，「君王掩面救不得」，皆微詞也。「養在深閨人未識」，為尊者諱也。欲不可縱，樂不可極，結想成因，幻緣奚罄，總以為發乎情而不能止乎禮義者戒也。

通首分四段，「漢皇重色思傾國」至「驚破霓裳羽衣曲」，暢敘楊妃擅寵之事，卻以「漁陽鞞鼓動地來」二句暗攝下意，一氣直下，滅去轉落之痕。「九重城闕煙塵生」至「夜雨聞鈴腸斷聲」敘馬嵬賜死之事。「行宫見月傷心色」二句，暗攝下意。蓋以幸蜀之靡日不思，引起還京之徬徨念舊，一直説去。中間暗藏馬嵬改葬一節，此行文飛渡法也。「天旋日轉迴龍馭」至「魂魄不曾來入夢」，敘上皇南宫思舊之情。「悠悠生死别經年」二句，亦暗攝下意。「臨邛道士鴻都客」至末，敘方士招魂之事，結處點清長恨為一詩結穴，戛然而止，全勢已足，更不必另作收束。

《琵琶引》並序

元和十年，予左遷九江郡司馬。明年秋，送客湓浦口，聞舟船中夜彈琵琶者。聽其音，錚錚然有京都聲。問其人，本長安倡女，嘗學琵琶於穆、曹二善才，年長色衰，委身為賈人婦。遂命酒，使快彈數曲。曲罷，憫默。自敍少小時歡樂事，今漂淪憔悴，轉徙於江湖間。予出官二年，恬然自安，感斯人言，是夕始覺有遷謫意。因為長句，歌以贈之，凡六百一十二言，命曰《琵琶行》。

潯陽江頭夜送客，楓葉荻花秋瑟瑟。主人下馬客在船，舉酒欲飲無管弦。醉不成歡慘將别，别時茫茫江浸月。忽聞水上琵琶聲，主人忘歸客不發。尋聲暗問彈者誰？琵琶聲停欲語遲。移船相近邀相見，添酒回燈重開宴。千呼萬喚始出來，猶抱琵琶半遮面。轉軸拨弦三兩聲，未成曲調先有情。弦弦掩抑聲聲思，似訴平生不得意。低眉信手續續彈，説盡心中無限事。輕攏慢撚抹復挑，初為霓裳後六幺。大弦嘈嘈如急雨，小弦切切如私語。嘈嘈切切錯雜彈，大珠小珠落玉盤。間關鶯語花底滑，幽咽泉流水下難。水泉冷澀弦凝絕，凝絕不通聲暫歇。别有幽愁暗恨生，此時無聲勝有聲。銀瓶乍破水漿迸，鐵騎突出刀槍鳴。曲終收撥當心畫，四弦一聲如裂帛。東船西舫悄無言，唯見江心秋月白。沉吟放撥插弦中，整頓衣裳起斂容。自言本是京城女，家在蝦蟆陵下住。十三學得琵琶成，名屬教坊第一部。曲罷曾教善才伏，妝成每被秋娘妒。五陵年少爭纏頭，一曲紅綃不知數。鈿頭雲篦擊節碎，血色羅裙翻酒汙。今年歡笑復明年，秋月春風等閒度。弟走從軍阿姨死，暮去朝來顔色故。門前冷落鞍馬稀，老大嫁作商人婦。商人重利輕别離，前月浮梁買茶去。去來江口守空船，繞船月明江水寒。夜深忽夢少年事，夢啼妝淚紅闌干。我聞琵琶已歎息，又聞此語重唧唧。同是天涯淪落人，相逢何必曾相識。我從去年辭帝京，謫居卧病潯陽城。潯陽地僻無音樂，終歲不聞絲竹聲。住近湓江地低濕，黄蘆苦竹繞宅生。其間旦暮聞何物？杜鵑啼血猿哀鳴。春江花朝秋月夜，往往取酒還獨傾。豈無山歌與村笛？嘔啞嘲哳難為聽。今夜聞君琵琶語，如聽仙樂耳暫明。莫辭更坐彈一曲，為君翻作琵琶行。感我此言良久立，卻坐促弦弦轉急。淒淒不似向前聲，滿座重聞皆掩泣。座中泣下誰最多，江州司馬青衫濕。

滿腔遷謫之感，借商婦以發之，有同病相憐之意焉。比興相緯，寄託遙深，其意微以顯，其音哀以思，其辭麗以則。《十九首》云：「清商隨風發，中曲正徘徊。一彈再三歎，慷慨有餘哀。」及杜甫《觀公孫大娘弟子舞劍器行》，與此篇同為千秋絕調，不必以古、近、前、後分也。

《醉後狂言酬贈蕭殷二協律》

餘杭邑客多羈貧，其間甚者蕭與殷：天寒身上猶衣葛，日高甑中未拂塵。江城山寺十一月，北風吹沙雪紛紛。賓客不見綈袍惠，黎庶未沾襦袴恩。此時太守自慚愧，重衣複衾有餘溫。因命染人與針女，先制兩裘贈二君。吴綿細軟桂布密，柔如狐腋白似雲。勞將詩書投贈我，如此小惠何足論。我有大裘君未見，寬廣和暖如陽春。此裘非繒亦非纊，裁以法度絮以仁。刀尺鈍拙製未畢，出亦不獨裹一身。若令在郡得五考，與君展覆杭州人。

即杜甫「廣廈千萬間」意而暢言之。前段「黎庶未沾襦袴恩」句，已伏後意，末段又推廣一層，淋漓暢竭，言大而非誇也。

《代書詩一百韻寄微之》

憶在貞元歲，初登典校司。身名同日授，心事一言知。[貞元中，與微之同登科第，俱授秘書省校書郎，始相識也。] 肺腑都無隔，形骸兩不羈。疏狂屬年少，閒散為官卑。分定金蘭契，言通藥石規。交賢方汲汲，友直每偲偲。有月多同賞，無杯不共持。秋風拂琴匣，夜雪卷書帷。高上慈恩塔，幽尋皇子陂。唐昌玉蕊會，崇敬牡丹期。[唐昌觀玉蕊，崇敬寺牡丹，花時多與微之有期。] 笑勸迂辛酒，閒吟短李詩。[辛大丘度，性迂嗜酒；李二十紳，形短能詩。故當時有迂辛短李之號。] 儒風愛敦質，佛理尚玄師。[劉三十二敦質，雅有儒風；庾七玄師，談佛理有可賞者。] 度日曾無悶，通宵靡不為。雙聲聯律句，八面對宮棋。[雙聲聯句，八面宮棋，皆當時事。] 往往游三省，騰騰出九逵。寒銷直城路，春到曲江池。樹暖枝條弱，山晴彩翠奇。峰攢石緑點，柳宛麴塵絲。岸草煙鋪地，園花雪壓枝。早光紅照耀，新溜碧逶迤。幄幕侵堤布，盤筵占地施。征伶皆絕藝，選伎悉名姬。鉛粉凝春態，金鈿耀水嬉。風流誇墮髻，時世鬬啼眉。[貞元末，城中復為墮馬髻、啼眉妝也。] 密坐隨歡促，華樽逐勝移。香飄歌袂動，翠落衫釵遺。籌插紅螺碗，觥飛白玉卮。打嫌調笑易，飲訝卷波遲。[拋打曲有《調笑令》，飲酒曲有《卷白波》。] 殘席喧嘩散，歸鞍酩酊騎。酡顏烏帽側，醉袖玉鞭垂。紫陌傳鐘鼓，紅塵塞路岐。幾時曾暫別？何處不相隨？荏苒星霜換，回還節候催。兩銜多請假，三考欲成資。運啟千年聖，天成萬物宜。皆當少壯日，同惜盛明時。光景嗟虛擲，雲霄竊暗窺。攻文朝矻矻，講學夜孜孜。策目穿如劄，毫鋒銳若錐。[時與微之結集策略之目，其數至百十。] [時與微之各有纖鋒細管筆，攜以就試，相顧輒笑，目為毫錐。] 繁張獲鳥網，堅守釣魚坻。[謂自冬至夏，頻改試期，竟與微之堅待制試也。] 並受夔龍薦，齊陳晁董詞。萬言經濟略，三策太平基。中第爭無敵，專場戰不疲。輔車排勝陣，掎角搴降旗。[並謂同鋪席、共筆硯。] 雙闕紛容衛，千僚儼等衰。[謂制舉人欲唱第之時也。] 恩隨紫泥降，名向白麻披。既在高科選，還從好爵縻。東垣君諫諍，西邑我驅馳。[元和元年同登制科，微之拜拾遺，予授周至尉。]在喜登烏府，多慚侍赤墀。[四年，微之復拜監察，予為拾遺、學士也。]官班分内外，游處遂參差。每列鵷鷺序，偏瞻獬豸姿。簡威霜凜冽，衣彩繡葳蕤。正色摧強禦，剛腸嫉喔咿。常憎持禄位，不擬保妻兒。養勇期除惡，輸忠在滅私。下鞲驚燕雀，當道懾狐狸。南國人無怨，東臺吏不欺。[微之使東川，奏冤八十餘家，詔從而平之，因分司東都。]理冤多定國，切諫甚辛毗。造次行於是，平生志在兹。道將心共直，言與行兼危。水暗波翻覆，山藏路險巇。未為明主識，已被幸臣疑。木秀遭風折，蘭芳遇霰萎。千鈞勢易壓，一柱力難支。騰口因成痏，吹毛遂得疵。憂來吟貝錦，謫去詠江蘺。邂逅塵中遇，殷勤馬上辭。賈生離魏闕，王粲向荊夷。水過清源寺，山經綺季祠。心摇漢皋佩，淚墮峴山碑。[並途中所經歷者也。]驛路緣雲際，城樓枕水湄。思鄉多繞澤，望闕獨登陴。林晚青蕭索，江平緑渺瀰。野秋鳴蟋蟀，沙冷聚鸕鷀。官舍黄茅屋，人家苦竹籬。白醪充夜酌，紅粟備晨炊。寡鶴摧風翮，鰥魚失水鰭。暗雛啼渴旦，涼葉墮相思。[此四句兼含微之鰥居之思。]一點寒燈滅，三聲曉角吹。藍衫經雨故，驄馬卧霜羸。念涸誰濡沫？嫌醒自啜醨。耳垂無伯樂，舌在有張儀。負氣衝星劍，傾心向日葵。金言自銷鑠，玉性肯磷緇？伸屈須看蠖，窮通莫問龜。定知身是患，當用道為醫。想子今如彼，嗟予獨在斯。無憀當歲杪，有夢到天涯。坐阻連襟帶，行乖接履綦。潤銷衣上霧，香散室中芝。念遠緣遷貶，驚時為別離。素書三往復，明月七盈虧。[自與微之别經七月，三度得書。]舊里非難到，餘歡不可追。樹依興善老，草傍静安衰。[微之宅在静安坊西，近興善寺。]前事思如昨，中懷寫向誰？北村尋古柏，南宅訪辛夷。[開元觀西北院，即隋時龍村佛堂，有古柏一株，至今存焉。微之宅中有辛夷兩樹，常與微之游息其下。]此日空搔首，何人共解頤？病多知夜永，年長覺秋悲。不飲長如醉，加餐亦似饑。狂吟一千字，因使寄微之。

長律百韻，始於杜甫《夔府詠懷》一篇，繼之者元微之、白居易。居易集中百韻詩凡三篇。杜甫排奡沉鬱，局陣變化，其才氣筆力，自非居易所及。居易法律井然，條暢流美，實可為後來之法。學者未能闚杜之閫奧，且從此種問津，自無艱澀淩亂之病。

馮班曰：勻細整贍，力自有餘，長詩有敘置次第，起承轉合，不可不知，卻拘不得，須變化飛動為佳。此篇勻整之至，卻細膩省淨，無疊辭累句、妃紅媲紫之病。長詩忌詞太煩，如此最善。

《和談校書秋夜感懷呈朝中規（親）友》

遙夜涼風楚客悲，清砧繁漏月高時。秋霜似鬢年空長，春草如袍位尚卑。詞賦擅名來已久，煙霄得路去何遲。漢庭卿相皆知己，不薦揚雄欲薦誰？

清脆瀏亮。古詩「青袍似春草」，庾信賦亦云：「青袍如草」，第四句妙於翻用。

《感秋寄遠》

惆悵時節晚，兩情千里同。離憂不散處，庭樹正秋風。燕影動歸翼，蕙香銷故叢。佳期與芳歲，牢落兩成空。

律法整嚴，尚與盛唐相近。腹聯已開晚唐李商隱一派。

《縣西郊秋寄贈馬造》

紫閣峰西清渭東，野煙深處夕陽中。風荷老葉蕭條綠，水蓼殘花寂寞紅。我厭宦游君失意，可憐秋思兩心同。

前四句寫景，極簫瑟之致，結出懷人意，自然警動。

《早春獨游曲江》（自注：時為校書郎）

散職無羈束，羸驂少送迎。朝從直城出，春傍曲江行。風起池東暖，雲開山北晴。冰銷泉脈動，雪盡草芽生。露杏紅初坼，煙楊綠未成。影遲新度雁，聲澀欲啼鶯。閒地心俱靜，韶光眼共明。酒狂憐性逸，藥效喜身輕。慵慢疏人事，幽棲遂野情。迴看芸閣笑，不似有浮名。

中三聯刻畫早春之景，細膩清新。

以上《四庫全書》本《唐宋詩醇》卷二十二

《旅次景空寺宿幽上人院》

不與人境接，寺門開向山。暮鐘寒鳥聚，秋雨病僧閒。月隱雲樹外，螢飛廊宇間。幸投花界宿，暫得靜心顔。

思致清幽，開晚唐宗派。

《同李十一醉憶元九》

花時同醉破春愁，醉折花枝當酒籌。忽憶故人天際去，計程今日到涼州。

意淺情深，格調最近王龍標。

《本事詩》曰：元和四年三月，元微之為御史，鞫獄梓潼，樂天兄弟送別後旬日，與李侍郎建閒游曲江，及慈恩寺飲酣，作此詩，後旬日，得元書，果以是日至褒，仍寄詩曰：「夢君兄弟曲江頭，也到慈恩寺院游。驛吏喚人排馬去，忽驚身在古梁州。」千里神遇，若合符契。

智按：見《本事詩·徵異第五》，《歷代詩話續編》第十九頁，文字略異。

《禁中夜作書與元九》

心緒萬端書兩紙，欲封重讀意遲遲。五聲宫漏初鳴後，一點窗燈欲滅時。

汪立名曰：按元和十二年，公在江州，作書與微之，封題有詩：「昔憶封書與君夜，金鑾殿後欲明天。今夜封書在何處，廬山菴裏曉燈前。」即指此書也。

《八月十五日夜禁中獨直對月憶元九》

銀臺金闕夕沉沉，獨宿相思在翰林。三五夜中新月色，二千里外故人心。渚宫東面煙波冷，浴殿西頭鐘漏深。猶恐清光不同見，江陵卑濕足秋陰。

次聯本色語，屬對卻極工。後來惟蘇軾深得此妙，他人傚顰，則淺率無味矣。

《八月十五日夜聞崔大員外翰林獨直對酒翫月因懷禁中清景偶題是詩》

秋月高懸空碧外，仙郎静翫禁闈間。歲中惟有今宵好，海内無如此地閒。皓色分明雙闕牓，清光深到九門關。遥聞獨醉還惆悵，不見金波照玉山。

絢爛之極，乃造平淡，此詩家漸老漸熟之境，非淺學所可貌為也。

《村夜》

霜草蒼蒼蟲切切，村南村北行人絕。獨出前門望野田，月明蕎麥花如雪。

一味真樸，不假妝點，自具蒼老之致，七絕中之近古者。

《王昭君》

漢使卻回憑寄語，黄金何日贖蛾眉？君王若問妾顏色，莫道不知宫裏時。

舊事翻新，思路自別。後二句總從贖字生出。此與李商隱詩「金徽本是無情物，不許文君憶故夫」二句用意極相似。然彼近尖刻，此則深厚，乃中晚之判也。

《詩人玉屑》曰：古今人作昭君詞多矣，余獨愛樂天一絕。其意優游而不迫切。然樂天賦此詩年甚少。（智按：又見《竹莊詩話》卷十五）

《題盧秘書夏日新栽竹二十韻》

湘竹初封植，盧生來考槃。久持霜節苦，新托露根難。等度須當砌，疏稠要滿欄。買憐分薄俸，栽稱作閒官。葉翦藍羅碎，莖抽玉琯端。幾聲清淅瀝，一簇綠檀欒。未夜青嵐入，先秋白露團。拂肩搖翡翠，熨手弄琅玕。韻透窗風起，陰鋪砌月殘。炎天聞覺冷，窄地見疑寬。梢動勝搖扇，枝低好掛冠。碧籠煙冪冪，珠灑雨珊珊。晚籜晴雲展，陰芽蟄虺蟠。愛從抽馬策，惜未截魚竿。松韻徒煩聽，桃夭不足觀。梁慚當家杏，臺陋本司蘭。［古詩云：「盧家蘭室杏為梁。」又，秘書府即蘭臺也。］撐撥詩人興，勾牽酒客歡。静連蘆簟滑，涼拂葛衣單。豈止消時暑，應能保歲寒。莫同凡草木，一種夏中看。

正寫、旁寫、虛寫、實寫，曲盡新栽竹之趣。彫鏤組織，異樣新鮮，既不笨拙，又不纖巧，此變盛唐之格調而自出機杼者也。晚唐以後，多學此種。

《欲與元八卜鄰先有是贈》

平生心跡最相親，欲隱牆東不為身。明月好同三徑夜，綠楊宜作兩家春。每因暫出猶思伴，豈得安居不擇鄰。何獨終身數相見，子孫長作隔牆人。

句句細貼，一層深一層。

《贈楊秘書巨源》（楊嘗有贈盧洺州詩云：「三刀夢益州，一箭取遼城。」由是知名。）

早聞一箭取遼城，相識雖新有故情。清句三朝誰是敵？白鬚四海半為兄。貧家薙草時時入，瘦馬尋花處處行。不用更教詩過好，折君官職是聲名。

結是戲語，歐陽修謂愈窮愈工，則有慨乎其言之也。

《燕子樓三首》並序

徐州故張尚書有愛妓曰盼盼，善歌舞，雅多風態。予為校書郎時，游徐、泗間。張尚書宴予，酒酣，出盼盼以佐歡，歡甚。予因贈詩云：「醉嬌勝不得，風嫋牡丹花。」一歡而去，邇後絕不相聞，迨兹僅一紀矣。昨日，司勳員外郎張仲素繢之訪予，因吟新詩，有《燕子樓》三首，詞甚婉麗。詰其由，為眄眄作也。繢之從事武寧軍累年，頗知眄眄始末，云：「尚書既殁，歸葬東洛。而彭城有張氏舊第，第中有小樓，名燕子。眄眄念舊愛而不嫁，居是樓十餘年，幽獨塊然，於今尚在。」予愛繢之新詠，感彭城舊游，因同其題，作三絶句。

滿窗明月滿簾霜，被冷燈殘拂卧床。燕子樓中霜月夜，秋來只為一人長。

鈿暈羅衫色似煙，幾回欲著即潸然。自從不舞霓裳曲，疊在空箱十一年。

今春有客洛陽回，曾到尚書墓上來。見説白楊堪作柱，争教紅粉不成灰？

一唱三歎，餘音繞梁。似此風調，雖起王昌齡、李白輩為之，何以復加。

《舟中讀元九詩》

把君詩卷燈前讀，詩盡燈殘天未明。眼痛滅燈猶暗坐，逆風吹浪打船聲。

字字沉著，二十八字中無限層折。元微之《聞樂天左降江州詩》云：「殘燈無焰影幢幢，此夕聞君謫九江。垂死病中驚起坐，暗風吹雨入寒窗。」居易以為此句他人尚不可聞，况僕心哉！此詩真可謂同調。

《歲晚旅望》

朝來暮去星霜换，陰慘陽舒氣序牽。萬物秋霜能壞色，四時冬日最凋年。煙波半露新沙地，鳥雀群飛欲雪天。向晚蒼蒼南北望，窮陰旅思兩無邊。

倚天拔地，字字奇警，與杜甫《閣夜》詩極相似。

《東南行一百韻寄通州元九侍御、澧州李十一舍人、果州崔二十二使君、開州韋大員外、庾三十二補闕、杜十四拾遺、李二十助教、員外竇七校書》

南去經三楚，東來過五湖。山頭看候館，水面問征途。地遠窮江界，天低接海隅。飄零同落葉，浩蕩似乘桴。漸覺鄉原異，深知土產殊。夷音語嘲哳，蠻態笑睢盱。水市通闤闠，煙村混舳艫。吏征漁户税，人納火田租。亥日饒蝦蟹，寅年足虎貙。成人男作丱，事鬼女為巫。樓暗攢倡婦，堤喧簇販夫。夜船論鋪賃，春酒斷瓶沽。見果多盧橘，聞禽悉鷓鴣。山歌猿獨叫，野哭鳥相呼。嶺徼雲成棧，江郊水當郛。月移翹柱鶴，風泛颭檣烏。鼉礙潮無信，蛟驚浪不虞。鼉鳴江擂鼓，蜃結氣浮圖。樹裂山魈穴，沙含水弩樞。喘牛犁紫芋，羸馬放青菰。繡面誰家婢？鴉頭幾歲奴？泥中採菱芡，燒後拾樵蘇。鼎膩愁烹鱉，盤腥厭膾鱸。鍾儀徒戀楚，張翰浪思吴。氣序凉還熱，光陰旦復晡。身方逐萍梗，年欲近桑榆。渭北田園廢，江西歲月徂。憶歸恒慘澹，懷舊忽踟躕。自念咸秦客，嘗為鄒魯儒。蘊藏經國術，輕棄度關繻。賦力淩鸚鵡，詞鋒敵轆轤。戰文重掉鞅，射策一彎弧。崔杜鞭齊下，元韋轡並驅。名聲逼楊馬，交分過蕭朱。世務輕摩揣，周行竊覬覦。風雲皆會合，雨露各沾濡。共遇升平代，偏慚固陋軀。承明連夜直，建禮拂晨趨。美服頒王府，珍羞降御廚。議高通白虎，諫切伏青蒲。柏殿行陪宴，花樓走看酺。神旗張鳥獸，天籟動笙竽。戈劍星芒耀，魚龍電策驅。定場排越伎，促坐進吳觎。縹緲疑仙樂，嬋娟勝畫圖。歌鬟低翠羽，舞汗墮紅珠。别選閒游伴，潛招小飲徒。一杯愁已破，三盞氣彌粗。軟美仇家酒，幽閒葛氏姝。十千方得斗，二八正當壚。論笑杓胡硉，談憐鞏囁嚅。李酣猶短竇，庾醉更蔫迂。鞍馬呼教住，骰盤喝遣輸。長驅波卷白，連擲采成盧。［骰盤、卷白波、莫走、鞍馬，皆當時酒令。］籌並頻逃席，觥嚴別置盂。滿卮那可灌，頹玉不勝扶。入視中樞草，歸乘内廄駒。醉曾衝宰相，驕不揖金吾。日近恩雖重，雲高勢卻孤。翻身落霄漢，失腳倒泥塗。博望移門籍，潯陽佐郡符。［予自太子贊善大夫出為江州司馬。］時情變寒暑，世利算錙銖。即日辭雙闕，明朝别九衢。播遷分郡國，次第出京都。［十年春，微之移佐通州。其年秋，予出佐潯陽。明年秋，杓直出牧澧州，崔二十二出牧果州，韋大出牧開州。］秦嶺馳三驛，商山上二邘。［商山險道中，有東西二邘。］峴陽亭寂寞，夏口路崎嶇。大道全生棘，中丁盡執殳。江關未撤警，淮寇尚稽誅。［時淮西未平，路經襄、鄂二州界，所見如此。］林對東西寺，山分大小姑。［東林、西林寺在廬山北。大姑、小姑在廬山南彭蠡湖中。］廬峰蓮刻削，湓浦帶縈紆。［蓮花峰在廬山北，湓水在江城南。何遜詩云：「湓城對湓水，湓水縈如帶。」］九派吞青草，孤城覆綠蕪。［潯陽江九派，南通青草、洞庭湖。南方城壁多以草覆。］黄昏鐘寂寂，清曉角嗚嗚。春色辭門柳，秋聲到井梧。殘芳悲鶗鴂，暮節感茱萸。蕊坼金英菊，花飄雪片蘆。波紅日斜沒，沙白月平鋪。幾見林抽筍，頻驚燕引雛。歲華何倏忽，年少不須臾。眇默思千古，蒼茫想八區。孔窮緣底事？顔夭有何辜？龍智猶經醢，龜靈未免刳。窮通應已定，聖哲不能逾。況我身謀拙，逢他厄運拘。漂流隨大海，錘鍛任洪爐。險阻嘗之矣，棲遲命也夫。沉冥消意氣，窮餓耗肌膚。防瘴和殘藥，迎寒補舊襦。書床鳴蟋蟀，琴匣網蜘蛛。貧室如懸磬，端憂劇守株。時遭人指點，數被鬼揶揄。兀兀都疑夢，昏昏半是愚。女驚朝不起，妻怪夜長吁。萬里抛朋侶，三年隔友于。自然悲聚散，不是恨榮枯。去夏微之瘧，今春席八殂。天涯書達否？泉下哭知無？［去年聞元九瘴瘧，書去竟未報。今春聞席八殁。久與還往，能無慟矣。］謾寫詩盈卷，空盛酒滿壺。只添新悵望，豈復舊歡娱。壯志因愁減，衰容與病俱。相逢應不識，滿頷白髭鬚。

波瀾壯闊，筆力沉雄，較《代書百韻》更勝。杜甫而下，罕與為儷。圖字一韻重押，以字義不同也。唐宋人往往有之。

《許彦周詩話》曰：「春色辭門柳，秋聲到井梧。」此語未易及也。

馮舒曰：先敘東南行情景，因情景追念前時，以見題之後先輕重，與代書一篇體勢殊甚，各致其情，文章變化，因物賦形，多類此也。

汪立名曰：按洪氏《隆興職方乘》嶺南村落有市，謂之墟，以其不常會，多虚日也。西蜀曰痎，言如痎疾間而後作。江南惡以疾稱因，止曰亥。獨徐筠《水志》云：「荊吳俗以寅申已亥日集於市。」觀公詩用亥日甚多，則徐氏之説為是。

《初到江州寄翰林張李杜三學士》

早攀霄漢上天衢，晚落風波委世途。雨露施恩無厚薄，蓬蒿隨分有榮枯。傷禽側翅驚弓箭，老婦低顏事舅姑。碧落三仙曾識面，年深記得姓名無？

喻意頗俚俗，一入文人之口，便極風雅，其情深也。

《庾樓曉望》

獨憑朱檻立淩晨，山色初明水色新。竹霧曉籠銜嶺月，蘋風暖送過江春。子城陰處猶殘雪，衙鼓聲前未有塵。三百年來庾樓上，曾經多少望鄉人。

中兩聯寫景，一遠一近，結十四字如生鐵鑄成，有千鈞之力。

《春末夏初閒游江郭二首》

閒出乘輕屐，徐行蹋軟沙。觀魚傍湓浦，看竹入楊家。［湓浦多魚。浦西有楊侍郎宅，多好竹。］林迸穿籬筍，藤飄落水花。雨埋釣舟小，風揚酒旗斜。嫩剝青菱角，濃煎白茗芽。淹留不知夕，城樹欲棲鴉。

柳影繁初合，鶯聲澀漸稀。早梅迎夏結，殘絮送春飛。西日韶光盡，南風暑氣微。展張新小簟，熨帖舊生衣。緑蟻杯香嫩，紅絲膾縷肥。故園無此味，何必苦思歸？

清氣溢素襟，句句切春末夏初景色。

《赴元八溪居》

溪嵐漠漠樹重重，水檻山窗次第逢。晚葉尚開紅躑躅，秋芳初結白芙蓉。聲來枕上千年鶴，影落杯中五老峰。更愧殷勤留客意，魚鮮飯細酒香濃。

通首娟靜，腹聯對句更超妙。

智按：白居易集題為《題元十八溪居》。

《送客之湖南》

年年漸見南方物，事事堪傷北客情。山鬼趫跳唯一足，峽猿哀怨過三聲。帆開青草湖中去，衣濕黃梅雨裏行。別後雙魚難定寄，近來潮不到湓城。

青草湖、黃梅雨，時地一併醒出，屬對工切渾成。

《百花亭晚望夜歸》

百花亭上晚徘徊，雲影陰晴掩復開。日色悠揚映山盡，雨聲蕭颯度江來。鬢毛過病雙如雪，心緒逢秋一似灰。向夜欲歸愁未了，滿湖明月小船迴。

次聯有氣勢。蘇軾詩：「天外黑風吹海立，浙東飛雨過江來。」二句本此，而下字更奇。

《西樓》

小郡大江邊，危樓夕照前。青蕪卑濕地，白露泬寥天。鄉國此時阻，家書何處傳。仍聞陳蔡戍，轉戰已三年。

神似杜甫。

《庾樓新歲》

歲時銷旅貌，風景觸鄉愁。牢落江湖意，新年上庾樓。

唐汝詢曰：此登樓而感謫宦也。羇旅之貌，隨時而銷；懷鄉之愁，觸景而發，人情之常也。若乃牢落江湖之意，則於新年登庾樓而益甚焉。

《編集拙詩成一十五卷因題卷末戲贈元九李二十》

一篇長恨有風情，十首秦吟近正聲。每被老元偷格律，苦教短李伏歌行。世間富貴應無分，身後文章合有名。莫怪氣粗言語大，新排十五卷詩成。

自負語，實是苦心語。末學詆訶居易，殆杜甫所謂「爾曹身與名俱滅，不廢江河萬古流」也。

《江樓夜吟元九律詩成三十韻》

昨夜江樓上，吟君數十篇。詞飄朱檻底，韻墮綠江前。清楚音諧律，精微思入玄。收將白雪麗，奪盡碧雲妍。寸截金為句，雙雕玉作聯。八風淒間發，五彩爛相宣。冰扣聲聲冷，珠排字字圓。文頭交比繡，筋骨軟於綿。澒湧同波浪，錚摐過管弦。醴泉流出地，鈞樂下從天。神鬼聞如泣，魚龍聽似禪。星回疑聚集，月落為留連。雁感無鳴者，猿愁亦悄然。交流遷客淚，停住賈人船。暗被歌姬乞，潛聞思婦傳。斜行題粉壁，短卷寫紅箋。肉味經時忘，頭風當日痊。老張知定伏，短李愛應顛。［張十八籍、李二十紳皆攻律詩，故云。］道屈才方振，身閒業始專。天教聲烜赫，理合命迍邅。顧我文章劣，知他氣力全。工夫雖共到，巧拙尚相懸。各有詩千首，俱拋海一邊。白頭吟處變，青眼望中穿。酬答朝妨食，披尋夜廢眠。老償文債負，宿結字因緣。每歎陳夫子，常嗟李謫仙。［陳子昂著《感遇詩》稱於世。賀知章謂李白為謫仙人。］名高折人爵，思苦減天年。［李竟無官，陳亦早夭。］不得當時遇，空令後代憐。相悲今若此，湓浦與通川。

起聯點題，因極贊元九之詩。「道屈才方振」四句，作轉軸。「顧我文章劣」至「宿結字因緣」敘自己之詩並及遭際，「每歎陳夫子」至「空令後代憐」又舉古人之能詩不遇者，以况兩人，結出現在之地，含蓄不盡。其説詩處，譬如飲水，冷煖自知，又如食蜜，中邊皆甜。兩人同調，可方伯牙鍾期矣。

《送客春游嶺南二十韻》（因敘嶺南方物以諭之，並擬微之送崔二十一之作。）

已訝游何遠，仍嗟別太頻。離容君蹙促，贈語我殷勤。迢遞天南面，蒼茫海北漘。訶陵國分界，交趾郡為鄰。蓊郁三光晦，溫暾四氣勻。陰晴變寒暑，昏曉錯星辰。瘴地難為老，蠻陬不易馴。土民稀白首，洞主盡黃巾。戰艦猶驚浪，戎車未息塵。［時黃家賊方動。］紅旗圍卉服，紫綬裹文身。面苦桄榔制，漿酸橄欖新。牙檣迎海舶，銅鼓賽江神。不凍貪泉暖，無霜毒草春。雲煙蟒蛇氣，刀劍鱷魚鱗。路足羈棲客，官多謫逐臣。天黃生颶母，雨黑長楓人。［颶母如斷虹，欲大風即見。楓人因夜雷雨，輒暗長數丈。］回使先傳語，征軒早返輪。須防杯裏蠱，莫愛橐中珍。［南方蠱毒，多置酒中。］北與南殊俗，身將貨孰親？嘗聞君子誡，憂道不憂貧。

前敘嶺南風土物産之異，結處規以不貪，忠告善道，所以致殷勤也。送遠詩如此用意，乃為深厚，泛作安慰語便淺。

方回曰：大抵中唐人善言風土，如西北風沙酪漿氊幄之區，東南水國蠻島夷洞之外，無不曲盡其妙。樂天此詩，亦可謂曲盡南中之俗矣。

《輟耕録》曰：南人方言曰「溫暾」者，得懷暖也。王建《宮詞》「新晴草色暖溫暾」。

《南湖早春》

風回雲斷雨初晴，返照湖邊暖復明。亂點碎紅山杏發，平鋪新緑水蘋生。翅低白雁飛仍重，舌澀黄鸝語未成。不道江南春不好，年年衰病減心情。

刻畫早春，有色澤，腹聯尤警。

《點額魚》

龍門點額意何如，紅尾青鬐卻返初。見説在天行雨苦，為龍未必勝為魚。

比體，即曳尾泥中意。

《夜送孟司功》

潯陽白司馬，夜送孟功曹。江闇管弦急，樓明燈火高。湖波翻似箭，霜草殺如刀。且莫開征棹，陰風正怒號。

一氣旋折，全以神行，不知是情是景，筆墨之痕俱化。五律中此種境界，開自老杜，意到筆隨，非可以規倣而得者也。

《題遺愛寺前溪松》

偃亞長松樹，侵臨小石溪。静將流水對，高共遠峰齊。翠蓋煙籠密，花幢雪壓低。與僧清影坐，借鶴隱枝棲。筆寫形難似，琴偷韻易迷。暑天風槭槭，晴夜露凄凄。獨憩依為舍，閒行繞作蹊。棟梁君莫采，留著伴幽棲。

詠物善取神韻，故著題而不呆板，若過於求切，轉蹈剪綵為花之弊。

《聞楊十二新拜省郎遥以詩賀》

文昌新入有光輝，紫界宮牆白粉闈。曉日雞人傳漏箭，春風侍女護朝衣。雪飄歌句高難和，鶴拂煙霄老慣飛。官職聲名俱入手，近來詩客似君稀。[頃曾有贈楊詩，落句云：「不用更教詩過好，折君官職是聲名。」今故云「俱入手」。]

穩稱中自饒風致。對句較出句必分外精警，固由機熟，亦本思長。

《江西裴常侍以優禮見待又蒙贈詩輒敘鄙誠用伸感謝》一從簪笏事金貂，每借温顔放折腰。長覺身輕離泥滓，忽驚手重捧瓊瑤。馬因回顧雖增價，桐遇知音已半焦。他日秉鈞如見念，壯心直氣未全銷。

優禮、贈詩，分對工細，一結有身分。遷謫之久，一味感恩倖澤，豈復能自樹立耶！

《行次夏口先寄李大夫》

連山斷處大江流，紅旆逶迤鎮上游。幕下翱翔秦御史，軍前奔走漢諸侯。曾陪劍履升鸞殿，欲謁旌幢入鶴樓。假著緋袍君莫笑，恩深始得向忠州。

用事典切，聲調高亮，七律中正法眼藏，與劉禹錫最相似。

以上《四庫全書》本《唐宋詩醇》卷二十三

《江州赴忠州至江陵以來舟中示舍弟五十韻》

昔作咸秦客，常思江海行。今來仍盡室，此去又專城。典午猶為幸，分憂固是榮。箄篁州乘送，艛艓驛船迎。共載皆妻子，同游即弟兄。寧辭浪跡遠，且貴賞心并。雲展帆高掛，飆馳棹迅征。溯流從漢浦，循路轉荊衡。山逐時移色，江隨地改名。風光近東早，水木向南清。夏口煙孤起，湘川雨半晴。日煎紅浪沸，月射白砂明。北渚寒留雁，南枝暖待鶯。駢朱桃露萼，點翠柳含萌。亥市魚鹽聚，神林鼓笛鳴。壺漿椒葉氣，歌曲竹枝聲。繫纜憐沙靜，垂綸愛岸平。水餐紅粒稻，野茹紫花菁。甌泛茶如乳，臺粘酒似餳。膾長抽錦縷，藕脆削瓊英。容易來千里，斯須進一程。未曾勞氣力，漸覺有心情。卧穩添春睡，行遲帶酒酲。忽愁牽世網，便欲濯塵纓。早接文場戰，曾爭翰苑盟。掉頭稱俊造，翹足取公卿。且昧隨時義，徒輸報國誠。眾排恩易失，偏壓勢先傾。虎尾憂危切，鴻毛性命輕。燭蛾誰救護？蠶繭自纏縈。斂手辭雙闕，回眸望兩京。長沙拋賈誼，漳浦卧劉楨。鶗鴂鳴還歇，蟾蜍破又盈。年光同激箭，鄉思極搖旌。潦倒親知笑，衰羸舊識驚。烏頭因感白，魚尾為勞赬。劍學將何用？丹燒竟不成。孤舟萍一葉，雙鬢雪千莖。老見人情盡，閒思物理精。如湯探冷熱，似博鬬輸贏。險路應須避，迷途莫共爭。此心知止足，何物要經營？玉向泥中潔，松經雪後貞。無妨隱朝市，不必謝寰瀛。但在前非悟，期無後患嬰。多知非景福，少語是元亨。晦即全身藥，明為伐性兵。昏昏隨世俗，蠢蠢學黎甿。鳥以能言縶，龜緣入夢烹。知之一何晚，猶足保餘生。

議論與敘事相間而行，才氣瀾翻潮湧，一筆掃就。

《入峽次巴東》

不知遠郡何時到，猶喜全家此去同。萬里王程三峽外，百年生計一舟中。巫山暮足霑花雨，隴水春多逆浪風。兩片紅旌數聲鼓，使君艛艓上巴東。

量移涉險，非樂境也。中兩聯寫舟行之苦，落句偏結得有氣色。

《容齋隨筆》曰：杜子美詩「夜足霑沙雨，春多逆水風」，樂天「巫山」「隴水」二句全用之。

《郡齋暇日憶廬山草堂兼寄二林僧社三十韻皆敘貶官以來出處之意》

諫諍知無補，遷移分所當。不堪匡聖主，只合事空王。龍象投新社，鵷鸞失故行。沉吟辭北闕，誘引向西方。便住雙林寺，仍開一草堂。平治行道路，安置坐禪床。手板支為枕，頭巾閣在牆。先生烏几舄，居士白衣裳。竟歲何曾悶，終身不擬忙。滅除殘夢想，換盡舊心腸。世界多煩惱，形神久損傷。正從風鼓浪，轉作日銷霜。［佛經云：「此生死無休已，如風鼓海浪。」又云：「煩惱如霜露，慧日能消除。」］吾道尋知止，君恩偶未忘。忽蒙頒鳳詔，兼謝剖魚章。蓮靜方依水，葵枯重仰陽。三車猶夕會，五馬已晨裝。去似尋前世，來如別故鄉。眉低出鷲嶺，腳重下蛇岡。［廬山岡名。］漸望廬山遠，彌愁峽路長。香爐峰隱隱，巴字水茫茫。瓢掛留庭樹，經收在屋梁。春抛紅藥圃，夏憶白蓮塘。唯擬捐塵事，將何答寵光？有期追永遠，無政繼龔黃。［晉時永、遠二法師曾居此寺。］南國秋猶熱，西齋夜暫涼。閒吟四句偈，靜對一爐香。身老同丘井，心空是道場。覓僧為去伴，留俸作歸糧。為報山中侶，憑看竹下房。會應歸去在，松菊莫教荒。

一路順敘，熨貼中鍼線細密，宛轉斡旋，無一毫痕跡。此種長律，正不易得。

《竹枝詞四首》

瞿唐峽口水煙低，白帝城頭月向西。唱到竹枝聲咽處，寒猿暗鳥一時啼。

竹枝苦怨怨何人？夜靜山空歇又聞。蠻兒巴女齊聲唱，愁殺江樓病使君。

巴東船舫上巴西，波面風生雨腳齊。水蓼冷花紅簇簇，江蘺濕葉碧淒淒。

江畔誰人唱竹枝？前聲斷咽後聲遲。怪來調苦緣詞苦，多是通州司馬詩。

聲韻悠揚，最合竹枝之體。

唐汝詢曰：冷煙斜月之景，竹枝悲咽之聲，即寒猿暗鳥，尚不勝情況，可使愁人聽之邪？

《別種東坡花樹兩絕》

三年留滯在江城，草樹禽魚盡有情。何處殷勤重回首，東坡桃李種新成。

花林好住莫顦顇，春至但知依舊春。樓上明年新太守，不妨還是愛花人。

深情達語。

《閨怨詞三首》（録二首）

珠箔籠寒月，紗窗背曉燈。夜來巾上淚，一半是春冰。

關山征戍遠，閨閣別離難。苦戰應顦顇，寒衣不要寬。

二詩意在言外，有盛唐人遺意。

《憶江柳》

曾栽楊柳江南岸，一別江南兩度春。遥憶青青江岸上，不知攀折是何人。

一氣直下，節促而意長。

《初除主客郎中知制誥與王十一、李七、元九三舍人中書同宿話舊感懷》

閒宵靜話喜還悲，聚散窮通不自知。已分雲泥行異路，忽驚雞鶴宿同枝。紫垣曹署榮華地，白髮郎官老丑時。莫怪不如君氣味，此中來校十年遲。

居易以元和十年貶江州司馬。十五年冬，自忠州召還，拜尚書司門員外郎，轉主客郎中，知制誥，在外凡六年矣。撫今追昔，無限感慨。悲喜二字為一篇綱領，第三句悲，第四句喜，第五句喜，第六句悲，末二句喜中有悲，其實悲之意多於喜，深厚蘊藉，細玩自知。居易非沾沾於禄位者，故曰「聚散窮通不自知」，蓋其安命，素矣。

《送客南遷》

我説南中事，君應不願聽。曾經身困苦，不覺語叮嚀。燒處愁雲夢，波時憶洞庭。春畬煙勃勃，秋瘴露冥冥。蚊蚋經冬活，魚龍欲雨腥。水蟲能射影，山鬼解藏形。穴掉巴蛇尾，林飄鴆鳥翎。颶風千里黑，䔲草四時青。客似驚弦雁，舟如委浪萍。誰人勸言笑？何計慰漂零？慎勿琴離膝，長須酒滿瓶。大都從此去，宜醉不宜醒。

將欲詳説南中之苦，而先著「君應不願聽」五字，曲折深摯，中幅鋪敘風土物産，末結出送之之情。此詩與前送客游嶺南同一機局，然彼系宦游，故規以不貪。此系遷謫，故進以自遣。義各有取爾。

方回曰：樂天一貶湃（江）州司馬，移忠州刺史，後歸朝為中書舍人，出知杭州，召復為蘇州，未嘗遠貶，其殆借此為題，以誇筆端之富，妙於鋪敘南土之景歟？

《舊房》

遠壁秋聲蟲絡絲，入簷新影月低眉。牀帷半故簾旌斷，仍是初寒欲夜時。

平平寫景，悽然欲絕。此種意境，非三唐以後所能到。

《新昌新居書事四十韻因寄元郎中張博士》

冒寵已三遷，歸朝始二年。囊中貯餘俸，園外買閑田。狐兔同三徑，蒿萊共一塵。新園聊鏟穢，舊屋且扶顛。簷漏移傾瓦，梁欹換蠹椽。平治繞臺路，整頓近階磚。巷狹開容駕，牆低壘過肩。門閭堪駐蓋，堂室可鋪筵。丹鳳樓當後，青龍寺在前。市街塵不到，宮樹影相連。省史嫌坊遠，豪家笑地偏。敢勞賓客訪，或望子孫傳。不覓他人愛，唯將自性便。等閑栽樹木，隨分占風煙。逸致因心得，幽期遇境牽。松聲疑澗底，草色勝河邊。虛潤冰銷地，晴和日出天。苔行滑如簟，莎坐軟於綿。簾每當山卷，帷多帶月褰。籬東花掩映，窗北竹嬋娟。跡慕青門隱，名慚紫禁仙。假歸思晚沐，朝去戀春眠。拙薄才無取，疏慵職不專。題牆書命筆，沽酒率分錢。柏杵舂靈藥，銅瓶漱暖泉。爐香穿蓋散，籠燭隔紗然。陳室何曾掃，陶琴不要弦。屏除俗事盡，養活道情全。尚有妻孥累，猶為組綬纏。終須抛爵禄，漸擬斷腥膻。大抵宗莊叟，私心事竺乾。浮榮水劃字，真諦火生蓮。梵部經十二，玄書字五千。是非都付夢，語默不妨禪。博士官猶冷，郎中病已痊。多同僻處住，久結靜中緣。緩步攜筇杖，徐吟展蜀箋。老宜閑語話，悶憶好詩篇。蠻榼來方瀉，蒙茶到始煎。無辭數相見，鬢髮各蒼然。

鋪敘新居，詩中有畫。或議其俚俗瑣碎，然不可及處正在此。入他人手，必不能如此詳細。過求詳悉，必不能如此位置妥帖。竹頭木屑，皆非棄物，亦顧其用之者何如耳。

《勤政樓西老柳》

半朽臨風樹，多情立馬人。開元一株柳，長慶二年春。

不著一字，盡得風流。

《喜張十八博士除水部員外郎》

老何殁後吟聲絕，雖有郎官不愛詩。無復篇章傳道路，空留風月在曹司。長嗟博士官猶屈，亦恐騷人道漸衰。今日聞君除水部，喜於身得省郎時。

一氣呵成，句句轉，筆筆靈。章法亦本杜甫，不襲其貌，而得其神，故佳。宋人如楊廷秀輩，有意摹仿此種，徒成油腔滑調耳。

方回曰：何遜以詩名，老杜頌之曰：「能詩何水曹。」張籍是除，樂天賀之，五十六字如一直説話，自然條暢。

《暮江吟》

一道殘陽鋪水中，半江瑟瑟半江紅。可憐九月初三夜，露似真珠月似弓。

寫景奇麗，一幅著色秋江圖。

《重到江州感舊游題郡樓十一韻》

掌綸知是忝，剖竹信為榮。才薄官仍重，恩深責尚輕。昔征從典午，今出自承明。鳳詔休揮翰，漁歌欲濯纓。還乘小艛艓，卻到古湓城。醉客臨江待，禪僧出郭迎。青山满眼在，白髮半頭生。又校三年老，何曾一事成。重過蕭寺宿，再上庾樓行。雲水新秋思，閭閻舊日情。郡民猶認得，司馬詠詩聲。

全首著意重到二字，落句意與神會，情景逼真。

《題別遺愛草堂兼呈李十使君》（自注：李亦廬山人，常隱白鹿洞）

曾住鑪峯下，書堂對藥臺。斬新蘿徑合，依舊竹窗開。砌水新開決，池荷手自栽。五年方蹔至，一宿又須回。縱未長歸得，猶勝不到來。君家白鹿洞，聞道亦生苔。

《草堂記》中有「清泉白石，實聞斯言」之語。「縱未長歸得」二句，殆自為解嘲耶。

《遯叟詩話》曰：白樂天用「斬新」，亦出杜「斬新花蘂未應飛」，斬字正形容其新，在可解不可解之間。

《舟中晚起》

日高猶掩水窗眠，枕簟清涼八月天。泊處或依酤酒店，宿時多伴釣魚船。退身江海應無用，憂國朝廷自有賢。且向錢塘湖上去，冷吟閒醉二三年。

前四句即目之景，皆「退身」「無用」實事也。第六句忽接云「憂國朝廷自有賢」，此豈無意於國，悻悻然漫諉之他人者，蓋言既不用，乞身遠出，繫心不忘，觸境生感，不覺衝口而出，既而思之，無可如何，且惟冷吟閒醉而已。命意深厚，直與杜甫同調，非劉禹錫輩輕薄者所及。

《夜歸》

半醉閒行湖岸東，馬鞭敲鐙轡瓏璁。萬株松樹青山上，十里沙堤明月中。樓角漸移當路影，潮頭欲過滿江風。歸來未放笙歌散，畫戟門開蠟燭紅。

次聯已盡西湖之景。五六從空中摹擬而得。「潮頭欲過滿江風」，較許渾「山雨欲來風滿樓」句，更為闊大。

汪立名曰：按西湖蘇白隄，相傳二公始築。《新書》亦云：居易為杭州刺史，始築隄捍錢唐湖。此公初到杭州詩，已有十里沙隄句，又《錢唐湖石函記》但云修築河隄，加高數尺。《别杭民》詩注云：增築湖隄築。不自公始，明矣。或以公詩有「綠楊陰裏白沙隄」，為白隄所自來，然公詩如「護江隄白蹋晴沙」亦用白沙，不獨湖隄也。況公所修湖隄，在湖之東北，接連下湖。《舊志》近昭慶有石函橋、溜水橋，是其故址。即李泌設閘洩水，引灌六井處。今杭人率指蘇隄之西為白隄，益不相涉。又有指石徑塘為白隄者，不知張祜已有「斷橋荒蘚合」之句矣。白詩「誰開湖寺西南路，草綠帬腰一道斜。」自注云：「孤山寺在湖洲中，草綠時望如帬腰。」正指今石徑橋也。

《郡齋暇日辱常州陳郎中使君早春晚坐水西館書事詩十六韻見寄亦以十六韻酬之》

新年多暇日，晏起褰簾坐。睡足心更慵，日高頭未裹。徐傾下藥酒，稍爇煎茶火。誰伴寂寥身？無弦琴在左。遙思毗陵館，春深物婀娜。波拂黃柳梢，風搖白梅朵。衙門排曉戟，鈴閣開朝鎖。太守水西來，朱衣垂素舸。良晨不易得，佳會無由果。五馬正相望，雙魚忽前墮。魚中獲瑰寶，持玩何磊砢。一百六十言，字字靈珠顆。上申心款曲，下敘時坎坷。才富不如君，道孤還似我。敢辭官遠慢，且貴身安妥。勿復問榮枯，冥心無不可。

「遙思毘陵館」至「佳會無由果」一段，先托起一層。以下再敘入寄詩，便曲折有致。行文最忌直遂，詩亦何必不然。學者參此思過半矣。

《題小橋前新竹招客》

雁齒小紅橋，垂簷低白屋。橋前何所有，苒苒新生竹。皮開坼褐錦，節露抽青玉。筠翠如可餐，粉霜不忍觸。閒吟聲未已，幽翫心難足。管領好風煙，輕欺凡草木。誰能有月夜，伴我林中宿。為君傾一杯，狂歌竹枝曲。

筠翠一聯，寫得浮筠膩粉，光動紙上，曲盡新竹姿致。

《洛下卜居》

三年典郡歸，所得非金帛。天竺石兩片，華亭鶴一隻。飲啄供稻粱，包裹用茵席。誠知是勞費，其奈心愛惜。遠從餘杭郭，同到洛陽陌。下擔拂雲根，開籠展霜翮。貞姿不可雜，高性宜其適。遂就無塵坊，仍求有水宅。東南得幽境，樹老寒泉碧。池畔多竹陰，門前少人跡。未請中庶祿，且脫雙驂易。豈獨為身謀？安吾鶴與石。［買履道宅價不足，因以兩馬償之。］

清況可掬，卻是抒寫真趣，非矯語鳴廉也。鶴石分承細寫，一句結足，不曰點綴新居，而曰安鶴與石，妙甚！

《郡中西園》

閒園多芳草，春夏香靡靡。深樹足佳禽，旦暮鳴不已。院門閉松竹，庭徑穿蘭芷。愛彼池上橋，獨來聊徙倚。魚依藻長樂，鷗見人暫起。有時舟隨風，盡日蓮照水。誰知郡府內，景物閒如此。始悟喧靜緣，何嘗繫遠邇。

妙諦從心遠地偏悟出。

《九日宴集醉題郡樓兼呈周殷二判官》

前年九日餘杭郡，呼賓命宴虛白堂。去年九日到東洛，今年九日來吳鄉。兩邊蓬鬢一時白，三處菊花同色黃。一日日知添老病，一年年覺惜重陽。江南九月未搖落，柳青蒲綠稻穗香。姑蘇臺榭倚蒼靄，太湖山水含清光。可憐假日好天色，公門吏靜風景涼。搒舟鞭馬取賓客，掃樓拂席排壺觴。胡琴錚鏦指拨剌，吳娃美麗眉眼長。笙歌一曲思凝絕，金鈿再拜光低昂。日腳欲落備燈燭，風頭漸高加酒漿。觥盞灩翻菡萏葉，舞鬟擺落茱萸房。半酣憑檻起四顧，七堰八門六十坊。遠近高低寺間出，東西南北橋相望。水道脈分棹鱗此，里閭棋布城冊方。人煙樹色無隙罅，十里一片青茫茫。自問有何才與政，高廳大館居中央。銅魚今乃澤國節，刺史是古吳都王。郊無戎馬郡無事，門有棨戟腰有章。盛時倘來合慚愧，壯歲忽去還感傷。從事醒歸應不可，使君醉到亦何妨。請君停杯聽我語，此語真實非虛狂。五旬已過不為夭，七十為期蓋是常。須知菊酒登高會，從此多無二十場。

以九日起，以宴集結，中幅鋪敘吳中山水人物城市之勝，可作圖經。

《霓裳羽衣歌》

我昔元和侍憲皇，曾陪内宴宴昭陽。千歌百舞不可數，就中最愛霓裳舞。舞時寒食春風天，玉鉤欄下香案前。案前舞者顏如玉，不著人家俗衣服。虹裳霞帔步搖冠，鈿瓔累累佩珊珊。娉婷似不任羅綺，顧聽樂懸行復止。磬簫箏笛遞相攙，擊擫彈吹聲邐迤。［凡法曲之初，眾樂不齊，唯金石絲竹次第發聲，霓裳序初亦復如此］散序六奏未動衣，陽臺宿雲慵不飛。［散序六遍無拍，故不舞也。］中序擘騞初入拍，秋竹竿裂春冰拆。［中序始有拍，亦名拍序。］飄然轉旋回雪輕，嫣然縱送游龍驚。小垂手後柳無力，斜曳裾時雲欲生。［四句皆霓裳舞之初態。］煙蛾斂略不勝態，風袖低昂如有情。上元點鬟招萼緑，王母揮袂别飛瓊。［許飛瓊、萼緑華，皆女仙也。］繁音急節十二遍，跳珠撼玉何鏗錚。［霓裳曲凡十二遍而終。］翔鸞舞了卻收翅，唳鶴曲終長引聲。［凡曲將畢，皆聲拍促速，唯霓裳之末，長引一聲也。］當時乍見驚心目，凝視諦聽殊未足。一落人間八九年，耳冷不曾聞此曲。湓城但聽山魈語，巴峽唯聞杜鵑哭。［予自江州司馬轉忠州刺史。］移領錢唐第二年，始有心情問絲竹。玲瓏箜篌謝好箏，陳寵觱篥沈平笙。清弦脆管纖纖手，教得霓裳一曲成。［自玲瓏以下，皆杭之妓名。］虛白亭前湖水畔，前後只應三度按。便除庶子拋卻來，聞道如今各星散。今年五月至蘇州，朝鐘暮角催白頭。貪看案牘常侵夜，不聽笙歌直到秋。秋來無事多閒悶，忽憶霓裳無處問。聞君部内多樂徒，問有霓裳舞者無？答云七縣十萬户，無人知有霓裳舞。唯寄長歌與我來，題作霓裳羽衣譜。四幅花箋碧間紅，霓裳實録在其中。千姿萬狀分明見，恰與昭陽舞者同。眼前仿佛睹形質，昔日今朝想如一。疑從雲夢呼召來，似著丹青圖寫出。我愛霓裳君合知，發於歌詠形於詩。君不見，我歌云，驚破霓裳羽衣曲。［《長恨歌》云。］又不見，我詩云，曲愛霓裳未拍時。［錢唐詩云。］由來能事皆有主，楊氏創聲君造譜。［開元中，西涼府節度楊敬述造。］君言此舞難得人，須是傾城可憐女。吳妖小玉飛作煙，越豔西施化為土。［夫差女小玉死後，形見於王。其母抱之，霏微若煙霧散空。］嬌花巧笑久寂寥，娃館苧蘿空處所。如君所言誠有是，君試從容聽我語。若求國色始翻傳，但恐人間廢此舞。妍媸優劣寧相遠，大都只在人擡舉。李娟張態君莫嫌，亦擬隨宜且教取。［娟、態，蘇妓之名。］

「我昔元和侍憲皇」至「唳鶴曲終長引聲」，敘霓裳羽衣之節奏聲容也。「當時乍見驚心目」至「聞道如今各星散」，敘自己之仕途遷移而選伎以教霓裳也。「今年五月至蘇州」至「似著丹青圖寫出」，敘微之之寄霓裳羽衣譜也。「我愛霓裳君合知」至末，以和詩意作結，而言此舞之不可失其傳也。曰「就中最愛霓裳舞」、「教得霓裳一曲成」、「無人知有霓裳舞」、「恰與昭陽舞者同」、「但恐人間廢此舞」，敘次分明，層層照應，可當一篇霓裳羽衣記。情致纏綿往復，極一唱三歎之妙。

《夢溪筆談》曰：「葉法善嘗引明皇入月宮，聞仙樂。及上歸，但記其半，遂於笛中寫之。會西涼府都督楊敬述進《婆羅門曲》，與其聲調相符，遂以月中所聞為散序，用敬述所進為其腔，而名《霓裳羽衣曲》。其說出鄭嵎《津陽門詩》注，與公自注不同。」又，「蒲州逍遙樓楣上有唐人橫書，類梵字，相傳是《霓裳譜》，字訓不通，莫知是非。或謂今燕部有《獻仙音曲》，乃其遺聲。然《霓裳》本謂之道調法曲，今《獻仙音》乃小石調耳。未知孰是。」

《韻語陽秋》曰：「《霓裳羽衣舞》，始於開元，盛於天寶，今寂不傳矣。……賴有白詩，可見一二爾。『虹裳』二句言所飾之服也；『散序』二句及繁音二句，言所奏之曲也。而《唐會要》謂《破陣樂》、《赤白桃李花》、《望瀛》、《霓裳羽衣》，總名法曲。今世所傳《望瀛》，亦十二徧，散序無拍曲，終亦長引聲，若樂奏《望瀛》，亦可髣髴其遺意云。」

《小童薛陽陶吹觱栗歌》（和浙西李大夫作。）

剪削幹蘆插寒竹，九孔漏聲五音足。近來吹者誰得名？關璀老死李衮生。衮今又老誰其嗣？薛氏樂童年十二。指點之下師授聲，含嚼之間天與氣。潤州城高霜月明，吟霜思月欲發聲。山頭江底何悄悄，猿鳥不喘魚龍聽。翕然聲作疑管裂，詘然聲盡疑刀截。有時婉軟無筋骨，有時頓挫生稜節。急聲圓轉促不斷，轢轢轔轔似珠貫。緩聲展引長有條，有條直直如筆描。下聲乍墜石沉重，高聲忽舉雲飄蕭。明旦公堂陳宴席，主人命樂娱賓客。碎絲細竹徒紛紛，宫調一聲雄出群。衆聲覶縷不落道，有如部伍隨將軍。嗟爾陽陶方稚齒，下手發聲已如此。若教頭白吹不休，但恐聲名壓關李。

全是摹老杜《觀舞劒器行》而變化出之，筆力峭勁，詞意奇警，在集又高一格。

汪立名曰：按李德裕有《霜夜對月聽小童陽陶吹觱栗歌》，羅隱詩：「平泉上相東征日，曾為陽陶吹觱栗。吴江太守會稽侯，相次三篇皆俊逸。」太守謂公，會稽侯謂元也，然元相集中已失此詩。

《桂苑叢談》曰：咸通中，姑臧公自梁移鎮淮海郡，寡勝游之地，且風亭月觀，既已荒凉，於戲馬臺，連玉鉤道，開剏池沼，建亭臺，既畢，號曰賞心。有浙右小校薛陽陶監押度支運米入城，公喜其姓名，試詢之，果是舊人，及問往日蘆管之事，有朱崖、陸暢、元、白所撰歌篇一軸，公益喜之，以蘆管奏於兹亭，其管絕微，每一篳栗管中常容三管，聲聲如天際自然來云。

《雙石》

蒼然兩片石，厥狀怪且醜。俗用無所堪，時人嫌不取。結從胚渾始，得自洞庭口。萬古遺水濱，一朝入吾手。擔舁來郡内，洗刷去泥垢。孔黑煙痕深，罅青苔色厚。老蛟蟠作足，古劍插為首。忽疑天上落，不似人間有。一可支吾琴，一可貯吾酒。峭絕高數尺，坳泓容一斗。五弦倚其左，一杯置其右。窪樽酌未空，玉山頹已久。人皆有所好，物各求其偶。漸恐少年場，不容垂白叟。回頭問雙石，能伴老夫否。石雖不能言，許我為三友。

觸手明通，游戲自在。此種詩境，開自居易，而蘇軾效之，軾集中《楊康功石》一首本此。

《喜雨》

圃旱憂葵堇，農旱憂禾菽。人各有所私，我旱憂松竹。松幹竹焦死，眷眷在心目。灑葉溉其根，汲水勞僮僕。油雲忽東起，涼雨淒相續。似面洗垢塵，如頭得膏沐。千柯習習潤，萬葉欣欣緑。千日澆灌功，不如一霢霂。方知宰生靈，何異活草木。所以聖與賢，同心調玉燭。

「千日澆灌功，不如一霢霂。」口頭尋常語，卻是至理。喜字意纔寫得盡。末四句推廣言之，小中見大，蓋濟人利物之心，無時或忘也。

《六年春贈分司東都諸公》（時為河南尹。）

我為司州牧，内愧無才術。忝擢恩已多，遭逢幸非一。偶當穀賤歲，適值民安日。郡縣獄空虛，鄉閭盗奔逸。其間最幸者，朝客多分秩。行接鵷鷺群，坐成芝蘭室。時聯拜表騎，間動題詩筆。夜雪秉燭游，春風攜榼出。花教鶯點撿，柳付風排比。法酒淡清漿，含桃嫋紅實。洛童調金管，盧女鏗瑤瑟。黛慘歌思深，腰凝舞拍密。每因同醉樂，自覺忘衰疾。始悟肘後方，不如杯中物。生涯隨日過，世事何時畢。老子苦乖慵，希君數牽率。

「偶當穀賤歲」四句，先將境内承平之況，吏治之善，特筆提寫。以下接入宴游之樂，便自不妨，此其所以可幸也。儻四境不治，而從事宴游，是曠官也，方自媿之不暇，何以幸為！韋應物詩云：「邑有流亡媿俸錢。」與此作兩得之矣。

《和三月三十日四十韻》

送春君何在，君在山陰署。憶我蘇杭時，春游亦多處。為君歌往事，豈敢辭勞慮。莫怪言語狂，須知酬答遽。江南臘月半，水凍凝如瘀。寒景尚蒼茫，和風已吹噓。女牆城似竃，雁齒橋如鋸。魚尾上奫淪，草芽生沮洳。律遲太簇管，日緩羲和馭。布澤木龍催，迎春土牛助。雨師習習灑，雲將飄飄翥。四野萬里晴，千山一時曙。杭土麗且康，蘇民富而庶。善惡有懲勸，剛柔無吐茹。兩衙少辭牒，四境稀書疏。俗以勞倈安，政因閒暇著。仙亭日登眺，虎丘時游預。尋幽駐旌軒，選勝回賓御。［望仙亭在杭，虎丘寺在蘇。］舟移溪鳥避，樂作林猿覷。池古莫耶沉，石奇羅刹踞。［劍池在蘇州，羅刹石在杭州。］水苗泥易耨，畬粟灰難鋤。紫蕨抽出畦，白蓮埋在淤。菱花紅帶黯，濕葉黄含菸。鏡動波颭菱，雪回風旋絮。［楚辭云：「葉菸色而就黄。」］手經攀桂馥，齒為嘗梅楚。坐並船腳歌，行多馬蹄趾。聖賢清濁醉，水陸鮮肥飫。魚鱠芥醬調，水葵鹽豉絮。雖微五袴詠，倖免兆人詛。但令樂不荒，何必游無倨。吳苑僕尋罷，越城公尚據。舊游幾客存，新宴誰人與。莫空文舉酒，強下何曾箸。江上易優游，城中多毀譽。分應當自盡，事勿求人恕。我既無子孫，君仍畢婚娶。久為雲雨別，終擬江湖去。范蠡有扁舟，陶潛有籃輿。兩心苦相憶，兩口遙相語。最恨七年春，春來各一處。

和韻奇險，正自章妥句適，寫景歷歷如畫，引人入勝。「但令樂不荒，何必游無倨。」「分應當自盡，事勿求人恕。」尤見道之語。

《和酬鄭侍御東陽春悶放懷追越游見寄》

君得嘉魚置賓席，樂如南有嘉魚時。勁氣森爽竹竿竦，妍文煥爛芙蓉披。載筆在幕名已重，補袞于朝官尚卑。一緘疏入掩谷永，三都賦成排左思。自言拜辭主人後，離心蕩揚風前旗。東南門館別經歲，春眼悵望秋心悲。[以上敘嘉魚。]昨日嘉魚來訪我，方駕同出何所之。樂游原頭春尚早，百舌新語聲卑卑。日趁花忙向南拆，風吹柳急從東吹。流年惝怳不饒我，美景鮮妍來為誰。紅塵三條界阡陌，碧草千里鋪郊畿。餘霞斷時綺幅裂，斜雲展處羅文紕。暮鐘遠近相互動，暝鳥高下飛追隨。酒酣將歸未能去，悵然回望天四垂。生何足養嵇著論，途何足泣楊漣而。胡不花下伴春醉，滿酌綠酒聽黃鸝。嘉魚點頭時一歎，聽我此言不知疲。語終興盡各分散，東西軒騎分逶迤。此詩勿遣閒人見，見恐與他為笑資。白首舊寮知我者，憑君一詠向周師。[周判官師範，蘇杭舊判官，去範字，叶韻。]

整麗疎宕，七古正則。

以上《四庫全書》本《唐宋詩醇》卷二十四

《中隱》

大隱住朝市，小隱入丘樊。丘樊太冷落，朝市太囂喧。不如作中隱，隱在留司官。似出復似處，非忙亦非閒。不勞心與力，又免饑與寒。終歲無公事，隨月有俸錢。君若好登臨，城南有秋山。君若愛游蕩，城東有春園。君若欲一醉，時出赴賓筵。洛中多君子，可以恣歡言。君若欲高卧，但自深掩關。亦無車馬客，造次到門前。人生處一世，其道難兩全。賤即苦凍餒，貴則多憂患。唯此中隱士，致身吉且安。窮通與豐約，正在四者間。

胸中無罣礙，乃得此空明灑脱之境。

《翫止水》

動者樂流水，靜者樂止水。利物不如流，鑒形不如止。淒清早霜降，淅瀝微風起。中面紅葉開，四隅綠萍委。廣狹八九丈，灣環有涯涘。淺深三四尺，洞徹無表裏。淨分鶴翹足，澄見魚掉尾。迎眸洗眼塵，隔胸蕩心滓。定將禪不別，明與誠相似。清能律貪夫，淡可交君子。豈唯空狎玩，亦取相倫擬。欲識靜者心，心源只如此。

見理透，體物精，晉人無此分寸，宋人無此灑脱。

《游坊口懸泉偶題石上》（自注：時為河南尹。）

濟源山水好，老尹知之久。常日聽人言，今秋入吾手。孔山刀劍立，沁水龍蛇走。危磴上懸泉，澄灣轉坊口。虛明見深底，淨緑無纖垢。仙棹浪悠揚，塵纓風抖擻。岩寒松柏短，石古莓苔厚。錦坐纓高低，翠屏張左右。雖無安石妓，不乏文舉酒。談笑逐身來，管弦隨事有。時逢杖錫客，或值垂綸叟。相與澹忘歸，自辰將及酉。公門欲返駕，溪路猶回首。早晚重來游，心期罷官後。

中幅刻畫山水景致，頗近選體，起結香山本色。

《詠興五首》並序

七年四月，予罷河南府，歸履道第。廬舍自給，衣儲自充，無欲無營，或歌或舞，頹然自適，蓋河洛間一幸人也。遇興發詠，偶成五章，各以首句命為題目。

出府歸吾廬

出府歸吾廬，静然安且逸。更無客干謁，時有僧問疾。家僮十餘人，櫪馬三四匹。慵發經旬卧，興來連日出。出游愛何處，嵩碧伊瑟瑟。況有清和天，正當疏散日。身閒自為貴，何必居榮秩。心足即非貧，豈唯金滿室。吾觀權勢者，苦以身徇物。炙手外炎炎，履冰中栗栗。朝饑口忘味，夕惕心憂失。但有富貴名，而無富貴實。

胸有真得，信手拈來，自饒天趣，此種詩境的是從淵明脱化而出，但不無繁簡古近之别，必以字句形跡求之，是耳食之見也。

《詠興五首》「四月池水滿」

四月池水滿，龜游魚躍出。吾亦愛吾池，池邊開一室。人魚雖異族，其樂歸於一。且與爾為徒，逍遥同過日。爾無羡滄海，蒲藻可委質。吾亦忘青雲，衡茅足容膝。況吾與爾輩，本非蛟龍匹。假如雲雨來，只是池中物。

會心不遠，熟讀蒙莊，方有此悟境。

《秋涼閑卧》

殘暑晝猶長，早涼秋尚嫩。露荷散清香，風竹含疏韻。幽閒竟日卧，衰病無人問。薄暮宅門前，槐花深一寸。

「嫩」字奇，當是從秋老想出，卻從未經人道。

《代鶴》

我本海上鶴，偶逢江南客。感君一顧恩，同來洛陽陌。洛陽寡族類，皎皎唯兩翼。貌是天與高，色非日浴白。主人誠可戀，其奈軒庭窄。飲啄雜雞群，年深損標格。故鄉渺何處，雲水重重隔。誰念深籠中，七換摩天翮？

比意深遠。

《立秋夕有懷夢得》

露簟荻竹青，風扇蒲葵輕。一與故人別，再見新蟬鳴。是夕涼飆起，閒境入幽情。回燈見棲鶴，隔竹聞吹笙。夜茶一兩杓，秋吟三數聲。所思渺千里，雲水長洲城。

琢句清雅似王維。

《南池早春有懷》

朝游北橋上，晚憩南塘畔。西日雪全銷，東風冰盡泮。𦨴𦨴魚尾掉，瞥瞥鵝毛換。泥暖草芽生，沙虛泉脈散。晴芳冒苔島，宿潤侵蒲岸。洛下日初長，江南春欲半。時光共拋擲，人事堪嗟歎。倚棹忽尋思，去年池上伴。

妙於體物，息心靜觀得之。

《北窗三友》

今日北窗下，自問何所為。欣然得三友，三友者為誰？琴罷輒舉酒，酒罷輒吟詩。三友遞相引，循環無已時。一彈愜中心，一詠暢四肢。猶恐中有間，以酒彌縫之。豈獨吾拙好，古人多若斯。嗜詩有淵明，嗜琴有啟期。嗜酒有伯倫，三人皆吾師。或乏儋石儲，或穿帶索衣。弦歌復觴詠，樂道知所歸。三師去已遠，高風不可追。三友游甚熟，無日不相隨。左擲白玉卮，右拂黃金徽。興酣不疊紙，走筆操狂詞。誰能持此詞，為我謝親知。縱未以為是，豈以我為非？

「猶恐中有閑，以醉彌縫之」，濁醪妙理如是，正從「三日不飲，覺形神不復相親」語化出，有三友，便有三師，涉筆成趣。

《裴侍中晉公以集賢林亭即事詩二十六韻見贈，猥蒙徵和，才拙詞繁，輒廣為五百言以伸酬獻》

三江路萬里，五湖天一涯。何如集賢第，中有平津池。池勝主見覺，景新人未知。竹森翠琅玕，水深洞琉璃。水竹以為質，質立而文隨。文之者何人，公來親指麾。疏鑿出人意，結構得地宜。靈襟一搜索，勝概無遁遺。因下張沼沚，依高築階基。嵩峰見數片，伊水分一支。南溪修且直，長波碧逶迤。北館壯復麗，倒影紅參差。東島號晨光，杲曜迎朝曦。西嶺名夕陽，杳曖留落暉。前有水心亭，動盪架漣漪。後有開合堂，寒溫變天時。幽泉鏡泓澄，怪石山欹危。［以上八所各具本名。］春葩雪漠漠，夏果珠離離。［謂杏花島。謂櫻桃島。］主人命方舟，宛在水中坻。親賓次第至，酒樂前後施。解纜始登泛，山游仍水嬉。沿洄無滯礙，向背窮幽奇。瞥過遠橋下，飄旋深澗陲。管弦去縹緲，羅綺來霏微。棹風逐舞回，梁塵隨歌飛。宴餘日雲暮，醉客未放歸。高聲索彩箋，大笑催金卮。唱和筆走疾，問答杯行遲。一詠清兩耳，一酣暢四肢。主客忘貴賤，不知俱是誰。客有詩魔者，吟哦不知疲。乞公殘紙墨，一掃狂歌詞。維公社稷臣，赫赫文武姿。十授丞相印，五建大將旗。四朝致勳華，一身冠皋夔。去年才七十，決赴懸車期。公志不可奪，君恩亦難違。從容就中道，俯僶來保釐。貂蟬雖未脫，鸞凰已不羈。歷征今與古，獨步無等夷。陸賈功業少，二疏官秩卑。乘舟范蠡懼，辟穀留侯飢。豈如公今日，身安家國肥。羊祜在漢南，空留峴首碑。柳惲在江南，只賦汀洲詩。謝安入東山，但說攜蛾眉。山簡醉高陽，唯聞倒接䍦。豈如公今日，餘力兼有之。願公壽如山，安樂長在茲。願我比蒲稗，永得相因依。［謝靈運詩云：蒲稗相因依。］

「三江路千里」至「夏果珠離離」，詳敘林亭結構之勝。「公來親指麾」五句，特筆提寫，平章風月，行所無事，是大作用人間中經濟也。「主人命方舟」至「不知俱是誰」，極言宴飲之樂。「客有詩魔者」至「鸞鳳已不羈」，入到自己，歷敘裴之功名出處，數行一筆寫出。「歷徵今與古」至「餘力兼有之」，又歷舉古人作襯，見其兼有衆美。「願公壽如山」四句，以祝頌意作結。洋洋大篇，一氣呵成，又復莊重得體，真絕大手筆，亦惟度足以當之。

《新唐書·裴度傳》：度「治第東都集賢里，沼石林叢，岑繚幽勝。午橋作別墅，具燠館涼臺，號『綠野堂』，激波其下。度野服蕭散，與白居易、劉禹錫為文章、把酒，窮晝夜相歡，不問人間事」。

《晚歸香山寺因詠所懷》

我年日已老，我身日已閒。閒出都門望，但見水與山。關塞碧巖巖，伊流清潺潺。中有古精舍，軒户無扃關。岸草歇可藉，逕蘿行可攀。朝隨浮雲出，夕與飛鳥還。吾道本迂拙，世途多險艱。嘗聞嵇吕輩，尤悔生疎頑。巢悟入箕潁，皓知返商巔。豈唯樂肥遯，聊復祛憂患。吾亦從此去，終老伊嵩間。

《劇談録》曰：「樂天為少傅，分務洛師，情興高逸。……盧尚書簡辭有别墅，近枕伊水。冬日與羣從子姪同游，倚欄眺嵩洛。俄而霰雪微下，情興益高，因話廉察金陵，常記江南煙水，每見居人以葉舟浮泛，就食菰米鱸魚，近来思之，如在心目。良久，忽見二人，衣簑笠，循岸而来，牽引篷艇，船頭覆青幕，中有白衣人，與衲僧偶坐；船後有小竈，安桐甑，丱角童煮茗，泝流過于檻前。舟中吟嘯方酣。問之，乃是白傅與僧佛光，自建春門往香山精舍。」此一段，可謂天然圖畫。

《洛陽有愚叟》

洛陽有愚叟，白黑無分别。浪迹雖似狂，謀身亦不拙。點檢盤中飯，非精亦非糲。點檢身上衣，無餘亦無闕。天時方得所，不寒復不熱。體氣正調和，不飢仍不渴。閒將酒壺出，醉向人家歇。野食或烹鮮，寓眠多擁褐。抱琴榮啓樂，荷锸劉伶達。放眼看青山，任頭生白髮。不知天地内，更得幾年活。從此到終身，盡為閒日月。

苕溪漁隱曰：「放眼看青山，任頭生白髮。」其超放如此。

《菩提寺上方晚望香山寺寄舒員外》

晚登西寶刹，晴望東精舍。反照轉樓臺，輝輝似圖畫。冰浮水明滅，雪壓松偃亞。石閣僧上來，雲汀雁飛下。西京鬧於市，東洛閒如社。曾憶舊游無，香山明月夜。

真畫景，畫家卻無下筆處。

《小臺》

新樹低如帳，小臺平似掌。六尺白藤牀，一莖青竹杖。風飄竹皮落，苔印鶴跡上。幽境與誰同，閒人自來往。

似王，亦似韋。

《小閣閒坐》

閣前竹蕭蕭，閣下水潺潺。拂簟卷簾坐，清風生其間。靜聞新蟬鳴，遠見飛鳥還。但有巾掛壁，而無客叩關。二疏返故里，四老歸舊山。吾亦適所願，求閒而得閒。

起四句颯然而來，紙上有聲。

《和夢得洛中早春見贈七韻》

眾皆賞春色，君獨憐春意。春意竟如何，老夫知此味。燭餘減夜漏，衾暖添朝睡。恬和臺上風，虚潤池邊地。開遲花養豔，語懶鶯含思。似訝隔年齋，如勸迎春醉。何日同宴游，心期二月二。[此日出齋，故云。]

「開遲花養艷，語嬾鶯含思」十字，刻畫工絶，寫春意變虚為實，尤奇。

《夢上山》（時足疾未平。）

夜夢上嵩山，獨攜藜杖出。千岩與萬壑，游覽皆周畢。夢中足不病，健似少年日。既悟神返初，依然舊形質。始知形神内，形病神無疾。形神兩是幻，夢寤俱非實。晝行雖蹇澀，夜步頗安逸。晝夜既平分，其間何得失？

一片悟境，「形病神無疾」五字，尤有至理。

《西湖晚歸回望孤山寺贈諸客》

柳湖松島蓮花寺，晚動歸橈出道場。盧橘子低山雨重，棕櫚葉戰水風涼。煙波澹蕩搖空碧，樓殿參差倚夕陽。到岸請君回首望，蓬萊宮在海中央。

句法挺健，由字法生新也。「重」字、「戰」字、「搖」字、「倚」字俱下得警拔，遂覺全首生動。故曰「鍊句不如鍊字」。

《杭州春望》

望海樓明照曙霞，護江堤白蹋晴沙。[城東樓名望海樓。] 濤聲夜入伍員廟，柳色春藏蘇小家。紅袖織綾誇柹蔕，[杭州出柹蔕花者尤佳也。] 青旗沽酒趁梨花。[其俗釀酒趁梨花時熟，號為梨花春。] 誰開湖寺西南路？草緑裙腰一道斜。[孤山寺路在湖洲中，草緑時望如裙腰。]

「入」字、「藏」字極寫望中之景，落句結足春意。

汪立名曰：按《能改齋漫録》云：劉次莊《樂府解題》曰：錢塘蘇小歌，蘇小非唐人，世見樂天、夢得詩多稱詠，遂謂之同時耳。按郭茂倩所編引《廣題》曰：蘇小小，錢塘名娼也，蓋南齊時人。西陵在錢塘江之西，故古詞云：「何處結同心，西陵松柏下。」

《江樓夕望招客》

海天東望夕茫茫，山勢川形闊復長。燈火萬家城四畔，星河一道水中央。風吹古木晴天雨，月照平沙夏夜霜。能就江樓消暑否，比君茅舍校清涼。

高瞻遠矚，「坐馳可以役萬景」，他人有此眼力，無此筆力。

《江樓晚眺，景物鮮奇，吟翫成篇，寄水部張籍員外》

澹煙疎雨間斜陽，江色鮮明海氣涼。蜃散雲收破樓閣，虹殘水照斷橋梁。風翻白浪花千片，雁點青天字一行。好著丹青圖畫取，題詩寄與水曹郎。

起句便是極好畫景，中四句四面摹寫，總為「鮮明」二字設色，落句以圖畫結足，歸到寄詩之意，篇法極緊。

《春題湖上》

湖上春來似畫圖，亂峰圍繞水平鋪。松排山面千重翠，月點波心一顆珠。碧毯線頭抽早稻，青羅裙帶展新蒲。未能拋得杭州去，一半句留是此湖。

「畫圖」二字是詩眼，下五句皆實寫畫圖中景，以不舍意作結，而曰「一半勾留」，言外正有餘情。

《別州民》

耆老遮歸路，壺漿滿別筵。甘棠無一樹，那得淚潸然？稅重多貧户，農饑足旱田。唯留一湖水，與汝救凶年。［今春增築錢塘湖堤，貯水以防天旱，故云。］

後四句，經濟政績具見其中，慈惠之意藹然言表，必如此留心民事，方許詩酒游遨，彼「長日惟消一局棋」者，那得藉口風流也！

《答微之誇越州州宅》

賀上人回得報書，大誇州宅似仙居。厭看馮翊風沙久，喜見蘭亭煙景初。日出旌旗生氣色，月明樓閣在空虛。知君暗數江南郡，除卻餘杭盡不如。

中二聯敘越州風景，微之所誇也；結句戲以折之，樂天自誇也。

《酬微之》

微之題云：郡務稍簡，因得整集舊詩，並連綴刪削，封章諫草，繁委箱笥，謹逾百軸，偶成自歎。兼寄樂天。

滿篋填箱唱和詩，少年為戲老成悲。聲聲麗曲敲寒玉，句句妍辭綴色絲。

吟玩獨當明月夜，傷嗟同是白頭時。由來才命相磨折，天遣無兒欲怨誰。[微之句云：天遣兩家無嗣子，欲將文字付誰人。故以此答之。]

陸龜蒙有云：「滛畋漁者謂之暴天物。天物且不可暴，又可抉摘削露其情狀乎，……天能不致罰耶？長吉夭，東野窮，玉谿生官不掛朝籍而死，正坐是哉。」由此觀之，元、白之無後，未必非天之致罰也。玩落句意，香山其自知之矣。

《答微之見寄》（時在郡樓對雪。）

可憐風景浙東西，先數餘杭次會稽。禹廟未勝天竺寺，錢湖不羡若耶溪。擺塵野鶴春毛暖，拍水沙鷗濕翅低。更對雪樓君愛否，紅欄碧甃點銀泥。

腹聯先將雪意寫透，結句點出好景如畫。

《得湖州崔十八使君書，喜與杭越隣郡，因成長句代賀，兼寄微之》

三郡何因此結緣，貞元科第忝同年。故情歡喜開書後，舊事思量在眼前。越國封疆吞碧海，杭城樓閣入青煙。吴興卑小君應屈，為是蓬萊最後仙。[貞元初同登科，崔君名最在後，當時崔自詠云：人間不會雲間事，應笑蓬萊最後仙。]

逐句相承，篇法綿密，卻滅盡針線之跡，由其律熟而氣厚也。

汪立名曰：按《紀事》崔玄亮刺湖州時，白公刺杭，元微之以觀察刺越，有唱和詩，號三州唱和集。

《贈侯三郎中》

老愛東都好寄身，足泉多竹少埃塵。年豐最喜唯貧客，秋冷先知是瘦人。幸有琴書堪作伴，苦無田宅可為隣。洛中縱未長居得，且與田蘇游過春。

善以文言道俗情，本色語倍覺雅馴。

《履道新居二十韻》

履道坊西角，官河曲北頭。林園四鄰好，風景一家秋。門閉深沉樹，池通淺沮溝。拔青松直上，鋪碧水平流。籬菊黄金合，窗筠緑玉稠。疑連紫陽洞，似到白蘋洲。僧至多同宿，賓來輒少留。豈無詩引興，兼有酒銷憂。移榻臨平岸，攜茶上小舟。果穿聞鳥啄，萍破見魚游。地與塵相遠，人將境共幽。泛潭菱點鏡，沉浦月生鉤。廚曉煙孤起，庭寒雨半收。老飢初愛粥，瘦冷早披裘。洛下招新隱，秦中忘舊游。辭章留鳳閣，班籍寄龍樓。病慚官曹静，閒慚俸禄優。琴書中有得，衣食外何求？濟世才無取，謀身智不周。應須共心語，萬事一時休。

竟體穩洽。「拔青松直上」一聯，鍊句尤挺健。

《夢行簡》

天氣妍和水色鮮，閒吟獨步小橋邊。池塘草綠無佳句，虛卧春窗夢阿憐。

習用語妙於點化。

《自到郡齋，僅經旬日方專公務，未及宴游，偷閒走筆題二十四韻，兼寄常州賈舍人、湖州崔郎中，呈吳中諸客仍》

渭北離鄉客，江南守土臣。涉途初改月，入境已經旬。甲郡標天下，環封極海濱。版圖十萬户，兵籍五千人。自顧才能少，何堪寵命頻。冒榮慚印綬，虛奬負絲綸。［除蘇州制云：藏於己為道義，施於物為政能。在公形骨鯁之志，闔境有襦褲之樂。］候病須通脈，防流要塞津。救煩無若静，補拙莫如勤。削使科條簡，攤令賦役均。以兹為報效，安敢不躬親。襦褲提於手，韋弦佩在紳。敢辭稱俗吏，且願活疲民。常未徵黄霸，湖猶借寇恂。［常州］、［湖州］愧無鐺腳政，徒忝犬牙憐。［河北三郡相鄰，皆有善政，時為鐺腳刺史。見唐書。］制詔誇黄絹，詩篇占白蘋。［美賈常州也。美崔吴興也。］銅符抛不得，瓊樹見無因。［自謂也。］警寐鐘傳夜，催衙鼓報晨。唯知對胥吏，未暇接親賓。色變雲迎夏，聲殘鳥過春。麥風非逐扇，梅雨異隨輪。武寺山如故，王樓月自新。［武丘寺也。郡内東南樓名也。］池塘閒長草，絲竹廢生塵。暑遣燒神酎，晴教煞舞茵。待還公事了，亦擬樂吾身。

中幅極盡理煩治劇之略，蓋到郡經旬，而規模已定矣。一結即先憂後樂意，乃知居易實具經世之才，而當時未竟其用，為可惜也。分司以後，時不可為，不得已托詩酒以自娱耳。「救煩無若静，補拙莫如勤」十字，凡為守令者，當録置座右。

《故衫》

闇澹緋衫稱老身，半披半曳出朱門。袖中吴郡新詩本，襟上杭州舊酒痕。殘色過梅看向盡，故香因洗齅猶存。曾經爛漫三年著，欲棄空箱似少恩。

所詠止一衫，而衫之色香襟袖，衫之時地歲月，歷歷清出，並著衫之人身分性情，亦曲曲傳出，卻又渾成熨貼，無一點安排痕跡，亦絕不假一字纖巧雕琢，此香山擅塲處，李商隱輩豈能辦此。

《病中多雨逢寒食》

水國多陰常嬾出，老夫饒病愛閒眠。三旬卧度鶯花月，一半春消風雨天。薄暮何人吹觱篥，新晴幾處縛鞦韆。綵繩芳樹長如舊，唯是年年换少年。

頸聯何其藴藉，宋人「年年不帶看花眼，不是愁中即病中」之句，便覺徑直少味。

《重答劉和州》（來篇云：蘇州刺史例能詩，西掖今來替左司。又云：若共吴王鬬百草，不如唯是欠西施。）

分無佳麗敵西施，敢有文章替左司？隨分笙歌聊自樂，等閒篇詠被人知。花邊妓引尋香徑，月下僧留宿劍池。可惜當時好風景，吴王應不解吟詩。[采香徑在館娃宫。]

不敢替左司，但可傲睨吴王，即蘇軾云「識字劣能欺項籍」也。

《六月三日夜聞蟬》

荷香清露墜，柳動好風生。微月初三夜，新蟬第一聲。乍聞愁北客，静聽憶東京。我有竹林宅，别來蟬再鳴。不知池上月，誰撥小船行。

一片空明。詩境至此，纔許當一清字，直是天分高絕，鈍根人何從學步？

《河亭晴望》（九月八日）

風轉雲頭斂，煙銷水面開。晴虹橋影出，秋雁櫓聲來。郡静官初罷，鄉遥信未迴。明朝是重，九誰勸菊花杯。

氣味近老杜。

《太湖石》

煙翠三秋色，波濤萬古痕。削成青玉片，截斷碧雲根。風氣通巖穴，苔紋護洞門。三峯具體小，應是華山孫。

律法渾成，腹聯刻畫絕警，結句陡健有力。

《寄殷協律》

五歲優游同過日，一朝消散似浮雲。琴詩酒伴皆抛我，雪月花時最憶君。幾度聽雞歌白日，亦曾騎馬詠紅裠。吴娘暮雨蕭蕭曲，自别江南更不聞。

無限感慨，結（冶）語更淒涼。

《臨都驛答夢得六言二首》

揚子津頭月下，臨都驛里燈前。昨日老於前日，去年春似今年。

謝守歸為祕監，馮公老作郎官。前事不須問著，新詩且更吟看。

節短音長。

《春詞》

低花樹映小妝樓，春入眉心兩點愁。斜倚欄干背鸚鵡，思量何事不回頭。

艷體妙於蘊籍。

《送敏中歸豳寧幕》

六十衰翁兒女悲，傍人應笑爾應知。弟兄垂老相逢日，杯酒臨歡欲散時。前路加餐須努力，今宵盡醉莫推辭。司徒知我難為別，直過秋歸未訝遲。

情景一湧而出，清空如話，倍覺沉著深摯，惻惻動人，棣華雁影，浮詞不掃自去。

《送鶴與裴相臨別贈詩》

司空愛爾爾須知，不信聽吟送鶴詩。羽翮勢高寧惜別，稻粱恩厚莫愁飢。夜棲少共雞爭樹，曉浴先饒鳳占池。穩上青雲勿回顧，的應勝在白家時。

腹聯便是一生得力處，豈徒贈鶴，兼可風世，正與《送崔考功赴闕》意同。

馮班曰：比興忠厚。

《烏夜啼》

城上歸時晚，庭前宿處危。月明無葉樹，霜滑有風枝。啼澀飢喉咽，飛低凍翅垂。畫堂鸚鵡鳥，冷暖不相知。

夜景刻畫極警，一結托興尤深。

《想東游五十韻》並序

大和三年春，予病免官後，憶游浙右數郡，兼思到越一訪微之。故兩浙之間，一物已上，想皆在目，吟且成篇，不能自休，盈五百字，亦猶孫興公想天台山而賦之也。

海內時無事，江南歲有秋。生民皆樂業，地主盡賢侯。郊靜銷戎馬，城高逼斗牛。平河七百里，沃壤二三州。[自常及杭，凡三百里。] 坐有湖山趣，行無風浪憂。食寧妨解纜，寢不廢乘流。泉石諳天竺，煙霞識虎丘。[天竺、虎丘寺，皆領郡時舊游最熟處。] 余芳認蘭澤，遺詠思蘋洲。[古詩云：蘭澤多芳草。

又柳惲詩云：汀洲采白蘋。］菡萏紅塗粉，菰蒲緑潑油。鱗差漁户舍，綺錯稻田溝。紫洞藏仙窟，玄泉貯怪湫。精神昂老鶴，姿彩媚潛虬。［大謝詩云：潛虬媚幽姿。］静閲天工妙，閒窺物狀幽。投竿出比目，擲果下獼猴。味苦蓮心小，漿甜蔗節稠。橘苞從自結，藕孔是誰鎪？逐日移潮信，隨風變棹謳。遞夫交烈火，候吏次鳴騶。梵塔形疑踴，閶門勢欲浮。［重玄閣。吴閶門。］客迎攜酒榼，僧待置茶甌。小宴閒談笑，初筵雅獻酬。稍催朱蠟炬，徐動碧牙籌。圓盞飛蓮子，長裾曳石榴。柘枝隨畫鼓，調笑從香球。幕揚雲飄檻，簾褰月露鈎。舞繁紅袖凝，歌切翠眉愁。弦管寧容歇，杯盤未許收。良辰宜酩酊，卒歲好優游。鱠縷鮮仍細，蓴絲滑且柔。飽餐為日計，穩睡是身謀。名愧空虚得，官知止足休。自嫌猶屑屑，衆笑大悠悠。物表疏形役，人寰足悔尤。蛾須遠燈燭，兔勿近罝罘。幻世春來夢，浮生水上漚。百憂中莫入，一醉外何求。未死癡王湛，無兒老鄧攸。蜀琴安膝上，周易在床頭。去去無程客，行行不繫舟。勞君頻問訊，勸我少淹留。［自此後並屬微之。］雲雨多分散，關山苦阻修。一吟江月别，七見日星周。［昔在杭州别微之，微之留詩云：明朝又向江頭别，月落潮平是去時。］珠玉傳新什，鵷鸞念故儔。懸旌心宛轉，束楚意綢繆。驛舫妝青雀，官槽秣紫騮。鏡湖期遠泛，禹穴約冥搜。預掃題詩壁，先開望海樓。飲思親履舄，宿憶並衾稠。志氣吾衰也，風情子在不？應須相見後，别作一家游。［吾衰、子在，並出《家語》。］

洋洋纚纚，一氣轉旋，細意熨貼，層次井然，起伏照應，極變化斷續之妙。

《將至東都先寄令狐留守》

黄鳥無聲葉滿枝，閒吟想到洛城時。惜逢金谷三春盡，恨拜銅樓一月遲。詩境忽來還自得，醉鄉潛去與誰期。東都添箇狂賓客，先報壺觴風月知。

「詩境忽來還自得」，蕭子顯所謂「須其自來。不以力構也」。杜甫「詩成覺有神」，亦是此意。

《晚桃花》

一樹紅桃亞拂池，竹遮松蔭晚開時。非因斜日無由見，不是閒人豈得知。寒地生材遺校易，貧家養女嫁常遲。春深欲落誰憐惜？白侍郎來折一枝。

比意深婉，總從一「晚」字生情。「寒地生材」句自是主意，以「貧家養女」句更切桃花，故仍以上句作陪，律法極細。

《阿崔》

謝病卧東都，羸然一老夫。孤單同伯道，遲暮過商瞿。豈料鬢成雪，方看掌弄珠。已衰寧望有，雖晚亦勝無。蘭入前春夢，桑懸昨日弧。里閭多慶賀，親戚共歡娱。膩剃新胎髮，香绷小繡襦。玉芽開手爪，酥顆點肌膚。弓冶將傳汝，琴書勿墜吾。未能知壽夭，何暇慮賢愚。乳氣初離殼，啼聲漸變雛。何時能反哺，供養白頭烏?

寫小兒初生，端詳入細。一結喜極，不覺慮其將來，軟語心酸，逼真老人情景。此種自讓香山獨步。

以上《四庫全書》本《唐宋詩醇》卷二十五

《西風》

西風來幾日，一葉已先飛。新霽乘輕屐，初涼换熟衣。淺渠銷慢水，疏竹漏斜暉。薄暮青苔巷，家僮引鶴歸。

蕭疏淡遠。

《題岐王舊山池石壁》

樹深藤老竹迴環，石壁重重錦翠斑。俗客看來猶解愛，忙人到此亦須閒。况當霽景涼風後，如在千巖萬壑間。黄綺更歸何處去，洛陽城内有商山。

一氣相生，珠圓玉潤，此七律正宗也。「况當」一聯開宋調，而氣味自厚。

《和令狐相公寄劉郎中兼見示長句》

日月天衢仰面看，尚淹池鳳滯臺鸞。碧幢千里空移鎮，赤筆三年未轉官。别後縱吟終少興，病來雖飲不多歡。酒軍詩敵如相遇，臨老猶能一據鞍。

豪極，香山變調。

《期宿客不至》

風飄雨灑簾帷故，竹映松遮燈火深。宿客不來嫌冷落，一尊酒對一張琴。

唐人七絶每著意前半，此詩上二句字字用意，已寫透冷落光景，下二句一拍自合。

《晚歸府》

晚從履道來歸府，街路雖長尹不嫌。馬上涼於牀上坐，綠槐風透紫蕉衫。

自為寫照，風致瀟灑，視宋祁「兩行紅燭攤書」者何如。

《元相公輓歌詞三首》（録一首）

銘旌官重威儀盛，騎吹聲繁鹵簿長。後魏帝孫唐宰相，六年七月葬咸陽。

嚴重簡括，可當一篇墓誌。

《酬李二十侍郎》

筍老蘭長花漸稀，衰翁相對惜芳菲。殘鶯著雨慵休囀，落絮無風凝不飛。行掇木芽供野食，坐牽蘿蔓掛朝衣。十年分手今同醉，醉未如泥莫道歸。

頷聯似賦似比，意致纏綿，深人無淺語。

《池上閒詠》

青莎臺上起書樓，綠藻潭中繫釣舟。日晚愛行深竹裏，月明多上小橋頭。蹔嘗新酒還成醉，亦出中門便當游。一部清商聊送老，白鬚蕭颯管絃秋。

天機清妙，吐屬自然，不知者或以為開宋派矣。

《送考功崔郎中赴闕》

稱意新官又少年，秋涼身健好朝天。青雲上了無多路，卻要徐驅穩著鞭。

規戒深摯。

《同諸客題于家公主舊宅》

平陽舊宅少人游，應是游人到即愁。布谷鳥啼桃李院，絡絲蟲怨鳳凰樓。臺傾滑石猶殘砌，簾斷真珠不滿鉤。聞道至今蕭史在，髭鬚雪白向明州。

寫景穠麗，倍覺蒼涼，一結黯然神傷，不堪卒讀。

汪立名曰：按周益公《英華辨證》：于家公主，憲宗之女永昌公主，下嫁頔之子季友，元和間卒。追封梁國，謚惠康。于頔家河南後，徙京兆。居易所題舊宅在洛中，言公主已亡，而蕭史尚在，後又有《寄明州於駙馬使君》詩云：「留滯三年在浙東」，及海味腥鹹之語，皆指明州也。《英華》作韶州，是誤以于季友為于琮也，琮尚宣宗廣德公主，在大中十三年，居易歿已久，至貶韶州，則在咸通十三年，相去更遠矣。

《楊柳枝詞八首》（録四首）

依依嫋嫋復青青，勾引春風無限情。白雪花繁空撲地，綠絲條弱不勝鶯。

紅版江橋青酒旗，館娃宮暖日斜時。可憐雨歇東風定，萬樹千條各自垂。

蘇州楊柳任君誇，更有錢塘勝館娃。若解多情尋小小，綠楊深處是蘇家。

葉含濃露如啼眼，枝嫋輕風似舞腰。小樹不禁攀折苦，乞君留取兩三條。

四詩風格，不減盛唐。

《春早秋初因時即事兼寄浙東李侍郎》

春早秋初晝夜長，可憐天氣好年光。和風細動簾帷暖，清露微凝枕簟涼。窗下曉眠初減被，池邊晚坐乍移牀。閒從蕙草侵階緑，静任槐花滿地黄。理曲管絃聞後院，熨衣燈火映深房。四時新景何人別，遥憶多情李侍郎。

春早秋初起句揭出，以下兩兩分寫，言下俱有情在，結以多情一句收足，點睛欲飛。

《送姚杭州赴任因思舊游》

與君細話杭州事，為我留心莫等閒。閭里固宜勤撫恤，樓臺亦要數躋攀。笙歌縹緲虚空裏，風月依稀夢想間。且喜詩人重管領，遥飛一琖賀江山。

不曰賀詩人，而曰賀江山，立言特妙。感舊傳衣，頌姚揚已，幾層意思，總攝在内，真仙筆也。

《韋七自太子賓客再除秘書監以長句賀而餞之》（自注：韋往年嘗與予同為秘監）

離筵莫愴且同歡，共賀新恩拜舊官。屈就商山伴麋鹿，好歸芸閣狎鵷鸞。落星石上蒼苔古，畫鶴廳前白露寒。老監姓名應在壁，相思試為拂塵看。

曲折盡意，雍容大雅。

《九年十一月二十一日感事而作》（其日獨游香山寺）

禍福茫茫不可期，大都早退似先知。當君白首同歸日，是我青山獨往時。顧索素琴應不暇，憶牽黄犬定難追。麒麟作脯龍為醢，何似泥中曳尾龜？

《東坡志林》曰：「樂天為王涯所讒，謫江州司馬。甘露之禍，樂天在洛，適游香山寺，有『白首同歸』二句，不知者以為幸之也。樂天豈幸人之禍者哉？蓋悲之也。」汪立名曰：「按：『白首同所歸』乃潘岳、石崇臨刑時語。太和九年甘露事，李訓、鄭注、舒元輿、王涯、賈餗皆被害，味詩中『同歸』句，本就事而言，不專指王涯也。公自蘇州召還，秩位漸崇，見機引退，宦官之禍，固早計及者，何致追憾王涯？況公之遷謫，本由宦官惡之，附宦官者成之，豈反以中人誅夷士大夫為快！幸禍之説，蓋出章子厚，諺所謂以小人心度君子腹耳。」

《春來頻與李二賓客郭外同游因贈長句》

風光引步酒開顔，送老消春嵩洛間。朝踏落花相伴出，暮隨飛鳥一時還。我為病叟誠宜退，君是才臣豈合閒。可惜濟時心力在，放教臨水復登山。

觀此詩，可知香山未嘗一刻忘世，豈獨為他人惋惜耶！

《閒居春盡》

閒泊池舟静掩扉，老身慵出客來稀。愁應暮雨留教住，春被殘鶯唤遣歸。揭甕偷嘗新熟酒，開箱試著舊生衣。冬裘夏葛相催促，垂老光陰速似飛。

鍊句鍊字，後來陸游得法於此。

《香山避暑二絶》

六月灘聲如猛雨，香山樓北暢師房。夜深起憑欄干立，滿耳潺湲滿面涼。

紗巾草履竹疎衣，晚下香山蹋翠微。一路涼風十八里，卧乘籃轝睡中歸。

前首如對北風圖，自然毛髮淅灑。次首北窗高枕，無此恬適，真足破除熱惱。

《贈談客》

上客清談何亹亹，幽人閒思自寥寥。請君休説長安事，膝上風清琴正調。

移牀遠客，那容著一點塵氛。

《答夢得秋庭獨坐見贈》

林梢隱映夕陽殘，庭際蕭疎夜氣寒。霜草欲枯蟲思急，風枝未定鳥棲難。容衰見鏡同惆悵，身健逢杯且喜歡。應是天教相暖熱，一時垂老與閒官。

頷聯近晚唐，卻非孟郊輩所及。

《初冬月夜得皇甫澤州手劄並詩數篇因遣報書偶題長句》

清泠玉韻兩三章，落泊銀鉤七八行。心逐報書懸雁足，夢尋來路繞羊腸。水南地空多明月，山北天寒足早霜。［履道所居在水南，澤州在太行之北地也。］最恨潑醅新熟酒，迎冬不得共君嘗。

鴈足羊腸，虚實巧對，與履道池上、巧婦慈姑，同一句法，然香山佳處不在此。

《寄獻北都留守裴令公》 並序

司徒令公分守東洛，移鎮北都，一心勤王，三月成政，形容盛德，實在歌詩，況辱知音，敢不先唱，輒奉五言四十韻寄獻，以抒下情。

天上中台正，人間一品高。［中書令上應中台，司徒官一品。］休明值堯舜，勳業過蕭曹。始擅文三捷，終兼武六韜。［進士及第、博學、制策連登三科。］動人名赫赫，憂國意忉忉。蕩蔡擒封豕，［吴元濟也。］平齊斬巨鼇。［李師道也。］兩河收土宇，四海定波濤。寵重移宫龠，恩新换閫旄。［自東都留守授北京留守。］保釐東宅静，守護北門牢。［周公、召公東治洛邑。］晉國封疆闊，并州士馬豪。胡兵驚赤幟，邊雁避烏號。令下流如水，仁沾澤似膏。路喧歌五袴，軍醉感單醪。將校森貔武，賓僚儼雋髦。賓無煩夜柝，吏不犯秋毫。神在臺駘助，魂亡獫狁逃。德星銷彗孛，霖雨滅腥臊。烽戍高臨代，關河遠控洮。汾雲晴漠漠，朔吹冷颼颼。豹尾交牙戟，虬須捧佩刀。通天白犀帶，照地紫麟袍。羌管吹楊柳，燕姬酌葡萄。［葡萄酒出太原。］銀含鑿落盞，金屑琵琶槽。遥想從軍樂，應忘報國勞。紫微留北闕，緑野寄東皋。［中書令即紫微令也。緑野堂在東都午橋莊也。］忽憶前時會，多慚下客叨。清宵陪宴話，美景從游遨。花月還同賞，琴詩雅自操。朱弦拂宫徵，洪筆振風騷。近竹開方丈，依林架桔槔。春池八九曲，畫舫兩三艘。徑滑苔粘屐，潭深水没篙。緑絲縈岸柳，紅粉映樓桃。［皆午橋莊中佳境。］為穆先陳醴，招劉共藉糟。［居易每十齋日在會，常蒙以二勒湯代酒也。劉夢得也。］舞鬟金翡翠，歌頸玉蠐螬。盛德終難退，明時豈易遭。公雖慕張範，帝未舍伊皋。［張良、范蠡。］眷戀心方結，踟躕首已搔。鸞凰上寥廓，燕雀任蓬蒿。欲獻文狂簡，徒煩思郁陶。可憐四百字，輕重抵鴻毛。

通首分兩大段看：前半敘度平蔡、齊之勳業，及移鎮北都之治績，而以「紫微留北闕」二句鎖住，緑野東皋已拖到昔時宴集事。後半敘自己從前交誼，而以「盛德終難過」四句繚繞前文，述度之寵遇，末方結到獻詩之意。此詩與前《集賢林亭即事》五古一篇，皆香山極用意之作，高華雅贍，杜甫嗣音，惜結句未免弩末。

《看夢得題答李侍郎詩詩中有文星之句因戲和之》

看題錦繡報瓊瓌，俱是人天第一才。好遣文星守躔次，亦須防有客星來。

戲語雅趣。

《早春憶游思黯南莊因寄長句》

南莊勝處心常憶，借問軒車早晚游。美景難忘竹廊下，好風爭奈柳橋頭。

冰消見水多於地，雪霽看山盡入樓。若待春深始同賞，鶯殘花落卻堪愁。

好句疑仙，觸境而得，著意求之，便乏自然之趣。

《答閒上人來問因何風疾》（自注色界四天初禪具三災二禪無火災三禪無水炎四禪無風災）

一床方丈向陽開，勞動文殊問疾來。欲界凡夫何足道，四禪天始免風災。

戲語作擺脫耳，亦是小機鋒，禪理不必如是，不必不如是。

《夜聞箏中彈瀟湘送神曲感舊》

縹緲巫山女，歸來七八年。殷勤湘水曲，留在十三絃。苦調吟還出，深情咽不傳。萬重雲水思，今夜月明前。

一氣轉折，靈空縹緲，落句不減「江上峯青」。

《戲禮經老僧》

香火一爐燈一盞，白頭夜禮佛名經。何年飲著聲聞酒，直到如今醉未醒。

解此，可以面壁九年，不立文字。

《春盡日宴罷感事獨吟》（自注：開成五年三月三十日作）

五年三月今朝盡，客散筵空獨掩扉。病共樂天相伴住，春隨樊素一時歸。閒聽鶯語移時立，思逐楊花觸處飛。金帶縋腰衫委地，年年衰瘦不勝衣。

未免有情，誰能遣此，然亦不堪回想矣。

《宣州崔大夫閣老忽以近詩數十首見示吟諷之下竊有所喜因成長句寄題郡齋》

謝玄暉殁吟聲寢，郡閣寥寥筆硯閒。無復新詩題壁上，虛教遠岫列窗間。忽驚歌雪今朝至，必恐文星昨夜還。再喜宣城章句動，飛觴遙賀敬亭山。

句句相生，白描高手。

《晚池汎舟遇景成詠贈呂處士》

岸淺橋平池面寬，飄然輕棹汎澄瀾。風宜扇引開懷入，樹愛舟行仰卧看。別境客稀知不易，能詩人少詠應難。惟憐呂叟時相伴，同把磻溪舊釣竿。

好句俱以不經意得之，香山晚年詩境如是。

《和楊尚書罷相後夏日游永安水亭兼招本曹楊侍郎同行》

道行無喜退無憂，舒卷如雲得自由。良冶動時為哲匠，巨川濟了作虛舟。竹亭陰合偏宜夏，水檻風涼不待秋。遙愛翩翩雙紫鳳，入同官署出同游。

如題順寫，層層俱到，頷聯對句尤勝，可謂句中有句。

《五年秋病後獨宿香山寺》

經年不到龍門寺，今夜何人知我情。還向暢師房裏宿，新秋月色舊灘聲。

「舊」字下得奇，卻妙。

《山中五絕句·澗中魚》

海水桑田欲變時，風濤翻覆沸天池。鯨吞蛟鬬波成血，深澗游魚樂不知。

比體，暗指甘露事。

《覽盧子蒙侍御舊詩，多與微之唱和，感今傷昔，因贈子蒙題於卷後》

早聞元九詠君詩，恨與盧君相識遲。今日逢君開舊卷，卷中多道贈微之。相看掩淚情難說，別有傷心事豈知。聞道咸陽墳上樹，已抽三丈白楊枝。

清空一氣，直從肺腑中流出，不知是血是淚，筆墨之痕俱化。

汪立名曰：《北夢瑣言》云：「白太保與元相國友善，以詩道著名，時號元白。其集內有詩《哭（挽）元相》云：『相看掩淚俱無語』等句，洎自撰《墓志》云：『與彭城劉夢得為詩友』，殊不言元公，［時］人疑其隙終也。」（智按：《北夢瑣言》卷六，林艾園校點本，第四九頁）

按此語在《醉吟先生傳》中，非墓志也。傳未（末）曰：「於時開成三年，先生之齒六十有七」，則是微之歿久矣。其所謂如滿為空門友，韋楚為山水友，夢得為詩友，皇甫朗之為酒友，皆就當時在洛之人而言，非該舉平生也。且公晚年哭微之作甚多，有《夢微之》詩云：「夜來攜手夢同游，晨起盈巾淚莫收。」又《聞歌者唱微之詩》云：「時向歌中聞一句，未容傾耳已傷心。」感悼悽愴，如在初歿。隙終之語，豈不大謬耶！又考史傳皆作白少傅，即公詩內止有少傅官停語，並無稱太保者，不知何所本也。

《喜入新年自詠》（自注時年七十一）

白鬚如雪五朝臣，又值新正第七旬。老過占他藍尾酒，病餘收得到頭身。銷磨歲月成高位，比類時流是幸人。大曆年中騎竹馬，幾人得見會昌春。

每句中含一「喜」字，結處收應五朝，筆力健舉，老年精神魄力如是，真不可及。

《楊柳枝詞》

一樹春風千萬枝，嫩於金色軟於絲。永豐西角荒園裏，盡日無人屬阿誰？

風致翩翩。

《雲溪友議》曰：居易有妓樊素，善歌，小蠻善舞，嘗為詩曰：櫻桃樊素口，楊柳小蠻腰。年既高邁，而小蠻方豐豔，因《楊柳詞》以託意云。

《池上篇》

十畝之宅，五畝之園。有水一池，有竹千竿。勿謂土狹，勿謂地偏。足以容膝，足以息肩。有堂有庭，有橋有船。有書有酒，有歌有弦。有叟在中，白鬚飄然。識分知足，外無求焉。如鳥擇木，姑務巢安。如龜居坎，不知海寬。靈鶴怪石，紫菱白蓮。皆吾所好，盡在吾前。時飲一杯，或吟一篇。妻孥熙熙，雞犬閒閒。優哉游哉，吾將終老乎其間。

池上佳境，詳於序中，詩更不覼縷，淡淡寫來，自見老潔。「識分知足」四字是樂天一生得力處，真實受用在此，序中未及，詩中特為清出，可為奢汰踰分、營營無厭者，痛下針砭。

汪立名曰：按公有《奉和牛思黯太湖石兼呈夢得》詩，其末云：「共嗟無此分，虛管太湖來。」自注：「與夢得俱典姑蘇，而不獲此石。」而此詩序中又云：「罷蘇州刺史時，得太湖石。」豈歸洛既久，舊物皆不復存耶。

《齒落辭》

序：開成二年，予春秋六十六，瘠黑衰白，老狀具矣，而雙齒又墮，慨然感歎者久之。因為《齒落辭》，以自廣其辭。曰：

嗟嗟乎雙齒，自吾有之爾，俾爾嚼肉咀蔬，銜杯漱水；豐吾膚革，滋吾血髓；從幼逮老，勤亦至矣。幸有輔車，非無齗齶。胡然舍我，一旦雙落。齒雖無情，吾豈無情。老與齒別，齒隨涕零。我老日來，爾去不回。嗟嗟乎雙齒，孰謂而來哉，孰謂而去哉？齒不能言，請以意宣。為口中之物，忽乎六十餘年。昔君之壯也，血剛齒堅；今君之老矣，血衰齒寒。輔車齗齶，日削月朘。上參差而下卼鯢，曾何足以少安。嘻，君其聽哉：女長辭姥，臣老辭主。髮衰辭頭，葉枯辭樹。物無細大，功成者去。君何嗟嗟，獨不聞諸道經：我身非我有也，蓋天地之委形；君何嗟嗟，又不聞諸佛說：是身如浮雲，須臾變滅。由是而言，君何有焉？所宜委百骸而順萬化，胡為乎嗟嗟於一牙一齒之間。吾應曰：吾過矣，爾之言然。

游戲名通，《莊子》寓言之旨也。後段分三層：功成者去一層，是盛衰相尋之理。道經一層，歸於曠達，佛説一層，衷諸虚無，小中見大，視韓愈《落齒》詩，更覺波瀾不竭。

《不能忘情吟》

序：樂天既老又病風，乃録家事，會經費，去長物。妓有樊素者，年二十餘，綽綽有歌舞態，善唱楊枝，人多以曲名名之。由是名聞洛下，籍在經費中，將放之。馬有駱者，駔（總五切）壯駿穩，乘之亦有年，籍在經物中，將鬻之。圉人牽馬出門，馬驤首反顧一鳴，聲音間似知去而旋戀者，素聞馬嘶慘然，立且拜，婉孌有辭（辭具下）。辭畢泣下，予聞素言，亦愍然不能對。且命迴勒反袂，飲素酒，自飲一杯，快吟數十聲。聲成文，文無定句，句隨吟之短長也，凡二百五十五言。噫，予非聖達，不能忘情，又不至於不及情者，事來攪情，情動不可柅，因自哂，題其篇曰《不能忘情吟》。吟曰：

鬻駱馬兮放楊柳枝，掩翠黛兮頓金羈。馬不能言兮長鳴而卻顧，楊柳枝再拜長跪而致辭。辭曰：主乘此駱五年，凡千有八百日。銜橛之下，不驚不逸。素事主十年，凡三千有六百日。巾櫛之間，無違無失。今素貌雖陋，未至衰摧。駱力猶壯，又無虺隤。即駱之力，尚可以代主一步；素之歌，亦可以送主一杯。一旦雙去，有去無回。故素將去，其辭也苦；駱將去，其鳴也哀。此人之情也，馬之情也，豈主君獨無情哉？予俯而歎，仰而咍，且曰：駱，駱，爾勿嘶：素，素，爾勿啼。駱反廄，素反閨。吾疾雖作，年雖頹，幸未及項籍之將死。何必一日之内，棄騅兮而别虞兮。乃目素兮素兮，為我歌楊柳枝。我姑酌彼金罍，我與爾歸醉鄉去來。

借樊素語問答成篇，亦因序中摹寫盡致，故作此變化避就之法。

《冷齋夜話》曰：東坡南遷，侍兒王朝雲者請從行，東坡嘉之，作詩有「不學楊枝别樂天」句。其序云：「世謂樂天有鬻駱放楊枝詞，嘉其至老病不忍去也。」然夢得詩曰：「春盡絮飛留不得。隨風好去落誰家？」樂天亦云：「病與樂天相伴住，春同樊素一時歸。」則是樊素竟去也。

《江南喜逢蕭九徹因話長安舊游戲贈五十韻》

憶昔嬉游伴，多陪歡宴場。寓居同永樂，幽會共平康。師子尋前曲，聲兒出内坊。花深態奴宅，竹錯得憐堂。庭晚開紅藥，門閒蔭緑楊。經過悉同巷，居處盡連牆。時世高梳髻，風流澹作妝。戴花紅石竹，帔暈紫檳榔。鬢動懸蟬翼，釵垂小鳳行。拂胸輕粉絮，暖手小香囊。選勝移銀燭，邀歡舉玉觴。爐煙凝麝氣，酒色注鵝黄。急管停還奏，繁弦慢更張。雪飛回舞袖，塵起繞歌梁。舊曲翻調笑，新聲打義揚。名情推阿軌，巧語許秋娘。風暖春將暮，星回夜未央。宴餘添粉黛，坐久換衣裳。結伴歸深院，分頭入洞房。彩帷開翡翠，羅薦拂鴛鴦。留宿爭牽袖，貪眠各占床。緑窗籠水影，紅壁背燈光。索鏡收花鈿，邀人解袷襠。暗嬌妝靨笑，私語口脂香。怕聽鐘聲坐，羞明映縵藏。眉殘蛾翠淺，鬟解緑雲長。聚散知無定，憂歡事不常。離筵開夕宴，别騎促晨裝。去住青門外，留連滻水傍。車行遙寄語，馬駐共相望。雲雨分何處，山川共異方。野行初寂寞，店宿乍恓惶。别後嫌宵永，愁來厭歲芳。幾看花結子，頻見露為霜。歲月何超忽，音容坐渺茫。往還書斷絶，來去夢游揚。自我辭秦地，逢君客楚鄉。常嗟異岐路，忽喜共舟航。話舊堪垂淚，思鄉數斷腸。愁雲接巫峽，淚竹近瀟湘。月落江湖闊，天高節候涼。浦深煙渺渺，沙冷月蒼蒼。紅葉江楓老，青蕪驛路荒。野風吹蟋蟀，湖水浸菰蔣。帝路何由見，心期不可忘。舊游千里外，往事十年强。春晝提壺飲，秋林摘橘嘗。强歌還自感，縱飲不成狂。永夜長相憶，逢君各共傷。殷勤萬里意，並寫贈蕭郎。

通首分三段：「憶昔嬉游伴」直起，至「鬟解緑雲長」一段，敘長安舊游也。「聚散知無定」二句作一轉，至「來去夢游揚」一段，敘别後星霜屢易也。「自我辭秦地」以下敘正面，撫今追昔，滿目蒼涼，殊有對此茫茫百端交集之感。末以「贈」字作結，篇法完密。

以上《四庫全書》本《唐宋詩醇》卷二十六

⊙眉山蘇軾詩

詩日（智按：疑為自）杜韓以後，唐季五代，纖佻薄弱，日即淪胥。宋初楊億、劉筠、錢惟演之徒，崇尚崑體，衹是温、李後塵。嗣是蘇舜欽以豪放自異，梅堯臣以高淡為宗，雖志於古矣，而神明變化之功少，未有能驂駕杜韓、卓然自成一家而雄視百代者。必也，其蘇軾乎！軾之器識學問，見於政事，發於文章，史稱言足以達，其有猷行，足以遂其有為，節義足以固其有守，皆志與氣為之也。惟詩亦然，地負海涵，不名一體。而核其旨要之所在，如云「我詩雖云拙，心平聲韻和」，此軾自評其詩者也；「作詩熟讀毛詩國風、離騷，曲折盡在是」，此軾自以其所得教人者也；且夫「精深華妙」，則蘇轍稱之矣；「公如大國楚，吞五湖三江」，則黃庭堅稱之矣；「天才宏放，宜與日月爭光」，則蔡絛稱之矣；「屈注天潢，倒連滄海，變眩百怪，終歸渾雅」，則敖陶孫稱之矣。前之曹劉陶謝，後之李杜韓白，無所不學，亦無所不工。同時歐陽王黃，猶俱遜謝焉。洵乎獨立千古，非一代一人之詩也。而陳師道顧謂其「初學劉禹錫，晚學李太白」，母（智按：疑為毋）乃一知半解歟？但其詩氣豪體大，有非後哲所易學步者。是以元好問論詩有云：「只知詩到蘇黃盡，滄海橫流却是誰？」又云：「蘇門果有忠臣在，肯放坡詩百態新。」蓋非用此為譏議，乃正以見其不可摸擬耳。其與軾並世之人，漫為評論者，如張舜民有「仔細檢點，不無利鈍」之言，而楊時至謂其不知風雅之意，後來嚴羽更以其自出己意，為詩之大厄。創大言以欺世，夫豈可為篤論哉？……

《二十七日自陽平至斜谷宿於南山中蟠龍寺》

橫槎晚渡碧澗口，騎馬夜入南山谷。谷中暗水響瀧瀧，嶺上踈星明煜煜。寺藏嵓底千萬仞，路轉山腰三百曲。風生饑虎嘯空林，月黑驚麏竄修竹。入門突兀見深殿，照佛青熒有殘燭。媿無酒食待游人，旋斫杉松煑溪蔌。板閣獨眠驚旅枕，木魚曉動隨僧粥。起觀萬瓦鬱参差，目亂千巖散紅緑。門前商賈負椒荈，山後咫尺連巴蜀。何時歸耕江上田，一夜心逐南飛鵠。

顏、謝以後，古詩多有對偶終篇者，入唐遂以有聲病者為律，無聲病者為古。至於七言古體，亦時一有之。若少陵之「霜皮溜雨四十圍，黛色參天二千尺」、「子規夜啼山竹裂，王母晝下雲旗翻」，昌黎之「大蛇中斷喪前王，羣馬南渡開新主」、「何人有酒身無事，誰家種竹門可款」，硬語排奡，視唐初四子及元、白諸家之宛然律調者，不可同日語也。若其自首至尾，無句不裁對，無對不瑰偉絕特，則惟軾集中有之，實為創格，此作亦其一也。其中寫景處，語刻畫而句渾成，讀之可怖可喜，筆力奇絕。

以上《四庫全書》本《唐宋詩醇》卷三十二

《古纏頭曲》

鵾絃鐵撥世無有，樂府舊工惟尚叟。一生喙硬眼無人，坐此困窮今白首。翠鬟女子年十七，指法已似呼韓婦。輕帆渡海風掣迴，満面塵沙和淚垢。青衫不逢湓浦客，紅袖謾插曹綱手。爾來一見哀駘陀，便著臂鞲躬井臼。我慙貧病百不足，强對黄花飲白酒。轉關濩索動有神，雷輥空堂戰隐牖。四絃一抹擁袂立，再拜十分為我壽。世人只解錦纏頭，與汝作詩傳不朽。

亦為琵琶女子而作，却不規橅江州《琵琶行》。古有名作，須變調以勝之。并題目亦隱其名，曰《古纏頭曲》。特於結處，表出作詩之意，以見實有其人與事，不是寓言十九也。白以排蕩宛轉入情，此以簡净遒錬入古。（《四庫全書》本《唐宋詩醇》卷四十二）

⊙山陰陸游詩

《三百篇》之後，自楚騷、漢魏、六朝以至於唐，而詩之變盡矣。變有必極，則所就亦以時異。故宋人繼唐之後，不規規模擬前人，要以自成一家而止。然其體製雖殊，而波瀾未嘗二也。耳食之流，未窺古人門户，於一代大家，横生訾議，而不善學者，又徒襲其聲貌，亦兩失之矣。宋自南渡以後，必以陸游為冠，當時稱大家者，曰蕭、楊、范、陸，楊萬里則曰尤、蕭、范、陸。至劉克莊，乃曰：「放翁學士似杜甫。」又曰：「南渡而下，放翁故為一大宗。」朱子《與徐賡載書》：「放翁詩，讀之爽然。近代惟見此人，為有詩人風致。」今諸家詩具在，可與游匹者誰也？觀游之生平，有與杜甫類者。少歷兵間，晚棲農畝，中間浮沉中外，在蜀之日，頗多其感激悲憤，忠君愛國之誠，一寓於詩。酒酣耳熱，跌蕩淋漓。至於漁舟樵徑，茶椀爐熏，或雨或晴，一草一木，莫不著為咏歌，以寄其意，此與甫之詩，何以異哉？詩至萬首，瑕瑜互見。評者以為，譬之深山大澤，包含者多，不暇剪除蕩滌，非如守半畝之宫，一木一石，可屈指計數。可謂知言矣。若捐疵纇，存英華，畧纖巧可喜之詞，而發其閎深微妙之指，何嘗不與李、杜、韓、白諸家異曲同工，可以配東坡而無愧者哉！……（《四庫全書》本《唐宋詩醇》卷四十二）

《石渠寶笈》

⊙御臨董其昌書白居易詩一卷

宋箋本，行書樂府一首，五言古詩一首。欵識云：「御臨董其昌書白居易詩。」後有乾隆宸翰「含經味道」二璽，卷前有「觀書為樂」一璽。卷高八寸五分，廣三尺五分。（《四庫全書》本《石渠寶笈》卷三）

⊙明董其昌書《琵琶行》一册（次等洪八）。素箋烏絲闌本。楷書。款識云：「丁卯仲夏婁江道中書。其昌。」後有陳繼儒跋。一册。計十五幅。（《四庫全書》本《石渠寶笈》卷三）

⊙宋劉松年《香山九老圖》一卷（上等寅一）

素絹本，著色畫，無款，姓名見跋中。卷首有江村祕藏一印，卷末有神品一印，拖尾。

馮資跋云：

白傅、胡、吉諸公，皆以高年不仕，燕游嵩少，後代名筆，愛慕繪事成圖。《詩》云：「維桑與梓，必恭敬止。」况耆德碩，望之儀型乎？而又宸章奎畫，焜燿光明，此與夫肖欠伸狀齲齒者異矣。世之觀者，應束帶而知肅敬焉。馮資再拜書。

又鄧文原跋云：

大德三年夏五月六日，西秦張焴，錢塘吳存真、屠約，巴西鄧文原同觀於月泉方丈。時積雨初霽，風日可人，遐想當時九老笑談之樂，為之坐馳而已，文原謹識。

又趙孟頫跋云：

唐九老圖，古今盛事，展卷便覺前賢典型，去人不遠，為之敬仰不已。吳興趙孟頫觀。

又王緣跋云：

賈浪仙有詩聲，尚且後人畫像祀之，其覩白首太平衣冠文物之盛者，又當何如？王緣。

又陳芹題云：

我聞唐家會昌稱晏然，東都作會集名賢。香山居士白樂天，七十會中呼少年。張渾逾七復望八，盧真年高坐相壓。當時鄭據年更高，劉真到來反居下。借問卯金年幾何？八十七歲鬢皤皤。吉老齊肩讓胡杲，年比鷹揚十歲多。僧滿法臘近百春，杖錫從容先搢紳。洛中遺老李元爽，百三十六為會長。九老圖成天下傳，有儒有釋仍有仙。一時人瑞誇千古，豈在顛毛種種間。劉生畫筆今所無，盤礴摹成舊日圖。奕飲嘯歌生氣在，蒼林白日雲模糊。我觀此圖筆意好，石翁愛圖如愛寶。北闕歸來五岳游，白下尋盟會諸耄。不信香山獨可傳，欲向江東圖九老。乙卯冬十一月朔（脱二字）陳芹子野湅筆書。

又朱曰藩跋云：

石川張文示我劉松年《香山九老圖》，圖中白文公戴花而舞，意度飄然，令人絶倒，因自哂曰：「一部《長慶集》，今日有證本矣。」按，松年，錢塘人。紹興間，待詔畫院，師郭禮工，人物山水，神氣精妙，遠過其師，世稱之為暗門。劉暗門者，清波門也。乙卯仲冬十有四日，通家學子廣陵朱曰藩紀事。

又別幅彭年書《香山九老詩會序并詩》，後識云：「嘉靖丙辰七月既望，後學吳郡彭年奉納言石川張文書，字畫醜拙，瓦礫知愧。」卷高八寸四分，廣七尺三寸。

按，諸跋字體，皆出一手，或前人別有《九老圖》，曾經名流題跋，收藏家集録於此耳。(《四庫全書》本《石渠寶笈》卷六)

⊙明人扇頭書一册（次等來一）

凡十幅。第四幅素箋本，餘俱金牋本。第一幅吳寬行楷書七言律詩一首，第二幅祝允明行楷書《岳陽樓記》，第三幅文徵明行書七言古詩一首，第四幅凡四則，俱小楷書《江南春》詞，文嘉、彭年、張鳳翼各一首，文彭三首，第五幅陸應暘草書五言律詩一首，第六幅陸彦章楷書七言古詩一首，第七幅王穉登行書七言絶句六首，第八幅陳繼儒行書五言古詩一首，第九幅楊文驄草書七言律詩一首，第十幅小楷書《琵琶行》，款署隱鷗汃三字。(《四庫全書》本《石渠寶笈》卷十一)

智按：陸紹曾《古今名扇録》：「養心殿貯明人書扇一册。次等寒一。凡十五幅。第八幅素牋本，餘俱金牋本。第十幅小楷書《琵琶行》，款署隱鷗汃三字。」(《續修四庫全書》影印清抄本，第一一一一册，第六六四頁)

⊙明仇英《琵琶行圖》一軸（次等收二）

素絹本，著色畫。欵識云：「嘉靖壬子秋日實父仇英製。」(《四庫全書》本《石渠寶笈》卷十七)

智按：仇英，字實父，一作實甫，號十洲，又號十洲仙史，太倉（今屬江蘇）人，移家吴縣（今江蘇蘇州）。吴門四家之一。徐邦達《歷代書畫家傳記考辨·仇英生卒年歲考訂及其它》（上海人民美術出版社一九八三年版）考訂仇英大約生於弘治十五年（一五〇二）或十六年（一五〇二），卒於嘉靖三十一年（一五五二）。此圖即仇英《人物故事圖册之五〈潯陽琵琶〉》，人物鞍馬，似仇氏風格，而樹石不類，極似仇英摹宋人馬和之本。馬和，南宋宫廷畫院官品最高之畫師，畫風特立獨行，與唐吴道子相仿，所作筆墨沉穩，結構嚴謹，構思、造型、意境别開生面。吴鎮謂其畫：「清俊可愛，不謂南渡中有此人物，吾儕當為之北面矣。」

⊙宋元紈扇畫册一册（次等宇一）

素絹本，凡二十幅。第十五幅墨畫，餘俱著色畫。第一幅鳴榔圖幅，後有題句云：「春月輝輝白，春花冉冉香。夜深船倚岸，何處尚鳴榔。」第二幅攜琴看山，第三幅荷亭納涼，第四幅天寒翠袖，第五幅蓮塘垂釣，第六幅松亭坐隱，第七幅採蓮圖，第八幅寒林策蹇，第九幅秋塘鳧鴈，第十幅仙館穠花，第十一幅秋林牧事，第十二幅牧羊圖，第十三幅高冠柱石，第十四幅雪蓑歸牧，第十五幅風林散犢，第十六幅柳塘呼犢，第十七幅松陰庭院，第十八幅文會圖，第十九幅香山九老圖，第二十幅水軒花榭。（《四庫全書》本《石渠寶笈》卷二十二）

⊙宋劉松年香山九老圖一卷（次等盈一）

素絹本，著色畫，欵署劉松年，拖尾有劉定之題句一，康里巎、危素、吴奕三跋，宋濂、陸師道記語二。（《四庫全書》本《石渠寶笈》卷二十五）

⊙明董其昌書白居易樂府一卷（上等雲二）

朝鮮鏡光箋烏絲闌本。行書款識云：書白太傅詩，董其昌。下有太史氏、董其昌二印，又自跋云：盛唐人亦作達語，然不落格律，如李嶠《汾陰行》之「富貴榮華能幾時？山川滿目淚沾衣。不見即今汾水上，惟有年年秋雁飛。」可以動悟，竟無僧氣。玄宰。下有董其昌一印。卷高八寸，廣三尺四寸。（《四庫全書》本《石渠寶笈》卷三十）

⊙明黄彪畫九老圖一卷（次等岡一）

素絹本，著色。畫欵識云：繪事得神為上，儼然生氣，惟唐人有焉。凌烟登瀛圖，由帝王動費不貲，莫可尚已。白公以考槃繼美，執彩筆者，通達深造，故此本獨擅古今，景慕興者，睢陽、洛陽，耆英盛矣。崑山城南朱君璧家藏會昌本，北城朱澤民家藏睢陽本。邑舉斯文會，時出一觀，珍如大訓河圖。然北朱好文學，雖移於夏太常不遠，復有及第科級；南朱好飲博，遂移於黄太常，太常褒忠臣，列於俎豆，近因盜失，千里贖歸，有禎祥夫。圖繪小物也，興替關焉，何也？蓋榮壽大老，製作華國，紀載維風，係國家神氣，神氣復而元氣培，莫測所鍾，此理難言也。畫者亦間出，杜子美謂好手難再遇，即學書者，世人皆學蘭亭面，欲換凡骨無金丹。余遠遊好道而歸，七十有四歲矣。樓居謝客，重圖以繼絶天假之年，神實相之。皇明萬歷甲午蜡月立，明年春，黄彪圖識拖尾。陸士仁隸書九老詩并序。（《四庫全書》本《石渠寶笈》卷三十四）

⊙宋人《耆英會圖》一卷（上等元一）

素絹本，著色畫卷，前半印二，「存體仁堂書畫記」六字。又，半印漫漶不可識，卷後有端明殿學士章春山私印，梁清標印，蕉林秘玩，吳廷書畫之印，來古軒江表黄琳諸印。又，半印二，漫漶不可識，卷中幅有「春山」、「春山私印」二印。又一印，漫漶不可識。後別幅。

司馬光書《洛陽耆英會序》云：昔白樂天在洛，與高年者八人游，時人慕之，為《九老圖》，傳於世。宋興，洛中諸公繼而為之者，再矣，皆圖形普明僧舍。乃（缺二字。智按：集作「樂天」）之故第也。元豐中，潞國文公留（缺二字。智按：集作「守西」）都，韓國富公納政在里第，自餘士（缺。智按：集作「大」）夫以老自逸於洛者，於時為多。潞公謂韓公曰：「凡所為慕於樂天者，以其志趣高逸也，奚必數與地之襲焉？」一日，悉集士大夫老而賢者於韓公之第，置酒相樂，賓主凡十有一人。既而圖形妙覺僧舍，仍各賦詩，時人謂之洛陽耆英會。孔子曰：好賢如緇衣，取其敝。又改為樂善無厭也。二公寅亮，三朝為國元老，入贊萬幾，出綏四方，上則固社稷，尊宗廟，下則熙百工，和萬民，為天子腹心股肱耳目，天下所取安，所取平，其勳業閎大顯融，豈樂天所能庶幾？然猶慕效樂天所為，汲汲如恐不及，豈非樂善無厭者與？又洛中舊俗，燕私相聚，尚齒不尚官，自樂天之會已然。是日復行之，斯乃風化之本，可頌也。宣徽王公方留守北都，聞之，以書請於潞公曰：「拱辰亦家洛，位與年不居數客之後，顧以官守，不得執巵酒在坐席，良以為恨。願寓名其間，幸無我遺。」其為諸公嘉羡如此。光未七十，用狄監、盧尹故事，亦預於會。潞公命光叙其事，光不敢辭。時元豐五年正月壬辰，司馬光序。

下有司馬光印，獨樂園二印，前署「洛陽耆英會序」六字，下有涑水氏一印。又署諸賢爵齒姓名云：武寧軍節度使守司徒開府儀同三司致仕韓國公富弼彦國年七十九，河東節度使守太尉開府儀同二司判河南府潞國公文彦博寬夫年七十七，尚書司封郎中致仕席汝言君從年七十七，朝議大夫致仕王尚恭安之年七十六，太常少卿致仕趙丙南正年七十五，秘書監致仕上柱國劉几伯壽年七十五，衛州防禦使致仕馮行巳（己）肅之年七十五，大中大夫充天章閣侍制提舉崇福宫楚建中正叔年七十三，朝議大夫致仕王慎言不疑年七十二，宣徽南院使檢校太尉判大名府兼北京留守司本路安撫使王拱辰君貺年七十一，大中大夫提舉崇福宫張問昌言年七十，龍圖閣直學士通議大夫提舉崇福宫張燾景元年七十，端明殿學士兼翰林侍讀學士大中大夫提舉崇福宫司馬光君實年六十四。

後又録文彦博詩並小序云：元豐五年正月十日，文寬夫與諸公赴司徒相公之第，為耆年之會，謹成拙詩一篇上。司徒相公兼在席諸公，幸賜一覽，下署彦博。九老唐賢行繪事，元豐今勝會昌春。垂肩素髪皆時彦，揮麈清談盡席珍。染翰不停詩思健，飛觴無算酒行頻。蘭亭雅集誇脩禊，洛社（旁注沚字）英游貴序賓。自愧空疎陪几杖，更容款密奉簪紳。當筵尚齒尤多幸，十二人中第二人。

又録富弼詩並小序云：弼伏承留守相公就弊居，為耆年之會，承命賦詩，謹録上呈，伏惟采覽。西洛古帝都，衣冠走集地。豈意名利場，驟為耆德會。大尹吾舊相，曠懷輕富貴。日與退老游，臺閣並省寺。予慚最衰耋，亦許豫其次。遂欲肖容儀，爛然形繪事。閩嶠訪精筆，鮫綃布絶藝。今復崇宴術，聊以示慈惠。幽居近銅駝，荒弊仍湫底。塞路移君庖，盈車載春醴。獻酬互相趣，歡噓（噱）不知止。商嶺有四翁，晉林惟七子。校我集諸賢，盛衰何遠邇。兹事實可矜，傳之千百祀。

又詩並識云：弼竊覽嘉篇斷章，有「十二人中第二人」之句，又賦一絶上呈。顧我年齡雖第一，在公勲德自無雙。不惟行業終難敵，富貴康寧亦可降。

又書文彥博詩並識云：彥博伏覩公詩有「第一無雙」之句，輒成廿八字上呈。洛下衣冠今最盛，當筵尚齒禮容優。惟公福壽並勲德，合是人間第一流。

又録席汝言詩云：繄國安危唐上宰，功成身退漢留侯。二公閒暇開高宴，九老雍容奉勝游。共接雅歡恩意洽，不矜富貴禮容優。賞心樂事人間盛，豈獨今稀古莫儔。壯歲塵埃禄仕牽，老歸重到舊林泉。曾無勲業書青史，偶向康寧養耄年。自分杜門居陋巷，敢期序齒豫高筵。更慙形穢才涼薄，不稱圖真接巨賢。

又録王尚恭詩云：元勛舊德兩台臣，珪組糸差又十人。八百高年餘總數，一千熙運際良辰。席間韻語皆非俗，圖上形容幸奪真。幸會主盟開府盛，誤容衰薄混清塵。服許便衣更野逸，坐從列齒似天倫。二公笑語增和氣，夜久盤花旋發春。

又録趙丙詩云：新春鼎洛燕英耄，主禮雍容下庶寮。二相比肩官一品，十人華髮仕三朝。星階並列占台曜，尊酒時行挹斗杓。東潁庸夫最無狀，也將顔面趍嘉招。

又録劉几詩云：司徒碩德今無比，太尉殊勲世絶倫。偶以暮年陪盛宴，喜將白髪照青春。八公祗有山空著，四皓當衰志麄伸。元老相望踈迹在，不應此會愧前人。

又詩云：制舉省元推二相，龍頭昔日屬宣猷。人間盛事並遐算，一席幾盈九百籌。（下注云：十二老共八百九十二歲）

又録馮行已（己）詩云：書稱五福壽為先，有德人方得壽延。自愧櫟樗非遠器，誰應齒髪亦遐年。立身官未三公貴，推老名陪二相賢。喜抱衰容模梵宇，慙無纖效勒燕然。當時遭遇承陶冶，今日光榮豫讌筵。從此洛城增勝概，又新重作畫圖傳。

又録楚建中詩云：自顧頽齡七十餘，久慙頑鈍費洪罏。歸逢大老耆年會，衰朽形骸愧畫圖。二相謀猷爛史編，諸公才業過前賢。好圖儀像傳來世，何事踈頑亦比肩。

又録王慎言詩云：相印貂蟬冠六符，華顛高會侍臣俱。不將官職誇鄉里，惟尚年齡入畫圖。履道清歡追故事，竚瞻陰德見訏謨。叨陪几杖真榮觀，珪璧叢中見碔砆。

又録王拱辰詩云：西都山水天下奇，神嵩景室環清伊。甫申間氣秀不絶，生賢會聖昌明時。衣冠占數盛文雅，台符卿月光離離。魏京雄壯壓幽朔，游宫御府嚴天威。膏田千里翳桑柘，犀甲萬旅馴熊羆。公嘗綬帶各三鎮，愚亦繼軫承保釐。追維契舊最深篤，加復雍孟交旌麾。仁皇一再龍虎榜，桂堂先後攀高枝。宦游出處五十載，鸞臺驥路俱騰夷。三公極位固邃隔，五年以長猶肩隨。公今復主鳳門鑰，僕亦再撫銅臺圻。二京相望阻河廣，三逕不克陪游嬉。忽聞幹步踵門至，投我十二耆英詩。整冠肅貌諷章句，若坐寶肆羅珠璣。為言白傅有高躅，九君結社真可師。欲令千載著風迹，亟就僧館圖神姿。詞宗端殿序篇目，滂灑大筆何淋漓。眷言履道靡充詘，菟裘近邑將營歸。報云繪事得精筆，願列霜壁如唐規。退居舊相國元老，十年還政瀍之涯。康寧貴壽備五福，靈寶盛氣如虹霓。昔年大對繼晁董，登科賜第同一期。紫垣步武既通接，金莎里閈還隣比。探禪論道劇酬對，摩軋太古窮天機。二相勲業冠朝省，爵齒宦學誰依稀。今將肖貌表來世，詎可下客聯纓緌。既蒙月品定人物，不敢循避違風期。（缺。智按：集作「况」）承開閤厚賓客，富有景物佳園池。銅駝坊西福善宅，修竹萬個籠清漪。天光臺高未百尺，下眺林嶺如屏帷。花王千品盡殊勝，風光繡畫三春暉。六相街中潞公第，碧瓦翠木烟参差。左隅廟室本經禮，右閣宸翰尊星奎。婆娑青鳳舞松栢，煥爛素錦薫酴醾。石渠飛溜潄寒玉，晝夜竽瑟鳴階墀。伊予陋巷治窮僻，姑喜地廣為環溪。名樓多景可矌望，臺號風月延清輝。四時花蘤不外假，挐舟傲幘聊嬉怡。懷歸撫事若飢渴，恨無羽翼西南飛。人生交舊貴倫輩，情親意接心相知。豈無晚秀負才緼，高談大笑拘禮儀。洛中故事重名義，燕毛第以年相推。濯冠登仕荷天寵，尊君報國當百為。既嗟大耋盍知止，納禄謝事皆所宜。顧方北道倚煩劇，未許解紱披荷衣。長篇不令負花約（旁注云：公貽莫負花前約之句），為指風什歌式微。如羮甘露爽心骨，侶柄玉麈親顔眉。蘭蕿雖未長羅宅，菊英亦自思陶籬。子山已著小園賦，彦倫有愧鍾山移。聊攄短引謝招隱，肯使損鶴常驚啼。

又録張問詩云：槐庭二老樂堯仁，盛集高年洛水濱。華衮具瞻雖禮絶，白頭序齒見情親。清閒几席同禪悦，山野巾裘似隱倫。尊酒椒香纔過節，池塘草色已催春。白公酣暢吟哦内，衛武康强笑語頻。豈獨丹青傳不朽，潛欣風俗欲還淳。芝田鶴戲調神健，蓮葉龜游納息勻。商皓寂寥拘小隱，漢疎局蹙止家人。莫因氣貌疑丹竈，自有光陰寄大椿。復得兼謨為重客（旁注云：司馬光未七十），恐遺文爽在編民。神仙可學今方信，道術相忘久益真。滿座交歡祝眉壽，羣生五福託鴻鈞。

又録張燾詩云：洛城今昔衣冠盛，韓國園林景物全。功在三朝尊二相，數踰九老翠羣賢。當時鄉社為高會，此日居留許欵延。多幸不才陪履舃，更慙七十是新年。

又自録詩云：洛下衣冠愛惜春，相從小飲任天真。隨家所有自可樂，為具更微誰笑貧。不待珍羞方下筯，只將佳景便娱賓。庾公此興知非淺，藜藿終難作主人。（自席汝言至司馬光詩，前俱題同前二字下署名）

又録文彦博詩前識云：彦博代簡上君貺宣猷：勿愛大名名，遂忘西洛樂。銅駝本自佳，金鳳亦不惡。二月三月春融融，千花萬花紅灼灼。公乎早歸來，莫負花前約。同賞狀元（缺二字）對劉師閣（智按：集作「同賞狀元紅，對酒劉師閣」）（下注云：花雖舊房，其艷惟新）。

又録《真率會詩並小序》云：作真率會，伯康與君從七十八歲，安之七十七歲，正叔七十四歲，不疑七十三歲，叔達七十歲，光六十五歲，合五百一十歲，口號成詩，用安之前韻，下署司馬光三字。七人五百有餘歲，同醉花前今古稀。走馬鬬雞非我事，紵衣絲髮且相輝。經春無事連翩醉，彼此往來能幾家。切莫辭斟十分酒，儘從他笑滿頭花。

又録《條約》云：序齒不序官，為具務簡素。朝夕食各不過五味，菜果脯醢之類，共不過二十器，酒巡無算，深淺自斟，飲之必盡。主人不勸，客亦不辭。逐巡無下酒時，作菜羹不禁。召客共用一簡，客注可否於字下，會日早赴，不待速。右有違約者，每事罰一巨觥。

後有司馬光印，君實端明殿學士之章，諸印後，記語云：「延祐二年三月二日子昂觀。」又「裔孫亜拜手閲」六字，幅前有「新安吳廷用卿蒼岩」諸印。又半印二，「存體仁堂書畫記」六字，幅中押縫有「河北棠村」印，二武陵世家印，二春山一印，安定一印，前隔水有「蒼岩子梁清標玉立氏」印章，「蕉林鑑定」「蕉林書屋」諸印，中隔水押縫有「蕉林」、「安定」二印，後隔水押縫有「冶溪漁隠」「秋碧」二印拖尾。

文彭跋云：右《洛陽耆英會詩序》，乃溫國手筆，固足為百朋之重矣。但耆英十三人，而畫者止此，豈取詩序中所援八人耶？要是畫舫中第一流物，不必屑屑較也。三橋文彭識。

又文嘉跋云：洛陽耆英，一代盛事，當時名家，往往傳寫。此卷不惟筆意遒逸，而神氣古雅，想皆肖諸賢而為之者，其序并詩，又出司馬公手書，尤不易。得賞鑑家，當以楚珩趙璧視之可也。茂苑文嘉。

後有「蒼巖子蕉林觀其大畧」諸印。諸跋中押縫有「冶溪漁隱」一印。卷高一尺七分，廣八尺六分。

按，劉几詩「志龕伸」句疑有誤。（《四庫全書》本《石渠寶笈》卷三十五）

智按：《耆英會詩》（《說郛》卷七十五下）作「心且伸」，《古今事文類聚前集》卷四十五作「志且伸」。

⊙明唐寅《琵琶行圖》一軸（上等天一）

宣德箋本，淡著色，畫款署「吳趨唐寅」，下有唐伯虎一印，右方下有吳趋一印，左方下有謝湖一印。上幅素箋烏絲闌本。文徵明小楷書《琵琶行》。款識云：「嘉靖二十一年壬寅秋八月五日書於玉蘭堂。徵明，時年七十三。」下有徵明連印，前有晤言室一印，畫幅高二尺三分，廣一尺二寸六分，書幅高九寸三分，廣同。（《四庫全書》本《石渠寶笈》卷四十）

⊙焦秉貞畫《池上篇》圖一軸（次等辰一）。

聖祖仁皇帝御臨董其昌書《池上篇》。識云：康熙己巳春，偶臨董其昌《池上篇》，命欽天監五官焦秉貞取其詩中畫意。古人嘗讚畫者曰落筆成蠅，曰寸人豆馬，曰畫家四聖，曰虎頭三絶，往往不已。焦秉貞素按七政之躔，度五形之遠近，所以危峰疊嶂中，分咫尺之萬里，豈止於手握雙筆故書而記，之幅中有康熙御筆之寶一璽。（《四庫全書》本《石渠寶笈》卷四十）

《秘殿珠林續編》

⊙唐人會昌九老圖（一卷）

【本幅】絹本。二幅。前幅縱八寸九分，橫七尺六寸。水墨畫濃陰水榭，敞堂方亭，池岸艤舟，榭中坐者三人，舟中二人，堂中四人，侍者八人，一人挐舟，一人擁篲，無名款。前幅縱如前，横四尺七寸九分。高宗題：「致君初不媿虞唐，白首歸來住洛陽。入社莫疑頻笑語，同朝各自抱行藏。長年詩酒開三徑，永日琴書共一床。進退得時眞有道，可憐誰復繼餘光。」「履道清歡冠有唐，衣冠耆艾會嵩陽。功成勇退身俱健，心縱榮歸舍所藏。樽酒□（智按：當為相）陪齊皓首，林泉偃息列胡床。當年盛事傳今古，遺像丹青德逾光。賜從乂。」鈐印一。御書之寶。

【引首】御筆：「高風足千古。」鈐寶一，乾隆宸翰。

【後隔水】御題行書：

卷中不著畫家姓名，或疑劉松年、馬和之筆所作。然內府故有松年九老卷，較此差遜。并録此卷諸跋於後，可知是卷出松年前，為唐人筆無疑。故德壽鄭重留題耳。今年秋，時巡河洛，過香山，眺龍門，想見一時人物風流，樽俎倡酬之樂，載展是卷，為之睪然神往。乾隆庚午冬月。御筆。鈐寶二。乾隆。

御題：

簪盍車懸樂且康，引年頤志洛之陽。宛教撫蹟尋崖口，不異同時覩會昌。九老八百十六歲，一時翰墨几筵香。披圖猶憶東都路，惜未曾逢履道坊。

辛未重展是卷。又題。鈐寶二。乾隆宸翰。幾暇臨池。

【後幅】

御識：

松年九老圖，久入《石渠寶笈》，拖尾諸跋，字跡皆出一手，從前編次成書時，疑前人别有圖，而曾經名流題跋，為人集録於劉卷中耳。今得此卷，古穆渾深，高出劉卷之上，卷後有宋高宗二詩，及馮資、鄧文原、趙孟頫、王緣、錢鼒、晚成子、楊大倫、黄仲圭、張漢傑、張昱十跋，并精好可觀。因續收入《石渠》上等。及覆閱劉卷，則馮資至王緣四跋政同。而高宗詩及錢鼒以下六人皆未列入，蓋以陳芹、朱曰藩、彭年三跋，始知劉卷所録，即本唐人是卷，而以意為增損也。夫紹興二詩既未載，則跋中所謂宸章奎畫，安所指屬？且趙孟頫謂唐九老圖，而陳、朱二跋，乃云出劉手，語亦不倫，類鈔胥者之所為耳。特其人物結束，别具匠心，並非竊唐人藍本，筆墨復蒼秀近古，卷後妄録諸跋，殊不足為名畫累。因兩存之，并識數語，各書卷中，以寓鑒別求是之意。己卯嘉平。御識。鈐寶二。幾暇臨池。得佳趣。

附前人題跋：

白傅、胡、吉諸公，皆以高年不仕，燕游嵩少，後代名筆，愛慕繪事成圖。《詩》云：「維桑與梓，必恭敬止。」况耆德碩，望之儀型乎？而又宸章奎畫，焜燿光明，此與夫肖欠伸狀齲齒者異矣。世之觀者，應束帶而知肅敬焉。馮資再拜書。

大德三年夏五月六日，西秦張焴，錢塘吳存真、屠約，巴西鄧文原同觀於月泉方丈。時積雨初霽，風日可人，遐想當時九老笑談之樂，為之坐馳而已，文原謹識。

唐九老圖，古人盛事，展卷便覺前賢典刑，去人不遠，為之敬仰而已。大德十年五月十九日。吳興趙孟頫觀。鈐印一。趙子昂印。

賈浪仙有詩聲，尚且後人畫像祀之，其覩白首太平衣冠文物之盛者，又當何如？王緣。

右香山九老圖，名筆也。思陵題咏於其前，巴西鄧善之先生、吳興水晶宫老仙，鑑定於其後。張先得而寶之，示予。信乎其神品也。於是，喜而爲之歌，歌曰：「千載玉皇香案吏，天外飄飄有仙氣。棄官歸去卧煙霞，俯視塵寰渺無際。香山山盤五色雲，香山居士如神君。手招八客作九老，入座便覺仙凡分。畫工作畫走神筆，畫得香山山水窟。窟中九老雲中游，絳雪玄霜醉仙骨。樹林杳靄環洞天，山亭水閣相勾連。仙人衣冠染空翠，童僕老幼皆清妍。焚香鼓琴天籟作，或船而碁落晴雹。檢書看畫兼題詩，幽趣天然歸澹泊。中有一人最高年，百三十六洪崖肩。南極一星雪滿顛，香山主人呼老仙。竹林之賢竹溪逸，何似會昌全盛日。太平肥遯世所希，畫裏相看感神物。後來九老亦有圖，相望百代真斯須。水晶宫中列仙儒，賦詩作畫天人俱。錦袍鞭鸞上清都，留題九老香山隅，千年光燭明月珠。」東海賓艾納散客。錢鼒。鈐印一。筆耕所。艾納散人。錢鼒德鉉。

嘗聞諸師曰，九老尚齒，會于東都履道鄉，一釋子與焉。今此圖不知何稽而然耶，遐想諸老樂琴書，弃軒冕，雍容盛事，徜徉暮景，當時以爲美談。後人思慕風儀，形於摩寫。復睹光堯贊咏于其後，可謂今古同一榮耀。曩使漢八俊、晋七賢，與之偕行，彼自當退三舍矣。大德庚子處暑前五日，晚成子偶書。

維此九老，乃唐之賢。名成身退，高隱林泉。有棊可枰，有琴可絃。有畫可對，有毫可牋。但適其樂，奚假圖傳。威儀棣棣，薄夫其悛。奎晝之光，垂千萬年。大德庚子中秋前五日，嚴陵楊大倫謹書。鈐印二。楊彦禮氏。清白傳家。

洛陽有土之中，九老有唐之盛。白首一致，千載如生。思陵誰復繼餘光之句，豈有所深感耶？至道諸公，亦足齊芳前哲矣。回視山間林下，老成典刑，能幾人哉？落落晨星，不常會合，爲可嘆也！珍襲此圖者，其將志樂天之樂歟！茅峰黄仲圭，稽首謹題。

畫中圖九老，又復見清吟。日耀雲烟筆，風生松竹林。兩朝今古事，千載聖賢心。繼世能忘此，那知白髮侵。江西張漢傑拜題。鈐印三。鳳鳴崗人。漢傑。留隱。

當時九老會香山，一代風流孰可攀。宸翰光輝雲漢上，典刑仿佛畫圖間。清朝有道從歸社，白首還鄉始是閑。盛事千年傳不朽，嵩陽猶得似商顔。廬陵張昱。鈐印五。大雅。狎鷗亭主。一笑。凝香閣。張光弼印。

香山老仙風流客，致政歸來洛陽宅。合罇尚齒招六賢，拖紫紆朱盡頭白。後來方外兩令威，年貌絶倫竝几席。九老八百十六歲，此會人間信創獲。賦詩紀事繪作圖，頓使千秋仰高躅（叶）。或琴於榭棊於舟，或展圖書互探索。衣冠嵬峨鬚眉古，童僕清妍户庭寂。一亭林際更幽閒，落葉頻掃莓苔積。畫畫者誰天機精，寫出冲襟洽泉石。流傳妙蹟到紹興，宸翰揮灑生顔色。吴興巴蜀競題名，秘翫棠村（梁相國）抵金玉（叶）。老夫何幸得拜觀，一段零縑神奕奕。會昌典刑令人欽，豈獨寶此粉與墨。我膺旄節近懸車，撫卷歸歟念轉迫。幾時結社渌波邨，也效耆英踵其跡。康熙庚辰六月，題於平江使院之小滄浪。綿津山人宋犖。鈐印三。西陂。犖。牧仲。（《秘殿珠林續編·重華宫藏五》，《續修四庫全書》影印清内府抄本，第一〇七一册，子部，第三四二～三四四頁）

智按：愛新覺羅·弘曆，即清高宗。清朝第六位皇帝，定都北京後第四位皇帝。年號乾隆，廟號高宗。在位六十年，退位後當太上皇三年，中國執政時間最長（六十三年）、年壽最高之皇帝。

趙知希（一七二〇舉人）

《涇川詩話》

俞蘭野掄文，以事赴郡，道述所見而作詩，曰《魚脱網》，深得杜陵、樂天《新樂府》之意，余以其設爲問答，詞意明白，故不復詮次其事。詩曰：「終日河邊立，舉網無一魚。頭髮半黑白，蒿目但欷嘘。二客旁觀久，汝事何乃疎。水深裳衣濕，無事空躊躇。二客那得知，我本事詩書。薄田數百畝，家中頗有餘。一旦付河伯，征輸復不除。自頤無生理，聊事此清渠。盍且具災傷，給口可緩糧。我欲叩縣宰，縣宰如虎狼。但自肆呑剥，那管人災傷。此言一出口，禍機慘已藏。一客顔忸怩，一客意傍徨。二客默無語，歸途循夕陽。去去一客返，汝言大不祥。若爲汝父母，汝言肆顛狂。不知不足罪，若或不能忘。問君汝何人，云是府正堂。長跪謝公祖，淚滿頭下搶。便可作歸計，母或致倉皇。寒風入夜急，惡役鳴鋃鐺。迥遭肆搜尋，盡室去他鄉。太守一言示，涸轍離困湯。太守者誰氏，李公名本樟。」（《涇川詩話》卷下，《續修四庫全書》影印清道光十二年涇川叢書本）

智按：趙知希，字太音，號環石，涇縣（今屬安徽）人。康熙五十九年（一七二〇）舉人，官館陶、奉新、貴溪知縣，遷太原知府。以丁憂辭官。年六十八卒。有《環石齋詩集》、《集李昌谷七言律三十首》，輯有《大雅集》。傳記見趙懋曜等纂《道光涇縣續志》卷三文苑傳。

白錦（一七二〇前後）

《白氏重修譜系序》

白氏之先，太原人也。至大唐長慶四年，我始祖樂天公遷居洛城內、龍門之東北履道里焉。會昌二年，罷太子少傅，會九老，栖隱香山寺，卒於履道（里），春秋七十有五。葬香山佛寺之北，如滿禪師塔之側。無子，以次侄景受嗣。延流二世，守故土，承先祠，其遺風蓋甚盛也。迨至後唐，改履道爲禪院。是時，我白氏四代祖——思齊遷入洛城，改葬高祖景受墓於邙山之陽。至六代祖，長曰慕聖，而始著譜焉；次曰慕道，兄弟兩門下傳十七世，至諱澄者，系慕道之裔孫也，分居洛水府南莊（岸）。元順帝失位時，鄉居十世。兵亂，族皆破亡。至遺我三十二世祖諱介，慕聖之裔孫也。洪武定位，重修舊譜，復接續四代，傳至我三十六代祖諱金剛，又遷洛城東南。嘉靖年重修舊增，繼續前後六代，而自介祖始也。長門居城南，二門居城東，分著世系，號爲東、西兩白；雖有長門二門之分，其實皆嫡派也。錦日夜焦心勞思，欲重修金剛祖以後之譜系。身在儒業，無暇日也。自前歲提督學院湯公，於康熙四十五年丙戌歲試河郡既竣，游於龍門，問香山九老之故址，追白公之忠節篇章，因與郡守張公重修寺院，振建祠宇（白公祠在香山寺佛殿後）。察我白氏之正派，則舉余於城南族，與城東族叔諱壁間守祠葬，以主春秋之祭者，乃長門一人，二門一人也。己丑歲，内廷寺直汪公南游，道經龍門，居香山。以樂天公所著《長慶全集》記入祠内，以存先人之遺文，復爲余書樂天公墓道碑記，以傳後世於不泯。余由今以溯遷洛之始，凡四十五代，而白氏之家聲，因香山之重興，始得復名於世焉。然譜書一事，其所最要也。故自余上九代以前，皆我白氏金剛祖重修之。我金剛祖以來，歷代雖有記載之遺紙，惜爲潰亂散漫之章，末成之於譜本。余因以分派宗支，次第輯成之，而先代之舊譜，又經余手而重修之也。所患至此以後，代遷日遠，族支愈衆，倘或舛錯，不幾負諸公振興之雅意，亂先世祖代之宗派乎！故爰續近代世系，附舊譜之後，通加詳略之義，志以不朽云。是爲序。

大清康熙五十九年庚子四月二十六日，白氏始祖樂天公四十五代正裔孫、洛陽縣學庠生、前守祠生白錦頓首拜，重修於北原雙龍槐館。（《白居易家譜》，中國旅游出版社，一九八三年三月，第十一～十二頁）

智按：白錦，字綉章，洛陽（今屬河南）人，白居易四十五代裔孫，洛陽縣學庠生。康熙四十七年（一七〇八）己丑督學湯右曾（一六五六～一七二二）閱白氏舊譜，舉其爲守嗣生。康熙五十九年（一七二〇），撰《白氏重修譜系序》。

高岑（一七二一年前後）

《題潯陽送客圖》

楓葉蘆花夜月孤，琵琶間怨隔船呼。青衫不用燈前拭，聲到無時淚亦無。

一曲清商動綺羅，两行官燭照青蛾。蘇州斷腸江州泣，都向情場喚柰何。

潯陽江上恨誰知，再見揚州杜牧之。千古傷心有同調，《琵琶行》與杜秋詩。（《梧門詩話》卷十一，《梧門詩話合校》第三三三頁）

智按：清楊淮輯《中州詩鈔》卷十一（張中良、申少春校勘，中州古籍出版社，一九九七年八月，第二九八頁）收入前二首。

高岑，字峴亭，商丘（今屬河南）人。吏部尚書宋犖外孫，故其詩法亦本于犖，與舅父宋至《緯蕭草堂集》體格相近。官豐城知縣。有《眺秋樓詩》八卷，每卷各爲集名，終之以《和月泉吟社》、《田園雜興》六十首。

楊儒臣（一七二二前後）

《琵琶亭小飲偶吟六截句》

琵琶亭子舊相因，碑碣樓臺一焕新。今日江州賢榷使，廬陵風雅是前身。

江州當日歎飄淪，楓荻蕭條秋正新。有淚不教紅袖濕，一編今見古詩人。

琵琶想見舊消魂，博得香山詞意溫。騷客漫須重寫恨，江邊猶有一亭存。

柳色低藏煙徑迷，夕陽斜下小橋西。天涯不識王孫路，何處傷心芳草萋。

幾番欲去復遲遲，文藻江山未忍離。好待秋風廻短棹，登亭重讀六如詩。（《輯刻琵琶亭詩》，清乾隆十一年古柏堂刊本）

智按：楊儒臣，號又東，江南青浦（今上海）人。監生。康熙六十一年（一七二二）任福建長樂知縣，上任即興起文學，閩、侯、長、福四學，弟子員名額原各十五，至此增至二十，鄉試、會試考中者甚多。砌南壩，修陳塘港，清理東、西二湖及長林、桃坑等湖，又增修文武聖廟，恢復射圃，設義學，移建書院，置伙食費，公餘聚諸生講論。縣志年久未修，儒臣請縣人林調燮、鄭愈、陳九鼎等共成其事，並親筆修改。後回京，縣人士各獻詩以送其行，名曰《百里同音》。雍正元年（一七二三），任福建羅源署縣。

文保（一七二四進士）

《初至潯陽侍家大人遊琵琶亭望雪》

十年繞膝夢斯亭，此日登臨心眼醒。青白纔知天地大，豐盈瑞想到彤廷。（《輯刻琵琶亭詩》，清乾隆十一年古柏堂刊本）

智按：文保，字西崑，瀋陽（今屬遼寧）人。雍正二年（一七二四）進士（《明清進士題名録索引》第七五頁）。

歐秀松（一七二四前後）

《對雨效白香山體》

淅瀝孤篷響，停篙古岸邊。添來雲影重，點破水紋圓。白雁棲沙溼，紅鱗出網鮮。此時宜對雨，最好是江船。

不住林鳩噪，茅檐溜水斜。清溪多放鴨，壞壁半粘蝸。冒溼親扶竹，防黴早焙茶。此時宜對雨，最好是山家。

葉葉芭蕉颭，蕭齋斗覺涼。挑琴絃帶潤，洗硯墨流香。竹徑通泉水，松花落石牀。此時宜對雨，最好是書堂。

寂寂重門掩，簾垂玉蒜低。彈棋深院北，擫笛小樓西。柳外鶯穿綫，花間燕啄泥。此時宜對雨，最好是香閨。（《沅湘耆舊集》卷一百八十九，《續修四庫全書》影印清道光二十三年鄧氏南邨草堂刻本，第一六九三册，第十八頁）

智按：歐秀松，字雅川，善化（今湖南長沙）人。一作瀏陽人。歸同邑周亮齋，年二十八而寡。茹苦歷艱，發渚歌咏，多凄清之多淒清之音。年五十一卒。有《梅花閣繡餘詩草》二卷。風骨高迴，格調老到，求之閨閣，實罕其匹。《醫學三書論》二卷，周亮齋輯，沈棣懷編，成書于雍正二年（一七二四）。

張耀璣（一七二六舉人）

《琵琶亭懷古》

舊時湓浦蔚孤岑，流水何曾寂此音。月引離魂雙岍落，風搖隔舫一鐙侵。漫遨塞外調絃手，撥碎江頭送客心。千古多情人未散，只今長得半亭陰。（《輯刻琵琶亭詩》，清乾隆十一年古柏堂刊本）

智按：張耀璣，字璿莽，浙東蘭谿人。雍正四年（一七二六）丙午科舉人。

王堯衢（一七二八前後）

《唐詩合解箋注》

⊙白居易《溪中早春》

南山雪未盡，陰嶺留殘白。西澗冰已銷，春溜含新碧。東風來幾日，蟄動萌草坼。潛知陽和功，一日不虛擲。愛此天氣暖，來拂溪邊石。一坐欲忘歸，暮禽聲嘖嘖。蓬蒿隔桑棗，隱映煙火夕。歸來問夜餐，家人烹薺麥。

⊙白居易《閑夕》

一聲早蟬發，數點新螢度。蘭釭耿無煙，筠簟清有露。未歸後房寢，且下前軒步。斜月入低廊，涼風滿高樹。放懷常自適，遇境多成趣。何法使之然，心中無細故。

⊙白居易《官舍內內新開小池》

簾下開小池，盈盈水方積。中底鋪白沙，四隅甃青石。勿言不深廣，但取幽人適。泛灩微雨朝，泓澄明月夕。（微雨吹波，明月弄影，此小池之取適也。）豈無大江水，波浪連天白。未如床席前，方丈深盈尺。（開一筆，將大水比小池，固自有異；然吾適意處，在床席之前，正取此盈尺之水耳。）清淺可狎弄，昏煩聊漱滌。最愛曉暝時，一片秋天碧。

（水清且淺，吾可押而弄；吾昏且繁，水可漱而滌，水之爲用如此。且尤愛天曉及瞑之時，俯而視之，一片秋天之碧在水中。見之不知是水之碧，天之碧，足以清心醒目，智者之樂也。）

（總評）白香山詩，坦夷平直，輒問老嫗能解，其佳處泠然清響，韻致甚逸，然覺唐音之散漫矣。（《唐詩合解箋注》卷二五言古風，單小青、詹福瑞點校本，第七四～七六頁）

⊙元稹《聞白樂天左降江州司馬》

殘燈無焰影幢幢，此夕聞君謫九江。垂死病中驚起坐，暗風吹雨入寒窗。

讀此詩，歎古人友誼之厚。（《唐詩合解箋注》卷六七言絕句，單小青、詹福瑞點校本，第二七〇頁）

⊙白居易《昭君詞》

漢使卻回憑寄語，黃金何日贖蛾眉？君王若問妾顏色，莫道不知宮裏時。

⊙白居易《竹枝詞》

瞿唐峽口水煙低，白帝城頭月向西。（斜月向西，風景淒然之候。）唱到竹枝聲咽處，寒猿暗鳥一時啼。（猿鳥聞其悲唱，俱不勝情而一時啼喚，然則愁人聽之，當何如淒愴乎？）

《竹枝》，宜質而不俚，方入古調。

⊙白居易《同李十一醉憶元九》

花時同醉破春愁，醉折花枝當酒籌。忽憶故人天際去，計程今日到梁州。（《唐詩合解箋注》卷六七言絕句，單小青、詹福瑞點校本，第二七一～二七二頁）

⊙白居易《草》

離離原上草，一歲一枯榮。野火燒不盡，春風吹又生。遠芳侵古道，晴翠接荒城。又送王孫去，萋萋滿別情。

前解言原上草，以榮枯為眼。後解言其關情處。（《唐詩合解箋注》卷八五言律詩，單小青、詹福瑞點校本，第三九一頁）

⊙白居易《秋思》

夕照紅於燒，晴空碧勝藍。獸形雲不一，弓勢月初三。雁思來天北，砧愁滿水南。蕭條秋氣味，未老已深諳。

前解突見秋光而有思。後解想入氣味，微矣。（《唐詩合解箋注》卷八五

言律詩，單小青、詹福瑞點校本，第三九二頁）

⊙白居易《欲與元八卜鄰先有是贈》

平生心跡最相親，欲隱牆東不為身。明月好同三徑夜，綠楊宜作兩家春。每因暫出猶思伴，豈得安居不擇鄰。何獨終身數相見，子孫長作隔牆人。

前解寫卜鄰之美，後解推原卜鄰之故而極言之。（《唐詩合解箋注》卷十一七言律詩，單小青、詹福瑞點校本，第四八一頁）

⊙白居易《春題湖上》

湖上春來似畫圖，亂峰圍繞水平鋪。松排山面千重翠，月點波心一顆珠。碧毯線頭抽早稻，青羅裙帶展新蒲。未能拋得杭州去，一半句留是此湖。（以「湖」字起結，奇極。「一半勾留」，湖未嘗留人，時人自不能拋舍。興之所適也；然亦只得「一半」，那一半當別有瞻戀君國去處，若說全被勾留，豈不是個游春郎君，不是白傅口中語矣。）

前解寫山水之勝，後解寫物色之勝。總寫得「湖上春」三字。（《唐詩合解箋注》卷十一七言律詩，單小青、詹福瑞點校本，第四八二頁）

⊙白居易《湖上春行》

孤山寺北賈亭西，水面初平雲腳低。幾處早鶯爭暖樹，誰家新燕啄春泥？亂花漸欲迷人眼，淺草才能沒馬蹄。最愛湖東行不足，綠楊陰裏白沙堤。

前解寫湖上，而帶起春行。後解寫春行，而回顧湖上。（《唐詩合解箋注》卷十一七言律詩，單小青、詹福瑞點校本，第四八三頁）

⊙白居易《西湖晚歸回望孤山寺贈諸客》

柳湖松島蓮花寺，晚動歸橈出道場。盧橘子低山雨重，棕櫚葉戰水風涼。煙波澹蕩搖空碧，樓殿參差倚夕陽。到岸請君回首望，蓬萊宮在海中央。

前解寫西湖晚歸。後解寫回望孤山寺。而「請君」兩字，乃贈客語也。（《唐詩合解箋注》卷十一七言律詩，單小青、詹福瑞點校本，第四八四頁）

⊙白居易《泛太湖書事寄微之》

煙渚雲帆處處通，飄然舟似入虛空。玉杯淺酌巡初匝，金管徐吹曲未終。（以初至湖中起。湖中烟渚甚多，處處可以通帆，水天浩渺，舟行似入虛空中，何其曠也！於此玉杯傳飲，淺斟細酌，以領歌意，遍席迎送，已周一匝，而金管倚曲，徐吟未終，真泛湖之勝事也）黃夾纈林寒有葉，碧琉璃水淨無風。避旗飛鷺翩翻白，驚鼓跳魚拔剌紅。（此以下「書事寄微之」也。此時是秋，見寒林黃葉，如染彩而系之者。纈，系彩也。秋水色如琉璃之碧，無風更覺明淨可愛。……鷺以飛而見白，魚以躍而知紅，波中幽事，舉目而得之。）澗雪壓多松偃蹇，岩泉滴久石玲瓏。書為故事留湖上，吟作新詩寄浙東。（松雪泉石，亦湖中之幽勝，松偃蹇于雪壓，石玲瓏于泉滴，可見事必有漸，積久而成自然。今日湖中勝游，不妨留題，爲他日之故事。寄此新詩與浙東，令我微之當神往湖中矣。）軍府威容從道盛，江山氣色定知同。報君一事君應羨，五宿澄波皓月中。

七言排律，作者罕傳。即五言排律，亦罕傳于中唐以後。蓋中晚格調漸弱，句欠警嚴，故較之初盛大異。如七言排，則尤難於精警，所以選家多不入帙。今姑以白傳作備一體，覽者可以知其大概云。（《唐詩合解箋注》卷十二七言排律，單小青、詹福瑞點校本，第五五五～五五六頁）

智按：王堯衢，字翼雲，長洲（今江蘇蘇州）人。其《唐詩合解箋注》成書于「雍正壬子年季春之月」，內封署「王阮亭先生原本，吳郡王阮亭先生原本，吳郡王翼雲先生注，重訂唐詩合解箋注」，選唐詩六二五首。雍正、同治、道光、光緒間多次重刻，印次數僅次於《唐詩三百首》。

程世瑛（一七二九前後）

《丙寅夏五登琵琶亭》

早年名擅教坊春，淪落天涯一曲新。誰感此情同白傅，使君原是舊詩人。

停舟默默正憂讒。送客無人理去帆。野日江州亭子上，又添新恨濕青衫。

《次原韻》

今古潯陽勝跡同，青山無改盛流空。江分九派重重浪，亭倚三窗面面風。煙柳自圍新水碧，客帆常送夕陽紅。使君最有登臨興，陶謝居然結社東。（《輯刻琵琶亭詩》，清乾隆十一年古柏堂刊本）

智按：次唐英《丙寅夏五月琵琶亭臨江廊檻工竣偕諸友遊覽疊賦二律以落之》之原韻。

程世瑛，揚州儀徵（今屬江蘇南京）人。雍正七年（一七二九）時，程世瑛家，因勞動力少，「無力開墾，丈地之日，不敢多認荒土，故糧地止貳百肆拾捌畝」（乾隆《刑科題本》，乾隆三十九年八月十六日，署四川總督印務臣文綬謹題）。

何琇（一七三三進士）

《樵香小記》

⊙唐人歌詩

唐人歌詩，宋人歌詞，其法皆不傳。白香山稱，河滿子一曲，四聲歌八疊。今不知八疊謂何。又古樂府多長篇，而唐人惟歌絶句，即律詩亦僅取半首，古詩長篇，如李嶠《汾陰行》，高適《哭單父梁少府》詩，亦僅取四句，或當時之曲，以四聲八叠為定律歟？然《陽關曲》又云三叠，摠不可考。（《樵香小記》卷下，清守山閣叢書本；《四庫全書》本）

⊙賀知章柳枝詞

柳枝詞，起于中唐。故白香山詩稱「聽取新翻楊柳枝」也。《才調集》乃有賀知章《柳枝詞》。考何光遠《鑑戒録》稱是篇為賀秘監知章咏柳，是《才調集》悞。（《樵香小記》卷下，清守山閣叢書本；《四庫全書》本）

智按：何琇，字君琢，號勵庵，宛平（今屬北京）人。雍正十一年（一七三三）癸丑進士。官至宗人府主事。

張學舉（一七三五舉人）

《賀雨》

邑東境首石山，於封內為最高，雲興輒雨。戊辰春夏，繼旱禱雨於山下郭公祠，甘霖大沛，前三日禱三溪之天龍井，焚牒已山後，卽作雨勢，歸輿盡濡爲長民幸神貺之厚，仿白香山作《賀雨》詩以紀其事。

首石嵐重雨意生，首石雲罨雨脚平。八月不雨愁下民，神功抑此驕陽横。天龍之井龍氣并，金蛇迅掣雷車轟。倒捲南溟虛空盈，高隴下田飛流爭。早禾盡蘇番薯萌，占年不誤良農耕。汾陽遺跡東城闉，海氛蕩掃來南征。千秋廟食祀非淫，誰歟議裁殊硜硜。緊予祈禱奠兩楹，立竿見影通精城。山川有神斯效靈，致祭封內心怦怦。民食爲天垂先型，黄收轉瞬萬寶成。夫差戰艦問水濵，牙檣錦纜千花明。金閶麋鹿遊榛荆，吳航空復傳佳名。數告有年不避兵，長樂之樂無與倫。巍科高掇邦人榮。首石能作隆隆聲，何若時暘時雨灾沴泯。歲稔人和訟處清，吾以長謡代其鳴。（清乾隆二十三年刊本《南坪詩鈔》卷九吳航集；《四庫未收書輯刊》影印清乾隆刻增修本《南坪詩鈔》卷七吳航集）

智按：張學舉，字乾夫，號南坪。江蘇如皋人。雍正十三年（一七三五）舉人。終官福建鹽法道。有《南坪詩鈔》。

孫和相（一七三八舉人）

《洧川縣志》

宮燦然，字星石，恩貢生。爲人尚名節，持大體，魁偉倜儻，矯矯不群，一時公卿胥願納交之。弟岩然，少卒，遺孤熹，别無所依，燦然撫養至于成人。里有古氏、李氏鬻其女，慨然憫之，爲焚券，各濟以金，遣之歸，人以此益重其德。晚年，築花園于舍東，日夕課子其中。著有《孝經解》，刻《白樂天詩集》、《輿圖備考》行於世。（乾隆二十年《洧川縣志·人物志》）

智按：宫灿然，字星石，洧川（今河南長葛）人。明天啟五年（一六二五）恩贡。

孫和相，字越薪，諸城（今屬山東）人，清乾隆三年（一七三八）戊午舉人，乾隆八年任洧川知縣，十二年調知中牟縣。《［乾隆］洧川縣志》八卷，孫和相、鄧正琮修，何之琪纂，有清乾隆二十年（一七五五）刻本。

楊開鼎（一七三九進士）

《紫峴山人全集跋》

湘潭張度西先生，珂里名家，元和宗派，氣如衡嶽，卷舒則風雨齊飛，才似洞庭，吞吐則蛟龍奔宕。騰鴻都之紙價，凌轢韓蘇；壓虎觀之文章，沈酣庾鮑。騷壇說項，競傳黃絹之詞；藝圃推袁，爭結紵衣之好。爾乃□（智按：疑作買）棹秦淮，僑登水閣。四百寺晨鐘暮鼓，送來法部閒愁；十二樓繡箔珠簾，提入板橋新夢。問桃花之舊扇，人去丁蘇；唱燕子之妖詞，聲銷楊頓。爰停玉盞，快寫江箋，借殘柳以抒懷，對秋風而結響。氣以森沈而跌宕，句因蕭瑟以風流。蓋英雄感溉之情，非兒女婀娜之恨。懸之綺閣，桓子野横笛而吹；歌向青溪，王小令倚簫以和。此固永豐園角，白傅遜厥風華；館娃宮前，柯古失其韻態者矣。秋多悲氣，憶子在瀟湘黃葉之中；僕本恨人，銷魂於燕塞斜陽之際。乾隆丁卯秋日。廣陵楊開鼎跋。（張九鉞《紫峴山人全集》卷末，《續修四庫全書》影印清咸豐元年張氏賜錦樓刻本）

智按：乾隆丁卯，乾隆十二年（一七四七）。

楊開鼎，字峙塘，號玉坡，江蘇甘泉人。乾隆四年（一七三九）己未科進士，任河南道監察御史。乾隆十四年（一七四九）任巡視臺灣監察御史，兼理學政。任內建臺灣府儒學宮。次年八月因丁憂去職。後官至湖南衡永郴桂道。有《金剛經注》、《雙松堂詩集》。

臧錫麟（一七四〇前後）

《遊琵琶亭呈唐使君》

送客江頭跡已陳，琵琶亭子一時新。嘈嘈切切聲何在，古古今今意可親。不道使君偏好事，定知司馬是前身。愛他山水增顏色，二十年來得主人。

長廊粉壁映朱欄，幽咽無聞水下灘。鶴護碑亭文字古，柳藏詩閣墨池寒。二分明月思歸切，萬仞匡山欲上難。料得扁舟來往客，推篷應作畫圖看。（《輯刻琵琶亭詩》，清乾隆十一年古柏堂刊本）

智按：臧錫麟，號南園，白沙（今江蘇儀徵）人。篆刻家。舉業之餘，游藝篆刻，以漢銅為宗，並追踪文、何。乾隆五年（一七四〇）輯自刻印成《波齋百二甲子印》，末附陳撰「南園印格」一則。

吴光酉（一七四一前後）

《陸稼書先生年譜定本》

四月，有感士風時有薄植之人，皇皇覓館求售者，先生嘆曰：昔時人學問未成，不敢出門；出門亦無所容。故人皆盡力讀書，今自旂下多收用粗鄙之人，於是文理未通之人，皆可僥倖以取衣食竊厚利，旂下人日與此輩相與，而旂下之風俗壞。漢人見此等粗鄙之人，揚揚得意，遂謂讀書不必深求，而漢人之風俗亦壞。是兩相害也。閲《武功志》，往年先生在保定，陳君名僖者，其邑之名士也，來見，言近日修通志，俱出郭棻之手，不甚滿人意。又言天下志書，莫精於康對山《武功縣志》，至是閲之，見有載姚合縣居詩三十首，先生謂，不過是嘆老嗟貧、飲酒看花之事，與白樂天《秦中吟》十首相去遠矣。至云：「一日看除目，終年損道心」，何至如此，可見胸無主張。又云：「惟愁明早出，端坐吏人傍」，抑何不憚煩也。又云：「長羨劉伶醉，高眠出世間。自嫌多檢束，不似舊來狂。」尤說得不是。閲湯公潛菴《黜淫祠疏》，湯公撫江蘇，以禁浮靡、厚風俗為己任。上方山有所謂五聖祠，其巫覡煽惑人，愚民奉之若狂，至有爲河伯娶婦事。湯公赫怒沉其像，毁其祠，恐愚民不喻，後將復然，因具疏請旨永禁。先生閲疏云：當與會典祭厲文同看，一是不侮鰥寡，一是不畏强禦，君子之待幽明，總是一個理。（《陸稼書先生年譜定本》卷下，《續修四庫全書》影印清雍正刻乾隆增修本）

智按：陸隴其（一六三〇～一六九三），字稼書。吴光酉，字豊在，平湖（今屬浙江）人。貢生，候選訓導。陸隴其弟子倪淑則（字貽孫）婿。

程德洋（一七四一舉人）

《丁卯春日偕友人同遊琵琶亭和唐使君原韻》

名區攜伴縱吟眸，到此忘機江上樓。隔柳鶯聲時遠近，迎人山色自春秋。先賢遺像臨風拜（亭側有樂天祠像），估客輕帆逐水流。商婦琵琶何處問，波翻浪鼓似彈愁。（《輯刻琵琶亭詩》，清乾隆十一年古柏堂刊本）

《和唐使君重遊琵琶亭原韻四首》

江上亭臺景倍加，扁舟游泳附仙槎。橫空旅雁書雲影，近港菰蘆印浪花。清酒醉心浮大白，新詩寄興詠琵琶。香山遺像三毫動，對此騷人手盡叉。

風騷曠代有知音，勝蹟重新慳素襟。萬里濤聲聯楚尾，千帆風影入江心。公非白傅詩情古，我為青衫賦感今。況復登臨極目處，梅花春信助清吟。

獨上江樓客舫停，長空爽氣接秋冥。醉吟白酒情偏暢，飽飯黃魚味不鯹。只為新詩長慶派，致令狂眼阮生青。李唐千載眞風雅，司馬江州剩此亭。

今年又續去年遊，人自年年水自流。或往或來成社燕，何蹤何蹟笑沙鷗。偶招白足談逾日，已見黃花開過秋。瀟灑風流今古合，一亭二老勝情收。（《輯刻琵琶亭詩》，清乾隆十一年古柏堂刊本）

智按：程德洋，休寧（今屬安徽）人。乾隆六年（一七四一）辛酉舉人。

元克中（一七四一舉人）

《琵琶亭》

青衫別淚愁司馬，白雪高歌重使星。船上琵琶江上月，欲從何處弔湘靈。（《輯刻琵琶亭詩》，清乾隆十一年古柏堂刊本）

智按：次唐英乾隆八年（一七四三）癸亥《春遊琵琶新亭唱和草》之原韻。

元克中，字玉菴，瀛海（今屬天津）人。乾隆六年（一七四一）舉人。元克中歷知樂平、廬陵諸縣。寬厚有政聲。署龍巖州，歲大歉，為平糶勸捐，雖饑不害。去之日，民遮道攀轅。

黃道愨（一七四四舉人）

《琵琶亭》

寒江九曲水，送我聽琵琶。賈客如漂梗，行人弔落花。亭空穿宿鼠，樹老噪棲鴉。一片荒涼景，千秋怨賣茶。

寂寞月明夜，風流懷樂天。一彈珠迸落，四座淚潛然。過客江邊雁，居停夢裏仙。蘆花楓葉在，都不似當年。(《沅湘耆舊集》卷八十三，《續修四庫全書》影印清道光二十三年鄧氏南邨草堂刻本)

智按：黄道懃，字敬之，號藏山，寧鄉（今屬湖南）人。乾隆九年（一七四四）甲子舉人。與兄道懋同榜。晚官福建永春同知。有《南六堂詩草》，桐城葉書山西序，稱其工詩善畫，得王、孟之遺。胸次灑落，足跡徧天下。視官舍如傳舍。諸城王香柱金策云：藏山司馬有至性，負奇氣，故其詩悲涼古直，沉雄有氣魄，蓋得於江山之助者深矣。

熊尉（一七四四前後）

《過琵琶亭》

乘槎海內今詩伯，管領風騷不世情。西近武昌庾散騎，東連文脊謝宣城。匡廬重此開生面，彭蠡還應訂夙盟。調借琵琶彈白雪，何時巴里續新聲。(《輯刻琵琶亭詩》，清乾隆十一年古柏堂刊本)

智按：熊尉，吳縣（今江蘇蘇州）人。曾任衡州司馬。乾隆九年（一七四四）任衡州知府。

董榕（一七一一～一七六〇）

《念奴嬌》

執耳騷壇，訬七襄在手，相題肖物。拈取陳鴻天寶事，不數偷聲宮壁。水碧山青，鳥啼花落，宮女頭如雪。譜來宛合，幟新壓倒詞傑。　眼底白傅遺蹤，琵琶亭畔，正黄蘆花發。刻羽移商聲泛處，流水夕陽明滅。一種風情，千秋霞契，並童顏鶴髮。晚涼歌罷，蓮衣還舞香月。(唐英《古柏堂戲曲集·女彈詞》卷首)

智按：董榕，字念青，號恒巖，豐潤（今屬河北）人，雍正十三年（一七三五）拔貢，歷官江西贛寧道、九江知府，有《浭陽集》。乾隆二十一年（一七五六）八月，唐英卸任，九江關務由董榕暫任。董榕曾為唐英劇作《埔中人》、《女彈詞》、《轉天心》、《巧換緣》、《天緣債》、《茄騷》、《虞兮夢》寫序、作詩題辭。

孫洙（一七一一～一七七八）

《唐詩三百首》

⊙白居易小傳

字樂天，下邦人。貞元中，擢進士第。元和初，對策翰林學上，遷左拾遺。母喪歸，還拜左贊善，以言事貶江州司馬。後入為中書舍人，乞外遷，為杭州刺史，移蘇州刺史。文宗立，擢刑部侍郎。太和中，以朝多黨禍乞歸。開成中，起太子少傅。會昌初，以刑部尚書致仕。自稱香山居上。與胡杲等九人宴集，皆年七十者，人繪為圖，稱「香山九老」。年七十五卒，謚曰文。（呂薇芬校點《唐詩三百首》第六八頁）

（《長恨歌》「漢皇重色思傾國」）七字一篇綱領。思傾國，果傾國矣。欲而得之，何恨之有？空虛處偏有實證。（「風吹仙袂」二句下）（呂薇芬校點《唐詩三百首》第六九頁）

（《琵琶行》「同是天涯淪落人，相逢何必曾相識。」）一句作詩之旨。（呂薇芬校點《唐詩三百首》第七七頁）

（《草》）（《唐詩別裁》作《賦得古原草送別》）（離離原上草，一歲一枯榮。）詩以喻小人也。（野火燒不盡，春風吹又生。）銷除不盡，得時即生。（遠芳侵古道，晴翠接荒城。又送王孫去，萋萋滿別情。）干犯正路，文飾鄙陋，卻最易感人。（呂薇芬校點《唐詩三百首》第一四〇頁）

（《自河南經亂關內阻饑兄弟離散各在一處因望月有感聊書所懷寄上浮梁大兄於潛七兄烏江十五兄兼示符離及下邽弟妹》）一氣貫注，八句如一句。與少陵《聞官軍》作同一格律。（呂薇芬校點《唐詩三百首》第一七三頁）

(《問劉十九》)信手拈來，都成妙諦，詩家三昧，如是如是。(呂薇芬校點《唐詩三百首》第一九二頁)

智按：孫洙，字臨西，號蘅塘，晚號退士，無錫（今屬江蘇）人。性穎敏，家貧，隆冬讀書，恒以一木握掌中，謂木生火可禦寒。乾隆九年以庠生中順天舉人，考授景山官學教習，除上元縣教諭。十六年，成進士，歷知直隸盧龍、大城縣事。所至必諮訪民間疾苦，平時與民諄諄講敘如家人父子，或遇事須笞責者，輒先自流涕，故民多感泣悔過。宰大城時，捐廉浚河道，民食其利。公餘之暇，誦讀不輟，恂恂如書生。後罣誤，起復知山東鄒平縣事。庚辰壬午，兩校省闈，所得皆知名士，改江甯府教授。三握邑篆，囊橐蕭然，澹若寒素。每去任，民皆攀轅泣送。歸舉鄉飲大賓，至老不廢。(竇鎮《名儒言行録》)

任聖周（一七一一～一七八八）

《有一老友誦白居易詩……》

蠶絲蜂蜜職修天，庇己屬人揔妄緣。須識此身未滅日，憂家憂國是當然。(《鹿門先生文集》卷二十六，《韓國文集叢刊》本)

智按：詩題全文為：「有一老友誦白居易詩云：『蠶老繭成不庇身，蜂飢蜜熟屬他人。須知年老憂家者，恐似二蟲虛苦辛。』因嘆其達理。余謂蠶繭蜂蜜，乃天機也，天職也，與鞠躬盡瘁，死而後已，成敗利鈍，非所逆睹，暗相契；今此詩曰身，曰人，曰虛苦辛，都是一『私』字，何得謂達理？遂反其意而和之。」

任聖周，字仲思，號鹿門。一七三三年司馬試及第。一七五〇年任世子翊衛司洗馬，後升任侍直。一七五八年隱居公州鹿門。一七七六年一度出仕，旋卸職，于鹿門專心致力于學術。其學說對朝鮮唯物主義發展很有影響。有《鹿門集》。

李重延（一七一一～一七九四）

《敬次退溪先生和白樂天韻》

眼漸昏昏耳漸聾，又嬰奇疾怯寒風。夙心已負初時遠，年數殆逾百歲中。理會蠶絲渾說夢，閒談世務亦探空。只今悔不金丹鍊，虛作人間白髮翁。（《陋室集》卷一，《韓國文集叢刊》本）

智按：李重延，字希愿。有《陋室集》。

張映辰（一七一二～一七六三）

《雨中過赤水鎮》

長橋一帶宛垂虹，赤水中分兩界通。雲似釜蒸堆大白，花當秋放戰危紅。人迷古渡摧頹雨，馬踏平岡蹀躞風。不識香山有遺跡，綠楊只在岸西東。（《晚晴簃詩匯》卷六十八）

智按：張映辰，字星指，號藻川，錢塘（今浙江杭州）人。雍正十一年（一七三三）癸丑進士，改庶吉士，授編修，累官兵部侍郎，降左副都御史。有《露香書屋集》。

戴文燈（一七一二～一七六六）

《邁陂塘·江州琵琶亭》

按紅牙塵飛，昔蓼江花，吹落江水。青衫司馬添顦顇，迸入四絃聲裡，重喚起。算自古騷人遷客，知凡幾。風心偶寄，便南浦銷魂，西州酒泣。恨少尔深致。　朱欄外，隔浦春帆似薺。暝風芳草鋪池，小桃紅綻垂楊岍。乍好艷陽天氣，渾不是，送客夜，蘆花楓葉秋江沚。留公且止，喚菱角吹笙，楊枝試舞，續取醉吟事。（《甜雪詞》卷上，《四庫未收書輯刊》影印清乾隆間刻本）

智按：戴文燈，字經農，一字歐亭，號匏齋，歸安（今浙江湖州）人。乾隆二十二年（一七五七）進士。官禮部員外郎。乾隆初，以孝廉隨父游粤，與平湖陸綸多所倡和。十二年，陸綸序其《甜雪詞》云：「吴興戴歐亭孝廉定省游粤，自富春渚而涉章江，下湘、衡，過全、永，歷數千里。當其維舟覽古，撥燭興懷，力大思遠，所作長短句，一伸紙或不下千言」，「歐亭英年俊邁，咄咄逼人，方其學之精進無已，而于詞之工妙入神，即曰并駕姜（夔）、張（炎）可也。」《甜雪詞》上下二卷，一百三十餘首，爲其成進士之前所作，多咏物、題圖之作。

愛新覺羅·弘晝（一七一二～一七七〇）

《荔枝賦》

原夫大宛葡萄，上林樬栗，平陸甘瓜，江陵紫橘，玉井之雪藕欺霜，洛陽之朱櫻耀日，鍾山之李大如瓶，信都之棗甜於蜜，徵嘉果於群芳，咸應時而垂實，乃有林檎爲兄，石榴為弟，稟乎炎精，依乎火帝，殻染丹砂，衣裁錦帨，角昴見而綻靈葩，雲日鏡而流火齊。枝懸萬顆，等瓔珞之分垂；霞麗千房，儼珊瑚之交綴，繁生閩粤之鄉，著美渝涪之際，肇嘉名曰荔枝，非凡果之可媲爾。其爲色也，或稱陳紫，或命藍紅，始雕青玉，旋鏤丹銅，瓊膏兮内孕，絳羅兮外蒙，赤罽初收，脱晶丸於掌上；朱囊乍解，卸冰繭於盤中。宜乎領狀元之號，而膺一品之封。若其為香也，貫膚膜，徹表裏，氤氳可尋，奄冉難擬，紀江緑之馝芬，傳宋香之旖旎。剖殘頳顆，溢芳靄而藉人；擘破冰肌，散清芬而染指。此薰艾納者不足方，而含雞舌者庶可比。至其爲味也，啖香心醉，數種涎滋，津寒兮似雪，膚膩兮如脂。沾唇而甘流仙醴，入齒而冷沁華池。小核中含，快嚼丁香之實；瑩瓤外朗，潤同瓊島之芝。若夫厥種攸分，品題獨絶。龍牙鳳爪之殊，雙蒂側生之別。楓亭兮，自昔稱奇；閩嶠兮，於今為烈。蔡中郎之譜，譽以無雙；白香山之圖，誇為第一。固宜人人同嗜，處處爭傳。……（《稽古齋全集》卷六，《四庫未收書輯刊》影印清乾隆十一年内府刻本；《四庫全書》本《皇清文穎》卷三十九）

《觀刈麥》

窗前種麥今已熟，一片黃雲朗日暴。刈其榦兮收其穗，聚成堆兮做場築。今年麥穗碩且肥，五穗可得麵一掬。觀茲收穫笑盈盈，灌溉慇懃非信宿。遙知田家勤苦功，方得此麥登斗斛。看來已及麥秋時，須向田間刈用速。儻留餘穗不收來，徒將佳種作鳥啄。（《稽古齋全集》卷七，《四庫未收書輯刊》影印清乾隆十一年內府刻本）

智按：此詩直承白居易《觀刈麥》。

《題白樂天養竹記》

樂天愛竹取何意，取其勁直聳千畝。亭亭蒼秀在我園，蕭蕭幽韻傍我牖。樂天記竹記何美，記其不凋與不朽。森森密葉待鳳來，通中直外耐長久。想彼夭夭桃李花，與彼翠翠岸旁柳。秋風瑟瑟霜露寒，前日妖嬌今皆醜。何如此君歷四時，翠色不改挺操守。宜乎樂天作竹記，永與松梅為三友。（《稽古齋全集》卷七，《四庫未收書輯刊》影印清乾隆十一年內府刻本）

《和題西湖韻》

覽卷懷佳勝，名區未許同。平湖開瀲灩，精舍倚巃嵸。九夏晴光泛，三春瑞氣融。雲山浮秀色，景物奪天工。暮靄添烘染，朝烟倍鬱葱。有花皆爛熳，無雨亦空濛。却勝宜春苑，還過避暑宮。中流凌浩渺，絶頂歎穹窿。波共長天白，霞連夕照紅。萬松排嶺面，千堞繞湖東。孤嶼寒香發，虛亭翠黛籠。招提凌碧落，岩壁引飛虹。鳥噪斜陽外，鐘鳴古木叢。葛翁留故跡，丹叟有遺風。玩月乘輕艇，尋芳跨玉驄。往來無俗客，傳說到村童。白傅長堤上，蘇公往蹟中。披圖如已到，吟眺興無窮。（《四庫全書》本《皇清文穎》卷九十二）

智按：和恭親王弘晝，世宗第五子。有《稽古齋集》。

裘曰修（一七一二～一七七三）

《恭和御製移竹用白居易題盧秘書新栽竹二十韻元韻》

懿此猗猗竹，移從澗底槃。託身原得所，遷地豈云難。的的依元圃，亭亭傍玉欄。梅傳高士韻，松號大夫官。自爾同心契，因之取友端。連林相掩映，一樹表檀欒。密可藏雲片，疏還漏月團。分張珍暗碧，檢校重明玕。入譜香猶滴，成圖粉未殘。勢抽三島秀，地占十弓寬。舊說霜為節，曾經籜製冠。好風聞簌簌，涼雨聽珊珊。鳳實欣群集，龍根識穩蟠。愛寧忘一日，多匆厭千竿。雅奏呈仙籟，高標愜賓觀。静宜衣染翠，芳勝氣吹蘭。何事言清癖，從知是古歡。春來孫有信，歲晚影非單。拂拭恩長厚，栽培氣不寒。天毫和露瀉，功並化工看。（《皇清文穎續編》卷九十六，《續修四庫全書》影印清嘉慶武英殿刻本）

智按：裘曰修，字叔度，號漫士，又號諾皋，新建（今屬江西）人。乾隆四年（一七三九）己未進士，改庶吉士，授編修，官至工部尚書，加太子少傅。謚文達。有《裘文達公詩集》。

申光洙（一七一二～一七七五）

《反招魂》

故承旨崔公觀化賦詩，有海上三島之語。靈川申光洙在黄驪直中，聞公之亡，有詩私悼。今大歸于春川，世傳白樂天爲海山院主，石曼卿爲芙蓉城主，蘇長公爲玉局散吏。古之文章之士，其清明之氣，殁而不遽澌滅，往往爲列仙者有之。公故神仙中人，春川又近東海，其神必在海山，與永郎諸仙，爲笙鶴之遊無疑矣。光洙遠導其意，而爲辭以將之，其名曰反招魂。夫招魂者，宋玉勸屈原魂魄，勿托四方，必歸楚國。今光洙勸公，必歸乎東海，故反宋玉之意云爾。……（《石北先生文集》卷五，《韓國文集叢刊》本）

《祭李聖會文》

高靈申聖淵，以壬申十二月，聞故進士平昌李聖會前月殁於京師，則爲位北望而哭。其明年二月，窀穸之事已訖，巽日入洛，擬摻文一慟。……噫！顔淵、賈生、王延壽、禰正平、衛玠、王融、謝眺、王勃、惠連、珉儉、邢居實，及有明高啓迪、何仲默、徐禎卿、宗臣、梁有譽，以我朝言之，朴誾、崔慶昌、崔澱、李久，近代吳幼清、吳敬叔、崔守良、尹君悦、睦叔諧，俱得年二三十，與聖會不甚上下，自古然矣。吾於聖會之死，獨不敢怨天也。然吾聞卜商、蔡邕爲脩文郎，淮南王安爲上帝守廁吏，李賀召賦玉樓，白居易爲海山院主，石曼卿爲芙蓉城主，蘇子瞻爲紫府押牙，李、杜俱稱江湖散僊，吾不知聖會死而作帝之何官也，不則將爲明河爲朗星爲雲霞而出沒也，爲風雨而清泠也，爲靈芝鳳皇以驚耀世之耳目也邪。吾固知子之清明之氣，必不徒然澌滅，而子之靈則有知。吾不知子之爲何物，則豈不悲哉。嗚呼聖會！人之死而使人哀之者有幾，如吾聖會者，如何而使人哀之者多也。親友哀之，都邑哀之，不見面者哀之，幾於國人而哀之。子如何而使人哀之，若此其多也。然人之哀之，於子何有，終不若死者之自哀也已。尚饗。（《石北先生文集》卷十四，《韓國文集叢刊》本）

《夏雪獻陽録序》

不佞不見缶翁十年矣，今年翁自彥陽承召入都下，示所謂《夏雪獻陽録》者曰：夏吾忠州山也，獻卽彥陽也，此吾家與官所得也。李夢瑞爲之序，子其續之。噫！不佞從翁游嘗半世已，自以爲知翁。翁於詩，少學錢、劉，晚喜白香山。方翁之弱冠，登上第，氣鋭才涌，力攻風雅，若可以步趨古人。旣已經歷變故，坎壈不振，年益往志益衰。始以香山爲歸，主於理明辭達，往往有甚似者。不惟翁其人樂易，性相近也，霜降水落，物候之變，固有然者。故其詩不爲嶃截奇異之語，而雍容法度中，有自然之味。夢瑞所以劇賞，至詡韋蘇州者此也。翁之爲香山與蘇州，未知不佞與夢瑞孰得，而要之非近世詞人之所可及。抑其屏居四十年，窮餓亦甚，力耕養親之餘，發於詩者，安分俟命，絶無怨尤之言，則此又忠臣孝子之得於《國風》者。不佞之知翁，固已先於夢瑞矣。然翁今又赴豐川，豐負海極西，地僻訟簡，有山水絲竹之勝。翁將賦緑浪紅欄之句，如白杭州乎？將賦疾病流亡之句，如韋蘇州乎？……（《石北先生文集》卷十五，《韓國文集叢刊》本）

智按：申光洙，字聖淵，號石北、五嶽山人。有《石北先生文集》。

程景伊（一七一二～一七八〇）

《恭和御製坐金蓮池上用白居易寄韜光禪師韻元韻》

翠黛新烟岫，金蓮古梵家。上人曾枕石，刺史舊尋花。吟卷知無敵，塵根久不芽。緉蹤來徙倚，間煮曉泉茶。（《皇清文穎續編》卷八十二，《續修四庫全書》影印清嘉慶武英殿刻本）

智按：程景伊，字聘三，號莘田，武進（今江蘇常州）人。乾隆四年（一七三九）己未進士，官至東閣大學士。謚文恭。有《雲塘詩鈔》。

李道南（一七一二～一七八七）

《寄懷楊木蕣先生》

近日新詩本，分明愛晚唐。故人誰見許，賤子未為狂。深婉張員外，風流白侍郎。傳名吾豈敢，聊復述行藏。（《沅湘耆舊集》卷一百七十三，《續修四庫全書》影印清道光二十三年鄧氏南邨草堂刻本，第一六九二册，第六七四頁）

智按：李道南，字可北，湖南湖陰人。諸生。有《東瀌詩草》四卷。

愛新覺羅·恒仁（一七一三～一七四七）

《壽叔父二首（辛酉）》其一

好古寧嫌癖，逃名自有方。論詩宗白傅，顧曲比周郎。一榻憑誰下，三杯任我狂。年年竹林宴，染翰意何長。（《月山詩集》卷二，《四庫未收書輯刊》影印清乾隆間刻本）

《月山詩話》

唐人詩無過二千首者。白樂天詩較諸家獨富，凡二千八百餘首。猶有集中遺漏者。鄭谷《題太白集》云：「何事文星與酒星，一時鍾在李先生。高吟大醉三千首，留著人間伴月明。」余欲易一「白」字，移贈樂天，豈不更切耶？（太白詩凡千有奇。）（《清詩話三編》第一五九五頁）

《夷白齋詩話》載元釋溥光二絕句，稱其奇拔，恨不多見。其詩即樂天「蟭螟殺敵蚊巢上」、「豆苗鹿嚼解烏毒」二首也。此公未讀《長慶集》，必平日不喜白體者。因知東坡誄友之語，貽害後人不淺。（《清詩話三編》第一五九七頁）

樂天《江樓夜吟元九律詩成三十韻》，中有云：「每歎陳夫子，常嗟李謫仙。名高折人爵，思苦減天年。」自注云：「陳竟無官，李亦早夭。」按子昂由正字遷拾遺，聖歷初，始解官歸，不得謂無官。太白享年六十有二，豈反為夭乎？「名高折人爵」，二公皆然。「思苦減天年」，則於二公無涉矣。（《清詩話三編》第一五九九頁）

元遺山詩喜用古人成語，陶杜句尤多。《論詩絶句》云：「鴛鴦繡了從教看，莫把金針度與人。」亦是古句（朱子云：子静説話，常是兩頭明，中間暗，其所以不説破，便是禪所謂鴛鴦繡出從君看，莫把金針度與人。他禪家自愛如此）。然遺山大家，此固無害，今人無前輩筆力學問，動輒以古句爲不時之需，豈能免剽竊之譏耶？宋漫堂《題尤悔菴萬嵊探梅圖》有「香山句子取相贈，從此無多二十場」之句，猶云：偶一為之可耳。余澹心此題六絕句，每首末句皆用古人成語，如「少陵有句猶能記，詩卷長留天地間」，「昌黎有句猶能記看，吐高花萬萬層」，既非自為，又非集古，名為創體，實墮惡道。然所引之詩，猶不失題旨也。……（《清詩話三編》第一六〇〇頁）

黄山谷詩喜以「身」、「心」，「如」、「似」作對，如《奕棋呈任公漸》云：「心似蛛絲遊碧落，身如蜩甲化枯校。」《次韻王稚川客舍》云：「身如病鶴翅翎短。心似亂絲頭緒多。」《贈石敏若》云：「才似謫仙唯欠酒，情如宋玉更逢秋。」《道中寄景珍兼簡庾元鎮》云：「心在青雲故人處，身行紅雨亂花間。」陸放翁七律句法，其源蓋出於此。按謝朓詩：「首夏猶清和，餘春滿郊甸。」又：「麥候始清和，涼雨消炎燠。」錢起詩：「花萼敗春多寂寞，葉陰迎夏已清和。」白居易聯句：「記得謝家詩清和」，是此時以清和屬四月，自六朝唐人已然矣。（《清詩話三編》第一六〇四頁）

智按：恒仁，原封輔國公，字育萬，一字月山，英親王阿濟格四世孫。初襲封，旋罷。有《月山詩集》。《月山詩話》，有《續修四庫全書》影印《藝海珠塵》本。

李化楠（一七一三～一七六九）

《種田户》

種田户，業良苦，叱犢扶犁耕瘠土。春忙力盡幾支拄，又屆驕陽少膏雨。艱難幸得值有年，那得倉箱盈萬千。烹羔酌醴招鄰里，解囊糶穀輸官錢。官錢不欠儂心樂，免教催科受敲扑。那知世情多變態，正供雖完官事在。東家犯罪我爲隣，西家爭訟我中人。爲中爲隣累無已，差傳票喚何能嗔。一到官署遲未理，門前守候動經旬。官坐高衙方飲醇，司閽如虎寧堪親。一腔憤懣向誰訴，不敢言兮焉敢怒。旅店晨昏度淒涼，回首田園春色暮。春深未得勤耕作，眼見蒿萊田卒污。又况訟師胸有矛，頃刻海市與蜃樓。清白良民受冤枉，籤拿械繫陷法網。安得賢侯視我如赤子，事事入人心曲裹。聽爾言，爾勿哀。我亦身自力田來，固知不翦稂莠良苗災。（張應昌《國朝詩鐸》卷六，《續修四庫全書》影印清同治八年秀芷堂刻本，第一六二七册，第四六一～四六二頁）

《欠糧民》

欠糧民，縣差捉來催比頻。一一喝令伏階下，衣襟露肘皮肉皴。或老或少相扶拽，堂上長官詢緣因。去年牒下今幾月，粒米無輸何逡巡。別户完納皆最早，獨爾拖欠眞可嗔。縣官呵咄言未絶，中有老翁向前說。長官可容聲訴乎，題起源頭淚嗚咽。田必有糧何容諱，我糧雖有田則未。田在元明間，曾有祖產傍海陬。當年頗稱膏腴地，歲歲每有千箱收。為苦潮汐不時至，年深久刷成沙洲。至今已作鰍鱔窟，荒荒一片泥淤浮。後世無田艱餬口，爲人作傭乞升斗。少壯猶能力經營，今已衰疲成老叟。我聞此言心爲悲，撫之不暇安忍笞。爲民請命牧民事，莫似春陵但詠詩。（張應昌《國朝詩鐸》卷八，《續修四庫全書》影印清同治八年秀芷堂刻本，第一六二七册，第四九一～四九二頁）

智按:《晚晴簃詩匯》卷七十七云:「李化楠,字讓齋,羅江人。乾隆壬戌進士。官保安同知。有《萬善堂詩》。」《晚晴簃詩話》云:「讓齋為雨村之父,平生以詩為性命,雖簿書期會,馬足車塵之間,未嘗廢吟詠。詩以性靈為主。其《種田戶》、《欠民糧》,皆學香山《新樂府》也。」

李化楠,字廷節,號石亭、讓齋,四川羅江人。乾隆六年中舉,乾隆七年連捷進士,歷官浙江餘姚、秀水知縣,嗣權平湖,遷滄州、涿州知州,宣化府、天津北路、順天府北路同知。任上頗有政聲,被譽爲浙江第一循良,官順天時乾隆帝嘉其爲强項令,卒于官。工吟咏,喜藏書,鄰宗祠造醒園,築書樓,以川中書少,多購諸江浙,航來于家貯之。有《醒園録》二卷,《石亭詩集》十卷,《石亭文集》六卷。生平見清嘉慶《羅江縣志》吳省欽《李化楠傳》。

李天塹

《刈麥行》

偶攜游屐来郊坰,麥畦高下鋪黄雲。三三兩兩婦子集,腰鐮運臂工無停。滯穗遺秉委狼藉,前村囷載等山積。笑我雖無負郭田,對此閒愁頓消釋。忽有老翁前致詞,君居城市來何之。請君小憩與君語,田間疾苦君安知。去年秋旱禾苗枯,石田奥草成荒蕪。樹皮石粉供一飽,官租未了猶追呼。入村黑夜將人縛,腳踏公門如病瘧。飢火腸迴轉轆轤,鼓吹肉部驚敲扑。歸謀諸婦淚潸潸,昔日醫瘡術已艱。此時更覓心頭肉,止有中丁五尺男。癡男索飯牆東哭,賣去商人作奴僕。白鏹入手完條糧,官耗加三老四六。幸免催征夜打門,尚容枵腹度朝昏。今幸天公動憐憫,一畦麫足餅餌馨。刈麥登場恐化蛾,廩收倉貯苦無多。宿逋已去三之一,又值新征比限過。老翁剌剌語不信,欲起被褐再申訴。催租健吏忽登門,手持黑索縶翁去。(張應昌《國朝詩鐸》卷六,《續修四庫全書》影印清同治八年秀芷堂刻本)

智按:此詩直承白居易《觀刈麥》。

李天塹,字西津,江蘇鎮江人,諸生。章性良外甥。詩有傳授,古體多學韓愈，間有傑作。（光緒《丹徒縣志》卷三十三引《京江耆舊集小傳》，參見南京師範大學古文獻整理研究所編著《江蘇藝文志鎮江卷》，江蘇人民出版社，一九九四年版，第一四六頁）《京江耆舊集》卷八存詩二首。有《湛露堂詩鈔》，見光緒《丹徒縣志》卷四十六。

吴智

《刈麥詞》

靡草死，小麥熟，腰鐮刈得畝幾斛，種時借米償不足。老婦倚牆翁仰屋，吁嗟麥熟我空腹，夫婦相將啜麩粥。（張應昌《國朝詩鐸》卷六，《續修四庫全書》影印清同治八年秀芷堂刻本）

智按：此詩直承白居易《觀刈麥》。

聞思訥

《琵琶亭》

淪落天涯自昔愁，當年司馬泣江州。我來獨立殘陽裏，不聽琵琶也淚流。（清汪學金《婁東詩派》卷二十七，《四庫未收書輯刊》影印清嘉慶九年詩志齋刻本）

智按：聞思訥，字愼餘。有《西江紀游草》。

張開東（一七一三～一七八一）

《新鄭感白樂天流寓》

三唐風始降，洒落見香山。好看青衫淚，空成白髮顏。聲華餘舘閣，文字老間關。借問誰相識，行吟獨往還。（《白蒓詩集》卷八，《四庫未收書輯刊》影印清乾隆五十三年張兆騫刻本）

《泊琵琶亭》

今識江州路，琵琶自昔亭。曲隨孤客去，雲散遠山青。垂柳環空野，歸鴻度杳杳。未逢司馬日，惆悵更誰聽。

千古潯陽郡，風流太傅真。斯人疑在望，此地自生春。天地同歌哭，煙華異夕晨。金陵今欲往，移棹問前津。（《輯刻琵琶亭詩》，清乾隆十一年古柏堂刊本）

智按：張開東，字賓陽（一作賓暘），號白蒓、青梅居士、海岳游人、茅山張家人，蒲圻（今湖北赤壁）茅山人。乾隆間貢生，官蘄水訓導。、工詩文，善畫，慷慨好義，打抱不平。有《白蒓詩集》、《海岳文集》、《通道縣志》、《靖州志》等。

潘相（一七一三～一七九〇）

《琉球入學見聞録》

⊙書籍

臣聞琉球文廟之兩廡，皆蓄經書，例取久米村子弟之秀者，十五歲爲秀才，十二歲爲若秀才，於久米大夫通事中，擇一人爲講解師，教于學，月吉讀聖諭衍義，三六九日紫金大夫詣講堂，理中國往來貢典，察諸生勤惰，月課其藝籍，其能者備保舉（徐録謂，秀才每年於十二月試之《四書》題，作詩一首，或八句，或四句，能者以次遞升，實無此例），八歲入學者，於通事中，擇一人爲訓詁師，教之天妃宫，首里設鄉塾三，亦久米人爲之師，外村人皆讀其國書（法司教條），學國字，以寺爲塾，以僧爲師，近日那霸等村，亦多立家塾，讀經書，書多購於內地，但例不令攜《廿二史》等書，故史書畧少。國王先後刊有《四書五經》、《小學》、《近思録集解》、《便蒙詳說》、《古文眞寶》、《千家詩》板藏王府，陳請卽得。臣所見者，有《四書》、《詩經》、《書經》、《近思録》、《古文眞寶》，白文小註之旁，皆有鈎挑旁記，本係鐫刻，非讀時用筆添註，如諸録所云，亦未見有日本諸僭號也。又考《四譯館舘考》云：「日本有四書五經，及佛書，白樂天集，皆得自中國。」未聞有宋儒之書，而球板《近思録》，屢引《明一統志》、邱瓊山《家禮》、梅誕生《字彙》，乃似刻於明季者，蓋其三十六姓，本係閩人，朝貢往還止閩，動閱三歲。閩又有存留舘，留舘通事之從人多秀才，假名入閩，以尋師者，或寓閩數年，而後歸日，與閩人爲友，故能知儒先之書，攜歸另刊，旁附球字以便習……（《琉球入學見聞録》卷二，清乾隆三十三年刻本）

智按：潘相，字潤章，號經峰，安鄉人。乾隆二十八年（一七六三）癸未進士，歷官昆陽知州。有《轡文書屋集略》。

甯楷（一七一三～一八〇二）

《過九江》

琵琶亭外好風催，十幅蒲帆快溯洄。春水倒流三峽去，夕陽斜渡九江來。小孤翠黛波心出，彭澤煙光鏡裏開。眼底不知今古異，灌嬰陶侃自多才。（《晚晴簃詩匯》卷八十四）

智按：甯楷，字端文，號櫟山，江寧（今江蘇南京）人。乾隆十九年（一七五四）甲戌明通榜，官涇縣教諭。有《修潔堂集畧》，寧開熙、寧燮編，清嘉慶八年刻本，中國社會科學院文學研究所圖書館藏。

馬位（一七一三～?）

《秋窗隨筆》

樂天《白牡丹詩》:「折來比顔色，一樹（種）如瑤瓊。」二字或可倒用。不然，直湊韻耳。(《清詩話》第八二六頁)

東坡《祭柳子玉文》:「郊寒島瘦，元輕白俗。」彥周謂其論道之語。然東坡詩鎔化樂天語及用樂天事甚多，如「故將別語調佳人，要看梨花枝上雨」,「不似楊枝別樂天」,「海天兜率兩茫然」,「腸斷閨中楊柳枝」之類。雖作此論，終不免踐樂天之跡。(《清詩話》第八二七頁)

《芥隠筆記》:「樂天詩:『去歲暮春上巳,共泛洛水中流。今歲暮春上巳,獨立香山下頭。』子瞻用之為海外《上元》詩。」愚謂此格不專出樂天,唐人極多。如:「去年花裏留連飲,暖日夭桃鶯亂啼。今日江邊容易別,淡煙衰草馬頻嘶。」又:「昔年洛陽社,貧賤相提攜。今日長安道,對面隔雲泥」是也。即子瞻猶有「前年家水東,回首夕陽麗。去年家水西,濕面春風雨」,「去年花落在徐州,對酒酣歌美清夜。今年黃州見花發,小院閉門風露下」。嚴滄浪所謂「扇對」是也。(《清詩話》第八二八頁)

洛陽無白蓮花,白樂天自吳中帶種歸,始有之。有《白蓮泛舟》詩及《種白蓮》詩。(《清詩話》第八三〇頁)

李昌谷詩:「錢塘蘇小小。」白香山詩:「揚州蘇小小。」(《清詩話》第八三〇頁)

樂天:「轉軸撥弦三兩聲,未成曲調先有情」,與謫仙「楚歌吳語嬌不成,似能未能最有情」,異曲同工。(《清詩話》第八三一頁)

智按:馬位,字思山,號石亭,又號南垞,陜西武功人。門第高華,官刑部員外郎。與杭世駿為詩友。有《南垞詩稿》。

鄂容安(一七一四~一七五五)

《題扇上畫琵琶亭》

一江春影漾扁舟,誰向琵琶亭上遊。今古地傳遷謫事,往來人起別離愁。匡廬湓浦蒼茫在,畫意詩情仿佛收。我趁宋吳歸棹便,也曾臨眺此間樓。(《續修四庫全書》影印稿本《鄂剛烈遺詩卷》)

智按:鄂容安,清滿洲鑲藍旗人,西林覺羅氏,初名容,字休如,號虛亭。鄂爾泰長子。雍正進士。歷任河南、山東、江西巡撫,兩江總督。乾隆二十年(一七五五),清軍兩路出兵伊犁,以參贊大臣從定西將軍永常出西路。旋平達瓦齊,與定北將軍班第駐守伊犁。後阿睦爾撒納叛,各部多應之,力戰不支,遂與班第突圍,途中自殺。生平吟咏甚多,有《鄂虛亭詩草》。

施廷樞（一七一四～一七五八）

《大風發馬當抵九江作》

疾風吹沙日軏脱，蒼茫翻動蛟鼉窟。大波小波疊乘陵，帆飽弓張箭離筈。浪花高捲灑篷窗，遙望溢成如一髪。桑落洲邊欻側過，小孤山色秋嵯峨。丹霞翠壁不得上，雲中招手空如何。三更放酒潯陽郭，九派沄沄潮已落。琵琶亭，古臨江，津江娱人共主賓。却憶多情白司馬，青衫淪落只含辛。（《續修四庫全書》本《兩浙輶軒録》卷二十六）

智按：施廷樞，字北亭，號慎甫。錢塘監生。有《十駕齋集》。

賈田祖（一七一四～一七七七）

《丙申歲仲夏洪稚存來自毗陵訪予寓齋用王荊公和王微之登高齋韻奉贈》

兼旬不出雙屐埋，翻瓢急雨天河筵。畢逋朝飛縶其翼，萬頃瘴墨紛搪挨。我家澤國畏淫潦，愁城百尺高崔嵬。那無篇帙供獺祭，蠹死不入圖書堆。索居誰憐子桑病，款關有客衝泥來。森然奇秀撲我面，一談一笑皆快哉。憶昨官廨始識君，不須縞紵惟揮杯。手挽强弓穿七劄，軋霄奇句驚九垓。看君閲世抱孤憤，三寸不律含風雷。其時列郡正枯旱，火雲赬赫空天排。清秋氣候似九夏，《瞻卬》有嘒明星台。憂時蟣虱漫呼籲，與君爛醉懷且開。香山樂府擬屬和，讓君主敦吾輿台。雙丸跳擲倏經歲，周南復此同歡咍。濁醪相勸盡今夕，安得有酒傾如淮。（《晚晴簃詩匯》卷九七）

智按：賈田祖，字稻孫，號禮耕，高郵（今屬江蘇）人。諸生。有《賈稻孫集》。

于敏中（一七一四～一七八〇）等

《欽定天禄琳琅書目》

⊙《韋蘇州集》（一函五册）

唐韋應物著，十卷。前宋王欽臣序，元沈明遠補撰傳。……

御題:「韋應物五言詩高遠閒淡，世所罕及，年至九十餘，益造微妙。浮屠皎然工詩，嘗擬其體，應物語之曰:『人各有能有不能，子欲為我，且失其故步。』至今傳為知言。白居易繼守蘇州，詩云:『敢有文章替左司』，其見推重如此。惜其文史逸不傳，所傳者特詩集耳。是集編次雕鋟，雅稱善本。予愛讀其詩，因書數語於卷首。」乾隆甲子九秋三日御題（鈐寶二，曰乾隆宸翰，曰幾暇臨池）。(《四庫全書》本《欽定天祿琳琅書目》卷六）

⊙《白孔六帖》(十函五十册）

唐白居易纂，宋孔傳續編。共成一百卷，宋韓駒序。此書槧印精良，紙墨亦出上選，係明版之最佳者。孔傳，《宋史》無傳，凌迪知《萬姓統譜》載:「傳字世文，兖州人。孔子五十世孫。精於易學。建炎初，與孔端友南渡，寓居衢州，率族人拜疏於闕下，敘家門故事，歷知邠州、陝州、撫州，改知建昌，進《續白氏六帖》、《文樞要覽》，詔送秘書省，所著有《東家雜記》、《杉溪集》，官至中散大夫。」《宋史》:「韓駒字子蒼，仙井監人。政和中，賜進士出身。累官中書舍人，兼權直學士院，贈中奉大夫。」考《唐書·藝文志》作《白氏經史事類》，一名《六帖》。程大昌《演繁露》謂開元課試之法，裁紙為帖，白書為制科特設，故以帖為名，其載於《宋史·藝文志》。(《四庫全書》本《欽定天祿琳琅書目》卷九）

⊙《白氏長慶集》(四函三十二册）

唐白居易著。七十一卷。前唐元稹序，後載宋陶穀《重修白樂天影堂記》。

此書目録後并各卷末，俱有錫山蘭雪堂華堅活字銅版印記，考明時活版之書，出於錫山安國（智按：安國字民泰，無錫人）家者，流傳最廣。華堅姓名不見郡邑志乘，蓋與安國同鄉里，因效其以活版製書。其書於一行之中，分列兩行之字，全部皆如小註，遂致參錯不齊，則其法雖精，而其製尚未盡善也。按，《宋史》:「陶穀字秀實。新平人。本姓唐。避晉祖諱改焉。入宋，仕為翰林承旨，累加刑部户部尚書，贈右僕射。」

御題:「儒雅曾聞白樂天，漫將率易議前賢。但從性地中流出，月露風雲總道詮。」人咸謂香山之詩傷於易，不知其易處正難及也。偶讀其集題此。甲子仲冬御筆，鈐寶二，曰「稽古右文之璽」，曰「乾隆御筆」。(《四庫全書》本《欽定天祿琳琅書目》卷十）

《日下舊聞考》

增：陶然亭。康熙乙亥，江郎中藻所建，取白居易「更待菊黄家釀熟，共君一醉一陶然」。（《柘坡居士集》）

增：江藻《陶然吟并引》：京東南隅有慈悲菴，居南廠之中。康熙乙亥歲，余以工部郎中監督廠事，公餘清暇，登臨覽觀，得至其地，菴不數楹，中供大士像。面西有陂池，多水草，極望清幽，無一點塵埃氣，恍置身於山谿沼沚間，坐而樂之，時時往遊焉。因構小軒於菴之西偏，偶憶白樂天有「一醉一陶然」之句，余雖不飲酒，然來此亦復有心醉者，遂顔曰陶然，係之以詩：「家世結廬江漢上，黄鵠磯頭獨來往。一朝作吏去鄉邦，關海滇雲嘆鞅掌。却辭五馬入皇都，手版爐香盡省趨。敢謂詩人例水部，欣當盛世分工虞。晨光到署荷同輩，清漏入朝聯友于。心閒恒看紫塞鴈，身勤慣聽城頭烏。薦達頻加思効職，列廠縱横辨埏埴。庀材鳩工古所重，和土鈞泥今倍力。紛劇寧教阻静便，聊尋丈室學安禪。繩床椶拂依初地，粥鼓鍾魚響梵天。每憩西偏意踈豁，遥峯爽氣當吾前。帝城近抱若几案，方塘碧水森林泉。憑高俯瞰百里内，南山一帶相鈎連。於兹卜築頗軒敞，風光澄淡景物妍。甃基列砌不數武，架楹覆瓦期牢堅。結搆雖微可乘興，愧眉小署名陶然。自春徂夏頻來此，佇立晴簷還隠九。蒹葭摇曳出人家，鷗鷺蹁躚下池水。凉宵千頃霽月明，霜天萬竈寒烟起。三時眺望盡有得，老樹寺門閒徒倚。緑野平泉總莫論，一邱一壑兹焉是。旅寓方當輦轂下，跏趺直在祇園裏。諸公攜酒肯經過，觴咏相將俱色喜。我生懷抱本陶然，坐卧其間亦足矣。九衢車馬日紛馳，誰信鷦鷯寄一枝。他年縱與京城遠，尚想西山柱笏時。」陶然亭石刻。（《四庫全書》本《日下舊聞考》卷六十一）

智按：江藻，字用侯，號魚依，漢陽（今屬湖北武漢）人。康熙二十四年以拔貢知龍巖邑，承耿逆變後，民苦追呼，藻善撫之，亦無逋賦者。五年編審，裒多益寡，務得其宜。巖俗健訟，藻不置差拘，設立木皂，隨至判决，他郡嘯聚者多望風投欵。又捐俸新文廟，建新羅書院，創雲景橋，士民德之。擢工部郎中，充窑廠監督。見南廠有慈悲庵，庵西陂池，水草極望清幽，因構亭於其側，用樂天「一醉一陶然」語書榜懸楣。是歲爲康熙乙亥，自是遂爲城南游宴勝地。乾嘉以後，名人集中，往往有題詠，至今二百餘年，春秋佳日，登臨憑眺，蓋猶未替。有《陶然亭詩草》、《巖泉一勺集》。據《中國金石總録》，《陶然吟并序》石刻，在北京宣武區陶然亭。康熙四十三年（一七〇四）三月，江藻撰，江繁跋。三十七行，行十九字。末跋云：「晴川江藻魚依父稿。杜紫微詩云：『九衢林馬撾，千門織車轍。』故一入春明，便難得閒致。余弟魚依能，以理南廠餘暇，獨事幽尋，遂至斯菴，既構小軒，又見之詩什，流連往復，不能自已。其胸中清曠絶塵，固所值之景使然，亦其性有所近也。一丘一壑，自謂過之。今乃爲魚依先得此勝業矣。甲申春三月江繁跋。」

⊙乾隆十一年御製香山寺詩

寺建于金世宗大定間，依巖架壑，為殿五層，金碧輝映，自下望之，層級可數，舊名永安，亦曰甘露，予謂香山在洛中龍門，白居易取以自號，山名既同，即以山名寺，奚為不可？

鴈堂傳寶界，鹿苑本仙區。結夏參摩詰，和南禮曼殊。分茶馳調水，清饌飽伊蒲。欲擬題新句，尋思色相無。

臣等謹按，《香山寺御製》詩恭載首見之篇，餘不備録。香山寺正殿門外有聽法松，山門内有娑羅樹。（靜宜園册）

臣等謹按，「聽法松」三字，鐫石欄上，為二十八景之一，《娑羅樹歌》，見聖祖《御製集》，並皇上《御製詩集》，恭録卷内。（《四庫全書》本《日下舊聞考》卷八十六）

智按：于敏中，字叔子，金壇（今屬江蘇）人。乾隆三年（一七三八）一甲一名進士，授翰林院修撰。以文翰受高宗知，直懋勤殿。累遷内閣學士、刑部侍郎、軍機大臣、戶部尚書、大學士。為四庫全書館正總裁，主其事。又充國史館、三通館正總裁。屢典會試，命為上書房總師傅，兼翰林院掌院學士。

鄭虎文（一七一四～一七八四）

《張太守杏莊詩序》

五經惟《詩》之變風變雅，多委巷間兒女子言，乃亦尊之曰經，至與《易》、《書》、《禮》、《春秋》等，而小子有詔，雅言必先，所云無邪，達政專對者，聖人存其說，罕通其義，顧說者蜂起，作者踵接至，實徵諸身心家國間，得一言之效，於用者蓋寡。……有唐挺生，浣花一代詩史，風雅之變，此其流極。至於青蓮之《古別離》、《蜀道難》，漫叟之《春陵行》，香山之《新樂府》，則亦板蕩之遺音也。他如昌黎《南山》意侈而文辨，盧仝《月蝕》義正而辭淫，無當懲勸，均宜舍旃，畧舉數家，用標法式，裁量古今，萬緒一揆。然後知謝朓之句不必驚人，陰何之心亦徒自苦，然而論詩者猶斤斤議工拙於格律聲韻之間，以漢晉唐宋時代之遠近爲升降，虎賁中郎，典型奚在，良由文武道喪，風教淩替，性情日汨，人材日下，無惑乎去古益遠也。……（《呑松閣集》卷二十六，清嘉慶十四年刻本，《四庫未收書輯刊》影印集部第一〇輯第一四册）

智按：鄭虎文，字炳也，號誠齋，浙江秀水人。少孤，有至行。博學多通，尤工詩文。乾隆七年（一七四二）進士，改翰林院庶吉士。散館，授編修。遷贊善，歷提督廣東學政。高宗嘗制《玉瓮歌》，命廷臣賡和，以虎文之詩爲最。歸後，主徽之紫陽書院，及杭之紫陽、崇文兩書院。家有盛湖草堂，時舉詩酒之會。虎文與王太岳等友善，以文章道義相切磋。有《呑松閣集》。

周煌（一七一四～一七八五）

《琵琶亭》

高城不讓庾公樓，獨倚江亭古渡頭。已失主人來下馬（時同年朱雲亭太守新調南昌），漫將機事更驚鷗（忘機樓，榷使唐君建）。幾莖短髮難禁病，萬里孤帆始欲愁。依舊青衫拖不得，荻花楓葉又新秋。（《海山存稿》卷十，《四庫未收書輯刊》影印清乾隆五十八年周氏葆素家塾刻後印本）

《又次白樂天詩韻》

不擬終歸兜率天，來從好事說神仙。空慚索米撑腸後，敢詡吟詩癢背邊。洞倚平都懷故國，山經渤澥記他年（琉球有麻姑山）。思量接待非無分，何日尋眞（亭名）到福田。（《海山存稿》卷十三，《四庫未收書輯刊》影印清乾隆五十八年周氏葆素家塾刻後印本）

《琵琶亭四絶》

北地佳人國易傾，教坊前部曲初成。無端抱得箜篌出，來唱伊凉擅斗城。

賺得纏頭不記年，春風臺榭戲鞦韆。五陵多少纖腰舞，未抵蛾眉最可憐。

莫憶當年學曲時，何曾解得調生離。開元天子霓裳譜，落向人間總未知。

太傅風流淚豈禁，歌行苦似白頭吟。多情騄馬猶回首，肯爲離人不掩襟。（《海山存稿》卷十四，《四庫未收書輯刊》影印清乾隆五十八年周氏葆素家塾刻後印本）

智按：周煌，字海山，涪州（今四川涪陵）人。乾隆二年（一七三七）丁巳進士，改庶吉士，授編修，官至兵部尚書。贈太子太傅，謚文恭。有《海山存稿》。

李最中（一七一五～一七八四）

《隣翁忽至，喜拈白傅集韻》

睡覺方清晝，君來始盥巾。家中還是客，林下已歸人。花晚垂三晦，容衰近七旬。淹留緣底事，衣袂欲緇塵。

臥思坦丈廬，星月此時虛。山野今居士，朝廷舊判書。林中長友鹿，川上已忘魚。一棹松坡岸，歸心浩浩如。

嫩葉新添潤，朝來過雨痕。微風吹屋角，薄霧帶山根。曲沼松依石，廻廊竹護門。燕飛鶯囀處，嬉戲衆兒孫。（《韋庵集》卷二詩，《韓國文集叢刊》本）

智按：李最中，字季良、仁夫，號林下主人。有《韋庵集》。

謝溶生（一七一五～一八〇一）

《琵琶亭和唐使君原韻》

司馬清狂若箇同，千秋人去此亭空。微茫樹色荒村雨，斷續漁歌遠岸風。咽盡琵琶留月白，翻新壁壘襯波紅。使君不濕青衫淚，底事長吟曲檻東。（《輯刻琵琶亭詩》，清乾隆十一年古柏堂刊本）

智按：次唐英《丙寅中元琵琶亭讌集即事》之原韻。

謝溶生，字容川，一字未堂。祖籍歙縣（今屬安徽），父謝人杰以鹽業起家，占籍儀徵。家江都（今江蘇揚州），晋太傅文靖公五十五世孫。幼孤，讀書聰穎，九歲而五經畢，桂林陳文恭公守揚校士，心器之，遂妻以女。乾隆七年（一七四五），聯捷成進士，歷任編修、學政、刑部侍郎，人多稱謝司寇。生卒年據明光《清代揚州鹽商的詩酒風流》（社會科學文獻出版社，二〇一四年九月，第三四三頁）。

曹霑（一七一五？～一七六三？）

《題敦誠〈琵琶行傳奇〉》

白傅詩靈應喜甚，定教蠻素鬼排場。（見愛新覺羅・敦誠《四松堂集》卷五《鷦鷯庵筆麈》，上海古籍出版社影印本，第四〇九頁）

《紅樓夢》

……寶玉笑道：「這個題目似不稱近體，須得古體，或歌或行長篇一首方能懇切。」衆人聽了，都立身點頭拍手道：「我説他立意不同。每一題到手，必先度其體格宜與不宜，這便是老手妙法，就如裁衣一般，未下剪時，須度其身量。這題目名曰《姽嫿詞》，且既有了序，必是長篇歌行方合體的。或擬温八叉《擊甌歌》，或擬李長吉《會稽歌》，或擬白樂天《長恨歌》，或擬詠古詞，半敘半詠，流利飄逸，始能近妙。」賈政聽説，也合了主意，遂自提筆向紙上要寫，又向寶玉笑道：「如此你念，我寫。不好了，我搥你那肉。誰許你先大言不慚了。」寶玉只得念了一句，道是：

「恒王好武兼好色」，賈政寫了看時，搖頭道：「粗鄙。」一幕賓道：「要這樣方古，究竟不粗。且看他底下的。」賈政道：「姑存之。」寶玉又道：

「遂教美女習騎射，穠歌豔舞不成歡，列陣挽戈為自得。」

賈政寫出，眾人都道：「只這第三句便古樸老健，極妙。這第四句平敘出，也最得體。」賈政道：「休謬加獎譽，且看轉的如何。」寶玉念道：

「眼前不見塵沙起，將軍俏影紅燈裏。」

眾人聽了這兩句，便都叫妙：「好個『不見塵沙起』！又承了一句『俏影紅燈裏』，用字用句皆入神化了。」寶玉道：

「叱咤時聞口舌香，霜矛雪劍嬌難舉。」

眾人聽了，便拍手笑道：「一發畫出來了。當日敢是寶公也在座，見其嬌而且聞其香否？不然，何體貼至此？」寶玉笑道：「閨閣習武，任其勇悍，怎似男人。不問而可知嬌怯之形了。」賈政道：「還不快續，這又有你說嘴的了。」寶玉只得又想了一想，念道：

「丁香結子芙蓉絛。」

眾人都道：「轉『絛』，『蕭』韻更妙，這纔流利飄逸。而且這句子也綺靡秀媚的妙。」賈政寫了看道：「這一句不好。已寫過『口舌香』、『嬌難舉』，何必又如此。這是力量不加，故又弄出這些堆砌貨來唐塞。」寶玉笑道：「長歌也須得要些詞藻點綴點綴。不然，便覺蕭索。」賈政道：「你只顧用這些。這一句底下如何能轉至武事？若再多說兩句，豈不蛇足了。」寶玉道：「如此底下一句轉煞住，想亦可矣。」賈政冷笑道：「你有多大本領！上頭說了一句大開門的散話，如今又要一句連轉帶煞，豈不心有餘而力不足些。」寶玉聽了，垂頭想了一想，說了一句道：

「不繫明珠繫寶刀。」

忙問：「這一句可還使得？」眾人拍案叫絕。賈政笑道：「且放著，再續。」寶玉道：「若使得，我便一氣下去了；若使不得，索性塗了，我再想別的意思出來，再另措詞。」賈政聽了，便喝道：「多話！不好了再做。便做十篇百篇，還怕辛苦了不成！」寶玉聽了，只得想了一會，便念道：

「戰罷夜闌心力怯，脂痕粉漬污鮫綃。」

賈政道：「又一段。底下怎麼？」寶玉道：

「明年流寇走山東，強吞虎豹勢如蜂。」

衆人道：「好個『走』字，便見得高低了。且通句轉的也不板。」寶玉又念道：

「王率天兵思剿滅，一戰再戰不成功。

腥風吹折隴頭麥，日照旌旗虎帳空。

青山寂寂水澌澌，正是恒王戰死時。

雨淋白骨血染草，月冷黃昏鬼守屍。」

衆人都道：「妙極，妙極！佈置、敘事、詞藻，無不盡美。且看如何至四娘，必另有妙轉奇句。」寶玉又念道：

「紛紛將士只保身，青州眼見皆灰塵；

不期忠義明閨閣，憤起恒王得意人。」

衆人都道：「鋪敘得委婉。」賈政道：「太多了，底下只怕累贅呢。」寶玉乃又念道：

「恒王得意數誰行，姽嫿將軍林四娘。

號令秦姬驅趙女，豔李穠桃臨戰場。

繡鞍有淚春愁重，鐵甲無聲夜氣涼。

勝負自然難預定，誓盟生死報前王。

賊勢猖獗不可敵，柳折花殘實可傷。

魂依城郭家鄉近，馬踐胭脂骨髓香。

星馳時報入京師，誰家兒女不傷悲！

天子驚慌愁失守，此時文武皆垂首。

何事文武立朝綱，不及閨中林四娘。

我為四娘長歎息，歌成餘意尚彷徨！」

念畢，衆人都大贊不止。又都從頭看了一遍。賈政笑道：「雖然說了幾句，到底不大懇切。」因說：「去罷。」……（第七十八回　老學士閑征姽嫿詞　癡公子杜撰芙蓉誄）（俞平伯《紅樓夢八十回校本》，第八九五～八九八頁；人民文學出版社《紅樓夢》，第一一二六～一一二九頁）

智按：曹雪芹，名霑，字夢阮，號雪芹，又號芹圃、芹溪。祖籍遼陽(今屬遼寧)。先祖原是漢人，明末入滿洲籍，屬漢軍正白旗。祖父曹寅（一六五八～一七一二）曾任江寧織造。幼年生活在江南，後家道衰落，雍正六年（一七二七）遷居北京。中年以後生活潦倒貧困，終因愛子夭亡，感傷成疾而逝。著有《紅樓夢》（本名《石頭記》），現存乾隆年間《脂硯齋重評石頭記》八十回抄本。另有一百二十回程偉元活字本，後四十回一般認爲係高鶚（一七三八？～一八一五）續寫。

汪筠（一七一五～？）

《題書屋前牡丹》

窠石高低水次林，欄虛百寶價千金。全開翻覺半開妥，夜看那如朝看深。百五亭臺絲管競，逡巡烟月雨風侵。一叢冷對餘真賞，車馬無勞白傅吟。(《謙谷集》卷二,《四庫未收書輯刊》影印清乾隆八年汪璐刻本)

智按：汪筠，字珊立，一字幹翁，號謙谷。桐鄉籍，秀水（今浙江嘉興）人。諸生。乾隆元年舉鴻博不遇，以附貢生授光禄寺署正，官至長沙知府。卒于任。工詩善畫，爲錢載所稱。有《謙穀集》。

徐命膺（一七一六～一七八七）

《詠白香山》

我愛白香山，完名唐代臣。時當牛李爭，獨免風波淪。晚節辦一退，詩酒樂餘春。世或咎逃禪，逃禪乃庇身。張良願從仙，李泌好談眞。欲使心有寓，不復戀紅塵。香山亦此意，豈必惑正因。假令惑正因，何如醉夢人。(《保晚齋集》卷二詩,《韓國文集叢刊》本)

《便殿耆耈同會録跋》

……昔唐之九老會，白居易集諸老年齒而摠挈之，以爲歌詩，遂成耆英之故事。臣於是敢集耆耈臣八人之年齒，共六百有六歲，以爲籌於聖壽，而

竊附詩人祝萬年之義，且以一本拜獻宸陛，留作海屋之貯云爾。(《保晚齋集》卷九題跋，《韓國文集叢刊》本)

智按：徐命膺，字君受，號恬溪、澹翁。有《保晚齋集》。

袁枚（一七一六～一七九八）

《琵琶亭》

孤亭月落九江秋，彈過琵琶水尚愁。今日蘆花笑詞客，不曾老大已飄流。(《小倉山房詩集》卷一，周本淳標校本《小倉山房詩文集》第二頁；《袁枚全集》第一册《小倉山房詩集》，第二頁)

《馬嵬》

倚杖營門淚數行，君臣此際太倉皇。興元一詔三軍泣，何必傷心向佛堂！

莫唱當年《長恨歌》，人間亦自有銀河。石壕村裏夫妻别，淚比長生殿上多！(《小倉山房詩集》卷八，周本淳標校本《小倉山房詩文集》第一四七頁)

《引鳳曲（有序）》

庚午秋，余避瘧蘇州，或繩張校書女閭獨絶。瞯之，則擁髻疑立，妙婧流靡。自言小字阿鳳，生十九年，迎歸秋齋，隨郎轉側。亡何鴇母來嬲歸，淚涔涔下。問欲留乎？不答。問他郎何以不如是？亦不答。贈赤側袖中，色然而拒，恥作河間姹女。既别，不知所往。今年春，余再過吳，鄭叟者指天台山有桃花，不知劉、阮故舊雨。既見，各齒擊曰：是也。喜且悲，誦前詩，畧皆上口。少選，屏人曰：「能爲妾道地者，君也。肯畜鳳耶，當以傅婢禮見；肯好鳳耶，當以女弟禮見。人壽幾何，君忍一再誤耶！」余書楚人稱娼調之。鳳無奈何，乾笑再拜。適故人劉魯元、趙文山官其地，而秀才戴右麟有下逹之託，訟言其故，笞寄豭逐之。六月九日，執燭前馬，婚于戴氏。余讀《會眞記》，常怪微之悔過，有不終之恨，然則如余之以不終終之者，較於微之，當何如也？作《引鳳曲》一章。

姑蘇城外三春水，年年生長如花女。牛渚磯邊臨汝郎，泛水尋花狂不已。乾隆庚午六月初，長陵小市駕輕車。迎來絳樹花同笑，比到珠團玉不如。雙瞳剪水髩横雲，千蝶羅衫百鳥裙。才共旗亭題畫壁，更隨深巷駐雕輪。自言家住横塘口，都知録事聲名久。彈箏慣唱《小秦王》，舞袖能翻《大垂手》。

但看釵頭玉鳳凰，兒家名字君知否？二八芳年嫁狡童，浮花浪蕊日西東。蕉葉有心空捲雨，楊枝無力自隨風。一朝曲被周郎顧，碧鸞尾接銀河渡。願作銜泥燕上梁，休教落月烏啼樹。碧玉回身抱滿懷，可憐金玦易離開。門前阿母香車至，坐上啼痕滿面來。此時無力唱《回波》，此際情深可奈何？不學丁娘索翠翹，不封朱帛寄櫻桃。只留一把相思淚，當作珍珠兩處拋。明朝重過碧雞坊，銀漢紅墻事渺茫。青鳥信沉劉禹錫，碧天腸斷冷朝陽。十年阿軟重相見，桃花依舊如人面。雲雨襄王憶夢中，王珉舊手存團扇。說到滄桑我欲愁，蕭郎萬里走涼州。往日館娃餘蔓草，新添小婢學梳頭。殷勤苦把三生托，惜花爭忍看花落。振觸媧皇煉石心，難禁子夜連珠諾。定情代看水晶盤，嫁女無如戴叔鸞。下託長官劉子翼，上求太守白香山。昔日鴛鴦今鴆鳥，蓮花度出污泥早。换羽移宫總是春，將姝改妹知誰好。闔門萬口說因緣，《紅豆》、《金筌》播管絃。劍墜龍淵雷拔地，珠升滄海月當天。惆悵當年范大夫，西施網得贈東吴。今朝位置傾城畢，明日扁舟泛五湖。（《小倉山房詩集》卷十二，周本淳標校《小倉山房詩文集》第一册，第二六〇～二六一頁）

《小僕琴書事我有年今年贖券去跪辭淚下作詩送之》

都兒洒淚别陽城，來是垂髫去長成。人好纔能八年住，春歸那忍一朝行。交還鎖鑰知誰託，欲掃樓臺誤唤名。總爲香山居士老，楊枝駱馬倍關情。（《小倉山房詩集》卷十八，周本淳標校《小倉山房詩文集》第一册，第四一四頁）

《答人問隨園》（十八首其一）

想送隨園到汝前，商量圖畫與吟箋。畫來不若吟來好，元九曾夸白樂天。（《小倉山房詩集》卷二十，周本淳標校《小倉山房詩文集》第一册，第四八〇頁）

《西安觀察沈永之誤聞余得風痺，以狼巴膏見寄，戲答一詩》

風人自合生風病，可惜南風還未競。白傅風痺過七旬，笑我年才届知命。飛言如雨馳入秦，觀察聞之眉不伸。把我平生遥按脈，風淫末疾非無因。相如好色春滿房，子雲刻苦窮文章。身心兩費寧不匱，風來空穴誰遮防？觀察多情愛朋友，欲覓紅霄寄元九。聽得狼膏解治風，一時賞遍射生手。……

（《小倉山房詩集》卷二十一，周本淳標校本《小倉山房詩文集》第一册第五一二～五一三頁；《袁枚全集》第一册《小倉山房詩集》，第四四一頁）

《同桂郎尋春儀徵，泊舟燕子磯，有懷熊蔗泉觀察，賦詩卻寄》四首（其四）

江左熊觀察，當今白傅才。别來才兩日，相憶已千回。步月笻應健，看花眼可開（原注：公病後，足跛目盲矣）。瑤華托誰寄，仍遣玉人來（原注：信託桂郎帶回）。（《小倉山房詩集》卷二十四，周本淳標校本《小倉山房詩文集》第一册第五六〇頁；《袁枚全集》第一册《小倉山房詩集》，第四八二頁）

《人老莫作詩》

鶯老莫調舌，人老莫作詩。往往精神衰，重複多繁詞。香山與放翁，此病均不免，奚況于吾曹，行行當自勉。其奈心感觸，不絕口咿啞。譬如一年春，便有一年花。我意欲矯之，言情不言景。景是眾人同，情乃一人領。（《小倉山房詩集》卷二十五，周本淳標校本《小倉山房詩文集》第二册，第五九一頁；《袁枚全集》第一册《小倉山房詩集》，第五〇九頁）

《自題》

不矜風格守唐風，不和人詩鬭韻工。隨意閑吟没家數，被人強派樂天翁。（《小倉山房詩集》卷二十六，周本淳標校本《小倉山房詩文集》第二册，第六六一頁；《袁枚全集》第一册《小倉山房詩集》，第五七〇頁）

《仿元遺山論詩》（其二）

生逢天寶亂離年，妙詠香山長慶篇。就使吳兒心木石，也應一讀一纏綿。（吳梅村）（《小倉山房詩集》卷二十七，周本淳標校本《小倉山房詩文集》第二册，第六八八頁；《袁枚全集》第一册《小倉山房詩集》，第五九四頁）

《讀白太傅集三首》（有序）

人多稱余詩學白傅，自慚平時於公集殊未宣究。今年從嶺南歸，在香亭處借《長慶集》，舟中讀之，始知陽貨無心，貌類孔子。然余性不飲，又不佞佛，二事與太傅異矣。姑吟三首質太傅，並質好余詩者。

人道儂詩半學公，今看長慶集纔終。宦途少累神先定，天性多情句自工。手把酒杯仍獨醒，口談佛法豈由衷？誰能學到形骸外，頗不相向正是同。

當年領郡最逍遙，吳苑杭州景更饒。五馬金鞭朝按部，雙鬟玉指夜吹簫。簿書忙處常休沐，僚寀閒時替造橋。滿口説歸歸已晚，想緣恩遇感三朝。（一作：滿口説歸歸不得，想緣官樂是唐朝。有注云：「公游山挾十妓，俸錢太多，庋置梁上。」）

衰年未免悼龜羅，駱馬楊枝奈老何！朝裏最憐朋輩少，集中惟有妓名多。詩如天女衣無縫，心似秋江水上波。爭怪瓣香人供奉，元之以後又東坡。（《小倉山房詩集》卷三十，周本淳標校本《小倉山房詩文集》第二册，第八一九～八二〇頁；《袁枚全集》第一册《小倉山房詩集》，第七〇八頁）

《德山中丞撫粤九年事在雍正間問之粤人竟無知者惟劉仙菴僧恒遠猶能言其顛末車之一詩》

天寶遺民少，誰能姚宋知？不圖留老衲，尚解說當時。白傅逢康叟，東陽遇婢師。一言能感舊，雙淚落如絲。（《小倉山房詩集》卷三十，周本淳標校《小倉山房詩文集》第二册，第八二五頁）

《岑溪令李君義堂猥蒙佳贈兼索和章舟中却寄》

李侯示我詩百首，古人已亡今忽有。裁駭杜陵闖入座，旋驚退之笑窺牖。健鬭員俶兵五千，富奪東阿才八斗。筆所到處鐵可洞，彩欲飛時霞滿口。歐冶劍鑄吳鈎雙，項籍力扛周鼎九。自言追古如追敵，誓不生擒不放手。自從作吏少知音，一卷《離騷》空繫肘。昨宵筵客得袁羊，如針遇磁牝遇牡（君戲言，得見隨園，如回紇占見郭公）。急乞官假録舊作，排比琳琅卯至酉。輂卷來呈劉彦和，焚香細讀香山叟。感君溺愛似齊桓，其脰肩肩忘我醜。我亦低頭學東野，願作雲龍逐此友。桂林喜有舊騷壇，十月同傾八仙酒（松圃、柳愚諸公共八人）。南熏亭前把臂行，開元寺裏看碑走。獲一奇字輒咨詢，考一紀元必分剖。嘆息宦海人如麻，似此奇才寧有耦！要知孝穆本麒麟，此外董龍半雞狗。我年七十行萬里，欽挹心常記某某。辱將咳唾贈珠璣，勉寄糠粃答瓊玖。詩成燭跋夢見君，未識岑溪月落否？（《小倉山房詩集》卷三十，周本淳標校《小倉山房詩文集》第二册，第八二六頁）

《琵琶亭弔唐蝸寄榷使》

一曲琵琶白傅賞，千秋過者猶聞響。遠望孤亭枕大江，詩人來去都停槳。

蝸寄先生抱古歡，來持英簜守江關。灑淅誃臺留古蹟，多增朵殿對廬山。老去風情尤娓娓，八墨三儒來者喜。嬾徵商稅愛徵詩，滿亭鋪遍砑光紙。一紙詩投兩手迎，敲殘銅鉢幾多聲。姓名分向牙牌記，賓主重申縞紵情。酒賦琴歌聽不足，風警晨烏夜秉燭，才子高擎鸚鵡杯，侍兒爭進防風粥。賤子當年繫短橈，也曾援筆賦鷦鷯。東方獸錦筵前奪，平一宮花鬢上標。身世悠悠五十載，黄壚白社人誰在。侍史屏風草盡生，碧紗籠壁風吹壞。非關臺榭有凋荒，可奈騷壇少主張。峴首碑移羊叔子，鹿門亭毁孟襄陽（原注：前供香山遺像，拆去，改立戲臺）。落日憑欄一白頭，荻花風裏再来游。關心別有山陽恨，不聽琵琶淚亦流。（《小倉山房詩集》卷三十，周本淳標校本《小倉山房詩文集》第二册，第八四二～八四三頁；《袁枚全集》第一册《小倉山房詩集》，第七二八頁）

《戒詩》

戒詩如戒酒，屢戒復屢開。又如茹素人，欲炙涎流腮。蠶絲一以抽，金刀不能裁。始知性所匿，一旦難相乖。江淹才已盡，白傅興方來。詩中有馮婦，叟其自號哉。（《小倉山房詩集》卷三十二，周本淳標校本《小倉山房詩文集》第二册，第八八四頁）

《送霞裳之九江》（九首其九）

此去潯陽江上舟，蘆花楓葉正當秋。琵琶彈罷佳人去，知否香山淚尚流？（《小倉山房詩文集》卷三十二，周本淳標校本第二册，第九二六頁）

《除夕告存戲作七絶句》

三十年前，相士胡文炳道余六十三而生子，七十六而考終。後生子之期，絲毫不爽，則今年七六之數，似亦難逃。不料天假光陰，已届除夕矣。桑田之巫不召，貍脈之夢可占。將改名爲劉更生乎？李延壽乎？喜而有作。

天上匆匆守歲忙，天公未必遣巫陽。屠蘇酒熟先生笑，此是盧循續命湯。

八十三齡阿姊扶，白頭内子笑提壺。倘非造化丹青手，誰寫隨園家慶圖。

手種梅花四十春，暗香踈影盡纏綿。花神似向諸天奏，還乞林逋管數年。

生壙司空久造成，家家生挽和淵明。如何竟失閻羅信，唱殺陽關馬不行。

天上堂題辛刺使，海中龕待白香山。主人久別不歸去，未識籬門關不關。

相術先靈後不靈，此中消息欠分明。想教邢璞難推算，混沌初分蝙蝠精。

過此流年又轉頭，關心枕上數更籌。諸公莫信袁絲達，未到鷄鳴我尚愁。（《小倉山房詩集》卷三十三，周本淳標校《小倉山房詩文集》第二册，第九四一～九四二頁）

《寄懷前杭州太守明希哲先生有序》

先生守杭時，余以民禮修謁先生，一見如舊相識。卽命悟桐、袖香二姬受業門下，皆國色也。次日，女弟子會詩湖樓，先生代爲治具，旋來請覿，溫語移時，乃騎馬歸，以所坐玻瓈畫船爲諸閨秀遊山之需。少頃，使者襜襜然，賫盛禮來分餉。羣仙一時傳頌，此舉爲前賢白、蘇二公所未有也。後一年，先生解組還都。（余心不能忘，賦詩寄之。先生名保，滿洲人。）

昔公五馬杭州駐，士女謳歌盈道路。山人兩度故鄉游，未敢通名謁白傅。前年訪友到官齋，公竟歡迎早下階。才學趙元义手揖，便招宏景上樓來。四株瓊樹當牕立，艷比芙蓉清比雪。就中兩个女相如，學字彈琴年二七。主人知我意相傾，伏勝剛來好授經。教看美女簪花格，教聽平沙落雁聲。一樣褰裙齊下拜，雙聲同日喚先生。我出黃堂公低語，先生詩社何時舉。可許靈簫匏爵間，雲外飛來許玉斧。我道公班南國春，夭桃穠李盡沾恩。儘可賓雲歌一曲，武夷君下見曾孫。詰朝小作雲仙會，果然鉦響來旌旆。欵欵都將姓氏詢，娟娟各把門楣對。始知班蔡本名家，愈信姬姜勝蕉萃。（詩會中，相公徐文使穆公女孫錢璵、沙方伯女孫臬，二女俱在焉）公去騰身跨紫騮，餘情回首尚勾留。讓出畫船張綺席，好供彩伴作春游。佳人打槳俱欣躍，吟詩苦換看山樂。野寺分簪姊妹花，行宮同上梳粧閣。夕陽游罷各歸家，厚貺頒來更拜嘉。如意八枝雕碧玉，綺羅十疋爛朝霞。金閨分送加珍重，隣嫗窺觀皆色動。買繡爭將太守描，停針擬作甘棠頌。一時佳話遍家鄉，管領湖山望正長。誰料袁絲歸白下，倏驚李泌去錢塘。近聞微罪全超雪，偷得閒身弄風月。公自東山起有期，儂來西笑知無日。冉冉韶光歲月徂，一場春夢落西湖。不知此叟頽唐態，尙有雲鬟記得無。（《小倉山房詩集》卷三十六，周本淳標校《小倉山房詩文集》第二册，第九九六頁）

《再送香亭之廣東》（九首其九）

詩人多情者，往往作司馬。劉白曾爲之，聲名不相下。吾弟黃堂坐，忽

變青衫客。此去過潯陽，琵琶聽不得。(《小倉山房詩文集》卷三十六，周本淳標校本第二册，第一〇二一頁)

《題妙巾女子瓊樓倚月圖（有序)》

乾隆庚午，蘇州詩人蔣盤漪教題納姬册子，并抱所生公子嫛婗出見，爲賦長慶體一章，載在集中。今四十餘年矣，公子綰綬皖江，政聲循卓，又以丁姬妙巾小照索題。余老矣，振觸舊事，一往情深，惜子固叔姬雙雙俱至，而余又遠游揚州，不得一見，故第五首及之。公子名業謙，字湛華，太夫人住白蓮橋，少有觀音之號。

飛瓊身本住瓊樓，偶到人間字莫愁。誓與姮娥常見面，夜深不肯放簾鈎。

晚妝才罷倚雕楹，月下窺園倍有情。知是桃花知是妾，問郎曾否看分明。

枉費冰人說蔦蘿，美人方寸是星河。一逢蔣濟眞才子，便唱丁娘十索歌。(姬曾却富人千金之聘)

生長西溪學浣紗，一朝皖上看桑麻。知隨潘令班春去，壓倒河陽滿縣花。

孤負雙雙駐畫輪，衰翁偏作出山雲。披圖喜見驚鴻影，未識丹青肖幾分。

題罷風詩笑口開，惹儂往事上心來。白蓮橋下觀音降，江令當年早費才。(《小倉山房詩文集》卷三十六，周本淳標校本第二册，第一〇四三頁)

智按：袁枚《小倉山房詩文集》卷七有《題蔣盤漪詩册》，見周本淳標校本《小倉山房詩文集》第一册，第一三四頁。

《覆兩江制府策公問興革事宜書》

某月日，明公公牒到縣，命將地方應興應革事宜，明析敷陳。具見大君子尊主隆民，卓然有所建立之意。枚伏念江南州縣七十有奇，其間剛柔異俗，風土異宜，印官爲所得爲，不必煩稱於大府。……蝗為天災。《春秋》書有蜚，未書捕之之法。晉劉蘭不捕蝗，關中轉豐。唐姚崇始議捕之，而白居易詩中已極言其弊。今捕蝗之處分太重，督捕之官太多，一蟲甫生，衆官麻集，車馬之所跆藉，兵役之所轥轢，委員武弁之所驛騷，上官過往之所供應，無知之蝗，食禾而已；有知之蝗，先於食官，而終於食民，捕虱而裂其衣，熏風而折其屋，固不如勿捕勿熏之爲愈也。且蝗之捕，果可盡乎？凡所謂捕蝗而蝗盡者，皆欺也，皆待疾風暴雨而後，殲旃者也。聽民自捕而官不與焉，民間之禾，蝗食者半，存者半。强民分捕而官督焉，民閒之禾，蝗食者盡，蝗不食者亦盡。故凡生蝗之處，雖良民無不諱匿，彼有疾而拒醫者，非不欲醫也，知醫無益於疾也。……（《小倉山房文集》卷十五，周本淳標校《小倉山房詩文集》第三册，第一四六四～一四六七頁；《袁枚全集》第二册《小倉山房文集》，第二五三～二五六頁；《皇朝經世文編》卷二十；李祖陶《國朝文録續編》小倉山房文録卷一）

《再與沈大宗伯書》

……蓋實見夫詩之道大而遠，如地之有八音，天之有萬竅，擇其善鳴者而賞其鳴足矣，不必尊宫商而賤角羽，進金石而棄弦匏也。且夫古人成名，各就其詣之所極，原不必兼眾體；而論詩者，則不可不兼收之，以相題之所宜。即以唐論：廟堂典重，沈、宋所宜也；使郊、島為之，則陋矣。山水閒適，王、孟所宜也；使溫、李為之，則靡矣。邊風塞雲，名山古蹟，李、杜所宜也；使王、孟為之，則薄矣。撞萬石之鐘，鬬百韻之險，韓、孟所宜也；使韋、柳為之，則弱矣。傷往悼來，感時記事，張、王、元、白所宜也；使錢、劉為之，則仄矣。題香襟，當舞所，弦工吹師，低徊容與，溫、李、冬郎所宜也；使韓、孟為之，則亢矣。天地間不能一日無諸題，則古今來不可一日無諸詩。人學焉而各得其性之所近，要在用其所長而藏己之所短則可，護其所短而毀人之所長則不可。……（《小倉山房文集》卷十七，周本淳標校《小倉山房詩文集》第三册，第一五〇四～一五〇五頁；《袁枚全集》第二册《小倉山房文集》，第二八五～二八六頁）

《佛者九流之一家論》

韓子辟佛太迂，白傅佞佛大愚。折衷者，其北朝之高謙之乎！謙之之言曰：「佛者，九流之一家耳。」夫九流者，君子之所不得已而存焉者也。三代下，四民不足以盡天下之民，於是陰陽、星巫、佛老諸家興焉。如人身之有胼指贅疣，如人家之有羸僕、有惰游子弟，亦皆不得已而存焉者也。倘必欲灸除而攻去之，奚能哉！奚必哉？……韓子以知命之君子望天下之常人，而白傅又甘以常人自待，吾以為所見皆出高謙之下矣。（《小倉山房文集》卷二十，周本淳標校《小倉山房詩文集》第三册，第一五八〇～一五八一頁；《袁

枚全集》第二册《小倉山房文集》卷二十，第三四五～三四六頁）

《書權文公郅都論後》

郅都廉直，史遷以冠《酷吏》。權文公作論，雪都，訾史遷。嘻！是烏知遷之心哉？

古無酷吏，名之者，遷也；漢無酷吏，首之者，都也。當秦殘暴，高祖易以寬仁。文、景繼之，天下熙熙然，安昇平也久矣。忽都以嚴得寵，立聲名。從此甯成、義縱踵至，殺人流血，動至數萬。都作俑之罪，遷所深惡也。

遷既惡都，何難并其生平公廉直諫之事，删而不書，然而遷書之反詳者，何哉？以爲史者，所以戒天下萬世也。使天下萬世見公廉如都，直諫如都，而一爲苛暴，即首蒙惡名；且身斬家破，爲天下快；庶幾曉然于小善之不足以掩大惡，而相趨爲長者。此遷立傳之心也，此遷之所以爲良史也。曉一孔者，何足以知之？

唐人好排古人，持高議。都不足雪，而權公雪之；申生、季札未可貶，而獨孤及、白居易貶之，皆過也。凡言必究其所裨，而事必稽其所敝。三代後，父子兄弟間，恩寖薄矣。得過厚者矯之，而立言者又從而尊之，于世有所裨，無所敝也。孔子曰：「觀過知仁。」申生、季札之過，申生、季札之仁也。都之過，其足觀也哉？（《小倉山房文集》卷二十三，周本淳標校《小倉山房詩文集》第三册，第一六三三頁；王昶《湖海文傳》卷七十書後，清道光十七年經訓堂刻本）

《童二樹詩序》

……昔張堪臨終以妻孥托朱季；元微之病，命家人將詩集交白二十二郎。古人身後拳拳，大概如斯。然吾謂托妻孥易，托文字難。妻孥之計，或十年或二十年，足矣。文字之計，動關百千萬年，尚無津涯，非精思詣微，同歷苦甘者，疇能任之……（《小倉山房文集》卷二十八，周本淳標校《小倉山房詩文集》第三册，第一七六一～一七六二頁）

《答蕺園論詩書》

來諭諄諄教删集内緣情之作，云：「以君之才之學，何必以白傅、樊川自累。」大哉足下之言，僕何敢當！夫白傅、樊川，唐之才學人也，僕景行之，尚恐不及，而足下乃以為規，何其高視僕、卑視古人耶？足下之意，以為我輩成名，必如濂、洛、關、閩而後可耳。然鄙意以為得千百偽濂、洛、關、閩，不如得一二真白傅、樊川，以千金之珠，易魚之一目，而魚不樂者，何也？目雖賤而真，珠雖貴而偽故也。……

若夫迂襲經文，貌為理語者，雖未嘗不竄名儒林，然非頑不知道，即竊不任事，贓私諂諛，史難屈指。白傅、樊川耻之，僕亦耻之，人能改過自佳，然必深知其非，有所不安於心，而後從諫如流，非可隨聲附和。緣情之作，縱有非是，亦不過《三百篇》中「有女同車」、「伊其相謔」之類。僕心已安矣，聖人復生，必不取其已安之心而掉罄之也。宋儒責白傅杭州詩憶妓者多，憶民者少。然則文王「寤寐求之」，至於「展轉反側」，何以不憶王季、太王，而憶淑女耶？孔子阸於陳、蔡，何以不思魯君而思及門弟子耶？沈朗又云：「《關雎》言后妃，不可為《三百篇》之首。」故別撰堯、舜詩二章。然則《易》始《乾》、《坤》，亦陰陽夫婦之義，朗又將去《乾》、《坤》而變置何卦耶？……（《小倉山房詩文集》續集卷三十，周本淳標校《小倉山房詩文集》第四册，第一八〇一～一八〇三頁；《袁枚全集》第二册《小倉山房文集》卷三十中，第五二六～五二七頁）

《誥封奉政大夫丹陽縣知縣魏公墓誌銘》

魏氏自元初從龍而南者，曰寒臘公，為内府總管，賜姓魏氏。起家鄗縣，築室金渠。弱翁之裔初興，畢萬之宗遂大。傳至嗣多公，官虞衡司，與本朝相國文毅公為同支昆弟。門標六闕，坐列三貂……嗚呼！公之德也，不稱其官；公之亡也，乃薨于路。或者迎辛公彦之車駕，偶下空中；築白香山之仙龕，原在海上乎？不然，而何以滕公四馬，過漆室以悲鳴；謝傅雙輪，望高城而不入也！年六十六，子廷覲等，扶柩歸葢栢鄉，禮也。公神采月和，起居霜儉。讀《鹿鳴》之詩，而兄弟不忍獨食；筮《白賁》之卦，而邱園常自幽探。忘賢而賢與心期，任性而性與道會。善評書畫，得卽贈人；能爲文章，成輒棄稿。戚里師之，友朋敬之，莫不見子將而變服，爲楊綰而減騶。……以某年月日葢于某。銘曰：如春風起，如方輪止。厖褫拯人，焦原仆已。公薄子産，不爲蠆尾。彼乃要離，蛛蟨之靡。蒼天與直，后土與理。未竟其施，以遺其子。其子振振，蘭茁其芽。集于東南，分張櫜牙。公來就養，含飴玩花。一朝委化，三萬緦麻。華表穹隆，龜趺辟邪。我書瓦屑，非爲公家。欲告後人，厲假不遐。彼陰德獲報，乃如是耶！（《小倉山房外集》卷六，周本淳標校《小倉山房詩文集》第四册，第二〇七五～二〇七八頁）

《陝淑蘭女子詩序》

……非白傅之什不吟，卿真知己；惟士安之序是索，女亦門生。遺我一縑，繡詩兩首。作香閨之潤筆，求駢體之擅場。……（《小倉山房外集》卷七，周本淳標校《小倉山房詩文集》第四册，第二一〇二～二一〇三頁；《袁枚全集》第二册《小倉山房外集》卷七，第一二五～一二六頁）

《再答李少鶴》

阮亭不喜少陵、香山，則又有説。阮亭一味修容飾貌，所謂假詩是也。惟其假，故不喜杜、白兩家之真。（《袁枚全集》第五册《小倉山房尺牘》，第二〇七～二〇八頁）

《續詩品・滅跡》

織錦有跡，豈曰惠娘？修月無鬩，乃號無剛。白傅改詩，不留一字。今讀其詩，平平無異。意深詞淺，思苦言甘。寥寥千年，此妙誰探？（《清詩話》第一〇三六頁；《小倉山房詩集》卷二十，第四九二頁）

《隨園詩話》

「樂府」二字，是官監之名，見霍光、張放兩傳。其《君馬黄》、《臨高臺》等樂章，久矣失傳。蓋因樂府傳寫，大字為辭，細字為聲，聲詞合寫，易至舛誤。是以曹魏改《將進酒》為《平關中》，《上之回》為《克官渡》，共十二曲，並不襲漢。晉人改《思悲翁》為《宣受命》，《朱鷺》為《靈之祥》，共十二曲亦不襲魏。唐太白、長吉知之。故仍其本名，而自作己詩。少陵、張、王、元、白知之，故自作己詩，而創為新樂府。元稹序杜詩，言之甚詳。鄭樵亦言：「今之樂府，崔豹以義説名，吳兢以事解目，與詩之失傳一也。《將進酒》、而李餘乃序烈女，《出門行》、而劉猛不言別離，《秋胡行》、而武帝云『晨上散關山，此道當何難』：皆與題無涉。」今人猶貿貿然抱《樂府解題》為秘本，而字摹句倣之，如畫鬼魅，鑿空無據；且必置之卷首，以撑門面。猶之自標門閥，稱乃祖乃宗絕大官銜，而不知其與己無干也。（卷一，顧學頡校點本《隨園詩話》第八頁）

陸放翁：「燒灰除菜蝗。」「蝗」字作仄聲。徐騎省：「莫折紅芳樹，但知盡意看。」「但」字作平聲。李山甫《赴舉別所知》詩：「黃祖不憐鸚鵡客，志工偏賞麒麟兒。」「麒」字作仄聲。王建《贈李僕射》詩：「每日城南空挑戰。」「挑」字作仄聲。《贈田侍中》：「緑窗紅燈酒。」「燈」字作仄聲。皆本白香山之以「司」為「四」，「琵」為「別」，「凝脂」為「佞」，「紅橋三百九十橋」，「十」字讀「諶」也。韓愈《岳陽樓》詩：「宇宙隘而妨。」「妨」作為「訪」音。《東都》詩：「新輩足朝評。」「評」作「病」音。元稹《東南行百韵》詩：「徵俸封魚租。」「封」音「俸」。《痁卧》詩：「一生長苦節，三省詎行怪。」「怪」音「乖」。《嶺南》詩「聯游虧片玉，洞照失明鑒。」「鑒」音「間」。《夜池》詩：「高屋無人風張幙。」「張」音「丈」。「苦思正旦酧《白雪》，閒觀風色動青旂。」「正旦」讀作「眞丹」。又白居易《和令狐相公》詩：「仁風扇道路，陰雨膏閭閻。」「扇」平聲，「膏」去聲。李商隱《石城》詩：「簟冰將飄枕，簾烘不隱鈎。」自注：「『冰』去聲。」陸龜蒙《包山》詩：「海客施明珠，湘蕤料淨食。」自注：「『料』平聲」。朱竹垞《山塘紀事》詩：「殷勤短主薄，端笏立阼階。」「阼」音「徂」。杜少陵用「中與」、「中酒」、「王氣」、「貞觀」等字，忽平忽仄，隨其所便。大抵「相如」之「相」，「燈檠」之「檠」，「親迎」之「迎」，「親家」之「親」，「寧馨」之「馨」，「蒲桃」之「蒲」，「鄮侯」之「鄮」，「馬援」之「援」，「別離」之「離」，「急難」之「難」，「上應」之「應」，「判捨」之「判」，「量移」之「量」，「處分」之「分」，「范蠡」之「蠡」，「禰衡」之「禰」，「伍員」之「員」：皆平仄兩用。（卷一，顧學頡校點本《隨園詩話》第九頁）

《三餘編》言：「詩家使事，不可太泥。」白傅《長恨歌》：「峨嵋山下少人行。」明皇幸蜀，不過峨嵋。謝宣城詩：「澄江淨如練」，宣城去江百餘里，縣治左右無江。相如《上林賦》：「八川分流。」長安無八川。嚴冬友曰：「西漢時，長安原有八川，謂涇、渭、灞、滬、灃、滈、潦、湧也；至宋時則無矣。」（卷一，顧學頡校點本《隨園詩話》第十頁）

本朝王次回《疑雨集》，《香奩》絕調；惜其只成此一家數耳。沈歸愚尚選國朝詩，擯而不録；何所見之狹也！嘗作書難之云：「《關雎》為國風之首，即言男女之情。孔子刪詩，亦存鄭、衛；公何獨不選次回詩？」沈亦無以答也。唐李飛譏元、白詩「纖艷不逞，為名教罪人」。卒之千載而下，知有元、白，不知有李飛。或云：飛此言見於杜牧集中。牧祖佑，年老不致仕，香山有詩譏之：故牧假飛語以詆之耳。（卷一，顧學頡校點本《隨園詩話》第十五頁）

《宋蓉塘詩話》譏白太傅在杭州，憶妓詩多於憶民詩。此苛論也，亦腐論也。《關雎》一篇，文王輾轉反側，何以不憶王季、太王，而憶淑女耶？孔子厄於陳、蔡，何以不思魯君，而思及門耶？（卷一，顧學頡校點本《隨園詩話》第十六頁）

陸魯望過張承吉丹陽故居，言：「祐（祜）善題目佳境，言不可刊置別處。此為才子之最也。」余深愛此言。自古文章所以流傳至今者，皆即情即景，如化工肖物，著手成春，故能取不盡而用不竭。不然，一切語古人都已説盡；何以唐、宋、元、明，才子輩出，能各自成家而光景常新耶？即如一客之招，一夕之宴，開口便有一定分寸，貼切此人、此事，絲毫不容假借，方是題目佳境。若今日所詠，明日亦可詠之，此人可贈，他人亦可贈之；便是空腔虛套，陳腐不堪矣。尹文端公在制府署中，冬日招秦、蔣兩太史及餘飲酒，曰：「今日席上，皆翰林，同衙門，各賦一詩。」蔣詩先成，首句云：「卓午人停問字車。」公笑曰：「此教官請客詩也。」秦懼不肯落筆。余亦知難而退。公不許。乃呈一律云：「小集平泉夜舉觴，春風座上不知霜。偶然元老開東閣，難得群仙共玉堂。」公大喜，曰：「開口已包括全題。白傅誇劉禹錫《金陵懷古》詩『前四句已探驪珠』，此之謂矣！」（卷一，顧學頡校點本《隨園詩話》第十九頁）

昔人言白香山詩無一句不自在，故其為人和平樂易；王荊公詩無一句自在，故其為人拗強乖張。愚謂荊公古文，直逼昌黎，宋人不敢望其肩項；若論詩，則終身在門外，尤可笑者，改杜少陵「天闕象緯逼」為「天閱象緯逼」，改王摩詰「山中一夜雨」為「一半雨」，改「把君詩過日」為「過目」，「關山同一照」為「同一點」：皆是點金成鐵手段。大抵宋人好矜博雅，

又好穿鑿，故此種剜肉生瘡之説，不一而足。……（卷一，顧學頡校點本《隨園詩話》第二一～二二頁）

有妓《與人贈别》云：「臨歧幾點相思淚，滴向秋階發海棠。」情語也。而莊蓀服太史《贈妓》云：「憑君莫拭相思淚，留著明朝更送人。」説破，轉覺嚼蠟。佟法海《弔琵琶亭》云：「司馬青衫何必濕？留將淚眼哭蒼生。」一般殺風景語。（卷一，顧學頡校點本《隨園詩話》第二三頁）

李尚書雍熙學道，散遣歌姬。王西樵責以詩云：「聽歌曾入忘憂界，不應忽縛枯禪戒。未是香山與病緣，何妨樊子同春在？安石攜妓自不凡，處仲開閤終無賴。誰為公畫此策者，狂奴恨不鞭其背！」阮亭亦云：「萬種心情消未盡，忍辭駱馬遣楊枝？」余惜秦少游未聞此言。（卷一，顧學頡校點本《隨園詩話》第二十六頁）

唐翰林學士最榮，入值，許借飛龍廄馬。白香山《贈錢翰林》詩曰：「分班皆命婦，對苑即儲皇。」（智按：《渭村退居寄禮部崔侍郎翰林錢舍人詩一百韻》：「分庭皆命婦，對院即儲皇。」）蓋最親宫禁也。是以韋綬，學士也，而覆以蜀襭之袍；韓偓，學士也，而暗藏金蓮之燭。《十國春秋》載：「後蜀王建待翰林過優，人尤之。建曰：『我昔值禁軍，見唐天子待翰林之厚，雖朋友不如也。我不過萬分之一耳。』」（卷二，顧學頡校點本《隨園詩話》第三七頁）

古人官貴行船多伐鼓，少陵詩曰：「打鼓發船誰氏郎？」白香山詩曰：「兩岸紅燈數聲鼓，使君樓艓下巴東。」皆伐鼓之證也。今人開船鳴鉦，未知起於何時。（卷二，顧學頡校點本《隨園詩話》第四四頁）

人或問余以本朝詩，誰為第一？余轉問其人，《三百篇》以何首為第一？其人不能答。余曉之曰：詩如天生花卉，春蘭秋菊，各有一時之秀，不容人為軒輊。音律風趣，能動人心目者，即為佳詩；無所為第一、第二也。有因其一時偶至而論者，如「不愁明月盡，自有夜珠來」一首，宋居沈上。「文章舊價留鸞掖，桃李新陰在鯉庭」一首，楊汝士壓倒元、白是也。有總其全局而論者，如唐以李、杜、韓、白為大家，宋以歐、蘇、陸、范為大家，是也。若必專舉一人，以覆蓋一朝，則牡丹為花王，蘭亦為王者之香：人於草木，不能評誰為第一，而況詩乎？（卷三，顧學頡校點本《隨園詩話》第七十頁）

阮亭《池北偶談》笑元、白作詩，未窺盛唐門戶。此論甚謬。桑弢父譏之云：「大辨才從覺悟餘，香山居士老文殊。漁洋老眼披金屑，失卻光明大寶珠。」余按：元、白在唐朝所以能獨豎一幟者，正為其不襲盛唐窠臼也。阮亭之意，必欲其描頭畫角若明七子，而後謂之窺盛唐乎？要知唐之李、杜、韓、白，俱非阮亭所喜。因其名太高，未便詆毀；於少陵亦時有微詞，況元、白乎？阮亭主修飾，不主性情，觀其到一處必有詩，詩中必用典，可以想見其喜怒哀樂之不真矣。或問：「宋荔裳有『絕代消魂王阮亭』之說，其果然否?」余應之曰：「阮亭先生非女郎，立言當使人敬，使人感且興，不必使人消魂也。然即以消魂論，阮亭之色，亦並非天仙化人，使人心驚者也。不過一良家女，五官端正，吐屬清雅；又能加宮中之膏沐，熏海外之名香，傾動一時，原不為過。其修詞琢句，大概捃摭於大曆十子，宋元名家，取彼碎金，成我風格，恰不沾沾於盛唐，蹈七子習氣，在本朝自當算一家數。奈歸愚、子遜奉若斗山，璵沙、心餘棄若芻狗：余以為皆過也。」（卷三，顧學頡校點本《隨園詩話》第八〇～八一頁）

升平日久，海内殷富，商人士大夫慕古人顧阿瑛、徐良夫之風，蓄積書史，廣開壇坫。揚州有馬氏秋玉之玲瓏山館，天津有查氏心谷之水西莊，杭州有趙氏公千之小山堂，吳氏尺鳧之瓶花齋：名流宴詠，殆無虛日。許鞏璜刺史贈查云：「庇人孫北海，置驛鄭南陽。」其豪可想。此外，公卿當事，則有唐公英之在九江，鄂公敏之在西湖，皆以宏獎為己任。不四十年，風流頓盡。唐公號蝸寄老人，司九江關，懸紙墨筆硯於琵琶亭，客過有題詩者，命關吏開列姓名以進。公讀其詩，分高下，以酬贈之。建白太傅祠，肖己像於旁。甲辰（智按：一七八四年）冬，余過九江，則太傅祠改作戲臺，唐公像亦不見。（卷三，顧學頡校點本《隨園詩話》第九二頁）

題古蹟能翻陳出新最妙。河南邯鄲壁上或題云：「四十年中公與侯，雖然是夢也風流。我今落魄邯鄲道，要替先生借枕頭。」嚴子陵釣臺或題云：「一著羊裘便有心，虛名傳誦到如今。當時若著簑衣去，烟水茫茫何處尋?」凡事不能無弊，學詩亦然。學漢、魏文選者，其弊常流於假；學李、杜、韓、蘇者，其弊常失於粗；學王、孟、韋、柳者，其弊常流於弱；學元、白放翁者，其弊常失於淺；學溫、李、冬郎者，其弊常失於纖。人能取諸家之精華，而吐其糟粕，則諸弊盡捐。大概杜、韓以學力勝，學之，刻鵠不成，猶類鶩也。太白、東坡以天分勝，學之，畫虎不成，反類狗也。佛曰：「學我者死。」無佛之聰明而學佛，自然死矣。（卷四，顧學頡校點本《隨園詩話》第一〇三頁）

香山詩：「楊柳小蠻腰。」妓名也。後《寄禹錫》詩：「攜將小蠻去，招得老劉來。」自注云：「小蠻，酒植也。」「小蠻」竟有二解。（卷四，顧學頡校點本《隨園詩話》第一〇九～一一〇頁）

丙辰徵士王藻，字載揚，吳江人，販米為業。《偶題桃源圖》云：「相看何物同塵世？只有秦時月在天。」以此受知于沈綸翁先生，四處揄揚，遂棄業讀書。吳大宗伯荊山薦舉鴻詞科，廷試報罷，往來揚州，與詩人結社吟咏。貌瑣瘦急遽，小聲音，好蓄宋板書、青田石印章。有友借觀，誤墮地碎，載揚垂泣三日。其風趣如此。《讀梅村集》云：「百首淋浪長慶體，一生慚愧義熙民。」《剪梅》云：「大抵端相求入畫，最難割愛似刪詩。」（卷四，顧學頡校點本《隨園詩話》第一一四頁）

古閨秀能詩者多，何至今而杳然？余宰江寧時，有松江女張氏二人，寓居尼庵，自言文敏公族也。姊名宛玉，嫁淮北程家，與夫不協，私行脱逃。山陽令行文關提。余點解時，宛玉堂上獻詩云：「五湖深處素馨花，誤入淮西估客家。得遇江州白司馬，敢將幽怨訴琵琶？」余疑倩人作，女請面試。予指庭前枯樹爲題，女曰：「明府既許婢子吟詩，詩人無跪禮；請假紙筆立吟，可乎？」余許之。乃倚幾疾書曰：「獨立空庭久，朝朝向太陽。何人能手植，移作後庭芳？」未幾，山陽馮令來。予問：「張女事作何辦？」曰：「此事不應斷離。然才女嫁俗商不稱，故釋其背逃之罪，且放歸矣。」問：「何以知其才？」曰：「渠獻詩云：泣請神明宰，容奴返故鄉。他時化蜀鳥，銜結到君旁。」馮故四川人也。（卷四，顧學頡校點本《隨園詩話》第一一五頁）

曾南村好吟詩，作山西平定州刺史，仿白香山將詩集分置聖善、東林故事，乃將《上党詠古》諸作，命門人李珍聘書藏文昌祠中。身故十餘年，陶悔軒來牧此州，過祠拈香，見此藏本；既愛詩之清妙，而又自憐同為山左人，乃序而梓之，並附己作於後。曾《過磐石關》云：「磐石關前石路微，離離黃葉小村稀。斜陽忽送奇峰影，千疊層雲屋上飛。」陶《咏遺詩軒》云：「一代文章擅逸才，開軒吟罷興悠哉。官閒且喜能醫俗，為與詩人坐卧來。」陶又

《咏嘉山書院》云：「新開藝苑育群英，文學風傳古艾城。借得公餘無俗累，攜朋來聽讀書聲。」（卷五，顧學頡校點本《隨園詩話》第一三五頁）

詩人家數甚多，不可硜硜然域一先生之言，自以為是，而妄薄前人。須知王、孟清幽，豈可施諸邊塞？杜、韓排奡，未便播之管絃。沈、宋莊重，到山野則俗，盧仝險怪，登廟堂則野。韋、柳雋逸，不宜長篇。蘇、黃瘦硬，短於言情。悱惻芬芳，非溫、李、冬郎不可。屬詞比事，非元、白、梅村不可。古人各成一家，業已傳名而去。後人不得不兼綜條貫，相題行事。雖才力筆性，各有所宜，未容勉强；然寧藏拙而不為則可，若護其所短，而反譏人之所長，則不可。所謂以宫笑角，以白詆青者，謂之陋儒。范蔚宗云：「人識同體之善，而忘異量之美，此大病也。」蔣苕生太史題隨園集云：「古來只此筆數枝，怪哉公以一手持。」余雖不能當此言，而私心竊向往之。（卷五，顧學頡校點本《隨園詩話》第一四九頁）

古人門戶雖各自標新，亦各有所組述。如《玉臺新咏》、溫、李、西崑得力於《風》者也。李、杜排奡，得力於《雅》者也。韓、孟奇崛，得力於頌者也。李賀、盧仝之險怪，得力於《離騷》、《天問》、《大招》者也。元、白七古長篇，得力於初唐四子；而四子又得力於庾子山及《孔雀東南飛》諸樂府者也。今人一見文字艱險，便以為文體不正。不知「載鬼一車」，「上帝板板」，已見於《毛詩》、《周易》矣。（卷五，顧學頡校點本《隨園詩話》第一四九～一五〇頁）

白香山詩云：「周公恐懼流言日，王莽謙恭下士時。若使當時身早死，兩人真偽有誰知？」宋人反其意，曰：「少年胯下安無忤，老父圯邊愕不平。人物若非觀歲暮，淮陰何必滅文成？」（卷五，顧學頡校點本《隨園詩話》第一五八頁）

琴按：「王莽謙恭下士時」，一作「王莽謙恭未篡時」。

懷古詩，乃一時興會所觸，不比山經、地志，以詳核為佳。近見某太史《洛陽懷古》四首，將洛下故事，搜括無遺，竟有一首中，使事至七八者。編湊拖遝，茫然不知作者意在何處。因告之曰：「古人懷古，只指一人一事而言，如少陵之《詠懷古蹟》；一首武侯，一首昭君，兩不相羼也。劉夢得《金陵懷古》，只詠王濬樓船一事，而後四句，全是空描。當時白太傅謂其『已探驪珠，所餘鱗甲無用』。真知言哉！不然，金陵典故，豈王濬一事？而劉公胸中，豈止曉此一典耶?」（卷六，顧學頡校點本《隨園詩話》第一八七～一八八頁）

周元公云:「白香山詩似平易；閒觀所存遺稿，塗改甚多，竟有終篇不留一字者。」余讀公詩云：「舊句時時改，無妨悅性情。」然則元公之言信矣。（卷六，顧學頡校點本《隨園詩話》第一九三頁）

人言通天文者不祥。四川高太史名辰，字白雲，向為岳大將軍西席。嘗在金陵觀星象，言山東有事。次年，果有王倫之逆，而太史已先亡矣。過隨園，命其子受業門下，贈詩云:「名重隨園詎偶然？興來神妙寫毫顛。已知葛井來勾漏，豈但香山數樂天？入座嵐光時拱揖，依人鶴影自翩躚。荀香近處瞻先輩，慰我調饑三十年。」《過定軍山弔武侯》云：「三代而還論出處，兩朝之際見權宜。」（卷七，顧學頡校點本《隨園詩話》第二一六頁）

詩文集之名，始東京。《隋·經籍志》曰：「集之名，東京所創。」蓋指班史某人文幾篇，某人詩幾篇而言。後人集之，非自為集也。齊、梁間始有自為集者：王筠以一官為一集，江淹自名前後集，是也。有一人之集，止一題者：阮步兵集五言八十篇，四言十三篇，題皆曰「咏懷」；應休璉詩八卷，總名曰《百一詩》，是也。亦有一集止為一事者：梁元帝為《燕歌行》，羣臣和之，為《燕歌行集》；唐睿宗時，李適《送司馬承禎還山》詩，朝士和者三百餘人，徐彥伯編而序之，號《白雲記》，是也。有一集止一體者：崔道融《唐詩》二卷，皆四言，是也。有數人唱和而成集者：元、白之《因繼集》；皮、陸之《松陵集》，溫飛卿之《漢上題襟集》，是也。（卷七，顧學頡校點本《隨園詩話》第二二六頁）

高青丘笑古人作詩，今人描詩。描詩者，像生花之類，所謂優孟衣冠，詩中之鄉願也。譬如學杜而竟如杜，學韓而竟如韓：人何不觀真杜、真韓之詩，而肯觀偽韓、偽杜之詩乎？孔子學周公，不如王莽之似也；孟子學孔子，不如王通之似也。唐義山、香山、牧之、昌黎，同學杜者；今其詩集，都是別樹一旗。杜所伏膺者，庾、鮑兩家；而集中亦絕不相似。蕭子顯云：「若無新變，不能代雄。」陸放翁曰：「文章切忌參死句。」黄山谷曰：「文章切忌隨人後。」皆金鍼度人語。《漁隱叢話》笑歐公「如三館畫筆，專替古人傳神」，嫌其描也。五亭山人《嘲鸚鵡》云：「齒牙餘慧雖偷拾，那識雷同轉可羞。」又曰：「爭似流鶯當百囀，天真還是一家言。」（卷七，顧學頡校點本《隨園詩話》第二三五頁）

常州陳明善，字亦園，鄉居甚富，家有園亭，性好吟詠。《種蔬》云：「閑種半畦蔬，芳葉紛滿目。天意答小勤，盤餐遂余欲。」亦清才也。錫山邵辰焕主其家。有《柳枝詞》云：「前溪煙雨後溪晴，桃葉、桃根慣送迎。誰似小紅橋畔柳，繫儂畫舫過清明。」亦園忽有仕宦之志，盡賣其田，出仕遠方，家業蕩然，園歸他姓。余為誦白傅詩曰：「我有一言君應記：世間自取苦人多。」（卷七，顧學頡校點本《隨園詩話》第二四〇頁）

心餘手持詩集廿卷，向余云：「知交遍海内，作序只托隨園。」余感其意，臨别涕下。其子知讓見贈五古，灑灑千言，合少陵、香山而一之，篇什太長，故未抄録。與余論古尤合，又贈三律，有句云：「公所讀書人亦讀，不如公處只聰明。」心餘書舍，有揚州汪端光孝廉贈句云：「置酒好招鄉父老，解衣平揖漢公卿。」汪字劍潭，少年玉貌，佳句如：「水定漁燈出，風驕戍鼓沉。」「路長行應獨，舟小買宜雙。」「月明又是無邊水，半照行人半照魚。」皆有别趣。（卷八，顧學頡校點本《隨園詩話》第二五一～二五二頁）

寶應王孟亭太守，為樓村先生之孫。丁卯，見訪江寧。攜胡床坐門外，俟主人請見乃已，遂相得甚歡。聘修江寧志書，朝夕過從。嘗言樓村先生教人作詩，以「三山」為師：一香山、一義山、一遺山也。有從子嵩高，字少林，少年倜儻，論詩不服乃伯，而服隨園。《大梁懷古》云：「搖落偏驚旅客魂，秋風回首眺中原。三花樹色開神嶽，萬里河聲下孟門。形勝郁盤終古在，英雄慷慨幾人存？信陵策士俱黄土，獨有侯生解報恩。」太守諱箴輿。（卷九，顧學頡校點本《隨園詩話》第二八九～二九〇頁）

余作駢體文，押曹丕「丕」字為上聲，為人所嗤。不知「丕」與「不」通，又與「負背」通，不止「攀悲切」也。《書》曰：「是有丕子之責於天。」《史記》作「負字」。《索隱》引鄭氏曰：「丕讀為負。」《石經》、《尚書》亦作「負子」。惟今之韻書，捃摭淺漏，未經收拾。沈存中笑香山押「餓殍」

為夫。又笑杜牧之《杜秋》詩「厭飫不能飴」，誤飴糖之飴，作飲啖用。不知杜牧之用「飴」字，本東漢《童謠》：「飴我大豆烹芋魁。」又，晉《盛彥傳》：「婢使蠐螬炙飴之。」香山之押「殍」作平聲，本《唐韻》「敷」字下收「殍」，作「撫俱切」。猶之今平韻不收「糾」字，而嵇康《琴賦》亦竟作平聲押也。（卷九，顧學頡校點本《隨園詩話》第三〇二頁）

唐人詩曰：「欲折垂楊葉，回頭見鬢絲。」又曰：「久不開明鏡，多應為白頭。」皆傷老之詩也。不如香山作壯語曰：「莫道桑榆晚，餘霞尚滿天。」又，宋人云：「勸君莫惱鬢毛斑，鬢到斑時也自難。多少朱門年少子，被風吹上北邙山！」（卷十，顧學頡校點本《隨園詩話》第三三二頁）

智按：劉禹錫《酬樂天詠老見示》：「莫道桑榆晚，微霞尚滿天。」

古名臣共事一方，賡唱疊和，最為佳話。唐白太傅刺杭州，而元相觀察浙東，彼此以詩往來，為昇平盛事。近日，秋帆尚書總督兩湖，適蒙古惠椿亭中丞，來撫湖北，致相得也。尚書知余作詩話，因寄中丞詩見示，讀之欽為名手；僅録其《過哈密》云：「西扼雄關第一區，鞭絲遙指認伊吾。當年雁磧勞戎馬，此日人烟入版圖。路向車師雲黯淡，天連吐谷雪模糊。寒威陣陣催征騎，不問村醪尚有無。」《過潼關》云：「百二秦關萬古雄，片瓦黃水渡西風。馬嘶沙岸寒濤外，人倚山城夕照中。眼界一時窮古磧，爪痕三度笑飛鴻。（余自湟中往返，並此凡三次。）來朝又入華陰道，飽看霜林幾樹紅。」《果子溝》云：「山勢嶙峋水勢西，過溝百里屬伊犁。斷橋積雪迷人迹，古澗堆冰碍馬蹄。驛騎送迎多舊雨，征衫檢點半春泥。數間板閣風燈裹，猶有閒情倚醉題。」中丞早歲工詩，後即立功青海、伊犁及天山南北，凡古之月支、鄯善，足迹殆徧。以故以所見聞，彰諸吟咏，宜其沉雄古健，足可上淩七子，下接黃門矣。（卷十一，顧學頡校點本《隨園詩話》第三七二頁）

《毛詩·伐木》章有「求其友聲」之語。杜陵有「文章有神」之句。余初不信此言；後歷名場五十年，方知古人非欺我也。戊申八月，年家子許香岩告余云：其同鄉程葒園明府，宰武進。六月望後，苦熱移榻桑影山房，讀《小倉山房詩》而愛之。《夜夢題後》云：「吟壇甌北及新佘，盟主當時讓本初。摶古為丸知力大，愛才若命見心虛。仙人偶戲蓬壺頂，下士爭酣墨沈餘。格調不能名一體，香山竊比意何如?」滿洲詩人法時帆學士與書云：「自惠《小倉山房集》，一時都中同人借閱無虛日；現在已抄副本。洛陽紙貴，索詩稿者坌集；幾不可當。可否再惠一部。何如?」外題拙集後云：「萬事看如水，一情生作春。公卿多後輩，湖海有幽人。筆陣驅裙屐，詞鋒怖鬼神。莫驚才力猛，今世有誰倫?」此二人者，素不識面，皆因詩句流傳，牽連而至；豈非文字之緣，比骨肉妻孥，尤為真切耶?又有皖江魯沂者，見贈云：「此地在城如在野，其人非佛亦非仙。」卻切隨園。敕園名明愫，孝感人。時帆名式善，滿洲人。（卷十一，顧學頡校點本《隨園詩話》第三九七～三八〇頁）

常熟王陸禔，字介祉，瘦長骨立，兩眸熒然。家貧母老，又遭馮敬通之厄，客死長沙，年三十二。其詩清麗。《蘇臺紀事序》云：「僕本恨人，尤希好事。趁蘭膏之餘焰，述花月之新聞。則有參佐名流，弘農妙裔。王昌居處，跡近金堂；韓壽來時，香通青瑣。牆頭一笑，秋風客鑽穴相窺；枕畔五更，夜度娘鑿壞而遁。不須青鳥，為約佳期；何必玄駒，始諧歡夢。手提金縷，逾逕冒以聲希；懷落鈿釵，罥流蘇而影亂。輕攏屈戍，潛由顧愷之廚；反合倉琅，永匿梁清之洞。遂致空閨大索，徒勞阿母熛門；鄰壁旁求，共訝彼姝履閾。倘屬無妻之牧犢，或易牽絲；偏為有婿之羅敷，難收覆水。霧生三里，葉不翳蟬；風掛一帆，花終戀蝶。可憐月姊，隨蟾魄以俱奔；詎耐冰人，賦鼠牙而作訟。謀成秘計，大都鸊鵜之禪；下得官符，不是鴛鴦之牒。悵三生兮永別，未消圓澤之煙；縱九死以無辭，難覓茅山之藥。是則煉媧皇之石，莫補離天；彎后羿之弓，長仇怨日者矣。嗚呼！人生行樂，難禁贈芍遺椒；我輩鍾情，未免焚芝歎蕙。觸哀弦於舊軫，儂亦情狂；戒覆轍於前車，卿休放誕。不逢白傅，誰裁《長恨》之歌?為語雙文，我作《會真》之記。」詩云：「東風如夢春如晝，蘿蔓須扶薇待架。黃雀飛飛鏡檻邊，班騅得得樓欄下。緑楊門巷是兒家，青粉牆高隔亂鴉。惜豔羞窺留影鏡，耽閑懶逐鬬風車。柔懷脈脈憐幽獨，少小紅絲曾繫足。蕭史遲吹引鳳簫，馬卿忽奏《求凰曲》。尋常聲息互知聞，促漏遙鐘兩斷魂。側帽望殘窗竹影，抽釵劃遍砌苔痕。蓬萊咫尺休嗟遠，綷縩輕裙便往返。曉把豪犀故剔梳，宵捫了鳥還加鍵。懷中轉側掌中擎，叚蒨難描媟妮形。蛤帳霞光猶恍忽，蜃窗日彩更晶熒。刻骨恩同膠漆洽，迷藏秘戲貪嬉狎。連天夢雨罨陽臺，平地風波生楚峽。無端阿母喚匆匆，卷幔披帷室是空。鸚鵡攪翻脂盝粉，貍奴搔亂繡牀絨。侍兒尋覓爭牽惹，瞥見微光抽替閜。間道斜通鳥鼠山，頹垣近接鴛鴦社。防閑始悔未周遭，直待亡羊與補牢。瓜字分明慚碧玉，藕絲宛轉怨金刀。多生久作雙飛侶，豈忍禁持別離苦？攜手潛登范蠡舟，齊眉共寄梁鴻廡。夭桃已放出牆枝，元稹從題《決絕詞》。無奈鳩媒偏作惡，不容雁婿永追隨。訴牒倥傯控花縣，狐城兔窟徵求遍。里胥排日計郵籤，亭長分程馳驛傳。替戾岡旋劬禿當，可憐屈體受鋃鐺。淋鈴雨泣紅顔婦，貫索星臨白面郎。鯽誓從今消舊寵，刀環約在要離塚。馱金縱許贖文姬，化玉何時見韓重？君不見：雪絮漫空颺作塵，沾衣拂幌總前因。柳枝逸去樊娘嫁，我亦情傷潦倒人。」《留鬚》云：「漸看鬱鬱復離離，忍遣芟除累剃師？潘鬢見來增老態，飛胡學得憶兒嬉。依稀草活抽芽日，仿佛花殘露蒂時。猶自堪摩未堪捋，免教人把彥回嗤。」「屬體風懷夢裏春，鬑鬑羞憶齧妃脣。好陪覓句拈髭客，休對熏香薙面人。青縷細含微見影，紫珍才展便傷神。從渠長到星星日，敢向中涓戲效顰？」《詠題名録》云：「倚棹向通津，紅箋閧市塵。買時慚啓齒，展處暗傷神。千佛名經録，三生慧業因。未看先鄭重，回視更逡巡。幾輩曾盟笠，伊誰是積薪？名場驚絕跡，號舍記比鄰。藥銚相依切，風簷問訊頻。獨憐乂手客，未遇點頭人。何敢輕餘子？徒教怨不辰！窮通知有命，俯仰總嫌身。」《孫園剪牡丹歸》云：「尋春閑訪野人家，扶醉歸來日未斜。買得扁舟小於葉，半容人坐半容花。」其他如：《落梅》云：「驛使再來休問信，美人已嫁莫相思。」《杏花》云：「開當落日憐微倦，嫁與東風恐不甘。」《偶成》云：「誤書因想得，微倦覺眠佳。」介祉好作無題詩，如：「衣上石華新唾跡，帳中霞彩舊豐神。」「登牆不惜三年望，展畫誰甘百日呼。」人誚其輕薄，則云：「畢竟《閒情》累何德？不言惟有息夫人！」（卷十三，顧學頡校點本《隨園詩話》第四三五～四三七頁）

白太傅云：有唐衢者愛其詩，亡何唐死；有鄧魴者愛其詩，亡何鄧死。吾於金陵，得二人焉：一金光國，一高步瀛。詩筆超雋，受業未及三年，俱死。金之詩，惟存《祝壽》數章。高有《未灰稿》二編。《晚春》云：「百花開落草芊芊，傑閣層樓白石邊。埋沒春光全是雨，初長天氣卻如年。客來未慣驚雛燕，人到無愁愛杜鵑。榮幾一燈三徑晚，垂簾影裏是茶煙。」七絶云：「風刀瘦剪緑楊絲，一路芳菲落日時。山曲不妨隨徑轉，隔雲早見酒家旗。」「靜裏消磨墨數升，封書遠問作詩僧。尋君曾到聞鐘後，流水村橋照蟹燈。」佳句云：「不是近霜偏愛菊，要需時日始看梅。」「燈非報喜花爭結，人慣離家夢轉無。」「同人催上馬，臨水廢觀魚。」「名每輸王後，嫌終避膕前。」皆有精心結撰，不入平淺一流。（卷十三，顧學頡校點本《隨園詩話》第四四二頁）

考據家不可與論詩。或訾余《馬嵬》詩，曰：「『石壕村裏夫妻別，淚比長生殿上多。』當日貴妃不死於長生殿。」余笑曰：「白香山《長恨歌》『峨嵋山下少人行』，明皇幸蜀，何曾路過峨嵋耶？」其人語塞。然太不知考據者，亦不可與論詩。余《錢塘江懷古》云：「勸王妙選三千弩，不射江潮射汴河。」或訾之曰：「宋室都汴，不可射也。」余笑曰：「錢鏐射潮時，宋太祖未知生否。其時都汴者何人，何不一考？」（卷十三，顧學頡校點本《隨園詩話》第四四六頁）

許竹人侍御《題路上去思碑》云：「君看去思官道石，深鐫鐫不到人心。」足補白太傅《詠碑》之所未及。（卷十三，顧學頡校點本《隨園詩話》第四六〇頁）

詩者，人之精神也；人老則精神衰葸，往往多頹唐浮泛之詞。香山、放翁尚且不免，而況後人乎？故余有句云：「鶯老莫調舌，人老莫作詩。」（卷十四，顧學頡校點本《隨園詩話》第四八六頁）

孔毅夫《雜説》稱退之晚年服金石藥致死。引香山詩「退之服硫黄，一病訖不痊」為證。呂汲公辯之云：「衛中立字退之，餌金石，求不死反死。中立與香山交好，非韓退之也。韓公之痛詆金石，已見李虚中諸人墓誌矣：豈有身反服之之理？」（卷十五，顧學頡校點本《隨園詩話》第五一八頁）

近人新婚，賀者作催妝詩，其風頗古。按：《毛詩》「間關車之舝兮」一章，申豐曰：「宣王中興，士得行親迎之禮，其友賀之而作是詩。」北齊婚禮，設青廬，夫家領百餘人，挾車子，呼新婦，催出來。唐因之，有催妝詩。中宗守歲，以皇后乳媪配竇從一，誦《卻扇詩》數首。天祐中，南平王鍾女適江夏杜洪子，時已昏暝，令人走乞《障車文》於湯篔。篔命小吏四人執紙，倚馬而成：即催妝也。《芥隱筆記》、《輟耕録》俱云：今新婦至門，則傳席以入，弗令履地。唐人已然。白樂天《春深娶婦》詩云：「青衣捧氈褥，錦繡一條斜。」兩新人宅堂參拜，謂之拜堂。唐人王建《失釵怨》：「雙杯行酒六親喜，我家新婦宜拜堂。」（卷十五，顧學頡校點本《隨園詩話》第五一九頁）

《樂府》云：「五馬立躊躕。」香山詩云：「五匹鳴珂馬，雙輪畫戟車。」注；「五馬者，不一其説。按《漢官儀》：四馬載車，惟太守出，則增一馬：故稱太守曰五馬。」此一説也。程氏《演繁露》以為始於《毛詩》；「良馬五之。」亦一説也。《南史・柳元笑傳》：「兄弟五人，同為太守，各乘一馬出入；時人榮之，號柳氏門庭，五馬委蛇。」則又一説矣。（卷十五，顧學頡校點本《隨園詩話》第五二三頁）

曹子建《美女篇》押二「難」字。謝康樂《述祖德》詩押二「人」字。阮公《詠懷》，押二「歸」字。以故，杜甫《飲中八仙歌》、香山《渭村退居》、昌黎《寄孟郊》詩，皆沿襲之。（卷十五，顧學頡校點本《隨園詩話》第五三四頁）

古人詩集之多，以香山、放翁為最。本朝則未有多如吾鄉吳慶伯先生者。所著古今體詩一百三十四卷，他文稱是，現藏吳氏瓶花齋。先生乳哺時，啞啞私語，皆建文遜國之事。年過十歲，方閉口不言。初為前朝馬文忠公世奇所知，晚為本朝李文襄公之芳所知。康熙戊午，薦鴻詞科，不遇而歸。少時，在陳公函暉家作詩會，以《芙蓉露下落》為題，操筆立就，贈陳云：「一輩少年爭跋扈，明公從此願躬耕。」陳大奇之。惜其集浩如煙海，不能細閲，欲梓而存之，非二千金不可。著述太多，轉自累也。（卷十六，顧學頡校點本《隨園詩話》第五三八～五三九頁）

常州鈕牧村，天才縱逸，倜儻不羈。壬申歲，在蘇州福仁山邑宰幕中，與余元旦登妓樓，遍召諸姬，評花張飲。今三十六年矣，歷幕楚、粵、中州，為督撫上客，忽來見訪。見贈云：「才子神仙且莫論，襟期當代有誰倫？驚人眉宇光先照，傳世文章筆有神。天下已無書可讀，意中惟有物同春。香山蘊藉東坡達，知是前身是後身？」「昔年吳下許從游，元日尋春上酒樓。桃葉嬌持名士筆，梅花親插美人頭。板橋歌舞輕雲散，莊令（按：疑為「念」之誤。）農席上。鈴閣壺觴逝水流。謂望山相公署中。忽漫相逢懷舊侶，空餘江上幾沙鷗。」牧村名孝思，受業於李芋圃檢討。李故余本房弟子，牧村亦自稱弟子。或訾之。牧村曰：「曾晳、曾參同事孔子，未聞有太老師之稱。」人莫能難。余亦鄂文端公之小門生也，公命稱師，曰：「太老師尊而不親，不必從俗。」（卷十六，顧學頡校點本《隨園詩話》第五五四～五五五頁）

沭陽呂觀察名昌際，字嶧亭，出身非科目，而詩似香山，字寫東坡，好談史鑒：真豪傑之士也。乾隆癸亥，余宰沭陽。觀察尊人又祥為功曹，有異才，相得甚歡，官至常德太守。其時觀察才四歲，今作冀寧道，養母家居，書來見招。余欣然命駕。則鬚已斑白，相對憮然。主於其家，園亭軒敞，膳飲甘鮮，致足感也。因賦詩云：「黃河水照白頭顱，重到潼陽認故吾。竹馬兒童三世換，琴堂書吏一人無。笑非丁令身為鶴，喜是王喬舄化鳧。四十六年如頃刻，滄桑何處問麻姑?」「此邦賴有呂公賢，肯讀淮南《招隱》篇? 舊雨不忘雲外客，官聲久付晉陽煙。蕭齋論史燈花落，子舍承歡彩服鮮。我奉慈雲三十載，喜君追步到林泉。」一時和者如雲。錢接三文學云：「百姓謳歌隨路有，使君城府一分無。」吳南昀中翰云：「胸中武庫誰能測，天下名山歷盡無?」余因近體易招人和，故草草賦此二章，而別作五古四首，存集中。（卷十六，顧學頡校點本《隨園詩話》第五五七頁）

趙雲松《過蘇小墳》云：「蘇小墳鄰岳王墓，英雄兒女各千秋。」孫九成《過琵琶亭》云：「爲有琵琶數行字，荻花楓葉也千秋。」句法相似。（補遺　卷一，顧學頡校點本《隨園詩話》第五六七頁）

孫春岩觀察滇南，娶姬人王氏，名玉如，善畫工詩，與女公子雲鳳、雲鶴閨房唱和，有林下風。《喜弟自滇至》云：「既見翻疑誤，凝眸各審詳。九年雲出岫，一夕雁成行。別後滄桑換，途中歲月長。舊容驚半改，鄉語歎全忘。對月秋垂淚，聽猿夜斷腸。逢人問消息，覓便寄衣裳。剪燭心方慰，回頭意轉傷。自余離故土，賴爾奉高堂。感逝餐應減，思兒鬢恐霜。弟能支菽水，妹可護溫涼。聞已調琴瑟，曾無弄瓦璋。當年送我處，今日遇君場。彼此皆如夢，依依兩渺茫。」此詩置白太傅集中，幾不可辨。（補遺　卷一，顧學頡校點本《隨園詩話》第五七三頁）

虎丘山塘有白傅舊堤，其碑為居民埋匿。汪松蘿掘得之。沈賦詩云：「片石苔封閱歲華，憑君磨洗認龍蛇。從今覓得春風路，送與吳娘踏落花。」王昊廬宗伯捐貲贖甲寅難婦百餘口。沈贈云：「紅淚千行濺鐵衣，傾家不惜援重圍。揮金欲笑曹瞞吝，只贖文姬一個歸。」（補遺　卷一，顧學頡校點本《隨園詩話》第五七九～五八〇頁）

「哥」字最俗，不入詩文。惟唐時張元一主司郎中《詠靜樂縣公主》云：「馬帶桃花錦，裙拖緑草羅。定知幃帽底，儀容似大哥。」其時，武懿宗短醜，而其妹甚長，人呼妹為「大哥」。公主與則天並行，則天命元一嘲之，故云爾也。此外，白香山詩有「何似沙哥領崔嫂，碧油幢引向東川」。沙哥者，楊汝士小名。居易，則楊之妹婿也。元世祖稱其臣董文炳為「董大哥」，亦奇。（補遺　卷一，顧學頡校點本《隨園詩話》第五八四頁）

嘉興吳澹川卧病揚州，其族弟魯暮橋親為稱藥量水。澹川贈詩，有「生我父母知我子，骨肉待我救我死」之句。亡何，來金陵，誦暮橋佳句，如：「愁多甜酒苦，客久故鄉生。」「花影殿春色，雨聲生夏寒。」「雲影溪留住，秋聲雁送來。」皆倩秀可喜。又見贈云：「詞臣循吏老煙蘿，天遣湖山付嘯歌。官似樂天辭政早，仙如列子出游多。千年蠹飽神仙字，四季花開安樂窩。想見日餐雲母粉，不知江上有風波。」（補遺　卷二，顧學頡校點本《隨園詩話》第六一七頁）

詩家百體，嚴滄浪《詩話》，臚列最詳，謂東坡、山谷詩，如子路見夫子，終有行行之氣。此語解頤。（按：此語並非《詩話》語，乃《答吳景仙書》語。）即我規蔣心餘能剛而不能柔之説也。然李、杜、韓、蘇四大家，惟李、杜剛柔參半，韓、蘇純剛，白香山則純乎柔矣。（補遺　卷三，顧學頡校點本《隨園詩話》第六二九頁）

唐待士大夫，失之太厚。選官有小選者，凡流外官，兵部、禮部舉人，得自主之。又念嶺南、黔中人離長安太遠，遣御史郎官就其近地，設為南選、東選，以選官。是移粟以就民也。見《選舉志》。凡使外國者，許其舉州縣十員，為遠行之費，以便其私，謂之「私覿官」。白居易作學士，自稱家貧，求兼領戶曹，上許之。守杭州時，餘俸太多，存貯庫中，後官亦不便領用，直至黄巢之亂，裁用為兵餉。家居後，郡僚太守，猶為之造橋栽樹：不已過乎？余嘗讀《長慶集》而嘲之曰：「滿口説歸歸不肯，想緣官樂是唐朝。」（補遺

卷四，顧學頡校點本《隨園詩話》第六五一頁）

唐薛能笑杜少陵不敢作荔支詩，香山有之而不佳，自作一首，誇云「不愧不負」，而不知庸淺已甚，可笑也！能詩最佳者，詠《蜀柳》云：「高出軍臺遠映橋，賊兵曾斫火曾燒。風流性在終難改，依舊春來萬萬條。」（補遺　卷六，顧學頡校點本《隨園詩話》第七二六頁）

白太傅《因李留守相公見過，池上泛舟，話及翰林舊事，因贈詩》云：「同時六學士，五相一漁翁。」余己未翰林，亦有兩相三尚書；為之憮然。（補遺　卷七，顧學頡校點本《隨園詩話》第七五〇～七五一頁）

嘗讀《古詩紀》，而歎六朝之末，詩教大衰：凡吟詠者，皆用古樂府舊題，而語意又全不相合。甚至二陸之仿《三百篇》，傅長虞之《孝經詩》、《論語詩》、《周易、周官詩》，編抄經句，毫無意味。其他《飲馬長城窟》，而並無一字及「馬」，《秋胡行》，而反稱堯、舜：尤可笑也！至於「妃呼豨」、「伴阿那」，則本來有音無樂矣。初唐陳子昂起而掃空之。杜少陵、白香山創為新樂府，以自寫性情。此三唐之詩之所以盛也。（補遺　卷九，顧學頡校點本《隨園詩話》第八二七頁）

《隨園隨筆》

⊙史書漏載

漢樂成侯丁義以劾欒大而誅，左馮翊宋疇以鳳下彭城奏不爲瑞而免，皆君子也，何以不爲立傳，而僅見于功臣表中。唐有元正者，在河南幕府，全家死史思明之難。《唐書》不載忠義傳中，僅附見于其祖元萬頃之末。有畢炕者，守廣平，拒禄山，致赤其族，昌黎所謂廣平之節如此，而子不荷其澤，是也，不載忠義傳中。望江令麴信陵之賢，非見于香山《秦中吟》，則竟湮没矣。宋太祖陳橋兵變，有祗候班二卒長拒于南門，隨卽自縊，太祖憐其忠，爲之立廟祀之，而不知其姓名。（《隨園隨筆》卷三諸史類，清嘉慶十三年刻本）

⊙東漢碑文起六朝唐朝割裂之漸

東漢碑文起，後人文字，割裂之漸。《尹宙碑君》「東平相之元元」者，玄孫也；「會稽太守之曾曾」者，曾孫也。省二孫字，韓《勑修孔子廟碑》「霜月之靈，皇極之日」當是九月五日也。唐君頌曰：「五六六七，訓道若神。」是用曾點「冠者五六人，童子六七人」也。《棠邑費鳳碑》「菲五五」者，言居喪菲食二十五月也。《樊敏碑》「遭離母憂，五五斷仁」，亦卽此義。《孔彪碑》「可以託六」則歇後語，非只算博士矣。此後作文者，梁元帝《法寶聯璧序》云：「相兼二八，將兼四七。」唐馬總《鄆州刺史廳記》「與二侔大，與三並耀」，《風俗通》「道以三興，德以五感」，蕭子榮曰《出東南隅》云：「三六前年暮，四五今年朝。」李翊夫人碑：「壽十二兮九九期。」韓昌黎《送窮文》：「滿十去五，在七除二。」白香山《祭李侍郎文》：「三心六眼，同一泫然。」皆濫觴于此。班孟堅《幽通賦》：「妣聆呱而劾石，許相理而鞠條。」王逸《九思賦》：「管束縛兮桎梏，百貿易兮傳鬻。」皆割裂古人姓名。韓文公《烏氏廟碑》有「從戰捺禄，走可突千」等語，禄者，禄山也。可者，可汗也。亦是效尤之病。曹成王碑連用「嘬」、「剜」、「鞣」、「鏺」、「掀」、「撇」、「掇」、「筴」等字，方密之以爲捃摭《廣韻》，英雄欺人。至于《城南聯句》「蔓涎角出縮，樹啄頭敲鏗」，尤招類「哇翻白出澗」之嘲矣，不可爲訓。（《隨園隨筆》卷五金石類，清嘉慶十三年刻本）

⊙稱令公

《新唐書·郭子儀傳》子儀爲中書令人，稱之曰郭令公。白居易有《寄獻北都留守裴令公五言四十韻》，首二句云：「天上中台正，人間一品高。」自註：「中書令上應中台司徒，官一品。」按此以中書令而稱令公。宋楊業由雲州觀察使贈太尉、大同軍節度使，未爲中書令，而亦稱令公，何也？《明一統志》載，楊令公祠在密雲縣古北口，祀宋楊業。（《隨園隨筆》卷七官職類，清嘉慶十三年刻本）

⊙唐翰林學士最榮

唐學士入直，許借飛龍廊馬。白香山《贈錢翰林》詩曰：「分班皆命婦，對苑卽儲皇。」蓋最親宮禁也。是以韋綬，學士也，而覆以蜀襭之袍；韓偓，學士也，而暗藏金蓮之燭。後蜀王建待翰林過優，人尤之。建曰：「我昔直禁軍，見唐天子待翰林之厚，雖朋友不如也，我不過萬分之一耳。」（《隨園隨筆》卷七官職類，清嘉慶十三年刻本）

⊙許帶書册

長慶元年，禮部侍郎錢徽知貢舉，放進士鄭朗等三十三人。段文昌言其不公，上詔制誥白居易覆試，居易奏云：「向例禮部試進士，例許用書册，兼得通宵；得通宵則思慮必精，用書册則文字不錯。昨覆試之日，書册不容一字，木燭只好兩條，迫促驚忙，幸皆成就。」可知唐試進士許帶書册也，所駁放盧公亮十人，以題是《孤竹管賦》，不知本於《周禮》故也。（《隨園隨筆》卷十科第類，清嘉慶十三年刻本）

⊙覆試

《續通考》以覆試始于唐元和中，覆試侍郎錢徽所舉進士。不知東漢《黄瓊傳》，左雄「前議舉吏廉，先試之于公府，又覆之于端門」，此爲覆試之始。白居易覆試錢徽所舉，黜盧公高等十人，白敏中覆試王起所舉，放楊嚴一人。《新唐書・選舉志》：「高祖詔諸州明經、秀才、俊士、進士爲鄉里稱者，縣官考試，州長重覆，歲隨方物入貢。」《舊唐書・王起傳》：「貢舉猥濫，勢門子弟交相酬酢，寒門俊造十棄六七，及元稹、李紳在翰林，深怒其事，故有覆試之科。」宋石曼卿亦覆試落第。（《隨園隨筆》卷十科第類，清嘉慶十三年刻本）

⊙五馬三解

《漢官儀》四馬載車，此常禮也。惟太守出，則增一馬，故稱太守曰五馬，此一說也。程氏《演繁露》以爲五馬未詳所出，疑始于《毛詩》「良馬五之」。鄭註《周禮》州長建旟，漢太守比州長御五馬，故云。樂府曰：「五馬立踟躕。」白香山曰：「五疋鳴珂馬，雙輪畫戟車。」此一說也。余按，《北齊・柳元伯傳》：「兄弟五人，同爲太守，各乘一馬出入，時人榮之，號柳氏門庭，五馬委蛇。」此又一說也。姜西溟《湛園札記》曾引之。（《隨園隨筆》卷十二典禮類，清嘉慶十三年刻本）

⊙古人自序家世之訛

揚子雲自序以晉之食采，于揚者爲氏，因以爲宗，謂揚侯以晉六卿之偪，故逃于楚，與左氏遂滅羊舌氏之說不合，故顔監譏其乖謬，魏收自序魏無知傳子均，均子恢，恢子彦，彦子歆，歆子悦，是悦乃無知五世孫也，而云：李孝伯以女妻之，孝伯在太武之世，隔漢初五百餘年矣。天下豈有以百年爲一世者乎？白居易自序，以春秋白公勝爲祖，以白乙丙爲宗，不知考左氏，白乙丙乃魯僖公時人，白公勝乃魯哀公時人，相隔二百年矣。豈有宗乃在前，祖反生後者乎？班孟堅遠引鬬穀於菟，沈休文遠引實沈臺駘，恐與熊安生之認熊光，郭崇韜之哭子儀，均不免于附會。(《隨園隨筆》卷十八辨訛類，清嘉慶十三年刻本)

⊙量移之訛

唐人遠方遇赦，得改近地，號曰量移。白香山詩曰：「一旦失恩先左降，三年隨例未量移。」開元二十七年，大赦天下，左降官量移近處，今以稱陞遷，悞矣。(《隨園隨筆》卷十八辨訛類，清嘉慶十三年刻本)

⊙纏足不始于李後主

婦人纏足，《墨莊漫録》以爲起于李後主窈娘，楊升菴《丹鉛録》引古樂府之「新羅繡行纏，足趺如春妍」、杜牧詩之「鈿尺裁量減四分」駁之，以爲唐時已有矣。《輟耕録》亦云始于五代。余按，漢《隸釋》漢武梁祠畫老萊之母，曾子之妻，履頭皆鋭，是証據之最古者。然沈約《宋書·禮志》「男子履圓，女子履方」，是又非鋭之說矣。大抵古女子行不露足，愼夫人衣不曳地，王莽妻亦然，以爲美談。可見古婦人衣，皆曳地不露足也。若纏足之事，轉在男子。毛詩「出芾金舄」，卜子夏小傳曰：幅，偪也，所以自偪束也。箋云：如今行縢也，行而緘足，故曰行縢。邪而纏之，故名邪幅。衞褚師聲子韈而登席出，公怒其無禮，豈古人必赤足登席，乃謂之有禮乎？蓋雖脱履解韈，而足上自有邪幅裹之故也，想婦人亦當如男子矣。大抵婦人之步，貴乎舒遲，毛詩「月出皎兮，佼人了兮，舒窈糾兮」，毛傳：「舒，遲也。窈糾，舒之姿也。」張平子《南都賦》「羅韈躡蹀而容與」，《焦仲卿詩》「足下躡絲履，纖纖作細步」，既以緩行爲貴，則纏束使小，在古容或有之，故《急就章》「靸鞮卬角褐韈巾」，師古註：「靸，韋履也，頭深而鋭，平底，俗名跣子。鞮，薄革小履也。巾者，裹足巾，若今褭足布。」《漢書·地理志》「趙女彈絃跕躧」，師古註：「躧，與屣同小履之無跟者也。跕，謂輕躡之也。」是數說者，皆漸漸有以小爲貴之義。然唐白香山詩曰：「小頭鞋履窄衣裳，天寶末年時世粧。」韓致光詩曰：「六寸膚圓光緻緻。」皆極言其小，而終不言其弓，可見潘妃之步金蓮花，亦非弓也。《北史》：「任城王楷刺并州，斷婦人以新靴換故靴，知男子、婦人同一靴也。」郭若虛《圖畫見聞記》：「唐代宗令宮人穿紅錦靿靴，楊妃死于馬嵬，人藏其錦韈，觀者人一錢。」太白

《越女詞》「屐上足如霜，不着鵶頭韈。」皆婦人穿靴韈之明証，其非弓也，明矣。《宋史》：「治平元年，韓維爲潁王記室，侍王坐，有以弓鞋進者。維曰：『王安用舞靴？』」可見當時婦人舞才着弓鞋，平時不着也。惟北宋徐積咏蔡家婦云：「但知勤四支，不知裹兩足。」陸放翁《老學菴筆記》：「宣和末，女子鞋底尖，以二色合成，名錯到底。」伊世珍《瑯嬛記》言：「徐玉英卧履，以薄玉花爲飾，内加龍腦，謂之玉香。」此則弓鞋之明証。盛行于宋時，若《玉壺清話》載唐明皇咏錦韈云：「瓊鈎窄窄，手中弄明月」（智按：《詩話總龜》卷三十三載唐明皇《妃子所遺羅襪銘》曰：「羅襪羅襪，香塵生不絶。細細圓圓，地下得瓊鈎。窄窄弓弓，手中弄初月。」），以爲弓鞋之証，恐是小説家之附會。（《隨園隨筆》卷二十原始類，清嘉慶十三年刻本）

⊙鬧裝帶始于唐

余每見骨董家持玉結子雕刻玲瓏者，號「鬧裝帶」。後讀香山詩曰：「貴主冠浮動，親王帶鬧裝。」才知故是唐時物。薛田亦有詩曰：「九苞綰盡佳人髻，三鬧裝成子弟韉。」（《隨園隨筆》卷二十一不可亦可類，清嘉慶十三年刻本）

⊙名數字義

……米可稱條者，見白香山《登靈應臺北望》詩云：「臨高始見人寰小，遠望方知世界空。回首却歸朝市去，一條米落太倉中。」（《隨園隨筆》卷二十四詩文著述類，清嘉慶十三年刻本）

⊙書父祖考應從父稱

凡行狀之作，特狀其所狀之人，而無與乎其狀之者，故子狀父而稱父之祖考，必從其父之稱；孫狀祖而稱祖之祖考，必從其祖之稱。故唐穆員狀父所云祖思恭，考元休；白樂天狀祖所云祖志善，父温，皆其祖父之祖考也。惟明之中葉，乃有稱其祖父之祖考，而從狀之者之所自稱，不從所狀之人之所稱者，此流俗無稽之失，不可以爲典也。……（《隨園隨筆》卷二十四詩文著述類，清嘉慶十三年刻本）

⊙古文摹倣

古人作文，摹倣痕迹未化，雖韓柳不免。……劉禹錫《許州文宣王碑銘》學退之《平淮西碑》，《新唐書》之《李懷仙傳》、杜牧之《譚忠傳》全學

《國策》。劉伯溫《賣柑者說》，全倣柳子《鞭賈》一篇。歐公《豐樂亭記》「仰而觀山，俯而聽泉」，用白香山《廬山草堂記》「仰觀山，俯聽泉」……昌黎《淮西碑》仿《舜典》，《畫記》仿《顧命》，《諫佛骨表》仿《無逸》，《日知録》亦有《古文摹倣》一篇，與此不同。彼言摹倣體裁局段，此言摹倣句調詞語，二者互相發明。至古人另有擬體，如陸機、劉爍各有《擬古》詩，張載《擬四愁詩》，謝靈運《擬太子鄴中集詩》，李白《擬恨賦》，皆全篇規倣，是又不可不知。（《隨園隨筆》卷二十五詩文著述類，清嘉慶十三年刻本）

⊙古事相類

古事相類者，周櫟園作《同書》十卷，桐城方氏作《古事比》二十卷，似已盡矣。予又常戲集之，如齊威王朝周，趙肅侯亦朝周；魯仲連不帝秦，孔子順亦不入秦……王績善酒，焦革善釀，餉之，亡何革死，其妻袁氏善釀，又餉之，亡何袁亦死。白樂天之詩，鄧魴好之，亡何魴死，唐衢繼魴而好之，亡何唐亦死。……（《隨園隨筆》卷二十七雜記類，清嘉慶十三年刻本）

《吴梅村詩集》批語

梅村七言古用元、白敘事之體，擬王、駱用事之法，調既流轉，語復奇麗，千古高唱矣。（靳榮藩輯注《吴詩集覽》卷四上卷首引，《續修四庫全書》第一三九六册，第四五〇頁上，影印上海辭書出版社藏清乾隆四十年淩雲亭刻本）

智按：標點參考李學穎集評標校《吴梅村全集》上册，第三九頁。王英志主編八册本《袁枚全集》未見。參見馬鈴娜《略談吴梅村的七言古詩及其〈蕭史青門曲〉》注釋⑥（《文學遺産增刊》十一輯，中華書局，一九六二年十月，第一二一頁；《中國近三百年學術思想論集》第三編，香港崇文書店，一九七二，第四三頁）；孫康宜《隱情與「面具」：吴梅村詩試説》（樂黛雲、陳珏編選《北美中國古典文學研究名家十年論文選》，江蘇人民出版社，一九九六年五月，第二一七～二一八頁）；朱則傑《清詩史》，第六八頁。劉德重《「長慶體」名義辨説》（《文學遺産》一九八五年第一期）引此，作「袁牧」。清代並無著有《語録》一書之袁牧，當為排印之誤，該文「袁牧《仿元遺山論詩》其二云：『生逢天寶離亂年，妙詠香山長慶篇。就使吴兒心木石，也應一讀一纏綿。』」之「袁牧」，即顯然為「袁枚」之誤。收入董乃斌主編《聚沙集》（上海古籍出版社二〇〇三年版）中之此文更改了這一排印錯誤。《仿元遺山論詩》其二所論為吴梅村，見其《小倉山房詩集》卷二十七，周本淳標校本《小倉山房詩文集》第二册，第六八八頁，「離亂年」當為「亂離年」。

（《琵琶行》）序既哽咽，詩復哀怨，以配江州，當無娣姒之恨。江州《琵琶》止敘一身流落之感耳，不如作此關係語。（李學穎集評標校《吴梅村全集》上册，第五九頁）

《蘆洲》、《捉船》、《馬草》三詩，有元、白之婉轉，兼張、王之沉痛。（李學穎集評標校《吴梅村全集》上册，第八五頁）

（《琵琶行》）序既哽咽，詩復哀怨，以配江州，當無娣姒之恨。江州《琵琶》止敘一身流落之感耳，不如作此關係語。（李學穎集評標校《吴梅村全集》上册，第五九頁）

智按：據上海圖書館藏「過録袁子才録本」吴梅村詩集。

《麒麟喊冤》

有邱生者，吴人也。……邱問：「上帝何好？」曰：「好詩文。」問：「何以知之？」曰：「汝試想上帝白玉樓成，何以不召老成人馬季常、井大春作記，而召一少年佻達之李長吉耶？海上仙龕，芙蓉城主，何以不召周、程、張、朱聚徒講學者居之，而召一好酒及色之白居易、豪縱不羈之石曼卿耶？」……（《續子不語》卷五，《叢書集成三編》，第七五～七六册，第七五～七六頁；上海古籍出版社一九八六年版，第七四三～七四八頁；河北人民出版社一九八七年版，第五二六～五三〇頁）

智按：袁枚，字子才，號簡齋，錢塘（今浙江杭州）人，因居南京小倉山隨園，世稱隨園先生，自號倉山叟、倉山居士、隨園老人等。乾隆元年（一七三六）應博學鴻詞，報罷。乾隆四年（一七三九）己未進士，改庶吉士，入翰林院。七年，散館，因不嫻滿文，外放爲江蘇溧陽知縣，後又歷官江浦、沭陽、江寧知縣。十三年（一七四八）託病辭官，卜居江寧小倉山隨園。十七年再赴陝西任知縣，旋因父喪歸，遂絕意仕進，優游山林近五十年。論詩標舉「性靈」。有《小倉山房詩集》三十七卷、《小倉山房文集》三十五卷、《隨園詩話》十六卷、《小倉山房尺牘》十卷。《清史稿》卷四八五有傳。

沈金鰲（一七一七～一七七六）

《琵琶行用香山原韻·并序》

按：潯陽郡志載有琵琶古亭，即香山送客處，今春余客浮梁之景德鎮，距亭三百餘里，欲一遊而卒不果。竊念《琵琶行》一篇，調高千古，每一展讀，香山之意隱隱可會。顧以余生碌碌，旅食四方，事業文章既無能早就，又不克歷覽名勝，作一江湖散人，每為景仰前賢，未嘗一時或釋於懷，率不自揣，依韻誌意。

琵琶蹟古左遷客，琵琶詩老意蕭瑟。客如不纜江邊船，何由司馬聞鵾絃。商婦不經遠離別，怨誰彈撥秋江月。此中緣會良絕奇，幽懷得向江天發。一時但問知者誰，琵琶亭搆已遲遲。後世相期不相見，荒亭每薦苓蒿宴。去去來來古到今，但是有心悲掩面。潺潺東去水流聲，萬斛難消終古情。明月依然撩人思，姮娥曾不解人意。荻花楓葉枯復生，生生死死尋常事。如何頓把客心挑，茫茫身世醯雞么。傷今弔古足風雨，志不自適向誰語？盈盈珠淚信手彈，繼之泉湧傾銀盤。人生往往皆如此，泣向山巔與水灘。吁嗟司馬才華絕，雞林價重寧消歇。一旦罹憂荊棘生，卻教今古為吞聲。司馬秩微潯水僻，江濤憾作不平鳴。但看月影波心畫，一片茫茫如組帛。縱然不遽生怨尤，未免有情欲誰白。當時聲出鄰舟中，豈真感動因朱容。色衰便是京城女，一往思深挽難住。琵琶非必真仙音，曲調寧仍冠曹部。香山寄意良遙深，多才自古天公妬。李杜詩章韓柳文，中遭淪落不知數。為天所弄兒童輕，顛倒雲泥別榮汙。不才如我亦營營，彈指春秋三十度。幾遭頓折幾自傷，鹿鹿魚魚只如故。向前不接五陵馬，近亦不作商人婦。蕭然壁立餘清風，漏卮乍實隨流去。年來蹤跡浪頭船，憑之飄折悲風寒。歲在丙寅春之季，一葦遙泊昌江干。

痛悔前非頻太息，夢魂蹄叫聲唧唧。那甘貧賤將終老，此情此緒疇能識？憂心盤鬱時京京，欷歔涕浥浮梁城。無聊轉側思前古，琵琶曾撥斷腸聲。此距潯陽三百里，傳聞往蹟愁逾生。孤亭寂寂遺千古，年年歲歲哀猿鳴。感念空船別離婦，恨我不值將情傾。若教琵琶聲尚在，相訪寧辭洗耳聽。浮梁況是買茶地，移船同嘆秋輝明。無如彼此各異世，蕪亭盼斷復艱行。欲行不果空佇立，今古惟同淚雨急。青衫不是舊香山，但向夢聽商婦泣。醒來還擁舊羅衾，錯認紅裙淚沾濕。（《輯刻琵琶亭詩》，清乾隆十一年古柏堂刊本）

《續琵琶行仍疊香山韻（并序）》

曩余客景德鎮，曾次《琵琶行》原韻，以誌契仰之意。庚午冬十月來潯設帳，惠榷使署中，署距琵琶亭不里許。得瞻拜香山遺像，撫景流連，為之快慰，不禁再步原韻。

頻年犇走天涯客，暑侵炎瘴寒風瑟。布帆飽掛櫪頭船，往來駛若矢離絃。我生豈不重離別，忍對江雲悵秋月。男兒生本志四方，不憚征軺屢遄發。悠悠我意說向誰，得探勝蹟翻嫌遲。香山遺像幸相見，一杯水薦聊當宴。踈髯俠骨自清臞，遙遙千載如謀面。檐外鏦錚鐵馬聲，客心陡起無限情。江天漠漠擾人思，泉流幽咽引人意。孤亭一笠莓苔侵，殘碑縷記從前事。柳絲滴翠簾前挑，綠毛鳥挂形質么。飛花散作漫天雨，官蛙閣閣聞人語。風敲竹韻疑吹彈，虬松千丈柯回盤。貝音忽發梵王宇，徐徐踈磬度前灘（亭後有海天寺）。紅渲綠染景色絕，四時遊人無止歇。裴徊令我百感生，邈然心憶琵琶聲。欲訪空船杳何處，但聽啁嘈百鳥鳴。清者玉壺冰碎晝，濁者礫落如裂帛。細者佻巧類私語，高者吭遏浮雲白。綿者抽揚林隙中，蠻者喁于若斂容。緩者嚶唔小兒女，急者促節挽難住。雜然競響天籟發，髣髴仙音調曲部。初聞足令懷智羞，既聽應教延年妒。感念嘈嘈切切彈，嘵嘵寧與當年數。烏兮烏兮作意鳴，鯤絃誰整耳增汙。欲將鳥語作絃聲，不見風廻月色度。蕭蕭江岸清且深，蘆荻叢生只如故。縱使香山原寄意，千年感重商人婦。弔古情懷此日酣，轉側低徊不忍去。登樓縱目極浦船（亭左有忘機閣），蘭橈輕撥烟水寒。塵鶩絮擘須臾黑，紛紛帆影移江干。疇能向此覓消息，空傳愾嘆聲唧唧。景光變幻不足言，忘機自古推達識。浮圖遠聳孰與京，屹然作鎮潯陽城。雙犀色鏽苔紋古，磯迴擊撞奔瀧聲。江流到此憑鎖鑰，危樓遥對翠嵐生（距亭五里許有廻龍磯，磯上有鎖江樓，樓前有鐵犀二，浮圖一，與忘機樓遥對）。五老駢肩豺虎踞，雙劍拔地蛟蛇鳴。廬山面目望裏近，嵜嶔積石危將傾。千章椏子連衡渚，嘹嘹候雁空中聽。週遭景色憑高見，歷覽頓覺雙眸明。翛然令我出塵世，仰首但看浮雲行。忽聞響發忙起立，初如風旋繼雨急。漁舟唱續彭蠡濱，疑是嗚嗚商婦泣。撫今追昔不勝情，空亭坐挹江雲濕。（《輯刻琵琶亭詩》，清乾隆十一年古柏堂刊本）

《遊琵琶亭次原韻》

屐齒沾痕興劇加，蕭蕭蘆荻復生花。凌秋坐愛經霜葉，對月遥瞻入漢槎。盟主雲山推大雅，品題魚鳥數方家。錚錚最好亭前竹，逸韻風敲似撥琶。（《輯刻琵琶亭詩》，清乾隆十一年古柏堂刊本）

智按：次唐英乾隆八年（一七四三）癸亥《春遊琵琶新亭唱和草》之原韻。

《又次五律原韻一首》

寂寂琵琶意，音從絃外聽。止留江月白，不見淚衫青。一夕調銀撥，千年感笠亭。客情無限甚，皛皛看雲停。（《輯刻琵琶亭詩》，清乾隆十一年古柏堂刊本）

智按：次唐英《戊辰首春琵琶亭野望疊韻二首》之原韻。

沈金鰲，字芊緑，號汲門，晚號尊生老人。無錫（今屬江蘇）人。初業儒，從華希閔治《詩經》、《尚書》，從秦蕙田治《易》，從顧棟高治《春秋》，博綜典籍，各有著述。乾隆貢生，候選訓導。其後屢往京試未第，晚年潛心醫學，師事孫慶曾，孫與葉天士同出一門，凡男婦大小脉症，皆得之親授。于《素向》、《靈樞》、《傷寒》、《金匱》、《本草經》以下、唐、宋、元、明諸家醫書，皆窮及本源，歷四十年，撰成《沈氏尊生書》七十二卷，内載婦幼各科及傷寒雜病藥物等方劑。另著有《芊緑草堂文賦詩詞稿》及《尚書隨筆》、《易書》、《詩隨筆》、《大學原》、《楚辭箋》、《離騷讀》、《屈辭名物匯考》、《試律韶音》、《唐詩發蒙》、《體畫吟》、《金石詞列》等，其《尚書隨筆》采入四庫經部。

王際華（一七一七～一七七六）

《恭和御製移竹用白居易題盧秘書新栽竹二十韻元韻》

璚榦栽仙苑，猗猗勝在欒。分畦柯不改，得地養非難。鮮碧初環逕，新陰小護欄。直如添益友，清可耐炎官。乍斸莓苔裹，旋森霄漢端。東南羅秀美，淇渭擬檀欒。静拂爐香細，涼篩璧月團。楝雲扶翠篠，莖露濯明玕。隔日澆宜數，移時醉未殘。頓瞻君子斐，雅稱碩人寛。煙鎖還依仗，風捎不礙冠。映牆書个个，和漏韻珊珊。籜錦纔輕卷，根鞭漸鬱蟠。堪將篔比谷，詎俟筍抽竿。詩寄盧家興，賡同池上觀。揮毫宜淡墨，入座伴芳蘭。睿藻抒幽賞，貞標愜古歡。待供棲鳳啄，不使茂林單。停午常蠲暑，凌霜亦傲寒。平安從此報，枝作萬年看。（《皇清文穎續編》卷九十六，《續修四庫全書》影印清嘉慶武英殿刻本）

智按：王際華，字秋水，錢塘（今浙江杭州）人。乾隆十年（一七四五）乙丑第三人及第，授編修，入直南書房。歷官至户部尚書。充四庫全書總裁，並兼武英殿事綜核，頗著勤勩。卒謚文莊。

孫擴圖（一七一七～一七八七）

《温州好》

温州好，豐樂太平時。海有魚鹽無寇盜，民安耕織保妻兒。帝力少人知。

温州好，別自一乾坤。宜雨宜晴天較遠，不寒不燠氣恒温。風色異朝昏。

温州好，地勢舊稱雄。山接天台來雁蕩，海連甬上控閩中。勝據浙西東。

温州好，水土甲東南。遊徧千山無瘴癘，汲成萬井盡清甘。久住使人貪。

温州好，城郭畫圖間。渠引十街同一水，星臨九斗孕羣山。瀟灑出塵寰。

温州好，火豔有楊梅。密橘垂枝憐色嫩，黄柑帶露擘香開。梨美果中魁。

温州好，士女太繽紛。淨履鮮衣來個個，觀燈競渡一羣羣。是處若香塵。

温州好，賈客四方民。吳會洋船經宿到，福清土物逐時新。直北是天津。

温州好，官長政清閒。入郭江魚烹石首，躋堂春酒醉華顛。幕府儼神仙。

温州好，書院講堂開。鄒魯當年曾比美，山川何地不生才。小別惜追陪。

(《(光緒) 永嘉縣志》卷六，清光緒八年刻本)

智按：《(光緒) 永嘉縣志》卷六云：「濟寗孫擴圖主東山講席，北歸甌江舟中，憶所諳風景，仿香山體作《温州好》詞。」

孫擴圖，字充之，號適齋，濟寧（今屬山東）人。乾隆元年（一七三六）丙辰舉人，丁巳、乙丑兩中明通榜，官錢塘知縣。有《一松齋集》。

盧文弨（一七一七～一七九六）

《對牀夜語題辭（乙未）》

《對牀夜語》五卷，其前題著書人姓名，則孤山人范晞文景文也。有馮深居去非序，首云景定三年，則知其人宋人也。……歲在癸巳六月，坐金陵城南之小樓，手鈔此書，余婦季楊見余之揮汗爲此不急之務也，曰：「天時正炎，君子宜自愛。」乃鈔僅三卷，奪於他事，不果。再逾月，余婦亡。後二卷令他人續成之，漫置篋中。今將裝治之使成帙，復披覽一再過，情事宛然，而歲已再閱也。讀書中所引安仁、文通、樂天悼亡之句，彌難爲情。放翁有句云：「此身行作稽山土，猶弔遺蹤一悁然。」余亦豈能自禁也。(《四部叢刊》本《抱經堂文集》卷七；王文錦點校本，第九三頁)

《爲桂明經未谷（馥）題說文統系圖（庚子）》

未谷通《說文》學，去許君千載，猶旦暮也。屬羅山人爲作圖，圖許君并圖江式而下七人，皆如漢經師之恪守家法者。此特意之所到而已，非謂昌明其道者止此數人也。未谷或將別爲一書，以明淵原所漸，則不惟在許君後者當補，而并當遠泝之羲、頡矣。吾獨謂未谷胡不貌己於其中，以爲之主人乎！近代詩人之圖少陵、香山、東坡者已有例，而未谷不爲此，則誠缺事耳。(《四部叢刊》本《抱經堂文集》卷七；王文錦點校本，第一〇一頁)

《題嚴葆林香照圖後（乙卯）》

余同年友烏程嚴君葆林，今之循吏也。文學實過人，而屈居百里，初任山東之蒲臺，兼攝商河，凡治水、卹災、平役諸善政，余欲爲詳述之，以上於太史氏，今適有河魚之疾，未能也。此圖凡十幅，自讀書靈山，以至調任曲阜，生平歷履，藉此可見。圖皆有小序，君所自紀也。文筆雅馴，絕無虛憍之氣。余與君榜下一别，中間了不聞問。乙酉之歲，余爲廣東主考官，已事而反，紆驛程五十里謁孔林，而君適爲其縣宰，相見驩甚，以于役有程，匆匆别去。後聞君擢任桃源同知，旋告歸，皆不在此圖中。君有遺腹子（章傑），年已二十有二矣。能讀父書，此圖常不去左右。頃以示余，余深憾知君之不盡也。讀其自序，慨然增慕焉。圖名香照，取香山《寫眞詩序》「觀今照昔」語也。君自幼愛白香山詩，卽已工是體。其吟詠自必裒然成集，異日尚當從其子索見之。（《四部叢刊》本《抱經堂文集》卷七；王文錦點校本，第一〇三～一〇四頁）

《書韓門綴學後（戊戌）》

《韓門綴學》五卷，續編一卷，錢塘汪抒懷先生撰。先生名師韓，韓門其别號也。雍正十一年進士，入翰林，教授皇子。賜居圓明園側，離家人所居僅一舍，不能治其私，其内子忿支婆而聽其居外，御史以爲言，遂罷官，後主保定之蓮池書院最久，晚歸里。未幾，卒。此書仿佛顧氏《日知録》之體例，先經次史，以及古今事始與雜辯證，徵引詳洽，而考訂精覈，爲近代説部之佳者。其引吕汲公之言，謂白香山詩所云「退之服硫黄，一病訖不痊」，乃衛中立，其字與昌黎同耳。又引《唐語林》，言文公病將卒，召羣僚曰：「吾不藥，今將病死矣。汝詳視吾手足肢體，無誑人云。」此尤可爲確證，一洗孔毅夫《雜説》、陳後山《詩話》之誣。而絳桃、柳枝之名，謂皆出於傅會，其論甚快。此外又有《談書録》一卷，《詩學纂聞》一卷。《談書録》與《韓門綴學》，皆可入雜家。《纂聞》卽詩話也，當入文史類。録中自言「命纏畢月，以水爲命，而水在箕度，推命者多引韓、蘇爲説。」又言「歐陽公耳白於面，名聞天下；脣不貼齒，無事得謗。《明道雜志》又謂，其鬚不掩齒，今有人焉，耳則白矣，又無脣不貼鬚不掩之患，而乃謗駡多出意外」云云。

此則先生自寄其身世之慨矣。丙寅、丁卯間，余與友朋會文京邸，呈先生，蒙賞識。丙戌，提學湖南，見先生於保陽，録所咏長沙古蹟詩示余。余所履，實繼先生之後塵云。先生人品，無可疵議，徒以家人訴誶爲累，而一斥不復，是可惜也。乾隆四十三年十月二十七日，里後生盧某書。(《四部叢刊》本《抱經堂文集》卷十一；王文錦點校本，第一五九頁)

《碧溪詩話跋（辛丑)》

此書議論純正，凡豔冶之辭，概不插齒牙間。其評品李杜優劣，後人莫能易也。至子美之廣厦與樂天之大裘，其意一也，其詞則有工拙，何必以窮達校其難易急緩與作者之先後以爲高下哉！……此書出吾鄉鮑氏所藏，黄氏仕履之詳，尚可以考見云。乾隆辛丑七月十日書。(《四部叢刊》本《抱經堂文集》卷十四；王文錦點校本，第二〇〇頁)

《漢博陵太守孔彪碑跋（癸卯)》

此碑《隸釋》作「孔彪」，《金薤琳琅》作「孔䨻」。此字碑已模糊，其形彷彿是「䨻」，實即「彪」之變體。此碑在諸隸書中形獨小，其結構頗與唐世碑版相近。其文雖多用經語，不可謂之善屬文也。洪氏云：「彪後遷下邳相、河東太守，而碑額猶書其前官者，以碑陰考之，乃博陵人不忘甘棠之惠，而爲此碑也。」於此可見漢時風俗之厚，降而後世所謂去思碑者，大率在遷任將去之時，樹於所經過之地，使其得見之耳。安有去官之後，其人已沒，而猶爲此舉乎？彼其政無可稱，祇由吏胥感其私惠，強率閭里之錢而爲之者，比比是也。白香山詩云：「古石蒼苔字，安知是媿詞。」噫！其能免於媿者，不亦罕乎？(《四部叢刊》本《抱經堂文集》卷十五；王文錦點校本，第二〇四頁)

《鍾山札記》

⊙格是

白樂天詩「如今格是頭成雪，彈到天明亦任君」，元微之又有「隔是身如夢，頻來不為名」。《容齋隨筆》云：格與隔，二字義同，猶言已是也。近來《樂天集》改作況是，淺俗之甚。司空圖亦有句云：「格是厭厭饒酒病，終須的的學漁歌。」(《鍾山札記》卷二，《續修四庫全書》影印清抱經堂叢書本)

⊙櫛比諧韻

《詩·周頌·良耜》「其崇如墉，其比如櫛」，《釋文》：比，音毗志反。今人多從之。然非也。比當讀弼。崇、墉是韻，櫛、比亦是韻。如《召南》、《騶虞》之乎與虞，皆是句中自相諧合。又如古語之「少成若天性，習貫如自然」，成與性，貫與然，古人平側不分，亦未常不諧合也。唐顧況《十月之郊》詩曰：「楝之斯厚，榱之斯密。如翼于飛，如鱗櫛比。」此可見昔人固讀比為弼矣。又凡排比、駢比，皆如此讀。白香山詩：「花教鶯檢點，柳付風排比。」與出實等韻叶，又「餞筵纔收拾，征棹遽排比」，與一唧等韻叶。張曲江《荔支賦》：「皮龍鱗而駢比」，與微文妙質叶，元微之《酬鄭從事》詩：「舟船駢比有宗侶」，於比下自注云：「毗必反。」（《鍾山札記》卷二，《續修四庫全書》影印清抱經堂叢書本）

⊙相里造

唐杭州刺史相里君志獨，佚其名。余案，獨孤常州集中有《祭相里造文》云：「舒州刺史獨孤及，敬祭于河南少尹贈禮部侍郎相里公之靈。……伊昔密薦可否，廷折凶佞，京師童兒，亦知公名。其後江人杭人，頌德不暇，洛表耆老，徯公而蘇」云云，蓋從江州移杭州，後終于河南少尹也。其名曰造，字曰公度，志所以佚其名者，因白香山《冷泉記》云：先是領郡者，有相里君，造虛白亭，「造」字下本有「作」字，後人疑「造作」文複，徑刪去「作」字，今觀白記下云：有韓僕射皋作候仙亭，有裴庶子棠棣作觀風亭，有盧給事元輔作見山亭，及右司郎中河南元藇最後作此亭。後四君皆稱其名，白去相里君年代非甚遼邈無緣，舉世遂無有知其名者，且四君皆云作亭，不云造亭，造為相里名，證之獨孤之文，尤瞭然也。舊杭郡志置之韓皋、盧元輔之後，云元和間任，皆失之不考。（《鍾山札記》卷三，《續修四庫全書》影印清抱經堂叢書本）

《群書拾補·白氏文集》

今所傳詩三十七卷，詩賦一卷，文三十三卷，共七十一卷。明馬元調與微之集合刻者，亦名《白氏長慶集》，其前尚有蘇州錢應龍梓本，名白氏文集，分為十帙，但有總目，不載每篇之題。馬本目録二卷，具載篇題，然脫誤甚多。今衹就當卷改正，此兩本卷中脫誤亦略同，今得海虞葛氏依宋本影鈔者，以校馬氏之本，亦如元集之例，文是者皆大寫，而注所脫誤於其下，其小注皆本有，唯音切係馬氏所增。本集閒有一二，則具著焉。卷首本無銜名，宋本亦多俗字。馬本易以正體，而尚有未盡，今姑仍之。其典雅之語，為妄人改去者，兩本相同，今以宋本正之，庶復其舊。凡題只標首數字，舊本誤處，即隨筆改正。（《叢書集成初編》本）

智按：盧文弨合經史子集三十八種，如《經典釋文》例，摘字而注，名曰《群書拾補》，中含《白氏文集》七十一卷之文字校勘。此僅録其卷首之說明，正文從略。

《經籍考》

金翰林學士王若虛著。都印曰：若虛，字從之，博學有高才，詩學白樂天，文以歐蘇為正脉，平生于經解不喜張九成史例，不取宋子京詩，不愛黄魯直著論，辨之凡數百條。遺山元好問嘗表其墓，其著《論語辨惑》總論曰：解論諸語者，有三過焉。過于深也，過于高也，過于厚也。聖人之言，亦人情而已，是以明白而易知，中庸而可久，學者求之太過，則其論雖美，而要為失其實，亦何貴于此哉！……（《經籍考》，《續修四庫全書》影印清抄本）

智按：盧文弨，字召弓，號磯漁，又號檠齋，晚更號弓父，「抱經」其堂顏也。人稱曰抱經先生。其先自餘姚遷杭州。父存心，恩貢生，召試博學鴻詞，不第；有《白雲詩文集》。母，馮景女。先生生而穎異，濡染庭訓，長則為桑調元婿，師事之。乾隆三年（一七三八）戊午，舉順天鄉試。乾隆二十七年（一七六二）壬午，考內閣中書。乾隆十七年（一七五二）壬申，以一甲第三名，成進士，授編修。丁丑（一七五七），入直南書房，由中允薦升侍讀翰林院學士。乾隆三十年（一七六五）乙酉，典廣東鄉試，旋提督湖南學政。戊子（一七六八），以學政言州縣吏不應杖辱生員，左遷。明年，以繼母年高，乞養歸。歷主江浙各書院。乾隆乙卯，卒于常州龍城書院，年七十有九。終身從事文獻整理校勘。曾刻所校勘注釋之經子諸書為《抱經堂叢書》。

所著有《抱經堂文集》、《儀禮注疏詳校》、《廣雅注》、《鍾山劄記》、《龍城劄記》等。

陶元藻（一七一七～一八〇一）

《施郡丞國佐》

回首幔亭峯，竟作無家別。腸斷白江州，聲與琵琶咽。（《泊鷗山房集》卷二十詩，《續修四庫全書》影印清刻本）

《鳳凰臺上憶吹簫（題董香光連昌宮圖）》

長慶詩豪，華亭畫史，後先意匠非常。感銀牆圍繞，萬箇叢篁，處處雲窗霧闥。珠簾隔，釵影衣香，何緣見，掃眉虢國，吹笛寧王。　茫茫，霓裳驚破，漁陽鼓延秋。多少蒼黃，痛凭欄人去，鳥啄空廊。那得白頭宮女，招魂至，坐說先皇，難圖寫，馬嵬長別，劍閣淒凉。（《泊鷗山房集》卷三十七詞，《續修四庫全書》影印清刻本）

《鳧亭詩話》

香山云：「松排山面千重笏，月點波心一顆珠」，庸惡陋劣，雖三歲孩童亦能出口，白俗之誚，洵不誣也。然此等句，不知當日何以能傳，更不解今人何以復選？（《鳧亭詩話》卷上，《清詩話三編》第一六五五頁）

智按：吕善報（一七七二～?）《六紅詩話》云：「白香山詩『松排山面千重翠，月點波心一顆珠』，雖不能十分佳，亦不致十分不佳。會稽陶篁村明經元藻《鳧亭詩話》譏其為庸惡陋劣，即三歲孩童亦能出口。未免太甚。又訛『翠』作『笏』。」

為尊者諱，臣子之分也。讀香山「楊家有女初長成，養在深閨人未識」，則知義山「不從金輿惟壽王」之失言矣。善則歸君，忠貞之道也。讀少陵「不聞夏殷衰，中自誅褒妲」，又知香山「六軍不發無奈何，宛轉蛾眉馬前死」之太露矣。詩家學識，一層高一層，參觀自見。（《鳧亭詩話》卷上，《清詩話三編》第一六五四頁）

香山《海漫漫》樂府云：「海漫漫，波浩浩，眼穿不見蓬萊島，不見蓬萊不敢歸，童男丱女舟中老。」詩則佳矣，卻未知徐福心中事也。蓋神仙原無可求之法，而祖龍殘忍，又不可與居，遂借覓蓬萊，乘機而遁。其必以童男丱女各五百人者，意欲生聚海外，為創霸興王之計，田横尚非所慕耳。至今海島諸夷，安知無童男丱女遺種哉？（《皃亭詩話》卷上，《清詩話三編》第一六五七頁）

《全浙詩話》

羅隱。隱字昭諫，新城人。聖垣按：論詩者，輒言元輕白俗，江東於輕俗二字，亦未能免。然有言之沈着處，如七律之「嘗恐病侵多事日，那堪貧過少年時」，「芳草有情皆礙馬，好雲無處不遮樓」，七絕之「君王忍把平陳業，只換雷塘數畝田」，纏綿巧妙，一往情深，非微之、香山所能及。（《全浙詩話》卷八吳越，《續修四庫全書》影印清嘉慶元年怡雲閣刻本）

孫嚞。嚞，餘姚人。嘉熙戊戌進士，累官至常州守，有《孫常州摘稿》、《姚江逸詩》。嚞晚歸四名山中，築耕寬堂，名談勢語，終夕不竭，好哦白香山詩意，至輒效其體爲之。（《全浙詩話》卷十八南宋，《續修四庫全書》影印清嘉慶元年怡雲閣刻本）

宋僖。《姚江逸詩》：僖詩質而不枯，熟而不庸，入香山之室。余從其族孫賓王得《庸庵詩集》十卷，再令其訪尋文集，則不可得矣。一時交遊之盛，風俗之厚，山水之華，酒痕墨跡，猶可因詩以推尋其一二也。（《全浙詩話》卷二十七明，《續修四庫全書》影印清嘉慶元年怡雲閣刻本）

陶履平。履平字水師，號曙齋，會稽諸生。《陶氏隱德傳》：生平慕唐白居易爲人，所作詩近之，而古體尤勝。年七十七，猶編綴先世遺稿，未嘗少倦，疾革，手書一絶以遺子孫曰：「操觚當此際，微喘不留餘。遥想趙無恤，三年讀父書。」遂卒。宗人聞之泣下，相謂曰：「吾族失典型矣。」（《全浙詩話》卷三十一明，《續修四庫全書》影印清嘉慶元年怡雲閣刻本）

陶允宜。允宜字懋中，號蘭亭，會稽人，萬曆甲戌進士。除刑部主事，官至黄州府同知。有《鏡心堂集》。《菊坡詩話》：余宗蘭亭司馬，聰穎絶倫，詩筆迥殊凡近，其楚中諸咏，深得古人規諷之意。如《蕲簟》云：「皇都炎熱逾江湖，貴臣催篁如催租，民情誰語州大夫。」《麻城鵝》云：「近年黃州失耕耨，一鵝之肥幾人瘦。」《黃陂葛》云：「進之内宫傳相詩，雲綃霧縠無光華。價值減少尺幅加，織者十家逃九家。」當與白香山《繚綾》、《官牛》等樂府頡頏千古，非李西崖所能及也。（《全浙詩話》卷三十四明，《續修四庫全書》影印清嘉慶元年怡雲閣刻本）

（祝維誥《燕台新樂府》）深得風人之旨，雖香山《官牛歎》、《新豐折臂翁》，無以過也。（《全浙詩話》卷四十七國朝，《續修四庫全書》影印清嘉慶元年怡雲閣刻本）

智按：陶元藻（一七一七～一八〇一，蔣寅《清詩話考》謂一七二一～一八〇一；生年一説一七一六，待考），字篁村，一字龍溪，晚號鳧亭。蕭山（今屬浙江）人。貢生，詩文有名，而困于場屋，十應鄉試不售。嘗受聘至粵、閩助修郡邑志書，晚構泊鷗山莊于西湖邊。有《泊鷗山房集》三十八卷（有中國國家圖書館藏乾隆本；《續修四庫全書》影印復旦圖書館藏清刻本，第一四四一～一四四二册，集部）、《香影詞》、《雙聲韵譜》等十餘種。事迹見梁同書《頻羅庵遺集》卷八《鳧亭陶君生壙志》、李元度《國朝耆獻類征初編》卷四二七、梁紹壬《兩般秋雨庵隨筆》卷一。

游方震（一七一七～?）

《次原韻（丙寅仲春）》

春江尋勝興偏加，草自青青樹自花。圮岸尚存司馬蹟，煙波喜駐使臣槎。經營亭榭新社，真率詩情入大家。由後視今今視昔，風騷端不在琵琶。

翼翼新亭矗矗樓，雲容水態望中幽。窗當廬嶽窺全豹，檻俯潯江狎野鷗。千古人文傳地勝，一時觴詠任天遊。相攜管領春風趣，不似青衫泣暮秋。

智按：次唐英乾隆八年（一七四三）癸亥《春遊琵琶新亭唱和草》之原韻。

《次原韻》

溢浦維舟趣適同，雲廊水榭倚晴空。公餘雅集勞勞客，暑候常懷瑟瑟風。詩在上頭誰壓白，曲終不見阿妝紅。擬將拍譜彈珠調，新韻初拈第一東。

白銀盤裹一螺同，廬嶽排青護遠空。此日亭臺新往跡，他年興感採遺風。悲秋舊譜絃如訴，曠世騷壇幟又紅。莫向琵琶重撥恨，青衫有客在鄰東。

藴情各異寄情同，今古潯陽望眼空。思婦愁人秋夜月，閒官冷客暑天風。漲侵野岸連村緑，雲幻奇峰渡水紅。盛世谿山行處有，莫招元亮臥籬東。

智按：次唐英《丙寅夏五月琵琶亭臨江廊檻工竣偕諸友遊覽疊賦二律以落之》之原韻。

《次原韻》

匝月亭臯兩繫橈，山川曾識舊相邀。青青眼闊江邊樹，渺渺懷開雨後潮。雲水漁樵同汗漫，濠梁莊惠各逍遥。（是日使君與亭盼漁父閒話，即買其魚，放之江以樂客）忘機到此還忘暑，一霎風來叫小蜩。

智按：次唐英《夏日琵琶亭納涼即事》之原韻。

《次原韻》

節序新涼興不窮，酒闌人散晚江空。一時心跡超塵外，萬頃秋光得箇中。蓮炬疑星星天在水，布帆開月岸移風。歸歟此會期重訂，來看白雲楓葉紅。（《輯刻琵琶亭詩》，清乾隆十一年古柏堂刊本）

智按：次唐英《丙寅中元琵琶亭讌集即事》之原韻。

游方震，字巽修，號執庵，江西豐城人。乾隆七年（一七四二）進士。乾隆十八年（一七五三），三十七歲，授雲南南寧知縣。（據秦國經主編《中國第一歷史檔案館藏清代官員履歷檔案全編》，華東師範大學出版社，第十七册，第二五五頁）乾隆三十年，授雲南永善知縣，爲政清廉。致仕後歸鄉，又二十餘年卒。邃于《易經》，通養生學。有《治生要旨》、《養生丹訣》，未見刊行。

李明煥（一七一八～一七六四）

《反八漸偈》

昔唐香山居士白居易追念其先師凝公法語，作八漸偈。曰觀，曰覺，曰定，曰慧，曰明，曰通，曰濟，曰捨。以謂發揮師教，明其不墜。而今余唱之，語頗詳備，意甚膚淺。遂仍其言而翻其旨，從其韻而幻其文，名之曰反八漸偈。

⊙反觀偈（白偈曰：以心中眼，觀心外相。從何而有，從何而喪。觀之又觀，則辨眞妄。）

天眼反中無觀，心外焉有色相。本無浮漚從來，曷尋在外有喪。寂寞無觀歸觀，觀之安辨眞妄。

⊙反覺偈（白偈曰：惟眞常在，爲妄所蒙。眞妄苟辨，覺生其中。不離妄有，而得眞空。）

常在己匪眞眞，妄焉加眞爲蒙。苟意眞妄先辨，覺不生來在中。那患妄有離想，說得難道眞空。

⊙反定偈（白偈曰：眞若不滅，妄即不起。六報之源，湛如止水。是爲禪定，乃脫生死。）

念眞不生不滅，捨妄自起不起。然後六根本源，不水方是如水。禪定從無定形，莫說幻界生死。

⊙反慧偈（白偈曰：慧之以定，定猶有繫。濟之以慧，慧則無滯。如珠在盤，盤定珠慧。）

慧時却忘定時，那記有繫無繫。工焉徑揭濟方，效焉先指無滯。子道盤珠如如，終昧形容定慧。

⊙反明偈（白偈曰：定慧相合，合而後明。照彼萬物，物無遯形。如大圓鏡，有應無情。）

盍說定次入慧，法差誠難造明。證萬寶影來照，怕明不成有形。圓亦非鏡有形，應恐失明無情。

⊙反通偈（白偈曰：慧至乃明，明則不昧。明至乃通，通則無碍。無碍者何，變化自在。）

明固不昧爲明，焉着則後不昧。通自發光洞澈，罔味作語無碍。無碍變化落落，訝眞諦未自在。

⊙反濟偈（白偈曰：通力不常，應念而變。變相非有，隨求而見。是大慈悲，以一濟萬。）

定認通法不常，說應說變？變。變相本來無證，胡知營營有見。慈悲箇箇無形，恒河不限濟萬。

⊙反捨偈（白偈曰：衆苦旣濟，大悲亦捨。苦旣非眞，悲亦是假。是苦衆生，實無度者。）

衆緣旣濟未濟，自然不捨歸捨。大乘都忘苦悲，無無何與眞假。超脫無量法界，寂滅了果行者。（《海嶽集》卷四，《韓國文集叢刊》本）

智按：李明煥，字士晦（一作士輝），號海嶽，全州人。有《海嶽集》。

程晉芳（一七一八～一七八四）

《讀商寶意司馬自建業至楚中懷古諸什却和八首》（其三　琵琶亭）

亭外江流欲拍天，琵琶往事自今傳。征人踪跡嫌風月，謫宦情懷托管絃。雨颭浪花如送客，鳥眠沙嘴故依船。後來豈少青衫淚，持較香山倍可憐。（《勉行堂詩集》卷四，《續修四庫全書》影印清嘉慶二十三年鄧廷楨刻本）

《書在堂諸伶散去兄南坡有詩誌感因和三首》（其三）

銷魂一曲感新離，醉裏忘情覺後悲。為問香山老居士，纏頭何物遣楊枝。（《勉行堂詩集》卷四，《續修四庫全書》影印清嘉慶二十三年鄧廷楨刻本）

《哭家洴江伯二首》（其一）

支枕曾驚病裏顔，海山兆率遽歸還。多年攬盡煙霞趣，舊日曾参侍從班。詩備西崑長慶體，心隨野鶴斷雲閑。蕭然杖履看如昨，群從何由與訂頑。（《勉行堂詩集》卷九，《續修四庫全書》影印清嘉慶二十三年鄧廷楨刻本）

《挽商寶意太守四首》（其四）

徧向蠻荒擁旆旌（君歷任湖北之施南、廣西之太平、鎭安、慶遠，皆苗疆也），那知完劫有昆明。經營陸氏莊何在，編次香山集幸成。乞郡爲嫌無米貸（君自翰林編修，特乞外任），歸魂應祝有苗平。長歌難寄泉臺曉，愁對君家似舅甥（謂令甥鑑南農部）。（《勉行堂詩集》卷十九，《續修四庫全書》影印清嘉慶二十三年鄧廷楨刻本）

《三月二日移寓李鐵拐斜街房師朱笥河先生宅也先生視學安徽俾余居此且以書籍見付漫成五首奉寄》（其四）

椒花萌蕊柳披綿，夏始春餘境特妍。陶隱居家容弟子，白香山宅有林泉。杯亭宴坐唯思酒，舫屋閒評抵放船。滿眼江湖好風雨，可能相待及三年。（《勉行堂詩集》卷二十四，《續修四庫全書》影印清嘉慶二十三年鄧廷楨刻本）

智按：程晉芳，初名廷鐄，字魚門，號蕺園，歙縣（今屬安徽）人。乾隆二十七年（一七六二）壬午召試，授內閣中書。乾隆三十六年（一七七一）辛卯進士，改吏部主事，授編修。有《勉行堂集》。

范懋柱（一七一八？～一七八八）等

《天一閣書目》

⊙白氏長慶集七十一卷，刋本

唐白居易撰，明馬元調校刋，卷首載宋祁撰《新唐書》本傳，李商隱撰墓碑銘，陶穀撰《龍門重脩白樂天影堂記》。（《天一閣書目》卷四之一集部，《續修四庫全書》影印清嘉慶十三年揚州阮氏元文選樓刻本）

智按：范懋柱，字漢衡，鄞縣（今浙江寧波）人，范欽八世孫。諸生。乾隆詔修《四庫全書》，范懋柱進呈珍本六三八種，絕大多數未歸還。乾隆特賜《古今圖書集成》一部。

德保（一七一九～一七八九）

《和白樂天浩歌行》

雙丸旋轉無時畢，三萬六千空計日。步踏陳跡如磨牛，彈指流年行望七。

人生誰能滿百年，懷憂千載真徒然。回思少壯駒過隙，可憐照鏡非朱顏。塵蹤已逝皆成故，往事茫茫不知處。舉頭一笑清風生，天外浮雲任來去。君不見，狂瀾滚滚逐愛河，幾人名利沒頽波。不如有酒且成醉，康莊坦步無嵯峨。淨掃煩愁樂其樂，興來聊復發長歌。亭畔喜看芳草緑，窗前愛賞春陰多。樂天長句真成達，來者謂我將如何。（《樂賢堂詩鈔》卷下，《四庫未收書輯刊》影印清乾隆五十六年英和刻本；《晚晴簃詩匯》卷七十四）

智按：德保，索綽絡氏，字仲容，一字潤亭，號定圃，又號龐村，滿洲旗人。乾隆二年（一七三七）丁巳進士，官至禮部尚書。謚文莊。有《樂賢堂詩鈔》及《定圃先生遺稿》（中國國家圖書館藏清抄本，不分卷）。

金兆燕（一七一九～一七八九後）

《隨家大人同程雪崖查采舒汪研深吴松原父子遊落石臺聯句晚與程吴二君登舟諸同人乘月至下汶溪爲别大人用香山琵琶行韻作長歌命兆燕和之》

年來慣作天涯客，千時到處悲竿瑟。春風又買江頭船，有似翎笴已在弦。江路小孤兼大别，計程往返應淹月。檢點殘書囊敝衾，更招我友需同發。我友不來留者誰，行期屢易何遲遲。相思幾日歡相見，相邀且作嬉春宴。看花未免各銷魂，賭酒何須曾識面。溪頭唤渡聽灘聲，隔水山光已有情。澗花巖草多幽思，紛披似識遊人意。雲泉已覺滌塵襟，筆墨更教饒韻事。詩壘爭爲奇戰挑，勁弓長戟各横腰。揮毫颯遝如風雨，那得讙呶更他語。急響箏琶錯雜彈，妙舞氍毹轉七盤。駿馬連鑣奔峻坂，輕舟銜尾下空灘。險韻壓成歎奇絕，轉遞蟬聯未肯歇。有時含毫幻想生，空山寂寞不聞聲。注目白雲隨意散，側耳黄鸝時一鳴。詩成更把琅玕畫，翠影沉波如熨帛。唇齴苔龕雨後青，練横石堰波心白。紅紫芳菲滿眼中，春光畢竟爲誰容。唤天蹋地東家女，長向荼蘼花下住。牽絲空欲綰雙丸，煉石豈能填九部。萱草難忘獨處憂，倉庚不療同宫妒。空谷芳蘭香獨抱，成蹊桃李花無數。鼎鸞誰容過客嘗，車茵未許他人汙。回首長安天際遥，秋風明月成虚度。山頭認白孰爲眞，水上洗紅能不故。竿木聊隨遊戲身，柘枝休鬭娉婷婦。從此江湖任浪遊，茫茫雲水隨來去。聞道宫亭湖上船，船頭五老曉峯寒。捩舵直趨湓浦口，楚天芳草滿江干。獨嗟征櫂無時息，躑躅蘭陔重唧唧。聚首庭闈纔幾時，廻腸自轉無人識。今日佳遊莫與京，酒兵應已破愁城。欲去更看春水影，瀕行猶戀晚鐘聲。穿雲共覓來時路，半珪蟾魄東林生。回看斷石村邊樹，燈火叢祠社鼓鳴。開筵更翦西窻燭，樽酒未空須盡傾。驪駒折柳都陳調，一曲新歌君試聽。歌罷城隅悵分手，波光樹影向人明。千峯黯默籠愁住，兩槳咿啞載夢行。行行起傍孤篷立，月落前溪風轉急。子規深樹盡情啼，似伴離人中夜泣。輕舟瞑戛石臺過，古磴無人花霧濕。（《棕亭詩鈔》卷四，《續修四庫全書》影印清嘉慶十二年贈雲軒刻本）

《琵琶亭次唐蝸寄榷使韻二首》

遥嵐雨後數痕加，九派寒濤走浪花。小閣停雲誰顧曲，空灘貫月自浮槎。棲烟野鳥難成夢，逐水間鷗不着家。江氣蒸衣渾欲濕，非關今夜聽琵琶。

偶停孤櫂倚江樓，隔岸家山入望幽。豈有文章誇倚馬，但留蹤跡欲盟鷗。三春客裏芳菲節，千里天涯汗漫遊。楓葉荻花何處是，黄雲一片麥先秋。（《棕亭詩鈔》卷五，《續修四庫全書》影印清嘉慶十二年贈雲軒刻本）

《長歌呈唐榷使》

江風吹雨天冥冥，攬衣獨上琵琶亭。遥峯冷翠濕淺黛，依稀司馬秋衫青。潯陽九派寒流駛，荻花楓葉空遺址。丹艭俄看傑閣新，旌麾兩度照江水。我來亭上自徘徊，千古誰如公愛才。麗句繽紛香粉堵，名流屆屋水松牌。僕也飄零感遲暮，烟波浩蕩隨鷗鷺。二棹寒迷嘅口津，三春飢走鄡陽路。湓浦輕舟入楚天，衡陽幾點盼湘烟。黄陵祠下昭華琯，青草湖邊鹿角田。江花江草無終極，征帆一片紛如織。誰抱檀槽金屑文，風前哀響穿雲急。君不見，李牟笛，又不見，子昂琴，側身天地抱奇器，乾坤莽莽誰知音。天涯冷落人何限，豈獨琵琶淚滿襟。（《棕亭詩鈔》卷五，《續修四庫全書》影印清嘉慶十二年贈雲軒刻本）

智按：金兆燕，字鍾越，號棕亭，又號蕪城外史，蘭皋生，全椒（今屬安徽）人。乾隆十二年（一七四七）舉于鄉。工詩古文辭，兩淮鹽運使盧見曾延入署中，一切歌咏序跋，多出其手。三十一年（一七六六）成進士，官揚州府學教授，遷國子博士，升監丞，分校四庫全書。性豪放，家本寒素，而嗜宴客。久居揚州，晚年客江春康山草堂。有《國子先生詩文集》附《棕亭詞鈔》。事迹見《清史列傳》卷七一、《湖海詩傳》卷三一。

李獻慶（一七一九～一七九一）

《和寄金斯文（華健）山字十疊韻》（其十）

聲聲樵笛鴈鴉間，笳歇荒城欲下關。風在高杉清滿壑，雲含落照遠搖山。陶公已老耕牛倦，白傅無官駱馬閑。我有悔言君聽取，宮墻門外早來還。（《艮翁先生文集》卷五詩○七言律詩，《韓國文集叢刊》本）

《感吟》

家有美人眞珠善馬青驄。及來淮陽，自以年老，眞珠開閤而放，青驄牽與親友，正與白香山放樊素、鬻駱馬相似。衰晚人事，古今同一慨也。

顔凋春色鬢驚秋，一去芳年更不周。道籙丹鉛今事業，佳人寶馬昔風流。瑤池舞影浮雲變，巫峀香魂暮雨收。借與新緑知不惡，去留傷別暫時愁。（《艮翁先生文集》卷七詩○七言律詩，《韓國文集叢刊》本）

《臨瀛歸路與平海倅曹君遠振同行偶得一律以眎》（二首其二）

聯飛皁葢並閑遊，仙吏官程繞十洲。但不姓同王葉縣，更堪詩和白忠州。悠揚出日紅潮處，縹緲看雲火嶺頭。地近扶桑秋色別，句非新麗定難收。（《艮翁先生文集》卷七詩○七言律詩，《韓國文集叢刊》本）

《與李彜甫書》

……彜甫之詩，吾愛其清眞，而或病其枯淡而鮮澤也；吾愛其疏放，而或病其紀律之不嚴也；吾愛其超脫，而或病其綜核之不密也。若以岑嘉州之富貴、柳宗元之法令、白居易之事實，參以有之，各取其長，贍濃秀麗，沈鬱含蓄，取才博而意無偏係，用事精而語皆的確，則其所成就，必將有大國泱泱之盛，而不止如山澤之仙癯而已。吾子以爲如何？盛稟妄加雌黄，謹此奉還，而深喜吾子之能不落於今俗，而力追古人，可期以積而能溢，故輒敢備論今之詩弊，而又勉吾子之篤信而不撓也，惟吾子恕其僭而採取之。不宣。

(《艮翁先生文集》卷十三,《韓國文集叢刊》本)

智按:李獻慶,字夢瑞,號艮翁、白雲亭、玄圃。有《艮翁先生文集》。

馮浩(一七一九~一八〇一)

《動静交相養賦》(以「往來屈伸交養互發」爲韻)

惟心體之渾涵,本寂然而無象。迨造物之紛乘,因應于影響。立本在淵淵之地,恍如遊于太虛;利用彰亹亹之功,誠莫禦于一往。為存為察,詣必要于交修;相合相資,理固居于不爽。遡夫有物混成,陰陽胚胎;兩儀分立,萬象兼該。對待成形,機緘由是而靡盡;合一不測,造化于是而相推。夜將殘而丹輪漸吐,晝將盡而皓魄徐來。晦明之候無失,寒暑之序迭摧。陰伏于姤而月窟轉,陽滋于復而天心回。總皆動静之相輔,乃見天道之恢恢。君子法之以宅衷,體之以付物;慎培于静深,殫操存之密勿。當其從心而順應,宛似龍興;及其守默以齋居,幾同蠖屈。天君常泰,退藏在不覩不聞;百體自從,推行則無戾無拂。鎮静而彌彰靈妙,止水可以比倫;變動而不失故常,明鏡斯堪仿佛。惟動也,所以成天下之務;惟静也,所以葆一己之真。動不以静為基,則外物紛紜,皆足搖其存主;静不以動為用,則中懷寂滅,何以大其經綸?體極虛靈,機原早蓄;迹無留滯,用乃常伸。譬之山下出泉,凝重寓流行之趣;歸雲赴壑,飛揚得閒適之神。備中和之氣象,合體段于智仁。由是静不畫其限,動不粘于膠。既內美之自裕,信外感之紛交。一心之靈不可極,萬變之理無不包。利有攸行,官骸之守氣不亂;定而能慮,神明之卓見不淆。變化錯綜,豈類無根之絮;洗心藏密,寧同空繫之匏。蘊在先天,無異道德五千之旨;數由大衍,可貫三百六十之爻。彼眾人之馳騖,盡牽引于塵網。憧憧者聽其紛挐,逐逐者任其擾攘。徒見日拙而心勞,安能面睟而背盎。又或躭枯寂於禪宗,競空元之幻想。絕無實得之可參,惟覺迷離而惝怳。此皆泥夫動静之一偏,而失其所以相養也。豈知其理相通,其根相互;剛柔相濟,乃協和平;作息循生,還符節度。誠可以迭出而不窮,無在不取新而去故。剖其詮于閫奥,待闡揚于太極之圖;啟妙義于儒修,早抉發于香山之賦。我皇上立極建中,率履不越,符舒斂于春秋，叶升恒于日月。明堂布化，行簡而善動惟時；午夜勵精，篤恭而主靜無忽。存神過化，應于物而不疲；措正施行，當其可而斯發。蓋惟動靜之各得其宜，乃克煥治功而恩膏滂渤也。(《孟亭居士文稿》卷五，《清代詩文集彙編》影印清嘉慶七年刻本，第三四五册，第四八一頁)

智按：馮浩，一名學浩，字養吾，號孟亭，桐鄉（今屬浙江）人。乾隆十三年（一七四八）進士，改庶吉士，授編修。參修《續文獻通考》。升御史。以病告歸，不再出。先後任常州、龍城、浙東西、崇文、蕺山、鴛湖等書院講席。喜研古人詩文，於李商隱用力尤深。撰《樊南文集詳注》、《玉溪生詩詳注》。著有《孟亭居士文稿》《詩稿》。事迹見《清史列傳》卷七一、《國朝耆獻類征》卷一三七、《清代學者像傳》卷二。

楊際昌（一七一九～一八〇四）

《國朝詩話》

陳恪勤公鵬年為國朝偉人，偶見其《冬日感懷》詩内一首云：「平生夢落五湖邊，竹馬重來事黯然。闔赐歡聲方動地，滯淫秋水又浮天。東南財賦無籌策，士女嬉游有歲年。春樹萬家煙霧裹，白公堤上每流連。」懷抱溢於楮墨矣。(卷一，《清詩話續編》第一六六〇頁)

世稱杜少陵為詩史，學杜者不須襲其貌，正須識此意耳。吳梅村歌行，大抵發於感愴，可歌可泣。余尤服膺《圓圓曲》前幅，云：「慟哭六軍皆縞素，衝冠一怒為紅顏。」後幅云：「全家白骨成灰土，一代紅粧照汗青。」使吳逆無地自容。體則元、白，可為史則已如杜也。(卷一，《清詩話續編》第一六六六頁)

智按：參見李學穎集評標校《吴梅村全集》上册，第八十頁。

國朝歌行，其初遺老虞山入室韓、蘇，太倉具體元、白，合肥學杜，不無蛟螭螻蚓之雜，才氣自大。韓、蘇，杜之嫡派也；元、白，初唐之遺響也。聖廟時，巨公濟濟，總以南朱北王為職志。朱始尚才華，後極馳騁，佳處兼似青蓮。王則杜、韓皆宗，而得力於蘇為多，平生頗略元、白，性趣使然也。

予謂果有風情，元白體自不可廢。常熟錢湘靈（陸燦）《牡丹花下集同袁籜菴、唐祖命、方爾止、張瑤星、余淡心、黄俞邰諸君子長句一首》云：「前歲花時渡江去，去歲吳門三月暮。三度花開一度看，今年恰在金陵住。金陵舊時帝王都，歲歲花開如畫圖。此花又殿春風後，朱衣王謝相傳呼。一筵釀費中人產，一花千人萬人眼。金盤彩藍競詒贈，招邀名士分折柬。永和蘭亭金谷園，月落檀板催金樽。百尺烏絲長到地，清詞豔句爭飛翻。得所稼花易消歇，子規啼血棲宮闕。無復天彭百馱花，王孫五勝埋香骨。花殘人散可憐春，十處園林九戰塵。欲往城南訪耆舊，酒徒零落空芳辰。太史園中花百種，紅欹緑捧花頭重。花神有意洗妝遲，要勒詞頭固君寵。諸公同日看花來，鄧生酒甕還重開。廿年無此好事者，無詩不醉那能回？酒醉詩成花欲語，明歲花開待予汝。春雨春風作主人，鸞飄鳳泊同羈旅。」《杜于皇蒼略來看寓園芍藥酒後有感南村花時作歌》云：「吾鄉花事虎涇口，陸家芍藥三百畝。年年有約看花行，每到花時掣吾肘。南村作計討花忙，秋分種植牆之後。沐以香醪築以臺，其冬苦溉山妻手。明年甲辰三月暮，花開爛熳缸盈酒。老夫江外戴星還，山妻對花觴余壽。那知芍藥年年開，山妻下地余出走。兒子花時一寄書，報余朵數千千有。憑闌不見種花人，乞食長閑看花叟。叟寓金陵萬竹園，紅藥翻階賤如韭。牡丹花約別花翁，一日登堂多白首。杜家兄弟遲數日，來問芍藥行開否？誰道春風一夜歸，攢簇芳菲滿窗牖。絲絲細雨濕花魂，花口微含到申酉。只愁明日晴還落，似説欹紅未堪揉。花神直遇賞心人，詩若不成罰大斗。著屐昏黄放客行，一叟花前歎老醜。梁園縱美怕登樓，輞川飽飯空縛帚。摩詰堂前錢仲文，春衫裏淚頻抖擻。一枝剩欲簪雙鬢，後山詩句真不朽。自昔詩人不偶吟，感花歎舊情何厚！南村花朵故嫣然，客底看花傷井臼。一任花開豔婀娜，分付園丁牢禁牡。君不見，當時王謝藥闌傾折久。」不失元、白風情也。（卷二，《清詩話續編》第一六九九頁）

東塘（孔尚任）以國子先生宣力淮揚，頗著賢聲。詩甚富，《湖海集》七卷，則鄧孝威（漢儀）、宗定九、黄仙裳、吳園次諸公評閱也。才思濬發，揮灑自如，絕無鍥舟刻楮之迹。太衝口處，不免元輕白俗；極脫極俊處，自是作手。予所重尤在骨格老蒼，古體如《維揚聞顔修來考功訃》、《單刀行》、《寄田綸霞》、《書錢節婦傳略》、《丁廉使》、《亂後寄家信》、《贈蔡霖蒼》七篇。近體如《贈陳健夫》云：「君亦悲歌士，遙從燕市來。逢山題野竹，隨路折江梅。白馬嘶難住，黃河凍不開。曾無三醆酒，同上釣魚臺。」《二十四橋》云：「不見舊時橋，仰問當年月。何處一聲簫，半夜猶淒絕。」《揚州》云：「阮亭合是揚州守，杜牧風流數後生。廿四橋邊添酒社，十三樓下說詩名。曾經畫舫無閒柳，再到紗窗總舊鶯。亦有《蕪城》詞賦手，煙花好句讓多情。」《北固山看大江》云：「孤城鐵甕四山圍，絕頂高秋坐落暉。眼見長江趨大海，青天卻似向西飛。」（卷二，《清詩話續編》第一七〇二頁）

漢、魏迄盛唐投贈詩題，衹書姓名兼及職銜行輩，自元、白交書字，後之書名者寡矣。朱竹垞《曝書亭集》，獨遵古法。（卷二，《清詩話續編》第一七〇三頁）

開、寶以前，和詩只和其題，詩中見和意而已；韻則分拈，絕無次用者。此派濫觴於元、白，浸淫於皮、陸，自蘇、黃而降，非是不見才之長、情之重矣。善歌繼聲，固勢所必至，未嘗無流弊滋其間也。作者惟見身分，自出機杼則可。……（卷二，《清詩話續編》第一七〇四頁）

詩不拘何派，情韻總不可離，離則非纖人即傖父也。姑舉所見近體句，如……王異公（撰）「謝公屐冷山無恙，白傅船空水自流」……此種情韻，堪鼓吹諸巨公。（卷二，《清詩話續編》第一七一四～一七一五頁）

孫文定公廷銓詠息夫人云：「無言空有恨，兒女粲成行。」識者多喜其諧語解頤，畢竟非大方得意處。不若《詠史》云：「田叔歸來竇後傷，蕭條梁苑下微霜。一時賓客多枚馬，不遣雄文悟孝王。」意義深永。難弟廷鐸五言古多澹雅，近體如「夕陽猶反照，初月已生明」，極類香山勝處。（卷二，《清詩話續編》第一七一七～一七一八頁）

仁和丁藥園澎，少時以《白燕樓》詩著名。官禮曹，貢使廉知藥園為主客，持紫貂玉犀，從吏人易其詩歸國。香山雞林，寧足誇呼？（卷二，《清詩話續編》第一七二七頁）

智按：楊際昌，字魯藩，號葭漁，又號蓬萊居士，山陰（今浙江紹興）人。敦孝友，謹言行，讀書過目成誦。博學工文，名噪兩浙。乾隆六年（一七四一）中舉，翌年會試未第，截取湖南縣令，稱疾不赴，以授徒行醫終。

著有《大中句解》、《藥欄隨筆》、《聞見雜誌》、《唐詩葩正》、《天崇文炳》、《國朝文炳》等書，詩文有《澹寧齋集》。事迹見中國社會科學院文學研究所圖書館藏本《澹寧齋集》楊氏後人手跋，湯紀尚《槃薖文甲集》有傳記。

陳善（？～一八〇四）

《秋九遊韜光菴步白香山韻》

爲訪韜光勝，來過惠遠家。雲根寒似竹，霜影瘦於花。密筧分泉乳，齋厨供蕨芽。僧閒留客久，頻喚趙州茶。（《兩浙輶軒録》卷十二，《續修四庫全書》第一六八三册，第四六一頁）

智按：陳善，字味三，海寧（今屬浙江）人。有怡雲仙館藏書。存世書目有《怡雲仙館藏書目録》、《怡雲仙館藏書簡明目録》，後者著録九千種左右。

葉觀國（一七二〇～一七九二）

《琵琶亭二首》

樓上庾公動高興，江頭司馬賦愁歌。榮枯事異悲懽别，莫笑青衫染淚多。

兜律長歸那可求（香山詩：「海山不是吾歸處，歸即應歸兠律天。」），荻花猶見古時秋。布帆席帽經年客，不聽琵琶也淚流。（《緑筠書屋詩鈔》卷一臺江集，《續修四庫全書》影印清乾隆五十七年刻本，第一四四四册，第三〇二頁）

《中秋大風雨夜將半復晴明效樂天體》

雨横風顛驚乍定，月來雲破醉難謀（是日本有期集，因風雨而罷）。天公簸弄真何意，不要人間准備秋。（《緑筠書屋詩鈔》卷十一炳燭集，《續修四庫全書》影印清乾隆五十七年刻本，第一四四四册，第三七五頁）

《十六夜見月院中獨飲》

佳辰經敗興，補貼要今宵。難覓同工曲（《進學解》：「子雲、相如，同工異曲。」），聊成《獨酌謡》（沈炯、陸瑜皆有《獨酌謠》）。酒蒼風皺面，牆白月横腰。賴有《香山集》，能消夜寂寥（時正點勘《白集》）。(《緑筠書屋詩鈔》卷十一炳燭集，《續修四庫全書》影印清乾隆五十七年刻本，第一四四四册，第三七五～三七六頁)

《春仲八日皇十一子召集擷秀山房同人吉通政渭厓茅庶子耕亭錢殿撰湘舲咸在座》

春山掃翠春雲濃，麴塵待颺催花風。明湖淰淰舒卵色，時節恰在中和中。西園置酒值清暇，聯輝花萼停紅驄。高襟各自屏軒蓋，接席特許陪章逢。山房奥曠身未到，洞壑窈窱莎豐茸。架標籤軸雜緗縹，案登卣獻兼瓷銅。須臾張鐙奏新樂，樂句乃本香山翁。金釵鈿合致繾綣，山海碧落追鴻濛。可信古詩皆入曲，《關雎》、《殷武》諧徵宮。人言是日佛出世，八關盛會喧兒童。流傳小説誰復訂，當歌且對氍毹紅。泛杯醲醁色瀲灔，掛欄初魄光朦朧。禮寬意優銜感重，辰良景美言歡同。曲終上馬各歸舍，明發聽漏趨銅龍。(《緑筠書屋詩鈔》卷十六得槐軒後集，《續修四庫全書》影印清乾隆五十七年刻本，第一四四四册，第三九八頁；《晚晴簃詩匯》卷八十，《續修四庫全書》影印民國十八年退耕堂刻本，第一六三〇册，第六五三頁)

智按：葉觀國，字家光，號毅菴，閩縣（今福建福州）人。乾隆十六年（一七五一）進士，改庶吉士，授編修，歷官侍讀學士。有《緑筠書屋詩鈔》。

李鍈（一七一九？～一七六八）

《詩法易簡録》

⊙齊梁體

按，齊梁體為唐律所自出，乃由古入律之間，既異古調，又未成律，故别為一格。唐《白香山集》有格詩，李義山、溫飛卿集皆有齊梁格詩，皆此體也。其詩有平仄而乏粘聯，其句中調叶平仄，亦在疏密之間。秋谷《聲調譜》有齊梁體，所列乃唐人詩，兹録直取齊梁人詩約論之，俾學者得窺源委焉。(卷三五言古詩，《續修四庫全書》影印清道光二年刻本，第一七〇二册，第五一八頁)

⊙《眞娘墓》白居易

眞娘墓，虎邱道。不識眞娘鏡中面，惟見眞娘墓頭草。霜摧桃李風折蓮，眞娘死時猶少年。脂膚荑手不牢固，世間尤物難留連。難留連，易銷歇，塞北花江南雪。（結以比體，得六朝風趣）

香山詩，以諷諭卷中《新樂府》及《秦中吟》為最，《長恨歌》等乃其次也。玆録以李、杜、岑、韓、蘇五家為宗，已足盡七古之正變，故不及旁收。然如張、王小樂府，於李、杜之外別出新聲，王阮亭所謂「元白、張王皆古意」者，略採數首附後，俾學者得自審才力，以取法焉。此詩音節，頗與張、王類，故並録之。（卷六七言古詩，《續修四庫全書》影印清道光二年刻本）

⊙《燕歌行》（以下換韻）梁元帝

燕趙佳人本自多，遼東少婦學春歌。黃龍戍北花如錦，兀菟城南月似蛾。（四句全用律調，平仄粘聯都合）如何此時別夫婿，金羈翠眊往交河。（律句）還聞入漢去燕營，（換韻仍用律調）怨妾愁心百恨生。漫漫悠悠天未曉，遙遙夜夜聽寒更。（四句又全用律調）自從異縣同心別，（換仄韻律句）偏恨同時成異節。（律句）橫波滿臉萬行啼，（律句，不粘）翠眉暫斂千重結。（律句）並海連天合不開，（律句換韻）那堪春日上春臺。（律句粘）乍見遠舟如落葉，（不粘）復看遙舸似行盃。（律聯）沙汀夜鶴嘯羈雌，（純以律調，換韻）妾心（不粘）無趣坐傷離。（律句）翻嗟漢使音塵斷（律句），空傷賤妾燕南陲。（參以三平古句）

此種音節乃初唐四傑輩所本，少陵所云「王楊盧駱當時體」者，今人幾不知其源於齊梁矣。白香山《長恨歌》、《琵琶行》、元微之《連昌宮詞》，當時稱為「元和體」者，亦此（智按：指梁元帝《燕歌行》）體之流派也。（卷七七言古詩，《續修四庫全書》影印清道光二年刻本）

⊙《長恨歌》白居易

漢皇重色思傾國，御宇多年求不得。（律聯）楊家有女初長成，養在深閨人未識。（律句）天生麗質難自棄，一朝選在君王側。（律句）回眸一笑百媚生，六宮粉黛無顏色。（律句）春寒賜浴華清池，溫泉水滑洗凝脂。（律句）侍兒扶起嬌無力，（律句，與上有粘）始是新承恩澤時。（拗律句，與上句又粘）雲鬢花顏金步搖，（拗律句，又與上粘）芙蓉帳暖度春宵。春宵苦短日高起，從此君王不早朝。（以上四句平仄粘聯都合律，唯金字用平，日字用仄，稍參以拗體耳）承歡侍宴無閒暇，（仍以律句換韻）春從春遊夜專夜。後宮佳麗三千人，三千寵愛在一身。金屋妝成嬌侍夜，玉樓宴罷醉和春。（律聯）姊妹弟兄皆列土，可憐光彩生門户。（律句）遂令天下父母心，不重生男重生女。（拗律句）驪宫高處入青雲，仙樂風飄處處聞。（律聯）緩歌慢舞凝絲竹，盡日君王看不足。（律聯）漁陽鞞鼓動地來，驚破霓裳羽衣曲。（拗律句）九重城闕煙塵生，千乘萬騎西南行。翠華搖搖行復止，西出都門百餘里。（拗律句）六軍不發無柰何，宛轉蛾眉馬前死。（拗律句）花鈿委地無人收，翠翹金雀玉搔頭。（律句）君王掩面救不得，回看血淚相和流。黄埃散漫風蕭索，雲棧縈紆登劍閣。（律聯）峨嵋山下少人行，（律句）旌旗無光日色薄。蜀江水碧蜀山青，聖主朝朝暮暮情。（律聯）行宫見月傷心色，夜雨聞鈴腸斷聲。（律聯，唯腸字拗用平耳）天旋日轉迴龍馭，（律句）到此躊躇不能去。（拗律句）馬嵬坡下泥土中，不見玉顏空死處。（律句）君臣相顧盡沾衣，東望都門信馬歸。（律聯）歸來池苑皆依舊，（律句）太液芙蓉未央柳。（拗律句）芙蓉如面柳如眉，對此如何不淚垂。（律聯）春風桃李花開日，秋雨梧桐葉落時。（律聯）西宫南苑多秋草，落葉滿階紅不掃。（律聯）梨園弟子白髪新，椒房阿監青蛾老。（律句）夕殿螢飛思悄然，孤燈挑盡未成眠。遲遲鐘鼓初長夜，耿耿星河欲曙天。（四句皆律，粘聯都合）鴛鴦瓦冷霜華重，翡翠衾寒誰與共？（律聯）悠悠生死别經年，魂魄不曾來入夢。（律聯）臨邛道士鴻都客，（律句）能以精誠致魂魄。為感君王輾轉思，遂教方士殷勤覓。（律聯）排空馭氣奔如電，（律句）升天入地求之徧。（律句）上窮碧落下黄泉，兩處茫茫皆不見。（律聯）忽聞海上有仙山，山在虛無縹緲間。（律聯）樓閣玲瓏五雲起，（拗律句）其中綽約多仙子。（律句）中有一人字太真，雪膚花貌參差是。（律句）金闕西廂叩玉扃，轉教小玉報雙成。（律聯）聞道漢家天子使，九華帳裏夢魂驚。（律聯）攬衣推枕起徘徊，珠箔銀屏迤邐開。雲鬢半偏新睡覺，花冠不整下堂來。（四句不獨平仄粘聯合律，且與上二句粘聯，皆合此種音節，唯齊梁體有之）風吹仙袂飄颻舉，（律句）猶似霓裳羽衣舞。（拗律句）玉容寂寞淚闌干，（律句）梨花一枝春帶雨。含情凝睇謝君王，一别音容兩渺茫。（律聯）昭陽殿裏恩愛絕，蓬萊宫中日月長。回頭下望人寰處，（律句）不見長安見塵霧。（拗律句）唯將舊物表深情，（律句）鈿合金釵寄將去。（拗律句）釵留一股合一扇，釵擘黄金合分鈿。（拗律句）但教心似金鈿堅，天上人間會相見。（拗律句）臨别殷勤重寄詞，詞中有誓兩心知。（律聯）七月七日長生殿，夜半無人私語時。（拗律句）在天願作比翼鳥，在地願為連理枝。天長地久有時盡，此恨綿綿無絕期。（拗律聯）

此（智按：指白居易《長恨歌》）「元和體」也，亦名「長慶體」。香山自謂「詩到元和體變新」，其實仍源於齊梁及初唐耳。故附於齊梁體後論及之。近代吳梅村七古專宗此體，亦足名家。

少陵論初唐四子體云：「不廢江河萬古流」，洵知言哉。此詩（智按：指白居易《長恨歌》）及元微之《連昌宫詞》，皆世所盛稱，但元（微之）詩如「禄山宫中養作兒」等語，以本朝堂堂列祖，而敢以委巷無稽之説，公然形之詠歌，以誣之辱之，微之非唐之臣子則可，微之而唐之臣子也，罪豈容誅乎！至李林甫、楊國忠，奸相亂國，直斥之可也，而反曰「依稀記得楊與李」，又作含蓄語，眞不識輕重。而世以元白並稱，殊不可解。　凡詠歌時事有關君父者，事前冀其悔悟，不妨出以規諷，以明忠愛之忱，如太白《清平調》、《宫中行樂詞》，直以飛燕比貴妃，轉見詩品之高；事後則惟有深諱之而已，否則出以悼痛之詞，如香山此詩，猶之可也。此等處有關於詩教人心不淺，選者學者，俱當於此處着眼。此詩如「養在深閨人未識」等句，尚得臣子立言之體，故録之。（卷七七言古詩，《續修四庫全書》影印清道光二年刻本）

⊙前四句扇對法

《送李員外院長分司東都》韓愈

去年秋露下，羈旅逐東征。今歲春光動，驅馳别上京。飲中相顧色，送後獨歸情。兩地無千里，因風數寄聲。

《夜聞箏中彈瀟湘送神曲感舊》白居易

縹緲巫山女，歸來七八年。殷勤湘水曲，留在十三絃。苦調吟還出，深情咽不傳。萬重雲水思，今夜月明前。

《留别漢南諸子》國朝吕履恒

白起城邊草，年年怨别離。漢王臺上月，夜夜照相思。歧路自兹去，故人何處期。涔滛數行淚，東盡漢江湄。

前二詩扇對中寓流走，此詩直以兩扇作對峙，用法又變，可以參觀。（卷九五言律詩，《續修四庫全書》影印清道光二年刻本）

⊙《送賀監歸四明應制》李白

久辭榮禄遂初衣，曾向長生説息機。眞訣自從茅氏得，恩波應許洞庭歸。瑶臺含霧星辰滿，仙嶠浮空島嶼微。借問欲棲珠樹鶴，何年卻向帝城飛。

拓開作結，須要暗裏抱回，有勢雖開而神自合之妙乃佳。按，白香山誰「言南國無霜雪，盡在愁人兩鬢間」，第七句故作一宕，亦一法也。蘇文憲「皇情未使恩波極，日暮樓船更起風」，乃深入一層法也。王右丞「為乘陽氣行時令，不是宸遊玩物華」，意在規諷，亦是深一層法。又有擡高本題法，沈

雲卿「為報寰中百川水，來朝此地莫東歸」是也，又有襯結法，附録於後。（卷十七言律詩，《續修四庫全書》影印清道光二年刻本）

⊙五六句振起法

《晚春重到集賢院》白居易

官曹清切非人境，風日鮮明是洞天。滿砌荆花鋪紫毯，隔墻榆莢撒青錢。前時謫去三千里，此地辭來十四年。虛薄至今慚舊職，院名擡舉號為賢。

前四寫集賢院晚春之景，後四就重到發慨。五六句瞥然拓開，筆法矯異，通篇氣色皆振。「擡舉」字涉俗，不宜學。（卷十七言律詩，《續修四庫全書》影印清道光二年刻本）

⊙陪五切六法

《編集拙詩成一十五卷因題卷末戲贈元九李二十》白居易

一篇長恨有風情，十首秦吟近正聲。每被老元偷格律（元九向江陵日，嘗以拙詩一軸贈行，自後格變），苦教短李伏歌行（李二十嘗自負歌行，近見余樂府五十首，默然心服）。世間富貴應無分，身後文章合有名。莫怪氣粗言語大，新排十五卷詩成。

五六句以富貴作陪，以文章切題，跌宕有致。詩中元九謂稹也，李二十謂紳也。

《欲與元八卜鄰先有是贈》白居易

平生心迹最相親，欲隱墻東不為身。明月好同三徑夜，緑楊宜作兩家春。每因暫出猶思伴，豈得安居不擇鄰。何獨終身數相見，子孫長作隔墻人。

《聞楊十二新拜省郎遥以詩賀》白居易

文昌新入有光輝，紫界宫墻白粉闈。曉日雞人傳漏箭，春風侍女護朝衣。雪飄歌句高難和，鶴拂烟霄老慣飛。官職聲名俱入手，近來詩客似君稀。

前四句賀其新拜省郎，第五句忽插入能詩，以極推之。第六句仍扣到新拜，第七句遂以官職聲名總承五六句作收，第八句點明詩客，以回應第五句，即總結通首章法，極整又極變也。按楊十二，名巨源，香山前贈詩有「不用更教詩過好，折君官職是聲名」之句，今故有官職聲名云云。

《行次夏口先寄李大夫》白居易

連山斷處大江流，紅旆逶迤鎮上遊。幕下翱翔秦御史，軍前奔走漢諸侯。曾陪劍履升鸞殿，欲謁旌幢入鶴樓。假著緋袍君莫笑，恩深始得向忠州。（卷十七言律詩，《續修

四庫全書》影印清道光二年刻本）

⊙首尾呼應法

《春題湖上》白居易

湖上春來似畫圖，亂峰圍繞水平鋪。松排山面千重翠，月點波心一顆珠。碧毯線頭抽早稻，青羅裙帶展新蒲。未能抛得杭州去，一半勾留是此湖。

兩湖字，首尾呼應，亦是一法。似畫圖三字，又為一詩總領。次句及中四句，皆所謂似畫圖也。又如岑嘉州之「須知明主待持衡」應首句相國，王右丞之「不如高卧且加餐」應首句君自寬，李義山之「松醪一醉與誰同」應首句暮樓空，同一法也。（卷十一七言律，《續修四庫全書》影印清道光二年刻本）

⊙三四句承寫法

《酬贈李鍊師見招》白居易

幾年司諫直承明，今日求真禮上清。曾犯龍鱗容不死，欲騎鶴背覓長生。劉綱有婦仙同得，伯道無兒累更輕。若許移家相近住，便驅雞犬上層城。

以三句承首句，以四句承次句，而意却側注，故後四句单承第四句說下。（卷十一七言律，《續修四庫全書》影印清道光二年刻本）

⊙五六句雙承三四句法

《春晚咏懷贈黄甫朗之》白居易

艷陽時節又蹉跎，遲暮光陰復若何。一歲中分春日少，百年通計老來多。多中更被愁牽引，少裏兼遭病折磨。賴有銷愁治病藥，君嘗濃酎我聽歌。

毛西河云：三四以春日頂艷陽，以老來頂遲暮，猶是舊法，至五六以多少明頂則變體矣。結又頂愁病，係白集舊本刊正與時刻異。

樂天詩取法少陵，而乏渾厚之力，又必使老嫗亦解，故多淺率俚俗語，此詩「愁牽引」、「病折磨」，更涉鄙惡矣，學者當慎取之。（卷十一七言律，《續修四庫全書》影印清道光二年刻本）

⊙前四句扇對法

《覽盧子蒙侍御舊詩多與微之唱和感今傷昔因贈子蒙題於卷後》白居易

早聞元九詠君詩，恨與盧君相識遲。今日逢君開舊卷，卷中多道贈微之。相看掩淚情難說，別有傷心事豈知。聞道咸陽墳上樹，已抽三丈白楊枝。

第三句承次句盧君，第四句承首句元九，一氣旋折，清空如話。後半首

一往情深，交道之篤，身世之感，並流露於楮墨閒矣。（卷十一七言律，《續修四庫全書》影印清道光二年刻本）

⊙第五句大轉法

《宣州崔大夫閣老忽以近詩數十首見示吟諷之下竊有所喜因成長句寄題郡齋》白居易

謝玄暉歿吟聲寢，郡閣寥寥筆硯閒。無復新詩題壁上，虛教遠岫列窻間（原註：謝宣城《郡内》詩云：窻中列遠岫）。忽驚歌雪今朝至，必恐文星昨夜還。再喜宣城章句動，飛觴遥賀敬亭山。（原註：謝又有題敬亭山詩，並見《文選》中）

通首切宣州生意，見宣州自謝公後，今又得崔大夫也。清空如話，顯然易曉。

《節候》國朝趙執信

今年節候太支離，獨有閒人次第知。暑似飢鷹戀韝久，凉如隱士出山遲。昨來一雨醒塵夢，陡覺清秋赴夙期。日午當牕看竹色，微風捲緑入簾帷。

秋谷天才放逸，共七律亦以才勝，體格差近香山、放翁耳。

《送劉郎中赴任蘇州》白居易

仁風膏雨去隨輪，勝境歡遊到逐身。水驛路穿兒店月，花船棹入女湖春（原註：語兒店，女墳湖，皆勝境也）。宣城獨咏牕中岫，柳惲單題汀上蘋。何似姑蘇詩太守，吟詩相繼有三人。（原註：領吳郡日，劉嘗贈予詩云：「蘇州刺史例能詩，西掖今來替左司」，故有三人之戲耳）

《宣武令狐相公以詩寄贈傳播吳中聊奉短章用申酬謝》白居易

新詩傳詠忽紛紛，楚老吳娃耳遍聞。盡解呼為好才子，不知官是上將軍。詞人命薄多無位，戰將功高少有文。謝朓篇章韓信鉞，一生雙得不如君。

前詩五六句以襯筆作開，此詩五六句以議論作開，又如樂天《題新居寄元八》後四句云：「陶潛室小堪容膝，子貢墻低甫及肩。誰似昇平元八宅，栽花種柳傍林泉。」亦此法也。

《和令狐相公寄劉郎中兼見示長句》白居易

日月天衢仰面看，尚淹池鳳滯臺鸞。碧幢千里空移鎮，赤筆三年未轉官。別後縱吟終少興，病來雖飲不多歡。酒軍詩敵如相遇，臨老猶能一據鞍。

酒軍緊承第六句，詩敵緊承第五句，一氣接下，此用法之尤顯然者。（卷十一七言律，《續修四庫全書》影印清道光二年刻本）

⊙第七句大轉法

《喜張十八傅士除水部員外郎》 白居易

老何殁後吟聲絕，雖有郎官不愛詩。無復篇章傳道路，空留風月在曹司。長嗟博士官猶屈，亦恐騷人道漸衰。今日聞君除水部，喜於身得省郎時。

前四句就水部作翻，五六句復就博士發慨，然後第七句轉到除水部，其喜躍為何如耶！寫喜字已到二十分飽滿，可謂「不著一字，盡得風流」，此境固不易到也。然較之少陵，不免氣味淺薄矣，詩道之難如此，起句涉俗，不可學。（卷十一七言律，《續修四庫全書》影印清道光二年刻本）

又按，《寬夫詩話》並引白香山「户大嫌甜酒，才高笑小詩」，以嫌甜、笑小為叠韻對法，今核之《香山集》中，如「唐昌玉蕊會，崇敬牡丹期」，唐昌一韻，而崇敬不一韻；「且昧隨時義，徒輸報國誠」，隨時一韻，而報國不一韻；「沉吟辭北闕，誘引向西方」，沉吟一韻，而誘引不一韻；「南國秋猶熱，西齋夜暫凉」，秋猶一韻，而夜暫不一韻；「門閉深沉樹，池通淺沮溝」，深沉一韻，而淺沮不一韻；七言如「山鬼趫跳唯一足，峽猿哀怨過三聲」，趫跳一韻，而哀怨不一韻；「風荷落葉蕭條緑，水蓼殘花寂寞紅」，蕭條一韻，而寂寞不一韻，可見香山「嫌甜」、「笑小」一聯，亦無心偶合，非宗休文之法者也。其他大家名家，自唐迄今，皆無以叠韻對為法式者，學者當求詩道之大，慎勿瑣瑣於此等以自誤也。　富平李天生謂，唐賢律詩押韻，共一紐者不連用，夫人皆然，獨出句落脚仄聲字，少陵必分上去入，隔別用之，他人不盡然。朱竹垞以為出天生之獨見，善不可没，此等雖係小節，然少陵詩律之細，至於如此，而未嘗遵守休文叠韻對之說，則其說之不足從也，益明矣。（卷十四七言絕句，《續修四庫全書》影印清道光二年刻本）

智按：李鍈，字青萍，號端黼，掖縣（今屬山東煙臺）人。乾隆二十一年（一七五六）舉人，二十九年（一七六四）由潼關通判轉揚州通判，翌年擢廣信知府，終於右江兵備道，卒於南昌。著有《漫游草》、《信手抄》、《艾堂外篇》、《起書樓遺詩》，皆散佚。生平見其子李兆元《十二筆舫雜録》、《山東通志》卷一四六藝文志。

錢維城（一七二〇～一七七二）

《恭和御製坐金蓮池上用白樂天寄韜光禪師韻》

池上金蓮現，凌波仙子家。坐看雲出岫，時見水流花。宿露初含蕊，新烟薄吐芽。生機都活潑，報試火前茶。（《錢文敏公全集》鳴春小草卷四，《續修四庫全書》影印清乾隆四十一年眉壽堂刻本）

《恭和御製用韜光禪師答樂天韻》

如此山光沸檻泉，高僧應是對雲眠。峯開一掌晴吹竹，池擁千盤露滴蓮。猿鶴夜聲歸上界，磬鐘朝響徹諸天。香山往事添幽韻，睿藻新傳窣堵前。（《錢文敏公全集》鳴春小草卷四，《續修四庫全書》影印清乾隆四十一年眉壽堂刻本）

《恭和御製題林逋詩帖眞跡用卷中蘇軾至和靖林處士後韻》

詩人舊住孤山曲，面面遙岑攢黛緑。老鶴盤空廻入雲，疎梅繞宅香浮玉。蕭然棐几自詠詩，一洗元輕與白俗。清標已去不可追，彈指千年等風燭。詎知遺墨尚無恙，尺縑可敵千金足。豪端瘦硬欲通神，不學肥皮更厚肉。鑒賞曾傳玉局詩，收藏未入歐陽録。至尊清暇手自題，元音天上非凡曲。朅來湖上問遺祠，謖謖清風敲翠竹。松陵兩地遙相望，可配天隨薦杞菊。（《錢文敏公全集》鳴春小草卷四，《續修四庫全書》影印清乾隆四十一年眉壽堂刻本）

《渡楊柳津題白香山喚渡亭》

野渡荒亭白傅留，千秋蹤蹟一扁舟。溪邊楊柳誰人問，江上琵琶有客遊。詩酒已空餘岸草，烟波無盡幾沙鷗。才人從古多淪落，何處青衫不淚流。（《錢文敏公全集》茶山詩鈔卷五，《續修四庫全書》影印清乾隆四十一年眉壽堂刻本）

智按：錢維城，字宗磐，一字幼安，號稼軒，武進（今江蘇常州）人。乾隆十年（一七四五）乙丑一甲一名進士，授修撰，官至刑部侍郎。贈尚書，謚文敏。有《茶山集》。

孫士毅（一七二〇～一七九六）

《觀刈麥》

日夕下牛羊，村烟引孤往。不聞鉦鼓鳴，聆此枷板響。蠻荒開闢遲，土厚信肥壤。菽粟使之仁，柔民去其獷。此中物候殊，暖寒變饑穰。六月尚條風，嘉穗自俯仰。丁男腰佩鐮，饁婦兒在襁。語言太兆離，來往各紛攘。皇心不遺遠，域外亦教養。行田彼爲誰，頭人或里長。此輩老耨耡，吾行放弓仗。（《百一山房詩集》卷十一，《續修四庫全書》影印清嘉慶二十一年刻本）

智按：孫士毅，字智冶，一字補山，仁和（今浙江杭州）人。少穎異，力學。乾隆二十六年（一七六一）進士，以知縣歸班待銓。二十七年，高宗南巡，召試，授内閣中書，充軍機章京。遷侍讀。大學士傅恒督師討緬甸，以士毅典章奏。叙勞，遷戶部郎中。擢大理寺少卿。出爲廣西布政使。擢雲南巡撫。總督李侍堯以贓敗，士毅坐不先舉劾，奪職，遣戍伊犁，録其家，不名一錢。上嘉其廉，命纂校《四庫全書》，授翰林院編修。書成，擢太常寺少卿。

韋謙恒（一七二〇～一七九六）

《絢春園雜詠奉和館師尹望山先生用杜工部遊何將軍山林韻十首》（其四、其七）

謝公庭樹下，幾度對鶯花。忽似歸巢燕，翻憐赴壑虵（園本鄂文忠別業，先生其壻也，故元唱有感舊句）。經綸才可替，泉石興逾賒。合誦香山句，春深執政家。

退朝聊習靜，小閣坐焚香。石磴寒烟細，沙隄夜月涼。四山供眺覽，一室話行藏。白傅誰能畫，閒吟古樹蒼。（《傳經堂詩鈔》卷五，《續修四庫全書》影印清乾隆刻本，第一四四四册，第四五九～四六〇頁）

《效香山體二十四首》

致用在六籍，非徒摘章句。不能爲經神，曷不爲武庫。

論篤恐色莊，心正見眸子。微言尚可尋，盍以之相士。

乞醯取諸鄰，攘羊證其父。以此沽直聲，不足污吾斧。

雍也賤人子（見《史記》），王符無外家。古來重門第，賢喆空嗟呀。

色美卽斧斤，味甘實酖毒。吾宗子輿氏，養心唯寡欲。

伯玉行不隳，平仲心有三（見《孔叢子》）。雖爲濳聖友，妙指當微糸（言尼山以君子許伯玉，而平仲僅稱其善交，有微指也）。

天高鶴可聞，水清魚始見。俗眼徒紛紛，賢愚安足辨。

樂羊食其子，西巴翻舍麑。不忍斯可信，忍者終見疑。

少年意氣盛，老成更事久。卓哉齊子奇，同載皆白首。

進言良獨難，時唯當其可。舉燭誤亦佳，徙薪計乃左。

不疑乃盗嫂，曾參竟殺人。悠悠何足道，萬古含酸辛。

涇渭流雖同，淄澠味自别。一任揚其波，誰能淆吾舌。

萬錢一朝餐，百金十家產。漢文思何深，何曾色亦赧。

温公大布被，儉德資雅化。何以牧豕翁，人或謂之詐。

蟣蝨畏湯沐，狐鼠避熏灌。去惡莫如盡，不斷受其亂。

十羊忌九牧，兩虎必一傷。從來易相厄，豈獨陳與張。

眉山失方叔，廬陵刷劉幾。公明本相生，歐蘇眞吾師。

寶劍挂宰樹，葛帔念風雪。古人死生交，奈何今斷絶。

遺簪不忍弃，破鏡猶欲圓。白頭吟一曲，雙淚如流泉。

摘瓜抱瓜蔓，煮豆燃豆萁。何不爲棠棣，鄂不相與依。

退之好奇藥，東坡信道篤。試問服硫黄，何如食杞菊。

琴鶴何必隨，牛犢應速買。人羡趙益州，吾欽龔勃海。

鬱林載片石，劉寵選一錢。漢廷多循吏，清節誰能先。

欲贏寧惡嚚，徒嚚奈無贏。不如保清静，庶遊神之庭。（《傳經堂詩鈔》卷十一，《續修四庫全書》影印清乾隆刻本，第一四四四册，第五一六頁）

智按：韋謙恒，字慎旃，號約軒，又號木翁，蕪湖（今屬安徽）人。乾隆二十八年（一七六三）癸未一甲三名進士，授編修，官至貴州巡撫，降鴻臚寺少卿。有《傳經堂詩鈔》。

王宸（一七二〇～一七九八）

《畫穀日盍簪圖贈方三刺史介亭》

正月晴和風景新（白香山句），更當穀日媲靈辰。良朋夜訪添佳興，好會朝期在宿因。簪插髩絲飛絮落，酒拈竹葉斷霞匀。定須爲客成圖畫，莫向塵途去問津。（《湖海詩傳》卷二十三，《續修四庫全書》影印清嘉慶八年三泖漁莊刻本，第一六二六册，第一〇〇頁）

智按：王宸，字子凝，號蓬心，太倉（今屬江蘇）人。乾隆二十五年（一七六〇）庚辰舉人，由内閣中書歷官永州知府。有《蓬心詩鈔》。

劉墉（一七二〇～一八〇五）

《效白香山何處春深好二十首》

何處春深好，春深富貴家。園亭千畝竹，錦繡萬重花。玉勒金珂馬，紅輪翠鈿車。冶遊聯坐客，曉上大隄斜。

何處春深好，春深貧賤家。短牆攲帶雨，仄徑冷無花。入饌餘三韭，移居剩一車。劇憐清景在，土銼冷煙斜。

何處春深好，春深執政家。棟梁隆夏屋，桃李秀春花。黄紙裁新詔，青雲滿後車。金吾隨兩隊，沙路墊長斜。

何處春深好，春深方鎮家。旌門排畫戟，歌院唱庭花。校獵千金馬，追鋒七寶車。晝長鈴閣静，聲報日西斜。

何處春深好，春深刺史家。登車封内雨，行縣馬前花。屬吏頒新令，官奴從後車。兒童迎道左，六七隊行斜。

何處春深好，春深學士家。九霄天上路，五色筆頭花。内府傳封醖，中宫引畫車。大家催草詔，鸞紙墨行斜。

何處春深好，春深女學家。閒題宫樹葉，對譜御園花。珠户開三閣，牙籤掌五車。虞郎年最少，偷覷臉波斜。

何處春深好，春深御史家。馬驄來柏府，衣繡帶霜花。白簡生風奏，朱輪避道車。殿頭爭認得，簪筆一枝斜。

何處春深好，春深遷客家。喜逢天外使，飽看日南花。卜瓦疑神語，聽禽怕鬼車。家人知健否，萬里瘴江斜。

何處春深好，春深經業家。黄迷槐市葉，紅夢杏園花。赫赫題名紙，紛紛擇壻車。常愁官韻險，沈思燭光斜。

何處春深好，春深隱士家。淵明歸種秫，和靖晚妻花。手蠟登山屐，兒扶下澤車。相逢無主客，隨意葛巾斜。

何處春深好，春深漁父家。絲縈三月柳，網漏一溪花。磯淨無煩席，船平穩似車。棹歌歸去晚，新月半蓑斜。

何處春深好，春深潮户家。彩旗翻桂棹，驚浪颭桃花。激射錢王弩，奔騰伍相車。年年成水戲，舟楫慣攲斜。

何處春深好，春深痛飲家。緑疑浮鴨毳，甜似釀蜂花。看白時成碧，聞雷只道車。欲眠催客去，不正卧茵斜。

何處春深好，春深上巳家。杯流浮曲水，裊濺繡攢花。芳草迎嬌馬，香塵散寳車。遺簪兼墜珥，歸路髻鬟斜。

何處春深好，春深寒食家。秋千驚落絮，蹴踘鬬飛花。絡繹來東郭，娉婷下鈿車。裊腰原草露，故故趁人斜。

何處春深好，春深博奕家。一斑時見豹，五白乍分花。射得鉤藏手，偷來局失車。莫教拈枉矢，投向哨壺斜。

何處春深好，春深嫁女家。問年圓桂魄，卜月豔桃花。鐙火明前路，笙歌引從車。輭紅塵不動，搖曳紫襜斜。

何處春深好，春深娶婦家。雲屏千疊錦，蓮炬一堂花。盤結徐翁玉，人看衛叔車。小胥通賀柬，鴈翅手中斜。

何處春深好，春深妓女家。歌殘筵上月，舞落鬢邊花。鞭脱珊瑚柄，簾開翡翠車。紅樓君見否，門隔練塘斜。(《劉文清公遺集》卷七五律六十一首，《續修四庫全書》影印清道光六年劉氏味經書屋刻本)

《湓浦琵琶圖》

江波未墜月，秋思更離情。鐙下殘妝近，絃中舊恨明。蕭蕭木葉下，湓

淰夜潮生。返櫂驚鴻度，猶疑轉柱聲。(《劉文清公遺集》卷八五律六十三首，《續修四庫全書》影印清道光六年劉氏味經書屋刻本)

智按：劉墉，字崇如，號石庵，諸城（今屬山東）人。乾隆辛未（一七五一）進士，改庶吉士，授編修，官至體仁閣大學士，加太子太保。謚文清。有《劉文清公集》。

汪憲（一七二一～一七七一）

《伏日陪杭太史陳太僕諸公南華避暑分得山字》

三十六鷗飛不還，緑楊依舊倚潺湲。名園避暑娛新節，《大雅》扶輪借小山。藉甚聲名元白在，過從親故紀群間。倚樓未覺前塵幻，乞得清涼羽扇閑。(《晚晴簃詩匯》卷七十九)

智按：汪憲，字千波，號魚亭，錢塘（今浙江杭州）人。乾隆十年（一七四五）乙丑進士，歷官刑部員外郎。有《振綺堂存稿》（光緒十五年刻本，不分卷）。

李中簡（一七二一～一七九五）

《山寺四詠・韜光寺》

萬古韜光寺，天關鳥道通。半巖收海色，絕頂下江風。野竹流云白，幽花避日紅。金蓮池畔句，長慶兩仙翁（池上石刻樂天與韜光禪師贈答詩）。(《李文園先生全集・嘉樹山房詩集》卷三，《四庫未收書輯刊》影印清嘉慶六年李學穎嘉樹房刻本，集部第十輯第十五册，第一五二頁)

《送句山太僕前輩乞假南歸四首》（其四）

麟角虛推亦偶然，懺除文字欲安禪。因君問訊金蓮水，莫是空花隔淨緣。(韜光寺後金蓮池上有石刻白樂天與韜光禪師唱和句，予十四年前舊游處也)(《嘉樹山房詩集》卷十二，河北大學圖書館藏嘉慶六年李學穎刊本)

智按：李中簡，字廉農，號文園，直隸任丘（今屬河北）人。乾隆十三年（一七四八）進士，授翰林院庶吉士，後提督學政，以罷吏議罷官。博學工詩文，與朱筠兄弟及紀昀齊名，但杜門謝客，不標榜聲氣。有《李文園先生全集》十三卷。

吳鎮（一七二一～一七九七）

《白太傅祠》

太傅千秋宅，曾傳海上山。仙龕猶不住，鴻爪任人間。

長慶文章在，風流萬古推。小蠻樊素外，厨媪是何誰。

淡語總清眞，庸兒枉效顰。元劉慚大敵，何况後來人。（《松花庵集・松花庵詩草》卷二，《清代詩文集彙編》影印清乾隆至嘉慶間遞刻本，第三四九册，第二三頁；《（乾隆）韓城縣志》卷十四，《續修四庫全書》影印清乾隆四十九年刻本，第六九三册，第二六一頁）

智按：第三首《松花庵集》未收，録自《韓城縣志》，其總題《白樂天祠三首》，第二首「厨媪是何誰」，作「老嫗是何誰」。

《題長恨歌二首》

長生私誓月輪寒，參昴星横夜欲闌。若使玉環同武氏，要封天后有何難。（終身作妃此亦好處）

巴山夜雨感鈴音，不礙君恩世世深。三十八年春已老，尚留長恨到而今。（《松花庵集・蘭山詩草》，《清代詩文集彙編》影印清乾隆至嘉慶間遞刻本，第三四九册，第一四一頁）

智按：吳鎮，字信辰，號松厓，狄道（今甘肅臨洮）人。自署臨洮吳鎮。乾隆三十四年（一七六九）己丑舉人，任韓學教諭。潛心嗜古，尤長於詩。天眞爛熳，不修邊幅。客至惟文與酒爲暢談，泊然寡營，可謂瀟洒出塵者。其爲集律集古，如自己出，如天衣之無縫。陞任山東陵縣知縣，尋知辰州府。

有《松花庵集》。

張九鉞（一七二一～一八〇三）

《秦淮殘柳詞》

乙丑秋，自京師南歸，薄遊金陵，同學數人，招遊秦淮。青溪歌闌酒歇，指點南朝往事，輒爲黯然。時秋風蕭摵，兩岸衰柳，零落將盡，節序之感，憑弔之愁，棖觸於斯。成三十絶句，敗筆零煤，隨地所書，不復收拾，既念劉夢得、白香山諸公，皆作《楊柳枝詞》，以慨亡隋而垂殷鑒，流連感歎之致，頗有合乎風人，因不自廢，排比如左，非徒作綺語，如李戡之譏元白、秀鐵面之譏黄魯直也。湘南旅人自識。

舊事傷心問碧流，數株況比曳殘秋。無情最是西風緊，釀出江南一段愁。
暮色稀疏露綺寮，蘭舟指點兩虹橋。莫從丁字簾前過，半昰秋絲半是潮。
敗葉如花趁碧溝，鴛鴦夢冷畫船秋。秦淮自是多情物，咽到青溪不肯流。
十里燈船漲翠痕，珠簾明鏡盡銷魂。寒霜古渡無人管，一樹蕭蕭閉繡門。
長板橋邊最可憐，嫩于春水弱如煙。如何肯向西風裏，委盡芳心與暮蟬。
飛絮飛花想像知，靈和官様竟如斯。風流那得常常在，月落烏啼又一時。
送別河房西又西，鶯啼一樹緑萋萋。空條落盡郎何處，獨上高樓望馬蹄。
澹澹飛鳧寂寂山，莫愁湖影接闌珊。長天秋水人來少，冰簟銀牀生暮寒。
桃根桃葉去迢迢，艇子歸來隔暮潮。死外驚心惟有别，更無人惜最長條。
妾以長千里畔樹，枯條旖旎復纒綿。郎如揚子江頭葉，隨風吹蕩落誰邊。
白舫青簾絮滿頭，南朝指點付閒鷗。年來怕聽瀟瀟雨，況是黄昏水閣秋。
法曲春燈御漏遲，鳳凰窗柱萬絲垂。年年流盡薰風淚，只有殘陽似舊時。
異種西川特特裁，横飄豹尾拂瓊杯。莫欺數點飄零色，曾向延禧殿裏來。
萬竹園荒石磴斜，寒煙明月帶栖鴉。朱門一本頽唐甚，不是江家卽段家。
映水平莎變慘紅，香車想像麴塵風。中山公子飄零盡，樹底誰來繫錦驄。
七尺氍毹翠影空，石巢片片各西東。南朝自產江都令，莫怨臺城一夜風。
舊院荒蕪朱雀航，物猶如此劇淒涼。傷心更有丁張在，不獨琅玡大道王。
風前曾與鬭腰肢，李宛輕旋顧喜遲。斜日涼風太蕭瑟，誰人爲唱司勳詩。
十丈秋千斷索飄，飛塵深鏁赤欄橋。宛君眉黛香君眼，都付青溪一夜潮。

隔船淩夜發清謳，舊李門前月色流。恐是故宫楊柳曲，一聲低曳過朱樓。

盤得銀環樣不成，兩株顛頽太無情。方他法部孤鸞調，可是彈琴下玉京。

梁園人到又秋霜，歌冷樓空望媚香。樓外寒煙煙外水，鳥啼千縷恨茫茫。

淝水尚書夢已醒，眉樓無處問飄零。白門柳劇何人唱，多少吳孃掩淚聽。

武定橋頭更黯魂，一枝猶妒晚粧痕。江南紅豆樽前苦，留得青衫寇白門。

卷葉曾爲玉笛吹，沙笙傅曲暗相隨。如今滿地蕭疏影，香月重來欲照誰。

十二欄杆倚復抛，風低雁字響颼颼。隔溪更送淒涼調，腸斷魁官舊日簫。

兵斫煙焚舊木多，一年一度一蹉跎。天公不斷煙花種，依舊粧樓緑萬柯。

天地無情草木悲，千年憑弔向何誰。何如送客勞勞樹，不管興亡管别離。

（張家栻案，「何誰」，見《晉書·陳實傳》）

龍虎江聲日夜凋，短衣重上石城橋。客心正似長淮葉，舞向秋風未肯銷。

滿逕霜華雁度遲，溪風夜半酒醒時。南朝頓老風流盡，莫倚琵琶唱柳枝。（《紫峴山人全集》詩集卷三，《續修四庫全書》影印清咸豐元年張氏賜錦樓刻本）

《題琵琶亭壁二首》

已作商人婦，琵琶欲怨誰。秋風不相掩，偏使客船知。

明月蘆花雪，茫茫九派波。非關遷謫恨，只是淚痕多。（《紫峴山人全集》詩集卷六，《續修四庫全書》影印清咸豐元年張氏賜錦樓刻本）

《論詩品格》

《詩品》三卷，梁記室参軍鍾嶸仲偉所撰。上品十一人，中品二十九人，下品六十九人。《金鍼詩格》，唐白居易撰。居易自謂與劉禹錫皆以詩知名，撮詩之體要為一格，病得鍼而愈，詩亦然，故曰《金鍼集》。……《唐詩主客圖》，唐張為撰。所謂主者，白居易、盧雲卿、李益、鮑溶、孟郊、武元衡，各有標目，餘有升堂、及門、入室之殊，皆所謂客也。詩派之詩皆出於斯。（《紫峴山人全集》外集卷四，《續修四庫全書》影印清咸豐元年張氏賜錦樓刻本）

智按：張九鉞，字度西，號紫峴，湘潭（今屬湖南）人。乾隆二十七年（一七六二）壬午舉人，次年明通榜，官海陽知縣。有《陶園集》。

弘曉（一七二二～一七七八）

《鮮荔枝》

絳囊新劈露天漿，豈是蒲桃味可方。不效貽圖白居易，擎來且嗅宋家香。（《明善堂詩文集》詩集卷二，《續修四庫全書》影印清乾隆四十二年刻本）

《何處能忘酒擬白香山體》

何處能忘酒，凝香小院東。甆浮春盎盎，尊泛色融融。花暝翻新燕，雲歸逐暮鴻。此時無一盞，愁壘若爲攻。

何處能忘酒，輕風度碧窗。名花拂檻並，語燕傍簾雙。乘興詩魔遣，開襟俗慮降。此時無一盞，獨滬羨盈缸。

何處能忘酒，蕭閑水竹居。龍孫迸土出，荇帶向風舒。沙暖鷗羣狎，天空雁影疏。此時無一盞，幽賞欲愁予。

何處能忘酒，維舟楊柳溪。風迴波淼淼，烟碧草萋萋。蕩槳遊魚避，投竿晚唱低。此時無一盞，誰與聽黃鸝。

何處能忘酒，吟儔集小齋。葳蕤炫詞賦，芳藻茁庭堦。雅愛糟床注，狂思麯蘗埋。此時無一盞，空訝素心乖。

何處能忘酒，滿庭花正開。笙歌飄曲榭，羅綺繞層臺。座挹香風起，歡隨明月來。此時無一盞，好景亦徒哉。

何處能忘酒，新詩手自刪。籬邊傲彭澤，池上憶香山。白墮聊沽興，黃藤解破閒。此時無一盞，底事勸開顔。（《明善堂詩文集》詩集卷十三，《續修四庫全書》影印清乾隆四十二年刻本，第一四四四册，第六四四～六四五頁）

《秋日燕子樓閒咏用香山韵》

樓頭白鴈警初霜，懶熱香篝卧綺床。不耐滿簾秋月迥，照人偏覺此宵長。

河漢欹斜月墮烟，蘭膏宵永尚依然。夜臺爲報知音客，惆悵西風又一年。

容華如水去難回，燕子樓中舊燕來。却恠侍郎詩太促，芳心焉得不成灰。（《明善堂詩文集》詩集卷二十五，《續修四庫全書》影印清乾隆四十二年刻本，第一四四五册，第四三頁）

智按：怡僖親王弘曉，號冰玉道人，怡賢親王允祥子。有《明善堂集》。

高裕（一七二二～一七七九）

《雨中獨坐無聊，次白樂天韻》

平生無所嗜，適性以爲樂。一室有琴書，小園栽花藥。生長太平年，僥倖免黜削。縱然無所爲，亦能無所怍。（《秋潭先生文集》卷一，《韓國文集叢刊》本）

智按：高裕，字順之，號秋潭。有《秋潭先生文集》。

秦朝釪（一七二二～一七九五）

《消寒詩話》

元微之有絕句云：「曾經滄海難為水，除却巫山不是雲。取次花叢懶回顧，半緣修道半緣君。」或以為風情詩，或以為悼亡也。夫風情固傷雅道；悼亡而曰「半緣君」，亦可見其性情之薄矣。微之始為諫官，號敢言；後晚節不終，由中人薦為宰相，至與裴晉公為難，阻撓其兵機，使元勳重望無功，而河北遂不可問，則微之亦適成為半截人矣。若白樂天性情便厚，故能始終一節。言為心聲，信夫！（《清詩話》第一〇二二～一〇二三頁；《馬廉雜抄》第二函三十二葉）

智按：秦朝釪，字大樽，號岵齋，晚號蓉湖居士，金匱（今江蘇無錫）人。乾隆十三年（一七四八）進士。以部郎外放，歷官至楚雄州知府。以丁憂歸，主講江漢書院九年，乾隆四十九年（一七八四）再主講豫章書院三年。有《岵齋詩文稿》。事迹見《國朝耆獻類征初編》卷二三六、《錫山歷朝書目考》卷五。

王鳴盛（一七二二～一七九七）

《敢諫鼓賦》（以「置鼓于庭以來諫者」爲韻）

稽古放勳，求言致治，德惟立極，已秉聖神文武之姿；虚以受人，更殷諮訪芻蕘之意。草名指佞，見屈軼之呈祥；心切懷賢，復靁鼖之特置。啟羣僚之獻納，爰假於物以明忱；旌直節於巖廊，乃托之聲以表異。爾其乍闢丹扆，森陳靈鼓。制仿應田，形參薛魯。輝暎戺階，磊落堂廡。節協鼉更，光生鷺羽。非以諧九成，非以奏萬舞。集衆思而廣衆益，佇發響於噌吰；陳嘉謨而播嘉猷，尚振聲於搏拊。誰能考擊，攀龍鱗而欲批；孰解摻撾，仰袞職而思補。則見夫賡颺之侶，吁咈之徒，羣求効欵，共擬獻愚。感訪道之殷衷，自歡欣而上叩。欽開誠之至念，願踴躍而援桴。坎其有聲，訝霜飛於白簡；紞如成響，驚韻徹於青蒲。布忠告於松軒，恍如狥以木鐸；進竇箴於雲牖，行將節彼錞于。蓋惟德愈高而心乃彌下，業極盛而衷猶不寧。聞過常勤於飢渴，納誨時切於箴銘。知四海雖有納牖之情，非明以相招，無由作其激昂之氣；念百寮原多叩莛之意，必誘之使達，乃能消其退縮之形。故鞺鞳高懸，自見論思無隱；而鞉鼙具設，從知謇諤盈庭。彼夫表折檻以旌賢，頒獸樽以志美；咸著芳徽，並流前史；孰若兹鼓之備陳，想見納言之有以。乍懸筍簴，自發朝陽鳴鳳之音；試叩桐魚，咸抱仗馬寒蟬之恥。一長一技，誠知無當於亶聰；大鳴小鳴，猶冀稍裨於上理。徒觀其品齊柷敔，竇重雷回；森森殿陛，磊磊廷陔。祇煇煌於球磬，聊映帶於棘槐。豈知小物之陳列，幾經聖慮之低徊。纔奏淵淵，而岳牧之訏謨交進；初聆簡簡，而臯夔之碩畫偕來。于焉造膝而答疇咨之詔，于焉側席而進熙績之才。斯所以駿烈之蕩巍，比隆蒼昊；而鴻名之彪炳，廣運埏垓者也。我皇上業懋欽明，功崇清晏；德已進於難名，心且純於無間。雷門無需細響，奚煩削牘而陳；牛鐸難叶黄鐘，寧須執藝而諫。然猶博訪瞍矇，旁諏巖澗。切懲喑默，方情繫於塈讒；屢戒媮安，亦防深於慮患。是以翕受在堂廉，詢謀在草野。明良互儆，詎云嘿而息乎；鞀鐸堪懸，亦曰勸彼來者。當斯際也，抱芹曝之微願，皆欲敷陳；懷螢爝之末光，俱思傾寫。搢笏常達於彤墀，前席時聞於廣厦。里革之陳正論，豈彼藏彼網罛；杜簣之納藎言，不特誌諸杯斝。方將賡於綸之什，勒盛烈於鐘鏞；歌胥樂之章，宣元音於頌雅。惟德齊海嶽，猶且取土壤而受細流；斯績配陶唐，自見光四表而格上下。（《西莊始存稿》卷二，《續修四庫全書》影印北圖藏清乾隆三十年刻本，第一四三四册，第三五～三六頁）

智按：仿自白居易《敢諫鼓賦》。

《恭集御製詩・恭頌皇上五十萬壽集御製句七言律二十首（謹序）》

臣伏讀我皇上《樂善堂全集》定本，暨《御製詩初集》，陶鑄風雅，含蘊典謨，天地之中聲也，國家之元氣也，美矣富矣，觀止矣，蔑以加矣。竊嘗從容涵詠，反覆研尋，而知我皇上之詩，根乎道德，著乎事功，凡敬天法祖，愛民勤政之至意，隨處觸發，自然呈露，彼唐宋以來，李白、杜甫、韓愈、白居易、蘇軾、陸游之作，我皇上皆兼有其妙，而心法治法之原本，則又有非諸家所得望見者也。兹歲庚辰，恭逢我皇上五十萬壽之期，薄海騰歡，普天集慶，欽惟我皇上聖學淵純，郅治隆懿，文思光被，武烈懋昭，凡在百爾，臣工靡不思殫精竭慮，作爲歌詩，以頌述聖天子之盛德大業……（《西莊始存稿》卷二，《續修四庫全書》影印清乾隆三十年刻本）

《琵琶亭》

黄蘆苦竹夕陽斜，獨傍荒亭繫短槎。遠客青衫先自濕，不須商婦訴琵琶。（《西莊始存稿》卷六，《續修四庫全書》影印清乾隆三十年刻本）

《十七史商榷》

⊙分司官

唐都長安，而洛陽為東都，相去非遠，其宮闕蓋亞於西都，不特人主臨幸頻數，而官於朝者，亦多置别業於其中。士自江淮來者，至此則解裝憩息焉。又設爲分司官，不關致事，而食其禄。本以處罷黜之人，或既遠黜复量移于此，而性樂恬退者，亦或反從而求爲之，此其制頗似明南京官，而宋奉祠亦似之，乃新舊地理志、職官志、方鎮表，概未之及。殆因其閒散猥宂，故從略。而見於諸傳者則甚多。姑隨舉如干條，以存其制。如

《舊書》之《王縉傳》：授門下侍郎中書門下平章事，貶括州刺史，移處州，除太子賓客，留司東都。又《白居易傳》：太和二年，轉刑部侍郎，封晉陽縣男，三年稱病東歸，求爲分司官，尋除太子賓客。居易懼以黨人見斥，求致身散地，冀於遠害。凡年居官，未嘗終秩，率以病免，固求分務，識者多之。五年，除河南尹。七年，復授太子賓客分司。又《劉瞻傳》：瞻罷相，貶康州刺史，移虢州。入朝爲太子賓客分司。又《文苑傳》：齊澣爲汴州刺史，李林甫惡之，坐贓廢歸田里，起爲員外少詹事，留司東都。嚴挺之由絳州刺史爲林甫所搆，除員外少詹事，留司東都，與澣皆朝廷舊德，既廢，居家巷，每園林行樂，杖屨相過，談讌終日。司空圖召拜殿中侍御史，以赴闕，遲留責授光禄寺主簿，分司東都。乾符六年，宰相盧攜罷免，以賓客分司，圖與之遊。又如《新書》之《皇甫湜傳》：仕工部郎中，辨急使酒，數忤同舍，求分司東都。又《舒元輿傳》：遷刑部員外郎，李宗閔以爲浮躁誕肆，不可用，改著作郎，分司東都。又《王璠傳》：左僕射李絳用太子少師分司東都。又李固言以右僕射為太子太傅，分司東都。又《康日知、孫承訓傳》：以冒功移右武衛大將軍，分司東都。又李珏由宰相貶昭州刺史，徙郴舒二州，以太子賓客分司東都。又崔珙以宰相斥恩州司馬，徙商州刺史，以太子賓客分司東都。又起執政，又以不自力避事，下除太子少師，分司東都。又《田宏正傳》：擢其兄融太子賓客，東都留司。《杜牧傳》：以監察御史移疾，分司東都。據此諸條，則知不論尊卑，文武上自宰相，下訖庶僚，皆可分司。大約宰相多以賓客居之，故《新・李德裕傳》德裕凡三次分司，始以宰相出爲節度，又被讒貶爲太子賓客分司東都，再貶袁州長史，徙滁州刺史，又以太子賓客分司東都。後相武宗，宣宗即位，罷相出爲東都留守。白敏中等素仇斥其陰事，故以太子少保分司東都。至於節鎮，亦有分司者，如《通鑑》二百四十二卷，長慶元年七月，貶盧龍軍節度使張宏靖爲賓客分司。胡三省曰：貶爲太子賓客分司東都也。案，時軍人呼宏靖為相公，宏靖亦帶使相銜者，要之自請移病而得之者，斯爲上矣；遭讒而被放者，抑其次乎？（《十七史商榷》卷八十五，《續修四庫全書》影印清乾隆五十二年洞涇草堂刻本）

《蛾術編》

⊙街東街西

《舊唐書·地理志》關內道皇城南大街曰：朱雀街街東五十四坊，萬年縣領之，街西五十四坊長安縣領之。《新唐書·百官志》稱為左右街，此街各坊，唐時第宅園亭寺觀皆在，載宋敏求《熙寧長安志》。近日畢氏沅（太倉鎮洋人，總督兩湖，兵部尚書兼右都御史）已刻之。予爲敍白樂天《凶宅》詩云：「長安多大宅，列在街西東。」《唐詩鼓吹》注云：「街東西諸坊及西市，多王公貴戚之家。」杜牧《街西長句》云「碧池新漲浴嬌鴉，分鏁長安富貴家。游騎偶同人鬭酒，名園相倚杏交花。銀鞦騕褭嘶宛馬，繡鞅璁瓏走鈿車」云云，此皆言街東西第宅園亭之盛也。韓昌黎《華山女》詩云：「街東街西講佛經，撞鐘吹螺閙宮庭。」《早赴街西行香》詩云：「天街東西異，祗命遂成游。老僧情不薄，僻寺境還幽」云云，此言街東西寺觀之盛也。昌黎又有《題張十八所居》詩云：「君居泥溝上，溝濁萍青青。」東雅堂韓集某氏注云：「張籍居長安西街，孟東野所謂『西明寺後窮瞎張太祝』也。」張籍《酬昌黎》詩云：「西街幽僻處，正與嬾相宜。」杜牧又有《雪晴訪趙嘏街西所居》詩，嘏，山陽人，其《書齋雪後》詩「鄉遥路難越」云云。此必嘏在街西所居中作可知，羈孤者參錯其間，非盡烜赫者也。……（《蛾術編》卷四十說地四，《續修四庫全書》影印清道光二十一年世楷堂刻本）

⊙西明寺

西明寺在街西。蘇頲《長安西明寺碑》略云：「慶明元年仲秋，詔于京兆延康里置西明寺。……我開元神武皇帝，御十方四載，極上下神示，伊護法者，其聖王乎！」觀碑所言，其侈淫如此，造孽何涯。白樂天有《西明寺牡丹》詩云：「前年題名處，今日看花來。」又有《重題西則寺牡丹》詩。此寺後則張籍所居，籍病目，故云窮瞎也。温庭筠亦有《題西明寺僧院》詩云：「爲尋名畫來過院，因訪閑人得看棊。」而大中八年陸展書，咸通四年劉鏞書，漳州陀羅尼經幢敍，亦言西明寺僧順貞譯此經。《新唐書·柳公權傳》嘗書京兆西明寺《金剛經》，有鍾、王、歐、虞、褚、陸諸家法。（《蛾術編》卷四十說地四，《續修四庫全書》影印清道光二十一年世楷堂刻本）

⊙華陽觀

白樂天《華陽觀詩》自注：華陽公主故宅，有舊内人存焉。所謂「頭白宮人埽影堂」者也。又有《華陽觀桃花招李六拾遺飲》詩、《華陽觀八月十五日夜玩月》詩、《春中與盧周諒華陽觀同居》詩、《重到華陽觀舊居》詩，蓋樂天于應舉時曾居之。《唐文粹》有歐陽詹《玩月永崇里華陽觀詩敍》，李義山有《贈華陽宋眞人兼寄清都劉先生》詩，又有《月夜重寄宋華陽姊妹》詩，「偷桃竊藥事難兼，十二城中鎖綵蟾」云云。考《南部新書》云：新進士翌日排建福門候謁宰相，有詩曰：「華陽觀裏鐘聲起，建福門前鼓動時。」則知應舉者多居觀中，諸人皆以試事居此，其中必有廣庭層樓，故樂天、義山與歐陽詹皆言玩月之事。又《金石文字記》有《華陽觀王先生碑》，于敬之譔，王元宗正書，先生名軌，字洪範。（《蛾術編》卷四十說地四，《續修四庫全書》影印清道光二十一年世楷堂刻本）

⊙駱山人池亭

出東門行不遠，有駱山人池亭。《唐語林》云：駱浚者，度支司書手，李吉甫擢用之，典郡有令名，于春明門外築臺榭，食客皆名人。盧申州題詩云：「地甃如拳石，谿横似葉舟」云云。蓋浚雖出胥吏，頗好事且愛客，池亭幽雅，恰在大道旁，出京者初程遄發，解鞍憩此，有家口寄京者，先寄信回，然後前進入京者，以至此離京密邇，或須先遣僕往摒擋一切，亦歇馬焉。計吉甫用浚，必在憲宗元和中，卜築亦在此時。白樂天于穆宗長慶初，自中書舍人出守杭州，有《過駱山人野居小池》詩云：「茅覆環堵亭，泉添方丈沼。紅芳照水荷，白頸銜魚鳥。門前車馬客，奔走無昏曉。名利驅人心，賢愚同擾擾。」自注：「棄官居此。」李義山于文宗太和九年，有《宿駱氏亭寄懷崔雍崔兖》詩云：「竹塢無塵水檻清，相思迢遞隔重城」云云。劉得江，亦太和、開成間人，有《冬日駱家亭子》詩云：「亭臺臘月時，松柏見貞姿。林積煙藏日，風吹水合池」云云。（《蛾術編》卷四十說地四，《續修四庫全書》影印清道光二十一年世楷堂刻本）

⊙商山

白樂天長慶二年自中書舍人出守杭州，初出京，即有《五松驛》詩。此驛在長安東。李義山亦有《五松驛》詩云：「獨下長亭念過秦」云云，自是而東，則為商山。樂天赴杭州，有《登商山》詩，有《鄧州》詩，商鄧一連也。後白由忠州刺史拜尚書郎回京，亦取道商山。義山《商於新開路》詩「六百商於路，崎嶇古共聞」云云，此貞元七年，刺史李西華所開也。其自桂管歸，破帆壞槳于荆江中，遂改從陸路，至商洛則云：「昔去眞無奈，今還豈自知。青辭木奴橘，紫見地仙芝」云云。又《歸墅》云：「行李逾南極，旬時到舊鄉。楚芝應徧紫，鄧橘未全黄」云云，又《商於》詩云：「商於朝雨霽，歸路有秋光。背塢猿收果，投巖麝退香」云云，其從蜀中柳郢幕歸，有《九月於東逢雪》詩云：「舉家忻共報，秋雪墮前峯。嶺外他年憶，於東此日逢」云云，若《四皓廟》詩甚多，略舉其二。有「羽翼殊勳棄若遺」云云，一首有「本為留侯慕赤松」云云，一首亦因出京入京，屢經其廟故耳。又温庭筠《經商山卻寄昔同行友人》「曾讀逍遥第一篇」云云，通首皆曠達語，總因商山爲入京必由之路，故失志者其言如是。又有《商山早行》詩，所謂「雞聲茆店月，人跡板橋霜」，且爲口實也。義山又有《送豐都李尉詩》云：「萬古商於地，憑君泣路岐。固難尋綺季，可得信張儀。雨气燕先覺，葉陰蟬遽知。望鄉尤忌晚，山晚更參差。」蓋李尉從京中閱盡苦辛，方得山南東道南賓郡豐都縣尉一官，出京行至商山，突遇一拐兒，為其所紿，盡喪資斧，飲泣路岐，故義山贈之詩，言既不能遁世高隱如綺季，豈可妄信張儀之詐乎？二事皆商洛事也。因言燕與蟬尚能先知，嘆李尉之不覺其欺。結言今已無奈，尤忌山晚望故鄉，彌增忉怛耳。蓋商洛為近京地，亦猶今日之天津，欺詐之人所叢集，故其言如此。（《蛾術編》卷四十一説地五，《續修四庫全書》影印清道光二十一年世楷堂刻本）

⊙以旬爲年

白樂天詩「掌珠一顆兒三歲，鬢雪千莖父六旬」，《説文》「勹部」：「十日爲旬。」此以十年爲旬，沿俗誤也。明初徐尊生《懷歸集生日有感》云：「客中生日近七夕，老子行年當五旬。」亦同（鶴壽案，以旬爲十年，蓋始于唐代，漢魏六朝無之也。樂天又有《偶吟自尉兼呈夢得》詩云：「且喜同年滿七旬。」自注：「予與夢得甲子同辰，俱得七十。」）（《蛾術編》卷七十六説集二，《續修四庫全書》影印清道光二十一年世楷堂刻本）

⊙雲中下蔡

王阮亭論詩云：「林際春申語太顛，園林半樹景幽偏。豫章孤詣誰能解，不是曉人休浪傳。」自注：山谷謂「氣蒸雲夢澤，波撼岳陽城」不如「雲中下蔡邑，林際春申君」，「疏影横斜水清淺，暗香浮動月黄昏」，不如「雪後園林才半樹，水邊籬落忽横枝」，「雪後」、「水邊」誠妙，而「下蔡」者，豈指惑陽城，迷下蔡，「春申」豈指黄歇乎？詞鄙義拙，全不可通。《居易録》謂此論最有神解，得毋自欺欺人，實無所見乎？「雪後」、「水邊」見正集，「雲中」云云見後山居士詩話，宋左圭《百川學海》、商濬《稗海》皆云，黄魯直謂白樂天「笙歌歸院落，燈火下樓臺」，不如杜子美「落花游絲白日静，鳴鳩乳燕青春深」，孟浩然「氣蒸」云云，不如九僧「雲中」云云，據此則「雲中」云云，眞九僧詩矣。其意以濶大處著語，不如閒冷處確實，不知其何謂，且九僧集竝無此詩，予藏抄本，是康熙壬辰毛扆斧季所抄，跋稱歐陽公《六一詩話》已以九僧詩不傳爲歎，今後公六七百年，乃得宋時足本。晁公武《郡齋讀書志》九僧詩一卷一百十篇，陳直齋《書録解題》則一百七篇，今扆所得，凡一百三十四首，比晁多二十四首，比陳多二十七首。又從《瀛奎律髓》得宇昭《曉發山居》一首，并爲增入云云。又吳興錢霅聽默得廣陵馬氏宋本江湖小句，內是《聖宋高僧前俊續集》四卷，其前集即九僧詩，不獨詩數相符，行款亦不異，乃知汲古毛氏所得，即此本。又從《雲門志略》補簡長一首，從《湘山野録》補惠崇一首，然則予所藏九僧詩爲最備，而無「雲中」云云。（鶴壽案，歐陽永叔謂，林逋「疏影横斜」二語，爲前世所未有，涪翁則謂不如「雪後」、「園林」二語。歐取其神韻，黄取其意趣也。九僧者一希晝，劍南人；二保暹，金華人；三文兆，南越人；四行肇，天臺人；五簡長，沃州人；六惟鳳，青城人；七惠崇，淮南人；八宇昭，江南人；九懷古，峨眉人。永叔謂國初浮屠，以詩名于世者九人，人各有集，號九僧詩，今不復傳矣。……今案「林際春申君」，此等不通之句，雖宋之詩僧亦不出此。）（《蛾術編》卷七十八説集四，《續修四庫全書》影印清道光二十一年世楷堂刻本）

⊙初三月

古以甲子紀日，亦或以數稱一日二日，後人因其語單不成文，加初字，漢無名氏《古詩爲焦仲卿妻作》「初七及下九，嬉戲莫相忘。」白樂天詩「可憐九月初三夜，露似珍珠月似弓」，則漢唐人已有之，予家人生日詩用初三月，已見前。（《蛾術編》卷七十九說集五，《續修四庫全書》影印清道光二十一年世楷堂刻本）

智按：王鳴盛，字鳳喈，一字禮堂，號西莊，嘉定（今屬上海）人。幼從沈德潛學詩，後又從惠棟問經義，遂一心攻習漢學，知訓詁必以漢儒為宗。乾隆十九年（一七五四）進士，授編修，歷官內閣學士，兼禮部侍郎，降光祿寺卿。後遭母丁憂回籍，去職，家居者三十年。有《十七史商榷》、《蛾術篇》、《西莊始存稿》等。

陸燿（一七二三～一七八五）

《與錢巽齋論行述書》

伏讀所著令先妣劉宜人行述，其體例稱謂，一遵果堂沈先生之緒論，甚善。然竊謂行狀之體，如上太常議謚史館作傳者，宜用公狀之式，不復參以作者之意。如子孫自述其先世德善，以求誌銘者，乃本哀痛之餘情發，祈請之至願，必宜從乎作者之自言，而稱其祖父之祖父，悉以作者為主，父之父為祖，祖之父為曾祖。今果堂乃據穆員、白樂天為證，不從狀者之所自稱，而從所狀之人之所稱，何異祖父生時，對父而呼其祖為父，對祖而復呼其曾祖為父乎？唐之大家為昌黎，宋之大家為廬陵，昌黎《韓滂墓誌》曰：「吾與妻哭之心傷。」吾者，昌黎自吾也。《女拏壙銘》曰：「始命子弟與其姆易棺衾。」命者，昌黎命之也。此下治子孫之文之例也。廬陵《瀧岡阡表》為皇考崇公而作，然於祖則稱皇祖府君，於曾祖則稱皇曾祖府君，皆廬陵之自稱，而不從崇公之所稱。此上治祖禰之文之例也。至為宗族友朋之碑誌，或發乎吾心之悲悼，或緣其子姓之徵求，雖從所狀之人之所稱，而必兼敘己意以明，不能以不文辭之。故曰君諱某，作文者君之也；曰系以銘，作文者系之也。唐宋名家無不如此，非始於明之中葉。此即旁治昆弟之文之例也，其於母氏，如歸熙甫《先妣事狀》則稱外曾祖外祖，邢子愿《萬太君行狀》則稱外王父母，蓋又自歐陽公之例而推之，未可以為非也。且果堂之論，既從所狀之人之稱，而以其祖為父，曾祖為祖矣，而其自述眞崖府君吳孺人之題，則仍曰先考眞崖府君，述先妣吳孺人述於題則考其考，妣其妣，於文則考其考之考，妣其妣之妣，既考其父，又考其祖，於義已乖，既妣其母，又妣其外祖母，於義乃大不可。此獨不為用意惟偵，為言不順乎。凡為文字，惟求其是。僕不敢謂穆、白二公為非，而固必以韓、歐諸公為是，惟純孝之君子擇焉。

按果堂先生說，本黃黎洲《金石要例》，而未詳韓、歐諸家手著之文，其稱謂固與穆員不合也。（自記）（《切問齋集》卷五，《四庫未收書輯刊》影印清乾隆五十七年暉吉堂刻本；清賀長齡《清經世文編》卷六十三禮政十）

智按：清李祖陶《國朝文録續編》切問齋文録卷一云：「此等處人多不察，此文乃別白言之。予曩讀果堂文以爲然，讀此又進一解矣。」（清同治刻本）

《王明君詞序》

世咏昭君，都據《西京雜記》，謂元帝按圖召幸，宫人皆賂畫工，多者十萬，少亦不減五萬。昭君自恃貌美，獨無所賂，工人乃醜爲之圖，帝遂以妻匈奴。是說也，余嘗疑之。夫漢元卽富過往時，而未幸之宫人，安所得此多金以賂畫師哉？宫延跡閟，誰能代爲游談通賄者？至其輂金暮夜，亦豈漫無呵禁？固近誣不可信也。自梁王叔英妻劉氏詩曰：「丹青失舊儀，玉匣成秋草。」由是陳后主則曰：「圖形漢宫裏，遙聘單于臺。」隋薛道衡則曰：「不蒙女史進，更無畫師情。」沿至唐人，遂爲典實。（如崔國輔：「何時得見漢朝使，爲妾傳書斬畫師。」沈佺期：「薄命由驕虜，無情是畫師。」梁獻：「圖畫失天眞，容華坐誤人。」郭元振：「容顔日憔悴，有甚畫圖時。」劉長卿：「自矜妖艶色，不顧丹青人。」李白：「生乏黄金買圖畫，死留青塚使人嗟。」杜甫：「畫圖省識春風面，環珮空歸月夜魂。」白居易：「愁苦辛勤憔悴甚，如今却似畫圖時。」李商隱：「毛延壽畫欲通神，忍爲黄金不爲人。」范靜妻沈氏：「早信丹青巧，重貨洛陽師。千金買蟬鬢，百萬買蛾眉。」之類不可勝紀。）梁以前，初無此說。昭君之自言曰：「離宫絕曠，身體摧藏」而已。石崇之爲《明君新歌》，亦止曰「我本漢家子，將適單于庭」而已。圖畫之事，不著篇什。又案，《漢書》但言：「單于願壻漢氏以自親，元帝以後宫良家子王嬙字昭君賜單于。單于驩喜，上書願保塞上谷以西至燉煌，請罷邊備塞吏卒，以休天子人民。」而《琴操》則謂：「帝宴單于，悉召後宫，問欲以一女賜單于，昭君盛飾而至，越席請行，既至匈奴，以爲漢待之厚，報漢以騵馬白璧珍寶之物。」圖畫之事，不登記載。自是之後，匈奴三世，稱藩于漢，不爲邊患。昭君號寧胡閼氏。故溫陵黄鵬揚《讀史吟評》稱「昭君制勝安邊，過武皇十二部將軍也。」夫始之不以色進，有班姬辭輦之賢；繼之不以難委，有馮女當熊之勇。至其去後宫而赴絶域，偶殊類而輯邊陲，有翁主和戎、木蘭從軍之義，而説者必援無稽之稗史爲美談，使昭君千古止爲恃色逞嬌、吝財失寵之女流，抑何不善成人之美也。余以《琴操》所載，與正史爲近，爰爲辯圖畫之非，以正文人沿襲之謬，而更作此詞以貽好事。（《切問齋集》卷十五，《四庫未收書輯刊》影印清乾隆五十七年暉吉堂刻本，集部第一〇輯第一九册，第四七六～四七七頁）

《效白樂天何處難忘酒》

何處難忘酒，冠裾謁紫宸。上尊頒胙後，湛露樂湑晨。大酺開高閣，康衢洽比鄰。此時無一醆，眞負太平身。

何處難忘酒，登龍座客盈。荀陳推物望，揚馬負時名。飛蓋南皮接，高懷北海傾。此時無一醆，虚席愧前盟。

何處難忘酒，文成喜欲顛。詩篇元白壓，手筆許燕傳。綵袖飛牋日，旗亭畫壁年。此時無一醆，藝圃漫漁畋。

何處難忘酒，朝回日正紅。門前無熱客，袖底有清風。閉閣焚香靜，攤書發興融。此時無一醆，退食更何功？

何處難忘酒，秋原跋馬勞。茸纓彯斗笠，窄袖換征袍。橐筆龍堆遠，飛書雁陣高。此時無一醆，壯士詎能豪？

何處難忘酒，鄉關邇暫過。菰蘆朋舊健，鵝鴨水村多。蠟炬宵同剪，驪駒客又歌。此時無一醆，其柰别愁何？

何處難忘酒，長安大隱尊。俸錢支屋價，月粟佐晨飧。好事攜琴至，諸兒問字喧。此時無一醆，岑寂對朝昏。（《切問齋集》卷十六，《四庫未收書輯刊》影印清乾隆五十七年暉吉堂刻本，集部第一〇輯第一九册，第四九八～

四九九頁）

智按：陸燿，字青來，一字朗夫，吴江（今屬江蘇）人。乾隆甲戌（一七五四）明通榜，授内閣中書，官至湖南巡撫。有《切問齋集》。

金熤（一七二三～一七九〇）

《閑居閲白香山詩》（題擬）

閑居閲白香山詩，得一絶云：「名惟公器無多取，利是身灾合少求。惟異匏瓜難不食，大都只足便宜休。」意雖美語未盡善，遂改數字曰：「名惟公器寧容取，利是身謀不合求。何害匏瓜終不食，義當休處便宜休。」非曰點化，盖補其未了義耳，仍用是韵成二疊，以申餘意。

名利寧將智力取，惟知義耳更無求。榮途待足何時足，吾道由來舍則休。

烈士剛腸惟義取，儒門眞訣在仁求。一生自有安身地，莫歎榮途已判休。（《竹下集》卷三，《韓國文集叢刊》本）

智按：金熤，字光仲，號竹下、藥峴。有《竹下集》。

丁範祖（一七二三～一八〇一）

《除夕》

年光迎送太支離，强進床頭栢酒巵。書秘名山眞謬計，官躋卿月豈前期。青陽暗逐鷄聲動，素髪渾兼燭涙垂。擬乞形骸歸老社，風流白傅是吾師。（《海左先生文集》卷十二，《韓國文集叢刊》本）

《洪侍郎君擇燕行録序》

文章爲一世重，而華譽被于四裔。山夷海蠻異俗之人，莫不艶慕，捐金購市，得其一言爲寶重。如唐之白樂天，宋之梅聖俞，明之楊用脩，詎不至愉快而爲藝苑盛事歟。我東在外服，秉禮義之國，而皮幣事胡清，誠可耻也。然華夷迭興，隨運復剝，難容以智力，則君子有順之而已。……（《海左先生

文集》卷十九，《韓國文集叢刊》本）

《夏雪遺集序》

夏雪洪公，卽範祖曾王母之從父孫也。盖孩提而受撫頂之教，結髮而荷國士之遇。因獲瞯公秉性行己之大畧，而又蠡測其巾衍之藏焉。竊嘗論之曰：業詩者，率患尙古而泥，趍近而污。逌學有所未究，才有所未周，而不識融化之玅故也。若公之詩則不然。始篤好唐人語，爲襄陽、輞川，中變而爲白香山，晚又參之以宋之陸劒南。其爲襄陽、輞川也，寧失之理，而峻其格；其爲香山也，寧遜於格，而𢡟其辭；其爲劒南也，行其所無事而不踰椝。愈變而愈新，愈新而愈弗窮。酌古近劑雅俗，而渾然成一家言，按之而鏗鏗乎其響也，玩之而淵淵乎其光也，咀之而津津乎其味也。精力所及，衆體同工。如荷上之露，圓轉萬變，而箇箇珠也。非學之究才之周，而得融化之玅者，能是哉？雖然，若言其詩之所以然之本，則不在是也。公妙年，用賢良擢高第，華聞之在薦紳間者，可藉以翔天逵，而不幸罹无妄，抑屈草野垂四十年，可謂甚窮矣，而其詩無佗傺怨懟之語。……（《海左先生文集》卷二十，《韓國文集叢刊》本）

智按：丁範祖，字法正，號海左先生。有《海左先生文集》。

梁同書（一七二三～一八一五）

《日貫齋塗說》

稱妻曰內子，見白樂天詩題。稱人之妻亦曰內子，見《北夢瑣言》孫內子條。妻弟稱內弟，見顔真卿《家廟碑》。

白香山《題坐隅》詩：「伯夷古賢人，魯山亦其徒。時哉無奈何，俱化爲餓殍。」元注：「元魯山山居阻水，食絕而終。」與杜少陵牛肉白酒之厄政同，亦一奇也。（《頻羅庵遺集》卷十五，《續修四庫全書》影印清嘉慶二十二年陸貞一刻本）

智按：梁同書，字元穎，號山舟，晚年自署不翁、新吾長翁，錢塘（今浙江杭州）人。大學士梁詩正之子。乾隆十二年（一七四七）丁卯舉人，乾隆十七年（一七五二）壬申賜進士，改庶吉士，授編修，歷官侍講。重宴鹿鳴，加侍講學士銜。有《頻羅庵集》。

唐寅保（一七二三～一七七二）

《次原韻》

春雪初晴逸興加，追隨名勝問鶯花。江雲冉冉迷鄉國，天漢迢迢逐使槎。奉杖將軍遊是學，佳山野水客為家。古今風雅同斯地，何必秋深聽撥琶。

琵琶亭畔起高樓，碧樹紅欄入望幽。冠蓋漫言皆俗客，江湖難必盡閒鷗。隨行勝日趨庭樂，歸詠春風繼點遊。雪霽雨晴豐稔兆，佇看緑野麥將秋。(《輯刻琵琶亭詩》，清乾隆十一年古柏堂刊本)

智按：次唐英乾隆八年（一七四三）癸亥《春遊琵琶新亭唱和草》之原韻。

《琵琶亭》

一亭緑繞又青圍，小榭長廊映晚輝。應候魚隨新水出，倦飛鳥逐暮雲歸。四絃聲撥千秋遠，兩岸峰餘數點微。綉軛香藕名利客，到來誰不息塵機。

九派江環玉帶圍，溶溶塗塗送斜輝。鷗弦音向亭邊覓，鷁首帆從鏡裏歸。溢浦晚烟來冪房，庾樓斜月尚霏微。踏青節訪香山老，塵海心忘半日機。（清同治《德化縣志》卷七地理・古蹟，臺北成文出版社有限公司《中國方志叢書》本，第一〇五～一〇六頁；吳宗慈《廬山志》卷十一，民國二十二年鉛印本第一九一八頁；《廬山歷代詩詞全集》第八册，第五五八〇頁）

智按：唐寅保，字東賓，一字芝圃，瀋陽（今屬遼寧）人。唐英（一六八二～一七五六）次子。漢軍旗人。乾隆十三年（一七四八）戊辰進士。改庶吉士，散館授編修改，歷任內務府郎中、官杭州織造。有《秀鐘堂詩鈔》一卷拾遺一卷（清嘉慶五年寧遠堂寫刻本）。據唐英《自題漁濵課子圖小照》：「乾隆丙辰（一七三六），爲今上龍飛之元年，特奉諭旨量移淮安司榷，時余年五十又五矣。長子文保年二十二，次子寅保年十四。」（唐英《陶人心語》卷六，清乾隆唐寅保刻本）可知寅保生于雍正元年（一七二三）。乾隆七年壬戌（一七四二），有《楷書琵琶行》册，紙本，藏存于遼寧省博物館。

陸時化（一七二四～一七七九）

《吳越所見書畫録》

⊙趙文敏書蘇文忠《薄薄酒》、白太傅《慈烏夜啼》二詩卷（紙本高八寸九分，長二尺五寸七分）

薄薄酒，勝茶湯。粗粗布，勝無裳。醜妻惡妾勝空房，五更待漏靴滿霜。不如三伏日，高睡足北窗。涼珠襦玉匣，萬人相送歸北邙。不如縣鶉百結，獨坐負朝陽。生前富貴，死後文章。百年瞬息萬世忙，夷齊盗跖俱亡羊。不如眼前一醉，是非憂樂都兩忘。

此詩讀之，令人功名之念銷矣。

慈烏失其母，啞啞吐哀音。晝夜不飛去，經年守故林。夜夜（此處悮多一深字）夜半啼，聞者為沾襟。（悮一巾字，重書）聲中如告訴，未盡反哺心。百鳥豈無母，尔獨哀怨深。應是母慈重，使爾悲不任。昔有吳起去，母殁喪不臨。哀哉若此輩，其心不如禽。慈烏復慈烏，鳥中之曾參。（白集：起去是起者，哀哉句是嗟哉斯徒輩）

此詩讀之令人撫卷三歎。趙孟頫。

趙文敏書，多法李北海。此二詩乃全用岳麓寺碑遺意。顔筋柳骨，風神聳然。近時學公書者，徃徃師其迹，不師其意；得其似，不得其神。試閲此卷，當知畫虎之不如刻鵠矣。太原王穉登敬書。（《吳越所見書畫録》卷一，《續修四庫全書》影印清乾隆懷煙閣刻本）

⊙唐杜牧之書《張好好詩并序》卷（硬黄紙高一尺一寸五分，長六尺四寸，與本集不同者二十字，又有與他本不同，並註於下）

牧大和三年，佐故吏部沈公江西幕，好好年十三，始以善歌舞（《唐音統籤》無舞），來樂籍中。後一歲，公鎮（《統籤》作公移鎮）宣城，復置好好於宣城籍中。後二年（《統籤》作歲），沈（《統籤》為沈）著作述師以雙鬟納之。又（《統籤》作後）二歲，余（《統籤》無余字）于洛陽東城重覩好好，感舊傷懷，故題詩贈之。

君為豫章姝，十三纔有餘。翠茁鳳生尾，丹臉（《統籤》作葉）蓮含跗。高閣倚天半，晴（一作章）江連碧虛。此地試君唱，特使華筵鋪。主公顧四座，始訝來踟躕。吳娃起引贊，低徊暎長裾。雙鬟可高下，纔過青羅襦。盼盼乍垂袖，一聲離（一作雏）鳳呼。繁絃迸關紐，塞管引圓（一作裂圓）蘆。衆音不能逐，裊裊穿雲衢。主公（一作人）再三嘆，謂言天下殊。贈之天馬錦，副以水犀梳。龍沙看秋浪，明月遊東（一作朱）湖。自此每相見，三日以（一作已）為疎。玉質隨月滿，艷態逐春舒。絳唇漸輕巧，雲步轉虛徐。旌旆忽東下，笙歌隨舳艫。霜凋謝樓樹，沙暖句溪蒲。身外任塵土，罇前且歡娛。飄然集仙客，諷賦期（一作欺）相如。聘之碧玉珮（一作瑶珮），載以紫雲車。洞閉水聲遠，月高蟾影孤。尔來未幾歲，散盡高易徒。洛陽（一作城）重相見，綽綽（一作婥）為當壚。恠我苦何事，少年生白鬚。朋遊今在否？落拓更能無？門舘慟哭後，水雲愁（一作秋）景初。斜日掛衰柳，凉風生座隅。灑盡滿襟淚，短章聊一書。

此卷有董文敏跋，昔另録一紙，今已遺失。猶記其云：樊川此書，深得六朝人氣韻，卷首楷字唐杜牧張好好詩，宣和御筆也。又御書葫蘆，夔龍小璽，宣和連珠印，神品小印，内府圖書之印。唐人顔、柳以後，若温飛卿、杜牧之，皆名家。按《宣和書譜》：唐詩人善書者，賀知章、李白、張籍、白居易、許渾、司空圖、吳融、韓偓、杜牧。而不載飛卿。王阮亭云：「曾見李商隱書，亦絶妙，知唐人無不工書，特為詩所掩耳。」此卷藏宋太宰牧仲家，聽松山人識於鈎本。（《吳越所見書畫録》卷二，《續修四庫全書》影印清乾隆懷煙閣刻本，第一〇六八册，第六三～六四頁）

⊙又文休承《琵琶行》圖立軸（紙高三尺九寸四分，闊一尺一寸六分，即於本身畫烏絲格。王禄之書小楷。《琵琶行》文不録）

嘉靖己未十月望，文嘉寫意。（休承）

嘉靖己未冬十月十又七日，酉室王穀祥書。（《吳越所見書畫録》卷三，《續修四庫全書》影印清乾隆懷煙閣刻本，第一〇六八册，第一四九頁）

智按：王穀祥，字禄之，號酉室，師從文嘉（字休承）之父徵明學畫，書畫皆工。二人合作，有珠聯璧合之妙。文嘉詩文精通，又善書畫，並不僅此一幅《琵琶行》圖，日本北野家藏《琵琶行》圖（軸、紙本、淡設色），大阪市立美術館藏《琵琶行圖》（軸、紙本、淡設色水墨）。

⊙宋蘇文忠書遊天竺寺、安老亭詩卷（紙本高一尺零三分，長七尺八寸，字大徑寸，神彩奕奕。又有一本，吳文定雙鈎，廓填亦精）

《雨中邀李范菴過天竺寺作》

步来禪榻畔，涼氣逼團蒲。花雨檐前亂，茶烟竹下孤。乘閒攜畫卷，習静對香罏。到此忽終日，浮生一事無。

老禪趺坐處，踈竹翠泠泠。秀色分隣舍，清陰覆佛經。蕭蕭日暮雨，曳履繞方庭。

《安老亭詩》

橋下幽亭近水寒，倩誰題字在楣端。市廛得此尤堪隱，老者於今只自安。飯後徐行扶竹杖，倦来稳坐倚蒲團。眼（又多一眼字，點去）明能展鍾王帖，絶勝前人映雪看。元祐四年九月二日蘇軾。

蘇長公此書，行中帶楷，甚是謹嚴，非平日率意之作。然第二詩失寫一聯，第三首遺一字，多一字，豈以矜特而反悞耶？此詩意長公自作，乃遍覽文忠全集，未見是詩，或非得意之作，故未載之集耳。集中有《天竺寺詩并引》云：「予年二十，先君自虔州歸，謂余言近城山中，天竺寺有樂天親書詩，云：『一山門作兩山門，兩寺元從一寺分。東澗水流西澗水，南山雲起北山雲。前臺花發後臺見，上界鐘聲下界聞。遥想吾師行道處，天香桂子落紛紛。』筆勢奇逸，墨跡如新。今四十七年，予来訪之，則詩已亡有，刻石存耳。感涕不已，而作是詩。」「香山居士留遺跡，天竺禅師有故家。空詠連珠吟疊璧，已亡飛鳥失驚蛇。林深野桂寒無子，雨浥山薑病有花。四十七年真一夢，天涯留落淚横斜。」二詩皆雋永有味，香山詩乃連珠體也，故長公有連珠疊璧之句。倘以此卷之書法，書此二詩，豈不大快人意。因録於尾紙，以補美中不足云。　乙未三月十日，牕前百花齊放，展卷題之，剪鑑亭主陸時化。《滄浪詩話》云：有律詩止三韻者，注引李益「漢家今上郡，秦塞古長城。有日雲常慘，無風沙自驚。當今天子聖，不戰四方平」詩證之，王阮亭《古夫于亭詩問》亦云：「六句律體，於古有之。楊升菴撰《六朝律祖記》曾載之，則此體不自唐人昉矣。」據此詩話二則，卷中《雨中同李范菴過天竺寺》第二首，其為三韻律詩無疑。是年七月十五夜，月色甚明，清風涼爽，偶憶及之，復又秉燭書此。（《吳越所見書畫録》卷五，《續修四庫全書》影印清乾隆懷煙閣刻本，第一〇六八册，第二二六～二二七頁）

⊙又董文敏行書《池上篇》册（宣紙，共十六幅，每幅高六寸，濶四寸，收藏如新。文敏書《池上篇》最多，此為上乘，《池上篇》不録，録其欵識）

白香山《池上篇》其所謂「十畝之宅，五畝之園」，似亦人所易辦，第識分知足為難耳。董其昌玄賞齋。（《吳越所見書畫録》卷五，《續修四庫全書》影印清乾隆懷煙閣刻本，第一〇六八册，第二五〇頁）

智按：陸時化，字潤之，號聽松，太倉（今屬江蘇）人。

周克開（一七二四～一七八四）

《修唐鐸暗洞記》

欲鑿穹硐幽澗於飛流奔濤十數丈之下，長倍之，則必計尋丈，揣厚薄，約夫力，伐他山，歛貲財，於是者，非數月不就，又況假地於人，限以時日，岌岌乎必不得成之數，而又非柳子厚「因其地，全其天，逸其人」之謂也。……予曰：無憂，今所少者，石耳、錢耳、夫耳。予已攜三百千在此矣；集九堡農人，各以輦之；唐壩安瀾，閘有廢石，可借用，事後還之。於是紛紜爬搔，隧如壁如，堊如窿如，瀏如盈如，不五日告成，民踴躍歡忻，兩邑之民，均獲安焉。昔李鄴侯守杭，苦水鹵，穿六井以便民，久而日湮。白香山至，濬之，至宋，蘇端明來，復大濬之。仍其舊，且為條約。敘其始末以遺後人，蓋前人有作，匪後何繼，後復有後，後之視今，長無弁髦焉。斯前人之幸也，夫是為記。（《〔乾隆〕寧夏府志》卷二十，清嘉慶三年刊本）

智按：周克開，字乾三，號梅圃、退谷，湖南長沙人。

白居易資料新編

第八冊

陳才智 編著

中国社会科学出版社

目　　錄

清代卷·三

紀昀（一七二四～一八〇五）

《敢諫鼓賦》（以「置鼓于庭以來諫者」爲韻）

稽古帝之欽明，垂衣裳而正位。已平地而成天，彌求言以贊治。達上陳之隱願，通之以聲；揭俯聽之深衷，示之以器。聆音察理，俾宣納牖之誠；舍己從人，即用懸鞀之義。此敢諫之鼓，帝堯之所置者也。

徒觀其配革爲音，懸桴待舉。冒皮於郭，略同軒帝之夔；刓木爲圜，已變炎皇之土。靈禽應節，如藏雙鷺以翱翔；至樂和聲，若待一夔而擊拊。將謂大唐協律，音調堯代之歌；亦同有瞽陳詩，頌奏周京之鼓。

豈知夫淵懷惕厲，聖德勤劬。懼釜鬵之或隔，蘄堂陛之交孚。將聞聲而立應，思不見之是圖。鼉鼓在庭，用示常懸以待叩；鶴鳴納誨，俾能旅進以陳謨。警我百工，正似徇以木鐸；諧其六律，非徒節以錞于。典樂納言，若可攝官以翊贊；師箴瞍誦，如因執藝以匡扶。

所以明君在御，讜論盈庭。雖有都俞，固不嫌於吁咈；亦知愚陋，冀仰贊乎神靈。試叩桐枹，已覺聲如金石；漫持布鼓，何虞威觸雷霆。響乍淵淵，遥傳高殿；言如諤諤，殷動皇扃。揚音無俟於三撾，陳書已達；作氣纔聞於一鼓，側席斯聽。有感必通，本不同於規瑱；無微不達，莫漫比於鐘莛。此昌言所以日進，而明德所以惟馨也。

夫光宅無疆，時雍致理。彤車白馬，並五帝而齊驅；茅茨土階，垂百王而作軌。望雲就日，近光者相順以自然；鑿井耕田，食德者併忘其所以。本無闕失，亦奚待於箴規；即有開陳，亦何增於盛美。胡虚己以相求，彌周詢而不已。端居雲牖，時深省過之心；旁列雷鼗，用待弼違之士。

是知安益求安，戰栗不忘於一日；聖不自聖，匡襄務集夫羣材。虚以受人，將使聞風繼至；讙以動衆，自能接踵偕來。百度無愆，雖備之而不用；四聰已達，更導之以使開。是皆博采謨猷，見小心之翼翼；不止優容，懇直示大度之恢恢。

故能耳目常周，堂廉不間。啓旁求之路，善即爲師；無專設之官，人皆可諫。轉圜弗及，共知求助之心；煬竈無虞，寧有絀聰之患。禹皋稷契，皆能謇諤以輸忠；苗鯀共驩，莫得譸張而爲幻。咨詢不倦，永懷百載勤勞；儆戒不忘，終致九州清宴。總緣沖懷善下，不棄夫芻蕘；因之景運長開，式歌夫糺縵。

我皇上體備中和，德通上下，詢諸四岳，典仿乎虞，聽以五聲，制符乎夏。御蒼龍而出治，問道宮廷；設白獸以求言，鏤形樽斝。用使直方之操，環趨柏府烏臺；讜正之詞，時進細旃廣厦。資忠良之藥石，國有人焉；陋曲士之脂韋，伊何爲者。疑丞輔弼，翊昌運於休明；南朔東西，奏承平於朝野。固將道光四表，媲美於堯年；寧惟詩詠九皋，矢音於周雅。（《紀文達公遺集》文集卷二賦，《續修四庫全書》影印清嘉慶十七年紀樹馨刻本；《紀曉嵐文集》第一册第五〇～五一頁）

智按：仿自白居易《敢諫鼓賦》。

《渠陽王氏世系考序》

敦本睦族，士君子之盛德也。顧世遠則人衆，人衆則勢涣，漸涣漸久，愈久愈涣，則同氣不免如路人，既不免如路人，而猶望其休戚相關，無是事矣。古者，氏族掌於太史，俾年代雖遠，而昭穆秩然。譬之於水，千支萬派，各分流而注海，一溯其源，則某水出某地，某地某水，從某水而分，某地某水從某水而又分，千支萬派，一水也。譬之於木，千花萬實，雖隸首不能紀其數，而遞求其本，則由花實得蒂，由蒂得條，由條得枝，由枝得榦，由榦得根，千花萬實，一木也。再近譬之一身分四肢，四肢又各五指，同一指而將指拇指，若不相涉也，同一肢而手與足若不相涉，左手足與右手足，又若不相涉也。然而疾痛疴癢，無一不與心相通，有脈絡以連之焉耳。故必族系明，而後知孰與我親，孰與我疎親疎，明而後，知一族之衆，其初皆一人之身，親愛之意，自油然而生矣。自漢以後，氏族不掌於官，士大夫乃各有譜，其最初者，李善註《王儉集序》引劉歆《七略》，稱「揚子雲，《家牒》以甘露二年生」，是族譜之權輿矣。劉孝標註《世説》，所引某氏譜，某氏譜，不可縷舉。《新唐書・藝文志》至以族譜爲史部之一門，《宰相世系表》亦備其世次支派，是六朝至唐，譜學最重也。兩宋以後，此學浸微。惟衣冠詩禮之家，或各自爲譜，歐陽永叔、蘇老泉二譜其最著也。二譜之例，一縱一横，自明以來，凡爲譜者，類不能出縱横二例，惟是誇矜門閥，動溯古初，華胄遥遥，多由附會。白香山，唐之通人也，而自敘宗派，云出秦白乙丙，白乙丙則出楚白公勝，顛倒舛訛，至今爲笑。其他抑可知矣。豈古人作譜之意，爲合族之計者乎？王氏此譜，惟溯始遷之祖，而不推受姓之原始，自始祖以下，絲連珠貫，一一分明，閲之眞如千支萬派同一源，千花萬實同一本，而手足之統系於一心也，其家風孝友有自來矣。余與王氏爲媚家，錦堂孝廉以此譜求余爲序。余謂錦堂他事不具論，即如張吏部晴溪娶錦堂之姑，晴溪殁後，家中落，錦堂先德恒歲歲周恤；錦堂至今仍歲歲周恤，無改前轍，於出嫁之同氣且如是，其於家庭可知，其於宗黨抑可知矣。於此一譜，不可見其用心乎？因不辭而爲序。（《紀文達公遺集》文集卷八序，《續修四庫全書》影印清嘉慶十七年紀樹馨刻本；《紀曉嵐文集》第一册第一六八～一六九頁）

《棠樾鮑氏宣忠堂支譜序》

唐劉知幾作《史通》，特出一篇曰斷限。善哉言乎！得史例之要領矣。家譜家傳，《隋書·經籍志》皆編入史部，固史之支流也。辨姓之禮，始於周。其世系掌於太史，故《史記》十表稱旁行斜上，體仿周譜。家自爲譜，始於漢。故劉歆《七畧》引揚子雲《家牒》，知爲甘露二年生。其書至六朝而繁，故劉孝標註《世說》引諸家譜，至四五十部，至唐而極盛。故《唐書·藝文志》史部以譜牒别爲一門，《宰相世系表》必詳其子孫之支派，然而支離蔓衍，亦遂蕪雜而多歧。楊修之姓從木，而誤稱修家子雲。白香山，一代通人，而集中敘白氏之姓源，至以楚白公勝、秦白乙丙顛倒其世次，並奉爲遠祖，論者嗤焉。豈非繁引博稱，無所斷限於其間乎？宋人家譜，惟傳歐陽氏、蘇氏二家，歐陽氏用直譜，古之所謂圖也。蘇氏用横譜，古之所謂牒也。其大旨主於簡明，以救前代泛濫之失，而過於疎畧，文獻無徵焉，是又拘泥斷限，矯枉過直者矣。今觀鮑君誠一之支譜，其殆酌繁簡之中歟？不上溯受姓之始，唐以前人，雖司隸之氣節，參軍之文章，無徵者不録也。宋以後世系明矣，而支分派别不能一一皆詳，第譜其可考之本支，猶唐裴氏東眷西眷，各以昭穆相統也。……（《紀文達公遺集》文集卷八序，《續修四庫全書》影印清嘉慶十七年紀樹馨刻本；《紀曉嵐文集》第一册第一七一頁）

《清豔堂詩序》

人心之靈秀，發爲文章，猶地脈之靈秀，融結而爲山水。燕趙秦隴之山水渾厚雄深，吴越之山水清柔秀削，巴蜀之山水峭拔險巇，湖湘之山水幽深明静，閩粤之山水嶔崎繚曲，滇黔之山水莽蒼鬱律，千態萬狀，無一相同，而其爲名勝則一也。蘇李之詩天成，曹劉之詩閎博，嵇阮之詩妙遠，陶謝之詩高逸，沈范之詩工麗，陳張之詩高秀，沈宋之詩宏整，李杜之詩高深，王孟之詩淡静，高岑之詩悲壯，錢郎之詩婉秀，元白之詩樸實，温李之詩綺縟，千變萬化，不名一體，而其抒寫性情則一也。……（《紀文達公遺集》文集卷九序，《續修四庫全書》影印清嘉慶十七年紀樹馨刻本）

《李參奉詩鈔序》

我皇上聲教覃敷，大瀛内外，罔不砥屬，重譯而通者，蓋不可僂指，其間，同文之國三，曰朝鮮，曰琉球，曰安南。安南，故陶唐之南交。琉球，雖隋代始通，而密邇入閩，明太祖以中國十六族留居其地，蕃衍者三四百年，故詩書皆與中國等。朝鮮，在漢爲元莬、樂浪二郡地，再溯而上，則周武王以封箕子，知夏、殷尚隸版圖，使爲海外之殊域，武王安得割而封箕子，安能撫而有哉！故其國聲明文物，較琉球、安南爲獨盛。余再掌春官，實司四方之職貢，每御筵燕饗，引導外藩，見諸國使臣賡颺睿藻者，亦朝鮮篇什爲多工，豈非近光之地，濡聖化者深且久哉！今歲春，貢使通文館教授金君成中，出其國《李參奉集》，乞余序。參奉始末，余弗能詳考也。然就其詩而論，則可謂篤志斯事矣。考新羅之詩，初見於唐；雞林相解辨白香山詩，亦見於唐。自是以後，名章雋句，多散見於諸書，而全集傳於中國者，則世罕見。余典校四庫，自明以來著録者，惟徐敬德《花溪集》而已，敬德講宋儒之學，其詩亦近《濂洛風雅》（宋末仁山金履祥所選），特講壇之餘事。參奉之詩，則眞詩人之詩矣。大抵自郊、島導源，而冥心孤詣，擺落蹊徑，其秀拔者有塵外之致，其蕭疎淡遠者有絃外之音。蓋自北宋以來，談詩者各有門户，往往爲流派所拘，其才大者，又往往激而横溢，改錯偭規。參奉居滄溟以外，閉户孤吟，泊然無黨同伐異之見，故翻能直抒性情，爲自鳴之天籟也。披函微詠，慨然想見其為人。詢之金君，知久隨物化，又爲悵然。念聖朝綏撫藩邦，中外一體，文士談藝，亦應無中外之歧，可勿一爲品題，以發幽光哉！故因金君之請，漫爲之序，併屬金君傳語東國士大夫，聖天子文德覃敷，千載一遇，苟能仰承教思，刻意著作，非惟殿前摛藻，邀不世之殊榮，卽不克覲上國之光，而篇什足傳，亦終能表見参奉此集是矣，顔光禄贈王太常詩曰：「玉水記方流，璇源載圓折。蓄寶每希聲，雖祕猶彰徹。」諸君子尚其勉之。（《紀文達公遺集》文集卷九序，《續修四庫全書》影印清嘉慶十七年紀樹馨刻本；《紀曉嵐文集》第一册第二一一～二一二頁）

《嘉慶壬午會試策問五道》（其五）

問：屈、宋以前，無以文章名世者，枚、馬以後，詞賦始多。《典論》以後，論文始盛。至唐、宋而門户分，異同競矣。齊、梁、陳、隋，韓愈以爲「衆作等蟬噪」，杜甫則云「頗學陰、何苦用心」，李白觸忤權倖，杜甫憂國忠君，而朱子謂李、杜祇是酒人。韓愈《平淮西碑》，李商隱推之甚力，而姚鉉撰《唐文粹》乃黜韓，而仍録段文昌作。元稹多綺羅脂粉之詞，固矣；白居易詩，如「十首秦吟近正聲」者，原自不乏，杜牧乃一例詆之。蘇、黄爲宋代巨擘，而魏泰《東軒筆録》詆黄爲「當其拾璣羽，往往失鵬鯨」，元好問《論詩絶句》亦曰：「只知詩到蘇黄盡，滄海横流却是誰?」凡此作者論者，皆非淺學，其牴牾必有故焉。多士潛心文藝久矣，其持平以對。（《紀文達公遺集》文集卷十二策問書，《續修四庫全書》影印清嘉慶十七年紀樹馨刻本；《紀曉嵐文集》第一册第二七四頁）

《閲微草堂筆記》

卧虎山人降乩于田白岩家，衆焚香拜禱。一狂生獨倚几斜坐，曰：「江湖遊士，練熟手法爲戲耳。豈有眞仙日日聽人呼唤?」乩卽書下壇詩曰：「鶗鴂驚秋不住啼，章臺回首柳萋萋。花開有約腸空斷，雲散無蹤夢亦迷。小立偷彈金屈戍，半酣笑勸玉東西。琵琶還似當年否？爲問潯陽估客妻。」狂生大駭，不覺屈膝。蓋其數日前密寄舊妓之作，未經存稿者也。仙又判曰：「此牋幸未達，達則又作步非烟矣。此婦既已從良，卽是窺人閨閣。香山居士偶作寓言，君乃見諸實事耶？大凡風流佳話，多是地獄根苗。昨見冥官録籍，故吾得記之。業海洪波，回頭是岸。山人饒舌，實具苦心。先生勿訝多言也。」狂生鵠立案旁，殆無人色。後歲餘，即下世。余所見扶乩者，惟此仙不談休咎，而好規人過。殆靈鬼之耿介者耶？先姚安公素惡淫祀，惟遇此仙，必長揖曰：「如此方嚴，即鬼亦當敬。」（卷四 灤陽消夏録四，上海古籍出版社《閱微草堂筆記》，第五三頁）

程也園舍人居曹竹虛舊宅中。一夕，弗戒於火，書畫古器，多遭焚毀。中褚河南臨《蘭亭》一卷，乃五百金所質，方慮來贖時轇轕，忽於灰燼中捡得，匣及袱並爇，而書卷無一字之損。表弟張桂岩館也園家，親見之。白香山所謂「在在處處有神物護持」者耶？抑成毀各有定數，此卷不在此火劫中耶？然事則奇矣，亦將來賞鑒家一佳話也。（卷九 如是我聞三，上海古籍出版社《閱微草堂筆記》，第一六〇頁）

膠州法南野，飄泊長安，窮愁頗甚。一日，於李符千御史座上，言曾於灤口旅舍見二詩，其一曰：「流落江湖十四春，徐娘半老尚風塵。西樓一枕鴛鴦夢，明月窺窗也笑人。」其二曰：「含情不忍訴琵琶，幾度低頭掠鬢鴉。多謝西川貴公子，肯持紅燭賞殘花。」不署年月姓名，不知誰作也。余曰：「此君自寓坎坷耳。然五十六字足抵一篇《琵琶行》矣。」（卷十一 槐西雜誌一，上海古籍出版社《閱微草堂筆記》，第二五七頁）

侍姬郭氏，其父大同人，流寓天津。生時，其母夢鬻端午彩符者，買得一枝，因以爲名。年十三，歸余。生數子，皆不育；惟一女，適德州盧蔭文，暉吉觀察子也。暉吉善星命，嘗推其命，壽不能四十。果三十七而卒。余在西域時，姬已病瘵，祈籤關帝，問：「尚能相見否?」得一籤曰：「喜鵲簷前報好音，知君千里有歸心。繡幃重結鴛鴦帶，葉落霜彫寒色侵。」謂余即當以秋冬歸，意甚喜。時門人邱二田在寓，聞之曰：「見則必見，然末句非吉語也。」後余辛卯六月還，姬病良已。至九月，忽轉劇，日漸沉綿，遂以不起。殁後，曬其遺篋，余感賦二詩曰：「風花還點舊羅衣，惆悵酴醾片片飛。恰記香山居士語，春隨樊素一時歸。（姬以三月三十日亡，恰送春之期也）」「百摺湘裙颭畫欄，臨風還憶步珊珊。明知神讖曾先定，終惜芙蓉不耐寒。（「未必長如此，芙蓉不耐寒」，寒山子詩也。）」即用籤中意也。（卷十二 槐西雜誌二，上

海古籍出版社《閱微草堂筆記》，第二八九~二九〇頁）

田白岩曰：「名妓月賓，嘗來往漁洋山人家，如東坡之於琴操也。」蘇斗南因言，少時見山東一妓，自云月賓之孫女，尚有漁洋所贈扇，索觀之，上畫一臨水草亭，傍倚二柳，題「庚寅三月道冲寫」，不知爲誰，左側有行書一詩，曰：「烟縷濛濛蘸水青，纖腰相對鬬娉婷。樽前試問香山老，柳宿新添第幾星。」不署名字，一小印已模糊。斗南以爲高年耆宿，偶賦閒情，故諱不自著也。余謂詩格風流，是新城宗派。然漁洋以辛卯夏卒，庚寅是其前一歲，是時不當有老友，「香山老」定指何人，如云自指，又不當云「試問」，且詞意輕巧，亦不類老筆。或是維摩丈室，偶留天女散花，他少年代爲題扇，以此調之，妓家借託盛名，而不解文義，遂誤認顏標耳。（卷十三 槐西雜誌三，上海古籍出版社《閱微草堂筆記》，第三二二頁）

劉約齋舍人言：劉生名寅（此在劉景南家酒間話及。南北鄉音各異，不知是此寅字否也），家酷貧。其父早年與一友訂婚姻，一諾為定，無媒妁，無婚書庚帖，亦無聘幣；然子女則並知之也。劉生父卒，友亦卒。劉生少不更事，窶益甚，至寄食僧寮。友妻謀悔婚，劉生無如之何。女竟鬱鬱死，劉生知之，痛悼而已。是夕，燈下獨坐，悒悒不寧。忽聞窗外啜泣聲，問之不應，而泣不已。固問之，仿佛似答一我字。劉生頓悟，曰：「是子也耶？吾知之矣。事之至此，來生相聚可也。」語訖，遂寂。後劉生亦夭死，惜無人好事，竟不能合葬華山。《長恨歌》曰：「天長地久有時盡，此恨綿綿無了期。」此之謂乎！雖悔婚無跡，不能名以貞；又以病終，不能名以烈。然其志則貞烈兼矣。說是事時，滿座太息，而忘問劉生里貫。約齋家在蘇州，意其鄉里歟？（卷十七　姑妄聽之三，上海古籍出版社《閱微草堂筆記》，第三七七頁）

科場爲國家取人材，非爲試官取門生也。後以諸房額數有定，而分卷之美惡則無定，於是有撥房之例。雍正癸丑會試，楊丈農先房（楊丈諱椿，先姚安公之同年）撥入者十之七，楊丈不以介意，曰：「諸卷寔勝我房卷，不敢心存畛域，使黑白倒置也（此聞之喪師介野園先生，先生即撥入楊丈房者也）。乾隆壬戌會試，諸襄七前輩不受撥，一房僅中七卷，總裁亦聽之。聞静儒前輩，本房第一，爲第二十名。王銘錫竟無魁選，任釣臺前輩，乃一房兩魁。戊辰會試，朱石君前輩爲湯葯岡前輩之房首，實從金雨叔前輩房撥入，是兩叔亦一房兩魁矣。當時均未有異詞。所刻同門卷，余皆嘗親見也。庚辰會試，錢籜石前輩以藍筆畫牡丹徧贈同事，遂遞相題詠。時顧晴沙員外撥出卷最多，朱石君撥入卷最多，余題晴沙畫曰：「深澆春水細培沙，養出人間富貴花。好是艷陽三四月，餘香風送到鄰家。」邊秋厓前輩和余韻曰：「一番好雨浄塵沙，春色全歸上苑花。此是沉香亭畔種（上聲），莫教移到野人家。」又題石君畫曰：「乞得仙園花幾莖，嫣紅姹紫不知名。何須問是誰家種，到手相看便有情。」石君自和之曰：「春風春雨剩枯莖，傾國何曾一問名。心似維摩老居士，天花來去不關情。」張鏡壑前輩繼和曰：「墨搗青泥硯涴沙，濃藍寫出洛陽花。云何不著胭脂染，擬把因緣問畫家。」「黛爲花片翠爲莖，歐譜知居第幾名。却怪玉盤承露冷，香山居士太關情。」蓋皆多年密友，脱略形骸，互以虐謔爲笑樂，初無成見於其間也。蔣文恪公時爲總裁，見之曰：「諸君子跌宕風流，自是佳話，然古人嫌隙，多起於俳諧，不如併此無之，更全交之道耳。」皆深佩其言，蓋老成之所見遠矣。録之以志少年綺語之過，後來英俊，愼勿效焉。（卷二十 灤陽續録二，上海古籍出版社《閱微草堂筆記》，第四三五～四三六頁）

智按：參看郭則澐《十朝詩乘》卷十（《民國詩話叢編》第四册，第三〇八頁）。

《玉谿生詩説》

⊙《行次西郊作一百韻》

蛇年建丑月，我自梁還秦。南下大散關，北濟渭之濵。草木半舒坼，不類冰霜晨。又若夏苦熱，燋卷無芳津。高田長槲櫪，下田長荆榛。農具棄道旁，飢牛死空墩。依依過村落，十室無一存。存者背面啼，無衣可迎賓。始若畏人問，及門還具陳。右輔田疇薄，斯民常苦貧。伊昔稱樂土，所賴牧伯仁。官清若冰玉，吏善如六親。生兒不遠征，生女事四隣。濁酒盈瓦缶，爛穀堆荆囷。健兒庇旁婦，衰翁舐童孫。况自貞觀後，命官多儒臣。例以賢牧伯，徵入司陶鈞。降及開元中，姦邪撓經綸。晉公忌此事，多録邊將勳。因令猛毅輩，雜牧昇平民。中原遂多故，除授非至尊。或出倖臣輩，或由帝戚恩。中原困屠解，奴隸厭肥豚。皇子棄不乳，椒房抱羌渾。重賜竭中國，强兵臨北邊。控弦二十萬，長臂皆如猿。皇都三千里，來往同鵰鳶。五里一换馬，十里一開筵。指顧動白日，煖熱迴蒼旻。

公卿辱嘲叱，唾棄如糞丸。大朝會萬方，天子正臨軒。綵旂轉初旭，玉座當祥煙。金障既特設，珠簾亦高褰。捋須蹇不顧，坐在御榻前。忤者死跟屨，附之昇頂顛。華侈矜遞衒，豪俊相併吞。因失生養惠，漸見徵求頻。奚寇西北來，揮霍如天翻。是時正忘戰，重兵多在邊。列城遶長河，平明插旗幡。但聞虜騎入，不見漢兵屯。大婦抱兒哭，小婦攀車轓。生小太平年，不識夜閉門。少壯盡點行，疲老守空村。生分作死誓，揮淚連秋雲。廷臣例麞怯，諸將如羸奔。為賊掃上陽，捉人送潼關。玉輦望南斗，未知何日旋。誠知開闢久，遘此雲雷屯。送者問鼎大，存者要高官。搶攘互間諜，孰辨梟與鸞。千馬無返轡，萬車無還轅。城空雀鼠死，人去豺狼喧。南資竭吳越，西費失河源。因令左藏庫，摧毀唯空垣。如人當一身，有左無右邊。筋體半痿痺，肘腋生臊膻。列聖蒙此恥，含懷不能宣。謀臣拱手立，相戒無敢先。萬國困杼軸，内庫無金錢。健兒立霜雪，腹歉衣裳單。饋餉多過時，高估銅與鉛。山東望河北，爨煙猶相聯。朝廷不暇給，辛苦無半年。行人榷行資，居者稅屋椽。中間遂作梗，狼籍用戈鋋。臨門送節制，以錫通天班。破者以族滅，存者尚遷延。禮數異君父，羈縻如羌零。直求輸赤誠，所望大體全。巍巍政事堂，宰相厭八珍。敢問下執事，今誰掌其權。瘡疽幾十載，不敢抉其根。國蹙賦更重，人稀役彌繁。近年牛醫兒，城社更扳緣。盲目把大旆，處此京西藩。樂禍忘怨敵，樹黨多狂狷。生為人所憚，死非人所憐。快刀斷其頭，列若猪羊懸。鳳翔三百里，兵馬如黃巾。夜半軍牒來，屯兵萬五千。鄉里駭供億，老少相扳牽。兒孫生未孩，棄之無慘顏。不復議所適，但欲死山間。爾來又三歲，甘澤不及春。盜賊亭午起，問誰多窮民。節使殺亭吏，捕之恐無因。咫尺不相見，旱久多黃塵。官健腰佩刀，自言為官巡。常恐值荒迥，此輩還射人。愧客問本末，願客無因循。郿塢抵陳倉，此地忌黃昏。我聽此言罷，冤憤如相焚。昔聞舉一會，羣盜為之奔。又聞理與亂，繫人不繫天。我願為此事，君前剖心肝。叩頭出鮮血，滂沱污紫宸。九重黯已隔，涕泗空沾脣。史典作尚書，廝養為將軍。慎勿道此言，此言未忍聞。

亦是長慶體裁，而準擬工部氣格以出之，遂衍而不平，質而不俚，骨堅氣足，精神鬱勃，晚唐豈有此第二手？……（引自劉學鍇、余恕誠《李商隱詩歌集解》第一册，第二五五五頁）

⊙《偶成轉韻七十二句贈四同舍》

沛國東風吹大澤，蒲青柳碧春一色。我來不見隆準人，瀝酒空餘廟中客。征東同舍鴛與鸞，酒酣勸我懸征鞍。藍山寶肆不可入，玉中仍是青琅玕。武威將軍使中俠，少年箭道驚楊葉。戰功高後數文章，憐我秋齋夢蝴蝶。詰旦九門傳奏章，高車大馬來煌煌。路逢鄒枚不暇揖，臘月大雪過大梁。憶昔公為會昌宰，我時入謁虛懷待。衆中賞我賦高唐，回看屈宋由年輩。公事武皇為鐵冠，歷廳請我相所難。我時憔悴在書閣，卧枕芸香春夜闌。

明年赴辟下昭桂，東郊慟哭辭兄弟。韓公堆上跋馬時，回望秦川樹如薺。依稀南指陽臺雲，鯉魚食鉤猿失群。湘妃廟下已春盡，虞帝城前初日曛。謝游橋上澄江館，下望山城如一彈。鷓鴣聲苦曉驚眠，朱槿花嬌晚相伴。頃之失職辭南風，破帆壞槳荊江中。斬蛟斷璧不無意，平生自許非匆匆。歸來寂寞靈臺下，著破藍衫出無馬。天官補吏府中趨，玉骨瘦來無一把。手封狴牢屯制囚，直廳印鎖黄昏愁。平明赤帖使修表，上賀嫖姚收賊州。舊山萬仞青霞外，望見扶桑出東海。愛君憂國去未能，白道青松了然在。此時聞有燕昭臺，挺身東望心眼開。且吟王粲從軍樂，不賦淵明歸去來。彭門十萬皆雄勇，首戴公恩若山重。廷評日下握靈蛇，書記眠時吞彩鳳。之子夫君鄭與裴，何甥謝舅當世才。青袍白簡風流極，碧沼紅蓮傾倒開。我生粗疏不足數，梁父哀吟鴝鵒舞。橫行闊視倚公憐，狂來筆力如牛弩。借酒祝公千萬年，吾徒禮分常周旋。收旗卧鼓相天子，相門出相光青史。

此詩直作長慶體，而沉鬱頓挫之氣，時時震盪於其中。（引自劉學鍇、余恕誠《李商隱詩歌集解》第三册，第九九六頁）

《紀昀評蘇文忠公詩集》

⊙《新灘》

扁舟轉山曲，未至已先驚。白浪横江起，槎牙似雪城。番番從高來，一一投澗坑。大魚不能上，暴鬣灘下横。小魚散復合，瀺灂如遭烹。鸕鷀不敢下，飛過兩翅輕。白鷺誇瘦捷，插脚還敧傾。區區舟上人，薄技安敢呈。只應灘頭廟，賴此牛酒盈。

（起處）純是香山門徑。以四層（智按：「大魚」至「敧傾」八句）襯起舟人，未免太排，香山詩格不高，亦坐此。以為奇恣，非也。（《紀昀評蘇文忠公詩集》卷一，曾棗莊主編《蘇詩匯評》，四川文藝出版社，二○○○年一月，第三○頁）

⊙《聽僧昭素琴》

至和無攫醳，至平無按抑。不知微妙聲，究竟何從出。散我不平氣，洗我不和心。此心知有在，尚復此微吟。

絕似香山。（《紀昀評蘇文忠公詩集》卷十二，曾棗莊主編《蘇詩匯評》，四川文藝出版社，二○○○年一月，第四五五頁）

⊙《魚蠻子》

江淮水爲田，舟楫爲室居。魚蝦以爲糧，不耕自有餘。異哉魚蠻子，本非左衽徒。連排入江住，竹瓦三尺廬。于焉長子孫，戚施且侏儒。擘水取魴鯉，易如拾諸途。破釜不著鹽，雪鱗芼青蔬。一飽便甘寢，何異獺與狙。人間行路難，踏地出賦租。不如魚蠻子，駕浪浮空虛。空虛未可知，會當算舟車。蠻子叩頭泣，勿語桑大夫。

香山一派，讀之宛然《秦中吟》也。(《紀昀評蘇文忠公詩集》卷二十一，曾棗莊主編《蘇詩匯評》，四川文藝出版社，二〇〇〇年一月，第九四五頁)

⊙《龍尾硯歌并引》

余舊作《鳳咮石硯銘》，其略云：蘇子一見名鳳咮，坐令龍尾羞牛後。已而求硯於歙，歙人云：子自有鳳咮，何以此為？蓋不能平也。奉議郎方君彥德，有龍尾大硯，奇甚，謂余若能作詩少解前語者，當奉餉，乃作此詩。

黃琮白琥天不惜，顧恐貪夫死懷璧。君看龍尾豈石材，玉德金聲寓於石。與天作石來幾時，與人作硯初不辭。詩成鮑謝石何與，筆落鍾王硯不知。錦茵玉匣俱塵垢，擣練支牀亦何有。况瞋蘇子鳳咮銘，戲語相嘲作牛後。碧天照水風吹雲，明牕大几清無塵。我生天地一閒物，蘇子亦是支離人。麄言細語都不擇，春蚓秋蛇隨意畫。願從蘇子老東坡，仁者不用生分別。

「與天」四語，意好而落筆太快，便入香山門徑。(《紀昀評蘇文忠公詩集》卷二十三，曾棗莊主編《蘇詩匯評》，四川文藝出版社，二〇〇〇年一月，第一〇三二頁)

⊙《故李承誠之待制六丈挽詞》

青青一寸松，中有梁棟姿。天驥墮地走，萬里端可期。世無阿房宮，可建五丈旗。又無穆天子，西征燕瑤池。才大古難用，老死亦其宜。丈夫恐不免，豈患莫己知。公如松與驥，少小稱偉奇。俯仰自廊廟，笑談無羌夷。清朝竟不用，白首仍憂時。願斬横行將，請烹乾沒兒。言雖不見省，坐折奸雄窺。嗟我去公久，江湖生白髭。歸來耆舊盡，零落存者誰。比公嵇中散，龍性不可羈。疑公李北海，慷慨多雄詞。凄凉五君咏，沉痛八哀詩。邪正久乃明，人今屬公思。九原不可傳，千古有餘悲。

香山門徑。(《紀昀評蘇文忠公詩集》卷二十九，曾棗莊主編《蘇詩匯評》，四川文藝出版社，二〇〇〇年一月，第一二三五頁；《蘇軾資料彙編》第五册，第一九三八頁)

⊙《鶴嘆》

園中有鶴馴可呼，我欲呼之立坐隅。鶴有難色側睨予，豈欲臆對如鵩乎。我生如寄良畸孤，三尺長脛閣瘦軀。俯啄少許便有餘，何至以身爲子娛。驅之上堂立斯須，投以餅餌視若無。戛然長鳴乃下趨，難進易退我不如。

純是自託。(難進易退我不如) 末以一語點睛，筆墨特為奇恣。竟住，妙。

再贅衍，便入香山門戶。（《紀昀評蘇文忠公詩集》卷三十七，曾棗莊主編《蘇詩匯評》，四川文藝出版社，二〇〇〇年一月，第一五六五頁；孔凡禮標點《蘇軾詩集》第六册，中華書局，一九八二年二月，第二〇〇三頁）

⊙《異鵲》（并叙）

熙寧中，柯侯仲常通守漳州，以救饑得民。有二鵲棲其廳事，訖侯之去，鵲亦送之，漳人異焉。爲賦此詩。

昔我先君子，仁孝行于家。家有五畝園，么鳳集桐花。是時鳥與鵲，巢鷇可俯拏。憶我與諸兒，飼食觀群呀。里人驚瑞異，野老笑而嗟。云此方乳哺，甚畏鳶與蛇。手足之所及，二物不敢加。主人若可信，衆鳥不我遐。故知中孚化，可及魚與豭。柯侯古循吏，悃愊真無華。臨漳所全活，數等江干沙。仁心格異族，兩鵲棲其衙。但恨不能言，相對空楂楂。善惡以類應，古語良非誇。君看彼酷吏，所至號鬼車。

香山一派。（《蘇軾資料彙編》第五册，第一九四四頁）

《宥老楮》

我牆東北隅，張王維老穀。樹先樗櫟大，葉等桑柘沃。流膏馬乳漲，墮子楊梅熟。胡為尋丈地，養此不材木。蹶之得輿薪，規以種松菊。靜言求其用，略數得五六。膚為蔡侯紙，子入桐君録。黃繒練成素，黝面頮作玉。灌灑烝生菌，腐餘光吐燭。雖無傲霜節，幸免狂酲毒。孤根信微陋，生理有倚伏。投斧為賦詩，德怨聊相贖。

頗近香山，然筆力自别。（孔凡禮標點《蘇軾詩集》第七册，中華書局，一九八二年版，第二三一三頁）

《删正二馮評閱才調集》

白居易《代書一百韻寄微之》，匀細整贍，力自有餘。長詩有敘置次第，此文章自然之勢，其妙處全不在此。《品匯》之作，高棅不解聲病，便以長詩為排律，無識妄作。今人則排字已入骨矣，板拙不貫串，只被排字誤了。

起、承、轉、合，不可不知，卻拘不得，須變化飛動為佳。此二篇（琴按：指白居易《代書一百韻寄微之》及《東南行一百韻》二篇。）匀整之至，卻細膩省淨，無疊辭累句、妃紅媲紫之病。長詩忌詞太煩，如此最善。（馮鈍吟班云）

一意衍至千言，雖李、杜亦不能力餘於詞。但首尾妥帖，即是難事，勿概以元輕白俗忽之……長篇作古體，方翕張如意，限以聲病，但有修詞工夫

矣。此種只備詩家一體，無煩專意為之。（評《代書一百韻寄微之》）

元公云排比聲律，即沈休文云「一簡兩韻，輕重不同」者也。非排敘之謂。如四句一絕，亦須排比，豈但長詩。今人並不知絕句是律詩。唐、宋人舊集不經後人改定者可考。今白集郭武定刻本，已更其次第矣。

二篇（琴按：指白居易《代書一百韻寄微之》及《東南行一百韻》二篇。）俱匀整，佳句相接，斐娓可誦。長詩不可亂，不可排。高棅排字最害事。（馮鈍吟班云）

《東南行一百韻》，先敘東南行情景，因情景追念前時，以見題之後先輕重，與前篇體勢殊甚，各致其情。文章變化，因物賦形，多類此也。（馮默庵舒云）

《才調》一選，以白太傅壓通部，取其昌明博大、有關風教諸篇，而不取其閒適小篇也。

此卷以白公為首，惟選長律及諷刺，不選小律及閒適詩，蓋以白公為大詩之式也。……長律倡和盛於元、白，其妍媸正是一例。此選白不選元，非不選也，舉白以例元也。……（馮鈍吟班云）（上）（《鏡煙堂叢書》本）

《刪正方虛谷瀛奎律髓》

⊙《喜張十八博士除水部員外郎》白樂天

老何歿後吟聲絕，雖有郎官不愛詩。無復篇章傳道路，空餘風月在曹司。長嗟博士官猶屈，亦恐騷人道漸衰。今日聞君除水部，喜於身得省郎時。

此詩便嫌薄弱。虛谷評白詩「似一直說話，自然條暢」，白詩好處在此，病處亦在此。首句稱呼杜撰，次句及中二聯凡五用虛字裝頭，未免犯複。且氣格亦因之不健，凡七律須有健句撑住。三、四承次句而衍之，殊爲支綴。此處自應拍合文昌，乃緊健。（卷二「朝省類」，李慶甲《瀛奎律髓匯評》，第六五頁）

⊙《百花亭》白樂天

朱檻在空虛，涼風八月初。山形如峴首，江色似桐廬。佛寺垂舟入，人家枕水居。高亭仍有月，今夜宿何如?

清淺可誦。（卷四「風土類」，李慶甲《瀛奎律髓匯評》，第一五八頁）

⊙《嶺南江行》柳宗元

瘴江南去入雲煙，望盡黃茅是海邊。山腹雨晴添象跡，潭心日暖長蛟涎。射工巧伺遊人影，颶母偏驚旅客船。從此憂來非一事，豈容華髮待流年。

雖亦寫眼前現景，而較元、白所叙風土，有仙凡之別。此由骨韵之不同。五、六舊説比小人，殊穿鑿。（卷四「風土類」，李慶甲《瀛奎律髓匯評》，第一八八頁）

⊙《杭州》白樂天

餘杭形勝世間無，州傍青山縣枕湖。遶郭荷花三十里，拂城松樹一千株。夢兒亭古傳名謝，教伎樓新道姓蘇。獨有使君年老大，風光不稱白髭鬚。

此所謂長慶體也，學之易入淺滑。第四句「一千株」湊泊。（卷四「風土類」，李慶甲《瀛奎律髓匯評》，第一八八頁）

⊙《守蘇答客問杭州》白樂天

為我踟躕停酒盞，與君約畧説杭州。山名天竺堆青黛，湖號錢塘瀉緑油。大屋簷多裝雁齒，小航船亦畫螭頭。所嗟水路無三百，官繫何因得再游。

亦淺滑。（卷四「風土類」，李慶甲《瀛奎律髓匯評》，第一八九頁）

⊙《杭州春望》白樂天

望海樓明照曉霞，護江堤白踏晴沙。濤聲夜入伍員廟，柳色春藏蘇小家。紅袖織綾誇柿蔕，青旗沽酒趁梨花。誰開湖寺西南路，草緑裙腰一道斜。

「濤聲夜入」、「紅袖織綾」，雖俱是杭州事，然皆非春望之景，此亦口頌而不覺其非者。六句自然，五句終是湊泊。（卷四「風土類」，李慶甲《瀛奎律髓匯評》，第一九〇頁）

⊙《罷府歸舊居》白樂天

陋巷乘籃入，朱門掛印回。腰間抛組綬，纓上拂塵埃。屈曲閒池沼，無非手自開。青蒼好竹樹，亦是眼看栽。石片擡琴匣，松枝閣酒盃。此生終老處，昨日始歸來。

通體淺滑。（卷六「宦情類」，李慶甲《瀛奎律髓匯評》，第二四二頁）

⊙《寄李儋元錫》韋應物

去年花裏逢君別，今日花開已一年。世事茫茫難自料，春愁黯黯獨成眠。身多疾病思田里，邑有流亡愧俸錢。聞道欲來相問訊，西樓望月幾回圓。

五、六亦是淡語，然出香山輩手便俗淺，此於意境辨之。（卷六「宦情類」，李慶甲《瀛奎律髓匯評》，第二五五頁）

⊙《解蘇州自喜》白樂天

自喜天教我少緣，家徒行計兩翩翩。身兼妻子都三口，鶴與琴書共一船。僮僕減來無冗食，資糧算外有餘錢。擕將貯作丘中費，猶免饑寒得數年。

已全是宋調，然不俗。後四句不成語。（卷六「宦情類」，李慶甲《瀛奎律髓匯評》，第二五七頁）

⊙《失婢》白樂天

宅院小牆庳，坊門帖榜遲。舊恩慚自薄，前事悔難追。籠鳥無常主，風花不戀枝。今宵在何處，惟有月明知。

觀起二句及劉詩和題，此乃誚人之失婢帖榜，非香山失婢也，而三四句乃似自失，未詳。

⊙《和樂天誚失婢牓者》劉賓客

把鏡朝猶在，添香夜不歸。鴛鴦拂瓦去，鸚鵡透籠飛。不逐張公子，即隨劉武威。新知正相樂，從此脫青衣。

（馮班：「似勝白。」）出手淺滑，更不及白詩。（卷七「風懷類」，李慶甲《瀛奎律髓匯評》，第二七七頁）

⊙《宴散》白樂天

小宴追涼散，平橋步月迴。笙歌歸院落，燈火下樓臺。殘暑蟬催盡，新秋雁帶來。將何迎睡興，臨卧舉殘盃。

五、六警。前人譏三、四非富貴語，乃看富貴語，此就句論耳。此詩原是看富貴也。（卷八「宴集類」，李慶甲《瀛奎律髓匯評》，第二九八頁）

⊙《宴周皓大夫光福宅》白樂天

何處風光最可憐，妓堂階下砌臺前。軒車擁路光照地，絲管入門聲沸天。綠蕙不香饒桂酒，紅櫻無色讓花鈿。野人不敢求他事，惟借泉聲伴醉眠。

五、六亦常意，而倒轉便覺近野。（卷八「宴集類」，李慶甲《瀛奎律髓匯評》，第三〇四頁）

⊙《歲日家宴戲示弟姪兼呈張侍御殷判官》白樂天

弟妹妻孥子姪甥，嬌癡弄我助歡情。歲盞後推藍尾酒，春盤先進膠（去聲）牙餳。形骸老倒雖堪歎，骨肉團圓亦可榮。猶有誇張少年處，笑呼張丈喚殷兄。

起句乃柏梁法，豈宜入律？通體亦殊潦倒。（卷八「宴集類」，李慶甲

《瀛奎律髓匯評》，第三〇四頁）

⊙《履道春居》白樂天

微雨灑園林，新晴好一尋。低風洗池面，斜日坼花心。暝助嵐陰重，春添水色深。不如陶省事，猶抱有絃琴。

三句纖而拙，六句好，七句不成文。（卷十「春日類」，李慶甲《瀛奎律髓匯評》，第三三五頁）

⊙《正月三日閒行》白樂天

黄鸝巷口鶯欲語，烏鵲橋頭冰欲銷。綠浪東西南北水，紅欄三百九十橋（蘇之官橋大數）。鴛鴦蕩漾雙雙翅，楊柳交加萬萬條。借問春風來早晚，只從前日到今朝。

此亦樂天純熟之境，然效之易成一種淺薄敷衍之格。（卷十「春日類」，李慶甲《瀛奎律髓匯評》，第三六一頁）

⊙《東籬》陸游

東籬深僻嬾衣裳，書卷縱横雜藥囊。無吏徵租終日睡，得錢沽酒一春狂。新營茅舍軒牕靜，旋煮山蔬匕筯香。戲集句成圖素壁，本來無事却成忙。

樂天體裁，但修飾光潤耳。（卷十「春日類」，李慶甲《瀛奎律髓匯評》，第三八一頁）

⊙《春夏之交風日清美欣然有感》陸游

天遣殘年脱𦊅鞿，功名不恨與心違。綠陂細雨移秧罷，朱舫斜陽擘紙歸。花市丹青賣團扇，象牙刀尺製單衣。白頭曳杖人爭看，共歎浮生七十稀。

亦白體。（卷十「春日類」，李慶甲《瀛奎律髓匯評》，第三八二頁）

⊙《晚春感事》陸游

少年騎馬入咸陽，鶻似身輕蝶似狂。蹴踘場邊萬人看，鞦韆旗下一春忙。風光流轉渾如昨，志氣低摧只自傷。日永東齋淡無事，閉門掃地獨焚香。

亦香山體，終嫌太易。（卷十「春日類」，李慶甲《瀛奎律髓匯評》，第三八三頁）

⊙《池上》白樂天

嫋嫋涼風動，淒淒寒露零。蘭衰花始白，荷破葉猶青。獨立棲沙鶴，雙飛照水螢。若為寥落境，仍值酒初醒。

淺而不俗。（卷十二「秋日類」，李慶甲《瀛奎律髓匯評》，第四二八頁）

智按：大和五年（八三一），六十歲，洛陽，河南尹。《白居易集箋校》第一七七六頁。

⊙《初冬早起寄夢得》白樂天

起戴烏紗帽，行披白布裘。爐温先暖酒，手冷未梳頭。早景煙霜白，初寒鳥雀愁。詩成遣誰和，還是寄蘇州。

好在由衷，病亦在是。終是率易。（卷十三「冬日類」，李慶甲《瀛奎律髓匯評》，第四七四頁）

⊙《酬夢得窮秋夜坐即事見寄》白樂天

焰細燈將盡，聲遙漏正長。老人秋向火，小女夜縫裳。菊悴籬經雨，萍銷水得霜。今冬暖寒酒，已擬共君嘗。

却雅健。（卷十五「暮夜類」，李慶甲《瀛奎律髓匯評》，第五三七頁）

⊙《冬至夜》白樂天

老去襟懷常濩落，病來鬚鬢轉蒼浪。心灰不及爐中炭，鬢雪多於砌下霜。三峽南賓身最遠，一年冬至夜偏長。今宵始覺房櫳冷，坐索寒衣泥孟光。

三、四殊俚，不得云佳。五、六自可。（卷十六「節序類」，李慶甲《瀛奎律髓匯評》，第六〇三頁）

⊙《嘗酒聽歌招客》白樂天

一甕香醪新插篘，雙鬟小妓薄能謳。管絃漸好新教得，羅綺雖貧免外求。世上貪忙不覺苦，人間除醉却須愁。不知此事君知否，君若知時從我游。

三、四皆香山滑調，不宜效之。第五句粗。（卷十九「酒類」，李慶甲《瀛奎律髓匯評》，第七三四頁）

⊙《長齋月滿攜酒先與夢得對酌醉中同赴令公之宴戲贈夢得》白樂天

齋宫前日滿三旬，酒榼今朝一拂塵。乘興還同訪戴客，解酲仍對姓劉人。病心湯沃寒灰活，老面花生朽木春。若怕平原怪先醉，知君未慣吐車茵。

第五句粗。（卷十九「酒類」，李慶甲《瀛奎律髓匯評》，第七三四頁）

⊙《橋亭卯飲》白樂天

卯時偶飲齋時卧，林下高橋橋上亭。松影亂窗眠始覺，竹風吹面醉初醒。就荷葉上包魚鮓，當石渠中洗酒瓶。生計悠悠身兀兀，甘從妻唤作劉伶。

五、六句調太野，格亦太卑。（卷十九「酒類」，李慶甲《瀛奎律髓匯

評》，第七三五頁）

⊙《憶杭州梅花因叙舊游寄蕭協律》白樂大

二年閒悶在餘杭，曾為梅花醉幾塲。伍相廟前繁似雪，孤山園裹麗如粧。蹋隨游騎心長惜，折贈佳人手亦香。賞自初開直至落，歡因小飲便成狂。薛劉相次埋新隴，沈謝雙飛出故鄉。歌伴酒徒零散盡，惟餘頭白老蕭郎。

五、六二句自可，然亦不必定是梅花。（卷二十「梅花類」，李慶甲《瀛奎律髓匯評》，第七八四頁）

⊙《八月十五夜禁中寓直寄元四稹》白樂天

銀臺金闕靜沉沉，此夕相思在禁林。三五夜中新月色，二千里外故人心。渚宮東面煙波冷，浴殿西頭鐘漏深。猶恐清光不同見，江陵卑濕足秋陰。

香山最沉著之筆。結處彌見沉摯。（一本作「通體修潔，結尤深至，異香山他作之潦倒。」）（卷二十二「月類」，李慶甲《瀛奎律髓匯評》，第九二三頁）

智按：此夕，集作「獨宿」。《八月十五日夜禁中獨直對月憶元九》，元和五年（八一〇），三十九歲，長安，京兆戶曹參軍、翰林學士。《白居易集箋校》第八〇六頁。

⊙《送姚杭州赴任因思舊游》白樂天

與君細話杭州事，為我留心莫等閒。閭里固宜勤撫恤，樓臺亦要數躋攀。笙歌縹緲虛空裹，風月依稀夢想間。且喜詩人重管領，遥飛一盞賀江山。

詩太涉理則近腐。然三、四，輕民事而重宴游，又未免太不近理。

渺渺錢塘路幾千，想君到後事依然。静逢竺寺猿偷橘，閒看蘇家女採蓮。故妓數人頻問信，新詩兩首倩流傳。舍人雖健無多興，老校當時八九年。

三、四粗鄙，五句亦非體。（卷二十四「送別類」，李慶甲《瀛奎律髓匯評》，第一〇七三頁）

⊙《送蘄州李十九使君赴郡》白樂天

可憐官職好文詞，五十專城未是遲。曉日鏡前無白髮，春風門外有紅旗。郡中何處堪攜酒，席上誰人解和詩。惟有交親開口笑，知君不及洛陽時。

（方回云：八句皆可取。）無一句可取。第四句俚。（卷二十四「送別類」，李慶甲《瀛奎律髓匯評》，第一〇七四頁）

⊙《送陝州王司馬建赴任》白樂天

陝州司馬去何如，養静資貧兩有餘。公事閒忙同少尹，料錢多少敵尚書。祇擕美酒為行伴，唯作新詩趁下車。自有鐵牛無詠者，料君投刄必應虚。

（方回云：第二句詩句之有關鍵者，尾句方見得是陜府也。）亦須看詩句如何，非切於地名即佳也。三句承「養静」，四句承「資貧」，殊不成語。（卷二十四「送别類」，李慶甲《瀛奎律髓匯評》，第一〇七四頁）

⊙《長樂亭留别》白樂天

灞滻風煙函谷路，曾經幾度别長安。昔時蹙促為遷客，今日從容自去官。優詔幸分四皓秩，祖筵慚繼二疏歡。塵纓世網重重縛，廻顧方知出得難。

通體淺易，結尤粗率。（卷二十四「送别類」，李慶甲《瀛奎律髓匯評》，第一〇七五頁）

⊙《留别微之》白樂天

平時久與本心違，悟道深知前事非。猶厭勞形辭郡印，那將趁伴著朝衣。五千言裏教知足，三百篇中勸式微。少室雲邊伊水畔，比君校老合先歸。

此較雅馴。唐人用「式微」字只作歇後語，右丞「即此羨閒逸，悵然吟式微」句亦然，然細推終是語病。（卷二十四「送别類」，李慶甲《瀛奎律髓匯評》，第一〇七五頁）

⊙《賦得古原草送别》白樂天

離離原上草，一歲一枯榮。野火燒不盡，春風吹又生。遠芳侵古道，晴翠接荒城。又送王孫去，萋萋滿别情。

此猶是未放筆時，後乃愈老愈頽唐矣。（卷二十七「着題類」，李慶甲《瀛奎律髓匯評》，第一一五九頁）

⊙《江樓望歸》白樂天

滿眼江雲色，月明樓上人。旅愁春入越，鄉思夜歸秦。道路通荒服，田園隔虜塵。悠悠滄海畔，十載避黄巾。（原注：時避賊在越中。）

此香山少作，轉勝老境之頽唐。（卷二十九「旅况類」，李慶甲《瀛奎律髓匯評》，第一二七二頁）

智按：一作「此猶未敢放筆時，故謹嚴深厚乃爾；成名以後，頽然自放矣。凡文士頽唐，多在名高以後」。《江樓望歸》：江雲色，集作「雲水色」，鄉思，集作「鄉夢」。貞元二年（七八六），十五歲，越中。《白居易集箋校》第七七四頁。

⊙《渡淮》白樂天

淮水東南地，無風渡亦難。孤煙生乍直，遠樹望多圓。春浪棹聲急，夕陽帆影殘。清流宜映月，今夜重吟看。

第三句本右丞「大漠孤烟直」句，犹是恒语。四句乃是刻意造出。此种偶一为之不妨，若专意为此，则坠入竟陵、公安鬼趣。末句用何水部语。妙在出语浑成，不伤大雅，与「武功派」之琐屑不同。（《瀛奎律髓》卷三十四「川泉类」，李庆甲《瀛奎律髓汇评》第一三九〇頁）

智按：東南地，集作「東南闊」。寶曆元年（八二五），五十四歲，洛陽至蘇州途中，蘇州刺史。《白居易集箋校》第一六一八頁。

⊙《開龍門八節石灘》白樂天

七十三翁旦暮身，誓開險路作通津。夜舟過此無傾覆，朝脛從今免苦辛。十里叱灘類河漢，八寒陰獄化陽春。我身雖沒心常在，闇施慈悲與後人。

鄙俚至極，殆于不足揞摘。（卷三十四「川泉類」，李慶甲《瀛奎律髓匯評》，第一四〇三頁）

⊙《放言》（五首）白樂天

朝真暮僞何人辨？古往今來底事無？但愛臧生能詐聖，可知甯子解佯愚？草螢有耀終非火，荷露雖團豈是珠？不取燔柴兼照乘，可憐光彩亦何殊？

世途倚伏都無定，塵網牽纏卒未休。禍福回還車轉轂，榮枯反覆手藏鉤。龜靈未免刳腸患，馬失應無折足憂。不信君看弈棋者，輸贏須待局終頭。

贈君一法決狐疑，不用鑽龜與祝蓍。試玉要燒三日滿，辨材須待七年期。周公恐懼流言後，王莽謙恭未篡時。向使當初身便死，一生真僞復誰知？

誰家第宅成還破？何處親賓哭復歌？昨日屋頭堪炙手，今朝門外好張羅。北邙未省留閒地，東海何曾有定波。莫笑貧賤誇富貴，共成枯骨兩如何。

泰山不要欺毫末，顏子無心羨老彭。松樹千年終是朽，槿花一日自為榮。何須戀世常憂死，亦莫嫌身漫厭生。生去死來都是幻，幻人哀樂繫何情？

五首皆俚詞野調。乃以此傳世，實所未喻。（卷三十九「消遣類」，李慶

甲《瀛奎律髓匯評》，第一四五五頁）

⊙《卜歲日喜談氏外孫女孩滿月》白樂天

今旦夫妻喜，他人豈得知。自嗟生女晚，敢訝見孫遲。物以稀為貴，情因老更慈。新年逢吉日，滿月乞名時。桂燎熏花果，蘭湯洗玉肌。懷中有可抱，何用是男兒。

直寫真情，尚不涉俚語。華而情僞，非也。情真而語鄙，亦非也。（卷四十一「子息類」，李慶甲《瀛奎律髓匯評》第一四七七頁）

智按：詩題當做「小歲日」，即臘明日。白居易又有《小歲日對酒吟錢湖州所寄詩》。

⊙《阿雀兒詩》白樂天

謝病卧東都，羸然一老夫。孤單同伯道，遲暮過商瞿。豈料鬢成雪，方看掌上珠。已衰寧望有，雖晚亦勝無。蘭入前春夢，桑懸昨日弧。里閭多慶賀，親戚共歡娛。膩剃新胎髮，香綳小繡襦。玉芽開手爪，酥顆點肌膚。……乳氣初離殼，啼聲漸變雛。何時能反哺，供養白頭烏。

起八句極老健。白詩最患敷衍，惟此爲生平得意詩，故不嫌于細寫，所謂言各有當也。若論詩法，則當以「膩剃」二句接「雖晚」二句，以「何時」二句接「膩剃」二句足矣。「乳氣」、「啼聲」二句俱不佳。（卷四十一「子息類」，李慶甲《瀛奎律髓匯評》，第一四七七頁）

⊙《寄李蘄州》劉禹錫

下車書奏龔黃課，動筆詩傳鮑謝風。江郡謳謡誇杜母，洛陽歡會憶車公。笛愁春盡梅花裏，簟冷秋生薤葉中。（蘄州出好笛并薤葉簟）不道蘄州歌酒少，使君難稱與誰同。

前四句太庸濫。（卷四十二「寄贈類」，李慶甲《瀛奎律髓匯評》，第一五〇五頁）

智按：馮班云：「此首白居易作」。

⊙《初到忠州贈李六》白樂天

好在天涯李使君，江頭相見日黄昏。吏人生梗都如鹿，市井疎蕪只抵邨。一隻蘭船當驛路，百層石磴上州門。更無平路堪行處，虚度朱輪五馬恩。

三句香山習徑。（卷四十三「遷謫類」，李慶甲《瀛奎律髓匯評》，第一五五七頁）

⊙《得微之到官後書備知通州之事悵然有感因成四章》白樂天

來書子細説通州，州在山根峽岸頭。四面千重火雲合，中心一道瘴江流。蟲蛇白晝攔官道，蚊蚋黄昏撲郡樓。何罪遣君居此地？天高無處問來由。

匼匝巔山萬仞餘，人家應似甑中居。寅年籬下多逢虎，亥日沙頭始賣魚。衣斑梅雨長須熨，米澁畬田不解鉏。努力安心過三考，已曾愁殺李尚書。

人稀地僻醫巫少，夏旱秋霖瘴瘧多。老去一身須愛惜，別來四體得如何。侏儒飽笑東方朔，薏苡讒憂馬伏波。莫遣沈愁結成病，時時一唱濯纓歌。

通州海内恓惶地，司馬人間冗長官。傷鳥有弦驚不定，卧龍無水動應難。劍埋獄底誰深掘，松偃霜中盡冷看。舉目爭能不惆悵，高車大馬滿長安。

（其一）結太直。（其二）結亦太直。（其三）結複第二首。（其四）「有弦」二字圓對「無水」，未免湊泊。結尤鄙猥。（卷四十三「遷謫類」，李慶甲《瀛奎律髓匯評》，第一五五八～一五五九頁）

⊙《初病風》白樂天

六十八衰翁，乘衰百疾攻。朽株難免蠹，空穴易來風。肘痺宜生柳，頭旋劇轉蓬。恬然不動處，虚白在胸中。

無不妥處，但太清淺，以為老境則失之。第五句「柳生肘」亦誤用。（卷四十四「疾病類」，李慶甲《瀛奎律髓匯評》，第一五七七頁）

⊙《病入新正》白樂天

枕上驚新歲，花前念舊歡。是身老所逼，非意病相干。風月情猶在，杯觴興又闌。便休心未伏，更試一春看。

此首稍健。（卷四十四「疾病類」，李慶甲《瀛奎律髓匯評》，第一五七七頁）

⊙《卧病來早晚》白樂天

卧病來早晚，懸懸將十旬。婢能尋藥草，犬不吠醫人。酒甕全生醭，歌筵半委塵。風光還欲好，爭向枕前春。

此真小樣。（卷四十四「疾病類」，李慶甲《瀛奎律髓匯評》，第一五七七～一五七八頁）

⊙《病瘡》白樂天

門有醫來往，庭無客送迎。病銷談笑興，老足歎嗟聲。鶴伴臨池立，人扶下砌行。脚瘡春斷酒，那得有心情。

此種詩外淡而中亦枯，虛谷好矯語古淡，故貌似者亦復取之。（卷四十四「疾病類」，李慶甲《瀛奎律髓匯評》，第一五七八頁）

⊙《墜馬强出贈同座》白樂天

足傷遭馬墜，腰重倩人擡。祇合窻間卧，何因花下來。坐依桃葉妓，行呷地黄杯。强出非他意，乘風落盡梅。

「擡」字粗俚，餘亦淺率。（卷四十四「疾病類」，李慶甲《瀛奎律髓匯評》，第一五七九頁）

⊙《病中一二禪客見問因以謝之》劉禹錫

勞動諸禪客，同來問病夫。添罏擣雞舌，洒水淨龍鬚。身是芭蕉喻，行須筇杖扶。醫工有妙藥，能乞一丸無？

此便格韵不同。劉、白并稱，中山未必甘也。結處雙關，大雅，不落小巧法門。（卷四十四「疾病類」，李慶甲《瀛奎律髓匯評》，第一五七九頁）

⊙《旅次景空寺宿幽上人院》（白居易）

不與人境接，寺門開向山。暮鐘鳴鳥聚，秋雨病僧閒。月隱雲樹外，螢飛廊宇間。幸投花界宿，暫得静心顔。

四句自佳。（李慶甲《瀛奎律髓匯評》卷四十七「釋梵類」，第一六四三頁）

⊙《晚春登大雲寺南樓贈常禪師》白樂天

花盡頭新白，登樓意若何。歲時春日少，世界苦人多。愁醉非因酒，悲吟不是歌。求師治此病，唯勸讀楞伽。

起得峭拔，收得清楚，題中字字俱到。第四句近俚，不可效。（李慶甲《瀛奎律髓匯評》卷四十七「釋梵類」，第一六四四頁）

⊙《龍化寺主家小尼》（郭代公愛姬薛氏，幼嘗為尼，小名仙人子）（白居易）

頭青眉眼細，十四女沙彌。夜静雙林怕，春深一食饑。步慵行道困，起晚誦經遲。應似仙人子，花宫未嫁時。

凡猥太甚。（李慶甲《瀛奎律髓匯評》卷四十七「釋梵類」，第一六四四頁）

⊙《武丘寺路》（元註：去年重開寺路，桃、李、蓮、荷，約種數千株）（白居易）

自開山寺路，水陸往來頻。銀勒牽驕馬，花船載麗人。芰荷生欲遍，桃李種仍新。好在湖堤上，長留一道春。

浅近之筆，三、四尤俗。（卷四十七「釋梵類」，李慶甲《瀛奎律髓匯評》第一六四五頁）

⊙《送王十八歸山寄題仙游寺》白樂天

曾於太白峯前住，數到仙游寺裏來。黑水澄時潭底出，白雲破處洞門開。林間煖酒燒紅葉，石上題詩掃綠苔。惆悵舊游那（集作無）復到，菊花時節羡（一作待）君迴。

四句較有致。（五六）最是小家様範。（卷四十七「釋梵類」，李慶甲《瀛奎律髓匯評》第一七三八頁）

⊙《讀禪經》（白樂天）

須知諸相皆非相，若住無餘卻有餘。言下忘言一時了，夢中説夢兩重虛。空花豈得兼求果，陽焰如何更覓魚。攝動是禪禪是動，不禪不動即徐徐。

竟是偈頌，何以為詩？（卷四十七「釋梵類」，李慶甲《瀛奎律髓匯評》，第一七三九頁）

⊙《送景玄師東歸》劉禹錫

東林寺裏一沙彌，心愛當時才子詩。山下偶隨流水出，秋來卻赴白雲期。灘頭躡屐挑沙菜，路上停舟讀古碑。想到舊房拋錫杖，小松應有過簷枝。

論夢得是，然以論夢得此二詩（智按：另一首為《酬淮南廖參謀秋夕見過之作》）則未是。二詩乃夢得之不佳者。（方回云：「劉夢得詩格高在元、白之上，長慶以後詩人皆不能及，且是句句分曉，不喫氣力，別無暗昧關鎖。」）（卷四十七「釋梵類」，李慶甲《瀛奎律髓匯評》，第一七四〇頁）

⊙《過元家履信宅》白樂天

雞犬喪家分散後，林園失主寂寥時。落花不語空辭樹，流水無情自入池。風蕩宴船初破漏，雨淋歌閣欲傾欹。前庭後院傷心事，唯是春風秋月知。

情真而格調太卑，五句尤俚。（卷四十九「傷悼類」，李慶甲《瀛奎律髓

匯評》，第一八〇五頁）

智按：紀昀，字曉嵐，一字春帆，晚年自號石雲，直隸獻縣（今屬河北）人。乾隆十二年（一七四七）丁卯科解元。乾隆十九年（一七五四）甲戌進士。散館授編修。乾隆三十八年，擢侍讀，命為四庫全書館總纂官。官至禮部尚書，協辦大學士，加太子少保。謚文達。有《紀文達公遺集》。

紀昀（一七二四～一八〇五）等

《四庫全書總目》

【白氏長慶集七十一卷】（通行本）

唐白居易撰。居易有《六帖》，已著録。案：錢曾《讀書敏求記》稱所見宋刻居易集兩本，皆題為《白氏文集》，不名《長慶集》，汪立名校刻《香山詩集》，亦謂寶曆以後之詩，不應槩題曰「長慶」。今考居易嘗自寫其集，分置僧寺，據所自記，大和九年置東林寺者，二千九百六十四首，勒成六十卷；開成元年置於聖善寺者，三千二百五十五首，勒成六十五卷；開成四年置於蘇州南禪院者，凡三千四百八十七首，勒為六十七卷，皆題曰《白氏文集》。開成五年置於香山寺者，凡八百首，合為十卷，則別題曰《洛中集》。惟長慶四年元稹作《白氏長慶集序》，稱盡徵其文，手自排纂，成五十卷，二千一百九十一首。又稱明年當改元長慶，訖於是，因號曰《白氏長慶集》，則《長慶》一集，特穆宗甲辰以前之作，曾及立名所辨，不為無據。然《唐志》載《白氏長慶集》七十五卷，《宋志》亦載《白氏長慶集》七十一卷，而《白氏文集》之名轉不著録。又高斯得《耻堂存稿》有《白氏長慶集序》，宋人目録傳於今者，晁公武《讀書志》、尤袤《遂初堂書目》、陳振孫《書録解題》亦均作《白氏長慶集》，則謂宋刻必作《白氏文集》，亦未盡然。況元稹之序本為《長慶集》作，而《聖善寺文集記》中載有居易自註，稱元相公先作集序並目録一卷在外，則《長慶集序》已移弁開成新作之目録，知寶曆以後之詩文均編為續集，襲其舊名矣，未可遽以總題「長慶」為非也。其卷帙之數，晁公武謂前集五十卷，後集二十卷，續集五卷。今亡三卷，則當有七十二卷。陳振孫謂七十一卷之外，又有外集一卷，亦當有七十二卷。而所標總數，乃皆仍為七十一卷，與今本合，則其故不可得詳。至彭叔夏《文苑英華辨證》謂集中《進士策問》第二道，俗本妄有所增，又馮班《才調集評》亦稱每卷首古調、律詩、格詩之目為重刻改竄，則今所行本已迥非當日之舊矣。（卷一五一，《欽定四庫全書總目提要》整理本，第二〇一八～二〇一九頁）

【白香山詩集四十卷附録年譜二卷】（内府藏本）

國朝汪立名編。立名有《鐘鼎字源》，已著録。唐白居易《長慶集》詩文各半，立名引宋祁之言，謂居易長於詩而他文未能稱是，因别刊其詩以成是集。又據元稹序，謂長慶時所作僅前五十卷，其寶曆以後所作不應槩名以「長慶」（案：立名此論未確，已詳辨於《長慶集》下），因即其歸老之地題曰「香山」，參互眾本，重加編次，定為《長慶集》二十卷，《後集》十七卷，《别集》一卷。又採摭諸書，為《補遺》二卷，而以新定《年譜》一卷、陳振孫舊本《年譜》一卷併元稹《長慶集序》一篇、《舊唐書》本傳一篇冠於首，復採諸書之有關居易詩者，各箋註於其下。居易集在東林寺者，陸游《入蜀記》稱宋時已佚，眞宗嘗令崇文院寫校，包以斑竹帙送寺，建炎中亦壞於兵。其傳於世者，錢曾所云宋本，莫知存佚。舊有明武定侯家刻本，今亦罕見。世所行者，惟蘇州錢氏、松江馬氏二本，皆頗有顛倒譌舛。胡震亨《唐音丁籤》所録，又分體瑣屑，往往以一題割隸二卷，殊為叢脞。立名此本，考證編排特為精密，其所箋釋雖不能篇篇皆備，而引據典核，亦勝於註書諸家漫衍支離，徒溷耳目，蓋於諸刻之中特為善本。其書成於康熙壬午，朱彝尊、宋犖皆為之序云。（卷一五一，《欽定四庫全書總目提要》整理本，第二〇一九頁）

【香山詩鈔二十卷】

國朝楊大鶴編。大鶴字芝田，武進人。康熙己未進士，官至左春坊左諭德。是編用明馬元調所刊《白氏長慶集》本，録十之三四，芟其所分門目，但以五言、七言分古今體編之。（《别集類存目》）（卷一七四，《欽定四庫全書總目提要》整理本，第二三六〇頁）

【白孔六帖一百卷】（内府藏本）

案《文獻通考》載《六帖》三十卷，唐白居易撰；《後六帖》三十卷，宋知撫州孔傳撰。合兩書計之，總為六十卷。此本編兩書為一書，不知何人之所合。又作一百卷，亦不知何人之所分。考胡仔《苕溪漁隱叢話》，稱《六帖》新書出於東魯兵燹之餘，南北隔絕，其本不傳於江左，使學者弗獲增益聞見。則南渡之初，尚無傳本。王應麟《玉海》始稱孔傳亦有《六帖》，今合為一書，則併於南宋之末矣。黄朝英《靖康湘素雜記》載白氏《六帖》，有元祐五年博平王安世序，此本佚之。卷首所冠韓駒序，則專為孔傳續書作也。楊億《談苑》曰：「白居易作《六帖》，以陶家缾數十，各題門目，作七層架列齋中，命諸生採集其事類，投缾中，倒取鈔録成書。故所記時代，多無次序。」《唐志》稱其書為《白氏經史事類六帖》，蓋其別名。程大昌《演繁露》稱：「唐開元中舉行科試之法，帖經者以所習經掩其兩端，中間惟開一行，裁紙為帖。凡帖三字，視時增損，可否不一。或得四、得五、得六者為通。六帖之名所由起，取中帖多者名其書也。」然此書雜採成語故實，備詞藻之用，與進士帖經絕不相涉，莫詳其取義之所在。大昌所説，殆亦以意附會歟？其體例與《北堂書鈔》同，而割裂飣餖，又出其下。《資暇集》摘其誤引朱博烏集事，《南都新書》摘其誤引陶潛五柳事，《東皐雜録》摘其誤引烏鳴嚶嚶事，《學林就正》摘其誤引毛寶放龜事。然所徵引，究皆唐以前書，墜簡遺文，往往而在，要未為無裨考證也。《容齋隨筆》又稱：「俗傳淺妄書如《雲仙散録》之類，皆絕可笑，孔傳續《六帖》悉載其中事，自穢其書。」然《復齋漫録》（案《復齋漫録》今已佚，此條見胡仔《苕溪漁隱叢話》所引）稱「東魯孔傳字聖傳，先聖之裔，而中丞道輔之孫也。為人博學多聞，取唐以來至於吾宋，詩頌銘贊，奇編奥録，窮力討論，纖芥不遺，撮其樞要，區分彙聚有益於世者，續唐白居易《六帖》，謂之《六帖新書》。韓子蒼為篇引，以為孔侯之書如富家之儲材，榱棟枅栱，雲委山積，匠者得之，應手不窮，其用豈小」云云，則宋人亦頗重其書矣。《玉海》引《中興書目》，稱居易採經傳百家之語，摘其英華，以類分門，悉註所出卷帙名氏於其下。晁公武《讀書志》則稱「居易原本，不載所出書，曾祖父祕閣公為今註，行於世」。其説不同。然公武述其家事，當必不誤。且《玉海》又引《中興書目》，稱白居易以天地事分門類為聲偶，而不載所出。其説亦自相矛盾。蓋當代所行，原有已註出處之本，又有未註出處之本，應麟各隨所見書之耳。此本註頗簡略，亦不題註者姓名，其即晁公所註與否不可復考。今亦仍原本録之，不更增題名氏焉。居易始末，具《唐書》本傳。傳有《東家雜記》，已著録。（卷一三五，《欽定四庫全書總目提要》整理本，第一七七三頁）

【詩經六帖重訂十四卷】（兩浙總督採進本）

明徐光啟撰。國朝范方重訂。光啟字子先，上海人。萬曆甲辰進士，官至東閣大學士。謚文定。事蹟具《明史》本傳。方，字令則，如皋人。前有方自序，謂「徐光啟《六帖》，後先錯互，為未定之書，爰為重訂，而去其博物一帖，其餘五帖，皆移定其次，而無所增改」。五帖者，一翼傳、二存古、三廣義、四擥藻、六正叶也。卷首有光啟《韻譜説》并例。於諸詩皆不載其詞，但於有韻之句，以白圈為識，無韻之句，以黑圈為識，體例殊為未善。且既以古音無叶為全書注意之處，乃於圈識之外，絕不言其所以然，題曰《韻譜》，名實亦復相乖。又「六帖」名始於帖經，程大昌《演繁露》疏解頗明，白居易以名類書，殊無所取義。光啟以名經解，為轉不失其初。然考《明史・藝文志》，載徐光啟《毛詩六帖》六卷，是每帖為一卷也。方既刪博物一門，則六帖僅存其五，與光啟作書之意，全不相合，安得復以六帖稱乎？（卷十七，《欽定四庫全書總目提要》整理本，第二二一頁）

智按：「然考《明史・藝文志》」云云，一作：「然以一類爲一帖，則又杜撰也。」

【韻學通指一卷】（浙江汪汝瑮家藏本）

國朝毛先舒撰。是編與柴紹炳《古韻通》、沈謙《詞韻》同時而出。三人本相友善，故兼舉二家之説，其得失離合亦略相等。如謂風字可以入侵韻，非東韻之字，全可入侵；舒字可以入支韻，非魚韻之字，全可入支。謂古韻之差等有三，今韻之差等有四。所見皆視前人為確。惟所稱沈約韻、孫愐韻及唐人韻入聲表、孫愐二百六部、唐人一百七部之説，則多無依據，以意為之。夫沈約四聲久佚，不必言矣（語詳《韻經》條下。）孫愐《唐韻》，惟《廣韻》之首僅存其序，徐鉉校正《説文》，僅存其反切。書則久佚，又安得以宋人韻目為司法本書？且二百六部之分，據其末則陳彭年等之書，有《廣韻》可考。原其初，則沈約之舊，有約集諸詩賦可考。孫愐但增加其字，補綴其註，竝無分部之説。忽舉而歸之於愐，古無典記也。至其同用、獨用之註，在唐，則許敬宗所定，見封演《聞見記》；在宋，則賈昌朝移併窄韻十三部，見《東齋記事》，亦見《玉海》；自昌朝以前，無一百七部之説也。又唐人程試，則用官韻；自為詠歌，則多用私韻。如東與冬、鍾為二部，官韻也；其他如孟浩然《田家元日》詩、杜甫《雨晴》詩、魏兼恕《送張兵曹赴營田》詩之類，皆近體律詩，以東、冬、鍾通押，則私韻也。蕭、宵、肴、豪為三部，官韻也；李商隱《送從翁赴東川尚書幕》詩之類，亦五言長律，以蕭、宵、肴、豪通押，則私韻也。畫字在卦部，官韻也，李商隱《無題詩》與衩同押；婦字在有部，官韻也，白居易《琵琶行》與故同押；亦皆私韻也。是其時自程試以外，韻原不一，安有所謂徧考唐人無不合於一百七部者哉？尤可異者，上下平聲五十七部，有入者三十四，無入者二十三，自唐以來，絕無異説。至明葉秉敬作《韻表》，始以後世方音割裂分配，使部部有入。先舒祖其説，而小損益之，乃標曰《唐人韻入聲表》，則不但考之不詳，併依託古人，如郭正域之沈約《韻經》矣。（卷四十四，《欽定四庫全書總目提要》整理本，第六〇一頁）

【晉書一百三十卷】（内府刊本）

唐房喬等奉敕撰。劉知幾《史通·外篇》謂：「貞觀中詔前後《晉史》十八家未能盡善，敕史官更加纂撰。」自是言晉史者皆棄其舊本，競從新撰。然唐人如李善注《文選》，徐堅編《初學記》，白居易編《六帖》，於王隱、虞預、朱鳳、何法盛、謝靈運、臧榮緒、沈約之《書》，與夫徐廣、干寶、鄧粲、王韶、曹嘉之、劉謙之之《紀》，孫盛之《晉陽秋》，習鑿齒之《漢晉陽秋》，檀道鸞之《續晉陽秋》，竝見徵引。是舊本實未嘗棄，毋乃書成之日卽有不愜於衆論者乎。考書中惟陸機、王羲之兩傳，其論皆稱「制曰」，蓋出於太宗之御撰。夫典午一朝政事之得失，人材之良楛，不知凡幾，而九重掞藻，宣王言以彰特筆者，僅一工文之士衡，一善書之逸少，則全書宗旨，大概可知。其所褒貶，略實行而獎浮華，其所採擇，忽正典而取小説，波靡不返，有自來矣。卽如《文選》注馬汧督誄，引臧榮緒、王隱書，稱馬汧立功孤城，死於非罪，後加贈祭，而《晉書》不為立傳，亦不附見於周處、孟觀等傳。

又《太平御覽》引王隱書云：「武帝欲以郭琦為佐著作郎，問尚書郭彰，彰憎琦不附己，答以不識。上曰：『若如卿言，烏丸家兒能事卿，卽堪郎也』。及趙王倫簒位，又欲用琦，琦曰：『我已為武帝吏，不能復為今世吏』，終於家。」琦蓋始終亮節之士也，而《晉書》亦削而不載。其所載者，大抵宏奬風流，以資談柄，取劉義慶《世説新語》與劉孝標所注，一一互勘，幾於全部收入，是直稗官之體，安得目曰「史傳」乎？黄朝英《緗素雜記》詆其引《世説》「和嶠峨峨如千丈松，礧砢多節目」，既載入《和嶠傳》中，又以嶠字相同，竝載入《溫嶠傳》中，顛倒舛迕，竟不及檢，猶其枝葉之病，非其根本之病也。正史之中，惟此書及《宋史》，後人紛紛改撰，其亦有由矣。特以十八家之書竝亡，考晉事者舍此無由，故歷代存之不廢耳。《音義》三卷，唐何超撰。超字令升，自稱東京人。楊齊宣為之序。其審音辨字，頗有發明。舊本所載，今仍附見於末焉。（卷四十五，《欽定四庫全書總目提要》整理本，第六二四頁）

【欽定八旗滿洲氏族通譜八十卷】

乾隆九年奉敕撰。凡甲族謂之大姓，其次則謂之乙姓，各詳其受氏之源與始居之地，猶劉之標望於彭城，韓之溯派於昌黎也；或同姓而異居者，則以其地識之，（如蘇完瓜爾佳氏，葉赫瓜爾佳氏之類。）猶王之別太原、瑯琊，李之判隴西趙郡也；或雖同姓而異旗者，則連類附見之，猶裴之有東西，阮之有南北也。其賜姓者，仍列於本族，惟詳其蒙賜之由，以昭光寵，而不淆其昭穆。蒙古、高麗、尼堪、臺尼堪、撫順尼堪，久隸八旗者，亦追溯從來，附著於末。每一姓中，取其勳勞茂著者冠冕於首，各系小傳以示旌異，其子孫世系官爵，以次綴書，如《元和姓纂》之例。考古者族姓掌於官，至春秋之末，智果別族為輔氏，猶聞於太史。秦、漢以來，古制不存，家牒乃作。劉歆《七略》稱案揚子雲家牒，以甘露三年生是也。（案語見李善《文選註》。）私記之書亦作世本是也。六代及唐，雖以門第相高，而附會攀援，動輒疎舛。白居易一朝名士，自敘世系乃以楚白公勝、秦白乙丙一脈相承，他可概見矣。洎乎兩宋，譜學遂絕，非世家舊姓，罕能確述其宗派者，豈非不掌於官，各以臆説之故歟？惟我國家，法度修明，自開創之初，從龍部屬，皆什伍相保，聚族而居，有古比閭族黨之遺意，故其民數可考，而生卒必聞於官，子孫必登於籍，故其族系亦最明。披讀是編，古太史之成規猶可概見；八旗之枝榦相維，臂指相屬，亦可概見。聖人制作，同符三代類如此，猗歟盛矣。（卷五十八，《欽定四庫全書總目提要》整理本，第八一四頁）

【入蜀記六卷】（光禄寺卿陸錫熊家藏本）

宋陸游撰。游字務觀，號放翁，山陰人，佃之孫，宰之子。初以蔭補登仕郎，隆興初賜進士出身，嘉泰初，官至寶謨閣待制。事蹟具《宋史》本傳。游以乾道五年授夔州通判，以次年閏六月十八日自山陰啟行，十月二十七日抵夔州，因述其道路所經，以為是記。游本工文，故於山川風土，敘述頗為雅潔，而於考訂古蹟，尤所留意。如丹陽皇業寺卽史所謂皇基寺，避唐玄宗諱而改；李白詩所謂新豐酒者，地在丹陽、鎮江之間，非長安之新豐；甘露寺很石、多景樓皆非故蹟；眞州迎鑾鎮乃徐溫改名，非周世宗時所改；梅堯臣題瓜步祠詩，誤以魏太武帝為曹操；廣慧寺祭悟空禪師文石刻保大九年乃南唐玄宗，非後主；庾亮樓當在武昌，不應在江州，白居易詩及張舜臣《南遷志》（智按：當爲張舜民《南遷録》）竝相沿而誤；歐陽修詩「江上孤峰蔽緑蘿」句，緑蘿乃溪名，非泛指藤蘿；宋玉宅在秭歸縣東，舊有石刻，因避太守家諱毀之，皆足備輿圖之考證。他如解杜甫詩長年三老字及攤錢字，解蘇軾詩「玉塔卧微瀾」句，解南方以七月六日作七夕之由，辨《李白集》中《姑孰十詠》、《歸來乎》、《笑矣乎》、《僧伽歌》、《懷素書歌》諸篇，皆宋敏求所竄入，亦足廣見聞。其他搜尋金石，引據詩文以參證地理者，尤不可殫數。非他家行記徒流連風景、記載瑣屑者比也。（卷五十八，《欽定四庫全書總目提要》整理本，第八一九頁）

【東野志四卷】（浙江巡撫採進本）

舊本題海鹽呂兆祥撰，裔孫東野武訂。考兆祥與武皆明末人，而是編二卷之末附録順治康熙中奏議，詳載聖祖仁皇帝恩授東野沛然為五經博士，蓋卽沛然因兆祥舊志稍為續補也。前有呂化舜、方應祥原序，而粘本盛跋則作於康熙壬寅，陳良謨序則作於康熙丙寅，亦續刻所加也。考《元和姓纂》載伯禽少子別為東野氏，則東野氏系出周公，更無疑義。世承厥職，原非濫膺，惟是所敘世譜，稱第三代生二子，長暉次晞；六代生二子，長縉次紳，其人皆在春秋以前，則兄弟聯名已在應瑒、應璩之前。又二代東野宗，於田中勝處建祠以安先靈，則大夫之廟可不建於家。十六世東野稷，字稷德，號白雲，則別號已見於戰國。二十一代東野質，遭楚滅魯，負子攜譜，竄於東吳，是別族不必於太史，而戰國之末尚延吳祚。蓋譜牒之學，古來即不一説。司馬遷敘五帝世系，往往與載籍牴牾；而白居易自敘世系，亦與《左傳》相違。記載異同，固不足怪也。（卷五十九，《欽定四庫全書總目提要》整理本，第八二五頁）

【陸氏世史鈔六卷】（浙江巡撫採進本）

明陸濬源撰。濬源，平湖人，自稱陸贄二十九世孫。是書採陸氏名見正史者，自漢迄元得一百二十人，各録其本傳，裒為一編，亦自誦清芬之意。然氏族源流，最為叢雜，唐人世傳譜牒，以門第相高，而白居易自述姓源，且不免以蹇叔之子指為出自芊勝，況自宋以來，此學不講，支分派別，亢莫能稽。濬源是書，既首列《唐書·世系表》，明吳郡之陸出自田齊，為嬀姓之後；又引王應麟《姓氏急説篇註》，謂「出自陸終」；又引陳留《風俗傳》，謂「出自陸渾之國」，是本原先已傳疑。又稱「唐陸鴻漸姓由卜筮，北魏步陸孤氏亦復姓省文」，是末派猶難考信。乃取上下數千年中陸姓之人，不問異同，聯為一譜。然則尼山殷後，可與孔圉稱宗；懿仲齊卿，可與國僑合族，此亦千古譜牒之通病矣。（卷六十二，《欽定四庫全書總目提要》整理本，第八七二頁）

【儒言一卷】（永樂大典本）

宋晁説之撰。説之字以道，鉅野人。少慕司馬光之為人，光晚號「迂叟」，説之因自號曰「景迂」。……（卷九十二，《欽定四庫全書總目提要》整理本，第一二〇八頁）

【張氏醫通十六卷】（浙江巡撫採進本）

國朝張璐撰。璐字路玉，號石頑，吳江人。是編取歷代名家方論，彙次成編。門類先後，悉依王肯堂《證治準繩》。方藥主治多本薛己《醫案》、張介賓《景岳全書》，而以己意參定之。凡古來相傳之説，稍有晦滯者，皆削不録，其辭氣未暢者，皆潤色發揮，務闡其意。康熙乙酉，聖祖仁皇帝南巡，璐子以柔以璐所著《本經逢原》、《診宗三昧》、《傷寒纘緒論》及此書彙輯恭進，得旨留覽。考璐自序，是書初名《醫歸》，未及刊行，佚其《目科》、

《痘疹》二册。晚年命其子以倬重輯《目科治例》，以柔重輯《痘疹心傳》，補成完帙，改題此名。時韓氏《醫通》已久行於世，璐書名與相復。自序謂「元氏集名《長慶》，白氏集亦名《長慶》，未嘗混也」。今刊本題《張氏醫通》，蓋亦以別於韓氏云。（卷一〇五，《欽定四庫全書總目提要》整理本，第一三七九頁）

【宣和書譜二十卷】（兩江總督採進本）

不著撰人名氏，記宋徽宗時内府所藏諸帖，蓋與《畫譜》同時作也。首列帝王諸書為一卷，次列篆隸為一卷，次列正書四卷，次列行書六卷，次列草書七卷，末列分書一卷，而制誥附焉。宋人之書，終於蔡京、蔡卞、米芾，殆即三人所定歟？芾、京、卞書法皆工，芾尤善於辨別，均為用其所長。故宣和之政無一可觀，而賞鑒則為獨絕。蔡絛《鐵圍山叢談》稱：「所見内府書目，唐人硬黄臨二王至三千八百餘幅，顔魯公墨蹟至八百餘幅，大凡歐、虞、褚、薛及唐名臣李太白、白樂天等書字，不可勝記。獨兩晉人則有數矣。至二王《破羌》、《洛神》諸帖，眞蹟殆絕，蓋亦僞多焉」云云。今書所載，王羲之帖僅二百四十有二，王獻之帖僅八十有九，顔眞卿帖僅二十有八，蓋其著於録者，亦精為汰簡，魚目之混罕矣。（卷一一二，《欽定四庫全書總目提要》整理本，第一四九〇頁）

【洛陽牡丹記一卷】（浙江鮑士恭家藏本）

宋歐陽修撰，……周必大作《歐集考異》稱「當時士大夫家有修《牡丹譜》印本，始列花品敘及名品，與此卷前兩篇頗同。其後則曰敘事、宮禁、貴家、寺觀、府署、元白詩、譏鄙、吳、蜀、詩集、記異、襍記、本朝、雙頭花、進花、丁晉公續花譜。凡十六門，萬餘言。後有梅堯臣跋，其妄尤甚，蓋出假托」云云。據此是宋時尚别有一本。《宋史·藝文志》以《牡丹譜》著録，而不稱《牡丹記》，蓋已誤承其訛矣。（卷一一五，《欽定四庫全書總目提要》整理本，第一五三九頁）

【雲林石譜三卷】（浙江巡撫採進本）

宋杜綰撰。綰字季揚，號雲林居士，山陰人，宰相衍之孫也。是書彙載石品凡一百一十有六，各具出產之地，採取之法，詳其形狀、色澤，而第其高下，然如端溪之類兼及硯材，浮光之類兼及器用之材，不但譜假山清玩也。

前有紹興癸丑闕里孔傳序。傳卽續白居易《六帖》者。序中稱綰為杜甫之裔，因引甫詩「水落魚龍夜」句，謂「長沙、湘鄉之山，魚龍化而為石，甫因形容於詩。綰作是譜為能紹其家風」。考甫此句見於《秦州雜詩》，乃由陝赴蜀之時，何由得至楚地！且甫之詩意本非咏石，殊附會無理。末附《宣和石譜》，皆記艮岳諸石，有名無説，不知誰作。又附漁陽公《石譜》，皆載嗜石故事，亦不知「漁陽公」為誰。其中列周公謹、元遺山諸名，則必非綰書，蓋明周履靖刻是書時所竄入也。今惟録綰書以資考證，而所附二譜，悉削而不載。又毛晉嘗刻是書，併為一卷，又佚去孔傳之序，而文句則無大異同。今亦不別著録焉。……（卷一一五，《欽定四庫全書總目提要》整理本，第一五三五頁）

【荔枝譜一卷】（浙江鮑士恭家藏本）

宋蔡襄撰。是編為閩中荔枝而作，凡七篇：其一原本始，其二標尤異，其三誌賈鬻，其四明服食，其五慎護養，其六時法制，其七別種類。嘗手寫刻之，今尚有墨版傳於世，亦載所著《端明集》中。末有「嘉祐四年歲次己亥秋八月二十日莆陽蔡某述」十九字，而此本無之。案其年月，蓋自福州移知泉州時也。荔枝之有譜，自襄始。敘述特詳，詞亦雅潔。而王世貞《四部稿》乃謂白樂天、蘇子瞻為荔枝傳神，君謨不及。是未知詩歌而極意形容，譜録則惟求記實。文章有體，詞賦與譜録殊也。襄詩篇中屢詠及荔枝，劉克莊《後村詩話》謂《四月池上》一首「荔枝纔似小青梅」句，卽譜中之「火山」；《七月二十四日食荔枝》一首「絳衣仙子過中元」句，卽譜中之「中元紅」；《謝宋評事》一首「兵鋒卻後知神物」句，卽譜中之「宋公荔枝」。蓋劉亦閩人，故能解其所指，知其體物之工。洪邁《容齋隨筆》又謂「方氏有樹結實數千顆，欲重其名，以二百顆送蔡忠惠，給以常歲所產止此。蔡為目之曰：『方家紅』，著之於譜，自後華、實雖極繁茂，逮至成熟所存未嘗越二百。遂成語讖」云云。其事太誕，不近理，殆好事謬造斯言。然亦足見當時貴重此譜，故有此附會矣。（卷一一五，《欽定四庫全書總目提要》整理本，第一五四二頁）

【蟹略四卷】（浙江鮑士恭家藏本）

宋高似孫撰。似孫有《剡録》，已著録。是編以傅肱《蟹譜》徵事太略，因别加裒集。卷一曰蟹原、蟹象，卷二曰蟹鄉、蟹具、蟹品、蟹占，卷三曰蟹貢、蟹饌、蟹牒，卷四曰蟹雅、蟹志、賦咏。每門之下，分條記載，多取蟹字為目，而繫以前人詩句。俞文豹《吹劍録》嘗譏其誤以林逋「草泥行郭索，雲木叫鉤輈」一聯為杜甫詩。今檢卷首《郭索傳》内信然，殊為失於詳核。又「本草圖經蟹生伊洛池澤中」一語，「澤蟹」、「洛蟹」條下兩引之，亦為復出。又白居易詩「亥日饒鰕蟹」句，為傅肱《譜》中所原引，而此書「鰕蟹」條下乃反遺之。其餘編次亦小有疎漏。特其採摭繁富，究為博雅。遺編佚句，所載尤多，視傅譜終為勝之云。（卷一一五，《欽定四庫全書總目提要》整理本，第一五四五頁）

【淮南子二十一卷】（内府藏本）

漢淮南王劉安撰，高誘註。安事蹟具《漢書》本傳。《漢書·藝文志》雜家：《淮南》内二十一篇，外三十三篇。顔師古註曰「内篇論道，外篇雜説」。今所存者二十一篇，蓋内篇也。高誘序言：此書大較歸之於道，號曰「鴻烈」。故《舊唐志》有何誘《淮南鴻烈音》一卷，言《鴻烈》之音也。《宋志》有《淮南鴻烈解》二十一卷，亦《鴻烈》之解也，而註其下曰「淮南王安撰」，似乎《解》亦安撰者。諸書引用，遂併《淮南子》之本文，亦題曰《淮南鴻烈解》，誤之甚矣！晁公武《讀書志》稱：《崇文總目》亡三篇，李淑《邯鄲圖書志》亡二篇，其家本惟存《原道》、《俶眞》、《天文》、《墜形》、《時則》、《覽冥》、《精神》、《本經》、《主術》、《繆稱》、《齊俗》、《道應》、《氾論》、《詮言》、《兵略》、《説林》、《説山》十七篇，亡其四篇。高似孫《子略》稱「讀《淮南》二十篇」，是在宋已鮮完本。惟洪邁《容齋隨筆》稱「今所存者二十一卷」，與今本同。然白居易《六帖》引烏鵲填河事，云出《淮南子》，而今本無之，則尚有脱文也。……（卷一一七，《欽定四庫全書總目提要》整理本，第一五六八頁）

【昭德新編三卷】（直隸總督採進本）

宋晁迥撰。迥字明遠……李淑言其服膺墳、典，耆年不倦，少遇異人指導心要。王古稱其名理之妙，雖白樂天不逮。其所學可知矣。（卷一一七，《欽定四庫全書總目提要》整理本，第一五七二頁）

【猗覺寮雜記二卷】（兩淮馬裕家藏本）

宋朱翌撰。翌字新仲，自號「灊山居士」，舒州人。政和中登進士第。南渡後官中書舍人。此編上卷皆詩話，止於考證典據，而不評文字之工拙。下卷雜論文章，兼及史事。近時鮑氏「知不足齋」刻本割其下卷六十八條，移入上卷，以均篇頁，殊失古人著書之意矣。前載《與丞相洪适求序書》一篇，鮑氏移之卷末，亦非其舊也。适未及作序而卒，其弟邁始為序之，稱其「窮經考古，上撣騷雅，旁弋史傳」。劉克莊《後村集》中亦極稱其考證之功。今觀其書如杜甫《已上人茅齋》詩「天棘蔓青絲」句，據《本草》改為「顛棘」，未免穿鑿。蘇軾詩「宜䰀使爾藹如甕」句，事出《列仙傳》，而引偽託之《述異記》；韓愈《謝自然》詩實屬唐人，乃云出《風俗通》；杜甫《李潮八分小篆歌》，諸本皆作苦縣光和尚骨立，乃誤作「骨力」，引《南史》張融事為證；鵲填河事，見《顏氏家訓》及庾肩吾詩，又見白居易《六帖》，乃與「親家」等字一概謂之「俗説」（案馬縞《中華古今注》亦以「鵲填河」為出《俗説》，然《俗説》乃沈約所著書名，見《隋志》）……（卷一一八，《欽定四庫全書總目提要》整理本，第一五七九頁）

【考古編十卷】（浙江巡撫採進本）

宋程大昌撰。……他若以白居易《樂府》正韋述所記《唐六典》不曾行用之誤……皆典確明晰，非泛為徵摭，雖亞於《容齋隨筆》，要勝於鄭樵輩之橫議也。（卷一一八，《欽定四庫全書總目提要》整理本，第一五八二頁）

【疑耀七卷】（浙江巡撫採進本）

舊本題明李贄撰。贄有《九正易因》，已著録。是編前有張萱序，稱「負笈數千里，修謁其門，迺裒一編見示，屬以訂正。戊申歲，以地官郎分務吳會，登梓以傳」云云。案贄恃才妄誕，敢以邪説誣民。所作《藏書》，至謂「毋以孔夫子之是非是非我。」其他著作，無一非狂悖之詞。而是編考證故實，循循有法。雖間倡儒佛歸一之説，其言謹而不肆。至云「儒不必援佛，佛不必援儒」。又云「經典出六朝人潤色，非其本眞」。且與贄論相反，斷乎不出其手。王士禛《古夫于亭雜録》云：「家有《疑耀》一書，凡七卷，乃李贄所著，而其門人張萱序刻者。余嘗疑為萱自纂，而駕名於贄。以中數有『校祕閣書及修玉牒』等語，萱嘗為中書舍人，纂《文淵閣書目》，而贄未嘗一官禁近也。及觀『論溫公』一條中云『余鄉海忠介』，益信不疑」云云。今因士禛之説，而考之「奉朝請」一條云：「余今年五十矣，始為尚書郎。」是萱官戶部時語，贄亦未嘗官六曹也。「蘭香」一條云：「此法在宋已有之，自吾廣始。」「蘇東坡」一條云：「東坡寓吾惠最久。」「文天祥」一條云：「文璧蓋守余惠州，而以城降元者。」是皆廣東人語，與萱之鄉貫相合。贄本閩人，無由作此語也。知此書確出於萱，士禛所言為不謬。蓋以萬曆中贄名最盛，託贄以行，而其中刪除不盡者，尚有此數條耳。相傳坊間所刻贄《四書第一評》、《第二評》皆葉不夜所僞撰，知當時常有是事也。其書多由記憶而成，如文彥博僞帖，不知為《玉照新志》所載石蒼舒事。翡翠屑金，不知為歐陽修《歸田録》語。謂沈約「還家問鄉里，詎堪持作夫」二語為白居易詩。謂《左傳》巫尫為巫者名尫。皆失之疎舛。謂《本草》稱螬可療目，故陳仲子耳無聞，目無見，食螬李而卽愈。又謂《本草》稱蓴鱸作羹，下氣止嘔，張翰在當時，意氣鬱抑，遇事嘔逆，故思此味。尤穿鑿無理，然其他考證乃往往有依據。舊以惡贄之故，併屏斥之，過也。今改題萱名，從其實也。（卷一一九，《欽定四庫全書總目提要》整理本，第一五九二頁）

【示兒編二十三卷】（兵部侍郎紀昀家藏本）

宋孫奕撰。……詩説類中以杜甫襲用白居易詩。……皆失於考訂。（卷一二一，《欽定四庫全書總目提要》整理本，第一六一八頁）

【腳氣集二卷】（兩江總督採進本）

宋車若水撰。……其他論蔡琬《十八拍》之僞，論白居易《長恨歌》非臣子立言之體，……皆足以備一説。（卷一二一，《欽定四庫全書總目提要》整理本，第一六二三頁）

【六研齋筆記四卷二筆四卷三筆四卷】（禮部尚書曹秀先家藏本）

明李日華撰。日華有《梅墟先生別録》，已著録。日華工於書畫，故是編所記論書畫者十之八。詞旨清雋，其體皆類題跋。蓋錦贉玉軸，流覽既久，意與之化，故出筆輒肖之也。其他所記雜事，亦楚楚有致。而每一眞跡，必備録其題詠跋語，年月姓名，尤足以資考證。王士禛《居易録》嘗譏其以韓愈《山石》詩為白居易、陸游作，以唐莊宗《如夢令》詞為李白作，以韋應物《西澗》詩為杜牧作，以林逋為與文同、李公麟同時，以趙秉文為元人。皆誠為舛謬。……（卷一二二，《欽定四庫全書總目提要》整

理本，第一六三四頁）

【池北偶談二十六卷】（山東巡撫採進本）

國朝王士禛撰。……池北者，士禛宅西有圃，圃中有池，建屋藏書。取白居易語，以池北書庫名之，自為之記。庫旁有石帆亭，嘗與賓客聚談其中，故以名書。（卷一二二，《欽定四庫全書總目提要》整理本，第一六三五頁）

【香祖筆記十二卷】（山東巡撫採進本）

國朝王士禛撰。皆康熙癸未、甲申二年所記，至乙酉乃排纂成書。其曰「香祖」者，王象晉《群芳譜》曰：「江南以蘭為香祖」。士禛蓋取其祖之語，以名滋蘭之室，因以名書也。是書體例與《居易録》同，亦多可採。惟「論尹吉甫」一條，最為紕繆。又如姚旅《露書》以章八元詩為盧照鄰，某詩話以柳惲詩為趙孟頫（案某詩話原本不著其名，蓋有所諱，今亦仍其舊文）。記憶偶誤，事所恒有，指其疎舛足矣。而一則以為無目人語，一則以為眯目人道黑白，肆口毒詈，皆乖著書之體。士禛《池北偶談》「任惇表語」一條，何嘗不以劉禹錫「覆舟側畔千帆過，病樹前頭萬木春」二句為白居易詩？《漁洋文略·游攝山記》何嘗不以左思「振衣千仞岡，濯足萬里流」二句為郭璞詩乎？此由晚年解組，侘傺未平，筆墨之間，遂失其沖夷之故度，斯亦盛德之累矣。又第十二卷一條曰：「《輟耕録》言或題畫曰特健藥，不喻其義。余因思昔人如秦少游觀輞川圖而愈疾，黃大凝、曹雲西、沈石田、文衡山輩皆工畫，皆享大年，人謂是煙雲供養。則特健藥之名，不亦宜乎？」案《法書要録》載武平一《徐氏法書記》曰：「駙馬武延秀聞二王之迹，強學寶重。乃呼薛稷、鄭愔及平一，評其善惡。諸人隨事答稱，為上者題云特健藥，云是突厥語」。（案《唐書》稱延秀嘗質於突厥，解其國語，《法書要録》所載太平公主三駄藐提四字印，亦突厥語也）其解甚明。士禛乃以字義穿鑿，殆為失考。此非僻事，殆耄而忘乎？然其品題文藝，宏獎風流，至於老而不衰，固足尚也。（卷一二二，《欽定四庫全書總目提要》整理本，第一六三五頁）

【七修類稿五十一卷】（江西巡撫採進本）

明郎瑛撰。瑛字仁寶，仁和人。是編乃其筆記，凡分天地、國事、義理、辨證、詩文、事物、奇謔七門。所載如《杭州宋官署考》，則《咸淳臨安志》及西湖各志所未詳。又紀明初進茶探春、先春、次春、紫筍諸名，及漕河開鑿工程，皆《明會典》及《明史》諸志所未及，又間有足資考證者。然採掇龐雜，又往往不詳檢出處，故踳謬者不一而足。如以宋李建中為南唐人。謂謝無逸以蝴蝶詩得名，後李商隱竊其義。則以唐人而蹈襲宋人。引武林女子金麗卿詩「梅邊柳外識林蘇」句，譏其不能守禮，出則擁蔽其面。皆極為王士禛所詆斥，見於《香祖筆記》中。此外如紀楊維楨為明太祖所召，託疾固辭，作詩縊死，則全無事實。桓溫妻「我見猶憐」之語，不知為李勢妹，而但云溫娶妾甚都。則失之耳目之前。至「周公恐懼流言日，王莽謙恭下士時」一詩，以為不知姓名，必宋人所作，則並白居易集而亦忘之。蓋明人著書鹵莽，往往如此。書中極詆《説郛》、《輟耕録》。然此編實出此二書下，所謂人苦不自知也。（卷一二七，《欽定四庫全書總目提要》整理本，第一六九九頁）

【雕邱雜録十八卷】（直隸總督採進本）

國朝梁清遠撰。清遠字邇之，號葵石，眞定人。順治丙戌進士，官至吏部侍郎。是編十有八卷，卷立一名，一曰眠雲閒録、二曰藤亭漫鈔、三曰情話記、四曰巡簷筆乘、五曰卧痾隨筆、六曰今是齋日鈔、七曰閉影雜識、八曰采榮録、九曰飽卿談叢、十曰過庭暇録、十一曰東齊掌鈔、十二曰予寧漫筆、十三曰晏如筆記、十四曰西廬漫筆、十五曰晏如齋檠史、十六曰耳順記、十七曰耆翁檠史、十八曰休園語林，皆隨時筆記之文。大抵雜録明末雜事及眞定軼聞，頗多勸戒之意。惟末年尤信修煉之説，亦間涉釋氏。至謂《心經》是古今第一篇文字，蓋禪學、玄學，明末最盛，清初猶沿其餘風也。間有考證，然不甚留意。如九卷載李屏山所作《西嵓集序》，稱「李義山喜用僻事，下奇字，晚唐人多效之，號西崑體，殊無典雅渾厚之氣，反詈杜少陵為村夫子」。以楊億事為李商隱事，殆唐、宋不辨。又引黄庭堅之言，謂「韓退之詩如教坊雷大使舞」，「學退之不至即為白樂天」。是以陳師道所評蘇軾詞、蘇軾所評陶潛詩，併誤為庭堅評韓愈詩之詞。顛舛尤甚。（卷一二八，《欽定四庫全書總目提要》整理本，第一七一七頁）

【聽潮居存業十卷】（江西巡撫採進本）

國朝原良撰。良字鳴喜，江西樂安人。順治中貢生，官寧都縣訓導。是書分十編，各立四字標目。一曰明宗正學，前多講學之語，後亦雜論經義。

如謂「孔子學問源於契及成湯，武丁」，謂「刪詩存車鄰為預知秦有趙高之禍」，皆失之附會。二曰身世要則，多論世故。如「陰德」一條，既云「陰德非惟不求人知，亦不可求天知」，「報應緩急」一條，又稱「天不急性，卻有記性，吾輩於善念善事須忍耐為之」。隔半頁而自相矛盾。附以讀書作文十六則，亦殊不倫。三曰史會大綱。四曰友古特評。五曰群古對觀。六曰左國補議。皆史論也。但《大綱》多論世運盛衰，《特評》則品藻人物，《對觀》則摭古之相類者論之，《補議》則仿呂祖謙《左氏博議》、柳宗元《非國語》而斟酌其說耳。七曰讀餘志略，大致如王世貞《讀書後》而彌為膚淺。如以《考工記》為三代以上之書，不宜附之於周。是併鄭之削、宋之斤、吳越之劍諸句亦未讀也。八曰元圃餘珍，剽掇舊事，略加評斷，亦史論之旁支。九曰韻林隨筆，皆所作詩話。如謂「庾信詩為梁之特出，唐之先鞭，而《文選》少載」。又謂「劉禹錫、元稹、白居易與宗楚客同賦金陵懷古詩」。則其他可以槩見矣。十曰山野寱言，皆私撰經世之策，尤多迂闊之談。大抵好為議論，而所學則未能淹貫者也。」（卷一二九，《欽定四庫全書總目提要》整理本，第一七一八頁）

【數馬堂答問二十卷】（福建巡撫採進本）

國朝黃名甌撰。名甌字馭卜，福州人。是書九類：一天文、二地輿、三人物、四經書、五史鑑、六人事、七釋老、八飛植、九數學，凡二百六十餘條，而飛植類止一條為最少。其體皆設為問答，而大抵掇拾陳因，時多舛誤。如「牽牛織女」一條曰：問《淮南子》云七月七夕織女會牛郎。《齊諧記》謂『天河東有織女，天帝之女，因機杼勞苦，天帝憐其獨居，使嫁與河西牽牛之夫，嫁後廢女工，天帝怒，責令歸河東，一年只會一度』。事果可信歟?」云云。考烏鵲填河以渡織女，白居易《六帖》引《淮南子》，而《淮南子》無此文，安得有七月七夕之説。吳均《續齊諧記》成武丁條下「有織女嫁牽牛」五字，何嘗有河東、河西之語？其剿撮無稽，大抵此類。卷首引用書目二百四十種，下至《快書》、《藏書》、《焚書》、《綱鑑補》、《唐類函》、《閒情偶寄》、《一家言》、《唐詩選》、《歷朝捷録》、《五車韻瑞》、《韻府群玉》、《古文析義》、《性理大全》、《六才子書》、《詩經嫏嬛》之類，皆據為典要。而二十一史之外別有《史記》，十三經之外別有五經、三傳、《孝經》、《爾

雅》。知其書由雜綴而成也。（卷一二九，《欽定四庫全書總目提要》整理本，第一七二四頁）

【徽言一卷】（浙江范懋柱家天一閣藏本）

宋司馬光編。光手鈔諸子史集精語，置諸座右以自警。自題其首云：「迂叟年六十八」，蓋元祐初為相時也。……（卷一三一，《欽定四庫全書總目提要》整理本，第一七二九頁）

【湘煙録十六卷】（浙江吴玉墀家藏本）

明閔元京、凌義渠同編。元京字子京，烏程人，義渠之舅也，未詳其所終。義渠字駿甫，此書亦題為烏程人，而太學題名碑作歸安人，蓋二縣同為湖州倚郭也，天啟乙丑進士，官至大理寺卿，崇禎甲申殉國難。世祖章皇帝賜謚忠介，事蹟具《明史》本傳。其人自足不朽，而其書乃不出明末山人之習。所分偲聞、清檢、蘭訊、鼎書、奩史、談哃、金荃補、革志、諾目、偏記十門，標名詭異，大致欲仿段成式《酉陽雜俎》。其雜採新事，各註所出之書，則欲仿馮贄《雲仙雜記》，意在標舉幽異，而不免於剽竊類書。如杜甫「舊雨今雨」之語見於本集，原非僻書，而註曰《六帖》，不知白居易《六帖》無唐事，有唐事者乃宋孔傳《續六帖》。是既已疎漏，且復舛誤。又卷首參訂姓名列董斯張為第二，而書中多引《廣博物志》，即斯張所纂類書。既非其所自撰，何不出斯張所著書名乎？捃拾無根，斯亦顯證矣。（卷一三二，《欽定四庫全書總目提要》整理本，第一七四七頁）

【龍筋鳳髓判四卷】（浙江鄭大節家藏本）

唐張鷟撰。……蓋唐制以身、言、書、判，銓試選人。今見於《文苑英華》者頗多，大抵不著名氏。惟白居易編入文集，與鷟此編之自為一書者，最傳於世。居易判主流利，此則縟麗，各一時之文體耳。（卷一三五，《欽定四庫全書總目提要》整理本，第一七七二頁）

【元和姓纂十八卷】（永樂大典本）

唐林寶撰。寶，濟南人，官朝議郎、太常博士。序稱元和壬辰歲，蓋憲宗七年也。寶《唐書》無傳，其名見於《藝文志》。諸家書目所載並同。惟《唐會要》稱王涯撰，蓋以涯曾作《序》而譌。鄭樵《通志》又稱李林寶撰，則因李吉甫命寶作是書，當日二名連書，傳寫脱去吉甫字，遂併為一人。觀樵《姓氏略》中譏寶作《姓纂》，而不知林姓所自出，則《藝文略》中本作林寶可知也。焦竑《國史・經籍志》亦因之作李林寶，誤之甚矣。其論得姓受氏之初，多原本於《世本》、《風俗通》。其他如《世本族姓記》、《三輔決録》以及《百家譜》英賢傳、《姓源韻譜》、《姓苑》諸書不傳於今者，賴其徵引，亦皆班班可見。鄭樵作《氏族略》，全祖其文，蓋亦服其該博也。但寶以二十旬而成書，援引間有譌謬。且當矜尚門第之時，各據其譜牒所陳，附會攀援，均所不免。觀《白居易集》自敍家世，以白乙丙為祖，而云出自白公勝，顛倒時代，悖謬顯然，其他可知。洪邁《容齋隨筆》稱《元和姓纂》誕妄最多，蓋有由也。然於唐人世系則詳且核矣。書至宋已頗散佚，故黄伯思《東觀餘論》稱得富弼家本，已闕數卷，陳振孫《書録解題》亦稱絕無善本，僅存七八。此本在《永樂大典》中，皆割裂其文，分載於太祖《御製千家姓》下，又非其舊第。幸原序猶存，可以考見其體例。今仍依《唐韻》，以四聲二百六部次其後先。又以宋鄧名世《古今姓氏辨證》所引各條補其闕佚，仍釐為一十八卷。其字句之譌謬，則參校諸書，詳加訂正，各附案語於下方。至原序稱皇族之外各以四聲類集，則李姓必居首卷。今獨無一字之存，殆修《永樂大典》時已佚其第一册歟？然殘編斷簡，究為文獻之所徵也。（卷一三五，《欽定四庫全書總目提要》整理本，第一七七三頁）

【實賓録十四卷】（永樂大典本）

宋馬永易撰。……至於搜羅既廣，偶涉舛譌。如……白居易賦《新豐折臂翁》，詞由徵實。凡此之類，尤與稱謂無關，一概濫收，殊失别擇。是則嗜異貪多，為千古著書之通病，不獨永易為然，固不以累其全書矣。（卷一三五，《欽定四庫全書總目提要》整理本，第一七七八頁）

【六帖補二十卷】（江蘇巡撫採進本）

宋楊伯嵒撰。伯嵒有《九經補韻》，已著録。是編以增補白居易《六帖》、孔傳《續六帖》所未備，凡二十類。中多割引宋人詩句，徵事頗不詳晐。蓋二書所有卽不復見。又書中所載古事，多不著出典，未免嫌於無徵。然虞世南《北堂書鈔》卽已多如此，《六帖》復往往有之。蓋因仍書舊例，未及改作，其失亦有由也。呂午序稱其能知「雲璈」字出《太平廣記》，然《廣記》實引《漢武内傳》，伯嵒不舉本書而但舉類書之名，知其學亦捃摭之功，故往往不得事始。特其於白、孔二家拾遺補闕，不為無功，而宋代逸事遺文亦頗藉以有考。視明代類書餖飣稗販者，固尚為近古矣。（卷一三五，《欽定四庫全書總目提要》整理本，第一七八七頁）

【類要一百卷】（浙江范懋柱家天一閣藏本）

宋晏殊撰。殊字同叔，撫州臨川人。景德初，張知白以神童薦，賜同進士出身，擢祕書省正字，官至集賢殿學士、同平章事兼樞密使。卒謚元獻。事蹟具《宋史》本傳。是編乃所作類事之書，體例略如《北堂書鈔》、《白氏六帖》，而詳贍則過之。……（卷一三七，《欽定四庫全書總目提要》整理本，第一八〇〇頁）

【姬侍類偶二卷】（浙江吳玉墀家藏本）

宋周守忠撰。守忠有《養生雜纂》，已著録。是書成於嘉定庚辰。有朝奉大夫鄭域中序及守忠自序。其意仿《侍兒小名録》，其體則以四言隔句用韻，如李瀚之《蒙求》。凡八十有八聯，通附見註中者共一百八十二人。其文屬對既拙，又多漏略。大抵以《太平廣記》為稿本，而《廣記》中春條、金釭之類，乃遺不載。亦兼採各家詩集，而《杜牧集》中收張好好、定子，而遺其特作大篇之杜秋，《白居易集》收樊素、小蠻、紫綃、紅綃諸人，而遺其最所賞鑒之都子。以至《文選》、《玉臺新詠》本非僻書，而《奏彈劉整》文中之緑草、汝南王所歌之劉碧玉，亦都失載。所註或有原委，或無始末，繁簡尤為失當，可謂簡陋之極。域中序尤極荒謬，如謂《詩》有媵，《記》有妾，《禮》有嬪，《春秋》有姞，以《記》與《禮》分為二書，已為盲說。所謂《春秋》有姞者，更不知為何語，殆見他書引《左傳》燕姞夢蘭之事而影響剿說也。非是人不序是書，其斯為各從其類歟？（卷一三七，《欽定四庫全書總目提要》整理本，第一八〇二頁）

【八詩六帖二十九卷】（永樂大典本）

舊本題宋王狀元撰。而不著其名，蓋坊賈所為之贋本。「八詩」者，李、杜、韓、柳、歐、王、蘇、黄之詩。「六帖」者，竊白居易之名也。分類猥瑣，摘句割裂。如標「懸高名」三字為題，註曰：「安知天漢上，白日懸高名。」標「動千古」三字為題，註曰：「芳名動千古。」其至標「無窮」二字為題，註曰：「清芳無窮。」全書謬陋，大抵類此，眞無一長可採也。（卷一三

七，《欽定四庫全書總目提要》整理本，第一八〇四頁）

智按：參見《四庫全書》本《欽定續文獻通考》卷一百八十六經籍考。

【宮閨小名録四卷後録一卷】（浙江巡撫採進本）

國朝尤侗撰。侗有《明史・藝文志》，已著録。是編補陸龜蒙、洪适、王銍、溫豫、張邦幾諸録之遺。上起於漢，下迄於明，凡女子以名傳者，皆分類編載。一曰后妃，附以公主外戚。二曰列女，附以妓妾之有節行者。三曰妾婢，附以雜類。四曰妓女。五曰外傳，附以寇盜。六曰仙鬼，附以劍俠。每類又有補遺。其補録未盡者，閩縣余懷又續為《後録》一卷，侗併跋而刻之。其舊録所已有者，亦列其名而不著事蹟，註曰已見。其蒐採頗勤。然侗本摛華掞藻，以詞賦為工。懷亦選伎徵歌，以風流自命。考證之學，皆非所長。如明代宮人瓊蓮、媚蘭之類皆收，而王滿堂、楊金英之類名在國史乃遺之。據杜甫詩收其婢阿稽，而劉整之婢緑草載於《文選》乃遺之。據魏文帝詩收劉勳妻王宋，據元稹詩收其女小迎，而焦仲卿妻蘭芝、葛沙門妻郭小玉、左思女紈素、蕙芳竝見《玉臺新咏》乃遺之。至李波小妹歌之雍容、東飛伯勞歌之莫愁、喬知之詩之窈娘、李白詩之女平陽伎金陵子、李商隱詩之柳枝、杜牧詩之定子、白居易詩之都子、元稹詩之念奴、秦觀詩之邊朝華、晏殊詩之劉蘇哥、歐陽修詩之嬌兒以及裴度之黄娥、司空圖之鸞臺，失之眉睫之前者，尤不可勝舉。他如唐李冶乃女道士，元薛蘭英、蕙英、乃富民之女，有《聯芳集》，而列之妓女之中；石崇妾緑珠見於本傳，竇滔妾趙陽臺見於《璇璣圖序》，而乃不入之婢妾。則門目顛倒。紫雲一人，既入仙鬼，又入補遺，隔六頁而兩見；趙娟一人，既附王韞秀，又別為一條，越一卷而重出。則排纂多疎。以錦瑟為令狐楚之青衣，猶據劉攽詩話。至於段文昌家之膳祖，猶夜來之稱針神，鮑生之四絃，猶蘇軾之胡琴婢，皆以藝稱，非其名字，一槩列入，乖謬殊深。甚至同時婦女，連篇累牘，益無體例矣。（卷一三九，《欽定四庫全書總目提要》整理本，第一八二九頁）

【劉賓客嘉話録一卷】（内府藏本）

唐韋絢撰。絢字文明，京兆人。《唐書・藝文志》載韋絢《劉公嘉話録》一卷，註曰：「絢，執誼子也。咸通義武軍節度使劉公禹錫也」。《宋史·藝文志》則載絢《劉公嘉話》一卷，又《賓客嘉話》一卷。《劉公嘉話》當卽此書。《賓客嘉話》則諸家著録皆無之，當由諸書所引，或稱《劉公嘉話》，或稱《劉賓客嘉話》，故分為二書，又誤脱「劉」字耳。諸史《藝文志》未有荒謬於《宋史》者，此亦一徵矣。此本載曹溶《學海類編》中，前有大中十年絢自序，稱「為江陵少尹時，追述長慶元年在白帝城所聞於劉禹錫者」，末有乾道癸巳卞圜跋稱：「《新唐書》多採用之，而人罕見全録，家有舊本，因鋟版於昌化。」則此本當從宋刻録出。然趙明誠《金石録》引此書中所載《武氏碑》失其龜首，及滅去武字事，力辨其妄，而此本無此條。考《太平廣記》一百四十三卷，引此事云出《戎幕閒談》，或明誠以是書亦韋絢所作，偶然誤記。（案《續説郛》載《戎幕閒談》亦有此條，知為明誠誤記，非《太平廣記》之誤）至所載昭明太子脛骨一條、人腊一條、盧元公病疽一條（案此本刪去盧字，直作元公）、蜀王琴一條、李勉百衲琴一條、碧落碑一條、狸骨方一條、張憬藏書臺字一條、張嘉祐改忻州一條、王廙書畫一條、戲場刺猥一條、汲冢書一條、牡丹花一條、王僧虔書一條、陸暢蜀道易一條、魏受禪碑一條、張懷瓘書斷一條、灊山九井一條、虎頭致雨一條、五星浮圖一條、寶章集一條、紫芝殿一條、王次仲化鳥一條、李約葬商胡一條、楊汝士説項斯一條、蔡邕石經一條、借船帖一條、飛白書一條、章仇兼瓊鎮蜀日女童為夜叉所掠一條、寒具一條、昌黎生改金根車一條、辨還鶯字一條、謝太傅碑一條、千字文一條、鄭虔三絕一條、鄭承嘏遇鬼一條、堯女冢一條、白居易補銀佛像一條、謝眞人上升一條，皆全與李綽《尚書故實》相同。間改竄一二句，其文必拙陋不通。蓋《學海類編》所收諸書，大抵竄改舊本，以示新異。遂致眞偽糅雜，炫惑視聽。幸所攙入者，尚有蹤跡可尋。今悉刊除，以存其舊。中昌黎生改金根車一條，王楙《野客叢書》引之；辨還鶯一條，黄朝英《緗素雜記》引之；亦均作劉禹錫嘉話。或一事而兩書互見，疑以傳疑，姑竝存之，雖殘闕之餘，非復舊帙，然大槩亦十得八九矣。（卷一四〇，《欽定四庫全書總目提要》整理本，第一八三八頁）

智按：韋絢《劉賓客嘉話録》成於宣宗大中十年，李綽《尚書故實》最早只能成於僖宗前後，至少比宣宗大中十年要晚二三十年，《四庫全書總目》所述應當顛倒過來：《尚書故實》若干內容，全與韋絢《劉賓客嘉話録》相同，間改竄一二句。

【雲溪友議三卷】（内府藏本）

唐范攄撰。……然古詞但有《月節折楊柳歌》，其《楊柳枝》一調，實興自中唐白居易諸人。郭茂倩《樂府詩集》，班班可考。（卷一四〇，《欽定四庫全書總目提要》整理本，第一八四〇頁）

【唐闕史二卷】（浙江鮑士恭家藏本）

舊本題唐高彦休撰。……是書諸家著録皆三卷，今止上、下二卷，似從他書鈔撮而成，非其原本。張耒《宛邱集》稱賈辰卿嘗辨此書所載白居易母墮井事，此本無之，是亦不完之一證。然自序言共五十一篇，分為上、下二卷，又似非脱遺者。或後人併改其序歟？（卷一四二，《欽定四庫全書總目提要》整理本，第一八八〇頁）

【述異記二卷】（内府藏本）

舊本題梁任昉撰。昉字彦昇，樂安人。官至新安太守。事蹟具《梁書》本傳。此書《宋志》始著録，卷數與今本相符。晁公武《讀書志》曰：「昉家藏書三萬卷。天監中，採輯先世之事，纂新述異，皆時所未聞，將以資後來屬文之用，亦《博物志》之意。《唐志》以為祖沖之所作，誤也。」案《隋志》先有祖沖之《述異記》十卷，《唐志》蓋沿其舊文，以為別自一書，則可；以為誤題祖沖之，則史不誤，而公武反誤矣！其書文頗冗雜，大抵剽剟諸小説而成。如開卷盤古氏一條，卽採徐整《三五歷記》；其餘精衛諸條，則採《山海經》；園客諸條，則採《列仙傳》；龜歷諸條，則採《拾遺記》。老桑諸條，則採《異苑》；以及防風氏、蚩尤、夜郎王之類，皆非僻事，不得云世所未聞。其武陵源一條，則襲陶潛所記，而於桃外增李，移其地於吳中。《周禮》孤竹之管、空桑之琴瑟二條，則附會竹生東海，空桑生大野山，尤為拙文陋識。考昉本傳，稱「著《雜傳》二百四十七卷，《地志》二百五十二卷，文章三十三卷」，不及此書。且昉卒於梁武帝時，而下卷地生毛一條云：

「北齊武成、河清年中。」案河清元年壬午，當陳天嘉三年，周保定二年，後梁蕭巋天保元年，距昉之卒久矣，昉安得而記之？其為後人依託，蓋無疑義。姚寬《西溪叢語》，得潘岳《閒居賦》「房陵朱仲之李」句，李善注「朱仲未詳」，此書中乃有其事，摭以補善《注》之逸。今考李善《閒居賦注》，此句下引《荊州記》曰：「房陵縣有朱仲者，家有縹李，代所希有」，竝無未詳之語。寬偶讀誤本，不知此書之剽《文選注》，反謂《選注》未見此書，舛誤甚矣！考《太平廣記》所引《述異記》，皆與此本相同，則其偽在宋以前。其中桃都天雞事，溫庭筠《雞鳴埭歌》用之；燕昭王為郭隗築臺事，白居易《六帖》引之，則其書似出中唐前。蛇珠龍珠之諺，乃剽竊《灌畦暇語》，則其書又似出中唐後。或後人雜採類書所引《述異記》，益以他書雜記，足成卷帙，亦如世所傳張華《博物志》歟？（卷一四二，《欽定四庫全書總目提要》整理本，第一八八五頁）

【道院集要三卷】（兩淮馬裕家藏本）

舊本題為《道院集》，宋晁迥撰。《宋史·藝文志》載《道院集要》三卷，註曰：「不知作者。」考晁公武《讀書志》載《道院別集》十五卷，稱五世祖文元公撰。文元，卽迥謚也。又別載《道院集要》三卷，稱元祐中侍從王古編。併載古序曰：「文元晁公，博觀内書，復勤於著述。其書曰《道院別集》。曰《自擇增修百法》，曰《法藏碎金》，曰《隨因紀述》，曰《耄智餘書》。余嘗徧閱之，以為名理之妙，雖白樂天不逮也。輒刪去重複，總集精粹，以便觀覽。」則此書乃王古選録迥書，故名《集要》。此本以為卽《道院集》者，誤也。《文獻通考》列之別集門中。今檢其書，乃語録之流，實非文集。改隸釋家，庶不失其旨焉。（卷一四五，《欽定四庫全書總目提要》整理本，第一九二六頁）

【劉賓客文集三十卷，外集十卷】（江蘇巡撫採進本）

唐劉禹錫撰。《唐書》禹錫本傳稱為彭城人，蓋舉郡望，實則中山無極人。是編亦名《中山集》，蓋以是也。陳振孫《書録解題》稱原本四十卷、宋初佚其十卷。宋次道裒其遺詩四百七篇、雜文二十二首為外集，然未必皆十卷所逸也。禹錫在元和初以附王叔文被貶，為八司馬之一，召還之後，又以《詠玄都觀桃花》觸忤執政，頗有輕薄之譏。然韓愈頗與之友善，集中有

《上杜黄裳書》歷引愈言為重。又《外集》有子《劉子自傳》一篇，敘述前事，尚不肯詆諆叔文，蓋其人品與柳宗元同。其古文則恣肆博辨，於昌黎、柳州之外，自為軌轍。其詩則含蓄不足，而精鋭有餘。氣骨亦在元、白上，均可與杜牧相頡頏，而詩尤矯出。陳師道稱蘇軾詩初學禹錫，吕本中亦謂蘇轍晚年令人學禹錫詩，以為用意深遠，有曲折處。劉克莊《後村詩話》乃稱其詩多感慨，惟「在人雖晚達，於樹似冬青」十字差為閑婉，似非篤論也。其雜文二十卷，詩十卷，明時曾有刊版。獨《外集》世罕流傳，藏書家珍為祕笈。今揚州所進鈔本，乃毛晉汲古閣所藏，紙墨精好，猶從宋刻影寫。謹合為一編，著之於録，用還其卷目之舊焉。（卷一五〇，《欽定四庫全書總目提要》整理本，第二〇〇九頁）

【王司馬集八卷】（浙江巡撫採進本）

唐王建撰。……至宫詞自宋南渡後逸去其七，好事者妄為補之。如「淚盡羅巾」，白樂天詩也……。（卷一五〇，《欽定四庫全書總目提要》整理本，第二〇一五頁）

【追昔游集三卷】（浙江范懋柱家天一閣藏本）

唐李紳撰。紳字公垂，亳州人。元和元年進士，武宗時為中書侍郎、同中書門下平章事，事蹟具《唐書》本傳。此集皆其未為相時所作。晁公武《讀書志》載前有開成戊午八月紳自序，此本無之。詩凡一百一首。《新唐書》本傳所載「貶端州司馬，禱神灘漲」及「刺壽州，虎不為暴。為河南尹，惡少斂跡」，皆語出此集。史傳事須實録，而宋祁以所自言者為據，殊難徵信。且考紳之赴端州也。在夏秋之間。其妻子舟行，十月始至，其時灘水減矣，故以書祝媪龍祠，而江復漲。紳詩内及所自註者如此，祁乃以為紳自度嶺時事，是閲其集未審。後儒以名之輕重為文之是非，必謂《新書》勝《舊書》，似非篤論也。紳與李德裕、元稹號三俊，白居易亦有「笑勸迂辛酒，閒吟短李詩」句。今觀此集，音節嘽緩，似不能與同時諸人角爭強弱。然春容恬雅，無雕琢細碎之習，其格究在晚唐諸人刻畫纖巧之上也。（卷一五〇，《欽定四庫全書總目提要》整理本，第二〇一七頁）

【元氏長慶集六十卷補遺六卷】（通行本）

唐元稹撰。稹事蹟具《唐書》本傳。考稹與白居易書稱：「河東李明府景儉在江陵時，僻好僕詩章，僕因撰成卷軸。其中有旨意可觀而詞近古往者為『古諷』，意亦可觀而流在樂府者為『樂諷』，詞雖近古而止於吟寫性情者為『古體』，詞實樂流而止於模象物色者為『新題樂府』，聲勢沿順、屬對穩切者為『律詩』，仍以五、七言為兩體，其中有稍存寄興與諷為流者為『律諷』。」又稱有悼亡詩數十首，豔詩百餘首，自十六時至元和七年，有詩八百餘首，成二十卷。又稱「昨巴南道中有詩五十首」，又書中得七年以後所為向二百篇。然則稹三十七歲之時，已有詩千餘首。《唐書》本傳稱，稹卒時年五十三，其後十六年中，又不知所作凡幾矣。白居易作稹墓誌，稱著文一百卷，題曰《元氏長慶集》，《唐書・藝文志》又載有小集十卷。然原本已闕佚不傳，此本為宋宣和甲辰建安劉麟所傳，明松江馬元調重刊，自一卷至八卷前半為古詩，八卷後半至九卷為傷悼詩，十卷至二十二卷為律詩，二十三卷為古樂府，二十四卷至二十六卷為新樂府，二十七卷為賦，二十八卷為策，二十九卷至三十一卷為書，三十二卷至三十九卷為表狀，四十卷至五十卷為制誥，五十一卷為序記，五十二卷至五十八卷為碑誌，五十九卷至六十卷為告祭文。其卷帙與舊説不符，卽標目亦與自敘迥異，不知為何人所重編。前有麟序，稱「稹文雖盛傳一時，厥後浸以不顯，惟嗜書者時時傳録。某先人嘗手自鈔寫，謹募工刻行」云云，則麟及其父均未嘗有所增損，蓋在北宋卽僅有此殘本爾。（卷一五一，《欽定四庫全書總目提要》整理本，第二〇一八頁）

【樊川文集二十卷外集一卷别集一卷】（内府藏本）

唐杜牧撰。牧字牧之，京兆萬年人。大和二年登進士第，官至中書舍人，事蹟附載《新唐書・杜佑傳》内。是集為其甥裴延翰所編。……范攄《雲溪友議》曰：「先是李林宗、杜牧言元、白詩體舛雜，而為清苦者見嗤，因兹有恨。牧又著論，言近有元白者，喜為淫言媟語，鼓扇浮囂，吾恨方在下位，未能以法治之。」《後村詩話》因謂牧風情不淺，如杜秋娘、張好好諸詩（案：杜秋詩非豔體，克莊此語殊誤），青樓薄倖之句，街吏平安之報，未知去元、白幾何，比之以燕伐燕，其説良是。《新唐書》亦引以論居易。然考牧集無此論，惟《平盧軍節度巡官李戡墓誌》述戡之言曰：「嘗痛自元和以來，有元、白詩者，纖豔不逞，非莊士雅人，多為其所破壞。流於民間，疏於屏壁，子父女母交口教授，淫言媟語，冬寒夏熱，入人肌骨，不可除去，吾無位，不得用法以治之。欲使後代知有發憤者，因集國朝以來類於古詩得若干首，編為三卷，目為唐詩，為序以導其志」云云。然則此論乃戡之說，非牧之說。或牧嘗有是語，及為戡誌墓，乃藉以發之，故據以為牧之言歟。平心而論，牧詩冶蕩甚於元、白，其風骨則實出元、白上。……觀其集中有《讀杜韓集》詩，又《冬至日寄小侄阿宜詩》曰：「經書刮根本，史書閱興亡。高摘屈宋豔，濃熏班馬香。李杜泛浩浩，韓柳摩蒼蒼。近者四君子，與古爭强梁」，則牧之文章，具有本末，宜其薄視（一作睥睨）長慶體矣。（卷一五一，《欽定四庫全書總目提要》整理本，第二〇一九～二〇二〇頁）

智按：《冬至日寄小侄阿宜詩》「經書刮根本」之「刮」，《文苑英華》卷二百六十一作「刮」（中華書局影印本，第二册，第一三一三頁），馮集梧《樊川詩集注》卷一（上海古籍出版社本，第六十頁）、《全唐詩》卷五百二十（中華書局繁體豎排本，第十六册，第五九四一頁）作「括」。

【溫飛卿集箋註九卷】（内府藏本）

明曾益撰。顧予咸補輯，其子嗣立又重訂之。凡註中不署名者，益原註。署「補」字者，予咸註。署「嗣立案」者，則所續註也。益字予謙，山陰人，其書成於天啟中。予咸字小阮，長洲人，順治丁亥進士，官至吏部考功司員外郎。嗣立字俠君，康熙壬辰進士，由庶吉士改補中書舍人。曾註謬譌頗多，如《漢皇迎春詞》乃詠漢成帝時事，而以「漢皇」為高祖，《邯鄲郭公詞》為北齊樂府，舊題郭公者，傀儡戲也，舊本譌「詞」為「祠」，遂引東京郭子儀祠以附會祠字之譌，嗣立悉為是正，考據頗為詳核。然多引白居易、李賀、李商隱詩為註，雖李善註《洛神賦》、《遠游》「履」字引繁欽《定情詩》為證，古人本有此例，然必謂《夜宴謠》「裂管」字用白居易「歘然聲作如管裂」句，《曉仙謠》「下視九州」字用賀「遙望齊州九點煙」句，《生禖屏風歌》「銀鴨」字用商隱「睡鴨香鑪換夕薰」句，似乎不然，是亦一短也。《唐・藝文志》載庭筠《握蘭集》三卷、《金荃集》十卷、《詩集》五卷、《漢南眞稿》十卷，《宋志》亦同。陳振孫《書録解題》作《飛卿集》七卷，又陸游《渭南集》有溫庭筠集跋，稱其父所藏舊本，以《華清宮》詩為首，中有《早行》詩，後得蜀本，則《早行》詩已佚。《文獻通考》則云溫庭筠《金荃集》七卷、《別集》一卷，是宋刻已非一本矣。曾本合為四卷，名曰《八叉集》，以作賦之事名其詩，頗為杜撰。嗣立此註稱從所見宋刻，分《詩集》七卷、《別集》一卷，以還其舊，疑卽《通考》所載之本。又稱采《文苑英華》、《萬首絕句》所録為《集外詩》一卷，較曾本差為完備，然總之非唐本之舊也。（卷一五一，《欽定四庫全書總目提要》整理本，第二〇二二頁）

【皮子文藪十卷】（浙江鮑士恭家藏本）

唐皮日休撰。日休字襲美，襄陽人，居於鹿門山，自號醉吟先生……（卷一五一，《欽定四庫全書總目提要》整理本，第二〇二五頁）

【無為集十五卷】（安徽巡撫採進本）

宋楊傑撰。傑字次公，無為軍人，因自號無為子。嘉祐四年進士，元豐中歷官禮部員外郎，出知潤州，除兩江提點刑獄，卒於官。原序稱侍講楊先生，蓋其帶職也。傑事蹟具《宋史·文苑傳》。傑及與歐陽修、王安石、蘇軾游，故其詩雖興象未深，而亦頗有規格。其率易者近白居易，其偶為奇崛如《送李辟疆》之類者，或偶近盧仝，其大致則仍元祐體也。又及與胡瑗游，故所學亦頗有根柢。官太常時，議典禮因革，多所討論，集中如《補正三禮圖》、《皇族服制圖》諸序以及禘祫、明堂、樂律諸奏，皆有關於典制，但其文才地稍弱，邊幅微狹耳。集凡賦二卷、詩五卷、文八卷，紹興癸亥知無為軍趙士䌌所編。士䌌序云：「刪除蕪纇，取有補於教化者。若釋、道二家詩文，則見諸《別集》。」今《別集》不傳，故張敦頤《六朝事蹟》載其《雨花臺》詩一首，王象之《輿地紀勝》載其《淨居寺》詩一首，潛説友《咸淳臨安志》載其《西湖參寥山房》詩一首，《鐵網珊瑚》載其《佛日山別長老弼公》詩一首，凡為僧作者，今皆不見於集中也。然第五卷中有《寶山寺壁》一首、第七卷中有《題寶林院五松》一首、《東峰白雲院》一首、《野寺》一首，第十卷中有《圓同庵銘》一首、《圓寂庵銘》一首，未免自亂其例。又如銘五首入雜文，贊亦雜文，乃列詩中；詩以古體、律體分編，而《和謝判官宴南樓》一首本拗體七言律，而誤入古詩，編次尤為無緒。至於《魏詔君贊》「詔」字，蓋避仁宗嫌名，而次卷仍稱「魏徵君草堂」，校讐亦未盡善。

惟傑集自南渡以後湮沒不傳，士彩積兩歲之力，搜求編次，使得復傳至今，其表章之功，固亦不可盡沒耳。（卷一五三，《欽定四庫全書總目提要》整理本，第二〇五五頁）

【擊壤集二十卷】（河南巡撫採進本）

宋邵子撰。前有治平丙午自序，後有元祐辛卯邢恕序。晁公武《讀書志》云：「雍邃於《易》數，歌詩蓋其餘事」，亦頗切理。案：自班固作《詠史》詩，始兆論宗，東方朔作《誡子》詩，始涉理路，沿及北宋，鄙唐人之不知道，於是以論理為本，以修詞為末，而詩格於是乎大變，此集其尤著者也。朱國禎《湧幢小品》曰：「佛語衍為寒山詩，儒語衍為《擊壤集》，此聖人平易近人，覺世喚醒之妙用」，是亦一說。然北宋自嘉祐以前，厭五季佻薄之弊，事事反樸還淳，其人品率以光明豁達為宗，其文章亦以平實坦易為主，故一時作者，往往衍長慶餘風。王禹偁詩所謂「本與樂天為後進，敢期杜甫是前身」者是也。邵子之詩，其源亦出白居易，而晚年絕意世事，不復以文字為長，意所欲言，自抒胸臆，原脫然於詩法之外。毀之者務以聲律繩之，固所謂謬傷海鳥，橫斥山木；譽之者以為風雅正傳，莊昶諸人轉相摹仿，如所謂「送我一壺陶靖節，還他兩首邵堯夫」者，亦為刻畫無鹽，唐突西子，失邵子之所以為詩矣。況邵子之詩不過不苦吟以求工，亦非以工為厲禁，如邵伯溫《聞見前録》所載《安樂窩》詩曰：「半記不記夢覺後，似悉無愁情倦時」，「擁衾側卧未欲起，簾外落花撩亂飛」，此雖置之江西派中，有何不可。而明人乃惟以鄙俚相高，又烏知邵子哉！集為邵子所自編，而楊時《龜山語録》所稱「須信畫前原有《易》，自從刪後更無《詩》」一聯，集中乃無之，知其隨手散佚，不復收拾，眞為寄意於詩而非刻意於詩者矣。又案：邵子抱道自高，蓋亦顏子陋巷之志，而黃冠者流以其先天之學出於華山道士陳摶，又恬淡自怡，跡似黃老，遂以是集編入《道藏·太玄部》賤字、禮字二號中，殊為誕妄、今併附辨於此，使異教無得牽附焉。（卷一五三，《欽定四庫全書總目提要》整理本，第二〇五七頁）

【宛邱集七十六卷】（浙江鮑士恭家藏本）

宋張耒撰。耒有《詩説》，已著録。蘇軾嘗稱其文汪洋沖澹，有一唱三嘆之音。晚歲詩務平淡，效白居易，樂府效張籍，故《瀛奎律髓》載楊萬里之

言，謂「肥仙詩自然」。肥仙，南宋人稱耒之詞也。（卷一五四，《欽定四庫全書總目提要》整理本，第二〇六九頁）

【青山集三十卷（浙江巡撫採進本）續集七卷】（編修朱筠家藏本）

宋郭祥正撰。祥正字功父，當塗人。熙寧中舉進士，官至汀州通判，攝守漳州，事蹟具《宋史》本傳。晁公武《讀書志》、陳振孫《書録解題》皆載祥正《青山集》三十卷。王士禛《居易録》曰：「郭祥正《青山集》，閩謝氏寫本六卷，古詩二卷，近體詩四卷，七言歌行僅二篇，或有闕文。」是士禛所見已為傳寫殘闕之本。此本三十卷，與陳、晁二家所載合，猶完書矣。又《續集》七卷，晁氏、陳氏均不載，《宋史・藝文志》亦不著録，前後無序跋，莫審誰所編次。然核其詩格，確出祥正，非後人所能依託。其中紀述頗足與史傳相參考。如史稱祥正致仕後居於姑孰，不復干進，所居有醉吟庵，久之，起為通判汀州，後知端州，復棄去，家於當塗之青山以卒。今《續集》中有《浪士歌》一首，自序云：「郭子棄官合肥，歸姑孰，自號曰醉吟先生。居五年，或者謂其未老可仕，以事薦於上，上卽召之，復序於朝，俾監閩汀郡，尋攝守漳南。上復召之，行至半道，閩使者狀其罪以聞，遂下吏，留於漳幾三年，又自號曰漳南浪士」云云。……（卷一五四，《欽定四庫全書總目提要》整理本，第二〇七二頁）

【西塘集十卷】（浙江鮑士恭家藏本）

宋鄭俠撰。俠字介夫，福清人。治平四年進士，神宗時調光州司法參軍，入京監安上門，以抗疏極論新法之害，發馬遞上流民圖，復劾呂惠卿姦狀，謫英州編管。徽宗初，除監潭州南嶽廟而卒。事蹟具《宋史》本傳。其集本二十卷，明季重刊，葉向高更為删汰，存奏疏、雜文八卷，附詩一卷，附本傳、謚議、祠記等為一卷，具見向高所作序中，蓋已刊除大半，非復宋本之舊。然如《景定建康志》載俠《劾呂惠卿論西夏事》及《上君子小人事業圖》諸疏，今俱不存，則向高之去取，亦未為至當矣。王士禛《居易録》稱其文似石介，而無其怒張叫呶之習，古詩在白居易、孟郊之間。今觀其集，良如所説。惜横遭芟薙，舊帙遂亡，竟不得而全見之，是則前明隆、萬以來輕改古書之弊也。（卷一五四，《欽定四庫全書總目提要》整理本，第二〇七五頁）

【道鄉集四十卷】（兩淮馬裕家藏本）

宋鄒浩撰。浩字志完，常州晉陵人。元豐五年進士，官終直龍圖閣，贈寶文閣學士，謚曰忠，事蹟具《宋史》本傳。此集乃其子柄、栩所輯，凡詩十四卷，文二十六卷，李綱嘗為之序，此本失載。《東都事略》載浩集三十卷，疑此亦後人所分也。浩於元符二年以上疏諫立劉後，編管新州，當時已焚燬其稿。徽宗初，蔡京重治浩罪，求其疏不得，仍偽作浩疏宣示之。今集中具載原疏，蓋自《徽宗實録》浩傳中採出者。又集載疏共四首，而李燾《長編》内尚有元符元年《論執政大臣不和》一疏不見集中，又論章惇凡四疏，集亦祇載其三，而高俅轉官一制乃存而不刪，蓋編類之時，蒐採未備，去取亦未盡當也。柄等鏤版宋末已燬，明成化間，其裔孫鄒量始得内閣鈔本，萬曆中錢塘令鄒忠允亦浩之裔，乃再刊行之。王士禛《居易録》稱其古詩似白居易，律詩似劉夢得，又稱其受學程門，而特嗜禪理，詩文多宗門語。其《括蒼易傳序》服膺荊舒之學，亦駁而不醇。夫浩之大節，可謂不愧師門矣。語言文字小小異同，未足為累。蓋所學在此不在彼也，以是吹求，是亦不揣其本矣。（卷一五五，《欽定四庫全書總目提要》整理本，第二〇七九頁）

【尊白堂集六卷】（永樂大典本）

宋虞儔撰。儔字壽老，寧國人。隆興初入太學，舉進士，累官兵部侍郎。奉祠卒。其行事不見於《宋史》，而志乘所載頗詳，始為績溪令，即以治行被薦，遷監察御史，搏擊權貴，朝廷肅然。為浙東提刑，徙知湖州，值歲祲，推行荒政，所全活甚眾。蓋亦不徒以文學見長者。集中有《使北回上殿劄子》，是又嘗銜命使金。考《金史·交聘表》，「泰和元年三月乙亥，宋使刑部尚書虞儔、泉州觀察使張仲舒等來報謝」，即其事也。儔慕白居易之為人，以「尊白」名堂，並以名集，其《讀白樂天詩》云：「大節更思公出處，寥寥千載是吾師」，生平志趣可以想見。故所作韻語，類皆明白顯暢，不事藻飾，其真樸之處頗近居易，而麤率流易之處亦頗近居易。蓋心摹手追，與之俱化，長與短均似之也。然如《除日獄空》、《春蠶行》及《勸農》、《禱雨》、《喜雨》諸篇，剴切慈祥，詞意懇到，足以驗其心勞撫字，固不當僅求之吟詠間矣。集中古文僅存制誥、劄子二體，已不免多所散佚，而辭命溫雅，議論詳明，於當時廢弛積弊言之尤切，其意亦頗有可取者。據陳貴誼原序，集本二十四卷，今從《永樂大典》中採掇裒次，釐為詩四卷，文二卷，録而存之，亦所謂布帛菽粟之文，雖常而不可厭者歟！（卷一五九，《欽定四庫全書總目提要》整理本，第二一三三頁）

【定齋集二十卷】（永樂大典本）

宋蔡戡撰。戡字定夫，其先興化軍仙游人，端明殿學士襄之四世孫也。祖紳，紹興中官左中大夫，始寓常州武進縣。戡幼承門蔭，補溧陽尉，後中乾道丙戌進士甲科，官至寶謨閣直學士。《宋史》不為立傳，故其行事不概見。淩迪知《萬姓統譜》載戡持節五羊，代輸敷銀，民甚便之。為湖南憲，有定亂功。為京兆尹，歲澇糴艱，亟請發廩，民賴以濟。其敘述頗詳。然案集中諸表啓，則又嘗任京西運判、廣東運判、湖北總領、廣西經略、淮西總領等官。其《乞致仕劄子》及《效白樂天自詠》詩中亦頗見其概，而迪知均未之及，蓋其集久佚不傳，故迪知莫能考也。集本四十卷，乃紹定三年其季子戶部郎官總領四川財賦廙所刊，眉山李埴為序，見於陳振孫《書録解題》。今據《永樂大典》所載者，蒐採彙集，竝集《歷代名臣奏議》，得所未載者二十篇，互相訂正，釐為二十卷，較諸原目十殆得其五矣。埴序稱戡「鯁挺不阿，屢更繁劇，宣力四方，無不殫盡，汔以全節始終」。今觀集中所上奏劄，條列明確，類皆侃直忠亮，為經世有用之言。其論邊事，專以嚴備自守為主，而不汲汲於和、戰紛爭，遠慮深謀，亦非好事偷安者所可幾及，方之同時名臣，實龔茂良之流亞。惜史不備載其生平，幾至煙沒。今幸遺集復彰，尚得以考見大略。謹旁採紀傳，於人名事實有可稽核者，悉為參互證明，庶以補《宋史》之闕漏焉。（卷一六〇，《欽定四庫全書總目提要》整理本，第二一三九頁）

【石湖詩集三十四卷】（江蘇巡撫採進本）

宋范成大撰。……成大在南宋中葉，與尤袤、楊萬里陸游齊名。袤集久佚，今所傳者僅尤侗所輯之一卷，篇什寥寥，未足定其優劣。今以楊、陸二集相較，其才調之健不及萬里，而亦無萬里之麤豪；氣象之闊不及游，而亦無游之窠臼。初年吟詠，實沿溯中唐以下，觀第三卷《夜宴曲》下註曰「以下二首效李賀」，《樂神曲》下註曰「以下四首效王建」，已明明言之。其他如《西江有單鵠行》、《河豚嘆》，則雜「長慶」之體。《嘲里人新婚》詩、

《春晚》三首、《隆師四圖》諸作，則全為晚唐五代之音，其門徑皆可覆案。自官新安掾以後，骨力乃以漸而遒，蓋追溯蘇、黄遺法，而約以婉峭，自為一家，伯仲於楊、陸之間，固亦宜也。（卷一六〇，《欽定四庫全書總目提要》整理本，第二一三九頁）

【方是閒居士小稿二卷】（兩淮鹽政採進本）

宋劉學箕撰。學箕字習之，崇安人，劉韐之曾孫，劉子翬之孫，劉玶（一作瑺）之子也。閒居不仕，自號種春子。家饒池館，有堂曰方是閒，故又號「方是閒居士」。是編上卷古今體詩一百七十一首，下卷賦及雜文二十七首，長短調三十八首。前有嘉定間建陽劉淮、東里趙蕃、開封趙必願三序，末有學箕自記，及其門人游彬等跋。初已鋟版，因兵亂散失。元至正辛丑，其裔孫名張者復重刊之。此編蓋從刻本影鈔者也。劉淮序稱其筆力豪放，詩摩香山之壘，詞拍稼軒之肩。今觀集中諸詞，魄力雖少遜辛棄疾，然如其和棄疾《金縷詞》韻「述懷」一首，悲壯激烈，忠孝之氣奕奕紙上，不愧為韐之子孫，雖置之《稼軒集》中，殆不能辨，淮所論者不誣。至其詩雖大體出白居易，而氣味頗薄。歌行則往往放筆縱横，時露奇崛，或傷於稍快稍龘，與居易又別一格。淮以為抗衡居易，則似尚未能矣。（卷一六二，《欽定四庫全書總目提要》整理本，第二一六二頁）

【安晚堂詩集七卷】（編修汪如藻家藏本）

宋鄭清之撰。清之初名燮，字文叔，後改今名。字德源，安晚其別號也，鄞縣人。嘉定四年進士，寶慶初以定策功，累官太傅左丞相。卒，謚忠定。事蹟具《宋史》本傳。所撰《安晚集》本六十卷。宋時刊於臨安，此本所存僅第六卷至第十二卷，但有詩而無文，較原目僅十之一。考王士禛《蠶尾集》有《安晚集跋》亦稱僅古今體詩第六卷至第十二卷，則康熙中已無完本矣。士禛但謂其詩多禪語，而不言其工拙。今觀所作，大都直抒性情，於白居易為近。其《咏梅》、《咏雪》七言歌行二十首，亦頗有可觀。且清之為相，擢用正人，時有「小元祐」之號，在南宋中葉，猶屬良臣，不但其詩為足重，固不容以殘闕廢也。厲鶚《宋詩紀事》從臨安《四明》兩志採得《淨明院》及《題雪竇妙高峰》詩二首，為此本所未載。零篇斷簡，幸留百一，今亦併附入焉。（卷一六二，《欽定四庫全書總目提要》整理本，第二一六三頁）

【耻堂存稿八卷】（永樂大典本）

宋高斯得撰。斯得字不妄，邛州浦江人。紹定二年進士。李心傳辟為史館檢閱，遷祕閣校勘，歷官端明閣學士，簽書樞密院事，兼參知政事，為留夢炎所構，罷官予祠。宋亡，隱居苕霅間而卒。事蹟具《宋史》本傳。斯得父稼，端平間知沔州，與元兵戰歿。斯得能以忠孝世其家，其立朝謇諤盡言，惟以培養國脈、搏擊姦邪為志。本傳載所論奏凡十餘事，多當時切要。今集中僅存奏疏十篇，與本傳相較，已不能出所遺脫。然於宋末廢弛欺蔽之象，痛切敷陳，皆凜然足以為戒。至其生平遭遇，始沮於史嵩之，中厄於賈似道，晚擠於留夢炎，雖登政府，不得大行其志，憫時憂國之念，一概託之於詩。雖其抒寫胸臆，閒傷率易，押韻亦時有出入，而感懷書事，要自有白氏《諷諭》之遺。如《西湖競渡》、《三麗人行》諸首，俱拾《姦臣傳》之所遺。《雷異》、《雞禍》諸篇，亦可增《五行志》之所未備。徵宋末故事者，是亦足稱詩史矣。案：本傳載斯得所著有《耻堂文集》。明葉盛《菉竹堂書目》亦有《耻堂集》七册，而皆不言卷數。其後遂亡佚不傳。厲鶚撰《宋詩紀事》亦無斯得之名。今從《永樂大典》各韻中掇拾排次，釐為文五卷，詩三卷，用存其槩，而仍以元龔璛原序冠之於前。（卷一六四，《欽定四庫全書總目提要》整理本，第二一七六頁）

【潛齋文集十一卷附鐵牛翁遺稿一卷】（浙江鮑士恭家藏本）

宋何夢桂撰。夢桂字巖叟，別號潛齋，淳安人。咸淳元年進士，官至大理寺卿，引疾去，築室小西源。元至元中屢召不起，終於家。此集凡遺詩三卷，詞及試策一卷，雜文七卷。詩頗學白居易體，殊不擅長。王士禛《池北偶談》以「酸腐庸下」詆之，則似乎已甚。……（卷一六五，《欽定四庫全書總目提要》整理本，第二一九〇頁）

【紫巖詩選三卷】（編修汪如藻家藏本）

宋于石撰。石字介翁，蘭谿人。宋亡不仕，因所居自號紫巖，晚徙城中，更號兩谿。《浙江通志》載入《文苑傳》中，又載入《隱逸傳》中，蓋二者均所不愧，不可偏舉，故兩見也。集有丁丑、己卯紀年，乃臨安初破之後。又有丁亥、戊子歲作，乃至元二十四五年，皆其中年以後之詩。每卷題門人吳師道選，僅古今體詩二百首，殆意求精汰，故少作皆不録歟！其古詩感詩傷事者，多哀厲之音，而或失之太盡；游覽閒適者，有清迥之致，而或失之稍薄。如《鄰叟言》、《母子別》、《路傍女》諸篇，欲摹少陵，而不免入於元、白。《山中晚步》諸篇欲擬襄陽，而不免入於錢、郎，皆取法乎上，僅得其中。然在《江湖集盛行》以後，則「啾啾百鳥羣，忽見孤鳳凰」矣。律詩不及古詩，特大勢尚為清整。至如《題淨居寺》之「雪墮枯枝龍解甲，藤纏怪石虎生鬚」，《題棲眞院》之「禪家也辦吟邊料，不種閒花只種梅」，頗不脫宋季俗格，是則風氣之移人也。（卷一六五，《欽定四庫全書總目提要》整理本，第二一九六頁）

【陳秋巖詩集二卷】（永樂大典本）

案：《陳秋巖集》散見《永樂大典》中，然不著其名，亦不著時代。考焦竑《國史·經籍志》有陳宜甫《秋巖集》，當卽其人，而爵里則終無可考。集中《接劉介臣書》詩云：「幾回夢裏尋君去，三尺書來約我歸。閩海浪肥春雨過，和林沙遠曉雲飛。」則當為閩人。又有《庚辰再隨駕北行》二詩，庚辰為至元十七年，則元世祖時嘗為侍從。又有《讀元貞改元詔》詩，《丙申十月扈從晉王領降兵入京朝覲》詩，考之《元史》，丙申為元貞二年，晉王名噶瑪喇（案噶瑪喇，原作甘麻喇，今改正），裕宗長子，天性仁厚，御下有恩，王府官屬自内史以下，俱請命天子，不敢稍專。嘗出鎮北邊，叛王永和爾（案永和爾原作岳木忽兒，今改正）等，聞其至，望風請降。至元二十七年封梁王，二十九年改封晉王。所云「領降兵」者，應卽此事，則成宗時又為晉王僚屬。其詩多與盧摯、姚燧、趙孟頫、程鉅夫、留夢炎等相倡和，而諸人詩乃罕及之，其始末遂不可復詳矣。原集焦《志》作一卷，然篇什稍多，疑其字畫偶誤。今據《永樂大典》所存者編為二卷，其詩大抵源出元、白，雖運意遣詞少深刻奇警之致，而平正通達，語無格礙，要自不失為雅音也。（卷一六六，《欽定四庫全書總目提要》整理本，第二二一九～二二一〇頁）

智按：陳宜甫即陳義高（一二五五～一二九九），字宜父（宜甫），號秋巖。《四庫提要》誤其名陳宜甫，字秋巖。陳宜甫，閩（福建）人。元世祖至元年間，兩次隨駕北行，至元二十五年（一二八八）提點洪州玉隆宮。曾住龍虎山道院。其詩多有與盧摯、姚燧、趙孟頫、程鉅夫等文壇名宿唱和之作，但諸人詩中卻罕有提及。有《秋巖集》，已無傳本，清乾隆年間修《四庫全書》，從《永樂大典》中輯出陳義高詩，重編為《秋巖詩集》二卷。在元前期道教詩人中據有一席之地。（參見楊鐮《元代文學編年史》第二一〇頁）邵亨貞（一三〇九～一四〇一）《贈星數術士陳秋巖》云：「天上種白榆，豈使塵世知。人心極天理，乃有步天詩。好風或好雨，未易以意推。晦明與躔次，測候無愆期。人身列三才，照耀匪所私。曆象示禍福，鑿鑿信不欺。陳生得玄秘，傳授有心師。指掌披周羅，隱現見豪釐。我生五行内，貴賤詎可移。因子許蔗境，遲暮不復疑。」

【弁山小隱吟録二卷】（兩淮馬裕家藏本）

元黄玠撰。……其詩不為近體，視宋末江湖諸人惟從事五七言律者，志趣殊高。中多勸戒之詞，其上者有元結遺意，次者亦近乎白居易。雖宏闊深厚，不能及二人，要於俗音嘈囋之中，讀之如聽古鐘磬矣。前有自序，稱「蔑有令德，不敢謂隱，獨以所得於天者薄，故將退藏以終其身」。又引《文中子》之説，稱「願上之人正身修德，使時和歲豐，已受其賜」。尤粹然有德之言，勝矯語高蹈者萬萬也。（卷一六七，《欽定四庫全書總目提要》整理本，第二二二二頁）

【知非堂稿六卷】（江西巡撫採進本）

元何中撰。中有《通鑑綱目測海》，已著録。據中自序，所著尚有《易類象》三卷，《書傳補遺》十卷，《吳才老叶韻補遺》一卷，《六書綱領》一卷，《補六書故》三十二卷，《通書問》一卷，《蘇邱述游録》一卷，《揞頤録》十卷。今自《通鑑測海》以外，惟《通書問》及此集僅存。然自序稱有《知非堂稿》十七卷，《外稿》十六卷。顧嗣立《元詩選》載《知非堂稿》十七卷，與自序合。王士禛《居易録》作十六卷，亦與自序《外稿》合。此集止六卷，似非完書。然嗣立之所録，與士禛之所稱者，已均在此六卷之中，又似無所亡佚者，豈後人傳寫，或合併其卷數，仰或重為選録，汰其繁冗，故篇帙雖減，而名章雋句一一具存歟。詩集之富，唐無若白居易，宋無若陸游、楊萬里，而珠礫竝存，往往使後人以多為憾。是編佳製具存，而蕪詞較少，可謂刊糟粕而存菁華，卽非足本，亦不必以不完為歉矣。（卷一六七，《欽定

四庫全書總目提要》整理本，第二二二四頁）

【蛻菴集五卷】（浙江巡撫採進本）

元張翥撰。翥字仲舉，晉寧人。至元初用隱逸薦，召為國子助教，分教上都。尋退居淮東。會修宋、遼、金三史，起翰林國史院編修官，累遷翰林學士承旨。致仕，加河南行省平章政事，給俸終身。事蹟具《元史》本傳。案：金明昌、承安間亦有張翥，字曰仲揚。劉祁《歸潛志》記其「矮窗小戶寒不到，一爐香火四圍書」，「西風了卻黄花事，不管安仁兩鬢秋」諸句，稱其浮豔。諸書援引，或誤為一人，非也。翥嘗從學於李存，傳陸九淵之説。詩法則受於仇遠，得其音律之奥。其詩清圓穩貼，格調頗高，近體長短句極為當時所推。然其古體亦伉爽可誦，詞多諷諭，往往得元、白、張、王之遺，亦非苟作。王士禛《居易録》曰：「蛻菴，元末大家，古、今詩皆有法度，無論子昂、伯庸輩，即范德機、揭曼碩未知伯仲何如」。其論當矣。史稱翥遺稿不傳，傳者有律詩、樂府僅三卷。王士禛則稱《蛻菴集》四卷，明洪武三年錫山郎成鈔本。此本乃朱彝尊所藏明初釋大杼手鈔本，前後有來復、宗泐二人序跋，蓋大杼與翥為方外交，元末，翥沒無嗣，大杼取其遺稿歸江南，別為選次而録存之。考《元音》、《乾坤清氣集》、《玉山雅集》諸書所録翥詩，尚有出此集之外者，則亦非全本也。（卷一六七，《欽定四庫全書總目提要》整理本，第二二四〇頁）

【菂房樵唱三卷附録一卷】（浙江鮑士恭家藏本）

元吳景奎撰。景奎字文可，蘭溪人。年三十，海道萬戶劉貞為浙東憲府掾，嘗辟為從事。明年，貞去，景奎亦歸。久之，用部使者薦，署興化縣儒學録，以母老辭不就。至正十五年卒於家。黄溍為誌其墓，深相惋惜。是集乃其子履與其門人黄琪所編，中間五言古體皆源出白居易，七言古體間似李賀。近體亦音節宏敞，豪放自喜。宋濂為作集序，亦極相推挹，特編次時失於簡汰，如《偶成》詩云：「挾才勝德世所薄，寧我負人天可欺，士之言行苟如此，聖經賢傳將奚為?」殆劉克莊所謂有韻語録，殊不入格。其他應俗之作，亦多榛楛勿翦，是則履等輯録之過。然其菁華自在，亦不以此相掩也。（卷一六七，《欽定四庫全書總目提要》整理本，第二二四二頁）

智按:《欽定四庫全書·葯房樵唱》提要文字略異:

元吴景奎撰。景奎字文可,蘭溪人。力學有文。年三十,海道萬户劉貞為浙東憲府掾,嘗辟為從事。明年,貞去,景奎亦歸。久之,用部使者薦,署興化路儒學録,以母老辭不就。至正十五年卒於家。事迹詳具黄溍所作墓誌中。景奎於書無所不讀,詩歌尤清麗警拔,頗近唐音。是集乃其子履與其門人黄琪所編。中間五言古體皆源出白居易,七言古體間似李賀,近體亦音節宏敞,豪放自喜。故宋濂作序,極推重之,特編次時失於簡汰,如《偶成》詩云:「挾才勝德世所薄,寧我負人天可欺。士之言行苟如此,聖經賢傳將奚為。」此等句,殊不成格,其他應俗之作,亦多榛楛勿翦,是則履等輯録之過。然其菁華自在,固不能以此相掩也。景奎又嘗採取《騷》、《選》中粹辭奥語,勒為一編,名曰《諸家雅言》,以為學詩者入門之法,其書今已失傳云。

【庸菴集十四卷】(永樂大典本)

元宋禧撰。禧初名元禧,後改名禧,字无逸,「庸菴」其號也。餘姚人。元至正庚中浙江鄉試,補繁昌教諭,尋棄歸。洪武初召修《元史》,所撰《外國傳》,自高麗以下悉出其手。書成不受職,乞還山,復與桂彦良同徵,主考福建。故《明史》列之《文苑》中,附見《趙壎傳》末。然集中《題桐江釣隱圖》有云:「黄冠漫憶賀知章,老病憐予簡書趣」,又《寄宋景濂》云:「當時十八士,去留各有緣」。而戴良贈以詩亦有「麥秀歌殘已白頭,逢人猶自説東周」之句,則亦沈夢麟、趙汸之流,非危素諸人比也。禧學問源出楊維楨。維楨才力横軼,所作詩歌以奇譎兀奡,凌轢一世,效之者號為「鐵體」。而禧詩乃清和婉轉,獨以自然為宗,頗出入香山、劍南之間。文亦詳贍明達,而不詭於理,可謂「善學柳下惠,莫如魯男子」矣。黄虞稷《千頃堂書目》載《庸菴文集》三十卷,又《庸菴詩集》十卷。自明以來未有刊版,故流播絕稀。今浙江所採進者,乃其詩集,即《千頃堂書目》所云十卷之本,而文集則已久佚。惟《永樂大典》各韻内詩文竝載,尚具梗概,以浙本相校,其詩惟多七言絶句四首,詞一首,其他轉不若浙本之詳備。疑編録之時,多所删汰。其雜文每題之下各載年月,檢勘皆至正間所作,而入明乃無一篇,當亦不免有所遺脱。然世無傳本，惟藉此以獲見一斑，尤不可不亟為甄録。謹據浙本參互考證，仍編詩集為十卷，文集則別釐為四卷，又從《西湖志》補詩二首，《餘姚志》補文二首，統題作《庸菴集》，以備元末之一家焉。（卷一六八，《欽定四庫全書總目提要》整理本，第二二六〇頁）

【西郊笑端集一卷】（兩淮鹽政採進本）

明董紀撰。紀字良史，以字行，更字述夫，上海人。洪武壬戌舉賢良方正，廷試對策稱旨，授江西按察使僉事。未幾告歸，築西郊草堂以居，因即以名其集。然未及鋟版，稿藏其門人周鼎家。成化中，鼎孫光禄寺少卿庠始為刊印。此本有宣德辛亥鼎後跋，又有成化戊子錢溥序，蓋又從庠刻本傳寫者也。紀詩平易樸實，視袁凱諸人稍為不逮，故張汝弼作是集序，謂其「漫爾而仕，漫爾而歸，詩文亦漫爾而著，弗冀有傳」，頗致微詞。而朱彝尊《静志居詩話》則舉其《題海屋》詩「過橋雲磐天台寺，泊岸風帆日本船」句，謂「亦不為率漫」。然紀集明世未經再刻，流播頗稀，《明史·藝文志》亦闕而不載。彝尊《明詩綜》所録，但採之賴良《大雅集》中，未及見其全帙，或所摘佳句僅此。今觀此集，過質傷俚之弊，誠所不免，然其合作，往往得元、白、張、王遺意。汝弼以一格繩人，不足以盡詩體。彝尊執一二語以爭之，亦未盡紀所長也。（卷一六九，《欽定四庫全書總目提要》整理本，第二二七六～二二七七頁）

【陸子餘集八卷】（兩淮鹽政採進本）

明陸粲撰。粲有《左傳附註》，已著録。是集凡文七卷，詩一卷，粲早入詞館，負盛名。洎官工科，以劾張璁、桂萼偃蹇終身，然亦緣是息意邱園，研心經史，學問具有根柢。又為王鏊門人，《明史》粲本傳稱其少謁鏊，鏊異之，曰：「此子必以文名天下。」其授受亦有端緒，徐時行序稱其出入左氏、司馬遷，無論魏晉。彭年序以為專法馬、班，雄深雅健，東漢諸家所不及，推獎頗為太過。至黃宗羲《明文海》云：「貞山文秀美平順，不起波瀾，得之王文恪居多，乃歐陽氏之支流」，則平心之論，當之無媿色矣。其憶父詩一首，《明詩綜》云七歲所作，然風格老成，不應至是，疑或有所夸飾。至於《擔夫謠》之類，有香山《新樂府》遺音，《贈別王直夫》二首之類，亦綽有風格，尤未可以篇什無多，遂謂「曾子固不能詩」也。（卷一七二，《欽定四

庫全書總目提要》整理本，第二三二〇頁）

【梅村集四十卷】（通行本）

國朝吳偉業撰。偉業有《綏寇紀略》，已著録。此集凡詩十八卷，詩餘二卷，文二十卷，其少作大抵才華豔發，吐納風流，有藻思綺合、精麗芊眠之致。及乎遭逢喪亂，閱歷興亡，激楚蒼涼，風骨彌為遒上。暮年蕭瑟，論者以庾信方之，其中歌行一體，尤所擅長。格律本乎「四傑」，而情韻為深；敍述類乎香山，而風華為勝。韻協宮商，感均頑豔，一時尤稱絕調。其流播詞林，仰邀睿賞，非偶然也。至於以其餘技度曲倚聲，亦復接跡屯田，嗣音淮海。王士禛詩稱「白髮填詞吳祭酒」，亦非虛美。惟古文每參以儷偶，既異齊梁，又非唐宋，殊乖正格。黄宗羲嘗稱「《梅村集》中張南垣、柳敬亭二《傳》，張言其藝而合於道，柳言其參寧南軍事，比之魯仲連之排難解紛，此等處皆失輕重，為倒卻文章家架子」，其糾彈頗當。蓋詞人之作散文，猶道學之作韻語，雖強為學步，本質終存也。然少陵詩冠千古，而無韻之文，率不可讀。人各有能有不能，固不必一一求全矣。（卷一七三，《欽定四庫全書總目提要》整理本，第二三四一頁）

智按：《欽定四庫全書》集部七別集類六《梅村集》提要文字略異：

國朝吳偉業撰。偉業字駿公，號梅村，太倉人。前明崇禎辛未以一甲第三人及第，授翰林院編修。入國朝，官至國子監祭酒，所作《綏寇紀畧》已別著録。此乃其詩文全集。凡詩十八卷，詩餘二卷，文二十卷。偉業少時即以詩名江左，晚而壇坫益高，紙墨未乾，遠近已爭相傳誦。風流藻采，足以照映一時。其詩調攊宮商，擩染丹碧，風神韻致，秀冶軼倫，為從來罕有之標格。而最擅勝者尤在於七言歌行一體。觀其緣情托興，即事抒懷，促急管之繁聲，動么絃之逸響。一唱三歎，別具鑪錘，元、白以還，一人而已。至其古體，則往往近於偶儷，殊非正格。黄宗羲嘗稱：「《梅村集》中張南垣、柳敬亭二《傳》，張言其藝而合於道，柳言其參寧南軍事，比之魯仲連之排難解紛，此等處皆失輕重，為倒却文章家架子。」其針砭之者頗當。然諸文類能稱心而出，詞旨雅贍，雖未可追躡前脩，要亦不失為才人之筆也。乾隆四十六年十月恭校上。

【太乙詩集五卷】（陝西巡撫采進本）

明張煉撰。煉字伯純，武功人。嘉靖甲辰進士，官至湖南按察司僉事。其集曰《太乙者》，太乙山名，在武功，王維所謂「太乙近天都」也。煉以自號，因以名集。其詩源出長慶，而更加率易。如云「一種勳庸一代賢，蜚聲滿路勢熏天。憑君回首寰中事，若個豪華過百年」之類，殊不類詩格。至如「能使機衡在我，從他造物弄人」等句，則愈涉俗矣。（卷一七七，《欽定四庫全書總目提要》整理本，第二四五六頁）

【豐對樓詩選四十三卷】（浙江巡撫採進本）

明沈明臣撰。明臣生平所作詩凡七千篇，屬其猶子九疇選定為四百篇。今未見傳本。是集為廣陵陳大科所校梓，凡為詩四千四百八十九首，較九疇所選增十倍。白居易詩尚以所存太富，有沙中金屑之憾，則不及居易者可知矣。（卷一七八，《欽定四庫全書總目提要》整理本，第二四七三頁）

【廣譏堂集二十四卷】（兩淮鹽政採進本）

明樊山王朱翊鈜撰。翊鈜字匡鼎，自號隱眞子，荊王瞻堈六世孫，萬曆庚子襲封。其父載岑以文行稱。翊鈜世其家學，與弟翊鏊、翊鑍皆好為詩。兄弟嘗共處一樓，號花萼社。楚藩多強横，樊山一派其最文雅者也。是集賦及三言四言詩共一卷，五七言古今體詩共二十二卷，長短句一卷，大抵多近香山之派。末有《道德經説奥》二卷，題曰朱孟嘗撰。蓋亦楚宗，是以附録，與詩集為不倫，今別入子部道家類焉。（卷一七九，《欽定四庫全書總目提要》整理本，第二四八四頁）

【棲雲閣詩十六卷拾遺三卷】（山東巡撫采進本）

國朝高珩撰。珩字蔥佩，號念東，晚號紫霞道人。前明崇禎癸未進士，入國朝，官至刑部侍郎。王士禛《居易録》稱其生平撰著，不減萬篇。是集為趙執信所編。又《拾遺》三卷，則宋弼所輯。其詩多率意而成，故往往近元、白《長慶集》體。（卷一八一，《欽定四庫全書總目提要》整理本，第二五一八頁）

【林卧遙集三卷】（浙江巡撫採進本）

國朝趙吉士撰。康熙戊辰，吉士由戶科給事中罷職閒居，僑住宣武門西之寄園。適金壇于漢翔貽詩四首，吉士依韶酬答。後凡遇他題，皆疊此韻。

積成千首，命曰《疊韻千律》，分為上、下二卷。尋又續得五百餘首，編為一卷，命曰《千疊波餘》。合刻以為此編。案：和韻為詩，本不能曲折如志，又疊至千五百首，此雖香山、東坡亦斷無能工之理矣。（卷一八二，《欽定四庫全書總目提要》整理本，第二五三三頁）

【憖齋存稾四卷】（陝西巡撫採進本）

國朝白乃貞撰。乃貞字廉叔，號蕊淵，順治壬辰進士，官翰林院檢討。其詩敘述眞樸，不加文飾。故余恂序以為善學香山，蓋舉其近似者爾。（卷一八二，《欽定四庫全書總目提要》整理本，第二五三四頁）

【石屋詩鈔八卷補鈔一卷】（浙江巡撫採進本）

國朝魏麐徵撰。麐徵字蒼石，溧陽人。康熙丁未進士，官至邵武府知府。此集即在邵武所刊。第二卷為《西湖和蘇詩》，第七卷為《和白香山樂府》，其瓣香所在，可以想見。第五卷為《擬漢樂府》，雖未至於苦學妃豨，而形骸之外，去之轉遠。蓋唐樂府重在諷諭，其文章可以力追，漢樂府重在音律，其節奏不可以臆揣也。第三卷為閩行日記詩，第四卷為《閩中吟》，第六卷為《漁山詩》，皆以地記。第一卷與第八卷則總題曰《雜詩補鈔》一卷，亦無標目。大抵詩材清拔，而根柢不深。如《曉行》詩「暗燈移附壁」句，自是束裝眞景，而刻畫瑣碎，已入武功末派矣。（卷一八三，《欽定四庫全書總目提要》整理本，第二五五二頁）

【蘭樵歸田稾一卷】（直隸總督採進本）

國朝張榕端撰。皆康熙甲申以後致仕歸里之作，其詩直抒胸臆，多入香山一派。蓋老境優游，頹然自放，不復以文字為意矣。（卷一八三，《欽定四庫全書總目提要》整理本，第二五五五頁）

【叢碧山房集五十七卷附詩義固說二卷】（內府藏本）

國朝龐塏撰。塏字霽公，號雪崖，任邱人。康熙己未召試博學鴻詞，授翰林院檢討，降中書舍人，終於建寧府知府。是集凡文八卷，雜著三卷，《翰苑稿》十四卷，《舍人稿》六卷，《工部稿》十一卷，《戸部稿》十卷，《建州稿》五卷，皆其所手自編定也。塏為詩主於平正沖澹，不求文飾。當王士禛名極盛時，能文之士，率奔走門牆，假借聲譽。塏獨落落不相親附，故士禛亦不甚稱之，惟記其《病足》詩「切防美人笑躄者，春來不過平原門」一絕而已。然塏早歲所作，頗得深婉清微之致。晚年菁華既竭，流於枯淡。其《舍人稿》不及《翰苑》，《工部稿》不及《舍人》，《户部稿》不及《工部》，至《建州稿》以後，頹唐益甚。田雯為作《户部稿序》，以白居易、陸游比之，塏意頗愠，然實箴規之言也。末附《詩義固説》二卷，論亦切實。惟推衍嚴羽之説，以禪談詩，轉至於支離曼衍，是其好高之過矣。（卷一八三，《欽定四庫全書總目提要》整理本，第二五五八頁）

【超然詩集八卷】（福建巡撫採進本）

國朝張遠撰。遠字超然，侯官人。康熙己卯舉人，官禄豐縣知縣。與蕭山張遠同姓名，而其生稍後。是集諸詩，多近元、白長慶體，在晉安詩派之中，自為别調。杭世駿《榕城詩話》曰：「張遠領康熙己卯鄉薦第一，游京師，與竹垞、初白諸人倡和甚富，有集梓行。」初，嘗挾策游四方，未有所遇。登滕王閣題詩，一達官嗟賞，為之延譽，詩名遂振。其詠松濤有「月明何處雨，風定數聲鐘」，亦佳句也。（卷一八三，《欽定四庫全書總目提要》整理本，第二五五九～二二六〇頁）

智按：張遠（一六四九～一七二三），號無悶道人，有《無悶堂集》，中國社會科學院文學研究所圖書館藏清抄本二十三卷；南京圖書館藏清康熙刊本三十卷。

【晚樹樓詩稿四卷】（江蘇周厚堉家藏本）

國朝吳震方撰。震方有《讀書正音》，已著録。是編乃其詩稿，始於康熙己未初館選時，終於甲申游滁州時所作。初，震方以御史罷歸。康熙癸未，恭逢聖祖仁皇帝南巡，以所輯《朱子論定文鈔》進呈，蒙恩復職，且御書白居易詩以賜。因摘詩中「晚樹」二字以名其樓，併以名集云。（卷一八三，《欽定四庫全書總目提要》整理本，第二五六一頁）

智按：又見《四庫全書》本《欽定皇朝文獻通考》卷二百三十四經籍考。

【楝亭詩鈔五卷附詞鈔一卷】（江蘇巡撫採進本）

國朝曹寅撰。寅有《居常飲饌録》，已著録。其詩一刻於揚州，計盈千首。再刻於儀徵，則寅自汰其舊刻而吳尚中開雕於東園者，此本即儀徵刻也。其詩出入於白居易、蘇軾之間。（卷一八三，《欽定四庫全書總目提要》整理本，第二五六六頁）

智按：參見《欽定八旗通志》卷一百二十藝文志。

【葛莊詩鈔十三卷】（内府藏本）

國朝劉廷璣撰。廷璣有《在園雜志》，已著録。其詩以陸游為宗。《在園雜志》嘗自記其「童去自埋生後火，飯來還掩讀殘書」一聯，或以為勦襲陸游「呼童不至自生火，待飯未來還讀書」句。自辨其用意不同，是固誠然。然奪胎換骨，要不能謂不出於游也。又自記有人評其詩曰：「此亦出入於香山、劍南之間而未純者。」自以為允，可謂自知矣。（卷一八四，《欽定四庫全書總目提要》整理本，第二五七〇頁）

【絸齋詩選二卷】（山東巡撫採進本）

國朝張謙宜撰。謙宜號稚松，膠州人。康熙丙戌進士。是集末有法輝祖跋，謂「全稾三千餘首，暮年自訂，存詩四百餘篇」。自序凡千言，極述其苦吟之狀。然其詩出入於香山、劍南之間，一吟一咏，亦足自娱。起而抗衡古人，則力尚不逮也。（卷一八四，《欽定四庫全書總目提要》整理本，第二五七四頁）

【司業詩集四卷】（江蘇巡撫採進本）

國朝陳祖範撰。前有自序，題乾隆壬申，而第四卷乃題自乙丑至甲戌詩，蓋又有所續入，如古人後集別集例也。其詩直抒胸臆，不煩繩削。於古人中去白居易為近，殆陶孫所謂事事言言皆著實者也。自序有曰：「詩之作出於無心，則其情眞。又必各有所為，則其義實。故一國之事繫一人之本，而匹夫匹婦之歌吟可以察治忽也。」其論洞悉本原，非明以來雕章刻句之流所能見及。又云：「後之詩人，既以詩自命，人亦以詩相屬。於是外物為主而詩役焉，詩為主而心役焉。於是無眞性情，眞比興。然而情實彌隱，詞采彌工，義理彌消，波瀾彌富，而又格律以繩之，派別以嚴之，時代以區分之，回視詩教之本來，其然乎，其不然乎？」其論亦切中流弊。劉勰所謂「古之詩人為情而造文，今之詩人為文而造情者。」祖範所言，殆庶幾焉。然文以載道，理不可移。而宋儒諸語録，言言誠敬，字字性天，卒不能與韓、柳、歐、蘇爭文壇尺寸之地，則文質相宜，亦必有道矣。觀祖範之序，而其詩所長所短，蓋可以想見也。（卷一八五，《欽定四庫全書總目提要》整理本，第二五八四頁）

【高氏三宴詩集三卷附香山九老詩一卷】（江蘇巡撫採進本）

唐高正臣編。所載皆同人會宴之詩，以一會為一卷，各冠以序。一為陳子昂，一為周彥暉，一為長孫正隱。三會正臣皆預，故彙而編之。與宴者凡二十一人。考之《新唐書》，有傳者三人，則陳子昂、郎餘令、解琬也。附見他傳者一人，則周思鈞也。見於本紀及世系表者一人，則張錫也。僅見於《世系表》者五人，則正臣及高瑾、王茂時、高紹、高嶠也。餘皆不詳顛末。案《世系表》，正臣曾為襄州刺史，不云衛尉卿。今詩後敘正臣及周思鈞事獨詳，所云連婣帝室、寓居洛陽，皆與諸序語合，似非無據。末又附《香山九老會詩》一卷，卷尾有「夷白堂重雕」字。考宋鮑慎由，字欽止，括蒼人，元祐六年進士，著有《夷白堂集》。此或慎由所刊歟？九老會詩已附見《白香山詩集》，而三宴詩之名，新舊《唐書·志》皆不載。蓋當時編次詩歌，裝褫卷軸，如蘭亭詩之墨蹟流傳，但歸賞鑒之家，故不著藏書之録，後好事者傳鈔成帙，乃列諸典籍之中耳。惟輾轉繕録，不免多譌。如以高嶠為司府郎中，《唐·百官志》無此官，應從《世系表》改為司門郎中。又張錫於武后久視元年拜同平章事，本兗州東武城人，詩中誤以錫東為名。又弓嗣初、高瑾、周彥暉竝曰咸寧進士，唐無咸寧年號。惟高宗曾改元咸亨，寧字亦亨字之誤。玆竝為改正云。（卷一八六，《欽定四庫全書總目提要》整理本，第二六〇二頁）

【松陵集十卷】（編修汪如藻家藏本）

唐皮日休、陸龜蒙等倡和之詩。考卷端日休之序，則編而成集者龜蒙，題集名者日休也。龜蒙有《耒耜經》，日休有《文藪》，皆已著録。依韻倡和，始於北魏王肅夫婦。至唐代盛於元、白，而極於皮、陸。……（卷一八六，《欽定四庫全書總目提要》整理本，第二六〇五頁）

【竇氏聯珠集五卷】（兩江總督採進本）

唐西江褚藏言所輯竇常、竇牟、竇羣、竇庠、竇鞏兄弟五人之詩，人為一卷。每卷各有小序，詳其始末。常字中行，官國子祭酒。牟字貽周，官國子司業。羣字丹列，官容管經略。庠字冑卿，官婺州刺史。鞏字友封，官祕書少監。皆拾遺叔向之子。羣、庠以薦辟，餘皆進士科。叔向有集一卷，常有集十八卷，見《唐書・藝文志》，今竝不傳。此集五卷，《唐志》亦著録，而宋時傳本頗稀。故劉克莊《後村詩話》稱：「惜未見《聯珠集》。」此本為毛晉汲古閣所刊。末有張昭跋，署戊戌歲，晉高祖天福三年也。又有和峴跋及和嶹題字，署甲子歲，為宋太祖乾德二年。峴，凝之子。嶹、峴之弟。峴跋稱借鈔於致政大夫，即張昭也。又有淳熙戊戌王崧跋，亦稱世少其本，今刊諸公府。蓋鈔寫流傳，至南宋始有蘄州雕版耳。最後為毛晉跋，引洪邁《容齋隨筆》及計有功《唐詩紀事》，附載叔向詩九篇，又補鞏詩六篇不載於此集者。褚藏言序稱牟、羣、庠、鞏之集竝未遑編録，蓋遺篇散見者也。又稱手録《唐書》列傳於後，而此本無之，殆偶佚耶？集中附載楊憑、韓愈、韋執中、李益、武元衡、韋貫之、劉伯芻、韋渠牟、元稹、白居易、裴度、令狐楚諸詩，蓋《謝朓集》中附載王融之例。庠詩一首、常詩一首亦附載牟集之中，不入本集。蓋古人唱和，意皆相答，不似後來之泛應，必聚而觀之，乃互見作者之意，是亦編次之不苟耳。（卷一八六，《欽定四庫全書總目提要》整理本，第二六〇六頁）

【才調集十卷】（江蘇巡撫採進本）

蜀韋縠編。縠仕王建為監察御史，其里貫事蹟皆未詳。是集每卷録詩一百首，共一千首。自序稱觀李、杜集，元、白詩。而集中無杜詩。馮舒評此集，謂崇重老杜，不欲芟擇。然實以杜詩高古，與其書體例不同，故不採録，舒所説非也。其中頗有舛誤。如李白録《愁陽春賦》，是賦非詩；王建録《宮中調笑詞》，是詞非詩，皆乖體例。賀知章録《柳枝詞》，乃劉采春女所歌，非知章作，其曲起於中唐，知章時亦未有；劉禹錫録《別蕩子怨》，乃隋薛道衡《昔昔鹽》；王之渙録《惆悵詞》，所咏乃崔鶯鶯、霍小玉事，之渙不及見，實王渙作。皆姓名譌異。然頗有諸家遺篇，如白居易《江南贈蕭十九》詩（智按：當為《江南喜逢蕭九徹因話長安舊遊戲贈五十韻》）、賈島《贈杜駙馬》詩，皆本集所無。又沈佺期《古意》，高棅竄改成律詩；王維《渭城曲》「客舍青青楊柳春」句，俗本改為「柳色新」；賈島《贈劍客》詩「誰為不平事」句，俗本改為「誰有」。如斯之類，此書皆獨存其舊，亦足資考證也。縠生於五代文敝之際，故所選取法晚唐，以穠麗宏敞為宗，救麤疎淺弱之習，未為無見。至馮舒、馮班意欲排斥宋詩，遂引其書於崑體，推為正宗。不知李商隱等，《唐書》但有三十六體之目，所謂西崑體者，實始於宋之楊億等，唐人無此名也。（卷一八六，《欽定四庫全書總目提要》整理本，第二六〇七頁）

【文苑英華一千卷】（御史劉錫嘏家藏本）

宋太平興國七年李昉、扈蒙、徐鉉、宋白等奉敕編，續又命蘇易簡、王祐等參修。至雍熙四年書成。宋四大書之一也。梁昭明太子撰《文選》三十卷，迄於梁初。此書所録，則起於梁末，蓋即以上續《文選》。其分類編輯體例，亦略相同，而門目更為繁碎。則後來文體日增，非舊目所能括也。周必大《平園集》有是書跋，稱「《太平御覽》、《册府元龜》今閩、蜀已刊。惟《文苑英華》士大夫間絕無而僅有。蓋所集止唐文章，如南北朝間存一二，是時印本絕少，雖韓、柳、元、白之文，尚未甚傳。其他如陳子昂、張説、張九齡、李翱諸名士文籍，世尤罕見。故修書官於柳宗元、白居易、權德輿、李商隱、顧雲、羅隱或全卷收入。當眞宗朝，姚鉉銓擇十一，號《唐文粹》。由簡故精，所以盛行。近歲唐文摹印浸多，不假《英華》而傳，其不行於世則宜」云云。蓋六朝及唐代文集，南宋初存者尚多，故必大之言如是。迄今四五百年，唐代詩集已漸減於舊，文集則《宋志》所著録者殆十不存一。即如李商隱《樊南甲乙集》，久已散佚，今所存本，乃全自是書録出。又如《張説集》雖有傳本，而以此書所載互校，尚遺漏雜文六十一篇。則考唐文者惟賴此書之存，實為著作之淵海，與南宋之初，其事迥異矣。書在當時，已多譌脱。故方崧卿作《韓集舉正》，朱子作《韓文考異》，均無一字之引證。彭叔夏嘗作辨證十卷，以糾其舛漏重複。然如劉孝威紹古詞，一收於二百三卷，一收於二百五卷，而字句大同小異者，叔夏尚未及盡究也。此本為明萬曆中所刊，校正頗詳，在活字版《太平御覽》之上。而卷帙浩繁，仍多疎漏。今參核諸書，各為釐正。其無别本可證者，則姑仍其舊焉。（卷一八六，《欽定四庫全書總目提要》整理本，第二六〇八頁）

【唐百家詩選二十卷】（内府藏本）

舊本題宋王安石編。安石有《周禮新義》，已著録。是書去取，絕不可解。自宋以來，疑之者不一，曲為解者亦不一。然大抵指為安石。惟晁公武

《讀書志》云：「《唐百家詩選》二十卷，皇朝宋敏求次道編。次道為三司判官，嘗取其家所藏唐人一百八家詩，選擇其佳者凡一千二百四十六首為一編。王介甫觀之，因再有所去取，且題曰：『欲觀唐詩者，觀此足矣。』世遂以為介甫所纂。」其説與諸家特異。案：《讀書志》作於南宋之初，去安石未遠，又晁氏自元祐以來，舊家文獻，緒論相承，其言當必有自。邵博《聞見後録》引晁説之之言，謂：「王荊公與宋次道同為羣牧司判官。次道家多唐人詩集，荊公盡即其本，擇善者籤帖其上，令吏鈔之。吏厭書字多，輒移所取長詩籤置所不取小詩上。荊公性忽略，不復更視。今世所謂《唐百家詩選》曰荊公定，乃羣牧司吏人定也。」其説與公武又異。然説之果有是説，不應公武反不知。考周煇《清波雜誌》亦有是説，與博所記相合。煇之曾祖與安石為中表，故煇持論多左袒安石。當由安石之黨以此書不愜於公論，造為是説以解之，託其言於説之，博不考而載之耳。此本為宋乾道中倪仲傳所刊，前有仲傳序。其書世久不傳，國朝康熙中，商邱宋犖始購得殘本八卷刻之，既又得其全本，續刻以行，而二十卷之數復完。當時有疑其偽者。閻若璩歷引高棅《唐詩品彙》所稱以玄宗《早渡蒲關》詩為開卷第一，陳振孫《書録解題》所稱非惟不及李、杜、韓三家，即王維、韋應物、元、白、劉、柳、孟郊、張籍皆不及，以證其眞。……（卷一八六，《欽定四庫全書總目提要》整理本，第二六一一頁）

【三家宮詞三卷】（浙江巡撫採進本）

明毛晉編。晉有《毛詩草木鳥獸蟲魚疏廣要》，已著録。三家者，一為唐王建，一為蜀花蕊夫人，一為宋王珪。各七言絶句一百首。建詩集，别著録。其宮詞百首，舊刻雜入王昌齡《長信秋詞》一首、劉禹錫《魏宮詞》二首、白居易《後宮詞》一首、張籍《宮詞》二首、杜牧《秋夕作》一首、《出宮人》一首。晉竝考舊本釐正。花蕊夫人，蜀孟昶妃費氏也。宋熙寧五年，王安國檢校官書，始得其手書於敝紙中，以語王安石，王安石以語王珪、馮京，始傳於世。珪所撰《華陽集》，明代已佚，今始以《永樂大典》所載裒輯著録。惟此宮詞有别本孤行，而流俗傳寫，誤以其中四十一首竄入花蕊夫人詩中，而移花蕊夫人詩三十九首屬之於珪，又摭唐詩二首足之，顛舛殊甚。此本亦一一校改。建《贈王守澄》詩有「不是當家親向説，九重爭得外人知」句，雖一時刼制之詞，而宮禁深嚴，流傳瑣事亦未必不出於若輩，其語殆不盡誣。費氏身備掖庭，述所見聞。珪出入禁闥，歷仕四朝，不出國門而至宰相，耳濡目染，亦異乎草野傳聞。晉裒而編之，皆足以考當日之軼事，不但取其詞之工也。（卷一八九，《欽定四庫全書總目提要》整理本，第二六五五頁）

【御定四朝詩三百一十二卷】

康熙四十八年聖祖仁皇帝御定。右庶子張豫章等奉敕編次。凡宋詩七十八卷，作者八百八十二人；金詩二十五卷，作者三百二十一人；元詩八十一卷，作者一千一百九十七人；明詩一百二十八卷，作者三千四百人。每代之前，各詳敘作者之爵里。其詩則首帝製，次四言，次樂府歌行，次古體，次律詩，次絕句，次六言，次雜言，以體分編。唐詩至五代而衰，至宋初而未振。王禹偁初學白居易，如古文之有柳、穆，明而未融。楊億等倡西崑體，流布一時。歐陽修、梅堯臣始變舊格，蘇軾、黄庭堅益出新意，宋詩於時為極盛。南渡以後，《擊壤集》一派參錯竝行。遷流至於四靈、江湖二派，遂弊極而不復焉。金人奄有中原，故詩格多沿元祐。迨其末造，國運與宋同衰，詩道乃較宋為獨盛。元好問《自題中州集後》詩曰：「鄴下曹劉氣儘豪，江東諸謝韻尤高。若從華實評詩品，未便吳儂得錦袍。」豈虛語乎？有元一代，作者雲興。虞、楊、范、揭以下，指不勝屈。而末葉爭趨綺麗，乃類小詞。楊維楨負其才氣，破崖岸而為之，風氣一新，然訖不能返諸古也。明詩總雜，門戶多岐。約而論之，高啓諸人為極盛，洪熙、宣德以後，體參臺閣，風雅漸微。李東陽稍稍振之，而北地、信陽已崛起與爭，詩體遂變。後再變而公安，三變而竟陵，淫哇競作，明祚遂終。大抵四朝各有其盛衰，其作者亦互有長短。而七百餘年之中，著作浩繁，雖博識通儒，亦無從徧觀遺集。至於澄汰沙礫，披檢精英，合四朝而為一巨帙，勢更有所不能矣。我國家稽古右文，石渠、天禄之藏既逾前代。我聖祖仁皇帝游心風雅，典學維勤，乙覽之餘，咸無遺照。用能別裁得失，勒著鴻編。非惟四朝作者得睿鑒而表章，即讀者沿波以得奇，於詩家正變源流亦一一識其門徑。聖人之嘉惠儒林者寧淺尠歟？（卷一九〇，《欽定四庫全書總目提要》整理本，第二六五七頁）

【御選唐宋詩醇四十七卷】

乾隆十五年御定。凡唐詩四家，曰李白，曰杜甫，曰白居易，曰韓愈；

宋詩二家，曰蘇軾，曰陸游。詩至唐而極其盛，至宋而極其變。盛極或伏其衰，變極或失其正。亦惟兩代之詩最為總雜，於其中通評甲乙，要當以此六家為大宗。蓋李白源出《離騷》，而才華超妙，為唐人第一；杜甫源出於《國風》、二雅，而性情眞摯，亦為唐人第一；自是而外，平易而最近乎情者，無過白居易；奇刱（創）而不詭於（乎）理者，無過韓愈。録此四集，已足包括衆長。至於北宋之詩，蘇、黄竝鶩；南宋之詩，范、陸齊名。然江西宗派，實變化於韓、杜之閒，既録杜、韓，可無庸復見。《石湖集》篇什無多，才力識解亦均不能出《劒南集》上。既舉白以槩元，自當存陸而刪范。權衡至當，洵千古之定評矣。

考國朝諸家選本，惟王士禛書最為學者所傳。其《古詩選》，五言不録杜甫、白居易、韓愈、蘇軾、陸游，七言不録白居易，已自為一家之言。至《唐賢三昧集》，非惟白居易、韓愈皆所不載，卽李白、杜甫亦一字不登。蓋明詩摹擬之弊，極於太倉、歷城；纖佻之弊，極於公安、竟陵。物窮則變，故國初多以宋詩為宗。宋詩又弊，士禛乃持嚴羽餘論，倡神韻之説以救之。故其推為極軌者，惟王、孟、韋、柳諸家。然《詩》三百篇，尼山所定，其論詩一則謂歸於溫柔敦厚，一則謂可以興觀羣怨，原非以品題泉石、摹繪煙霞。洎乎畸士逸人，各標幽賞，乃別為山水清音。實詩之一體，不足以盡詩之全也。宋人惟不解溫柔敦厚之義，故意言竝盡，流而為鈍根。士禛又不究興觀羣怨之原，故光景流連，變而為虛響。各明一義，遂各倚一偏。論甘忌辛，是丹非素，其斯之謂歟？兹逢我皇上聖學高深，精研六義，以孔門刪定之旨，品評作者。定此六家，乃共識風雅之正軌。臣等循環雒誦，實深為詩教幸，不但為六家幸也。（卷一九〇，《欽定四庫全書總目提要》整理本，第二六五九～二六六〇頁）

【全唐詩録一百卷】（編修徐天柱家藏本）

國朝徐倬編。倬有《蘋村類稿》，已著録。是編以唐詩卷帙浩繁，乃採擷菁華，輯為一集。每人各附小傳，又閒附詩話、詩評，以備考證。康熙丙戌，恭逢聖祖仁皇帝聖駕南巡，倬繕録進呈，得旨嘉獎。特由侍讀擢禮部侍郎，以旌好學，併御製序文，賜帑金刊版。儒臣榮遇，至今傳焉。

謹案：《御定全唐詩》，用胡震亨《統籤》之例，或分體，或不分體，各因諸家原集，以存其舊。倬是編惟仙鬼之詩仍不分體，餘皆以古體、今體分編。《全唐詩》以上官昭容、宋若昭姊妹列帝后之後，倬則以長孫皇后、徐賢妃、江采蘋附於帝王，而以上官昭容等別入宮闈。又聯句隨人類附，不另為門。韓愈《效玉川子月蝕詩》不入愈本集，而附於盧仝詩下。香山九老詩不入自列名，而附於白居易詩下。體例與《全唐詩》亦殊。蓋《全唐詩》編纂成書在康熙四十六年丁亥，倬是書則先一年成。雖以《全唐詩録》為名，實未見頒行之本，故編次稍有異同云。（卷一九〇，《欽定四庫全書總目提要》整理本，第二六六一頁）

【文選句圖一卷】（江蘇巡撫採進本）

宋高似孫撰。似孫有《剡録》，已著録。案：摘句為圖，始於張為。其書以白居易等六人為主，以楊乘等七十八人為客。主分六派，客亦各有上入室、入室、升堂、及門四格。排比聯貫，事同譜牒，故以圖名。後九僧各摘名句，亦曰句圖，蓋非其本。似孫此書，亦沿舊名，所録皆《文選》諸詩，去取不甚可解。如蘇武詩之「馥馥我蘭芳，芬馨良夜發」，上下聯各割一句，尤為創調。其句下附録之句，蓋卽鍾嶸《詩品》源出某某之意。其句下附録一兩首者，則莫喻其體例矣。（卷一九一，《欽定四庫全書總目提要》整理本，第二六六七頁）

【文選音義八卷】（安徽巡撫採進本）

國朝余蕭客撰。蕭客有《古經解鉤沈》，採掇舊詁，最為詳核，已別著録。此書則罅漏叢生，如出二手。約舉其失，凡有數端。……一曰旁引浮文，苟盈卷帙。……又沿用其例於顔延年贈王太常詩，「玉水記方流」句下註曰：「王定保《唐摭言》，白樂天及第，省試《玉水記方流詩》。」此於音義居何等也。……蓋蕭客究心經義，詞章非所擅長，強賦六合，違才易務，其見短也宜矣。（卷一九一，《欽定四庫全書總目提要》整理本，第二六六八頁）

【二馮評點才調集十卷】（内府藏本）

國朝馮舒、馮班所評點，其猶子武合刊之。班有《鈍吟雜録》，已著録。此書去取大旨，具見武所作凡例中。凡所持論，具有淵源，非明代公安、竟陵諸家所可比擬，故趙執信祖述其説。然韋縠之選是集，其途頗寬，原不專主晚唐。故上自李白、王維，以至元、白長慶之體，無不具録。二馮乃以國初風氣矯太倉、歷城之習，競尚宋詩，遂借以排斥江西，尊崇崑體、黄、陳、温、李，斷斷為門戶之爭。不知學江西者其弊易流於粗獷，學崑體者其弊亦易流於纖穠。除一弊而生一弊，楚固失之，齊亦未為得也。……（卷一九一，《欽定四庫全書總目提要》整理本，第二六七〇頁）

【文章辨體五十卷外集五卷】（江蘇巡撫採進本）

明吳訥編。訥有《祥刑要覽》，已著録。是編採輯前代至明初詩文，分體編録，各為之説。内集凡四十九體，大旨以眞德秀《文章正宗》為藍本。外集凡五體，則皆駢偶之詞也。程敏政作《明文衡》，特録其敘録諸體，蓋意頗重之。陸深《溪山餘話》亦稱《文章辨體》一書，號為精博，自眞文忠《文章正宗》以後，未有能過之者。今觀所論，大抵剽掇舊文，罕能考核源委，即文體亦未能甚辨。如内集純為古體矣，然如陸機《文賦》、謝惠連《雪賦》、謝莊《月賦》已純為駢體，但不隔句對耳。至駱賓王《討武曌檄》純為四六，而列之内集。又孔稚圭《北山移文》亦附之古賦。是皆何説也？古樂府備列吳聲歌曲、西曲歌、江南曲諸體，淫詞豔語，竝登簡牘，而獨斥律詩為變體，非耳食歟？外集收及詞曲，已為泛濫，而以王維《渭城曲》、劉禹錫《竹枝詞》、白居易《楊柳枝詞》綴於簡末，謂之附録。夫《渭城曲》本題為「送元二使安西」，當時伶人採以入樂耳，遽别之於絕句之外，已為憒憒。且唐歌曲乃宋，元詞曲之先聲，反附録於宋、元人後，直本末倒置矣。其餘去取，亦漫無别裁，不過取盈卷帙耳，不足尚也。（卷一九一，《欽定四庫全書總目提要》整理本，第二六七七頁）

【姑蘇楊柳枝詞一卷】（内府藏本）

國朝汪琬編。琬有《堯峯文鈔》，已著録。初，琬自翰林告歸，居堯峯别業，偶仿白樂天作《姑蘇楊柳枝詞》十八章，一時東南文士多相屬和。琬乃手自選定，得一百十二家，一百九十七首，令周枝楙排次成帙，而周靖為之箋註。刊本題為枝楙所輯，非其實也。今仍題琬名焉。（卷一九四，《欽定四庫全書總目提要》整理本，第二七二四頁）

【韜光菴紀游集】（無卷數　浙江巡撫採進本）

國朝釋山止編。初，唐沙門韜光，卓錫西湖之巢鴎，白居易守杭日，相與倡和，後人因以韜光名其菴。菴踞山之勝，歷代游人，頗多題咏。山止康熙中住持是菴，因裒集付梓。自唐迄本朝得古今體詩五百餘首。然其中多同時投贈山止之作，聲氣攀援，不盡為勝地作也。（卷一九四，《欽定四庫全書總目提要》整理本，第二七三二頁）

【臨漢隱居詩話一卷】（編修程晉芳家藏本）

宋魏泰撰。泰有《東軒筆録》，已著録。泰為曾布婦弟，故嘗託梅堯臣之名，撰《碧雲騢》以詆文彦博、范仲淹諸人。及作此書，亦黨熙寧而抑元祐。如論歐陽修，則恨其詩少餘味；而於「行人仰頭飛鳥驚」之句，始終不取。論黄庭堅則譏其自以為工，所見實僻；而有「方其拾璣羽，往往失鵬鯨」之題。論石延年則以為無大好處，論蘇舜欽則謂其以奔放豪健為主，論梅堯臣則謂其乏高致。惟於王安石則盛推其佳句，蓋堅執門戶之私，而甘與公議相左者。至「草草杯柈供笑語，昏昏鐙火話平生」一聯，本王安石詩，而以為其妹長安縣君所作，尤傳聞失實。然如論梅堯臣贈鄰居詩不如徐鉉，則亦未嘗不確。他若引韓愈詩證《國史補》之不誣，引《漢書》證劉禹錫稱卫綰之誤，以至評韋應物、白居易、楊億、劉筠諸詩，考王維詩中顛倒之字，亦頗有可採。略其所短，取其所長，未嘗不足備考證也。（卷一九五，《欽定四庫全書總目提要》整理本，第二七四一頁）

【觀林詩話一卷】（浙江范懋柱家天一閣藏本）

宋吳聿撰。聿字子書，自署楚東人。楚東地廣，莫能知其邑里。陳振孫《書録解題》載此書，亦云不知何人。案：書中稱：「衣冠中有微時為小吏者，作三角亭詩，有『夜欠一簷雨，春無四面花』之語。獻其所事，異之，使學。果後登第，今為郎矣」云云。案：曾三異《同話録》載此事，稱為余子清之祖仁廓，則子書蓋南宋初人。故所稱引，上至蘇軾、黄庭堅、賀鑄，下至汪藻、王宣而止也。其中如辨陸厥中山王孺子妾歌誤用安陵君一條，李善《文選註》已先有此論，聿抒為新得，蓋偶未及檢。又引《摭言》趙牧學李長吉歌詩一條，《摭言》無此文。蓋記杜牧語又誤增學李長吉歌詩一句，亦為疎舛。卷末録謝朓事三條，不加論斷，殊無所取。核其詞意，似乎欲解王安石、歐陽修倡和詩中「吏部文章二百年」句，而其文未畢，或傳寫有所佚脱，又誤分一則為三則歟？聿之詩學出於元祐，於當時佚事尤所究心。如謂黄庭堅論黄獨為土芋，而云或以為黄精者，乃指蘇軾「詩人空腹待黄精，生事只看長柄械」句，而不欲顯名。又陳師道所稱「但解開門留我住，主人不問是誰家」句，乃蘇軾藏春兩絕句之一，託云古語。又蘇軾「不向如皐閒射雉，人間何以得卿卿」句，世譏軾誤以如皐為地名，聿謂親見其手寫會獵詩，「不向」乃作「向不」。又軾嘗名賈耘老之妾曰雙荷葉，世不曉所謂。聿謂其事載《泉南老人集》，取雙髻竝前之義，其名出於溫庭筠詞。《澠水燕談》稱張舜民題蘇軾老人行役詩，乃蘇轍作，王闢之誤記。軾《梅花》詩用返魂字，乃用韓偓《金鑾祕記》中語，説者誤引蘇德哥及聚窟州返魂香事，皆查慎行補註蘇詩所未及。又如黄庭堅與惠洪詩，實用《陳平傳》解衣贏而刺船句相謔。洪作《冷齋夜話》，乃以欲加冠巾自解，與庭堅自稱「從王安石得古詩句法」，及安石詞「揉藍一水縈花草」句，乃追用所見江上人家壁間絕句諸事，亦他書所未言。至於引郭義恭《廣志》證陸龜蒙詩「蕙炷」字，引尉遲樞《南楚新聞》證「僧詩毸根」字，引《隋書·禮志》證古詩「長跪問故夫」句，引許慎《説文》證衣亦可名不借，不獨草屨，引《南史·邱仲孚傳》證唐詩半夜鐘，引《宋書》證吳融誤用虞嘯事，引《世説新語》庾亮事證著屐登樓，引元結自序證歐陽修、黄庭堅誤讀笭箵字，引潘岳《西征賦》證晁錯之錯可讀七各切，引江淹《雜擬》詩證《東觀奏記》誤稱沈約，引顧愔《新羅圖記》證松五粒非五鬣，引《歌録》證《殷芸小説》誤解蜻蛚，引《西京雜記》駁賀鑄詞誤用玉硯生冰，以及駁蘇軾誤以白居易除夜詩為寒食詩，以長桑君為倉公，以《左傳》小人之食為小人之羹諸條，皆足以資考證。在宋人詩話之中，亦可謂之佳本矣。（卷一九五，《欽定四庫全書總目提要》整理本，第二七四六頁）

【娛書堂詩話一卷】（浙江范懋柱家天一閣藏本）

宋趙與虤撰。虤字，《集韻》音「牛閑切」，《説文》訓為「虎怒」，故其字為威伯。以《宋史·宗室表》連名次第考之，蓋太祖十世孫也。書中多稱陸游、楊萬里、樓鑰晚年之作，又稱宗人紫芝，是甯宗以後人矣。其論詩源出江西，而兼涉於江湖宗派。故所稱述，如羅隱、范仲淹釣臺詩，高端叔雨詩，又桂子梅花一聯，毛國英投岳飛詩，羅隱繡詩，沙門游鴈宕詩，唐宣宗百丈山詩，姜夔、潘轉菴贈答詩，黄景説賀周必大致仕詩，無名氏漁亭詩，危稹送柴中行致仕詩，徐得之明妃曲，黄居萬瀑布詩，無名氏龜峯詩，周鎬將雨詩、壽趙倅詩，劉詠八月十四夜詩雙柏句、樸滿子句、寓興詩，楊萬里所稱劉應時詩，唐人汴河詩，陸九淵少作，石延年夷齊廟詩，無名氏天開圖畫亭詩，劉敞種柏詩，吳鎰絕句，江東客獻楊萬里詩，劉槩詩，徐似道、楊萬里贈答詩，趙橫釣臺詩，白居易「周公恐懼流言日」一首及「作詩用法語」一條，大抵皆凡近之語，評品殊為未當，蓋爾時風氣類然。然名章、俊句、軼事、逸文，亦絡繹其間，頗足以資聞見。失於蕪雜則有之，要其精華不可棄也。書中辨證僅兩條：其一解錢惟演《無題》詩「夜長惟有辟寒金」句，據《拾遺記》嗽金鳥事，謂辟字當作畏辟之辟，讀去聲。惟演誤讀入聲，以為辟除之辟，其説頗允；其一解楊億《無題》詩「死諱文成食馬肝」句，不引《史記》之正文，而牽引《拾遺記》馬肝石事，則支離無理。且兩條皆惟據王嘉書，知考據非其所長，存而不論可矣。（卷一九五，《欽定四庫全書總目提要》整理本，第二七五一頁）

【師友詩傳録一卷續録一卷】（編修程晉芳家藏本）

《師友詩傳録》，國朝郎廷槐編；《續録》，國朝劉大勤編。二人皆學詩於新城王士禛，各述其師説以成其書。以郎録在前，故劉録稱續焉。郎録雖以士禛為主，而亦兼質於平原張篤慶、鄒平張實居，故每一問而三答。其稱歷友者，篤慶之號；稱蕭亭者，實居之號也。篤慶於士禛為中表，所著有《崑崙山房集》。實居於士禛為婦兄，所著有《蕭亭詩集》，士禛皆嘗論次之。故三人所答，或共明一義，或各明一義，然大旨皆不甚相遠。……又稱：「至杜始為長律，元、白又蔓延至百韻。」不知杜甫《秋日夔府詠懷奉寄鄭監李賓客》詩，正一百韻，《杜集》亦可覆案也。……（卷一九六，《欽定四庫全書總目提要》整理本，第二七五八頁）

【五代詩話十卷】（福建巡撫採進本）

國朝鄭方坤撰。初，王士禛欲作《五代詩話》，僅草創而未成。其門人務尊師説，遂以未成之本傳鈔，闕陋實甚，體例尤疎。宋弼嘗補其闕遺而刊之，仍多未備。方坤得士禛殘稿於歷城朱氏，乃採摭諸書，重為補正。原本六百四十二條之中，刪其二百一十六條，增入七百八十九條，共成一千一百一十五條，凡所增入，仿宋庠《國語補音》、吳師道《補正戰國策》之例，各以一「補」字冠之，使不相混。凡國主、宗室一卷，中朝一卷，南唐一卷，前蜀、後蜀一卷，吳越、南唐一卷，閩一卷，楚、荊南一卷，宮闈、仙鬼、緇流一卷，羽士、鬼怪一卷，雜綴一卷。其中有尤而效之者，如原本載羅隱謝表、殷文圭啟事，本為四六騈詞，無關吟咏。他若李氏《藏書》、太原《草檄》、和凝之《詅癡符》、桑維翰之《鑄鐵硯》、徐寅之《獻過大梁賦》，直成雜事，無預於詩，一概從刪，殊有廓清之功。而李後主跋懷素書，亦無關詩事，乃録之不遺。原本方干、鄭谷、唐球諸人，上連唐代，方坤既已刊削，而司空圖之不受梁官，韓偓之未食閩禄，例以陶潛稱晉，仍是唐人，列之五代，亦乖斷限。至潘慎修獻宋太宗詩，劉兼長春節詩，宋事宋人，一併闌入，尤泛濫矣。又如蘇軾演《陌上花》，晁補之撰《芳儀曲》，李淑題周恭帝陵，宋徽宗書白居易句，雖詠五代之事，實非五代之人，一概增入，則詠明妃者當列之漢詩，賦雀臺者應入之魏集。自古以來，無斯體例。貪多務得，方坤亦自言之矣。至於「江南江北舊家鄉」一首，《江表志》以為楊溥。馬令《南唐書》以為李煜。嘲宋齊邱喪子一詩，《夢溪筆談》以為老瞽樂工，《漁隱叢話》以為李家明。如此之類，不一而足。前後竝載，既不互註，又不考定，亦屬疎舛。然採摭繁富，五代軼聞瑣事，幾於搜括無餘，較之士禛原書，則賅備多矣。（卷一九六，《欽定四庫全書總目提要》整理本，第二七六〇頁）

【吟窗雜録五十卷】（編修勵守謙家藏本）

舊本題狀元陳應行編。前有紹興五年重陽後一日浩然子序，序末有「嘉靖戊申孟夏崇文書堂家藏宋本刊」字，蓋偽書也。前列諸家詩話，惟鍾嶸《詩品》為有據，而刪削失眞。其餘如李嶠、王昌齡、皎然、賈島、齊己、白居易、李商隱諸家之書，率出依託，鄙倍如出一手。而開卷《魏文帝詩格》一卷，乃盛論律詩，所引皆六朝以後之句，尤不足排斥，可謂心勞日拙者矣。（卷一九七，《欽定四庫全書總目提要》整理本，第二七六五頁）

【解頤新語八卷】（浙江巡撫採進本）

明皇甫汸撰。汸有《百泉子緒論》，已著録。是編乃其説詩之語。凡分八門：曰敘論，曰述事，曰考證，曰詮藻，曰矜賞，曰遺誤，曰譏評，曰雜記。自稱：「匡鼎説詩，人為解頤；陸賈造語，帝每稱善。故竊比於二子。」然汸詩有名於當時，而此書乃多謬陋。大抵皆襲舊文，了無精識。好大言，而實皆膚詞。如云：「《詩》首關雎，《易》始龍德，《逍遙》大鵬，其意一也。」

此十六字為一條，竟不知作何語。又引證不確，搖筆即舛。如鍾嶸《詩品》，家弦戶誦，乃云：「《鍾品》已湮，僅存嚴氏。」李商隱等三十六體，《唐書》本傳明云以表啟而名，乃指為詩派。杜甫已有七言長律，乃云：「元、白餘思不盡，加為六韻，此七言排之始。」選楊徽之詩十聯寫御屏，本宋太宗事，見《澠水燕談》；張為《主客圖》作於唐時，其書雖佚，尚散見計有功《唐詩紀事》，乃云：「唐太宗聞楊徽之詩名，盡索所著，選十聯寫御屏，遂有句對、句圖及《主客圖》。」他如「黄金費盡教歌舞，留與他人樂少年」，司空圖詩也，而云顧況。「王莽弄來曾半破，曹公將去便平沈」，李山甫詩也，而云李商隱。又所稱商隱「棹裹自成歌，歌竟乘流去」之句，今義山集中亦無之，不知所據為何本。如此之類，指不勝屈。世以汸名重傳之耳。（卷一九七，《欽定四庫全書總目提要》整理本，第二七七一頁）

智按：「黄金用盡教歌舞，留與他人樂少年」，司空曙《病中嫁女妓》詩，見《全唐詩》卷二百九十二。

【東坡詞一卷】（江蘇巡撫採進本）

宋蘇軾撰。軾有《易傳》，已著録。《宋史・藝文志》載軾詞一卷。《書録解題》則稱《東坡詞》二卷。此本乃毛晉所刻，後有晉跋云：「得金陵刊本，凡混入黄、晁、秦、柳之作，俱經芟去。」然刊削尚有未盡者，如開卷《陽關曲》三首，已載入《詩集》之中，乃《餞李公擇》絕句。其曰以「小秦王」歌之者，乃唐人歌詩之法，宋代失傳。惟「小秦王」調近絕句，故借其聲律以歌之，非別有詞調謂之「陽關曲」也。使當時有「陽關曲」一調，則必自有本調之宮律，何必更借「小秦王」乎？以是收之詞集，未免泛濫。至集中《念奴嬌》一首，朱彝尊《詞綜》據《容齋隨筆》所載黄庭堅手書本，改「浪淘盡」為「浪聲沈」，「多情應笑我早生華髮」為「多情應是我笑生華髮」。因謂「浪淘盡」三字，於調不協，「多情」句，應上四下五。然考毛幵此調，如「算無地，閬風項」，皆作仄平仄，豈可俱謂之未協？石孝友此調云「九重頻念此，袞衣華髮」，周紫芝此調云「白頭應記得，尊前傾蓋」，亦何嘗不作上五下四句乎？又趙彥衛《雲麓漫鈔》辨《賀新涼》詞，版本

「乳燕飛華屋」句，眞跡「飛」作「棲」。《水調歌》詞，版本「但願人長久」句，眞跡「願」作「得」，指為「妄改古書之失」。然二字之工拙，皆相去不遠，前人著作，時有改定，何以定以眞跡為斷乎？晉此刻不取洪、趙之説，則深為有見矣。詞自晚唐、五代以來，以清切婉麗為宗，至柳永而一變，如詩家之有白居易；至軾而又一變，如詩家之有韓愈，遂開南宋辛棄疾等一派。尋源溯流，不能不謂之別格，然謂之不工則不可，故至今日，尚與「花間」一派竝行而不能偏廢。曾敏行《獨醒雜志》載：「軾守徐州日，作《燕子樓》樂章，其稿初具，邏卒已聞張建封廟中有鬼歌之。」其事荒誕不足信，然足見軾之詞曲，輿隸亦相傳誦，故造作是説也。（卷一九八，《欽定四庫全書總目提要》整理本，第二七八一頁）

【碧雞漫志一卷】（編修程晉芳家藏本）

宋王灼撰。灼有《糖霜譜》，已著録。是編詳述曲調源流，前七條為總論，述古初至唐、宋聲歌遞變之由，次列《涼州》、《伊州》、《霓裳羽衣曲》、《甘州》、《胡渭州》、《六幺》、《西河長命女》、《楊柳枝》、《喝馱子》、《蘭陵王》、《虞美人》、《安公子》、《水調歌》、《萬歲樂》、《夜半樂》、《河滿子》、《凌波神》、《荔枝香》、《阿濫堆》、《念奴嬌》、《清平樂》、《雨淋鈴》、《菩薩蠻》、《望江南》、《麥秀兩岐》、《文溆子》、《後庭花》、《鹽角兒》凡二十八條，一一溯得名之緣起，與其漸變宋詞之沿革。蓋《三百篇》之餘音，至漢而變為樂府，至唐而變為歌詩，及其中葉，詞亦萌芽，至宋而歌詩之法漸絕，詞乃大盛。其時士大夫多嫻音律，往往自製新聲，漸增舊譜。故一調或至數體，一體或有數名，其目幾不可殫舉，又非唐及五代之古法。灼作是編，就其傳授分明可以考見者，核其名義，正其宮調，以著倚聲所自始。其餘晚出雜曲，則不暇一一詳也。迨金、元院本既出，併歌詞之法亦亡。文士所作，僅能按舊曲平仄，循聲填字。自明以來，遂變為文章之事，非復律呂之事，併是編所論宮調，亦莫解其説矣。然其間正變之由，猶賴以略得其梗槩，亦考古者所必資也。其辨《霓裳羽衣曲》為河西節度使楊敬述所獻，唐明皇為之潤色。援白居易、鄭嵎詩註為證，一掃月宮妖妄之説。又據譜謂是曲第一至第六疊，皆無拍，證《唐史》載王維論按樂圖霓裳第三疊初拍之謡，持論極為精核。他如《虞美人》曲，諸説各別，《河滿子》曲，一事異詞者，皆

闕其所疑，亦頗詳慎。……（卷一九九，《欽定四庫全書總目提要》整理本，第二八〇七頁）

《四庫全書簡明目録》

【白孔六帖一百卷】

《六帖》本三十卷，唐白居易撰。《續六帖》本亦三十卷，宋孔傳撰。其合兩書為一，而析成百卷，不知為誰。據《玉海》所載，則宋本已然矣。二書均仿《北堂書鈔》之例，而傳書稍詳，其名六帖者，唐制帖經以得六為通也。

謹案，《六帖》自合併以後，世遂竟無单行本。然孔傳續白居易書，當以居易書為主，故今仍以居易之時代為次。（《四庫全書》本卷十四）

【六帖補二十卷】

宋楊伯嵒撰。凡二十門，皆補白居易、孔傳二書之遺，二書所有，即不復見，故所採未能繁富，其故實或不註出典，亦沿白居易之例也。（《四庫全書》本卷十四）

【王司馬集八卷】

唐王建撰。元白張王，並以樂府擅長。而元稹、白居易多作長調，以曲折盡情，張籍及建多作短章，以抑揚含意，同工異曲，各擅所長。至宫詞百首，以詩紀事，其格亦自建開之。（《四庫全書》本卷十五）

【元氏長慶集六十卷補遺六卷】

唐元稹撰。白居易作稹墓誌，稱著文一百卷，題曰元氏長慶集，至宋已殘缺。此本乃宣和中建安劉麟所刊，明馬元調據以翻雕，凡詩二十六卷，賦一卷，襍文三十卷，較原本久佚十之四，而門目亦與元稹自述不同，不知何人所重編也。（《四庫全書》本卷十五）

【白氏長慶集七十一卷】

唐白居易撰。居易詩格與元楨（稹）同，而深厚則過之，故江（張）為《主客圖》以居易為廣大教化主，楨（稹）不與焉。其集自宋迄今，惟此一本，但或題《長慶集》，或題《白氏文集》，其標目行欵有所改削耳。（《四庫全書》本卷十五）

【白香山詩集四十卷附録年譜二卷】

國朝汪立名編。立名據宋祁之言，謂白居易文不如詩，因別刊其詩，為此本。其説良是。至謂寶曆以後，不宜概名長慶集，因改題曰《香山詩集》，則未詳考居易《聖善寺文集記》矣。然其考證編排，頗為精密，其所箋釋，亦頗典核，在白詩中究為善本。(《四庫全書》本卷十五)

【無為集十五卷】

宋楊傑撰，趙士彩編。凡賦二卷，詩五卷，文八卷。其詩率易者近白居易，奇崛者或偶似盧仝，然習與歐陽修、蘇軾、王安石游，大致不出元祐之體。其文邊幅少狹，然亦習與胡瑗游，故持論頗有根柢，其詩文為二氏作者，不入此集，疑亦瑗之教也。(《四庫全書》本卷十五)

【西塘集九卷附録一卷】

宋鄭俠撰。原本二十卷，明葉向高删為奏疏襍文八卷，詩一卷，又附以本傳、謚議之類，為一卷，重為刊板，原本遂亡。王士禛《居易録》稱其文似石介，而無怒張叫呶之習，古詩在白居易、孟郊間，亦據此本言之也。(《四庫全書》本卷十五)

【道鄉集四十卷】

宋鄒浩撰。其子柄相同編，原本三十卷，此多十卷，蓋後人所分也。其古詩似白居易，律詩似劉孟得（智按：疑爲劉夢得），惟學出伊洛，而喜談禪悦，又兼取王氏新説，持論不能盡醇，要其大節，不愧師門，不必爭得失於語録中也。(《四庫全書》本卷十五)

【尊白堂集六卷】

宋虞儔撰。原本久佚，今從《永樂大典》録出。儔慕白居易之為人，故以尊白名堂，其詩亦與居易相近。其文惟存制誥、劄子二體，制誥温雅，劄子詳明，亦復可觀。(《四庫全書》本卷十六)

【方是閒居士小稿二卷】

宋劉學箕撰。上卷為詩，下卷為雜文及詞，劉淮序，以其詩擬白居易，殊不相類；以其詞擬辛棄疾，則大概近之。(《四庫全書》本卷十六)

【安晚堂詩集七卷】

宋鄭清之撰。原集六十卷，今惟存第六卷至十二卷，皆各體詩也。其體

格多近白居易，而時時參以禅語。(《四庫全書》本卷十六)

【弁山小隠吟録二卷】

元黄玠撰。其詩不為近體，視宋末江湖諸人，志趣殊高。中多勸戒之詞，上者近乎元結，次者近乎白居易，雖根柢深厚不及古人，而繁音嘈雜之中，讀之如聽古鍾磬矣。(《四庫全書》本卷十七)

【蜕庵集五卷】

元張翥撰。翥心性之學，受之李存；聲律之學，受之仇遠。後講學無成，卒以詩著，頗類宋之趙蕃。近體長短句，極為當代所推。然古體亦伉爽可誦，往往有香山諷諭之遺。王士禛《居易録》稱為元末大家，古今詩皆有法度，無論趙孟頫、馬祖常，即范梈、揭傒斯，未知伯仲如何，諒矣。

【藥房樵唱二卷附録一卷】

元吴景奎撰。五言古體皆源出白居易，七言古體間似李賀，近體亦爽朗自喜，惟編録者務盈卷帙，失於删汰，多糸以率意之作，為榛楛勿翦耳。(《四庫全書》本卷十七)

【庸菴集十四卷】

元宋禧撰。禧受學於楊維楨。維楨詩歌以奇譎兀奡，凌踔一世。禧詩乃清和婉轉，以自然為宗，出入於香山、劍南之間，文亦詳贍暢達，可謂善學柳下惠矣。(《四庫全書》本卷十七)

【高氏三宴詩集三卷附香山九老詩一卷】

唐高正臣編。所載皆同人宴會之詩，以一會為一卷，末附香山九老詩一卷，則白居易等所作，卷尾有夷白堂重雕字，蓋從北宋鮑慎由家刻本録出也。(《四庫全書》本卷十九)

【御選唐宋詩醇四十七卷】

乾隆十五年御定。於唐取李白、杜甫、白居易、韓愈四家，於宋取蘇軾、陸游二家，大抵以李杜為正宗，而平易近情無如白，奇闢有法無如韓，天才超妙無如蘇，人工精密無如陸，故用為羽翼，於詩家源流正變，已綜括無遺，其評註悉出睿裁，別色為識，亦畧如《唐宋文醇》之例。(《四庫全書》本卷十九)

趙文哲（一七二五～一七七三）

《楊枝十二韻》

本是銷魂種，年年綰别離。一株當二月，萬縷復千絲。栽處應天上，攀來每路歧。未歸陶令宅，頻夢謝家池。態倚疎簾勝，陰籠曲檻宜。濃疑掃眉黛，弱欲鬭腰支。著雨憐初起，臨風愛小垂。金城悲此地，玉殿憶當時。細馬看還繫，流鶯聽乍移。尊前人不見，笛裏客相思。我往成揺落，誰來屬護持。香山戀樊素，只爲是楊枝。（《湖海詩傳》卷二十六，《續修四庫全書》影印清嘉慶八年三泖漁莊刻本，第一六二六册）

《副將軍阿公振旅回永昌時届歲除官齋尊酒追溯用兵顛末述事抒情輒成聯句八十韻亦勞者思歌之義也》

詔撤三年戍（升之），人依萬里城。受降唐節度（德甫），振旅漢營平。尚藉邊籌遠（升之），旋逢歲籥更。星霜回暮節（德甫），烽火息嚴程。蓮幕叨陪侍（升之），椒盤快合并。紀勳詞磊落（德甫），感事意迴縈。在昔承恩命（升之），於兹習義征。重邀王母福（德甫），益勵丈人貞（公初受命督師啓行，時詣皇太后宫請安，賞賚甚渥，並傳諭所賜青瓶如意，皆寓吉兆云）。穴竄將窮鼠（升之），波翻未翦鯨。先聞傾鼎餗（德甫），繼悍結冠纓。倉猝殲于遂（升之），消揺散在彭（以上敘楊制府應琚貽誤軍事，及將軍明公等猛育殉節，並錫箔木邦兵潰之事）。改弦軍政肅（德甫），挾纊士心傾。戎略書詩裕（升之），儲胥竹木贏。習勞曾運甓（德甫），肄武亦開棚。分埒騰騮駱（升之），排囷積稏秔。威眞敷絕檄（德甫），念愈軫疲氓。勢可乘因壘（升之），功偏待秉衡（以下敘經略赴滇統師，進討各取道諏期，公皆悉心籌議，往復再三）。儀容諸將攝（德甫），號令一軍驚。借箸師中協（升之），飛符閫外行。周咨常旁午（德甫），祕算必先庚。吉日應徐卜（升之），凶門詎急爭。深燈輸悃愫（德甫），側席費論評。薪恐難移突（升之），棋虞易下枰。終朝惟仰屋（德甫），前路遽揚旌。萬仞嚴關峙（時公由銅壁關前駐野牛壩督造戰艦，而經略由萬仞關渡大金江收撫猛拱以通西路）（升之），千重駭浪横。蠻雲凝作嶂（德甫），淫雨積爲阬。振策經途速（升之），浮查問渡輕。幸牽巾櫛戀（德甫），得使櫬輿迎（猛拱土司渾覺先已逃匿，因縶其小妻遂率衆詣軍門降）。勇決空羣醜（升之），平安屬便伻。遠期姬旦舄（德甫），來就亞夫營（時公已進駐新街，屢遣夷人間道賫書，與經略大軍約期會合）。此地雙江扼（蠻暮江自東來匯于大金江，斜對哈坎爲東西兩軍會合所經）（升之），維公隻手撑。夾鈇親戮叛（時隴川人蘇明燦段世瑞來往賊寨，爲賊致書皆奏誅之（德甫），插羽亟徵兵。削柹高檣矗（升之），鎔金巨礮轟。何須然斷鎖（德甫），絕勝渡浮罌。乘艑馳温嶠（遣伊將軍勒圖迎經略）（升之），揚麾挈顧榮（謂制府阿補堂）。東西連玉帳（德甫），水陸應銅鉦。會合歡初沸（升之），飛騰氣已盈。非緣欺小敵（德甫），直與奪先聲。姑蔑收空壁（升之），餘皇徙斷浜。猿窮斯就縛（德甫），禽逸乃遭抨（此敘十月十日新街水戰擊敗賊兵，獲其舟並旗纛器械無算，頭目賓雅得諾被創而死）。風陣催帆飽（升之），霜棱淬劍瑩。官屯趨浩蕩（德甫），賊柵列崢嶸（以下敘進駐老官屯攻圍賊寨之事）。當轍螗宜捕（升之），藏嵎虎莫攖。越蛙徒自式（德甫），衛鶴那堪令。忠藎通神鬼（升之），思勤邁父兄。有言皆激奮（德甫），無物不輸誠。瘴癘寒猶熾（升之），瘡痍力轉勍。鎗烟摧拉雜（德甫），機石擊鏗訇。執鋭兼持燧（升之），臨衝競挽棚。梯危懸碧漢（德甫），隧曲穴青坪。俘卒聯徽纆（升之），逋夷驗刺黥（時舟師生獲十餘賊，并有自寨逸出來歸者，驗其下體黔涅，知爲眞緬人也）。下游援漸絕（德甫），中夜諜頻偵。裹血方酣戰（升之），炊骸遂乞盟（老官屯被圍既久，舟師又斷其南來救援，賊寨垂破，而阿瓦酋長已具貝葉降書遣使乞款）。卑辭函鏤貝（德甫），吉語應占蔓（公赴滇時，途中遇善筮者，筮得離卦，六爻皆不動，偃武之兆也）。時值文淵病（升之），羣欽諸葛名（時經略抱病，緬人來乞降者，公諭遣之）。至誠孚裸虜（德甫），大義洽豪英。表餌幾全握（升之），韜鈐術盡屏。盤根衷獨苦（德甫），省括計彌精。待振虞階舞（升之），徵調傅相羹。旋師符勅諭（德甫），請令爲嫠惸（軍中方受降中旨適下已命撤兵）。納款求陳幣（升之），攄忱謝宰牲。懽呼喧爨僰（德甫），感泣遍柴荆。臘後蛩催織（滇中冬候蟲聲不絕）（升之），春前犢試耕。祲看消枉矢（德甫），瑞定表華苹。遠譯風諧律（時緬甸貢使將至故云）（升之），新郊雪散霙（滇中少雪，而連朝四山積素彌望，兵後豐年，於茲可卜）。朝天歸上輔（德甫），計日近元正（經略于嘉平十九日起程赴闕）。

班管停磨盾（升之），琱弓罷縶檠。薦辛挑細菜（德甫），透甲劈香橙。泥飲蛆浮瓮（升之），徵歌雁語箏。燕私蒙款款（德甫），鴻論劇觥觥。烏本期頭白（升之），魚還念尾頳。仲宣仍逆旅（德甫），元叔剩餘生。夢寐嗟相對（升之），然疑忍共明。追思從袴褶（德甫），誓欲掃欃槍。匪尚犂庭績（升之），終酬攬轡情。居恒時若厲（德甫），履險道能亨。偉節強哉矯（升之），嘉謨展也成。畫圖垂紫閣（德甫），譽望溢丹瀛。猷壯推方叔（升之），知深荷晏嬰。願從元白後（德甫），驃樂載同賡（緬甸卽古驃國，唐韋臯爲節度時，進其樂部，元微之、白樂天皆有詩紀事）（升之）。（《湖海詩傳》卷二十六，《續修四庫全書》影印清嘉慶八年三泖漁莊刻本，第一六二六册）

《媕雅堂詩話》

本朝王漁洋七古全學韓蘇，稍嫌清薄，然無可瑕摘，究為初學所宜取法。朱竹垞初學盛唐，晚乃入宋，其才氣突過漁洋。陳其年亦學韓蘇，較之漁洋才似勝，而所造較淺。梁藥亭（佩蘭）豪氣未除，要非小才可及。吳漢槎（兆騫）學盛唐之王李，而上或染指初唐四子，下或濫觴中唐元白，竟體精妍，允堪程式。昔其集流傳絕少，又未見於選本也。其餘自鄶，亦可無譏。（上海書店出版社《叢書集成續編》據光緒間汪曰楨《荔牆叢刻十三種》本《媕雅堂集》附；《清詩話三編》第一八一九頁）

智按：趙文哲，字升之、損之，一字樸庵，號璞函。上海人。乾隆二十七年（一七六二）南巡召試賜舉人，授内閣中書。歷官戶部河南司主事，從軍定邊，殉木果木之難，贈光禄少卿。與王鳴盛、錢大昕、王昶等唱和，稱為吴門七子。王鳴盛《媕雅堂詩集序》推為江東詩人第一。有《媕雅堂集》、《娵隅集》、《群經識小録》。生平見王昶《湖海詩傳》卷二十六。

蔣士銓（一七二五～一七八五）

《四絃秋》（一名青衫淚）

⊙序

壬辰晚秋，鶴亭主人邀袁春圃觀察、金棕亭教授及予宴於秋聲之館，竹石蕭瑟。酒半，鶴亭偶舉白傅《琵琶行》，謂向有《青衫記》院本，以香山素狎此妓，乃於江州送客時，仍歸於司馬，踐成前約，命意敷詞，庸劣可鄙。同人以予粗知聲韻，相屬別撰一劇，當付伶人演習，用洗前陋。予唯唯。明日，乃剪劃詩中本義，分篇列目，更雜引《唐書》元和九年、十年時政，及《香山年譜・自序》，排組成章。每夕挑燈填詞一齣，五日而畢。嗚呼！憲宗英斷之主，雖強藩不靖，而將相得人，斥奸納諫，柄不下移，可云盛矣。矧居易受特達之知，列在近侍，且使擇官以濟其貧。明良之會，豈衰世君臣猜忌者所及乎？乃《捕賊》一疏甫上，竟遭譴謫。固政府好惡之偏，而得旨施行，又何為者？豈以殿中論事、抗直干怒，時雖暫解于裴度一言，而憲宗厭薄之心，究不能釋，因而藉以出之耶？嗚呼！此青衫之淚所難抑制者也。人生仕宦升沉，固由數命。若劉夢得、柳子厚、元微之輩，戾由自取，豈得與江州貶謫同日而語哉！填詞雖小道，偶連類而論次之，俾知引商刻羽時，不僅因此琵琶老妓浪費筆墨也。

⊙第一齣　茶別

（外、淨、旦、丑扮客，二雜挑茶籠隨上）

【中呂過曲・尾犯序】百草聽驚雷，穀雨將臨，才過寒食。約伴牽車，看筠籠分攜。（外）春衫逐紅旗。（淨）散入青林下。（旦）陰崖喜先至。（丑）新苗漸盈把。

（外）我等江湖茶客，每年合夥向各處産茶之地，販賣新芽，以資利息。兄等共有幾種了？

（淨）我在浙江買得龍井日鑄、鳩坑顧渚茶，各五十斤。

（旦）我在漢口買得四川雀舌鳥嘴、麥顆露芽，各五十斤，外有雅州蒙頂茶二十斤。

（丑）我在江南買得宜興含膏、宣城丫山、壽州黄芽、六安小峴各種約三百斤。老哥呢？（外）我今年只在江西本省買得袁州界橋茶二百斤，昨到河口，買了建州武彝二百斤。聞得徽州松蘿珠蘭，今年最佳，目下徽客齊集浮梁，我們何不一同前去？

（衆）有理。

（丑）此九江有一敝友，叫做吳名世，他積年慣走浮梁，待我尋著他，便好相煩指引。（衆）極妙也！

（合）休遲，拋撇下妻嬌子稚，經歷遍吳頭楚尾。都只爲青蚨白鏹，生理

在槍旗。（下）

（小旦紫衫緑背心抱琵琶上）

【北黄鐘宫·醉花陰】酒陣歌場盡拋舍，舊衫裙，香消蘭麝。嫁了個多財婿，寡情爺，便做道恩愛差些，休得要恁離别。（放琵琶桌上，坐介）

兔絲固無情，隨風任傾倒。以色事他人，能得幾時好！春風爾來爲阿誰？蝴蝶忽然滿芳草。妾身花退紅，本是長安名妓。芙蓉兩頰，曾勾北地胭脂；楊柳雙蛾，新點南都石黛。春蠶半老，猶戀三眠；緑葉成蔭，尚含一笑。去年嫁與茶客吳郎，泛宅潯陽江上。隨他莽漢，不解溫存；負我芳情，只增惆悵。清明已過，聞他又要出門。咳！天長岸闊，草長鶯啼，只好守著琵琶過活也呵。則這答江水九條斜，準備著淚珠兒一樣瀉。

（末扮茶客上）深知茶故事，未解酒生涯，喜鑽銅窟籠，不愛玉渾家。俺吳名世，販茶爲生，浮家度日，這隻船兒是我的，不免上去。

（小旦）吳郎在何處玩耍，此刻方歸？（末）新茶將出，我打算向熱鬧地方去做些買賣，你意下如何？（小旦）春光明媚，正好夫妻厮守，幾貫錢鈔，值得甚的來。

（末）娘子差矣！

【南畫眉序】田宅沒些些，子母相權是行業。甚桃花柳絮，莫漫攔遮。肯貪伊鳳枕鴛衾，耽擱我銅山金穴。

（小旦）你我二人，衣食所需無幾，何必奔走風塵，自尋勞攘。（末）錢財重于性命，説甚勞攘。你看那些吃慣了現成飯的，到饑寒時，百樣去向人求乞，有誰顧盼來。天涯蕩子同辛苦，不换與錐刀籌筴。

（小旦長嘆介）咳！

【北喜遷鶯】一任俺恁般牽惹，虧了恁下得拋撇。傷也波嗟！

（末）我在家守著，就要生病呢。

（小旦）命注定影單形孑。但骨肉團圓，便似著了邪，爽快煞你無家别。

（末）其實在外受用。

（小旦）啐！你既然學辭花病蝶。就不該做抱樹饑蛇圓。

（悶坐介）（末）娘子不要惱，艄婆，取酒來。

（淨取酒放桌上，下介）（末）俺與你飲杯酒，你彈著琵琶，唱個曲兒我聽。出門的話，再商量著，好麼？

【南畫眉序】對酒莫諮嗟，做水鳥雙棲傍蓮葉。把春光一片，賣了還賒。

（小旦改容介）不是奴苦苦留你，爲你中年的人，也要養息些兒。

（末）娘子是好意。拚周旋暮雨朝雲，權領受曉風殘月。娘了，你彈唱一個兒。琴調瑟弄都無謂，只倩你四絃輕拽。

（小旦）當真不去了？

（末）不去了。

（小旦喜介）

【北出隊子】深感你把相思除赦！這才是美夫妻著疼熱。（斟酒介）看一看陌頭楊柳把郎遮，想一想我本將心托明月。難道是露水姻緣舊狎邪。

（丑上）

【南滴溜子】襄陽估，襄陽估，伴兒慣結。潯陽友，潯陽友，話兒細説。我烏子虚，爲訪吳兄，一徑到此。這只船兒是了。認明春江雙楫。吳哥有麽？（末）呀！子虚兄弟來了，請上船來。（丑）兄嫂，奉揖了。（小旦）叔叔，從何處來？（丑）我自京都南下的，要輕裝趁雨前收他嫩荚，幸得相逢，真個快悦。

（末）請坐了。（小旦）叔叔長安來，可見俺兄弟麽？（丑）成德軍反了王承宗，黔中反了張伯靖，蔡州反了吳元濟，朝廷四路用兵，令弟選入軍伍，隨李元帥圜出兵去了。

（小旦驚介）今番害殺人也！

【北刮地風】則俺沒個親娘沒個爹，誰把他補入軍帖？做不得木蘭替代空爲姐，埋怨殺一對鴛靴。叔叔，俺兄弟嬌生嫩養，如何使得槍，打得仗！（丑）這是死生大數，只好聽之天命，你也不必過慮了。（小旦哭介）哎喲！死和生不許分説，待揚旗風沙慘烈，待磨刀隴水嗚咽。也算做一世人，古戰場尸骸橫野。（末）娘子不必過慮，倘然殺賊立功回來，做個大大的官也不可知。（小旦）咳！便做到未央宮將軍能奏捷，輪不到小兜鍪淩烟圖寫。

還有一句話問叔叔，俺姨娘老人家尚康健麽？（丑）不要説起！

【南滴滴金】老年人燭淚風前灺，況茶飯參苓都欠缺。病龍鍾怎挨得多時節。不但姨娘亡故，就是你的曹師父、穆師父，皆已先後去世。如今京師彈琵琶的，沒有舊人了。

（小旦哽咽介）（丑）堪嘆他兩善才，歸墓穴，鵾絃斷絕。提不起少年場，枝共葉。留下你弟子紅妝，漸朱顔變也。

（末嘆介）不要説了，兄弟，現成酒，吃一杯兒罷。（對飲介）（小旦）

【北四門子】但傳來音信凄凉絕，不由人不痛復嗟。可怎生滿林病葉全雕謝，猛教咱哭的呆。

（大哭介）俺的姨娘呵，料想你藥也賒，棺也賒，便紙錢灰天涯誰個舍。俺的曹師父、穆師父呵，可憐你生共車，死共穴。舊梨園，誰立所琵琶神社。

（丑）嫂子不要哭，讓我們說正經話。吳哥，今年徽州新茶甚好，衆夥友要往浮梁販賣，特來邀你同去。（末）我正要去，如此即便束裝了。

【南鮑老催】疾忙去者，無多行李堪打疊，無多家計堪放撇。（丑）如此告辭，我們大船在江口拱候便了。（下）

（小旦）這是那裏說起，你真個就去麽？

（末）娘子，買賣事大，顧你不得。休留滯，休拉扯，休饒舌。可不道從來重利輕離別。（小旦）客中情緒也要調停。（末）這個不勞記念。沿途口岸，都有舊交姊妹，頗不寂寞，你若害悶，把琵琶消遣消遣，俺就回來的。（取行李介）金多便是歸時節。你有琵琶在，消長夜。

卑人去了。（徑下）（小旦呆立，長嘆介）

【北水仙子】嘆嘆嘆，嘆幽意賒，枉枉枉，枉了俺一片柔情難襯貼。恨恨恨，恨采茶人掐斷春芽，把把把，把一縷茶烟吹折。待待待，待要消人渴吻熱，轉轉轉，轉丢却自己風生兩腋。咳！生世不諧，配此俗物。回憶酒闌歌散，何異熱官遷謫，冷署蕭條也。算算算，算走馬蘭臺福薄些，則則則，則索向孤舟殘燭消磨者。論論論，論人世事怎生說！

（悶伏椅上介）（副淨扮婆上）哎呀！大爺去了，娘子哭壞在此。喂，娘子，娘子，不要癡了。

【南雙聲子】娘情切，娘情切，須彼此相縈結；郎心劣，郎心劣，莫勉强相團捏。娘子，不但夫妻，大凡世上的交際，都是如此，再不要去白殷勤，假親熱。我老人家見得多，說得不差的哩。火易滅，火易滅。冰易裂，冰易裂。這村夫不過是個茶客。

（小旦拭淚，取琵琶介）

【北尾煞】枉撥箜篌做君妾，勸狂夫不肯停車。咳！琵琶呀，則靠你彈出我一聲聲子規襟上血。（下）

⊙第二齣　改官

（外扮院子跨馬上）臺諫皆藏舌，宮坊强出頭。才高官不利，謫貶去江州。我乃給事中薛存誠老爺家院子是也。前者相爺武元衡五鼓上朝，黑暗中被人刺死，百官恟懼，聖上震驚。却有左贊善白居易老爺，飛忙上本，請急急捕賊，以雪國耻。不料惱了韋貫之、張宏靖兩位宰相，說道：「御史未言，坊官多事，甚屬可惡。」就中有人，平日與白爺不合的，乘機參劾，說白爺的母親，因看花墮井而死，白爺反作《賞花》《新井》二詩，大爲不孝。貶作江州刺史。學士王涯老爺，又說他所犯情重，不應理郡，改貶司馬之職。今日起行。俺薛爺與白爺同鄉好友，著我向渭橋郵亭內，備酒一杯相餞，只得飛馬前去。正是：宦海升沉都有數，人情冷暖此時真。（下）

（生冠帶騎馬，旦夫人、二旦婢坐車，老旦院子同上）

【中呂過曲·粉蝶兒】依依的下銅樓辭鳳闕，載驢腰詩本，半肩書畫。下官白居易。昨以言事左遷，貶謫江州司馬。今攜家南去。出得城來，夫人，你看南山拱揖，渭水灣環，皆有留人之意。（旦）便是（合）看風吹葉落何處家？上林邊已換宮鴉。記得三月間在此送柳子厚去柳州，劉夢得去連州，恰好元微之移通州，亦來相見。今日滿眼秋光，身爲遷客，不覺行年四十四齡矣。（旦）相公且免愁煩。戴南冠不少累囚，著青衫猶是司馬。

（同下）（小生三鬚冠帶策馬引僕上）

【紅芍藥】才子去，漂泊長沙。故人稀，冷落京華。下官薛存誠，官居給事。前日在三省，閱京兆府申來堂狀，說白贊善之母，因恚恨墜井一事，四坐驚駭。下官與樂天同居鄰比，向知白母素有心病，因貧苦憂憤發狂，曾持葦刀自刎，得救不死。後來失脚斃于井中，豈關人子不孝之故。乃向中書裴相，極力辨明，方免嚴譴。今日聞他起身，爲此急急趕去相送。想行李蕭然渡清灞，賃柴車蹇驢同跨。我想樂天上受主知，凡有所言，皆蒙采納。甚至論事殿中，天子變色，尚能容受。不解若輩是何肺肝，居然排斥不遺餘力至此！喧嘩，白日磨齒牙。守天門，猙獰堪怕。咳！方今有道之世，尚且如此，難怪六朝擾攘時，賢人把臂入林也。任薰天炙手相誇，冷心人不煩提拔。

（下）（生引衆上）

【耍孩兒】去國遲遲鞭徐下，戀闕思明主，問何年再入東華。

（外上，跪禀介）白爺請駐馬，俺爺備有卮酒相餞。

（小生內叫介）樂天兄少待。（生）嗟呀！蕭條路，誰策飛來馬？（小生馳上）店門前半樹垂楊亞，說一句郵亭話。

（雜推車下。生、小生下馬介）（生）資明兄，何故趕來？（小生）兄以無妄之灾，遽遭遠謫，特來拜送。院子，看酒。

（生）罪譴之人，蒙兄顧盼，古誼高情，令人感佩！（小生送酒介）吾兄此去呵，

【會河陽】骨比兼金，身無寸瑕。賜環音早晚報燈花。江州乃雲水勝區，正堪陶寫。放衙，有五老寒，雙姑淡雅。風與月，應無價。（生）小弟關東一男子耳，讀書屬文外，一無通曉。而愚思濟物，哲愧保身，志未就而悔已生，言未聞而謗已速。作《孔戡詩》，衆情不悦矣。作《秦中吟》，權豪貴近目嗔而色變矣。作《樂游園詩》，執政柄者已扼腕矣。作《紫閣村詩》，握兵權者又切齒矣。或以爲沽名，或以爲訕謗，乃至骨肉妻孥皆以爲非。此去定當焚弃筆硯，浮沉半刺中。吾兄剛毅之性，亦當裁抑，雖主上聖明，特恐群怒難犯耳。

（小生）便是。

（生）報君直得死，何須怕；報恩無可做，應須罷。

（雜扮兵將鎖押二盜上）

【縷縷金】懸重賞，共追拿。漆身難放你，漏網怎容他。（小生）你們拏的何等樣人？（雜）前日聖上因兵部侍郎許孟容老爺所奏，下詔捕賊，有能擒獲者，官封五品，錢賞萬緡。爲此神策將軍王士則、威衛將軍王士平，合兵拿得大盜張晏等十八人，皆是反賊王承宗所遣，特地押解進京去。首與從都無辨，一齊皆殺。（小生）快哉！虧了你們好本事。（雜）爺還不知，賊倒是拏著了，可惜開頭上本的一個白贊善不曾看見，反貶了官兒，向南去了。讓焦頭爛額戴烏紗，他賢名在天下，賢名在天下。

（押盜下）（小生鼓掌大笑介）道路之言，皇皇公論，樂天不枉此行矣。

【越恁好】何須青史，何須青史，冤鼓未煩撾。是非黑白，愚賤口不爭差。

（生）雖然如此，但小弟爲國建言，豈有近名之念。不能焚諫草，罪當加，借存獻納。天色漸晚，就此告别矣。（拜介）朝廷事，從此望兄撑架。江湖夢，從此爲兄牽挂。

（各上馬介）（小生）

【尾聲】潯陽九派風波大，休將客淚墮清笳。請了。（下）（生）咳！明日裏西望長安不見家。（下）

⊙第三齣　秋夢

（副淨艄婆搖船，小旦上）

【越調引子·霜天曉角】空船自守，别恨年年有。最苦寒江似酒，將人醉

過深秋。

（副淨下）（小旦）

【西江月】昔住蝦蟆陵下，今居舴艋舟中。伯勞飛燕影西東，做了隨鴉彩鳳。洗却剩脂零粉，禁持細雨斜風。春情已逐曉雲空，但與蘆花同夢。奴家花退紅。自送吳郎往浮梁買茶去後，音信杳然。叫奴家寂守孤舟，依棲江上。韶光過眼，秋氣感人。回憶少年情事，好生教人迷悶也呵。

【小桃紅】曾記得一江春水向東流，忽忽的傷春後也。我去來江邊，怎比他閨中少婦不知愁。才眼底，又在心頭。捱不過夜潮生暮帆收。雁聲來，趁著蟲聲逗也。靠牙檣，數遍更籌。難道是我教他，教他去覓封侯。

（伏幾睡介）（老旦上）以因成夢，因盡則醒。一切起滅，皆幻泡影。退姐，起來。（小旦）呀！你是我的姨娘，多年不見，從何處來？（老旦）因你出京後，我等門戶中十分減色。長安豪富子弟，如楊崇義、郭萬金、劉逸、衛曠等，一個個思想你的琵琶，都來到我家，問你下落。

（小旦）哎喲！京中彈琵琶的盡多，何必念著女兒來。（老旦）只爲你

【下山虎】半肩舞袖，一串歌喉，紅粉人非舊。銀箏自搊，但弄著鵾絃，讓伊好手。（小旦）那康崑崙、鄭中丞、段師、楊姑，各家的弟子如何了？（老旦）都相繼散亡，零落殆盡矣。（小旦淚介）時移物換，不但文人學士逐漸雕零，可嘆也！便風月烟花一例休。（老旦）二等人隨處有，一等人難與求。百事皆將就，甚人害羞。數不盡重抱琵琶過別舟。

呵，你那些舊日朋友都來了，我去備酒來。（下）

（末、淨、生、副淨扮豪家從人捧金帛上）

【五韵美】戲芳叢，拋紅豆。黃金論笏珠論斗。把愛錢人買得笑歪口。來此是花退娘家，不免進去。（小旦）呀！列位官人何處來？（末）我們訪了幾時，方知你移居在此。今日各帶薄禮相送，要與你歡聚片時。（小旦）多謝了。姨娘，取酒來。（老旦送酒上）列位官人請坐。（淨）小厮們，將禮物交與媽媽。（老旦）哎呀呀！好東西呀。

（收下）（生）退娘，我們今日呵，尋花問柳，要聽你琵琶新奏。（副淨）退娘，可還記得我的姓名麼？

（小旦笑介）怎麼不記得。呃，是這個。

（淨）呃，是這個。（大笑介）兄也太癡了。你爲的是這個，他爲的是那個，幾曾見

天下爲這個那個的人，豈有記得姓名之理。不過是鑽時送賣處收。君不見到酒散歌闌大家撒手。

（末）休得瑣碎，我們坐了罷。（小旦送酒介）

【五般宜】當日個試花驄，伴君冶游，今日個擎玉盞勸君款留。

（生）退娘，琵琶哩？（小旦）且快飲一回，少停請教。還只怕彈出半林秋。

（副淨翻酒介）（淨）呀！打污了退娘鮮紅裙子哩。

（小旦）不妨。你看這一點半點暈痕原有，天長地久，鸞交鳳友。但只願洗不淡的濃情，沁奴心都似酒。

（内金鼓喊殺聲，衆驚散下。雜扮兵將合戰下）（丑扮兵執藤牌趕上，回身見旦，立住，猛叫一聲「姐姐」，急下）

（小旦呆介）呀！那是我的兄弟，他竟去了。

【山麻稭】看戰馬風雲驟，他爲甚帶劍飛行，不肯停留？想是主帥利害，不許片刻遲悞。咳呀！天，天那！休休，他生來不像能長壽。可憐爹娘養我兩個在世上，幹些甚的事來！分做了塵沙鬼魅，干戈魂魄，粉黛骷髏。

（外、末錦衣花帽白鬚同上）女學生，不要哭了。（小旦）原來是曹師父、穆師父，一向康健麽？（外、末）好。你可好麽？（小旦）師父聽啓，

【黑麻令】抛撇下青樓翠樓，便飄零江州外州，訴不盡新愁舊愁。做了個半老佳人，厮守定蘆洲荻洲。（外、末）耐煩些兒罷。

（小旦）二位師父，在何處過活？（末）我們依舊在梨園承值。（外）因記念你，所以同來看看，不料你也憔悴了。（小旦）多謝師父！（悲介）渾不是花柔柳柔，結果在漁舟釣舟，剩當時一面琵琶，斷送了紅妝白頭。

（内敲鑼、五更。外、末下）（小旦仍坐。作醒介）呀！原來是一場大夢。

【江神子】我道是低迷燕子樓，却依然身落扁舟。這都是我心中思想結成的喲。爲此枕邊現出根由。（内吹角介）聽孤城畫角咽江流，問誰向夢兒中最久。呀！這帕兒上，淚痕早則如許也。

【尾聲】少年情事堪尋究，淚珠兒把闌干紅透。咳！不知他那幾擔的新茶，可曾賣去否。（下）

⊙第四齣　送客

（生冠帶引儀從上）潯陽江頭夜送客，楓葉荻花秋瑟瑟。苦竹黄蘆繞宅生，住近湓江地低濕。下官白居易，去歲改任江州，不覺一載。公餘退食，與夫人楊氏，賦詩飲酒；令

樊素、小蠻兩婢，清歌遣日。而且黄花滿徑，不須陶令折腰；翠黛撲人，常與匡君攜手。甚覺地絕煩囂，心生歡喜。今有好友二三人北上，适才散席歸船，左右帶馬，隨我往江口送行去！（上馬行介）

【南吕過曲·香柳娘】趁疏林暮景，趁疏林暮景，江空如鏡，仗顛風，暫且留帆影。（雜）到了！（生下馬，小生、丑紗帽便服同上迎介）樂天兄，適已拜辭，如何又勞遠步？（生）兩兄呀，我與你醉不成歡慘將别，别時茫茫江浸月。（小生、丑）主人下馬客在船，舉酒欲飲無管絃。謝離筵特盛，謝離筵特盛，殘柳不勝情，還勞使君贈。（生）問今宵酒醒，問今宵酒醒，但願千里潮平，一帆風正。

（小生、丑）樂天兄請坐。弟輩此去，臨别贈言，尚祈指教。（生）今年春夏間，王承宗兩被盧龍節度使殺敗，吴元濟又轉戰不已。五月宥州大亂，幸得田緒勦滅，因而蠲免各路鄰賊州郡租稅。廟堂之上，已覺挽擾不寧。昨聞李逢吉拜門下侍郎，同平章事，不勝扼腕。此人生性嫉妒，奸險多端，向來陰結八關十六子，傾害朝士，沮抑正人。裴晋公且受彼排擠，其他可知矣。二兄此去呵，

【前腔】到名場自省，到名場自省，可能安命，怕趨炎不辨冰山冷。（丑、小生）王叔文黨禍方了，李逢吉何以尚敢如此？嘆人心死盡，嘆人心死盡，爵禄負朝廷，衣冠雜邪正。（内小旦彈琵琶聲唱）風吹柳花滿店香，吴姬壓酒勸客嘗。請君試同東流水，别意與之淮短長？（生）呀，這琵琶音調，錚錚然有京都之聲，左右可去小船中，問是何人彈唱？（雜應下）（生）似梨園部領，似梨園部領，如何此聲江湖重聽？

（雜上）稟爺，小船上彈琵琶的一個婦人，說是茶客妻小，原是本京女子。（生）叫她泊近大船，將琵琶帶過船來，我要問她說活。（雜）呃，那小船上的家長婆，把船移近大船，俺爺要與那彈琵琶的問話哩，（副淨艄婆應介）曉得了。（搖船。小旦淡梭抱琵琶行上）（小旦）

【仙吕入穀漏·北新水令】弄冰絃，遣悶撥金釵，夜深沉，驚動了官船主客。（雜）請娘子過船來，是本府白爺在此。（小旦）他那裏招邀偏急促，俺這裏梳裹久安排。（雜）娘子快過船罷！（小旦）掠鬢提鞋，則一面舊琵琶，遮不住俺洗退的桃花色。

（生、小生合）

【南步步嬌】萬唤千呼叫人待。瑟縮含羞態。（小旦過船、副淨暗下）

（生）移時始過來。（小旦）老爺在上，賤妾拜配。（生）不勞了。（小旦福介）（生）看他似斜抱雲和，向宮簾偷拜。今夕人月雙清，當與兩兄洗盞更酌，左右擺上酒來，那邊放一張椅兒，請這位娘子坐下。（小旦）賤妾理應侍立。（生）不必推辭，坐下罷。（小旦福介）告坐了。（生、小生、丑酌酒）（生）你把姓氏里居及一向行藏踪迹，可彈著琵琶訴與我聽。燈剪宴重開，訴衷情，不用閑遮蓋。

（小旦）老爺聽啓。（彈介）

【北折桂令】住平康、十字南街，下馬陵邊，貼翠門開。十三齡、五色衣裁，試舞宜春，掌上飛來，第一所烟花錦寨，第一面風月牙牌。颩鴉鬟紫燕横釵，蹴羅裙金縷兜鞋。這朵雲不借風行，這枝花不倩人栽。

（生）好手法也！

【南江兒水】玉笋斜飛處，珠盤亂落來。似雨聲點滴泉聲帶，似人語凄凉鶯聲賽，似軍聲雜沓刀聲快。看信手低眉情態，這切切嘈嘈，說不盡心中無奈。

你這琵琶，是誰傳授的？（小旦彈介）

【北雁兒落帶得勝令】老伶工，梨園兩善才；小忽雷，樂府雙渠帥。五陵兒，同催百寶妝；錦纏頭，一笑千金買。呀，但歌成擊節碎金釵，但妝成借手添螺黛。甚冬郎，媚得眼兒乖；甚秋娘，妒的心兒壞。筵開，酒污了芙蓉色；花開，香迷了豆蔻胎。

【南僥僥令】絃絃聲掩抑，字字韵和諧，慢拈輕挑無防礙，何必聽湘靈鼓瑟來？

（生）你如何得到此地？（小旦彈介）

【北收江南】呀，算一年間歡笑一年來，把春花秋月漸丢開，可憐人福過定生灾。（悲涕介）嘆從軍弟幼姨衰邁，赴黄泉死埋，葬沙場活該，只留下江湖憔悴一裙釵。

（哭介）（衆掩泣介）（生）盛衰之感，煞是傷心也！

【南園林好】瘦嬋娟，啼痕暗揩；鈍男兒，淚珠似篩。同一樣，天涯愁憊。（灑淚介）（小生丑）呀，樂天何以大慟起來？（生）我出官兩載，恬然自安，忽聽此婦之言，令我無端感觸。人生榮悴，大都如是耳。流落恨，怎丢開？遷謫恨，上心來。你索性說完了罷！（小旦）

【北沽美酒帶太平令】冶游稀，閉緑苔。冶游稀，閉緑苔。洗紅妝，嫁茶客。他一去浮梁不見來，守空船難耐。歡娱夢，好傷懷。（完介）把四絃收，一聲裂帛。曲終時，低鬟重拜。料西舫東船不解，只一片江心月白。賤妾告退。（過船介）恁呵，做官人榮哉美哉，爲甚的青衫淚灑？（生放聲大哭介）（小旦）哎呀，把一個白江州，無端哭壞。（下）（小生、丑）夜已將半，樂天兄請回府。弟輩就此解纜矣。（生作別上馬）（內鳴金放船）（生）咳，這琵琶婦害煞下官也！

【尾聲】看江山不改人相代，嘆兒女收場一樣哀。明日下官將此事譜作《琵琶行》一首，使他日播于樂府。教那普天下不得意的人兒淚同灑。（下）

（周妙中點校《蔣士銓戲曲集》，中華書局一九九三年二月版，第一八五～二〇八頁）

智按：引文參考《叢書集成三編》本《四弦秋》一卷（一名青衫淚、江州淚），清鶴亭居士正拍，清容主人填詞，夢樓居士題評紅雪樓［〇三二·六四一］；《藏園九種曲》（《紅雪樓九種曲》）本；《不登大雅文庫珍本戲曲叢刊》本（臺北：學苑出版社二〇〇三年版，第二十一册）。

張景宗《四弦秋·序》云：「溯青衫之歌泣，事以感生；揮彩筆之雲煙，興從境起；美人香草，雲山助詞客謳吟；戍婦飛蓬，霜雪乃征夫寄託。總緣千古情同，遂至一時紙貴。」（蔡毅編《中國古典戲曲序跋彙編》，齊魯書社一九八九年版，第九九一頁）

《四弦秋》作於乾隆三十七年（一七七二）蔣士銓客居揚州時。據白居易《琵琶行》本義，雜引《唐書》元和九年、十年時政以及《香山年譜·自序》，演述白居易貶江州司馬，在潯陽江邊送客時，聞鄰船琵琶聲而得識演奏者花退紅。花本系長安名妓，人老珠黄，遂嫁於茶商吳名世為妻。吳去浮梁，久無音訊。花言及身世，不勝唏嘘，亦引起白居易自身無限感觸，乃為之作《琵琶行》。這一題材，元代馬致遠《青衫淚》雜劇、明代顧大典《青衫記》傳奇都已寫過，但蔣士銓認為以上二劇虛構出白居易與琵琶女相愛情節「庸劣可鄙」（見《四弦秋序》），於是謹依原詩內容，着重表現琵琶女花退紅之不幸遭遇和白居易與她同病相憐、自傷淪落之情緒。劇中把二人經歷作兩條線索交叉描寫，互相映襯，產生強烈對比效果。全劇分「茶別」、「改官」、「秋夢」、「送客」四折，分别以《琵琶行》「商人重利輕别離，前月浮梁買茶去」、「我從去年辭帝京，謫居卧病潯陽城」、「夜深忽夢少年事，夢啼妝淚紅欄干」、「座中泣下誰最多，江州司馬青衫濕」為全局骨髓而加敷衍。曲詞凝煉，抒情性強，乃其代表劇作。雖劇本結構不及元雜劇《青衫淚》完整，但結尾不用朝命恢復白居易原官，較佳。此劇最初由揚州鹽商江春家班演出。最後一折「送客」作為折子戲，長期保留在崑劇舞臺上，一方面源於白居易《琵琶行》家喻戶曉，一方面也是蔣劇曲文清麗灑脱。梁廷枏《曲話》卷三評云：「《四弦秋》因《青衫記》之陋，特創新編，順次成章，不加渲染，而情詞凄切，言足感人，幾令讀者盡如江州司馬之淚濕青衫也。」（清藤花亭十七種本）吴梅評云：「白傅《琵琶行》事，譜入劇場者，先有馬致遠《青衫淚》，以香山素狎此妓，于江州送客時，仍歸司馬，踐成前約。後有顧道行《青衫記》，即根據馬劇，為諧賞園傳奇之一。心餘序中，所云『命意敷詞，庸劣可鄙』者，蓋即指顧作。此記一切删剃，僅就《琵琶行序》，及元和九、十年時政，排組成章，較馬、顧二作，有天淵之别矣。」（王衛民主編《吴梅戲曲論文集》，中國戲劇出版社一九八三年版，第四五一頁）

《唐蝸寄榷使招飲珠山官署出家伶演其自譜雜劇賦謝》八首（其一）

公是香山老居士，我原竹屋舊詞人。憐才一見稱知己，識面初來喜率真。别署合題書畫舫，長吟何礙宰官身？性情詩可千回讀，滿飲深杯不厭巡。（《忠雅堂集校箋》第一五四頁）

《琵琶亭别唐蝸寄使君》

小立疏林落葉屯，白頭扶杖倚雙孫。僧無俗韻邀同坐，秋在漁舟唤到門。老樹四圍虚閣隱，晴嵐一綫大江吞。青衫我亦多情者，不向東流落淚痕。（《忠雅堂文集》卷二，《續修四庫全書》影印清嘉慶二十一年藏園刻本；《忠雅堂集校箋》第二〇七頁）

《寄董恒巖（董榕）太守兼問蝸寄使君》四首（其二）

盤回細路入秋煙，晴雪遥看萬仞懸。雷鼓忽喧籃筍外，珠簾横掛酒杯前。

客離塵海山都好，官到江州骨自仙。卻笑老元誇郡署，風流終讓白公賢。（《忠雅堂文集》卷五，《續修四庫全書》影印清嘉慶二十一年藏園刻本；《忠雅堂集校箋》第五〇五頁）

《戊辰暮秋從唐使君南旋至江州將返鄱陽過琵琶亭口占四首即以留別》

樂天繼跡駐雙旌，斜日江頭又送行。今古情深憑弔重，主賓神契別離輕。詩成大雅歐蘇興，舟擬遊仙郭李名。誰道題襟輸漢上，使君曾此餞書生。

秋水秋亭野色屯，使君含笑倚雙孫。山僧蔬筍留烹茗，漁艇蒹葭喚到門。紅樹白雲虛閣隱，淡烟遠岫大江吞。白頭堪羨襟期壯，不向東流灑淚痕。

名勝重新舊蹟修，古愁何必續今愁。野亭野興隨時賞，詩本詩人贈卧遊（輯刻琵琶亭詩卷贈遊者）。畫檻清環三面水，高樓空納一江秋。海天寺裏鐘魚韻，仿佛鵾絃撥暮秋。

鷺渚鷗波繞四鄰，陶烟榷水著官身。江山無恙如當日，風雅能傳即古人。一夜琵琶司馬重，十年亭閣使君新。悲歡二老形骸異，曠達誰知是等倫。（《輯刻琵琶亭詩》，清乾隆十一年古柏堂刊本）

《丁卯秋日過琵琶亭瞻香山先生遺像登忘機閣和唐使君原韻》

停舟拾級豁雙眸，身入雲霄江上樓。柳老花殘商婦照，天青月白樂天秋。琵琶音續鳴風籟，亭閣基新暎水流。三徑人來瞻大雅，吟今問古不知愁。（《輯刻琵琶亭詩》，清乾隆十一年古柏堂刊本）

《久不見劉豹君寄懷二首》（其一）

君如玄酒泲，我比太羹汁。澼絖喜業同，治角惡材濕。讀書汲古井，甘苦各有得。垂老手一編，較比兒曹急。近時多詩人，大半杜荀鴨。可憐服敗絮，外借錦衣羃。居難擬香山，厠鬼戲李赤。君張明月眼，幽暗發光白。西園屋數椽，小若王莽幘。抱孫坐花前，不令呱呱泣。婦賢治齏鹽，何異耕從缺。門無催租吏，坐有談天客。誰作行詩圖，繡君長慶集。（《忠雅堂文集》卷十九，《續修四庫全書》影印清嘉慶二十一年藏園刻本）

《新樂府四章爲李晴山（道南）進士母胡氏作》

⊙玉山堂

光禄簿，李中莽。宅江都，屋潭潭。繼妻金壇胡，生子日雷曰。道南任家督聽兄，子家日落光禄死。兄子耽耽欲賣宅，寡婦孤兒何所適。攜兒出門天茫茫，故居已改玉山堂。兄子轉眼稱富商，孤者自孤孀自孀。

⊙編蘆屋

攜兩子，編蘆栖，負薪出汲忍蓬垢，可憐亦是官人妻，劈蝸殼立蜂房界。畫五尺地爲兒作書堂，穢潦所趨灌門閾，魚游破釜還登牀。惡臭不敵經傳香，笑聽兒讀聲琅琅。

⊙碎兩印

炊煙滅，母忍飢，市餅一二枚，哺我佔畢兒。餅直無所出，何以謝餅師。兩私印，先人遺。明水晶，玉蟠螭。鬻于市，償庶幾。婦取印，墮地碎。婦含悲，母弗罪。賣印乞憐非我情，絶兒妄念父有靈。餅師聞語拆餅券，郎君他曰作名士，勿爲畫餅實我願。

⊙飯廣文

瓦缾糧盡竈不溫，廣文先生來論文。粗糲共飯意亦得，賢母不必謀雞豚。兒唯唯，飢腸鳴，抙抙麥飯香裊裊。炊煙生，廣文果腹長揖去，兒跽叩母飯來處。母指蘆牆穴已穿，解衣從此出質錢。但願門多長者轍，母凍母飢心自悦。（《忠雅堂文集》卷二十一，《續修四庫全書》影印清嘉慶二十一年藏園刻本）

《固原新樂府五章（癸卯）》

⊙張打邪（懲妖巫也）

龍神不聽風雷使，却聽馬甲作行止。秦人不知繁露法，手布甘霖憑馬甲。馬甲本是無賴人，吞刀吐火作龍神。妖由人興事竟有，風伯雨師歸一身。州囚脱械來行雨，公猝禽之加箠楚。笑縛乖龍四十鞭，龍神逃竄囚無語。官乃登壇默致詞，眞龍滿天雨淋漓。邪不勝正馬甲散，官能打邪百姓歎。君不見，西門沈巫河伯鰥，吏目乃是打邪官。

⊙破毒碑（除腳匱也）

官吏甘心作五毒，畝鬶公行萬民哭。民車盡官車，官驢盡民驢。有錢買放去官字，驅車趕驢來趁墟。此錢何名曰腳匱，作俑誰興在官利。賣鞍焚軸免當差，十次官差無一次。張公切齒髮上衝，恨官賊民民力窮。日發文書四五封，州府司院請命同。上司準此除虐政，解毒從兹救民命。萬民爭立解毒碑，車作歡聲驢淚垂。

⊙閻氏女（完人節也）

翟家娶婦，閻家嫁女。花筵賓客洞房前，簫管聲和巵共舉。哭聲不是尋常聲，就中官爲側耳聽。窮究婚姻得其故，擲栝大罵四座驚。馬三之妻豈可奪，羅敷況恥桑中約。寬爾鞭笞罰聘錢，反踏天河半橋鵲。馬家忽見殃央飛，翟氏空房笑變悲。扶植人倫官有爲，有爲不在官崇卑。

⊙趙秀才（平冤獄也）

赭衣囚首蹲堦下，劇盜誰何秀才也。秀才手無縛雞力，身無破空翮，頭髮髡三寸，鼻涕長一尺。焉能爲盜拒伍伯，徧體鋃鐺餘骨立。妻來橐夫饘，子來牽耶衣。人鬼關門但一紙，死生呼吸微乎微。倅州者誰張傳心，目光炯炯秦鏡臨。秀才無罪解縲絏，縱囚歸理書與琴。明日街頭縛真盜，秀才痛哭千人笑。可憐覆盆之下豈無人，焉得陽烏同一照。

⊙別固原（紀去思也）

然香提罋城西路，男婦如雲共奔赴。固原亦是古陽關，官去官來誰與顧。萬人萬手攀張公，請官飲我琉璃鍾。官民本自不相識，往往官民比仇敵。惟官說去民哀哀，似與官人有親戚。半栝眼淚半栝酒，眼淚雖酸酒醇厚。此生未必再逢官，願飲此栝增福壽。瓦亭公宴來催促，官民依依同一哭。吁嗟乎！君不見，狄道州中楊典史，官是耶孃民是子。骨肉之親當遠離，安得將愁變歡喜。（《忠雅堂文集》卷二十六，《續修四庫全書》影印清嘉慶二十一年藏園刻本）

智按：郭則澐《十朝詩乘》卷十二云：「王亶望以冒賑敗。時長洲張袖雲（傳心）為固原吏目，移署某邑丞，得收捐監生。諗知亶望折銀冒賑事，辭不就。尋移迪化，遽卒。其州官罹法，袖雲以廉正得免。弟商言哀之，作《迪化新樂府》云：『不出結，倉中無米出不得。結不出，壯哉雀鼠大於賊。州官來送錢，倉例三百千。公兼倉大使，但出印結高枕眠。公曰我非印官，官自有印。印柙雖在官倉空，要我出結我不認。州官搖頭，不憂自愁。此人強項，有錢難求。搖頭而去莫尋釁，從此州倉出州印。公喜閉戶心太平，幕客責讓時有聲。公已醉卧付不聞。明年州官虧空死，西市被髮腳不履。公便無錢遲歸葬，有錢籍沒禍妻子。』袖雲任固原，尤多惠政，以除腳圓為鉅。腳圓者，掌供給官車。往往遇民車載貨者，輒藉端羈留，日索錢得數十百緡，為四鄉害。袖雲申請刊碑永禁。蔣苕生《固原新樂府》所賦《破毒碑》，即紀是事，云：『官吏甘心作五毒，畝謅公行萬民哭。民車盡官車，官驢盡民驢。有錢買放去官字，驅車趕驢來趁墟。此錢何名曰腳圓，作俑誰興在官利。賣鞍焚軸免當差，十次官差無一次。張公切齒髮上衝，恨官賊民民力窮。日發文書四五封，州府司院請命同。上司準此除虐政，解毒從茲救民命。萬民爭立解毒碑，車作歡聲驢淚垂。』又，《張打邪（紀懲巫）》云：『……秦人不知甘露法，手布甘霖憑馬甲。馬甲本是無賴人，吞刀吐火作龍神。……州囚脫械來行雨，公猝禽之加箠楚。笑縛乖龍四十鞭，龍神逃竄囚無語。官乃登壇默致詞，真龍滿天雨淋漓。邪不勝正馬甲散，官能打邪百姓歎。……』又，《閻氏女（紀完節）》云：『翟家娶婦閻家女，簫管聲和卮共舉。哭聲不是尋常聲，就中官為側耳聽。窮究昏姻得其故，擲杯大罵四座驚。馬三之妻豈可奪，羅敷況恥桑中約。寬爾鞭笞罰聘錢，反踏天河半橋鵲。馬家忽見鴛鴦飛，翟氏空房喜變悲。扶植人倫官有為，有為不在官崇卑。』又，《趙秀才（紀平冤）》云：『赭衣囚首蹲階下，劇盜者誰秀才也。秀才手無縛雞力，身無破空翮。……焉能為盜拒伍伯，遍體鋃鐺餘骨立。……倅州者誰張傳心，目光炯炯秦鏡臨。秀才無罪解縲絏，縱囚歸理書與琴。明日街頭縛真盜，秀才痛哭千人笑。』流外卑官，而實惠及民如此。」(《民國詩話叢編》第四册，第三九一～三九二頁)

《論詩雜詠·袁子才》

隨園法香山，善道意中語。照影苧蘿村，況復嫺歌舞。麻姑弄狡獪，旁有方平覩。(《忠雅堂集校箋》卷二十六，第一七三六頁；《袁枚全集》捌附録三「袁枚評論資料」，江蘇古籍出版社一九九三年九月版，第一頁)

智按：蔣士銓，字心餘、苕生，號藏園，又號清容居士、離垢居士。鉛山（今屬江西）人。乾隆二十二年（一七五七）進士，官翰林院編修。辭官後，曾主持紹興蕺山、杭州崇文、揚州安定三書院講席。有《忠雅堂集》。

王傑（一七二五～一八〇五）

《石渠寶笈續編》

⊙張照書白居易琵琶行卷。

［本幅］蠟牋本。縱八寸三分，橫五尺二寸六分。行草書。（智按：詩略）白太傅《琵琶行》在今日正是特參無行府佐貳一段好朝報，不待秀鐵面始訶也。己未重陽，曉雨霑霽，遣悶書此。照。鈐印二：張照、得天。（《石渠寶笈續編》御書房藏七，《續修四庫全書》影印清内府抄本，第一〇七二册，第二六〇～二六一頁）

⊙張照書白居易池上篇一軸

［本幅］蠟牋本。縱五尺五寸八分，橫二尺九寸。行書。（智按：文略）鈐印二：臣照、瀛海仙班。（《石渠寶笈續編》御書房藏七，《續修四庫全書》影印清内府抄本，第一〇七二册，第二六六頁）

智按：參見抄本《清宫舊藏歷代法書名畫總目》第三册，第四七頁。

⊙御筆用白居易新樂府成五十章

……行書。（智按：詩略）（《石渠寶笈續編》寧壽宫藏五，《續修四庫全書》影印清内府抄本，第一〇七二册，第五一三頁）

⊙張照書白居易冷泉亭記一册。

［本幅］絹本。二十對幅。每幅縱八寸五分，橫五寸。行書。（智按：文略）鈐印二：臣照、瀛海仙班。（《石渠寶笈續編》寧壽宫藏十五，《續修四庫全書》影印清内府抄本，第一〇七二册，第二五一頁）

智按：王傑，字偉人，韓城（今屬陝西）人。乾隆二十六年（一七六一）進士第一，直南書房，後歷任刑部侍郎、軍機大臣、上書房總師傅、東閣大學士、太子太保等職。先後事高宗、仁宗兩朝，正直清廉，爲人謙和。

在廷樞十餘年，和珅雖厭，不能排擠。卒，贈太子太師，謚文端。

王昶（一七二五～一八〇六）

《酬大木先生》（四首其二）

最憶風漪堂外路，疎梅瘦竹罨清池。知君禪榻茶煙裏，日課香山半格詩。（《春融堂集》卷三，《續修四庫全書》影印清嘉慶十二年塾南書舍刻本）

《秋夜寄曉徵于京師效元白體》

露蛬聲咽鴈聲遲，薤簟初涼欲睡時。吟遍閬州元相句，憶君無計寫君詩。

當時競說王錢體，醉墨題詩蜀紙紅。不料有人摹本去，家家粘遍畫屏風。

曹郎勸酒紅螺盌，馬叟徵歌白鴿鹽。絶憶嬉春來往路，幾枝疎竹亞重簷。

萬年枝上娟娟月，此夕知君侍建章。吟得翻堦紅藥句，好傳芳訊到江鄉。（《春融堂集》卷四，《續修四庫全書》影印清嘉慶十二年塾南書舍刻本）

《舟次贈沈廉使椒園廷芳》

月旦知名久，江湖奉教遲。書宗虞監帖，吟仿白公詩。捧手欣今日，談心恐後時。間官當有暇，常擬侍皋比。（《春融堂集》卷六，《續修四庫全書》影印清嘉慶十二年塾南書舍刻本）

《秦廉使小峴移任長沙招飲湖樓話別》

使節初從薊北旋，璽書又見報鶯遷。重將騷雅移三楚，留得聲名繼四賢。（湖上有四賢祠謂李鄴侯、白樂天、林君復、蘇子瞻）沅芷澧蘭新著作，柏堂竹閣舊因緣。雪中休折湖堤柳，欲倩長條繫錦韉。（《春融堂集》卷二十三，《續修四庫全書》影印清嘉慶十二年塾南書舍刻本）

《題任太守曉林（兆炯）虎邱白公祠長卷》

青林紺塔相逢迎，紅橋碧波交澄泓。山塘七里人所羨，更羨白傅新祠成。公由分司復出守，皋橋吳苑飛前旌。是時海内適無事（樂天《想東游》詩有「海内時無事，江南歲有秋」之句），旬休設宴紓高情（《圖經續記》：樂天非旬休不設宴）。小部笙歌清讌啓，長堤風月詩懷清。名流盛事若在眼，遺風一絶何人賡。平遠堂圮嘉會廢，專祠銷歇空檐楹。寧知寂寥千載後，忽得賢守尋前盟。公子翩翩起東海，巨緇五十才縱横。竭來分符向江左，卻掃簿領綏農耕。賈誼在門愛才俊，蓋公有術除諠爭。金閶亭外偶游衍，緬溯前哲心神傾。思公文采既絶世，兼有惠愛傳遺氓。劉郎詩句非妄譽，十萬户盡啼孩嬰。理宜瓣香薦蘋藻，慰此寒畯心怦怦。蔣家園子本佳構，庸以卜築娱精英。萬家煙火亘北牖，一川桃柳歸南榮。眉山舊樓在指顧，杜老名迹尤分明。青蓮東來夜游此，想像逸氣淩長鯨。四賢作屋好鄰並，游侶戢戢停簪纓。我昨一櫂來吴城，偶煩舊雨（謂雲松）移樽罍。相逢小住作小飲，始識佳話光昇平。今觀斯圖信綿邈，咫尺十里侔關荆。酒舫曲通山後路，茶檣半隱花間坪。畫圖一幀秀粉墨，歌詠諸老添瓊瑛。兜率天宫詎難下，騏驎定見來瑶京。白蓮名花太湖石，公尚眷戀誇其名。豈於傳芭會鼓地，不獲感格通遙誠。惜我衰遲更多病，無能扶杖登崢嶸。回憶當年共游賞，雪泥鴻爪殊堪驚（乾隆辛未、壬申間，屢從沈文慤公游宴於此，迄今幾五十年，時園主人蔣子宣，文慤門人也）。多君開閣許懸榻，炎官火伞方高擎。稍待珠斗明長庚，虎邱鶴澗從經行。香山會約尚可繼（白公作九老會，年七十四。今余年七十五），不惜蕉葉澆香醒（時吴中弟子欲約袁子才、梁元穎、錢曉徵、趙雲松、家禹卿及揚州謝侍郎未堂、溶生為七老會）。（《春融堂集》卷二十三，《續修四庫全書》影印清嘉慶十二年塾南書舍刻本）

《憶江南（中秋追憶舊事，倣樂天體十二首）》

中秋憶，最憶雪葭莊。涼沁春葱湖澫碧，香生雲鬢木樨黄。供月拜筠廊。

中秋憶，憶得在蘇臺。紅芰秋池珠露潤，緑蕉月砌夜燈廻。話雨共銜盃。（時同曉徵、鳳喈、來殷，寓滄浪亭）

中秋憶，水閣雨晴初。楊柳風姿聯袂坐，芙蓉詩格劈箋書。宛在小清虚。（謂蘋花水閣）

中秋憶，白下最銷魂。鴈齒橋西蓮葉舫，蝦鬚簾底藕絲裩。檀版隔花聞。

中秋憶，小住近明湖。柳絮名泉閒躡屐，鵲華秋嶂共提壺。銀鹿伴香嬭。

中秋憶，最憶住邗溝。十部名倡齊度曲，兩行狎客妙藏鉤。燈影月華浮。

中秋憶，蒲褐小齋前。詩社人歸停酒琖，妝臺夜永换花鈿。人月鬭嬋娟。

中秋憶，侍直在西清。絳蠟銷時仙漏緩，瓊樓高處峭寒生。吟對玉輪明。

中秋憶，三度鎖闈中。煮茗分泉瓷椀翠，研朱滴露筆花紅。蓬島與仙同。

中秋憶，從獵在金微。萬里星河隨出塞，十番簫鼓送行圍。詰旦侍龍旗。（每年駕幸熱河，至七月二十五六日始演劇，及聖節將近，再演戲過中秋，遂啟蹕入圍場行獵。）

中秋憶，壁壘大江涯。兩岸蠻煙昏似墨，千重鬼燐撒如沙。何處望京華。

中秋憶，人尚客荒陬。鼓角軍聲仍北府，琴樽詩興侍南樓。家遠碧雲愁。（《春融堂集》卷二十七，《續修四庫全書》影印清嘉慶十二年塾南書舍刻本）

《胡安公吟石詩集序》

乾隆十八年癸酉，余舉於鄉，時解首爲鎮洋胡君安公。……大抵古詩宗漢魏，近體效晚唐，皆謔諧慢易，寬裕肉好。及俯仰身世間，效次山、樂天，所作又「哀而不傷，怨而不怒」，絕對無抉摘刻削、淩厲憤慨之概，迥與東野、二李不同，使其登于朝，著從容簪筆以揚盛世之音，豈不偉歟？……（《春融堂集》卷三十九序，《續修四庫全書》影印清嘉慶十二年塾南書舍刻本）

《鄒曉坪午風堂詩序》

往者，沈文慤公以風雅之傳教於吳下者，七十餘年。是時海內詩人，或尚流易，以白樂天、楊誠齋爲宗；或尚苦澀，以黄山谷、陳無己爲法。於文慤之教，互有出入。公入詞館，受天子特達之知，稱爲清時名士、吳下詩翁，且序其詩集，比於高、王。高謂明侍郎啟，王謂尚書士禎也。夫明代詩人衆矣，國朝以詩名家，亦不下十餘人，而獨舉以況文慤，蓋謂二家獨得風雅之正也。……（《春融堂集》卷三十九序，《續修四庫全書》影印清嘉慶十二年塾南書舍刻本）

《西湖柳枝詞序》

竹枝、柳枝詞，昉於唐之中葉劉夢得、白樂天，皆以道吳楚間山川節物、士女謳吟思慕之致，蓋《國風》、《離騷》之遺意，采詩者可以觀焉。元楊廉夫放浪湖山，首倡竹枝，一時和者百餘人，大抵以眞率爲工，供漁子船孃所吟唱，而修湖志者摭而存之，謂武林風俗如是也。然迄今五百餘年，此音之不嗣久矣。……（《春融堂集》卷四十序，《續修四庫全書》影印清嘉慶十二年塾南書舍刻本）

《題錢穉廉集古帖後》

張幻花先生蕭眞恬淡，喜與名僧交。蘆江上人，其一也，杭州西溪法華山有翠峯庵，蘆江居焉。常以錢氏廉所集法帖贈幻花，故先生雪夜憶之云：「法華山塢老禪伯，踏涷曾敲竹裏門。一世交情駒隙逝，三生結習鷲峯存。小樓話雪空幡影，幽磵聽泉没屐痕。古帖相貽今什襲，題詩留與示兒孫。」眞禪門佳話矣。錢字穉廉，鄞縣人，所集二本，一乃定武蘭亭《官奴》、《傷悼》二帖，及李北海《奉别帖》、米元章《眞孃墓歌》，一乃李太白《醉作》、《送賀八》兩詩，白樂天《冬候斗寒》一書，又得虞永興《庿堂碑》殘字，令萬斯備集之，皆宋元間搨本，在世有數物也。今以贈余，故謹記之。時甲子端午日，梅雨淹旬，展閲數番，差破岑寂。（《春融堂集》卷四十四跋，《續修四庫全書》影印清嘉慶十二年塾南書舍刻本）

《跋淳熙祕閣續帖殘本》

淳熙有《修内司帖》，又有《淳熙祕閣續帖》，以十二年三月模刻十卷，皆南渡後，續得晉唐人遺墨，其第五卷爲李白、胡英、李邕、白居易。今此云：三月十九日模勒上石，自係《祕閣續帖》，而非《修内司帖》也。但僅存太白、樂天兩人書，則五卷亦不全矣。《淳熙帖》諸書皆志之，何謂知者少耶？前册北海書五行，疑卽五卷中物，裝者誤爾。（《春融堂集》卷四十四跋，《續修四庫全書》影印清嘉慶十二年塾南書舍刻本）

《都察院左副都御史申君墓志銘》

乾隆元年，徵博學鴻詞之士，用備館閣，而大學士嵇文敏公曾筠，以申君甫薦於朝。是時薦在京輦者，凡百數十人，而君之詩名最著。其後君雖不第，尋以中書舍人歷官至副都御史。又好推獎士類，一語半律之士，輒吟賞嘉歎，士大夫之言詩者走集其門，故稱詩於都下，咸以君爲宗。君名甫，字及甫。其先系出池陽，後遷於揚州。曾祖懿典，祖元會，父承德三世，皆贈資政大夫。……然君最以詩鳴，常以重陽日同查禮諸君集陶然亭，君詩先成，四座閣筆稱歎。先時寓時晴齋，爲汪文端公故第。春暮藤花開，必招集同志留連小飲。又賞芍藥於豐臺，尋菊於憫忠寺，歲以爲常，故詩亦最夥。君詩源於白香山，出入於劍南、石湖，放而之楊誠齋，在本朝於查悔餘爲近。每扈從幸熱河，恭和御製詩，既進，傳旨嘉賞，故世益以其詩爲工。……（《春融堂集》卷五十六墓志，《續修四庫全書》影印清嘉慶十二年塾南書舍刻本）

《吳偉業傳》

……詩尤擅勝，取明季遺事，用王楊、元白體詠之，蒼涼淒麗，曲折詳盡，咸有《黍離》、《麥秀》之感，稱為絕調。……（《春融堂集》卷六十四，《續修四庫全書》影印上海辭書出版社藏清嘉慶十二年塾南書舍刻本，第一四三八册，第二九七頁）

《蒲褐山房詩話》

申甫，字笏山，江都人，乾隆元年薦舉博學鴻詞。六年舉人，官至左副都御史，有《笏山詩鈔》（選九首）。笏山副憲，以中書舍人直軍機，掌内制十餘年，代言起草，指事類情，九重時嘉賞之，為詩抒寫性情，羌無故寔，白樂天、楊誠齋、查初白，其兔園册子也。好句如「行攀石磴無人跡，靜聽流泉冷客心。」「幾日閒眠關竹户，一番細雨長秋花。」「寒歸木末全無葉，暖入梅梢漸有花。」「尚有晚香留紫菊，不妨小閏到黃楊。」至今有吟諷者，殁後，畢秋帆中丞為選擇而梓之，凡四卷。（《蒲褐山房詩話》，北京大學藏清稿本；《湖海詩傳》卷九，清嘉慶刻本）

曹仁虎，字來殷，號習庵，嘉定人。乾隆二十二年召試，賜内閣中書。二十六年成進士，官至侍講學士。有《詠典》、《秦中》、《刻燭》、《炙硯》諸集。（選三十八首）來殷以聲華名望，為都下所推，然端静自守，恂恂粥粥，不至朝貴薰灼之門。其詩初宗四傑七言長篇，風華縟麗，壯而浸淫于杜、韓、蘇、陸，下逮元好問、高啓、何景明、陳子龍，及本朝王士禛、朱彝尊諸公，横空排奡，才力富有。七律尤高華工整，獨出冠時，雄渾之語則有「雙峽天低連雪嶺，五丁地險接維州」，「校尉盡看紅帓首，材官齊號墨雲都」，「奸細幾曾誅趙信，征人空見老班超」，「紫霧千盤開漢碣，碧霞四氣拱秦封」，「西京專閫推横海，東漢登壇數伏波」，「初添蜀郡三城戍，更遣秦川四道兵」，「執法烏臺秦御史，談經絳帳漢儒林」，情韻之語，則有「梨花小院重重樹，燕子高樓面面風」，「叱犢聲聞黃稻隴，歸雅影點緑楊村」，「東風樹樹生紅豆，南浦迢迢送緑波」，「明牕曲几彈棋地，小雪疏梅詠絮天」，「初聽成雷喧白鳥，閒看避雨徙玄駒」，「澗道水聲疏雨歇，江天帆影夕陽多」，「客路正當歸雁後，鄉心多在落花初」，「白蘋千點鷺初散，紅雨一簾鶯亂啼」，時詩道雜而多端，或倣白居易，或倣黄庭堅、楊萬里，或至倣袁宏道，信手塗抹，率以流易佻巧為能，如郭舍人之俳諧，鄭五之歇後，黄茅白葦，彌望皆是。及來殷詩出，乃奏金石，以破蟋蟀之鳴。然其集未行世，人知之者尚少。……（《蒲褐山房詩話》，北京大學藏清稿本；《湖海詩傳》卷二十五，清嘉慶刻本）

姚椿，字春木，華亭人。監生。有《望雲集》（選十一首。善按刊本作《通藝閣詩鈔》）。春木無所師承，而才情宏放。正如天馬淩空，不宜羈勒。由是而充之，則所謂詞源倒流三峽水，筆陣横掃千人軍。足以繼吾鄉趙升之、張策時而起也。自蜀還吳，正值潢池寇驚，直書所見，有杜、白《新樂府》之風。予嘗勸其知古知今，積爲經濟，無以尋章摘句、搜僻矜奇，至獨角麟，類于萬牛毛也。（《蒲褐山房詩話》，北京大學藏清稿本；《湖海詩傳》卷四十四，清嘉慶刻本）

智按：王昶，字德甫，號述庵，又稱蘭泉先生，青浦（今屬上海）人。好金石之學，收羅商周銅器及歷代石刻拓本一千五百餘種，編為《金石萃編》一百六十卷。參纂《大清一統志》、《續三通》等。輯有《明詞綜》、《國朝詞綜》、《湖海詩傳》、《湖海文傳》等。

蘇加玉（與王昶同時）

《琵琶亭》

琵琶亭外水連天，落日帆檣佑客船。不待秋風波浪急，潺湲夜夜入哀絃。

獨客停橈喚奈何，晴空渺渺湧春波。天涯淪落相逢少，未覺當年墮淚多。（《湖海詩傳》卷三十四，《續修四庫全書》影印清嘉慶八年三泖漁莊刻本）

智按：蘇加玉，字維晉，號餐霞，太倉（今屬江蘇）人。諸生。與王昶

（一七二五～一八〇六）交。少從鄒以敬學詩。同里汪學金纂《婁東詩派》，加玉與其役。有《蓼蟲吟稿》。

葉廷芳（一七二六～一七七九）

《登琵琶亭》

琵琶亭畔幾維舟，今日登臨一暢遊。雲接匡廬飛畫棟，江回湓浦入東流。朱絃落盡青衫淚，詞客同歸商婦愁。撫景不堪尋舊跡，纖纖明月照沙洲。

《樂天送客處》

堂前緑柳正垂絲，不是當年送客時。只有閒鷗來數點，夕陽伴我獨吟詩。

《遊琵琶亭》

片帆遙指古江州，一曲琵琶躓便留。司馬只憐商婦怨，不知客子更多愁。（以上均見《輯刻琵琶亭詩》，清乾隆十一年古柏堂刊本）

智按：葉廷芳，字松亭，白門（今江蘇南京）人。

靳榮藩（一七二六～一七八四）

《吴詩集覽》

梅村……七古佳篇，可參長慶一席。（卷一上卷首，《續修四庫全書》第一三九六册，第三七一頁上）

梅村七古，氣格恢宏，開闔變化，大約本盛唐王（維）、高（適）、岑（參）、李（頎）諸家而稍異，其篇幅時出入於李、杜。《永和宫詞》、《琵琶行》、《女道士彈琴歌》、《臨淮老妓行》、《王郎曲》、《圓圓曲》，雖有與元、白名篇酷似處，然非專仿元、白者也。至如《鴛湖曲》、《畫蘭曲》、《拙政園山茶花》、《白燕吟》諸作，情韻雙絕，綿邈綺合，則又前無古，後無今，自成為梅村之詩。（卷四上卷首引張如哉語，《續修四庫全書》第一三九六册，第四五〇頁上）

梅村先生長歌甚多，率皆《琵琶》、《長恨》之遺。（卷六上引陸次雲

〔字雲士〕語,《續修四庫全書》第一三九六册,第五二七頁上)

智按:靳榮藩,字價人,號鎮園,山西黎城人。乾隆十三年(一七四八)戊辰進士,歷官大名知府。有《緑溪詩》、《詠史偶稿》。

吕公溥(一七二六~一七九〇)

《容齋先生以對菊懷寸田作相寄向粘之壁間如獲晤對兹以重九會歌奉報并綴一截以當柬候》

黄華相對影披離,正是詩人憶我時。不得遥同重九會,思君無計讀君詩。(元微之《閬州開元寺壁題樂天詩》有句云:「思君無計寫君詩。」)(見茹綸常《容齋詩集》卷十九獨吟集,《續修四庫全書》影印清乾隆三十五年刻乾隆五十二年嘉慶四年十三年增修本)

《壬寅重九會歌》

香山九老人間無,壽皆七十八十餘。益以如滿並元爽,九老千載名非誣。耆英會中十二老,八百九十鶴筭儲。温公無詩獨有序,潞公之命安可虚(温公自謂奉潞公命作序)。唐宋而後續眞率,嘉靖司馬同司徒(温公曾作眞率會,嘉靖中大司徒孫東穀大司馬王鳳泉舉八耆會,又謂之續眞率會)。西塘樂聚會初服,中原奇社聲喁喁。(劉贊序初服會,王价序中原奇社)太傅豐芑更伊洛(先太傅忠節公在南京立豐芑社,歸洛後復立伊洛社),講明道學多名儒。二百年來盛事少,流風餘韻思楷模。前年春和堂中宴(戊戌九月姪嗣靖、燕昭舉横山九老會於春和堂),褊襹八老紛襟裾(共九人而李宜公未與會)。芝堂仙去已三載(先叔向山先生),孔堂歸卧南陽廬(李緑園歸寶豐)。矍鑠七老老益壯,人數恰合香山初。第一第二大小阮,年正八十欣容與(舅氏慶卜先生與王象山為叔姪今年皆八十)。次三者誰富韓歲(王肅公年七十九),崢嶸有子稱家駒(謂擬薛)。慣舞斑斕養親志,堂開五世邀懽愉。再次三人歲遞減(李宜公七十八,孟大山、徐顯則皆七十七),末座尚與劉馮符(孟敏菴七十五)。七人五百四十六,鳩杖不令兒孫扶。元黓之歲重九日,堦羅松菊兼茱萸。醇醪飛觥獻酬錯,花插白鬢爭渠軒。於今所增復有九,不才也許相陪趨（首王漢巘，次舍姪騰萬，次兩家兄慰先、鮅源，次李元章、孟樸存，次兩舍姪中一、如山及李丹崖，而溥亦附名於末，共十人）。未及七十亦得與，不嫌援例追狄盧。外一寓名我家弟（舍弟碩亭令介休擬薛致書挽其寓名此會），規摹宣徽留北都（王拱辰留鎮北都，以不克入耆英會為恨，請於潞公，願寓名其中）。擬薛年已逾甲子，厭尊不肯名姓俱（擬薛齒應入會，厭於乃尊，不肯列名，亦親前不言老之義也。衆從之，以成其志）。新舊人如登瀛數，敢學欒大圖畫圖。狂歌一曲歌且舞，神仙不是將何如。（見茹綸常《容齋詩集》卷十九獨吟集，《續修四庫全書》影印清乾隆三十五年刻乾隆五十二年嘉慶四年十三年增修本）

智按：吕公溥，字仁原，號寸田，新安（今屬河南）人，吕履恒孫。平生未出仕。其詩效法唐宋，詞從己出，被袁枚贊爲「詩中雄伯」。兼工篆刻。與李緑園、張九鉞、童鈺等友善，往來唱和。晚年曾主講閿鄉（今河南靈寶）荊山書院，乾隆五十五年（一七九〇）尚在世。《寸田文稿》八卷，《寸田賦稿》、《寸田擬詔》、《寸田集陶》、《寸田集唐》等若干卷已佚。今存《寸田詩草》五卷，劇作《彌勒笑》傳奇。

陳奉兹（一七二六～一七九九）

《遊琵琶亭登忘機閣和唐使君原韻》

輪奂重新景物加，亭宜秋月與春花。酸風變雅傳商婦，勝槩流芳屬使槎。縱有舟停千古客，還憑興鼓大方家。江頭從此聞遺響，山水清音恍弄琶。

雙眸豁處登此樓，廬嶽潯江景色幽。池口村煙含宿雨，龍磯塕影鏁浮鷗。鼎新亭豈琵琶重，名勝人因司馬遊。一夕青衫幾點淚，風騷分滴直千秋。（《輯刻琵琶亭詩》，清乾隆十一年古柏堂刊本）

智按：次唐英乾隆八年（一七四三）癸亥《春遊琵琶新亭唱和草》之原韻。

《得座主錢香樹先生手書奉呈一百韻用杜》

桑苧春風裏，湓江古道邊。夢時無異地，別後有流年。家謝中人產，身偕上計船。虛歸轉狂極，遠念獨茫然。畫意家常住，書聲里載遷。菜鮭營遠市，草木記成篇。柳巷兼風闊，磚亭抱日圓。荒園多帶井，野樹動參天。宅畔行來寂，城南景最偏。藤花連數舍，烟寺點中川。下榻頻年寄，尊經一閣懸。帙緗黏蝶粉，墨瀋染苔錢。雀噪終朝耐，鶯啼幾處憐。主歡傾美釀，童敏汲名泉。談笑從冠側，游行任履穿。俗流稀在眼，鄉叟許隨肩。頗愧經師席，方羅弟子員。丹黄紛校閲，問答莽夤緣。靜坐觀心動，勞思謝腹便。修名虛歲月，教學逐風烟。標格寧無好，提攜且復前。琴師聞海若，丹竈屬眞仙。倡和三春起，才名一郡傳。抒詞爭爛漫，流韻引潺湲。甚愜當時賞，還生徑寸煎。音防淆雅鄭，臭必別香羶。湖水唐名蹟，山林晉法筵。文章留故蠹，人代逝秋鶗。求是寧皆合，知非在早悛。詞塲迷傀儡，樂府亂戈蜓。作者今方盛，名家不易權。用才訶偭錯，踐迹厭拘攣。邊幅量何窘，瑕疵悔未蠲。清仍慚白戰，博且愧淫畋。底柱頽波轉，崑岡寶氣全。朝官白居易，內相陸忠宣。筆手賡明聖，門牆領俊賢。歲今逾十二，路昔歷三千。流派西江在，依光北斗先。科名知愧縮，使節有聯翩（公丁卯庚午續來典試）。滕閣楓邊酒，徐湖菊裏絃。中丞邀翰墨，高唱脫蹄筌。刻石長留矣，雕鞶欲問焉。敢云輪靜悃，所願奉周旋。屋愴烏頭白，山迷豹澤元。此時風攪木，何日玉生田。獨處逢人少，諸侯貢士連。齒增行漸蹇，春至氣猶鮮。桑老方推轂（桑弢甫水部），春江自扣船。過都徵地志，對景擘濤箋。最好平山興，眞成盡日牽。長橋紅縹緲，遠隴翠廻邅。有石驚堪拜，無松愛可捐。為山蓄雲雨，築館納淪漣。馳道觀遊華，行宮等卜瀍。歡聲動淮海，遊屐满郊阡。榮遇期簪筆，飛騰且著鞭。征途雲滚滚，驛樹露娟娟。北闕巍瞻鳳，西清貴珥蟬。許公才不小，王氏業尤緜。插架難窮軸，登床試問氈。國華非繡帨，古艷鄙粧細（謂公子東麓司寇）。再到東齋屋，還知舊築椽。梅開石牀畔，槐蔭薜牆巔。彷彿公猶侍，聞知病且痊。吳人三夏扇，西子一湖蓮。畫手模光頫，詩豪避老拳。仍蒙寄雙鯉，失喜飽三鱣（公來詩聞子已就廣文一席，蓋誤也）。息影同雞栅，消形信馬韉。病妻魂惻惻，喪子淚涓涓。質物羞隣庫，徵租没水壖。貧交嗟計拙，舊僕感憂纏。放眼唯孤望，冥心好晝眠。百端紛外寇，一念守中堅。白日浮雲改，青松積雪妍。圭璋終特達，燕雀但低翾。下質誠無比，中途詎舍旃。塵埃通劍氣，江海入星躔。對客豪王霸，開懷託鄭虔（謂宋廣文）。扶輪懷大手，成器賴良甄。樗櫟當途置，驊騮首路騈。同門皆奮跡，下戶獨爲編。鄉曲聲徒滿，漁樵計未專。識昏思水鏡，性失問韋弦。師就牛醫子，疑參馬祖禪。心清從去礙，意得不煩詮。白屋原宗魯，青雲日望燕。詩流推稷契，文士謶淵騫。蕩蕩方歸極，休休正接延。市唯收駿骨，競匪角蝸涎。阿閣長棲鳳，天津永絕鵑。貧因有道恥，誤更失時沿。嫁冀兼嫫母，仙甘後偓佺。不成逢筏渡，何處得裳褰。河飲情鼫鼠，天冲勢極鳶。但能呈一得，肯計侍三愆。手跡欣遥捧，心銘欲細鐫。林禽時瀏亮，江草日緜芊。受教增新感，臨文起積孱。金鐘還待叩，玉尺總歸銓。（《江西詩徵》卷八十一，《續修四庫全書》影印清嘉慶九年賞雨茅屋刻本）

智按：陳奉兹，字時若，號東浦，德化（今江西九江）人。乾隆二十五年（一七六〇）庚辰進士，官至江蘇布政使。善詩，師法杜甫，爲洪亮吉所推賞。散文推重姚鼐，己作亦皆有古法。有《敦拙堂詩集》。

黃立世（一七二七～一七八六）

《柱山詩話》

香山「沉舟側畔千帆過，病樹前頭萬木春」，阮翁非之，是也。秋谷極口稱贊，何也？豈好詆阮翁，必使之無完膚耶？（山東省博物館藏高氏辨洞居齊魯遺書抄本《柱山詩話》）

智按：「沉舟側畔千帆過，病樹前頭萬木春」，乃劉禹錫詩。

黃立世，字卓峰，號柱山，即墨（今屬山東）人。黃貞麟之孫。乾隆十八年（一七五三）鄉試第四名中舉，乾隆十九年會試副榜，歷官廣東新寧、保昌、饒平、潮陽縣令，廣東鄉試同考官。有《柱山詩稿》、《遂初文集》、《四中閣詩稿》、《四中閣詩餘》、《四中閣雜著》等。

阮葵生（一七二七～一七八九）

《茶餘客話》

唐之學士初入院者，試以制書批答三篇，如白居易試《段祐加兵部尚書領涇州制》，韓偓試《武臣受東川節度制》是也。若舍人則不復試，多自學士遷授。宋制，知制誥必召試中書而後除，欲觀其敏也。其不試者，號爲異禮，當時以為榮。凡試之日，制誥三篇，宰相視其納卷，方上馬。次日進呈，除目方下，蓋重之也。今政府代言之職，即古之知制誥。于内閣中書内選擢，亦試以擬旨一二，擇楷書端速、文思敏贍者用之。近日，間有不試而用者，蓋大臣素知其才，不須更試，亦有僅供行走者，又不必試。邇來機務益繁，部務亦多，併集檔目三數倍于前，故間選部郎内有學識，或世臣子充是職。故事：中書改翰林即離直。甲戌莊本淳及第，春和相國欲留之任事，汪文端（由敦）援故事止其留。予按，雍正十一年五月奉旨張若靄著在軍機處行走，時張方授編修，是翰林無禁選之說。（《茶餘客話》卷一，《續修四庫全書》影印清光緒十四年鉛印本；《清代筆記小說大觀》第三册，上海古籍出版社版，第二四六二頁）

白香山《與微之書》：「年齒漸長，閱事漸多。每與人言，多詢時務；每讀書史，多求理道。始知文章合為時而著，歌詩合為事而作。」（《茶餘客話》卷十一，《續修四庫全書》影印清光緒十四年鉛印本；《清代筆記小說大觀》第三册，上海古籍出版社版，第二七二二頁）

庾肩吾詩：「梨紅大谷晚，桂白小山秋。」淮南之意，猶言《大雅》、《小雅》，自庾詩出，遂誤爲山谷之山邱。庸謹詩云：「小山桂白天香晚，大谷梨紅樹影秋。」傳為佳句。蓋亦有所襲也。古人三偷之說，如太白之「柳色黄金嫩」，右丞之「水田飛白鷺」，和靖之「暗香疏影」，皆不如白香山之「離離原上草」，韓昌黎之「青天無片雲」也。（《茶餘客話》卷十一，《續修四庫全書》影印清光緒十四年鉛印本）

宋王履道安中見題壁有名安中者，題詩于後云：「蜀客更名緣好尚，漢臣書姓為同官。孟公自合名驚座，子夏尤宜辨小冠。益號文章緣兩李，翃書制諧爲諸韓。二元各自分南北，付與時人仔細看。」古人同名，而後人誤認者多矣。……白香山姪名龜，又女名羅子。東坡孫名楚老，子由子遲小名梁，适小名羅，遠小名虎兒。（見《小字録》。東坡詩：「高談付梁羅，詩律到阿虎。」）……白香山婢名春草，愛妾換馬之鮑生二妾名夢蘭、小倩。（《茶餘客話》卷十二，《續修四庫全書》影印清光緒十四年鉛印本）

酒令即席，舉唐宋詩人第行可考且可入之篇詠者，裴寂曰裴三，宋濟曰宋五，李白曰李十二，杜甫曰杜二，鄭虔曰鄭十八，嚴武曰嚴八，韋應物曰韋十九，鄭賁曰鄭十八，蘇溪曰蘇四，張建封曰張十三，唐諗曰唐十五，裴虬曰裴二，李御曰李十一，王涯曰王二，李建曰李十一，李程曰李二十，崔立之曰崔二十六，李商隱、温岐、段成式皆曰十六，熊署曰熊十一，熊籍曰熊十八，李正封曰李二十八，馮宿曰馮十七，侯喜曰侯十一，韓愈曰韓十八，張署曰張十一，張籍曰張十八，柳宗元曰柳八元，稹曰元九，白居易曰白二十二，陸贄曰陸九，李濟曰李十九，徐晦曰徐十八，李勸曰李四，李勉曰李七，劉天敦曰劉三十二，李大略曰李二十，王質夫曰王十八，崔玄亮曰崔十八……（《茶餘客話》卷十二，《續修四庫全書》影印清光緒十四年鉛印本）

樂毅稱樂生，賈誼稱賈生，相如稱馬卿，太史公稱馬遷，武侯稱葛亮，李膺稱李君，阮籍稱阮公、阮生，嵇康稱嵇生，山濤稱山公，王導稱王公，郗愔稱郗公，安石、康樂、元驛皆可稱謝公，庾亮稱庾公，杲之稱庾郎，王凝之稱王郎，袁粲稱袁公，江淹稱江郎，徐陵稱徐君，杜甫稱杜公、杜子、老杜，李白稱李侯、李生，孟浩然稱孟公，韓愈稱韓公、韓子，韋應物稱韋公，白居易稱白公、白傅，元稹稱元相，李紳稱短李，劉禹錫稱劉郎、老劉，温岐稱温郎，杜牧稱小杜之類，各有所本，不可假借移易，假令稱甫曰杜生，白曰李郎，知復爲誰耶？不但此也，古今人姓名相同，而賢奸雅俗，一薰一蕕，不可少混。……（《茶餘客話》卷十二，《續修四庫全書》影印清光緒十四年鉛印本）

時文弊而坊刻愈濫，俗學錮而講章愈行，蔑古荒經滔滔者，不知所届，是可為流涕太息者也。昔楊升菴慨古學之廢，論舉業之弊，曰：士罕通經，徒事末節，五經子史，則割取碎語，抄節碎事，章句血脉，皆失其眞，有以漢人為唐人，唐事為宋事者有，以一人析為二人，二事合爲一事者。曾見考官程文引制氏輪樂，而以制氏爲致仕。又，士子墨卷引《漢書·律歷志》「先其算命」，作先算其命，書坊刻布，上子珍為秘寶，轉相差訛，殆同無目人說詞。宋人自尊其宋，曰本朝家法，與三代同，過前代者五事，今人亦云本朝家法，與三代同，宋人云：漢有七制，唐有三宗，本朝有四聖。成化中有殿試策，襲用本朝有四聖字，稱前代為本朝，前君為四聖，與三家村中學生稱人父為家父何異？有明薛方山誤以胡安定為朱子門人，鍾伯敬以朱子與王無功相酧答，有明三百年中，時文名士學殖淺陋至是，此與近日磨勘被議，諸生有稱唐之王阮亭，宋之白樂天者何異？考官爲國求賢，固如是乎。唐時有書生讀經甚熟，不知近代事，因談駱賓王，曰某見其孫李某，竟謂駱賓是諸王封號，亦是類也。(《茶餘客話》卷十六，《續修四庫全書》影印清光緒十四年鉛印本)

智按：清獨逸窩退士《笑笑録》卷四題「傳誤」：「宋人云：漢有七制，唐有三宗，本朝有四聖。成化中，有殿試策襲用之，稱前代為本朝，前君為四聖，與三家村學生稱人父為家父何異？薛萬山誤以胡安定為朱子門人，鍾伯敬以朱子與王無功相酬答，有明時文名士，學術淺陋至此。曾見考官程文引制氏論樂，而以制氏爲致仕，又引《漢書·律歷志》『先其算命』，作先算其命。又宋人自尊其宋，曰本朝家法，與三代同，過前代者五事，今人亦云本朝家法，與三代同，殆似無目人說詞，與近日諸生稱唐之王阮亭、宋之白樂天者何異？憶唐時有書生，因談駱賓王，曰某見其孫李某，竟謂駱賓王是諸王封號，亦是類也。」(《續修四庫全書》影印清光緒五年鉛印申報館叢書本)。

《蔡寬夫詩話》：唐人飲酒，必為令以佐懽。白香山詩云：「閑徵雅令窮經史」是也。梁王規為中書黃門侍郎，湘東王繹為丹陽尹，與朝士宴集，屬規為酒令。規從容曰：「江左自來未有此舉。」蕭琰、傅昭在坐，並謂知言。按賓之初筵，既立之監，或佐之史。監史之設，糾察甚嚴。其為酒令，應始于此。後人易以口語，代以手勢，新意紛更，互相淩勝，漸失監史之意。江左豈必無之，王規之論，當謂公筵，非云私宴也。(《茶餘客話》卷二十，《續

修四庫全書》影印清光緒十四年鉛印本）

淮禮，新婦站席，俟賓進數豆，其姑命之堅始坐。《芥隱筆記》有轉席之禮。白香山詩云：「何處春來好，春深娶婦家。青衣轉（去聲）氈褥，錦繡一條斜。」站與轉音相近，殆其遺意耶？淮人聘婦，珍幣之下，必襯以茶。更以瓶茶分贈戚友。按《品茶録》載，種茶樹必下子，若移植則不復生子，故俗聘婦必以茶為禮義，固有取云云。是宋時，已有此俗矣。《毛西河集》稱淮人嫁娶，用大禹辛壬癸甲四日，作《四日吟》云：「只盼辛壬至，圖作千年歡。何悟別離此，只在四日間。」此國初時有此俗，今則無之也。（《茶餘客話》卷二十二，《續修四庫全書》影印清光緒十四年鉛印本）

智按：阮葵生，字安甫，又字寶誠，號唐山，山陽（今江蘇淮安）人。乾隆十七年（一七五二）壬申舉人，由內閣中書官至刑部侍郎，有《七録齋集》。

睦萬中（一七二七～一八一〇）

《故大宗伯致政洪公輓》（二首其二）

春風客上正陽樓，映淚紗籠半壁幽。悵望香山無白傅，寂寥斜日滿丹丘。古人不見空花發，老宿無言秖水流。早與阿郎遊翰墨，鳳毛猶喜在池頭。（《餘窩先生文集》卷二詩〇採芹録 置宅城西之芹洞，《韓國文集叢刊》本）

《震澤輓》

……豈意潘生歌蕙歎，空餘白傅泣桃僵。魂銷北闕辭明主，跡返勻天覲玉皇。光氣猶存裝裹劍，芳聲彌遠佩餘璜。……（《餘窩先生文集》卷七詩〇美芹續録，《韓國文集叢刊》本）

《次白傅〈有妻授邑號告身〉》（題擬）

戊午正月初一日丙寅，上取覽老人賜米單子，命曾經邇班夫妻偕老者進一階。翌日丁卯，宣至明政門外，通禮院吏頒授教旨，以臣爲嘉善大夫，妻爲貞夫人者。親受拜稽，捧之而退。記白傅集有妻授邑號告身詩，就次其韻示內。

誥紙新頒二品封，命宮贏到七旬通。憂虞飽閱能全性，心力俱疲豈計功。課婢掃回庭宇淨，教孫裁取組絲紅。君恩剩許餘年樂，高枕何妨到日中。

(《餘窩先生文集》卷八詩〇從心録,《韓國文集叢刊》本)

《巴陵縣齋,用白傅韻》

玄草那堪疾病沈,江湖西去有園林。飄然直壓魚龍氣,閒者方知鷗鷺心。舟子停撓山日暝,主人留客酒盃深。佳期不負巴陵館,更喜輕颸散積陰。(《餘窩先生文集》卷九詩〇櫟社録,《韓國文集叢刊》本)

智按:睦萬中,字幼選,號餘窩。有《餘窩先生文集》。

趙嘉程(? ~一八一〇)

《跋白香山放言詩後》

樂天古達人,聰明廓玉宇。品望高以清,詩格李與杜。踪跡愛陶潛,廣受同冠組。蘭臭重詞章,朋黨難參伍。終於醉鄉遊,老作香山主。吁嗟哉斯人,明哲誰接武。直躬躬卒全,傲世世不忤。乃讀放言詩,恍見公心腑。持劈總不盈,局高常自俯。虛無守身心,禮義為干櫓。豈第稱先達,洵足企鄒魯。我尚慕斯篇,字字如修斧。一過味殊深,反覆意彌苦。願振鳴皐聲,大書天中柱。日三復其言,作潤靈根雨。(嘉慶四年廣寧趙氏刻本《純齋集》卷二,《清代詩文集彙編》第三八八冊,第四九一頁)

《我愛二首》(其二)

我愛白太傅,千古獨超然。功名隨分足,趣味自孤懸。九老香山會,吾其取斯焉。(嘉慶四年廣寧趙氏刻本《純齋集》卷二,《清代詩文集彙編》第三八八冊,第四九二頁)

智按:趙嘉程,字雲章,號純齋,正藍旗,乾隆庚寅舉人。乾嘉時,任瀏陽知縣共十一年,有政績,人稱鐵面包公。有《純齋集》十四卷。《雪橋詩話三集》卷八云:「漢軍趙雲章大令嘉程,以庚寅舉人官閩中者三十年,操守廉潔,不媚上,不徇情。吴枚庵嘗稱為彊項令。有《純齋詩集》。句如『情深言愈少,道遠去難延』,『天遣微涼作秋氣,燈回半夢照山城』,多清適之作。」

趙翼（一七二七～一八一四）

《翰林院有土地祠相傳祀韓昌黎詩以解嘲》

瀛洲署中坎社鼓，社公傳是韓吏部。建置本末無可征，肇祀不知意何取？從來名賢歿為神，各視生平所建樹。或班侍郎居碧落，或册真人位紫府；或選閻羅分殿十，或封遮須列爵五。鬼官司命周顗除，太陽都録魏徵補；白傅已列蓬萊仙，曼卿更拜芙蓉主。況公日星河嶽氣，立朝大節炳千古；紹脈能開道學先，餘事亦號文章祖。抗疏幾碎佛氏骨，從祀不慚先賢廡；豈宜罰作土地神，坐使淮陰噲為伍。屈宋詎稱衙官職，欒卻翻充皂隸戶；生前磨蠍坐命宮，曾謫嶺南鮫鱷浦。庸知身後尚蹭蹬，無端又遭左遷侮。鄉先生可祭於社，此土初非公故土；即云立社為欒公，公未久修史館薄。區區冷官一臠肉，寧足為公增華膴？我來展謁聊解嘲，且勿牢騷碩人俁。幸未改塑浮屠像（潮州有公像作浮屠形，巡撫郭青螺易以木主。見《湧幢小品》），儒服依然端章甫；香火祠雖處末僚，翰墨緣仍近藝圃；猶勝杜陵老拾遺，變作十姨呼阿姥（杜拾遺廟訛為杜十姨廟，塑女像。見《蓼花洲閒録》）！（《甌北集》卷九，李學穎、曹光甫標校《甌北集》，第一五八～一五九頁）

智按：戴璐《藤陰雜記》卷一：「吏部、翰林院、禮部、國子監土地均祀韓昌黎，未知所自。趙甌北（翼）入翰林（智按：乾隆二十六年趙翼以進士一甲第三人入翰林）詩以解嘲云：……」（《續修四庫全書》影印清嘉慶五年石鼓齋刻本，第一一七七册，第三九一～三九二頁；施紹文點校本，第十一頁）。參見《韓愈志》第五四頁，中國書店一九八八年三月版。

《泊舟琵琶亭作》

香山四十六七歲，正是左遷江州日。我今亦以鐫秩過，計年亦是四十七。後先相距一千載，浪跡偶然同一律。公之風流在天壤，不但詩傳《長慶集》。笑我區區腐儒陋，敢以鴻泥詡相匹。獨疑公也本恬退，蟬蛻塵埃慕兜率。龍門寺詩見雅尚，曳尾泥中得要術。匡廬在念貶九江，奇福已償塞馬失。是宜快和廬山謠，詎屑苦續屈《騷》筆？胡為仍抱淪落恨，商女歌前自陳述。飄零身世感紅粉，老大年華傷錦瑟。至今一片湓江清，猶帶哀絲韻淒栗。繄余罷官返故園，一棹來經吟抱膝。身比虛舟傍岸歸，心如古井不波汩。絕無侘傺半點留，此意迢迢默可質。琵琶亭子誰所立，似寫當年座中泣。詩成自覺太無情，雖有青衫不會濕。（《甌北集》卷二十，李學穎、曹光甫標校《甌北集》，第四一八頁）

《廬山在望不及一游詩以解嘲》

鄉心連夕促歸舟，咫尺匡廬不一游。千古香山暗相笑，此人枉自過江州。

記得前身本遠公，何須履跡遍山中。不來五老峰邊坐，恐被人呼六老翁。

信有坡仙是解人，教從象外見全神。先生不入廬山去，正為看他面目真。（《甌北集》卷二十，李學穎、曹光甫標校《甌北集》，第四一九頁）

《遣悶》

琵琶亭畔雨如絲，津吏攔江一攬維。檣轉相烏關未啟，好風偏在空閒時。

奴僕聲聲怨石尤，先生一笑付浮漚。有風未必連朝逆，且向江干暫泊舟。（《甌北集》卷二十，李學穎、曹光甫標校《甌北集》，第四一九頁）

《偶得九首》（其六）

杜陵廈萬間，白傅裘萬丈。後人讀其詩，肅然起敬仰。謂雖一身窮，不忘天下想。吾觀拾遺老，身世困搶攘。因無藉手處，為民籌教養。香山歷官多，所至文酒賞。未聞康濟略，政績著天壤。區區浚六井，小惠亦未廣。詩人好大言，考行或多爽。士須儲實用，乃為世所仗。不可無此志，隔瘼視痛癢。不可徒此言，虛名竊標榜。（《甌北集》卷二十一，李學穎、曹光甫標校《甌北集》，第四三八頁）

《漫興》

泥絮風情久不狂，如何竿木又逢場。阿難自是無禪定，不為摩登咒力強。誰把姻緣簿錯移，落花偏向個邊吹。千金一笑猶難買，何福人間賣餅師。莫訝相看意倍親，徐娘也是過時人。白頭詞客青裙婦，同感琵琶老大身。燈光花影兩參差，有酒如淮酌滿卮。太息相逢吾已老，白家正擬放楊枝。（《甌北集》卷二十三，李學穎、曹光甫標校《甌北集》，第四八二頁）

《子才書來有松江秀才張鳳舉少年美才手繪拜袁揖趙哭蔣三圖蓋子才及余并亡友心餘也自謂非三人之詩不讀可謂癖好矣書此以復子才并托轉寄張君》

唐初詩人各標置，品題乃定旗亭妓。千年佳話復見今，不是女郎是佳士。蓮花如面好風姿，香草題詩艷才思。拜袁揖趙哭蔣君，手繪成圖供（去聲）清閟。衛軍同日進三公，敬則武夫出不意。老韓合傳縱被嘲，亮瑜並世豈須忌。得君一揖已足幸，敢望五體俱投地。我觀李杜兩大家，吹臺同遊早結契。青蓮落落賦飯顆，少陵惓惓慮魑魅。當時聲望李獨高，後世才名杜寧次。貴不可卿賤乃卿，人心何容設軒輊。獨羡隨園文字交，福比香山白居易。居易名先元九齊，晚更劉郎觴咏繼。遂稱元白及劉白，陽五伴侶隨時異。翁昔買鄰有心餘，近復把我入林臂。前呼袁蔣後袁趙，恰與醉吟同故事。舊遊已記三徑開，新知兼數一樓倚。天生詞垣兩後輩，似爲此翁助聲氣。張郎作繪定可人，雅尚所存非漫戲。繡絲已肖平原像，聞笛兼下山陽淚。三分鼎豈吾所堪，一瓣香知渠有寄。座有揖客自增重，我亦本非折腰吏。（《甌北集》卷三十二，李學穎、曹光甫標校《甌北集》，第七四九～七五〇頁）

《廬山紀游》

廣陵濤接潯陽濤，夜夢五老來相招。趣辦芒鞋青竹杖，要我去踏廬山高。山靈此約意良厚，那禁屨及窒皇走。游山不憚千里遙，癡興古來亦罕有。江西詩派江西人，大都少肉多骨筋。廬山亦復犯此病，青孱片片摩穹旻。要其靈秀有獨絕，雲為海綿瀑天紳。必逢蘭若始一憩，不是游山是游寺。四禪林乃各擅奇，（瞻雲、秀峰、萬杉、棲賢。）占盡泉聲與嵐翠。右軍墨池僅方塘，昭明書臺亦已荒。萬杉之杉不盈百，棲賢舍利黯不光。寺貧僧亦少粲可，蹟湮碑並無宋唐。惟有景光略不改，銀河仍掛三石梁。炮轟直與霹靂鬭，鼎沸不許蛟龍藏。五老鬚眉更奇古，昴精所化頎而長。見我裹糧踐宿諾，似為拱揖相低昂。我來歷遍諸方丈，移步換形莫名狀。輿夫十二健騾九，如此游山太豪放。當年李（青蓮）白（香山）歐陽蘇，未必有此行色壯。獨愧前賢寂寞游，其人已往名長留。未知今日扶筇叟，可有人傳趙倚樓。（《甌北集》卷三十四，李學穎、曹光甫標校《甌北集》，第七九二頁）

《賀錢竹初移新居有林壑之勝》

精舍頻年搆始完，移居人比葛洪看。城無山水堪攜杖，家有林巒值掛冠。

別墅王維經一卷，小園庾信竹三竿。知君自寫胸中稿，付與工師築考槃。（君擅繪事）十笏香嚴結淨緣，養閒難得是中年。草堂將寫种司諫，州宅堪誇白樂天。絲竹肉應隨處設，畫詩書總後來傳。家門本占進瀛籍，君捨天仙作地仙。（令兄文敏公乙丑殿撰）（《甌北集》卷三十四，李學穎、曹光甫標校《甌北集》，第八〇二頁）

《第四會再疊前韻》

林下雖閑尚貴游，襄陽耆舊勝他州。（林下有館閣六七人，惟揚州為然。）得從撰杖已多幸，如此盍簪何處求。詩比西崑還綺麗，人如東晉總風流。便應彷作香山畫，速倩添毫顧虎頭。（《甌北集》卷三十六，李學穎、曹光甫標校《甌北集》，第八六九頁）

智按：《到揚州未堂西堰松坪既堂春農慕青連日邀作近局詩以志好》：「到處賓筵款近游，又將口腹累揚州。二分明月本無賴，七十老翁何所求。竿木逢場聊戲劇！籃輿扶路亦風流。江鄉此會非容易，館閣晨星七白頭。」《近局之會諸公皆有詩見和再次奉酬》：「近局頻招款段游，不愁無蟹有監州。酒狂偏有人多酌，曰實寧煩我自求。味選八路牙箸奮，令行三確羽觴流。留髡履為歡何極，況聽清歌菊部頭。（松坪處凡兩次觀劇。）」《王少林太守自寶應來併入近局再疊奉贈》：「正思訪數泛湖游，意外相逢在此州。人似雪鴻蹤偶過，天教風虎氣相求。政聲久已傳三異，學術還驚貫九流。恰好敦盤聯勝侶，待君領袖作遨頭。」（《甌北集》卷三十六）

《讀香山詩》

我讀香山詩，曠懷真灑落。顧皆預防死，所以早尋樂。是其方樂時，中懷已作惡。何如無成心，悲喜隨所托。悲則有呻吟，喜則有歌咢。（《甌北集》卷三十八，李學穎、曹光甫標校《甌北集》，第九一八頁）

《用白傅虎邱寺路韻題白公祠》

虎阜東西寺，詩仙載酒頻。（時人稱公為詩仙，見《舊唐書》本傳。）至今游賞處，又有表彰人。地較匡廬麗，園更蔣徑新。名流護名跡，應與共千春。

杜蘇鐺腳峙，靈爽往來頻。恰比三游洞，何須九老人。山川今視昔，亭館舊翻新。懷古情何限，年年此地春。（《甌北集》卷三十九，李學穎、曹光甫標校《甌北集》，第九四六頁）

智按：「白公祠」，一作「思白堂」。

《中秋後曉村太守招游懷杜閣閣在左偏已塑少陵像中為白公祠設香山栗主右別有樓遂並移東坡像於此仍榜為仰蘇總名曰三賢祠虎邱從此更增一勝地矣再疊前韻題蘇樓下》

人隔唐宋朝，地分秦蜀嶺。誰能聚諸賢，晤對共廬井。作合有妙手，術過先生耿。（南唐有耿先生，能攝人入山，見陸游《南唐書》）因杜兼及白，營築力已黽。並移仰蘇樓，粉繢飾荒礦。幾同縮地幻，直過移山猛。想見三詩魂，結伴共馳騁。出有同游樂，居無獨吟哽。坡也雖後輩，才思潮萬頃。恰稱三雅聯，豈同孤雁冷。相得乃益彰，彌擅千秋永。獨悲公去後，幾閱滄桑景。至今少替人，空矗高樓影。一廡倘可分，所願不敢請。（《甌北集》卷三十九，李學穎、曹光甫標校《甌北集》，第九五〇頁）

智按：「白公祠」，一作「思白堂」。清佚名《甌北先生年譜》：嘉慶三年戊午（一七九八），「先生年七十二，有蔣立崖郡丞（業晋）游虎邱，用蘇東坡游虎邱韻作詩索和，將刻於仰蘇樓下，先生閱杜少陵《壯游》詩，有『東下姑蘇臺，闔廬邱墓荒，劍池石壁仄』等句是少陵亦嘗游此，而世莫有知者，囑立崖建一懷杜閣，以表遺迹。藩司陳（奉兹）、蘇守任（兆炯）、江甯守李（堯棟）聞之，咸快此舉，適山塘有蔣氏塔影園出售，遂共捐貲買之，入門恰有一閣，即榜爲懷杜，其右有堂三楹，任守以白香山曾守蘇，闢山塘路，因并祀香山於其中，最右又有一樓，乃移仰蘇榜額於此，總名曰三賢祠，遂成一勝地，游虎邱者無不游焉。實先生一言倡之也。」（清光緒三年重刻甌北全集本；北圖年譜叢刊）

《三賢祠在塘北舟行從斟酌橋入可直到門然橋低不能過大舟也曉村語余今年六月十日祠將落成忽風雨大作雷擊橋碎遂可改造大橋以通官舫謂非三賢之靈欲昌其遺跡乎補記以詩》

高閣翔鸞峻，平橋彩鷁妨。一聲劈雷斧，百尺起虹梁。自是神開路，從堪客泛航。名區護靈跡，佳話滿山塘。

傳世惟詩卷，詞人力幾多。那知千載後，尚有百靈呵。石碎如丹粉，橋開壯緑波。由來霹靂舌，詩筆本難磨。（《甌北集》卷三十九，李學穎、曹光甫標校《甌北集》，第九五一～九五二頁）

《曉村太守連日讌客於三賢祠余以寓客屢作座賓賦詩誌雅》

名園改築古賢祠，太守風流集履綦。肯與前人圖不朽，必非俗吏所能為。習池此日多游跡，峴首他年有去思。早是與民同樂意，不言已遍路人知。

地主翻教作座賓，僦居已是授廛民。屢陪上巳流觴宴，幾比中書伴食人。扣砌日烘花拆甲，鯱船風過酒生鱗。浣花故事真重見，嚴尹移廚到水濱。（《甌北集》卷四十，李學穎、曹光甫標校《甌北集》，第九六九頁）

《三賢祠成皆曉村之力詩酒游讌足繼前輩風流洵虎邱佳話也再作詩以諗後人》二首

平山敞維揚，多景屹潤州。昔人宦游地，每托勝蹟留。任君守吳郡，三年惠愷流。緬懷前賢踪，歷歷在虎邱。買園為築祠，荒度妙運籌。位置杜白蘇，恰有堂閣樓。似昔造園時，預為三公謀。祠成景殊絕，亭館清且幽。為是手營構，公餘屢來游。士女不避路，花木欣停騶。豈惟表前賢，直可當菟裘。庾樓江州詠，習池襄陽謳。行當擅此勝，名區占千秋。

杜老與坡公，偶然作過客。惟有香山翁，治郡留惠澤。矧兹山塘路，又其所增闢。岸栽桃杏紅，水蒔芰荷碧。故應廟食此，秩祀占一席。君來繼為守，百事勤擘畫。淤濬城河泥，堅甃運堤石。居行並蒙福，民乃不知役。（君濬省城内河道，又葺運堤石工。）得非白後身，重來建長策。我讀長慶詩，虎阜紀游跡。一年十二度，詩酒寄酣適。今看騶從臨，想見古裾屐。風流千載同，何必今異昔。（《甌北集》卷四十，李學穎、曹光甫標校《甌北集》，第九六九～九七〇頁）

《寄題虎邱萬丈樓》

曉村太守既構三賢祠，立崖又於《文苑英華》檢得李青蓮《虎邱讌游序》一篇，知青蓮亦曾游此。曉村聞之大喜，證之《潛確類書》及獨孤及《毘陵集》，俱載此序，遂又於三賢祠橋北買地，別構一樓以祀青蓮。取昌黎所云「光焰萬丈」之意，榜為萬丈樓。從此虎邱名跡表彰無遺矣，寄題四首。

何物最及遠，厥惟聲與光。震雷聞百里，猶難遍遐方。光則自他耀，日出期入荒。暮霞半天赤，亦返照扶桑。青蓮擅此才，落筆睒角芒。如來白毫相，不足較短長。其焰高萬丈，韓語非虛張。是雖跡未經，已入燭照旁。何況舊游地，忍使湮弗彰？

謫仙來虎邱，世遠人莫識。讌游序一篇，忽從蔣徑出。太守聞之喜，亟為表遺跡。選勝海湧旁，危樓欻創辟。銀榜韋誕書，即用萬丈額。遂覺此傑構，迥入煙霄碧。宏景徒三層，陳登漫百尺。黃樓五丈旗，更不啻蟻蛭。自今兹山勝，不數千人石。

大名垂宇宙，豈藉屋數楹。山標九華峻，湖著郎官清。一經手題拂，輒留不朽名。況復遺跡多，所至疑仙靈。匡廬觀瀑流，敬亭看雲生。任城泛池碧，採石捉月明。至今皆祠廟，春秋祭長庚。兹山一小樓，豈足為增榮。毋乃成贅設，枉想攀霓旌。

太守曰不然，名賢跡當表。昨奉杜白蘇，亭館極窈窱。謫仙有游蹤，乃聽委蔓草？縱不嗔見遺，已自慚失考。一樓特標識，飛甍出林杪。恰與三賢祠，相對作壺嶠。美哉舉廢心，發皇遍幽杳。切雲地望高，射斗文光皎。真挾萬丈勢，俯視泰華小。（《甌北集》卷四十，李學穎、曹光甫標校《甌北集》，第九七八～九七九頁）

《戲題白香山集》

風流太守愛魂消，到處春游有翠翹。想見當時疏禁網，尚無官吏宿娼條。（《甌北集》卷四十一，李學穎、曹光甫標校《甌北集》，第一〇〇九頁）

《讀白香山陸放翁二集戲作》

老來無事度昏旦，愛尋古老人作伴。汾陽潞國勳位殊，詎敢與之較歲算。詩人壽者白居易，等而上之陸務觀。一開八秩一九秩，我讀其詩歷可按。忽然貪癡不知足，幾如得隴又望蜀。少時不想到白年，既到白年又慕陸。卻顧孱羸蒲柳姿，又恐薄劣無此福。天公聞之笑齒冷，彼二人者才千頃。汝曾不及萬分一，何須妄自作虛警。戴逵本非眞隱士，毋怪少微星不準。且教安享樗櫟年，莫便愁迫桑榆景。（《甌北集》卷四十一，李學穎、曹光甫標校《甌北集》，第一〇二五頁）

《偶書》（三首其三）

香山與放翁，晚歲澹容與。語語不畏死，正是畏死語。死者誰不畏？豈真去得所？吾惟任自然，不迎亦不拒。食不恣老饕，眠不厭獨處。雖非辟鬼符，或是降魔杵。住則樂爽鳩，行即捨逆旅。（《甌北集》卷四十二，李學穎、曹光甫標校《甌北集》，第一〇三九～一〇四〇頁）

《今歲桂花甚遲九月望前始大開而菊花已爛熳矣戲效香山體簡稚存》

菊花稱晚節，於桂猶後輩。向來不同時，桂謝菊始代。胡爲今年秋，兩花結同隊。方賞籬豔舒，尚喜天香在。桂有香無色，借菊發精采。菊有色無香，借桂出馣馤。菊非貪躁進，桂豈昧勇退。或爲吾二人，同處寂寥内。君含老圃容，肯伍凡粉黛。我留小山叢，亦壓賤菅蒯。共支風露天，一掃胭脂態。得句箋互賡，談心牀共對。相期保歲寒，論交久可耐。（《甌北集》卷四十三，李學穎、曹光甫標校《甌北集》，第一〇七二頁）

《送味辛族孫赴青州司馬任》

十載前頭送出山，風烟相望渺江關。豈期年老桑榆候，及見官遷錦繡還。此去但祈親飯健，向來已悉宦途艱。計資不此江州白，七品班更五品班。（由中書俸滿遷官，今乞假省親）（《甌北集》卷四十三，李學穎、曹光甫標校《甌北集》，第一〇七四頁）

《京口晤制府費公》

河隄千里駐驂騑，防過秋濤始奏歸。功在無形民受賜，政成有感水收威。燕秦旱潦皆災劫，楚蜀烽烟尚殺機。獨有江南人衽席，非公福曜更何依。

棨戟南邦坐鎮雄，頻叨噓拂到衰翁。卽今晚景優閒日，猶在餘光照耀中。守洛奇章榮白傅（牛僧孺爲白居易制科所取士，牛以宰相留守洛京，居易住履道里，正在管内，遊從甚密），興唐房相溯王通（房、杜皆河汾弟子）。情

深最是停舟話，爲我遲留半日風。(《甌北集》卷四十三，李學穎、曹光甫標校《甌北集》，第一〇七五頁）

《偶書所見》（其一）

老尚手一編，藉作消閒計。或謂今生書，可為來生地。樂全未了經，香山之無字。皆自夙世來，徵驗若左契。我聞喜不寐，一讀便兩世。卻笑老健忘，掩卷已不記。及身尚如此，遑問他生事。(《甌北集》卷四十三，李學穎、曹光甫標校《甌北集》，第一〇八三頁）

《荏苒》

荏苒流年近八旬，料應牖下可終身。得安田里寧非福，尙有簞瓢敢說貧。聖不能知天外事，老猶思友古之人。古人中亦多區別，欲向何人步後塵（律詩結句，單頂第六句説下，《香山集》中有此體)。(《甌北集》卷四十四，李學穎、曹光甫標校《甌北集》，第一一〇六頁）

《一室》

一室澹無事，寂寥性所耽。丹砂袪姹女，（白香山燒丹詩：「姹女隨煙飛。」）黃面證瞿曇。落想到非想，常談見不談。惟將本來黃，受和保初甘。(《甌北集》卷四十四，李學穎、曹光甫標校《甌北集》，第一一〇九頁）

《前接雨村觀察續寄詩話有書報謝並附拙刻〈陔餘叢考〉〈廿二史劄記〉奉呈兹又接來書並詩四章再次寄答》

綿陽西望渺關河，甚欲相尋奈遠何？壽過七旬猶矍鑠，眼空四海總麽麽。寄書未卜人還在，得報翻欣句更多。深感扶輪賢刺史，郵筒雙遞兩翁皤。(余内侄劉慕陔牧綿州，兩人書劄往來，皆慕陔轉遞。)

京邸相隨步屐塵，(京中寓舍與君同在椿樹胡同）只今音問藉鴻賓。一封遠劄修將就，千結離腸轉已頻。蘭棹難浮三峽水，梅花聊寄一枝春。晨星敢謂非天幸，萬里猶存兩老人。

脞説叢殘孰表彰，多煩一一為提綱。(獎許拙刻甚至）要傳著述千秋久，須有光芒萬丈長。名士空多誰足數？故人漸少愈難忘。披金倘有沙應汰，愛我還期拙代藏。

漫將優劣較元劉，（來詩以白、元、劉比袁、蔣、趙）迂叟心期迥不侔。角立縱支三足鼎，高瞻須更一層樓。擣虚拔幟晨趨壁，救敗量沙夜唱籌。戰績中猶分等級，況憑寸管冀長留。（《甌北集》卷四十四，李學穎、曹光甫標校《甌北集》，第一一三二～一一三三頁）

智按：李調元有《得趙雲松前輩書寄懷四首》，詳後。

《清江浦送費制府入為大司馬賀遷惜別情見乎詞》（四首其三）

腐儒縱不乞餘光，自有餘光到草堂。執酳敢當三老席，指囷終恃陸家莊。孔融檄改康成里，思黯車臨履道坊。（牛僧孺舉制科，白樂天爲考官。後自退居東都履道里，牛爲留守，時相過從。）十載分榮誰不羨，眞看桃李蔭門牆。（《甌北集》卷四十五，李學穎、曹光甫標校《甌北集》，第一一五八～一一五九頁）

《真娘墓》

虎邱二月踏青天，閑訪真娘古墓田。脂粉香留游客弔，鶯花地愛美人傳。平蕪經燒猶遲雨，新柳纔梯未著煙。也似香山白居士，競將杯酒滴荒阡。（《甌北集》卷四十七，李學穎、曹光甫標校《甌北集》，第一二一四頁）

《新正五日得雪效香山體》

旱後災黎望有年，欣逢瑞雪立春前。天如大磨霏乾麵（香山《雪詩》：「北市風來飄散麵」），地怯枯皮覆厚氊。未卽救飢先畫餅，已堪解凍當鋪綿。也如花信風先報，一綫生機在麥田。（《甌北集》卷五十，李學穎、曹光甫標校《甌北集》，第一二七五頁）

《閱邸報有粵西宜山縣民藍祥年一百四十二歲聖恩賞給六品頂戴御製詩章匾額並建坊銀幣恭記盛事》（三首其一）

兩古稀年并一身，昇平人瑞有耆民。直從九老香山會，千有餘年見此人。（香山九老會，惟李元爽一百三十六歲，僧如滿九十五歲，餘皆未九十。）（《甌北集》卷五十三，李學穎、曹光甫標校《甌北集》，第一三五八頁）

《生計》

偶然高興早歸田，又不能營什一錢。佐飯有羹惟剪韭，制裘無力且披綿。

虚誇紅藥翻增色，漸似黄楊厄閏年。只有香山解娱老，楊枝駱馬重流連。（《甌北集》卷五十三，李學穎、曹光甫標校《甌北集》，第一三七六頁）

《甌北詩話》

⊙杜少陵詩

李、杜詩垂名千古，至今無人不知，然當其時則未也。惟少陵則及身預知之。其《贈王維》不過曰「中允聲名久」，贈高適不過曰「美名人不及」而已，獨至李白則云：「千秋萬歲名，寂寞身後事。」其自負亦云：「丈夫垂名動萬年，記憶細故非高賢。」似已預識二人之必傳千秋萬歲者。贈鄭虔雖亦有「名垂萬古知何用」之句，然猶是泛論也。此外更無有許以不朽者。蓋其探源泝流，自風、雅以及漢魏六朝諸才人，無不悉其才力而默相比較，自覺己與白之才，實屬前無古人，後無來者。是以一語吐露，而不以為嫌。所謂「文章千古事，得失寸心知」也。按是時，青蓮及身才名，本已震爆一世，李陽冰序謂其時一出，今古文集，遏而不行，則名滿天下可知。而少陵雖流離困阨中，名亦與之相埒，元微之序所謂時人稱為李、杜者也。同時已有任華者，推奉二公，特作兩長篇，一寄李，一寄杜，而不及他人。是可見二公之同時齊名矣。其後韓昌黎亦李、杜並尊。《調張籍》云：「李杜文章在，光燄萬丈長。」《石鼓歌》云：「少陵無人謫仙死，才薄將奈石鼓何！」《醉留東野》云：「昔年因讀李白杜甫詩，長恨二人不相從。」是其於二公固未嘗稍有軒輊。至元、白，漸申杜而抑李。微之序杜集云：是時李白亦以能詩名，然至於「鋪陳終始，排比聲韻，大或千言，次猶數百，詞氣豪邁而風調清深，屬對律切而脱棄凡近，則李尚不能歷其藩翰，况堂奥乎。」香山亦云：李白詩才矣奇矣，然不如杜詩「可傳者千餘首，貫穿今古，覼縷格律，盡善盡工，又過於李焉」。自此以後，北宋諸公皆奉杜為正宗，而杜之名遂獨有千古。然杜雖獨有千古，而李之名終不因此稍減。讀者但覺杜可學而李不敢學，則天才不可及也。（卷二，《甌北詩話》霍松林、胡主佑校點本，第一九～二〇頁；《清詩話續編》第一一五四～一一五五頁）

⊙白香山詩

中唐詩以韓、孟、元、白為最。韓、孟尚奇警，務言人所不敢言；元、白尚坦易，務言人所共欲言。試平心論之，詩本性情，當以性情為主。奇警者，猶第在詞句間爭難鬬險，使人蕩心駭目，不敢逼視，而意味或少焉。坦易者，多觸景生情，因事起意，眼前景，口頭語，自能沁人心脾，耐人咀嚼。此元、白較勝於韓、孟。世徒以輕俗訾之，此不知詩者也。元、白二人，才力本相敵，然香山自歸洛以後，益覺老幹無枝，稱心而出，隨筆抒寫，並無求工見好之意，而風趣橫生，一噴一醒，視少年時與微之各以才情工力競勝者，更進一籌矣。故白自成大家，而元稍次。

香山詩凡數次訂輯，其《長慶集》經元微之編次者，分諷諭、閒適、感傷三類。蓋其少年欲有所濟於天下，而托之諷諭，冀以流聞宮禁，裨益時政；閒適、感傷，則隨時寫景、述懷、贈答之作，故次之。其自序謂「志在兼濟，行在獨善。諷諭者，兼濟之義也；閒適、感傷者，獨善之義也」。大指如此。至後集，則長慶以後，無復當世之志，惟以安分知足、玩景適情為事，故不復分類，但分格詩、律詩二種，隨年編次而已。今流傳諸本，雖不免有前後錯雜之處，然大概尚仍其舊。

香山詩名最著，及身已風行海内，李謫仙後一人而已。觀其《與微之書》云，自長安至江西，三四千里，凡鄉校、佛寺、逆旅、行舟之中，往往有題其詩者；士庶、僧道、孀婦、處女之口，往往有誦其詩者。軍使高霞寓，邀妓侑客，妓曰：「我誦得白學士《長恨歌》，豈他比哉！」由是增價。漢南主人宴客，諸妓見香山至，指曰：「此《秦中吟》、《長恨歌》主到矣。」微之序其集，亦曰：「觀寺、郵堠牆壁之上無不書，王公、妾婦、牛童、馬走之口無不道，至於繕寫摹勒，衒賣於市。又，雞林賈人，求市頗切，云其國宰相，每以百金換一篇，其甚偽者，亦能辨之。」是古來詩人，及身得名，未有如是之速且廣者。蓋其得名，在《長恨歌》一篇。其事本易傳，以易傳之事，為絕妙之詞，有聲有情，可歌可泣，文人學士既歎為不可及，婦人女子亦喜聞而樂誦之。是以不脛而走，傳遍天下。又有《琵琶行》一首助之。此即全無集，而二詩已自不朽，況又有三千八百四十首之工且多哉！

琴按：白集共有詩二千八百餘首、文八百七篇，趙翼謂詩有三千八百四十首之工且多，不確。

智按：趙翼所云「三千八百四十首之工且多」，蓋涵括詩文，約而言之。

中唐以後，詩人皆求工於七律，而古體不甚精詣，故閱者多喜律體，不喜古體。惟香山詩，則七律不甚動人，古體則令人心賞意愜，得一篇輒愛一篇，幾於不忍釋手。蓋香山主於用意，用意則屬對排偶，轉不能縱横如意；而出之以古詩，則惟意所之，辨才無礙。且其筆快如并剪，銳如昆刀，無不達之隱，無稍晦之詞；工夫又鍛煉至潔，看是平易，其實精純。劉夢得所謂「郢人斤斲無痕跡，仙人衣裳棄刀尺」者，此古體所以獨絕也。然近體中五言排律，或百韻，或數十韻，皆研鍊精切，語工而詞贍，氣功而神完，雖千百言亦沛然有餘，無一懈筆。當時元、白唱和，雄視百代者，正在此。後世卒無有能繼之，此又不徒以古體見長也。

大凡才人好名，必創前古所未有，而後可以傳世。古來但有和詩，無和韻。唐人有和韻，尚無次韻；次韻實自元、白始。依次押韻，前後不差，此古所未有也。而且長篇累幅，多至百韻，少亦數十韻，爭能鬬巧，層出不窮，此又古所未有也。他人和韻，不過一二首，元、白則多至十六卷，凡一千餘篇，此又古所未有也。以此另成一格，推倒一世，自不能不傳。蓋元、白覷此一體，為歷代所無，可從此出奇，自量才力，又為之而有餘，故一往一來，彼此角勝，遂以之擅場。微之《上令狐相公書》謂「同門生白居易，愛驅駕文字，窮極聲韻，或千言，或五百言。小生自揣不能有以過之，往往戲排舊韻，別創新詞，名為次韻，蓋欲以難相挑耳。」白與元書亦謂「敵則氣作，急則計生。以足下來章，惟求相困，故老僕報語，不覺太誇」。觀此可以見二公才力之大矣。今兩家次韻詩具在，五言排律，實屬工力悉敵，不分勝負；惟古詩往往和不及唱。蓋唱先有意而後詞，和者或不能別有新意，則不免稍形支絀也。然二人創此體後，次韻者固習以為常，而篇幅之長且多，終莫有及之者，至今猶推獨步也。又如聯句一種，韓、孟多用古體，惟香山與裴度、李絳、李紳、楊嗣復、劉禹錫、王起、張籍皆用五言排律，此亦創體。（按香山與微之唱和，有《元白唱和因繼集》，與夢得有《劉白唱和集》。在杭州時，崔玄亮在湖州，微之在越州，有《三州唱和集》；在洛時，劉夢得在蘇州，有《吳洛寄和集》。又與裴令公等游賞，有《洛中集》。）

五言排律，長篇亦莫有如香山之多者。《渭村退居一百韻》；謫江州，有《東南行一百韻》；微之以《夢游春七十韻》見寄，廣為一百韻報之；又《代書詩寄微之一百韻》；《赴忠州舟中示弟行簡五十韻》；《和微之投簡陽明洞五十韻》；《想東游五十韻》；《逢蕭徹話長安舊游五十韻》；《敘德抒情上宣城崔相公四十韻》（智按：白居易集作《敘德書情上宣歙崔中丞四十韻》）；《新昌新居四十韻》；此外如三十、二十韻者，更不可勝計。此亦古來所未有也。

香山於古詩律詩中，又多創體，自成一格。如《洛陽有愚叟》五古内：「檢點盤中飯，非精亦非糲。檢點身上衣，無餘亦無闕。天時方得所，不寒又不熱。體氣正調和，不飢亦不渴。」《哭崔晦叔》五古内：「邱園共誰卜？山水共誰尋？風月共誰賞？詩篇共誰吟？花開共誰看？酒熟共誰斟？」連用疊調，此一體也。《洛下春游》五排内：「府中三遇臘，洛下五逢春。春樹花珠顆，春塘水麴塵。春娃無氣力，春馬有精神。」連用五「春」字，此一體也。和詩中有與原唱同意者，則曰和；與原唱異意者，則曰答。如和微之詩十七章内，有《和思歸樂》、《答桃花》（智按：白居易集作《答桐花》）之類，此一體也。律詩内《偶作寄皇甫朗之》一首，本是五排，其中忽有數句云：「歷想為官日，無如刺史時。」下又云：「分司勝刺史，致仕勝分司。何況園林下，欣然得朗之。」排偶中忽雜單行，此又一體也。《酒庫》五律云：「野鶴一辭籠，虛舟長任風。送愁還鬧處，移老入閒中。身更求何事，天將富此翁。此翁何處富，酒庫不曾空。」第七句忽單頂第六句説下。《雪夜小飲贈夢得》七律一首，下半首云：「久將時背稱遺老，多被人呼作散仙。呼作散仙應有以，曾看東海變桑田。」亦以第七句單頂第六句説下，又一體也。《別淮南牛相公》五排一首，自首至尾，每一句説牛相，一句自説。自注云：「每對雙關，分敘兩意。」此又一體也。至如六句成七律一首，青蓮集中已有之。香山最多，而其體又不一。如《忠州種桃杏》云：「無論海角與天涯，大抵心安即是家。路遠誰能念鄉曲，年深兼欲忘京華。忠州且作三年計，種杏栽桃擬待花。」前後單行，中間成對，此六句律正體也。《櫻桃花下招客》云：「櫻桃昨夜開如雪，鬢髮今年白似霜。漸覺花前成老醜，何曾酒後更顛狂。誰能聞此來相勸，共泥春風醉一場。」此前四句作兩聯，末二句不對也。《蘇州柳》云：「金谷園中黄嫋娜，曲江亭畔碧婆娑。老來處處游行遍，不似蘇州柳最多。飛絮拂頭條拂面，使君無計奈春何！」此前二句作對，後四句不對也。《板橋路》云：「梁苑城西二十里，一渠春水柳千條。若為此地今重過，十五年前舊板橋。曾共玉顔橋上別，不知消息到今朝。」此通首不對，而亦編在六句律詩中，又一體也。七言律《贈皇甫朗之》一首：「豔陽時節又蹉跎，遲暮光陰復若何？一歲中分春日少，百年通計老時多。多中更被愁牽引，少裏兼遭病折磨。賴有銷憂治悶藥，君家醇酹我狂歌。」此以第五六句頂第三四句説下，又一體也。蓋詩境愈老，信筆所之，不古不律，自成片段，雖不免有恃老自恣之意，要亦可備一體也。

香山《長慶集》以諷諭、閒適、感傷三類分卷，而古調、樂府、歌行各體，即編於三類之内；後集不復分此三類，但以格詩、律詩分卷。古來詩未有以「格」稱者，大曆以後始有。「齊梁格」、「元和格」，則以詩之宗派而言；「轆轤格」、「進退格」，則律詩中又增限制，無所謂「格詩」也。兹乃分格、律二種，其自序謂「邇來復有格律詩」。《洛中集記》亦曰：「分司東都以來，賦格律詩凡八百首。」《序元少尹集》亦曰：「著格詩若干首，律詩若干首。」是「格」與「律」對言，實香山創名。此外亦無有人稱格詩者。既以「格」與「律」相對，則古體詩、樂府、歌行俱屬格詩矣。而俗本於後集十一卷之首格詩下，復繫「歌行、雜體」字樣，是直以格詩又為古詩中之一體矣。汪立名辨之甚晰。

香山詩恬淡閒適之趣，多得之於陶、韋。其《自吟拙什》云：「時時自吟詠，吟罷有所思。蘇州及彭澤，與我不同時。此外復誰愛？惟有元微之。」又《題潯陽樓》云：「常愛陶彭澤，文思何高玄。又怪韋蘇州，詩情亦清閒。」此可以觀其趣向所在也。晚年自適其適，但道其意所欲言，無一雕飾，實得力於二公耳。集中有《効陶潛體詩十六首》，又有《別韋蘇州》一首。按香山自敍：「年十四五時，游蘇、杭間，見太守甚尊，不得從游宴之列。」則於左司年輩本不相及，何得有辭別之作？此詩必非香山所作，或他人詩攙入耳。

唐人五言古詩，大篇莫如少陵之《北征》，昌黎之《南山》。二詩優劣，黄山谷已嘗言之。然香山亦有《游王順山悟真寺》一首，多至一千三百字，世顧未有言及者。今以其詩與《南山》相校，《南山》詩但儱侗摹寫山景，用數十「或」字，極力刻畫；而以之移寫他山，亦可通用。《悟真寺》詩，則先寫入山，次寫入寺；先憩賓位，次至玉像殿，次觀音巖，點明是夕宿寺中。明日又出南塔路過藍谷，登其巔；又到藍水環流處，上中頂最高峰，尋謁一片石、仙人祠；迴尋畫龍堂，有吳道子畫、褚河南書。總結登歷，凡五日。層次既極清楚，且一處寫一處景物，不可移易他處。較《南山詩》似更過之。又《北征》、《南山》皆用仄韻，故氣力健舉；此但用平韻，而逐層鋪敘，沛然有餘，無一語冗弱，覺更難也。而詩人不知，則以香山有《長恨》、《琵琶》諸大篇膾炙人口，遂置此詩於不問耳。

《長恨歌》自是千古絕作。其敘楊妃入宮，與陳鴻所傳選自壽邸者不同，非惟懼文字之禍，亦諱惡之義，本當如是也。惟方士訪至蓬萊，得妃密語，歸報上皇一節，此蓋時俗訛傳，本非實事。明皇自蜀還長安，居興慶宮，地近市廛，尚有外人進見之事。及上元元年，李輔國矯詔遷之於西內，元從之、陳玄禮、高力士等，皆流徙遠方，左右近侍，悉另易人。宮禁嚴密，内外不通可知。且鴻傳云：上皇得方士歸奏，其年夏四月，即晏駕。則是寶應元年事也。其時肅宗卧病，輔國疑忌益深，關防必益密，豈有聽方士出入之理！即方士能隱形入見，而金釵、鈿盒，有物有質，又豈馭氣者所能攜帶？此必無之事，特一時俚俗傳聞，易於聳聽，香山竟為詩以實之，遂成千古耳。

《琵琶行》亦是絕作。然身為本郡上佐，送客到船，聞鄰船有琵琶女，不問良賤，即呼使奏技，此豈居官者所為？豈唐時法令疏闊若此耶？蓋特香山借以為題，發抒其才思耳。然在鄂州，又有《夜聞歌者》一首云：「歌罷繼以泣，泣聲通復咽。尋聲見其人，有婦顏如雪。借問誰家婦，歌泣何淒切？一問一沾襟，低眉終不説。」則聞歌覓人，竟有其事，恬不為怪矣。

香山歷官所得俸入多少，往往見於詩。為校書郎云：「俸錢萬六千，月給亦有餘。」盩厔尉云：「吏禄三百石，歲晏有餘糧。」京兆戶曹參軍云：「俸錢四五萬，月可奉晨昏。廪禄二百石，歲可盈倉困。」江州司馬云：「官品至第五，俸錢四五萬。」太子賓客分司云：「俸錢七八萬，給受無虚月。」刑部侍郎云：「秋官月俸八九萬。」太子少傅云：「月俸百千官二品，朝廷僱我作閒人。」刑部尚書致仕云：「半俸資身亦有餘。」又云：「俸隨日計錢盈貫，禄逐年支歲滿囷。」又有詩云：「壽及七十五，俸霑五十千。」此可當《職官》、《食貨》二志也。

香山詩不惟記俸，兼記品服。初為校書郎，至江州司馬，皆衣青緑。有《春去》詩云「青衫不改去年身」，《寄微之》云「折腰俱老緑衫中」，及《琵琶行》所云「江州司馬青衫濕」，是也。（行軍司馬則衣緋，有《寄李景儉唐鄧行軍司馬》云：「四十著緋軍司馬。」）為刺史，始得著緋。有《忠州初著緋答友人》詩，有《謝裴常侍贈緋袍魚袋》詩。由忠州刺史除尚書郎，則又脱緋而衣青。有詩云：「便留朱紱還鈴閣，卻著青袍侍玉除。」時微之已著緋，故贈詩云：「笑我青袍故，饒君茜綬殷。」及除主客郎中知制誥、加朝散大夫，則又著緋，而微之已衣紫，故贈詩云：「我朱君紫綬，猶未得差肩。」除秘書監，始賜金紫。有《拜賜金紫》詩云：「紫袍新秘監，白首舊書生。」太子少傅品服亦同。故詩云：「勿謂身未貴，金章照紫袍。」此又可抵《輿服志》也。

《雲溪友議》引《本事集》，謂「香山有妓樊素善歌，小蠻善舞，嘗為詩云：『櫻桃樊素口，楊柳小蠻腰。』」是樊素、小蠻本兩人也。然香山集無此詩，其鬻駱馬、遣楊柳枝，見於《不能忘情吟》者，曰：「駱反廐，素反閨。素兮素兮，為我歌《楊柳枝》，我與爾歸醉鄉去來！」則但有樊素而無所謂小蠻者。按香山詩云：「菱角執笙簧，谷兒抹琵琶，紅綃信手舞，紫綃隨意歌。」自注：「菱、谷、紅、紫，皆小蠻名。」又《春晚尋夢得》云：「還攜小蠻去，試覓老劉看。」自注：「小蠻，酒榼名。」則所謂「小蠻」者，乃歌妓及宴具之通稱，非一人專名也。然《别柳枝》詩云：「兩枝楊柳小樓中。」又詩云：「去歲樓中别柳枝。」自注：「樊、蠻也。」二妓皆以柳枝目之。又《天寒晚起》詩云：「十年貧健是樊蠻。」則又實有樊素、小蠻二人。意當時善歌《柳枝》者，素之外又有一人，舊以通稱之「小蠻」呼之，而無專名耳。香山有《代羅樊二妓招舒著作》詩，劉夢得答香山亦云：「今朝停五馬，不是為羅敷。」則能唱《柳枝》之小蠻，當即羅姓也。

智按：近藤元粹（一八五〇～一九二二）編《白樂天詩集》卷五云：「按樂天《會昌二年春題池西小樓》：『陳樊漂泊逐萍流。』自注云：『陳、樊二妓，皆樓中歌酒中伴。』然則《别柳枝》詩所謂一姓陳，一姓樊，可推知也。甌北所引羅姓者，蓋别一妓也耳。」（青木嵩山堂，一八九六年版）

香山舉進士試《窗中列遠曲》，省試《玉水記方流詩》，皆無足觀。不過浮詞敷演，初未清切摹寫；在今時詩帖中，尚屬劣等。豈貞元詩家，猶未有刻畫一派耶？全集中亦不免有拙句、率句，複調、複意。如《西樓喜雪》云：「散麴庶槐市，堆花壓柳橋。」（智按：「庶」當作「遮」）又云：「北市風生飄散麴。」以「散麴」喻雪，何異「撒鹽」！《答杜相公以詩見寄》云：「剪截五言須用鉞」以其官節度秉旄鉞也；然太生硬。《寄元九》云：「若不九重中掌事，即須千里外抽身。」《贈夢得》云：「頭垂白髮我思退，脚踏青雲君欲忙。」《題池西小樓》云：「雖貧眼下無妨樂，縱病心中不與愁。」《贈夢得》云：「無情一任他春去，不醉爭消得日長。」又云：「政事素無爭學得，風情舊有且將來。」又《代夢得吟》云：「世上爭先從儘汝，人間鬬在不如吾。」當時有「元輕白俗」之誚，蓋爲此等句也。又有句法相同者，《且遊》一首云：「遊得且須遊。」《題西池小樓》云：「春來游得且須游。」《酬牛相公見戲》云：「眼看狂不得，狂得且須狂。」《杭州官舍》云：「起嘗一甌茗，行讀一卷書。」《偶作》二首内云：「或飲茶一盞，或吟詩一章。」《首夏病間》云：「或飲一甌茗，或吟兩句詩。」《詠意》云：「或吟詩一章，或飲茶一甌。」《詠所樂》云：「或開書一篇，或飲酒一巵。」《池上篇》亦云：「時飲一杯，或吟一篇。」此句法之重複者也。又有詞意相同者。《傷友》一首，謂貧賤至交，及貴則棄若路人；而《寓意》五首内，又將此意作一首。《贈同座》云：「花叢便不入，猶自未甘心。」《病假》云：「與春無分未甘心。」《病入新正》又云：「便休心未服，更試一春看。」此一意凡三見。《對紅葉》云：「醉貌如霜葉，雖紅不是春。」與劉明府共飲云：「貌偷花色老暫去。」一意凡兩見。《贈蕭殷二協律》云：「我有大裘君未見，寬廣和暖如陽春。……若令在郡得五考，與君展覆杭州人。」《布裘》詩又云：「安得萬里裘，蓋裹周四垠。」《新製綾襖》又云：「爭得大裘長萬丈，與君都蓋洛陽城。」一意亦三見。《薔薇花一叢獨死》云：「乾坤無厚薄，草木自榮衰。」《初到江州寄翰林諸公》云：「雨露施恩無厚薄，蓬茅隨分有榮枯。」一意凡兩見。《曲江感秋》云：「榮名與壯齒，相避如朝暮。時命始欲來，年顏已非故。」《短歌行》云：「耳目聾暗後，堂上調絲竹。牙齒缺落時，盤中堆酒肉。榮華與少壯，相避如寒燠。」《日漸長》云：「年顏盛壯名未成，官職欲高身已老。」《有感》云：「貧賤當壯年，富榮臨暮齒。」一意凡四見。《哭劉敦質》云：「愚者多貴壽，賢者獨賤迍。」《和微之》云：「真宰倒持生殺柄，閒物命長人短命。松枝上鶴蓍下龜，千年不死仍無病。」《傷楊弘貞》云：「顏子既短命，楊生亦早捐。誰識天地心，獨與龜鶴年。」《歎老》云：「人生少滿百，不得長歡樂。誰會天地心，千齡與龜鶴！」《哭王質夫》云：「江南有毒蟒，江北有妖狐，皆享千年壽，多於王質夫。不識彼何德，不識此何辜。」一意凡六見。蓋詩太多，自不免有此病也。

香山有《過洞庭湖》詩，謂大禹治水，何不盡驅諸水直注之海，而留此大浸，佔湖南千里之地！若去水作陸，又可活數百萬生靈，增入司徒籍。豈禹時苗頑不用命，遂不能興此役耶？此書生之見，好為議論，而不可行者也。萬山之水，奔騰而下，其中途必有停瀦之處，始不衝溢為患。如江西之有鄱陽，江南之有巢湖、洪澤湖、太湖，隨時容納，以緩其勢，故為害較少。黄河之水，無地停蓄，遂歲歲為患。若令蜀江出峽後即挾眾水直趨東海，其間吳、楚經由之地，横潰衝決，將有更甚於黄河者。香山但發議以騁其詩才，而不知見笑於有識也。

香山出身貧寒，故易於知足。少年時《西歸》一首云：「馬瘦衣裳破，别家來二年。憶歸復愁歸，歸無一囊錢。」《朱陳村》詩云：「憶昨旅游初，迨今十五春。孤舟三入楚，羸馬四經秦。晝行有饑色，夜寢無安魂。」可見其少時奔走衣食之苦矣。故自登科第，入仕途，所至安之，無不足之意。由京兆戶曹參軍丁母憂，退居渭上村云：「新屋五六間，古槐八九樹。」已若稍有寧宇。江州司馬雖以謫去，然《種櫻桃》詩云：「上佐近來多五考，少應四度見花開。」忠州刺史雖遠惡地，然《種桃杏》詩云：「忠州且作三年計，種杏栽桃擬待花。」是所至即以數年為期，未嘗求速化。自忠州歸朝，買宅於新昌里，雖湫隘，而有《小園》詩云：「門閭堪作蓋，堂室可鋪筵。」已覺自適。及刺杭州歸，有餘貲，又買東都履道里楊憑宅，有林園池館之勝，遂有終焉之志。尋授蘇州刺史，一年即病免歸，授刑部侍郎，不久又病免歸，除河南尹，三年又病免歸，除同州刺史，亦稱病不拜，皆為此居也。直至加太子少傅，以刑部尚書致仕，始終不出洛陽一步。可見其苟合苟完，所志有限，實由於食貧居賤之有素；汔可小康，即處之泰然，不復求多也。然其知足安分在此，而貧儒驟富，露出措大本色，亦在此。纔謫江州，遇李、馬二妓，即贈以詩。盧侍御席上，小妓乞詩，輒比之雨中神女月中仙。迨歷守杭、蘇，無處不挾妓出游，李娟、張態、商玲瓏、謝好、陳寵、沈平、心奴、胡容等，見於吟詠者，不一而足。游虎丘則云：「搖曳雙紅旆，娉婷十翠娥。」游洞庭則云：「十隻畫船何處宿，洞庭山腳太湖心。」俱不覺沾沾自喜，鳴其得意。其後歸朝、歸洛，並有自置妓樂，如菱角、谷兒、紅綃、紫綃、樊素、小蠻等，嘗親為教演，所謂「新樂錚鏦教欲成」，「蒼頭碧玉盡家生」，則歌舞多奴婢矣。教而未成，則云：「老去將何遣散愁？新教小玉按《梁州》。」《答蘇庶子》云：「不敢邀君無別意，管弦生澀未堪聽。」教成後則云：「管弦漸好新教得，羅綺雖貧不外求。」又云：「等閒池上留賓客，隨事燈前有管弦。」又云：「三嫌老醜換蛾眉。」以色衰而別換佳麗，則更求精於色藝，非聊爾充數者。甚至與留守牛相公家妓樂合宴云：「兩家合奏洞房夜，八月連陰秋雨時。」又向裴令公借南莊攜家妓讌賞云：「擬提社酒攜村妓，擅入朱門莫怪無？」可見其家樂直可與宰相、留守比賽精麗。而見之詩篇，津津有味，適自形其小家氣象。所謂「不得當年有，猶勝到老無」者，固暮年消遣之一事耶！

智按：關於這一條白居易描寫妓樂詩句之詳細箋說，可參見拙著《元白詩派研究》（社會科學文獻出版社，二〇〇七年五月版）。

《新唐書》本傳謂二李黨事，互相傾軋。楊虞卿與居易姻家，而善於李宗閔；居易懼以黨人見斥，乃移病還東都，是太（大）和初年也。《舊唐書》謂居易「流落江湖四五年，幾淪蠻瘴，自是宦情衰落，無意於出處。」則元和十年謫江州後也。今以其詩考之，則退休之志，不惟不始於太（大）和，並不始於元和十年，而元和之初，已早有此志。是時授拾遺，入翰林，年少氣銳，本欲有以自見於世。故論王鍔以賂謀宰相，論裴均不當違制進奉，論李師道不當掠美以私財代贖魏徵宅，論吐突承璀不當以中使統兵，論元稹不當以中使謫官，皆侃侃不撓，冀以裨益時政。然已為當事者側目。始知仕途險艱，早有林下樂志之想。觀其在江州寄微之書：「昔與微之在朝，同蓄退休之心，迨今十年，淪落老大，追尋前約，且訂後期。」可知同在禁近時，早有此約矣。（琴按：「昔與微之在朝……」乃詩題，非在江州寄微之書中語，此處甌北有誤。

《白香山詩集》卷七有《昔與微之在朝日，同蓄休退之心。迨今十年，淪落老大，追尋前約，且結後期》古調詩一首）謫江州，有《自誨》一首，謂年已四十四，即活至七十，亦不過二十六年，惟當飢而食，渴而飲，晝而興，夜而寢，何必舍此而遑遑他求！此尤其思退之本懷也。惟因家事落然，不能無藉於禄仕，其見之吟詠者，亦自不諱。在江州云：「欲作妻孥計，須營伏臘資。」自忠州歸，買宅新昌里，即云：「囊中貯餘俸，郭外買閒田。」然究不能贍足，則云：「非無解挂簪纓意，未有支持伏臘資。」初至杭州，尚云：「欲將閑送老，須著病辭官。更待年終後，支持歸計看。」及三年去任，宦橐已豐，則云：「三年請禄俸，頗有餘衣食。乃至僮僕間，皆無凍餒色。」又云：「渭北莊猶在，錢塘俸尚殘。如能便歸去，亦不至饑寒。」買履道里新居云：「移家入新宅，罷郡有餘資。」後刺蘇州，又云：「一日又一日，自問何留滯？為貪逐日俸，擬作歸田計。」去蘇州後，又云：「僮僕減來無冗食，資糧算外有餘錢。攜將貯作邱中計，猶免飢寒得數年。」自是以太子賓客分司東都，遂不復外出，年纔五十八耳。笙歌游賞，娱情送老，固宦成之樂事，不足為怪。而回視元和初年，與微之相約退休，可謂不負初心。非真因二李黨起，始引身遠害也。有禄以贍其家，有才以傳於後，香山自視，固已獨有千古，權位勢利，曾不足當其一唾，豈徒以明哲保身為得策耶？微之既與香山早有成約，其後急於入相，頓忘夙心，至與裴度相軋，貽譏清議；則其與香山早約時，本非真意，故不能踐言耳。（葉少藴云：「樂天與楊虞卿為姻家，而不累於楊；與元微之、牛僧孺相厚，而不累於元、牛；與裴晉公相善，而不因晉公以進；與李德裕素不協，而不為德裕所忌。惟不汲汲於進，是以能安於去就、愛憎之場也。」然則香山退休之志，雖不因黨禍；而因退休得免黨禍，則亦未嘗無因也。）

唐人最重座主門生之誼，今皆見《香山集》中。有《賀楊僕射致仕後楊侍郎門生合宴席上作》，則門生宴座主之父也。又有《與諸同年賀座主新拜太常同宴蕭尚書亭子》，自注：「座主於蕭尚書下及第。」則座主之座主也。按香山於貞元十六年在中書舍人高郢下第四人及第，試《性習相遠近賦》、《玉水記方流詩》，則座主，郢也。而郢在禮部侍郎蕭昕下第九人登第，實寶應二年癸卯；迨郢拜太常時，幾四十年矣。昕自癸卯放進士之後，二十四年丁卯，以禮部尚書再知貢舉，今又十三年。見門生之下，又有門生，可謂耆宿盛事。

《全唐詩話》記「楊於陵僕射入覲，其子嗣復率兩榜門生迎於潼關，歸宴於新昌里第，元、白俱在座。楊汝士詩最後成，中有『文章舊價留鸞掖，桃李新陰在鯉庭』之句，自誇壓倒元、白」，即此會也。惟白詩謂楊僕射致仕有此宴，而《詩話》謂入覲有此宴，稍不同，自當以香山詩為正。香山又有《送牛相公出鎮淮南》詩云：「何須身自得，將相是門生。」牛相，即僧孺也。自注「元和初，牛相公應制策登第，余為翰林考覈官」云。後僧孺以宰相留守洛中，香山方居履道里，過從甚密。牛嘗宴香山於府第，香山詩云：「政事堂中老丞相，制科場裏舊將軍。」此又座主門生故事。今香山集皆有之，亦可以備科第典故。(《新唐書・楊嗣復傳》謂於陵自洛入朝，嗣復率門生出迎。)

元和中，方士燒煉之術盛行，士大夫多有信之者。香山作廬山草堂，亦嘗與鍊師郭虛舟燒丹，垂成而敗，明日而忠州刺史除書至，故《東坡志林》謂「世間出世間，不能兩遂」也。觀其與虛舟詩云：「……泥壇方合矩，鑄鼎圓中規。……二物正訢合，厥狀何怪奇。綢繆夫婦體，狎獵魚龍姿。……心塵未潔淨，火候遂參差。……先生彈指起，姹女隨煙飛。……藥竈今夕罷，詔書明日追。」正指此事。亦可見燒鍊時，果有陰陽配合之象，所以易動人也。《對酒》詩云：「丹砂見火去無跡。」《不二門》詩云：「亦曾燒大藥，消息乖時候。至今殘丹砂，燒乾不成就。」蓋自此以後，遂不復留意。《答張道士》云：「丹砂一粒不曾嘗。」又《答張道士見譏》云：「賢人易狎須勤飲，姹女難禁莫漫燒。張道士輸白道士，一杯沆瀣便逍遙。」《思舊》云：「服氣崔常侍（晦叔），燒丹鄭舍人（居中），共期生羽翼，那忽化灰塵。」自云：「惟知趁杯酒，不解鍊金銀。」《感舊》云：「退之服硫磺，一病竟不痊。微之煉秋石，未老身溘然。……惟余不服食，老命反遲延。但就葷與血，不識汞與鉛。」是香山不惑於服食之説，審矣。乃晚年又有《燒藥不成命酒獨醉》詩云：「白髮逢秋王，丹砂見火空。不能留姹女，爭免作衰翁？」又與李侍郎結道友，以藥術為事，而李長逝，悼以詩云：「金丹同學都無益。」是晚年又有嘗留意於此，宜陳後山有「自笑未竟人復吁」之誚也。香山性情，本無拘滯，人以為可，亦姑從之，然終未嘗以身試耳。

香山《九老圖》故事，《新唐書》謂「居易與胡杲、吉旼、鄭據、劉真、盧真、張渾、狄兼謩、盧貞讌集，皆高年不事者，人慕之，繪為《九老圖》」。

此未考《香山集》也。其自序《七老會》詩，謂「胡、吉、劉、鄭、盧、張六賢，皆多年壽，余亦次焉，在履道坊，合成尚齒之會。七老相顧，以為希有，各賦七言六韻一章以紀之，時會昌五年三月二十四日也。秘書監狄兼謩、河南尹盧真，以年未七十，雖與會而不及列。」《後序》又云：「其年夏，又有二老李元爽、僧如滿，年貌絕倫，亦來斯會，續命書姓名年齒，寫其形貌，附於圖右，與前七老題為《九老圖》。」是七老内無狄、盧二人，增元爽、如滿為九老也。今汪立名本並考諸人官位、年壽及詩附於後，較為詳核，惟吉旼作吉皎稍異，今並載之：「前懷州司馬安定胡杲年八十九，衛尉卿致仕馮翊吉皎年八十八，前磁州刺史廣平劉真年八十七，前右龍武軍長史滎陽鄭據年八十五，前侍御史内供奉范陽盧貞年八十三，前永州刺史清河張渾年七十七。洛中遺老李元爽年一百三十六，僧如滿年九十五。此二人無詩，香山各作一絕句贈之。」（宋元豐五年，文潞公以太尉留守西京，時富韓公以司徒致仕。公慕白樂天「九老會」，乃集洛中卿大夫年德高者，為「耆英會」，就資聖院建大廈，曰耆英堂。閩人鄭奐繪像堂中。時富公年七十九，潞公與司封郎中席汝言皆七十七，朝議大夫王尚恭七十六，太常少卿趙丙、秘書監劉几、衛州防禦使馮行己七十五，天章閣待制楚建中、朝議大夫王慎言皆七十二，大中大夫張問、龍圖閣直學士張燾皆七十。時宣徽使王拱宸留守北京，貽書願與斯會，年七十一。獨司馬溫公年未七十，潞公素重其人，用唐九老狄兼謩故事，請入會。見朱子《名臣言行録》。）

香山與韓昌黎同時，年位亦相等。然昌黎集僅有《同張籍游曲江寄白舍人》詩一首；香山集有《和韓侍郎苦雨》一詩，《同韓侍郎游鄭家池小飲》一詩，《久不見韓侍郎》一詩，《和韓侍郎題楊舍人林亭》一詩，《和韓侍郎張博士游曲江見寄》一詩，又《老戒》一首，内云：「我有白頭戒，聞於韓侍郎。」此外更無贈答之作。而與張籍往還最熟，贈籍詩云：「昔我為近臣，君常稀到門。今我官職冷，惟君往來頻。問其所與游，獨言韓舍人。其次即及我，我愧非其倫。」蓋白與韓本不相識，籍為之作合也。香山集中與張籍詩最多，自其為太祝、為博士、為水部員外，皆見集中。其交之久可知。此外韓門弟子樊宗師、李翺，亦見香山集。

香山在忠州，城東有坡，嘗種花於其上。故有《東坡種花》詩：「持錢買花柳，城東坡上栽。」又有《步東坡》詩云：「朝上東坡步，夕上東坡步。東坡何所愛？愛此新栽樹。」蘇子瞻在黄州，以「東坡」為號，蓋本於此。子瞻生平敬慕香山，屢形吟詠，如《贈善相程傑》云：「我似樂天君記取。」《送程懿叔》云：「我甚似樂天，但無素與蠻。」入侍邇英云：「定似香山老居士。」守杭州云：「出處依稀似樂天。」洪容齋所謂「子瞻景仰香山者不止一再言之，非東坡之名偶爾暗合」也。

北人用黍作酒，南人用糟蒸酒，皆曰「燒酒」。此二字亦見香山集中。在忠州，《荔支樓對酒》云：「荔支新熟雞冠色，燒酒初開琥珀香。」又《詠家醖》云：「色洞玉壺無表裏。」此即今之燒酒也。今人愛陳酒，古人則愛新酒，亦見香山集。有《家釀新熟每嘗輒醉答妻姪》等詩，《對新家醖》詩，《和微之嘗新酒》詩，《雪中酒熟攜訪吳秘監》詩。又憶皇甫朗之云：「新酒此時熟，故人何日來？」又答皇甫云：「最恨潑醅新熟酒，迎冬不得共君嘗。」《耳順吟》云：「閒開新酒嘗數盞。」《水齋》云：「新酒客來方宴飲，舊堂主在重歡娱。」《書紳》云：「新酒始開甕，舊穀猶滿囷。」《池上小舟》云：「牀前有新酒，獨酌還獨嘗。」《冬初酒熟》云：「一甕新醅酒。」《偶吟》云：「舊詩多忘卻，新酒且嘗看。」《罷府尹將歸》云：「更憐家醖迎春熟，一甕醍醐待我歸。」《閒居》云：「揭甕偷嘗新熟酒。」甚至《府中夜賞》云：「閒留賓客嘗新酒，醉領笙歌上小舟。」《牛相公見過》云：「貧家何所有？新酒兩三杯。」是宴貴客亦用新酒矣。

香山集有《青氈帳》詩二十韻，中有云：「有頂中央聳，無隅四嚮圓。」又云：「北製因戎創，南移逐虜遷。」按其製：頂高體圓，來自戎俗，即今蒙古包也。但今制用白氈而朱其頂，香山所詠，則純用青氈耳。

才人未有不愛名，然莫有如香山之甚者。所撰詩文，曾寫五本：一送廬山東林寺經藏堂，一送蘇州南禪寺經藏内，一送東都聖壽（智按：當爲善）寺鉢塔院律庫樓，一付姪龜郎，一付外孫談閣童。此香山所自記也。《舊唐書》謂其集送江州東西二林寺及香山聖善寺，《春明退朝録》謂寄藏廬山東林寺、龍門香山寺，蓋皆摘舉之詞。後高駢在淮南，寄語江西廉使，取東林本而有之。香山寺本，經亂亦不復存。履道宅後為普明僧院，唐明宗子秦王從榮施大字經藏於院，又寫香山本置經藏中。以香山詩筆之精當，處處有鬼神呵護，豈患其不傳！乃及身計慮及此，一如杜元凱欲刻二碑，一置峴山之巔，一沉襄江之底。才人名心如此！今按李、杜集多有散落，所存不過十之二三，而香山詩獨全部流傳，至今不缺，未必非廣為藏貯之力也。（以上見《甌北詩話》卷四，霍松林、胡主佑校點本，第三六～五五頁；《清詩話續編》第一一七三～一一九二頁）

⊙陸放翁詩

放翁詩凡三變。宗派本出於杜，中年以後，則益自出機杼，盡其才而後止。觀其《答宋都曹》詩云：「古詩三千篇，删取才十一。《詩》降為《楚騷》，猶足中六律。天未喪斯文，杜老乃獨出。陵遲至元白，固已可憤嫉。」《示子遹》詩云：「我初學詩日，但欲工藻繢；中年始少悟，漸若窺宏大。數仞李杜牆，長恨欠領會。元白纔倚門，溫李真自鄶。」此可見其宗尚之正。故雖挫籠萬有，窮極工巧，而仍歸雅正，不落纖佻。此初境也。……（卷六，《甌北詩話》霍松林、胡主佑校點本，第七八～七九頁；《清詩話續編》第一二二〇頁）

⊙高青丘詩

李青蓮詩，從未有能學之者，惟青丘與之相上下，不惟形似，而且神似。青蓮樂府及五古，多主敍事，不著議論，蓋用古人「意在言外」之法。此古詩正體也。青丘樂府及《擬古十二首》、《寓感二十首》、《秋懷十首》、《詠隱逸十六首》，亦只敍題面，不復於題面内推究意義，發揮議論。如詠向長，則但説長之畢婚嫁、游名山。詠周黨，則但説黨之辭徵聘、樂田里。而一種邁往高逸之致，自見於楮墨之外，此正是學青蓮處。七古内如《將進酒》、《將軍行》、《贈金華隱者》、《題天池石壁圖》、《登陽山絕頂》、《春初來》、《憶昨行》等作，置之青蓮集中，雖明眼者亦難別擇。昔司馬子微謂青蓮有仙風道骨；而青丘《贈陶篷先生》亦云：「謂予有仙契，泥滓非久淪。」蓋二人實皆有出塵之才，故相契在神識間耳。然青丘非專學青蓮者，如《游龍門》及《答衍師見贈》等作，骨堅力勁，則竟學杜。《太湖》及《天平山》、《游城西》、《贈楊滎陽》、《寄王孝廉》、《乞貓》等作，長篇強韻，層出不窮，無一懈筆，則又學韓。《送徐七往蜀山書舍》，古體帶律，奇峭生硬，更與昌黎之《答張徹》，如出一手。集中本有《效樂天體》一首，又《聽教坊舊妓郭芳卿弟子陳氏歌》一首，亦神似長慶。《中秋玩月張校理宅》，又似李義山。《玉波冷雙蓮》及《鳳臺曲》、《神弦曲》、《秦箏曲》、《待月詞》、《春夜詞》、《黑河秋雨引》，又似溫飛卿。《蔡經宅》及《書夢贈徐高士》、《送李外史》等作，又皆似《黃庭經》。可見其挫籠萬有、學無常師也。即如身當元季，沉淪江村，身未歷殿陛，目未睹典章，一旦召修《元史》，列於朝班，其詩即典切瑰麗，雖賈至、岑參等《早朝大明宮》之作，不能遠過。此非其天才卓絕，過目即吻契，而能若是乎？惜乎年僅三十九，遽遭摧殞，遂未能縱橫變化，自成一大家。然有明一代詩人，終莫有能及之者。今姑摘其七律數首於後，觀者可識其才力矣。（卷八，《甌北詩話》霍松林、胡主佑校點本，第一二四～一二五頁；《清詩話續編》第一二七四～一二七五頁）

⊙吳梅村詩

梅村身閱鼎革，其所詠多有關於時事之大者。如《臨江參軍》、《南廂園叟》、《永和宮詞》、《雒陽行》、《殿上行》、《蕭史青門曲》、《松山哀》、《雁門尚書行》、《臨淮老妓行》、《楚兩生行》、《圓圓曲》、《思陵長公主挽詞》等作，皆極有關係。事本易傳，則詩亦易傳。梅村一眼覷定，遂用全力結撰此數十篇，為不朽計，此詩人慧眼，善於取題處。白香山《長恨歌》、元微之《連昌宮詞》、韓昌黎《元和聖德詩》，同此意也。（卷九「吳梅村詩」第二條，《甌北詩話》霍松林、胡主佑校點本，第一三一頁；《清詩話續編》第一二八三頁）

智按：所稱梅村詩，見於《吳梅村全集》之頁數：《臨江參軍》，第二頁；《南廂園叟》，第二十四頁（全稱《遇南廂園叟感賦八十韻》）；《永和宮詞》，第五十二頁；《雒陽行》，第四十一頁；《殿上行》，第四十頁；《蕭史青門曲》，第七十四頁；《松山哀》，第三〇七頁；《雁門尚書行》，第二九二頁；《臨淮老妓行》，第二八五頁；《楚兩生行》，第二四六頁；《圓圓曲》，第七十八頁；《思陵長公主挽詞》，第一八六頁（「詞」當為「詩」）。其中《臨江參軍》、《南廂園叟》為五古，《思陵長公主挽詞》為五排，餘皆為七古。

梅村古詩勝於律詩，而古詩擅長處，尤妙在轉韻。一轉韻，則通首筋脈，倍覺靈活。如《永和宮詞》……《王郎曲》……《雁門尚書行》……此等處，關棙一轉，別有往復回環之妙。其秘訣實從《長慶集》得來。而筆情深至，自能俯仰生姿，又天分也。唯用韻太泛濫，往往上下平通押。……（卷九「吳梅村詩」第四條，《甌北詩話》霍松林、胡主佑校點本，第一三一～一三二頁；《清詩話續編》第一二八三頁）

⊙查初白詩

與梅村同時，而行輩稍次，有南施北宋兩家。愚山以儒雅自命，稍嫌腐氣。荔裳則全學晚唐，無深厚之力。此外，吳漢槎有高調，無餘味。其名位聲望，為一時山斗者，莫如王阮亭。然阮亭專以神韻為主，如《秦淮雜詩》有感於阮大鋮《燕子箋》事云：「千載秦淮嗚咽水，不應仍恨孔都官。」《儀徵柳耆卿墓》云：「殘月曉風仙掌路，何人為弔柳屯田？」醞藉含蓄，實是千古絕調。然專以神韻勝，但可作絕句，而元微之所謂「鋪陳終始，排比聲韻，豪邁律切」者，往往見絀，終不足八面受敵為大家也。其次，朱竹垞亦負海內重名，至今猶朱、王並稱，莫敢軒輊。然竹垞不專以詩傳，且其詩初學盛唐，格律堅勁，不可動搖，中年以後，恃其博奧，盡棄格律，欲自成一家，如《玉帶生歌》諸篇，固足推倒一世，其他則頹唐自恣，不加修飾，究非風雅正宗。故梅村後，欲舉一家列唐、宋諸公之後者，實難其人。惟查初白才氣開展，工力純熟，鄙意欲以繼諸賢之後，而聞者已掩口胡盧。不知詩有真本領，未可以榮古虐今之見，輕為訾議也。今試平心閱初白詩，當其少年，隨黔撫楊雍建南行，其時吳逆方死，餘孽尚存，官軍恢復黔、滇，兵戈殺戮之慘，民苗流離之狀，皆所目擊，故出手即帶慷慨沉雄之氣，不落小家。入京以後，角逐名場，奔走衣食，閱歷益久，鍛煉益深，氣足則調自振，意深則味有餘，得心應手，幾於無一字不穩愜。其他摹寫景物，脫口渾成，猶其餘技也。惟書卷較少，故稍覺單薄；且少年急於求知，投贈公卿，動千百言，殊嫌繁冗，兼自減身分，此則其詩之可議者。要其功力之深，則香山、放翁後一人而已。或謂古來作詩之多，莫有如香山、放翁者。初白詩之多，亦略相等。君得毋徒震於其多，而遂欲躋之二公之列乎？是不然也。詩之工拙，全在才氣、心思、工夫上見，豈徒以多為貴？且詩之工，亦何嘗不自多中得來？正惟作詩之多，則其中甘苦曲折，無不經歷，所謂深人無淺語也。……（卷十，《甌北詩話》霍松林、胡主佑校點本，第一四六頁；《清詩話續編》第一二九九～一三〇〇頁）

⊙明妃詩

古來詠明妃者，石崇詩「我來漢家子，將適單于庭」，「昔為匣中玉，今為糞上英」，語太村俗。惟唐人「今日漢宮人，明朝胡地妾」二句，不着議論，而意味無窮，最為絕唱。其次則杜少陵「千載琵琶作胡語，分明怨恨曲中論」，同此意味也。又次則白香山「漢使卻回煩寄語，黃金何日贖蛾眉？君王若問妾顔色，莫道不如宮裏時！」就本事設想，亦極清雋。其餘皆説和親之功，謂因此而息戎騎之窺伺。有曰：「祸胎已入虜廷去，玉關寂寞無天驕。」有曰：「妾身雖苦免主憂，猶勝專寵亡人國。」有曰：「冶容若使留漢宮，卜年未必盈四百。」此皆好為議論，其實求深反淺也。王荊公詩「意態由來畫不成，當時枉殺毛延壽」。此但謂其色之美，非畫工所能形容，意亦自新；乃張綸《林泉隨筆》謂其與「禍胎」句同意，何耶？明人有云：「一自蛾眉別漢宮，琵琶聲斷戍樓空。金錢買取龍泉劍，寄與君王斬畫工。」此則下第舉子，藉以詈試官，非真詠明妃也。趙秉文《題明妃出塞圖》：「無情漢月解隨人，羞向天涯照妾身。聞道將軍侯萬戶，已將功業畫麒麟。」此亦詠其和戎之功，而詞旨特醞藉。至王元節云：「環佩魂歸青塚月，琵琶聲斷黑河秋。漢家多少征西將，泉下相逢也合羞。」則淺露矣。（楊一清改官後不得意，《詠昭君》云：「君王不是無恩澤，妾自無錢買畫師。」又一詩：「驪山舉火因褒氏，蜀道蒙塵為太真。能使明妃嫁胡虜，畫師應是漢忠臣。」此意較新。見李詡《戒庵漫筆》。）（卷十一，《甌北詩話》霍松林、胡主佑校點本，第一六二頁；《清詩話續編》第一三二四頁）

⊙韋蘇州

曾季貍《艇齋詩話》，謂「前人論詩，不知有韋蘇州，至東坡而後發此秘，遂以配陶淵明」云。按韋蘇州同時人劉太真與韋書云：「顧著作來，知足下郡齋讌集。何以情致暢茂，趣逸如此！宋、齊間沈、謝、吳、何，始精於意理，緣情體物，得詩人之旨。後之傳者少矣。惟足下制其橫流，師摯之始，《關雎》之亂，於足下之文見之。」是韋詩已為同時人所貴。其後白香山又宗陶、韋，有詩云：「時時自吟詠，吟罷有所思：蘇州及彭澤，與我不同時。」又云：「嘗愛陶彭澤，文思何高玄！又怪韋蘇州，詩情亦清閒。」是香山亦已推韋詩以比彭澤，不待東坡始重之也。坡詩云：「樂天長短三千首，卻愛韋郎五字詩。」亦明説香山之重韋，豈至坡始發其秘耶？（《舊唐書》：「白樂天與元微之書云：『韋蘇州歌行，才麗之外，頗近興諷，其五言又高雅閒澹，自成一家，今之秉筆者，誰能及之？然蘇州在時，人亦未甚愛重，必待身死後則愛之。』」）（卷十一，《甌北詩話》霍松林、胡主佑校點本，第一六三頁；《清詩話續編》第一三二五頁）

⊙詩人佳句

……「蟭螟殺敵蚊眉上，蠻觸交爭蝸角中。何異諸天觀下界，一微塵裏鬬英雄。」「荳苗鹿嚼解烏毒，艾葉雀銜奪燕巢。鳥獸不曾看《本草》，諳知藥性是誰教？」（皆僧溥光【應作白居易《禽蟲十二章》之七、之十】詩）……（卷十一，《甌北詩話》霍松林、胡主佑校點本，第一七四頁；《清詩話續編》第一三三六~一三三七頁）

⊙詩病

古人句法，有不宜襲用者。白香山「東澗水流西澗水，南山雲起北山雲」，蓋脱胎於「東家流水入西鄰」之句，然已遜其醞藉。梅聖俞又仿之為「南嶺禽過北嶺叫，高田水入低田流」，則磨牛之踏陳跡矣，乃歐陽公誦之不去口。黃山谷又仿之為「野水自流田水滿，晴鳩卻喚雨鳩來」，周少隱《竹坡詩話》亦謂其「語意高妙」，而不知愈落窠臼也。邵長蘅《西湖詩》「南高雲過北高宿，裏湖水出外湖流」，亦同此病。（卷十二，《甌北詩話》霍松林、胡主佑校點本，第一八〇頁；《清詩話續編》第一三四六頁）

《陔餘叢考》

⊙《舊唐書》編訂之失

《舊書》列傳七十二卷，既有楊朝晟，乃九十四卷又有楊朝晟，五十一卷既有王求禮，乃一百二十七卷又有王求禮，考其事蹟，實係一人兩見，並非兩人偶同姓名者。又列傳目録韋安石下有韋況，而傳中竟無況，韋安石傳末，謂其兄叔夏另有傳，然列傳中竟無韋叔夏傳，編訂如此，則修史之草率可知。

又張士貴，唐初功臣，乃編入高宗時諸將程務挺等傳内；元獻楊皇后在楊貴妃之前，乃編在貴妃後。此皆《舊書》之失當者，《新書》李渤、裴潾、李中敏、李甘、白居易，皆元和、長慶時人，乃編在張柬之等五王之前，此又《新書》之失。（《續修四庫全書》影印清乾隆五十五年湛貽堂刻本《陔餘叢考》卷十）

⊙縱囚不始于唐太宗

縱囚事，唐太宗最著。白樂天所詠「死囚四百來歸獄」是也。然不自唐太宗始。……（《續修四庫全書》影印清乾隆五十五年湛貽堂刻本《陔餘叢考》卷十九）

⊙齋戒不忌食肉

……古來以魚肉為葷，而齋戒兼忌之，史傳雖不著起於何時，而其來已久。顔師古《匡謬正俗》云：「素食是無肉之食。」則固以肉與素對言。唐制更有正、五、九月齋戒，特禁屠宰之例，白香山《閏九日》詩：「自從九月持齋戒，不醉重陽十五年。」此齋戒之忌酒也。韋蘇州詩：「鮮肥屬時禁，蔬果幸見嘗。」此齋戒之忌肉也。是唐時齋戒已禁酒肉也。……（《續修四庫全書》影印清乾隆五十五年湛貽堂刻本《陔餘叢考》卷二十一）

⊙二十八宿

二十八宿，宿字今人皆讀作秀。然《禮記》曰：「宿離不忒，以初為常。」《説苑・辨物篇》：「天之五星，運氣於五行，所謂宿者，日月五星之所宿也。」則宿字仍當讀本音為正。《説文》宿字本只入聲一音。白香山《贈溪翁》詩云：「辭翁向朝市，問我何官禄。虛言笑殺翁，郎官應列宿。」是唐人猶讀入聲也。《嬾真子録》亦云：「二十八宿，亦謂之二十八舍，又謂之二十八次。」舍也，次也，皆有止宿之義，今乃音綉，此何理也？然庾信《哀江南賦》「飛狄泉之蒼鳥，起横江之困獸。地則石鼓鳴山，天則金精動宿」，是六朝時已讀作去聲。（《續修四庫全書》影印清乾隆五十五年湛貽堂刻本《陔餘叢考》卷二十二）

⊙絕句

楊伯謙云：五言絕句，唐初變六朝《子夜》體也。七言絕句，初唐尚少，中唐漸甚。然梁簡文《夜望單雁》一首，已是七絕云云。

智按：明楊巍（一五一七～一六〇八），字伯謙，號夢山，有《存家詩稿》八卷。

今按《南史》宋晉熙王昶奔魏，在道慷慨為斷句詩云：「白雲滿鄣來，黃塵半天起。關山四面絕，故鄉幾千里。」梁元帝降魏，在幽逼時，制詩四絕，其一曰：「南風且絕唱，西陵最可悲。今日還蒿里，終非封禪時。」曰斷句，曰絕句，則宋、梁時已稱絕句也。柳惲《和梁武景陽樓篇》云：「太液滄波起，長楊高樹秋。翠華承漢遠，雕輦逐風流。」陳文帝時，陳寶應起兵，沙門慧標作詩送之，曰：「送馬猶臨水，離旗稍引風。好看今夜月，當照紫微宮。」隋煬帝宮中侯夫人詩：「欲泣不成淚，悲來翻強歌。庭花方爛熳，無計奈春何。」蕭子雲《玉笥山》詩：「千載雲霞一徑通，煖煙遲日鎖溶溶。鳥啼春晝桃花坼，獨步溪頭採碧茸。」虞世南《袁寶兒》詩：「學畫鴉兒半未成，垂肩大袖太憨生。緣憨卻得君王寵，長把花枝傍輦行。」其時尚未有律詩，而音節和諧已若此，豈非五、七絕之濫觴乎？

《詩注源流》云：絕句，截句也。如後兩句對者，有截律詩前半首；前兩句對者，是截律詩後半首；四句皆對者，是截中四句；四句皆不對者，是截前後四句也。故唐人稱絕句為律詩。李漢編《昌黎集》，凡絕句皆收入律詩。白香山亦以絕句編入格詩。（《續修四庫全書》影印清乾隆五十五年湛貽堂刻本《陔餘叢考》卷二十三）

⊙六句律詩

律詩有六句便成一首者。李太白《送羽林陶將軍》云：「將軍出使擁樓船，江上旌旗拂紫煙。萬里橫戈探虎穴，三杯拔劍舞龍泉。莫道同人無膽氣，臨行將贈繞朝鞭。」此為六句律詩之首，以後惟白香山最多。如《寒閨夜》一首，《縣西郊秋寄馬造》一首，《留題杭州郡齋》一首，《感芍藥花寄正一上人》一首，《孤山寺石榴花》一首，《盧侍御妓乞詩》一首，皆用此體。《昌黎集》中亦間有之，如《謝李員外寄紙筆》一首云：「題是臨池後，分從起草餘。兔尖針莫並，繭淨雪難如。莫怪殷勤謝，虞卿正著書。」此又五言之六句律詩體也。（《續修四庫全書》影印清乾隆五十五年湛貽堂刻本《陔餘叢考》卷二十三）

⊙律詩不屬對

唐人律詩第三四句有不屬對者。如李太白《牛渚西江夜》、崔灝《黃鶴樓》詩之類。然第五、六則未有不對。惟白樂天有通首不對，但平仄甚調者，自編在格詩中。如《重題西寧寺牡丹憶元九》詩云：「往年曾向東都去，曾歎花時君未回。今年況作臨江別，惆悵花前又獨來。只愁離別長如此，不道明年花不開。」則律詩中又有此一種也。然白之外，亦少有作此者。（《續修四庫全書》影印清乾隆五十五年湛貽堂刻本《陔餘叢考》卷二十三）

⊙叠字詩

叠字詞，「河水洋洋，北流活活」等句，連用六叠，此為創體。《滄浪詩話》謂：《十九首》中「青青河畔草，鬱鬱園中柳。盈盈樓上女，皎皎當窗牖。娥娥紅粉妝，纖纖出素手」，一連六句，皆用叠字，今人必以為句法重複，古詩正不當以此論也。退之《南山》詩：「延延離又屬，夬夬叛還覯。喁喁魚闖萍，落落月經宿。誾誾樹牆垣，巘巘架庫廄。參參削劍戟，煥煥銜瑩琇。敷敷花披萼，闟闟屋摧霤。悠悠舒而安，兀兀狂以狃。起起出猶奔，蠢蠢駭不懋」，蓋亦仿此。後人遂轉有以此為工，有一句叠三字者。吳融《秋樹》詩云「一聲南雁已先紅，槭槭淒淒葉葉同」是也。有一句內連三字者，如劉駕云「樹樹樹梢啼曉鶯，夜夜夜深聞子規」是也。有兩句連三字者，如白樂天云「新詩三十軸，軸軸金玉聲」是也。有兩句叠四字者，如柳子厚詩云「柳州柳刺史，種柳柳江邊」是也。又宋人《詠西溪》云「灣灣灣處復灣灣」，蔡禪師十元詩「了了了時無可了，元元元處亦須訶」，亦皆以此取奇，然不過全首中一句耳。唯樂天《題天竺寺》詩云：「一山門作兩山門，兩寺原從一寺分。東澗水流西澗水，南山雲起北山雲。前臺花發後臺見，上界鐘清下界聞。遙想吾師行道處，天香桂子落紛紛。」此則六句皆用叠字，更為創格，然尚不失為大方。南宋惟楊誠齋《水月寺》詩「低低橋入低低寺，小小盆盛小小花」，又《紅錦黃花》詩云「節節生花花點點，茸茸麗日日遲遲」，則已纖佻。方回《石頭田》詩：「晝欲求一淘，有竈無竈煙。夜欲求一榻，有屋無屋椽。」頗峭辣可喜。至如金人麻知幾《答何正卿》一首，（縕縕蠢蠢何等民，矯矯亢亢為守貞。昂昂藏藏獨異俗，落落莫莫不厭貧。歸歟歸歟且糊口，鳳兮鳳兮德衰久。樂云樂云無弦琴，命乎命乎一杯酒。匪鱔匪鮪故為藏，避言避色必也狂。至道至剛秣吾馬：愛清愛淨修我牆。用之舍之時所系，晉如摧如甯復計。暖然淒然任春秋，優哉游哉聊卒歲。）元詩僧明本《松月》詩一首，（天有月兮地有松，可堪松月趣無窮。松生金粉月生兔，月抱明珠松化龍。月照長空松掛衲，松回禪定月當空。老僧笑指松頭月，松月何妨一處供。）明人舒芬《春景》詩一首，（春風春日競春花，春水春山春景佳。新柳戀鶯鶯戀柳，好花迷蝶蝶迷花。尋芳事入尋芳伴，買酒人投賣酒家。去是路兮來是路，馬頭相對日頭斜。）《堯山堂外記》載倭人過西湖詩一首，（天連泗水水連天，煙鎖孤村村銷煙。樹繞藤蘿蘿繞樹，川通巫峽峽通川。酒迷醉客客迷酒，船送行人人送船。此會應難難會此，傳今話古古今傳。）皆庸俗不足供噴飯矣。（《續修四庫全書》影印清乾隆五十五年湛貽堂刻本《陔餘叢考》卷二十三）

⊙和韻

劉貢父《詩話》：唐時賡和有次韻（先後無易），有依韻（同在一韻）。如張文潛《離黃州》詩而和老杜《玉華宮》詩是也。有用韻（用彼韻不必和），如韓吏部用皇甫陸渾「山火」之類是也。又有和詩不和韻者，如賈至《早朝大明宮》之作，王維、岑參、杜甫皆有和章，而不用其韻也。次韻實始于元、白。微之《上令狐相國書》云：「積與同門生白居易友善，居易能為詩，窮極聲韻，或千言，或五百言律詩，以相投寄。小生自審不能過之，往往戲排舊韻，別諧新調，名為次韻，蓋欲以難相挑耳。」《困學紀聞》亦謂古詩有倡，有和，有雜擬追和之類，而無和韻者。唐始有用韻，謂同此韻中也。後有依韻，然不以次，最後有次韻，自元、白始，至皮、陸而其體乃成。《珊瑚鉤詩話》亦謂：「前人作詩，未始和韻，自元、白為二浙觀察，往來置郵筒相倡和，始依韻，而多至千言，篇章甚富。其自耀云：『曹公謂劉玄德曰：天下英雄，惟使君與操耳。』豈詩人豪氣，例愛矜誇耶？」此和韻始于元、白之明證也。然是時劉長卿《餘干旅舍》云：「搖落暮天迥，丹楓霜葉稀。孤城向水閉，獨鳥背人飛。渡口月初上，鄰家漁未歸。鄉心正欲絕，何處搗征衣。」而張籍《宿江上館》云：「楚驛南渡口，夜深來客稀。月明見潮上，江靜覺鷗飛。旅宿今已遠，此行殊未歸。離家久無信，又聽搗征衣。」此二詩絕似次韻，豈無心適合耶？抑有慕於元、白而效之耶？按《洛陽伽藍記》載：王肅入魏，舍江南故妻謝氏，而娶魏元帝女，其妻寄以詩曰：「本為筐下蠶，今為機上絲。得路遂騰去，頗憶纏綿時。」其繼室代答，亦用絲、時二韻。葉石林《玉澗雜書》謂：《類文》有梁武帝同王筠和太子懺悔詩，云仍取筠韻。則六朝已有此體，以後罕有為之者，至元、白始立為格耳。（《續修四庫全書》影印清乾隆五十五年湛貽堂刻本《陔餘叢考》卷二十三）

⊙扇對法

《白氏金針》有四句作一對者。凡詩四句，以第一句對第三句，第二句對第四句，謂之扇對。然不自白香山始也。《小雅》「昔我往矣，楊柳依依」四句已肇其端。曹子建云：「昔我初遷，朱華未希。今我旋止，素雪雲飛。」《古塘上曲》有云：「莫以魚肉賤，棄捐葱與薤。莫以桑麻賤，棄捐菅與蒯。」左太沖《詠史》云：「吾希段干木，偃息藩魏君。吾慕魯仲連，談笑卻秦軍。」喬知之《定情篇》：「故歲雕梁燕，雙去今來隻。今日玉庭梅，朝紅暮成碧。」杜少陵《奉先詠懷》詩：「暖客貂鼠裘，悲管逐清瑟。勸客駝蹄羹，霜橙壓香橘。」《哭鄭司戶蘇少監》云：「得罪台州去，時危棄碩儒。移官蓬閣後，穀貴歿潛夫。」李青蓮：「白日何短短，百年苦易滿。蒼穹浩茫茫，萬劫太極長。」韓昌黎：「求觀眾邱小，必上泰山岑。求觀眾流細，必泛滄溟深」之類，固早有此格。至香山而最多，如《書紳》之「歲計莫如穀，飽則不干人。日計莫如酒，醉則兼忘身。」《詠雪》之「我知世無幻，了無干世意。世知我無堪，亦無責我事。」《朱陳村》之「生者不遠別，嫁娶先近鄰。死者不遠離，墳墓多繞村。」《逍遙詠》之「此身何足戀，萬劫煩惱根。此身何足厭，一聚虛空塵。」《短歌行》之「耳目聾暗後，堂上調絲竹。牙齒缺落時，盤中堆酒肉。」《狂言示諸姪》之「勿言宅舍小，不過寢一室。何用鞍馬多，不能騎兩匹。」《感時》之「貧賤非不惡，道在何足避。富貴非不受，時來當自致。」《遣興》之「昔作少學士，圖形入集賢。今為老居士，寫貌入香山。」如此之類，不一而足。梅聖俞作《續金針》，但引前人詩云：「昔時花下留連飲，暖日夭桃鶯亂啼。今日江邊容易別，淡煙衰草馬頻嘶」以證之，猶未廣也。後來惟《東坡集》中有之，如《和許朝奉》詩云：「邂逅陪車馬，尋芳謝朓洲。淒涼望鄉國，得句仲宣樓。」《贈張天驥》詩云：「飢寒天隨子，杞菊自擷芼。慈孝董邵南，雞狗相乳抱。」《過淮》詩云：「朝離新息縣，初亂一水碧。暮宿淮南村，已渡千山赤。」後陸放翁亦時用此體，如「東皋客輸米，粲粲珠出碓。南山僧餉茶，細細雪落磑」是也。又有律詩以四句作對者，亦香山詩，如「新篇日日成，不是愛聲名。舊句時時改，無妨悅性情。」又有《酬劉主簿》詩云：「我隨鵷鷺入煙雲，謬上丹墀為近臣。君同鸞鳳棲荊棘，猶著青袍作選人。」此又五七律之扇對。（《續修四庫全書》影印清乾隆五十五年湛貽堂刻本《陔餘叢考》卷二十三）

⊙劉後村詩多用本朝事

詩人有直詠本朝事者，如《長恨歌》、《連昌宮詞》之類，自古已然。杜少陵《贈韋左丞》詩：「李邕求識面，王韓願卜鄰。」《答張舍人》詩：「李鼎死岐陽，實以驕貴盈。來瑱賜自盡，氣豪直阻兵。」《寄劉伯華》詩：「學並盧王敏，書偕褚薛能。」又《封氏聞見記》：范液命蹇，作詩曰：「南游李邕死，北望守珪殂。」時液欲謁二人，會已死，故云。此皆直用時事，非以當數典也。若以本朝事作詩料，以供驅使，則唐以前無之，即唐人亦罕見。惟《摭言》載令狐文公表薦張祜詩三百首，乞付中書門下，值元稹在相位，奏黜落之。祜以詩自悼曰：「賀知章口徒勞說，孟浩然身更不疑。」羅隱《湘南春日》詩：「洛陽賈誼自無命，少陵杜甫兼有文。」此已開其端。及東坡詩：「欲問君王乞符竹，但愁無蟹有監州。」此用錢昆少監語。昆亦宋初人，此為本朝人用本朝人事，然尚未多見。至南宋，則楊誠齋有「司馬要為元祐起，西樞正坐壽皇知」，「細參六一泉中味，故有涪翁句子香」，「東坡玉糝真窮相，中國如今相司馬」，「鄭花不得半山句，卻參魯直稱門生」之類。陸放翁有「酒僅三蕉葉，琴才一履霜」（自注：東坡飲三蕉葉，范文正好琴，僅能彈《履霜》一曲，時謂之范履霜），又「委轡看山無鐵獺，拾樵煎茗有青猿」（自注：梅聖俞馬名鐵獺，王元小童名青猿），「元祐大蘇逝不返，慶曆小范今誰知」之類，竟以供驅使矣。而尤專以此見長者，莫如劉後村。《池北偶談》已為略摘數條，如「煉句豈非林處士，鬻書莫是穆參軍」，「艱虞夷甫方謀窟，老懶堯夫少出窩」，「未愛潘郎呼作友，便教米老拜為兄」，「山房惜未從公擇，書局會聞擬道原」，「立志如歐母，生兒似富公」，「野人只說羹芹美，相國安知食筍甘」，「事先白傅求閑日，銜似溫公約史年」，「公閑去伴種司諫，我懶思尋靖長官」，「清於坡老游杭市，儉似乖崖在劍州」，「軍皆歌范老，民各像乖崖」，「賈董奇才無地立，歐蘇精鑒與人同」，「安知李膺揮門外，不覺劉幾入彀中」等句。然後村用本朝事不止此數十聯也，今更添摘於此。……（《續修四庫全書》影印清乾隆五十五年湛貽堂刻本《陔餘叢考》卷二十四）

⊙古今人詩句相同

古今人往往有詩句相同者。《庚溪詩話》云：趙紫芝有「野水多於地，春山半是雲」之句，余讀《文苑英華》所載唐詩，此二句皆已有之，但不作一處耳。唐僧詩「河分岡勢斷，春入燒痕青」，一僧嘲其蹈襲，云：「河分岡勢司空曙，春入燒痕劉長卿。不是師兄偷古句，古人詩句犯師兄。」蓋皆以剽竊為戒。金趙秉文詩多犯古人句，李屏山序其集云：「公詩往往有太白、樂天語，某輒能識之。」亦陰誚其襲用前人語也。然如「河分岡勢」、「春入燒痕」，本非一人之詩，而掇拾作聯，亦未為不可。而行墨間興之所至，偶拉入前人詩一二句，更不足為病也。惟全用一聯、一首，略換數字，此則不免剽竊之誚。今按庾信詩「地中鳴鼓角，天上下將軍」，而駱賓王賦有云「隱隱地中鳴鼓角，迢迢天上下將軍」，陰鏗詩「水田飛白鷺，夏木囀黃鸝」，而王維詩有云「漠漠水田飛白鷺，陰陰夏木囀黃鸝」，薛據詩「省闥開文苑，滄浪學釣舟」，而杜甫詩有云「獨當省署開文苑，兼從滄浪學釣舟」，白居易《寄元九》詩「百年夜分半，一歲春無多」，而黃魯直詩有云：「百年中半夜分去，一歲無多春暫來」，羅隱《隴頭水》詩云「借問隴頭水，年年恨何事。全疑嗚咽聲，中有征人淚」，而于濆詩亦云「借問隴頭水，終年恨何事。深疑嗚咽聲，中有征人淚」，唐詩「忍以浮雲看世代，悲將流水照鬚眉」，而劉青田《題太公釣渭圖》有云「浮雲看世代，流水照鬚眉」，此皆不得謂非抄襲也。又楊鐵崖樂府《中湖龍姑曲》有「湖風起，浪如山，銀城雪屋相飛翻。白鼉豎尾月中泣，倒捲君山輕一粒。浪花拍碎岳陽樓，萬斛龍驤半空立」等句，而張思廉和其曲亦云：「洞庭八月明月寒，湖龍捧出玻瓈盤。湖風忽來浪如山，銀城雪屋相飛翻。白鼉樹尾月中泣，倒捲君山輕一粒。浪花拍碎回仙樓，萬斛龍驤半空立」，但起處稍不同耳。今各刻集中，豈本張作，經鐵崖删改，後人遂各刻其集耶？又虞道園《挽文丞相》詩有「子房本為韓仇出，諸葛寧知漢祚移」，而楊鐵崖《洪武初不赴召作》詩亦有「子房本為韓仇出，諸葛寧知漢祚開」，全用其句。別本云：「商山本為儲君出，黃石終期孺子來。」豈鐵崖知襲用前人之非，後乃改之耶？顧俠君謂：鐵崖豔詩有全寫韓冬郎句者，英雄欺人，不可為訓。蓋謂此也。又元人李孝光《墨梅》詩「孤山招得老逋魂，白鶴歸來楚雲黑」，而同時成廷珪亦有《墨梅》詩云「三生石上見逋仙，獨鶴歸來楚雲黑」，此亦明是相襲。至如宗楚客有「日映層巖圖畫色，風搖雜樹管絃聲」之句，而杜少陵「絕壁過雲開錦繡，疏松隔水奏笙簧」似之。白香山有「醉貌如霜葉，雖紅不是春」之句，而蘇東坡「兒童誤喜朱顏在，一笑那知是醉紅」亦似之。又放翁詩「西風吹散朝來酒，依舊衰顏似葉黃」，元人詩「貌似葉紅都被酒，頭如雪白也簪花」，此又脫胎變化，另出鑪錘，使人不覺其運用之妙。又元遺山《感金哀宗入蔡州》詩：「蛟龍豈是池中物，蟣蝨空悲地上臣」，同時李俊民有《襄陽變後》詩「蛟龍不是池中物，燕雀休嗤壟上人」，亦指蔡州亡國事，似亦相襲，然各極對偶之妙。（《續修四庫全書》影印清乾隆五十五年湛貽堂刻本《陔餘叢考》卷二十四）

⊙封贈

洪景盧云：封贈先世，自晉、宋以來有之，迨唐始備。然唐世贈典惟一品乃及其祖，餘官只贈父耳。長慶後稍變通，權德輿罷相，為檢校吏部尚書、興元節度使，表納檢校吏部尚書，請回贈其祖倕。詔不許納宮，而贈倕為尚書禮部郎中。此後世貤贈之始也。《白樂天集》亦有戶部尚書楊於陵贈其祖為吏部郎中，祖母崔為郡夫人制詞。然德輿身為檢校吏部尚書，而贈其祖不過禮部郎中，於陵為戶部尚書，而贈其祖不過禮部郎中，則亦不能以子孫之官全贈其祖也。……（《續修四庫全書》影印清乾隆五十五年湛貽堂刻本《陔餘叢考》卷二十七）

⊙寄籍

《摭言》記：白香山守杭州，江東進士多奔杭取解。時張祜負時名，以首冠為己任。既而徐凝至，香山請誦所為詩，祜曰：「某《甘露寺》詩：日月光先見，江山勢盡來。」凝誦《匡廬瀑布》詩：「千古長如白練飛，一條界破青山色。」祜愕然，凝遂舉首。蘇叔黨本東坡子，蜀人也，而在杭州發解。然則唐、宋時解送舉子，不必皆本籍人也。或解送雖不必本籍，而其人之籍貫，亦不必改從取解之地耳。按《閒居詩話》云：福州人周總，天禧二年值詔下，赴鄉薦不及，有故人為譙郡守，往投之。而國家申嚴條約，不許寄籍，遂認其郡吏周吉爲父，三代名諱亦從之，果預薦。其父聞之，寄詩曰：「文章不及林洪範，德行全虧李坦然。若拜他人為父母，直須焚卻蓼莪篇。」總遂鬱鬱以卒。（智按：見宋阮閱《詩話總龜》前集卷四十四怨嗟門，周本淳校點本第四二一～四二二頁，《四庫全書》本卷四十二）是宋時籍貫之制本嚴。洪容齋《隨筆》云：偶得延平元年孫僅榜一小録，一榜共五十人，自第一至十四人皆貫開封府，唯第九名劉燁為河南人，其下又二十五人皆貫開封，謂不應都人士中選若是之多，疑皆外方人寄籍，以為進取之便耳。此蓋因籍貫嚴而皆寄籍京尹也。又《元史・胡長孺傳》：長孺本永康人，宋咸淳中從外舅徐道隆入蜀，銓試第一。則宋鄉試又有不拘本籍者，蓋仍用本籍鄉貫而就試於他府耳。月魯不花本蒙古遜都思氏，隨其父任就試江浙，鄉闈中右榜第一。則元制蒙古人亦可就試各省矣。今江南人多有寄籍順天，屢禁不止，蓋時際升平，士皆自奮于功名之路，固非條教所能盡絕也。（《續修四庫全書》影印清乾隆五十五年湛貽堂刻本《陔餘叢考》卷二十九）

⊙及第詩

《池北偶談》引蘇子美《及第與同年宴李丞相宅》詩云：「拔身泥滓底，飄迹雲霄上。氣和朝言甘，夢好夕魂王〔旺〕。軒眉失舊斂，舉意有新況。爽如秋後鷹，榮若凱旋將。」謂一第而津津如此，宜其早廢不達也。按此事古人甚多，《竹坡詩話》謂孟郊下第詩：「棄置復棄置，情如刀劍傷。」及登第，則云：「春風得意馬歸疾，一日看遍長安花。」一第之得失憂喜如此，宜其雖得之不能享也。阮亭之說，亦同此意。又唐章孝標《及第後寄淮南李紳》詩曰：「及第全勝十政官，金湯鍍了出長安。馬頭漸入揚州郭，爲報時人洗眼看。」宋張虞登第，用劉昌言詩題興國寺壁曰：「一舉首登龍虎榜，十年身到鳳凰池。」有人續云：「君看姚奕并梁固，不得朝官未可知。」後果如其言。陸放翁《家世舊聞》：張中中第四名，喜甚，在廷試時，挈友人手曰：「如何得鄉里知去?」後爲象山縣官，以事罷，流落終身。此皆器小不享厚福之驗。然得意詩，亦有不盡關乎後日之福澤者。黃常明《詩話》記白香山及第詩：「得意減別恨，半酣輕遠程。翩翩馬蹄疾，春日歸鄉情。」《宋史・吕大忠傳》：馬涓以進士第一入幕府，時自稱狀元。大忠曰：「狀元者，及第未除官之名。既爲判官，不可更稱。」又《六一詩話》載呂文穆未第時，薄遊一縣，縣令之子胡旦遇之甚薄。或言呂工詩，宜少加禮。胡問其警句，客舉其一首，末句云：「挑盡寒燈夢不成。」旦曰：「乃一渴睡漢耳！」呂聞之甚恨。明年首中甲科，使人寄聲曰：「渴睡漢狀元及第矣。」《夷堅志》：董體仁累舉不第，過臨江郡守彭子從，其鄉人也。視其刺字曰：「老榜官耳。」次年，南省奏名廷試第一，僉書鎮南軍判官，歸次臨江。彭遣人迎，董書其紙尾曰：「黄紙初開墨未乾，君恩重許拜金鑾。故鄉知己來相迓，便是從前老榜官。」彭甚慚悔。《獨醒志》則以爲體仁寄家人之作，非寄彭守也。按，香山及文穆皆享有名位，馬後爲大監卿，董後亦爲相，則此事固不可概論也。第進身之始，輒沾沾得意，則器小不言可知。王沂公狀元及第，郡帥令倡樂迎於郊，公乃易服由他門入謁守。守驚曰：「已遣人奉迎矣。」王曰：「不才偶忝科第，敢煩郡守父老致迓，是重其過也。」守嘆息，卜其遠大。明羅洪先作狀元，外舅曾太僕曰：「喜吾壻幹此大事。」羅面發赤曰：「丈夫事業更有許大在。此等三年一人，奚足大事也？」是日猶袖米偕何、黄二公聯榻蕭寺中講學。觀此，則二公所志之遠大可知矣。（《續修四庫全書》影印清乾隆五十五年湛貽堂刻本《陔餘叢考》卷二十九）

⊙木棉布行於宋末元初

古時未有棉布，凡布皆麻爲之，記曰「治其麻絲，以爲布帛」是也。木棉作布，邱文莊謂：元時始入中國，而張七澤《潯梧雜佩》引《通鑑》梁武帝送木棉皂帳事，據史炤釋文，木棉以二三月下種，至夏生黄花結實，及熟時其皮四裂中綻，出如綿，土人以鐵鋌碾去其核取棉，以小竹弓彈之細卷爲筒，就車紡之，自然抽緒，織以爲布，謂卽此物也。按史照釋文所云，正是今棉花所織之布，則梁武時已有此布矣。說者謂《漢書》註，孟康曰：「閩人以棉花爲吉貝。」而《正字通》及《通雅》俱云：「吉貝，木棉樹也。」《南史·林邑傳》亦云：「吉貝者，樹名也，其花如鵞毳，抽其緒紡之作布，與紵布不殊。」是六朝以前，木棉布乃吉貝樹之花所成，係木本，而非草本。今粤中木棉樹，其花正紅，及落時則白如鵞毳，正《南史》所云吉貝樹也。但其花祇可絮茵褥，而不可織布。按《南史·林邑傳》以吉貝爲樹，《舊唐書·南蠻傳》則云：「古貝草緝花作布，名曰白氎。」《新唐書·林邑傳》并不曰吉貝，而曰古貝，謂古貝者，草也。然則《南史》所謂吉貝之樹，卽《唐書》所謂古貝之草，其初謂之木棉者，蓋以別於蠶繭之綿，而其時棉花未入中土，不知其爲木本草本，以南方有木棉樹，遂意其卽此樹之花所織。迨宋子京修《唐書》時，已知爲草本，故不曰木而曰草耳。史炤，北宋人（見《文彦博傳》），又在子京之後，并習知其碾彈紡織之技，故註解益詳。以此推之，則梁武木棉皂帳，卽是草本之棉所成，而非木棉樹也，更進而推之，《禹貢》「厥篚織貝」，蔡九峯註：今南夷木棉之精好者，謂之吉貝，則夏之織貝，亦卽今草棉布，是三代時已有之矣。其見於記傳者，《南史》：姚察有門生送南布一端，察曰：吾所衣者，止是麻布，此物吾無所用。白樂天《布裘》詩云：「桂布白似雪」，又以布裘贈蕭殷二協律，詩云：「吳綿細軟桂布白」，曰桂布者，蓋桂管所出也。孫光憲《南越》詩：「曉厨烹淡菜，春杼織橦花。」（草棉亦名橦花）李琮詩：「腥味魚呑墨，衣裁木上棉。」東坡詩：「東來賈客木棉裘。」以及《五代史》：「馬希範作地衣，春夏用角簟，秋冬用木棉。」《宋史·崔與之傳》：「瓊州以吉貝織爲衣衾工作，出自婦人，皆此物也。」然則棉花布，自古有之，何以邱文莊謂元初始入中國？蓋昔時棉花布，惟交廣有之，其種其法，俱未入中土。觀姚察門生所送祇一端，白樂天以此送人，并形之歌詠，則其爲罕而珍重可知。迨宋末元初，其種傳入江南，而布之利，遂衣被天下耳。……（《續修四庫全書》影印清乾隆五十五年湛貽堂刻本《陔餘叢考》卷三十）

⊙潤筆

隋鄭譯拜爵沛國公，位上柱國，高熲爲制戲曰：「筆乾。」答曰：「出典方岳，杖策言歸，不得一文，何以潤筆？」此潤筆二字所由昉也。然《北史》袁聿修爲信州刺史，有善政，既去，官州人鄭播宗等七百人，斂縑帛數百疋，託中書侍郎李德林爲文，以記功德。詔許之。則又在鄭譯之前。故洪容齋謂作文受謝，晉、宋以來已有之。而王楙《野客叢書》并謂：陳皇后失寵於武帝，以黄金百斤奉司馬相如，作《長門賦》以悟主。此爲潤筆之始。其見於史書及載記者，《唐·李邕傳》：邕尤長碑頌，中朝衣冠及天下寺觀多齎持金帛，往求其文，前後所受饋遺至巨萬，時議以爲自古鬻文，未有如邕者。故杜甫《八哀詩》李邕一首云：「千謁滿其門，碑牓照四裔。豐屋珊瑚鉤，騏驎織成罽。紫騮隨劍几，義取無虚歲。」《唐書》：李華不甚著書，惟應人墓版傳記及州縣碑頌，時獲金帛。柳公權善書，公卿貺遺鉅萬。主藏奴盜其所藏盃盂一篋，縢識如故。奴妄言叵測。公權笑曰：「銀杯羽化矣。」不復詰，惟筆硯自鐍秘之。李商隱記劉乂持韓愈金去，曰：「此諛墓中人得耳，不如與劉君爲壽。」劉禹錫《祭韓愈文》云：「公鼎侯碑，志隧表阡，一字之價，輦金如山。」皇甫湜爲裴度作福先寺碑，度贈以車馬繒綵甚厚，湜大怒曰：「碑三千字，字三縑，何遇我薄耶?」度笑酬以九千匹。蓋唐時風尚已如此。《玉壺清話》：李翰爲和凝門生，同爲學士。會凝作相，翰草制罷，悉取凝舊閣圖書器玩而去，留一詩於榻云：「座主登庸歸鳳闕，門生批詔立鰲頭。玉堂舊閣多珍玩，可作西齋潤筆不?」歐陽公請蔡端明書《集古録序》，以鼠鬚栗尾筆、銅絲筆格、大小龍團茶、惠泉等物爲贈。君謨笑其清而不俗。後聞歐得清泉香餅，惜其來遲：「使我潤筆少此種物!」王禹玉作龎穎公神道碑，其家送金帛外，參以古法書名畫三十種，杜荀鶴及第試卷其一也。張孝祥書多景樓扁，公庫送銀三百星，孝祥却之，但需紅羅百匹。於是合諸妓宴會，以紅羅遍賞之。張端義《貴耳録》：席大光葬母，乞吳傳朋書，預供六千緡爲潤筆。人言傳朋之貧可脱矣，一夕而光死。此又可見宋時士大夫風尚。蓋作文受謝，宋時并著爲令甲。沈括《筆談》記太宗立潤筆錢，數降詔刻石於金人院，每朝謝日，移文督之。楊大年作寇萊公拜相麻詞，有「能斷大事，不拘小節」，萊公以爲正得我胸中事，例外贈金百兩。曰例外，則有常例可知也。蔡忠惠與歐陽公書曰：「勳德之家，干請朝廷，出勅令襄作書。襄謂近世書寫碑誌，則有資利，若朝廷之命，則有司存焉，待詔其職也。今與待詔爭利，可乎?」亦見待詔書碑受餽之有例也。《祖無擇傳》：詞臣作誥命，許受潤筆物。無擇與王安石同知制誥，安石辭一家所餽不獲，乃置諸院梁上。安石憂去，無擇用爲公費，安石聞之不悦。翰林學士王寓《謝賜筆札記》云：宣和七年八月二十一日，一夕草四制，翼日有中使賚賜上所常御筆硯等十三事，紫青石研一方，琴光漆螺甸匣一，宣和殿墨二，斑竹筆一，金華筆格一，塗金鎮帋天禄二，塗金研滴蝦蟆一，貯黏麯塗金方奩一，鎮帋象人二，薦研紫柏牀一。周益公《玉堂雜記》：湯思退草劉婉儀進位貴妃制，高宗賜潤筆錢幾及萬緡。賜硯尤奇。以宫禁中事命之草制，尚有如許恩賜，則臣下例有餽贈，更不待言。

唐時雖未必有定制，然韓昌黎撰《平淮西碑》，憲宗以石本賜韓宏。宏寄絹五百匹，昌黎未敢私受，特奏取旨。又作《王用碑》，用男寄鞍馬并白玉帶，亦特奏取旨。杜牧撰《韋丹江西遺愛碑》，江西觀察使許于泉寄綵絹三百匹，亦特奏聞。穆宗詔蕭俛撰《成德王士眞碑》，俛辭曰：「王承宗事無可書。又撰進後，例得貺遺，若黽勉受之，則非平生之志。」帝從其請。以區區文字餽遺，而辭與受俱奏請，則已爲朝野通行之例，亦可知也。其有不肯賣文及雖受餽而仍他施者，韋均之子持萬縑詣韋貫之求銘其父，貫之曰：「吾寧餓死，豈忍爲此哉！」白居易《修香山寺記》曰：「予與微之定交于生死之間，微之將薨，以墓誌見托，既而元氏之老，狀其臧獲、輿馬、綾帛、銀鞍、玉帶之物，價當六七十萬，爲謝文之贄。予念平生分，贄不當納，往返再三，訖不能得。不得已，回施此寺。凡此利益功德，應歸微之。」……（《續修四庫全書》影印清乾隆五十五年湛貽堂刻本《陔餘叢考》卷三十一）

⊙刻書書册

《池北偶談》引《五代會要》：後唐長興三年，命太子賓客馬縞等充詳勘九經官，於諸選人中召能書者，寫付匠雕刻，每日五紙，與減一選。漢乾祐中，《周禮》、《儀禮》、《公羊》、《穀梁》四經始鏤版。周廣順三年，尚書左丞田敏進印板九經。馬端臨《文獻通考・書籍門》亦載刻書始於後唐。沈括《筆談》及《孔氏雜說》亦皆以為始於馮道奏鏤五經。又和凝有集百餘卷，自鏤板行世。廣順中，蜀人毋昭裔出私財百萬，刻九經板，又刻《文選》、《初學記》、《白孔六帖》行於世。是刻書始於五代，明矣。然葉夢得又謂唐柳玭《訓序》言在蜀見字書雕本，而元微之序白樂天《長慶集》亦云：「繕寫摹勒，衒賣於市井。」摹勒即刊刻也，則唐時已開其端歟？《筆談》亦謂板印書籍，唐時尚未盛。曰尚未盛，則已有之也。《河汾燕閒録》又謂：「隋開皇十三年十二月八日，敕廢像遺經，悉令雕撰。」王阮亭引之，以為刊書之始。刊書與抄書，難易不啻百倍，若隋已有雕刻。何以唐時尚未盛行，直至五代時始有之。當是隋、唐時，習其技者少，刻書甚艱故耳。胡應麟《筆叢》亦謂雕本肇于隋，行于唐，擴於五代，精于宋。郎瑛《七修類稿》又謂：唐時不過少有一二，至五代始盛，宋則群集皆刻，要不謬也。今世刻工有活板法，亦起于宋時。沈括云：其法用泥刻字，每字為一印，火燒令堅，欲印則以鐵範置板上，而密布字印於其中，頃刻印千百本，此即活板法也。但宋時猶用泥刻字，今則並用木刻，尤為適用耳。陸深《金臺紀聞》云：近日毘陵人用銅鉛為活字，視板印尤巧便。則又以活字為起于明代，蓋未知宋時已有刻泥活字之法也。又程大昌《演繁露》云：「古書皆卷，至唐始為葉子，即今書册也。」此恐未必，唐時如鄴侯插架三萬軸，白樂天云「新詩三十軸，軸軸金玉聲」，微之序樂天詩亦云「前後數十軸」，是其時尚用卷軸也。《筆叢》亦謂：「唐末宋初，鈔録變而為印摹，卷軸變而為書册。」（《續修四庫全書》影印清乾隆五十五年湛貽堂刻本《陔餘叢考》卷三十三）

⊙牛皮船

西番一帶，山巒陡險，溪流湍悍，舡不得施，土人有用牛皮為船者。按《後漢書・匈奴傳》：「北匈奴遣騎候望朔方，作馬革船，欲度南匈奴叛者。」《鄧訓傳》：「任尚擊迷唐羌，縫革為船，置牌上以渡河。」《晉載記》：「慕容垂擊翟釗軍於黎陽，為牛皮船百餘艘，欲渡以誘之。」《北史》：「室韋國以皮為舟。又嘉良夷有水，闊百餘丈，用皮為舟以濟。」《新唐書》：「東女國有弱水，縫革為船。」白香山《蠻子朝》詩云：「泛皮船兮渡繩橋，來自嶲州道路遙。」《元史》：「世祖取大理，乘革囊渡金沙江。」《汪世顯傳》：「宋兵屯萬州，世顯從上游鼓革舟徑渡，襲其兵。」《速哥傳》：「帥師攻蜀至馬湖江，以革為舟夜渡。」是牛皮為船，由來久矣，皆出於番俗也。然沈攸之進攻濃湖，造皮艦十乘，拔其營柵。周世宗親攻壽春，趙太祖乘皮船入壽春濠中，則内地亦有用之者。（《明史・唐龍傳》：「時吉囊居套中，西抵賀蘭山，限以黄河，不得渡，乃用牛皮為渾脱，渡入山後。」然渾脱非船比，乃縫羊皮吹氣令飽，而人乘之以渡耳。）（《續修四庫全書》影印清乾隆五十五年湛貽堂刻本《陔餘叢考》卷三十三）

⊙佛經字數

《妙法蓮花經》六萬九千五百五言，《維摩詰經》三萬七千九十二言，《金剛般若波羅蜜經》五千二百八十七言，《佛頂尊勝陀羅尼經》三千二十言，《阿彌陀經》一千八百言，《觀音普賢菩薩法行經》六千九百九十言，《實相法蜜經》三千一百五言，《般若波羅蜜多心經》二百五十八言。此八種經具十二部，合一十六萬六千八百五十七言，見白香山所作《蘇州重玄寺法

華院石壁經碑記》，謂三乘之要旨，備於此矣。(《續修四庫全書》影印清乾隆五十五年湛貽堂刻本《陔餘叢考》卷三十四)

⊙小生晚生

《漢書·朱雲傳》云：罷官過薛宣，宣曰：「君且留我東閣，可以觀四方奇士。」雲曰：「小生乃欲相吏耶?」師古註：小生謂宣，新學後進乃欲以我爲吏乎？小生之名，始見此。然非自稱，作謙辭也。其以之自稱者，唐李陽冰自稱其篆書，謂斯翁之後，直至小生（斯翁謂李斯也）。又元稹《上令狐相公》曰：「白居易能詩，或爲千言，或爲五百言律詩以相投寄小生，自審不能有以過之，往往戲排舊韻，別創新調，名爲次韻。」此文士自稱小生之始也。……（《續修四庫全書》影印清乾隆五十五年湛貽堂刻本《陔餘叢考》卷三十八）

⊙諱龜

莊綽《雞肋編》：浙人以鴨為諱，謂鴨僅一雄者，不能生卵，須二三雄始有子，故俗以此為諱也。今俗以縱妻淫行者為龜，不知起於何時。《左傳》宋有公子圍龜，楚有鬬韋龜。漢有京兆尹陳龜，幽州刺史朱龜。曹魏有典農劉龜。北魏孝明帝以神龜紀年，孝昌中有大臣叱列伏龜，正始中有羽林監王元龜。唐時宗室有楚王靈龜，嗣曹王龜年，大臣有崔從龜、王龜、劉崇龜、李權龜，庶僚有樂朋龜、薛元龜，協律有李龜年，進士有張仁龜，處士有陸龜蒙，道士有解元龜，白樂天名其姪曰龜兒，宇文籍字夏龜，張志和本名龜齡，王俌字興龜，賀知章稱殷踐猷為「五總龜」，謂龜千年五聚，問無不知也。……（《續修四庫全書》影印清乾隆五十五年湛貽堂刻本《陔餘叢考》卷三十八）

⊙養瘦馬

揚州人養處女，賣人作妾，俗謂之「養瘦馬」，其義不詳。白香山詩云：「莫養瘦馬駒，莫教小妓女。後事在目前，不信君看取。馬肥快行走，妓長能歌舞。三年五年間，已聞換一主。」宋漫堂引之，以為養瘦馬之說本此。(《續修四庫全書》影印清乾隆五十五年湛貽堂刻本《陔餘叢考》卷三十八）

⊙六李杜、二袁劉、二鮑謝、四蘇李、三李郭、兩元白

……唐元微之、白樂天並以詩名，時稱元白。金末元遺山為一代文人之

冠，其時有白君舉，字寓齋，陽州人，以進士官岐山令，詩名與遺山相頡頏。元白本世契，兩家子弟每舉長慶故事相往來，時人亦謂之元白。（《續修四庫全書》影印清乾隆五十五年湛貽堂刻本《陔餘叢考》卷三十九）

⊙長壽

古來所傳長壽人最多，然《列仙》、《述異》諸書荒幻不足信。其見於史傳者，三代以上帝王，具載韓昌黎「佛骨」一表。至秦、漢以下，則亦有可數者。

《漢書》：「趙佗卒於漢建元四年。」徐廣引皇甫謐云：「其時漢興已七十年，則佗蓋百餘歲。東甌王壽百六十歲。」《北史》：「魏神元帝一百四歲。高麗王璉年百餘歲。吐谷渾王夸呂在位百年。此人君之最壽者。」《漢書》：「丞相張蒼年百餘歲。」《陳思王集》：「桓君山曰『余前為王莽典樂大夫』，自王莽至魏已二百餘年。」《魏書》：「代人羅結，魏太武初遷侍中，總三十六曹事，年一百七歲，精爽不衰，一百十歲始聽歸老，又十年乃卒。」《唐書》：「甄權在隋開皇時為秘書正字，至貞觀十七年一百三歲，太宗授朝散大夫。」白香山「九老」中有李元爽，年一百三十六歲。……（《續修四庫全書》影印清乾隆五十五年湛貽堂刻本《陔餘叢考》卷四十二）

⊙成語

洪容齋謂：世俗稱引成語，往往慣用為常，反不知其所自出。……世間好物不堅牢，彩雲易散琉璃碎。（白樂天《簡簡吟》。）……（《續修四庫全書》影印清乾隆五十五年湛貽堂刻本《陔餘叢考》卷四十三）

《廿二史劄記》

⊙新舊唐書・新書改編各傳

長慶中詩人，元、白並稱，《舊書》同在一卷，新書何以又不同卷，而以白居易與李乂等同卷，列在中宗朝桓彥範等之前，不且顛倒時代乎？晚唐詩人温、李並稱，新書何以文苑中只有李商隱，而温庭筠則附其遠祖《大雅傳》後乎？陽城裂麻一事，不愧眞諫官，入之列傳可矣。司空圖避亂晦迹，入之隱逸可矣，乃又創立卓行一門，以位置之。張易之兄弟，《舊書》附在名臣張行成傳後，本屬不倫，《新書》別無可位置，遂亦附行成傳後。薛懷義，舊附外戚武氏傳後，固屬非類，《新書》以其無可附，遂并不立傳。夫卓行一門，既可創爲之矣。此等獨不可立倖臣傳乎？李忠臣、喬琳，舊在列傳，《新書》以其晚節受朱泚僞命，遂改入叛臣傳，夫叛臣必如高駢、朱玫等首倡叛亂者，方專立一傳，喬、李等不過從賊耳，從賊中如源休姚令言等，皆盡力助逆，僅附泚傳中，而喬、李曾有功於國，晚節一蹉跌，轉列為叛首，而并以附泚之蔣鎮等附其後傳，更覺失當，豈以二人曾爲將相，故責之獨重耶？又，《舊書》無藩鎮傳，殊覺淆混，《新書》則魏博鎮冀淄青横海宣武彰義澤潞，各爲一卷，便覺一覽瞭如然，既分鎮立傳，則此一鎮之主帥，更替承襲，但依次直書，其人之賢否自見，《新書》則以田宏正、張孝忠等之純心爲國，始終一節者，又提出另入列傳，遂使一鎮之序次中斷，此亦過於分別之病。至僧玄奘為有唐一代佛教之大宗，此豈得無傳，《舊書》列於方伎是矣，《新書》以其無他藝術，遂并不立傳。抑思方者，方外也，伎者，藝術也，無藝術，獨不可以方外處之乎？余嘗謂《新唐書》一部獨缺兩僧，一高行之玄奘，一邪倖之懷素，究屬史家缺事也。（卷十六，《廿二史劄記校證》訂補本，第三五四頁）

⊙新舊唐書·新書好用韓柳文

歐宋二公，皆尚韓柳古文，故景文於唐書列傳凡韓柳文可入史者，必採摭不遺。《張巡傳》則用韓愈文，《段秀實傳》則用柳宗元書逸事狀，《吳元濟傳》則用韓愈平淮西碑文，《張籍傳》又載愈答籍一書，《孔戣傳》又載愈《請勿聽致仕》一疏，而於《宗元傳》載其貽蕭俛一書，許孟容一書，《貞符》一篇，《自儆賦》一篇，可見其於韓柳二公，有癖嗜也。又於《劉禹錫傳》載其所自作《子劉子》一篇，以見其處境之志。《杜牧傳》載其《罪言》一篇，以見其經世之才，此皆文人氣類相惜，有不期然而然者。白居易傳：《舊書》載其《與元稹書》，極敘作詩之功，及得名之處。後移忠州，與稹相遇於夷陵，流連文酒，寫木蓮枝圖以寄朝士。晚歸東都，作《池上篇》，寄興樊素、小蠻，及與香山僧如滿結香火社等事。《新書》則一切刪之，專敘其疏諫吐突承璀不可將兵；獻虞人箴以儆穆宗好獵；並措置河朔，請令李光顏將兵，裴度鎮太原等疏，與《舊書》命意迴別。蓋《舊書》專表其詩才之高，襟懷之曠，置之恬淡一流；而《新書》則欲著其立朝丰采議論，以見文人中

自有名臣，此又景文深意也。（卷十八，《廿二史劄記校證》訂補本，第三八一頁）

⊙新舊唐書·新舊書互異處

元稹傳：《舊書》謂稹宿敷水驛，與内官劉士元爭廳，為士元擊傷面。《新書》謂中人仇士良至，稹不讓，中人怒，擊稹傷面。案白居易救稹疏亦謂與劉士元爭廳，而《新書》云仇士良者，蓋士元隨士良至而擊稹耳。（按《仇士良傳》亦言與稹爭廳，則是時士良實親至敷水驛也。）（卷十八，《廿二史劄記校證》訂補本，第三八七頁；《叢書集成初編》本第三五一頁）

⊙新舊唐書·中官出使及監軍之弊

中官出使及監軍，累朝皆有之，然其害亦莫有如唐之甚者。小則索賄賂，大則釀禍端。今就新舊唐書案之。《高力士傳》：是時中人出使，或修功德，市鳥獸，使還所獲，動巨萬計。京師甲第名園，良田美產，占者什六七，此猶不過藉禁近之勢，以黷財也。安禄山將反，楊國忠等力言於帝前。帝使宦官輔璆琳覘之，得厚賂，歸言禄山不反。於是禄山益得征繕稱兵矣。封常清在東都戰敗奔陝，勸高仙芝退守潼關，中人邊令誠奏其敗退狀，而二大將同日受戮矣。僕固懷恩負氣訴寃，代宗使中人駱奉先諭之，奉先不受宴，竊馬馳歸，而懷恩以疑懼而決反矣。李寶臣方奉命討田承嗣有功，代宗使中人馬承倩勞之，寶臣贈絹少，承倩詬而擲於途，寶臣顧左右有慚色，於是轉與承嗣連衡拒命矣。德宗晚年姑息藩鎮，每帥守物故，必先遣中使往覘軍情，其副貳有物望者，輒厚賂使之保奏，德宗因而授之，由是節度使之除拜，亦出其口矣。武宗討澤路，時太原將楊弁激衆叛，武宗使中人馬元貫往諭，得其賄，歸言太原有十五里，明光甲不可討，賴李德裕折之，始語塞，是轉為叛者，脅授旄節矣。此中官出使，徒縱其納賄，而無益于國事，且反以釀禍者也。又有中使監軍之弊，自開元、天寶間討吐蕃諸國，已有宦者監大將之軍。至魚朝恩為觀軍容使，邙山之戰，李光弼欲據險而陣，朝恩令陣於平地，遂致大敗。（光弼傳）據裴度、韋臯、李德裕等所奏，大概監軍者先取鋭兵自衛，懦者出戰，戰勝則先報捷，偶衄則淩挫百端，侵撓軍政，將帥不得專主。每督戰，輒建旗自表，小不勝則捲旗去，大軍往往隨之奔北。故劉闢之叛，杜黃裳請不用監軍，專委高崇文討之。然白居易疏謂「韓全義討淮西，賈國良監之，高崇文討蜀，劉貞亮監之。」是黃裳雖奏，而監軍仍未撤也。（居易傳）裴度討吳元濟，始奏去監軍，主將得專兵柄，法令既一，戰皆有功，遂平淮、蔡。（度傳）其後會昌中討劉稹，李德裕亦奏「監軍不得干軍事，每兵百人，聽以一人為衛。」由是號令精整，遂平澤潞。（德裕傳）……（卷二十，《廿二史劄記校證》訂補本，第四二八頁）

⊙宋史·録名臣後

真宗録唐白居易後利用，為河南府教授；元稹七世孫為台州司馬；裴度孫坦為鄭州助教。又録唐長孫無忌、段秀實等孫皆教官。仁宗録唐狄仁傑、張九齡、郭子儀、顔真卿後。神宗録唐魏徵、狄仁傑、段秀實後。皆見本紀。（卷二十四，《廿二史劄記校證》訂補本，第五二二頁；《叢書集成初編》本第四七四頁）

⊙宋史·宋科場處分之輕

……唐錢徽知貢舉，段文昌屬以楊渾之，李紳亦託以周漢賓，及榜發，皆不中選，而取中有李宗閔之婿蘇巢，楊汝士之弟殷士。文昌遂奏徽取士不公。穆宗命王起、白居易重試，内出題目「孤竹管賦」、「鳥散餘花落詩」，舉子多不知出處，被黜者：孔温業、趙存約等十人，遂貶徽江州刺史，李宗閔劍州刺史，楊汝士開江令。是唐時科場之處分本輕……（舊唐書·錢徽傳）（卷二十五，《廿二史劄記校證》訂補本，第五四二頁）

⊙元史·色目人隨便居住

塔喇齊（舊名塔里赤）本康里人，其父從太祖南征至洛陽，得白樂天故址，遂家焉。（卷三十，《廿二史劄記校證》訂補本，第七〇一頁）

智按：趙翼，字雲崧，一字耘崧，號甌北，陽湖（今江蘇常州）人。乾隆二十六年（一七六一）進士，授翰林院編修，出知廣西鎮安府，曾奉命赴滇南大學士傅恒軍幕贊畫軍事，擢貴西兵備道。乾隆三十八年辭官家居，曾一度主講揚州安定書院。詩與袁枚、蔣士銓齊名，合稱「乾隆三大家」。又是一位史學家，著有《廿二史劄記》、《陔餘叢考》、《檐曝雜記》、《皇朝武功紀盛》等。其詩集《甌北詩鈔》存詩五十三卷四千八百多首。《清史稿》卷四八五有傳。其《甌北詩話》依次評論李白、杜甫、韓愈、白居易、蘇軾、陸游、元好問、高啓、吳偉業、查慎行等盛唐至康熙朝十餘位著名詩人，具有詩史性質。

湯大奎（一七二八～一七八七）

《炙硯瑣談》

先生，長者君公尊稱也，皆他人稱之之詞。然漢祖問四皓姓名，其一自稱角里先生，魏哀王時游士自號梧下先生，皇甫謐自號玄晏先生，陶潛自號五柳先生，王績自號五斗先生，白居易自號醉吟先生，唐彥謙自號鹿門先生，李昭屺自號樂靜先生，江端友自號七里先生，孟子拒留行客，酈食其初見沛公，伍子胥自刭時，俱自稱長者，酈食其對漢使，及齊王田廣俱自稱而公，漢祖對酈食其陸賈自稱而公迺公，司馬遷自稱太史公，徐陵與王僧辨書自稱徐君，王僧達祭顏光禄文自稱王君，張說祭殷仲堪文，弔陳司馬書竝自稱張君，王績答杜之松，馮子華與江公重四書竝自稱王君，至顏延之以何偃呼爲顏公，答曰：身非三公之公，又非田舍之公，又非君家阿公，何以見呼爲公。特以其輕脱怪之耳。（《炙硯瑣談》卷上，《四庫未收書輯刊》影印清乾隆五十七年趙懷玉亦有生齋刻本）

唐人詩句，多攔入方言助語，如杜甫「劃見公子面」，劃見猶瞥見也；「遮莫鄰雞下五更」，遮莫猶儘教也；「赤憎輕薄遮人懷」，赤憎猶生憎也；「耐知茅齋絕低小」，耐知猶極知也；「飛騰無那故人何」，六朝人以奈爲那，即無柰也。賀知章「遮渠不道是吳兒」，遮渠猶從他也；元稹「取次梳頭闇淡妝」，取次猶次第也；顧況「市頭格是無人別」，格是猶已是也，亦作隔是。白居易「萬戶垂楊裹，君家阿那邊」，阿那猶何處也，「請君莫道等頭過」，等頭猶等閒也，「家釀唯殘軟半瓶」，軟半猶小半也；陸龜蒙「可口是妖譌」，可口猶信口也；羅隱「可中用作鴛鴦被」，可中猶恰宜也；鄭谷「可合花前半日醒」，可合，反詞也。又如，李白「耐可乘明月」、「作箇音書能斷絕」，杜甫「長安若箇邊」，駱賓王「箇時無數併妖姘」、「箇裏無窮總可憐」，顧況「箇身却似籠中鶴」，張籍「爲箇朝章束此身」，白居易「咄哉箇丈夫」、「的有深耕處」、「的無官職趁人來」、「的應勝在白家時」，皮日休「開時的定合雲液」、「檜身渾箇矮，石面得能皸」、「貧養山禽能箇瘦」，韓愈「乍可阻君意」，李端「不忿朝來喜鵲聲」，趙嘏「不憤遠年别」，杜甫「不分桃花紅似錦」，杜牧「賸肯新年歸否」，温庭筠「去帆不安幅，作底使西風」，司空圖「剛須又樸越溪茶」（智按：樸应作撲），「裹許原來别有人」（智按：温庭筠句）。又如酷見、飽聞、揭來、端的、好在、其如、寧可、劣得、終然、則是、兼之、因之、憑仗、也應、劇憐、借問、暢有、羌無之類，不可枚舉。吾輩作詩熟俗者，多用則涉打油，生僻者悮用則成笑柄，如詞曲家襯字，能手例以少爲貴也。（《炙硯瑣談》卷下，《四庫未收書輯刊》影印清乾隆五十七年趙懷玉亦有生齋刻本）

吴江鄒蕙祺淑芳，常熟嚴伯玉煒妾也，能詩，有句云：「洗手自憐十指甲，何因又長兩三分。」十字自注：「平聲。」按陸游《老學菴筆記》云：「十字轉平聲，可讀爲諶。」白樂天詩：「緑浪東西南北路，紅欄三百九十橋。」宋文安公《宫詞》：「三十六所春宫館，一一香風送管絃。」（《炙硯瑣談》卷下，《四庫未收書輯刊》影印清乾隆五十七年趙懷玉亦有生齋刻本）

唐人詩用字異音，如劉夢得「拋却承郎爭柰何」，爭作去聲，「停杯處分不須吹」，白樂天「處分貧家殘活計」，分皆作去聲，韓退之「軒然大波起，宇宙隘而防」，防音訪，「新輩只嘲評」，評音病，王建「每日臨行空挑戰」，羅虬「不應琴裹挑文君」，挑皆上聲，包佶「曉漱瓊膏冰齒寒」，李義山「簟冰將飄枕」，冰皆去聲，段成式「玳牛獨駕長檐車」，長作上聲，白樂天「請錢不早朝」，請作平聲，「四十著緋軍司馬」，司作入聲，「紅闌三百九十橋」，十讀如諶，「爲問長安月，如何不相離」，相，思必切，「燕姬酌蒲桃」，蒲作入聲，「三年隨例未量移」，量作平聲，「金屑琵琶槽」，琵仄聲，「仁風扇道路，陰雨膏閭閻」，扇平聲，膏去聲，「得時方張王」，張、王，竝去聲，元微之「徵俸封魚租」，封音奉，「一生長苦節，三省詎行怪」，怪音乖，「洞照失明鑑」，鑑作平聲，「高屋無人風張幕」，張音漲，「苦思正旦酬白雪」，旦音丹，「雁思欲回賓」，自注：思，上聲。陸魯望「海客施明珠，湘蕤料淨食」，自注：「料，平聲。」獨孤及「徒言漢水纔容舠」，纔作去聲，盧綸「人主人臣是親家」，親作去聲，李義山「可惜前朝元菟郡」，菟作去聲，「九枝燈檠夜珠圓」，唐彦謙「燈檠昏魚目檠」，俱音景。徐鉉「莫折紅芳樹，但知盡意看」，注：「但，平聲。」唐人如此尚多，未能枚舉。又宋陶穀「尖簷帽子卑凡斷」，斷入聲，陸游「燒灰除菜蝗」，蝗，仄聲，「拭盤堆連展」，連，上聲，讀如輦。東坡詩「左元放」，放，作平聲，「司馬相如」，如，上聲。（《炙硯瑣談》卷下，《四庫未收書輯刊》影印清乾隆五十七年趙懷玉亦有生齋刻本）

智按：湯大奎，字曾輅，號緯堂，武進（今江蘇常州）人。乾隆二十八年（一七六三）進士，任臺灣鳳山知縣。在林爽文起義中被殺。墓誌表見洪亮吉《卷施閣文乙集》卷七、趙懷玉《亦有生齋文集》卷十六。據管幹珍撰傳，「君生平絕無嗜好，顧獨好詩，曾録其尤付剞氏，而甲午後詩集攜至海外，皆散佚。所著《炙硯瑣談》十二卷、補遺一卷，創於庚子，成於乙巳，凡六年而竣，至丙午沒於賊。今捃拾殘本，而全書已不可得而見矣」。據其所述，知此書成於乾隆五十年（一七八五）乙巳，今所傳三卷乃原書第十卷及補遺一卷，益以從鄉里訪得之初集稿數帙，重編而成。趙懷玉序云：「（君）晚官海外，無書可觀，省記所及，纂《炙硯瑣談》十二卷、補遺一卷，考鏡是非，揚扢風雅，人有一辭之善，輒採録之。發潛闡幽，非徒鈐說已也」。

田蘭芳（一七二八～一八〇一）

《侯叔岱琴譜序》

叔岱雅善鼓琴，而余不解爲詩。余數問詩于叔岱，叔岱不余忤也。叔岱亦樂爲余鼓琴，蓋非謂余之能不忤也，固特喜余之不能忤耳。叔岱之言曰：琴之爲德優矣，其爲妙不可傳矣。然猶幸有數焉，可得而言者。琴有徽，有徽則有位，而所爲上下者不可越；琴有弦，有弦則有彈，而所爲輕重者不可亂。人得而知之也，位之中更有位焉。彈之外，仍有彈焉，則遠近合度，而疾徐中法矣。人不得而盡知也。若夫心不能命，手無所承，官動神隨，其音泠泠，固非人力之所得而彔焉者也。謬者少得其所謂位，與彈者曰：如是足矣，又安望其求位中之位，彈外之彈，以至于成文而比音乎？顧欲語之故，則先入橫據于中，是何異爲詩者？粗通八病，略解四聲，輒訑訑然曰：夫有所受之也。然則與知者言，固勝于不知，而不知者自以爲知，不信人之別有所爲知，何如不知者自知其不知，無先入以溺之，一惟知者之言是聽之爲愈乎，王無功舍世之能言者，而日玄對乎仲長子光，白香山去世之名詩者，而必諄復于執炊老婢，意蓋然耳。此余所以爲君撫弦動操，而不暇止也。余曰：固也，然以一二人之故輒爾，嘿嘿使所自得之妙，卒弗傳焉，不幾因刖而廢履乎？雖然，君所言者神也，世能喻者跡也，苟不跡之是正，而驟以語夫神焉，是猶離規矩以求方員，外律吕以希要眇，不可得矣。於是叔岱爲譜若干卷，指界分之別，細若毫髮；示留放之候，微踰呼吸。凡爲跡者，盡此矣，人苟濯去舊聞，循是以求焉，倘所謂神者，不即在是與？嗚呼！安得世有畫六義而譜之，其明且盡，亦如是焉，余雖老矣，猶願後達夫而從事也。(《逸德軒詩文集》文集上卷，《四庫未收書輯刊》影印清康熙二十六年劉榛等刻本)

智按：文後評云：「一琴譜序，説盡教學大道理，可見逢原之樂。」

田蘭芳，字梁紫，又字伍眾，號簣山，河南睢州人。諸生。有《逸德軒詩》。

錢大昕（一七二八～一八〇四）

《答問十》

問：《唐史》以白居易與武平一、李乂、賈曾合傳，前後既不同時，行事亦不相類，何也？

曰：樂天文章風節，固非平一輩所及，晚節蕭然物外，有古人止足之風，自當別爲一篇。敏中齷齪守位，當入宣宗朝宰相之列，較之樂天，人品清濁懸殊，豈宜在附傳之例乎？至若張昌宗、易之昆弟，嬖倖小人，士大夫羞與爲伍，而新舊二史，俱附之《張行成傳》，不特皂白不分，重爲膏粱之玷矣。(《四部叢刊》本《潛研堂文集》卷十三，吕友仁標校本《潛研堂集》，第二〇一頁)

《虎邱創建白公祠記（代）》

古人稱三不朽，以立言與立德、立功並稱，言豈易立哉！言之立者，根乎德，通乎功，而一以貫之，非徒組織其詞以為麗，詰屈其句以為工者也。唐太子少傅白文公，早踐清要，直道事君，其章奏可以彌縫主闕，其諷諭可以宣達下情，而終始一節，不肯干進，皭然於閹幸之朝，超然於朋黨之局，使其遭時遇主，功豈在房、魏、姚、宋下；而時命限之，獨以詩為百代宗師。公之立言，出於性之所好，要非有慚於德，亦豈無意於功者哉！當寶曆初元，公來刺蘇州，次年即移疾去，在郡未久，史不詳其治行，然讀其《郡齋走筆》詩有云：「救煩無若靜，補拙無（莫）如勤。削使科條正（簡），攤令賦役均。……敢辭稱俗吏，且願活疲民。」（智按：《自到郡齋僅經旬日方專公務未及宴游，偷閒走筆題二十四韻兼寄常州賈舍人、湖州崔郎中仍呈吳中諸客》，寶曆元年〔八二五〕，五十四歲，任蘇州刺史。《白居易集箋校》第一六二四頁）藹藹乎，懇懇乎，徇古循吏之言也。又於虎邱重開寺路，桃李蓮荷，約種二千株，今山塘尚有白堤之稱，其有德於吳人甚厚，而郡志不備書。自郡學名宦祠而外，未有專祠，以慰邦人尸祝之忱，豈非中吳之闕事耶？

予承乏兹郡，兩載以來，留心掌故，有味乎公靜勤之言，因念昔賢轍跡所至，湖山藉以生色。况公於武邱，有開路之績，而一年十二度，游賞之數，亦無過於此，千秋萬歲，精爽必留戀焉。爰請於大憲，相視山之東麓，得蔣氏塔影園，捐奉買之，創為公祠。落成之日，卜吉奉栗主，妥而侑之。嘗讀公《詩石記》，言年十四五時，慕韋、房二公詩酒仙之名，謂異日蘇、杭苟得一郡足矣。厥後自蘇歸洛，值劉夢得守蘇，作《憶舊游》一篇寄之，又有《夢蘇州寄馮侍御》詩。晚歲編次文集為五本，其一藏蘇之南禪寺，自少至老，眷眷於蘇如此，而報功仰德之舉，至今始得以藉手。忝在守土，聿觀厥成，詎非大幸乎？祠成，當有記，以識歲月，並作迎饗神之曲，俾春秋歌以樂公。其詞曰：

公昔承詔兮牧吾民，剖左符兮擁朱輪。紫薇堂兮判牘，科條簡兮賦役均。武邱兮開路，桃李兮班春，士女夾道兮迎使君，如父母兮撫子孫，公一去兮千餘歲，澤逮民兮久勿替。言已立兮德功備，曷不修兮祀事。崇祠兮肇始，山清兮水泚，兜率天兮海山，駕雲車兮涖止。蘭肴兮椒漿，勸公兮一觴。紅欄兮綠浪，想前塵兮未忘。左挹少陵兮右引玉局，相酬答兮山之曲。(《四部叢刊》本《潛研堂文集》卷二十，呂友仁標校本《潛研堂集》，第三二七～三二八頁)

智按：嘉慶二年（一七九七），代蘇州知府任兆炯所作。《【同治】蘇州府志》卷三十七（清光緒九年刊本）即署任兆炯記。任兆炯，字曉林，聊城（今屬山東）人。乾隆四十五年（一七八〇）舉人，歷任江蘇浦縣、南匯知縣，仕至蘇州知府，在任二十年，重修白公祠于蔣氏塔影院遺址，又修范公石湖、懷杜、仰蘇二閣。後因涉漕案，被彈劾左遷，平冤昭雪後，授六部主事。

《述庵先生七十壽序》

少司寇述庵王公，以文章經濟敭歷中外，垂三十年。……嘗慕白文公、晁文元、陸文定之出處，若有志而未逮者，蓋風俗之賴以移者深矣。公自爲諸生，即負重名，詩詞之工，紙貴吳下。經術專宗漢儒，名其齋曰鄭學，以示圭臬。……（《四部叢刊》本《潛研堂文集》卷二十三，呂友仁標校本《潛研堂集》，第三七八～三八〇頁）

智按：王昶（一七二五～一八〇六），字德甫，號述庵，又稱蘭泉先生，青浦（今屬上海）人。好金石之學，收羅商周銅器及歷代石刻拓本一千五百餘種，編為《金石萃編》一百六十卷。曾參加纂修《大清一統志》、《續三通》等書。有《春融堂集》。輯有《明詞綜》、《國朝詞綜》、《湖海詩傳》、《湖海文傳》等。

《杜詩雙聲疊韻譜序》

……或謂子美詩，上薄風騷，下該沈宋，實穿今古，盡美盡善，詎必區區於聲韻之末求之？予曰：「否！否！黃鐘大呂之奏，可以降天神出地祇，要未有侈弇薄厚之不適而可載諸簨簴者。《詩》三百篇，聲韻之至善者也。唯子美善學之。後之詩家，皆自言學杜，然自香山、東坡二公而外，精於聲韻者，蓋寥寥矣。兒童學語，鄉曲常談，有時而闇合；學士大夫，日從事於謳吟，而終身昧昧，翻謂小技不足道，何顔之厚與！……（《四部叢刊》本《潛研堂文集》卷二十五，呂友仁標校本《潛研堂集》，第四二七～四二八頁）

《習菴先生詩集序》

……西莊長予六歲，而學成最早，予得聞其緒論，稍知古學之門徑；習菴少於予三歲，而辯悟通達，勝予數倍。兩君者，天下之善士也。置之古人中，無不及焉。而在吾鄉，吾皆得而友之，既而先後通籍，徧交海内名流，閲歷四十餘年，而屈指素心，無如吾兩君者。不獨頌讀其詩書，并親炙其性情學問。古來稱齊名者，李杜、元白、韓孟、皮陸，俱非同在一鄉，而兩君乃近得之望衡對宇之際，此生平第一快事也。（《四部叢刊》本《潛研堂文集》卷二十六，呂友仁標校本《潛研堂集》，第四三六～四三七頁）

《炙硯集序》

……唐時詩人唱和篇什最富者，莫如元、白二公。二公同登貞元進士第，微之詩所云：「昔歲俱充賦，同年遇有司」者也。今習菴之詩，爲朝野推重，不減香山廣大教化之目，而一時唱酬諸公，異曲同工，視元和長慶之彦，有過之無不及。然則此集之刻，其傳誦人口，而流播雞林無疑矣。（《四部叢刊》本《潛研堂文集》卷二十六，呂友仁標校本《潛研堂集》，第四四〇～四四一頁）

《歸震川先生年譜序》

年譜一家，昉於宋。唐人集有年譜者，皆宋人爲之。留元剛之於顔魯公，洪興祖、方崧卿之於韓文公，李璜、何友諒之於白文公，耿秉之於李衛公是也。震川歸先生之文，近代之韓歐陽也，韓歐陽有年譜，而先生闕焉。是非後進之責與？……（《四部叢刊》本《潛研堂文集》卷二十六，呂友仁標校本《潛研堂集》，第四四七頁）

《跋中興學士院題名》

唐時翰林爲掌制之地，選工於文學者，以它官入直，無不除學士者。其久次則爲承旨學士，職要而無品秩，當時但以爲差遣，非正官也。……《新唐書》云：「學士無定員。」然白居易詩已有「同時六學士」之句。……（《四部叢刊》本《潛研堂文集》卷二十八，呂友仁標校本《潛研堂集》，第五〇九頁）

《李靜叔傳》

李文淵字靜叔，益都人。……靜叔之兄素伯，工古文詞，故靜叔亦好爲古文，所著論辨説凡二十餘篇。嘗言：「昌黎韓氏之説，後人陰祖而陽絀之。……」又言：「唐詩於本朝事，每無所忌諱，猶變雅之遺也。忠厚如宋，而蘇子瞻猶以詩下獄。至白樂天爲樂府諷時政，遂召入翰林，唐詩所以不可及者，豈獨字句之工哉！」其議論有根據而不苟同多類此。靜叔既沒，同學私謚之曰孝悼子。……（《四部叢刊》本《潛研堂文集》卷四十，呂友仁標校本《潛研堂集》，第七二三～七二五頁）

《日講起居注官翰林院侍講學士曹君墓誌銘》

翰林院侍講學士曹君習菴，予同里總角交也。……學士在唐宋時，預聞機密，今則專以文字爲職，然亦惟鴻筆麗藻，斯與職稱，學優如君，其不謂之眞學士也夫。銘曰：

威鳳五采，鳴於朝陽。詞臣報國，厥惟文章。漢廷枚馬，鄴下陳王。詩歌元白，制誥常楊。慶歷歐梅，元祐蘇黄。虞楊范揭，高楊徐張。淵哉若人，文苑之英。名位未極，令聞不忘。誰其銘之，疇昔鴈行。竹林路杳，懸河淚滂。（《四部叢刊》本《潛研堂文集》卷四十三，呂友仁標校本《潛研堂集》，第七八〇～七八三頁）

《西沚先生墓誌銘》

……西沚姓王氏，諱鳴盛，字鳳喈。……蚤歲論詩，溯原漢魏六朝，宗仰盛唐，中年稍變化，出入香山、東坡，晚年獨愛李義山，謂少陵以後一人。前後吟詠甚富，手自删定，爲二十四卷。……（《四部叢刊》本《潛研堂文集》卷四十八，呂友仁標校本《潛研堂集》，第八三八～八四一頁）

《韶光庵用白樂天招韜光禪師韻》

嶺上疑無路，雲中别有家。行過翠竹徑，忽見金蓮花。浩蕩登高興清，

幽學道芽啞。羊眞可哂，不會趙州茶。(《四部叢刊》本《潛研堂詩集》卷九，呂友仁標校本《潛研堂集》，第一〇八六頁)

《題王石谷蘇齋圖》

笠屐積唐古丈夫，騎鯨去遠欲相呼。東坡號借香山白，繡谷齋顏玉局蘇。春夢過來那有迹，小園賦後未全蕪。摩挲雙眼誇奇絕，心折耕煙第二圖。(《四部叢刊》本《潛研堂詩集》卷九，呂友仁標校本《潛研堂集》，第一〇九一～一〇九二頁)

《嚴道甫五十壽詩》

棲霞千仞翠當空，江左風流屬謝公。退自急流纔算勇，力能造命不居功。朝家掌故巾箱裏，海内名賢縞紵中。只恐蒼生催又起，未容五十便稱翁。

何須極貴又長生，安穩江鄉是化城。詩卷新排成巨富，煙霞偶戀亦多情。屏風任繪香山像，走卒能知涑水名。道德指歸胸自了，僊家世系出君平。(《四部叢刊》本《潛研堂詩續集》卷四，呂友仁標校本《潛研堂集》，第一二〇九～一二一〇頁)

《選吴竹嶼舍人遺詩畢感舊有作》

身到絲綸閣上頭，煙霞痼疾未全瘳。輞川園好留人住，白傅詩成放客偸。青紫那如名士貴，漆膠獨與素心投。篋中遺藁新排就，寂寞黄壚尚憶不？(《四部叢刊》本《潛研堂詩續集》卷六，呂友仁標校本《潛研堂集》，第一二五九頁)

《題法時颿大司成詩龕圖》二首

丈室蕭然絕點塵，渾疑金粟即前身。春風桃李新栽徧，誰是傳衣得髓人？

白傅匡廬曾入藏，褚公彌勒亦同龕。先生勘破詩三昧，挂角羚羊妙獨參。(《四部叢刊》本《潛研堂詩續集》卷八，呂友仁標校本《潛研堂集》，第一二八九頁)

《虎邱創建白香山祠落成用白公武邱寺路韻四首》

五馬香山叟，來游羽蓋頻。出城無俗地，開路便行人。尸祝輿情舊，蘋蘩祀典新。詩僊長住世，想戀武邱春。

掌制敷陳切，憂時諷諭頻。有詩當淨業，無黨是完人。照滿空門契，元劉友誼新。楊枝晚能放，丈室自生春。（神照、如滿，二僧名。）

姑蘇佳麗郡，蚤歲夢游頻（用《吳郡詩石記》意）。燕寢宜名士，詩壇得替人。影泡緣不淺，廣大教重新。一院天香滿，秋花澹勝春。

彥升風雅主，公擇唱酬頻（李松雲太守）。折簡招閒客，盟心友古人。白隄名不朽，蔣徑話重新。小戶甦先醉，難勝竹葉春。（《四部叢刊》本《潛研堂詩續集》卷八，呂友仁標校本《潛研堂集》，第一二九二～一二九三頁）

《題法梧門梅石小照》

昔讀梧門詩，高唱繼韓白。今披梅石圖，清標暎履舄。先生詩味侶寒梅，不學穠華桃李格。素心相對石丈人，磊落不減米家癖。廿載神交未合并，開函忽見文章伯。紫芝眉宇洪厓肩，宛到詩龕共晨夕。燕許文章公主盟，向禽山水吾衰劇。鄧尉橫斜千萬枝，洞庭空嵌幾朶石。空王香火倘有緣，尙擬譚詩圖主客。（《四部叢刊》本《潛研堂詩續集》卷八，呂友仁標校本《潛研堂集》，第一二九四頁）

《鮑卧雲招同邵晴巖馮補亭陳秋嘯游虎邱白公祠和卧雲韻》

白傅祠堂結構新，濯纓臨水了無塵。虎邱猶記初開路，鶴石重依舊主人。勤靜兩言留治譜（「救煩無若靜，補拙莫如勤」，公在蘇郡齋句），文章異代作比鄰。海山兜率休分別，花落何須認溷茵。（《四部叢刊》本《潛研堂詩續集》卷八，呂友仁標校本《潛研堂集》，第一二九四～一二九五頁）

《白公祠喜晤述庵司寇》

邂逅老僊翁，鬚眉白傅同。中朝留一鶚，高論卻千熊。身與文俱壽，詩因愛更工（放翁云：「詩到無人愛處工。」戲轉一語）。樓臺無地起，想見古人風。

此地宜觴詠，回頭六十年。知章歸未晚，長慶集先傳。坐閱千人石，閒烹一勺泉。捫蘿搜古碣，會粹入新編（時刊刻《金石粹編》）。（《四部叢刊》本《潛研堂詩續集》卷十，呂友仁標校本《潛研堂集》，第一三二二～一三二三頁）

《廿二史考異》

第四十四武平一，舊史無傳，賈曾父子舊在文苑傳，白居易與平一輩時代相隔已遠，而文章風節亦復過之，當與韓愈同傳，而以敏中別入宰相之列。(《廿二史考異》唐書卷一，《續修四庫全書》影印清乾隆四十五年刻本)

別置學士院，專掌内命，凡充其職者，無定員。案學士無定員，見於李肇《翰林志》。然《舊唐書·職官志》稱翰林例置學士六人，内擇年深德重者一人為承旨，白居易詩有「同時六學士」之句，則非無定員也。(《廿二史考異》唐書卷四，《續修四庫全書》影印清乾隆四十五年刻本)

智按：錢大昕《通鑑注辯正》卷二（清乾隆五十七年戈宙襄刻本)：「大歷十四年置于翰林爲學士。注《翰林故事》曰：凡學士無定員，下自校書郎，上及諸曹尚書皆為之，入院一歲則遷知制誥，未知制誥者不作文書。按此注云學士無定員，而天寶十三載注又云，如中書舍人例置學士六人，内擇年深德重者一人爲承旨，則非無定員矣。白居易詩亦有『同時六學士』之句。」

《十駕齋養新録》

⊙枇

枇杷之杷，唐人或讀仄聲。白樂天詩：「深山老去惜年華，況對東谿野枇杷。」(卷四，上海書店出版社版，第七七頁)

⊙相

相風之相，唐人有讀平聲者，吳融詩「半竿斜日下相風」是也。相離相欺之相，有讀仄聲者。白樂天詩「爲問長安月，誰教不相離」，自注思必切。杜工部詩「恰似春風相欺得」，亦讀入聲。(卷四，上海書店出版社版，第七九頁)

⊙唐人服色視散官

《野客叢書》云：唐制服色，不視職事官，而視階官之品。至朝散大夫方換五品服色，衣銀緋，白樂天爲中書舍人知制誥，元簡爲京兆尹官，皆六品(謂階官也)，尚猶著緑。其詩所謂「鳳閣舍人京兆尹，白頭猶未脱青衫。南宫啟請無多日，朝散何時復入銜」。劉夢得《賀給事加五品》詩曰：「八舍郎官換緑衣」，元微之作《武儒衡陞朝散大夫制》曰：今由是級則服色驟加，誠足貴矣。樂天授朝散大夫制曰：蔭子封妻，豈惟腰白金而已。（卷十，上海書店出版社版，第二三〇頁）

⊙通州

王楙《野客叢書》云：唐時揚州爲盛，通州爲惡，引白樂天詩曰：「通州海内恓惶地，司馬人閒冗長官」，元微之詩曰：「折君灾難是通州」，又曰：「黄泉便是通州郡」，其不美如此。勉夫蓋誤以微之所謫之通州，卽淮南之通州，揚、通同在一道，而相去霄壤，是可怪耳。予謂唐之通州隸山南道，卽今達州，宋乾德三年更名。若淮南之通州，本揚州海陵縣，其置州乃在五代之世，元和間未有此州也。（卷十一，上海書店出版社版，第二五一頁）

⊙盧貞

盧貞，字子蒙。會昌五年，爲河南尹。白樂天九老會，貞年未七十，亦預焉。時又有内供奉盧貞。見《唐詩紀事》。（卷十二，上海書店出版社版，第二七八頁）

⊙韋應物

韋應物貞元二年由左司郎中出爲蘇州刺史，而劉禹錫集中有大和六年除蘇州，舉韋應物自代狀。宋葉小藴、胡元任已疑其非一人，而沈作喆撰韋傳，合而一之，篇末雖亦有疑詞，而終未敢决。近世陳少章景雲據白樂天於元和中謫江州後，貽書元微之，於文盛稱韋蘇州詩，又言當蘇州在時，人亦未甚愛重，必待身後人始貴之，則是時蘇州已歿，而劉狀又在此書十年以後，則其所舉必别是一人矣。樂天守蘇，曰夢得以詩酬之，云「蘇州刺史例能詩，西掖今來替左司。」言白之詩名，足繼左司耳，非謂實代其任也。沈傳謂，貞元二年補外得蘇州刺史，久之，白居易自中書舍人出守吴門，應物罷郡，寓郡之永定佛寺，則誤甚矣。白公出守在長慶間，距貞元初垂四十年，豈有與韋交代之理乎？（大昕案，樂天刺蘇州在寶歴元年，陳以爲在長慶間亦誤）（卷十二，上海書店出版社版，第二七九～二八〇頁）

⊙古人號相同（明以後不録）

白樂天自號醉吟先生，而皮日休、郭祥正亦號醉吟先生，樂天又號迂叟，而司馬溫公亦以自稱。邵堯夫、程正叔俱號伊川先生，黄伯思號雲林子，而貢奎、倪瓚俱號雲林，邵博（字公濟，康節孫）、蔡元定、眞德秀俱號西山先生，鄭伯英（字景元，永嘉人，伯熊其兄也）號歸愚翁，而葛立方亦號歸愚，韓駒、牟巘俱號陵陽先生，郭雍、許謙俱號白雲先生，蘇元老、蔡沈俱號九峯先生，郭忠孝、黄裳俱號兼山先生，胡宏、李孝光俱號五峯，王十朋、史達祖俱號梅谿，洪邁、徐子方俱號容齋，王柏、許衡俱號魯齋，劉子翬、李之純俱號屏山，呂南公、計有功俱號灌園先生，錢文子號白石居士，姜夔號白石道人，楊繪（元素）、楊傑（次公）皆號無爲子，魏掞之、謝諤皆號艮齋先生，劉清之號靜春先生，劉黻字季文，號靜春（見《四朝聞見録》），元表易亦有《靜春堂集》，林之奇、王寂俱號拙齋，馮椅、王應麟俱號厚齋，王厚之、趙彦肅俱號復齋，張行成號觀物先生，祝泌亦號觀物老人，陳去非、翁應龍俱號簡齋，薛紹彭號清閟居士，而倪瓚亦有清閟閣。（卷十二，上海書店出版社版，第二八七頁）

⊙古人姓名割裂

漢魏以降，文尚駢儷，詩嚴聲病，所引用古人姓名，任意割省，當時不以爲非。如皇甫謐《釋勸》：「榮期以三樂感尼父。」庾信詩：「唯有丘明恥，無復榮期樂。」白樂天詩：「天教榮啟樂，人恕接輿狂。」謂榮啟期也。《費鳳別碑》：「司馬慕藺相，南容復白珪。」謂藺相如也。楊巨源詩：「不同蘧玉學知非。」謂蘧伯玉也。朱君山墓誌「魚山本志，門豹遺風。」謂西門豹也。《抱朴子・外篇》：「秦西以過厚見親。」謂秦西巴也。《晉書・孫惠傳》：「竊慕墨翟、申包之誠。」庾信詩：「始知千載内，無復有申包。」謂申包胥也。庾信詩：「學異南宫敬，貧同北郭騷。」謂南宫敬叔也。白樂天詩：「君看齊鼎中，燋爛者酈其。」謂酈食其也。庾信銘：「年消張辟。」謂張辟彊也。白樂天詩：「宏恭陷蕭望。」謂蕭望之也。李商隱詩：「梓潼不見馬相如。」謂司馬相如也。《蜀志・秦宓傳》：「仲尼、嚴平會聚衆書，以成春秋指歸之文。」謂嚴君平也。皇甫謐《釋勸》：「鄭眞躬耕以致譽。」謂鄭子眞也。陸厥詩：「如姬寢卧内，班婕坐同車。」謂班婕妤也。陳師道詩：「馬游從昔哀吾老。」謂馬少游也。盧照鄰詩：「孫賓遙見待」謂孫賓碩也。……李商隱詩：「從事人人庾杲蓮。」謂庾杲之也。白樂天《七德舞詩》：「張謹哀聞人日哭。」謂張公謹也。……（卷十二，上海書店出版社版，第二八八頁）

⊙古詩律詩之别

唐人詩，自開元、天寶以前，未有古、律之分。大曆、貞元，詞句漸趨穩順。白樂天自言新舊詩各以類分，有諷諭詩，有閒適詩，有感傷詩，又有五言、七言、長句、絕句，自一百韻至兩韻者，四百餘首，謂之雜律詩。是絕句亦律詩之一體，未嘗别而異之也。

元微之詩亦以類相從，分爲十體，曰古諷，曰樂諷，曰古體，曰新題樂府，曰悼亡，曰豔詩，曰古豔，其聲勢沿順，屬對穩切者，爲律詩，仍以七言五言爲兩體，其中有稍存寄興，與諷爲流者，爲律諷。古律之别，其在元和之世乎？李漢編次昌黎集，亦分古詩、聯句、律詩爲三體，韓與元白同時。（卷十六，上海書店出版社版，第三七六～三七七頁）

⊙旬

古人以十日為旬，故旬字從日，漢、魏、六朝人文字，從無稱十年為旬者。唯白樂天《偶吟自慰兼呈夢得》詩，有「且喜同年滿七旬」之句，自注：「予與夢得甲子同辰，俱得七十。」則其誤始於唐中葉也。夢得會昌二年卒，樂天會昌六年卒。（卷十六，上海書店出版社版，第三八一頁）

⊙十字

白樂天詩：「十字津頭一字行。」即古人所云午貫也。《晉書·何曾傳》：「蒸餅非裂成十字者不食。」《北史·李庶傳》：「劉家在七帝坊十字街南。」《水經注·濟水》、《渠水》篇並有十字溝。《顔魯公家廟碑》陰額云：「殷夫人居十字街西北壁第一宅。」劉禹錫詩：「十字清波繞宅牆。」（卷十六，上海書店出版社版，第三八一頁）

⊙衛中立字退之

白樂天詩：「退之服硫黄，一病訖不痊。」後人因以為昌黎晚年惑金石藥之證。頃閱洪慶善《韓子年譜》，有方崧卿辯證一條云：「衛府君墓誌，今本作衛之元，其實中立也。衛晏三子，長之元，字造微；次中立，字退之；次中行，字大受。志首云兄弟三人，後只云與弟中行别，則其為中立志無疑。中立餌奇藥，求不死，而卒死。樂天詩謂『退之服硫黄』者，乃中立也。近世李季可謂公長慶三年作《李干墓誌》，力詆六七公皆以藥敗，明年則公卒，豈咫尺之間身試其禍哉！」（卷十六，上海書店出版社版，第三八一～三八二頁）

智按：陳寅恪《元白詩箋證稿·附論·白樂天之思想行為與佛道關係》謂：「樂天之舊友至交，而見於此詩之諸人，如元稹、杜元穎、崔群，皆當時宰相藩鎮大臣，且為文學詞科之高選，所謂第一流人物也。若衛中立則既非由進士出身，位止邊帥幕僚之末職，復非當日文壇之健者，斷無與微之諸人並述之理。然則此詩中之退之，固舍昌黎莫屬矣。方崧卿、李季可、錢大昕諸人雖意在為賢者辯護，然其説實不能成立也。考陶穀《清異録》二載：『昌黎以硫磺飼雞男食之，號曰火靈庫。』陶穀為五代時人，距元和、長慶時代不甚遠，其説當有所據。至昌黎何以如此言行相矛盾，則疑當時士大夫為聲色所累，即自號超脱，亦終不能免。《全唐詩》第一四函張籍貳《祭退之》五古述韓公病中文昌往視一節云：『中秋十六夜，魄圓天差晴。公既相邀留，坐語於階楹。乃出二侍女，合彈琵琶箏。臨風聽繁絲，忽遽聞再更。顧我數來過，是夜涼難忘。』夫韓愈病甚將死之時，尚不能全去聲伎之樂，則平日於『園花巷柳』（見《昌黎集》十《夕次壽陽驛題吳郎中詩後》七絕）及『小園桃李』（見《昌黎集》十《鎮州初歸》七絕，及《唐語林》六『退之有二妾一曰絳桃一曰柳枝皆能歌舞』條）之流，自未能忘情。明乎此，則不獨昌黎之言行不符得以解釋，而樂天之詩，數卷之中，互相矛盾，其故亦可瞭然矣。」（上海古籍出版社一九八二年二月版，第三二六～三二七頁）

對陳寅恪此説亦有人質疑（見劉國盈《韓愈評傳》）。其理由：

第一，在唐代，並不以食丹為不光彩。例如，白居易不僅談論其朋友食丹，而且公開承認自己也曾食丹。如《府齋感懷酬夢得》：「丹砂煉作三銖土，玄髮看成一把絲。」《燒藥不成命酒獨醉》：「白髮逢秋王，丹砂見火空。不能留姹女，爭免作衰翁。」《不二門》：「亦曾燒大藥，消息乖火候；至今殘丹砂，燒乾不成就。」韓愈《唐故監察御史衛府君墓誌銘》，記載衛中立為煉丹，不惜棄家、棄官，以及他人之態度，也説明當時整個社會風氣，決不以煉丹服食為可耻。

第二，張籍直質、坦率，他曾三番五次地要韓愈「排釋老不若著書。」還直率指責韓愈不應該為「無實駁雜之説」。在《祭退之》中，如陳寅恪所説，他甚至談到韓愈「病甚將死之時，尚不能全去聲伎之樂」。那麼，為什麼要偏偏回護韓愈食丹之事呢？

第三，白居易所結交朋友並非都是「所謂第一流人物」，並且韓愈難稱「樂天之舊友至交」，白與韓交情十分平淡，關係並不密切，極少往來，詩風也很不一致，並互有不滿情緒。按常理，白居易對較親近朋友死亡才會寫悼念文字，而白居易對韓愈之死，從未寫過詩文悼念和緬懷，怎麼會在《思舊》詩中提到他呢？

不是韓愈，就應該是衛中立了？根據同樣情理，也不應該是衛中立。衛中立的確是食丹而死。衛中立雖然不過「位止邊帥幕僚之末職」，但其父衛晏，曾做過中書舍人御史中丞；其弟衛中行，官至兵部郎中，並非「絕無與微之諸人並述之理」。不過，從交情上看來，就「絕無與微之諸人並述之理」了。

如上所述，白居易和韓愈雖然只是泛泛之交，但是，畢竟還是有過一些交往。白居易和衛中立則毫無交往。白居易寫《思舊》詩時，既然連韓愈都不可能想到，怎麼會突然想到一個和自己毫無交往之人呢？説衛中立，更不合理。既不是韓愈，又不是衛中立，那是誰呢？難道在白居易「舊友至交」中，還有另外一個人叫「退之」嗎？

⊙文集須良友删削

白樂天云：「凡人為文，私於自是，不忍於割截，或失於繁多，其間妍媸，益又自惑，必待交友有公鑒、無姑息者，討論而削奪之，然後繁簡當否得其中矣。」（卷十六，上海書店出版社版，第三九七頁）

⊙文人勿相輕

杜牧之著論，言近有元、白者，喜為淫言媟語，鼓扇浮囂，吾恨方在下位，未能以法治之。牧之可謂失言矣。元、白諷諭詩，意存讜直，豈皆淫媟之詞。若反脣相稽，牧之獨無媟語乎？無諸己而後非諸人，立言者其戒之！（卷十八，上海書店出版社版，第四三五頁）

⊙老

今世友朋相狎，呼其姓加以老字，亦有本。白樂天詩「每被老元偷格律」謂微之，「試覓老劉看」謂夢得。《北史》「石曜持絹一匹，謂斛律武都曰：此是老石機杼，聊以奉贈」，是北齊人，嘗以老石自稱矣。若老杜、老蘇，別於小杜、大蘇，言之非當時相稱。

又有稱其人字者，蘇東坡詩「老可能爲竹寫眞」謂文與可也，今人多稱其上一字，僧亦稱下一字，東坡詩「不知老奘幾時歸」謂玄奘。（卷十九，上海書店出版社版，第四四五頁）

⊙李諒

唐長慶四年，李諒爲蘇州刺史。元日郡齋感懷寄越州元相公杭州白舍人詩有「首開三百六旬秝，新知四十九年非。當官補拙猶勤慮，游宦量才已息機」之句，白樂天答詩云：「領郡慙當潦倒年，鄰州喜得平生友。」又云：「憑鶯傳語與李六，倩鴈將書寄元九。莫歎一日日催人，且喜一年年入手。」微之和韻云：「自驚身上添年紀，休繫心中小是非。貴富祝來何所遂，聰明鞭得轉無機。」（自注：祝富貴、鞭聰明，皆正旦童稚故事）諒字復言，嘗官中丞。白樂天以是年罷杭州，以太子左庶子分司東都。明年改元寶歷三月，除守蘇州，當卽與李交代也。劉夢得以大和六年守蘇州，與樂天相去六七年矣。（卷二十，上海書店出版社版，第四六八～四六九頁）

⊙白樂天文集

白樂天以寶曆元年到蘇州刺史任，晚年録文集三本，置其一於南禪院千佛堂。（餘録卷下，上海書店出版社版，第五一一頁）

《疑年録》

⊙白樂天七十五（居易）

生大曆七年壬子，《舊史》大中元年卒，年七十六。考李商隱撰墓碑與《新史》同，則《舊史》誤也。《唐詩紀事》亦云七十五歲，《紀事》：生於正月二十日，卒於八月。《金石録》云：《舊唐書》云：居易以大中元年卒，年七十六，而《新史》云卒於會昌六年，年七十五，今碑所書，與新史合。

卒，會昌六年丙寅。（《疑年録》卷一，《續修四庫全書》影印清嘉慶二十三年刻本）

智按：錢大昕，字曉徵，一字辛楣，號竹汀，嘉定（今屬上海）人。乾隆十九年（一七五四）甲戌進士，改庶吉士，授編修，歷官少詹事。迭主鍾山、婁東，紫陽等書院。博極群書，論涉經史文義、音韻、訓詁、歷代典章制度、官職、氏族、地理、金石、遼金國語，以及中西曆算之法。有《潛研堂集》、《廿二史考異》、《十駕齋養新録》。

方芳佩（一七二八～一八〇八）

《題荳村洪丈辛未詩草》（二首其一）

搜羅瑣事入詩筒，誰似城南矍鑠翁。為問香山老居士，元和新體幾人工。（《在璞堂續稿》，《四庫未收書輯刊》影印清乾隆間刻本）

智按：方芳佩，字芷齋，號懷蓼，錢塘（今浙江杭州）人。工詩，常與徐淑則等唱和。梁山舟重宴鹿鳴，賦詩四章，和者百餘人，芳佩時年八十，亦和三章，評者以爲諸人不能及。女及媳均能詩，一門均以風雅稱。著有《在璞堂集》，王鳴盛爲之序。

汪啟淑（一七二八～？）

《水曹清暇録》

樊素、小蠻，人咸知白傅侍兒。又有紅綃、紫綃，亦樂天青衣。見《野客叢書》。又，谷兒、菱角，見《白香山詩集》，又名春草者，見劉夢得詩註。（《水曹清暇録》卷二，《續修四庫全書》影印清乾隆五十七年汪氏飛鴻堂刻本）

「司馬」，司字，唐人有讀作仄聲者，如白香山「一為州司馬」，「琵琶」，琵字，亦有讀作仄聲者，香山詩「金屑琵琶槽」是也。（《水曹清暇録》卷九，《續修四庫全書》影印清乾隆五十七年汪氏飛鴻堂刻本）

智按：汪啟淑，字訒菴，號秀峰，歙縣（今屬安徽）人。官兵部主事。有《漆園吟》、《甌江遊草》。

王嘉曾（一七二九～一七八一）

《潯陽送別圖》

江冷風淒酒易醒，爲誰幽怨似湘靈。波心月落寒潮歛，紅粉青衫各淚零。

琵琶蕭索荻聲疎，九派潯陽夜月虛。比是楊枝猶怨惜，白頭淪落老尚書。（《聞音室詩集》卷一覽塵初稿，《續修四庫全書》影印清嘉慶二十一年王元善等刻本）

智按：王嘉曾，金山（今屬上海）人，字寧甫，號寧叔，又號史亭。散館授編修，乾隆四十五年（一七八〇）晉鄉副考，有《聞音室詩集》四卷遺文附刻一卷。

愛新覺羅·敦敏（一七二九～一七九六）

《題敬亭琵琶行填詞二首》

西園歌舞久荒涼，小部梨園作散場。漫譜新聲誰識得，商音別調斷人腸。

紅牙翠管寫離愁，商婦琵琶溢浦秋。讀罷樂章頻悵悵，青衫不獨濕江州。（《懋齋詩鈔》，上海古籍出版社影印本，第八〇頁）

智按：敦敏，字子明，號懋齋。有《懋齋詩鈔》。

胡季堂（一七二九～一八〇〇）

《孫西林觀察遺荔枝乃蔡忠惠所稱紅鹽者水浮至吴香味幾與鮮者無異想海船風順爾顧星橋孝廉首倡余亦次和》

海洋鯨浪風正長，海舶乘風供遠香。到來丹荔不十日，紅鹽浸出冰雪涼。離離嘉實真歷落，暑窗恰稱懸珠箔。由來此果數陳紫，絳囊剖破桃花膜。我將西域較東閩，葡萄緑色誇芳新。今暾側生亦奇特，兩兩佳味堪比珍。當日楊妃偏嗜愛，微虀瓠犀飲玉瀣。若知瀘戎遜興泉（杜子美有「憶向瀘戎摘荔枝」之句），驛騎紅塵更苛碎。風流白傅詠新詩，品第尤詳忠惠辭。嘗罷卓然思味美，江橙盧橘詎同時。（《培蔭軒詩文集》詩集卷一，《續修四庫全書》影印清道光二年胡鏻刻本）

《培蔭軒雜記》

白樂天作《六帖》，本當時科舉之書。《通典》載唐制帖經者，以所習經，掩其兩端，中間微開一行，裁紙爲帖，凡帖三字，隨時增損，可否不一，或得四得五得六者爲通，蓋取中帖之數，以名其書，故曰六帖。（《培蔭軒雜記》，《續修四庫全書》影印清道光二年胡鏻刻本）

智按：胡季堂，字升夫，號雲坡，河南光山人。蔭生，授順天通判，官至直隸總督，加太子太保。贈太子太傅，謚莊敏。有《培蔭軒詩集》。

浦銑（一七二九～一八一三）

《歷代賦話》

白樂天一舉及第，詩曰：「慈恩塔下題名處，十七人中最少年。」樂天時年二十七，省試《性習相近遠賦》，擕之謁李凉公逢吉，公時爲校書郎，于時將他適，白遽造之。逢吉行擕行看，初不以爲異，及覽賦尾曰：「噫！下自人，上達君，咸德以慎立，而性由習分。」逢吉大奇之，遂寫二十餘本，其日十七本都出。

銑按，元稹《白居易集序》：「樂天二十七舉進士，貞元末進士尚馳競，不尚文，就中六籍尤擯落。禮部侍郎高郢始用經藝爲進退，樂天一舉擢上第。明年，中拔萃甲科，由是《性習相近遠》、《玄珠》、《斬白蛇劍》等賦，洎《百節判》，新進士競相傳于京師。」又王應麟《玉海》云：「白居易《性習相近遠賦》、獨孤授《放馴象賦》，皆當時試禮部，對偶之外，意義可觀。」（《歷代賦話》續歷代賦話卷六，《續修四庫全書》影印清乾隆五十三年刻本）

《復小齋賦話》

賦有假對。裴晉公《神龜負圖出河賦》以洪荒對緑水，范文正公《養老乞言賦》以清問對黃髮、無瑕對尚齒是也、樂天《漢高祖斬白蛇賦》製局一氣呵成，敘事有聲有色，蓋應弘詞作也，當日以「不知我者謂我斬白蛇，知我者謂我斬白帝」二句考落。（《復小齋賦話》卷上，《續修四庫全書》影印清乾隆五十三年刻本；何新文、路成文《歷代賦話校證》第三八三頁）

唐律賦限韻中兩字同韻者或押作一段，或仍押兩段，如王起《白玉琯賦》「神」、「人」二字并押，白居易《賦賦》「詩」、「之」二字分押，李濯《廣達樓賦》以「珠簾無隔露」為韻，「珠」、「無」同韻押作兩段。蔣防《登天壇山望海日初出賦》「日」、「出」二字同押，大約限韻多者，則同韻可併少者，則各自為段也。（《復小齋賦話》卷上，《續修四庫全書》影印清乾隆五十三年刻本；何新文、路成文《歷代賦話校證》第三八三～三八四頁）

元白賦另自一體，流動之中加以工穩，局法亦最渾成，似其詩也。（《復小齋賦話》卷上，《續修四庫全書》影印清乾隆五十三年刻本；何新文、路成文《歷代賦話校證》第三八五頁）

智按：浦銑，字光卿，號柳愚，室名復小齋，嘉善（今屬浙江）人。淡於仕進，積學工文，學根經史，尤工詩賦。游歷天下，在乾隆省耕時獻賦。主講粵西秀峰書院。晚年回故鄉，途經金陵，袁枚見其所輯《歷代賦話》，欣然爲之作序并于序中曰「詩有話，詩餘有話，獨賦無話」，進而稱贊其開創和文獻彙集之功：「創賦話一書，溯厥源流」。生平見光緒十八年江峰青等所修《嘉善縣誌》二十四《人物志》。乾隆二十九年（一七六四），始撰《歷代賦話》，乾隆三十八年（一七七三），撰《復小齋賦話》。乾隆四十一年（一七七六），作《歷代賦話·凡例》，《歷代賦話》初稿成。乾隆五十三年（一七八八），《歷代賦話》、《復小齋賦話》刊成。參見張虹靈《浦銑〈歷代賦話〉研究》（湖北大學碩士論文，二〇〇六年）、湯美麗《浦銑賦話研究》（江西師範大學碩士論文，二〇一一年）。

周春（一七二九～一八一五）

《遼詩話》

⊙聖宗

聖宗幼喜書翰，十歲能詩。既長，曉音律，好繪畫。（史）尤喜吟詩，出題詔宰相以下賦詩。詩成，進御。一一讀之，優者賜金帶。又御製曲五百餘首。又親以契丹大字譯白居易《諷諫集》，詔諸臣讀之。（《契丹國志》）（《遼詩話》卷上，《續修四庫全書》影印清嘉慶藏修書屋刻本，第一七一〇册，第七頁）

《耄餘詩話》

乾隆戊戌，送亡兒（利親）歲試至杭，訪朱良齋（文藻）於汪氏飛鴻堂，服其學問淵博，與之訂交。嗣後書札頻通，君亦極其傾倒。癸丑新正來寧，過訪余，與同遊陳園，君賦七律二首，時將爲濟南之行，既而客儀徵阮公學使幕中，助撰《山左金石志》。公調任浙江，助選定《兩浙輶軒録》。余以詩寄懷云：「三年不見朱遵度，腹笥包羅萬卷書。杭厲一燈還未墜，西泠十子果相如。著述等身盡足傳，篁村詩話賴增編。武林此日徵文獻，能不思君一悵然。」公出撫我浙，《輶軒録》方行刊刻。嘉慶辛酉祀竈日，君攜《輶軒録》贈余，展閲之下，見先兄玉井先生暨亡甥張梅屋（景筠）兒幼圃（利親）姪筠谷（彥國）遺詩，竝蒙采入，作詩寄朗齋云：「海内文章伯，輶軒兩浙來。譚經超馬鄭，作賦壓鄒枚。散佚搜羅遍，幽潛闡發該。夢中爭拜謝，洵足慰群才。解纜童兒塔，匆匆送客舟。選詩高仲武，問事賈長頭。博雅誰堪匹，名通孰與儔。武林耆舊盡，杭厲一燈留。自抱鴒原病，今逾二十年。遺書存舊藁（先兄向輯《舊五代史鈔》六卷，邵二雲留心此書，實自先兄發之。其時未知《永樂大典》中所有也），賸詠得新鐫。地下應相榷，人間早共傳。計偕中道返，隱痛孝廉舡（先兄庚子赴都，至淮安病歸，遂不起）。七葉傳家學，名儒溯待軒。愁中惟補史（亡甥補《元史・藝文志》八卷，吴槎客爲之序，盧抱經《群書拾補》全襲其書），病後不窺園。綽楔孤兒淚（力疾爲母請旌），丹黄落筆痕（手校九經三史）。陽元兼叔寶，太息復何言。高堂開六秋，每話弄孫遲（亡兒生於乙亥八月潮生日，亡姪後七日生）。此日悲何限，當年喜可知。編蒲都好學，采藻竝能詩。門祚真衰薄，雙凋玉樹枝。歲序方闌候，龍鍾嘆此身。壽過長樂老，品儗葛天民。只合飾巾待，何猶開卷頻。自憐餘結習，欣遇采風新。《再題絶句六首》云：「平昌秉鐸詠思親，好補南陔句子新。珍重遺詩今采入，却教選政屬陳遵。」（先祖集載邑志藝文，玆采二首。先祖嘗同陳世修選《平昌詩鈔》，後乞養歸，世修遂獨署名。）「先子韶年翰墨塲，惜無片紙貯緗囊。詩評僅有香山集，能使劉馮盡走僵。」（先君子詩藳，燬於丁丑之火，僅存《長慶集選》二卷，載郡邑志藝文，春同先兄謹輯《香山詩評》一卷，桐城張樊川祭酒夫子撰序，謂不減方虚谷，而出劉須溪、馮鈍吟之上。）「辛齋遺集久烟消，賴有羊欣好事抄。無限身名付磨滅，吟詩何苦費推敲。」（聞諸先君子曰：《陸辛齊詩集》多出羊餘首傳鈔，餘首名光埩，工書法，嘗縣試首名，不得一衿而歿，今里中不知其姓氏矣）「初白中山尼一篇，到今人爲荔裳憐。愚忠此婢真難得，可惜曾無姓氏傳。」（盛秦川《柚堂筆評》云：荔裳女實不遭辱時，有侍女挺身代之。濟南教授萊陽周守一，字季和，言之甚詳）「共道恒農詩學殊，濟陽而外更誰如。紛紛耳食譚開竇，未解淵源左郭書。」（我州詩名之盛，自查氏外，即推楊，詩人指不勝屈。外叔祖瘦仙先生，詩字畫稱三絶，春少時同先兄學詩於先生。先生教以從集、府入手，詩方免俗，近人多侈口唐音，未窺正法眼藏也）「蠹簡殘篇篋衍稀，發幽安得盡無遺。也知此事由天幸，史志皆然况選詩。」（前輩郭星如燦、楊潔甫夫子諱澄，亡友黄文蔚炳、張翰章愈未入選詩，弟子張前山廷琮、錢廣伯馥已選，而沈曉園圖器仍遺，殆有幸不幸耶?）君後助蘭泉輯《金石萃編》，丙寅六月書成而蘭泉卒。八月，君自青浦歸杭，相繼而卒，余聞其訃，爲泣哭之。王偉人學使試古學，君第一，補增廣生。朱石君學使試古學，君復第一，補廩膳生，以諸生終命也。余謂君直接杭厲一燈，良非謬語，而蘭泉欲以馬青湖繼前輩之後，豈公論乎？（《耄餘詩話》卷四，《續修四庫全書》影印清抄本，第一七〇〇册，第一八～一九頁；《清詩話三編》第二五〇六頁）

余有《西湖柳枝詞》十首并序云：敷文院長課士以《柳枝詞》命題作者其多，余亦偶詠，因思折柳興於樂府新曲，創自白公，厥後唐賢，殊難悉數。

宋初僅推騎省，杭人止記存齋，近若堯峯，尤稱極盛矣。玆則竝無本事，惟有雅辭，前三首詳體製之源流，後七首寫湖山之情景。陳言務去，庶幾免大拙之訶；古調獨弹，倘得邀清翁之賞。「館娃未必勝錢塘，記取香山句子香。履道他年誇盛事，閒情先問永豐坊。」「許昌詩律善相輕，劉白宮商肆品評。吟到水蒲風絮句，洛橋錯比六橋晴。」「姑蘇一卷玉遮樵，為有章臺無限嬌。此日披圖重點筆，柳塘鸂鶒倩誰描。」「雙峯剪出萬絇絲，挂滿環湖拂地枝。綰住春光莫教去，畫船齊唱壽杯詞。」「翠浪鶯啼不露身，飛來謝豹喚遊人。映波橋外花千萼，李白桃紅一樣新。」「弹指聲中汁染衣，算將四十九年非。關心最是西湖柳，不獨金城感十圍。」「年少狂遊日未斜，紫韁青纜繫槎枒。自嫌老去渾無力，笑對屏山捉柳花。」「陶令高風重晉書，宅邊有樹愛扶疎。如何宋嫂魚羹後，屠沽偏題五柳居。」「天上長懸柳八星，曲頭垂似折枝形。人間遍向湖隄種，散作湖中九子萍。」「濯濯臨風絲正柔，含烟帶露亦宜秋。從今樂府翻新譜，分付旗亭第一樓。」又有十二首，用晉《折楊柳歌》體，云：「新歲湖邊柳尚髡，先春已是露青痕。試將一德從頭數，漫說藏鴉蘇小門。」（正月）「披拂長條遍覆隄，竊黃慘綠映玻瓈。一雙燕子銜泥處，不管嬌鶯自在啼。」（二月）「縱酒高歌滿眼春，相思惜別往來頻。蘇公堤上逢飛絮，爭識垂楊是故人。」（三月）「新綠成陰花事殘，三眠孏上玉闌干。阿誰折取一枝柳，插向酴醾洞口看。」（四月）「艾綠榴紅晝景長，柳洲水滿浴鴛鴦。應憐碧樹垂垂瘦，半帶朝烟半夕陽。」（五月）「三伏開窓對榻宜，納涼湖上去遲遲。羊坊酒庫今何在？古柳林中小立時。」（六月）「千絲萬結對高樓，銀漢迢迢渡女牛。柳是人間長命草，能消天上別離愁。」（七月）「鷲嶺天杳月下飄，霏微珠露滴深宵。此時楊柳新搖落，有約吟秋米市橋。」（八月）「不少登高作賦才，紅舡解纜獨徘徊。鯉魚風起黃花晚，五柳門前送酒來。」（九月）「霜輕日暖正初冬，婀娜風流翠轉濃。恰則小春時候好，幾行疎柳倚孤松。」（十月）「灞橋風雪冷交侵，脆葉柔條力不任。却羨仙童一丸藥，護根長保歲寒心。」（十一月）「檢點韶華又一年，柳邊梅發故依然。東風徐覺陽和動，莫折枯枝挂錦韉。」（十二月）余興到揮毫，未免浪費筆墨。倘倣《靜志居詩話》竹枝之例，各誦所聞，恐絕少佳篇，惟浮以大白而已。（《耄餘詩話》卷六，《續修四庫全書》影印清抄本，第一七〇〇册，第三一～三二

頁；《清詩話三編》第二五二九頁）

陳其年檢討詩名為四六及詞所掩，然各體俱工，偶記其《小秦淮曲》有「絶代銷魂王阮亭」之句，又《題龕山丙午詩卷》云：「白家老嫗休輕誦，曾見元和藁本來。」自注：「張文潛以五百金購白居易詩本，見其改竄塗乙，幾不存一字，蓋其苦心如此。」未知此說何本也。（《耄餘詩話》卷九，《續修四庫全書》影印清抄本，第一七〇〇册，第四六頁；《清詩話三編》第二五五一頁）

客舉白香山、韓冬郎句，疑余《杜詩雙聲疊韻譜》之缺。余曰：此書本五大册，采取極廣，因失圖譜，貴簡之意，精之又精，而成括畧。凡子之所言，皆僕之所棄也。祝芷塘（德麟）心服此書，惟於「『賞應歌杕杜』作『杖杜』」一條，以爲恐涉附會。貽書往復，且云如此下句，當對弄麞等字面。余因之觸發，引新舊《唐書》蕭穎士作《伐櫻桃賦》刺林甫爲下句之証，芷塘大以為然。（《耄餘詩話》卷十，《續修四庫全書》影印清抄本，第一七〇〇册，第五五頁；《清詩話三編》第二五六六頁）

智按：周春，字芚兮，號松靄，晚號黍谷居士、内樂村農，海寧（今屬浙江）人。乾隆十九年（一七五四）進士，官廣西岑溪知縣。有《十三經音略》等八種，匯刊為《周松靄先生遺書》，另有《西夏書》、《松靄詩鈔》等。《清史稿》卷四八一有傳。

朱黼（一七二九～一八二二）

《香山寺弔白少傅得之字》

一水瀉春色，雙峰如列眉。東風洛下來，先上香山陂。精藍俯伊闕，寺古人已非。達哉白居士，骨朽名尚垂。居士有禪悦，他劫偕微之。洛社今已矣，文采當付誰。倚欄動清嘯，藉草興古思。把酒酹空山，千載吟魂知。（《畫亭詩草》卷九崧雲集，《四庫未收書輯刊》影印清乾隆四十三年太岳山房刻增修本）

《題李少尹立堂淨香圖四首》（其三）

香山居士前身是，詩卷曾吟繞郭花。留得櫻桃多結子，不知飛絮落誰家。（《晝亭詩草》卷十五續古集二，《四庫未收書輯刊》影印清乾隆四十三年太岳山房刻增修本）

智按：朱黼，字大米，號晝亭，江陰（今屬江蘇）人。乾隆三十年（一七六五）乙酉拔貢，官蘆山知縣。有《晝亭集》。

秦萬資（一七四六前後）

《琵琶亭歌詠》

余幼時讀白太傅《琵琶行》，深愛其清新婉轉，如聆人話語，每於風清月朗，拍手歌之不置。至繹其筆墨之神化，觀其敘琵琶，敘商婦，敘謫居之況，而秋江風月，縈拂乎其間，令讀之如歷江干，恍觀當時韻事。後聞湓浦舊琵琶亭，即白公送客處，久已殘圮，殊以不獲一登為悵。丙寅之夏，幸居潯陽，見匡廬之高峙，潯江之浩淼，實為壯觀。更知此亭得榷使唐公修補破敗，增築軒宇，適當告成，乃偕一二同志鼓楫而登，相與恣覽竟日。荻花楓葉，月白波澄之景，歷歷在指顧間。一亭如舫，而亭之旁與前後，若樓若室若廊，若板橋曲水，位置天然，往來遊人歌詠不絕。登臨斯境，懷古論今，而江濤山翠，供人領略於無窮者，則又唐公之讀書嗜古，可想而見焉。觀留題滿壁，一時心艷，又自媿未嫻聲律，因即次白司馬韻，率成長歌，不自計畫虎之供人笑也。

左遷司馬香山客，送客江邊意蕭瑟。忽聆妙響聲在船，爰知纖手撥湘絃。此時賓主不言別，呼喚仙娥度明月。邀來重宴佐離觴，善才舊調新聲發。低眉彈罷不知誰，細訴生平語更遲。暗恨幽愁言外見，司馬感懷方罷宴。長歌傳頌後成亭，一亭如舫浮江面。遶亭山色與濤聲，多少煙波來往情。豈無逸客逞才思，秋月春風鳴素志。亦有幽人吐艷詞，墨妙筆精追韻事。捫碑未竟情已挑，非同徽急與絃幺。檻外怒濤如急雨，枝頭好鳥如私語。雲低雙劍無人彈，月滿五峰擎玉盤。春江花朝秋月夜，無限商船泊淺灘。香山居士芳徽絕，商婦琵琶清響歇。岸旁蘆葦只叢生，每到秋來颯颯聲。小船漁唱隨波去，遠寺寒鐘向晚鳴。匡廬千嶂當江畫，峻嶺泉飛天外帛。霜染丹楓葉自紅，風搖枯荻花還白。依依俯仰此亭中，回首青衫與玉容。自入清華遷學士，幾年身傍瀛洲住。長篇短什寫清新，風雅詞垣推統部。飄淪偶爾謫潯陽，豈因得失生愁妒。匡濟經綸自不忘，兒女情懷安足數。適然歎息動悲思，胸襟非為纖塵汙。淚灑西風江上秋，商聲更逐哀絃度。此都人士感此亭，司馬云亡蹟猶故。琵琶得亭傳至今，幸哉當日商人婦。攏撥鵾絃訴別離，幽韻水流流不去。帆檣歷歷往來船，瞻亭懷古秋風寒。此亭興廢無人問，淒迷煙雨長江干。自古桑滄同太息，此亭頹敗徒唧唧。黃蘆苦竹滿湓江，眼前名勝無從識。星使槎浮自玉京，持籌駐節潯陽城。重新古蹟跡起殘碣，更著敲金戛石聲。昔時斷岸縈衰草，翼然榱桷光輝生。旁築小齋絕幽敞，山禽水鳥當窗鳴。層樓下俯楚江闊，奔吳濁浪如山傾。四壁琅玕吟不盡，何須絃管淆人聽。亭外春風柳條碧，亭前秋月揚暉明。香爐草堂已凋落，何如一棹忘機行。江自長流山屹立，天高木落風猶急。攜壺挈榼飲同心，不管人歌與人泣。酒酣高唱琵琶行，夜涼秋露侵衣濕。(《輯刻琵琶亭詩》，清乾隆十一年古柏堂刊本)

智按：秦萬資，錫山（今江蘇無錫）人。序中所言「丙寅之夏，幸居潯陽」，即乾隆十一年（一七四六）。

周昱（一七四七舉人）

《上巳後二日孔渼谷（繼涵）孔澹文（廣作）招同孔腴源（繼浩）竇立菴（誠）施養幾（溥）馮蓼洲（腴槐）讌集張曲山莊用白香山青旗沽酒趁梨花爲韻分得酒字》

東風着意催楊柳，柔條綠到青川口。游絲嬌鳥媚春晴，滑笏波紋淨塵垢。名園近對嶧山開，翠黛烟鬟列窗牖。暄妍天氣愜招尋，烏帽青衫從兩牡。柴門徑僻畧彴通，一曲廻溪帶左右。短牆低露接枝花，小沼新栽並蒂藕。石几蒼苔不世情，布席傾觴剪春韭。流連景物忽傷懷，淪落風流歎衰醜。握成拱璧泣荊山，著就玄經覆醬瓿。千秋萬歲知者誰，名士登臨悲峴首。鶯花如海爛當筵，况有忘形山水友。世人但識五鹿耶，博徒頗知彥道否。吾曹偃蹇類野鶴，何論雞口羞牛後。如此風光不醉歸，流鶯笑人多孤負。諸君作歌我擊

缶，今日應須盡八斗，玉壺還有梨花酒。（《續修四庫全書》本《兩浙輶軒録》卷二十二）

智按：周昱，字青原，號依堂。乾隆十二年（一七四七）丁卯舉人。官銅梁知縣。著《正彝堂集》。

李元奮（一七四七舉人）

《琵琶亭》

湓浦西偏土一坵，琵琶亭峙最高頭。門迎楚塞千峯雨，背枕廬山萬壑秋。終古才人悲老大，幾家帬伎解離憂。莫彈楓葉蘆花調，九派江聲日夜流。（《湖北詩徵傳略》卷二十二，《續修四庫全書》影印清光緒七年孝感丁氏涇北草堂刻本）

智按：李元奮，字伯遠、西田，號立夫，别號真吾，雲夢（今屬湖北）人。乾隆六年（一七四一）辛酉拔貢，丁卯（一七四七）順天舉人，歷官阜寧、寶山、直隸、望都知縣。有《賜蔞堂集》。

易祖拭（一七四八前後）

《丁卯八月九日登琵琶亭和唐使君原韻》

江行漸漸客衣加，短棹西風蹴浪花。正喜深秋吟勝地，漫誇八月泛靈槎。情深司馬新翻調，懷遠浮梁久販茶。古蹟不湮天有意，使君應不重琵琶。

花隱新亭柳拂樓，一筇真愜半生幽。宦情輸與林間鶴，逸興閒於渚上鷗。楓荻聲中懷往事，水雲夢裏續神遊。公為白傅開生面，湓浦年年送客秋。

智按：次唐英乾隆八年（一七四三）癸亥《春遊琵琶新亭唱和草》之原韻。

《中秋前四日陪唐使君琵琶亭望秋恭步原韻》

追陪秋日好，幽境得重探。荒草雨回緑，遙天水接藍。琵琶空有夢，造化此中含。歌詠慚風雅，塵埃事未諳。（以上均見《輯刻琵琶亭詩》，清乾隆十一年古柏堂刊本）

智按：易祖拭，字張有，一字淑南，別號嘯溪。湖南湘鄉人。宗瀛子。由監生值修書館，工詩文，兼精書畫，最精蘭竹，兼善山水、蟲魚，流傳禁中。乾隆在藩邸時，有《題易祖拭墨竹詩》。乾隆十三年（一七四八），獻畫册，帝賜方物，更命作《雨中山翠圖》。後官青浦主簿，遷柳州府經歷，署岑溪縣事。著有《嘯溪詩稿》。

鉏剛（一七四八前後）

《蘭亭秋禊詩》

一觴一詠澗溪閑，曲注清流旋轉灣。父老喜迎孟合浦，兒童爭認白香山。聽來佳句誰能續，和就新詩却善删。好境會心應不遠，篔簹叢裏碧巖間。（《蘭亭志》卷十，《續修四庫全書》影印清乾隆凝秀堂刻本，第七一八册，第三二四頁）

智按：鉏剛，字麟書，山陰（今浙江紹興）人。吳高增（一七〇六～?）《蘭亭秋禊詩序》云：「戊辰閏七月之六日，太守杜補堂先生集諸博士及弟子員秋禊於蘭亭。太守酒闌賦詩，諸人賡和成帙。淹留竟日，月出而還，爲一時韵事。高增輯而序之。夫秋禊之名，始於魏晉。劉楨賦所謂『素秋二七，人胥祓濯』者是也，下至蕭梁之世，簡文帝有《秋禊》詩，極言秋禊之美，况蘭亭負峻嶺，俯清流，居山陰之勝，當夫少昊司辰，清商叶律，滌煩蠲暍，疏瀹神明，葢較之暮春三月爲更勝焉。……」戊辰，即乾隆十三年（一七四八）。

朱景英（一七五〇解元）

《春日雜興》

昨夜東風到敝廬，梅花消息遞空虛。歲寒過後餘冰雪，鄉味嘗來近筍蔬。半格偶規長慶體，一尊誰叩子雲居。陽回依舊窮愁甚，漫道虞卿好著書。

歸來未覺硯田荒，終畝兒孫計正長。潢潦無根徒自滿，蚍蜉有力尚須量。關心白日黃鷄唱，照眼蕉園石室藏。待得芳菲鬭桃李，也應懷抱慰柴桑。（《畬經堂詩文集》詩集卷五，《四庫未收書輯刊》影印清乾隆間刻本；《沅湘耆舊集》卷八十九，《續修四庫全書》影印清道光二十三年鄧氏南邨草堂刻本，第一六九一册，第六〇五頁）

《六月二十二夜風起乍涼灑然有作》

晝熱連宵苦莫支，新涼今夕樂無涯。林幽乍覺風鳴驟，坐久何妨月上遲。老去宦情偏耐冷，閑來詩格不嫌卑。依然心泰身甯處，此意香山居士知。（《沅湘耆舊集》卷八十九，《續修四庫全書》影印清道光二十三年鄧氏南邨草堂刻本，第一六九一册，第六〇五頁）

《陳翁八十壽序》

出郡城東十里，而縮瞰江結廬，面山背村，衡宇鱗次，列肆相望，幾同闤市，而水木明瑟，烟嵐蒼翠，風帆沙鳥，漁火船燈，諸勝致若可襟攬而襼挹也。屋後平疇繡壤，蘿户柴門，穲稏披畦，豆莝挂架。春秋佳日，農父園丁，抱甕而嬉，踏車而唱，殆目與遊，而耳與熟焉。此鄉爲吾外舅家族區，予往來數矣。每見其鄉諸老輩，龎眉健步，樂其天眞，恍如置身甘谷、香山間，而與爲周旋，若我陳翁者，尤所心折。蓋翁自少内行醇備，至性所流溢，……翁固自樂其樂，東山屐齒，翔步依然，遂於是乎壽登八十矣。且夫甘谷老人啜餘菊水，香山居士繪作屏風，或乞地靈，或邀時譽，近遠雖岐，仙凡未判，姑慭置焉。若夫隱逸之宗，端推靖節，而叩門徒資騰笑，種秫殊味養生，尚論者猶惜之。如翁者，既鮮服餌，亦絶名心，何求何貪，以永其年，詎敷堪爲仿佛也者。……（《畬經堂詩文集》文集卷五，《四庫未收書輯刊》影印清乾隆間刻本）

《馮觀察詩集序》

代雲無際，迢迢鴻雁之鄉；島雨初停，黯黯蜑艍之國。殊方懷抱，不廢吟哦，暇日爬梳，厥惟篇什。如我雁門觀察公，謝王門胄，河岳英靈，式誦清芬，克扶大雅，躭情竹素，廣劉畧班藝之傳，雅志風騷；鄙白俗元輕之作，揭來海外。爰檢篋中，裒爲一篇，撰成衆體，關河弔古，一抔寄慨朱邪；燕薊表忠，片石動懷天水。鬱伊至性，可補笙詩；闡發幽光，足當史論。舊遊雨散，對觴則回首南皮；昔夢烟迷，讀畫則移情北里。其他雜然題詠，畧無流連光景之詞，偶爾唱酬，無非抒寫性情之製。蓋攬其滂葩長句，極鯨呿鼇擲之奇，而引其幽峭，么絃具朗玉孤桐之妙。是惟槃深根氏，乃爾吐棄卑凡，豈非負邢子才之淵閎，精杜少陵之格律，足以傳抄絶域，沾丐來兹者哉！謂我後生，裁闒曲牖，讀公大作，如陟層臺，甫卒業而驚望洋；載雒誦而歎觀止，許桓譚爲知己，瑟縮久之，邀敬禮而定文逡巡而已。（《畬經堂詩文集》文集卷八，《四庫未收書輯刊》影印清乾隆間刻本，集部第一〇輯第一九册，第二一九頁）

智按：朱景英，字幼芝，一字梅治，號研北，晚號研北翁，武陵（今湖南常德）人。乾隆十五年（一七五〇）庚午解元。十九年知寧德縣。三十四年任臺灣海防同知。三十七年秩滿回京。三十九年遷北路理番同知，署汀州邵武府。工書法，能詩文，有《畬經堂詩文集》二十三卷、《海東劄記》四卷。

劉鶴鳴（一七五〇舉人）

《刈麥行己亥作》

黄鶯語，日初旭。腰我鐮，果我腹，百頃黄雲蔽川陸。千夫一掃野烟空，餅餌香生滿茅屋。炊烟生，里正來。新舊租，一時催，少壯倉皇老弱哀。（清劉彬華《嶺南群雅》，清嘉慶十八年玉壺山房刻本）

智按：此詩直承白居易《觀刈麥》。

劉鶴鳴，字禹甸，別字松崖，香山（今廣東中山）人。乾隆十五年（一七五〇）庚午舉人。官欽州學正。著有《松崖詩鈔》。

曹元俊（一七五〇舉人）

《和唐使君琵琶亭原韻》

沙堤柳拂影交加，活潑春光蕩眼花。音絕湘靈江上瑟，人思天漢月中槎。隨時寫照閒舒嘯，到處栖塵懶憶家。商婦秪今何處去？紅顏青塚葬琵琶。

江亭臨水倚江樓，此日探奇更討幽。八牖空明通野馬，孤踪閒澹狎輕鷗。香山千載遺風續（唐使君詩詠高雅，有目共賞，非譽也），商婦一彈引客遊。惆悵曲終人不見，蕭涼四序總疑秋。（《輯刻琵琶亭詩》，清乾隆十一年古柏堂刊本）

智按：曹元俊，字偉君，號柳溪，無錫人。乾隆十五年（一七五〇）庚午舉人。官中書。工畫，師心獨運。有宋元人意。

閔華（一七五二前後）

《題雅雨先生旗亭畫壁傳奇後》

大都名士值傾城，造物偏慳與合并。好是詞人新樂府，不令往事太無情。

七言斷句叶宮商，高響元音各擅長。當日酒旗歌板地，一時頓有兩王郎。

當時華館鬪笙歌，有客魂銷喚奈何。畢竟美人是知己，紅牙輕拍唱黄河。

清平調按李青蓮，長恨歌飜白樂天。不道稗畦居士後，又因唐句演唐年。（《澄秋閣集》三集卷三，清乾隆十七年刻本）

《三女詩（以香山句作起）》

晚生三女擬如何，况是衰翁白髮多。他日豈惟牽一犬，今年已各畫雙蛾。隨娘次第教針線，繞父嬌憨索綺羅。我爲無兒憐汝輩，幾回贏得淚滂沱。（《澄秋閣集》三集卷四，清乾隆十七年刻本）

智按：閔華，字玉井，號廉風，江都（今江蘇揚州）人。曾與厲鶚唱和（見《樊榭山房集》卷六）。《澄秋閣集》卷首自序署「乾隆壬申秋九望後一日玉井閔華自序」。乾隆壬申，乾隆十七年（一七五二）。

張寯（一七五二前後）

《洗鉢亭記》

宇内之境，足以供人樂者何限，世人役役窮年，日與俗緣相摩戛，隔此眞趣，白香山之句曰：「人生貴自適，適外復何求?」胸中積塵萬斛，無由洗滌，安得蕭閒清曠，一見本眞耶？吾友陶子退思於周莊鎮北之永慶庵，喜其規模蹊徑，有宏以敞者，有幽以邃者，獨惜無登臨之處，以縱遐觀。乾隆壬申住持僧雪鴻度庵之西偏，創文昌閣，萬象豁呈，遠山黛色，近江帆影，莫不參差掩映於雲樹間。閣成之日，退思偕同儕往登焉。周覽俯睇，疑有闕焉者。笑指謂僧曰：「登覽之趣備矣，然臨池獨少一亭，豈竟無取於水耶?」遂謀建亭於其下，傾囊成之，顔之曰洗鉢，引以爲貞豐八景之一。憑欄四顧，方池而西，渟泓澄澈，荇藻参差，落霞倒映。當花開月照，魚泳烏飛，景備四時，塵無一點，眞足暢幽情於晨夕，消俗慮於胸懷，奚啻可滌釋氏之鉢，眞堪洗吾儒之心矣。宜乎一時騷人墨客，游目騁懷，相與賦詩流連，以共鳴其適而不能自已也。噫！月榭風臺，所在多有，類皆湮没不傳，而晉之蘭亭，特以四十二人雅集永和之什，至今稱道弗衰，是則勝地之於翰墨，又曷可少哉！（清陶煦《周莊鎮志》卷一，《續修四庫全書》影印清光緒八年元和陶氏儀一堂刻本，第七一七册，第二一～二二頁）

智按：乾隆壬申，乾隆十七年（一七五二）。陶金梭，字退思。清陶煦《周莊鎮志》卷一「鉢亭夕照」云：「洗鉢亭，在永慶庵文昌閣後，背東面西，前臨清池，旁有古柳一株，垂絲拂水，蓋百年物也。每遇夕陽初下，返照入檐，波影搖金，霞光散綺，登斯亭者，恒日暮忘歸，是爲八景之三。章騰龍《貞豐擬乘》載，八景有雨花春曉、小橋流水，迨陳勰增輯，因雨花庵雜處尼姑，而小橋則已淤塞，故以指歸春望、鉢亭夕照易之。鉢亭者，乾隆二十年里人陶金梭所建，道光二十三年文昌閣爲大風所傾，亭亦圮矣。初建時，金梭與同人作詩唱和，而張甯、俞達為之記，文極古雅。」

陳齊紳（一七五二進士）

《登琵琶亭有感》

亭子空餘舊日名，千年興廢劫塵清。江流淼淼來巴蜀，山色蒼蒼傍古城。淚濕青衫寧白傅，愁飛春絮感書生。商船問有琵琶否？為我重彈寄託情。（《輯刻琵琶亭詩》，清乾隆十一年古柏堂刊本）

智按：陳齊紳，字薌祖，一字香林。山陰（今浙江紹興）人。乾隆十七年（一七五二）壬申進士，官編修。

楊瑞（一七五三貢生）

《寄廬楚中吟稿》（六首其三）

漢魏而來樂府亡，一時沈宋角吟場。遺山合著香山體，長慶元和有瓣香。（《沅湘耆舊集》卷九十一，《續修四庫全書》影印清道光二十三年鄧氏南邨草堂刻本，第一六九一册，第六一九頁）

智按：楊瑞，字覲班，號湘崖，龍陽（今湖南漢壽）人，乾隆十八年（一七五三）癸酉貢生。

魏鼎（一七五三舉人）

《夏日遊韜光用白香山韻》

層巖開福地，梵宇卽仙家。丹竈騰雲氣，香臺落雨花。金蓮波浸葉，玉笋石穿芽。坐久清風至，無須七椀茶。（《續修四庫全書》本《兩浙輶軒録》卷二十九）

《冷泉亭夜坐》

鷲嶺晚煙暝，蒼茫坐寺亭。林陰翳碉月，螢火亂潭星。客醉梨花酒，僧談貝葉經。納凉殊未倦，頻聽水泠泠。（《續修四庫全書》本《兩浙輶軒録》卷二十九）

智按：魏鼎，字夏初，號梯雲，慈谿（今屬浙江）人。乾隆十八年（一七五三）癸酉舉人，官河東中場大使。著《問月樓詩集》。

温蕙（一七五三舉人）

《讀書一間鈔》

白寄元百韻詩，不押一險字，平易近人，工絕要以天分有過人者。（《讀書一間鈔》卷三，民國三十年《溫氏叢書》本）

智按：溫蕙，字穎蘭，號秀崖，陝西三原人。十九歲補博士弟子員，乾隆十八年（一七五三）中舉，官陝西南鄭縣教諭。

程浩（一七五六貢生）

《十之詩》（并序）

昔白樂天有《四雖詩》，謂年雖老，命雖薄，眼雖病，家雖貧也。予偶除陋室，苦乏名葩，瓦盆舊植，有賞之者，有嘲之者，亦有惜之哀之者，數日内得七律十首，倣香山《四雖》例，即以十之名篇。

偶向春風賦十之，一簾膏雨釀花時。初除陋室苔猶淺，暫掩衡門草已滋。陶冶性靈勤覓句，追摹初盛學裁詩。儻君未盡閒吟興，更擬新題和四雖。（《兩浙輶軒續録》卷七，《續修四庫全書》影印清光緒十七年浙江書局刻本）

智按：程浩，字淼瀾，永嘉（今浙江溫州）人，乾隆二十一年（一七五六）丙子，順天副貢，官户部員外郎。《兩浙輶軒續録》卷七引《縣志》：「養齋由中書揀發貴州通判，授丹江，歷署府州廳縣十六任，前後在黔二十年，所至有廉聲，苗民亦皆感化。戊戌授鎮遠府，庚子引疾歸，槖無餘財，有手繪苗疆風土百册，各繫之詩，以寓勸戒，名曰黔中竹枝詞。病痊改補户部福建司員外郎。未幾，復謝病歸。食貧自甘，閉户著書，老而不倦，著《養齋小槀》十卷，《四留堂槀》二十卷，《韻府補》二十卷。」

萬璜（一七五六前後）

《次琵琶亭原韻》

舊亭新葺景重加，沼有遊魚圃有花。隔岸波濤迷雁渚，近窗燈火識漁槎。地荒此日纔逢主，腸斷當初莫問家。夜靜月明孤客枕，江聲疑擬古琵琶。

檻外長江江上樓，柳堤竹圃護清幽。斷雲影裏翩躚鶴，夕照光中自在鷗。一曲長留風雅跡，千年不斷往來遊。香山商婦今知否，歌哭千年各有秋。（《輯刻琵琶亭詩》，清乾隆十一年古柏堂刊本）

智按：次唐英乾隆八年（一七四三）癸亥《春遊琵琶新亭唱和草》之原韻。

萬璜，漢水人。乾隆二十一年（一七五六）崇仁縣訓導，校刊《草廬吴文正公集》四十九卷道學基統一卷外集三卷首附從祀疏議一卷年譜三卷。

喬承頤（一七五九前後）

《潯陽江懷古》

寂寞空亭憶送行，琵琶宛聽促絃聲。匡廬雨急盤珠落，湓浦風來騎鐵鳴。白月一江流不去，青衫千載恨難平。那堪日夕秋風裏，惆悵淒淒翻曲情。（《南村冬餘詩鈔》卷二，《清代詩文集彙編》第二九九册，第五四六頁）

《題四賢祠（李長源、林天復、白樂天、蘇子瞻）》

甃井築堤萬姓樂，植梅放鶴一身娛。堂中相對有何謂，人事難殊心不殊。（《南村冬餘詩鈔》卷二，《清代詩文集彙編》第二九九册，第五五〇頁）

《讀香山詩》

格律歌行獨步來，前人才調後人哀。掩書不忍重翻看，半部傷情為阿崔。（（《南村冬餘詩鈔》卷四，《清代詩文集彙編》第二九九册，第五六六頁；《萬首論詩絕句》第三册，第一〇六三頁）

智按：喬承頤，字景濂，上海人。有《南村冬餘詩鈔》十卷，乾隆二十四年（一七五九）瑞草堂刻本。

葉蘭（一七六〇舉人）

《紀事新樂府》

婁縣漕書趙静甫奸猾用事，善蔽官長。邑民田賦陰受其害，父充縣快甚貧，静甫暴横致富。已退卯朦捐，縣佐猶貪其利，陰為把持，致有七寶區之事，撃斃十七人，實静甫一人主之，而優游事外，眾憤焉。爰衍爲《新樂府》十二章，以紀其實。

⊙五五斛

倉城冬月倉厫開，紛紛糧户擔糧來。總書高踞眾役侍，米千百袋如山堆。費足醜米佳，費缺佳米醜。吁嗟米不會張口，挑剔還經記書手。方深大斛四役扛，搽盤另掣斗許强。部頒鐵斛棄牆側，備而不用猶餼羊。君不見，十石卸成五石五，糧户吞聲暗叫苦。

⊙買加頭

五五米卸斛挂籌，斛已足額添加頭。加頭之數不一定，四三五六惟所命。不須斛米但準錢，每一數加九百正。苟不承命卽訾訶，前斛之米委逝波。更嗾豪差把人捉，不顧紳衿恣毆辱（黄學博事）。松人善懦任荼毒，併米重完再加。足再加足休延遲，通盤計算猶便宜。若使乾包盡折色，錢十千餘抵一石。

⊙匿謄黄

聖恩寬大赦賦緡，布告天下咸使聞。省頒謄黄逮州縣，嗟爾鄉民未經見。鄉民未見猶可言，可憐追比逾繁喧。雄鴨雌雞短頭布，不滿豪差一人賂。扛籤四出催完輸，鬻兒賣屋紛無數。比及謄黄遍鄉貼，小民無肉但存骨。

⊙賣荒謠

偏災流行，無歲無奈何，據此爲利圖。買荒變易荒與熟，權總惡書任翻覆。問渠荒價夫如何，石賦賣錢兩貫多。嗚呼！昔日之荒委天數，今日之荒只須做。彼眞荒者無餘錢，敲扑追呼向誰訴。荒貲所得非入官，私囊滿購田盈千。田雖盈千賦不完，書田樂得逢荒年。

⊙橫加白（肇釁之端）

七寶區，盡荒瘠，不完糧衹完白地。少禾稻，多木棉，雪朶盈枝幸堪摘。書言既免糧，其白價宜益。白銀每錢錢五百，小民竭蹷勉供億。去年風雨嗟漂搖，花萁不滿一寸高。已慨年荒忍寒沍，怎奈惡書更加賦。就令五百猶難供，況復益以一百銅。欲納無貲但觀望，罪以抗逋大懲創。悍役聲囂雞犬愁，飛牌火急神魂喪。幸聞縣主心慈仁，曷不匍匐往乞恩。

⊙一炷香

香煙繚繞霏長途，鳩形鵠面同爭趨。趨入縣衙盡蒲伏，手持炷香踞地哭。是時縣主西赴倉，肩輿亟返坐大堂。惡書聞之急呼衆，各各持械潛周防。官問鄉民爾何泣，訴言白價昂難納。但求諭總減其半，三百一錢願供給。縣主聞訴心惻然，云當曉示安窮廛。書伺案旁兀無語，兩目稜稜怒如虎。

⊙白扁擔

縣主退，扁擔來，惡書喝打聲如雷，挑糧夫集如狼豺。白扁擔長六七尺，上書挑夫姓名識。橫捎直砍盡辟易，或折其脛或斷脊。是時雨急天闇昏，縣門堅閉難逃奔。一人洞垣首甫出，擊腦漿迸身翻蹲。縣主喝止喊聲破，已見血流滿堂涴。平明復報東門中，一尸碎膝仰街卧。

⊙公堂屍

公堂公堂，今成北邙，積尸累累如羣羊。一尸項腫色青紫，雙眼睜睜噤牙齒。一尸瘦削微有鬚，腰圍血漬紅模糊。折臂一尸枕其股，隻拳猶握斷香炷。門側一堆橫八尸，蓋以蘆席形未知。階下六尸亦蓋席，席開略見婦人舄。嗚呼！昨日堂下跪，今日堂下僵。瞥覩此狀心摧傷，其餘逃竄雖還鄉，近日頗傳多死亡。

⊙城隍來

縣場日暮風悲酸，吹人懍懍毛骨寒。昏黃月黑訟庭悄，牆角時聞鬼聲嘯。

噓噓呷呷西復東，噓噓者雌呷呷雄。左右居人駴相警，行客聞之輒歸病。冤氛慘結成陰霾，解禳特請城隍來（請邑城隍神供縣大堂三日）。城隍之神正而直，肯享牲牷聽驅斥。明靈不受奸奴誣，再拜稽首無乃愚。爲民則欺爲鬼恐，惡書此時神亦悚。

⊙一朝發

初爲猾吏後蠹書，庸奴薀利人不如。錢漕鉤稽諸弊作，白鏹纍纍入囊橐。食饜粱肉衣綾繒，居然族譜通簪纓。堂前賓客日滿座，不是希顔即承唾。一朝驟富忘昔窮，只嗟不逮娭乃翁。乃翁往日飢寒急，一貫替人打三十。

⊙竊名器

富則思貴人常情，其如例格不可行。娼優隸卒有明禁，若輩登仕羞冠纓。惡書自是好身手，接木移花掩先醜。入貲竟竊一命榮，貳尹頭銜頗自負。起而攻者羣紛紛，謂名與器難假人。郡庭學署有呈遞，側聞有客中調停。君不見，竈下養，中郎將；爛羊頭，關內侯。漢時流品已難别，而況夫夫會要結。

⊙且彌縫

朝傳省垣提總書，郡人或恐風聞虚。暮傳省垣提總書，羣言此孽應殲除。乃公自覺罪難逭，縣數惡端早盈貫。且憑智計工彌縫，惟冀上臺免提勘。書愁無賄難千情，我知有賄無路行。方今烏臺明鏡徹，詎容魑魅潛其形。嗚呼！古人有一言，其理深且旨。千夫所指不病死，爾乎胡爲不聞此。

原跋曰：浮收加賦，縣主何以任其暴横若是，以初履任，弗能洞悉其弊，彼善蔽官長，則謂率由舊章耳。所謂清官難逃猾吏也。聞縣主去任時，流涕語曰：一官不足惜，何以對此十七人耶，皆我誤用人之過也。又曰：此詩傳至都下，言官據此入奏獄，藉平反趙書，按問如律，衆情稱快。道光二十九年四月記。（張應昌《國朝詩鐸》卷二，《續修四庫全書》影印清同治八年秀芷堂刻本）

智按：葉蘭，字淡園。榆林人。乾隆二十五年（一七六〇）舉人。補官學教習，繼授内閣中書，出任安慶同知。遷池州、潁上二府知府。調任泗州知府、廣西平樂同知，繼任潯州知府，尋病逝。

周駿發（一七六二舉人）

《讀韓仲止磵泉日記得絶句二十首》（其八）

龍泓龍井本仙源，閩海移山論不根。好事猶傳白少傅，井華烹茗出僧垣。(《日記》引晏殊所云龍泓洞，在福建汀州靈隱山下，吳赤烏二年，葛仙翁于此得道。又云靈隱山有白少傅烹茗井，與《咸淳臨安志》及《武林舊事》所載互異。考《閩書》汀州甯化縣有靈隱洞，無靈隱山，並無所謂龍泓龍井之名。遽述元獻之言，當屬傳訛耳。）（《兩浙輶軒續録》卷八，《續修四庫全書》影印清光緒十七年浙江書局刻本）

智按：周駿發，字亦畊，號亦庵，錢塘（今浙江杭州）人。乾隆二十七年（一七六二）舉人。有《卧陶軒集》十八卷。

錢德蒼（一七六三前後）

《解人頤》

⊙白樂天詩

「親故歡娱童僕飽，始知官爵爲他人。」予謂豈惟官爵，凡多積而不善爲我用者，徒爲他人造孽，于己惟招怨報耳。

梁蕭允曰：「禍之所來，皆生于利。苟不求利，禍從何生?」顧希武曰：「積財可以備患，患亦生于多財。與其因患而破財，孰若不積財而尤患。」人以爲名言。

「半輪殘月掩塵埃，依稀猶有開元字。想見清光未破時，買盡人間不平事。」此昔人《咏錢詩》也。夫錢爲人所共愛，勢所必然。骨肉親戚，以之構怨；公卿士夫，以之敗名；義夫烈婦，以之失節；勞商遠賈，以之殞命；市井交易，以之鬬毆。乍去乍來，忽散忽聚，貧富倏更，籠絡一世。大抵福人少而禍人多，所以錢字之形，旁有兩戈，蓋寓金能殺人之意，而人莫之悟也。

陸文達有歌云：「聽聽聽！勞我一生天理定。若還懶惰受饑寒，莫到窮時方怨命，虚空自有神仙聽。定定定！衣食生身天付定。酒食貪多折壽元，經營太甚違天命，不如且自安常分。」劉生居衡岳，或貽以袍，數日，服褐如初。或問之，曰：「吾嘗日出，庵門不掩；歸就寢，戶不扃。自得袍後，出入繫念，心常營營，殊不自適。始悟一袍亂我方寸如此，不幾爲所累乎！」

臨川聶大年東軒著《座右銘》云：「短不可護，護則終短；長不可矜，矜則不長。尤人不如尤己，好圓不如好方。周晦則莫與爭智，僞謙則莫與爭强。多言者，老氏所戒；欲訥者，仲尼所臧。妄動有悔，如何靜而勿動；大剛則折，曷若柔而勿剛。吾見進而不已者敗，未見退而自足者亡。爲善斯游君子之域，爲惡則入小人之鄉。吾儕書諸紳以自警，刻盤盂而若傷。惟常存于座右，庶夙夜之不忘。」（《解人頤·達識集》，古青標點注釋，海口：三環出版社，一九九二年四月，第一五四～一五五頁）

⊙白樂天卜居詩

莫嫌地窄園亭小，莫厭家貧活計微。大有高門空鎖宅，主人到老不曾歸。（《解人頤·達識集》，古青標點注釋，海口：三環出版社，一九九二年四月，第一五六頁）

⊙長恨歌

月盡更殘，漏聲斷續，萬事驚心眠不熟。仰面望天天未明，側耳聽雞雞正宿。舊愁新悶不可禁，起剔銀燭訴衷曲。少年胸襟天地寬，精神志慮超凡俗。百工技藝不屑爲，萬卷詩書勤苦讀。讀書望登天子堂，豈知讀書成勞碌。數年流落江湖中，江湖世事多蕭索。一身去住由主人，三餐茶飯由奴僕。寂眠孤枕夢魂寒，冷落書齋形影燭。放蕩猶恐玷儒風，常把身心自檢束。身如無罪囚，落在無罪獄。利覓蠅頭不可言，弟子愚頑難教育。幼者年方十二三，長者年已十五六。未識讀書滋味深，一心思要顧鴻鵠。拘縛矩頭嚴，護短不教加鞭撲。撫育少功程，又責先生才不足。此情此苦訴與誰？長笑一聲自藏蓄。我思家有一畝田，勤耕可以供饘粥。我思家有數株桑，養蠶可以供衣服。紅杏一枝和白梅，雪裏花開香馥鬱。階前數莖濂溪草，雨中葉茂齊腰緑。池中可養化龍魚，庭前可栽栖鳳竹。既有一所舊書房，又有數間茅草屋。堂上有親壽可祝，室中有女顔如玉。愁來酒一壺，閑來棋一局。坐卧得自由，進退無拘束。散散誕誕過一生，何必衣紫腰金食天禄。嗟我功名心性酷，飄然未肯退林麓。丈夫有志事竟成，窮途何必吞聲哭。大舜未登庸，深山伴麋鹿。

蘇秦未封侯，曾受妻嫂辱。我有志衝天，我有書滿腹。文章壓倒呂東萊，詩才不讓黄山谷。卓卓獸中麟，琅琅石中璞。海底神松不久潛，厩中良馬豈常伏。嘗聞韓呂儔，出入更爲僕。久聞百里奚，將身自秦鬻。馮歡長鋏不須彈，郭隗之屋終日築。我嘆長歌非口才，述出胸中愁萬斛。興來揮筆寫長歌，書盡加添紙一幅。長歌賦罷膽氣豪，叮嚀重爲主人囑。主人聽我囑叮嚀，世事如棋如轉軸。令他傳臚報一聲，天下英才皆刮目。(《解人頤·寄懷集》，古青標點注釋，海口：三環出版社，一九九二年四月，第二〇五頁)

智按：錢德蒼，字沛思，號慎齋，長洲（今江蘇蘇州）人，其《解人頤》集詩文詞賦、俚語俗諺于一書，卷首題「新訂解人頤廣集」，目録署「雲溪胡淡庵定本，吳門錢慎齋重增訂」，正文前題「吳門錢德蒼沛思氏重訂」。書前作者自序篇末署「乾隆二十年前（一七六一）孟春上浣長洲錢德蒼沛思氏書于寶仁書屋。」乾隆二十八年（一七六三），錢德蒼襲用「綴白裘」之舊名，開始新編流行劇目，第二年刊行《時興雅調綴白裘新集初編》。

雷國楫（一七六四前後）

《龍山詩話》

王漁洋《論詩絶句》有云：「廣大居然太傅宜，沙中金屑苦難披。」予讀之，有未釋然于中者。近與吳魯齋論詩及此，魯齋云：「予師桑弢甫有絶句一首云：『大辨才從徹悟餘，香山居士本文殊。漁洋老眼披金屑，失却光明大寶珠。』」觀此則知此公卓識巨眼，出人頭地，真不被前賢瞞過。(《龍山詩話》卷二，《清詩話三編》第一七八四頁)

智按：雷國楫，字松舟，陝西蒲城人。曾攝寶山尉，乾隆二十九年（一七六四）任奉賢丞，三十七年（一七七二）入廣東幕府。以詩受知于沈德潛、王鳴盛。有《龍山詩鈔》。事迹見王鳴盛輯《苔岑集》卷五、王昶《青浦詩傳》卷一。中國科學院圖書館藏有四卷本，乾隆四十三年（一七七八）味經堂刊本。書前有乾隆三十七年高辰序、乾隆三十六年王廷士序，王廷士、高辰、季夢荃題詩。徐世昌《書髓樓書目》卷四著録十二卷本，中國藝術研究院圖書館入藏。

吕德音（一七六六前後）

《陶白祠新成》

陶公白傅不同時，合志千秋并祀之。城曲數椽空像在，使君一棹便情移。沿隄分種柳三徑，引水重生魚一池。曠世知音應有種，風流更許後人師。（清同治《德化縣志》卷七地理·古蹟）

智按：吕德音，泰興（今屬江蘇）人。泰興拱辰橋，乾隆三十一年（一七六六）黄橋司巡檢宋明遠、同鎮人吕德音等重建。（《光緒泰興縣志》卷一）

畢沅（一七三〇～一七九七）

《新春效長慶體賦生春詩四首》

何處生春早，春生在畫堂。彩鳥環戟暖，金燕帖釵忙。物象饒和氣，心花貯竗香。村城鐙火盛，譜曲奏懽場。

何處生春早，春生在遠山。曉青螺髻潤，晚翠月眉彎。雨作雲難暇，泉奔石轉孱。遥峯樵徑出，時見一僧還。

何處生春早，春生在小園。鸎聲輕喚夢，草色暗消魂。境僻香爲國，枝交樹作門。夜深還秉燭，芳訊幾番掄。

何處生春早，春生在麥畦。碧添新水外，紅襯夕陽西。雪足蟠根穩，雲深壓隴低。長安十萬户，從此免飢啼。（《靈巖山人詩集》卷三十二終南仙館續集，《續修四庫全書》影印清嘉慶四年畢氏經訓堂刻本）

《三游洞白香山與弟行簡元微之游此作記刻石名洞曰三游》

春草回青緣澗曲，盤縈仄徑不容足。山深境僻少行人，兩耳松濤聲謖謖。枯藤挂壁蟠蛟螭，呀然古洞石棱簇。手搘鐵杖纔到門，驚起一雙紅蝙蝠。嵌空闃寂土花鯹，疑入多年鎖閉屋。雲根大小縱復横，蹲者如猴卧如鹿。但聽潺湲不見泉，地中知有靈源洑。畢竟幽深氣候殊，冷侵袍襖肌生粟。外望虛嵐遮幾層，日光射處團濃緑。因尋前代留題文，攜得長箋細謄録。元白當年成勝游，蘇黄繼起踵高躅。（東坡與弟潁濱、黄山谷游此，賦詩達旦）後先至此皆三人，今日冥搜讓予獨。爰吟長句寄幽懷，擘窠劃破蒼巖腹。未審他時更阿誰，壁端細剔寒苔讀。（《靈巖山人詩集》卷三十七香草吟，《續修四庫全書》影印清嘉慶四年畢氏經訓堂刻本）

《續資治通鑑》

⊙太宗至道二年

二月，壬申朔，司空致仕李昉卒，贈司徒，謚文正。昉寬厚無城府，與人多恕，在相位，雖無赫赫稱，然小心循謹，動持大體，不市恩威。參知政事時，帝一日語侍臣曰：「朕何如唐太宗?」左右互辭以贊，獨昉無言，微誦白居易《七德舞詞》曰：「怨女三千放出宫，死囚四百來歸獄。」帝遽興曰：「朕不及，朕不及，卿言警朕矣!」（清嘉慶六年遞刻本卷十八）

⊙真宗乾興元年

三月，壬申，以給事中李及知杭州。及治尚簡嚴，而樂道人善。以錢塘風俗輕靡，屏絕宴游。一日，冒雪出郊，衆謂當置酒召客；乃獨造林逋清談，至暮而歸。居官數年，未嘗市吳中物。比去，惟市《白樂天集》一部。（清嘉慶六年遞刻本卷三十五）

⊙仁宗慶曆四年

（三月）范仲淹等意欲復古勸學，數言興學校，本行實，詔近臣議。於是宋祁、王拱辰、張方平、歐陽修等八人合奏曰：「教不本於學校，士不察於鄉里，則不能核名實。有司束以聲病，學者專於記誦，則不足盡人材。謹參考衆説，擇其便於今者，莫若使士皆土著而教之於學校，然後州縣察其履行，學者自皆修飭矣。」乙亥，下詔令州縣皆立學，本道使者，選屬部官為教授，三年而代；選於吏員不足，取於鄉里宿學有道業者，三年無私譴，以名聞。士須在學習業三百日，乃聽預秋賦；舊嘗充賦者，百日而止。親老無兼侍，取保任，聽學於家。三場，先策，次論，次詩賦，通考為去取，而罷貼經墨義。又以舊制用詞賦，聲病偶切，立為考式，一字違忤，已在黜落，使博識之士，臨文拘忌，俯就規檢，美文善意，鬱而不申。如白居易《性習相近遠賦》，獨孤綬《放馴象賦》，皆當時試於禮部，對偶之外，自有意義可觀。宜許仿唐體，使馳騁於其間。士子通經術，願對大義者，試十道，以曉析意義為通，五通為中格；三史科取其明史意而文理可采者；明法科試斷案，假立甲乙罪，合律令法意文理優者為上等。（清嘉慶六年遞刻本卷四十六）

⊙哲宗元祐四年

（十一月）杭頻海，水泉鹹苦，唐刺史李泌，始導西湖，作六井，民以足用。及白居易復浚西湖，引水入運河，溉田且千頃。然湖水多葑，自唐及錢氏，歲輒浚治，宋興，廢之，葑積為田，而水無幾矣。運河失湖水之利而取給於江，潮水淤河，泛溢闤闠，三年一浚，為居民大患，六井亦幾廢。軾始至，浚茆山、鹽橋二河，以茆山一河專受江潮，以鹽橋一河專受湖水，復以餘力修治六井，民稍獲其利。軾曰：「若取葑田，積之湖中，為長堤以通南北，則葑田去而行者便矣。」乃取救荒之餘，復請於朝，得度牒以募役者。堤成，南北徑十三里，植芙蓉、楊柳於其上，望之如畫圖，杭人名曰蘇公堤。（清嘉慶六年遞刻本卷八十一）

《關中勝蹟圖志》

游龍宫。雍勝畧在渭南縣西十一里，唐開元中修。按，《兩京道里記》云，取黑龍飲渭名之。白樂天有《黑龍飲渭賦》，武平一《登驪山》詩有「日下黑龍川」句，亦謂此也。（《四庫全書》本卷六）

晉公廟。《通志》一在藍田縣東三十里，一在縣西三十里。明建，祀唐裴度。又渭南縣治西關外官路北有裴晉公祠，明嘉靖間建。《通志》：公河東人，其苗裔散在四方，渭獨居多，因立祠。《縣志》：初與寇萊公並祀，額曰二公祠。順治八年，增祀蔡孝子順、王節度忠嗣、白侍郎樂天，更名五賢祠。（《四庫全書》本卷七）

《中州金石記》

重刻白居易詩。大中祥符八年閏六月立。段羣玉行書。在濟源濟瀆廟。

《金石録》有太和五年白居易游濟源詩、馮宿詩附今。後有太和五年題字，又一行云：「段羣玉重書立。」似居易詩刻，北宋時已失之，因重刻于石，宜今訪之不得，但不知趙明誠何以見其原刻耳。（《中州金石記》卷四，《續修四庫全書》影印清乾隆刻經訓堂叢書本；《叢書集成初編》第一五二二冊，第八五頁）

重刻白樂天詩。元光元年九月立。賈獻臣正書。在濟源。

詩爲「濟源山水好，老尹知之久」五古一首，後題太和五年九月二十六日，後云：「賈獻臣重録。」是居易有原刻，或失于宋金時也。獻臣時遙授昌武軍節度判官。（《中州金石記》卷五，《續修四庫全書》影印清乾隆刻經訓堂叢書本；《叢書集成初編》第一五二三冊，第一〇七頁）

智按：畢沅，字纕蘅，一字秋帆，自號靈岩山人，鎮洋（今江蘇太倉）人。乾隆二十五年（一七六〇）庚辰一甲一名進士，授修撰，官至湖廣總督，贈太子太保。有《靈岩山人集》、《續資治通鑑》等。

周廣業（一七三〇～一七九八）

《經史避名匯考》

周亮工《因樹屋書影》：古人生不諱名，同輩皆面呼其名。《書》「周公若曰君奭。」《檀弓》曾子曰：商論語微生畝，謂孔子是也。案孔子呼弟子，皆以名。獨閔子騫稱字，其名亦不見於魯論。疑當時已有以字行者，然漢晉于史無聞，至南北朝始多。《宋書》：「孫處字季高，會稽永興人，籍注季高，故字行於世。」（《南史》云籍注字，故以字行）此其例也。唐初人多以字行，而他或又以名見說者紛紜，則未明籍注之義故耳。至赤牘書字，則《北史》崔頤隋開皇初《答豫章王書》自稱字曰祖濬，唐白居易《與元微之書》末署「樂天再拜」，又《代書書》云：「樂天白。」司空圖《與李山書》末署「司空表聖再拜」，又不待徵諸《荔枝帖》矣。（《經史避名匯考》卷二，《續修四庫全書》影印清抄本）

顧炎武《金石文字記》：《顏氏家廟碑》顔眞卿撰并書，碑題唐故通議大夫行薛王友柱國贈祕書少監國子祭酒太子少保顏君廟碑銘，乃眞卿之父也。文曰：君諱惟貞，字叔堅。其敘先世自父以上，皆直書名而加諱字（如廣陵太守葛繹貞子諱欽，字公君之類），其他伯叔群從悉名之。予讀《張燕公集》有《唐贈并州刺史先府君碑》，首曰：諱隲字成隲，又有《周通道館學士張府君墓誌》乃説之曾祖也，首曰君諱戈，字嵩之。又有《唐處士張府君墓誌》，乃説之祖也，曰：曾祖徵君諱子犯，祖河東郡事諱俊，父通道館學士諱戈。並直書其名，而加諱字。《唐文粹》載陳子昂《我府君有唐居士文林郎陳公墓誌文》曰：公諱元敬，字某，五世祖大樂生高祖方慶，方慶生曾祖湯，湯生祖通，通生皇考辨。又有《梓州射洪縣武東山陳居士墓銘》序曰：君諱嗣，字宏嗣，太樂即君之高祖父也，生曾祖方慶，生祖湯，生皇考廻君，即廻之第二子也，並直書其名，惟父加一諱字，《劉禹錫集》有《子劉子自傳》曰：曾祖凱，祖鍠，父諱緒，亦惟父加一諱字。《白居易集》有《故鞏縣令白府君事狀》曰：高祖諱建，曾祖諱士通，祖諱志善，父諱温，公諱鍠，即居易之祖。又曰：長子諱季庚，字某，鞏縣府君之長子，即居易之父。《李翶集·皇祖實録》首曰：公諱楚金。盖古人臨文不諱，而子昂、禹錫自祖以上，不加諱字。又所謂不逮事王父母，則不諱者也。今人自述先人行狀，而使他人填諱，非古也。（《經史避名匯考》卷三，《續修四庫全書》影印清抄本）

氏族。《通志·氏族略》啖氏亦作噉，大曆水部郎中啖席珍，會昌進士。啖鱗，避武宗諱，改為澹，《姓氏書辨證》云：啖，舊姓，書音，去聲。《集韵》音淡，今從之。《集韵》：前秦有秦州刺史啖鐵，又覽氏下引《前秦録》作噉鐵，噉與啖通。又《氏族略》云：談氏即郯也，亦作談。六國時有談生，又有譚氏子爵莊十年，齊滅之。《急就章》漢有譚平定，又有覃氏。（《談藪》：齊王儉爲吏部尚書，有姓譚者，詣儉求官，儉曰齊桓滅譚，那得有汝。答曰：譚子奔莒，所以有後。儉喜其善，曰據卒得職焉）廣業案，談、譚本二氏，武宗諱談，亦改譚。白樂天女適談氏，見《香山集》，有《小歲日喜談氏外孫女孩滿月》詩（又《和談校書》詩）。李商隱誌白公墓，作一女適譚氏（見《義山集》）。（《經史避名匯考》卷十六，《續修四庫全書》影印清抄本）

白居易字樂天，晚自號香山。張固《幽閒鼓吹》云：

白尚書應舉，初至京，以詩謁顧著作况。况覩姓名，熟視白公曰：米價方貴，居亦弗易。（《唐摭言》作：「長安物貴，居大不易。」）及披卷，首篇曰（《摭言》作「《原上草》詩」）：「咸陽原上草，一歲一枯榮。野火燒不盡，春風吹又生。」即嗟賞曰：「道得箇詩，即居易矣。（《摭言》作：「有詩如此，居亦何難？」）前言戲之耳。」因為之延譽，聲名大振。

廣業案，宣宗弔白公詩曰：「浮雲不繫名居易，造化無為字樂天。」以指斥為哀輓，於歿則稱謚，若字之，禮乖矣。（《經史避名匯考》卷三十一，《續修四庫全書》影印清抄本）

謝伋字景思，自號藥寮居士。紹興末，守括蒼，司馬季思佐之，亦名伋，劉季高（名岑）書與景思曰：公作守，司馬作郡事，皆如律令也，聞者絶倒。（《老學菴筆記》）廣業案，《雲麓漫鈔》云：急急如律令，漢之公移常語，猶今云符到奉行。張天師漢人故亦用之，道家遂相祖述此言，符牒有是式也。然儒家間亦用之。唐陳子昂《禜海文》、白居易《禜龍文》，末俱云：急急如律令，蓋戒敕之意，季高借隱二伋名，可謂善謔矣。（《經史避名匯考》卷三十二，《續修四庫全書》影印清抄本）

白居易字樂天，祖鍠，字士鐘，歷酸枣、鞏二令，父季庚，字子申，襄州別駕。陳直齋作《年譜》云：「貞元十九年癸未，以拔萃選登科。」李商隱撰《墓碑》云：「前進士避祖諱選書判拔萃，蓋以公祖名鍠，與宏同音，所以不應宏詞也。」《摭言》云：「白公試宏詞賦，考落，以賦有不知我者謂我斬白蛇，知我者謂我斬白帝也。登科之人賦皆無聞，而白公之賦傳於天下。」廣業案，公未嘗試宏詞，此賦或是行卷所作，《摭言》誤謂試而考落也。又案，《新書·選舉志》選未滿而試文三篇，謂之宏詞，試判三條謂之拔萃，中者即授官。白公以祖諱試拔萃，義山墓碑必無誤，《年譜》據之，是也。至父名，《事狀》及《新、舊書傳》並作季庚，《年譜》作季庚，考《長慶集》以同庚為同歲，如《元日對酒》詩：「夢得君知否，俱過本命年。」自注：「余與蘇州劉郎中同壬子歲，今年六十二。」又「同歲崔何在？同年杜又無。」自注：「余與吏部崔相公甲子同歲，與循州杜相公及第同年。」據此，則庚為是。若《新書·宰相表》以鍠為樂天父，與季軫、季康等同格，而以季庚與樂天、敏中同格，則大謬矣。（汲古本如此，當考別本）（《經史避名匯考》卷三十七，《續修四庫全書》影印清抄本）

智按：《白氏文集》卷二十九《故鞏縣令白府君事狀》：「公諱鍠，字確鍾」,「確」字紹興本、那波本空。《文苑英華》作「士鍾」。明正德十四年(一五一九)郭勛刊《白樂天文集》作「景鍾」。

杜甫母崔氏,名海棠(適母盧氏)。葛立方《韵語陽秋》:杜子美避地蜀中,未嘗有一詩說着海棠,以其生母名海棠也。王禹偁詩話:子美居蜀,累年吟咏殆遍,海棠奇絶,而篇章獨不及,故鄭都官有詩云:「浣花溪上空惆悵,子美無心為發揚。」詞人往往用為故實。獨王荆公用作梅花詩,最有意句。云:「少陵為爾牽詩興,不是無心賦海棠。」或曰,子美母名海棠故然,蔡正孫《詩林廣記》曰:鄭谷題海棠詩後引《古今詩話》云:杜子美母名海棠,子美諱之,故杜集中絶無海棠詩。後吳中復亦云:「子美詩才猶閣筆,至今寂寞錦城中。」石曼卿云:「杜甫句何略,薛能詩未工。」至楊誠齋乃云:「豈是少陵無句子,少陵未見欲如何。」廣業案,母名海棠,少陵輙詠,乃情理所策應,有詞人調弄筆端,最是無謂。白香山母墮井死,而賦新井,致招物議,使少陵偶咏此花,後人更如何譏議耶?《猗覺寮雜記》以為小名海棠,出何典記?世間花卉多矣,偶不及之耳。《閒居録》云:李白、李賀等集亦無之,豈其母亦同名耶?蓋蜀多海棠,故厭而不言,此與楊誠齋「少陵未見」云云,同為夢囈也。(《經史避名匯考》卷四十三,《續修四庫全書》影印清抄本)

《循陔纂聞》

杜少陵《茅屋爲秋風所吹破歌》曰:「安得廣厦千萬間,大庇天下寒士俱歡顔,風雨不動安如山。嗚呼!何時眼前突兀見此屋,吾廬獨破受凍死亦足。」此憂世濟物之心,自然流出,却有情理,所以為善。白樂天詩曰:「安得萬里裘,盖裹周四垠。穩暖皆如我,天下無寒人。」此學杜而失其旨也。杜先天下之憂而憂,白先天下之樂而樂,相去逕庭,且廣厦可以萬間,裘斷無萬里者。然以《大戴記·曾子制言篇》伯夷叔齊二子言爲文章,行為裘綴,于天下之意推之,尚非無本。至孟郊《憎蚊》詩乃曰:「願為天下幮,一使夜景清。」直是痴人說夢。《顔氏家訓》曰:昔在江南,不信有千人毡帳,及來河北,不信有二萬斛船,然則帳覆千人,已屬少見多恠,安得天下幮乎?欲如裴子横之為吳興太守,作百幅被,以成其初志,不可得矣。(《循陔纂聞》

卷三，《續修四庫全書》影印清抄本）

智按：周廣業，字勤圃，號耕厓，海寧（今屬浙江）人。乾隆四十八年（一七八三）舉人。主講安徽廣德復初書院，纂修《廣德州志》。富藏書，家有「聽雨樓」、「種松書塾」。參加《四庫全書》校對，撰有《孟子四考》、《目治偶抄》、《四部寓眼録》、《蓬廬詩文集》等。

吴蘭庭（一七三〇～一八〇一）

《峩雪公别傳》

公諱啟褒，字我錫，以音近，自號峩雪，余之族叔祖也。父又皐公，諱景郇，以達學著，公無意於仕進，喜讀書，實事求是。康熙以後，邸報皆有手録，朝章國故，靡所不究，而于吾郡諸故家之譜牒源流興替，與人談，如指諸掌，即傳所稱鄭公孫揮，能知四國之為而辨于其大夫之族姓，班位貴賤能否，無以過也。然公尤所究心者，則在于紹述家學而昌明之，蓋吾吴氏自始遷祖已來，迄公已十三世矣。族既繁衍，先世之遺文軼事，不盡見諸家乘，後生小子，耳目凡近，不能究知昔之人之懿皪，而其傳在口耳者，浸遠而失其眞。公稟承有自存記，纖巨畢備，隨舉一事檢尋，悉有條貫。嘗輯前邱吴氏詩存，摭拾補綴，手繕寫為四巨册。序之曰：「詩存者，以人存詩，實以詩存人也。人各有其詩，而其人之精神寓焉。即其性情行事，可考而知也。吾家能詩者，不乏其人，亦頗有為世所選録，而懷才憔悴鬱滯之士，叢篇巨帙，委諸鼠蠹之齧蝕，往往有之。昔江左王氏人各有集，而唐竇群兄弟五人，皆工詞章，為集行於時，今縱未能及，已而罔羅放失，當有任其責者，是用不揣愚昧，竭數十年之力，蒐而録之，人各為小傳，略具世次事實，凡數易稿，共為若干卷，亦使人雖已往，藉以有所著見焉。」其大略如此。昔司馬遷為太史公書序，備述其家世，言論風旨。班固循其例，作《漢書敘傳》，綴輯前聞，而《王命論》、《幽通賦》等篇，亦兼著之。此家學所由存，而身任文獻者之大凡也。由斯以言，識大識小，雖事各有殊，其意一也。然則博搜精擇，粲然成一家之書如公者，非吾吴氏之文獻所由繫焉者乎？公亦喜為詩，嘗病起作詩，其句云：「婢能諳藥性，犬不吠醫人。」子弟以話涉白樂天，請易之，公听然曰：「吾詩遂能懸合樂天，仍之不亦可乎？」亦可見公嗜古之篤矣。公粹德懿行，與其年壽子姓，已具孫中允人龍所為公傳，故不複出。蘭庭述。（《胥石詩文存》文存，《續修四庫全書》影印民國吳興叢書本）

智按：吳蘭庭，字胥石，歸安（今浙江湖州）人。乾隆三十九年（一七七四）甲午舉人。有《南雪草堂集》。

王文治（一七三〇～一八〇二）

《杭州十首》（其九）

愛酒白居易，能詩蘇子瞻。風流兩太守，俱此駐幰襜。開濬成勞在，遨游勝事兼。六橋煙樹裏，映水出紅簷。（《夢樓詩集》卷二《海天游草》，《續修四庫全書》影印清乾隆刻道光補修本）

《老嫗解詩圖》

談詩何必向詩人，白傅揮毫別有神。此嫗若知天寶事，一篇長恨也傷春。（《夢樓詩集》卷八《南詔二集》，《續修四庫全書》影印清乾隆刻道光補修本；《萬首論詩絕句》第二册，第四四九頁）

《琵琶亭》

當年楓葉與蘆花，秋遠江空月欲斜。未必琵琶堪下淚，江州終未慣天涯。（《夢樓詩集》卷十《歸人集》，《續修四庫全書》影印清乾隆刻道光補修本）

《爲鮑根堂題水木清華圖》

據石聽虛籟，臨流數落英。竹香春雨滑，槐夢午風清。東澗白居易，西園王晉卿。只從圖畫看，令我欲遺名。（《夢樓詩集》卷十一《柿葉山房集》，《續修四庫全書》影印清乾隆刻道光補修本）

《題蔣苕生前輩四絃秋新樂府》

古樂秦漢已淪佚，中聲在人今不没。審音易而作樂難，此語吾服西泠逸。（吳西泠名穎芳，杭州布衣，精於樂律，著有《吹豳録》）堂堂蔣侯起豫章，奇句驚天卓天骨。餘技能爲樂府辭，宮徵咀含發古質。空谷蘭揚幽闥芬，霜林桂傲陰崖茁。（苕生有《空谷香》、《桂林霜》樂府二種）協律今見夷夔才，傳奇卻借范班筆。挑燈偶誦《琵琶行》，潯陽遺事從頭述。名倡遠嫁辭青樓，才子南遷望紅日。元和戡亂時尚隆，樂天敢言道非屈。誰教白璧被蠅點，始信朱顏入宮嫉。茫茫荻花江浸月，船舫無聲四絃歇。莫怪江州泣下多，多情原自忘情出。休官余亦卧江干，四十四年霜鬢殘（按年譜，白公作《琵琶行》，行年四十四，與余適同）。臨風聽徹銷魂曲，那免青衫淚暗彈。（《夢樓詩集》卷十二《西湖長集》，《續修四庫全書》影印清乾隆刻道光補修本）

《重泊琵琶亭》

煙波隨意宿江關，白傅當年淚久刪。贏得潯陽風水逆，停舟三日看廬山。（《夢樓詩集》卷十七《楚游草》，《續修四庫全書》影印清乾隆刻道光補修本）

智按：《清乾隆王文治書法日誌册頁（十二册/套）》此詩末尾有跋文：「余楚游旋歸，由武昌開帆，蓬扉無牽，將展所作，舟至潯江，停橈三日，篋中適有素册，率爾録之。時在辛丑秋八月望後三日。夢樓居士王文治。」可見此詩作於乾隆四十六年（辛丑，一七八一）。王文治此行從江蘇丹徒溯長江而上，前往安徽、湖北、江西等地。除沿江覽勝、尋訪舊跡外，主要目的一為探望三弟王文明，二為拜訪姚鼐、陳淮等親友——「庚子（一七八〇）歲，自杭州歸里，多寄跡僧寺中，未嘗遠游。三弟文明，以微官羈楚中，未能即歸。余年將周甲矣，昆弟不相見者十餘載。恐歲月因循，不獲展友于之愛，至是溯長江省之。此行千餘里，居楚半載。所遇故人不少，大略多見於詩中。得古今體詩四十七首。」這是其三次「楚游」中之第一次，時年五十八歲，故云「年將周甲」。

《江州懷白樂天先生》（有序）

樂天賦《琵琶行》事，昔人或謂當為秀鐵面所訶。似不盡然。樂天貶官經年，殊未介意，此因地之超也。及聞商婦琵琶，始知遷謫之感。此根本無明於兹引動也。淚濕青衫，公然發露，豈世諦中覆藏種性所可同日語哉。直心是菩薩道場，有愛為如來種子，大抵蘇、白兩公於本分雖未必究竟了徹，而文字般若已通，正恐隨波逐浪宗徒未易解此。至於呼伎開筵，乃唐人風氣，樂天既非戒僧，何必如此責之。抑樂天方遭貶斥，此詩出，竟無有媒孽其短者，則唐時風氣猶然近古也。頃過琵琶亭，慨然有懷先生之為人，乃賦詩一章：

送客潯陽月墮遲，清秋一首白家詩。荻花楓葉今千古，紅袖青衫彼一時。往事儘教流水去，傷心偏愛倩人知。不因謫宦來湓浦，如此江山缺好辭。（《夢樓詩集》卷十七《楚游草》，《續修四庫全書》影印清乾隆刻道光補修本）

智按：王文治，字禹卿，號夢樓，别號翠淙庵主；佛名達無，字無餘；道名迎復，號月禪。丹徒（今江蘇鎮江）人。乾隆二十五年（一七六〇）一甲三名進士，授翰林院編修。二十八年五月，升授翰林院侍讀。二十九年補授雲南臨安府知府。三十三年，因屬吏事被劾解郡，循例告假歸里。晚年自述云：「賜進士及第，誥授朝議大夫，候補知府，前知雲南臨安府事兼署廣西府事，加三級，記録四次，翰林院侍讀，署日講起居注官，撰擬進呈文字，欽取大考一等一名，癸未科會試同考官，壬午科順天鄉試同考官，充《國史功臣方略》、《通鑑輯要》等館纂修官，翰林院編修加一級。」有《夢樓詩集》二十四卷（《續修四庫全書》影印華東師大圖書館藏清乾隆六十年食舊堂刻道光二十九年補修本，第一四五〇册集部）、《王夢樓書劄》（甘肅省圖書館藏王文治自書本）。

吳省欽（一七三〇～一八〇三）

《賜御製全韻詩御製擬白居易新樂府謝摺》

伏惟我皇上精一執中，懋昭聖治，德新業富，振古未有。誠以敬天法祖，勤民之隱，存之則為性道，發之則為文章，心聖人之心，言聖人之言，昭耀天文，舉如日月。伏誦右二種御製全韻詩擬《新樂府》，理大物博，涵蘊今古，抉淵閎之經旨，寓袞鉞之史評，為萬世子孫臣庶訓行，率俾推本天命，陳闡祖德，視雅頌所述后稷、公劉、太王、王季、文王、武王之業，實遠邁之。以臣愚下，而天有至教，腕鈔口沫，早油然肅然，生孝敬之心。兹者備員學政，獲瞻賞本，寸私頂戴，謹擬繕摹校刻，俾所屬士子舉得朝夕諷誦，以端心術，以溯道源，以探億萬世久安長治之本。（《白華前稿》卷一，《續修四庫全書》影印清乾隆刻本）

《重修少陵草堂後祠碑記》

成都少陵之草堂，今榜曰少陵書院。院之門楹三，次堂，次亭，次祠。祠與堂皆置像。堂之創，以康熙壬子；祠則乾隆丙戌所建也。予自癸巳二月拜祠與像，祠既陁小，其華整鞏固，遠不逮前之堂，以為物力之贏詘類然，有好古者更而新之，事半而功可倍。頃予返覲，有期臬使無錫杜公玉林，乞預為修祠之文，以俟歲臘舉役焉。記曰：少陵所居，後之人多稱曰草堂，而不若在成都所居者之顯，何也？蓋其流離困躓，在秦隴時，至負薪采梠以自存，逮乾元之己亥，年四十九矣。尋置草堂，地於西枝邨，為詩以紀，卒不遂。是冬十二月，赴蜀依裴冕，就草堂寺居之。明年春，草堂成。葛常之言，少陵有此草堂祇四載，而其間居梓閬者三年（《湖海文傳》作「二年」）。陸放翁言，少陵於萬里橋、浣花村皆有草堂，萬里橋之堂不可見，然草堂因人而成，力不能資之有二，當由誤誦「萬里橋西宅，百花潭北莊」之詩，而一而二之也。至蜀之草堂寺，自梁時已顯，故周顒（《湖海文傳》作「周彥倫」）慕之，於鍾山亦立草堂寺。李文饒言，少陵居近草堂寺，因名草堂，思過半矣。雖然，公之思置草堂，先一年嘗求之於秦，而李太白詩名《草堂集》，白樂天草堂在廬山，少陵之姪佐草堂，在東柯谷。少陵《左氏莊》詩曰：「春星帶草堂。」草堂特唐時通名，少陵為堂成都，而其地適在草堂寺傍，與在秦求地置草堂之意相合，遂名為草堂，以紀其實，以志其喜。《舊唐書》亦言其種竹植樹，縱酒歗詠，無拘檢焉。視向之流離困躓、作詩告哀時，固小異矣。然則少陵所居，惟此始可名草堂，非夔州之高齋，一名而三地者比。自宋吕汲公復作草堂於其址，命工繪像，雖廢興輾轉，而少陵有靈，顧而樂之，臬使以當陽孫子樂為更始，其行年會值五十，與少陵成草堂之歲不謀而合，又烏可缺然弗記也。抑予聞王蜀時，韋莊居草堂故址，故所著集曰《浣花集》，於禮可以祔祀世之人，知草堂而或不知草堂寺之始，知少陵草堂寺旁之居始名草堂，而不知在秦時先欲為草堂，故牽連書之。而少陵之詩與其人，不復論云。（《白華前稿》卷七，《續修四庫全書》影印清乾隆刻本；王昶《湖海文傳》卷三十五記，清道光十七年經訓堂刻本）

《四川學院轅門移碑碑記》

四川提督學政官廨，故巡按御史治也。其轅門從廣畝三之一，列鹿角五十，鼓亭二，去思碑十二，碑一，侵地可二弓。自康熙間者四，乾隆間者八，石理既麄駁，或陷且仆，每試士，提調官學官架兩閣避風雨，俾諸吏呼名進，涌沓於碑間者，千數百人。人苦之而不敢請也。乃命工移徙他所，而為文記之。曰：碑之制，所以麗牲，秦始刻石紀功德，漢吏民於其長官，多率錢為之，此固長官之賢，與古風俗之厚，而好古之君子樂得以考史事也。《唐書》言狄梁公所治，人輒為立碑，然不著於歐陽氏、洪氏、趙氏之録。白樂天詩曰：「但見山中石，立作道旁碑。」又曰：「不願作官家道旁德政碑，不鐫實録鐫虚辭。」碑固莫濫於唐，而麴信陵、何易于之徒，反以樂天、孫可之詩與文而傳，初不係碑之有無矣。今觀康熙間碑辭，不必其果虚，而言之不文，不足以傳遠，八碑者大都祇具官閥，其字里或缺焉，此之弗傳，而碑所稱教思教澤文鑒等一二言，顧足傳耶！思之必以碑之，碑於轅碑於路等耳，豈思之者，以路旁無有千數百人，而必示此集試之千數百人以謂傳耶！碑矣，必其賢矣，賢而不念此千數百人之涌沓於陷且仆之碑之旁，而以移徙為憾耶！學政三年一易耳，易一官，立一碑，少亦什七八，更數十百年，此縱横不半畝之轅門，尚有餘地耶！以去思之碑，後之人顧移而去之，則立者之不得其地，而風俗之厚與其賢，固在也。爰仿漢人書名必具字之例，且系其貫，以期傳後而有考焉。（《白華前稿》卷九，《續修四庫全書》影印清乾隆刻本）

《蔣立厓楚中吟序》

同年立厓蔣君，以詩稱吳中。當丙戌春，立厓自秦至京師，出遊稿示予。其詩清壯兼夏聲，匆匆未及以序。是夏立厓試吏楚中。楚，故財賦地，又善訟聽斷，小不當往往走京師投匭，持長吏長短，故吏楚視他直省難。夫以甚劇之區，視不習之事而怵之，以思逞之民能復唱渭城者尠矣。六七年來，聞立厓治狀甚著。頃以襄校入闈，日相與談藝，而不及詩。閱五日，始出詩百數十篇，所為《楚中吟》者相示，意欿然甚下，若編不富而格稍降也。古之詩人，抒性情，陳古昔，若左記室、阮步兵、顏光禄、沈吳興，多各以詠傳，至謝公《吳會吟》、白傅《秦中吟》，美刺雖異，而所操皆土風，其體從樂府，惟鮑參軍之《擬白頭吟》、李翰林之《擬梁甫吟》，類皆古歌詩。立厓歷宰望縣，以其餘事，道山川風俗之美，與夫賢士大夫，作為歌詩，壹唱三嘆。詩與樂相通，即《吳會吟》，奚以異也？吟之高者鸞，壯者龍，苦者蟲，哀者猨，之數者，性情既異，吟聲亦不侔。凡詩皆具性情，永之為詠，申之為吟，以立厓之性情，而又寓諸所治之山川風俗，與夫賢士大夫，即詠恐有不足矣。予見近代詩人，類以吟名稿，聊舉吟咏之義，俾知立厓之詠之合於吟，至其詩之工，西莊光禄已序之。予向者固已清壯目之，詩則猶是也，而謂降格哉！（《白華前稿》卷十二，《續修四庫全書》影印清乾隆刻本）

《封奉直大夫徐君墓志銘》

予與徐武選長發，以乙丑歲籍諸生，而予先武選官京師且十年，武選歷待詔司務，遷有日矣。歲辛卯，成進士，遂分部額外需三年。予眞其封，君輒貽誡母遽歸，雖邑人，官京師者，皆用是為言。武選眙望曰：吾父少而孤，無兄弟。至二十八，喪吾母，吾年四歲耳，吾父不再娶，不蓄媵侍，鞠吾教，吾以有今。吾又無兄弟，今慶典當得封吾父，吾朝捧誥而夕投牒耳，而誥軸需彙下比下，而君已捐館，武選遽奔歸，歸即亟以葬，乞予文銘其幽。予觀昌黎韓子，以歐陽詹捨朝夕之養，以來京師，雖未得位以歿，詹與父母可無憾。嚮使詹得位，為父母榮，雖父母歿，其無憾較易明也。君食貧守約，不得志於有司，典衣易書，教學不勌，所為詩效柴桑翁、香山居士，而沖退亦與相似。嘗一日食不再，夜分冒雨翦園韭，烹之怡然得飽，即一介不妄受。君固無慕於世，而為之子者，必待是以慰其心，至不能遼緩數十日，以逮其存，此亦無如何焉耳矣。君諱士煌，字丙南，以字行，又字古愚，自宋南渡，諱範一者，居上洋鎮，世為上海人，以子貴封奉直大夫，兵部武選司額外主事，加一級。考諱隆吉，贈官與君同，妣金氏，配黃氏，俱贈宜人，子一，即長發，孫五，鍾杰，國子監生，鍾英、鍾雋、鍾懋、鍾純，君所圖老屋課孫者也。君以康熙四十年九月十七日生，乾隆三十七年五月十八日卒，某年月日與黃宜人合葬於縣之某鄉。銘曰：武選渡江三版破，流聞舊里舉疑詫。君曰無害笑相謝，武選再偕計吏行。君曰行矣朝籍榮，需五年後進士登。君言而中善學易，厥疾遽殆嚮無疾。奚不趣子歸侍側，死生有命誰預知。知而不言容有之，維令名貽令德貽。（《白華前稿》卷二十三，《續修四庫全書》影印清乾隆刻本）

《琵琶亭重謁白少傅象》

昨攜瘦藤訪幽墅，山楟水柳春枝妍。十千沽酒共拚醉，催歸往往聞杜鵑。黃雞白日唱幾度，荻花打冷瓜皮船。鵂鶹呼風浩將洶，蟋蟀聒暮悽不眠。因思謫官類行客，百憂多為商聲煎。元和才子太原望，手排閶闔嚴鷹鸇。作詩賞花玩新井，鑠金口衆紛僉緣。青鸞鎩羽固時有，八州司馬誰愚賢。桂竹白蓮發三詠，溱滿朗晦參四禪。草堂新置足泉樹，出官在郡胥恬然。何時青衫透紅淚，穆曹遺調生鵾絃。顑頷靈均怨湘澤，聱牙漫叟吟瀼川。惟公性情嗜澄淡，直替左司香凝烟。雜嘈掩抑起清夜，陋儒尋摘徒戔戔。豈無汕闌與文甃，所嗟陵谷終變遷。菌蚌廪捉失九派，香鑪雙劍荒層顛。衹餘大江繞亭下，浴凫飛鷺爭聯翩。郢樹蒼蒼布帆出，吳山的的浮圖懸。屏風圖畫雖不見，肅拜應鑒谿毛虔。不見宋均陶潛兀遺廟，蓬蒿滿地遊豚豣。（《白華前稿》卷二十六，《續修四庫全書》影印清乾隆刻本）

《江州懷古》

鬬虎爭龍此上游，重闤烟火萬家浮。山橫庾嶺歸廬阜，水納荆門到石頭。戲下黥徒營舊國，塵中元舅嘯高樓。盈尊桑落尋常有，風月窩邊衹益愁。

楚望悠悠照眼明，寒濤底事怒難平。荒門松菊深秋色，極浦琵琶清夜聲。渡虎一時頌遺愛，沙蟲幾代泣殘兵。東林坐聽微鐘起，擬向高賢乞淨名。（《白華前稿》卷二十六，《續修四庫全書》影印清乾隆刻本）

《琵琶亭小集》

一曲一銷魂，遼遼野渡昏。綠腰鳴夜色，白髮省前恩。彼美逢謡諑，為亭倚水邨。不堪春目遠，洒淚弔湘沅。

夕浪急湓浦，蘆中人語深。分明柳枝唱，寂歷杜蘅心。宋玉流風近，匡君結秀陰。吾儕少新體，何以庋東林。

少傅今安往，龍香怨杳冥。波吞彭蠡白，雲吐道場青。微尚寄歌詠，分曹兼醉醒。草堂如有約，對影問山靈。(《白華前稿》卷二十六，《續修四庫全書》影印清乾隆刻本)

《勺湖草堂圖記》

阮參議吾山葵生爲省欽言，淮安舊城艮隅有勺湖，湖南有市先裴園先生宅焉，湖之北草堂數椽，蔬畦相接，梧桐椿柳可百株，春桃始華，夾湖上緋林掩映。蓋先生居翰林十五年，其間視學典鄉試分校會試各一，歸而板輿養志，門弟子築堂集講，朝迎夕送者二十年。先生歿，而堂汩于甲午之八月，黄流冒堞，府第並圮，會荆太守如棠，爲先生鄉試所舉，士輸奉復之，命工作圖，圖成，題者若干人，爲偷兒掩去，參議贖自估肆，出圖，及袁孝廉穀芳、程吉士沆《勺湖書塾記》、程編修晉芳《重修記》，王司業太岳《勺湖草堂圖書後》，凡四篇見示，其於靜躁之旨，師弟子講業問道既歿勿替之義，長言之如不足矣。予則何言？試即塾與草堂之義析之曰：古左右塾在門内，羣弟子朝夕萃處，其業洒埽應對進退象數書計，其文易書詩禮樂春秋，其倫父子君臣夫婦長幼朋友，其學格物致知誠意正心修身，其效極之齊家治國平天下，非區區書之云爾也。教者學者之于書，猶湖之於勺也。然而扶世翼教，莫備于書舍。是無以爲教，亦無以爲學，書堂書院之名，其昉自唐，不過以謂藏書之所，兩宋而後，往往即先儒講學之地葺爲書院，奉祠香火，集生徒，絃肄其間，而塾之制，鮮有問焉者矣。先生之家宜有塾，其湖北之居，宜曰草堂，梁周彦倫慕蜀草堂寺林壑之美，即所居鍾山置草堂。其後李白、杜甫、白居易、魏野之徒，皆有草堂，皆名於世。今立主祠，先生稱以書院、書塾，不若稱以草堂爲近質矣。予曩視蜀學，考文翁禮殿石室、杜甫草堂舊跡，皆爲文記之。洎視楚學，訪薄學士有德視學時所建勺庭書院者，勺庭，故學士號其澤，亦已百年，視兹之一建于門弟子，再建于守郡之門弟子，風誼爲何如也？勺之器，受酒一升，有示人立廉之義，于文通作酌，酌洞乃以澤人。展是圖者，跡草堂而升之，其亦低徊沿泝，而爲之盎然滿腹也夫。(《白華後稿》卷八記，《續修四庫全書》影印清嘉慶十五年刻本)

《丁簡齋七十壽序》

吾門丁孝廉溶，好學工文章，留京師數年，冀得一遇，以慰二親，以顯簡齋隱君之學，此人情之所同。然於養，疑有不能顧也。世之人子，無不思父母之養，遇則禄養，不遇則耕養。或父母善自爲養，不必其子之養，養在志，不在力。苟父母志其子之出而一遇，而子不離左右以爲養，無以爲悦親，抑無以爲壽親焉矣。溶二兄一弟，自君曾祖、祖父，累世享大年。年五六十，始有子，顧無别子。君少棄舉業，奔走江淮間，求菽水之養，家稍給，從書賈假異書，且鈔且易且購，日夕研覽，稍暇輒爲詩。由三唐溯之六朝漢魏，以窮其源，放而之宋元明，以極其變，由是參之史以求其事，本之經以求其理，博之星歷、卜筮、種植、河渠諸家言，以求其用，覓句閉門，嘔心擢胃，教化廣大，歲成一集，以其習於咀吹之經，導引之訣，年及七十，神明不衰，蓋不獨家世多壽，固以稟之所生，而孺人稚子，枯棊濁酒，凡沖和翛遠，超然自得之志，志乎古，不拂乎今；足於己，無待於外。溶今者之志，不過世俗之見云然，於君寧有加損也歟？間考唐以來詩最名者，孟東野年五十二，元微之五十三，韓退之五十七，杜子美五十九，若白樂天、蘇子瞻，亦未至七十。七十曰老，而傳傳以學，猶之傳以位耳。溶兄弟傳君之詩，養君之志，子孫逢吉，苟合苟完，雖《樂志論》、《盤谷序》、《池上篇》之所云，有無以易乎此者。君姓名與近時龍泓居士同字，與袁大令枚號同號，與予弟省蘭校理同，名字相配，古今類然，三人者，先後不甚遠，非有迭相慕向之意，要皆以詩文名於時。綜君之姓名字號而著之，庶春城寒食之詩，不妨同時流播也。吳興清遠，茶筍正熟，奉觴引望，白雲滿飛，謹以聞之。溶者賅舉之以爲壽如此。（《白華後稿》卷十三壽序，《續修四庫全書》影印清嘉慶十五年刻本）

《乾隆五十八年會試策問》

問市糴之法，始於管仲，魏李悝或兼主富國，或專主濟民，其法孰善？漢永平間，作常平倉，其後北齊富民倉，唐社倉，義倉，立法各殊，可一一考論歟？貞元間，詔京兆府於時價外加估和糴，先給價值，然後納貯，一時民皆樂輸，乃白居易極論其失，而以爲不如有司開場自糴，其説安在？宋之中葉，有結糴、寄糴、俵糴、均糴、博糴、兑糴、括糴諸名目，雖一時權宜，爲軍餉邊儲之備，其於民生日用，果有實濟歟？夫歲豐則取之以通民財，歲歉則捐之以濟民食，凡以裕民生籌邦計也，乃自唐至宋，多仰此以備邊儲，

其於古人立法本意，合歟否歟？……（《白華後稿》卷十六策問辨釋，《續修四庫全書》影印清嘉慶十五年刻本）

《題立崖天遠歸雲圖》

立崖長予一歲，五十三歲。歲戊戌，以漢陽司馬假旋圖此，留圖於吴而赴楚，旋戍伊犁，乙巳歸金閶。七十三歲庚申，其姪於禾中購歸，頃寄書索題，且囑為長慶體。

晴雲紅簇桃花塢，吹落江洲弔鸚鵡。楚天路遠衹涵秋，吴地春歸容殢雨。歸山仍是出山人，交翠虚堂妙寫真。且向白雲怡獨自，好從明月悟前身。此圖卻比周南滯，此人旋造玉關吏。災生豈分及池魚，志在將毋同櫪驥。草淺風低斜照黄，淒清邊調咽伊涼。忽扳楊柳諧羌笛，要把蒲萄汎洛觴。令威本係遼東鶴，鶴市迴翔認城郭。當時出岫也無心，此日栖簷差有託。金題玉躞付飄蓬，五十三參色相空。手蹟幸逢佳子弟，心機懶鬬老天童。雲去雲來忙底事，絶域名刀環特賜。芳草雖沈黄鶴蹤，寒蘆猶裛青衫淚。雲水吴淞感斷帆，昨秋纔一索生男。譜君得卷吾題卷，都入編年七十三。（《白華後稿》卷三十九古今體詩，《續修四庫全書》影印清嘉慶十五年刻本）

智按：吴省欽，字沖之，南匯（今屬上海）人。乾隆二十八年（一七六三）癸未進士，改庶吉士，授編修，官至左都御史。有《白華草堂詩鈔》。

宋思仁（一七三〇～一八〇八）

《琵琶亭》

雲山疊疊水悠悠，獨倚孤亭正暮秋。一曲清歌千載恨，兩行客淚四絃愁。煙花蹤蹟傳前事，詩酒風流紀舊遊。今日我來江上望，尚餘哀怨滿寒流。（《湖海詩傳》卷三十三，《續修四庫全書》影印清嘉慶八年三泖漁莊刻本）

智按：宋思仁，字藹若，號汝和，長洲（今江蘇蘇州）人。軼才子。官山東糧道。能詩，善奕、好鑒古、精篆刻，多蓄古印章。工畫山水、花木，尤長寫蘭。亦工畫竹。有《橐餘存稿》、《有方詩鈔》、《廣輿吟》。

袁樹（一七三〇~?）

《效疑雨集體十三首》之十二

見面歡娛背面思，百年能得幾多時。盟心好訂他生約，齧臂難書薄命詞。未必傾城皆國色，大都失足為情癡。生知不免風流罪，甘墮泥犁不負伊。（《紅豆村人詩稿》卷四，《叢書集成三編》第四四册，第三八二頁）

智按：劉衍文《雕蟲詩話》卷一云：「換骨有化俗為雅者。如諺云：『情人眼裏出西施。』而白香山《秦中吟·議婚》前四句云：『天下無正聲，悅耳即為娛；人間無正色，悅目即為姝。』黄山谷《答公益春思》云：『草茅多奇士，蓬華有秀色。西施逐人眼，稱心最為得。』（按黄詩《能改齋漫録》卷三十一《佚文》已引之。）袁薌亭《紅豆村人詩稿》卷四《效疑雨集體十三首》之十二云云。薌亭詩頸聯，非但概括而盡意，且能轉進一層，倘斷章取之，數語相較，薌亭後來居上無疑也。」（《民國詩話叢編》第六册，第四二〇頁）

《讀長慶集漫成》

翻閱長慶集千篇，晚歲心情慕樂天。對酒幾無三日醒，服緋剛過五旬年。銀魚金帶迷山水，白髮紅燈妮管弦。官不甚高詩易解，此翁合是地行仙。（《紅豆村人詩稿》卷九，《叢書集成三編》第四四册，第三九七頁）

智按：袁樹，字豆村，號薌亭，仁和（今浙江杭州）人。袁枚堂弟。乾隆二十八年（一七六三）癸未進士，歷官肇慶知府。有《紅豆村人詩稿》。

嚴長明（一七三一~一七八七）等

《（乾隆）西安府志》

⊙白居易

【唐書】字樂天，太原人，徙下邽。父季庚，彭城令。李正已之叛，說刺史李侑自歸，累擢襄州別駕。居易元和元年對制策一等，調盩厔尉，遷左拾遺。四年天子下詔蠲貸，居易建言乞盡免江淮兩賦，且多出宫人。憲宗頗采納。河東王鍔將加平章事，居易以鍔誅求百計，不恤彫瘵，今若假以名器，則紀綱大壞。是時孫璹以禁衛勞擢節度使，張奉國平李錡有功，遷金吾，居易言宜罷璹進奉國，以竦天下忠臣心。會王承宗叛帝，詔吐突承璀出討，居易諫唐家制度未有以中人專統領者，四方聞之，必輕朝廷。既而兵老不决，居易上言承璀進不决戰，觀其勢似陰相爲計，不急罷之，且有四害。後對殿中，論執强鯁，帝未諭，輒進曰：陛下誤矣。帝變色罷。拜左贊善時，盜殺武元衡，居易首請亟捕賊，宰相嫌其出位，貶江州司馬。久之，入爲司門員外郎，知制誥。穆宗好游畋，獻《續虞人箴》以諷干時，天子荒縱，居易雖進忠，不見聽，乃外遷爲杭州刺史，築堤浚井，復拜蘇州刺史，病免。開成初，拜太子少傅。會昌初，以刑部尚書致仕，卒。居易于文章精切，最工詩，頗以規諷得失，謚曰文。從祖弟敏中長慶初第進士，宣宗立以兵部侍郎，同平章事，會党項寇邊，以司空兼邠寧節度徙劍南西川，治蜀有勞，召還，卒。弟行簡擢進士，累遷主客員外郎，敏而有詞，後學所慕向。(《(乾隆）西安府志》卷三十二人物志，清乾隆四十四年刊本）

⊙巢閣

【賈志】在鄠縣西七里，白樂天讀書處，村名割耳莊，有白沙諸泉，長安逸士張光裕滙泉爲湖，種竹十畝，倚樹爲樓，高七丈，故曰巢閣。馮恭定講學其上。(《(乾隆）西安府志》卷五十八古蹟志中，清乾隆四十四年刊本）

⊙白樂天故里

【賈志】在唐下邽縣東紫蘭村，有異花亭。今考樂天渭村題詠最多。(《(乾隆）西安府志》卷六十古蹟志下，清乾隆四十四年刊本）

⊙三賢祠

【馬志】在儒學，祀白居易、寇準、白敏中。(《(乾隆）西安府志》卷六十一古蹟志下，清乾隆四十四年刊本）

⊙白太傅祠

【賈志】在縣東北，紫蘭村乃白故里。(《(乾隆）西安府志》卷六十一古蹟志下，清乾隆四十四年刊本）

⊙（已下渭南）白居易墓

【自撰墓志】居易以會昌六年月日，終東都履道里私第，春秋七十有五，以某年月日，葬於華州下邽縣臨津里北原，祔侍御、僕射二先塋也。

又【鞏縣令諱鍠事狀】府君諱鍠，字確鐘，明經及第，授河南府鞏縣令。大歷八年五月，歿於長安，權厝於下邽縣下邑里。元和六年，孫居易始發護靈櫬，遷於下邽縣北義津鄉。

又【襄州别駕諱季庚狀】公諱季庚，鞏縣府君長子，明經出身，檢校大理少卿，兼襄州别駕。貞元十年五月，終於襄陽官舍。元和六年十月，嗣子居易等遷護於下邽縣義津里北原，從鞏縣府君宅兆而合祔焉。

【陝甘資政録】墓在今縣東北十五里程家村，與弟行簡敏中並列，乾隆乙未年修。

按，居易撰《鞏縣令事狀》云：「府君高祖諱建，北齊五兵尚書贈司空，曾祖諱士通，祖諱志善，父諱溫，朝請大夫檢校都官郎中。」又《襄州别駕狀》云：「初高祖有功於北齊，詔賜莊宅各一區，在同州韓城縣，至今存焉。故自司空而下，都官郎中而上，皆葬於韓城，今卜歸不便，遂改卜鞏縣，府君及襄州别駕府君於下邽縣，其西塋同兆域而異封樹，蓋從時宜且叶吉也。」據此，則居易曾祖而上，俱葬韓城，省郡諸志俱失載，至其祖父及居易墓，則確在渭南。《賈志》乃云：「居易墓，在藍田縣東五十里厚子鎮。」誤矣。（《（乾隆）西安府志》卷六十四古蹟志下，清乾隆四十四年刊本）

智按：嚴長明，字冬友，號道甫，江寧（今江蘇南京）人。

張塤（一七三一～一七八九）

《蔣心餘編修攜二子游廬山繪圖合詩記裝長卷屬題卷後》

廬山古有四詩老，陶處士後李（白）白（居易）蘇。李白無兒不足道，蘇家過邁何曾俱。淵明只有不才子，山中上下馱籃輿。先生家在鉛山居，南康近邇匡谷廬。迎得詩人水簾下，匡公拍手呼心餘。心餘之詩東南無，徐凝惡句訶作奴。如此名山如此筆，險韻一落無萬夫。二子知廉共知讓，或者褒琴奉酒壺。赤鯶欲踏銀河芙，白龍正挂青天鑪。千靈百怪分精麤，父子倒跌走攙扶，上之尻脽達元都，下之股腳通黄壚。謫仙東坡在何許，茫茫千秋歲月徂。歸來合詩作長幀，縹帶玉躞芳華敷。鶴鳴將子鳳引雛，人間幾卷廬山圖。卷還此圖三歎吁，詩人有福君最殊。昨朝要我題好句，無聊病榻生歡娱。我詩漫畫鬱壘符，頭風可瘉瘧可驅。（《竹葉庵文集》卷十六詩十六祕閣集一，《續修四庫全書》影印清乾隆五十一年刻本）

《天際烏雲卷後覃溪補和倪雲林柯丹邱韻五首内雲林重字一首余闕不和和蔣心餘天字韻仍如五首之數以復覃溪》

半山雲黑半山明，墨妙千秋一抹横。湖上風光原不定，眼中人是夢中情。

詩本君謨舊軸横，陰晴雲雨未分明。會中恰有巫山女，道是無情又有情。

西陵橋外白沙泉，載酒題詩便上船。一隊舞衣花楚楚，半湖歌板月娟娟。

只有東坡嗣樂天，後先幾个李膺船。雷瓊風浪掀天地，杭越煙花寫態娟。（張態、李娟，二妓名，見白樂天詩）

便拌滄海未垂綸，流水桃花漾好春。輸與分司兼壽考，東坡原是可憐人。（《竹葉庵文集》卷十六詩十六祕閣集一，《續修四庫全書》影印清乾隆五十一年刻本）

《固原新樂府七章有序》

公爲固原州吏目，十年量移廸化去。固原人思之，故采其風謠，撰《固原新樂府》七章，以代行狀。公位卑禄薄，死玉門之外，不享遐壽，此人生最苦痛者。然以廉自矢爲循吏，無一玷缺。雖予以兄弟之親，言之無溢美之辭。後有輶軒，可備甄録。既移廸化之後，少往來之人，不能知其政迹，俟續采以爲後樂府。公姓張氏，諱傳心，長洲人。

⊙張打邪公（禱雨打馬甲人以此呼公也）

童男童女執柳枝，城内城外禱雨時。中一丈夫跳踉出，非人非鬼來神祠。神祠布刀劒，自鑿其顱敗其面。鐵繩火燒長一丈，盤負要背萬人見。男女爭呼馬甲來，神天歡喜雨腳催。天晴此人亦不死，食以糜鬻無它災。無馬甲，雨不靈，禁馬甲，民不聽。忽有罪囚破枷走，人傳馬甲到街口。柳枝搖搖在卉後，血流涓涓刀劀手。公怒縛之鞭四十，囚醒嗒然當街立。有馬甲亦雨，無馬甲亦雨。爲民請命致滂沱，倒灌天河擊雷鼓。君不見，張打邪，打邪人不譁，不打百姓打馬甲，不打馬甲打邪法，四野青青秧盡插。

⊙破毒碑公（除腳匱人以此題碑也）

捉官車，捉官驢，官役闌人向路隅。一驢南，一驢北，牽驢入城出不得。一車去，一車來，無錢不放空車回。此毒流傳官與吏，名目私題曰腳匱。捉來指説應官差，那道郫窮賣車騎。夕陽西下有歸人，四角忽然生兩輪。輪住驢鳴驢不走，官役徵錢不放手。若不徵爾錢，爾不騎驢只騎狗。若不徵爾錢，除爾喪車只載柳。公曰腳匱若不除，我尸此官何爲乎。我頭可斷皮可爛，要與腳匱爭區區。判筆自撰申文稾，申之府，申之道，申之司院。院曰好百姓，入山伐大石。刻公姓名題碑頟，其頟書曰破毒碑。此毒能破人民思，鄭僑溱洧眾人母，政體何如公不虧。

⊙固原兵（懲兵以衞民也）

固原兵，固原九邊舊有名。兵彊而悍譫臨陣，竇公曾佩將軍印（州人竇某以卒伍起家爲提督）。時清兵閒街頭坐，虐我細民則不可。公曰箝兵須武官，官不箝兵民不安。我薄武官爲武夫，武夫縱兵兵難圖。我與武官締兄弟，兄弟兵民聯一體。昨有營馬踏人田，吃盡禾苗大可憐。又有營兵入市罵，賤買乾鮮不依價。兵民叫梟常不已，訐訟年年慣如此。公乃朝鞭一兵武，官唯唯兵靜聽公。又暮鞭一兵武官，鄉公無怨聲營中。舉酒遙相祝作事，莫嫋張吏目，吏目於兵何所讎，吏目於民何所求，要使兵民安樂好，締交武官不足道。

⊙閻氏女（完人節也）

閻氏女，嫁與翟氏兒。花枝招搖洞房會，噭然一哭何傷悲。公爲賀客觀花燭，心動更衣聽其哭。卽呼官吏問官媒，此女要探蹤跡來。珍珠量向誰家井，蛺蜨飛來那一臺。媒言閻氏女，本是馬三婦。秋胡金多不可卻，餠師人賤難相守。公詰翟氏兒，爾今無義奪人妻。聘錢爲罰鍰，爾應無分作雙栖。便將花燭送新人，金犢車還緑苧郫。從今寶鏡仍圓夜，一對夗央白首親。

⊙趙秀才（雪人寃也）

趙秀才，橦花讀書草堂開。草堂安置長生位，花豔香清酒一杯。問爾何以置此位，位中乃題張公字。秀才聞言卽墮淚，張公倅此州堂下。鞫盜囚此盜，何人冤不小。小生卽是青衿趙，堂上張公獨了了。陳平便有婦翁疑，曾參詎無慈母曉。張公呼秀才，此爲無妄災。斷爾徽纆破爾校，爾便讀書歸去來。趙秀才，言之墮淚不肯休。不畏五刑備，體三木囊頭。獨畏秀才以盜死，國家養士學校羞。秀才歸，人邏報，報市中，獲真盜。

⊙僧帽（懲異服也）

僧帽僧帽二尺長，青絲作段蠶吐光。此僧炫麗入城市，自詑新樣毘盧妝。會公此日騎馬出，豫識此僧定淫佚。佛門本自有威儀，喬裝亦最闕心術。呼僧來，叱其異，裂僧帽，擲之地。公曰爾今莫我瞋，我非辱爾方外人。爾家祖師有教導，天寒不戴律門帽。何爲爾冠冠峩峩，非金剛兮非優婆。七襄衣被在天地，爾帽何勞機女梭。噫吁嘻！僧於萬物本贅瘤，公於異端多心憂。何況服妖僧怪不可留，聞説此僧竟歛迹，不上酒樓與妓樓。

⊙别固原（紀去思也）

别固原，固原城西最斷魂。城西芳草年年長，不是淚痕卽酒痕。淚以哭公去，酒以餞公行。公亦揮淚亦飲酒，長亭短亭皆哭聲。是年（乾隆四十一年）三月十五日，男男婦婦鎖門出。郫酒不值錢，願公竟醉瞑。無錢買魚肉，棗栗亦新鮮。尚恐千人萬人淚，多於香醞如流泉。七十里，宿瓦亭，州官讌别斟銀瓶。銀瓶金杯水陸有，公曰不如百姓酒。又五十里到隆德，萬里之行公歎息。勸爾百姓還，毋以我爲憶。願爾百姓爲良民，孝弟耕田自愛身。不信眼耇皆赤子，何人拷掠一沾巾。（《竹葉庵文集》卷十八詩十八祕閣集三，《續修四庫全書》影印清乾隆五十一年刻本）

智按：張傳心（？～一七八一），字袖雲，爲固原吏，後遣迪化（今新疆烏魯木齊）。

《迪化新樂府一章并序》

公移廸化無二年，其地皆遣發新疆之囚，少居民，無訟靳其設施。公歿之明年，州官死於法，公不受錢，無所嬰及。先是公爲固原，移署某縣丞，給丞印，收捐監生。公怒王亶望折銀冒賑，必敗，辭不就。公去固原而禍發，然則公不悖法，非忠者乎？不愛錢，非廉者乎？不及禍，非知者乎？此一篇與《固原樂府》非一時所作，今編詩類及之，要以知公政迹大體所在焉。

⊙不出結（廉以免禍也）

不出結，倉中無米出不得。結不出，壯哉鼠雀大於賊。州官來送錢，倉例三百千。公兼倉大使，但出印結高枕瞑。公曰我非印官官，自有印印柙，安倉空如洗，要我出結要官米。州官搖頭，不憂自愁。此人彊項，有錢難求。搖頭而去莫尋釁，從此州倉出州印。公喜閉户心太平，幕客責讓時有聲。公已醉卧付不聞，明年州官虧空去。死西市，被髮腳不履。公便無錢遲歸葬，有錢籍没禍妻子。此州官，亦有名。旗下人，曰德平。（《竹葉庵文集》卷十八詩十八祕閣集三，《續修四庫全書》影印清乾隆五十一年刻本）

智按：郭則澐《十朝詩乘》卷十二云：「王亶望以冒賑敗。時長洲張袖雲（傳心）為固原吏目，移署某邑丞，得收捐監生。諗知亶望折銀冒賑事，辭不就。尋移迪化，遽卒。其州官罹法，袖雲以廉正得免。弟商言哀之，作《迪化新樂府》云：『不出結，倉中無米出不得。結不出，壯哉雀鼠大於賊。州官來送錢，倉例三百千。公兼倉大使，但出印結高枕眠。公曰我非印官，官自有印。印柙雖在官倉空，要我出結我不認。州官搖頭，不憂自愁。此人強項，有錢難求。搖頭而去莫尋釁，從此州倉出州印。公喜閉戶心太平，幕客責讓時有聲。公已醉卧付不聞。明年州官虧空死，西市被髮腳不履。公便無錢遲歸葬，有錢籍沒禍妻子。』袖雲任固原，尤多惠政，以除腳匱為鉅。腳匱者，掌供給官車。往往遇民車載貨者，輒藉端羈留，日索錢得數十百緡，為四鄉害。袖雲申請刊碑永禁。蔣苕生《固原新樂府》所賦《破毒碑》，即紀是事，云：『官吏甘心作五毒，皷錖公行萬民哭。民車盡官車，官驢盡民驢。有錢買放去官字，驅車趕驢來趁墟。此錢何名曰腳匱，作俑誰與在官利。賣鞍焚軸免當差，十次官差無一次。張公切齒髮上衝，恨官賊民民力窮。日發文書四五封，州府司院請命同。上司準此除虐政，解毒從茲救民命。萬民爭立解毒碑，車作歡聲驢淚垂。』又，《張打邪（紀懲巫）》云：『……秦人不知甘露法，手布甘霖憑馬甲。馬甲本是無賴人，吞刀吐火作龍神。……州囚脫械來行雨，公猝禽之加箠楚。笑縛乖龍四十鞭，龍神逃竄囚無語。官乃登壇默致詞，真龍滿天雨淋漓。邪不勝正馬甲散，官能打邪百姓歎。……』又，《閻氏女（紀完節)》云:『翟家娶婦閻家女，簫管聲和卮共舉。哭聲不是尋常聲，就中官為側耳聽。窮究昏姻得其故，擲杯大罵四座驚。馬三之妻豈可奪，羅敷況恥桑中約。寬爾鞭笞罰聘錢，反踏天河半橋鵲。馬家忽見鴛鴦飛，翟氏空房喜變悲。扶植人倫官有為，有為不在官崇卑。』又，《趙秀才（紀平冤)》云:『赭衣囚首蹲階下，劇盜者誰秀才也。秀才手無縛雞力，身無破空翮……焉能為盜拒伍伯，遍體鋃鐺餘骨立。……倅州者誰張傳心，目光炯炯秦鏡臨。秀才無罪解縲絏，縱囚歸理書與琴。明日街頭縛真盜，秀才痛哭千人笑。』流外卑官，而實惠及民如此。」(《民國詩話叢編》第四册，第三九一～三九二頁)

《傚樂天簡簡吟七月晦日作》

一鐙熒熒一鐙暗，朏月無輝晚鐘撼。蠟淚盈盈瀉作波，碧草叢叢細於毯。美人十五擅華年，絶似一枝紅菡萏。鐙靑拜佛不聞語，料量芳心自多感。手弄琴徽幂帶長，髻對鑪香花影淡。巫言仙女仙山客，阿母剟下紅巾攣。千金寶玉不醫瘡，十斛丹砂豈鎮膽。那得人間有繡絲，何處畫圖裝錦贉。寂寞沙洲天地冷，簡簡吟成老夫慘。(《竹葉庵文集》卷二十三詩二十三賜研齋集中，《續修四庫全書》影印清乾隆五十一年刻本，第一四四九册，第二五八頁)

智按：乾隆四十九年甲辰（一七八四）七月三十日作，時年五十四歲。

《離別難·鈔〈白氏長慶集〉》

海上我欲栖栖，秋窗日課誰宜。白家長慶集，喜其無艱澀。自家門内話，自家知。黃葉下，涼風罅，畫眉聲裏喚鈔詩。　　常怪汝，頹唐處，應少删，黃茅白葦，中間不是真筋節。肯使多層折，可增損，即叢殘。(白氏長篇，意少辭繁，此其病也）聊點勘，十（平聲）之三（去聲）。非偷格律爲消閒。(《竹葉庵文集》卷三十二林屋詞六，《續修四庫全書》影印清乾隆五十一年刻本，第一四四九册，第三一七頁)

智按：張塤，原名傳詩，字商言，號吟薌，後改號瘦銅，又號石公、小茅山人，吴縣（今江蘇蘇州）人。乾隆三十年（一七六五）乙酉順天舉人，乾隆三十四年（一七六九）己丑進士，官内閣中書，任職四庫館。詩才横厲，硬語獨盤，學於山谷、後山，沿於文長、中郎，打油、釘絞之習，時露行墨間。然如《新豐》云：「百家雞犬英雄宅，萬歲枌榆故舊情。」《夜宴》云：「花露半晴題却扇，人扶殘醉唱廻波。」亦殊工麗。與翁方綱、趙翼友善，考證金石，及書畫題跋，俱詳贍可喜。有《西征》、《熱河》、《南歸》諸集。生平見《湖海詩傳》卷二十九、《晚晴簃詩匯》卷九十三、李偉《張塤年譜》（江蘇師範大學碩士論文，二〇一二年，趙興勤指導）。

顧光旭（一七三一～一七九七）

《聽沈滄濤琵琶》

鵾絃一撥玉丁丁，四座無聲酒半醒。誰是潯陽江上客，夜深彈到海東青。（《響泉集》詩七風草行廬藁上，《續修四庫全書》影印清宣統二年顧氏刻本）

《酒旗次韻遥和陳勾山太僕》（八首其八）

幾回相見旅顔紅，一笑逢迎大道中。似我獨醒還獨醉，憐渠擔雨復擔風。青衫司馬琵琶外，翠袖佳人蝃蝀中。得小勾留君且住，清樽白髮换歌童。（《響泉集》詩八風草行廬藁下，《續修四庫全書》影印清宣統二年顧氏刻本）

《忠州行》

江上一州如一村，虎鬚一怒江打門。括鹽爭米舟市喧，命州曰忠意弗諼。借問何以名，州人指雲根。云是巴蔓子，千載留忠魂。巴國有亂楚人救，函頭謝楚巴城存。巴之山兮石齒齒，霜清月冷啼哀猿。遷客騷人不忍聽，荒江破廟靈旗翻。嘆息名賢多貶謫，信讒進佞唐貞元。司徒（蜀晏）既沉冤，宣公（陸贄）遭蹇屯。二相奠社稷，隻手扶乾坤。嘉謨駿烈委草莽，匪躬之故或可言。同時李公（吉甫）亦被遷，雅量高致厚以敦。白公（居易）緋衣歎華髮，有如皐鶴羈籠樊。種柳東坡上，種花西澗暄。年年杜鵑開，寂寞荔枝園。四賢踵相接，幽憤不可吞。丹心矢白日，衆口難具論。賢哉王使君（宋紹聖間刺史王之鬭），架閣臨江濆。於以祀四賢，涪翁爲之文。豈無增修者，兵燹空荒墩。我來巴水上，聊欲薦蘋蘩。蕭條巴子臺，唯有草木繁。吁嗟乎！安得草木之性皆松筠，羽毛之族皆鳳麟。龜有毀甲，龍有腐鱗，忠誠所激不顧身，若使忠誠而泯沒兮，殆將天地老而三光淪，作爲忠州行，可以勵人臣。（《響泉集》詩九叱馭小藁上，《續修四庫全書》影印清宣統二年顧氏刻本）

《西湖雜詩十二首（時寓梁氏葛林園）》其九

白傅高眠醉白樓，看人騎馬又乘舟。萋萋隄草青無限，灧灧湖波澹不收。覼閣滿山啼鳥擲，松杉夾道冷猿愁。相逢若問支琴石，天竺攜來放下休。（《響泉集》響泉集詩十五吾廬漫藁下，《續修四庫全書》影印清宣統二年顧氏刻本）

智按：顧光旭，字華陽，號晴沙，無錫（今屬江蘇）人。乾隆十七年（一七五二）壬申進士，由戶部主事歷官甘肅甘涼道，署四川按察使。有《響泉集》。

李種徽（一七三一～一七九七）

《感白賦》

七月戊子之夜，久雨暑薄，階除聽蟋蟀吟頗高，仍挑燈閱史書。曉夢至一故社，或泥塑，或畫像，其一云白香山居易之眞。床卓下，有古書、古硯、古鏡及紙、筆、衣冠之屬。余徘徊披玩，覺而感之，賦其事。其詞曰：

假蝴蝶於良夜兮，遂悠揚而沛徂。西涉洛以摎流兮，經香山之舊居。瞻白氏之疎朗兮，肅彷彿乎堂隅。慕芳躅於遺集兮，里達人之所廬。嗟九老之焉在兮，留雲月於古墟。惟古昔以曠感兮，心紆軫而躕躇。風流邈而不接兮，髮毛森其焉如。昔尼父之思道兮，曾見周以傷今。悼余志之惚怳兮，託斯人於牙琴。發古篋於床下兮，濡彤毫而清唫。冠切雲之崔嵬兮，拭明鏡而炤心。忽魂悸而魄動兮，聽東窻之翰音。諒神交之無端兮，竟怊悵而誰尋。（《修山集》卷一，《韓國文集叢刊》本）

智按：李種徽，字德叔，號修山、南川子。有《修山集》。

彭元瑞（一七三一～一八〇三）

《御製詩文十全集進表》

……瑪瑺入陳之歌，格登摩壘之曲，寫戰圖而句補，尊靈纛以函鏤，玉壘佳音，三十章蟬聯敲鐙；金淵別體，十二辰象肖嵌珠。李青蓮之蜀道徑卑，白少傅之陰山義反，何知韋應物採玉如花，欲問杜少陵屯田有麥，上元排卦，師六爻貞……（《皇清文穎續編》卷一表，《續修四庫全書》影印清嘉慶武英殿刻本）

《宋四六話》

杜善甫，山東名士，工詩文，不屑仕進。有薦之於朝，遂召之，表謝不赴。中二聯云：「俾獻言於乞言之際，敢盡其忠；若求仕於致仕之年，恐無此理。不能爲白居易，漫法香山居士之名；惟願學陸龜蒙，拜賜江湖散人之號。」（《山房隨筆》）（《宋四六話》卷六，《續修四庫全書》影印清海山仙館叢書本）

東坡《祭柳子玉文》「郊寒島瘦」「元輕白俗」，此語具眼。客見詰曰：子盛稱白樂天、孟東野詩，又愛元微之詩，而取此語，何也？僕曰：「論道當嚴，取人當恕。」此八字，東坡論道之語也。（《彥周詩話》）（《宋四六話》卷十二，《續修四庫全書》影印清海山仙館叢書本）

智按：彭元瑞，字掌仍，一字輯五，號雲楣，南昌（今屬江西）人。乾隆二十二年（一七五七）丁丑進士，改庶吉士，授編修，官至工部尚書、協辦大學士。贈太子太保，謚文勤。有《恩餘堂稿》。

彭元瑞（一七三一～一八〇三）等

《天禄琳琅書目後編》

⊙白孔六帖（十函一百册）

唐白居易、宋孔傳撰書，一百卷，凡一千三百九十九條。南宋時合編，及注人俱無考。說詳前宋版子部《孔氏六帖》條。下前有韓駒序，爲孔帖作。駒字子蒼，仙井監人，政和中進士，官知江州，有《陵陽集》。

⊙白孔六帖（四函三十二册）

同上，係一版摹印。

⊙白孔六帖（八函四十八册）

同上，係一版摹印。

⊙白孔六帖（四函三十二册）

同上，係一版摹印。

闕補卷六十、六十九。

⊙唐類函五函四十册

明俞安期撰。安期初名策，字公臨，後改名字羨長。吳江人，嘉靖丙午舉人。官湖州推官。書二百卷，分四十二門，曰天、歲時、地、帝王、后妃、儲宮、帝戚、設官、封爵、政術、禮儀、樂、文學、武功、邊塞、人、釋道、靈異、方術、巧藝、京邑、州郡、居處、産業、火、珍寶、布帛、儀飾、服飾、器物、舟車、食物、五穀、藥、菜、果、草、木、鳥、獸、鱗介、蟲豸，子目二千二十有九，以歐陽詢《藝文類聚》、徐堅《初學記》、虞世南《北堂書鈔》、白居易《六帖》依次排比，删去重複，間取杜佑《通典》，每門鈔附詩賦雜文。前有萬曆癸卯申時行、沈思孝二序，又李維楨序，又戊午程開祐序。思孝字純父，嘉興人，隆慶戊辰進士，官兵部侍郎，有《溪山堂》、《吾美堂》等集。（《天禄琳琅書目後編》卷十七，《續修四庫全書》影印清光緒十年長沙王氏刻本）

⊙元白長慶集六函五十六册

唐元微之、白居易撰。《元氏長慶集》六十卷，前有宣和甲辰劉麟序，後有乾道甲子洪适跋。《白氏長慶集》七十一卷，前有長慶四年元微之序，後有會昌五年居易自序，末刻「封奉政大夫吏部考功郎中姑蘇錢應龍鋟梓」。（《天禄琳琅書目後編》卷十八，《續修四庫全書》影印清光緒十年長沙王氏刻本）

汪輝祖（一七三一～一八〇七）

《學治臆説》

⊙美缺尤不易爲

俗所指美缺，大率陋規較多之地，歲例所入，人人預籌分潤。善入而善出，惟才者能之；或不善於入而不能不出，則轉自絀矣。慮其絀而入之不謹，禍不旋踵；懼有禍而入之，稍慎又不足以應人之求，故美缺尤不易。為自愛者，萬不宜誤聽慫慂，垂涎營調。白香山詩云：「妻妾歡娱僮僕飽，始知官職為他人。」今之為美缺者，飽僮僕而已；妻妾歡娱，其名也，實且貽子孫之累焉。余嚮客歸安，夜中聞雁有「稻粱羣鶩共，霜露一身寒」之句，非有所感也，主人王晴川諷詠數過，潸然泣下。明年，以終養去官。居美缺者，可不常自儆乎！（《學治臆説·續説》，《續修四庫全書》影印清同治元年吳氏望三益齋刻本；清徐棟《牧令書輯要》卷二，同治七年江蘇書局刻本；清賀長齡《清經世文編》卷二十一吏政七，清光緒十二年思補樓重校本）

智按：汪輝祖，字煥曾，號龍莊，蕭山（今屬浙江）人。乾隆四十年（一七七五）乙未進士，官寧遠知縣。

朱珪（一七三一～一八〇七）

《除夕檢點詩草》

作詩貴精不貴多，三百星宿光羲娥。漢初俎豆十九首，三曹競爽詞騈羅。步兵《詠懷》八十一，淵明醉語尤醇和。六朝鮑謝事雕纂，杜李崛起鳴龍鼉。昌黎全詩三百八，已駭變怪雄山河。後來才大號蘇海，萬斛泉湧惟東坡。香山劍南極爛漫，誰挽下瀨滔滔波。偏師仄徑爭擅巧，瑣碎蟲鳥奚足科。我幼學吟不自惜，信手撒擲輕蜃贏。六十年前驚一吷，宦游荒落行蹉跎。零篇假鈔或乾沒，斷句火化神傳哦。皖江四載偶擩筆，使僕寫稿隨差訛。轉粵攜來一書史，有作即録嗟縷覼。今年四百嬴七十，雖多奚用孰切磋。勞勞案牘靡夙夜，餘力得此亦自訶。飛鴻刻爪亥紀日，誰其作者翁盤陀。（《晚晴簃詩匯》

卷八十）

智按：朱珪，字石君，號南厓，晚號盤陀老人，大興（今屬北京）人。乾隆十三年（一七四八）戊辰進士，官至體仁閣大學士，晉太子太傅。贈太傅，謚文正。有《知足齋集》。

魯九皋（一七三二～一七九四）

《詩學源流考》

貞元、元和之際，韓文公崛起，以天縱逸才，為起衰鉅手，詩繼李、杜之盛。而柳子厚獨傳《騷》學，亦宗陶公，五言幽澹綿邈，足繼蘇州，故世並稱曰「韋、柳」。輔韓文公而起衰者，孟郊東野也；與柳州稱契者，有劉禹錫焉。其他元、白、張、王之樂府，盧仝、李賀、劉叉之詭怪，姚合、賈島之艱僻，非不瑰奇偉麗，卓然成家，然於此道中別闢一境，遂為旁門小宗矣。太和、會昌而下，詩教日衰，獨李義山矯然特出，時傳子美之遺；特用事過多，涉於濃滯，或掩其美。次則杜牧之律體，寓拗峭以矯時弊，猶有健氣。義山與溫庭筠、段成式並為西崑體，然溫非李儔也。其餘皮、陸、許渾、馬戴、趙嘏、韋莊、羅隱、唐彥謙諸人，雖間有逸韻，靡靡無足觀；降而韓偓之《香奩》，風益下矣。蓋終唐之世，稱大家者，以李、杜、韓三家為宗。古詩之得正音者，陳、張、韋、柳四家為宗，而元結、沈千運諸人為輔。律詩之稱正音者，王、孟二家為宗，而高、岑、錢、劉諸人為輔。此唐詩之大較也。若夫唐人樂章，多尚鋪張，不若柳子厚之《唐雅》二篇、《鐃歌》十二曲，為足追古作者。而樂人所歌，又在諸名人絕句，如王之渙之《涼州詞》、王維之《陽關三疊》，其尤著者。其他朝廟應制諸詩，體崇鉅麗，固以唐初前後四子及燕、許諸人為正云。唐風既衰，五代干戈之際，作者寥寥。宋初國祚雖定，文采未著，學士大夫家效樂天之體，群奉王禹偁為盟主。（《清詩話續編》第一三五六頁）

智按：魯九皋，原名仕驥，字絜非，號樂廬，江西新城人。乾隆三十六年（一七七一）辛卯進士，官夏縣知縣，卒于任。先後師從朱仕琇、姚鼐，以古文名。有《周易讀本》、《山木居士集》等。事迹見《山木居士文集》卷首姚鼐撰墓誌銘。

吴玉綸（一七三二～一八〇二）

《蟬説二則柬楊古愚》（其一）

亭樹蕭蕭風生，暑退聽蟬，曳林梢斷續，過墙而去，胸有鬱結，豁然盡釋，白香山詩「微月初三夜，新蟬第一聲」，最好吟之。去年寄跡歷下，得句云：「蕭蕭幾樹雨，嘒嘒數聲蟬。」又云：「仙蟲依舊林中噪，驚起秋風欲報寒。」蓋蟬者，禪也，心與達人為伍。余愛其德，抑竊有所托焉。入關以来，夏云盡矣，散髪赤足，徘徊于緑槐高柳間，寂無所聞，悶甚，寫數行，奉君一粲，亦見吴楚秦晋，風景各殊，非獨古人有恨而已。時乙亥季夏二十四日也。（《香亭文稿》卷七，《四庫未收書輯刊》影印清乾隆六十年滋德堂刻本；《清代詩文集彙編》影印清乾隆六十年滋德堂刻本，第三七八册，第三二〇頁）

智按：吴玉綸，字廷韓，號香亭，固始（今屬河南）人。乾隆二十六年（一七六一）辛巳進士，改庶吉士，授編修，官至兵部侍郎，降檢討。有《香亭集》。

成大中（一七三二～一八〇九）

《醉題》

歲時燈火水東西，官鼓鼕鼕曉夢迷。柳眼漸看含雪潤，海聲微覺入春低。漁舟月隱銀鱗躍，菰渚風輕錦翼齊。白傅餘杭何足羡，湖居兼有若耶溪。（《青城集》卷一，《韓國文集叢刊》本）

《洪奉朝賀（重孝）挽》

丹丘東畔峙松篁，文獻家中世德長。疏傅行休清士倡，子陵成就聖朝光。委紳滿帶煙霞氣，稼穡還全爕理方。七十年來安樂趣，浩然歸盡水雲鄉。

勇退元因立脚牢，丘園從古老英豪。雲霄歧路瞻鴻翼，詩禮門庭貯鳳毛。偉器自昇金掌月，韶顔長醉武陵桃。懸車不待宣麻後，終始東山一卧高。

東州歸路幾登門，花氣薰人植杖原。里社空嗟君子老，村童不識相公尊。苔蹊月引仙禽步，溪樹春深秫酒痕。白傅風流那復覩，生芻惟挹典刑存。（《青城集》卷一，《韓國文集叢刊》本）

《奉和梅丈寄示社中韻》

絶交篇裏見同心，魚鳥清泠水木森。早識芝君遊世罕，近憐槐老入山深。

煙霞顔面社中高，湖海風流局外豪。内史飛觴留暇日，西山爽氣到晴朝。

意氣相求不待呼，隔溪遙辨故人駒。松間一局饒新趣，袖手旁觀寂若無。

昭文成毁不曾分，愛子孤琴有斷紋。持向小山深處弄，桂花松子落紛紛。

每仰香山白傅賢，休官詎必待衰年。一杯斷送平生事，憂樂行藏是適然。（《青城集》卷二，《韓國文集叢刊》本）

《和白樂天中隱詩》

京山子書白樂天中隱詩示余，宛吾居洛事也，爲步其韻，志余之隱，且以報京山。

我雖居城市，何異在山樊。室有詩書娱，門無車馬喧。釋褐三十年，棲遲老一官。寧知好爵榮，但愛秘書閒。禄給春酤濫，氊扶宿客寒。官俸亦不薄，歲用四千錢。公庭豁數畝，怪石對南山。賓朋幸不棄，雅集敵西園。嘉樹蔭當戶，落花燦盈筵。醉豈忘公事，暇則草野言。澗徑塵不涉，林扉晝常關。一切榮辱憂，曾不到眼前。持比樂天隱，吾猶享其全。歸田固多樂，處世亦何患。惟師展禽和，自得鹿門安。泊然名利外，隱亦下中間。（《青城集》卷三，《韓國文集叢刊》本）

《和京山次香山病風詩》

六十八衰翁，從他病日攻。有藭還腹疾，無檄奈頭風。易刮眼前霧，難醫心上蓬。相憐白傅後，宛在翠微中。

附京山詩序：

己未十二月，余適患痰，右股不仁，偶閲白香山病中詩序，有曰開成己未，余年六十有八，冬十月甲寅朝，始得風痺之疾，體瘰目眩，左足不支。余早棲心釋梵，浪跡老莊。因疾觀身，果有所得。杜門高枕，仍成病風詩。詩曰：「六十八衰翁，垂衰百疾攻。朽株難免蠹，空穴易生風。肘痺宜生柳，頭旋劇轉蓬。恬然不動處，虚白在胸中。」吾輩之年，俱是六十有八歲。歲適己未，病亦近似。千載之下，可以相憐。仍次其韻，謹呈同庚青城座下。（《青城集》卷四，《韓國文集叢刊》本）

《用白香山送樊子韻，送北青歸人》

花凋始覺三春盡，更見斜暉倒板扉。南郭十年留共老，北州千里送將歸。海山如夢誰相待，雲鳥同棲却背飛。我似耆禪餘破衲，臨分重拂樂天衣。（樂天送樊，亦春盡日）（《青城集》卷四，《韓國文集叢刊》本）

《長至日口占》

形如槁木華全減，病似維摩静亦宜。白傅無緣留駱馬，茂陵何事愛文姬。太空月滿傳神地，長至陽生閉氣時。剩見韶光浮大宅，秋濤今在迓春詩。（《青城集》卷四，《韓國文集叢刊》本）

《奉贈成川韓使君》

十二峰前第一樓，緗簾低拂百花洲。神仙太守將春到，繡板題詩又上頭。

君恩特許住三年，白傅全家了宿緣。況是官庖親養足，笋魚清供滿江船。

桃花水漲沸江煙，紅妓移樽月滿船。獨許孤帆凌汗漫，玉簫催唤洞仙眠。

藜燈校對借餘輝，共帶天香出禁闈。遽送雙旌分路去，暮雲關外兩依依。

（《青城集》卷四，《韓國文集叢刊》本）

《五如軒記》

寘身於虚，游心於曠，則身安而心泰。馭物以静，涖事以簡，則物平而事定。然人事之膠轕，世故之纏束。心志之所逆，氣槩之所趨，君子亦有之矣，則將如之何哉？君子未有捨世而爲道者也。其惟安時而處順乎？來者應之，去者忘之。不以身亢物，不以心諜事。其往也若反，其動也若休。處艱如亨，視醜如妍。事物百變乎外，而吾心則自如也。故縞綦之樂而無慕乎姬妾，藜藿之甘而無待乎粱肉。城市之隱而不減乎巖穴，軒冕之尊而不異乎韋布。斯道也可以居世，亦可以遺世。嗟乎！吾安得與斯人者游耶？玄圃徐子書古人之語於其居曰：「疎懶如嵇中散，恬澹如陶栗里，雄放如蘇子瞻，多感慨如白樂天，口不臧否人物，如阮嗣宗，仍名之曰五如軒。」噫！子之志，吾知之矣。進不求榮，退不求名。厭綺紈而樂山澤，頹然自放於事物之外，子之志也。故於古取其居世而能遺世者，以爲之則，五如之所以名也。……（《青城集》卷六，《韓國文集叢刊》本）

《寢居小記》

吾幼學於家庭，長而學《易》於遲齋金先生，粗解乘除消長之理。早藉先蔭，濫竊科名。猥受主知，忝與文事。今且老白首矣。自顧平生，多娱少悴。食不甚乏，官不甚卑，行不甚汙，交不甚瀆，游不甚狹，隱不甚僻，衣食於官，亦四十年有餘。以約爲泰，以退爲進，以不足爲有餘。幸無大灾，以至於老。仲尼不爲已甚，而吾則以不甚爲幸。中道豈吾所能哉，不及則中猶在前，過則中在後矣，悔必隨之。余之居世者如此。而泣弓以後，眼加昏，耳加聾，左股微跛，右手全澁，是天廢之也。天廢之而不自廢可乎？是故息交游，放妾御，簡居深臥，無一事繫心。而獨未廢者，詩文也，然亦消遣而已，豈有意於傳世哉！强且自戲曰：吾貴於老聃，富於陶潛，壽於白樂天。生老太平，勝於杜子美；終始君恩，勝於李太白。於分不已過哉！此實先蔭也，國恩也，而吾則倖受之矣。戒懼不益滋哉！聊書之寢壁，以爲子孫之幸。（《青城集》卷七，《韓國文集叢刊》本）

智按：成大中，字士執，號青城、醇齋、東湖。有《竹下集》。

俞漢雋（一七三二～一八一一）

《駱園河豚之會分白香山初晴迎夏早落照送春殘得送字》

員外家園敞小洞，桃花日暖春如夢。主人惜此花遲暮，開軒晝集群伯仲。江中之鯸大如鯉，割烹去乙歸朝饔。佐以彫胡味無敵，况復美酒新醱甕。氣酣更向花園去，松陰草色晴可弄。衆木蔽虧日斜穿，群葩旖旎風微送。物色

遊衍兩無愆，請君賦詩當歌諷。(《自著》卷六古詩，《韓國文集叢刊》本)

《五老會帖序》

上之三年癸亥秋七月既望後二日，設五老會于清楓溪池閣之上，倣杜祁公睢陽故事也。會者前行僉知中樞府事咸安趙重瞻士尊七十四，前行敦寧府都正全義李樂培仲善七十三，龍驤衛副司果杞溪俞漢雋曼倩七十二，前行僉知中樞府事安東金在淳仲寬七十一，司僕寺判官達城徐簡修聖可七十。是會也初發意，實自仲寬。寬之言曰：吾儕同志中，自庚戌至甲寅，遞減一歲，比齒以老者，凡有五人。吾欲效祁公，延此諸老，飲酒賦詩，爲一日娱，公等以爲何如？咸曰善哉，其孰敢辭。於是卜日以書請，至日畢集。時維流火，凉氣早生。楓杉檜柏，泉聲山影。蔭映乎三池古亭之間者，皆秋色也。是五老者，相與解衣，盤礴乎其間，鬚眉皓白，冠珮濟楚。愛地之勝，適時之宜。喜趣之合，美事之殊，相顧甚驩也。於是詩用睢陽韻，饌用溫公眞率會法，味止五器，下酒用菜羹，畫用洛社事，招洪必遇繪其事，粧爲五帖，家置一帖，俾傳睎悠久。盖惟德業名位，文章標望，視古人相懸猶天淵，其餘無一事不古如也。昔白香山東都之會，其老九；文潞公西雒之會，其老十二。五焉者，前有睢陽，後有今日；而比齒一事，又以上三會之所無也，敢以是求多乎前人哉？特古今人偶有同不同耳！帖既成，諸公命漢雋爲序。(《自著》續集册一雜録，《韓國文集叢刊》本)

智按：俞漢雋，字漢炅，號汝成、曼倩。有《自著》。

朱休度（一七三二～一八一二）

《晚軒效長慶體二首》

雨散虹收日露時，微凉襲户晚風吹。樹何拂意仍摇首，山已忘愁早豁眉。小憩秋亭堪嘯爽，寄聲宋玉未須悲。(宋袁絜齋有《嘯爽亭記》)

滿背殘陽牛過水，一聲輕欸鳥登城。鴨知上岸投闌去，馬苦思羣帶勒鳴。獨有主翁催不起，肘人坐待月華生。(《小木子詩三刻》壺山自吟稿卷中，《續修四庫全書》影印清嘉慶刻匯印本)

《余秋闈之役靈邱蘇明府来替過巽妙軒愛其水木清華驚為塞外第一勝覽留題二首次韵寄答》（其一）

未及趨陪一把壺，士源獨愛我盃湖。放衙並有山林癖，題句何分主客圖。最苦文移拘俗吏，閒收風月洗荒隅。非同白傅誇形勝，敢詡蓬莱塞外無。（《小木子詩三刻》壺山自吟稿卷中，《續修四庫全書》影印清嘉慶刻匯印本）

《記塞外所得兩孫年》（二首其一）

杜陵白傅兩壬夫，古昔何賢我則愚。今者小同生四歲，不知養得長成無。（《小木子詩三刻》壺山自吟稿卷下，《續修四庫全書》影印清嘉慶刻匯印本）

智按：朱休度，字介裴，號梓廬，秀水（今浙江嘉興）人。乾隆四十一年（一七七六）癸酉舉人，官廣靈知縣。有《壺山自吟稿》。

姚鼐（一七三二～一八一五）

《五七言今體詩鈔·序目》

晚唐之才固愈衰，然五律有望見前人妙境者，轉賢于長慶諸公，此不可以時代限也。元微之首推子美長律，然與香山皆以多為貴，精警缺焉，余盡不取。

玉溪生雖晚出，而才力實爲卓絕。七律佳者幾欲遠追拾遺，其次者猶近掩劉、白。第以矯敝滑易，用思太過，而僻晦之弊又生。要不可不謂之詩中豪杰士矣。

……至於長慶，香山以流易之體，極富贍之思，非獨俗士奪魄，亦使勝流傾心。然滑俗之病，遂至濫惡，後皆以太傅為藉口矣。非慎取之，何以維雅正哉！

東坡天才，有不可思議處。其七律只用夢得、香山格調，其妙處豈劉白所能望哉？山谷刻意少陵，雖不能到，然其兀傲磊落之氣，足與古今作俗詩者澡濯胸胃，導啟性靈。（《四部備要》本《五七言今體詩鈔》卷首）

《五七言今體詩鈔》

非至西湖，不知此寫景之工。（評《西湖晚歸回望孤山寺贈諸客》：「柳湖松島蓮花寺，晚動歸橈出道場。盧橘子低山雨重，棕櫚葉戰水風涼。煙波澹蕩搖空碧，樓殿參差倚夕陽。到岸請君回首望，蓬萊宫在海中央。」）（《四部備要》本《五七言今體詩鈔》七言卷四）

白傅俚俗不可耐，其佳處自不相掩。（評《江樓夕望招客》：「海天東望夕茫茫，山勢川形闊復長。燈火萬家城四畔，星河一道水中央。風吹古木晴天雨，月照平沙夏夜霜。能就江樓消暑否，比君茅舍校清涼。」）（《四部備要》本《五七言今體詩鈔》七言卷四）

《惜抱軒書録・金王若虚文集》

其論文詆《史記》、歐陽公古文語句古拙。若虚以其區區之見乃欲強而從己，甚覺可笑。其於詩指摘山谷不遺餘力，而甚推白樂天。不謂之蚍蜉撼大樹，不可得也。（《惜抱軒書録》卷四；《惜抱軒遺書三種》，第十六頁，光緒己卯二月桐城徐氏刊本）

《陳東浦方伯七十壽序》

昔昌黎韓文公之論爲詩曰：「歡愉之詞難工，愁苦之言易好。」故世謂唐詩人罕達，獨高常侍稱爲作詩之顯者而已。其後歐陽永叔，因亦有「窮而後工」之説，世多述焉，或以爲是，不必然。夫詩之源，必遡於風雅。方周盛時，詩人皆朝廷卿相大臣也，豈愁苦而窮者哉！鼐嘗思之，當文、武、成、康爲治，周、召之倫，陳述祖宗，援引興亡，以爲教諫，憂危恐懼之意常多。逮宣王中興，尹吉甫之徒，於君友閒，誼兼規勉，是雖處極治之時，其詞固不得第謂爲歡愉矣。若夫爲歡愉之詞，《魚麗》、《蓼蕭》、《菁莪》、《魚藻》之篇，寥寥數言，不足以發爲詩之極致。然則詩人誠不必盡窮，而歡愉之詞，不如愁苦。其説上推之六經，卒無以易也。

潯陽陳東浦先生，少爲詩人，實配盛唐之雄傑，秉節方面，則嗣周室之旬宣，固兼孔門之政事、文學，而爲詩人之達者也。今秋七月，先生七十初度，吏民蒙德者，無不爲先生慶，而先生方勤思國事，慼念民瘼，未嘗少自暇逸。歡愉之説，靡得進焉。鼐謂此先生德業之所以隆，亦先生詩所以美也。是以援韓公之論，証之周、召、吉甫，以請於先生。蓋衛武公年八九十而爲《抑戒》，而召公矢音《卷阿》，年逾百歲，爲古詩人之壽，而道光於天下後世，此鼐所以祝於先生者，若夫白樂天、陸務觀之倫，雖亦詩人之多壽，而不足爲先生道矣。（《四部叢刊》本《惜抱軒文集》卷八壽序，《惜抱軒全集》第八九～九〇頁；《惜抱軒詩文集》第一一八頁）

智按：姚鼐，字姬傳，一字夢穀，學者稱惜抱先生，桐城（今屬安徽）人。乾隆二十八年（一七六三）進士，授庶吉士。三十八年開四庫全書館，任纂修官，次年冬，託病辭官歸里。此後四十餘年間，先後主講揚州梅花、安慶敬敷、歙縣紫陽、江寧鍾山等書院，弟子遍天下，著名者有梅曾亮、管同、方東樹、劉開、姚瑩等。姚鼐論文，主張考證、義理、文辭三者「必兼收之乃足爲善」（《復秦小峴書》），提出「神、理、氣、味、格、律、聲、色」古文八字訣，師法方苞（一六六八～一七四九）而上溯歐陽修、曾鞏，並輯《古文辭類纂》宣揚其説，影響極大，是桐城派集大成者和真正建立者。有《惜抱軒文集》十六卷、《惜抱軒文集後集》十卷、《惜抱軒詩集》十卷、《惜抱軒尺牘》八卷等。《清史稿》卷四八五有傳。

王謨（一七三二～一八一七）

《江西考古録》

⊙鹽商

按白樂天《新樂府》有《鹽商婦》，其辭曰：「鹽商婦，多金帛，不事田農與蠶績。南北東西不失家，風水爲鄉船作宅。本是揚州小家女，嫁得江西大商客。緑鬟富去金釵多，皓腕肥來銀釧窄。前呼蒼頭後叱婢，問爾因何得如此。壻作鹽商十五年，不屬州縣屬天子。每年鹽利入官時，少入官家多入私。官家利薄私家厚，鹽鐵尚書遠不知。何向江頭魚米賤，紅鱠黄橙香稻飯。飽食濃粧倚舵樓，兩朶紅腮旋欲綻。鹽商婦，有幸嫁鹽商。終朝美飯食，終歲好衣裳。好衣美食來何處，亦須慙愧桑宏羊。」樂天嘗爲江州司馬，屬江南西道，故因所見而賦之，則江西鹽商，其爲富羨舊矣。（《江西考古録》卷十雜志，《四庫未收書輯刊》影印清乾隆問松園刻本）

智按：王謨，字仁圃，一字汝上，又作汝麋，晚稱汝上老人。金溪（今江西南城）人。乾隆三十三年（一七六八）舉人，次年會試落第，僑居南昌為人教館，編輯《江陽典録》、《豫章十代文獻略》。四十三年（一七七八）中進士。選授建昌府學教授。輯《漢魏遺書鈔》、《漢魏叢書》、《漢唐地理書抄》。

吳騫（一七三三～一八一三）

《小峴廉使招同馮玉圃給諫華秋槎郡丞孫淵如觀察陳花南通守宋茗香助教項秋子佐州汪小海明經家胥石孝廉仲倫茂才集望湖樓修東坡先生春祀卽席二首》

西子湖頭二月時，雲光鏡影日遲遲。紅妝欲破小桃靨，金縷先低弱柳絲。拂面和風隨曉蓋，迎人好鳥識春旗。衹應更倩丹青手，寫出風流白傳詩。

竹閣深陰罨畫船，方爐開處瀹寒泉。客從舊雨來今雨，人說坡仙卽水仙。白首欣參從祀議（騫剏蘇祠從祀議，頗爲廉使所納），烏臺苦費黨人編。自今春社孤山路，長奏清風萬古絃。（《拜經樓詩集》詩集卷十一，《續修四庫全書》影印清嘉慶八年刻增修本）

《重憶西湖（效樂天體）》

憶昨西湖樂事稠，尋芳何處不勾留。黃蜂挾蕊歸花國，紅粉隨人上酒樓。落日茫茫雙鳥去，離愁滾滾一江流。千秋愛士秦淮海，萬里還來共醉不。（《拜經樓詩集》詩集卷十二，《續修四庫全書》影印清嘉慶八年刻增修本）

《有以酆都路引見貽者戲酧一絕》

游戲塵寰七十年，冥符乞與向誰邊。沉吟却憶香山句，歸則須歸兜率天。（《拜經樓詩集》續編卷二，《續修四庫全書》影印清嘉慶八年刻增修本）

《正月二十日同集紫微山白公祠修春祀是日爲公降誕之辰禮成卽席有賦兼寄錫山少寇》

紫微山高青巑岏，紫微人去何時還。千秋俎豆一朝理，落燈已落梅未殘。三間古祠拓翠壁，半巖笙磬鏘神絃。雲車風馬颯肆集，紅闌碧檻排歌船。西湖爾日翻冷落，兩碎有事還思賢。人心不死譬野草，春風依舊生古原。東望逋翁臺咫尺，幽吟想見常牽攀。百丈虬松煙鶴舞，七級珠塔天龍蟠。丹泉借獻勾漏井，黄雞宛唱瓕瓏筵。神之來兮自洛社，會昌一老寰中仙。風流裙屐緬未遠，觴咏洽坐情交歡。八旬埜叟忝執鬯，鬖髿白雪空被肩。里謠孰繼新樂府，墜典聊綴西神班。(《拜經樓詩集》再續編，《續修四庫全書》影印清嘉慶八年刻增修本)

《任安上文學生壙志》

荆溪任君，與予以文字相交數十年，晚而情好彌篤，間屬予文以誌其生壙，辭之屢矣，而請益堅。竊惟墓志碑銘，殆盛于東漢之世，若晉陶元亮作自輓詩、自祭文，唐王績、李棲筠、嚴挺之、白樂天、柳子華之流，皆自撰墓誌，此達者之所爲也。明歸熙甫撰《南雲生壙志》，遲至十二年而始成，蓋亦難乎，其言之然終踐前約。矧予老矣，念與君之諾責，其可以弗償乎？……（《愚谷文存續編》卷二，《續修四庫全書》影印清嘉慶十九年刻本）

《拜經樓詩話》

《青梅軒詩話》：徐凝絶句殊有佳者，不盡惡詩也。如「娟娟水宿初三夜，曾伴愁蛾到語兒」，及「不寒不暖看明月，況是從來少睡人」，極似香山。其《留辭川守侍郎》云：「一生所遇惟元白，天下無人重布衣。欲到朱門淚先盡，白頭游子白身歸。」（卷一，《清詩話》第七三五頁）

白樂天母看花墮井事，見陳直齋所作《香山年譜》，陳本於高彦休《唐闕史》，其載《闕史》之言曰：

唐憲宗元和十四年六月，盜殺宰相武元衡。公首上疏，請急捕賊以雪國耻。宰相以非諫職言事惡之。會有忮公者，言其母看花墮井死，而作賞花詩及新井詩。貶江州刺史。中書舍人王涯言其新犯，不可復理郡，又改司馬。宰相韋貫之、張宏靖也。新井之事，世莫知其實，史氏亦不辨其有無，獨高彦休《闕史》言甚詳：「公母有心疾，因悍妒得之。及嫠，家苦貧，公與弟不獲安居，常索米丐衣於鄰郡，母晝夜念之，疾益甚。公隨計宣州，母因憂憤發狂，以葦刀自剄，人救之得免。後遍訪醫藥，或發或瘳。常侍二壯婢，厚給衣食，俾扶衛之。一旦稍怠，斃於坎井。時裴晉公為三晉本廳對客，京兆府申堂狀至，四座驚悵。薛給事在誠曰：『某所居與白鄰，聞其母久苦心疾，叫呼往往達於鄰里。』客意稍釋。他日，晉公謂夕拜之言，實存朝廷大體。除河南尹、刑部侍郎，皆晉公所擬。凡曰墮井，必恚恨也，隕獲也。凡曰看花，必怡暢也，閒適也。安有怡暢閒適之際，遽至顛隕廢墜之事？樂天長於言情，無一春無詠花之什，因欲徽藻其罪。又驗新井篇，是尉盩厔時作，隔官三政，不同時矣。」

直齋所記彥休之語如此。今鮑氏所刻《唐闕史》，不載此事，蓋非全本也。（卷二，《清詩話》第七四五～七四六頁）

杜牧之作《李飛墓志》云：「詩者可以歌，可以流於竹，鼓於絲，婦人小兒，皆欲諷誦。國俗薄厚，扇之於詩，如風之疾速。嘗痛自元和以來有元、白詩者，纖艷不逞，非莊士雅人，多為其所破壞。流於民間，疏於屏壁，子父女母，交口教授，淫言媟語，冬寒夏熱，入人肌骨，不可除去。吾無位，不得用法治之。欲使後代知有發憤者，因集國朝已來類於古詩，得若干首，編為三卷，目為《唐詩》，為序以導其志。」飛又名戡，字定臣，渤海敬王奉慈七世孫。年三十（《本傳》作二十），盡通六經。定臣詩今頗罕見，未知果視元、白何如也？（《荊溪外紀》載其陪侍相公叔游善權一絕，尤為荒誕，辯詳於《桃溪客語》。）（卷四，《清詩話》第七七一頁）

白樂天云：「詩有隱字，而意自見者。『糾糾葛屨，可以履霜。』言不可也。『海水知天寒』，言不知也。皆隱一『不』字在。」按，此詩上解則可，若謂海水不知天寒，恐未必然。凡海潮，冬月較三時常縮，俗稱曰凍煞潮。蓋樂天非生長海濱，故言海潮多不確，如云：「從今潮上君須上，一月須看六十回。」不知海潮遇，大盡衹五十八回，小盡衹五十六回，而無六十回也。（《拜經樓詩話續編》卷一，清抄本；《清詩話三編》第一八八四頁）

智按：白居易《潮》：「早潮才落晚潮來，一月周流六十回。不獨光陰朝復暮，杭州老去被潮催。」長慶四年（八二四），五十三歲，作于杭州刺史任上，見《白居易集箋校》第一五五六頁。

吴騫，字槎客，一字葵里，號愚谷。海寧（今屬浙江）人。貢生，有經學，曾助王昶編《湖海詩傳》。著有《拜經樓詩集》、《愚谷文存》、《尖陽叢筆》等。

翁方綱（一七三三～一八一八）

《石洲詩話》

元相作《杜公墓系》有「鋪陳」、「排比」，「藩翰」、「堂奧」之說，蓋以「鋪陳終始，排比聲韻」之中，有「藩籬」焉，有「堂奧」焉。語本極明。至元遺山作《論詩絕句》，乃曰：「排比鋪張特一途，藩籬如此亦區區。少陵自有連城璧，爭奈微之識碔砆！」則以為非特「堂奧」，即「藩翰」亦不止此。所謂「連城璧」者，蓋即杜詩學，所謂參苓、桂術、君臣、佐使之説，是固然矣。然而微之之論，有無可厚非者。詩家之難，轉不難於妙悟，而實難於「鋪陳終始，排比聲律」，此非有兼人之力、萬夫之勇者，弗能當也。但元、白以下，何嘗非「鋪陳」、「排比」！而杜公所以為高曾規矩者，又別有在耳。此仍是妙悟之説也。遺山之妙悟，不減杜、蘇，而所作或轉未能肩視元、白，則「鋪陳」、「排比」之論，未易輕視矣。即如白之《和夢游春》五言長篇，以及《游悟真寺》等作，皆尺土寸木，經營締構而為之，初不學開、寶諸公之妙悟也。看之似平易，而為之實艱難。元、白之「鋪陳」、「排比」，尚不可躋攀若此，而况杜之「鋪陳」、「排比」乎？微之之語，乃真閱歷之言也。自司空表聖造《二十四品》，抉盡秘妙，直以元、白為屠沽之輩。漁洋先生韙之，每戒後賢勿輕看《長慶集》。蓋漁洋之教人，以妙悟為主者，故其言如此。當時宣城施氏已有頓、漸二義之論，韓文公所謂「及之而後知，履之而後難」耳。（卷一，《清詩話續編》第一三七三頁）

杜詩「自在嬌鶯恰恰啼」，今解「恰恰」為鳴聲矣。然王績詩「年光恰恰來」，白公《悟真寺》詩「恰恰金碧繁」，疑唐人類如此用之。又韓文公《華山女》詩「聽衆狎恰排浮萍」，白樂天《櫻桃》詩「洽恰舉頭千萬顆」，「狎恰」即「洽恰」。（卷一，《清詩話續編》第一三八二頁）

劉賓客《西塞山懷古》之作，極為白公所賞，至於為之罷唱。起四句洵是傑作，後四則不振矣。此中唐以後，所以氣力衰颯也。固無八句皆緊之理，然必松處正是緊處，方有意味。如此作結，毋乃飲滿時思滑之過耶？《荊州道

懷古》一詩，實勝此作。(卷二，《清詩話續編》第一三八五頁)

白公《天竺》詩，本皇甫孝常《秋夕寄懷契上人》詩，而出以連珠體，自令人不覺。此等處，皆足見古人之脱化。(卷二，《清詩話續編》第一三八六頁)

白公五古上接陶，下開蘇、陸；七古樂府，則獨辟町畦，其鉤心鬬角、接筍合縫處，殆於無法不備。(卷二，《清詩話續編》第一三九一頁)

白公《官牛》樂府，從丙吉問喘事翻出。(卷二，《清詩話續編》第一三九一頁)

智按：《漢書》卷七十四《魏相丙吉傳》：「吉又嘗出，逢清道群鬬者，死傷横道，吉過之不問，掾史獨怪之。吉前行，逢人逐牛，牛喘吐舌，吉止駐，使騎吏問：『逐牛行幾里矣?』掾史獨謂丞相前後失問，或以譏吉，吉曰：『民鬬相殺傷，長安令、京兆尹職所當禁備逐捕，歲竟丞相課其殿最，奏行賞罰而已。宰相不親小事，非所當于道路問也。方春少陽用事，未可大熱，恐牛近行，用暑故喘，此時氣失節，恐有所傷害也。三公典調和陰陽，職當憂，是以問之。』掾史乃服，以吉知大體。」

白公之妙，亦在無意，此其似陶處也。即如宋人詩「有時俗物不稱意，無數好山俱上心」，稱為佳句。而白公則云：「有山當枕上，無事到心中。」更為自然。(卷二，《清詩話續編》第一三九一頁)

白詩「巫山暮足沾花雨，隴水春多逆浪風」，語本杜詩「夜足沾沙雨，春多逆水風」。(卷二，《清詩話續編》第一三九一頁)

《竹枝》泛詠風土，《柳枝》則詠柳，其大較也。然白公《楊柳枝詞》：「葉含濃露如啼眼，枝嫋輕風似舞腰。小樹不禁攀折苦，乞君留取兩三條。」於詠柳之中，寓取風情，此當為《楊柳枝詞》本色。薛能乃欲搜難抉新，至謂劉、白「宮商不高」，亦妄矣。(卷二，《清詩話續編》第一三九一頁)

唐人詩至白公，自不當盡以阮亭先生所講第一義繩之。蓋白公詩，格調聲音之皆不事也。阮亭力戒人看《長慶集》，但取其一二小詩。此在阮亭先生，固當如此。阮亭獨標神韻，言各有當耳。阮亭先生意中，卻非抹煞白公

之妙也。看《十選》中所取自見。尚恨胡孝轅《十籤》，阮亭未嘗全見耳。（卷二，《清詩話續編》第一三九一頁）

白公之為《長恨歌》、《霓裳羽衣曲》諸篇，自是不得不然。不但不蹈杜公、韓公之轍也，是乃「瀏漓頓挫，獨出冠時」，所以為豪傑耳。始悟後之欲復古者，真強作解事。（卷二，《清詩話續編》第一三九一頁）

張、王已不規規於格律聲音之似古矣，至元、白乃又伸縮抽換，至於不可思議，一層之外，又有一層。古人必無依樣臨摹，以為近古者也。（卷二，《清詩話續編》第一三九二頁）

元相《望雲騅歌》，賦而比也；玉川《月蝕詩》點逗恒州事，則亦賦而比也，而元則更切本事矣。詩至元、白，針線鉤貫，無乎不到，所以不及前人者，太露太盡耳。（卷二，《清詩話續編》第一三九二頁）

中唐之末，如呂溫、鮑溶之流，概少神致。李涉、李紳，稍為出類，然求之張、王、元、白數公，皆未能到，況前人耶？盛之後漸趨坦迤，中之後則漸入薄弱，所以秀異所結，不得不歸樊川、玉谿也。（卷二，《清詩話續編》第一三九二頁）

徐凝《廬山瀑布》詩：「千古長如白練飛，一條界破青山色。」白公所稱，而蘇公以為惡詩。《芥隱筆記》謂本《天台賦》「飛流界道」之句。然詩與賦，自不相同，蘇公固非深文之論也。至白公稱之，則所見又自不同。蓋白公不於骨格間相馬，惟以奔騰之勢論之耳。阮亭先生所以與白公異論者，其故亦在此。（卷二，《清詩話續編》第一三九二頁）

李贊皇詩亦軼倫，雖不敵香山，亦權、武二相之亞也。（卷二，《清詩話續編》第一三九三頁）

王荊公詩「強逐蕭騷水，遙看慘澹山」，李雁湖注云：「白傅『池殘寥落水，窗下悠颺風』。唐人多有此句法。」然唐太宗固已有「色含輕重霧，香引去來風」之語。（卷三，《清詩話續編》第一四〇四頁）

（蘇軾）《夜直秘閣呈王敏甫》云：「只有閒心對此君。」「此君」，施注引晉王子猷語，指竹，恐未必然。白香山《效陶詩》云：「乃知陰與晴，安可無此君？」「此君」，指酒也。蘇豈用白語耶？（卷三，《清詩話續編》第一四〇八頁）

鄭介公人品本不以詩重，阮亭謂其《古交行》、《呈子京》等篇，在樂天、東野間，亦因人而重其言耳。《和王荊公何處難忘酒》一章，大言炎炎，遂令荊公無地可容矣。（卷三，《清詩話續編》第一四二二頁）

智按：鄭介公，鄭俠（一〇四一～一一一九）字介公。阮亭語見其《居易録》卷十二。

唐詩妙境在虛處，宋詩妙境在實處。初唐之高者，如陳射洪、張曲江，皆開啓盛唐者也。中、晚之高者，如韋蘇州、柳柳州、韓文公、白香山、杜樊川，皆接武盛唐、變化盛唐者也。是有唐之作者，總歸盛唐。而盛唐諸公，全在境象超詣，所以司空表聖《二十四品》及嚴儀卿以禪喻詩之説，誠為後人讀唐詩之準的。若夫宋詩，則遲更二三百年，天地之精英，風月之態度，山川之氣象，物類之神致，俱已為唐賢占盡，即有能者，不過次第翻新，無中生有，而其精詣，則固別有在者。宋人之學，全在研理日精，觀書日富，因而論事日密。如熙寧、元祐一切用人行政，往往有史傳所不及載，而於諸公贈答議論之章，略見其概。至如茶馬、鹽法、河渠、市貨，一一皆可推析。南渡而後，如武林之遺事，汴土之舊聞，故老名臣之言行、學術，師承之緒論、淵源，莫不借詩以資考據。而其言之是非得失，與其聲之貞淫正變，亦從可互按焉。今論者不察，而或以鋪寫實境者為唐詩，吟詠性靈、掉弄虛機者為宋詩。所以吳孟舉之《宋詩鈔》，舍其知人論世、闡幽表微之處，略不加省，而惟是早起晚坐、風花雪月、懷人對景之作，陳陳相因。如是以為讀宋賢之詩，宋賢之精神，其有存焉者乎？（卷四，《清詩話續編》第一四二八～一四二九頁）

《梁溪集》詩亦平雅，其《游張公洞》五古長篇，雖不及香山，尚較皮、陸有實際。竹垞云：「尤延之、范致能為楊廷秀所服膺，而不入其流派。」（卷四，《清詩話續編》第一四三四頁）

周益公自謂「人以老杜相期」，惟童敏德謂「不合學東坡」，殆非知詩者矣。吳鈔亦謂「其由白傅而溯浣花。」今看其詩，未能免於傖俚，已入楊誠齋法門矣。惟《高宗挽詞》差佳，吳所不取。（卷四，《清詩話續編》第

一四三四頁）

竹垞云：「正者極於杜，奇者極於韓，此躋夫三峰者也。宋之作者，不過學唐人而變之耳，非能軼出唐人之上。若楊廷秀、鄭德源之流，鄙俚以為文，詼笑嬉褻以為尚，斯為不善變矣。」又曰：「今之言詩者，每厭棄唐音，轉入宋之流派，高者師法蘇、黄，下乃效及楊廷秀之體，叫囂以為奇，俚鄙以為正。譬之於樂，其變而不成方者與！」又曰：「自明萬曆以來，公安袁無學兄弟，矯嘉靖七子之弊，意主香山、眉山，降而楊、陸，其辭與志，未有大害也。竟陵鍾氏、譚氏，從而甚之。」阮亭亦有「楊、范佻巧取媚」之論。（卷四，《清詩話續編》第一四三五～一四三六頁）

智按：見《曝書亭集》卷三十九《胡永叔詩序》。

誠齋之詩，上規白傅，正自大遠；下視子畏，卻可平衡。（卷四，《清詩話續編》第一四三六頁）

陳唐卿造《官務命書》諸作，自白樂天《秦中吟》出，亦風人之旨，足以感人善俗者也。（卷四，《清詩話續編》第一四四〇頁）

虚谷自言：七言决不爲許渾體，妄希黄、陳、老杜，力不逮，則退爲白樂天及張文潛體。五言慕後山苦心久矣，亦多退為平易，蓋其職志如此。（卷五，《清詩話續編》第一四四九頁）

智按：見方回《春半久雨走筆》後注。

朱德潤《德政碑》、《無禄員》諸詩，亦香山《秦中吟》之遺意，而語益切，至使聞者足以戒。此皆有用之文也。（卷五，《清詩話續編》第一四五八頁）

《哀江頭》：「亂離事只敘得兩句，『清渭』以下以唱歎出之，筆力高不可攀。樂天《長恨歌》，便覺相去萬里。即兩句亦是唱歎，不是實敘。」按此西樵評，所説皆合，但不必以《長恨歌》相較量耳。（卷六 漁洋評杜摘記，《清詩話續編》第一四七九頁）

《游何將軍山林十首》：「『紅綻雨肥梅』，俗句。」

按此則是漁洋評也。漁洋以超逸立格，故應戒人看白香山詩也。（卷六 漁洋評杜摘記，《清詩話續編》第一四八二頁）

約而言之，葉石林可謂「以意逆志」，上溯魏、晉者，此原是漁洋論五言詩之大旨，其所鈔《三昧》、《十選》，皆此職志也。然漁洋於六朝則鈔及庾子山廿韻之作，而於唐則轉不取十韻外者，何也？故其於初唐亦止取短章以為近古，而長篇則以為近靡，又何論元、白諸篇矣。（卷六 漁洋評杜摘記，《清詩話續編》第一四八八頁）

（元遺山《論詩絕句》）一語天然萬古新，豪華落盡見眞淳。南窓白日羲皇上，未害淵明是晉人。（柳子厚唐之謝靈運；陶淵明，晉之白樂天）

此章論陶詩也。而注先以柳繼謝者，後章「謝客風容」一詩具其義矣。蓋陶、謝體格並高出六朝，而以天然閑適者歸之陶，以蘊釀神秀者歸之謝，此所以爲「初日芙蓉」，他家莫及也。東坡謂柳在韋上，意亦如此，未可以後來王漁洋謂韋在柳上，輒能翻此案也。遺山於論杜不服元微之，而於繼謝者，獨推柳州。四十年前，愚在粵東藥洲亭上與諸門人論詩，嘗有《韋柳詩話》一卷，意亦竊取於此。（卷七 元遺山論詩三十首，《清詩話續編》第一四九六頁）

（元遺山《論詩絕句》）謝客風容映古今，發源誰似柳州深？朱弦一拂遺音在，卻是當年寂寞心。

柳詩繼謝之注，至此發之。以白繼陶，以柳繼謝，與漁洋以韋繼陶不同，蓋漁洋不喜白詩耳。（卷七 元遺山論詩三十首，《清詩話續編》第一四九九頁）

（王漁洋《論詩絕句》）風懷澄澹推韋柳，佳處多從五字求。解識無聲弦指妙，柳州那得並蘇州？

《許彥周詩話》：「東坡云：『柳子厚詩，在陶彭澤下，韋蘇州上。』」先生《分甘餘話》：「東坡此言誤矣。予更其語曰：『韋詩在陶彭澤下，柳柳州上。』」按弇州《藝苑卮言》曰：「韋左司平澹古雅，柳州刻削雖工，去之稍遠。」此論與漁洋相似。然而遺山《論詩絕句》自注曰：「柳子厚，唐之謝靈運；陶淵明，晉之白樂天。」此實上下古今之定品也。其不以柳與陶並言，而言其繼謝，不以陶與韋並言，而言其似白者，蓋陶與白皆蕭散閒適之品，謝與柳皆蘊釀神秀之品也。漁洋先生不喜白詩，故獨取韋以繼陶也。獨取韋以繼陶，則竟云陶、韋可矣，奚其必取柳以居陶、韋之次乎？且以漁洋之意推之，則有孟浩然、祖詠一輩人皆可以繼陶者，奚必其及柳乎？則必曰但取中唐時人，不得不以柳並言耳。是則因言陶、韋而及之，猶若局於東坡之論矣。夫東坡之言陶、柳、韋也，以詩品定之也，非專以襟抱閒曠定之也。若專以襟抱閒曠定之，則以陶、韋並稱足矣，不必系以柳矣。若以詩論，則詩教溫柔敦厚之旨，自必以理味事境為節制，即使以神興空曠為至，亦必於實際出之也。風人最初為送別之祖，其曰「瞻望弗及，泣涕如雨」，必衷之以「其心塞淵」，「淑慎其身」也。《雅》什至《東山》，曰「零雨其濛」，「我心西悲」，亦必實之以「鸛鳴於垤」，「有敦瓜苦」也。况至唐右丞、少陵，事境益實，理味益至，後有作者，豈得復空舉弦外之音，以為高挹群言者乎？漁洋生於李、何一輩冒襲僞體之後，欲以沖淡矯之，此亦勢所不得不然。而究以詩家上下原委，核其實際，則斷以遺山之論為定耳。（卷八 王文簡戲仿元遺山論詩絕句三十五首，《清詩話續編》第一五〇三～一五〇四頁）

（王漁洋《論詩絕句》）廣大居然太傅宜，沙中金屑苦難披。詩名流播雞林遠，獨愧文章替左司。（王漁洋自注：「敢有文章替左司」，白公刺蘇州時詩也。）

先生不喜白詩，故特借白詩此句，以韋左司超出白詩上也。前章固以韋在柳上（琴按：前章云：「風懷澄澹推韋柳，佳處多從五字求。解識無聲弦指妙，柳州那得並蘇州？」），此則以五言古詩類及之，猶為有説也。若以韋在白上，則擬不於倫也。白詩所云「敢有文章替左司」，是因守蘇州而云爾，豈其關涉詩品耶？白公之為廣大教化主，實其詩合賦、比、興之全體，合《風》、《雅》、《頌》之諸體，他家所不能奄有也。若以漁洋論詩之例例之，則所謂廣大教化主者，直是粗細雅俗之不擇，泥沙瓦礫之不揀耳。依此，以披沙得金，則何「金屑」之有哉？竟皆目為沙焉而已。未知先生意中所謂「金屑」者何等「金」、何等「屑」也？

若以白詩論之，則無論昆田、麗水皆金也，即一切恒河沙，皆得化為金也。若以漁洋之揀金，則宋人刻玉以為楮葉，必如此而後為楮葉，則凡花草之得有葉者鮮矣！明朝李、何以訖王、李，皆僞詩也。漁洋先生豈惟於滄溟不免周旋鄉人，抑且於弘治七子沿襲信陽、北地之遺，是以神韻者，即格調之改稱，自必覺白公詩皆粗俗膚淺矣。故以維摩一瓣香屬之錢、劉，而以「文章替左司」之語原出於白詩，只作引述，宛似不著議論者，轉使人乍看不覺有其意貶斥白詩之痕跡耳。（卷八 王文簡戲仿元遺山論詩絕句三十五首，《清詩話續編》第一五〇四～一五〇五頁）

（《然燈紀聞》）為詩總要學古，吴梅村先生詩畫態極妍，然只是欠一古字。

（方綱評）按詩無貌古之理。古必天然神到，自然入古，亦猶平淡之不可以強為也。豈可求詩必求其古歟？若學者相率而效為貌古，則蹈襲之弊，競趨於偽體，是乃詩之大蠹，所以李空同、何大復輩之偽體，漁洋惟恐人譏議之，此則漁洋先生之好買假古董，實不能為先生諱矣。吴梅村詩濃豔是其本色，即濃豔之體亦自有極至處，初何傷歟？梅村作古體，一有心仿杜，則傖氣畢露矣。人之造詣各有專長，奚其貌古之云耶？漁洋勸人勿學白詩，亦猶是此等貌古之見耳。（上海圖書館藏翁方綱手稿本《石洲詩話》卷十）

《王文簡古詩平仄論》序

方綱序曰：詩家為古詩無弗諧平仄者。無弗諧，則無所事論已。古詩平仄之有論也，自漁洋先生始也。夫詩有家數焉，有體格焉，有音節焉。是三者常相因也，而不可泥也；相通也，而不可紊也。先生之論古詩，蓋為失諧者言之也。紊亦失也，泥亦失也；紊斯理之，泥斯通之，夫言豈一端而已！言固各有當也。方綱束髮學為詩，得聞先生緒論於吾邑黄詹事，因得先生所為《古詩聲調譜》者。既又見江南屢有刊本，或詳或略；又有所謂《詩問》、《詩則》者，其論間有揞拄，亦大同小異。今見新城此刻，抑又不同，或遂疑其有贋。方綱蓋嘗熟復先生言詩之旨，而知其不相悖也。夫張、王、元、白之雅操，不可以例杜、韓；山谷之逆筆，不可以概歐、梅。……（《清詩話》第二二三頁）

《七言詩三昧舉隅》

⊙《丹青引（贈曹將軍霸）》

不求與古人離，而不能不離；不求與古人合，而不能不合，此古今文之總括也。不惟七言不能以此分界，即五言體尚質實，而《北征》、《奉先》、

《詠懷》實繼《二雅》而作，溫柔敦厚之旨，所必歸之者也。七言則不但《悲陳陶》、《哀江頭》皆溫柔敦厚也；即《長恨歌》、《連昌宮》、《望雲騅》，亦皆溫柔敦厚之至者也。香山樂府，亦皆溫柔敦厚之至者也。然而漁洋先生方且矜矜持擇於盛唐四十二家之間，焚香鼓琴於陶、韋之際，吾安敢旁贊一辭乎？（《清詩話》第二九二頁）

⊙《晁具茨送一上人還滁州琅琊山》

三昧有山水語，有禪悅語，有邊塞語，要之其理則一也。即如放翁「大梁二月杏花開」一篇，亦漁洋所謂三昧也。漁洋先生極不喜詩作大盡致語，所以於唐人不喜白公，甚至戒初學不可輕看白詩；此雖太過之言，亦實即其三昧之所以為三昧也。若放翁則全以淋漓盡致為能事，而漁洋未嘗不於放翁有取焉者，此義是也。（《清詩話》第二九九頁）

《漁洋詩髓論》（《七言詩三昧舉隅》附録）

客曰：「子窺漁洋之意，於遺山、道園何如？」曰：「卓哉漁洋之識也！蓋平生職志在遺山，而於道園尤能得其微意。其論少陵曰：『子美與孟襄陽不同調，而能真知之。』故漁洋與道園不同調，而亦能真知之；與山谷亦不同調，而能真知之，視竹垞之譏黄詩者何如矣！」客曰：「所安、深褭若何？」曰：「先生於元不推楊而推吳者，猶之高視《長慶集》耳。陳所安之於道園，奚能並論乎？此則不必以初唐專取短章為疑矣。」……客曰：「然則推是以言杜可乎？」曰：「愚固嘗極言三昧不録李、杜之故矣，此愚所不敢質言者也。然而杜之神理，亦惟漁洋能識之。善夫，玉谿之言詩也，曰：『李杜操持事略齊，三才萬象共端倪。』元相亦云：『鋪陳終始，排比聲律。』而遺山顧詆媒之者，此亦漁洋不求備之説也。至於嚴滄浪之論詩，上接王官遺意，先生蓋亦偶借拈之，非直以此概千載詩家也。……」（《清詩話》第三〇四頁）

《趙秋谷所傳聲調譜》按語

白香山集中所云半格詩者，謂此卷中半是格詩也。此乃以半格二字聯讀，作體格之標目者，誤也。（《清詩話》第二五七頁）

《集香亭太常引藤書屋看菊禁用黃金風雨霜月叢團籬枝葉等字效白體》

先生手種菊，我詠憶去年。茲辰競新句，邀我擬樂天。我思樂天詠，玉峯與東園。玉峯訓小隱，寄傲員外錢。意彼金馬客，每竚寒潭邊。東園賞後時，亦嘆芳歲闌。雖抱寂寞意，空有繾綣言。今我焉所擬，二者皆物牽。欲擬古淥水，心以和平傳。欲擬廬山宅，心以有守堅。一以詠琴德，一以詠晉賢。此皆不關菊，非菊莫能焉。古意再三復，古調再三彈。請君日夕賞，時誦此二篇。（《復初齋詩集》卷十七祕閣集三，《續修四庫全書》影印清刻本）

《送姜星六郎中出守紹興二首》

賀監湖邊載簡書，樂天詩境較何如。素心結契三鱣後，青史功名五馬初。燕寢香凝官閣靜，稽山翠滴畫簾虚。即看憲節乘軺日，迴憶雲司退食餘。（《復初齋詩集》卷三十二嵩緣草一，《續修四庫全書》影印清刻本）

《芝山爲予繪杭湖新建坡公祠二首》

湖上煙雲懶不來，夢中想像到容臺（昨屬謝方伯爲圖而未至，適阮侍郎手繪此稾）。白公隄後秋光接，望海樓前曙色催（阮云祠旁隙地即擬築樓）。密竹儻招詩客住，圓荷正映畫船開。若添玉笛南飛意，只要濛濛鶴點苔。（馮星石書來，云：將以每歲作坡公生日於此）

先生神在水雲間，夜月遥應笠屐還。詩帖仍依蔡忠惠，宦情每況白香山。宋生墨寓波三折，謝子潭留影一灣。爲我湖邊盟息壤，玉梅煙重鳥喧喧。（《復初齋詩集》卷五十三嵩緣草一，《續修四庫全書》影印清刻本）

《卞潤甫畫白公琵琶行四首》

司馬青衫淚未收，江山何事管閒愁。無多煙樹蕭疎甚，識得潯陽郭外秋。

千古英雄感遇心，偶然興寄古猶今。那教鶴髮花龕叟，悵結江灣荻浦深。

澹月濛濛浸晚江，爲誰遺響落船窗。爾時未作西田夢，煙客梅邨白璧雙。（卞自題丙寅冬日作尚在，吴梅邨作《琵琶行》前廿餘年也）

鎖江樓下話依然，回首煙帆四十年。弔古迷茫難寫處，未完稾在斷雲邊。（乾隆己卯九月，予典江西鄉試，歸宿九江郡。次日五更起登舟，德化令聶君長人欲留話城北鎖江樓。爾時意擬一詩懷白公江頭送客事而未就也）（《復初齋詩集》卷六十一石畫軒草四，《續修四庫全書》影印清刻本）

《明吴門李仰槐畫琵琶行卷二首》

後卞前唐卷對開，誰收司馬淚痕來。船窗月寫空江白，碧眼仙人李仰槐。

（唐六如、卞潤甫皆有此圖）

百年尺絹又糢糊，是寫溢江寫石湖。欲覓白家詩思在，隔林秋影淡寒蘆。（《復初齋詩集》卷六十一石畫軒草四，《續修四庫全書》影印清刻本）

智按：李士達（一五五〇～一六二〇），字通甫、通父，號仰槐、仰懷、石湖漁隱，吴縣（今江蘇蘇州）人。萬曆二年（一五七四）進士。善畫并長于人物，亦能寫山水，傳世作品有《潯陽琵琶圖》、《三駝圖》、《羅漢》，藏故宫博物院；《西園雅集圖》，藏蘇州博物館。有《仰槐山水論》。

《讀劍南詩八首》

一飯不忘君，奚必其學杜。忠孝出天性，肝膽相撑拄。偏值宋南渡，鬱借江山吐。盪潏不平鳴，風雷有餘怒。羌非藻繢爲，亦弗騷些取。即以格調論，亦不仿樂府。胷次浩浩乎，自行於千古。

讀易十絶編，未甘王韓許。岐陽鳴鳥前，蓋早聞律吕。家學詩禮編，治經儼遺緒。春秋南宋後，演説日矜詡。不及先生易，但説虚衷取。了無解詁處，留罅待人補。空山流水間，静光自太古。包犧幾萬歲，偶作誕幻語。（先生詩云：伏羲幾萬歲。又云：伏羲三十餘萬歲）

楚騷與陶謝，自云不相近。琴瑟均笙磬，同龢而異引。謝詩啟唐賢，四縣鏗簴簨。音聲彩色間，或謂別畦畛。陶則純乎天，天籟初何隱。性情即出處，百變傾不盡。晉之白樂天，夫豈難反本。（元遺山云：陶淵明，晉之白樂天）謙言顧未肖，彀率於誰準。似白而不同，放翁詩道似。香山實不同，形迹原可泯。學陶而不近，斯理疑未允。怒者其誰歟，祇此蒸成菌。

轟飲三萬場，指麾百萬兵。奇氣辟萬夫，轉戰下百城。怒蹴黄河奔，倒瀉天漢傾。天機雲錦段，坑谷咸池聲。萬象牟尼珠，頃刻拈即成。此腕揮千丈，耿耿貫元精。然而亭蓄間，得味乃迴縈。一往不復收，千里長瀾平。筆鋒垂復縮，奇岫側忽横。沉鬱頓挫處，所以推杜陵。

絲竹不如肉，漸近自然境。古體發天機，宜勝律精整。近有評陸者，古體捷馳騁。反薄其七律，格與宋賢等。豈知長篇氣，未勝其力猛。（放翁七言古詩無過二十韻外者）尚讓杜韓蘇，扛舉千鈞鼎。使參岳家軍，中原復俄頃。

竟磨盾鼻墨，勒銘北岳頂。高文照兩京，峻極千秋永。恐未及鏡湖，松窗寫梅影。

洪斐説漢隸，未聞精褫裝。何若方伯模，監工庋龜堂。（先生藏漢碑，屬莆陽方伯模監視裝成十四卷）三丈銘挂壁，三十載古香。（先生於所居壁，挂薛純陀書砥柱銘，自淳熙己亥至開禧丁卯再詠，已經廿有八年矣）屠希能憲筆，日抽古錦囊。醉掃行草書，瘦蔓飽秋霜。宜州三錢筆，無此發老狂。後有江門茅，安得竊比量。是乃忠義氣，發揮於文章。有鐫陸書者，正與詩相當。

廣大教化主，唐之長慶間。以較宋南渡，時會若差肩。東都蘇黄輩，果否追杜韓。尚餘此毅力，半壁撐江山。晚宋例晚唐，孰爭杜樊川。罪言十六衛，慷慨激肺肝。鏡湖此一老，氣欲星虹蟠。范楊蕭尤侣，得無力稍孱。茶山前揚鑣，白石或後攀。俯視諸小集，江湖到月泉。未知輯南州，舍此更誰先。獨立長嘯聲，蒼然霜雪寒。

唐既弗杜仿，宋亦豈蘇擬。曠蕩今古論，筏喻云誰使。磊落輪囷氣，造物端倪啟。武夷領祠日，明昌才出矣。（宋光宗紹熙庚戌，放翁提舉武夷冲祐宫。是年，即金章宗明昌元年，元遺山生）二老雖未逢，魄力略相似。寄託又不同，何幸並吾几。硯池雲一泓，軒然可萬里。後來言格調，辛苦徒爲爾。海虞彙萬篇，差勝錫山梓。（常熟毛氏《劍南詩集》刻本，勝於無錫華氏刻《元遺山集》）泰山一豪芒，邵庵粗料理。（愚所校訂惟《虞道園集》甫有緒）印涉窮津涯，庶從經術始。（《復初齋詩集》卷六十七石畫軒草十，《續修四庫全書》影印清刻本）

《跋王秋史二十四泉艸堂圖》

右歷城王秋史二十四泉艸堂圖，江寧高樹嘉作，秋史里人周林汲編修記於其後，述是圖原委最詳。……漁洋二詩，今《帶經堂集》僅存，其一題稱孝廉，蓋作于秋史未成進士之前也。顧俠君題寒柳圖後云，秋史年五十始成進士，今以林汲所記考之，秋史卒於庚子，年六十，則其成進士時四十六歲耳，不知孰爲撮記之詞也。湯西厓送秋史詩注云：「予在禮闈，最後得秋史卷。」（智按：《送王秋史再疊前韻》見湯右曾《懷清堂集》卷十一）亦丙辰冬作也。

是冬，西厓又有《趙豐源太守招遊龍門香山》之作，即卷中趙于京是也。(《復初齋文集》卷三十四，《續修四庫全書》影印清李彥章校刻本)

智按：王苹（一六六二～一七四四），字秋史，號蓼谷，山東歷城人。康熙四十五年（一七〇六）丙戌進士。所居聖水泉，元于欽所品七十二泉之第二十四也。工詩古文詞，負才落拓，少有狂名，王漁洋、田山薑賞其詩並奇其人，有句云「亂泉聲裏誰通屐，黃葉林間自著書」，漁洋絕愛之，呼爲王黃葉。著《二十四泉草堂集》（康熙五十六年于熙學刊本）。趙于京（一六五二～一七〇七）與王苹為知交，王苹子王洞娶趙于京侄女，康熙三十一年，趙于京借居舜井街，王蘋作《香坡移居》三首贈之。

《書周鞠人詩卷三首》（之一）

襟懷欲向白蘇論，肯涉公安半點塵。萬卷精華收攝得，無言方許淡傳神。(《復初齋文集》卷七十，《續修四庫全書》影印清李彥章校刻本)

《朱蒼湄舍人自登州以石菖蒲來供坡像為作歌》

公去登州六百載，貝闕尚擁銀濤飛。海潮蒸青戰空翠，日夜漱響訇彎碕。黄泥裹核撒風雨，芙蓉石室誰叩扉。青松虬甲覆巖石，珠瓔翠蓋紛葩葳。蓬萊閣上東望海，碧環一半登萊圍。大竹小竹亂雲氣，榑桑夜半開朝暉。越州亦有蓬萊閣，洪适釋隸先斐機。往秋夢見海光湧，赤文緑字來靈威。義門漫云石氏贋，醫者引年進以豨。武林黃家有故事，秋奩舊笈珍盈璣。遂以蓬萊扁小室，意不自信猶仰睎。誰言端合蘇室兆，石渦碾出彈子磯。一盆小草萬古緑，果然璀璨兼馚馡。先生初辨温與溼，老圃不敢矜耡機。芒種後先梅雨植，一寸九節療諸疿。幽人君子譬所性，清泉白石能相依。昔者慈湖曾得此，舟中文石相爭輝。又於南山和同叔，石溝霜雪見者稀。去石依然未離石，宜列几案宜咀嘰。可數十載不枯菀，蟠桃聯絡非禱祈。舍人簪筆上綸閣，憶昨獻賦淩江沂。先自登州觀海市，淩雲奇氣飄驂騑。四千里外攜此至，有如威鳳來皇畿。刺投恰為坡老拜，正以李委清而頎。謂言坡昔好蓄此，風露切戒膏以晞。不惟其物惟其嗜，風味迥壓群芳菲。今者人地巧相值，得非靈爽憑依俙。又言往歲奠祠下，楣間變眩來靈旂。妙哉右丞山谷句，那必吏部香山希。（舊以張貞居句「南斗日躔韓吏部，西湖風氣白香山」為坡像供，今蒼湄於登州祠見一聯云：「想見東坡舊居士，儼然天竺古先生。」因書此以供焉）是日坐客皆起立，或拜稽首或喟欷。或更洗琖為君酌，云誰行邁來斐斐。邇者商丘薦尊罍，又寒香館羞山薇（皆近人作坡公生日事）。未聞寶章聚什襲，兼有清供偕來歸。坡公無乃吾子屬，異時寤寐果是非。宋子不徒李委畫，并畫蒲石陳屏幃。蒼茫袖中東海意，移時月上光滿衣。青銅萬里悦一碧，孤島出沒窮煙霏。坡老重來訊安否，清苦澹泊寒與饑。借問同居復同嗜，今古幾箇可與幾。垂慈老人僧了性，九江道士胡洞微。（《復初齋集外詩》卷十五，《清代詩文集彙編》影印民國六年吳興劉氏嘉業堂刻本，第三八二册，第五一五～五一六頁）

《俞紫芝書白香山廬山草堂記墨蹟幀子為藴山題三首》

作記作書五百載，書來又四百年餘。蘇潭供養來蘇室，十日焚香又續書。（至正十八年十月十日，桐江俞和書於清隱行齋）

張雨書參郭畀閒，鷗波亭子夢江灣。卻將篆筆添行楷，想見神游邃古還。

憑將息壤訂匡君，一榻因緣寄岳雲。明歲秋深攜卷去，清泉白石實先聞。（《復初齋集外詩》卷十九，《清代詩文集彙編》影印民國六年吳興劉氏嘉業堂刻本，第三八二册，第五五二頁）

《唐子畏琵琶行書畫册限尖吟字二首（凡八幅自署正德七年九月）》

居士香山夢又拈，沙洲如鏡月開匳。依然岸曲迴鐙影，那記樽前露指尖。緣黛已非商婦怨，青衫別是客愁淹。江南暮雨瀟瀟意，重為濡毫絳蠟添。

阻風中酒事□□，淪落江湖緒不禁。楓渚幾番秋葉換，荻灣終古暮猨吟。十年破硯鉛華滌，一夕停舟悵望心。誰識玉琴桃隖裏，月明渾作四絃音。（《復初齋集外詩》卷十九，《清代詩文集彙編》影印民國六年吳興劉氏嘉業堂刻本，第三八二册，第五五八頁）

《重刻吳蓮洋詩集序》

汾陽曹僕卿以其鄉人張觀察之意，俾方綱校訂蓮洋詩刻之，爲取鈔刻諸本，校月餘乃定，序之曰：此事離、卽二義盡之矣。卽者或可執迹以求，而離者不當執迹以求，此其大較也。昔漁洋先生每謂開元、天寶諸作，全在興象超詣，然如王右丞之作，則句句皆眞實出之者也。即王少伯齋心一詩，空洞極矣，而按之具有實地，如畫家極空濛煙雨之致，而無一筆不可尋其根源，此詩之所以爲詩也。唐人惟白香山處處着實，轉有求其著實而過者，如言音聲之直，而譬諸筆描，豈有不類於滯？是以漁洋先生極不勸人學之，然民之質矣，日用飲食，布帛菽粟，皆至鄙淺，而可以充人飢寒之用。若所謂五城十二樓，彈指即見者，則即之轉遠已矣。然漁洋先生雖以此自高，而獨具中和之氣，不至太過，是以他家亦不能及。若蓮洋之詩，則奚所處乎？語曰：日臨蘭亭一本，終不成書。見過於師者，不從門入也。開元、天寶諸公孰其似？漁洋者耶？今漁洋以爲三昧，則漁洋之似而已矣。後乎漁洋者，孰當似漁洋者耶？今漁洋以爲得髓，則不漁洋之似而已矣。夫浮海之喜，信道之篤也。况其一往所託，實有不朽之處，而氣之所至，吉祥止止，騎箕尾而比列星也。過此以往，未之或知。雖漁洋莫能節制之矣。無已，則仍就漁洋之説編之。(《復初齋文集》卷三，《續修四庫全書》影印清李彥章校刻本)

《評陸堂詩》

陸堂詩，不評可也。以其目杜為罪魁，不得不說之。彼固云罪魁而功首，是欲揚先抑之詞，然而已謬矣。彼蓋謂杜具有宋元格，杜詩曷嘗非含孕宋元乎？然彼亦不自知，此爲何語也。昔王漁洋嘗斥白香山為屠沽矣，白公之廣大，豈以漁洋此語而減價乎？然白詩亦實有不擇俚俗，不避直率者，原無怪漁洋議之，且即使漁洋不應議白詩，而漁洋本自高挹羣言，獨標古淡，則其幐口於白公也，即使太過，猶可諒之。若陸堂者，專為尖刻取勝，全不知古人渾厚意，而妄議焉，可乎？其集最擅譽者，花龕三十首耳。此僅與謝宗可、瞿宗吉爭勝，豈得遠企前人。其詩題乃至有園柳垂絲，紅桃掩映云云為題目者，其每卷自標集名。夫自名某集，或以其事，或以其官，或以其地，據實即事可也。今陸堂自題其集，則曰洛如，曰潛虬之類，皆臆造名義，以題其集，此何說也？花龕詩取六朝唐宋詩料以入花類可也，於杏花取夢孔子入詩，此豈敬謹之道乎？事亡如事存，對存而言，以見禮制也。自稱其母曰亡母，此豈人子所宜出乎？杜詩之具宋元格也，本所應有也。詩至於杜，而天地之元氣，暢洩於此。天地之大，無所不包；日月之明，無所不照；天縱之聖，無所不能。即至卜筮星命，相宅醫術，無不託原易卦，聖人見天下之賾，而盡利盡神，何所不備，安得以此為聖經病乎？且杜法之該攝中晚唐，該極宋元者，正見其量之足，而神之全也。善讀杜者，則知其筆尖處，即其筆圓處也。至若後人不善學者，則但見其形，不見其神，於是用尖筆者，不能用圓筆矣。其讀古人至用尖筆處，竟莫知其爲筆圓矣。竇尚輦論褚書曰：澆漓後學，得無罪乎？此後學自蹈於罪，非褚之罪也。愚嘗謂竇氏在唐時，亦深見後學之流弊，不得已而為此言，而杜詩又非褚書比矣。論詩惟元遺山於蘇詩有滄海横流之慮，此與竇論褚書正同。愚嘗作文辨之，皆不得謂其僭議古人，此為學者慎導之計，顧宜善體會耳。若論杜詩，則自有詩教以來，溫柔敦厚，必歸諸杜，興觀羣怨必合諸杜；上下古今，萬法源委，必衷諸杜。才人學人，千百其家，從未有陸堂之輕肆下筆者，近日何義門於研析音韻之學，斥顧亭林曰小人無忌憚，以義門之所造詣，尚不敵亭林十分之一，豈可作此評哉！若移此語以評陸堂之集，則庶乎其允當矣。（《復初齋文集》卷十，《續修四庫全書》影印清李彦章校刻本）

《酒説》

同人相屬為酒說，予不能飲，是不知酒也。然竊聞諸先君子之說矣。《周禮》酒人共賓客之禮酒飲酒，酒正授酒材，辨五齊之名，酒官監用六物，此酒之政令也。《易》占濡首書陳有正有事無彝酒。詩稱立之監，佐之史，人之齊聖，飲酒温克，此酒之性情也。凡酒之說，如是而已。陶潛始有飲酒詩，後人或擬之，和之，白居易有《何處難忘酒》之詩，嗣而作者，體格不同，要皆極言酒中之趣，非止若鄒陽之賦酒已也。於是乎，酒之性情，反入而為人之性情矣。王勣作《北山酒經》，後人續之，田錫有《麯本草》，何剡有《酒爾雅》，曹繼善有《觥律》，皇甫崧有《醉鄉日月》，李廌有《罰爵典故》，袁宏道有《觴政》，田藝蘅有《醉鄉律令》，其依託推廣而爲之者，尚不一書，於是酒之政令，變而為人所寓言之政令矣。夫酒自為性情，而必使入而為人之性情，酒本有政令，而必變之為寓言之政令，則酒之實義，其烏從而求之？……（《復初齋文集》卷十，《續修四庫全書》影印清李彦章校刻本）

《仿同學一首爲樂生別》

樂生蓮裳將之揚州，予爲題扇一詩曰：「分刌量黍（黍）尺，浩蕩馳古今。」蓋言詩之意，盡在是矣。而生以集序爲屬，尚未喻吾言乎？故仿介甫之別子固，復爲文以贈之。夫所謂分刌黍尺者，肌理針線之謂也。遺山之論詩曰：「鴛鴦繡出從君看，不把金針度與人。」此不欲明言針線也。少陵則曰：「美人細意熨貼平，裁縫滅盡針線迹。」善哉乎，究言之，長言之，又何嘗不明言針線與？白香山曰：「劚石破山，先觀鑱迹；發矢中的，兼聽弦聲。」而昌黎曰：「將軍欲以巧伏人，盤馬彎弓故不發然。」則巧力之外，條理寓焉矣。昔李、何之徒，空言格調。至漁洋，乃言神韻。格調、神韻，皆無可著手也。予故不得不近而指之曰肌理。少陵曰：「肌理細膩骨月勻。」此蓋系於骨與月之間，而審乎人與天之合，微乎艱哉！智勇俱無所施，則惟玩味古人之爲要矣。姜白石云：「求與古人合，不如求與古人離；求與古人離，不若不求與古人離而不能不離；不求與古人合而不能不合。」邗江千里之遙，儻得魚鴈時通，每有緘寄，不寫寒溫，不事虛獎，但就近所日得者，研訂古人之深，以自量失，得毫釐之界，庶不負同學臨別語也。予近手定《復初齋集》，凡吾同年同館諸賢所爲序，譽以杜韓蘇黄諸家者，皆不敢存，而獨載吾老友陸鎭堂髫年共几切磋數語，擬寫於卷前以代序，此意亦欲與吾同學共之。(《復初齋文集》卷十五，《續修四庫全書》影印清李彦章校刻本)

《書固原新樂府後》

固原新樂府者，長洲張塤為其兄吏目君作也。吏目卒於迪化，塤哭之慟，而先采固原事以代行狀者，紀實也。先是，固原之俗，禱雨有於眾中突出至神祠剺面灼體者，則無不雨，謂之馬甲。有囚裂校出為馬甲者，君怒杖之，天乃大雨，故作《張打邪》。役持票捉車馬，君革之，民立碑以頌，故作《破毒碑》。馬甲、脚櫃，皆其俗語者。張打邪者，人呼君也；破毒碑者，民題額也。凡塤所述，一如民自言。君以州倅，能罰知州幕客之子鍰，以還人婦，故作《閻氏女》。君以鞫盜能釋之，而得真盜，故作《趙秀才》。君以量移去是州也，不知州之酒是歡，而民酒歡，故作《別固原》。嗚呼，此真樂府也矣，其於固原若此，則於迪化，可知矣。每憾為誄述者，泛舉不著痛癢之行誼，而文章家又徒攟摭史傳，更立題目，以系風雅。讀此章者，其知所觀感矣。士生兹大法小廉之日，宜念職無尊卑，各殫心實力，以任民事，則豈其哭兄者之私言哉。予昔題君兄弟對牀風雨之圖，其憑窗而頎然者，吏目君也。梧竹映蔚，眉宇藹然，孰知臨事奮發強毅、斷金石而泣鬼神至於如此。君享年五十有四，子三人。弟塤與方綱同官秘閣，又同巷居，故詳述之。(《復初齋文集》卷十八，《續修四庫全書》影印清李彥章校刻本，第一四五五册，第五三三～五三四頁)

《跋陸文定像册》

右明宮尚書華亭陸文定公平生事蹟畫册，凡三十七幅，今奉藏於公八世孫翰林侍讀學士伯焜所。公生於正德四年己巳，卒於萬曆三十三年乙巳，年九十七，詳具東阿于文定所為墓志，及公子司寇公所為行實中。此圖自始就外傅，至恩綸特廕，九十餘年之事略備矣。學士既按年考事，各書於本幅之餘紙，而屬方綱識於其末。方綱考公初請假在壬子，應召北上在壬申，而告歸在癸酉，此其出處犖犖大者。若夫適園引疾一幅，序次在戊辰年後，而適園之築，則經始於丙辰，此則義有緣起，事有分紀，不必盡援誌狀之文，以更畫圖之次者矣。且如公之疏復陸姓，在己巳年，而掌南雍，在丙寅年，則表正成均，三徵吏部諸幅，又未能專以一歲一時之事劃指之也。昔韓子送楊巨源，於漢人二疏見畫事，三致意焉。蓋古人遇可傳之事，必為圖畫以志之。若文定公生平，就其見於詩文者，若在南雍，蓄端歙諸石，號十硯主人，則可畫。年七十時，遊天台得石橋藤杖，又得木杖二，竹杖三，為燕居六從事，亦可畫。年八十有九時，以朝衣一襲，付慧日院僧，留鎮山門，則又可畫。年九十時，西林禮佛，則又可畫。於適園種杞菊，則又可畫。於九山稱散樵，則又可畫。且其在翰林也，河間李君爲作丁未小像，在南雍浮梁，藍生為寫丙寅小像。戊寅九月，江夏吳肖僊為寫城南秋泛圖，又嘗自題篷笠圖，野服圖，泖塔像，龍潭小像。夫何彼數幀者，皆不以入册，而惟是巍科高第、膴仕華資之是紀焉，豈重於此而輕於彼歟？蓋常綜攬文定立朝居里之本末，而得公之自敘，援宋人語以為比，曰：生平為有子之白樂天，有禄之陶淵明，無貶謫之蘇東坡，無病之榮啟期。旨哉言乎。然則畫此四先生者，舉不足以形容文定也。吾無以該括之，請舉一事以為畫圖之總例，則文定由少至壯，由壯至老，出處進退，所以能素定而不撓者，功在於讀《易》也。世有善品畫者，統目之曰讀易圖，其可乎然？而公之赴召，實乃心於生民，公之告歸，豈忘情於世事。觀其所處，皆當位盡職，而非空言名理者，則與其孤燈危坐，枕羲皇而翫京費，轉不若此三十七幅之爲實踐也矣。是册也，既皆能傳公之心迹，又得賢後裔恪守勿墜，而學士於百八十年之後，克光世緒，所以服膺先訓，而敦行不怠，以紹前脩者，其來有自。故不敢辭，而勉書於後。（《復初齋文集》卷三十四，《續修四庫全書》影印清李彦章校刻本，第一四五五册，第六七二~六七三頁）

《曹州牡丹譜詩序》（甲寅十月望）

昔歐陽陸張諸家作《牡丹譜》，而皆無著録之詩。予屬余伯扶撰譜，並為三詩，門人安雲亭亦題詩於卷，一時屬而和者數家。今歲餘矣，而和者又踵至，於是雲亭輯而成編。予惟自昔詠牡丹者矣，若白居易、吳融專賦白牡丹，殷文珪賦紅白牡丹，党懷英賦粉紅雙頭牡丹，楊萬里賦青緑牡丹，其隨處即事者，若韓琦賦晝錦堂牡丹，宋褧賦朝元宫牡丹，未有一色著稱而聚成卷帙者，即洛花雖以歐陽得名，然予獨不解歐陽子何以疑地產，而併疑士中之説，則當日未有著賦者，侔色揣稱，以為之説，而又無裒集之人為之，既其實也，予初至曹州，采風問俗，尚未及詳考物宜，為之疏析其義，而雲亭司牧之暇，值伯扶之能述與諸家之綺麗，薈萃一時，可不謂盛歟？今雲亭又當之官東郡彙刊諸作附於譜帙，海内品藻名流，踵而和之，又當日起而增韻勝焉，豈特補前人所未及而已乎，善俗之方導民之術，皆於是寓之矣。（《復初齋外集》文卷第一，民國嘉業堂叢書本）

《與錢籜石書》

弟之前抄蓋猶滯于唐人間架色相（所抄七絕亦然，所以皆似束緊而乾者。）而未能各指所之。承兄細批後，已處處水落石出。其中最需補者，則白香山、陸放翁也。然放翁七律甚多，弟此時水得通澈幹當。因去年以來，頗就香山、山谷、道園三家七律之未經前抄者，摘出題目，以俟補入。今且未及補他家，而先將此三家所抄之七律，共八十六首，今日一天草草抄一底本，務求兄動筆一遍。附前三册之後，弟數日在家靜味此理，如再得此本尋繹互證，不特受益更深，而亦將從此自定下手之法。蓋既見及此，則其問業更不可稍緩者矣。癸巳二月十六日，愚小弟方綱敬懇敬懇。（擬此本批回後，即將自己七律通看删改之，非敢遽比于兄之功而其實在著際，亦不得不如此。）（《翁覃溪詩》，手稿本）

《七言律詩鈔·凡例》

昔新城司寇每戒人勿看白詩，此以格調論耳。愚故曰：新城所云神韻，即李、何所云格調之別名也。是以新城又曰：東坡七律不可學，亦與此同旨。詩至白公，無一筆不提，無一筆不變，而皆于平實出之。（乾隆四十七年復初齋刊本《七言律詩鈔》）

《七言詩歌行鈔·凡例》

杜七言于古標準，自錢、劉、元、白以來，無能步趨者。（王士禛輯，翁方綱重訂《七言詩歌行鈔》，上海博古齋民國十三年影印翁方綱《蘇齋叢書》本）

智按：翁方綱，字正三，號忠叙。乾隆十六年，因讀《漢書》，愛揚子雲覃思之語，自號覃溪，又號彝齋。又慕海鹽陳文學（號蘇庵），有私淑前賢之意，故以「蘇齋」名書室。乾隆三十三年，得蘇軾書《天際烏雲帖》，又自號蘇齋。大興（今屬北京）人。乾隆十七年（一七五二）壬申進士，改庶吉士，授翰林編修，累官至内閣大學士。長於金石、考據之學，工書，精鑒賞。有《復初齋詩集》七十卷、《復初齋集外詩》二十四卷、《復初齋文集》三十五卷、《集外文》四卷、《石洲詩話》八卷、《杜詩附記》二十卷、《小石帆亭著録》六卷、《蘇詩補注》八卷等，並有詩歌選本、詩歌批點、手稿數種存世。

愛新覺羅·敦誠（一七三四～一七九一）

《鷦鷯庵筆麈》

樂天《移居》詩：「身兼妻子都三口，鶴與琴書共一船。」言傢俱之微也，而孟東野詩：「借車載傢俱，傢俱少於車。」是更減於樂天。至韓昌黎詩，乃云：「始我來京師，止攜一束書。」何用船車，一肩負之足矣。嗟乎！元相之胡椒領軍之麻鞋，他物稱是者，雖百船千車，寧能載之乎？皆不免於籍沒宜也。（《四松堂集》卷五，上海古籍出版社影印本，第三九〇～三九一頁）

先定庵公有數癖，一田獵，一崑山歌舞，一養花，一釀酒，一白香山詩。廢爵後，晝則行園，夜則徵歌，花前對酒，則以白香山詩下之，此數者，亦足以樂一生矣。（《四松堂集》卷五，上海古籍出版社影印本，第四〇八～四〇九頁）

余昔為白香山《琵琶行傳奇》一折，諸君題跋不下數十家。曹雪芹詩末云：「白傅詩靈應喜甚，定教蠻素鬼排場。」亦新奇可詠。曹平生為詩，大類如此，竟坎坷以終。余挽詩有「牛鬼遺文悲李賀，鹿車荷鍤葬劉伶」之句，亦驢鳴吊之意也。（《四松堂集》卷五，上海古籍出版社影印本，第四〇九頁）

昔題白香山集後云：「飲酒詩成九百奇，永豐坊里對楊枝。晚年憂國飄零淚，卻灑青山獨往時。」甘露之變，樂天有詩云：「當君白首同歸日，是我青山獨往時。」昔有人以樂天此詩為自得之語，故余詩云云。（《四松堂集》卷五，上海古籍出版社影印本，第四一九頁）

智按：敦誠，字敬亭。有《四松堂文集》。

宋鳴珂（？～一七九一）

《月夜泛舟琵琶亭次王夢樓太史壁間韻》

布帆無恙且遲遲，送客聊吟白傅詩。月夜有人曾問渡，風流恨我不同時。江心鋪練平無跡，柳岸藏星悄未知。一領青衫共淪落，後之來者又伊誰？（《晚晴簃詩匯》卷一〇五）

智按：宋鳴珂，字梅生，奉新（今屬江西）人。乾隆五十二年（一七八七）丁未進士，歷官廣西桂平梧道。有《心鐵石齋存稿》。

陸錫熊（一七三四～一七九二）

《登琵琶亭作》

茫茫九派接空流，亭角扶闌信遠眸。江上客心悲落日，天涯詩意入清秋。斷雲影拆黄梅岸，哀鴈聲沉苦竹洲。重與騷人寫幽怨，夜船吹起笛中愁。（《篁村集》卷五古今體詩五十一首，《續修四庫全書》影印清道光二十九年陸成沅刻本）

智按：陸錫熊，一名錫棨，字健男，號耳山，又號篁村、淞南老人。上海人。乾隆二十六年（一七六一）進士，歸班候銓。次年春，清高宗南巡，獻賦行在，召試一等，賜内閣中書，充方略館撰修官。奉敕編撰《通鑑綱目輯覽》稱旨，遂入直軍機處。歷宗人府主事，刑部員外郎、郎中，侍讀，右庶子，侍讀學士，光禄寺、大理寺卿，福建學政，左副都御史。與紀昀同爲《四庫全書》總纂官。晚年潛心于經濟之學。亦擅詩文。有《寶奎堂文集》、《篁村詩集》，編有《三元詩》、《婁縣志》，與紀昀總纂《歷代職官表》。生平事迹見《清史稿》卷三二六、《清史列傳》卷二五、《國朝先正事略》卷四二、王昶《左副都御史陸公錫熊墓志銘》。

邵晉涵（一七三四～一七九六）

《姑蘇夜泊》二首其二

永豐坊里千株柳，移向蘇臺分外宜。不信風流白刺史，曾無佳句敵西施。（《南江詩文鈔》詩鈔卷二，《續修四庫全書》影印清道十二年胡敬刻本）

智按：邵晉涵，字與桐，又字二雲，號南江，餘姚（今屬浙江）人。乾隆三十六年（一七七一）辛卯進士，改庶吉士，授編修，歷官侍講學士。有《南江詩文鈔》、《爾雅正義》等。

李調元（一七三四～一八〇二）

《昔年過琵琶亭籬内有主人相迎款洽備至今再過之邈若矣為之憮然》

昔年江畔維舟話，今日亭邊獨再經。只有垂楊無勢利，向人猶自眼垂青。（《童山詩集》卷三，《續修四庫全書》影印清乾隆刻函海道光五年增修本）

《學士朱竹君筠座中題羅兩峯畫》

兩峯落筆走松濤，中有潘蛇氣鬱陶。我醉渴思吞馬乳，君言此是畫葡萄。（葡萄）

拳足何曾磐石安，翠毛猶鬬日光寒。雖知渠有文章在，莫作山鷄舞鏡看。（孔雀）

植物之中竹難寫，白樂天詩最表揚。今日不須夸與可，風風雨雨是蕭郎。（竹）

枯枝點染是杈枒，想見東坡竹外斜。怪道昨宵頻有夢，騎驢江畔覓梅花。（梅）（《童山詩集》卷十三，《續修四庫全書》影印清乾隆刻函海道光五年增修本）

《喚渡亭（建昌縣）》

元和遷客此題詩，山谷名亭即以之。欲問青山誰句好，草風莎雨喚船時。（《童山詩集》卷十五，《續修四庫全書》影印清乾隆刻函海道光五年增修本）

智按：「元和遷客」即白居易。元和十二年（八一七），白居易貶江州司馬，過南康建昌喚渡亭，作《建昌江》詩云：「建昌江水縣門前，立馬教人喚渡船。好似往年歸蔡渡，草風沙雨渭河邊。」宋黄庭堅書「喚渡亭」於亭中。

《二月十二日顧星橋宗泰問疾出夢樓師詩見示並乞觀余悼亡詩》

積困身慵藥裹前，松風誰共乳花圓。忽逢風雨三年友，來話春寒二月天。袖裏新詩元白體，篋中舊恨阮劉緣。君看續後看雲集，半是姮娥血淚煎。（《童山詩集》卷十七，《續修四庫全書》影印清乾隆刻函海道光五年增修本）

《六十一效白樂天體作五古三十韻時寓舊綿州萬壽宮》

五十已衰頽，六十尤羸弱。何况又加一，氣血日瘦削。鬚戟半如蝟，髮皓已似鶴。妻怪宵矢遺，人驚晨齒落。入喉需沸湯，暖胃惟熱藥。膈溫荳蔲煎，口適茱萸粥。常時尚可支，八月痼必作。發時終夜呻，嘔餘數日惡。絕糧如在陳，復歸乃於亳。延醫走什邡，嘗羹始一勺。就暄亦扶鳩，回陽乃躍雀。應作蟲坏蟄，底事燕巢幕。昨日來涪城，意似到沙漠。風射愁壁穿，雨侵嫌幔薄。每代人糊窗，常破己慳橐。直疑藐爾身，不知何處著。幸僦萬壽宮，寬可三畝廓。終朝只在樓，經旬不下閣。舊方畫葫蘆，新瘳戒杯杓。但慮心腹希，難逢手足託。攬衣嗔僕遲，饋藥少兒嚼。有客誰膺門，無伴自擕鑰。掩關苦懨悶，攀鞍欠矍鑠。却憶梓里安，不受萍踪泊。偶寒婢添衾，稍饑妾挏酪。半背擁宋郊，一撿憐沈約。況有園植花，適我池初鑿。縱令缺謳歌，何至全寂寞。思之暮年宜，畢竟在家樂。誓當歸去來，勿為識者謔。（《童山詩集》卷三十三，《續修四庫全書》影印清乾隆刻函海道光五年增修本）

《陰天（效白樂天體）》

坐立俱非是，心知倦欲眠。但尋牀有被，不顧榻無氈。鼻息如雷醒，書聲似雨懸。不因痰嗽起，誰解是陰天。（白樂天病中詩：「氣嗽因寒發，風痰欲雨生。病身無所用，惟解卜陰晴。」）（《童山詩集》卷四十二，《續修四庫全書》影印清乾隆刻函海道光五年增修本）

《寄袁子才先生書》

合浦之珠，于闐之玉，波斯之珊瑚木難，產不一鄉也；南方之荔支，西國之蒲萄青絳，之波梨火棗，產不一邑也；而古之珍重者，必合而共稱之，且分而夸耀之者，何也？以其寶皆不世出之寶也，以其材皆不恒見之材也。如先生之與蔣心餘是已，然其間亦有高下焉。先生居金陵，心餘居鉛山，其地相去甚遠也，而今稱詩者必曰袁蔣。然蔣實不敵君也，蔣工於詞曲，而詩則間出其奇，然微逃于釋；先生工於詩律，而詞則稍遜其長，然駢體皆精，故外之人多後蔣而先袁，何也？亦猶學者先杜而後李，先蘇而後歐也。然天之生人，不一而足；而地之生才，亦不一而足。先生居金陵，調居綿州，其地相去又萬餘里遠也。先生論詩曰新，調論詩曰爽，先生有《隨園詩話》，調有《雨村詩話》，不相謀也，而輒相合，何哉？豈亦如珠玉、珊瑚、木難，與夫荔支、蒲萄、梨棗之不擇地而生歟？我未知得與心餘驅馳後先否也，所惜者調生也晚，音同鍾子，面阻韓荊，惟時于舍弟檢討墨莊處，聞先生稱調不絕口，惟此歉然而已，然而調之傾慕先生者，已十餘年於今矣。記調初選庶常時，與新安程魚門訂交，見案頭有先生詩抄一册，讀而好之，因借攜出入，不忍釋手。戊戌歲，視學嶺南，遂録付梓人，名曰袁詩選，以示諸生，然終未得見也。今年，蜀中同年王心齋純一挈眷回金陵，因取舊刻《童山集》託其轉呈，懇乞删削重刊，乃草此一書，起居左右，以代面談，原擬作詩寄懷，而行人匆遽，不及握筆，然思白樂天詩有云：「已爲海內有名客，又占世間長命人。」二語非先生不足以當之，可以代拙筆矣。先生今年八十八，調今年六十六，老皆至矣。書從今日去，未知何日回也。（《童山文集》卷十，《續修四庫全書》影印清乾隆刻函海道光五年增修本）

《四六上》

恭謝欽賜御製全韻詩及擬白居易《新樂府》摺奏（乾隆己亥年五月十八日，奉軍機處傳駐京提塘劉瑞年，領欽賞廣東學政臣李調元御製全韻及擬白居易《新樂府》各一部到，臣謹恭設香案，望闕祗領訖）。

伏惟我皇上德叶韶韺，道宗河洛，創成鉅製，綜百六部，全聲別著洪裁，播五十章樂府，洵矣典謨之奥，猗歟功德之隆，述聖神文武之鴻圖，風雲動色；寓褒貶勸懲之大法，日月長懸。超《三百篇》而立則，豈百家能出其範圍；彙四千載以成書，將千古其尊為圭臯。臣愚同捫籥，學愧寒竽，已幸叨玉尺之衡，復恩被瑤編之錫，荷天慈之下逮，榮幸難名，仰聖學之高深，賡揚靡罄。為此繕摺，恭謝隆恩。（《童山文集》卷十九，《續修四庫全書》影印清乾隆刻函海道光五年增修本）

《得趙雲松前輩書寄懷四首》

見書十倍於見面，此語分明奈老何。皇甫序文曾許矣，歐陽詩話已成麽？丹徒早抱西州慟，（昨過新都，見曹秋漁子嘉穀。得聞夢樓先生訃。秋漁諱焜，亦出先生門下。父子皆宰新都，亦奇。）碑版空傳北海多。莫歎眼昏精力憊，老天留我兩皤皤。

憶昔青雲附驥塵，君方及第戶盈賓。（時君初捷辛巳探花。）時晴齋每招游侍，（齋為汪文端公太老師故居，其額尚存。）聽雨樓同看劇頻。（樓為畢秋帆前輩在京宴客之所。）椿樹醉歸三巷月，綠楊斜映兩家春。癸闈猶記回車過，新報余登第二人。（癸未禮闈，適君分校，出闈尚未至家即先過我，報余中第二，故得捷音尤早，至今尚感云。）

寄來兩部大文章，劄記陔餘並挈綱。早歲腹原充四庫，老年胸更展三長。翻書似爪麻姑癢，掩卷偏愁沈約忘。我亦名山多著述，未知石室付誰藏。

袁趙媲唐白與劉，蔣於長慶僅元侔。（時有程秀才探辰繪拜袁揖趙哭蔣圖，甚傳於世。）一生此論常偏袒，萬口稱詩讓倚樓。天下傳人應首屈，世間壽算占頭籌。當年病熱君知否？伏枕呼瓜一息留。（昔君在京病熱，幾不起。有醫但令食瓜，竟以此愈。）（《甌北集》卷四十四附）（李學穎、曹光甫標校《甌北集》，第一一三二～一一三三頁）

《雨村詩話》

白樂天《新樂府》，夭矯變化，用筆不測，而起承轉收井然。其規諷勸戒，直是理學中古文，不可作詞章讀。元微之則宛然柔媚女郎詩矣。世稱元、白，元何能如白也。（卷下，《清詩話續編》第一五三一頁）

或問袁子才何如人？余誦白樂天句云：「已爲海內有名客，又占世間長命人。」（《國朝詩人徵略》卷三十引《雨村詩話》）

智按：此評又見前録李調元《寄袁子才先生書》（《童山文集》卷十，《續修四庫全書》影印清乾隆刻函海道光五年增修本）。

《雨村詞話》

⊙銀字

和凝《山花子》云：「銀字笙寒調正長。」按《唐書・禮樂志》：「備四本屬清樂，形類雅音，有銀字之名，中管之格，音皆前代應律之器也。」《宋史・樂志》：「太平興國中，選東西班習樂者，樂器獨用銀字觱栗，小笛，小笙。」白樂天詩「高調管色吹銀字」，徐鉉「檀的慢調銀字管」，吳融詩「管纖銀字密，梭密錦書勻」，故詞中多用之。蔣竹山詞「銀字笙調，雁字箏調」，所由來也。（卷一，《詞話叢編》第二册，第一三八七頁）

⊙套襲

太白詞有「雲想衣裳花想容」，已成絕唱。韋莊效之，「金似衣裳玉似身」，尚堪入目。而向子諲「花想容儀柳想腰」之句，毫無生色，徒生厭憎。此皆李赤之於李白，黃樂地之於白樂天，杜荀鴨之於杜荀鶴，無賴之類所為也。（卷一，《詞話叢編》第二册，第一三九〇頁）

⊙夭邪

東坡《荷花媚》詞有句云：「妖邪無力。」按：妖應作夭，音歪。出白樂天《長慶集》詩自注。今俱作妖，刻誤也。（卷一，《詞話叢編》第二册，第一三九三頁）

⊙醉落魄舊曲

山谷《醉落魄》題云：舊有一曲：「醉醒醒醉。憑君會取這滋味。濃斟琥珀香浮蟻。一入愁腸，便有陽春意。　須將幕席為天地。歌前起舞花間睡。從它兀兀陶陶裹。猶勝醒醒，惹得閒憔悴。」此曲亦有佳句，而多斧鑿痕，又語高下不甚入律，或傳是東坡語，非也。與「蝸角虛名」、「解下癡絛」之曲相似，疑是王仲文作。因戲作二篇呈吳元祥、黃中行，似能厭道二公意中事。詞云：「陶陶兀兀。樽前是我華胥國。爭名爭利休休莫。雪月風花，不醉怎歸得。　邯鄲一枕誰憂樂。新詩新事因閒適。東山小妓攜絲竹。家裹樂天，村裹謝安石。」公自注。石曼卿自嘲云：「村裹黃幡綽，家中白侍郎。」此段可備詞話一則，前人所未采，今補於此。（卷一，《詞話叢編》第二册，第一三九七頁）

⊙伊涼

樂天詩：「櫻桃樊素口，楊柳小蠻腰。」伊州、涼州，古舞曲地名也。後山《西江月》云：「正需蠻素作伊涼。」筆力雖好，終嫌雜湊。先生嘗有詞自贊「黃秦去後無強敵」，可謂言大。（卷一，《詞話叢編》第二册，第一四〇二頁）

⊙稼軒風

戴復古石屏《望江南》有「壺山好」四首，石屏老三首，一時推名作。余尤愛其二詞，云：「壺山好，文字滿胸中。詩律變成長慶體，歌詞綽有稼軒風。最會説窮通。　中年後，雖老未成翁。兒大相傳書種在，客來不放酒樽空。相對醉顏紅。」「石屏老，長憶少年游。自謂虎頭須食肉，誰知猿臂不封侯。身世一虚舟。　　平生事，説著也堪羞。四海九州雙腳底，千愁萬恨兩眉頭。白髪早歸休。」稼軒謂辛棄疾也，與石屏同時，其名重如此。（卷二，《詞話叢編》第二册，第一四〇五頁）

⊙剿襲

楊用修云：「毛開小詞一卷，惟余家有之，極賞其『潑火初收』一闋。」余近得毛氏所藏楊夢羽秘本《樵隱詩餘》一卷，多剿襲前人句。如《玉樓春》「來如春夢幾多時，去似朝雲無覓處」，乃歐陽永叔現成對語，［案：此白樂天句，李氏引誤。］平仲豈未知耶。餘殆不足觀矣。（卷二，《詞話叢編》第二册，第一四一〇頁）

⊙白日見鬼

余閲劉過《龍洲詞集》，有學辛稼軒而粗之評。其寄辛稼軒《沁園春》詞設為白香山、林和靖、蘇東坡問答，有「被香山居士，約林和靖，與東坡老」「坡謂西湖，正如西子」「二公者，皆掉頭不顧」。［案：劉過原詞作「被香山居士，約林和靖，與東坡老，駕勤吾回。坡謂西湖，正如西子，濃抹淡妝臨鏡臺。二公者，皆掉頭不顧，只管銜杯」。］又「逋曰不然」、「須徑去，訪稼軒未晚，且此徘徊」等句。［案：劉過原詞作「逋曰不然，暗香浮動，爭似孤山先探梅。須晴去，訪稼軒未晚，且此徘徊」。］余初閲，即批「白日見鬼」四字。後閲《草堂別集》，岳亦齋云：「出王勃體，而又變之。余時與之飲西園，改之中席自言，掀髯有得色。余率然應之曰：『詞句固佳，然恨無刀圭療君，白日見鬼耳。』坐中哄然一笑。」又升庵謂改之似辛軒稼之豪，而未免粗。此評真不能為改之諱。詞至宋末，多墮惡道，有目人所共知。又竊幸余與升庵論之若合符也。（卷二，《詞話叢編》第二册，第一四一六～一四一七頁）

《賦話》

唐初進士試于考功，尤重帖經試策，亦有易以箴論表贊而不試詩賦之時，專攻律賦者尚少。大歷、貞元之際，風氣漸開。至大和八年，雜文專用詩賦，而專門名家之學樊然競出矣。李程、王起最擅時名，蔣防、謝觀如驂之靳，大都以清新典雅為宗。其旁騖別趨，元白爲公。下逮周繇、徐寅輩，刻酷鍛鍊，眞氣盡漓，而國祚亦移矣。抽其芬芳，振其金石，亦律體之正宗，詞場之鴻寶也。（《賦話》卷一，《續修四庫全書》影印函海本）

唐白居易《射中正鵠賦》云：「正其色溫，如洒如游，於藝匪疾匪徐，妙能曲盡，勇可賈餘。」此數語，乃自道其行文之樂也。《敢諫鼓賦》云：「洋洋盈耳，幽贊逆耳之言；坎坎動心，明啓沃心之諫。」取材經籍，撰句絶工，所謂不煩繩削而自合者。高郢《獻凱樂賦》云：「播師律于六律，寰海用寧；揚軍聲于五聲，華夷知勸。」措語典重，亦欲競爽香山。（《賦話》卷一，《續修四庫全書》影印函海本）

唐人試賦，極重破題。白居易《性習相遠近賦》云：「噫！下自人，上達君，咸德以愼立，而性由習分。」李涼公逢吉大奇之，為寫二十餘本。韋彖《畫狗馬難為功賦》云：「有丹青二人，一則矜能於狗馬，一則誇妙於鬼神。」吳學士融方構是題，見之遂焚所著，其價重一時如此。迄今觀之，亦不過疏解明晰耳。陳佑平《權衡賦》起句云：「俾民不迷，玆器維則。」八字典重而渾成，殆欲與「日華天鑒」之句，並驅中原矣。（《賦話》卷一，《續修四庫全書》影印函海本）

唐白居易《動靜交相養賦》云：「所以動之為用，在氣為春，在鳥為飛，在舟為檝，在弩為機，不有動也，靜將疇依？所以靜之為用，在蟲為蟄，在水為止，在門為鍵，在輪為柅。不有靜也，動奚資始？」超超玄著，中多見道之言，不當徒以慧業文人相目，且通篇局陣整齊，兩兩相比，此調自樂天刱為之，後來制義分股之法，實濫觴於此種。（《賦話》卷二，《續修四庫全書》影印函海本）

唐元稹《鎮圭賦》云：「作山龍之端表，我則清光皎然，雜蒲穀以成行，爾乃鞠躬如也。」句長而氣甚流走。律賦多有四六，鮮有作長句者。破其拘攣，自元白始，樂天清雄絕世，妙悟天然，投之所向無不如志；微之則多典碩之作，高冠長劍，璀璨陸離，使人不敢逼視。蓋太傅天懷高曠，而元頗銳志于功名，學焉而各得其性之所近也。（《賦話》卷三，《續修四庫全書》影印函海本，第一七一五册，第六五五頁）

唐白居易《雞距筆賦》云：「視其端，若武安君之頭小；窺其管，如玄元氏之心空。」滑稽之談，意外巧妙，其通篇變化縱横，亦不似律賦尋常蹊徑，

千古絕作也。(《賦話》卷三,《續修四庫全書》影印函海本)

唐白居易《荷珠賦》云:「若轉於掌,乃是江妃之珠,如凝於盤,遂成泉客之泣。」能於兩旁渲染,故虛實兼到,而不入纖靡。(《賦話》卷三,《續修四庫全書》影印函海本)

唐白居易《黑龍飲渭水賦》起句云:「龍為四靈之長,渭居八水之一。」獨有千古。其餘英氣逼人,光明俊偉。結聯云:「逼而察也,類天馬出水以遊;遠而望之,疑長虹截澗而飲。」風馳雨驟,到此用健句壓住,如駿馬之勒韁,是為名搆。(《賦話》卷三,《續修四庫全書》影印函海本)

唐白居易《漢高祖斬白蛇賦》乃貞元中應宏詞試所作,因「不知我者,謂我斬白蛇;知我者,謂我斬白帝」四語考落下第,然登科之人,賦並無聞;白公之賦,傳于天下。(《賦話》卷四,《續修四庫全書》影印函海本)

初唐人排律,不過六韻、八韻。杜陵始有長篇,至元白而沾沾自喜,動輙百韻矣。唐時律賦,字有定限,鮮有過四百者。馳騁才情,不拘繩尺,亦唯元白為然。微之《五色祥雲賦》、《觀兵部馬射賦》,樂天《雞距筆賦》以及白樂天《斬白蛇賦》,踔厲發揚,有凌轢一切之槩,皆傑作也。(《賦話》卷四,《續修四庫全書》影印函海本)

《白居易集・年譜》:貞元十六年庚辰二月十四日,中書舍人高郢下第四人及第,試《性習相近遠賦》、《玉水記方流詩》。《摭言》云:攜謁校書郎李逢吉,初不為意,及覽賦頭云:「下自人,上達君,咸德以慎立,而性由習分。」大奇之。元稹爲《集序》云:「貞元末,進士尚馳競,高郢始用經藝為進退,樂天一舉擢上第。明年拔萃甲科。由是《性習相近遠》、《求玄珠》、《斬白蛇》等賦,及百道判,新進士競相傳於都下矣。」(《賦話》卷九,《續修四庫全書》影印函海本)

《唐書》:高郢九歲工屬文,著《語默賦》,諸儒稱之。《語林》云:文宗讀高郢《無聲樂賦》、白居易《求玄珠賦》,謂之玄祖。(《賦話》卷九,《續修四庫全書》影印函海本)

《紀事》:白行簡,居易弟,字知退,小字阿怜,以《滬水羅賦》得名,其警句云:「蟭螟之生必全,有以小爲貴者;江漢之流雖大,盡可一以貫之。」又曰:「夕挂于壁,如滿月之在天;曉用于人,狀圓荷之映水。」以《五色露

賦》登第，一賦載《文苑英華》，其次卽賈餗，三卽王起也。（《賦話》卷九，《續修四庫全書》影印函海本）

《諸家藏書簿》

白居易豐年帖。（《諸家藏書簿》卷五，《叢書集成初編》據函海本排印，藝術類，第一五六三册，第二九頁）

白居易行元微之告。（《諸家藏書簿》卷五，《叢書集成初編》據函海本排印，藝術類，第一五六三册，第三三頁）

智按：李調元，字羹堂、贊庵、鶴洲，號雨村、童山蠢翁，綿州（今四川綿陽）人。乾隆二十八年（一七六三）癸未進士，歷任廣東學政、直隸通永兵備道。曾得罪權臣和珅，充軍伊犁，後以母老釋歸。有《童山全集》、《雨村曲話》、《雨村劇話》。輯有《全五代詩》等。

張五典（一七三四～?）

《香山寺》

早讀香山詩，便意香山蹟。今來渡伊水，蘚矼踏亂石。梵宮出林麓，曲磴扶輕策。牓額認舊名，殿宇失金碧。問僧十寺基，拄杖爲指畫。凌風到極巔，山川供搜索。俯見洛與瀍，分合練影白。平眺及嵩高，衆峯各秀澤。伏牛覆釜堆，別鮮亦絡繹。安得作長住，徑與塵境隔。龕佛配樂天，行（去聲）願在夙昔。題壁從結緣，他日非生客。（《荷塘詩集》卷一，《續修四庫全書》影印清乾隆刻本）

智按：張五典，字敘百，涇陽（今屬陝西）人。乾隆二十五年（一七六〇）庚辰舉人，官攸縣知縣。有《荷塘詩集》。

楊屋（一七二三～一七五四）

《琵琶亭》

白傅風流歇，何年結構新。祇緣遷謫地，時有別離人。吴楚江雲合，鶯花客思頻。岷峨看不見，登眺獨傷神。（上海書店《叢書集成續編》第一三〇册影印《豫章叢書》本《耻夫詩鈔》卷下；《江西詩徵》卷七十八，《續修四庫全書》影印清嘉慶九年賞雨茅屋刻本；《廬山歷代詩詞全集》第八册，第五五九七頁）

《重遊琵琶亭》

十年使節春風駐，地有名公恨未逢。送客堂高君子竹，樂天祠老大夫松。清漣襟帶潯江水，高峻屏藩廬嶽峰。重到壁間尋舊句，海天寺裏午時鐘。（亭後有海天寺）（《輯刻琵琶亭詩》，清乾隆十一年古柏堂刊本）

智按：楊垕，字子載，號耻夫。南昌（今屬江西）人。大業子。乾隆十八年（一七五三）拔貢。世以武功顯，父子兄弟以詩文相師友數世。早慧，六歲解吟咏，九歲以詩名。與汪軔相伯仲，時稱「兩才子」。又與蔣士銓相交如兄弟。年三十二卒。卒後蔣士銓有詩哀之：「新詩自陶煉，收束筆逾陡。」符葆森稱其「七古縱横跌宕，七律音節蒼凉」（《寄心庵詩話》）。新樂府諸作尤佳。著有《耻夫詩鈔》。生平事迹見《清史列傳》卷七二、《清史稿》卷四八五、《國朝耆獻類征》卷四三五、《國朝先正事略》卷四二。

曹文埴（一七三五～一七九八）

《香山詩選·序》

昔聖人教及門以學詩之益，曰「興觀群怨」，而其以一言以蔽《三百》者，則曰「思無邪」。蓋六義之道，盡之乎此矣。自六義不講，而作詩者專以字句聲調相仿效，所謂風月雲露，愈工巧，而愈失其真也。反是而索之於空闊幽眇之境，則又至於以禪喻詩，謂之水月鏡花，而故作可解不可解之語。《三百篇》之為詩，有如是者乎？且夫《三百篇》者，野老征夫、游女怨婦之辭皆在焉，其斐惻而纏綿者，皆足以感人之心，於千載之下，又非特卿士大夫能文章、嫻吟詠而然也。故詩果發於天籟，以陶寫其性情，而合於六義之旨，即野老征夫、游女怨婦之作，聖人皆以其有關於風化而取之，而況卿士大夫之天性忠誠、識力深粹、嫻吟詠而工文章者乎？其於風化之關係，更當何如也?

漢魏以後，詩莫盛於三唐，其合焉者，亦《三百篇》之支流苗裔也。今學者爭起而效之，而予則獨以香山先生之詩，按之於聖人之言，尤為學者所易悟，故特於其諷諭、閒適二者之體，精而擇之，凡得古體詩若干首，近體詩若千首，鐫為六卷，俾學者誦習於口，涵濡於心，自知詩之根於性情，流於感觸，而非可以牽強為者，而彼尚戔戔焉，比擬於字句聲調間也，則曷反之於作詩之初心，其亦有動焉否耶。江西督學使者曹文埴題。（曹文埴《香山詩選》卷首，清光緒十七年金陵書局重刻本）

智按：曹文埴，字薺原，一字近薇，號竹虛，歙縣（今屬安徽）人。乾隆二十五年（一七六〇）庚辰進士，改庶吉士，授編修，官至戶部尚書、太子太保。謚文敏。有《石鼓硯齋集》六十二卷（中國國家圖書館藏藏嘉慶本）。其《香山詩選》六卷有清光緒十七年（一八九一）金陵書局重刻本。

劉秉恬（一七三五～一八〇〇）

《讀白香山詩偶題》

香山與我是同鄉，我讀其詩口頰香。前輩風流寧易繼，後來景仰正無疆。句非獺祭多眞趣，文到天成有別長。更喜幾篇新樂府，得蒙賜和到吾皇。（香山《新樂府》五十篇，今上俱賜有和章）（《公餘集》卷八，《續修四庫全書》影印清乾隆五十年刻本）

《九月十七日自武陵進舟》

迎舟和氣解朝涼，旭日曈曨透小陽（本日立冬交十月節）。郉落濵河環草樹，罾罶對岸比帆檣（沿河居民多以扳罾為生業）。逢時竹笋尋船買，出水江魚入饌香。兩片紅旌數聲鼓（用白香山句），揚帆指日達荆襄。（《公餘集》卷八，《續修四庫全書》影印清乾隆五十年刻本）

智按：劉秉恬，字德引，山西洪洞人。乾隆二十一年（一七五六）丙子舉人，官至兵部侍郎。有《公餘集》。

毛大瀛（一七三五～一八〇〇）

《戲鷗居詞話》

⊙董以寧一剪梅

董以寧文友《蓉渡詞》，有《一剪梅·酒闌歌示程村》一闋，全用「于」字韻，精巧獨絕。詞云：「與君詩酒兩相于，座有紅于，尊有青于。湘蘭不並草軒于，山鳥友于，山花友于。　夜闌連袂鼓綿于，舞罷神于，吹擺茵于。徐徐卧去覺于于。一石淳于。一夢淳于。」自注云：「紅于，妓名。青于，酒也，出《衍元紀》。軒于，蕕草，出相如賦。白詩：『野鳥山花共友于。』綿于，曲名。徐徐句，出《莊子》。神于，秦俠士，舒章劍。茵于，笛名。淳于，一髡一棼。」王阮亭曰：「二淳于，雙璧忽合。」（《詞話叢編》第二册，第一五九五頁）

智按：「山鳥友于」非出白詩，乃出杜甫《岳麓山道林二寺行》：「一重一掩吾肺腑，山鳥山花共友于（一作吾友于）。」

⊙董以寧青兒曲

《蓉渡詞》有《青兒曲》，調寄《愁春未醒》。引云：「青兒者，邑先達楊中丞家妓也。今作予家僕婦，嗟哉憔悴矣。然猶記旗亭舊曲，適文夏、右文、艾庵、程村諸子，同其舊主人過飲，因索清歌。渠有羞見江東之意，其音瑟瑟，似聽潯陽江上聲，詞以傷之。還恐才人老大，都如是耳。」「千金不惜，歌舞教成。似燕離巢後，呢喃猶作畫梁聲。自分年逾，弦索笙簫讓後生。今宵何事，重聞呼喚，幾度如醒。　欲奏清音，花檀乍拍，淚已盈盈。幸得非牙郎買絹，不受伊輕。但覺歌餘，蘆花楓葉滿中庭。最堪憐、是卿猶既嫁，我未成名。」（《詞話叢編》第二册，第一五九六頁）

〇泗水壁間詞

遂安毛際可鶴舫《浣雪詞》云：丙辰夏，余以北上過泗水，見壁間才女詩序，淒忱可誦。末句「敢寄恨于白頭，豈借詞于紅葉」，發情止義，非雙文待月之詞，非烟送郎之曲所能仿佛。但云吳門尹士，不似閨閣佳稱。且良人游宦秦中，亦無書名旅壁之理。想隱語或作伊氏，或作邢氏耳。小詞非以效顰，聊與司馬青衫同濕也。《調寄少年游》詞云：「春鶯嘹嚦拂柔柯。綉幰此間過。（才女以壬子春過此）滿壁淋漓，慘紅啼緑，反較墨痕多。　燈前閱盡銷魂句，江賦恨如何。團扇長門，古來如此，天也忌才麽。」王阮亭云：此詞可續《琵琶行》。（《詞話叢編》第二册，第一六〇一頁）

智按：毛大瀛，字海客，寶山（今屬上海）人。少以能詩名，爲「練川十二才子」之一。由附監生充四庫館謄録。累爲河南巡撫畢沅、山東巡撫惠齡調用。以軍功擢授中江縣知縣、四川簡州知州。

段玉裁（一七三五～一八一五）

《跋白氏六帖三十卷（宋本）》

白氏之爲是書也，本曰《白氏經史事類》，見《新唐書·志》、《玉海》，不名《六帖》也。六帖者，蓋科舉人以爲帖括之用而名之。陳振孫引《醉吟先生墓志》云：又著《事類集要》三十部，時人目爲《白氏六帖》者是也。唐盛均以其未備，廣之爲十三家貼。貼、帖字同。趙希弁《讀書後志》云：「《六帖》，白居易撰。凡天地事物分門類爲對偶，而不載所出書。曾祖父祕閣公爲之注。世傳居易作《六帖》，以陶家瓶數十，各題名目，置齋中，命諸生採集其事類，投瓶倒取之，抄録成書，故所記時代多無次敘。」如趙言，是本不注所出，爲之注者，乃宋人。此本每卷首署云：新雕添注白氏事類，出經六帖第幾。正是初有注，而坊刻行之，合本名、俗名而署之也，迨其後則專名《六帖》矣。自宋孔傳《續六帖》三十卷出，或合爲一書，析爲一百六卷，名之《白孔六帖》，而二氏各單行三十卷者，皆不可見矣。國朝紀文達撰《四庫全書目録》云：六帖自合併以後，世遂無單行本。蓋人間祇有《白孔六帖》一百六卷，絶無白氏三十卷，則此本文達亦未見。乾隆甲辰，余於江寧承恩寺書肆廉其爲宋板也，以元絲二定得之，不甚重之也。乃以贈王蘭泉少司寇，亦不之重也。余偶以告周明經漪塘，漪塘曰：「嘻，世所希有也。」索諸蘭泉而得之，遂爲漪塘物。余轉從漪塘借抄，存其副焉。漪塘藏書最富，其於古板今刻，源流變易，剖析娓娓可聽。此書得君主之，是其果有遭乎？因舉此書之名目，卷帙古今不同，及君得此之原委，書其後。時嘉慶十有四年冬至後二日，金壇段玉裁記於姑蘇下津橋朝山墩之枝園。

此跋既屬稿，欲得祕閣之名，以書問之漪塘，漪塘復書曰：趙希弁摘取晁氏所增入之書爲《後志》，以補前志四卷所未備，其跋卽晁公武之語，祕閣公乃公武之曾祖公武父，名沖之，有《具茨集》三卷，載《後志》中。稱先君子詩集，知跋皆公武跋矣。公武之五世祖名迥，官太子少保，謚文元，高祖名宗慤，官右諫議大夫，參知政事，謚文莊。父子世掌知誥，載於《宋史》，其曾祖及祖，不載於史。惟晁補之《鷄肋集》六十三卷載《寂然居士晁君墓表》云：文莊公生祠部員外郎、祕閣校理諱仲衍，六十七卷中《壽昌縣君晁氏墓志銘》云：夫人晁氏尚書祠部員外郎、祕閣校理贈金紫光禄大夫仲衍之女，則祕閣名仲衍無疑，爲《六帖》注，想卽其人。補之爲公武族父，其言似屬可據。余得此喜而欲狂，不獨所謂曾祖父祕閣，公得其故實，自媿讀書鹵莽，誤認《後志》皆爲趙氏語，其過非細，讀書非尋究顛末，旁稽參證，尠有不失之者。錢辛楣宮詹凡推步地理官制譔系，皆能纖悉言之，如數家珍，漪塘之學，何減宮詹也，宮詹不可作矣。余寓居吴門，與漪塘居近里許，以爲春明宅子焉，玉裁又記。（《經韻樓集》卷八，《續修四庫全書》影印清嘉慶十九年刻本）

智按：清孔繼汾《闕里文獻考》卷三十一：「類書起於劉宋何承天，并合《皇覽》，後作者寖衆，《唐書》遂立一門，白居易有《六帖》，四十七代孫傳續《後六帖》三十卷（今世所行《白孔六帖》，乃二書合朝者，凡一百卷）。」（《續修四庫全書》影印北大圖書館藏清乾隆二十七年刻本）

《與阮芸臺書》

近讀唐詩，校得三事，爲先生陳之，有承譌千年，而莫之省者，如許丁卯「溪雲初起日沈閣，山雨欲來風滿樓」，下句誠佳絶，而日沈閣何解乎？以閣對樓，不亦複乎？疑之數十年，今已老矣，乃知閣是谷之譌，溪雲蓬勃而起，日輪杳冥不見，疑下沈谷中，谷與樓以實對實，沈與滿以虛對虛，滿者非眞有物滿之，沈者非眞沈也，由溪雲大起，而日輪韜晦，而狂風滿樓，而山雨暴至。詩有「渰凄凄興，雲祁祁雨」，我公田三句神理，皆於此二句見之，凄凄者，風滿樓也，且題是《咸陽城東樓》，首句「一上高樓萬里愁」，次句「蒹葭楊柳似汀洲」，下文此二句，皆是實景，當時方在樓中，故樓字不嫌復用。雲日溪谷爲遠景，風滿樓爲近景，谷作閣字，則題外生枝，而日沈閣，語意晦甚。作者蓋先得下句，而以上句對之，意象固相稱也。白樂天「間關鶯語花底滑，幽咽泉流水下灘」，「泉流水下灘」不成語，且何以與上句屬對？昔年曾謂當作「泉流冰下難」，故下文接以「冰泉冷澀」；「難」與「滑」對，「難」者，「滑」之反也。「鶯語花底」，「泉流冰下」，形容澀滑二境，可謂工絕。至若杜牧之「秋盡江南草木彫」，本作「草未彫」，坊本尚有不誤者，作「草木彫」，尚何意味哉！凡古書，不知何人始繆寫流傳，遂使千秋不見眞面目，至爲可懼。唐詩如此，何況乎經史之大哉！（《經韻樓集》卷八，《續修四庫全書》影印清嘉慶十九年刻本）

《陳芳林墓志銘并序》

乾隆辛丑，余自巫山引疾歸南陔，多暇，補理舊業，得盧召弓、金輔之、劉端臨諸君爲友，盧金二君爲余言，蘇州陳君芳林以所著《春秋内外傳攷正》五十一卷相示。余讀之駭然以驚曰：「詳矣精矣，内外傳乃有善本矣。」遂書其副藏於家，用以訂阮梁伯《十三經校刊記》，顧余不識陳君。壬子冬，移居姑蘇。嘉慶辛酉，君乃自晉歸。容皃頎然，嚴毅厚重，相見恨晚，并得其《國語補音訂誤》及詩集觀之，詩集摘采於青浦王氏《湖海詩傳》矣，其全集三千七百首，生平舉動，一一可稽，如白樂天之長慶也。余與君居相近，然不能數見，遽於九月哭君溘逝。余歸自蜀，今三十年，舊友如盧金輩，鮮有存者。吳門王禮堂、江艮庭、錢曉徵、汪明之，皆樂數晨夕，亦相繼凋喪，若君則相識才數月而旋失之，可不哀哉！辛未君子承宗等將葬，請余志墓，余不敢辭。按，狀君諱樹華，字芳林，號冶泉，誥官兩廣都轉鹽運使。君以乾隆元年，恩蔭貢生，補授湖南武岡州，州同公事詿誤回籍，家居十載，閉户著書，《内外傳攷正》蓋成於此時也。已而，得江西靖安縣縣丞嗣，陞湖口縣知縣……嘉慶十六年月日，葬君於某縣某鄉某原，吴宜人合窆焉。銘曰：或謂之循吏，或謂之儒林，古字古言，精熟有過於劉歆。千秋而後過其墓者，知君於左氏之學綦深。(《經韻樓集》卷八，《續修四庫全書》影印清嘉慶十九年刻本)

《新雨堂記》(辛未)

新雨堂者，松雲太守所以紀上恩，達上德，而名堂，以勿諼者也。始太守弱冠，爲名翰林。乾隆丙午，考試試官詩題爲麥浪，有「一犂新雨露，萬頃助波瀾」之聯，時今上同閱卷，讀而喜之，欲置第一。太守舅氏相國梁文定公識其字蹟，引嫌次之，太守屢持文柄，歷典大郡。嘉慶初元，每入覲，上輒誦此聯，謂誠佳句。庚午冬，特命守雅州府上復爲面誦之，復與軍機大臣董公、戴公言及誦之，一聯之美，至於二十五年之久，聖心默識，爲口誦者四，太守感激不勝，自京師還吴，將入蜀，榜其閶門外所居曰新雨堂，命玉裁爲之記。或者曰：是將以誇異數也。余謂是可以觀體羣臣子庶民上下交孚之美焉，非誇異數之謂也。……上讀「一犂新雨露」之句，如見《豳風》之圖，如聞《無逸》之戒，故記憶不能忘，此所以慎重外任之選也。太守能體上意，念念在民，往者於吴於兖於閩，既皆新雨雨之矣。今者邛筰旄牛之域，沈黎溦水之濱，復將以新雨雨之，行且受聖明超擢，由監司至大府，所至皆有新雨堂焉。一雲所澍，膏遍九畡，是豈非體羣臣子庶民上下交孚之美歟？由此言之，上之屢誦斯聯，是卽每飯不忘鉅鹿之指，太守之新雨名堂，是卽食見堯於羹、坐見堯於牆之心也。彼清辭麗句，達於黼坐，侈爲佳話，如韓翃「寒食飛花」、白居易「永豐西角」故事，豈可與此同日而道也哉！辛未二月僑吴老人段玉裁拜撰於七葉衍祥堂。(《經韻樓集》卷九，《續修四庫全書》影印清嘉慶十九年刻本)

智按：段玉裁，字若膺，號懋堂，金壇（今屬江蘇）人。乾隆二十五年（一七六〇）庚辰舉人，官巫山知縣。未幾，引疾歸養，安貧樂道者二十餘年，中緣避横逆，遂徙居蘇州之閶門，卒年八十一。有《經韻樓集》、《說文解字注》及《經韻樓叢書》。

茹綸常（一七三五～?）

《題唐伯虎香山九老圖用山谷韻》

眼中不辨縑與紙，洛下山水訝相似。六如居士最清狂，畫品寧復數餘子。九老道貌儼高寒，不知誰是白香山。高風勝事足遐想，恍若置身會昌間。（《容齋詩集》卷十三三餘吟藁，《續修四庫全書》影印清乾隆三十五年刻乾隆五十二年嘉慶四年十三年增修本）

《題袁簡齋太史小倉山集二首》

龍門當代許誰倫，喜見元和體格新。彭澤歸休從種菊，樊川惆悵為尋春。揮毫珠玉三千首，寄跡烟霞八十身。休向木天懷往事，如公方是謫仙人。

力挽頽波本性情，文章吏治與科名。摩天巨刃千人廢，揮麈高談四座傾。海內曹劉多後輩，閨中鮑謝半門生（江左詩媛多出先生門下）。白頭我獨慚株守，悔不從遊向石城。（《容齋詩集》卷二十四可閒老人集，《續修四庫全書》影印清乾隆三十五年刻乾隆五十二年嘉慶四年十三年增修本，第一四五七册，第三三五頁）

《袁簡齋太史以八十自壽詩屬和爰賦八首遙寄》（其七）

隨園也作畫圖看，薖軸天教歲月寬。長慶詩篇傳海外（高麗使臣每購公詩集），少陵賓客駐江干（凡名卿韻士過白下者無不過訪隨園）。耐寒難老梅千樹，辟暑長青竹萬竿。更羡郇厨饒食譜（公著有食譜），底須隨例勸加餐。（《容齋詩集》卷二十四可閒老人集，《續修四庫全書》影印清乾隆三十五年刻乾隆五十二年嘉慶四年十三年增修本）

《中憲大夫張君墓誌銘》

君張氏，諱聖訓，字佩伊，號蘭谷。貢生，援例職布政使司，經歷加五級，授中憲大夫，軍功議叙，即用康熙中武舉官守備，贈武德將軍，贈中憲大夫。諱良傑者，君曾祖考也，庠生，封武德將軍。諱恭友者，君祖考也，康熙戊戌武進士，軍功即用衛守備，授武德將軍，贈中憲大夫。諱新政者，君考也，母梁恭人，趙恭人，范恭人，梁恭人，四恭人，各生一子，而君為長。其先本關中人，自遠祖諱天禄者，始遷居介休西郭，後又徙居城之西南隅，稱城西張氏。自守備公以武略起家，文學公以淳厚承之，至進士公而大振其緒，資兼文武，推為鉅人。……他如金川軍餉，凱旋差務，皆慨捐重貲。蓋君之急公尚義，樂善好施，率類此。晚歲，與里中士大夫為尚齒之會，修洛社耆英故事，又偕西郊先生及余輩，聯友聲詩社，君雅好文事，茗椀鑪香，書帖鼎彝，恒置左右，詩學樂天，尤工臨池。家傳古隸，得太原傅氏之祕，索書者日夕踵門，君欣然應之，不少厭。余嘗贈君詩云：「書名孔草羊直外，詩格元和大歷間。」殆實録也。間嘗講求韜略，留心弧矢，造就後學。曰：「吾家世習此，詎敢忘所自耶?」……君生於康熙四十七年九月十八日，卒於乾隆四十八年七月初一日，年七十有六，著有《蘭谷詩抄》若干卷，其刻於《如蘭集》及附見余詩集者，十不及一也。……將以五十八年四月初八日，葬於常樂。(《容齋文鈔》卷四，《續修四庫全書》影印清嘉慶刻增修本)

智按：茹綸常，字文靜，號容齋，一號簇蠶山樵，介休（今屬山西）人。監生。有《容齋詩集》。

方薫（一七三六～一七九九）

《靜居緒言》

大曆間詩，風格又變，近體則徵聲選色，古詩則片甲一鱗，拙以冗長，巧於用短。長慶以還，白傅之老嫗可解，饒有風思；元相之才子忝名，幾成淫濫。(《清詩話續編》第一六四三頁)

元裕之曰：「柳子厚，唐之謝靈運；陶淵明，晉之白樂天。」柳原於謝則有之，白原於陶則未也。白平易而有痕跡，陶質實而極自然，韋蘇州其庶幾乎！(《清詩話續編》第一六四八～一六四九頁)

廼易之《新鄉媪》、《潁州老翁歌》，有白傅之真率。(《清詩話續編》第一六四九頁)

智按：《清詩話續編》闕名，此據蔣寅《清詩話考》第四四一頁。此書未曾刊行，僅有抄本流傳，又名《山靜居詩論》，中國社會科學院文學研究所圖書館藏咸豐末年陸杏蓀抄本。方薰，字蘭士，一字蘭坻、蘭垓，又字長青，號樗庵。浙江石門（今屬桐鄉）人。贅於梅里王氏。精繪事，工畫蘭，與奚岡齊名。有《山靜居畫論》、《山靜居書論》、《山靜居題畫詩》、《山靜居遺稿》。生平散見吴翌鳳輯《懷舊集》卷九、朱為弼《蕉聲館詩集》卷二《哭先友方蘭士先生》，《清史稿》卷五〇四有傳。

沈叔埏（一七三六～一八〇三）

《江芒實井泥冽一篇效長慶體頌任母吴太孺人節壽》

江芒實，井泥冽，天意欲彰任母節。稻熟能療節母飢，水清堪比節母潔。母年十九賦于歸，相莊雅稱梁鴻室。琴歌黄鵠六載餘，鏡舞青鸞一朝隻。便欲偕從泉路游，衹應强視人間息。仰俯一身榰，牽帷淚成血。乳下兩黄口，堂上雙白髮。結網僅免尸饔虚，典衣肯使甘鮮缺。送老絞紟力已單，課兒幃幔功甯輟。猶憶威姑殯在堂，無端鄰舍薪煙爇。誰遣封姨返鬱攸，三椽老屋火旋滅。二子學成大小任，文齊甍校名久鬱。由來天道倍還人，噉蔗終償茹荼咽。桓棨衞婦荷恩褒，井里田廬光綽楔。母今八十子率孫，對著萊衣舞成列。題詩介壽昭管彤，海陵高行憑傳說。（《頤綵堂詩鈔》卷六，《續修四庫全書》影印清道光二十八年沈維鐈刻本，第一四五八册，第六〇〇頁）

《余山遊記》

壬子秋七月二日，余坐舴艋，自小驛橋午發，薄暮抵武水，宿同年，孫笙陔教授書舍詰旦介壽於邑尊舒石南（泰然）之父母，禮成，放舟清風涇，訪同年謝若農吉士園宅，止宿望雲樓下。翼日换舟，由白牛塘過章練塘，泛泖至朱家角。泖有三，此其一，形甚橢長，殆卽長泖，相傳爲由拳沉縣。憶余甲辰秋，弔謝母金夫人之喪路，出於此，倏又九年矣。……王摩詰《過楊氏別業》云：「徑轉迴銀燭。」彷彿遇之，園枕山麓，仍疊石爲磴爲崖，爲厂爲洞，互以修廊、曲欄、横檻與美箭、幽葩相綴發。曰錦繡坡，乃觀察移植曹縣牡丹處，惜非其時。中有皆山閣，登之則東西二峯可左右眺，最後憩澥月溪房宿焉。新月入牖，聞跳魚撥刺聲，則水榭也。因憶唐岑嘉州「夜宿水聲中」，白香山「欲招同宿客，誰解愛潺湲」，宋洪龜父「水聲枕簟俱」諸句，正如朱子所記百丈山夜卧耳。晨起，望隔岸青林灌木，幽蔭森爽，間以亭臺，並夜遊處，而中心惝恍，如夢境云。……（《頤綵堂文集》卷五，《續修四庫全書》影印天津圖書藏清嘉慶二十三年沈維鐈刻本）

《書程忠壯公像誥傳譜卷後》

新安程氏諸派，俱出梁忠壯公後，公勳業載《南史》、《陳書》，而國朝雍正間所刊《公墓闢僞録》紀述尤詳，公裔學圃上舍見眎公遺像，及宋理宗時誥，并金安節所作傳譜圖，則自東晉元譚公始十二世至公。案《篁墩集·祁門善和程氏重修報慈菴祠宇記》作元譚之後十二世孫，是爲忠壯公。元譚爲本郡太守，據得李邕碑訂定，訖二十九世序贊，多兩宋巨公墨蹟。余嘗謂大業之後，必有賢子孫，世守其澤，穆叔所謂保姓受氏，以守宗祊，世不絶祀，蓋天亦若爲之呵護者，然而亦有不可必者，此先古之所以重有賴於後人也。《揮塵前録》載，台吏楊滁藏外氏元相國綸軸，爲白樂天行并書，有畢文簡、夏文莊、元章簡諸公跋識，尋爲秦熺所取，恨當時不能入石。丹陽李格秀才，系出唐大鄭王房，出其遠祖武德、貞觀以來告命勅書百餘，亦有薛少保、顏魯公書者，明清每語親舊經由，不惜一訪而閲之。……（《頤綵堂文集》卷九，《續修四庫全書》影印天津圖書藏清嘉慶二十三年沈維鐈刻本）

《書雕蟲賦後》

吾鄉譚埽菴司成年五十三作此賦，一名《小蟲賦》，一名《小化書》，載本集翃渚草。别有註疏本，專行分三十七段，百七十牒，卽此册是也。彭城氏謂，亦荀卿請陳佹詩之意，作蟲詩十二章以詒之，今併司成自題詩及王昆翁次韻，抄附於後。案，《蟲賦》始漢孔臧蓼《蟲賦》，魏曹植、晉傅元、陸雲均有《蟬賦》，傅咸《蟲賦》最多，甚至及《叩頭蟲》。郭璞《蜜蜂》、《蚍蜉》二賦，成公綏《蜘蛛賦》，傅選《螽賦》，宋王素、南齊卞彬、魏子和、任城王名順，俱有所作。唐元白《蟲豸七篇》、《禽蟲十二章》，李義山作《蝨賦》，陸魯望有《後蝨賦》，又拾遺孟匡朝貶賀州，作《竊蟲賦》，見《封氏聞見記》，俗人以有此者不祥，宋則歐陽公之《鳴蟬憎蠅螟蛉》賦，張文潛有《鳴蛙賦》，明楊升菴《鼃賦傚荀卿體》、《後鼃賦傚橘頌體》，又有《石砝賦》，楊廉作《夢蛙賦》……（《頤綵堂文集》卷十一，《續修四庫全書》影印天津圖書藏清嘉慶二十三年沈維鐈刻本）

智按：沈叔埏，字埴為，號帶湖，秀水（今浙江嘉興）人。乾隆五十二年（一七八七）丁未進士，官吏部主事。有《頤彩堂集》。

許燕珍（一七三六～一八〇三後）

《題潯陽送客圖》

月冷風清兩岸秋，琵琶一曲感江州。天涯不少無情客，豈獨商人重利游。（《晚晴簃詩匯》卷一百八十六；《國朝閨秀正始集》卷十，道光辛卯紅香館刻本，頁十二上）

徐枕亞評云：「語意生新，饒有寄慨。」（《枕亞浪墨》，第四册第三集，清華書局，一九三三年三月第四版，第六五頁）

智按：許燕珍，字儼瓊，號靜含，合肥（今屬安徽）人。龍溪縣令許其倬第三女，無為州諸生汪鎮室。工詞賦及南北曲。有《鶴語軒詩集》、《黹餘小草》、《松窗詞草》等。

桂馥（一七三六～一八〇五）

《札樸》

⊙說文統系圖

余嘗乞羅兩峰作《說文統系圖》，自許慎至吾丘衍十餘人，或謂生各異代，不應同在一圖。案，後漢趙邠卿圖季札、子產、晏嬰、叔向四像居賓位，又自畫其像居主位。本朝方爾止作《四壬子圖》，畫陶淵明、杜子美、白樂天，自執詩卷請教，此皆前事也。（《札樸》卷六，《續修四庫全書》影印清嘉慶十八年李宏信小李山房刻本，第一一五六册，第一〇六～一〇七頁）

⊙白傅詩意

樂天《楊柳枝詞》云：「永豐西角荒園裏，盡日無人屬阿誰。」此為樊素作也。素善歌《楊柳枝》，人以楊枝呼之。時樂天老病，故托興於楊柳。又有《不能忘情吟》，蓋欲遣素而未能也。又有《別柳枝》絕句，是樊素終去也。又有《春盡日》詩云：「春隨樊素一時歸。」又云：「思逐楊花觸處飛。」此素初去而猶繫念也。又有《答夢得》詩云：「柳老春深口又斜，任他花（智按：集作飛）向別人家。誰能更作孩童戲，尋逐春風捉柳花。」又有《詠懷》詩云：「院靜留僧宿，樓空放妓歸。衰殘強歡宴，此事久知非。」去後不得已之決絕也。漢武《秋風辭》云：「歡樂極兮哀情多，少壯幾時兮奈老（智按：老字原闕）何！」樂天蓋有感於此。（《札樸》卷六，《續修四庫全書》影印清嘉慶十八年李宏信小李山房刻本，第一一五六册，第一一五～一一六頁）

⊙白詩用夭凝汙三字

白傅《阿崔》詩：「未能知壽夭，何暇慮賢愚。」夭字，讀於兆切。又《酬李十二郎》詩：「落絮無風凝不飛。」凝字，讀牛餧切。又《琵琶行》：「血色羅裙翻酒汙。」汙字，讀烏故切。唐人辨四聲，皆本於《切韻》，白傅尤精密。（《札樸》卷六，《續修四庫全書》影印清嘉慶十八年李宏信小李山房刻本，第一一五六册，第一一六頁）

⊙白李二家詩意

樂天《浦中夜泊》云：「暗上江堤還獨立，水風霜氣夜棱棱。回看深浦停舟處，蘆荻花中一點燈。」自家泊舟之景，卻是自家從堤上回看得之，船中人不知也。此意最婉曲。義山《夜雨寄北》：「君問歸期未有期，巴山夜雨漲秋池。何時（一作當）共翦西窗燭，卻話巴山夜雨時。」眼前景反作後日懷想，此意更深。（《札樸》卷六，《續修四庫全書》影印清嘉慶十八年李宏信小李山房刻本，第一一五六册，第一一六頁）

⊙赤藤

白傅《蠻子朝》詩云：「清平官持赤藤杖。」韓吏部《赤藤杖歌》云：「赤藤為杖世未窺，臺郎始攜自滇池。」又云：「共傳滇神出水獻，赤龍拔鬚血淋漓。」余來滇訪藤所生處，無一人知者。噫！（《札樸》卷十，《續修四庫全書》影印清嘉慶十八年李宏信小李山房刻本，第一一五六册，第二〇四頁）

智按：桂馥，字冬卉，號未谷，曲阜（今屬山東）人。乾隆五十五年（一七九〇）庚戌進士，官永平知縣。有《未穀集》。雜劇《後四聲猿》，包括《放楊枝》、《投溷中》、《謁府帥》、《題園壁》四種，分別寫白居易、李賀、蘇軾、陸游。《放楊枝》敷衍自白居易《不能忘情吟》。

沈景運（一七三六～?）

《述懷二首》

年去年來遞轉遷，知非時已遇當前。詩歌逸興傳東野（孟東野五十登第有詩），烟水尋幽憶樂天（白香山曾築室子滄浪北，余時居木杏橋，與滄浪亭相近）。勵我晨昏憑鐵硯，馳人歲月對蒲編。壯懷不墜雲霄志，艾草榴花色又鮮（余生辰在端陽後三日）。

聰前緑滿盡蓬蒿，金石傳聲興正豪。郭泰明經敢擬博，王通講學願分勞。家無長物惟書卷，架有餘珍是兔毫。半百古來多服政，可堪老大尚青袍。（《浮春閣詩集》卷二，《四庫未收書輯刊》影印清乾隆五十四年刻本）

智按：沈景運，字潤沾，號春江，長洲（今江蘇蘇州）人。諸生。有《浮春閣詩集》。

金學詩（一七三六～?）

《牧豬閒話》

⊙骰子

按程氏《摴蒱經略》云：博者，斲木為五子。其形兩頭尖鋭，中間平廣，狀如杏仁。惟其尖鋭，故可轉躍；惟其平廣，故可鏤采。凡一子為兩面，其一而塗黑畫牛犢，一面塗白畫雉，今市井無藉，于廣闤設博場，其具亦兩頭尖鋭，四旁均作六面鏤，如骰子之製形，類諫果而有觚稜。先設局道，大書一二三四五六等字，然後舉手按骰，觀者乘其轉躍未定時，以錢壓向某字，射中者較其所壓之錢獲采。四倍不中，則阿堵飽設局者之橐矣。謂之轉骰，頗類意錢之戲，實則骰子形製也。又按，白樂天詩云：「鞍馬呼教住，骰盤喝遣輸。長驅波卷白，連擲采成盧。」注：骰盤、卷白波、莫走、鞍馬，皆當時酒令。宋徽宗時，宫中之戲曰宣和譜，人罕知者。皇甫松，字子奇，撰《醉鄉日月》，一作《投瓊譜》，載骰子令甚詳。今所傳楊維楨之《除紅譜》，無名氏之《醉緑圖》，郭樵叟之《穎譜》，袁舜臣之《合歡譜》，登瀛子之《鬬腰譜》，丁諷之《雙成譜》，屠豳叟之《兼三圖》，並見《説郛》，皆骰子酒令也。（清昭代叢書本《牧豬閒話》）

智按：金學詩，字韻言，號蕁香，一號二雅，吴江（今屬江蘇）人。乾隆二十七年（一七六二）壬午舉人，官國子監學録。有《播琴堂詩》。

沈可培（一七三七～一七九九）

《濼源問答》

問：弋人之慕，今人襲用已久。先生謂慕字係篡字，見揚子《法言》，其誤始於何人？答曰：唐張九齡《感遇》詩：「今我游冥冥，弋者何所慕?」誤篡為慕，後人沿之，然相習已久，改從其朔，鮮不以為怪矣。自非博學如周益公者，烏知運籌帷帳之非誤哉！……唐人遠方遇赦，得改近地曰量移。開元二十七年，大赦天下，左降官量移近處，故李太白《贈京兆韋參軍量移東陽》詩云：「相逢問愁苦，淚盡日南珠。」韓退之自潮州刺史量移袁州，有句云「遇赦移官罪未除」，白樂天貶江州司馬，有句云「一旦失恩先左降，三年隨例未量移」，今以量移為賀升遷之稱。《漢書》張釋之事文帝，十年不得調，匡衡射策甲科，調補平原文學，顔註並訓調為選。《廣韻》調讀去聲者，訓選，《集韻》又訓為試，是調者乃初任試選之義。今以居官更換他缺為調，故有陞調、對調、改調、降調之稱。（《濼源問答》卷八，《續修四庫全書》影印清嘉慶二十年雪浪齋刻本）

問：蘇子瞻詩「惘惘可憐眞喪狗」，「喪」字作去聲，元微之詩「饑摇困尾喪家狗」，作平聲，以何音為正？答曰：微之用《韓詩外傳》也，然詩家平仄兩用之字甚多，如杜子美詩「百年垂死中興時」，中字作仄，「側聽中興主，長吟百世賢」，又作平。「到此應常宿，相留可判年」，判字作仄，「先判一飲醉如泥」，又作平。「花草千年怨種蠡」，蠡字作平，「蝦菜忘歸范蠡船」又作仄，王勃「海內存知己，天下若比鄰」，比字作仄，杜詩「休怪兒童延俗客，不教鵝鴨惱比鄰」，又作平。李太白詩「八月枚乘筆」，乘字作平，子美詩「枚乘文章古」，又作仄，李義山詩「九枝鐙檠夜珠圓」，檠字作仄，子瞻詩「免使韓公悲世事，白頭還對短鐙檠」，又作平，子美詩「酒醒思卧簟」，醒字作平，韓退之詩「朝曦八牖來，鳥喚聲不醒」，又作仄，陸放翁詩「烏皮几穩得閒凭」，凭字作平，宋牧仲詩「簿書叢裏抽身去，獨凭闌干到夕陽」，又作仄。竊謂禰衡之禰，伍員之員，相如之相，尚書之尚，貞觀之觀，算緡之緡，中酒之中，急難之難，王氣之王，共主之共，琵琶之琵，枇杷之枇，笭箵之箵，車騎之騎，寧馨之寧，町畦之町，量移之量，抗疏之疏，桄榔之榔，督亢之亢，皆平仄兩音，此等字，更僕難數，聊就記憶所及，略于此。〇賢能之能，入十蒸，奴登切。《說文》：能，熊屬，足似鹿，从肉，以聲能獸堅中，故稱賢能而強壯稱能傑也。又奴來切，入十灰，《廣韻》兩收之。於灰韻曰：能《爾雅》謂三足鼈也，又獸名，禹父所化也。奴來切。於蒸韻曰：工善也。又獸名，熊屬，亦賢能也。二音固截然不混矣。乃阮嗣宗《詠懷》詩：「誰云君子賢，明達安可能。」與萊哉相叶。阮瑀《七髗》詩：「身帶氣力索，精魂靡所能。」與萊來相叶。後人用之，有不蒙譏者乎？〇宋王景文詩：「直翁自了平生事，不了山陰陸務觀。」放翁見之，曰：「我字務觀乃去聲，如何把作平聲押。」按，放翁取字，本於《列子》「務外游不如務內觀」，然朱竹垞亦用作平聲，《贈別孟楷》詩：「碧山學士王聖與，鑒曲詩人陸務觀。」〇顧長康，長字，世多作平聲。東坡詩「仙心欲捉左元放，癡疾還同顧長康。」「才疏正類孔文舉，癡疾還同顧長康。」陸放翁詩「嬾似嵇中散，癡如顧長康。」俱作上聲。〇《履齋示兒編》云：魏相，相字劉更生更字，漢書注無音，相字唐詩「身依魏相尊」，應作去聲。更字，宋景文詩云：「君看青史書劉向，便是當年劉更生。」亦作去聲。〇更有本仄聲，詩家偏作平者。……「冰」字，玉谿詩「簟冰將飄枕，簾烘不隱鉤」，包佶詩「曉漱瓊漿冰齒寒」，並去聲。「司」字，白樂天詩「一為州司馬，三見歲重陽」，「四十著緋軍司馬，男兒官職未蹉跎」作入聲。「相」字，白樂天詩「為問長安月，誰教不相離。」自註：「相，思必切。」「行」字，杜詩「王孫丈人行，垂老見飄零。」又「豈如吾甥不流宕，丞相中郎丈人行。」作胡浪反。「蒲」字，白樂天詩「羌笛吹楊柳，燕姬酌蒲萄。」又「酒餘送盞推蓮子，燭淚堆盤壘蒲萄。」皆作去聲。「凝」字，鄂力切，《楚辭・大招》「天白顥顥，寒凝凝只，魂乎無往，盈北極只。」「蝗」字，放翁詩「燒灰除菜蝗」，去聲。「鐙」字，王建詩「緑窗紅鐙酒」，作仄。「妨」字，退之《岳陽樓》詩「軒然大波起，宇宙隘而妨。」去聲。「封」字，元微之詩「短簷苫稻草，微俸封漁租」，去聲。「挑」字，王建詩「每日城南空挑戰」，作仄。又，樂天詩「仁風扇道路，陰雨膏閭閻」，「扇」字作平，「膏」字作仄。……（《灤源問答》卷十一，《續修四庫全書》影印清嘉慶二十年雪浪齋刻本）

問：杜詩「葛亮貴和書有篇」，以古人姓名割截用之，可乎？答曰：《晉書・王濬傳》世祖旌賢，建葛亮之祠，則唐以前已有此稱。又如顧愷之，杜詩「顧愷丹青重」，止稱顧愷；劉牢之，杜詩「劉牢出外甥」，止稱劉牢；司馬長卿，杜詩「劇孟七國畏，馬卿四賦良」，止稱馬卿。按，此等他書亦多，如師宜官，《晉書・王羲之傳》「師宜懸帳之奇」，止稱師宜；仲長統，盧照鄰詩「山水仲長園」，止稱仲長；申包胥；庾信詩「始知千載內，無復有申包」，止稱申包；酈食其，白樂天詩「君看齊鼎中，燋爛者酈其」，止稱酈其；馬少游，陳師道詩「馬游從昔哀吾老」，止稱馬游；南宮敬叔，庾信詩「學異南宮敬，貧同北郭騷」，止稱南宮敬；嚴君平，《蜀志・秦宓傳》「仲尼、嚴平會聚衆書，以成《春秋指歸》之文」，止稱嚴平；王子陽，《漢書》「時人語曰王陽在位，貢禹彈冠」，止稱王陽；鄭子眞，皇甫謐《釋勸》「鄭眞躬耕以致舉」，止稱鄭眞；司馬相如，李商隱詩「梓潼不見馬相如」，止稱馬相如；……榮啟期，白樂天詩「天教榮啟樂，人恕接輿狂」，止稱榮啟……（《灤源問答》卷十一，《續修四庫全書》影印清嘉慶二十年雪浪齋刻本）

問：楊妃之死，新舊《唐書》皆以為縊死馬嵬路祠下，《太眞外傳》謂縊死佛堂前梨樹下，宋李恭賦楊妃菊云：「命委嵬坡萬馬泥」，元人傳奇因有馬踐楊妃之說，何所見而異其辭？答曰：寧特此也，劉夢得詩「貴人飲金屑，倏忽舜英暮。平生服杏丹，顏色眞如故。」則又以為飲金屑而死，夢得近在昭代，而所聞又異，不可解也。至馬踐楊妃之說，想因白樂天「宛轉蛾眉馬前死」一語而附會之耳。（《濼源問答》卷十一，《續修四庫全書》影印清嘉慶二十年雪浪齋刻本）

智按：沈可培，字養原，一作字春原（亦作源），號蒙泉、向齋，嘉興（今屬浙江）人。乾隆三十七年（一七七二）壬辰進士，官山東黄縣知縣。隸法漢魏，畫學宋元。

孫志祖（一七三七～一八〇一）

《讀書脞録》

⊙劉遺民

《史通·雜說上·史記篇》注云：劉遺民、曹纘（一作續），皆於《檀氏春秋》有傳，今《晉書》則了無其名。案，《宋書·周續之傳》云：「續之入廬山，時彭城劉遺民遁跡廬山，陶淵明亦不應徵召，謂之尋陽三隱。」《史通》所稱劉遺民，殆即其人。白樂天《宿西林寺》詩：「木落天晴山翠開，愛山騎馬入山來。心知不及柴桑令，一宿西林便却回。」注云：柴桑令，劉遺民是也，曹纘無攷。（《七修類稾》：劉遺民名程之，字仲思，遺民號也，嘗為柴桑令，故陶集中有《和酬劉柴桑》詩）（《讀書脞録》卷三，《續修四庫全書》影印清嘉慶刻本）

⊙蘇小小

《芥隱筆記》引白樂天詩「揚州蘇小小，人道最夭斜」，周嬰《巵林》辨之云：樂府錢唐《蘇小小歌》：「妾乘油碧車，郎騎青驄馬。何處結同心，西陵松柏下。」題曰：小小。南齊時，錢塘名娼也。樂天《楊柳枝詞》：「蘇州楊柳任君誇，更有錢塘勝館娃。若解多情尋小小，緑楊深處是蘇家。」則亦以爲武林人，知揚州爲杭字之誤。志祖案，樂天《餘杭形勝》詩：「夢兒亭古傳名謝，教妓樓新道姓蘇。」自注：「蘇小小，本錢塘妓人也。」小小之産錢塘甚明，無緣忽以爲揚州。近刻樂天詩集《和春深二十首》正作杭字。《芥隱筆記》所引，或傳寫偶誤，不足辨也。《野客叢書》卷七引白詩作「莫言蘇小

小，人道最夭斜」，又不同。(《讀書脞録》卷五，《續修四庫全書》影印清嘉慶刻本)

⊙鬚灰

鬚灰，未聞療疾。而《舊唐書・李勣傳》云：時遇暴疾，驗方云：鬚灰可以療之，太宗乃自翦鬚，爲共和藥。(《新唐書》同) 使鬚灰可治，則勣嘗因姊病爲粥，而燎其鬚，何不自翦，而乃索之至尊邪？白樂天《七德舞》詩云：「翦鬚燒藥賜功臣，李勣嗚咽思殺身。」自注云：「李勣嘗疾醫，云得龍鬚燒灰，方可療之。太宗自翦鬚，燒灰賜之，服訖而愈。」此爲近實，乃知新舊史少一龍字，意便不明也。《大唐新語》亦云：「勣嘗有疾，醫診之，曰：『須龍鬚（灰）方可。』太宗翦鬚以療之，服訖而愈。」《雲谷雜記》云：「二史但據吴兢等所記，不復旁考，遂至於謬。」(《讀書脞録》卷六，《續修四庫全書》影印清嘉慶刻本)

⊙荆公詩

《七修類稾》云：「周公恐懼流言日，王莽謙恭下士時。假使當年身便死，一生真僞有誰知。」諸書引者皆以爲荆公之詩，《臨川集》不載，不知何人著也。以格律論之，亦必宋人尒。案，此白香山詩，郎氏偶失記。明劉定之《劉氏雜志》引此四句，亦誤以爲荆公詩。(《讀書脞録》卷七，《續修四庫全書》影印清嘉慶刻本)

《文選理學權輿補》

顔延年《赭白馬賦》「戒出豖之敗駕，惕飛鳥之跱衡」，出字不如突字；杜子美詩「大家東征逐子回」，逐字不如將字；白居易詩「千呼萬喚始出來」，始字不如才字。詩文有作者未工，而後人改定者勝，如此類多有之，使作者復生，亦必心服也。(《文選理學權輿補》，《續修四庫全書》影印清讀畫齋叢書本)

智按：孫志祖，字詒穀，又字頤穀，號約齋，仁和（今浙江杭州）人。乾隆三十一年（一七六六）丙戌進士，授刑部主事，歷官御史。有《頤穀吟稿》。

謝啟昆（一七三七～一八〇二）

《舊藏俞子中書白居易廬山草堂記墨蹟覃溪師題詩其上約攜此卷同遊廬山已而不果今歲主講鹿洞謹和元韻》

草堂夢落蘇潭上，遲我匡君十載餘（余得此卷於邗上十三年矣）。今日攜來如左券，香山記與紫芝書。

蘇室留題繼二君，心期落落寄煙雲。樓頭開卷一長嘯，響答空山五老聞。（《樹經堂詩初集》卷六春風樓草，《續修四庫全書》影印清嘉慶刻本）

《琵琶亭》

跳波急響濺珠璣，悄聽無人對落暉。薤露哀連商婦曲（時新葬二親），荻花寒上棘人衣。匡廬翠色當窗見，湓浦江聲入夢稀。曾共蓬萊仙吏謫，不將送客淚頻揮。（《樹經堂詩初集》卷三蘇潭草上，《續修四庫全書》影印清嘉慶刻本）

《讀全唐詩仿元遺山論詩絕句一百首》

雞林爭售香山句，老嫗能為學士歌。我聽琵琶江上曲，青衫千古淚痕多。（白居易）

漉酒登山到處隨，詩筒多年憶微之。唱酬卻被偷新格，譜出元和絕妙詞。

湖山勝處足勾留，鶴與琴書共一舟。聽唱黃雞催白日，蕭蕭暮雨管弦秋。

花前駱馬去匆匆，未免鍾情是此翁。更造御國添柳宿，永豐西角幾春風。（《樹經堂詩初集》卷九寄餘草，《續修四庫全書》影印清嘉慶刻本；《萬首論詩絕句》第二册，第四六九頁）

《奉和芸臺先生留別之作》

螭頭舫子映秋山，別意湖波浩渺間。青瑣白雲卿月迴，黃花細雨使星還。（重陽次日啓行）鴻泥偶爾留新跡，竹柏依然照舊顏。（是時飲于柏堂竹閣間也）白傅重來蘇再至，先生應不恨緣慳。（白樂天自中書舍人出守杭州詩：「昔予貞元末，羈旅曾游此。」）（《樹經堂詩續集》卷一兌麗軒集，《續修四庫全書》影印清嘉慶刻本）

《論元詩絶句七》

鷄林價重香山句，交趾人傳靜樂詩。採得圖經五十載，梅花驛遠鬒如絲（黎崱）。（《樹經堂詩續集》卷七清風堂草中，《續修四庫全書》影印清嘉慶刻本）

智按：黎崱，字景高，越南陳朝清化府（今越南清化省）東山人，世稱黎東山，又稱飄然樓主人。曾任靜海軍節度使陳鍵幕僚，後隨陳鍵投降元軍，入元並獲授官職。晚年撰成《安南志略》二十卷（今存十九卷），有武尚清點校本，中華書局二〇〇〇年版。

《樹經堂詠史詩・白居易》

長安索米噬來遊，八節灘高擁石樓。詩友空門兼酒友，杭州山水又蘇州。歌翻紅袖秦中譜，價重雞林海外求。元老愛君傳樂府，休將詞客擬風流。（廣西桂林圖書館藏清嘉慶元年刻本《樹經堂詠史詩》卷六）

智按：謝啟昆，字蘊山，號蘇潭，南康（今屬江西）人。乾隆二十五年（一七六〇）庚辰進士，改庶吉士，散館授編修，官至廣西巡撫。有《樹經堂集》、《小學考》、《粵西金石志》。

馮培（一七三七～一八〇八）

《和吳蠡濤新年初至西苑韻》

首春慣尊塗，我馬意亦洽。湖水老漸消，嵐翠秀堪掏。緒風蘇草樹，初日亂鳧鴨。橋喧簇魚竿，泥活起花鍤。入直欣事簡，遭逢此時恰。曳佩鑾鳴空，抽毫劍出匣。趨走五色雲，揮灑十行劄。境邃引蓬壺，談雄倒江峽。鈞樂飄管絃，火戲幻鱗甲。詩翁詩格健，牛耳齊盟狎。自哂莛叩鍾，元白故難壓。（梁章鉅、朱智《樞垣記略》卷二十「馮培詩二十首」，何英芳點校本，第二四三頁）

智按：馮培，字仁寓，又字玉圃，號實庵，元和（今江蘇常熟）人。乾隆四十三年（一七七八）戊戌進士，改庶吉士。歷官戶科給事中。有《鶴半巢詩存》。

李懷民（一七三八～一七九三）

《泊盆浦》

白傅風情在，江臯楊柳斜。落帆逗湓浦，何處聽琵琶？日暮烟横郭，春深客憶家。欲尋添酒夜，波上雨聲賒。（《石桐先生詩鈔·廻帆集》）

《重訂中晚唐詩主客圖説》

計敏夫《唐詩紀事》：張為作《詩人主客圖》……共六主七十八客。余嘗讀其詩，皆不類；所立名號亦半強攝。即如元、白、張、劉，當時統謂「元和體」，為乃獨以元稹屬白居易，而張籍、劉禹錫更分承之李益、武元衡，誠不知其何所見。以韋應物之沖淡，獨步三唐，宋人論者，惟柳宗元稍可並稱，而乃僅入孟雲卿之室，且與李賀、杜牧比肩，何其不倫耶？其他不可勝舉，至其所標目，適如司空表聖《二十四品》，但彼特明體之不同，非謂人專一體，且即六者，亦不能盡體矣。是蓋出奇以新耳目，未為定論也。

余讀貞元以後近體詩，稱量其體格，竊得兩派焉：一派張水部，天然明麗，不事雕鏤，而氣味近道；學之可以除躁妄、祛矯飾，出入風雅。一派賈長江，力求嶮奥，不吝心思，而氣骨凌霄；學之可以屏浮靡、却熟俗，振興頑懦。二君之詩，各有廣大奥逸、宏拔美麗之妙，而自成一家，一緒所延，在當時或親承其旨，在後日則私淑其風，昭昭可考，非余一人私見。慨自明季歷下、竟陵諸公互主騷壇以來，各立門戶，不本於古，使學者入於歷下則非竟陵，遁於竟陵則誚公安，迄無至是。豈知古人派別，依然具在，特不肯降心一尋耳。予每欲聚集諸家，分承兩派，訂成一書。嫌於創始，或驚俗目。喜得張為《主客圖》，本鍾氏孔門用詩之意而推廣之，雖所用不當，而取義良佳。僅依其制，尊水部、長江為主，而入室、升堂、及門，以次及焉，庶學者一脈相尋，信所守之不謬，且由淺入深，自卑至高，可以循序漸進，不至躐等也。

詩自《三百篇》以後，一變而爲《離騷》，再變而爲蘇、李、《古詩十九首》，沿至建安、黄初，五言詩之盛極矣！降而六朝，古風浸滅。唐初不能除陳隋之習，陳子昂、李太白起，奮然以復古爲任，稍改其駢麗綺靡之陋，究亦自成其體，實于古無涉。張九齡、元次山、韋蘇州、沈千運、柳宗元等，差爲近古，然亦未盡脱《選》體，故李滄溟謂：「唐無五古詩，而自有其古詩」，亦通論也。學唐詩者，斷自沈宋律體。律者，法律也。猶今制科之《四書》文，雖有韓歐之筆，不得縱其馳騁。後生或襲古文格調，識者譏其破體。王鳳洲謂：「賦之與文，猶竹之與木。」予謂古、律亦然。（此段見嘉慶十七年臨川李秉禮桂林重刊本，咸豐四年趙子繩據李秉禮舊板補刊本删略）

今之選唐詩者，大槩古今並收，以希各體俱備之目，且矜尚七言詩，利其句長調高，便於諷詠。不知七言律詩，唐人不輕作，嚴滄浪曰：「七言難於五言。」余嘗攷唐詩：王、楊、盧、駱，絕無七言近體。燕、許稱大手筆，張止十二篇，蘇十三篇。沈、宋律體之始，沈七言十六首，宋止三首而已。崔司勳《黄鶴樓》千古絕唱，然此篇及《行經華陰》一首，合生平纔兩首耳。其他如王龍標亦止二首，李東川八首，高達夫七首，岑嘉州十一首；凡初盛名家，俱各寥寥。杜工部、王右丞、劉長卿，稱七律最多，然合五言對較，曾不能及其半。由此觀之，唐之不輕作七言，明矣。元、白、劉夢得，沿及北宋，其風少熾，然未有如後世之甚者也。今則匝街遍市，無非七律填滿，使世之為七律者，約其意，降其格，而為短章，則並不能成語矣。

夫不學短律而爲長律，猶不學步而趨也。唐人之所以專攻五言者，唐以此制科取士，例用五言排律，其他朝廟應制樂歌，亦類用長排體，蓋其取體制宏整、法度嚴密，使長於才者不得濫其施，裕於學者可以勉而至。故唐二百八十年間，士子鏤心刻骨，研煉於五字之中。其理則本於經，其材則取於《選》。當時相矜相賞，總是此事。夫是以唐多詩人，詩盡能工。不然，何不謂「吟成七箇字，撚斷數莖鬚」耶？今略五言而學其七言，是棄其長而用其短也。吾之訂唐詩而不及七言，誠欲力矯此弊，倘能由此而精之，因其體而充之，三唐七言具在，固自各能得所宗主矣！至若古體詩，或當别有支派，似非可專取于唐者，請異日細論之。

自故明以來，學者非盛唐者不言詩，於是乎，襲爲渾淪宏闊之貌，飾爲高華典册之辭。至前後七子，而其風益盛矣！余讀其詩，貌爲高華，內實鄙陋。其體不外七言律，其題半屬館閣應酬。更可笑者，大半仗「中原」、「紫氣」、「黄金」、「風塵」等字，希圖大聲，宜袁氏兄弟譏明三百年無詩，可存者《挂眞兒》、《銀柳絲》小令而已。此論誠過當，然盛唐實不易學，前輩謂：「學《選》體者，讀初唐；學盛唐者，看中晚；學唐人者，讀宋詩。」蓋以初唐之與六朝，永貞、元和之與開寶，北宋之與五代，時相近，人相接，其心瀍相授，屢降而不離其本。特氣運遞遷，高者漸低，深者或淺，幽隱者或顯露，渾淪者乃説破矣！後學徒厭其淺卑顯露，而務爲高深渾淪，是未下學而驟欲上達也。吾謂淺卑者，實與人以可近；顯露者，正與人以可尋。升其堂不患不入其室，故宋人不可輕也。但宋自西崑混擾以後，詩體頗難辨，又多染五代之習，流爲尖酸粗鄙，學者未能得其骨格而襲其皮貌，則敗矣！學詩者，誠莫如中晚，中晚人得盛唐之精髓，無宋人之流弊。又恐晚唐風趨日下，而取晚唐之近於中者，類爲一家。言雖稱兩派，其實一家耳。學者潛心究覽，久久自入於初盛，譬由門戶而造堂奥也。

予家藏書不多，耳目所接，積之既久，以私意潛究，有似淵源可尋，然尚不敢自信。後得龔半千《中晚唐詩紀》，間載原本傳序，據所稱張、賈弟子，頗與鄙見相合。又檢明《楊升庵詩話》，言：「晚唐之詩，分爲兩派。一派學張籍，一派學賈島，詩皆五言律。」鄙意竊喜古人已有定論，用修諒非無據。但用修又云：「其體，起結皆平平。前聯俗語十字，一串帶過；後聯謂之頸聯，極其用工，又忌用事，謂之點鬼簿。惟搜眼前景，而深刻思之，所謂『吟成五箇字，撚斷數莖鬚』也。余嘗笑之，彼視詩道也狹矣！《三百篇》皆民間士女所作，何嘗撚鬚？今不讀古，而徒事苦吟，撚斷筋骨，亦何益哉？……真處褌之蝨也！」

據用修此論，直是粗心浮氣耳！雖聞二派之名目，實未覩二派之實也。《三百篇》，民間士女不曾撚鬚作詩，亦曾切合平仄、較量聲律乎？且如文公多才，演成《雅》、《頌》，其《國風》所陳，不盡出文人。凡變風淫辭，悉可尤而效之乎？杜工部詩苦致瘦，孟浩然眉毛盡脱，王右丞走入醋甕，是皆盛唐大家，用修所心慕者，且謂獨不撚鬚乎？至謂其「起結平平」，將何者方謂不平？渠自不平，用修未見耳。其云：「前聯俗語十字，一串帶過」，此正中晚善學初盛處，初盛人平舉板對，而氣自流動；總提渾括，而意無不包。

降格而下，力量不及，則不敢妄襲其貌。於是化平板而爲流走，變深渾而爲淺顯。乍看似甚易能，細按始驚難到。要其體會物理，發揮人情，實能得初盛人内裏至詣。最可怪者，中晚人皆着意三四，至後聯往往帶過。雖琢對精工，意不在此。用修不暇致詳，而顛倒說來，真負古人苦心。至若詩之用事，審其可用則用之，非主於不用，亦非主於用。陸士衡云：「徵實難工，翻空易巧。」《詩品》云：「清晨登隴首，羌無故實；明月照積雪，詎出經史？觀古今勝語，多非補假，皆由直尋。」此皆閱歷有得之言也。中晚人惟知力量不逮初盛，深恐用事，則意爲所用，反成疵累。而或意之必須借事以發者，然後用之，用則其事不必從乎其舊而翻新之，又或其事不必與吾詩相符而巧合之。其中神妙，又自難言。若止如後人之用事，徒事誇多鬬靡，即極切合妥當，豈免爲點鬼簿哉？

天地間文章，祇在當前，搜得出便成至文。鍾記室曰：「思君如流水，既是即目；高臺多悲風，亦唯所見。」梅宛陵曰：「發難顯之景於當前，留不盡之意於言外。」二語實盡古今詩法，必如用修言，是驅天下人爲牛鬼蛇神而後快，恐詩道不如此也。且用修之詩，務闊落而乏靜細，矜才麗而欠真切。彼固詡詡以盛唐自命，豈知五霸三王之罪人也，究何曾細心味乎張、賈兩派之尠？徒見清真瘦削，非九天閶闔規模，便存一卑視之心，吾恐晚唐人筋骨不失仙人清羸，而用修實遭降肛之困也。自處於褌而不知，尚暇譏人爲蝨耶？

吾鄉阮亭先生，為詩不能盡脱時蹊，其論「俗」字甚精，即如老杜，詩中之聖，阮翁指稱其「緑垂風折笋，紅綻雨肥梅」等句為俗；明高季迪《梅花詩》，三百年無異辭，阮翁謂其「雪滿山中高士卧，月明林下美人來」為真俗，是真巨論也。按工部以「垂」字形容風竹，以「綻」字刻繪雨梅，時人所謂工於匠物也；季迪以「高士」方梅之品，以「美人」比梅之質，又時人所謂妙於品梅也；而阮翁總斷曰俗，彼豈好翻案哉？良謂詩之忌俗、猶詩之貴清，在神骨，而不在皮膚。果其不俗，雖亂頭粗服，無礙其為美女；而苟俗也，即荷衣蕙帶，終不得謂之仙人。世之論者不及見此，而悮以元輕白俗（按，四字，東坡亦帶言，甚輕，非如今人所論）之俗為俗。樂天為詩，八十老嫗亦解，彼固好以俗情入詩者，而曰：「十首秦吟近正聲」，是則大不俗矣。陶元亮曰：「相見無雜言，但道桑麻長」，王摩詰曰：「五帝與三王，古來稱天子」，宛肖不讀書人口吻，是俱謂之俗乎？俗在骨、不在貌；俗關性情、不關語句。王鳳洲謂：「擬騷賦不可使不讀書人一見便曉」，此等見識，正萬俗之源也。後世人大半為此等論所誤，故為辨俗如此。

張王固以樂府名，然惟後人衹知其樂府耳。當時謂之「元和體」，寧單指樂府哉？且水部自標格律，其近體固當與樂府並重。後人乃謂鴻鵠之腹毳，直目論耳！《（唐詩）紀事》稱賈島「變格入僻，以矯艷於元白」，元白誠無可矯，遂啟後人妄訾，乃謂元白郊島，總病一「俗」字。元白譬若袒裼裸裎，郊島等之囚首垢面。無論所譬不當，即如所言，亦非俗也。吾故云：今人錯認「俗」字！但元、白、劉夢得恐學者利其省事，流為率易，貞曜無近體，吏部只能古作，故皆不録。……

余選《主客圖》，初非敢如記室之尚論其淵源所自，俱有明徵，特效裒輯焉耳。至圖中所列及門，不無斷以己意，要皆會昌以後人。又據升菴「晚唐兩派」之說，即有不盡然者，或亦非古人所深罪也（耳目不廣，姑就所見引列，其有遺賢，後當補入）。……

宋儒之理，誠不可爲詩，而詩人實不能離。其言書情，即正心之學也（發乎情，必止乎禮義）；其言匠物，即格物之學也。故其詩曰：「君吟三十載，辛苦必能官。」特唐時儒教不純，或雜佛老。然王仲初曰：「君子抱仁義，不懼天地傾。」固已知孔氏之教矣。李太白思復雅樂，杜工部自比稷契；元、白、張、王、韓文公、孟夫子，各出其讜言正論，以維持世教，是知唐詩雖小道，實與《三百》之義相通。但其間遇有隆替，才有大小，其升之廟廊而恢其才，則為樂府為雅頌；非然，即一室嘯呼而約其才，為苦吟為孤索，要皆得性情之正，而不流淫哇。唐之盛也，道德渾於意中，和樂浮於言外。及其衰也，氣節形於激烈，名義著爲辨說。而凡李義山、段成式、溫飛卿、韓致光等淫詞艷語，不足以淆之。故余定中晚（唐）以後人物，有似于孔門之狂狷：韓退之、盧仝、劉乂、白樂天，狂之流也；孟東野、賈島、李翺、張水部，狷之流也。後世人不識，或指其言為俗劣、為粗鄙、為真率、為妄誕。嗚乎！是皆浮沉世故，居心不正者，徒以香情麗質為雅耳。古人固已先知之，乃曰：「今時出古言，在衆翻爲詭。」又曰：「所得非衆語，衆人那得知？」彼固衆人，安得不以衆人之見爲見耶？

吾定《主客圖》，竊見張、賈門下諸賢，微論其才識高遠，要之氣骨稜稜，俱有不可一世、壁立萬仞之槩。夫是以與時鑿枘，坎坷多而遭遇難。然司空圖不事朱温，顧非熊高隱茅山，馬虞臣以正言被斥，劉得仁以違時不第，是皆孔氏之所收也。其餘諸子，不能枚舉。間有行事無考者，其言存，可按而知之。願世之觀吾《主客圖》者，先求為古之豪傑，舉凡世俗逢迎、諂佞、慳吝、鄙嗇、齷齪種種之見，一洗而空之，然後播為風詩，以變澆風而振頹俗，或亦盛世之一助云。

乾隆甲午長夏，高密李懷民識。（《重訂中晚唐詩主客圖》卷首，咸豐四年趙子繩據李秉禮舊板補刊本）

《紫荊書屋詩話》

詩貴興象、聲韻、色澤，故與文不同。宋初，傖者譏杜工部為村夫子，不知杜詩正善體會六字者。白樂天詩，八十老嫗亦解。要其風韻情味，千古無兩，非可學而能。袁子才詩，蓋學杜、白詩，而去其長者也。

（袁枚《重入桂林城作》:）我年二十一，曾做桂林遊。今年六十九，重看桂林秋。桂林城中誰我識，雖無古人有水石。水石無情我有情，一丘一壑皆前生。不學習鑿齒，重到襄陽悲不止。不學武夷君，逢人開口呼曾孫。只學藍采和，踏踏流年自作歌。更學薊子訓，千年銅狄手摩挲。黃粱一夢誰能再，我竟來尋夢還在。

（「重看」句後評）白樂天、元微之，出手輕便，卻不是如此村率。故有目者能別。（山東省博物館藏《高密三李詩話》稿抄本）

⊙與某論詩

所謂性情者，非必如海陽鞠慕周所謂致中和也，彼但以大腸皮話嚇人耳，非希實實效者。詩人性情，祗是不合于衆，不宜于俗耳，略似古狂狷一流人。……一派清空和易，崇尚自然，錢、劉、張、王、元、白以下諸君主之；一派生刻峭勁，力開生面，島、洞、松、鼍、馬戴、裴說以下諸君主之。沿及有宋爲西江派，而宛陵之和大，後山之堅深，大概不離乎此兩派。其崇尚自然者，狂者似之；其力開生面者，狷者似之。高明沉潛，自昔爲然。則雖上溯漢魏、六代，下及元明、本朝，凡成家者，舉不能出二者之外。然

此兩項人，每不爲時人所許。（《高密三李詩話三種》，《山東文獻集成》第三輯，第四七册第八〇～八一頁）

智按：李懷民，名憲噩，以字行，號十桐、石桐，山東高密人。諸生，與弟憲喬、憲暠並有詩名，世稱「高密三李」，鄉人景從，世稱高密詩派。有《石桐草堂集》、《石桐先生詩鈔》，編有《六家詩鈔》、《三唐五律詩選》三卷。事迹見《石桐先生詩鈔》附墓誌銘，《清史列傳》卷七二有傳。《重訂中晚唐詩主客圖》兩卷，有北京大學圖書館藏稿本，嘉慶十年（一八〇五）劉大觀思誤書齋刊本，嘉慶十七年（一八一二）臨川李秉禮桂林重刊本，南開大學藏道光二年（一八二二）李運抄本，咸豐四年（一八五四）趙子繩據李秉禮舊板補刊本，民國間金陵大學國學研究班油印本。參見蔣寅《清詩話考》第八七頁、第三八四頁。

管世銘（一七三八～一七九八）

《讀雪山房唐詩序例》

五古凡例：張、王樂府多七言，易于曲折動人也。白樂天《秦中吟》等，五言而能質古，足以當采風之獻。（《清詩話續編》第一五四七頁）

五古凡例：五言肇興至唐，將及千載，故其境象尤博。即以有唐一代論之：陳、張爲先聲，王、孟爲正響。常建、劉昚虛幾于蘇、李天成，李頎、王昌齡不減曹、劉自得。陶翰慷慨，喜言邊塞；儲光羲真樸，善說田家。岑嘉州峭壁懸崖，峻不得上；元次山松風澗雪，凜不可留。李供奉襟情倜儻，集建安、六代之成；杜員外氣韵沉雄，盡樂府古詞之變。韋、柳以澄淡爲宗，錢、李以風標相尚。韓、孟皆戛戛獨造，而塗畛又分；樂天若平平無奇，而裨益自遠。其他一吟一咏，各自成家，不可枚舉。於戲，其極天下之大觀乎！（《清詩話續編》第一五四七頁）

七古凡例：樂府古詞，陳陳相因，易於取厭。張文昌、王仲初創為新制，文今意古，言淺諷深，頗合《三百篇》興、觀、群、怨之旨。白樂天尤工此體，至欲藉以感悟宸聰，敷陳民瘼，其積愈厚，故其言愈昌。特音節骫骳，乖於杜、韓正響，要亦天地間不可少之一種文字也。元微之骨色稍庸，（精?）擇數篇，自足相敵。至張、王尚有古音，元、白始全今調，則又可為知者道也。(《清詩話續編》第一五四九頁)

七古凡例：唐七言古詩，整齊於高、岑、王、李，飄灑於太白，沉雄於少陵，崛強於昌黎，蓋猶七雄之並峙也。前之王、楊、盧、駱，後之元、白、張、王，則宋、衛、中山之君也。韓翃、盧綸，王、李之附庸；昌谷、樊南，退之之屬國也。惟李、杜，則昌黎而外，蓋莫敢問津焉。(《清詩話續編》第一五五〇頁)

七律凡例：白樂天失之流易，自序所謂「率然成章」，非平生所尚也。披沙揀金，往往見寶，惟善擇者能之。元微之大近甜俗，一篇而外，不可強登矣。(《清詩話續編》第一五五五頁)

七言律至長慶以後，奄奄一息。溫、李二集，正如漁歌牧笛，忽聞鐘鼓噌吰。(《清詩話續編》第一五五五頁)

落句以語盡意不盡為貴，如王維「飽食不須愁內熱，大官還有蔗漿寒」，李白「此處別離同落葉，明朝分散敬亭秋」，「總為浮雲能蔽日，長安不見使人愁」，杜甫「王師未報收東郡，城闕秋深畫角哀」，「同學少年多不賤，五陵裘馬自輕肥」，「一臥滄江驚歲晚，幾回青瑣點朝班」，「庾信平生最蕭瑟，暮年詩賦動江關」，「最是楚宮俱泯滅，舟人指點到今疑」，「三年奔走空皮骨，信有人間行路難」，劉禹錫「若問舊人劉子政，如今白首在南徐」，柳宗元「今朝不用臨河別，垂淚千行便濯纓」，張籍「賓筵戲樂年年別，已得三回對槊看」，白居易「共看明月應垂淚，一夜鄉心五處同」，「曾經爛漫三年著，欲棄空箱似少恩」，楊巨源「滿筵舊府笙歌在，惟有羊曇最淚流」，李商隱「日晚鸊鵜泉畔獵，路人猶識郅都鷹」，薛逢「中原駿馬搜求盡，沙苑年來草又芳」，韓偓「莫怪天涯棲不穩，托身須是萬年枝」，羅隱「跪望嵕山重啟告，可能餘烈不勝妖」，皆足為一代楷式。(《清詩話續編》第一五五六頁)

頷頸兩聯，如二句一意，無異車前騶仗，有何生氣？唐賢之可法者，如王維「愁看北渚三湘遠，惡說南風五兩輕」，岑參「愁窺白髮羞微祿，悔別青山憶舊谿」，杜甫「豈有文章驚海內，漫勞車馬駐江干」，「憶昨賜霑門下省，退朝擎出大明宮」，「萬里秋風吹錦水，誰家別淚濕羅衣」，「路經灩澦雙蓬鬢，天入滄浪一釣舟」，「時危兵甲黃塵裡，日短江湖白髮前」，「萬里悲秋常作客，百年多病獨登臺」，錢起「且貪原獸輕黃屋，寧畏漁人犯白龍」，韓翃「落日澄江烏榜外，秋風疎柳班門前」，劉禹錫「黃河一曲當城下，緹騎千重照路傍」，「懷舊空吟聞笛賦，到鄉翻似爛柯人」，白居易「當君白首同歸日，是我青山獨往時」，「曾犯龍鱗容不死，欲騎鶴背覓長生」，楊汝士「文章舊價留鸞掖，桃李新陰在鯉庭」，李商隱「此日六軍同駐馬，當時七夕笑牽牛」，「永憶江湖歸白髮，欲回天地入扁舟」，溫庭筠「石麟埋沒藏秋草，銅雀荒涼對暮雲」，「回日樓臺非甲帳，去時冠劍是丁年」，「百二關山扶玉座，五千文字閟瑤緘」，薛逢「一自犬戎生薊北，便從征戰老汾陽」，唐彥謙「耳聞明主提三尺，眼見愚民盜一抔」，韓偓「謀身拙為安蛇足，報國危曾捋虎鬚」，「左牽犬馬誠難測，右袒簪纓最負恩」，譚用之「鷓鴣語中分百里，鳳凰聲裡住三年」，皆神韻天成，變化不測。宋、元以後，此法不講，故日近凡庸。

五排凡例：白傅百韻律詩三首，字字調和，銖兩悉稱。學者未能驟窺少陵門徑，且從此置力，亦猶七律從大曆諸公入也。元微之次韻一首，亦同聲之應焉。（《清詩話續編》第一五六〇頁）

《論近人詩絕句》（十六首其十六）

長慶風情又一時，他山雅妙樂天詞。善言心曲風人義，莫倚才高笑小詩。（清嘉慶六年讀雪山房刻本《韞山堂詩集》卷十三，《清代詩文集彙編》第三九三册，第四四一頁；《萬首論詩絕句》第二册，第六〇七頁）

《讀白氏長慶集》

欲扶六義效工歌，疾苦時陳譎諫多。吟諷數周還掩卷，此心昔已誤東坡。（清嘉慶六年讀雪山房刻本《韞山堂詩集》卷十四，《清代詩文集彙編》第三九三册，第四四七頁；《萬首論詩絕句》第二册，第六〇七頁）

智按：管世銘，字緘若，號韞山，武進（今江蘇常州）人。乾隆四十三年（一七七八）進士。授戶部主事，官至監察御史。以制義名世，亦工詩古文，為制義所掩。有《韞山堂詩文集》。事迹見陸繼輅《崇百藥齋文集》卷十八載墓表。

范慶文（一七三八～一八〇一）

《效白居易楊柳枝詞》（八首）

亂飄彭澤門前路，繁入關山笛裏吹。多事遊人爭繫馬，臨風謾折兩三枝。

知是多情楊柳樹，拂牕垂地短長條。夜來微雨添新色，搖蕩西京十二橋。

輕絲弱線不勝青，婀娜引風無限情。牕裏美人初起夢，晚晴枝上有啼鶯。

芙蓉闕下靜春旗，馳道行人日晚時。最是清明寒食後，萬家門巷緑絲垂。

風流此樹正堪誇，名滿吴王舊館娃。雨歇江橋塵不起，悠揚金縷映人家。

長安陌上久傳名，處處成陰別有情。攀折贈人頻作別，渭城歌曲悵餘聲。

王孫樓下高低樹，學得輕風舞細腰。簾幕無人春晝靜，枝枝元是斷腸條。

翠樓春色傷蛾眉，映日鵝黄不定絲。間在百花開滿處，五陵年少蕩襟期。

（《儉巖山人詩集》卷一，《韓國文集叢刊》本）

《效白香山竹枝詞》（二首）

楊花渡口水煙平，兩岸青青芳草生。唱到月明聲咽處，思鄉賈客幾回驚。

千般滴血子規啼，怨入東風苦竹低。腸欲斷時聲亦斷，空山靜夜月凄凄。

（《儉巖山人詩集》卷一，《韓國文集叢刊》本）

智按：范慶文，字孺文，號儉巖，錦城人。有《儉巖山人詩集》。

章學誠（一七三八～一八〇二）

《文史通義·經解下》

束皙之《補笙詩》，皮日休之《補九夏》，白居易之《補湯征》，以為文人戲謔而不為虐，稱為擬作，抑亦可矣；標題曰「補」，則亦何取辭章家言，以綴《詩》、《書》之闕邪？（《文史通義》卷一，葉瑛《文史通義校注》上册，第一一〇頁）

《文史通義·感遇》

……且顯晦時也，窮通命也，才之生於天者有所獨，而學之成於人者有所優，一時緩急之用，與一代風尚所趨，不必適相合者，亦勢也。劉歆經術而不遇孝武，李廣飛將而不遇高皇，千古以為惜矣。周人學武，而世主尚文，改而學文，主又重武；方少而主好用老，既老而主好用少，白首泣塗，固其宜也。若夫下之所具，即為上之所求，相須綦亟，而相遇終疏者，則又不可勝道也。孝文拊髀而思頗、牧，而魏尚不免於罰作；理宗端拱而表程、朱，而真、魏不免於疏遠；則非學術之為難，而所以用其學術之學術，良哉其難也。望遠山者，高秀可挹，入其中而不覺也。追往事者，哀樂無端，處其境而不知也。漢武讀相如之賦，歎其飄飄淩雲，恨不得與同時矣；及其既見相如，未聞加於一時侍從諸臣之右也。人固有愛其人而不知其學者，亦有愛其文而不知其人者。唐有牛、李之黨，惡白居易者，緘置白氏之作，以謂見則使人生愛，恐變初心。是於一人之文行殊愛憎也。鄭畋之女，諷詠羅隱之詩，至欲委身事之；後見羅隱貌寢，因之絕口不道。是於一人之才貌分去取也。文行殊愛憎，自出於黨私；才貌分去取，則是婦人女子之見也。然而世以學術相貴，讀古人書，常有生不並時之歎；脫有遇焉，則又牽於黨援異同之見，甚而效鄭畋女子之別擇於容貌焉；則士之修明學術，欲求寡過，而能全其所自得，豈不難哉？……（《文史通義》卷三，葉瑛《文史通義校注》上册，第三二七頁）

《文史通義·繁稱》

子史之書，名實同異，誠有流傳而不能免者矣。集部之興，皆出後人綴集，故因人立名，以示志別，東京訖於初唐，無他歧也。中葉文人，自定文集，往往標識集名，《會昌一品》、元白《長慶》之類，抑亦支矣。然稱舉年代，猶之可也。或以地名（杜牧《樊川集》，獨孤及《毗陵集》之類），或以官名（韓偓《翰林集》）。猶有所取。至於詼諧嘲弄，信意標名，如《錦囊》（李松）、《忘筌》（楊懷玉）、《披沙》（李咸用）、《屠龍》（熊皦）、《聱書》（沈顏）、《漫編》（元結），紛紛標目，而大雅之風，不可復作矣。（《文史通義》卷四，葉瑛《文史通義校注》上册，第三九六頁）

《答某友請碑誌書》

……又文評詩話，原始六朝，於文辭中別為一種。其間稱謂物色，間及俳諧，譬如賓客寒温之文，不可以達尊嚴之座，各有體也。試觀歷史《文苑傳》文，與諸家詩話、文評，最相切近，而其辭初不相犯，亦可思其故矣。今乃稱其先德耽詩，出入東坡、香山之間，又不知為何許語也。唐白氏居易，宋蘇氏軾，入傳紀文稱為樂天、子瞻，已失慎重；如云東坡、香山，則峰泉邱壑，因寄為名，人有同焉者矣，安在其必蘇、白邪？必云蘇、白人所共識，正恐讀者未如作者之博洽多聞。且人所共識，莫如夫子，而馬遷《世家》，未嘗諱不書名；後世功令崇奉，雖朱子亦不稱名，然傳記之文，不以功令稱子而以紫陽、考亭之類為之名號，亦豈可以為訓乎！……（《文史通義》外篇三，《章氏遺書》卷九，民國劉氏嘉業堂刻章氏遺書本；倉修良《文史通義新編新注》，浙江古籍出版社，二〇〇五年十月，第七四五頁）

《校讐通義》

⊙著録殘逸第八

凡著録之書，有當時遺漏失載者，有著録殘逸不全者。《漢書·藝文志》注卷次部目，與本志不符。顔師古已云：歲月久遠，無由詳知矣。今觀蕭何律令、叔孫朝儀、張霸尚書、尹更始春秋之類，皆顯著紀傳，而本志不收，此非當時之遺漏，必其本志有殘逸不全者矣。《舊唐書·經籍志》集部内無韓愈、柳宗元、李翺、孫樵之文，又無杜甫、李白、王維、白居易之詩，此亦非當時之遺漏，必其本志有殘逸不全者矣。校讐家所當歷稽載籍，補於藝文之略者也。（《校讐通義》内篇卷一，《續修四庫全書》影印民國刻章氏遺書本）

《（嘉慶）湖北通志檢存稿》

劉祺，字以介，孝感人，少慧，弱冠試有聲，後得奇疾，棄諸生業，輸粟為貢生。崇禎癸未，抗賊白雲寨，授通判，以事不可為，棄官去，別號半隱山人。順治癸巳卒。祺博學能詩，以白居易為宗，著有《韻會》，極該博。（《（嘉慶）湖北通志檢存稿》卷二，民國劉氏嘉業堂刻章氏遺書本）

……自先大父明道經國之書，兵燹不傳，先君子晚年奮志著述，冀有以傳先大父之不傳，確乎可傳矣而又不傳。景星詩文，十猶三四在，必可傳而不傳，則不必傳而傳焉，未可知也。白香山自恐不傳，雜之東都蘇州廬山藏典中，不識今本果出諸此邪？抑人間原自流傳不廢者，僕未暇慮，請以兹集始。(《(嘉慶) 湖北通志檢存稿》卷三，民國劉氏嘉業堂刻章氏遺書本)

智按：章學誠，字實齋，會稽（今浙江紹興）人。乾隆四十三年（一七七八）戊戌進士，官國子監典籍。有《章氏遺書》。以《史籍考》為最博，而《文史通義》為最精。

石卓槐（一七三八～?）

《隔江望琵琶亭》

琵琶亭子隔江潯，樹藹煙重不可尋。那待登臨纔下淚，只從悵望已傷心。飄零賈客歸帆亂，寂寞孤城落日深。聞説風流今歇絶，使君去後感人琴。（榷使唐公英課詩於此）（《留劍山莊初稿》卷十六七言律，《四庫未收書輯刊》影印清乾隆四十年石卓椿刻本）

智按：石卓槐，字椁三，號芥圃，湖北黄梅人。監生，乾隆四十四年（一七七九）宿松縣監生徐光濟呈告石卓槐所著《芥輔詩抄》有違悖語，廟諱御名有未經恭避處，被凌遲處死。所著《芥圃詩抄》、《杜詩詳注》等被查禁。

鄭竺（一七三九～一七六三）

《任秋帆誦東坡改白香山寒食語聞之淒然和其韻》

敗塚傾欹支槁木，黃狐夜抱骷髏宿。清明無物不淒淒，野草青青春水緑。紙錢灰黏白楊樹，夕陽冷照牛眠處。故鬼莫與新鬼爭，鴉銜麥飯高飛去。(《兩浙輶軒録》卷三十三，《續修四庫全書》第一六八四册，第二六九頁)

智按：鄭竺，名令聞，字弗人，號蕉雪，一號晚橋，慈溪（今屬浙江）諸生。藏書甚富。室名「二老閣」。著《野雲居詩稿》。

李憲暠（一七三九～一七八二）

《聞歌》

分明舊曲響檀槽，凉榻秋風河漢高。一自白家失樊素，不堪重唱《鄭櫻桃》。（《叔白先生詩鈔·定性齋集》）

《定性齋詩話》

阮亭尚書論詩，有云「元白張王皆古意，不曾辛苦學妃豨」，知音哉此翁！此之謂善學。（山東省博物館藏高密三李詩話稿抄本《定性齋詩話》）

智按：李憲暠，字叔白，號蓮塘，山東高密人。諸生。工詩，學孟郊、賈島，與兄李懷民、弟李憲喬稱「三李」，開創高密詩派。乾隆四十五年（一七八〇），憲喬以例授廣西岑溪知縣，憲暠佐其治，乾隆四十七年，遘疾卒於其弟憲喬岑溪官署，年四十有四。有《叔白先生詩鈔》（包括《定性齋集》、《蓮塘遺集》）。生平事迹見韓夢周《皇清文學李君墓誌銘》、王寧焯《蓮塘先生哀辭並序》、《清人詩集叙録》卷三九、《晚晴簃詩匯》卷三九。

錢維喬（一七三九～一八〇六）

《吴中吟六首》

昔樂天作《秦中吟》，以習尚非古，寓意箴規，深得風人之義。予三十年來，就所見聞，歲殊月異，爰仿其意，作歌六章。

⊙尺布謠

昔聞上留田，兄死弟弗顧。如何骨肉誼，視之等陌路。譬諸手足殊，持行用則互。何待相摧擊，晝守已失助。粲粲紫荆花，榮枯感庭樹。同根不自恤，安論戚與故。錙銖及天倫，財物勝厥父。此風終不更，毋乃交相瘉。

⊙裘馬歎

富者一飯費，貧者數日糧。富者一衣貲，貧者數歲裳。翩翩少年子，挾瑟求名倡。被體必綈錦，列几恒羔羊。盤羅易牙味，腰繫陸賈裝。持身豈不貴，所貴名譽芳。區區口體間，苦欲爭低昂。造物忌盈滿，暴殄恐有殃。飽暖遺子孫，孰短孰則長。斗米數十錢，大布昔滿堂。斗米數百錢，紈綺今道旁。况當大災祲，鳩鵠形足傷。誰能示以儉，仁義爲中腸。

⊙雞鳴起

晨雞喔喔鳴，闤闠脊然起。豈待雞鳴時，錢刀夢先擬。豈惟市中人，百族心類爾。毘陵古樸壤，物産昔無紀。末流乃負販，羣習懋遷理。琳璆購遐方，纂組覔近市。珍奇極搜采，千里致筐篚。竟侔三倍利，貴賤中所喜。魚鹽有王佐，貨殖未可鄙。所懼毫末爭，風俗薄由此。

⊙覆手雨

男兒重結納，豈惟杯酒間。一朝共雞壇，死當豁心肝。雖殿五倫末，恩誼期克完。自從管鮑没，聚合如沙摶。執手作絜語，中有千仞山。殷勤爲策謀，貌熱心已寒。朱門易分潤，奔走承其顔。白屋有乞求，却之及盤餐。錐刀可便益，子母權所歡。寧但緩急難，排擠至無端。不如閉蓬門，獨處差自安。

⊙兔園册

南人得英華，北學窮枝葉。古語雖云然，近者益浮雜。束髮授句讀，訓詁但掇拾。小學猶面牆，老死空喋喋。百金市輕裘，千金買美妾。獨至延經師，計較及絲粒。後來出黨塾，名譽漫追遝。簡編本糟粕，况復鮮卒業。縱復爲達官，吾恐書伏獵。

⊙牧奴戲

一擲輕百萬，豪舉亦得名。聖賢戒冥然，博奕差可營。揆之惜陰義，要非先民程。無益害有益，勝敗徒爲爭。乞假吝一錢，金注囊甘傾。中堂張氍毹，燒燭呼其朋。但云夜未艾，豈識雞將鳴。酒酣興未已，餘貲及杯羹。鄰有餓死孀，叩門方莫譍。（《竹初詩文鈔》詩鈔卷十，《續修四庫全書》影印清嘉慶刻本）

《（乾隆）鄞縣志》

西林廟，在縣南二十里，祀唐白居易（采訪册）。（《（乾隆）鄞縣志》卷七，清乾隆五十三年刻本）

徐殿臣，字心水。崇禎七年進士。以行人擢試御史。……初舉禮部，時出黄道周門下，道周得罪，賦詩有「如公眞不欺明主，在帝何曾殺諫官」之句，當軸頗側目。出提督南京學政，左遷山東僉事，以親老乞歸。國變後，奉父避亂入山，爲海師縛去，索萬金，以友人周容救免。久之，悒悒成疾，卒。喜讀白、蘇二公詩，顔其閣曰香眉。（續耆舊傳）（《（乾隆）鄞縣志》卷十六，清乾隆五十三年刻本）

智按：錢維喬，字竹初，武進（今江蘇常州）人。乾隆二十七年（一七六二）壬午舉人，官鄞縣知縣。有《竹初詩稿》。

戴璐（一七三九～一八〇六）

《藤陰雜記》

進士見於《王制》，入詩始于唐徐凝《答施先輩詩》「料得仙官列仙署，如君進士出身稀」，元歐陽原功《京城雜咏》「行到瓊林春更好，新來進士唱名聲」，舉人入詩，白香山「乞錢羈客面，落第舉人心」，歲貢入詩，孟浩然「孝廉因歲貢，懷橘向秦門」，秀才入詩，李太白《送杜秀才》「秀才何翩翩」，諸生入詩，高適「諸生曰萬盈，四十乃知名」。（《藤陰雜記》卷二，《續修四庫全書》影印清嘉慶石鼓齋刻本；施紹文點校本，第二七頁）

豐臺賣花翁張姓，女名阿錢，毛檢討奇齡納爲小姬，目有曼光，陳迦陵名曼殊，明慧能詩，以奇疾殁，檢討作別誌書磚並録，同館哀輓之作，記其最婉麗者。汪蛟門懋麟云：「荒村小婢賣花回，補屋牽蘿小鏡開。怪底紅顔如芍藥，妾家生小住豐臺。」汪舟次楫云：春到長安芍藥開，尋花曾一到豐臺。自從解語歸金谷，不是花時客也來。」喬石林萊云：「村庄無復住東墻，但對名花引興長。莫道小家劉碧玉，一生不嫁汝南王。」邱曙戒象升云：「昨夜優曇帶露開，簪花迤邐到豐臺。湘簾一控春如海，萬朶花光入座來。」趙秋谷執信云：「淡紅香白好容顔，寶髻堆雲作百鬟。喚作佛花元自悮，如今爭肯住人間。」吴寶厓陳炎云：「阿錢生小態嬋娟，多病皈依繡佛前。不信曼陀花一朶，忍教憔悴夕陽天。」曼殊病劇，作《留視圖》。梁蕉林相國題云：「百朶雲光綰髻斜，焚香小坐澹鉛華。画圖展向春風裏，好護豊臺第一花。」時陳迦陵維崧作四六序，周贊善青原作《續長恨歌》，語多悽惋，詳《西河集》及《虞初新志》，不具録。曼殊養病墳園，比隣刺梅園，老尼過之，讀壁上詩，感嘆涕零，後述之識者曰：「此梁蕉林《春郊即事》十首之二也。」老尼明季宫婢，故讀之傷心。詩云：「河外人家郭外村，金鞭玉勒走王孫。墅橋東畔迢迢路，芳草斜陽晝掩門。」「畫樓高處故侯家，誰種青門五色瓜。春滿園林人不見，東風吹落海棠花。」（《藤陰雜記》卷十一，《續修四庫全書》影印清嘉慶石鼓齋刻本；施紹文點校本，第一二八～一二九頁）

《吴興詩話》

東井心折蔣苕生詞曲，題《桂林霜》云：「一領宫袍裹御煙，星軺催下夜郎天。平生食肉班超相，閒過人間卅六年。一顆關防值甚錢，擲來漢殿角猶全。詎知袖裏司農印，日與樓頭笏並懸。土窖曾聞齧雪氊，新開土室苦拘攣。是霜是雪原無別，卻羡蘇卿返國年。元和書腳魯公筋，不是拳痕即爪痕。誰信圜扉清課在，烏闌紅袖月黄昏。夢破全家午夜鐘，不煩慷慨有從容。怪來瘴墨吹都散，七朵蓮花倚七峯。」題《四絃秋》詞云：「常怪彼蒼，忍把江河，都成淚凝。算無古無今，兩條玉筯，爲官爲賈。一塊紅冰，長慶詩人，善才弟子，嗚咽相逢。別舫燈，鯤絃絕，惹一場痛哭。月湧濤崩，孤亭記我。曾憑認，千里波連。下馬陵，怪如許秋光，幾人吟弔，者般傀儡，若箇翻騰。偌大才情，淋漓史筆，重寫青衫老白丞。休多訝，看當歌鉛水，誰減誰增。」（《沁園春》）（《吴興詩話》卷十，《續修四庫全書》影印民國吴興叢書本）

文人薄命，才女亦然。余女佩荃，字蘋南，幼慧學吟，長工書畫，於繡餘拈句，祕不示人。一夕，成《茉莉》二律，雋句如：「粉蝶每黏冰瓣睡，珠娘偏愛綵絲穿。」「妝殘玉靨涼酥滑，浴罷冰肌夜露寒。」《喜閱紅雪樓傳奇題四絃秋》云：「潯陽江上繫孤舟，感到官人淚共流。更賴生花才子筆，蒼涼彈出四絃秋。江口空舲冷翠鈿，嘈嘈切切更堪憐。淒清百倍琵琶引，一度吟來一惘然。」《題空谷香》云：「芳蘭自古忌當門，花落難回倩女魂。如此情關寧永好，傷心千古漬啼痕。」……（《吴興詩話》卷十二，《續修四庫全書》影印民國吴興叢書本）

肯庵先生歸養，以戴笠圖留歸雲庵，挂瓢堂中，陳無軒廣文焯重加裝潢，偕門下士俞霽寰大令（開甲）、汪檢齋孝廉崿、王復齋觀察鑾、孫心湖大令功烈等，於春日攜茶榼瞻拜。乙卯花朝，余亦同往見，先生自題小引。吴興山水號清遠，雲峯插漢，尤為奇絶，百步棧旁，有歸雲庵。庵右爲孫太初挂瓢堂，古松合抱，微風驟至，濤聲琅然，萬壑皆應。予守湖十一載，每歲來遊，低佪不忍去，今將南歸，以戴笠圖付庵。僧知余亦有愛看此山之癖，俾後之遊此山而憶余者，尚可於苎袍竹杖間作良覿云。詩云：「無瓢挂壁尚何求？歲月蹉跎十一秋。身外有身還自認，客中作客倩誰酬。歸與几席雲將散，老矣桑榆事莫收。竹杖苎袍娱素志，人人面識李湖州。」無軒和云：「鏡中勳業卷中求，露冕驚看兩鬢秋。樹木十年期易長，炷香一瓣恐難酬。春來鴻雁含愁問，夢裏瀟湘帶雨收。幾度籃輿思共覺，鶯花千里澤南州。」葉正始詩和云：「露冕昔曾窺半面，當時兩鬢未驚秋。鶯花上日依辰至，絲竹中年取次酬。白社宛從林下結，青山都向檻前收。披圖已似東坡老，不待崎嶇抵惠州。」「香山居士屏風樣，展向虚堂枕簟秋。乞食僧歸聊作伴，挂瓢人往孰爲酬。尊前桃李春風度，夢裏江湖夜雨收。眉頬憑君重指示，十年渾未識荆州。」方珍如（雯梁）和云：「曾傳衣鉢費研求，夢斷晴川隔幾秋。滿塢雲山誰作主，兩朝詩句共相酬（庵藏諸名人題詠）。鄴侯仙骨毫端露，供奉前身畫裏收。彷彿追隨韻海畔，依依甯止識荆州。」方署輝題柱和云：「十年門下許蒙求，僂指南歸幾度秋。三楚仁風欣未艾，兩齋化雨愧難酬。入山慣領高人致，茹古全憑綵筆收（詩卷中皆和前人題詠）。墨妙亭空誰是長（先生有墨妙亭長篆），披圖如溯汭陽州。」余亦和云：「僊舟東去邈難求，遺像空山三十秋。粥鼓齋鐘作供養，嵐光篁影憶吟酬。澤民猶念棠陰憩，愛士咸懷藥籠收。白首羊曇多感涕，歸雲丈室當西州。」……（《吴興詩話》卷十六，《續修四庫全書》影印民國吴興叢書本，第一七〇五册，第二六四頁）

智按：戴璐，字敏夫，號菔塘，烏程（今浙江湖州）人。乾隆二十八年（一七六三）進士，自工部主事官至太僕寺卿，居京師四十年，多識輦下故事，曾撰《藤陰雜記》，以續朱彝尊《日下舊聞》。

孫梅（一七三九～一七九〇）

《四六叢話》

唐穆宗長慶元年，禮部侍郎錢徽知舉，放進士鄭朗等三十三人，後以段文昌言其不公，詔中書舍人王起、知制誥白居易重試，駁放盧公亮等十人，貶徽江州刺史。白公集有奏狀論此事，大略云：「伏料自欲重試進士以來，論奏者甚衆。蓋以禮部試進士，例許用書策，兼得通宵，得通宵則思慮必周，用書册則文字不錯。昨重試之日，書策不容一字，木燭只許兩條，迫於驚忙，幸皆成就，若比禮部所試，事較不同。」及駁放公亮等敕文，以爲《孤竹管賦》出於《周禮》正經，閱其程試之文，多是不知本末。乃知唐試進士不禁挾書。太宗初，出《卮言日出賦》題，孫何等不知所出，相率叩殿檻乞上指示之，上爲陳大義。景德二年，御試《天道猶張弓賦》。後禮部貢院言，近年進士惟鈔略古今文體，懷挾入試，昨者御試以正經命題，多懵所出，則知題目不示以出處也。大中祥符元年，試禮部進士，內出《清明象天賦》等題，仍録題解，摹印以示之。至景祐元年，始詔御藥院，御試日進士題目，具經史所出，摹印給之，更不許上請。（《容齋隨筆》）（《四六叢話》卷五，《續修四庫全書》影印清嘉慶三年吳興舊言堂刻本）

誥，告也。其原起於《湯誥》。《周官》大祝六辭，三曰誥。士師五戒，二曰誥。成王命康叔，唐叔命以康誥、唐誥。漢元狩六年，立三子爲王初作誥。唐《白居易集》翰林曰制詔，中書曰制誥，蓋內外命書之別。皇朝西掖初除試誥而命題，亦曰制。（《辭學指南》）（《四六叢話》卷八，《續修四庫全書》影印清嘉慶三年吳興舊言堂刻本）

杜善甫，山東名士，工詩文，不屑仕進。有薦之於朝，遂召之，表謝不赴。中二聯云：「俾獻言於乞言之際，敢盡其忠；若求仕於致仕之年，恐無此理。不能爲白居易，漫法香山居士之名；惟願學陸龜，蒙拜賜江湖散人之號。」（《山房隨筆》）（《四六叢話》卷十一，《續修四庫全書》影印清嘉慶三年吳興舊言堂刻本）

東坡《祭柳子玉文》「郊寒島瘦」、「元輕白俗」，此語具眼。客見詰曰：

子盛稱白樂天、孟東野詩，又愛元微之詩，而取此語，何也？僕曰：「論道當嚴，取人當恕。」此八字，東坡論道之語也。（《彥周詩話》）（《四六叢話》卷二十五，《續修四庫全書》影印清嘉慶三年吳興舊言堂刻本）

⊙白居易

字樂天，下邽人，擢進士，對制策，以刑部尚書致仕，卒年七十五。居易被遇憲宗，事無不言，多見聽可。爲當路所忌，乃放意詩文，頗以規諷得失，多至數十篇，當時爭傳，雞林行賈，售其國相，率篇易一金，其僞者相輒能辨之。其始生七月，能展書姆指之無兩字，雖試百數不差。九歲識音律，其篤於才章，蓋天稟焉。敏中爲相，請謚曰文。（唐書）

《欽定四庫全書簡明目録》：《白氏長慶集》七十二卷，唐白居易撰，居易詩格與元稹同，而深厚則過之。故張爲《主客圖》以居易爲廣大教化主，稹不與焉。其集自宋迄今，惟此一本，但或題《長慶集》或題《白氏文集》，其標目行欵有所改削耳。

樂天進退以義，風流高矣。與劉禹錫游，人謂之劉白，而不陷入司馬黨中；與元稹游，人謂之元白，而不蹈北司黨中；又與楊虞卿爲姻家，而不蹈牛李黨中。嗚呼！叔世有如斯人之髣髴者乎？（《郡齋讀書志》）

《白氏長慶集》七十一卷，年譜一卷，又新譜一卷，唐白居易撰，集後記稱：前著《長慶集》五十卷，元微之爲序，後集二十卷，自爲序。今又續後集五卷，自爲記。前後七十五卷，時會昌五年也。墓志乃云：集前後七十卷，當時預爲誌，時未有續後集，今本七十一卷，蘇本蜀本編次亦不同，蜀本又有外集一卷，往往皆非樂天自記之舊矣。（《直齋書録解題》）（《四六叢話》卷三十二，《續修四庫全書》影印清嘉慶三年吳興舊言堂刻本）

智按：孫梅，字松友，號春浦，歸安（今浙江湖州》人。乾隆三十四年（一七六九）進士。授中書，出爲太平府（今安徽當塗）同知，歷校南闈。儀徵阮元，其所薦也。少年攻詩，有才子之目。嘗賦白燕詩，爲人所傳。生平著述甚富，有《舊言堂集》四卷（嘉慶十五年粤海堂刊，中國國家圖書館藏）。所著《四六叢話》三十三卷，博稽千古，綜覽萬篇，阮元爲之序。

陳樽（一七三九～?）

《題琵琶行圖》

江波瑟瑟天蒼蒼，蘆花月白楊柳黄。東船西舫悄無語，歌者聽者俱斷腸。（《古衡山房詩集》卷十，《四庫未收書輯刊》影印清刻本）

智按：陳樽，字俎行，號酉翁，海鹽（今浙江海寧）人。乾隆三十一年（一七六六）進士。官廣西博白知縣。山水有韵致。有《古衡山房詩集》。

金龜柱（一七四〇～一七八六）

《三月晦日步白香山餞春詩》

小院惜春春自去，攔遮何賴鎖荊關。祝融按節方臨至，上帝無私却放還。只信鸎花長欵好，那知罇酒忽悽顔。悲歌且欲留斜景，羲馭催歸若木間。目渺天涯眉不展，離情殆甚餞陽關。若終是日遂將盡，待到明年方始還。設此詩罇非樂意，憐渠花鳥作何顔。曲欄小雨池塘月，黯黯相思在此間。（《可庵遺稿》卷四，《韓國文集叢刊》本）

智按：金龜柱，字汝範，號可庵。有《可庵遺稿》。

彭紹升（一七四〇～一七九六）

《居士傳》

⊙王摩詰柳子厚白樂天傳

……白樂天，名居易，太原下邽人。貞元中，擢進士第。元和中，官左拾遺。彊直敢言，其所諫爭，多軍國大體，憲宗屢納之。既而為宰相所忌，出為江表刺史，徙江州司馬。樂天好釋氏書，用以自理性情，能順適所遇，不以遷謫介意。立隱舍於廬山，與諸禪德遊處，或經月忘歸。長慶中，為主客郎中，知制誥。穆宗好畋遊，獻《續虞人箴》以諷。時河朔亂，出師無功，樂天上言制御之策，不用，乃求外任，出知杭州。太和二年，為刑部侍郎，求為分司官，尋除太子賔客。會朋黨事起，樂天見時不可為，思退處散地以遠害，凡所居官，未嘗終秩，率以病免。會昌中，以刑部尚書致仕，與香山如滿禪師結香火社，自稱香山居士。先是，太和中，樂天在東都長壽寺受八戒，與僧俗百四十人畫彌勒上生圖，共發願，生兠率内院。及晚歲，得風痺疾，更捨錢三萬，命工畫西方極樂世界，高九尺，廣丈有三尺，阿彌陀佛居中，觀音勢至執侍左右，百萬人天恭敬圍繞，樓臺伎樂，水樹花鳥，七寶莊嚴，具如經說。既成，復發願言：願此功德，回施一切衆生，一切衆生，如我老者，如我病者，願皆離苦得樂，斷惡修善，不越南部，便覩西方。大白毫光，應念來感。青蓮上品，隨願往生。以偈讃曰：「極樂世界清淨土，無諸惡道及衆苦。願如我身病苦者，同生無量壽佛所。」又自以生平湛樂文字，放言綺語，往往有之，懼結来業，願以文字因緣，回向實地，希於來世，讃歎佛乘，勸轉法輪，乃作六偈，唱於佛前。讃佛偈曰：「十方世界，天上天下。我今盡知，無如佛者。堂堂巍巍，為天人師。故我禮足，讃歎歸依。」讃法偈曰：「過現當來，千萬億佛。皆因法成，法從經出。是大法輪，是大寶藏。故我合掌，至心回向。」讃僧偈曰：「緣覺聲聞，諸大沙門。漏盡果滿，衆中之尊。假和合力，求無上道。故我稽首，和南僧寶。」讃衆生偈曰：「毛道凡夫，火宅衆生。胎卵溼化，一刀有情。善根苟種，佛果終成。我不輕汝，汝無自輕。」懺悔偈曰：「無始劫來，所造諸罪。若輕若重，無小無大。我求其相，中間内外。了不可得，是名懺悔。」發願偈曰：「煩惱願去，浮槃願住。十地願登，四生願度。佛出世時，願我得親。最先勸請，請轉法輪。佛滅度時，願我得值。最後供養，受菩提記。」會昌六年卒，年七十五。遺命歛以衣一襲，送以車一乘，無用鹵簿葬，無以血食祭，無請太常謚，無建神道碑，可葬香山如滿禪師塔側。家人從之。無子，以從孫嗣。（《唐書》、《長慶集》）

知歸子曰：摩詰、子厚，並以文術鳴當時，傳後世，然考其生平，視白公有愧焉。「迷陽迷陽，無傷吾行。」古人所為致悲者也。摩詰晚蓋於輞川，子厚激誠於海若，驚心垢蔵，蟬蜕清虛，具此浮因，理宜解脫，而子厚乃復流連神趣，立威醉人，亦獨何哉？

汪大紳云：三人同傳，而以白先生為指歸，此傳引人入勝處也。王柳名理妙絕，白先生則願力堅矣。又云：知歸子贊已具隻眼者，二人生平，卒不能無愧者。知歸子亦曾究其因乎？以二人乃文人根種故也，此等根種，最不濟事。吾近來尚喜歸震川、侯朝宗、汪鈍翁諸先生文，并及湯臨川、洪昉思曲子，不濟事甚矣。眞實學道人，案頭只宜看内外經典，先儒古德書，歷代史册，及韓歐李杜詩文，乃無一字入陰界，記取吾語流連神趣語尤好，只為他趣根深耳，趣根亦從文根得來，其為神者以子厚生平孑直故也，去其趣而存其直，則生天矣，記取吾語。（《居士傳》卷十九，《續修四庫全書》影印清乾隆四十年長洲彭氏刻本，第一二八六册，第四八四～四八五頁）

⊙孫忭傳

孫忭，錢塘人，號無諍居士。幼學《易》，歎曰：「窮理盡性，《易》之教也，烏用干祿為？」遂掩關晦迹，居絕俗務，沙門守寧與之交，謂曰：「白樂天以儒修身，以釋治心，君聞之乎？」忭有省，遂日閲《華嚴》、《金剛》諸經，以淨土為歸，母龔氏誦《阿彌陀經》，持佛名，晝夜不輟，偶得疾，請清照律師指示，西歸說法未終，端坐而化。老妾于氏，亦專持佛名，忽夢龔氏告曰：「吾已得生淨土矣。汝後七日，亦當來也。」至期果逝。頃之，忭夢至蓮池，見清照在側，旁一人授以梵字帖，不識。其人曰：「請十三日齋耳。」時方十二月，及期，忽得疾，有僧問疾，欲為祈禱。忭曰：「生死已定，何必禱？」即報清照云：「當暫相違。」遂跏趺作印，西向坐脱。翼日，清照至，為說法，封龕歸菴，三日亦逝。（《佛祖統記》）（《居士傳》卷二十四，《續修四庫全書》影印清乾隆四十年長洲彭氏刻本，第一二八六册，第四九七頁）

智按：《續修四庫全書》本《佛祖統記》卷二十八作孫抃。

彭紹升，法名際清，字允初，號尺木，長洲（今江蘇蘇州）人。家世清華，祖名定求，父啓豐。自幼聰穎。年十六，爲諸生。明年舉于鄉。又明年，捷南宫，以名進士終于家。有《居士傳》、《善女人傳》、《淨土聖賢傳》、《二林居集》、《一行居集》、《觀河集》、《測海集》、《一乘决疑論》、《華嚴念佛三昧論》、《淨土三經新論》等。

顧堃（一七四〇～一八一一）

《覺非盦筆記》

壙誌有子姓所述而題某人填諱者，案《顔氏家廟碑》敘述先世，皆直書其名而加諱字。顧炎武博引張説、陳子昂、劉禹錫、白居易、李翺諸人文證之，以爲古人臨文不諱，今人自述先人行狀，而使他人填諱，非古人法也。予考周益公跋初寮王右丞贈曾祖詩，末題通直郎田橡填諱，則宋人已有之矣。錢氏大昕云。（《覺非盦筆記》卷六，《續修四庫全書》影印清光緒八年刻本）

余讀馮氏景集，每多見道之言，因摘録以備觀省。其「持盈」一則云：高爲其居，顛莫之救。江海所以能爲百谷王者，以其善下之。國家之將興也，君子自以爲不足，其亡也若有餘。夫無底之管，天下不能實之以粟，其所處者虚也。故有道者不平其稱，不滿其量，盛而不落，盈而不昃者，自古至今，未之有也。居上之患，莫大乎主盛處賢而自予雄。趙恬爲將，東向而朝，軍吏無敢仰視，一念之盈，殺身亡軀，阬長平四十萬衆而有餘，滿之爲害也，大矣。是故管子曰：「釜鼓滿則人槩之，人滿則天槩之，故先王不滿也。」秦始皇欲以一世二世傳至萬新，莽推三萬六千歲歷紀，而光武云：「天下大器，常恐不任，日復一日，安敢遠期十歲乎？」卒之彼亡此興，在滿與不滿之間耳。《書》曰：「志自滿，九族乃離。」又曰：「能自得師者王，謂人莫己若者亡。」昔魏武侯嘗謀事，羣臣莫能，及罷朝而有喜色。吳起進曰：「楚莊王語申公曰：『寡人聞之，世不絶聖，國不乏賢，能得其師者王，能得其友者霸。今寡人不才，而羣臣莫及，楚國其殆哉！』此楚莊王之所憂。而君悦之，臣竊懼矣。」武侯有慙色，夫其羣臣莫及者，豈真莫及哉！殆亦從臾承意，讒諂面諛，以驕其君耳。郎顗有言：「明王聖主，好聞其過。忠臣孝子，言無隱情。」末世導諛之人，堯稱君，舜稱相，其果昏主愚相與，則懵然受之，否則未有不心怍者。宋太宗嘗問輔臣曰：「朕何如唐太宗？」皆曰：「堯舜主，唐太宗何足云？」李昉獨無言，徐誦白居易詩云：「怨女三千放出宫，死囚四百來歸獄。」太宗曰：「朕不及也。」王導每出一言，一坐贊美，王述正色曰：「人非堯舜，何得每事盡善。」導改容謝。故曰：「孝子不諛其親，忠臣不諂其君。臣子之盛也。」噫！周昌以漢高爲桀紂，劉毅比晉武於桓靈，二君容之，不失爲賢主。人將死，惡聞酒肉之味；國將亡，惡聞忠直之氣。善持盈者，德薄而執謙，功高而不伐，其要在遠佞人而求直言。(《覺非盦筆記》卷八，《續修四庫全書》影印清光緒八年刻本)

智按：見馮景（一六五二～一七一五）《解春集詩文鈔》文鈔卷十一雜著《持盈》(《續修四庫全書》影印清乾隆盧氏刻抱經堂叢書本，第一四一八册，第四八一頁)。

顧坤，初名陶尊，字堯峻，號思亭，宛平（今屬北京）籍，長洲（今江蘇蘇州）人。乾隆癸巳（一七七三）召試舉人。官常州教授。有《鶴皋草堂集》。

崔述（一七四〇～一八一六）

《考信録》

⊙釋例·少見則多悞

凡人多所見則少所悞，少所見則多所悞。唐衛退之餌金石藥而死，故白居易詩云：「退之服硫黄，一病訖不痊。」而宋人《雜説》遂謂韓退之作《李干墓誌》，戒人服金石藥，而自餌硫黄。無他，彼但知有韓昌黎字退之，而不知唐人之字退之者尚多也。故曰：少所見則多所悞也。余崔在魏族頗繁，然外縣人罕識之，多知有余兄弟族人有病於試場者，則相傳以爲余兄弟病也，族人有畜優者，則相傳以爲余兄弟畜優也。此耳目之前，身親之事，猶若此，則天下之大，千古以上，可知已。故好德不如好色，許允事也，而近世類書以爲許渾；韓魏公在揚州，與客賞金帶圍，王珪與陳旭、王安石也，而近世類書以爲王曾。晉宋之事，且猶不免傳訛，況乎三代以上，固當有十倍於此者。是以顔闔之事，載爲顔淵、闞我所爲，移之宰我，諸如此類，蓋不可數。但此幸而本書尚存，猶可考而知之。若不幸而《吕氏春秋》亡，人必以論東野畢者爲顔淵；《左傳》亡，人必以陳恒所殺者爲宰予。雖　而與之語，終不見聽。必曰：「古書言如是，夫豈無所傳而妄記者。」然則唐虞三代之事，戰國、秦、漢所述，其移甲爲乙，終古不白者，豈可勝道哉！故堯之臣多矣，乃見「重、黎」，遂以爲必羲、和也。紂之臣亦多矣，乃見「父師少師」，遂以爲必箕、比也。禹之佐，豈止一人，乃見「大費」，遂以爲必益，太甲之佐，亦豈止一人，乃見「阿衡」，遂以爲必伊尹。無他，彼心中止有此一二人，故遇有彷彿近似者，遂以爲必此人，猶之乎許允之事移之渾，王珪之事移之曾也。甚至南宫載寶，公然移之南容，使三復白圭之賢，受誣於百世，猶之乎衛退之餌金石藥，而以餌藥而死爲昌黎罪也。故今録中，凡事之不見於經者，度其不類此人之事，則削之，而辨之，嗟夫嗟夫，此難爲眇見寡聞而粗心浮氣者道也。（孔毅夫《雜説》，昔人有辨其係僞撰者，故今但稱「宋人雜説」，不欲古人之受誣也）（《考信録》考信録提要卷上，清嘉慶二十二年道光二年四年陳履和遞刻本；顧頡剛編訂《崔東壁遺書》，第三～四頁）

⊙宰我（《史記》：「宰予，字子我。」）

宋蘇氏《志林》云：「李斯上書諫二世，其略曰：『田常爲簡公臣，布惠施德，下得百姓，上得羣臣，陰取齊國，殺宰予於庭。』是宰予不從田常，爲常所殺也。《弟子傳》乃云『宰予與田常作亂』，使吾先師之門乃有叛臣焉，豈非千載不蠲之惑也！近令兒子邁考閱舊書，究其所因，則宰我之不叛，其驗甚明。」且註云：「李斯事荀卿，去孔子不遠，宜知其實。」余按，《史記》之説，卽本之李斯之言，誤以闞止之事爲宰予耳。所謂與田常作亂者，卽謂與田常相爭，而措詞不審，遂若黨於陳恒然者，非與李斯爲二説也。果黨陳恒，則陳氏實專齊政，君之生死懸於其手，又誰能夷宰我之族者？且如李斯之言，則君過不能匡，君危不能救，貪榮希進，卒殺其君，而喪其身，亦豈賢者之所爲乎！乃蘇氏誤會《史記》之意，斤斤焉據李斯之言以駁之，不斥李斯之誣，而反謂李斯之得其實，嗚乎！不信經傳而信李斯，與其博也毋寧寡學問之爲愈乎！蓋宰予爲聖高弟人，莫不知有子我者，陳恒所殺者子我，則遂以爲宰予耳。猶之乎白居易詩云：「退之服琉黃，一病訖不痊。」而宋人《雜説》遂以衛退之事，而譏韓昌黎也。張淏《雲谷雜記》亦據《左傳》以駁蘇氏之誤，是矣。但謂《史記》此傳實以《家語·弟子解篇》爲之，則猶考之未詳。《史記》之誤，正沿李斯之説，《志林》誤分以爲二耳。

按宰我言語之才，不亞子貢；而朽木之喻，從井之問，戰栗之對，短喪之請，愆尤未免太多，故次之於子張之後。（《考信録》洙泗考信餘録卷二，清嘉慶二十二年道光二年四年陳履和遞刻本；顧頡剛編訂《崔東壁遺書》，第

三八八～三八九頁）

智按：崔述，字武承，號東壁，直隸大名（今屬河北）人。乾隆二十七年（一七六二）壬午舉于鄉，嘉慶初，選授福建羅源縣知縣。旋調署上杭縣。復反任羅源。嘉慶六年（一八〇一），老病乞休。既歸。往來河北，以著述自娱。嘉慶二十一年卒，年七十有七。弟子陳履和刻其遺書。日本人那珂通世復刊其遺書。

李元（？～一八一六）

《蜀水經》

⊙江水又東北經忠州城南

忠州，故臨江也。漢置屬巴郡。梁大同六年，置臨江郡，魏廢帝三年，置臨州。隋開皇廢郡，大業廢州，以縣屬巴東郡。義寧二年，復置臨江郡。唐武德元年，復爲臨州。貞觀八年，改忠州。天寶改南賓郡，乾元復故，屬山南東道。宋爲忠州，南賓郡。宋乾德六年，置龍渠鎮，開寶二年，置南賓宣慰司，咸淳元年，以度宗潛邸升爲咸淳府，置龍渠縣。元復爲忠州，至元二十一年，屬重慶路。明洪武初，省臨江入之。國朝雍正十二年，改直隸州。○忠之名，以巴蔓子，或云嚴顔，蔓子者，巴國將軍也。巴有難，請師於楚，許以三城。楚王救巴，巴國既定，楚師請城。蔓子曰：「藉楚之靈，克弭禍難，誠許楚王城，將吾頭往謝之，城不可得也。」乃自刎，以頭授楚使。楚王歎曰：「使吾得臣若巴蔓子，用城何爲？」乃以上卿禮葬其頭，巴國葬其身，亦以上卿禮。又三國時，劉璋使嚴顔守巴郡，爲張飛所擒，欲降之，顔曰：「有斬頭將軍，無降將軍。」飛怒，命斬之。顔從容曰：「斫頭便斫頭，何必怒耶？」縣西北一里，有蔓子塚，西南二十里有嚴太守碑，蘇子瞻詩：「嚴子獨何賢，談笑傲碪几。」子由詩：「相傳昔者嚴太守，獨憶城破節最高。」皆稱嚴顔，不稱巴蔓子也。又，陸放翁詩云：「雲連江岸屈原塔，花落空山夏禹祠。」則屈原亦得以忠著於州矣。○黄山谷《忠州復古記》曰：「白樂天在州東樓以宴賓佐，西樓以瞰鳴玉溪，登龍昌寺以望江南諸山，張樂巴子臺以會竹枝歌女，東坡種花，東澗種柳，皆相傳識其故處焉。」按，白居易、劉晏、李吉甫皆刺忠州。宋紹聖四年，知州王闢之建四賢閣，祀劉、李、白、陸四賢也。（《蜀水經》卷六，《續修四庫全書》影印清嘉慶五年傳經堂刻本）

智按：李元，字太初，號渾齋，京山（今屬湖北）人。有《率爾操觚》七卷。

和瑛（一七四〇～一八二一）

《擬白香山樂府三十二章》

⊙周雅詠棠華（親兄弟也）

周雅詠棠華，陳思歎萁豆。同氣篤親愛，三姜世罕覯。一室共被卧，梁代韋張又。五歲李平邱，良能殆天授。忍飢不別食，一片衣領袖。瓜果待相嘗，書文共研究。家貧茹蔬菜，穀炊仲子候。脂燭供無缺，學業終成就。奉兄如嚴親，夏衣不私售。危坐敬如賓，冠帶謹屋漏。兄弟並斑白，兒女讓昏媾。百口無閒言，雍睦家聲舊。燃鬚仍進粥，姊弟憐老壽。公堂徹已饌，餉男笑鄙陋。鼠壤有餘蔬，卻被莊生詬。

⊙精感動草木

精感動草木，鬱鬱田氏荊。議分樹憔悴，感合樹重榮。閉戶彤自撾，翩反改弓騂。婦逐圖分箸，誼敦骨肉情。叔食糠覈肥，杜絶離閒萌。子威既爲侯，田園諸弟并。鮦陽佩印綬，儒術脩身明。奴婢取老弱，圖書千卷清。牧羊十餘年，與弟重經營。痼疾養終身，但聞紡織聲。不受公府辟，推賢鍾季明。矯令病陽狂，讓爵韋元成。佯暗兄被命，託疾弟就名。楚金與越石，雙雙舉帝京。許武割財產，自冒貪婪名。他年爭三倍，榮利兩無爭。

⊙載詠鶺鴒詩

載詠鶺鴒詩，兄弟孔急難。齊義二子爭，母言竟得宜。投箋與河伯，君儒執浮岸。兄弟生不辰，會遭一方亂。禮瘦孝則肥，兄羸萌則健。爲脯琳自縛，兩釋季江扞。褒融義爭死，北海名獨冠。文季果能報，文叔縊可嘆。中矢授以馬，萇襄均無患。

⊙鉅鹿甘粗糲

鉅鹿甘粗糲，耕蠶鄉里羨。二方海内稱，史奏德星見。蔡桑並寇吳，白首饘粥便。合爨有六人，擊鼓會八院。張公九世居，表閭賜帛絹。陳家七百口，義犬傳里諺。

⊙郤缺耕於野（敬夫婦也）

郤缺耕於野，妻饁敬如賓。舉案光齊眉，梁鴻非傭人。婢問牀下拜，乃驚太邱陳。篤疾妻省視，扶起加幘紳。止酒正衣冠，一歲再三巡。早起希見面，遇禮嚴君臣。

⊙重德不重色

重德不重色，喜舊不喜新。黄頭承彦女，卧龍結良姻。四德阮一欠，百行允未純。彦雲尚難匹，公休良足臻。

⊙少姣固早託

少姣固早託，老惡胡晚嗔。糟糠不下堂，一言廊廟珍。勿以患難故，沒齒情乖泯。千金購皇甫，鞵履三十春。吐番禄東贊，堂下信義伸。守道不篤者，黄允遺笑噸。手持長麈尾，驅彼短轅輪。誰撰螽斯詩，波揚妒婦津。

⊙世稱知己交（信朋友也）

世稱知己交，夷吾與叔牙。落落分金亭，千古潁之涯。解驂越石父，尊譙禮有加。王貢取舍同，雷陳漆膠誇。結侶往中山，乃遭王丹撾。交道不易言，昱拜忙下車。刎頸凶其終，勢利爭紛拏。結綬隙其末，權力攻瘢瑕。剖心刺血流，輕落漫咨嗟。

⊙聖戒小不忍

聖戒小不忍，兩虎難俱生。相如篤忠信，將軍廉負荊。登牀把臂責，眞諒驕矜傾。蘇張迭翦髮，堂下激功名。莫侮牛醫兒，千頃波澄清。折節慕公瑾，若飲醇醪酲。方領矩步人，既貴可相輕。一龍號三友，割席終堅貞。

⊙貧賤交易忘

貧賤交易忘，堂高燕雀賀。四海雲同車，客星光犯座。府士飲入廄，小吏語越坐。杵臼堪定交，氊席可分剉。易衣張軌出，嗚騶到溉卧。信義苟不渝，那用雞犬佐。

⊙富貴交營私

富貴交營私，寡矣先國憂。我思炎漢佐，博陽高平侯。王識公輔器，杜斷喬孫謀。軍中有韓范，遂起西羌謳。乃知魏無知，卓識文安儔。

⊙患難不相顧

患難不相顧，面朋義鶴羞。伯桃入樹死，巨伯空郡留。赦膺賈彪往，哭融脂習收。救善不及殆，君子恥寡儔。成託六尺孤，賣卜近酒樓。政抱三歲兒，貫箭衝旄頭。爭多金蘭簿，烏集談交遊。

⊙韓仇報先德（顯忠良也）

韓仇報先德，漢業酬知己。所志無一欠，紫柏雲霄裏。安劉者必勃，內言決牀笫。早知木彊人，力足制呂氏。博陽閉獄時，斯意固天使。絕口不道恩，問喘安足齒（西漢）。駐節鄧將軍，老弱暱孔邇。勛名竹帛垂，尤羨十三子（東漢）。峩峩定軍山，活活沔江水。曾讀墓上碑，三字誰云死（後漢）。擊鳳酒一杯，討峻書一紙。紳謀敦不疑，忠肝侃應恥（晉）。祔姑片言定，占夢二子起。滄海得遺珠，斗南一人耳（唐）。垂簾係安危，撤簾關泰否。大星五色雲，間氣爲終始（宋）。

⊙耿恭傳東漢

耿恭傳東漢，單兵守孤城。鑿山得井水，煮弩如炊秔。逾月更連年，九死乃一生。歸餘十三人，丹心苦節并。衣履盡穿敝，形容苦紫荊。事類典屬國，續志爲忠旌。

⊙師古五世孫

師古五世孫，常山守杲卿。兵弱力難拒，僞共履謙迎。那肯著金紫，義奮謀舉兵。初斬段子光，欽湊首傳京。王師二十萬，傳檄河北驚。曳柴以揚塵，乃走張獻誠。禄山勢猖獗，付賊史思明。修繕未完備，六日乃陷城。加刃於少子，降活誓不更。營州牧羊奴，義烈罵瞋睛。啖肉天津橋，斷舌慘吞聲。一門三十人，死節邀褒旌。

⊙魯公國元老

魯公國元老，盧杞忍排傾。君命不可避，豈畏希烈烹。就館偪上疏，怒叱李元平。委任不致命，戮汝苦無兵。四兄何爲王，杲卿乃吾兄。豈受鼠輩脅，守節死無更。積薪起赴火，掘坎自投阬。老臣耄無狀，殺身仁乃成。

⊙南陽張中丞

南陽張中丞，意氣干雲霄。拜哭元元廟，畫像軍士朝。起兵入雍邱，乃拒令狐潮。膏芻百樓焚，鹽米百斛燒。縛藁夜縋城，羽箭萬束招。傳堞雲梯拄，攻城木馬消。射目識子奇，走白矢剡蒿。食盡茶紙杵，馬盡鼠雀饒。鎧弩亦堪煮，老弱悲鼎調。愛妾豈足惜，童奴兼充枵。守死竟勿去，江淮保障遥。嗚呼臣力竭，厲鬼志擒梟。

⊙人面中六矢

人面中六矢，不動雷將軍。斷指以示信，哀哉南霽雲。獨食不能下，賀蘭憂未分。一箭中浮圖，志吞犬彘羣。男兒義不屈，三十六人焚。

⊙中丞入睢陽

中丞入睢陽，許遠困伶仃。軍糧與戰具，專治一經生。致走洛陽道，偃師喪忠靈。勿以後巡死，私議别渭涇。幽憤動鬼神，簡書燦日星。昌黎傳後敘，刻畫勝丹青。

⊙天地塞其體

天地塞其體，正氣鍾文山。童年謁忠節，遂慕俎豆閒。一揮萬言策，得人賀考官。龜鑑懸古誼，鐵石披忠肝。斬董人心一，釁吕將士觀。當時捧檄初，涕泣結峒蠻。亦知烏合眾，驅羊縛虎難。重念養育恩，悼痛撫几盤。父母有疾病，下藥兒心安。自古誰無死，汗青照心丹。凜凜正氣歌，字字珠淚酸。坐卧一小樓，志豈有黄冠。求生害仁易，舍生取義難。先生衣帶讚，所學良不刊。

⊙黄雀雙玉環（勵清操也）

黄雀雙玉環，厥兆三公職。昌邑畏四知，太尉祛三惑。清白吏子孫，貽謀繇燕翼。至今潼亭旁，夫子賢名刻。子况兼文武，市吏庸沈抑。舉賢感延年，知人號定國。不敢于以私，門庭脱荆棘。河南折轅車，珍寶絶封殖。車萊大驪馬，軍容無苟得。是遵何道與，一生簠簋飭。烏合世宦場，撲面勢叵測。數會人易狎，受餽道難直。林邑璧久藏，姑臧劍瑩拭。梁瓜終不剖，庭魚留久憶。世人愛美官，肥瘠論疆域。沈黎往者廉，合浦貪者息。俸薄儉能足，伎弱欲曷極。彤無兼副衣，虞無兼肉食。井水清且苦，李令泉足式。更有羅彦輔，姑溪況清德。之官琴鶴隨，歸舟土石塞。胡牀掛壁間，藥籠委道側。砧非來時物，櫝乃爾土力。脂膏不自潤，達哉君魚識。

⊙下吏事長官（戒逢迎也）

下吏事長官，耳目心思竭。民膏供豆觴，儲峙盡乾沒。不見何易于，嘉陵自腰笏。暮春刬閒船，蕭結批符歇。餅惡鞭驛吏，少逸達金闕。言語不易出，作緣烏可忽。錦幕易靜江，綵席撤節鉞。飲馬錢投水，取芋緜掛檝。闇昧果不欺，福星一路謁。試看柴車旁，良璞終發越。

⊙天府富四海（禁侵漁也）

天府富四海，任土古作貢。無乃貪墨流，苞苴藉巧弄。采竹宦者暴，蚶菜嶺南恫。敢絶翠羽索，豈顧牛黃眾。道州民盡矩，幾許侏儒送。持研涴清名，罷柑勒箴諷。斂怨餌霽顏，幻同蕉鹿夢。

⊙妻子歷官舍（絶私蓄也）

妻子歷官舍，易啟奢縱媒。苟能甘藜藿，白璧無點埃。布裳不加緣，既貴含餘哀。豈知執爨苦，未見曳柴回。入府行貲藏，敝衾鹽麥堆。自奉已若此，緼袍舉可推。田禾將軍子，白衣步擔來。袁宏不乘車，闔郡無人猜。黃柑餉一奩，珠璫上百枚。子女絶私賂，遑問囊中財。

⊙地道不愛寶（重民事也）

地道不愛寶，天心溥美利。生民衣食源，所貴農桑治。渤海樹藝興，佩犢循聲記。潁川稱神君，應時威鳳至。露宿邵父勤，修陂杜母瘁。况之冬日愛，譬之春陽遂。李冰鑿離堆，不徒沫患避。沃野千里開，陸海萬民惠。九眞號獷悍，弋獵以爲事。課創免飢寒，生子名任字。牛耕省其力，水橐造其器。拔茶蠶事興，賣儲織具備。蒲陽田再熟，著作林含翠。乃歌五袴惠，亦頌兩歧瑞。卹隱豈沽名，達道本求志。師古蹟不遠，訓彼牛羊吏。

⊙天災古代有（救災荒也）

天災古代有，盛世籌艱虞。荒政十有二，救民憂患蘇。常平公私利，封樁緩急需。持節以發粟，事豈繩墨拘。開倉舍都亭，東郡比戇儒。鄭公活萬人，中書令所無。義穀贍全部，大倉儲九區。烏有燕子田，會上流民圖。困役罷黃河，代賑修蠡湖。買絹晝良策，市牛眞奇謨。所怪壅上聞，牧守成盜竽。請看武陽尉，刺史無乃愚。且學明山賓，損耗甘追逋。一身甘獲罪，無使飢寒呼。

⊙文翁化巴蜀（興教化也）

書扇鬼泣訴，吏甚大暑酷。達人鑒斯言，筆勾一路哭。豺狼豈本性，藥石治忿欲。胡爲肉鼓吹，横恣箠楚毒。渭橋議罰金，高廟决盜玉。廷獄處其平，法當如是足。况乃惠文冠，怨興畫地獄。莫嫌銜轡緩，但示蒲鞭辱。殺人以媚人，敲扑恥迎俗。拂衣委手板，千古金石録。

⊙易繫雷電卦（寬法律也）

易繫雷電卦，威照期並行。聽辭惟簡孚，質刑乃允明。文史習律吏，古法决儒生。耳劓前世事，意覆處其平。考一連十百，寒朗昔廷爭。陳咸三世昌，議法惟以輕。駟馬容閭門，因之字升卿。株罣繡衣活，策算平陵榮。鬻貨儆天罰，峻刻少令名。若水眞仙骨，希賞遠俗情。

⊙聽訟吾猶人（明聽斷也）

聽訟吾猶人，片言折獄難。仲子有奇氣，豈獨峩雄冠。眉睫以辨盜，哭泣以知奸。馬血煅刃青，無影兒畏寒。聲色固神渺，博雅稱粗官。次之鉤距術，妙緒披靈竿。解牛市鹿脯，鞭絲飼飛翰。主名郭門削，婦窺井中瀾。截蘆與捫鐘，伎倆窮一端。幽感爇庭魂，明少犴獄歎。重關日洞開，餅餌懷門關。告我白鬚公，一一洗肺肝。嚙肩飲乳高，肉袒閉閤韓。吁嗟鷹鸇威，何如棲鳳鸞。

⊙牧羊去敗羣（除豪奸也）

牧羊去敗羣，地瘠羊可肥。養禾鋤螟螣，農勤歲少飢。黠馬利銜轡，柱後惠文依。勿以賣菜翁，遂令啼雞微。破柱壯李膺，擊劍賢翁歸。濟南蒼鷹鷙，夏門卧虎威。側目任列侯，强項標禁闈。丁剛不可屈，千載愧脂韋。

⊙化盜稱郅治（弭盜賊也）

化盜稱郅治，弭盜急時務。衣裾赭污痕，市里綵縫露。枹鼓竟稀鳴，且恃三科募。京兆與朝歌，屏盜碑堪樹。我聞定襄守，下車吏民懼。耆老延滿堂，亡匿録無數。又聞渤海公，移書罷擒捕。教令棄兵弩，鉤鋤把農具。何用疾雷將，胔積府門路。(《易簡齋詩鈔》卷二，《續修四庫全書》影印清道光刻本，第一四六〇册，第四七六～四八二頁)

《詩囊》

梁園杜荀鶴，一枚泥可嘆。更擬香山老，樂地黄居難。數數詅痴符，詩

名怕野幹。國稱詩壇將，何獨師黃韓。（《易簡齋詩鈔》卷二，《續修四庫全書》影印清道光刻本）

智按：和瑛，原名和甯，字潤平，號太庵，蒙古旗人。乾隆三十六年（一七七一）辛卯進士，官至刑部尚書。謚簡勤。有《易簡齋詩鈔》。

潘奕雋（一七四〇～一八三〇）

《白公祠成趙雲崧前輩李松雲太守皆次公虎邱寺路韻作詩輒和二首》

武邱山下路，游賞白公頻。懷古尋遺跡，聯吟見替人。林亭如有待，池館又重新。可許花船泊，隄留一道春。（花船載麗人公虎邱詩句也，時頗有花船之禁，故戲及之）

配食宜同調，應煩相度頻。湖山開畫景，客主總詩人。塔影前規舊（蔣園舊爲顧云美別業名塔影園），雲巖傑搆新（虎邱山名雲巖山）。卻因今載酒，更憶昔班春。（《三松堂集》詩集卷十二，《續修四庫全書》影印清嘉慶刻本）

《慶佑之方伯泛月理琴圖》（其二）

不將富貴礙高情（香山句），愛聽扁舟雲水聲。想見月明羣籟靜，四山響應一波平。（《三松堂集》續集卷一，《續修四庫全書》影印清嘉慶刻本）

智按：潘奕雋，字守愚，一字榕皋，號水雲漫士，晚號三松老人，吳縣（今江蘇蘇州）人。乾隆三十四年（一七六九）己丑進士，歷官戶部主事，重宴恩榮，賜四品卿銜。有《三松堂集》。生平見《國朝耆獻類征》、《三松老人自訂年譜》。

郭兆麒（一七四〇～？）

《梅崖詩話》

詩之有讖，「明鏡不安臺」，「曙後一星孤」等語，昔人所稱，信不誣。然白香山年十八，病中云：「年少已如此，此身豈堪老。」後卒年七十五，是

安可概論耶?(《清詩話三編》第一九三一頁)

詩有一種皮膚似元白而氣味在盛唐間者，如《漁洋詩話》載，天啓中，朝鮮使臣余尚憲詩《早春》云:「王灘流水繞江涯，江上松林是我家。昨夜夢尋烏石路，山前山後早梅花。」(上海書店《叢書集成續編》第一五八册第一七三頁;《清詩話三編》第一九三二頁)

白香山《長恨歌》云:「楊家有女初長成，養在深閨人未識。」初不言壽邸事，為尊者諱，固應爾。然詩人之言，本以溫柔敦厚為正。香山此歌，但敘其事而義自見。若如李義山「如何四紀為天子，不及盧家有莫愁」，便覺輕薄，失詩人之意矣。(上海書店《叢書集成續編》第一五八册《梅崖詩話》第一七六頁;《清詩話三編》第一九三八頁)

放翁派源本香山，明白顯易，然浸以靡矣。余嘗效其體云:「半畝園林數尺牆，讀書多暇即焚香。事非著要休關白，人遇知交每放狂。積久詩逋仍未了，拖餘酒債且粗償。更憐春夢呼鶯覺，取次看花到海棠。」稿成以示楚白，頗復見許，然終不欲登之集中也。(上海書店《叢書集成續編》第一五八册《梅崖詩話》第一七七頁;《清詩話三編》第一九四二頁)

白香山云:「李娟張態亦尋常，大都秖要人擡舉。」(智按:《霓裳羽衣歌 和微之》原作:「妍媸優劣寧相遠，大都只在人擡舉。李娟張態君莫嫌，亦擬隨宜且教取。」) 此評妓詩也，其說通於用人取士，十室必有忠信，葑菲無以下體，吹求無已，安得女皆苧蘿，溪盡浣紗哉!(上海書店《叢書集成續編》第一五八册《梅崖詩話》第一七八頁;《清詩話三編》第一九四三頁)

智按:郭兆麒，字麟伍，號梅崖，人稱「梅崖先生」，懷古里(今山西陽城)人。乾隆三十三年(一七六八)舉於鄉，授官樂亭知縣，調密雲知縣。乾隆東巡時，擢升滄州知府，後因事罷官。博學工詩，有名於時。年不及艾而歿。有《書堂草》、《揚州夢》、《梅崖文鈔》(上海書店《叢書集成續編》第一三二册;臺灣新文豐出版公司《叢書集成續編》第一九二册;李豫主編《陽城歷史名人文存》第六册)。《梅崖詩話》撰於乾隆三十二年(一七六七),乾隆五十年乙巳(一七八五)之後仍續有補充。事迹見茹綸常《容齋文鈔》卷九《梅崖刺史遺集序》。《梅崖詩話》一卷，爲其二十七歲時憶平生交游酬唱、學詩心得之作。有民國二十六年山西省文獻委員會鉛印山右叢書初編本、臺灣新文豐出版公司叢書集成續編本。評騭白居易、李商隱咏貴妃詩，仍持正統迂腐之見。而據《并門集》駁議趙秋谷《談龍録》譏漁洋詩中無人一條，雖以子矛攻子之盾，切中秋谷要害，但究屬回護漁洋，未脱意氣、門户之爭。參見曾慶雨《郭兆麒與〈梅崖詩話〉》（《思想戰線》一九九八年第三期）、蔣寅《清詩話考》第四一五～四一六頁。

李德懋（一七四一～一七九三）

《甲申除夕記》

又抽元白氏《長慶集》矣。昔人曰：元輕矣，白俗矣。余則曰，元淺而巧矣，白衍而詳矣。開天以後之變調矣。嗚呼！文章之藝，其多方乎哉！代代而殊，倫倫而不相侔也。（《青莊館全書》卷三嬰處文稿一，首爾：民族文化促進會，一九八九年）

《瑣雅》

白樂天之文，雖俚俗，其制诰及判，後世難及。其《策林》許多經綸詳密。蓋如今之一等科儒，雖造言也，曲暢旁通，而其體裁則蔑如也。其《與元九書》，說交道文章處，淋漓可觀。多作佛家文字，或稱佛弟子，鄙卑何足道哉，碑誌則有時好。（《青莊館全書》卷五，首爾：民族文化促進會，一九八九年）

《詩觀小傳》

⊙元稹

元稹，字微之，河内人。元和初，應制策第一。歷官承旨學士，進工部侍郎同平章事。出爲浙東觀察使。太和初，入爲尚書左丞，兼武昌軍節度使。卒。與白居易倡和，當㫖言詩者，稱元白，號爲元和體。序事務在平易明白。後人有言：元輕白俗，有以也。有《長慶集》二十八卷。

⊙白居易

白居易，字樂天，自號醉吟先生，亦號香山居士。下邽人。貞元中，擢進士第，歷官賛善大夫。以言事，貶江州司馬，移刺忠州。文宗立召還，除太子賓客。會昌初，以刑部尚書致仕。卒，謚曰文。與元稹酬詠，號元白。與劉禹錫酬詠，號劉白。善為歌行長篇，詞贍而旨達，每有所作，令老嫗能解則録之。道情敍事，直寫胸臆。有《長慶集》三十九卷。(《青莊館全書》卷二四，首爾：民族文化促進會，一九八九年)

《婦儀》

諺翻歌曲，不可口習。如唐人詩《長恨歌》之類（唐人詩，卽白樂天所作。樂天名居易，自號醉吟，亦號香山。下邽人。貞元初進士。官尚書。致仕。謚文。玄宗深傷太眞之死，樂天作《長恨》以寓諷），豔麗流蕩，妓女之所誦，亦不可習也。(《青莊館全書》卷三十《士小節》卷七婦儀二《事物》，首爾：民族文化促進會，一九八九年)

《清脾録》

⊙詩有慣用字

韓昌黎詩多悲，凡三百六十首詩，哭泣者三百首。白香山詩多樂，凡二千八百首詩，飲酒者九百首。周密《浩然齋雅談》曰：杜詩喜用「懸」字皆絶奇。如「江鳴夜雨懸」，「侵籬澗水懸」，「山猿樹樹懸」，「空林暮景懸」，「當空淚臉懸」，「獮猴疊疊懸」，「踈籬野蔓懸」，「複道重樓錦繡懸」。李冶《古今黈》曰：司空表聖喜用「韵」字。《春晚》云：「憑高憐酒韵，引滿未能已。」《漫題》云：「率怕人書謹，閒宜酒韵高。」《光啓四年春》云：「小欄花韵午晴初。《寄同游》云：「春添茶韵時過寺。」《紅茶花》云：「豈憐高韵說紅茶。」《王官》云：「風荷似醉和風舞，沙鳥無情伴客閒。」是物此中皆有韵。(《青莊館全書》卷三三《清脾録》二，《韓國文集叢刊》本)

⊙黑

孟郊詩：「故人獨自敀，苦淚滿眼黑。」元使臣詩：「白酒紅人面。黃金黑吏心。」岑參詩：「雨過風頭黑。雲開日脚黃。」白居易詩：「天黃生颶母。雨黑長風人。」四「黑」字俱妙。(《青莊館全書》卷三四《清脾録》三，《韓國文集叢刊》本)

⊙小蟲諸趣

佛經以蚊蝻小蟲之屬，名曰諸趣。傅大士《諸趣》詩云：「若欲見佛看三郡，田宅園林處處停。或飛虛空中擾擾，或擲山水口轟轟。或身腰上有燈火，或羽翼上有秦箏。或鑽水孔爲鄉貫，或編草木作窠羅。或罹羅網爲村巷，或卧土石作階庭。諸佛菩薩悉如是，只箇名爲舍衛城。」余秋日有詩曰：「蔓槎樓櫓蜻蜓客，塼礫閭閻蟋蟀民。」盖用傅大士詩意。不知者以余詩爲無前恠品，余笑而任之耳。白香山《禽蟲》詩：「蠶老繭成不庇身，蜂飢蜜熟屬他人。須知年老憂家者，恐是二蟲虛苦辛。」「蟭螟殺敵蚊巢上，蠻觸交爭蝸角中。應是諸天觀下界，一微塵内鬪英雄。」「蠨蛸網上罥蜉蝣，反覆相持死始休。何異浮生臨老日，一彈指頃報恩讐。」「蟻王化飯爲臣妾，蜾母偷蟲作子孫。彼此假名非本物，其間何怨復何恩。」「一鼠得仙生羽翼，众鼠相看有羡色。豈知飛上未半空，已作烏鳶口中食。」此亦諸趣詩。而宋人演雅體。亦此流也。(《青莊館全書》卷三四《清脾録》三，《韓國文集叢刊》本)

⊙袠

白香山詩：「年開第七袠，屈指幾多人。」自註云：「余與蘇州劉郎中同壬子歲，今年六十二。」又詩：「行開第八帙，可謂盡天年。」註云：「時俗謂七十以上，爲開第八秩。」字書訓秩字，與帙同。又與秩同。袠與袟、帙同，書衣。又書卷編次也。白詩所引則謂過此而及彼，若繙書帙然也。信如此言，則稱慶七十者當云八袠，八十者當云九袠，乃與古語合。此出《雲谷卧餘》。余近日有詩云：「奈何芳年交，解到八九袠。」盖從白詩。然袠似是耋之同音，或通用，或轉譌也。(《青莊館全書》卷三四《清脾録》三，《韓國文集叢刊》本)

《耳目口心書》

白香山賦荷珠曰：不寄寓於傾欹，每因依於平正，可止則止；必荷之中央，在圓而圓。得水之本性。喻君子守身也。崔膺《金鏡賦》曰：玉匣初開，寒光飛出。仰映清空，天地洞通。萬象在中，虛涵不窮。湛爲寒潭，搖爲飛電。任在公以無心，有姸媸而自見。喻君子明心也。(《青莊館全書》卷四九《耳目口心書》二，《韓國文集叢刊》本)

《蜻蛉國志》

⊙人物

林道春，姓藤原，名菊松丸，信時之子也。十四歲，作《〈長恨歌〉〈琵琶行〉抄解》，遍讀四庫書。二十二歲，所經覽，凡四百四十餘部。受業於惺窩，而卒業於惺窩之高弟宋昌山。嘗讀春秋傳，惺窩寄書曰：古人讀《春秋》於羅浮，羅浮，不在羅浮，而在足下明囪淨几之上。因號道春爲羅浮山人。謁東照神君，神君問：「蘭多種品，屈原所愛爲何?」對曰：「據朱文公注，則澤蘭也。」其所應對無礙，皆如此。其論理氣，悉從頓悟。嘗與朝鮮使者金世濂，論辨四端七情。歷事四主，爲儒臣皆得恩遇。蓋東武爲置太學頭之職以處焉。明曆三年卒。年七十五。私諡文敏先生，從享神田孔子聖堂。著書百四十餘部，文與詩六十卷，號羅山文集。子恕，號鵝峯，孫信篤，號整宇。世襲太學頭。信篤子信充，信充子信愛。（《青莊館全書》卷六四，《韓國文集叢刊》本）

《寒竹堂涉筆》

《石湖集・題藥籠》：「合成四大本非眞，便有千般病染身。地水火風都散後，不知染病是何人。」石湖恰似白香山。其晚年作，尤是心印相傳。其悟解處，幾不可辨。（《青莊館全書》卷六九《寒竹堂涉筆》下，《韓國文集叢刊》本）

智按：李德懋，朝鮮時代後期學者，英、正朝「漢詩四家」之一。臨川郡公李德懋，鄭孝王李亮孫，襄邑恭王李神符子。官少府監、臨川郡公。五世孫李從晦知名。有《青莊館全書》。

吳文溥（一七四一～一八〇二）

《南野堂筆記》

《詩》云：「昔我往矣，楊柳依依；今我來思；雨雪霏霏。」雅人深致。淮南王《招隱士》云：「王孫游兮不歸，春草生兮萋萋。」騷人遺音。江淹賦云：「春草碧色，春水緑波。送君南浦，傷如之何。」賦家絕調。謝靈運「池塘生春草，園柳變鳴禽」，韋應物「微雨夜來過，不知春草生」，丘為「春風何時至，已緑湖上山」，白居易「野火燒不盡，春風吹又生」，諸聯同一神理，各臻厥妙。風會所趨，品格不無遞降落。（《南野堂筆記》卷一，《清詩話三編》第一九九六頁）

讀杜子美「結束多紅粉，歡娱易白頭」句，令人慨然。若白樂天「洛陽女兒面似花，河南大尹頭如雪」，更為悽絕。……（《南野堂筆記》卷八，《清詩話三編》第二一二〇頁）

白香山《杭州春望》詩云：「柳色春藏蘇小家。」史達祖《梅溪詞》云：「二月春風吹客袂，蘇小門前，楊柳如腰細。」周紫芝《蘇小墓》云：「湖邊山自向人緑，門外柳今何處垂？」最佳。（《南野堂筆記》卷八，《清詩話三編》第二一二一頁）

智按：吴文溥，字澹川，浙江嘉興人。諸生。家貧，爲衣食客游四方，曾渡海至臺灣，主講海東書院。晚歸里，在阮元幕中。工詩古文，詩源本陶謝，出入王孟。阮元許爲兩浙詩人之冠。自稱客金氏桐溪館，與方熏交而得詩格之正（《南野堂筆記》卷十）。有《漢唐石刻目録》、《南野堂詩集》及筆記《慎餘編》、《少見録》、《師貞備覽》、《苗疆指掌》。《南野堂筆記》十二卷，收入南野堂全集，又有民國元年（一九一二）上海中華國粹書社石印本。事迹見陳文述《頤道堂文鈔》卷三《吴澹川傳》。

王汝璧（一七四一～一八〇六）

《讀唐宋諸家詩率成長歌》

言之不從謂不乂，仝乂郊島皆詩祆。元精刻鑠混沌死，開明夜吼昆侖搖。韓公騎箕下南斗，上司喉舌扶天杓。麾斥百怪各儀舞，騰身汗漫歌咸韶。廟堂萬祼獨展拓，鼻祖甫白還從祧。元和長慶體屢變，自鄶而下音聊聊。尚愛昌谷麒驎兒，野春古豔生空翏。彩虹囊括駏驉背，唾花碎繡皆雲綃。後來六一頗振拔，能以雅健當韓豪。半山老狐大姦黠，詰屈自是資其驕。西江宗派復横溢，瓣香迺爲涪翁燒。大峩仙伯游逍遥，頗黎秀緑浮眉梢。岷江東下不肯住，蕩氛磢垢驅夔魈。退之驚笑子美泣，汗流覼靚鞭張晁。細雨騎驢劍南老，後勁猶欲追前茅。吁嗟此道誠足尚，筆不能達意自標。圖書典誥彖象爻，琴瑟鞉磬笙鏞箾。辭嚴義秘音磽聱，濫觴雅頌流風騷。太空萬古轉天籟，何有眾竅之調刁。東山之朒西山朓，百年消息汐與潮。玉丹金瀣不足貴，况迺鹿鹿連脽尻。零星碑版蝕風雨，新聲靡曼爭娥媌。分明呼白誰得梟，歸去來兮歌且謠。（《銅梁山人詩集》卷一，《續修四庫全書》影印清光緒二十年京師刻本）

《漫與七首乙未閏十月吴樹堂侍御招同人讌集劉氏園林作》（其四）

十年一覺夢青樓，團扇西風各自秋。一樣琵琶遮半面，銷魂豈獨白江州。（《銅梁山人詩集》卷六，《續修四庫全書》影印清光緒二十年京師刻本）

智按：王汝璧，字鎮之，銅梁（今屬四川）人。乾隆三十一年（一七六六）丙戌進士，官至刑部侍郎。有《銅梁山人詩集》。

錢坫（一七四一～一八〇六）

《（乾隆）韓城縣志》

⊙白居易祠

在縣南十里陳�。崇禎十一年二月，邑令左懋第建。十一月十五日大會，康熙十六年，邑令王廷選修。四十年邑令康行僴重修。始用春秋祭，豕一羊一。（《（乾隆）韓城縣志》卷二，《續修四庫全書》影印清乾隆四十九年刻本）

⊙古蹟

白田郙。在香山下，白樂天先世所居也。（《（乾隆）韓城縣志》卷二，《續修四庫全書》影印清乾隆四十九年刻本）

⊙賢良

唐白居易字樂天，其先蓋太原人。北齊五兵尚書建有功於時，賜田韓城，子孫家焉。又徙下邽，父季庚爲彭城令。居易敏悟絶人，工文章，貞元中擢進士，拔萃，補校書郎。元和元年，對制策乙等，調盩厔尉，爲集賢校理，月中召入翰林，爲學士，遷右拾遺。後貶江州司馬，久之，徙忠州刺史。入爲司門員外郎，以主客郎中知制誥，轉中書舍人。文宗立，以秘書監召，遷刑部侍郎，封晉陽縣男。太和初，除太子賓客分司。踰年，即拜河南尹，復以賓客分司。開成初，起爲同州刺史，不拜，改太子少傅，進馮翊縣侯。會昌初，以刑部尚書致仕，年七十五，卒，贈尚書右僕射，謚曰文。居易被遇憲宗，時事無不言，多見聽可，然爲當路擯斥，所藴不能施，乃放意文酒，嘗與胡杲、吉皎、鄭據、劉眞、盧眞、張渾、狄兼謨、盧貞燕集，皆高年不事者，人慕之，繪爲九老圖。其始生七月，能展書，姆指之無兩字，雖試百數不差。九歲暗識聲律，工於文章，蓋天稟然。贊曰：居易始以直道奮，在天子前爭安危，冀以立功，雖中被斥，晚益不衰。當宗閔時，權勢震赫，終不附離爲進取計，完節自高。嗚呼！居易其賢哉。（《（乾隆）韓城縣志》卷六，《續修四庫全書》影印清乾隆四十九年刻本，第六九三册，第一五〇頁）

智按：錢坫，字獻之，號小蘭、十蘭，自署泉坫，嘉定（今屬上海）人。錢大昕之侄。乾隆三十九年（一七七四）舉人，累官知乾州、兼署武功縣。生平攷經史，精訓詁，明輿地，尤工小篆。

尹愭（一七四一～一八二六）

《上巳日復以長律記故事》

風光正屬暮之春，令節最稱祓禊辰。除疾用巫周化國，秉蘭續魄鄭遊溱。漢前上巳風相襲，魏後重三俗更因。取義盖言祈介祉，臨波也欲潔其身。羽觴曲水公城洛，心劍金人鬼識秦。幄幕馨香樂園上，綺羅車馬曲江濱。聽琴太學韓文妙，揮筆蘭亭晉體神。束晢摯郎爭可決，郭虞徐肇語無倫。梁商薤露驚先兆，夏統歌章聳衆賓。積石天池嗟壞亂，鍾山僚宴但因循。長安妓樂錢龍會，河朔賓徒薄洛津。華頠善談殊衮衮，榮瞻遙拜亦彬彬。娵隅蠻語憐羈迹，金谷罰籌照後塵。鞋履踏青修有禮，盃樽斟緑亂無廵。天晴原上喧豪客，日暖水邊簇麗人。凉主序詩還自得，杜陵寫景信堪珍。裴公逸興言難盡，白傅清篇畫得眞。盥濯東流由習尚，遊嬉春日作經綸。綵旌黃繖張能艷，玉瀾金溝庾不貧。紅蘂巧將錦繡襯，嬌鶯忽與管絃親。宮娥翠渚紛簾幕，秘閣西池集縉紳。麗日芳年人似海，春心醉眼草如茵。惠連郊野携朋去，沈約缾巵鼓瑟繽。尚友老夫猶有幸，昔時天氣又今新。（《無名子集詩稿》册三，《韓國文集叢刊》本）

《己未元日》

春風忽報破祁寒，病裏逢新却浩嘆。身世自甘歸櫟散，功名還羡夢槐安。絳人甲子今猶遠，白傅黯陽且莫殘。五十九年何所事，沂雩隨意共童冠。（樂天詩曰：「半百過九年，黯陽殘一日。」）（《無名子集詩稿》册四，《韓國文集叢刊》本）

《庚申元朝》

蘧瑗六十化，良由欲寡過。我今愧古人，但學袁安臥。

聖人耳順衛賢化，悵望千秋謾一吁。博士公孫羞曲學，河南白傅窄前途。入門道眼聊當返，理屐春山未要扶。晚悟退閒差可擬，火銷燈盡酒宜沽。（公孫弘六十舉方正，召爲博士。白樂天詩：「六十河南尹，前途足可知。」蘇子瞻詩：「先生年來六十化，道眼已入不二門。紛紛華髮不足道，當返六十過去魂。」白詩又云：「不准擬身年六十，上山乃未要人扶。不准擬身年六十，遊春猶自有心情。我今悟已晚，六十方退閒。火銷燈盡天明後，便見平頭六十人。」）（《無名子集詩稿》册四，《韓國文集叢刊》本）

《癸亥春讀樂天詩，因其語而自歎》

白傅曾嘆頭雪白，假如醒煞欲何爲。心情多少在耶否，我欲言之還不知。（白詩云：「六十三翁頭雪白，假如醒煞欲何爲。」又曰：「心情多少在，六十二三人。」）（《無名子集詩稿》册四，《韓國文集叢刊》本）

《丙寅元朝》

七旬欠四卽斯年，點檢此生自悵然。清洛遊春追白傅，金陵告老想蘇仙。無憂無喜眞堪羡，一笑一談却可憐。稍喜新居幽且僻，耳聾眼暗斷塵緣。（樂天詩：「七十欠四歲，此生那足論。」又曰：「五十八歸來，今年六十六。」又曰：「遊春猶自有心情。」又曰：「無憂亦無喜，六十六年春。」子瞻六十六，至金陵，告老致仕。）（《無名子集詩稿》册四，《韓國文集叢刊》本）

《論致仕》

白香山詩曰：「我今悟已晚，六十方退閑。」麻衣道者視錢若水曰：「急流中勇退人。」後爲樞密，四十致仕。歐陽脩將退，人謂之曰：「未及引年，豈容遽去？」答曰：「豈可更俟驅逐。」蘇軾六十六，至金陵告老致仕，范鎮六十，拂衣歸園第，讀書賦詩自娱。客至，野服見之。司馬溫公曰：「吾勇决不如景仁。」周濂溪中歲乞身，老於溢城。陳執中因侄世脩，獻五湖圖，卽日納節，明年致仕。馬正卿因蘇子瞻書子美《秋雨歎》，卽日辭歸。韓世忠上章丐閒，跨驢携酒，縱游西湖。如此輩人，又高於人一等矣。余每讀白樂天《九老會詩序》，（前懷州司馬胡杲八十九，衛尉卿致仕吉旼八十八，前磁州刺史劉眞八十七，前龍武軍長史鄭據八十五，前侍御史內供奉官盧眞八十三，前永州刺史張渾七十七，刑部尚書致仕白居易七十四。皆有詩。又有遺老李元爽一百三十六，僧如滿九十五，是爲九老。書姓名年齒，寫其形貌，合尚齒之會於樂天所居東都履道坊，樂天爲之序。唐會昌五年三月二十四日也。又有秘書狄兼謩，河南尹盧貞未及七十，雖與會而不及列。）及杜衍《睢陽五老圖詩序》，（太子太師致仕祁國公杜衍八十，禮部侍郎致仕王渙九十，司農卿致仕畢世長九十四，兵部郎中致仕朱貫八十八，駕部郎中致仕馮平八十七，爲五老會，圖像賦詩，以繼九老會。錢明逸爲之序。宋至和丙申中秋日也。）及歐陽永叔借觀五老詩詩，（有「冥鴻得路高難慕，松老無風韻自寒」之句。）及富弼《耆英會詩序》，（武寧軍節度使守司徒開府儀同三司致仕韓國公富弼彦國七十九，河東節度使守太尉開府儀同三司判河南府潞國公文彦博寬夫七十七，尚書司封郎中致仕席汝言君從七十七，朝議大夫致仕王尚恭安之七十六，太常少卿致仕趙丙南正七十五，秘書監致仕上柱國劉几伯壽七十五，衛州防禦使致仕馮行己肅之七十五，中奉大夫充天章閣待制提舉崇福宮楚建中正叔七十二，司農少卿致仕王謹言不疑七十二，宣徽南院使檢校太尉判大名府王拱辰君貺七十一，太中大夫提舉崇福宮張問昌言七十，龍圖閣直學士通議大夫提舉崇福宮張壽景元七十，端明殿學士兼翰林侍讀學士太中大夫提舉崇福宫司馬光君實六十四，慕樂天九老會，爲耆英會，尚齒不尚官，就資聖院建大廈，曰耆英堂，命閩人鄭奐繪像堂中。時王拱辰留守北京，貽書潞公願與會，溫公年未七十，用狄監盧尹故事，令奐自幕後傳像。又之北都傳王公像，凡十三人。潞公以地主，携鼓樂就富公宅，作第一會。餘皆次爲會。各有詩。溫公爲之序曰：九老會圖傳於世。宋興，洛中諸公繼而爲之者再矣，皆圖形普明僧舍，樂天故第也。元豐中，潞公韓公悉集士大夫老而賢者凡十二人，圖形妙覺僧舍云云。宋元豐五年正月也。）及文彦博同甲會詩，（文潞公居洛，與中散大夫程珦，朝議大夫司馬旦，司封郎中致仕席汝言，爲同甲會，亦繪像於資聖院，皆七十八。各賦詩。潞公詩曰：「四人三百二十歲，况是同生甲午年。」）及司馬溫公眞率會詩，（溫公又作眞率會。伯康與君從七十八，安之七十七，正叔七十四，不疑七十三，叔達七十，君實六十五。爲約。序齒不序官，食不過五味。酒巡無筭，深淺自斟。主人不勸，客亦不辭。惟菜無限。召客共用一簡。客注可否。會日早赴，不待促。違約者罰一巨觥。楚正議增飲食數。罰一會。溫公詩曰：「七人五百有餘歲，同醉花前今古稀。」）未嘗不隔晨千載，如見其鬚眉皓白，衣冠甚偉，都人隨觀之狀，於名園古刹、水竹林亭之間，而擊節歎慕，望之若仙也。若李昉之九老會，（李文正昉，以司空致仕。至道元年，思樂天九老會，且交游中有此數。太子中允張好問八十五，太常少卿李運八十，故相吏部尚書宋琪、廬州節度副使武允成皆七十九，吳僧贊寧七十八，郢州刺史魏石七十六，諫議大夫楊徽之七十五，水部郎中朱昂與昉皆七十一，欲繼其事，爲宴集會。蜀寇起而罷。次年李公卽世，竟不成。）雖以事故而不成，其耋老優游相與，燕嬉於升平之世，則可以追蹤於履道坊故事。而溫公所謂宋興繼而爲之者再者，蓋指此與睢陽而言也。嗚呼！何其盛也，向使諸公拘牽於名繮之絆，出沒於宦海之波，則雖欲偷半日之閑，娱桑榆之景，尚可得乎？紀瞻曰：七十之年，禮典所遺。庾峻曰：古者大夫七十懸車，聽其致仕，則士無懷禄之嫌。宋時七十不致仕者，有司按籍，悉令告老。胡宿雖以爲當使人自言，全其美節。愚則以爲既曰禮典，又曰美節，又曰有懷禄之嫌，則在國家使臣以禮之道，宜使全其美節，無犯在得之戒。何必縶之使之，踰禮防隳節義而趍禍患乎？若一依禮典，四十而後乃許仕，七十則聽其休致。上自公卿，下至百執事，毋敢違越，而苟其德望才猷可以與聞國政，則如董仲舒在家，如有大議，使就而問之。爰盎家居，使人問籌策，趙充國罷就第。每有四夷大議，常參兵謀，則豈不美哉？嗟乎！古則難進而易退，今則躁進而忘退。其仕也則雖童騃之類，皆思擠人而媒進。其老也則雖八九十之年，苟其筋力不至於癃殘，則貪權樂勢，持祿固位之心，與年俱篤，而又恐人之議己也。乃曰：欲退不得，又曰吾將老矣，甚或思潁之吟，不絶於口，而待漏之霜，長滿於靴。此古人詩所謂「相逢盡道休官去，林下何曾見一人」者也。畢竟白頭蹈禍，覆轍相尋而不知悔，《禮經》所限，徒虚語耳。彼唐宋諸賢之盛事，今安得復見，悲夫！（《無名子集文稿》册六 文，《韓國文集叢刊》本）

《文體之艱易》

王若曰：文體不一，而艱與易而已。辭艱者奇，辭易者順，何所取舍歟？文莫尚於《尚書》，而古文皆易，今文皆艱。至於誥諭之文，宜順而反奇者。其故何歟？周公之文，艱而不易；孔子之文，易而不艱，均是聖人，而發爲文章者。有此奇順之不同，何歟？西京文章，最推馬遷。而如范蔡四君等傳主乎順，如酷吏、貨殖等傳主乎奇。出自一人，而艱易之不同若是者，抑何歟？楊雄法語之文，專務鍊琢，而未免後人之覆瓿；諸葛出師之表，不事雕刻，而尚致志士之霑襟。由是而言，易勝於艱歟？樊宗師之鉤章棘句，昌黎大加稱歎；白居易之俚語街談，小杜極其非斥。由是而言，順不如奇歟？班固連珠之叙，獨稱最得其體；陸機華葉之言，或譏不見大體。其所尚之艱易，可以詳言歟？永明之體，倆自何人？而奇歟順歟？徐均之體，行於何時？而易歟艱歟？楊士奇之詩文，號稱臺閣體，黄平倩之古文，自異翰林體，亦有艱易之可論歟？徐堅見稱舍人㨾，穆脩羞爲禮部格，抑有奇順之不同歟……須各悉陳之，予將親覽焉。正宗甲辰三月初十日。圓點三製，三下。

臣對：臣竊嘗以爲自有是文，便有是體，而艱與易，只是一體。……艱而未嘗不易，易而未嘗不艱。然後遇艱處而艱，遇易處而易。自其艱而論之，則奇古老辣，如萬丈峭壁，枯松倒掛，不可近而攀也。自其易而論之，則平淡悠遠，如千頃春波，輕舟穩去，不可遏而住也。是故古之作者，於艱易之體，未嘗有所偏廢。故其文艱者自艱，易者自易，隨處發見，并行不悖。一人之作而或艱或易，一篇之中而有奇有順。此其自然而然，非有所強爲者也。譬如善用兵者，有奇有正。知奇而不知正，與知正而不知奇，均之爲失也。正正之陳，堂堂之旗，自是上將之規模，而有時乎霆擊猋迅，神出鬼沒，使敵國奪氣而褫魄，則此孫吳所以獨擅其名，而李廣、程不識所以各得其一者也。文之艱易，何以異於此哉！世之人以艱與易，分而二之。爲艱之體者，擇古文之最艱者而祖之。爲易之體者，揀古文之極易者而尚之。各自矜高，競立門戶，有若朔南丹漆之相反者然。此所以文體之日偷，而艱者徒艱而不奇，易者徒易而不順也，其弊在於不務學。而只就文字章句上，覷得其糟粕故也，可勝歎哉！臣每於螢雪之暇，竊有見於文體之未嘗不一，而慨夫世之妄欲分異者矣。……鉤章棘句，可謂樊宗師之病，而昌黎稱歎。俚語街談，實是白樂天之長，而樊川非斥。由兹而言則順不若奇耶。捴而言之，則艱有不如易之處，順有不如奇之時，亦有論者之一時取舍，則何可以此而遽謂之彼勝於此耶。……臣幸得可言之會。輒欲叩竭兩端。而尺幅已盡。時限又屆。言止於此。伏惟聖上赦其狂妄。財擇而采之。則非臣之幸。乃世道文運之幸也。臣謹對。（《無名子集文稿》册九 殿策，《韓國文集叢刊》本）

《峽裏閒話》

⊙余平生慕白樂天之爲人

余平生慕白樂天之爲人，有執鞭之願。蓋其正直剛方，誠實洞達，事君以忠，與友以信，不違於君子之道，而又能善處於自元和至會昌之間，無些兒瑕累，享人間福禄，豈非去神仙不遠者乎？是故嘗以玄綾作飛雲履如雲霧。示道友曰：「吾足下生雲，計不久上昇。」想亦自視以遺世羽化矣。今據其見於史者而略言之。其生也，敏悟絶人，七月未能言，而能識之無二字。元和元年，與元稹、獨孤郁等應策試制舉，而作樂府百餘篇，規諷時事，流聞禁中。憲宗悅之，拜翰林學士。至賜防風粥一甌，口香七日。三年，策試賢良方正直言極諫。舉人牛僧孺、皇甫湜、李宗閔，皆指陳時政之失，無所避。考官楊於陵，韋貫之署爲上第。李吉甫惡其言直，泣訴於上。上貶楊、韋，而僧孺等久之不調。公上疏曰：「僧孺等直言時事而遭斥逐，於陵等以收直言而坐譴謫，盧坦以舉職事而黜庶子，此數人皆今之人望，天下視其進退，以卜時之否臧。一朝無罪，悉疎棄之。上下杜口，衆心恟恟。陛下亦知之乎？且既下詔徵之直言，索之極諫，僧孺等所對如此，縱未能推而行之，又何忍斥而罪之乎？」上以久旱，欲降德音。公請盡免江淮兩湘，以捄流瘠，宫人數廣，宜簡出之。諸道横斂，以充進奉。南方多掠良人，賣爲奴婢，皆宜禁絶。上悉從之。制下而雨。

時討王承宗，以吐突承璀爲神策河中等道行營兵馬使，諸軍招討處置等使。公諫曰：「征伐當責成將帥，近歲始以中使爲監軍，已非令典。自古及今，未有徵天下之兵，專令中使統領者也。今神策不置行營節度使，則承璀乃制將，又充諸軍招討使則都統也。四方聞之，必輕朝廷；四夷聞之，必笑中國。陛下忍令後代相傳云以中官爲制將都統，自陛下始乎？又恐諸道恥受指麾，心既不齊，功何由立。陛下念承璀勤勞，貴之可也，富之可也，軍國權柄，動關理亂。朝廷制度，出自祖宗，寧忍徇彼之欲而自隳法制，以損聖明乎？」

淮南節度使王鍔，厚進奉賂宦官，求平章事。公言：「宰相人臣極位，非清望大功，不應授。今除鍔則諸鎮皆生冀望，與之則典章大壞，又不感恩，不與則厚薄有殊，或生怨望。且鍔在鎮，百計誅求。自入進奉，若除宰相，藩鎮效之，競爲割剝，則百姓何堪。」事遂寢。

魏徵玄孫稠貧甚，以故第質錢於人，平盧節度使李師道請以私財贖出。公奏：事關激勸，宜出朝廷，師道何人？敢掠斯美望。敕有司以官錢贖還。上乃出内庫二千緡，贖以賜稠。山南東道節度使裴均，進銀器千五百兩。公言均欲以此嘗陛下，願却之。上命出付度支，尋密諭進奏院，諸道進奉，無得申御史臺，輒以名聞。公復以爲言。

河南尹房式，有不法事。監察御史元稹奏攝之，擅令停務。有内侍破驛門入，擊稹傷面。上引稹前過貶之。公言：中使陵辱朝士，中使不問而稹先貶，恐自今中使出外益暴横，人無敢言。又稹爲御史，多所舉奏，不避權勢，切齒者衆。恐自今無人肯爲陛下，當官執法，有大姦猾，陛下無從得知。

又請罷河北兵。又嘗論事言陛下錯。上色莊而罷。謂李絳曰：「居易小臣不遜，須令出院。」絳曰：「居易言雖少思，志在納忠。今日罪之，恐天下各思箝口，非所以廣聰明昭聖德也。」上悅待之如初。

穆宗二年，盧龍兵陷弓高。公上言：「自幽鎮逆命。徵兵攻圍，已逾半年，王師無功。由節將太衆，其心不齊。既無懲勸，以至遷延。請令李光顔與裴度夾攻，以分其力。招諭以動其心，必自生變故。仍選留精兵，餘悉遣歸本道，諸道監軍皆停罷，衆齊令一，必有成功。」其有犯無隱皆此類。故史稱其讜直。

其詩曰：「三年爲刺史，飲冰復食蘗。」又曰：「安得大裘長萬丈，與君都蓋洛陽人。」卽此可見其立朝風采與清白仁厚之德矣。又取詞賦用者，以陶家瓶數十，各題門目，作七層架列齋中，求集事類投瓶中，鈔録成書。每科一帖，是爲六帖。作詩示老嫗曰解否，嫗曰解則録之。此又可見其勤勵於爲文而不自是也。推劉禹錫爲詩豪，與元稹定交死生間。稹守會稽，公牧蘇臺，置驛傳詩往來，謂之詩筒。又每宴遊於慈恩寺花下。其相厚善如此。

而嘗有詩曰：「微之鍊秋石，未老已溘然。退之服硫黄，一病亦不痊。」牛僧孺自謂服金石有力而多畜妓，公又戲曰：「鍾乳三千兩，金釵十二行。」其不惑於異術又如此。既老致仕，結香山社，自稱香山居士，又號醉吟先生。鑿龍門八節灘，爲遊賞之樂。白衣鳩杖，優閒暮年。以僧如滿爲空門友，韋楚爲山水友，劉夢得爲詩友，皇甫明之爲酒友。又與胡杲、吉旼、劉眞、鄭據、盧貞、張渾、李元爽及如滿爲九老會，尙齒忘官，繪寫形貌，各賦七言詩，以記盛事。又有詩曰：「昔作少學士，圖形入集賢。今爲老居士，寫貌寄香山。」是豈西夕婆娑者流乎。今讀其七老唱和詩。曰：「七人五百八十四，拖紫紆朱垂白鬚。天年高邁二疏傅，人數多於四皓圖。」未嘗不挹高風於千載之下也。其歿也，葬龍門山。洛陽士庶四方遊人，皆奠卮酒，墓前方丈土成泥濘。非平日感人之深，能如是乎？蓋其坦蕩之懷，誠直之行，與物無競。處己有方，故能享有清福。不失令名，壽考康寧，歌詠自得。雖天子變色罷朝，而終復優容；雖小人沮遏作相，而亦未中傷。與楊虞卿爲姻家，而不累於虞卿；與元稹牛僧孺厚善，而不黨於稹僧孺；爲裴晉公所重，而不因晉公以進；李文饒素不樂，而不爲文饒所深害。後人以爲惟其不汲汲於進而志在於退，是以能安於去就。愛憎之際，每裕然有餘也。斯言其庶幾得公之心乎。（《無名子集文稿》册十三，《韓國文集叢刊》本）

……岑參每一篇絶筆，人人傳寫，雖戎狄蠻貊，無不吟習。李益每一篇成，樂工爭以賂求之被絃歌，供奉天子，其《征人早行》等篇，天下皆施之圖畫。王維愛孟浩然吟哦風度，繪畫以玩之。李洞慕賈島詩名，鑄像以師之。白居易爲詩，人爭傳之，雞林賈售其國相，率篇易一金。柳子厚得韓退之文，以薔薇露浣手然後讀之。白樂天推劉禹錫爲詩豪，蘇味道見宋璟《梅花賦》稱歎，列於文人之首。顧况讀樂天《芳草》詩，歎曰：吾謂斯文遂絶，今得子矣。以昌黎之文章，不但推李杜萬丈光焰，其於孟東野、柳子厚、樊宗師、李翺、張籍之流，稱許不已……（《無名子集文稿》册十三，《韓國文集叢刊》本）

智按：尹愭，字敬夫，號無名子，坡平人。有《無名子集文稿》。

陳昌圖（一七四一～？）

《琵琶亭》

青山太憔悴，清淚易潸然。恐遇商人婦，亭前不泊船。（《南屏山房集》卷三，《四庫未收書輯刊》影印清乾隆五十六年陳寶元刻本）

智按：陳昌圖，字南琴，號玉臺，浙江仁和人。乾隆三十一年（一七六六）丙戌進士。由翰林院編修考選山西道御史，轉刑科給事中，兵科掌印，轉通永道，官至天津道。有《南屏山房集》。

祝德麟（一七四二～一七九八）

《蔣心餘前輩有京師新樂府十四首為補八篇》

⊙開溝

五城煙火居民稠，洿池渟積惡不流。春深疏擪洩地脈，街頭巷尾開官溝。御史華軒換鞍馬，辟人奪隘何都雅。擔夫攔路避不得，窮途横辱鞭箠下。百官朝謁趨正陽（門名），欲南反北紆廻翔。雙輪只愁納陷阱，九軌何處尋康莊。吏胥乘機竊操縱，遲開早蓋須錢送。東家豪富西家貧，糞土如山壓檐棟。去年開溝風日晴，今年霪雨無時停。路旁有人正蹙頞，道是闤中新墨出。（諺云：「臭溝開，會墨出。」）

⊙搭棚

經天杲日紅於火，疑是請君入甕坐。鬱烝何計避驕陽，葦席秫簾安帖妥。棚匠棚匠達且挑，緣杙不殊升木猱。手縫繩索口習唱，非謠非曲長呼號。須臾漫空高兀兀，轉如轆轤滑如笏掩處。難窺咫尺天卷時，恰可惺忪月寓庭。老樹十數株，屋檐嘉蔭承扶疏。清風不費一錢買，暑氣能令三伏蘇。寄言爾匠休索直，我心自有水精域。他時解組歸田畊，老農夜話松毛棚。

⊙賣花

豐臺芍藥賤如土，狼籍泥塗不可數。原田鹵莽種千枝，天遣花開富老圃。東風一夜吹芳馨，陵晨捆載挑入城。紫莧王瓜同壓擔，花匠那識花娉婷。因思造物太草草，位置名葩亦顛倒。南人愛花花不香，北人賤花花偏好。中書省裏翻階時，繡幕金幃爭護持。託根失所難自惜，上天風露寧有私。買將香豔供吟榻，作詩懺花花不答。人閒萬事盡如花，誰登綺席誰泥沙。

⊙浴象

象奴牧象如牧豕，騎背巍峩聽指使。錦韉立仗備朝儀，暇日飯芻夏屋裏。宣武城河新漲高，老象要刷矗皮毛。炎天牽出内之浴，屹如山立揚洪濤。彎環歕欱風雨疾，玉齒丫义疑淬鐵。牡升牝降波為渾，翻身壓倒黿鼉窟。爬羅剔抉光晶瑩，掀天而起四柱樽。日斜纍向柳陰畔，撞鼻忽為靁鼓鳴。靚妝袨服縱觀者，傍水樓窗盡妖冶。目迷舌咋南土人，認作負圖之龍馬。

⊙廟市

東西二廟皇城中，三七下九百貨充。祇林一霎變闤闠，觀者鞍馬如游龍。日中交易各得所，貴自珠璣賤秬粧。良窳蚩眩雜沸騰，汝曹何異搬薑鼠。衣包開綑列布幬，百金之錦千金裘。幾人高立唱估直，男披女服聲咿嚘。舞鑼弄盆作游戲，都向廣場來獻技。腐儒屏立盱且哈，若使鬻文遭唾棄。布金買地頃刻間，席卷而去如雲煙。清淨趨佛利趨賈，夜半須防龍象怒。

⊙冰盞

六街市兒負販微，搖鈴考鼓呼嘷齊。殘宵平旦倍聒耳，或似咿唔或勃磎。祝融炎威張火繖，行人流汗衣如澣。前衢後巷絕無聲，獨聽錚錚鳴響盞。非宫非商何自鳴，不費涕唾知賣冰。冰湯滌暑更蘇渴，石髓瓊漿無此清。梅子仁兼蓮子薏，芍藥玫瑰香脈脈。調和而進色味殊，滿椀水精養虎魄。夢餘午睡聞冲冲，不覺兩腋生清風。羲御迴鞭到寅餞，響盞一時等團扇。

⊙煤黑子

不缶不瓦獨業煤，刻箱為矩雙木胎。摶沙合土響閣閣，東方未明羅滿階。黝然而黑黥其面，素衣化緇墨食練。幾令毛髮不辨人，門庭藩溷皆塗炭。土音自操秦晉風，肩挑背負竃養同。有時煤貴暗偷減，三錢定價無欺蒙。采煤或自西山歸，羊裘反衣長鞭麾。堆兵望見喜動色，沿車求索供晨炊。黑子黑子何太苦，尚元守黑老塵土。質明車馬亂似梭，城外低昂騎駱駝。

⊙火判官

試燈風裏火樹搖，廟門夜點人魚膏。仿彿郿塢然脂夕，氣燄燭天毛髮焦。黑墳為體塗以赭，狀似泰山治鬼者。馬通石炭困其臀，頂上放光眼出火。荆襪越鬼事不經，閃閃爍爍流鶉星。長人土伯果有靈，何辜加以炮烙刑。魋顏凹凸臭煤補，血口如盆煙霧吐。燋頭爛額但由人，死生枉向幽都主。兒戲何如聚雪為，前身已是昆明灰。五更風雨颯然至，又恐摧頹入溷厠。(《悦親樓詩集》卷四,《續修四庫全書》影印清嘉慶二年姑蘇刻本)

《丙戌之秋余與雷峰先後聞大母訃雷峰奔喪楚北别來兩閲歲矣頃自蜀攜眷入都同寓接葉亭感喜交集紀之以詩》

報劉心事此生休，君自星奔我媿留。今日兩家分半宅，去年一日抵三秋。那嫌鵝鴨比鄰鬧，且喜兒童逐隊遊。明月緑楊無恙在，好詩誰繼白江州。(《悦親樓詩集》卷四,《續修四庫全書》影印清嘉慶二年姑蘇刻本)

《少林以松石間意小照屬題留行笈中船窗醉後率成》

十年六七别，一别一流連。廣顙豐頤者，都非舊日顔。羈孤謝薄宦，淪老歸空山。蒼松與白石，待結三友緣。故人藴經濟，官在河西灣。略似白江州，詩名滿塵寰。臨分示我圖，寄意松石閒。松乎何鬱鬱，石乎何盤盤。小草笑其怪，武夫嗤其頑。松石不自知，本性守固然。幽情寓瀟灑，相賞已忘言。石介不可轉，松貞不可攀。交道亦如此，毋為末路歎。(《悦親樓詩集》卷二十二,《續修四庫全書》影印清嘉慶二年姑蘇刻本)

《醉白池》

沿溪植芳林，叢生半桂樹。欲援看竹例，不必主人晤。賞花待其繁，詎料風雨妒。本為訪桂來，花已泥滓污。殘顆落清尊，猶似金屑雨。池名義奚取，云自白太傅。當年蘇郡守（去聲），焉得此閒駐。名賢遊覽蹟，往往多牽傅。歐公未仕杭，六一泉偏署。我今作寓公，到處留杖屨。未知後視今，誰復識故步。且盡手中杯，安問恒沙數。（《悦親樓詩集》卷二十五，《續修四庫全書》影印清嘉慶二年姑蘇刻本）

《玉厓枉書兼寄新刻遣答三律》（三首其二）

歷盡兵戎境，功成事已傳。文章餘結習，軍旅出新編。慷慨高常侍，舂容白樂天。歲寒聞好語，歸計誓清泉。（來書有退歸之志云，清泉白石，實聞斯言）（《悦親樓詩集》卷二十八，《續修四庫全書》影印清嘉慶二年姑蘇刻本）

智按：祝德麟，字止堂，號芷塘，海寧（今屬浙江）人。乾隆二十八年（一七六三）癸未進士，改庶吉士，授編修，歷官御史。有《悦親樓詩集》。

汪志伊（一七四三～一八一八）

《唐蘇州刺史白公像贊并序》

予督修蘇州郡學，因改建敬一亭遺舍，立白公祠，與韋況二公祠並峙爲三。爰取《君臣圖鑑》中白公小像，令闕文山鈎勒上石。公於敬宗寶歷元年乙巳三月四日除蘇州刺史，五月五日到任，嘗作《虎邱路民免病涉兼障流潦非旬休不設宴》詩云：「衆賓勿遽起，郡寮且逡巡。無輕一日醉，用犒九日勤。微彼九日勤，何以治吾民。微此一日醉，何以樂吾身。」二年丙午，以病免。劉禹錫贈詩有云：「聞有白太守，拋官歸舊谿。姑蘇十萬户，皆作嬰兒啼。」公答有云：「去年到郡時，麥穗黄離離。今年去郡日，稻花白霏霏。」公時年蓋五十有五也。贊曰：

公來乙巳，公去丙午。一載吳中，匪日歌舞。何樂何憂，十萬餘户。九日治民，克殫綏撫。一日宴賓，用慰勤苦。蘇人愛之，杜母召父。卧轍難留，

酒淚如雨。懿彼官民，何風之古。(《稼門詩文鈔》詩鈔卷一頌贊，《續修四庫全書》影印清嘉慶十五年刻後印本)

《退思圖》

誰為箴規衹自思，藐躬得失寸心知。閑参叔簡呻吟語，細繹香山諷諭詩。指視嚴于初覺夢，彌縫愧在未能時。木蘭堂畔花開落，顧影愁添兩鬢絲。(《稼門詩文鈔》詩鈔卷六七律，《續修四庫全書》影印清嘉慶十五年刻後印本；《晚晴簃詩匯》卷九十五；《十朝詩乘》卷十三引，《民國詩話叢編》第四册，第四二八頁)

智按：汪志伊，字稼門，桐城（今屬安徽）人。乾隆三十六年（一七七一）辛卯舉人，由知縣官至閩浙總督。有《稼門詩鈔》。

甘立媃（一七四三～一八一九）

《和季兄琵琶亭懷古韻》

亭立千秋恨并悠，鳥啼花落草含愁。誰將司馬青衫淚，洒入長江不盡流。(《咏雪樓稿》卷一綉餘草，道光二十三年徐心田半偈齋刻本)

《和季兄琵琶亭懷古二絕句》

惆悵琵琶亭畔秋，征鴻横影遠雲浮。江聲到此應添恨，曾繫天涯流落舟。

送客江頭事已休，四絃音杳韻難留。只今惟有亭前月，常照離人來去愁。(《咏雪樓稿》卷一綉餘草，道光二十三年徐心田半偈齋刻本)

《詠琵琶亭》

江水滔滔去不留，江邊亭子足千秋。誰知司馬當年淚，未聽琵琶已自流。(《咏雪樓稿》卷四就養草，道光二十三年徐心田半偈齋刻本)

智按：甘立媃，字如玉，奉新（今屬江西）人。兵部主事甘禾女、博士弟子員徐渭崖室，早寡。著有《咏雪樓稿》五卷，第一卷綉餘草，第二卷饋餘草，第三卷未亡草，第四卷就養草。卷首一卷，附詩餘一卷。清道光二十三年（一八四三）徐心田半偈齋刻本，題「新吳女史徐室甘立媃如玉著、男心田校梓」。前有宋鎔序、道光二十年（一八四〇）王若閎序、嘉慶二十一年（一八一六）甘立媃自序。詩餘，前有甘立媃自序。末有道光二十三年徐心田跋。有扉頁，刻「咏雪樓稿。半偈齋藏板」。附歸舟圖詩，劉彬士、顧臯作墓志銘，茹棻作像贊。

秦瀛（一七四三～一八二一）

《江行雜詩》（四首其一）

遷客江州酒一觴，蘆花楓葉滿潯陽。蝦蟇陵下琵琶婦，賺得青衫淚數行。（《小峴山人集》詩集卷二，《續修四庫全書》影印清嘉慶刻增修本）

《虎丘謁白刺史祠》

頻拜孤山像，三吳祀事同。人懷長慶後，地在武丘東。杭郡兼蘇郡，韋公又白公（蘇舊有韋公祠，在郡學内，今白公祠則蘇州守新築）。多勞賢太守，蘋藻薦秋風。（《小峴山人集》詩集卷十一，《續修四庫全書》影印清嘉慶刻增修本）

《琵琶亭》

江州遷客愁如水，商婦琵琶寓言耳。白公一去江茫茫，琵琶亭古留潯陽。公豈天涯淪落者，尚書終老香山社。我逢聖主今投簪，平生無淚沾青衫。偶向琵琶亭上坐，千載如公應識我。勿彈琵琶且鼓琴，薰風一曲和人心。（《小峴山人集》詩集卷十五，《續修四庫全書》影印清嘉慶刻增修本）

《湖上》

楊柳月移水岸，荷花風送船牕。我是香山居士，只欠歌童一雙。（《小峴山人集》詩集卷二十六，《續修四庫全書》影印清嘉慶刻增修本）

《漫興》

富貴何如春夢婆（用遺山句），百年身世髮婆娑。投閒書札長安少，送老詩篇近體多。尚擬開尊希北海，未妨說鬼學東坡。醉吟漫讀香山傳，履道坊前有逝波。（《小峴山人集》詩集卷二十七，《續修四庫全書》影印清嘉慶刻增修本）

《論行述體例》

名公卿大夫之歿，作行狀以述生平事蹟，上之史館，謂之公狀，類由他人所撰，狀首先列所狀者之曾祖祖考名諱，其例已古，今人於父母之歿，人不論顯晦，位不論高卑，其子孫率自具其先人行事，以乞銘於人，又以子孫不得自稱祖父名諱，於文後托他人之名，系之曰某人填諱，此例不知始自何人，而今文章家明於義法者亦用之。先考歿，余竊用其例，於先代世系名號並詳述之，而從先考之所稱，或者病焉，曰文家體例，當以韓歐為法，兗公之表瀧岡也，以皇考稱崇公，而於祖考則稱皇祖考，於曾祖則稱皇曾祖考，皆兗公之自為稱，而不從崇公之所稱，刃皆不書名諱，今人於行述内既直書考之名諱，而於考之曾祖祖考名諱，則又從考之所稱而直書之，不亦悖於禮乎？震川歸氏撰《先妣行略》，於妣之祖稱外曾祖，於妣之父稱外王父，此於妣之祖父且然，蓋韓歐遺法也。余惶悚再拜而言曰：為人子孫而於文字中直書先人名諱，且從所狀者之稱，疑於為父而直稱其曾祖祖考之名，宜仁人孝子所不敢出也。惟是人之稱謂，有行於古，不能通於今者，如兗公《瀧岡阡表》稱其考為皇考，稱其祖為皇祖考，稱其曾祖為皇曾祖考，皇考之稱，此固本於《離騷》。設今人襲其稱，鮮不目為妄且僭者，且兗公之文乃自表崇公之阡，故不著名諱，若為行述乞銘於人，而不著名諱人，何從知其祖父之名諱而書之乎？至謂曾祖祖考之稱，宜從所狀者之所稱，則歸氏《先妣行略》稱妣之父為外王父，妣之祖為外曾祖，而其後乃曰先妣卒，母何氏亦卒，則又稱妣之母為母，而不稱外王母，且文内曰先妣諱桂，外王父外王曾祖諱某某，未嘗不書名諱，可見文家變文起例，且臨文不諱，於義法中，未嘗不隨時變通也。韓歐集中無為其祖父作行述之文，而余之所用，乃本諸唐人穆員、白居易，其例黄梨洲《金石要例》引之，而果堂沈氏又申其說，吳江陸青來嘗論其非，以駁錢巽齋，而余不敢盡謂然也。爰書之，以質當世立言之君子。（《小峴山人集》文集卷一，《續修四庫全書》影印清嘉慶刻增修本）

《硤石紫微山白刺史祠記》

嘉慶三年冬，破迷上人過余公廨，且言曰：「海寧州硤川之上，有紫微山者，背山面川，為惠力寺，即晉寧康間尚書張延光捨宅為寺，所稱志愿寺者也。唐長慶中，白公居易刺杭，嘗登此山，望硤石湖。公自中書舍人出守，山名紫微，以此。僧素清住持於是，既嘗重修斯寺，並建羅漢堂，學士盧公文弨、侍郎錢公載，先後記其事。今年春，又建祠祀公，請為之記。」余考宋《圖經》曰：「唐紫微舍人劉禹錫行縣至此。」海寧舊志則曰：「禹錫未嘗刺杭，當是白居易、裴夷直。」《硤川志》又稱：「唐長慶三年，居易刺杭。秋八月，登此山，望峽石湖，作詩勒石。明孫一元詩有『白傅斷碑樵斧礪』之句，即今紫微山也。」顧志中所載公詩，不見於公集，當是元明間人傅會，而一元沿習傳譌，未可遽信。然則斯寺之有公祠，固不中祀典歟？余曰否否。海寧，故杭州屬邑。公之刺杭也，嘗洩西湖之水，溉田千頃，湖由湧金門入城，出武林、艮山等門，會上塘河，直達海寧。至今沿塘民田，猶藉湖水以資灌溉，皆公賜也。西湖向祀公於竹閣，今久廢，而海寧一釋子乃獨祀公於浮屠之宮，以云報也，又何論公之果至是與不至是歟。余雖未登紫微，而樂為記之，以見賢士大夫既歿，而民百世不忘，抑以見素清之賢也。（《小峴山人集》文集卷四，《續修四庫全書》影印清嘉慶刻增修本，第一四六五册，第一九五頁）

智按：《海昌勝蹟志》卷三引録白居易《登西山望硤石湖》：「菱歌清唱棹舟迴，樹裏南湖似鑒開。平障煙浮低落日，出溪路細長新苔。居民地僻常無事，太守官閑好獨來。猶憶長安論詩句，至今惆悵獨書臺。」又引秦瀛語，謂疑出後人附會。《明一統志》卷三八杭州府：「紫微山，在海寧縣東北六十里，唐白居易嘗登此山望硤石湖。」《浙江通志》卷十杭州府：「硤石湖，《硤川志》亦稱硤川。在縣東北六十里，廣三十二丈。成化《杭州府志》：其源自茶湖，南通麻涇港，迤西南流入於洛塘河，東達海鹽縣界黄道湖。」清蔣宏任《峽石山水志》（清別下齋叢書本）云：「紫微山，高十八丈，周一里，其土黄壤，其石多火。唐長慶三年，中書舍人白居易刺杭州。秋八月，登此山，望峽石湖。中書為紫微省，山以人傳，故名。舊有居易碑記。嘉靖中，關西孫太初微山詩有『白傅斷碑樵斧礪』之句，以知礪斧碑石猶在，而今不見矣。夫昔人得呂梁古碑文，沕可認者，止三十六字，猶護如拱璧，視此不大可慨歟！」又云：「審山南下為東南湖，紫微山南下為西南湖，總滙為南湖，即白居易所登望者，或稱鵑湖。湖中一洲東南繞，曰金腰帶，名無考，湖乃天目支流，北通長水，秦時夾谷水也。……」

《新建蘇文忠公祠堂記》

蘇文忠公之守杭也，有惠政，杭人嘗祀之蘇隄之上。其後呂惠卿守郡，奏毀之。今孤山有四賢祠者，合祀李鄴侯、白香山、林和靖及公，迄無專祠。嘉慶三年，夏瀛偶偕仁和潘君庭筠、無錫華君瑞潢汎舟西湖。兩君言孤山有隙地，向時地方大吏，曾建屋十數楹，以備館舍，今就圮盍，葺之為文忠祠。會杭人紛沓來請，迺與僚屬各輸俸緡，而杭之薦紳士夫亦樂醵錢為助，經始以嘉慶三年六月，不逾月而祠堂成。杭人志也方，文忠守杭，距為杭倅時幾二十年所，杭人家有畫像，飲食必祝，而其治行之最著者，莫若興水利。蓋西湖自鄴侯作六井，香山浚湖水入運河，迨宋漸廢而不理，而湖中之葑，遂成為田。文忠至，而濬茅山、鹽橋二河，又造堰閘以備蓄洩，取葑田，積長堤，以通湖之南北，而民世世食其福，即所稱蘇公堤者是也。夫以文忠生平大節，忠言讜論，比於陸贄，其所莅之地，民尸祝之，奸諛能毀之於當時，不能毀之於後世。然則斯祠之建，庶幾有舉而無廢焉也已。祠在孤山之麓左，即四賢祠。其前為水仙王廟，文忠書和靖詩後，詩所謂「配食水仙王」者，即其處。公之澤在西湖，其英爽之所棲，宜在乎是。瀛代匱浙西四年，於兹鮮善政足以及民者，瞻拜祠下，有餘恧焉。董是役者，即華君與武進蔣子某。祠既成，杭人乞余文落之，爰為之記，勒祠壁。（《小峴山人集》文集卷四，《續修四庫全書》影印清嘉慶刻增修本）

《蘇潭圖記》

蘇潭者，謝蘊山先生南昌别業池名也。蘇潭曷名？先生之師閣學翁公所以號先生者也。蘇潭曷以號先生？先生故居南康之蘇步坊，舊傳為蘇文忠游歷處，其井曰蘇步井，翁公過之，易之曰蘇潭，為作銘，而即以蘇潭號先生也。翁公既以蘇潭號先生，先生遂取以自號。後自南康遷南昌，不忘蘇潭之所自始，故其别業之池，仍名以蘇潭也。今先生方為浙江布政使，計自太守，而歷監司廉訪，以至方伯，先生之離其家者十數年，不惟南康蘇步之潭不可得見，即南昌之所謂蘇潭者，亦僅寄諸夢想。此先生蘇潭圖之所為作也。圖既成，而屬余為之記。烏虖！余未至蘇潭也，而得交於先生，交先生如至蘇潭矣。又得因先生，而見蘇潭圖，更如游蘇潭矣。先生語余，南昌有小園，鑿池其中。池之上，壘石為山，購亭曰來鶴亭。亭旁為鴻雪舫，其東為香雲書屋，又東為樹經堂。堂之後，為居室。先生之言如是，今披是圖，歷歷可指。且天下之水，莫大於澥，而莫小於潭，然當夫甘泉沸騰，致雲雨，雖一潭而澤物之功，往往與溟渤爭能。先生昔居蘇潭，方欲自遂其沼沚之樂，及其出而用於朝廷，為天子大吏，則蒼生方待其膏澤，非區區蘇潭所得而私先生也。抑浙江自唐宋以來，官於玆者，不乏獨稱李鄴侯、白香山及蘇文忠三刺史。今西湖之上，文忠之澤猶在，先生位邦伯，尤非刺史比。俯仰遺跡，思所以不媿文忠者，不必蘇潭，亦焉往而非蘇潭也耶？作圖者誰？錢塘布衣奚岡，字鐵生。（《小峴山人集》文集卷四，《續修四庫全書》影印清嘉慶刻增修本）

智按：秦瀛，字淩滄，號小峴，無錫（今屬江蘇）人。乾隆三十九年（一七七四）甲午舉人，丙申召試，授内閣中書，官至刑部侍郎。有《小峴山人集》。

趙良霨（一七四四～一八一七）

《琵琶亭》

白傅吟詩處，琵琶尚有亭。一時新斬棘（舊亭卑陋近，新修拓而大之），千里恰揚舲。水接漢江綠，山招廬阜青。晚來商婦曲，嘔啞不堪聽。

烟柳翠交加，長隄一道斜。未能逢使節，相與泛仙槎（謂榷使瀋陽唐公）。慷慨常懷古，飄零且看花。非無司馬淚，不肯灑琵琶。（《肖巖詩鈔》卷九，《續修四庫全書》影印清嘉慶五年涇城雙桂齋刻本）

《泊琵琶亭》

開春來泛潯陽棹，琵琶亭上容登眺。夭桃楊柳各弄姿，仿佛舟中商婦貌。銀粉爲墻竹織籬，栽花壘石映清池。別有樓臺鎖金碧，官舍不許閒人窺。歸舟又向亭前泊，落日長江烟漠漠。杳無秋月照淒清，何處哀絃歎離索。離人思婦古同情，假事抒懷鳴不平。白傅自流遷客淚，琵琶原屬子虛聲。後人但愛詩詞綺，便向江邊築亭子。盃底收來溢浦濤，樓頭招得廬峯紫。江山風月無終窮，誰似潘陽榷使公？繞壁每搜遊客句，愛才真有古人風。祇今豈無詞賦手，一詠一觴復何有？林園但見旌麾來，花徑紛從輿隸走。日日江頭勞送迎，香山地下應撫膺。悔將謫宦翻新曲，留與居官作驛亭。（《肖巖詩鈔》卷十，《續修四庫全書》影印清嘉慶五年涇城雙桂齋刻本）

智按：趙良霨，字肅徵，號肖巖，涇縣（今屬安徽）人，乾隆六十年（一七九五）進士，官至內閣中書。性孝友，立身先行誼，不務科名。著有《讀易經》、《讀詩經》、《讀禮》、《讀春秋》及《肖巖文抄》等。

李書吉（一七四四～一八一九）

《論詩雜詠》（十四首其六）

凄清夜杵與晨笳，潮打空城白傅誇。不解護持常有物，格教貝錦借桃花。（劉禹錫）（《寒翠軒詩續鈔》羸適前集，《清代詩文集彙編》影印清嘉慶慶譽堂刻本，第四〇九册，第三一八頁；《萬首論詩絕句》第二册，第六一三頁）

《論詩雜詠》（十四首其九）

道盡家常意匠新，唐臨晉帖贋非真（香山開宋人一派，然宋人遠不逮矣）。最難老嫗都能解，畢竟香山少替人。（白居易）（《寒翠軒詩續鈔》羸適前集，《清代詩文集彙編》影印清嘉慶慶譽堂刻本，第四〇九册，第三一八頁；《萬首論詩絕句》第二册，第六一四頁）

智按：李書吉，字小雲，常熟（今屬江蘇）人。乾隆四十五年（一七八〇）庚子舉京兆，歷官欽縣知縣。有《寒翠軒詩鈔》。

汪泩（一七四四～？）

《讀明史樂府》（并序）

曩見尤西堂《明史樂府》，徵事屬詞，娓娓可誦，謂因詩知史，當與唐白樂天、明李賓之樂府並讀。暇日涉《明史》，至「忠孝」、「義烈」諸傳，感其志行卓越可風，而西堂樂府僅有《何孝子》一篇，及孫忠烈、許忠節數語，他無及焉。因就史文，約爲韻語，舉一二以例其餘，要蘄無謬於興觀之意，工拙非所計也。

《孫侍兒・花雲傳》

死事易，立孤難。將軍致命夫人死，三歲之孤何由全。孫侍兒，彼誠苦。抱兒行，被掠擄。投漁家，脫簪珥。屬養之，尋竊走。渡江遭僨軍，奪舟棄江水。浮斷木兮入葦洲，蓮實哺兒兒不死。雷老挈之行，踰年達帝所。孫拜泣，帝亦泣。置兒膝上賜兒名，兼賜雷老衣一襲。孫侍兒，彼誠能。忠膽發，智珠生。雷老賜衣忽不見，無乃至行格神明。臣爲君，婢爲主，命曰安人立祠宇。孫侍兒，亦千古。

《通判馬・王禎傳》

督盜同知長袖手，指揮朋比臨敵走。通判罵賊斷臂侯，六百餘人齊碎首。全軍沒，一馬還。馬還毛盡血，方知通判已傷殘。公子乏貲爲鬻馬，同知得馬不償價。扶櫬直行柰若何，馬如知者嘶中夜。嘶中夜，同知起。同知怖敵不怖馬，開廐視之敵至矣。囓項擣胸汝寧逃，憾不脫羈報柴曹。（柴成、曹能卽指揮）

《旌忠祠・孫燧許逵傳》

旌忠祠，忠烈忠節死同時。忠烈窺宸濠，豫備在先期。築城置縣撤兵器，四路控制如布棊。身死雖無濟，他日功成思。我爲忠節多謀略，禦賊著名威宸濠。黨方横剪盜，息賄論何奇。當其罵賊赤心在，而殺我帝能殺而。旌忠祠，章水湄。天陰慘，風雲馳。

《笑金贖・黄釧傳》

倭入犯温州，三軍逆擊大夫指。中軍有大夫，無柰二軍之帥紈袴子。二軍望敵潰，中軍難復全。降不可脅無多言，責金贖，笑徒然，大夫由來不愛錢。

《投箸起・汪一中傳》

投箸起，賊薄泰和，巡檢力戰死。及今豈是飲酒時，公等籌之莫坐視。從來慷慨不爲身，討賊之責復誰諉。往致祭於巡檢之前，直以忠魂激將士。

彼職抱關者，死事尚罷爾。吾爲方面不滅賊，雖生不如死久矣。授命軍前志可悲，冒刃猶殺三賊子。

《天鳳疏・徐朝綱傳》

臣鳳言，臣父朝綱署安府。土官見賊開門迎，奮罵死奴甘刀斧。臣母自經樓，臣嫂赴烈炬。孫年時止十六齡，亦能持矛向賊覔。阿祖婢僕十一人，各各殉其主。臣父雖蒙恤，母嫂均未獲旌敘。乞加優典，用光門宇，制曰可叶。

《虎守骸・孫克恕傳》

賊殺人，虎亦啐人者。啐人有時肯衞人，同惡共濟宜未可。蠻人莫異嗟，不誠未有能動也。守骸是虎，守虎是我。

《萊州礮・朱萬年傳》

登州已陷萊州急，中計撫守同被執。卓哉太守忠且智，誘以呼降令從入。從入賊騎五百人，太守大呼我必殉。賊之精鋭盡在此，發礮急擊毋逡廵。一再呼，頻頓足。賊亦盛怒立殺戮，太守已死城上見，礮發殲賊殲過半。

《鄭義門・鄭濂傳》

鄭義門，宋迄元。族有數千指同居，三百年家法一人。主家政代以，長者爲之先。謹守祖訓，不聽婦言。濂陳八字對稱旨，治家長久道固然。拜賜天厨果，分甘帝所歎。惟庸得罪彼何事，乃以鄭氏相株連。兄弟並欲行，濂湜爭獄前。有人如此肯從逆，帝亦感之立宥原。湜擢条議濟庶子，禮部尚書，白衣是棠，檢討幹御史。他得官者復數人，孝弟敦行有如此。

《鳴鳳山・邱鐸傳》

兒在斯，兒在斯，鳴鳳山頭號聲悲，結廬墓側馨餐膳。不如播遷避亂時，夜月昏黑，悲風酸嘶。中雜哀號聲繞墓，長呼知不知。虎豹聞之皆遠徙，鳴鳳山有眞孝子。

《題御屏・周琬傳》

何來十六兒，叩閽代父死。將毋受人教，縛之斬諸市。觀其色，色坦然。命宥死，改戍邊。戍邊與斬均死耳，父死子安用生全。帝復怒之縛如前，觀其色，色甚喜，此兒實乃天性耳。當時赦罪且授官，御屏親題周孝子。君不見：常刑續有尚書奏，屈法恐開僥倖竇。

《日本貢·麴祥傳》

日本臣，諷入貢。有妻有子不願留，臣心自有蓼莪痛。宣德之中偕使來，疏請歸養陳積懷。自言永平有籍貫，隨父金山遭倭變。生年十四被俘掠，身在異域心鄉縣。今獲生還，夫豈由人，乞歸侍養不勝至。願天子，重柔遠，但許暫給歸。歸家獨有母，亦不識其兒。耳陰赤痣驗乃信，抱持痛哭旋當離。歸國啓帝意，入貢仍聽隨。申前請，詔許之。相失二十年，地復限華夷。當年豈有他謬巧，移孝作忠無二道。

《鐵椎擊·何競傳》

臣報君，子報父，千秋艷稱博浪椎。忠孝一揆孰接武，何氏之子能復讎。哀哉斯人亦良苦，當其父死時，奉母逃他所。已聞讎人還，潛歸召親與稱冤。卮酒間，叩頭激衆怒，道旁邀擊奮鐵椎，仆輿裸之杖齊舉。矐目拔鬚髮，抽刀斫左股。方將甘心焉，偏爲衆所阻。連鎖赴監司，慷慨入囹圄，吾非畏死者，公乃恣箠楚。臂肉可噬血可噀，一堂見者皆驚吐。何氏子，非莽鹵。諸父訴冤自闕來，阿母復撾登聞鼓。此獄獲覆治，傷痕驗可數。解役任寬且首實，臨命血書今付汝。讎人雖伏罪，死者究何補。服衰終身刻肺腑，吁嗟乎！殺人相讎寧有極，彼父非辜斯足取。

《海島夢·王原傳》

長來不見父，問父往何方？阿母語之故，避役長流亡。設肆在通衢，旅舍日攘攘。但遇遠行人，告以父端詳。久之竟無得，將往尋他鄉。母曰父甿耳，姓名不遠揚。一去二十年，存沒未可量。毋並作羈鬼，使我無依傍。兒豈不念母，幸有婦可將。號泣長辭去，願母勿嗟傷。南北去來忽數載，經歷泰山渡滄海。田横島上假寐間，夢當卓午炊虀醢。占之老父占亦奇，莎根附子肉和之。附子膾卽父子會，午者南方往則宜。南來輝縣過山寺，額題夢覺心驚悸。天寒雨雪卧寺門，啓關駭問實酸辛。云是文安尋父者，爨下恰有文安人。父子相見不相識，問姓呼名今竟得。自愧無顏不欲歸，萬里牽衣肯復釋。世俗休疑夢卽眞，應是田公高義如有神，天涯孤子何從問。君不見，交臂失者猶紛紛。

《徐氏僕阿寄傳》

伯氏析產得一馬，仲氏析產得一牛。季氏寡婦何所得，獨有阿寄老蒼頭。馬可乘，牛可耕，蹌踉老僕，費我藜羹。主謂不若牛馬耶，阿寄有策可營生。脱簪得金畀阿寄，販漆已收三倍利。更歷二十年，積資巨萬計。中間婚嫁且數千，財雄一邑咸嗟異。及寄病，且將死，出枕中籍遺兩郎，老奴牛馬之報盡此矣。私篋更無遺金留，妻兒有衣僅蔽體。

《夫人潭·丁氏傳》

君坐法，妾當沒。監者意何居，借梳以掠髮。此輩無禮必辱我，非死無以全名節。陰澤之崖躍赴水，從容斂裙知免矣。夫人潭，潭水深以涵。潔可鑒，涅可塹。

《從軍女·韓貞女傳》

干戈無地逃掠擄，溷跡男兒驅入伍。身經轉戰已七年，從破雲南功可數。逢叔父，贖歸土。火伴驚看改故裝，從軍不獨木蘭女。

《三孝女·姚孝女、蔡孝女、昭遠孝女傳》

誰謂虎猛，姚女掣之尾可脱；誰謂虎猛，蔡女鬬之枝可遏。心知救母不知他，猛虎安能奈女何？嗟彼南山蟒，喫人且如麻。天憐昭遠孝女志，雷擊蟒裂落山阿。掩父屍，觸石死，惜乎未知其姓氏。

《萬義姑·本傳》

一門祖父兄，先後征戰死。繼母二嫂皆盛年，六月遺腹曷足恃。無期功親，孰爲之子。拜天哭告，萬氏絕矣。願天賜嫂一男兒，我矢不嫁共撫之。既生男，迄成立。子若孫，職世襲。子孫相繼奉姑訓，嗚呼！姑年已七十，四忠三節一義門，姑之爲義更特聞。萬義姑，行何殊。幼貞靜，善讀書。

《竇妙善·本傳》

太守走，夫人執，竇乃一妾耳，雖智亦何及。請看竇計多，奇急投府印。衣鮮衣，奮身前語賊：爾執吾婢欲何爲？賊意夫人也，取前執者盡釋之。肩輿舁，出城中。有父子隨伊何人，曰盛豹父子同被掠，叩頭爲父告。賊許之，竇不可。是有力，當舁我。乘間語盛豹，府印投荷池。藉汝歸爲太守言，前行遇井，吾命畢於斯。豹既縱，竇可死。花隖之井深且泚，妾心有如井中水。

《乞食婦·石門丐婦傳》

乞食婦，婦從夫。乞食婦，婦從姑。有姑與夫不忍棄，乞食石門甘泥汙。三人偶相失，挑者何紛拏。坐守東高橋，不復乞食二日餘。橋之水縈紆，我今不見姑與夫，安能覥忍留此軀。

《齩鐵釘·馮氏傳》

鐵釘難齩斷，守節未易言。節婦眞能齩釘者，齧之剨然見齒痕。抉臂肉，示可守。釘壁間，明可久。此志脫有他，此肉當不若彘狗。始夫亡，年十九，娣姒看我今白首。釘上痕如新，壁間肉不朽。誰云守節未易言，齩斷鐵釘亦何有。

《斷髮守·楊貞婦傳》

從一終，婦人吉。湖南游子久不歸，潼關貞婦自斷髮。穴牆而居，垂橐而食，困守廿六年，萬里來歸客。匣中斷髮緑如雲，今我成婚髮迸白。

《乳肉療·李孝婦傳》

割乳肉，昏仆地。有姑病篤將不治，割乳仆地竟氣絕。傾駭一城官長至，踵門之僧何處來。傳之蘄艾此何劑，乳肉豈眞能療疾。俞扁無功孝所致，官長親見不以聞。應緣傷生恐格議，傷生雖難訓至性。寧可僞且如，卧冰割股本不旌，孝子之心復何爲。（《穫經堂初藁》卷四詩三十九首，《四庫未收書輯刊》影印清乾隆六十年刻本，拾輯第二十八册，第二七七～二八一頁）

智按：蔣士銓《明史樂府序》：「史與詩不同，詩與樂府又不同。史書其大端，略其細行，敘次簡潔，褒貶自見。詩咏歎淫泆，婉而多風。樂府則鋪張揚厲，旁喻曲引，而節短韻長，使人自得於言思之外。自樂府聲律失傳，詩人擬古之作，率以意為之宫商節奏。苟起唐宋協律之官按之，未必許其盡合。鐵厓、西涯樂府大都古詩之流耳，難與元、白、張、王同調也。予友學博汪君容川，學術深醇，久負文望，擇《明史·花雲傳》以下若干人，各為一篇，取忠孝義烈之事，反覆敷陳，激昂慷慨，委曲難言之隱，如親遇之。

其結構變换，妙不可偕。如臨淮入汾陽軍，壁壘一新。立言訓俗，不特突啻西堂，且將方駕元、白。至聲律之諧與否，姑置勿論。蓋詩之不託於音也久矣，昔賢謂無關世道人心之言等於詞費，汪君此帙，信《風》、《騷》之遺也。因勸其付梓，而序以行之。乾隆丙申（一七七六）季夏同學弟蔣士銓拜書。」（《穫經堂初稿》卷首，《四庫未收書輯刊》，拾輯第二十八册，第二五一頁）

汪浩，字欲括，號容川，浮梁（今江西景德鎮）人，乾隆四十三年（一七七八）進士。官至湖南寶慶知府。著有《周易衷翼集解》二十卷。

汪中（一七四五～一七九四）

《文宗閣雜記》

⊙白樂天新居詩

白樂天自杭州刺史分司東都，有《題新居呈王尹兼簡府中三掾》詩云：「弊宅須重葺，貧家乏羨財，橋憑州守造，樹倩府寮栽，朱板新猶濕，紅英暖漸開，仍期更攜酒，倚檻看花來。」乃知唐世風俗尚為可喜。今人居閑，而郡守為之造橋，府寮為之栽樹，必遭譏議，又肯形之篇詠哉？（田漢雲點校《新編汪中集》，第二六九頁）

智按：此則見《容齋隨筆》卷一，上海古籍出版社本第十三頁。

⊙白用杜句

杜子美詩云：「夜足沾沙雨，春多逆水風。」白樂天詩「巫山暮足沾花雨，隴水春多逆浪風」，全用之。（田漢雲點校《新編汪中集》，第二七〇頁）

智按：此則見《容齋隨筆》卷一，上海古籍出版社本第十三頁。

⊙長歌之哀

嬉笑之怒，甚於裂眥，長歌之哀，過於慟哭。此語誠然。元微之在江陵，病中聞白樂天左降江州，作絕句云：「殘燈無焰影幢幢，此夕聞君謫九江。垂死病中驚起坐，暗風吹雨入寒窗。」樂天以為：「此句他人尚不可聞，况僕心哉！」微之集作「垂死病中仍悵望」，此三字既不佳，又不題為病中作，失其意矣。東坡守彭城，子由來訪之，留百餘日而去，作二小詩曰：「逍遙堂後千尋木，長送中宵風雨聲。誤喜對床尋舊約，不知漂泊在彭城。」「秋來東閣涼如水，客去山公醉似泥。困卧北窗呼不醒，風吹松竹雨淒淒。」東坡以為讀之殆不可為懷，乃和其詩以自解。至今觀之，尚能使人淒然也。（田漢雲點校《新編汪中集》，第二七〇頁）

智按：此則見《容齋隨筆》卷二，上海古籍出版社本第十八頁。

⊙隔是

樂天詩云：「江州去日聽箏夜，白髮新生不願聞。如今格是頭成雪，彈到天明亦任君。」元微之詩云：「隔是身如夢，頻來不為名，憐君近南住，時得到山行。」「格」與「隔」二字義同，「格是」猶言「已是」也。（田漢雲點校《新編汪中集》，第二七〇頁）

智按：此則見《容齋隨筆》卷二，上海古籍出版社本第十九頁。

⊙十年為一秩

白公詩云：「已開第七秩，飽食仍安眠。」又云：「年開第七秩，屈指幾多人。」是時年六十二，元日詩也。又一篇云：「行開第八秩，可謂盡天年。」注曰：「時俗謂七十以上為開第八秩。」蓋以十年為一秩云。司馬溫公作《慶文潞公八十會致語》云「歲歷行開九帙新」，亦用此也。（田漢雲點校《新編汪中集》，第二七一～二七二頁）

智按：此則見《容齋隨筆》卷一，上海古籍出版社本第十一頁。

⊙文字潤筆

作文受謝，自晉、宋以來有之，至唐始盛。《李邕傳》：「邕尤長碑頌，中朝衣冠及天下寺觀，多齎持金帛，往求其文。前後所制，凡數百首，受納饋遺，亦至巨萬。時議以為自古鬻文獲財，未有如邕者。」故杜詩云：「干謁滿其門，碑版照四裔。豐屋珊瑚鉤，騏驎織成罽。紫騮隨劍幾，義取無虛歲。」

又有《送斛斯六官詩》云：「故人南郡去，去索作碑錢。本賣文為活，翻令室倒懸。」蓋笑之也。韓愈撰《平淮西碑》，憲宗以石本賜韓宏，宏寄絹五百匹：作王用碑，用男寄鞍馬並白玉帶。劉義持愈金數斤去，曰：「此諛墓中人得耳，不若與劉君為壽。」愈不能止。劉禹錫祭愈文云：「公鼎侯碑，志隧表阡，一字之價，輦金如山。」皇甫湜為裴度作《福先寺碑》，度贈以車馬繒彩甚厚，湜大怒曰：「碑三千字，字三嫌，何遇我薄邪？」度笑酬以絹九千匹。穆宗詔蕭俛撰成德王士真碑，俛辭曰：「王承宗事無可書。又撰進之後，例得貺遺，若邑勉受之，則非平生之志。」帝從其請。文宗時，長安中爭為碑誌，若市買然。大官卒，其門如市，至有喧競爭致，不由喪家。裴均之子，持萬縑詣韋貫之求銘，貫之曰：「吾寧餓死，豈忍為此哉？」白居易《修香山寺記》，曰：「予與元微之定交於生死之間。微之將薨，以墓誌文見托，既而元氏之老，狀其臧獲、輿馬、綾帛，洎銀鞍、玉帶之物，價當六七十萬，為謝文之贄。予念平生分，贄不當納，往反再三，訖不得已，因施兹寺。凡此利益功德，應歸微之。」柳玭善書，自御史大夫貶瀘州刺史，東川節度使顧彥暉請書德政碑。玭曰：「若以潤筆為贈，即不敢從命。」本朝此風猶存，唯蘇坡公於天下未嘗銘墓，獨銘五人，皆盛德故，謂富韓公、司馬溫公、趙清獻公、范蜀公、張文定公也。此外趙康靖公、滕元發二銘，乃代文定所為者。在翰林日，詔撰同知樞密院趙瞻神道碑，亦辭不作。曾子開與彭器資為執友，彭之亡，曾公作銘，彭之子以金帶縑帛為謝。卻之至再，曰：「此文本以盡朋友之義，若以貨見投，非足下所以事父執之道也。」彭子皇懼而止。此帖今藏其家。（田漢雲點校《新編汪中集》，第二八九～二九〇頁）

智按：此則見《容齋隨筆》卷六，上海古籍出版社本第二八五頁。

《文宗閣雜記續編》

⊙唐人極重潤筆

唐人極重潤筆。韓昌黎以諛墓輦人金帛無算。白樂天與元微之歡好，視兄弟無間。及銘元墓，猶酬以臧獲、輿馬、綾帛、銀幣、玉帶，價直六七萬，則皇浦湜責裴晉公福先寺碑多酬九千，猶不為過矣。宋太宗時，凡敕製文字，

皆欽定潤筆之數，又移檄督之。蓋仍唐之習也。（田漢雲點校《新編汪中集》，第三一〇頁）

智按：汪中，字容甫，江都（今江蘇揚州）人。七歲而孤，家貧，無力就學，由其母教讀。稍長，以替人販書爲生，因得遍讀經史百家之書。乾隆二十八年（一七六三）補縣學附生，四十二年爲拔貢生，以奉養老母未應試，此後亦不再應舉，以游幕賣文爲生。精通經史之學，能詩，尤工駢文。風格典麗凝重，而又流轉曉暢，爲清代駢文代表作家。有《述學》六卷、《容甫先生遺詩》六卷、《廣陵通典》十卷。《清史稿》卷四八一有傳。

周錫溥（一七四五～一八〇四）

《封公韓旭亭先生七十壽序》（代）

國家以制科取士，士挾其所為帖括，以希一時之遇合。其易者，取青紫如拾芥。然亦有豐於文而嗇於遇，其窮廬風雨，麾斥萬彙，皋牢百態，以隱寄其所託。鬱積既久，則往往有賢子以發其光，而其學亦因以大顯。雖然，君子之不欲晦者，學耳。學既因子而顯，又獲及身而親見之，其於學宜可以已，然猶孜孜垂暮，修純明潔白之業，以詔其後人，雖躬踐富貴，備享壽考，而所樂有不存乎此，此可以觀人子養志之大也。樂餘東老者，湖南廉使韓君桂舲之封公旭亭先生晚歲所自號也。公以諸生老，桂舲早貴，獲推封如其官。……好著書。甫壯，輯稿為三帙。每歲三之，得數十卷，名曰《聽鐘樓集》，尤豪於詩。自前明王元美主盟，吳下摩壘盛唐格調，雖高實，止具體，其後赤麾各建，惟吳梅村歌行善陳時事，有長慶遺風焉。公於長慶取白，於宋取蘇，擷其菁華，成一家言，率爾之作，皆有天趣。以是自樂其貧云。……公學白、蘇者也。東坡自謂：平生出處，差似樂天，而有意其閒居二十年之樂，然卒以不果。又嘗作《醉白堂記》，謂韓忠獻任天下之重，終身憂患之域，有求為樂天之樂而不得者。公蓋以忠獻望其子，而以樂天自為。藏諸名山，傳諸其人，誠未能以彼而易此也。……

智按：韓崶（？～一八三四），字桂舲，江蘇元和人。嘉慶六年（一八〇一），代理福建布政使。十三年，任廣東巡撫。十八年任刑部尚書。

《嚶鳴小草序》

辛卯秋，晤吾友鄢君畫村、孫君雪幃於長沙旅邸，既把酒言歡，重尋舊約，因得其所訂《嚶鳴小草》而讀之，循環雒誦，手之不置。畫村因曰：子甯為我二人序之乎？夫余之文，豈足弁二君之詩哉？亦聊就所聞於二君者，志之而已。往余嘗以詩質於畫村。畫村之論詩有曰：人之言詩，門户之偏見也。而余則老生常談耳。然嘗持是以論次古人，及詩道淺深升降之故，卒有以得其不爽者。詩騷所陳，不必如後人之刻意求工，而至今稱頌不衰，齊梁篇什繁富，而白香山一詞以概之曰：「嘲風雪，弄花草。」豈非性情之異歟？人生天地間，如夢幻泡影，不堪把玩，惟此中眞性情，發於君父師友間，極其所至，便是忠孝種子，又非徒詩之謂也。吾輩三數人，幸得共數晨夕，便當勉之。小之為友朋贈答，大之為風教扶持，詩道雖多端，要須先識此一義。余聞而誌之。……今二君之詩，為相憶，為慰諭，而殷勤勸勉，體製不齊，寓意各別，無非以達其性情之寄託，則以今者之編，合諸向者之論，不其然乎？夫古道如蘇季而後，有《河梁篇》；交情如元白，而後有《長慶集》，至少陵之於太白，或託之暮雲春樹，或夢之關塞楓林，古人之詩，斷不苟作，而情之所鍾，若合一轍。吾益信斯編為不謬也。余以俗事羈滯，不獲時從兩君子遊，殊用黯然，今讀斯篇，不啻如學成連者，聞海水汩没，倏然有移情之歎也。今而後，願日置之座右，山空木落，朗誦數周，其覭我於離群索居中者，當何如耶！因書此以誌傾倒焉。（《安愚齋集》卷三，《續修四庫全書》影印清光緒八年養知書屋刻本）

智按：周錫溥，字文淵，號麓樵，又號半帆、匯泉，湘陰（今湖南汨羅）人。乾隆四十年（一七七五）乙未進士，官甯朔知縣。有《安愚齋集》。

梁玉繩（一七四五～一八一九）

《瞥記》

元、白次韻，自號元和體，以爲古所未有。案，《洛陽伽藍記》：王肅繼妻代答肅故妻謝氏詩，次用絲時兩韻。梁武帝仝王筠和太子懺悔詩云：「仍取筠韻。」此和韻之始。（清嘉慶刻清白士集本《瞥記》卷六，《續修四庫全書》第一一五七册，第六四頁）

詩忌襲前人，然古人作詩，往往不忌用舊句，如古樂府：「雞鳴高樹顛，狗吠深宮中。」陶靖節云：「犬吠深巷中，雞鳴桑樹顛。」何遜詩：「薄雲巖際出，初月波中上。」沈佺期詩：「船如天上坐，人似鏡中行。」老杜《江邊小閣》云：「薄雲巖際宿孤月，浪中翻寒食舟中。」云：「春水船如天上坐，老年花似霧中看。」杜詩：「夜足霑沙雨，春多逆水風。」白香山云：「巫山夜足霑沙雨，隴水春多逆浪風。」此類甚衆，不可枚舉。亦有全篇襲之者，徐陵《鴛央》詩：「山雞映水那相得，孤鸞照鏡不成雙。天下眞成長會合，無勝比翼兩鴛鴦。」黄山谷《題畫睡鴨》云：「山雞照影空自愛，孤鸞舞鏡不成雙。天下眞成長會合，兩鳧相倚睡秋江。」香山《寄竹簡（智按：当为行簡）》詩：「相去六千里，地絶天邈然。十書九不達，何以開憂顔？渴人多夢飲，飢人多夢餐。如何春來夢，合眼到東川。」山谷截爲兩首，一云：「相望六千里，天地隔江山。十書九不到，何用一開顔？」二云：「病人多夢醫，囚人多夢赦。如何春來夢，合眼在鄉社。」又《黔南十絕》，亦全用香山《花下對酒》《渭川舊居》諸作。在名家偶戲爲之，未許效顰，「叵耐古人多意智，預先偷我一聯詩」，尚有議之者矣。（清嘉慶刻清白士集本《瞥記》卷六，《續修四庫全書》第一一五七册，第六四頁）

白樂天行韓退之比部郎中史館修撰制：「太學博士韓愈，學術精博，文力雄健，立詞措意，有班馬之風，求之一時，甚不易得，加以性方道直，介然有守，不交勢利，自致名望。」數語已盡韓公一生。（清嘉慶刻清白士集本《瞥記》卷六，《續修四庫全書》第一一五七册，第六九頁）

蘇老泉上張侍郎第二書，從香山《秦中吟·傷友》一篇「蹇驢避路立」

數語化出。（清嘉慶刻清白士集本《瞥記》卷六，《續修四庫全書》第一一五七册，第七〇頁）

附：《庭立記聞》（梁學昌輯）

象棊，相傳周武帝造，以帝撰《象經》也。楊升菴謂，非今之象戲，則今戲不知誰製，見諸吟詠者亦甚少。唯白香山《春深》詩有「兵銜象戲車」之句，曰宋吕陶詩：「縱横各有往來道，勝負豈無名利心。終局漫誇兵得地，在宫渾倚士如林。」又云：「星布重重陳腳深，不須輕敵事相侵。渡河雖藉奇兵勢，對壘難知老將心。」劉後村詩：「屹然兩國立，限以大河界。連營禀中權，四壁設堅械。三十二子者，一一具變態。先登如挑敵，分布如備塞。盡鋭賈我勇，持重伺彼怠。或遲如圍莒，或速如入蔡。遠炮勿虚發，冗卒要精汰。負非由寡少，勝豈繫强大。昆陽以象奔，陳濤以車敗。匹馬郭令來，一士汲黯在。獻俘將策勳，得雋衆稱快。我欲築壇場，孰可建旗蓋。」讀吕、劉二詩，是即今象棊也。（《庭立記聞》卷三，《續修四庫全書》影印清嘉慶刻清白士集本）

西湖西泠橋側有古冢，相傳爲蘇小小墓。乙未之春，方伯徐公恕立碣表之。樂府「何處結仝心，西陵松柏下」。註云：「錢唐妓，南齊人。」唐以來吟咏甚衆，率以爲錢唐。《咸淳臨安志》、《春渚紀聞》、《武林舊事》、《輟耕録》、《周紫芝集》俱謂其墓在錢唐，而《武林紀事》言，宋有蘇小小，錢唐名妓蘇盼奴之妹，容色俊麗，工詩詞，後歸趙院判。然則兩蘇小矣。曰《武林紀事》所載，乃小娟之譌，非小小也。《吴地記》：晉妓蘇小小墓，在嘉興縣前。今嘉興縣南有賢倡巷，劉禹錫《送裴處士》詩：「嘉禾驛後連牆住，踏芳共登蘇小墓。」徐凝《嘉興逢寒食》詩：「惟有縣前蘇小小，無人送與紙錢灰。」羅隱《蘇小墓》詩：「魂兮檇李城，猶未有人耕。」元張元弼詩：「香骨沉埋縣治前。」又李義山《送李郢至蘇州》詩：「蘇小小墳今在否？紫蘭香徑與招魂。」杜牧之《悲吴王城》詩：「吴王宫殿柳含翠，蘇小宅房花正開。」黄滔《寄蔣先輩在蘇州》詩：「冢上題詩蘇小見，江頭酹酒伍員來。」蓋生于杭，游于蘇而葬于禾中也，言墓在杭與蘇者，恐不足信。白香山詩：「揚州蘇小小，人道最夭斜。」與《餘杭形勝》、《楊柳枝詞》諸作言錢唐人異，疑揚乃杭之誤。《七修類稾》所考未審，魏善伯跋蘇小小詩詞云：「弘治初，馬浩瀾題詩湖上三橋，明日有召箕仙者至，既成一律，署云：蘇小小和馬先生湖橋首唱，小説載司馬才仲事，有妾本錢唐之詞，蓋一致也。當運筆時，人曰請題大名，書曰不大，問何不大，曰小何謂小，曰小小。風致佻達，千載如生。(《庭立記聞》卷四,《續修四庫全書》影印清嘉慶刻清白士集本)

智按：梁玉繩，字曜北，號諫庵，錢塘（今浙江杭州）人。有《蛻稿》。梁學昌，梁玉繩子。

洪亮吉（一七四六～一八〇九）

《自河南入關所經皆秦漢舊蹟車中無事因做香山新樂府體率成十章》

⊙滎陽城

滎陽城，高百尺，因阜築城如鐵色。漢王夜出城西門，滎陽以東屬楚人。惜哉一鹿抵死爭，食肉不足思分羹！當時若翁幸不烹，乃火紀信燔周生。嗟嗟兩烈士，殉主亦殉名！我行天下歷州七，奇險無若滎陽城。君不見，滎陽城，值太平，排百雉，無一兵。司關午卧門掩扇，百戰古城今下縣。

⊙北邙山

北邙山頭松百步，前碑後碑横作路。碑前繫馬客不愁，還唤北邙山下渡。前津流水無停刻，松色蒼蒼暗斜日。白楊無風亦蕭瑟，千樹萬樹升涼月。林鳥夜啼穴兎蹲，千年不看葬貴人。居僧閒乞紙錢挂，寂寞知是誰家墳？穹碑愈殘文愈好，前人傳多後人少。始知坏土繫功德，不在森森數華表。嵩高山色遠復蒼，眼中親切惟北邙。君不見，征車須卸此山側，松冢蕭蕭無暑色。

⊙尸鄉置

尸鄉置，客欲愁，三十里進生王頭。海中山，波欲湧，五百人同死士壠。有死士，無生王，王頭上殿目尚光。九重真龍爲一哭，韓王楚王顔瑟縮。腐儒遭醢理不誣，王頭乃復償腐儒。我來尸鄉中，白日忽挂樹，鄉人說王尚如覩。君不見，王愛士，士效忠，誠不若項王故人吕馬童，手裂王體居奇功。

⊙賈誼墓

西京執戟郎，緑鬢忽已皓。太宗愛老臣乃少，武皇愛少臣復老。坐令人惜賈洛陽，懷奇亦不值武皇。灌嬰周勃噲伍耳，是老秃翁何足詳！長沙西來對宣室，漢皇才高殊自失。固知尚鬼由楚人，因從楚來詢鬼神。鬼神之言亦陳戒，漢廷惟生識成敗。君不見，微唫賈生賦，車過洛陽界。墳荒無人碑已壞，紛紛何況里中兒，我亦少年先下拜。

⊙董宣祠

東京六酷吏，五輩政足觀。王生非其流，類合附宦官。名儒歐歙首尹京，威聲始傳董少平。乾坤初平天子武，徑直寧知長公主。赫然盛怒乃可攖，九重幸識小吏名。殿頭東西排赤棒，百轉安能回令項？吁嗟乎！臣賢主聖誠難得，却霽主威成令直。君不見，祠西半里府所治，道旁百碑名去思。叢碑雖高復誰記，只向道旁思酷吏。

⊙金谷園

咸寧以前多吳氛，元康以來昏戰塵。晉家全盛只卅載，却值金谷園中春。美人顔紅與花匹，百斛名珠易珠一。樓頭光碎紅珊瑚，主人殉財兼殉珠。傷心豈獨名珠墮，轉眼洛陽城亦破。持螯仙客最達觀，興廢都從醉中過。園花開，園樂陳。朝千觴，暮百樽。二十四友皆僉人，此輩可惜惟劉琨。

⊙二崤山

傴仄復傴仄，西經二崤山。山溜衝作道，巨石横爲關。關門前，黑如許，西飄秦風東晉雨。南陵北陵事蹟陳，遑識夏后兼周文。止憶晉五帥，秦三臣，爲晉勝，爲秦奔。晉人雖墨衰，秦人亦素服。向師茫茫慟秦穆，老臣此時無淚哭。出山一里路漸平，巨石夾道愁縱横。君不見，山凹不特炎暑酷，瞥有野鷹來攫肉。

⊙函谷關

車行摧輪馬傷骨，一綫路中盤八日。今晨始及關北門，月黑望關關欲崩。新關高插天，舊關深入地。赤沙濛濛白日翳，一日一夕車帷蔽。樹根石脚露土窞，穴土一尺經旬勞。居人生世稀見日，面黑映户疑山魈。君不見，秦人虎狼據谷口，百二遂爲虎狼有。寧知天險不屬人，六國敗後終無秦。豈如乾坤蕩平天險失，前車後車行接轍。人生快意亦有時，馬上詩成車出穴。

⊙潼關門

出險復入險，別山仍上山。河流五夜色昏黑，一片日紅先射關。壯哉龍門濤！至此始一折。驚流無風舟尚失，大魚如龍欲迎日。風陵津北起黑波，重舸徑向中流過。河聲漸遠坡愈迴，却拉馬首看全河。君不見，哥舒拒禄山，魏武破孟起。門開如雲列千騎，喧聲動天箭灑地。時平雲氣亦卷舒，孱卒立門司啟閉。關頭飯罷客亦閒，早有太華開心顔。

⊙華清宫

秦皇墳上野火紅，萬人燒瓦急築宫。築基須深劚山破，百世防驚祖龍卧。雲暄日麗開元朝，祖龍此時庶解嘲。人間才按羽衣曲，地下未爐鯨魚膏。前人愚，後人巧，工作開元逮天寶。離宫别館卅里環，羅綺障眼如無山。紅闌影向空中折，高處疑通廣寒窟。仙妃天上坐無聊，玉笛一聲飛入月。華清宫，臺殿工，欲訪舊事無衰翁。泉流嗚咽助淒思，冷暖曾無内官試。君不見，山前四月開海棠，早有野人來試湯。

（《四部叢刊》本《洪北江詩文集·卷施閣詩》卷二《憑軾西行集》（辛丑壬寅）；劉德權點校《洪亮吉集》第二册，第五〇二～五〇五頁）

《萬壽樂歌三十六章》

臣謹按，唐臣元結有《補樂歌》十章，白居易有《新樂府》五十篇，類皆言簡意深，可以播於樂章歌曲，臣嘗慕之。伏見我皇上御極五十五年，仁如天，宏如地，舉凡廣聖極神，謨文定武，類非形容所克盡致。今者恭值八旬萬壽慶節，臣幸得擢巍科，備員詞館，自正月一日恭讀恩詔以後，親見皇上敬天法祖、勤民察吏諸大政，足以度越百王而垂則萬世者，已不下數十事。輒不自量，謹依類撰次，爲《萬壽樂歌三十六章》，非敢繼元白之逸塵，亦庶乎衢謡壤詠，得附本朝樂章之末云爾。

⊙元日詔第一

上章之年月初建，旭日初升太和殿。詔宣宗伯上玉墀，二十二條宣讀徧。九門以外齊歡呼，一日數驛馳郵夫。殊恩豈獨神州内，普錫還教外藩逮。遐哉上古迄漢唐，三千年來無此祥。皇皇天語真堪述，每遇庚年輒逢吉。

⊙讀《實録》第二

作者聖，述者聖，天命元年逮雍正。我朝開國值泰交，百八十載如一朝。夜向晨，讀《實録》，玉檢金函日三復。人言帝治超軒鴻，耑師三祖及二宗。

⊙巴勒部第三

巴勒一部，遠在西徼。酪食漿飲，同時獻表。云敬大皇帝，如敬佛三寶。珠瑟瑟，衣班班。道畢拉，兼烏闌。哈哩薩野先稽顙，巴拉八都還合掌。

⊙坎扒窪經第四

樹頭椶高五六丈，其實纍纍花可釀。葉名貝葉取寫書，一葉百字如聯珠。梵經不到西南部，以意作經遂四布。國基既兆立普哇，傳經亦名坎扒窪。坎扒窪，經有義，不歸佛法不歸僧，只願歸依大皇帝。

⊙貢子象第五南掌所貢

貢子象，貢子象，人面刺花人性獷。遠邦百載名老檛，左佩右佩皆雕瓜。別乘數象來中華，不嘉遠物嘉誠效，特敕象房增俸料。

⊙春燈詞第六

昆明湖水連天碧，萬盞燈煇一天月。臨湖亭上看春燈，魚龍曼衍從東升。春燈詞接春帖子，遠自乾隆丙寅始。辛壬以後皆八篇，却與卦象同綿延。生生不已真堪卜，今歲自隨還至復。年年歲歲游豫同，誰識義藴陰陽通。宸篇下計歸政日，却合伏羲全部易。

⊙普免租第七

免錢糧，免漕糧，四次兩次看謄黄。今年詔下恩尤厚，普免正供由萬壽。三分減一十減三，前史盛事何庸談。大農錢粟雖頻散，耕九餘三積儲慣，户部銀仍八千萬。

⊙殿勤政第八

夜未央，乾清宫中燭煌煌。日將出，勤政殿前傳警蹕。機庭綸閣三兩賢，日或一再瞻天顔。萬幾當晝皆周徧，七品宰官多引見。法官御苑名總同，行在亦復懸堂中（江甯行宫有勤政堂）。讀書若以今方古，隻日視朝何足數。

⊙續石鼓第九

太學中，周石鼓，二千年來石文古。若將一字比一篇，却合《關雎》及《殷武》（石鼓舊存僅三百十字）。親加排比較短長，重刻十石陳堂皇。舊者藏庋珍球琅，流傳至久還堪數。周宣中興製石鼓，乾隆萬壽年春補。

⊙八徵壐第十

古稀天子古已稀，復越十載符貞期。重華宫中製聯句，既壽永昌猶泛語。

嘉名肇錫得未曾，璽章特與鐫八徵。石經若舉殷宗例，享國百年重製璽。

⊙五福堂第十一

萬年天子兮，萬年觴；五代玄孫兮，五福堂。儒臣歷檢明宋唐，得者六輩錢吳張。士夫獲此慶已長，帝籙從未膺斯祥。膺斯祥，由慶洽，十一世還徵玉牒。

⊙釐四部第十二

四部書，帙萬萬。提要一百卷，臣昀臣熊奉敕撰。全書告竣已十年，有敕亥魯須重編。本朝實事皆求是，不遺傳疑留一字。文淵畢，釐文源，百臣日夕來御園。東南三分皆無誤，海上然藜校文溯。

⊙御製集第十三

御製詩，御製文，近自己酉溯丙辰。文一千，詩五萬，五十五年成百卷。九經廿史義蘊宣，四岳五瀆搜根源。遠紹二典三謨傳，巍巍卷軸如山立。豈特帝王難冀及，十倍漢唐文士集。

⊙五國朝第十四

東西南北車書極，朝正國王三十一。三十一國分年來，春秋冬夏邸第開。普天同慶當斯日，五國遥遥適相值。神雞五色魚八捎，貢及犀兕兼猓獠。史臣若舉春秋筆，五國來朝王正月。

⊙開經筵第十五

讀《洪範》，讀《召誥》，五三六經開祕奥。萬幾之暇日一編，春仲敬復開經筵。經筵樂奏何噰噰，抑詩還取衛武公。昔賢今聖皆先覺，九十耄期還好學。

⊙親釋奠第十六

臨雍歌，幸學詩，八十天子猶尊師。崇賢坊，大成殿，二月上丁來釋奠。春渠如鑑波溶溶，前年天子臨辟雍。太平盛事皆稽古，鄉飲酒歌詩樂譜。

⊙朝日壇第十七

朱旗絳扇來城東，至尊親詣朝日宫。黄軒紫幄光如燭，至尊親詣齋宫宿。太平五色雲擁輪，迎日正見雙黄人。雙黄人，捧日起，朝日禮成天下喜。

⊙登岱宗第十八

會稽南，恒岳北，西及五臺中太室。天旋向左帝邁東，卅年六徧巡岱宗。

吾皇卓識超秦漢，但禮天中不封禪。天門日觀瑞色開，八旬天子騎騾來。

⊙謁闕里第十九

猗昭維則，聖人在昔。衆善若林，六經乃宅。猗皇是欽，聖人在今。宗謨既纂，祖訓是尋。青旗央央，越歲來謁。前聖後聖，其揆則一。歲則庚戌，月維庚辰。山左三大，禮祀畢臻。

⊙百歲民第二十

廣督摺，直督摺，百歲耆民比肩立。滇撫章，皖撫章，民間五世共一堂。太和翔洽超前代，不產麟皇産人瑞。朱提文綺出上方，幾餘染翰錫一章。耆年壽婦布魯特，絶域貢珍由感德。

⊙萬壽科第二十一

萬壽節，萬壽科，九十八十來婆娑。春官一百二進士，外一百人年已至。詔出東華盡宣賜，膠庠抑阨五十年。閬苑盡許稱神仙，白髪亦戴花盈顛。升平盛事誰能及，兩宴南宫值庚戌，大學士臣璜謝摺。

⊙勤察吏第二十二

盜不讞，責總督，清苑縣官愆莫贖。吏蠹民，責撫臣，高郵州牧罪較真。皇躬一日周萬幾，外省案牘何從稽。詔書直下諸大吏，當戒江南與直隸。

⊙清字藏經第二十三

西華門中闢經館，大小乘經堆欲滿。法門先寫百二章，排比兩晉兼三唐。國書結體尤嚴重，舉筆如龍復如鳳。經成一藏功萬千，佛力祚皇萬萬年。

⊙黑龍潭第二十四

三月麥，四月秧，不雨麥瘁秧將黃。行宫宵旰無時釋，先詣黑龍潭外歇。排空萬朵雲垂垂，真龍不禱雨不來。

⊙三大祀第二十五

三大祀，歲必親，五十一月象輦陳。南天壇，北大内，百尺燈竿與相對。壇内宫中合虔拜，耆民夾道成風謠，五十五徧躬南郊。

⊙山莊夏第二十六

灤河之北臨邊墻，每年避暑來山莊。雲山四面奎文署，云是山莊最高處。澄然四海集一心，日日亭上占晴陰。殿前引見員嘗滿，吏部帶來分月選，更撥幾餘念柔遠。山莊但識無炎歊，日昃可念宸衷勞。

⊙經壇設第二十七

九門中，官吏車，一日百輩來徐徐。殊方絶域摩肩入，在籍諸臣亦羣集。分曹百輩為一班，盡檢大寺開經壇。湖山郁作栴檀味，初日煇煇照初地。青梯樓閣須暫開，無量壽佛拈香來。

⊙盛典增第二十八

萬壽盛典凡六門，聖德聖文兼聖恩。萬方集慶儀文重，其次繪圖同獻頌。巍巍蕩蕩難具書，特徵二事古所無。八徵五代奇祥起，塞外闢疆三萬里。

⊙夕月壇第二十九

朝禮日，來東郊。暮禮月，來西郊。鑾輿親向齋宫出，萬壽節過才一日。規壇不獨祀夜明，二十八宿兼經星。不見唐貞觀，樂五闋；隋開皇，坎三尺。豈如吾皇大祀躬致虔，禮成光景生中天，千秋金鑑懸當前。

⊙安南來第三十

安南來，安南來，國統雖舊基新開。廣南大吏爲陳奏，親詣天朝祝天壽。路人指點盡識名，安南國王阮光平。海邦自此知冠履，好變文身與椎髻。（阮光平奏請從本朝章服，特旨俞允）

⊙前殿宴第三十一

太和門中頻列讌，日日平明御前殿。七旬宴後復八旬，下逮屬國兼陪臣。年九十，階一品，特賜金尊殿前飲。千人統計歲萬千，稽首合作今皇年。就中受恩誰最樂？國子監臣郭鍾。

⊙祝嘏樂第三十二

祝嘏樂，樂一部，歌者歌，舞者舞；敲銀瓶，擊銅鼓，萬里遥遥來祝嘏。太常樂奏列四蕃，不數貞觀兼開元。蕃王親向階前祝，更獻十章名法曲。法曲十，可歌亦可謡，一章一章名特標。謁金門，賀聖朝。（阮光平進《萬壽詞》凡十章）

⊙昇平寶筏第三十三

三層樓，百盤砌，上千青雲下無際。上有立部伎，坐部伎，其下回皇陳百戲。蟠天際地不足名，特賜大樂名昇平。考聲動復關民事，不特壽人兼濟世。萬方一日登春臺，快看寶筏從天來。

⊙王會圖第三十四

東西廿里如繩直，夾道樓臺成頃刻。千層覆屋百尺臺，大舸載自東南來。回廊曲檻天然合，空處扉欞自開闔。方壺圓嶠咫尺間，海上頓訝移三山。拈毫若準唐貞觀，王會圖應添百卷。

⊙普天慶第三十五

日庚申，圓明園中法駕陳。日甲子，乾清宮中鹵簿起。宮中御苑石作塗，萬叟夾道還嵩呼。如山燈火連湖曲，想見太平調玉燭。

⊙萬萬壽第三十六

萬壽節，日以十三時八月。月琯日徽皆叶律，我皇御極當丙辰。越若稽古堯期臻，五五數復箕書陳。無疆若展大衍策，萬有一千還五百。（《四部叢刊》本《洪北江詩文集・卷施閣詩》卷九《西苑祝釐集》庚戌辛亥；劉德權點校《洪亮吉集》第二册，第六三七～六四五頁）

《虎丘謁白公祠卽呈同年任太守兆炯（祠卽太守所建）》

大曆才人剩此翁，百篇稍已變唐風。因思白傅談詩好，雅與生公説法同。言外自然參妙悟，箇中兼可喻童蒙。西崑詞格西江派，只惜彫鐫語太工。

同攀仙桂無多日，得蔭甘棠已十年。差喜故人皆守郡（時魏君成憲亦擢守揚州），可容傲吏早歸田。租船卽繫祠邊樹，築屋都模池上篇。何止政清詞筆麗，望君心跡繼前賢。（《四部叢刊》本《洪北江詩文集・卷施閣詩》卷十九；劉德權點校《洪亮吉集》第二册，第九〇五頁）

《跋新唐書馬周傳後》

余讀《馬周傳》，至「周亡，帝思之甚，將假方士術，求見其形」。不覺泣數行下，曰：「君之於臣，益至此乎！」《漢書・外戚傳》「孝武李夫人卒，上思念不已，方士齊人少翁言能致其神，令上居他帳中，遥望見好女如李夫人」云云，及唐白居易作《長恨歌》，有臨邛道士爲明皇求致貴妃楊氏之説，此不過情志溺惑者耳，世猶傳爲美談。乃漢武、明皇用之於私昵者，文皇帝則用之於賢臣。且不特此也，《魏徵傳》云：「帝夢徵若平生，及旦，徵薨。」《杜如晦傳》亦云：「夢如晦若平生。」《虞世南傳》云：「卒後數歲，夢進讜言若平生。」是太宗之精神意氣，無一刻不與賢臣往還，不以生死移，不以久暫易，不以上下隔也。夫殷高宗之夢傅説，或尚神其説以服衆心，而太宗則實因悲成憶，因憶成夢，歷歷不爽若此。此而欲不度越百王，直接三代，得乎！三代以下，推令主者，莫不曰漢文帝、唐文皇。賈生之才又過馬周，而文帝之所以待之者，視文皇顧遠不及也。然則百世之下，才如馬周者，或尚不乏。讀《周傳》及諸人傳者，吾知亦必有忽然而悲，忽然而泣，如吾之今日者矣。（《四部叢刊》本《洪北江詩文集·更生齋文甲集》卷三；劉德權點校《洪亮吉集》第三册，第一〇一〇頁）

《答張徵君炯書》

洪亮吉頓首，肅啟季和先生徵君執事：挹執事名久矣，又嘗讀所輯諸書，服其條例謹嚴，搜稽廣博。遺編碎簡，藉以流傳；晉豕魯魚，因之訂正。未嘗不思傾心握手，攷古證今，訂從前學究之訛，窺往昔通儒之旨。……又承示《當録》及《金石》，與鄙見適同。亮吉向譔方志，皆別立「金石」一門，新修《涇縣志》即用此例。又南宋王象之《輿地紀勝》，近日始有鈔本，其采宣州所屬金石，自南齊至北宋，已三十五通，今大半已失傳，又當亟存之，以存一方掌故（此門雖係府署中施上舍分纂，然已一一鈔示之，或不至失落也）。又示唐劉長卿當作宣州人，以姚合《極玄集》爲據，亦精審之至。亮吉攷《劉文房集》，又有《行至宣州》一詩，詳其詞意，亦應爲宣城人。即如《唐書·白居易傳》言祖自太原遷于下邽，然居易成進士，實由宣州解送，則長卿不妨即同此例。且唐賢最重族望，其原籍一處，占籍復一處者極多。武功去文房不遠，當得其實，不必以史言作河間人爲疑也。是則唐中葉兩詩鉅公，又皆宣州人矣。此間太守極賢，然局中同事諸君極多，亦或各存意見，他日體例恐未能畫一耳。……（《四部叢刊》本《洪北江詩文集·更生齋文續集》卷一；劉德權點校《洪亮吉集》第三册，第一一二三～一一二五頁）

《道中無事偶作論詩截句二十首》之十三

游戲詩應歸苦海，性靈句實逼香山。同時老輩猶難及，只許錢程伯仲間。（袁大令枚、錢侍郎載、程編修晉芳）（《四部叢刊》本《洪北江詩文集·更生齋詩》卷二；劉德權點校《洪亮吉集》第三册，第一二四五頁）

《孫兵備星衍購虎阜園亭爲孫武子建祠廿三日適值落成偕同人放舟往謁并回飲白公祠作（共拈韻得孫字）》

一十三篇書幸成，書成鄢郢氣先呑。美人小試平生略，廉吏今爲幾世孫。埋骨地猶徵越絕，迎神曲欲過齊門。吳王臺殿知何在，且傍新祠酹一樽。（《更生齋詩續集》卷六；劉德權點校《洪亮吉集》第三册，第一二四五頁）

《是日即移寓蘇公祠》

德生庵外挂帆忙，一榻孤眠學士堂。正好四更殘夢醒，滿湖花氣上吟床。

築堂我勸祀香山（戊午冬，余乞假回，薄游湖上，曾勸謝方伯啟昆、秦兵備瀛建白公專祠，二公因循未果，近始建成），今日祠成卻叩關。公學浮屠我嘲佛，就桑三宿儻蒙訕。（《更生齋詩續集》卷二；劉德權點校《洪亮吉集》第四册，第一五五五頁）

《登九江城望琵琶亭》

事隔千年夢未完，青衫紅淚尚難乾。休憐商婦舟中老，絶勝明妃馬上彈。一種琵琶成絶調，九秋蘆荻響空灘。無邊風色無邊月，輸與征鴻冷眼看。（《更生齋詩續集》卷三匡廬九江集；劉德權點校《洪亮吉集》第四册，第一六〇八頁）

《二十日同人爲白文公生日設祀因小集湖上作》

凍蕊初花草未茵，奠公剛及二分春。文名偶並元才子，詩諫吾欽白舍人。大歷體裁輸後輩，永貞朝事感孤臣。到今誰續循良蹟，湖上驚飛清淺塵。（時白堤外湖水半淤，急須疏濬）（《更生齋詩續集》卷四；劉德權點校《洪亮吉集》第四册，第一六二八頁）

《泊舟琵琶亭口值大風》

黄童捧日不得停，未暝已挂長庚。星潯陽江岸一灣，緑屋裏楊柳猶深。青魚龍氣盛濤頭，餧劈浪分風欲趨。海回帆卻想琵琶亭，五色霞飛日沉采。（《更生齋詩續集》卷九；劉德權點校《洪亮吉集》第四册，第一八五五頁）

《書琵琶亭壁》

兒女英雄事總空，當時一樣淚珠紅。琵琶亭上無聲泣，便與唐衢哭不同。

江州司馬宦中唐，誰似分司御史狂。同是才人感零落，樊川亦賦杜秋娘。（《更生齋詩續集》卷九；劉德權點校《洪亮吉集》第四册，第一八五六頁）

《北江詩話》

唐詩人去古未遠，尚多比興，如「玉顏不及寒鴉色」、「雲想衣裳花想容」、「一片冰心在玉壺」。及玉谿生《錦瑟》一篇，皆比體也。如「秋風江上草」、「黄河水直人心曲」、「孤雲與歸鳥，千里片時閑」。以及李、杜、元、白諸大家，最多興體。降及宋元，直陳其事者，十居其七八，而比興體微矣。（卷一，《北江詩話》陳邇冬校點本，第二頁）

杜牧之與韓、柳、元、白同時，而文不同韓、柳，詩不同元、白，復能於四家外，詩文皆别成一家，可云特立獨行之士矣。韓與白亦素交，而韓不仿白，白亦不學韓，故能各臻其極。（卷一，《北江詩話》陳邇冬校點本，第三頁）

錢宗伯載詩，如樂廣清言，自然入理。紀尚書昀詩，如泛舟苕霅，風日清華。王方伯太岳詩，如白頭宫監，時説開元。陳方伯奉兹詩，如壓雪老梅，愈形倔強。張上舍鳳翔詩，如倀鬼哭虎，酸風助哀。馮文肅英廉詩，如申韓著書，刻深自喜。蔣編修士銓詩，如劍俠入道，猶餘殺機。朱學士筠詩，如激電怒雷，雲霧四塞。翁閣學方綱詩，如博士解經，苦無心得。袁大令枚詩，如通天神狐，醉即露尾。錢文敏維城詩，如名流入座，意態自殊。畢宫保沅詩，如飛瀑萬仞，不擇地流。舅氏蔣侍御和甯詩，如宛洛少年，風流自賞。吴舍人泰來詩，如便服輕裘，僅堪適體。錢少詹大昕詩，如漢儒傳經，酷守師法。王光禄鳴盛詩，如霽日初出，晴雲滿空。趙光禄文哲詩，如宫人入道，未洗鉛華。王司寇昶詩，如盛服趨朝，自矜風度。嚴侍讀長明詩，如觸目琳琅，率非己有。王侍讀文治詩，如太常法曲，究系正聲。施太僕朝幹詩，如甘讒鼎銘，發人深省。任侍御大椿詩，如灞橋銅狄，冷眼看春。鮑郎中之鐘詩，如昆侖琵琶，未除舊習。張舍人塤詩，如廣筵招客，閒雜屠沽。程吏部晉芳詩，如白傅作詩，老嫗都解。曹學士仁虎詩，如珍饌滿前，不能隔宿。張大令鶴詩，如繩樞甕牖，時發奇花。湯大令大奎詩，如故侯門第，樽俎尚存。張宫保百齡詩，如逸客游春，衫裳倜儻。舅氏蔣檢討蘅詩，如長孺戇直，至老益堅。汪明經中詩，如病馬振鬛，時鳴不平。錢通副澧詩，如淺話桑麻，亦關治術。李主事鼎元詩，如海山出雲，時有可采。姚郎中鼐詩，如山房秋曉，清氣流行。吳祭酒錫麒詩，如青緑溪山，漸趨蒼古。黄二尹景仁詩，如咽露秋蟲，舞風病鶴。顧進士敏恒詩，如半空鶴唳，清響四流。瞿主簿華詩，如危樓斷簫，醒人殘夢。高孝廉文照詩，如碎裁古錦，花樣尚存。方山人薰詩，如獨行空谷，時逗疏香。趙兵備翼詩，如東方正諫，時雜詼諧。阮侍郎元詩，如金莖殘露，色晃朝陽。淩教授廷堪詩，如畫壁蝸涎，篆碑蘚蝕。李兵備廷敬詩，如三齊服官，組織輕巧。林上舍鎬詩，如狂飆入座，花葉四飛。曾都轉燠詩，如鷹隼脱韝，精采溢目。王典籍芑孫詩，如中朝大官，老於世事。秦方伯瀛詩，如久旱名山，尚流空翠。錢大令維喬詩，如逸客餐霞，惜難輕舉。屠州守紳詩，如栽盆紅藥，蓄沼文魚。劉侍讀錫五詩，如匡鼎說詩，能傾一坐。管侍御世銘詩，如朝正嶽瀆，鹵簿森嚴。方上舍正澍詩，如另辟池臺，廣饒佳麗。法祭酒式善詩，如巧匠琢玉，瑜能掩瑕。梁侍講同書詩，如山半鐘魚，響參天籟。潘侍御庭筠詩，如枯禪學佛，情劫未忘。史文學善長詩，如春雲出岫，舒卷自如。黎明經簡詩，如怒猊飲澗，激電搜林。馮戶部敏昌詩，如老鶴行庭，舉止生硬。趙郡丞懷玉詩，如鮑家驄馬，骨瘦步工。汪助教端光詩，如新月入簾，名花照鏡。楊大令倫詩，如臨摹畫幅，稍覺失真。楊戶部芳燦詩，如金碧池臺，炫人心目。楊布政揆詩，如滄溟泛舟，忽得奇寶。孫兵部星衍少日詩，如飛天仙人，足不履地。吕司訓星垣詩，如宿霧埋山，斷虹飲渚。張檢討問陶詩，如騏驥就道，顧視不凡。何工部道生詩，如王謝家兒，自饒繩檢。劉刺史大觀詩，如極邊春色，仍帶荒寒。吳禮部蔚光詩，如百草作花，豔奪桃李。徐大令書受詩，如范雎宴客，草具雜陳。趙大令希璜詩，如麋鹿駕車，終難就範。施上舍晉詩，如湖海元龍，未除豪氣。伊太守秉綬詩，如貞元朝士，時務關心。方太守體詩，如松風竹韻，爽客心脾。張司馬鉉詩，如鑿險縋幽，時逢異境。張上舍崟詩，如倪迂短幅，神韻悠然。劉孝廉嗣綰詩，如荷露烹茶，甘香四徹。金秀才學蓮詩，如殘蟾照海，病燕依樓。吳孝廉嵩梁詩，如仙子拈花，自饒風格。徐刺史嵩詩，如神女散髮，時時弄珠。吳司訓照詩，如風入竹中，自饒清韻。姚文學椿詩，如洛陽少年，頗通治術。孫吉士原湘詩，如玉樹浮花，金莖滴露。唐刺史仲冕詩，如出峽樓船，帆檣乍整。張大令吉安詩，如青子入筵，味別百果。陳博士石麟詩，如晴雲舒紅，媚此幽谷。項州倅墉詩，如春草乍緑，尚存冬心。邵進士葆祺詩，如香車寶馬，照耀通衢。郭文學麟詩，如大堤游女，顧影自憐。張上舍問簪詩，如秋棠作花，淒豔欲絕。胡孝廉世琦詩，如陟險驊騮，攫空鷹隼。羅山人聘詩，如仙人奴隸，曾入蓬萊。僧慧超詩，如松花作飯，不飽獮猴。僧巨超詩，如荇葉制羹，藉清牢醴。僧小顛詩，如張顛作草，時覺神來。僧果仲詩，如郭象注莊，偶露才語。僧寒石詩，如老衲升壇，不礙真率。閨秀歸懋昭詩，如白藕作花，不香而韻。崔恭人錢孟鈿詩，如沙彌升座，靈警異常。孫恭人王采薇詩，如斷緑零紅，淒豔欲絕。吳安人謝淑英詩，如出林勁草，先受驚風。張宜人鮑茝香詩，如栽花隙地，增種桑麻。余所知近時詩人如此，内惟黎明經未及識面。或問君詩何如？曰：「僕詩如激湍峻嶺，殊少迴旋。」（卷一，《北江詩話》陳邇冬校點本，第四～七頁）

智按：清陳康祺《郎潛紀聞初筆》卷十三「洪北江詩評」條云：「稚存太史《北江詩話》，有仿鍾嶸《詩品》、《畫品》一則，評騭同時詩人，頗極允當，亟録之。……按：太史箋經補史，撰著裒然，若《卷施閣文》、《更生齋集》以及《乾隆府廳州縣誌》等均刊行，獨《詩話》未出。後華亭張溫和公祥河，方為鐫布。溫和跋此書云：『激湍峻嶺八字，蓋先生之謙詞。先生詩惟妙於迴旋，乃益見激峻之不可及。』可謂北江知己矣。（又按，張跋稱：末條自評其詩，今評詩在首卷第十二條，且如姮娥蟾蜍條、蟬曳殘聲條，及録燕秀才『神仙怪底飛行速，天上程途不拐灣』之句，議論膚淺，恐非先生手定本也。）」

怪可醫，俗不可醫。澀可醫，滑不可醫。孫可之之文，盧玉川之詩，可云怪矣。樊宗師之記，王半山之歌，可云澀矣。然非餘子所能及也。近時詩人，喜學白香山、蘇玉局，幾於十人而九然，吾見其俗耳，吾見其滑耳。非二公之失，不善學者之失也。（卷一，《北江詩話》陳邇冬校點本，第八頁）

中唐以後，小杜才識亦非人所及，文章則有經濟，古近體詩則有氣勢。倘分其所長，亦足以了數子，宜其薄視元、白諸人也。（卷二，《北江詩話》

陳邇冬校點本，第二六~二七頁）

有唐一代詩文兼擅者，惟韓、柳、小杜三家，次則張燕公、元道州，他若孫可之、李習之、皇甫持正。能為文而不能為詩，高、岑、王、李、李、杜、韋、孟、元、白。能為詩而不能為文，即有文，亦不及其詩。至詩及排偶文兼者，亦祇王、楊、盧、駱及李玉谿五家。餘則蘇頲、呂溫、崔融、李華、李德裕等，文勝於詩。李嶠、張九齡、李益、皮日休、陸龜蒙等，詩勝於文。均不能兼擅也。（卷二，《北江詩話》陳邇冬校點本，第二七頁）

徐知誥輔吳之初年，未強仕，以爲非老成不足壓衆，遂服藥，變其鬚鬢，一日成霜。宋寇萊公急欲作相，其法亦然。余見近時公卿鬚鬢皓然，而百萬覓藥，以求其黑者，見又出二公下矣。袁大令枚有《染鬚》詩，余嘗戲之曰：「公事事欲學香山，即此一端，已斷不及。香山詩曰：『白鬚人立月明中。』又云：『風光不稱白髭鬚。』而公欲飾貌修容，是直『陸展染鬚髮，欲以媚側室』耳。」坐客皆大笑。（卷二，《北江詩話》陳邇冬校點本，第二九頁）

詩除《三百篇》外，即《古詩十九首》亦時有化工之筆，即如「青青河畔草」及「四顧何茫茫，東風搖百草」，後人詠草詩，有能及之者否？次則「池塘生春草」，春草碧色，尚有自然之致。又次則王胄之「春草無人隨意緑」，可稱佳句。至唐白傅之「草緑裙腰一道斜」，鄭都官之「香輪莫碾青青草」，則纖巧而俗矣。孰謂詩不以時代降耶？（卷三，《北江詩話》陳邇冬校點本，第六〇頁）

智按：白居易《杭州春望》：「望海樓明照曙霞［城東樓名望海樓］，護江堤白蹋晴沙。濤聲夜入伍員廟，柳色春藏蘇小家。紅袖織綾誇柿蔕［杭州出柿，蔕花者尤佳也］，青旗沽酒趁梨花［其俗釀酒趁梨花時熟，號為梨花春］。誰開湖寺西南路？草緑裙腰一道斜［孤山寺路在湖洲中，草緑時望如裙腰］。」長慶三年（八二三），五十二歲，任杭州刺史。《白居易集箋校》第一三六四頁。鄭谷《曲江春草》：「花落江堤簇暖（一作晚）煙，雨餘草（一作江，又作山）色遠相連。香輪莫輾青青破，留與愁（一作游）人一醉眠。」（《全唐詩》卷六七五）

今人以九江郡西琵琶洲，謂得名於白傅為江州司馬時聽商婦琵琶於此，因號琵琶洲。不知非也。《水經注・江水》下：「江水東逕琵琶山南，山下有琵琶灣。」考其道里，正在潯陽境内，則琵琶之名久矣。（卷三，《北江詩話》陳邇冬校點本，第六四頁）

詩人不可無品，至大節所在，更不可虧。杜工部、韓吏部、白少傅、司空工部、韓兵部，上矣。李太白之於永王璘，已難為諱。又次則王摩詰，再次則柳子厚、劉夢得，又次則元微之，最下則鄭廣文。若宋之問、沈佺期，尚不在此數。至王、楊、盧、駱，及崔國輔、溫飛卿等，不過輕薄之尤，喪檢則有之，失節則未也。（卷四，《北江詩話》陳邇冬校點本，第六五頁）

昔人笑馮道「忘攜兔園册子来」，然兔園册子，畢竟是唐及五代時習尚。若今日之習尚，吾見其龍頭雜事而已矣。又考兔團册子雖不傳，大要是類書之淺近者，雖不及歐陽詢、虞世南、徐堅之詳審，要亦其次也。蓋初唐人撰集，定無不舉來歷，匙自作聰明之弊，勝今日之《錦字箋》、《廣事類賦》遠矣（唐人及北宋人著書，皆有法度，故《白六帖》既遠勝《孔六帖》，《廣事類賦》去吳淑《事類賦》，則又不可以道里計矣）。（卷四，《北江詩話》陳邇冬校點本，第六六頁）

唐宋詩人永年者殊少，杜甫年五十九，李白年六十餘，王維年六十一，韓愈年五十七，《孟浩然傳》云：年四十始遊京師，張九齡、王維雅稱道之，今考張九齡以開元二十一年十一月作相，王維始從濟州參軍擢右拾遺，是浩然游京師，當在開元二十二年，以後至開元末，浩然已卒，是年亦不出五十。高適傳言五十，始爲詩，其卒在永泰元年，年當在七十左右。白居易年七十五，宋歐陽修、王安石、蘇軾皆六十六。至南宋，則詩人老壽者多。陸務觀年八十六，楊廷秀年八十三，范成大年七十，尤袤年七十。（卷四，《北江詩話》陳邇冬校點本，第六六～六七頁）

《唐書・白居易傳》：「嘗與胡杲、吉旼、鄭據、劉真、盧真、張渾、狄兼謨、盧貞燕集，皆高年不事者，人慕之，繪為《九老圖》。」按居易集中，亦歷述九人官爵、里居、姓字，以年齒為序，蓋事實仿於後魏中書令高允之《徵士頌》，歷載中書侍郎固安侯范陽盧元（玄）子真等三十四人而各系以頌，其前後當亦以年為次。吾鄉莊氏南華九老會，其附入者，又二十一人。

石門君之孫徵君宇逵，亦各為頌以繫之，亦仿允之例也。余曾為作序，見集中。（卷五，《北江詩話》陳邇冬校點本，第八七頁）

智按：即洪亮吉《南華九老會倡和詩序》，見其《卷施閣文乙集》卷五，《續修四庫全書》影印清光緒三年洪氏授經堂刻洪北江全集增修本。

有心作衰颯之詩，白香山是也。如「行年三十九，歲暮日斜時」。夫年始三十九，何便至歲暮日斜？此有心作衰颯之詩也。若無心作衰颯之詩，則亦非佳兆。如顧況之「老夫年七十，不作多時別」。柳宗元之「從此憂來非一事，蚩容華髮待流年」等詩是矣。余友黃君仲則，方盛年，忽作一詩云：「茫茫來日愁如海，寄語羲和快著鞭。」余竊憂之，果及中歲而卒。余六十後，忽以不獲已事，重赴漢江，將歸，同人餞于黃鶴樓江岸，以為不更能作楚遊矣。余故反其意，作留別一首云：「未覺山公興便頹，殘年短景苦相催。瀕行不與仙人別，此世偏應一再來。」或亦自相慰藉之語耳。（卷五，《北江詩話》陳邇冬校點本，第九六頁）

開、寶諸賢，七律以王右丞、李東川為正宗。右丞之精深華妙，東川之清麗典則，皆非他人所及。然門徑始開，尚未極其變也。至大曆十才子，對偶始參以活句，盡變化錯綜之妙。如盧綸「家在夢中何日到？春來江上幾人還！」劉長卿「漢文有道恩猶簿，湘水無情弔豈知！」劉禹錫「懷舊空吟聞笛賦，到鄉翻似爛柯人。」白居易「曾犯龍鱗容不死，欲騎鶴背覓長生」：開後人多少法門。即以七律論，究當以此種為法，不必高談崔顥之《黃鶴樓》、李白之《鳳皇臺》及杜甫之《秋興》、《詠懷古蹟》諸什也。若許渾、趙嘏而後，則又惟講琢句，不復有此風格矣。（卷六，《北江詩話》陳邇冬校點本，第九九頁）

韋端己《秦中吟》諸樂府，學白樂天而未到。《聞再幸梁洋》、《過揚州》、《謁蔣帝廟》諸篇，學李義山、溫方城而未到。然亦唐末一巨手也。（卷六，《北江詩話》陳邇冬校點本，第一〇〇頁）

高常侍之於杜浣花，賀秘監之於李謫仙，張水部之於韓昌黎，始可謂之詩文知己。即如水部《祭韓公》詩云：「獨得雄直氣，發為古文章」亦唯此二語，可該括韓公詩文。外若白太傅何嘗不傾倒昌黎？然僅云「戶大嫌甜酒，才高厭小詩」而已。蓋韓、白詩派不同，故所言只如此而已。琴按：原集「厭」作「笑」。（卷六，《北江詩話》陳邇冬校點本，第一〇二頁）

謫仙獨到之處，工部不能道隻字，謫仙之於工部亦然。退之獨到之處，白傅不能道隻字，退之之於白傅亦當然。所謂可一不可兩也。外若沈之與宋，高之與岑，王之與孟，韋之與柳，溫之與李，張、王之樂府，皮、陸之聯吟，措詞命意不同，而體格並同，所謂笙磬同音也。唐初之四傑，大曆之十子亦然。欲於李、杜、韓、白之外求獨到，則次山之在天寶，昌谷之在元和，寥寥數子而已。韓文並可獨到，則昌黎而外，惟杜牧之一人。（卷六，《北江詩話》陳邇冬校點本，第一〇二頁）

元和、長慶以來詩人如白太傅、杜舍人，皆有節概，非同時輩流所及，其寄情聲色亦同。余昨有《題琵琶亭二絕》云：「兒女英雄事總空，當時一樣淚珠紅。琵琶亭上無聲泣，便與唐衢哭不同。」其二云：「江州司馬宦中唐，誰似分司御史狂？同是才人成淪落，樊川亦賦杜秋娘。」（卷六，《北江詩話》陳邇冬校點本，第一〇三頁）

智按：洪亮吉，原名禮吉，字君直，一字稚存，號北江，晚號更生居士。陽湖（今江蘇常州）人。自幼喪父而刻苦讀書，與同里黃景仁、孫星衍友善，并得袁枚、蔣士銓賞識。乾隆五十五年（一七九〇）庚戌一甲二名進士，授翰林院編修，充國史館編纂官。後督貴州學政。嘉慶元年（一七九六）回京供職，以越職言事獲罪，充軍伊犁。五年赦還，從此家居撰述至終。有《卷施閣詩文集》、《附鮚軒詩集》、《更生齋詩文集》、《北江詩話》及《春秋左傳詁》。

吴錫麒（一七四六～一八一八）

《題朱敬亭所藏姬人韓荔鄉遺照三首》

無復佳人望，難收老淚回。中元紅薦否，冷語荔鄉來。

譚徽之留舊夢，白香山賸新詩。耳根閩語須記，郎罷何人喚時。（讀徽之事，見《天中記》）

位業真靈證渺茫，游仙易褪絳羅裳。色香總落凡間想，上品難忘十八娘。（《有正味齋集》詩集續集卷一萍聚集一，《續修四庫全書》影印清嘉慶十三年刻有正味齋全集增修本）

《賦賦》

馳華思於上林，叩元聲於中宇。情含風以拓今，韻激騷而流古。殫密麗之鋪陳，暢菁英之咀吐。託附庸於六藝，徵苑祕於四部。齊陶冶於洪爐，迺焜耀乎文府。溯荀況之五篇，奏唐勒之四藝。俶萌柢於周秦，繼浸淫於漢魏。枚、馬演其洪裁，班、揚炳其巨製。氣深瑋而達情，辭豐贍而析理。招雅頌之博徒，總華實之英轡。鑽響則駭聾，送文則飛滯；選和則懌懷，振鋭則彊志。由千載而上窺，極斯藝之能事。徒觀其主客附會，東西詆訾，藩飾相襲，權輿在兹，將反覆以明趣，用紬繹以露詞。若夫敘川原，述京殿，論游畋，紀享讌，其事甚大，厥風斯扇。於是紛緼發采，葩茂奮葩，五音絞概，十色挼拏。翼層樓而起鳳，冠中天而敞霞。聚錦浪於一鏡，藏寶書於萬花。窮其變則鬼神莫能喻，播其精則金石無以加。迨曲終而奏雅，回侈心於已奢。勢漸流於典午，才多蔚於東南；矢沖襟於巖户，軫遐慕於江潭。晨飈襲而靈條孕，晚霭滋而秀潁含。剖淵微之名理，抒冥奥之玄談。鵠顔謝其能赴，席江鮑其並參。發清思之窈窈，良有味而醰醰。至於庶物異名，萬彙殊族；刻畫情態，發皇耳目。務纖密以為巧，緣比擬而自足。表餘花之墜芬，匄香草之腝馥。諒無訾於小言，足取媚於幽獨。亦有別夕愁長，情年恨短。訣愛子而心摧，望美人而目斷。絲縈繾綣，緒結纏綿。箏催促柱，瑟改危絃。毫欲棲而泣露，墨未染而啼烟。靈歎頹息，魂傷黯然。又或花送春言，葉邀秋諾。粲粲紅迷，茸茸翠踈。郎調蛺蝶之歌，妾進鸊鵜之杓。闘帳底之茱萸，販箱中之芍藥。眉築黛而粧輕，唇表朱而豔薄。懼綺麗之非珍，覬鄭衛之勿削。然而道由始盛，勢不中衰。奮摩天之羽翼，動行地之風雷。則有枯樹寓風烟之慨，江南寫身世之哀。鬱千端而波住，詭萬魅而雲來。將倒回乎弱水，可獨上乎强臺。唐締初基，頗傳艷體。若太白之明堂，少陵之大禮。其樂帝之上鈞，饗妣之嘉醴乎？自制科之特重，比伶律而無差。齊尺度於毫楮，戛宫商於齒牙。斂奇才而纏矩，相粹質而披沙。因題定色，即韻敷華。元鍼度密，闊幅裁奢。縱忸怩於鴻筆，難剗塞乎專家。原麗則之遺音，究敷陳之大義。能作者可以登高，善酬者可以見志。其托興也務遠，其練材也求備。其致飾也尚腴，其肖象也取緻。類匠氏之搆奇，與染人之襮異。賤外强而中乾，貴先醇而後肆。在首尾之相銜，毋因濟而亂次。當中邊之盡徹，若入壁而立幟。歡仰昊而日晶，慘巡林而霜頳。閎蘭茝之金色，通參差之玉吹。緬先矩其匪遙，冀嗣音之勿替。嗟宋元之遞降，遂頹靡之相因。或緣文而綴韻，或襲古而遺神；或虛辭之自鬻，或澀體之雜陳。攀情絛而安附，屈意幹而莫伸。索途而擿埴，終涉水而迷津。我朝揚洪謨，扇巍烈，鯨響鏗，韶音徹。軼楚豔而無朋，宏漢京而有截。龍蠖略於神淵，鳳廻翔於丹穴。罄名物之可形，籠造化而為傑。豈徒三兩京而四三都，蓋將承六經而郛衆說也。(《有正味齋集》駢體文卷二賦二，《續修四庫全書》影印清嘉慶十三年刻有正味齋全集增修本，第一四六八册，第六一八頁)

智按：仿自白居易《賦賦》。

《陶然亭公餞記》

陶然亭為康熙間江郎中藻所建，取白香山詩「更待菊黄家釀熟，與君一醉一陶然」之句以名之也，又名江亭，在黑審廠南慈悲庵内，庵有遼壽昌五年、金天會九年石幢各一，是則浦團花水，昔證净因酒坐琴，言近諧高會，良以六街塵閧，九市風喧，或車馬之賢勞，或簿書之迷悶，偶思陶寫，有慕寬閒，挈榼提匏，此焉契集。曹習庵學士詩：「隔葦小車如泛艇，出林高閣當登山。」蓋紀實也。時維暮春，節過寒食，草脚方軟，蘆鍼已齊，斜陽一畦，亦或飛蝶積水半尺，時逢浴鷗，雉堞隱見於雲間，梵鐘縹緲於林外。……嗟乎！桑中之宦，已過乎三年，柳下之窮，徒羞乎一介，乃蒙寵加塗潤過事挼張，才謝季恭，而詩標公讌；名非白傅，而畫擬屏風。振鵷路之頹飈，激龍門之退水，叨竊光價，彌藴悚慚。是日會者，羅兩峰（聘）、洪稚存（亮吉）、趙味辛（懷玉）、査蘭圃（堂）、汪劍潭（端光）、金雲泉（孝繼）、馬秋藥（履泰）、方道坤（體）、伊墨卿（秉綬）、魏春松（成憲）、王春波（霖）、彭蕙支（田橋）、査小山（有圻）暨余凡十四人，各分韻賦詩，兩峰復為作江亭餞别圖，山水當心，煙雲脱手，指征夫之前路，導游子之迷津，尤可感已。(《有正味齋集》駢體文卷十四記二，《續修四庫全書》影印清嘉慶十三年刻有正味齋全集增修本)

智按：吴錫麒，字聖徵，號穀人，錢塘（今浙江杭州）人。乾隆四十年（一七七五）乙未進士，改庶吉士，授編修，歷官祭酒。有《有正味齋集》。

戴殿泗（一七四六～一八二五）

《出郭尋荷花至張字圩回舟過鉏月居士閒話有作》

羅雲翻空波活活，水深不見芙葉發。潑面清香何處來，蘆菱遠寄魚鱗室。逢人轉問花深處，櫓繞湖塘不知數。相逢老嫗似畏人，可曾解否香山句。秋思横空思遠哉，蓼灘沉沉風推排。幽人静寄水雲裏，紅白生綃堂上開。尋花莫論花多少，談頃秋階葉如掃。碧雲入暮湖水清，餘馥沾衣一舟小。(《風希堂詩集》詩集卷二山居稿，《續修四庫全書》影印清道光八年九靈山房刻本)

智按：戴殿泗，號東珊，浦江（今屬浙江諸暨）人。嘉慶元年（一七九六）進士。授翰林院編修，繼入值御書房，參修《高廟實録》，官至日講起居注。辭官後，與戴殿江、戴殿海兄弟芒鞋竹杖出游山水間。一生研究群經，博觀諸史，旁通百家之言。有《風希堂文集》。

洪樸（一七四六～？）

《題王蓬心前輩司馬詩卷》

鐙殘漏盡未停披，一卷淋浪白傅詩。獨坐渾忘通夜永，相看又是十年遲。青衫江上人還健，紅板聲中酒莫辭。最是長安行樂處，紅牆銀漢起人思。(《晚晴簃詩匯》卷九十四)

智按：洪樸，字素人，號伯初，歙縣（今屬安徽）人。乾隆三十六年（一七七一）辛卯進士，歷官順德知府。有《伯初詩鈔》。

許兆桂（一七四六？～一八〇六）

《琵琶亭感舊》

江岸依依楊柳枝，黄蘆苦竹不勝悲。昔年游處渾如夢，况説青衫下淚時。（《湖海詩傳》卷三十，《續修四庫全書》影印清嘉慶八年三泖漁莊刻本）

智按：許兆桂，字香巖，雲夢（今屬湖北）人。貢生。夙承家學，與弟秋巖、石泉塤箎迭和，極一時之盛。歷游薊北、楚南、粤西，晚年僑寓金陵，吟咏自適，得山川靈秀之氣居多。有《夢雲樓詩鈔》。

李憲喬（一七四七～一七九七）

《賦得柳色》

千村萬村静，二月三月傷。暈黄蒸雨氣，湛碧破溪光。直送遠情盡，能教春晝長。所嗟白傅死，終古此茫茫。（光緒十二年重刻本《少鶴先生詩鈔·内集》卷一，《清代詩文集彙編》第四三九册）

《讀韓詩戲題》

退之爲小律，豈唯不能工。拗捩多支撑，調嬉乃孩童。格張不敢笑，佛賈不敢譏。樂天廣大主，且謂薄不爲。及乘五岳頂，或泛四瀛大。搖筆擺風霆，六合不足隘。張懾目瞿瞿，賈餒行僬僬。獨傾北斗杓，餘瀝誰敢釂。乃知營大厦，大匠不他屬。下士蒼蠅聲，責令安床足。（光緒十二年重刻本《少鶴先生詩鈔·内集》卷七，《清代詩文集彙編》第四三九册）

《題琵琶亭》

江州司馬送客處，誰與結構江亭孤。楓葉荻花當眼在，青天白日此人無。當時曾不有元李，此地端應空楚吴。千載有人志尚友，恨不酒變彭蠡湖。（光緒十二年重刻本《少鶴先生詩鈔·内集》卷九，《清代詩文集彙編》第四三九册）

《九江懷樂天》

結髮慕先生，今來雪數莖。爐峰舟自泊，湓浦月空明。偶寄一時感，笑

收千載名。遠遷渾細事，底用故人驚。（光緒十二年重刻本《少鶴先生詩鈔·鶴再南飛集》，《清代詩文集彙編》第四三九册）

《和樂天感鶴》

樂天生我前，一千有餘年。觀其感鶴作，竟似爲我傳。上言鶴不群，誓不飲貪泉。下言鶴性變，間亦逐腥膻。刺蹙爭群雞，貪攫狎烏鳶。俯仰自嘆笑，此行誠有焉。惟自扣其心，性實無改遷。所見無非雞，能不同啄田。所遇無非鳶，能不同戾天。待得雞鳶去，孤立還迥然。腥膻徒擾擾，豈嘗餐一餐。無奈迹相近，未免爲糾纏。爾來更莫解，真乘大夫軒。（光緒十二年重刻本《少鶴先生詩鈔·賓山續集》，《清代詩文集彙編》第四三九册）

《樂天代鶴》

我本海上鶴，遠放天西南。此外飛不去，毒霧雜瘴嵐。賴有賢主人，惜此毛毶毶。爲愛質潔白，真知不競貪。飲以澗泉冽，餉以玉粒甘。無奈地苦狹，未免雞鶩兼。雞鶩自有營，此豈能相參。以茲得所享，反覺情不堪。主人試俯聽，鄙性幸能諳。使脱雞鶩群，饑死心亦厭。（光緒十二年重刻本《少鶴先生詩鈔·賓山續集》，《清代詩文集彙編》第四三九册）

《將去歸順和樂天杭州二詩》

除官去未閑，且復三月留。喜與吏役疏，日共諸生游。城西有古洞，廨東有新樓。晴晝及月夕，觴詠無時休。奈當歲試期，諸生趨邕州。紛去如落葉，始覺孤樹秋。獨有童氏子，經通行且修。能來同我居，對床置衾裯。夜半讀《楚騷》，鐙闇風颼颼。因與論今古，掩卷涕泗流。頗憶韓子語，君其張生儔。共言無倦聽，晨坐盡更籌。邊隅得此士，寧復嗟夷猶。詩成寄諸生，底用商聲謳。

三年為刺史，白公當内移。三年為刺史，李子去復來。前後三年中，問我何施為。催科不敢拙，那得撫字慈。弭盜苦無術，遑問道拾遺。惟民不我惡，我不民鄙夷。以此兩相得，未免情依依。愧無西湖水，為汝溉田陂。亦無天竺石，為我壓舟資。因我好吟詠，多投送行詩。山野黄髮叟，里巷垂髫兒。傴僂各拜獻，婉孌相扳追。肫意良可念，奈多虚泛詞。恩德竟何有，吾猶自知之。若系倩人作，尤不應我欺。老者勸餐飯，幼者得攜持。不言已可

樂，待我再來時。（光緒十二年重刻本《少鶴先生詩鈔·賓山續集》，《清代詩文集彙編》第四三九册；《晚晴簃詩匯》卷九十八）

《定性齋集序》

先生於爲詩從《選》入，他如庾信、徐陵、杜審言、沈佺期、陳子昂、李白、王維、白居易、韓愈、李賀皆嘗究涉，獨不喜規撫形似，故張、賈門下人無以定其專中，不知意興之超，骨力之卓，古人本自相入。喬及兄石桐每詩成，輒就先生推勘之，然後定。則能好二子之詩者，必能好二子之所好者也。爲同學諸生鈔如干首以資觀法焉。己亥九月一日早寒，弟憲喬識於都門興勝僧舍。（《定性齋集》卷首）

智按：李憲喬，字義堂，一字子喬，號少鶴，山東高密人。乾隆三十年（一七六五）拔貢，乾隆四十一年（一七七六）丙申召試欽賜舉人，乾隆四十五年（一七八〇）以例授廣西岑溪知縣，乾隆六十年任歸順（今廣西靖西）知州，嘉慶元年（一七九六）奉調從征貴州興義苗匪，次年奏凱監馘入京，行至永福卒。有《凝寒閣詩話》、《少鶴内集》、《鶴再南飛集》、《龍城集》、《賓山續集》。又有與兄李懷民合集《二客吟》，輯有《韓詩讀本》、《評選孟詩》。事迹見秦瀛《小峴山人詩集》、《清史列傳》卷七二、《國朝詩人征略》卷四四。

黎簡（一七四七～一七九九）

《陳湘舟挽歌七首》（陳湘舟名禶芳，字若蘭，世稱陳三，以丁未十一月某日卒）其二

廣陵真不在人間，一世詩豪只麽閑。學古自矜長慶集，好名翻笑白香山。（《五百四峰堂詩鈔》卷十八戊申年，《續修四庫全書》影印清嘉慶元年刻本）

智按：黎簡，字簡民，一字未裁，號二樵，順德（今屬廣東）人。乾隆五十四年（一七八九）己酉拔貢。有《五百四峰草堂詩鈔》。

龔景瀚（一七四七～一八〇二）

《金大文甫以詩草索序爲題其後》

吾黨金生骨相奇，厖眉大口腹皤而。疎狂到處被笑罵，磊落未肯受羈維。去冬走馬長安道，聲名藉藉喧京師。霜蹄一蹶賦歸去，開篋示我途中詩。皎如新月舒皓魄，媚如春草秀華滋。斯世今無皇甫謐，佛頭著糞良足嗤。請爲長歌陳梗概，讕言或可解君頤。古詩三百風雅頌，上哉敻乎不可追。五言淵源溯蘇李，陶鎔萬類如鑪錘。孟堅平子相繼起，角立未辨誰雄雌。建安七子皆卓犖，包羅衆作惟陳思。太沖明遠亦健者，潘陸謝顔流始岐。就中吾愛陶彭澤，精金美玉無瑕疵。布帛菽粟好者衆，渾然元氣入肝脾。梁陳以來尚綺麗，此道不絕眞如絲。唐初餘習猶波靡，王楊盧駱名當時。子昂崛起曲江繼，壁壘乃復新旌旗。天地精華鬱必洩，篤生李杜爲扶持。天馬行空脱羈靮，蛟龍得水騰�踞。黃鐘大吕異凡響，煌煌復見漢官儀。譬如羲和駕日月，照臨下土驅魑魅。又如山河分兩戒，支撐南北無偏陂。自後詩人相祖述，奉持不異矩與規。昌黎樂天元和體，後起亦足分一麾。義山晚出獨學杜，雖無神骨猶存皮。北宋蘇黃南宋陸，聲情豪宕詞淋漓。金元之間少作者，遺山道園世所推。有明詩人志復古，堂堂高啓與劉基。李何出而鳴其盛，王李起而扶其衰。國朝三家峙江左，草昧尚借異代資。北偁阮亭南竹垞，巍然相映斗與箕。荔裳愚山當一面，崛強不肯居偏裨。嗚呼元音在天地，千秋萬古常如斯。性情未嘗今古異，非今是古亦何居。讀書萬卷行萬里，下筆乃與古人期。邇來詞壇少宗匠，豎子碌碌矜毛錐。冶容塗澤取媚悦，奄然無氣如居屍。後生識見苦不卓，紛華悦眼爲所欺。扣槃捫燭相追逐，誰階之厲乃爾爲。君才高足攀屈宋，與彼何啻相倍蓰。清平奇古從吾好，風雲月露非所宜。先民大雅不可作，五百年來文在茲。掃除淫哇續正響，瀚也不敏君勉之。（《澹靜齋詩文鈔》詩鈔卷一，《續修四庫全書》影印清道光二十年恩錫堂刻澹靜齋全集本）

《呈瓶菴兼簡令嗣景明疊前韻》（二首其一）

廿載聲華一見遲，梧桐高竦本無枝。百金人購香山集，千兩車看太學碑。前輩風流巾折角，彼都人士帶伊絲。雲龍許我輕追逐，蒼璧何曾等鹿皮。

(《澹靜齋詩文鈔》詩鈔卷二,《續修四庫全書》影印清道光二十年恩錫堂刻澹靜齋全集本)

《平涼新樂府》

甘肅民皆貧苦，而平涼尤甚。作令三年，耳目所及，有不忍見聞者。作《平涼新樂府》四章，書座右，亦欲觸目有動也。嗚呼！司民牧者，患於疾苦之不知，知之矣而不能爲之所，又不早自引去，徒託諸詩歌以自解免，負國負民，辠可逭乎。

平涼民，居何所，此身未死先入土。蟻穴憧憧目往來，蜂窩處處分門戶。炕前列釜竈，炕後聚男女。牛羊在屋上，雞犬在屋下（叶）。於時言言於時語，於斯歌哭於斯聚。自從子孫溯宗祖，數輩不識瓦與柱。昨聞張家莊，滂沱三日雨。崖傾牆壁崩，壓死不知數，爾民豈誠愚，嗚呼！平涼之民何太苦。

平涼民，身何衣，背上一塊花羊皮。白布三尺蔽前後，手足凍皴如裂龜。十三女兒議嫁娶，縮手窑中尚無袴。一家團坐薰馬通，但擁殘氈與敗絮。客來賣布不索直，秋量禾穀夏量麥。傾囷倒廩不敢辭，身上有衣口無食。昨聞官府出明示，嚴禁客民索重息。民愚深感縣官仁，却恐今冬賒不得。牀頭餘粟幸不饑，妻子相顧寒無衣。北風刺骨冷欲死，豈能待至夏秋時。

平涼民，耕何田，賦籍沿自明中年。民監更屯目有四，輕重相去如天淵。民田什一古所定，科則況分原與川。監田牧地賦更薄，每畮不過十餘錢。獨有更田本王府，昔日私租今作賦。屯田大半民棄餘，溝底山頭多瘠土。當時屯政隸軍官，緩急操縱猶等閒。今日司農有定額，取盈歲歲誰能刪。豐年畮登禾數束，盡納官糧尚不足。聖恩浩蕩大如天，二十年間詔屢蠲。歸家感泣告妻子，依舊新糧完不起。纍纍鞭扑滿公堂，官府但道民無良。

平涼民，讀何書，師一弟子百有餘。古寺團圝高下坐，鬨堂一搽聲葫蘆。讀罷依然不識字，何況通文曉大義。今年荏苒復明年，多少英才皆暴棄。就中敏者十餘人，學臣草草與衣巾。出入鄉閭耀親戚，何殊威鳳與麒麟。大雅沈沈久不作，浸淫何怪民風薄。文翁蜀郡潮陽韓，誰與斯民作木鐸。栁湖高栁碧參天，壞壁殘垣冷暮烟。顧榮去後風流絕，絃誦無聲二十年。（栁湖書院建於顧太守光旭，今已圮。近始興修，未竣工也）。(《澹靜齋詩文鈔》詩鈔卷五,《續修四庫全書》影印清道光二十年恩錫堂刻澹静齋全集本，第一四七四册，第七二四～七二五頁)

《集香山句》

悠悠生死别經年，舊事思量在眼前。霜草蒼蒼蟲切切，孤燈挑盡未成眠。別有傷心事豈知，少年爲戲老成悲。牀帷半故簾旌斷，盡日無人屬阿誰。（《澹静齋詩文鈔》詩鈔卷五，《續修四庫全書》影印清道光二十年恩錫堂刻澹静齋全集本）

智按：龔景瀚，字海峰，又字惟廣，閩縣（今福建福州）人。乾隆三十六年（一七七一）辛卯進士，由知縣歷官蘭州知府。有《澹静齋詩文鈔》。

許兆椿（一七四七～一八一四）

《陳劍城給諫（化龍）同年請急歸閩拈白香山休官非早亦非遲之句作轆轤體長句五首留別同人因效其體如數同作以贈其行》

休官非早亦非遲，一疏陳情禄竟辭。最好熏風催穩舵，難忘魏闕正清時。聲名瑣闥高流輩，裙屐溪山有故知。進退似君真不忝，樂夫天命復奚疑。

可是懸車請急期，休官非早亦非遲。采芝健卻過頭杖，焚草工留脱手詩。二十年中甘苦味（劍城自壬辰通籍以來未嘗出都），七千里外水雲思。只愁蒲酒同年會，投轄何人再把卮。（同年相約為月會，陳既將行，余亦出都，咸不復與矣）

昇平人物説師師，老鶴烟霄縱所之。處世不求兼不忮，休官非早亦非遲。南臺故事歸斑管，東閣新香品緑枝。爲問小蘭亭外月，清光初不異當時。

食禄難言買隱資，打包僧乃釋肩時。我憐腰與肱同折（時余方赴郡吳中），君果名將實共辭。守已不夷還不惠，休官非早亦非遲。茅檐春社團圞話，回首觚棱日下墀。

暖風花信到將離，祖道東門又一時。去踏梅雲山有色，居塵塵土鬢初絲。書生事業文章小，聖主恩光出處宜。記得白家好詩句，休官非早亦非遲。（《秋水閣詩文集》卷六，《續修四庫全書》影印清道光二十五年刻本）

《寄潘吟序》

寄得郵筒幼婦辭，愁君遭際愛君詩。琵琶彈出江州曲，未必青衫司馬知。

（《秋水閣詩文集》卷八，《續修四庫全書》影印清道光二十五年刻本）

智按：許兆椿，字茂堂，號秋岩，湖北雲夢人。乾隆三十七年（一七七二）壬辰進士，改庶吉士，授編修，官至漕運總督。有《秋水閣詩文集》。

趙懷玉（一七四七～一八二三）

《游韶光渴甚小憩金蓮池上向山僧索茶適壁間香山詩有茶字遂用其韻》

小坐明池側，浮蹤即是家。水清魚入定，山古樹無花。文字難除障，薰修近茁芽。閒賡白傅詠，且喫趙州茶。（《亦有生齋集》詩卷三古今體詩上章攝提格重光單閼元黓執徐，《續修四庫全書》影印清道光元年刻本）

《疊游上眞觀韻寄蔣道士》

一夜新霜報晚秋，幾林紅葉映峯頭。著書擬向元亭質，攜屐曾從丈室留。服餌君同朱孺子，詩篇我媿白江州。蘇門可許孫登住，好寫煙雲抵卧游。（《亦有生齋集》詩卷四古今體詩元黓執徐昭陽大荒落，《續修四庫全書》影印清道光元年刻本）

《李觀察南園雅集圖詩》

西園有雅集，伯時圖自宋。即今集南園，地復以人重。南園之名聞滬瀆，使君況是龍眠族。政成何必廢嘯歌，境好更應摹卷軸。文章事業本兩優，一時賓從鄒枚儔。琴書安排萃裙屐，水木明瑟嬉梟鷗。是時荷淨方清暑，千柄香搖花欲語。拂面徐迎款款風，濯枝不灑纖纖雨。琮潺最喜方池廣，潮去潮來任消長。偶傾醽醁便流觴，欲采芙容還蕩槳。擘牋枯韻各有思，使君手更攜佳兒。參差坐立十二客，無本亦許隨昌黎。披圖恍若親顏色，大半平生舊相識。那堪天末悵離羣，欲向海濱成獨客。要知才大官始閒，白香山後蘇眉山。使君夙尚景前哲，不朽已在丹青間。趨塵自惜頻顛躓，遲到未曾逢盛事。但從詩酒想風流，那得林亭參位置。南園三徑聞漸荒，緑陰如幄清晝長。請公往舉第二集，貌我樹底同追涼。（《亦有生齋集》詩卷二十一古今體詩昭陽大淵獻旃蒙赤奮若，《續修四庫全書》影印清道光元年刻本）

《崇州樂府（有序）》

予客通州之石港，忽忽四載。習州之風土人情，暇日爲賦《新樂府》三章，俾誦之者知所警焉。

⊙貍首斑（傷停棺也）

貍首斑，澤如沐，一棺未埋一棺續。漆黯塵凝同露宿，吾聞古人未葬不入官，葬苟踰期不除服。胡爲遺殯淹歲時，子又生孫若罔知。富者常稱地難得，貧者復謝囊無貲。君不見西鄰昨夜火連屋，孝子哀哀抱棺哭，一炬難將百身贖。

⊙縣門敞（戒興訟也）

縣門敞，州門寬，入之易易耳，欲出殊艱難。一朝之忿投片紙，兩造虛詞互相抵。冤非覆盆寧待理，中人十家產如洗。長官張樂吏設醪，僕隸紈綺恣遊遨。問其何能爾？大半鼠牙雀角之脂膏。君不見，南山有飛鳥，羽毛怕人觸。訟縱能申身已辱，縣門州門休厠足。

⊙連珠池（憫如皋人之鬻女爲伎也）

連珠池，珠藏川自媚，池邊女兒顏如花，心性聰明肌細膩。生女未長成，得錢便輕鬻。謂他人竟作爺孃，授以琵琶教以曲。琵琶學就曲亦成，當筵又使工逢迎。初猶靦覰語微澀，後漸放誕姿横生。秋月春風幾回賞，老嫁商人與厮養。就中亦有花飄茵，多少落英沾糞壤。君不見，連珠池水聲琮琤，照影年年長自清。女身報親不足惜，獨念父母難爲情。（《亦有生齋集》詩卷二十六古今體詩上章敦牂，《續修四庫全書》影印清道光元年刻本）

《晤盛觀察惇崇之次日辱投以詩復招同看芍藥賦此答之》

故人持節關中久，天各一方情莫剖。昨來未到青門邊，遣使先邀官道口。籠燈夜登大雅堂，參差竹石屈曲廊。欣然執手叙契闊，彼此訝添頭上霜。咄嗟治具殷勤款，談深但覺更籌短。朝來復枉高軒過，錯落珠璣懷袁滿。多君善書兼善詩，長篇大章信手題。杜陵語出驚人耳，白傅吟成解嫗頤。讀罷新詩思拾瀋，折柬又招花下飲。……（《亦有生齋集》詩卷二十八古今體詩重光協洽元默涒灘，《續修四庫全書》影印清道光元年刻本）

《琵琶亭三首》

舊時司馬老還家，艤棹荒亭日易斜。早把榮枯參一例，不將閒淚灑琵琶。

此生仙佛料無緣，敢望身歸兜率天。一語瓣香聊致禱，與公同病盍相憐。

淪落天涯偶賦詩，遂令佳話到今貽。我來楓荻都無影，風雪寒江又一時。(《亦有生齋集》詩卷三十一古今體詩閼逢閹茂旃蒙大淵獻，《續修四庫全書》影印清道光元年刻本)

《九日遊虎邱還過白公祠作》

令節入重陽，幽尋到初地。山塘遊舫集，侵曉無舟繫。病夫獨避喧，聊徇登高例。殿古慨就傾，亭虛喜無蔽。秋光助野色，老眼豁新霽。雙塔影交撐，千林葉初薙。炊煙縷縷颺，遠水滔滔逝。此時城中客，強半猶夢寐。遂經千人石，更作一晌憩。臺冷石自頑，池荒劍無氣。題名多不知，往蹟空如寄。還訪白傅祠，樹木頗陰翳。巖花尚餘香，庭竹爭聳翠。香山本蘇守，少陵惟偶至（祠有懷杜閣）。何期時代遙，忽有香火繼。始知負盛名，不患無好事。流連發長嗟，顯晦聽後世。(《亦有生齋集》詩卷三十二古今體詩旃蒙大淵獻柔兆困敦，《續修四庫全書》影印清道光元年刻本)

《甌北集序》

……昔樂天揚聲于唐室，務觀奮迹于宋朝，先生揖讓其間，殆堪鼎足乎！……(《亦有生齋集》文卷三序，《續修四庫全書》影印清道光元年刻本，第一四七〇册，第四二頁)

《與張載芬論行狀書》

急足歸曾附復書，想入照覽。承示行狀，排日鹿鹿，無須臾之間，昨於鐙下始得展閱一過。情深文明，反復詳盡，行間紙上，時時有血淚痕也。然文則善矣，體例尚有未愜鄙懷者，今爲足下陳之。古者行狀之作有二，一則上之史館，以備議謚，一則告之當世，以乞誌銘。其文多出門生故吏之手，不必專屬之子孫。子孫述之，亦衹作者一人署名，不必臚署衆名也。狀前例皆另行標列三代爵諱，或於文中敘列先世，亦必從本身姓氏直起。今則文之起處，必有棄而長逝諸語，似乎沈痛之思，反作公家之論矣。題例書姓，所以示世立言，故顔清臣之於父則曰顔君，白樂天之於祖則曰白府君，今則不書姓而反書所謂號者，甚至敘其上世，亦不書名諱，而僅舉其號，稱爲某某公者。無識之士，撰作碑誌，亦漫從之，遂令閱者茫然不辨爲何人，是欲尊顯之，而轉嫌褻且晦矣。祖考之稱，以亡者爲斷。今則從子孫自稱，殊乖昔體。如《白府君事狀》曰：高祖諱建，曾祖諱士通，祖諱志善，父諱温，公諱鍠。又曰長子諱季庚，襄州别駕，事具後狀。其《襄州别駕事狀》則曰：公諱季庚，鞏縣府君之長子，即居易之父。其他如穆員狀父，孫逖父銘，陳子昂父志，不可枚舉。古人臨文不諱，自祖以上，非逮事者，往往不加諱字。今諱字或不可不書，然使他人塡諱，又書達官之名以爲華，則誣甚也。金石之例，三品以上稱，公以下稱君，蓋即非三公，不當稱公之意，而稍變通之。然顔氏家廟碑，魯公述其父之文也。碑題曰唐故通議大夫薛王友柱國贈祕書少監國子祭酒太子太保顔君碑銘，爵非不貴，父非不尊，而袛稱君，可知無所軒輊。今則自敵以上必稱公，稱之曰君，即謂輕已，而泥古者又執非公不稱公之説，齗齗相辨，愚以爲皆非也。……（《亦有生齋集》文卷十書啓，《續修四庫全書》影印清道光元年刻本）

智按：趙懷玉，字億孫，號味辛，又字印川，武進（今江蘇常州）人。乾隆四十五年（一七八〇）庚子召試，賜舉人，授内閣中書。歷官青州同知，署登州、兖州知府。詩與孫星衍、洪亮吉、黄景仁齊名，時稱「孫、洪、黄、趙」。有《亦有生齋集》。

劉大紳（一七四七～一八二八）

《寄李即園》

吾衰得汝破愁顔，詩卷早存天地間。海外文章蘇玉局，秦中樂府白香山。風騷道墜從今振，館閣才多對此孱。人世終嫌知己少，千秋國士半生間。（《寄庵詩文鈔》詩鈔續附卷四，《續修四庫全書》影印民國雲南叢書本，第一四七三册，第二四四頁）

《勿軒詩序》（題擬）

《勿軒詩》凡六卷。勿軒在日，余竊謂之曰：「詩文，天地至寶也。人得之者，非竊則劫，天地之盜也。若有力焉，其能默然而已乎？子其善自守也。李王孫之囊投於溷，唐山人之瓢淪於水，陸處士之佛腹，出恐無日也。無已，則如香山居士故事乎，以其一置勿軒瘞一草亭，以其一置寄庵潭西草堂，以其一置師荔扉小停雲館，庶幾哉，逃逋天地間矣。」勿軒是余言，而未及爲謀也。今庚午之八月，而勿軒且死。余聞之，不暇爲其妻若子計，獨皇皇然爲其詩計。如我有金玉錦繡，勿軒假之而未歸也；如古大臣在危急中，受藐諸孤託，焦思劳力，不知所爲也；如山川鬼神，上下求索，舍我無可爲勿軒詩計也。及是，曲江張柏軒又以書來屬余，余慮滋甚，走謀諸張金門之子卜興。越日，而金門持其詩至，蓋十二月二十一日，去勿軒之死四閱月餘矣。亟檢之，無三四兩卷。金門曰：「是可再索也。」余曰：「此天地之至寶也，天地不重勿軒，罰而且予其三之二，爲勿軒千百年計，天地其亦無力矣，懼不可復也。」又六日，而李乙觀持三四兩卷至，於是《勿軒詩》六卷具在無逸者。覆序之以質柏軒，且將以質荔扉焉。其詩之所成就，則有舊序在。（《寄庵詩文鈔》文鈔卷二，《續修四庫全書》影印民國雲南叢書本，第一四七三册，第四四五頁）

《宣聞之先生李孺人雙壽序》

余性嗜遊，足跡半天下。於齊、魯、宋、衞、陳、鄭、燕、趙，尤僕僕往來，至則自士大夫，下逮鄉曲耆老，聞有嘉言懿行可稱述者，必誌其里居姓氏、年歲容貌惟謹，蓋非徒爲知人論世，地將與億萬生民，幸安懷之有人也，顧才人落落間地而遇，惟抱道懷德之士，不能以其身爲世用，則自盡其心力，以求有濟於物，衆善所歸，不介而孚，人之稱之者，津津然有餘慕，或得之柴門之獨行，或得之茨簷之偕隱。所謂十室之邑，必有忠信者，固不誣也。嘉慶壬申歲，道經彌勒之十八所主宣兄聞之先生家，竹石芝蘭，森峭幽芬，隱居勝地也。余與先生相去百里，耳姓名久。先生鄉之望，嘗以郡諸生應貢賓於鄉，及是，乃因其壻趙君主之三日夜所言論，皆眞實有用，不事浮夸。人已立達，尤所注意，於是信先生平日之非虚聲也。而先生適與余同爲丁卯人，是年皆六十有六。余降日值秋之末，先生則七月二十有六日，長余兩月，遂齒兄弟。笑謂不四五年，皤皤然七十老人矣。倘不出遊，當相過爲壽也。今年，余糊口五華，先生之姪持余及門萬生書，介固坪樂先生見徵余爲先生及配李孺人七十雙壽序，雖不徵，固將有以祝之。因思昔宋文潞公，慕唐白香山九老會，仿之爲耆英會，自七十九、七十三以至七十者十二人，司馬溫公年未七十，用狄兼謩故事，亦請入會，於資聖院建大厦，曰耆英堂，命閩人鄭奐繪像其中。是時張大中、張龍圖皆年七十，楚待制、王朝議皆年七十二，趙太常、劉秘書、馮衛州皆年七十五，而公與席司封則皆年七十七，蓋丙午人也。其後公又益以司馬郎中程大中，凡四人爲同甲會，亦繪像院中，當時以爲洛陽太平盛事。今丁卯人，百里間尚可得十數輩，蓋丁卯爲高宗純皇帝御極之十二年，國家當久道化成之時，聖天子治益求治，重熙累洽，躋四海仁壽之域，滇雖西南邊徼，罔不仰荷覆冒，涵濡長養，蕃祉老壽，無有終極，名位即遠不逮前賢，苟幸而聯輿接席於名園古刹、松竹林亭之間，亦各一時太平勝事也。惜世無善畫如鄭奐其人，莫能繪然。當日只侈述諸老鬚眉皓白，衣冠甚偉，每宴集，都人隨觀之，而於其魚軒珩珮、相敬如賓者，固畧不之及焉。今先生與孺人鶴髮鳩杖，偕老不衰，令子伯仲，率内外子姪諸孫，稱觴庭闈，又未知古人視今人何如也，序之何容緩？顧吾嘗謂人之壽，必其有自爲致之者，又必其有爲人與造物共致之者，其人爲世不可少之人，世自不能少之；而天地且欲其久生長視，借爲有憾之補，則亦不能少之，以報其身，以益於世，何富懼壽辱之云也。余觀先生，承先世積累，體前人志事，於祖瓊英、父維一兩太平日所爲善行，或守之使可久，或擴之使可大，如設虹溪書舍，修葺横宫魁閣，置竹園渡船，盤江渡，與十八所，夫馬公費田，建宗祠，輸束修，和藥餌，施棺木，周困乏，恤急難，爲憲於州里族黨者，非殺青兼兩，不能備載也，而孺人皆贊襄之。余聞維一太先生，段太孺人，皆年臻上壽，而太孺人且滿百齡。有司上其事於朝，給與「貞壽之門」字樣，建坊通衢，矗地千霄，巍峩彪炳。遠近至者，騎下步止，欣羡未有。再三十年，先生與孺人又踵其勝，貳之耦之矣。余時倘不憊，甚扶杖來觀，一續舊遊，固所樂爲哉，是爲序。（《寄庵詩文鈔》文鈔卷二，《續修四庫全書》影印民國雲南叢書本，第一四七三册，第四四六～四四七頁）

《卽園續刻詩集序》

《卽園詩》六卷，余既勸其鍥而序之矣。今又鍥卷七八九十者，卽園學日進，詩日富，賣兒食粥，苦饑米貴，鄰婦兵夫諸作，置之《三百篇》中，當在變風變雅之列，杜少陵、白香山一輩人，乃優爲之，張王而下，恐未必辨此也。而或則曰：惜哉，卽園能爲古之詩，不能爲時之詩也。卽園固非甘心潦倒諸生中者，其必將掇取科第，筮仕朝廷，爲國家有用材，以展其所長也。今世卽不專以詩取士，然亦未嘗廢詩，詩則非古之謂也。惜哉，卽園惡是何言也。今人入市肆，見古之物，若鼎彝敦槃、刀劍琴硯、圖書錦繡之屬，必倍償值，冀得之爲快；有贗作者，必精慎辨析，不使溷；卽贗作者，亦惟古之物相欺飾，不聞其假乎時也。遊山林，覽宫觀，必徘徊俯仰古碑碣松柏間，不遽去；非是，睨而過之矣。卽我輩交遊中，見有言語步趨，規仿古人者，必不與市井庸衆一概周旋，或至厭惡詈罵，獨於詩顧取舍相反如是哉！是何言也？卽園詩人，其確然守其所自信，勿以或之言爲行止也。雖然，卽園之爲是也，其將衹以自喻歟？抑亦欲以是導天下而特先之歟？吾聞昌黎韓子之未遇也，其文小稱意，則人小怪之；大稱意，則人大怪之；及其遇也，天下靡然從之，至於今未衰。然則士之所以見重於天下後世者，其亦有時焉存其間矣。時乎時乎，豈吾與卽園所能爲者乎？是必有任其責者矣。嘉慶戊寅冬至後一日，寧州劉大紳序。（《寄庵詩文鈔》文鈔續卷一，《續修四庫全書》影印民國雲南叢書本，第一四七三册，第四八七～四八八頁）

智按：清李祖陶《國朝文録》劉寄庵文録卷一（清道光十九年瑞州府鳳儀書院刻本）評曰：「以淺形深，三層實一氣貫注。」

劉大紳，字寄庵，寧州（今屬雲南）人。乾隆三十七年（一七七二）壬辰進士，官朝城知縣，署武定同知。有《寄庵詩文鈔》。

張雲璈（一七四七～一八二九）

《蘄至復成秋夜十章再疊前韻》（十首其五）

金粟天香散九衢，坐來秋氣欲侵膚。越瓷自注昌明緑，却被旁人唤酪奴。（白香山句：渴嘗一椀緑昌明。注：蜀茶名。予嗜茗飲，而梁氏昆仲每笑之，故戲及）（《簡松草堂詩文集》詩集卷五，《續修四庫全書》影印清道光刻三影閣叢書本）

《琵琶亭》

琵琶亭下小勾留，不見潯陽送客舟。鐵騎銀瓶無嗣響，荻花楓葉自深秋。回燈尚憶當時宴，掩泣難消滿座愁。翻怪使君能好事，屏風未畫白江州。（亭葺於唐蝸寄榷使，後來者皆踵而修之，全愓莊榷使更廣其地，添置闌檻，雜蒔花竹，為一時勝遊之所。惟此處宜專祀白公，乃前楹供關壯繆，而於白公反無遺像，不無缺焉。「傳聞好事者，畫我作屏風」，即白公江州詩也。故末句及之）（《簡松草堂詩文集》詩集卷十八，《續修四庫全書》影印清道光刻三影閣叢書本）

智按：張雲璈，字仲雅，號簡松，錢塘（今浙江杭州）人。乾隆三十五年（一七七〇）庚寅舉人，官湘潭知縣。博學雄才，頗工于詩。憑衿發咏，無寒苦穠纖之習。有《簡松草堂詩集》二十卷、《簡松草堂文集》十二卷，《蠟味小稿》五卷，《歸艎草》一卷，《知還草》四卷，《復丁老人草》二卷，《金牛湖漁唱》一卷，《三影閣箏語》四卷，《選學膠言》二十卷，《選藻》八卷，《四寸學》六卷，及《重綏録》十卷，均《清史列傳》並行于世。

王復（一七四八～一七九八）

《寒食日雨中吴竹嶼先生招同錢獻之洪稚存孫淵如集杏花春雨山房看花用昌黎寒食日出游韻》

百卉待澤如渴病，花信番番吹轉盛。朝來潑火恰如期，黯黯簷端濕雲映，野外閒情拾翠偕，城南嘉約搖鞭競。絳幃高卷賞穠華，藥鼎微溫伴清詠。含風翠篠弱欲扶，帶雨紅妝欹不正。及時良會安可多，過隙韶光豈能更。先生早自遂初服，廿載名山天所命。白公舊賦紫薇詩，杜老新歌白木柄。雲霄故人遠見招，河汾弟子交相慶。冷節才逢插柳新，殊鄉仍展維桑敬。座中錢孫話昔游，芳草天涯阻遙夐。二分月影到蕪城，千頃波光泛明聖。頻年遠道各羈孤，幾月官齋歡合併。爭看好古發幽情，亦或耽吟同僻性。向晚廉纖響漸稠，籠陰綽約枝交横。屋角頻聽鳩婦呼，籬根暗想龍孫迸。良宵拌共倒深巵，陋質真慚對清鏡。沈沈漏箭早催歸，既醉還期緩觴

政。六街鐙火照初更，料峭穿衣寒尚勁。佇教來日快新晴，還擬尋芳趁佳令。(《晚晴簃詩匯》卷一百三)

智按：王復，字敦初，號秋塍，秀水（今浙江嘉興）人。官偃師知縣。有《樹萱堂詩》。

汪學金（一七四八～一八〇四）

《白少傅孤桐》

一株聳危青，半庭冪空翠。孤懷不自知，直上性所至。老僧手植初，歲月猶可記。空門閱世多，此樹成陰易。或者雨露私，豈有根株異。拔地少依違，千霄絕撓避。寄語當塗人，青雲須自致。(《靜厓詩稿》初稿卷一古今體三十一首，《續修四庫全書》影印清乾隆刻嘉慶增修本)

《新樂府十首為郡守于公賦并序》

三年報政，賢守臣克盡旬宣；六義陳詩，舊史氏毋忘紀撰。書春延喜，先開官閣之花；飲蜡臚歡，同獻公堂之酒。豐大亨而屢告壽世壽人，益元吉以有孚惠心惠德。茂松悦柏，友朋之誼依然，敬梓恭桑，父母之歌宜爾。敩香山之遺製，諭俗應多；倡巴里之鄙詞，和人豈寡。長言成什，短引疏章。

⊙豐年玉（紀瑞也）

豐年玉，不産藍田産原陸。豐年玉，不寶朱門寶茅屋。六花三白符吉徵，碎瓊堆滿千溝塍。近年此雪得未曾，德政所感信有憑。賢侯惠績紀不勝，天錫上瑞喜氣增。遺蝻入地陽澤蒸，明年麥熟秋禾登。君不見，党家賞雪羔兒酒，又不見，陶家掃雪松毛帚。豪富清高漫較量，却與蒼生兩何有。賢侯用意殊不然，只恐州民或凍餒。豐年玉，可禦寒，刺史出，披纊棉。豐年玉，可療饑，刺史來，飽粥糜。井牧恬熙順耕鑿，天公玉戲同民樂。街頭臘鼓催不停，彤幡先到陽春脚。萬樹梅花頃刻開，又報新詩就官閣。(去歲公有《梅花八詠》，郡士屬和者甚衆)

⊙希賢堂（教士也）

希賢堂，執經問難弟子行。一年祗承大夫教，二年三奏苹笙章。四先生，鄉人敬，公曰諸生師其行（堂在書院講堂之後，舊祀宋五子，傾圮已久，公鼎新之，配以吾鄉陳、陸、江、盛四先生）。前有司，謀事始，公命左楹立之祀（公以前州守宋公楚望、邑令泠公時松刱建書院，祠于堂左）。喜聞两廡誦弦聲，勉惜三餘課文史。惠以庖廩贈以帛，齊道我公能愛士。我公我公飲廉泉，輟刺史俸助婚錢（茂才沈生端既冠，未娶，公愛其才，厚資以助其婚）。坐令寒士皆歡顔，得不瓣香祝且虔。公詔諸生立館下，庇爾細旃與廣厦。砥礪廉隅近文章，首重孝弟力田者。希驥之馬亦驥乘，希顔之徒亦顔倫。堂下英髦來濟濟，堂上俎豆歌莘莘。君不見，漢廷褒揚良刺史，蜀郡文翁先稱旨。後賢不讓前賢風，三年化成，復見滄來公。

⊙讀法（導民也）

讀法讀法月初吉，蕩蕩平平皇建極。于帝其訓順民則，讀法讀法月既望。熙熙皥皥春臺上，巽命重申崇禮讓。乃知讀法有深意，廟堂制作垂萬祺。洋洋聖謨十六條，重熙累洽昇平治。庶民有誡官有箴，遒人木鐸古及今。俗吏讀法讀以口，公之讀法讀以心。吏威不用鷹隼擊，士習先革鴟鴞林。承流宣化揚德音，臨軒清問鑒爾忱。綏我嘉師爾保任，俾司喉舌以為四海蒼生霖。

⊙斥稗乘（止淫僻也）

斥稗乘，防民之淫節民性。大夫要使風俗皆醇，麗大夫先令男女惟貞静。男耕耘，女蠶織，百工之事亦有業。誰歟作俑小説家，遂致耳目生歧惑。蜃樓海市聚幻雲，迷花愛月添新聞。鄭聲亂雅古有誡，别裁所賴薰蕕分。大夫下車警游惰，端化之責豈非我。為防稂莠傷嘉禾，亟將螟螣畀炎火。火中黑眚化紫烟，上與太乙藜光連。爐中死灰得生氣，重鑄人間忠孝字。令行禁止莫不承，法良意美知勸懲。聞而喜者朱中丞，檄下所屬課吏能。封章入告詔旨稱（朱石君先生撫皖，聞公此舉稱善，檄屬照此辦理，並附摺陳奏通行各直省，一體查禁），通行海内淑化蒸。淑化蒸，狂瀾砥家有弦歌，户書史經正，民興自公始。

⊙夜户不閉（杜奸萌也）

夜户不閉如白晝，城狐逋逃尨不守。三撾衙鼓吏報更，司寤掌禁誰宵行。自從賢侯勤勸課，防束奸邪罰頑惰。不教醉尉任訶止，不用弓兵作巡邏。霜花滿地月滿街，市門寂寂栖凍鴉。驄馬夜踏聲不譁，睡熟尋常百姓家。家有粟，不盖藏。家有襦，不納箱。既無踰我里，亦無越我墻。須知弭盗有良術，德禮之效恥且格。將見道路不拾遺，穢行惟恐賢侯知。

⊙修城謳（役夫樂也）

役者謳，婁城修，婁城十八里，歲久多傾圮。長官用民在農隙，不斂門牌搜户籍。以工代賑救偏灾，畚鍤無非為民食。椀子花兒開，州城始搬來。州城搬來四百載，中間修築經幾回。疇若我公恤民力，給發官錢禁侵蝕。朝城西隅暮北廂，高墉屹屹遥相望。役謳未已里謳繼，里中保聚家平康。公專城，我開户，穿窬永息奸萌杜。豈惟穿窬永息奸萌杜，我公將以忠信為金湯，禮義為干櫓。

⊙訟庭閒（清庶獄也）

訟庭閒，訟庭閒，訟庭三載無容姦。使君聽訟清如冰，苞苴不納刀筆懲。使君聽訟明如鏡，不設網羅與檻穽。人感使君恩莫比，使君之心猶未已。使君願民說桎梏，使君勸民休謗讟。雀鼠日息風日敦，一州之民受其福。大家小户勤耘耔，比隣洽好無愆尤。州民不忍使君怒，使君惟恐州民愁。民不愁，官不怒，猾吏豪胥不為蠹。但聞四境皆歡歌，稀見州府來投訴。訟庭之上何所有，書城萬卷擁左右。訟庭之下何所無，落花滿地春鳥呼。潁川德化可並論，甘棠勿翦民思存。請書使君姓氏傳，子孫他日記取駟馬于公門。

⊙澤國謡（修濬及時也）

全婁臨江倡江潮，全婁瀕海激海濤。今年七月排獰飈，海鳥夜嘯江豚高。寶山塘工被衝擊，嘉定支流愁阻塞。縣官火急告刺史，治水眞難遲頃刻。公言曾讀河渠書，治法宜障兼宜疏。不障何以束甕口，不疏何以洩尾閭。修海塘，邮工作，練川新涇親相度，僚屬趨承受公約，惠此灾黎不為虐。君不見，白公隄，隄邊楊柳春萋萋。又不見，宋公塘，沿塘稻熟秋收糧。我公繼之澤更長，與此澤國之澤同無疆。

⊙惠民局（邮煢獨也）

惠民局，邮煢獨，寒者衣，飢者粟，推廣皇仁在司牧。惠民局，飽胥僕，朝不饘，夕不粥，老弱須臾轉溝瀆。殘疾癃病難見官，納錢地保求動單。單來吏怒官不準，局中額少爾須忍。但願局空私槖盈，肯為窮黎起哀憫。于公來，點堂牌，我儕管局難打乖。公帑有闕火急催，不勸民捐責吏賠。黃棉白粲局裏堆，黍穀谷竟有陽春回。君不見，廉叔度，昔無襦，今五袴。于公來，來何暮。

⊙含哺樂（美粥賑也）

臘八已過逢十五，海寧寺前打粥鼓。萬户歡聲報粥來，不在僧寮在州府（粥廠設於海寧寺，始於十二月十五，訖於明年三月十五，公首捐米八十石，敦請紳士、經理並書院諸生共襄其事，每日親臨，督放規畫盡善，州民賴以存活甚衆）。庭前有鶴飢不舞，空倉有雀啄莫俯。且飼嗷嗷黄口雛，百六十斛俸錢取。寺門未啓前擁騶，摩肩企踵聽唱籌。喧呶競進擎千甌，左簞右瓢手酢酬。益之釜庾寧加稠，誰其活我實我侯。康衢之尊樂且謳，里中不諱雙弓羞（單公潔家貧，諱其粥曰雙弓）。爾民既飽汔可休，堂前更命生徒留。忝我髦士從我游，學道爱人期汝優。庶幾風俗淳魯鄒，毋俾失德愆乾餱。西家病夫凍瑟縮，生涯賸有黄虀福。喜説今年口數多，添丁又喫于公粥。（《靜厓詩稿》後稿卷四古今體七十五首，《續修四庫全書》影印清乾隆刻嘉慶增修本）

《和白傅翫止水》

洗心本非泉，喻性莫如水。水固無不行，而亦有時止。行乃止所為，止即行所起。一行一止間，達人得原委。沼沚有湍流，江海失津涘。苟知天一功，返求方寸裹。静則養其根，動則洩其尾。無風豈波瀾，不土何泥滓。内外两空明，此境難舉似。得非寂滅人，即是希夷子。湛然虚靈物，匪爾焉足擬。宣尼昔亟稱，會心亦在此。（《靜厓詩稿》後稿卷五古今體八十五首，《續修四庫全書》影印清乾隆刻嘉慶增修本）

《白少傅懷友》

膺官苦未給旬休，念我良朋在遠州。九日有花題雁字，五更無夢聽雞籌。高寒夜色星河闕，卑濕秋陰霧雨樓。怨李恩牛當日事，風波宦海至今愁。（《靜厓詩稿》後稿卷八古今體九十二首，《續修四庫全書》影印清乾隆刻嘉慶增修本）

《閒好吟效香山體》

閒地閒人閒節候，好花好月好詩篇。未能忘好成癡漢，誰解偷閒學散仙。好處閒消行脚債，閒中好覓點頭緣。老夫閒好無分别，付與閒來一好眠。（《靜厓詩稿》後稿卷八古今體九十二首，《續修四庫全書》影印清乾隆刻嘉

慶增修本）

《題白少傅像》

詩格清新老愈工，道緣深重遇尤豐。會昌時世閒居士，不在恩牛怨李中。（《靜厓詩稿》續稿卷三古今體八十五首，《續修四庫全書》影印清乾隆刻嘉慶增修本）

《倣白樂天一字至七字體詩跋》

闡河衍洛，琅函分奇耦之形；寫濩含韶，玉琯配宮商之序。乃有賦詩見志，託物工吟，世號專門家傳麗什，李巨山之雅咏，五字抒懷；謝宗可之芳詞，七言嗣響。金鍼學繡，都成舊樣鴛鴦；瑶草尋香，已作陳年蕭艾。揆之作者，蓋無取焉。若夫獨繭初抽，雙瓊並綴。三乘四果，結層疊於眞花；五角六張，位參差於合璧。織全襄彩，方成雲錦之機；弹盡絲音，始合湘絃之曲。此則相其體格，實為藝圃新裁；而踵厥篇題，堪斅香山遺製者也。時則壺天駐景，鏡檻迎涼，西園授簡之初，東觀譚經之暇，清辭麗句，才流則數比鄴都；偉藻英思，文陣則雄争枚叔。霏隨屑玉，拈題標一字之奇；和應鏘金，選韵備四聲之首。元音甫振，叶雅調於竹林；衆響畢陳，亹清言於蘭草。湖山秀麗，客多吳會之謡；烟月清華，詩具齊梁之體。一彈再鼓，曼音與促節齊飛；疊字雙聲，接葉與駢枝並簇。似湧梵宮之窣堵，層層拾級而登；如瞻斗府之招摇，步步引繩而上。千絲綰結，寧輸比櫛之工；一串玲瓏，不讓連珠之巧。且夫湘皐拾珮，僅摭零鈿；懸圃鏤瓊，祇珍片玉。搊箏擘阮，才人偶換新腔；刻楮累棊，詞客多稱難事。未有遥吟俯唱，六十篇爛矣成章；騁秘抽妍，一七字裒然盈帙。又況裝花翦綺，雖巧奚傷，繪水傳聲，是空尤妙。朱非間紫，别裁扶大雅之輪；青本勝藍，接武軼後塵之駕。宜其錦囊投滿纍纍，密瑩心珠；彩筆揮成朵朵，争舒意蕊矣。某仰瞻鉅藻，循誦臚吟，恥續豐貂，幸窺全豹，朱絲疏越，竊唱嘆夫再三；紅豆纏綿，詎描摹其百一。私喜瑶籤排次，數符花甲；從頭却思銅鉢，傳催節届。金庚弹指，試探一畫，覘六爻變化之文；願上初桄，禮七寶莊嚴之座。（《井福堂文稿》卷五，《續修四庫全書》影印清嘉慶十年汪彦博刻本）

《書慧香室詩草後》

上海曹氏閨秀之工於詩者，一為葉子敬先生夫人，方宣文學之母，一為陸長卿先生夫人，耳山副憲之母，皆給諫諤廷公女於内子為諸姑，故童年粗得指，授知聲律，鍼黹之餘，偶學吟弄，以為閨課，及來歸太夫人，命佐家政，遂不暇復治文史，倡和之什蓋亦寥寥，中年多病，皈心佛乘，長齋禪誦，手寫梵書，日有常度，輒以翰墨自怡，尤喜讀香山、玉局諸集，所作詩亦清灑脱俗，較前進一格矣。余游皖陽，嘗寄小詩，朱石君師見而賞之，以為通解妙道。嘉慶己未，余赴召入都，兩年之間，郵筒贈答，時寓招隱之思。今年既得請朋好祖行，吳穀人祭酒詩云：「歸向山妻開口笑，不曾斷送老頭皮。」鮑雅堂郎中詩云：「成就淵明千古志，也應多謝翟夫人。」皆稱其高致云。到家後，蓮孫繕録成帙，請定於余，因誌其緣起如此。(《井福堂文稿》卷十，《續修四庫全書》影印清嘉慶十年汪彦博刻本)

《梅村歌行》(擬)

梅村歌行以初唐格調，發杜、韓之沉鬱，寫元、白之纏綿，合眾美而成一家。五言律警切處時近少陵，七言悲涼淒艶，出入劉賓客、李玉谿之間。(《婁東詩派》卷十二，《四庫未收書輯刊》第九輯第三十册，第一八一頁)

智按：汪學金，字敬箴，號杏江，晚號靜厓，鎮洋（今江蘇太倉）人。乾隆四十六年（一七八一）辛丑一甲三名進士，授編修。歷官左庶子。有《靜崖詩稿》。

柳得恭（一七四八～一八〇七）

《和贈紀曉嵐尚書》

菊秀蘭衰日，慙無可採詩。秩宗推雅望，昭代擅宏詞。方麯公應記，曲臺吾所師。爲憐文物在，清淯繞箕祠。(曉嵐贈詩扇及儀禮正譌，故第五六云。)

附原韻 曉嵐

古有雞林相，能知白傅詩。俗原嫺賦詠，君更富文詞。序謝三都賦，才

慚一字師。惟應傳好句，時說小姑祠。（《泠齋集》卷四古今體詩 一百九十首，《韓國文集叢刊》本）

《秋日閒居，效白體示學藝》

湫隘何如晏子居，市樓稠處一茅廬。關門亦自知時序，叫賣鱈魚到鮸魚。（鱈俗稱葦魚，鮸俗稱民魚。）

緣底忙鞭快馬馳，有何憂去步施施。翁今坐在蘆簾裏，罨鏡閒看白傅詩。

蛛網迷離露顆垂，蓼花紅亞兩三枝。敗甎牆隙瑤環響，輸瀉秋情竈馬兒。

溪水嗟爲浣女渾，困於沙礫咽橋門。可憐露白風清夜，解作淙潺枕下喧。

倭瓜湯軟飽朝曛，未必長齋也斷葷。紅露三鍾銜玉乳，不能無此一醺醺。（俗名渾沌酒）

惆悵南園與北溪，秋來嬾不曳青藜。異時那作單車客，直到盧龍古塞西。

郎署暫爲轉對官，堪誇親戚友朋間。我生星命知何似，二十餘季供奉班。

今世誰能萬石君，三蘓又敢擬雄文。兒曹俸粟支當朔，略解吟詩可謂云。

橫吹鳳琯不堪聽，身是龍髯斷後伶。羣玉府中無坐處，仙郎箇箇鬢絲青。

青翁胡不至今存，燕叟風痾忽廢言。縱有匹驢無可往，秋花相對且開樽。

衛尉何論不直文，緋袍玉圈是青雲。圖章刻出頗淳古，五字龍驤副護軍。

素壁重重舊贈聯，論交侈甚十季前。古杭川蜀諸詩社，可笑曾將姓字傳。（《泠齋集》卷五古今體詩 一百五十五首，《韓國文集叢刊》本）

智按：柳得恭，字惠甫、惠風，號古芸居士。有《泠齋集》。

南景羲（一七四八～一八一二）

《讀白樂天〈浩歌行〉，乃其四十七歲所作。忽思我年偶與之同，遂步其韻以叙情》

人生盖棺事乃畢，兀兀窮年少閒日。無聞至戒在四十，我今行年又加七。蜉蝣世界無百年，草亡木卒滔滔然。况乃蒲柳衰朽甚，髮白齒墮成蒼顔。強把陳編尋典故，掩卷便失忘其處。功名富貴如浮雲，百念消磨與歲去。癡人辛苦俟清河，惟見兩涘涇流波。琴師援琴愛古調，誰棄箏笛聆洋峩。不如無事老聖代，有時閒吟擊壤歌。但將餘年聽造化，豈宜區區較少多。顏回伯夷各有分，不肯受命將如何。（《癡庵先生文集》卷二，《韓國文集叢刊》本）

《讀白樂天〈上陽白髮人歌〉》

德色兼全古幾何，從來伐國甚干戈。上陽白髮唐家幸，一箇楊妃已是多。（《癡庵先生文集》卷三，《韓國文集叢刊》本）

智按：南景羲，字仲殷，號止淵居士。有《癡庵先生文集》。

百齡（一七四八～一八一六）

《和圖時泉司業倚廬懷舊元韻（並序）》

詩之爲教，夙本温柔。聲之感人，半多激楚。匣絃畫掩，子山則思舊能銘；隣笛夜聞，向秀則懷人作賦。況復悲哉秋氣，攀條傷搖落之辰；渺矣春暉，寢苫發淒愴之韻，誰能遣此，何日忘之，如時泉年友孝思克純，仁言必藹。羌思親而刻木，旋屏迹以抽簪。蕭客歸來，夢繞棲鴉之樹；翟公罷後，人嗟羅雀之門。攜入室之琴尊，感對牀之風雨。掉頭吟詠，篝燈細寫。烏絲盥手傳觀，拍案爭題黄絹。詩惟言志，歌乃繼聲。相約八人，同占五字。馬遲枚速，看誰賡郢雪之篇；白俗元輕，竊欲附江花之管。

陸沈不可極，何以拂緇塵。裘馬看同學，煙霞矚舊隣。漏聲金闕下，人影玉河濱。處處留鴻爪，馳驅歲月頻。

回首梁園客，淒清憶馬卿。一經成獨嗜，四壁絶他嬴。自著凌雲賦，常紆愛日情。詞垣欣接武，先路聽蜚聲。（《守意龕詩集》卷四癸卯，《續修四庫全書》影印清道光二十六年讀書樂室刻本）

《除夕遣興》

吾年三十九，勞生守故步。來日如奔駒，下坂不能住。昔聞白樂天，日斜感歲暮。坡翁計歸田，除夜屢賡賦。緬惟古人賢，卓犖徒向慕。茫茫人海中，泛泛若孤鶩。少壯不努力，坐令顏色故。難陳似芻狗，無用爲大瓠。何以慰老親，念此耿不寐。殷勤羅酒漿，笑語雜童孺。夜火燃松枝，暖煙解寒沍。更聞櫪馬喧，早朝騁皇路。（《守意龕詩集》卷七丙午，《續修四庫全書》影印清道光二十六年讀書樂室刻本）

《人日感興》

四十無聞懶慢身（香山句），頭顱依舊白髭新。常虞中酒杯留影，誰道吟詩筆有神。纖月碾雲初放夜，瘦梅封雪不成春。閉門已是傷離索，人日何堪悼故人（是日聞瑞閣學謝世）。（《守意龕詩集》卷九戊申，《續修四庫全書》影印清道光二十六年讀書樂室刻本）

《憶得山莊好效長慶體寄時泉同年四首》

憶得山莊好，佳辰翠輦遊。横峰雲過澗，隔巷樹遮樓。大漠呼鷹疾，期門聽鹿呦。數聞宣口勑，晴雨課西疇。

憶得山莊好，清幽六月寒。林開仙嶠淨，天浸塞湖寬。汀草碧迎馬，野花紅過欄。瞑鐘何處寺，西峪隔煙巒。

憶得山莊好，分曹侍從閒。僦居多傍水，小坐且看山。棋局簾重捲，弓衣月半彎。健吟猶點筆，詩草數增刪。

憶得山莊好，追陪獵騎過。古關秋樹静，昏蹟斷鴻多。人事成前夢（謂阮厝山司寇、瑞芝軒閣學），年華託逝波。壯心雖未已，其奈鬢霜多。（《守意龕詩集》卷十己酉，《續修四庫全書》影印清道光二十六年讀書樂室刻本，第一四七四册，第一九五～一九六頁）

《題周棟材同年桐陰課讀圖》

碧梧陰澹紙窗虚，下直蘭臺晝景徐。怪得閉門排日課，爲兒新買五車書。

不必金多羨滿籯，傳家最好是書檠。煙樓撞破先生笑，讓與人誇雛鳳聲。

膏油曾記廿年焚，老去心情似懶雲。我尚無兒君髮白，樂天詩句好平分。（香山有髮白無兒詩）（《守意龕詩集》卷十三壬子，《續修四庫全書》影印清道光二十六年讀書樂室刻本）

智按：百齡，字子頤，號菊溪，漢軍旗人。乾隆三十七年（一七七二）壬辰進士，官至兩江總督、協辦大學士，封三等男。謚文敏。有《守意龕集》。

陳詩（一七四八～一八二六）

《送饒三試吏江西兼寄彭秋潭》

長楊溪水流涓涓，千曲百折奔長川。東匯清江復東注，彭蠡大澤吞江天。江天茫茫幾千里，十載高歌寄燕市。未奉長安一囊粟，且吸江西一口水。章貢交流春水長，雙姑昨已嫁彭郎。停船為問江州客，聽罷琵琶淚幾行。（《晚晴簃詩匯》卷一〇一）

《尊瓠室詩話》

方調臣學博，蓮舫太守仲弟也。研經工文，以優貢官太湖東流教諭。殫心教士，多登科者，如太湖趙太史（畇）、東流江孝廉（映樓，道光己酉中式）皆是也。咸豐初，擢署潁州教授，因亂未赴任，多公（隆阿）統兵至皖，檄辦壽州、鳳臺團練。丁巳二月，賊攻壽城，堅守十餘日圍解。積勞成疾，仲夏病卒，年五十五。先生耽吟詠，篤于兄弟。當伯兄赴戍，每賦詩懷之。時杭州顧受笙茂才（均）館其家，和詩有「有酒得依金谷例，看花翻憶玉關人」句，蓋紀實也。所著《四持軒集》，如《題趙生晉生（畯）岵存（畇）兄弟西窗共詠圖》云：「三間瓦屋判西東，二陸才華出此中。家世本來金鼎重（二生皆介山殿撰之子），清心期與玉壺同。丸成猶記分韓母，臚唱端應到宋公。夜半書聲聽不斷，聯床風雨一燈紅。」《菊江（即東流）雜詠》云：「地僻居民少，城荒樹木繁。浴波翻水鳥，歸市剩河豚。亦有人呼渡，曾無吏候門。清風吹滿座，獨自倒芳尊。」二詩清切厚重，似香山、放翁語云。言為心聲，信哉！先生哲嗣濬師，字子嚴，咸豐癸卯舉人，以內閣中書宮至肇羅道。先生有《四持書屋觀蓮圖》詩，趙岵存編修寄和有云：「十二年來見未能，離蹤長托玉壺冰。開棫宛近春風座，問字回思雪夜燈。」附録於此，亦龍華會上一段公案也。（《尊瓠室詩話》卷一，《民國詩話叢編》第二册，第九一頁）

涪陵文自怡（德銘）閲《青鶴雜誌》余所作詩話，悦之，寄詩稿來乞定。録其《涪州北岩紀遊》云：「崖頂飛泉落，山寒氣亦陰。蘚叢餘古積，蝸篆辨奇形。洗墨黃山谷，題詩朱考亭。鉤玄留講學，閑坐味羲經。」又：「亭小圓如笠，屏開翠嶂橫。倒生蟠石樹，俯瞰隔江城。遠火荒山燒，餘霞別浦明。高風懷範守，此地勸農耕。」雋永似姚合。《蓬州舟中》云：「左遷能識民間苦，顔魯公曾作此官。寄語而今當道者，古人風節著艱難。」此作無異香山《新樂府》。（《尊瓠室詩話》卷三，《民國詩話叢編》第二册，第一四五頁）

智按：陳詩，字愚谷，號觀民，蘄州（今屬湖北）人。乾隆四十三年（一七七八）戊戌進士，官工部主事。有《大桴山人偶存稿》一卷（廣東中山圖書館藏光緒本）。

黄景仁（一七四九～一七八三）

《晚泊九江尋琵琶亭故址》

晨發黄州郭，夕宿潯陽渡。沙平岸闊不見人，瞥過千重萬重樹。潯陽渡口風蕭蕭，江州城外魚龍驕。匡廬作雲半江黑，倒吸白浪如山高。是時日落葭菼暗，湓浦瑟瑟生寒濤。一舟銜浪去杳杳，獨雁帶雨來迢迢。角聲振木木葉脱，秋聲漸高秋思發。無言攬袖起徬徨，卻倚蘭橈望天末。吳頭楚尾烟冥冥，獨立百感來無情。江風吹面酒亦醒，掣笛吼作狂龍聲。短衣踉蹌步沙瀨，草閒尋得琵琶亭。崩堤毁岸人跡絶，狐狸跳嘯黿鼉鳴。昔聞樂天此間夜送客，琵琶聲停江浸月。擬向江山作主人，卻因商婦悲遷謫。我亦天涯有淚人，對此茫茫慘無澤。吁嗟乎！淚亦不必落，愁亦不必愁。君不見，茫茫九派東向流，千古萬古無時休。我家乃在東海頭，西風滿意吹數日。一笑可上吳淞舟，蒓鱸蝦菜萬事足，安用江湖歎敝裘？（《兩當軒全集》卷二古近體詩九十九首，《續修四庫全書》影印清咸豐八年黄氏家塾刻本；《悔存詩鈔》卷二，《四庫未收書輯刊》影印清嘉慶元年劉大觀刻本；《兩當軒集》，上海古籍出版社，一九八三年三月版，第四九頁；《湖海詩傳》卷三十四，《續修四庫全書》影印清嘉慶八年三泖漁莊刻本）

智按：黄景仁，字仲則，一字漢鏞，自號鹿菲子，武進（江蘇常州）人。早期旅幕，乾隆四十一年（一七七六）授武英殿書簽官。稍後捐資爲候選縣丞，尚未獲銓，即以債主逼迫，病逝於西行途中，終年僅三十五歲。有《兩當軒集》。

周有聲（一七四九～一八一四）

《固原新樂府為吏目張傳心作有引》

傳心，吳縣人，為固原吏目，有惠政。後移迪化，卒於官。其弟塤乙酉孝廉，官內閣中書，為製《新樂府》五章，記其事之可採者，以代志狀。予亦為歌詠之，申哀誄焉。

⊙破毒碑（除民害也）

車曰官車，驢曰官驢，官安得此，脚櫃所驅。官恐差來煩急遞，有差但呼脚櫃至。焉知此輩喜差來，一車一驢皆足利。驅車趕驢送向官，脚櫃尚索朝餐錢。驢死車摧不足惜，衣囊典盡襦無完。官差明日出城去，道旁過客猶疑怖。何人偶策車與驢，脚櫃還來強攔住。此毒流傳聞最久，張公一書斷其後。碑名破毒立路隅，驢耶車耶終日走。君不見，猪羊雞鴨有牙行，百姓剜肉充官腸。官衙事事類如此，無錢橫索誰能當。安得張公再起除民累，盡去爪牙如脚櫃。（張應昌《國朝詩鐸》卷九，《續修四庫全書》影印清同治八年秀芷堂刻本；《沅湘耆舊集》卷一百二十，《續修四庫全書》影印清道光二十三年鄧氏南邨草堂刻本，第一六九二册，第一五八頁）

⊙趙秀才（雪人寃也）

固原州，賊多暴，我翁治之民服教，家大人曾牧固原。安人何必有奇謀，弭盜惟當弭眞盜。越數年後張公來，奸役捕盜捕秀才。秀才但能勳文字，何能攫奪為奸頑。目瞪口噤不得語，公以色聽明其冤。草堂花開酒正熟，秀才歸來喜還哭。插花置酒拜公前，公位在堂無敢瀆。古人縱囚囚聽約，張公縱賊賊就獲。聞道此州誇好官，我翁去後張最賢。（張應昌《國朝詩鐸》卷十，《續修四庫全書》影印清同治八年秀芷堂刻本）

⊙別古原（志去思也）

三月十五日，張公去固原。固原人家幾萬口，傾城出餞張公酒。餞公酒，送公行，願公不惜盡一升。平生酒力過大户，一人一啜公不勝。到瓦亭，到隆德，百姓依依行不得。州官亦有酒如澠，不如村醪傾一滴。百姓且去公勿留，萬人淚作長河流。力田藝黍教孝弟，公去還如公在州。吁嗟乎！官民相視本父子，奈何官去民翻喜。皇皇大吏不得民，張公纔一吏目耳。（張應昌《國朝詩鐸》卷十八，《續修四庫全書》影印清同治八年秀芷堂刻本；《沅湘耆舊集》卷一百二十，《續修四庫全書》影印清道光二十三年鄧氏南邨草堂刻本，第一六九二册，第一五八～一五九頁）

⊙閻氏女（完人節也）

前堂羅酒尊，後堂爇明燭。官人下馬來，主家歡不足。開筵宴客客勿譁，主人得婦顔如花。錦屏合沓障春晝，金杯瀲灩傾流霞。哭聲忽出重幃下，哀哀不似悲新嫁。鸞鳳誰憐玉鏡分，鴛鴦恐向青陵化。官人聽事能聽聲，何况淒酸聽此聲。當筵動色便相問，威斷不能撓强民。閻氏女，馬三婦，翟家豈合稱佳耦。黄金不惜買陽春，白璧安能著瘢垢。銀河浪静無行露，鵲橋重喚天孫渡。紗籠夜照玉人歸，官人上馬從容去。（張應昌《國朝詩鐸》卷二三，《續修四庫全書》影印清同治八年秀芷堂刻本）

智按：周有聲，字希甫，號雲樵，又號東岡，長沙（今屬湖南）人。乾隆六十年（一七九五）進士，授内閣中書。歷知思州、思南、貴陽三府，以失察小錢落職。旋以河督百齡保奏，發南河補用。歷署江蘇松江、蘇州二府，總理下河工務。爲人伉爽有智略，遇事超然，所至以敏幹稱。以積勞，卒于官。嘗從蔣士銓游，與秦瀛交最契，工于詩。有《東岡詩賸》十四卷。

市河寬齋（一七四九～一八二〇）

《寬齋百絕》

予之於七言小詩，初刻意李濟南（攀龍），李北地（夢陽）及王吳郡（世貞）。久之自覺千篇一格、陳陳無味，時欲為破格明末舊習之錮所，竟能超然。昌平辭職後（指天明七年辭去聖堂啟事之職），閒居悶悶，讀過《香山集》，於溫厚平和之旨，稍自有悟。又愛晚唐諸子之纖巧，時時出入樊川、義山，又降而為宋。（《寬齋百絕》，一八一五年刊本）

智按：市河寬齋，又名上毛河世寧，日本人。有《全唐詩逸》三卷。寬政二年（一七九〇），編《寬齋百絕》，文化十二年（一八一五）刊。

徐瀅修（一七四九～一八二四）

《堂后直中與沈羲人（晉賢）對坐，李順汝（祖承）李星瑞（崑秀）自翰苑送示喜雨詩要和，遂與羲人共次其韻》

一霈今朝萬象圓，上林滴翠劇風煙。久懸民望方如渴，終格宸誠驗有天。菡萏香清涼枕簟，楊溝流泛沒庭甎。（楊溝：長安御溝，名曰楊溝，出《長安志》。《漢書》：嚴助爲會稽太守，帝賜書曰：君厭承明之廬。張晏曰：漢承明廬在石渠門外）承明故事欣相覩，喜雨詩筒唱四仙。（唐近臣有喜雨詩唱和，見白香山集。中堂后有四仙閣，以兩翰林兩注書，謂之四仙也）（《明皐全集》卷一，《韓國文集叢刊》本）

《山齋雜詩》（其一）

儒飾其身佛治心，香山居士道根深。（白香山自言：以儒道飾其身，以佛道治其心）坡翁願學吾同願，倘許廿年作醉唫。（香山休官居二十年，自號醉唫先生）（《明皐全集》卷二，《韓國文集叢刊》本）

《病臥》

世間出世間，知不併因緣。出世吾今病，鼎罏問樂天。（白樂天作廬山艸堂，盖欲燒丹也，欲成而爐鼎敗。明日忠州刺史除書到。東坡論此事，以爲世間出世間不兩立）（《明皐全集》卷二，《韓國文集叢刊》本）

《五如軒記》

孔子曰：「臧武仲之知，公綽之不欲，卞莊子之勇，冉求之藝，文之以禮樂，亦可以爲成人矣。」難哉！成人之道也。雖然，不如此，不成人矣，不成人矣。如三才何天下之無人也久矣，天其獨運乎？地其獨處乎？日月其自往自來乎？四時其自序自謝乎？此陳同甫所以齗齗於架漏牽補之說，而謂管仲人者也。雖然，同甫之知，猶未也。天下之曰人者，衆矣。千金之裘，非一狐之腋；大廈之材，非一邱之木。比天下之人而取其長，何代不有成人乎。特人之視人，以一人爲人耳。雖然，此論世也，非論人也。以余一人之身，欲求成人之道，其殆揭竿者之海乎？然則吾何執？執知乎？執勇乎？執禮樂乎？悵悵然無所歸。會有誦之者曰：「踈懶如嵇中散，恬澹如陶栗里，雄放如蘓子瞻，多感慨如白樂天，口不臧否人物如阮嗣宗。」余卽欣然曰：命之矣。夫恬澹，禮樂之實也。踈懶，不欲之效也。子瞻藝故雄放，樂天勇故感慨，嗣宗幾於知，故不臧否人物。此五子之德，硜硜然小人哉，抑亦可以爲次。……（《明皋全集》卷八，《韓國文集叢刊》本）

《映金亭記》

吳洲之有萬柳堤，實自今尚書洪公良浩之爲宰始。而堤之西，引溝爲池，亭立其中者，具侯修溫之所設施也。夫大朴爲山，陡起直下，陸不漸迤，壑不深底，而水晶爲川，繚繞出其左右，則邑治之負山臨川者，其勢不得不歲患墊溺。於是堤以防其水，柳以固其堤。昔之汎濫者今焉滙澤，昔之衝决者今焉凝固，使江之民，幾十年安土樂生，能適有居，皆公力也。故民咸曰：微夫公，吾其魚矣。及夫水患旣祛，景物滋蕃，每春夏之交，循堤上下，則風來而嫩香裊裊焉，月隱而喬陰毿毿焉。遠望之籠煙，如絲如線；近就之輕條，如拜如舞。於是近堤數椽，不侈不陋，築嶼以圓其基址，跨橋以便其往來，又所以粧點風致，賁餙觀瞻，而侯與有力焉。亭舊無名，余以乙巳九秋，罪補是邑，取白居易詠柳詩所謂「陶令門前四五樹，亞夫營裏百千株。何似東都正二月？黃金枝映洛陽橋」之義，命名曰映金亭。仍走書洪公，得其扁揭諸楣。夫堤始於洪公，亭立於具侯，則似余無與於其間，而名亦不可少也。……（《明皋全集》卷八，《韓國文集叢刊》本）

智按：徐瀅修，字幼清、汝琳，號明皋、五如。有《明皋全集》。

顧宗泰（一七四九～？）

《蔣蘭樵招飲花下分賦七言小古同用韋柳二字次家兄花橋韻》二首

軟風習習雲依依，蜀茶艷發爭春菲。揭來三徑締新賞，接席澹宕無塵機。興酣賭酒呼五白，快如健將追昌狶。促觴酹從花下飲，吁嗟騁轡慚元韋（元韋轡並馳，香山句）。

吾家詩老闢户牖，清格不數柳州柳。化工入筆春風生，興到忘年六十九（花橋時年六十有九）。座中賓主俱名流，友並蕭朱齊結綬。喜余息鞅追餘歡，昨苦南征更北走。（《月滿樓詩文集》詩集卷九木葉集，《續修四庫全書》影印清嘉慶八年瞻園刻本）

《春雨用白香山溪中早春韻》

連朝春雨多，消盡雪姿臼。芳花未舒紅，新草已滋碧。生意隨東風，吹處寒冰坼。感此清景幽，肯把佳辰擲。一尊聊復持，孤懷寄泉石。間令名心忘，淨免麗言嘖。疎簾盡日垂，烟容澹將夕。吟殘進晚餐，春盂和香麥。（《月滿樓詩文集》詩集卷十一載酒集，《續修四庫全書》影印清嘉慶八年瞻園刻本）

《蘭陔草堂席上呈司馬彭芝庭先生》（二首其一）

巨川濟了作虚舟（香山句），歸老南園及九秋。花下閒情鷗鷺浦，日邊仙望鳳麟洲。遠逾疏廣東門餞，近傲知章剡曲遊。門下侯芭欣載酒，依然問字到溪頭。（《月滿樓詩文集》詩集卷十一載酒集，《續修四庫全書》影印清嘉慶八年瞻園刻本）

《天平山白雲泉追和白香山韻》

風寒石磴瀉春泉，相對端宜午院閒。那許清流供俗飲，白雲終古翠微間。（《月滿樓詩文集》詩集卷十二蠟屐集，《續修四庫全書》影印清嘉慶八年瞻園刻本）

《將赴秣陵鮑根堂又招飲江齋因贈》

日伴山公醉，憐愚又見招（我是愚夫可見招，香山句）。竹林澄夕霽，江滸緩寒潮。追話昌亭櫂（根堂曾客吳門），將遊白下橋。座中知己聚，惜别轉魂銷。（《月滿樓詩文集》詩集卷十三青溪集，《續修四庫全書》影印清嘉慶八年瞻園刻本）

《嘉平十日琴月山房聯句同雲坡先生暨令姪酉山會稽陳月泉仁和俞西溪》二首

銀燭燒殘夜未央（雲坡），梅花時節醉清觴（星橋）。飛文並擅高齋勝

（西山），入座爭分燕寢香（月泉）。研北題襟欣促席（西溪），牕西剪燭快連牀（雲坡）。外臺風雅元和體（月泉），會續蘭亭逸興長（星橋）。（元微之爲浙東廉訪，有蘭亭雅集）

大雅扶輪此一時（月八），踈簾清簟漏聲遲（星橋）。愛教南國封棠樹（西溪），間憶西關寫竹枝（雲坡）。鶴舞訟庭才散吏（西山），月斜吟閣更論詩（星橋）。張爲主客圖休譜（月泉），江左風流得我師（西溪）。（《月滿樓詩文集》詩集卷十七繫船集，《續修四庫全書》影印清嘉慶八年瞻園刻本）

《黃芝雲太史移居米壄衚衕與余望衡對宇賦得二首却贈》

秋九黃花綻，芳廬近喜通。不分道南北，直似廨西東。孟氏遷隣好，揚門載酒同。從今幽興熟，清味笑談中。

不怕如山隔（隔街如隔山，白香山句），初看竹逕開。宧游追鶴嶺（南昌郡西有葛仙嶺，其最高者，曰鶴嶺），仙望在蓬萊（由宮洗出守）。課子多家學，摛文盡妙才（二令子從余遊，皆工于文）。謬叨求仲契，來往倒尊罍。（《月滿樓詩文集》詩集卷二十九水部集，《續修四庫全書》影印清嘉慶八年瞻園刻本）

《九疊前韻前報詩未盡意引申言之末並答轉語》

修文人渺早歸仙（來詩辱謂余昔與西濤齊名，人琹之感，悱惻言之），底獨分攜悵各天。才調媿稱劉白體，交遊空說向嵇緣。花紅玉白徒增歎（樊川吊文山詩意），雪柱冰車孰與傳。殘月依橋雲背郭（「殘月依橋斷，孤雲背郭流」，西濤佳句），苦吟想見曉風前。（《月滿樓詩文集》詩集卷三十三吏部集，《續修四庫全書》影印清嘉慶八年瞻園刻本）

《任曉村太守招同李松雲太守讌集于署之木蘭堂出白傅祠圖卷屬題用香山虎邱寺路韻得四首卽同松雲同年作》

涵緑搖青路，芳隄嘯詠頻。香山留惠績，刺史得傳人。勝選林亭舊，芬垂俎豆新。風流今不墜，長慶有餘春。

洗馬南池古，清秋問訊頻。更憐三過蹟，猶頌六橋人。配食簪還盍，聯吟社復新。到今推任昉，政美物皆春。（余頻年往来南北，過任城必登太白酒樓，並訪工部南池。己亥歲，客武林一年，每游湖上，尋坡公遺跡）

四百紅橋月，鶯啼好夢頻。卅年渾過客，九月暫歸人。鐵壁巖花秀，山祠徑竹新。使君吟眺地，重訪古時春。

木蘭堂上讌，披卷興飛頻。眞接三賢武，須爲千載人。雲渠澄練久，風榭仰山新。此別詩憑驛，應懷庾嶺春。（《月滿樓詩文集》詩集卷三十六觚稜集，《續修四庫全書》影印清嘉慶八年瞻園刻本）

《唐宋詩源流考》

詩以感人心，端世教，非僅所謂「緣情綺靡」也，故必得乎風雅遺意，而後可以論歷代之詩。此則存乎人之性情者，至如源流，則有可得而考焉。學者服習，每從唐詩入，宋以下弗尚，以其流於波靡也。顧欲究其源，唐實憲章八代，更有唐之所自出，若各論其精神面目，則唐與宋，何妨分别觀焉。試一一詳之。夫三百降爲風騷，風騷降爲五言，爲樂府，漢魏六朝，作者代出，兹不及詳詳。自唐始，蓋詩至梁、陳，頹靡已甚，至唐顯慶、龍朔間，不振極矣。阮伯玉力掃其靡，直追曩哲，《感遇》諸章，漸復爾雅，使人想見黄初。自景雲至天寶爲盛唐，王孟高岑，信稱巨手，至李杜出，而集其大成。太白想落天外，局自變生，殆天授，非人力。子美沉雄激壯，變動開合，生平禹稷抱負，流露楮墨，二家各擅其勝，而元微之序杜則云：「上薄風騷，下該沈宋，言奪蘇李，氣吞曹劉，掩顔謝之孤高，雜徐庾之流麗。」則尤江河萬古流也。大曆、元和間，爲中唐大曆十子外，若劉長卿、韋應物、柳宗元、韓愈、元稹、白居易等，指不勝屈，東坡獨推韋、柳，表聖稱柳在韋上，然當時漸趨薄弱，韓公雄勁獨出，踔厲風發，欲以學問才力，上掩前人，雖恢張處多，變化處少，而《元和聖德》、《平淮西碑》之類，誠義山所謂句奇語重，是亦拔萃者也。晚唐亦作者林立，義山之沉博絕麗，飛卿之穠纖秀逸，各有面目，殆爲後勁，然詩至晚唐，詞句愈工，而氣骨不振，不免等之自檜焉。宋初臺閣倡和，多宗義山，名西崑體。梅聖俞、蘇子美起而矯之，蹈厲發揚，才力體格，非不突過前人，而識者憾其無淵涵之趣。歐陽七言古專學昌黎，意言之外，猶有餘地。黄山谷開江西宗派，世多以蘇黄竝稱，然涪翁之詩，正不及子瞻。子瞻胸有洪鑪，金銀鉛錫，皆歸鎔鑄。其筆之超曠，又如天馬行空，不可羈靮。韓吏部而後，又開一境。元遺山歎「詩到蘇黄盡」，然豈必律以唐人，平南渡後，朱子雖不藉詩名，而五言冲和雅渾，德人之言，至當時所推者，尤延之、蕭東夫、范致能、陸務觀四家，後去蕭而易以楊廷秀，稱尤楊范陸，世尤稱放翁，記問足以貫通，力量足以驅使，才思足以發越，氣魄足以陵暴，南渡後推第一。顧其原本老杜，寔有獨造境地，而篇章太多，前後雷同，多不暇擇，神完氣厚之作，又十無二三，是亦貪多之患矣。他若四靈諸公，方幅窘狹，不足稱焉。至宋末謝臯羽《晞髮集》，意語生新，獨闢境界，《谷音集》一卷，則宋遺民詩，猶有清音，不染塵俗，非月泉吟社比也。唐宋詩之源流如此，學者誠於宋極其變，出入於三唐以折其衷，夫亦可以親風雅矣。雖然，登山必窮其巔，導河必歸於海，觀《陽關三疊》，李陵録別開之；《垂老別》、《無家別》，王粲《七哀》開之，子昂原本阮公，左司嗣音彭澤，唐人亦有祖述。惟從博涉，後上溯乎漢魏六朝，庶有以追風雅之遺，而得性情之正也夫。

覈論源流，獨有卓見，無一雷同語，由其得於詩者深，故言之有物。（沈歸愚先生）

核論唐宋詩人，各還面目，不爽銖黍，所造獨精，探喉而出也，入室升堂，豈坐廊廡間語。（張樊川先生）（《月滿樓詩文集》文集卷八解辨考，《續修四庫全書》影印清嘉慶八年瞻園刻本）

智按：顧宗泰，字景嶽，號星橋，元和（今江蘇常熟）人。乾隆四十年（一七七五）乙未進士，歷官高州知府。有《月滿樓詩集》。

覃光瑤（一七四九～?）

《曉妝（憶秦娥）》

開華屋，垂楊陰裏紗窗緑。紗窻緑，雲鬟初整，蘭湯新沐。　捲簾貪看櫻桃熟，紛紛侍女頻催促。頻催促，後園歌舞，早排絲竹。

昔人謂詩中眞富貴語，當推歐陽永叔「樓臺側畔楊花過，簾幙中間燕子飛」，韓魏公「梨花院落溶溶月，柳絮池塘淡淡風」，韋蘇州「兵衛森畫戟，燕寢凝清香」等句，而以白香山「笙歌歸院落，燈火下樓臺」為看人富貴語，即此可悟作詩三昧，非徒較量古人高下也。今閱此詞，欲於上數語中更置一座。（《玉芳詩草》卷下，《四庫未收書輯刊》影印清乾隆三十五年覃光暐曹南衙署本）

智按：覃光瑶，字玉芳，湖南武陵人，山東莒州知州覃志京女，尚書崔拙圃孫某室。玉芳早慧，工吟詠。及笄，兄光煒刊其詩集，置奩具中，藝林傳為佳話。

莊述祖（一七五〇～一八一六）

《讀秦中吟》

青鞵踏盡九衢塵，舊雨相看臭味眞。昨夜偶吟膠漆契，長安門外怕逢人。（《珍埶宧詩鈔》卷一古今體詩，《續修四庫全書》影印清刻本）

《絶句三首》

衆稱元白歌行久，肯讓宮詞別擅能。解唱一聲河滿子，惡詩應早薄徐凝。

長慶詩人絕代名，樊川有激故相輕。流傳樂府開元曲，爭抑狂奴學婢聲（祜詩云：喜是狂奴態，羞爲老婢聲。蓋斥徐且刺白也）。

要知月旦無公論，須待權衡出後人。天際冥鴻詩上品，誰偷佛寺牡丹春。（《珍埶宧詩鈔》卷二古今體詩，《續修四庫全書》影印清刻本）

智按：莊述祖，字葆琛，武進（今江蘇常州）人。乾隆四十五年（一七八〇）庚子進士，官濰縣知縣，署曹州同知。有《珍藝宧詩鈔》。

李斗（一七五〇～一八一六）

《揚州畫舫録》

鹽商安氏，業鹽揚州，刻孫過庭《書譜》數石，今陷康山草堂壁上。寺中蘇文忠公《次韻伯固游蜀岡送李孝博奉使嶺表》詩，凡十韻，石刻在寺中，斷仆已久。上有嘉靖辛丑蜀岡盛儀、萬曆己卯沔陽陳文燭二跋。康熙辛丑，新城王文簡公士禛為司理時訪之，命僧陷舊石於方丈壁，次韻紀事為《禪智倡和詩》。……康熙乙巳，文簡解司理任，七月，會諸名士祖道禪智寺碩揆方丈，是為《漁洋山人禪智倡和集》，又名《禪智別録》。文簡有「四年只飲邗江水，數卷圖書萬首詩」句。徐電發（釚）曰：「司理去日，作江南數詞，予會於畫舫白板上見之，似樂天《憶西湖》諸作。」（卷一，汪北平、涂雨公點校《揚州畫舫録》，第十一頁、第十五頁）

智按：《漁洋山人自撰年譜》惠注引徐釚曰：「王司理去維揚日，作《江南好》數詞。予曾於畫船白板上見之，清歌宛轉，似白樂天《憶西湖》諸作。」

群玉山房聯云：「漁浦浪花搖素壁。（司空曙）玉峰晴色上朱欄。（李群玉）」過此，構廊與河蜿蜒。入薜蘿水榭，後壁萬石嵌合，離奇夭矯，如乳如鼻，如齶如臍。石骨不見，盡衣蘿薜。榭前三面臨水，欹身可以汲流漱齒。聯云：「雲生硐戶衣裳潤，（白居易）風帶潮聲枕簟涼。（許渾）」獅子九峰，中空外奇。玲瓏磊塊，手指攢撮。鐵線疏剔，蜂房相比。蟻穴湧起，凍雲合遝。波浪激衝，下木淺土。勢若懸浮，橫豎反側。非人思議所及。樹木森戟，既老且瘦。夕陽紅半，樓飛簷峻宇。斜出石隙，郊外假山，是為第一。（卷六，汪北平、涂雨公點校《揚州畫舫録》，第一四三～一四五頁）

新月樓在拂柳亭畔，與田園冶春樓相對，湖上得月最早處也。聯云：「蝶銜紅蕊蜂銜粉。（高隱）露似珍珠月似弓。（白居易）」（卷六，汪北平、涂雨公點校《揚州畫舫録》，第一四八頁）

王士禛，字子真，一字貽上，號阮亭，別號漁洋山人。山東新城人。高祖名重光，官貴州布政使。曾祖名之垣，官戶部左侍郎。祖名象普，官浙江布政使。父與敕貢入太學，兄士禄，官員外郎。士禧貢生，弟士祐進士。公順治乙未進士，歷官刑部尚書，謚文簡。著有《帶經堂集》、《精華録定本》及十種詩話。公以文學詩歌為當代稱，總持風雅數十年。先是順治己亥選揚州府推官，庚子三月抵郡城。八月，充江甯鄉試同考官。辛丑三月，有事江寧，居秦淮邀笛步，有《白門集》。壬寅春，與杜濬、張養重、邱象隨、陳允衡、陳維崧修禊虹橋。公作《浣溪沙》三闋，為《虹橋唱和集》。癸卯冬，充江甯武闈同考試官。甲辰春，復同林古度、杜濬、張綱孫、孫枝蔚、程邃、孫默、許承宣、承家賦《冶春詩》。此皆公脩禊事也。吳偉業曰：「貽上在廣陵，晝了公事，夜接詞人。」冒襄曰：「漁洋文章結納遍天下。客之訪平山堂、唐昌觀者。日以接踵，漁洋詩酒流連，曲盡款洽，客相對永日，亦終不忍干以私。嘗有一莫逆臨別。公曰：『愧官貧無以為長者壽。署有十鶴，敬贈其二，志素交也。』」徐釚曰：「虹橋在平山堂法海寺側，貽上司理揚州，日與諸名士游讌。於是過廣陵者多問虹橋矣。」宋商邱曰：「阮亭謁選得揚州推官，游刃行之，與諸士游讌無虛日。如白、蘇之官杭，風流欲絕。」劉體仁曰：「采明珠，耀桂旗，麗矣。或率兒拜，或袂從風，如欲仙去。《冶春詩》獨步一代，不必如鐵厓遁作別調，乃見姿媚也。」王士禄曰：「貽上負夙慧，神姿清澈。如瓊林玉樹，朗然炤人。為揚州法曹，日集諸名士于蜀岡、虹橋間，擊缽賦詩，香清茶熟，絹素橫飛，故陽羡陳其年有『兩行小吏豔神仙，爭羨君侯腸斷句』之詠。至今過廣陵者，道其遺意，仿佛歐、蘇，不徒憶樊川之夢也。」宗元鼎詩云：「休從白傅歌楊柳，莫遣劉郎唱竹枝。五日東風十日雨，江樓齊唱冶春詞。」今以脩禊諸人及文簡在揚州所與往來者，附載於後。（卷十，汪北平、涂雨公點校《揚州畫舫録》，第二二〇～二二一頁）

春雨堂柏樹十餘株，樹上苔蘚深寸許。中點黃石三百餘石，石上累土，植牡丹百餘本，圬牆高數仞，盡為薜荔遮斷。堂後虛廊架太湖石，上下臨深潭，有泉即品外第一泉。其北菱花亭集聯云：「苔色侵衣桁。（李嘉祐）河香入水亭。（周瑤）」亭北為夕陽雙寺樓，高與蓮花橋齊，俯視畫舫在竹樹顛。聯云：「玉沙瑤草連溪碧。（曹唐）石路流泉兩寺分。（白居易）」（卷十三，汪北平、涂雨公點校《揚州畫舫録》，第三一六頁）

李葂《穀雨放船吟序》云：時逢穀雨，偶緣賀監之招。人比德星，不減陳門之聚。（文學陳臯師席）。海空一棹，座滿諸賢，將軍則是主是賓。（李元戎文攀、連幕茂才繆毅齋）。輕裘緩帶，名士則難兄難弟，玉仲金昆。（江松泉、蔗畦兩秀才）。叔度徵君，雅量波澄千頃。（松石學博）。奎章學士，豪情竹寫雙鈎。（柯蘭墀孝廉。用九思敬仲事。）高鶩嶺之風，錫追獨鶴。（遠村、藥耕兩上人。）闡龍潭之秘，亭玩群鷗。（汪春泉書史。用彥章事。）古先生天竺依然，（臏樓孝廉。）李供奉開元再見。（復堂明府。）香生玉局，花邊圍國手之旗。(樊麟書郡丞、程懶予國手奕。) 味憶蓴羹，日下返步兵之駕。(張又牧孝廉。) 壓倒何論元白，舊價新聲。(楊希齋司馬。用楊汝士事。) ……(卷十三，汪北平、涂雨公點校《揚州畫舫録》，第三二〇頁)

如意門中牡丹極高，花時可過牆而出，中築清妍室。聯云：「露氣暗連青桂苑。(李商隱) 春風新長紫蘭芽。(白居易)」室右環以流水，跨木為渡，名天然橋。橋取朽木，去霜皮，存鐵幹。使皮中不住聚脂，而鬱跂頓挫。欄楯皆用附枝，委婉屈曲，偃蹇光澤，又一種木假詭制也。(卷十四，汪北平、涂雨公點校《揚州畫舫録》，第三三二頁)

篠園花瑞即三賢祠。乾隆甲辰，歸汪廷璋，人稱為汪園。於熙春臺左撤蘇亭，構閣道二十四楹，以最後之九楹。開閣下門為篠園水門，初盧轉運建亭署中，鄭板橋書蘇亭二字額，轉運聯云：「良辰盡為官忙，得一刻餘閒，好誦史繙經，另開生面。傳舍原非我有，但兩番視事，也栽花種竹，權當家園。」後因篠園改三賢祠，遂移是額懸之小漪南水亭上。聯云：「東坡何所愛。(白居易) 仙老暫相將。(杜荀鶴)」因題曰：三過遺蹤，列之牙牌二十四景中。後復改名三過亭，今俱撤為閣道。(卷十五，汪北平、涂雨公點校《揚州畫舫録》，第三四八～三四九頁)

翠霞軒即三賢舊殿，先是祠之建，本於康熙間祀宋韓魏公、歐陽文忠公、太守刁公、王公、蘇文忠公於平山堂之真賞樓，以國朝司理王文簡公、太守金公、刑部汪公為配。後居民有歐、蘇二公及司李王公三賢之請，其時胡庶子潤督學江南，為文簡辛未會試所得士，有是舉而未行。至盧轉運莅揚州，乃以文簡配兩文忠，而諸賢從祧。自歸汪氏，又撤三賢神主於桃花菴，以殿為園中廳事，旁植牡丹百本，構翠霞軒，聯云：「日映文章霞細麗（元稹），山張屏障緑參差（白居易）。」(卷十五，汪北平、涂雨公點校《揚州畫舫録》，第三四九頁)

是園池塘本保障湖旁蓮市，塘中荷花皆清明前種。開時出葉尺許，葉大如蕉。周以垂柳羃䍦，廣廈窅窱，避暑為宜。高詠樓後，築屋十餘楹，如弓字。一曰含青室，樓角小門通之。聯云：「日交當戶樹。(蘇頲) 花繞傍池山。(祖詠)」室旁小屋十數間，曰眺聽煙霞軒。聯云：「松排山面千重翠。(白居易) 日較人間一倍長。(陸龜蒙)」一曰初日軒，本名承露軒，今仍用其舊。

聯云：「池塘月撼芙渠浪。（方干）羅綺晴嬌緑水洲。（孟浩然）」軒後度板橋入規門，有十字廳，顔曰青桂山房。聯云：「從此不知蘭麝貴。（裴思謙）相期共鬬管弦來。（孟浩然）」廳前老桂數十株，靠山多玉蝶梅。廳後方塘數畝，高柳四圍，秋間蟬聲不絕。塘北後山崛起，構亭翼然，顔曰指顧三山。其下竹畦萬頃，中構小竹樓，樓下為射圃。（卷十五，汪北平、涂雨公點校《揚州畫舫録》，第三五五～三五六頁）

昔蕭村有倉房十楹，臨九曲池，是園因之為水廊二十間，由露臺入涵清閣。聯云：「雲林頗重疊。（賈島）池館亦清閒。（白居易）」旁增水廳五楹，水大時，石礎松欞，間在水中，紫荇白蘋，時來屋裏。題曰風月清華。聯云：「舟將水動千尋日。（張說）樹出湖東幾點煙。（曹鄴）」過此土脈隆起，構緑雲亭。聯云：「山深松翠冷。（朱慶餘）樹密鳥聲幽。（崔翹）」亭旁石上題曰萬松疊翠，吳園至此乃竟。（卷十五，汪北平、涂雨公點校《揚州畫舫録》，第三六一頁）

洛春堂在眞賞樓後，多石壁，上植繡毬，下栽牡丹，洛春之名，蓋以歐公《花品敍》有洛陽牡丹天下第一之語，因有今名。郡城多繡毬花，恒以此配牡丹。繡毬之下，必有牡丹；牡丹之上，必有繡毬。相延成俗，遍地皆然，北郊園亭尤甚。而是堂又極繡毬牡丹之盛。繡毬種名不一，有名聚八仙者，昔人又因有瓊花為聚八仙者，遂相沿以繡毬為瓊花。府志中有瓊花，攷其中引據諸書，如《方輿紀要》、歷朝府縣志書、《齊東野語》、杜斿《瓊花記》、鄭思肖詩序、宋次道《春明退朝録》、《宋景文筆記》、葛常之《韻語陽秋》、康騈《劇談》、楊慎《墐戶録》、吳應麟《說蘩》、瞿佑《吟堂詩話》、王闢之《澠池筆談》、《代醉編》、宋張開、元郝經《瓊花賦》二序，可謂廣搜博採，而周必大《玉蕊辨證》、周輝《清波雜志》、張浩《雲谷雜編》三書未之採也。《玉蕊辨證》所引據，自《春明退朝録》始，斷以瓊花為玉蕊，《雲谷雜編》兼引宋景文摘碎、姚令威《西溪叢語》、曾端伯《高齋詩話》、楊汝士與白二十二帖、程文簡《雍録》、洪文敏《容齋隨筆》、李肇《翰林志》、《賈氏談録》、李德裕、劉禹錫、白樂天文集諸書，皆折衷辨證瓊花以玉蕊為斷。而玉蕊以《翰林志》、《談録》二書為斷。所謂玉蕊，每跗萼上花分五朵，實同一房，謂之連房玉蕊，則瓊花之為玉蘭，而斷非繡毬可知矣。郡中既以繡毬為瓊花，而繡毬、牡丹栽同一處，如桃花、楊柳之不可離，而《清波雜志》中并瓊花、牡丹合為一條，攷證絕類今人合繡毬、牡丹為一局之意。輝且自云：煇家海陵，其時海陵隸揚州，視為鄉里，則其揚州氣習未除，已可概見。又安知周煇不且以瓊花為繡毬耶？芍藥產于揚州。崔豹《古今法》謂芍藥有草木二種，俗呼牡丹，可知牡丹亦郡中所宜木，而特不知接法，遂不得不資于洛種耳。郡中影園黃牡丹稱于世，其次祗赤、粉二色，若汾州衆香寺白牡丹，唐裴給士宅紫牡丹、曹州青緑黑樓子牡丹，則未之見矣。陳竹畦《平山堂看牡丹》詩云：「閒行隨蛺蝶，方便入僧家。春色迷歸路，人情向此花。苔箋刪綺語，風幔味新茶。可識諸天相，前身是晚霞。」蓋卽此牡丹也。（卷十六，汪北平、涂雨公點校《揚州畫舫録》，第三八〇～三八一頁）

智按：李斗，字北有，號艾塘（一作艾堂），儀徵（今屬江蘇）人。諸生。博通文史，兼通戲曲、詩歌、音律、數學。有《艾塘曲録》、《艾塘樂府》、《永抱堂詩集》、《揚州畫舫録》、《防風館詩》。又有傳奇《歲星記》、《奇酸記》。

陸元鋐（一七五〇～一八一九）

《讀唐宋諸家詩八首》（其一）

白傅長慶詩，讀之使人悅。若論道性情，尚不失眞率。矧當立朝時，頗亦見風節。微之通大閹，搆禍自禁闥。堂堂裴晉公，亦復肆傾軋。香山契最深，曷不正其失。不然與絕交，亦不傷隙末。豈其元和體，必與共揚扢。致令談詩家，元白亦同列。咄彼瓜上蠅，香山豈其匹。（《青芙蓉閣詩鈔》卷一，《續修四庫全書》影印清刻本）

智按：陸元鋐，字冠南，號彡石，一作杉石，又號秋玉，桐鄉（今屬浙江）人。乾隆五十二年（一七八七）丁未進士，歷官禮部儀制司主事、員外郎，出任廣東惠州、四川雅州知府。以事罷官，先後主講西安渭南書院、同州書院、太倉州書院及鴛湖書院。于乾、嘉間爲一方名士，與法式善、吳錫麒、吳嵩梁、楊芳燦等名詩人過從甚密，諳于詩壇掌故。《青芙蓉閣詩話》專論本朝開國至乾隆間名家，見識通達，議論持平，博采衆説而不隨聲附和，自出心裁而不故作驚人之語，所記大多爲聞見所及。事迹見《彡石自訂年譜》。有《青芙蓉閣詩鈔》。

黄鉞（一七五〇～一八四一）

《癸未仲秋七日上幸萬壽山玉瀾堂錫宴十五老臣賡歌圖繪以彰盛事敬和元韻恭紀》

蓬萊宫殿雲中藏，雲開日上何滄涼。琉璃萬頃曉煙濕，瑤林四面屏風張。聖人萬歲山萬壽，與天合德徵自强。顧兹黄髪十有五，詔令侍宴來銀潢（唐魏元忠有銀潢宫侍宴詩）。天子曰咨汝國老，若爲稷契爲班揚。召工一一貌惟肖，寵以睿藻縣周廊。小臣聞命驚且喜，九拜踧踖行劻勷（《玉篇》：劻勷，遽也。又，走貌）。備員禁近廿四載，夙夜深媿詢謀臧。吾皇卽事仰繩武，香山舊典循軒黄。昔廿七人今過半，重許畫筆摹長康。六十三年兩遭際（乾隆辛巳，高宗純皇帝舉九老之會，分文臣爲一班，武臣爲一班，致仕者爲一班，其二十七人，勅畫院繪圖，並賜游香山），後先暉映承天慶。何期蒲柳廁松柏，趨走恐後敢或遑。履道尚齒皆致仕，耆英資聖矜年長。集賢奉詔像曾寫，是時居易年方剛（白居易爲翰林學士時，曾奉詔寫眞於集賢殿御書院，時年三十七）。晚歲爵齒臣適合（香山九老，居易時以刑部尚書致仕，年七十四，今年臣齒適合），所慚蹇陋孤恩光。兹圖宗藩實領袖，下泉蕃長兼龍驤。精神顧盼頗矍鑠，彩服綷縩光華彰。廣張芳筵賚珍綺，宣傳茗椀浮旗槍。更濡天筆錫天壽，用勖仁以爲紀綱。願合千百十六歲，永永無極獻我皇。慈闈春暉麗萬古，並臻百福流滂洋。天顔有喜民氣樂，垓埏歲歲歌豐穰。（《壹齋集》卷二十八，《續修四庫全書》影印清咸豐九年許文深刻本）

《嘉慶乙丑在京師戲作中秋節物圖失去已久道光壬辰六月子穎姪孫以錢三百得於市》

畫餅尚書不救饑（香山句），作爲無益笑當時。那知流落村民手，换得黄粱一斗炊。（《壹齋集》卷三十四，《續修四庫全書》影印清咸豐九年許文深刻本）

智按：黃鉞，字左田，當塗（今屬安徽）人。乾隆五十五年（一七九〇）庚戌進士，官至戶部尚書。贈太子太保，謚勤敏。有《壹齋集》。

李鼎元（一七五一～一八一四）

《詠拙效樂天》

有官拙還沉，有錢拙還散。捷徑拙不由，便宜拙不算。衣破常拙補，見肘復露骭。糧絕常拙謀，懸罄且虛爨。拙於林間鳩，營巢性所憚。拙於室中蜂，鑽窗氣徒悍。人遞上天梯，步拙不能按。人贈明月珠，手拙不能貫。妻知我心拙，家計不勞贊。友知我口拙，論古不相難。有時作巧詩，而拙已過半。有時遇巧事，而拙輒相亂。愚公欲移山，千古一拙漢。彼山猶可移，我拙無可換。(《師竹齋集》卷八，《續修四庫全書》影印清嘉慶刻本，第一四七五册，第五四〇頁)

《都門新樂府六章》

⊙《撞木鐘 正人心也（京師狡者以莫須有事愚人取利，謂之「撞木鐘」)》

撞木鐘，撞木鐘，何必響。口吐天花舌翻瀾，令人能作非非想。眼前趙孟豈無人？能貴賤之原有因。幾輩請纓苦無路，昏暮乞憐約何處？不見主人翁，見其似者心惺忪。謀官使爾官缺好，求財使爾財路通。不是撞木鐘暗覺，所謀未必遂先報。預為退步地，百慮偶一得。逢人說項市德色，下愚金盡死不悟。只怨時乖未敢怒，又持木鐘撞如故。吁嗟乎，白晝劫人有如此，險哉人心醜於鬼。

⊙《糊籠局 悲世路也（京師有糊燈籠局，夜行便於市取，然特小，偶不經意，輒復焚毀。故俗以謀事不忠，因循苟且者，皆謂之「糊籠局」)》

糊籠局，糊籠局，紙光竹素動流燭。黑夜照人防失足，防失足，意何隆，外有耀，中空空，客半途，雨兼風。星墜輝，燭滅紅，一夜之交交不終。世人徂愛面皮好，粉壁雕墻置糞草，那管三日兩日隨風倒。君不見，大廈棟樑半朽木，油漆其外光渥渥。又不見，元宵燈火湧鰲山，一片蘆席塗金丹。萬事苟且糊籠局，世上那有真神仙？

⊙《官利債 思廉吏也（市猾以重利，借結選人，謂之「官利債」)》

官利債，借選人。千金券，三百銀。較盡錙銖不敢議，一紙文憑一掬淚。官衛不是郭家之金穴，部民亦是慈母之骨血。何忍鞭撻我赤子，剝取衣食為爾悅。爾則悅，民則愁，補瘡割肉非良謀。還爾銀，裂我券，如此廉吏今不見。

⊙《雞毛房 傷窮民也（京師以鳥獸羽毛實房中，寒無衣者賃宿焉，謂之「雞毛房」)》

雞毛房，雞毛房，地為床。體寒無衣腹無糧，夜擁雞毛尸欲僵。微命不如鳥獸，安得深毛豐羽避雪霜？苟延一久命，肌傷插千刃。生小不知衣食艱，向人羞乞三文錢。忍饑便欲住一日，主人含怒逐我出。更恐今皆不容人，此室低頭出房門。舉目無一親，日遠天高呼不聞。但求速死卧官路，不願雞毛房中住。

⊙《騾馬市 重生命也》

騾馬市，朝為活市暮死市。活市市逸足，死市市皮肉。一旦暮間事反復，不死不活更何屬？湯鑊在前刀在握，死葬人腹死亦福。只恨主人心大酷，四蹄一生為君疲，少盡其力老棄之。君家自不少，帷盍忍與騾馬一時賣？傷生命，積錢財。地下怨鬼，多於乾谿臺。罪彼鼓刀屠者胡爲哉？君不見，古長平，四十萬卒同日坑。又不見，菜市口，劊子殺人如殺狗。

⊙《金魚池 戒淫奔也》

金魚池，金魚池，池邊蔓草何離離。美人一笑醉瑤席，桃花為魂水作魄。梧桐枝上雙鳳凰，飛入尋常燕雀宅。燕雀喜，鳳凰驚，挾彈小兒無眼睛，中汝要害摧修翎，倉皇不得施爾能。池上鴛鴦縮頭笑，池中蛤蟆鼓腹叫。叫爾不回頭，笑爾不知愁。床頭金盡風馬牛，更抱琵琶過別舟。君不見，指揮昨日驅流娼，金魚池上街空房。(《師竹齋集》卷一一，《續修四庫全書》影印清嘉慶刻本，第一四七五册，第五七二頁)

《次韻趙懷玉將出都門述懷兼别同志》(題擬)

淹留復何爲，入世如出世。達哉白樂天，風流定誰繼。吾聞民似水，智有禹之治。割雞用牛刀，學道聊小試。貧士欲愛人，莫若隱於吏。先除刀筆心，徐施惠義事。文章與經濟，理一而實二。幾輩稱通才，到官乃濫厕。知己時所難，盛名副不易。珠須罔象求，劍無刻舟記。期月如有成，當寄簡元字。窮達固有時，修短莫非命。嗟予紫荊枝，先折及春盛。遺文付君手，死交十年訂。語必求字安，意惟擇理勝。亦知才可憐，當念友原諍。縱無五年長，兄事敢忘敬。況復文陣豪，驅駕莫齊並。但得登高呼，空谷自相應。漫矜一字師，而吝百朋贈。毀譽任流俗，付之勿視聽。（見趙懷玉《亦有生齋集》詩卷十九古今體詩重光作噩，《續修四庫全書》影印清道光元年刻本，第一四六九册，第四七七頁）

智按：李鼎元，字味堂，亦字和叔，號墨莊，綿州（今四川綿陽）人。與兄雨村、弟鳧塘先後入翰林，皆負文望，世稱綿州三李。乾隆四十三年（一七七八）戊戌進士。改庶吉士。官宗人府主事。事迹見清王昶《蒲褐山房詩話》及《湖海詩傳》卷三十六、清張維屏《國朝詩人徵略》卷四十五、王培荀《聽雨樓隨筆》卷一、《晚晴簃詩匯》卷一百一。

柯振嶽（一七五一～一八一六）

《論詩》（二十八首之十四）

秦中吟愛白香山，夢得微之盡莫攀。若使龍梭傳老杜，縱横應更出人間。（《蘭雪集》卷三下，《清代詩文集彙編》影印清嘉慶二十三年藏修齋刻本，第四三〇册，第六九一頁；《萬首論詩絕句》第二册，第七八〇頁）

《和周少溪（本）補衣篇原韻》

維天有缺陷，誰與鍊石補。誦君《補衣篇》，幅短情縷縷。萬物不自輕，飢寒焉得侮。裋褐雖不完，文彩炳於虎。曠懷白香山，境甘心獨苦。大裘庇天下，自命一何古。茫茫千億身，欲使免終窶。末俗識拘墟，空言笑媚嫵。豈知絜以仁，方寸如攜取。刀尺製未畢，且復安環堵。補衣一補天，三復為起舞。（《蘭雪集》卷一上，《清代詩文集彙編》影印清嘉慶二十三年藏修齋刻本，第四三〇册，第六六一頁；《晚晴簃詩匯》卷一百二十四）

智按：柯振嶽，字霽青，慈谿（今屬浙江）人。諸生。有《蘭雪集》。

左輔（一七五一～一八三三）

《南浦·夜尋琵琶亭》

潯陽江上，恰三更、霜月共潮生。斷岸高低向我，漁火一星星。何處離聲刮起？撥琵琶、千載賸空亭。是江湖倦客，飄零商婦，於此盪精靈。　且自移船相近，繞迴闌、百折覓愁魂。我是無家張儉，萬里走江城。一例蒼茫弔古，向荻花、楓葉又傷心。只琵琶響斷，魚龍寂寞不曾醒。（譚獻《篋中詞》今集三，《續修四庫全書》影印清光緒八年刻本；張惠言《詞選》附録，清道光十年宛鄰書屋刻本；中華書局一九八二年版《全清詞鈔》第六四五頁）

智按：此闋《南浦》，譚獻《篋中詞》評爲「濡染大筆，此道遂尊」。陳廷焯《白雨齋詞話》卷四評云：「左仲甫詞逸情雲上，愈唱愈高，如《南浦·夜尋琵琶亭》……極沈鬱，又極跳蕩。」同書卷六云：「左仲甫《南浦·夜尋琵琶亭》一章，格調不凡。惟『繞回闌百折覓愁魂』句，終嫌不大雅。」（清光緒二十年刻本）「愁魂」，《全清詞鈔》作「愁吟」。

左輔，字仲甫，又字蘅友，號杏莊，陽湖（今江蘇常州）人。乾隆五十八年（一七九三）進士，授南陵知縣，調霍丘。以催科不力免官。嘉慶四年（一七九九）復官，補合肥，又以事奪職。初彭齡爲安徽巡撫，薦補懷寧知縣，歷官泗州直隸州知州、潁州知府、廣東雷瓊道、浙江按察使、湖南布政使、湖南巡撫。道光三年（一八二三），以原品休致。居官以循吏稱。早年與洪亮吉、黄景仁、趙懷玉唱和，才情横溢，寄托遙深，入仕後，以餘力賦詩，句奇格正，有唐人之勝。亦工詞，屬常州詞派。有《念宛齋集》。事迹見《清史稿》卷三八一、《國朝耆獻類征》卷一九六、李兆洛《湖南巡撫左公輔墓志銘》。

李苞（一七五一～？）

《客心》

悠悠客子心，遇物動成吟。句莫論工拙，情原有淺深。望鴻青嶂外，繫

馬緑楊陰。閒踏王孫草，低徊不自禁。（《巴塘詩鈔》卷上，《續修四庫全書》影印清嘉慶二十二年刻本）

智按：詩後評云：「古來眞正詩人，惟白香山有此興趣。」

李苞，字元方，狄道（今屬甘肅臨洮）人。乾隆四十八年（一七八三）癸卯舉人，歷官山東鹽運司運同。有《敏齋詩草》、《巴塘詩草》。

李祘（一七五二～一八〇〇）

《詩觀序》

……韓愈三百九十四首，爲五卷。柳宗元一百五十首，爲二卷。劉禹錫八百二首，爲六卷。張籍四百四十五首，爲三卷。盧仝一百首，爲一卷。白居易二千七百九十六首，爲十八卷。元稹七百五十首，爲六卷。……（《弘齋全書》卷九序引二，《韓國文集叢刊》本）

《詩觀（五百六十卷）義例》

……柳宗元筆下創思，與古為侔，精裁密緻，燦若朱貝。劉禹錫鋒穎森然，若劍花星芒。張籍長於樂府，忒多警雋。盧仝之險，李賀之詭，俱極詩家之變，取之者廼以備衆體也。白居易敍情鋪事，直寫胸臆，委曲濃暢，可許以達觀曠韻。元稹平易明白，與香山好對唱酬之手。杜牧清勵毫邁，詞輒可諷。溫庭筠豔麗清拔，尤擅神敏。李商隱造意幽深，託情微婉。許渾偶對精妍，王建綴詞綺豔。唐詩之瓌觀，可無外於此。（《弘齋全書》卷百八十羣書標記二〇御定二，《韓國文集叢刊》本；鄺健行、陳永明、吳淑鈿選編《韓國詩話中論中國詩資料選粹》，第二六九頁）

《文體》

王若曰：文體不一，而艱與易而已。辭艱者奇，辭易者順，何所取舍歟？文莫尚於《尚書》，而古文皆易，今文皆艱。至於誥諭之文，宜順而反奇者。其故何歟？周公之文，艱而不易；孔子之文，易而不艱，均是聖人，而發爲文章者。有此奇順之不同，何歟？西京文章，最推馬遷。而如范蔡四君等傳主乎順，如酷吏、貨殖等傳主乎奇。出自一人，而艱易之不同若是者，抑何歟？楊雄法語之文，專務鍊琢，而未免後人之覆瓿；諸葛出師之表，不事雕刻，而尚致志士之霑襟。由是而言，易勝於艱歟？樊宗師之鉤章棘句，昌黎大加稱歎；白居易之俚語街談，小杜極其非斥。由是而言，順不如奇歟？班固連珠之叙，獨稱最得其體；陸機華葉之言，或譏不見大體。其所尙之艱易，可以詳言歟？永明之體，俑自何人？而奇歟順歟？徐均之體，行於何時？而易歟艱歟？楊士奇之詩文，號稱臺閣體，黄平倩之古文，自異翰林體，亦有艱易之可論歟？徐堅見稱舍人樣，穆脩羞爲禮部格，抑有奇順之不同歟……須各悉陳之，予將親覽焉。正宗甲辰三月初十日。圓點三製，三下。（《弘齋全書》卷四十九策問二，《韓國文集叢刊》本）

《晉文帝》

郗超請急之急字，註以暇也。急與暇，其意相反，而請暇謂之請急，何歟？唐有三浣，晉有三急，浣之義何謂？而亦出於三急之意歟？休沐自漢始出，而沐與三急三浣，其規無異歟？幼學李相龜對。白居易詩曰：「公多及私少。」《初學記》註急曰：及，言操切之使相及也。漢制有洗沐、休澣等名。唐之三浣，亦取休澣之義，與三急同其義而異其名耳。（《弘齋全書》卷百十四經史講義五十一〇綱目五，《韓國文集叢刊》本）

智按：李祘，即朝鮮正祖。號弘齋、弘于一人齋、萬川明月主人翁。莊獻世子第二子。英祖四十年（乾隆二十九年），承孝章世子之嗣，次年代理政務。乾隆四十一年即位。在位二十四年，終年四十九。葬水原健陵。有《弘齋全書》。

李晚秀（一七五二～一八二〇）

《戲賦賜屐》

屐翁古之奇，素履無名公。遲暮胡一柱，駑質高攀龍。風雲吉中孚，花釣謝康樂。蓬蓽歸有光，雙屐元天錫。愧臣王無功，聖渥陶隱居。同朝賀狂客，高標屈大夫。古桐木華黎，良工習鑿齒。鞋靴皮日休，長安錢若水。制樸高若訥，體輕于敏中。步庭徐孺子，倚杖息夫躬。虞躡公子友，謝折司馬欣。欵識顏師古，三字宗少文。涉深孟浩然，憂蹶顧長康。昭儉史可法，奎璧文天祥。山雨冷朝陽，暑氣蕪東坡。鳥愁張翼德，魚喜路伏波。泛濫江文通，沈蟄陸平原。跫音杜草堂，山谿茅鹿門。屐者夏原吉，着來段去塵。典刑饒雙峰，行藏許白雲。霽潦周利用，道在張釋之。龍光燭之武，感涕行人揮。窮巷馬少遊，我車楊萬里。舉目秦越人，腥羶何無忌。遼陽郭有道，薊北程不識。忍拜北宮黝，羞奉東方朔。安得霍去病，一攉殷開山。車書孔文舉，冠帶畢士安。然後陳圖南，青山回道人。我屐高達夫，雙鬢白樂天。（《屐園遺稿》卷一，《韓國文集叢刊》本）

《清風太守袖示全卷又題》

去年千佛九龍藏，今歲丹山碧水鄉。何似風流白太傅，蘇州出刺又餘杭。萬壑千巖獨詠歸，無人能識謝玄暉。松園居士曾留卷，竹石山翁已斷徽。朝發寒樓午漢湄，長風破浪一帆奇。君看水樹雲峰裏，揔是吾人未定詩。（《屐園遺稿》卷一，《韓國文集叢刊》本）

《日長山伯寄示玉泉亭長句，秋山路中走和》

漢南詞伯沈留後，筆入三昧化腐醜。坐堂有記樓有文，紙踊長安雷萬口。藝苑羣英相其事，雄藻酬若鄉人酒。羊公裘帶頓生顏，魏國山河揔入手。昭代文章作者七，就中探驪誰自負。東隣醜婦強捧心，眼前冰清慚樂舅。楣頭面面七襄文，唐突琴湖一漁叟。向者二載但坐嘯，環滁四山如墮臼。公今發揮此山勝，此山其眞爲公有。復恐天根太洩露，輪奐得無山靈咎。聞道新占蒙之象，靈源始發千年久。寥師石泉夢得眼，陸氏茶經名標首。……居然白傅我泉石，不日茅棟泉之肘。凉灑松杉翠千章，淨灌花藥香十畝。釀來天然蒲桃色，醉月南樓日一斗。晚年光華二樂兼，天公餉人良獨厚。如何更引古甃綆，求益不已買菜否。逆旅寒雨發詩函，馬上三復英瓊玖。但願泉作人間雨，公歸名與泉長壽。（《屐園遺稿》卷一，《韓國文集叢刊》本）

《敬步琶西翁韻，賀榴窓大詞伯壽席》

八耋遐齡壽域人，三朝宿德上卿臣。崇斑禮許楊公杖，華髮光增白傅眞。絳縣高年元後輩，磻溪大老卽前身。釖南萬首閑中和，花鳥春來興不貧。（《屐園遺稿》卷一，《韓國文集叢刊》本）

《立春青詞》

東君布德，肖蠉動息。皆自樂生，南斗秉公。殀壽窮通，各有定名。……家藏萬軸牙籤，箕裘之舊業猶在；御賜一緉木屐，雲漢之恩光長攀。稚孫承家，白傅之傳賴有；弱女繞膝。陶令之慰勝無。居則有八九詩翁，跌宕耆英會韶顏縞髮。出則與兩三漁叟，泝洄玄眞子泛宅浮家。……（《屐園遺稿》卷二，《韓國文集叢刊》本）

《送沈提學煥之遊楓嶽序》

諸閣臣嘗侍清燕，上教曰：「朝多難進易退之士，則世道其庶幾乎。」諸臣拜曰：「敢問何謂也?」上曰：「士皆難進易退則禮讓興，禮讓興則朝廷尊。朝廷尊則君子道長，小人道消；君子長而小人消，泰之象也。」諸臣拜曰：「大哉言乎!」檢校提學沈公起而奏曰：「臣遭遇聖明，受恩深厚，退則非其願也。乞賜一月休沐，少償廬阜之債足矣。」上欣然許之。公乃策小欵段，酒一壺筆一橐，從者數人，東入楓嶽，遵海而縱觀焉。昔列子御風，七日而返，泠然善也。今公之行，僊僊然凌九霄而超八極，不啻七日御風，則其意之善可知已。夫山水烟霞之趣，金紫軒冕之榮，固不可兼以有也。從古有此樂者，世稱裴晉公、白樂天，而憂讒畏忌，幸而乞身，數十年綠野香山之間，不問人世事，其跡則可謂閑，而其樂則未必全也。今公以夙夜宥密謀王斷國之身，一朝出國門五百里，振衣毗盧之頂，濯纓萬瀑之流，題丹書之崖，與永郎、述郎庶幾徜徉，登洛山之樓，見魚龍日月出沒變化於雲海杳冥之際，忽然若山人羽士遊於萬物之表。……（《屐園遺稿》卷二，《韓國文集叢刊》本）

《春日浮碧樓泛舟請諸生下帖》

都巡察使屐園居士爲下帖事，《傳》不云乎：「居是邦也，事其大夫之賢者，友其士之仁者。」澹臺子羽雖不至言偃之室，眉山處士亦嘗與忠獻之筵。若夫陶元亮平生窮貧，所與遊皆山野漁樵之輩。白太傅晚年讌樂，盖其人多薦紳賢達之流。二者之不得兼，千古之所共恨。……（《屐園遺稿》卷二，《韓國文集叢刊》本）

《權橘癡墓誌銘》

駱山之趾，臺曰企，以申企齋名，樓曰放雲。申受之之詩，樓窈而洞淙而磵，穹然而大斧劈。巖面有姜豹菴「紅泉翠壁」四字。歲丁丑清和，巷之八九老，結山中小社于樓上，命曰紅泉社。其人爲誰？栢厓朴宗羽儀甫、白耕鄭遂龜稚明、屐翁李晚秀成仲、橘癡權烒繼仲、松下李洛秀光仲、社樵申縉雲紀、石泉申綽在中、實齋申絢受之、痦軒金啓温玉汝。石泉獨厭入城裏，灘樵吕東根友晦後至焉。盖栢厓爵不及白傅、潞公，而齒德巍然。痦軒最少，如狄馬故事。諸老皆天民之不枉其志者，橘癡尤性情冲遠，望之如孤雲野鶴。社中無橘癡不樂，每會不穀差簡速，興到徑造，酒不過三四行，伯倫公榮從其所好，微酡以後必有詩，往往如王褒之攄閒，韓孟之鬭險。或賞奇文析疑義，或相對狂歌大噱，或跂石濯纓，或據梧看棋，或帶月而歸。興猶未已，方其簪裾雜坐，壺觴互酬，禮簡意眞，風流弘長，謂此樂之可恒。……（《屐園遺稿》卷十一，《韓國文集叢刊》本）

智按：李晚秀，字成仲，號書巢主人。有《屐園遺稿》。

鐵保（一七五二～一八二四）

《長安有狹斜》

珠房月户何處樓，緑熊座擁揮青虬。翻雲覆雨變朝暮，指天誓日輕山邱。被服焜燿誰家子？夜夜酣歌燕市裏。黄金如土散不收，買得佳人矢同死。鴛鴦同宿復同飛，珊瑚作枕翠作幃。歌殘玉樹人何在？夢覺青樓事已非。當年喜説長安好，至今愁上長安道。潯陽司馬濕青衫，昨日琵琶今日老。（《惟清齋全集·梅庵詩鈔》卷二古樂府五言古，《續修四庫全書》影印清道光二年石經堂刻梅庵全集本）

《題石田翁遺照》

先生心隱跡未隱，面目依然落粉本。不衫不履一老翁，文采風流竟難泯。十五作賦驚騷壇，當時人擬王子安。賢良有詔詔不起，遯之九五愁彈冠。歸來高卧竹莊下，彝鼎圖書實瀟灑。尚書爭問沈先生，邑宰誰知畫壁者。兒爲母命人盡知，等閒未敢輕别離。斑衣色映華髮垂，九十九母八十兒。終年奉母勤頤養，餘事丹青寄元賞。遂令萬類遭刓鐫，元氣淋漓偏天壤。詩宗白傅祖少陵，劍南衣鉢相師承。遲暮盡焚少年作，詩律愈細才不矜。一生作書喜山谷，瘦勁通神竟無肉。頹毫冷墨任欹斜，森若霜天矗寒木。先生往矣跡已陳，一蕉一竹爲寫眞。清齋酹酒肅再拜，飄飄仙骨超凡塵。對此古心復古貌，頓覺孤懷起相照。欲寫清詞問古人，高風未許人同調。（《惟清齋全集·梅庵詩鈔》卷三七言古，《續修四庫全書》影印清道光二年石經堂刻梅庵全集本）

《瑛夢禪慶似村合傳》

夢禪名瑛寶，滿洲人，大學士永文公長子，其先以開國功世其官，涖登顯秩，簪裾赫奕，至文公以吏部尚書拜文華殿大學，士子三人，夢禪居長，翩翩佳公子也。夢禪少讀書，博涉典籍，屢試不售……獨以韋布自安，老屋數間，冬一裘，夏一葛，不喜肥甘，疏食飲水。性喜畫，尤善運指，興酣時解衣磅礴，潑墨如雲，每作奇想，不落古人窠臼。近時高且園、傅凱亭外，無與比者。然性孤介，不多與人畫，以故得者甚罕，素與劉文清公墉爲文字交。劉書夢畫，每每合作，得者以爲至寶，雖連城不易也。與余論交時，年已五十餘，白髮飄騷，老而益壯，面如渥丹，紅白可愛。蓋其得於天者厚，游情物外，不以榮落貧富動其心，不以功名奔走勞其形，俯仰之間，自得天趣，故不必乞靈於金石，托命於丹鉛，泊然自保其天年也，年七十餘以布衣終。

慶似村名蘭尹，望山先生之公子也。家世簪纓，三代俱登宰輔。以似村之才之學，稍有志於功名，取顯秩如拾芥，而似村棄之如敝屣，視之如浮雲，獨搆老屋數楹，棲身僻巷，以避車馬，作小書室，環種以竹，性喜詩，每風清月白，抱膝孤吟，覺詩韻書香，與竹聲相應答，令人作秋水伊人之想，總角時，隨望山公兩江總督任，以詩見許於袁簡齋，數十年詩筒往來無虛日，所作詩以風韻勝，近白香山、陸放翁，雖風骨不及，楚楚有致，此外不交一人，亦無人問似村者，而似村亦駸駸以布衣老矣。余與似村交最久，每過訪，一鬅頭婢應門引入室，見主人不衫不屣，案頭詩一本，牕間竹數竿，別無長物，烹新茗一甌，味極佳，不留飲，亦不答拜，曰我無車馬童僕也。其交游之落落如此。年五十餘，以布衣終。余充《八旗通志》總裁，列入《儒林傳》，並選其詩入《熙朝雅頌集》。

論曰：士生貧賤，目不覩金紫，耳不聞鼎鐘，進身無門，自安淡泊，不失爲佳士，若生於閥閲，襲祖父之榮，處功名之地，即以富貴終其身，亦可謂克家，子乃竟絕繁華，棄軒冕，以布衣疏食終其身，此非有定識定力，不足以語此，然則夢禪似村之爲人，豈不卓卓然古君子哉！（《惟清齋全集·梅庵文鈔》卷四傳，《續修四庫全書》影印清道光二年石經堂刻梅庵全集本）

智按：鐵保，字冶亭，號梅庵，滿洲旗人。乾隆三十七年（一七七二）壬辰進士，由郎中遷少詹事，官至兩江總督、吏部尚書，降洗馬，賜三品卿銜。有《梅庵詩鈔》、《應制詩》、《玉門詩鈔》。

趙紹祖（一七五二～一八三三）

《消暑録》

《甕牖閒評》云：「白樂天好以俗語作詩，改易字之平仄。如『雪擺胡衫紅』，此以俗語『胡』字作『鶻』字也；『燕姬酌蒲桃』，此以俗語『蒲』字作『勃』字也；『忽聞水上琵琶聲』，此以俗語『琵』字作『弼』字也。」余謂，「胡」之為「鶻」、「蒲」之為「勃」則聞命矣，若「琵琶」之「琵」，在此句中，何以不可作平聲讀，吾未敢以為信也。（容齋亦有此說，吾所未解，將更質之高明）（《消暑録》，《續修四庫全書》影印清道光元年古墨齋刻本）

《安徽金石略》

唐麴令祠堂記。（開成五年。在望江。佚）

唐麴令祠堂記，開成五年立。（《輿地紀勝碑目》）

麴大夫祠，在望江縣治北，大夫墓前，唐白樂天作《秦中吟》哀之。（《安慶府志》）

按，麴信陵，吳縣人。貞元六年，爲舒州望江令，及受代，民遮道不得去，得再任，卒於官，留葬焉，民爲立祠。白傅《秦中吟》本以誚罷官立碑之多愧辭者，而末敘信陵之德政，而終之曰：「無人立碑碣，惟有邑人知。」然《輿地紀勝碑目》載令祠堂記，蓋碑立於開成五年，在白作詩後，或因白

詩而立之，亦未可知也。（趙紹祖識）（《安徽金石略》卷一，《續修四庫全書》影印清道光十四年古墨齋刻本）

智按：趙紹祖，字繩伯，號琴士，涇縣（今屬安徽）人。諸生，道光元年（一八二一）舉孝廉方正。有《琴士詩鈔》。

于學謐（一七五二～?）

《讀元氏長慶集》

挑燈午夜讀元詩，強半香山唱和詩。千古文人憐臭味，一生心血在流離。明經登第元和歲，檢校尚書罷相時。更有通州詩最苦，絲絲祇屬白家知。（《焚餘詩草》，《四庫未收書輯刊》影印清乾隆榮慶堂刻本，集部第一〇輯第二九册，第二九四頁）

《郇居二首》（其二）

三間草閣擬藏經，筆墨依人似有靈。誦得白家新樂府，摩來定武舊蘭亭。從他卷帙堆床滿，饒我清閑午夢醒。隨處會心隨處樂，昔賢相對眼偏青。（《焚餘詩草》，《四庫未收書輯刊》影印清乾隆榮慶堂刻本，集部第一〇輯第二九册，第二九七頁）

《效白樂天寄陳二兄倚霄》

向來名句添多少，更問清貧到幾□（智按：疑作分）。人影瘦於窻外竹，吟情藹似嶺頭雲。丈夫行賤饒纏貫，紈袴金多不好文。小謝詩篇司馬賦，一身仙骨合輪君。（《焚餘詩草》，《四庫未收書輯刊》影印清乾隆榮慶堂刻本，集部第一〇輯第二九册，第三〇二頁）

智按：于學謐，字小晉，莒州（今山東莒縣）人。有《焚餘詩草》。

法式善（一七五三～一八一三）

《白香山》

遠之雞林求，近之老嫗喜。一部長慶集，人情與物理。襲貌遺其神，傖

父面目矣。(《存素堂詩初集録存》卷八,《續修四庫全書》影印清嘉慶十二年王墉刻本)

《陶人心語(俊公監督唐英)》

琵琶亭子上,追想樂天翁。今日南樓客,臨風又憶公。文章去枝葉,天地久虚空。自署陶人語,應知存養功。(《存素堂詩初集録存》卷十四,《續修四庫全書》影印清嘉慶十二年王墉刻本)

智按:卷首云:「壬戌,奉校八旗人詩集,意有所屬,輒爲題咏,不專論詩也。得詩五十首。」

《梧門詩話》

高文良公(智按:高其倬)以元微之自許。詩如「短夜徂如生計追,涼秋望似遠書遲」、「平時暑月宮衣重,一夕邊風翠幕寒」、「塵中噩夢風吹盡,柳下閑村水抱圓」、「門前緑長新垂柳,花外春深舊小樓」、「客自有情生白髮,天應無力禁閒愁」、「江圍孤寺開三面,菊待游人剩一分」,皆有長慶風韻。(卷一,《梧門詩話合校》第五七頁)

《小倉山房詩》,人謂其似白香山,又謂其似楊誠齋。而先生詩云:「落筆不經意,動乃成蘇韓。將文用韻耳,揮霍非所難。須知此兩賢,騷壇别樹旛。白象或可駕,朱絲未容彈。畢竟詩人詩,刻苦鏤心肝。」載在辛酉年未散館時。余疑此詩當是晚年補作。皆閲歷深至語,非英年所能。(卷二,《梧門詩話合校》第八一～八二頁)

洪稚存與孫淵如交最深,俱榜眼及第,詩篇酬酢,人以元白擬之。洪贈孫詩有「何止與君交一世,此心無昧總相從」之句,張庶常問陶贈洪詩亦有「交到重泉心不死,他生還作眼前看」之句,可見兩君至性。(卷三,《梧門詩話合校》第一〇一頁)

余題袁子才詩集,有「萬事看如水,一情生作春」之句。子才見之,寄書云:「此二語真大儒見道之言。昔人稱白太傅與物無競,於人有情,即此之謂。僕亦曾刻『寡欲多情』四字印章,聊以自勉。三人者,可謂心心相印,不謀而合矣。」(卷四,《梧門詩話合校》第一二五～一二六頁)

長洲彭芝庭尚書啟豐，試禮部及庭對俱第一，年甫二十六，其心淡然若弗有。追侍承明，躋卿貳，欲然若不勝者。致仕後，主紫陽講席，經其裁成，多知名士。記先生官翰林時，賦瀛洲亭種柳詩云：「青瑣千門匼匝開，新詞不唱舊章臺。陌頭冶葉寧相識，生自靈和殿上來。」「十年栽木計良難，驗取柔稊蘸碧瀾。莫與三槐比高下，淩雲只待後人看。」「白傅高吟劇有情，風前玉笛弄清聲。官曹笑說閑無事，魁宿堂中柳宿明。」余出入瀛洲亭最久，每際春和晝永，柳緑波明，睠念前徽，風流宛在。（卷四，《梧門詩話合校》第一三四頁）

智按：《八旗詩話》第五十三則眉批云：「（高其倬）嘗戲自評曰：僕詩頗似元相。」（《梧門詩話合校》第四八〇頁）高其倬（一六七六～一七四〇，一作一六七六～一七三八），字章之，奉天鐵嶺人。康熙三十三年（一六九四）甲戌進士，官至戶部尚書，謚文良。有《味和堂集》。《清詩別裁集》云：「文良館選後，乞假讀書數年，然後就職。生平學術政治，俱有根本，所為詩其言有物，匪求工於隊仗聲律之末也。古體尤卓然，而外間所稱，轉在近體。」

高峴亭大令岑，商邱老詩人也。著《眺秋樓詩》八卷。沈歸愚謂其歸田以後，益精於詩。余特愛其少作，如《題潯陽送客圖》云：「楓葉蘆花夜月孤，琵琶間怨隔船呼。青衫不用燈前拭，聲到無時淚亦無。」「一曲清商動綺羅，兩行官燭照青蛾。蘇州斷腸江州泣，都向情場喚柰何。」「潯陽江上恨誰知，再見揚州杜牧之。千古傷心有同調，《琵琶行》與杜秋詩。」溭堂先生不得專美于前矣。（卷十一，《梧門詩話合校》第三三三頁）

智按：高岑（約一七二一年前後在世），字峴亭，商丘（今屬河南）人。吏部尚書宋犖外孫，故其詩法亦本于犖，與舅父宋至《緯蕭草堂集》體格相近。官豐城知縣。有《眺秋樓詩》八卷，每卷各爲集名，終之以《和月泉吟社》、《田園雜興》六十首。

紀事之作，委曲詳盡，究以長慶一體爲宜，不得議其格之卑也。然元、白合作亦少，至梅村而始臻極盛，則此體自當以婁東爲大宗。近日學此體者雖不乏人，若獨擅勝場者，則蓉裳（智按：楊芳燦）、香涇（智按：黃晟）、雲伯（智按：陳文述）外，以蘇州趙艮甫秀才晋函爲佳。嘗見其《芝香曲》：「吳趨舊是烟花里，夾道香塵畫樓起。春洞痴凝一段雲，秋波愁織千重水。選勝曾過紫燕家，酒酣耳熱聒箏琶。衹憐党尉銷金帳，不見蘇娘油壁車。聞說瑤珠靈水閟，貯嬌别有塘坳地。夙慧先諳絲竹音，國香果夢芝蘭賜。三五剛逢碧玉年，便教子夜侍歌筵。五銖衫衩香桃弱，九子釵梁翠髻偏。蕙性冰心出流輩，金吾枉自投私愛。姹女何曾工數錢，湘妃不肯輕邀佩。犀辟紅塵玉辟寒，别營仙館碧欄干。自憐四海琴心少，轉覺三生鈿約難。文酒流連集詞客，吳郎才調神仙謫。玉臺閑咏識羅生，鸚鵡知名呼李益。曼睩流光乍見時，翠眉低語兩心知。三年窺宋聊酬願，一石留髠莫更辭。玉虎絲牽鹿盧井，鏁蓮燈照神雞枕。誓訂雙攜并燕歸，那拚獨立窺鸞影。雲母窗前賦定情，棗花簾底訴飄零。錦幔暖圍金屈戌，檀槽凉徹玉瓏玲。蓼香梔子同辛苦，真個雙針緣一縷。密意唯憑緑鳳猜，深情總向銀虬吐。短薄祠邊載酒來，真娘墓上踏青回。拈將紅豆聲聲記，乞得金萱處處栽。柳綿撲帳春歸早，滿架荼蘼花事老。妾夢方爲楚峽雲，郎行却走燕關道。惜别分飛蠟淚斜，青山無數路難遮。櫻桃須記門前樹，蜴蜥新籠壁上紗。旗亭無奈驪駒促，雙槳横塘浮淨緑。爲唱黃河遠上詞，不歌金縷閨中曲。帽影鞭絲去馬驕，歸來院宇更無聊。冥冥綉户看風絮，寂寂銅鋪聽雨蕉。箜篌縛却笙囊束，自檢名香坐幽獨。杯珓晨催侍婢投，金錢夜向花神卜。點屧何心下紫苔，避風無意下層臺。鴛鳩漫擬通匄牒，青雀誰知是鴆媒。聞道長安花似錦，檀郎應就壚頭飲。北地胭脂爛漫多，章臺楊柳蕭疏甚。秋蟀春鵑更不歸，西鶼東鰈漫徘徊。憶雲那識泥中苦，化石空生江上悲。緘恨難憑翠衿鳥，寄愁衹有紅心草。可惜霜埋澧浦春，終嫌露泣湘皋曉。鏡檻晨開不點唇，香奴無復喚真真。聊將薛嫒簪花筆，寫作崔徽畫裏人。犀合珠璫雙約指，封題鄭重紅魚尾。衹言燕子在樓頭，休使銀瓶沉井底。月午虛疑杜宇魂，花陰沸盡藥爐聲。痕垂玉筯枯猶滴，口嚼紅霞咽更生。我聞此語情如訴，火宅誰將妙蓮度。擘絮難禁杜牧狂，燃脂替賦元稹句。城上烏啼望月彎，天涯草長夢烟鬟。若求故劍龍津合，會見明珠合浦還。」此詩爲吳門校書蔣如蘭作。校書與某生有三生之約，生入都，校書自畫小像械寄。艮甫作此詩，風流宛轉，蕩氣迴腸，洵婁東的派也。年甫逾冠，其所詣尤未可量。（卷十四，《梧門詩話合校》第三九六～三九七頁）

《八旗詩話》

永亮，字蘋洲，一字卧岡，滿洲人。乾隆甲子舉人。官知州。有《晚香堂詩集》。近體多佳句，其明淨完好者，可入香山之室。令子耐園太字，有政聲，亦工詩。（《梧門詩話合校》第五〇八頁）

《陶廬雜録》

余纂《唐文》，於《永樂大典》暨各州縣誌内採録，皆世所未見之篇。而纂《四庫》書時，唐賢各集實未補入。如王勃、楊炯、盧照鄰、駱賓王、陳子昂、張説、張九齡、李邕、李白、杜甫、王維、高適、元結、顔真卿、吳筠、劉長卿、獨孤及、蕭穎士、韋應物、李華、顧況、陸贄、權德輿、韓愈、柳宗元、劉禹錫、錢起、吕温、張籍、皇甫湜、李翱、歐陽詹、李觀、沈亞之、李紳、李德裕、元稹、白居易、杜牧、李商隱、劉蛻、李頻、孫樵、王棨、皮日休、陸龜蒙、司空圖、韓偓、吳融、徐寅、黄滔、羅隱、韋莊、杜光庭，凡五十五家。《全書》皆已著録，而原集漏略。今一一補載，其李百藥、長孫無忌、魏徵、蘇頲、孫逖、常袞、梁肅、令狐楚、符載九家，全書未著録，見於内府《全唐文》原本，今采各書，補載亦復不少，余别録為書，乃知元明以來，古籍銷燬於兵火播遷者，大可慨嘆也。（卷三，涂雨公點校《陶廬雜録》，第六三～六四頁）

智按：法式善，蒙古族，姓烏爾濟氏，隸屬内務府正黄旗。初名運昌，字開文，號時帆，又號梧門、陶廬。因皇帝賞識，賜改名「法式善」，滿語意爲「勤勉」。乾隆四十五年（一七八〇）庚子進士，改庶吉士，授檢討。累官至翰林院侍講學士、國子監祭酒。詩有盛名，伍拉納之子許其「詩才爲近來旗人中第一」（《隨園詩話》批語）。著有《存素堂詩文集》、《梧門詩話》等。事迹見《清史稿》卷四八五、《存素堂詩續集録存》附阮元撰年譜。

楊鳳苞（一七五三～一八一六）

《續賦十六首》（其六）

香山居士鬢成絲，愛聽玲瓏水調詞。不道瘦腰無一把，小蠻遣後更禁持。（《秋室集》卷十詩，《續修四庫全書》影印清光緒十一年陸心源刻本）

智按：楊鳳苞，字傅九，號秋室，又號萸沜，歸安（今浙江湖州）人。諸生。有《秋室集》。

方元鵾（一七五三～一八一七）

《咏明史新樂府四十首》（録八）

承旨死，死國史。承旨存，孤國恩。國史畢竟非公成，泰山鴻毛誰重輕。公死一人憐，公生萬人笑。履聲不似文天祥，遺像羞瞻余闕廟。君不見，鐵厓先生不下樓，一枝直筆如春秋。白衣往還心悠悠，七十老婦何所求。（死國史）

莫逐燕，燕高飛，毛羽新成入帝畿。帝城高蕩蕩，不是燕飛誰得上？古來豢燕燕孤恩，養成觜距啄皇孫。啄皇孫，勿輕逐，逐燕飛來速。取我子，奪我巢，當時只道燕易逐，不知燕已成鴟鴞。（莫逐燕）

箇和尚，目三角，不識清潔宗，唯談術數學。夤緣入藩邸，陰謀佐帷幄。帽加白，瓦易黄。病虎出，飛龍翔。不知何與僧家事？博取金紫身煌煌。身煌煌，亦不樂，人爵如何敵天爵。歸來徒步問故人，揮手但言和尚錯。（和尚錯）

冷面鐵，冷無情，都下小兒識姓名，聞呼老鐵走且驚。鐵在臺，朝貴懾，白簡霜威手中挾。鐵行部，浙民喜，赤日覆盆冤得理。君不見，劫盜殺人叢莽中，馬頭蠛蠓隨陰風。又不見，姦僧瘞屍大樹下，亂葉飄來走檐瓦。鬼爲告，神爲呵，老鐵便是生閻羅。錦衣使者氣如虎，老鐵捕之如捕鼠。九閽不照余精誠，飛譖上聞天子怒。天子怒，旂校來，殿廷抗辯聲如雷。天怒不可上，老鉞投袂起。巨生爲直巨，死誓爲直鬼。誰知嶺外有此人，天子亦知枉殺臣。臣雖枉殺今爲神，願爲陛下上除姦貪吏，下理煩冤民。（冷面寒鐵）

劉緜花，彈愈起，緜性耐彈彈不已。但知緜外輭，不知緜裹深，一彈緜

裹棘，再彈縣露鍼。君不見，紙糊三閣老，泥塑六尚書，道是縣花還不如。（劉縣花）

軍如篦，賊如梳。土兵來，髡我顱。兵遇賊，不敢戰。尾賊行，代賊殿。賊來不殺人，賊去兵殺民。殺民稱殺賊，持首報將軍。將軍知之如不聞，殺民殺賊何須分。吁嗟兮，賊猶可，兵殺我。（土兵謠）

蚺蛇之膽非輪囷，椒山有膽周一身。疏陳十罪批逆鱗，鬛膽已破姦邪臣。截斷筋，割腐肉，鐵膽包軀大如斛，碧血入地膽不消，化爲浩氣衡丹霄。（椒山膽）

閨範圖，藏禍府，作序重刊義何取。昨日揭妖書，今日告巫蠱。慈慶宫前白梃飛，肘腋奇凶劇豺虎。當時自恐多株連，薊州男子原非顛。後來言官議不息，特起三案相勾牽。嗚呼哉！前東林，後東廠，正人姦人各爲黨。口舌不救朝家危，落得忠良歸一網。（閨範圖）（《兩浙輶軒續録》卷二十一，《續修四庫全書》影印清光緒十七年浙江書局刻本）

《七律指南》

律以杜為宗，取其合變也。夫排比鋪陳，雄渾贍博，杜之一體也，義山效之，而不免於膚。清勁流轉，質樸蕭疎，杜之一體也，香山似之，而不免於俗。山谷云：「世上幾人學杜甫？誰得其皮與其骨？」山谷得其骨矣。然所殫力者，則清勁而兼拗句之一格，非杜之全也。流而為麄獷，轉而為諧諺，西江體遂為世詬病矣。……（《鐵船七律指南》自序）

劉、白唱和齊名，然夢得鍛煉磨礱，不流入淺易。（《鐵船七律指南》甲編卷一，嘉慶十六年刊本）

智按：方元鵾，字振飈，號梅槎，自署漫吟先生，金華（今屬浙江）人。嘉慶六年（一八〇一）辛酉進士。官工部主事。著《鐵船詩鈔》十二卷、《鐵船樂府》、《鐵船七律指南甲乙編》。《縣志》云：「元鵾性孤潔，不耐官事，暇則扃户長吟，僦居京師老屋，門徑蕭然，忘其爲京曹官矣。有買田西湖之志。未幾，引疾歸，流寓太倉，卒。」阮元序略云：「鐵船初貢於鄉，舉主朱文正甚器之，其詩博取典籍，約以性靈，朗鬯如李白，質直如元結，奔瀉如任華，怪迂如劉叉，幽阻如李賀，修潔如姚合，孤往如方干，知文正之所賞，卓矣。」

陳鱣（一七五三～一八一七）

《新建唐三賢祠祀劉公長卿顧公況白公居易》

名賢祀典喜新修，高誼還同谷水流。古蹟讀書臺並峙，春風原草句相投。雲山未改三唐景，詩卷長教千載留。從此鄉邦增故事，溪毛可薦約朋儔。（《河莊詩鈔》，《續修四庫全書》影印清光緒刻本；《兩浙輶軒續録》卷十九，《續修四庫全書》影印清光緒十七年浙江書局刻本）

《續唐書》

《擬白居易諷諫詩》一卷，後蜀門下侍郎歐陽迥譔。（《續唐書》卷十九，《四庫未收書輯刊》影印清道光四年士鄉堂刻本）

智按：陳鱣，字仲魚，又字簡莊，海甯（今屬浙江）諸生，舉孝廉方正，嘉慶戊午（一七九八）舉人。

李賡芸（一七五三～一八一七）

《吴玉松太守雲書來有退老之意作此寄之》（又近體一首）

書來云已買漁蓑，聞道年來鬢未皤。資效香山量伏臘（白樂天詩：「欲爲解卸簪纓計，也要料量伏臘資。」），歌聽樂府定風波。遊山輿藉門生舁，載雪船憑好友過。只恐欲歸歸不易，攀轅父老競留鞾。（《稻香吟館集》詩藁卷六，《續修四庫全書》影印清道光刻本）

智按：李賡芸，字生甫，又字許齋，號書田，嘉定（今屬上海）人。錢大昕入門弟子。通六書，乾隆五十五年庚戌（一七九〇）二甲第二名進士出身。官浙江孝豐等縣知縣，所至有惠政。嘉慶二十年（一八一五）擢福建按察使，署布政使，逾年實授。生甫操守清廉，坐事被誣，慮爲獄吏所辱，遂自盡。有《稻香吟館集》。《清史稿》卷四七八有傳。

孫星衍（一七五三～一八一八）

《白公祠爲任太守兆炯作》

白公隄上新祠宇，訪古曾經展拜頻。水利繼成千載政，瓣香元有再來人。兩朝詩老淵源合（祠有懷杜樓、仰蘇閣），三徑園亭結構新（祠爲蔣園故址）。若問鄒滕溝洫事，廉車我媿澤如春。（《孫淵如先生全集》租船詠史集一卷，《四部叢刊》影印清嘉慶蘭陵孫氏刻本）

《寰宇訪碑録》

白樂天《遊濟源詩》（正書，太和五年九月，金元光時重録），河南濟源。（《寰宇訪碑録》卷四，《續修四庫全書》影印清嘉慶七年刻本）

重刻白居易詩（段羣玉行書，大中祥符八年閏六月），河南濟源。（《寰宇訪碑録》卷六，《續修四庫全書》影印清嘉慶七年刻本）

重刻白樂天游枋口詩（賈獻臣正書，元光元年九月。江蘇嘉定錢氏拓本）。（《寰宇訪碑録》卷十，《續修四庫全書》影印清嘉慶七年刻本；《叢書集成初編》第一五八六册，第四三六頁）

智按：黄本驥《金石萃編補目》卷一亦收此碑。白居易有《遊坊口懸泉偶題石上》詩。枋口懸泉詩刻（碑陽並額），金元光元年（一二二二）九月一日。高三尺八寸，廣二尺二寸，碑額題「白樂天詩」，兩行，行二字，字徑四寸；碑陽十二行，行十七字。石在河南濟源。唐白居易撰，賈獻臣書，楊金刊。清陸耀遹《金石續編》有考。碑文「濟源山水好，老尹知之久。常日聽人言，今秋入吾手。孔山刀劒立，沁水龍蛇走。危磴上懸泉，澄灣轉枋口。虚明見深底，浄緑無纖垢。仙棹浪悠揚，塵纓風抖擻。巖寒松柏短，石古莓苔厚。錦坐疊高低，翠屏張左右。雖無安石妓，不乏文舉酒。談笑逐身来，管弦隨事有。時逢杖錫客，或值垂綸叟。相與澹忘歸，自辰將及酉。公門欲返駕，溪路猶迴首。早晚重来遊，心期罷官後。大和五年九月二十六日」。末題「大金元光元年九月一日遥授昌武軍節度判官賈獻臣重録。前王屋縣主簿邢可大立石石匠楊金刊」。

孫星衍，字淵如，一字季逑，陽湖（今江蘇常州）人。幼有異禀，過目成誦，《文選》能全誦之。未冠補諸生。袁枚嘗稱曰：「天下清才多，奇才少，淵如天下奇才也！」遂相與爲忘年交。深究經史文字音訓之學，旁及諸子百家。錢大昕主鍾山書院，深器之。陝西巡撫畢沅招入幕府，畢撰《關中勝迹志》、《山海經注》，校正《晏子春秋》、《墨子》，及校刻惠棟諸書，皆星衍手定。乾隆五十一年，朱珪典試江南，在都與彭元端約曰：「吾此行必得汪中、孫星衍。」乾隆五十二年（一七八七）丁未，賜一甲二名進士，授編修，充三通館校理。補刑部主事，總辦秋審。乾隆六十年，外簡山東兖、沂、曹、濟道。丁母憂歸，僑寓金陵。嘉慶十年（一八〇五），署登、萊、青道，補山東督糧道。十三年，乞假省迎老父于江南。著《尚書古今文注疏》三十卷，積二十餘年而後成。又有《周易集解》十卷，《夏小正傳校正》三卷，《魏三體石經殘字考》一卷，《倉頡篇》三卷，《孔子集語》四卷，《史記天官書考證》十卷，《寰宇訪碑録》十三卷，《平津館金石草編》二十卷，《孫氏家藏書目內編》四卷、《外編》三卷，《續古文苑》二十卷，《問字堂文槁》五卷，《岱南閣文稿》五卷，《五松園文稿》一卷，《平津文稿》二卷，詩集《芳茂山人詩録》若干卷。

唐仲冕（一七五三～一八二七）

《脩六如居士祠墓題桃花庵四首》（其三）

吾宗衢後數尤奇，牢落悲深曠代知。一副青衫司馬淚，幾行紅杏尚書詞。銜碑土近要離冢，拾畢人歸短簿祠。千古英雄齊下馬，况兼同姓備官司。（《陶山詩録》卷六平江集，《續修四庫全書》影印清嘉慶十六年刻道光增修本，第一四七八册，第七二頁）

《蘇臺集·次白香山歲暮寄微之三首韻寄鐵夫》

晚歲寒風頻請急，應時甘雪強消愁。豪情漸減同殘臘，華髮新增欲滿頭。鶴氅氄毷驚入栅，犧樽藻繪羡投溝。非關作吏懷高隱，無術宜民媿此州。

病似憎官發作頻，溫涼藥餌費調均。庸工誤損三焦氧，大吏能容十笏身。

猶子徒孫來煖熱，梅花柏葉作比鄰。俸錢未了峥嶸事，官舍曾無徧謫人。

政似農功戒越思，料量朱墨竟何為。山中欲問楞伽字，袖裏還攜白傅詩。群彥汪洋談藝地，萬家辛苦納租時。抱兒拔薤勞相勸，感歎穨齡獨聚眉。（《陶山詩録》卷十二，《續修四庫全書》影印清嘉慶十六年刻道光增修本，第一四七八册，第一三四頁）

《遊琵琶亭過海天寺望廬山》

樂天居士善行樂，肯爲琵琶歎淪落。才士失志古所悲，簡兮碩人歌秉籥。當年司馬謫江州，匡廬在念稱心求。香爐峯下可卜築，風月主人喜優游。應識青衫緣底濕，致令緑水亦含愁。至今小艇聞子夜，猶指危亭在上頭。昨經江漲亭漸圮，我來遺構多殘毁。空傳古調青溢舟，況復哀絃黄土妓。慧業合歸兜率宫，海天蘭若隥樓通。開門五老屹相對，隔江雲氣連空濛。此時未睹真面目，何處春明錦繡谷。會訪香山舊草堂，榻上漆琴彈一曲。（樂天《廬山草堂記》：堂中設木榻四，漆琴一）（《陶山詩録》卷二十七，《續修四庫全書》影印清嘉慶十六年刻道光增修本，第一四七八册，第二七二頁）

《小東園四集·十二疊迴棹韻書古餘同年詩稿後》

卷首懷明發，仙心見性天。孝經兼内則，吉德重耆年。椿蔭和琴正，藤花照箋偏。平章花木雅，讚頌菜茹賢。自詠香山句，相思楚水船。未迴鴻寄字，及到柳成縣。從此金牋遞，因之玉鱠煎。唱酬同韻腳，敏妙獨毫顛。既領瓊章佩，旋披錦綍牽。韶鈞方翕起，風雨正瀟然。已覺腰寬帶，幾忘屋漏椽。美詮無溢義，卒業有言焉。曷弗傳嘉惠，毋徒事苦連。興觀通遠邇，後學導蒙泉。（《陶山詩録》卷二十八，《續修四庫全書》影印清嘉慶十六年刻道光增修本，第一四七八册，第二九二頁）

《虎邱一榭園記》（代）

予領郡之二年，既濬城河，修塘路，思香山遺愛，專建白文公祠。祠，故塕影園也。名勝鼎新，遊舫麕集，乃於祠之東岸，得隙地，闢爲園，額以一榭，名其堂曰思白，爲余休沐遊憩之所，暇則偕賓僚飲讌其中。偶讀白公《旬宴》詩，嘉其閒適，而不廢事，雖才遠不逮，心竊慕焉。客曰：「宦游而營園亭者，必於其鄉邑，以爲菟裘。微論平泉、午橋，即白公醉吟，亦在履道坊，所謂洛中小宅，渭上別墅，初何嘗自置一園於山塘野寺間乎?」予曰:「此有私之見者存也。自其大公者觀之，榮利如寄，遊宴獨非寄耶? 官舍如郵，林泉獨非郵耶? 晉公流連於繡魚，贊皇低徊於醒石，今安在哉? 予典劇郡，時際休和，大吏敷仁，羣寮奏績，風雨節，寒暑時，故得以從容効職，割餘俸而興築，乘閒宴以盍簪，敢自私乎? 城隅舟泛，隄畔橋横，白祠之修，與吳民共之，則斯園也亦與吳民共之而已。」既以應客，因次白公詩韻而記之。(《陶山文録》卷七碑記，《續修四庫全書》影印清道光二年刻本)

智按：末附評云：「私者無往非私，公者何在非公? 熟讀斯文，當可爽然已，持謙記。」

唐仲冕，字六枳，號陶山，善化（今屬湖南）人。乾隆五十八年（一七九三）癸丑進士，由知縣歷官陝西布政使。有《陶山詩録》。

汪如洋（一七五四～一七九三）

《滇南新樂府六章》

⊙取狐狸行

山深穴邃風颼飀，短衣藥弩火在篝。取彼狐狸為公子，裘狐裘黃黃坐堂上。千腋萬腋踰炎瘴，蓮花作瓣星滿天。一皮給值能幾錢，殘毛剩鞹載成捆。跋涉他州不辭遠，尺量寸割手擲還，小吏闒頭似羊狠。吁嗟乎! 獻豜自古私其豵，蕡桴為爾歌豳風。

⊙翡翠曲

南海出明珠，于闐有良玉。蠻荒地寶開，瑰產如結緣。熙朝邊境長清寧，礦使不出礦稅停。珪璋叩印蜚盛氣，金齒峰頭生翡翠。緪登斧鑿何纍纍，淺碧深青各成器。百金買一鈎，千金買一盌。滇山聲價耻崑岡，沽舶猶然意難滿。君不見，點蒼山石堅且栗，骨相無奇肌理。密漆屏茱几，妥貼陳大夏，中堂永無斁。

⊙頭人謠

官站需夫驛需馬，簡派捐輸出鄉社。一鄉一社一頭人，馬牙夫店充一身。

大差夫馬攤煙户，小差尋常亦百數。浮開尅給利贏餘，有差不若無差苦。有差派出民不驚，無差日日飢腸鳴。入城官長笞，入鄉鄉衆毆。前站獰鬚似虎虓，此時頭人不如狗。（張應昌《國朝詩鐸》卷九，《續修四庫全書》影印清同治八年秀芷堂刻本）

⊙銷鹽歌

百口之家百人食，十口之家十人食。本管子府海，遺書在方策，國計民生兩俱得。滇南井利黑白琅，歲銷鹽莢千萬强。計鹽定課法良妥，私販如行官課墮。食私有禁害猶可，官作私銷事殊叵。西京文學議論多，膠車逢雨諸生何。

⊙採穀引

開倉平穀貴，採穀補倉空。出陳易以新，立法期濟衆。入倉有定額，官胥毋容侵。斗石發價有定程，銖兩勿使衡端輕。儲倉衛民民所樂，顆粒終當有歸著。官倉宜實欠宜追，但莫折錢飽私橐。

⊙趕廠謠

官廠旺婦口，夫丁走相望。官廠衰爐傾炭熄，無人來寧臺禄馬。東西峙食指，朝朝千萬計。沙丁本是無賴徒，日進錙銖不知利。壙探冶鍊頭面黑，纔歇官工便驕色。呼娼酗酒團作窩，論月辛勤輕一擲。四民居業各有倫，此曹尚與農工鄰。獨憐襁負塗鉛者，猶是貧閨壓綫人。（《葆冲書屋集》詩集卷二古今體詩一百三首，《續修四庫全書》影印清刻本，第一四七六册，第四一六頁）

智按：汪如洋，字潤民，號雲壑，秀水（今浙江嘉興）人。幼年孤貧，勵志力學，工詩善文。乾隆四十五年（一七八〇）會試第一，殿試第一。授翰林院修撰，入直上書房，典試山東，督學雲南。五十六年，丁母憂。還朝補原官。以疾卒于任上。著述甚豐，多散佚。有《葆冲書屋集》。

伊秉綬（一七五四～一八一五）

《四賢畫像詩》

⊙王右軍

上書諫北征，本通達治體。歷代寶翰墨，江東富山水。誓墓早遺策，謂卒宜樂死。為樂當及時，壽五十九耳。

⊙陶靖節

三月宰彭澤，幾年書義熙。睠言松菊存，何殊風浴歸。憂時冥於酒，樂天見諸詩。倘升夫子堂，冉閔相與期。

⊙韋左司

息息閔斯民，汲汲修一已。月白香正清，元關由此啟。詩如清泠淵，靜者釣其沚。近能開白公，遠亦躂朱子。

⊙白香山

立朝尚耿介，投老娛林泉。祥麟慮為脯，神龜終潛淵。牛李互鉤黨，於公何與焉。愛水遣二姬，皈心棲一山。畫公作屏風，在當時已然。（《留春草堂詩鈔》卷六，《續修四庫全書》影印清嘉慶十九年秋水園刻本）

《同白坦菴（守清）過湖上草堂》

草堂湖上望，茶社更詩壇。天遠風林澹，江深水茜寒。斷虹殘雨外，歸鳥暮雲端。賴有香山句，先教善眼看。（《留春草堂詩鈔》卷七，《續修四庫全書》影印清嘉慶十九年秋水園刻本）

智按：伊秉綬，字組似，號墨卿，寧化（今屬福建）人。乾隆五十四年（一七八九）己酉進士，授刑部主事，歷官揚州知府。有《留春草堂詩草》。

任天常（一七五四～一八二二）

《達哉行效白樂天次韻》

達哉達哉唯信天，行年三十有七年。射策不爲得失念，涉世不分智愚懸。有客論文無客已，竟日空堂學參禪。兒啼妻詘並不問，面對南山足風烟。糲飯藜羹逢着喫，犢褌鶉衣隨分穿。由之蔽褞回也瓢，人不堪憂我晏然。生平如此自不惡，苟亦無忝爾之先。可笑樂天猶未達，爲子孫計買園田。浮生豈足誇七十，薄産何勞較百千。樂道自有樂飢水，買隱不須買山錢。君看要津乾沒者，利令智昏如風眩。（眩非平聲，未妥，但依原韻）熏天富貴到骨窮，畢竟孰免歸黃泉。我姑現在姑自樂，樂處酣歌閒處眠。三萬六千餘幾日，達哉達哉唯信天。（香山《達哉樂天行》有「買園田貲二三千」「年七十」等語，故可笑以下四句云云）（《窮悟集》卷二，《韓國文集叢刊》本）

智按：任天常，字玄道，號窮悟。有《窮悟集》。

李書九（一七五四～一八二五）

《書白樂天〈秦中吟〉第五章後，寄思穎南相國》

七十而致仕，古之道也。自夫先王之禮廢而不行，士不能全其進退者，固有之矣。此樂天之詩所爲作也。然或有身廊廟而志山林，求去而不可得者。又或有困窒憂畏，欲去而不敢言者。是其心視爵禄，方如羈絆。然顧其時與位之所遇不同，而行有所絀信焉爾，如此者宜若免於樂天之譏也。余嘗窃位于朝，今年且至矣，禮當告休。或曰：子之得罪屏處久矣，賴上仁明，雖蒙不棄，而子之心，猶夫僇人也，其將何仕之可致歟？曰：是固然矣。昔在有宋盛世，朝廷之風，可謂厚矣，議者猶請年至不致仕者，有司以時按籍舉行。獨胡武平以爲不可，宜使人得自言而全其美節。斯言誠長者，然特不欲以吏議從事，非謂年至者可以遲留不去也。故方朱子之遭學禁也，其道窮矣，尚且引年乞休，人或訹之而不沮，此大賢之勇也。今余幸值聖朝，受上恩至厚。雖身在田野，謂之無仕可致，則非也。苟欲自全其進退，所謂時與位者，殆無不敢言者，而猶不自言，是必待有司之按籍行事，然後乃可去也，豈不爲胡公所笑。朱子所棄，雖欲自逃於樂天之譏，烏可得也。然抑嘗聞之，國典待士大夫有禮，其去也，宣麻進箋，禮優而名華。使余有言，幸而得請，斯禮也，或懼其汰也。又不幸而不遂其請，則以退徼進，恥莫大焉。嫌疑之際，君子謹之。此吾所以徊徨囁嚅，未敢遽言者也。夫義所當爲，其決也若湍水之赴壑，沛然莫之禦者勇也，是誠在我。若夫時與位之可不可，惟明理者知之，恨不得起樂天而質之也。

元日，偶拈樂天詩，殆若神誘其衷者，遂信筆書此。閤下，今之白傅也，謹此仰質，幸賜一語，以開其惑，如何？昔在元陵盛際，先輩名德之進退以禮者，固不可尚已，自先朝此風雖少衰，如徐參判有臣，中經憂患，晚得休

致，在今日尤爲近之，猶且邈然若不可及。世教之日下，豈不嘅然乎哉！（《惕齋集》卷八，《韓國文集叢刊》本）

智按：李書九，字甲慶，號席帽山人。有《惕齋集》。

岑振祖（一七五四～一八三九）

《杜鵑樓》

長慶詩人本謫仙，小蓬萊頂醉芳筵。惜無好句人傳出，三月春風問杜鵑。（《兩浙輶軒續録》補遺卷四，《續修四庫全書》影印清光緒十七年浙江書局刻本，第一六八七册，第三二三頁）

智按：岑振祖，字鏡西，餘姚（今屬浙江）諸生。著《延緑齋詩集》十二卷。《兩浙輶軒續録》補遺卷四引陶濬宣曰：先生世居餘姚上林鄉，元高士栲栳山人故里，為山人十六世孫。少喜吟詩，多識前輩掌故。客游江南最久。詩追蹤嘉州，脱盡窠臼，晚歲歸里，與鄔先生鶴徵、苑先生蕊、紀先生勤麗、王先生衍梅、周先生師濂、杜先生煦、楊先生棨、商先生嘉言、施先生琦、何先生一坤諸先生，掓趙先生錯、陳先生祖望、王先生望霖，洎釋卍香、妙香二上人，結泊鷗吟社。先生年最高，為之長。重輯《龍山詩巢》，祀賀季真、秦公緒、方雄飛、陸放翁、楊廉夫、徐文長六子，以黄太沖、毛西河、胡稚威、陶篁林諸先生，洎越中以詩名者四百二人配祀，歲以二月四日天池生日、十月十七日放翁生日爲會設祭焉。溯吾越自明季王季重、李毅齋兩先生開楓社于蘿紋坂，國初蓬萊社繼之，雍、正間西園十子繼之。十子者，周長發、章本成、劉世貴、劉大申、李國梁、劉大觀、董相、劉文蔚、商連、商盤諸先生也。鷗社自乾嘉迄道光，爲時最久，繼起者亦最多。厥後益社、言社、皋社，騷壇踵武，羣才輩出，餘韻流風，迄今未艾。先生曾孫應麐，亦以詩名。

石鈞（一七五五～一八一三）

《刈麥行》

遠風泠泠天宇廓，麥熟平疇事刈穫。腰鐮日暮負麥歸，饑烏依人樹間落。歸來倚户自太息，去秋田荒常乏食。向人稱貸過殘年，許到春收倍還直。今朝麥在打麥場，明日麥在豪家倉。淒然無語淚垂臆，獨抱麥柴歸破牆。（張應昌《國朝詩鐸》卷六，《續修四庫全書》影印清同治八年秀芷堂刻本）

智按：此詩直承白居易《觀刈麥》。

石鈞，字秉綸，號遠梅，吳縣（今江蘇蘇州）人。監生。曾出山海關，北上遼寧，渡鴨緑江，南下杭州，詩有奇氣。其詞爲王鳴盛、王昶稱賞。有《清素堂集》。

陳廷慶（一七五五～一八一三）

《燈花詠效元白和春深體用杜句作起得八首》

燈花何太喜，夢想設庭燎。未就東瀛日，先瞻北斗杓。騶奴鞭影近，邏卑柝聲遙。侍女添香暖，熏衣待早朝。

燈花何太喜，五衣直星垣。被擁青綾暖，香沾锦牒繁。锔儀催漏轉，鈴索訝風翻。諫草經焚後，丹心秉弗諼。

燈花何太喜，照讀小窗虚。焠掌搴帷夜，澄心伏案初。聞雞三度唱，綰蚓幾行書。不有青黎杖，奚堪問石渠。

燈花何太喜，矮屋限重闈。江管三條粲，隋珠十乘輝。經明虚白蠟，命達點朱衣。辛苦檠長短，今宵苦箇稀。

燈花何太喜，春靄洞房深。緑屋星郎入，瑶臺月姊臨。佯羞輕卻扇，解笑故抽簪。锦帳扶沈醉，宵分刻是金。

燈花何太喜，尺素寄他鄉。一半加餐語，千廻織錦腸。刀镮勞悵望，鈿合費猜量。幽夢重衾斷，因之秋夜長。

燈花何太喜，釵卜問歸人。還恐前期負，休教剪燭頻。銀缸斜照影，繡戶略開嚬。定有三星在，綢繆詠束薪。

燈花何太喜，風便好揚舲。桅影江遙合，灣頭路熟經。高林銜隱隱，遠屋出亭亭。應指柴門近，羌村秉燭熒。（《謙受堂全集》卷四，《清代詩文集彙編》影印清道光十年至十二年一邱園刻本，第四三九册，第四六二頁）

《花生日賓谷農部招散紫藤吟榭效香山仍處難忘酒體》

何處花枝好，韶光上苑新。番風一半度，二月上中旬。近賽燈毬會，平分錦繡春。此時無酒盞，何以酹花神。

何處花枝好，桃源客意迷。前生劉阮似，他日惠莊齊。釣餌懷陳迹（賓谷訂於旬日内同赴釣魚臺觀桃花），巢痕掃舊泥。此時無片櫂，何以鼓花谿。

何處花枝好，華堂罩影繁。風鈴猧慣掣，露幄蝶輕翻。佳客河陽縣，主人金谷園。此時無綵勝，何以綴花旛。

何處花枝好，佳人顫玉釵。菱寬金背鏡，蓮窄鳳頭鞵。七里波環市，三更月满街。此時無絕豔，何以領花牌。（《謙受堂全集》卷五，《清代詩文集彙編》影印清道光十年至十二年一邱園刻本，第四三九册，第四七八頁）

《四山居論詩》（四首）

余於弱冠始學詩，嘗愛子山之哀艷，香山之自然，義山之精刻，眉山之清悟。暇時抄集，別為一卷，手披每不忍釋。若四子外，非不欲學，有學焉而不至於山者，不若適吾性之所近也。屢欲以「四山」顏所居，而未果。兹扈從灤陽，寓齋展玩，則四圍皆山也，因借以名之，並系以詩。

離離原草寄情深，樂府秦中少嗣音。笑煞老元偷格律，不曾流播到雞林。（其三）（《萬首論詩絕句》第二册，第六一七頁）

智按：此詩《謙受堂全集》卷六（《清代詩文集彙編》影印清道光十年至十二年一邱園刻本，第四三九册，第四八四頁）漏刻。

《舟過鴛湖簡李鄦齋》

昔年白司馬，今代陸當湖。時論推循吏，心知仰大儒。馳情遷蕩節（謂小尹陞任黔中觀察），借蔭逮枌榆。他日常尸祝，桐鄉古嗇夫。（《清代詩文集

彙編》影印清道光十年至十二年一邱園刻本《謙受堂全集》卷十六，第四三九册，第六一二頁）

《自題味三味齋斅香山北窗三友詩即用其韻》（有序）

予比年館蕺山，題館額曰：墨池石簣詩巢，小信天巢外史暨予系以贊。丁卯清和月，過宋學堡小茗齋，見不翁梁公書白文公《北窗三友》詩，愛之甚，爰斅體為此題所牓「味三味齋」。文公三友：詩、酒、琴，饞守之味，詩則合而書與石異焉。昔人有以菰米、蒓、鱸為三味者，眂此詩饞主人命名之指為何，如紅杏徵詞，黄壚感舊，惜不獲起老友茗香助教賞我兩箱詩句者（予舊有《和新城秋柳廿四疊作》，助教賞予箱、韻兩聯，極為擊節），一為搔首問之。

吾愛伯陽語，無味等無為。約言味有三，枕葄當告誰。墨矿便煮石，石漱且饞詩。三味交胸中，食息十二時。一鋌和松煙，一拳餐荔枝。猶恐癡頑中，以詩饜飫之。後賢不逮我，古處豈勝斯。嗜石醉道士，嗜詩弦鍾期。嗜書腕攝鬼，造化為我師。或給米舫傭，或傳語石衣（語石上人是圓津院慧照七世祖）。元英鏡中老，東野看花歸。生榮歿亦榮，駒暉兩不追。曷若味三味，而更琴尊随。友三益以二，香山揜前徽。癖石一寓書，書倦為詩辭。書詩不盡興，石丈聯新知。縱未聯新知，口飲無是非。（《謙受堂全集》卷十九，《清代詩文集彙編》影印清道光十年至十二年一邱園刻本，第四三九册，第六五八頁）

《四月朔日同人展祀白文公補作生日瓣香之會倩朱職方椒堂繪圖記事爰效重九遊松篁嶺九言舊作長歌一篇呈阮雲臺中丞》

香山昔為左司之替人，主人又作香山之後身。壽香山日即為主人壽，瓣香所屬今昔同一因。雙峰架筆西湖作衣鉢，斗杓指處旁燭光無垠。芳草五言早被逋翁賞，鳴鐘一賦巧奪歐羅輪。履道種樹醉吟樂友爰，雞林賈舶購集驚殊珍。職方乃是主人入室彦，我在鑾郡蘇白昔所尊。觥籌編句賭酒五辛會（乾隆庚戌，廷慶出綰辰郡符歲暮封篆案牘益簡編白蘇二公詩句為酒籌，並集成五言古今體各十餘首），十客會者九飲曹參醇。二公生不同時今同祀，湖山魚鳥合作胞與親。兩隄桃柳便為棠蔭布，夾郡吟簡好剞如椽筠。一昨右軍池邊去滁研，羅羅屏障四面圍嶙峋。淛東淛西不過一葦渡，鏡湖賀監亦闢西施顰。懷人三載不展望湖目，詁經士子過者咸逡巡。自我客春停舫六橋畔，主人旋復銜命來莮春。每歲鶴南飛時放鴿會，曰歸不歸先酬坡公神。我怪今春南枝花事早，祠中瓊樹開偏崧生辰。爾時米舫正艤昌亭下，虎山舊夢約略成迷津。到來中和已過撲蝶近，衣冠肅拜牢醴無由陳。職方勾留湖上快逾月，趁君彳亍未別錢唐闉。首夏月朔招要作雅集，七人舉爵臚祝觴湖濱。酒酣濡筆仿效圖荔事，容我石臞結伴成此鄰。此圖此詠流傳好事者，軒渠一笑詩案重翻新（予家所藏荔支石為寶晉齋物，石陰印識宛然，是日倩職方為圖以紀）。庋書靈隱事與少林合，異者止飲襟不霑酒痕。香山冷泉記勝誇第一，主人書藏史筆争玢璘。二僧守藏似聯如滿社，前身後身燕九脯麒麟。夷庚所歷勛名一生泰，不與角張磨蝎韓蘇倫。職方長歌妙稱僊館記（中倣文公東林事，庋諸先達同人詩文等集，林隱禪室為文記事，並列規條於後，處置井然），可少書傭書句饞貞珉。裁詩報君重為主人壽，焉知君後不躡韋公塵。三吳勝地鑪香爇燕寢，山塘白祠後會懽主賓。主人見詩若許十日飲，傳花敢事更宜六一循。瀛洲東筌紅雲蓋曉鏡（白祠東偏水亭，中丞所構顏曰仙舟，每夏紅蕖萬柄在望），筒杯一醉不数秋風莼。（卷二十一，《清代詩文集彙編》影印清道光十年至十二年一邱園刻本《謙受堂全集》第四三九册，第六七六頁）

《送江洲家司馬北上》

海上歸來鬢未霜，水犀百戰掃攙搶。顧榮羽扇指麾得，白傅青衫淪落傷。萬里乘風甘鷁退，三年有夢逐龍驤。一尊湖渼酴醾老，送客高歌入帝鄉。（《謙受堂全集》卷二十二，《清代詩文集彙編》影印清道光十年至十二年一邱園刻本，第四三九册，第六八八頁）

《真娘墓》

可中亭畔月來時，侶動嬋娟異代思。詩客知名都耳熟，酒人班草半情癡。山川終與闔廬殉，風月唯應白傅知。一縷香魂孥可得，簪花例許托毛錐。（《謙受堂全集》卷二十三，《清代詩文集彙編》影印清道光十年至十二年一邱園刻本，第四三九册，第七〇五頁）

《集香山句二首》

松竹琴魚好在無，笙歌杯酒正歡娛。渭村秋物應如此，湖上春來似畫圖。負郭田圃八九頃，拂城松樹一千株。心知不及柴桑令，飲到三杯氣尚麄。

舒老如雲得自由，夢中歡笑亦勝愁。閒拈蕉葉題詩詠，醉折花枝作酒籌。紅燭青樽久延佇，野麋林鶴是交遊。生涯共計滄江上，緑藻潭中繫釣舟。（《謙受堂全集》集詠，《清代詩文集彙編》影印清道光十年至十二年一邱園刻本，第四三九册，第七二三頁）

《又集香山句有懷》

人言柳葉似愁眉，更有愁腸似柳絲。偶助笑歌嘲阿軟，分無佳麗敵西施。清絃脆管纖纖手，白雪梅花處處吹。往事渺茫多是夢，江南風景暗相隨。（《謙受堂全集》集詠，《清代詩文集彙編》影印清道光十年至十二年一邱園刻本，第四三九册，第七二三頁）

《偶誦香山晚桃花詩即用其句作起集贈歌者三首》

一樹紅桃亞拂持，閒吟想到洛城時。畫堂二月初三日，先報壺觴風月知。

竹遮松蔭晚開時，揀取如花三四枝。唯有緑尊紅燭下，歌中多唱舍人詩。

不是聞人豈得知，醉中潛去與誰期。酡顔一笑夭桃綻，曲愛霓裳未拍時。（《謙受堂全集》集詠，《清代詩文集彙編》影印清道光十年至十二年一邱園刻本，第四三九册，第七二三頁）

《又集香山句為觥籌雜體十三首》

袖中吴郡新詩本，酒被吴娃勸不休。林下酒缾雖不滿，會將詩句結風流。閒拈蕉葉題詩詠，醉折花枝作酒籌。杭越風光詩酒主，忽疑身是夢中遊。

君方對酒綴詩章，亦不全閒亦不忙。揭甕偷嘗新熟酒，題詩寄與水曹郎。頭風若見詩應愈，肺渴多因酒損傷。不用更教詩過好，家園忘卻酒為鄉。

嗜酒有伯倫，枉詠驚四鄰。嗜詩有淵明，頭戴漉酒巾。酒氣和芳杜，詩篇占白蘋。聽我吟清調，不復憂空尊。

詩來手自書，酒酣氣益振。復多詩中狂，還以酒養真。亭上獨吟罷，醉後為君陳。絃歌復觴飲，但對琴與尊。

古詩惜晝短，愛酒不愛名。置酒筵賓客，有時新詩成。詩成寄與我，捧之吟一聲。醉藉春草緑，勸酒有流鶯。

一詠清兩耳，無杯不共持。莫空文舉酒，疑是陶潛詩。詩成淡無味，嫌醒自歠醨。且當對酒笑，吟哦不知疲。

吳音吟一聲，聽吟偶置觴。攜持小酒榼，應有新詩章。吟咏偶成詩，縱飲不成狂。獨酌還獨詠，惟以醉為鄉。

別來少遇新詩敵，酒庫封瓶生緑苔。酒軍詩敵如相遇，醉後仍教笑口開。

新酒客来方宴飲，新詩傳詠忽紛紛。自嫌詩酒犹多興，關塞風光請半分。（半字杯字）

詩酒放狂猶得在，幽情往事復誰知。祇攜美酒為行伴，惟化州民解詠詩。

游山弄水攜詩卷，把酒看花心自知。酒散更無同宿客，郡齋空作百篇詩。

為我引杯添酒飲，莫辭來去是詩筒。可憐月好風凉夜，先到詩情酒思中。

過酒小窗中，吟詩石上坐。詩多記得無，酒每蒙酤我。（《謙受堂全集》集詠，《清代詩文集彙編》影印清道光十年至十二年一邱園刻本，第四三九册，第七二三～七二四頁）

《聯白蘇兩先生句為觥籌古今體七首》

顧影一杯酒（蘇），待月放杯遲（白）。數篇對竹吟（白），作詩記忘遺（蘇）。河漢落酒尊（蘇），江山入好詩（白）。又復寄詩械（蘇），終日對酒卮（白）。但遇詩與酒（白），詩酒屢出奇（蘇）。

酒狂憐性逸（白），誦詩如鼓琴（蘇）。清吟入夢寐（蘇），攜酒一相尋（白）。左擲（白）玉卮（白），坐詠脩竹林（蘇）。賦詩殊有味（蘇），酒後尚能吟（白）。

能詩張志和（蘇），興發詩隨口（白）。仍載漉酒巾（蘇），顧我酒狂久（白）。詩嘗許起予（白），酒好攜來否（白）。吐酒茹好詩（蘇），詩詞如醇酒（蘇）。

出游常酒尊（蘇），吟詠新詩句（白）。詩成倩鳥吟（白），酒香留客住（白）。常吟饮酒詩（蘇），敢因逃酒去（蘇）。

閒拈蕉葉題詩詠（白），肯與葡萄作酒漿（蘇）。詩酒不知軒冕苦（蘇），琴詩酒裏到家鄉（白）。

詩翁愛酒常如渴（蘇），詩社何妨載酒從（蘇）。惟恨詩成君去後（白），魚鮮飯細酒香濃（白）。

嗜詩有淵明（白），有酒從孟公（蘇）。聊將詩酒樂（蘇），詩酒與誰同（白）。

詩留身後名（白），酒客同座勸（白）。端為和詩留（蘇），聊送別酒嚥（蘇）。（《謙受堂全集》集詠，《清代詩文集彙編》影印清道光十年至十二年一邱園刻本，第四三九册，第七二六頁）

智按：陳廷慶，字兆同，號古華、桂堂，別號非翁、耕石書傭等，奉賢（今屬上海）人。乾隆四十六年（一七八一）辛丑進士，改庶吉士，授編修，歷官辰州知府、上海太守。嘉慶九年（一八〇四），講學紹興。著有《謙受堂全集》三十卷。事迹見《湖海詩傳》卷三七、張慧劍《明清江蘇文人年表》。

王芑孫（一七五五～一八一八）

《小除日，陶山用樂天寄微之三首韻枉示新篇。是日，方序亡友何蘭士遺詩，因而有感，次韻奉酬》

孟六遺文感昔遊，幾回輟筆迴生愁。侵尋晚境霜侵鬢，更奈連朝雪打頭。並轡尋花同輦轂，抽帆訪竹別邗溝。頓教水部風流盡，悔煞當時出典州。

白傅詩來屬和頻，硯池呵凍墨難勻。好官絮捉風前影，善病松留雪裹身。君似驅雞勤撫字，我寧失犢認鄉鄰（余方屢被失竊）。錢通文債何差別，一樣崢嶸可笑人。

感舊懷人渺獨思，升沉倏忽孰云為。料量入世渾無術，麄可傳家賸有詩。竹葉梅花同餞臘，春蘭秋菊各當時。試推六甲今餘幾，莫喚憂端更上眉。（上海圖書館藏手稿本《淵雅堂編年詩稾》卷十九）

智按：唐仲冕（一七五三～一八二七），字陶山。

《讀賦卮言》

⊙立意

白傅為《賦賦》，以立意、能文並舉。夫文之能，能以意也，當以立意為先。辭譎義貞，視其樞轄；意之不立，辭將安附？……（《淵雅堂全集·外集》，《續修四庫全書》第一四八一册，第三七七頁）

⊙謀篇

賦最重發端，漢魏晉三朝意思樸略，頗同軌轍，齊梁間始有標新之異者，至唐而百變具興，無體不備，其試賦則義當分晰，語多賅舉，或虛起，或實起。其虛起者不勝枚舉，其實起者，或用題字對舉，如楊鴻貞《月中桂樹》起曰：「月滿於東，桂芳其中」，陸宣公《月臨鏡湖》起曰：「月配陽，含虛而明；湖止水，體柔而平」。或用單提，如康僚《日中烏》起曰：「相彼烏矣，超然莫同」，王勃《寒梧棲鳳》起曰：「鳳兮鳳兮，來何所求」，凡此類皆宗士衡「體物瀏亮」之指原，是試帖當行，久之遂成有司尺度，積而生厭。晚生後進爭出奇特，略舉一隅，如元稹《奉制試以樂為御賦》（臣伏奉庚寅之詔曰：天子以樂為御，其義則那。臣以為）直用對策體起。李鋭《孫武教婦人戰賦》（昔孫武子以兵術干於吳王，曰臣聞云云）元稹《鎮圭賦》（天子鎮圭十有二寸，其長云云）皆直用考辨起。于可封《至人心鏡賦》（莊生有言曰：「至人用心者若鏡，有旨哉是言，云云。」）。楊鴻貞《貫七劄賦》（美乎養由基之為弓也，云云）皆用論贊起。王棨《玄宗幸西涼府觀燈賦》（昔在明皇帝召葉尊師，當新歲月圓之夜，是上元燈設之時，帝謂京洛他處固難比也，師言良夜今宵，亦可觀之，於是云云。按此亦即宋四六，開端如此者甚多，不可悉數。）、劉乾《招隱士賦》（其始穿竹林以行，崎嶇詰曲十餘里而始平，草木幽異，猿猱下來，空谷無人，水流花開，云云）皆直用序記體起。仲無顏《內人蹋毬賦》（毬猶求也，云云）、黃滔《曲直不相入賦》（曲也者，厥理惟何。直也者，其辭可屬，云云）皆直用疏釋體起。高郢《曹劌請從魯公一戰賦》（曹劌者何，魯國英士，將有征而無戰，必慮終而謀始，是以云云。）、白居易《射中正鵠賦》（聖人弦木為弧，剡木為矢，惟弧矢之用也，中正鵠而已矣，是謂武之經、禮之紀，故王者云云。）、元稹《觀兵部馬射賦》

（大司馬以馳射而選才，衆君子皆注目而觀藝，至張侯之所，乃執弓而誓曰：「今皇帝」云云）、吳連叔《謙受益賦》（執勞謙者，可以為天下君，習撝謙者，可以為天下勳，在《易》也有自牧之義，在《書》者有受益之文，云云）皆直用原議體起，是皆變格，仍許當行，何也？《雕龍·詮賦》云：「詩序則同義，傳説則異體，總其歸塗，實相枝幹。况流制已倡於晉代，散言頗見於楚辭」。衷之於古，折之以律，皆不得以「文成破體」相譏也。所慮或求奇反劣，如杜牧《阿房宮》起（「六王畢，四海一，蜀山兀，阿房出」云云，按此雖全篇警拔，獨一起語病，不能為牧之諱耳）、黃滔《融結為河嶽》起（「象帝以伐出物我，陶開杳冥，至精風散，元氣雨零」云云），實為牛鬼之魁，是則不善變者。（《淵雅堂全集·外集》，《續修四庫全書》第一四八一册，第三七八~三七九頁）

⊙和賦例

次韻之賦亦起於宋而盛於明，宋呂綱《濁醪有妙理賦》次東坡韻，明祈順、舒芬、唐龍諸人《白鹿洞賦》次朱子韻，乃用元白和詩之例矣。（《淵雅堂全集·外集》，《續修四庫全書》第一四八一册，第三八三頁）

智按：王芑孫，字念豐，號惕甫，一號鐵夫，長洲（今江蘇蘇州）人。乾隆五十三年（一七八八）戊申召試舉人，官華亭教諭。有《淵雅堂集》。

溫汝適（一七五五~一八二一）

《飛雲》

天下蕩心佚志之區夥矣，最著者北路之邯鄲，西蜀之蠻營，此不過行雲流水、宿霧栖霞耳。惟潮州之六蓬船，早識遊人之底裏，盡羅豪客之資財，能使鄙嗇者忽然慷慨，垂老者化作少年。相傳嶺南有王先生，忘其名，浙江人，老而遊幕。其爲人也，溫厚簡默，學問優長。案有疑難，裁度決斷，無不周詳。度支出入，纖毫無遺。雖倜儻揮霍，而見友人有寄情雲夢之事，輒正言勸阻，是以縉紳士大夫重其品行，爭相出具聘延，所得束修亦豐。年餘七十，槖有萬金，晚景可怡。歸行已決，對主人而辭帳，與朋友以賦離。見其留別詩集杜句云：「人生七十古來稀，老大徒傷未拂衣。石笋街前却歸去，五陵車馬自輕肥。」又集白香山句云：「七十無家萬里身，一時歸去作閒人。風宵露重梨花濕，野外庭前一種春。」此得意還鄉之景也。又見其謝餞集杜詩云：「一卧東山三十春，天涯風俗自相親。更爲後會知何地，錦里逢迎有主人。不嫌野外無供給，邂逅無端出餞遲。一飯未曾留俗客，風流儒雅亦吾師。漸老逢春能幾回，别家三月一書來。滿堂賓客皆歎息，且盡生前有限杯。」正在應酬唱和之間，一日，有舊僕楊貴來曰：「某有下情，欲以上達。第念相公在廣三十餘年，足不踵温柔之鄉，目不視豔治之色，言之恐拂大怒。」先生曰：「寧有人詆我以非乎？寧有人謀我以財乎？子姑言之。」楊貴曰：「相公接人以禮，待人以德，又誰誹議？相公名貫一時，威震四海，又誰謀財？某之所言者，因昨見紅妓飛雲，極慕相公盛德威儀，謂我能請先生過飲其茶，一挹之光，以五十金爲酬。小人不敢應許，未識相公肯賞駕，使小人稍肥家計否?」先生哂曰：「借此以帮爾財，亦可使得。第天下未必有如此便宜之財，恐成畫餅，想欲圖我良金。我已行程在卽，過而不留，去亦無礙。」因謂楊貴曰：「必俟順道而往，不能爲此特行也。」越日，有同鄉張梧庵來訪，班荆道故，翦韮話情。楊貴在旁同候，張出，楊貴曰：「相公答拜時，必須用船，可順道往飛雲船上一行。王曰：「是日爾來隨去。」楊貴應命，至期引登妓船，飛雲接進奉茶。招楊貴入，卽以所許之金如數與之。先生卽行，雲亦不送。先生回卽吟詩云：「卅載已忘孫壽颦，兹爲勤僕人迷津。偏逢白髮掃良興，一諾千金此婦人。」又過數日，楊貴至妓船。飛雲詢曰：「王先生回鄉否？餞行者尚少何人，子能邀至我船，我備餚核招飲者，不費一錢也，子盍爲我先容之。」楊許諾，逕到張梧庵家說曰：「王相公行期已定。公應餞之，一敘鄉誼也。」張曰：「我有此心，然居窘鄉，心有餘而力不足，奈何?」楊貴曰：「船妓飛雲昨云，能請王相公來船，桂酒蘭餚，只作請客者備之也。」張大喜，使人邀約曰：「聞君有遠行，行者必以餞。旅寓褊窄，不堪容膝，故席設飛雲妓船，聊作平原之歡，請勿辭。」先生笑曰：「我與爾主同鄉，義難却，謹領命。」隨作詩曰：「莫辭塵土污袈裟，兩鬢蒼蒼興倍加。天若無情憐晚節，夕陽應不照桃花。」至期，飛雲治酒以待主人，候舟以迎。舟大水淺，不能近岸。舟人架木爲梁，渡客登舟，正在渡時，船移而板脱，滂濞一聲，先生跌入水中矣。飛雲急跳下水，抱先生起，兩人衣衫盡濕。取出錦衣，長短適稱先生之體，深歎飛雲之周到，而誇舟中之富麗也。張曰：「以一飯而授先生大驚，心實不安。」先生曰：「身雖勞而氣猶壯，偶然失足，何足爲意?」又吟詩云：「闇淡衫緋稱老身，滿江春色一時新。無端失足尋常事，水性養花花護人。」未幾，鋪筵設席，飛雲把盞進獻曰：「先爲壓驚，次爲上壽。」先生興來，換盞交杯，拇戰決勝負，酌沆瀣，酒酣耳熱，不覺紅日西沈，繼之以燭，而黑雲隊隊起矣。倏忽風雨大作，逾時不息。酒闌宴罷，諸友各就所歡之船而去，惟先生獨存，急欲回寓，奈雨聲不止。張梧庵曰：「天雨有情留晚客，密雲深鎖到陽臺。」先生正襟危坐，俯首不答。飛雲自歸後艙不出，先生爲酒所困，斜枕而寢。至夜半風雨更緊，篷漏牀濕，溜滴頭上，驚破其夢，大聲疾呼，竟無人應。惟飛雲依聲裸體持燭而出，娉婷嬝娜，蓮步輕盈，先生見肌膚如雪，不覺情移，持其右臂，飛雲乘勢縱體入懷，邀攜同入房艙。綢繆意浹，午晌方起。于是日一至焉，或間日一至焉。至必飲酒吟詩，晚留而回。飛雲亦頗能詩，一唱一和，竟忘晨夕，而於回家之言，亦不題起。其集青蓮句云：「南湖秋水夜無煙，歌舞淹留玳瑁筵。此度別離何日見，人疑天上坐樓船。」「我向淮南攀桂枝，不知霜露入秋衣。美人一笑搴珠箔，問我西行幾日歸。」集杜句云：「頭白昏昏只醉眠，青蛾皓齒在樓船。緑雲清切歌聲上，楚女腰肢亦可憐。」「萊傳纖手送青絲，酒肉如山又一時。語盡還成開口笑，渡頭翠柳豔明眉。」「茗飲蔗漿攜所有，此生已媿須人扶。紅顔白面花映肉，物色分明待老夫。」「懷抱何時好一開，隔籬呼取盡餘杯。影遭碧水潛勾引，一日須來一百迴。」集香山句云：「笙歌杯酒正歡娱，鄉思銷磨逐日無。莫怪氣粗言語大，骰盆思共彩呼盧。」「亂蓬爲鬢布爲巾，且喜新正假日頻。從此萬緣都擺落，人間少有別花人。」「早潮纔落晚潮來，連擊三聲畫鼓催。此地二年留我住，平生相見即眉開。」飛雲亦有集青蓮詩云：「江水東流猿夜聲，掉歌搖艇月中尋。相邀共醉杯中醁，但願君恩顧妾深。」「孔雀東飛何處樓，楊花落盡子規啼。爲君留下相思枕，月下沈吟久不歸。」「羅襪凌波生網塵，今傳尺素報情人。風流肯落他人後，欲歎離聲發絳唇。」集香山句云：「日高猶睡緑牕中，飲作桃花上面紅。自入春來未同醉，停舟一望思無窮。」「重開離宴貴留連，一半春消風雨前。忽忽眼塵猶愛睡，愁凝歌黛欲生煙。」「感物思君歎復歌，正抽碧線繡紅羅。雙蛾解佩啼相送，漠漠紛紛不奈何。」先生因病數日，未至船上，忽飛雲遣人問安，並送詩。先生讀之，乃集香山句，云：「江頭相見日黄昏，雨露由來一點恩。兩地也應相憶在，門無宿客對誰言。燈前合作一家春，倚石攀蘿歇病身。自是命卑如紙薄，每勞存問媿交親。澹煙踈雨間斜陽，獨自騰騰入醉鄉。尊酒未空勸未盡，薰籠亂搭繡衣裳。」兩人卷帙甚繁，不能備載。常自歎曰：「誰謂風月場中，勾欄佳麗，毫無情義哉！當我前此失足落水時，家中縱有妻妾，未必能援之以手，何其歡愛若斯也。」由是愛之慕之，日用飲食，以及纏頭等項，凡有所需，必如其願，未嘗違怫，未及年而金盡牀頭。飛雲一啟齒，始猶借貸以充其欲，繼則典衣以赴其請，至於無可借，無可典，而情淡意冷，猶不捨此而他適，前此當道好友，亦不爲禮。鴇母厭其無資，白眼相視，後竟加以詬講，飛雲猶念其癡情，畀以二百金。先生不辭友朋，悄悄搭船而歸。夫物之害莫如蠹，人之害莫如妓，天下人斷無有不好色者，其不好色者，皆强以抑之，其或欲附於君子之名，而不敢入於温柔之鄉者有之，或生成鄙吝，視財如命，而不肯絲毫輕棄者有之，或身本孱弱，而畏死守命者有之，均非出於情之自然也。孔子曰：「吾未見好德如好色者也。」孟子曰：「食色性也。」聖賢尚如此，況蚩蚩之氓乎？今王先生重視財帛，積之萬鎰之多，守之三十年之久，年餘七十，猶爲迷而失守，可知性不可改、愛不可移矣。然潮邑以舟作居，裝成豔冶而笑春風者，不知凡幾？王先生獨不喪於他妓之手，而獨捐軀以狥於飛雲者，亦由飛雲之巧於鑽營，工於討好，水火不避，故能使之墮其術中，非若他妓之專以粉面而賣錢也。吾想王先生雖得脱離苦海，他日回鄉入荒荒齋，登危危樓，難告家人婦子以情，倘問在廣得志斂財之景，其將何辭以答之。此事予故不便載，載之以勸將來爾。（《咫聞録》卷四，《續修四庫全書》影印清道光二十三年刻本，第一二七〇册，第七二二～七二六頁）

《屠赤水》

屠赤水名瀡，浙鄞之名士，前明之尚書也，與徐文長最善。為諸生時，喜於閒花野草之中採香尋趣，然必名妓乃能戀之，一日夕陽將頹，散步晴皐，過心愛妓女之門，欲止宿焉。妓曰：「他人以金為重，吾以詩文爲重，出一題，刻能成則留之，不成不留也。」赤水曰：「只要有題，何難之有?」妓曰即以地支十二字爲題，并欲以今宵之事，作詞一首。赤水搦管立就，其詞云：「了相思，一夜遊（子）。敲開金鎖門前鈕（丑），正值夤夜夕陽收（寅）。柳腰兒，抱著半邊（卯）。紅唇兒還未到口（辰），口吐舌尖軟如鈎（巳）。還有玉杵在身邊，不是木頭削就（午）。二八中間，直入跳起脚尖頭。未呻吟，口罷休（申）。壺中酒，點點不留（酉）。倦來人似干戈後（戌），只恐生下孩兒子非我有（亥）。」赤水曰：「繳卷。」妓笑曰：「吾當作上官昭容，高坐綵樓，一紙飛墜，評沈佺期、宋之問甲乙也。」赤水亦哂而言曰：「子非昭容，余亦焉敢以沈、宋二公比也。」妓示其詞，擊節贊賞。由是妓之愛，過於赤水之愛，竟欲以終身相託。然赤水恐人計議，含糊答應。及至貴顯，妓倩其友，屢請踐約。赤水曰：「吾無白香山之才，帶小蠻腰樊素耳。」妓念乃絶。（《咫聞録》卷七，《續修四庫全書》影印清道光二十三年刻本，第一二七〇册，第七八六～七八七頁）

智按：溫汝適，字步容，又字水南，號篔坡，又號慵訥居士，廣東順德人。乾隆三十五年（一七七〇）舉人，乾隆四十九年（一七八四）進士，改庶吉士，授編修，歷典廣西、四川、山東鄉試，提督陝西、甘肅學政，遷副都御史。嘉慶十八年（一八一三），擢兵部右侍郎，次年以母老乞歸。生平無他嗜好，惟多藏書，公餘以書史自娛。視學陝甘時，捐官俸購善本，置書院中，任諸生閱之。有《曲江集考證》、《曲江年譜》、《攜雪齋詩文鈔》、《咫聞録》、《韻學紀聞》、《日下紀遊略》。生平事迹見《國朝耆獻類征》卷一〇五、《國朝先正事略》卷四四、吳榮光《兵部右侍郎篔坡溫公墓誌銘》。其《咫聞録》十二卷，署慵訥居士，仿紀昀《閱微草堂筆記》體例，除遊記《水蓮洞》和散文《沙包先生傳》外，其餘皆記敘怪異之事。

周鎬（一七五五～一八二三）

《儀徵夜泊聞琵琶》

急雨嘈嘈下海門，隔船愁聽為停樽。江邊司馬秋風淚，塞上明妃夜月魂。

猿鳥無聲山寂寂，魚龍欲舞水昏昏。天涯自古多淪落，幾輩相逢得細論。(《晚晴簃詩匯》卷一〇一)

智按：周鎬，字懷西，號犢山，無錫（今屬江蘇）人。乾隆四十四年（一七七九）己亥舉人，歷官漳州知府，署汀漳龍道。有《犢山類稿》十三卷（首都圖書館藏嘉慶本）。

吴昇（一七五五～一八二四）

《大觀録》

⊙劉松年香山九老圖

絹本，高八寸，長七尺二寸，丘壑布置，清迥不凡，九老及使，令人物描寫殊態，品格入古，水郁陸氏故物也。

高竹大松生翠寒，密林隱隱攢峯巒。杳然流水出深谷，新鑿山中八節灘。江州司馬不愛官，笑領諸客來盤桓。棋枰書卷各有適，適意豈在陳杯盤。酒酣耳熱忽起舞，戲折名花斜插冠。趨朝疲薾足非病，在野輕健心偏安。權門赫赫誇牛李，門下黨人分彼此。直氣騰騰逼石樓，甘作香山老居士。劉侯此圖超俗塵，能與九老俱傳神。衣冠雖作山林樣，狀貌終爲臺閣人。孰爲胡杲與吉旼，孰爲鄭據并劉真。二盧張狄總預集，居士樂易皆相親。獨憐舊友今何處，禹錫微之嗟失身。

全卿進士攜示松年九老圖，蓋其先心畊隱君所藏也。展玩累日，敬仰唐賢風致，爲題其後還之。吴寬。

會昌年中九老人，丹青在世真未真。香山居士長盟約，可想標格超風塵。兩疏東門畫尚新，至今傳跡兼傳神。劉郎尚友夢伊闕，宋臨唐筆咸奇珍。七賢鬚眉照青春，後來二叟貌絕倫。平生朝省晚林壑，煙霞却傍簪纓身。滔滔滿眼誰知津，潯陽江頭秋思頻。何人更向形容外，爲寫冥鴻飛遠旻。無錫邵寶題。(清吴昇《大觀録》南宋君臣名畫卷十四，《續修四庫全書》影印民國九年武進李氏聖譯廔本)

⊙倪高士秋林山色圖

紙本，高一尺六寸，闊一尺三寸，墨筆作六樹成疎林，中一株枯枏，地坡平衍，右作石磧沙水，四五層，高出木杪，上作大山崖，脚亦砂磧，細繞布景，用筆多有别趣。詩款共十九行，月日離前題約二寸五分，直書至紙尾。「秋林山色圖辛亥」，七字書畫之右，辛亥二字差小，不署名。按辛亥，爲洪武四年，秋林山色，迂翁畫有二本，一爲伯循作者，幅大，此爲子賢作者，幅小，詩畫俱不同，而伐木嚶鳴之誼，藹乎可掬。

秋林山色圖 辛亥。

八月廿三日舟過子賢逸人幽居十月一日寫圖併賦詩留别瓚詩效樂天體。

不到幽人宅，于今十二年。窮秋八九月，舟到爾門前。粥飯同晨暮，香霏雜茶煙。酒飲二三酌，詩吟一兩篇。篝鐙獨擁被，拚櫛向林泉。八足蟹螯美，四腮鱸膾鮮。磨白作豆乳，碓紅收稻田。羹蓴浮玉脆，醉墨折釵姸。我時苦暴下，寒熱復相煎。畏病不舉酒，多艱少佳眠。時乘小艇出，或與鄰僧禪。聊爲禦冬計，豈有新蠶緜。衰謬頗興慨，交游寍汝憐。坐窗每兀兀，心旆徒懸懸。踰旬鶴骨健，逸情禽影翩。波月寒瀲灧，山眉翠娟娟。弄翰寫詩意，孤帆白鷗邊。（清吴昇《大觀録》元賢四大家名畫卷十七，《續修四庫全書》影印民國九年武進李氏聖譯廔本）

智按：吴昇，字瀛日，號壺山，一號秋漁，錢塘（今浙江杭州）人。乾隆四十八年（一七八三）癸卯舉人，四川候補知府。有《小羅浮山館詩鈔》。

石韞玉（一七五六～一八三七）

《與王念豐論文書》

昨承塵教，談及古文辭，今惟選學可以名家，退而思其義，竊未見其必然，默而息乎，非朋友切切偲偲之義，故敢陳其説而請質焉。竊謂文章之道，性命、經濟，兩途而已，聖人既歿，道統失傳，性命則罕言之矣。若夫經濟，則代有經文緯武之才，胸中有確然不可奪之見，發為文章，可以傳世而行遠，如是立言，言之所以與功德而不朽也。不佞習古文辭，於兹十年，雖望道未見，亦嘗究心於古作者之林，始得司馬遷之文而好之，學焉而不得其逕也。繼得莊生之文，又好之，學焉，又不得其逕也。因思行遠者自邇，登高者自卑，降而學於眉山大蘇之集，忽忽若有所遇，涉筆有文從字順之樂，遂自謂得之矣。習之既久，覺其淺水不漪，由是復泛濫於古之立言者，始悟八大家之名，乃曲學臆説爾。文人代興，安可疆域之哉！李唐之文，昌黎最稱近道，竊謂未醇者，以其有怪怪奇奇之見存焉。李習之之文，純粹精密，不亞昌黎。陸宣公慷慨論事，有體有用。陸龜蒙、白居易、劉禹錫之徒，文雖不多，自闢畦町。若夫孫樵、樊宗師，直畫鬼者易工爾，以艱深文其淺陋，鈎輈磔格，類乎謡讖之言，私心弗尚焉。《書》曰：辭尚體要。孔子曰：辭達而已矣。何取乎爭一句之奇，鬭一字之巧，以為能乎？盖嘗執是說以論文，亦莫有齟齬之者。夫不我齟齬者，皆其胸無成見，不足與於議論之列者也。……（《獨學廬稿》初稿卷三，《續修四庫全書》影印清寫刻獨學廬全稿本）

《唐六如琵琶行畫册跋》

吾鄉畫家莫不尊文、沈、唐、仇，石田蒼老，十洲精緻，子畏介乎二者之間，而兼有其妙。此册李生覺夫所遺，摹寫白傅《琵琶行》詩意分作八段，段系以詩。樹石秀潤，人物都雅，非庸手所能仿佛萬一，後有王雅宜、王敬美二跋，亦佳。唯末幅款印不甚可信，似原無題署，而後人附益之者。書畫名迹，往往爲愚人簸弄如此，不必因此致疑也。（《獨學廬稿》三稿卷四，《續修四庫全書》影印清寫刻獨學廬全稿本，第一四六六册，第五九一頁）

《潯陽登琵琶亭懷白樂天先生亭旁有海天寺主僧揖山上人留客茶話因貽一律》

江水窈然碧，廬山如此青。詩情孤月朗，客路一雲停。供茗非無主，徵歌舊有亭。扁舟維纜處，楓荻滿烟汀。（《獨學廬稿》初稿卷六，《續修四庫全書》影印清寫刻獨學廬全稿本）

《和琵琶亭壁間王夢樓前輩懷白樂天先生之作》

懷賢常怨我生遲，重讀潯陽送客詩。風雅有人同壽世，江山何日是閒時。所嗟陳迹驚鴻逝，孰謂忘機怖鴿知。久欲懺除文字習，無端又著續貂辭。（《獨學廬稿》初稿卷六，《續修四庫全書》影印清寫刻獨學廬全稿本）

《送萬浣筠司馬歸江西》

雅詩歌伐木，古人重友生。久聚一朝散，豈無離別情。况我賢父母，膏澤在編氓。明鏡懸虛堂，折獄務息爭。歲荒民無食，飢溺中心縈。議蠲復議賑，萬室登安平。黌宫久蕪穢，土木親經營。匠氏告訖功，釋奠拜兩楹。表章古賢守，兩祠（白公居易、況公鍾）次第成。鳩工濬溝洫，弗聞鼛鼓鳴。百廢必具舉，不惜囊金傾。高堂有壽母，翟茀方尊榮。金萱倏萎謝，哀毁如孩嬰。故廬在西江，銜恤登歸程。父老念舊德，口碑留頌聲。士林感教澤，神君歌載賡。甘棠思召伯，古今亦同誠。都君有遺愛，常在闔閭城。（《獨學廬稿》五稿卷一，《續修四庫全書》影印華東師大圖書館藏清寫刻獨學廬全稿本，第一四六七册，第二九頁）

《新修白公祠成同人賦詩落之》

卅載叢祠復繕完，昔賢曾向此盤桓。湖山嘯傲留陳迹，香火因緣締古歡。十笏蕭齋依佛刹，一灣流水悟文瀾。我來又結吟詩社，幸值同心臭似蘭。（《獨學廬稿》五稿卷一，《續修四庫全書》影印清寫刻獨學廬全稿本）

《白樂天》

古之詩人，忠孝為本。長慶一編，心存補衮。微言諷諭，不激不憤。言之無罪，聞者足警。（《獨學廬稿》五稿卷二，《續修四庫全書》影印清寫刻獨學廬全稿本）

《吴棣華廉使招飲於白公祠即餞高苇堂觀察之衡州次桂舲司寇詩韻》

西山爽氣報新秋，選勝登臨縱遠眸。巖穴幽深容散木，江湖浩蕩有馴鷗。丹邱似畫供吟賞，清酒如泉恣拍浮。却羨繡衣持斧客，人人道是濟川舟。

白公祠屋景清佳，芳樹依簷水繞階。百尺蒼崖名玉帳，一抔黄土葬金釵（祠近古真孃墓）。耽詩偶結枌榆社，招客偏逢璹琄齋。檢點奚囊吟草滿，山林引興本無涯（是日葦間太守因齋期不至）。（《獨學廬稿》五稿卷三，《續修四庫全書》影印清寫刻獨學廬全稿本）

《初夏坐虎邱白公祠水榭偶成》

白公祠枕碧溪隈，洒埽軒窗絶點埃。僧舍飯香留客住，鄰園竹色過牆來。

井尋陸羽煎茶水，石紀生公說法臺。都為昔賢醉吟地，無人不向此低徊。（《獨學廬稿》五稿卷六，《續修四庫全書》影印清寫刻獨學廬全稿本）

智按：石韞玉，字執如，號琢堂，一號竹堂居士，又號花韵庵主人，亦稱獨學老人，吴縣（今江蘇蘇州）人。乾隆五十五年（一七九〇）庚戌一甲一名進士，授修撰，歷官四川重慶府知府、山東按察使，因事被罷，復授編修。乃引疾歸，主講蘇州紫陽書院二十餘年。有《獨學廬詩文集》、《晚香樓集》、《花韵庵詩餘》及《花間九奏樂府》。其中《花間九奏》共含九個短劇，即《伏生授經》、《羅敷采桑》、《桃葉渡江》、《桃源漁父》、《梅妃作賦》、《樂天開閣》、《賈島祭詩》、《琴操參禪》及《對山救友》。

陳長生（一七五七～一七九〇）

《寄懷隨園十絶句·選録四首》其三

解組歸來四十年，不燒丹竈不參禪。常年白傅如公達，更覺逍遥物外天。（《新式標點足本隨園全集》第二十册《隨園續同人集·閨秀類》第六頁）

智按：陳長生，字嫦笙，號秋穀，錢塘（今浙江杭州）人，太僕寺卿陳兆崙（一七〇〇～一七七一）女孫，陳端生（一七五一～一七九六）妹，知府陳玉敦女，廣西巡撫歸安葉紹楏（？～一八二一）室。倡隨一室，璧合珠聯。有《繪聲閣詩稿》。

淩廷堪（一七五七～一八〇九）

《樹經堂詠史詩跋》

《文選》所録《詠史》詩，如左太沖、鮑明遠輩，僅略借古事，自抒胸臆，而謝宣遠《張子房》詩，虞子陽《詠霍將軍北伐》詩，雖有所專指，然亦一人一事而已，未能徧及全史也，況上下千古而詠之乎？唐末胡曾《詠史詩》稍多，而義既膚淺，又皆斷句，故談藝家恆置之不論。是詠史詩自古無傑搆也。蘇潭先生於旬宣之暇，論次全史，自司馬遷以迄宋濂之書，綜其大者，并旁及別史。如屠喬孫、吳任臣所述之等，為七言律五百首，名曰《樹經堂詠史詩》，鴻篇絡繹，美不勝收，洋洋乎大觀矣。警句如《漢武帝》云：「玉撿封中呼萬歲，金童海上引三山。」……《張衡》云：「十載覃思二京賦，千秋絕唱四愁篇」，則少陵之風格渾成也……如《鍾會》云：「鳴雀在陰占自吉，亢龍有悔義難參。」《宋文帝》云：「白面書生談北伐，黑衣宰相坐南衙。」《任昉》云：「生前十斛桃花米，身後諸郎白練裩。」《陶宏景》云：「學道十年呼宰相，讀書萬卷作神仙。」《林逋》云：「夢迴雀羽飛難覓，魂在梅梢喚欲醒。」《元順帝》云：「黃瀆岡生石人眼，白毛天雨老君髯。」則劍南之俊邁工整也。他如《明德馬皇后》云：「底事廖防同日貴，濯龍門外起深憂。」《荀彧》云：「飲藥壽春哀撤讌，明年九錫册文隆。」《公孫瓚》云：「但信此間堪避世，不知何處更容君。」《宋武帝》云：「能揮雄略殲靈寶，卻少深謀護義符。」《齊東昏》云：「縛菰怒及而翁首，別認潘梅作父兄。」《李後主》云：「從來文士為天子，終作降王入敵庭。」則又白傅之識解超妙、玉局之議論宏闊也。蓋集唐宋人之長，於太沖、明遠諸君外，開未有之奇，豈胡曾之徒所可同日語哉！爰倣張為《主客圖》之例，擇其尤者，録以為跋，與海内談藝家亟賞焉。歙淩廷堪次仲謹跋。（《校禮堂文集》卷三十二，清嘉慶十八年刻本）

智按：《樹經堂詠史詩》，作者謝啟昆（一七三七～一八〇二），號蘇潭。

《南北曲說》

今之南北曲，皆唐人俗樂之遺也。德清胡氏《樂律表微》謂今之南曲不用一凡為雅樂之遺聲，其說非也。字譜之一凡即古之二變也，蓋古樂有不用二變者，有用二變者，經典相承，但云五聲者，此不用二變者也，兼云七音者，此用二變者也，《左傳·昭公二十年》晏子曰：五聲六律七音。又二十五年，子太叔曰：七音六律，以奉五聲七音者，服氏注云：黃鐘之均，黃鐘為宮，太蔟為商，姑洗為角，林鐘為徵，南吕為羽，應鐘為變，宮蕤賓為變徵（見《魏書·樂志》）。陸氏《釋文》云：七音：宮商角徵羽變宮變徵也，是雅樂亦兼用二變也。《通典》祖孝孫以梁陳舊樂雜用吳楚之音，周齊舊樂多涉胡戎之伎，於是斟酌南北，考以古音，而作大唐雅樂，是雅樂亦有南有北也。姜堯章《側商調序》云：琴七弦，具宫商角徵羽者為正弄，加變宫變徵為散聲者曰側弄，是無二變者，琴之正調也；有二變者，琴之側調也。蓋龜兹琵琶未入中國以前，魏晉以來相傳之俗樂，但有清商三調而已，清商者即《通典》所謂清樂，唐人之法曲是也。清樂之清調，平調，原出於琴之正弄，不用二變者也。清樂之側調（即瑟調），原出於琴之側，弄用二變者也，至隋唐本龜兹琵琶為宴樂四均共二十八調，宴樂者即《通典》所謂讌樂，唐人之胡部是也。讌樂二十八調，無不用二變者，於是清樂之側調，雜入於讌樂而不可復辨矣。故以用一凡不用一凡為南北之分可也，以雅樂俗樂為南北之分不可也，然則今之南曲，唐清樂之遺聲也。今之北曲，唐讌樂之遺聲也。皆俗樂，非雅樂也。《夢溪筆談》云：唐天寶十三載，以先王之樂為雅樂，前世新聲為清樂，合胡部者為宴樂，三者判然不同，則清樂讌樂與雅樂無涉可知矣。白香山《立部伎》詩自注云：太常選坐部伎絕無性識者，退入雅樂部，所謂雅樂者，如此安能如今南曲之諧婉可聽哉！清樂者，梁陳之舊樂，梁陳南朝也，故謂之南曲，讌樂者，周齊之舊樂，周齊北朝也，故謂之北曲。事隔千載，而沿革之脉絡，尚隱隱可尋也。至於近世周祥鈺輩以宫商之調為南曲，角羽之調為北曲，又以正宫為南曲，以高宫為北曲。夫七角七羽及高調其廢已久，世俗雖有宫調之名，所用者實燕樂太蔟一均憑何器而分角羽乎，且南北之分，全不關乎宫調也，亦同歸於不知而作焉已矣。（《燕樂考原》卷六後論表，《續修四庫全書》影印清嘉慶十六年張其錦刻本；《校禮堂文集》卷十九，《續修四庫全書》影印清嘉慶十八年張其錦刻本）

智按：淩廷堪，字仲子，又字次仲，歙縣（今屬安徽）人。乾隆五十三年（一七八八）北榜副貢。次年，本省鄉試中式，聯捷成進士。用知縣。自請改教職，選甯國府學教授。則奉母之官，孝弟安貧，畢力著述。久之，丁母憂去，主講敬亭、紫陽書院。免喪，阮公撫浙，延訓其子，歸卒於家，年五十三。有《燕樂考原》六卷，《校禮堂文集》三十六卷。

惲敬（一七五七～一八一七）

《駁朱錫鬯書楊太眞外傳後》

《唐書·玄宗紀》：開元二十五年四月乙丑，廢太子瑛及鄂王瑤、光王琚爲庶人，皆殺之。十二月丙午，惠妃武氏薨。二十八年十月甲子，以壽王妃楊氏爲道士，號太眞。天寶四載八月壬寅，立太眞爲貴妃。數事皆大惡，皆日之，此史家之愼也。朱檢討錫鬯據宋敏求《唐大詔令》謂，開元二十三年十二月二十四日，册壽王妃，二十五年正月二日，爲道士，號太眞，作意與史背。敬按，《唐大詔令》非完書，傳寫多誤脱，其時日本不足爲據。又檢討之説，于本事皆不相應，何也？唐制，納后凡納采，問名，納吉，納徵，皆下制書，非册也。至册后之日，始宣册授册寶，卽告期其日奉迎，皇太子親王納妃亦然。檢討謂册壽王妃，始納采，嗣行六禮，非受册卽入壽邸，此言非也。太眞之號以居内太眞宫，如歸眞觀在安仁殿後是也。太眞爲道士已入宫，玄宗欲掩人耳目，故遲至天寶四載，方册爲貴妃耳。檢討謂自道院入宫，非自壽邸入宫，此言亦非也。以是考之，卽使如檢討之説，二十三年十二月册壽王妃，二十五年正月爲道士，是迎入壽邸，已越一年，不能爲太眞諱矣。況太眞以惠妃薨後入宫，惠妃薨在殺太子二王之後，豈有四月方殺太子二王，而正月太眞先已入宫之事哉！是太眞爲道士，實在二十八年，非二十五年甚明白，在壽邸且六年，益不能爲太眞諱矣。檢討之説，于太眞之節，不能有絲毫之益，徒使天下之人竊意如是大惡，千百年後尚有人緑飾之，則何憚而不爲惡，是決倫紀之閑，而長淫穢之志也。又歷志武后永昌元年初用周正，以十二月爲臘月，建寅月爲一月，武后紀皆書正月臘月一月至十月，此武后改正法也。竇后被殺，在長壽二年，臘月乃建丑之月，檢討謂竇后忌辰在建子正月，中宗用夏正，卽以建寅正月爲忌辰，順宗方改建子十一月，其説甚荒謬。檢討生平多顛倒舊聞，以就己説。然此風蓋漢宋大儒所不免，以致羣經破碎，後學迷誤，其可惜千百。於檢討所著，後之學者可不愼哉！《舊唐書》于二十八年十月不書以壽王妃爲道士，而書甲子幸華清宫，卽《新書》妃爲道士之日，于天寶四載八月，書册太眞妃爲貴妃。太眞，道士之號而已；稱妃，其意益微而顯矣。惟《舊書》事在甲辰，與《新

書》壬寅不合，蓋《新書》據下詔之日，《舊書》據禮成之日耳。(《四部叢刊》本《大雲山房文稿》初集卷一)

智按：朱彝尊《書楊太真外傳後》見《曝書亭集》卷五十五。

《大雲山房文稿二集自序》

右《大雲山房文稿》二集四卷目録，凡雜文九十六篇。嘉慶二十年八月，長洲宋揚光吉甫刻於廣州西湖街，為日若干而竣。二十一年，自贛往歙，武進董士錫晉卿復為排次，增定十篇。敘録曰：

昔者班孟堅因劉子政父子《七略》，為《藝文志》，序六藝為九種；聖人之經，永世尊尚焉。其諸子則別為十家，論可觀者九家。以為雖有蔽短，合其要歸，亦六經之支與流裔。至哉此言，論古之圭臬也。敬嘗通會其説：儒家體備於《禮》及《論語》、《孝經》，墨家變而離其宗；道家、陰陽家支駢於《易》；法家、名家疏源於《春秋》；縱横家、雜家、小説家適用於《詩》、《書》。孟堅所謂「《詩》以正言，《書》以廣聽也」。惟《詩》之流，復別為詩賦家，而樂寓焉。農家、兵家、術數家、方技家，聖人未嘗專語之，然其體亦六藝之所孕也。是故六藝要其中，百家明其際會；六藝舉其大，百家盡其條流。其失者，孟堅已次第言之。而其得者，窮高極深，析事剖理，各有所屬。故曰：「修六藝之文，觀九家之言，可以通萬方之略。」後世百家微而文集行，文集敝而經義起，經義散而文集益漓。學者少壯至老，貧賤至貴，漸漬於聖賢之精微，闡明於儒先之疏證，而文集反日替者，何哉？蓋附會六藝，屏絕百家，耳目之用不發，事物之賾不統，故性情之德不能用也。敬觀之前世，賈生自名家、縱横家入，故其言浩汗而斷制；晁錯自法家、兵家入，故其言峭實；董仲舒、劉子政自儒家、道家、陰陽家入，故其言和而多端；韓退之自儒家、法家、名家入，故其言峻而能達；曾子固、蘇子由自儒家、雜家入，故其言温而定；柳子厚、歐陽永叔自儒家、雜家、詞賦家入，故其言詳雅有度；杜牧之、蘇明允自兵家、從横家入，故其言縱厲；蘇子瞻自從横家、道家、小説家入，故其言逍遥而震動。至若黄初、甘露之間，子桓、子建氣體高朗，叔夜、嗣宗情識精微，始以輕雋為適意，時俗為自然，風格相仍，漸成軌範，於是文集與百家判為二途。

熙寧、寶慶之會，時師破壞經説，其失也鑿；陋儒襞積經文，其失也膚。後進之士，竊聖人遺説，規而畫之，睇而斫之，於是經義與文集並為一物。太白、樂天、夢得諸人自曹魏發情，靜修、幼清、正學諸人自趙宋得理。遞趨遞下，卑冗日積。是故百家之敝當折之以六藝，文集之衰當起之以百家。其高下遠近華質，是又在乎人之所性焉，不可強也已。敬一人之見，恐違大雅，惟天下好學深思之君子教正之。(《四部叢刊》本《大雲山房文稿》二集卷首)

智按：惲敬，字子居，武進（今江蘇常州）人。乾隆四十八年（一七八三）癸卯舉人，以教習居北京，後選富陽縣令，以南昌府同知罷官，益肆力於文。有《大雲山房文稿》二集四卷，嘉慶二十年（一八一五）八月在廣州刊刻。嘉慶二十一年（一八一六）撰《自序》。

郝懿行（一七五七～一八二五）

《證俗文》

⊙炭

《説文》:「燒木餘也。」《禮·月令》:「草木黃落，乃伐薪爲炭。」案，炭者，性定耐濕，入土不腐，故古者候氣之法，必縣炭也。《後漢書·律歷志》:「權土炭放陰陽日，冬至陽氣應則景長，極黃鍾通土炭輕而衡仰日，夏至陰氣應則景短，極蕤賓通土炭重而衡低。」（《淮南·天文訓》:「水勝故夏至濕，火勝故冬至燥，燥故炭輕，濕故炭重。」梁簡文帝詩:「月暈蘆灰缺，秋還縣炭枯。」）炭束謂之羨。《説文》:「羨，束炭也，从火差省聲，讀若齹。」其輕脃而浮者，謂之烰，通作浮。陳無己「典酒務官託買浮炭」是也。俗作麩，《本草》:「煎藥焙火，宜用麩炭。」白居易詩「日暮半鑪麩炭火」，其產地而堅如石者，謂之石炭。石炭自上世以來有之，古用以書謂之石墨。(案，《太平御覽》六百四卷引陸雲《與兄機書》曰：一日上三臺，曹公藏石墨數十萬斤，云消此燒復可用，然不知兄頗見之不，令送二丸。）太公《金匱硯之銘》曰：「石墨相著而黑。」蓋古未有松煙造墨，故以石墨書也。

《日知録》：今人謂石炭爲墨。案，《水經注》:「冰井臺井深十五丈，藏冰及石墨焉。」石墨可書，又然之難盡，亦謂之石炭。」（詳見《水經·濁漳水注》。又《灅水注》云：火山有石炭，火之熱同樵炭也。）是知石炭、石墨一物也，有精粗爾。（《史記·外戚世家》「竇少君爲其主入山作炭」，《後漢書·黨錮傳》「夏馥入林慮山中，親突煙炭」，皆此物也。）北人凡入聲字，皆轉爲平。故呼墨爲煤，而俗竟作煤，非也。《玉篇》：「煤炱，煤也。」《韻會》：「煤炱，灰集屋者。」案，《說文》：「炱灰，炱煤也。」《呂氏春秋》：「顏回對曰：嚮者，煤炱入甑中，棄食不祥，回攫而飯之。」高誘曰：「煤炱，煙塵之煤也。」《素問》：「黑如炲者死。」注：「炲，謂炲煤也。」唐張祜詩：「古牆丹雘盡，深棟墨煤生。」李商隱詩：「敵國軍營漂木柹，前朝神廟鏁煙煤。」（案，柹，《說文》：「削木札樸也。」《後漢書·方術·楊方傳》：「風吹札柹。」）温庭筠詩：「煙煤朝奠處，風雨夜歸時。」是煤乃梁上煙煤之名，非石炭也。崔銑《彰德志》作「烸」。《志》曰：「安陽縣龍山出石炭，入穴取之無窮，取深數百丈，必先見水，水盡然後炭可取也。炭有數品，其堅者謂之石，輭者謂之烸，氣愈臭者，然之愈難。盡水可以煎礬，終不若晉絳者」云。（《玉篇》、《廣韻》並無「烸」字）

案，崔志作烸，亦非也。《集韻》：烸許亥切，音海，燥也。諸字書亦無以烸爲石炭者。此與煤字皆俗作也。石炭今所在多有，其穴中皆出水，至於氣臭惡者，必不可然。然之熏人致死，惟飲冷水或萊菔汁可活耳。前人少有識此者，獨史籍一二見而已。（案蘇長公集有《石炭行》）……（《證俗文》卷三，《續修四庫全書》影印清光緒十年東路廳署刻本）

智按：郝懿行，字恂九，號蘭皋，山東棲霞人。嘉慶四年（一七九九）己未進士，官戶部主事。浮沉郎署二十年，肆力于著述。有《爾雅義疏》十九卷，用力最久，稿凡數易，垂歿而後成。其說《春秋》，主張經文直書其事，褒貶自見，非聖人意爲增減，成《說略》十二卷、《春秋比》二卷。于《易》，有《易說》十二卷；于《書》，有《書說》二卷、《圖書輯要》一卷；于《詩》，有《詩說》二卷，《詩經拾遺》二卷；于《禮》，有《鄭氏禮記箋》四十九卷。又以《竹書紀年》、《山海經》傳習者稀，每爲後人羼亂，爲援引各籍，正名辨物，訂其訛謬，作《山海經箋疏》十八卷、《竹書紀年校正》十四卷。又嘗正《荀子》楊注之誤，作《補注》二卷。乙未，成《晉宋書故》一卷，補《宋書刑法食貨二志》一卷，剌取《宋書》瑣語若干卷，雜抄晉文若干卷。田居時，諮詢野老，靜觀物態，作《燕子春秋》、《蜂衙小記》各一卷。而《紀海錯》一卷，尤足補證《禹貢疏》。其餘《證俗文》十九卷，《曬書堂詩文集》十七卷，筆記八卷。道光乙酉，卒于官。

李兆元（一七五七～一八二八）

《論詩絶句》十首之六

詩到齊梁已變新，王楊盧駱只相因。香山自詡元和體，又與初唐步後塵。（《萬首論詩絶句》第二册，第六五四頁）

智按：「自詡」，白居易《餘思未盡加為六韻重寄微之》云：「詩到元和體變新。」

《梅影叢談》

吾萊詩派在唐惟一王無競，其《巫山高》詩，白香山極推之，見《雲溪友議》。在宋則王定民，金則劉迎。定民字佐才，兼工書法，東坡所謂「八法舊聞宗長史，五言近復擬蘇州」者是也。迎字無黨，尤工七言古，王阮亭稱其風格獨高，采入《古詩鈔》，附元遺山後。（清道光二年刻本《十二筆舫雜録·梅影叢談》卷二第十四葉；《掖海叢書》本《十二筆舫雜録》卷二）

《中州觚餘》

白香山之詩所以得稱為「廣大教化主」者，有諷喻一卷及《秦中吟》等作為之根柢也，《長恨歌》、《琵琶行》特其次耳。其餘閒適言情之作，不過如一花一草，點綴風光而已，非詩家所貴。觀其自序甚詳，乃古人作詩本旨。（清道光二年刻本《十二筆舫雜録·中州觚餘》卷二第十二葉；《掖海叢書》本《十二筆舫雜録》卷八）

《律詩拗體》

⊙雙拗法

《劉蘇州寄釀酒糯米李浙東寄楊柳枝舞衫偶因嘗酒試衫輒成長句寄謝之》（白居易）

柳枝謾踏試（拗）雙袖，桑落初香嘗（救）一杯。金屑醅濃吳米釀，銀泥衫穩越娃裁。舞時已覺愁眉展，醉後仍教笑口開。慚愧故人憐寂寞，三千里外寄歡來。

《改業》（白居易）

先生老去飲（拗）無興，居士病來閑（救）有餘。猶覺醉吟多放逸，可知禪定更清虚。柘枝紫袖教丸藥，羯鼓蒼頭遣種蔬。却被山僧戲（拗）相（救）問，一時改業意何如?

一二句雙拗，或第三句、第七句加以單拗，俱無不可。（《律詩拗體》卷四，《續修四庫全書》影印清道光二年刻本，第一七〇二册，第六五五頁）

智按：李兆元，字瀛客，號勺洋，掖縣（今屬山東煙臺）人。乾隆五十九年（一七九四）舉人，歷官教諭。嘉慶六年（一八〇一）挑發河南獲嘉知縣，在任五年引疾歸。工詩善古文，在河南與何曰愈父文明唱和，有南何北李之目。又曾與安南貢使陳伯堅唱和，編為《唱和集》一卷。有《説卦傳集注》、《秋柳詩箋》、《十二筆舫詩稿》、《律詩拗體》等。事迹見何曰愈《退庵詩話》。

舒夢蘭（一七五七～一八三五）

《庸人頌》

……若李太白避結交叛藩之難，正當潛踪思過，乃反高居五老，縱酒賦詩，卒不免夜郎之流，庸人必譏其昧于明哲。白香山謫居江州，禮宜避嫌勤職，以圖開復，乃敢夤夜送客，要茶商之妻彈琵琶，侑觴談情，相對流涕。庸人曰：挾妓飲酒，律有明條，知法玩法，白某之杖罪，的決不貸。乃香山悍然不顧，復敢作為《琵琶辭》，越禮驚眾，有玷官箴。今時士大夫絕不為也，即使偶一為之，亦必深諱，蓋曾未宣之於口，又何敢筆之於書。人之庸者，則且義形於色，詬詈香山犯教而敗俗。其琵琶之辭，必當毁板，琵琶之亭及廬山草堂，胥拆毁而滅其跡，庶幾乎風流種絶，比户可庸矣。凡此之類，正不必博徵遠引，即此昭昭耳目，與廬山往還有舊諸君子行樂之事，亦豈有外乎性情文字，山水朋友，以及美人香草吟風弄月者乎？彼諸庸人，必且不屑行如此之樂，不暇行如此之樂，不肯行如此之樂，不敢行如此之樂，猶必輕笑鄙薄古之人行此樂者。彼其中庸之貌，木訥之形，雖孔子割雞之戲言，孟子齊人之諷諭，皆猶似有傷盛德，不形諸口，若第以粗跡觀之，即古聖先賢猶恐不逮。我何人也，而敢不敬，敢不畏，敢不色沮氣喪，言動皆失其常度也乎？竊嘗笑言古昔大人少而小人多，後世小人少而大人多。何以知之？言必信，行必果，硜硜然小人哉，吾勉學之，猶未能然，庸人不屑為也，故小人絶少。夫大人者，言不必信，行不必果，截去下文以觀人，所在不乏，非大人多乎？不誅心而泛論其跡，雖振古豪傑命世之才，不足以刮庸人如豆之目，而動其六竅之心，由來久矣，故子曰：「予欲無言。」（《論語半月刊》一九三三年第二十九期，第二五〇頁，「幽默文選」；《游山日記》卷八「天香隨筆」，上海宇宙風社一九三六年版第六頁）

《游山日記補録》

丁巳秋八月朔也。晴涼。西輔録得予舊詩二十二卷，分釘之。

劉樵兄弟來舂香果，為市米一囊。至孝友人，未有不忠信者。吾頃已食粥兩餐，急需米耳。猶記白樂天一詩，結二語云：「莫怪氣粗言語大，新編十五卷詩成。」想必朋酒歡會，為新編落成，故其語甚有醉態。予兹編尚多七卷，乃竟落之以粥，古今人之不相及如此。因笑語西輔：「汝若生唐時，為白公録詩，今日不但不食粥，當必有小蠻擎觴，清歌謝客。」西輔曰：「樂天果甘心啜粥，亦必無此粗率語，某豈樂為彼抄耶？」因憶宋、元間一士，愛白詩成癖，口沫手胝，歌之哭之，猶未厭，乃至倩人書白詩，遍於其體，密刺以針，漬以墨，俾其文終身不滅。士有白癖，其體反因之而黑。豈料西輔竟敢作此唐突語，宜乎乏朋酒之樂，受啜粥之苦。古傳人豈易及哉！（清嘉慶癸酉【一八一三】穀貽堂刻本《舒白香叢著》本卷五）

琴按：舒夢蘭此則日記對白居易甚有微詞，意見頗好。惟所云「憶宋、元間一士」云云，恐系誤記。此事出於唐人段成式《酉陽雜俎》所載，所謂《白舍人行詩圖》者是也。又胡震亨《唐音癸籤》有一段記載，亦可參考。

《古南餘話》

仲實問元、白。曰：元才新，白才清；元性忌，白性和；元懼身名之不立，白憂時事之多艱；其識趣分矣。元不如白，不僅以詩歌定也。試觀白之《新樂府》、《琵琶行》，草草勞人，未嘗忘國，不重可風乎！

元、白識趣之分，應自先生始。然二公隱評，實千古定論。（王塤樂林附題）

歸舟過琵琶亭時，戲語敬修：「有一州司馬，江頭送客，聞茶商之妾，夜彈琵琶，乃竟登其舟，再三求見，求其彈，並對之作詩流涕，久坐談情。其夫見還舟，見之，怒否?」敬修曰：「何處有此繆官耶?」余笑指曰：「即此是!」（清嘉慶癸酉【一八一三】穀貽堂刻本《舒白香叢著》本卷四）

智按：舒夢蘭，字香叔，又字白香，晚號天香居士，靖安（今屬江西）人。二十六歲應試落第後，閉門讀書，窮究理學，爲子侄解詩説文。乾隆六十年（一七九五），合編爲《天香全集》。嘉慶八年（一八〇三）後，感嘆平生知己雕謝過半，人世之心益灰，每年都裹糧出游，曾住廬山天池寺百日，著有《游山日記》；過都昌游古南寺，著《古南餘話》五卷（古南，江西都昌南山之寺名）；訪婺源，見青山碧水，撰《婺令餘稿》一卷。其他如《湘舟漫録》、《驂鸞集》、《香詞百選》等集，皆頻年游歷湖南、桂林等地所著。還將尋祖、悼親、哀兒之作輯録爲《秋心集》。晚年好静，深居簡出，杜門謝客。道光十五年卒。編有《白香詞譜》。

鍾琳（一七五七？～？）

《梅花》其八

記曾每歲入梅關川，一路尋詩未肯還。千古風流欺曼倩，十分淡蕩是香

山。信知清福天難管，領到韶光遇豈慳。見說石湖能作譜，胸中筆下出塵寰。（光緒十八年刻本《咀道齋詩集》卷一）

《雜詩八首》其五

論詩匪易易，心平具識力。風騷歷代興，不能拘一格。自唐後無詩，語矯意亦刻。杜為村夫子，大年真無識。白俗與元輕，論豈盡中的。文人善相輕，過為尋罅隙。阿好魯直詩，配杜亦終錯。是非有定衡，毋受前人惑。（光緒十八年刻本《咀道齋詩集》卷二）

《題馮鄂卿詩集後》其二

老去論詩細更難，幾人樹幟霸騷壇。香山廣大參軍逸，合是君家換骨丹。（光緒十八年刻本《咀道齋詩集》卷二）

《漫興》

天空何處望金臺？一路關心節物催。白傅久刪顛倒夢，坡公酷嗜煖□杯。岸排禿樹如人立，雲擁奇峰向客來。底怪篙師同我懶，片帆時有濟川才。（光緒十八年刻本《咀道齋詩集》卷二）

智按：鍾琳，字四雅，號靈傑，廣西蒼梧人。工書。樂善好施，匡濟為懷。在直隸行唐、昌平為官期間清廉剛正，頗有政聲。其詩簡澹清新，光緒十八年萬鎔《咀道齋詩集序》称其「縱筆所至，時出入香山韋孟間」。

姚文田（一七五八～一八二七）

《兩女孫哀辭》

往歲冢婦惲之喪，女孫阿宜方十齡，次阿良纔七齡耳。哭奠拜跪，哀痛如成人。予見之惨然以悲，迨聞其誦《木蘭焦仲卿詩》及白太傅《琵琶行》、《長恨歌》、《新樂府》諸作，兩人爭背誦，如瓶之瀉水，不譌一字，皆其母親授者，則又悲不自勝。……（《邃雅堂集》卷三，《續修四庫全書》影印清道光元年江陰學使署刻本）

《楊丈堉見贈墨竹後復寄以尺幅作詩報之》

先生畫竹溯神妙，千竿萬竿意獨到。愧我生無白傅才，以詞刻畫何由肖。

老文已矣仲圭死，世人紛紛誰解此？攲斜歷亂不足喜，兒童但要求形似。興來揮翰疑有神，兔起鶻落語逼真。斂手顧我忽長嘆，放眼入世皆囂塵。我出無車食無肉，盡日攤書閉門讀。但令一日有此君，免使良醫笑人俗。……（《邃雅堂集》卷七，《續修四庫全書》影印清道光元年江陰學使署刻本）

《己亥春讀書杭州之萬松書院，時余與同邑丁溶、孝豐吴五鳳、鄞黄定衡、張文照、俞德綱皆以次歲迎鑾獻賦……》

……危亭倚山半，長歌風浩浩。（自注：亭有聖祖御書白居易《海漫漫》、《新樂府》石刻。）……（《邃雅堂集》卷八，《續修四庫全書》影印清道光元年江陰學使署刻本，第一四八二册，第五二〇頁）

《九江曉渡》

潯陽郭外雨冥冥，千載琵琶送客亭。雁自南來人北渡，滿江楓葉不堪聽。（《邃雅堂集》卷八，《續修四庫全書》影印清道光元年江陰學使署刻本，第一四八二册，第五四九頁）

智按：姚文田，字秋農，號梅漪，歸安（今浙江湖州）人。嘉慶四年（一七九九）己未一甲一名進士，授修撰，官至禮部尚書。謚文僖。有《學易討原》一卷，《説文校議》十五卷，《説文聲系》十五卷，《古音諧》八卷，《〔嘉慶〕廣陵事略》七卷，《邃雅堂集》十卷，《邃雅堂文集》續編一卷等，皆收入《邃雅堂全書》，清嘉慶至光緒間歸安姚氏刊本，另有《揚州金石志》一卷（《石刻史料新編》第三輯第六册，新文豐出版公司一九八六年七月初版），《陽宅辟謬》一卷（署梅漪老人，《榕園叢書續刻》本；《咫進齋叢書》第三集；《叢書集成初編》據《咫進齋叢書》排印本），《歷代建元重號》一卷（《半畝園叢書》本）。選有《白居易詩》，抄本，一函二册。

沙琛（一七五九～一八二二）

《迎春日宴雪》

高會乘清賞，消閒送臈晨。雪花飄綺席，直是滿林春。摇曳隨歌韻，翩翻向舞人。幽蘭徵曲舊，瓊樹選聲新。光動班姬扇，濤飛織女津。宫妝梅點額，羅襪玉生塵。笑口凝香霧，懸璫落素珍。管絃催斷續，巾拂亂紛潾。碧盞銷寒暖，瑶山逼座真。洵開花頃刻，莫憚酒逡巡。謝賦誇梁苑，吳詩憶洛濱。何如白少傅，佳宴促歌頻。(《點蒼山人詩鈔》卷四，《續修四庫全書》影印民國三年刻雲南叢書初編本)

智按：沙琛，字獻如，號雪湖，雲南太和人。乾隆四十五年（一七八〇）庚子舉人，官霍丘知縣。有《點蒼山人詩鈔》。

曾燠（一七五九～一八三〇）

《賀雨》

維夏四月歲戊申，吾皇下詔憂斯民。詔云雨澤久愆候，爲民請命宜躬親。朕率有司敢昭告，上帝其鑒予一人。桑林一禱應若神，詰朝三尺甘膏均。羣臣稽首賀陛下，陛下誠意通蒼旻。詎知感召不唯是，臣燠敬請言其因。前者吾皇慮艱食，京師平糶千百囷。昨聞郡國告荒歉，緩徵逋賦頒新綸。更宣司寇理留獄，欲令圜狴無哀呻。此皆至德動天鑑，聖主豈獨修精禋。從今嘉瑞來應旬，歲歲大有書史臣。不須更説白居易，詩陳賀雨元和春。(《賞雨茅屋詩集》卷一，《續修四庫全書》影印清嘉慶二十四年刻增修本)

《復有借觀怪石者形如斷槎而色澤甚古因名之曰古槎》

雪月光寒楚天暮，畫本中宜添古樹。從何摹得老坡筆，瞥眼空堂起煙霧。有客新從海上還，仙槎飄斷三千年。一夕風雨化爲石，摧牙落角苔斑斑。移來片段壓輕舸，萬頃鯨濤不能簸。紫玉光中吐彩虹，青冥洞底潛陰火。支離拳曲復皴裂，匠石顧之驚咋舌。鐵敲不折眞珊瑚，鑪冶難銷古霜雪。笑呼石丈來題襟，落落何嫌木石心。横窗夢駭龍蛇影，擊拍歌諧金玉音。香山居士太湖守，歸洛猶聞攜石友。揚人休怪卷地皮，吾欲乘之探牛斗。(《賞雨茅屋詩集》卷四，《續修四庫全書》影印清嘉慶二十四年刻增修本)

《和白樂天二詠・詠拙》

天巧夫何如，人巧若常勝。得失既紛紜，誰復甘退聽。曩余不自量，頗以拙爲病。雕琢無成功，頑鈍有真性。入參喉舌司，既不善辭令。出膺財賦職，又鮮催科政。鳩同鵲占巢，蹇與驥爭徑。下慙時世賢，上負天子聖。安仁誠拙宦，奉母發歸興。謀生我復拙，一室如懸磬。人言導引方，得之可延命。衛生我復拙，白髮滿明鏡。直鉤不能漁，方輪不可乘。般匠誨亦難，天孫乞豈應。生年將半百，氣局宜已定。庶息漢陰機，毋爲與世競。（《賞雨茅屋詩集》卷五，《續修四庫全書》影印清嘉慶二十四年刻增修本）

《和白樂天二詠・詠慵》

吾拙既如斯，庶幾勤可補。柰何宰官身，心性如野父。與民務休息，文法免鉤距。與客删禮數，周旋失規矩。笙歌聒耳煩，冠帶折腰苦。書至遲答人，學荒嬾誦古。款段馬不進，氋氃鶴不舞。弛弦難爲弓，散木豈中柱。時賢節目密，稍疏疑慢侮。以此無意中，往往逢人怒。而況吾蚤衰，鬢霜已如許。朝廷恕其慵，不令投劾去。（《賞雨茅屋詩集》卷五，《續修四庫全書》影印清嘉慶二十四年刻增修本）

《龔雲濤自宜章來以郴嶺紀游草相示次卷中夜發長沙與黃花耘唱和詩韵二首慰其遠訪之情兼寄花耘》

吾得楚兩生，不誇一人半。柰何龔生才，憔悴行澤畔。迹從漁父笑，數昧詹尹算。黃生亦同病，心爲悲秋斷。下里無知音，東隣絕窺看。登高叫虞舜，雲氣九疑亂。夢聽軒皇樂，依稀在霄漢。憶予弭蓀橈，遇見湘西岸。芷蘭正芳馨，風雨倏離散。歲晏孰華予，相思徹昏旦。庭前伐木聲，昨有春鶯喚。

騎田石磊磊，楚越隔天半。龔生一葉舟，下自懸崖畔。別來今幾春，髮白各無算。音書多未達，雁至衡陽斷。問比年何如，開篋與詩看。篇篇羈旅愁，口讀使心亂。生與黃生才，正如江合漢。黃生今孰侶，蹤迹太孤岸。老夫來海外，舊雨半飄散。何期載酒人，及此握蘭旦（生以修禊後數日來）。頗勝白香山，客來要書喚（香山《戲招諸客》詩：「誰道洛中多逸客，不將書喚不曾來」）。（《賞雨茅屋詩集》卷十三，《續修四庫全書》影印清嘉慶二十四年刻增修本）

《胡香海詩集序》

昔者，會稽內史手寫方回之帖，香山居士心折沙哥之詩，然而郗不如王，楊不如白，所從來矣。至若子諒之才，不爲越石作序；孝綽之筆，不爲徐悱定文，將無此事，責在友朋，而戚屬不與乎。香海，余之妹壻也。日者，以詩請序，謂余曰：卿何所疑難，此事固無例也。常人賤同思古，向聲背實，唐詩莫如李杜，而當世無人序之，惟昌黎之序東野，有如玄晏之序左思，匪特高情，實乃妙鑑。所謂操千曲而後曉聲，觀千劍而後識器也。抑又聞之，杜牧之爲裴延翰之舅，嘗謂延翰老爲樊上翁，要有數百首文章爾，爲我序。是則戚屬作序，古已有之，今援其例，可乎？僕不獲辭，敢以數語塞責。君與僕學兼師友，誼篤昏姻，同心之言，如樂之契，而君超超脱俗，咄咄逼人，志隱味深，驚采絕豔。……（《賞雨茅屋詩集》外集，《續修四庫全書》影印清嘉慶二十四年刻增修本）

智按：曾燠，字庶蕃，一字賓谷，南豐（今屬江西）人。乾隆四十六年（一七八一）辛丑進士，官至貴州巡撫。有《賞雨茅屋詩》。

錢泳（一七五九～一八四四）

《履園譚詩》

白香山使老嫗解詩，為千古佳話，余亦謂詩非帷簿之言，何人不可與譚哉？然不可與譚者，卻有幾等：工于時藝者，不可與譚詩；鄉黨自好者，不可與譚詩；市井小人營營於勢利者，亦不可與譚詩。若與此等人譚詩，毋寧與老嫗譚詩也。（《清詩話》第八七一頁；《履園叢話》卷八「譚詩・總論」；張偉校點本第二〇四頁）

七古以氣格為主，非有天姿之高妙，筆力之雄健，音節之鏗鏘，未易言也。尤須沈鬱頓挫以出之，細讀杜、韓詩便見。若無天姿、筆力、音節三者而強為七古，是猶秦庭之舉鼎，而絕其臏矣。余每勸子弟勿輕易動筆作七古，正為此。如以張、王、元、白為宗，梅村為體，雖著作盈尺，終是旁門。（《清詩話》第八七二頁；《履園叢話》卷八「譚詩・總論」；張偉校點本第二〇五～二〇六頁）

……（本朝高宗、仁宗兩朝詩）實能發洩陶、謝、鮑、庾，王、孟、韋、柳，李、杜、韓、白諸家之英華，而自出機杼者；然而亦斷無有竟作陶、謝、鮑、庾，王、孟、韋、柳，李、杜、韓、白諸家之集讀者。……（《清詩話》第八七二頁；《履園叢話》卷八「譚詩·總論」；張偉校點本第二〇六頁）

《履園叢話》

⊙潤筆

潤筆之説，昉於晉、宋，而尤盛於唐之元和、長慶間。如韓昌黎為文必索潤筆，故劉禹錫《祭退之文》云：「一字之價，輦金如山。」李邕受饋遺鉅萬，皇甫湜索縑九千，白樂天為元微之作墓銘，酬以輿馬、綾帛、銀鞍、玉帶之類，不可枚舉。(《續修四庫全書》本卷三·考索；張偉校點本第七三頁）

⊙宋刻

……紹興十四年甲子六月，九江郡守林師説為鐫薛尚功《鐘鼎疑識帖》，後郡守譙令憲又别鐫王右軍之《十七帖》，置於庾樓，淳熙十二年修，内史奉旨，又翻刻《淳化秘閣帖》，謂之前帖。又集王右軍《樂毅論》不全本，與《黄庭經》起，及唐明皇、歐陽詢、褚庭誨、孫思邈、狄仁傑、張旭、顏真卿、李陽冰、李德裕、畢諴、李商隱、李白、胡英、李邕、白居易等書，共為六卷，每一卷後俱有淳熙十二年三月十九日奉聖旨模勒上石字樣，謂之《秘閣續帖》。……（《續修四庫全書》本卷九·碑帖；張偉校點本第二五一～二五三頁）

智按：參見前引《南宋館閣續録》卷三「儲藏」。

⊙琵琶

琵琶本胡樂，馬上所鼓，大約起於晉、宋、齊、隋之間，至有唐而極盛，若賀懷智、康昆侖、王芬、曹保及其子善才，皆有傳襲。自此歷五代、宋、元、明，俱不廢，其音急而清，繁而瑣，白香山詩所謂「大弦嘈嘈如急雨，小弦切切如私語」者也。近時能者甚多，工者絕少。吾鄉有楊文學廷果精於此技，然所彈者皆古曲，非新腔小調之謂也。其曲有《鬱輪袍》、《秋江雁語》、《梁州漫》、《月兒高》諸名色。楊没後，無有傳其學者。近惟有吳門之姚香汀、松江之俞秋圃，可稱善手，以此技遨游公卿間，亦今之賀老也。(《續修四庫全書》本卷十二·藝能；張偉校點本第三一三頁）

⊙潯陽江

九江府治後城上有庾樓，庾亮刺江州時所建，樓下即潯陽江也。城西半里許有琵琶亭，以白香山詩得名。前榷使姜公開陽所建。乾隆五十四年四月十四日垂晚，余嘗停橈亭下。時江波漾月，柳影翻風，南望廬山，青蒼不斷。江上時有小舟載婦人彈琵琶，真江行絶景也。友人周竹珊詩云：「琵琶一樣聽來慣，聽到潯陽便有情。」（德化）（《續修四庫全書》影印清道光十八年述德堂刻本卷十八・古蹟；張偉校點本第四七六頁）

⊙官妓

唐、宋時俱有官妓，如白香山之與元微之、歐陽永叔之與蘇東坡皆所不免。近時無官妓，而竟有太守監司俱宿娼者。余笑曰：「此無他，亦行古之道也。」趙甌北先生有《題白香山集後》云：「風流太守愛魂消，到處春游有翠翹。想見當時疏禁網，尚無官吏宿娼條。」（智按：趙翼《戲題白香山集》，《甌北集》卷四十一）（《續修四庫全書》本卷二十一・笑柄；張偉校點本第五七二頁）

⊙紅裙

婦人無貴賤，母以子貴，妻以夫貴，古之定禮也。至於服色，無有一定。今作妾者，不許著紅裙，此妒婦之立論，不可遂為典。據杜少陵《納涼遇雨詩》「越女紅裙濕」、白香山《琵琶行》「血色羅裙翻酒汙」、東坡詩云「更將文字惱紅裙」，則紅裙者，唐、宋時妓女所用，無所為貴賤也。今大小百家皆服之，青樓之假冒良家者，亦服之，又誰為之分辨耶？按《大清會典》，婦女之服飾，惟八旗有定制，然今亦不用，況民間耶。（《續修四庫全書》本卷二十四・雜記下；張偉校點本第六八三～六八四頁）

智按：錢泳，初名鶴，字立群，號梅溪，一號台仙，金匱（今江蘇無錫）人。國子監生，官候選府經歷。遍游公卿間，任幕僚二十餘年。工詩擅書畫，精于金石文字之學，袁枚《隨園詩話》卷十四選録其詩，極稱其淵博。著有《梅花溪詩草》、《蔗軒遺稿》、《履園文集》、《蘭林集》、《述德編》、《履園叢話》、《曲目新編》等。事迹見詩草附《梅花溪居士傳》。

錢泳（一七五九～一八四四）等

《熙朝新語》

歙人某，娶婦甫一月，即行賈，婦刺繡易食，以其餘積，歲置一珠，以綵絲繫之，比夫歸，婦歿已三載。啓篋得珠，已積二十餘顆。汪千鼎洪度爲作《紀歲珠》詩云：「珠壘壘，天涯歸未歸。」較白香山「商人重利輕別離」之句，尤覺婉約可悲。（《熙朝新語》卷八，第八葉，《續修四庫全書》影印清嘉慶二十三年刻本）

琵琶亭，在江西九江府潯陽江畔，題詠甚多。乾隆間，唐蝸寄英司榷九江，置紙筆於亭上，賈客能詩者，輒令賦詩，開列姓名，交關吏投進。唐讀其詩分高下以酬之，投贈無虛日。坐是虧累變產以償，怡然絶不介意。去官後，過客思之，爲建白太傅祠，肖唐公像於旁。至今尚存。（《熙朝新語》卷十五，《續修四庫全書》影印清嘉慶二十三年刻本）

智按：《熙朝新語》十六卷，署「古歙余金德水輯」，而據錢泳《履園叢話》序稱「曩嘗與友人徐厚卿明經同輯《熙朝新語》十六卷，已行於世」，則所謂「余金」者，乃取兩者姓氏徐、錢各半而合成。徐錫麟（厚卿）早逝，無著作傳世。民國時進步書局輯印《筆記小說大觀》、文明書局輯印《清代筆記叢刊》，將作者改題為徐錫麟、錢泳同輯。

陳聲和（一七六〇～一七九三）

《入都新樂府》

趕車夫，面黧黑。風沙多，耳鼻塞。車下走，芒鞋穿，有時側坐車轅邊。卻愁轅重車不前，愛惜馬力不忍鞭趕。車夫太辛苦，得毋困飢寒。無財作商賈，答言家有十頃田。近接都門百餘里，婦女習桑麻，不曾識羅綺。有翁課農兒讀書，偶市酒肉歸可喜，我習趕車已廿年，賴此得錢勿我鄙。客聞此言歎息頻，其人樸陋情率真。吾鄉風俗無此淳。

二把手，挽者在前推者後，雨天雪地不敢走。有時得意如乘槎，布帆三尺捲浪沙。仰不高軒俯不軾，坐客欠伸慮傾側。忽然壓面高車來，御者意氣如風雷。揮鞭叱汝讓中道，道左還嗔礙邊套。可憐排擠入坎中，兩人推挽力亦窮。此客倉皇意消沮，道旁强就老翁語。大腹高卧車中人，得毋官長非貧民。老翁笑客見何淺，世路傾敧原不免。人生貴賤視所乘，彼此易位仍相凌。（單學傅《海虞詩話》卷八，民國四年銅華館本）

智按：單學傅《海虞詩話》卷八云：「陳明經聲和，字叶宫，號筠樵，少負才名，曾經袁隨園奬借，著有《響琴齋詩集》。《入都新樂府》九章，頗近香山，兹録其二……按詩中『布帆三尺』之句，非空言也。二把手車，有張帆以趁風力，而推挽較輕者，南人或未見矣。」

陳聲和，字叶宫，號筠樵，昭文（今江蘇常熟）人，廩貢生。少警敏，作文好爲駢體，工詞及度曲，尤長于詩。詩祖長慶體，有《筠樵詩鈔》。

牟願相（一七六〇～一八一一）

《小澥草堂雜論詩》

《詩小評》：白樂天（居易）、元微之（稹）詩如梨園法曲，其聲動心。（《清詩話續編》第九一五頁）

《雜論詩》：詩至盛唐，至矣。中唐如韓退之、孟東野、李長吉、白樂天，雖失刻露，要具五丁開山之力。至晚唐諸公，乃僅以律句絕句自喜耳。（《清詩話續編》第九一九頁）

《雜論詩》：白樂天「俗」字固不可易，然以元微之並觀，樂天定是不俗人。（《清詩話續編》第九一九頁）

《雜論詩》：中唐詩以道得人心中事為工，意盡而語竭。元、白以煩，張、王以簡，孟東野詩瘦骨崚嶒，不幸令人以賈島匹之。（《清詩話續編》第九一九頁）

《又雜論詩》：詩到中唐盡：昌黎艱奥盡，東野劖削盡，蘇州、柳州深永盡，李賀奇險盡，元、白曲暢盡，張、王輕俊盡，文房幽健盡。（《清詩話續編》第九二三頁）

智按：牟願相，字亶甫，號鐵李，山東棲霞人。諸生。工古文。有《小瀰草堂古今詩集》一卷《小瀰草堂古文集》一卷（《清代詩文集彙編》影印清咸豐三年牟氏刻本）。事迹見《山東通志》卷一四五藝文志。

王曇（一七六〇～一八一七）

《鐵雲先生烏戍書來先日與桐門舅氏看花山塘連舟話別書來述及敬報一郵》（三首其三）

一卷元和體，金天鳳字工。買書經島國，獻鳥達空籠。（承寄詩函，并所書詩片字畫，精絶，爲銅商公肆中遮留，僅以封筒下寄。故有獻鳥空籠之喻）此稾矜三絕，無文祭五窮。南華橋下水，相見一郵筒。（《烟霞萬古樓詩選》卷一，《續修四庫全書》影印清咸豐元年徐渭仁刻本，第一四八三册，第五八〇頁）

《煙霞萬古樓結集自序》

太玄之草成，而劉歆欲覆醬瓿；三都之賦出，而士衡欲蓋酒甕。同是時也，桓譚以為絕倫，張華為之紙貴，豈文無定體，嗜痂者有異癖，孌眇者多一目歟？李百藥曰：「文章者，性情之風標，神明之律呂也。」張融自序曰：「吾文章之體，多為世人所驚。」又曰：「文豈有常體，丈夫何至因循寄人籬下。」裴子野論文曰：「人皆成於手，吾獨成於心。」北齊祖瑩亦語人曰：「文章須自出機杼，成一家風骨，何能共人生活哉！」讀劉勰之《雕龍》，不如通摯虞之《流別》；讀鍾嶸之《詩品》，不如追韓嬰之《傳説》……南史氏曰：「文章容易逋峭難。」又曰：「文章不娬媚，正如疥駱駞。」今世之勉力宏詞者，班馬奇字，白孔陳羹，華林類苑，疊韶雙聲，驟焉而蘇綽大誥，忽然而王莽金縢，著淵通以擬道德，仿太玄而作測靈，以艱深文其淺陋，以奇險幸其功名，揚雄以爲曉曉之學，繡其鞶帨而目之，爲翰林主人者非也。亦有好事焉者，鑄賈島而拜，像東坡而祀，蜜膏飲杜少陵之灰，遍體刺白香山之字，老兵之貌中郎，優孟之學期思，高冠大屐而自居某一家之詩與文者，悖矣。……（《烟霞萬古樓文集》卷首，《續修四庫全書》影印清嘉慶刻道光增修本，第一四八三册，第五〇三～五〇四頁）

《工侍師三書》

示書謂，曁黮盛明臧否，陸子璋戒其必傾；張溫清濁太分，諸葛公知其有禍。……先生知處仲非忠臣，識安石誤天下，惡絳、灌無文，懲博望不學，亦嘗笑晏颺、管輅與泉下人語也。今日之勢爲禽息則憂國，而争爲廣德則止車，而血列癡相之罪，褫獨坐之權，使范睢一言，而穰侯兄弟皆癈；石顯一徙，而充宗黨友皆安，則一簡之紙，百世之史也。然後借荆州之布帆，飲秋風之蒓菜，辭司馬光洛下耆英，爲白樂天香山九老（時蘇郡建白公祠，錢辛楣宫詹、家闌泉司寇、趙雲菘觀察、陳東浦方伯、王夢樓侍講諸公，皆遲先生，歸爲九老會）。……（《烟霞萬古樓文集》卷三，《續修四庫全書》影印清嘉慶刻道光增修本，第一四八三册，第五二五～五二六頁）

《虎邱建白太傅祠堂狀》

伏考禮祭之法，以能捍菑患爲功勞；郡國之典，亦得索鬼神而祭祀。以故陸雲去縣，浚儀之俗祀其神；石慶相齊，卽墨之民配諸社。或以報功，或以示本，承而勿替矣。吳郡鳧鴈爲鄉，舊稱澤國。初時也，范蠡闢長洲之瀆，地尚黿宫；子胥叱淛水之潮，人離魚府。洎至黄歇城吳，水分四縱；韓皋布地，波奠三江。所由禜社甍連，叢祠屋接。五花樓下，盡刻高公水政之文；四絕碑中，大書禹鑿了溪之事。固已祀法粗瞅，祭儀略備已。獨是香山一瓣，空題刺史，橋名粉水，千年未立。江州祠廟，如唐太傅白文公之刺史是邦也，太湖五宿，有三年去郡之詩，武阜兩壕，開七里横波之路。散龍口而築濤門，灑彪池而通斗户。常使長干靚女，盪花市以川游；大隄行人，泛酒城而水戲，設不塞海眼以金錢，賂波神以玉璧，焉知不地尚陸沈，山仍海湧也。嘗考昌黎訟旱，有懲呵風伯之文；表聖愁霖，有痛斥雨師之檄，是明神有吐食之嗟，功德歸馨香之薦歟。公身尚讜言，史明直道。論河東入相，豈容褒越平章；斥于頔佞人，不許曲歸天子。且復奪中官兵柄，謂承璀不可監軍，竦天下忠臣，謂奉國宜假節度。至今讀虞人之戒，字字忠言；當年詠新井之篇，人人忌口。夫豈但年尊九老，人重鷄林；祭倉頡爲文神，鑄閬仙爲詩佛也已哉。按祭神二義，王充主于報功；祀事十名，許慎兼以會福。公八灘手鑿，六井重甃，想當日虎山立碣，水號流桑；鶴市蒸隄，洲名種荻。水功紀在五湖，宦澤流諸三泖。豈可使白蛇廟壁，弗題魯峻碑陰；黄水祠門，不建李剛石室。今虎邱東麓，有五賢祠者，但陳豆俎，不述勤勞，亂列衣冠，無關祭法。且復西門靈館，法宇欹頹，晉川涼堂，神宫陊塌。若非郎官水上，另書李白文章；太傅湖邊，别塑謝安神像，是何異沉碑峴首，棄羊祜於荒阡；作廟羅池，屏宗元於瘴海。卑府等，擬於墖影舊園，建白刺史祠堂一所，髣司馬遷夏陽覽古，再列桓楹；視卜子夏崌谷棲遲，重安杵臼。庶幾樂陵墟館，記府君往日遊神；瓠子金隄，志子貢舊時工築。燎牲磔犬，有歲常豐，面郭臨岡，無堂不固。伏懇綿田桂樹，榮書介子之祠；木主石龕，永拜北君之廟。除申藩臬，伏乞施行。(《烟霞萬古樓文集》卷五，《續修四庫全書》影印清嘉慶刻道光增修本，第一四八三册，第五四四～五四五頁)

智按：嘉慶二年（一七九七），蘇州知府任兆炯重修白居易祠，王曇爲作此狀。時吴中弟子欲約袁枚、錢大聽、王昶、趙翼、王文治、吴省欽等爲九老會，王曇因有書寄省欽。王曇《工侍師三書》「辭司馬光洛下耆英，爲白樂天香山九老」夾注云：「時蘇郡建白公祠，錢辛楣宫詹、家蘭泉司寇、趙雲菘觀察、陳東浦方伯、王夢樓侍講諸公皆遲先生歸，爲九老會。」(《烟霞萬古樓文集》卷三) 顧禄《清嘉録》卷三「游春玩景」條：「白公祠，嘉慶二年太守任公兆坰即蔣氏塔影園改建。」

《屠孟昭大尹尊甫蘭渚封君七十封安人弘農君五十八歲壽序》

漢崇上巳，晉紀重陽，春秋命曆之序，魯侯燕喜之章，古今士之傳世而不朽者，曰儒林文林，曰賢良循良。……良士聞之，劉柳無稱於事業，姚宋不見於文章。今孟昭詩文集盛行大江南北，此韋蘇州之焚香賦詩，而民不忍欺；白香山之家絃户誦，而吏牘一清。視當日局促翰院，焚宫香而讀麗正文章、登落雁而攜驚人詩句者，庶幾乎？西南夷之弓衣，皆梅都官詩；吐谷渾之牀頭，亦溫子昇集歟？畫鶴之記，遍於新羅；子雲之書，傳於百濟。……(《烟霞萬古樓文集》卷六，《續修四庫全書》影印清嘉慶刻道光增修本，第一四八三册，第五五九～五六〇頁)

智按：王曇，又名良士，字仲瞿，秀水（今浙江嘉興）人。當地有瓶山，因以「瓶山」自號。乾隆五十九年（一七九四）舉人。會試不第。「為學無所不窺。好遊俠，兼通兵家言。善弓矢，上馬如飛。慷慨悲歌，不可一世」（錢泳《煙霞萬古樓文集序》）。世目為狂，終身潦倒。龔自珍則認為「其為人也，幽如閉如，寒夜屏人語，絮絮如老嫗，匪但平易近人而已」（《王仲瞿墓表銘》）。能詩與駢文，與舒位、孫原湘齊名，法式善曾為他們作《三君詠》。有《煙霞萬古樓文集》、《煙霞萬古樓詩選》。

劉嗣富（一七六〇～一八二六）

《滿江紅・舟泊潯陽江訪琵琶亭》

四角危亭，維舟向、潯陽江浦。此間是、樂天送客，舊銷魂處。江水茫茫搖月落，蘆花瑟瑟和秋語。聽淒淒、一曲斷腸聲，琵琶女。　萍蹤滯，無朝暮。塵劫換，悲今古。向荒榛憑弔，不勝淒楚。洗盞且浮缸面酒，倚舷更聽津頭鼓。也無端、彈淚溼青衫，多於雨。（丁紹儀《國朝詞綜補》卷二十八，《續修四庫全書》影印清光緒刻前五十八卷本）

智按：劉嗣富，字鐵文，一字彥佐，號藉山，陽湖（今江蘇常州）人。諸生。劉汝謨之子，劉嗣綰（一七六二～一八二〇）堂兄。有《澧蘭初稿》附詞。

孫原湘（一七六〇～一八二九）

《呈袁隨園太史枚》

海內詞壇幾箇賢，風流文采讓公先。中年宦興陶彭澤，外國詩名白樂天。屈指無多前輩在，及身早似古人傳。商量循吏還文苑，青史應分傳兩篇。

竹樹烟雲護四鄰，謝公墩畔老閒身。官辭北闕心情嬾，宅仿西湖面目新。健筆獨撐詩世界，鴻才小試野經綸。蒼蒼位置文星巧，六代江山著此人。

歲歲梅花夜夜簫，詩仙奇福始能消。文章倉卒皆千古，人物依稀似六朝。坐有春風常自煖，客如明月不須邀。誰知陶令歸來日，反使公卿爲折腰。

二十三房小洞天，不曾放過月空圓。龍門御李皆名士，鶴髮看花比少年。民愛仲卿前令尹，世疑陽五古神仙。得公一破才人例，福壽聰明事事全。（《天眞閣集》卷四詩四，《續修四庫全書》影印清嘉慶五年刻增修本）

《吴趨吟十首》

乾隆丁未初冬，寓蘇臺匝月，耳目所值，著之詠歌。仿白傅《秦中吟》，而稍變其體，命曰《吴趨吟》，所謂辭質而徑，事覈而實，以備采風者之取信焉。

⊙蕩湖船

蕩湖船，一生不出白公隄。清晨泛月采香徑，日午載花香水溪。四角紅絡索，八扇青玻瓈。中間畫簾捲銀押，陳設玉爐金盌文犀棋。桐橋日落烟波膩，放手輕摇疾於轡。但聽雙橈晝水聲，居然走馬看花意。狐裘蒙茸坐誰子，白皙長身美髯紫。當筵鼻息干虹蜺，一見美人心肯死。美人家住桃花隖，金鎖葳蕤閉朱户。誰將小字説郎聞，苦要移船就儂語。樓頭飛落一片雲，照水六幅湘江裙。郎飲同心杯，妾歌同心曲。一杯未竟一歌續，沈醉不妨船裏宿。

⊙當鑪女

十五十六妖嬈姝，春風吹酥玉雪膚。門前繁花壓朱楯，屋後竹石交綺疏。鸚哥玲瓏喚人住，石鼎松聲靄香霧。畫眉妝罷膩春纖，偷掠雲鬟理茶具。何用別顔色？霽紅定白哥窯青。何用別香味？虎邱龍井及鳳亭。湯成細吹粥面聚，點法別擅蘭膏馨。銀船鑿落香一琖，直費中人半家產。

⊙女清音

豐容大辮誰家姝？窄袖禿襟如子都。小妹十三尚不足，阿姊十六頗有餘。客無生疏見面熟，伎師催奉新聲曲。曲終願客且斯須，酒炙紛綸習池速。探鉤射覆無不精，承顔伺色尤聰明。離之忽近即之遠，情無情處鉤人情。眉眼能分客高下，親疏還視金多寡。常妝處女十年貞，慣作乾兒一分假。東頭客去西頭來，貴家夜宴還傳催。明朝日高起梳洗，妝成旋抱琵琶理。昨日客來今不來，阿孃怒詈何曾已。張燕燕，李鶯鶯，歷一處，更一名。門前三日車馬稀，一驅又向他州飛。

⊙名優伶

生不識，布與粟，膏粱文繡金珠玉。生不識，耕與犢，樗蒲腷膊絲竹肉。

雛喉宛轉學出聲，嬌若處女清如鶯。登場結束備祑態，春風一日馳歌名。五陵年少誇游冶，爭願結交致門下。春花秋月賞宴同，入則連牀出連馬。堂堂使者持節來，高牙大纛城門開。太守除道迎中丞，晉謁局促不自寧。百官肅告退使者，坐鬱䠂俳兒優子。各以雜劇進，獨見此子大歡悦。傳呼飭中廚，咄嗟辦果酒。引吭發新聲，按拍妍素手。此曲京師未曾有，吾願得子以爲友。明朝飭縣令，爲製紫貂裘。賜以欵段馬，緑袴真珠韉。出門導從滿街路，馬前行人爭卻步。故人相遇金閶門，揮鞭掉頭不肯顧。

⊙賣花家

前花後花中非花，五色璀璨如朝霞。入門花光看不定，鶯語玲瓏花外聽。天家花事祇一春，儂家花事四季新。雪蕉疑懸摩詰畫，翦綵訝出隋宫人。先期爲珍後期賓，開在當時轉如草。即將人面比桃花，多見何如偶見好。宣州白盆一種妍，紅箋書價值十千。朱門買花爭早得，罕物不惜黄金錢。種花種百本，衣食自然生計穩。種穀種一年，剜肉補創租不全。種花人家肥，種穀人家飢。明年傭作種花家，手提花籃去賣花。一籃花值金一兩，妓館遊船還倍賞。

⊙鬻女兒

生男不樂生女賀，全家衣食賴奇貨。十三教畫雙翠蛾，十四絃索調新歌。十五夭桃好時節，桃花靧面光如雪。阿母歡笑眉眼開，羣媒如蝶聞香來。五陵貴客願求見，門前立馬空徘徊。鸚哥頻催進茶熟，隔户香風透羅縠。開簾錦韤露雙鈎，不動湘裙仍六幅。匆匆下拜玉釧鬆，偷掠雲鬟指如玉。日光一綫射眉間，四面紗窗紅映肉。問年年可憐，手指明月三五圓。問名名若仙，簪花楷格書紅箋。低頭私弄合歡帶，迴身戲撥琵琶絃。客喜語阿母，千金不爲多。翡翠雙條脱，明珠壓綺羅。清晨與郎見，日暮與母別。骨肉自東西，何煩淚嗚咽。阿母思女心，開眼但見生黄金。女兒思母意，上頭只見新珠翠。

⊙男工繡

錦繡纂組害女紅，於今此事兼傷農。終年荷鋤不得飽，不如穿鍼易見巧。穿鍼匆學縫布裳，入時學繡雙鴛鴦。垂髫男子十四五，列坐紅窗静如女。爲他人作嫁時衣，素手偏工壓金縷。繡袍五尺春雲疊，抖擻香風消百摺。美人玉立稱腰身，拖地長裾罩華屧。四圍蝴蝶珠穿成，十户中人衣一襲。交龍鬭鳳色淺深，聰明費盡男兒心。閨中一度春風著，三月功夫弄繡鍼。繡鍼眼無一黍大，賴此全家衣食過。家中姊妹畫雙蛾，妝成褎手終朝坐。

⊙新嫁孃

東家娶婦西家空，巷南巷北花幡紅。前頭笙歌喧兩部，錦蓋如雲從如雨。鏤金錯采五十箱，羅紈綺縠裁禪襠。紫金步搖九雛鳳，白玉條脱雙文鴦。小珠玫瑰色，大珠明月光。珊瑚寶石，文犀瑪瑙，一一塡中央。光彩照里鄰，奢華壓郡縣。瞠目走僮奴，交口譽親串。上堂翁嫗大喜歡，新婦下拜，翁嫗蹙蹙不安。毋雞鳴起，毋供棗栗，饘酏酒醴，中饋米鹽，不得屑屑勞爾爾自有。鏤金錯采五十箱，開箱羅紈綺縠香。紫釵玉釧十二行，大珠小珠，珊瑚寶石，文犀瑪瑙，一一塡中央。

⊙冶游女

吳山如黛螺，吳女善畫雙翠蛾。吳水如羅縠，吳孃慣拖湘裙幅。二月踏青至虎邱，春風顛殺春雲羞。桃花見儂學笑口，楊柳見儂學垂手。燒香拜上觀音山，采絲親繡觀音幡。拔釵與郎祝富貴，脱環與郎祝平安。五月龍舟早，胥江水嬉好。六月荷花香，新波蕩新妝。中秋約伴湖心宴，雪白玲瓏月一串。一圍鏡裏一嫦娥，箇箇團圞似儂面。春亦不知愁，秋亦不知愁。上頭金珠翠，壓體綾羅綢。東家新興百葉髻，西家鬟作盤龍勢。阿儂不隨女伴來，那得梳妝入時世。

⊙贗骨董

青天明月不可假，其餘紛紛多贗者。秦時銅鼎漢玉斝，阿房宮磚未央瓦。戴嵩老牛韓幹馬，紙墨所爲尤古雅。山塘畫閣對水開，清陰簌簌摇緑槐。湘簾棐几位貼妥，香爐茗盌紛安排。千金下至百金值，索價無常視其客。十日不得名一錢，有時一錢遂獲百。塞天金銀氣，夜半入官府。大用買高爵，小用買歌舞。餘者買此示好古，不見世家舊物塵埃生，玉罌汲水當瓦鐺。沿街喚遍無人買，還付兒童去換餳。（《天眞閣集》卷五詩五，《續修四庫全書》影印清嘉慶五年刻增修本，第一四八七册，第五七五～五七七頁）

《林硯莊攜姬人移居越夕而生子盆蘭並蒂同心者雙花人以爲瑞而硯莊意更有所屬以花爲佳兆屬七香作圖介遠峯乞余詩張之》

名花得一已足誇，君家一花成兩花。同心之侶不易尋，君花兩心如一心。

花來自何方？得非二江合流之瀟湘，抑爲兩山合體之羅浮岡。壅以鳳凰山下土，花魂化爲鳳與凰。灌以鴛鴦湖中水，花意效作鴛與鴦。不然何以有此大體雙，君移窈窕新蘭房，雙棲雙宿玳瑁梁。燕姞寤蘭蘭應祥，寧馨兒與花同香。何用作花盎？藍田雙珏玉。何用作花几？淋池連理木。座客見此花，謂如比肩與比目。主人對此花，意在得隴復得蜀。不見韓退之，左擁絳桃右柳枝。不見白香山，歌稱樊素舞小蠻。此花恰如英與皇，一爲蘭芳一蕙芳。天意賜君願必償，不取轉恐天爲殃。主人聞此言，軒渠大歡暢。醉客合巹杯，懸圖合歡帳。願人常似盎中花，願花常似圖中樣。攜圖索我詩，君家雙樹生。我聞雙蘭兆，觸我雙閒情。平生枉種雙紅豆，那似雙蘭肯合并。（《天眞閣集》卷二十三詩二十三，《續修四庫全書》影印清嘉慶五年刻增修本）

《送价人觀察解組歸南豐》

春水方生綵鷁還，看花一路達鄉關。交韓乍喜鷗盟洽，借寇猶思馬足攀。四海文名歐永叔，七旬高蹈白香山。他年想望停雲處，只在匡廬九疊間。（《天眞閣集》卷三十二詩三十二，《續修四庫全書》影印清嘉慶五年刻增修本）

《朱萼湄黄葉邨居集序》

去昭文縣城五十里，曰李墅，詩人朱君萼湄之所居在焉。余未識萼湄，萼湄嘗語人曰：孫君與余厚，時余爲諸生，連不得志于有司，方爲人所厭棄，萼湄特從他處見予詩而善之，遂引以爲友，卽萼湄可知矣。萼湄嘗寄余咏史百篇，余病其純用七律，竊謂唐人惟杜陵、香山集中多存此體，然終不及諸體之半，至東坡、劍南、誠齋，尤喜爲之，而諸家妙處實不專在是，故詩家宜多作樂府五七古，專工七律者，懼其風格不高，易蹈宋元孱厲軟熟之習，將作書貽萼湄，而萼湄死矣。君旣殁之四年，子詒燕來從余學詩，因出君所手定《黄葉邨居集》，將授之梓，而屬余爲序。余始獲覩其全詩，蓋無體不工，能兼取唐宋諸家之勝，其長篇尤諸諸便便，一氣委輸，而悉合法度，乃悟曩之執其一斑以槩其全豹，幾以瞿佑、朱紹輩目萼湄，失萼湄矣。余嘗過李墅，所謂黄葉邨居者，水木明瑟，翛然有隱居之風，詒燕恂恂執業，余方以漢魏諸體授之，勗其毋專攻七律，今讀萼湄之詩，詒燕亦世其家學焉可也。

（《天眞閣集》卷四十一文三，《續修四庫全書》影印清嘉慶五年刻增修本）

《林研莊詩集序》

金閶闤闠之間，有歌聲出，金石琅琅，然與市聲相答應者，則我林子研莊之居也。研莊弱冠時，自閩來吳學詩，其叔遠峯卽已丁當清逸，詩壇旗鼓，傾其座人。已而自謂無與於性情也，乃悉屏其聲律比偶之習。感時觸物，一以自抒其情志。而於思親懷友之什，尤纏綿悱惻，一唱而三歎焉。家故在龍巖率間，歲一歸省。往返必有詩，數往返，詩格亦數變。今年來自閩，投詩一卷，益肆力於古體，諸諸便便，涵以一氣。其中有《新樂府》數章，言近指遠，居然香山之遺矣。蓋其用志也專，其用力也勤，擺脫衆好，鞭迫性靈，此其所以每變而益上也。近世吳中詩學，大都宗法歸愚，閩中則喜學莘田，研莊家於閩，而能自脱於閩，僑於吳而能不染於吳，此尤難已。研莊家故饒以耽吟詠，故貲日益落，或諷以宜急爲變計者，研莊聞之而喜，曰：若是則吾之變久矣。（《天眞閣集》卷四十二文四，《續修四庫全書》影印清嘉慶五年刻增修本）

《華秋槎司馬建祠西湖記》

杭西湖有白蘇二公祠，創自阮芸臺中丞，而經營締造之者，金匱華秋槎司馬也。湖自乾隆四十九年以後，崇臺飛觀，金碧黤黮，而兩祠獨水木明瑟，雜花繽紛，則司馬之整葺而扶植之也。……今諸君子猶承阮志也。公諱瑞潢，字涇昜，秋槎其號。由鹺官擢令，遷同知，被論去官，遺書有《寶雲山館詩草》、《海寇紀畧》、《湖山泉石録》、《北山小志》。年月日，孫原湘記。（《天眞閣集》卷四十六文八，《續修四庫全書》影印清嘉慶五年刻增修本）

智按：《（民國）杭州府志》卷一百七十引《杭郡詩續輯》云：「華瑞潢，字涇陽。江蘇金匱人。官臨海知縣。罷官後，僦居西湖段家橋，榜其廬曰北山旅館。石門方薰為寫《北山旅館圖》，一時名人題詠殆徧。阮元、秦瀛相繼撫浙，瑞潢上謁，為杭人請建白蘇二公專祠於孤山，且開濬西湖。卒祀蘇祠之旁。」

《跋龍筋鳳髓判後》

唐張鷟撰，字文成，號浮休子，深州陸梁人。

右《龍筋鳳髓判》，唐張文成所撰。紫文入㝳，氣早著夫凌雲；澹墨書名，第遂高乎調露。舉青錢而充選，有萬簡萬中之能；摛丹筆以垂仁，比五聽五聲之允。宜其甲科八舉而無雙，選判四參而皆最。譽馳鹿塞，價重雞林。微特覔舉者戴若名經，秉讞者珍爲藍本已。或者謂，灋惟助治，刑以教中；辭貴明徵，體尚簡要。採林華之豔，不切霜威；撏枝葉之繁，何關電勑？不知先王議事，以制君子，明慎用刑，折獄必據乎經文，定讞直根乎史斷。方朔重鹿之風，究近滑稽；張湯磔鼠之文，殊嫌兒戲。甯成乳虎，終少一卷之書；郅都蒼鷹，徒知三尺之律。是以兒寬奏上，非俗吏之所爲；不疑平反，惟經術之是用。延英叩閣之諫，置笏引經；昭陵斧柏之爭，盜環述史。但論適中乎平準，即言不病其敷腴。固當與白樂天之文集，西曹並尊；李元紘之判章，南山同鎮。况乎《文選》備制作之奇，獨無讞藳；《英華》見搜羅之富，不著撰人。既涉獵乎百家，寧偏枯于一體。詞翔藻耀，猶不失駢體之宗；件繫條分，兼可補義疏之闕。原書上下二卷，劉敬虛益之以注，離爲四卷，雖勤採掇，頗失冗煩。兹本一仍鷟書，無取鵬輯云。（《天眞閣集》卷五十四駢體文四，《續修四庫全書》影印清嘉慶五年刻增修本）

智按：孫原湘，字子瀟，昭文（今江蘇常熟）人。嘉慶十年（一八〇五）進士，選庶吉士，未仕。有《天真閣集》。傳載《清史稿》卷四八五附《法式善傳》後。

成海應（一七六〇～一八三九）

《楊柳枝詞》

《汪堯峯集》曰：郭茂倩《樂府》有《折楊柳詞》凡四調，其二爲横吹曲，則梁元帝有詩及古詞「上馬不捉鞭」五曲是也。其一爲相和曲，則「默默施行違」一篇是也，其一爲清商西曲，歌則月節，《折楊柳詞》是也。又有《楊柳枝詞》，白樂天爲小蠻善舞而作者也。……（《研經齋全集》卷一雜詩，

《韓國文集叢刊》本）

《復寄士希》

相望幽居雲水深，田間定復較晴陰。嵇生多病仍踈懶，白傅無官自醉吟。井李螬登貧士食，池荷芳襲散人襟。山中生活甘踈薄，何慕前賢易擲金。（《研經齋全集》卷六，《韓國文集叢刊》本）

《端午日，會竹谷池上》

林塘當暑潤，遲日自禽聲。崇酒懷前設，新詩續善鳴。泉流閑處激，山氣晚來清。病起忘衰謝，藜筇忽欲輕。淑鄉存古法，玆席亦風聲。舊社看花發，同人和鶴鳴。鄰家蒲酒熟，田野麥風清。欲續冠童詠，新成細葛輕。雅集依林閣，高風自遠聲。漸看巢燕乳，旋聽候虫鳴。久旱村居靜，令辰社飲清。蜚英人不乏，此會莫相輕。鄉老逢迎熟，遙知剝啄聲。果從炎月爛，鷄帶午陰鳴。北海樽常滿，西園事更清。衰懷傾一飽，步屧也堪輕。忽復牽衰興，頻從笑語聲。晚霞隨類動，歸鳥以羣鳴。酒力添新勁，花香襲故清。林霏還有趣，牛背緑簑輕。炊黍麗家會，吟詩白傅聲。惠垂來許盛，風憶古先鳴。美蔭桑麻合，高情水木清。相邀元淨土，聊復往來輕。柳翁詩滾滾，猶復舊時聲。不免差池恨，眞堪老大鳴。盍簪池舘爽，傳飲暑天清。留連無俗物，枉道莫辭輕。（《研經齋全集》卷七，《韓國文集叢刊》本）

《吳三桂搬家案解》

三桂旣復京師，急覓圓圓，相持悲喜，不待圓圓爲闖致說，自以爲法戒窮追，聽其縱逸矣。旋受王封，鎮雲南，建蕪臺。三桂酒酣，恒拔劒起舞，圓圓卽捧觴爲壽，三桂益愛之。其蓄異志，陰結遊士者，多出圓圓謀云，後爲正妃所妬，辭宮入道。及三桂敗，不知所終。吳梅村偉業，嘗倣白樂天《琵琶》、《長恨》體，作《圓圓曲》以刺三桂，有曰：「衝冠一怒爲紅顔」，盖實録也。三桂齎重幣求去此詩。吳不許。後陸次雲（字雲士）因歌作傳如是。……（《研經齋全集》卷四十四雜録，《韓國文集叢刊》本）

《逸民傳・崔徽之》

崔徽之字子琴，朔寧人，少有才名。光海時，人倫斁晦，不赴公車。及仁祖反正，始中進士。因絶意進取，專心問學。性篤孝，事母常有愉色。徽之藏修既久，鄉黨服其行義。……即移病歸。己酉卒，年七十一。徽之有高行，立心以忠信不欺爲主。顧獨好山水，嘗卜築求禮之鰲山，構竹爲屋，往來逍遥，自號鰲州，與其弟攸之及同里諸名士，爲九老會，倣白居易故事，藻翰雖過人，而亦不屑爲也。（《研經齋全集》卷五十三，《韓國文集叢刊》本）

《大朗慧、智證、慧昭》

大朗慧和尚，新羅武烈王八世孫也。嘗遊中原佛光寺，問道於如滿。如滿，白居易空門友也。輒爲朗慧屈曰：吾閲人多矣，無如子之善者，禪道其東乎。……（《研經齋全集》卷五十四草榭談獻一，《韓國文集叢刊》本）

《題中隱帖後》

先君子當正宗戊申夏，淹直秘省，京山李公在洞陰山中，書白樂天《中隱》詩而寄之，盖以况先君子也。先君子步其韻，且屬朱溪羅公和之。京山又書以小篆，裝爲一帖。風流文采，不徒輝映當時，後之見者，必有想慕而不可及者，此奚徒一家之珍藏乎。（《研經齋全集》續集册十六書畫雜識，《韓國文集叢刊》本）

《皛堂記》

宜寧南子舜可，以皛堂名其居。謂余曰：「吾家在白嶽山下，墓在楊根之白蓮山下。吾素慕白樂天，皛者三白也，盍爲吾記諸。」余復之曰：「白蓮山吾雖未之遊，然知爲子世世衣冠之藏，岡麓必高朗雄深，宜其毓祥儲祉，而余既未能詳焉，則固不可妄論也。樂天之文章直節，固足爲有唐名臣，且早謝榮利，退居于洛，晚節尤可稱也。然士欲尚友千古，則自皐夔伊吕，皆可慕也，奚止樂天爲哉？余嘗家都下，每朝暮瞻望白嶽，元氣渟滀蟠結，爲王都之鎮，而最喜其挺拔千仞，上干雲霄。然氣像尊而不抗，峻而不厲，峭而可攀，高而可階，不比乎白頭之靈邃，金剛之怪偉，智異之幽晦，偏以一奇名也。是故，古之名碩，取而長其德性之美，多環山而宅。白雲紫霞之洞，幽蘭之谷，清風之谿，林壑蕭散閒僻，而遺躅所存，巖石草木，至今衣被其光榮。顧世守之者亦鮮，往往有易主而處焉。獨子之里，自參判公始居之，至九世而不徙，苟不以堂構之責相傳授，則豈能如是乎？此可爲士大夫所當

師法也。……」(《研經齋全集》續集册十七文三,《韓國文集叢刊》本)

《少華風俗攷》

白樂天詩:「園葵烹佐飯。」今謂□魚曰佐飯。(《研經齋全集》外集卷五十三故事類,《韓國文集叢刊》本)

智按:成海應,字龍汝。有《研經齋全集》。

淩揚藻(一七六〇～一八四五)

《蠡勺編》

⊙元白長慶集

樂天撰《微之墓誌》,稱著文一百卷,題曰《元氏長慶集》,至宋存六十卷。《中興書目》止四十八卷,又逸詩二卷。今本乃宣和中建安劉麟所刊。明馬元調據以翻雕,詩二十六卷,賦一卷,雜文三十卷。《白氏長慶集》七十一卷,《集後記》稱前著五十卷,元微之為序,後集二十卷,自為序。又續後集五卷,自為記,前後七十五卷。今本七十一卷,年譜一卷。元白文章齊名,稿皆號《長慶集》。其出處亦不大相悖。惟微之晚欲速化,依奄宦得相,士論薄之。樂天與楊虞卿為姻家,與牛僧孺為師生,而不陷牛李之黨,斯可謂始終全節者。樂天詩格條直,中皆雅音,微之意拙語纖,頗流于澀。故張為《主客圖》以樂天為廣大教化主,而微之不與焉。東坡品為元輕白俗,未可為定論也。(《蠡勺編》卷二十二,《續修四庫全書》影印清嶺南遺書本)

⊙樂府

《中興書目》言劉次莊取前代樂府,分類為十九門,而各釋其命題之意。陳直齋謂其所載止于陳隋人,當是唐集之舊。次莊因而增廣之耳,要莫備于太原郭茂蒨樂府集,為門十有二,凡古今號稱樂府者,皆在焉。(上起陶唐,下迄五代,網羅賅博,其解題敘述源流尤為詳備)至鄭漁仲考定漢魏以來樂府之詩,自鐃歌鞞舞而下,系之風雅;郊祀而下,系之頌聲;三侯而下,系之別聲。大抵世代升降不同,而聲音之道則一,故樂辭曰詩,詩聲曰歌,尼父删詩得詩得聲者列之風雅,得詩而不得聲者則置之逸詩,善讀詩者由聲以考義，而與聖人之志庶幾不遠矣。唐詩號稱極備，樂府所載，自七朝五十五曲之外不槩見。而梨園子弟所歌，率當時詩人之作，如王之渙之《涼州》、白居易之《柳枝》、王維之《渭城》一曲。此外雖以李白、杜甫、李紳、張籍之流，因事創調，篇什繁富，要其音節皆不可歌。詩之為功既窮，而聲音之祕，勢不能無所寄，于是溫、和生而《花間》作，李、晏出而《草堂》興，此詩之餘，而樂府之變也。(《蠡勺編》卷二十三，《續修四庫全書》影印清嶺南遺書本)

智按：參見王士禛（一六三四～一七一一）《倚聲集》序，《帶經堂集》卷四十一。

⊙臨文不諱

顧徵君《金石文字記》題《顏氏家廟碑》，謂魯公自父以上，並直書其名，而加諱字，其他伯叔群從悉名之。又云：予讀《張燕公集》有《唐贈并州刺史先府君碑》，首曰府君諱騭，字成騭，又有《周通道館學士張府君墓誌（說之曾祖）》，首曰：君諱弋，字嵩之。又有《唐處士張府君墓誌（說之祖）》曰：曾祖徵君諱子犯，祖河東郡從事，諱俊乂，通道館學士，諱弋。並直書其名，而加諱字。《唐文粹》載陳子昂《我府君有周居士文林郎陳公墓誌文》曰：公諱元敬，字某，五世祖太樂生高祖方慶，方慶生曾祖湯，湯生祖通，通生皇考辨。又有《梓州射洪縣武東山陳居士墓銘序》曰：君諱嗣，字弘嗣，皆直書其名，惟父加一諱字。劉禹錫集有《子劉子自傳》曰：「曾祖凱，官至博州刺史，祖鍠，殿中丞侍御史，父諱緒，浙西鹽鐵副使，贈吏部尚書。」亦惟父加一諱字，《白居易集》有《故鞏縣令白府君事狀》曰：「高祖諱建，曾祖諱士通，祖諱志善，父諱温，公諱鍠（即居易之祖）。」又曰：「長子諱季庚，襄州別駕，事具後狀。」其《襄州別駕府君事狀》曰：「公諱季庚，字某，鞏縣府君之長子（即居易父）。」《李翱集》有《皇祖實録》一篇，其首曰：公諱楚金，蓋古人臨文不諱，而子昂、禹錫自祖以上，不加諱字。又所謂不逮王父母，則不諱者也（臨之以高祖則不諱，曾祖以下，故晉荀偃禱稱平公為曾臣彪）。今人自述先人事狀，而使他人填諱，非古也。(《蠡

勺編》卷二十七，《續修四庫全書》影印清嶺南遺書本）

⊙封贈

洪景盧曰：封贈先世，自晉、宋以來有之，迨唐始備。然唐世贈典惟一品乃及其祖，餘官只贈父耳。長慶後稍變通，權德輿罷相，為檢校吏部尚書、興元節度使，表納檢校吏部尚書，請回贈其祖倕。詔不許納官，而贈倕為尚書禮部郎中。此後世貤贈之始也。《白樂天集》亦有户部尚書楊於陵贈其祖為吏部郎中，祖母崔為郡夫人制詞。然德輿身為檢校吏部尚書，而贈其祖不過禮部郎中，於陵為户部尚書，而贈其祖不過吏部郎中，則亦不能以子孫之官，全贈其祖也。……見《陔餘叢考》。（《蠡勺編》卷二十七，《續修四庫全書》影印清嶺南遺書本）

智按：見《陔餘叢考》卷二十七。

⊙神女廟

神女廟，在巫山縣城西三里許之高唐觀，舊燬于兵，後始槁茆屋三楹，西向，冠帔儼然，有嘉靖中范守己碑，極辨。神女是王母第二十三女，為雲華上宫夫人，嘗命其侍大翳庚辰童律虞余等佐禹治水，有大功德于人，不應緣宋玉微詞，以兒女子褻之，王新城亦謂六朝唐人詩，多言入夢之事。白樂天刺忠州，泝峽未至，士人繁知一先題詩廟中云：「忠州刺史今才子，行到巫山必有詩。為報高唐神女道，早排雲雨候清詞。」時人傳為佳話。至二蘇，乃作詩正之，子瞻云：「上帝降瑶姬，來處荆巫間。神容豈在猛，玉座幽且閒。」子由云：「堯使大禹導九川，石隕山墜幾折股。丹書玉笈世莫窺，指示文字相爾汝。」騷賦之詞，不必深辨也。舊廟本在十二峰下，去縣東四十里，范石湖《吳船録》載之甚晰。（《蠡勺編》卷二十九，《續修四庫全書》影印清嶺南遺書本）

⊙霸陵

王氏懋曰：漢文帝遺詔，霸陵山川因其故，無有所改，示從儉也。班固贊帝治霸陵皆瓦器，不得以金銀銅錫屬飾，因其山不起墳。劉向亦曰：文帝去墳薄葬，以儉安神，可謂知帝矣。觀《晉史·索琳傳》，不能無疑也。三秦人發漢霸、杜二陵，多穫珍寶。晉帝問索琳曰：漢陵中物何多耶？琳對以漢天子即位一年而為陵，天下貢賦三分之一供宗廟，一供賓客，一充山陵，漢武帝享年久長，比崩，而茂陵不復容物，木皆已拱。赤眉取陵中物，不能減半，于今猶有朽帛委積，金玉未盡，此二陵是儉者耳。（自《索琳傳》至此，見《敬齋古今黈》）僕觀此說，以謂武帝固應如是多藏，已見于貢禹所陳矣。宣帝不得而知，然以貢禹杜陵宮人數百之言推之，恐亦未免。惟文帝平生節儉，人無間言，臨終遺至薄之制，微至銅錫不以為飾，炳然載諸史册，而山陵中畜積如此之富，是不可曉。得非景帝有違治命乎？又考《晉愍帝紀》，建興二年，盜發霸、杜陵及薄太后陵，金玉綵帛，不可勝計，敕收其餘，以實內庫，可驗畜積之多也。是文帝之陵，果不免矣。然而沈炯賦曰：「咄嗟驪山之阜，惆悵霸陵之原，文節儉而無隙，嬴發掘其何言。」鮑溶詩曰：「儉風本自張廷尉，霸陵一代無毁發。」白樂天詩亦曰：「驪山腳下秦皇墓，一朝盜掘墳陵破。可憐寶玉歸人間，暫借泉中買身毤。奢者狼狽儉者存，一凶一吉在眼前。憑君回首向南望，漢文葬在霸陵原。」如沈、白等所言，則霸陵未嘗發也，不知前說何以紛紛如此。（《蠡勺編》卷三十四，《續修四庫全書》影印清嶺南遺書本）

智按：見宋王楙《野客叢書》卷二十五。

⊙六帖白樸

《文公談苑》：「人言白樂天作《六帖》，以陶家瓶數千，各題門目，作七層架，列置齋中，句諸生采集事類，投諸瓶，乃倒取之，鈔録成書，故其所記，時代多無次序。」王阮亭司寇曰：「《六帖》本當時科舉之書，唐制帖經者，掩其兩端，微露一行，裁紙為帖，凡帖三字，隨時增損，可否不一，或得四得五得六者為通，取中帖之數，以名其書，故曰六帖。」又王氏楙《野客叢書》：元微之詩有「白樸流傳用轉新」之句，註言：白樂天于翰林中，專取書詔批答詞，撰為矜式，禁中號為「白樸」。每新入學，求訪重于《六典》。檢唐《藝文志》及《崇文總目》，不載此書，每訪弗獲，適有以一編求售，號曰《制樸》，覽之，即微之所謂《白樸》者是也。分上中下三卷，上卷文武階勳等，中卷制頭制肩制腹制腰制尾，下卷將相刺史節度之類，此蓋樂天取當時制文編類，以規後學者。(《蠡勺編》卷三十八，《續修四庫全書》影印清嶺南遺書本)

⊙會眞記

瞿宗吉云：唐人敘述奇遇，如《后土傳》託名韋郎，《無雙傳》託名仙客，往往皆然，元微之作《鶯鶯傳》，蓋託名張生，復製《會眞詩三十韻》，微露其意，而世不悟，乃謂誠有是人，殆癡人前說夢也。（東坡《贈張子野》詩云：「詩人老去鶯鶯在」，殆亦以為張氏事）按《會眞記》言，張年二十二，未嘗近女色，金聖歎據白樂天作《微之墓誌》以太和五年薨，年五十三，謂當以大曆十四年己未生，至貞元十六年庚辰，正二十二歲，其為微之無疑者，以事悖於義，特假他姓以避就耳。又《金石文字記》有《鄭恒暨夫人崔氏墓誌銘》，給事郎秦貫撰，大中十二年立。顧甯人曰：此即今世所傳崔鶯鶯者也。年七十六有子六人，此銘得之魏縣土中，足辨《會眞記》之誣，而誌墓之功為不細矣。按，《會眞記》崔母鄭言，崔今天子甲子歲之七月，于貞元庚辰生，十七年矣。考德宗興元元年甲子，至宣宗大中十二年戊寅，崔年當七十五，而誌溢一歲，豈立石者為十三年，而《金石文字記》之或誤與？然要不可謂之誣矣。又，聖歎謂鄭恒之名，見于《西廂》傳奇，原屬烏有，世見墓誌名氏偶與之合，遂以墓誌之崔為鶯鶯，誤矣。噫！世豈有名氏偶與烏有合，而時代年歲亦與之俱合者乎？《輟耕録》曰：唐元微之傳奇鶯鶯事，說者以為生即張子野，宋王性之著《傳奇辨正》，據微之作姨母鄭氏墓銘云：「其既喪夫，遭軍亂，微之為保護其家。」又作《陸氏誌》云：「余外祖睦州刺史鄭濟。」白樂天作微之母鄭氏誌，亦言鄭濟女，而唐崔氏譜永甯尉鵬，娶鄭濟女則鶯鶯，乃崔鵬之女，于微之為中表也。(《蠡勺編》卷三十八，《續修四庫全書》影印清嶺南遺書本)

⊙古以右為尊

王氏懋曰：古者以右丞相為尊，左丞相次之。如湯以伊尹為右相，以仲虺為左相，漢以陳平功第一，為右丞相，周勃功第二，為左丞相之例是也（故貶秩為左遷居高位為右職）。後世以左丞相為上，右丞相次之，如晉以王睿為左丞相，以王保為右丞相。《北史》：斛律金進位右丞相，遷左丞相之例是也。馴至今日，凡國家班次，與鄉黨齒序之類，亦未嘗以左為尊者，至于官職名號，如左右僕射，左右丞相，左右丞，左右司，左右曹，左右諫議，左右司諫，正言又往往先左，而後右，初不可以一槩論也。白樂天曰：「魏晉以還，右卑于左。」（《蠡勺編》卷四十，《續修四庫全書》影印清嶺南遺書本）

智按：淩揚藻，字譽劍，號藥洲，番禺（今屬廣東廣州）人。諸生。有《藥洲詩略》。

彭希涑（一七六一～一七九三）

《净土聖賢録》

⊙袾宏

袾宏字佛慧，號蓮池，杭州仁和沈氏子也。年十七，補諸生。以學行稱。鄰有老嫗日課佛名數千，問其故。嫗曰：「先夫持佛名，臨終無病，與人一拱而別，故知念佛功德，不可思議。」宏自此棲心淨土，書「生死事大」四字於案頭以自策。年三十二出家，謁徧融笑巖諸大老，參念佛者是誰有省。隆慶五年，乞食雲棲，見山水幽絕，居焉。山故多虎，為放瑜伽燄口，虎不為患。歲亢旱，居民乞禱雨，曰：「吾但知念佛，無他術也。」衆固請，乃持木魚，出循田塍，行唱佛名，時雨隨注，如足所及。衆悅，相與庀材造屋。衲子日歸附，遂成叢林。宏主張淨土，痛斥狂禪，著《阿彌陀經疏鈔》，融會事理，統攝三根，至為淵奧。……又，來諭謂，荒山僧但問以上乘，便駭心瞠目，居士向謂宜華嚴者語以華嚴，宜淨土者語以淨土。今此鈍根輩，正宜净土，何為不與應病之藥而强聒之邪！又，來諭謂，老朽既出世開堂，不具大人作略，而作老齋公齋婆舉止，被伶俐人問著，明眼人拶著，向北斗裏潛身邪！鐵圍裏潛身邪！老朽曾不敢當出世之名，自應無有大人之略，姑置弗論，而以修淨土者，鄙之齋公齋婆，則古人所謂非鄙愚夫愚婦，是鄙文殊、普賢、馬鳴、龍樹也；豈獨文殊、普賢、馬鳴、龍樹，凡遠公、善導、天台、永明等諸菩薩，諸善知識，悉齋公齋婆邪！劉遺民、白少傅、柳柳州、蘇長公等諸大君子，悉齋公齋婆邪！就令齋公齋婆，但念佛往生者，即得不退轉地，亦安可鄙邪！且齋公齋婆，庸呆下劣，而謹守規模者，是也愚也。若夫聰明才辯，妄談般若，喫得肉已飽，來尋僧説禪者，魔也。愚貴安愚，吾誠自揣矣，寧為老齋公老齋婆，無為老魔民老魔女也。至於所稱伶俐人明眼人者，來問著撈著，則彼齋公齋婆，不須高登北斗，遠覓鐵圍，只就伶俐漢咽喉處，安單明眼人瞳子上敷座，何以故？且教伊暫閉日頭三昧，回光返照，故抑居士尚華嚴而力詆淨土，老朽業浄土而極贊華嚴，居士靜中試一思之，是果何為而然乎？又，來諭謂，勸已求生淨土，喻如棄金擔麻，是顛倒行事，大相屈辱也，但此喻尚未親切，今代作一喻，如農人投刺於大富長者之門，延之入彼田舍，聞者皆笑之，農人更掃徑，謀重請焉，笑之者曰：「主人向者不汝責，幸矣，欲為馮婦乎？」農人曰：「吾見諸富室有為富而不仁者，有外富而中貧者，有未富而先驕者，有典庫於富人之門，而自以為富者，且金谷郿塢，於今安在哉！而吾以田舍翁，享太平之樂，故忘而為此，今知過矣。」於是相與大笑散去。宏居常廣修衆善，以資淨業。時戒壇久禁不行，宏令求戒者具三衣於佛前，受之為作證明。又定水陸儀文，及瑜伽燄口，以拯幽冥之苦，開放生池，著戒殺文，從而化者甚衆。萬曆四十年六月杪，忽入城別諸弟子及故舊曰：「吾將他往。」還山，設茶別衆，衆莫測。至七月朔晚，入堂曰：「明日吾行矣。」次夕入丈室，示微疾，瞑目坐城中，諸弟子畢至，復開目云：「大衆老實念佛，莫揑怪，莫壞我規矩。」向西稱佛名而逝，年八十一。（《雲棲法彙》）（《淨土聖賢録》卷五，《續修四庫全書》影印清刻本）

⊙金光前

金光前，我朝正黄旗人，起身戎伍，見善必為。戒諸兵士，毋得妄殺，不婬一婦，不擄一物，不燒一舍。妻龔氏，能識字，誦經。順治十年，隨征福建，道出杭州，聞具德和尚説法靈隱，光前同妻往參問，親承開示，自此念佛有得。十二年夏，北還，駐錢唐江干，光前忽示疾，龔為延醫。光前止之曰：「我昔與爾親叩靈隱，今正欲作轉身之計，求和尚證明耳，何以藥為？」龔大笑曰：「不意公亦得到此地位。」命造二棺，曰妾與公偕行矣，稍遲為公畢後事耳。光前聞之，即合掌而逝。龔遣使靈隱，求為兩人秉炬，併囑飯僧修懺，至七日畢，屏絕飲食，晝夜不卧，一心念佛。又七

日，晡時視日早暮，倚棺而睡，少頃覺，曰：「時至矣。」端坐念佛而化。（《果報聞見録》）

論曰：王臣入道，視居士較難。急功名者以進取為先，耽逸樂者以靜修為苦，非夫夙植善因，堅持正願者，其有不自崖而反乎？若此諸公，不捨塵勞，同皈淨域，斯可謂現宰官身而說法者矣。至如柳子厚、白樂天、蘇子瞻、趙子昂諸公，讚歎皈依，淨因有在，而臨當捨識，瑞應罕聞，良由智惑於多歧，病生於有愛，文人結習，自古固然，生死到來，決難僥幸，後之君子當知鑑戒焉。（《淨土聖賢録》卷七，《續修四庫全書》影印清刻本）

智按：彭希涑，字樂園，號蘭台，蘇州元和廩生，二林居士之從子。二十六歲，舉於鄉。二林居士以《雲棲往生集》事詞太略，欲重加采輯，並續以近今之事。甫創其凡例，希涑欣然任之。與妻顧韞玉，篝燈抄寫，成書九卷，名曰《淨土聖賢録》，刻行於世。

張惠言（一七六一～一八〇二）

《詞選序》

敘曰：詞者，蓋出於唐之詩人，采樂府之音以制新律，因系其詞，故曰「詞」。《傳》曰：「意內而言外謂之詞。」其緣情造端，興於微言，以相感動，極命風謠里巷男女哀樂，以道賢人君子幽約怨悱不能自言之情，低徊要眇以喻其致。蓋《詩》之比興、變風之義，騷人之歌則近之矣。然以其文小，其聲哀，放者為之，或跌蕩靡麗，雜以昌狂俳優，然要其至者，莫不惻隱盱愉，感物而發，觸類條鬯，各有所歸，非苟為雕琢曼辭而已。

自唐之詞人，李白為首，其後韋應物、王建、韓翃、白居易、劉禹錫、皇甫松、司空圖、韓偓，並有述造。而溫庭筠最高，其言深美閎約。五代之際，孟氏、李氏，君臣為謔，競作新調，詞之雜流，由此起矣。至其工者，往往絕倫，亦如齊、梁五言，依託魏、晉，近古然也。

宋之詞家，號為極盛。然張先、蘇軾、秦觀、周邦彥、辛棄疾、姜夔、王沂孫、張炎，淵淵乎文有其質焉。其蕩而不反，傲而不理，枝而不物，柳永、黄庭堅、劉過、吳文英之倫，亦各引一端，以取重於當世。而前數子者，又不免有一時放浪通脱之言出於其間。後進彌以馳逐，不務原其指意，破析乖刺，壞亂而不可紀。故自宋之亡而正聲絕，元之末而規矩隳。以至於今，四百餘年，作者十數，諒其所是，互有繁變，皆可謂安蔽乖方，迷不知門戶者也。

今第録此篇，都為二卷。義有幽隱，並為指發。庶幾塞其下流，導其淵源，無使風雅之士，懲於鄙俗之音，不敢與詩賦之流同類而風誦之也。

嘉慶二年八月，武進張惠言。（《四部叢刊》本《茗柯文二編》卷上；《詞話叢編》第二册，第一六一七 ~ 一六一八頁；黄立新點校《茗柯文編》第五八 ~ 五九頁）

智按：張惠言，字皋文，號茗柯，武進（今江蘇常州）人。嘉慶四年（一七九九）進士，朱珪特奏改庶吉士，充實録館纂修官。六年散館，朱珪復奏改授翰林院編修。不久病逝，年四十二。精通經學，著有《周易虞氏義》、《虞氏消息》、《周易鄭荀義》等二十餘種經學著作。善古文，爲「陽湖派」開創者之一。尤工詞，與弟張琦輯《詞選》，推尊詞體，上比風騷，標「意内言外」之旨，強調比興寄託，開創了「常州詞派」。有《茗柯文編》五卷。《清史稿》卷四八二有傳。

鍾褱（一七六一 ~ 一八〇五）

《菣崖考古録》

⊙古詩用律句

余贈何文伯詩結句云：「目前豈乏禮賢人，侯生不聘羞信陵。縶維朝夕定可賦，且來酌酒共寒燈。」許子楚生謂末句不當用律句，共字當易平聲字，非也。古詩格調有自然之音節，筆機所到，與之渾合，自是佳篇，非必定欲某字當平，某字當仄，而後謂之古詩也。唐人律體肇端于徐庾小詩，而蕭選中如曹子建之「驚風飄白日」，「朱華冒緑池」，「明月照高樓」，顔延年之「涼風起坐隅」，「陰谷曳寒烟」，「相與昧平生」等句，皆參用調適之句以成章，非必盡以拗句爲古也。初唐七古轉韻，多用律句。盧昇之《長安古意》、劉庭芝《代悲白頭翁》，可見其略。厥後右丞、常侍漸以雄勁勝，而李杜規模更大。遍考諸集古體，無不用律句者，蓋激壯之中，時有和緩之響。興酣落筆時亦不自知也。趙秋谷《聲調譜》不過爲中人之資，導以先路，古詩中之氣體神韻，概未言及，而譜中所載，必標其目，曰拗句律句，可見律句爲古體所不廢，惟在用之得其當耳。許子謂余結句之失，即以唐詩中之結句證之，有通體用拗句，而一結獨用律句者，宋延清之《明河篇》「更將織女支機石，還訪成都賣卜人」，高達夫《贈別晉三處士》「愛君且欲君先達，今上求賢早上書」，王摩詰《老將行》「莫嫌舊日雲中守，猶堪一戰立功勳」，杜少陵《驄馬行》「近聞下詔喧都邑，肯使騏驎地上行」，中一結，而上句用拗，下句用律者，崔司勳《孟門行》「成陰結實君自取，若問傍人那得知」，李太白《北風行》「黃河捧土尚可塞，北風雨雪恨難消」，又《宣州謝脁樓餞別》「人生在世不稱意，明朝散髮弄扁舟」，錢仲文《送鄔三落第還鄉》「荷衣垂釣且安命，金馬招賢合有時」，白樂天《百鍊鏡》「乃知天子別有鏡，不是揚州百鍊時」，如此類不可枚舉。若謫仙《久別》「離之待君來不來，落花寂寞委青苔」，杜公《觀曹將軍畫馬圖》之「君不見，金粟堆前松栢裏，龍媒去盡鳥呼風」，則又用長短句，而仍以律句煞尾，神明變化，不可方物矣。曾致書與辨，姑録其略于此。(《皷崖考古録》卷一，《續修四庫全書》影印清嘉慶十三年阮元刻本，第一一五六册，第五三八~五三九頁)

智按：鍾褱，字保其，一字皷厓，江蘇甘泉人。未弱冠，補縣學生。應省試十三次。屢遭困頊，惟自訟，無所怨尤。嘉慶甲子，諸城劉侍郎督學江蘇，嗟歎其才，深加禮重，舉為優貢生。於是慨然有知己之感。生平謹守禮法，篤實敦行。有《皷崖考古録》，阮元刻梓于《文選樓叢書》中。事迹見焦循《皇清優貢生鍾君墓誌銘》(見《皷崖考古録》卷首)。

劉鳳誥（一七六一~一八三〇）

《丁卯江南鄉試策問五道》

……前代秀才明經進士制科，並試以策，或親策，或付有司，或對策，皆與選其先後，增減多寡，沿革可博考而縷述歟？策學之傳，《晁氏志》有諸葛武侯十六策，陳壽遺之。《崇文目》有白居易《策林》，當時擬之。他如宋元嘉之策孝秀文，梁之孝秀對策，文中子之太平十二策，魏徵之時務策答問，張齊賢之開寶十策，其大指何謂？至策集策苑，見於隋唐志者，其纂述何指？蘇氏父子通曉時務，尤爲擅長，能舉其論之純駁歟？國家取士，合校三場，援古以覘其殫洽，徵今以驗其才猷，循名責實，與帖經並重，試以探討源委者，臚著於篇。……（《存悔齋集》卷八經進文，《續修四庫全書》影印清道光十七年刻本）

《九老説》

九老説者，以壽外姻之尊封中憲大夫李厚翁九袠也。按，《唐書》白居易譔九老，寫貌合圖，其中爲退官，爲高隱，爲方外，各亞品流。《宋書》李昉致相踵其會，然皆未登九十，以爲好事云爾，則以九老序一時羣賢，奚不可以九老敘一人之履諸福者乎，今將事徵其實，樂舉其全，錁而衍之，累百而重之難老也，而且忘乎其爲老，若今厚翁之福之備尠矣，就九言九，稱老以祈不老，請疏其説。一曰老而富。畐，古福字，從九疇衍福義也，翁本讀書寒素，自以精心儉德振其家，無一毫非分，無屑屑錙銖，計操督數十年，輳於羨裕，殆所謂資富能訓，惟以永年者，翁之備福一也。次老而貴。貴者，歸也，物所歸仰也。翁壯志未遂隱，德食報拜，詔階四品大夫，歸仰於其詒翼，由是金紫日遷，翁行披一品衣，享人間極貴長生之樂，夫非榮之榮者歟？翁之備福二也。老而益健，康寧也。《禮》：九十飲食不離寢，有問則就室。翁何矍鑠哉！恒居夙興善飯，豐頤堅齒，屨杖從容，猶能目辨夾注，然燭作細書，至其綜規家常，纖巨就理，賓戚揖對，語長而意真，舉事無忘，少年强記，弗逮，翁之備福三也。迺若老而教成子若孫，身名具立，長法曹，次金部，偕諸幼英英上進，一副其穀似之勤，昨年孫孚預解聯舉進士，選翰林，金花春宴，牙笏蚤朝，人靡不爲翁豔之，娱老增算，如券在握，昌而熾也，翁之備福四也。且夫老而躭逸，區區寄傲，鄉井烟霞，濟勝大都，山澤瘝耳，翁泝壯遊入粤，家嶺右，如千年遠心恢巍，不扃牖户，鹿門耶？稚川耶？其識地殊超人者，春雲伏波之巖，秋翠老君之洞，往來篷輿，徘徊平芝鶴橡猿間，塵寰清福，百一莫企。翁之優游，以安其老者，五也。至夫老而好善，積久如一日，惟翁持活人心，生平拯鰥恤危難，可更僕微，特子姓歲寓周助婣鄰，交友銜惠徧焉。即如粤西鹽糴翁，并課廿餘家市直，偶翔亟損算緡籌，其便蓋有力，十減一入，則無力一資十出，善如耳鳴已，獨知而人不覺翁之至老不少懈者，六也。知足不辱，知止不殆，道德五千名言所傳，翁也澹泊和易，與物無迕，其性然也。每訓喆後，以順時惜福，長保有餘，毋逐利名外誘，誠得滿而不溢之旨。翁之以令節善其老者，七。他若高年多爲導引之事，熊經鳥伸，動引腰體，術求長年，又或託志梵海，佞事竺尊，用希無量，修出世種種妄謬，佛無是法，翁也瀟灑自得，不惑不諂，地行天界，當前即是，此其無假於御老，而自然克全，其老者八。然則頌老之說，善矣備矣，龎眉梨面之夫，得一於斯已，自成其爲一老，而翁則一人兼之，福猶未有艾，生當聖天子萬萬年，國慶家祥，爰儲人瑞，翁將歲歲率其門内少者長者，繡衣珠串，媥殷翔洋，炷香拜舞，退而肆筵樂賓，什什伍伍，懽歌油然，穫稻爲酒，以介眉壽，十月之吉，朝貴憲老，羣爲翁籥豳，詎惟九衺云乎哉？錁而衍之，累百而重之，極太平之盛事，此老而遭逢壽世之説之九也。此就九言九，稱老以祈不老，先滿百而引其祝也，作九老說。（《存悔齋集》卷十一文，《續修四庫全書》影印清道光十七年刻本）

《登琵琶亭》

琵琶亭古接風烟，無復琵琶聲在船。最不世情衫上淚，豈關幽怨袖中絃。我來暮雪空江外，愁絕黄蘆苦竹邊。誰起元和醉司馬，一杯西笑慰華顛。（《存悔齋集》卷十六詩，《續修四庫全書》影印清道光十七年刻本）

智按：劉鳳誥，字丞牧，號金門，江西萍鄉人。乾隆五十四年（一七八九）己酉進士，改庶吉士，授編修，官至吏部侍郎，降編修。有《存悔齋集》。

江藩（一七六一～一八三一）

《書半客〈月榭吟〉後》

元白無端夢裏同，弟兄蹤跡各西東（半客有夢僕詩）。言分莊老神洲大，字出華嚴法界空。溫李香奩呼宿雨，齊梁金粉送西風。含羞不是閑題目，雅鄭元音本略同（《月榭吟》中有《含羞詩》一首）。（《伴月樓詩鈔》卷上，上海圖書館藏清鈔本）

智按：吾學海，號半客，江蘇吳縣（今蘇州）人。諸生。後娶江藩之妹江珠為妻，結為姻親。江藩與吾學海同學交好，時有唱和。此篇為品讀學海《月榭吟》後題贈之作，論其內容長於抒情，品其格調流於綺豔。

《漢學師承記》

⊙王鳴盛

王鳴盛，字鳳喈，一字禮堂，別字西莊，嘉定人。生而敏慧，四歲，隨王父讀書丹徒學署，日識數百字，縣令馮詠以神童目之。年十二，為《四書》文，才氣浩瀚，已有名家風度。……詩宗盛唐，中年出入於香山、東坡，晚年獨愛玉谿生，謂少陵以後一人。手定詩集二十四卷，古文若干卷。老年因讀書窮日夜不輟，目遂瞽，有吳興醫，針之而愈，著書如常，乃自號西沚。卒年七十有八。（《漢學師承記》卷三；北京生活・讀書・新知三聯書店本，第五〇頁）

智按：江藩，字子屏，號鄭堂，江蘇甘泉（今江蘇邗江）人。淹貫經史，兼善辭章，以布衣而為掌故宗者，垂二十年。有《漢學師承記》、《宋學淵源記》、《乙丙集》、《伴月樓詩鈔》等。

黄錫蕃（一七六一～一八五一）

《閩中書畫録》

⊙艾友竹

艾友竹，字衛瞻，建甯人，能詩，學白樂天，天才敏妙。書法董其昌，別具瀟灑出塵之致。晚年以歲貢選松溪訓導，辭不就，年八十卒。（建甯府志）（《閩中書畫録》卷十三女史宋元明國朝，《續修四庫全書》影印民國三十二年合衆圖書館叢書本）

智按：黃錫蕃，字晉康，號椒升、時安老人，海鹽（今屬浙江）人。邑諸生。嘉慶三年（一七九八）應試，越二年，以布政司都事需次至福建，任上杭縣典史，數年後辭官歸。家資頗富，多方購求金石、書畫、書籍，在家中日事研究。在福建時，有藏書處「擘荔軒」。家境中落後，購書則仍無虛日，曾與黃丕烈交往密切，每有往來，必攜古書以相質，黃丕烈得其古書不少。晚因疾而辭歸，建一小樓名「醉經樓」，日坐其中，校勘圖書。編有《醉經樓書目》。喜書畫，近鄰好學之士，均拜其為師。工於八分書，善治印。著有《續古印識》、《閩中書畫録》、《醉經堂文稿》、《海上竹枝詞》、《閩中録異》。事見《清書史》、《鄭堂讀書記》、《藝林年鑒》、《光緒海鹽縣誌》等。

詹應甲（一七六一～？）

《琵琶亭》

一曲青衫濕，先生淚本多。同心怨離別，回首定風波。添酒重張讌，臨江且放歌。從來淪落者，才氣不消磨。（《賜綺堂集》卷五，《續修四庫全書》影印清道光止園刻本）

《學使鮑覺生先生按部安州道中見貽七律二首書於摺扇因次韻奉酬》（其二）

網得珊瑚出漢濱，翻憐疲駕逐車塵。感同髦士伸知己，喜遇名卿譽候人。三月氣清風出袖，七言格老雅扶輪。安州佳話流傳遍，不獨香山樂府新（學使倣白太傅詩律爲《新樂府》九章以勸士，士氣為之一新）。（《賜綺堂集》卷九，《續修四庫全書》影印清道光止園刻本）

《閔生苕香以所作官韻賦乞爲點勘漫成四首》（其三）

百花生曰好春時，那有雛鶯出谷遲。齊唱香山新樂府，幾人曾解鮑家詩（學使鮑覺生先生製《新樂府》九章勵士，苕香以總角諸生一試，傾其儕輩，居然有英俊之目）。（《賜綺堂集》卷九詩，《續修四庫全書》影印清道光止園刻本）

智按：閔新（一七九八～?），字茗香，應城人。嘉慶癸酉拔貢。有《雙桂堂集》。

《客有以琵琶亭畫幀求題者書此答之》

不到潯陽已卅年，畫中凉月隔江天。才高司馬原非福，老嫁商人亦有緣。官舫銀燈催曉夢，荻花楓葉譜秋絃。白頭按曲尋常事，難得衫痕溼酒邊。（《賜綺堂集》卷二十詩，《續修四庫全書》影印清道光止園刻本）

《恭讀御製新樂府謹跋代擬》

臣聞樂府之官，設始炎漢。游徼貢詩，采自閭閻。於以登歌郊廟，用之邦國，用之鄉人，庶幾古陳詩遺意然，而帝庸作歌之風邈矣。自漢以還，冒其體製者，多有循誦習傳，弗中於古節，亦鮮合焉。有唐一代，自謝偃、長孫無忌而下，始爲剏格，或曰新詞，或曰補題，雖義近風人，而雅頌之旨缺如。惟白居易事貞元、元和之朝，身歷中外，鑒時事之得失，鏡民情之樂苦，追思武德、貞觀以來之積累，著《新樂府》五十章，首曰《七德舞》，亂以《采詩官》，若欲助流政化，以附瞍箴矇誦之餘，乃得肄業在樂官，如漢所爲，於是知唐之聲詩，號爲甚盛者。其學士大夫良不忝，乃其君則未然也。欽惟我皇上典學稽古，包絡萬有，聲韻之文，胎孕元化，迥非歷代詩家者流所能併氣積力，窺及萬一然，且淵乎其中，俯覽博收，江海涵茹，賡韻依題，鳌然御集中，固已風天下而宣大化矣。邇者謂居易此詩，有裨世道人心，非徒文詞之善也。爰廼按題成詠，上自祖德宗功，文謨武烈，下暨邊荒，迄於動植，天筆乍揮，萬狀躍赴，而削牘曾弗改月，雖曰俯同居易之作，而豈居易輩研辭練句者所可企歟！夫居易唐臣，閱千有餘年，受知聖主賡颺之盛，不啻一堂，誠足爲居易幸。顧居易敘述時事，寓有微詞，他如《霓裳》、《法曲》諸篇，寧惟其才識之陋，抑時實爲之，有不知所以然者。今國家重熙累洽，蒸動天和，皇上元音所鼓，天地翕闢。假令以居易之才，遭兹盛際，鋪張對天之鴻休，揚厲無前之偉業，必有十倍當時。傳所謂陶冶而成之，係乎景運，非文人學士詞章工拙之所能爭，此又足爲居易惜然。而我皇上文治光矣，聖學懋矣，幾餘染翰，一息萬言，居易果生斯世，饜飫膏澤，心驚乎國家拓迹凝命之神奇，而目眩於聖天子揆文奮武之皇圖，手舞足蹈，莫知所由，捧誦天章，慴伏僵走，其何能有所撰述。如彼五十章，則謂樂府一詩，自有御製而新體始開，允無弗宜。今廼仰蒙嘉賞，仍其題，存其序，純駁是非，受裁宸鑒，斯真識小者之極榮也，終不能不爲居易幸矣。臣備員禁近，無能採綴風謡，形容盛德，遠愧居易，矧再蒙恩，出典學政於江南，夫學臣猶古輶軒之使也，拜賜歡抃，其敢不率先多士，書萬本，誦萬遍，以與御製全韻詩俱傳永永，奏上得請，同時分布學官，俾承學之士讀御製全韻詩，而知韻學之大成，讀御製新樂府，而知聖人所以宣上化而盡下情者，實與虞廷喜起相表裏。盛哉乎！著作之隆軌已既藏役，臣以職事得綴言簡末，謹拜手稽首，攄忱恭紀於後。(《賜綺堂集》卷二十三文，《續修四庫全書》影印清道光止園刻本)

智按：詹應甲，原名廣桃，籍名應甲，字鱗飛，號湘亭，婺源（今屬江西）人，寓居吳縣（今江蘇蘇州）。乾隆南巡獻賦。乾隆五十三年（一七八八）戊申舉人。歷湖北天門、應城、漢川、恩施縣令。有《賜倚堂集》、《施州樂府》等。

尤維雄（一七六二～一八〇九）

《舟夜》

日午火傘張，水沸氣如炙。涼風解迎秋，妙意得清夜。灘聲過枕函，百里才一瀉。須臾就平夷，柔櫓聲未罷。篷窗三板輕，黃篾縛低架。稚兒走踆踆，強欲出其罅。水中雲葉鮮，流影忽西射。妻孥坐兩頭，明月滿裙衩。微生狎舟楫，風水免驚怕。何況不失家，白公語堪借。(《晚晴簃詩匯》卷一〇七)

智按：尤維雄（一作熊），字祖望，長洲（今江蘇蘇州）人。乾隆五十四年（一七八九）己酉拔貢，官蒙自知縣。有《二娱小廬詩鈔》。

劉嗣綰（一七六二～一八二〇）

《泊琵琶亭》

青山如畫送行舟，占斷孤亭一片鷗。今日蘆花如客樣，不曾頭白已漂流。（《尚絅堂集》詩集卷十三楚游集上，《續修四庫全書》影印清道光大樹園刻本）

《法時帆先生屬和續西涯雜詠》（十二首之十二）

先生有詩龕，我是詩弟子。寄語白樂天，龕燈不曾止。（詩龕）（《尚絅堂集》詩集卷二十六勞歌集，《續修四庫全書》影印清道光大樹園刻本）

《和白樂天集中二詠》

⊙拙

世人競百巧，我獨守一拙。拙豈世所宜，賦性得毋劣。亦嘗希俗緣，涉彼利名窟。一心兩依違，十步九顛蹶。處世不能賤，乃爲貴者屈。持躬不能貧，乃為富者絀。護短先失長，求全反成缺。惟拙藏吾身，聊兹免隕越。自笑溝中材，已負匠心哲。騁奇兼鬬智，鑿枘苦難入。鳶輗機各判，豨軸用徒設。守默以養愚，吾師老聃說。

⊙慵

少小策頑懦，奔鶩期絶人。蹉跎二十年，遂成一惰民。田園久蕪没，浪跡亦已陳。悠然號天慵，坐閲冬與春。傳餐輒忘午，輟沐欲廢晨。蕭齋對几席，日積一寸塵。風月有時至，不問主與賓。孤雲一何遲，意獨于我親。豈甘事頽放，聊復耽因循。百念已就耗，安敢喪我真。才不才之間，置此閒散身。無謂嵇康懶，勿如陶侃勤。（《尚絅堂集》詩集卷三十二南轅集，《續修四庫全書》影印清道光大樹園刻本）

《廣陵詠古小樂府・揚州夢》

狂言忽發御史來，罪言一上真烏臺。臣狂當生罪當死，歌吹揚州作詩史。揚州一夢成迷樓，十年夢覺堪千秋，白江州與劉隨州。（《尚絅堂集》詩集卷三十二南轅集，《續修四庫全書》影印清道光大樹園刻本）

《荷葉杯・夜泊琵琶亭》

潮落潯陽江冷，孤影。欹枕不成眠，一行楚雁下江天，啼上四條弦。

愁殺青衫行客，亭側。獨自聽成秋，蘆花笑我早漂流，風雪在扁舟。(《尚絅堂集》箏船詞卷一，《續修四庫全書》影印清道光大樹園刻本，第一四八五册，第四三〇頁)

智按：劉嗣綰，字醇甫，又字簡之，號芙初，江蘇陽湖人。少穎異，識量過人。早游京師，知名于時。嘉慶十三年（一八〇八）會試第一。廷試改翰林院庶吉士，散館授編修。年五十九，丁母憂，以毀卒。有《尚絅堂集》。

錢林（一七六二～一八二八）

《文獻徵存録》

⊙吳偉業

吳偉業，字駿公，晚自號梅村，太倉人。……偉業七言古詩多用長慶體寫時事，如《永和宫詞》、《宫扇》、《琵琶行》、《圓圓曲》、《聽女道士下玉京彈琴歌》，足備掌故。至讀《楊参軍悲鉅鹿詩》、《題蘇門高士圖》、《贈孫徵君鍾元通元老人》、《龍腹竹歌》、《雁門尚書行》、《田家鐵獅歌》、《題崔青蚓洗象圖》諸篇，如高山大河，如驚風驟雨，閒之以平原沃衍，故於少陵爲近，出入於退之、香山間。五古及五七言律詩，沈雄瑰麗，王士正以爲明黄門陳子龍之勍敵，卧子眞冠古才，一時瑜亮，獨有梅村耳。辛亥元旦，夢上帝召爲太山府君。是歲病革，有絶命詞云：「忍死偷生廿載餘，而今罪孽怎消除。受恩欠債須填補，縱比鴻毛也不如。」浙僧水月能前知，挐舟迎之，至曰：公元旦夢告之矣，何必更問老僧。至期卒，時康熙辛亥年也，年六十三。有子三，皆五旬以後生。寢門之哭，學士大夫輒失聲曰：一代文章盡矣。……(《文獻徵存録》卷二，《續修四庫全書》影印清咸豐八年有嘉樹軒刻本)

⊙尤侗

尤侗，字同人，又字展成，號悔庵，一號艮齋，長洲人。晚自號西堂老人。西堂者，讀書之所也。……康熙己未，舉博學鴻詞，授檢討，入史館，纂修《明史》，留史局三年，舉鴻博，中年最長，迨子珍以進士改庶吉士，乃告歸家。居常作《明史樂府》百首，以擬李西涯，又有《外國竹枝》百首。其《西堂雜俎》時奉爲兔園册，晚爲《艮齋雜記》，一歸雅馴。全集五十卷，餘集七十卷，《鶴栖堂藁》十卷。又《明史藝文志》一卷，《宮閨小名録》四卷，後録一卷。《生日志感》云：「半百年過意不如，看雲藜杖倚荒廬。平生最拙惟謀食，一事差强已廢書。蕭瑟江關哀庾信，飄摇風樹泣臯魚。何當燕市尋屠狗，灑酒荒天弔望諸。」所作《桃花源》、《黑白衛》傳奇，尤爲人所膾炙。士正復寄詩云：「猿臂丁年出塞行，灞陵醉尉莫相輕。旗亭被酒何人識，射虎將軍右北平。」己卯巡幸江浙，賜侗書曰松鶴堂，年八十二矣。癸卯，復南巡，進侍講，嘗偕諸儒臣進平蜀詩文，聖祖見其名曰，此老名士。侗時猶康强善飯，相地於官山之陰，築生壙，自爲之志，結丙舍曰草草山房。卒，年八十七。沈德潛云：西堂少時，專尚才情，詩近温李，歸田以後，倣白樂天，流於太易，雖街談巷議可入韻語中，遠近或以游戲視之，比於王鳳洲之評唐伯虎，不知四十至六十時，詩開闔動盪，軒昂頓挫，實從盛唐諸公出也。（《文獻徵存録》卷二，《續修四庫全書》影印清咸豐八年有嘉樹軒刻本）

⊙方邁

方邁，字子向，閩縣人。爲諸生，少負氣有名。……怒不貳過，舉其屢空，以爲合於聖人空空之心體，其説浸滛，不可究詰，朱子以天下之方員，皆有定理，必外之物格而後内之知致，陽明則以事物之理，皆不外於一念之良知，規矩在我，而天下之方員不可勝用，卽象山亦言，束書不觀，游談無根，而陽明則以爲禮樂名物，古今事變，皆不必學是，陽明與朱陸皆爲冰炭也，蓋其才似商韓，其學兼釋老，是以當時目爲功名之士，卽不覺忻然喜之，誠有以深中其隱也，然陽明猶善於修飾也，至其徒王畿，則登堂説法，滿口禪玄，至李贄，則公然髠首儒服，名教蔑盡，李斯之兇焰，謂爲荀卿教之，豈誣也哉！今之護紫陽者，或欲推之於顔曾之上，而祖陽明者，亦欲引之於孔孟之徒，各阿所好，皆非其正也。又論佛法曰：自佛法入中國，後世儒者，惑於其説，雖宋明諸儒，卓然以道學自命，然時時立説，闌入其中而不之覺。

其甚者，參玄說偈，甘以儒冠儒服北面緇流，此所謂胥天下相率而爲異端也。佛氏之說，本自淺陋，使其明白切指，心性淵源，則是非昭灼，較然自見，後人變爲機鋒棒喝，如魍魎夜行，如探鬮射覆，使攻之者無由指摘，即中其病痛，亦隱忍諱飾，可以不露其情，是則釋氏之徒，巧於掉弄，叢奸舞弊，不可究詰，衣缽相傳，滔滔不返，近世號爲善知識者，習慣行徑說法，開堂聚徒設禮，偈語新聞，炫世警俗，愚人不知，指爲覺悟圓慧，超凡入聖，亦可哀也。夫佛氏非果有精義妙理，範圍天下之心思也，脱苦海，了生死，其說本荒唐不根，即其徒亦知不能自立於世，必假之宰官名士以爲護法檀越，誣伏羲，假仲尼，託顏子，既已肆無忌憚，而後世儒者，如韓退之、白樂天、蘇子瞻，偶與僧徒往來，輒摘其一事一言，文飾故實，稱爲某某之徒，以自夸大。辟之麻附繩而始直，蘿施松而乃長，凡佛氏之邪說横流，皆儒名墨行者有以助之焰而揚之波也。夫有陰必有陽，有邪必有正，佛之爲佛，在今日已成必不可去之勢。然二氏之徒，守其師說，篤信不疑，專心致志，必求少有所見而後已。至於琳宫精舍，貝葉梵夾，莊嚴敬重，踰於蓍蔡，而士子於先聖遺經，車服禮器弁髦，視之曾不加意，其樹道學之幟者，又各自立門户，互相攻擊，營衞不和，外邪乘間而入。惜夫！又曰聖人觀雷天而作棟宇，所以大庇民也，於浮屠氏何有焉？浮屠氏之得處中土，受聖人之厦庇也，浮屠氏之幸也。作室者，十年樹木，父堂子構，晝茅宵索，手足卒瘏，僅蔽風雨，浮屠氏未有室家，布金長者，瓊其宫琳，其宇孰爲爲之？其波及於佛氏者，民之餘也。自天子至於庶人，廟祀祖考，載一木主祀，天地風雨，山川百神，戒壇爲位，事畢藏之浮屠氏飾像，莊嚴檀身，金容香花，塗采朝夕弗懈，然微吾民爲之施捨，則將飄颻朽蠹，塵封土積於荒煙蔓草中，是吾民之有功於佛者甚大也。世嘗言佛能福人，故人嘗有求於佛，吾以爲人非求佛，佛固有求於人，非佛之能福人，佛則資人以自福也。

邁所說繁縟絡繹，不減范、蔡，以世罕傳者，故廣録之。邁取《中庸》九經，自修身至懷諸侯，纂以配《大學衍義》，爲《九經衍義》一百卷，又著《經義考異》七卷，《四書講義》六卷，《春秋補傳》十二卷，《古今通韻輯要》六卷，《考正資治通鑑前編》十八卷，五燈摘繆一卷，文集二卷，詩集一卷。（《文獻徵存録》卷三，《續修四庫全書》影印清咸豐八年有嘉

樹軒刻本）

⊙陳祖范

陳祖范，字亦韓，常熟人，家貧，爲諸生授徒自給。雍正元年，舉鄉試，秋試禮部中式，年四十八矣。以足疾不與殿試。明年，再策士。鄉人皆請祖范赴禮部。祖范曰：諸君子意良厚然，吾少無宦情，今往，徒自苦耳。及今尚可止，過此則義不當止，勢亦不得自止也。遂不出，僦廛華匯之上，執沖慕道，清静以自養，求執業者裹糧相從，不肯出門候人。惟長洲沈德潛、宜興儲大文，嘗一詣之蹇裳葦間，率爾休暢。祖范嘗謂人曰：吾老是鄉矣。居有頃，詔天下設書院，大吏聘爲蘇州紫陽書院院長。移徐州之雲龍，又換安慶之敬敷，終主揚州安定書院。或一年，或二三年輒辭去，人問其故，愀然曰：士習未醇，師道不立，懼上負朝廷，而下招物議也。又此席似宋時祠禄，仕而不遂，可以處焉，吾不求仕而久據之，人縱不言，吾自靦汗無厝矣。乾隆十五年，公卿皆以經學薦，將徵詣京師，祖范年老終不肯起。天子重之，即家拜爲司業，人以爲異授也。祖范學行高明，習戴氏學，善言禮，嘗言世俗有非禮之禮三：承重也，繼嗣也，葬服也。……詩學白居易，有《與星旋釋》云：「爾我各異趣，青山爲之媒。爾心與山静，我心對山開。山意不將迎，能通彼我懷。書聲雜梵唄，瓶缽偕尊罍。大道固無礙，何從起嫌猜。推窗月皎皎，梅花點蒼苔。」《答任翼聖》云：「析理戒穿鑿，守道無窮通。」皆理趣獨標也。年七十九，終於家。所著有《經咫》一卷，《掌録》二卷，《司業詩文集》八卷，弟子著籍者甚衆，同縣侍御王峻、主事顧鎮、孫夢逵、進士湯愈皆其高足矣。（《文獻徵存録》卷五，《續修四庫全書》影印清咸豐八年有嘉樹軒刻本）

智按：錢林，字東生，一字叔雅，號金粟，仁和（今浙江杭州）人。嘉慶十三年（一八〇八）戊辰進士，改庶吉士，授編修，歷官庶子。有《玉山草堂詩集》。

蔡家琬（一七六二～一八三五）

《簡齋夫子招陪姚姬傳毛俟園兩先生暨郭某讌集小倉山房即席賦呈》

叨坐隨園一月春，藤花深處本無塵。香山結社推三老，沂水從游只二人。自有古歡來勝地，卻欣時雨及良辰。須知此會傳千古，敢向瓊筵記夙因。（《陶門弟子集》卷三「乘槎吟」）

智按：蔡家琬，字石峨，安徽合肥人，曾任江西候補知縣。欣賞陶潛，自稱陶門弟子，有《陶門弟子集》、《陶門詩話》、《〈紅樓夢〉說夢》、《煙譜》等。

丁若鏞（一七六二～一八三六）

《八月十九日夢得一詩，唯第七第八句未瑩，覺而足之。夢中自以爲效白香山體》

爭奈愁何奈老何，秋天憭慄水增波。漸交濁酒排燒酒，自作長歌和短歌。白髮尚於玄髮少，好人終比惡人多。一牕風月清如許（「一牕風月」四字是夢作），豈必區區慕燕窠（「燕窠」二字亦夢中所得）。（《定本與猶堂全書》詩集卷五，第四四五頁，《韓國文集叢刊》本）

《老人一快事六首效香山體》

老人一快事，髮鬝良獨喜。髮也本贅疣，處置各殊軌。無文者皆辮，除累者多薙。髻丱計差長，弊端亦紛起。巃嵸副編次，雜沓笄總縱。網巾頭之厄，罟冠何觸訾？【胡元冠】今髮既全無，衆瘼將焉倚？既無櫛沐勞，亦免衰白恥。光顱皓如瓠，員蓋應方趾。浩蕩北窓穴，松風洒腦髓。塵垢馬尾巾，摺疊委箱裏。平生拘曲人，乃今爲快士。

老人一快事，齒豁抑其次。半落誠可苦，全空乃得意。方其動搖時，酸痛劇芒刺。鍼灸竟無靈，鑽鑿時出淚。如今百不憂，穩帖終宵睡。但去鯁與骨，魚肉無攸忌。不唯呑細聶，兼能吸大胾。兩齶久已堅，頗能截柔膩。不以無齒故，悄然絶所嗜。山雷乃兩動，嗑嗑差可愧。自今人病名，不滿四百四。快哉醫書中，句去齒痛字！

老人一快事，眼昏亦一快。不復訟《禮》疏，不復研《易》卦。平生文字累，一朝能脫灑。生憎汲古板，蠅頭刻纖芥。六卿郊外去，再閏何時掛？

嗟哉望經注，後人依樣畫。唯知駁宋理，不恥承漢詿。如今霧中花，無煩雙決眥。是非既兩忘，辨難隨亦懈。湖光與山色，亦足充眼界。

老人一快事，耳聾又次之。世聲無好音，大都皆是非。浮讚騰雲霄，虛誣落污池。禮樂久已荒，儇薄嗟群兒。嚶嚶螘侵蛟，唧唧鼷穿獅。不待纊塞耳，霹靂聲漸微。自餘皆寂莫，黄落知風吹。蠅鳴與蚓叫，亂動誰復知？兼能作家翁，塞默成大癡。雖有磁石湯，浩笑一罵醫。

老人一快事，縱筆寫狂詞。競病不必拘，推敲不必遲。興到卽運意，意到卽寫之。我是朝鮮人，甘作朝鮮詩。卿當用卿法，迂哉議者誰？區區格與律，遠人何得知？凌凌李攀龍，嘲我爲東夷。袁尤槌雪樓，海內無異辭。背有挾彈子，奚暇枯蟬窺？我慕《山石》句，恐受女郎嗤。焉能飾悽黯，辛苦斷腸爲？梨橘各殊味，嗜好唯其宜。

智按：參見李瀷《星湖僿説》卷二九，詩文門，「退之山石句」條。

老人一快事，時與賓朋奕。必求最拙手，掉頭避強敵。行其所無事，恢恢有餘力。業道求賢師，學算就巧曆。實事宜躋攀，虛嬉貴閑適。何苦對勍寇，自取遭困阨？一念射蜚鴻，猶然不敗績。恒以逸待勞，怡然順無逆。頗怪世上人，志趣乃乖僻。於德悦卑諛，庸愚充上客。於戲不自量，國手思對席。聊以送炎曦，精進竟何益？（《與猶堂全書》卷一，韓國新朝鮮社一九三四年版，第一一五頁；《定本與猶堂全書》詩集卷六，第五六七頁，《韓國文集叢刊》本）

《唐白居易謝覽樂府百餘篇，遂拜翰林學士》

言高在下位，文字有誤人之歎；詩成卽諫書，官除荷自天之寵。百軸蕪語，一條華銜。念：誠切傾葵，才慚摛藻。白社結友，少日香山散人；青衫戀君，幾年江州司馬。顧以一段憂愛，嘗有百篇歌詞。賈誼之至於涕流，非無治世明主；陸機之每爲譏諷，多是估樂鐃辭。漆室丹心，幾恨天門之邃嚴；紫毫青石，只堪下里之流傳。那知少日之詞章，便作明時之諫藁。長安紙貴，誰傳太沖之《三都》？天子襟虛，深感枚乘之《七賦》。心難逃於聖鑑，縱幸忠愛之見知。跡尚阻於君門，敢希詞賦之媒寵？何圖樂府之登覽，遽叨翰林之新榮。誦詩知人，舉筆不忘規諫；有爵縻爾，宿儒當處深嚴。蓋欲使苦懇危忱，少效補袞之責。豈眞有清詞逸句，足任演綸之官；誰云詩能窮人，不料詞乃感主。澗松託意，分甘王維之棄捐；御柳傳詞，終承韓翃之寵遇。汾亭按瑟，初非飾觳之才；滄海遺珠，今爲供冕之寶。李供奉之詩百，不過草野之狂言；應學士之入三，是何華貫之驟除？再拜稽首，一則厚顔。遇。(《定本與猶堂全書補遺·冽水文簧》,《韓國文集叢刊》本)

智按：丁若鏞，號茶山，朝鮮傑出實學思想家、詩人。一生致力於致君澤民，匡濟一世，仕途受阻後，專注於著書立說。奎章閣本筆寫本《與猶堂集》（首爾大學藏）收録其一一九五篇文章及二二六三首漢詩。《與猶堂全書》有韓國新朝鮮社一九三四年版。

王賡言（一七六二～？）

《南湖堤上》

長堤一帶接平蕪，隔岸青青柳萬株。却怪多情白司馬，南湖不築築西湖。

城郭樓臺乍有無，芙蓉倒影入冰壺。誰將烟雨空濛景，畫個東坡戴笠圖。

《潯陽館舍》

孤城浩淼足煙波，北望其如旅況何。盆浦地卑霜信早，衡陽山近雁聲多。庾公清興今消歇，王濬樓船不再過。聖世久無遷謫恨，琵琶一曲為誰歌。(《晚晴簃詩匯》卷一〇八)

智按：王賡言，字贊虞、簣山，號亦樂堂，諸城（今屬山東）人，乾隆五十八年（一七九三）癸丑進士。授吏部主事，歷官江安督糧道。有《簣山堂詩鈔》二十一卷（山東省圖書館藏清道光刻本，山東大學出版社《山東文獻集成》第三輯第三十四册)。

程虞卿（一七六二～？）

《和梅庵先生歲杪言懷原韻》

壓鬢清霜冷玉簪，關山殘雪寄孤吟。千秋白傅青衫淚，一片樊南錦瑟心。

鶴病未須醫俗藥，梅開那用辟寒金。扁舟一葉尋知己，同話雙梧落月陰。（《晚晴簃詩匯》卷一百十九）

智按：程虞卿，字趙人，天長（今屬江蘇）人。嘉慶丁卯（一八〇七）舉人。有《水西間館詩》。

焦循（一七六三～一八二〇）

《與歐陽製美論詩書》

足下札來，言得聞春谷說詩，因謬贊及僕。夫詩無難知也，古人春誦夏弦，秋冬學禮讀書，試思書何以云讀，詩何以必弦誦，可見不能弦誦者，即非詩也。何以能弦誦，我以情發之，而又不盡發之，第長言永歎，手舞足蹈，若有不能已於言，又有言之而不能盡者，非弦而誦之，不足以通其志而達其情也。鼓無當於五音，僅用以節，樂不可與詩相和，故詩中間有一二急促之音，乃用以爲節。若一詩皆然，則止可以鼓，不可以弦。止可以鼓，不可以弦，則鼓詞矣。周公作《多士》，多方反覆詳盡，而《東山》、《鴟鴞》之詩，則情餘於意，意餘於言，然則貽王何不用文，誥民何不用詩，感以情非，同諭以意也。周秦漢魏以來，直至於唐，杜少陵、白香山諸名家，體格雖殊，不乖此指。晚唐以後，始盡其辭，而情不足。於是詩與文相亂，而詩之本失矣。然而人之性情，其不能已者，終不可抑遏而不宣，乃分而爲詞，謂之詩餘。故五代之詞，六朝初唐之遺音也。宋人之詞，盛唐中唐之遺音也。詩亡於宋，而遁於詞，詞亡於元，而遁於曲。譬如淮水之宅，既奪於河，而淮水匯爲諸湖，求淮水於桃源、安東之間，不可見，求淮水於白馬、甓社之中，轉可見也。然淮終是淮，河終是河，詞終是詞，詩終是詩。僕二十年來，學詩學文學詞，誠思詩還其爲詩，文還其爲文，詞還其爲詞，如五穀皆能辨之，黍稷稻粱，各歸一囷，不至淆亂於一端。其稂莠稊稗，似是而非者，則鋤而去之也。詩本於情，止於禮義，被於筦弦，能動盪人之血氣。故有市井之心，不可以爲詩；有軒冕之心，不可以爲詩；有娼嫉之心，不可以爲詩；有驕肆之心，不可以爲詩；有寒儉狹小之心，不可以爲詩；有偏頗怪僻之心，不可以爲詩；有矜能鬬勝之心，不可以爲詩；有雷同剿襲之心，不可以爲詩；有婦人女子之心，不可以爲詩。是故議論非詩也，謾罵非詩也，諂諛非詩也，俳優非詩也，非不説理拘於理者非詩也，非不隸事滞於事者非詩也，非不寫景飾其景者非詩也，非不考古泥於古者非詩也。總之未作詩之先，意中必有所不可已之處，始而性情所鼓盈，天地間皆吾意之所充，若千萬言寫之而不足者，遲之又久，神漸斂，氣漸翕，卽而取之，無有也。至於鬼神不能通其慮，風雷不能助其奮，而後鬱而徐之，積而出之，引而伸之，辭不必至，性已先之，雖簡亦深，雖平亦曲，雖率亦神，其文也不縟，其質也不俚，斯庶乎味之而不窮，尋之而愈有也。至於釀之以經術，廣之以聞見，本之於德行，則又在平時矣。足下有意於詩乎？爲暢言之如右，高明以爲何如？（《雕菰集》卷十四，《續修四庫全書》影印清道光四年阮福嶺南節署刻本）

《易餘龠録》

商之詩僅存頌，周則備風雅頌，載諸《三百篇》者尚矣。而楚騷之體，則《三百篇》所無也，屈宋爲周末大家，其韋元成父子以後之四言，則《三百篇》之餘氣游魂也。漢之賦爲周秦所無，故司馬相如、揚雄、班固、張衡爲四百年作者，而東方朔、劉向、王逸之騷仍未脱周楚之窠臼矣。其魏晋以後之賦，則漢賦之餘氣游魂也。楚騷發源于《三百篇》，漢賦發源于周末。五言詩發源于漢之《十九首》，及蘇李而建安，而後歷晋、宋、齊、梁、周、隋，于此爲盛。一變于晋之潘陸，宋之顔謝，易樸爲雕，化奇作偶。然晋宋以前，未知有聲韵也。沈約卓然創始，指出四聲，自時厥後，變蹈厲爲和柔，宣城、水部冠冕齊梁。又開潘、陸、顔、謝所未有矣。齊梁者，樞紐于古律之間者也。至唐，遂專以律傳。杜甫、劉長卿、孟浩然、王維、李白、崔顥、白居易、李商隱等之五律、七律，六朝以前所未有也。若陳子昂、張九齡、韋應物之五言古詩，不出漢魏人之所範圍。故論唐人詩，以七律、五律爲先，七古、七絶次之，詩之境至是盡矣。晚唐漸有詞，興于五代而盛于宋，爲唐以前所無。故論宋，宜取其詞。前則秦、柳、蘇、晁，後則周、吴、蔣、姜，足與魏之曹劉、唐之李杜相輝映焉。其詩人之有西崑、江西諸派，不過唐人之餘緒，不足評其乖合矣。詞之體盡于南宋，而金元乃變爲曲，關漢卿、喬孟符、馬東蘺、張小山等爲一代巨手，乃談者不論其曲，仍論其詩，失之矣。有明二百七十年，鏤心刻骨于八股，如胡思泉、歸熙父、金正希、章大力數十家，洵可繼楚辭、漢賦、唐詩、宋詞、元曲，以立一門戶。而李、何、王、李之流，乃沾沾與詩，自命復古，殊可不必者矣。夫一代有一代之所勝，舍其所勝，以就其所不勝，皆寄人籬下耳。余嘗欲自楚騷以下，至明八股，撰爲一集。漢則專取其賦，魏晉六朝至隋則專取其五言詩，唐則專録其律詩，宋專録其詞，元專録其曲，明專録其八股，一代還其一代之所勝，然而未暇也。偶與人論詩，而記于此。（《易餘籥録》，《叢書集成續編》子部第九一册，上海書店一九九四年版，第四六三頁）

智按：焦循，字理堂，江蘇甘泉人。少穎異，事父母以孝聞，服喪盡禮。乾隆辛酉（一七四一）舉於鄉。嘗從阮元遊浙江。閉戶著書，葺其老屋曰「半九書塾」，構樓曰「雕菰」，有湖光山色之勝。足不入城市者十餘年。有《雕菰樓易學三書》、《易廣記》、《孟子正義》、《六經補疏》、《雕菰樓集》等。

王廷紹（一七六三～一八二〇）

《霓裳續譜序》

京華為四方輻輳之區，凡玩意適觀者，皆於是乎聚，曲部其一也。……三和堂顏曲師者，津門人也，幼工音律，強記博聞，凡其所習，俱覓人寫入本頭，今年已七十餘，檢其篋中，共得若干本，不自秘惜，公之同好，諸部遂醵金謀付剞劂，名曰《霓裳續譜》，因多舛誤，請訂於余，余竊惟漢魏以來，由樂府變為歌行，由歌行變為詞曲，歐蘇辛柳而外，花間得其韻，實甫得其情，竹塢得其清華，草堂得其樸茂，逮近代之臨川、文長、雲亭、天石笠翁、悔庵諸公，緣情刻羽，皆足鬯其喜怒哀樂之懷。其詞精警，其趣悠長，余之所醉心者，不一而是，每當觸景縈情之會，拈毫吮墨，偶一效顰，頗不至遺譏大雅，至於是編，特優伶口技之余，其足供諷詠者，僅十之二三，雖強從友人之命，不過正其亥豕之訛，至鄙俚紕繆之處，固未嘗改訂，題簽以後，心甚不安，然詞由彼制，美不能增我之妍，惡亦不能益吾之醜，騷壇諸友，想有以諒之矣。至其中佳制，或瀟灑梨花，蕩揚春日，或淒涼河滿，寂寞秋幃，或金谷芙蓉，跌宕紅兒玉板；或小蠻楊柳，激揚白傅銅琶。當紅豆花開之下，緑窗人靜之餘，手把是編，旋呼名部，循聲核字，慆我天懷，欲為顧曲之風流，固不必還向江南訪龜年與李謩矣，是為序，乾隆六十年歲次乙卯春二月上浣，秣陵楷堂王延紹撰。（馮夢龍等《明清民歌時調集》）

智按：王廷紹，字善述，號楷堂。直隸大興（今屬北京）人。由庶常改刑部主事，以員外郎終，年五十八。

汪爲霖（一七六三～一八二二）

《友人有謂隨園主人詩似香山而余詩復似先生爲吟一律示友并質之先生（時先生方客桂林）》

先生宗白我推袁，萬古心香共此源。爲寫性情須淡蕩，難云工穩更瀾翻。那能韓杜搖山力，融盡烟雲落筆痕。醉裏狂吟忙裏賦，欲求老嫗與重論。（清道光十三年如皋汪氏初刻本《小山泉閣詩存》卷二，《清代詩文集彙編》第四七二册，第四八九頁，广西大學碩士學位論文，二〇〇六年）

《自勉》

太守頭銜官不卑，年方三十正當時。曾邀寵錫愁過分，未報君恩效已遲。生在花前須置酒，名傳身後或因時。浮雲眼底徒堪笑，心事香山白老知。（清道光二十年如皋汪氏重刻本《小山泉閣詩存》卷二，《清代詩文集彙編》第四七二册，第四九八頁）

《花下作》三首其三

古來才達人，香山後坡老。慧業具夙根，識了無不了。榮辱不攖心，世累割煩惱。細讀海外集，熟繹長慶稿。世代雖不同，心聲共幽抱。若無此胸臆，焉能臻其妙。偶然花月吟，字字皆皛皦。道德與陰符，無大亦無小。對境而忘境，可悟不可道。此理向誰言，花外聞啼鳥。（清道光二十年如皐汪氏重刻本《小山泉閣詩存》卷七，《清代詩文集彙編》第四七二册，第五五〇頁）

《讀韓白二集貽蘭圃》

朝來起讀昌黎詩，其氣磅礴無易辭。又讀香山長慶集，如泉脉脉生春時。掩卷靜恬心有得，君若讀時當細思。（清道光十三年如皐汪氏初刻本《小山泉閣詩存》卷七，戎霞《汪爲霖〈小山泉閣詩存〉校注》第三〇二頁，廣西大學碩士學位論文，二〇〇六年）

智按：汪爲霖，字傅三，號春田，如皋（今屬江蘇）人。知廣西思恩府，以廉靜稱。乾隆五十六年（一七九一）至乾隆五十八年調任鎮安知府，嘉慶元年（一七九六）輔佐督帥襄理軍務。有《小山泉閣詩存》八卷，存詩近千首。趙翼《小山泉閣詩存序》（道光二十年汪氏文園重刻本）稱：「春田觀察詩沖和靜穆，雅近香山，同輩中惟夢樓與之頡頏，視淵如、稚存諸子有過之而無不及也。」

沈復（一七六三～一八二二後）

《浮生六記》

余幼聘金沙于氏，八齡而夭。娶陳氏。陳名芸，字淑珍，舅氏心余先生女也，生而穎慧，學語時，口授《琵琶行》，即能成誦。四齡失怙，母金氏，弟克昌，家徒壁立。芸既長，嫻女紅，三口仰其十指供給，克昌從師，修脯無缺。一日，於書簏中得《琵琶行》，挨字而認，始識字。……

一日，芸問曰：「各種古文，宗何為是?」余曰：「《國策》、《南華》取其靈快，匡衡、劉向取其雅健，史遷、班固取其博大，昌黎取其渾，柳州取其峭，廬陵取其宕，三蘇取其辯，他若賈、董策對，庾、徐駢體，陸贄奏議，取資者不能盡舉，在人之慧心領會耳。」芸曰：「古文全在識高氣雄，女子學之恐難入彀，唯詩之一道，妾稍有領悟耳。」余曰：「唐以詩取士，而詩之宗匠必推李、杜，卿愛宗何人?」芸發議曰：「杜詩錘煉精純，李詩瀟灑落拓。

與其學杜之森嚴，不如學李之活潑。」余曰：「工部為詩家之大成，學者多宗之，卿獨取李，何也？」芸曰：「格律謹嚴，詞旨老當，誠杜所獨擅。但李詩宛如姑射仙子，有一種落花流水之趣，令人可愛。非杜亞于李，不過妾之私心宗杜心淺，愛李心深。」余笑曰：「初不料陳淑珍乃李青蓮知己。」芸笑曰：「妾尚有啟蒙師白樂天先生，時感於懷，未嘗稍露。」余曰：「何謂也？」芸曰：「彼非作《琵琶行》者耶？」余笑曰：「異哉！李太白是知己，白樂天是啟蒙師，余適字三白，為卿婿，卿與『白』字何其有緣耶？」芸笑曰：「白字有緣，將來恐白字連篇耳（吳音呼別字為白字）。」相與大笑。余曰：「卿既知詩，亦當知賦之棄取。」芸曰：「《楚辭》為賦之祖，妾學淺費解。就漢、晉人中調高語煉，似覺相如為最。」余戲曰：「當日文君之從長卿，或不在琴而在此乎？」復相與大笑而罷。（《叢書集成三編》本卷一；俞平伯點校本，第一～五頁）

智按：沈復，字三白，號梅逸，長洲（今江蘇蘇州）人。作幕經商為生，不以文名。

黃丕烈（一七六三～一八二五）

《蕘圃藏書題識》

⊙宋刻殘本白氏文集十七卷（二函十册）……

《白氏文集》以北宋廬山本爲最古，絳雲一炬，種子斷絕矣。此南宋殘本，有宋景濂藏書印，卽見於《敏求記》者，然與遵王所記頗有牴牾。記云十三之十六，二十六之三十，三十三之三十八，共十七卷，據其所列，衹有十五卷耳。不當云十七卷，已可疑矣。此本前九卷同三十卷，後有三十一、三十二兩卷，而無三十五至三十八四卷，有五十五之五十八四卷，此更可疑者也。蕘圃不能破此疑案，以爲遵王之誤，不知《敏求記》，當時藏書家祕爲鴻寶，輾轉傳鈔，不無譌奪，豈遵王之誤哉。舊爲顧五癡藏書，嘉慶丙辰五癡之子南雅通政以歸蕘圃，雖殘珪斷壁，彌可寶貴。蕘圃據卷端燒痕，亦欲歸之絳雲燼餘，則蛇足矣。遵王又有一宋刻全本，歸太倉王奉常者，今在常熟瞿氏。此本每半葉十一行，行二十一、二十二字不等，瞿藏本每半葉十三行，行二十二至二十五字不等，行款不同。

東城顧五癡家藏書甚富，余嘗購得數十種矣。主人知余好之篤，雖一鱗片甲，亦自侈爲奇寶。因出破書一束，指示余曰：此絳雲餘燼也。曷歸之，余開卷知是宋刻《白氏文集》。每卷首末皆有金華宋氏景濂圖記，爰憶《讀書敏求記》中曾言之，未知卽是此書否？然窺主人意，頗祕之，未便假歸。歸家檢遵王所記（十三之十六，二十六之三十，三十三之三十八，共十七卷，是金華宋氏景濂所藏小宋板，圖記宛然，古香可愛），乃知是書卽述古堂中物。倩五癡族姪開之往核卷數，并問其直。後開之來，云是十七卷，余喜甚，而索直逾百金，余又以不能卽得爲憂。越歲丙辰，五癡以老病終。厥子南雅昆季，皆兢兢焉守其父書，而南雅與余交亦頗投契，每一過訪，必以是書爲請，遂與元刻《伯生詩續編》以白金二十兩易得，命工重加裝潢，所以存舊物也。顧其書有疑義待析者，遵王云：廬山本爲庚寅所炬，而此集卷中燒痕尚在，有一葉中不過數字者，知絳雲餘燼之說未必無據。餘卷皆散，而二十六之三十獨完好勝於餘卷，尙是舊時裝潢。通册又似經水濕者，未知天下奇書，何其厄於水火之甚耶？至於十七卷中，遵王所記，又與今所見不同。十三之十六，二十六之三十，合於遵王所記者也。三十三、三十四卷之前有三十一、三十二，後無三十五、三十六、三十七、三十八，而有五十五、五十六、五十七、五十八，不盡合於遵王所記者也。此或係遵王筆誤，而古書之傳信於後綦難矣。余向得蘭雪堂活字本《白氏文集》，敍次亦與宋刻合，惜小注多缺，本文亦有訛脫，疑爲校録副本。聞顧竹君家有宋本《白氏長慶集》，此或廬山眞面目矣，然則庚寅一炬，受厄者果《白氏長慶集》乎？抑《白氏文集》乎？倘得一見之，以釋其疑，不亦快乎！但未知其書果在否也？大清嘉慶二年丁巳四月己卯日立夏，蕘圃黄丕烈識。

是書裝潢時，適錢竹汀壻瞿萇生來。萇生爲目録之學者，見古書必爲討厥源流，爰取是書展閲，并及拙跋，見遵王所記卷數，悉數之曰：君所得逾於遵王矣。余曰：否，蓋猶是十七卷也。萇生曰：十三之十六，二十六之三十，三十三之三十八，不過十五卷。而君今所得十三之十六，二十六之三十，同於遵王，三十五之三十八，爲五十五之五十八所誤，亦未可知。其三十一、三十二兩卷，遵王所未見者也。互計之，遵王所記者，十三、十四、十五、十六卷，二十六、二十七、二十八、二十九、三十卷，三十三、三十四、三十五、三十六、三十七、三十八卷，君所得者十三、十四、十五、十六卷，二十六、二十七、二十八、二十九、三十、三十一、三十二、三十三、三十四卷，五十五、五十六、五十七、五十八卷，豈非今多於昔乎？余亦無辭以對，因思遵王未知其誤，而偶誤於前。余欲正其誤，而仍誤於後。天下事之一誤再誤，而尚有待於旁人之繩糾者，比比皆是也。爰誌蕘生之語，兼以自訟云爾。蕘圃又識。

余收得《白氏文集》，在春夏之交，以殘闕不完之物，而閟藏在塵封蠹蝕中，已歷有年所。至今始得發而讀之，或亦公之精靈有以呵護之也。近日陳東浦方伯建藩蘇郡，訪求唐宋先賢遺跡，慨然於公之未有專祠，因從虎邱買得蔣氏故園（園爲國初顧云美塔影園故址），鳩工庀材，葺而新之，以祀白公。又於其旁添立懷杜閣，移建仰蘇樓，以祀少陵、東坡焉。余思白公在蘇遺愛，至今稱之，有云白公隄者，玆又特立專祠，俾廣大教化，常被中吳矣。新祠落成之日，適是集裝潢竣事，殆氣機之感召使然耶？爰誌其事於卷末，以告後之覽者。中秋前六日夕，時翦燭書。書魔。嘉慶癸亥夏六月十有二日，輯《百宋一廛書目》，重展於縣橋之新居。蕘翁。

附藏印。

金華宋氏景濂。

二泉邵寶。

南陽彦智（長印朱文甚舊）。

丕烈私印。蕘圃。無雙。

汪士鐘藏。汪印振勳。某泉。（卷七集類一，《黃丕烈書目題跋、顧廣圻書目題跋》，第一五九～一六〇頁；清潘祖蔭《滂喜齋藏書記》卷三集部，《續修四庫全書》影印清末刻民國增修本）

《百宋一廛書録》

⊙白氏文集

此殘宋本白氏文集十七卷，即《讀書敏求記》中所云，是金華宋氏景濂所藏，小宋版，圖記宛然，古香可受者也。然遵王所記尚有錯誤。記云：十三之十六、二十六之三十、三十三之三十八，共十七卷，然如數計之止得十五卷。今余所得者十三之十六、十六之三十四、五十五之五十八，適符十七卷之數。其每卷首末，皆有金華氏景濂圖記，即爲《讀書敏求記》中物，特所載卷數偶誤爾。余本得諸顧五癡家，五癡以爲絳雲樓餘燼，故每卷中燒痕尚在，甚至有一葉中不過數字者，昔遵王以爲庚寅一炬，廬山本實遭其厄，今觀此本，亦出餘燼，何幸六丁所收，尚留此十七卷在天壤間耶？珍藏之者，自明初至今，又將五百年矣。在在處處，有神物護持，吾烏得不信其說？爰重付裝潢，加諸什襲，以視向之破書一束，堆積於塵坷蟻蝕中者，其顯晦爲何如耶？（《黄丕烈書目題跋、顧廣圻書目題跋》，第四二九頁）

《士禮居藏書題跋記》

⊙白氏文集七十一卷（校宋本）

目後雌黄書二行，是子晉手跡。卷中句讀有「晉」字小圓印，其朱筆皆斧季字迹，所補缺葉畫烏絲欄者，亦出斧季手。　琴川張君月霄藏有宋刊本《白氏文集》，假歸，命長孫秉剛校勘一過，知斧季朱筆校者，即據張君所藏本也。茲校亦用朱筆，恐與斧季混同，因載於格欄外。其行間字，以朱筆點於旁，所以識別也。（《士禮居藏書題跋記》卷五，《續修四庫全書》影印清光緒十年滂喜齋刻本）

⊙伯生詩續編三卷（元本）

虞道園所制詩文極多，《道園類稿》、《道園學古録》、《道園遺稿》、《翰林珠玉》、《伯生詩續編》，共有五種。余次第收録皆備，然僅見者尤在後三種，三種尤在後一種。此元刻《伯生詩續編》三卷，余與殘宋刻《白氏文集》得諸顧五癡家，用朱提二十金。此書約三分之一，惜首闕目録幾葉，未知影鈔與否，無從是正。藏篋中久矣。頃五癡族人出舊藏本求售，雖鈔補更甚，而目録卻可證余本之影鈔非妄。作者想當日武陵宗族，以蓄書爲尚，或互相借鈔，彼此得成完書，其未可更動者，因兩本紙色不純，彼系棉紙，此系竹紙故也。今幸並入余手，重加校對，亦一樂事。用書數語於此先得之本云。嘉慶歲在丁卯冬十二月十一日黄丕烈識。(《士禮居藏書題跋記》卷六，《續修四庫全書》影印清光緒十年滂喜齋刻本)

智按：黄丕烈，字紹武，號蕘圃，又號復翁，長洲（今江蘇蘇州）人。乾隆五十三年（一七八八）戊申舉人，禮闈數上不售。大挑一等，以知縣用，發直隸。無意仕宦，乃援例得主事分部，復即告歸，旋丁外艱。性至孝友，父柩在室，會不戒於火，將及寢，則撫棺大慟，誓以身殉，火竟滅。平生鮮聲色之好，惟喜聚書。聞有宋元精槧，或舊抄善本，不惜多方購置。久之，得宋刻幾百余種，顏其藏書之所曰「百宋一廛」。元和顧廣圻為作《百宋一廛賦》，而自為之注。又築蕘圃，招致四方名宿相與談宴其間。每獲一書，日夜讎校，研索訂正，有校至三四次若五六次者。故所刻《士禮居叢書》雖寥寥十餘種，率附劄記，而得之者幾與「天水」同珍。自著《汪本隸釋刊誤》一卷，辨證頗詳。有《蕘言》。

成瓘（一七六三～一八四二）等

《(道光）濟南府志》

王宸倖，字鼎臣，號石禄，祖璽子。嗜讀書，因兩兄同科舉武闈，奉父命肄武。乾隆癸酉，武舉。辛巳進士，初任東省提塘保送京提塘。乾隆乙未，廣東提塘某挖去印信，逮下刑部獄，素知其謹慎，必有仇隙陷害，因與同僚代為分剖，及事白，果如所言。嘗在公慎堂，見有訊明迷人之案，備載藥方，倖曰：「迷人藥方，宣示中外，恐宵小效尤，不如改易數味。」當事從議皆服其識量。任六年，選衛守備需次遲，遂家居。父疾革，手立契賜莊田，涕泣受命。父沒，對兄弟焚其契於柩前，延師訓子，嘗舉白香山「陰德畏人知」一語以訓示之。辛丑丙午，大祲出餘粟賙，鄉鄰多所全活，張店流亡滿路，請於官置義田一區，諭鄉人掩之，其惠人濟物如此。(《(道光）濟南府志》卷五十五，清道光二十年刻本)

智按：成瓘，字肅中，號𥣞園。鄒平（今屬山東）人。少嗜讀書，博學強識。嘉慶六年（一八〇一）中舉。會試不第，專心於著述。于經學、文字訓詁學之外，兼治史學，曾佐修《會典》。著有《𥣞園日劄》，對經籍史書，掇漏刊誤，存真辨偽，頗多新見。與俞正燮為至交。道光十三年至十五年，與其弟成琅應濟南知府王贈芳之邀，至省城濟南編修《濟南府志》。著述今存尚有《成氏叢書》、《篪園醫說》等。

張問陶（一七六四～一八一四）

《忠州二絕》

西磵東坡尚儼然，看花曾及暮春前。屏風山外今宵月，照我重來又七年。

尚書墓下青山好，太傅祠前碧玉流。長慶貞元人去後，一官誰稱古忠州？（《船山詩草》卷八，《續修四庫全書》影印清嘉慶二十年刻道光二十九年增修本；中華書局標點本，第一九九頁；《船山詩草全注》第二册，第五九二頁）

《送味辛之青州司馬任》（其一）

老占才名第一流，青衫人擬白江州。作辭綸閣猶簪筆，遙想神山定筒樓。騶衍窈冥談大海，曹參清淨相諸侯。堯封禹貢應如昔，且爲鱸魚問錦秋。（《船山詩草》卷十六，《續修四庫全書》影印清嘉慶二十年刻道光二十九年增修本）

《題樂天天隨鄰屋》（二首）

壬申，自東萊謝郡，就醫吳門，僑寓虎邱。右倚甫里祠，左距白公祠不遠，自顏所居曰「樂天天隨鄰屋」，題句志之。

香山居士抽簪處，甫里先生鬬鴨時。驛使無須打金彈，醉鄉猶喜聽楊枝。凭闌早醒繁華夢，點筆難删諷諭詩。且作生公臺下石，掠波飛燕任差池。

梵書仙典塞虛堂，更喜鄰僧施竹牀。我在尚留金粟影，人來都訝贊公房。居同彌勒原無著，坐久旃檀忽有香。三萬二千獅子座，任他求法禮燈王。（《船山詩草》卷十九，《續修四庫全書》影印清嘉慶二十年刻道光二十九年增修本；中華書局標點本，第五四〇頁；《船山詩草全注》第三册，第一五九六頁）

《臘月九日與董琢卿戴竹友范葦舲陪穀人祭酒白公祠小集》

鸞坡回首不勝情，鷗鷺叢中理舊盟。一代人才誰萬古，九州師事賸先生。丹成尚待三生藥，身退全收四海名。半世塵勞空對語，白公堤下水無聲。（《船山詩草》卷十九，《續修四庫全書》影印清嘉慶二十年刻道光二十九年增修本；中華書局標點本，第五四四頁；《船山詩草全注》第三册，第一六一一頁）

《送周伊人歸豫章》

不爲蓴羹滑，鱸魚上鈎肥。來應虛菽水，歸只念庭闈。入世多榮辱，還家無是非。自慙行篋内，亦有老萊衣。楚尾吳頭去，津門夜放舟。一帆瓜步雨，八月廣陵秋。歸棹縈鄉夢，離堂黯別愁。潯陽維纜日，爲弔白江州。九派西江水，風流故國情。掄才推永叔，訪道得文成。抗志聯今古，端居惜姓名。匡廬山色好，雲木向人清。昨日秋風起，燕臺不可登。黄塵汙客面，紅樹送行縢。流寓悲王粲，還鄉羨季鷹。他時相憶處，寒語聚深燈。（《船山詩草》補遺卷一，《續修四庫全書》影印清嘉慶二十年刻道光二十九年增修本）

智按：張問陶，字仲冶，號船山，遂寧（今屬四川）人。乾隆五十五年（一七九〇）庚戌進士，改庶吉士，授檢討，官萊州知府。有《船山詩草》。

張晉（一七六四～一八一九）

《仿元遺山論詩絕句六十首》

詩成廝嫗亦教知，才大何須用典奇。不分當年長慶集，卻將白傅並微之。（其三十一）（《萬首論詩絕句》第二册，第六六七頁）

風華穠郁妙相關，曲折低徊似轉環。若問梅村誰舉似，瓣香應在白香山。（其五十一）（《萬首論詩絕句》第二册，第六七〇頁）

智按：張晉，字雋三，陽城（今屬山西）人。諸生。浪迹山水，周游天下，凡二十年。以詩鳴，雄視三晋。有《豔雪堂詩集》。

鮑桂星（一七六四～一八二六）

《湓楚訓多士作擬香山新樂府》（九首録五）

⊙苜蓿盤（勵學官也）

苜蓿盤，何闌干，廣文先生對之起長歎。先生勿歎聽我語，一粟一絲君賜予。俸錢雖薄官稍卑，道德自尊貧亦膴。紛紛銅墨謁上官，起居曲跽誰敢慭。先生長揖告就坐，師儒之體猶幸存。青青子衿在城闕，佻兮達兮莫敢遏。先生呼來夏楚之，俛首何辭受嚴罰。朝廷待先生，置之籩豆磬鼓間，不使鸞刀漫腥羶。士子於先生，無異父兄耈長然，要須儀範自我端。儀範端來師道立，弓就排檠繩縮直。種成桃李芟荆棘，夕聽絃歌夢亦清。朝吟詩句饑忘食，饑可忘，食何有，苜蓿味長君憶否。君不見，湖州教授胡先生，經義治事兩齋千載垂令名。

⊙鳴講鼓（儆多士也）

鳴講鼓，升講堂，圓冠方領紛濟蹌。列聖謨訓何洋洋，論孟四子存篇章。次第進講語焉詳，講罷揖退趨負牆。使者呼來前，諸生吾語汝。汝聽講書作何語，煌煌卧碑與聖訓。洙泗鄒嶧心同苦，百五十載貽哲孫，又十六年教澤新。曰正人心厚風俗，於爾多士尤諄諄。總以闡揚聖祖神宗金玉言。金玉言，君聽取，聽取以心勿以耳，植品須教砥璧圭。讀書豈爲榮簪組，根源孝弟醇行百。糾殫夙夜嚴刑五，掘井及泉山覆土。拙不能巧將勤補，不爾何勞鳴講鼓。

⊙雀角（憫獄訟紛而士習斁也）

雀角穿我屋，鼠牙穿我墉。周時南國偶有此，奈何今日士子沿成風。使者下車纔幾日，紛紛積牘堆成帙。使者弭節不數旬，每出必有遮輿人。一張訴牒輕如羽，朝入縣衙暮開府。未曾讞鞫先遁逃，不然上撃登聞鼓。就中豈無覆盆寃，寃者不如僞者繁。嗟爾書生何事逞刀筆，可憐只爲身饑寒。饑寒未除先僇辱，脱去青袍著囚服。抛棄交親離骨月，使者吞聲爲一哭。

⊙坐堂皇（嚴扃試也）

坐堂皇，堅坐不動形枯僵。自從四更點名籍，東旭坐到西斜陽。旁人語使者，何不暫入房，何不偃在牀，使者答言君不曉，君看堂下坐者人。多少义，手成文，有替人，隔牆傳信憑飛鳥，不坐堂皇可奈何。坐來猶恐疎防多，昔年豫州堂皇坐，摘奸發伏紛如麻。饘於是，粥於是，甲乙丹黄悉於是。一心兩眼坐忘勞，剔除百弊當自此。百弊何能不一藏，畢竟此法嚴關防，自今勿憚坐堂皇。

⊙鎖院燭（述衡校之苦心也）

鎖院燭，光熒熒，膏銷燄短翦復明，中夜千卷披縱横。縱横千卷往而復，沈吟未肯投廢簏。不是沈吟不肯投，我祖曾爲閩嶠遊。歸來一卧三十載，我乃七踏金陵秋。金陵三條鎖院燭，燭淚爇乾人淚續。人有升與沈，淚無昔與今。昔淚泣我掌中硯（用范喬事），今淚悲君爨下琴。零珠斷璧不忍棄，况乃全篇錦繡佳文字，佳文一卷不入眸，誓教雙眼成枯翳。烏虖！此情那許他人知，惟有鎖院之燭能喻之。燭花灺盡榜花發，是我抽毫覓句時。（張應昌《國朝詩鐸》卷十九，《續修四庫全書》影印清同治八年秀芷堂刻本）

智按：詹應甲《賜綺堂集》卷九（清道光止園刻本）《學使鮑覺生先生按部安州道中見貽七律二首書於摺扇因次韻奉酬》（其二）：「網得珊瑚出漢濵，翻憐疲駕逐車塵。感同髦士伸知己，喜遇名卿譽倏人。三月氣清風出袖，七言格老雅扶輪。安州佳話流傳遍，不獨香山樂府新（學使倣白太傅詩律爲《新樂府》九章以勸士，士氣為之一新）。」《閔生茗香以所作官韻賦乞爲點勘漫成四首》（其三）：「百花生曰好春時，那有雛鶯出谷遲。齊唱香山新樂府，幾人曾解鮑家詩（學使鮑覺生先生製《新樂府》九章勵士，茗香以總角諸生一試，傾其儕輩，居然有英俊之目）。」

鮑桂星，字雙五，號覺生，歙縣（今屬安徽）人。嘉慶四年（一七九九）己未進士，累官工部侍郎，中蜚語落職。宣宗即位，以編修召對，歷詹事，卒官。性質直敢任事。邃于文書，初從吳定學詩古文，後師姚鼐，為詩能合唐宋之長。有《進奉文鈔》、《覺生詩鈔》、《詠史懷人詩》，又用司空圖說，輯《唐詩品》八十五卷。

李富孫（一七六四～一八四三）

《孤山唐白太傅祠迎送神辭》

羣峰繞兮明聖湖，洵春望兮似畫圖。公來刺兮兹郡，澤我民兮胥涵濡。築長隄兮十里，植花柳兮麗迤。開填塞兮比鄭渠，用溉田兮薤茭葦。君恩許兮住三年，最難别兮湖山邊。迄千載兮繫民思，報公德兮肇祀以祠。湖之濱兮孤山之麓，月點波兮松排翠緑。公之來兮雲冥冥，乘五馬兮樹雙旌。藤陰濃兮鋪歌席，紅蕅香兮揚風舲。蕙肴陳兮桂醑，奏管絃兮合舞。公來享兮醉且吟，悦酒痕兮漬清襟。公將去兮尚勾留，忍拋棄兮舊湖樓。秩祀斯所兮景物幽，處處堪戀兮重回頭，自今伊始兮恣公遨游。（《校經廎文稿》卷四，清道光刻本）

智按：李富孫，字既訪，又字薌濁，晚號校經叟，嘉興（今屬浙江）人。少即好學，從叔祖李集受學，得其指授，與兄超孫、從弟遇孫有「後三李」之目。長游四方，從盧文弨、錢大昕、王昶、孫星衍等游。阮元撫浙，肄業詁經精舍，遂湛深經術。嘉慶六年（一八〇一）拔貢生。有《校經廎文稿》十八卷、《梅里志》十六卷、《曝書亭詞注》七卷、《鶴徵録》八卷後録十二卷、《李氏易解剩義》三卷校異一卷、《七經異文釋》五十卷、《説文辨字正俗》八卷等，事見《清史稿》卷四八二、《清史列傳》卷六九及自編《校經叟自訂年譜》。

阮元（一七六四～一八四九）

《四月十日同顧星橋吏部（宗泰）陳古華太守（廷慶）石狀元（韞玉）三院長暨朱椒堂兵部（爲弼）蔣秋吟太史（詩）華秋槎（瑞潢）何夢華（元錫）王柳邨（豫）項秋子（墉）張秋水（鑑）諸君子集靈隱置書藏紀事》

《尚書》未百篇，《春秋》疑斷爛。列史志藝文，分卷本億萬。傳之千百年，存世不及半。近代多書樓，難聚易分散。或者古名山，與俗隔厓岸。岧嶤靈隱峯，琳宫敞樓觀。共爲藏書來，藏（去聲）室特修建。學人苦著書，難殺竹青汗。若非見著録，何必弄柔翰。舟車易遺亡，水火爲患難。子孫重田園，棄此等塗炭。朋友諾黄金，文字任失竄。或以經覆瓿，或以詩投溷。

當年無副本，佚後每長歎。豈如香山寺，全集不散亂。名家勒巨帙，精神本注貫。逸民老田閒，不見亦無悶。雖不待藏傳，得藏亦所願。我今立藏法，似定禪家案。諸友以書來，收藏持一券。他年七十厨，卷軸積無算。或有訪書人，伏閣細披看。古人好事心，試共後人論。既汎西湖舟，旋飽蔬筍飯。出寺夕陽殘，鷲嶺風泉渙。（《四部叢刊》本《揅經室集・初編》卷八；《晚晴簃詩匯》卷一百七）

《誥封光禄大夫户部左侍郎顯考湘圃府君顯妣一品夫人林夫人行狀》

……先妣置低几於簷前，教不孝曰：「爾坐，毋急遽爾，枯（智按：疑為姑）從我口，緩緩讀之。」一夕得其理，迺背誦如流水，嘗以外曾祖所選王維、孟浩然、高適、岑參四家詩，付不孝讀之。先妣又手寫白居易《燕詩示劉叟》等篇授讀之，并教以四聲屬對之法，故不孝八九歲卽能作詩，非塾師教也。不孝十五六歲與考試，漸有交游，每從外歸，先妣必反覆詰問，今日見何人，言何事，不孝具以對。先妣曰：「某之言益者也，某之言損者也爾。某言是也，某言非也。」是以不孝雖有交游無損友。……（《四部叢刊》本《揅經室集・二集》卷一）

《雷塘阡表》

……成敗治亂，戰陣謀略，多辨論，舉以教元。嘗教元射曰：「此儒者事，亦吾家學也。」顯妣生於雍正十三年二月四日，考諱廷和，癸酉江都縣舉人，官福建大田縣知縣。顯妣通書史，明古今大誼，逮事祖姑，盡孝，養舉止，必衷於禮法。于歸次年，丁重喪，乃減食指，遣僕婦自翦指爪，親澣濯。元七八歲口吃，讀孟子孟施舍守氣章不上口，塾師莫能爲力。顯妣曰：「爾姑從我緩緩讀。」已而乃成誦，復手寫白居易諸詩，授元讀之。教以四聲屬對之法，元於是能作詩，及爲成童，於親師取友謹言慎行之道，誨尤切……（《四部叢刊》本《揅經室集・二集》卷一）

《金沙港三祠記》

西湖孤山六一泉之三祠，權輿於前明。……今所定金沙港之三祠，較之六一泉有互遷者，有除祀者，有增祀者，六一泉正氣閣列漢嚴公光、唐褚公遂良、宋公璟、張公巡、許公遠、顏公眞卿、郭公子儀、李公泌、陸公贄、白公居易、宋林公逋、范公仲淹、歐陽公修、蘇公軾、岳公飛、韓公世忠、洪公皓、葛公邲、文公天祥、徐公應鑣、明方公孝孺、高公遜志、于公謙、孫公燧、邵公經邦、萬公熚、楊公漣、左公光斗、魏公大中、袁公化中、周公朝瑞、顧公大章、高公攀龍、周公順昌、周公起元、繆公昌期、李公應昇、周公宗建、黃公尊素、劉公鐸、丁公乾學、夏公嘉遇、林公日瑞、陳公士奇、崔公文榮、馬公如蛟、劉公熙祚、衛公景瑗、朱公之馮、范公景文、倪公元璐、李公邦華、汪公偉、王公家彦、孟公兆祥、周公鳳翔、施公邦曜、淩公義渠、吳公麟徵、馬公世奇、劉公理順、申公佳胤、陳公純德、吳公甘來、王公章、陳公良謨、許公直、成公德、金公鉉、蔡公懋德、孟公章明、藺公剛中、陳公龍正、劉公宗周、祁公彪佳、黃公道周、余公煌、黃公端伯、陳公潛夫、王公道焜、陳公子龍、夏公允彝、陸公培、楊公廷樞、黃公淳耀、顧公咸建、吳公爾壎、姚公奇胤、吳公聞禮、葛公寅亮、張公煌言、朱公拱辰，國朝朱公昌祚、范公承謨、陳公丹赤、葉公映榴、劉公欽鄰、馬公琾、高公咸臨、錢公楞、郎公斗金、錢公嘉倫、徐公尚介、王公萬鑑、徐公修一百五人。今改嚴公光、郭公子儀、陸公贄、林公逋、歐陽公修、葛公邲、邵公經邦、陳公龍正、葛公寅亮，皆歸先覺堂正祀，徐公修歸先覺堂旁祀，宋公璟、李公泌、白公居易、范公仲淹、蘇公軾、韓公世忠、朱公昌祚，皆歸遺愛堂六一泉，先覺堂列宋趙公抃、楊公時、張公九成、王公十朋、呂公祀謙、楊公簡元、仇公遠明、宋公濂、方公孝孺、王公琦、姚公夔、陳公選、章公懋、李公明、宋公應昌、王公守仁、盧公雍、盧公襄、茅公瓚、茅公坤、淩公立、高公儀、勞公永嘉、陳公善、柴公祥、淩公登名、淩公登瀛、楊公廷筠、張公懋忠、王公思任、陳公雲渠、張公蔚然、洪公瞻祖、李公元暉、李公之藻、李公流芳、陳公肇、盧公復、柴公應槐、盧公昊、盧公璋、劉公宗周、翁公汝遇、聞公啓祥、聞公啓禎、柴公紹煇、柴公紹勳、郭公嗣汾、郎公兆玉、徐公尚勳、艾公南英、章公國佐、柴公世埏、吳公大沖、錢公喜起、徐公繼恩、徐公復儀、張公元徵、吳公之龍、嚴公調御、嚴公武順、嚴公敕、宋公賢、徐公恕、張公元國朝、茅公起龍、淩公萃徵、陳公晉明、汪公澄、汪公渢、陳公麗明、徐公繼聖、張公遂辰、張公嵩、朱公之錫、胡公亶、趙公廷標、高公偁、虞公穆、吳公鑛、詹公惟聖、徐公旭齡、嚴公沆、顧公豹文、嚴公曾榘、洪公秉銓、洪公吉臣、盧公琦、盧公璉、徐公潮、汪公霦、虞公鈖、應公撝謙、王公修玉、柴公紹炳、陸公圻、陳公廷會、胡公介、張公右民、章公士斐、陳公祚明、陸公嘉淑、吳公震衛、俞公時篤、王公至健、陸公堦、陸公坒、孫公浣思、王公佑賢、陳公張相、陸公繁弨、盧公之頤、宋公鼎銓、張公麟、嚴公曾槷、沈公近思、柴公謙、張公穎荀、郎公廷泰、汪公廷俊、項公日永、章公戩功、章公撫功、陳公曾篁、陳公曾蘐、盧公弅、盧公鉅、洪公福星、陸公進、金公號跂宋、劉公號何實、劉公萬祺、周公號于宣，章公號長玉，趙公號梓木、章公號程伯、方公擢、周公拱辰、趙公號遜志、張公元呂、陳公季方、盧公必陞、趙公啓裕、呂公蘭一百四十四人，今改徐公復儀入正氣閣，改盧公襄入遺愛堂，方公孝孺、劉公宗周本在正氣閣，兹重出，除之，其粟主事蹟未經考得者，正氣閣之朱公拱辰，先覺堂之洪公福星、金公跂宋、劉公何實、劉公萬祺、周公于宣、章公長玉、趙公梓木、章公程伯、趙公遜志、張公元呂十一人，製成木主，而特藏之樓側，俟考得再列之左右，今暫除之。六一泉遺愛堂列明周公新、王公世貞、王公在晉、薛公應旂、樊公良樞、李公文奎、陳公仕賢、甘公士价、張公延登、劉公一焜、許公豸、陳公調元，國朝馬公如龍、李公之芳、金公鋐、王公騭、趙公士麟、王公國安、崔公爾仰、鄭公開極、周公清源、顏公光敦、金公之俊、胡公作梅、彭公始搏、馬公豫、于公敏中、趙公宏燦、王公世臣、傅公澤淵、高公態徵、張公奇逢、李公洊德、通判王納公、興安黄公在中三十六人，舊碑附載，項公景襄、出公逢吉、張公希良、遲公惟培、李公鐸、吳公垣五人，今改項公景襄入先覺堂，金公之俊通判王二人除之，其定為增祀者，于正氣閣增明張公憲、卓公敬、沈公鍊、翁公鴻業、顧公王家、許公文岐、王公鍾彥、宋公天顯、于公騰蛟、翁公之琪、楊公振熙、吳公正道、王公志端、王公纘爵、趙公景和、徐公石麒、張公國維、熊公汝霖、錢公肅樂、沈公宸荃、陳公函煇、朱公大典、傅公巖、俞公元良、都公廷諫、湯公芬、周公允吉二十七人，于先覺堂增晉謝公安、宋沈公括、宗公澤、趙公汝愚、朱文公熹、王公應麟、元許公謙、明商公輅、國朝固山貝子公福喇塔、陸公隴其十人，于遺愛堂增唐李公德裕、明胡公宗憲、阮公鶚、戚公繼光、國朝張公鵬翮、趙公申喬、朱公軾、李公衛八人，或曰：互遷之義，既以孔孟文山之義律之矣，增也除也，有定例乎？曰：無之。六一泉之三祠，以先覺為稍濫，其間至有不可考其名籍者，姑以有其舉莫敢廢之義多存之，而以實不愧為先覺者為南向正祀，有事功者為西向旁祀，有學行者為東向旁祀，其三祠主之位次舛亂者爲釐正之，并悉標舉其爵秩，增者不勝其增，今則以己意所最重者增之，未必盡符乎人意也，如以為未善，則俟後之能修建者增損之，此金沙港三祠之事也。三祠共為大閣五楹，閣之上南向為正氣閣，北向為遺愛堂，閣之下南向為先覺堂，北向則水榭與花神廟，隔水相向，其工畢于嘉慶八年夏六月，浙江巡撫前浙江學政揚州阮元刻碑記之，并列序今所定三堂名位于碑後。董斯事者，鹽庫大使婁縣許元仲，書丹者錢唐高塏。（《四部叢刊》本《揅經室集·二集》卷七）

《杭州靈隱書藏記》

《周官》諸府，「掌官契以治藏」，《史記》老子為「周守藏室之史」，藏書曰「藏」，古矣。古人韻緩，不煩改字，「收藏」之與「藏室」，無二音也。漢以後曰觀，曰閣，曰庫，而不名藏。隋、唐釋典大備，乃有《開元釋藏》之目。釋道之名藏，蓋亦摭儒家之古名也。明侯官曹學佺謂，釋道有藏，儒何獨無？欲聚書鼎立。其意甚善，而數典未詳。嘉慶十四年，杭州刻朱文正公、翁覃溪先生、法時帆先生諸集將成，覃溪先生寓書於紫陽院長石琢堂狀元，曰：「《復初齋集》刻成，為我置一部於靈隱。」仲春十九日，元與顧星橋、陳桂堂兩院長，暨琢堂狀元，郭頻伽、何夢華上舍，劉春橋、顧簡塘、趙晉齋文學，同過靈隱食蔬筍，語及藏《復初齋集》事。諸君子復申其議曰：「史遷之書，藏之名山，副在京師，白少傅分藏其集於東林諸寺，孫洙得《古文苑》於佛龕，皆因寬閒遠僻之地可傳久也。今《復初齋》一集尚未成箱篋，盍使凡願以其所著、所刊、所寫、所藏之書藏靈隱者，皆裒之，其為藏也大矣。」元曰：「諾。」乃於大悲佛閣後造木廚，以唐人鷲、嶺、鬱、岧、嶤詩字編為號，選雲林寺玉峰、偶然二僧簿録管鑰之。別訂條例，使可永守，復刻一銅章，遍印其書，而大書其閣扁曰「靈隱書藏」。蓋緣始於《復初》諸集，而成諸君子立藏之議也，遂記之。（《四部叢刊》本《揅經室集·三集》卷二；鄧經元點校本第六一六～六一七頁）

《焦山書藏記》

嘉慶十四年，元在杭州立書藏於靈隱寺，且為之記。蓋謂漢以後藏書之地，曰觀，曰閣，而不名藏。藏者，本於《周禮》宰夫所治，《史記》老子所守，至於《開元釋藏》，乃釋家取儒家所未用之字以示異也。又因史遷之書藏之名山，白少傅藏集於東林諸寺，孫洙得《古文苑》於佛龕閒僻之地，能傳久遠，故仿之也。繼欲再置焦山書藏，未克成。十八年春，元轉漕於揚子江口，焦山詩僧借庵、巨超、翠屏洲詩人王君柳村豫，來瓜洲，舟次論詩之暇，及藏書事，遂議於焦山亦立書藏。以《瘞鶴銘》相、此、胎、禽等七十四字編號，屬借庵簿録管鑰之，復刻銅章，書樓扁，訂條例，一如靈隱。觀察丁公百川淮，為治此藏事而蕆之。此藏立，則凡願以其所著所刊所寫所藏之書藏此藏者，皆裒之。且即以元昔所捐置焦山之宋、元鎮江二志，為相字第一、二號，以志緣起。千百年後，當與靈隱並存矣。(《四部叢刊》本《揅經室集・三集》卷二；鄧經元點校本第六一八頁)

《癸亥正月二十日四十生日避客往海塘用白香山四十歲白髮詩韻》

春風四十度，與我年相期。駐心一迴想，意緒紛如絲。慈母久遠養，長懷雛燕悲（元十歲時，母嘗點白香山《燕詩示劉叟》等篇，口授成誦）。嚴君七旬健，以年喜可知。人生四十歲，前後關壯衰。我髮雖未白，寢食非往時。生日同白公，恐比白公羸（白香山正月二十日生，見文公集）。百事役我心，所勞非四肢。學荒政亦拙，時時懼支離。宦較白公早，樂天較公遲。我復不能禪，塵俗日追隨。何以卻老病，與公商所治。(《四部叢刊》本《揅經室集・四集》卷六；鄧經元點校本第八四二頁)

《壬戌孟夏由靈隱徒步過韜光庵直上北高峯頂癸亥夏日又至韜光留題韜光觀海畫卷中》

潮聲不到北高峰，惟見樓頭海日紅。健足直凌山色外，詩情渾付竹光中。胸前泉石千層起，眼底江湖一望通。欲學樂天遊兩寺，那堪吟眺總悤悤。(《四部叢刊》本《揅經室集・四集》卷六；鄧經元點校本第八四八頁)

《福兒汲得學士泉煑茗作詩因再題竹林茶隱圖中》

酒中有至樂，恨我絶不諳。近歲作茶隱，聊以當沈酣。禺山到鹹海，已是珠江南。怕汲斜水斜（《元和志》：「邪階水，今名階水，出縣東百三十里。」《太平寰宇記》：「南齊時有邪階縣，後改為正階縣。」《廣東通志・山川略》：「邪階水，出始興縣東南邪階山，水有別源曰『巢頭』，重嶺衿瀧，奔湍相屬，祖源雙注，合為一川。」），戒酌貪泉貪（《廣東通志・山川略》：「石門水一名貪泉，出縣四三十里平地。」即晉廣州刺史吳隱之飲水賦詩處）。忽聞學士泉，輕與雲相涵（《廣東通志》：「學士泉，在番禺縣北七里。」明天順中，學士黃諫謫廣州，品其井水，爲嶺南第一。福汲取稱之，山泉輕於井泉，此泉又輕於山泉）。滴墨辨眞僞（此泉貯自磁碗中，醮墨滴入，墨沈而不散。以試他泉，則浮散者多矣），符調得一擔。松柴與石跳，責試來吾男。茗投龍井葉，咀味清且甘。諸孫與杯勺，可抵飴弄含。七椀喫不得，賒飲可及三（耶律楚材詩云：「盧仝七椀詩難得，諗老三甌夢亦賒。」）。先生非醉吟（白太傅集有《醉吟先生傳》，大人性不善飲，而生辰與白公同日，故癸亥撫浙時，有《正月廿日四十生辰避客往海塘用白香山四十歲白髮詩韻》詩一首），隱几何醰醰。此時竹林下，蝶化羅浮蠶。（《四部叢刊》本《揅經室集・續集》卷五；鄧經元點校本第一〇七九～一〇八〇頁）

《正月二十日學海堂茶隱》

（癸未春，大人兼攝撫篆，嘗於生辰避客撫署東園竹林中，有《竹林茶隱》詩。甲申冬，闢堂於粵秀山以課士，取《拾遺記》何邵公「學海」之意以名其堂。今乙酉生辰，又來避客，煮茶於此）

又向山堂自煮茶，木棉花（堂外大人植木棉花十餘本）下見桃花（堂中諸生植桃花百餘株）。地偏心遠聊為隱，海闊天空不受遮。儒士有林眞古茂，文人同苑最清華。六班千片新芽緑，可是春前白傅家（白香山茶詩云：「緑芽十片火前春。」温庭筠《採茶録》：「樂天有『六班茶』。」大人生辰與香山同日，故末句云）。（《四部叢刊》本《揅經室集・續集》卷六；鄧經元點校本第一一〇二頁）

《秋祭東園齋居詩四十韻》

余正月廿日生辰，與白樂天同日。余四十歲時曾和香山四十白髮詩韻，今匆匆廿六年矣。香山有六十六歲詩，又是年落二齒，有落齒辭，似老年一關鍵也。清夜翦鐙，作詩自忖。

我昔年四十，曾和白傅詩。白年六十六，有詩言其衰。七十欠四歲（白樂天句），我亦如其時。我昔知命年，目力先差池。今復十餘載，晶鏡屢改移（今眼鏡用七十歲老光）。髮白雖少半，大半白其髭。今年耳所聽，亦覺收聲遲。我嫌人語低，瞶瞶將在茲。白公於是歲，二齒落有辭。我幸卅餘齒，全在無所隳。居粵八九載，濕氣注四肢。詩云微且尰，脚氣殊難醫。入滇氣凉爽，左足去其疵。右足尚有病，夏來加藥治。近亦可半愈，兼以息身疲。園中有山臺，藜杖閒可搘。廐中有紫騮，游山偶一騎。仲秋多祭祀，齋宿今其期。東園好亭館，雜樹交秋枝。鐘鳴鶴聲靜，清夜因自思。我無白公才，我比白公贏。今亦六十六，官重非分司（白公每乞分司閒官）。年齒與禄位，不圖至於斯。老妻攜季子，歸守墓與祠。服官有二子，效力居京師。滇南宦最遠，今惟仲子隨。仲子文筆拙，經義微能窺。疏經成十卷（時福兒《孝經義疏補》初成），閱之頗解頤。貲郎任子間，所執或不卑。聚者固相慰，遠者歎相離。健亦勿侈樂，衰亦毋心悲。君門隔萬里，昔人常嗟咨。我君令（臣）喜（去冬賜御筆「出門見喜」春帖子），喜氣盈鬚眉。春明門外路，豈是天之涯。惟念老態具，精力將難支。安可龍鍾叟，頽然籌邊陲。然不籌邊陲，偷安又何為。為此齋居夕，自省復自疑。尚其式古訓，亦且力威儀。大事在於祀，惟福養以之（《左傳》「養以之福」，俗本譌為「養之以福」）。（《四部叢刊》本《揅經室集·續集》卷九；鄧經元點校本第一一六二～一一六三頁）

《正月二十日偕劉王二叟竹林茶隱》

三人二百五十歲，隱入竹林同所憩。舉甌啜茗作壽朋，少破從前獨游例。桐城壽者百四齡，談笑游行噏甘脆。自言弱冠入滇池，眼見乾隆平緬裔。浪穹老年七十九，手披經解講六藝（時《學海堂經解》初刻成，寄到滇，共一千四百卷，與王叟講其概）。此乃門中古桃李，却並尚書紅杏麗（雨春軒前古杏盛開，軒扁乃乾隆癸未年書，杏在扁前，亦百年樹矣）。南中地暖纔立春，已似山陰欲修禊。時花香葉青春深（時已經殘，桃李初開），緑篠新篁夕陽霽。兒輩燒松烹洱茶，竹亭爐烟風細細（園東竹中有茶隱亭）。羊求三徑寂無聲，惟有林間鶴清唳。香山七老今得三，疑我年者使之計（《左傳》曰：「疑年，使之年」）。

滇中有百四歲劉壽叟者，名廷植，桐城人，步履、目光、齒力皆健，鬚髪未全白，如六十許人，語音高而善笑。叟於壯年在迤西見大何首烏重百餘斤，購得之，剖吸白漿，目光頓明，精神增健，由此得長壽，無他異術。家大人曾仿唐人《何首烏傳》作《劉壽叟傳》。又有家大人己未門生王樂山大令者，名崧，榜名藩，浪穹人，年七十九，學問淹博，爲滇中老宿，總纂滇省通志，精神步履亦强健。福乃於庚寅正月二十日邀劉、王二叟在宜園陪家大人游坐，福侍茶爲壽，三壽共二百五十歲。唐白香山初爲七老會，其中尚無百餘歲者，家大人生辰與白公同日，七老、九老，再俟諸他日。福謹記。（《四部叢刊》本《揅經室集·續集》卷九；鄧經元點校本第一一七三～一一七四頁）

《紅藜杖》

青藜杖數枝，三年矣，丹漆之，名曰紅藜，欲象唐之赤藤。

老龍拔鬚電搜壁，南詔蠻藤如血赤。昌黎唫罷香山唫，（韓昌黎有南詔赤藤杖詩，白香山亦有南詔紅藤杖詩）萬里雲天隔梁益。我持節住六詔南，欲覔此藤無處覔。園中自有老藜根，斫取數枝握青碧。三年未免色模餬，半染苔痕半手澤。忽加丹漆華而堅，椰櫪横擔五六尺。太乙吹火紅照人，不許珊瑚鬬玉石。皤翁攜此東園來，一笠圓棕雙蠟屐。勁莖疎節輕於藤，皓鶴鷩紅避長策。而今那有異牟尋，頗可扶藜傲韓白。（《四部叢刊》本《揅經室集·續集》卷九；鄧經元點校本第一一七七頁）

《翡翠玉效樂天樂府》

古有驃國樂，今有驃國玉（翡翠玉來緬甸，緬甸即唐驃國）。朝廷不寶之，此玉入流俗。色不尚白青，所貴惟在緑。炫以翡翠名，利欲共爭逐。佳者比黄金，價更倍五六。滇關駝玉來，巖皮皆碌碌。貪緑在皮中，若可見其腹。或以千金享，或判卞和足。及剖乃異色（今多淡紅色，青蓮色即報春花色），幾于抱玉哭。或見緑一斑，喪斧少償贖。若得緑一拳，即能潤其屋。緬夷賴為利，斷之彼窮辱。此貨走東南，狥之意殊恧。貴賤有何常，好尚誰反覆。所寳若青紅，緑璞成賤璞。（《四部叢刊》本《揅經室集·續集》卷九；鄧經元點校本第一一七九頁；張應昌《國朝詩鐸》卷二十六，《續修四庫全書》影印清同治八年秀芷堂刻本）

《石渠隨筆》

唐人會昌九老圖一卷。絹本。二幅。畫幅長七尺六寸，水墨界畫。畫濃陰水榭，敞堂方亭，池岸艤舟，榭中坐者三人，舟中二人，堂中四人，侍者八人，一人拏舟，一人擁篲，無名款。第二書幅宋高宗題云：

「致君初不媿虞唐，白首歸來住洛陽。入社莫疑頻笑語，同朝各自抱行藏。長年詩酒開三徑，永日琴書共一床。進退得時眞有道，可憐誰復繼餘光。」

「履道清歡冠有唐，衣冠耆艾會嵩陽。功成勇退身俱健，心縱榮歸舍所藏。樽酒□（智按：當為相）陪齊皓首，林泉偃息列胡床。當年盛事傳今古，遺像丹青德逾光。賜從乂。」

此卷絹色古穆，畫法渾厚，墨色如積，書則縱橫沈著，係硬筆書。（《石渠隨筆》卷一，《續修四庫全書》影印阮亨揚州珠湖草堂刻本）

《文選樓藏書記》

楊氏《六帖補》二十卷，宋楊伯嵒輯，代郡人抄本。是書纂輯各類，以補白居易、孔傳傳世《六帖》所未備。（《文選樓藏書記》卷一，《四庫未收書輯刊》影印清越縵堂抄本）

智按：阮元，所生月日與白居易同（正月廿日），字伯元，號芸臺，頤性老人。儀徵（今屬江蘇）人。乾隆五十四年（一七八九）進士，選庶吉士，授翰林院編修，直南書房；歷官山東、浙江學使，遷兵部、禮部、戶部侍郎。嘉慶時，先後任湖廣、兩廣、雲貴總督。道光時，入朝為協辦大學士、大學士，加太子太保，進太傅。死後謚文達。經籍訓詁外，涉獵天文、曆算、地理，著述頗豐。有《揅經室集》、《詁經精舍文集》、《十三經注疏校勘記》、《經籍籑詁》、《疇人傳》等。

杜堮（一七六四～一八五九）

《拜白蘇二公祠》

要與湖山作主盟，天留此地屬先生。心香未瓣塵容在，敢擬階前薦杜蘅。

（《遂初草廬詩集》卷七，清同治九年杜受廉刻本）

智按：杜堮，字次厓，號石樵，山東濱州人。嘉慶六年（一八〇一）進士，曾任職翰林院，外放順天和浙江學政，調任内閣學士兼禮部、兵部和吏部侍郎等職，加太子太保銜。杜堮聰明好學，精勤不倦，善詩、精通書畫。一生勤于筆耕，著述頗豐，咸豐八年病逝，咸豐親往祭奠，贈大學士，謚文端，入祀賢良祠。有《遂初草廬集》。

王文誥（一七六四～？）

《蘇海識餘》

公作《古纏頭曲》，猶白傅《琵琶行》也。白詩宛轉多姿，極千呼萬喚之態。公詩以簡古出之，一洗元和體段。白云「四弦一聲如裂帛」，公云「四弦一抹擁袂立」，蓋明與之爭長矣。（《蘇文忠公詩編注集成總案》附《蘇海識餘》卷一，第五葉）

智按：王文誥，字純生，號見大。仁和（今浙江杭州）人。嘗隨趙文楷赴琉球册封。好游覽名山大川，獨游皋亭諸山探梅，至太平廢寺，愛其二松奇古，因易庵名，自署二松居士。後游粵東，以詩畫名動公卿士大夫間。客居三十年，老始歸，卜築于皮市，蒔花種竹，署曰南園。好蘇軾詩，著《蘇詩編年集成》，集諸家之大成，對詩人行實之考訂尤見功力，久享盛名。有《韵山堂詩集》。生平事迹見《晚晴簃詩匯》卷一一〇、《清畫家詩史》戊下、《清人詩集叙録》卷五〇。

陸藩

《琵琶亭晚歸》

到來青不斷，疏竹古松間。山氣作秋澹，雲情與客閒。野花寒尚發，林鳥倦先還。但覺歸途遠，瀠洄水幾灣。（《兩浙輶軒續録》卷一，《續修四庫

全書》影印清光緒十七年浙江書局刻本)

智按：陸藩，字介人，號匪莪，浙江鎮海人。官廣西鬱林知州。

陳朗（一七六九進士）

《刈麥行》

隴頭日正長，隴底麥已黄。黄雲垂垂一夜熟，雉子生斑飛上屋。道逢刈麥翁，腰鐮走墟曲。翁言前年水没田，我麥生耳炊絕煙。今年春旱天無雨，日炙龜紋坼焦土。幸逢暑雨似翻盆，大麥雖枯小麥存。我老豈有倉箱願，得食猶備饔與飧。請君嘗此盂中麥，麥飯一盂汗一石。(《兩浙輶軒續録》卷十，《續修四庫全書》影印清光緒十七年浙江書局刻本)

智按：此詩直承白居易《觀刈麥》。

陳朗，字泰輝（一作太輝)，號青柯，平湖（今屬浙江）人。乾隆三十四年（一七六九）己丑進士，官江西撫州知府。年近五十卒。有《青柯館集》。

何文煥（一七七○前後）

《歷代詩話考索》

唐宣宗《弔白樂天詩》云：「童子解吟〈長恨曲〉，胡兒能唱〈琵琶篇〉。」按「琵」當作入聲讀。洪邁《容齋隨筆》記樂天詩，以「琵」字作入聲讀，如「四弦不似琵琶聲，亂寫真珠細撼鈴」，「忽聞水上琵琶聲」是也。又以「相」字作入聲，如「為問長安月，誰教不相離」是也。「相」字之下自注云：「思必切。」以「十」字作平聲，如「在郡六百日，入山十二回」，「緑浪東西南北路，紅欄三百九十橋」是也。以「司」字作入聲，如「一為州司馬，三歲見重陽」，「四十著緋軍司馬，男兒官職未蹉跎」是也。宣宗弔詩，蓋即用樂天字句。(《歷代詩話》第八○九頁)

樂天《詠史》云：「良時足可惜，亂世何足欽?」乃孔子「邦有道，貧且賤焉」,「危邦不入，亂邦不居」之義。又云:「乃知汨羅恨，未抵長沙深。」亦猶昌黎所云，非中國即夷狄矣，非若屈子可之齊、之韓、之趙魏也。葛氏以為「信如斯，是以亂世為不足振」云云，未免太固。(《歷代詩話》第八一八頁)

智按：何文煥，字少眉，號也夫，嘉善（今屬浙江）人。諸生。有《無補集》。《歷代詩話》前有乾隆三十五年（一七七〇）所作自序。

錢樹本（一七七一前後）

《讀國朝諸大家詩各系絕句》(其一)

梅村七古宋(智按：疑作宗)元白，近體清華格律雄。頭白歸來説開寶，銅駝玉馬泣西風。(吳梅村)(《萬首論詩絕句》第三册，第一二〇三頁)

智按：錢樹本，字根堂，監生。先世自浙遷松江府婁縣（今上海金山縣)，世稱金山錢氏。著有《漱石軒詩草》(姜兆翀《松江詩鈔》卷五十三錢樹本小傳)，輯有《一點閣文選》（光緒《金山縣志》卷十五藝文志、民國《重輯張堰志》卷九藝文)。從事藏書、刻書事業，尤以刻書為盛。據光緒間《錢氏家刻書目》載，錢氏刻書自乾隆三十六年（一七七一）至光緒年間從未間斷。起首是錢樹本，刻有《左傳》、《公羊傳》、《穀梁傳》、《國語》、《國策》、《莊騷讀本》；錢樹堂、錢樹立繼刻《經餘必讀》、《醉經樓經驗良方》、《保素堂稿》；錢樹芝刻《溫熱病指南集》，在近代文化史上頗具影響。

陳錫路（一七七二前後）

《黃嬭餘話》

⊙王逸老

李赤自謂，歌詩類太白，故曰李赤，見《柳子厚集》。王應麟《困學紀聞》云：張碧字太碧，黃居難字樂地，慕太白、樂天也。頃得一條，亦相類，南唐王文秉工小篆，自號王逸老，欲與逸少相抗，世以其人猥瑣，不與其書

名。(《黄孏餘話》卷一,《續修四庫全書》影印清乾隆刻本)

⊙麩炭

《老學菴筆記》云:謝景魚家有陳无己手簡一編,有十餘帖,皆與酒務官,託買浮炭。浮炭者,謂投之水中而浮,今人謂之桴炭,恐亦以投之水中則浮故也。又云白樂天詩:「日暮半爐桴炭火」,知其語已久。然按白詩是作麩炭,不作桴炭。桴炭二字,諸書亦不經見。老學菴浮炭之解誠是,至以麩作桴,又誤證白詩,却屬傅會。(《黄孏餘話》卷二,《續修四庫全書》影印清乾隆刻本)

⊙白老

白樂天晚年極喜義山詩,云:「吾死得為爾子足矣。」義山生子,遂以白老名之。見《蔡寬夫詩話》。路戲為之説。李洞稱賈浪仙為詩祖,宋吳邁遠嘗語人曰:吾詩可為汝詩父,玉谿生命意,亦居然可知矣。(《黄孏餘話》卷三,《續修四庫全書》影印清乾隆刻本)

⊙蔡邕無子

楊升菴云:昔人謂蔡邕無子,讀《羊祜傳》,祜,蔡邕外孫。祜討逆有功,將進爵土,乞以賜舅子蔡襲。詔封襲關内侯。然則邕實有子,可補傳缺。王弇州《宛委餘編》又引《蔡充别傳》「祖睦,蔡邕孫也」一句,證邕有子,亦同升菴之説。路按,《後漢書》蔡邕本傳固不言有子,《列女傳》董祀妻云,蔡邕女名琰,字文姬,興平中遭亂,陷没於南。曹操素與邕善,痛邕無嗣,遣使者以金璧贖之云云。白樂天《酬微之》詩:「各有文姬才稚齒。」自注:蔡邕無兒,有女琰,字文姬。又《三國志·王粲傳》:「粲在長安,中郎將蔡邕曰:吾家書籍文章,盡當與之。」王荆公詩:「中郎舊業無兒付。」正用粲傳語也。昔人謂蔡邕無子最有據,則蔡襲或是邕從子子,抑為之後者未可知,安得因祜傳乞封舅子事,而遽定邕有子耶?(《黄孏餘話》卷四,《續修四庫全書》影印清乾隆刻本)

⊙針史

荆州街子葛清自項以下,遍體刺白居易詩,凡二十餘處,人呼為「白舍人行詩圖」,此事大奇,王阮亭《香祖筆記》云爾。按,葛清事,見《酉陽雜俎》。《雜俎》所載劄青一類甚多,統謂之黥。又《清異録》云:「自唐末,無賴男子以劄刺相高，或鋪輞川圖一本，或砌白樂天、羅隱二人詩百首，至有以平生所歷郡縣、飲酒蒱博之事、所交婦人姓名、年齒、行第、坊巷、形貌之詳，一一標表者，時人號為『針史』。」然則如街子所為，亦殊不足齒數，阮亭獨為之詫歎，何耶？（《黄嬭餘話》卷四，《續修四庫全書》影印清乾隆刻本）

⊙開素

《野客叢書》謂，今人久茹素，而其親若鄰，設酒肴之具，以相煖熱，名曰開葷，于理合曰開素，引《南史》東昏侯喪潘妃之女，閹寺王寶孫諸人共營殽羞，云為天子解菜作據。開素二字，勉夫若自謂創語，然《白香山集》已有之。按《香山集》中有詩題云《三月五日齋畢開素當食偶吟》，又《戲贈夢得》詩有「月終齋滿誰開素」之句，又《韋賔客皇甫郎中欲攜酒饌出齋奉謝》詩云：「散齋香火今朝散，開素盤筵後日開。」二字樂天屢用，勉夫並不引及此，豈未見白集耶？（《黄嬭餘話》卷五，《續修四庫全書》影印清乾隆刻本）

⊙初三

古人以五月五日為重五，以九月九日為重九，亦稱三月三日為重三。閻朝隱詩「三月重三日」，張說詩「暮春三月日重三」是也。惟白樂天只用「初三」二字，却有致。如「暮春風景初三日，流世光陰半百年」，「畫堂三月初三日，絮撲窓紗燕拂簷」，他如「可憐九月初三夜，露似珍珠月似弓」，又「微月初三夜，新蟬第一聲」，又「弓勢月初三」，「初三」二字叠見非一，趙仲白《題曾茶山詩集》云：「清于月出初三夜」，是用樂天詩語。（《黄嬭餘話》卷五，《續修四庫全書》影印清乾隆刻本）

⊙潤筆

白樂天《修香山寺記》曰：「予與元微之定交生死之間，微之將薨，以墓誌文見託。既而元氏之老，状其臧獲、輿馬、綾帛，洎銀鞍、玉帶之物，價當六七十萬，為謝文之贄。予念平生分，贄不當納，往反再三，訖不得已，回施兹寺。凡此利益功德，應歸微之」云云。按一墓誌文，而以七十萬為贄。唐人重潤筆，至是可以為侈矣。韓文公輦金如山，恐非虛語。（《黄嬭餘話》卷六，《續修四庫全書》影印清乾隆刻本）

⊙軟半

物中分曰半，詩家所稱强半，蓋言一半有餘也。白樂天《題朗之槐亭》云：「春風可惜無多日，家醖唯残軟半瓶。」軟半，猶言小半，此二字僅見。(《黃嬭餘話》卷八，《續修四庫全書》影印清乾隆刻本)

⊙王昭君妹

白樂天《同諸客嘲雪中馬上妓》云：「雪裹君看何所似？王昭君妹寫真圖。」昭君有妹，史所不載。人亦罕稱，不知樂天何據也。(《黃嬭餘話》卷八，《續修四庫全書》影印清乾隆刻本)

智按：陳錫路，字玉田，吳興（今浙江湖州）人。有《黃嬭餘話》，北京大學圖書館清乾隆刻本（八卷）；清乾隆三十七年（一七七二）精刻本（四卷）。

蔣瀾（一七七三前後）

《續詩人玉屑》

⊙鬢白顔紅

樂天詩「鬢為愁先白，顔因酒暫紅」，後山詩「短髮愁催白，衰顔酒借紅」，略換數字，便鍛鐵成金（《瀛奎律髓》）。

按隋人尹式，先有「衰顔倚酒紅」之句，「倚」字較「借」字更有神味。樂天又有句云：「霜侵殘鬢無多黑，酒伴衰顔只暫紅。」(《續詩人玉屑》卷四，民國十二年掃葉山房石印本)

智按：蔣瀾，字雲會，烏程（今浙江湖州）人。其《續詩人玉屑》，原名《藝苑名言》。自序云：「余自弱冠學為詩，見說之有益於詩者，輒手自抄寫。嗣驅走東越，向之所録半已散佚。癸巳夏日，偶取案頭所存者閲之，輒有會心，不忍釋手。爰聚歷朝説詩諸書，詳加採擇，必其言之有味，令人讀之足以賞心悅目者，方為編入。僅得若干首，名之曰《藝苑名言》。」（嘉慶三年英德堂重刊巾箱本《藝苑名言》）據此知書編於乾隆三十八年夏間。初刻於乾隆四十年，後版本頗夥，以乾隆四十八年懷谷軒刊本流傳最廣，又有乾隆五十六年懷谷軒刊本、嘉慶三年英德堂重刊本、嘉慶二十五年務本堂刊本。尚有國家圖書館藏烏絲欄傳抄本、北京大學藏抄本（存一卷）。民國三年掃葉山房石印本題作《續詩人玉屑》，保留自序、例言，删去採録書目。民國七年上海求古齋石印本題作《隨園詩法叢話》、碧梧山莊石印本同。日本亦有文政八年（一八二五）筱崎弼重刊本、文政九年大阪龍章堂河内屋淺井吉兵衛等刊荒井公廉校本、光緒十二年上洋江左書林刊本。

孫濤（一七七四前後）

《全唐詩話續編》

⊙白居易

《古今詩話》云：白樂天以詩名，與元微之同時，號元、白。詩詞多比畫圖，如《重屏圖》，自唐迄今傳焉，乃樂天《醉眠詩》也。詩曰：『放杯書案上，枕臂火爐前。老愛尋思睡，慵便取次眠。妻教卸烏帽，婢與展青氈。便是屏風樣，何勞畫古賢？』且詩之所以能盡人情物態者，非筆端有口，未易到也。詩家以畫為無聲詩，誠哉是言。（《清詩話》第六三一頁）

白樂天致仕時，裴晉公夜宴諸進士官，樂天賦詩云：『九燭臺前十二姝，主人留醉任歡娛。飄飖舞袖雙飛蝶，宛轉歌喉一索珠。坐久欲醒還酩酊，夜深臨去更踟躕。南山賓客東山妓，此會人間曾有無？』（《清詩話》第六三一頁）

葛常之云：樂天以長慶二年自中書舍人為杭州刺史。冬十月，仍服緋。故《游恩德寺詩序》云：『俯視朱紱，仰睇白雲，有愧於心。』及觀《自款詩》云：『實事漸銷虛事在，銀魚金帶遶腰光。』《戊申詠懷》云：『紫泥丹筆皆經手，赤紱金章盡到身。』按唐制：紫為三品之服，緋為四品之服，淺緋為五品之服，各服金帶。又制：衣紫者魚帶以金飾，衣緋者魚帶以銀飾。樂天時為五品，淺緋金帶佩銀魚，宜矣。劉長卿有《袁郎中喜章服詩》云：『手詔來筵上，腰金向粉闈。勳名傳舊閣，蹈舞著新衣。』郎中亦是五品，故其身章與樂天同。（《清詩話》第六三二頁）

智按：《自款詩》，當為《自歎》詩。

《隱居詩話》云：樂天題《海圖屏風詩》，略曰：『或者不量力，謂兹鼇可求。贔屭牽不動，綸絕沉其鉤。一鼇既頓頷，諸鼇齊掉頭。噴風激飛廉，鼓波怒陽侯。遂使江、漢水，朝宗意亦休。』吾讀此詩，感劉魄、李訓、薛文通等事，為之太息。（《清詩話》第六三二頁）

黄常明云：樂天《及第後歸覲留別同年》云：『擢第未為貴，拜親方始榮。』此毛義得檄而喜之意也。論者以『春風得意馬蹄疾』決非孟郊語，其氣格亦不類。而白公亦有『得意減別恨，半酣輕遠程。翩翩馬蹄疾，春風歸鄉情』。此又不可曉也。（《清詩話》第六三二頁）

《丹陽集》云：元、白齊名，有自來矣。元微之寫白詩於閬州西寺，白樂天寫元詩百篇，合為屏風，更相傾慕如此。如樂天必言微之詩得己格律頓進，所謂『每被老元偷格律』是也。然微之《江陵放言》與《送客嶺南》詩，樂天皆擬其作，則又何耶？（《清詩話》第六三二頁）

智按：此則實出宋葛立方《韻語陽秋》卷三（《歷代詩話》下册，第五〇二頁），今本葛勝仲《丹陽集》未見。

⊙張繼

繼字懿孫，兗州人。《楓橋夜泊》云：『月落烏啼霜滿天，江楓雨火對愁眠。姑蘇城外寒山寺，夜半鐘聲到客船。』李于鱗曰：『寒山寺在吳縣西，計有功謂此地有夜半鐘，名無常鐘，歐陽以為語病，非也。然亦不止姑蘇有之，于鵠「遙聽維山半夜鐘」，白樂天「半夜鐘聲後」，皇甫冉「夜半隔山鐘」，溫庭筠「無復松窗半夜鐘」，陳羽「隔水悠揚午夜鐘」，乃知唐人詩多用此。』胡元瑞曰：『「夜半鐘聲到客船。」談者紛紛，皆為昔人愚弄。詩流借景立言，惟在聲律之調，興象之合，區區事實，彼豈暇計？無論夜半是非，鐘聲聞否未可知。』（《清詩話》第六六四～六六五頁）

智按：孫濤，字樂山，浙江石門人。增廣生，博覽群書，善形家言，論立向分金法，辨析精微。輯有《全宋詩話》。吳仰賢等纂《光緒嘉興府志》

卷六十有傳。其《全唐詩話續編》前有乾隆三十九年（一七七四）甲午自序，云：「甲午夏杪，以手鈔《全唐詩話》六卷，重付開雕。因憶余目之所見，集中有未盡搜羅者，遂信手拈而續之。凡原集載其人而遺其事者，續爲卷上；其人與事之俱未及載者，續爲卷下。」

何一碧（一七七五貢生）

《五橋説詩》

自揣性之所近，力所能勉，不必強乙太難，然步趨須落家數，如五古則或曹或阮，或左或陶，或鮑或謝，或李或杜，或王孟或韋柳，或次山或東野之類；七古則或四傑或高岑，或李或杜或韓，或元白或張王，或長吉之類；近體依然。

五排尤須大氣包舉，渾浩流轉，少陵之外，太白、右丞亦可師法。七排自元白始見。（《五橋説詩》清抄本）

智按：何一碧，字涵清，號五橋，奉賢人，乾隆乙未（一七七五）歲貢生，何弦（一六六二～一七二二）之孫，何王模（一七〇三～一七八三）之侄。經術湛深，業明義理，一以程朱為宗，著有《五經說》、《歷朝詩約》、《四友堂詩稿》。

周光隣（一七七七舉人）

《過白香山祠》

風流九老去人間，少傅遺踪尚可攀。柳岸日斜溪水緑，酒旗招客認香山。（《（乾隆）韓城縣志》卷十四，《續修四庫全書》影印清乾隆四十九年刻本，第六九三册，第二六三頁）

智按：周光隣，遵化（今屬河北）人。乾隆四十二年（一七七七）舉人，官旌德知縣。乾隆五十八年（一七九三），任壽州知州。有《柳橋詩草》。

包嘉（一七七七前後）

《東華山碑記》

東華勝甲滇中，郡書志之考俗者，一披圖犁然悉甚，耳則食矣，是何可與侈談山用歷覽之勝，人亦有言讀書萬卷，不及行萬里程者，噫其□乎。余自丁酉春來守是邦，公退之暇，每與同志尋幽泉，踏青臯，一花一石，題咏無不遍，足跡靡不周，怡然想見白樂天、歐陽公、蘇子瞻之為人，惜我非其人，聊與二三同志，於千載下想見其人與事，庶幾髣髴其為人輒自快，謂滇中佳勝，盡飽予胸中矣。然未知東華之特峙。維時庚子端陽，陳子數生拉予遊焉，山高氣晶，天空海湧，攀怪石，酌清潭，燒茗燀繞，唾墨鱗吞，飄飄乎欲登仙，如遺世，不知身之在何境也。有僧書密，貌孑孑然異，心修修然古，揖且前曰：「賴數君子之力，寺成已久，神靈安妥，常住稍置，且化苦力，勤有年矣。丐公一言以志。」余佳東華之遇不於耳而於目，與心竊慕於前古人，又欲貽同志不朽，遂書而文於石。（清乾隆刊本《（乾隆）廣西府志》卷二十五）

智按：包嘉，福建龍溪人。貢生。乾隆丁酉，乾隆四十二年（一七七七），出任廣西知府。乾隆庚子，乾隆四十五年（一七八〇），撰此碑記。

林燦（一七七七舉人）

《奉和唐使君遊琵琶新亭原韻》

重新往蹟麗無加，綠柳垂簷檻映花。露冷江寒今古月，吳頭楚尾去來槎。青衫舊淚供佳話，白傅重來集作家。幾度因公閒眺望，滿天清籟勝琵琶。

潯陽江畔聳亭樓，面面河山設色幽。憑眺漫尋坡上碣，曠閒應妒水中鷗。琵琶舊事休重省，冠蓋新詩紀勝遊。大雅不分今昔異，香山榷使共千秋。

智按：次唐英乾隆八年（一七四三）癸亥《春遊琵琶新亭唱和草》之原韻。

《觀琵琶新亭有作》

江上巍樓夕陽斜，當時司馬淚琵琶。蠡潯水月連襟闊，吴楚風煙入望賖。好句豪懷爭壓白，多情韻事更增華。共欽榷部皇華使，管領風騷第一家。

《琵琶亭次唐樞使原韻》

水環山擁翠交加，幾曲欄杆幾曲花。問古自捫坡上碣，放情且繫客中槎。春風夏雨皆成句，宦興僧心不帶家。江上若逢絃管過，今琵琶異古琵琶。

參差老樹擁高樓，鳥語花香此地幽。舊蹟亭留商婦恨，野情人羡水中鷗。古今送客尋常事，來去留詩不漫遊。我是王喬山下吏，青衫白髮每驚秋。(《輯刻琵琶亭詩》，清乾隆十一年古柏堂刊本)

智按：次唐英乾隆八年（一七四三）癸亥《春遊琵琶新亭唱和草》之原韻。

林煐，字昆石，侯官（今福建福州）人。父騰藹，以老明經課侄澍藩、喬蔭于家。煐少飲庭訓，與兩堂兄相切劘，工填詞，有《蚓吹詞》行世。乾隆丁酉（一七七七）舉于鄉，終南平縣學訓導。事迹見民國《閩侯縣志》卷七十二《文苑下》。

郭憲高（一七七九舉人）

《擬白香山澗底松樂府體》

咄咄復咄咄，位置何奇絕。古澗静無波，青松老多節。伊誰作之合，冷境兩憐結。塵埃物色稀，眞才老岩穴。曾無媚世姿，甘讓識時傑。怪石共清泉，空山瀉幽潔。有時發孤光，寒歲傲霜雪。笑謝桃李花，芳菲衆怡悦。徂徠自有心，難爲凡卉説。(《續修四庫全書》本《兩浙輶軒録》卷三十一)

智按：郭憲高，字葦江，號東園。仁和（今浙江杭州）人。乾隆四十四年（一七七九）己亥舉人。官學教習。

王大經（一七八〇舉人）

《擬白香山花樓望雪》

層樓一望白皚皚，積雪千峰返照迴。霽色耀人銀作界，寒輝射日玉爲臺。迷漫柳絮穿簾入，歷亂瓊花撲户開。對景吟哦狂點筆，臨風徙倚笑傳盃。無邊清影浮空谷，不盡煙光護翠堆。絕似蓬壺凝晃朗，依然瑤島任徘徊。月明遠浦藏孤鶴，雲擁疎籬失早梅。欲溯遺芳從九老，香山高會願頻來。（《兩浙輶軒録補遺》卷六，《續修四庫全書》影印清嘉慶刻本，第一六八四册，第六五九頁）

智按：王大經，字芸譜，號柳衣。仁和（今浙江杭州）人。乾隆四十五年（一七八〇）庚子舉人，著《蝶窗偶存》。

程維岳（一七八〇進士）

《遊韜光寺》

興劇何愁屐齒艱，千盤翠折闢禪關。獨登煙際寺中寺，還望江于山外山。竹冷泉聲三月暮，窗留雲影一僧間。風流白傅詩如繪，竟日尋遊未肯還。（《兩浙輶軒録補遺》卷七，《續修四庫全書》影印清嘉慶刻本）

智按：程維岳，字申伯，號愛廬。嘉善（今屬浙江）人。乾隆四十五年（一七八〇）庚子進士。官山東道監察御史，署兵科給事中。著《淞笠齋詩鈔》。《兩浙輶軒録補遺》卷七引汪嘉穀語曰：「愛廬侍御，少以詩文負異儕輩。服官後，珥筆承明，纂排典籍，無不與事，後以内艱歸主東林書院，遺孤若容編其稿，得《淞笠齋詩鈔》一卷。」

曾中立（一七八四前後）

《夏日偕唐璞亭司馬杜春墅邱瑤圃廣文陳瑤階山長邱愛廬硯長遊鯽魚潭留飲潭上書室》（二首其二）

一鑑空明泛畫船，淡粧濃抹欲爭妍。緑榕深鎖湖亭日，修竹輕搖野渡煙。

遣興如斯同白傅，移情何用學成連。漁歌晚唱晴霞落，髣髴三潭印月邊。（《續修臺灣縣志》卷八藝文三，《全臺詩》，臺北：遠流出版公司，二〇〇四年，第三册，第三二九頁）

智按：曾中立，字鶴峰，嘉應（今廣東梅縣）舉人，乾隆四十九年（一七八四）赴台任海東書院講席，曾爲章甫《半崧集》作序。

盧金鏡（一七八六前後）

《周易外傳》

潞公文彦博以太師致仕，神宗以其輔立英宗，而不伐其功，賜宴瓊林苑餞其行，當世榮之，及其在河南也，與富弼等用白居易故事，就弼第置酒相樂，尚齒不尚官，洛陽多名園古刹，諸老顔眉皓白，衣冠甚偉，都人常隨觀之，謂之洛社耆英會。《易》曰：「君子以飲食宴樂。」

按，宴謂身安，無所營爲，樂謂心寛，無所係累。《需》象傳本謂人君教化已修，不必多所作爲，但當優游以俟休和之至，而潞公輩之功成身退，居易俟命者，無愧焉。（《周易外傳》卷一，《四庫未收書輯刊》影印清乾隆高雲堂刻本）

智按：盧金鏡，字蘗墅，號秋水。江西武寧人。歲貢生。卷首例言後署「乾隆五十一年丙午歲夏六月既望日武寧盧秋水謹識」。

徐夢熊（一七八八舉人）

《童村同沈香巖藩参朱雲巖竹林韓鐵笙孝廉觀劇夜飲陳氏山堂》（二首其二）

回首金閶七里塘，紅燈緑酒白公堂。三更屢顧吳孃曲，一面頻迴刺史腸。天上羽衣容易散，人閒絲管最難忘。諸君莫笑顛狂甚，故里聞歌勝異鄉。（《兩浙輶軒續録》卷十五，《續修四庫全書》影印清光緒十七年浙江書局刻本）

智按：徐夢熊，號漁莊，山陰（今浙江紹興）人。乾隆五十三年（一七八八）戊申舉人。大挑知縣。著《玉屏山莊詩鈔》初續集各一卷。

釋重照（一七八八前後）

《重濬雲林冷泉碑記》

飛來之峰下，有名泉曰冷泉，唐元藇築亭其上，而香山居士白居易記之，所稱「雲從棟生，水與堦平」者。既歲久不治，則蕪漸塞，流漸淺。至政和中，本寺住持雲公等，始濬之，廣逾其舊者三。然後斯泉之勝，獨擅名山。至於今，又數百年。泉之草生沙壓，秋冬水落，其流如綫，無復舊日之觀。夫形家者言，山停水蓄，則生氣居旺，況雲林乃五山十刹之首，徒眾數千指，爲檀信祝福之名藍，不尤藉形勝以爲外衛者乎？前此吾祖巨公，亦曾築三壩以蓄泉，然其流淺直，終以無濟。乾隆甲辰，有樂善居士數輩，來遊亭上，慨焉興重濬之志，於是集料鳩工，倡成勝事業，費工數百，緡錢一百三十餘千，而泉之規模已約略可觀，無如土皆石砂，水能浸潤，旋以細流漱齧，積久成源，穿梳石罅，注洩而出，泉又不能停蓄。重照承乏茲山，遑敢弛善士之勝績。用是於戊申之秋，復踵告於諸君子，乞完盛舉，以奏厥成，因復董工集事，運畚鍤，輦土石，清其閘趾，去其砂磧，其中加以横亘之石棧，壘以縝密之複垣，填以三和之膠土，築以千工之椎杵，俾堤脚堅似鐵城，則去流不復穿成乳竇，而泉乃蓄矣。至冬十月告竣，計又費工千餘，緡錢三百千有奇，而游者疏，流者聚，涵青貯緑，湛若無底，與其上之蓮花峰，紺碧交暎，方廣盈池，倚亭俯瞰，可鑒毫髪。其瀾渺瀰浮閘，環穴而出，則又源源汩汩，雷奔電激，過於合澗，入於平湖，曠然不知其所往也。靈山名勝，復還舊觀，不可謂非時節因緣，從此合形聚氣，洵足爲檀信之福，奚止林下緇流，蒙其潛利陰益也哉！重照樂於功德之成，不敢忘所自，謹爲勒珉以紀善蹟，以告來者，知有考焉。謹將樂善檀施芳名，序列於右：俞南筠、朱文珊、金蓬山、黄名揚、王赤懷、吳子祥、何廣輿、范玉麟、俞名敬、范莘耕。乾隆五十三年冬十一月吉旦，雲林住持重照、監院重瑞、重倫謹記。（清沈鑅彪《續修雲林寺志》卷五，《續修四庫全書》影印清光緒十四年刻本；魏得良標點本，杭州出版社，二〇〇六年四月，第一一一～一一二頁）

黄蘇（一七八九舉人）

《蓼園詞評》

⊙長相思

白居易（汴水流）

汴水流，泗水流。流到瓜州古渡頭，吳山點點愁。　思悠悠，恨悠悠。恨到歸時方始休，月明人倚樓。

《花庵詞選》云：居易「此詞上四句，皆説（談）錢塘景。」並載《長相思》一首云：「深畫眉，淺畫眉。蟬鬢鬅鬙雲滿衣。陽臺行雨回。　巫山高，巫山低。暮雨蕭蕭郎不歸。空房獨守時。」蓋詠閨怨也。此二詞「非後世作者所及」。

沈際飛曰：「點點」字俊。太白開山後，及至元和又見此二闋，不易得也。(《詞話叢編》第四册，第三〇二四頁)

⊙鷓鴣天

晏叔原（彩袖殷勤捧玉鍾）

彩袖殷勤捧玉鍾。當年拼卻醉顔紅。舞低楊柳樓心月，歌盡桃花扇影風。　從別後，憶相逢。幾回魂夢與君同。今宵剩把銀釭照，猶恐相逢是夢中。

《雪浪齋日記》云：晏叔原此詞云：「舞低楊柳樓心月，歌盡桃花扇底風」，此等語不愧六朝宮掖體。趙德麟《侯鯖録》：晁無咎云：叔原不蹈襲人語，而風調閒雅，自是一家。如「舞低楊柳樓心月，歌盡桃花扇底風」，自可知此人不生於三家村中也。「舞低」二句，比白香山「笙歌歸院落，燈火下樓臺」，更覺濃至。惟愈濃情愈深，今昔之感，更覺淒然。(《詞話叢編》第四册，第三〇四二頁)

⊙玉樓春

晏同叔（緑楊芳草長亭路）

緑楊芳草長亭路。年少拋人容易去。樓頭殘夢五更鐘，花底離情三月雨。　無情不似多情苦。一寸還成千萬縷。天涯地角有窮時，只有相思無盡處。

《詩眼》云：晏叔原見蒲傅正云：「先公平日小詞雖多，未嘗作婦人語。」傅正云：「『緑楊芳草長亭路，年少拋人容易去』，豈非婦人語乎。」晏曰：

「公謂『年少』為何語。」傳正曰：「豈不謂其所歡乎。」晏曰：「因公言遂曉樂天詩兩句：『欲留所歡待富貴，富貴不來所歡去。』」傳正笑而悟其言之失。然此詞語意甚為高雅。

按言近而指遠者，善言也。「年少抛人」，凡羅雀之門，故魚之泣，皆可作如是觀。「樓頭」二語，意致淒然，擊起多情苦來。末二句總見多情之苦耳。妙在意思忠厚，無怨懟口角。（《詞話叢編》第四册，第三〇四三頁）

智按：黄蘇，原名道溥。臨桂（今屬廣西桂林）人。乾隆五十四年（一七八九）舉人。編有《蓼園詞選》，又名《偶彭樓詞選》。

張祖昌（一七八九前后）

《臘後春前遇景詠意和樂天韻》

南州臘盡桂花黄，氣候舒遲春日長。静看天心廻萬物，愁隨電影送年光。簾前草緑連新歲，江上雲低覆女牆。三月桃花春水漲，歸帆一片過餘杭。（《遊粤草》卷上，中國社會科學院文學研究所圖書館藏據稿本複抄本）

智按：張祖昌，字絢甫，長洲（今江蘇蘇州）人。諸生。戈小蓮舅氏。《遊粤草》卷首《己酉臘月二十九日赴粤夜抵吴江》，己酉當為乾隆五十四年（一七八九）。中國社會科學院文學研究所圖書館藏抄本《遊粤草》有吴翌鳳手批。吴翌鳳（一七四二～一八一九），初名鳳鳴，字伊仲，號枚庵，晚號漫叟，吴縣（今江蘇蘇州）人。嘉慶諸生。工詩文、擅書畫、通金石。著有《稽齋叢稿》、《懷舊集》、《昂須集》、《與稽樓叢稿》、《吴梅村詩集箋注》、《曼香詞》，編有《國朝文征》、《古歡堂經籍略》。

劉巘（一七九二解元）

《上太守方茶山先生書》

竊聞上下之勢分易隔，文章之氣誼易通。蓋文章者性情之事，苟以誠通之，其致也可以格天地，感神明，貫金石，動蟲魚鳥獸，而況於人乎，況居其位而樹之風聲者乎？登高而呼，其勢甚疾，而應者亦愈速。故文翁治蜀，而禮教以興；范甯治交，而人文蔚起。苟稍稍有志於斯道者，有不希聲附響、翕然景從者乎？維閣下白下儲精，黃山毓秀，以名科第馳聲於郎署之間者十餘年。向在京邑，固已翹企斗山矣。一旦來守兹土，不數月而口碑載道，嘖嘖稱清慎勤者徧郡邑。而且他務未遑，汲汲以振起斯文為首務，既已封題各邑，彙卷而棄取之矣，又集諸生扃門親試之，凡所取録，及所訓示，皆以蘊釀書卷為兢兢，而又以所刻藏稾，布之多士，以為矜式。某嘗取而讀之矣，湛然經籍之光，灝乎史漢之氣，雖古作者，何以過此。以此嘆閣下之學，何其博也；閣下之才，何其大也；而閣下之作育人才，又何其誠也；其所感發而興起者，豈其微哉。

潯陽爲古吳楚交會之區，山川之勝甲於他郡，自漢晉以來，名宦先賢及往來寄寓，如宋子庠、陶士行、庾元規、陶靖節、狄文忠、李少室、白香山、李青蓮、周濂溪、岳忠武、李忠文諸君子，忠孝廉節，理學文章，後先相望，雖越千百年之久，其風流餘韻，猶有存者，而又加賢太守之振興鼓舞，以作其氣，其在譽髦之士，希丐一盻，以為拜獻先資，其爭自濯磨固也，而豈但此哉！某竊有願焉。某自束髮受書，至愚極陋，質不及中人，然自制藝而外，詩古文詞，駢儷諸體，性頗近之，故自總角受知於金海住先生，厥後歲科試，頗皆不以為不可教而棄之，而翁覃溪、趙鹿泉兩先生尤蒙剪拂，然自為諸生，潦倒者二十餘年。壬子鄉試，始見收於吳白華、王乙齋兩先生之門。今困公車者，又十餘年，豈數之奇與？子曰：「不患莫己知，求為可知。」斯言足以發矣。憶乙卯以後，客都門者六七年，於覃溪先生學詩，於鹿泉先生學文，於白華先生兼學之，而尤務博聞而强記，而又館於今中堂紀大宗伯之家者數年，以時數親其緒論，雖至愚極陋，不足以窺諸先生萬一，然每有所作，皆得以有所就正，又況久客都門，所交天下士頗多，風朝雨夕，促膝連床，偶有所得，輒抵掌上下，激昂千古，至於酒闌燈炧，而猶不已焉。此數載以來，所取益者為不少矣。及壬戌南旋鄉里之間，淺見寡聞，誰可與語？即議論偶及，又或格於一日之長，而彼此俱不得各暢其懷，嗚乎！此道蓋難言矣。夫處暗室之中，其慕光也若渴；決積潴之水，其赴海也必疾。困離羣，賦索居，倘有二三同志之士，雖百舍重趼，猶將載酒從之，希得一質以開其愚蒙，況乎積之以淵博，召之以至誠，而又樹之以風聲，近在耳目之前者乎？則黻之所感發，急欲就正，以開其愚蒙者，舍閣下其誰與歸？抑黻又聞之，昔韓昌黎三上宰相書，白居易呈詩於顧著作，李太白上書於韓荊州，類皆以其所為，上之當事，説者以為干進之私，未免唐人陋習。若閣下之於黻，非有衡文之任也，非有銓選之責也。分有尊卑，直父兄之於子弟也；學有先後，直先生之於弟子也。挾求質之隱，無分外之求，可則與之，否則拒之，亦可也，抑又何嫌此又區區之意所斟酌，而後敢出此者也。數月以來，神志迫切，本擬執經隅坐即聆訓誨，奈俗冗羈身，未能即如所願，兹特將近日所為各體若干首，恭繕呈上，乞垂覽焉。伏祈賜以丹鉛，指其紕繆，使至愚極陋有所裨益，則幸甚幸甚。（李祖陶《國朝文録續編》叢桂堂文録，《續修四庫全書》影印清同治七年李氏刻本）

智按：文後評云：「得柳州諸神髓，而去其激昂。」「先生之學極博，而文極醇，以得館于紀大宗伯之家也。作此書以干茶山太守，其有勃勃欲自見之意乎。」九江太守方體（一七五四～?），字道坤，號茶山，安徽績溪人。

劉黻，字東橋，江西彭澤人，舉乾隆五十七年（一七九二）壬子科江西省鄉試第一。久居京城，曾學詩于翁方綱，學文于趙佑，在紀昀家作過多年塾師。李祖陶評其文「文章高雅，浩瀚中悉歸典則」。文集不曾刊刻行世，《叢桂堂文録》是李祖陶從其子所藏稿本中摘録而出。

宋繩先（一七九四舉人）

《論詩絕句》（十首之九）

十首《秦吟》寄正聲，漫誇《長恨》有風情。祇因輕俗斯言誤，豈是前賢累後生。（阮元《小滄浪筆談》卷二引，《叢書集成初編》據文選樓叢書本排印，文學類，第二五九九册，第五二頁；《萬首論詩絕句》第二册，第六五三頁）

智按：宋繩先，原名繩祖，字步武，號松澗，山東膠州人。乾隆五十九年（一七九四）甲寅舉人。官嘉祥教諭，監濼源書院。工詩，擅丹青。繩先幼時，曾聞高密李石桐兄弟談詩，遂受業焉。去家四十餘里，寒暑風雨未嘗誤期。李氏曾盛稱其行以勵及門諸弟子。其詩寄托遙深，遵李氏所定《主客圖》詩法，阮元《小滄浪筆談》卷二云：「膠州宋繩祖爲山左諸生中詩學第一。嘗賦《曉寒》詩四十字，余始亟賞之。其《論詩》十絶句于宋惟及梅都官一人，持論極爲嚴正，古今體氣體高潔，均非時輩所及。」（《叢書集成初編》據文選樓叢書本排印，文學類，第二五九九册，第五一頁）事迹見《山東通志》卷一百四十五藝文第十。有《松澗詩稿》。

陳長鈞（乾隆初貢生）

《琵琶亭》

雲裏蓮峰照眼深，香山亭古此登臨。帆檣隱現龍城市，煙雨參差湓水潯。送客依然江月白，促絃何處荻楓陰。天涯淪落啼鵑血，又續青山淚滿襟。（《沅湘耆舊集》卷一百一，《續修四庫全書》影印清道光二十三年鄧氏南邨草堂刻本）

智按：陳長鈞，字殿九，號梅岑。武陵（今湖南常德）人。芷濱主事養元子，長鎮（乾隆十三年進士）之弟，乾隆初貢生。以優貢授武岡訓導，歷官雲南宣威州知州。有《柱山詩存》、《滇南水道考》。

釋成果（乾隆初）

《日南范阮二槎使過訪喜而賦贈》

早訝鈴聲爲報傳，清風知到玉堂仙。喜來海國瀛洲客，共證中華玉版禪。鴻爪印留三島雪，詩名喧徧十洲天。萬邦書慶同文日，又結山僧翰墨緣。

當年離六賦游仙（謂開山祖大汕長老，離六堂是其集名），早有清名海外傳。一自先人承法施（大汕祖遊日南，國王厚施助修本寺），至今遺渥尚心鐫。梯航宰覲皇華使，風度如親白樂天。香火夙緣倘重續，莫因島遠吝鴻篇。(《道咸同光四朝詩史》甲集卷八，《續修四庫全書》影印清宣統二年刻本，第一六二八册，第五三四頁)

智按：釋成果，俗姓陳氏。一名新因，一作新園，字寶樹，一字天懷，號「萬里行脚僧小浮山長統理天下名山風月事兼管仙鶴糧餉不醒鄉侯」，番禺(今屬廣東廣州)人。乾隆初，歷任廣州長壽、飛來寺住持。以禪趣畫梅，别具神韵。曾作偈云：「畫不詩禪徒畫匠，禪非詩畫不流暢。必也詩兼書畫禪，宗風今日誰提倡。」有《小浮山齋詩》。

朱亦棟（乾隆舉人）

《群書札記》

⊙桴炭

《老學菴筆記》：「謝景魚家有陳無已手簡一編，有十餘帖，皆與酒務官，託買浮炭，其貧可知。浮炭者，謂投之水中而浮。今人謂之桴炭，恐亦以投之水中則浮故也。白樂天詩云：『日暮半爐桴炭火。』則其語亦已久矣。」又云：「北方多石炭(即今之煤也)，南方多木炭，而蜀又有竹炭，燒巨竹為之，易然無烟，亦奇物。邛州出鐵，烹鍊利於竹炭，皆用牛車載以入城。予親見之。」據此，則石炭而外，又有竹炭矣。(《群書札記》卷十一，《續修四庫全書》影印清光緒四年武林竹簡齋刻本)

智按：見《老學庵筆記》卷六(李劍雄、劉德權點校《老學庵筆記》本，第七七頁)，參見《堅瓠集》辛集卷四(《續修四庫全書》影印清康熙刻本)。

⊙公冶長通鳥語

《楊升菴集》：「世傳公冶長通鳥語，不見於書。惟唐沈佺期《燕詩》云：『不如黄雀語，能免冶長災。』白樂天《鳥鶴贈答詩序》云：『余非冶長，不能通其意。』似實有其事，或在亡逸書中，如《衝波傳》、《魯定公記》之類，今無所考耳。」案，《論語疏》云：「舊說冶長解禽語，故繫之縲絏，以其不經，今不取也。」則古固有其說矣。考葉廷珪《海録碎事》：「公冶長辨鳥雀語，云：唶唶嘖嘖，白蓮水邊，有車覆粟，車脚淪泥。犢牛折角，收之不盡，相呼共啄。人驗之，果然。」又，《留青日記》云：「公冶長貧而閒居，無以給食，其雀飛鳴其舍，呼之曰：『公冶長，公冶長，南山有個虎馱羊，爾食肉，我食腸。當亟取之勿彷徨。』子長如其言，往取食之，及亡羊者跡之，得其角，乃以為偷，訟之魯君，魯君不信鳥語，逮繫之獄。孔子素知之，為之白於魯君，亦不可解也。於是歎曰：『雖在縲絏之中，非其罪也。』未幾，子長在獄舍，雀復鳴其上，呼之曰：『公冶長，公冶長，齊人出師侵我疆。沂水上，嶧山旁，當亟禦之勿彷徨。』子長介獄吏白之魯君，魯君亦弗信也。姑如其言往跡之，則齊師果將及矣。急發兵應敵，遂獲大勝，因釋公冶長而厚賜之，欲爵為大夫，辭不受，蓋恥因禽語以得禄也。後世遂廢其學。」二說各異，蓋皆本皇侃《論語疏》而小異耳。（《群書札記》卷十三，《續修四庫全書》影印清光緒四年武林竹簡齋刻本）

智按：見《升庵詩話》卷一（《歷代詩話續編》第六五三頁），《留青日札》卷三十一（《續修四庫全書》影印明萬曆三十七年刻本）。

⊙水竹居

《癸辛雜識》：薛野鶴曰：人家住屋，須三分水，二分竹，一分屋，方好此說甚奇。案，白居易《池上篇序》：「都城風土水木之勝在東南偏，東南之勝在履道里，里之勝在西北隅西閈北垣第一第，即白氏叟樂天退老之地。地方十七畝，屋室三之一水，五之一竹，九之一而島樹橋道間之。」野鶴語蓋本此也。（《群書札記》卷十六，《續修四庫全書》影印清光緒四年武林竹簡齋刻本）

智按：朱亦棟，原名芹，字獻公，號碧山。上虞（今浙江紹興）人，乾隆間舉人，官平陽訓道。有《十三經劄記》。《群書劄記》為其研讀子史百家，稗官小說，漢晉唐宋名人文集時，通釋經典異文所作考證劄記。清光緒四年武林竹簡齋重刊本卷首有馮一梅（一八四九～一九〇七）序，光緒四年（一八七八）作。

胡文英（乾隆副貢）

《吳下方言考》

⊙芃芃

白香山《賀雨》詩：「萬心春熙熙，百穀青芃芃。」案，芃芃，青葱可愛貌。吳諺謂草木透青，曰青芃芃。（《吳下方言考》卷一，《續修四庫全書》影印清乾隆四十八年留芝堂刻本）

⊙死羸垂中音來

白香山《畫竹歌》：「人畫竹梢死羸垂。」案，死羸垂，疲塌不振之貌。吳謂人之不振者，曰死羸垂。（《吳下方言考》卷四，《續修四庫全書》影印清乾隆四十八年留芝堂刻本）

⊙周遮周讀如知

白香山詩：「周遮說話長。」案，周遮，高言也。吳中謂高聲談論爲周遮。（《吳下方言考》卷四，《續修四庫全書》影印清乾隆四十八年留芝堂刻本）

⊙麩炭

白香山詩：「日暮半爐麩炭火。」案，麩炭，浮炭也。吳中名浮炭爲麩炭。（《吳下方言考》卷九，《續修四庫全書》影印清乾隆四十八年留芝堂刻本）

⊙匼匝音匣札

白香山《得微之到宮後書》詩：「匼匝巔山萬仞餘。」案，匼匝，不寬也。吳中謂地狹曰匼匝。（《吳下方言考》卷十一，《續修四庫全書》影印清乾隆四十八年留芝堂刻本）

《詩經逢原》

孔氏之疏，自是經學功臣。第當作疏時，毛詩本與今多異，如疏云：昔者先王受命，有如召公之臣，與成伯瑜《毛詩指說》同，而今本《毛詩》俱作「昔先王受命，有如召公」。「召彼僕夫，謂之載矣」，而疏作「維其載矣」，「虺虺其雷」，疏引《十月之交》作「爗爗震雷」，而今《毛詩》作「爗爗震電」，「匏有苦葉」，疏引陸璣《草木疏》「匏葉，表翻翻之形」，而今《毛詩》作「翻翻瓠葉」，王城譜疏「君子行役」，而今《毛詩》作「君子于役」，《尚書》「乃賡載歌」，疏直引《詩》曰「西有長賡」，而今《毛詩》作「長庚」。蓋有唐一代，以律詩制科取士，白香山之外，鮮有留心章句者。故多遷改歟？第陸氏作音釋，孔氏作疏，極爲苦心經學，如「參差荇菜」，乃奉敕而修，陸氏不敢言「荇」字隸省，而于《爾雅音義》中云：「《毛詩》云：參差荇菜，《說文》作莕。」其苦心所寓，千載誰得而知之？《皇矣》第四章「維此王季」，乃奉敕之書，孔氏不敢言誤，止于疏中引《左傳·昭公二十八年》文，而曰：「此云維此王季，彼言維此文王者，經涉亂離，師有異讀。後人因卽存之，不敢追改。今王肅注及韓詩亦作文王，是異讀之驗。」不敢言義理之短長，若日後之留心詩學者，當自知其故耳。風，諷也，如風之被物，無不感動，而應之風之有益于物，有聲而無形，其化導人也，道而弗牽，强而弗抑。《周南》、《召南》之風，文王憫商俗之頹靡，故使周公、召公勸善求賢，使人同歸于道。周公、召公承文王之意而行之，故有周公、召公布化之詩，有商民感化之詩，有虞、芮諸國順化之詩，有崇侯虎、費仲諸人梗化之詩，聖人著之，以見周家善與人同之公心，凡爲天下國家者，所宜取法也，然其辭微，其旨遠，其事言乎此，而意存乎彼，故解者鮮得其當焉。……（《詩經逢原》卷一，《四庫未收書輯刊》影印清乾隆間刻本）

古人解詩，有但傳詩義而不傳詩字者，有既傳詩義并傳詩句者，有詩義詩字俱不顯而暗相符合者，有讀詩得大意而檃括無遺，不露圭角者，但傳詩義而不傳詩字者，如司馬相如《上林賦》悲《伐檀》是也。是時文翁治蜀，使相如至京師受五經，還教蜀人，相如領受經義，故知《伐檀》詩爲國家求材而不能用，及用違其材，縻歲月，君子謀道不謀食，安肯素餐，其稼穡狩獵，皆反襯語也。衞序既已誤認，先儒遂多模稜之說，而不知長卿以一悲字貫之而有餘矣。既傳詩義并傳詩句者，如劉向《列女傳》載，《碩人》詩，莊姜始至，操行衰惰，淫佚冶容，傅母諭之云：子之家世尊崇，當爲法則，子之質聰達于事，當爲人表式。衣錦絅裳，飾在輿馬，是不貴德也。乃作碩人之詩。姜遂感而自修也。此說較左氏之義正而合，如左氏之說，以此詩爲衞之臣子所作，夫臣子形容國母如是，而且見其膚如凝脂，有是理乎？若傅母婦人，則固習見不嫌于褻也。衞序與左氏合，此衞氏采春秋以傳會而實其說，于理則欠也。其詩義詩字俱不顯而暗相符合，如古詩「橘柚垂華實，乃在深山側。聞君好我甘，竊獨自雕飾。委身玉盤中，歷年冀見食。芳菲不相投，青黄忽改色。人儻欲我知，因君爲羽翼。」此即《伐檀》「寘河干」及「執我仇仇，亦不我力」之義，但古人吐棄糟粕，不若後人套襲耳。其讀詩得大意，而檃括無遺，不露圭角者，如孟子文王望道而未之見，包括《卷耳》一詩，如陟崔嵬，陟高岡，陟彼砠，卒之張目望遠，歷喻行道之難，終以望道未見之意。左氏能官人也已，見文王虛懷若谷，見道無窮。衞序義順上下，牽入后妃，夫婦人而陟崔嵬，陟高岡，陟彼砠，大飲酒，將置文王于何地乎？李青蓮笑「白髪死章句」，白香山又云：「人各有一癖，我癖在章句。」非香山欲翻青蓮之案，章句固當考究，但青蓮所笑，止在死字，恐人執先儒之説，執拗到底，不論情理耳。（《詩經逢原》卷一，《四庫未收書輯刊》影印清乾隆間刻本）

智按：胡文英，字質餘，號繩崖，武進（今江蘇常州）人。乾隆間副貢。官高陽知縣。博雅善書。有《詩疑義釋》、《屈騷指掌》、《吴下方言考》、《莊子獨見》、《詩疏補遺》、《毛詩通議》等。

李畯（乾隆間）

《詩筏槖説》

新樂府皆自製題，大都言時事，而中含美刺，所謂言之者無罪，聞之者足以爲戒。此詩家眞實本領。其體同古樂府，少近體。（《詩筏槖説・説詩體》，《四庫未收書輯刊》影印清乾隆二十三年醉古堂刻本）

香山詩不無率易，然古詩諷諭數篇，殊得風人之遺。（《詩筏槖説・説詩人》，《四庫未收書輯刊》影印清乾隆二十三年醉古堂刻本）

中唐以李庶子、劉賓客爲最，音節神韻，可追龍標、供奉，而柳柳州、劉夢得、白樂天、張文昌亦堪繼起。（《詩筏槖説・説詩人》，《四庫未收書輯刊》影印清乾隆二十三年醉古堂刻本）

智按：李畯，字曼潛，籍里事迹未詳。《詩筏槖説》趙恒祚序：「詩家化境曰舍筏登岸。自古選本如林，而出一片婆心，設筏接引者，無如李于鱗《杜詩評》、沈確士《唐詩別裁》、趙飴山《聲調譜》、田小山薑《詩說》。讀者可一目了然，知此中有岸可登。予鄰友李君曼潛復集李、趙、田、沈四先生精言，編為《詩筏橐說》一册，别為四卷，曰體曰人曰法曰式，俾人辨其體而知源流，且知其體之為某人擅長，並知其人所由擅長之作法何在，然後依其式而效之，不至於迷津，洵哉初學之寶筏也。」

劉堅（乾隆間）

《修潔齋閒筆》

⊙浮動

唐同昌公主出降，宅于廣化里，乘七寶步輦，金絲為流蘇，雕玉為浮動，故白樂天詩云：「貴主冠浮動，親王轡鬧装。」「浮動」二字甚新，疑即步摇珠綴之屬，詳其名義，與玲瓏、瓔珞、郎當、丁東一揆耳。鬧裝帶，胡氏謂合衆寶雜綴而成，則連錢、叵匝、蔽泥、錦障之類歟？（《修潔齋閒筆》卷一，《續修四庫全書》影印清乾隆六年刻增修本）

⊙歐柳白檜

蜀岡平山堂前，歐陽文忠公手植柳一株，謂之歐柳，公詞所謂「手種堂前楊柳，别来幾度春風」是也。白樂天為蘇州牧，嘗植檜數本于郡圃後，百姓愛而思之，名曰白公檜，以比甘棠云。（《修潔齋閒筆》卷四，《續修四庫全書》影印清乾隆六年刻增修本）

⊙吹綸 方空 輕容

《漢書》注齊三服官，有吹綸、方空之目，楊用修引梁費昶詩「金輝起遥步，紅彩發吹綸」，以為婦人所執，如熖扇之類，似屬牽强。按，漢章帝建初二年，詔齊相省冰紈、方空縠、吹綸絮。註：紈，素也；冰，言鮮潔如冰也。《釋名》曰：縠，紗也；方空者，紗薄如空也。或曰空孔也，即今之方目紗也。綸，如絮而細；吹者，言吹嘘可成，亦紗也。據此，則吹綸乃三服官所供之紗耳。周公謹曰：紗之至輕者，有所謂輕容。《唐類苑》云：「輕容，無花薄紗也。」王建《宫詞》「嫌羅不着愛輕容」，元微之寄白樂天輕容，樂天製為衣，而詩中容字，被人妄改為庸，又作榕，盖不知其所出。越州歲貢輕容紗五疋，想即是也。又有所謂方空者，《漢元帝紀》「罷齊三服官」，註云：春獻冠幘，縱為首服，紈素為冬服，輕綃為夏服，凡三。師古曰：縱與纚同，即今之方目紗也。王安石詩「春衫猶未着方空」者是也。輕容，方空，吹綸，三紗名，俱美。（《修潔齋閒筆》卷四，《續修四庫全書》影印清乾隆六年刻增修本）

⊙竹根藍尾

杜甫詩：「共醉終同卧竹根。」白居易詩：「三杯藍尾酒。」按，竹根，杯名。以竹根為杯也。庾信「山杯捧竹根」可証。藍又作婪，宋景文詩：「且盡燈前婪尾杯。」葉石林訓為貪婪，非也。藍當作闌，即酒闌人散之時，淳于髡所謂主留髡而送客，當時能飲一石者也。（《修潔齋閒筆》卷四，《續修四庫全書》影印清乾隆六年刻增修本）

⊙殺吹

白樂天《半開花》詩：「西日憑輕照，東風莫殺吹。」自注去聲，音厦，俗語太甚曰殺。《容齋随筆》序：殺有好處，元人傳奇忒風流，忒殺思，今京師語猶然。（《修潔齋閒筆》卷六，《續修四庫全書》影印清乾隆六年刻增修本）

⊙醉吟

白樂天稱醉吟先生，自為墓表，郭祥正襲之，自為立傳。醉之一字，表何德耶？彼《醉鄉記》、《醉翁亭記》，固有所寄，而然又有稱醉士、醉叟、醉髡、醉仙、醉隱、醉聖以自名者，甚可笑也。（《餘冬序録》）（《修潔齋閒筆》卷六，《續修四庫全書》影印清乾隆六年刻增修本）

⊙闌干

闌干，眼眶也。白樂天歌：「玉容寂寞淚闌干。」（《修潔齋閒筆》卷六，《續修四庫全書》影印清乾隆六年刻增修本）

⊙潤筆

《容齋随筆》謂文字潤筆，晋宋以來有之，至唐始盛，白居易作元稹墓志，謝以鞍馬綾帛玉帶，價踰六七十萬，劉禹錫《祭韓昌黎文》：公鼎侯銘，志隧表阡，一字之價，輦金如山。宋後此風衰息。《戒菴漫筆》：唐子畏記所作文字簿面，題利市二字，馬懷祖為人求文字於祝枝山，祝曰：「是現精神

否?」俗以銀錢為精神也。(《修潔齋閒筆》卷七,《續修四庫全書》影印清乾隆六年刻增修本)

智按:劉堅,字青城,無錫(今屬江蘇)人。《修潔齋閒筆》跋署「乾隆癸酉秋季」。是書凡三百餘條,皆雜論典故字義,大抵從說部中録出。自序稱:「同邑顧宸有《辟疆園習察》一書,綴輯未竟,復刺取數十則以附益之。」今書中不加標識,亦不知孰為顧氏之語。(《四庫提要》)

施英藻(乾隆間)

《先伯兄簣村先生家傳》

應童子試,屢躓其才……好讀香山詩,月夜焚香獨坐,朗誦《長恨歌》、《琵琶行》不置,淵淵出金石聲。(戴廷祐等纂《鄞城施氏家乘》卷五世傳,民國二十四年培遠堂木活字本)

智按:施英棪,字濟川,號簣村。施英藻,字日初,號薏田,鄞縣(今屬浙江寧波)人。乾隆時在世,曾爲諸生,有《琴韵茶烟館詩稿》。董沛《四明清詩略》及潘衍桐《兩浙輶軒續録》卷三十四俱記施英藻伯兄名簣村,好金石圖書而早死,英藻哀傷痛哭,作《翰墨緣》傳奇,不到一年亦去世,僅二十四歲。劇今已佚。

龔崧林(乾隆間)

《香山拜白文公祠墓下》

茲山石壁峭以癯,玻璃伊水如醍醐。我來憑弔訪遺跡,城南古寺當山隅。白傅昔年作賓客,高建飛閣窮雕鏤。一生蹤跡遍海內,百年魂夢依東都。都人築祠肖公像,再拜設奠驅神巫。學使倅金恢闢勝(西厓),長洲墨沛丰致殊(退谷)。祠前風景最蕭瑟,落花亂迸紅珊瑚。黛柏幾行擁墓道,碧蘚一片纏龜趺。河南大尹得終請,劉郎裴令相歡娛。清宵歌舞坐明月,何嫌霜雪盈頭顱(公詩:洛陽女兒貌似花,河南大尹頭如雪)。如此園林好歸老,城樓驛路徒嗟吁。兩湖九江猶入夢，長安左掖非吾廬。至今靈爽未磨滅，常驂白鶴翔垣樞。但聽新聲度楊柳（楊柳枝，洛下新聲也，公集中有《楊柳枝》二十韻），殷殷憐惜疑有無。層巒戍削護寢室，鳴泉吐納環浮圖。春光秋色自瀲灩，中有吟魂不可呼。耆英九老且休矣，酹公三釂公歸乎？（《乾隆洛陽縣誌》卷十九，臺灣成文出版社有限公司《中國方志叢書》，一九七六年版，第一六四四～一六四五頁；譚習朴《歷代詩人詠洛陽》，中國城市經濟社會出版社，一九八九年十二月版，第二九一頁）

智按：龔崧林，字塵園，武進（今江蘇常州）人。雍正九年（一七三一）任從化知縣，雍正十三年（一七三五），任潮州海陽知縣。乾隆七年（一七四二）任洛陽知縣，修纂《乾隆洛陽縣誌》三十六卷，又有《乾隆陝州直隸州志》二十卷。

舒位（一七六五～一八一六）

《讀三李二杜集竟歲暮祭之各題一首・長吉》

一賦高軒自有情，驚才絕豔少年行。傾囊別撰元和體，協律兼工樂府聲。天上宮樓徵著作，人間場屋避嫌名。幽蘭啼露香蘭笑，長爪通眉肯再生。（《瓶水齋詩集》卷一，《續修四庫全書》影印清光緒十二年邊保樞刻十七年增修本，第一四八六册，第五四三頁）

《奉懷宋助教楓橋寓居》五首其三

畫壁曾經唱竹枝，雙鬟都記使君詞。無端別譜三姑曲，腸斷吳儂本事詩。（助教嘗以長慶體爲武林彈詞盲女作《王三姑曲》，歷述盛衰，爲此題絕唱）（《瓶水齋詩集》卷五，《續修四庫全書》影印清光緒十二年邊保樞刻十七年增修本，第一四八六册，第五八四頁）

《又題元白長慶集後》

誰識香山絕妙詞？女歌嫗解伎彈絲。再除一個雞林相，肯把黃金買白詩。

元九才情遜樂天，夢游春曲太纏綿。白頭宮女閑能説，何必連昌又一篇。（《瓶水齋詩集》卷七，《續修四庫全書》影印清光緒十二年邊保樞刻十七年增

修本，第一四八六册，第六〇六頁；《萬首論詩絶句》第二册，第六二九頁）

《虎丘白公祠作》

畫船搖出路三叉，春在蘇州刺史家。只此山塘常自占，不須州宅更相誇。左司香火詩誰替，隔岸園林酒並賒。絕勝潯陽江上別，使君夜夜聽琵琶。（《瓶水齋詩集》卷七，《續修四庫全書》影印清光緒十二年邊保樞刻十七年增修本，第一四八六册，第六一六頁）

《登滕王閣眺望雜詩》（四首其三）

極望潯陽九派分，琵琶亭子隔江雲。善才弟子商人婦，傳到今朝只有君。（《瓶水齋詩集》卷八，《續修四庫全書》影印清光緒十二年邊保樞刻十七年增修本，第一四八六册）

《題秋浦侍御西湖詩後》

早從吳會指雲間，一舸鴟夷自往還。三百里中黃歇浦，一千年後白香山。有情酒物邀同社，無稅詩囊出近關。只我舊遊棖觸處，鴻飛鷗泊太闌珊。（《瓶水齋詩集》卷十二，《續修四庫全書》影印清光緒十二年邊保樞刻十七年增修本，第一四八七册，第三〇頁）

《書潘榕皋農部水雲笛譜後》

子夜燈花手自挑，水香雲影夢迢迢。分明風月三千外，別有閒情記洞簫。

梅花殘雪菊花霜，漁譜蕢洲笛裏香。摇徧姑蘇城外路，一枝柔艣亦宮商。

樂天好為新樂府，伯時能畫古陽關。若向旗亭沽酒去，定將井水換名山。（《瓶水齋詩集》卷十二，《續修四庫全書》影印清光緒十二年邊保樞刻十七年增修本，第一四八七册，第三四頁）

《題吳興沈芥舟所畫潯陽琵琶圖》

商人例不解琵琶，罰向浮梁去販茶。留取青衫兩行淚，調鉛殺粉寫蘆花。

不似灣頭馮小憐，卻如江上李龜年。畫師詞客都愁絶，難得佳人老大傳。（《瓶水齋詩集》卷十二，《續修四庫全書》影印清光緒十二年邊保樞刻十七年增修本，第一四八七册，第三七頁）

《江上琵琶篇為香巖儲二作卽題其添香圖上》

種樹不種陰，買妾不買心。可憐《綠腰曲》，不及《白頭吟》。四條弦線三生石，一舸鴟夷五湖宅。石崇新曲早教成，馮淑春風幾錢値？轉身說法逢天女，三十三天花欲語。抱得琵琶影似月，彈得琵琶聲似雨。雨落不上天，月好難重圓。青琴飛大海，錦瑟怨華年。謗書一篋如火下，別賦一篇和淚寫。人間定有蕭監州，江上難尋白司馬。直把西河館季孫，險網西施別贈人。《長干曲》裏送郎去，短簿祠前留妾身。此時琵琶聲已歇，此時琵琶情未絕。緪我琵琶弦，弦長不繫愁。定我琵琶柱，柱短不遮羞。願作琵琶面，彈出歡聞變。不作琵琶槽，火鳳空心燒。且向枇杷花下住，遙知楊柳是門處。捉將宮裏使人愁，待得君來逢彼怒。也知打鴨驚鴛鴦，何事隨鴉怨鳳凰！數去雨雲太輕薄，歸來風月尚清狂。忽作故鄉恨，不作同鄉問。燒券有違言，抽簪託芳訊。錢樹子，不可倒。玉鏡臺，不能埽。五角六張十二時，可憐三五小星小。大星小星山上山，大珠小珠彈復彈。不怨桃花人薄倖，但怨楊花妾薄命。琵琶琵琶好在無，賞心事少賞音孤。彈成紫玉黃衫曲，寫入烏絲紅袖圖。（《瓶水齋詩集》卷十二，《續修四庫全書》影印清光緒十二年邊保樞刻十七年增修本，第一四八七册，第三八頁）

《琵琶亭》

偶泊江船聽櫂歌，不知江月已生波。舊時杜曲花無賴，此地桓伊笛奈何。九派風烟纔送客，一場春夢漸成婆。夜深亦有闌干淚，持較青衫孰最多。（《瓶水齋詩集》卷十三，《續修四庫全書》影印清光緒十二年邊保樞刻十七年增修本，第一四八七册，第四三頁）

《崇文書院前樓塑祀四賢，為唐李鄴侯、白文公、宋林和靖先生、蘇文忠公。余小住旬月，時獲觀仰，乃於回棹日各附一詩》（録白文公一首，餘三首略）

但代嚴休復，愁逢李贊皇。湖山春管領，禄俸吏收藏。（白公罷杭，律多留官庫。繼守者公用不足，則假而復填，如是者五十餘年）官自中朝貶，詩從外國償。白公堤上去，留得地皮香。（《瓶水齋詩集》卷十四，《續修四庫全書》影印清光緒十二年邊保樞刻十七年增修本，第一四八七册，第六三頁）

《送道存還浮梁》

讀經十三部，不願為章句。讀史四千年，不憚為考據。誠恐有用書，讀偏無用處。若但弋科名，自有逢時具。彼亦一絲繡，此亦一金鑄。實不稱其名，此吾所大懼。三年軟紅塵，未嘗與君遇。及此秣陵遊，一見遂雅故。道義崇其根，文章作之寓。主人況愛客，客亦安其素。嬉春春已往，避暑暑亦去。歸興忽逌然，秋風在庭樹。相逢既有緣，相別自有數。黯然者銷魂，不在去與住。胸中萬卷書，足底萬里路。世味混榮辱，交道雜毁譽。豈無倚爨聽，亦被入宫妒。謂君善書畫，謂我工詞賦。此豈吾輩長，一顧而再顧。又豈吾輩福，一誤而再誤。秋山淨無塵，江水平可渡。臨歧贈以言，聊為驪歌助。君歸拜高堂，婦子于時語。漪南漁隱圖，是中有深趣。讀經經有傳，讀史史有注。勿讀白香山，解者惟老嫗。(《瓶水齋詩集》卷十六，《續修四庫全書》影印清光緒十二年邊保樞刻十七年增修本，第一四八七册，第八三頁)

《瓶水齋論詩絕句二十八首·吴偉業》

宫外銅駝殿角螢，水天閑話舊山青。暮年詞賦真蕭瑟，別築江南野史亭。(自注:「梅村詩討源杜、韓，降格元、白。其七言歌行及移北山，夢兆東岳，一卷風流，蓋棺論定，君子愛其才，愈以悲其遇矣。)(清抄名家詩詞叢抄本《瓶水齋論詩絕句》;《萬首論詩絕句》第二册，第六二三頁)

《瓶水齋詩話》

先祖(舒大成)論詩有云:「司空表聖七絕，猶七律之有玉谿也。幽深怨咽，不名一狀，而同歸風雅，三閭變態，乃至此乎。」又云:「表聖全祖樂天。」又云:「香山之清變。」……(《瓶水齋詩集》附《瓶水齋詩話》，《續修四庫全書》影印清光緒十二年邊保樞刻十七年增修本，第一四八七册，第一二三頁;《清詩話三編》第二三二〇頁)

智按:舒位祖父舒大成，字子展。康熙壬辰(一七一二)進士，年僅十八歲。官翰林院檢討，有《試墨齋詩集》、《九松山人存稿》等。

虎邱山塘有白傅舊堤，其碑爲居民埋遷。汪松蘿掘得之。錢唐沈方舟(用清)賦詩云:「片石苔封閱歲華，憑君磨洗認龍蛇。從今覓得春風路，送與吴娘踏落花。」(《瓶水齋詩集》附《瓶水齋詩話》，《續修四庫全書》影印清光緒十二年邊保樞刻十七年增修本，第一四八七册，第一二三頁;《清詩話

三編》第二三二〇頁)

智按:舒位,字立人,號鐵雲,小字犀禪。祖籍大興(今屬北京),生長于吴縣(今江蘇蘇州)。十四歲隨父任居廣西永福縣,官舍後有鐵雲山,因自號鐵雲山人。乾隆五十三年(一七八八)戊申恩科舉人,會試落第。此後屢試不第,游幕四方,一生坎坷,家境貧寒,曾以館幕爲生,事母至孝。嘉慶乙亥(一八一五)十月,母歿,悲痛過度成疾,同年除夕去世。詩風奇博閎恣,横絶一世,龔自珍(一七九二~一八四一)曾以「鬱怒横逸」(《己亥雜詩》自注)評之。與王曇、孫原湘齊名,並稱「三君」。有《瓶水齋詩集》十七卷、《瓶水齋詩别集》二卷,《詩話》一卷,《乾嘉詩壇點將録》,戲曲《卓女當爐》、《樊姬擁髻》、《酉陽修月》、《博望訪星》(以上四種合刻稱《瓶笙館修簫譜》)、《桃花人面》及《琵琶賺》等。《清史列傳》卷七二有傳。

洪頤煊(一七六五~一八三三)

《台州札紀》

⊙元相國告身

《揮塵前録》:「舅氏曾宏父守台州,有筆吏楊滁者,能詩,亦可觀,言其外氏唐元相國之裔,一日持告身來,乃微之拜相綸軸也。銷金雲鳳,綾新若手未觸,白樂天并書,後有畢文簡、夏文莊、元章簡諸公跋識甚多,尋聞為秦熺所取。」《赤城志》:「元相國墓:在臨海縣東一十五里。舊傳唐元稹之後,嘗為州通判,而死葬此。今城東有元其姓者居之,藏其祖拜相麻,乃白居易行詞并書,後有守取以遺秦熺。」(《台州札紀》卷七,《續修四庫全書》影印清抄本)

智按:洪頤煊,字旌賢,號筠軒,晚號倦舫老人,浙江臨海人。苦志力學,與兄坤煊,弟震煊嘗讀書僧寮,夜坐借佛燈團坐談經不輟。學使阮元招之,偕震煊就學行省書院,時有「二洪」之稱。頤煊尤精研經訓,貫串子史,並熟習曆算之學。舉嘉慶六年（一八〇一）拔貢生。館孫星衍所，爲撰《孫祠内外書目》七卷，《平津讀碑記》十二卷，考據明審。于唐代地理殊多心得。納資爲直隸州州判，署廣東新興知縣。適阮元督兩廣，知其短于吏才而優于文學也，延入幕，諏經諮史以爲常。性好聚書。時嶺南舊籍充斥，數以重資購置，藏善本三百餘種，碑版二千餘通，鐘鼎彝器皆撰有目，多世所罕見者。所著有《禮經宫室答問》、《孔子三朝記》、《管子義證》、《漢志水道疏證》、《諸史考異》、《讀書叢録》等。

馮雲鵬（一七六五～一八三九）

《四月四日孔景度孝廉昭恢招飲同人集春及園觀芍藥花贈詩八首》其七

憩坐論心處，紅櫚古色斑。主人孔北海，佳客白香山。（時廣文、蕭鷺汀、尹颺廷等皆工詩）滿壁龍蛇活，因居花木間。（因居花木間，記葒谷先生所作題書在壁）蔣園何足述，戀賞此怡顔。（《掃紅亭吟稿》卷十二古近體詩，《續修四庫全書》影印清道光十年寫刻本）

《和芷鄰方伯步遊滄浪亭二首原韻》

水月光中理静緣，濯纓濯足捻悠肰。岑樓像設梁高士，古剎書藏白樂天（白樂天嘗書《長慶集》，留南禅寺之千佛堂）。聖主當年頻駐蹕，良臣此日孰齊肩。商邱一别蕭條甚，大雅扶輪作地仙。（《掃紅亭吟稿》卷十三古近體詩，《續修四庫全書》影印清道光十年寫刻本）

智按：馮雲鵬，字晏海，通州（今江蘇南通）人。有《掃紅亭吟稿》、《金石索》。

諸聯（一七六五～一八四三後）

《明齋小識》

古來漢魏如葡萄，陳思王如酴醾，……陶如菊，謝如芍藥，……陳拾遺如款冬，曲江如錦帶，四傑如綉球，沈、宋如牡丹，高達夫、岑嘉州如辛夷，右丞如蕙，孟山人如水仙，韋左司如梨，柳如柳，杜陵如昆崙山萬仞瓊華，青蓮如世尊頂上千葉寶蓮，大曆十才子如李，如葵，如萱，如素馨、淇澳竹、嶧陽孤桐，長吉如寶珠山茶，白傅如玉蘭，郊、島、盧仝如當歸、玉竹，韓如孤山老梅、如柏，皮、陸如麗春，溫、李如海棠，張、王如夜合，微之、牧之如木香，冬郎如茉莉。……（《明齋小識》卷七，中國社會科學院文學研究所圖書館藏清同治四年吳越亦西齋重刊本）

智按：諸聯，字晦香，一字墨如，號明齋，青浦（今屬上海）人。博士弟子員，屢試不第，以游幕、課徒爲生。工聲律，喜爲詩。有《長寶齋詩集》等。

延君壽（一七六五～?）

《白蘇二公祠》

白蘇二祠如一家，此檐接屋交梅花。半生飽讀長慶集，施註蘇詩争同誇。舉世不消一腔血，舒亶王涯是何物。緑楊宜作兩家春，蘇二定應勝元八。卻少蠻素坡公詩，朝雲豈復輸楊枝。嶺南一語留戲笑，不合時宜指肚皮。老去投荒到儋耳，可似逍遙弄伊水。門生不黨牛丞相，姻戚何好楊穎士。古人往矣不可呼，湖水陡起鳴菰蒲。寒泉秋菊薦林逋，此日未覺孤山孤。（《六硯草堂詩集》卷三，《清代詩文集彙編》影印清刻本，第四八〇册，第五六五頁）

《放言》

白傅居洛下，眼中飽林泉。能于卧床下，常繫釣魚船。我生愛此景，形諸夢寐間。覺来亂山中，萬木圍一椽。鄉中諸前輩，鑿渠到山巔。……神仙共握手，一笑三千年。（《六硯草堂詩集》卷四，《清代詩文集彙編》影印清刻本，第四八〇册，第五九二頁）

《老生常談》

詩話之作，要皆為初學指示。若入之已深，心解則耳目皆廢，況古人之陳言乎？輕嘗淺試之人，先記了許多浮話，如杜稱詩聖，李稱詩仙，李賀之鬼，盧仝之怪，元輕白俗，島瘦郊寒。及叩其所以然之故，彼仍如墮終南霧裹，茫然不知巔岸。索觀所作，去輕、俗、寒、瘦不啻霄壤，何論仙、聖、鬼、怪！深沉好學之士，當深戒之也。（上海書店版《叢書集成續編》第一五九册，第一六九頁；《清詩話續編》第一七九二頁）

七古，高、岑、王、李是一種，李、杜各一種，李長吉一種，張、王樂府一種，韓一種，元、白又一種，後人幾不能變化矣。東坡雖是學前人，其横説竪説，喜笑怒駡，跌宕自豪，又自成一種。此下更無變法。……（上海書店版《叢書集成續編》第一五九册，第一七三頁；《清詩話續編》第一七九九頁）

大凡好大喜多，皆是一病。工部有一百韻長律，元白亦有之，後人讀之已少。（上海書店版《叢書集成續編》第一五九册，第一七五頁；《清詩話續編》第一八〇四頁）

智按：延君壽，字荔浦，陽城（今屬山西）人。諸生，官萊陽、長興知縣。選安徽五河縣，邑小政簡，公退與同鄉張晉（一七六四～一八一九，字雋三）等詩酒唱和，有白香山風趣。（見《同治陽城縣志》卷十《人物》，《中國方志叢書》，臺灣成文出版社有限公司，一九七六年版，第五〇九頁）有《六硯草堂詩集》。輯刊《樊南詩鈔》，編有陳廷敬詩讀本。生平見《皇清書史》卷十一、張晉《豔雪堂詩集》卷一《春日延荔浦壽邀余讀書西坪賦此》。據蔣寅《清詩話考》第四八〇頁，此書之成當在嘉慶二十年（一八一五）後。有山西省圖書館藏郭象升批校道光刊本，民國間排印、山西人民出版社影印山右叢書初編本，新文豐出版公司叢書集成續編本。

樂鈞（一七六六～一八一四）

《嶺南新樂府十首》

⊙金罐

粵人尚堪輿，葬後必發視其骨色，黄者易棺瘞，原穴色黑者，貯以瓷罌，名曰金罐，更求佳兆。有數十年未就窆者。嘉應州皆然，潮州亦有之。

金罐夫何物，羸罌貯枯骨。纍纍遍空山，荒草半埋沒。死者靈不靈，生者求佳城。處處風水惡，年年霜露零。可憐金罐苦偪仄，游魂夜夜尋幽宅。白楊蕭瑟青楓寒，舊日荒塋歸不得。忍暴親骸求福祥，忍用瓦塱同下殤。百年必盡生者死，殘骸亦入羸罌藏。形家所言理或有，覓得牛眠骨已朽。賓客吹簫盡白頭，松楸新種無人守。

⊙買兇

殺人者購一人代爲抵罪，名曰買兇。雖茹刑不肯吐實。

富兒殺人走亡命，貧兒受賂頂名姓。甘心性命輕鴻毛，雖有于張訟難聽，頭顱賣却值幾錢。價高不過三百緡，妻孥得此暫温飽。餐刀伏鑕無冤言，東市雲寒日色薄。臨刑猶自念餘槖，北邙山下紙錢飛，何處青蚨貫朽索。富兒生益富，貧兒死終貧。貪夫狥財寧殺身，錢能使鬼還通神。

⊙造餉

無賴乞丐往往殺人，移富者之家，索錢而寢其事，名曰造餉。

羣丐殺一丐，嫁禍多牛翁。多牛雖吝不敢吝，金錢如土傾囊中。丐不披堅不執鋭，公家糧餉何由致。殺人得錢身晏然，此是乞兒造餉計。夜埋死丐深谷裏，燐火熒熒哭冤鬼。乞兒從此非乞兒，飯籮貯金返鄉里。金隨手盡更無賴，故智欲行前事敗。吁嗟狡獪胡可長，縛向市曹償業債。

⊙海盜

粤東海面分東西中三路，並有舟師防禦。南風盛時，盜從安南大洋連檣而至，西路商舶最先受害，洪濤出沒，甚難捕獲。

山盜如狐狸，海盜如鯨鯢。巢穴逋逃易焚掃，波浪出沒難擒圍。此徒半出安南國，閩粤亡命亦從賊。白艚狂趁西南風，五月商船行不得。頗聞西路豪富民，婦女兒童多盜羣。買船借盜權子母，一家晏坐收金銀。漁人捕魚出外洋，暗中往往齎盜糧。此皆盜源盜羽翼，兵汛懈弛官難防。鎮將終年駕檣艛，時捉海盜送大府。東市懸首方纍纍，又報商船被搶擄。洪濤萬里連番夷，蛟宫黿窟雲迷離。塞海口有佛郎機，發聲如雷盜不知。

⊙械鬬

鄉民持械聚鬬，曰械鬬。閩之漳泉爲甚，粤亦時有。

執戈不關衛社稷，磨刀不爲殺盜賊。蝸爭蠻戰嗟無名，共膽千奴死不惜。

或争邊桑比吳楚，或有違言似鄭息。可憐口舌生戎兵，頓與村隣作仇敵。鬬有强弱無勝負，殺傷抵罪各如數。攣頸桎足囚纍纍，官法豈能少寬恕。近時川陝餘寇氛，搜原剔藪勞官軍。何不奮身備行列，疆埸血戰求功勛。死綏死賊得死所，械鬬鬬死何冤苦。官長教令聞不聞，各保身家和四隣。

⊙聯袂輕生

順德縣處女多訂爲異姓姊妹，少者數人，多者十餘人。或相約不嫁，或依次而嫁，或同日嫁，或共嫁一人。一女見梗，則衆女死之。官按其事，謂之聯袂輕生。一歲多有。

姊妹生不同耶孃，十人五人盟寸香。同心共命過夫婦，冷暖不肯私衣裳。相誓不嫁嫁亦異，或同時日共夫壻。天地鬼神同鑒之，耶孃可背盟難欺。深院重簾春悄悄，姊妹歡多愁怨少。雲間時見青鳥飛，私情密事誰能曉。三月夭桃花灼灼，家家屏風畫孔雀。可憐姊妹聞媒來，聯袂翩翩死香閣。生爲姊妹花，叢蕊嬌春華。死化姊妹鳥，羣飛墳上草。但見嬌鳥一雌隨一雄，那見百花共蒂同時紅。世間兒女爲情死，龍江女兒乃有此。

⊙斷腸草

斷腸草，一名胡蔓草。形如阿魏，葉長尖條蔓生，近人則葉動如歡喜狀，人食之即腸斷以死。粤人多以此輕生，急以生羊血或金汁灌之可解。此草諸郡皆生，有司歲課民除棄之。

斷腸草，生炎荒。炎荒地德何其凉，不産靈草益人壽，生此毒草斷人腸。見人摇動意歡喜，使人爲汝斷腸死。疑有鬼物憑爲妖，不然狡獪那如此。粤人輕生比塵土，刎喉絕脰不勝數。此草殺人尤如麻，地下應知斷腸苦。吁嗟乎，窮愁怨恨寧汝獨，何爲甘心殉草木。匪草之毒汝自毒，汝腸已斷誰能續。父母生汝願汝長壽考，勸汝莫食斷腸草。

⊙鴉片烟

粤人骫法，多食鴉片烟。或曰媚藥，或曰非也。久之且斷人道，食至數月，遂不可輟，每日皆有定候，名曰上引，必枯槁不壽矣。

鴉片煙，來自西洋船。濃於膠漆毒於酖，一丸價值千銅錢。得錢不惜買鴉片，但云服之體輕健，彭祖祕術不足羨。牀頭一燈光熒熒，兩人長枕同横陳。竹管製作卜字形，管穴中容烟一粒。一粒一人相遞吸，吸烟人如蟄蟲蟄。日日吸之時弗失，飯必甘肥飲醲汁。勞力勞心無不可，仿佛丹砂燒伏火。少年那待老見侵，面目枯黧形攣跛。雖有盧扁焉能醫，囊橐已空身命危。晝長宵永卧敗絮，鼻觸烟香涎尚垂。嗚呼殺人之物人爭惑，利重民貪禁不得。

⊙十三行

海賈列肆在廣州城外，稱其地曰十三行。昔本十三家，今存數家耳。

粤東十三家洋行，家家金珠論斗量。樓闌粉白旗竿長，樓牕懸鏡望重洋。荷蘭呂宋英吉利，其人深目而高鼻。織皮卉服競珍異，海上每歲占風至。天子神聖海内足，不貴遠物遠人服。萬國梯航奉職貢，八荒舞蹈稱臣僕。此非外藩非内附，互市常來澳門住。魚目換將南海珠，木蝨苗蝗復誰悟。昔時勾致由貪民，大舶滿載波斯銀。豈知番人更狡詐，洋貨日貴洋行貧。圈鹿闌牛豈足載，海市蜃樓多變態。南山白物見無時，蕩盡私囊欠官債。

⊙摸魚歌

按《廣東雜記》云：粤俗好歌，其歌之長調者，如唐人《連昌宫詞》、《琵琶行》等至數百千言，以三絃合之，每空中絃以起止，蓋太簇調也。名曰摸魚歌。今廣州所唱，皆盲詞老嫗，導盲女夜中沿街唱之，亦娼妓之屬。

珠江潮水無清波，盲女能唱摸魚歌。繁音促節耶可聽，鬻歌乃比雍門娥。苦無金篦刮眼膜，何曾對鏡自梳掠。青春不嫁弄潮兒，身世生涯寄絃索。飛鳥已棲譙鼓鳴，手扶老嫗肩背行。街長巷曲是何處，幾家燈火門將扃。門外人呼盲女止，一歌再歌歌不已。三絃嘈切檀板急，市人拍手主人喜。可憐摸魚歌，不訴中心悲，不是薄命詞，殘花落溷弄餘姿，聲聲猶説長相思。(《青芝山館詩集》卷九古今體詩，《續修四庫全書》影印清嘉慶二十二年刻後印本，第一四九〇册，第五〇六～五〇八頁)

《醉雲樓歌爲江文叔作并序》

文叔無子，作醉雲樓康山下，將買一姬居之，屬作此詩。

修竹檀欒青玉色，風梢曳近梅花側。浣女虚勞過客憐，書仙合許才人得。江北江南粉黛多，春風日日吹綺羅。門前翠柳牽蘭棹，牆上青梅停玉珂。冶遊年少春無主，豔説煙花滿南部。不惜量珠買侍兒，那知種玉求仙侣。江郎彩筆吐花枝，尋常不肯畫蛾眉。曾經洛浦看塵步，欲向湖州張水嬉。妙鬘雲氣虚姚冶，紅樓預起康山下。幾度彎弓孔雀屏，三春待闕鴛鴦社。蕙心蘭氣桃李顔，知在誰家簾幙間。瓊漿未識藍橋路，紈扇遥遮石鼓山。鏡裏花光難久匿，會有青鸞報消息。驗指應留再世環，同心早證三生石。高堂況有晝荻親，深閨況有采蘩人。竚待珠林巢翡翠，卽看渥水生麒麟。前宵酌我天香裏，五百仙人醉芳醴。韻事喧傳文選樓，長歌忝索元和體。平生心事屬瑶臺，髣髴飛瓊笑口開。香燒鵲腦煙空爐，簾捲蝦鬚月獨來。逡巡已醒揚州夢，題詩不到迷香洞。萬户秦簫背客吹，一篇魯殿無人誦。桃葉柳枝名字留，古人好色成千秋。賸粉猶能漬縑素，小星何止抱衾裯。雕闌繡幄深遮護，我輩鍾情宜不誤。姮娥入月愈分明，神女爲雲自朝暮。多君著眼閬風顛，萬草千花空自妍。何時簡出姻緣簿，報我書存豔異編。（《青芝山館詩集》卷十六古今體詩，《續修四庫全書》影印清嘉慶二十二年刻後印本）

智按：樂鈞，原名宫譜，字效堂，一字元淑，號蓮裳，别號夢花樓主。江西撫州人。乾隆五十四年（一七八九）由學使翁方綱拔貢薦入國子監，聘為怡親王府教席。嘉慶六年（一八〇一）鄉試中舉，怡親王欲留，樂鈞以母老辭歸。後屢試不弟，未入仕途，先後遊歷于江淮、楚、粤之間，江南大吏爭相延聘，曾主揚州梅花書院講席。嘉慶十九年，因母去世過分傷心，不久亦卒。樂鈞與吴嵩梁同為翁方綱弟子，能繼詩家蔣士銓之後，並負盛名。曾燠官揚州，樂鈞曾寓其館中，頗得曾賞識，謂其所長不惟詩，諸體之文，靡不綺麗。其駢文與張惠言、李兆洛等並稱「後八家」，被録入《後八家四六文選》。其詩，張維屏以為「江西詩家，蔣苕生（士銓）後，樂蓮裳、吴蘭雪（嵩梁）」。其詞與蔣士銓、勒方奇、文廷式被稱為「江西四大家」。其筆記小説《耳食録》，可與蒲松齡《聊齋志異》媲美。有《青芝山館詩集》二十二卷，《斷水詞》三卷，駢體文二卷，《耳食録》初編十二卷，續編八卷。

鄧建英（一七六六～一八二一）

《芝亭孟封翁屬客作小照，一麗姬侍側舉杯花光草色中，題曰「擬白香山春郊小酌圖」，命賦長句，時正七十初度》

方瞳炯炯列仙臞，唤起頻聞鳥語呼。靈草欲尋思綺里，瓊漿初進見麻姑。幾回樹石留詩句，到處屏風作畫圖（白詩：「近聞好事者，畫我作屏風」）。

惟有一般還不似，醉來猶未倩孫扶（「婆娑醉舞倩孫扶」，白樂天七十詩也）。（廣西桂林圖書館藏嘉慶十七年左桂舟刻本《玉照堂詩鈔》卷二）

《張亥白孝廉生日次閣學東屏先生韻（時自惠赴潮）》四首（其二）

興來同復一中之，醉墨淋漓騁逸思。莫遣玲瓏歌別曲，香山白傅有新詩。（廣西桂林圖書館藏嘉慶十七年左桂舟刻本《玉照堂詩鈔》卷三）

智按：鄧建英，字方輈，又字望卿，自號白鶴山人。廣西蒼梧人，乾隆五十四年（一七八九）己酉科舉人。曾任山西榆社（今山西武鄉縣）知縣。有《玉照堂詩鈔》六卷，廣西桂林圖書館藏嘉慶十七年左桂舟刻本。

單可惠（？～一八二一？）

《思公子為右民作》

聞右民喪，作五言以哭之；重題七絕句八章，閱數日復作《思公子》一篇，詩人長言之不足之意云爾。詩近白氏長慶體，蓋右民之所好者。又以右民素能受余盡言，篇中哀而怨，絶少忌諱，不敢以曲筆對吾亡友於地下，諒不謂謗也，非為生者，用寫余思焉。援《楚辭》以名之。

百無一能餘白頭，恥向侯門彈蒯緱。昔者吾友傅公子，常伏歌行第一流。公子姓名冷人齒，今年遠客貴陽死。寫詩和淚作哀辭，六千里外呼不起。公子公子落魄人，家世清白吏子孫。最少年多不羈行，名花過眼傾金尊。公子巷南吾巷北，十年相顧不相識。偶然一語磁引針，吐出心肝矢不惜。此時公子囊屢空，飯後檳榔懊惱儂。丈夫不死蓬蒿下，拔劍出門西復東。小冠子無珠履跛，葛衣斷碎吟秋葉。和得陶令乞食詩，臨餘顏公乞米帖。鶴再南飛與往還，遍遊柳子未遊山。紫髯公孫修世講，綠水紅蓮十四年。千金一擲十日飲，中年絲竹風流甚。珠娘拜乞竹枝歌，吳娃拋賸纏頭錦。夢裏閨人背面啼，盎無斗儲桁無衣。阮家子弟多才雋，阿咸客死兄苦飢。歸來料理頗草草，開年重上嶺南道。不把薦章謁外臺，自謂萬里遊自好。我謂公子聽一言，言所難言最苦艱。公子掉頭不肯住，三年為期歸田園。却憶南朝徐孝穆，垂老送客多棖觸。吾衰已甚惜分襟，為誦白馬君來哭。昭昭白日西南馳，為公子悲亦自悲。人生難得惟知己，詩篇有作當告誰。太白初升北斗落，樂府三章感飄泊。廿年前為公子吟，謂青丘似為我作。思公子為吟三章，悲公子為下數行。掬將無限傷心淚，憑仗風吹到夜郎。竹王祠下叩銅鼓，風車雲馬神靈雨。哀豔神絃續續彈，公子公子奈何許。（引自《射鷹樓詩話》卷三，王鎮遠、林虞生標點本第五一頁）

《張燈曲》

此事聞之最早，此詩作之已後，蓋由十餘年前，雅不欲作。二十餘年前，蓋不能作。小雨無聊，用以陶寫窮愁，故卒作之也。香山格調，出以少陵風骨。河朔之詞義貞剛，江左之宫商發越，兼之清綺有餘，氣質仍在也。讀之而囅然喜，愕然驚，悄然悲，泠然悟者。吾許其可與言詩，若綺語誨淫，抑吾之過夫。雖然，《長恨歌》、《琵琶行》，即不敢比視，司空表聖之《馮燕歌》，吳梅村之《圓圓曲》、《聽女道士卞玉京彈琴》，何多讓焉。錢唐袁簡齋詩，貴緣情綺靡已甚，縱其才情所如，不復求之古人風骨；遠祖香山，近宗梅村；七古長篇，尤用其體，學者化之，乃為詩厄。然則此詩終於不作，亦無不可者。嘉慶庚午（智按：嘉慶十五年，一八一〇）夏六月十有三日，可惠自題《張燈曲》後。

上元張燈奪月彩，古時姮娥應好在。手攀桂樹看人間，春燈萬點春如海。衣香人影何紛紛，車如流水馬游龍。百戲魚龍爭變幻，千家樓閣高玲瓏。高樓有女桂為字，碧玉芳年嬌春思。身是仙人萼緑華，誰為漢代金吾婿。平原公子果盈箱，樓頭車中遥相望。美人手擲金橘子，天外飛來赤鳳凰。笑乞風月作盟主，世世生生吾與汝。為郎膝上宛轉歌，為郎掌上驚鴻舞。定情香火金博爐，銀缸錦帳垂流蘇。卻笑秘辛疎領略，不信周昉能畫圖。並蒂芙蓉春睡足，枕痕一線暈紅玉。玉鏡臺照雙影來，瞳人點漆眉山緑。暮為行雨朝行雲，朝朝暮暮態更新。誰謂名香疑賈午，忍教恨血同阿甄。嫁衣焚罷饒激烈，孰知生離輸死别。從容再拜無愧辭，士死為知女為悦。南山可移志不移，重重密誓兩心知。不得跨鳳隨蕭史，肯再將身逐子皮。阿郎題贈香羅帕，送我悠悠即長夜。可惜風流放誕名，留與千秋作談話。玉貌如生喚奈何，生生死死為情多。太息玉京仍絶豔，難邀崔護活青娥。返魂無術闔棺後，泰山鴻毛復何有。柩出尚有神君風，珠碎頓白阿爺首。深深埋玉青楓林，漆燈黯黯月沉沉。獨有阿郎呼負負，澆酒墳頭夜夜心。墳頭春草秋聲起，猶似喁喁緑窗裏。生時手刺百花衣，化出愁紅與怨紫。留香無夢哭吞聲，點點青燐作送迎。

六州有鐵鑄不得，一錯真教誤一生。自來尤物傾家國，男有奇才女奇色。不有福德何以堪，福倚禍伏安可測。無復豪華舊卓家，壞道陰房啼鬼車。至今花市燈如晝，共惜當年第一花。有客省識春風面，持杯相勸寫哀怨。與譜上元張燈詩，碧落黃泉君不見。上元張燈自年年，依舊姮娥到曉眠。為問情癡兒女子，紫玉韓童總化煙。（引自《射鷹樓詩話》卷三，王鎮遠、林虞生標點本第五一頁）

智按：單可惠，號芥舟、芥舟生、白羊山人，山東高密人。乾隆末副貢生。張際亮極稱其詩，推為「我朝詩第一」，七古七律，尤以「二絕」冠之。有《白羊山房詩稿》十卷。生平見李兆元《客窗賸語》、朱庭珍《筱園詩話》、徐世昌《晚晴簃詩匯・詩話》、錢仲聯主編《清詩紀事》（乾隆朝卷）、《中國文學家大辭典・清代卷》第五四六頁。

吳嵩梁（一七六六～一八三四）

《秦小峴（瀛）觀察招飲卽送入都》

公來只飲西湖水，公去只贈西湖詩（杭人繪圖徵詩爲餞）。扁舟湖上載詩去，僊官心事閒鷗知。萬頃空波浸烟樹，隔江送客山無數。風流絕代白香山，皇恩例許三年住。風篁之嶺龍井寺，中有題名舊碑記（觀察爲淮海先生補刻龍并寺題名碑記）。公行苦早我來遲，惆悵疎鐘出寒翠。絳蠟如山酒似川，金龜換醉共青蓮。旌節歸來開幕府，看花合櫂鏡湖船。（《香蘇山館詩集》古體詩鈔卷三，《續修四庫全書》影印清木犀軒刻本）

《懷人詩》

日飲西湖水，書聲幕府閒。勳名韓魏國，風味白香山。文貴司衡早，詩成破賊還。餞春多舊侶，去住總相關。（中丞阮雲臺先生）（《香蘇山館詩集》古體詩鈔卷四，《續修四庫全書》影印清木犀軒刻本）

《白公祠小集同徐嬾雲鈕匪石郭頻伽董琢卿追憶錢竹汀袁簡齋諸公舊游愴然有作》

紙醉金迷二十年，美人如月水如烟。木犀風過香無隱，頭白來參病後禪。

紛紛黄葉點青莎，晚蝶寒蛩奈汝何。一盞莫辭花下酒，江南耆舊已無多。(《香蘇山館詩集》古體詩鈔卷七，《續修四庫全書》影印清木犀軒刻本）

《坡公生日覃谿師招同法梧門宋芷灣劉芙初顧南雅洪鑑亭集蘇齋觀風水洞題名四字拓本》

去年畫公赤壁磯，笛中孤鶴聞南飛。今年憶公風水洞，溪行破曉春禽呀。洞中題字七百年，姓名踪跡疑神仙。誰知臘尾一杯酒，重結蘇齋文字緣。公判杭州凡五歲，日夕籃輿湖上醉。烏紗白葛道衣涼，題遍南山北山寺。此地公後香山來（長慶二年，白樂天來游，有詩），石門窈窕泉聲哀。歸瓶滿意貯冰雪，翻羨同游李節推。異日幽尋更石屋，亦有斷碣埋蒼苔（是日又觀石屋洞題名拓本）。湖山萬古足清賞，世事如雲何有哉！蘇齋年年拜公像，妙墨天教侑佳釀。仙風乳水故依然，紅日烏雲漫惆悵（齋中舊藏《天際烏雲》真蹟）。先生小謫公後身，玉堂嶺海同一塵。惜哉洞天未親到，獨以長句追清新。我詩苦作寒蛩叫，裂石穿雲豈同調。舊遊回首定山村，騎馬尋春愧年少。項生（紳）畫手今擅場，補圖合繼錢（楷）與汪（梅鼎）。落梅如雪覆溪水，花裏東坡笠屐香。（舊歲錢、汪二君作《李委吹笛圖》，今欲屬項君取「溪橋晚溜浮梅萼」句爲圖）（《香蘇山館詩集》古體詩鈔卷七，《續修四庫全書》影印清木犀軒刻本）

《茶山草堂歌》（有序）

方茶山太守比游匡廬，至報國寺後山，愛其樹石雄秀，築室五楹，若將投老焉，屬余賦詩。

我家石溪西，漁隱蘆花裏。一生詩愛陶淵明，恨不移家來栗里。君家半茶山，自名爲山樵。一官但飲九江水，七賢五老能相招。今年我作廬山游，載酒因君登庾樓。連旬積雨阻高興，竹杖芒鞋何所求。前日游九峯，冒雨上山閣。石船雲氣脚根來，天柱泉聲眉際落。今日尋天池，踏雲經古寺。一竿插影入層霄，一缽擎花出空翠（旛竿缽盂，皆山名）。寺門老松三百年，寺背新笋粗于椽。林陰漠漠水涓涓，嵐靄下合溪成烟。巨靈手劈太華蓮，化爲奇石態萬千。龍跳虎卧鯤鵬騫，至此馴伏皆皈禪。君來結屋山東偏，饑餐落花渴飲泉。謂君好奇心未然，君今不歸坐無田。石室非慕翟法賜，草堂亦非白樂天。我行我意止則止，非吏非隱仙乎仙。邀我作詩君自記，我詩能道意中事。一榻願分雲半間，漁弟樵兄同入山。（《香蘇山館詩集》古體詩鈔卷九，《續修四庫全書》影印清木犀軒刻本）

智按：九江太守方體（一七五四～?），字道坤，號茶山，安徽績溪人。

《讀白香山上陽宮女詩感馬嵬事有作》

金鈿繡韈亂離中，天上人間飲恨同。一種梨花墳上月，淒涼曾照上陽宮。（《香蘇山館詩集》今體詩鈔卷十一，《續修四庫全書》影印清木犀軒刻本）

《用白香山天竺寺韻即效其體》

南禺雲對北禺雲，山上鐘聲水底聞（二語見峽山寺）。志詩香山禪悦妙，寺如天竺地靈分。東峯積翠難尋路，西澗流香又遶門。恰好木樨香裏坐，漫天花雨共繽紛。（《香蘇山館詩集》今體詩鈔卷十二，《續修四庫全書》影印清木犀軒刻本）

《吴玉松太守以虎邱雜詠見寄感舊述懷即次其韻》（其三）

白公俎豆又蘇公，飯顆誰來老杜窮。奇福偏於身後享，湖山管領又春風。（懷杜閣，陳東浦方伯所建，以配白蘇二公祠）（《香蘇山館詩集》今體詩鈔卷十五，《續修四庫全書》影印清木犀軒刻本）

《石溪舫詩話》

詩史肇自杜陵，至我定甫先生始極其盛。集中序事諸作，以班馬之才行韓杜之法，沉鬱頓挫，變化錯綜，有識有力，有聲有光，蓋其至性奇氣不可磨滅，故發于詩者如此。斷爲五百年來第一家。……予喜讀太白、昌谷、義山三家詩……由元遺山、蘇東坡以上溯李杜，而參以王右丞、孟襄陽、白香山、李義山、韋蘇州、柳柳州、張文昌、賈浪仙、黄山谷、王荊公、歐陽公、陸放翁十數家。……（《石溪舫詩話》卷一，《清詩話三編》第二六四三頁）

智按：吴嵩梁，字子山，又字蘭雪，號石溪老漁，江西東鄉人。嘉慶五年（一八〇〇）舉人，由内閣中書歷官黔西知州。其詩獲袁枚、蔣士銓、翁方綱等贊賞，繼蔣士銓後爲江西詩家巨擘，詩名遠播日本、朝鮮。朝鮮吏曹判書金魯敬以梅花一龕供奉之，稱為詩佛。日本賈人斥四金購其詩扇。有《香蘇山館詩集》二十一卷《文集》二卷《香蘇山館詞》一卷。《石溪舫詩話》二卷，系閱王昶《湖海詩傳》，一時興會所至而隨筆所施之評語，所論皆往來熟識之人，載其交往始末，唱酬逸事，有關詩壇掌故。有道光二十三年刊《香蘇山館全集》本。事迹見《清史稿》卷四八五、《清史列傳》卷七二本傳。

顧廣圻（一七六六～一八三五）

《百宋一廛賦》

予以嘉慶壬戌遷居縣橋，構專室貯所有宋槧本書，名之曰「百宋一廛」，請居士撰此賦，既成輒爲之下注，多陳宋槧之源流，遂略鴻文之詁訓，博雅君子幸無譏焉。（吴縣黄丕烈注）

……廬山長慶，見取六丁。金華太史，獨著精靈。（殘本《白氏文集》，每半葉十一行，每行廿一字，所存十三至十六，又二十六至三十四，又五十五至五十八，凡十七卷，《長慶集》，北宋時鏤諸版，所謂廬山本者，庚寅一炬，種子斷絶，唯此金華宋氏景濂所藏，小宋版，圖記宛然，古香可愛，推希世珍矣。事詳《敏求記》，其所數存卷有誤，今正之。）賓客碑文，受教名儒，以石攻錯，乍彰其瑜。（殘本《劉夢得文集》，每半葉十二行，每行廿一字，所存一至四而已。曩者錢少詹大昕借讀明刻完本劉集，於予手校袁州萍鄉縣楊岐山故廣禪師碑文疏於別紙云：石刻與刻本不同者二十餘字，多五十餘字，今宋本雖未能盡爾，然與明刻異者，必與石刻同。）五言長城，未隳文房。雜著附見，知勝建昌。（殘本《劉文房文集》每半葉十二行，每行廿一字，所存五至十凡六卷。《書録解題》云：《劉隨州集》，唐隨州刺史宣城劉長卿文房撰，詩九卷，末一卷雜著數篇。）（《思適齋集》卷一賦，《續修四庫全書》影印清道光二十九年徐渭仁刻本；《顧千里集》，中華書局，二〇〇七年十二月，第一頁）

智按：又見清馮桂芬（一八〇九～一八七四）《（同治）蘇州府志》卷一

百四十九（清光緒九年刊本）。

《立秋日集白公祠爲山尊學士作》

商飈天際來，乍却炎歊半。園林帶祠宇，遊賞足蕭散。詞伯坐上頭，談麈拂清漢。披襟二三子，參差霏屑亂。適興忘歸遲，新月墮遥岸。鄙人病不斟，逢樂發深歎。回薄大鈞中，坱軋乃無畔。窮達分洵限，出處理亦貫。物變自浮雲，奚取巧歷算。惟惜良會難，兼軫流光換。（《思適齋集》卷二賦詩，《續修四庫全書》影印清道光二十九年徐渭仁刻本；《顧千里集》，中華書局，二〇〇七年十二月，第三三頁）

智按：顧廣圻，字千里，號澗薲、無悶子，别號思適居士。元和（今屬江蘇蘇州）人。嘉慶諸生。博覽四部圖書，通經學、小學，尤精校勘學，與孫星衍、黄丕烈等稱清一代校勘學巨匠。受業于吴縣江聲，穎敏博洽，通經史小學。尤精校讎，孫星衍、張敦仁、黄丕烈、胡克家、秦恩復、吴鼒先後延主刻書，皆爲之札記，考定文字。于目録學尤爲專門，人方之王仲寶、阮孝緒。他如天算輿地，亦靡不貫淹。嘗以刑子才「日思誤書，更是一適」語，自號思適居士。有《思適齋文集》十八卷，又摘先儒語録爲《遁翁苦口》一卷，《清史列傳》傳于世。

支機生（一七六六～一八三五）

《珠江名花小傳》

⊙瑞蓮

瑞蓮，自少即知名，肌豐骨瘦，濃纖得中，動静中自具一種嫵媚態。不事鉛華而輕勻淡掃，每顧影自憐。邇來門前冷落，車馬恒稀，即姬亦以憔悴羞郎，千呼萬喚，始一出見。然珊珊來遲，欲前仍卻，其風韻猶存也。夢花生嘗寄《青衫溼》詞一闋以贈云：「老大嫁作商人婦，那不憶當年，舞衣歌扇，金尊檀板，迷也真仙。紅顔老了，琵琶猶抱，淒切絲弦。知音誰是？江州司馬，同病相憐。」余謂樂天《琵琶行》一篇，因潯陽商婦而作，不意淪落之感，後人猶為

慨然也。(《珠江名花小傳》,《國學珍本文庫》第一集;《香豔叢書》第十三集)

智按:支機生,即繆艮,號蓮仙,仁和(今浙江杭州)人,自稱「留粵二十四載」,功名蹭蹬,有二女四子,以教書、從幕、賣文為生,生活艱苦。有《塗說》(清道光戊子冬如此草堂藏本),《夢筆生花:游戲文章》(朱太忙標點,上海:大達圖書,民國二十四年一月),《詳註嚶求集》(清倪照注,收於《中國語言資料叢刊》第四編,東京:不二出版社,二〇〇二年三月),《壓線編》(清趙古農選,越南漢喃研究院圖書館藏抄本)等,編有《中外群英會録》(一厂山房重抄本);《文章游戲初編》(清道光甲申春一厂山房重刊本);《文章遊戲二編》(清嘉慶丙子藕花館藏本);《文章遊戲三編》(清嘉慶戊寅藕花館藏本);《文章遊戲四編》(清道光元年藕花館藏本)。《珠江名花小傳》所記二十餘人,命運乖慼,情貌各異。文辭細膩,悲懷深摯。

戴佩荃(一七六七～一七八九)

《喜閱紅雪樓傳奇題四絃秋》

潯陽江上繫孤舟,感到官人淚共流。更賴生花才子筆,蒼涼彈出四絃秋。江口空舲冷翠鈿,嘈嘈切切更堪憐。淒清百倍琵琶引,一度吟來一惘然。(戴璐《吳興詩話》卷十二,《續修四庫全書》影印民國吳興叢書本)

智按:戴佩荃,字蘋南,號春渟,烏程(今浙江湖州)人。戴璐(一七三九～一八〇六)女,仁和趙日照妻。畫有管仲姬筆意。畫人物秘不示人。趙將游西江,爲畫《長亭餞别圖》,神貌如生。工書。歿于乾隆五十四年(一七八九)秋季(見陳寅恪《寒柳堂集·論再生緣》,三聯書店二〇〇一年四月版,第二二頁)。卒年二十三。有《蘋南遺草》。

郭麐(一七六七～一八三一)

《杜詩集評序》

……杜之長律學之似而工者,義山也;學之不似而工者,元白也。微之

學杜而知其不可及，于是别爲纏綿婉麗、往復委折之體。……（《靈芬館雜著》卷二，《叢書集成續編》第一九三册，第三〇〇頁）

《靈芬館詩話》

《歸田詩話》載龍仁夫《題琵琶亭》云：「老大妲娥負所天，忍將離恨寄哀絃。江心正好觀明月，却抱琵琶過别船。」以為「中含諷意」。蓋别有所諷也。若以諷商人之婦，不太癡人説夢乎？其别載一女子詩云：「爺娘重利妾身輕，獨抱琵琶萬里行。彈到陽關齊拍手，不知原是斷腸聲。」李賓之以前詩為鷗波作，不知何據也。（卷一，清嘉慶二十一年刻二十三年增修本；《清詩話三編》第三二七五頁）

漢王吉上疏，言世俗嫁娶太早，未知爲人父母之道而有子，是以教化不明而民多夭。唐白居易《贈友》卒章云：「嫁娶既不早，生育長苦遲。兒女未成人，父母已衰羸。凡人貴達日，多在長大時。欲報親不逮，孝心無所施。」二説不同。余謂皆是也。子陽之言爲父母言之也，可以教義；樂天之言爲人子言之也，可以教孝。子陽之言所以繼治世也，使民仁壽；樂天之言所以繼亂世也，使民蕃滋。（卷三，清嘉慶二十一年刻二十三年增修本；《清詩話三編》第三三一〇頁）

……（陳）雲伯句錘字煉，宏朗高華，出入玉谿、飛卿之間，而參以六朝、初唐、元白諸體。《碧城仙館》一集，幾於家繡弓衣，人歌「遠上」。人或病其多涉艷情，有張平子風雲氣少之論，然如《長城一百韻》、《秦良玉屯兵處》及《塞上》諸篇，又豈致堯輩所能兼有哉！……（卷五，清嘉慶二十一年刻二十三年增修本；《清詩話訪佚初編》影印本，第二册，第一二八頁；《清詩話三編》第三三三六頁）

江聽香青工於八法，詩亦澹逸秀整，恨其懶不肯作。曩余客瀨上匝月，衆客皆爭奇鬬勝，聽香退然其間，羣焉慫恿，且雜以詼嘲，始作數首。壬申之冬，與同厲汪已山家作消寒之會，聽香詩亦必促迫而後成。今檢扇頭有數篇，聊記於此。《元夕樂府分得鬧蛾兒》云：「鬧蛾兒，光熊熊，照儂顔色如花紅。儂顔如花隔香霧，華月圓圓莫相妒。稱身衫裓杏子黄，蛾兒低簇衣衩旁。飛飛莫上儂釵梁，儂釵自有雙鳳凰。」又《效白香山體》云：

「何處逢春好，逢春古塞邊。草生盤馬地，風暖晾鷹天。關柳遲舒緑，河冰早破堅。遙看沙磧外，漠漠動輕烟。」「何處逢春好，逢春鄉塾中。餳簫呼巷曲，社鼓響鄰東。醴面分花萼，翻書墮網蟲。夕陽齊下學，聯臂走青紅。」「何處逢春好，逢春老妓家。看山眉様舊，聽雨淚痕斜。蝶誤前時夢，鶯啼別院花。緑楊門巷近，望斷玉郎車。」選題頗新，錬句極穩。（卷六，清嘉慶二十一年刻二十三年增修本；《清詩話三編》第三三四三頁）

吾鄉陸朗甫中丞，清德重望，爲乾隆時名臣，所選《切問齋文鈔》及所著古文，皆布帛菽粟，鑿然有用之文，詩特其偶然，存稿止得二卷，然和平雅整，度越凡流，望而知爲有德之言也。《效樂天體》云：「何處難忘酒，鄉關邇暫過。菰蘆朋舊健，鳧鴨水邨多。蠟炬宵同剪，驪駒客又歌。此時無一醆，其柰別愁何。」「何處難忘酒，長安大隱尊。俸錢支屋價，月粟佐晨飱。好事攜琴至，諸兒問字喧。此時無一醆，岑寂對朝昏。」《留別舅氏》云：「兩月高軒一榻排，征衣久拂又遲回。貧來親戚憐同病，老去光陰覺易催。池面淥波寒有稜，石闌春事暖生苔。兹行愁絶滄江暮，萬里孤雲倚棹開。」《偶感》云：「知己未妨當代少，浮名深恐後人聞。」《扈從木蘭》云：「如卷畫圖雲過眼，偶成酬倡谷傳聲。」「綱面時開知有祝，周陆旋峃聽無聲。《和阮吾山》云：「機事漸忘除害馬，心思曾竭似原蠶。」里中知交落落，嘗賦五友詩。《迮屺望》云：「衣冠緬諸老，圖像懸梓里。中吳舊文獻，一一寫彼美。」尤工作蘭草，芬芳襲滿紙。迮善畫，嘗臨《吳中先賢圖》一册。《沈需尊》云：「沈郎絶可憐，身事如畫餅。作詩十年餘，閉户忍饑冷。嗜好菖歜芰，交知罔兩景。」沈工於詩，已鈔入《銷夏録》中矣。《迮修君》云：「我師有令子，家食困餬口。少小同筆硯，交情酒味厚。」又云：「當時握寸管，已能運腕肘。聲名近卓犖，竟欲輕歐柳。」修君工八法，與屺望皆余母氏諸父行，其父倍功先生中丞爲志其墓，余祖父從受業者也。《沈懋維》云：「賣藥歸養母，慈淚制悲滴。孝行我所欽，夢繞小橋側。」沈爲余族祖姑之夫，以醫爲養。《徐滄如》云：「徐子頗秀蔚，文如木向夏。槐陰覆廣衢，藤蔓走修架。」徐居蘆區之西栅門，臨湖水，殊有幽致，與先君子莫逆，亦以工書名，至今里人猶寶藏之。此五君子，余皆幼時接待，憫其無聞，録中丞詩，亦以存其人也。（續詩話卷二，清嘉慶二十一年刻二十三年增修本；《清詩話訪佚初編》影印本，

第二册，第三九一～三九三頁；《清詩話三編》第三四六三頁）

蔣君芝軒，與余定交於巳山觀復齋，知其爲廉吏子也。因請觀其先德香涇先生遺詩。芝軒云：先人所著有《西爽》、《横經》、《舟車》、《金臺》、《寰州》、《白華》諸集，身後多所散佚，間爲人持去，今鈔録所存，僅千餘首，名《尚友堂遺詩鈔》，分爲四卷，出以見示。五古樸茂眞淳，直吐所欲言，入都録别諸作，性眞孤露，得少陵之神；七古開闔變化，不主故常，而於矩矱無偭豪髪，其他近體，間或出入宋賢，要能自樹風骨，而音雅節和，無詬囂淩暴之習。……《偶成》云：「新患頭風思讀檄，久嬰肺病愛蒸梨。」「藥方日久妻能檢，詩草春來手自删。」「自知到處隨窮鬼，人説前生是謫仙。」《送族孫入都》云：「多病辭官非勇退，異鄉疏族亦關情。」先生恬淡無宦情，成進士後，需次一官，又在崎嶇絶塞間，罷官後，襆被蕭然，故書數篋而已。錢辛楣學士序其詩云：「唐詩人之達者，元微之，宰相也；高達夫、薛能，方鎮也；白樂天，尚書也；吴子華、韓致光，内相也；而楊盈川、姚武功，以縣令簿抗衡其間，後人尚論其品，聲價未嘗少貶焉。豈非以文章千古事，深造自得，卓然成家者，僂指可數，初不以班資之崇卑爲優劣乎？」可謂知言矣。先生名麟書，字震遠；芝軒名均，蘇州元和人。（續詩話卷四，清嘉慶二十一年刻二十三年增修本；《清詩話三編》第三四八六頁）

智按：郭麐，字祥伯，號頻伽、遽庵、復庵。吴江（今屬江蘇）人。嘉慶間貢生，絕意仕進。師從姚鼐，致力於詩古文詞。著有《靈芬館集》、《靈芬館詞》。生平見馮登府《石經閣文集》卷二《頻伽郭君墓誌銘》。

吴德旋（一七六七～一八四〇）

《從兄覺庵鵠園詩鈔序》

世之論詩者，或以格律區高下焉，或以聲調判優劣焉，或又以為格律聲調俱非作詩之本，而專主性靈焉，同者黨之，異者伐之，論說繁興，紛紜莫定。餘以為皆是也，而皆非其論之至者也。……唐之詩人，初、盛為美，莫不體源騷、雅，宗法魏、晉，而善學陳思、靖節者，杜少陵也。中、晚諸家，憲章初、盛，而善學少陵者，白香山、李義山也，不規規於求似，而有其所以似者存焉。下逮宋、元，眉山、劍南、遺山、道園諸公，各擅厥能，不相沿襲。勝國時，李獻吉倡為復古之論，必漢、魏，必少陵，摹擬肖似，尺寸不失。於是言格律聲調者宗之，言性靈者排之，人各是其所見，而卒未有以相勝也。余從兄覺庵，從陽湖左仲甫先生學為詩，大率以少陵為祖，以香山、義山為宗，不求似於形模字句之間，而求其所以似於形模字句之外，斯為善學古人者歟。覺庵嘗自編其詩為一集，然尚非定本。覺庵歿後，仲甫先生為刪存之，得如干首。後之覽者，可以考論其師友淵源之所自焉。（《初月樓文鈔》卷五，光緒九年刊本）

智按：吳德旋，字仲倫，一字半康，號安蔬居士，江蘇宜興人。諸生。擅長書法、古文。著有《初月樓文鈔》。

崔旭（一七六七～一八四八）

《念堂詩話》

翁覃溪《石洲詩話》前五卷論唐宋金元諸家，有明一代等諸自檜，持論精鑿，皆從深心探索而出，不似《說詩晬語》多公家言，尤不似近日名公游談無根，以尖酸謔謔、漫肆譏刺為能。其大旨同竹垞之主學，而其獨得處喜奧博，不喜昌明，喜幽深不喜平直，喜含蓄不喜髮露。所推重者，王、孟、李、杜、韓、白、蘇、黃諸大家外，唐則司勳、東川、蘇州、柳州諸家，宋則廬陵、荊公，而尤服膺金之遺山、元之道園……（民國二十二年重印本卷一；《清詩話三編》第四三九四頁）

智按：崔旭，字曉林，號念堂。直隸慶雲人。嘉慶五年（一八〇〇）舉人，與梅成棟（一七七六～一八四四）同出張問陶門下。道光六年（一八二六）任山西蒲縣知縣，有能名。著《念堂詩草》、《津門雜詠》、《太原雜詠》，又與梅成棟詩合刊為《燕南二俊詩鈔》。事迹見《念堂詩鈔》附陶樑撰傳。

石時棨（一七六七～?）

《忻州刺史守愚汪君重修元遺山先生墓詩》

韓非孤憤虞卿愁，長沙湘累郊島囚。肺肝憂樂日相仇，黄鶴浩蕩觀齊州（用遺山《放言》詩意）。我昔讀公詩，西郊一畝宅。照我萬古心，舉杯謝明月（三句用遺山《和陶飲酒》詩句）。中年作吏浙江邊，九日吹臺箕潁船。蚤知踏地皆陳迹，留取史筆充庭椽。野史亭，中州集，五百年中一樂天。九原不作嗟何及，青山路轉轉山青（金興定童謠：青山轉，轉山青；耽誤盡，少年人），五花墳上詩精靈。鋭頭學士趙松雪，筆墨飄零那堪説。（翁方綱撰《元遺山年譜》附，《粤雅堂叢書》本）

智按：石時棨，字傳方，號月亭。武昌興國（今屬湖北黄石）人，乾隆五十四年（一七八九）己酉舉人。嘉慶元年（一七九六）丙辰科第三甲第四名同進士。點翰林院庶吉士。歷任刑部江西司主事、刑部奉天司主事、山東道監察御史、四川道監察御史。

許宗彦（一七六八～一八一八）

《阮雲臺師五十壽詩》（四首其三）

文望共推韓吏部，生辰恰竝白香山。花鈿九樹劉樊侶，蘭玉一庭王謝班。絳帳傳經付高足，紅箋分韻走垂鬟。當關不報稱觴客，如水官齋晝轉閒。（《鑒止水齋集》卷六詩，《續修四庫全書》影印清嘉慶二十四年德清許氏家刻本）

《白公祠探梅》

梅花雖未開，香氣已暗洩。東風吹斜枝，如有影明滅。隔湖山黯澹，釀雪在空闊。相對耐清寒，晚來人迹絶。（《鑒止水齋集》卷八詩，《續修四庫全書》影印清嘉慶二十四年德清許氏家刻本）

智按：許宗彦，原名慶宗，字積卿，號周生，德清（今屬浙江）人。嘉慶四年（一七九九）己未進士，官兵部主事。有《鑒止水齋集》。

李遐齡（一七六八～一八二三）

《跋白香山詩集後四首》（原注：録二）

替人澹宕一髯蘇，玉局他年德不孤。蜀洛尚殘微憾在，牛明李黨有公無？

入掌綵綸出建旗，下蘇黎庶上匡時。當年只作詩仙看，公意何曾僅在詩。（《勺園詩鈔》卷二，《清代詩文集彙編》影印清嘉慶十九年刻光緒三十四年補刻本，第四八九册，第二六頁；《萬首論詩絶句》第三册，第一〇六九頁）

《重跋香山居士集四首》（原注：録二）

豐兹嗇彼原難並，我有男兒公得侯。遜卻才名饒卻伴，酒軍詩敵遇元劉。

不思公禄及公官，獨羡年高一味閒。淺醉清吟長得似，風流居士亦香山。（《勺園詩鈔》卷二，《清代詩文集彙編》影印清嘉慶十九年刻光緒三十四年補刻本，第四八九册，第二七頁；《萬首論詩絶句》第三册，第一〇六九～一〇七〇頁）

智按：李遐齡，字芳健，又字香海，號菊水。香山（今廣東中山）人。乾隆朝歲貢。嘉慶二十年（一八一五）以歲貢送教職，未赴任，以教讀終身。好著述，擅詩詞。有《勺園詩鈔》、《珠江竹枝詞》等。

王豫（一七六八～一八二六）

《京江耆舊集》

葛筠，字東之，丹陽人。康熙乙卯舉人。著《名山藏詩文集》、《貽穀堂詩集》。先生以詩學退隱於鄉，言詩不窺錢、劉而望李、杜，恐近于鬼幽而致枯；不歸李、杜而趨元、白、皮、陸，或等諸鬼躁而質壞。……（《京江耆舊集》卷三，中國社會科學院文學研究所圖書館藏清嘉慶二十三年青苔館刊本）

智按：葛筠，字東之，號湘湄，江蘇丹陽人。康熙十四年（一六七五）

舉人。官長洲教諭。與賀天山交好數十年，屢相倡和，康熙三十六年猶作詞紀之。有《名山藏詩文集》、《貽穀堂詩集》。

《京江耆舊集》十三卷，王豫、張學仁編纂。所取自順治初年起，至乾隆六十年止。張學仁（一七六二～一八二二），字冶虞，號寄槎，江蘇丹徒人，舉人，有《青苔館詩鈔》。

《種竹軒餘話》

祭酒（指吳梅村）受業張溥之門，其詩沉博瑰麗，上宗四傑，下掩元、白，學者稱太倉體。（王豫輯《江蘇詩徵》卷十一；李學穎集評標校《吳梅村全集》下册，第一五一九頁）

智按：王豫，字應和，又字柳村。江蘇江都人。布衣。性酷嗜詩。本沈德潛《清詩别裁集》家法，輯清代江蘇詩人五千四百三十餘家，編爲《江蘇詩徵》一百八十三卷。道光初年，舉孝廉方正，辭不就。有《種竹軒詩文集》。生平事迹見《清史列傳》卷七三。

周中孚（一七六八～一八三一）

《鄭堂讀書記》

⊙《白孔六帖》一百卷 明刊本

原本三十卷，唐白居易撰，續本亦十三卷，宋孔傳撰，共合爲一書，而析成百卷，不知何人。據《玉海》所載，則宋本已然矣。（居易字樂天，下邽人，貞元十四年進士，官至刑部尚書，謚曰文，傳、仕履見傳記類）《四庫全書》著録，《新唐志》載《白氏經史事類》三十卷，注云：一名六帖，《崇文目》、《讀書志》、《書録解題》、《通考》、《宋志》俱作六帖三十卷，從此無《白氏經史事類》之稱矣。至世文續之，遂稱後六帖，卷數與原書相同。《書録解題》、《通考》、《宋志》俱載之。孔氏書在南宋初絕少傳本，《玉海》始稱孔傳亦有六帖，今合爲一書，則南宋末方有合併之本矣。程氏《演繁露》稱：「白樂天取凡書精語，可備詞賦制文采用者，各以門目類稡，而總名其書爲《六帖》。既不自釋所以名，後人亦無辨。偶閱唐制，其時取士凡六科，列其所試條件，每一事名一帖，其多者，明經試至十帖，而《說文》極於六帖，白之書，爲應科舉設，則以帖爲名，其取此矣。」原程氏之意，殆謂樂天借取中帖之多，以名其書，期必中選耳，非以此書爲帖經而設也。是書仿《北堂書鈔》之例，以天地事物，分門類爲聲偶，皆雜采典籍成帙，而不載所出書名，且所記時代，亦多無次序，蓋志在備詞藻之用，非爲考證羣書起見。如賈、孔撰經疏體也，孔氏書亦仿原書爲之，門類俱無改於其舊，而紀載稍詳，陵陽韓子蒼駒序之，稱唐白居易攟摭諸書，事提其要，區分彙聚，有益於世。孔侯數試藝於有司，輒不售，退爲新書，以倣白公之意，自詩頌銘贊，奇編祕録，窮探歷討，纖芥不遺，功用豈小哉！則當時已與原書共相引重矣。然自兩書合併以後，世遂竟無單行本。此本爲明人所刊，以韓序標爲《白孔六帖序》，甚可笑也。(《鄭堂讀書記》卷六十子部十一之上，《續修四庫全書》影印民國吳興叢書本)

⊙《道院集要》三卷（明刊本）

宋晁迥撰，王古删定。古字敏仲，清源人，官至户部尚書，四庫全書著録，《讀書志》别集類《書録解題》、《通考》，宋志俱載之，宋志注云：不知作者，是書前有治平乙巳敏仲序，稱：「文元晁公，博觀内書，精鍊道行，不徒強學而力行，復勤於撰述，以開導後覺爲心，其所著書曰《道院别集》，曰《自擇增修古法》，曰《法藏碎金》，曰《隨因紀述》，曰《耆智餘書》，余嘗得徧閲之，以爲名理之妙，雖白樂天不逭也，輒删去重複，總集粹精，整比義類，使便觀覽」云云。蓋集五書以成一書，凡百餘條，誠爲得其菁華，而遺其糟粕矣。然亦不過釋家語録之流，與文章實風馬牛不相涉也。子止係其玄孫，竟列之别集中，殆亦歷諱其沈溺於異學耳，而不知欲蓋而彌彰也。此本爲明嘉靖甲寅，其裔孫瑮以宋本重刊，前後俱無序跋，蓋佚脱爾。(《鄭堂讀書記》卷六十八子部十三，《續修四庫全書》影印民國吳興叢書本)

智按：周中孚，字信之，别字鄭堂，烏程（今浙江湖州）人。幼有孝行，善力學。嘉慶元年，舉拔萃科。屢應鄉舉不中式。道光初，猶與試。會錢大昕族子為同考官，得其卷，絕歎賞，力薦於主者，將列名，以策中數用《錢集》語，主者疑有私，抑置副車，自是遂無意仕進。旋以薦，客上海李氏。李名筠嘉，嗜搜舊籍，所儲計四千七百餘種，為其定《藏書志》。復遊嶺南，三載歸，卒於家。年六十四。著《鄭堂讀書記》若干卷。別撰《孝經集解》、《逸周書注補正》、《顓瑣方年譜》、《子書考》、《金石識小録》、《詞苑叢話》、《文録》、《詩録》。

姜浚欽（一七六八～一八三三）

《西掖直中和白香山晚夜逐涼韵》

漏局傳更際，宮門下鑰初。微風時拂檻，華燭自明書。日月依身切，江湖着夢疎。北堂音信斷，那得久離居。（《三溟詩集二編》，《韓國文集叢刊》本）

《漢京雜詠・青鶴洞》

在木覔山北。

走獸不離山，棲鳥必歸林。士也讀古書，豈無邱壑心。市井穰穰宜近利，衣冠自古居閑地。試看國朝名宰相，強半樓臺傍山翠。翼平故宅棲半峯（翼平府院君權擥居南山北麓，稱後凋堂），孟氏幽居隣萬松（古議政孟思誠居白岳南麓）。琵琶亭自東岳老（禮曹判書東岳李安訥詩壇在墨洞），清風溪屬仙源翁（左議政仙源金尚容所居）。芝峯在東郊，能以詩書雜耕農（吏曹判書芝峯李睟光居紫芝山下）。林塘在南郭，還從畎畝起垣墉（右議政林塘鄭維吉居青坡）。下至挹白堂（昏朝領議政朴承宗子自凝挹白堂，在雙林洞）、在山樓（清城府院君金錫胄別業，在會賢坊），亦在都人指點中。縉紳如今足一慨，捻避山林入闤闠。日出人間事錐刀，爭利爭名幾百輩。可惜南山青鶴洞，議政書屋今安在（右議政容齋李荇書屋，有天使唐皐、史道所題詩）。翠崖丹壑寂無人，吾欲殘年去種菜。（《三溟詩集六編》，《韓國文集叢刊》本）

智按：姜浚欽，字百源，號三溟。有《三溟詩集》。

戴敦元（一七六八～一八三四）

《題嚴脩能畫扇齋秋怨詞後》（十四首其七）

就中中表又鄉親，語雜莊諧固絶倫。郤似香山白贊善，一篇能和夢遊春。（許周生兵部）（《戴簡恪公遺集》卷五，《四庫未收書輯刊》影印清同治六年戴壽祺抄本）

智按：戴敦元，字士施，號金溪，晚號漚塵居士。開化（今屬浙江）人。乾隆五十八年（一七九三）進士，改庶吉士，授刑部主事，官至刑部尚書。卒謚簡恪。有《戴簡恪公遺集》、《漚塵詩餘》。

陳用光（一七六八～一八三五）

《白小山前輩鍾仰山閣學陳範川舍人彭春農學士暨家復菴朱虹舫朱椒堂帥海門姚伯昂徐星伯錢東生諸同年因余六十生日分日治具招遊尺五莊虹舫復約顧晴芬偕辛酉同年共十人就求聞過齋中欵洽竟日余自顧庸騃何以得此於諸君堅辭之而未許也用白樂天不準擬身年六十登山猶未要人扶爲韻作詩十四章書懷誌媿報謝諸君》

東坡壽潁濱，詩寄旃檀佛。四海一子由，同懷恩自結。何期文字交，誼等弟昆密。雋賞就郊園，荷風扇初日。香園有布施，食許阿難乞。爰居享鐘鼓，誌慙吾豈不。

蓬山翰墨緣，幸接前後軫。因文思見衞，自顧媿才窘。心雖游汗漫，氣未達孚尹（借用鄭康成說）。冰銜徒竊禄，霜髮早變鬒。空誦山谷詩，身與天地準（山谷句）。

雲氣變日夕，看雲憶鄉里。去年弟與姪，爲余具肴醴。流光感逝駒，作報慰烹鯉。五十九年非，李程孋莫擬。

蕙纕幸託契，石火難駐身。感念鮑詹事，永絶郢匠斤。宋君亦霸才，豪氣凌八垠。遺書寄何處，悵望楚江濱（芷畹前輩許以詩文集見寄）。元相劉賓客，白傅皆交親。持語少宗伯，行樂及令辰（小山前輩時攝少宗伯）。

方伯昔同舉，迴首遂卅年。介弟亦厚我，復此賁華筵。慈雲託鄉蔭，金筌盟墨緣。游君伯仲間，飲醇相後先（仰山兄蓮翕方伯時自江西有書寄來）。鳳池多俊侶，淳風懋官聯。君才既超俊，衆譽咸嫣蟬。盛世有師濟，幽贊聞韋絃。

紅衣何舉舉，倚蓋耀六六。淨友有嘉招，言就水邊屋。晨芬迎鼻選，午韻諧目屬。中宴互飲筩，徹俎更對局。百年誰客主，良會忽別速。感歎奉誠園，鴻爪誰省録。斜陽散纈林，迴首引遙緑。

誰作遮鬚王，主者殿有十。陰陽通槖籥，晝夜分講習。易理之所貫，梵書乃瀋拾。述異與洞冥，羣言紛翕集。東生笑曰然，說夢勉自立。精理通談笑（杜句），修可聞思入。徐幹與陳琳，清言亦互緝。

吾師彭南昌，燕許與代興。有孫能述祖，校士名鬱騰。吾師姚桐城，韓歐家法承。族子負才筆，三絶推蓬瀛。世好辱引重，傳法媿未能。君看神秀師，空復上座登。

經世豈無志，所學媿未嫻。倘爲壽陵步，騰笑盈邯鄲。莊生亦有言，材與不材間。老去文字習，聊課日月閒。經旨核漢宋，史格窺馬班。癡蠅自鑽紙，愚公且移山。

昔賦典屋詩，報叔意未酬。昨賦舊園圖，有夢歸南州。幸緣先人澤，僦居得自謀。竟買故相宅，名以太乙舟。雖乏池臺勝，頗具花竹幽。良辰集賓友，來往皆羊求。一事不釋念，瀧岡猶未修。頗惑郭氏書，市語傳謬悠。搏頰每自責，吾其性如猶。

吾友顧南雅，冰雪作肝肺。昨來頗糸禪，語言皆欲棄。養痾仍染翰，作規以頌致。吾姻吳澈翁，才名壓儕輩。論詩妙針砭，爲我去疵纇。是日以事牽，亦未與斯會。贈詩爲獎勗，吾其内照未。

少農善清譚，片言輒舉要。少僕素樸訥，昨語亦殊妙。謂我同歲生，落落晨星照。十年一開樽，荏苒及耋耄。遂爲合樂謀，聊索少年笑。吾宗有儁才，工作孫登嘯。謂宜陽春選，庶免下里誚。不辭再集勤，來敦退直好。卽事有別裁，雅尚固同調。

干霄一枝筆，陳遵有替人。與我敦夙好，談笑皆天眞。寓齋頗幽敞，可以羅衆賓。於焉招李杜，於焉迎子雲。吏部兩畢卓，觥船棹十分。張敞馬得得，太僕車轔轔。奚啻邀古人，來作鄉飲僎。賤子獨何能，敬業思樂羣。會當投報轄，秋花選芳辰。

城東龍氏園，水木雲交扶。傳聞最閎麗，遊者帥與朱。惜我闕登眺，聞亦多芙蕖。人事强分别，過眼誰有無。若能諸相空，隨處皆可娛。豈獨尺五莊，昨遊景可摹。卽此池館勝，何必非蓬壺。鉅細無兩形，外境齊菀枯。喧寂無兩趣，内心歸恬愉。賦詩示同志，各保頑健軀。(《太乙舟詩集》卷一，《續修四庫全書》影印清咸豐四年孝友堂刻本)

《贈高麗任纘之秀才》(二首其二)

南公數番紙，眞與裹相思。愧乏香山句，空傳播掿詞。移居煩問訊，題袂悵分離。歸語平生事，窮經恐後時(近爲經學，深以暮景不能精進爲恐也)。(《太乙舟詩集》卷七，《續修四庫全書》影印清咸豐四年孝友堂刻本)

《白香山先生生日莊芝階汪小米兩舍人復招與蔣伯生大令松如安伯兩茂才同集》

平生知足悟浮休，頗與先生意氣投。一瓣香緣生日爇，七分花約聖湖遊(梅花開過半矣)。勝公自喜身無疾，邀客深憐屋似舟。六十八年觀宿命，頗因詩債有勾留。(祠旁臨水有屋如舟，穀人祭酒題匾曰：一半勾留兩舍人。招客餕餘，於此烟景幽曠，而屋已傾欹矣。樂天六十八歲有《病中詩》十五首，「我亦定中觀宿命，多生債負是歌詩」，《病中自解》句)(《太乙舟詩集》卷九，《續修四庫全書》影印清咸豐四年孝友堂刻本)

《送劉筠圃同年巡撫浙江序》

筠圃同年由少宗伯爲少司寇，嘗語余曰：余未習律，懼其弗勝任也。今由少寇承命巡撫浙江，又語余曰：余不習爲吏，懼其弗勝任也。余謂君審于其職，而思竭其才，是以兩膺特簡，于九重而匑匑如畏，若是信可謂有内心者矣。循是以往，其曷弗濟。昔夫子言，臨事而懼，好謀而成，蓋不特爲行軍言也。至于爲政，何莫不然。曰好謀而成，則非謀而寡斷也。……余素習于君，去年偕奉使事于江南，君之策，余也加摯焉，君今之行也，余安可以無言？蓋浙江爲聲名文物之邦，昔白樂天、蘇子瞻以守倅治之，而頌遺利者尚至今，非以其風流文采之足詡也，君位尊于白、蘇，將使其治績亦軼出于其上，而移風易俗，以仰副聖天子委任之意，君其勉之而已。（《太乙舟文集》卷七，《續修四庫全書》影印清道光二十三年孝友堂刻本）

《李松甫先生六十壽序》

詩人之壽者，稱韋蘇州焉。夫其發淳古淡泊之音，而寫其寧静純固之處，類非雕繪乎辭章、馳騁乎聲譽者之所能爲也。子夏深於詩者，其言曰：吾彈琴以歌先王之風，有人亦樂之，無人亦樂之。若是乎，其善言詩也。然夫子猶曰：子以見其表，未見其裹也。自唐迄今能詩者，無慮千百家，其誠有樂於己者，皆無人之見存者也。然以言自得，而類於有道者之言，雖以李杜之聖，於詩猶若不逮蘇州焉。夫後世文士，所自樂於詞章之間者，誠不可以絜，聖門之弟子賢者所自樂，猶不概於聖，聖人之悉心盡志於詩也，前有高山，後有深谷，泠泠乎如有所立，其極通乎天命，其廣及乎天下國家，未易言也。然其所被暨則自得，而近乎道者，固足以勝專力詞章之文士，蘇州既近乎道矣。近道者必得壽，而蘇州其尤著者也。臨川李松甫先生，自少喜爲詩，其詩實法蘇州，雖博采師友，閒出入於白樂天、賈長江、張文昌、孟東野之體，而要以蘇州爲歸宿。其贈公丹臣丈，徒步自臨川起家於桂林，積而能散，富而好行，其德先生繼之益宏，其緒人之遊君父子間者，交頌盛德焉。而先生又以詩名，才士附之者益衆，山東李少鶴憲喬，以張、賈詩名者也。先後皆爲令於廣西，立介節，無放誕習，先生與之交爲經紀，其死生甚至，觀先生於少鶴，可謂得其友者矣，此固爲詩之本也。先生次子中書宗濤與予爲同舉生，其長子學士宗瀚與予從子希曾同舉癸丑進士，學士之子聯珂，希曾壻也。予居京師，與學士兄弟過從至密也。今年七月，爲先生周甲之辰，中書乞假歸，謀所以介壽者。予既爲之諗於海内，同舉生咸謂用光宜爲其侑觴之文。余謂先生家世累德，天下人所知也，先生詩法蘇州，亦天下人所知也，丹臣丈享大耋，而蘇州實獲詩人之壽，凡同舉生，莫不祝先生近紹贈公，而遠邁於蘇州，而予更推本蘇州之近道者言之，以見得壽之可必，而凡爲詩者，其毋以後世文士自域，而必求合於孔子論詩之旨也。（《太乙舟文集》卷七，《續修四庫全書》影印清道光二十三年孝友堂刻本）

智按：陳用光，字碩士，一字實思。新城（今江西黎川）人。陳道之孫。嘉慶六年（一八〇一）進士。授編修，官至禮部左侍郎，提督福建、浙江學政。嘗為其師姚鼐、魯仕驥置祭田，以學行重一時。工古文辭，有《太乙舟詩集》、《太乙舟文集》、《衲被録》等。

葉紹本（一七六八～一八四一）

《虎邱謁白公祠遂登懷杜閣仰蘇樓得詩四首並美任曉村太守》

詩酒何妨政，惟公韋佩調。芰荷春一道，鸚鵡曲終宵。翠巘東西寺，紅闌四百橋。謳思猶未歇，聲在玉人簫。

天寶風塵日，東南尚晏然。如何留蜀棧，不復泛吳船。劍石雄詞在，扶桑舊夢懸。詩魂今始慰，萍梗憶當年。

常潤經行慣，青鞵偶此登。江湖羈傲吏，雲水問孤僧。林影二泉接，花光三竺勝。歸田曾欲請，絶檻試重凭。

地是名園舊，經營頓改觀。花潭通曲澗，松徑轉層巒。粉本留金谷，新題換碧瀾。風流應不朽，身樂想民寬。（用白傅事）（《白鶴山房詩鈔》卷五古今體詩一百三首，《續修四庫全書》影印清道光七年桂林使廨刻增修本，第一四八三册，第四〇～四一頁）

《仿元遺山論詩絶句廿四首》（其十一）

斜簪散髻意蕭森，長慶騷壇付醉吟。義備葩詩新樂府，未教元相附知音。（《白鶴山房詩鈔》卷九古今體詩一百首，《續修四庫全書》影印清道光七年桂林使廨刻增修本，第一四八三册，第六九頁；《萬首論詩絶句》第二册，第七二八頁）

智按：葉紹本，字仁甫，號筠潭，歸安（今浙江湖州）人。嘉慶六年（一八〇一）辛酉進士，改庶吉士，授編修，歷官山西布政使，降鴻臚寺卿。有《白鶴山房詩鈔》。

張廷濟（一七六八～一八四八）

《海鹽張受之辛移居》

遂爾鶯遷屋數椽，營貲都藉石爲田。得依鄰彥黄江夏（蓮舫、際清、韻珊、憲清），便抵園居白樂天。移具不煩車一兩，談經仍現界三千（新居與福業寺更近）。焚香埽地尋常事，士行朝朝且運甎。（《桂馨堂集》順安詩草卷八，《續修四庫全書》影印清道光刻本）

智按：張廷濟，字叔未，嘉興（今屬浙江）人。嘉慶三年（一七九八）戊午舉人。有《桂馨堂集》。

張鑑（一七六八～一八五〇）

《讀阮師濬杭州清波門流福溝成放水入城紀事詩書後》

杭州城下波拍浮，杭州城西水不流。錢塘江遠湖口塞，人家低下愁春秋。天旱苦汲雨淫潦，卽有水利誰講求。縣官昨夜下府帖，清波門外開水溝。此溝彎彎十幾里，水門東西通兩頭。不知何年竟抛置，斷港遂斷中河舟。一朝開治浸五版，半萬肯惜金錢酬。湧金爲源候潮委，春流一曲不可留。自開此溝難具陳，豈獨官舍歡羣騶。去年大雨水入户，使我沈竈生蜃鰌。前年小旱水涸井，使我茅屋愁鬱攸。從來民事爭緩急，此溝不開憂不休。運司衙前壞新鑿，滿州城裏工親鳩。餘杭水利憶唐世，後有白傅前鄴侯。築隄捍湖薙六井，流傳好事爲歌謳。爾來九百八十歲，石函南筧同懸疣。前年西湖大濬治，葑田十斛魚苗收。撈草已除役夫役，武原鄉下成良疇。池陽谷口美古史，一埽穢䕸追前猷。功成作詩示吾黨，猶復謙讓云人謀。春陵行好記聱叟，秦中吟苦思江州。詩關風教賴此種，一奏金石非嘲啁。願寫此詩一萬本，散給俗吏爲共球。臨平湖邊一回首，德澤與之誰阻修？（《冬青館集》甲集卷一詩一，《續修四庫全書》影印民國吳興叢書本，第一四九二册，第一二～一三頁）

《漏澤引》

硯農索爲震澤左邑侯賦。

宋時吳縣化人亭，地在城外通濟寺。風雪夜倒僧求復，當路不許禁轉厲。縣尉者誰實黃震，痛切作文戒後世。邇來又閱幾百年，變爲漏澤差强意。由斯以降官弗知，各聽其鄉自爲計。醵錢略仿漢酺飲，買冢北邙掩枯骴。濫觴無殊效有殊，不在初難貴終易。余家三世預茲役，縱乏籯金每攘臂。不才奔走在衙署，嘗經苦口告大吏。梅堰一集雖彈丸，不少賢豪傾筐筥。吾友王君性氣麤，遇發亦時見古義。汲深綆短或不續，黃金擲牝那可繼。有時囊底無一錢，棄置兩難輒驚悸。必諧羣力方克濟，焉得青蚨歲常至。左侯一身湖海豪，耳目頓新民物氣。花日茅檐詢疾回，清俸親頒掀兩袂。前黃後左轍不同，一則滌惡一扶墜。譬如山壑藏巨舟，大力負之釋其累。書來邀我作長句，《秦中吟》亦樂天志。朝朝枯樹叫鵂鶹，夜夜青燐出薜荔。但使民間利孔多，蚩蚩儘自愛同類。急義千秋有替人，野史鄉碑永相誌。（《冬青館集》乙集卷二詩二，《續修四庫全書》影印民國吳興叢書本，第一四九二册，第一〇五頁）

《唐才子傳跋》

元辛文房撰，辛文房事實無可考。謹按，《四庫全書》已著録八卷，云原本凡十卷，總三百九十七人。楊士奇《東里集》有是書跋，是明初尚有完帙，故《永樂大典》目録于「傳」字韻内載其全書，今「傳」字一韻通佚，世間遂無傳本，然幸其各韻之内，尚雜引其文，今隨條摭拾，裒輯編次，共得二百三十四人，又附傳者四十四人，共二百七十八人，謹依次訂正釐爲八卷，今是本適得三百九十七人，則爲原本無疑，然其中如李季蘭下，附注閨秀二十三人，靈一下，附注方外四十五人，及其餘各人附注者，又十餘人，皆本無事實，不過就本傳内及論中之名，以附列之，其實只缺賀蘭進明、杜甫、鄭虔、李嘉祐、鮑防、于良史、盧綸、苗發、馬異、令狐楚、馬逢、劉禹錫、呂温、姚合、章孝標、袁不約、朱慶餘、李敬方、伍喬、陳上美、喻鳧、顧非熊、劉滄、于濆、公乘億、章碣、林嵩、喻坦之、徐寅、殷文圭等三十人，兹就三十人中與史事比勘，如杜甫則備著嚴武集吏於門、冠挂於簾之事，初不見於劉昫之史，於鄭虔則没其求攝市令之言，直以爲託疾不奪，與歐陽之書亦異。至劉禹錫之改連州，則直以爲裴度所請，而不知其自出憲宗，傳中且全没其文學之功，均與新、舊兩書不合，誠有如《提要》所稱，鈔掇繁富，或未暇檢詳者，唯持論處，尚有根據。於白居易詩，則云：「如山東父老課農桑，言言皆實」；於杜牧詩，則云：「銅丸走阪，駿馬注坡」；於李商隱詩，則云：「如百寶流蘇，千絲鐵網，綺密瓌妍，要非適用」，全用敖陶孫詩評，非滕其肊說者可比，所謂足以津逮藝林者，此也。此本敘事處，亦較定本爲多，蓋尚未經明初人删削者。或云此本近出日本，未知所據。恐近出舊本，特以之作僞爾。（《冬青館集》乙集卷六文六，《續修四庫全書》影印民國吳興叢書本，第一四九二册，第一六二～一六三頁）

《雷塘庵主弟子記》

九年甲子，四十一歲。劉氏生子祜，以所居受祜堂乃聖祖仁皇帝御書扁，即以命名也。七月，西湖新建白文公祠成。先是，蘇祠建後，先生以唐白少傅有惠政於杭，不應無專祠，因於蘇祠之東，闢地建祠，以奉栗主，至是落成。……（《雷塘庵主弟子記》卷二，清光緒間儀徵阮氏刻本）

智按：張鑑，字春治，號秋水，烏程（今浙江湖州）人。嘉慶九年（一八〇四）甲子副貢，官武義教諭。

彭兆蓀（一七六九～一八二一）

《擬新樂府六首并序》

予素不喜擬古歌辭，以其句摹字倣，有宗法而無生氣，蹈前明王李諸公故轍也。顧獨愛樂天、文昌、仲初諸《新樂府》，比事類情，長於諷喻，足爲虞箴原誦繼聲。暇時偶有聞見，輒效爲之。廑得六首，中間或弔詭其辭，要取言者無罪聞者足戒，若以爲元叔嫉邪，劉四罵人，則吾豈敢。

⊙長官壽

長官壽，長官不自壽，僚吏相爲壽。酒不必東海珍，脯不必西方麟，添籌有物在囊槖，安用祝予千萬春。門前賀客會，堂上笙歌沸。百醽醉不辭，三更歌猶未。是時歲闌天雨雪，鄉亭屢報溝中瘠。（張應昌《國朝詩鐸》卷十九，《續修四庫全書》影印清同治八年秀芷堂刻本）

⊙當關僕

睅其目，皤其腹，狐裘貂冠尾禿速。一刺價值千鍾粟，身是貴官親信僕。貴官如神天上坐，卑官如鬼候門左。以鬼見神勢本難，況有虎豹常當關。虎豹當關差勝若，不爲錢刀濟其惡。（張應昌《國朝詩鐸》卷二十一，《續修四庫全書》影印清同治八年秀芷堂刻本）

⊙浚河渠

日者府帖下，云道浚河渠。田夫任力役，業主任蠲輸。朝擔五斗泥，暮去一尺土。岸頭鼕鼕催大鼓，赤日行天汗如雨。華輿翠蓋何雄豪，沿隄鞭朴聲嗷嘈。近來官長多嫻事，不論農桑論水利。吾昨扁舟葦岍過，沙深水淺奈膠何。舟人指點向予道，此是今年新浚河。

⊙輸租樂

輸租樂，農人不樂士人樂。二頃不須田負郭，卻向太倉充鼠雀。杳矣均田圖，茫然手實法。某乙租庸移某甲，勢與長吏相傾壓。長吏無如何，逋布纍纍多。公私各有利，遑復相譙訶。獨不見，農夫擔負官倉口。顆粒何能角升斗，多寡一任量人手。遺秉滯穗皆入官，鳩形婦子吞聲還。

⊙讀書堂

曉升讀書堂，時藝滿屋角。諸生口嘈嘈，師長面嶽嶽。經史子集束高閣，別有眞傳博人爵。曷不飛去生處樂，胡爲東塗西抹高著眼。七略九流自纆縛。舉秀才，不知書。察孝廉，父別居。西京取士已如是，何況區區較文字。

⊙賣菜傭

生不願交賣菜傭，寸絲尺粟親緘封。生不願交賈人子，百歲心思在色匭。十萬一紫標百萬，一黃榜李核須鑽。篦須障子母，兼權較銖兩。世無梁伯鸞，自熱不成爨。世無季布諸，誰爲救急難。不如去逐韓嫣流，黃金尙肯輕為彈。（《小謨觴館詩文集》詩集卷二，《續修四庫全書》影印清嘉慶十一年刻二十二年增修本，第一四九二册，第五三九～五四〇頁）

智按：彭兆蓀，字湘涵，又字甘亭，晚號懺摩居士。鎮洋（今江蘇太倉）人。有文名，中舉後屢試不第。曾客江蘇布政使胡克家及兩淮轉運使曾燠幕。青少年時，隨父宦居邊塞，馳馬游獵，擊劍讀書，文情激越，詩有三河年少、扶風豪士之概；後遭遇父喪，變賣家産，又因累試不第，落魄名場，詩中遂多幽憂之旨。有《文選考異》、《小謨觴館詩文集》等。

李宗瀚（一七六九～一八三一）

《賦賦》

古之可使爲大夫者，或取諸登高之賦。蓋惟賦者，組織爲心，敷陳是務；文與質均，詞因類附。既瀏亮而緣情，亦鏗鏘而琢句。雲霞郁其蔚蒸，金石供其陶鑄。其切響也，如鳳管之協雲璈；其淬鋒也，如蘭錡之森武庫。其閎而肆也，如瀉曲江之濤；其炳以蔚也，如掃南山之霧。此皆專家之所擅場，而學者無能改步。

方今聖天子天章雲漢，文教日修，慎黎閣蘭臺之選，皆金科玉律之流。黼黻升平，文工綦組，宣抒鴻業，語去誇浮。當玉輅之時巡，獻詞章者給試；即青衿之考課，擅駢儷者兼收。固已人諳孤竹之管，名標五鳳之樓。瀛海同風，已和聲而鼓吹；螭坳載筆，勉潤色夫皇猷。（法式善編《三十科同館賦抄》卷二十四，清光緒十六年刊本）

智按：仿自白居易《賦賦》。

李宗瀚，字公博，一字北溟，號春湖，臨川（今江西撫州）人。李秉禮（一七四八～一八三〇）之子。乾隆五十八年（一七九三）進士，選翰林院侍講學士，道光時官至工部左侍郎，主浙江學政。喜聚書，癖嗜金石文字，工詩，善書法，名重一時。書法宗王羲之、虞世南。有《静娱室偶存稿》。

李兆洛（一七六九～一八四一）

《用白香山荔支樓對雨韻》

聞說仙人十八娘，絳綃細裹玉生香。蓬山遥望如天上，不是神仙那合嘗。
忽漫傾盤見朱顆，未經問味已聞香。拜嘉先供先生饌，次第還教弟子嘗。
色方盧橘應輸艷，味比蒲萄卻更香。從此詩人有仙骨，仙苞曾許一枚嘗。

(《養一齋集》詩集卷六,《續修四庫全書》影印清道光二十三年活字印二十四年增修本)

《用白香山重寄茘支與楊使君韻》

瑶池曾說桃如卵，華頂兼聞藕似船。那及閩中生茘子，解從嶠外致時鮮。海山仙子不辭遠，苹鹿嘉賓還見憐。一顆一詩眞負愧，願因懷核頌長年。(《養一齋集》詩集卷六,《續修四庫全書》影印清道光二十三年活字印二十四年增修本)

《用白香山題郡中茘支韻》

旌節花當棨，文章草繞堂。冰壺懸皎潔，絳帳敞輝煌。滿院雲亭午，千章樹覆墻。蒿苹賡小雅，桃李藉餘光。丹茘殊方至，奇苞別様妝。盤看盛瑪瑙，酒合漬桄榔。褪紫初皴殼，凝脂尙綻房。裁綃全裹雪，搓玉細分瓤。已慰聞聲想，還教盥手嘗。幾人能別味，一瓣許沾香。爽似柑含露，清於柿有霜。剖分殊紫芋，滴瀝總瓊漿。便覺仙山近，何愁大海茫。新篇繙李杜，舊譜辨陳方。善護眞堪感，經旬了不傷。司空見應慣，夫子意何長。勝賞芙蓉邏，詩情雲水鄉。雞冠兼鶴頂，刻畫愧冬郎。(《養一齋集》詩集卷六,《續修四庫全書》影印清道光二十三年活字印二十四年增修本)

《常熟三閭大夫祠堂碑銘》

常熟屈君某，營三閭大夫祠堂既成，謁諸有司，春秋之仲官為致祭，自序其堂庭面勢及經始落成之年月，介予為文以碑之。夫斯文之入人心也，深矣哉，遠而彌新，久而不厭，動於所不容已，而天下莫能自外焉，則天下俎豆之矣。六經皆言之精者也，子獨曰：不學詩，無以言。蓋文之溢於情者，惟詩為然。溢於情，故假於物以將焉，博其詞以充焉。宣其欝結，通其志氣，非豐於詞而華於章者不能，故凡文之豐於辭而華於章者，皆詩教也。屈子深於詩，怨慕悱惻，以自理其性情，而後之學士大夫，有屈於志，有欝於情，不能自通，讀其辭，則不啻怡然釋然者，皆詩之所為教也。故竊以為屈子有功於詩教甚鉅，宜與韓嬰、申培並祀兩廡，近世士大夫號能詞章者，就所愛以相尸祝，若李白、杜甫、白居易、蘇軾、陸游之倫，所在飾館宇相奠醊。而三閭之祠，惟楚中間有之，他郡邑無聞焉，玆非闕乎？屈君托胄荆芊，篤念追遠，誠大夫之神，所宜憑依，而予獨以《離騷》二十五篇，明天道，達人倫，紬釋聖籍，以誘來學，其肆祀昭享為宜先於唐宋諸賢也。爰為銘曰：禮幹樂葉，芳華在詩。孕以光嶽，竅於咿哫。勾軋孚意，蕨蕤吐辭。英藻紛詭，道無參差。風首南音，昌於正則。爛朗明志，憔悴窮愊。荃察拳拳，鳳詒惻惻。去聖非遠，來芳無極。胄經恢宗，大啟昆雲。豈曰文章，以性道尊。齊魯傳事，毛鄭詁言。於此寂寥，於彼鍘籩。高陽孫子，肆予肇祀。度斵有虔，饋食稽禮。高堂邃宇，烹魚酌醴。汩吾南征，豈必沅澧。南沙之阿，巫咸婆娑。虞仲放言，子游絃歌。山兮陂陀，有荔有蘿。水兮曾波，有芷有荷。靈兮宴娛，是笑是睇。凡能治經，綴菽諦系。灑掃拜跪，宜鄒魯媲。權輿在茲，薄海淳制。（《養一齋集》文集卷十一碑，《續修四庫全書》影印清道光二十三年活字印二十四年增修本）

智按：李兆洛，字申耆，晚號養一老人，陽湖（今江蘇常州）人。嘉慶十年（一八〇五）進士，選庶吉士，充武英殿協修，改鳳臺知縣；後主講江陰暨陽書院達二十年。有《養一齋文集》二十卷，有咸豐二年（一八五二）初刻本，光緒四年（一八七八）重刻本。輯有《皇朝文典》七十卷，《大清一統輿地全圖》，《鳳臺縣誌》十二卷，《地理韻編》二十一卷，《駢體文鈔》三十一卷等。

胡敬（一七六九～一八四五）

《卜居對》

客問主人曰：子亦知枳棘非鸞鳳所棲，潢潦非蛟螭所萃乎？士君子曠觀宇宙之大，蟬蛻塵埃之外，所當判孅惡於薰蕕，區清濁於涇渭，豈可領羣仙而儕戚施，佩芳澤而襍蕭艾哉？子昔嘗陟清要，登明光，校書天祿之閣，探委宛而挹謨觴，乘輶軒，督膠庠，臚行館於都邑，坐駐節之堂皇，行將歷崇班，膺顯秩，希榮金紫之階，側身槐棘之列，而乃歸田早賦，齒未桑榆，互鄉與語，窮巷是居……望衡對宇，則宲廇櫛比，細逮戾㡯，爲子厚所賞，敬宗所譏，徑術闐溢，埃壒紛披，乘軒者過而顰蹙，安步者望而嗢咿，奈何下喬木而入幽谷，豈欲化臭腐以爲神奇，夫百萬買宅，千萬買隣，此宋季雅之擇仁而處也。書庫池北，琴亭池西，此白居易之適情而賦也。今縱未遑高閈閎，侈牖户，釣置舟，射除圃，亦可借別墅於右丞，割小園於開府，冬無峭寒，夏無煩暑，庶幾邯鄲不失其故步也，奚必傚林處士之所不能，犯楚大夫之所深惡哉？主人曰：水至清則無魚，人知足則不辱，走者無翼，飛者無角，山澤納汙，聖賢諧俗，老聃同塵，卞和守璞，誠不能市良田，營美禄，同仲長統之恣，其所欲余之居此有年矣。昔丹其顔，今白其顛，考志乘之所載述，耆舊之緒言，其東，宋有船官之廨，時則施知言（樞）實守是職，故詩以横舟編集焉。其西，明有方伯之里，時則應太室（朝玉）實營斯第，故衖尚澆花存蹟焉。南則應丈叔雅（澧），菟裘是守，舊第易主，留室如斗，書摹松雪，詩亦富有，乃祖乃父，壽臻耆耉。北則陸丈古漁（夢熊），遺有舊業，詞雄而肆，源瀉三峽，潛德不曜，干將韜匣，游半天下，近乃苕霅。又北則張丈訒齋（姚成），宅相兆祥，連收科第，薇省迴翔，文衡屢司，發舒所長，校士一録，流譽湖湘。……（《崇雅堂駢體文鈔》卷三，《續修四庫全書》影印清道光二十六年刻本）

《南薰殿圖像考》

聖君賢臣像一册……

歷代聖賢像一册。紙本三十一對幅，每幅縱一尺三寸五分，横一尺二分，設色畫，冠服半身像，各像題識。（一）倉頡，（二）咎繇，（三）后稷，名棄，（四）契，（五）伊尹，（六）傅說，（七）太公，姓姜氏，名子牙，（八）周公，名旦，（九）老子，姓李氏，名耳，字伯陽，謚曰聃，（十）孔子，名丘，字仲尼，（十一）屈原，名平，（十二）張良，字子房，（十三）東方朔，（十四）董仲舒，（十五）司馬遷，字子長，（十六）楊雄，字子雲，（十七）嚴子陵，字光，（十八）諸葛亮，字孔明，（十九）司馬懿，字仲達，（二十）王羲之，字逸少，（二十一）陶淵明，晉名也，在宋易名潛，字元亮，（二十二）謝靈運，（二十三）檀道濟，（二十四）昭明太子，姓蕭氏，名統，字德施，（二十五）文中子王通，字仲淹，（二十六）房玄齡，字喬，（二十七）杜如晦，字克明，（二十八）李靖，字藥師，（二十九）李勣，字懋功，（三十）尉遲敬德，（三十一）狄仁傑，字懷英，（三十二）姚崇，字元之，（三十三）宋璟，（三十四）顔眞卿，（三十五）郭子儀，（三十六）李白，字太白，（三十七）杜甫，字子美，（三十八）韓文公，名愈，字退之，（三十九）柳子厚，名宗元，（四十）白樂天，名居易，（四十一）孟東野，名郊，（四十二）賈島，字浪仙，（四十三）高太尉，名瓊，（四十四）包拯，字希仁，（四十五）劉雲莊，名凝之，（四十六）司馬光，字君實，（四十七）蘇東坡，名軾，字子瞻，（四十八）黄山谷，名庭堅，字魯直，（四十九）邵康節，名雍，字堯夫，（五十）周濂溪，名惇頤，字茂叔，（五十一）程明道，名顥，字伯淳，（五十二）程伊川，名頤，字正叔，（五十三）張横渠，名載，字子厚，（五十四）楊龜山，名時，字中立，（五十五）岳鄂王，名飛，字鵬舉，（五十六）朱晦菴，名熹，字元晦，（五十七）張南軒，名栻，字敬夫，（五十八）呂東萊，名祖謙，字伯恭，（五十九）蔡西山，名元定，字季通，（六十）蔡九峰，名沈，字仲默，（六十一）眞西山，名德秀，字希元，（六十二）許魯齋，名衡。

謹案，此册所繪，皆賢相良將，名儒文士，其間參以滑稽之東方朔，跋扈之司馬懿，殊屬不倫。又案，此册各幅題識，總計六千餘言，皆取資史傳，而郭子儀條下，謂今廿世孫名南者，世居上虞，任常熟縣簿，多能聲，薦陞知縣，著美政，巡撫周亞卿、翰林張脩撰爲作循良傳，則敘及明代事矣。其題識，如鬼夜泣，鬼誤兒；九府圜法，圜誤國；齒若編貝，貝誤具，……諸舛錯不勝枚舉，是直鈔胥不知偏旁義訓者所書耳。

唐名臣像一册。紙本十一對幅，每幅縱一尺四寸六分，横一尺三分，設色畫，冠服半身像，各像簽題。（一）房梁公，（二）杜蔡公，（三）李衛公靖，（四）李英公，（五）尉遲敬德，（六）殷開山，（七）王永寧公，（八）魏鄭公，（九）孫思邈，（十）狄梁公，（十一）唐尚父汾陽忠武王，（十二）顔杲卿，（十三）顔魯公，（十四）唐翰林供奉李白，（十五）唐劍南節度參謀檢校工部員外杜甫，（十六）唐太尉中書令西平王李晟，（十七）陸宣公，（十八）裴相國度，（十九）韓退之，（二十）柳公權，（二十一）白樂天，（二十二）南唐韓熙載。

謹案，此册題識，或書爵書官不書名，或書官爵並書名，或止書名，或變書字，既非褒貶，不知其義例所從。又案，沈括《筆談》世人畫韓退之小面美髯，乃江南韓熙載耳。熙載謚文靖，亦謂之韓文公，因此謬爲退之。退之肥而寡髯，後世不復辨也。此册兩韓並列，証以沈括所述，信然。(《胡氏書畫考三種·南薰殿圖像考》卷下，《續修四庫全書》影印清嘉慶刻本)

《國朝院畫録》

伏讀聖祖御臨董其昌《池上篇》，識云：康熙己巳春，偶臨董其昌《池上篇》，命欽天監五官焦秉貞取其詩中畫意。(《胡氏書畫考三種·國朝院畫録》卷上，《續修四庫全書》影印清嘉慶刻本，第一〇八二册，第三三頁)

金廷標，字士揆，烏程人。工人物花卉。高廟南巡，恭進白描羅漢册，命入畫院祗候。數年，卒於都中。伏讀《聖製詩二集·題廷標人物詩》有「蹇驢性怯蹲跁跒，奴子長繮儘力牽。騎者鞭驅復懷懼，旅情一段畢神傳」句。《題廷標放鶴圖》有「是謂善寫照，傳神在阿堵」句。《題廷標江村圖》有「七情畢寫皆得神，顧陸以後今幾人」句，用庾信《詠畫屏風》二十四首元韻，卽效其體，並命金廷標爲圖各題其上，序有「緬庾信當日催花，番番遞進；看廷標此時完璧，落落無雙」句。《三集·題廷標桐陰把蘭圖》有「繪事不難難得神，精描粗寫每超倫。足稱世畫無雙畫，可惜斯人做古人」句。注：時廷標病歿。《題廷標金絲桃》有「去年命寫尋常事，今日誰知珍惜加」句。《四集·題廷標溪亭疏影》有「不爲連林爲獨樹，慘淡雅識逋翁趣。逋翁去今七百年，髣髴亭中猶或遇」句。《題廷標松陰牧馬圖》有「不加鞍勒適其性，故識伊人用意高」句。《題廷標〈琵琶行〉圖》詩後識語：內府弆唐寅畫《琵琶行》，于江邊扁舟，直寫一女抱琵琶。廷標此圖不畫琵琶女，而畫居易等屬耳之情，便覺高出其上。此與宋人畫「踏花歸去馬蹄香」，以數蝶隨騎意同，向未題句，茲偶見之，因拈其妙。然畫院中能作如此解者實少也。(《胡氏書畫考三種·國朝院畫録》卷下，《續修四庫全書》影印清嘉慶刻本，第一〇八二册，第四五頁)

《西清劄記》

十七日壬申。董其昌書《琵琶行》（册），繭紙本，界朱絲欄，行書。〇後幅自題：白香山深於禪理，以無心道人作此有情癡語，幾所謂木人見花鳥者耶？山谷爲小詞而禪德訶之，謂不止落驢胎馬腹，則慧業綺語，猶當懺悔。在余書此歌，用米襄陽楷法，兼撥鐙意，欲與豔詞相稱，乃安得大珠小珠落研池也。

謹案，此册今刻小玉煙堂帖中，墨蹟蒼勁，刊本但饒姿媚，蒼勁處全失之，是知書以墨蹟爲貴也。(《胡氏書畫考三種・西清劄記》卷一，《續修四庫全書》影印清嘉慶刻本)

劉松年《香山九老圖卷》，絹本設色。畫松篁泉石，九老讌集。其中二老並立展卷，二老對弈，一老旁坐捉塵，四老翔步石徑間，童子執事者凡四，樹根書款劉松年。○後幅題跋：「白傅、胡、吉諸公，皆以高年不仕，燕游嵩少，後代名筆，愛慕繪事成圖。《詩》云：『維桑與梓，必恭敬止。』况耆德碩，望之儀刑乎？而又宸章奎畫，焜耀光明，此與夫肖欠伸狀齲齒者異矣。世之觀者，應束帶而知敬焉。馮資再拜書。」○大德三年夏五月六日，西秦張焴，錢唐吴存眞、屠約，巴西鄧文原同觀於月泉方丈。時積雨初霽，風日可人，遐想當時九老笑談之樂，爲之坐馳而已。文原謹識。

謹案豐道生《真賞齋賦》注載劉松年《九老圖》，有吴匏菴、邵二泉詩，此失之。(《胡氏書畫考三種・西清劄記》卷三，《續修四庫全書》影印清嘉慶刻本)

初三日乙酉。周文矩《重屏會棊圖卷》，絹本設色，畫無款印，上有宋徽宗御書。○後幅題跋：昔人評畫謂人物近不及古，周文矩深得景元遺法，此圖尤屬高古神妙，豈後人所能夢見乎？宣和祕府鑒藏精確，得其標題，更足爲重拱璧，勿與易也。頤菴其寶之。宣德辛亥冬季，雲間沈度書。○右周文矩所作《會棊圖》，乍展徽廟金題，殊不解「重屏」爲何義。及細閲之，二人據胡牀對弈，二人端坐觀局，各極其神情凝注之態，傍設一榻，陳列衣笥巾篋，一童子拱侍而聽指揮，上設屏障，障中畫人物器皿几榻，色色高古，後作一小屏山水，層次掩映，體認方得了了，始悟重屏之名，有以也。且筆法纖麗，豈後世庸史所能結想耶？是卷當有北宋名賢題詠，一經進呈，便爾翦割，惜哉。圖後有「緼眞齋」諸印，是曾經柯博士所賞，近爲吾友朱君子儋寶藏。借觀累月，愛玩不能已已。謹題贉尾而歸之，正德戊寅九月既望，長洲文徵明識。

謹案，王明清《揮塵三録》載：「樓大防作夕郎，出示周文矩所畫《重屏圖》，祐陵親題白樂天詩于上，有衣帽中央而坐者，指以相問云：『此何人?』明清云：『頃歲大父牧（九）江，于廬山圓通寺樵江南李中主像藏于家。今此繪容卽其人。』亟走价往會稽，取舊收李像以呈，其面貌冠服，無毫髮之少異。」是卷所圖，未審即大防所藏否。(《胡氏書畫考三種·西清劄記》卷四，《續修四庫全書》影印清嘉慶刻本)

智按：胡敬，字以莊，號書農，仁和（今浙江杭州）人。嘉慶十年（一八〇五）乙丑進士，改庶吉士，授編修，歷官侍講學士。有《崇雅堂詩鈔》。

申緯（一七六九～一八四五）

《代書答象人送餉葛粉蜂液》

披荊剪棘昔勞神，西望象山太息頻。頑俗始知朞月化，農功加闢季年春。分留謝守青山色，傳誦杭民白舍人（香山詩公自注：杭民至今呼余爲白舍人）。慙媿十三程驛遠，蜂清葛粉餉時新。(《警修堂全藁》册四，《韓國文集叢刊》本)

《臘十九，兒子命準拜坡有詩，秋史内翰甚激賞。余又和之，以示秋史》(其一)

對商十二家詩彀，前削初唐後黜明。(時余手選《七律彀》，始以杜文貞、白文公、李義山、蘇文忠、陸釰南、元遺山、虞文靖、錢虞山、王文簡、翁北平十家，質之於秋史。秋史曰：虞山則濫矣。杜樊川、黃文節、朱竹垞，皆不可闕。余於詩道，篤信秋史，故再以十三家釐正）君又官名稱內翰，低回七百卅年間。(《警修堂全藁》册八，《韓國文集叢刊》本)

《花徑賸墨序》

辛巳正月上旬，既移入又一寶覃齋。新獲覃溪書「彈琴邀月來花徑，得句移雲到竹窻」一聯，仍揭之齋壁。客有彈伽倻琴者，授以新聲，卽白傅之姜發也，遂取花徑字命集，聊寓寶覃之義云。(《警修堂全藁》册九，《韓國文集叢刊》本)

《姜溟翁承旨訃至，用去年別詩韻，悼之》（其三）

勿言干鏌寶埋地，爲有芝蘭種滿庭。燕子樓人穿縞素（溟翁老來，有一姬在傍），江州司馬濕衫青。苔封古洞三生石（與翁夙有霞山終老之約），硯渴哀詩一勺溟。每念長歌平仄論，敬君禪悟徹重扃。（余每商確蘓齋七古平仄論，無人解聽者，惟溟翁言下卽悟。文字之契，有如此者。噫！何可復得）（《警修堂全藁》册二十，《韓國文集叢刊》本）

《新正，得曠原除夕見懷詩，次韻》（二首其一）

去時應復似來時，一任亨屯造化爲。節序頻更蘭藉酒，居停漸熟葯房楣。衣沾白傅琵琶淚，夢結蘓仙玉宇詞。多謝平生曠原子，寬懷月月寄新詩。（《警修堂全藁》册二十一，《韓國文集叢刊》本）

《次韻荷裳十葉詩·江干葉》

秋色迢迢染更空，不堪摸入畵圖中。青衫白傅題詩處，鸚鵡洲籠瑟瑟紅。（紅葉林籠鸚鵡洲，白文公句）（《警修堂全藁》册二十一，《韓國文集叢刊》本）

《題十二名媛圖·緑珠》

緑珠，南海梁氏女。石崇以珠三斛易之，故曰緑珠。

爲知已死，與烈士同。前有緑珠，後有河東。（錢虞山之柳如是，亦稱河東君）虞山金谷，千古爭雄。庶幾伊人，燕子樓中。（關盼盼，張建封侍姬也。建封歿，盼盼不再嫁，居燕子樓十餘年。得白樂天詩，遂不食而卒）（《警修堂全藁》册二十二，《韓國文集叢刊》本）

《余選復初齋詩》（題擬）（其五）

余選復初齋詩之役已過十年，迄未告竣。竹垞進士贈是集原刊合續刻重裝本，而前闕陸序，後缺儷笙續刻甲戌至丁丑之作，此亦未可謂完本也，但題余小照之什，宛在續刻中，差幸掛名其間。所可恨者，題拙畵墨竹詩，則竟逸而不見耳，書此以示竹垞。

復初一集十年畢，餘十三家未易完。六代詞宗眉目選，七言律彀腑心刊。傳燈解脫循環際，摹畵經營慘憺間。他日詩人奉圭臬，黄河於水泰於山。（余擬選《七律彀》，王右丞、杜文貞、白文公、杜樊川、李義山、蘓文忠、黄文節、陸劍南、元遺山、虞文靖、錢牧齋、王文簡、朱竹垞、翁文達）（《警修

堂全藁》册二十三,《韓國文集叢刊》本)

《黄山贈余日本小摺,手書一絶句。詩境饒畫趣,墨竗含詩髓,洵名跡也。輒次原韻爲謝》

罨畫溪山郭外家,半籬楊柳半籬花。尋芳似入西湖路,草緑裙腰一道斜(七字借用香山句)。(《警修堂全藁》册二十三,《韓國文集叢刊》本)

《琵琶引》

自從海上一流落,天上人間再去來。香撥有知寃徹地,檀漕滿腹恨難灰。珮歸湘水墳孤起,筆返緱山樓亦催(蒼鷹山莊,琵琶樓)。拗項出門如惜别,不言心事不言哀。

人與琵琶較更悲,四弦能有訴情時。遼陽故郭誰相識,銅輦秋衾我自疑。錦峽鶻啼春去也(鶻:鵑之誤),玉盤珠落淚隨之。匆匆未忍從頭說,輕攏冰絲問後期。

馬上琵琶此第二,王昭君未器流傳。怕聞弦索牽長恨,竟去樽筵締惡緣。春至鶯花何富貴,夜來風月自清妍。思量却也余無負,好作賞音三十年。(《警修堂全藁》册二十五,《韓國文集叢刊》本)

《三月三日,老伶高壽寬來自洪鄉,故置酒劇。回憶乙酉春,同李杞園揔使拉高伶,作一月之歡,余有觀劇詩十絶句,感舊題贈》

老矣高伶能不死,掀鬚演劇尚風姿。謝公絲竹中年後,白傅琵琶遠謫時。(平薪謫所來訪)往事千場尋舊夢,相逢一笑掃今悲。春光正値三三節,燕子簾旋白日遲。(《警修堂全藁》册二十六,《韓國文集叢刊》本)

《閟宫夏享攝事》(二首其一)

遺臣不死儘堪驚,攝享年年夏景清。香徑青苔印鳥跡,宫扉緑葉鎖鶯聲。承宣立馬談詩去,守僕籠鵝戲墨成(金承旨大根誦余近作謝公絲竹白傅琵琶之句,是日守僕輩磨墨跪請書畫,故戲有此句)。每到此中難制淚,百端交集四朝情。(《警修堂全藁》册二十七,《韓國文集叢刊》本)

《石帆蒙被給牒之恩,復用前韻爲賀》

浩蕩恩光一日新,公胡留滯水之濱。好教自享優閑福,多見徒勞捃摭人。商女琵琶隨白傅,漁家鳲鷺伴玄眞。困眠饑食中滋味,吾亦端居不出隣。

(《警修堂全藁》册二十九,《韓國文集叢刊》本)

智按:申緯,字漢叟,號紫霞。有《警修堂全藁》。

孫爾準(一七七〇~一八三二)

《雨窗即事》

庚伏歸休已届期,庭槐喜見擢雲枝。未嫌急雨催秋到,但愛清涼與睡宜。紈扇乍抛香篆直,簾鈎半上燭花欹。任看積潦横街巷,不學香山借馬騎。(《泰雲堂集》詩集卷三芸館集,《續修四庫全書》影印清道光刻本)

《題丁孟韓嘉植齋壁》

龍山一角露前林,荷芰花間倒影深。結搆渾忘官舍裏,經營識自畫家心。壁間欒石藍田記,池上秋風白傅吟。吏散晚來無一事,雙松流韻入瑤琴。(《泰雲堂集》詩集卷七把麾集,《續修四庫全書》影印清道光刻本)

《為甘滋蒼題其師陳秋坪登龍司馬遺札》

秋坪老人生未識,每向屏風見遺迹。天梯百級掃蒼寒,愛寫青城好山色。青城地接劍門關,宦跡疲驢日往還。居人不識是官長,歲星游戲來人寰。歸去扁舟落吾手,麻鞵肯向長安走。已識揚雄學閉關,却喜侯芭能載酒。一編手澤重球瑛,短札長篇意致清。相對猶欽典型在,見此增人師友情。更有遺編誰論次,琅玕百幅蠅頭字。他時藏弆學香山,匡廬深處東林寺。(《泰雲堂集》詩集卷八正筴集,《續修四庫全書》影印清道光刻本)

《題言可樵連江謠》

元魯山歌《于蔿曲》,白太傅製《秦中吟》。九重特賞紫芝字,十篇持作丹扆箴。告勞小雅義所切,祈招自昔傳愔愔。輶軒不睹采風使,民間疾苦空銷沈。言君世有弦歌譜,牽絲偶到鼇江潯。邑人自醉建康酒,令君但撫神暉琴。誰知却試霹靂手,寂照徧徹琉璃心。除暴何殊渡河虎,剔蠹有類穿書蟫。況復家傳擅文學,新詩脱手聲鏘金。窮形盡相語必肖,取象譬物思何深。積年痌疾一朝起,不異病痿逢團葠。時苗去官置牛犢,仲昌報績翔鸞禽。我曾親歷聽輿誦，循吏口碑傳至今。乃知出治有原本，佳什載誦心欽欽。怪君量移在赤緊，種花十載今成林。烹鮮爭思爲漑釜，製錦共服工穿鍼。胡爲一官著户限，驊騮欲度徒駸駸。毋乃斯民卧車轍，春風久戀甘棠陰。即今上游急才彦，貢闕正爾求南琛。佇看雲山韶濩句，譜作清廟朱絲音。（《泰雲堂集》詩集卷八正筴集，《續修四庫全書》影印清道光刻本）

《得果抑亭將軍書依韻卻寄》

遙夜飛音響過鴻，一械傳到意㤉㤉（偬偬）。陳遵尺牘收藏貴，長慶詩篇格韻同。歸夢桄榔春雨外，驛程楊柳夕陽中。洗塵預約官齋好，斫膾池臺似閬蓬（君署亭池最勝，詩來預有蒲觴之約）。（《泰雲堂集》詩集卷十五拜恩集，《續修四庫全書》影印清道光刻本）

智按：孫爾準，字平叔，號萊甫，金匱（今江蘇無錫）人。嘉慶十年（一八〇五）乙丑進士，改庶吉士，授編修，官至閩浙總督，加太子少保銜。贈太子太師，謚文端。有《泰雲堂集》。

查揆（一七七〇～一八三四）

《韜光庵》

西澗聞疎磬，尋聲到上方。竹晴猶雨色，山午已斜陽。乞茗僧偏傲，看碑徑易荒。行吟慙白傅，未敢問韜光。（《篔穀詩鈔》卷四，《續修四庫全書》影印清道光十五年菽原堂刻本）

《答家海漚兄寄贈之什即題其天游閣集後》

字字香山集裏來，天游高閣掃浮埃。新詩遠寄王官谷，孤旅方愁郭隗臺。久已家林應執摯，生慙野鶩敢論才。傳衣此事如禪事，臨濟南宗近漸頽。（《篔穀詩鈔》卷九，《續修四庫全書》影印清道光十五年菽原堂刻本）

《論詩絕句十二首寄琴鳴》（其一）

日下江湖未有涯，元輕白俗轉爭誇。拈來楊柳依依句，詩話權輿謝傳家。（《篔穀詩鈔》卷十五，《續修四庫全書》影印清道光十五年菽原堂刻本）

《再題憶琴圖二首》

時道光二年春上元前二夕，把杯獨酌，展圖惘然。

檠燭銷如殘淚樣，簷冰清絕折釵聲。一杯潦草雞鳴酒，月落江南夢未成。

紫薇山近白公祠，椎髻尊前睹韻時。海水衹今悽斷夜，可憐能畫不能詩。（《簣穀詩鈔》卷十六，《續修四庫全書》影印清道光十五年菽原堂刻本）

《石甫前詩有「送詩奴合驅長鬣，攜酒人猶喚小蠻」句，以小蠻為酒榼，謂予不當以金釵泥酒例之，此〈野客叢談〉附會之詞耳，戲作二絕句自解》

風流白傅足清歡，楊柳當筵舞玉盤。若使小花蠻榼子，不須攜與老劉看。（王楙以白有「小花蠻榼二三升」句，遂以小蠻為酒榼）

竹屋風鐙雪片篭，說詩匡鼎一胡盧。五湖欲問鴟夷老，刳腹能容幾石無。（《簣穀詩鈔》卷十六，《續修四庫全書》影印清道光十五年菽原堂刻本）

《西湖新建白蘇二公祠碑銘》

夫叔敖灌雩婁之野，國喬正封洫之疆，限民名田，水利尚焉。水均為遂，爰次《河渠》之書；民功曰庸，未墜察至之典。崇德報功，蕭脂斯在。而況韋皋入蜀，為諸葛之後身（中丞與白傅生同日）；申徽移楚，圖楊震之畫像（太傅遺像，中丞摹奉祠中）。貞亮協心，今古何間？杭郡山阜阻深，原隰交午，磽陿失治，污萊彌望。今大中丞儀眞阮公，申畫多方，則壤連軌，循農祥之前規，懷水庸於曩哲，乃建白文公祠於西湖之濱。德施於民，祭法有焉。

先是按察使無錫秦公，創蘇文忠公祠於孤山。寒泉秋菊，水仙同祠；鐵板銅琶，神絃競奏。中丞乃即祠之左，別搆三楹，以奉白公。栗主題曰「白蘇二公祠」。薦浚儀之陸雲，表桐鄉之朱邑。前召後杜，如協乎壎篪；裴雨張晴，無涉乎參昴。其合祀也，固其所也。乃若校其出處之塗，綜其遇合之迹，異同略判，可得而言。

盩厔縣尉，福昌主簿，姚武功宰執之才，乃任卑劇仇；季智鄉里所舉，辱在簿書。迹其初階，非猶風馬。一也。

洎乎召拜拾遺，入直史館，陛下誤矣，賴李絳以解顏，起居可乎，因魏公而帖職。委蛇之間，遭逢小異。然而宮官言事，見折於王涯；何殊科舉獻言，得罪於安石。二也。

至如託志文史，娱情歌酒，風船水枕，俯仰之懷彌超，竹閣栢堂，勾留之契獨喻。出李沖於鄭州，陂名僕射；使張誚於沔水，湖謚郎官。三也。

文忠每謂平生出處，與白傅略同。寤寐之言勿諠，苔岑之跡相踐。至其合祠之故，尚不係乎此也。夫赤緊者地也，窻（疑當為窮）達者才也，束濕者勢也。以長慶改元之後，視哲宗聽政之年，一則恩牛怨李，漸開清流之嫌；一則蜀黨洛朋，已啓僞學之禁。賞花之譖方深，青苗之害滋盛，乃欲輟作息之勞，謀鍾洩之利，不格於宰執之消沮，亦罷於林蒸之况瘁耳。卒之石函量水，葑田卷雲，父老不驚，魚鰕無恙，亦可見神蓍獨斷，智珠在懷。於難為之時，行得為之事，守土者可以勸矣。若夫徹壅通堙，先扞錢江之流；增卑培薄，首疏運河之水。雖大歷有引湖之井，武肅有撩湖之兵，而畚鍤為勞，沮洳易塞。二公之任畎澮者，視今日為校急；二公之亟偃瀦者，亦視後世為更難。論世知人，君子韙焉。

孤山舊有四賢祠，祀唐刺史李泌及二公，而以宋處士林逋為祔。兹獨不及李，何歟？則以郡守之責，莫重於水旱，而刑名次之；溝洫之志，莫重於隄防，而井渫次之。是以渠成樊惠，溝號張綱，崇安有清獻之名，海陵致文正之頌。今孤山屹兩堤之間，而肸蠁虔二公之祀，有以也。祠經始嘉慶九年二月，越月而落成。銘曰：

以水溉石，猶可沕思。以水溉民，不可沕思。(《貿穀文鈔》卷十一，《續修四庫全書》影印清道光十五年菽原堂刻本；阮元《詁經精舍文集》卷十二，《叢書集成初編》據文選樓叢書本排印本；曾燠《國朝駢體正宗》卷十一，清嘉慶十一年賞雨茆屋刻本；王先謙編《駢文類纂》卷三十下，浙江古籍出版社，一九九八年六月，第五九三頁；吉林人民出版社，一九九八年十月，第五八四頁）

《普次雲詩序》

詩莫盛於唐，唐之詩人多出典州郡，如韋應物、岑參、劉禹錫、郎士元、白居易、李嘉祐、許渾、杜牧，其最著者也。此數人者，始終遭際，或不盡同，而文采風流，標暎一代，固非尋常二千石能知之矣。且自太史輶軒之職廢，而民俗之淳澆，人情之好惡，幾無由自通，使非賢太守以和平之德，優游唱導，與其郡之人相見以性情，而斤斤焉聽諸法吏之所為，可乎？子曰：頌詩三百，授之以政不達，夫達於政者，未必皆得於詩，得於詩而不達於政，蓋寡矣。次雲太守，今之有得於詩者也。以京朝官至畿輔，屢權大郡，不以家世名位先人，與人交，和易安雅，欿然常若不足。所為詩若干卷，聲情綿邈，每低徊往復，於一句一字之間，言有盡而意無窮也。於唐賢中，尤近劉隨州、韋蘇州，劉與韋皆以員外郎除外，而文房晚出，有迮時之慨，唯蘇州終始從容。李肇《國史補》稱其所居，焚香掃地而坐，所為詩，得古人風韻。以視太守，其庶幾乎。夫士大夫，生際治平，奉職無闕，於其燕閒，作為詩歌，以繼熙朝雅頌之美，抑可謂無惡於其志焉。況其游歷所至，自江淮吳楚，至於幽并河朔，山川風土之殊，與夫舟楫輪蹏行役之所遇，尤有不能自已於言者乎。揆嘗讀全唐人詩，見丞簿尉中，稱詩者甚夥，獨少令長，即有為之者，未幾即去，而令長之為詩人，僅一盈川楊炯耳。以此知古今俗吏，去風雅絕遠，況如揆者耶？而太守乃不鄙夷之，而屬論定其詩，斯又唐賢之所甚尠者矣。（《篔穀文鈔》卷十五，《續修四庫全書》影印清道光十五年菽原堂刻本）

智按：查揆，又名初揆，字梅史，海寧（今屬浙江）人。嘉慶九年（一八〇四）甲子舉人。有《菽原堂集》。

李學逵（一七七〇～一八三五）

《何處難忘酒擬長慶體》

何處難忘酒，空庭泮雪時。野田平靄靄，原樹遠離離。寒事重韝在，陽光小戶宜。此時思一飲，新釀正漓漓。

何處難忘酒，新暄見日時。郭諠魚上市，人靜鳥營孳。餘睡昏昏罷，閑愁暗暗欺。此時思一飲，小酌故相宜。

何處難忘酒，風花埽地時。芳草烟緜合，遊絲羃䍦垂。乳禽嬌拂羽，桑婦鬧爭枝。此時思一飲，取醉不須辭。

何處難忘酒，疎陰覆屋時。漸嗟花過眼，兼對月如眉。燈市遊人散，山齋好客遲。此時思一飲，孤鬱正誰知。

何處難忘酒，朱櫻淺熟時。緑陰方晝靜，白日較春遲。展簟眠新足，攤書意久疲。此時思一飲，小醉步前墀。

何處難忘酒，空齋積雨時。壞牆山色入，荒砌溜聲垂。婦笑言錢數，奴愁乞米遲。此時思一飲，跧臥意支離。

何處難忘酒，新凉晏坐時。廢池秋水靜，閑地夕陽遲。渠樹踈猶蔭，風蟬遠更悲。此時思一飲，岸幘且含巵。

何處難忘酒，虛堂待月時。光陰徂夜感，存沒異鄉悲。雲葉娟娟合，天河歷歷垂。此時思一飲，溢榼便相隨。

何處難忘酒，寒階倒菊時。薄雲陰不雨，短日冷無曦。砧杵長廊近，棲鴉落樹危。此時思一飲，作惡待誰醫。

何處難忘酒，初寒閉戶時。葉飜輕窣窣，蟲伏暗咿咿。屏障年年似，燈缸夜夜宜。此時思一飲，煖酌故遲遲。

何處難忘酒，鵝毛雪下時。早梅新破萼，凍雀暗投枝。書衾凌寒散，軒窗向暮披。此時思一飲，長望復支頤。

何處難忘酒，窮居過臘時。放鳶風淅淅，羅雀日離離。粔籹家人設，鞲衣里俗知。此時思一飲，季歲每成悲。（《洛下生集》册四因樹屋集［丙寅］，《韓國文集叢刊》本）

《嶺南樂府序》

《書》曰：「詩言志，歌永言，聲依永，律和聲。」此樂府之所以興也。三代之際，雖匹夫匹婦，街謠巷歌，皆可以用之房中，而播之庭縣。三代以降，樂亡而歌詩寖盛。四始之作，始不與八音相依爲聲。然嘗歷攷漢魏，如郊祀之歌，鐃吹之曲，子建畫角之弄，文姬胡笳之拍，其詞則古，其旨則微，其音則瀏亮頓挫，猶施之搏附按摩之間矣。至如唐之白居易，宋之范成大，則已不拘聲律，直言其志，道其事。樂府之稱，徒言而已……（《洛下生集》册六嶺南樂府，《韓國文集叢刊》本）

《感事集句》（選三）

八月十四夜，寓宿秋樹根齋，風雨驟至，燈燭已灺。漫誦前人詩句，適然有感於懷，乃輯爲十章，命之曰感事集句。竢明日，以寄稺箕、仁田諸同志。

埽地燒香閉閤眠，（宋秦觀）暗蟲唧唧夜緜緜。（唐白居易）似聞一語分明寄，（清王士禎）只是當時已惘肰。（唐李商隱）

巾帶凉生暮色虛，（清吳省欽）此生有味在三餘。（宋蘇軾）晚來悵望君知否，（唐白居易）臥聽鄰齋夜讀書。（宋楊萬里）

干戈不見老蓑衣，（唐杜甫）醉夢還家醒未歸。（明張以寧）畢竟林塘誰是主，（唐白樂天）菘心青嫩芥臺肥。（宋范成大）（《洛下生集》册十一匏花屋集［癸酉］，《韓國文集叢刊》本）

《答朴思浩》

文以理勝，詩以韻勝，不易之瀀也。詩須如水中月，鏡中花，覰之故在，捉之不定。內典所云「不卽不離，不粘不脫」，曹洞宗所云「參活句」是也。至於議論序事，自別一體。五古如元次山之《舂陵行》，杜樊川之《李甘詩》，昌黎之《薦士》，少陵之《北征》是也。七古如白香山之《長恨歌》，盧玉川之《月蝕》詩是也。至若絶句，句本不多，語須清脫。論序之所以尤難也。……（《洛下生集》册十四文漪堂集［庚辰］，《韓國文集叢刊》本）

《潮汐說》

顧炎武曰：「白樂天詩：『早潮纔落晚潮來，一月周流六十回。』白是北人，未諳潮候。今杭州之潮，每月朔日，以子、午二時到。每日遲三刻有餘，至望日則子潮降而爲午，午潮降而爲夜子，以後半月復然。（西江江岸，有候潮碑）大月之潮一月五十八回，小月則五十六回，無六十回也。水月皆陰之屬，月之麗天，出東入西，大月二十九回，小月二十八回，亦無三十回也。所以然者，陽有餘而陰不足，自然之理也。」愚以爲潮汐之盛衰以月，進退以氣。水于地吐納，猶涕于鼻升降，非氣之噓吸，何能推盪而進退之哉。以知《論衡》及《海嶠志》兩說爲得。而徐明叔地浮地沈之論，爲臆見無稽也。且潮汐，非獨于海，大而江河川澤，細而谿磵坳池，莫不以時進退。惟其氣盈則水縮，氣虧則水長。海水至大，盈縮亦大，人易見之。其餘傍派支流，盈縮甚微，人不易覺也。……（《洛下生集》册十四文漪堂集［庚辰］，《韓國文集叢刊》本）

智按：顧炎武之説，見其《日知録》卷三十一。

《寄贈南時晦（慶山）使君》

近報西園侶，嗚騶押督來（縣古押督國）。此生眞一夢，往事只餘哀。佳日惟看畫（南之大人都正公，酷愛法書名畫，縹囊玉躞，動疊几案，教余流覽窮日乃已），殘春亦種梅。（都正公嘗於暮春，移植玉梅一株。余誦白香山詩務令根不知一句告之，已而，果作花繁茂，都正公見余每稱道之）祇今鑰上宅，無淚灑荒苔。（《洛下生集》册十六秋樹根齋集［壬午］，《韓國文集叢刊》本）

智按：李學逵，字惺叟（又作醒叟），號洛下生，所居號文漪堂、因樹屋。十八歲時校正《奎章全韵》、《弘齋全書》，成爲朝鮮王朝後期著名學者，在地理、天文、數學、醫學、藥學等方面均頗有造詣。著有《名物考》、《廣詩則》、《因樹漫筆》、《洛下生集》等。

羅辰（一七七〇～?）

《慶將軍西爽分賦》

將軍幕府即平泉，翠影扶疏軟浪天。半畝官亭三面月，萬竿修竹一池煙。饒他白傅傳杯夕，老我侯芭問字年。記取公餘酬唱處，古歡猶結畫中緣。（《晚晴簃詩匯》卷一百四十一）

智按：羅辰，字星橋，桂林（今屬廣西）人。有《芙蓉池館詩草》。

金鶚（一七七一～一八一九）

《求古録禮説·釋葵》

《説文》云：「葵，菜也。」《詩·豳風·七月》：「亨葵及菽。」《周禮·醢人》：「饋食之豆。」《士喪禮》：「毼豆之實。」《既夕》：「東方之饌四豆。」《士虞禮記》：「豆實。」《士冠禮》：「再醮兩豆。」《特牲》、《少牢饋食禮》皆有葵菹，此葵之為菹者也。《士虞禮記》：「鉶芼，有滑。夏用葵，冬用荁。」鄭注：「夏秋用生葵，冬春用乾荁。」《公食大夫禮》：「鉶芼，牛藿、羊苦、豕薇，皆有滑。」注云：「滑，堇荁之類。」賈疏：「經云『皆有滑』，不言所用之物，故取《士虞記》解之。云「之屬」者，其中兼有葵也。」此葵之為羹者也。凡豆實，兩豆必用葵菹，以蠃醢配之。四豆則加韭菹，以醓醢配之。《士昏禮》「菹醢四豆」，菹謂葵菹與韭菹也。六豆用昌本、菁菹、韭菹，八豆則加葵菹。《公食大夫禮》：「上大夫八豆，聘禮堂上。」八豆其中皆有葵菹，經雖不言，可考而知。凡鉶羹必有滑，夏皆用菹，非特士虞禮、公食大夫禮也。然則自天子以至士、庶人，冠、昏、喪、祭、賓客之禮無不用葵，葵之為用廣矣。故古人種之於園，多至數畝，以其為常食之菜也。葵類最多。《爾雅·釋草》云：「蔠，菟葵。」郭注云：「頗似葵而小，葉狀如藜，有毛，汋啖之滑。」又云：「芹，楚葵。」郭注云：「今水中芹菜。」《説文》云：「茆，鳧葵也。」《詩》曰：「言采其茆。」「䕷，鳧葵也。」《本草》注：「江南人名豬蓴。」《周禮》：「朝事之豆有茆菹。」又《爾雅》：「齧，苦堇。」郭注云：「今堇葵也，葉似柳，子如米，汋食之滑。」又「菺，蚍衃。」郭注云：「今荊葵也，似葵，紫色。」陸璣《詩疏》云：「芘芣，一名荊葵，似蕪菁，花紫緑色，可食，微苦。」又『莃，戎葵。』郭注：「今蜀葵，似葵，華如木槿華，此葵之大者。」戎、蜀皆大也。此六者，皆有葵名，亦以其可食而味滑也，然皆似葵，為葵之類，非即葵也。今秋葵一名側金盞，六月放花，大如椀，鵞黄色，紫心，六瓣，朝開暮落，隨即結子。諸葵惟蜀葵根苗嫩時可食，秋葵嫩時食之尤佳。《格物論》云：「葵有鴨腳之名。」鮑照《葵賦》云：「豚耳鴨掌。」今觀秋葵，其葉如鴨掌，則秋葵即葵菜之葵明矣。白樂天詩：「貧廚何所有，炊稻烹秋葵。」即此秋葵歟？今葵類之可食者惟蔠葵，古名藤菜，今名紫果菜，以三月種，嫩苗可食，五月蔓延，其葉可作蔬，其子剖之赤如血。然此非衛足之菜，無鴨掌之形，則亦與菟葵、楚葵等同為葵類而已。」（《續修四庫全書》本《求古録禮説》卷十四）

智按：金鶚，字風薦，號誠齋，臨海（今屬浙江）人。幼承庭訓，端重如成人，不苟言笑，跬步必飭。惟質甚魯，日僅誦三四行。稍長，折節讀書，專心致志，熟而弗忘。中年以還，轉加敏捷。於書無不窺，旁及形家言，尤精天文算法，詞章乃其餘事。受知于朱珪，補諸生。阮元建詁經精舍於西湖，召其講肄其中。業益進，名益噪。邃於三禮之學，披郤導窾，實事求是。嘉慶二十一年（一八一六）丙子，學使汪廷珍選代行貢入都，未二載卒。有《求古録禮說》十五卷、補遺一卷，又《鄉黨正義》一卷，《四書正義》八卷。

黄承吉（一七七一～一八四二）

《琵琶亭》

荻花深處水亭留，司馬青衫感舊遊。老大心情託商婦，古今風月共江州。秦簫聽後人俱遠，隴笛吹來淚欲流。客子輪轅將萬里，飄然過此又經秋。（《夢陔堂詩集》卷五，《清代詩文集彙編》影印清道光二十三年刻本，第五〇二册，第一三九頁）

《春遲暇日懷涉頗繁雜成絕句十二首並書之無次第》（其七）

寂寞風前對酒巵，偶然披得醉吟詞。如何小謫潯陽路，便作東南百韻詩?（觀白樂天詩）（《夢陔堂詩集》卷十九，《清代詩文集彙編》影印清道光二十三年刻本，第五〇二册，第二九三頁；《萬首論詩絕句》第二册，第七四四頁）

《讀吴梅村詩集》

婁東才子謫仙人，七字歌行妙如神。顯慶詞華長慶格，駱丞白傅是前身。……（《夢陔堂詩集》卷二十一，《清代詩文集彙編》影印清道光二十三年刻本，第五〇二册，第三〇四頁）

智按：黄承吉，字謙牧，號春谷，江都（今江蘇揚州）人。嘉慶十年（一八〇五）乙丑進士，官興安知縣。有《夢陔堂詩集》。

陳文述（一七七一～一八四三）

《讀吴梅村詩集因題長句》

賁園花木婁江水，天荒地老悲風起。千秋哀怨託騷人，一代興亡入詩史。

復社聲華孰最賢，南宫甲第快蟬聯。陸機詞賦江東重，蘇軾文章海内傳。華年歸娶人如玉，催妝詩刻金蓮燭。閨房兒女最情深，定知譜出房中曲。國事當年已可哀，紛紛鈞軸煽爲媒。一函正本清源疏，原是昇平濟世才。里居山水鄰圓泖，烽烟北望憂心悄。彭澤殷憂晉義熙，杜陵感遇唐天寶。慘澹乾坤大可憐，傷心最是甲申年。侍臣空有攀髯慟，一樹紅棠泣杜鵑。沈憂慷慨悲無告，不幸才人丁末造。白頭堂上有衰親，兼全難得惟忠孝。倉皇南渡小朝廷，流涕江山望中興。一月登朝歸計決，比肩馬阮肯同升。燕子春燈悲主貨，横江轉眼南都破。翠鈿零落感中山，一曲青琴彈楚些。西田烟水接轡清，世外桃源可避兵。潔白蘭陔吟束皙，願從江海匄餘生。豈知事不如人意，文人畢竟聲華累。空山那許老柴荆，薦函繹絡徵書至。十載巢由卧盛時，堅辭徵辟爾何詞。老親雪涕相敦迫，當日憂危世不知。重入春明初願拂，豈爲縈情戀簪黻。詔書本異白衣宣，君恩敢作黄冠乞。故宫離黍百憂生，依舊圜橋講席横。天水蒼凉趙松雪，江關蕭瑟庾蘭成。經年奉諱顔枯槁，放歸從此江湖老。託將樂府寫離憂，通天臺下初明表。長慶詩成古調彈，歸來江左領騷壇。偷生終負遺民願，忍死誰憐孝子難。半生鬱鬱中心恫，異兆先徵元旦夢。墓門圓石署詩人，淮南雞犬餘深痛。嗚呼！滄桑之際那堪説，玉碎珠沈干將折。虞山垂暮定山妖，名流幾箇矜完節。如君遭際最淒凉，一代詩名獨擅場。不與兩家消劫火，品題御墨寫琳琅。江南花月今無恙，長吟奇氣矜豪宕。絶調應教世共傳，苦心定有人能諒。難得黎城細意牋，沈吟騷雅寶遺編。尊前一瓣心香在，我欲黄金鑄浪仙。（《續修四庫全書》影印清嘉慶二十二年刻道光增修本《頣道堂詩選》卷一）

《題趙璞函光禄文哲媕隅集》

開天詩史元和格，地老天荒此詞客。蠻府參軍一卷詩，誰知中有萇宏碧。當年七子重騷壇，媕雅才名接杜韓。滬瀆秋潮圓泖月，江天一碧弄漁竿。十年走馬長安道，紅藥花前催起草。偶譚溫樹謫塵寰，神山遠隔蜉蝣島。……（《續修四庫全書》影印清嘉慶二十二年刻道光增修本《頣道堂詩選》卷二）

《白公祠》

西湖流水孤山樹，是公當日勾留處。樓閣參差倚夕陽（白句），叢祠又建錢塘路。門前翠黛雙蛾顰，門外流水嬌羅裠。神絃夜奏不寂寞，白祠正與蘇公鄰。香山玉局共千載，元祐孤臣更淮海。文章氣節鎮千秋，各有精靈古今在。長慶詩格家家傳，古時明月今猶圓。柳湖松島接咫尺，君恩豈止留三年。石函牐邊浪花白，蓮花寺前春水碧。緑陽陰裏舊沙隄，留得當年馬蹄蹟。水榭臨波採白蘋，玉梅花片點魚鱗。與公墮地生同日，更憶年來治浙人（謂阮雲臺中丞）。（《續修四庫全書》影印清嘉慶二十二年刻道光增修本《頤道堂詩選》卷六）

《虎邱白香山祠》

澄波月浸太湖圓，花石園林又此間。塔影當空秋水静，鐘聲隔岸暮雲間。左司香火銷春社，杜老樓臺倚遠山。我是歲寒巖畔客，新祠煙柳幾同攀。（西湖亦有公祠）（《續修四庫全書》影印清嘉慶二十二年刻道光增修本《頤道堂詩選》卷八）

《登懷杜閣擬卜地建太白樓即題香山祠壁》（并序）

毘陵趙甌北觀察，以工部詩中有「東下姑蘇臺」語，謂少陵遊蹟曾至吳門，因於白公祠中議建懷杜閣，而於太白，曾未之及考。《蘇臺覽古》見於詩集，《建丑月十五日虎邱山夜宴序》見於《文苑英華》，則太白之至吳，較少陵爲可信。按，《唐書》肅宗於天寶十五載丙申七月接位靈武，改元至德，白自宣城之溧陽，又之剡中，遂入廬山，永王璘引師東下，脅以偕行。越二年戊戌，改元乾元。白以永王事，長流夜郎。次年己亥，遇赦得釋，還憩江夏岳陽，復如尋陽。又次年庚子，改元上元。是年九月，制去年號，以建子月爲歲首。至明年四月，復稱年號，則太白之宴虎邱，在上元二年十二月也，時太白遊金陵，往來溧陽宣城間，遊屐一至吳門，揆之情事，亦皆合也。

靈巖夫差館，劒池闔閭墓。吳宫花草久寂寞，古來遊者題詩處。峨嵋仙人李太白，絕後空前一詞客。清平賦後賦蜀道，長嘯青天揖采石。金陵遊更吳門遊，狂歌蘇臺讌虎邱。夷光殉國少伯去，江山寥落三千秋。是歲上元二年月建丑，明月在天杯在手。霜花寒點紫綺裘，長星勸汝一杯酒。菱歌清唱楊柳枝，當日讌集何無詩。蘭亭修禊亦偶耳，一敘妙壓王羲之。是時夜郎初放赦，萬里歸來意悲咤。唐宫陳蹟吳苑同，回首金門白雲謝。君不見：白香山，繞門流水叢祠開。又不見：杜少陵，朱闌隱樹森高臺。獨有謫仙人不識，俗眼紛紛堪太息。會向池南起畫樓，煜煜長庚映天碧。（《續修四庫全書》影

印清嘉慶二十二年刻道光增修本《頤道堂詩選》卷八）

《梅菴宫保見序拙集感呈四律竝柬曼兄》

尚書風度古韓休，玉節東南領上遊。公集早經傳一品，不才爭敢望千秋。龍門華望□前席，麟閣詩名預勝流。我是當年狂李白，有書衹合上荊州。

宫體躭吟仿玉臺，規模原自昔人開。曾無刻意三都賦，空有虚名一代才。秋晚稻粱憐雁羽，花寒苜蓿病龍媒。江南寫徧蘭成集，珍重滕王作序來。

長慶騷壇白樂天，婁東詩格邁前賢。何人懷古一千首，此席於今二百年。湖海能豪猶有媿，江河不廢敢同傳。王前盧後淵源在，曾奉心香一辭虔（序中以梅邨、迦陵相況，竝謂青出於藍，故云）。

我肯詞場步後塵，君從文苑結芳鄰。才如枚叔飛書捷，人比周郎酒味醇。奇氣樓頭原兀傲，大名日下太輪囷。相逢當代平津閣，還向淮南説二陳。（《續修四庫全書》影印清嘉慶二十二年刻道光增修本《頤道堂詩選》卷八）

《大塲農家婦》

《江南通志》：大塲鎮農家婦，舉止修整，嫣然閨中秀也。夫貧蠢，婦毁粧佐之，日與村姑里媪輩習田間，勞苦無難色。間有親戚慰藉之者，則斂容謝曰：兒樂此不疲，且非是無以奉我尊嫜也。如是者十餘年，有子矣。以竭作故瘵，死前一日，忽向其夫索筆硯，夫素不識丁，詣鄰家假至，婦見之歎曰：「謝此緣久，何期今日遂成長別耶。」起題一絕云：「當年二八到君家，刺繡無心衹枲麻。今日對君無別語，免教兒女依蘆花。」語意淒婉，其生平曉義命，雅自韜晦，尤卓然可傳。大塲在今寶山縣境，因事過此，為題一詩以美之。

婦人安義命，難於殉貞烈。貞烈兼血氣，義命見婦德。大塲農家婦，懷才兼擅色。自從嫁農家，鉛華謝粧飾。勞既操井臼，勤更習紡織。饔飧必躬親，晨昏不遑息。傍人憐婉婉，婦心自謙抑。黽勉奉姑嫜，恐未嫺婦職。如是十餘年，身勞病亦亟。彌留一首詩，傳鈔在殘墨。臨終戀遺雛，字字意愴惻。至今世傳誦，儀一心不忒。我今官是邦，致敬表憑軾。昔讀香山詩，石婦示矜式。我意亦云然，題詩待鐫刻。（《續修四庫全書》影印清嘉慶二十二年刻道光增修本《頤道堂詩選》卷九）

《寓齋聽雨檢案頭殘帖得杜牧之書張好好詩意臨一過卽書其後》

海上飛雨來，沉雲壓天黑。虚牖峭風勁，敝裘寒氣逼。案頭數尺紙，隨意弄殘墨。我懷杜樊川，才名動京國。經濟掩詞賦，悲憤託聲色。淮南歌吹地，輕薄藉口實。原衞與罪言，才略竟誰識。卽如好好詩，淪落亘胸臆。何異白香山，琶琶感遷謫。女子悲誤嫁，才士惆失職。古今盡如此，讀史心惻惻。鴉頭與紫雲，何足累明德。更憶杜悰傳，投筆三太息。風急雨轉驫，寒斂歸鴉翼。（《續修四庫全書》影印清嘉慶二十二年刻道光增修本《頤道堂詩選》卷十四）

《虞山道院西園》

木蘭墜露柳絲風，石磴高低畫舫通。胡蜨飛來春雨裏，杜鵑開向夕陽中。樹環臺榭橫雲碧，花壓闌干隔水紅。何似虎邱山下路，白公祠宇畫橋東。（《續修四庫全書》影印清嘉慶二十二年刻道光增修本《頤道堂詩選》卷十五）

《秋夜青溪水榭玩月聽吹笛女子楚鬟奏霓裳羽衣曲因賦長歌贈之並書白香山霓裳羽衣詩後》

《霓裳羽衣曲》，據《夢溪筆談》，葉法善引明皇入月宮，見素娥十餘人，霓裳羽衣奏仙樂，及上歸，但記其半，遂於篴中寫之。會西涼府都督楊敬述進婆羅門曲，與其聲調相符，遂以月中所聞爲散序，用敬述所進爲其腔，名霓裳羽衣曲，其說出鄭嵎《津陽門詩》注。又蒲州逍遙樓楣上有唐人橫書，類梵字，相傳是霓裳譜，字訓不通，莫知是非，或謂今燕部有獻仙音曲，乃其遺聲，然霓裳本謂之道調法曲，今獻仙音乃小石調耳。《唐會要》謂《破陣樂》、《赤白桃李花》、《望瀛》、《霓裳羽衣曲》總名法曲，今世所傳《望瀛》，十二遍，散序無拍曲，終長引聲，頗與霓裳相同。按，《霓裳羽衣曲》始於開元，盛於天寶，行於長慶，故楊貴妃初入宮，奏《霓裳羽衣曲》以導之；白樂天侍宴憲皇，得觀霓裳羽衣舞也。及出守錢塘，教妓女商玲瓏、謝好、陳寵、沈平諸人爲之，三度奏於虛白堂前；移守蘇州，乞舞人於元微之，微之爲作《霓裳羽衣譜》以寄，然則微之亦深於是曲也。今就樂天寄微之詩推之，初奏散序六遍，無拍奏而不舞，所云「散序六奏未動衣，陽臺宿雲慵不飛」是也。中序始有拍，亦名拍序，則舞矣，所云「中序擘騞初入拍，秋竹竿裂春冰拆」是也。其服虹裳、霞帔、步搖、鈿瓔，其器磬、簫、箏、笛、箜、篌、篳、篥、笙，其舞曲亦六遍，蓋十二遍而終，所云「繁音急節十二遍，跳珠撼玉何鏗錚」是也。凡樂將畢，皆聲拍促速，惟霓裳之末，長引一聲，所云「翔鸞舞了却收翅，唳鶴曲終長引聲」是也。楚鬟此曲，云得自涼州人，所傳音節多類普唵呪，或卽婆羅門曲遺意耶？余曩在建威將軍宅，聽邊月華琵琶彈白翎雀，又在吳門聽雲間俞秋圃彈玉樹後庭花，皆有詩紀事。今遇良宵，復聆雅奏，恍入廣寒宫闕，親覩仙人垂手之舞，何其幸耶！爰作歌以記之。

廣寒夜色明秋玉，白露無聲溼庭緑。誰家長篴遏行雲，吹出霓裳羽衣曲。曲中音調最纏綿，纍纍明珠顆顆圓。當筵試問何人製，云是唐朝天寶年。仙橋涼影窺珠户，新聲潛聽清虚府。虹裳霞帔步珊珊，更有霓裳羽衣舞。舞態嬛娟我未知，當年曾讀白家詩。飛瓊萼緑互垂手，迴雪生雲嬌不支。撼玉跳珠十二徧，唳鶴翔鸞侍游讌。名花自賞沉香亭，新聲誰譜長生殿。何處傾城最擅名，驪山宫殿月華清。六宫第一人如玉，曾奏霓裳與定情。延秋棲鵲驚宫樹，馬嵬錦韈埋何處。梨園子弟散如煙，霓裳流落人間去。香山昔日守杭州，曾教霓裳按箜篌。虚白堂前三度宴，沈平謝好自風流。吳門移守聽官鼓，一曲西樓聽吳語。遠勞元九寄書來，綴得霓裳羽衣譜。我家杭郡官姑蘇，曾讀唐家新舊書。偶向尊前聞此曲，酒闌重與感嗟吁。嗚呼！開元世界稱全盛，海内昇平天子聖。西涼都督爾何人？婆羅門引因何進？已作中興法曲聽，如何遺譜盡飄零。一編會要分明在，髣髴還應記望瀛。問君此曲何從得？涼州佳俠龜兹客。緑珠弟子最知名，舞衣亦稱傾城色。檻外煙波一曲横，蛾眉曼睩感閒情。曲終不改青山色，明月西行尚有聲。（《續修四庫全書》影印清嘉慶二十二年刻道光增修本《頤道堂詩選》卷十六）

《讀李太白集知杭州曾爲遊跡所經擬營祠宇書寄錢塘諸故人即用集中遊天竺寺詩韻有序》

僕嘗疑太白兩至越中，吳苑、武林皆所經歷，獨少登覽之作。前於《文苑英華》得太白《虎邱山宴集序》，議與邑人建祠，今讀《太白集》，有《與從姪杭州刺史良遊天竺寺》詩云：「挂席凌蓬邱，觀濤憩樟樓。三山動逸興，五馬同遨遊。天竺森在眼，松門驚飈秋。覽雲測變化，弄水窮清幽。疊嶂隔遙響，當軒寫歸流。詩成傲雲月，佳趣滿吳洲。」則太白至杭遊覽，確有可徵。又杭州送裴大澤時赴序州長史詩，當亦是時所作。邇年白香山、蘇東坡之祠，先後建於孤山，秦少游亦建祠龍泓澗上。太白仙才，獨缺於丹厓碧嶂間，山靈齒冷，吾輩其可謝責哉？因書以貽諸子。

嵩山懷丹邱，任城起酒樓。兹地山水窟，挂席曾遨遊。蘿薜蔽孤月，松檜凌高秋。長嘯弄雲水，醉引蒼苔幽。白蘇已祠祀，矧君詩仙流。結宇傍雲壑，遠勝談瀛洲。（《續修四庫全書》影印清嘉慶二十二年刻道光增修本《頤

道堂詩選》卷十七）

《畫屏懷古詩》

余幼躭玄靜，長厭塵氛，徒以匏繫之累，客京師者八年，羈宦江左者又十五易寒暑，今年八月二十七日，犬馬之齒五十矣。迺葺古來中心嚮慕之士，乞松壺七薌繪諸屏幃，雖不能至，心嚮往之，亦圖畫僑禮意也，各系以詩。

吾愛白香山，作宦如游仙。聲伎與詩酒，隨遇皆欣然。一編長慶集，三復池上篇。（其二十八）（《續修四庫全書》影印清嘉慶二十二年刻道光增修本《頤道堂詩選》卷十七）

《偕友人泛舟黛影湖並至白公祠小憩》

黛影湖波浸暮霞，蕭蕭落葉感啼鴉。山中澗壑開新徑，水上林亭識舊家。秋氣乍來蘆欲雨，天香微動桂將花。重遊更約吹簫侶，來倚吳軒玩月華。（《續修四庫全書》影印清嘉慶二十二年刻道光增修本《頤道堂詩選》卷十七）

《憶西湖用元白體十六首》

我憶西湖好，西湖處處山。一奩明鏡曉，三面翠屏環。觴詠鶯花裏，樓臺烟水間。分明越西子，相對理雲鬟。

我憶西湖好，南巡此省方。百花承輦路，片月下宮墻。樹色疑長樂，鐘聲憶未央。翠華仍望幸，野老話純皇。

我憶西湖好，長隄白石橋。桃花留小影，楊柳舞纖腰。微雨高樓箋，斜陽畫舫簫。春風解人意，緩緩送歸橈。

我憶西湖好，湖心有水亭。行魚吹雪過，啼鳥隔烟聽。樹樹晨分緑，山山晚送青。蓬萊宮宛在，游女亦仙靈。

我憶西湖好，家家有畫樓。美人閒攬鏡，嬌女坐梳頭。趙瑟橫金雁，湘簾捲玉鈎。曲闌干影外，一片緑波流。

我憶西湖好，春山舊酒壚。樓陰障高柳，帘影下平蕪。月出人皆醉，花香客任沽。杖頭隨處有，林鳥喚提壺。

我憶西湖好，觥船一棹開。窗中過花柳，畫裏見樓臺。語燕窺紈扇，閒鷗拂酒杯。隔簾聞笑語，鄰舫亦徘徊。

我憶西湖好，春鶯處處啼。雜花芳榭北，修竹古祠西。五柳邀殘醉，雙柑憶舊題。踏青留屐齒，一路印春泥。

我憶西湖好，春晴石路斜。紫騮公子騎，油壁麗人車。碧綰絲絲柳，香生樹樹花。水窗紅不閉，日暮尚琵琶。

我憶西湖好，春陰細雨中。風花消綺麗，烟水寫空濛。野漲浮新緑，殘香葬落紅。可憐蘇小墓，長倚岳王宫。

我憶西湖好，春宵玩月明。踈鐘鄰寺墮，殘畫遠山横。語自花間出，人疑鏡裏行。中宵沉萬籟，珠斗下層城。

我憶西湖好，佳游最賞心。落英紅點屐，芳草緑眠琴。松葉山城暗，梅花水寺深。當年文讌處，歷歷在題襟。

我憶西湖好，人家上塚船。墻陰采桑路，日暖焙茶天。小隊催傳蠟，芳晨話禁烟。年年二三月，來往六橋邊。

我憶西湖好，琳宫緑樹春。偶來行藥地，親見散花人。紅袖談禪夜，黄絁入道晨。壑菴前夢在，回首一微塵。

我憶西湖好，湖邊學灌園。雨鳩啼屋角，晴蝀繞籬根。桑葉緑連舍，菜花黄滿村。於陵家仲子，高韻至今存。

我憶西湖好，桃花隔水扉。緑陰移釣艇，紅片點蓑衣。射鴨聊忘世，盟鷗本息機。漁莊偕隱處，雙槳幾時歸。（《續修四庫全書》影印清嘉慶二十二年刻道光增修本《頤道堂詩選》卷十八）

《白香山詩緑楊陰裏白沙隄則白隄舊多楊柳可知今惟餘老樹數株與白蘋紅蓼蕭槭秋煙耳擬於來春補種先之以詩》

釣游蹤跡問如何，無數長條拂緑波。今日踈烟殘照裏，僅餘老樹感婆娑。

長隄秋影澹烟潯，無復高枝集翠禽。擬種東風三百樹，待他春到好成陰。

一角瀛舟漾麴塵，宣和遺事永和春。年年寒食鶯聲裏，應憶西湖種柳人。

畫橋壓水飲虹霓，路入西湖更向西。添得滿湖春色好，白隄烟雨接蘇隄。

柳踈荷晚減芳容，秋牡丹開珠露濃。白鷺窺妝魚唼影，蘇隄還擬種芙蓉。（《續修四庫全書》影印清嘉慶二十二年刻道光增修本《頤道堂詩選》卷二十）

《疊雪樓是錢武肅王射潮處》

《吴越備史》云：武肅王以開平四年八月，築捍海塘，怒潮衝擊，版築不就，表告於天，禱胥山神，函詩一章，置海門云：傳語龍王并水府，錢塘借與築錢城。因採山陽之竹，造矢三千隻，傅以鴻鷺之羽飾，以丹硃鍊罡火之鐵爲鏃，募强弩五百以射濤頭，人用六矢，每潮一至，射一矢，五矢，潮乃退。箭所止處，嘗立鐵幢，因名其浦。《臨安志》云：江挾海潮爲患，其來已久。白樂天判郡日，嘗爲文禱於江神，然人力未及施也。錢武肅始築捍海塘，在今候潮通江門外，命强弩射潮，潮避錢塘，擊西陵，遂造竹絡，積巨石，植以大木，隄岸既成，久之，乃爲城邑部落。凡今平陸，皆昔時江也。武肅王於疊雪樓架强弩數百以射潮，見《成化杭州府志》。

錢塘未築江湖通，潮頭直上靈鷲峯。沙河未開江勢怒，潮聲猶撼花團樹。臨安山前石鏡春，錦袍玉帶眞天人。錦堂讌罷弄柔翰，函詩夜禱胥山神。羽鏃三千軍五百，强弩射潮潮水赤。銀山西走避青山，竹石長塘起龍脊。海波如鏡澄東瀛，萬戶笙歌歡太平。已闢馬塍作沙苑，更環鳳嶺起羅城。從此江流奠三折，浦上至今幢鑄鐵。李冰守蜀鑿離堆，千古英雄同一轍。雲外寒潮日夜流，借江何似借荆州。春山陌上花開路，閒話江邊疊雪樓。（《續修四庫全書》影印清嘉慶二十二年刻道光增修本《頤道堂詩選》卷二十）

《慕李軒詩》

琴涵諸君重修白公祠，並祀太白，耦耕方伯題曰慕李軒，以配仰蘇樓、懷杜閣也，詩以紀之。

仰蘇亦有樓，懷杜亦有閣。古今幾詩仙？棲飲共雲壑。虎邱古名山，白公賢主人。有此東道主，可無西都賓。太白謫仙人，當年高讌處。大雅久不作，後世有餘慕。慕君好風格，秀色分峨嵋。飄飄烟霞氣，落落鸞鳳姿。慕君好詩才，二唐誰抗手。悲歌泣鬼神，高寒落星斗。慕君飲美酒，自言酒中仙。葡萄夜光杯，鸚鵡沙棠船。慕君躭隱趣，嘯傲徂徠下。溪水弄潺湲，竹陰坐瀟灑。慕君抱仙骨，元氣含星精。一交元丹邱，再訪許宣平。慕君遇明主，遭際消坎坷。御手爲調羹，寶床曾賜坐。慕君侍讌游，沉香倚花枝。樂工譜新曲，貴妃領歌詞。慕君懷艷情，日暮碧雲遠。題詩騰空宅，聽雨玉真館。慕君好儔侶，才人各清狂。錦袍崔宗之，金龜賀知章。慕君識英雄，早建中興策。試問郭汾陽，何如謝安石。慕君遂豪舉，不數平原君。金錢卅六萬，徧濟行路人。慕君美遨遊，扁舟下牛渚。海上釣鰲來，江上騎鯨去。慕君因懷君，幾處曾句留。匡廬有書堂，任城有酒樓。慕君思見君，下筆開生面。忠愛楚靈均，奇譎漢曼倩。少陵君舊友，東坡君後身。不須邀明月，對影成三人。天寶逮元和，香山亦英妙。倘賡長恨歌，應憶清平調。我欲營君祠，詩卷兼酒樽。錢塘西子湖，金陵謝公墩。小樓窺黛痕。水榭浮春靄，且從公等遊，羣仙繼高會。（《續修四庫全書》影印清嘉慶二十二年刻道光增修本《頤道堂詩選》卷二十二）

《湖上畫橋名跡甚多與仲雅琴隖諸君評定二十四橋以配揚州明月玉簫之跡各系以詩·白樂橋》

在集慶寺前。《靈隱志》：合澗橋會南北二澗，西流過白樂橋，謂此相傳白樂天建，其水一名後磵，一名碧溪，東南趨行春橋入湖。

雙流何處響潺潺，野逕無人浴鳥閒。後磵泉聲碧溪雨，祇今人憶白香山。（《續修四庫全書》影印清嘉慶二十二年刻道光增修本《頤道堂詩選》卷二十二）

《梁茝林方伯以冬日同人遊滄浪亭詩索和即用原韻》

翰墨烟霞總夙緣，尋僧竹院意蕭然。賦詩臈月王摩詰，築室東林白樂天。風定茶香消渴吻，日移松影上吟肩。賓朋參佐俱風雅，知是坡仙是閬仙。

蒼蒼遠樹帶疎林，幾疊烟雲畫玉岑。天末遙看鴻雁字，雲中如聽鳳鸞吟。黃金鑄像三生事（郡人刻五百名賢象置祠中），羣玉藏書萬古心（余議請南禪寺建書藏，以繼香山舊跡）。一片滄浪亭下水，夕陽漁唱有清音。（《續修四庫全書》影印清嘉慶二十二年刻道光增修本《頤道堂詩選》卷二十三）

《琅嬛師書中言以余集中長慶體詩付歌者被之弦索可挽吾杭南詞之習感而賦之》

一編長慶白香山，名在丹臺石室間。應勝唐人新樂府，旗亭風雪唱雙鬟。

青鸞小閣墨香微，萬里南雲一鶴飛。滇女如花應識字，教他唱罷織弓衣。（《續修四庫全書》影印清嘉慶二十二年刻道光增修本《頤道堂詩選》卷二十三）

《將旋吳門留別漢臯感事紀程積成篇什》（其四十）

美人何處泊蘭舟，楓葉蘆花各自愁。日暮琵琶亭下泊，隔船猶唱四弦秋。（《續修四庫全書》影印清嘉慶二十二年刻道光增修本《頤道堂詩選》

卷二十三）

《琵琶亭題壁》

三年翠黛春長好，五宿澄波月最華。看慣霓裳羽衣舞，却來江上聽琵琶。

雪堂客散暮雲閒，珠海魂歸鶴未還。從古才人多涕淚，青衫何止白香山。（亭壁有宋芷灣、周芸皋詩。芷灣歸道山，芸皋奉諱去故云）（《續修四庫全書》影印清嘉慶二十二年刻道光增修本《頤道堂詩選》卷二十四）

《湓浦聽雨》

淅淅復瀟瀟，蘆花起夜潮。雲山廬岳近，烟水楚江遙。酒為消愁貰，燈緣得句挑。琵琶亭子在，惆悵此停橈。（《續修四庫全書》影印清嘉慶二十二年刻道光增修本《頤道堂詩選》卷二十四）

《題吳蘭雪舍人香蘇山館詩集》

皎如青天流光之華月，鮮如澄江倒影之明霞，翩如春殿當風之垂柳，艷如曉園浥露之名花，響如仙人鶴背之長簫，淒如戍客隴上之哀笳，駿如玉塞嫖姚之怒馬，曠如銀河浩蕩之浮槎。君家舊有香蘇館，石溪花外春山滿。比肩大婦畫眉才，陌上花開歸緩緩。博士蓮花酒百壺，何如梅隱署中書。桐江九里梅花國，有約花間小結廬。六朝金粉山凝黛，六橋烟柳春多態。到處移家葛稚川，放翁團扇家家畫。匡君江上有青山，幾處飛流下玉淵。香爐峯下屏風疊，雲卧分明李謫仙。幔亭仙樂開雲幄，更向武夷探九曲。自攜雙髻坐吹笙，青蘭壓鬌人如玉。海東大國數朝鮮，箕子餘風幾輩賢。花發梅龕禮詩佛，仙龕何似白香山。侍子橫經環璧水，文章亦勝蕭夫子。才人遭際似君稀，上下千秋橫萬里。我亦譚詩三十春，秋霜兩鬌感風塵。吳門七子蘭臺聚，壇坫他年有替人。掃眉才子司花女，花明雪艷羣芳譜。一幅金釵問字圖，都是瑤清舊儔侶。有客攜從日下來，新詩百軸對花開。蒼茫儘得蘇黃意，一首花前酹一杯。當年耆舊同矜重，詩品何人評紫鳳。憶到豐臺芍藥花，春明往事眞如夢。同輩惟君有盛名，西華潭水託鷗盟。漢皐楊柳蘇臺樹，天末何人憶碧城？（《續修四庫全書》影印清嘉慶二十二年刻道光增修本《頤道堂詩選》卷二十五）

《再贈秋吟即送之都門》

戀闕深情誦卜居，盛名未許遂耕漁。海邦贄幣香山集（朝鮮申紫霞、洪海居貽書乞詩集），皇覽文章水利書（謂《畿輔水利志》）。索米長安應不易，買田陽羡定何如。故鄉大有垂綸地，秋雪菴前好結廬。（《續修四庫全書》影印清嘉慶二十二年刻道光增修本《頤道堂詩選》卷二十五）

《自箴詩》

昔衛武公年九十有五，猶作《抑戒》之詩以自警。僕今年五十有九，知非未能，聞道苦晚，因歷敘生平，臚陳闕失，以自箴焉。

攻玉務去瑕，力田務去草。生質非聖賢，豈能皆美好。昔者衛武公，秩秩守禮儀。行年九十五，猶作抑戒詩。嗟我樗櫟姿，漸苦桑榆晚。叢過歲益深，望道日以遠。復禮在克己，責躬先省心。追憶生平事，鑒此座右箴。我生乾隆中，太歲在辛卯。八月渾噩遊，羲皇五齡入。家塾十齡更，十五性既柴。也愚質更參，也魯十六學。文字十七學，詞章十八遊。泮水識拔感（紫陽朱文正公），十九至廿四。悠悠荒歲月，改業思棄繻。從軍欲投筆，淮南阮公來，冰心徹玉壺。經神鄭高密，儒梟董仲舒。爐劍躍冶鳴，囊錐脱穎出。譽我士無雙，許我才第一。從公春明遊，延譽公卿間。詩篇美李杜，文筆稱馬班。一舉敗更成，一第得復失。十年客京華，辛苦邀微秩。寅年至皖江（嘉慶丙寅），卯年至江蘇。稍遂負米懷，高堂心歡娛。名場有坎坷，官場有恩怨。併無葫蘆問，那得蒲桃換。如是十六年，始得官江都。幸未玷師門，方之眞州居（謂琴隝）。經今又九年，事如雲不定。家事迭變更，窮薄輕性命。未年嚴親逝，戌年愛子夭。誃臺不可支，兩度客漢臯。明年歲在寅，今年歲在丑。絳人數甲子，屈指五十九。昔者蘧伯玉，五十云知非。我更逾十年，知非仍未知。我姑言生平，生平仗師友。巍巍淮南公，師恩實居首。文正公師門，文字知淵源（余已未取教習，亦出文正公門下）。秋闈四座主，當代皆名賢（戊午座師吳稷堂侍郎、蔣丹林太史，庚申座師曹顧崖侍郎、黄初甫太史）。雲間（王蘭泉司寇）與蘭陵（孫淵如觀察），問字常隅坐。詁經精舍中，當年三獨座。任公家嵩陽（任公澤和戊午房師），彭公家峨眉（彭公家馩庚申房師）。濂溪與昌黎，薦達皆吾師（周石芳侍郎、韓芸昉中丞，皆會試薦卷房師）。更憶童蒙日，屈指孰先後。柯古啓我深（段師瀛朗），南軒待我厚（張師蒓客）。因師更及友，海内多賢豪。寸心所感激，不僅文字交。查公玉芝堂（澹餘比部筤東侍御喬梓），孫郎雲繪園（古雲襲伯）。幸免杜陵感，適館兼授餐。即論文字交，交亦有深淺。蘭雪交最先，爲我申雄辨（新城吳舍人嵩梁）。蓉裳長以倍，視我若弟昆（金匱楊農部芳燦）。謂我叶壎篪，詩派同梅村。梅史我諸舅，寸心共吾素。旅食京華春（海昌查大令揆），曾共三年住。麗生才力健，各自張一軍。白鷹決秋漢，紫鳳凌浮雲（丹徒嚴大令學淦）。鐵雲交最深（大興舒孝廉位），樊村交最久（太倉蕭明經掄）。榕皋老尊宿（吳縣潘京卿奕雋），譽我不去口。涉世五十載，結交三十年。海内諸名流，半在師友間。因友以及親，更有龍山邵（夢餘大令）。詩教得最先，感激非文貌。更有梁學士（山舟先生），魯殿稱靈光。折節屢下交，此意焉可忘。更有張平子（仲雅先生），選學曹李亞。訂交惜已遲，近惜捐館舍。故鄉與京國，兩地稱三陳（杭州以余與曼生、瀛芝爲三陳，京師以余與荔峰、曼生爲三陳）。種榆跡較密，西湖稱曼雲。自從入官場，名公多知己。第一鐵尚書（梅菴宮保），目我以國士。同列戴（可亭相國）與徐（心如河帥），拂拭亦再三。殷勤薦馬周，始得官江南。更有慶方伯（蕉園將軍），文端之賢子。比我於隨園，優禮無與比。故人有公孫，屢作宣明面。公實覆庇之，孜孜心不倦。孫公家海岱（寄圃節相），休休心和平。謂我達治體，謂我通人情。念我有老親，推恩及子弟。至今望慈雲，依戀何能已。朱公重文學（靜齋中丞），楊公惜人才（雪帆中丞）。黎公表忠誠（河帥黎襄勤公），魏公抱虛懷（愛軒制府）。懷舊半古人，何處土一抔。九京不可作，使我中心哀。孫公久謝位，後嗣振風采（侍御善寶太史瑞珍）。慶公幸無恙，節鉞秉南海。更有英相國，悃忱冠中朝。薄懲僅遷謫，龍江遠迢迢（煦齋師相）。凡此數鉅公，皆我銜恩處。其餘同輩賢，屈指難悉數。張公與潘公（芥航、芸閣兩河帥），招我論河渠。頻年慶安瀾，賴此數卷書。梁公與賀公（茝林、耦耕兩方伯），聽我談海運。草議六十條，聊以答明問。稼穡民先務，農桑國本計。雲間與廣陵，所至籌水利。忠臣表正氣，烈女揚芳徽。瀛洲與邗溝，所至營專祠。一從官吳門，留意在後進。說士甘於肉，提唱心力盡。前後諸七子，一一人中英。及今已五輩，次第成高名。所惜瑯邪王（謂升叔），少年美才藻。遺文尚未刊，日星秘光耀。生平愛文字，搜才及閨中。從來王謝家，頗多林下風。京華三閨秀，東南諸女士。嬋娟出大家，人美詩亦美。子婦謝道韞，中婦管道昇。各自寶詩卷，簪花書吳綾。蘇臺花月天，白門金粉地。燕燕與鶯鶯，羅綺紛佳麗。亦如蘇和仲，所過求詩章。兩編畫舫録，墨瀋留餘香。生平所爲詩，始學吳祭酒。宛轉長慶體，規橅三百首。一變爲澹遠，再變爲蒼凉。三變爲沉鬱，四變爲尋常。邱遲錦垂盡，江淹筆漸禿。長留天地間，覆瓿或可卜。西泠詩五集，秣陵詩一編。各有單行本，任其傳不傳。亦嘗爲文章，中多論經濟。經濟誰所爲，空留此文字。駢儷仿六朝，聊以寫性情。或云吳園次，或云尤展成。餘事偶倚聲，蘇辛與秦柳。和以紫鸞笙，不知協律否。經學昧門户，史學迷津梁。所作僅如此，何以經星霜。一子頗有才，志欲翔千仞。頗似賈長沙，亦似周公瑾。志大願難遂，客死悲漢臯。遺恨無終極，漢水流滔滔。我身逼衰年，賴此聊自壯。意外遭奇變，能不心悲愴。上有邁母邁，下祇孤孫孤。病妻與寡媳，何以相枝梧。持家賴仲姬，安詳能不擾。古來姬侍中，似此才亦少。宦海本浮宦，名場亦虚名。屈指廿年來，百事無一成。悲憤既未宜，頽放亦無益。因思古賢達，黽勉更修德。修德德不進，或者無鍼砭。程子作四箴，獨於非禮嚴。禮非我輩設，斯言悞已久。所宜慎視履，跬步不可苟。守口當如瓶，防意當如城。留意道學傳，或者成儒名。習儒雖有年，爲儒頗不易。聊將洗伐功，瑩此方寸地。近年讀仙書，頗欲求神仙。伯陽叅同契，紫陽悟眞篇。始知學道人，與儒本相合。務求放心放，務祛雜念雜。三教儒釋道，三寶精氣神。得精遺其粗，亦非身外身。其義在中庸，其理在周易。言性與天道，賜也聞未得。谷神應玄牝，妙藴參黄庭。老子猶龍乎，更有道德經。我家西湖西，開門對秋碧。思求二頃田，更營五畝宅。當門種楊柳，繞屋栽梅花。更建懷仙閣，以待蕚緑華。緑華本仙師，丹經有口訣。亦如西王母，靈眞最高潔。拔宅八千所，登眞十萬人。不讀列仙傳，終古迷埃塵。我生夫如何，蹤跡略具此。此後不可知，視作餘生矣。第一古仙人，去訪廣成子。長生未可學，且學長不死。（《續修四庫全書》影印清嘉慶二十二年刻道光增修本《頤道堂詩選》卷二十六）

《奉陪王竹嶼都轉鳳生白公祠小憇》

水上紅闌柳外樓，扁舟聊此作句留。園林自得清華意，烟月聊同汗漫遊。儘許茶瓜煩地主，敢云鹽莢借前籌。桓寬名論原良策，祇恐無人識遠謀。（《續修四庫全書》影印清嘉慶二十二年刻道光增修本《頤道堂詩選》卷二十七）

《題彝陵三游洞碑拓本後是白樂天與弟師退及元微之同遊而作旹樂天自江州司馬改刺忠州微之亦自傐州遷虢州相遇此間也香谷以拓本見示爲賦一詩同調生作》

元白當年同謫宦，洞天清暇復同遊。元和新體都風雅，長慶騷壇共唱酬。西上夔巫橫蜀道，東來漢沔合江流。蓬萊閣上傳詩去，更憶杭州與越州。（《續修四庫全書》影印清嘉慶二十二年刻道光增修本《頤道堂詩選》卷二十七）

《夜過琵琶亭》

隔岸琵琶漸作聲，東風吹我片帆行。水因得月更無際，山解生雲初有情。翠被中流青雀舫，銀燈小譜紫鸞笙。已消人世升沉感，期與仙翁話玉京。（《續修四庫全書》影印清嘉慶二十二年刻道光增修本《頤道堂詩選》卷二十九）

《廬山仙跡詩·白香山（香爐峯下有香山草堂元集虛隱居相辭澗旁香山欲與卜鄰有詩）》

海上仙龕在，何如舊草堂。香爐峯下住，下見古潯陽。三徑遲明月，清吟玩緑楊。（《續修四庫全書》影印清嘉慶二十二年刻道光增修本《頤道堂詩選》卷三十）

《送王儕嶠侍御蘇出守衛輝四首》

頻歲滯燕臺，杜門車結轖。非爲示激詭，聊以假遊息。惟有數正人，耿耿在胸臆。暗中交有神，彼此慕顔色。侍御江左彦，雲逵厲六翮。初爲名翰林，文采動江國。及晉惠文冠，衆星避寒色。相思積歲年，士前心所惻。豈知君愛我，眎我心更亟。畫龕初握手，快譚意良得。君性素嚴介，相馬矜眼力。碌碌視羣廄，弗取虛車飾。賤子獨何緑，意外遭拂拭。譬之或太過，感深心轉惑。男兒重知己，何以酬明德？

君爲名御史，嶽嶽輝豸繡。三年振風紀，例滿當外授。朝論重保障，選曹注郡守。荆河惟豫州，衛輝界輻輳。十緊兼六雄，地大政易疚。前席問蒼生，三接日方晝。天子重儒術，委任意獨厚。讀書期致用，豈但工句讀。勉兹一身勞，毋使百姓瘦。天語簡而賅，報稱已難究。我思二千石，疆理綜斜衺。上官倚心膂，屬吏資領袖。李（鄴侯）白（香山）唐史褒，龔黄漢書懋。古今循吏傳，幾人乃克副。安得蚩蚩氓，盡付公等救。胥吏畏神明，婦子呼翁姆。召父與杜母，古有今則又。

此邦好山水，勝遊良可懷。大伾遠逶迤，太行高崔巍。清流既右縈，肥泉亦左迴。分支濟漕運，衛河從西來。靈秀所鍾毓，定復生良材。古蹟更非一，流覽供徘徊。蠹簡汲冢出，龍劒延津埋。淇澳竹應長，杏園花亦佳。邵雍留行窩，孫登餘嘯臺。歐公舊官舍，更有晝舫齋。公餘修廢墜，應亦心顔開。黄河近爲患，水決衡家樓。虎柙與龜櫝，典守將誰尤?

蒼生半爲魚，豈止數十洲。泥沙淤漕河，帆檣滯糧艘。恒恐誤飛輓，當宁殷咨諏。金隄費不支，束手司農籌。方待竹木楗，豈止圭璧投。此地君所治，一一資綢繆。今年矧被旱，畝鍾艱豐收。拊循頗非易，要當精神周。逆河或可挽，此後須防秋。治河無奇策，策在清下遊。大吏膺重寄，宵旰宸衷憂。（《續修四庫全書》影印清嘉慶二十二年刻道光增修本《頤道堂詩外集》卷三）

《宛仙繪白描詩囊見貽賦此奉謝》

十年蕉萃感名場，回首春華夢未忘。萬里關河走冰雪，一生花月譜宫商。江淹賦恨雲凝渚，宋玉悲秋月滿湘。久已無心寫金粉，美人珍重寄詩囊。

一幅吳綾一幅花，玉臺妙筆寫烟霞。偶因拂素留香蠹，想見簪毫倚碧紗。鶴舞緣知悟書品，龍眠應不媿名家。袛慚不稱羣芳譜，辜負仙人萼緑華。

長慶淵源見一斑，瓣香心禮白香山。得邀刀尺囊裁錦，遠勝弓衣句織蠻。艷福可能消半臂，閒情應抵唱雙鬟。掌書兼付司花使，秋水鷗波憶玉顔。

寫翠傳紅我所思，生平知己幾蛾眉。畫家此是名家畫，詩事應添本事詩。翠黛人遥秋水濶，玉關天遠暮雲遲。蕊蘭兩字分明記，書記年來鬢有絲。（余舊有蕊蘭書記小印，謂蕊淵晨蘭也）（《續修四庫全書》影印清嘉慶二十二年刻道光增修本《頤道堂詩外集》卷六）

《秦淮訪李香故居題桃花扇樂府後》（十六首）其三

湘篘小閣晝簾秋，惆悵前朝弔玉鉤。讀到嬋娟長慶體，夜烏啼上媚香樓。（錢塘孫碧梧女士有《媚香樓詩》）（《續修四庫全書》影印清嘉慶二十二年刻道光增修本《頤道堂詩外集》卷九）

《題謝蘇潭方伯六如圖小影四幅分寫四時一走馬一獨立也》

東山高隱西江儒，讀書致君如唐虞。宰官身證羅漢果，不圖一品圖六如。六如分象四時氣，春風桃李秋風桂。愛蓮說後賦梅花，宰相襟懷君子意。走馬長安憶少年，玉珂聽漏待朝天。生平獨立蒼茫意，心事分明白樂天。西湖近在城西路，第一湖山最佳處。兩隄煙雨六橋花，一亭香雪孤山樹。四照樓頭月似弦，八甎閒話永平年。廣經削盡三千牘，詠史吟成五百篇。（公所著有《廣經義考》及《詠史五百首》）畫裏六真長不改，卿雲霽月瞻丰采。他年湖上祀三賢，阮琅嬛與秦淮海。（謂雲臺學使、小峴觀察）（《續修四庫全書》影印清嘉慶二十二年刻道光增修本《頤道堂詩外集》卷十）

《顧竹嶠詩敘》

有詩人之詩，有才人之詩，有學人之詩。漢魏以來，陶之沖淡，鮑之俊逸，小謝之清華，王孟韋柳之雋永澄澹，詩人之詩也。陳思之沉鬱，康樂之生新，太白、東坡之曠逸朗秀，才人之詩也。韋孟之諷諫，張華之勵志，少陵之時事，香山之諷諭，邵堯夫之溫厚，陸放翁之忠愛，元遺山之眷懷故國，學人之詩也。國朝詩人輩出，踵武前代，亭林、桴亭為學人，愚山、漁洋為詩人，梅村、迦陵為才人。乾嘉以來，於斯為盛，並世諸賢，略可屈指。為詩人之詩者，則有我師儀徵阮雲臺先生，無錫秦小峴司寇、蒙古法梧門祭酒、山左李石桐、少鶴兄弟、萊陽趙北嵐、山陰邵夢餘、嘉興吳澹川、長洲王惕甫、彭秋士、吳枚庵、太倉彭甘亭、華亭姚春木、江西樂蓮裳、吳蘭雪、吳江郭頻伽、海昌查梅史、錢塘厲樊榭、袁簡齋、吳穀人、朱青湖、馬秋藥、錢謝庵、東生、叔美兄弟，屠琴隖、從兄曼生。為才人之詩者，則有武進黃仲則、陽湖趙甌北、洪稚存、湘潭張紫峴、會稽商寶意、大興舒鐵雲、嘉興王仲瞿、揚州汪劍潭、竹素、竹海父子，遂甯張問陶，金匱楊蓉裳、荔裳兄弟、金華周箌雲、丹徒嚴麗生、常熟孫子瀟、吳江趙艮夫。為學人之詩者，

婁東蕭樊村一人而已。(《續修四庫全書》影印清嘉慶二十二年刻道光增修本《頤道堂文鈔》卷一)

《頤道堂詩自叙》

余束髮受書，資質椎魯，未嘗學詩。嘉慶丙辰，儀徵阮伯元先生視學浙江，見余試作，謂余曰:「子之文，揚班儔也；詩亦可及高岑王李，若之何其不學也。」余家無藏書，又里閈無師友之助，因先生言，始有嚮學之志。觀書于市，且鈔且讀。越二年戊午，從先生入都。明年己未，又從至浙越。二年，又以計偕入都，居京師者五年。孫君古雲爲余刊《碧城詩鈔》，所存藻飾之作爲多。丙寅歸里門，旋試吏皖中，轉饟河上鐵梅菴，制府留余佐宣防之役。明年丁卯，以河復叙勞改官江南，遂至吳門。婁東蕭君樊村來館於余，論詩頗規余失，始變舊習，於舊作多所删汰。今年春病中，無以遣日，乃取韓孟王韋諸家詩讀之，覺詩中之境，若江河然，源之去委，不知其幾千里也；若山嶽然，巔之去麓，不知其幾千仭也。往返尋繹，稍有所得，又删舊作，存十之七。余之從伯元先生遊也久，蕭君之館余者，今亦八年，所得緒論爲多。先生之論詩也，曰:「作文之道不盡自文出，作詩之道亦不盡自詩出，自古未有不求根柢於六經諸史而可以自立者。」蕭君之論詩也，曰:「詩必理足而後意足，意足而後氣格生焉，篇終而不識命意之所在，是理不足也，是妄作也。」兩君之論詩如此，雖不可以賅漢魏唐宋以來之詩人，然持論其最勝矣。白香山與元微之書，論李杜詩品，舉少陵忠愛沉著之語，及《留花門》、《塞蘆子》諸目，其自編詩，以諷諭之作列爲一體，其論甚正。余詩雖不敢謂力追古人，然持此以自繩檢，較少作頗有不同，則師友啓廸之功，有造於余也大矣。余學詩至今，垂二十年，所爲詩約五千首，删定之爲二千首，編二十卷，因序其甘苦及師友之益著於篇。(《續修四庫全書》影印清嘉慶二十二年刻道光增修本《頤道堂文鈔》卷一)

《書李空同集後(一)》

世皆稱明李夢陽之詩爲復古，其名在前後七子上，非直稱其詩也，兼稱其人，以爲正直忠鯁。余讀其詩文，核其本傳，参以諸家所紀載，蓋譎變狂謬者流，無所謂正直忠鯁也。……王元美謂其居官日，僚屬有不協者，輒自起手批其頰，宴客則自居上座，使客居下座，此何禮也？夫人有捄我之恩，感之者人情也，不感則已非，而又負之。夢陽於壽寧侯之獄，羅玘救之；江西之獄，何大復救之；劉瑾之獄，對山救之；宸濠之獄，以黨逆爲御史，周宣所劾，大學士楊廷和救之，尚書林俊救之，李西涯亦救之，僅坐作書院記削籍。而《中山狼》樂府，不免流傳於世，或云負康德涵也，或云負林見素也。雖主名不定，亦可見夢陽之負心爲不可沒也。矧踣于兄，毆於姊，扼于甥，使非不近人情，何致見殘骨肉。詩人溫厚，乃乖戾若此耶？卽其言詩，亦甚乖謬。夫詩宗漢魏，似已，然漢魏之詩不一家，唐人宗少陵，似已，然唐之名家不少，卽少陵詩亦不一格。夢陽詩，全以摹仿爲能，夫摹仿則未有不流爲剽竊者也。觀其與徐氏論文書（廸功也），駁何氏論文書（仲默也），以元白、韓孟、皮陸爲入市攫金，登場角戲，申柔澹沈著、含蓄典厚之旨，而薄俊語亮節，豈知元非白比，韓孟與皮陸不可同年語，而仲默之所可自立者，正在俊語亮節也。又謂仲默必熟讀子昂、必簡，時庶獲不遠之復，否則終身野狐禪，其命意尤使人不解，然至今盛稱者，何也？曰夢陽詩尊杜，論者震於其名，每以□少陵功臣，則又不然。少陵之詩，元微之稱之，李義山稱之，嚴滄浪稱之，宋元以來苟非大乖謬，未有不稱之者，不待夢陽也。或以諸人但知尊杜，不知學杜，夢陽則學杜神似。不知少陵詩所以獨絶者，全在尊君愛國之心，觸物感事，油然而生，不在佞哀詐泣、俚質生硬也。唐之韓昌黎、白香山、李玉谿，宋之黄山谷、陸放翁，金之元遺山，及明季之顧亭林、陸桴亭，皆能師其意不師其詞，斯爲善學杜者，若以生吞活剝爲學杜，摹擬剽竊爲尊杜，此則杜之罪人耳，何功之有？又或以提倡七子爲夢陽功夫，七子則自有七子之本色，在今觀諸人所作，似夢陽者皆不佳，則夢陽之爲功，亦僅而譽者，不察之甚矣。且當日未嘗無攻之者，未中其竅要，故愈攻而焰愈張。明季首攻之者，莫如牧齋。牧齋之意，衹在爭壇坫之名，故摘訾其字句，而於詩之是非，均未有得。且未嘗論其爲人，近日袁、蔣諸人，統以七子連類共譏，不知七子詩有美有惡，人亦有狂有狷，而摹擬剽竊之弊，與桀驁乖僻之行，惟夢陽爲獨盛乎？余生也晚，雅不欲掊擊前輩以爲高，竊以詩之爲道以言志，非以立名，牛耳騷壇，實爲敝習。夢陽所作，未嘗無雄駿之篇，而摹仿者十九，至其論詩，純以意見爭勝，實不可以示後之學者，至其素行，由前觀之，則尚屬僞君子，由後觀之，則竟成眞小人。余恐後之學者學夢陽之詩，而因學夢陽之爲人，則有關于世道人心者甚鉅，故詳論之，俾讀者有所考焉。(《續修四庫全書》影印清嘉慶二十二年刻道光增修本《頤道堂文鈔》卷二)

《書李空同集後（三)》

客曰：子論夢陽之爲人，則信然矣，然其詩規仿漢魏，宗法少陵，復古之功不可沒也。余應之曰：子亦嘗取夢陽全集細讀之乎？……其實夢陽五古，豈止不自然而已。七古似詩者不過數篇，餘則學杜有作賊傷事主之病，何仲默譖之小兒倚壁，錢受之譏爲嬰兒學語，良非過苛。七律爲世所推，不知最無足觀，摹仿少陵，皆其下駟及拗體耳，求其完善可以壓卷者，屈指無可數也。歸愚謂其開合動盪，不拘故常，故當雄視一代，尚拾前人牙慧，非篤論也。至絶句本非少陵所長，夢陽亦復加以摹仿，可謂無識之至。蓋詩本無名家大家之分，唐人詩亦無初盛中晚之說，初盛中晚始于宋之嚴滄浪，成于明之高廷禮，本非定論，譬之一室之中，畫而爲四，不相往來，成何居處？又如白香山元和時人，其卒也在宣宗之世，將一人之詩，亦畫分初盛中晚耶？至大家名家，尤屬不通之論，李杜爲大家似矣，如陳子昂力追正始，將置之名家耶？抑大家耶？又如魏晉之曹子建、謝康樂、陶淵明，將置之名家耶？抑大家耶？夢陽才磊氣橫，借名家大家及初盛中晚之說以籠罩一世，而識陋體蕪，越數百年後，終有爲之發其覆者則甚矣，虛憍傲慢之不可以欺世，可以欺一時而不可以欺後世也。(《續修四庫全書》影印清嘉慶二十二年刻道光增修本《頤道堂文鈔》卷二)

《王井尗傳》

君姓王氏，諱嘉禄，字綏之，有文在手曰井，又字井尗，明大學士文恪公之後。……年十四應童子試，東武劉信芳先生督學江南，見君詩賦，擊節歎賞，遂入彀，補長洲縣學博士弟子員。嗣知爲典簿君之子，每謂人曰：名父之子，固應名下無虛，他日必以文章名世，科第不足以限也。吳下多才俊之士，徐氏鷗隱園在城西隅，中有廣榭，曰清華池館，饒水花林木之勝，君與朱酉生、沈閏生、潘功甫、吳清如、彭詠莪、韋君繡諸人結社賦詩，余目之曰吳門七子。君才力英鋭，盈篇累幅，下筆不能自休，每一雅集，或數題或數十題，君必全作之，以壓倒元白爲快。同人論君與西生二人詩曰：昔趙秋谷評竹垞、漁洋曰：朱貪多，王愛好。今當云：朱愛好，王貪多矣。聞者以爲知言。蓋西生詩筆簡要，與君各擅勝場也。嗣是後七子續七子中，如陸東蘿、孫子和、曹稼山，皆未易才，亦皆於君無異詞。予初見君詩於董琴南、琢卿兄弟處，激賞之。既與予子裴之交，嘗過予，予因得盡讀君詩。嘉慶甲戌歲大旱，赤地千里，地毳天魃，訛言繁興，君輒以詩記之，瑰奇怪偉，絶似盧仝《月蝕》、昌黎《陸渾山火詩》，閲者驚怪，君以折衷於予。余語之曰：此杜少陵《留花門》、《塞蘆子》，元次山《舂陵行》之遺也。白香山編詩，以《秦中吟》列諸諷諭，即是此意。詩人忠愛，以溫柔敦厚出之，當更有進，他日必掩吾名，僕不能不學衛茂漪之論王逸少矣。君益自喜，凡高山深林，荒陵古寺，驚濤驟雨，名花佳月，朋友之聚散，骨肉之離合，無一不發之於詩，稱意而言，肖象而搆，其綺麗則月明華屋、畫橋碧陰也，其高古則太華夜碧、人聞清鐘也，其典雅則玉壺買春、賞雨茅屋也，而天風浪浪，海山蒼蒼，眞力彌滿，萬象在旁，豪放之境，則又君所獨得。蓋詩人之雄矣，余見友人詩佳者，輒手録之，題曰清華録。録君佳句尤多……外史氏曰：天之生才不數，生異才尤不數，既生之矣，不假以年，不優以遇，恒使之抑塞夭折以死，如昌穀、仲則皆是然，視井叔猶過之，名位亦少勝焉。余於井叔嘗有敬禮定文之託，而井叔身後之文，乃予爲之操管。悲夫！（《續修四庫全書》影印清嘉慶二十二年刻道光增修本《頤道堂文鈔》卷八）

《書邵康節詩後》

余於宋人詩，最愛邵堯夫，蓋其胸次曠達，矢口皆和雅之音，自然之極，純乎天籟。……眼前景物，信手拈來，皆鳶飛魚躍氣象，唐人中王、孟諸家間與相近，尚未能觸處皆通。頭頭是道。香山有其自然，無其深醇，蓋不用力，不説盡。即以詩論，亦禪家最上乘也。（《續修四庫全書》影印清嘉慶二十二年刻道光增修本《頤道堂文鈔》卷十）

智按：陳文述，原名文傑，字雋甫，號雲伯，又號退庵，錢塘（今浙江杭州）人。嘉慶五年（一八〇〇）庚申舉人。曾官繁昌、全椒等縣知縣，在任開浚伊婁河故道。曾為阮元幕僚。追慕袁枚，風流自賞，一門中人人有集，有女弟子三十多人，當時擬于袁枚。曾自稱「玉局修書」轉世。有《碧城仙館詩鈔》、《頤道堂集》、《秣陵集》、《西泠懷古集》、《仙咏》、《閨咏》、《碧城詩髓》等。陳文述妻兄龔素山在爲其所作事略中評價其詩：「初學溫李，繼學元白，尤近香山；繼學高岑，尤近嘉州；學王孟韋柳，尤近摩詰；學韓蘇，尤近東坡。」（陳文述《西泠閨咏》，江蘇廣陵古籍刻印社，一九八三年版第一頁）

陳壽祺（一七七一～一八三四）

《黃樓詩和梁芷林藩伯》

黃巷門庭憶德温，黃樓新搆面梅軒。但教地踵蘭成宅，何事名爭謝傅墩。白社人開九老會（公辭官，適符白香山歸洛之年，朋舊過從無虛月，亦與香山同），緑楊春接兩家園（白樂天《欲與元八卜隣》詩：緑楊宜作兩家春。余宅與藩伯隔垣，前後亦有兩小樓，然不如公文采風流遠甚，媿無以張之也）。買隣百萬因君重，付與雲仍細討論。

鐘鼎山林總慧脩，午橋兼擅卯橋優。詩王生本陳芳國，宦隱居宜宏景樓。詞賦一時朋酒洽，薜蘿三徑歲寒幽。景于宛羽（明吾鄉陳女大、徐興公二樓名）流風後，較勝榕城韻事不？（《絳跗草堂詩集》卷五，《續修四庫全書》影印清刻本）

《許晝山進士（作屏）讀白香山集而好之作東坡圖》

詞場跋䟦望旌旗，家學韓嬰善説詩。論到元和長慶體，不知才子有微之。

香山副墨寄東林，樂府新篇諷諭深。廣大自然宜教主，正聲不獨是秦吟。

筆海廻瀾數退之，往來莫恨少新詩。君看春水多情緑，翻在平江煙雨時。

六義根苗論入神，後來纖艷誤隨塵。鄧魴老去唐衢逝，不分雞林有賈人。

樓臺履道醉婆娑，玉局詩情較若何。不俟黃州真築室，後身又喚小東坡。（蘇過人稱小坡，趙逵亦號小東坡，見《宋史》）（《絳跗草堂詩集》卷六，《續修四庫全書》影印清刻本）

《動静交相養賦》（以題為韻）

立天之道曰分陰分陽，立道之根曰一静一動。明至命之淵微，得殊塗之滙總。性苟順其樞機，志何虞其悾憁。稽白傅之言精，覺庖犧之義洞。滌玄旨於老莊，希聖功於周孔。其始也，一理中渾，萬緣外屏。息賾象於睹聞，慎獨知於衾影。元扃未闢，符如鏡之靈臺；止水常澄，異無波之廢井。其繼也，和地籟之刁調，露天倪於俄頃。受以震而道亨，取諸春而懷騁。譬鼓橐而吹鑪，若張機而發檠。盖責課於有無，固剖分於動静。然而同條共貫，合緒兼包。動寧勞於咸拇，静豈學於繫匏。鏡不疲乎屢照，瑟方鼓以何膠。月印潭而寫影，雲出岫以垂梢。雞栖塒而待曙，鳥銜葦而安巢。當太始無始之先，子午原分於天脊；及大生廣生之後，陰陽乃協於泰交。是故消息靡盡，倚伏無方。志在培風，羽先息乎六月；心非轉石，竅奚鑿乎中央。義精於蠖屈龍伸，環循顯晦；象察於豕牙羝角，善劑柔剛。時止時行，柅在輪而不繫；一開一闔，樞處户以何常。此合之則兩濟，而乖之則俱傷，惟交養乎智仁之體，乃無慙乎金玉之相。嗟人世之經營，極中情之懭悢。或擾慮於朋從，或輕心於尺枉。疲馬足於塵鞚，縛繭絲於世網。蟲未露而爭喧，草隨風而易嚮。否則抱寂沈冥，逃虚滅響。徒取笑於枯禪，詎游神於象罔。意守默其可安，將扶顛而曷仗。斯皆擇而不精，是謂失其所養。不知寒暑交推，晦明迭布。天事象而晝夜成，歲功更而剥復互。矧出處之偕時，同盈虚之有數。欲窮萬化之淵源，必率二儀之降賦。豈特子明著周易之傳，而時變分詮；茂叔説大極之圖，而互根得悟。（《左海文集》卷二，《續修四庫全書》影印清刻本，第一四九六册，第八八頁）

《律賦選序》

……其他如燕公之高渾，元白之潔老，黄滔、王棨之聲情，林滋、王損之之刻畫，巧力並臻，聲色具備，後人窮神盡氣爲之，不能到，况能出其範圍乎！今摻觚家往往誇富鬭靡，以濃密爲工，而不知去唐人之法遠矣。……（《左海文集》卷六，《續修四庫全書》影印清刻本）

《伊闕石刻録序》

造像鐫石，昉於元魏，臮唐中葉五代及宋，雕鎪漸熄，而龍門伊闕之老君洞、賓陽洞、萬佛洞，古刻最夥，金石家多未著録，非特世尠耆古之士，亦以崖壁千仞，攀陟險巇，故千數百年，遺蹟湮棄於荒煙敗蘚之中，而莫之省視也。非夫好之專，而求之勇，則其志與力均未足以致此。大興方君彥聞博雅君子，襟期伉爽，擅晋宋駢偶之製，善篆隸，尤好金石文字，片珉零鏐，珎若瑰寶。嘗游龍門，宿六十日，窮搜巖壑，獲石刻若干種，自魏太和七年至宋元豐二年所録，皆造像記及佛經也，末附元豐脩石道記，元符政和題名五事，釐為八卷，可謂富矣。……君所録文章之美者，孟廣達以孫秋生像記著，王友方以漁陽郡君佛龕記表，淳于敬一以洛陽鄉望父老像記顯，孟利貞、李孝倫以敬善寺石龕銘壯，洛陽縣某以婁氏像記炫，許乹、左中孚以徐氏薛氏像銘艷。其鉅公鴻筆，袁翻則皇甫公石窟銘，岑文本則魏王三龕記，邱悅則大彌陀等身像贊，張九齡則牛夫人像龕銘，白居易則能禪師石室銘，此與魏靈藏齊郡王洛州佛碑，陽信縣令沙門璨惠燈靈覺和上諸篇，皆詞采瑰麗蔥蒨，遠宗任、沈，近轢王、楊，李昉、章樵、陳仁子之所未收，傳之奕祺，韻留簡中，且象靖既徂，褚、虞未出，筆精墨妙，雄秀絶倫，而唐自文皇工染翰，文學名家，比肩朝宁，貴近鏤造，鈎畫通神，尤使釵股漏痕為之色減者也。……夫歐陽、趙、洪諸公則往矣，後之君子，其亦有樂乎此也。（《左海文集》卷六，《續修四庫全書》影印清刻本）

智按：陳壽祺，字恭甫，號左海，亦號葦仁，閩縣（今福建福州）人。嘉慶四年（一七九九）己未進士，改庶吉士，授編修。有《絳跗堂詩集》、《左海文集》。

英和（一七七一～一八四〇）等

《石渠寶笈三編》

文嘉畫白居易《琵琶行》董其昌書合璧一卷。紙本。縱六寸三分，横三尺八寸。設色畫。白居易《琵琶行》詩意。款：「嘉靖戊午八月廿又二日，吳郡文嘉寫。」鈐印一「休承」。後幅縱同前，横四尺八寸五分。行書《琵琶行》（詩不録）。款：「辛酉八月，董其昌書吳門舟次。」鈐印一「董其昌印」。

卷内分鈐「高宗純皇帝寶璽」、「乾隆御覽之寶」、「乾隆鑒賞」。(《石渠寶笈三編》卷十六「乾清宮藏十三」,《續修四庫全書》影印清嘉慶内府抄本,第一〇七六册,第一〇四頁)

智按:《校理中秘書畫録》(清内府寫本第二册,第九頁)、《清宫舊藏歷代法書名畫總目》(抄本第二册,第五三頁)亦有著録。參見朱家溍主編《歷代著録法書目》,紫禁城出版社,一九九七年十月版,第四九七頁、第四九九頁。

明董其昌書白居易《長恨歌》一册。紙本八對幅,皆縱七寸六分,横三寸八分。小行書。白太傅《長恨歌》(文不録)。自識:「明皇開元之際,姚、宋、張、韓,迭入為相,天下幾於上理。乃以一女子故,遂有西幸之辱,悲夫。向非李、郭諸臣,大物已非唐有。樂天之作,蓋有慨乎其言之也?壬子春日,既書其詞,并贅數語。時泊黄河岸口。玄宰。」鈐印二「董其昌」、「太史氏」。(《石渠寶笈三編》卷四十九「延春閣藏二十六」,《續修四庫全書》影印清嘉慶内府抄本,第一〇七八册,第三頁)

明董其昌書白居易《琵琶行》一册。紙本六對幅,皆縱八寸四分,横三寸八分。行書《琵琶行》(詩不録)。自識:「白香山深於禪理,以無心道人作此有情癡語,幾火中蓮花染而不染者耶?黄山谷為小詞,秀鐵訶之,謂不止墮驢胎馬腹。香山此歌,定是未見鳥窠和尚時遊戲筆墨,文人習氣耳。它日著六觀,便足當懺悔。余書此一過,亦寫《心經》一卷。董其昌。」鈐印二「玄宰」、「董其昌印」。幅末題:「休爲琵琶淚濕衣。横江秋月,白夜何其。一生難得是閒時。楓林外,應遣醉如泥。　人誤是,蛾眉回燈頻細語,各依依。我如相遇在天涯,當狂笑,重與譜新詞。宋夏英公《琵琶亭》詩云:『流光過眼同車轂,薄宦羈人似馬銜。若遇琵琶應大笑,何須收淚濕青衫。』康熙辛未夏五月,題《小重山令》於後。高士奇。」鈐印二「高士奇」、「澹人」。[後副葉]題跋:余辛未暮春卧疾,五月初愈。足尚不能履地,日坐樓頭,拈弄筆研,山荆往往勸余收攝精神,然展軸拂紙,伴余岑寂,恭謹無倦。壬申夏五,山荆謝世。忽又兩年,今日雨窗閲此,興懷疇昔,因賦小詩:『鶯語間關緑樹枝,閒居無侶晝長時。紅薔花爗濛鬆雨,不聽琵琶也合悲。』甲戌四月十八日，跋於柘西簡靜齋。江村高士奇。鈐印一「竹窗」。「慢撚輕攏總不須，開函流淚眼糢糊。蠻牋難寫江（江字改蕭）郎恨，添酒回燈歎影孤。」是日再題。　此册雖攜入都，絕塞巡行，徒在篋笥。去秋養南還，謝客杜門。今日微雨初歇，暑退涼生，再閱一過，如澄江秋月，照人襟袖也。戊寅六月廿五日。鈐印二「士奇」「高澹人」。近又得文敏大字《琵琶行》一卷，在絹素上，與此各有佳處。是歲九月廿日對菊曉晴，霜降節尚無霜。江村。　乾隆四十年春二月旬又九日，丹徒王文治觀。鈐印一「夢樓」。［前副葉］董文敏行書《琵琶行》，五十六行。文敏自跋一。高文恪跋五。無款印。（《石渠寶笈三編》卷四十九「延春閣藏二十六」，《續修四庫全書》影印清嘉慶内府抄本，第一〇七八册，第八頁）

智按：《清宫舊藏歷代法書名畫總目》（抄本第六册，第四六頁）及臺北故宫博物院《故宫書畫録》（卷三，中華叢書委員會一九五六年四月版，上册第九三頁）均著録有「明董其昌書白居易《琵琶行》」，不知是否即此本。書跡見臺北故宫博物院《故宫歷代法書全集》第二十五卷（明·三），株式會社東京堂，一九七九年版。

［惲向］谿山烟樹册。「昔者吾友，香山惲子。人不可見，畫猶在此。青山白雲，留贈伊誰？同遊共獻，追維其時。」允謙。……「惲子吾老友也，原名本初，字道生。晚慕白太傅草堂，更名向，別字香山，欲歸隱焉。」武進人（阮玉）鉉又記。（《石渠寶笈三編》卷七十七）

智按：英和，姓索綽絡氏，幼名石桐，字樹琴，一字定圃，號煦齋。滿洲正白旗人，隸内務府。乾隆五十八年（一七九三）進士，官戶部尚書，協辦大學。道光間請行海運，數主試。後坐督寶華峪工程不堅落職，戍黑龍江，尋釋回。工詩文，善書法。家富藏書，有《恩福堂書目》、《恩慶堂集》、《恩福堂筆記》等。

吳衡照（一七七一～?）

《蓮子居詞話》

⊙查繼佐耽音律

查東山先生［繼佐］以名孝廉負盛譽於時。性耽音律，聲會登場，旦色皆以些為名。有柔些者尤妙絕。汪蛟門［楫］製春風嫋娜以贈云：「看先生老矣，兀自風流。圍翠袖，昵紅樓。羨香山、攜得小蠻樊素，玉簫金管，到處遨游。舞愛前溪，歌憐子夜，記曲娘還數阿柔。戲罷更教彈絕調，氍毹端坐撥箜篌。　　新製南唐院本，衣冠巾幗，抵多少、優孟春秋。拖六幅，掩雙鉤。英雄意態，兒女嬌羞。燈下紅兒，真堪銷恨，花前碧玉，耐可忘憂。是鄉足老，任悠悠世事，爛羊作尉，屠狗封侯。」下半指先生新製《鳴鴻度》等樂府也。先生遇吳順恪事，觀其自著敬修堂同學出處偶記，似有出於傳聞之過者。然當時已有「不羨林宗知孟敏，還同李白識汾陽」之語，傳聞亦非心無因也。蔣心餘［士銓］《雪中人傳奇》，敘事頗核，惟誤其名作培繼。培繼，字玉望，先生族弟也。縐雪石，今歸吾鄉扶風氏。（卷一，《詞話叢編》第三册，第二四一〇～二四一一頁）

⊙陽關三疊説

陽關三疊之説，言人人殊。香山詩「相逢且莫推辭醉，聽唱陽關第四聲」注：「第四聲：勸君更盡一杯酒」，益索解不易。東坡嘗求古本陽關，而得其説。謂每句皆再唱，而第一句不疊，故三疊。「勸君更盡一杯酒」恰是第四聲。以此推之，香山謂河滿子「一曲四詞歌八疊」，應是每句三唱。《碧雞漫志》云：「歌八疊，疑有和聲，如《漁父》、《小秦王》之類。」和聲即虛聲也。（卷三，《詞話叢編》第三册，第二四五六頁）

智按：吳衡照，字夏治，號子律。海寧（今屬浙江）人。嘉慶十六年（一八一一）進士。官金華教授。工詩詞，精倚聲按譜之學。有《辛卯生詩》、《蓮子居詞話》。

龐長年（一七七一至一七七五～?）

《竹坪詩稿序》

……清思秀發，意境幽閒，直入香山之室。……（引自蔣寅《原始與會通：「意境」概念的古與今——兼論王國維對「意境」的曲解》，《北京大學學報》二〇〇七年第三期）

智按：龐長年，字松橋，號雪漁。直隸滄州（今屬河北）人。乾隆末貢生。有《古香堂詩集》六卷，前有韓琳序，光緒間刻本。參見徐宗亮《（光緒）重修天津府志》卷三十七考二十八藝文一（清光緒二十五年刻本）、《續修四庫全書總目提要（稿本）》第一七册第八八頁、柯愈春《清人詩文集總目提要》第一〇六八頁。《竹坪詩稿》八卷，乾隆間于大中撰。大中字子範，號竹坪，直隸滄州（今屬河北）人。乾隆三十年（一七六五）乙酉中舉，官密雲縣教渝。見徐宗亮《（光緒）重修天津府志》卷三十七考二十八藝文一（清光緒二十五年刻本）。

陸繼輅（一七七二～一八三四）

《吴二堦令郯城有惠政縣諸生徐棻疏十事請余賦詩爲著新樂府如其數》

⊙理積案

我公來，來何暮。長身頎頎，觀者塞道路。一邑雖彈丸，中有十萬户。窺公意指，伺公喜怒。（一解）公坐堂皇，四門洞開。吏抱積牘紛前來，昭然辨黑白。曲者媿服，直者歡如雷。（二解）謂公仁慈，不廢夏楚。謂公執法嚴，公實誨汝宥汝。嗚呼！公兮民之父。（三解）

⊙逐博徒

公命駕出門，左右請所之。公曰馬首是瞻，吾將渡沂。（一解）沂河水清，不如公明。公飲沂水甘，使我郯民安且寧。何用寧郯民，但願女不惰織男勤耕。（二解）男不耕，事游戲，白日飲博肆無忌。前驅傳呼我公至，聾者側耳聽，眇者昂首視。（三解）虎而冠者走矣，胠篋者斂其手矣。日旰兮公

勞，申令者久之。（四解）

⊙築沭隄

沭上吏，鳴鼛鼓。沭上民，分隊伍。惟公爲我捍患兮，敢言築隄苦。（一解）卑者增，傾者補。我公來兮民獲寧處。（二解）河之神兮聽我語，迴狂瀾兮護稷黍，與公一心兮守兹土。（三解）

⊙修邑志

邑有乘兮，誰其續之。邑有才兮，誰其督之。公招諸生兮至前，毋永矢兮勿告吾，爲汝師兮課汝讀。（一解）無菊不秀，無蘭不芳。佐公輯志，紛羅丹黄。孝子悌弟，有隱畢彰。待裒然兮成帙，慰公心兮傍徨。（二解）

⊙碎鼠牙

筆如刀兮，殺機起於毫端。皦皦素絲兮，染而爲元。嗟浮雲之翳日兮，明鏡無權。（一解）隸來捉矣，一家哭矣。公曰一家哭何如，一路哭耶，縛此鼠子，碎其兩牙。（二解）筆已折矣，如刀不磨。鼠無牙兮，柰我屋何。（三解）

⊙遣牛儈

解牛者誰跖之徒，民畏跖兮，如牛畏屠。公猝至兮焚其廬，魑魅兮敢寧居。（一解）昔有牛兮蓄無處，今縶牛兮門前樹，牛亦長鳴得生趣。（二解）出而作，無荒田。入而息，酣夜眠。農兮農兮樂其天。（三解）

⊙禁掖刀

掖刀手，刀在腰，三三五五意氣豪。行者讓畔耕者止，且復沽酒醉我曹。（一解）公來按名捕，棄刀走不顧，雪刃霜鋒滿道路。（二解）賣刀不值錢，毁刀鑄農器。帶刀少年無所事，桑麻種滿村前地。（三解）

⊙祀貞婦

祀貞婦，律有祠，五十年誰祭之，神牌傾倒字蹟稀。（一解）我公來兮，妥其幽魂，帛一束兮酒一樽。（二解）飄靈風兮采旗，神之來兮雨凄凄。福我民兮雙棲，毋作寡鵠兮孤飛。（三解）

⊙葺魁樓

魁有宿兮福之主，魁有樓兮不能蔽風雨，嗟滋乎魁兮柰何許。（一解）公來兮愀然，繪魁象兮中懸。乍輪奐兮可觀，祐此邦兮孤寒。（二解）

⊙展于墓

于公墓，成頽邱，年年草長驅羊牛，碑已仆兮銘空留。（一解）于公我公，前賢後賢。公來展墓，悽愴荒煙。（二解）煙荒荒竄狐兔，邪許聲中築墳固。君不見，東海孝婦名周青，神道亦禁樵夫行。（三解）（《崇百藥齋文集》卷十，《續修四庫全書》影印清嘉慶二十五年合肥學舍刻本，第一四九六册，第六四〇～六四二頁）

《五老圖記》

五老者，前邠州知州莊君、荆宜施道崔君、徐州鎮總兵官樊君、合州知州龔君、青州府同知趙君也。莊君年八十二，崔君七十五，樊君、龔君皆七十二，趙君七十，並康强健飯，能高吟豪飲，如其少壯時，每有讌集，里之人，得與於會者，必誦其詩篇，述其觴政，轉相告語，以爲美談，然未專爲五老會也。嘉慶丙子仲冬，樊君始創爲之，且曰不可以無圖。圖成以示繼輅，繼輅于是奉觴而言曰：昔在乾隆四十餘年，先君子罷郡歸，儲梅夫宗丞、蔣蓉盦侍御，暨趙君之先府君緘齋刑部，亦先後致仕，文酒之會甚盛，繼輅垂髫時猶及見之。其時莊、崔、龔、趙諸君，以通家後進，撰杖執爵維謹，亦如今繼輅之於五君也，文采風流，奕世相輝映，此誠仁里德門善慶之大者，而非徒科第仕宦之相承于弗替也。方五君之仕也，政事勳績，既卓然有所建白，及其歸也，删訂所著經義詞章，又皆足以信，今而傳後，後之得此圖者，按名而求之，孰循吏，孰名將，可以一一指數。然則斯圖也，五君實自傳之，而非圖之傳五君也。抑非五君者，或附一二人以傳，如香山諸老之於白少傅也。或者曰：以五君之康强健飯，高吟豪飲，其精氣必有大過人者，使猶挂仕籍，必能精訓練勤，撫字以期克稱厥職，而皆淡于榮利，守知足之戒，故能從容頤養，不爲寵辱所驚，而與松喬比壽也。或又曰：君子之仕也，常難進而易退，老而求息，中人之所能，不足爲五君譽，五君者無所歉於仕之時，故無所悔於仕之後，中懷坦蕩，不與壽期而壽自永也。是説也，繼輅兩然之，遂并書之卷中。莊君名炘，崔君名龍見，樊君名雄楚，龔君名際美，趙君名懷玉，樊君湖北襄陽人，以公子官常州通判，就養署中，崔君故山西永濟人，今居于常，五世矣。陸繼輅記。（《崇百藥齋文集》卷十五，《續修四庫全書》

影印清嘉慶二十五年合肥學舍刻本）

《有贈》

舊夢如雲委逝波，偶然照影感蹉跎。潯陽江上琵琶語，我是重聽淚更多。（《崇百藥齋三集》卷六，《續修四庫全書》影印清道光八年安徽臬署刻本，第一四九七册，第一六〇頁）

《琵琶亭》

詩人感所遇，懷抱欲陶寫。設境製新題，消此淚盈把。千秋長門賦，復幸事亦假。樂天昔送客，聞絃賞清雅。移船遽相邀，流連燭再炧。毋乃太通脱，仙吏自瀟灑。吾意實子虚，文瀾借傾瀉。挂帆翳何人，名氏孰知者。安論商人婦，齒長貌非冶。烟波起暮愁，空江日西下。（《崇百藥齋三集》卷十，《續修四庫全書》影印清道光八年安徽臬署刻本）

《合肥學舍札記》

⊙公私

鐙下讀茗柯文，有云：「用人者輒曰公而已，夫進賢退不肖之謂公，賞善罰惡之謂公，若惟成例是視，其所謂公，吾所謂私也，故公賞不足勸，而公罰無所懲，公之爲蔽如此。」諒哉言乎，因憶白少傅詩：「禾黍與稂莠，雨來同日滋。桃李與荆棘，霜降同夜萎。草木既區別，榮槁乃等夷。茫茫天地意，無乃太無私。寄言爲國者，不得學天時。」兩賢之言，可以相發明矣。（《合肥學舍札記》卷六，《續修四庫全書》影印清光緒四年興國州署刻本）

⊙香山

香山文行，都無可議，白璧微瑕，正在「外襲儒風，内宗梵行」二語。樂天知命之學，當於《論語》、《孟子》中求之，何必乞靈外道？（《合肥學舍札記》卷六，《續修四庫全書》影印光緒四年興國州署重刻本）

⊙詩學舉隅

讀靖節詩，胸中便有「沖澹」二字；讀香山詩，胸中便有「坦率」二字；讀昌谷詩，胸中便有「俶詭」二字；讀玉谿詩，胸中便有「緐縟」二字。自論者唱之於前，耳食者和之於後，并爲一譚，可爲三歎。（《合肥學舍札記》卷十一，《續修四庫全書》影印清光緒四年興國州署刻本）

香山《賀雨》諸篇，命意源《三百篇》，體格本古樂府，人所共知。尤當師其文從字順，無一句一韻不如天施地生。學杜既成，往往不免牽湊生硬之病，非參以樂天之妥適、義山之豔逸，終屬觕才，杜公不任其咎也。（《合肥學舍札記》卷十一，《續修四庫全書》影印光緒四年興國州署重刻本）

智按：陸繼輅，字祁孫，一字修平，陽湖（今江蘇常州）人。嘉慶五年（一八〇〇）庚申舉人，選合肥訓導。以修《安徽省志》敘勞，遷貴溪知縣，三年引疾歸。有《崇百藥齋詩集》。《清史稿》卷四八六有傳。

李載毅（一七七二～一八三九）

《夜拈白香山次古詩十韻》

我傷杜少陵，白首歎同谷。又感李謫仙，北窓聽脩竹。幽居近終南，爲看山一曲。飲啄隨分安，晚計於斯足。怊悵歲云徂，風霜經歷熟。有酒可沃喉，有飡甚充腹。古人去不還，春草萌新緑。嗟嗟蔀屋愁，雪中添桂玉。苦乏繼晷資，窓月如燈燭。羡彼鳥氄毛，方穩檐間宿。（《文山集》卷六，五言古詩，《韓國文集叢刊》本）

《用白香山示弟五十韻述懷》

年來老聽子，偶爾作西行。返哺隨東海，觀風入武城。左遷非所恨，外補亦伊榮。田野休爭訟，門闌喜送迎。離懷憐憶弟，分味愧爲兄。咸爽隨來遠，星丹任使並。庭喧吏初退，厨傳客長征。閒飲思元亮，高標隔禰衡。自來厭羈絆，非是薄功名。坐愛林光淨，行看水氣清。夕陽收遠景，秋雨報新晴。尋壑松濤漲，入簾山翠明。旅窓已鳴鵙，老柳猶聽鸎。陡覺清凉至，潛消鄙吝萌。寂寥同鳥鎖，淒切以虫鳴。浩唱靈芝感，醒神畵角聲。素襟迷出處，白髮老昇平。落齒愁當肉，臨葅羡嚼菁。膩香每思酪，甘潤莫如餳。佳品催煎茗，新醅議落英。以玆送餘日，不必問前程。怊悵流遐矚，逍遙絶俗情。有時宜嘯咏，多病仕狂酲。近境謀觀水，遐臺有濯纓。魚應知自樂，鷗亦問前盟。遯迹追嚴子，詞源溯馬卿。從知賞心事，多劣慕賢誠。那得襟期合，相逢意氣傾。道途三舍剩，巾服一身輕。秖可思量發，能無事故縈。宗人去弓位，詩伴滯松京。謝老猶憐逸，陳王不忘禎。馬嘶風颯颯，壺掛酒盈盈。幽抱空推枕，良辰擬啓旋。數螢殘夜度，孤鴈薄寒驚。且待蟾瞳白，寧愁魴尾赬。無思行豈到，有志事還成。露浥青菘葉，秋肥紫草莖。對時偏寓感，觀物更思精。行具金餘幾，舂粮槖有羸。亭臺誰獨障，雲水莫能爭。無樂三牲養，都虗萬事營。初心甘守拙，晚計利居貞。石廪空稱嶽，仙舟不羡瀛。遺形心似佛，調息色如嬰。及到身康濟，方知道大亨。不須從捷徑，何必用奇兵。縱未爲賢士，猶堪作聖氓。蓍龜焉卜筮，琴鶴可焦烹。所貴從吾好，如斯度此生。(《文山集》卷六，五言古詩，《韓國文集叢刊》本)

《用白香山東南行一百韻，賦太白山城所見，聊爲消遣之資》

有閣空臨沼，無舟可泛湖。庚山望孤堞，午皷出前途。環抱成全局，横看寄一隅。詢謀同此席，響應捷於桴。炎熱登時惱，清凉絶處殊。憑高多爽豁，涉險忽驚盱。恰似圍屏障，還疑列軸艫。村謳能力穡，倉餉尚餘租。枝捷老鼯鼠，窟深藏豹貙。肆筵伶作客，擊缶妓如巫。芒屩分諸少，藍輿屬老夫。銜羞堪可供，官釀不須沽。劃嘯如鸞鳳，嚶鳴勝鷓鴣。風流思跌宕，追逐任喧呼。俯瞰千尋壑，圓成七里郛。腰低笑雙水，頂絶擬金烏。常念居安策，初無失守虞。關防占地利，形勝載輿圖。縹緲開扃鐍，透迤轉斗樞。徑荒愁葛蘞，秋早憶蓴菰。睡鳥晚將子，放驢初命奴。宿酲嚼瓜解，新渴得冰蘇。蜜餌甛過棗，銀魚膩壓鱸。衆歡據全蜀，孤坐割東吳。林影俄當午，蟬聲已趁晡。郡樓喧鼓角，鄉社近枌榆。曠世千秋感，前朝四傑徂。神威今寂寞，瞻仰久踟躕。射鴈逢英主，攀龍笑腐儒。精忠徇以節，勳業棄如繻。剛銕留型範，靈風起轆轤。名基雲護溜，餘憤月張弧。訴臆來宸夢，黏蹄止賊驅。蜀祠祀諸葛，殷輔頌萊朱。精魄多靈異，藩籬孰覬覦。戰袍風自動，講樹露初濡。感此成陳跡，嗟吾滯病軀。更廵東郭下，乍向北川趍。山靄籠秋野，村烟漲夕厨。鷗眠沙上蓼，魚戲水中蒲。船幔圍成座，觥籌錯作酺。鼕鼕時點皷，嘈嘈或吹竽。雲壁丹巖繞，風帆白浪驅。不妨呼大酌，端合發清歈。暮境輸新債，浮游入遠圖。那能借羊角，如可摘驪珠。閒飲追元亮，長年問左徒。劇憐詩思澁，轉覺老懷麁。騎竹逢何客，搴蘭望彼姝。舊遊空白社，往事邈黄壚。容貌惟衰謝，談諧肯囁嚅。家憂厭煩惱，身計歎疎迂。聞笛欣三弄，看棋哂一輸。願隨鍊丹魏，歌和品茶盧。謾興携書簏，餘生付飯盂。搖搖眠未暇，厭厭醉相扶。久作囚籠鳥，翻爲脱絆駒。凄凄初感物，渺渺反愁吾。暝樹行將近，繁星仰不孤。蚊雷驚遠耳，螢火照迷塗。世味如吞棘，天時若合符。昭明分晝夜，名利較錙銖。列炬隨諸伴，連鑣向遠衢。譙樓經北固，石磴轉丸都。移泊穿巴峽，歸程躡鄭邘。岸容頻屈折，山角更崎嶇。望敵宜乘障，臨難可執殳。繕治陰雨備，料度巨魁誅。藏劍留干將，穿楊帶僕姑。昇平無一戰，險阻難重紆。門對三叉港，濠連十里蕪。鵶啼聽啞啞，笳動怨嗚嗚。夜氣生清水，商飈起碧梧。晚妍交石竹，秋色上茱萸。恨失蟾宫桂，偏憐鷺渚蘆。金精幾融結，天塹好排鋪。凄切虫吟草，驚飛鳥墮雛。况逢大豐穰，惟願少須臾。固圉從前代，當關鎮别區。居民多有業，戍卒少罹辜。遠慮曾誰設，忠肝亦見刳。畏途君所涉，疊巘我能逾。筇屐猶堪曳，衣冠不必拘。寒暄驗灰管，明滅喻風爐。世乏奇男子，人多小丈夫。休言立巖命，宜戒剥床膚。適意甘蔬糲，隨時足弊襦。鄉書寄鴻鴈，旅枕掃蜘蹰。垂柳紛千縷，高松貴一株。迴流河欲迸，好舞袂方揄。過客渾如醉，佳人豈盡愚。或歌仍或笑，長歎復長吁。有約將登彼，馳神竟立于。歡餘難免困，榮極易成枯。女婦新經病，親知日就殂。心懷正搖落，世念摠虚無。遣悶傾金屈，增悲擊玉壺。轉生幽處興，贏得老年娱。後躡鍾初盡，前行燭與俱。斯遊恐難再，看我雪盈鬚。（《文山集》卷六，五言古詩，《韓國文集叢刊》本）

《東陽蓮閣，次白香山渭村退居一百韻，賦所見忘暑遣懷》

長吁復長嘯，笑我滯東陽。憂慽心先老，逍遙體少康。厭喧非計拙，就食豈謀臧。儲翼猶思漢，衢謡莫逮唐。别離諸酒伴，寂寞舊詩場。蟬借高枝響，鸎投晚葉藏。從今三伏盡，來此一旬強。漠漠平原草，閒閒十畝桑。曲欄臨芰沼，通徑出槐坊。過客陰隨柳，居人業種粱。築堤頻灌水，樊圃細分壇。白露凉生樹，黄雲暮點秧。春窮憂荐歉，秋熟喜新釀。家蓄連雞犬，官供足豕羊。澗漁翁曬網，山採女承筐。有恨歸于土，無心陟彼崗。餘生能幾許，往事轉微茫。懶下何曾箸，愁開杜甫囊。縱令淹郡舍，何異坐山庄。散木多樗櫟，陳篇摠粃糠。寃訟休留獄，流逋尚在倉。午炎蒸火傘，夕氣爽林塘。畫角風前動，輕衫月下揚。滌煩浮大白，寄傲任雌黃。霧暗雙瞳炯，霜明兩鬢蒼。飄梧驚井冷，叢菊憶籬荒。短景如奔驥，凄音忽變蛩。經過都是夢，推敚正堪傷。病候沙中汞，衰添雪上霜。少文由性鈍，無實愧容長。萬事皆前定，三隅合更量。窮居無友道，要路隔朝行。遐舉鴻飛杳，孤棲鶴步蹌。夕陽將翳翳，時雨或霶霶。鵬戢垂天翼，龍鳴掛壁釭。以玆多感歎，誰與共翺翔。忍説齊施嫫，堪嗟渾碔琅。前途漸就窄，良夜未渠央。幽獨衾無愧，虛明室有光。晚年聾已久，薄俗見何嘗。翁拄青藜杖，妻留短布裳。和之偕隱曲，爇以合歡香。麥飯朝常飽，書帷夕復張。微酡方隱几，謾睡輒連床。鷰影瞻雙繞，雞鳴誦一章。穀絲均自適，籩豆備周詳。苟不爲楷範，終如負剌芒。差欣反烏哺，稍慰斷猿腸。半捲龍鬚席，新嘗蟹肥湯。桑麻依壠畞，花樹繞門墻。願作同歸鴈，行隨匹處鴦。先鳴恐鶗鴂，前導戒鸞凰。況復當衰境，猶堪趁晚芳。季兒絃續瑟，新婦佩交瑺。笄贄陳脩棗，盤留薦酒漿。塵埃掃庭砌，車笰度川梁。晚福思蘭茁，美儀聽玉鏘。碧紗羅引路，紅袖擁爲廂。村候環如堵，街喧辟以槍。餘懽携入室，故禮拜升堂。中饋承前配，尊名擬上皇。衙淹非樂土，家在理歸裝。自謂孤燈耿，猶勝膩燭煌。待人空解榻，無客共飛觴。府吏愁煩牒，官娥笑薄粧。脱巾卧松下，移席坐荷傍。彩筆閒題品，紅花賤似倡。蝶心倦芳草，蛩語鬧垂楊。微露沾虛閣，疎簾下洞房。沉吟螢度樹，高步月斜廊。久惱爐中熱，方知簟上凉。不徒排悶欝，聊欲任疎狂。只爲看書到，還思覔句將。河流秋後逈，山色雨餘彰。事故渾如糾，遊懽並未遑。詩朋難會合，酒債亦尋常。與爾莫言白，起予於是商。微醺須洗盞，精鍊便成鋼。乘興當離發，懷人乍竚徨。僮鞋纔補綻，驢背始完瘡。市紙堪題軸，囊錢可代粮。提携貯茶匠，抛置盈衣箱。飢渴憐高士，存亡憶老郎。首陽來遠想，九月入遙望。奇氣四峰秀，清風百世揚。石潭尤可賞，栗谷孰能當。嘗臠知全鼎，陳圭識大璋。淵源今未溯，鄉約昔何妨。明透宗濂洛，浮誇闢老莊。前脩有遺澤，後學悟迷方。行路須珍重，持身豈勔勸。蔬畦惡羊踏，堂社哂雞攘。村皷反招欒，野禾眞叶祥。秋聲轉蕭瑟，糴政在低昂。雖是三年客，猶爲百里王。斗升知欠縮，簽籍案流亡。試看分憂竹，宜思普濟航。爾何云苦海，吾亦坐他鄉。衣食皆天賜，殊恩詎敢忘。(《文山集》卷六，五言古詩，《韓國文集叢刊》本)

《獨坐無聊，次白香山荔枝詩十八韻，賦卽事》

竟日無聊坐，庭空鳥下堂。緑蘿垂翳翳，朱草展煌煌。愁對山當戶，閒看樹遶墻。簟涼排暑氣，簾淨納秋光。可愛林葱色，猶勝錦繡粧。尋香歎荷芰，扶老憶桄榔。長嘯空廵檻，沉吟不出房。南靈飛細縷，西果劈新勷。洞豁煩胷滌，氤氳滿口嘗。以玆消永日，何處覔前香。匏老朝經露，蘭摧秋易霜。那堪服蕭艾，直欲飲冰漿。情友多離隔，歸心轉渺茫。未躋觀物域，難借養生方。美玉先虧缺，良材半朽傷。樽空人寂寞，日暮道脩長。棗栗憐時食，松楸夢故鄉。悲懷葬期近，嗟我有三邙。（《文山集》卷六，五言古詩，《韓國文集叢刊》本）

智按：李載毅，字汝弘，號文山、約菴。有《文山集》。

方東樹（一七七二～一八五一）

《與友人論師書》

來教偁：自退之作《師說》，後來學人多有續爲之說者，雖意指各殊，而皆得一義，於以輔世翼教，至爲宏益，不可廢也。愚舊蓄一疑，久未敢發，敢因明論所及而私佈之。近世士夫援上慕勢而無階，則壹以師密，比之夫師也者，隨道義所在而爲之名者也，惡可以私妄勢利媚說自菲薄爲也。韓公曰：時無孔子，不當在弟子之列，孔子没，門人以有若似夫子，欲以事夫子者事有若，曾子不可，陳相說許行而從學其道，孟子責其倍師，若慕勢而以空名劫其號，非但無義，抑實可鄙甚矣。何北山爲朱子再傳，而未嘗受人之北面，亦不敢輕師於人。古者君師不分，故曰天降下民作之君，作之師，周公以九兩繫邦國，三曰師以賢得名，四曰儒以道得民，則皆人師也。司徒本俗聯師儒，師以德行教民，儒以六藝教民，則師爲人師，儒爲經師。至文王世子，釋奠於先聖先師，則先聖人師，先師經師也，皆所謂傳道、授業、解惑者也。若夫近世科舉，時文之師，與巫醫、藝術、百工之師相等，又有形名、錢穀、幕學之師，分儒者之一節而專門，雖不知本，亦供世用，則皆有授業解惑之實，固當偁師。惟夫鄉會主試房考，及外吏保舉屬官，乃公忠循職，舉賢援能，以人事君之義，而冒師生之名，殊不應禮，甚無謂。夫受爵公朝拜恩私門爲國用人而已，收其恩師與門生，兩犯不韙。昔韓文公出陸宣公之門，終身未嘗偁師，陸文安爲呂東萊所取士，鵝湖之會，東萊視文安如前輩，不敢與之論辨，文安對東萊則偁執事，對他人則偁伯恭，亦未嘗以爲師也。舒文靖公不師其座主，亦不門生，其所舉士明霍文敏公韜亦不師其座主，邱瓊山亦嘗論此，以爲不應偁師。近陳説巖相國薦陸清獻，及見不用師生偁，説巖大激服，且云：昔年馮益都薦魏環極，已曾薦王阮亭、汪鈍翁，皆未嘗用師生禮。嗚呼！可謂以禮自處，而又能以禮處人者也。世禄之家，往往多門生故吏，苟如張安世、謝瞻、羊祜、柳玭、王曾、王旦之所戒，則政當避之，而又可侈爲榮名乎？且士子幸由師儒起家，舍大司成不師，而獨親此，尤爲失其類也。甚者有慢其伯叔，慢其幼所受業貧寒之師，而獨隆其房師、座師、保舉之師者矣，薄其昆弟，薄其昆弟之子，而推恩此師之子弟者矣，又甚則即此師也，苟失勢衰落，度不復振，則其待之亦寖薄。自有此師，而世多失其本心，又況淪夷以至斯極也。昔三代聖王必有師，而四岳薦舜不聞有門生天子之號。若白樂天將相門生，乃鄙言耳。獨范文正公之認晏元憲，自是盛德，不在此例，惟足下裁之。（自記云：《潛邱劄記》曰：明之士夫積習，師弟重於父子，門户又重於師弟，得罪於父母者有之矣，得罪於座主者未之有也云云）（《考槃集文録》卷六書，《續修四庫全書》影印清光緒二十年刻本）

《族譜序》

人之生也，莫不本乎祖，即莫不各求詳其祖。不幸遭世多故，遷徙靡常，或微而亡其世焉，猶必本受姓之始，以著其宗。此人之常情，亦古今之通義也。然而宗之亡，即由乎此。非亡於求詳，正由夫求詳之過而轉亡焉。蓋古今氏姓之亡，其初亡於世變，其後亡於書。何言之？蓋自秦楚之際，天下大亂，而姓失。漢徙豪右實關中，大姓去其土著，而姓又失。兩晉雲擾，中原混淆，而姓又失。唐人多新族，而姓又失。五代之亂，而姓又失。宋之南渡迄於金元，而姓又失。故雖漢宋明三代之祖，貴為天子，而皆莫能指其高曾焉。若是者，世變為之也。古今氏族之書如林，其一二出於古而可信者既亡，於是私譜家狀，始多誣附不可信。惟私家譜狀不可信，故官為之正其失。而官書之疏妄，更甚於私譜，由是天下無復有千年可徵之氏族矣。昔在魏世，置九品中正，州郡各有簿狀，以備選舉。晉宋齊梁因之，家有譜牒，官有圖譜，局置郎令史掌之，以制婚姻，故《世本》及鄧氏官譜雖亡，而天下猶得因應劭《風俗通》、杜預《公子譜》、王儉《百家譜》、何承天《姓苑》、魏收《河南官氏志》等書，以存周官宗人之遺法。及至北朝，有以二字三字復姓改為一字（如破多羅改為潘），與古姓相亂。於是有中原古姓，有代北姓。唐以後又有通譜，有賜姓，有改姓（如理改李），有冒姓，離合出入，遂不可稽。唐人最重譜牒，太宗命儒臣撰《氏族志》，而國姓卒無定論。林寶撰《元和姓纂》，而不知己姓所由來。孔至撰《姓氏類例》，欲剟去張說《新唐書·宰相世系表》，學者多摭其誤。而李延壽、沈約、白居易等，自述其先，皆取世譏嘲，又何責於杜正倫、郭崇韜猥鄙庸人乎？鄭樵稱，唐人譜牒書如《氏族志》、《姓系録》、《衣冠譜》、《開元譜》、《永泰譜》、《韻略姓解》等，或主地望，或主音聲，或主偏旁。夫音韻偏旁，止可為字書韻書，初無與於姓氏。若夫貴賤無常，地望安可專主。然而後世為家譜者，率單主李林甫郡望之書為據。若是者，皆書之失也。以世變若彼，以書若此，由是天下無復有千年可徵之姓族矣。且夫郡望所系，大抵斷代自秦漢以後，其善者固有合於祖有功宗有德矣。而於神靈之裔，司商所協，蔑如也。世俗之人，所見陋，不能遠覽古今，詳考厥世，又不能闕所疑，而惑於相沿陋說，稱引無稽，不亦蔽乎。即所望不謬，而所望以上得姓受氏之祖，或弁髦相忘，而莫之稽。所望以下，中間數百千年絕續遷徙之蹤莫之考。所望之人，同時尚有諸族，一概置之而勿之道。其尤異者，本非同望，而或扳重門蔭，或貨鬻先祖，因緣以為賄利。總之郡望之失，其始偏重閥閱。貴近遺遠，其後依託謬妄，以異為同，欲由此考信要難。故不得與古者宗法同善。顧氏亭林謂，古者以祖之所自出謂之姓，姓本於五帝，若嬀子姬姜之屬。春秋諸侯于公子公孫卿大夫，有賜氏賜族，氏族本於春秋，若以字以謚以官以邑以伯仲之屬（《通志》第為二十七類）。戰國猶稱氏族，漢人則通謂之姓，於是姓氏族混而為一。（清盛康《皇朝經世文續編》卷六十七禮政七宗法）

《昭昧詹言》

杜牧之稱元、白，「向無佛處稱尊」，此最中俗人輕妄之病。若見得古人深苦如此，則豈敢妄自侈大？故今且以鮑、謝、韓、黃為之祈向，可以已輕率滑便之病。（《昭昧詹言》卷五，汪紹楹校點本，第一三五頁）

⊙白樂天

〔此條前抄據別本補一條云：「白傅意格，東坡祖本，但坡加以超妙，而無其俚俗，然且往往不免習氣。況餘子凡才，涉筆庸下，豈有不受其病。於是矯之者，悉以太傅為口實已。不能為邯鄲之步，而奚辭壽陵孺子之譏，是以君子慎所從也。」〕

《西湖留別》起二句敘題，字字鍾煉而出之，不覺其為對起。三四跌出，空圓警妙鹽腦，運虛為實。五六周旋題目，收句倒轉拍題，用筆用意，不肯使一直筆，句句迴旋，曲折頓挫，皆從意匠經營鍾煉而出，不似夢得、子厚但放筆直下也。先斂後放，變化沈約浮聲切響，此等足取法矣。然猶經營地上語耳。杜公包有夢得、子厚、樂天，而有精深華美不測之妙。

《錢塘湖春行》章法意匠，與前詩相似。而此加變化。佳處在象中有興，有人在，不比死句。

《夜歸》起句平點，三四遠景，五六警妙非常，以歸後事收。只八句說去，往復一氣中，層次情事，有如一幅畫圖，令人一一可按而見，固非小才能辦。

《西湖晚歸回望孤山寺贈諸客》此題已如畫，詩寫景工而真，所以為佳。姚先生云：「非至西湖，不知此寫景之工。」起二句點題，中四句小大遠近分寫，皆回望中所見。卸以結句回棹點明，復總寫一句收足，所謂加倍起稜也。起不過敘點「歸」字，而以密字攢煉出之。

《江樓夕望招客》起點敘，次句中聯，皆夕望中景。「招客」收。姚先生摘末句云：「俚俗不可耐。」愚謂此尚無妨，清切有真趣。較《夜歸》末句富貴氣為優。

《庾樓曉望》按此詩筆路，誠開俗人作俗詩一派，不可入選。

《與夢得沽酒閑飲且約後期》起得突兀老氣，揮斥奇警，可比杜公矣。妙在第四句，自外來招之入伴，而融洽成一片，故妙。後半平衍而已，卻本色。

《寄殷協律》起以敘事為點題，「浮雲」自比，三句與殷為一類，跌出四句如今寄詩，往復一氣。五六又回應首句，收句又應次句。此等猶見章法，用筆用意，隨手宛轉，變化之妙，不比作死詩。

《欲與元八卜鄰先有是贈》此詩亦無可學處，「不為身」三字，終未亮。（以上均見卷十八，《昭昧詹言》汪紹楹校點本，第四三〇～四三二頁）

東坡只用長慶體，格不必高，而自以真骨面目與天下相見，隨意吐屬，自然高妙，奇氣峍兀，情景湧現，如在目前，此豈樂天平敘淺易可及。（《昭昧詹言》卷二十，汪紹楹校點本，第四四四頁）

韋穀云：「李、杜、元、白，大（天）海混茫，風流挺特。」愚謂今當改曰李、杜、韓、蘇，而去元、白。（《昭昧詹言》卷二十一，汪紹楹校點本，第四九三頁）

智按：韋穀《才調集·敘》：「暇日因閱李、杜集，元、白詩，其間天海混茫，風流挺特。」（《唐人選唐詩新編》，第六九一頁）

白樂天詩，能道盡古今道理，人以率易少之。然諷諭一卷，使言者無罪，聞者足戒，亦風人之遺意也。惟張文昌、王仲初樂府，專以口齒利便勝人，雅非貴品。（《昭昧詹言》卷二十一，汪紹楹校點本，第五一〇頁）

智按：見沈德潛《説詩晬語》卷上，《清詩話》第五三八頁。

長律所尚，在氣局嚴整；屬對工切，段落分明；而其要在開合相生，不露鋪敘轉折過接之跡，使語排而忘其為排，斯能事矣。唐初應制贈送諸篇，王、楊、盧、駱、陳、杜、沈、宋、燕、許、曲江，並皆佳妙。少陵出，而瑰其鴻麗，一變故方，後此無能為役。元、白滔滔百韻，俱能工穩；但流易有餘，鎔裁未足，每為淺率家奴效顰，溫、李以下，又無論已。（《昭昧詹言》卷二十一，汪紹楹校點本，第五一三頁）

智按：見沈德潛《説詩晬語》卷上，《清詩話》第五四一～五四二頁。

古人同作一詩，不必同韻；即同韻亦在一韻中，不必句句次韻也。自元、白創始，而皮、陸唱和，又加甚焉。以韻為主，而以意相從，中有欲言，不能通達矣。近代專以此見長，名曰「和韻」，實則趁韻，宜血脈橫亙，句聯意

斷也。有志之士，當不囿於俗。（《昭昧詹言》卷二十一，汪紹楹校點本，第五二二頁）

智按：見沈德潛《説詩晬語》卷下，《清詩話》第五五三頁。

方東樹，字植之，桐城（今屬安徽）人。諸生。客游四方，蓋主講江西、廣東多處書院。有《儀衛軒文集》、《儀衛軒詩集》等。《清史稿》卷四八六有傳。

陶樑（一七七二～一八五七）

《紅豆樹館書畫記》

⊙國朝諸曦庵墨竹

紙本高一尺六寸三分，寬一丈六尺四寸五分，計兩接。曦庵畫竹，宗法魯孔孫，與山□□□□推□時。《畫徵録》稱其筆亦勁□□□□□□□確論。

智按：疑作「與山陰王崿見推一時。《畫徵録》稱其筆亦勁利，然失之匀。誠為確論。」諸昇（一六一七～一六九一後），字日如，號曦庵、曦暗，仁和（今浙江杭州）人。善畫蘭花竹石，畫竹師魯得之，尤善雪竹而馳名。亦工山水，用筆瀟灑脱俗。

癸丑清明，寫於指壑，錢塘諸昇。

附楊屺園書香山《養竹記》

紙本高一尺六寸三分，寬五尺二寸□□，共二十八行。

香山《養竹記》（略）。癸未秋八月，楊際亨屺園書。（《紅豆樹館書畫記》卷五，《續修四庫全書》影印清光緒刻本）

⊙國朝程端伯寫白樂天詩意

紙本，高三尺三寸二分，寬九寸六分，茅屋外作雜樹數株，中有枯幹，挺然獨立，筆情奇逸，非天機清妙，不能到此境也。惟白少傅原句爲兩架三間，今四字上下倒置，係屬筆誤，附識於此。

《畫徵録》：程正揆，字端伯，號鞠陵，又號清溪道人，孝感人，崇禎辛未進士，入國朝，官至少司空。善山水，初師董華亭，得其指授，後則自出機杼，多秃筆，枯勁簡老，設色穠湛。

《江甯府志》：程清溪六法神妙，駕軼前人，氣骨高老，具巖廊邱壑之致。

三間兩架舊草堂，清溪道人圖。

辛丑三月。

周櫟園少宰謂，程端伯嘗欲作卧游圖五百卷，不十年間，已見其三百幅矣。繁簡濃淡，各極其致，然矜貴不輕與人，此圖殆三百中之一耶？曩見於桐溪程氏，知爲春廬心賞之物，兹歸鳧香觀察，遂得重爲展玩，亦翰墨緣也。

道光庚寅十月廿又三日，識於津門節署。

白下楊天壁。（《紅豆樹館書畫記》卷八，《續修四庫全書》影印清光緒刻本）

⊙明唐子畏文衡山琵琶行書畫合軸

絹本。高五尺二寸一分，寬一尺六寸四分，官舫中主客對飲，二女奴侍後。商婦抱琵琶，側身隅坐，意尚羞澀鵠首。旁泊小舟，僕從于岸上籠燭系馬，夜色微茫，約略可辨。九派潯江與楓葉蘆花同此蕭瑟。畫法工整細潤，自是桃花庵本色。衡山書《琵琶行》共三十二行，結體瘦勁，與此圖允稱雙絕。（《紅豆樹館書畫記》卷八，《續修四庫全書》影印清光緒刻本）

智按：陶樑，字寧求，號鳧薌，一作鳧香，長洲（今江蘇蘇州）人。嘉慶十三年（一八〇八）二甲六名進士。選庶吉士，授編修，出知永定府，調正定，又調大名，累遷至内閣學士、兼禮部侍郎。富收藏，精鑒賞。有《紅豆樹館詩稿》。

吕善報（一七七二～？）

《六紅詩話》

白香山詩「松排山面千重翠，月點波心一顆珠」，雖不能十分佳，亦不致十分不佳。會稽陶篁村明經元藻《鳧亭詩話》譏其為庸惡陋劣，即三歲孩童亦能出口。未免太甚。又訛「翠」作「笏」。（道光二十四年刊本卷一；《清

詩話三編》第二八二一頁）

宋詩之至熟者無過放翁，其源出於香山；至生者無過涪翁，其源出於昌谷。後人學放翁之熟者，自宋至今，流傳者指不勝屈，學涪翁之生者，在宋只有一蕭東夫德藻，其詩亦不甚流傳；此後更無論矣。生不如熟，已有明驗。然近今詩家，茶竈香爐，詩筒酒盞，動輒連篇累幅，數見不鮮，又安得一戛戛生新之士，以救其流弊乎？（道光二十四年刊本卷二；《清詩話三編》第二八五六頁）

錢塘袁簡齋（枚）、鉛山蔣心餘（士銓）、陽湖趙耘菘（翼），海內奉為三大家，詩名籍籍，真不啻康熙初江南三大家之錢、龔、吳，嶺南三大家之屈、梁、陳也。余嘗細讀三家詩集，各有所短長。綜其大概，以唐人擬之，則袁（枚）近青蓮而遜其逸，蔣（士銓）近浣花而遜其細，趙（翼）近香山而遜其真；以宋人擬之，則袁似放翁而語多趣，蔣似山谷而詞較顯，趙似石湖而意更新。然學袁者必失之滑，學蔣者必失之粗，學趙者必失之雕，此其流弊，有不可不知。（道光二十四年刊本卷二；《清詩話三編》第二八五八頁）

智按：崔旭《念堂詩話》卷三云：「袁之情多，蔣之識正，趙之氣盛。」（《清詩話三編》第四四三二頁）

呂善報，字玖芸，一字珊音，號詩憨，晚號鹿虹，又作六紅。山陰（今浙江紹興）人。曾八應浙江鄉試而不報，以候銓刑部司理，佐其中表何慎齋河南道幕府。「困於名場，著述等身，半就散失」（《六紅詩話》道光二十四年刊本周起濱序）。有《九芸詩略》，袁潔《出戍詩話》卷一稱多佳句可采。嘉慶十四年（一八〇九），曾輯時人之詩，編為《國朝涵今集》、《窺斑集》，以其緒餘撰詩話四卷，五易其稿而成。參見蔣寅《清詩話考》第四六二～四六三頁。

吴榮光（一七七三～一八四三）

《辛丑銷夏記》

⊙宋人畫重屏圖軸

絹本，失記尺寸，有莊字、石氏永保等印，籤題「南唐周文矩重屏圖」，西齋珍藏。

玆南唐周文矩重屏圖也。一名兄弟圍碁圖。具載王明清《揮麈録》及陸友仁《硯北雜志》。圖中一人南面挾册，正坐者，即南唐李中主像，一人並榻坐，稍偏左向者，太弟晉王景遂，二人别榻隅坐，對奕者齊王景達、江王景遏兄弟。凡四人，其屏風上所圖人物，乃白樂天《偶眠》一章詩意也。詩曰：「放盃書案上，枕臂火爐前。老愛尋思事，慵多取次眠。妻教卸烏帽，婢與展青氊。便是屏風樣，何勞畫古賢。」詩見《長慶集》。順治丁亥，先宫詹公甫登第，官翰林，因得是圖於京師，舟車南北，恒綈囊攜，貯行笈中自隨。迄今襲藏已五十餘年矣。春秋佳日，焚香展對，亦一樂事。家世業儒，都無長物，祇此圖書數卷，子孫其永保之。己卯清和浴佛日，莊虎孫識。

楷跋十四行，在鑲絹上幅。

面目有神，衣冠逼古，畫裹畫，白樂天意態更奇。文矩去古未遠，故其用筆猶存唐法，迥非後人所能企及也。晉陵陸君叔成爲余購得之，以爲家藏圖畫人物之冠。雍正丁未六月，鳳凰山樵夏一駒，識於慎思齋。行跋三行，絹邊□上多半□飛藏印。

《寓意編》云：「宋人書白樂天及荊公詩，元滕玉霄詞。」皆失之，惟畫白樂天屏空處有「非禮勿視，非禮勿聽，非禮勿言，非禮勿動」四句，小篆。非諦審，幾不可辨。畫是宋人摹本，故附宋末。伯榮。（《辛丑銷夏記》卷二，《續修四庫全書》影印清道光刻本）

智按：吳榮光，字伯榮，號荷屋，南海（今屬廣東）人。嘉慶四年（一七九九）己未進士，歷官湖南巡撫。降福建布政使。有《石雲山人集》。

童槐（一七七三～一八五七）

《新樂府》

⊙勒衛士

勒衛士，衛士紛如麻。神武門前盡白刃，陰雲四塞風沙沙。領軍上將年甫冠，兀立富門好軀幹。左喧右譁聞不聞，或戲執冰或語難。外若此，内如何。昨者調火器，盈千入鸖鵝。鸖鵝之勢本搶攘，矧越二日不見饟關心。問領軍，伊誰勒衛士，若非外内通，饟絕防變起，領軍無言哂而已。（是夕順天府以麪餅一千斤至門，余所請於兼尹者也。内軍聞消息鼓譟入

之，得食始少安）

⊙促收屍

促收屍，賊屍方縱横，禁垣豈合染凶穢，惟大司寇當遄行。何況僵卧之中半生死，指認死者憑殘生。亟乘此時鞫究裏，免致後日無分明。可憐大司寇，哀詞籲樞相。案前奏牘出雲司，未列我名恐忤上。遷延改繕不覺一時復一時，死生呼吸遂令生者無孑遺。無孑遺，左證失，紛紛索逋逃，安知非已殛。君不見，尺書下馳無虚日，騷動四方不獲一。

⊙賊在表

賊在表，堪瞭如，東華西華揭旗入，十四十一旗無餘。渠魁廿五，一領十生獲。供詞經互質，以生核死數悉符。姓名細銀無模糊，斜行旁上覽即盡，捕風捉影何為乎。相公視此表，歎為得要術。侍郎視此表，乃云不祥物。譎言再四罷進呈，任彼索塗仍摘填。嗚呼此表豈易成，晝夜鉤摘空殫精。吾聞唐室巨姦數藍面，阻勤王者不得見。事有小大將毋同，履霜之防在相公。

⊙敘雪堂

敘雪堂，取義明，敘案超雪彰好生，滔天逆惡信難逭，名捕胡託死者名。今日劉第五，明日劉第五，牒送到堂不勝數。悉歸周内無所疑，已定極刑有餘怒。將刑其奈同名何，連羈獄底憑消磨。消磨恐未盡，羅織彌繁恣殘忍。殘忍誰與親，雲亭薦牘稱威神。吁嗟乎！立時大用固可必，天禍蒼生要此人。（《今白華堂詩録》卷二古體詩，《續修四庫全書》影印清同治八年童華刻本，第一四九八册，第三〇八～三〇九頁）

《自題官舍》

三臺臬居右（各省皆然），是邦獨左之。乖龍割一耳，形勢良非宜。中門署柏府，柏翠可里許。翠盡始見屋，層陰積堂廡。後院闢幾弓，連闥接數武。釵裙率相安，帷幕無綺組。有時攜幼出，廬側玩荒圃。獨我居前軒，填委盡文簿。窮日事鉤檢，往往逾夜午。以兹竭我才，終知無小補。日來春漸回，凝陰散和煦。衙齋開氣象，晴窗列眉嫵。猛思堂階前，奇境環東南。吾耳久知狀，龍洞千佛龕。開閤據几縱一覽，舜祠禹迹奚須探。閒情便擬白少傅，已對衙時亦望山（香山句）。（《今白華堂詩録補》卷二，《續修四庫全書》影印清光緒三年童華刻本，第一四九八册，第四二八頁）

《秋穫歎》

天欲戹蒸黎，胡爲降康年。天欲靖冦盗，胡不生英賢。人才經亂出，今兹殊未然。邪孽雖陸梁，蠢蝡蟣蝨耳。據郡昧聚殲，一埽直釜底。誰道王師行，難爲時雨洗。西南已塗炭，東北復瘖痏（時聞江南股匪由山東北竄）。列城雞狗盡，鼠雀亦無幾。絶地困守艱，愚賊更安恃。今歲天下稔，秋禾被黄雲。軍需即孔棘，農户輸糧勤。飽騰資士馬，滅賊奚足云。鐵甲雲霧積，安危仗諸君。吁嗟乎！環寇大營紛建旐，□主恩多軍令少。諸君不畏詩人譏，官軍賊軍相待老（香山句）。（《今白華堂詩録補》卷四，《續修四庫全書》影印清光緒三年童華刻本，第一四九八册，第四四〇頁）

《題白香山詩集》

醒黠無如換醉吟，誰同閒適一生心？多應辨得之無後，史上浮名感悟深。（《今白華堂詩録補》卷七，《續修四庫全書》影印清光緒三年童華刻本；《萬首論詩絕句》第二册，第七四七頁）

智按：童槐，字晋三，一字樹眉，號萼君，鄞縣（今浙江寧波）人。嘉慶十年（一八〇五）乙丑進士，歷官通政司副使。有《今白華堂集》。

李光庭（一七七三～?）

《鄉言解頤》

⊙月

月者，太陰之精，然舉世鄉言無謂之太陰者，通謂之月亮。唐李益詩：「木葉已衰空月亮，城砧自息對霜繁。」以繁對亮，言其光也。相習不察，遂若成月之名矣。或曰月兒。《雲仙雜記》載：上賜柳公權翦刀麪，月兒羹，未知此羹是何形色，初生之月，婦女稍知書者，曰初三初四蛾眉，月餘則曰月牙兒。楊維楨詩：「翡翠裙翻踏月牙」，又「髻雲淺露月牙灣」，肖其形也。農諺曰：「月牙兒仰，糧食長；月牙兒歪，糧食衰。」又「八月十五雲遮月，正月元宵雪打燈。」鄉人之占驗也。然亦有應有不應。童謠云：「八月十五月兒圓，西瓜月餅供神前。」三五而盈，他月皆然，獨謂八月之月圓者，蓋亦

「一年明月今宵多」之意也。有月之時不見月，謂之月黑天，便戒家人防夜。盧綸詩云：「月黑雁飛高」，白居易樂府有「雲陰月黑風沙惡」之句，至於陸放翁詩中用月王，高達夫用月卿，李義山用月姊，若鄉人以月兒爺呼之，則無稽矣。（《續修四庫全書》本卷一，石繼昌點校本，第二～三頁）

⊙霜

《豳風·授衣》傳：「九月霜始降，婦功成，可以授冬衣也。」九月肅霜，道其常也。六月飛霜，言其變也。若張融之補《海賦》「飛霜暑路」，肖鹽形，非實事也。市上賣面小招牌曰欺霜麥屑，霜、屑同也。俗語云：「富貴草頭霜。」謂珍珠毛之灰白色者曰草上霜，尤以白色者為貴。鍋底煤曰百草霜，則黑霜矣。白香山云「樹葉霜紅後」，則紅霜矣。冬瓜有自來霜，如傅土粉一層。故鄉言曰「黑臉搽粉冬瓜樣」。見髮禿者曰「下霜了還不戴帽子」，言壺盧遇霜則抽也。有納妾者，肥麻長黑，友戲贈云：「霜皮溜雨四十圍，黛色參天二千尺。」又王、周、張三人共飲夜醉，王居河北，二人送之。周曰「半夜三更送老王」；行至街外醉跌，張曰「文昌閣下躺周郎」；行至橋，王曰「石橋月下三人影」，未得收句；適北來一人，問而續之曰「毡帽頭兒六鬌霜」。（《續修四庫全書》本卷一，石繼昌點校本，第七～八頁）

⊙灰

《漁洋詩話》載：某人詩云「京師風物一堆灰」，夫首善之區，聲明文物甲乎天下，詎可以此目之。所謂一堆灰者，蓋專指煤灰而言也。煤灰至多可厭，且無甚用處，大塊者以墊爐底，餘則煤鋪攙作軟煤，棄之街上，揀煤核者取以引火而已。石灰則為灰中廣大教主，為造屋第一用料，且以供醫科、染房等處之用。若鄉中則以秫稭灰為最。種地必用灰糞，糞以肥田，灰以殺蟲。淋灰水去衣垢，快於土堿。次則炭灰淋水，亦可去垢。以水醮之，可以去銅錫之鏽。養炭火非灰不可，古人詩故有「灰深火可宿」，「灰深到曉溫」等句。灰本由火化，而可以養火，亦猶醫家培子益母之意也。白香山詩云「灰心罷激昂」，蘇東坡詩云「灰心詎復然」，蓋用韓安國與獄吏田甲語意。……（《續修四庫全書》本卷二，石繼昌點校本，第一八～一九頁）

⊙物

盈天地間皆物也。物為人用，其大者則為居處、飲食兩端。養疴經年，不耐思索，因取舊日所詠之物為目，以詩實之。始之以造屋，中之以雜物、骨董，及題畫小詞，終之以開門七事，湊泊成編，較省心力。或曰：「子之詩乃鄉言乎?」余笑曰：「白香山得句，廚下老嫗都解。解大紳曰：『分明是說話，又道我吟詩。』以彼二子且然，況我之未諳格調者乎？不風不雅，半諺半謠，只可附諸鄉言，未敢擬之匡說。」（《續修四庫全書》本卷四，石繼昌點校本，第五六頁）

智按：李光庭，字大年，號樸園，天津寶坻人。有《虛受齋詩鈔》十二卷。

倪稻孫（一七七四～一八一八）

《長亭怨慢·楚游歸經琵琶亭》

又行盡、凄凄三楚。倦客單衣，薄游情緒。縱有琵琶，半生淪落向誰語？別離於此（一作別離如許），盼不到、江南樹。江上已秋風，却送我、揚舲歸去。　重住。看扁舟來往。裊裊艷歌無數。青衫淚點，早吹作、驛亭殘雨。算那日、一醉成吟，便赢得、風流千古。認幾叠遙山，還似秋娘眉嫵。（譚獻《篋中詞》今集續一；丁紹儀《聽秋聲館詞話》卷十七引）

智按：丁紹儀《聽秋聲館詞話》評此詞「悲涼蒼秀，直合石帚、玉田二家爲一」。

倪稻孫，本姓淩，字穀民，號米樓，又號夢隱子、西湖夢隱、鶴林外史，仁和（今浙江杭州）人。倪一擎孫，倪印元子，學有淵源。「十歲以《河伯觀海賦》受知于學使朱珪，補諸生。工隸書，擅倚聲」（《杭州府志·倪一擎傳》）；「十許歲即有《剪雲樓詞》刊行于世，吾友楊秋室鳳苞嘗爲予極道其工」（嚴元照《酒邊花外詞序》）。後戴道士冠，托迹北山，年才三十餘。其詞宗姜夔，與郭麐齊名。有《剪雲樓詞》一卷，《蘆中秋瑟譜》一卷，《夢隱詞》一卷，《酒邊花外詞》一卷，《海漚剩詞》一卷，總名《雲林堂詞集》，計二百六十餘首。吴錫麒、陸繼輅、周濟、江藩、嚴元照等作序，許宗彥、曹三選、楊芳燦、郭麟、孫錫、楊鳳苞題詞，王昶、潘奕雋等評閱。

翟金生（一七七四～一八二二）

《丙戌元旦同吳雲坡花洲小酌觀梅效樂天連珠合璧體》

少時如昨老時來，五二年回不再回。歡喜筵堆歡喜果，吉祥時對吉祥杯。東湖景可西湖比，新歲花從舊歲開。暇日詩忙忙又暇，推敲幾次復敲推。（清道光刻本《泥版試印初編》）

智按：翟金生，字西園，又名文虎。涇縣（今屬安徽）人。嘉慶間秀才，以教塾館為業，好學善詩，手不釋卷。酷愛金石，能雕刻治印。

高澍然（一七七四～一八四一）

《種竹山房詩稿序》

昔張為作《詩主客圖》，推白樂天為廣大教化主。蓋樂天，元和、長慶間一大宗也。顧後之學樂天者，或即於靡，或流於薄，豈其詩有以致之哉？毋亦學之者得起麄跡而昧其取源之地乎？樂天取源之地何？杜子美是已。夫白之疏達，視杜之沉鬱不類也，要其性厚而氣舒，體博而完固，何一非出於杜？其視之甚易，得之甚逸，所謂不必似之，取其自然者。玆所以為唐一大宗歟？宋之歐陽永叔、陸務觀，皆祖杜而宗白，復為宋大宗，則白之武往尾來，其源流遠矣，學之者烏可不審其自哉！

宜興儲氏自宮庶先生，世以《毛詩》相授受，故其家有《竹屋傳經圖》。宮庶之曾孫青陽學博君紀堂傳經之餘，肄（肆）力於詩，積為十四卷，郵余福建督學署乞序。余讀之，蓋學白而兼骨於杜者。夫以白所取源者學白，宜其不即於靡，不流於薄，裒然為宋歐陽氏、陸氏之後起也。伏讀御纂《唐宋詩醇》，以白配杜、李、韓為唐四家，顯示大眾之系，而君《六十生日》詩自謂：「苦心師杜白」，可謂善於遵守，能自得師矣。抑白取源於杜，而二公實皆取源於《三百篇》。觀君集多庭帏之詩，語不忘親，性分內誠，視杜、白之拳拳君國者，何以異？則於其《三百篇》也，不惟闡其義，兼師其意與辭焉。即以玆集為君傳經之緒可也。詩後附詞二卷，亦異夫世之靡靡與薄者，并及之。（永思堂叢書本《抑快軒文集》卷上，第九葉，江蘇廣陵古籍刻印社福建叢書影印本，第三册，第一三二五頁）

智按：高澍然，字時埜，號甘穀，晚號雨農，光澤（今屬福建）人。嘉慶六年（一八〇一）舉人。嘉慶十二年（一八〇七），援例爲内閣中書、攝侍讀。以宦學不可兼，甫半載，父卒于家，遂假歸不復仕。年五十，名其軒爲「抑快」。道光九年（一八二九），閩浙總督孫爾準重修《福建通志》，擬聘高澍然爲總纂，高澍然辭與翰林陳壽祺，只任分纂之職。道光十四年（一八三四）陳壽祺病故，衆推高澍然繼任總纂，續成全書，共四百卷。道光十五年（一八三五），辭總纂職，應興泉永兵備道周凱之邀，主講厦門玉屏書院。三個月後，周凱調臺灣道，澍然遂西歸，執光澤縣杭川書院、邵武府樵川書院。道光十七年（一八三七），修《光澤縣志》，二十年（一八四〇）修成，是爲道光庚子《光澤縣志》。一生著述甚富，除《光澤縣志》三十卷外，梓行者有《春秋釋經》十二卷，《詩音》十五卷，《韓文放》十三卷，未梓者有《易述》十二卷，《詩考異》三十卷，《論語私記》二卷，《河防三編》各一卷，《福建歷朝宦績録》四十卷，《閩水綱目》十二卷圖一卷，《李習元文讀》十卷，《抑快軒文集》七十四卷，所纂《福建通志》經删定後，延至同治年間（一八六二～一八七四）印行。

沈欽韓（一七七五～一八三一）

《除夕效白樂天何處難忘酒十首》

何處難忘酒，春風引杖藜。糝紅燒屋角，吹緑繡山題。蝶向誰家舞，鶯藏别樹啼。此時非白墮，豈屑小蠻攜。

何處難忘酒，高陽並俊人。帔霞張作幄，花雨埽成茵。綿羽廻歌韻，遊絲攬舞塵。此時觥録事，可獨醨陳遵。

何處難忘酒，榆錢點客衣。科深行卷懶，僕慢過軒稀。眼亂逡廵立，心

知毷氉歸。此時非吃夢，無力送斜暉。（會榜未出前，聚朋市飲。俟得第者償，謂之吃夢）

何處難忘酒，槐陰轉夏初。葱花淪蠶豆，糟醷燉鰣魚。鶯自廵風倦，花如入月疎。此時非卯飲，櫻筍一年虚。（石湖詩注：吳人酌酒甕浮醅，謂之撇醷，酒之精英也）

何處難忘酒，潺潺雨滴階。山雲寒作絮，庭草長垂緺。子母行鞭竹，官私衮拍蛙。此時呼五骰，自覺醉鄉佳。

何處難忘酒，山房六月中。垂簾竹閣雨，打槳藕塘風。林局葉投鳥，檐吟絲吐蟲。若非河朔飲，黄孀莫施功。

何處難忘酒，新霜抹屋檐。蟹奴芒稻將，魚婢穗蘆喚。籬眼鮮鮮菊，林腰閃閃帘。一鴟缸面少，底物慰陶潛。

何處難忘酒，西風柞稻天。白魚長似劍，黄雀軟於綿。小閣初糊紙，名琴正合弦。慳囊不此撲，叵耐口流涎。

何處難忘酒，堯年鶴語寒。藏頭無六用，曝背待三竿。僧路抄冰澗，漁舟膠雪灘。此時挑榾柮，論甕倒禾酸。

何處難忘酒，爭春雪共梅。偶然隔水望，忽有暗香來。松吹舞能轉，鳥啼妝漸開。此時沽濩倒，不惜玉山頽。（《幼學堂詩文稿》詩稿卷十五，《續修四庫全書》影印清嘉慶十八年刻道光八年增修本，第一四九九册，第九六～九七頁）

《壬午歲與董琴南書》

前玆忽忽，不盡所懷，比者出館入臺，不無悒悒，視今日儌倖躐進者，誠爲淹滯，比于古則已多矣。科名官職，何足爲人重輕。張文定、蘇文忠進士乙科，韓退之、王元之不得知貢舉，獨王珪自甲科不數年爲考官，掌兩制，居承旨閣子，踐昭文相，其人之賢不肖何如哉！自隋設進士科以來，唐宋名臣，皆由此出。然登第者，猶不出官限，以數選方調簿尉，秩滿罷歸。一有私故，不能後集，或文書駁放，則資歷更淹。縣有七等，展轉循格，明皇詔所謂三十年不離一尉，其艱如此。故復求博學宏詞、書判拔萃之試，幸先釋褐，近佐畿赤，惟使府辟奏，廷評御史者，他日使罷，則預冬薦之列，脱身簿尉中，始與捶楚辭（判司簿尉坐公罪皆受撻）。若韓退之、杜牧者，無幾耳。其廣設科目，以待異才，而崔圓纔爲執戟（十二衛屬，司階、中候、司戈、執戟，謂之四色官，司戟最下，其後以授蠻夷頭目），陸贄、裴度諸公，高擢賢良，亦僅簿尉。惟元微之以第一授拾遺，而元和三年，勅頭牛僧孺與李宗閔、皇甫湜，並注關外畿尉，高才大科，所得如是，他可知矣。……唐宋名優士大夫，而老死選調，顛躓困苦，何可勝數，惟一二皭然不汙，如俞退翁、劉漫塘者，視儕輩所競，不啻糞土，夐乎尚已。足下今爲御史，御史在漢唐任煩辱之事，不名言官，今則職兼臺諫，品秩又重于昔時，樂承業願，爲之而不得，蔡君謨欲終是官而無悔，但懼碌碌班行，無能報稱，視天下大利害大闕遺，習焉而不之知，知焉而不能言，月課浮詞，歲靡諫紙，引領時日，邀任銀艾，以負此官耳。然與足下相知深，年丈春秋高祿，不足以養，介介獨爲此耳。昔之曹掾，俸錢四五萬，廩祿二百石，白樂天詩有「置酒延賀客，不復憂空尊」之語，今以五品常參，而祿不足養，此則時世之敝，宜有任此責者，非君子之私憂也。本朝之制，雖主上不敢輕改祖宗成法，況于臣子一時政令得失，又非踈遠小臣所敢言，然本有故事，久如蹲循廢弛者，宜日講求册府而修補之，如營務積玩，而武備不足遏姦，則將領宜以督捕爲賞罰……（《幼學堂詩文稿》文稿卷七，《續修四庫全書》影印清嘉慶十八年刻道光八年增修本，第一四九九册，第二七九～二八〇頁）

智按：沈欽韓，字文起，號小宛，吴縣（今江蘇蘇州）人。資秉極敏，而勤學甚至。家綦貧，書值千錢即無力購致，假之藏書家，計日以還，輒寫其要，遂淹通群經。年逾三十，始為諸生。嘉慶十二年（一八〇七）丁卯舉於鄉。屢躓會試。道光二年（一八二二）壬午，選授安徽甯國縣訓導。有《兩漢書疏證》七十四卷，《左氏傳補注》十二卷、《考異》十卷，《水經注疏證》四十卷；《韓昌黎集補往》四十卷，《王荊公詩集補注》、《王荊公文集注》、《范石湖詩集注》若干卷；《幼學堂詩集》十七卷、《文集》八卷。

孔昭虔（一七七五～一八三五）

《瘦馬行邑有徵發令户出馬邨民某鬻女市馬以應官嫌馬之瘦也笞之因取樂府舊題詠其事以爲新樂府》

門前小吏持牒來，門内嬌女嘑聲哀。兒女情輕官法重，賣兒買馬充官用。官用不可稽，簿尉嗔嫌遲。出門重回首，欲去牽翁衣。牽翁衣，吞聲哭。苦應官裏役，舍卻心頭肉。荒邨歲儉輕紅顔，换來瘦馬嘶寒煙。馬瘦更求芻牧錢，枯尻獵獵鳴秋鞭。不怨肌膚裂，但痛骨肉别。肌膚有時完，骨肉難重圓。茅屋燈昏夜如水，思女無眠半宵起。起來窗外聞嘑烏，風前啞啞飛將雛。（張應昌《國朝詩鐸》卷九，《續修四庫全書》影印清同治八年秀芷堂刻本）

智按：孔昭虔，字元敬，號荃谿，山東曲阜人，孔子七十一代孫，廣森之子。嘉慶六年（一八〇一）進士，改庶吉士，授翰林院編修，官至浙江布政使。工詩擅書，有《鏡虹吟室詩集》二卷，《經進稿》一卷，《繪聲琴雅詞》二卷。尤精韻學，曾著《古韻》、《詞韻》，惜未完稿。亦善戲曲，有雜劇《蕩婦秋思》、《葬花》二種。

俞正燮（一七七五～一八四〇）

《癸巳存稿》

……白居易《婦人苦》詩云：「婦人一喪夫，終身守孤孑。有如林中竹，忽被風吹折。一折不重生，枯死猶抱節。男兒若喪婦，能不暫傷情。應似門前柳，逢春易發榮。風吹一枝折，還有一枝生。為君委曲言，願君再三聽：須知婦人苦，從此莫相輕。」其言尤藹然。《莊子・天道篇》云：「堯告舜曰：吾不虐（琴按：虐一作敖）無告，不廢窮民，苦死者。嘉孺子而哀婦人，此吾所以用心也。」《書・梓材》成王謂康叔：「至於敬寡，至於屬婦，合由以容。」此聖人言也。《天方典禮》引謨罕墨特云：「妻曁僕，民之二弱也。衣之食之，勿命以所不能。」蓋持世之人未有不計及此者。（《癸巳存稿》卷四

《女》條後半篇)

智按:《婦人苦》作於長慶三年(八二三)以前,見《白居易集箋校》第六八一頁。

皇帝嗣位(畫大羅天尊贊序三)三年(李公家廟碑)正月二十日(醉吟先生銘序),東控海嶺,右扼蠻荒(嚴謨制),自和氣聚為慶雲(與柳晟詔),壽星垂文(與顏證詔),當其冥同訢合之際(為人上宰相書),以彰我主聖臣良(敢諫鼓賦),精究之端(才識兼茂明於體用策),於是乎在此矣(策林二十七)。惟公受天地之和(代裴頲作王府君銘),生休明代,二十有六年(箴言序)。始以進士舉(策林策尾),善慶所集(崔孚碑。智按:原文作善慶所積),揚其祖美(楊冠俗制),有理戎殄寇之效(康深讓等制。公擘經室文記其祖副將平苗功德。智按:康深讓,白集原文作康升讓),德善者將啟後人(張懿制),詩禮弓裘(烏行初制),文章政事(范傳正制),冠于一時(高敖曹贊序),豈不宜哉(策林三十)。公為人(崔孚碑),抱乎不器之器(君子不器賦),淵淵綿綿(求玄珠賦),美而有度(賦賦),玉立不倚(裴垍制),名實相副(舉人自代狀),士林推美(崔墉制),以為準程(李公家廟碑),如神仙中人也(崔晦叔志序)。奉詔而處中(侯丕制),立內廷(微之賜紫金魚袋制),歷踐清貫(歸登制),每備顧問(李絳制),周知典故(康承宣制。智按:應為庾承宣制),日麗天仗(叔孫通朝儀賦),吟詠秘閣(王建制),以茂學懿文(裴度舍人制),頌成功(中和節頌),發揮盛祉(元和南省表),美歸聖德(論魏徵舊宅狀)。公至越(微之銘序),久專外閫(程執恭制)。召入翰林(李公家廟碑),擢在禁闈(謝蒙恩賜設狀。智按:白集原作擢在禁闈)。俾升瑣闈(竇易直制),而翱翔書府(王建制),潤色訓誥(裴度舍人制),煥乎文章(中和節頌),嘉猷茂績(杜佑太子太師制。智按:應為杜佑致仕制),慶集台庭(裴度舍人制),文質詳略(沈傳師制),垂之不朽也(禮部策一。公由少詹至侍郎,又由浙撫入為翰林侍郎,時皆直南書房)。夫文武迭用(魏元通制),海沂之間(王智興制),詢謀馳驅(楊孝直制。智按:白集原作詢謀驅馳),全越奧區,延袤千里(丁公著制)。可使考文,以第俊秀(韋貫之侍郎制。謂出督山東浙江學政），協聖人之昌運（黑龍飲渭賦。智按：白集原作葉聖人之昌運），詔主文之司（策林六十八）。惟四科六藝（箴言序），警策之篇（與劉蘇州書），優游而求之（禮部策三），兼取人才（論重考科目人狀），采而獎之（策林六十八），作者之風（代書），由文取士（李善人碑），為主司，則至公矣（與陳給事書。謂嘉慶己未科總裁）。洎出分戎律（李廣制。智按：白集原作李演制），俾換新命，再臨舊邦（崔鴻重授刺史制。公以少農出撫浙，舊督學地也），天地澄爽（叔孫通定朝儀賦），群山結青（洛川晴望賦），太白星高（范希朝制），皇靈有截（賀平淄青表），擘波騰驤（黑龍飲渭賦），以堅甲利兵相視（斬白蛇賦），駭泉室則蛟鼉伏藏（黑龍飲渭賦。智按：則，白集原作兮），流光垂慶（上元歎道文），咸有忠勳，播為先德（程執撫等同制。在浙定海寇。文集推闡封公省會中籌備士畫），動修武經（程執恭僕射制），明練兵府（閻巨源制。智按：白集原作明練兵符），不替前效（李夷簡制），其在兹乎（策林五十九）。召赴闕庭（崔群制），有恪恭跋涉之勤焉（夏侯仕戡等制。公補侍郎，又出使河南交審事件）。式示寵名（崔楚臣制），控轉輸之路（柳經李褒制），統以上卿（裴宏泰知左藏制），以叶便宜（盧生玫制。智按：白集原作盧士玫除檢校左散騎常侍兼中丞瀛漠二州觀察等使制）。聖澤汪洋（洛川晴望賦），如運神功（中和節頌），虛舟為心（孔戣制），若轉於掌（荷珠賦。公在浙撫，陳海運不可行，其督河漕河流順軌，弁丁悅服），河洛千里（許孟容制），出領重鎮（嚴綬制），案其度程（裴武制），文以禮樂（張宏靖制），河南宴如（韓宏制。嘉慶丁卯冬，在衛輝，見公劄府州縣官，買經史古書置儒學，其意甚盛。今御史乃請令人誦理學平話書，時道光壬午臘月，廷議尚未上。憶前有學政請令人默寫朱子《小學》者，以此益念公教人有法焉）。自長安抵江西三四千里（與微之書），寄深南服（與鄭絪詔），兼文武之秩（段祐制。江西撫及河南撫皆領提督），事鄰古人（袁滋制），有思興禮樂之道（對才識兼茂明於體用策。公以文選樓藏宋本十三經刊置南昌府學並附刊校勘記），人物教化（崔陵可河南尹制。智按：白集原作人服教化）。故稽其地籍（策林四十二），量人戶之眾寡（策林五十二），實版圖（策林五十二下題），骨肉相保（答崔侍郎書），凶徒蕩滅（與崇文詔），妖沴自清（代答論結都離書。謂江西行保甲得朱毛俚事加宮保），務叢而益辦（張岵制），自移部荊門（趙昌制），我國家（策林十五），憂襄漢之人也（袁滋制），勵精一意（王日簡制），度才而授職（裴垍制。智按：應為裴敞授昭義軍判官裴倖授義成軍判官各轉官制），登進賢哲（張宏靖制），優劣之間（策林四十六），經緯其人焉（進士策問二）。以禮導人情（策林五十四），使人畏愛悅服（策林五十七），澤鋪動植（中和節頌），隨材曲直（君子不器賦），物無遁形（明偈），皆得如本願焉（畫彌勒上生幀記）。遠圖是經（裴垍制），移鎮南海（趙昌制。智按：白集原作鎮臨南海）。公既下車（李公家廟碑），軍國所資（與盧恒卿詔），依法有程（大巧若拙賦），舉德選能（策林五十八），才適其位（大巧若拙賦），賦役均平（策林五十二），人安則心固（策林四十八）。故臨戎則士樂為用（田潁制），筦榷條制（裴宏泰榷鹽使制），謹鹽量之出入（策林二十三），主計無愆違（崔陵制），況溟漲一隅（新羅金良忠制），滄波萬里（與新羅王書），華夷雜居（李夷簡制），有軍課者（王璀制），服勤靡鹽（黃士倐制），風變化移（李公家廟碑）。夫惟不皦不昧（求玄珠賦），布寬簡有恒之政（吳少陽制），誠信明則獷鷔歸命（才識兼茂明於體用策），至矣哉（敢諫鼓賦），威綏仁董（册新回鶻可汗文），啟迪雍熙（上元日歎道文），亦惟舊典（與仕明詔），公冠其首（代裴頲作王府君銘），教化之根（動靜交相養賦），居其要也（策林四十九），且臻乎仁壽之域矣（禮部策二）。凡所踐歷（杜羔制），自江而東，政成人乂（薛戎制）。梁宋之交（韓宏制），荊揚浙右（孫簡等制），連鎮藩維（韓皋制），兼進榮班（高榮朝制），式是南邦（嚴謨制），寵任益崇（韓公武制），殆三十年（嚴綬制。公涖山東浙江淮安省南江西湖北湖南廣東廣西以外臺得尚書宮保）。夫外擁旌旄（與韓宏詔），其務甚殷（與盧恒卿詔），或千里移鎮（夏州軍將制），使布和惠之化（薛元賞制。智按：白集原作使布惠和之化）。至如瀑泉怪石，桂風杉月（答崔侍郎書。智按：泉，白集原作水），或花時宴罷（與微之第二書），觴詠半酣（白蘋洲五亭記），文彩陸離（黑龍飲渭賦），或傳諸好事（九老會詩序），振金聲於寰海（賦賦），故其所著章句，往往在人口中（王建制）。惟雨露之留處（荷珠賦），則三山五嶽（太湖石記），靈跡勝概靡不周覽（修香山寺記），膏雨景星，所至蒙福（李公家廟碑。謂筆談及金石諸書）。夫公之文學（張擇碑），以儒學詩賦獨步一時（張仲方銘序），而聖人之旨（代書），暨於百氏（補逸書），既又與諸家不同

（論魏徵舊宅狀）。循義討源（中和節頌），或致疑誤（奏所聞狀），慎簡賓客（太湖石記。智按：簡，白集原作擇），取天下耳目心識（為人上宰相書），得遺編墜軸者（香山寺新修經藏堂記），約義立宗（三教論衡・對僧問），盡得其義（李善人碑），劃弊句（元稹賜紫金魚袋制。謂不采唐以後諸鄙文），文合法要（竇易直制），雖言微旨遠（禮部策三），推而敘之（傳法堂碑序），則六家九流（策林六十一），同歸於一揆矣（禮部策二）。然後知學在骨髓者自心術得（記畫），豈牽強所能致耶（序洛詩）。學術精博（韓愈舍人制。智按：白集原作韓愈比部郎中史館修撰制），超軼古今者也（賦賦。謂《十三經校勘記》、《經郛》、《經籍纂詁》等書。智按：白集原作超軼今古者也）。公養有餘力（李善人碑），及居憂（滎陽鄭公銘序），聖人不得已而奪之（邊鎮節度使起復制），念臣為子之心（謝官狀），用表教忠之訓（與薛苹詔），不失其道（蕭俛除吏部尚書制），雖古君臣道合者（為人上宰相書），蔑以加之（范傳正制。公雷塘表墓起撫福建以病得假服闋乃補侍郎出為督撫），允矣君子（叔孫通定朝儀賦），最是大節（奏所聞狀）。由是言之（禮部策一），國典褒飾（李公家廟碑），不亦宜乎（李諒薛公幹制）。皇帝孝敬寅畏（畫大羅天尊贊序二），肇撫蒼生（為人上宰相書），志在繼善（畫大羅天尊贊序一。智按：白集原作志在善繼），以恩信御百辟（與金陵立功將士敕書。智按：御，白集原作馭），公獨超然（皇甫公銘序），久於其政（李正卿制），勞績彌彰（與希朝詔），優詔褒美（張誠銘序），用旌前勞（張正甫制），外諧僉議（王佖制），以為至當（論嚴綬狀）。忠忱亮節（與仕明詔。智按：白集原作忠誠亮節），昭昭然可知矣（禮部策二。事見張侍御鑒奏久任大吏）。大凡公之為政也（李公家廟碑），夙夜祗命（崔陵制。智按：應為侯丕可霍邱縣尉制），動靜有儀（黑龍飲渭賦），故庶類由從（君子不器賦），安業厚生（策林五十八），福利動植（祭匡山文），則衡而用之（荷珠賦），可以導知納粹（冷泉亭記。智按：白集原作可以導和納粹），播於無窮（續虞人箴），庶臻康濟（吳少陽制），日濟其美（張宏靖制），皇風演溢（洛川晴望賦），家聲振耀（李公家廟碑）。況霈慶澤（裴度等賜子官制），許推恩而及嗣（李愬等制），三和之氣，訢合絪緼，積為壽（策林十七）。公受天地粹靈（微之銘序），工侔造化者由天和來（記畫），在氣為春（智按：動靜交相養賦），福不得不集（畫西方幀贊序），在使之壽富貴

（策林七十三），輔而成焉（崔孚。智按：即崔孚神道碑銘序）。長生久視之道（二教論衡問道士。智按：應為三教論衡），實在於此矣（才識兼茂明於體用策）。式會嘉辰（三教論衡序），流為詠歌（泛渭賦序），僉以為宜（盧士玫劉從周等官制）。粗寫鄙志（與楊虞卿書。智按：白集原作鄙意），引而伸之（明達碑。智按：白集原作明遠大師塔碑）。

道光壬午冬十二月，京都多作壽文寄廣東者。因看正定李寶臣碑，有王士則名，檢《香山集》，見白公以正月二十日生，亦宮保生日也。旅邸夜坐，因集此文。宮保為余座師之師。適未出淨本，亦以語有狷激，漢陽葉年丈取去，塗改用之，乃極和平。韓愈《月蝕》詩、鄭亞《會昌一品集序》，盧同（仝）、李商隱集均存之，見文章異同有法也。小除日，記於黟縣會館。（《癸巳存稿》卷十五《廣東阮宮保六十壽引集香山文句》）

智按：道光元年（一八二一）正月，為兩廣總督阮元六十初度，京中多有壽文寄廣東，道光二年（一八二二）十二月二十九日，俞正燮集白居易文句為壽祝。

《易安居士事輯》

……易安能詩、詞、文、四六，又能畫。明（元）人陳傅良藏有易安畫《琵琶行》圖（宋濂《學士集》）。（智按：陳傅良，字君舉，紹興七年生，嘉泰三年卒。應為宋人。）（明）莫廷韓（智按：莫是龍，字雲卿，以字行，更字廷韓。松江華亭人。有《莫廷韓遺稾》。）買得易安畫墨竹一幅（《太平清話》）。（智按：見寶顏堂秘笈本《太平清話》卷一云：「李易安，趙清獻之子婦。趙挺之亦謚清獻。莫廷韓云：『曾買易安墨竹一幅。』余惜未見。」又見陳繼儒《妮古録》卷三，寶顏堂秘笈本清湯潄玉輯《玉臺畫史》卷二引云：「陳繼儒《太平清話》：莫廷韓云：『向曾置李易安墨竹一幅。』」《續修四庫全書》影印復旦圖書館藏清道光十七年汪氏振綺堂刻本，第一〇八四册，第三四七頁。）……（《癸巳類稿》卷十五，《續修四庫全書》影印北圖藏清道光十三年求日益齋刻本，第一一五九册，第六〇四頁；商務印書館排印本，第六〇八頁）

智按：俞正燮，字理初，黟縣（今屬安徽）人。道光元年（一八二一）辛巳，江南鄉試中式。翌春赴禮闈，主考爲阮元，榜發竟報罷，聞者扼腕。王菽原禮部時任分校官，亟賞之，且索其著作《類稿》三十卷，與程侍郎春海校刊其正集十五卷。取輯成之年曰《癸巳類稿》。餘十五卷，則張穆編定，曰《存稿》，刊入楊氏《連筠簃叢書》。初下第後，揀選得知縣，留京師，佐給事中葉繼善修《會典》；繼館侍郎陳用光所，爲校顧氏《方輿紀要》。歲乙未林文忠聘修《兩湖通志》。晚年主講江寧惜陰書院，昌明樸學，裁成後進，一時質疑問難者軫履相錯。學政祁文端公贈額曰「經師人表」。卒年六十六。所著尚有《說文經緯》各一卷，《校補海國紀聞》二卷，咸豐間毀于兵火。《四養齋詩》三卷，另梓行。

梁章鉅（一七七五～一八四九）

《白公祠》

吟罷東都池上篇，西亭更對北林妍。等閒已見疲民活，並代相承長吏賢。樂府正聲熟人口，名山大業定生前。會他吏隱心原合，皓月澄波萬古鮮。(《退菴詩存》卷十三，《續修四庫全書》影印清道光刻本)

《坐焦山松寥閣督催漕艘同陳芝楣宋湘帆（其沅）兩觀察趙雨樓太守蔡柳堂（維新）邑侯作》

忙人到此亦須閒（香山句），照影煙波客尚頑。信是江南游宦好，一年兩度上焦山。

詩懷迸入榜人歌，檻外雲帆歷歷過。也算看山了公事，中流那得學頭陀。

還山玉帶有前因，轉語能成四大眞。怪道老僧偏識我，重來本是畫中人(是日以焦山還帶畫卷，付詩僧借菴守之)。

來共名山證墨禪（觀楊忠愍公墨蹟，各題名卷後），五君會合亦奇緣。斜陽影裹促歸渡，怕有移文焦孝然。(《退菴詩存》卷十六，《續修四庫全書》影印清道光刻本)

《古瓦研齋所藏歷代書畫雜詩》

彈指匡廬落眼前，閻浮俯仰歲三千。(用張伯雨題句）分明尚有香山記，夢到鷗波鏡影圓。(王叔明廬山草堂卷自題謂，用舅氏所貽白香山《草堂記》爲粉本作此圖以補之，張伯雨跋中，尚有眞堪與松雪翁書並垂不朽之語，今

畫存，而記不可得矣）（《退菴詩存》卷二十二，《續修四庫全書》影印清道光刻本）

《退庵隨筆》

滿洲書名多不繫姓，今公私稱謂書札往來，皆但取首一字，此固有所本也。白香山代朱忠亮答吐蕃東道節度使論結都離，稱論公麾下，虞道園《正心堂記》稱忙哥帖木耳爲忙侯。近錢竹汀《金石文跋尾續》載至正二十二年《嘉定州重建儒學記》，稱鐵穆爾普華爲鐵侯，蓋截取首一字以代姓，而其本姓自在，乃今人竟以首字爲姓，而以其下數字爲名，仿漢人單稱名之例，如論結都離稱結都離，忙哥帖木耳稱哥帖木耳，則於文理不可通矣。此滿洲人所了然於心，而漢人多不解其故，所當正告之也。（《退庵隨筆》卷二，《續修四庫全書》影印清道光十六年刻本）

今人欲爲祖父撰碑誌，或其時適無顯達有道者足副其所求，又或其力不足以致之，則莫如自爲之爲便。東漢魯峻碑爲其子所述，見《隸釋》，蔡中郎爲其祖攜碑，見《後漢書注》，張燕公自爲父碑，見《唐書》，顏魯公爲父顏君廟碑，見本集，張仲方爲父抗神道碑，見《白香山集》，柳子厚自爲父神道表，柳開爲父監察御史墓誌銘，均見本集，穆員、陳子昂、孫逖、蘇子美皆自爲父志銘，見《金石要例》，田敏自作父墓碑，見《宋史·儒林傳》，劉曾自撰高曾以還之誌，見宋元憲集，今人所熟知者，歐陽公《瀧岡阡表》而已。（《退庵隨筆》卷十，《續修四庫全書》影印清道光十六年刻本）

余撫粵西，知好多以愼避瘴爲言，桂林僚屬亦皆以晚起待日光爲勸，然省會人烟稠密，有瘴亦輕。白香山詩所謂「桂林無瘴氣」，杜少陵詩所謂「宜人獨桂林」是也。聞粵中舊有「急脱急著，勝於服藥」之諺。憶鄺湛若露《赤雅》載袪瘴之訣云：「避色如避難，冷暖隨時换。少飲卯時酒，莫喫申時飯。」近阮芸臺先生《過遷江瘴鄉詩》亦云：「非霧非烟山氣，半晴半雨雲光。風勢或凝或散，天時乍暖乍涼。行過沙路石路，間有草香藥香。莫少莫多茶飯，勿單勿厚衣裳。」蓋避瘴之法，不過如此。……（《退庵隨筆》卷十二，《續修四庫全書》影印清道光十六年刻本）

貞觀中，詔前後晉史十八家，未能盡善，敕史官更加纂撰。自是言晉史者，皆棄舊本，而從新編。然唐人如李善注《文選》，徐堅編《初學記》，白居易編《六帖》，於王隱、虞預、朱鳳、何法盛、謝靈運、臧榮緒、沈約之書，與夫徐廣、干寶、鄧粲、王韶、曹嘉之、劉謙之之紀，孫盛之晉陽秋，習鑿齒之漢晉陽秋，檀道鸞之續晉陽秋，並見徵引。是舊本實未嘗棄，毋乃書成之日，即有不愜於衆論者乎？紀文達師云：《晉書》中惟陸機、王羲之兩傳論，爲太宗御撰。夫典午一朝，政事之得失，人材之良楛，不知凡幾，而宣王言以彰，特筆者僅一工文之陸，一工書之王，則全書宗旨，大概可知。正史之中，惟此書及《宋史》，後人紛紛改撰，其亦有由矣。（《退庵隨筆》卷十六，《續修四庫全書》影印清道光十六年刻本）

白香山《策林》有云：「凡今秉筆之徒，歌詠詩賦，碑碣讚誄之製，往往有虛美，有愧辭，行於時，則誣善惡而惑當代；傳之後，則混眞僞而疑將來，大非先王文理化成之教也。」按此風自昔已然，今又甚焉。世有自命爲雄文健筆，攫取諛墓金者，亦當稍知返也。（《退庵隨筆》卷十九，《續修四庫全書》影印清道光十六年刻本）

凡詩文中於古人稱呼，必經古人用過者，方可用之。如樂毅稱樂生，賈誼稱賈生，李膺稱李君，阮籍稱阮公，嵇康稱嵇生，山濤稱山公，王導稱王公，謝安石、康樂、玄暉皆可稱謝公，庾亮稱庾公，杲之稱庾郎，王凝之稱王郎，袁粲稱袁公，江淹稱江郎，徐陵稱徐君，杜甫稱杜公、杜子，稱杜老，李白稱李侯、李生，孟浩然稱孟公，韓愈稱韓公、韓子，韋應物稱韋公，白居易稱白公、白傅，元稹稱元相，劉禹錫稱劉郎之類，各有所本，不可假借，假令稱少陵曰杜生，太白曰李公，知復爲誰耶？又如古人有二字、三字之謚，而止稱其一字者，如衛之叡聖武公止稱武公，貞惠文子止稱公叔文子，楚頃襄王止稱襄王，秦昭襄王止稱昭王，漢諸葛忠武侯止稱武侯，倘非前人用過，又可以意爲之耶？（《退庵隨筆》卷十九，《續修四庫全書》影印清道光十六年刻本）

文字有難於自信者，必資良友刪削。昔曹子建之言曰：「世人著述不能無病，僕嘗好人譏彈其文，有不善者應時改定。」白樂天之言曰：「凡人爲文，私於自是，不忍於割截，或失於繁多，其間妍媸，抑又自惑，必待交友有公鑒，無姑息者討論而削奪之，然後繁簡當否得其中矣。」二公皆雄於文者，而

其言如此，學者可不深長思乎？（《退庵隨筆》卷十九，《續修四庫全書》影印清道光十六年刻本）

汪師韓解劉夢得《西塞山懷古》詩云：「金陵之盛，至晉始著，至孫皓而西藩既摧，北軍飛渡，興亡之感始盛。假使懷古者取三國六代事，衍爲長律，便一句一事，包舉無遺，豈成體製？夢得之專詠晉事，蓋尊題也。人世幾回傷往事，若有上下千年，縱橫萬里，在其筆底者。山形枕水之情景，不涉其地，不悉其妙。至于蘆荻蕭蕭，履清時而依故壘，含蘊正靡窮矣。白香山謂其已探驪珠，其在斯乎！」按，紀文達師評此詩云：「第四句『一片降幡出石頭』，但説得吴；第五句『人世幾回傷往事』，括過六朝，是爲簡練。第六句『山形依舊枕寒流』，折到西塞山，是爲圓熟。」似較汪評更爲顯豁。（《退庵隨筆》卷二十，《續修四庫全書》影印清道光十六年刻本）

蘇齋師論詩最嚴，有口授之二語，則謂手腕必須靈活，喉嚨必要寬鬆。蓋喉嚨寬，乃衆妙之門，百味皆可茹入。王漁洋喉嚨最寬，所以一發聲，即奄有諸家之長。又云，作詩言大章法，固是要義。然學者多熟作八股，都羨慕大章法之布置，而不知五字七字之句法，至要至難，句法要整齊，又要變化。全在字之虚實雙單，斷無處處整齊之理，能知變化，方能整齊也。古詩多展轉相襲，如「胡馬依北風，越鳥巢南枝」，語本用《韓詩外傳》「代馬依北風，飛鳥棲故巢」，而《文選・赭白馬賦》注引曹顔遠《感舊賦》，又有「胡馬仰朔雲，越鳥巢南樹」之句。又如古樂府「雞鳴桑樹顛，狗吠深宫中」，陶公亦云：「犬吠深巷中，鷄鳴桑樹顛。」何遜詩：「薄雲巖際出，初月波中上。」老杜亦云：「薄雲巖際宿，孤月浪中翻。」沈佺期詩：「船如天上坐，人似鏡中行。」老杜亦云：「春水船如天上坐，老年花似霧中看。」杜詩：「夜足霑沙雨，春多逆水風。」白香山亦云：「巫山夜足霑沙雨，隴水春多逆浪風。」此類甚衆，不可枚舉，亦有全篇襲之者。徐孝穆《鴛鴦》詩：「山雞映水那相得，孤鸞照鏡不成雙。天下真成長會合，無勝比翼兩鴛鴦。」黄山谷《題畫睡鴨》云：「山雞照影空自愛，孤鸞舞鏡不成雙。天下真成長會合，兩鳧相倚睡秋江。」白香山《寄竹簡（智按：当为行簡）》詩：「相去六千里，地絶天邈然。十書九不達，何以開憂顔。渴人多夢飲，飢人多夢餐。如何春來夢，合眼到東川。」黄山谷截爲兩首，一云：「相望六千里，天地隔江山。十書九不到，何用一開顏。」一云：「病人多夢醫，囚人多夢赦。如何春來夢，合眼在鄉社。」又《黔南十絕》亦全用香山《花下對酒》、《渭川舊居》諸作，此在古人，或居然暗合，或偶爾戲爲，今人無庸相訾，學者亦未可藉口也。……（《退庵隨筆》卷二十，《續修四庫全書》影印清道光十六年刻本）

作近體詩，前後複字須避，卽古體詩，亦不宜重疊用之。劉夢得贈白樂天詩：「雪裹高山頭早白」，又，「于公必有高門慶」，自注云：「高山本高，高門使之高，二字爲義不同。」觀唐人之忌複字如此，我輩又焉得不檢點乎？（《退庵隨筆》卷二十一，《續修四庫全書》影印清道光十六年刻本）

唐詩前無好選本，高延禮之《唐詩品匯》，可謂用心，而實啟後來無撫之端，膚廓之弊。故雖終明之世，館閣以此為宗，而迄不能行遠。王漁洋不得謂非明眼人，其《古詩選》最傳於世，然五言不録少陵、昌黎、香山、東坡、放翁，七言不録香山；《唐賢三昧集》，則非惟昌黎、香山不載，即李、杜亦一字不登，皆令人莫測其旨。無已，而但求一平正通達之選，以為初學金鍼，則沈歸愚之《唐詩別裁集》，尚堪充數。此書規模初備，繩尺亦極分明。先熟復此書，而後博觀御定《全唐詩》，以求初盛中晚之分合正變可矣。（《退庵隨筆》卷二十一，《續修四庫全書》影印清道光十六年刻本；《清詩話續編》第一九七三頁學詩二）

作近體詩，前後複字須避，卽古體詩，亦不宜重疊用之。劉夢得贈白樂天詩：「雪裹高山頭早白」，又，「于公必有高門慶」，自注云：「高山本高，高門使之高，二字爲義不同。」觀唐人之忌複字如此，我輩又焉得不檢點乎？（《退庵隨筆》卷二十一，《續修四庫全書》影印清道光十六年刻本）

唐詩前無好選本，高延禮之《唐詩品匯》，可謂用心，而實啟後來無撫之端，膚廓之弊。故雖終明之世，館閣以此為宗，而迄不能行遠。王漁洋不得謂非明眼人，其《古詩選》最傳於世，然五言不録少陵、昌黎、香山、東坡、放翁，七言不録香山；《唐賢三昧集》，則非惟昌黎、香山不載，即李、杜亦一字不登，皆令人莫測其旨。無已，而但求一平正通達之選，以為初學金鍼，則沈歸愚之《唐詩別裁集》，尚堪充數。此書規模初備，繩尺亦極分明。先熟復此書，而後博觀御定《全唐詩》，以求初盛中晚之分合正變可矣。（《退庵隨筆》卷二十一，《續修四庫全書》影印清道光十六年刻本；《清詩話續編》

第一九七三頁學詩二）

周元公言：「白香山詩似平易，閑觀所存遺稿，塗改甚多，竟有終篇不留一字者。」按，公詩有云：「舊句時時改，無妨悅性情。」則元公之言信矣。（《退庵隨筆》卷二十一，《續修四庫全書》影印清道光十六年刻本；《清詩話續編》第一九七六頁學詩二）

王漁洋力戒人看《長慶集》，此漁洋一家之論，後學不必理會他。《白氏長慶集》凡七十一卷，詩文各半。宋祁謂白香山「長於詩，他文未能稱是」。故本朝汪立名刊其詩為四十卷，名曰《香山詩集》，考證編排，堪稱善本。香山自記所撰詩文，分寫五本，一送廬山東林寺經藏堂，一送蘇州南禪寺經藏内，一送東都聖壽（智按：當爲善）寺鉢塔院律庫樓，一付侄龜郎，一付外孫談閣童。愛名之甚，與杜元凱沉碑同一過計。今考李、杜集多散落，所存不過十之二三，而香山詩獨全部流傳，至今不缺，則未必非廣為藏貯之功耳。（《退庵隨筆》卷二十一，《續修四庫全書》影印清道光十六年刻本；《清詩話續編》第一九七六～一九七七頁學詩二）

唐詩自李、杜、韓、白四大家外，尚有李義山、杜樊川兩集，亦須熟看。當時亦以李、杜並稱，近義山集有馮孟亭浩注本，樊川集有孟亭之子鷺庭集梧注本，皆極精極博，不可不看。若李長吉集，則祇須選擇觀之，知其門徑可矣。長吉驚才絶艷，比太白更不可摸捉，後學且不必遽效之。今人但知學其奇句險語，何益於事？如「石破天驚逗秋雨」句，雖奇險而無意義，趙甌北所以譏其無理取鬧也。（《退庵隨筆》卷二十一，《續修四庫全書》影印清道光十六年刻本）

唐以李、杜、韓、白爲四大家，宋以蘇、陸爲兩大家，自御選《唐宋詩醇》，其論始定。《四庫提要》闡繹之，其義益明。《提要》云：「詩至唐而極其盛，至宋而極其變。盛極或伏其衰，變極或失其正。通評甲乙，要當以此六家為大宗。蓋李白源出《離騷》，而才華超妙，為唐人第一。杜甫源出《國風》、二《雅》，而性情真摯，亦為唐人第一。自是而外，平易而最近乎情者，無過白居易；奇朔而不詭乎理者，無過韓愈。録此四集，已足包括衆長。至於北宋之詩，蘇、黄並駕；南宋之詩，范、陸齊名。然江西宗派，實變化於杜、韓之間，既録杜、韓，無庸複見山谷。石湖篇什無多，才力識解亦均不能出《劍南集》上，既舉白以概元，當存陸而删范。」可謂千古定評。竊謂有志學詩，此六家缺一不可。其聰明才力，能全讀本集者固佳，否則專就《詩醇》所選讀之，已無偏倚陋略之虞。其後綴之評語，擇精語詳，尤足爲學詩者之圭臬。《提要》所謂當爲詩教幸，不僅爲六家幸，豈虚語哉！（《退庵隨筆》卷二十一，《續修四庫全書》影印清道光十六年刻本；《清詩話續編》第一九七七頁學詩二）

《浪蹟叢談、續談、三談》

⊙西湖船名

杭州特鑒堂將軍特依慎，儒將風流而懷抱深穩，當道光壬寅，英夷犯東浙，公以參贊與揚威將軍相抗，揚威甚齮齕之，而朝廷素知其忠勇，故揚威蹶而公獨全也。公本吾閩駐防，相遇於杭，敘鄉誼甚篤，暇日嘗招同楊飛泉、甘小蒼及恭兒飲於西湖朱莊，竟日泛舟而歸，各賦詩紀之。余得一律云：「郊坰小隊碧波灣，畫裹樓臺一再攀（三日前甫游此）。邂逅客星依上將，招邀循吏話鄉關（楊、甘皆吾閩人）。雄談不覺花皆舞，縱飲渾忘鬢已斑。漫説鏡中緣偶聚，天教此會重湖山。」湖舫中小扁「鏡中緣」三字，將軍所題也。將軍詢余湖舫舊扁名目，可得聞乎？余舉《曝書亭集》中一則示之曰：「西湖船制不一，以色名者為游紅，申屠仲權詩『紅船撐入水中去』，釋道原詩『水口紅船是妾家』是也。以形名者為龍頭，白樂天詩『小航船亦畫龍頭』是也；為鹿頭，楊廉夫詩『鹿頭湖船唱赧郎』是也。有形色雜者，中為百花十樣錦，錢復亭詩『又上西湖十錦船』是也。有以姓名者，如黄船、董船、劉船，見吳自牧《夢粱録》。大者謂之車船，蓋賈秋壑所造，棚上無人撐駕，但用車輪腳踏而行，其速如飛。小者謂之瓜皮船，歐陽彦詩『瓜皮船子送琵琶』，張大本詩『瓜皮船小歌竹枝』，周正道詩『瓜皮船小水中央』是也。今時最著者為總宜船，蓋取東坡居士『淡妝濃抹總相宜』之語，李宗表詩『總宜船中載酒波』，凌彦翀詩『幾度湧金門外望，居民猶説總宜船』是也。」按此朱竹垞先生自録所見所聞，嗣厲樊榭先生又增廣為《湖船録》，今則名目愈多，殆難究詰矣。（《浪蹟叢談》卷一，陳鐵民點校《浪蹟叢談 續談 三談》，第四～五頁）

智按：參見陳友琴《略談厲鶚在西湖寫的各體詩及其他》，原載杭州《西湖》雜誌一九八〇年第三期；收入其《晚晴軒文集》巴蜀書社，一九八五年十一月。

⊙巧對補録

記得陳芝楣中丞，知余有《巧對録》之輯，亦雜録所集成語寄示，惜寄到在後，書已刻成，而中丞亦倏騎箕去矣。兹亟為補録如左：如「虚室生白，飛閣流丹。」（《莊子》語及王子安序）「千尋玉海，丈六金身。」（《梁書》、佛經）「酒香留客住，詩成倩鳥吟。」（東坡、香山）「酒氣和芳杜，詩篇占白蘋。」（集香山句）「清泉瀉萬仞，落日銜千峰。」（同上）「秋草獨尋人去後，水雲初起雁來初。」（劉長卿、崔塗）「閑拈蕉葉留題詠，醉折花枝當酒籌。」（集香山句）……（《浪蹟叢談》卷七，陳鐵民點校《浪蹟叢談 續談 三談》，第一一四頁）

⊙記筆三則

盧言《雜説》云：「世傳宣州陸氏世能作筆，家傳右軍與其祖求筆，後子孫猶能作筆，至唐柳公權求筆於宣州，先與二管，謂其子曰：『柳學士能書，當留此筆，如退還，即可以常筆與之。』未幾，柳以為不入用，遂與常筆，陸云：『先與者非右軍不能用，柳信與之遠矣。』」世俗言蒙恬始造筆，非也。《尚書・中候》言神龜負圖，周公援筆寫之；又《援神契》言孔子作《孝經》，簪縹筆，是周、孔時已有筆矣。成公綏有《棄故筆賦》云：「有倉頡之奇生，列四目而並明。乃發慮於書契，采秋毫之顛芒。加膠漆之綢繆，結三束而五重。建犀角之元管，屬象齒於纖鋒。」是筆之制，已備於倉頡時矣。《淮南子・本經訓》云：「倉頡作書，鬼夜哭。」高誘注：「鬼或作兔，兔恐取毫作筆，害及其軀，故夜哭。」制筆率用兔毫，或用羊毫、雞毛、鼠鬚、狼毫、貂毫。此外有用鹿毛者，見《中華古今注》；有用麝毛、狸毛者，見《朝野僉載》及《樹萱録》；有用狨毛、獺毛者，見黄山谷《筆説》；有用鵝毛者，見白香山詩；有用猩毛者，見王荊公詩；有用雉毛者，見《博物志》；有用豬毛者，見王佐《文房論》；有用胎髮者，見唐齊己詩：有用人鬚者，見《嶺南異物志》。制筆謂之茹筆，蓋言其終日含毫也，《笠澤叢書》有《哀茹筆工詩》，林逋集有《美葛生所茹筆》詩。今制筆者尚守此法，但以口銛之使圓，而茹筆之名，鮮有人道者矣。(《浪蹟叢談》卷九，陳鐵民點校《浪蹟叢談 續談 三談》，第一六三～一六四頁)

⊙疊字詩

詩中用疊字，實本《三百篇》，後人乃復錯綜變化之。有一句三疊字者，吳融《秋樹詩》「一聲南雁已先紅，槭槭淒淒葉葉同」是也，本朝查初白「滔滔浩浩滾滾然」句用之。有一句連三字者，劉篤詩「樹樹樹梢啼曉鶯，夜夜夜深聞子規」是也。有兩句連三字者，《木蘭詞》「軍書十二卷，卷卷有爺名」及白樂天詩「新詩三十軸，軸軸金玉聲」是也。有一句四疊字者，古詩「行行重行行」、《木蘭詞》「唧唧復唧唧」是也。有兩句互疊字者，王冑詩「年年歲歲花常發，歲歲年年人不同」是也。有三聯皆疊字者，古詩「青青河畔草」六句是也。有七聯皆疊字者，昌黎「南山延延離又屬」十四句是也。(《浪蹟叢談》卷十，陳鐵民點校《浪蹟叢談 續談 三談》，第一七九頁)

⊙詩集之富

古人之年高而詩多者，在唐為白樂天，在宋為陸放翁，樂天自寫詩文，藏之名勝，前後七十五卷，詩筆大小凡三千八百四十首；放翁詩初編四十卷，再編通前八十五卷，此一家著作之多者也。宋紹熙輯唐人絕句，闌及前後代，第及萬首，而我朝輯《全唐詩》，一代三百年，凡得二千二百餘人，共四萬八千九百餘首，此古來總集之多者也。恭讀我朝乾隆一朝御製，以集計者五，分卷者四百三十四，分篇者四萬二千七百七十八，而《樂善堂全集》三十卷，更在前焉，則真亘古所未聞，穹昊之繁星，不足為其燦列，廣輿之晝井，不足比其分羅矣。(《浪蹟叢談》卷十，陳鐵民點校《浪蹟叢談 續談 三談》，第一九六～一九七頁)

⊙說詩謔語

說古人詩有吹毛求疵者，雖未免刻謔，亦頗有理趣，如「盡日覓不得，有時還自來。」貫休覓句詩也，或以為是失貓詩；「若教解語能傾國，任是無情也動人。」羅隱詠牡丹句也，或以為是畫美人詩；「樹底有天春寂寂，人間無路月茫茫。」曹唐漢武帝宴西王母詩也，或以為是鬼詩；「天末樓臺橫北固，夜深燈火見揚州。」楊蟠詠金山寺句也，或以為是牙人量四至詩；「到江吳地盡，隔岸越山多。」吳僧詠白塔寺句也，或以為是分界堠子詩；「上窮碧落下黃泉，兩處茫茫都不見。」白香山詠楊妃句也，或以為是目連救母詩；『秦地關河一百二，漢家離宮三十六。」駱賓王詠古句也，或以為是算博士詩；「每日更忙須一到，夜深還自點燈來。」程師孟詠所築堂句也，或以為是登廁詩；「王莽弄來仍半破，曹公將去定平沉。」李山甫覽漢史詩也，或以為是破船詩。至林和靖《梅花》詩：「疏影横斜水清淺，暗香浮動月黃昏。」膾炙人口，而陳輔之以為有類於野薔薇。夫薔薇叢生，初無疏影，花影散漫，焉得横斜？此則肆口詆諆，無理取鬧矣。或有人謂坡公曰：「此二句詠桃詠杏亦何不可？」坡公曰：「有何不可，只恐桃杏不敢當耳。」斯言最為冷雋。近有詠梅花者，云：「三尺短牆微有月，一灣流水寂無人。」語亦幽靜，有輕薄子見而笑曰：「此一幅偷兒行樂圖也。」亦可謂談諧入妙矣。（《浪蹟叢談》卷十，陳鐵民點校《浪蹟叢談 續談 三談》，第一九八～一九九頁）

⊙人日疊韻詩

《右原以人事牽率，不克上公車，作詩抒憤，十一疊前韻以廣其意》

好客孔文舉，耽詩白樂天。早登官袞袞，況復腹便便。一第真塵土，千秋自簡篇。君家花事盛，金帶佇開筵（六年前在君家陪雲臺師看芍藥，有金帶圍之祥，去秋師蒙恩超加太傅，即其應也）。（《浪蹟叢談》卷十一附，陳鐵民點校《浪蹟叢談 續談 三談》，第二〇一頁）

《董梓亭吏部（作模）偕嚴問樵邑侯招飲玉蘭山館，十六疊前韻謝之》

新來金芍地，舊是玉蘭天。（樓前玉蘭一樹參天，揚城内外所僅見也。）退吏同瀟灑，名園最靜便。楹間黃老帖，（楹帖有分書作「金丹學黃老」句者，筆法甚偉而不署姓名。）池上白公篇。（臨池一亭子絕佳。）等是浪游客，何妨爛醉筵。（《浪蹟叢談》卷十一附，陳鐵民點校《浪蹟叢談 續談 三談》，第二〇六頁）

《小泊吳門，長洲熊民懷傳栗、元和孫達齋琬、吳縣李麓原蒙泉三邑侯，招同海防郡丞何竹薌士祁、前太倉州牧蔡柳堂維新泛舟虎邱，登雲岩寺絕頂，訪寺中王子吳鼎不得，悵然作詩》

自别靈山十六年，門生故吏盡華顛。白公祠裏深深酒，感舊懷人已惘然！

千秋神物忽銷沉，負我當年一片心。幾個頑僧關劫數，爭如玉帶海雲深！

（余官江南，以訪獲虎邱周鼎，贖還焦山玉帶，為兩快事，今焦山經暎夷蹂躪，玉帶尚完好無恙，而虎邱周鼎乃已得復失，詰之寺僧，語言恍惚，手無斧柯，無如之何矣！）（《浪蹟叢談》卷十一附，陳鐵民點校《浪蹟叢談 續談 三談》，第二一六頁）

⊙案牘文字・處分

《南史・沈僧昭傳》：「國家有邊事，須還處分。」《北史・唐邕傳》：「手作文書，口且處分。」按此二字史傳中屢見，胡三省《通鑑音注》亦甚明，當作去聲，音問。白居易詩「處分貧家殘活計」，劉禹錫詩「停杯處分不須吹」，皆可證。時人謂近來多誤讀作平聲，則非此二字之謂也。處分猶今言處置，自應讀去聲。若今人以被吏議為處分，則自作平聲，謂分別而議處之也，與上所引殊別。（《浪蹟續談》卷一，陳鐵民點校《浪蹟叢談 續談 三談》，第二四九～二五〇頁）

⊙溫處道署

康熙中，鐵嶺高且園公其佩分巡此邦，即題道署後園為且園，有小軒，額曰剜緑軒。余於嘉慶甲子游東甌，謁陳觀樓先生，先生攜余游且園，見軒名而疑之，不敢質也。後十餘年，朱滄湄先生文翰繼任此職，乃考之曰：「此間俗相傳為冠緑軒，按冠字從寸，此扁字分明從刀，宋人有詩云『剜破琉璃緑一方』，似即名軒之義刓字本應作剜，亦可省筆作刓，其從完作剜，想有所本，要即剜、刓之通假字耳。」滄湄先生之言如此，亦未知當時果是此字否，要殊勝呼作冠緑耳。滄湄先生有自製楹帖云：「妙作畫圖觀，五色目迷高鐵嶺；恩叨江海住，三年心醉白香山。」甚工切，余已録入《楹聯三話》中。昨慶雲圃觀察廉招余飲園中，始知舊分十景，惟剜緑軒尚是高公舊跡。乾隆間，三韓徐公綿復加修擴，有銜遠山亭、筠廊、藤花徑、亦舫、養竹山房、小春草池、蓮勺、梅花書屋、松花石齋之目，各系以詩，並為《小記》勒石。此後昆明楊公漼又有《重葺且園記》及詩，汾陽韓芸舫先生克均有《且園栽花記》，亦勒石壁間，惟余師靜樂李石農先生鑾宣五古十首，則詞意俱超，實足為此園增重矣。（《浪蹟續談》卷二，陳鐵民點校《浪蹟叢談 續談 三談》，第二六〇～二六一頁）

⊙燒酒

燒酒之名，古無所考，始見白香山詩：「燒酒初開琥珀光。」則係赤色，非如今之白酒也。元人謂之汗酒，李宗表稱阿剌古酒，作詩云：「年深始得汗酒法，以一當十味且濃。」則真今之燒酒矣。今人謂之氣酒，即汗酒也。今各地皆有燒酒，而以高粱所釀為最正，北方之沛酒、潞酒、汾酒，皆高粱所為，而水味不同，酒力亦因之各判。嘗聞外番人言，中國有一至寶，而人不知服食，即謂高粱燒酒也，並教人服食之法，須於每夜亥、子之間，從朦朧睡夢中起服此酒一杯，以薄肴佐之，服畢仍復睡去，大有補益。余以仕宦勞碌之身，亥、子間未必都能就枕，且溫酒庀肴，起居扶侍，亦難得此恰當之人，適山左有屬令，授以夜半服燒酒之法，制一小銀瓶，略如洋煙壺，口用螺絲轉蓋，以暖酒灌滿，懷於汗衫兜肚之夾裏，酒可通夜不涼，兼以小銀盒貯薄肴，置於枕側，夜中隨起隨服，隨服隨寢，不煩人力而恬適自如，最為簡易。余自山左即如法行之，迄今將二十年，凡遇知交，即以此法語之，信從者亦眾，每當寒宵長夜，服此尤有風趣，非黨家羊羔會中人所知也。（《浪蹟續談》卷四，陳鐵民點校《浪蹟叢談 續談 三談》，第三一六～三一七頁）

⊙通用字

《兩般秋雨盦隨筆》云：「馬字之為用不一，然不外記數、象形二義，《禮·投壺》『請為勝者立馬』，今俗猜枚之物曰拳馬，衡銀之物曰法馬，賭博之物曰籌馬，又以筆劃一至九數曰打馬，此皆記數之馬也。木工以三木相攢而歧其首，橫木於上，以施斧斤，謂之作馬（俗亦稱木馬），插秧之杌名秧馬，《周禮·掌舍》『設梐枑再重』，注：『行馬也。』又紙上畫神佛像，祭賽後焚之曰甲馬，又都會水陸之衝曰馬頭，又三弦上承弦之物曰弦馬，淨桶曰馬桶，此皆象形之馬也。惟簷鐵曰鐵馬，船艙內邊門曰馬門，則不知何所取義。」余按，鐵馬亦是象形，凡乘馬者，皆從邊上，則舟中之邊門亦象形也。惟今人麵食，必用數碟小菜佐之，其名曰麵馬，則實不知何所取耳。又頭字為用亦不一，俗以在內為裏頭，在外為外頭，在前為前頭，在後為後頭，在上為上頭，在下為下頭，或疑外頭、下頭二字少用，不知「嬌聲出外頭」，李白詩也；「下頭應有茯苓神」，曹松詩也，皆語助辭耳。以人體言，眉曰眉頭，駱賓王有「眉頭畫月新」句；鼻曰鼻頭，白居易有「聚作鼻頭辛」句；舌曰舌頭，杜荀鶴有「喚客舌頭猶未穩」句；指曰指頭，薛濤有「言語殷勤一指頭」句。器用之屬，如鉢頭見張祜詩，杷頭見東坡詩。地面之屬，如田頭、市頭、步頭之稱，更不勝枚舉矣。又按《歸田録》云：「打字義本謂考擊，故人相毆、物相擊皆謂之打，而工造金銀器亦謂之打可矣，至於造舟車者曰打船，汲水曰打水，役夫餉飯曰打飯，兵士給衣糧曰打衣糧，從者執傘曰打傘，以糊黏紙曰打黏，以丈尺量地曰打量，舉手試眼之昏明曰打試，名儒碩學語皆如此，遍檢字書，了無此義。」《蘆浦筆記》云：「世言打字尚多，不止歐陽公所云也。左藏有打套局，諸庫支酒謂之打發，印文書謂之打印，結算謂之打算，裝飾謂之打扮，席地而睡謂之打鋪，收拾為打疊，又曰打進，畚築之間有打號，行路曰打包、打轎，雜謔曰打諢，僧道有打供，又有打睡、打嚏、打話、打點、打合、打聽，至如打麪、打餅、打百索、打滌、打簾、打薦、打席、打籬笆之類。」《能改齋漫録》云：「打字從手從丁，蓋以手當其事者。」此説得之矣。按打字古自音滴耿，不知何時轉為丁雅，今時並收入馬韻矣。（《浪蹟續談》卷八，陳鐵民點校《浪蹟叢談 續談 三談》，第三八七～三八九頁）

⊙梅花詩

宋人陳從古，字希顔，裒古今梅花詩八百首，其自序云：在漢、晉，未之或聞，自宋鮑照以下，僅得十七人，共二十一首。唐詩人最盛，杜少陵十二首，白樂天四首，元微之、韓退之、柳子厚、劉夢得、杜牧之各一首，其餘不過一二，如李翰林、韋蘇州、孟東野、皮日休諸人則又寂無一篇，至本朝方盛行云云。今其書未見，此語僅載周必大《二老堂詩話》中。按方虚谷《瀛奎律髓》中「梅花類」亦多至六十餘首，皆五、七言律，而唐律亦不過十餘首，餘皆宋詩。其小序云：「梅見於《書》、《詩》、《周禮》、《禮記》、《大戴禮》、《左氏傳》、《管子》、《淮南子》、《山海經》、《爾雅》、《本草》，取其實而已，未以其花為貴也。惟《詩》『山有嘉卉，侯栗侯梅』，《大戴禮·夏小正》『正月梅杏，杝桃始華』，一言卉，一言華。自《説苑》有一枝梅遺梁臣之事，則梅以花貴，實自戰國始。自《荊州記》載陸凱『江南無所有，聊贈一枝春』之句，則以梅花入詩，實自晉時始。沿唐及宋，則梅花詩殆不止千首，而一聯一句之佳者無數矣。」梅花詩之源流如此。（《浪蹟三談》卷三，陳鐵民點校《浪蹟叢談 續談 三談》，第四四六頁）

⊙送春詩

杭州城東有藥園，康熙中，毛西河先生會同城諸名士，於立夏前一日集此，作送春詩，櫜筆者數十人，多有佳句，末坐錢景舒杲年甚少，獨集唐句為之，如用王建、杜甫句云：「每度暗來還暗去，暫時相賞莫相違。」又用翁綬、白居易句云：「百年莫惜千回醉，一歲惟殘半日春。」先生極賞之，録入《西河叢話》。（《浪蹟三談》卷三，陳鐵民點校《浪蹟叢談 續談 三談》，第四五八頁）

⊙薔薇花詩

三月初八日，廖菊屏守備招同人至官廨看薔薇花，暢飲而歸，口占二截謝之云：「驚心花事漸闌珊，少府夫人錦被團（白香山詩：「少府無妻春寂寞，花開將爾當夫人」）。微雨輕陰好珍護，待余垂老霧中看。」「閑身卻為看花忙，破例開門赴飲鄉。暢作海城藍尾宴，紅鬚緑刺總無傷（儲光羲詩有「高處紅鬚」、「低邊緑刺」之語，陸魯望詩有「芳菲雖照日，苦刺欲傷人」之語，因戲用之」）。是日郡署適扃試文童，余特破例開門而出，亦尋芳者一新樣也。（《浪蹟三談》卷四，陳鐵民點校《浪蹟叢談 續談 三談》，第四七一頁）

⊙王荊公詩

「周公恐懼流言日，王莽謙恭下士時；假使當時身便死，一生真偽有誰知？」諸書引者，皆以為王荊公之詩。郎仁寶曰：「《臨川集》不載此詩，不知究屬何人？以格律論之，亦必宋人耳。」按此是白香山詩，郎氏偶失考則可，必以格律定為宋詩，則未免武斷也。（《浪蹟三談》卷六，陳鐵民點校《浪蹟叢談 續談 三談》，第五〇〇頁）

《稱謂録》

⊙官妓

《宋史·太宗紀》「繼元獻官妓百餘，以賜將校」。杜牧詩「官妓巧梳妝」。案，唐、宋時俱有官妓，如白香山之與元蘇東坡，皆所不免，今則無之。（《稱謂録》卷三十，《續修四庫全書》影印清光緒刻本，第一二五三册，第六一九頁）

智按：據錢泳《履園叢話》卷二十一，「如白香山之與元」後，漏「微之、歐陽永叔之與」。

《楹聯叢話》

蘇州虎邱新修白公祠，即顧伊人塔影園舊址也。賀耦庚方伯（長齡）聯云：「唐代論詩人，李杜以還，惟有幾篇新樂府；蘇州懷刺史，湖山之曲，尚留三畝舊祠堂。」（卷四廟祀·下，白化文、李如鸞點校《楹聯叢話》，第五一頁）

蘇州郡學之旁有名宦專祠四所，祠各有像，歲久傾阤剝蝕。余下車即屬長洲令王槐午（錫蒲）重修，工竣，槐午索余各紀以聯。韋公祠云：「唐史傳偏遺，合循吏儒林，讀書不礙中年晚；蘇州官似謚，本清才名德，卧理能教末俗移。」白公祠云：「諷諭豈無因，樂府正聲熟人口；行藏何足辨，名山大業定生前。」有疑行藏句太空者，余曰：「誰辨心與跡，非行亦非藏，即用香山詩意，但非注腳不明耳。」況公（鍾）祠云：「姓字播弦歌，韋白以來成別調；功名起刀筆，蕭曹自古是奇才。」陳公（鵬年）祠云：「洛蜀任分門，惟楚有才，增賦肯憑官似虎；河淮方奪路，如尊乃勇，拯民忍使國無鳩。」（卷四廟祀·下，白化文、李如鸞點校《楹聯叢話》，第五一頁）

京師陶然亭，康熙年間水部郎江藻所建，取白香山詩「一醉一陶然」之語為額。百餘年來，遂為城南觴詠之地。戴菔塘（璐）《藤陰雜記》中，載沈東田方伯游陶然亭以楹帖：「慧眼光中，開半畝紅蓮碧沼；煙花象外，坐一堂白月清風。」為韻成詩，書壁間。余尋之，不得其處。而聯語實未佳。惟有舊聯云：「窗前綠樹分禪榻；城外青山到酒杯。」亦是常語。竊謂曹慕堂宗丞（學閔）「穿荻小車疑泛艇，出林高閣當登山」二句膾炙人口，便可移作楹聯矣。（卷六勝跡·上，白化文、李如鸞點校《楹聯叢話》，第六九～七〇頁）

智按：徐珂《清稗類鈔·名勝類》「陶然亭」條云：「陶然亭為都下名勝之一。亭在南下窪，為郎中江藻所建。江，鄂人，取白居易詩『更待菊黃家釀熟，與君一醉一陶然』意以名之。地高曠，三面明窗，尤為雅潔，秋日白楊零落，紅蓼花開，都中墨客騷人多宴於此。」（中華書局，一九八四年十二月版，第一册，第一三二頁）

西湖飛來峰，相傳晉咸和元年，西天僧慧理登山，歎曰：「此是中天竺靈鷲之小峰，不知何年飛來。」因以為名。又不知何時，於峰洞中多鐫佛像以鎮，慮復飛去，則更荒唐。峰下即冷泉亭，亭扁舊傳為董香光所題。據《西湖游覽志》，「冷泉」二字為白樂天書，蘇子瞻續書「亭」字，今皆不可考矣。惟董香光聯云：「泉自幾時冷起；峰從何處飛來。」彼教中機鋒語也。又有書王右丞「泉聲咽危石，日色冷青松」句者，亦雅切。至《七修類稿》中又載一聯云：「飛峰一動不如一靜；念佛求人不如求己。」則鈍相矣。（卷六勝跡·上，白化文、李如鸞點校《楹聯叢話》，第七一頁）

阮先生又集白香山句，題白公祠云：「但是人家有遺愛；曾將詩句結風流。」（卷六勝跡·上，白化文、李如鸞點校《楹聯叢話》，第七二頁）

宋錢昆父有書藏在西湖九里松，其故址已不可考。阮芸臺先生撫浙時，曾仿為之。於靈隱寺華嚴閣後，創建一閣，取四部書各種，庋置其上，命僧守之。石琢堂廉訪（韞玉）題聯云：「著作集名流，好事斅當年白傅；文章留慧業，賞音俟後世揚雲。」（卷六勝跡·上，白化文、李如鸞點校《楹聯叢話》，第七三頁）

相傳阮芸臺先生於江西石花洲集句一聯云：「楓葉荻花秋瑟瑟，閑雲潭影日悠悠。」既合風景，而成句又在人人意中。所謂「文章本天成，妙手偶得之。」但余又聞之彭春農學士云：「此語饒州燒作磁聯，其款或署曹文恪，或署先文勤公。實乃舊句，非芸臺師集成者。」（卷六勝跡·上，白化文、李如鸞點校《楹聯叢話》，第八三頁）

江州白太傅祠有一聯云：「楓葉四弦秋，悵觸天涯遷謫恨；潯陽千尺水，勾留江上別離情。」頗近自然。（卷六勝跡·上，白化文、李如鸞點校《楹聯叢話》，第八三頁）

卷石洞天在城闉清梵之後，即古郧園地。今歸洪氏，人呼為小洪園。初入為群玉山房，聯云：「漁浦浪花搖素壁；（司空曙）玉峰晴色上朱欄。（李群玉）」沿河可入薜蘿水榭，聯云：「雲生磵戶衣裳潤；（白居易）風帶潮聲枕簟涼。（許渾）」水榭之後為契秋閣，聯云：「渚花張素錦；（杜甫）月桂朗沖襟。（駱賓王）」又數折為宛委山房，聯云：「水石有餘態；（劉長卿）鳧鷖亦好音。（張九齡）」（卷七勝跡·下，白化文、李如鸞點校《楹聯叢話》，第九二頁）

西園曲水，即古之西園茶肆，後歸汪氏。中有濯清堂，聯云：「十分春水雙簷影；（徐寅）百葉蓮花七里香。（李洞）」有新月樓，聯云：「蝶銜紅蕊蜂銜粉；（羅隱）露似珍珠月似弓。（白居易）」又有水明樓，聯云：「盈手水光寒不濕；（李群玉）入簾花氣夢難忘。（羅虬）」（卷七勝跡・下，白化文、李如鸞點校《楹聯叢話》，第九二頁）

東園即賀園舊址，中有春雨堂。張文敏（照）聯云：「萬樹琪花千圃藥；一莊修竹半床書。」又鄭谷口（簠）聯云：「煙雲送客歸瑤水；山木分香繞閬風。」又江昱江（恂）聯云：「近水樓臺開梵宇；平山欄檻倚晴空。」春雨堂之北為菱花亭，聯云：「苔色侵衣桁；（李嘉祐）荷香入水亭。（周瑤）」亭之北為夕陽雙寺樓，聯云：「玉沙瑤草連溪碧；（曹唐）石路流泉兩寺分。（白居易）」（卷七勝跡・下，白化文、李如鸞點校《楹聯叢話》，第九五頁）

自望春樓入夾河，中有高屋數十間，為花潭竹嶼。聯云：「天上碧桃和露種；（高蟾）門前荷葉與橋齊。（張萬頃）」其右為靜香書屋，聯云：「飛塔雲霄半；（劉憲）書齋竹樹中。（李頎）」再進即如意門，中有清妍堂。聯云：「露氣暗連青桂苑；（李商隱）春風新長紫蘭芽。（白居易）」堂之後為蒔玉居，有集杜聯云：「山月映石室；春星帶草堂。」又有閬風堂聯云：「紅桃綠柳垂簷向；（王維）碧石青苔滿樹陰。（李端）」又有碧雲樓，聯云：「煙開翠幌清風曉；（許渾）花壓蘭幹春晝長。（溫庭筠）」（卷七勝跡・下，白化文、李如鸞點校《楹聯叢話》，第九八頁）

三賢祠即篠園，乾隆乙亥，園就圮，盧雅雨與程午橋葺而治之。祀歐陽文忠公、蘇文忠公，及國朝王文簡公。復建仰止樓，以「夕陽雙寺外，春水五塘西」舊聯懸之，顧南原（藹吉）隸書也。旁有蘇亭，額為鄭板橋書，盧雅雨自製聯云：「良辰盡為官忙，得一刻餘閒，好誦史翻經，別開生面；傳舍原非我有，但兩番視事，也栽花種竹，權當家園。」按：今之翠霞軒，即三賢祠舊殿。先是祠建於康熙間，本祀韓魏公及歐陽公。太守刁公、王公、蘇文忠公，于平山堂之真賞樓，以國朝司理王文簡公、太守金公、刑部汪公為配。後居民有祀歐、蘇二公及司理王公三賢之請，其時胡庶子（潤）督學江南，為文簡門士，遂有是議。至盧雅雨始行之，而諸賢從祧。後地歸汪姓，人稱為汪園。又撤三賢神主于桃花庵，以殿為園中廳事。今桃花庵之神主又經更易，非其舊矣。桃花庵之後為飛霞樓，聯云：「四野綠雲籠稼穡；（杜荀鶴）九春風景足林泉。（薛稷）」樓之左為見悟堂，聯云：「花藥繞方丈；（常建）清流湧坐隅。(元結)」樓之後為桐軒，是軒本祀歐、蘇、王三賢神主，盧雅雨聯云：「一代兩文忠，到處風流標勝跡；三賢同俎豆，何人尚友似先生。」又鄭板橋聯云：「遺韻滿江淮，三家一律；愛才如性命，異世同心。」其旁植牡丹百本，構翠霞軒，聯云：「日映文章霞細麗；(元稹）山張屏障綠參差。(白居易)」（卷七勝跡·下，白化文、李如鸞點校《楹聯叢話》，第九九～一〇〇頁）

蜀岡朝旭，李氏別墅也。中有來春堂，聯云：「一片彩霞迎旭日；(楊巨源）萬條金線帶春煙。(施肩吾)」其東為曠如亭，亭外水中有雙流舫，聯云：「重簷交密樹；(王勃）隔岸上春潮。(清江)」過此為高詠樓，本蘇文忠公題《西江月》處，周以垂柳冪歷，避暑最宜。樓後築屋十餘楹，如弓字。一曰「含青室」，聯云：「日交當戶樹；(蘇頲）花繞傍池山。(祖詠)」一曰「眺聽煙霞軒」，聯云：「松排山面千重翠；(白居易）日較人間一倍長。(陸龜蒙)」一曰「承露軒」，聯云：「池塘月撼芙渠浪；(方干）羅綺晴嬌綠水洲。(孟浩然)」一曰「青桂山房」，聯云：「從此不知蘭麝貴；(裴思謙）相期共鬬管弦來。(孟浩然)」（卷七勝跡·下，白化文、李如鸞點校《楹聯叢話》，第一〇〇頁）

萬松疊翠在微波峽西，一名吳園。廳事後多桂，又築桂露山房。聯云：「回風入座飄歌扇；(李邕）冷露無聲濕桂花。(王建)」前有小屋三間，額曰「春流畫舫」，聯云：「仙扉傍岩崿；(皮日休）小楹俯澄鮮。(張祜)」又清陰堂聯云：「風生北渚煙波闊；(權德輿）雨歇南樓積翠來。(李澄)」清陰堂之左為曠觀樓，凡十二間，如弓字。聯云：「煙草青無際；(周伯琦）溪山畫不如。(杜牧)」又涵清閣聯云：「雲林頗重疊；(賈島）池館亦清閒。(白居易)」（卷七勝跡·下，白化文、李如鸞點校《楹聯叢話》，第一〇〇頁）

蜀岡諸山之水，宣洩歸河，大起樓南，以池分之。千絲萬縷，五色陸離，皆從此出，謂之練池。池之東為染色房，聯云：「染就江南春水色；(白居易）結成羅帳連心花。(青童)」池之西為練絲房、經絲房，聯云：「軟縠疏羅共蕭屑；(溫庭筠）霏紅遝翠晚氤氳。(孟浩然)」又聽機樓聯云：「繡戶夜攢紅燭市；(韋莊）繅絲聲隔竹籬間。(項斯)」對岸有豔雪亭，聯云：「楊柳風來潮未落；(趙嘏）梧桐葉下雁初飛。(杜牧)」（卷七勝跡·下，白化文、李如鸞點校《楹聯叢話》，第一〇一頁）

余撫桂林，延呂月滄郡丞主秀峰書院講席，士論翕服。余常就咨地方利弊，兼以政暇談藝，皆獲益良多。惜其驟歸道山。繼主講者為黄春亭邑侯(暄)，亦佳士，有挽呂聯云：「德合荀君，久以范模孚梓里；文追白傅，豈惟政事在杭州。」為時所稱。余既為撰墓誌，亦挽以聯云：「三管失斯人，癸水辰山都暗淡；千秋存定論，鄉賢名宦佇馨香。」蓋月滄品學俱優，曾官兩浙，有循聲，尤長治獄也。時合省之士大夫以請祀鄉賢祠環籲，余已為擬定疏稿，適同官有違言，遂閣不行，亦可歎矣。（卷十挽詞，白化文、李如鸞點校《楹聯叢話》，第一三〇頁）

陳芝楣中丞（鑾）由鼎甲翰林，出為江南郡守，初權江寧府，補授松江府，旋調蘇州府，取白香山詩句，鐫一小印曰「自出承明三領郡」。余藩吳時，芝楣適守蘇州，文采風華，傾其流輩。以於余有推薦之誼，執弟子禮甚恭。逾年，即擢監司都轉，陳臬開藩，遂被開府豫章之命。旋移吳中，權江督，兼河督。近科詞臣名場之快利，未有如公者也。聞其擢浙臬時，初覲京師，引對甚稱旨，有此後前程不可限量之褒，乃向用方殷，而修文遽召，年實限之，謂之何哉。余以聯寄挽之云：「儀表稱科名，帝許雲程難限量；文章兼政事，我慚風義托淵源。」（卷十挽詞，白化文、李如鸞點校《楹聯叢話》，第一三五頁）

黄巷新宅之西有小樓，余始葺而新之。黄巷中以此樓為最古，因即榜為「黄樓」，集同人作詩張之。近以詩稿示余小霞，為寄題一聯云：「白傅早歸，一代福人居福地；蘇公再見，千秋黄巷重黄樓。」（卷十二雜綴，白化文、李如鸞點校《楹聯叢話》，第一五七頁）

《楹聯續話》

虞山有白、蘇二公祠。齊梅麓即集白、蘇語為楹聯，云：「中有仙龕虛一室；更邀明月作三人。」上聯香山句，下聯東坡句也。跋云：「香山詩：『近有人從海上來，海山深處見樓臺。』此海虞立白公祠之公案也。虛一室，固待公也。自公言之，即謂待坡公也可。又坡公題樂天《身心問答》三詩後云：『而今月下三人，他日當成幾佛。』以『更邀明月』句移奉白、蘇二公祠，頗有根據，非同泛語也。」按：常熟縣之白、蘇二公祠，建於道光丁酉年，在昭明讀書臺之側，董其成者蔣伯生（因培）、楊芸士（文蓀）也。芸士為之記。（卷一

廟祀，白化文、李如鸞點校《楹聯叢話》，第一八七頁）

楊芸士亦録寄所集古樂府楹聯，與孫柳君所録寄者十有八九相同，殆皆有所本，故不復登。其集《易林》八字聯云：「大福允興，主母喜舞，長樂受庇，使君延年，歡喜堅固，保我金玉；福禄祺祉，樂以笑歌，千歡萬悦，貴壽無極，五福四利，喜慶大來。」皆吉語也。又集古詩句五言云：「典墳探奥旨，詩禮挹餘波。」（錢起、盧綸）「知音在霄漢，時分占風煙。」（郎士元、白居易）「聽琴知道性，避酒怕狂名。」（姚合、李德裕）「李杜文章在，荀陳地望清。鳳棲常近日，鶴夢不離雲。」（錢起、盧綸）「文章負奇色，事業富清機。」（陳子昂、杜少陵）「翰墨緣情製，山林引興長。」（孟浩然、杜少陵）七言云：「合沓聲名動寥廓，縱横逸氣走風雷。」（杜、李）「功業須當垂永久，行藏爭不要分明。」（牟融、李咸用）「花房露透紅珠落，桂樹風吹玉簡寒。」（温庭筠、曹唐）「雲生礀戸衣裳潤，窗近花陰筆研香。」（香山、黄庚）（卷四集句，白化文、李如鸞點校《楹聯叢話》，第二三三～二三四頁）

《楹聯三話》

西湖蘇公祠橫翠閣中有一聯云：「圖畫香山，風流玉局；荷花世界，楊柳樓臺。」閣在白、蘇二公祠之間，前對柳堤，俯瞰荷花，此聯情景甚為穩切。（卷上蘇公祠聯，白化文、李如鸞點校《楹聯叢話》，第二七二頁）

溫州分巡道署東偏有園，康熙間三韓高公（其佩）所築。高公本號且園，故即以為園名。乾隆間，三韓徐公（綿）擴而充之，分為十景。曰冠緑軒，曰銜遠山亭，曰筠廊，曰藤花徑，曰亦舫，曰養竹山房，曰小春草池，曰蓮勺，曰梅花書屋，曰松化石齋。今惟冠緑軒扁尚存。嘉慶間，歙縣朱滄湄先生繼任此間，撰聯云：「妙作畫圖看，五色目迷高鐵嶺；恩叨江海住，三年心醉白香山。」則聯已無存。惟冠緑軒中尚懸一長聯云：「與古相于，緬當年謝草王池，共仰風流獨步；從吾所好，占此地荷亭竹榭，還期心跡雙清。」則南豐劉方伯（斌）所題也。（卷上溫處道署楹聯，白化文、李如鸞點校《楹聯叢話》，第二七八頁）

董雲岩題琵琶亭聯云：「一彈流水一彈月；半入江風半入雲。」張仲甫為余述之。自然可喜如此。（卷上琵琶亭聯，白化文、李如鸞點校《楹聯叢話》，

第二八七頁）

智按：上句出盧仝《風中琴》，下句出杜甫《贈花卿》。琵琶亭聯較著者，還有清九江關督唐英：「楓葉四弦秋，悵觸天涯遷謫恨；潯陽千尺水，勾留江上别離情。」（琵琶亭院白太傅祠）清京口（江蘇鎮江）人蔣調元（字若梅，又字鼎亭）：「青衫濕盡非因淚，紅豆拋殘别有情。」（琵琶亭旁聽雨軒）清道光湖北督糧道金安清：「燈影憧憧，淒絶暗風吹雨夜；荻花瑟瑟，魂銷明月繞船時。」民國初江湘嵐：「松菊荒矣，游子不歸，片帆過彭澤故居，只如畫雲山，猿鳥崗頭呼負負；楓荻蕭然，美人何在，落日訪江亭遺跡，聽清秋弦索，蝦蟆陵下唤卿卿。」民國初九江人萬象周：「聚散總前緣，最相宜明月一船，清風兩岸；古今幾名士，共合唱大江東去，秋雁南來。」民國初景德鎮人汪龍光：「忽憶故鄉，為問買茶人去否；只餘風月，依然司馬客歸時。」羅元貞：「司馬不來，相逢何必曾相識；佳人何在，此時無聲勝有聲。」

張仲甫嘗雜録舊人集句見示，中有可書楹帖者。如：「好學為福；惟道集虚。」出《莊子》。「在家常起早；偶地即安居。」山舟先生所集。「無事此靜坐；有情且賦詩。」同前。「花竹有和氣；風泉無俗情。」黄山谷、孟東野句。「欲共幽人洗筆墨；但驚妙語雜風煙。」東坡、放翁句。「餘子風流追魏晉；太平胸次到唐虞。」杜范、劉過句。「彩毫閑試金壺墨；花□（智按：當爲藏）重尋貝葉書。」李維、劉升贛句。「青竹閑垂任子釣；牙籤喜校鄴侯書。」劉過、張耒句。「墨妙已窺王令帖；良材還斵蔡翁琴。」趙孟頫、楊公遠句。「風騷意度卑唐體；人物依稀似晉時。」劉克莊、薛嵎句。「交情淡似秋江水；贈句清於夜月波。」郭祥正、楊誠齋句。「詩酒淋漓出狂怪；虹霓吐暖忘寒饑。」又：「千首放懷風月裏；一尊時對畫圖開。」又：「囊簡久藏蝌蚪字；詩壇欲效鸛鵝軍。」皆東坡句。「政用疏通合典則；地分清切任才賢。」少陵句。「都將筆下文章潤；散作人間雨露濃。」歐陽玄（智按：當爲薩都剌）句。「胸蟠杜甫千間廈；氣壓陳登百尺樓。」曹伯隆句。「拔薤已觀賢守政；壽親還慰魯侯心。」東坡、安石句。「已發政聲□（智按：當爲歸）召杜；不惟詩句似陰何。」沈與求、王半山句。「南斗日躔韓吏部；西湖風氣白香山。」張耒句。「常棣並為天下

士；先生真是地行仙。」東坡句。（卷下舊人集句，白化文、李如鸞點校《楹聯叢話》，第二八七頁）

智按：「都（一作却）將筆下文章潤；散作人間雨露濃。」實乃薩都剌《寄參政許可用》句（《雁門集》卷二）。「南斗日躔（一作辰）韓吏部；西湖風氣白香山」實乃張雨（一二八三～一三五〇）《書東坡先生畫像》句（《句曲外史集》卷中）。

《巧對録》

又有《借對》一門，如：羊角；鵝毛。（一言風，一言雪）鵲尾；獐牙。（一言竹皮冠，一言稻。白香山詩又以「獐牙稻」對「鴨腳葵」）赤兔；斑龍。（一言馬，一言鹿）鳳子；龍孫。（一言蝶，一言筍）鴨腳；雞頭。（一言葵，一言芡）雞距；龍鱗。（一言筆，一言硯）白鳳；烏龍。（一言貓，一言狗）邊都護；水中丞。金衣公子；赤弁丈夫。（一謂黃鶯，一謂晴蛉。）（卷一，白化文、李如鸞點校《楹聯叢話全編》，第三五〇～三五一頁）

又有《干支》一門，如：五卯；六庚。（《真誥》云：「五卯之日當齋。」《太公陰謀》云：「六庚為白獸。」）卯酒；午茶。（白香山詩）亥日；寅年。（同上）五戊；三庚。（《曆書》云：立春立秋後，五戊為春秋社。」）寅蛤；乙禽。（戴表元詩：「莎阪甫風寅蛤出，茅簷西日乙禽來。」）甲乙帳；戊己屯。壬寅露；甲子霄。（張說詩）窮丙子；雌甲辰。二丙穴；三癸亭。谷豫午；峰聳丁。（李洞《終甲山》詩）甲乙相伍；戊己為堅。（《後漢書·馬融傳》）堯時丙子；楚國庚寅。（陸游《遇老人》詩：「若非楚國庚寅歲，定是堯時丙子年。」）燕避戊巳；蝠忌庚申。（《埤雅》）看辰合藥；過卯煎茶。（卷一，白化文、李如鸞點校《楹聯叢話全編》，第三五一～三五二頁）

王銍《四六話》云：譚昉，曲江人，荊公少年仕宦荊州之友也。特善箋表。荊公在金陵，稱其一對云：「車斜韻險；競病聲難。」「競」、「病」二字，曹景宗故事。「車」、「斜」二字，見白樂天《與元微之書》曰：「何處春深好」。以「車」、「斜」二字為韻，往來幾百篇。（卷三，白化文、李如鸞點校《楹聯叢話全編》，第三七七頁）

《巧對續録》

（胡震亨《唐音癸籤》）又云：有續句對者，律詩如老杜「待爾鳴烏鵲，抛書示鶺鴒。枝間喜不去，原上急曾經。」排律如老杜「神女峰娟妙，昭君宅有無。曲留明怨惜，夢盡失歡娱」之類。一順續，一倒續。又如《贈張山人》「草書應甚苦，詩興不無神。曹植休前輩，張芝更後身。數篇吟可老，一字買堪貧。」續至三聯。白樂天以為，詩有連環文藻，隔句相解者，起於鮑照之「擾擾游宦子，營營市井人。懷金近從利，負劍遠慈親。」其來有自云。（卷上，白化文、李如鸞點校《楹聯叢話全編》，第四四七頁）

《雨村詩話》載：京師各官住宅，每歲首，大門春聯皆書「聖恩天廣大；文治日光華」二句，翰詹科道六部九卿皆然。丹徒王夢樓先生獨不用，以已名文治故也。同館者遂戲呼夢樓誥君為「光華夫人」。按：隨園人稱為「廣大教主」，蓋以香山比之也。「光華夫人」，正不可無「廣大教主」為之作對。（卷下，白化文、李如鸞點校《楹聯叢話全編》，第四五七頁）

（靳）迪臣又云：錢景舒日永于立夏前一日，與毛西河諸名士游樂園，集唐人句作送春對云：「每度暗來還暗去（王建）；暫時相賞莫相違（杜甫）。百年莫惜千回醉（翁綬）；一歲唯殘半日春（白居易）。」西河極賞之。（卷下，白化文、李如鸞點校《楹聯叢話全編》，第四六七頁）

《制義叢話》

張惕菴曰：王耘渠選《明文治》，風行一時，然已盡破前人之法。曩時何義門選《行遠集》，其指歸悉本閻潛邱、李安溪前後選，諸集皆徐壇長、何義門所手定，方望溪選《四書》文，其總批、線批皆由兵曹郵寄，周白民改定，然後出示同館，蔡芳三選三十家，亦白民汰易其大半，前輩於選事慎重若此……薛方山誤以胡安定爲朱子門人，鍾伯敬以朱子與王無功相酬答，有明時文名士，學殖淺陋至是，此與近日磨勘諸生，稱唐之王阮亭，宋之白樂天者何異？唐時有書生，不知近代事，因談駱賓王曰：某見其孫，李某竟謂駱賓是諸王封號，亦是類也。（《制義叢話》卷一，清咸豐九年刻本）

又《曲洧舊聞》中載，黃魯直於相國寺得宋子京《唐史稿》一册，歸而熟視之，自是文章日進，此無他，見其竄易字句，與初造意時不同，而識其用意之淺深也。按此亦可悟時文必須删潤，始臻美善。昔曹子建之言曰：「世人著述，不能無病。僕嘗好人譏彈其文，有不善者應時改定。」白樂天之言曰：「凡人爲文，私於自是，不忍割截，必待交友有公鑒，無姑息者，討論而削奪之，然後繁簡當否得其中。」二公皆雄於文者，其言如此，然則作時文者，亦可知所從事矣。（《制義叢話》卷二，清咸豐九年刻本）

《文選旁證》

《名都篇》：「匈奴盛請婚於漢，元帝以後宫良家子昭君配焉。」六臣本，「昭」作「明」，《玉臺新詠》「帝」下有「詔」字，「昭」亦作「明」。陸氏燿曰：「世傳昭君，都據《西京雜記》，謂元帝按圖召幸，宫人皆賂畫工，多者十萬，少亦不減五萬。昭君自恃貌美，獨無所賂，工人乃醜爲之圖，帝遂以妻匈奴。是説也，余嘗疑之。漢元即富過往時，而未幸之宫人，安所得此多金以賂畫師？宫廷跡閟，誰能代爲通賄輦金？莫夜亦豈漫無呵禁？其近誣不可信，明矣。自梁王叔英妻劉氏詩曰：『丹青失舊儀，玉匣成秋草。』由是陳後主則曰：『圖形漢宫裏，遥聘單于臺。』隋薛道衡則曰：『不蒙女史進，更無畫師情。』沿至唐人，如崔國輔：『何時得見漢朝使，爲妾傳書斬畫師。』沈佺期：『薄命由驕虜，無情是畫師。』梁獻：『圖畫失天真，容華坐誤人。』郭元振：『容顔日憔悴，有甚畫圖時。』劉長卿：『自矜妖艷色，不顧丹青人。』李白：『生乏黄金買圖畫，死留青塚使人嗟。』杜甫：『畫圖省識春風面，環珮空歸月夜魂。』白居易：『愁苦辛勤憔悴甚，如今却似畫圖時。』李商隱：『毛延壽畫欲通神，忍爲黄金不爲人。』范靜妻沈氏：『早信丹青巧，重貨洛陽師。千金買蟬鬢，百萬買蛾眉。』之類不可勝紀。梁以前，初無此説。昭君之自言曰：『離宫絶曠，身體摧殘』而已。圖畫之事，不著篇什。《漢書》亦但言：『單于願壻漢氏以自親，元帝以後宫良家子王嬙字昭君賜單于。單于驩喜，上書願保塞上谷以西至燉煌，請罷邊備塞吏卒，以休天子人民。』而《琴操》則謂：『帝宴單于，悉召後宫，問欲以一女賜單于，昭君盛飾而至，越席請行，既至匈奴，以爲漢待之厚，報漢以騵馬白璧珍寶之物。』圖畫之事，不登記載。」證以石季倫所作《明君新歌》而益信。（陸燿又曰：）「夫始之不以色進，有班姬辭輦之賢；繼之不以難委，有馮女當熊之勇。至其去後宫而赴絶域，偶殊類而輯邊陲，有翁主和戎、木蘭從軍之義，而說者必援無稽之稗史爲美談，使昭君千古止爲恃色逞嬌、吝財失寵之女流，抑何不善成人之美也。」按，王觀國《學林新編》已有此說，陸更暢言之耳。（《文選旁證》卷二十四，《續修四庫全書》影印清道光刻本）

智按：梁章鉅，字閎中，又字茝林，晚號退庵，長樂（今屬福建）人。乾隆甲寅，舉本省鄉試。嘉慶七年（一八〇二）壬戌進士。由庶吉士改禮部主事，充軍機章京，轉員外郎，簡湖北荊州知府，升江南淮、海道，兩署按察使，補山東按察使，兼署布政使。尋遷江蘇布政使。擢廣西巡撫。道光辛丑，再調江蘇。署兩江總督。卒于家。居官之餘，不廢著述。于經有《論語旁證》二十卷，《孟子旁證》十四卷，《夏小正通釋》四卷；于小學有《倉頡篇校證》三卷。于史有《三國志旁證》二十四卷；于掌故有《國朝臣工言行記》十二卷，《樞垣紀略》十六卷，《春曹題名録》六卷，《南省公餘録》八卷；于考據有《稱謂拾遺》十卷；于文章有《文選旁證》四十六卷。其餘《南浦詩話》、《制義叢話》、《楹聯叢話》、《浪蹟叢談》、《歸田瑣記》、《藤花吟館詩鈔》等詩文雜著纂輯者不下數十種。而裴注《三國》、李注《文選》，已極賅洽，尚能詳征博引，兼訂正其缺失，尤心力所萃。

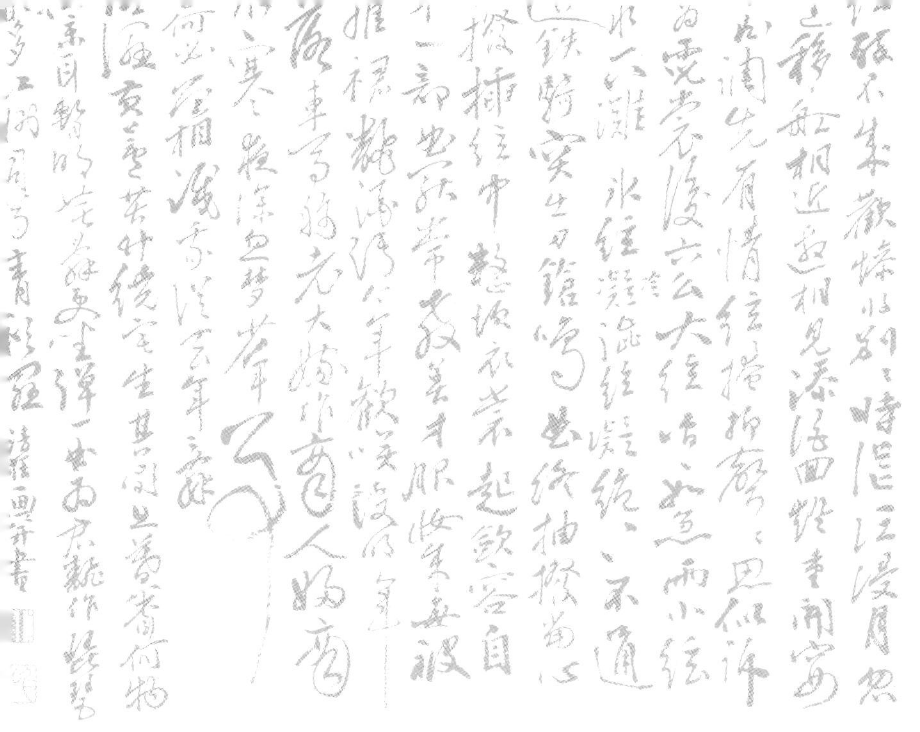

白居易資料新編

第九冊

陳才智 編著

中国社会科学出版社

目　　錄

目　錄

清代卷·四

陸鎣（一七七五～一八五〇）

《問花樓詩話》

子昂古直，曲江深穩，其源皆從漢、魏來，餘子不及也。先輩論詩，五古以淵閎靜雅、骨氣高妙為上。三唐作者，無論李、杜，如王、孟之沖澹，高、岑之勁拔，韓、孟之奇奧，元、白之曉暢，皆足上薄漢、魏，下掩宋、元，故曰詩至唐而極盛。……（卷一，《清詩話續編》第二二九二頁）

唐七言絕句，多被管絃。唐初諸公，拘於對偶，故有半律之名。玄宗妙解音律，一時人才輩出。自李白《清平調》後，元、白之徒，新詩艷句，流於歌詠。唐史稱李賀樂府數十篇，雲韶諸工能絃唱之。又稱李益才名與賀並駕，一篇成，樂工賂取，協之聲律。蓋唐代優伶采取當時名人詩句入歌，固常事也。蜀王衍嘗命宮人李玉簫歌所譔宮詞，五季猶沿舊習，今亡矣夫。（卷一，《清詩話續編》第二二九五頁）

白傅詩：「後宫佳麗三千人，三千寵愛在一身。」陳後山《妾薄命》云：「主家十二樓，一身當三千。」語簡意盡。考亭謂其筆力高妙，信不虛也。（卷二，《清詩話續編》第二三〇六頁）

《問花樓詞話》

⊙南北曲

天有兩戒，以判南北，而音韻殊焉。白太傅詩云：「吳越聲邪無法曲，莫教聲入管弦中。」髯蘇亦云：「好把鶯黃記宮樣，莫教弦管作蠻聲。」《南史》：「五音本在中土，東南土氣偏詖，不能感動木石。」余竊怪近世北曲，皆鄭衛之遺，唐代梨園教坊之所傳習，烏足以為正聲邪。善乎毛稚黃《與沈去矜論填詞書》曰：「南曲將開，填詞先之。北曲將開，弦索調先之。聲律之原，關乎風氣。今南北九宮音多鼙鐸。古人創制，初無定畫。善學者何抑彼南轅，同歸北轍哉。」解此可以息南北之爭。（《詞話叢編》第三册，第二五四三頁）

智按：參見明楊慎《詞品》卷一（《詞話叢編》第一册，第四三八頁）。

⊙録要

段安節《琵琶録》：緑腰即緑要也。樂工進曲，上令録其要者以進。一名六么，香山《楊柳枝》詞「六么水調家家唱」，元微之「管兒還為彈緑腰，緑腰依舊聲迢迢」，是唐人又以腰作么也。或云此曲拍不過六字，故曰六么。今六么行於世者四，曰黃鐘羽、曰夾鐘羽、曰林鐘羽、曰夷則羽。又此曲共二十二拍。中四花抑揚頓挫，舞者亦隨之而舞，歐陽公所謂「貪看六么花十八」是也。(《詞話叢編》第三册，第二五四五頁)

智按：陸鎣，字藝香，吳江（今屬江蘇）人。諸生，生平見《陸氏傳家集》附《陸氏先德録》。《問花樓詩話》同治十一年（一八七二）陸廼普刊《陸氏傳家集》本。前有道光二十四年（一八四四）陳文述序，後有同治十年（一八七一）裔孫廼普跋。參見蔣寅《清詩話考》第五三〇頁。

包世臣（一七七五～一八五五）

《藝舟雙楫》

⊙書韓文後下篇

古人論詩文得失之語，大約有三：有自得語，有率爾語，有僻謬語。自得語以心印心，直見作者真際。後學依類求義，可以悟入單微。率爾語本出無心，以其名高，矢口流傳。僻謬語自是盲修，誣古人以罣來學。如子長謂司馬法閎廓深遠，二代（智按：當爲三代）征伐，未能竟其義。子政、子雲謂子長有良史之材，善序事理，辨而不華，質而不俚。其文真，其事核，不虛美，不隱惡。子雲謂長卿賦不從人間來，讀千賦則能為之。魏文帝論鄴中七子。鍾嶸謂士衡所擬之十二首古詩，驚心動魄，一字千金。子美謂薛稷曰：「少保有古詩，得之陜郊篇。」其謂太白曰：「筆落驚風雨，詩成泣鬼神。」又曰：「李侯有佳句，往往似陰鏗。」太白登華山絕頂，題曰：「此地呼吸可通帝廷，恨不攜謝朓驚人句，來此搔首問蒼天。」襲美謂清遠道人《虎邱》詩，一字一句，若奮若搏，建安詞人不得居其右。孟會謂子美《朝進東門營》詩，其妙可以招魂復起。子由謂子美《哀江頭》，如百金戰馬，騰坡驀澗如履平地，下視樂天、微之，直如跛鼈。子瞻言智者創物，能者述之，非一人而成。君子之於學，自三代歷漢至唐而備，故詩至杜子美，文至韓退之，而古今之變、天下之能事畢矣。此自得語也。(《藝林名著叢刊》本，中國書店版第二十八頁)

智按：包世臣，字慎伯，涇縣（今屬安徽）人。六赴秋闈，始獲一遇。官新喻知縣，坐事被誣劾以歸。寓居江寧，布衣儉，每作書，自署曰「白門倦游閣外史」。咸豐乙卯（一八五五），避粵寇亂，卒于途。有《中衢一勺》七卷，言水利漕運；《藝舟雙楫》九卷，論文論書；《管情三藝》十卷，詩賦詞；《齊民四術》十二卷，辨兵農禮法。統稱《安吳四種》。別編《倦游閣集》三十卷，未刊。尤工書法，備得古人執筆運鋒結體分勢之奇，故推爲書家正宗焉。

沈練（？～一八五五）

《廣蠶桑説輯補》

⊙飼蠶法六十六條

一商賈之家，宜稍事蠶桑。蓋貨利有盛衰，得息豈皆十倍。即經營盡善，財帛日盈，富埒王侯，交通官吏，聲勢非不赫矣。不再傳而黃金消散，華屋空虛，其故何哉？緣市利去來無定，來易則去亦易，理固然也。孰若稍事蠶桑，令家人玩習，不但使知物力艱難，亦以弦高之婦，代敬姜之勞，於理甚當，況市利自盤剝得來，暗中招造物之忌，蠶桑之利，自辛勤得來，人勤則善心生。豈獨免白香山飽食濃妝之諷哉！

一仕宦之家，宜理蠶桑。詩云：「婦無公事，休其蠶織。」在王妃之貴，猶以女紅責之。況其下者乎？每見身列仕籍者，攜眷出鄉，以爲既食天禄，則男可不耕，女可不織，遂將蠶桑瑣事置之度外，迨至年老歸田，一無所恃。所謂「桑者閑閑，行與子還」者，安望耶？不得不教其子弟，仍奔走於形勢之途，子弟若賢，或能繼起，子弟若愚，則潦倒他鄉，莫知爲計。於是有操奇贏、權子母爲後人圖萬全者，豈知後人安享慣常，誰肯追念祖父之艱難，時加勤勉，勢必筋柔骨脆，爲天地之棄材，何如早分鶴俸於故里，購辦桑田，倩人經理，他年歸隱，不但桑陰滿逕，可以娱目騁懷，而且倉庚一鳴，則采桑養蠶，令後人稍習勞苦，如是則内有所恃，出可以養廉，處可以食力，亦何至進退維谷，貽患後人耶！（《廣蠶桑説輯補》卷下，《續修四庫全書》影印清光緒三年宗源瀚嚴州府刻本，第九七八册，子部，第二四二～二四三頁）

智按：沈練，字清渠，江蘇溧陽人。道光元年（一八二一）辛巳採花。夫妻均精於養蠶。司鐸績溪時，於學舍隙地種桑養蠶，並使妻、子講授栽桑養蠶之法，同時編成《蠶桑說》。咸豐四年（一八五四）購得湖人所著《蠶桑輯要》，採録其說而增訂為《廣蠶桑說》。次年稿成而病逝。同治二年（一八六三），其子沈琪將《廣蠶桑說》刊印行世。光緒初年，浙江嚴州府知府宗源設立蠶局，推廣蠶桑，請淳安縣學博仲學輅（？～一九〇〇）增補為《廣蠶桑說輯補》，與《齊民要術》、《農桑輯要》並為農學專著。

林春溥（一七七五～一八六二）

《開卷偶得》

白樂天《動静交相養賦》，其體裁絶似今之八股，乃自此體已開自唐，不自宋人始也。（《開卷偶得》卷十，道光二十九年竹柏山房家刻《竹柏山房十五種》本）

智按：林春溥，字立源，號鑒塘。閩縣（今福建閩侯）人。嘉慶七年（一八〇二）進士，改翰林院庶吉士，散館授編修，歷充順天鄉試、會試同考官。後以父老歸養，家居不出。自少至老，研讀經史，不遺餘力。著有《開卷偶得》十卷、《開闢傳疑》二卷、《古史紀年》十四卷、《古史考年異同表》二卷、《春秋經傳比事》二十二卷、《戰國紀年》六卷、《竹書紀年補證》四卷、《孔孟年表》二卷、《四書拾遺》五卷、《古書拾遺》四卷、《論世約編》七卷、《閒居雜録》二卷。事迹見《清史列傳》卷六十九。

王衍梅（一七七六～一八三〇）

《城東三十韻仿香山體》

四面嵐光三面城，城樓東面愜幽情。逍遙偶借蒙莊讀，鄰曲何傷墨翟行。轉荷使君呼敬弟，重須公子禮侯生。滁亭秀聳山森氣，（豐樂樓）澬水彎環雅頌聲。獲蟹自然符卦象，懸魚何遽兆文明。未除薛券身雖累，甘伏焦廬心太平。換字鵝隨王逸少，觸牆牛避鄭康成。舞雩童冠風斯古，桂海虞衡記不清。對客揮豪殊亹亹，截唐敲句亦硜硜。杜園苟脯鄉人送，官閣梅花野老擎。七品山茶仍爛漫，五株楊柳漸句萌。薯稱蕃種兼紅白，粉用條搓雜紫赬。荔浦蹲鴟如枕大，富江連展比羅輕。羊堪祀竈珍殷就，橘可呼奴賤李衡。擊柝沿街新樹柵，索綯築屋舊編荊。村無乞討居民靜，俗少尼媒比戶貞。握髮緣流逢素足，攢眉入社見黃睛。茅柴卓氏壚頭酒，格磔秦姝陌上箏。先輩詩中虛說虎，令公廟口罕聞猩。異同豈有諸曹掾，得失無非兒老兵。賢尹催科中上考，急差添遞兩三程。惟餘泠據皋比坐，到處閑看卉服迎。醉後久抛鸜鵒舞，狂來還效鳳凰鳴。牆煌椓石題芯草，（新作縣城隆碑）太僕匱龕薦杜蘅。飛札八行愚谷柳，（柳州耕珊太守惠書）笙歌一闋滿庭鶯。（苕琴先生集黃字韻詩四律）其餘瑣碎家常事，即亦模糊月旦評。阿弟報來鴻案婦，（汝舟弟在東迎娶）大姨交與雉皋甥。（吳甥家如皋）成丁通子頑爭栗。（爔兒病後貪食果餌）厄閏萊妻病廢耕。嬰鬼漫招錢剪紙，（耀兒去年閏五月殇）長孫遙寄錦為繃。道鄉往矣精神在，應笑吾兼吏隱名。（《綠雪堂遺集·戊子詩鈔》）

《秋興四首呈松圃先生七夕前二日立秋先生過雙藤譚至日哺而散晚間露坐有懷池上草堂遂成四詩望日為先生八十生辰時孟棠將歸盱眙幼於耀守泗城引例北上故末首及之》（其二）

皂角花開雪滿天，憶曾載酒共流連。馬蹄秋水人閑世，鳩杖香山池上篇。小島忽翻波似鏡，涼篷高卷屋為船。定知此夕松簧裏，預辦詩仙瓜果筵。（《綠雪堂遺集·紅杏村人吟稿》）

《題馬雲谷自寫雲谷圖》（其四）

李願居盤谷，盧鴻隱草堂。詩歌掩元白，畫格隘徐黃。空翠靜中落，幽

花深處香。攙雲應有意，展卷極蒼茫。（《緑雪堂遺集・紅杏村人吟稿》）

《病後雜詩》其二

故書亦復佳，新書尤有味。借書徧國中，何從得新異。奴持坊本來，小說雜遊戲。或飛燕外傳，如漢武故事。讀未竟數行，濛濛睫將閉。狂風吹煙花，黏滿蝴蝶翅。急呼家童掃，月色清到地。遠鐙映房櫳，深緑入竹意。琴澀疑有聲，衾香本無思。李杜韓白蘇，默默心頭記。（《緑雪堂遺集・靜存齋集》）

《竹齋坐雨用昌黎寒食出遊韻》

東皇詔治百蟲病，雷未發聲雨乃盛。惟有天涯病肺翁，雨絲鬢腳蕭蕭映。拂簾才見蜂蝶飛，欹枕稍聞鼃蝈競。已隨平子坐四愁，忽憶延年留五詠。居中玉笏兩行排，秀絕一峰獨也正。曷來雲氣互蔽虧，欲鑷謝屐何由更。倚床箕踞自歎息，冷落長鑱固其命。此鄰呼婦起飯牛，緯耒早修曲木柄。杏花初紅桑葉白，大野含膏老農慶。往讀香山賀雨詩，頌中寓規森可敬。自嫌冗吏嬰孽愆，得與編氓共幽憂。平生所好在曲蘗，徐邈狂言屢中聖。限不以雨灑濯之，陰淫乃與百憂並。念天所雨匪玉珠，似要人還菽帛性。王孫走馬疾如風，我不觸之爾安橫。茅齋澀勒百十個，駿耳雙批犢角迸。呼童淨掃石假山，緑藻暗浮魚動鏡。邦君授餐臺有饋，豐年稚化觀仁政。局身安知蓬艾陋，守己端然松柏勁。異時潘岳賦藉田，绀轅黛耜班春令。（《緑雪堂遺集・小竹齋集》）

智按：王衍海，字律芳，又字笠舫，會稽（今浙江紹興）人。嘉慶十六年（一八一一）辛未進士，授粤西武宣知縣，未履任。喜文嗜酒愛書，詩名頗盛，有《緑雪堂遺集》二十卷傳世，收詩詞兩千多首。參見農福龐《紅杏村人吟稿校注》附《戊子詩鈔》、《靜存齋集》、《小竹齋集》（廣西大學碩士論文，二〇〇六年，謝明仁指導）。

胡承珙（一七七六～一八三二）

《晚過琵琶亭》

清江九派浸寒沙，送盡征帆日已斜。一片蘆花兩行雁，斷腸何必為琵琶。

記聽吳孃暮雨歌，蘭陵酒醒淚如河。今看白袷痕猶在，應比青衫溼處多。(《求是堂詩集》卷三負米集，《續修四庫全書》影印清道光十三年刻本)

《毛詩後箋》

宋韓淲《澗泉日記》云：「王建時，騶虞見碧山，文忠論之云：騶虞，吾不知其何物也。《詩》曰：『吁嗟乎騶虞。』賈誼以謂騶者，文王之囿虞，虞官也。當誼之時，其說如此。然則以之爲獸者，其出于近世之說乎?」谷際岐曰：「賈誼之説，見《新書》，顧訓騶爲囿，未知何據。考《說文》：『騶，廄御也。』《禮記·射義》云：『天子以騶虞爲節樂官備也。』呂大臨曰：『所以歸功于二官也。』《漢書·序傳》云：『滕公廄騶。』是騶乃掌御之官矣。戴埴《鼠璞》引《月令》『命僕及七騶咸駕』及《左傳》『使訓羣騶知禮』，謂騶爲騶御，虞爲虞人，其說蓋本之白居易《畫贊序》，較訓囿者爲長，至謂之獸者，不特相如《封禪書》爲然，《淮南·道應訓》云：『商拘文王于羑里，散宜生乃以千金求天下之珍怪，得騶虞雞斯之乘。』則亦指爲獸矣。泥白虎黑文，《毛傳》已明言之，是漢時已不一其說，又安得謂出于近世。淲此論殊爲失考。」承珙案，《澗泉日記》此條原注云：「《封禪書》：『囿騶虞之珍羣。』則騶虞必獸也。」是則淲意仍以騶虞爲獸，其出於近世之說，尙是引歐公語，不然注與正文不應自相矛盾。谷氏駁之殊誤。陸堂詩學曰：明宣德四年，滁州獲二騶虞獸，獻之朝。今觀夏原吉賦序，一一與《毛傳》合，可知漢儒中，未有如毛公之博物者。(《毛詩後箋》卷三，《續修四庫全書》影印清道光十七年求是堂刻本)

「伐木丁丁，鳥鳴嚶嚶。」傳：、「興也。丁丁，伐木聲也。嚶嚶，驚懼也。」歐陽《本義》曰：「是詩主以鳥鳴求友爲喻爾，至其下章，則不及鳥鳴之意，但伐木許許，伐木于阪，便述朋友之事，與首章意殊不相類，蓋失其本義矣。當闕其所未詳，以俟深於詩者。」承珙案，首章因伐木而感鳥鳴，《正義》謂，如《葛覃》因以黄鳥爲興是也，二三章但言伐木，不及鳥鳴，猶《葛覃》次章不言黄鳥也，呂記引什方張氏曰：「詩人多相因之辭，如伐木而感鳥鳴，蓋因此以興焉者也，故下章皆以伐木言之。」《稽古編》曰：「此鳥鳴，先儒莫著爲何鳥。宋羅願以鶯當之，引《禽經》『鶯鳴嚶嚶』爲證，又言鶯是蟄鳥，冬以泥自裹，至春破土而出，此正出谷遷喬之事。案，《禽經》僞書，不足據信。惟《玉篇》云：『鶯有友鳥。』殆指《詩》求友語，則以伐木之鳥爲鶯，其來古矣。」承珙案，李綽《尚書故實》曰：「今謂進士登第爲遷鶯者，久矣，蓋自《伐木》詩『人嚶其鳴』矣。『求其友聲』，竝無鶯字。頃歲省試《早鶯求友》詩，又《鶯出谷》詩，別無證據，豈非誤歟?」王楙《野客叢書》引《東皐雜録》曰：「《詩》正文與注，皆未嘗及黄鳥。白樂天作《六帖》，始類鸎門中。……洪駒父稱《禽經》『鸎鳴嚶嚶』，要是後人附會。張平子《東京賦》『雎鳩鸝黄，關關嚶嚶』，然則以嚶嚶爲黄鸝用，自漢已然，不可謂自樂天始也。」葉大慶《考古質疑》曰：「《緗素雜記》謂今人吟詠，多用遷鶯出谷事，又曲名《喜遷鶯》，皆循唐人之誤。惟漢梁鴻《思友人》詩曰：『鳥嚶嚶兮友之期，念高子兮僕懷思。』《南史》梁劉孝標《絕交論》云：『嚶鳴相召，星流電激』是真得《詩》意。大慶按，《詩》『嚶嚶』雖非指鶯，然漢張衡《歸田賦》『王雎鼓翼，倉庚哀鳴。交頸頡頏，關關嚶嚶』，又《東京賦》『雎鳩鸝黄，關關嚶嚶』，蓋倉庚、鸝黄，卽所謂鶯也。張衡皆以嚶嚶言之，則唐人以嚶嚶爲鶯，又未必不本於此。又梁元帝《言志賦》『聞鶯而懷友』，陳楊謹《從祀麓山廟》詩『窗幽細網合，階靜落花明。簷巢始入燕，軒樹已遷鶯』，自梁、陳已用遷鶯事，而曰『承襲唐人之誤』，非也。」承珙謂，漢賦言「關關嚶嚶」者，似是泛舉鳥聲，未必分屬二鳥。且如《羽獵賦》又云「鴻雁嚶嚶」矣，卽《玉篇》「鶯」字注云：「鳥有文。」此本《桑扈》，《毛傳》、《稽古編》作有友鳥，友恐文字之誤。《文選》王元長《曲水詩序》云：「亂嚶聲于緜羽。」李善注雖引《詩》「鳥鳴嚶嚶」，又引《詩》「緜蠻黄鳥」，然本文究無鶯字，惟梁昭明太子《錦帶書姑洗二月啟》曰：「啼鶯出谷，爭傳求友之聲。」始明出「鶯」字，唐人殆沿此而誤耳。(《毛詩後箋》卷十六，《續修四庫全書》影印清道光十七年求是堂刻本)

智按：胡承珙，字景孟，號墨莊，涇縣（今屬安徽）人。幼穎悟，十三即入邑庠。嘉慶六年（一八〇一）辛酉，以拔貢中式江南鄉試。嘉慶十年（一八〇五）乙丑進士，選翰林院庶吉士。散館，授編修。尋遷御史，轉給事中。己卯，授福建分巡延、建、邵道；上官廉其能，調署臺灣兵備道。積勞成疾。乞假歸，途不復出。有《毛詩後箋》三十卷，《儀禮古今文疏義》十七卷，《爾雅古義》二卷，《小爾雅義證》十三卷，《求是堂詩集》二卷，《奏摺》一卷，《文集》六卷，《駢體文》二卷。畢生精力所專注者，要在《毛詩後箋》一書。

梅成棟（一七七六～一八四四）

《聞袁簡齋下世》（二首其二）

聞說風騷賴主持，如何輕薄使人疑。善尋自在同居易，不諱風情似牧之。身老六朝金粉地，明存一卷性靈詩。狂奴功過終難論，未必千秋有怨詞。（天津志局彙刊六卷本《欲起竹間樓存稿》卷一）

《哭遂寧張船山夫子》（二首其二）

夫子平生古誼敦，彼蒼摧折竟何論。在官本有歸山夢，未老胡成客死魂。白傅風流無子續，青蓮才調僅詩存。仰天一掬孤寒淚，何日彭宣可報恩。（天津志局彙刊六卷本《欲起竹間樓存稿》卷三）

《蘭生應韓對山觀察之聘將赴山右講席賦此送別》（四首其四）

義山名與香山重，取次風流到傅山。五十年來神往處，煩君搨取墓碑還。（天津志局彙刊六卷本《欲起竹間樓存稿》卷五）

《雜言五首》（其四）

古人愛香山，今人愛雪蘿。香山不可見，雪蘿頻我過。村居二十里，烟波阻一河。每有緘書來，寄我打油歌。遣興以抒詞，語趣心平和。足醫我褊急，益友資觀摩。比似廣大主，今古將無他。（天津志局彙刊六卷本《欲起竹間樓存稿》卷五）

《題琵琶一夢圖》

金雁鈿蟬紫玉翹，挑燈人憶可憐宵。分明楓葉停舟處，魂斷潯陽一夜潮。

銀撥冰絃入耳清，葦花滿紙作秋聲。青衫紅淚無窮思，都付邯鄲枕上情。

西舫東船悄悄吟，更然消息到於今。繪圖亦似傷淪落，一片空江對月心。

老大徒傷待嫁身，天涯何處不比鄰。題詩悵觸秋娘淚，我亦香山一路人。（天津志局彙刊六卷本《欲起竹間樓存稿》卷五）

《閒居雜詩》（五首其三）

惱人一夜楝花風，吹散園林萬片紅。榮落始知才頃刻，是非何苦戀胸中。逃禪雅愛香山老，說鬼情同玉局翁。世事靜觀都可省，向來悔作可憐蟲。（天津志局彙刊六卷本《欲起竹間樓存稿》卷五）

智按：梅成棟，字樹君，號吟齋。天津人。道光年間倡立輔仁學院，主講席十餘年。曾在天津水西莊與文人名士結成「梅花詩社」，為當時天津詩壇公認領袖。有《欲起竹間樓存稿》、《四書講義》、《管見篇》、《吟齋筆存》等，輯有《津門詩抄》。嘉慶五年（一八〇〇），梅成棟與崔旭（一七六七～一八四八）、姚元之（一七七三～一八五二）同出張船山門下，人稱「張門三才子」。

張宗泰（一七七六～一八五二）

《質疑删存》

⊙辨白樂天無贈盼盼詩諷以死事盼盼所答詩亦出附會說

盼盼以舞妓為故主守義不嫁，此姬妾中所不可多覯，豈必死而後可傳世。或謂白樂天諷之以詩，遂不食而卒。故陳彥之有詩云：「僕射新阡狐兔遊，美人猶住水邊樓……樂天才思如春雨，斷送殘花一夜休。」今按：樂天所贈之詩，即「黄金不惜買蛾眉，揀得名花三四枝。歌舞教成心力盡，一朝身去不相隨」一絕。而此詩在《長慶集》中，次《燕子樓詩》後，其題云「感故張僕射諸妓」，或樂天和燕子樓詩時，僕射諸妓有不得其所者，並感而賦之，故有「名花三四」之句。味其語意，乃是惜張公不於心力未盡時早為散遣，而致身去不能相随，祇爲蓄妓者感慨，非以貴諸妓也。況詩云「三四枝」，題云「諸妓」，非指一人言也。則此詩與盼盼無涉，明矣。況白公乃最深於情之人，其於樊素，則一再遣之，必去而後已。若於己之愛妓，則恐其死殉；而於人之愛妓，乃責其偷生，殊非情理之平。其云「一朝身去不相隨」，即推務遣樊素之意，以嘆張公之不能耳。且世有生不如死者，或其名為守義，而不免滋物議，則愛之以德，莫如諷之以死，則死尚為全人也。而白公所和《燕子樓詩》，其末章云：「見說白楊堪作柱，爭教紅粉不成灰？」則所以信其守者，至矣。於信之至之人而猶責其死，毋乃不止於苛哉！且據世所傳盼盼所答之詩，其第三句云「舍人不會人深意」。按，白公之為中書舍人，在長慶元年。今按《燕子樓詩序》云：「予為校書郎時，避徐、泗間，張尚書宴予。酒酣，出盼盼以佐欲，因贈詩云云。邇後絕不相聞，迨兹一紀矣。」又考白公《泛渭賦序》，白公於高郢掌貢舉，以鄉貢進士舉及第。鄭珣瑜領選部，以書判拔萃登科。十九年，天子命二公對掌鈞軸。明年，予為校書郎。證之两《唐書》，高、鄭並以貞元十九年同中書門下平章事，與賦序同。白公之為校書郎，在二公作相之明年，則貞元二十年矣。是年歲在甲申，迨長慶元年則歲在辛丑，相距前後十八年。按張愔（汪立名《白公年譜》辨《麗情集》以為張建封有誤，良是。然謂建封未為尚書亦非。《唐書·張建封傳》建封於貞元七年進位檢校禮部尚書，十二年加檢校右僕射。不過加僕射後不可仍稱尚書耳。不若據貞元二十年斷之，建封卒於貞元十六年，則二十年非愔而何。）於元和二年被疾請代。徵為兵部尚書。未出界而卒。《燕子樓》詩云：「自從不舞霓裳曲，疊在空箱十一年。」則所謂十一年當從愔卒之元和二年起算。白公因佐歡贈盼盼詩在貞元二十年，亦與詩序所云「迨兹一紀」相合。大約在元和十二、三年間。元和終十六年。次年方為長慶元年，是去白之為中書舍人尚有五年。盼盼不得即豫稱為舍人。此作偽顯然之迹一也。然此詩語猶和平。至若更有句云「兒童不識冲霄物」，則是有憾於白公而死，不得為從容就義矣。其所以表揚盼盼者淺矣。

又況白生于大歷七年壬子，至長慶元年辛丑，年五十矣，焉有杖家之年之人尚謂之「兒童」耶。且以貞元二十年計之，壬子生者當年三十三，其年盼盼方以舞妓佐歡，度其年不得太長，不過十三、四耳。是盼盼少於樂天將二十歲，以少二十年之人，而指長二十年之人為「兒童」，此又自頁其偽之述者二也。大抵此等不足徵信之詩，多出於前明。（今姑以見於《七修類稿》者言之，元順帝避明北去，非陳叔寶、李煜之比，乃有答明太祖之詩云「皇恩何處不昭回」，又云「春風先到鳳凰臺」，直是頌聖語句，豈敵國之所出耶。

凡徵聘處士，有司為之，勸駕有之，太守方面之官，豈有堂下拜之之理。而楊鐵崖之辭召也，乃云「太守免勞堂下拜」，真三家村未知掌故者之所云矣。尤可恨者，鐵絃之忠不在方、黄諸人而下，無女則已，果發教坊之事，未有父之烈如彼而尚貪生，僅賦詩云「嫁得劉郎勝阮郎」，此轉足以貽鐵公之憾，不足以增鐵公之光也。合之以白感諸妓之詩移為贈盼盼者。何一則欲其死，一則幸其生耶。大抵明人不講根柢之學，多於義理情事不之深考，弄其筆頭以為流傳嘉話，耳食者又人云亦云，殊為誤人。至所撰建文出亡各詩，豈有弢琮匿跡時猶露圭角，則又不足辨矣。」洪文敏公，宋之博識者也。其《容齋三筆》中有論盼盼、泰娘、好好三人。一則中引劉夢得、杜牧之两詩，傷泰娘之無歸及見好好於洛陽東城，末結之云：盼盼節義，非兩人可比，而前敘盼盼事，止引《燕子樓詩序》及白之所和首末兩章，若果仍有激於樂天之詩而死之事，洪公何不及之？此可知自唐逮宋，尚無是說，而郎仁寶《七修類稿》中有其說，則偽託起於明人無疑也。於乎！世果以白公之諷盼盼以死焉得中耶。今考白公自《燕子樓》和章以外，別無贈盼盼之詩，而盼盼答詩，合之事實又多不合，則盼盼能為尚書守義已屬可傳，又何必增一贅疣。大凡考古人之事，苟不斷之以理、參之以時，其不為作偽者所愚幾希。

⊙附辨《燕子樓》原詩非盼盼所作

《七修類稿》引《燕子樓》詩首尾兩章，冠之曰盼盼詩云，汪立名白詩箋注，亦引為盼盼《燕子樓》詩。夫言為心聲，盼盼能以妙年守義、甘處小樓，則必心如死灰，豈猶復作綺語而一云「獨眠人起合歡床」耶？今按《燕子樓詩序》末云：「予愛績之新詠，感彭城舊遊，因同其題。」則是原詩乃績之所作。績之者，司勳員外郎張仲素也。揆以誤作盼盼之由，殆因序前半有云「詰其由，為盼盼作也」，誤讀去聲之「為」作平聲耳，此亦序事家見請即往之失也。（又按，「績」當為「繪」之誤，以名仲素也。俟考。）（智按：繪一作績。績字，蓋與績形近而訛。）（《質疑删存》卷下，中華書局，一九八八年三月版，第六九～七二頁）

智按：張宗泰，字魯岩，河南魯山人。早年從武億學。嘉慶十二年（一八〇七）舉人。道光二年（一八二二），授河南修武教諭。道光十八年（一八三八）入京師，與阮元、龔自珍、姚椿、洪符孫、汪喜孫、陳慶鏞、錢儀吉、蘇源生、曹肅孫等定交。道光二十三年（一八四三），升河南府學教授。藏書數萬卷，有手抄書數千種。博通經史輿地，熟諳歷代掌故，精校勘。詩風淡雅，亦長于文。有《魯岩所學集》、《交游記》、《餘事稿》、《游秦蜀記》、《中州輯略》等。

鄭光祖（一七七六～一八六六）

《一斑録》

⊙《長恨歌》

白居易，唐世一君子人也。其《長恨歌》一篇，未免動後人議論。人有言明皇幸蜀，道經川北峨眉山，實在川南。人有言海上仙山，固屬虚無，然既云「其中綽約多仙子」矣，乃又曰「中有一人」，此皆小疵，可不計。至臨邛道士致魂魄，實是妖術小説，附會鈿盒金釵，詞中有誓，以惑愚人。君子宜惡其妖妄，乃反附和之，使傳爲佳話。况太眞以女禍亂天下，妲己、褒姒不少異，而且漢王重色，不顧詩刺新臺，乃尚以天生麗質，梨花一枝，稱道其貌之甚美，即才子不忌風流，亦不免失言矣。（《一斑録》雜述七，清道光二十三年琴川鄭氏青玉山房刊本）

智按：鄭光祖，字企先，號梅軒，常熟（今屬江蘇）人。

王端履（一七七六～？）

《重論文齋筆録》

或議予畫角對關心容易，對光陰為非，余曰：此即古人借對法也。白樂天詩「酒債尋常行處有，人生七十古來稀」，已肇其端，悟得此訣，則句法圓動，而無板重之病。雖非詩家正宗，然偶一為之，尚是無礙，但不可時逞狡獪伎倆也。若應制莊重等題，斷非所宜耳。（《重論文齋筆録》卷八，《續修四庫全書》影印清道光二十六年授宜堂刻本）

智按：「酒債尋常行處有，人生七十古來稀」，出自杜甫《曲江二首》其二，非白樂天詩。

王端履，字福將，號小谷，浙江蕭山人。嘉慶十九年（一八一四）進士，官翰林院庶吉士。父王宗炎，以其「十萬卷樓」藏書著名一時，繼承家藏書，又將書樓命名為「重論文齋」、「南野草堂」。有《重論文齋筆録》、《紹興先正遺書》等。

邵梅臣（一七七六～?）

《為景福田畫山水》

烏柏經秋一兩枝，籬花更有傲霜姿。畫成只恐添鄉夢，白傅隄邊夕照時。（《晚晴簃詩匯》卷一百四十一）

智按：邵梅臣，字香伯，烏程（今浙江湖州）人。游楚、滇等地甚久。工詩，善畫，九歲即嗜畫荷，尤工寫意山水，自謂得千古不傳之秘。所與往來多一時知名之士。每畫必題，或詩或跋，文辭超妙，有《畫耕偶録》行世。道光十四年（一八三四）主謝錫蕃家。卒年在六十五歲以上。

熊莪（一七七六至一七八〇～?）

《琵琶行分句吟草》

《琵琶行分句吟草敘》

賢遭白眼，命薄紅顔。鐘棄缶鳴，花摧玉挫。魯展禽屈居下位，薦牘奚存；沙吒利翻得美人，結縭甚左。遭逢雖異，淪落則同。予轉運糧艘，趨來湓浦。黄蘆苦竹，懷長慶之詩人；楓葉荻花，感善才之弟子。何物攬權，居相不憐才而忌才。中年作嫁，從商非嘉耦而怨耦。刼塵宦海，風月牽愁；絮果蘭因，琵琶寫恨。將詩酬曲，濕當日之青衫；忍淚吞聲，啼少時之紅粉。竟成潯江故事，傳作藝苑美談。吁嗟乎！鴻爪難留，人生如夢。蛾眉可作，我見猶憐。因娱翰墨以消閒，用假文章而遊戲。劈箋選韻，官舫呼鐙；按句成題，船牕刻燭。七千四十字，同史游《急就》之章；八十有八篇，做陸子《連珠》之體。鏤金錯采，敢詡龍雕；弄月吟風，難藏鳩拙。白公佳詠，真慚依樣之葫蘆；黄土香魂，豈類無鹽之刻劃。質諸同好，請共解嘲。時道光二十六年，歲在丙午之十月，璧臣熊莪自題。（光緒二十七年天門熊氏廣安刻本卷首）

○《潯陽江頭夜送客》（得「江」字）

潯陽今夜永，送客到秋江。派自波分九，燈看影照雙。心隨明月去，聲聽遠鐘撞。鷁舫牽離緒，驪歌按別腔。驛亭楊柳岸，溢浦木蘭艭。此夕權停槳，來朝但繫樁。樽將開北海，燭待翦西窗。不盡河梁意，宵吟答石瀧。

○《楓葉荻花秋瑟瑟》（得「秋」字）

一碧潯陽水，何堪瑟瑟秋。荻花堆岸嶼，楓葉捲汀州。感物頻增慨，行人易惹愁。無邊皆暮景，不盡此長流。絢日飛溪口，凝霜滿渡頭。難為三宿去，且作半宵留。月冷朦朦印，云涼淡淡浮。西風帆影遠，兩地恨悠悠。

○《主人下馬客在船》（得「船」字）

多情東道主，餞客暮江前。欲送忙馳馬，相呼漫放船。挑燈方待坐，下榻未妨眠。不盡今宵話，還期後日緣。頻勞卿款洽，且住我留連。此夜猶同地，明朝已各天。鞍難隨別解，纜自帶愁牽。一水盈盈在，分襟兩悵然。

○《舉杯欲飲無管弦》（得「杯」字）

此夜難為別，重教一舉杯。聊將觴酒進，卻少管弦催。耳熱從何屬，顏酡漫許開。吹雲誰領略，邀月頗遲回。曲未歌紅豆，樽徒瀉緑醅。君方佳釀勸，孰送好音來。縱使殷勤至，空勞笑語陪。慚無絲竹盛，不盡意徘徊。

○《醉不成歡慘將別》（得「歡」字）

舉酒邀君醉，原期醉眼看。那堪將作別，竟至不成歡。寂爾情無限，蕭然興已闌。翻令同抱恨，直使各含酸。痛飲傾三雅，閒愁起萬端。未教通藴結，何忍故盤桓。絕少銀簧炙，俄驚絳蠟殘。一言難盡處，空負酒盃寬。

○《別時茫茫江浸月》（得「時」字）

一色茫茫白，何堪送別時。江光連月湧，月影逐江移。隱隱招飛鶴，明明聽唱驪。浣襟青有暈，濯魄皓無涯。九派波齊駛，重輪影倒窺。情難分剪水，淚欲灑臨歧。鄭重行前路，殷勤訂後期。琉璃開世界，心事老蟾知。

○《忽聞水上琵琶聲》（得「聲」字）

更深將判袂，水上忽聞聲。主客原難別，琵琶若有情。因之心頓爽，遂以耳頻傾。聽曲離懷觸，知音暗恨生。愁如千縷結，撥想四絃輕。雁度行應斷，鷗眠夢亦驚。非關悲塞遠，是欲寄波清。此響誰人送？何妨一與迎。

○《主人忘歸客不發》（得「歸」字）

忽聽琵琶響，偏投主客機。維舟應不發，勒馬亦忘歸。我自遲搖櫓，卿還漫策騑。傳聞皆款款，去住各依依。識曲逢萍水，尋聲隔蓼磯。勾留心共印，惆悵手難揮。轉欲香停篆，須防露濕衣。鍾情吾輩在，莫道賞音稀。

○《尋聲暗問彈者誰》（得「誰」字）

此際工彈者，琵琶果屬誰？尋時聲未歇，暗地問偏宜。芳訊慇懃展，餘音約略追。手纖盤鳳尾，心細寫蛾眉。摸索人猶隱，咨詢我倍疑。語傳神悄悄，媚想態遲遲。香自憑他撥，情眞向此移。微波通款曲，幸不笑儂癡。

○《琵琶聲停欲語遲》（得「停」字）

聞訊情方切，琵琶響暫停。憑他遲與語，卽我細相聆。有口眞羞啓，收彈欲淚零。龍香纔按撥，鶯澀若慚形。話漫從頭說，聲猶有尾聽。何由通繾綣？終自惜伶俜。本覺言難盡，應知苦已經。囁嚅無限恨，悵對數峰青。

○《移船相近邀相見》（得「邀」字）

快把船移近，蘆花隔小橋。其人雖未見，卽我且相邀。此會天之合，前灣路不遙。何由談可接，直欲手為招。擬結芳鄰去，頻催畫槳搖。心期通謦欬，貌冀覩嬌嬈。宛在呼將至，印須試款要。來游應噬肯，好共話良宵。

○《添酒回燈重開宴》（得「重」字）

彼美邀相見，開懷宴飲重。回挑燈幾盞，添取酒千鐘。滿座紅蓮吐，浮杯綠蟻濃。光明偏照眼，塊磊更澆胸。不限三條盡，連番一酌從。情拚觴月醉，影寫髩雲鬆。金藕盤齊轉，紅粱醞倍醲。載聯賓與主，展席對芙蓉。

○《千呼萬喚始出來》（得「來」字）

欲得傾城顧，重教夜宴開。千呼猶未見，萬喚又連催。竹早臨風佇，芙遲出水來。聲聲勞促迫，步步故徘徊。直使前為挽，還須後若推。同音聯百口，暗淚暈雙腮。綠酒香徐酌，紅燈影乍回。今宵欣覿面，細語漫悲哀。

○《猶抱琵琶半遮面》（得「遮」字）

平生無限意，多在此琵琶。恨已中懷抱，慚猶半面遮。朦朧如隱樹，躑躅宛羞花。粧入徐妃鏡，音流蔡女笳。鬟低桃滴粉，臂側茜纚紗。照影留新月，偎腮暈片霞。全身猶未現，絕藝已曾誇。一曲煩卿奏，休教掩袂嗟。

○《轉軸撥絃三兩聲》（得「聲」字）

轉軸絃隨撥，宫商次第鳴。喉遲千百囀，指發兩三聲。鼓動方傳響，盤旋亦寓情。挑絲如弄瑟，扭柱若彈箏。女手雙雙按，予懷一一縈。何堪聞鐵馬，恰似聽金鶯。始作分奇偶，初音辨重輕。碧雲開此際，四座耳頻傾。

○《未成曲調先有情》（得「情」字）

琵琶絃始撥，轉軸調難成。尚未歌新曲，於先感舊情。喉開猶有待，耳熱漫相傾。暗抱心中恨，遲彈指上聲。誤防勞一顧，緣想結三生。緩把交絲鼓，頻將別緒縈。羞如含後悔，苦欲向前呈。吐半還吞半，香腮兩淚盈。

○《絃絃掩抑聲聲思》（得「聲」字）

絃絃相掩抑，幽思寄聲聲。舊恨將眉鎖，新愁假手鳴。喉間吞又吐，指下重還輕。宛轉心如結，低昂耳是傾。層層深淺調，亹亹短長情。大小交加奏，悲歡次第呈。千端方引起，百緒若環生。不盡胸中感，蹉跎歲月更。

○《似訴平生不得志》（得「生」字）

志許何時得？心教到處驚。相逢當此夕，似欲訴平生。碧海難填恨，青樓恥有名。審音皆感慨，寫怨最分明。命歎桃花薄，身嗟柳絮輕。奔波年已逝，孟浪事無成。不少纏綿意，偏多哽咽聲。絃絃交掩抑，淚下兩同傾。

○《低眉信手續續彈》（得「彈」字）

似訴平生事，琵琶續續彈。低眉雙鎖蹙，信手四絃安。繾綣藏多態，纏綿寄永歎。頻教隨指撥，未許舉頭看。響振千愁觸，顰垂百慮攢。拖來烟裊裊，浣去露漙漙。淡掃憐容老，輕挑弔影寒。聲聲無限思，聽到各心酸。

○《說盡心中無限事》（得「心」字）

中懷難盡說，說起便傷心。往事悲無限，斯時恨不禁。眉非烟柳掃，鬢欲雪花侵。瀉也如泉湧，藏之似海深。要終原以始，自昔到於今。但覺新愁惹，休教舊夢尋。浮雲看變幻，逝水感光陰。委曲都傳出，同聽淚染襟。

○《輕攏慢撚抹復挑》（得「挑」字）

未撚先相攏，從容百媚嬌。輕將頭緒總，慢把口脂調。定譜看初抹，分音聽復挑。安舒神易會，約略態難描。謝祖胸懷企，裴奴指法饒。轢絃傳薄媚，轉撥息浮囂。板眼憑誰按？琴心許共撩。聲聲多入妙，一度一魂銷。

○《初為霓裳後六幺》（得「為」字）

霓裳纔奏罷，後又六幺隨。調本當初別，情難此際為。宣音徵次第，振羽見參差。詠想仙同日，歌聽我獨時。虹垂偏婉婉，風下故遲遲。似按梨園譜，如聞桂府詞。雙聲長袖舞，一轉曲屏移。不盡纏綿意，彈來只自知。

○《大絃嘈嘈如急雨》（得「絃」字）

嘈嘈如此急，恍惚雨垂天。側聽喧洪響，頻看撫大絃。驚心何遽遝，滿耳致纏綿。玉漱更番戛，珠跳幾串圓。淋漓聲不斷，錯落韻相連。一派殊鏗爾，千行想沛然。眞教雲可遏，直使水俱淀。振處超凡調，休勞鐵撥傳。

○《小絃切切如私語》（得「私」字）

洪音方轉處，細撥小絃隨。切切如相語，依依有所私。漸低聲隱約，莫辨調參差。只恐分明聽，難宣秘密詞。三生酬夙願，七夕念佳期。話待無人候，情將卽我移。輕輕彈指許，款款印心知。一曲歌金縷，愁牽續命絲。

○《嘈嘈切切錯雜彈》（得「彈」字）

錯雜音難辨，憑卿信手彈。嘈嘈如訴苦，切切若含酸。調自高低協，絃能大小安。宮商原有譜，變換却無端。落落隨風轉，纖纖浣露團。攏來兼順逆，奏去判悲歡。緩急雙聲別，交加十指寒。聽餘心不定，我亦淚闌干。

○《大珠小珠落玉盤》（得「盤」字）

大小珍珠落，飄來白玉盤。揮將傾萬斛，撥自引千端。的的繁星錯，明明皓月團。懷中臨水鏡，手下脫金丸。一串喉頻轉，連番指快彈。隨風聞咳唾，跳雨瀉汍瀾。似解游鮫泣，難追舞鳳歡。如何圓且潤，掌上露漙漙。

○《閒關鶯語花底滑》（得「花」字）

底事黃鶯語，閒關甚可嘉。流來千百囀，滑處兩三花。嚦嚦深林溜，交交密葉遮。其音原載好，此聽且無譁。舌巧風清轉，喉嬌雨潤加。絲縈堆宿霧，綺散膩朝霞。恰似歌金縷，偏宜隱碧紗。多情還睍睆，隔座一枝斜。

○《幽咽流泉水下灘》（得「流」字）

其音何曲折，有若聽泉流。到此偏多咽，泠然更覺幽。涓涓分洞口，混混下灘頭。泂濁由來矣，涵清得在不。如牽今昔感，似挾雨風愁。哽哽迴湍瀨，嗚嗚落澗湫。沙淘三峽浪，玉漱一天秋。水調歌原好，還憐夢破鷗。

○《水泉冷澀絃疑絶》（得「疑」字）

冷澀源泉脈，微微一縷維。胡然將寂絶，值此遂猜疑。待綰同心結，難尋續命絲。沍寒因斷響，凝凍不成澌。月少清光瀉，雲無煖氣吹。凄幽流欲塞，哽咽下偏遲。只許聞如是，休教逝若斯。温情何處接？斂手使人思。

○《疑絶不通聲漸歇》（得「通」字）

一旦絃聲絶，幾疑曲已終。緣何方暫歇？竟至不相通。乍覺彈將罷，非關聽弗聰。靈心偏寂寂，妙手自空空。氣塞蒙山水，音稀解雨風。神傳閒淡裏，意會有無中。更欲情為感，休言調未工。停應邀月佇，少待轉歌嚨。

○《别有幽愁暗恨生》（得「生」字）

别有中藏隱，於斯百感并。祇因含暗恨，待欲訴幽情。好夢期他日，愁懷了此生。予惟甘寂寞，孰與辨分明？忽作凄涼態，猶餘哽咽聲。絲難將命續，緒已滿心縈。補去天彌遠，塡來海不平。無言相對處，似把四絃更。

○《此時無聲勝有聲》（得「聲」字）

細聽無聲候，蕭然勝有聲。絃疑前度絶，韻到此時清。直是歌天載，何須假物鳴。非非偏入想，默默更移情。好待澄心契，差強滿耳盈。音猶餘宛在，調不欲紛更。趣自環中得，神從象外呈。推尋微妙處，倍覺可憐生。

○《銀瓶乍破水漿迸》（得「漿」字）

乍似銀瓶破，聲聲迸水漿。音流原潑潑，韻繞自琅琅。鼓盪驚天響，盤旋滿地光。憑誰來挽手？聽此欲迴腸。玉漱千壺倒，珠跳萬斛量。敲如冰片片，浣想露瀼瀼。有口非難守，其心不易藏。中懷傾吐盡，莫怪淚成行。

○《鐵騎突出刀鎗鳴》（得「鳴」字）

鐵騎飈然騁，刀鎗颯颯鳴。高彈多壯氣，突出有奇聲。直入千軍陣，横衝萬馬營。其來偏駁駁，所執亦錚錚。偃月當頭亮，追風舉足輕。塵沙飛不斷，劍戟互相爭。手下驅丁卒，心中貯甲兵。指揮如意處，按轡自徐行。

○《曲終收撥當心畫》（得「心」字）

一曲終條理，何勞撥不禁。方將收在手，恰好畫當心。乍斂纖纖指，猶餘嫋嫋音。絃彈空寂寞，軸轉暗銷沉。已聽鯤潛伏，相看鶻正臨。雖無頭緒引，尚有尾聲尋。歇欲藏銀甲，停如抱玉琴。悠悠鏗爾際，靜坐撫胸襟。

○《四絃一聲如裂帛》（得「絃」字）

一旦聲如裂，驚心更可憐。疑分千疋帛，恰住四條絃。但覺餘鏗爾，何期忽劃然。勢原同竹破，響弗聽絲牽。撤手眞齊整，聆音尚接聯。相看收了了，恍若束淺淺。斷似遭紅勒，安能保白全。聞來含笑際，縷縷化飛烟。

○《東船西舫悄無言》（得「言」字）

東船西舫客，悄悄盡無言。即我心俱靜，教人舌亦捫。鄰雖分左右，話莫敘寒暄。正値歌彈歇，休聞笑語喧。何來餘韻繞？已覺暗聲吞。兩岸燈皆滅，孤舟酒不溫。如依桃李樹，只在荻蘆村。寂寞更深候，難銷夢裏魂。

○《惟見江心秋月白》（得「江」字）

一彈能使白，靜聽響琤瑽。所見惟秋月，長流此大江。奩飛千里鏡，篷啓兩邊牕。水面光分九，波心影印雙。當頭明皎潔，側耳息紛哤。有色生虛室，無言對小缸。華清雲淡淡，練浄石淙淙。放眼霜天闊，相邀舉玉釭。

○《沉吟放撥插絃中》（得「沉」字）

撥向絃中插，依微暗自吟。低眉情脈脈，束手意沉沉。欲訴胸藏事，權停指抹音。器方看放置，聲直待追尋。半晌神初定，平時恨已深。當頭原好整，背地若難禁。似有含羞態，惟憐最苦心。從容收拾畢，舍作正衣襟。

○《整頓衣裳起斂容》（得「裳」字）

立起容為斂，於斯肅以將。擡身來整頓，舉手攝衣裳。只恐顛之倒，相看敬且莊。雲同花結想，月共水浮光。楚楚多齊正，雍雍亦大方。疑嫌脂粉污，不待綺羅裝。綷縩衫痕細，輕盈禮數詳。徘徊端衽拜，請聽訴中藏。

○《自言本是京城女》（得「京」字）

我本良家女，由來溯帝京。何能忘故里，且與說前情。龍首山猶矯，蛾眉月幾更。江湖嗟轉徙，根柢記分明。翠幕春嬌養，紅綃曲小賡。穆曹新受譜，韋杜舊知名。絮絮聞鶯語，迢迢隔鳳城。潯陽今滯跡，無夢數歸程。

○《家在蝦蟆陵下住》（得「陵」字）

記得儂家在，蝦蟆上下陵。居原從昔憶，地亦到今稱。緑柳圍千樹，紅樓矗幾層。梁猶懷燕壘，港尚念魚罾。故宅頻新易，芳鄰或舊仍。傳更當日好，聽鼓往時曾。榜字書蝌蚪，橈歌唱芰菱。董墳相近處，去住悵難憑。

○《十三學得琵琶成》（得「三」字）

憶學琵琶日，行年恰十三。頭端先總理，指甲試徐探。獨得清喉訣，生成妙手談。眉拖痕淡淡，額亸髮鬖鬖。雁柱芳齡合，鵾絃古調含。一雙尖自撥，六七數相參。嫁未彭郎許，歌纔越女諳。青青雛鳳引，出更勝於藍。

○《名屬教坊第一部》（得「名」字）

幼年親屬失，業向教坊成。學就無雙譜，傳來第一名。蘭舟今夕話，菊部舊時情。到處都相識，同行孰與爭？東鄰顰莫效，北里調難賡。壓倒風流輩，高標月旦評。十分人出色，百倍價增聲。占得羣芳首，伊誰敢抗衡？

○《曲罷曾教善才伏》（得「才」字）

一曲曾彈罷，高超二善才。羣芳真伏矣，古調亦佳哉。舉已能三反，教休待百回。先生雖絕藝，弟子是良材。響慢傳衣缽，名將冠斗魁。吾師心暗許，女伴首交推。不必誇前輩，還須讓後來。於兹甘拜倒，嘆賞幾低徊。

○《粧成每被秋娘妒》（得「娘」字）

天成人每妒，被妒惱秋娘。未解誇濃抹，惟知愛淡粧。嫦娥原獨處，姊妹弗同行。燕尾分高下，蛾眉較短長。生憎遭忌嫉，相遇美清揚。螺子新描黛，倉庚舊覓方。喚津防有婦，窺鏡惜無郎。不信顰難效，東施醜竟忘。

○《五陵年少爭纏頭》（得「頭」字）

自五陵來者，輕年俠少流。登門爭識面，入座競纏頭。萬貫圍腰解，千金買笑留。珂鳴公子馬，錦擲美人樓。玉正雙環繫，珠隨百斛投。良緣前世結，艷福幾生修。覩欲居先快，情防落後酬。豪華相鬭盛，日作探花游。

○《一曲紅綃不知數》（得「綃」字）

纔聽彈一曲，滿座擲紅綃。數未從頭計，名原舉首標。四絃方撥指，萬貫不纏腰。綺似成霞散，羅看疊雪飄。鮫珠穿幅幅，翠羽織條條。出手真無算，聞聲倍覺超。花團兼錦簇，燕婉更鶯嬌。錯落知多少？魂應此度銷。

○《鈿頭雲篦擊節碎》（得「篦」字）

錚鏦聽擊節，直欲碎雲篦。玉指隨挑撥，鈿頭任取攜。驚將牙板按，快把唾壺提。不覺瓊瑤破，非關粉黛迷。推敲原有自，嘆賞豈無稽。拍案青鸞下，分釵翠鳳低。相看雙目刮，喝采一聲齊。寶盒今宵賜，風流入品題。

○《血色羅裙翻酒汙》（得「裙」字）

艷色鮮於血，拖來百摺裙。羅裁香可襲，酒汙氣難聞。頓改猩紅樣，翻成蟻緑紋。朱霞天半現，碧露水平分。絢已非榴赤，污偏近墨纁。黄花如雨漬，白練待風熏。漫比襟痕舊，惟憐幅綫紛。亦懷文字飲，恨不早逢君！

○《今年歡笑復明年》（得「歡」字）

自入烟花部，年年一例看。開顔多獻笑，握手便言歡。此夜珠方燦，明朝錦復團。幽情時罄吐，快意日盤桓。地好偕鴛侶，人皆樂燕安。惟躭花與月，莫計暑更寒。樂事心中賞，韶光指上彈。八千春色在，愁不上眉端。

○《秋月春風等閒度》（得「閒」字）

計度春秋日，優游足等閒。風吹曾識面，月照每開顔。到處多佳趣，隨時得雅嫻。幽情無不適，樂意總相關。座繞花千樹，牕臨水一灣。悠然原暇逸，逝者莫追攀。海燕憑來去，雲鴻自往還。誰家消受好？荏苒髮斑斑。

○《弟走從軍阿姨死》（得「軍」字）

阿姨垂死日，弟走早從軍。別色奚堪覩，凄聲弗忍聞。粧臺人嘆逝，戎幕雁離羣。正値葭莩萎，先教棣蕚分。鴻飛征遠塞，蝶化泣荒墳。淚洒風前雨，蹤遺月下雲。苔封悲切切，羽寄望殷殷。落寞中年感，傷心萬緒紛。

○《暮去朝來顔色故》（得「顔」字）

暮去朝來易，年年度等閒。今吾殊秀色，故我感芳顔。覽鏡容偏悴，簪花鬓已鬆。渥丹難久駐，平白改常觀。一瞬更明晦，雙丸迭往還。胭脂何用買，粉黛可全刪。髻莫如雲挽，眉非似月彎。嬌妖無復逞，早晚切憂患。

○《門前冷落車馬稀》（得「稀」字）

嘉賓車馬至，戾止每如歸。自昔翩翩盛，於今落落稀。凄涼迷曲巷，冷淡對斜暉。有戶難盈屨，無人再款扉。青鸞偏獨處，紫鳳莫雙飛。顯者來何少，時哉嘆式微。敲鐶誰按轡，認榜孰停騑？地不嘶金勒，梨花暮雨霏。

○《老大嫁作商人婦》（得「商」字）

女長原須嫁，蹉跎歲月荒。愆期悲老大，隨意作衣裳。我已慚新婦，人偏羡富商。琵琶抛賤業，粉黛理殘粧。遲暮安兒命，江湖感壻鄉。聘誰償織室？賈不數瞿塘。半世難如願，今生此下場。最憎遭薄倖，莫道好從良。

○《商人重利輕别離》(得「離」字)

商人何事嫁？悔已及今遲。所重惟財利，相輕是别離。千金貪未足，一屣棄如遺。子母權能握，妻孥樂不知。儂偏驪屨唱，彼自鶴常騎。仔細持籌地，仃伶判袂時。閨房呼負負，市井計孳孳。草緑望南浦，臨歧淚暗垂。

○《前月浮梁買茶去》(得「茶」字)

浮梁商賈集，去去路途賒。賤妾思紅豆，良人買緑茶。前津曾别我，此日未還家。色截雲烘片，香披雨茁芽。惟求雙井好，不惜幾文加。蟾照花三度，鷗迷水一涯。何時方返袂？到處尚乘槎。悵望新平遠，悠悠感物華。

○《去來江口守空船》(得「空」字)

九派分江口，船牕聽雨風。來常依古渡，去亦任孤篷。悵望長年守，回思往事空。勞偏傷我獨，樂不與人同。往返蘆花裹，晨昏荻港中。閒時書咄咄，整日夢懵懵。未敢輕移步，惟宜重保躬。溪頭波浪激，輾轉類飄蓬。

○《遶船明月江水寒》(得「船」字)

上下清明遶，孤身守小船。寒生江淼淼，艷吐月娟娟。盪影青漪印，搖光碧漢連。虚涵雙袖冷，倒映一篷圓。皎潔平鋪地，蒼涼遠接天。侵燈紅不燄，繞岸白無邊。鏡朗誰同照？衾單自獨眠。年華如水逝，極目嘆茫然。

○《夜深忽夢少年事》(得「年」字)

一枕逍遥夢，分明似少年。深宵原寂爾，往事忽依然。幻境空中現，芳魂暗裹牽。纔聽三下漏，好話再生緣。玉軟香温地，雲朝雨暮天。蟲飛任款款，蝶化自翩翩。舊日情彌篤，斯時睡正便。何堪今老大，擁被夜燈前。

○《夢啼粧淚紅闌干》(得「干」字)

啼紅驚睡醒，寂寞淚闌干。粉墜粧初卸，香銷夢已殘。雙行頻洒落，幾點自凄酸。杜宇三更咽，芙蓉一朵寒。聲吞多哽哽，血滴亦團團。幻想從前結，傷心向暗彈。絳巾沾易透，翠袖拭難乾。雁唳梨雲破，腮痕欲染丹。

○《我聞琵琶已嘆息》(得「聞」字)

領略情無盡，琵琶我已聞。不禁增嘆息，未及展慇懃。疏越朱絃思，沙檀紫縷文。此聲誰克繪？於意又何云？感喟燈重剔，咨嗟酒半醺。來遲憐荻隱，及早惜芝焚。擊節神先往，彈絃雅不羣。如流嗚咽水，愁對髩邊雲。

○《又聞此語重唧唧》（得「重」字）

唧唧聲聞又，何妨絮語重。前番曾惠我，此際復愁儂。咽咽啼孤雁，啾啾泣暗蛩。平生多坎坷，半世嘆遭逢。說自悲無盡，聽猶樂再從。珠拋偏滿眼，玉毀已填胸。往事頻相敘，幽情轉覺鍾。叨叨傾耳後，花卸蝶飛慵。

○《同是天涯淪落人》（得「涯」字）

憐卿惟我與，泛宅在天涯。落寞孤身寄，淪湮一樣嗟。依人常作客，到處卽爲家。放浪相同矣，奔波類是耶。余方悲槁木，子亦惜殘花。聚散皆如此，浮沉竟不差。飄蓬兼斷梗，宿露更餐霞。共聽江邊雁，悠悠感歲華。

○《相逢何必曾相識》（得「逢」字）

喜値天緣假，於茲接婉容。幾曾想省識，難必是遭逢。亦集忻爰止，何來咏適從。無妨談梗概，恰好聚萍蹤。素昧平生契，青垂此際濃。風非歸燕子，水未隔芙蓉。幸不期而遇，因之若可宗。遲遲雖恨晚，一曲洽懽悰。

○《我從去年辭帝京》（得「京」字）

惱煞王涯相，無端促我行。匆匆辭帝里，亟亟出神京。此去甘淪謫，何從與辨明？於今憂未解，自昔恨難平。跡縱羈鷗渚，心猶戀鳳城。鵷班憑北望，雁路向南征。聖主多加惠，讒臣太薄情。年來空有夢，別自聽雞聲。

○《謫居卧病潯陽城》（得「居」字）

謫貶潯陽佐，悠悠一載餘。那堪長病卧，卽此賦閒居。落拓同星墜，凄涼惜月諸。繩床憑輾轉，藥鼎未空虛。守職慚司馬，狂歌等接輿。人悲辭鎬洛，地喜近匡廬。自嘆驚弓鳥，誰憐涸轍魚？秋風腰帶減，鎮日感相如。

○《潯陽地僻無音樂》（得「無」字）

潯陽幽且僻，况復旅情孤。雅樂何曾有？清音並亦無。休尋遊騁樂，未極聽聞娛。入耳非絲竹，盈眸盡荻蘆。聲難徵大合，道不達通衢。莫夢鈞天奏，還思益地圖。莎廳聊自遣，菊部漫相呼。孰與論今古？偏居水一隅。

○《終歲不聞絲竹聲》（得「聲」字）

豈無絲與竹？竟至不聞聲。寂寂音都絕，悠悠歲欲更。終年勞我想，古調倩誰評？弗解鵾絃撥，常睽鳳管鳴。風前希鼓瑟，月下斷吹笙。魯壁徒相憶，蘭亭未可衡。三光虛遞度，兩耳漫頻傾。喜得琵琶聽，今番慰此情。

○《住近湓江地低濕》（得「低」字）

湓江多逼近，住隔緑楊堤。結氣非惟濕，成形且最低。無風常積垢，不雨亦沾泥。蠡澤原相接，蝸居可以栖。苔偏侵砌滑，樹每與檐齊。九派分城下，雙流合浦西。歷陵卑莫數，匡阜仰而躋。此地殊湫隘，長如病夏畦。

○《黄蘆苦竹遶宅生》（得「生」字）

遶宅伊何物？交加向此生。寒蘆黄慘淡，苦竹緑凄清。秋雪愁偏釀，春雲展不成。兼藏舟一葉，常抱屋三楹。立有花邊鷺，啼無樹底鶯。飄同沙捲色，聽到雨吞聲。楚岸人初隱，湘江淚已傾。蕭蕭徒四壁，何以慰余情？

○《其間旦暮聞何物》（得「何」字）

旦暮聞斯絕，其間可奈何。音非知者少，物亦別來多。此外空諸有，於中寂靡他。無聲無臭處，永夕永朝過。鎮日成聾叟，隨時遇睡魔。聽將從我返，善未與人歌。白晝雲垂影，黄昏月漾波。冥然忘早晚，俯仰嘆蹉跎。

○《杜鵑啼血猿哀鳴》（得「鳴」字）

杜宇悲悲喚，猿猱切切鳴。啼枝皆血跡，擁樹盡哀聲。苦雨留痕漬，愁雲逐嘯生。吟來風雨岸，泣到月三更。聽處腸俱斷，聞時淚欲傾。偏增湘水恨，直寄蜀山情。點點猩脣冷，嗷嗷雁唳清。凄涼無限感，入耳怕分明。

○《春江花朝秋月夜》（得「江」字）

莫放春秋去，年来住九江。朝花馨襲袖，夜月色臨牕。氣暖常飛蝶，更深少吠尨。晨興探曲塢，晚步度平矼。撲鼻香吹萬，當頭影映雙。芳魂迷曉照，潔魄對殘釭。且喜多佳日，聊為佐此邦。盈盈圍一水，獨酌小銀缸。

○《往往取酒還獨傾》（得「傾」字）

酒本差堪取，時還樂獨傾。厭厭忘夜飲，往往帶朝酲。抱甕原方便，浮觴更滿盈。人誇新釀熟，我愛舊醅清。率爾香凝盞，陶然月入鎗。有杯看蟻泛，無社結鷗盟。自覺孤芳賞，誰教好友迎。飛花兼醉月，藉以暢幽情。

○《豈無山歌與村笛》（得「無」字）

山村歌與笛，此地豈全無？曲徑來樵叟，斜陽下牧奴。常為吹緩緩，每自唱喁喁。犢背横時穩，羊腸繞處紆。雲行高可遏，月照短相呼。信口聲聲度，同腔面面俱。音原隨播弄，調亦互嘔喻。四壁蕭然外，傾聽有是夫。

○《嘔啞嘲哳難為聽》（得「聽」字）

山歌村笛繞，每每到莎廳。嘲哳何多怪，嘔啞不少停。已難如所賞，弗樂與為聽。啜泣兒偏像，飛鳴鳥可形。音原無足論，耳亦未曾經。但覺嘐啁度，奚堪仔細聆。徒憎聲唧喞，莫解唱瓏璁。領略誰相屬？頻教洗垢聹。

○《今夜聞君琵琶語》（得「君」字）

似話三生幸，琵琶此夜聞。多情堪慰我，妙語恰逢君。信手談何易，低眉意孔殷。聽時真娓娓，賞處共欣欣。直使悲心骨，皆原有節文。珠聯成咳唾，玉屑落繽紛。鳥亦能相對，花如解所云。一彈還再鼓，振響遏行雲。

○《如聽仙樂耳暫明》（得「明」字）

直似聞仙樂，琵琶語有情。音常憎錯雜，耳暫喜分明。若鼓銀絲瑟，如彈玉柱箏。嘲將聊以解，聽且與之傾。法曲連番奏，凡腔一洗清。惟聰昭雪亮，入妙遏雲行。擬向三山列，能令四座驚。霓裳同此詠，客好住蓬瀛。

○《莫辭更坐彈一曲》（得「辭」字）

重勞彈一曲，洗耳復聽之。就席都更坐，安絃莫漫辭。何妨仍信手，不必故低眉。入妙還求續，相煩勿見推。絲將祈再鼓，座亦且頻移。毋用翻新調，依然譜舊詞。前番曾慰想，此際更縈思。曲好邀三疊，輕挑請又為。

○《為君翻作琵琶行》（得「君」字）

琵琶行一首，作此為逢君。聽曲真曾識，揮毫意孔殷。挑燈方起草，握管卽成文。句本緣卿撰，音先許我聞。彈來誠絕調，撥處更空羣。妙縱難描寫，奇應共賞欣。於茲同繾綣，且以致慇懃。脫稿翻相贈，深慚白練裙。

○《感我此言良久立》（得「言」字）

起立何良久，因知感我言。偏教增靦腆，只恐負評論。默默花無語，亭亭玉有魂。躊躇應滿志，俯仰已銷魂。緩度姍姍步，深銜眷眷恩。一篇蒙見贈，再鼓敢辭煩？迴首長相憶，銘心永弗諼。美人遲暮日，何幸此温存。

○《却坐促絃絃轉急》（得「絃」字）

却坐從其請，聲聲又促絃。彈來何太急，轉處更堪憐。直若檐流雨，翻同澗瀉泉。銀絲隨鼓動，鐵撥妙盤旋。入耳嘈嘈滿，飛音續續連。重聽揮十指，復見嚲雙肩。不少幽愁併，偏多積恨牽。傳聲遲不得，奈此有情天。

○《淒淒不似向前聲》（得「淒」字）

前聲渾不似，倏爾變淒淒。轉軸音彌急，挑絃意倍悽。調疑翻別鵠，心又逗靈犀。另作嗚嗚訴，如聞切切啼。雁孤雲斷北，鵑苦月沉西。推手更香撥，從頭憶玉鎞。雨風驚一换，烟水隔雙栖。舊恨新愁併，芳懷渺渺兮。

○《滿座重聞皆掩泣》（得「皆」字）

滿座重聞者，相看掩泣皆。其聲原寄恨，此聽更愴懷。坐次東西列，啼痕左右揩。傷心非我獨，破涕與君偕。向者彈猶是，今番調忽乖。蓬飄悲異地，萍聚感同儕。淚欲都為瀉，愁教各自排。大家增嘅嘆，毋乃惜沉埋。

○《座中泣下誰最多》（得「多」字）

座中皆掩泣，泣下數誰多？直以聞如是，因之唤奈何。含悲原動衆，破涕盡憐他。料有心雙印，應添淚一渦。大家同哽咽，果孰最滂沱？萬斛珠頻倒，千行粉暗拖。腮邊疑洒雨，眼底欲横波。滿坐疇情重，汍瀾透綺羅。

○《江州司馬青衫濕》（得「衫」字）

江州淒切夜，司馬濕青衫。此地同淪落，當年被嫉讒。卿今傳手語，我益感頭銜。灑到臨風竹，多於帶雨杉。對花紅易濺，染草碧難芟。典午羈官組，含辛送客帆。天涯悲畹晚，世味辨酸醎。洗面能乾否？歸眠又枕函。（光緒二十七年天門熊氏廣安刻本）

智按：熊莪，字璧臣，湖北天門人，官刑部主事。有《寄情草堂詩鈔》三卷（道光十三年刻本；光緒二十八年刻本）。

附費開綬《琵琶行分句吟草序》

嘉慶戊寅京兆試，余與璧臣觀察俱受知於祝蘅畦師。爰以同門結縞紵歡，觀察時官雲司，以詩鳴都下，有何水部、鄭都官之目。及出守豫章，余亦奉綰藩條，重聯舊雨。道光乙巳冬，觀察攝糧篆督運北上，湖神效順，連檣直駛。潯陽舊有琵琶亭，觀察感事造端，就白公《琵琶行》，分韵五言，排律八十八首。授而讀之，細玩不釋。竊謂胎結奇花，齒霏艷雪，纏綿往復，惻惻動人，一何情深乃爾耶。昔范石湖有《吴船録》，近時王葑亭給諫有《視漕小草》，今觀察王事倥偬，結香山詩緣于飛挽之際，韵事又突過前人矣。口角噙香，想見江妃水仙，相與窺吟舫而粲然啓玉齒也。同門愚弟費開綬拜序。

智按：嘉慶戊寅，嘉慶二十三年（一八一八）。費開綬（？～一八四九），武進（今江蘇常州）人，祖籍洛陽。嘉慶二十五年（一八二〇）進士，歷任江西巡撫兼督察院右副都御史兵部侍郎兼提督銜。誥授資政大夫、振威將軍。奉旨補授浙江鹽運使、雲南按察使。道光二十九年（一八四九）五月卒於官。

附劉淳《琵琶行分句吟草序》

余曩過江州琵琶亭，念白傅詩，輒心怦怦焉，弗能置。思次韵答之，未果也。道光丙午春，表兄熊璧臣觀察督漕出潯陽，聽風濤搏擊，如聞水上嘈切聲，遂作《琵琶行分句吟草》若干首，麗而不靡，致遙而旨雋，敘者備言之矣。白傅借商婦之辭，述謫官之情，况故于今昔升沉聚散榮謝之感，往復數致意焉。璧臣以盛年强力，服勞王事，特惜白傅之才，而慨其不見容於時；豈欲與撚髭苦吟、競諧聲應節之能之輩，弋騷壇一日之譽哉！要其詩，固足與白并壽者也。璧臣近方權臬篆，退食之暇，吟興當更進。西望豫章，匡廬蒼然，余將涉彭蠡而問之。愚表弟劉淳拜序。

智按：劉淳（一七九一～一八四九），字孝長，號莘農，湖北天門人。

附王藩《琵琶行分句吟草題詞》

統觀全作，柔思逸韻，婉麗清新；幾於有語皆香，無愁不媚。題本情勝，得此粲花之舌，生花之筆。曲傳題妙，即與《琵琶行》并壽可也。丁未夏五王藩拜讀。

附陳錫蘭《琵琶行分句吟草題詞》

白傅以商婦之情為情，《琵琶行》五百五十六字，只作一「情」字讀；觀察以白傅之情為情，此卷七千四十字，亦只作一「情」字讀。觀察詩，才力富健，公餘吟諷不輟，今有巡鹺之役，倘再取《長恨歌》逐句分詠，則聯珠合璧，更傳雙絕於詞壇。觀察尚有此閒情否乎？會稽陳錫蘭拜讀。

智按：陳錫蘭（一八二七～一八八五），又名能齊，號仲馨。咸豐元年（一八五一）中舉，同治十二年（一八七三）任陝西興安府宜君知縣，光緒二年（一八七六）調任興平知縣。後敕封五品知府。

附馮文燦《琵琶行分句吟草題詞》

昔讀《琵琶行》，嘆其渾灝流轉，純以氣勝。今觀察逐句詮發，前後首尾銜接，其氣之盤旋貫注，幾與白傅頡頏。觀察少負異才，丙子試京兆，已擬元。戊寅又膺秋薦，惜數奇不售，乃益肆力韻語，此氣之所以鬱積而成磅礴者也。以燦心折有素，出詩見示，妄為圜點，并述梗概如此。庚戌菊秋望日，山陰馮文燦謹識。

智按：庚戌，道光三十年（一八五〇）。

附王文瑋《琵琶行分句吟草題詞》

論試帖於今日，屬對之巧，刻畫之工，一洗唐人板重俚率之弊，而名場共習。有才者心靈濬發，往往借題寫意，熟典翻新，語雜莊諧，益可引人入勝。近如《感應篇》、《覺世經》之類，均有分句長律。而吳興沈孝廉在都下，觀戲劇作律體四十首，一時艷傳幾徧。今讀觀察此卷，以灑脫之筆，達緜邈之情，天趣盎然，不可思議。眾長畢具，夙弊盡空，令人往復流連，手胝口沫，匪獨孝廉壓倒已也。求觀者多，遂付剞氏。觀察命校字，用書數語，以當後跋。庚戌菊秋初澣，屬吏王文瑋拜讀。

智按：王文瑋，字伯重，會稽（今浙江紹興）人。有《志隱齋詩鈔》八卷，清咸豐六年（一八五六）刻本。

附俞敬佑《琵琶行分句吟草題詞》

璧臣夫子《寄情吟草》，傳播藝林久矣，歲丙午，持豸節，督運北發，成《琵琶行》分韻詩八十八首。遠近傳鈔，一時紙貴，敬受而讀之，悱惻芬芳，根乎至性，循聲應節，脫口如生，殆所謂紫塞琵琶，善彈心曲乎？他日雞林問價，白集同珍，流傳其益遠哉！爰綴數語，以誌嚮往。受業俞敬佑謹跋。

附胡德坤《琵琶行分句吟草題詞》

寄託風騷好時候，從來花月屬名流。銀燈官舫傳神筆，卻與他人寫艷愁。

長慶詩人已邈然，琵琶商婦亦千年。雅將陳跡翻新詠，猶是江州送客天。

青衫紅粉縱難尋，偏致纏綿倚句吟。若道潯陽千尺水，分明不及此情深。

題襟門韻水雲鄉，同擅風流翰墨場。八十八章花作字，令人一讀一生香。

春垓弟胡德坤拜讀（光緒二十七年天門熊氏廣安刻本卷首）

周儀暐（一七七七～一八四六）

《送收菴先生入秦》（二首其二）

青衫爭識白江州，一曲琵琶唱未休。江國鶯花春送別，旗亭煙月夜聞謳。僊蹤濟洛思元禮，物望占星應太邱。我到天南重寄遠，折梅遙羨渼陂遊。（見趙懷玉《亦有生齋集》詩卷二十八，《續修四庫全書》影印清道光元年刻本）

智按：收菴先生，即趙懷玉（一七四七～一八二三）。

周儀暐，字伯恬，陽湖（今江蘇常州）人。嘉慶元年（一七九六）舉人。歷官陝西山陽縣知縣，有惠政。鄧廷楨見其所作《韓城驛詩》，極重之，及巡撫陝西，調署鳳翔，尋以老乞休。有《夫椒山館詩集》。

黄安濤（一七七七～一八四八）

《閒課集》（小序）

唐白樂天與元微之書謂，幼諳聲韻，二十以來，晝課賦，夜誦書，閒又課詩，不遑寢息。此白公自道其學之勤也。安濤卯角時，家大人教以耦語屬對之法，故授以唐賢聲律，朋游觴詠輒呼之前，旁睨聽竟日，侍立以為常。幼學後，五經成誦，從事帖括。十八歲游於庠，六踏省門。……（《詩娛室詩集》卷一，《清代詩文集彙編》影印清道光十四年嘉善黃氏刻本，第五二一册，第三七三頁）

《讀唐詩絕句十首》(其八)

左掖由來不易居，隨班飽食愧何如？此言自合詩人作，十首秦吟抵諫書。(《詩娱室詩集》卷五，《清代詩文集彙編》影印清道光十四年嘉善黄氏刻本，第五二一册，第四一六頁；《萬首論詩絕句》第二册，第七六五頁)

智按：黄安濤，字凝輿，號霽青，嘉善(今屬浙江)人。嘉慶十四年(一八〇九)己巳進士，改庶吉士，授編修，歷官潮州知府。有《詩娱室詩集》、《息耕草堂詩集》。

宋翔鳳(一七七七～一八六〇)

《雨泊琵琶亭下聞琵琶作》

難説空江思，繁聲思更加。孤亭忽風雨，静夜響琵琶。似怨寒潮滿，頻驚客夢賒。潯陽舊來事，悵觸意無涯。(《憶山堂詩録》卷二，《續修四庫全書》影印清嘉慶二十三年刻道光五年增修本)

《九江琵琶亭下作》

九派江頭事惘然，琵琶亭下水潺湲。欲尋舊夢如流水，儻奏繁聲已暮煙。此地曾聞商女調，只今惟有賈人船。荻花楓葉舟中坐，別抱清愁一少年。(《憶山堂詩録》卷三，《續修四庫全書》影印清嘉慶二十三年刻道光五年增修本)

《樂府餘論》

⊙吴夢窗酷酒所本

吴夢窗《西子妝》云：「流水麴塵，艷陽酷酒。」按酷酒，謂酒味酷烈也。白香山《詠家醖》云：「甕揭聞時香酷烈。」此酷字所本。太白詩：「風吹柳花滿店香，吴姬壓酒勸客嘗。」當風吹柳花之時，先聞香味之酷烈，而後知店中有酒，故先言香，後言酒也。艷陽酷酒，正同此意。萬氏《詞律》疑酷字之僞。然但言酤酒，便索然無味。(《詞話叢編》第三册，第二五〇一頁)

智按：《西子粧慢》(夢窗自度腔，湖上清明薄游)，見《夢窗甲稿》卷一。《詠家醞》，見《白居易集箋校》第一八三九頁，大和三年（八二九），五十八歲，長安，刑部侍郎。萬樹《詞律》卷十四：「酷酒，酷字無理，汲古刻本集及《圖譜》、《詞綜》等書皆相沿誤刻，余謂是酤字之訛耳。」

《過庭録》

⊙近人妄改元白詩

元微之《連昌宫詞》云：「長官清平太守好，揀選皆言由相公。」此謂姚宋作相能薦賢用人也。下句接云：「開元之末姚宋死，朝廷漸漸由妃子。」言任女謁由宰相，不得其人，則廟謨顛倒，由相公與由妃子相應。今人選唐詩，改相公爲至公，非也。樂天《長恨歌》節節蟬聯，《琵琶引》處處截斷，中云：「水泉冷澀弦疑絶，疑絕不通聲暫歇。别有幽愁闇恨生，此時無聲勝有聲。」此作一斷。下接云：「銀瓶乍破水漿迸，鐵騎突出刀鎗鳴。」於無聲之後，忽然有聲，則「乍破」、「突出」始字字有力，今有改作「此時無聲復有聲」，則語意庸近，而云「校自宋本」，今傳宋本《長慶集》不如此。（《過庭録》卷十六，《續修四庫全書》影印清咸豐浮谿精舍刻本）

⊙阿

古人「阿」字多讀平聲，故《廣韵》但載於七歌，解爲曲也，近也，倚也。老子《道經》「唯之與阿，相去幾何？」唯阿，皆言發語聲，而阿與何韵。《漢書·游俠傳》「寡婦左阿君」，顔注：「不作音則皆平聲。」《廣韵》「何」字下又云：虜三字姓引後，《魏書》「阿伏于氏、阿鹿桓氏、阿史那氏、阿史德氏」，凡加「阿」字，皆發語聲，六朝有阿耶、阿孃之稱，皆由小兒之學語，先作唯阿（《内則》能言，男唯女俞），其呼小兒，亦加阿字，如阿侯之類，後復加之輕賤者，如吕蒙之爲阿蒙，雲昭訓之爲阿雲，大抵皆作平聲。至唐人作近體，如白香山「盡日無人屬阿誰」，「君家阿那邊」，始作側聲讀（如「紅蘭三百九十橋」，十字讀平，亦不見韵書），蓋用方音。近來北方多讀去聲，如歌韵之阿，變爲麻韵（古麻韵半入歌韵，半入虞韻，梵音始有今麻韵之音），而作去聲，南方多讀入聲，如壓六有如亞音者，至元人作《韵會小補》阿始音屋，而收入聲，今人卻無此音也。（《過庭録》卷十六，《續修四庫全書》影印清咸豐浮谿精舍刻本）

智按：宋翔鳳，字虞廷，一字於庭，長洲（今江蘇蘇州）人。嘉慶五年（一八〇〇）庚申舉於鄉，大挑投泰州州學正。丁艱服闋，改安徽旌德縣訓導。保知縣，試吏湖南。用材幹見知大府，歷任劇邑。以州牧致仕。咸豐己未，重宴鹿鳴，加知府銜。

黄本騏（一七七七～?）

《壽張竹泉刺史百韻》

崧高鍾傑彦，河洛吐精英。颬系緜京兆，桑隣溯步兵。星躔聯翼軫，仙秩炳璇衡。苞采威翔鳳，噰喈瑞舞鵬。鴻勳書廿載，驄影躍雙旌。琴鶴清貧慣，冠貂晝錦明。一船官楚水，奕葉詠江蘅。珪組牀前笏，幢幡夢裏軒（刺史三世宦湘中，太父艾齋先生薨於善化宰署，時人夢幢幡迎城隍云）。膏流郇伯黍，菜種武侯菁。竟踵鳧飛蹟，先工馬步行。此邦真有福，當世以爲榮。憶昔人如桂，由來樹是瓊。珊枝紅七尺，瑶草緑三莖。慧悟吞羅鳥，豪才賦禰鸚。花開匯筆瓮，芸護讀書棚。豈獨詞章富，還兼翰墨精。臨池摹米蔡，染黛轢關荊。棘院秋風鬪，槐宫夜雨傾。縹囊裁典誥，琅韻戛韶韺。絳袖蟾攀樹，藍袍鹿宴苹。籲雲初得意，梯月最關情。金塔思題雁，璚林待聽鶯。公孫同射策，學士未登瀛。迺爲親懷檄，因之志請纓。帆移湘岸竹，釣卜渭濱璜。特綰酃湖篆，頻紆小户征。奉璋髦士選，勒帛醉翁評。皎皎冰懸鑑，峩峩藻薦蘋。材惟翹杞梓，植詎棄蕉栟。軋茁頹風振，丕休僞體清。参苓歸藥籠，桃李徧門閎。保障飛符去，都梁叠岫呈。政繁遺小誤，履險矢艱貞。請命趨丹陛，銜恩出紫京。芷江芳醃馤，沅水浪瑽琤。環戲羊隣在，錢文鷟夢成。辰逢申甫降，寤記武姜驚。百里臨初地，三生踐夙盟（太翁退菴先生宰芷江，刺史生於署中，今刺史踵來任此）。新題標繡壤，換節涖銀阬。洞壑司空岊，山川宋令彭。壺心知貯玉，燈影似籠晶。惠及童馴雉，寬容婢污羹。仇香鸞狉鰥，麗統驥趯趙。報最銘蒼璧，酬庸錫白珩。銜頭加刺史，碑口頌編民。涉澧蘭圍澤，夸州翠列甍。於時鼗莽箐，遥夜警欃槍。哨聚潛奸沸，訛言走校偵。蓮花跳鬼蜮，蓬藋竄鼯鼪。礫蛸矛鋌淬，饑鴞箭鏃鳴。蠻氛森虦虨，墨瘴鬭猙獰。倉卒丁難募，孤危臂獨撐。掀鬚神颯爽，張膽智峥嶸。

虎穴單車搗，蜂屯露刃瞠。投戈齊感泣，免胄爲開誠。妙算攻心戰，祥刑宥面鯨。脅從憐附蟻，首惡勦渠鯨。安堵巢完卵，歸塗繈負綳。降吳曹武惠，雖蜀馬長卿（澧州屬永定，蓮匪竊發，空城無一兵卒，刺史單騎赴賊巢穴，誠心開諭，黨眾感泣，擒其渠魁九人，餘悉宥釋，得全活者凡二百餘人）。況值颷馳會，而當絡繹程。熊咆箄鎮嶮，鳶站武溪瀠。烈火軍旗捲，殷雷陣鼓轟。貔貅煙擁竈，鵞鸛雪連營。冰硯宵磨盾，丸泥旦擊鉦。椎牛千帳幨，炰鱉五侯鯖。辦可供嗟咄，紛於速律令。轉輸需大帥，擘畫賴先生（時苗疆軍需旁午，澧當其衝，刺史持籌擘畫，悉中機宜）。誕德孚來格，飂休答載賡。勞謙功不伐，册賞願從輕。巘岝褰朱幰，渠陽繞碧泓。先徽曾駐轍，舊感漫題楹。濟美剛週甲，逢年恰守庚。至今誇盛事，所治益廉平（太翁退菴先生以乾隆庚申判靖州刺史，以嘉慶庚申刺靖州，有《感舊》詩紀其事）。抱朴求勾漏，甌陽號率更。重臨仍草縣，借署又梅城。陌覆甘棠蔭，塍垂瑞麥稉。扶藜鮐叟望，跨篠髫兒迎。犀綬霞紋匝，鵰弧霧彩抨。哄騶勤課績，買犢快催耕。簾閣朝芬靄，莎廳曉緑萌。威稜消案牘，和氣減笞箯。敞謙投簪盍，招賢潔鼎烹。學真優則仕，道必坦而亨。繞膝三株秀，循陔五綵頳。泮芹爭箵羽，欄萜暫蜚聲。燕翼詒謀遠，龍頭局量宏。更聞誇仲子，亦不讓難兄。珮應台郎宿，磚分籞苑晴。蔚然占豹變，季也得彪名。顧我徒餬口，蒙公特轉睛。滋培嘘朽櫟，薰沐席香蕒。是日籌添壽，當筵海獻禎。梅簷寒破粉，葭琯冷煎餳。赤薤玻瓈篋，黃芝琥珀罌。琳臺欣鏤笈，緱嶺嘯吹笙。真率衣影紵，婆娑帽絡瓔。絲綸褒卓茂，驂轡御侯嬴。洛社圖須繪，香山句倍鏗。摻觚慙草草，雕楮笑硜硜。跐蹈摛蠡管，帣韝滌兕觥。（《三十六灣草廬稿》卷四，《續修四庫全書》影印清道光刻三長物齋叢書本）

智按：黄本騏，字花耘，湖南寧鄉人。嘉慶十三年（一八〇八）戊辰舉人，官城步訓導。有《三十六灣草廬稿》。

汪仲洋（一七七七～？）

《忠州（州有陸宣公初葬墓基及白太傅祠堂）》

畫裹樓船鏡裹人，江城百尺映斜曛。青圍太傅祠邊樹，白繞宣公墓上雲。

登岸馬蹄行緩緩，泊堤帆影卸紛紛。而今四海為家日，不用巴臺望楚軍。（《心知堂詩稿》卷二下峽集上，《續修四庫全書》影印清道光七年刻本）

《三遊洞》

昔白樂天自江州司馬遷忠州刺史，與弟知退偕行，元微之自通州司馬遷虢州長史，遇于彝陵，同遊此洞，各賦詩二十韻，白記其事，以名焉。二蘇公亦嘗侍老泉遊此，各自有詩，載集中。

我不能如樂天、知退偕元稹，又不能如東坡、潁濱侍蘇洵，何由短句長歌摩崖書姓字，留鎮洞天上下千古爭精神。扁舟曉出西陵水，未問白雲心已喜。纔由曲磴穿藤蘿，緩步逍遙八九里。高低回合響松濤，轉似重行三峽裏。危峰軒然空際來，蜿蜒徑路橫腰開。高無一丈寬無尺，其光若鏡，知從盤古以後，億萬足跡相摩揩，短短闌干防失足，澄潭黝黑藏黃能。霜飛木落晴空淨，此物謦欬成轟雷。魂驚魄動立難久，彳亍而前競恐後。石扉訇然當面分，碧眼山僧導客走。玲瓏几案紛東西，雜沓旗旛忘左右。居然別有天，豈止室如斗。佛像亦神奇，兆羅垂兩肘。窮幽忽訝錯陰陽，對面不辨為誰某。以火四照如夜遊，嵌空玲瓏無不有。洞底有洞疑層樓，洞外有洞怪通牖。造化無心成結構，何嘗盡假巨靈手。可信營窟營巢皆善因，宮室所興非聖人。十二萬年乾坤原不變，還將此洞錫與初開混沌之遺民。（《心知堂詩稿》卷三下峽集下起辛酉十二月迄壬戌十一月道中作，《續修四庫全書》影印清道光七年刻本）

智按：汪仲洋，字少海，成都（今屬四川）人。嘉慶六年（一八〇一）辛酉舉人，官錢塘知縣。有《心知堂詩稿》。

吳慈鶴（一七七八～一八二六）

《救荒新樂府五首》

嘉慶十八載，吾吳自五月不雨，至于八月，米價騰湧，民不能支。仰賴天子聖仁，大府慈惠，牧伯盡職，吏民趨事，於救荒法行之靡遺，惸黎全活無算。余以郡人從史官之後，有風喻之職，因舉荒政之最善者，各爲一篇。

⊙平糴

憶昨歲在奎，江南苦無雨。幾疑衆川竭，赤子困車戽。人有燋爛痕，苗死固其所。斗米價五百，貧者將安取。後村聞死喪，前村鬻子女。節度賢相公，憂民涕垂縷。飛書告父老，各各貸釜庾。升合減數錢，官私禁儲貯。眞減市亦平，散利眞善子。常平古良法，實政欣已舉。可憐溝中瘠，如兒今得乳。

⊙採買

吴田七百萬，豐歲三鬴餘。其二納官賦，其半入家租。闐闤百萬家，九州稱大都。計口十倍之，歲食固不敷。賴有洞庭商，吾鄉米商多。東西洞庭人，川楚下舳艫。豐歲仰鄰食，歉歲更何如。況此久旱後，我民已交瘉。糠籺且難得，焉能求桂珠。相公賢且仁，飛檄江與湖。復募富民往，攜貲行轉輸。關津無譏禁，萬里皆坦途。不復平其值，但求通粟儲。昨過滸墅頭，大艑若鯨呿。風濤接尾至，晷刻曾不踰。嗚呼饑得食，能使瘠化腴。何以祝相公，壽愷身樂胥。

⊙勸捐

保富國有經，安貧乃良策。盜賊貧所爲，錢刀富所惜。饑來思握粟，寒至將求帛。況值薦臻年，焉能守程尺。强者已可哀，弱者尤可惻。盜賊且不能，甘心死荆棘。人豈無仁術，對此詎能適。兩府進吏民，不惜萬言說。誠極動豚魚，欣皆出私積。富家一顆粒，貧家終歲食。綢繆麥秋前，可以安保息。

⊙賑錢

救荒積陳言，行糜本周令。所嫌衝寒人，勞餓轉成病。聞之故老云，饑疫兩相應。揆理或此由，改絃仗新政。邦伯采蕘言，簿録勞里正。人日授數錢，月頒如俸請。數坊一場廨，近取非遠競。事簡責耆年，法周絶漁横。所給雖不多，聊堪佐傭倩。春風盪柔和，鳩鵲轉相慶。不分溝壑餘，欣然得生更。

⊙醫藥

我民苦無食，有食亦糠粃。我民苦無衣，有衣亦菅枲。肝腸沸能裂，冰雪僵斷指。可憐免死身，疾癘焉能已。温風鬬餘沴，六氣傷腠理。户户有呻吟，家家苦鞭痞。邑侯心惻然，誓欲起羸敝。群醫畢闢召，百藥親飭庀。疾輕就醫來，重者醫往視。匪獨畀苓术，還將哺湯餌。行之兩月餘，民皆大歡喜。億兆瘯蠡消，青詞謝天祉。（張應昌《國朝詩鐸》卷十四，《續修四庫全書》影印清同治八年秀芷堂刻本，第一六二七册，第六四一～六四二頁）

智按：吴慈鶴，字韵皋，號巢松，吴縣（今江蘇蘇州）人。少隨父俊宦游粤東、濟南，所爲詩規仿徐、庾、孟、韓，爲時流所重。嘉慶十四年（一八〇九）進士，改翰林院庶吉士，散館授編修。充雲南鄉試副考官，督學河南、山東，捐修三蘇墓。性好游覽，使車所至，山水爲緣，而發之于詩。官至翰林院侍講。工詩，善駢體文，與彭兆蓀交最契，兆蓀推挹甚至。有《蘭鯨録》、《鳳巢山樵求是録》及《岑華居士外集》。

王壽昌（一七七八～一八三七）

《小清華園詩談》

⊙條辨

何謂性情？曰：詩以道性情，未有性情不正而能吐勸懲之辭者。《三百篇》中，其性情亦甚不一，而總歸於無邪，故雖里巷之歌謠，皆可為萬世之典訓。自時厥後，以代而衰，遂至流為放辟邪侈而不可止。間有賢者崛起其間，各樹騷壇之幟，而往往不能無偏倚駁雜之弊。略而言之，如李少卿之偏於忿憾，曹孟德之偏於深險，阮嗣宗之偏於幽憤，張茂先之偏於浮華，郭景純之偏於隱怪，陶元亮之偏於高尚，鮑參軍之偏於感時疾俗，謝康樂之偏於矯情肆志，江文通之偏於繁豔，沈休文之偏於瑣屑，庾之偏於綺靡；又如王、楊、盧、駱之偏於浮薄，李太白之偏於豪縱，劉夢得之偏於褊狹，孟東野之偏於孤峭，玉川子之偏於險怪，李長吉之偏於奇幻，白香山之偏於坦率，元微之之偏於柔媚，李義山之偏於瑰異，溫飛卿之偏於婉弱。其餘諸賢，亦各有弊。惟杜少陵性情真摯，憂國愛君之意，盎然於楮墨之間，猶有詩人遺意。但多憂傷感憤，擬諸《三百》，實為變風變雅，終非盛世之音。若韓昌黎以唐代名儒，性情頗得其正，故篇什之間，每吐德音；然以文筆為詩，往往不免過於豪放。要之古來作者，各有短長。學者貴取其所長，棄其所短，馴而至於溫柔敦厚之歸，則《雅》、《頌》之音，庶可復睹耳。（卷上，《清詩話續

編》第一八五七～一八五八頁）

於朋友則當如蘇、李之贈答，陶靖節之《停雲》，杜少陵之《夢李白》，韓昌黎之「我願身為雲，東野化為龍。四方上下逐東野，雖有離別無由逢。」近體當如劉昚虛之《寄江韜（智按：一作滔）求孟六遺文》，王摩詰之《酌酒與裴迪》，李校書端之「愁心一倍長離憂，夜思千重戀舊游。秦地故人成遠夢，楚天涼雨在孤舟。諸溪近海潮皆應，獨樹邊淮葉盡流。別恨轉深何處寫？前程惟有一登樓」（《宿淮浦憶司空文明》）。劉夢得之「一夜霜風凋玉芝，蒼生望絕士林悲。空懷濟世安人略，不見男婚女嫁時。遺草一函歸太史，孤墳三尺近要離。朔方徙歲行當滿，欲為君刊第二碑」（《哭呂衡州》），元微之之「樂事難逢歲易徂，白頭光景莫令孤。弄濤船更曾觀否，望市樓還有會無？（自注：『望市樓，蘇之勝地。』）眼力少將尋案牘，心情且強擲梟盧。孫園虎寺隨宜看，不必遙遙羨鏡湖」（《戲贈樂天》）與《送崔侍御之嶺南二十韻》，皆懇切周詳，無微不至，尤見交情之篤云。（卷上，《清詩話續編》第一八六〇頁）

何謂纏綿？曰：如古之「客從遠方來，遺我一端綺」，及少陵之「暫往比鄰去，空聞二妙歸。幽棲誠簡略，衰白已光輝。野外貧家遠，村中好客稀。論文或不愧，重肯款柴扉」（《范二員外邈吳十侍御郁特枉駕闕展待聊寄此作》），白香山之「平生心跡最相親，欲隱牆東不為身。明月好同三徑夜，綠楊宜作兩家春。每因暫出猶思伴，豈得安居不擇鄰？何獨終身數相見，子孫還作隔牆人」（《欲與元八卜鄰先有此寄》）是也。（卷上，《清詩話續編》第一八六三頁）

何謂深？曰：少陵之「夜闌更秉燭，相對如夢寐」，暨「喜心翻倒極，嗚咽淚沾巾」，情之深也。「不為困窮寧有此，衹緣恐懼轉須親」，意之深也。「天明登前途，獨與老翁別」，味之深也。又情之深者，白樂天之「銀臺金闕夕沉沉，獨宿相思在翰林。三五夜中新月色，二千里外故人心。渚宮東面煙波冷，浴殿西頭鐘漏深。猶恐清光不同見，江陵卑濕足秋陰」（《八月十五日夜禁中獨直對月憶元九》）是也。意之深者，杜子美之「瞿唐峽口曲江頭，萬里風煙接素秋。花萼夾城通御氣，芙蓉小苑入邊愁。珠簾繡柱圍黃鵠，錦纜牙檣起白鷗。回首可憐歌舞地，秦中自古帝王州」（《秋興》）是也。味之深者，李義山之「井絡天彭一掌中，漫誇天設劍為峰。陣圖東聚夔江石，邊柝西懸雪嶺松。堪歎故君成杜宇，可能先主是真龍？將來為報奸雄輩，莫向金牛訪舊蹤」（《井絡》）是也。（卷上，《清詩話續編》第一八七九～一八八〇頁）

昔人謂「詩有別材」，而「別」實非詩之正體，但於莊雅嚴正之中，偶雜一兩篇，亦足豁人心目。如游名山大川者，忽遇斷崖曲港，則耳目為之一新。……如「一山門作兩山門，兩寺原來一寺分。東澗水流西澗水，南峰雲起北峰雲。前臺花發後臺見，上界鐘清下界聞。遙想吾師行道處，天花桂子落紛紛」（白居易《寄韜光禪師》）。已是詩中外道。至於雜取地理人物之名，餖飣成篇，乃小巧游戲，非大方所尚，集中無此，不為不備也。（卷下，《清詩話續編》第一八九四～一八九三頁）

怨詩如「冉冉孤生竹」，比之《綠衣》，似不減其敦厚；「悲與親友別」，較諸《谷風》，實倍覺其和平。他如婕妤之《紈扇》，子建之《佳人》，皆怨而不怒，尚有詩人之遺焉。近體如宋員外之「度嶺方辭國，停軺一望家。魂隨南翥鳥，淚盡北枝花。山雨初含霽，江雲欲變霞。但令歸有日，不敢怨長沙」（《度大庾嶺》），李義山之「曾共山翁把酒時，霜天白菊繞階墀。十年泉下無人問，九日尊前有所思。不學漢臣栽苜蓿，空教楚客詠江蘺。郎君官貴施行馬，東閣無因再得窺」（《九日》），皆能寓悲涼於藴藉。然不如韓昌黎之「一封朝奏九重天，夕貶潮陽路八千。欲為聖朝除弊事，肯將衰朽惜殘年！雲橫秦嶺家何在？雪擁藍關馬不前。知汝遠來應有意，好收吾骨瘴江邊」（《左遷至藍關示侄孫湘》），雖不無怨意而終無怨辭，所以為有德之言也。若「日高猶掩水窗眠，枕簟清涼八月天。泊處或依沽酒店，宿時多傍釣魚船。退身江海應無用，憂國朝廷自有賢。且向錢塘湖上去，冷吟閑醉二三年」（白居易《舟中晚起》），語雖近《衛風》之《簡兮》，而心實似賭氣。他如「迢遞高城百尺樓，綠楊枝外盡汀洲。賈生年少虛垂涕，王粲春來更遠游。永憶江湖歸白髮，欲回天地入扁舟。不知腐鼠成滋味，猜意鵷雛竟未休」（李商隱《安定城樓》），宜不免令狐氏之切齒也。至若李益之「感恩知有地，不上望京樓」，則竟成亂臣賊子語矣。（卷下，《清詩話續編》第一八八九～一八九〇頁）

佳句自來難得有偶，如謝叔源混之「水木湛清華」，康樂之「池塘生春草」，「明月照積雪」，鮑令暉之「鴻歸知客寒」，謝宣城之「喧鳥覆春洲」，「香風蕊上發」，江文通之「秋日懸清光」，任昉之「疊嶂易成響」，庾肩吾之「山翠下添流」，顔之推之「雞鳴起戍人」，鮑泉之「蓮寒池不香」，庾子山之「人衣香一園」，「城影入黄河」，又《梅花》之「枝高出手寒」，薛道衡之「空梁落燕泥」，沈雲卿之「高樹早涼歸」，宋員外之「銜花翡翠來」，常理之「小膽空房怯」，孟襄陽之「漁子宿潭煙」，常少府之「茅亭宿花影」，岑嘉州之「新雨帶秋嵐」，少陵之「月掛客愁村」，劉隨州之「千峰共夕陽」，「春歸在客先」，司空文明之「山翠借廚煙」，賈浪仙之「僧敲月下門」，少陵之「天顔有喜近臣知」，錢員外之「深樹雲來鳥不知」，楊司業之「千花成塔禮寒山」，白香山之「雲碓無人水自春」，杜牧之之「枕繞泉聲客夢涼」，項斯之「山當日午回峰影」之類，皆系興會所至，偶然而得。強欲偶之，雖費盡苦思，終不能敵，是蓋有不可以力爭者。然賈浪仙「鳥從並口出」，積思至數年，始得「人自岳陽來」之對，戴叔倫偶得句云「夕陽山外山」，欲以「塵世夢中夢」對之，殊不愜意。偶行郊外，時春雨初霽，行潦縱横，忽得「春水渡旁渡」之對。是知物莫不有偶，亦由人無恒心耳。倘有偶得佳句而不能屬對者，宜題於清雅幽潔之處，庭軒花竹之間，常玩味而諷詠之，久之必有悠然來會者。（卷下，《清詩話續編》第一九〇一頁）

結句貴有味之味，弦外之音。言情則如沈休文之「夢中不識路，何以慰相思」，陳後主之「當由分别久，夢來還自疑」，包融之「春夢隨我心，悠揚逐君去」，王右丞之「解纜君已遙，望君猶佇立」，錢員外之「惟憐一燈影，萬里眼中明」，李昌符之「乍歸猶似客，鄰叟亦相過」，奚賈之「君是何年隱，如今成白頭」，岑嘉州之「山回路轉不見君，雪上空留馬行處」，丁仙芝之「酒後留君待明月，還將明月送君回」，太白之「願隨夫子天壇上，閑與仙人掃落花」，又「請君試問東流水，别意與之誰短長」，「借問欲棲珠樹鶴，何年卻向帝城飛」，高常侍之「聖代即今多雨露，暫時分手莫躊躕」，張秘書之「願君到處自題名，他日知君從此去」，韓翃之「别後依依寒夢裏，共君攜手在東田」。紀事則有顔特進延之之「屢薦不入官，一麾乃出守」，謝法曹惠連之「腰帶準疇昔，不知今是非」，《木蘭》之「雄兔腳撲朔，雌兔眼迷離。雙兔傍地走，安能别我是雄雌」，太白之「吾亦澹蕩人，拂衣可同調」，少陵之「萬方頻送喜，無乃聖躬勞」，戎昱之「自有盧龍塞，煙塵飛至今」，右丞之「玉靶角弓珠勒馬，漢家將賜霍嫖姚」，少陵之「西蜀地形天下險，安危須仗出群材」，元微之之「我是玉皇香案吏，謫居猶得住蓬萊」。寫景則有左太沖之「相與觀所尚，逍遙撰良辰」，謝康樂之「惜無同懷客，共登青雲梯」，鮑明遠之「不見長河水，清濁俱不息」，蕭慤之「不愁花不飛，到畏花飛盡」，儲太祝之「想見中林士，岩扉常不關」，太白之「只愁歌舞散，化作彩雲飛」，少陵之「天寒翠袖薄，日暮倚修竹」，劉隨州之「溪花與禪意，相對亦忘言」，錢員外之「曲終人不見，江上數峰青」，張若虛之「不知乘月幾人歸，落月搖情滿江樹」，白香山之「到岸請君回首望，蓬萊宮在海中央」，馬戴之「別有一條投澗水，竹筒斜引入茶鐺」，伍喬之「山磬數聲敲暝天」。寓諷則有王仲宣之「克符周公業，奕世不可追」，傅長虞咸之「但願隆弘美，王度日清夷」，謝宣城之「故人心尚爾，故心人不見」，沈休文之「願以潺湲沫，霑君纓上塵」，杜少陵之「故老思飛將，何時議築壇」，「願聞哀痛詔，端拱問瘡痍」，劉隨州之「行當蒙顧問，吳楚歲頻饑」，李東川之「早晚薦雄文似者，故人今已賦《長楊》」，盧允言之「幾日政聲流戶外，九江行旅得相歡」。書懷則有魏文帝之「棄置勿復陳，客子常畏人」，阮步兵之「願睹卒歡好，不見悲別離」，劉太尉之「何意百煉鋼，化為繞指柔」，孟山人之「永懷愁不寐，松月夜窗虛」，韋蘇州之「何因不歸去，淮上有秋山」，杜員外之「寄語洛城風日道，明年春色倍還人」，太白之「仰天大笑出門去，我輩豈是蓬蒿人」，少陵之「同學少年多不賤，五陵衣馬自輕肥」，又「魚龍寂寞秋江冷，故國平居有所思」。言樂則有蘇許公之「宸游對此歡無極，鳥弄歌聲雜管弦」。言哀則有少陵之「夜闌更秉燭，相對如夢寐」。是皆一唱而三歎，慷慨有餘音者。（卷下，《清詩話續編》第一九〇三～一九〇五頁）

至若陸士衡之「鮮膚一何潤，秀色若可餐」，謝宣城之「池北樹如浮，竹外山猶影」，沈休文之「野棠開未落，山櫻發欲然」，杜員外之「雲標金闕迥，樹杪玉堂懸」，孟山人之「天邊樹若薺，江畔洲如月」，太白之「簷飛宛溪水，窗落敬亭雲」，常少府之「戰餘落日黃，軍敗鼓聲死」，王右丞之「黿身映天黑，魚眼射波紅」，岑嘉州之「逐虜西逾海，平胡北到天」，高常侍之「思深常帶別，聲斷為兼秋」，少陵之「薄雲岩際宿，孤月浪中翻」，又《孤雁》「誰憐一片影，相失萬重雲」，張均之「水光浮日出，霞彩映江飛」，韋蘇州之「日落群山陰，天清百泉響」，錢員外之「月臨朱戟靜，河近畫樓明」，盧允言之「覆陣烏鳶起，燒山草木鳴」，李義山之「晚晴風過竹，深夜月當花」，少陵之「子規夜啼山竹裂，王母晝下雲旗翻」，「三年笛裏關山月，萬國兵前草木風」，錢員外之「輕寒不入宮中樹，佳氣常浮仗外峰」，皇甫侍御之「家住層城鄰漢苑，心隨明月到胡天」，白香山之「清句三朝誰是敵，白鬚四海半為兄」，李義山之「夜卷牙旗千帳雪，朝飛羽騎一河冰」，鄭都官谷之「飲澗鹿喧雙派水，上樓僧踏一梯雲」，吳融之「水上驛流初過雨，樹籠是去不離鶯」，沈彬之「邊騎不來沙路失，國恩深後海城荒」，一韻之響，遂能振起百倍精神，此又不可不知者。（卷下，《清詩話續編》第一九〇八～一九〇九頁）

智按：王壽昌，字介圖，號眉仙，又號養齋，雲南永北人。嘉慶十八年（一八一三）舉人，尋甸州儒學訓導，卒於官。著有《淺言》、《小清華園詩敲》、《杏花園傳奇》等十餘種，《雲南叢書》收《王眉仙遺著》二種。生平見《光緒續修永北直隸廳志》卷六人物志。《小清華園詩談》有道光七年（一八二七）北京刊本、《雲南叢書》所收《王眉仙遺著》二種本、民國間北京大學排印本、臺灣新文豐出版公司《叢書集成續編》本、張國慶編《雲南古代詩文論著輯要》本（中華書局二〇〇一年版）。參見蔣寅《清詩話考》第四九九～五〇〇頁。

徐士芬（一七九一～一八四八）

《江州懷古》

繫馬常念馳，籠鳥不忘飛。秋風蒓鱸美，有託乃遄歸。束帶見督郵，作令當知之。云胡受五斗，掉頭在臨時。田園自可樂，素心復與期。郡符雖不至，亦賦《歸來辭》。

芥子容須彌，不聞尺寸羈。道力馳猛虎，乃欲避虎溪。一溪限足跡，四大空何為。飲酒容淵明，戒律寬如斯。恐君白蓮社，圓礙自相歧。作亭志三笑，匪笑忘清規。應笑杖端錫，不及虎穴窺。

蘁椌掩勿惡，人子誰不然。安得萬千鶴，一一指窆懸。不聞五父衢，曼甫假仙緣。陶公忠貫日，乃雲夢飛天。世俗好騰説，復謂尋牛眠。朝露旋零落，佳氣存何阡。我欲問皋禽，仙融渺寒煙。

昔行白公隄，遺澤見鄉里。今來湓浦口，孤亭兀江涘。月白江風寒，淒音疑在水。當時遷謫感，豈為四弦起。達人有至情，觸緒不能已。雍門彈瑟聲，桓伊撫箏指。深心懷包別，商婦安識此。（《晚晴簃詩匯》卷一百二十八）

智按：徐士芬，字誦清，號惺庵，浙江平湖人。嘉慶二十四年（一八一九）進士，改庶吉士，授編修，官至戶部侍郎。有《漱芳閣集》。

湯貽汾（一七七八～一八五三）

《偶讀香山詩有「馬閒無處出，門冷少人過」之句慨然有作》

只有烏衣伴冷窗，幾同遷客意難降。衹因挂杖錢無百，便使尋秋屐少雙。船到樓前都自海，天從門外即連江。孤吟那不腸愁斷，幸得攜竿上釣艭。（《琴隱園詩集》卷四，《續修四庫全書》影印清同治十三年曹士虎刻本）

《天池草堂（堂在廬山鉢盂峰下方茶山守九江口所構今茶山移郡廣信）》

白傅難重遇，誅茅喜見君。到門先拜石（門內有大石壁，勒《草堂記》其上），入室但攜雲。種樹早千尺，磨崖得八分。抽簪知有日，鶴唳正斜曛。（《琴隱園詩集》卷九，《續修四庫全書》影印清同治十三年曹士虎刻本）

智按：湯貽汾，字若儀，號雨生，武進（今江蘇常州）人。襲雲騎尉世職，歷官樂清協副將。殉難，謚貞湣。有《琴隱園集》。

黄培芳（一七七八～一八五九）

《粵岳草堂詩話》

詩貴清真，尤在氣味。如孟襄陽、白太傅，俱不著一字，而襄陽則氣逸而味腴，太傅則氣和而味厚。若無氣味，徒語清真，恐流於卑率淺薄，一覽無餘耳。(《粤岳草堂詩話》卷一，《清詩話三編》第二七八一頁)

連平顔惺甫尚書（檢），詩品澄淡和平，五言古體雅近陶公，又好白傅、坡翁，皆學焉得其性之所近。著有《衍慶堂稿》千餘首。……(《粤岳草堂詩話》卷二，《清詩話三編》第二七八七頁)

智按：顔檢（一七五五～一八三三），字惺甫，一字耘圃，連平人。拔貢生。歷任禮部郎中、吉安知府、雲南鹽法道。嘉慶七年（一八〇二）任直隸總督。十年，坐事降職，旋又以其他事故革職發往烏魯木齊效力。十三年，釋回。再歷浙江巡撫、直隸總督、漕運總督等職。有《衍慶堂詩集》。

《香石詩話》

白太傅《晚桃花》云：「一樹紅桃亞拂池，竹遮松蔭晚開時。非因斜日無由見，不是閒人那（豈）得知。寒地生材遺較（校）易，貧家養女嫁常遲。春深欲落誰憐惜？白侍郎來折一枝。」手腕柔和，極層折吞吐之妙，與王右丞《酌酒與裴迪》，皆七律中進一格者。近賢如歸愚尚書《題王蘭泉三柳漁莊圖》云：「魚扈連延接雁汀，伊人新勒草堂銘。三重湖泛天邊白，九點螺橫島外青。菰米飯炊香淡淡，水仙操動韻泠泠。往來時有樵夫跡，問答微言惣（同揔）性靈。」造響淵微，得味外味，信堪繼美前人。(《香石詩話》卷一，《續修四庫全書》影印清嘉慶十五年嶺海樓刻嘉慶十六年重校本；《清詩話三編》第二六八三頁)

東坡七律有非他家所能者，如太皇太后升遐挽詞二章云：「巍然開濟兩朝勳，信矣才難十亂臣。原廟固應祠百世，先王何止活千人。和熹未聖猶貪位，明德雖賢不及民。月落風悲天雨泣，誰將椽筆寫光塵。」「未報山陵國士知，遶林松柏已猗猗。一聲慟哭猶無所，萬死酬恩更有時。夢裡天衢隘雲仗，人間雨淚變彤帷。關雎卷耳平生志，白首系臣正坐詩。」錢擇石先生評云：「大筆淋漓，乃見先生之横絕古今，可以讀向工部，而使香山、玉溪聽之。」(《香石詩話》卷一，《續修四庫全書》影印清嘉慶十五年嶺海樓刻嘉慶十六年重校本；《清詩話三編》第二六九五頁)

吾邑李菊水茂才，遐齡詩才，清雋蒼健，尤工新樂府。譚康侯贈句有云：「嘉慶新翻長慶樂，白香山後李香山。」蓋吾粵詩人中，不可多得者。菊水寄贈余云：「淹雅黄香石，名家自粤洲。身疑有仙骨，地早出人頭。遠到終千里，深談潤一秋。侍郎遺籍在，殘闕得無憂。」又記其有「月凉萬花醒」之句，甚工。(《香石詩話》卷三，《續修四庫全書》影印清嘉慶十五年嶺海樓刻嘉慶十六年重校本；《清詩話三編》第二七一九頁)

律詩貴音節清亮，白樂天有《盧侍御與崔評事為予於黄鶴樓置宴宴罷同望》一律云：「江邊黄鶴古時樓，勞置（致）華筵待我游。楚思淼茫雲水冷，商聲清脆管弦秋。白花浪濺頭陀寺，紅葉林籠鸚鵡洲。總是平生未行處，醉來堪賞醒堪愁。」錢籜石云：「幾於一字一珠」。(《香石詩話》卷三，《續修四庫全書》影印清嘉慶十五年嶺海樓刻嘉慶十六年重校本；《清詩話三編》第二七二三頁)

孫碧梧女史尤長古體，《媚香樓歌》一篇不減元白風致。有句云：「奄黨纖兒想納交，緾頭故遣狡童招。那知西子含顰拒，更比東林結社高。」居然史筆，不止為香君增長聲價。他如「秋風三峽水，暮雨百蠻煙。晚風牛背笛，殘雨馬頭雲。」「蟲聲黄葉路，人影夕陽山。」「籃影知漁市，茶煙認草亭。」皆寫景佳句。(《香石詩話》卷四，《續修四庫全書》影印清嘉慶十五年嶺海樓刻嘉慶十六年重校本；《清詩話三編》第二七五二頁)

智按：黄培芳（一七七八～一八五九，一説一七七九～一八五九），字子實，一字香石，晚號粤嶽山人。廣東香山人。嘉慶九年（一八〇四）副貢。歷官内閣中書，陵水、大埔縣儒學教諭，肇慶府學訓導。後主講學海堂。詩與譚敬昭、張維屏並稱「粤東三子」，著書數十種，有《嶺海樓詩鈔》。

唐鑒（一七七八～一八六一）

《哭黄甥黼卿》

高步仙班十七年，詩書滿腹未全宣。正身欲學程明道，論事還同白樂天。粥粥深藏知者少，恂恂自守讓人先。一心激切緣何事，只爲尊賢退不賢。

(《四部備要》本《唐確慎公集》卷五)

智按：唐鑒，字栗生，别字澤翁，號敬楷，又號鏡海，善化（今屬湖南）人。嘉慶十四年（一八〇九）己巳進士，朝考改翰林院庶吉士，散館，授檢討。後久官京外，所至革除陋規，以清廉著稱一時。道光二十年（一八四〇），内召爲太常寺卿，入京供職。時值鴉片戰爭爆發，唐鑒力主抗英，上疏彈劾琦善、眷英等弄權誤國，名震天下。道光二十五年（一八四五），遇車禍傷肘，次年即以老病奏請回籍。晚年，歷主江蘇尊經、鍾山及江西白鹿洞諸書院講席，後病殁于湖南。參見喬麗荔《〈唐確慎公詩集〉校注》（廣西大學碩士論文，二〇〇六年）。

李漢膺（一七七八～一八六四）

《歸路與權日升兄弟拈白香山韻共賦》

老去褒如世事聾，嘐嘐惟有古人風。一筇偶出滄溟上，三老同還日月中。勝賞轉深情境換，眞心方見俗緣空。莫辭此日傾深酌，浮世居然盡禿翁。(《敬菴先生文集》卷一，《韓國文集叢刊》本)

智按：李漢膺，字仲模，號敬庵。有《敬菴先生文集》。

余成教（一七七八～?）

《石園詩話》

白樂天云：「韋蘇州歌行，才麗之外，頗近興諷。五言詩又高雅閒淡，自成一家體。然當蘇州在時，人亦未甚愛重，必待身後，然後貴之。」蘇東坡云：「李、杜以絕世之資，淩跨百代，後之詩人繼出，而才不逮意。獨應物、子厚，發纖穠於簡古，寄至味於澹泊，非餘子所及也。」朱子云：「蘇州高於王維、孟浩然諸人，以其無聲色臭味也。」劉須溪云：「應物居官自愧，閔閔有恤人之心。其詩如深山採藥，飲泉坐石，日晏忘歸。與孟浩然意趣相似，

而出處不同。」論韋詩者，莫善於此數則。（卷一，《清詩話續編》第一七五三頁）

劉夢得（禹錫）晚年與白香山友善，唱和往來，白因集其詩而序之曰：「彭城劉夢得，詩豪者也。其鋒森然，少敢當者。予不量力，往往犯之。」又云：「頃與元微之倡和頗多，或在人口，嘗戲微之云：『僕與足下二十年來，為文友詩敵，幸也。然江南士女語才子者，多云元白，以子之故，僕不得獨步于吳越間，此亦不幸也。』今垂老復遇夢得，非重不幸耶?」愚謂劉固詩豪，白乃詩仙。劉酬白詩云：「散誕人間樂，逍遙地上仙。詩家登逸品，釋氏悟真詮。」劉之推白已如此。宣宗弔白詩云：「綴玉聯珠六十年，誰教冥路作詩仙。浮雲不繫名居易，造化無為字樂天。」人主之知白又如此。蓋在當時則劉白齊名，日久論定，劉終不能踰白也。（卷一，《清詩話續編》第一七五五頁）

白香山謂夢得「雪裏高山頭白早，海中仙果子生遲」，「沉舟側畔千帆過，病樹前頭萬木春」之句之類，眞為神妙矣，在在處處，應有靈物護持。愚謂夢得之「野水齧荒墳，秋蟲鏤宮樹」，「養生非但藥，悟佛不因人」，「楓林社日鼓，茅屋午時雞」，「千金買絕境，永日屬閒人」，「老枕知將雨，高窗報欲明」，「唯有達生理，應無治老方」，「歲稔貧心泰，天涼病體安」，「深夜降龍潭水黑，新秋放鶴野田青」，「清光門下一渠水，秋色牆頭數點山」，「愛名之世忘名客，多事之時無事身」，「世上功名兼將相，人間聲價是文章」，「但是好花皆易落，從來尤物不長生」，「世上空驚故人少，集中惟覺祭文多」，「銜杯本自多狂態，事佛無妨有佞名」，「三冬書任胸中有，萬里侯須骨上來」，「數間茅屋閒臨水，一盞秋燈夜讀書」，亦各見其神妙。（卷一，《清詩話續編》第一七五五頁）

白香山（居易）詩，如「君以明為聖，臣以直為忠；敢賀有其始，亦願有其終。」「思爾為雛日，高飛背母時。當時父母念，今日爾應知。」「富家女易嫁，嫁早輕其夫。貧家女難嫁，嫁晚孝於姑。」「號為羨餘物，隨月獻至尊。奪我身上暖，買爾眼前恩。」「誰能將我語，問爾骨肉間：豈無窮賤者，忍不救饑寒?」「朝露貪名利，夕陽憂子孫。」「為文彼何人，想見下筆時。但欲愚者悅，不思賢者嗤。」「低頭獨長歎，此歎無人喻：一叢深色花，十戶中人賦!」「人生苟有累，食肉常如飢。我心既無苦，飲水亦可肥。」「一落風塵下，方知為吏難。公事與日長，宦情隨歲闌。」「凡人年三十，外壯中已衰。但思寢食味，已減二十時。」「老色日上面，歡情日去心。今既不如昔，後當不如今。」「榮名與壯齒，相避如朝暮。時命始欲來，年顏已先去。」「吾觀權勢者，苦以身徇物。炙手外炎炎，履冰中栗栗。」「由來尤物不在大，能蕩君心則為害。」「窮巷厭多雨，貧家愁早寒。」「病身無所用，唯解卜陰晴。」「相爭兩蝸角，所得一牛毛。」「乞錢羈客面，落第舉人心。」「人憐全盛日，我愛半開時。」「情於故人重，跡共少年疏。」「不用更教詩過好，折君官職是聲名。」「婚嫁累輕何怕老，饑寒心慣不憂貧。」「處處傷心心始悟，多情不及少情人。」「賓客歡娛僮僕飽，始知官職為他人。」皆名言也。（卷二，《清詩話續編》第一七六五～一七六六頁）

香山《初到忠州》云：「吏人生硬都如鹿，市井蕭疏只抵村。」《餘杭形勝》云：「繞郭荷花三十里，拂城松樹一千株。」《正月三日閑行》云：「緑浪東西南北水，紅欄三百九十橋。」忠州、杭州、蘇州之風景，兩句包括，如在目前。（卷二，《清詩話續編》第一七六六頁）

智按：《初到忠州贈李六》云：「吏人生梗都如鹿，市井疏蕪只抵村。」元和十四年（八一九），四十八歲，任忠州刺史。《白居易集箋校》第一一五〇頁。

香山《寄唐生》云：「唐生者何人？五十寒且饑。不悲口無食，不悲身無衣。所悲忠與義，悲甚則哭之。」又云：「但自高聲歌，庶幾天聽卑。歌哭雖異名，所感則同歸。寄君三十章，與君為哭詞。」《傷唐衢》：「憐君儒家子，不得詩書力。五十著青衫，試官無禄食。遺文僅千首，六義無差忒。散在京洛間，何人為收得。」合兩篇觀之，唐衢，即唐生也。想生亦元和間詩人，而詩不顯於後世，幸而與香山相知，得附名於集，不然，千載而下，孰知頭半白而志不衰之唐生也？（卷二，《清詩話續編》第一七六六～一七六七頁）

元微之（稹）通州詩云：「暗蠱有時迷酒影，浮塵向日似波流。」「人衙官吏聲疑烏，下峽舟船腹似魚。」他日以州宅誇於香山云：「四面常時對屏障，一家終日在樓臺。」「繞郭煙嵐新雨後，滿山樓閣上燈初。」念前此之苦境，萬

般君莫問；撫後此之仙都，難畫亦難書。作者固情隨事遷，讀者不能不為之動色也。（卷二，《清詩話續編》第一七六七頁）

香山謂：「予與微之前後寄和詩數百篇，近代無如此多有也。」愚謂白之於元也，「所合在方寸，心源無異端」兩語，已曲盡其情矣。元之於白也，《聞授江州司馬》及《得樂天書》兩絕句，亦曲盡其情。（卷二，《清詩話續編》第一七六七頁）

徐侍郎（凝）《奉陪相公看花宴會》二絕，勝於《杭州開元寺牡丹》詩，白香山賞之，以其末句之譽耳。計敏夫云：「樂天薦凝屈祜，論者至今鬱鬱，或歸白之妒才。……樂天方以實行求才，故薦凝抑祜。……牧之少年所為，亦近於祜，為祜恨白，理或有之。」……洪容齋以為諸絕如《辭韓侍郎》、《相思林》、《憶揚州》，亦皆有情致。今觀侍郎諸詩，固皆以情致勝者也。然較之於祜，則實不如。白之抑祜，或出於退輕薄而進樸略之心。而元稹謂「祜雕蟲小技，或獎激之，恐變風教」，則實懷妒才之心矣。世不咎元而但咎白，何也？（卷二，《清詩話續編》第一七六八～一七六九頁）

姚《贈劉叉》云：「避時曾變姓，救難似嫌身。」《寄賈島》云：「狂發吟如哭，愁來坐似禪。」《贈張籍》云：「多見愁連曉，稀聞債盡時。」《寄白居易》云：「詩中得意應千首，海内嫌官只一人。」皆能各肖其實。（卷二，《清詩話續編》第一七七〇～一七七一頁）

唐人朋友兄弟彙為一集，及一人之詩為集者。睿宗景雲中，李乂原名尚眞，與兄尚一、尚貞俱有文名，號《李氏花萼集》。天寶時，李康成著《玉臺後集》。代宗大曆初，竇叔向五子常、牟、群、庠、鞏，皆工詞章，號五竇，有《聯珠集》。憲宗元和時，王涯、令狐楚、張仲素有《三舍人集》。穆宗長慶時，白居易自杭州召還，元稹排纂其集，成五十卷，為《白氏長慶集》，劉禹錫與白居易唱和，號《劉白集》，與裴度唱和，號《汝洛集》，與令狐楚唱和，號《彭陽集》，與李德裕唱和，號《吳蜀集》。文宗太和時，許渾有《丁卯集》，段成式與温庭筠輩往來唱和，有《漢上題襟集》。開成時，温庭筠有《握蘭》、《金荃》等集。懿宗咸通中，皮日休為吳郡從事，與陸龜蒙倡和，為《松陵集》。昭宗天復初，韓偓有《香奩集》，後蜀時，僧可朋有《玉壘集》。（卷二，《清詩話續編》第一七八三～一七八四頁）

唐詩人以體名者：中宗時，上官儀工詩，效之者稱「上官體」；憲宗時，元稹、白居易號「元和體」；李商隱、温飛卿、段成式以儷偶相誇，號「三十六體」。（卷二，《清詩話續編》第一七八五頁）

智按：余成教，字道夫，奉新（今屬江西）人。嘉慶十三年（一八〇八）舉人，任鉛山縣儒學訓導，主講鵝湖書院多年。工詩古文，長於集句，著有《石園文稿》、《石園偶録》、《石園集句》等。《同治南昌府志·文苑傳》有傳。

許之翰（一七七八～？）

《讀白太傅琵琶行》

箜篌唱無渡，笙囊泣河滿。從來詩人腸，屢為女兒斷。潯陽聞琵琶，青衫淚如澣。江流九派分，空船誰與伴。商婦怨何長，賈人情何短。江楓與江月，只有詩人管。楓丹有時青，月落有時明。不見哀吟人，唯聽江流聲。（《說文堂詩集》卷一，中國社會科學院文學研究所圖書館藏道光十八年刊本）

智按：許之翰，字春卿，號淨齋。江蘇甘泉人。諸生。有《說文堂詩集》八卷，有道光三年（一八二三）、道光十八年（一八三八）刊本。

朱方增（一七七九～一八三〇）

《武原新樂府十二章壽邑侯張柳溪先生》

⊙竹馬迎（歌來暮也）

竹馬迎，迎雙旌。雙旌搖搖來使君，使君家住鮎瀆津。春容大雅世罕倫，藹若泰華生春雲。珊瑚琢筆毫青麟，丹鯨手掣驚鬼神。雲垂海立造奇語，秋鴻扶搖天半舉。春風吹上黄金臺，臨軒帝策經綸才。瓊瑤結綬之江來，紫谿一曲甘棠栽。甘棠栽處謳聲起，旁邑聞風慕何已。攀劉借寇無限情，仙舄飛近寄奴城。寄奴城邊柳條緑，縈煙拂露横塘曲。行艫曉盪煙波中，郊迎士女歡顏紅。壺漿紛攜夾官道，連袂成雲圍羽葆。釀膏一沛枌榆春，吾鄉德政謳歌新。

⊙酌廉泉（清如水也）

酌廉泉，廉泉湛湛秦谿水。此水能照卻金心，臣門不礙紛如市。芃芃黍苗，曰爾溉也；陰陰桃李，曰爾溉也。惟鄮山與郭穴，曰爾滌其穢也。虞城井，平陵車，清獻鶴，萊蕪魚。晝飛馴雉宵肅漁，惟公之清其方諸。廉泉在一手，廉名在萬口。願祝此泉變春酒，百年三萬六千日，飲公之和頌公壽。

⊙匠翹秀（育人才也）

千章鬱鄮林，繁薈蔽雲日。不入大匠門，何與樗散別。秦谿一百里，大海環其側。靈氣鍾山川，衆材爭軋茐。漢焦貢，吳陸納，唐顧況，元揚發。明時鄭曉偕張寧，詞藻葩流推傑出。我朝羨門子，蘭省先珥筆。嗣登著作庭，蔚起難殫述。百餘年來化澤釀，培養復邀使君力。蘢葱佳氣藹藝林，杞梓楩枏萬行列。潤以時雨霏，煦以春風拂。蔓葑豐枝條，蓊藹茂華實。玉尺手自持，短長量一一。孰爲大廈材，孰爲淩霄質。良楛及薰蕕，真鑒百不失。楨與榦，槐與棘，異日欣欣感扶植。

⊙握冰衡（掄羣雅也）

朝廷掄雅才，校士倚績學。歐陽識大蘇，高鑒獨超卓。譬彼楚有和，乃能知良璞。惟侯大雅羣，詞囿名騰踔。秋風動桂林，鏁院耀丹臒。鳳闕使星來，文柄誰同握。浙中仙宰七十人，風雅獨數侯淵博。高詞轢馬班，奇藻轢盧駱。聲華重上游，多士資矩矱。丹黃甲乙千百卷，但取精華棄糟粕。如器別瑤碏，如味分酥酪。煙雲濃澹不一姿，盡教一一歸鑪橐。當時列宿隱卽官，乍見忽如眼刮膜（謂卞雅堂比部）。揀金恒河沙，聯翩起鵰鶚。餘子皆俊才，文彩紛卓犖。自非扶輪手，何能徧冥索。君不見，繡衣葉遘登黃閣，巨眼曾聞出王鐸。又不見，殿前裴皞吟詩樂，三主文闈頌聲作。

⊙斟兕觥（禮高年也）

溶溶泮波緑漲，蕚蕚庭卉紅生。青陽鳳律方轉，紫霞鸞斝重傾。官閣春招杖履，黌厦晨集簪纓。峩峩鮐背桂父，彯彯鶴髮籛鏗。紫芝商山綺季，赤松石室初平。紆組階前揖讓，扶笻門外拜迎。桂醑蘭漿列座，蠵臛魚醢充羹。瑤篚紛陳南肆，玉洗臚設東榮。樂奏皋鐘球磬，曲按鵝管鳳笙。由儀崇邱間作，采蘩華黍載賡。尚齒禮存三古，引年儀仿五更。歲值天子仁壽，時逢海寓澄清。耄叟彤廷錫帛，耆儒蕊榜書名。五旬廣宣恩綍，四域同播歡聲。絳縣人多書亥，蒼昊星耀長庚。八載仁流珂里，一時讌啟瑤京。東海碁延若木，西都會繼耆英。

⊙發倉廩（有餘粟也）

驟萍翳，輈靈蘁。踆烏晦，蒼狗雺。霈祁祁，滰濛濛。竈沈鼁，畛漂穜。甲始遘，戊再逢。禳妖蜧，鞭癡龍。昏霾掃，馨香通。誠假帝，饑嘑農。室罄懸，牖杍空。塵生甑，篚無豐。疏災祲，達皇聰。緩丁賦，減租庸。蘇轍鮒，拯澤鴻。啟廩囷，出秅稯。比如櫛，崇如墉。千夫碓，萬夫礱。吏鵠立，甿麕從。擔囊槖，攜筬篋。覈版户，量區鍾。雁秔赤，鸜粒紅。溉釜鬵，給飧饔。歌壤叟，嬉轅童。昨斷炊，今宿舂。潞河北，淮河東。襄陵若，翳桑同。民食絀，吏槖充。簋不飭，餗覆公（謂直隸、寶坻、江蘇、山陽事）。彼怨咨，此喁喁。皇之澤，侯之功。

⊙鼓腹謠（民飽德也）

一翁攙一雛，一婦翼一姑。一媪挈一姝，一寡提一孤。一販雜一屠，一匠參一巫。一農間一儒，一漁兼一沽。長者鬑其鬚，矮者鑿其趺。强者當門樞，弱者隱庭隅。維跛蹣跚趨，維眇彳亍扶。維尫僂傴驅，維病呻吟呼。孰則摻甌瓿，孰則攜甑壺。孰則懷酒觚，孰則持粱盂。手掬而心瞿，口哺而聲俞。困頓藩觸揄，踴躍水趨凫。自野逮城郛，自朝至日晡。三三兩兩殊，十十五五俱。我口使君餬，我命使君蘇。不畏徒行徒，聊潤枯腸枯。九年堯水吁，七年湯旱劬。天災何代無，政貴循良敷。勉爲屬丁夫，努力治萊汙。莫歎婦無襦，莫怨餐炊珠。二米合一稃，三階瞻六符。飯爲飽雕胡，河可釃醍醐。三日閭閻酺，擊壤賡康衢。

⊙禾同穎（綏豐年也）

風和越壤，土沃海壖。衍膏雉隴，滋澤鱗阡。丹秔玉瑑，紫秬珠圓。天錫嘉種，人迓康年。（一章）擢秀瑶莖，霏香瓊穗。連穎抽紅，騈枝疊翠。嶠粟珍珠，黍稌讓瑞。寶世矜希，臘前紀熾。（二章）獲以金鋤，藏之璇篋。獻社宓琴，媲祥姬牒。四鬴豐徵，千庾惠浹。飫德庶黎，流馨累葉。（三章）山傳秦駐，疆溯漢分。麥歧曾詠，禾祥尟聞。蜺旌揚采，鸜粒垂芬。迓邀昊貺，

上答聖君。（四章）

⊙適樂土（憫鴻嗷也）

江南去年夏，狂瀾倏奔瀉。黄河之水從天來，濁流倒灌長隄開。人家半没蛟龍宅，餘生輾轉溝壑哀。鄉閭蕩析炊煙無，汪汪千里漂平蕪。昔時鱗瓦連雲起，貧者衡茅富者圮。鴛鴦比翼雛燕飛，簫管春風豔羅綺。歌舞年年不自知，一朝滅没滄波裏。扶老挈幼倉皇走，上雨傍風宿郊藪。江南撫字幾多人，何人勞來安其身。側聞越中有仙宰，迢遥城郭臨滄海。仁風潛扇化雨流，浙中赤子都蒙庥。浮江鴻雁紛紜至，使君一見中心愀。錢千緡，粟一釜，活我千百人，不知仳離苦。長流汩汩數聲艣，還我故鄉給資斧。後杜母，前召父，使君之德同千古。

⊙擊鼛鼓（興百堵也）

先民有言，築城思堅。矧兹鹽宫，赤緊海𡒄。（一解）維唐開元，曁明洪武。既仡既言，徹我土宇。（二解）雉墮而堞，狐竄而垛。匪哲婦之傾，無平不頗。（三解）英英我侯，于宣于蕃。規彼封鮓，愧彼懸貆。曰四封之慎，則有司存。（四解）靖海望吳，來薰鎮朔。經之營之，東西南北。（五解）鼛鼓召矣，民胥詔矣。予曰有板榦，予曰有畚築。予曰有餱糧，予曰有財蓄。（六解）侯曰殫止，民曰安止。侯曰休止，民曰留止。登登憑憑，俾無頗無側，無騫無崩。（七解）我墉伊完，我櫓伊建。説以使民，民忘其怨。（八解）秦山蒼蒼，江水瀰瀰。磐石同安，怒濤不圮。（九解）雲煙萬竈，鬱鬱葱葱。於萬斯年，我侯之功。（十解）

⊙鞏磐石（慶安瀾也）

九塗十八灘，三十六沙洲。鹽城當下衝，東南截洪流。洪流嚙城作鼉吼，勢如欲挾孤城走。馬銜當路海童嬉，矆睒天吳森九首。帝憐赤子生魚鱗，開山力士勞五丁。曰礐曰礅曰硆岵，鞭施秦政驅風霆。石骨牙牙瘦，石塘牢結構。蜿蜒直走三千尺，怒激水衝與水鬬。石凹凸，潮訇訇，剨𧯆吐火雷鼓鳴。驚沙噴薄作雨灑，紫瀾欲撼黄盤傾。年深豈免無崩圮，盤陀雖固非金城。桓桓張使君，中流一柱砥。射潮不用婁留弩，完者益修圮者理。鹽城如彈丸，盤塘圍盤盤。修如常山之蛇蟠，瘦如潯陽之蛟乾。其睚眦而俯瞰也，如贔屭之踞蹣跚；其傲狠而反拗也，如怒猊之挾巑岏。蝴蛸螻蠖象各肖，陽侯欲齧心先寒。聯以長檣，秦駐湯蒲諸山足；輔以沙黄，草白莽莽之危灘。靈胥不怒種也喜，澄波若鏡狂瀾安。此邦成樂土，此塘永萬古。竟將苦海變甘州，野有馴雉無苛虎。桑麻彌野雞犬安，勞民民不憂鼛鼓。鼛鼓歇，塘工興。謳歌作，茀禄仍，鼇維永奠無騫崩。東升海月當空麗，照見公心清似冰。

⊙壽而康（介繁祉也）

我侯惠澤滂流徧海疆，越三千年懋績繼漁陽。豈獨登春兆庶歌樂康，仁心愷澤直已感穹蒼。天錫遐祉單厚不可量，瓔房翟茀雙聚眉案旁。丹雛聲清騫起兩鳳凰，瓜瓞緜衍疊茁蘭芽香。蘢葱玉樹繞膝嬉璇堂，累葉纓緌貽燕何蕃昌。餐甘蔗境娱樂方未央，八千歲月裯疊積蔀章。琱弧懸庭仙琯按八琅，扶鳩父老歡進延齡觴，堂前絡繹鞠䠱斟霞漿。願侯節鉞不日拜天閶，身坐鈴閣手綰雙銀黄。慰我東西兩浙萬民望，福星歲歲照耀牛女鄉。延洪曼羨瀛海仙籌長，如日如月如川如阜岡。億年德政彪炳書旂常，衢謡巷歌未足揚循良。(《求聞過齋詩集》卷二，《續修四庫全書》影印清光緒十九年朱丙壽刻本，第一五〇一册，第二三九～二四二頁)

《和顧晴芬同年冬夜招飲原韻二首》

西華頻記酒尊開，小飲城南又幾回。勝友半從瀛島集（時同席者陳荔峰閣學、楊介坪光禄、陳石士侍講及余，皆由詞館遷轉），故人新自大江來（萬廉山由江蘇入覲來都）。春盤佳味遲挑菜，水部清才早詠梅。果否養生眞有術，吟髭猶未雪痕催。

寶笈偕修到蕊宫，邯鄲學步愧難工。登山路已千尋隔，負郭居還咫尺同。畢竟論年慚白傅（白香山詩「慈恩塔上題名處，十七人中最少年」，辛酉授館職者，余年亦最少），更誰運甓惜陶公。圍鑪煖擁疑春轉，簾外渾忘尚朔風。(《求聞過齋詩集》卷五，《續修四庫全書》影印清光緒十九年朱丙壽刻本)

智按：朱方增，號虹舫，海鹽（今屬浙江）人。嘉慶六年（一八〇一）辛酉進士，改庶吉士，授編修，歷官内閣學士。有《求聞過齋詩集》。

陶澍（一七七九～一八三九）

《安化二都王氏族譜序》

乾隆乙巳，余年八歲，先鄉賢公始攜之上學。其時館二都王氏，得與其族之賢人儁士游，而義山先生來，講學尤密。先公每言先生，吾石友也。余時雖無知，固已心識之。迨後從先公應試，數與先生晤，備聞緒論，迄今三十年，如目前也。戊寅夏，先生以書及族系寄京師，云方有事於譜，俾爲之序。……夫譜以同宗合族屬，非以侈華腴也。白樂天，唐之聞人，而自敘其宗派，至謂白乙丙出自楚之白公勝，年代顛倒，遂貽口實，故譜之修，不易言也。今先生以經濟之學，聊一發之於譜，其意蓋以近而可徵者爲主，故於吳楚之系尤詳，乃其自序，猶以謂二千六百餘年之舊系，間有差謬，而欲考訂於廬陵舊藏之本，是其精慎不苟異於世之爲譜者，余故不敢以讕言進，而敬致其芻蕘之說，所以答先生意也，兼以諗其族之賢者。（《陶文毅公全集》卷三十八文集，《續修四庫全書》影印清道光刻本）

《庚午科四川鄉試策問》

問：文章家談藝之作，始於《典論》，其後論列益繁。鍾嶸《詩品》所分上、中、下三品，位置果悉當歟？三品之中，各系以小序，謂某人源出某人，其說不傷於武斷歟？陶潛渾然元氣，論者或稱陶謝，或稱陶韋，或稱陶柳，三人之詩，果與潛相近否？韓愈稱「李杜文章，光燄萬丈」，而謂六朝衆作，等於蟬噪，然李白平生低首謝朓，杜甫自云頗學陰何，豈六朝亦有不可廢者歟？元白齊名，論者謂元不逮白；蘇黃齊名，論者謂黄不逮蘇，然歟？否歟？釋皎然《詩式》之分爲五格，張爲之《主客圖》，呂居仁之《江西宗派圖》，果不易之論歟？他如司空圖之《詩品》，嚴羽之《滄浪詩話》，歐陽修之《六一詩話》，李東陽之《懷麓堂詩話》，多有精言，多士含英咀華，根情苗言，將和聲以鳴國家之盛，有所心得，其備言之。（《陶文毅公全集》卷四十三文集，《續修四庫全書》影印清道光刻本）

《擬白居易動靜交相養賦》（以題爲韻。有序）

一動一靜，陰陽之義也。盈虛消息，聖人言之詳矣。竊見夫立身從事，往往多傎跮者，蓋由不知所養也，故爲賦以見意，且自箴焉。

天地之道，有終有始，庶物之則，爲行爲止，是謂動靜之根，實寓循環之理，得其養而兩有所成，失其養而一無可恃。斯艮以敦，而震以虩，頤養之象維昭；山以止，而泉以流，蒙養之端可擬也。曷言乎？動其氣爲闢，龍何爲而躍淵？駒何爲而過隙？爐何爲而耀紅？室何爲而生白？藉非動也，奚以時行？則行與道大適，曷言乎？靜其端本虚，闔何爲而有户？歸何爲而有墟？神何爲而有谷？尾何爲而有閭？藉非靜也，奚以時止？則止常於厥居，故從其朔而觀之，由一生二，奇而爲才之三，偶而爲象之四，其靜於中者，隤然示人以簡；其動於外者，確然示人以易。及自其著而觀之，窈然鴻洞，顯之可察於鳶魚，微之不遺於蠛蠓，其動也以靜而無靜，其靜也以動而無動。由是養之於內，則期於自省，若寶氣之隱含而金光上炳，若玉質之中深而晶輝四迥，奚以知其然？曰動基於靜。由是養之於外，則絶夫物交，若淵泉之暢達而性海無膠，若英華之發越而元絡自包，奚以知其然？曰靜母動淆。然則養氣者中和之德，勿毗柔剛；養化者太上之道，務燮陰陽。於以贊生成於大造，於以勉綱紀於其相。若夫養之於大體而協氣成象，養之於小體而揠苗助長，惟操舍既判於須臾，斯得失遂分夫霄壤，斯豈降材之有殊哉！異諸所養，至矣乎，動靜之際，聖賢所務。不及或入於游移，太過或鄰於馳騖，欲出處之不搖，必持守之甚固，是以柱史養神，子輿養素，皆人功也，遂以匡夫稟賦。（《陶文毅公全集》卷五十一文集，《續修四庫全書》影印清道光刻本）

《擬白居易賦賦》（以「草刱荀宋恢張賈馬」爲韻）

賦者，五經之鼓吹，文章之黼藻也。規漢魏以通衢，拓周秦而闢道。鋪張鴻業，義取揄揚；游泳龍光，風歸肆好。蓋以宣德達情，遠稽近考，總藝苑之菁英，而不徒擷騷人之香草。溯自候燕歌新，操麞韻暢，瑟潤羲張，簧喤媧刱，轅童之節能諧，壤叟之音無恙。及六義之載《周禮》，先比興而敷雅言；與九能之爲大夫，因登臨而發高唱。然猶賦之萌芽，而未極乎體物而瀏亮。爾乃風鉤賦宋，智禮賦荀。或日斜而紀庚子，或誕降而溯庚寅，或對雪而命枚叟，或淩雲而夢大人。摛事則長楊、五柞，紀瑞則赤鴈、白麟。一千餘首之篇章，既徵於奏御；七十八家之體製，咸見於敷陳。音既中雅，詞還合頌。質茂含章，文覅足用。將以表咏歌，聯諷誦，追賡載於唐虞，證遺聞於杞宋。百態悉入其牢籠，萬彙羣歸於錯綜。盛德發形容之妙，簡在廟堂；高文垂典册之光，班於侍從。惟其麗則之不踰，是以英華之足重。其結體也正而大，其徵事也典而該，其會意也穎而澤，其設色也奇而瑰。蠶繭未抽，方運思之密密；牛刀既奏，乃游刃以恢恢。徒觀其紬於五組，織以七襄。歕欱則風雲動色，摹繪則日月流光。如玉之潔而暉呈虹氣，如珠之貫而媚起龍堂。如十二律之合於聲而宫銜徵嚼，如廿八宿之羅於次而箕舒翼張。是以抽祕騁妍者，既彬彬以郁郁；而蹈德詠仁者，遂炳炳而烺烺。矩秉心儀，鑪融心冶。惟都鍊以京研，在稟經而酌雅。道不謬於聖人，堂乃登於作者。觀千賦之能讀，有志可成；慨六代之多浮，其風斯下。彼夫四聲八病，法徒泥乎沈侯；若乃一字千金，裝必還乎陸賈。我國家取士設科，酬庸錫嘏。簪組集乎班、揚，文學追乎游、夏。鳴和聲而鳳已應凰，御長途而驥還率馬。沛紫綸以籲俊言焉，工則颺之；準黃絹以抒辭賦者，詩之流也。（《陶文毅公全集》卷五十一文集，《續修四庫全書》影印清道光刻本；岳麓書社《陶澍集》第三〇二～三〇三頁；《陶澍全集》第三三三～三三四頁）

《秋夜讀吴巢松侍讀詩題後即次見寄原韻》

吴公健者尤嗜古，造化無功筆能補。狂歌痛飲少年場，頗似李生雄跋扈。邇來深造轉無奇，諦入三摩參佛祖。論詩人我相俱忘，濟世皋夔心獨數。大河南北策輶車（時督學河南），木鐸聲諧大昕鼓。亦知湖海氣全除，翰林風月能無主。十首秦吟白老心，曾讀救荒新樂府。感時更寫澤鴻音，語不能甘聲獨苦。祇疑凍雨灑菰蘆，不比閒雲弄機杼。昨者江鄉罹水患，長風捲沙失汀浦。百尺銀山駕海濤，林端遙見炊懸甑。居民半飼長橋蛟，過客猶哀泰山虎。支持赤手愧無能，差幸春回民力普。廟堂更喜廣嘉猷，金節探名得房杜（蔣制軍入閣協辦）。請雨眞宜符效靈，金芝告瑞暄畿輔（直隸督署産芝）。兒童走卒盡歡呼，何事瘦生彼人怒。良宵撫几一長吟，願借君詩為治譜。（《陶文毅公全集》卷五十六詩集，《續修四庫全書》影印清道光刻本）

《虎邱南麓白太傅祠内舊有懷杜閣仰蘇樓同人新構軒於後肖太白像予爲書扁曰慕李五月一日落成因設祭竝祀四公作詩紀事》

道光丙戌月夏五，我來虎邱謁樂天。樂天昔來乙巳歲，實歷距今千二年。當時蘇州十萬户，嬰嘑臨去衣爭牽。庚桑户祝遺祠在，村巫社叟交神絃。東武西武盛游跡，薦藻豈可無一椽。仰蘇懷杜匪好事，多公雅調同壺籩。譬之東道有刺史，二公流寓來賓筵。公與杜老皆壬子，花甲一周相後先。坡公後公又二百，一堂同會眞歡然。獨有李侯不得與，豈非缺典遺前賢。虎邱夜宴事已邈（太白有虎邱夜宴序，本集遺之，今載《全唐文》内），臨風猶想仙乎仙。侯於諸公本前輩，禮之上座開中軒。我爲揭扁曰慕李，登龍此地非無緣。卽今飛舄耀江浦，恍惚一似膺同船。髯公大笑白也醉，臣甫攢眉無一言（子美年二十餘游吳趨，無詩，今集中所存，皆三十歲後作也）。眼看白老擅吟興，一月一度多詩篇（白詩：一年十二度，非少亦非多）。平生大庇豈虚願，德星已聚斯堂前。吾儕爲樂匪詩酒，所貴尙友同周旋。西街亭午日少熱，候吏致語催錦韉。卻憶公來正端午，離離黄麥搖江邊。(《陶文毅公全集》卷五十六詩集，《續修四庫全書》影印清道光刻本）

《丹過忠州懷白香山》

水落涪魚石點霜，輕舟曉發四人鄉（自注：涪州有四人之稱，謂華人、巴人、廪君、槃瓠也。見《吳船録》）。竹郎祠遠浮秋色，蔓子城空下夕陽。當日才名推刺史，臨風高唱會巴娘。荒臺何處尋遺跡？江北江南樹影蒼。(《陶文毅公全集》卷五十九，《續修四庫全書》影印清道光刻本，第一五〇四册，第一〇五頁；《沅湘耆舊集》卷一百三十八，《續修四庫全書》影印清道光二十三年鄧氏南邨草堂刻本，第一六九二册，第三五三頁）

智按：陶澍，字子霖，號雲汀，湖南安化人。嘉慶七年（一八〇二）壬戌進士，改庶吉士，授編修，官至兩江總督，加太子少保銜。贈太子太保，謚文毅。有《陶文毅公全集》。

吴其濬（一七七九～一八四七）

《植物名實圖考》

⊙木蘭

木蘭，《本經》上品，李時珍以爲，卽白香山所謂「木蓮生巴、峽山谷間，俗呼黃心樹」者，疏證甚核。余尋藥，至廬山一寺，門有大樹，合抱，葉似玉蘭，而大於掌。僧云：此厚朴樹也。掐其皮，香而辛。考陶隱居木蘭注，謂皮厚，狀如厚朴，而氣味爲勝。宋圖經謂，韶州取外皮爲木蘭，肉爲桂心。李華賦序亦云似桂而香，則廬山僧以爲厚朴，與韶州以爲桂，皆以臭味形似名之，而轉失其嘉名。張山人石樵僑居於黔，語余曰：彼處多木蘭樹極大，開花如玉蘭而小，土人斷之，以接玉蘭，則易茂，木質似柏而微疎，俗呼泡柏木，川中柏木船皆此木耳。因爲作圖。余繹其說，始信廬山所見者卽木蘭，而李時珍之解亦未的。輒憶天隨子詩曰：「幾度木蘭船上望，不知原是此花身。」蓋實録，非綺詞也。然是木也，功列桐君之書，形載騷人之詞，刳舟送遠，假名汎彼而擷華者，又復以李代桃，用其身而易其謚，遂使注書者泛引而失眞，求材者炫名而遺實，宜乎李華有感而賦，謂自昔淪芳於朝市，墜實於林邱，徒鬱咽而無聲，可勝言而計籌也。

木蓮花見黃海山花圖，全似蓮花，不類辛夷。（《植物名實圖考》卷三十三，《續修四庫全書》影印清道光山西太原府署刻本）

智按：吳其浚，字季深，一字淪齋，別號吉蘭，號雩婁農。有《植物名實圖考》、《滇南礦廠圖略》、《滇行紀程集》等。

莫友棠（？～一八四七）

《屏麓草堂詩話》

漁洋山人云「白樂天自寫其集三本：一置東都聖善寺，一置廬山東林寺，一置蘇州南禪院。……余昔亦嘗以《漁洋集》一本付楚雲師藏之南嶽，一本付拙菴師藏之盤山。昨門人劉翰林太乙（青藜）言欲以八分手書予正續集，藏之嵩山少林寺，亦香山居士後一段佳話」云（智按：見《漁洋詩話》卷中；《清詩話》，第一九四頁）。按，香山編詩，題卷有「世間富貴應無分，身後文章合有名」之句，而漁洋自八歲吟詩，至十五歲即有《落箋初稿》，西樵先生序而刻之。虞山宗伯謂為代興之傑，則二公固知有名矣。矧太傅也、尚書也，猶都不敢信，而必單心於韻語篇什之中，務使藏之名山，以冀傳之其人，俾於並世而生之中，至後世能獨知有一我。嗟夫，二公亦人耳，何其重視身後名也如此！蓋昔人尚能自待不薄也夫！（《屏麓草堂詩話》卷十三，《清詩話三編》第五〇七八頁）

智按：莫友棠，字若愚，閩縣（今福建福州）人。少從鄭光策游，布衣，一生以授徒爲業。王士禛《漁洋詩話》曾感慨歐陽修《六一詩話》録閩人謝伯初之詩而使其得以傳，莫友棠深以爲然，乃著《屏麓草堂詩話》十六卷，有道光二十八年（一八四八）刻本。内容以記述師友門生及閩地風雅人士之佚事遺詩爲主。閩中清嘉、道間吟事之盛貌，庶幾于是書可見。

劉鴻翱（一七七九～一八四九）

《太湖許氏詩鈔》

……獨怪漢晉唐宋元明詩人，其賦山水之什多矣，賦太湖者獨寡。白香山守蘇州，揀洞庭供橘云：「五宿煙波皓月中。」亦未嘗賦洞庭。惟本朝王阮亭慕太湖山水，號漁洋。漁洋乃七十二峰中之最小者，其望湖中華嚴諸什，亦不過望之而已。夫以太湖山水之秀，為詩人蹤跡之所不至，豈山水亦有幸有不幸與，抑山水之發抒藻繪，亦有所待而然與？（《緑野齋前後合集》卷四，中國社會科學院文學研究所圖書館藏清道光二十四年刊本）

智按：劉鴻翱，字蜚英，號次白、號黃葉老人，濰縣（今山東濰坊）人。嘉慶十四年（一八〇九）己巳進士，歷任太湖司馬、徐州太守、臺灣道兼提督、台澎學政、陝西按察使、雲南布政使、署理閩浙總督、福建巡撫。有《緑野齋前後合集》六卷、《太湖詩草》不分卷、《制義》不分卷。

彭蘊璨（一七八〇～一八四〇）

《歷代畫史彙傳》

唐寅，字子畏，一字伯虎，號六如。吳人。弘治戊午舉應天解元。畫師周臣，而青出於藍。凡山水、人物、花草，無一不能。評者謂其遠攻李唐，足任偏師；近交沈周，可當斗席。工古文詞，詩歌效白居易體，其合者尤令人解頤。書得吳興法而妍雅。賦性疎朗，任逸不羈，與同里狂生張靈縱酒，不事諸生業，祝允明規之，乃修舉業。會試有富子，載與俱北，既入試，有友人都穆仇富子抨於朝，言與主司有私，陷寅斥椽於浙藩，嘗自署其章曰「江南第一風流才子」。寧藩宸濠厚幣聘之，察其有異志，佯瘋，放還。晚好佛氏，治圃舍北桃花塢，日飲其中。成化庚寅生，嘉靖癸未卒，年五十四。著《畫譜》，並集傳世（《明史》本傳、《明史》藝文志、祝允明《唐子畏墓誌》、《圖繪寶鑑》、《續纂丹青志》、《藝苑卮言》、《言提録》、《無聲詩史》）。（《歷代畫史彙傳》卷三十，《續修四庫全書》影印清道光刻本）

趙仲佺，字隱夫，太宗玄孫，歷官潤州管内觀察使、潤州諸軍事、潤州刺史。草木禽鳥有詩人思致，明敏，無他嗜，獨愛晉人文章，通貫義理，雖老師巨儒，皆與其進。作詩效白居易，贈開府儀同三司，追封和國公，謚惠孝（《宣和畫譜》、《圖繪寶鑑》）。（《歷代畫史彙傳》卷四十七，《續修四庫全書》影印清道光刻本）

沈周，字啓南，號白石翁，世稱石田先生，恒吉子。諸畫皆善，少時所爲盈尺小幅，四十外始拓爲大幅，粗枝大葉，草草而成，所謂唐宋名流，上下千載，縱横百輩，兼總條貫，如唐寅、文璧，咸出龍門，往往致於風雲之表，其時藝院不知誰當並馳也。郡守欲繪屋壁，里有疾之者，入其名，遂被攝。或勸之謁貴游可免，答曰往役義也，謁貴游不更辱乎？已而守入覲，銓曹問沈先生無恙乎？守不知所對，漫應曰無恙。見内閣李東陽，問沈先生有牘乎？守益謬，復漫應曰有。而未至，守出倉皇謁侍郎吳寬，問沈先生者何人？寬備言其狀，詢左右乃畫壁生也。比還再拜引咎。其書法黄庭堅，文學左氏，詩學白居易、蘇軾、陸游。爲人耿介獨立，年十一

（或作十五誤），游南都，作百韻詩，上巡撫侍郎崔恭，面試鳳臺賦，援筆立就，恭大嗟異。比長，書無不窺，郡守欲以賢良薦，筮易得遯之九五，遂絶意隱遯，孺慕終身，風神蕭散，碧眼飄鬚，儼如神仙中人。文翰揮映，百年來迨無過之者。宣德丁未生，正德己巳卒，年八十有三。有《客坐新聞》、《石田詩鈔》（《明史》本傳、《明史》藝文志、《圖繪寶鑑》、《續纂》、《無聲詩史》、《丹青志》、《畫禪室隨筆》、《六研齋筆記》、《藝苑卮言》、《震澤集》、《甫田集》）。（《歷代畫史彙傳》卷四十九，《續修四庫全書》影印清道光刻本）

智按：彭蘊璨，字朗峰，長洲（今江蘇蘇州）人。其《歷代畫史彙傳》七十二卷，附録二卷。輯録上起上古黄帝，迄于嘉慶、道光年間畫家共一千五百餘人評傳，以詩韻編次姓氏，依時代順序，各列小傳，從一千二百六十三種文獻資料中採輯編成。

葉申薌（一七八〇～一八四二）

《本事詞》

⊙自序

蓋自《玉臺新詠》專録豔詞，《樂府解題》備徵故實，韓偓著《香奩》之集，託青樓柳巷而言情；孟棨匯《本事》之篇，敘破鏡輪袍以紀麗，詞亦宜然，此《本事詞》所由輯也。然美人香草，古來多寓意之文。而減字偷聲，達者作逢場之戲。或緣情而遣興，或對景以攄懷，或為怨以騁思，或空言而寄諷。文非一致，緒亦多端。每藉倚聲，遂留佳話。是以記新腔於紅豆，當時已傳遍旗亭；寫小字於烏絲，此日宜珍藏篋衍矣。溯夫青蓮居士，憶秦苑之瓊簫；紅杏尚書，詠繁臺之畫轂。曲傳暮雨，白香山恒念吳娘；被掩餘寒，張子野偏逢謝女。戀郵亭之一夕，難續鸞膠；對殘月之三星，怕聽雞唱。搴簾顧語，相逢疑在夢中；抛髻啼妝，佳約頻商別後。曉風楊柳，傳絕調於霖鈴；春雨杏花，寄新詞於羅帕。亦復銅琶鐵板，或豪氣之未除；低唱淺斟，忍浮名之輕换。甚且花明月暗，步剗襪於香階；馬滑霜濃，破新橙於錦幄。

此尤傳為秘事，洵足侈為豔談也。更若蘿屋靜姝，蘭閨秀媛，既工協律，亦擅摛詞。瘦比黄花，寓幽情於愛菊；慧同紫竹，抒雅藻於踏莎。向金屋而剪繒，宫花簪鬢；望錦川而揮淚，山色添眉。復有逐妾辭閨，故姬去國。團扇動棄捐之感，羅裙懷淪落之嗟。念錦瑟之空塵，難吟豆蔻；恨金甌之已缺，誰弄琵琶。燕子樓頭，夢斷彭城落月；鵑聲馬上，愁生蜀道殘春。斯皆悲離恨之有天，欲埋愁而無地。但留怨什，宜播吟壇。他若記擬游仙，奇因紀夢。江亭龍女，題吳頭楚尾之謠；月府仙姬，問五拍雙鬟之授。遇錢塘之蘇小，半闋歌傳；訪緡邑之李英，三峰閣在。情雖縹緲，意亦纏綿。又足補女史之遺聞，續虞初之新志也。然而引商刻羽，恒在當歌；促拍添聲，多因顧曲。釵遺枕畔，價曾公庫為償；榴獻座中，圍藉髯翁以解。緺雲梭玉，詹天游真個魂銷；紈扇焦琴，劉改之幾經腸斷。徐幹臣之還思纖手，剖鏡重圓；尹梅津之催喚紅妝，尋芳再誤。且有紅樓少婦，紫曲名娃，才擅濤箋，慧工浪語。改山抹微雲之韻，靈出犀心；吟花啼紅雨之篇，巧偷鶯舌。折來官柳，真蜀豔之可人；插滿山花，羡嚴卿之俠氣。凡兹麗制，問何事以干卿；偶輯豔聞，正鍾情之在我。盥薇細讀，雅宜當花天酒地之時；搦管親裁，疑若在倚翠偎紅之際。僕也顛比柘枝，癡同竹屋。辟既耽乎綺語，賦更慕乎閒情。品竹調絲，愧未能乎陶寫；擘箋染翰，笑徒效乎鈔胥。楊元素之遺篇，亡而莫覯；王仲言之舊話，秘已難窺。僅就耳目之所經，復慚見聞之未廣。縱竭搜羅之力，終虞掛漏之譏。惟是篇因采摭而成，似應列原書之目。然其文或剪裁以出，又難仍舊帙之題。況敷藻偶繁，自必删而就簡。亦傳聞互異，尤宜酌以從同。綴玉編珠，細擷金荃之麗；吹花嚼蕊，閑資玉麈之談。技本蟲雕，只堪覆瓿；取同獺祭，難博解頤。但以裘非一腋所能成，念曾勞乎鉛槧；尋欲千金而自享，將貽禍於棗梨云爾。三山葉申薌。(《詞話叢編》第三册，第二二九五頁；李學穎標點本《本事詩 續本事詩 本事詞》，第四〇三～四〇四頁)

⊙吳二娘善歌

吳二娘，江南名姬也，善歌。白香山守蘇時，嘗制《長相思》詞云：「深畫眉，淺畫眉。蟬鬢鬅鬙雲滿衣。陽臺行雨回。　巫山高，巫山低。暮雨瀟瀟郎不歸。空房獨守時。」吳喜歌之。故香山有「吳娘暮雨瀟瀟曲，自別江南久不聞」之詠，蓋指此也。(卷上，《詞話叢編》第三册，第二二九七頁；李

學穎標點本《本事詩 續本事詩 本事詞》，第四〇五頁）

⊙謝秋娘

《望江南》，原名《謝秋娘》，李贊皇鎮浙西日，為其亡姬謝秋娘作也。其詞久逸。今所傳者，白太傅之《江南好》，劉禹錫之《春去也》諸篇，至宋始加為雙調。隋煬帝之《湖上曲》八首，蓋偽作也。（卷上，《詞話叢編》第三册，第二二九七頁；李學穎標點本《本事詩 續本事詩 本事詞》，第四〇五頁）

智按：葉申薌，字維彧，號小庚，又號萁園，閩縣（今福建福州）人，林則徐姻親。世居文儒坊，稍長即能詩文。嘉慶十四年（一八〇九）進士，選翰林院庶吉士。歷任雲南富民、昆明等縣知縣，東川、開化、昭各府同知，遷寧波知府、洛陽知府，代理河陝汝道，任雲南鄉試同考官。積勞，病逝于河南任上。擅駢體文，尤工詞，曾輯宋元六十多家詞為《歷代閩詩詞抄》四卷。著有《小庚詞存》一卷、《本事詞》二卷、《天籟軒詞譜》等。

張維屏（一七八〇～一八五九）

《陶白庵》（有序）

余生平慕陶淵明、白樂天之為人。去秋權守南康，日對匡廬陶公栗里、白公草堂，故址雖湮，流風宛在。因即郡齋書室，顏曰「陶白庵」，懸二公畫像於室中，焚香獻酒，瞻仰之餘，喟然有作。

我躬寄宇內，數十寒暑間。眇若海置粟，疾如箭在弦。不願學仙佛，不能希聖賢。為工乏一藝，為農無寸田。人皆目以士，自顧亦愧焉。居然學干禄，釋褐為宰官。催科固所拙，撫字復多愆。區區愛民心，不忍加笞鞭。四載留西江，泛泛江中船。今春權郡符，再結廬山緣。往歲山之北，直造天池巔。今年山之南，親見五老顏。一條俯江練，萬頃觀海綿。灑墨劖石壁（余書「不息」二字，山僧鐫於青玉峽上），烹茶汲玉淵（坐三峽石，取玉淵泉，烹雲霧茶）。新庵奉香火（陶白庵），高祠陳几筵（李蘇二公祠）。仕宦境雖滯，山水緣未慳。吁嗟此山水，昔賢所留連。昔賢皆不朽，名竝匡廬傳。鯫生性所近，瓣香意拳拳。陶公與白公，瞻之儼在前。神遊羲皇上，心放湖山邊。閑來酒一樽，興發詩一篇。敢云追往哲？庶自樂其天。（《松心詩録》卷七，《續修四庫全書》第一四九六册，第三三頁）

《齋中讀書偶成斷句・白香山》

廣大詩家推教主，澤民遺愛至今傳。天懷坦白天機樂，不愧人稱白樂天。（《松心詩録》卷八，《續修四庫全書》第一四九六册，第四二頁）

《陶白》

古三不朽誰無愧，我百無能但率真。私淑兩賢陶與白，前身應是晉唐人。（《松心詩録》卷八，《續修四庫全書》第一四九六册，第四二頁）

《聽松園》序

……且夫陶公三徑、子山小園、白傅草堂、摩詰輞川，地以人著，人偕地傳。……（《松心詩録》卷八，《續修四庫全書》第一四九六册，第四五頁）

《陳棠溪儀部以詩集八卷屬為商訂奉題二律即書卷端》二首（其二）

賈賦文章白傅詩，憂來和墨寫淋漓。地輿自愛王君紀（雲臺相國得王象之《輿地紀勝》，已進御，影宋本今在君處），古蹟偏工幼婦辭。……（《松心詩録》卷十，《續修四庫全書》第一四九六册，第四九頁）

《琵琶亭》

楓葉荻花何處尋，江州城外柳陰陰。開元法曲無人記，一曲琵琶説到今。（嘉慶二十五年廣東刻本《松心詩集》戊集《黄梅集》）

《聽松廬詩話》

凡言情之作，要矜貴不可猥褻，可有寤寐求之之意，不可有伊其相謔之風。善言情者，以李義山為最。昔人目白樂天為廣大教主，余目李義山為情天教主。其次則劉夢得、韓冬郎。至明王次回，則不免有猥褻之語矣。國朝詩人善言情者不少，以黄仲則、樂蓮裳、郭頻伽三家為最。頻伽含情若柳，吹氣如蘭，於憔悴婉篤之中，有悱惻芬芳之致。（《國朝詩人徵略二編》卷五十六引，《續修四庫全書》影印清道光二十二年刻本）

智按：郭麐，字祥伯，號頻伽，吳江（今屬江蘇）人。諸生。有《靈芬山館詩集文集》。

雲龍工詩，於書史及唐宋諸大家詩集無不博覽，尤愛白香山、袁子才詩，師事方子谷先生，師弟稱莫逆。迨筮仕江南，恒以有益民生為念。淮揚州縣屢被水患，承辦之員多視為美差，與吏役地保串同受賄，故屢致生事。雲龍奉委，不辭勞苦，悉心履勘，一概陋規，絲毫不取，盡剔前弊，務使窮民咸沾實惠，每自矢曰：「余雖職卑官小，力有不能為，但視民如子，人有同心，苟稍存輕率，必至草菅民命，若取不義之財，其若後日子孫何?」其存心如此。戊子，淮揚復大水，海陵州牧查辦不善，災民鬨堂，於是帶印至省，請員接辦，方伯賀公深悉雲龍才，奈職卑不能直署州牧，特委代庖吏目，兼行州事，三月有餘，始將災務辦妥，大憲深器重之。雲龍作宦三十餘年，所至之地，民皆愛戴。卒之日，士民同聲歎惜。少時詩多不存，存者皆江南公餘所作長，子守文奉其遺草事略，請劉鵬海通守轉達於余，因為節其原文，并摘句於左。(《國朝詩人徵略二編》卷五十八引《聽松廬文鈔》,《續修四庫全書》影印清道光二十二年刻本)

智按：方雲龍，字獻圖，號躍淵，廣東香山人。官婁縣主簿。有《公餘詩鈔》。道光二十二年補婁縣主簿，二十八年俸滿卓異候陞，二十九年秋以疾卒於任。(參見陳澧《（光緒）香山縣志》卷二十一藝文，清光緒刻本)

「周公恐懼流言日，王莽謙恭下士時。若使當時身便死，世間眞僞有誰知。」此白香山詩，發人所未發，黃萬青詠曹孟德句云：「若教討卓身先死，萬古忠奸論孰分。」亦是此意。（使孟德死於討卓之日，不居然漢忠臣耶?）(《國朝詩人徵略二編》卷六十二引，《續修四庫全書》影印清道光二十二年刻本)

智按：黃廷昭，字懋簡，號萬青，生於乾隆甲寅，終於道光乙未。廣東香山人。官刑部廣西司主事，工部營繕司員外郎。有《宦遊詩草》。工吟詠，善鑒別金石書畫。王省崖、祁春圃、彭春農、張翰山皆稱許之。

《論詩絶句二十四首》（其七）

李杜白韓與蘇陸，似山似海似雲霞。放翁老去遺山出，萬古騷壇七大家。（李太白、杜少陵、韓昌黎、白香山、蘇東坡、陸放翁、元遺山）（《花甲閒談》卷六，《四庫未收書輯刊》影印清道光廣州西湖街富文齋刻本，史部第一〇輯第三册，第三二七頁）

智按：張維屏，字子樹，號南山，别號松心子，曾署楚客、第七洞天樵客、珠海老漁、唱霞漁者、花村老圃、南山道人。番禺（今屬廣東廣州）人。道光二年（一八二二）進士，任湖北黄海、松滋等地縣令，官至南康知府。十六年辭官歸里。早歲有詩名，與黄培芳、譚敬昭稱「粤東三子」。至京師，翁方綱歎爲詩壇勁敵。論詩主「性情」。曾編《國朝詩人徵略》、《國朝詩人徵略二編》，輯道光前清代詩人事迹，並附詩話加以評述。自爲詩不出乾、嘉規範，較多寫個人生活情趣。後經鴉片戰爭，目睹英軍侵華暴行，寫出《三將軍歌》、《三元里》等名篇。《晚晴簃詩匯》稱其詩「高華沈着，不專一格」。著有《聽松廬詩鈔》、《松心詩集》、《松心文集》、《花甲閒談》等，合輯爲《張南山全集》。《清史稿》卷四八六、《清史列傳》卷七三、《國朝先正事略》卷四四有傳，事又見陳澧《張南山先生墓誌銘》。

屠倬（一七八一～一八二八）

《大中丞阮雲臺先生建白文公祠於孤山蘇公祠之左以五月八日落成同人酹酒祠下卽席呈中丞》

七百年後留去思，水仙秋菊蘇公祠。蘇公出處似白傅，往往夢寐形諸詩。穆宗長慶迄寶歷，錢湖碑負鱗之而。老於劉郎及崔相，當年已有同干支。中丞墮地乃同日，甲辰未可分雄雌。況來節鉞統諸郡，不須州宅誇微之。石函橋影夾明鏡，濺濺流水魚君陂。迎神有曲自儋耳，銅琶鐵板相酣嬉。醉吟先生顧寂寞，小蠻瘦盡風中枝。庭堅忽諸蓋可歎，廉泉一洗雲生栭。洛陽那問履道宅，繫馬有客懷分司。長公長帽定相笑，比鄰詎比爭墩爲。室三水五竹九一，彷彿買斷雙駿時。年年一盞藍尾酒，商玲瓏唱餘杭詞。（《是程堂二集》

卷四,《續修四庫全書》影印清道光元年潛園刻本)

《送春日南卿用白樂天和微之四月一日韻見寄同韻奉答》

東風適然來,着物無厚薄。韶光適然去,人情異哀樂。子規語黄鸝,相對愁漠漠。無言枝上花,自開還自落。早年興飛騰,垂老懷抱惡。强欲駐春顔,還丹無大藥。君方困泥蟠,我且東高閣。那不惜景光,枯腸共搜索。(《是程堂二集》卷四,《續修四庫全書》影印清道光元年潛園刻本)

智按:屠倬,字孟昭,號琴鄔,晚號潛園老人,錢塘(今浙江杭州)人。嘉慶十三年(一八〇八)進士,改庶吉士,授江蘇儀徵縣知縣。道光元年(一八二一)擢江西袁州府知府,改九江府,後因病辭歸。詩格伉爽灑脱,與郭麐、查揆齊名。又旁通書畫、金石、篆刻。有《是程堂詩文集》。

麟慶(一七八一～一八四六)

《憶西湖》(六首其三)

曾爲尋春試馬蹄,蘇公堤接白公堤。香山已去東坡老,芳樹流鶯故故啼。(《鴻雪因緣圖記》第一集「六橋問柳」,北京古籍出版社一九八四年十月影印清道光二十九年揚州刊本;《晚晴簃詩匯》卷一百二十一)

智按:麟慶,完顔氏,字伯餘,號見亭,滿洲鑲黄旗人。自幼隨父宦游河南、浙江。嘉慶十四年(一八〇九)己巳進士,任内閣中書、兵部主事中允、徽州知府、總督江南河道兼兵部侍郎、督察院右副都御史等職。後因督河失職而被革職。有《鴻雪因緣圖記》、《河工器具圖說》、《黄運河古今圖說》、《皇朝紀盛録》、《凝香室詩人偶存》、《詞苑編聯》等。

張澍(一七八一～一八四七)

《琵琶亭聞歌》

孤舟江上夜,有美奈愁何。艷曲紛珠玉,清歌雜嗔囉。荻花摇客夢,秋

月寫横波。我亦青衫溼，淚寧司馬多。（《養素堂詩集》卷八南征前集下，《續修四庫全書》影印清道光二十二年刻本）

《偶作效權文公用古人姓名體》

向爲人所病，執失善循規。履虎何無忌，杯蛇直不疑。緯蕭思話舊，杕杜審言詩。知白樂天命，支離益可師。（《養素堂詩集》卷十七入都後集上，《續修四庫全書》影印清道光二十二年刻本）

《郭立齋舫樓詩集序》

含神霧之言詩也，曰持；說題辭之言詩也，曰志。無其志，則溝斷；無與于犧尊也。無所持，則兔絲，無當于緎繡也。然則操觚者，曷可少內心哉？丹徒郭立齋先生，讀書負氣節，酷嗜吟詠，一時鉅公，皆引重之。羊孚雪贊，見推桓允；羅隱松詩，被知昭德。沒後，集遭焚。而其孫小巖廣文，痛珠光之沈去，冀劍氣之飛來，于破簏廢紙中，搜得手蹟，驚喜欲泣，墨尋餘賍，字辨殘蝨，釐之診之，梳之緝之，其録得若干首，將付之梓，以永其傳。襲美之後，不墜松陵；閭丘之孫，克藏石屋。余乃深韙小巖之能紹衣也。方小巖少時，母李氏質釵購帖，督之作楷。小巖敬念鑿楹，時摩遺研，不自呰窳，遂工書畫，而其詩復駸駸度驊騮而前，呟呟破蟋蟀之聽，謂非階禀于先訓乎？吾觀郊寒島瘦，諷誦于藝林；白俗元輕，流傳于奕葉，矧立齋詩之自寫胸褢，不襲窠臼，所謂洗盡鉛華，不嫌素面，斥佗腥膩，獨甘清湆，非猶夫摭捃者之為之也，烏得以其少而輕之？世有知言，或不以余為妄謶。（《養素堂文集》卷五，《續修四庫全書》影印清道光刻本）

《李長吉詩跋》

余讀長吉之詩，竊以為似揚雄之文也。其幽思詰屈，奇采陸離，寄興無端，離騷與伍。世之論者，輒議其險恠難解，有心雕繢，則惑之甚。夫以昌吉之才，髫齡驚眾，而娼忌者流，沮其進用，使之阸塞不伸，情菀志瀗，發為歌詩，舒寫鬱抱，宜其龍騰虎攫，波譎雲詭也。而淺者以凡近測之，是元輕白俗，轉擅勝場矣。無恠宋儒以艱深病子雲也，是烏知子雲？是烏知昌吉？（《養素堂文集》卷三十四，《續修四庫全書》影印清道光刻本）

智按：張澍，字時霖，一字伯瀹，號介侯，又號介白，武威（今屬甘肅）人。嘉慶四年（一七九九）己未進士，官永新知縣。有《養素堂詩集》。

房震亨（一七八一～一八四七）

《田家竹枝辭》

壬辰麥秋，日涉場圃，見田家婦女作苦，悉如男子，譜爲《竹枝》十數章，非涉輕薄，亦欲采風者，知稼穡艱難，不遺閨闈，可補《耕織圖》中所未備云。

刈麥

萬頃黄雲麥熟天，腰鐮人共赴中田。田間也見嫌疑别，健女丁男各一邊。

野饁

綠楊村畔路迢迢，藜黍香濃一擔挑。贏得清風吹兩袖，不須團扇買芭蕉。

遇雨

黄泥滑滑步遲遲，正是斜風細雨時。絕妙畫圖誰畫得，草蓑一領小姑披。

牽車

夕陽影裏聽喧嘩，聲似雷轟是大車。别有小車鳴軋軋，夫推妻挽暮還家。

拾麥

歪籃旁繫女兒腰，利可吹毛是手刀。何處放門何處去，歸來每見月輪高。

薅草

芳草青青傍野塘，姊携鐮鍔妹攜筐。牧童那管人羞否，牛背聲聲唱小郎。

打麥

牛拖碌碡妾牽牛，牛性難馴妾性柔。聽得牛歌不解唱，讓她夫婿在前頭。

翻黠

木杈舉處動飛塵，滿眼迷離看不真。妾自面南郎面北，每逢相近即回身。

納凉

日午炎威不可當，柳蔭風過送輕涼。一瓶泉水甜如蜜，少婦姣兒次第嘗。

收粒

笆斗分扛欲暮天，老翁退後少年先。新來小婦姣無力，笑乞兒夫擸上肩。

鋤禾

鴉嘴鋤揮烈日中，當頭不畏影曈曈。田家巾幗翻新樣，霧鬢鳳鬟覆斗篷。

理妝

秋禾未熟麥歸倉，偷得閑身試曉妝。螺髻高低隨意綰，風來時送野花香。（《甦翁存稿》卷上）

智按：房震亨，字長卿，號甦翁，桃源（今江蘇泗陽）人。歲貢生。喜為詩，有風人敦厚之旨。著有《甦翁詩文集》行世，又名《甦翁存稿》。上卷詩詞，下卷雜文。生平吟咏，直抒胸臆，莊諧雜出，或取里巷謳謠，點竄成篇，無不可歌可泣，蓋白香山、陸劍南之流派也。與劉春湖、王海亭、徐春華等爲詩侶。其《聞尹杏農捷南宫》云：「公然雲路快鵬程，鄉里先傳及第名。到此文章方有價，何妨風月更多情。瓊林人話三朝隔，玉笋班叨十載榮。幾輩青衫已落拓，雞壇回首憶同盟。」尹杏農即同邑禮部郎中尹耕雲（一八一五～一八七七）。性孝友，與兄泰亨同居，老而彌篤，諸子弟化之，皆能以文行相砥礪，為鄉里矜式。事迹見民國十五年《泗陽縣志》卷二十三。

徐松（一七八一～一八四八）

《唐兩京城坊考》

⊙次南昭國坊

刑部尚書白居易宅。（《白氏長慶集》有《昭國里閒居》詩，時為左贊善大夫，居易《與楊虞卿書》云：「僕左降詔下，明日而東，足下從城西來，抵昭國坊，已不及矣。」按，白居易始居常樂，次居宣平，又次居昭國，又次居新昌，今於各坊備載之。）（《唐兩京城坊考》卷三，《續修四庫全書》影印清連筠簃叢書本）

⊙次南宣平坊

刑部尚書白居易宅。（白居易《襄州别駕府君事狀》：「夫人潁川陳氏，歿於長安宣平里第。」按，夫人卽居易之母，《舊書・白居易傳》：居易奏曰：臣聞姜公輔為内職，求為京府判司，為奉親也。臣有老母家貧養薄，乞如公輔例。于是除京兆府戶曹參軍。元和六年，丁母陳夫人之喪。《長慶集》有

《初除戶曹喜而言志》詩，是陳夫人就養于居易之第。）（《唐兩京城坊考》卷三，《續修四庫全書》影印清連筠簃叢書本）

⊙次南常樂坊

刑部尚書白居易宅。（白居易有《常樂里閒居》詩，又有《養竹記》云：「貞元十九年春，居易以拔萃選及第，授校書郎，始於長安求假居處，得常樂里故關相國私第之東亭而處之。明日履及于亭之東南隅，見叢竹於斯。」按，樂天始至長安，與周諒等同居永崇里之華陽觀，至選授校書郎，乃居常樂里，蓋此為卜宅之始也。）（《唐兩京城坊考》卷三，《續修四庫全書》影印清連筠簃叢書本）

⊙次南新昌坊

刑部尚書白居易宅。（居易為主客司郎中知制誥，時居新昌里，有《題新昌所居》詩云：「街東閒處住。」又《新昌新居書事四十韻》云：「丹鳳樓當後，青龍寺在前。」又《自題新昌居止》詩云：「最近東頭是白家。」其時有《和元微之詩序》云：「微之轉為江陵士曹掾會，予下內直歸，而微之已即路，邂逅相遇於街衢中，自永壽寺南抵新昌里北，得馬上話別。」按，微之宅在靖安里，永壽寺在永樂里，永壽之南即靖安北街，樂天下直，每自朱雀街，經靖安之北，集中有《靖安北街贈李二十》詩是也。微之蓋東出延興門，或春明門，故經新昌之北。又按，居易宅有松數株，其《新昌閒居》詩云：「但有雙松當砌下。」又《寄崔十八》詩云：「新昌七株松。」）（《唐兩京城坊考》卷三，《續修四庫全書》影印清連筠簃叢書本）

⊙次北履道坊

長壽寺果園源匡贊宅、高力牧宅，西門內刑部尚書白居易宅。（《舊書》本傳：居易罷杭州，歸雒陽于履道里，得故散騎常侍楊憑宅。竹木池館，有林泉之致，爲《池上篇》曰：「都城風土水木之勝在東南偏，東南之勝在履道里，里之勝在西北隅西閈北垣第一第，即白氏叟樂天退老之地。地方十七畝，屋室三之一水，五之一竹，九之一而島樹橋道閒之。」按，居易宅在履道西門宅西牆，下臨伊水渠，渠又周其宅之北，宅去集賢裴度宅最近，故居易《和劉汝州》詩注云：「履道、集賢兩宅，相去一百三十步。」《新書》本傳：後履道第卒爲佛寺，東都江州人爲立祠焉。穆按，《元史・塔里赤傳》：「也里里白奉旨南征，至洛陽，得唐白樂天故址，遂家焉。」是其時猶有遺跡。）（《唐兩京城坊考》卷五，《續修四庫全書》影印清連筠簃叢書本）

《宋會要輯稿》

……直集賢院同知太常禮院吳育奏：謹按，《唐六典》中書舍人以他官兼者，謂之兼制誥，故白居易草《楊嗣復授庫部郎中知制誥辭》云：「前代制誥，中書令、侍郎、舍人通掌之。國朝以來，或以他官兼領。」又《授元稹中書舍人辭》云：「元稹自祠曹員外試知制誥。」謂兼則豈絶本官，謂之試則明不正職，在皆章灼不疑之事也。今縱有明文，其官省若遇詳定，猶當以體追而正之；況無明文，但引因循參差之事為據。……（《宋會要輯稿》第四十九册　儀制八）

（淳熙）三年九月十五日，太上皇帝御書白居易《大巧若拙賦》，賜干辦皇城司夏執中。十一月一日，御書杜牧《戰論》賜皇太子。（《宋會要輯稿》第五十六册　崇儒六御書）

（慶曆）四年三月十三日，翰林學士宋祁等言：「……第三場詩賦畢，將存留策論卷子上，與詩賦通考定去留，合格薦名者，出榜告示。舊制以詞賦聲病偶切之類，立為考試式。舉人程試，一字偶犯，便遭降等，至使才學博識之士，臨文拘忌，俯就規檢，美辭善意，鬱而不伸。如唐白居易《性習相近遠》、獨孤綬《放馴象》，皆當時南省所試，其對偶之外，自有意義可觀。非如今時，拘檢太甚。今後進士，依自來所試賦格外，特許依仿唐人賦體。鎖廳舉人，自今更不限舉數，許令取應。如及第出身，後即不別推恩。……」（《宋會要輯稿》第一〇八册　選舉三）

景德元年二月六日，賜進士柳察同出身為楚州團練推官（察少志學，嘗詣闕獻文，召試賜出身。至是，又擬白居易作《策問》七十五篇，目為《贊聖策林》，又續李德裕《丹扆箴》五篇以獻，復召試而命之）。（《宋會要輯稿》第一一一册　選舉九）

（慶曆）六年六月十八日，詔：……參知政事吳育言：……唐開元二年六月甲子制，其有茂材異等，咸令自舉。是年設直言極諫科。至憲宗元和間，制科之盛，有若元稹、白居易，皆特出之材，觀當時策目所訪者，皇王之要道，邦家之大務，可以覆視，園（原）不專於災異也。此漢唐故事，有足據者。其或因天變，又非時親策者，則亦有之。……（《宋會要輯稿》第一一一册　選舉十「制科」）

景德元年二月六日，同進士出身柳察獻所著擬白居易《策問》七十五篇，目為《贊聖策林》，並續《丹扆箴》五篇，召試策論，凡三千字，授楚州團練推官察。前以獻文，得試學士院，賜出身，至是再有所獻，故以命之。（《宋會要輯稿》第一一九册　選舉三十一「辟舉」）

元豐五年，文潞公以太尉留守西都，時富韓公以司徒致仕，文潞公慕白樂天九老會，乃集洛中公卿大夫年德高者，為耆英會。以洛中風俗尚齒不尚官，就資聖院建大廈，曰耆英堂，命閩人鄭奐繪像堂中。時富韓公年七十九，文公與司封郎中席汝言皆七十七，朝議大夫王尚恭年七十六，太常少卿趙丙、秘書監劉几、衛州防禦使馮行已（己）皆年七十五，天章閣待制楚建中、朝議大夫王某言皆年七十二，太中大夫張問、龍圖閣直學士張燾皆年七十。時宣徽使王拱辰留守北京，貽書潞公，願預其會，年七十一。獨司馬溫公年未七十，文公素重其人，用唐九老狄兼謨故事，請入會，溫公辭以晚進，不敢班文、富公之後。文公不從，令鄭奐自幕後傳溫公像，又之北京傳王公像，於是預其會者，凡十三人。文公以地主攜妓樂就富公宅，作第一會。至富公會，送羊酒，餘不出；餘皆次為會。洛陽多名園古刹，有水竹林亭之勝，諸老鬚眉皓白，衣冠甚偉，每宴集，人隨觀之。文公又會為同甲會，司馬郎中旦、程太中珦、席司封汝言，皆丙午人也，亦繪像於資聖院。其後司馬公與數公又為真率會，有約：酒不過五行，會食不過五味，唯菜無限。楚正議違約，增飲食之數，罰一會。皆洛陽盛事也。洛之士庶，又生祠潞公於資聖院，溫公取神宗送潞公判河南詩，隸於榜，曰佇瞻堂，塑公像其中，冠劍偉然，都人事之甚肅。（出《自警編》）。元豐末，文潞公致仕，歸洛入對，時年幾八十矣。神宗見其康強，問：「卿攝生亦有道乎？」潞公對：「無他，臣但能任意自適，不以外物傷和氣，不敢做過當事，酌中恰好即止。」上以為名言。（出《石林燕語》）告老辭闕。（《宋會要輯稿》第一〇五册　職官七十七）

孫宣公奭以太子少傅致仕，居於鄆。一日，置宴御詩廳（仁宗嘗賜詩刻石所居之廳壁），語客曰：「白傅有言：『多少朱門鎖空宅，主人到了不曾歸。』今老夫歸矣。」喜動於色。復願（顧）石守道，諷易離卦九三爻辭，且曰：「樂以忘憂，自得小人之志；歌而鼓缶，不興大耄之歎。」公以諄德與學，勸講禁中二十餘年，晚節勇退，優游里中，終始全德，近世少比。（江少虞《類苑》）（《宋會要輯稿》第一〇五册　職官七十七）

智按：徐松，字生伯，大興（今屬北京）人，原籍上虞（今浙江紹興）。幼隨宦京師，遂家焉。九歲入邑庠。嘉慶十年（一八〇五）乙丑，以二甲第一人成進士，授編修。旋入值南書房。大學士董誥心重其淵雅有俊才，一切應奉文字率委之。道光十六年，選禮部主事。尋擢御史，外放陝西、榆林府知府。有政聲，轉延、榆兵備道，量移潼、商。未幾，致仕歸。年六十八卒。有《唐兩京城坊考》、《登科記考》、《宋三司條例考》、《後漢書·西域傳補注》、《西域水道記》、《長春真人西遊記考》等。

董士錫（一七八二～一八三一）

《祖妣錢孺人行略》

烏虖，自先祖妣之卒，家尠貧，先府君力不克葬，墨縗出游七年，乃得所資以歸，葬有日矣。而府君遘疾，彌一年許，終不克葬而卒。士錫既遭鞠凶，尤恐隕越，思承先志。府君既小祥，乃克奉先祖妣之喪，祔葬于祖考之墓。伏思府君之將葬祖妣也，固欲繕述祖妣生平言行梗槩，以求當代有道能文者爲之銘誌，而納諸幽，不幸不果。今士錫奉府君遺命，卜葬祖妣，敢以喪故，無所綴輯，大懼爲先府君羞，謹用輟哀抒辭，就所聞知，具述大略，俾覽之者得徵實焉。太孺人姓錢氏，諱純，字無非，六世祖一本，明福建道御史，特贈中順大夫，太僕寺少卿，學者偁爲啟新先生者也。世居常州東南九十里之段莊，曾祖養浩，廩生，以曾孫維城贈至資政大夫，刑部左侍郎。祖安世，康熙甲戌進士，直隸南和縣知縣。考枝挺，國子監生，以子燕習貤，贈修職郎鹽城縣教諭，妣蔣太孺人。教諭君子女各四人，太孺人最少，性淵靜而周敏，從教諭君受毛詩、左氏傳、十七史、杜甫、白居易詩，皆通曉，教諭君特矜愛之。時錢氏方盛，親黨過從，紈綺照耀，太孺人則猶啾弗屑也。教諭君嘗嘆曰：「此女乃才。」……（《齊物論齋文集》卷四，《續修四庫全書》影印清道光二十年江陰暨陽書院刻本）

智按：董士錫，字晉卿，一字損甫，武進（今江蘇常州）人。嘉慶副貢生，候選直隸州州判。從舅氏張臯文遊，承其指授，古文賦詩詞皆精妙。有《齊物論齋集》二十三卷。

趙寅永（一七八二～一八五〇）

《閱白傅詩有感》

冬夜，偶閱白傅五十八所作詩，盛說閒寂恬淡之趣，末以相印焦心爲譏。余年偶與之同，而猥忝揆地，百憂所集，一念靡遑，感頹齡之相符，悵遐標之莫追，遂乃效體步韻，率爾成章，聊以自解而已，非敢有雌黄於昔賢云。

至人齊欣戚，下士拘通闕。緣情不泥跡，然後方號達。朱紱卽緇巾，華鬢亦青髪。如何白少傅，切切五十八。藉使身未健，無足念澌惙。藉使家未豐，無足念匱竭。我今讀公詩，年均多觸發。羡公官事逸，慕公心地濶。然於貴賤際，不免流俗節。誰無竹裹風，誰無松間月。難將此一段，便作衮與鉞。隨境非人定，篤見是天殺。且引一斗酒，不知相門熱。何愁問我憂，樂與民共活。（《雲石遺稿》卷四詩，《韓國文集叢刊》本）

《墨莊分韻詩帖跋》

「園林窮勝事，鐘皷樂清時」，緑野堂詩也。「除却三山五天竺，人間此會且應無」，香山社詩也。其名德壽考風流文物之盛，輝映千代，邈然若松喬之在雲霄也。其後耆英、眞率諸會，莫不比倣於此，然皆一鄉事耳。豈與此墨莊之集不出，王都元老咸造，可同日語哉？莊在紫閣峰下，卽吾宗歸鹿相公刻詩處。近吾伯氏石厓公得之荒蕪之餘，疏淤剔翳，環以嘉植，儼成一名園，而舊名老人之塲，故仍以老人顔其亭，盖寓佚老之義也。上之三年丁酉孟夏，致政相國金陵南公，原任相國玄圃李公，斗室沈公相國，荳溪朴公，致政尚書淵泉金公，同會於此。惟朴公今年六十有五，諸公皆七十以上，而金公年最尊，爲八十有三。吾伯氏雖最少，亦六十有二。遂以年敍分韻而識之。

于時也，邦有大慶，朝野多暇。黄髮赤舄，籩豆濟濟。都人士女，駢肩而加額。方之古事，殆過之矣，未爲不及也。如寅永晚進，固不敢以司馬端明，自擬班於文富之後。而至如拜跪於執爵，承奉於撰屨，爲子弟者職也，乃有疾未克從，曾不若裴令白傅之僕御，猶能於君子威儀有所瞻望，不其恨歟。今因伯氏命，不揆僭妄，畧記數語于分韻之下。詩云：「高山仰止，景行行止。」釋之曰：「雖不能至，心鄉之。」竊以是自託於鄉云爾。（《雲石遺稿》卷十跋，《韓國文集叢刊》本）

智按：趙寅永，字羲卿，號雲石。有《雲石遺稿》。

穆彰阿（一七八二～一八五六）等

《嘉慶重修一統志》

五賢祠（在虎邱山平遠堂，祀唐刺史韋應物、白居易、劉禹錫、宋長洲令王禹偁、端明殿學士蘇軾，明萬曆中建）。（《四部叢刊》本《嘉慶重修一統志》第二二四八册蘇州府）

白居易墓（在洛陽縣南龍門鎮東。本朝康熙四十八年，學使湯右曾建。饗堂三楹，立石墓前）。（《四部叢刊》本《嘉慶重修一統志》第二二九八册河南府）

白居易墓（在長葛縣南三十八里白家村。一在洛陽，未詳孰是）。（《四部叢刊》本《嘉慶重修一統志》第二三〇一册汝寧府）

智按：清康熙二十三年（一六八四）冬，邑舉人李重素嘗聞敬神設教，先王因天理之，請于縣令李元讓捐俸倡衆改建祠像，諏吉興工，越歲而告闕成。建祠三楝，繪像一龕，鐫石于門，題詩于壁，修真武廟于前面，敬神尊賢之道兩全無失。康熙五十四年（一七一五）長葛知縣劉大觀立「唐少傅白居易故里」碑于此（現無存）。乾隆十二年（一七四七）《長葛縣志》所收

《改建白樂天祠像記》載:「邑治西南三十里有宫，名曰白樂宫，以白樂天先生墓于斯也。……白氏先爲太原人，其後遷於新鄭，生樂天於東郭里，舉進士……廬洛香山，咸標芳躅，而其家初未離乎鄭、葛之間，晚年築室兹地……土人猶呼白村。卒而墓于其側。」昔曾建祠其上，歷經修葺。第世代遷流，碑迹淹沒于荒烟蔓草之中，不可復考，鄉人好事者遂修真武行宫，仍稱白樂宫。民國二十年《長葛縣志》載:「白樂天墓，在縣西南三十八里，白家村西有高塚，建祠繪像於上。」「白樂天祠，在縣治西南四十里，清康熙年間邑人李重素請於縣令李元讓捐俸倡衆改建。」「白樂天故里，在縣西南二十八里有白家村西，約一里有墓與祠。」

白居易宅（在渭南縣東北。居易有《重到渭上舊居》詩。縣志：宅在故下邽縣東紫蘭村，有樂天南園，在宅南，至金時爲石氏園）。

白居易墓（在渭南縣東北紫蘭村，與弟行簡、敏中三墓相列）。（《四部叢刊》本《嘉慶重修一統志》第二三〇五册西安府）

白樂天祠（在渭南縣北紫蘭村，祀唐白居易）。（《四部叢刊》本《嘉慶重修一統志》第二三〇六册西安府）

智按:《四庫全書》本《陝西通志》卷二十八祠祀:「三賢祠，在儒學明倫堂東南，祀白居易、寇萊公、白敏中。（馬志）白樂天祠在縣東北紫蘭村，乃白故里。（賈志）」

白傅草堂（在廬山香鑪峯下。唐白居易謫江州時建，居易有《草堂記》）。

三賢堂（在府治後。祀陶潛、狄仁傑、白居易。又瑞昌縣治南有二賢堂，祀元結、蘇軾，皆宋時建）。（《四部叢刊》本《嘉慶重修一統志》第二三三八册南康府）

白樂天祠（在府治西湓浦門内，宋徐鉉有記）。（《四部叢刊》本《嘉慶重修一統志》第二三三九册南康府）

智按：穆彰阿，字子樸，號鶴舫，别號雲漿山人，郭佳氏，滿洲鑲藍旗人。嘉慶進士。歷任内務府大臣、步軍統領、兵部尚書、吏部尚書、大學士、軍機大臣，一時權傾内外。鴉片戰爭時阻撓禁煙運動，誣陷林則徐等抵抗派，與英美等侵略者謀求議和，與之訂立不平等條約。後被革職。

周之琦（一七八二～一八六二）

《滿江紅》

甚矣吾衰，七十載，光陰虛擲。曾幾度，春來秋去，曦輪已仄，脈脈徒懷塵外想。悠悠終是人間客。憶東塗西抹，少年時，嗟何及。　雞與鶩，從爭食。蚌與鷸，從誇力。但相看一笑，馬牛風隔。長慶詩筒餘昨夢，永和禊飲成陳跡。歎曹劉、沈謝盡消亡，今誰識。（《心日齋詞集》退莽詞，《續修四庫全書》影印清刻本）

《鷓鴣天·琵琶亭》

一曲琵琶酒半酣，當時何苦淚痕淹。生來泛梗原無著，聽徹哀絲亦未嫌。人欲去，句重拈。清詞閒寫望江南。憐他老大商人婦，只唱新聲昔昔鹽。（《心日齋詞集》鴻雪詞下，《續修四庫全書》影印清刻本）

智按：周之琦，字稚圭，祥符（今河南開封）人。嘉慶十三年（一八〇八）戊辰進士，改庶吉士，授編修，官至廣西巡撫。

嚴元照（一七八三～一八一七）

《二十日同人祭白公祠》

春風一月足，梅林十分開。高枝綴紅玉，光照孤山隈。齋潔拜白傅，輕舠□湖來。青山展微笑，美女臨妝臺。朋侶既勝絕，風日亦佳哉。繁花插滿頭，影落黃金罍。中酒忽不樂，舉杯復停杯。風雪隔年人，玉山於此隤。如何遠行役，思之心徘徊。（《柯家山館遺詩》卷三，《續修四庫全書》影印清光緒陸心源刻湖州叢書本，第一五〇七册，第五一七頁）

《孫編修遺詩序》

……詩以道性情也，天下無無性情之人，即天下無不可作詩之人，固不以境異也。而論詩者大率歸其事於寒人野事，若詩之為道，宜羸於山林，宜絀於臺閣，若是乎，郊、島之作必非元、白所能逮，而永叔、介甫、致能、廷秀諸公，皆不宜以詩見矣。此豈足以持其平乎？（《悔庵學文》卷三，清光緒陸心源刻湖州叢書本）

《蕙櫋雜記》

《容齊隨筆》云：「白樂天以琵字作入聲讀，如云：『四弦不似琵琶聲』，『忽聞水面琵琶聲。』皆入聲也。」予案唐宣宗《弔樂天》詩：「胡兒能唱《琵琶篇》。」張祜詩：「宫梅一曲琵琶聲。」《弔亡妓》詩：「斷腸猶繫琵琶弦。」宋人詞：「十四五，閒抱琵琶尋。」皆作入聲，不獨白公也。然《廣韻》入聲不收。（《續修四庫全書》影印清勞權抄本，第一一五八册，第二〇七～二〇八頁）

白樂天《蘇州重玄寺碑》，數佛經八種，各列其字數，其數《阿彌陀經》一千八百字，較今所傳者少五十六字。或疑白公但舉成數。然餘七經，皆數其奇零，不應此經獨舉成數也。（《續修四庫全書》影印清勞權抄本，第一一五八册，第二一八頁）

予向讀吳梅村《琵琶行》，喜其瀏離頓挫，謂勝白文公《琵琶行》，久而（一作後乃）知其謬也。白詩開手便從江頭送客，説到聞琵琶，此直敘法也。吳詩先將琵琶鋪陳一段，便成空套。昌黎《平淮西碑》，非不裔皇冠冕，然不免柳子厚之譏，病亦坐此。……（《續修四庫全書》影印清勞權抄本，第一一五八册，第二三三頁）

智按：嚴元照，字修能，號九能，自號晦庵居士，歸安（今浙江湖州）人。諸生。有《柯家山館遺詩》。

馮登府（一七八三～一八四一）

《論語異文考證》

子曰：「不知命，無以爲君子也。」《釋文》皇本、高麗本、唐石經竝作「孔子曰」，《韓詩外傳》六《後漢書・馮衍傳》注、《文選・王命論》注、《文苑英華》白居易《試進士策問》引「君子」下竝無「也」字，《釋文》

引鄭曰：「魯論無此章，今从古。」案，朱氏彝尊謂此章是後儒增入。又《衛靈公篇》「父在觀其志」節，《釋文》引鄭曰：「古皆無此章。」（《論語異文考證》卷十，《續修四庫全書》影印清道光十四年廣東學海堂刻本）

智按：馮登府，一作登甫，字雲伯，號勺園，又號柳東，浙江嘉興人。清嘉慶二十三年（一八一八）舉人，嘉慶二十五年（一八二〇）進士，改庶吉士。散館，授江西將樂縣知縣。不兩月，以親病解綬去。服闋，官寧波府教授。幼即能作韻文，中年治經，深得漢儒家法。兼通金石文字。阮元、徐士芬、李泰交皆訂至契。有《石經補考》、《三家詩異文疏證》、《論語異文疏證》、《石經閣文集》、《拜竹龕詩存》、《梅里詞輯》。

蘇廷玉（一七八三～一八五二）

《醉吟閣跋》

唐白香山刺忠州，建醉吟閣，其故址父老尚能言之。勉齋刺史鳩金重建以存舊迹，如杭之白堤、蘇之木蘭矣，俾後人有所景仰。真韶（智按：疑應作韻）事也，因屬書此額附記于後。（中國人民政治協商會議忠縣委員會編《忠縣文史》第二輯「白居易與忠州」，一九九三年一月，第九七頁）

智按：蘇廷玉，字熉山，號鼇石，晚號退叟，泉州府同安縣（今屬福建廈門）人，宋宰相蘇頌二十六世孫。嘉慶十三年（一八〇八）中舉，嘉慶十九年進士，欽點翰林院庶吉士，改刑部主事。道光七年（一八二七），升刑部郎中。道光九年起，歷任江蘇松江、江甯、蘇州等府知府，江蘇糧道，山東按察使。道光十三年（一八三三），調四川按察使；道光十六年（一八三六），升四川布政使。道光二十年（一八四〇），調大理寺少卿，旋告退歸鄉。工書善詩，有《亦佳室詩文集》、《從政雜録》等。

王培荀（一七八三～一八五九）

《讀放翁詩》

知他辛苦幾經年，流水行雲得自然。每鬱孤忠思報國，聊拈瑣事便疑仙。高懷如見陶元亮，妙筆還追白樂天。最是千秋遺恨事，雄詞終未勒幽燕。（《寓蜀草》卷四七言律，《續修四庫全書》影印山東省圖書館藏清道光二十七年刻本）

《聽雨樓隨筆》

昔白樂天、蘇東坡喜與客遊宴，而政益修，舉蜀地江山奇麗，環成都尤多，名蹟士大夫以時雅集，非徒見熙朝文物之盛，而時當清宴，爲政多暇，亦韻事也。昭覺寺，古宣華舊苑，明時僧徒尤眾，今雖荒落，而殿宇宏厰，可駐遊蹤。道光戊戌人日，諸大憲往遊，時帆多廉訪歡詩云：「知交三五偕蘭若，偷暇尋春飲最宜。滿座泉香人送酒，繞欄花影客催詩。共操舟楫逢多士，暫假唫哦記盛時。如此勝遊須盡醉，明年相聚恐相思。」桂林周藹餘觀察貽徽詩云：「聯轡出城郭，萬山來馬前。東風吹面暖，曉色助春鮮。鳥囀聽歌遠，魚閒知夢圓。（同人環池觀魚）更饒清趣在，照影水淪漣。大幻誰曾覺，巋然古刹存。基仍唐代舊，禮肅梵王尊。幡動心原靜，香殘鼎自温。禪宗余頗悦，或許入斯門。盛主張平子（是日主人爲曉瞻同年），招邀景正融。仙帆迎海客（時帆廉訪亦號海槎），吟社遇坡公（鼇石前輩倡議賦詩）。内史書原擅，長城句足雄（春綬觀察）。穆如惟吉甫，滿座挹清風（實夫前輩）。笑我追隨久，頻年屢暢遊。橋平題處問，碑老劫餘搜。緑意郫前樹，晴光雪後樓。明朝少陵寺，花下詠重酬。」翌日，復有浣花草堂之遊，貴筑張曉瞻觀察日晸詩云：「入蜀九年迷簿領，黄塵官道苦馳騁。道旁佳氣何鬱葱，寺隱深林浮塔影。宣華舊苑久灰劫，了覺道場留淨境。一度經過一延望，遊蹤悵隔禪關冷。閒身偷得早春天，追陪勝侶眞前緣。華軫相接征鑣聯，平郊十里路如絃。餘寒料峭破清曉，旭景初升晴杲杲。碧林踈處紺宇出，入門便覺塵根掃。空王寶地詩莊嚴，遊客遐心躭窅窱。幽徑斜從丈室通，小池曲與迴廊抱。開顏索笑有花木，忘形雜坐親魚鳥。鉢盂持來洗腥羶，不惜齋廚供草草。林泉竟日憺忘歸，竹韻松風皆覺道。暮色蒼然煙漠漠，僕夫整駕趍城郭。士女駢闐夾道觀，熙熙意與吾同樂。回頭惟見碧雲深，隱隱疎鐘出林薄。」滇南尹實夫觀察佩珩詩云：「入我門來笑我癡（門額爲藹餘前輩書），果然昭覺覺先知。雲浮荏苒懷歸思，魚樂徜徉悟息機（寺中池魚，半皆卧浮水面，以手撼之，輒洋洋焉而逝）。幸附高朋臨勝境，敢辭小草和新詩。良辰更喜今朝霽，乂用平康肇在兹。」古蓼王春綬觀察庭蘭云：「人日畏春陰，朝來倏已霽。新詩誦劍南，蹋磧夔人記。良辰得餘閒，官廨愁深閉。快哉同心人，招遊過蕭寺。陽和候兆纔，已覺涼颸細。我欣出城闉，直至幽居地。平疇莽空濶，行行踰林藪。邨落徑縈紆，再折轉而右。深翠露紅牆，紺宇拓數畝。蕭然松竹間，僧迎來八九。引我啓偃都，遺址古時有。側聞建自唐，乾符歲丁酉。重修溯康熙，清俸捐某某。昭覺字煥然，佳哉賢太守（寺爲太守冀應熊重修所書，『昭覺寺』三字匾額至今尚存）。佛閣闢東隅，莊嚴敞朱户。是爲方丈居，曲檻通廊廡。雜花滿院香，似欲媚菴主。窗前列九華，恠石玲瓏補。中開半月池，游鱗悉可數。玄黄積百頭，大者寸有五。魚樂悟莊言，逐隊盡爲伍。一磬座中落，泠然心太古。默默手自捫，何如聽官鼓。遊譙非同心，雅不如獨坐。盤餐必肉食，甘不如飯顆。游倦腹已枵，筵開就廊左。食譜偶翻新，氣味除烟火。大嚼涎欲流，狂言無不可。禪理吾未知，禪機吾尚頗。爲問談禪人，入門可有我（周藹餘觀察素精禪理，寺門外新題『入我門來』四字匾額，故戲及之）。俳徊重俳徊，斜陽上林杪。長嘯歸去來，徐步度芳沼。一亭矗中央，虹鏡分流澢。殿外列僧寮，無聲静而悄。豈緣境趣佳，都爲塵根掃。彼髡自閑閑，顧我徒擾擾。十步九回頭，琳宫暮烟繞。」一時唱和，逸興有餘，惜字句偶有記録未確。（《聽雨樓隨筆》卷四，《續修四庫全書》影印清道光二十五年刻本）

德清蔡蒓僊游幕來蜀，在重慶時，值春社游女如雲，一女郎風姿秀麗，訪之，辛氏女也。富貴者求之，不願。蒓僊媒訂獨喜，納爲小妻，名鳳遷，小字緑雲，甚相得。甫一載，病卒。卒時，蒓僊未見，深以爲歉。與人言及，輒唏嘘欲泣。適在同年，沙澗泉幕澗泉，來榮，持長洲英玉高君《緑雲小傳》示余，且以蒓僊意，囑余作詩，蒓僊固深於情哉。爲效長慶體，作《緑雲篇》以紀其事。「仙娥游戲到人間，青鸞飛到復飛還。有客微吟洛神賦，何時再出蓬萊山。蘭胎初孕曾占夢，雲裏翩然下彩鳳。掌上有文字分明，佳名肇錫已殊眾。韶年十五度芳春，豔質靈心迴絶倫。繡畫針摹宋北苑，簪花格學衛夫人。儂家本在渝城住，門外辛夷花滿樹。深處幽閨嬌避人，一株芍藥紅欄護。遲遲旭日上窗初，釵墮烏雲對鏡梳。花壓翠鬟妝粉淺，横波一顧畫難如。小院微風撲蛺蝶，淡黄衫子摇輕箑。逢人斜睇羞擧頭，唇破含桃開笑靨。春社年年士女盈，粉黛如雲羅綺輕。尋芳才子垂青眼，鳳願求凰與目成。富兒豪貴心偏惱，白璧黄金原非寶。惜花御史斷腸人，暗裏朱絲牽月老。良辰送上七香車，小住錦城便是家。幸遇知音吟柳絮，似曾相識認桃花。追歎尋樂無不有，度曲彈琴兼賭酒。人間無此好姻緣，枕畔盟心期白首。無端行李迫倉皇，怡貌低聲問玉郎。新愁纏我羅巾濕，舊物遺君玉玦涼。懷藴明珠期已滿，柳絲難把離情綰。感郎恩重妾身輕，相憶時長相見短。班騅上道惜怱怱，門掩梨花細雨中。翡翠薄衾中夜冷，鴛鴦雙枕半牀空。那料辭家竟永訣，人懷明月圓忽缺。瑞麟墮地璋無聲，病眼盼郎淚成血。垂危氣促細如絲，遺囑寄郎大婦知。三生石畔緣重續，萬里橋邊會有期。此語聽來酸肺腑，玉容那忍埋黄土。蘭房繡榻掛蠨蛸，孤冢白楊戰風雨。逝水流光歲又新，遺鈿剩粉總傷神。含憤空中書咄咄，攝魂畫裏喚眞眞。屈指偕居剛一載，風催花落歸東海。早知一别難再逢，何苦分襟貽後悔。環珮聲遲恍惚來，牽衣悲喜未疑猜。淚傾一斛鮫珠斷，腸轉九迴膩語哀。曉鐘催醒方知夢，驚散彩雲堪一痛。情感如遭鬼伯妒，魂歸似有仙風送。年來書劍苦飄零，安得終朝對娉婷。鐙殘孤館鬢應白，鬼泣荒墳草不青。將别叮嚀宛如昨，吞聲嗚咽淚先落。妾心貞比望夫石，郎品高如立雞鶴。興懷觸緒不勝悲，記得生平當告誰。簾前鸚鵡猶傳語，檻外青山想畫眉。寫就相思書一紙，焚向瑶池青鳥使。爲言别後損腰肢，此心不改如江水。眞容合把妙香薰，千古鍾情孰似君。紅顔種恨留紅豆，緑萼成仙化緑雲。」緑雲琴棊詩曲無不通曉，臨絶，口占二詩，曾紀其一焉。(《聽雨樓隨筆》卷五，《續修四庫全書》影印清道光二十五年刻本)

木蓮花，生峨眉山谷，狀似芙蓉，香亦類之，一云，葉似辛彝木幹花，夏開枝條，茂蔚不爲園圃所蒔。白樂天云：「生巴、峽山谷間，巴民亦呼黄心樹，大者高五尺，涉冬不凋，身如青陽，有白文，葉如桂，厚大無脊，花如蓮，香色艷膩，皆同。獨房蕊有異，四月初始開，自開迨謝，僅二十日。」又

《畫圖寄元微之》云：「花房膩似紅蓮朵，艷色鮮如紫牡丹。」……（《聽雨樓隨筆》卷六，《續修四庫全書》影印清道光二十五年刻本）

《鄉園憶舊録》

歷下曾南村，受業吾邑張榆村先生，先生深於時文，而詩學亦醇。南村得其指授，夙耽吟咏。牧山西平定州，以所歷上黨咏古諸作，命門人李珍聘書之，藏文昌祠中，仿白香山分置詩集於聖善東林兩寺故事也。歿後十餘年，陶悔軒復莅其地，見詩，愛其清妙，又喜為同鄉，乃序而刻之，并附己作。兩公此事，不徒為平定添一公案，亦吾鄉佳話也。南村《盤石關》云：「盤石關前石路微，離離黃葉小村稀。斜陽忽送青峯影，千疊層雲屋上飛。」《悔軒》詩云：「一代文章擅逸才，開軒吟罷興悠哉。官閒且喜能醫俗，為與詩人坐卧來。」其風流可想矣。（《鄉園憶舊録》卷二，《續修四庫全書》影印清道光二十五年刻本）

大明湖中歷下亭，杜少陵與李北海宴客于此，所謂「海右此亭古」也。其亭甚高，四圍有廊，屢修屢圮。純皇帝詩碑在焉。北渚亭，晁補之作賦，或以明湖北之小圃當之，非是。按其形勢，今之北極臺高聳，背城面湖，當是此地。臺上祀眞武，懸聯云：「宮中下見南山盡，城上平臨北斗懸。」唐人句，若為此地設也。俯視荷花百頃，蘆葦參差，蠏舍漁莊，歷歷可數，若不知在城市間。南岸垂柳數株，披風曳露，卽漁洋咏秋柳處，或於湖東委巷建一院，題秋柳詩社，去湖遠，未可信。昔有人維舟湖中，夜半忽小舟出葦間，一偉丈夫攜麗人，四顧太息曰：「丁酉與漁洋會此，今歲又丁酉矣。」倏忽不知所往。劉金門夫子，與鐵冶亭撫臺泛舟，共作一聯云：「四面荷花三面柳，一城山色半城湖。」不可移置他處。百花洲與明湖別為一區，如附庸，蓮葉田田，地極幽靜。李滄溟白雪樓移建于此，後屬邢太僕子愿，其實老屋三間，王季木得之，築問山亭，猶仍白雪樓舊額。自歷下亭一舸順風，可至鐵公祠。公于靖難時，守城盡節，至今俎豆儼然。祠西廳三楹，前面虛敞，扁曰「水木明瑟」，取《水經注》語，恰合。聯取漁洋句云「烟巒濃淡山千疊，荷芰扶疏水半城」，雅切有餘味。疊石爲小山，建得月亭，兩廊盡畫，墨竹前面，架板為屋，前後盡敞，眺望烟水無際，余見其圮而復建者三，不知何時遽然撤去，雖空闊有餘，而絕無收束，少含蓄，蓋人日趨簡易，諸事如此，不獨一遊賞地也，為之慨然。（按此名小滄浪）明湖佳詩，美不勝收，予族名勖者有句云：「楊柳陰中沽酒寺，芙蓉堤外采菱舟。」餘不記。吾邑高念東先生，癸未夏，寓趙孝廉書舍，偶效長慶體，命意奇幻，而詞旨清妍，復感歎唏嘘，特録之。「大明湖頭久作客，葦葉蒲花風瑟瑟。遠山虛靄入空楹，盡日讀書消不得。漫將清霽倚湖山，清霽湖山對正難。不有紅妝臨罨畫，縱依翠巘意闌珊。我欲當軒三里許，跨溪樓閣鄰洲渚。曲榭風開翡翠簾，曉妝擁髻迎人語。顧步鴛鴦七十雙，解環鳴珮將翱翔。紫綺臨波還自笑，青鸞帳底入迷香。幽人睡足桐陰罅，一葉鳴橈疾于馬。飛飛白鷺掠吟瓢，送人直到朱闌下。龍香罷調又箜篌，舞入陽阿樂未休。縱不相憐許相對，遲遲延竚正嬌羞。有時漢女臨溪訪，清瀨采芝還蕩槳。芙蕖城外水仙家，登堂六博留清賞。不然隔岸生遙態，閑睇紫釵消欲墜。菖蒲門畔畫褰遮，碧銀塘下雙鳧睡。斜日遊人也自宜，哀絲聲落彩雲遲。回眸低扇偷成笑，擲果君前知不知。濟南自昔稱名勝，投鞭一度風流淨。秋孃老去秦孃衰，十里平湖空似鏡。文鴛盡日立茨菰，不見歌船到裏湖。乃知佳麗關時運，弱翠飛瓊今日無。書記閑遊無一可，果然好夢輸江左。神仙桃葉渡頭船，一曲秦淮留待我。」按，先生崇禎癸未進士，明年甲申，卽為我朝順治元年，此蓋入詞林後歸家時作。若後之癸未，年過八十，未必有此風情。詩中「投鞭一度風流淨」，蓋濟南前為大兵所破，諸臣殉節，城中一片荒涼也。詩紀事可以當史，不徒取其清詞麗句。（《鄉園憶舊録》卷四，《續修四庫全書》影印清道光二十五年刻本）

周東木，名震申，林汲先生子也。以孝廉任河南太康令，加知州銜，罷官。予以世好，謁見於朗園。園有聯云：「田家况味只尋常流水當門，遠山在目林下光陰豈寂寞。」藏書萬卷，種竹千竿。入門巨竹拂雲，清泉洶湧。過亭下，颯颯如風雨聲，匯為方塘，周五六十步，名賢清泉水，最清冽，好事者汲以煮茗，云味冠諸泉。北堂臨水，欄外無寸土，前面盡敞，月下聽泉，階上垂釣，如白樂天廬山草堂，洵足滌塵慮、消煩暑也。楹聯云：「舍南舍北皆春水，微雨微風隔畫簾。」又於堂後鑿池，寬大如前，蓄金色紅魚百尾，皆長二三尺。園舊名羅家園，明陳文學伊人館也，逯坦得之，名賢清園，東木得之羅氏，自號朗谷，因改名朗園云。吾淄張榆村先生《遊賢清園》云：「古木千章合，名泉一鑑開。炎天不受暑，清晝劇聞雷。隔院分流去，連山倒影來。渾疑濠濮上，蕭爽出塵埃。盡日泉聲裏，泠然清道心。殘霞分遠眺，流水和孤吟。霧薄烟横浦，雲開月满林。人家荻港外，遥夜更聞砧。」此時猶未名朗園也。(《鄉園憶舊録》卷四，《續修四庫全書》影印清道光二十五年刻本)

名妓月賓嘗往來漁洋山人家。一妓自言月賓孫女，漁洋贈扇尚存，上畫臨水草亭，傍倚二柳，題「庚辰三月道沖寫」，左側行書一詩，云：「烟縷濛濛蘸水青，纖腰相對鬭娉婷。樽前試問香山老，柳宿新添幾個星。」不著名字，小印模糊。曉嵐宗伯以爲詩格風流，似新城宗派。特以漁洋卒於辛卯，庚辰則系前一歲，不聞有老友香山，詩意又非自指，疑他少年代題。按：漁洋書法非所長，欹斜如文士騎馬，若素見其墨迹，真僞可不辨而明矣。(《鄉園憶舊録》卷八，《續修四庫全書》影印清道光二十五年刻本)

智按：王培荀，字雪嶠，淄川（今山東淄博）人。官四川知縣，與王者政合刻《蜀道聯轡集》。

沈兆澐（一七八三～一八八六）

《濟南旅舍讀山左諸家詩各題一絕（凡十四首）》

望闕思鄉哀怨深，江山風雨入豪吟。鍾譚以後論風雅，東海猶聞正始音。(宋荔裳)

妙悟滄浪細討論，說詩真許到河源。(阮亭贈句：說詩真欲到河源）閒吟楓葉梨花句，落紙都無筆墨痕。(趙韞退)

一杯聊復醉花前（先生有廣東坡勸爾一杯聊復醉小詞)，咳唾珠璣落九天。胸次翛然埃壒外，達官居士亦神仙。(高念東)

拈句偏從淡處工，襄陽超詣肇門風。論詩難弟標微旨，浣筆爲圖寫孟公。(王西樵)

少歲天才獨角麟，總持風雅百年新。鏡花水月參三昧，未許空疏一問津。(王阮亭)

一訪孤山嚴瀨後，無人爲辦草堂貲。錦秋湖畔留荒壟，清節長傳飢頌詩。

（徐東癡）

野徑看雨雙屐蠟，石田耕雲半犂泥（野鶴句）。誰知磊落嶔奇士，風致翩翩入品題。（丁野鶴）

尊唐不肯薄蘇黃，壇坫新城與頡頏。麗句清詞工潤飾，縱横排奡遜山薑。（田山薑）

長安十子鬭清新，惟穰延之秀出羣。可惜英才未見止，山東獨步屬何人。（顔修來）

方山詩不學香山，酷似香山心性閒。歸卧杏村無一事，絳雲舒卷碧霄間。（謝方山）

空山落照妙形容（先生論詩句：「欲知秋色分明處，只在空山落照中」），簡澹詩攄磊落胸。司寇門高爭樹幟，登龍不屑卻談龍。（趙秋谷）

數帆亭子枕清波，抱膝長吟七字多。明月白雲留絶唱，至今猶聽小鬟歌。（田香城）

舍人性傲文益奇，邁古駭今光陸離。遺詩四十餘年後，老友飴山爲序之。（馮大木）

藉甚西園豪縱名，江湖漂泊歎浮生。詩書畫絶君兼擅，顛米迂倪有定評。（高西園）（《織簾書屋詩鈔》卷二，《續修四庫全書》影印清咸豐二年刻本）

《擬詠史新樂府（録二十）》

李西涯創爲樂府新聲，詠前史所列行事，流布當時，膾炙人口。兹擬爲之，雖不敢比蹤懷麓，庶幾得十一於千百，諷誦之餘，藉資考鏡云爾。

⊙細柳營

周亞夫，細柳營。天子來，按轡行。持節詔使壁門開，將士無譁刁斗鳴。卻怪韓信多多善，奪軍視若兒童輕。

⊙鄧通錢

嚴蜀道，銅山闢。鄧氏錢，如山積。通行天下勝三官，君賚自厚臣無癖。記得當年罷露臺，中人產尚百金惜。

⊙隱金門

言滑稽，行卓犖。隱金門，人不覺。漢武求仙惑方士，渤海神山終眇邈。可歎侍帝十八年，歲星卽是東方朔。

⊙未央廄

君怒詢，驊騮瘦。臣曠官，未央廄。臣憂君疾分臣心，君識臣忠蒙君宥。病起甘泉道不治，義縱酷吏殺無救。

⊙霸陵尉

霸陵尉，醉如醒。呵將軍，止夜行。從戎定能嚴紀律，報怨胡爲正典刑。辱我壯士官中尉，淮陰度邁右北平。

⊙稽古榮

桓少傅，稽古榮。陳印綬，炫諸生。徒使故人譏學利，何如純儒事客耕。回賜不聞稱官閥，此語我佩鄭康成。

⊙淮南仙

同好書，各精選。一神仙，一墳典。河間有客祗通經，淮南有客乃謀反。拔宅莫信淮南仙，淮南之客皆雞犬。

⊙弔張讓

弔張讓，屈仲弓。拯黨禍，介而通。依然壁立高千仞，何曾趨附盂佗同。惜哉陳羣不善學，易代黄初佐命功。

⊙加九錫

權臣操，辱先極。封吳王，加九錫。昔擊赤壁大破曹，今兼六郡甘降賊。生子當如孫仲謀，誰知一錢竟不值。

⊙五斗米

宰彭澤，歸栗里。桃花源，寄興耳。桓公後人不仕宋，萬鍾禄亦五斗米。心純絶勝謝客兒，當日知君一開士。

⊙捫蝨談

捫蝨談，冠當時。婆樓薦，草付依。中朝人物識大義，典午正朔毋興師。後晉契丹不入寇，異世亦有韓延徽。

⊙唐四傑

唐初文，稱四傑。當時體，才超越。行儉器識本至言，窮通論人乃俗説。

請看中有駱賓王，討曌檄文炳大節。

⊙睢陽城

控江淮，睢陽城。張都督，待救兵。破城旋復反掌易，全廿四郡死如生。掘鼠羅雀非堅守，子奇何由十日平。

⊙歇後詩

元符相，歇後詩。譏時事，託微詞。主文譎諫棐忱竭，避賢高位累表辭。鄭五詼諧殊有用，廬郡曾退黄巢師。

⊙朱五經

朱五經，困鄉里。善讀書，望濟美。全忠負君竟移唐，節度本一百姓耳。受禪怒擊幸有兄，庶幾不愧五經子。

⊙徐鉉使

徐鉉來，就使館。儀雍雍，論侃侃。宋室伴使非無才，不識字人膺妙選。詞令不答可奈何，拙勝大巧善使短。

⊙放鄭聲

王介甫，難爲兄。諭學士，放鄭聲。吹笛何損桓叔夏，遠佞應絶吕惠卿。擇友更期無縱子，勸父殺人新法行。

⊙僦民屋

責雷州，僦民屋。嚴追治，無託宿。章惇下令苦潁濵，不期惇亦雷州逐。恰似出關驗無符，商鞅狼狽逃函谷。

⊙比驂乘

竭宏才，輔幼主。甘奪情，厭解組。諫臣慷慨志逐雀，權相威嚴勢騎虎。嗟哉驂乘比霍光，功過分明心獨苦。

⊙襄陽陷

增練餉，加因糧。四正設，六隅張。累民九百六十萬，賊廿八騎陷襄陽。廷推閣臣能誤國，道周不如楊嗣昌。（《織簾書屋詩鈔》卷八，《續修四庫全書》影印清咸豐二年刻本）

《篷窗附録》

先大夫集古人格言爲《竈嫗解》二卷，蓋取白香山吟詩之義易索解人，

實具訓俗婆心。(《篷窗附録》卷下,《續修四庫全書》影印清咸豐刻本)

智按:沈兆澐,字雲巢,天津人。嘉慶二十二年(一八一七)丁丑進士,改庶吉士,授編修,歷官浙江布政使。謚文和。有《織簾書屋詩鈔》。

孫蓀意(一七八三~?)

《飛來峰》

終古不飛去,蒼然臥冷雲。秋高山露骨,石瘦樹盤筋。寶佛留真相,清泉漾縠紋。勝游懷白傅,千載賸遺文。(《晚晴簃詩匯》卷一百八十六)

智按:孫蓀意,字秀芬,一字茗玉,仁和(今浙江杭州)人。諸生高第室,編修杕母。有《貽硯齋稿》。

李元豐(一七八三~?)

《壽容齋先生六十》

笑傲吟壇六十年,元和體格劇堪傳。陶籬菊共人爭潔,鄴架書多手自編。素志雲霄輕燕雀,絳帷風雨重汾綿。即今載酒問奇字,幾輩彭宣到壽筵。(見茹綸常《容齋詩集》卷二十三杖鄉集,《續修四庫全書》影印清乾隆三十五年刻乾隆五十二年嘉慶四年十三年增修本,第一四五七册,第三三二頁)

智按:李元豐,字約亭,介休(今屬山西)人。嘉慶十三年(一八〇八)進士,授四川雅安知縣。嘉慶十八年,任四川黔江知縣。後以賢能升任蓬州知州。

劉開(一七八四~一八二四)

《紀夢》

江風搖夢夢不醒,此身已到琵琶亭。廬山蒼蒼露微月,一痕夜色浮空青。

覺來山與雲俱失，而我猶不離故形。起尋殘夢寒生𢤱，東方欲曉天冥冥。雲烟變滅歸滄溟，人生飄忽如流星。未知夢裏去來路，昨夜何人先我經。（《劉孟塗集》後集卷一，清道光六年姚氏檗山草堂刻本）

《江州懷古》（四首其四）

一曲琵琶調最傷，青衫司馬淚成行。謫官情自憐商婦，故宅人誰問草堂。好句名山留副本，荒亭春水弔斜陽。登樓我亦勤題咏，詩卷東林未肯藏。（《劉孟塗集》後集卷一，清道光六年姚氏檗山草堂刻本）

《琵琶亭》

白傅風流跡尚存，蕭條亭外又黄昏。人間多少英雄眼，不把青衫拭淚痕。（《劉孟塗集》後集卷四，清道光六年姚氏檗山草堂刻本；《晚晴簃詩匯》卷一百十五）

《偕陳丈晚香任硯香至城東觀芍藥復作長歌》

黄城外，芍藥花，十里五里生朝霞。花前花後皆人家，家家種花如桑麻。紅紫爲田緑爲圃，一痕草色低難遮。龍眠詞客游江北，一見芍藥如舊識。瓶水奉花過珍惜，日日讀書坐花側。彩毫拂豔花如生，枝枝不覺動顔色。今來看花渦水濱，花亦作態如相親。牡丹開過絶代少，天教此花爲替人。紅綃百幅鋪滿地，香絲牽客太多事。盤龍戲綵何繽紛，熖如爐火燒晴雲。三十一品皆瑰質，安能齊向坐前出。忽然一隊紫妃來，此是化工得意筆。其餘朶朶俱修飾，金帶圍腰豈難覓。看花作相代有人，畢竟誰如韓魏國。花聞此言亦歎息，對我欲前覺羞澁。凝睇屬意辭不得，風光如錦足破寂。東君去後春猶留，花神竟有回天力。笑我無言面花立，索句苦為花催逼。到此春懷不能抑，若將此花作傾城。更比牡丹多丰情，臨風摇曳如送迎。若將此花作良藥，兒女春容免蕭索。可憐醫病不醫愁，那管人間有沈約。此花功效何必論，遭遇當年不淪落。君不見，香山居士草詔來，詞頭封罷花口開。又不見，元九題詩在花葉，珊瑚風漾紅千叠。自古芍藥推廣陵，好花隨地爲廢興。朱旛韡檻感盛事，煙絲霧縠圍層層。此地芍藥空白好，種花人多惜花少，花多轉不如芳草。鬻殘香色但留根，惟恐花時折不早。攜來杖頭三百錢，换得名花枝滿千。如此好景輕送卻，可知長日方如年。把酒問花花不語，園中瓶内意何許。廣陵明月小黃煙，花事一般費辛苦。我爲花歌花起舞，但乞好風爲作主。貴賤兩地各殊時，仙姿窈窕無參差。濃陰擁護天如幙，鬬盡繁華春不知。（《劉孟塗集》後集卷二十二，清道光六年姚氏檗山草堂刻本）

智按：劉開，字明東，號孟塗，桐城（今屬安徽）人。諸生，曾受學於同鄉姚鼐。終生未仕，曾主大雷書院講席，受聘修《亳州志》。論文主張「本之以《六經》」（《與阮芸臺宫保論文書》），推方苞（一六六八～一七四九）為「一代之正宗」。亦能詩。有《孟塗文集》、《孟塗詩前集》、《孟塗詩後集》。生平附見《清史稿·梅曾亮傳》。

何熙績（一七八四～一八二八）

《擬琵琶亭懷古》

一葉潯陽送客舟，荻花瑟瑟水悠悠。江州自有青衫恨，不聽琵琶亦流淚。（《晚晴簃詩匯》卷一百三十）

智按：何熙績，字春民，靈石（今屬山西）人。道光二年（一八二二）壬午進士，官肅甯知縣。有《月波舫遺稿》一卷（中國國家圖書館藏清刻本）。

謝堃（一七八四～一八四四）

《答富觀察書》

五七兩月連奉札示，敬審旌麾於本年四月行抵陝州。琴瑟鼓鐘，此地擅周南之皦；雲山春樹，昔人興渭北之懷。三月蠶桑，龔黄政績；二陵風雨，燕許文章。……荷衣蕙帶，趙佗臺上，草細如茵；武肅江邊，濤飛似箭。若乃緑珠井畔，丫角山前，悟三生跳月之緣，僭一杵元霜作証。白香山之樊素，愛伴琴書；張志和之樵青，願偕篛笠。烹茶埽雪，低唱吹簫，玉既寄夫蒹葭，夢復徵於弧矢。韋安道之庶子已驗張鐙，東方朔之小妻任譏懷宍，然身經五嶽，祇算飄零，囊賸一錢，轉貽羞澀。況雞鳴竈下，獅吼河東，槿成無用之花，蕿豈忘憂之草，且未能磨磚作鏡，又安得咳唾成珠。……（《春草堂集》卷一賦表序引書啟碑疏祭文墓誌，《續修四庫全書》影印清道光二十年曲邑奎文齋刻二十五年印春草堂叢書本）

《春草堂詩話》

曹子建「朱華冒緑池」，冒字余知其佳。白樂天「椶櫚葉戰水風涼」，戰字余不知其佳，即在全州道上，見兩岸椶櫚，晚風過處，始服古人用字之妙。（《春草堂詩話》卷一，《續修四庫全書》影印清道光二十年曲邑奎文齋刻二十五年印春草堂叢書本）

惑于風水者愚矣，因風水而累年訟不息者尤愚矣。子葬親者，禮也。借親之骸骨而求富貴者，非禮也。余欲作詩以憫其事，因事未果。適馬東園別駕寄到近稿中有《堪輿歌》一篇，先得我心，故録之。歌曰：「堪輿歌，歌為誰？欲歌未歌雙淚垂，東家有翁疾亟時，丁寧反覆囑其兒。我死若欲我心慰，慎勿將我求富貴。但得片土足藏棺，風水之説甚無謂。我生願汝得百金，朝朝禱祝汝仍貧。生前心志已如此，黄土白骨豈有神。嗚乎翁語一何通，世人盡在夢夢中。祖山不葬惑風水，忍棄親骨如蒿蓬。作為此謌示人子，得不哀悚心忡忡。嗚乎！得不哀悚心忡忡。」詞雖不佳，實白太傅《新樂府》之嗣音也。（《春草堂詩話》卷二，《續修四庫全書》影印清道光二十年曲邑奎文齋刻二十五年印春草堂叢書本）

閣學陳公碩士，用光其名也。江西新城人，嘗為謝文節公建祠。暇則招余入祠，命作記記之，復以同白小山、鍾仰山、陳範川、彭春農、陳復葊、朱虹舫、朱椒堂、帥海門、姚伯印、徐星伯、錢東生諸公，遊尺五庄，用白樂天「不準擬身年六十，登山猶未要人扶」為韻，古詩十四首見惠，後在潮州，聞公督學閩省，遂繞道漳泉，謁公於福州，公猶殷殷問別來光景，若視其子侄然。（《春草堂詩話》卷四，清刻本）

歸刺史詩似白太傅，如《晏城道中》云：「新梨垂熟壓枝黄，雨後微風遞暗香。古道窪存飲馬水，秋場穗剩飯牛粱。杯中朗月團初地，衣上緇塵自遠方。明日湖干同放櫂，荷花深處正生涼。」（《春草堂詩話》卷四，清刻本）

今人五言律詩，猶未能妥善，率以百韻視人，殊不知老杜《夔府詠懷》

前云「滿座涕澪湲」，後又云「伏臘涕漣漣」，白香山《寄微之》云：「無盃不共持。」又曰：「觥飛白玉卮，飲訝卷波遲。」人猶病其重復，蘇東坡《中隱堂詩》亦有伏鼇伏龜之誚，可不慎之。（《春草堂詩話》卷四，清刻本）

人傳蘇東坡是白香山後身，然觀二公詩集，亦奇矣。東坡在黄州贈寫真李道士云：「他時要指集賢人，知是香山老居士。」《贈相士陳傑》云：「我似樂天君記取，華顛賞遍洛陽春。」《去杭州》云：「出處依稀似樂天，敢將衰朽較前賢。」白公在忠州有《東坡種花》云：「持錢買花樹，城東坡上栽。」又曰：「東坡春向暮，樹木今何如。」又有《别東坡花樹》詩云：「何處殷勤重回首，東坡桃李種新成。」東坡慕香山，有意也。香山言東坡，無意也。無意有意，皆造化使之耳。（《春草堂詩話》卷四，清刻本）

李穀，字介石，嘉興人。久客揚州，見揚州有鳥，名花鷂子。其狀類雀，色淺緑，相傳為蛤所化。每逢大霧徹多，不以籠畜，用銅圈一枚，約徑二三寸許，纏以綵絲，有柄旁綴小金鈴，持之琅琅有聲，棲鳥其上，縱之飛，不甚遠，一呼則應聲而下，可以招其同類，如雉媒然，近有以此鳥釀成命案者，作《花鷂子》一篇云：「花鷂子，爾何頑。爾本水中産，閉口含腥羶。一朝變化乘霧夕，有如幽谷遷林端。世間萬物困局促，惟有羽族四方上下飛鳴寬。何為乎不啄香稻粒，不飲桃花泉。齷齪肯就掌中食，呼之即至隨盤旋。青絲縶足毛羽鎩，小體蹇腹絕可憐。既不能如鸜鵒之能舞，又不如鸚鵡之能言。區區偏效雉媒能，招呼同類歸籠樊。細聲啁啁鳴得意，志在飲啄忘其天。近聞城中有少年，京中買得此鳥還。道逢狂夫七八人，有花鷂子隨其肩。以鳥誘鳥志忽遷，少年見之心勃然。老拳毒手命垂懸，死者何處問含冤。觀者惟有坐長歎。所以當年白香山，勸人養鳥養青鸞。」（《春草堂詩話》卷五，清刻本）

白居易敏悟絶人，居官輒病去。東都所居履道里，疏沼種樹，搆石樓，香山鑿八節灘，自號醉吟先生，又稱香山居士，嘗與胡杲、吉旼、鄭據、劉真、盧直、張渾、狄兼謨、盧貞燕集，皆高年不仕者，人慕之，繪爲《九老圖》。（《春草堂詩話》卷五，清刻本）

張孝廉本有四琵琶詩，《商婦琵琶》云：「江風吹送冷淒清，月太分明水太深。司馬官非空下淚，買茶人本不知音。雙眸既老羞遮面，十指逢秋冷到心。我讀《琵琶行》一曲，半生已晤去來今。」《明妃琵琶》云：「關塞千重嗚咽調，風沙萬丈別離聲。」其《對山琵琶》、《龜年琵琶》，惜稿已散失。又《咏諸葛菜》云：「未許彊圉判吳魏，不容灌溉老關張。」押張字妙。（《春草堂詩話》卷六，清刻本）

智按：謝堃，字佩禾，江蘇甘泉人。國子監生。少孤貧，道光初阮亨為延譽，遂游幕四方，曾與盛大士同在富斌淮安府幕中，又曾往曲阜依衍聖公孔慶鎔。善書畫，富收藏，詩詞曲兼工，著作《春草堂集》、傳奇《黃河遠》等十一種，彙刊為《春草堂叢書》，又輯有《蘭言集》。事迹見阮亨《春草堂叢書序》。

劉佳（一七八四～一八四五）

《華嚴寶塔圖并序》

明嘉靖間，有許德字虞山者，夫婦同書《華嚴經》，作寶塔圖，凡十兆九萬四十三字，字細如蟻，閱十三年乃成，今藏天甯寺中，德寬上人出以示客，乃作此詩。

四千六百有餘日，晨窗對試銀鉤筆。華嚴樓閣指端成，信有人間真願力。許家居士神仙孫，早歲香燈淨六根。生當嘉靖昇平日，夫婦同心戴佛恩。發願寫經宏聖教，蠶頭出手皆精妙。浮圖突兀十三層，一層一歲毫尖造。木魚聲裏度年華，尖合全無一筆差。絕勝函中繙貝葉，那同幡上繡蓮花。吾聞趙松雪，寫經書最工。然出一手耳，未與仲姬同。又聞彩鸞夫婦皆登仙，一日能書百幅箋。要不寫經惟寫韻，臣（至）今寸絹罕流傳。豈若君家善女人與善男子，功德懃修乃如此。珠綱西天總渺茫，金塗南國徒華侈。當日生天自一家，如今合璧稱雙美。不惹蛛絲不燕泥，栴檀供養儼支提。便同白傅香山集，龍象諸天好護持。（《兩浙輶軒續録》卷二十五，《續修四庫全書》影印清光緒十七年浙江書局刻本）

智按：劉佳，字德甫，號眉士，江山（今屬浙江）人，嘉慶十三年（一八〇八）戊辰舉人。官江蘇溧水知縣，著《釣魚篷山館集》六卷。徐庚瑞

《序畧》：余與眉士誼若弟昆，道光甲子出宰奉賢，丁亥移溧水，偕何君瀹初訪之，嘗書一聯贈別曰：「勉為良吏斯民幸，問到廉聲稚子知」，蓋紀實也。越十年，告歸僑寓吴下，門庭蕭寂，惟有藏書，著《瞻雲録》一卷，《漢唐地理志》合編二卷，《輿圖補註》一卷，《格致小録》四卷。

斌良（一七八四～一八四七）

《九日偕濮子耕燕山崧亭兩弟集飲陶然亭仍用辛酉歲黑窰廠登高舊韻》（四首其三）

孤亭直與白雲合，頓覺秋心入混茫。壁上蝸痕延作篆，舄閒鳧侶起成行。僧因留客茶常薦，我爲登高屐不忘。桑落吸殘拌一醉，青州醇處即眞鄉。（香山居士有「一醉一陶然」之句，即用其意）（《抱冲齋詩集》卷二司馭觀政集一，清光緒五年崇福湖南刻本）

《東阿道中用樊榭老人舊韻》（十三首其十三）

詩思輕圓妙比環，讀書恨少十年閒。偶然拈得生新句，不學香山肖半山。（《抱冲齋詩集》卷七齊魯按部集三，清光緒五年崇福湖南刻本）

《潞河新樂府八章》

⊙楊村撥

温榆水漲無定程，涸淺沙觜露浩瀚。高岸平蘇松船行，有節制七八月之交。南糧應歸次觀瀾，計米酌盈虛輸轉。嘉猷均六四（國朝定制，南糧至通州屬之楊村，視水之大小爲斷，水大之年則起四成，存六成，水小則起六存四，以利漕運），楊林驛畔漷縣西。重舟起載輸丁齊，豆子𦨴邊溯流轉。腰環牽挽勞攀躋，軍船銜尾填溼港。撥船附麗紛來往，檣竿蝟集眾蟻屯。人語河喧雜聲響，艨艟粟向艖艀撮。片席攲斜難蓋括，雨淋日炙憂蓋藏。智取巧偷弊誰遏，米賊由來鬼蜮同。蘱辛耳熟楊村撥，耳熟焉，故能詳，或竊升與斗，舂作日食糧。或和水與泥，暗易肥私囊。使君兩目亦猶眾，倉皇詐僞難周防。二弊相形汰其最，就中攙雜尤爲害。鼠偷區量數無多，一斗攙和一船壞。聖主漕儲洞鑒眞，釐奸昨日降綵綸。汝曹敢竊太倉粟，執法行當論鬼薪。

⊙江廣幫

江廣幫，淩蘇杭，峩峩大艑寬且長。青棠爲舵桂爲檝，千箱玉粒不滿艙。更采楩枏壓篷背，材官鉤水四尺强。遠涉鄱陽歷彭蠡，洪波靖息蛟鼉藏。棹入中河苦逼仄，船身横亘河心塞。櫓搖槳宕俱不堪，幾葉帆張蔽天黑。櫂郎獷悍身手强，鐵篙舞出王鐵槍。青絲綷解流將斷，倚榜誅求勇莫當。勇莫當，果何狀，老拳毒手紛相向。踢翻艇子共胠囊，有客瀕危魚腹葬。鉦鳴畫鷁官舟來，中流卷旆浮雲開。虎而冠者睨而視，欲避不避還遲回。官船已如此，民船更可哀。終朝風利渡不得，水驛翻與豺狼儕。君不見，前舟丁字沽頭發，經旬未睹黄金臺。

⊙縫窮婦

綦巾縞袂縫窮婦，踽踽獨行遵大路。鬖髿鬔髮帕裹頭，脂面黄塵等粉汙。肘後輕攜織作筐，翦刀綫帖深護藏。膨脝窮袴裝綿厚，遠犯空郊風露涼。那識文裀錦繡段，壞衲鶉衣工補竄。縫裳偏置送窮人，細訴平生顔每汗。爲言羅敷自有夫，從游博塞貪呼盧。寒家一擲四壁立，前年瘐死城西隅。更有阿姑頭似雪，儉腹常枵口嘔血。兩命惟憑十指生，過客休嫌鍼黹拙。桑濮方尋陌上花，狹斜錯認抱琵琶。青娥彼亦夫人子，野鴨羞爲到處家。

⊙悔執鞭

大車檻檻來向東，驂騑蹀躞意態雄。御者洋洋甚自得，掉鞅唱入飛塵紅。道逢皂吏相偶語，依稀記得張與李。倉皇白牒手親執，攀轅睥睨當街立。爲言應役少官車，遮莫相逢休避匿。圉者遥聞意忽忪，還轅牽軛走悤悤。荒城晚角隨風咽，古道殘陽少客逢。青帘引入黄茅店，呼飯回鐙顔驀變。朱提怒擲重三錢，人馬芻糧交共辦。此際圉夫氣未平，細言芻秣直非輕。白丁枵腹難從事，血汗飢驅那得行。薄言往愬逢彼怒，腰掣鋃鐺猛於虎。紐項衙前共理申，到官當亦加捶楚。馬煩人憊誰憐惜，羸驂顛蹶三餘一。可憐殺馬市馬皮，逆旅釜鬵充飯食。此際輿臺意未厭，差還消票尚需錢。官錢乾没還求益，車子低頭悔執鞭。悔執鞭，涕洏漣，羨他東家年少驅黄犢，自理青蒲鞭觳觫。桑鳩聲裏藉蓑眠，老傍柴荆不知辱。

⊙對子船

船來自河南，專載粟米。經漳達衞，不畏風浪。其制船尾皆秃無柁，兩船尾相接處貫以巨索，行時四槳齊搖，迅疾如飛，土人呼爲對子船。其水手詭譎刁悍，半皆無賴，自稱爲老鰥云。

對子船，船逐隊，尾缺秃，頭尖鋭。兩舟蟬聯索相維，兩尾魚貫已相背。懶向鴛鴦湖畔過，輕橈直指清漳濟。不采香谿並蒂蓮，洛陽紅粟載艙間。沙棠虛有成雙目，倚榜長年半老鰥。老鰥棲泊經河北，雪虐風饕煙火色。漫親販負白衣人，恐有逋逃錦帆賊。君不見，魏塘歸老錢少農，宮袍强劫浪花中。又不見，江淮丁伍買大福，夥伴驚駭波底仆。邏卒年來繞岸防，扶風京兆威行速。寄語孤舟獨客聞，細柳營邊伴鴉宿（錢少司農樾解組歸嘉禾，舟經德州，遇盜被劫，江淮五幫旗丁買大福在通州崔家樓遇盜被劫，同舟客伴常華齡驚赴水死）。

⊙擊筑翁

板橋流水琅璫驛，看場人壓平田窄。白頭團坐綠陰圍，一斗黃塵面堆積。鄉井去茲計幾程，貿易出門何所營。翁云行年六十九，素農累世田園守。瓜廬負郭隸任城，微湖南畔郗山右。偶游燕趙覓心知，逆旅囊羞絕糧糗。張儀猶幸舌猶存，入市行歌藉餬口。定場暫止聲喧呼，擊筑扣鼓歌嗚嗚。腕底輕翻白雨點，稗官牽引説模糊。兒女孱僽齧臂盟，心雖鐵石亦牽情。劈空雷雨昆陽戰，象走蛇奔音驀變。衆頭戢戢束筍如，側聞每易興嗟歎。興嗟歎，足觀摩，遒人振鐸當徇路，野老吹簫任放歌。我有言，須記取，君切莫只談風月豔西廂，翠隙紅深事渺茫。更不可信口侈談水滸傳，斬將搴旗易召亂。胡不閒演二十四孝記雙忠，策勵村愚啓瞶聾。言之無罪聞當戒，似譜聲詩誦國風。

⊙走塘鋪

亭障星羅剛尺咫，鈴奴奔命供驅使。沿塘設鋪制更周，齎遞文書詰奸宄。詰旦黃茅古驛過，當門圓柳任婆娑。儀刀（以金貼木作刀，見《唐書》）架圮埋青草，畫馬牆頹長薜蘿。廢壘虛張人闃寂，欲寄音書悵行客。里甲標題第幾圖，面壁循牆看歷歷。憶別盤閶倏早秋，吳中消息隔星郵。報章滿意仍遲答，悵望南鴻欲斷眸。六月沿河飛尺札，頭銜細署芝泥押。日行五百限綦嚴，淹閣征途動旬浹。試看牘背更訝然，猶批五月初三發。

⊙臨清毯

毾㲪產自新羅蠻，金葩碧葉錦蒂攢。回紇傳來織作法，不數西番灑海刺（灑海刺出西番絨毛織者，見《格古要論》）。蒙茸似展帬腰曲，五色相宣文采縟。雕國象眼雜魚油，因衹錦段皆奴僕（周成王時，因衹國獻錦，見《拾遺記》）。邇日清源更加樣，翻鴻翥鳳魚吹浪。㕎絲凹凸宛如生，淺淶深　費工匠。豪家買去鋪當席，選舞徵歌亂紅碧。燭淚汍瀾滴不收，酒痕狼藉污誰惜。酒馨燭焰雲霞蒸，一任雪花門外積。詎識茅檐霜露侵，手龜無藥力難任。氍毹細共柔腸織，一寸綫絲一寸心。寄語東山舊部吏，民無襦袴多顑頷。稍矜物力化淳風，留取衣人莫衣地。（《抱冲齋詩集》卷九句吳轉漕集八，清光緒五年崇福湖南刻本）

《閒吟》

期頤年强半，百事未嫌遲。處儉宜行樂，求仁豈在知。疏狂非嗜酒，消瘦或因詩。擬學香山叟，閒吟賀聖時。（《抱冲齋詩集》卷十二天閑勤字集三，清光緒五年崇福湖南刻本）

《蒹葭》

環渚秋葭密，蒙茸奈若何。花繁團絮雪，葉裊蘸鷗波。艤榜涼飆發，懷人遠思多。潯陽司馬淚，因物惜蹉跎。（《抱冲齋詩集》卷十二天閑勤字集一，清光緒五年崇福湖南刻本）

《曉發平戎驛喜晴用白香山集中早春獨游曲江韻》

鑾徼峯千笏，排青曰送迎。蜺旌欣北指，錦轡曰東行。雲映氐羌暖，冰融碾伯晴。蚪松沿嶺秀，燕麥繞畦生。霜樹珊高架，浮嵐翠織成。沙虛盤塞馬，柳老澀啼鶯。峽浪驚雷動，墟煙訝水明。路長愁足繭，身健趁裘輕。鞅掌皇華詠，棲遲綠野情。毳衣儛檀長，西徼近知名。（《抱冲齋詩集》卷十四青海紀行集二，清光緒五年崇福湖南刻本）

《早起和白香山舊韻》

簾額聚輕埃，瓦溝積飛霰。夾幕煖於春，寒色晶窗見。披衣未盥漱，傍架理書卷。夜吟字未安，負手推敲徧。梩紅老嫗添，茶熟雛鬟勸。覽鏡心自怡，顔童非醉面。（《抱冲齋詩集》卷十九詩舲酬唱集一，清光緒五年崇福湖南刻本）

《自題聽緑山莊效白香山體》

我家築園亭，所志在娱老。人家好林池，專以養魚鳥。主人爵通顯，出門常苦早。或登金馬門，或宿濯龍沼。偶然退自公，報謁貴胄繞。翻令美園林，終年閉深窈。粉牆繚朱門，銅鋪蔽叢篠。行人騎馬過，頫首望縹緲。風廊接畫樓，金碧露林杪。但聞荷芰香，未覩蘭蓀褭。空令老園丁，伺候日灑埽。不見主人來，魚跳鶴空惱。何如我家園，結構亦頗好。古榆八九株，年深各合抱。中間構虛堂，明淨復幽悄。其旁眾緑森，廣樹梨與棗。曲折短籬環，瓜壺翠蔓遶。柴門晝常關，人客過從少。縱横闢畦町，高下植葵蓼。頭銜圃兼農，亦復種秔稻。迆邐步苔徑，突兀陟煙島。方亭峙岡南，翼然最夭矯。瀛臺樓觀叢，蠟屐堪舒眺。雨過看西山，周遮青未了。凡此園中景，分列眉目瞭。而我樂無事，朝暮步深杳。花梢露點濃，池心月光皎。午榻睡初醒，蟬聲任喧攪。荻蘆晚搖風，清溪映浩渺。有時會賓朋，款接殊草草。村沽雜野簌，只圖一醉飽。周旋禮數疏，讙謔各傾倒。不鬭臺榭華，不矜營構巧。所貴景物佳，一一眞知曉。但得日來游，何論園大小。（《抱冲齋詩集》卷二十三粉署趨承集二，清光緒五年崇福湖南刻本）

《遠村令嗣索予吉林記行詩草戲贈一絕》

香山居士秦中詠，採擇風謡句贍詳。若令收藏兩家集，仍鈔二卷付崙郎。（《抱冲齋詩集》卷三十二雙城均賦集一，清光緒五年崇福湖南刻本）

智按：斌良，字備卿，又字笠耕，號梅舫，滿洲旗人。蔭生，由主事官至刑部侍郎、駐藏大臣。有《抱冲齋集》。

陸費瑔（一七八四～一八五七）

《江船琵琶曲》

江天漠漠西興樹，潮落潮生估帆去。婆留城外江水斜，吳姬半解彈琵琶。

琵琶一曲沈吟久，十五娉婷新出手。生小風波不識愁，一曲琵琶一樽酒。我別錢塘二十載，歌板飄零幾人在。勸汝琵琶且暫停，哀弦促柱那堪聽。緑窗喁喁兒女泣，陡覺淒風吹雨急。此時凝雲頹不流，坐中颯颯如深秋。忽焉嗚咽西江水，萬甲齊鳴伏兵起。千聲並作一聲彈，聲在神情不在指。須臾失勢千丈落，中斷銀床轆轤索。收弦放撥聲有無，山容水態空模糊。曲終呼酒淚如線，腸斷尊前好相見。除卻餘杭無此聲，等閑休負春風面。嗟我還鄉一暫過，中年哀樂何其多。重聞暮雨瀟瀟曲，如此江山可奈何。（《晚晴簃詩匯》卷一百二十）

智按：陸費瑔，原名恩洪，字玉泉，號春帆，桐鄉（今屬浙江）人。嘉慶十三年（一八〇八）戊辰副貢，官至湖南巡撫。有《真息齋詩鈔》。

謝元淮（一七八四～一八六四?）

《白公祠》

元白才名各擅長，兩人佳話徧蘇杭。微之枉說蘇州勝，未得蘇州一瓣香。（《養默山房詩稿》卷三矮吟集，《續修四庫全書》影印清光緒元年刻本）

《由生公講臺至白公祠花下小酌》

生公臺下石嶺岈，白傅祠前日又斜。酒到半酣人欲倦，紫藤閒煞一棚花。（《養默山房詩稿》卷四還山集，《續修四庫全書》影印清光緒元年刻本）

《琵琶亭》（二首）

商婦琵琶淚溼衣，潯陽風景已全非。江州司馬何人繼，惟見蘆花滿路飛。

從來秋士慣悲歌，客子懷鄉淚自多。我是楚狂人不識，欄杆獨倚涕滂沱。（《養默山房詩稿》卷九守黙集，《續修四庫全書》影印清光緒元年刻本；《湖北詩徵傳略》卷三十五，《續修四庫全書》影印清光緒七年孝感丁氏溼北草堂刻本）

《讀雲汀中丞談瀛録題後》

東國陪臣能好學，中朝太史本天才。擬陶詩屋添詩□，望見蓬瀛絕頂來。

雞林詩購賈人還，今古才名重一般。我欲留題頻擱筆，彼中能辨白香山。（《養默山房詩稿》卷十九蘇臺集，《續修四庫全書》影印清光緒元年刻本）

《和陳丈雲伯明府（文述）見贈次韻》（四首其四）

韋子蘇州裔（謂君繡），清才擬謫仙。廿年懷舊雨，千首誦新篇。每道陳驚座，眞同白樂天。近來親几席，端不讓前賢。（《養默山房詩稿》卷二十四朐海集，《續修四庫全書》影印清光緒元年刻本）

智按：謝元淮，字鈞緒，號默卿，又作墨卿，松滋（今屬湖北）人。嘉慶初，隨父入京師。年甫冠，即以巡檢筮仕江蘇。年逾五十，始任無錫縣令，尋遷淮南監掣同知，咸豐三年（一八五三）授廣西桂平梧鬱鹽法道。四年告休。有《養默山房詩稿》、《養默山房詩餘》、《養默山房填詞淺說》、《碎金詞韵》、《碎金詞譜》、《碎金續譜》等。

陳沆（一七八五～一八二五）

《登琵琶亭望匡廬出雲》

江上孤亭倚碧空，匡廬飛墮玉芙蓉。才看一點雲生處，失卻東南無數峰。（《簡學齋詩》詩存卷三，《續修四庫全書》影印清咸豐二年陳廷經刻本；湖北教育出版社《陳沆集》，第四一頁）

《動靜交相養賦》（以題爲韵）

立天之道一陰一陽，立人之心曰一靜一動。該性體之精微，括修途之統總。心果宅於清虛，氣何虞乎悾傯。有白傅之聰明，發玄機於澒洞。言有當乎犧文，義同符乎姬孔。當其內念胥平，外緣盡屏。塵囂已息於聞根，屋漏無虧於愧影。譬諸止水，但存活發之源；如在空山，獨見虛靈之境。及其朕兆初萌，端倪乍警，草驚暖而蘇芽，花入春而發穎。思漸棼於往來，形忽露於俄頃。蓋各判其盈虛，遂平分乎動靜。然而名雖兩化，理則兼包。靜如琴之不鼓，動豈瑟之方膠。月盪沈潭之影，雲垂碧漢之梢。風鳴林而鳥寂，雨晦夜而雞嘐。出匪無歸之騎，懸非不食之匏。心之初發為幾當慎於隱微之獨，道以並行不悖要爭於存發之交。是則剛柔並濟，寂感無方，合之則均美，離之則兩傷。其靜極而動也，神龍之變化；其動極而靜也，尺蠖之潛藏。其靜中有動也，鏡子懸空而自朗；其動中有靜也，樞處戶以相忘。若車轂之雙行，輪轅自若；如樂宮之互轉。律管旋相。彼夫寄意虛無，遊心象罔，將守黑以鳴高，竟談元而入枉。豈默坐之忘機，終枯懷之妄想。抑有千慮紛紜，寸衷懺悅，念若纏絲，身如觸網。嗟夜氣之不存，何靈臺之能朗。此皆墮於俗流，曾不明乎涵養。豈知寒暑時推，晦明迭步，歲功自運其長消，天道默遷其新故。惟聖德之藏修，合玄功之沖度。無欲故靜，理追太極之全；有感斯通，道協先天之數。況學者之自操，敢不求乎真趣，須尋千聖之淵源，莫負二儀之降賦。（《簡學齋館課賦續抄》，《清代詩文集彙編》影印清咸豐二年刻本，第五四七册，第六一八頁；湖北教育出版社《陳沆集》，第二三六頁）

《擬白居易〈敢諫鼓賦〉》（以題爲韵）

昔唐帝之爲君，懷恭讓之大美；德蕩蕩而無名，功巍巍而莫企；臣則衆俊咸明，民則時雍可紀。歌壤擊而化日當頭，設衢尊而春風滿耳。每聞吁咈，發松棟雲牖之疇諮；豈有闕遺，煩謗木善旌之準擬。乃抱虛衷，以求忠益，謂啓沃之難通，由招延之易隔；苟無誘掖之方，安有匡扶之策？將采善于芻蕘，敢辭攻于藥石；惟假物而使之鳴，斯求言而多所獲。情同善叩，宛發響于登聞；器可通神，願傾心于建白。爰有鼓焉，咽疑振鷺，擊豈鳴魚；陳于皇路，達于宸居。其外則實，其中則虛。置在千衢，正如懸乎表木；周于四海，高宛載乎公車。震擬驚雷，忽聽三撾之響；歡同就日，齊陳再拜之書。其名爲敢諫也，發其貞忱，扶其壯志，于彼則消其忌諱之私，于此則去其猜疑之累。鏗鏘道左之音，慷慨廷前之議。靈鼉忽振，直鳴臣悃之苦辛；骨鯁能收，才識君門之容易。則見布去隆隆，撞來坎坎；軒訇而遠近皆孚，鏗鎗而賢愚盡感。受其太戇之爭，接以中藏之欿；比邪蒿之納砭，儼忠果之勸噉。象符雕鶚，居然鷙擊之才；皮冒鯨鯢，想見鱗批之膽。鼓征乎衆，爾多士則咸來；言逆于心，予一人其何敢。蓋鼓以動人之思，亦以警人之慢；謇謇而不以爲欺，諤諤而不以爲訕。或以諷其前愆，或以懲其後患；大于五聲之遙通，明于西門之遠盼。若非殷勤席側，抱悃悃以旁求；安能大小莛撞，懷淵淵而入諫。然後石宛相投，袞能共補，下則奉以心肝，上則推其肺腑。轟天上之青霆，點日邊之白雨；氣如大呂之鳴，言若洪鐘之吐。聞聲而喜，皆由心下于茨階；從諫如流，所以化成于土鼓。是以爲君者務樂求箴，深思吐哺，書投匭而函深，議登臺而蹕駐；旒垂衢室之詢諏，車下總街之諷諭。鼓言乎廓廓，然納牖之心；鼓作其讙讙，若乘軺之路。知人則哲，欽明直接乎堯勛；聽言勿疑，采訪無忘乎瞍賦。(《簡學齋館課賦續抄》，《清代詩文集彙編》影印清咸豐二年刻本，第五四七册，第六四三～六四四頁；湖北教育出版社《陳沆集》，第二五八～二五九頁)

智按：陳沆，原名學濂，字太初，號秋舫，湖北蘄水（今浠水）人。嘉慶十八年（一八一三）舉人，二十四年（一八一九）進士一甲一名，授翰林院修撰。道光初年曾充廣東鄉試正考官、禮部會試同考官，官終四川道監察御史。有《簡學齋詩存》四卷、《簡學齋詩删》四卷，共收詩三百六十餘首，《蘄水縣誌》卷二十二《藝文志》録《詠史樂府》十三首，為集外詩。其《白石山館詩》則是作者手録詩稿，其詩均見《詩存》。此外有《簡學齋賦鈔》。陳沆卒年，《清史列傳》記為道光六年（一八二六）。周錫恩撰《陳修撰沆傳》則言年四十一，當為道光五年（一八二五）。錢仲聯《夢苕盦詩話》云：「秋舫七古，才壯氣逸，力追唐人。……《河南道士樂府》四章，則又椎心動魄，香山樂府之遺，不徒極才人之能事而已焉。」(《民國詩話叢編》第六册，第三八〇頁)

尚鎔（一七八五～一八三六）

《書〈典論・論文〉後》

自古文人相輕，一由相尚殊，一由相習久，一由相越遠，一由相形切。相尚殊，則王彝謂楊維禎為文妖；相習久，則杜審言謂久厭宋之問；相越遠，則元稹謂張祜玷風教；相形切，則楊畏謂蘇轍不知文體。而少陵、香山獨能去四者之弊，崇公允之風，易相輕而為相推。斯千古所希矣。少陵於李白、元結、王、孟、高、岑，無不推重。香山於張籍之古淡，韓昌黎之雄奥，李義山之精麗，無不推重。若元稹與之同道，不足異也。夫才學兼眾人之長，斯賞識忘一己之美。然而洛蜀尚有明黨，朱、陸尚有異同，況文人乎？我朝漁洋山人，其詩以風調為主，而荔裳爽健，愚山溫醇，竹垞典雅，初白明暢，皆推之不遺餘力，亦近代所希者。故趙秋谷雖作《談龍録》詆之，而亦推為大家也。邇來學未半袁豹，而季緒詆呵者何多興，然而不足算矣。（《持雅堂文集》卷五，中國社會科學院文學研究所圖書館藏清同治七年高安蕭浚蘭成都重刊本）

《三家詩話》

⊙三家總論

子才（袁枚）學楊誠齋而參以白傅，苕生（蔣士銓）學黃山谷而參以韓、蘇、竹垞，耘松（趙翼）學蘇、陸而參以梅村、初白。平心而論，子才學前人而出以靈活，有纖佻之病；苕生學前人而出以堅銳，有粗露之病；耘松學前人而出以整麗，有冗雜之病。（《清詩話續編》第一九二〇頁）

⊙三家分論

苕生（蔣士銓）有《京師》、《豫章》、《固原》新樂府，《豫章》、《固原》失之直率，惟《京師》十四篇，兼元、白、張、王、鐵崖、西崖之勝。（《清詩話續編》第一九二四頁）

⊙三家餘論

才子（袁枚）長排如《禹陵》、《孝陵》、《廬山》、《王文成紀功碑》，雖錯綜變化不及少陵，以視元、白、竹垞，則勝之矣，蔣、趙未能鼎峙也。（《清詩話續編》第一九二九頁）

智按：尚鎔，字喬客，一字宛甫，南昌（今屬江西）人。少負神童之，館於邑中王氏藏書樓，盡讀藏書。工詩古文辭，與劉開並稱劉、尚。道光五年（一八二五）副優貢，曾主講汜水三山書院，後建昌知府蕭浚蘭聘主聚星書院五年，卒於唐縣書院。長於史學，尤精考據。著有《持雅堂詩鈔文集》、《史記辨證》、《三國志辨微》、《聚星劄記》等，編有《律詩杜骨》。《同治南昌府志·文苑傳》有傳。據姜曾序，《三家詩話》作於道光五年（一八二五）八月鄉試落榜後第五夜。是書分三部分，「三家總論」系合論袁枚、蔣士銓、趙翼三家，較其同異；「三家分論」先子才，次苕生，後耘松，亦多比較；「三家餘論」以古名家相比，論三家之短。有道光八年（一八二八）刊本、道光刊持雅堂全集本、同治七年（一八六八）蕭氏成都重刊三卷本。參見蔣寅《清詩話考》第四九七～四九八頁。

潘德輿（一七八五～一八三九）

《與王靜山書》

靜山二兄足下，今歲再東行，獲足下益至厚，每思足下性質朗邁，求之今人實鮮儷偶。論緝熙慎獨，皆闡前賢所未及。緝熙，欲人擴充微明，義無可疑。獨之確詁，僕反覆進敂足下，終不能以一二字櫽括之，乃謂艮其背不獲其身，行其庭不見其人，卽獨之義已，又以佛語無我相無人相證之，僕疑究不釋，今思之，殆足下誤也。夫指艮背之學爲獨，理則精矣，然誠至于此，則已得聖學要領，尚何慎之與有，揆諸經文，語未貫洽。若佛之無我相人相者，脫離萬境，埽而空之，與艮彖教人止所當止大異，以注易亦不相入。禮之慎獨四見，尤非此義，灼然明白，足下高蹈逸情，縱觀内典，僕豈敢拾昌黎、程朱唾餘，攘臂攻擊，然足下持以解經，則大不可，且足下信聖經乎？信佛語乎？必不曰篤信佛語、駁異聖經也，必曰信聖經，以佛語輔之。聖經佛語，一歟？二歟？僕生平深不喜二氏說，遂未暇多覽，然如《心經》、《金剛》、《楞嚴》、《華嚴》、《法華》、《圓覺》諸爲佛之精言者，皆頗旁涉。其文辭幽晦複沓，乃六朝初唐才人祖襲莊列，不能整治其氣體者耳，然此末事不足論，旣就其理審之，亦多險譎荒侈，萬萬不可測，又以彼自爲一方教，亦無暇深詰，若必以解經，則僕于經得數說焉。從經必不信佛，從佛必不信經。其不可彊同塗，人知之焉。一曰天地定位，何出世？二曰天敕有典，何出家？三曰乾道變化，各正性命，何輪迴？四曰天有顯道，厥類惟彰，何地獄？五曰其交也以道，其接也以禮，因不失其親，亦可宗也，何因緣？六曰老吾老以及人之老，幼吾幼以及人之幼，以直報怨，以德報德，何平等？七曰天生烝民，有物有則，何眞空？八曰誠者物之終始，不誠無物，何假合？此數說者，聖經佛語，水火冰炭，百世不相能，若以儒釋之言，浩瀚如大海，安知其佗不合，然此實經與佛語至精要者，此尚不合，何問佗端？嗟乎！以塗人能知之者，而如顏清臣、白樂天、柳子厚、蘇子瞻、黄魯直、歸熙甫、王元美之流，節概文學，逴躒可稱道，轉有所不知者，未嘗就聖經佛語對勘之耳。勘之以經而異，則非獨不可以解經，雖取而摧燒之可也，足下果能融會兩說，確然使爲一，僕雖盡弃舊學，匍匐佛前，亦無不可，否則願足下之屏絕内典，終身不與目也。僕敬愛足下數十年，惟此事不慊鄙懷，然不以言者，足下未用佛言解經，故及此，不言甚負足下，且負經，蘄憫其區區而加察焉，不宣。(《養一齋集》卷二十二書，《續修四庫全書》影印清道光二十九年刻本)

《養一齋詩話》

近人詩話之有名者，如愚山、漁洋、秋谷、竹垞、確士所著，不盡是發明第一義，然尚不至滋後學之惑。滋惑者，其隨園乎？人紛紛訾之，吾可無論矣。獨《石洲詩話》一書，引證該博，又無隨園佻纖之失，信從者多。予竊有惑焉，不敢不商榷，以質後之君子。其書亦推張曲江為復古，李、杜為冠冕，杜可直接《六經》。而酷好蘇詩，以之導引後進，謂學詩衹此一途，雖根本忠愛之杜詩，必不可學，「人不知杜公有多大喉嚨，以為我輩亦可如此，所以棼如亂絲」。夫蘇詩非不雄視百世，而杜詩者，尤人人心中自有之詩也。今望而生怖，謂不如蘇之蹊徑易尋，則是避難就易之私心，猶書家之有側鋒，仕途之有捷徑，自為之可耳，豈所以示天下耶！又謂「五言詩自蘇、黄後，放翁已不能腳踏實地。居此後者，欲以平正自然，上追古人，其誰信之」。夫蘇、黄之詩，標新領異，旁見側出，原令人目眩心搖。然久於其中，竟謂舉世之人，舍此斷無出路，何其輕量人才之甚也！且必不以平正自然為詩，則詩之為物，累人心術亦甚矣！尤可異者，偏愛蘇詩，並以遺山《論詩絶句》中攻蘇之作，亦傅會為愛蘇之論也。如：「奇外無奇更出奇，一波才動萬波隨。衹知詩到蘇黄盡，滄海横流卻是誰？」此首明以「滄海横流」責蘇，而石洲以為遺山自慨身世。「金入洪爐不厭頻，精真那計受纖塵？蘇門果有忠臣在，肯放坡詩百態新。」此首明言蘇門無忠直之言，故致坡詩競出新態，而石洲以為「收足認蘇之旨，即蘇詩『始知真放本精微』意」。「百年才覺古風回，元祐諸人次第來。諱學金陵猶有説，竟將何罪廢歐梅？」此首明言歐、梅甫能復古，而元祐蘇、黃諸人次第變古，學元祐者，廢金陵猶可，廢歐、梅則必不可。而石洲以為「『回』字乃坡公『昇平格力未全回』之『回』，何嘗有人諱學金陵，何嘗有人欲廢歐、梅？此可得文章風會氣脈」。凡石洲所解，皆與遺山本詩義理迴不入，脈絡絕不貫，不知何以下筆？蓋既為偏好蘇詩所蔽，而又不敢貶駁遺山，故於無可解説處，亦強為傅會，遂使人覽之茫然耳。且遺山貶蘇如此，而石洲猶以為「程學盛於南，蘇學盛於北」，屢屢舉此語以教人，古人有知，豈不為遺山所笑！且石洲於蘇詩，亦未得其窔奥也。蘇之名作甚多，而石洲舉「河聲便是廣長舌，山色豈非清淨身」二語，謂足盡全集之妙。此非論詩，直表章禪學矣。又舉「始知真放本精微」一語，謂可作全集總評，亦禪機而已矣。「浮雲世事改，孤月此心明」，前輩多賞之。石洲恐落窠臼，獨賞其結句「二江爭送客，木杪看橋横」，為言外有神，殆故作奇論，自建一幟耳。昔漁洋謂東坡七律不可學，石洲斥其非通論，是言各體均宜學也。此一家之言，果可示後生耶！其他泛論群家，亦多可擬。如謂太白七律不工，是不識太白。謂白樂天為似陶，沿遺山「陶為唐之白樂天」語，不知陶乃達人天機，白乃家人瑣語，高簡平鋪，絕不相侔也。又謂《長恨歌》「獨出冠時，所以為豪傑。後來欲復古者，實強作解事」。夫以《長恨歌》之冶蕩纖弱，祗合與歌伎讀者，而目為「豪傑」，自流濫於此，遂可以人之復古為多事耶？又謂「小杜『自説江湖不歸去，阻風中酒過年年』，『今日鬢絲禪榻畔，茶煙輕颺落花風』，開、寶後百餘年無人道得，五代、南北宋以後，更不能矣」。小杜二詩，洵晚唐佳語，何推尊至此！又謂長吉乃天地奇彩，直接《騷賦》，下視東野，如蚓竅蒼蠅。彌顛倒不愜人意。又謂茶山詩優於放翁，後山詩無可味處。蓋茶山清轉處，約略似蘇；喜蘇之快辯，自不知陳之鬱轄也。總之矯七子學唐太似之病，必然師法蘇、黃。此論竹垞已及之，石洲亦引之而故蹈之，為偏好所蔽耳。雖詩教廣大，各明一義，亦無不可，然心目之間，必能洞澈源流，乃可抑揚前哲。若自甘偏霸，遂斥中聲，震其大名，從之而靡，不能不為所累也。夫以蘇之豪於詩，而倡言學之者猶足累人，况降於此者哉！論詩者誠不可不慎於言矣。（卷一，《清詩話續編》第二〇一一～二〇一四頁）

智按：翁方綱《石洲詩話》卷二：「白公之為《長恨歌》、《霓裳羽衣曲》諸篇，自是不得不然。不但不蹈杜公、韓公之轍也，是乃「瀏漓頓挫，獨出冠時」，所以為豪傑耳。始悟後之欲復古者，真強作解事。」

近人好看白詩，乃學其率易之至者。試隨意舉其五律，如「尋泉上山遠，看筍出林遲」，「松灣隨棹月，桃浦落船花」，「雨埋釣舟小，風颺酒旗斜」，「早梅迎夏結，殘絮送春飛」，「佛寺乘船入，人家枕水居」，「江暗管弦急，樓明燈火高」，「近海江彌闊，迎秋夜更長」，「搴簾待月出，把火看潮來」，「暝色投煙鳥，秋聲帶雨荷」，「山明虹半出，松暗鶴雙歸」。此例一二十句，皆靈機内運，鍛煉自然，何等慎重落筆！專以率易為白之流派者，試參之。（卷一，《清詩話續編》第二〇一六頁）

樂天稱夢得為詩豪，又謂其詩「在處應有神物護持」。予讀其集，唯律絕過人，古詩三卷，風格平弱，雅不足稱作者。尤詫其《讀張曲江集詩序》，譏「放臣不與善地，以致燕翼無似，終為餒魂。忮心失恕，陰譎最大」。詆訶亦至矣。蓋夢得身為逐臣，心嗛時宰，故以曲江為詞，實借昔刺今也。然意取諷時，而遂橫虐先臣，加之醜詆，非敦厚君子所宜出矣。其《遊桃源一百韻》，略從陶公詩記引來，中間瞿氏子一段，乃別有稱述。後半自言仕進遷謫之事，皆不甚附題，不過求退居、學長生而已。其詩鋪寫宏富，詞意華美，略與元、白長律相似。吾不知樂天喜夢得詩而極稱之者，此等詩耶？抑第美其律絕耶？（卷一，《清詩話續編》第二〇一六～二〇一七頁）

滄浪論詩，先去五俗。朱子亦曰：「須先識得古今體制，雅俗向背。」此入門第一義。白不盡俗。白如盡俗，何以不朽？俗蓋必朽者也。（卷一，《清詩話續編》第二〇一八頁）

《唐人萬首絕句》，其原本不為不富，漁洋選之，每遺佳作。隨意簡出，如右丞相「送臨高臺」、「吹簫淩極浦」，太白「天下傷心處」、「剗卻君山好」、「淥水明秋月」，少陵「萬國尚防寇」、「東來萬里客」，襄陽「移舟泊煙渚」，蘇州「獨鳥下高樹」，隨州「日暮蒼山遠」，劉方平「夢裏君王近」，耿湋「返照入閭巷」，金昌緒「打起黃鶯兒」，柳州「九扈鳴已晚」，香山「珠箔籠寒月」，義山「向晚意不適」，致堯「羅幕生春寒」，以及劉采春《囉嗊曲》等，皆天上之奇作，而悉屏而不登，何也？至七絕中遺漏尤多，如賀監之「少小離家」，太白之「舊苑荒臺」、「李白乘舟」、「楊花落盡」，龍標《採蓮曲》，少陵《贈花卿》等，指不勝屈。且既譏唐人絕句「人主人臣是親家」、「今朝有酒今朝醉」等，當日如何下筆，後人如何竟傳，而又選「近來時世輕先輩，好染髭鬚事後生」，「三十年前此院游」，「妃子偷尋阿　湯」等作何也？《清平調》原非太白佳處，然神氣飄逸自如，迥非中晚人所能摹襲。漁洋選中晚宮詞，累累盈幅，而削此三章，舍天姿而取脂粉，又何也？王建《宮詞百首》，雅正而有餘地者甚希，選至廿四首，猶嫌其濫。然建之《宮詞》，意境不高，尚非苟作。至羅虬《比紅兒詩》，王渙《惆悵詞》，復意砌詞，冗遝甚矣，重疊載入，又何也？（卷一，《清詩話續編》第二〇二〇～二〇二一頁）

白傅詩「三千宮女胭脂面，幾個春來無淚痕」，又曰「紅顔未老恩先斷，斜倚熏籠坐到明」，如此作宮怨詩，真數十百言不得盡矣。然猶愈於「含情欲説宮中事，鸚鵡前頭不敢言」，蓋白詩止是一「淺」字，「含情」二語，求深而得纖，幾於不成言語。學詩者循此為詩，心源中無一條正路矣。（卷二，《清詩話續編》第二〇二六～二〇二七頁）

陸生仲雪喜為詩，弱冠得四五卷，皆清光滿紙。予走筆為詩話十則以遺之……　詩不可為人強作，必勃勃不可以已也而後為之。滄浪云：「和韻最害人詩。」此雖元、白、皮、陸諸公為之，然皆為人強作之一端也。而意興既到，惟所樂為者，却又宜全力與俱。初定意格，終研詞句，如良醫診脈，精神入微；如法吏斷獄，反覆勘問。凡易悦而自足，皆文章之大病也。（卷二，《清詩話續編》第二〇三〇頁）

劉夢得自稱其《平淮西》詩云：「城中喔喔晨雞鳴，城頭鼓角聲和平」，為盡李愬之美。魏泰云：「吾不知此為何等語。」賈島詩「獨行潭底影，數息樹邊身」，自注云：「二句三年得，一吟雙淚流。」泰云：「不知此二句有何難道！」香山賞夢得「雪裏高山頭白早，海中仙果子生遲」，「沈舟側畔千帆過，病樹前頭萬木春」數句，泰云：「皆常語也。」泰之獨得懸解，不依傍前輩如此。然介甫詩「含風鴨緑鱗鱗起，弄日鵝黄嫋嫋垂」，此與俗子謎何異，而泰以為佳句，何哉？中有私好，見地遂卑。故無論作詩説詩，皆以打掃心地為

本。（卷二，《清詩話續編》第二〇三〇～二〇三一頁）

王若虛謂「樂天詩情致曲盡，入人肝脾，隨物賦形，所在充滿，殆與元氣相侔。至長韻大篇，動數百千言，而順適愜當，句句如一，無爭張牽強之態。此豈撚斷吟鬚、悲鳴口吻者所能至」。甚矣若虛之識理易盈也！樂天惟樂府曲中人心，歷劫不朽。謂其他詩皆隨物賦形，侔於元氣，是老杜所不能篇篇盡然者，樂天能之乎？至長韻大篇，句句順愜，此惟村學小生，初摹詩法，乃不能之耳，豈絕技哉！夫樂天長篇之病，正坐語語順愜，無一筆作逆勢，以致平衍寡情，豈可轉目為擅長之地也！且世人作詩，將盡拈斷吟鬚、悲鳴口吻者耶？何其見一充滿順適者，遂驚喜不遺餘地至此！（卷二，《清詩話續編》第二〇三六頁）

若虛雅服鄭厚評詩，荊公、蘇、黃，曾不比數，獨云：「樂天如柳陰春鶯，東野如草根秋蟲，為造化中一妙」。此亦誤也。荊公詩本不足與蘇、黃匹，蘇、黃與樂天、東野互有得失，何必以白、孟抹蘇、黃也。至謂白如「春鶯」，孟如「秋蟲」，又不免低視二家而不能盡其美。蓋白如平湖春漲，孟如峭石秋晴，庶幾近之耳。且若虛嘗推東坡為「文中之龍」，謂其「理妙萬物，氣吞九州」，今又取「春鶯」、「秋蟲」而極贊之，轉以「龍」為不足比數，何哉？（卷二，《清詩話續編》第二〇三六～二〇三七頁）

香山與元九詩極多，「永壽寺中語」一首，如作家書，如對客面語，變漢、魏之面貌而得其神理，實不可以淺易目之者，與《寒食野望吟》，皆白詩之絕調也。樂府以外，此為稱首矣。（卷三，《清詩話續編》第二〇四六頁）

白傅五律，有與少陵相似者，有與王、孟相似者，有與義山相似者。反覆按之，則別具流利之機，究與諸公似而不似。李西涯自命具耳，或擇白詩之僻者，偶誦其一，便知為《長慶集》。此神明過人，後學不敢望。（卷三，《清詩話續編》第二〇四六～二〇四七頁）

東坡謂白詩晚年極高妙。或問之，曰：「風生古木晴天雨，月照平沙夏夜霜。」余按此二語殊平淺，非白詩之妙者，不解東坡何以賞之？至如「不知皇甫七，池上興可如」，「南簷納日冬天暖，北戶迎風夏月涼」，「松排山面千重翠，月點波心一顆珠」，「無奈嬌癡三歲女，繞腰啼哭覓銀魚」，彌淺而俚矣。學之必成村巷盲詞，不可不慎。（卷三，《清詩話續編》第二〇四七頁）

「力士傳呼覓念奴，念奴潛伴諸郎宿」，「侍兒扶起嬌無力，始是新承恩澤時」，此南北曲中猥褻語耳，詞家不肯道此，而況詩哉！然元之詩品，又不逮白，而《連昌宮詞》收場用意，實勝《長恨歌》。黜《長恨》而亞《連昌》，不知詩之體統者也。「寂寞古行宮」二十字，足賅《連昌宮詞》六百餘字，尤為妙境。「詩品至微之，猶非浪得名也」。以二詩並稱，非知詩者。（卷三，《清詩話續編》第二〇四七頁）

文昌「藥看辰日合，茶到卯時煎」，「草長晴來地，蟲飛晚後天」，絕似樂天。大抵中唐人氣味往往相近。然樂天勝微之，文昌勝仲初，名雖相埒，又當細求其分別與優劣處，乃非無星秤耳。（卷三，《清詩話續編》第二〇四八頁）

龍仁夫《題琵琶亭》云：「老大姮娥負所天，忍將離恨寄哀弦。江心正好觀明月，卻抱琵琶過別船。」議論極正，然忘卻此婦本是歌妓出身，直腐談耳。白香山《昭君詠》曰：「漢使卻回憑寄語，黃金何日贖蛾眉？君王若問妾顏色，莫道不如宮裏時。」評者謂其惓惓舊主，過前人遠甚。然既已失身於匈奴，即眷念舊君，何足貴哉！此皆好為中正之論，而不揆其出處本末者也。（卷三，《清詩話續編》第二〇四九～二〇五〇頁）

退之詩「我能屈曲自世間，安能隨汝巢神山」，「王侯將相念久絕，神縱欲福難為功」，高心勁氣，千古無兩，詩者心聲，信不誣也。同時惟東野之古骨，可以相亞，故終身推放不遺餘力。雖柳子厚之詩，尚不引為知己，況樂天、夢得耶！（卷三，《清詩話續編》第二〇五〇頁）

劉後村云：「宋詩豈惟不愧於唐，蓋過之矣。」方正學詩云：「前宋文章配兩周，盛時詩律亦無儔。今人未識昆侖派，卻笑黃河似濁流。」「天曆諸公制作新，力排舊習祖唐人。粗豪未脫風沙氣，難詆熙豐作後塵。」李西涯則云：「宋人於詩無所得，宋詩深，去唐卻遠，元詩淺，去唐卻近，顧元不可為法。」「歐陽永叔深於為詩，高自許與，然較之唐詩，亦門庭藩籬之間耳。楊廷秀學李義山，更覺細碎；陸務觀學白樂天，更覺直率，概之唐調，皆有所未聞也。」「宋、元詩，就其佳者，亦各有興致，但非本色，只似禪家小乘，道家尸解。」以上諸説，予皆以為未的也。唐詩大概主情，故多寬裕和動之音；宋詩大概主氣，故多猛起奮末之音；元詩大概主詞，故多狄成滌濫之音。元不逮宋，宋不逮唐，大彰明較著矣。且唐之高出宋、元者又有故。唐一代以詩取士，人好盡力其間，故名家獨多，多則風尚所漸被者遠，雖未成家數、不著姓氏者，往往有一二詩，足為絕調。宋、元校士，詩非所重，雖名家皆以餘力為之，因此名家較少於唐，而不足成家者，更不待言。然則宋、元之遜於唐也，一以詩所主者不同，一以詩成名者較少故耳。後村謂宋實勝唐，阿其本朝，固非實論。正學謂宋詩無匹，而天曆大手仍不脫粗豪氣，亦未免抑揚太偏。即西涯謂宋去唐遠，元去唐近，又豈能自言其故哉！使能確言其故，元去唐近，何以不可法也？且宋人如歐、蘇、陳、陸，元人如虞、楊、范、揭，即置之唐人中，豈易多得！特以宋、元如此數公者太少，故為唐絀。今必統一代而概謂之非本色，概謂之無所得，何其不近情、不達理至此！楊用修謂「唐詩固多佳篇，然如燕、趙雖產佳人，亦往往有疥且痔者，雜處其中」。語雖諧謔，卻屬平允之論。學者大綱，自宜宗唐，而宋、元兩代，亦何可薄！明人大都鑽仰唐人，鄙宋、元不足道，所以音調勝宋人，風格勝元人，於唐人又有形骸太似之病。西涯所謂「開卷視之，宛若舊本，細味之，求其流出肺肚，卓然有立者，指不能一再屈」。明人半犯此失耳。（卷四，《清詩話續編》第二〇五五頁）

魏泰謂「張籍、白居易樂府，述情敘怨，委曲周詳，言盡意盡，更無餘味」。嘻！何其大而無當也。文昌樂府，古質深摯，其才下於李、杜一等，此外更無人到。樂天樂府，則天弢自解，獨往獨來，諷諭痛切，可以動百世之人心，雖孔子復出刪詩，亦不能廢。予嘗謂其命意直以《三百篇》自居，為宇宙間必不可少文字；若《長恨歌》、《琵琶行》，則不作可也。泰徒以六朝隱約意思為《風》、《騷》遺響，而不知樂天、文昌樂府之可貴，此以皮毛相詩者。（卷四，《清詩話續編》第二〇五七頁）

元微之目張承吉為「雕蟲小巧，獎藉之恐變風教」。此雖讒譖之詞，不足為據，然如承吉所製《邠王小管》、《李謩笛》、《玉環琵琶》、《邠娘羯鼓》、《耍娘歌》、《悖拏兒歌》、《容兒鉢歌》、《寧哥來》、《阿鴇湯》、《集靈臺》諸絕句，專覓宮闈瑣事，被之諷詠，揭其闕失，得不有妨名教？至於《病宮人》、《愛妾換馬》諸律，以及「玉釵斜白燕，羅帶弄青蟲」，「鐙金斜雁子，鞍帕嫩鵝兒」，「紅粉美人擎酒勸，錦衣年少臂鷹隨」，「鴛鴦鈿帶拋何處，孔雀羅衫付阿誰」諸律句，豈非纖俗害正之尤耶！吾獨惜以承吉之才，能為「晴空一鳥渡，萬里秋江碧」，「河流出郭靜，山色對樓寒」，「海明先見日，江白迥聞風」，「地盤山入海，河繞國連天」，「仰砌池光動，登樓海氣來」，「風帆彭蠡疾，雲水洞庭寬」，「人行中路月生海，鶴語上方星滿天」，「潮落夜江斜月裏，兩三星火是瓜洲」諸句，可以直跨元、白之上，而竟為微之所短，又為樂天所遺也。凡有才者，總須貴重其言。承吉不自慎惜，天耶？人耶？當自反矣。然樂天薦徐凝而抑承吉，心實不公。計敏夫乃謂樂天以實行取人，殆喜凝之樸略椎魯，而以祜之宫體艷詩為輕薄。不知凝詩如「恃賴傾城人不及，檀妝惟約數條霞」，「一日新妝抛舊樣，六宫爭畫黑煙眉」，「憶得倡門人送客，深紅衫子影門時」，何嘗非宫體，何嘗非艷詩耶？且凝詩無語不拙，自誇「一條界破青山色」，坡公目為惡詩，而後人猶理其冤，可笑甚矣！祇《古樹》一絕云：「古樹欹斜臨古道，枝不生花腹生草。行人不見樹生時，樹見行人幾回老。」歷落有姿致。而此詩或謂僧伯皎作，編入宋詩中，亦未信其果為凝詩否也。考凝之詩，既無以過人，其所以得白公之推重者，白刺杭州，訪求牡丹，開元寺僧植一本以待白至，凝不識白，而先有「含芳只待舍人來」句，殆捷於逢迎耶？中聯云：「海燕解憐頻睥睨，胡蜂未識更徘徊。虚生芍藥徒勞妒，羞殺玫瑰不敢開。」以拙筆而為巧媒，猶誇於韓侍郎，云「一生所遇惟元白」，宜張承吉之滋不服耳。（卷五，《清詩話續編》第二〇八〇頁）

黄魯直謂樂天「笙歌歸院落，燈火下樓臺」，不如子美「落花游絲白日靜，鳴鳩乳燕青春深」，誠然。然謂襄陽「氣蒸雲夢澤，波撼岳陽城」，不如九僧「雲間下蔡邑，林際春申君」，則語意茫昧，令人百思不能得也。後山采入詩話，過矣！後山於杜詩極深，然謂「摩詰『九天閶闔開宫殿，萬國衣冠拜冕旒』，子美取作五字，曰『閶闔開黄道，衣冠拜紫宸』，而語益工」。此則阿其所好。杜勝王處甚多，此處獨王勝杜，未可以五言勝七言也。又謂「鮑照之詩，華而不弱；陶淵明之詩，切於事情，但不文耳」。論陶之語，實有三病；陶詩之美，不止於「切事情」，一也；陶詩未嘗「不文」，其文並勝後山之詩，二也；陶之平淡入神，即「不文」，並不足以為陶病，三也。其論鮑亦未盡。鮑詩純以骨勝，奚啻「華而不弱」哉？又魯直《乞貓》詩云：「秋來鼠輩欺貓死，窺甕翻盆攪夜眠。聞道貍奴將數子，買魚穿柳聘銜蟬。」

此等瑣俗之詩何足録？而後山則贊之曰：「千載而下，讀者如新。」吾不解其寄託何在矣！然魯直、後山論詩，亦有極精者，謹書於左，玩之以自求進焉。魯直曰：「二十年來，學士大夫有功於翰墨，不為不多，卓爾名家者則少。蓋嘗深求其故，病在欲速成耳」。又曰：「近世少年，多不肯治經術，及精讀史，乃縱以助詩，故致遠則泥。」又「古之能為文章者，真能陶冶萬物，雖取古人之陳言入於翰墨，如靈丹一粒，點鐵成金也。文章最為儒者末事，然既學之，又不可不知其曲折。」後山云：「詩欲其好，則不能好矣。王介甫以工，蘇子瞻以新，黃魯直以奇，而子美之詩，奇、常，工、易，新、陳，莫不好也。」又曰：「詩非力學可致，正須胸中度世耳。」（卷七，《清詩話續編》第二一一三～二一一四頁）

趙閑閑詩多效古人，除擬和陶、韋數十首外，又有《雜擬》十首，《仿摩詰獨坐幽篁裏》一首，《仿嚴武臨邊》一首，《仿太白登覽》一首，《仿李長吉擊球行》一首，《仿張志和西塞》二首，《仿玉川子為呂唐卿作》一首，《仿樂天新宅》一首，《仿郎士元寶刀塞下兒》一首，《擬東坡謫居三適》三首，《仿梅聖俞月出斷崖口》二首，何其好摹古人，一至於此？姜白石云：「一家之語，自有一家之風味。模仿者語雖似之，韻亦無矣。」誠哉是言也。……（卷九，《清詩話續編》第二一四三頁）

容齋極尊坡公而曲護之。然坡公以徐凝「一條界破青山色」為惡詩，容齋曰：「家藏凝集，觀其餘詩，亦有佳處。」因録數絶云：「水色簾前流玉霜，趙家飛燕侍昭陽。掌中舞罷簫聲絕，三十六宮秋夜長。」「蕭娘臉下難勝淚，桃葉眉頭易得愁。天下三分明月夜，二分無賴是揚州。」「游客遠游新過嶺，每逢芳樹問芳名。長林遍是相思樹，爭遣愁人獨自行？」「一樹梨花春向暮，雪枝殘處怨風來。明朝漸校無多去，看到黃昏不欲回。」「一生所遇惟元白，天下無人重布衣。欲別朱門淚先盡，白頭游子白身歸。」予反覆讀之，究不省其佳處。惟「天下三分」二句，至今傳誦，然「明月夜」何以「三分」，創意造語，奇而未確。至「游客遠游」、「一樹梨花」兩首，直是學究常言。「明朝漸校無多去」，彌拙滯不成文也。「一生所遇」一首，誇鄙可笑，「白身歸」三字尤俗。惟「水色簾前」一首，略有清機，然末二句以飛燕之寵形後宮之寂，則「簫聲絕」、「絕」字尚不甚工緻耳。容齋云：「皆有情致，宜其見知於微之、樂天。」意與坡反，殆又為元、白所誤。容齋嘗謂「薛能詩格調不能高，而妄自尊大」，何於徐凝則曲恕之哉！（卷九，《清詩話續編》第二一四七頁）

詩積故實，固是一病，矯之者則又曰詩本性情。予究其所謂性情者，最高不過嘲風雪、弄花草耳，其下則歎老嗟窮，志向齷齪。其尤悖理，則荒淫狎媟之語，皆以入詩，非獨不引為耻，且曰此吾言情之什，古之所不禁也。於虖！此豈性情也哉？吾所謂性情者，於《三百篇》取一言，曰「柔惠且直」而已。此不畏彊禦，不侮鰥寡之本原也。老杜云「公若登臺輔，臨危莫愛身」，直也；「窮年憂黎元，歎息腸内熱」，柔惠也。樂天云「况多剛狷性，難與世同塵」，直也；「不辭為俗吏，且欲活疲民」，柔惠也。兩公此類詩句，開卷即是，得古詩人之性情矣。舍此而言性情，詩之螟螣也。「性情」二字，頗不易言，更勿誤認。（卷十，《清詩話續編》第二一五五～二一五六頁）

茗香謂「孔氏之門如用詩，則漢之古歌辭升堂，《十九首》入室，廊廡之間從陶、杜」。此説較之「公幹升堂，思王入室，景陽、潘、陸可坐於廊廡之間」自勝矣，然亦未盡允也。三代以後詩，或一代，或一集，全無入《三百篇》之室者，以聖賢相傳「詩言志」、「思無邪」之旨，或不得之，或得之而未醇也，然其中可擇而取焉。漢之樂府古歌辭及《十九首》，氣體古質淡泊，皆與《三百篇》為近，則皆升堂者，不能謂《十九首》獨入室也。陶之高逸，杜之沈厚，氣體雖不盡與漢同，亦皆升堂者也。使陶、杜猶坐廊廡，則王、孟、韓、白等將安置乎？然漢之樂府古歌辭、《十九首》與陶、杜集，其中有精而又精者，實足以動天地而感鬼神，是又時入《三百篇》之室者也。茗香高視《十九首》而卑樂府，高視漢而卑陶、杜，此第以氣體論詩，非知詩之本教者。（卷十，《清詩話續編》第二一六一～二一六二頁）

顧華玉謂「詩當要諸後世，不可苟悦於目前」，名論也。然謂「杜宗《雅》、《頌》而實其實，其蔽也樸，韓昌黎是也；李宗《國風》而虚其虚，其蔽也浮，溫庭筠是也。盛唐王、岑諸公，依稀《風》、《雅》而以魏晉為歸，沖夷有餘韻矣，其蔽也俚而易，王建、白樂天是也」。是皆不免武斷。三代以後，學《風》、《雅》者稀矣，學《頌》者尤稀，杜詩仰追《風》、《雅》，亦未及《頌》也。謂其詩無不實，亦非也。彼其運意深微屈曲，得風人之虚婉者多矣，華玉未之審耳。太白宗《國風》，又兼《離騷》，其樂府古詩，往往有沈著入微處，謂其純蹈虚，則窺太白亦淺矣。王、岑諸公，造詣淵源，不可輕議，大略以晉為始耳，謂其宗魏，吾不敢知，其「依稀《風》、《雅》」者安在？若「樸」乃詩之佳境，不可言「蔽」，昌黎亦未可言「樸」。溫庭筠非因宗太白而「浮」。王建與樂天不相似，又未必宗王、岑也。種種失當，實誤後人。詞場名士，聲譽既樹，任意雌黄，吾見亦多矣。華玉詩與空同、大復、昌谷亞，猶蹈此失乎？然華玉謂「空同氣雄，大復才逸，昌穀情深，醇駁優劣，可略而言」，則所謂「樸」與「浮」與「俚而易」者，殆指此三家之受蔽而言歟？要之空同之蔽，在粗而不在「樸」也。華玉又謂「論詩者言《風》、《雅》則妄，上漢、魏，次李、杜、王岑諸賢，詞林之規矩在是」。夫以宗漢魏祧《風》、《雅》為不妄，而不知其為無頭腦學問，乃妄之尤者也。且既不知《風》、《雅》，又何以宗漢、魏、李、杜哉！恐其所謂宗漢、魏、李、杜者，亦姑飾其體貌以服人，而非中心所實好也。（卷十，《清詩話續編》第二一六三～二一六四頁）

智按：顧華玉語，見顧璘（一四七六～一五四五）《與陳鶴論詩》，《四庫全書》本《顧華玉集·息園存稿文》卷九。

楊升庵援《張坩集序》，謂「晚唐詩止兩派，一派學張籍，一派學賈島」，持論已不堅致。至謂「晚唐惟韓、柳為大家，元、白各自成家，溫庭筠、權德輿學六朝，馬戴、李益不墜盛唐風格」，尤不可解。初盛中晚，原屬後人拘執之見，然沿之者多，亦可借覘時代風會。今以權德輿、李益及韓、柳、元、白為晚唐，則中唐又屬何等人乎？況以溫庭筠置權德輿上，以馬戴置李益上，先後倒置甚矣，豈博雅者所宜出乎？此雖於詩教所關者細，然頌詩則宜論世，未可率爾弄筆也。（卷十，《清詩話續編》第二一六四頁）

白詩雖時傷淺率，而其中實有得於古人作詩之本旨，足以扶人識力，養人性天，不可不分別擇出以求益焉。如《古劍》詩：「可使寸寸折，不能繞指柔。」《孤桐》詩：「四面無附枝，中心有通理。」《京兆府新栽蓮》詩：「托根非其所，不如遭棄捐。」《贈元稹》詩：「無波古井水，有節秋竹竿。」《送王處士》詩：「寧歸白雲外，飲水卧空谷。不能隨眾人，斂手低眉目。」《文柏床》詩：「刮削露節目，拂拭生輝光。雖充悅目玩，終乏周身防。華采誠可愛，生理苦已傷。」《效陶》詩：「形委有事牽，心與無事期。中臆一以曠，外累都若遺。但對松與竹，如在山中時」。《答友問》詩：「置鐵在洪爐，鐵消易如雪。良玉同其中，三日燒不熱。君疑才與德，詠此知優劣。」《感鶴》詩：「鶴有不群者，飛飛在野田。饑不啄腐鼠，渴不飲盜泉。一興嗜欲念，遂為矰繳牽。委質小池内，爭食群雞前。不惟懷稻粱，兼亦競腥羶。不惟戀主人，兼亦狎烏鳶。物心不可知，天性有時遷。一飽尚如此，况乘大夫軒！」綜而觀之，心甚淡，節甚峻，識甚遠，信有道者之言。詩可以興，此類是也。若《重賦》詩：「奪我身上暖，買爾眼前恩。」《傷友》詩：「雖云志氣高，豈免顔色低。」《不致仕》詩：「朝露貪名利，夕陽憂子孫。」《買花》詩：「一叢深色花，十戶中人賦。」勁直沈痛。詩到此境，方不徒作。若概以淺率目之，則謬矣。（卷十，《清詩話續編》第二一六五～二一六六頁）

香山詩「數峰太白雪，一卷淵明詩」。東野詩「一卷冰雪文，避俗常自攜」。常以此等句在心頭轉運，落筆當有異人處。又少陵詩「文章一小技，於道未為尊」。昌黎詩「可憐無益費精神，有似黃金擲虛牝」。永叔詩「文章無用等畫虎，名譽過耳如飛蠅」。東坡詩「新詩綺語亦安用，相與變滅隨東風」。作詩文者胸中必具此等見地，方有入處。若驅逐聲華，自誇壇坫，縱多傑構，終未得門。（卷十，《清詩話續編》第二一六六頁）

香山《讀張籍古樂府》云：「為詩意如何，六義互鋪陳。《風雅》比興外，未嘗著空文。上可裨教化，舒之濟萬民。下可理情性，卷之善一身。言者志之苗，行者文之根。所以讀君詩，亦知君為人」。數語可作詩學圭臬。予欲取之以為歷代詩人總序，合乎此則為詩，不合乎此，則雖思致精刻，詞語雋妙，彩色陸離，聲調和美，均不足以為詩也。學者可以知所從事矣。（卷十，《清詩話續編》第二一六六～二一六七頁）

《養一齋李杜詩話》

許氏有功曰：「張碧，貞元中人，自序其詩云：『嘗讀李長吉集，謂春拆紅翠，辟開蟄戶，其奇峭不可攻也。及覽太白詩，天與俱高，青且無際，鵾觸巨海，瀾濤怒翻，則觀長吉之篇，若陟嵩之顛視諸阜者耶！』」按《滄浪詩話》云：「人言太白仙才，長吉鬼才，不然，太白天仙之詞，長吉鬼仙之詞耳。」《海録碎事》亦言：「唐人以李白為天才絕，白居易人才絕，李賀鬼才絕。」又漁洋山人戲論「李白飛仙語，李賀才鬼語」。愚實不解仙鬼之才、仙鬼之語，諸公何從悉其高下而公然以評詩也？張碧論太白、長吉別處，奇古確實，遠勝天仙、鬼仙、鬼才、才鬼諸説。碧詩萬不可以追蹤太白，而名碧字太碧，摹仿令人失笑，然此論獨可存也。（卷一，《清詩話續編》第二一九七～二一九八頁）

周氏敬曰：「少陵七言律，如八音並奏，清濁高下，種種具陳，真有唐獨步也。然其間半入大曆後格調，實開中晚濫觴之端。」按中晚七律能手，如劉賓客、柳柳州、白樂天、王仲初、許丁卯、杜紫薇、溫八叉、羅昭諫之流，皆絕不學杜，非杜詩開之也。略能學杜而涉其藩籬者，惟一李義山，遂為晚唐七律之冠。杜之七律，何誤於人？周氏不加詳考，徑立議論，妄矣！張氏遠曰：「杜詩七言律，往往入《竹枝》、樂府，如《十二月一日三首》之類，俱有厚力深思，淺學不能及，亦不可學。」觀此則杜律有不可學者，或坐古質太過耳，烏得謂濫觴中晚乎？中晚流易纖穠，惟不學杜故至此，今轉以為杜罪，豈不冤哉！（卷二，《清詩話續編》第二一九七～二一九八頁）

智按：潘德輿，字彦輔，一字四農，別字農師。山陽（今江蘇淮安）人。道光八年（一八二八）江南鄉試解元。道光十五年（一八三五）大挑一等，以知縣候補安徽，未赴而卒。著有《養一齋詩文集》等十餘種。事迹見文集所附年譜、魯一同《通甫類稿》續編下《安徽候補知縣鄉賢潘先生行狀》。

賀長齡（一七八五～一八四八）

《沈蘭泉封翁九十壽詩三十二韻爲飴原臺長同年作》

一德明良會，千官福禄駢。教忠臣有父，養志子能賢。懿彼烏臺長，由來鳳沼仙。人誇新諫草，我憶舊芸編。往者初踰冠，相將快著鞭。春風來杏苑，夜月步花甎。附驥誠何幸，塗鴉只自憐。每慚巴里曲，幸接曠牙絃。使節馳江漢，門才富梓楩。望原高四傑，秋已報三遷。步屧雲霄上，賡颺日月邊。高堂方色喜，聖主又恩宣。家世廑宸問，兒孫盡福緣。馬援真矍鑠，石奮本恭虔。五世皆親見，三生豈偶然。帝稱難得再，僉謂此公全。感激難家食，康强就道便。清歡資鯉對，峻擢喜鵬騫。威仰花驄肅，儀看繡豸鮮。長安春正好，仁壽鏡新懸。朝罷衣牽綵，樽開笏滿筵。靈光歸魯殿，頤性儼彭籛。友鹿心常遠，扶鳩趣自偏。總由神濬定，爰迓慶連延。憶昔官江左，隨翁話月圓。鸞封頻錫晉，鶴髮更游燕。子舍諧笙奏，庚郵送錦箋。敢橅長慶體，爲睇老人躔。火樹銀花裏，椒盤柏酒前。勳華方在御，旗翼並中天。家國都禔福，期頤那計年。伫陪千叟宴，祝嘏永綿綿。（《耐菴詩存》卷三，《續修四庫全書》影印清咸豐十年刻本；《賀長齡集》，岳麓書社，二〇一〇年八月，第四五一頁）

智按：賀長齡，字耦耕，號耐庵，湖南善化人，祖籍浙江會稽。嘉慶十二年（一八〇七）舉丁卯科鄉試第一，嘉慶十三年成戊辰科進士，選庶吉士，散館授編修，遷贊善。道光元年（一八二一），出為江西南昌府知府。道光四年，由山東兗沂曹濟道道員升任廣西按察使。後升任山東巡撫、江甯布政使等職，乞歸養親。道光十五年（一八三五），母喪服闋，補福建布政使，調直隸。道光十六年，擢貴州巡撫，治黔九載，平息民亂，振興文教。道光二十五年（一八四五），擢雲貴總督，兼署雲南巡撫。期間因平定回族反清運動不力，降補河南布政使。道光二十七年，乞病歸，又被前事追究，革職。次年卒。委託幕友纂輯《皇朝經世文編》一百二十卷，著《耐庵文存》、《耐庵詩存》。

林則徐（一七八五～一八五〇）

《輓曹文正公師》（十首其八）

巨筆承明邁許燕，星雲爛漫繪堯天。書成謨典光文府，道闡苞符直講筵。白傅新詩長慶富，衛公鉅集會昌編。研鑽未逮慚徵序（師命作序），欲浣薔薇手自鐫。（《雲左山房詩鈔》卷四，《續修四庫全書》影印清光緒十二年刻本）

《詠馬嵬坡》(四首)

六軍何事駐征驂，妾爲君王死亦甘。抛得蛾眉安將士，人間從此重生男。

纔過生日呪長生，誰道生天促此行。六月佛堂涼似水，梵王揮手竟無情。(六月朔爲太眞生日，馬嵬之變即是月也)

龍腦湯泉也自温，華清宫殿鎖千門。紅塵飛騎來何晚，一嗅餘香不返魂。(妃纔絕而南方進荔支至，命力士祭之。見外傳)

籍甚才名長恨篇，先皇遺事老臣傳。詩家解識君親義，杜老而還只鄭畋。(《雲左山房詩鈔》卷四，《續修四庫全書》影印清光緒十二年刻本)

智按：作於道光七年八月。陝西興平縣碑刻《題楊太真墓》共八首。字句略異。「六軍何事駐征驂，妾爲君王死亦甘。抛得蛾眉安將士，人間從此重生男。」「費盡金錢買祠胎，猪龍誰遣人宫來。重泉尚聽漁陽鼓，可有胡兒哭母哀。」「纔過生日咒長生，誰料生天促此行。六月佛堂凉似水，梵王揮手競無情。(六月朔爲太真生日，馬嵬之變即是月也)」「龍腦湯泉也自溫，華清宫殿鎖千門。紅塵荔子來何晚，一嗅餘香不返魂。(妃才絕，而南方進荔枝至，命力士祭之。見《外傳》)」「翻幸長門一斛珠，不隨車騎委泥塗。報他壽邸群妃道，好是羅敷自有夫。」「在地猶爲連理枝，却因搖落正花時。秋風若待歌團扇，那得君恩輾轉思。」「金粟堆前獨鳥呼，棠梨樹下月輪孤。三郎不遣招同穴，空望香魂入夢蘇。」「籍甚才名長恨篇，先皇懈德老臣宣。詩家解識君親義，杜老而還只鄭畋。」末署：「道光丁亥八月，福州林則徐過此因題。」(《林則徐全集》第六册詩詞卷，海峽文藝出版社，二〇〇二年十月版，第一五四頁)

《小庚邀集千祥菴疊僚字韻奉謝》

放衙餘暇款賓僚，紫蓋朱幡倚絳霄。不謂西飛鴻羽過，也隨東道馬蹶驕。三唐樂石奇同訪，九老香山會許邀。正是洛濱脩禊後，緑波春水恐魂消。(《雲左山房詩鈔》卷六，《續修四庫全書》影印清光緒十二年刻本)

智按：林則徐，字元撫、少穆，號石麟、俟村老人，侯官(今福建閩侯)

人。嘉慶十六年（一八一一）進士。選庶吉士，授編修，歷官御史、浙江鹽運使、河東河道總督、江蘇巡撫、湖廣總督。道光十八年（一八三八），授欽差大臣，赴廣東查禁鴉片。二十年任兩廣總督。鴉片戰爭爆發，痛擊來犯之英軍。受投降派誣害，被革職謫戍伊犁。後召回爲陜西巡撫，升雲貴總督。因病辭歸。咸豐元年（一八五一），授欽差大臣赴廣西督理軍務，病卒潮州途中。謚文忠。李元度（一八二一～一八八七）《林文忠公别傳》稱其「詩宗白傅」(《天岳山館文鈔》卷五，《續修四庫全書》影印清光緒六年刻本）有《雲左山房詩鈔》，詞附集中，今人增校重編爲《林則徐詩集》。生平事迹見《清史列傳》卷三八、《清史稿》卷三六九、金安清《林文忠公傳》及左舜生、魏應麒《林文忠公年譜》、來新夏《林則徐年譜》。

姚瑩（一七八五～一八五三）

《謠變并序》（十七首）

謠變者，姚子之所作也。《爾雅》云：「徒歌曰謠。」以無樂器，徒口歌之云爾。變之云者，以非歡娱之辭，皆愁苦之思，以爲有合于變風焉。《書》曰：「詩言志，歌永言。」古人詩與樂合，未有不可歌者，故貴乎長言永歎。《記》曰：「情動於中，故形於聲。聲成文謂之音。」然則聲音之道，其在言先乎？樂則笑，哀則號，悲則泣，憂則歎，怨則吁。情之所動，聲發隨之，不必有言，聞者心感。昔伯牙學琴於海上，子萺入海不返，聞水聲而悟琴理，此妙於音者也。故妙於琴者，不在徽絃；妙於歌者，不在辭句。孔子曰：「詩可以興、觀、羣、怨。」聲音之道微矣。故詩之不可以歌，不得爲善詩；歌之不能以感人，不得爲善歌。夫《三百篇》，多愚夫婦之所謳唫，其人豈皆嘗習金石、諳宫商之奏哉？然而自合於樂者，天籟之音也。後人不求自性之真籟，而摩古人之音節，即之愈真，去之愈遠矣。漢魏以後，詩與樂分，其道遂亡，流變至於唐宋，古意益遠，無復永言之旨矣。故興、觀、羣、怨，鮮有合焉。獨樂府一體，尤可見古人遺意，爲其據事寫情，感深語摯，辭直而思曲，節短而音長，意有怨抑，語無褒譏，使人聞聲，自不能已，是其至也。然其體亦自有二。如郊祀、房中、鐸舞、巾舞等詞，皆文臣所作，故多潤色，極奇古奥駮，而不能起發人意，蓋其源出於《雅》《頌》。若鐃歌、瑟調、雜曲，則採民間歌謠爲之，此皆人情天籟，無假修飾，最有興、觀、羣、怨之旨，即古之變風也，歷代文士多喜為之。鮑明遠、李太白為最，元次山、韓退之、孟郊、張籍次之，惟杜子美、白樂天，則師其體，而不用其題，自為新聲，以寫世事，論者以爲轉得古意，自是樂府又爲二派。明人詩稱復古作者，集中無不以擬古樂府居首。其善用變者，王弇州一人而已。余幼讀詩，則喜言興、觀、羣、怨大意，每至《谷風》、《式微》諸章，未嘗不流涕反復。及閲漢以來樂府歌謠，輒低徊永歎，以為古詩之存，獨有此耳。近與友人論詩，及此有觸余懷，乃取樂天體例，而别求比興微意，以寫生平哀怨，雖於古未必有合，亦庶幾永言之旨云爾。

⊙樹有枝　懷慈恩也

樹有枝，根不移。母有兒，身不離。生二十，同寢棲。夜中寒，常撫之。兒娶婦，恐不知。爲語兒婦，夜無閉户。母行視兒，覆衾自去。

⊙遠遊　别母也

在家母歡，出行母悲。在路兒寒，在家母飢。長跪辭母，淚下沾衣。母壽千萬年，兒行卽來歸。

⊙君有行　爲室家相送也

君有行，妾有心。念君乃去大海南，上有蒼蒼之天，下見水中之星，星辰在天尚汩没，何況君行獨傍仃，吁嗟君去海水深。

⊙原上雀　懷兄弟也

生不如原上雀，朝飛野田兩相逐。虞人張羅，我為子告。空倉餘粟，我飢子啄。生不如原上雀，弟日行以南，兄日行以北。

⊙空山　弔亡也

空山青青，松柏長林。白晝無人，但見邱塋。彼不我知，而我泣下。我行不歸，落日四野。

⊙山高　憂讒也

山何高高，而水澌澌。風吹水聲激山石，水有聲，石有稜，激君不怒見君心，行榷我馬埋我輪，從君此去無讒言。

⊙客宴　思歸也

美錦在笥，不如布衣。黄金滿籯，不如食肥。人生不得歡骨月，安能鬱鬱終歲從君嬉。為告公子，公子信好客，何不買駕使來歸。

⊙河水　期貴也

河水流，在于東。美人出，車隆隆。水濺濺，流不已。望車來，忽非是。河之東，東城裏。日已暮，車塵起。

⊙客至　家無丈夫也

犬狺狺，吠在門。遠客至，室無人。門前毻風草肅肅，誰家少婦軀黃犢。

⊙同聲和歌　望同心也

君家山南頭，妾住村南舍。生小不識君，識君青驄馬。君有歌，妾能聽。山上作歌山下和，同聲合意君當下。

⊙老女歎　惜高才也

有天不留曙後星，有麥不作五月青。蚤年不行樂，中歲多艱辛。樓高高，菅風久。紅者顔，白者手。當窗織錦好女兒，三十不嫁為誰守。

⊙膈膊雞　望遠人也

膈膈膊膊向晨雞，泠泠落落蕩子妻。淒淒切切房中啼，房中啼，君不歸，金烏西走兔東飛，與君或有相逢時。

⊙彈雀行　刺交道也

與君結柴弓，山下彈黃雀。終日得一雙，歸來共飢渴。黃雀雖小亦有儔，雙飛不去從君收。棄弓放雀勸君止，君心臣心不如此。

⊙與君期　怨所期不答也

與君期何許，乃在鳳凰山。山高有兩峯，白雲出其間。雨濛濛，日西落，山有頭，雨有脚。待君不來我心惑。山之東，山之西，山之南，山之北。

⊙壯士　思報恩也

蒼鷹擊，毛血飛，壯士怒，觸山摧，聞君有讎臣恥之。長安市上鐵馬馳，雷轟白日青天低。手提讎頭身伏尸，是臣報恩畢命時。

⊙校獵　悲孤兒也

黃狗逐白兔，踐我田中禾。持馬欲與爭，貴人怒氣箠。亂撾畏君舍之去，兄婈歸，責笞當柰何，兄嫂歸，責當柰何，孤兒痛哭山之阿。

⊙貧婦　美賢婦也

見君終日愁，無以解慰之。揚聲爲君歌，皓齒明蛾眉。飛鳥為之下，白雲爲之低。一聲變節，淚下沾衣，他人皆衣錦繡，妾願與君炊扊扅。君心不樂，妾何以歌為。君心不樂，妾何以歌為。（《後湘詩集》詩集卷三，《續修四庫全書》影印清中復堂全集）

《白太傅祠》

千古風流白太傅，三年出守輒題詩。緑褭無恙湖鹵路，翠黛依然馬上旹。柳色菅殘催祖帳，謌聲人散別楊枝。無端又聽吳孃曲，莫雨瀟瀟水滿祠。(《後湘詩集》詩集卷六，《續修四庫全書》影印清中復堂全集本)

《牛李二相》

一代勳名太尉贊，崖州謫去至今憐。孤寒八百齊回首，不見題詩白樂天。

荳蔻菅風小杜詩，論兵慷慨復權奇。憐才獨有牛開府，泣下揚州餞別旹。(《後湘詩集》卷九，《續修四庫全書》影印清中復堂全集本)

《論詩絶句六十首》（之三十一）

三留詩集施山門，文字華嚴法界存。若使探沙探金穴，秦中諸作國風源。(《後湘詩集》卷九，《續修四庫全書》影印清中復堂全集本；《萬首論詩絶句》第二册，第七五六頁)

《康輶紀行》

唐詩人温、李皆得罪時相，被擯終身，當時至以為戒，目為輕薄，然考其得罪之由，不過語言文字之小故耳。令狐綯身爲宰相，不自咎其不學，反恨飛卿，直言義山乃其至戚，又其父所賞識也。綯既不加存録，反因九日題詩而大恨之，此其褊狹忮忌為何如？論者不責時相之忌才，但咎温、李之輕薄，是必以貢諛逢迎者，爲厚重載福矣。此等議論，正由重視宰相，輕視人才，使令狐綯而賢者，矩過能謝，更加禮於温、李，不當又以二人爲氣節之士耶！若夫狹邪之游，纖靡之作，乃唐代習俗，巨公多不能免。人品邪正，固不存乎此也。唐文皇纖麗之詩，不如隋煬帝《長城》、《飲馬》之什，而李林甫、盧杞之不邇聲色，豈賢于郭汾陽、白香山、韓偓哉！（右温李得罪時相，非其罪）(《康輶紀行》卷四，《四庫未收書輯刊》影印清同治刻本)

元人郭翼，字羲中，著《雪履齋筆記》，偶論經義注疏，説有勝《集註》者，折衷取之，辭氣粹然，非如文士浮夸自矜習氣也。筆記之作，蓋亦遭逢擯抑，能以理自遣者，淵源有自，亦非冬烘膚學者所能。今録其數則於此。一曰，陸務觀云：「忠州最號窮陋，白樂天詩乃有『今夜酒醺羅綺煖，被君融盡玉壺冰』之句，忠州豈有此景，當時不堪司馬閒冷，驟易刺史，故亦見其樂爾，可憐哉！」又，鄧栟櫚云：「王涯讒白樂天出為江州司馬，及甘露之禍，朝士殆無遺者，而樂天方在洛中遊香山寺，然則涯果能陷樂天否乎？小人無知，欲以人勝天，類皆如此，但可憐耳。」兩君一憐樂天，一憐王涯輩，然樂天江州數載，徙倚匡廬瀑布之間，仰觀山，俯聽泉，傍睨竹樹雲石，至欲引妻子，抱琴書，以終老，豈肯受人之憐。若王涯輩者，乃當如栟櫚之言耳。……（右郭翼筆記）（《康輶紀行》卷十三，《四庫未收書輯刊》影印清同治刻本）

（升庵）又引《范元實詩話》曰：白樂天《長恨歌》工矣，而用事猶誤。峨眉山下少人行，明皇幸蜀，不行峨眉山也。當改云劍門山。（瑩按，劍門乃入蜀大道，可云少人行乎？白以峨眉爲蜀中名山，其下人行甚少，以言蜀道艱難，常人且少行者，明皇以天子蒙塵，至此爲可悲歎耳。豈如博士作記里鼓耶?）「七月七日長生殿，夜半無人私語時」，長生殿乃齋戒之所，非私語地也。華清宮自有飛霜殿，乃寢殿也。當改長生為飛霜，則善矣。按，鄭嵎《津陽門詩》：「金沙洞口長生殿，玉㮣峯頭王母祠。」則長生殿乃在驪山之上，夜半亦非上山時也。又云：「飛霜殿前月悄悄，迎風亭下風颸颸。」據此元實之所評信矣。

瑩謂，元實，范祖禹子，秦少游壻也。升庵喜以考博談詩，未免好新尚異之過。如元實言以長生殿為齋戒之所，自必有所本，固不敢妄定是非。若鄭嵎之詩可據，則驪山自有長生殿矣。驪山為巡幸之所，華清宮之建以湯泉在此，所謂離宮別館也。齋戒大事，豈有建至山上遊幸之理，若是齋宮當在大內。考《雍録》云，華清宮，開元十年建，初名溫泉宮。天寶六載，始改華清。明皇每歲十月往幸，歲盡乃歸。與《通鑑》正合。或十月有事，則十二月、正月，從無七月往者。白詩既云「七月七日」，則非驪山矣。若云齋宮，豈有攜妃嬪往者，似亦非齋宮也。此歌前以華清、溫泉與昭陽殿、蓬萊宮雜舉，未嘗以長生殿屬驪山，且亦鴻都道士虛渺之言，詩人迷離其詞，何可徵實耶！（《康輶紀行》卷十三，《四庫未收書輯刊》影印清同治刻本）

智按：姚瑩，字石甫，桐城（今屬安徽）人。嘉慶十三年（一八〇八）進士。曾先後在福建、江蘇任州縣地方官，後爲臺灣道，鴉片戰爭時屢挫英軍。和議成後被誣入獄，事白分發四川，官至廣西按察使。有《東溟文集》、《東溟文外集》、《東溟文後集》、《中復堂遺稿》等。《清史稿》有傳。

平翰（一七八五～一八六〇？）

《戊戌九日登高，用坡公次蘇伯固詩韻》

武林賢守繼元和，蘇白情同近薜蘿。迴望鄉關心欲醉，爲敲詩句手頻搓。霜清我鬢因時改，歲稔人家得谷多。今日借名一游覽，馬前歡聽《大田歌》。（《遵義府志》卷四十六《藝文五》）

智按：道光十八年戊戌（一八三八）重九日（十月二十六日），平翰與莫友芝、鄭珍等龍山登高。平翰賦詩，衆人反覆唱和，莫友芝和詩有《登龍山，次坡公韻，並寄庭、生兩弟》：「曉霜初斂午風和，淡淡晴煙翳薜蘿。天際峰巒螺子抹，雲中絲管雁聲搓。荒城自昔憑臨少，清景於人負責多。一路稻香吹不斷，兒童爭唱歲豐歌。」「剛同諸弟共消閒，手插秋花五色斑。見説西成開洞戶，何期南望隔江山。思牽行朗歸鞭裏，愁入夷牢醉帽間。卻壽老親攜稚子，猶勝東里斥子尹未能還。」《登高，時太守與子尹商及志事歸來，太守疊蘇韻先成，因和作》：「圖經淆雜始元和，大半菟丘説女蘿。刊落荒榛衢路出，難於昏夜亂絲搓。鎮憐舊竹除青少，何況新黎落葉多。加意雌黃輕下筆，但求項宕免嘲歌。」「西南靈氣豈長閒，人物時時見一斑。二冉風流輝蜀國，三楊勳業在犍山。低徊往蹟斜陽外，多少名蹤蔓草間。好趁謝公操志筆，備徵休更計瓻還。」（均見《影山草堂學吟稿》卷中，《莫友芝詩文集》第四十七頁）鄭珍和詩有《九日登龍山和樾峰，用坡公次蘇伯固袁公濟兩九日詩韻》、《樾峰次前韻，以郡志稿重屬仍和道懷》（《巢經巢詩集》前集卷五）。平翰亦次韻，並重提修《遵義府志》之事。（參張劍《莫友芝年譜長編》）

平翰，字樾峰，晚號退翁，山陰（今浙江紹興）人。由舉人入國子監學習，分發貴州，歷署臺拱廳，松桃廳，綏陽知縣，道光十六年至十九年官遵義知府，倡修《遵義府志》，後因處理民亂不當被貶官。咸豐初任江蘇同知。著有《黔輶吟》。潘衍桐《兩浙輶軒續録》卷三十引《寄心盦詩話》：「樾峯太守書學褚河南，所刻有《來青閣帖》行世。余游白太傅祠，見所書楹帖，精妙無匹，後見太守云，此十五年前所作也。嘗官貴州遵義知府。」（參見震鈞《國朝書人輯略》卷九，清光緒三十四年刻本）

張祥河（一七八五～一八六二）

《喬鷺洲明經宜園讀書圖》

丈夫桑弧四方志，所最難忘小年事。草堂一角鐙影紅，執卷從師問奇字。今君應舉來長安，長身鷺立非久寒。詩才藻繢有仙氣，求之朋輩眞鵷鸞。吾師當代文章伯（井西老人），君獲春風侍几席。學示山淵南部宗，吾人根柢宜磐石。鄉園同抱望雲心，隔歲江潮泖澱侵。白苧春來新雁到，弟兄猶作借枝禽。（余家塔射園，去秋積潦，兄弟別賃屋以居）酒邊松竹聞清籟，親舍遙天護祥靄。二麥登場海國秋，蒓絲世界斜陽外。平原瓦甒夢頻飛，長慶詩情託紫薇。養望師門十年事（吾師成進士，觀政祠部，歸黃山十年，徵召乃出），家山我欲讀書歸。（《小重山房詩詞全集》詩舲詩外卷二，《續修四庫全書》影印清道光刻光緒增修本）

《文露軒同年出使哈密道經長安見示詩箑走筆贈行》

吹客風清羽扇搖，何時兵氣望中銷。憶聽白舫中年雨，看上黃河萬里橋。將酒更無人折柳，及瓜應有旨還朝。秦中吟裏新豐叟，不但香山歎後彫。（《小重山房詩詞全集》鶴在集，《續修四庫全書》清道光刻光緒增修本）

《舟中望廬山》

推篷不見廬山面，朝霧茫茫江似練。羲暉東上塵夢醒，白雲卷散峰頭青。九江百雉儼闌檻，古塔對峙琵琶亭。高吟詩句愛樂天，湓浦月與香爐烟。白家池荒蓮社杳，東林安問西林賢。松風冷冷吹鶴背，九疊屏風天不礙。山經目送客神往，客向前行山後退。鏡裏玻璃渺千頃，玉杖未攜中耿耿。橋頭那遇白玉蟾，世上應無陸修靜。桑落洲過彭蠡灣，大孤山盡小孤山。今宵好在宮湖泊，夢到石門飛瀑間。（《小重山房詩詞全集》白舫集，《續修四庫全書》清道光刻光緒增修本）

智按：張祥河，字詩舲，華亭（今上海松江）人。嘉慶二十五年（一八二〇）庚辰進士，官至工部尚書。謚溫和。有《小重山房集》。

曹楙堅（一七八六～一八五三）

《庚子十一月七日消寒第一集用乙未卽事原韻二首示同年吳舍人（嘉淦）金編修（昀善）馬比部學易工部陶（惟模）彭（蘊章）蔣（德馨）比部李（清鳳）蔣（錫綬）》（其一）

上竹鮎魚笑此官，詩情休似宦情闌。香熏畫省猶爲客（幼竹未娶，古廉亦索居），身住瓊樓不覺寒。未倒缾罍卿莫去，若譚鐘鼎我無干。中廚商略南烹味，麩炭籠鑪卜夜歡（日暮半鑪麩炭火，香山句）。（《曇雲閣集》詩集卷五，《續修四庫全書》影印清光緒三年曼陀羅館刻本）

智按：曹楙堅，字樹蕃，號艮甫，吳縣（今江蘇蘇州）人。道光十二年（一八三二）壬辰進士，改庶吉士，授刑部主事，歷官湖北按察使。有《曇雲閣詩集》。

梅曾亮（一七八六～一八五六）

《讀東坡集有感》

七載黃州已似家，又從儋耳度年華。東坡有地聊栽竹，南海無人且看花。白髮瞿塘悲劍器，青衫溢浦泣琵琶。飄零詞客多哀怨，學道如公信有涯。（《柏梘山房全集》詩集卷六，《續修四庫全書》影印清咸豐六年刻民國補修本；《晚晴簃詩匯》卷一百三十；《柏梘山房詩文集》第五四八頁）

《萬裴園詩序（辛丑）》

吾鄉萬裴園先生，方鄉舉時，年甚少。及爲縣令，改校官，從容於閒官者，數十年。自俗情觀之，先生於仕宦宜有不釋然者，而陶陶然不以進退爲憂樂。年過八十，重與鄉飲之典。其平居惟好吟詠，至老不釋。人皆以先生之詩，學袁簡齋大令而爲之也。簡齋之詩，自以爲出於樂天。樂天之生平，仕宦稍進則詩爲之喜，稍退則詩爲之悲，然此特其迹耳。其外乎成虧得喪，而有真樂者存焉，則詩之爲也。今先生之詩，稱心而言，俯仰拾取，不屑為艱深勞苦之態，故其仕宦進退，坦坦舒舒，無怩詞，無憂色，其志豈樂天殊哉！志樂天之志，卽能爲樂天之詩，可也。況流俗所以稱先生者，其名固有所不必謝也。先生之仲子世綸，爲曾亮從妹夫，故嘗以書往，詞旨卒卒，無以副長者數千里存問之意。今讀其詩，嘆昔知之不深，遽成古人，尤悢悢也。（《柏梘山房全集》文集卷六書序，《續修四庫全書》影印清咸豐六年刻民國補修本；《柏梘山房詩文集》第一三六頁）

《朱少仙詩集序（己酉）》

昔白樂天與孟東野、賈長江皆元和詩人，然人讀孟、賈詩抑塞思罷去，樂天詩輒心曠神釋，而樂爲之徒，豈非其境爲之哉！餘姚朱少仙先生，以文行名於時，而屢試禮部，始以大挑得知縣，顧棄不取，爲州學官，復棄官而家居。其境固不若郊、島之困，而視樂天則有間矣。及得其詩讀之，自少而壯而老，凡有接於目者，皆欣欣然而得其樂意也。其夷猶容與，澹泊而自適，亦使人心曠神釋，而樂爲之徒也。因其詩以得其人，所謂無求而知足者歟！雖然，人之富貴貧賤，其境無有窮也，惟無求而知足者，其境爲無以加。苟爲無以加也，含醇和，混希夷，而超然於無累之域，又烏知己之非樂天，而樂天之非己也哉！則以無其遇而同其詩爲先生異者，猶未為知言也。或曰樂天之子無聞，而先生有賢子登侍從，壽且過之，所遭又有勝於樂天者，是固然矣，而其所自得於詩者，亦不係乎此也。（《柏梘山房全集》文集卷七書序，《續修四庫全書》影印清咸豐六年刻民國補修本；《柏梘山房詩文集》第一五八頁）

智按：梅曾亮，字伯言，上元（今江蘇南京）人。道光二年（一八二二）進士，先後入安徽巡撫鄧廷楨（一七七五～一八四六）與江蘇巡撫陶澍（一七七九～一八三九）幕府，後入貲爲戶部郎中，道光末歸鄉後一度主揚州梅花書院。有《柏硯山房文集》十六卷（中國國家圖書館藏咸豐六年刻本）、駢文一卷（稿本）。《清史稿》有傳。

吴清鵬（一七八六～?）

《臺陽七月梅花圖為聽篁題聽篁詩喜長慶體因擬一首》

西風吹滿臺陽路，一片梅花秋欲素。由來海國四時春，不是江城五月暮。江城舊有少年生，萬里思親渡海行。何遜正開官閣詠，張騫已到漢槎横。縞衣一笑迎遮道，眼見繁英插晴昊。海客猶談秋水篇，山妃早展春風稿。夜夜銀河洗濯枝，不教環珮怨來遲。清寒尚帶鮫人淚，窈窕應羞織女姿。清寒窈窕圍欄繞，綵衣相映巡簷到。佛桑幾共促銜盃，仙杏還來催插帽。悔被霓裳誤早回，空勞瑤島夢頻猜。鱗衣欲倩龍工往，蠟蒂誰封鴈使來。生綃碧海偷春影，毫端欲畫秋先冷。綽約如逢姑射仙，横斜不比羅浮境。披圖我亦為勾留，不信梅花别有秋。九十九峰都在眼，卧游直到海東頭。(《笏庵詩》卷二，《續修四庫全書》影印清咸豐五年刻吴氏一家稿本)

《道遇尚麗使臣戲簡蘭雪》

海東之國高句麗，朝正歲歲來如期。鴨緑江前春水動，昨日街頭滿白衣。道逢相揖語嚘咿，問著只是舍人詩。小邦亦解愛文物，能誦中朝雅頌詞。喜君詩聲日遠大，但莫出口媚外夷。君不見，長慶詩格何其卑，雞林賈人知購之。八哀自有王公贈（少陵《八哀詩》有贈王思禮一篇。思禮，高麗人），通國曾無識拾遺。(《笏庵詩》卷三，《續修四庫全書》影印清咸豐五年刻吴氏一家稿本)

《仕宦至五十戲效樂天略參東坡亦不純師之意也》

仕宦至五十，亦可少休息。家人不我許，恐我遂引决。細思實可笑，於我竟何益。五更起朝天，泥滑道路急。家人方熟睡，我獨冒風雪。平明趨公衙，日午事未畢。我獨忍饑餓，家人已早食。我苦家人樂，我勞家人逸。不如竟棄去，苦樂轉均一。且勿語家人，此意吾當密。(《笏庵詩》卷八，《續修四庫全書》影印清咸豐五年刻吴氏一家稿本)

《觀刈麥插秧二首》

大麥昨已收，為酒此所需。小麥今又熟，作餅得時俱。刈割不可緩，及趁晴色初。刀鐮散出野，擔歸各還居。明朝枷板動，四喧聞場廬。我適避兵來，轉得親農夫。開門即見郊，與話立斯須。因問價幾何，石可七百餘。貨賤雖傷農，且喜食不虞。還語慰父老，今年當免租。

郊居日與習，始識農事苦。今年幸有年，十晴間一雨。喜知插秧水，已足滿塘貯。夜聞車聲動，瀌瀌走傾注。晨色猶未上，簑笠早來聚。人各三十把，督課有常數。幾日罷手畢，彌望緑成趣。井井各在列，剡剡多已舉。轉思秋穫時，未知可留住。屈指賊當滅，不久欲辭去。（《笏庵詩》卷二十，《續修四庫全書》影印清咸豐五年刻吳氏一家稿本）

智按：此詩直承白居易《觀刈麥》。

吳清鵬，字程九，一字西穀，號笏庵，錢塘（今浙江杭州）人。嘉慶二十二年（一八一七）丁丑一甲三名進士，授編修，歷官順天府丞。有《笏庵詩鈔》。

邵堂（一七八七～一八二四）

《論詩》（六十首之十九）

論才大曆隨州冠，長慶香山體變新。後日江湖詩派起，千秋作俑定何人？（白香山）（《大小雅堂詩鈔》卷五，《清代詩文集彙編》影印清道光十年浚儀官署刻本，第五五四册，第四三頁；《萬首論詩絶句》第二册，第八二三頁）

智按：邵堂，字無斁，號子山，青浦（今屬上海）人。嘉慶二十二年（一八一七）丁丑進士，官汜水知縣。有《大小雅堂集》。

張金吾（一七八七～一八二九）

《愛日精廬藏書志》

⊙《白氏文集七十一卷》。宋紹興刊本，玉蘭堂藏書。

【唐】白居易撰。中遇「構」字注「犯御名」，「桓」字注「淵聖御名」，蓋紹興三十年以前刊本也。案,《讀書敏求記》云:宋刻白集,從婁東王奉常購得,後歸之滄葦。此本玉蘭堂、王煙客、季滄葦俱有印記,蓋文氏故物,後歸王氏,轉入錢氏、季氏者。闕卷三十一至三十三,又三十五、三十六,共闕五卷,抄補。元稹序,長慶四年。(《愛日精廬藏書志》卷二十九集部,《續修四庫全書》影印清光緒十三年吳縣靈芬閣集字版校印本)

《愛日精廬藏書續志》

⊙白氏文集七十一卷。毛氏子晉斧季合校本。

【唐】白居易撰。斧季所據宋刊本,今藏金吾家,此本因毛氏父子手跡,故並存之。元稹序。

毛氏手識曰:庚午歲,予在疚,不敢研朱。借於昭遠,宋版,訂句讀在丁卯春秋,故用印色。

黃氏手跋曰:目後雌黃書二行,是子晉手跡。卷中句讀有「晉」字小圓印,其朱筆皆斧季字迹,所補缺葉畫烏絲欄者,亦出斧季手。

又曰:琴川張君月霄藏有宋刊本《白氏文集》,假歸,命長孫秉剛校勘一過,知斧季用朱筆校者,即據張君所藏本也。兹校亦用朱筆,恐與斧季混同,因載於格欄外。其行間字,以朱筆點於旁,所以識別也。

秉剛手識曰:道光甲申,以常熟張氏所藏宋本手校一過,并鉤行款。鋆記。(《愛日精廬藏書續志》卷四,《續修四庫全書》影印清光緒十三年吳縣靈芬閣集字版校印本)

智按:張金吾,字慎旃,別字月霄,昭文(今江蘇常熟)人。嘉慶十四年(一八〇九)補博士弟子員,不久棄去。致力於藏書。嘉慶二十三年(一八一八)編藏書總目《愛日精廬書目》二十卷和善本書目《藏書志》四卷。道光七年(一八二七)編《愛日精廬藏書志》三十六卷,《續編》四卷。

黃釗(一七八七~一八五三)

《幕中吟》

昔白香山作《秦中吟》,指陳時事,意在懲勸,不嫌直遂,余從獲鹿令涂容齋幕中,稔近日畿輔州縣積弊，因就所聞作此。

⊙免征苦

北地常亢旱，災黎滿村哭。皇仁特免征，歡聲動茅屋。詎知州縣官，聞詔轉眉蹙。免征定免役，錢糧苦不足。上官供給繁，幕友薪水促。何處贏羡餘，妻孥看食粥。我欲乞天公，兼為官民祝。五風十雨調，四時轉玉燭。境無八口饑，歲有四秋熟。爾民樂輸將，官亦飽食肉。

⊙上控案

清官豈不佳，乃有上控案。問其所以然，胥吏賞為難。峭壁難立厓，急水難立岸。若輩飽腥羶，焉能共食淡。積久成蠹奸，排比若魚貫。遂有無賴民，為彼金所啗。架詞冀動搖，列款請推勘。阿誰似温嶠，燃犀燭幽暗。貪官伸手為，好官轉眼換。至清水無魚，斯言豈河漢。

⊙派差役

某村派車輛，某堡出馬匹。某甲具供張，某乙充夫役。里胥送票來，官但過硃筆。誰知一道符，其弊乃百出。蠹役弗劣衿，得錢共乾没。差來派鄰村，剝削加掊克。更有中户民，挂名入卯册。藉以避征搖，數不下千百。力役既不均，科派復孔亟。因之多上控，卷案如山積。我聞老吏言，憹形實洞悉。回非民之抗，亦非官之刻。如何庶有豸，毋令若輩蝨。（《讀白華草堂詩初集》卷四，《續修四庫全書》影印清道光刻本）

《讀東坡除夜病中贈段屯田詩龍鍾三十九勞生已强半歲暮日斜時還為昔人歎自注樂天詩行年三十九歲暮日斜時鄙意歎老傷窮詩家習氣然亦何必作此頹唐語余今歲三十有六尚逐公車較白蘇二公所遇眞有未可同年語者然自顧壯心未損如寢方興因次東坡詩韵一首》

華筵具八珍，酒行未及半。此豈有不飽，而乃當食歎。早達無建樹，時日亦愒玩。高爵與厚禄，匪以豢閒散。我年三十六，尚逐公車伴。自維來日長，正似夜初旦。何人鬱牢騷，拔劍斫巨案。學道苦未深，坐受塵纓亂。鄰雞催起舞，我甫呼沃盥。一日而千里，驥足豈遲緩。香山歎日斜，生理未通貫。旨雖託吟諷，詞究近頹懦。我今作壯語，亦非好冰炭。留都近十年，校書閱兩館（文穎國史兩館）。倘非回禄災，一氈可得暖。得暖便何如，東坡亦應粲。（《讀白華草堂詩初集》卷八，《續修四庫全書》影印清道光刻本）

《京旋雜述》（十九首其十二）

東望琵琶亭，觸我掩抑思。蝦蟆陵下女，飄流感弟妹。倚門既失身，浮家復失計。司馬自多情，商人祁重利。流連肯流連，棄置竟葉置。我從長安來，恩怨覺多事。當筵四絃秋，傾聽常掩袂。黄沙柳葉傍，白月蘆花次。幽州聲已銷，又下江州淚。（《讀白華草堂詩二集》卷十二，《續修四庫全書》影印清道光刻本）

智按：黄釗，字香鐵，鎮平（今廣東蕉嶺）人。嘉慶己卯（一八一九）舉人，官翰林院待詔。有《讀白華草堂詩》。

柳樹芳（一七八七～一八五〇）

《水邨新樂府四首》

⊙攊豆食

雨緜緜，淹此一頃田。一頃之田種不得，豆貴如珠勿浪擲。無米攊豆猶可餐，呼兒搜索叢莽間。衝風出，冒雨入，抱薪然，烘衣溼，歸來且聽釜中泣。

⊙喫麥種

頓頓思炊粥，無米吞聲哭。倒盡瓶中幾粒粟，瓶無粟，甕有麥，盡此種，將何食。隴頭有水不得下，且過今冬休論夏。

⊙斸水稻

飢火燒腸淚欲迸，入水終依稻爲命。犯霜力呼子婦起，攫米氣與蛟龍競。斸一半，架在竹。束一半，曬在屋。水多地少何處堆，不見雲頭漠漠雨又來。

⊙倒撑船

龜頭縮，鴉尾續，什什伍伍泊水宿。以水爲田船作屋，水無賦，船無租，魚鹽利，爭驩呼。爾曹無事日酣睡，夜中出入何爲乎？（樹芳又有《大水行》一篇，見水利門）（張應昌《國朝詩鐸》卷十五，《續修四庫全書》影印清同治八年秀芷堂刻本）

《新樂府士可辱》

士可辱，聲欲哭，士不可辱官辱之，四民之首今可笞。國家養士數百年，誰將鞭撻開其先。烏虖！官何不自視，出身也自秀才始。（張應昌《國朝詩鐸》卷十九，《續修四庫全書》影印清同治八年秀芷堂刻本）

智按：柳樹芳，字湄生，晚自號古楂，自稱「勝溪居士」，吳江（今屬江蘇）人，柳亞子高祖。嘉慶間諸生。纂修《分湖柳氏家譜》，著有《分湖詩苑》、《分湖小識》、《養餘齋集》、《勝溪竹枝詞》等。

王省山（一七八七～一八五五）

《吳中吟》

吳民困於重賦久矣，持計者既多，取之又以私意為盈縮，苦樂不均，民生困敝，有足悲者，因仿樂天《秦中吟》，直書其事，命曰《吳中吟》。

吳郡東南雄，自古財賦地。漕糧百餘萬，歲歲軍儲備。連年遭荒歉，水旱迭爲厲。民困猶未蘇，取盈談何易。聖人治天下，權衡本經濟。上重天庾供，下爲民生計。二者不偏廢，義盡仁亦至。持籌者何人，搜括無遺利。況復存私心，强爲分軒輊。同是災區民，苦樂乃互異。追呼日煩擾，閭閻更凋敝。誰肯忍飢寒，束手以待斃。民窮盜斯起，有法竟難治。問其所由來，正坐科徵弊。草野困誅求，海內紛多事。惟宜亟反本，勞心勤撫字。民飽國自安，太平可坐致。老眼望時雍，共遊唐虞世。（張應昌《國朝詩鐸》卷二，《續修四庫全書》影印清同治八年秀芷堂刻本，第一六二七册，第三八五～三八六頁）

智按：王省山，字仲巡，號松坪，山西沁州人。歷知雲南元謀縣、江蘇崑山、無錫、江陰、江寧。有《菜根軒詩鈔》十四卷《續集》一卷。

陳僅（一七八七～一八六八）

《竹林答問（答姪詩香問）》

問：唐人新樂府何如？

（答）樂府音節不傳，唐人每借舊題自標新義。至少陵，並不襲舊題，如《三吏》、《三别》等詩，乃真樂府也。其他如元道州之《系樂府》，元微之之《樂府新題》，香山、張、王之《新樂府》。溫飛卿之《樂府倚曲》，皮日休之《正樂府》皆是。微之以下，雖以古詩之體為樂府，而樂府之真存。不似明人字摹句倣，鉤輈詰屈，而杳不知其命意之所在也。（《清詩話續編》第二二二四頁）

問：張、王、元、白等新樂府，可以被管絃否？

（答）此雖不可知，考之郭茂倩《樂府詩集》，則當時入樂者，初唐多五律，盛唐多七律。亦有截律詩之半以為樂曲者，如《想夫憐》為右丞「秦川一半夕陽開」七律，《都子歌》為香山《東城桂》七絕第三首，所歌者，不必定為樂府詩也。大抵唐時詩人多通音樂，故其詩皆可被之管絃。如沈括《筆談》：「《霓裳曲》十二叠，前六叠無拍，至第七叠始有拍而起舞。故填詞名以《中序第一》者，是中分十二叠，以第七叠為《中序第一》，至此乃舞。白樂天詩曰：『散序六奏未動衣，中序擘騞初入拍』是也。」《蔡寬夫詩話》：「唐曲言《涼州》者謂之『濩索』，取其音節繁雄；言《六么》者謂之『轉關』，取其音調閑婉。元微之詩云：「《涼州》大遍最豪嘈，《録要》散序多籠撚。」「濩索」、「轉關」，豈所謂「豪嘈」、「籠撚」者邪？唐時起樂皆以絲聲，竹聲次之，樂家所謂「細抹將來」者是也。王建《宮詞》云：「琵琶先抹《緑腰》頭，小管丁寧側調愁。」此三詩皆可證。（《清詩話續編》第二二三四頁）

問：漢魏六朝五古尠有轉韻者，唐人五古尚然，而七古則大抵轉韻者多，何也？

（答）七古行之以氣，句字既冗，長篇難於振厲。轉韻長古較易於一韻到底者，以韻轉則氣隨之翕張，不至一往而竭故也。唐初盛諸家，獨韻長古絕少。惟昌黎之氣最盛，特好為之，而少變化亦坐此。然必氣盛，方可言變化。初學七言，仍當以一韻到底入手，所以充其氣也。若五古字少，又以神韻為主，神韻不可促，故轉韻特難。《古詩十九首》惟「行行重行行」與「冉冉孤生竹」二首換韻，其音節轉捩處，便近樂府。五言長古濫觴於齊、梁，汪洋於杜、韓、元、白，終非正格。（《清詩話續編》第二二三五頁）

問：古詩中有入律句者，其聲調安在？

（答）如李、韓詩體，斷不可參入律詩一語，杜、王、高、岑體，則可偶參一句。其有兩句者，必仄體也。唐初四傑體，則有兩句，長慶體，則更有四句純律。結語則高、岑體亦間有以律句收之。（《清詩話續編》第二二四四頁）

問：鍾嶸《詩品》為千古評詩之祖，而記室之詩不傳，豈善評詩者反不能詩乎？

（答）非特善評詩者不能詩，即善吟詩者多不能評詩。唐人不知詩者，無如白香山。慈恩塔詩，李杜岑薛在上，而獨取章八元。「迴梯暗踏如穿洞，絶頂躋攀似出籠」之句，徐凝惡詩亦贊不容口，宋人不知詩者，無如王半山。《百家詩》選王仲初，而斥右丞、左司猶可言也。曹唐之「獨倚紅肌捋虎鬚，黑地潛擎鬼魅愁」亦復入選，不幾於好惡拂人之性乎？同時如山谷亦不善評詩，因知人各有能不能也。（《清詩話續編》第二二五〇頁）

問：王定保《摭言》稱：「裴令公居東洛，夜宴聯句，元、白有得色。次至楊汝士曰：『昔日蘭亭無艷質，此時金谷有高人。』白曰：『笙歌鼎沸中，勿作此冷淡生活。』元曰：『樂天能全其名。』」汝士壓倒元、白，「鸞掖」、「鯉庭」之外，此又一事。元、白名重一時，何以屢敗於汝士？

（答）此自是古人虚心處。然樂天於七律，自謂率爾成章，非平生所尚，微之亦本非擅場，宜其屢見屈也。（《清詩話續編》第二二五四頁）

問：元、白優劣若何？

（答）元、白齊名而元不如白，溫、李齊名而溫不如李，皮、陸齊名而皮不如陸，非獨其詩之有優劣也。（《清詩話續編》第二二五四頁）

智按：陳僅，字餘山，號漁珊。鄞縣（今浙江寧波）人。嘉慶十八年（一八一三）舉人。歷官安康知縣、陜西甯陜廳同知。平生篤于學，經史小學皆有著述。有《魚珊詩集》、《繼雅堂詩集》、《文莫書房詹詹言》、《四明陳餘山先生集七種》等。事迹見吳慶坻《蕉廊脞録》卷五。

陳世鎔（一七八七～一八七二）

《求志居唐詩選瑣説》

高廷禮《唐詩品匯》區别等差，不可謂非詩家正軌。然而有得有失，未能悉饜人心，方領矩步，法外之意，蓋未窺也。文章之妙，變化無方，惟心通造化者揮斥八極，非有塗轍可尋。唐一代惟太白、少陵、退之、香山為得此意，故是選所采最多。餘如射洪、曲江、東川、達夫、右丞、嘉州、襄陽、左司，清規雅裁，亦甄録略具。其孰為大家，孰為名家，則俟學者自領。間有評論，各附本篇之下。智過於師，方堪傳授，不立語言文字，愧謝未能。（清道光二十五年刻本《求志居唐詩選》卷首）

智按：陳世鎔，字大冶，一字雪樓，懷寧（今安徽安慶）人。道光十五年（一八四七）乙未進士。歷任隴西知縣、岷州知州、凉州古浪知縣。有《周易廓二十四卷》、《書説》四卷、《詩説》六卷、《禮説》三卷、《春秋説》四卷、《學庸俟》三卷、《論語俟》三卷、《孟子俟》一卷、《易學支流》二卷、《求志居詩集》二十卷、《文集》十六卷、《求志居唐詩選》八十二卷、《皖江三家詩鈔》四卷、《求志居時文》二卷等。

賀熙齡（一七八八～一八四六）

《琵琶亭》

琵琶亭子俯江潯，一片荒凉感不禁。名士美人零落盡，天涯有客一登臨。

枝枝零落在天涯，愁絕傾城絕妙花。料得攜燈添酒夜，有人幽怨泣琵琶。

荻花楓葉渺如何，無限淒凉子夜歌。爲問江州司馬淚，青衫今日是誰多。（《寒香館詩鈔》卷二；《賀熙齡集》，岳麓書社，二〇一〇年八月，第一二八頁）

智按：賀熙齡，原名永清，字光甫，號蔗農，又作拓農，善化（今屬湖南長沙）人。嘉慶十九年（一八一四）進士，選庶吉士，授編修。遷河南道御史，提督湖北學政。復補山東道監察御史。以自疾乞歸。主張經世致用，爲晚期湘系經世派代表人物。兄賀長齡，弟子左宗棠。前後主講長沙城南書院，倡立湘水校經堂。晚年築室東城，布衣蔬食，名其居曰菜根香。有《寒香館詩文鈔》。

金景善（一七八八～一八五三）

《燕轅直指》

（壬辰十二月初二日）中火後，副正使先行，余與聖申將踵發，忽見壁間有題詩，曰：「天涯淪落又驚秋，欲抱琵琶訴舊愁。誰是多情白司馬，夜深燈火到江州。」其下書桂香題。招店主問之，答以爲月前有過去女子手題云，辭語凄惋，筆體亦妍妙。默究其景像，亦一季文蘭之流也，遂戲次其韻三首，聖申亦和之。一行諸人，亦多追和。行二十里，至柳河溝。歷觀乾隆御製碑，別有柳河溝碑記……（《燕轅直指》卷二出疆録，《韓國文集叢刊》本）

（壬辰十二月二十五日）訪李延平故居，溪山清絶。其子孫共有數十家，尙以詩書不墜舊聲云。又行過大横驛、太平驛、建安縣、建安驛，古家遺裔，多居於此。冠冕珪組，尙今不絶。樓臺林園，肩背相望。眞是名鄉也。又行過建陽縣、甌寧縣、孔店驛、營頭驛、馬嵐驛、仁和驛、臨江驛、浦城縣、漁梁驛、九牧驛、捌都驛、靖胡鎭、衢州府、通和橋、龍游縣、建德縣、蘭縣、桐廬縣。此等處，以輿地考考之，古禹貢揚州，而東爲吳，南爲越，北爲楚，今浙江省是也，實多古蹟之可觀。如廣陵之秋濤，同安之暮鍾。淮陰城下，尙傳韓信之磯；居鄛村中，可徵范增之居。廬陵是歐内翰古宅，臨川乃王荊公舊貫。句踐棲於會稽，項籍困於陰陵。潯陽夜月，如聞白司馬琵琶之曲；山陰暮雪，幾返王子猷剡溪之棹。富春山光，宛帶子陵之高風；合淝水聲，若誇謝玄之大捷。栗陽古衙，閑吏之風流安在；彭澤孤舟，高士之踪跡云邈。……（《燕轅直指》卷三留館録 上，《韓國文集叢刊》本）

（癸巳正月初五日）有一隊戎裝者，各持鎗棒旗幟斧鉞弓刀，或舞釰，或發矢，或勝或敗。又有四箇美女，亦出而舞釰。能與男子對敵，比向者釰舞，尤爲絶奇，觀者不能正視，乃以筋斗、角牴等戲雜之，使觀者應接不暇。問其戲本，則始爲地理圖，次金橋，次殺犬，次跪驢，次英雄義云。未知其辭曲如何，且不解語音，有如瞽者丹青，全沒意趣，未竟場而還云。諸戲本記自沿路至北京，見人家往往蓄戲本雜録，皆板本也，其名不可勝記，而撮録若干條，餘皆倣此。盜令、黃鶴樓、王會圖、山靈應瑞、朝帝京、羅漢渡海、堯傳舜受、豳風七月、王女獻盃、獻野瑞、虹橋觀海、惟皇建極、漁家歡飲、函谷騎牛、習禮大樹、武士三千、四海安瀾、萬年觴、華封三祝、重譯獻雉、應月令、七曜會、緱山控鶴、樂陶陶、蟾宮會、如環轉、廣寒法曲、長恨歌、東囪弄橘、星壇祭風。(《燕轅直指》卷四留館録 中,《韓國文集叢刊》本)

智按：金景善，字汝行，謚貞文。歷任判義禁府事，右參贊等職。有《燕轅直指》六卷，為其一八三二年年任冬至兼謝恩使一行書狀官時之燕行記録。

趙棻（一七八八～一八五六）

《先司農公藏書最多散佚殆盡近見楨兒購覓苦無善本感而賦此》

棖觸前塵淚點濃，頓衰門祚廿年中。從教萬軸償逋負，轉免連楹飽鼠蟲。手澤闗心徒慘惻，風花過眼任西東。外翁今日如無恙，應學香山付玉童。(《兩浙輶軒續録》卷五十三,《續修四庫全書》影印清光緒十七年浙江書局刻本)

智按：趙棻，字儀姞，一字婉卿，號子逸，又號次鴻，晚年自稱善約老人。上海人。户部侍郎秉沖之長女，批驗所大使烏程汪延澤室，著《攄月軒詩文集》。縣志云：「棻生而有文在其手，曰文，性耽文史，長于議論，幼卽能詩詞，長乃爲古文及駢體，女紅之暇，常手一編，尤喜讀《通鑑》，論史事多特識，創議出人意表。曾評注温氏母訓，每舉以教人。其課子曰：楨以求根柢，近者舊相勖。又通醫籍藥性，傳方施藥，療人多效。」

康發祥（一七八八～一八六五）

《伯山詩話前集》

《游悟真寺》五排祇十二韻，以視白香山一百三十韻，多寡不侔。然白香山詩渾灝流利，不厭其多；右丞此詩雅鍊謹嚴，不嫌其少。各具手筆，各臻其妙。……（《清詩話三編》第五二〇二頁）

白香山詩集經元微之編次者，分諷諭、閒適、感傷三類，其後集則逐年編次，但分格詩、律詩二種。通觀前後集，覺足為世之鑒戒者，無過諷諭一類。故嘗與元書論作文之大旨，自蘇、李而後，惟稱子昂、甫、白。其言曰：「晉、宋以還，得者蓋寡。康樂之奥博，多溺於山水；淵明之高古，偏放於田園。陵夷至於陳梁之間，不過嘲風雪、弄花草而已。麗則麗矣，不知其所諷焉。」此諷諭之類所繇名也。言之無罪，聞之足戒，固大異於風雪花草之章。

香山之詩，語多平淡。人以其平淡而呰之，殊不知看時容易實艱辛。在他人為之，鮮不流於僄矣，而香山則醞釀既深，故千百言之，而娓娓不盡。

大凡人之作詩文，由絢爛歸於平淡，自然之理也。而香山為盩厔尉時，則有《小亭閒望》等作；為翰林學士時，則有《松齋自題》等詩。按，為盩厔尉與翰林學士，在元和初年，香山年纔三十五六；且相傳《王昭君》二詩，則貞元四年，香山年甫十七，其詩已沖融淡雅，則其生性然也。

香山生友則有元稹，死友則有孔戡、唐衢。《哭孔戡》詩云：「或望居諫司，有事戡必言。或望居憲府，有邪戡必彈。惜哉兩不諧，没齒為閒官。」《哭唐衢》詩云：「憶昔元和初，忝備諫官位。是時兵革後，生民正憔悴。但傷民病痛，不識時已諱。遂作《秦中吟》，一吟悲一事。貴人皆怪怒，閒人亦非呰。天高未及聞，荊棘生滿地。惟有唐衢見，知我生平志。」《貽元稹》詩云：「自我從宦游，七年在長安。所得惟元九，乃知定交難。豈無山上苗，徑寸無歲寒。豈無要津水，咫尺有波瀾。之子異於是，久處誓不諼。無波古井水，有節秋竹竿。」哭贈三人之詩，俱在卷首諷諭類中。《登樂游園》詩又云：「車馬徒滿眼，不見心所親。孔生死洛陽，元九謫荊門。可憐南北路，高蓋者何人。」《酬元九對新載竹有懷》云：「始嫌梧桐樹，秋至先改色。不愛楊柳枝，春來軟無力。憐君别我後，見竹長相憶。常欲在眼前，故栽庭户側。」生死不渝，一至於此。

《宿紫閣山北村》詩，與杜子美《石壕村》詩相似也，此等詩皆有關於風化，不可多得。《燕詩示劉叟》尤能道得天理人情，使之自反，夫復何辭。

詩人好作大言，亦是結習使然。杜子美詩云：「安得廣厦千萬間，大庇天下寒士俱歡顔。」香山《新製布裘》云：「安得萬里裘，蓋裹周四垠。穩煖皆如我，天下無寒人。」《新製綾襖成》云：「争得大裘長萬丈，與君都蓋洛陽城。」《醉後狂言贈蕭殷二協律》云：「我有大裘君未見，寬廣和煖如陽春。此裘非繒亦非纊，裁以法度絮以仁。刀尺鈍拙製未畢，出亦不獨裹一身。若令在郡得五考，與君展覆杭州人。」

《買花》詩云：「一叢深色花，十户中人賦。」或問花價畢竟如何？按《漢文帝紀》贊曰：「嘗欲作露臺，召匠計之，直百金。上曰：百金，中人十家之產也。吾奉先帝宫室，常恐羞之，何以臺為！」準是以談，則百金可知。

《答四皓》詩云：「竟雜霸者道，徒稱帝者師。子房爾則能，此非吾所宜。」又云：「暗定天下本，遂安劉氏危。子房吾則能，此非爾所知。」夫以衣冠甚偉之四皓在太子之側，高帝以為羽翼已成，不可動摇，遂不復廢太子。此正子房之妙計。使四皓在太子側者，即子房也。香山馳騁議論，反正説來，以為安劉氏者四皓，而非子房所能也。已為子房瞞過而不覺。甚矣，論古之難也！

《游悟真寺詩一百三十韻》，《甌北詩話》謂為優於昌黎《南山》詩，以《南山》詩有通套處，而此詩較切實也。要亦不過是一篇游記，用韻穩當耳。而其中之佳句有可指者，如云：「山下望山上，初疑不可攀。」此發端處，姑作反筆以蓄勢。旋云：「誰知中有路，盤折通巖巔。」則忽開異境，一往無前矣。又云：「回首寺門望，青崖夾朱軒。如擘山腹開，置寺於其間。」其寺之深可知。又云：「赤日間白雨，陰晴同一川。」其景之幻可知。又云：「渭水細不見，漢陵小於拳。」其山之高可知。又云：「風從石下生，薄人而上摶。衣服似羽翮，開張欲飛騫。」其山之靈異又可知。他若「雪迸起白鷺，錦跳驚紅鱣」、「中顶最高峯，拄天青玉竿」、「又有一片石，大如方寸磚。插在半壁上，其下萬仞懸」、「感彼雲外鴿，群飛千翩翩。來添硯中水，去吸巖下泉。一日三往復，時節長不愆」等句，皆能狀難狀之景，毫無生硬苦澀之病。又云：「名境與異境，周覽無不殫。一游五晝夜，欲返仍盤桓。」兹四句作通篇結束，恰與「山下望山上，初疑不可攀」反正照應，章法一線。此篇之妙，實在於此。

《舟行》詩云：「帆影日漸高，閒眠猶未起。起問鼓枻人，已行三十里。船頭有行竈，炊稻烹紅鯉。飽食起婆娑，盥漱秋江水。平生滄浪意，一旦來游此。何況不失家，舟中載妻子。」於此見江行之樂，絕無風波之險，足覘天日之美，亦見胸襟之闊。

《自江州至忠州》，有似杜子美《玉華宫》詩。其詩云：「前在潯陽日，已嘆賓朋寡。忽忽抱憂懷，出門無處寫。今來轉深僻，窮峽巔山下。五月斷行舟，灧堆正如馬。巴人類猿狖，矍鑠滿山野。敢望見交親，喜逢似人者。」試參觀之，自得。

智按：杜子美《玉華宫》詩云：「溪廻松風長，蒼鼠竄古瓦。不知何王殿，遺構絕壁下。陰房鬼火青，壞道哀湍瀉。萬籟真笙竽，秋色正蕭洒。美人爲黄土，況乃粉黛假。當時侍金輿，故物獨石馬。憂來藉草坐，浩歌淚盈把。冉冉征途間，誰是長年者。」

「城上雲霧開，沙頭風浪定。參差亂山出，澹濘平江淨。行客舟已遠，居人酒初醒。嫋嫋秋竹梢，巴蟬聲似磬。」此《送客回晚興》詩也。起四句正是送行天氣。第五、六句行人已去，而酒後大難為懷也。結句言嫋嫋蟬聲，徒然在耳，其愁思宜何如耶？一氣相生，格最完善，而詩境亦極澄澈。

《畫竹歌》與杜子美《丹青引》、蘇東坡《韓幹畫馬一十四匹》等詩同觀。

《長恨歌》意在諷刺，其沉鬱頓挫處，不獨以使事為能。鄭嵎《津陽門詩》固遠不能及，即元微之《連昌宫詞》亦瞠乎在後。然究是香山少年之作，哀艷有餘，而修潔不足。曰「漢皇重色思傾國」，曰「楊家有女初長成，養在深閨人未識」，為尊者諱，可謂叙事得體。然其中亦多媟褻之語，如「春寒賜浴華清池，温泉水滑洗凝脂」、「雲鬢花顔金步摇，芙蓉帳暖度春宵」、「雲髻半偏新睡足，花冠不整下堂來」、「玉容寂寞泪闌干，梨花一枝春帶雨」等句，則又未盡得體也。讀者略其短而取其長，自不失為千秋之絕調。

《琵琶行》以商婦之别怨，寫遷客之牢愁，是不過借他人之酒盃，消胸中之磈磊，名為蕩子婦，實則亡是公也。論者不察，猥以為居官狎妓，移船聽曲，為有玷官箴。直以為真有是人、有是事矣。癡人之前，不得説夢，此之謂也。

香山之配楊氏，楊穎士之從妹也。倚外家之貴，情性未免驕縱。其初授邑號告身，香山有詩云：「我轉官階常自媿，君加邑號有何功?」又云：「倚得身名便慵惰，日高猶睡緑窗中。」形諸歌咏，伉儷不甚相得可知。

《龍花寺主家小尼》詩云：「頭青眉目細，十四女沙彌。」此與韓昌黎「洗妝拭面著冠帔，白咽紅頰長眉青」句，同為寫生妙手。其結句云：「應似仙人子，花宫未嫁時。」香山已闚得此尼非終於空門者，曰「未嫁時」，而已有待價之志也，亦微語妙。

香山詩自紀年齒，歷歷可稽，故其集雖未編年，而年譜自見。如《感時》云：「不覺明鏡中，忽年三十四。」《曲江早秋》云：「我年三十六，冉冉昏復旦。」《隱几》云：「行年三十九，歲暮日斜時。」《白髮》云：「况我今四十，本來形貌羸。」《自覺》云：「四十未為老，憂傷早衰惡。」《秋日》云：「下有獨立人，年來四十一。」《重到華陽舊居》云：「若為重入華陽院，病鬢愁心四十三。」《閒居》云：「心苦頭盡白，纔年四十四。」《贈杓直》云：「撫己愧前賢，已年四十四，又為五品官。」《四十五》云：「行年四十五，兩鬢半蒼蒼。」《春去》云：「四十六時三月盡，送春争得不殷勤。」《除夜》云：「明朝四十九，應轉悟前非。」《寒食夜》云：「四十九年身老日，一百五夜月明天。」《對酒自勉》云：「五十江城守，停杯一自思。」《登龍尾道南望》云：「青山舉眼三千里，白髮平頭五十人。」《初著刺史緋》云：「故人安慰善為辭，五十專城道未遲。」《自問》云：「宦途氣味已諳盡，五十不休何日休。」《喜敏中及第》云：「莫學爾兄年五十，蹉跎始得掌絲綸。」《花前嘆》云：「前歲花前五十三，今年花前五十五。」《和我年》云：「我年五十七，榮名得幾許。」《戊申歲暮》云：「惟生一女才十二，衹欠三年未六旬。」《生子》云：「五十八翁方有後，静思堪喜亦堪嗟。」《拜河南尹》云：「六十河南尹，前途足可知。」《答崔賓客晦叔（十二月四日見寄）》云：「今歲日餘二十六，來歲年登六十二。」《覽鏡喜老》云：「行年六十四，安得不衰羸。」《春游》云：「我今六十五，走若下坂輪。」《八十六》云：「五十八歸來，今年六十六。」《雪中晏起（偶詠所懷兼呈張常侍韋庶子皇甫郎中雜言）》云：「冉冉老去過六十，騰騰閒來經七春。」《逸老》云：「皤然七十翁，亦足稱壽考。」《達哉樂天行》云：「我今年已七十一，眼昏鬚白頭風眩。」《游趙村杏花》云：「七十三人難再到，今春來是别花來。」《齋居感事》云：「風光抛得也，七十四年春。」其自己編排處一絲不亂。近時汪立名所刻白詩集，一任其前後顛倒，殊未盡善。

香山近詩清言玉屑，娓娓不倦。五言詩，余尤愛其《官舍小亭閒望》云：「數峯太白雪，一卷陶潛詩。」《秋江送客》云：「濛濛潤衣雨，漠漠冒帆雲。」《郊下》云：「盡日看山立，有時尋澗行。」《旅次景空寺宿（幽上人院）》云：「暮鐘鳴鳥聚，秋雨病僧閒。」《江樓偶宴》云：「望湖憑檻久，待月放杯遲。」《夜送孟功曹》云：「江闇管絃急，樓明燈火高。」《潯陽宴别》云：「乘潮發湓口，帶雪别廬山。」《夜入瞿塘峽》云：「逆風驚浪起，拔篸暗船來。」《新居早春》云：「鋪沙葢苔面，掃雪擁松根。」《久不見韓侍郎》云：「户大嫌甜酒，才高笑小詩。」《晚庭逐涼》云：「趁涼行繞竹，引睡卧看書。」《夜泊旅望》云：「沙明連浦月，帆白滿船霜。」《郡樓夜宴》云：「搴簾待月出，把火看潮來。」《晚興》云：「山明虹半出，松闇鶴雙歸。」《渡淮》云：「孤烟生乍直，遠樹望多圓。」《河亭晴望》云：「晴虹橋影出，秋雁櫓聲來。」《宴散》云：「笙歌歸院落，燈火下樓臺。殘暑蟬催盡，新秋雁帶來。」《山寒》云：「翠屏遮竹影，紅袖下簾聲。」《登天宫閣》云：「高上烟中閣，平看雪後山。」《秋思》云：「獸形雲不一，弓勢月初三。」

七言詩，如《送王十八歸山》云：「黑水澄時潭底出，白雲破處洞門開。林間暖酒燒紅葉，石上題詩掃緑苔。」《八月十五夜》云：「歲中惟有今宵好，海内無如此地閒。」《欲與元八卜鄰》云：「明月好同三徑夜，绿楊宜作兩家春。」《重傷小女子》云：「纔知恩愛迎三歲，未辯東西過一生。」《贈楊秘書巨源》云:「清句三朝誰是敵,白鬚四海半為兄。」《得微之到官書》云:「寅年籬下多逢虎,亥日沙頭始賣魚。」《舟行阻風》云:「虎蹋青泥稠似印,風吹白浪大於山。」《題王處士郊居》云:「寒松縱老風標在,老鶴雖飢飲啄閒。《放言》云:「龜靈未免刳腸患,馬失應無折足憂。」《庾樓曉望》云:「竹霧曉籠銜夜月,蘋風暖送過江春。」《北樓送客歸上都》云:「京路人歸天直北,江樓客散日平西。」《歲暮》云:「舊病重因年老發,新愁多是夜長來。」《李白墓》云:「可憐荒壠窮泉客,曾有驚天動地文。」《裴常侍優禮見待》云:「馬因回顧雖增價,桐遇知音已半焦。」《初除官》云:「惠深范叔綈袍贈,榮過蘇秦佩印歸。」《入峽次巴中》云:「萬里王程三峽裏,百年生計一舟中。」《初加朝散大夫》云:「得水魚還動鱗鬣,乘軒鶴亦長精神。」《西湖晚歸》云:「盧橘子低山雨重,棕櫚葉戰水風涼。烟波蕩漾搖空碧,樓閣參差倚夕陽。」《悲歌》云:「耳裏頻聞故人死,眼前唯覺少年多。塞鴻遇暖猶回翅,江水因潮亦反波。」《早興》云:「犬上階眠知地濕,鳥臨窗語報天明。」《答微之誇越州州宅》云:「日出旌旗生氣色,月明樓閣在空虛。」《贈侯之郎中》云:「年豐最喜惟狂客,秋冷先知是瘦人。」《赴蘇州至常州》云:「厭見簿書先眼合,喜逢杯酒暫眉開。」《郡西亭偶咏》云:「共閒作伴無如酒,與老相宜只有琴。」《故衫》云:「袖中吳郡新詩本,襟上杭州舊酒痕。」《至楞嚴寺》作:「照水姿容雖已老,上山筋力未全衰。」《百喜》云:「身兼妻子都三口,鶴與琴書共一船。」《早春憶蘇州》云:「霞光曙後殷於火,山色晴來嫩似烟。」《晚春閒居》云:「勸我加餐因早笋,恨人休醉是殘花。」《江樓夕望》云:「燈火萬家城四畔,星河一道水中央。」《城上夜宴》云:「風月萬家河兩岸,笙歌一曲郡西樓。」此二聯句調犯複。香山集中,佳句甚多,而犯重複之病正復不少。公當年於三千四百餘首之多稍能割愛,則删繁就簡。豈不精而又精乎!

《九年十一月二十一日感事而作》詩「當君白首同歸日,是我青山獨往時」一句。甘露之禍,以香山為幸禍者,其說出於章子厚,東坡辨之,是已。「白首同所歸」,乃潘岳臨刑時語。「顧索素琴應不暇,憶牽黄犬定難追」一句,亦復以嵇康、李斯比之。所引之人,類皆才人杰士,絕無鄙薄之詞,是安得有快幸之說?

《啄木曲》、《四雖吟》是古詩創格，《池上閒吟》第二首起四句是近體創格。

與香山倡和者，則有元微之稹，世稱為元白；後有劉夢得禹錫，世稱為劉白。香山叙劉詩曰：「彭城劉夢得，詩豪者也。其鋒森然，少敢當者。予不量力，往往犯之。」其推崇之也甚矣。愚按：其詩殊難與白比，其古詩亦是長慶體，而沈鬱頓挫處尚少；近體詩多生動氣，《蜀先主廟》、《西塞山懷古》二詩，膾炙人口，自可壓倒香山。其他佳句則「樓中飲興因明月，江上詩情為晚霞」、「清光門外一渠水，秋色牆頭數點山」、「月下歌謠有漁父，風天氣色屬商人」、「薔薇亂發多臨水，鸂鶒雙飛不避船」，皆可誦。（《清詩話三編》第五二〇九～五二一七頁）

《伯山詩話後集》

白香山有句云：「石頑鐫費匠，女醜嫁勞媒。」蓋猶是鐫石也，而頑石則費匠氏之力；猶是嫁女也，而醜女則勞媒妁之心。昨見江寧温肇江比部有《老女》詩云：「感深媒妁殷勤語，孤負爺孃愛護心。」何蘊藉乃爾。（《伯山詩話後集》卷三，《清詩話三編》第五三〇一頁）

《伯山詩話續集》

詩人學杜韓者，必以學元白爲輕俗；學元白者，又以學杜韓爲皮毛。文人相輕，久成結習。究之性之所近，懷抱各攄，反脣相稽，皆可不必。蹈此弊者，楚固失矣，而齊亦未爲得也。其直鈞耳。（《伯山詩話續集》卷二，《清詩話三編》第五三七九頁）

智按：康發祥，字瑞伯，號伯山，江蘇泰州人。歲貢生，官儒學訓導。有《三國志補義》、《伯山詩文鈔》、《小海山房詩集》等，匯刻爲《伯山全集》。《伯山詩話》前集一卷後集四卷續集二卷再續集二卷三續集二卷四續集二卷，初集不載于全集，亦未見刊本流傳，僅北京大學圖書館藏稿本二卷，有《話古》一卷，續集《話今》一卷，或其早期稿本。復旦大學圖書館藏有三續集、四續集各二卷，有楊葆光（一八三〇～一九一二）批校並跋。另有民國間殘抄本、道光至咸豐間刊本、《伯山全集》本。

張定鋆（一七八八～一八七五）

《三餘雜志》

⊙黃雞白日

【白居易《醉歌與伎人商玲瓏》】「誰道使君不解歌，聽唱黃雞與白日。黃雞催曉丑時鳴，白日催年酉時没。」鋆按，蘇軾詩：「只有黃雞與白日，玲瓏應識使君歌。」卽用此事。（《三餘雜志》卷二，《四庫未收書輯刊》影印清道光刻本）

智按：「只有黃雞與白日，玲瓏應識使君歌」，見蘇軾《次韻蘇伯固主簿重九》、《施注蘇詩》卷二十九，清文淵閣四庫全書本。「白日」，一作「白髮」。蘇軾詩詞多次用「白髮」對「黃雞」，如《與臨安令宗人同年劇飲》「試呼白髮感秋人，令唱黃雞催曉曲」，《過密州次韵趙明叔喬禹功》「黃雞催曉凄凉曲，白髮驚秋見在身」，《浣溪沙（游蘄水清泉寺，寺臨蘭溪，溪水西流）》「休將白髮唱黃雞」，《浣溪沙》「莫唱黃雞並白髮」。

⊙麗譙

【《莊子》】盛鶴列於麗譙之間。【《却掃編》】顏師古曰：譙門謂門上爲高樓以望耳樓，一名譙，故謂美麗之稱爲譙樓。【沈約詩】仙人居譙樓。【庾肩吾詩】春光起譙樓。【沈佺期《登瀛洲南樓詩》】層城起譙樓，憑覽出重霄。【白居易《西樓喜雪命宴詩》】銀榼攜桑落，金爐上譙樓。鋆按，今稱郡縣更鼓樓爲譙樓，惟更鼓樓非宴集之所，而名流題詠如此，似乎不合，或古時城上之樓，倍極壯麗，可以攜樽宴客，非今更鼓樓可比也。（《三餘雜志》卷二，《四庫未收書輯刊》影印清道光刻本）

⊙飛蠅垂珠

【白居易《與元稹書》】僕始生六七月時，乳母抱弄於書屏下，有指之字無字示僕者，僕雖曰未能言，心已默識。後有問此二字者，雖百十其試而指之不差。則知僕宿習之緣，已在文字中矣。及五六歲，便學爲詩，九歲暗識聲韻，十五六始知有進士。苦節讀書，二十年已來，晝課賦，夜課書，閒又課詩，不遑寢息矣。以至於口舌成瘡，手肘成胝。既壯而膚革不豐盈，未老而齒髮早衰白，瞥然如飛蠅，垂珠在眸子中者，動以萬數，蓋以苦學力文之所致，又自悲矣。（《三餘雜志》卷四，《四庫未收書輯刊》影印清道光刻本）

⊙披卷嗟賞

【《堯山堂外紀》】白樂天初至京，以所業謁顧著作況。況覩姓名，熟視曰：長安米貴，居大不易。及披卷，首篇曰：「咸陽原上草，一歲一枯榮。野火燒不盡，春風吹又生。」乃嗟賞曰：「道得箇語，居亦何難？前言戲之耳。」因爲延譽，聲名遂振。【鋆按】《茶餘客話》載，康熙年間，馬章民世俊下第留京，落拓殊甚，以行卷謁龔芝麓司寇，司寇讀至：「而謂賢者爲之乎」題，至「後二比數亡主於馬齒之前，遇興主於牛口之下，河山方以賄終，而功名復以賄始，七十年以前之歲月已淪，七十年以後之星霜復變，壯盛未聞諫書，而衰齡反同販豎」云云，司寇淚涔涔下，曰：「李嶠眞才子也。」歲暮贈炭金章民，得白金八百兩。明年，遂狀元及第。賢哉司寇，非褊心者所能及也。此事頗與顧著作之於白太傅相類。（《三餘雜志》卷四，《四庫未收書輯刊》影印清道光刻本）

⊙雞林售詩

【《唐書·白居易傳》】居易最工詩，當時士人争傳，雞林行賈售其國相，率篇易一金，其僞者，相輒能辨之。（《三餘雜志》卷四，《四庫未收書輯刊》影印清道光刻本）

⊙醉吟先生

【《唐書·白居易傳》】居官，輒病去，遂無立功名意。與弟行簡從祖弟敏中友愛，東都所居履道里，疏沼種樹，搆石樓，香山鑿八節灘，自號醉吟先生。（《三餘雜志》卷五，《四庫未收書輯刊》影印清道光刻本）

⊙量移

【《舊唐書·明皇紀》】開元二十年十一月，大赦天下，左降官量移近處。【《新唐書·韓愈傳》】憲宗欲用愈，皇甫鎛忌其直，曰：愈終狂駷，且量移内地。【白居易詩】三年循例未量移。又，流落多年應是命，量移遠郡未成官。鋆按，據此，則得罪遠貶，遇赦移近地，謂之量移。今人以升遷爲量移

者非。(《三餘雜志》卷五,《四庫未收書輯刊》影印清道光刻本)

⊙防風粥

【雲仙雜録】白居易在翰林，賜防風粥一甌，剔取防風，得五合餘食之口，香七日。(《三餘雜志》卷七,《四庫未收書輯刊》影印清道光刻本)

⊙蠻觸

【莊子】有國於蝸之左角者曰蠻氏，有國於蝸之右角者曰觸氏，爭地而戰，伏尸數萬。【白居易詩】蟭螟殺敵蚊窠上，蠻觸交爭蝸角中。【蘇軾《跋王晉卿所藏蓮華經》云】蝸牛之角可以戰蠻觸，荆棘之端可以刻沐猴。(《三餘雜志》卷八,《四庫未收書輯刊》影印清道光刻本)

智按：張定鋆，字竹鋆，常熟（今屬江蘇）人。

王相（一七八九~一八五二）

《百花萬卷草堂自記》

人生建樹，各視境地，要有所當為者。謍居處之安，徇遊觀之樂，亦殊陋矣。身世百年，流行坎止，攘造物之有以為吾私，又甚愚矣。……昔白樂天置草堂於香鑪峰下，為記曰：余自思從幼迨老，凡所止，雖一日二日，輒覆簣土為臺，聚拳石為山，環斗水為池。其喜山水，病癖如此。其詩則曰：「舍此欲焉往？人間多險艱。」味其言，若將終焉。然而未幾，除忠州刺史，去之若逆旅然。蓋性情偶寄，位置得宜，賢者不廢，人事之萍飄蓬轉，誰則知之？風波之險，世之隱伏，於不聞不見之間者，且什佰此矣。余以中年哀樂之感，心怦怦有似怔忡。又性疏懶，與世違，行將謝絕塵事，息影此中，補平生讀書之志。先人之遺，非我所得棄也；造物之有，非我所得據也。天地蘧廬，光陰過客，委化任運，奚庸切切，為過計哉！兒子炯，年始成童，徒見余謍造，而不深維吾意，懼其為習見所移，欲其思負荷之重，凜晏安之戒，而勉所當為也，書以示之。(《友聲集》草堂雜詠,《續修四庫全書》影印清咸豐八年信芳閣刻本)

《林擒花》

月臨花放月纖纖，春暖閒居逸興添。枝颶晚風陰澹遠，香來平野味清甜。似能勸獵嬌含語，可為如臯笑破嚴。相贈莫吟巫峽句，元輕白俗恐他嫌。（《友聲集》顧學齋唫藁卷下，《續修四庫全書》影印清咸豐八年信芳閣刻本）

智按：王相，字晉升，江西臨川人。有《三字經訓詁》、《尺牘嚶鳴集》、《百家姓考略》等。

袁翼（一七八九～一八六三）

《題抹雲閣樂府後》（二首其二）

虛名贏得在檀喉，我亦歌場鞠部頭。老去英雄都侘傺，替誰夫壻祝封侯。一枰生死縱橫局，萬里虛無縹緲舟。此曲人間聽不得，青衫恐是白江州。（《邃懷堂全集》詩集前編卷一，《續修四庫全書》影印清光緒十四年袁鎮嵩刻本）

《題潯江送客圖》

庾樓明月尚當空，一葉舟輕傍荻楓。莫問青衫司馬事，琵琶亭在浪花中。（《邃懷堂全集》詩集後編卷三，《續修四庫全書》影印清光緒十四年袁鎮嵩刻本）

《庚申除夕感懷寄故鄉親友》（六首其六）

乾隆己酉誕生身，已到咸豐辛酉春。絳叟疑年符甲子，黔妻相伴守庚申。燭龍餘曜無多日，竹馬同騎有幾人。（香山句云：「大曆年中騎竹馬，幾人得見會昌春。」時香山七十三歲）惆悵挂冠歸未得，南州添一老遺民。（予引疾去任，欲賦歸歟，而道途梗氛，莫遂初志，行將卜居江城，以終老焉。撫今追昔，益自悵然）（《邃懷堂全集》詩集後編卷六，《續修四庫全書》影印清光緒十四年袁鎮嵩刻本）

《雜興倣香山體》

虛銜官五品，食廉千二百。風塵不才吏，婤沐朝廷澤。行年七十三，幸登中壽籍。造物本無私，所畀亦已溢。伯道雖惸惸，猶子聯血脈。貧賤心事違，烽烟鄉路隔。數年天許假，婚嫁可全畢。仙龕有人守，且慢歸兜率。

役役貧賤生，役役貧賤老。老與病相期，病知冥限到。官職論高卑，貲財計多少。沈迷噩夢中，豈悟天將曉。聖賢與仙佛，身了心卽了。精氣歸太虚，軀殼還大造。無始亦無終，非遲亦非早。蜩甲不再蜕，玉山有時倒。身前千卷書，身後一抔草。

杜陵有布衣，一飯常思君。拾遺授微秩，麻鞋見至尊。葵藿向日陽，蜂蟻識君臣。如何富貴兒，嘲訕杞憂人。國事偶屯蹇，臣子同攖患。所以古良佐，盡瘁濟艱難。利鈍固不計，氣數亦不言。欲從虞淵時，揮日回中天。至今忠義心，懸在青霄間。

扁鵲善治病，獨無治老方。萬生卽萬死，先後歸北邙。貞松壽千載，惟恐作棟梁。槿花一日萎，六時亦榮芳。修德能永命，顔子早夭亡。漁色必戕身，彭祖偏延長。刀兵水火劫，非盡人召殃。搔首仰問天，天色徒蒼蒼。不如終日醉，遊于無何鄉。

孔氏言性命，理在數之先。孟氏言氣數，逆天與順天。劫從氣數生，莫知所造端。顔夭而蹠壽，天不操其權。小劫厄陽九，否極泰能旋。大劫厄天地，滄海變桑田。人物火燼後，尚有三萬年（酉戌亥三時每時一萬年）。洛陽邵堯夫，華嶽陳圖南。請問兩夫子，其然豈其然。

蹶張百夫雄，監郡雙月選。敘功卽真除，赫奕高牙建。長平奮奴虜（衛青封長平侯），武襄起黥面。風雲適際會，豪傑皆豹變。世運遞乘除，人物隨更换。無量大劫中，自有福庭踐。老傖歲遲暮，身似春朝霰。樗朽幸苟全，匏落甘卑賤。報恩望公等，戮力戡時亂。待勒平蠻碑，軍門願相見。

蜩鷽上霄漢，變化成鴻鵠。沐猴飾冠帶，假面登名場。物類反常道，宇内大不祥。詩人念危亂，慨詠北風涼。攜手且同車，行行往何方。我有素心人，早飲藍橋漿。夢中忽相見，哀我頭如霜。翩然入雲去，驚醒涕淋浪。萬事一蹉跌，人天兩微茫。

賤子垂髫歲，四海升平辰。吾祖猶矍鑠，吾父方壯齡。元旦飲屠蘇，出門賀新正。先敦宗族誼，次洽比隣情。路逢扶杖叟，二三老成人。貽厥命我拜，起立且徐行。作客二十載，還鄉心暗驚。風俗倏遷變，耆舊多凋零。子弟喜通脱，不知敬父兄。婦女喜粧餙，釵釧須黄金。衣服必華麗，肴饌必旨精。密察里黨間，十室八九貧。奢侈召殃咎，劫數來刀兵。泰極轉爲否，既衰難復振。老夫灌灌意，歌以誡後生。

軒黄多子姓，盛德祀千世。或在九州中，或在窮海際。君長各遞嬗，都邑其雄據。幾合復幾分，不絕神明裔。譬彼十六國，發祥源有自。荒遠事無稽，况更異文字。智哉列禦寇，獨闡三才秘。茫茫天地表，復有大天地。殺賊在戎韜，不在手中刀。用人在肝膈，不在口中蜜。使者江上來，云是觀軍容（唐有觀軍容使）。旌旗亘百里，帳下皆羆熊。士卒視如子，萬旅一心同。金帛視如土，不賞人無功。下解倒懸命，上慰宵旰衷。借問僕射誰，庶幾郭令公。

鮒魚困涸轍，斗水比江湖。翳桑一簞食，亦足救餓夫。受恩不在大，圖報必鏤膚。可憐百萬姓，宛轉填溝渠。天心本仁愛，人滿亦掃除。我儕老不死，且作高陽徒。願將酒泉郡，縮入劉伶壺。

髫齡折柳枝，戲插疎籬下。經雨復經風，緑絲漸盈把。小築讀書堂，濃陰覆檐瓦。昨得鄉老書，殷勤來告我。述我手栽樹，柯葉早披墮。節斷長流膏，心空自生火。茫然一追省，荏苒四十年。無情物猶爾，有恨人何堪。莫怪桓宣武，攀條憶漢南。

七十乃懸車，大夫有成例。卑卑牛馬走，那見耄期吏。因循不自决，反負遂初志（孫興公有遂初賦）。幸守清白箴，猶可問心地。我家住東吴，蒓鱸動歸思。道路多豺虎，尺書尚難寄。寂坐寓公寮，怕問江南事。呼僮捲蘆簾，待燕尋巢至。

昔讀長慶集，香山有慵詩。及今衰病日，情味備嘗之。目慵覽書卷，手慵捧盤匜。足慵步階級，耳慵聽金絲。口慵周遮說，晨夕宜一卮。白衣老居士（香山退居後自號），醉吟天子知。我醉非大户，我吟多鄙辭。惟是各慵狀，異世無參差。

阮公登廣武，嘆息無英雄。石勒傭保時，長嘯洛門東。隴上異人出，狐鳴大澤中。蟻陣識將雨，月暈知將風。禍亂有先兆，人心奈懵懵。老夫耄已及，難頌磨崖功。鯨鯢未掃蕩，恨與劍南同。兒曹正强壯，轉瞬升平逢。他年家祭日，毋忘告乃翁。

一千二百人，同歲賢書舉。前生文字緣，當世金蘭譜。非無節鉞臣，亦仕兵刑部。玉堂備顧問，不乏蓬瀛侶。回首廿餘年，升沈異出處。或嘆黄公壚，或弔稽山土。或辱泥塗久，飢寒閉門户。霄漢數晨星，落落惟三五。昔日題名録，今成點鬼簿。

已了作官身，未了作詩債。漸憐親友疎，屢被妻孥怪。聲名風過簫，年命露沾薤。憶昔少壯時，意氣頗豪邁。電光與石火，倏忽六十載。一雙閲世眼，覷破大千界。惟有月輪中，山河影不壞。

朝餐進豚蹄，夕餐薦羊肋。脾虚患腹脹，對案不能食。我初伏田間，葵藿美可茹。忽耽膏粱味，腥羶塞臟腑。辟穀雖多方，誰見身輕舉。神山本非遠，風引船自阻。欲訪武陵源，桃花落如雨。世治議裁兵，度支節經費。世亂議招募，戎行備指臂。駕馭苟得人，烏合皆堪使。燕昭市駿骨，士集黄金臺。漢廷樊灌等，皆從屠販來。龍虎一吟嘯，萬里風雲開。不聞英雄主，將相無真才。

遺民避秦亂，相率隱桃源。高士渡遼海，百家隨幼安。履霜兆堅冰，見幾必先作。如鶴出樊籠，萬里翔寥廓。如魚匿深淵，猶恐來蛟鰐。禍福本無常，人定天能勝。所以亂離時，智士不言命。

東漢陰陽家，風角及讖緯。人事驗吉凶，國運推興替。後代鄉曲儒，性靈溺章句。遂致千餘年，絶學無傳繼。會稽謝夷吾，預剋死期至。西域鳩摩什，能聽鐸聲厲。（事見《十六國春秋》）愚夫昧目前，哲士知百世。乾坤測端倪，亦不關占數。山川能言語，地師盡箝口。腑肺能言語，醫師亦束手。倉公著脈訣，郭璞傳葬經。其身已尸解，其技通神明。青囊與青烏，術士妄託名。三公牛眠穴，天祚忠孝門。蓬萊不死藥，仙度善根人。

隤齡日加長，羸疾日加增。葉枯未辭樹，膏竭將殘鐙。云何不自逸，推枕夜常興。冷眼閲時變，長吁一拊膺。清譚漏舟中，痛飲焚屋下。遠無嘗膽謀，近伏噬臍禍。丈夫亦有淚，不為兒女流。後死更事多，翻替少年憂。（《邃懷堂全集》詩集後編卷六，《續修四庫全書》影印清光緒十四年袁鎮嵩刻本）

《賀新郎（題沈夢塘先生東越修書圖）》

道光甲午七月，奉嚴諱自晉旋里，於長新店逆旅中，讀年丈夢塘先生題壁詞。玩其意，殆丙戌下第南歸時作。和者盈壁，惟欸讓、山次泉二詞最工，虚襟傾倒，有江湖沿路訪斯人意焉。丙戌距今八載，墨跡如新，而先生已萎，宿草渺若，山河既痛，先君復悲執友，一時難以爲懷。十月中，哲嗣仲貽世兄過舍，出此圖索題，棖觸前情，敬步其調。

擲筆鴻荒外。想才人、騎鯨碧漢，斗垣芒在。年少修書椽燭底，直把舊唐删改。恰半臂、春寒難耐。五字長城堅如鐵，笑元輕白俗盧仝怪。毛穎業，已千載。　鷓鴣聲裏添愁債。賦歸來、扁舟一葉，雨狂風駭。名士經生何足貴，只合燕然相待。嘆造物、於公已賣。留得新詞旗亭唱，遍山陽、人杳黄壚壞。歌楚些，弔漳海。（《邃懷堂全集》小清容山館詞鈔卷二，《續修四庫全書》影印清光緒十四年袁鎮嵩刻本）

《沁園春（題張春槎司馬歸隱蘇門圖）》

潘令河陽，白傅潯陽，卅年宦遊。况屯田一卷，傳來楚館，郎中三影，唱遍秦樓。梅子黄時，杏花紅處艷竹哀。絲香玉喉公餘暇，看牙牌，選韻手弄簾鉤。　功名未遂旄驧，怎司馬、青衫霜滿頭。想北平人老，猶誇射虎，東皐客至，相與騎牛。蠡澤廻帆，蘇門卜宅，重譜新詞教杜秋。郵筒便，望裁箋寄我，我尚能謳。（《邃懷堂全集》小清容山館詞鈔卷二，《續修四庫全書》影印清光緒十四年袁鎮嵩刻本）

《錢竹汀先生年譜序》

唐宋以來，名公巨卿，皆有年譜。然必爵位功業、道德文章，炳曜一世，而又克享大年，則及身自爲之，而無忝後學代爲之而足徵，與國之史傳、家之世系可互相參考者也。唐香山居士白文公自編長慶前後各集，弁以年譜，今集中所刻，出於陳伯玉、李德邵之手，則公自編之譜，久已散佚。然公之年齒官階、時事出處，一一見諸詩集，讀其詩而年譜即在其中矣。嘉定錢竹汀宫詹甫晬能言，母沈太恭人指「玉」、「而」二字教之，試以他書，指認不誤，與香山之生七八月，乳母抱立屏下，指「之」、「無」二字，百試不差者正同。豈非文人偉業，異世相符者乎？先生鍾光岳氣完之運，立堯舜賡歌之廷，年甫及艾，養疴里門，雖位止九卿，功業未顯，而道德文章，中外仰之，如泰山北斗。著述之富，網羅百家，沾溉藝苑。高麗使臣，在都購其詩文集，鬻諸國中，與香山之日本、新羅鈔寫其本者，亦復相似。故翼謂先生，即我朝之白傅也。歲在庚申，獲交先生從孫直卿學博，以先生年譜見示，壬子以前，先生自譔，後十二年其曾孫又沂、學博補編。受而讀之，知先生少壯時，所親炙者，先達名流，而後之同年儕輩，門生新進，皆鴻博之碩儒，詞章之宗匠，尚論者可想見當時國運之隆，人才之盛。而先生令名壽考，全受全歸，此又名公卿年譜中所罕覯也。憶嘉慶壬戌，先生重游泮水，翼年十四歲，不獲親瞻道範，及與令孫竹孫學博同歲游泮，禮宜晉謁門下，而哲人已萎，徒深歎慕迄今。天假之年，龍鍾未死，猶得腆顔泚筆，附名於一代大儒之譜末，是則厚幸也夫！（《邃懷堂全集》文集卷四，《續修四庫全書》影印清光緒十四年袁鎮嵩刻本）

《江風集漢書樂府序》

孩童啼笑，聲也；及能言語，音也。故曰孩童爲元音，其聲動魂魄。聲音者，人籟也，即天籟也。漢魏之朝，距商周遠矣。征人思婦之唱歎，輿夫馬卒之邪許呻吟，方之廟朝雅頌，縉紳贈答，雅俗相去又遠矣。然而時異事異，其可以託之宫羽、被之管絃者則無異。於是知人聲之不甚相遠也。聲成文謂之音，音則五方不同，律家遂有叩音尋聲之法，聲爲母音，爲子以母求子，聲隨音還，則人之音亦無不同也。三百篇，詩春秋，士大夫賦以見志。迨七國紛爭，宫縣閴響，易水一章，僅傳絕調，至漢武始立樂府，設協律都尉領之，桂華安世，房中諸曲，殊近雅音，自是魏晉六朝，代有作者。至唐人而別創新題，始爲變體，如少陵之無家、垂老，香山之《秦中吟》，張文昌、王仲初之短歌促節，統名之曰樂府。雖借伶工之口與器，以傳其聲，而當日興亡盛衰之故，悲愉喜怒之情，悉流露於人聲器聲之中。人聲發於先，器聲倚於後。劉彦和所謂「器寫人聲，聲非效器」，爲樂章探源之論也。……（《邃懷堂全集》文集卷四，《續修四庫全書》影印清光緒十四年袁鎮嵩刻本）

智按：袁翼，字穀廉，寶山（今屬江蘇）人。道光二年（一八二二）壬午舉人，官玉山知縣。有《邃懷堂全集》。

徐寶善（一七九〇～一八三八）

《補明史新樂府有序》（選十一首）

尤悔庵先生《明史新樂府》意嚴詞婉，抗白傅，掩茶陵，詩而史矣。余以甲戌游學章門，諷詠全編，見事之足垂法戎，猶或有未備者，爰撰二十餘篇以補之，非敢續前輩之風流，庶幾備遺忘於他日爾已。

《補明史新樂府·求直言》

僧不僧，帝不帝。燕子欲飛來，皇天示災異。平遙訓導應直言，效賈生哭彤廷前。七國之戕脛股連，割恩乃使諸王全。漢皇不怒高皇怒，間吾骨月應殊死。臣死耳，臣舌存，長祝吾皇壽萬春。那識降軍調北平，他年即稱靖難兵。

《補明史新樂府·東角門》

殺功臣，防外難。封親王，召內亂。北平虎踞燕王叛，六州鑄錯鐵空縻。書生誤國眞庸醫，庸醫不可為朝廷。煦煦宋襄術，誰敢一矢相加遺。濟南之降夾河敗，眞王豈有神靈戴。惜哉！鐵板不中鐵騎犇，大風拔木雷電昏。搴旗斬將徐魏國，軍門忽傳下帝勅，籍籍訛言竟縱賊。吁嗟乎！朕不殺叔父，叔父忍殺汝。卓公一疏人莫聞，尚憶先生東角門。

《補明史新樂府·瓜蔓抄》

一腔血，泣鬼神。三尺鐵，能屈伸。衣緋衣，犯帝宸。君不見，刺王僚，彗襲月；刺韓傀，虹貫日。匹夫敢死日月易，況爾忠臣誓天闕。蓄謀不成可奈何，劍術豈得訾荊軻。磔吾屍，械吾皮。吾皮尚存駕安之？魄猶為厲生何如？為語鄉里，下訴高皇知。

《補明史新樂府·置東廠》

燕兵偪江北，內侍降如雲。既忍背舊主，焉得忠新君。胡為出雲州，使外域典軍。制事侵官職，晚年鋭意尤防姦。防姦乃萃姦之淵，噫嘻！內官官制明且慎，奈何背爾高皇訓。

《補明史新樂府·榆木川》

韃靼征，瓦剌服。髑髏臺，沙漠漠。銘功勒石宣幽朔，紫泥塞，青海灣，古來白骨成邱山。秦皇漢武壯遺烈，雄略鼎足絕九寰。邊儲告空餉餽缺，稽首乘輿勸莫出，誰其愛我夏原吉。

《補明史新樂府·内書堂》

振瑾勢滔天，貂璫毓彌烈。伊誰覆九鼎，宣德始牙蘖。寺人給使令，匪云望明哲。佔畢胡為者，内使書堂設。釋菜拜先生，居然弟子列。橫流始涓涓，其潰安可遏。灼火始燄燄，其燎胡可滅。一朝文翰通，詩書藪姦孽。

《補明史新樂府·匠官》

木工蒯，石工陸。昔泥塗，今冕服。赫赫侍郎勢煜煜，朝廷勿憂柱石傾。我能為築萬里之長城，棟不折，榱不崩。燕雀處高堂，何畏鸇與鷹。策花驄，乘暖轎，一聲清道。匠官來見者，低頭聞者笑。語君且莫笑，君不見，朝傅巖，夕廊廟。

《補明史新樂府·内府營》

宣德内書堂，宦官習文字。嘉靖内府營，宦官曉武事。前年俺答侵燕京，大臣養寇如飼鷹。天子不敢坐齋閣，守陴四面陳羸兵。寇來全軍墨，寇退尾而伺。敵騎猝東返，潰駭如鼎沸。戎政隳不修，大營復舊章。賊鸞開馬市，中官内教場。為語奪門時，已有曹吉祥。

《補明史新樂府·爭礦税》

天地塞，君臣絕。餽餉竭，礦硐出。天子急聚斂，中璫賄賂溢。民困不聊生，騷動勢奔裂。皇帝病，革弊政。翼日瘳，悔前令。中使立敦促，惟恐外廷執成命。烏虖司禮猶力爭，相公遵勅已罷行。

《補明史新樂府·點將録》

王紹徽，點將録，排擊東林肆竄逐。卻借淮南大盜名，一百八人按圖索。是時閹黨布朝右，為彪為虎為走狗。頤指紛紛盡義兒，趣取大物如唾手。請配宣尼陸萬齡，首建生祠潘汝楨。忽聞麒麟産山左，廠臣德至通神靈。噫嘻廠臣威烈烈，天子不聞坐宣室，方親斧椎弄髹漆。

《補明史新樂府·福禄酒》

妖書案，梃擊案，國泰貴妃事難斷。福王之國群喙息，賜賚莊田充寶玩。

天下瘠，王府肥。王有錢，百姓饑。黃虎飛食肉，闖王來河西。眼看金錢散賊手，磨刀霍霍斷王首，賊衆爭勺福禄酒。（《壺園詩鈔選》卷一擔笈集，《續修四庫全書》影印清道光刻本，第一五一六册，第五六六～五六九頁）

《代香山新樂府三章有序》

同年生徐樹人宗幹宰泰安有善政，詩人美之，綴為樂章，俾邑之人詠歌焉。

⊙闊布謠

吉貝花非泰安出，闊布歲輸一千匹。闊布亦非出泰安，紛紛機匠織龍山。布千匹，出民間，豪胥持牒入村落，雞犬夜驚人不眠。一千匹布金三千，脱卻布袴輸布錢。徐侯豈弟民父母，民入布錢官不受。官不受，民氣蘇，風饕雪虐天寒日，下有複褌上有襦。

⊙小車謡

車班班，捉田間，田間捉車應官府，捉得驅將何處去。衣赭囚人絡繹來，官人解餉從輿臺。小車總向田間捉，吏胥火急官符催。一車人出十車費，摎括缾罌罄藏蓋。前吏鷙鷹飽，後胥貪狼飢。誰憐牽車人，瘦骨撐枯皮。噫吁嘻！歲無恙，民無恙，安得保我赤子如徐侯，驛傳自捐車百輛。

⊙石路謡

泰安達長清，石路迢遙百餘里。高高下下石犖确，軸折軥摧苦行李。昔我馬瘏我僕痡，山路顛蹶嵯崎嶇。如今石路平且闊，劇驂岐旁闢政術。石路謡，行人喜，使君心平亦如砥。使君福民民不知，民知使君愛物慈。願留一片青山石，為刻姚公紀德碑。（《壺園詩鈔選》卷六寄巢集，《續修四庫全書》影印清道光刻本，第一五一六册，第五九六～五九七頁）

智按：張應昌《國朝詩鐸》卷一題為《仿香山新樂府三章（紀徐樹人宗幹宰泰安善政）》。

《續明史新樂府十二首·紅板倉》

濟濟太學，峩峩髦髦。亦有廩餼，以詠以遨（一解）。荼之苦兮不可植，蓼之辛兮不可食。曰：余有室家，伊胡乎殖（二解）。王命爾多士，登陟廷止。弗耕胡穫，何以酌醴。乃求千斯倉，釐爾婦子（三解）。既畀我禄，既綏我家。稽首后矣，降福孔嘉。億萬斯年兮，日月重華（四解）。

《續明史新樂府十二首・姦黨録》

有功不祀雞鳴山，有罪首從姦黨録。太師少習法家言，何事耄期陷大獄。大義滅親古有之，密語頷首無人知。捉影捕風事難斷，明年又聞藍玉叛。叛不叛罪狀署憑，功狀鍜豈獨胡藍。駢首誅潁國，宋國真無辜。

《續明史新樂府十二首・哈立麻》

大國師，大善佛。西方來，祝齊祓。青鳥至，白象馴。降甘露，爛卿雲。梵唄天樂空中聞，侍臣獻頌叩帝閽。頻仍水旱何足云，烏乎！求瓊田，墮花雨，前秦皇，後漢武。

《續明史新樂府十二首・開銀場》

封礦盜日滋，開礦民益蹙。民窮轉滋盜，利害互根伏。官家著令設稅租，朝出長官暮吏胥。吏胥怒如虎，小民伏如鼠。視眈眈衆怚怚索，斂賦罄囊貯，下者肥身家，上者奉官府。一家笑，一路苦。官家强半私家取，弊政豈獨一銀場。成法慎莫輕改張，改張實乃民之殃。

《續明史新樂府十二首・呼萬歲》

日月凶，雷震殿。水旱荒，星晝見。大臣稽首叩殿除，天子御殿皆歡呼。中官卻先與申約，且莫彤廷縱譕譕。是時貴妃毒内訌，貴戚勢熱熏穹窿。攀附權奸列清要，視天徒爾昏蒙蒙。彭公商公兩碩輔，泰山北斗威名崇。今日内廷請召對，閣老只聞呼萬歲。

智按：殿除，疑為殿陛。

《續明史新樂府十二首・刑部吏》

東廠枉斷獄，刑官不敢覆。一覆忤東廠，坐罪禍尤速。刑部吏，憤上書。踏虎尾，捋虎鬚。乞下臣言斬臣首，但革東廠甦無辜。小吏進直言，長官慙且恧。君不見，紙糊閣老三，泥塑尚書六。

《續明史新樂府十二首・大慶法王》

世間怪事那可述，皇帝居然作大佛。此時不稱鎮國公，且向沙門接衣缽。

劉孃豔色天下無，張灣南去乘鸞車。快船黄馬如雷電，鬱坐大内胡爲乎。區區神器安足重，付與權閹手搏弄。八虎炰烋氣燄張，忠臣伏闕千聲慟。君不聞，六龍南征奏凱回，傳呼威武將軍來。可惜中官使西域，幡幢珠琲無消息。

《續明史新樂府十二首·步虚詞》

九關虎豹司天門，金宫建醮尊靈神。西僧昔成智慧佛，世廟方士封真人。朱字篆緑章，膩滑青藤紙。步虚何縹緲，詞臣拜丹戺。飄飄淩雲才，咫尺天顔喜。禱且禳，生皇儲。真人紀功晉尚書，豈特尚書號官様，入閣又有青詞相。

《續明史新樂府十二首·桃松寨》

北方有佳人，宛轉意態殊。窈窕辛愛妾，的的妍且都。偷得春風氈帳裏，逼天正值狼烟起。一騎紅裝塞上來，邊城流血三千里。女子何關虜輕重，七十餘堡新鬼慟。鼓鼙如山震大都，武庫甲仗成敝襦。嗚呼灤河寇，大同寇將軍。奇功美人授，邊釁不聞誅。（侘胄）

《續明史新樂府十二首·張先生》

神廟嗣立方幼冲，赫赫師傅威權崇。此時但畏慈聖后，調羹豈識鹽梅功。江淩相業幾震主，國僑火猛承餘風。胡爲身後禍踵發，修怨羣口交相攻。奪情獄起李文達，竄逐新鄭憑於馮。自來秉國良非易，明鏡鑑物中虚空。姚崇自乃救時相，曲江風度誰能同。

《續明史新樂府十二首·天鼓鳴》

烏乎神宗，流毒養癰。曾是莫警，天鼓鼜鼜。門户分爭，水火設礦。稅種奇毹，妖書梃擊。大獄興，不死申。生事亦亘，兵荒水旱。禍日叢，天子端。坐藏深宫，宴然唐虞可復覩。泄泄不與臣鄰通。吁嗟乎！四十八年，國脈斬客魏，凶姦禍彌慘。安得慈聖太后，常護持敬。天之怒，無斁思。

《續明史新樂府十二首·白桿兵》

一騎桃花寶刀掣，不信蛾眉能殺賊。請纓乃有女將軍，白桿雄兵萬人敵。將軍撫石柱，骨肉同馳軀。戰功始南川，援勦涉崎嶇。督師驅賊入川蜀，指劃成敗如轉燭。檜敖單要請莫膺，血淚空向秦庭哭。錦袍大小百餘戰，艱危難救全師覆。慷慨歸來誓土舍，有從賊者誅夷族。嗚呼夫人世絶倫，青史千古誰同論，不數唐家娘子軍。

《續明史新樂府十二首·史督師》

東南一隅當半壁，大厦崩頹勢孔棘。戮力艱危史督師，真是前身文信國。小朝廷，成暮氣，籌餉籌兵勢莫繼。優童豔女進後宫，二陵王氣隨蒿蓬。存亡獨倚一閣部，内有權奸外跋扈。上疏血淚誓六軍，趙家片土埋忠魂。至今冰雪梅花嶺，猶拜前朝閣部墳。（《壺園詩外集》卷二，《續修四庫全書》影印清道光二十三年徐志導等刻本，第一五一六册，第六八五～六八七頁）

《游琵琶亭》

落日停遠帆，倦步散林薄。危亭枕山介，勢迴帶山郭。當年送客處，勝境闢蘭若。雛僧導我游，頹垣委榛藿。階下鬬麏鼯，階前隕篥籜。直虞壓榱棟，安得煥丹雘。蒼然野氣至，暝色赴岩壑。何處問琵琶，紛紛荻花落。（《壺園詩外集》卷四，《續修四庫全書》影印清道光二十三年徐志導等刻本）

《新安篇有序》

太守馬漁山先生，余師也。歲甲申，來守吾郡。先以書詳問風俗宜興革者，仿香山體作《新安篇》。

新安山深民俗苦，十人中有九人賈。謀生難聚三月糧，既死偏爭一抔土。墳田不訟卧治易，其奈雜牒如風雨。縣官偃息不肯理，往往行賕思貨取。昔時淮南多巨商，親婭依倚生輝光。邇來富家轉蕭索，貧者失路彌倉黄。新安男兒苦奔走，新安婦女空坐守。十指不動嬌且慵，裙布椎髻甘奇窮。我聞巴蜀廉叔度，夜火不禁歌五袴。農蠶自古王業重，曷不家家種桑樹。絲枲既足興組紃，稅駕何用勞倌人。豈無食椹鴞未馴，艱難要使本業敦。坐令比户皆還淳，作詩聊當民風陳。（《壺園詩外集》卷四，《續修四庫全書》影印清道光二十三年徐志導等刻本）

智按：徐寶善，字廉峰，歙縣（今屬安徽）人。嘉慶二十五年（一八二〇）庚辰進士，改庶吉士，授編修，歷官御史。有《壺園詩鈔》。

彭泰來（一七九〇～一八六六）

《湖上望廬山醉歌》

掛席鄱陽船，痛飲潯陽酒。二千里外不逢人，五老雲中忽招手。湖波一白呑長空，波心倒濯青芙蓉。石梁三道揭南斗，雲錦九疊張天風。天風雲開，宛虹不來。洪荒昔漾，滔天可哀。高崖絕壁不知幾萬仞，禹航所汎下壓千崔嵬。蝌書龍畫入石處，亘古靈蹤翳神露。紫霄直上連青冥，咫尺飛翔玉京路。湖上南溟客，醉賦廬山篇。匡君兄弟笑相視，問我浮世今何年。眼中陶謝兩黄鵠，滅景遠入香爐煙。吟詩吾憐孟浩然，草堂亦愛白樂天。儻與盧敖汗漫游戲太清上，安知我身前度非青蓮。浩歌叩舷風日美，山雪春融九江水。江南江北青山多，有酒不飲如山何？（《晚晴簃詩匯》卷一百二十九）

智按：彭泰來，字子大，高要（今屬廣東肇慶）人。有《詩義堂後集》。

張應昌（一七九〇～一八七四）

《讀法時帆先生存素堂集懷遠詩一卷内有懷先伯父廉訪公詩云烏絲小楷寫冰詞正是煤山散學時歎息玉堂不得入抱筆軍門去何急前身乃是梅花僧歸來風雨荒寒仍禪板蒲團理清梵胸中留得光明燈懷先大夫倉場公詩云賦才卓犖聲摩空雲旗繡旆乘春風始知才大百事舉藉爾詩書固吾圉太行以西風俗醇詩教猶不違先民使者序詩具深意輳門何啻鐘鏞陳標題鄂樓觀察蘭渚方伯蓋嘉慶初年所作也追憶敬次元韻二首》

銀鉤書法黄絹詞，班馬文章鳴盛時。仕宦求出不求入，捧檄祇因負米急（伯父三赴春闈爲養親計就揀發）。請纓人似打坐僧，華膴既膺清素仍。手攜詩卷下廳宇，香山宗派傳心燈（伯父儀吉堂詩學香山）。

殿中作賦金聲空，戟門畫角生寒風。手剸長鯨旄節舉，波息南溟靖邊圉。昇平不覺治化醇，到今受賜江海民。榕嶠摩厓紀名宦，豈惟三晉嘉謨陳。（《彝壽軒詩鈔》卷八，《續修四庫全書》影印清同治二年西昌旅舍刻增修本）

《自題國朝詩鐸》

吾儒吐言辭，於世期有濟。豈徒累篇牘，月露風雲字。樂府愛香山，陳事比賈誼。詩史稱少陵，《三别》與《三吏》。文昌仲初儔，歌行亦其類。上德宣忠孝，下情通諷刺。聞者足警戒，言者無罪戾。箴誦師蒙職，興觀懲勸義。聖代求昌言，交儆勵圖治。咨諏拾闕遺，拜獻補偏敝。惜哉充棟編，紛若散珠碎。不免聞見遺，曷資韋弦佩。披揀集衆益，民生暨吏事。以充銘座詞，以為采風備。（《彝壽軒詩鈔》卷八，《續修四庫全書》影印清同治二年西昌旅舍刻增修本；《國朝詩鐸》卷首，《續修四庫全書》影印清同治八年秀芷堂刻本；《兩浙輶軒續録》卷二十六；《晚晴簃詩匯》卷一百二十一）

《何處難忘酒效香山作》

何處難忘酒，佳山勝水遊。六橋三泖舫，明月夕陽樓。緑樹鸝歌曉，丹林鴈點秋。此時無一醆，孤負好岩幽。

何處難忘酒，高朋滿座逢。縱談神異事，妙論有無宗。風月今宵話，煙霞曠古胸。此時無一醆，孤負此觚鍾。

何處難忘酒，歌雲繞畫梁。笛腔諧蠟板，珠琲囀鶯簧。雪面霓裳隊，金清玉豔場。此時無一醆，孤負耳洋洋。

何處難忘酒，峭寒黄葉村。風摶飛雪下，雲羃夕嵐昏。煙棹孤尋戴，柴門冷卧袁。此時無一醆，何以擁春温。

何處難忘酒，蕭齋樂有餘。問天攜好句，到眼得奇書。月佇停金軫，花開繞玉除。此時無一醆，何以悦幽居。

何處難忘酒，殊鄉作旅人。孤舟風雨夜，秋水露霜晨。眼底飄零世，天涯老病身。此時無一醆，何以解酸辛。

何處難忘酒，家人共畫堂。亂離無損折，衰老並康彊。烽火通書問，萍蓬聚客鄉。此時無一醆，孤負滿庭芳。

何處難忘酒，流離老獨身。蘭枝摧兩樹，月影照三人。浩劫遭戎馬，餘年别里隣。此時無一醆，何以慰窮民。（《彝壽軒詩鈔》卷十，《續修四庫全書》影印清同治二年西昌旅舍刻增修本，第一五一七册，第一七九頁）

《讀香山晚年病中詩自警》

七十人難到，過三更稀數。此樂天翁言，翁壽七十五。翁富貴安閒，終日心樂土。未到七旬時，已爲百病侮。目昏廢書歎，筋弛跬步阻。又頭風八年，半人自傷憮。我乃劬勞人，畢生褢藹縷。又顛沛流離，更窮獨孤苦。故鄉家園傾，倦旅疏水茹。復失烏鵲枝，并凋燕雀侶。老苦太凄其，歲已七五與。雙眸久眇睹，一一能細書。兩足瘦於鶴，緩步可以舉。與翁殊苦樂，勝翁健腰膂。今春忽頭風，憑陵來二豎。消息念無常，葆衛須有主。誦翁病中吟，内觀力自努。（《彝壽軒詩鈔》卷十，《續修四庫全書》影印清同治二年西昌旅舍刻增修本，第一五一七册，第一八六頁）

《湖上白蘇二公祠嘉慶初年建於孤山下二隄之間六十年來春秋祀饗不絶每逢正月二十日臘月十九日二公生辰里人醵錢設醴展拜薦馨余與祭以來亦三十年矣兵燹遭罹烝嘗闃絶庚申之春余去鄉井冬間老友滋伯寄示臘中感吟詩讀之已深悽愴迨辛酉冬故鄉復陷老友云亡今收復後余歸故里於臘月至湖上既歎祠宇鞠爲草茂又悲故人身逐烟消逢酹酒之辰更不禁痛哭流涕長太息也感成二律》

遺愛名賢景宋唐，生辰歲臘奉烝嘗。兩重祠地連楹奠，六十年來一瓣香。烽火西湖悲茂草，寒泉秋菊憶書堂。（蘇公祠位之右，有讀書堂。阮文達公題聯云：欲共水仙薦秋菊，長留學士住西湖。）雙隄千古何興廢，自並山高與水長。

歲晚山空冷一奩，幽蹤每憶故人聯。西泠樽共西齋畫，北郭春連北嶺煙。湖幻秦灰昆水劫，魂哀楚些大招篇。柘漿蘭燭無陳處，斜日悲風淚獨濺。（《彝壽軒詩鈔》卷十一，《續修四庫全書》影印清同治二年西昌旅舍刻增修本）

《奉贈秦澹如觀察緗業》

昔年班尹比金蘭，浙水高軒德蔭寬。（尊公小峴，少寇世文，與先伯廉訪公府君倉埸公相契，曾官浙中）千載白蘇香一瓣，兩碑秦阮像雙刊。（嘉慶初，尊公偕阮文達公官浙時，建湖上白蘇二公祠，祠側刻兩先生小像。二碑嵌壁間，其後里人因增築阮公、秦公二祠屋。今越六十餘載，君踵前武，再官吾浙。時際兵後，復土建功祠雖全毁，而尊公像碑適爲君所得，洵嘉話也）三千劫界重興業，六十年華再涖官。豈獨紀羣聯世友，舊祠新

澤永湖□。(《彝壽軒詩鈔》卷十一,《續修四庫全書》影印清同治二年西昌旅舍刻增修本)

智按:張應昌,字仲甫,號寄庵,祖籍錢塘(今浙江杭州),生于歸安(今浙江湖州)。嘉慶十五年(一八一〇)庚午舉人,官至内閣中書舍人。道光初年,參修《仁宗實録》。因病辭職返鄉,致力《春秋》之學,有《春秋屬辭辨例編》八十卷。兼工詩詞,有《彝壽軒詩鈔》十二卷、《煙波漁唱》四卷。常與杭州詞人張景祁唱酬。協助海鹽詞人黄燮清搜集考證資料,編纂《國朝詞綜續編》。另有《國朝正氣集》、《國朝詩鐸》、《補正南北朝史識小録》等。

馬星翼(一七九〇~?)

《東泉詩話》

白樂天著《長慶集》五十卷,令元微之為敘;二十卷,自為序;又《續集》五卷,自為記。集有五本:一在廬山東林寺經藏院,一在蘇州南禪寺經藏内,一在東都聖善寺律庫樓,一付姪龜郎,一付外孫談閣童。按白詩大小凡三千八百四十首,不知五本皆樂天自寫否?何其勞也?醉吟先生乃汲汲世名若此邪?(卷一「評詩・上」,《清詩話訪佚初編》第三册,第四八五~四八六頁)

樂天曾與微之書,自言其詩,謂之諷刺者,兼濟之志也;謂之閒適者,獨善之義也。微之亦曾與樂天書云:自十六至三十七,有詩八百首,色類相從,分為十體,其自別為古諷者,曰旨義可觀,而詞又近古。之二子者,何異自衒?祇此心腸,令人生憎。況二子詩各易曉,無須苦心為分明也。(卷一「評詩・上」,《清詩話訪佚初編》第三册,第四八六頁)

長慶《新樂府》最為樂天名篇。指事陳辭,抒下情而通諷喻,在晚唐誠為傑作。若論樂府似亦未免冗長,言之太盡,古意浸微。

蘇子由謂:「樂天每閑冷衰病,發於詠歎,輒以公卿投荒僇死不獲其終者自解,其見可鄙。」章子厚謂:「樂天識趣最狹淺,詩中言甘露事,幾如幸禍。

白初為王涯讒，謫江州司馬，故其詩曰：『當君白首同歸日，是我青山獨往時。』雖私仇可快，然大體已失。」又《朱子語録》：「樂天世俗多説其清高，其實愛官職。詩中凡及富貴處，都説得口津津地涎出。」諸家所論如此。余謂樂天入為從官，以諫諍顯，出為守牧，以循良稱。歸老林泉，以高尚終。其為人局量之廣狹，識趣之高下，誠未可輕議，但詩句太涉淺俗，有似浮薄耳。（卷一「評詩·上」，《清詩話訪佚初編》第三册，第四八六～四八七頁）

樂天詩中愛官職，幸閑冷，如潁濱、紫陽所譏者最多，顧世俗稱道不衰，豈非議卑易行。顔延之評惠休詩「委巷歌謠耳，終當誤後生。」吾於白詩，亦云好之者，至目之為廣大教主，又名其詩為《養恬集》、《助道集》，斯未免阿其所好。（卷一「評詩·上」，《清詩話訪佚初編》第三册，第四八七～四八八頁）

白詩平易近人，似信手拈來，不煩斧削者。周平園乃云：「見其遺稿，竄定甚多。」此亦無足怪。惟其成之易，故竄定多耳。（卷一「評詩·上」，《清詩話訪佚初編》第三册，第四八八頁）

陳後山謂陶淵明詩，切於事情而不文者，謂其明白如話，竈下老嫗亦能識解。白香山詩乃專於不文處見古質。（卷一「評詩·上」，《清詩話訪佚初編》第三册，第四八八頁）

脱略俗情最難，人雖鼎貴盤樂，其誰肯曰：「吾命不負吾身矣。」「飽逾東方朔，樂過榮啟期。」白詩如此，庶幾知足。（卷一「評詩·上」，《清詩話訪佚初編》第三册，第四八八頁）

詩豈有時代之殊邪？乃古今判然如此。蓋由聲律對偶之説中人心耳。余嘗欲選唐宋來五七言古體，繼《文選》之後，奈諸家多工律體，有似舍其所長，用其所短，因是輟翰。白樂天、元微之兩《長慶集》豈有一首似建安、永嘉者？（卷一「評詩·上」，《清詩話訪佚初編》第三册，第四八八～四八九頁）

學者作詩，欲與李杜、王孟抗衡，斷不可讀元白《長慶集》。一讀《長慶集》，思致便卑淺，格調便庸下，即難登作者之堂。由其始入之甚易，寓目難忘，其繼出之，又易下筆即成。惟一覽《長慶集》，便覺作詩易，便覺詩不佳。（卷一「評詩·上」，《清詩話訪佚初編》第三册，第四八九頁）

「元、白詩專以道得人心中事為主」,「然情意失於太詳，景物失於太露，遂成淺近，略無餘蘊。」此張戒《歲寒堂詩話》，與余素論甚合。又蘇子由《詩病》謂，杜子美《哀江頭》詩簡練，善敘事。元白諸作曾未入其蕃（藩）籬。魏泰《隱居詩話》謂:「香山亦善作長韻序（敘）事，但制格不高，局於淺切，又不能更風操，雖百篇之意，只如一篇，故使人讀而多厭。」論皆切中。(卷一「評詩・上」,《清詩話訪佚初編》第三册，第四八九～四九〇頁)

香山《放言》七律數首，調雖不高，多有名言。如「周公恐慌流言後，王莽謙恭未篡時。向使當時身便死，一生真僞復誰知?」此其詩之有議論者，若莽與周公，初亦不能相假，斯不待言，句中兩時字複，蓋有意重用之。(卷一「評詩・上」,《清詩話訪佚初編》第三册，第四九〇頁)

《醉吟先生傳》，白之自序，甚樂，但彼已從富貴壽考來，安得不云爾邪?白較之流俗鄙夫，固為遠過，若天民大人之事，或未許相繩。(卷一「評詩・上」,《清詩話訪佚初編》第三册，第四九〇頁)

「言之無文，行之不遠。」為之也易，傳之不遠。為文如是，詩亦何莫不然。兩《長慶集》，雖有「元輕白俗」之議，然流傳至今，亦是不廢江河。彼亦各有所長，非苟而已也。(卷一「評詩・上」,《清詩話訪佚初編》第三册，第四九一頁)

「一山門作兩山門，兩寺元從一寺分。東澗水流西澗水，南山雲起北山雲。前臺花發後臺見，上界鐘聲下界聞。遙想吾師行道處，天香桂子落紛紛。」此詩白集不載，見蘇東坡詩引，坡句:「白雲自占東西嶺，明月誰分上下池。」蓋從白詩脱化，似為過之。(卷一「評詩・上」,《清詩話訪佚初編》第三册，第四九一頁)

香山長律，每極妥帖排戛之致，蓋其童而習之者，由近體入，故其古體不能甚高。讀者當節取其長。(卷一「評詩・上」,《清詩話訪佚初編》第三册，第四九一頁)

史遷作記，擇其言尤雅者，庾信爲文，不肯用吳均語，誠脩辭之準也。近人爲詩賦文辭，往往闌入鄙諺小說，最失體製。杜詩雖時用俗字，然皆排比脩飾，令人不覺。元白而下，益用放誕，後人學步而失之，專以牛溲馬勃爲妙藥耳。(卷一「評詩・上」,《清詩話訪佚初編》第三册，第四九二～四

九三頁）

《唐詩紀事》：李涼公榜皆寒素，時有詩云：「元和天子丙申年，三十三人同得仙。袍似爛銀衣似錦，相將白日上青天。」不著作者姓名，極似香山句也。（卷一「評詩·上」，《清詩話訪佚初編》第三册，第五〇一頁）

梅花詩，白樂天「折贈佳人手亦香」，陳後山「逆鼻渾疑雪亦香」，陸放翁「歸去始知身染香」，朱文公「微月黄昏句裏香」，張實齋「影落寒溪水亦香」，五押香字，皆加一倍法，若張宛邱「論花天下更無香」，及實齋「纔放一花天地香」，大涉正面矣。實齋咏梅詩最多，又句云「無日無風自在香」，亦佳。（卷二「評詩·下」，《清詩話訪佚初編》第四册，第五二七～五二八頁）

張憲《擬古》詩多用俚句，蓋仿長慶體而失之者，如《陳橋行》「十幅黄旂上龍體」，《咸淳師相詩》「珠金沙頭鑼一聲」，皆近小說家流，斯不宜也。《胡姬》一首擬劉越石，尚爲近古：「胡姬年十五，芍藥正含葩。何處相逢好，并州賣酒家。面開春月淺，眉抹遠山斜。一笑既相許，何須羅扇遮。」（卷二「評詩·下」，《清詩話訪佚初編》第四册，第五五三頁）

閬中鄭荔薌方坤乾隆時守兖州，爲政風流，到今猶存，兹見其《集唐和杜子美秋興元韻》八首併敘歲云：「秋矣霜露既降，薄寒中人感飛光之忽遒，悵丹砂之未就。停雲對雨，思公子兮離憂；樹蕙滋蘭，恐美人之遲暮。在心爲志，觸緒興懷。於是掇唐賢百和之香，抽黄對白；踵夔府孤城之韻，換羽移宫，潦倒生涯，兹其是矣。末章繆談彼法，用暢玄風，蓋竊比杜老身許雙峰門，求七祖之意，殆亦有託而逃焉者也，顧黄華翠竹，未參無上菩提，而抹月批風，又落一種公案，識者得勿笑杜撰禪乎。」詩曰：「迭和山歌逗遠林（陸龜蒙），解衣先覺冷森森（韓偓）。停梭且復留殘緯（沈叔安），執卷猶聞借寸陰（鄭谷）。高閣清香生静境（温庭筠），壯圖佳話負初心（徐夤）。紗窗只有燈相伴（裴説），坐久方聞四處砧（劉禹錫）。」「小廊回合曲欄斜（張泌），節物驚心兩鬢華（高適）。劍有塵埃書有蠹（李中），海邊麋鹿斗邊槎（羅隱）。江山故宅空文藻（杜），車騎西風擁鼓笳（殷堯藩）。今日登高樽酒裏（王縉），茱萸紅實似繁花（司空曙）。」「閒卧藜牀對落暉（王建），博山爐冷麝煙微（魚玄機）。秋聲暗促河聲急（吴融），黄鳥時兼白鳥飛（杜）。太守吟詩人自理（姚合），舊游因話意多違（劉滄）。鯉魚風起芙蓉老（李賀)，爭得東陽病骨肥（胡宿)。」「簷影斜侵半局棋（杜牧)，露凝丹葉自秋悲（許渾)。由來碧落銀河畔（李商隱)，又到金虀玉鱠時（皮日休)。莫泛扁舟尋范蠡（白居易)，乞留殘錦與邱遲（李群玉)。琉璃硯水長枯槁（李白)，盡日含毫有所思（薛能)。」「鶴怨周顒負北山（羅隱)，依然松下屋三間（戴叔倫)。題詩朝憶復暮憶（陸龜蒙)，何事出關又入關（白居易)。自學古賢修靜節（方干)，欲求眞訣駐衰顔（許渾)。吏情更覺滄洲遠（杜)，疏受辭榮豈戀班（李紳)。」「酒旗相望大隄頭（張籍)，遠雁傷離幾度秋（楊巨源)。東岸菊叢西岸柳（白居易)，雨中寥落月中愁（李商隱)。風茅向暖抽書帶（薛逢)，紗帽閒眠對水鷗（李嘉祐)。千乘信回魚榼重（殷文圭)，澹煙喬木隔綿州（羅隱)。」「驅馳卒歲亦何功（皇甫冉)，怨在瑶琴别操中（李中)。新水亂侵青草路（雍陶)，小齋閑卧白蘋風（姚合)。但經春色還秋色（李山甫)，可愛深紅間淺紅（杜)。蟋蟀已驚良節度（武元衡)，再三珍重主人翁（劉禹錫)。」「短垣三面繚逶迤（韓愈)，戍笛牛歌遠近陂（崔櫓)。爲法應過七祖寺（皎然)，託身須上萬年枝（韓偓)。香緣不絕簪裾會（錢起)，氣象多隨昏旦移（白居易)。齋沐暫思同靜室（盧綸)，我心河漢白雲垂（宋之問)。」右詩自注甚多，未及詳録，千乘句注：地爲漢千乘郡，蓋鄭時移守青州。集句詩，古人嘲爲百家衣體，然集腋成裘，亦極費匠心，未可盡廢也。（卷三「記詩一近代」，《清詩話訪佚初編》第四册，第六二一～六二四頁）

泗上施教端匪莪，故范縣令，有集句《贈鸚鵡》長律一首：「莫恨雕籠翠羽孤（劉憲)，主人情義自辛劬（王初人)。憐巧語情雖重（白居易)，鳥憶高飛意正殊（李正平)。三舍鄭牛徒識字（李山甫)，千年丁鶴任歌呼（羅隱)。多言應伴高吟客（嚴郊)，學語還稱問字徒（崔璞)。始覺琵琶絃鹵莽（白居易)，終憐吉了舌糢糊（孫棨)。文章辯慧皆如此（白居易)，事業紛呶亦大都（魏僕)。歸去不煩詞客賦（羅鄴)，夢來還記隴頭無（張謂)。勸君不必分明語（羅隱)，且自三緘問世途（胡曾)。」此詩通首自然，無斧鑿痕。（卷三「記詩一近代」，《清詩話訪佚初編》第四册，第六二四～六二五頁）

是冬，字山和韻答余二首：「歸鞭猶未整，檢點舊琴書。五字同心證，一函入手初。他鄉慙落拓，何日賦閒居。醉取離騷讀，芳情獨信余。」「梅花高格調，如有美人來。雲氣縱橫度，天葩傾刻開。當胸孤月映，有脚一陽催。好句香分瓣，朗吟亦快哉。」和余舊作《在家貧亦好》，題十首，録二。「在家貧亦好，蓬蓽愛吾廬。東海吞胸足，南山對面居。春濤來萬馬，早市利多魚。名姓猶能識，帶經且荷耡。」「在家貧亦好，小竈超炊煙。白壁三間屋，黄泥十畝田。隨人分菽麥，伴我有丹鉛。一諾人皆信，尋常貸百錢。」……《冬至得聽泉寄橘併詩》二首：「微官偶寄君一身，南望家山到無因。多少相思誰入夢，大都君憶憶君人。」「儂家酸味金橘子，要伴魚書到他鄉。莫笑篇中多俗韻，開函紙上有清香。」聽泉前寄和陶四言《時運》一篇，余已勉和之矣。中冬又寄《和甂難韻詩》：「君詩如淵明，尚欲讀陶詩。我恨不見君，悵望獃且癡。」「倒流三峽水，何處尋詞源。不見白居易，想煞黄居難。」余不記有此二韻詩，疑和它人作，誤投僕也。還書問之，既蒙將秋初原札擲回。「欲和和陶詩，不記陶本詩。何處借荆州，無緣還一甂。」「此縣無陶集，兼無《古詩源》，不逢胡定之，始信借書難。」乃始怳然一笑，言出於余而忘之耶。聽泉和余《初冬》二律，録一：「吾愛馬夫子，新詩月月來。朔風吹雁至，芳信對梅開。我豈無書寄，君偏作札催。浮沈在何處，一望路悠哉。」《小鶴寄雪中懷人》六首，亦用余《秋夜懷人》詩體，其第一首《即見及》云：「兄弟才名擅，疇如馬季常。白眉生有異，青眼少何妨。愛我官同冷，懷人秋正長。幾回吟妙句，千里遠相將。」（卷六「記詩四」，《清詩話訪佚初編》第四册，第八四〇～八四三頁）

智按：馬星翼，字仲章，號東泉居士，山東魚臺人。嘉慶十八年（一八一三）舉人。道光十五年（一八三五）任樂陵儒學教諭，十八年（一八三八）以疾告歸。著有《尚書廣義》、《兩漢儒林世次圖考》、《東泉詩文集》、《繹陽隨筆》。

張氏

《慰外》

香山纍裹常稱病，子美詩中屢歎貧。斗酒百篇猶自足，何須屑屑苦唫呻。

（《湖北詩徵傳略》卷二十七，《續修四庫全書》影印清光緒七年孝感丁氏涇北草堂刻本）

智按：張氏，湖北潛江人，承宇姊。敏慧能詩，有七言截句云：「病廢機梭老廢蠶，牙籤緗帙興尤耽。唐詩元曲都收捲，日向紗窗誦二南。」《詠留侯》云：「子房稱病藏機早，只待功成辭漢家。已复韓讎無所事，此心元自在煙霞。」（《居易録》卷三十一）《感燕》云：「九十春光去，庭前看燕飛。啣泥辛苦意，感激憶慈幃。」

王樹芳

《三月十八虎皂舟次醉後放歌呈茅湘客先生》

天公快送風一掌，急喚艄公鼓烏榜。深春縱阻北寺遊，晚日要泊西溪上。連宵雨足今宵晴，月缺尚有行人行。花枝照水儘綽約，柳條踠地多風情。坐中詩老頭盈雪，暗訴當年淚如血。苦吟頻聳鷺鷥肩，顧曲催調鸚鵡舌。十度山塘幾見桃，繁華剩有松花飄。生公石上初停雨，伍相祠前欲落潮。潮平舟靜春方美，好囑廚孃羅脆旨。入饌因知鱠有魚，擷蔬那用苗充杞。矧復殷勤勸舉觴，珠璣錯落萬千行。浣花牋寫元和體，碧玉盃浮琥珀光。難得浮生常聚首，閒情輸與漁家婦。打鴨輕廻曲曲腰，籠鵝徐動摻摻手。有幾風光足了期，蓬飄萍泛易乖離。當筵翠黛含情淺，異日滄江覺夢遲。夢闌酒醒燈垂盡，逐處佳遊剛一瞬。皎潔雖慚韓李雙，痴顛應惜韶華寸。茅翁茅翁情孔殷，來朝擬討西山春。楞伽寺裏覔遺碣，縹緲峯頭踏亂雲。（《續修四庫全書》本《兩浙輶軒録》卷三十二）

智按：王樹芳，字蘭茂，號香谷，别號酣古生，晚更名起章，字師賀，號鐵禪。嘉興（今屬浙江）諸生。工樂理，能行草書，善山水，治印亦見功力。著《雪蕉書屋集》。《兩浙輶軒録》卷三十二引金劬元傳略曰：「先生初名芳，字蘭佩，號曰酣古生，顔其齋曰酣古齋。族系不知所自。國初有諱庭者，其先世也。内閣中書諱又曾者，其叔也。八歲應童子試，郡邑皆目爲神童。督學使者抑其才，黜而不録，憤甚，適丁母憂，棄舉業，游杭。年逾弱冠，先買妾宋氏。父喪服闋，娶鄭氏。鄭與宋皆善詩，閨中相切磋，先生心動，復理詩書，易今名與字，始遊庠，逾年補廩。無何，宋没，鄭生二子，亦偕殞。赴鄉闈，薦而不售者三，又憤而棄業。……所著有《雪蕉書屋集》、《酣古吟集》、《雙桐軒集》、《咄咄吟集》、《知命集》、《五排應制集》、《咏物集》、《天繪樓詩餘集》，至于《四書考誤》、《誌異編》、《續新豔異編》、《銕禪記遊編》、《續買愁後編》及《吴歌續唱》、《鄭宋閨中唱和集》，皆毁于火。今所存者，詩集四本與制藝百餘篇而已。」

張暘

《留别西湖用香山韻呈城南吟社諸君》

微風斜日散晴煙，初唱驪歌漫撥絃。鶯語同聽非往日，柳陰共醉待他年。旅餐最憶猫頭筍，鄉思難抛燕尾船。堪羡城南舊遊好，殘春吟遍六橋邊。（《續修四庫全書》本《兩浙輶軒録》卷二十六）

智按：張暘，字東樽，號滌岑居士。錢塘（今浙江杭州）人。有《武林志餘》、《瑞石山房詩》。杭世駿《瑞石山房詩序》畧曰：滌岑少得詩法於厲徵君、樊榭，託想幽靚，而取徑絶疲庸之習，所居瑞石山麓，矮屋數椽，業醫自給。

萬福

《小除日效香山體》

流光真似箭離弦，七十過頭歲又遷。檢挍詩篇歸卷尾，探支花信到梅邊。天教冬日如春日（今冬暖甚），老覺今年遜去年。賸有愛癡情未斷，明珠一顆掌中憐（孫女亡後遺孩，甚憐之）。（《兩浙輶軒録》卷三十三，《續修四庫全書》第一六八四册，第二七八頁）

智按：萬福，原名承烈，字近蓬，號玉倉，鄞縣（今浙江寧波）人。萬經（字授衣，號九沙，泰孫。康熙四十二年（一七〇三）進士，官編修，貴州學政，乾隆元年薦鴻博）少子，萬斯大之孫，萬承天（一六九五～一七五七）之弟。年七十二卒。諸生。著《玉倉詩鈔》。

陳思起

《望琵琶亭》

停橈閑倚望，暮靄隱空亭。月未江心白，衣誰座上青。酒寒成獨酌，歌苦少人聽。我亦天涯客，年來蹤似萍。（《兩浙輶軒録》卷三十三，《續修四庫全書》第一六八四册，第二八二頁）

智按：陳思起，字振飛，號寸園。錢塘（今浙江杭州）貢生。

劉寶楠（一七九一～一八五五）

《愈愚録》

⊙白香山非佞佛

《新唐書・白居易傳》：「暮節惑浮屠道尤甚，至經月不食葷。」又云：「履道第卒爲佛寺。」案，居易際亂世，假浮屠道以自全，非惑也。《楊玄琰傳》：「與李多祚等定計斬二張，封弘農郡公，賜鐵券恕十死。敬暉等爲武三思所搆，玄琰知禍未已，乃詭計請祝髮事浮屠，悉還官封。中宗不許。暉聞而戲曰：『胡頭應祝。』以多鬚似胡云。玄琰曰：『功成不退，懼亡。我不空言。』暉感之，然已不及計。暉等死，獨玄琰全。」又，《崔漼傳》：「從祖弟寛爲户部尚書兼御史大夫。裴敦復平海賊還，廣張功簿，寛密白其妄。」「李林甫恐其遂相，又惡寛善李適之，乃漏寛語以激敦復。」「敦復以金五百兩賂貴妃姊，因得事聞於帝，由是貶寛睢陽太守。及韋堅獄起，寛復坐親，貶安陸別駕。林甫任羅希奭殺李適之也，亦使過安陸，將怖殺寛，寛叩頭祈哀，希奭乃去。寛懼終見殺，丐爲浮屠，不許。」傳又云：「天寶間稱舊德，以寛爲首。然惑於佛，喜與桑門游，習誦其書，老爾篤云」。又，《李泌傳》：「泌出入中禁，事四君，數爲權倖所疾，常以智免。好縱横大言，時時讜議，能寤移人主。然常持黃老鬼神說，故爲人所譏切。」「子繁。」「贊曰：德宗晚好鬼神事，乃獲用，蓋以怪自置而爲之助也。繁爲家傳，言泌本居鬼谷，而史臣謬言好鬼道，以自解釋。既又著泌數與仙靈接，言舉不經，則知當時議者切而不與，有爲而然。」又，《姜公輔傳》：「唐安公主道薨，詔厚其葬。公輔諫曰：『即平賊，主必歸葬。今行道，宜從儉，以濟軍興。』帝怒，遂下遷太子左庶子。久不遷，陸贄爲相，公輔數求官，贄密謂曰：『竇丞相嘗言，爲公擬官屢矣，上輒不悦。』公輔懼，請爲道士，未報。」據此足見當時世難，人臣多苟且以求活，豈皆惑於浮屠哉！（《愈愚録》卷六，《續修四庫全書》影印清光緒十五年廣雅書局刻本）

智按：劉寶楠，字楚楨。寶應（今屬江蘇）人。道光二十年（一八四〇）進士，官文安知縣。著名經學家，撰有《論語正義》、《毛詩學》、《毛詩正義長編》、《念樓集》。

季芝昌（一七九一～一八六一）

《二十八日子方攜具爲消寒三集伯田詩先成即次其韻》

詩人勇於詩，刻燭不待夕。將先平陰鳴，肯誚遷延役。五經甫到門，三兩座上客。酒方鑪銚温，詩已金石擲。似此稱煖寒，寒郊應避席。而我飫羣言，餘味傾瀝液。但量雪淺深，不問風順逆。步道即履道，瓣香太原白。（香山移病居履道里，今寓廬在步道巷）（《丹魁堂詩集》卷五古今體詩一百四十六首，《續修四庫全書》影印清同治四年紫琅寓館刻本）

智按：季芝昌，字雲書，號仙九，江陰（今屬江蘇）人。道光十二年（一八三二）壬辰一甲三名進士，授編修，官至閩浙總督。謚文敏。有《丹魁堂詩集》。

翁心存（一七九一～一八六二）

《新樂府四章（學使陳公試士作　甲戌）》

⊙相馬篇（物色駿材也）

秋風獵獵秋草黄，萬馬昂首高騰驤。一馬歷塊誤一蹶，悲鳴錯莫卧道旁。

雙瞳電閃氣凌厲，五華雲被神飛揚。于嗟女相非尋常，爲女拂拭生輝光。玉鞍珠勒金絲韁，逝將致女貢玉堂。中途逢伯樂，呼馬而告之。爾志倜儻，爾精權奇，爾踽鑣轡，爾厭羈羈。朝浴榑桑，夕稅咸池。爾胡不馳驅服秋御，而徒奔踶泛駕爲。媚女骨節弭女姿，軿衡衛轂會有時。君不見，金馬門高高百尺，門外七尺八尺金馬式。

⊙識曲引（辨正文體也）

楚引停繁音，吳歈佇緩唱。請爲一曲清商歌，歌聲響遏行雲上。正聲微茫新聲新，引商刻羽空入神。廣場揄袂朱脣破，坐而聽者無一人。乞君聽，邀君顧，不惜歌聲三日繞梁飛，願得知音指點曲中誤。擊齊瑟，彈秦箏，歈玉篴炙銀笙轉。喉變調，爲新聲，情到情至移人情。移人情，一再鼓。發揚荷，奏激楚。湘君揚旍天魔舞，姮娥抗音冰姨語。太容點頭按仙譜，天花簌簌落紅雨。昨日法曲頒太常，八風回回音喤喤。伶倫識其曲，曰此曲，學鳳皇，奏之明光一片諧宮商。

⊙書估行（購求異書也）

生不能，立致祕書賜萬卷，亦當坐擁異書列百城，不然遠從雞林賈，不然學作童子鳴。書香可療饑，書味可救渴。攤書書牀塞書屋，書估一生書裏活。不願借書換酒券，不願獻書拜高官。願向鄉環福地住，盡發寶笈瑶編看。壁中簡，帳中本，壺盧中漢書，寶之莫蠹損。春江三月書船開，離騷一篇酒一盃。旁人錯把孝廉認，書臺高等黄金臺。書估樂復樂，書田歲播穫。邢家小兒强解事，楊家老子空投閣。笑殺偷書祖孝徵，祇須一部華林略。于嗟乎！絳雲樓瓦飛雲煙，汲古閣址成閒田。不如歲誦二十二萬言，孝先經笥書便便。撐腸拄腹卷五千，濃香薰，薇露盥，國家方開崇文館。

⊙河兵謡（咨訪河務也）

鳴金鉦，擊鼉鼓，催人夫，唱邪許。大家齊聲用力舉，萬斛金錢一尺土。一尺隄陷一尺補，上頭有官府。女休女卧不貸女，朝搶險外河隄，暮搶險裏河隄，朝朝暮暮腹苦饑。手足皸瘃面目黧，砉然一聲如崩雷。黄河之水天上來，木龍石，埽撐拄，黿鼉蛟龍不敢上，餘勢鬱怒千縈回。三月桃花汛，六月礬山水。糧艘過盡十月中，舉手加額普慶安瀾矣。朝來出營房，官府告示何煌煌。銀一分，泥一筐，銀一百，柴一方。歲請帑銀數百萬，盡輸河庫完隄防。河防完，河兵多，昔防盜，今防河。安得三千鐵弩手，一齊射住黄河波，萬古不動如山阿。黄河捧土如可塞，老兵願先以身填河死報國。（《知止齋詩集》卷二，《續修四庫全書》影印清光緒三年常熟毛文彬刻本）

《擬何處難忘酒》

何處難忘酒，長安下第時。已隨芳草歇，生怕落花知。神駿空圖骨，春蠶未盡絲。此時無一盞，何以解愁思。

何處難忘酒，朋儕意氣高。忘形相爾汝，直道在吾曹。歲月過中聖，心情託孟勞。此時無一盞，争識酒人豪。

何處難忘酒，看花燕市中。泉分草橋碧，雲繞石壇紅。羅帕緘詞麗，銀盃度曲工。此時無一盞，何以謝春風。

何處難忘酒，無聊獨倚樓。高標淩落日，放眼小齊州。西北軍都峙，東南碣石浮。此時無一盞，争釋古今愁。

何處難忘酒，頻年面目枯。養生求藥餌，飽死笑侏儒。誰買相如賦，真窮阮籍途。此時無一盞，何以慰饑驅。

何處難忘酒，三隨計吏車。中年仍作客，好夢不離家。鄉國音書斷，高堂屬望賒。此時無一盞，争得滯京華。（《知止齋詩集》卷六，《續修四庫全書》影印清光緒三年常熟毛文彬刻本）

《藥師院看新竹》

江雲帖帖南浦飛，江城清夏晝掩扉。鄙人生無肉食相，冷嚼冰雪骨不肥。尚餘一點俗緣在，妙藥欲仗空王醫。芒鞋徑踏藥師院，沙路細碎行人稀。深篁苞緑掩金碧，煙外但聞清磬微。敂扃拄策得幽徑，墜粉簌簌沾人衣。龍吟鸞嘯眾仙下，琅玕萬个羃四圍。連天一氣碧雲合，不知林外停炎曦。移時静對坐磐石，横出旁茁蕪不宜。嫩黄娗娟態嫋嫋，空翠匼匝香霏霏。玉聲玲瓏風解籜，金影瑣碎波含漪。初生勁節不數尺，鬱鬱已具干霄姿。脩柯似放一頭地，轉以側勢相撐披。山僧頗解禪悦味，留客且住攜軍持。洗銚細烹葉上露，兩腋習習清風吹。内觀了了見症瘕，如飲大藥調上池。渭川千畝貯胸臆，千戶侯吾不願為。癡心思乘籜龍醉，呼童斸取捆載歸。寒酸笑殺白司馬，苦竹繞宅哦新詩。（《知止齋詩集》卷六，《續修四庫全書》影印清光緒三年常

熟毛文彬刻本；《晚晴簃詩匯》卷一百三十）

《詶顧藹庭同年椿歲暮感懷卽和其韻》

堆案文書媿我生，朝衫初卸一身輕。藥鑪藤杖扶衰質，雪竹霜筠證舊盟。鑿齒應憐同病久（君不良於行，予亦左體風痺，艱於步履），掉頭徑欲入林行（君擬遊中州）。崧陽儻得誅茅地，擬學香山卧洛城。（《知止齋詩集》卷十四，《續修四庫全書》影印清光緒三年常熟毛文彬刻本）

《詩舲書來云連日對雪時時誦香山與元八卜隣詩馳念不已甚感其意即用香山元韻奉詶》

卌載交情老更親，衰殘憐我乞閒身。朅來近闢三弓地，相約同傾萬户春。且自牽蘿補茅屋，未遑祭竈請比鄰。柴門晝閉炊煙靜，倍憶江湖澹蕩人。（《知止齋詩集》卷十六，《續修四庫全書》影印清光緒三年常熟毛文彬刻本）

智按：翁心存，字二銘，號邃庵，常熟（今屬江蘇）人。道光二年（一八二二）壬午進士，改庶吉士，授編修，官至體仁閣大學士。因病乞休，復起，以大學士銜管工部。贈太保，謚文端。有《知止齋遺集》一一〇册（中國國家圖書館藏稿本）。

錢泰吉（一七九一～一八六三）

《客有讀長慶後集而感事悲吟者爲賦二絕句解之》（戊申）

悲啼歡愛縱堪憐，那有風情比樂天。往事應忘十年後，小名石上未曾鐫。

垂老何心捉柳花，柳花飛去落誰家。飄茵墮溷皆天定，莫怨春風枉自嗟。（《甘泉鄉人稿》卷二十四可讀書齋詩下，清同治十一年刻光緒十一年增修本）

《雙堤補柳》

補梅更補柳，花月一時新。遂使桃花港，游人懶問津。

白蘇二公美政，有水之處皆傳。試問堤邊父老，何人可比前賢？

漁歌唱出柳枝詞，循吏爭誇甘季思。寄語行人莫輕折，柳陰小憩憶當時。（《甘泉鄉人稿》卷二十四可讀書齋詩下，清同治十一年刻光緒十一年增修本）

《爲蔣寅昉書扇題跋十則》（其一）

鄉居兩月，容膝易安，不敢作廣厦想，偶檢香山居士香鑪峰下《草堂記》，爲寅昉節録二百字，近地數百里，未嘗無此銷夏之所，而能體甯心恬如香山者，幾人哉！松杉叢灌，何地無之，不必草堂也。

四十年前，嘗至潤州，不及訪米老遺跡，以爲憾事。寅昉曾暢遊金焦，今亦踰十年矣。烽火屢警，迥異昔時。思之惘然，臨襄陽《丹徒帖》。（《甘泉鄉人稿》餘稿卷一，《續修四庫全書》影印清同治十一年刻光緒十一年增修本）

智按：錢泰吉，字輔宜，號警石，嘉興（今屬浙江）人。弱冠即與從兄儀吉（號衎石）齊名，事之在師友之間。遠近盛稱「嘉興錢氏二石」。衎石久宦京師，警石則以廩貢生為海甯州訓導者曾三十年。不能以時聚晤，乃書問叢遝，諮詢學術。咸豐庚辛之際，浙中遭寇亂，屢轉兵間。由江西而達安慶，遘疾卒於旅舍。有《學職》、《禾人考》、《海昌備志》，亂後版毀，僅存《甘泉鄉人稿》。

梁紹壬（一七九二～一八三七前）

《兩般秋雨盦隨筆》

⊙蘭因館

白香山詩云：「錢唐蘇小是鄉親。」家在錢唐，而墓不在錢唐，竹垞老人辨之詳矣。然西泠抔土，千古豔稱，官斯土者，一再修葺，借以為湖山點綴，亦何不可？竹垞必欲奪歸秀州，未免已蹈爭墩之習。至小青詩云：「杯酒自澆蘇小墓，可知妾是意中人。」小青為虎林馮氏家姬，雖稗見諸家小說，而衣香鬢影，若有若無，人尚憑虚，墓於何有？乃陳雲伯大令（文述）特築其墓于孤山之麓，並附以雲友菊香，且為之誌以徵之，復建所謂蘭因館以實之，可謂極才人之好事矣。……（《兩般秋雨盦隨筆》卷一，莊葳點校本，第九頁）

⊙索詩癖

「盡日覔不得，有時還自來。」貫休覔句詩也，人以為是失貓詩；「若教解語能傾國，任是無情也動人。」羅隱詠牡丹句也，人以為是女障子詩；「樹底有天春寂寂，人間無路月茫茫。」曹唐漢武帝宴西王母詩也，人以為是鬼詩；「天末樓臺橫北固，夜深燈火見揚州。」楊蟠詠金山寺詩也，人以為是牙人量四至詩；「到江吳地盡，隔岸越山多。」吳僧詠白塔寺詩也，人以為是分界堠子詩；「上窮碧落下黃泉，兩處茫茫都不見。」白香山詠楊妃詩也，人以為是目連救母詩；「秦地關河一百二，漢家離宮三十六。」駱賓王詠古詩也，人以為是算博士詩；「每日更忙須一到，夜深還自點燈來。」程師孟詠所築堂詩也，人以為是登溷詩；「王莽弄來仍半破，曹公將去定平沉。」李山甫覽漢史詩也，人以為是破船詩。雖屬揶揄，然亦切中。至若和靖先生《梅花》詩云：「疎影横斜水清淺，暗香浮動月黄昏。」陳輔之以為有類于野薔薇詩。夫薔薇叢生，初無疎影，花影散漫，烏得横斜，是眞無理取鬧，不待辨而自明。又有人謂坡公曰：「此二句詠桃詠杏，亦何不可？」坡公曰：「有何不可，只恐桃杏不敢當耳。」斯言最為冷雋。近有人詠梅花句云：「三尺短牆微有月，一彎流水寂無人。」語極幽靜，有輕薄子見而笑曰：「此一幅絶妙偷兒行樂圖也。」可謂詼諧入妙矣。（《兩般秋雨盦隨筆》卷一，莊葳點校本，第二九頁）

⊙桴炭

《老學庵筆記》：謝景魚家藏陳無已十餘札，皆託酒務官買浮炭者。浮炭入水卽浮，蓋卽桴炭也。按浮、桴二字，古或通用，觀「浮思」《廣雅》作「桴思」可見。白香山詩：「日暮半鑪桴炭火。」則桴炭之稱，唐時已有之矣。又蜀人燒竹為炭，亦見筆記。（《兩般秋雨盦隨筆》卷二，莊葳點校本，第三一頁）

⊙十半軟半

韋昭曰：凡數三分有二曰大半，有一分曰少半，大半亦曰強半，亦曰太半。又《枚乘傳》：尚得十半，謂十分中可冀五分也。白香山詩：「家釀唯殘軟半瓶。」猶小半也。十半、軟半，字甚新。（《兩般秋雨盦隨筆》卷二，莊葳點校本，第六六頁）

⊙李後主詞

南唐李後主詞：「最是倉皇辭廟日，不堪重聽教坊歌，揮淚對宮娥。」譏之者曰：「倉皇辭廟，不揮淚於宗社，而揮淚於宮娥，其失業也，宜矣。」不知以為君之道責後主，則當責之于在位之日，不當責之于亡國之時。若以填詞之法繩後主，則此淚對宮娥揮為有情，對宗社揮為乏味也。此與宋蓉塘譏

白香山詩，謂憶妓多於憶民，同一腐論。（《兩般秋雨盦隨筆》卷二，莊葳點校本，第六九頁）

⊙疊字詩

詩有一句疊三字者，吳融《秋樹》詩「一聲南雁已先紅，槭槭淒淒葉葉同」是也，有一句連三字者，劉駕詩「樹樹樹梢啼曉鶯，夜夜夜深聞子規」是也，有兩句連三字者，白樂天詩「新詩三十軸，軸軸金玉聲」是也，有一句四疊字者，古詩「行行重行行」，《木蘭詩》「唧唧復唧唧」是也，有兩句互疊字者，王冑詩「年年歲歲花常發，歲歲年年人不同」是也，有三聯疊字者，古詩「青青河畔草」六句是也，有七聯疊字者，昌黎《南山》詩「延延離又屬」十四句是也，至李易安詞「尋尋覓覓，冷冷清清，淒淒慘慘戚戚」，連下十四疊字，則出奇勝格，真匪夷所思矣。（《兩般秋雨盦隨筆》卷二，莊葳點校本，第一一〇頁）

⊙瓶水齋詩

大興舒鐵雲孝廉，名位，字立人，寄居于吳。誕之夕，母沈夢一僧，手折桂花，從峨嵋山來，故小字犀禪。十歲下筆成章。……《贈吳穀人祭酒揚州》云：「殘夢已羸樓薄倖，老成猶見殿靈光。」《屠琴隖大令貽是程堂詩集》云：「一官百里江淮海，三絶千秋書畫詩。」《題蔣秋浦侍御詩》云：「三百里中黃歇浦，一千年後白香山。」《七夕》云：「豈有牽牛笑妃子，漫云顧兔悔嫦娥。」諸聯戛戛獨造，眞無一語拾人牙後慧者。（《兩般秋雨盦隨筆》卷三，莊葳點校本，第一四四～一四五頁）

⊙致趙秋舲書（附來書）

余戊子春至粤，是歲冬，忽患咯血症，幸而無恙。次年春間，故鄉戚友喧傳余于十月二十四日已死，秋舲聞之，為位而哭。遲之又久，始知其訛，因以書來示余。余報書云：秋舲同年足下，僕以伯倫嗜酒之身，忽得長吉嘔血之疾，空江冷署，一病經年，意將物化蠻邦，長與故人生死辭矣。乃春蠶未死，尚許牽絲，而秋雁遙來，欣逢剖素。注存而外，兼述異聞。猥以春來王粲之不歸，訛傳海外東坡之已死，風言影語，莫識來因。一介鯫生，何忌何惜。夫彭殤等視，顔蹠不齊，達者觀之，詎有欣畏，所可喜者，良朋愛我，痛哭湖山，較之生索輓歌、壽陳櫬具者，更饒風趣。知交之涕淚，榮于流俗之揄揚多矣。微之垂死病中，得讀香山筆札，如投靈藥，如賜神鍼。大夫七發之筆，痼疾全除；記室一檄之文，頭風頓愈。生死肉骨，肺腑銘之。往歲長安之行，僕非游倦顧瞻，時勢進取良難，厥有數端，請陳其畧。夫玉雕楮葉，寸陰不廢其功；蝨視車輪，三載必專其力。僕溷迹塵埃之內，置身案牘之旁，柔史剛經，久淪肺腑；秦章漢律，漸入膏肓。加以役志錐刀，瘁形籌尺，而謂挾貨殖之傳，可遊瓊苑，持名法之學，能貢玉堂乎？……（《兩般秋雨盦隨筆》卷三，莊葳點校本，第一五〇～一五一頁）

⊙詩用俗稱呼

《甲乙賸言》載一御史中丞除夕詩，中有「荆妻太太」之句，人以爲笑。白樂天詩「惟有夫人笑不休」，司空圖詩「姊姊教人且抱兒」，亦嫌過俗。（《兩般秋雨盦隨筆》卷三，莊葳點校本，第一七〇頁）

⊙琵琶亭

九江潯陽江琵琶亭，題詠甚多。乾隆中，唐蝸寄英榷九江，置紙筆於亭上，令過客賦詩，開列姓名，交關吏投進。唐讀其詩分高下以酬之，投贈無虛日。坐是虧累變產以償，怡然絶不介意。去官後，過客思之，為建白太傅祠，肖唐像，祀其旁。（《兩般秋雨盦隨筆》卷六，莊葳點校本，第二九三頁）

智按：又見史夢蘭《止園筆談》卷二，清光緒四年刻本。

⊙老

今人友朋相呼，稱其姓而帶以老字者，亦有所本。白香山詩「每被老元偷格律」，謂微之也；「試覓老劉看」，謂夢得也。又有稱人字之一字而係以老者，東坡詩曰：「老可能為竹寫眞。」謂文與可也。（《兩般秋雨盦隨筆》卷七，莊葳點校本，第三六〇頁）

⊙四壬子圖

本朝方爾止畫《四壬子圖》，繪陶淵明、杜子美、白樂天，自執詩卷請教，蓋仿後漢趙邠卿也。邠卿圖子產、叔向、晏嬰、季札四人居賓位，而自畫其像居主位，皆模蠡鑄島之濫觴耳。（《兩般秋雨盦隨筆》卷七，莊葳點校本，第三六二頁）

⊙文士淺陋

國朝磨勘諸生詩學策內，有稱唐之王阮亭，宋之白樂天，此亦可與問堯、舜一人二人者，步後塵矣。（《兩般秋雨盦隨筆》卷七，莊葳點校本，第三七八頁）

⊙酒價酒味

唐人白樂天詩「共把十千沽斗酒」，李白詩「金尊斗酒沽十千」，王維詩「新豐美酒斗十千」，許渾詩「十千沽酒留君醉」，一斗酒賣十千錢價，乃昂貴若是。惟少陵詩「速令相就飲一斗，恰有三百青銅錢」，此則近理。按，唐《食貨志》云：德宗建中三年，禁民酤以佐軍費，置肆釀酒，斛收值三千。又，楊松玠《談藪》載，北齊盧思道常（智按：當為嘗）云：長安酒賤，斗價三百。此皆可證也。漢酒價每斗一千，《典論》曰：孝靈帝末年，有司湎酒，一斗直千文。較之唐，且三倍有奇矣。或曰：唐人好飲甜酒，引子美詩曰「人生幾何春與夏，不放醇酒如蜜甜」，退之詩曰「一尊春酒甘若飴，丈人此樂無人知」為證，不知以酒比飴蜜者，謂其醇耳，非謂甜也。白公詩曰「甘露太甜非正味，醴泉雖潔不芳馨」，又曰「戶大嫌甜酒，才高笑小詩」，又曰「甕揭開時香酷烈，缾封貯後味甘辛」，然則不好甜酒之證明矣。借曰好之，亦非大戶可知，古今口味，豈有異嗜哉！（《兩般秋雨盦隨筆》卷七，莊葳點校本，第四〇一頁）

智按：梁紹壬，字應來，號晉竹，錢塘（今浙江杭州）人。道光元年（一八二一）辛巳舉人。有《兩般秋雨盦詩》。

友野霞舟（一七九二～一八四九）

《錦天山房詩話・序》

我大東靈淑所鍾，風氣淳厚，鴻荒之世，諸册天橋之歌，素尊業雲之咏，風雅之興，實胚于此。自神后西征，三韓率化，獻經貢儒，文運漸辟。五言之作于大友大津，盛于大同弘仁；懷風淩雲諸編所載，粲然可觀；菅江二氏世濟其美，彬彬焉可謂盛矣。然爾時文崇駢儷，詩宗白傅，末流之弊，終于萎茶不振。加之保平以還，皇綱解紐，干戈相尋，海寓鼎沸，靡有寧歲，人不聊生，何有于文辭。天悔禍延，篤生東照大君，經文緝武，撥亂反正，民樂業大，君以馬上得之，不以馬上治之，尊道禮儒，誕敷文教，首擢用羅山林子，以參帷幄，由是經藝之士，紛然見于世，延至元禄享保，作者林立，就中木門蘐社之徒最盛，人人口開天下而不舍，羞用唐以後之事，雖持論過高，用典太隘，均不免模擬飣餖之病，動招後人刺譏，然其有功于藝苑，亦不可廢也，總而論之，建櫜以後之詩，尚延五山緇徒之陋習，一變于享保，又一變于寬政，又一變于近今，要之風氣之所趨，豈專人力乎哉，此可以觀世道之升降矣。余幼嗜吟咏，以披覽諸家集爲娱，常謂偃武以來，詩道之盛迴邁前古，其間雖雅鄭并奏，利鈍雜陳，性情所發，斐然成章，皆足以鳴一代之盛矣。［池田四郎次郎編《日本詩話叢書》第八卷，日本東京鳳出版，昭和四十七年（一九七二）復刊，第一～三頁；吳雨平《橘與枳：日本漢詩的文體學研究》，中國社會科學出版社，二〇〇八年十二月，第三五～三六頁］

智按：友野霞舟，名瑛，字子玉，別號昆岡，江戶人，野村篁園門徒，曾在昌平塾任儒官，以詩爲長技，存詩一千五百四十八首，收入《霞舟先生詩集》。

沈濤（一七九二～一八五五）

《交翠軒筆記》

《學林新編》：茶之佳者，造在社前，其次火前，其下則雨前。余案，唐人最重火前，白樂天詩「緑芽千片火前春」，齊己詩「白甄封題寄火前」，火前者，寒食禁火之謂也。今人則但重雨前矣。《五色線》云：龍安有騎火茶最上，不在火前，不在火後，故也。清明改火，故曰騎火茶。（《交翠軒筆記》卷四，第三葉，《續修四庫全書》影印清道光刻本）

《銅熨斗齋隨筆》

⊙崑字入聲

陸佃《陶山集・和毅夫春詩》云：「小兒能賦崑崙奴。」崑字原注入聲，然則讀崑若窟，此猶白樂天讀琵琶，琵字入聲，皆字韻書所無。（《銅熨斗齋隨筆》卷八，《續修四庫全書》影印清光緒會稽章氏刻本）

⊙僅

《香祖筆記》曰：「僅字有少、餘二義，唐人多作餘義，用如元微之云『封章諫草，繁委箱笥，僅餘百軸』，白樂天《哭唐衢》詩『著文僅千首，六義無差忒』，小說《崔煒傳》『大食國有陽燧珠，趙佗令人航海盜歸番禺，僅千載矣』，《甘澤謠·陶峴傳》『浪跡怡情，僅三十載』，《摭言》『曲江之宴，長安僅于半空』，《玉壺清話》『南唐先主傳吳越災遣使唁之，賫帑幣糧鑼，僅百餘艘』之類，至宋人，始率從少義，迄今沿用之。」

濤案，李涪《刊誤》曰：「近歲精用文字者，反以僅爲遠近之近。」則阮亭所舉，皆借僅爲近，非解僅爲餘也。《玉壺清話序》曰：「文瑩收古今文章著述，自國初至熙甯間，得文集二百餘家，僅數千卷。」是宋人亦尚有用爲遠近之近者。李匡乂《資暇集》云：『今尺題多云不僅人情，僅字訓劣，不劣人情，是何言歟？』案此正李涪所謂以爲遠近之近也。《唐詩紀事》載，德宗貞元四年九月，賜宴曲江亭，序曰：「朕在位僅將十載。」亦以爲遠近之近。（《銅熨斗齋隨筆》卷八，《續修四庫全書》影印清光緒會稽章氏刻本）

⊙往體詩

余嘗得汲古閣所藏宋版《松陵集》，每卷標題下云往體詩若干首，今體詩若干首，以古體爲往體，此處僅見。宋趙崇鉘有往體三首，見《江湖小集》。

又案，古詩亦謂之格詩。白樂天《元宗簡集序》曰：「著格詩一百八十五，律詩五百九。」（《銅熨斗齋隨筆》卷八，《續修四庫全書》影印清光緒會稽章氏刻本）

⊙律詩

今人以四韻爲律詩兩韻爲絶句，古者絶句亦稱律詩，白樂天《與元微之》書云：又有五言七言，長句絶句，自一百韻至兩韻者四百餘首，謂之雜律詩，然則長句絶句，古人皆謂之律詩矣。（《銅熨斗齋隨筆》卷八，《續修四庫全書》影印清光緒會稽章氏刻本）

《匏廬詩話》

白樂天《晚春酒熟尋夢得》詩：「還攜小鑾去，試覓老劉看。」宋人説部皆以「小鑾」為酒榼之名。余謂「小鑾」蓋謂「小鑾榼」耳。省一「榼」字，語似歇後。唐人詩中每有之。非酒榼名「小鑾」也。白詩又有「小花鑾榼二三升」之句。（卷上，道光二十一年刊本；《清詩話訪佚初編》本；上海書店《叢書集成續編》第一五八册；《清詩話三編》第四五六五頁）

智按：白集作《晚春酒醒尋夢得》。

徐凝詩「嘉興郭裏逢寒食，落日家家拜埽回。只有縣前蘇小小，無人為送紙錢來。」今縣治前有蘇小墓，後人據徐詩，謂蘇小當在嘉興，不在錢唐。然唐人詩言錢唐蘇小小者，不一而足，古詩亦言「何處結同心，西陵松柏下」，西陵即今之西興，六朝時為錢唐地，嘉興蘇小或別是一人耳。白樂天詩「揚州蘇小小，人見是夭斜」，是揚州亦有蘇小，古女子名不嫌相同，未可據以為疑也。（卷中，道光二十一年刊本；《清詩話訪佚初編》本；上海書店《叢書集成續編》第一五八册；《清詩話三編》第四五九二頁）

楊升庵云：古謂使者曰信，今之流俗遂以遺書餽物爲信然，如《廣陵妖亂志》所云「信物一角，附致阿鼻地獄」，是古亦以餽物爲信矣，又皮襲美詩「明朝有物充君信，[木+雷]酒三瓶寄夜航」，白樂天詩「紅紙一封書後信，緑芽千片火前春」，賈閬仙《題朱慶餘所居》「寄信船一隻，隔鄉山萬重」，皆不得謂為使者。《青箱雜記》載，王文正公與楊文公為空門友，楊公謫汝州，親筆與公云：「山栗一秤，聊表村信。」非以村物為村信耶？（卷下，道光二十一年刊本；《清詩話訪佚初編》本；上海書店《叢書集成續編》第一五八册；《清詩話三編》第四六〇二頁）

智按：沈濤，原名爾岐，爾振（一作爾政），字西雝，晚號匏廬，嘉興（今屬浙江）人。少有才子之目，贅於戴氏。未冠，舉嘉慶十五年（一八一〇）庚午鄉試，歷官如皋知縣、廣平知府，授福建興、泉、永道員，未到任，改調江蘇，病卒泰州。有《十經齋文集》、《柴辟亭詩集》、《銅熨斗齋隨筆》、《交翠軒筆記》、《常山貞石志》、《說文古本考》、《論語孔注辨偽》等。《清史稿》卷四八八有傳。

李鈞（一七九二～一八五九）

《轉漕日記》

四月十二日辰刻，王曉林少宗伯同年植來拜。本月初十日，考差曉林奉派閱卷，《四書》題「窮則獨善其身」二句，經題「楚人伐鄭（僖公四年）」，賦得「雁點青天字」一行（得書字，五言八韻），詩題爲白香山句。聞詩內有用墨豬者，殊堪發笑。飯後遣長班赴部投咨文，遂赴棉花二條衚衕，視相圃舍弟，相圃自通州回，患痔未愈。鑾坡家叔丙垣亦與同寓，候秋試，談良久。同年戈德庵（其邁）、宗人李秬軒（龠通）兩農部與之比隣，因往拜晤。大雨忽至，遂回車。甘霖滂霈，更深始止。余前著《使粤日記》，凡沿途接見者，原載甚詳，繼而删去。然萍水之蹤，亦未可盡沒也。故此行於酬酢諸節，無不載入。但京師人海故舊頗多，若將往來通候者一一存識，不惟筆不勝書，竟成一本門籍矣，豈不可噱。擇其切近而有情事可紀者載之，餘悉從畧。（《轉漕日記》卷四，《續修四庫全書》影印清道光十七年河南糧鹽道署刻本）

智按：李鈞，字伯衡、夢韶、號春帆，滄州人。官至都察院左都御史、兵部侍郎、順天府知府、河東河道總督。有《判語録存》、《轉漕日記》。

彭蘊章（一七九二～一八六二）

《題九世從祖隆池山人（年）書白樂天池上篇》

有明一代傳隱逸，山人高節居其一（見《明史·隱逸傳》）。鶴書屢卻當路徵，豈惟翰墨工無匹。書此樂天池上篇，故紙流落三百年。信哉通神貴瘦硬，巖巖酷似顔平原。當時争購山人書，盛名藉藉傾三吳。弇州題詩珍什襲，名流鑒别知非虚（此卷爲王弇州屬書，後有弇州詩并題跋）。齊名衹有文徵仲，山人手蹟世尤重。平生不輕爲人書，殘縑落落朝陽鳳。又聞山人之終先自知，炷香測晷果如期。西州石折文翁瘗，算數豈等景純推。樊籠不久栖鸞鶴，雲霄一舉窮遐邈。誰向隆池訪故廬，欲尋古墓寒山麓。（《松風閣詩鈔》卷八竹西集古今體詩六十七首，《續修四庫全書》影印清同治刻彭文敬公全集

本，第一五一八册，第三九九～四〇〇頁）

《江弢叔詩序》

……余久處京華，得交四方英俊，所見詩集以至零篇多矣。其未脱時趨者，則或工溫李，或躭元白，間有一二傑出之才，沉著者追少陵，豪放者師太白。唯昌黎、山谷二家無人躡跡。……（《歸樸龕叢稿》卷六，《續修四庫全書》影印清同治刻彭文敬公全集本，第一五一八册，第六一六頁）

智按：江湜（一八一八～一八六六），字弢叔，長洲（今江蘇蘇州）人。諸生。道光間官浙江候補縣丞，從九品。有《伏敔堂詩録》、《續録》。錢仲聯《夢苕盦詩話》第三三八則云：「閲江弢叔（湜）《伏敔堂詩録》，譚獻以為苦語使人不歡，危語使人毛戴，誠然。擬之東野、後山，不足以盡之也。至其字句則又戛戛生新，以昌黎、山谷為骨幹，而出以白傅、誠齋之貌。彭甘亭所謂『先愁我肺腑，乃入人肝脾』，可藉以狀其孤詣之苦心。」王逸塘《今傳是樓詩話》第二六七則云：「江弢叔集中，為彭表丈作者甚多，《答見懷里居之作》云：『未識家園樂，嘗知行旅愁。此生堪自斷，於世本如浮。長者遥相憶，新詩難卒訓。惟應今夜雪，催夢到皇州。』彭謂長洲彭文敬公詠莪（蘊章）也。詠莪既卒，弢叔為詩哭之，有句云：『薦士不徹天，時也我有命。終感廿年知，心親非貌敬。』蓋知己之感深矣。詠莪有《松風閣詩鈔》，《歲暮奇懷弢叔里居》云：『白雪光中逼歲闌，故園高卧十分寒。閒鷗有夢還鄉穩，獨鶴無棲得食難。不見軒車過陋巷，曾攜書劍度危灘。何時重與論經詁，更似閩山舊日歡。』又《題弢叔集道堂詩卷》云：『盤硬昌黎句，翻新山谷詩。兩賢生異代，隻手在今兹。刮目三年學，傾心一字詩。夢中誰授筆，使爾冠當時。』又序弢叔詩云：『古體皆法昌黎，近體皆法山谷，無一切諧俗之語錯雜其間，可傳於後而不適於時』云云。弢叔不能諧俗，憔悴以終，身後之名，久而彌永，士固不必以適時為得計也。」（《民國詩話叢編》第三册，第三七一頁）

《書白香山集後》

樂天有志匡時，屢見齟齬，乃託于諷諭。又見擠排，始縱情詩酒，曠放以終。蓋非其本志也。東坡亦然。若處有爲之時，當遭遇之隆，而慕二公晚年之所爲，豈真能學二公者哉！（《歸樸龕叢稿》卷十，《續修四庫全書》影印清同治刻彭文敬公全集本，第一五一八册，第六五六頁）

智按：彭蘊章，字琮達，號詠莪、小園，長洲（今江蘇蘇州）人。有《彭文敬公集》四十六卷（中國國家圖書館藏同治間刻本）、《松風閣詩鈔》二十六卷、《歸樸龕叢稿》十二卷《續編》四卷（《續修四庫全書》影印上海辭書及天津圖書館藏清同治刻彭文敬公全集本，第一五一八册，集部）。

趙煥文（？～一八六二）

《讀白香山集》

香山古遺直，感激標英風。上篤黼座猷，下惻茅檐窮。斐娓新樂府，瑣屑吟秦中。以職業四民，維帝熙百工。日月耀氣義，雲霄貫精忠。詞卽雅頌殊，意乃風騷同。慨自古始遥，汲汲談和豐。麒麟在郊藪，鳳凰鳴岡桐。公眞苦心人，骯髒呈當躬。足堪訓後賢，砥節抒丹衷。不爲利禄回，確憑正直通。云何窮巷士，支離競魚蟲。（《兩浙輶軒續録》補遺卷四，《續修四庫全書》影印清光緒十七年浙江書局刻本，第一六八七册，第三三二頁）

智按：趙煥文，字堯一，號敬齋，東陽（今屬浙江）諸生。著《晴峯草》。《兩浙輶軒續録》補遺卷四引家傳畧：「煥文研性命之精，求程朱之奥，多所自得。其論詩則主蘇子瞻，故有眞見，無俗姿。」

李晚用（一七九二～一八六三）

《村家清明次白香山韻》

山上丁丁誰伐木，樵歌躑躅悲似哭。村家不識清明日，細麥殘蕪空復緑。蕭條生事欲何語，寒井冷煙炊飯處。野鬼吟詩忽無跡，棠花自開水流去。（《東樊集》卷一，《韓國文集叢刊》本）

《戊申初度次白香山戊申五十七詠懷韻三首志感仍效香山體》

我與樂天同甲子，又同生月未同時。（余生於壬子正月，偶與香山生年生月同，而日時不同。）幼曾聰慧頗相近，（樂天生纔六七月，識之無二字，余生周歲，識七十餘字。）老此屯窮果不期。友少微之長日見，詩無顧况早年知。較公齒髮吾衰甚，擬訴衷情命孰司。五十七年初度日，戊申春又過中旬。老當益壯何由壯，富不如貧豈厭貧。花月管絃經世志，樓臺山水宰官身。平生所要公皆得，倘把餘歡與後人。哺烏乳燕共春禽，禽鳥猶然憶故林。父母劬勞那忍涙，子孫嬉謔强寬心。柳枝日暖黄初變，草色天晴緑不禁。商畧芳辰來漸好，洛陽花下醉欹簪。（《東樊集》卷二，《韓國文集叢刊》本）

智按：李晚用，字汝成，號東樊。有《東樊集》。

葉廷琯（一七九二～一八六九）

《夷陵三游洞明人重刻白樂天遊記鄭少山攜示拓本為題一詩》

巴峽東來勝跡稱，香山逸事話夷陵。偶因遠宦尋巖壑，暫借閒遊聚友朋。雲外泉喧幽磵石，酒邊月挂斷崖藤。多君雅慕前賢躅，遺碣親搜峭壁登。（《楙花盦詩》卷上憶存草，《續修四庫全書》影印清光緒刻滂喜齋叢書本）

《浦西寓舍雜詠有序》

寄跡華涇，載更裘箑，凡所見聞涉歷，輒成短句，藉遣旅愁，事非一類，言非一端，地亦非一處，畧加詮次録之，得詩六十四首，題爲《雜詠》云。

長夏倉皇一舸浮，離鄉遠向浦西投。七年鴻爪重來印，幸免王尼露處愁。（庚申四月二十三日，自吳門北鄉徙避，外孫陳壽筠同來邀留居其寓舍）挈家往歲避兵塵，梁孟同爲賃廡人。此日傷心思舊侣，牛衣獨染涙痕新。（癸丑夏，余家先寓法華，八月避滬城亂，遷華涇張宅。居兩月乃歸吳門，時荆人尚在，今已下世四年矣）

龐居士尚餘嬌女，白樂天原有外孫。骨肉相依家破後，淒涼燈火話吳門。（余挈適顧孀女同來，外孫即壽筠也）

使星往歲照東瀛，早見雞林仰盛名。一品集煩重譯讀，香山爨嫗屬書生。(三年前松岑尚書花沙納公奉使來滬城，夷人購得其詩集刻本，屬寶山蔣君敦復以夷語譯之，寫寄其國，較白傅事更奇）（《榭花盦詩》附録，《續修四庫全書》影印清光緒刻滂喜齋叢書本）

《吹網録》

⊙郝靈荃名異文

唐紀開元四年六月，大武軍子將郝靈荃。《考異》云：舊傳入蕃使郝靈儉，今從唐歷（明刊本《舊書・突厥傳》作靈筌)。按，靈荃異名尚不止如考異所引，費袞《梁谿漫志》舉白樂天樂府《新豐折臂翁》注云：天武軍。(按,《方鎮表》無天武軍額，惟北都有大武軍，此詩注天字係刻本之訛）牙將郝雲岑斬默啜獻首闕下，謂據此則又名雲岑，與《舊唐書》作靈儉,《新唐書》作靈佺，及《通鑑》作靈荃凡四，雲岑與靈荃，疑因字形相近而誤，儉之與佺亦然，但未知何者爲是。(按，唐紀天授元年杜景儉《考異》曰：《實録》及新紀表傳皆作景佺，蓋實録以草書致誤，新書因承之耳。今從舊紀傳，與此靈儉字正同）惟《考異》於貞觀七年縱囚事曾引樂天樂府「死囚四百來歸獄」之句，兹於靈荃之名獨未引此詩注，豈温公偶忘之歟?（康熙間，歙人汪立名刻《香山集》，此注乃作靈筌，是後人改依《通鑑》，而又誤荃爲筌，適與明刻《舊突厥傳》同，非費袞在紹熙所見之舊矣。又正德刻本《白氏諷諫》作靈荃，文集則作雲岑）（《吹網録》卷二，《續修四庫全書》影印清同治八年刻本）

⊙漁洋詩話四壬子圖誤

《漁洋詩話》稱：「方盦山文，居金陵，少多才華，晚學白樂天。好作俚淺語，以己壬子生，屬畫師作《四壬子圖》，中爲陶淵明，次杜子美，次白樂天，皆高坐而己傴僂於前，呈其詩卷，余爲題罷，戲語座客」云云。按此圖殊誤。淵明生於晉哀帝興甯三年乙丑，並非壬子，不知盦山何以改爲壬子生，而漁洋亦不察而題之，且樓攻媿《跋坡書三笑圖贊》辨慧遠、陶淵明、陸修静三人生卒之年云：淵明生於晉興甯之乙丑，漁洋已載之《居易録》，乃爲方君題圖，絕不記憶，未免疏略。豈是時尚未覩樓跋歟?《居易録》又載，魯訔

《杜詩年譜》謂杜生於先天元年壬子，蓋沿吕汲公之舊，趙子櫟杜年譜則謂，汲公之譜有一歲之差，謂生於開元元年癸丑。獨錢虞山遵吕説，是少陵之壬子，亦尚有異議，惟樂天之生，差可定爲大曆七年壬子無疑耳。（《吹綱録》卷五，《續修四庫全書》影印清同治八年刻本）

⊙歐洪陳三家書皆不明香山九老事

香山九老，古今豔稱。其八人姓名，據《新唐書》爲胡杲、吉旼（原注：一作皎）、鄭據、劉真、盧真、張渾、狄兼謨、盧貞。本朝汪氏輯《香山集補遺》載七老會詩，首列刑部尚書致仕太原白居易（原注：年七十四），繼以前懷州司馬安定胡果（原注：年八十九），衛尉卿致仕馮栩吉皎（原注：年八十八），前磁州刺史廣平劉真（原注：年八十七），前右龍武軍長史榮陽鄭據（原注：年八十五），前侍御史内供奉范陽盧真（原注：年八十三），前永州刺史清河張渾（原注：年七十七）。序畧云：「六賢皆多年壽，余亦次焉。會昌五年三月二十四日，於履道宅同宴，宴罷賦詩，時秘書監狄兼謩、河南尹盧貞，以年未七十，雖與會而不及列。」其後復有《九老圖詩》，序云：「其年夏，又有二老，年貌絕倫，亦來斯會，附於圖右。與前七老題爲九老圖，仍以一絕贈之。二老者，洛中遺老李元爽（原注：年一百三十六），歸洛僧如滿（原注：年九十五）。」《新書》乃遺此二人，而以狄兼謩、盧貞與於九老之列，紀載未免失實矣（《舊唐書》本傳不載此事）。然洪邁《容齋四筆》歷數九老，爲胡杲年八十九，吉皎年八十六，鄭據年八十四，劉嘉、盧正（宋人諱貞作正）皆八十二，張渾、白居易皆七十四，年齒小異，其次亦祇舉狄兼謩、盧正二人，以足九老之數，且以劉真作劉嘉，既與《新書》、《白集》不合，又以兩盧貞疑爲文字或誤，亦與《新書》、《白集》畧殊，余再考之。陳振孫所撰《香山年譜》則劉真名仍無異，知爲容齋之訛。兩盧貞實同姓名，可釋容齋之惑，第亦以狄監、盧尹與於九老，而不及李元爽、如滿，似歐陽、洪、陳三家皆僅見《七老會詩序》，而未見《九老圖詩序》者，殊可怪也。惟宋人耆英會中，張問有句云：「復得兼謩爲重客（原注：司馬光年未七十），恐遺元爽在編民。」此於香山七老、九老事深悉原委，而其前李昉、宋琪等在京師，思繼樂天故事，舉九老會，有僧贊甯與焉，蓋亦仿洛僧如滿之例云。（《容齋四筆》又有「至道九老」一條，謂昉等會中兩宰相乃著一僧，唐世及

元豐耆英所無，據其所言，是真未知《九老圖詩序》中如滿事矣）（《吹網録》卷五，《續修四庫全書》影印清同治八年刻本）

《鷗陂漁話》

⊙白文公生日會

杭州舊有香山生日會，嘉慶中，阮文達公先督浙學，繼任浙撫，杭人因文達誕辰與香山同日，咸頌為白傅後身，故厥會彌盛，至今相沿弗替。我郡則嘉慶初虎邱雖有白公祠，而五十餘年来未聞有為公生日致饗者。咸豐壬子，為公降生後第十九甲子轉頭之年，海寧楊芸士廣文文蓀，時寓吳中，特於正月十九公生日，虔設牲醪，招邀朋侶，展拜虎邱祠下。祭罷飲福談讌，竟日而散。此實吳中創舉。……（《鷗陂漁話》卷三，黃永年校點本第五七頁）

智按：葉廷琯，字調生，吳縣（今江蘇蘇州）人。諸生。有《碧螺山館詩草》、《劫餘草》、《楙花盦詩鈔》、《吹網録》、《鷗陂漁話》。

吳振棫（一七九二～一八七〇）

《鐙下聽内子讀梅村集》

婁東祭酒腹便便，辛苦詞家作鄭箋。絶代才華長慶體，傷心身世義熙年。人誰無死公真悔，卿善談詩我最憐。紙閣夜闌消受好，香温茶熟短檠前。（《花宜館詩鈔》卷二古今體詩一百二首，《續修四庫全書》影印清同治四年刻本）

《養吉齋叢録》

沈歸愚、錢香樹以詩受知於高宗。沈予告後命有所作，即呈進，並命督撫代進奏摺、詩章，時有依韻賜和之什。錢家居時，每歲録寄御製詩百篇，命之和。又以所呈香山詩，摘句為圖以賜。……（《養吉齋叢録》卷二十，《續修四庫全書》影印清光緒刻本）

歷代帝后聖賢名臣圖像，舊藏内務府庫，蠹蝕塵封，不無小損。乾隆十二年命重加裝潢，補綴完好，移藏南薰殿中。又明帝后册寶，向貯工部庫，亦移貯南薰殿。每年夏茶庫員外郎率司庫等檢曝一次，其扃庋亦茶庫專司。……又《歷代聖賢像》一册内繪舜、倉頡、咎繇、后稷、伊尹、傅説、姜太公、周公、老子、孔子、屈原、張良、東方朔、董仲舒、司馬遷、揚雄、嚴子陵、諸葛亮、司馬懿、王羲之、陶淵明、謝靈運、檀道濟、蕭統、王通、房玄齡、杜如晦、李靖、李勣、尉遲敬德、狄仁傑、姚崇、宋璟、顔真卿、郭子儀、李白、杜甫、韓愈、柳宗元、白居易、孟郊、賈島、高瓊、包拯、劉凝之、司馬光、蘇軾、黄庭堅、邵雍、周子敦頤、程子顥、程子頤、張載、楊時、岳飛、朱子熹、張栻、吕祖謙、蔡元定、蔡沈、真德秀、許衡，共六十二像。……（《養吉齋叢録》卷二十，《續修四庫全書》影印清光緒刻本）

智按：吴振棫，字毅甫，一字仲雲，號再翁，錢塘（今浙江杭州）人。嘉慶十九年（一八一四）甲戌進士，改庶吉士，授編修，官至雲貴總督。有《花宜館詩鈔》、《黔語》、《養吉齋叢録》、《餘録》。

沈丙瑩（？～一八七〇）

《讀吴詩隨筆》

《王郎曲》與香山作《琵琶行》同意，篇末「君不見康崑崙黄幡綽，承恩白首華清閣。古來絶藝當通都，盛名肯放優閒多」，全是自怨身世語。其曰「王郎王郎可奈何」，即白詩「同是天涯淪落人」也。第三段「五陵俠少豪華子，甘心欲爲王郎死。甯失尙書期，恐見王郎遲。甯犯金吾夜，難得王郎暇。坐中莫禁狂呼客，王郎一聲聲頓息。移牀欹坐看王郎，都似與郎不相識」，極寫一時傾靡之狀，此風於今未艾也。（《讀吴詩隨筆》卷一，《清詩話三編》第五八一四頁）

智按：沈丙瑩，字菁士，浙江歸安人，沈家本（一八四〇～一九一三）父。道光十二年（一八三二）舉人，二十五年（一八四五）進士。刑部主事，歷員外郎中，改山西道御史，擢貴州安順府知府，署銅仁、貴陽府事，休致歸。熟于律例，在部爲上官所重，肅順弄權招之，謝不往。署銅仁時，思州之路蹊賊來犯，設方略擊却之，乘勝進克路蹊，殄其渠幾盡。有功不賞，人頗惜之。有《春星草堂集》。咸豐十年（一八六〇）攝事貴陽，公餘披覽吳偉業詩集，隨手加墨，由幕僚録成《讀吳詩隨筆》二卷，有光緒三十二年（一九〇六）男家本刊、中國書店影印春星草堂全集本。

馬壽齡（？～一八七〇）

《金陵癸甲新樂府》

⊙自叙

情非真痛則易忘，事非親歷則不知。苦膽既嘗，酸心欲語，此所爲象形維肖，鄭監門繪流民之圖；不平則鳴，賈長沙上太息之策也。某鐵硯謀生，金陵卜宅，驚魂烽火，翹首雲霓。老父依依，莫笑處堂之燕雀；窮途蹙蹙，難攖當道之豺狼。晝出餐風，皸手長鑱之柄；夜歸坐月，嘔心古錦之囊。言積數千，篇成五十。著書懸肘後，恐不戒於度關。今者稿在腹間，未盡忘於覆局。老嫗能解，非爭勝於長慶集中；小子何知，非炫才於滕王閣上。惟冀削加椽筆，采入輶軒。言不廢夫芻蕘，好自通夫箕畢。悉小民之憔悴，振大將之嚴威。炯鑒無忘，珍同敝帚。倒懸既解，棄若《弁髦》可也。於虖！手握一編，腸回九曲。空使蒓鱸憶我，未返故鄉；豈惟梅鶴累人，不得死所。三閭無職，敢爲楚澤之吟；七日有靈，且效秦廷之哭。

⊙謝河上

河決豐北兩年半，國幣已糜六百萬。大臣藉口賊猖狂，不救鴻哀救魚爛。河工止，那管青徐之民死不死。百姓聞言猶色喜，大臣之意在彼不在此。

⊙接廷寄

天語煌煌迎賊剿，大臣遲遲苦膽小。臘月上旬廷寄來，十四十五船未開。妾送江頭抱頭哭，哭罷焚香祭大毒。陰風慘慘冰雹集，旌旗無光鼓鼙濕。

⊙失九江

大船日行數十里，兵船旁午更無紀。濡滯一月抵九江，靜坐篷窗俯流水。賊未至九江，聲言九江危，其實九江猶可支。大兵至九江，未登九江陴，其實九江不可爲。將軍傳令見火走，兵自焚林笑攜手。賊與大兵不相見，兵與將軍未謀面。忽聞兩路賊船來，鳥獸紛紛成一片。

⊙保金陵

失九江，保江寧，江寧乃是東南屏。舳艫巍峨不能速，奪得紅船臥船腹。逆風阻船恐不免，叩頭祭風風便轉。蒼莽天意人難猜，不驅賊去引賊來。正月十九大將回，百姓面色都成灰。

⊙閉城守

正月十九大將回，賊船廿七乘風來。城外空無一兵守，城裏倉皇募游手。初募二千五百人，繼募二千五百人，又募五千成萬數。人日給錢二百文，登城加一倍，呐喊五十錢，雜以槍礮聲連天。分明示之弱，徒令賊粲然。有人氣矜能殺賊，玉石不分將一擊。祁公搖手禁不得，嘔血數升繼以碧。（南門外，筲袋行殺賊無算，城上大員將開礮擊賊，祁幻章方伯曰：「投鼠忌器，勿令筲袋行人與俱死，隳衆心。」大員不聽，礮出，祁公捶胸曰：「不知殺我多少百姓矣。」始嘔血，繼吐緑水，膽已破也，越日而逝。）吁嗟乎，一方伯，一縣令，頗以斯民爲性命，（縣令爲劉清溪）六十里城僅恃此，奈何一生還一死。

⊙掘地道

無兵拒賊城閉門，城外人先遭賊兵。二月初四傳將令，長繩擊之使上城。中有一人，來自賊營，親見淨海寺，地道將掘成。書生上書當路笑，初八出示民母驚。初十天明猶未明，巨瓮兩枚轟成傾。大臣高卧深無主，兵勇見之散如雨。城裏賊頭換何堵，城上縱横聚狼虎。

⊙破皇城

大兵已破攻皇城，皇城止有八旗兵。賊見旗人恒切齒，目爲妖魔專殺此。先到三牌樓，次到西華門。百姓執梃如雲屯，旗營二女逐賊奔。劉公巷戰督鄉勇，朱書十字留血痕。同時力盡慷慨死，百姓尤感慈母恩。皇城岌岌殆將破，大帥乘輿城下過。或言行至大中橋，輿夫卸肩受賊刀。或言湖廣皆同調，已入賊營戴風帽。君子耻言莫須有，定論還須千載後。

⊙催進貢

王者之師如破竹，迂儒讀之不忍讀。聊當壺漿簞食迎，賤者雞豚貴金玉。從此夜郎輒自大，惶惶大書恬不怪。從此庸人輒自擾，嘖嘖危言恐不早。可憐剜肉并及骨，僞官一笑盡乾沒。

⊙搜財物

刀槍入門聲撲簌，紅緑青黄眩人目。傾筐倒篋欲未厭，下掘地板上衝屋。還恐金銀藏腹壁，以刃撞壁壁幾覆。女子解裙男解韈，雙手捫搎鑒毫髪。前門方出後門入，强顔送迎紛未歇。土人引路以頤指，平日怨慕今日喜。噫嘻，物無貴賤同時殘，如此力量難不難。家無大小同時破，如此禍灾大不大。

⊙當聖兵

人心之靡靡至此，乍見紅巾道恭喜。制巾不及裹紅布，覓布不及裹紅紙。拜上帝，釘黄補，二十五人爲一所。司馬卒長監督之，晝操井臼夜擊鼓。君不見東家腐儒年七十，逐隊紛紛去投册。一鞭驅走作先鋒，妻女無從問消息。

⊙捉兄弟

夜半火光燭戶牖，賊卒汹汹排闥吼。少者壯者捉之走，以髪相牽擁前後。行者匆匆不回顧，居者問人何處去。此去安知生與死，望斷盈盈一江水。

⊙姊妹館

分男行，分女行，女人廿五一室藏。女官猙獰叱私館，戶籍散漫無人管。雞犬躑躅，女官殺之。兒女驚唬，女官笞之。珠玉寶貴，女官攜之。米鹽淩雜，女官持之。一肩行李重難舉，沿途抛棄紛如雨。逢人問路面含羞，今夜栖身在何許？回看老屋成灰堆，千辛萬苦從兹來。

⊙削竹簽

南北山深多竹子，女館往還三十里。鈍刀斫斷兩人扛，舉步蹣跚顙有泚。歸來乞人鋸成段，五夜篝燈忙十指。侵晨各送八十斤，插地森森密如齒。上擁泥沙下泥滓，雨淋日炙脆無比。

⊙搓麻繩

予以若干麻，責以若干繩。繩繩相續細於髪，手掌生繭指血凝。私問何爲促工作，城外急需絆馬索。舊繩已朽換新繩，半年以來無馬脚。

⊙盤糧

巍巍者倉，栗栗者糧。城外擄掠城裏藏。波及女子同奔忙。朝出星有芒，暮歸日無光。昨夜作餅盛一囊，今日卓午充飢腸。稻堆不用升斗量，以手爬稻指甲傷，跋前疐後仆且僵。背若生刺頭堆糠，何人醉飽栖洞房，蘧蘧夢醒炊黄糧。

⊙擡甎

甎在皇城根，擡至東轅門。甎在南城廂，擡至黃泥岡。數回已逼天昏黃。百長叱咤人踉蹌。取盈偶然竊道左，冷水澆背帶枷鎖。夏日鬱鬱雨如瀉，破衫裹頭泥及髁。冬日烈烈雪如掌，脛沒履穿手落杖。女人私向匠人問，土木經營何日竟。匠人微笑姑應之，日復一日無了期。

⊙割麥

割麥插禾，鳥聲不比冤聲多。垢面蓬頭各持剪，驅之出城無近遠。田已荒蕪半無麥，覓得麥田手已軟。彳亍田中暴雨集，自頂至踵無不濕。終朝采采不盈襜，女官督責何以堪。旋歸相顧無人色，當日餅焦還不食。

⊙斫柴

長江蕩蕩黃蘆洲，西風吹老無人收。戾㢋炊盡賊婦愁，逼令姊妹腰鐮求。栗烈天寒容易暮，一束戔戔難足數。松楸蕭艾相雜糅，獻之百長幸無怒。歸來喘息明星大，爨底無薪忍饑卧。

⊙掘壕溝

鴉嘑一聲天尚昧，有衣無裳已成隊。城内驅之至城外，母女相失呼大妹。一鍬一鉏，一蟾一箕。一捧一手污，一步一淚垂。壕溝之深深幾許，掘了一處復一處。老羸瘐死女館中，周身曾無二尺土。

⊙禁裹足

大者不能小，小亦不能大。斯理最易明，固然無足怪。天機本自然，人心弄狡獪。纖趾幻金蓮，風俗嗟已敗。相習既云久，用別廝養輩。無如赤足婦，相對慚形穢。出令戒纏足，違者遇之恚。輕或施以鞭，重且縶以械。遷怒小過摘，報怨苦差派。鞋幫束脚松，鞋底觸石壞。十指抵地行，奇痛勝蜂蠆。趦趄又傾跌，此形實狼狽。臃腫又皸瘃，此病非癬疥。不敢怨今日，性命原草芥。只是恨當年，阿娘貽我害。

⊙選女孩

今日不幸爲女子，尤不幸爲女子子。列王傳令選王娘，母女相持面如死。巡查勒馬立門前，軍帥握鞭搜館裏。大者逃出館外頽垣陰，小者逃入阿母破床底。無論癡與黠，逃之不得脱。面目稍平正，居然中簡拔。衣裳羅綺驟裝束，脂粉馨香肆塗抹。從之親戚叨笑言，不從骨肉受鞭撻。女官迫促驢馱去，阿娘肉向心頭割。薄送出門忍淚歸，吞聲哭說掌珠奪。得寵爲妃薦床笫，失勢爲奴掃室闥。有人憔悴倚門間，膝下依依渺天末。遙憶田家新嫁娘，麥飯布衣真快活。

⊙牌尾館

不肯作詔書，文人之名無其徒。不肯當聖兵，武人之徒無其名。不文不武窮無歸，賴有牌尾猶可依。老弱發疾并一館，二十五人數剛滿。有子有孫不能顧，有父有兄不同住。起居飲食各自謀，疾痛苛養向誰訴。膠庠朋友如寇仇，桑梓情親如陌路。巡查書手更無狀，一賣零剪一銀匠。睚眦相報并無仇，摧折播遷兼誚讓。嗟乎金陵一隅偶竊據，一十八省猶鞏固。不知若輩意云何？可嘆人心不如故。賊人尚肯發慈悲，何必鄉人轉虐遇。

⊙擡鹽

鹽船嵯峨過城堞，五道跳板大繩接。昨夜一雨板猶滑，上船下船人雜沓。潮長繩松板搖動，帶水挖泥草鞋踏。失足入水沉忽浮，宛轉呼號人不答。摟身到岸腹已脹，放膽登舟氣先慴。俯視艙中深幾丈，上猶易下下難上。一人追繩一人東，一推一挽力同疆。委蛇行至城西路，又遇僞官叱留去。重來得鹽繞道行，幸到巡查未逢怒。平生閱歷幾酸鹹，此味還應兼醋醋。

⊙領稻

牌尾一館廿五人，十日領米一百八十斤。米將不足減之少，少之又少繼以稻。清晨領飛子，先問城南道。旋從城南往城北，自朝至昏殊草草。白叟黃童雜跛聾，牛喘蛇行欲傾倒。人可食，鮮可飽，以粟爲米況未曉。歸來馳負心口商，人窮智生意能造。或以木相剉，或以甎相磋。或以瓮爲皿，或以石爲磨。遲眠帶月篩，蚤起臨風簸。一粒一粒幾上檢，稻半未開米半破。諸公太息各道苦，我爲諸公笑相賀。不食東陵盜跖粟，便作西山伯夷餓。

⊙收菜子

種菜人多去鄉里，巡查有令收菜子。大書某衙某官某，統下牌尾來收此。明朝別衙老兄弟，拔折令旗怒目視。重尋老圃色猶青，捋之掇之手不停。少許褰衣扱之帶，多許作束負之背。炎炎有汗不敢揮，急趁天晴上埸曬。老者易乾迸莢落，嫩者猶濕應手碎。滿地積累累，埽起雜土芥。口吹兼手揚，氣力甚矣憊。送去打油待分惠，十日一人兩勺派。

⊙掃街道

虜來衣，愛剪碎，不問貴不貴。虜來食，愛生硬，不問淨不淨。獨有街道愛完整，奉帚攜鋤命無梗。腹饑過午竊微憩，竹板藤鞭如雨打。今日去草草不青，明日一雨草怒生。今日溲勃無所遺，明日牛馬還遺之。今日空屋遮罘罳，明日比戶抽戾庮。朝朝糞除無盡時，清塵伺候人伊誰？

⊙拆妖廟

亂離高隱南山霧，方外猶爲歸宿處。無端忿恨到緇黃，殃及木雕與泥塑。不知老人筋力疲，長梯倚樓樓半危。接瓦人立嚴墻下，存亡俱在呼吸時。漢唐之碑一時仆，齊梁之樹一時鋸。縱横榱桷當柴薪，瞬息庭階走狐兔。渺茫豈必真有神，能辟佛老亦偉人。只嫌立幟排異己，昌黎不許爲功臣。

⊙帶娃崽

男館也搜，女館也搜，斗見幼少撑雙眸。父母長跪求，兒哭聲啾啾。長髮猙獰奪之去，短刀壓背繩牽頭。饑進飯，渴奉水。熱揮扇，寒熏被。晝隨馬後夜床笫，飽食暖衣恣游戲，市井惡少漸歡喜。乃祖乃父二百年，快活世界無此比。可憐良家子，含垢復忍恥。既不欲生，又不能死，閑日省親難仰視。

⊙禁剃髮

長髮入城禁剃髮，遇剃髮匠提刀殺。剃髮匠亦善刀藏，摩頂人難一毛拔。老者茸茸垂兩耳，少者髟髟漸盈咫。日蒸汗氣頭集蠅，雨粘垢蚧虱生蟣。日出而作日入息，偶欲爬梳無暇晷。人言不幸罹水火，黑白不分被人裹。他日大兵儻入城，不能救我將殺我。我言水火望人拯，令我如此誰爲禍。但得大兵肯入城，殺我救我無不可。

⊙禁煙酒

聖恩寬大不禁煙，煙氣噴作向雲天。忽爲厲禁猶有說，此物耗血兼損年。無酒學佛有學仙，與爾何仇爾怫然。闖入人館用鼻嗅，捉影捕風愁網漏。煙筒酒壺見即奪，縛獻巡查法不宥。笑爾煙具灶下藏，以勺挹酒酒作湯。酒酣煙足聊徜徉，無計消遣還栽贓。

⊙禁偷竊

封菜園，狂夫不許逾柳樊。拆妖廟，梁柱成山儲木料。偶然拾得名曰偷，銀鐺繫頸枷上頭。鞭撲還令自道之，枷滿七個禮拜期。於虖！竊國侯，竊鈎誅，大盜盜城天父賜。土著自取爲跖徒，同是天堂好子女。天父胡爲獨賜汝，問之碧翁翁不語。

⊙禁妖書

爾本不讀書，書於爾何辜？爾本不識孔與孟，孔孟於爾亦何病？搜得藏書論擔挑，行過厠混隨手拋。拋之不及以火燒，燒之不及以水澆。讀者斬，收者斬，買者賣者一同斬。書苟滿家法必犯，昔用撐腸今破膽。文章浩劫古原有，賢聖精靈自不朽。卜筮之書拜（并?）泯滅，竊恐祖龍笑其後。

⊙天條書

妖書不許讀，乃出天條書。書中何所云，天亦爲之誣。天父爺火華，天兄名耶穌。代贖世人罪，十字架上捐其軀。又命二太子，下凡來掃除，太平一統天命扶。喜則天父開鴻恩，怒則天父調審周錫龍。愛則死後天堂登，威則天兵大將殺氣騰。於虖噫嘻天主教，三十餘人同號召。始猶焰焰不撲滅，遂使中原成火燎。

⊙敬天父

乾稱父，坤稱母。不知有母，不及禽獸。而況自顧是誰某？乃敢比於天子後。不焚香，不然燭，一盞油燈影搖緑。茶三碗，飯三盂，誰意羅列腥與蔬。朝朝暮暮盡如此，七日禮拜尤勤劬。錯立贊美聲伊吾，贊畢焚表升天衢。同時長跪同默禱，同時蹶起同狂呼。每飯不忘妖魔除，我兵何故忘區區。我兵縱忍忘區區，惡聲天獨不聞乎。

⊙天下凡

朝名天，國名天，京名天，盡人假托天無言。蠱惑愚人恐不足，驚傳天父來凡間。或言天王府中有巾幗，當予東王侍枕席；否則天王笞四百。或言天王思遷河南都，變妖當撲臀之膚；否則天王斫頭顱。有時詰屈不解如乩詩，有時鄙俚不雅如盲詞。展轉取信用女子，有時天父留語已去矣。奇奇怪怪不一途，天若有口應胡盧。

⊙講道理

鑼敲四聲麾令旗，聽講道理雞鳴時。桌有圍，椅有披，五更鵠立拱候之。日午一騎紅袍馳，戈予簇擁簫管吹，從容下馬嚴威儀。升座良久方致辭：「我輩金田起義始，談何容易乃至斯。寒暑酷烈，山川險巇，千辛萬苦成帝基。爾輩生逢太平日，舉足便上天堂梯。夫死自有夫，妻死自有妻。無怨無惡無悲唬，妖魔掃盡享天福，自有天父天兄爲提攜。」聽者已倦講未已。男子命退乂女子，女子癡憨笑相語，不講順理講倒理。

⊙改正朔

月曰期，日曰旦，日月無辜遭改竄。丑曰好，辛曰榮，亥曰開，干支避忌殊怪哉。單月盡稱大，雙月盡稱小，印板文章亦難曉。月小三十日，月大卅有一。節氣安能不失實？三百六旬日加六，堯典惶惶載簡牘。下言閏月定四時，此語如何未曾讀。

⊙易服色

上衣下裳黄帝制，製作原垂千萬世。生今反古灾及身，奈何不識當王貴。初破城，即下教，女子去裙男去帽。若輩札巾尻上垂，滚身衣僅一尺奇。淩寒兩足不知冷，下猶單褲上已皮。其實馬褂及袍襖，依舊用我王朝儀。大傘如輪馬前轉，風帽黄邊分貴賤。莫言意造無藍本，村落戲場頗常見。

⊙造宫殿

制軍署作天王府，黄泛岡作東王府。東西對峙相抗衡，不辨誰臣又誰主。木工瓦工千萬人，營營擾擾晨至昏。但有口糧無顧錢，妻孥凍餒空憂煎。天王府中天火灾，東王池上水榭頽。今日毁壞明日作，反喜庶民真子來。民房瓦，皇城甎，上河水盡蕪湖盤。取不禁，用不竭，峻宇雕墻且休説。知否流離去安宅，鴻雁嗷嗷集蕪澤。

⊙設官府

自言定鼎作天子，龍虎人文應蔚起。儼然則古稱先王，六官之名本《周禮》。初名司轎改典輿，初名牌刀改將使。顧名思義猶有理，舂人漿人亦類是。作糕餅，名茶心。作鐘錶，名風琴。此語不可通，識者笑且騰。文人貢諛競藻繪，何不點鐵成黄金。内醫衙，作總制。瓦木匠，作軍師。雖遜巡查檢點與侍衛，風帽紅袍都得意。一榜輒書數百人，疑有文事兼武備。安能盡挽兩石弓，安能盡識一丁字。

⊙鑄大錢

太公圜法重九府，利用厚生後人祖。下及貨布與泉刀，文字廣輪靡不古。

賊人虜得銅無數，大開洪鏞資鼓鑄。誰爲老成垂典型，古來款識都變更。一面直行書聖寶，一面直行書太平。商旅不許妄藏市，城裏無用人不爭。出城與人互交易，依舊咸豐通寶行。何異鄧通銅山高插雲，到死一錢仍不名。

⊙徵玩好

宫室車馬及衣服，竭來享盡天堂福。志驕氣盈樂窮極，百計營求供大欲。金魚數十缸，珍禽數百籠。去年人獻十四鳳，今年令捉千金龍。夏鼎商彝舉室空，瑤草琪花掘地窮。竹未槎枒鬬雕刻，玉石磊磊資磨礱。象筋玉杯亡國基，此理若輩安知之。只惜奏能者，僅爲免寒餓。奉令承教靡不爲，阿諛取容罔敢惰。若將斯意媚天子，戮力同心城不破。

⊙扛龍燈

大王一出風生雄，耳邊先已聞東東。旌旗矛戟光耀空，繁弦急管聒耳聾。畫龍綉龍滿輿服，知是葉公真好龍。儀仗駭人苦不足，制得龍燈炫紅緑。鑼聲震天鼓動地，健者扛之人卅六。恐作盤拏嫌路窄，五丈寬街猶拆屋。白晝巡行人看燈，僵如死蛇無一曲。凶人幻想窺天下，貪天自疑年可假。未到中元作上元，汲汲顧景何爲者。

⊙點狀元

八月號東試，十月號天試。正月及二月，北試翼試又相繼。六閲月耳四狀元，唾手功名太容易。一稱元，二稱次。傳臚以下皆翰林，會員以下皆進士。翰林之職同將軍，進士之職同監軍，文經武偉何多人。君不見，鼎足觥觥慶盍簪，雲泥瞬息判升沈。去年縣試逐童子，强壯猶未青一衿。

⊙拆皇城

虎踞龍盤勢飛舞，靈氣乃鍾明太祖。皇城既建又遷燕，三百餘年總安堵。我朝定鼎移駐防，保障東南作門戶。可恨庸臣自養虎，二百十年變焦土。賊來營造無巨甎，拆城作城衆人苦。老人城上搖，旋向城下抛。女人城裏拾，旋向城外挑。老人一失足，翻身身必壞。女人一失手，觸頭頭必碎。皇城崔嵬入雲際，蹂躪經年便平地。瀟瀟雨打十三陵，石馬無情尚流淚。

⊙領飛子

豪傑内應蹶然起，神策門頭五人死。巨斧劈門城未開，刺客分明在城裏。三更傳將令，四更領飛子。五更不許發，天明詰奸宄。未聽令者昏不知，捉入瑣院囚累累。百五十人同就戮，南門橋頭血漉漉。殺人之人夜遁出，過橋鬼火星星緑。

⊙驗剪髮

飛子捕人人弗得，冤死無辜怒未息。傳聞剪髮是通妖，吹毛求疵事羅織。淩晨牛角鳴烏烏，齊集北府人塞途。或生虱，或生瘡，或因輾轉病在床。蓬鬆剪落寸許長，城門失火池魚殃。初入試院繼天牢，顔色慘沮聲嗷嘈。一千餘人數間屋，一十二時兩碗粥。和衣枕藉雜溲勃，詬誶聲聞予鞭撲。夜深啓鑰調研訊，細繩繫指棒壓足。烙鐵出火置胸腹，鋼錐燒紅穿股肉。鬚眉皓白甘垂斃，膂力方强轉誣服。長官作保方出獄，不者趨之登鬼録。百十顆頭竿藁街，陪縛驚心凡五六。有人嫁禍亦同殲，長髮鄉親又誰贖?

⊙作買賣

初言商賈毋潛通，虜物殆盡勢且窮。城外直如五都市，外小負販時相從。繼因協從多變妖，誅不勝誅逃自逃。城中設立五大行，自出買辦奇貨藏。兄弟姊妹買之賣，什一逐利充飢腸。竊幸一舉可兩得，一禁出城一省糧。那知遠引尚如昨，賈用不售且高閣。

⊙慶升天

生享天福死奈何，其詞可立窮。生享天福死升天，其術可謂工。升天與否誰見之，說夢更勝癡人癡。煌煌誥諭滿城郭，無用衣衾與棺椁。靈魂既登極樂界，皮囊無礙填溝壑。當笑而哭爲反常，哀戚不如且謀樂。君不見，西王南王東王子，到小天堂相繼死。命人敬撰慶賀詩。黄榜龍邊書姓氏。始言此輩無倫常，繼思此語非荒唐。偷生不及坐地獄，得死真是升天堂。

⊙望大兵

鍾山高，淮水深。山水有靈人有心。池如湯，城如金，反主爲客音信沉。粤人才數百，楚人才數千。從賊之意多不堅，乘勢胡不解倒懸。愚民不知兵，加以濡滯名。百穀焦頭仰膏雨，易望爲怒原人情。我言廟謨自機密，策潛先占丈人吉。將軍儻不孤聖恩，豈再遷延失時日。滋蔓無煩剪枝葉，一舉鋤根事遂畢。勁軍奏凱歸行伍，流民築堵返家室。餘生努力報升平，爲農爲兵幸無逸。(《清代詩文集彙編》影印中國國家圖書館藏傅增湘抄本《金陵癸甲新樂府》;《中國近代史資料叢刊・太平天国》，上海：神州國光社，一九五二年

版，第四册，第七二七～七四〇頁）

《金陵城外新樂府三十首》

⊙蓋屋

大兵桓桓猛如虎，大營盤盤密如雨；冬憂初寒夏憂暑。帳房布一層，何如墻一堵？將軍傳令具棟宇，匠人供役笑相語。城中屋毀千萬戶，忍使將軍同此苦。

⊙栽花

去年杏花風裏來，看到今年荷花開。深居簡出看不足，命植群花供眼福。群花脉脉總無言，化身疑是冤民魂。朝來盥洗弄春色，清露濕花含淚痕。

⊙種松

結就三椽四椽屋，樹陰不濃暑猶酷。移得虬松勢夭矯，簌簌風吹滿天緑。栽培本欲高連雲，那識橐駝徒苦辛。三日驕陽盡焦悴，難將大樹屬將軍。

⊙叠石

石城巍巍堅亦破，人責石兄亦是過。有人愛石翻成癖，不能破城能運石。位置山頭一丈奇，巍巍亦與石城齊。他時奏凱勿撞碎，留作羊公墜淚碑。

⊙籠鳥

柴夫斫柴山色童，無枝可依鳥已空。巨鼓不驚耳寂寞，欲覓針砭醫聵聾。肉分一片米一勺，鳥便不饑人便殺。損我廉泉曾幾何，禄位并非軒上鶴。

⊙蓄犬

逍遥駟介入方馳，突出一犬神權奇；江南守戶無此狀，郎君得自西北垂。豪奴監養費升斗，養就威聲如豹吼。瞬息秋高狐兔愁，還待攻人用功狗。

⊙甃地

重重甲帳如鱗次，傾盆一雨無乾地。烏鞾粉底怕沾泥，曲折羊腸成釦砌。吁嗟乎！農人塗足齎盜糧，征人雲跰登戰場。貴人畢竟千金體，到處荊棘皆康莊。

⊙編籬

有盆有盎花交枝，有雞有鶩蹂躪之。前山斫竹削成片，玲瓏麂眼編疏籬。花好猶防花有患，人死輒言人有難。可知錦綉好江山，天子需人作屏翰。

⊙搭涼棚

去年六月北風凉，今年六月火傘張。編蘆作席木作架，翼翼近接檐牙長。劇憐烽火生煙塵，焦頭爛額皆窮民。安得王師降時雨，分潤甘棠樹蔭人。

⊙吸鴉片

小兵草草燈一盞，對眠吐納語聲軟。大帥嚴嚴燈兩碗，左左右右免輾轉。吸煙未了又熬煙，煙鬼滿營煙滿天。翻羨賊人法令嚴，手乍持槍頭已懸。

⊙聽八音合

一合一百六十千，代賊采辦死賺錢。將帥習聞猶樂此，從知耳亦有同然。心自否，彼聽八音繁，錚鍒徒侑酒；我聽八音諧，賡歌思拜手；樂由心生耳試傾，一樣承平雅頌聲。

⊙買玉器

翡翠鸜哥緑，不及墳草宿。珊瑚鶴頂紅，不及人血濃。去年死者宿草多，今年死者血成河。麒麟閣上劍佩摩，較此碌碌當如何？

⊙修鐘錶

鐘在几，表在腰。如蛇穿珠走法條，如魚知更響自敲。只言怕誤夜何其，圓枕同警雞唱時。長髮出城擄掠歸，諸公睡眼猶迷離。

⊙購字畫

一畫值百金，一字值千金。名家大家互品評，紙色雖舊印色新。文人一錢都不值，何爲紛紛重華墨。只緣上署古人名，美玉珷玞原不識。

⊙換人葠

腰間白璧雙，臂間金釧一。齎之已較阿堵輕，尚有贏餘思秘密。狎客飄然持羽扇，袖出人葠三百换。爭來攫取不嫌貴，那問爲真與爲贋，城中食粥薄如水，男女都應饑餓死。倘得飛仙竊自逃，半兩能當百石米。

⊙看春册

膏沐爲客人竝肩，自我不見今三年。曠夫一縷芳情動，聊因圖畫尋春夢。秘秘且莫遇長毛，長毛謂此犯天條。一樣圖歡男與女，紙上空談殃及汝。

⊙押寶

山上旌旗大營駐，山下蘆棚莽無數。棚底蜂屯人百千，么二三四下孤注。開盒相看勝者喜，負者不容拂衣起。遷延縱誤點名期，寫帖除名而已矣。

⊙下象棋

椎髻跣足衿見肘，蹲踞帳中兩人偶。一生一死在須臾，一子誤投怒而吼。人言兒戲將令違，何不用此嚴軍威。我言主客決勝負，此中消息原兵機。

⊙打葉子

我聞宋江輩，三十人有奇。橫行遍天下，炎宋無能爲。演爲水滸傳，加以鋪張詞。晚近葉子戲，粉本實因之。今日鼠跳梁，猖獗乃至斯。諸君消白晝，不肯執冰嬉。藉此試雌雄，日監想在茲。

⊙養病

出入轅門無禁令，暢言翺翔更稱病。病者自賃民間舍，養得病痊始消假。不知所病是何名，詭言無足爲重輕。盜賊之病在皮肉，士卒之病在心腹。

⊙娶妻

亂離難覓青樓倡，小家蕩婦窺東墻。狗偷鼠竊不快意，公然奠雁爲新郎。他時奏捷歸故鄉，相依白首仍糟糠。于歸之子啜其泣，嫁與征夫棄路旁。

⊙狎孌童

人心不同各如面，水礮不如銅鼓便。招邀游蕩兩雄俱，玉貌朱唇大綫辮。噫嘻老兄弟、帶娃崽，甘言誘之娃崽悔。少年莫逞好顏色，城外兵如城裏賊。

⊙作買賣

民非民，兵非兵，行伍著其名，市井謀其生。買賤賣貴各籠斷，納污藏垢同蠅營。土著貿遷能跋涉，安用遠人厚資挾。縱令君子賈三倍，爭似小人月三捷。

⊙短路

黑襦黑褲紅腰巾，遠望若賊能驚人。衣邊襪底遍摸索，萬一冀得金與銀。有金有銀笑開口，吝而不與刀在手。君不見：村氓被劫呼青天，是我妻孥買命錢。叫號終夜人不憐，侵晨力倦水底眠。

⊙搜家資

或言爾賣禁物與蠻子，或言逞凶欺我衆兄弟，搜尋有得連臂行，否則送官將罪抵。嗟嗟遇賊亦死，遇兵亦死，受殺一死，受餓一死，人生百年死一耳。親屬牽連又難死，天胡忍予竟至此。

⊙燒民居

不能還其賄，不能抵其罪；睚眦復難耐，火攻策斯在。茅檐泥壁寒阿房，聊資一炬搶火場。放火群凶呼救火，殺人奪物無不可。小民冒死去鳴冤，土匪骷髏懸一顆。

⊙作齋

山僧捧經隨意讀，衣冠幾輩擎香燭；紙錢萬陌灰成堆，超薦亡人并祈福。賊人朝朝肆殺戮，骨肉恩情斷難續。忽忽兩次遇盂蘭，祭掃無人鬼夜哭。

⊙自打仗

相對相當堅築壘，相忌相猜怒相視；狹巷相逢便殺人，主將搖手不能止。賊人竊從壁上觀，殺氣横空心膽寒，若輩操戈是同室，持此殺我夫何難。

⊙搶糧臺

異鄉瘠，同鄉肥，糧餉不發難忍飢；輪囷白鏹束高閣，戟手入奪纏腰歸。紅巾衆虜不獨食，作賊猶解無偏私。淑人君子正四國，可曾讀過鳲鳩詩。

⊙出隊

吹角開城賊擁出，倉卒點兵聊借一；長官安坐既無統，衆士聲嘩又無律。彼此相距半里餘，槍礮縱横互得失。驗傷給養上中下，論功分品五六七。迄今無負亦無勝，已破不顧同墜甑。賊首莫來我莫往，屢誤依然需內應。（《清代詩文集彙編》影印中國國家圖書館藏傅增湘抄本《金陵城外新樂府》；《中國近代史資料叢刊・太平天国》，上海：神州國光社，一九五二年版，第四册，第七四一～七四六頁）

智按：馬壽齡，字鶴船，安徽當塗人。廩生，議叙訓導，僑居江寧，四方從游者甚衆。工於詩，古文辭直窺漢魏六朝之奥妙，肄業於惜陰書院，時與江寧蔡琳、壽昌諸人同爲掌教。咸豐三年（一八五三），任江南大營文書，爲主帥向榮倚重，以軍功保舉知縣。著有《青山館詩文集》、《説文段注撰要》。

朱克敬（一七九二～一八九〇）

《瞑庵雜識》

王漁洋學隨州而文以典麗，吳梅村學香山而鎮以典雅，蔣心餘學山谷而

加以疏達，皆善學古人，自成門戶者。後人學之，亦可無弊。（《瞑庵雜識》卷二，《叢書集成三編》第六九册，第一三頁）

隨園詩學香山而加以新巧，兼有公安、竟陵之長，亦兼有兩家之弊。然袁詩言情，實有獨至一處，如《送女還吳》云：「柏舟此去雪盈途，一曲離鸞萬木枯。後會自然來世有，佳期怎奈半年無。好如郎在安眠食，莫帶啼痕對舅姑。娣姒成行偏汝獨，未知何處續遺孤。」婉轉真摯，香山不能過也。（《瞑庵雜識》卷四，《叢書集成三編》第六九册，第二一頁；楊堅點校本，第六一～六二頁；《袁枚全集》捌附録三「袁枚評論資料」，第二〇頁）

智按：朱克敬，字香孫，甘肅臯蘭人。强直任氣，好議論時事，人多厭之。家貧，客游四方，遭亂無所之，乃援例爲小官，補湖南龍山縣典史。龍山俗陋，克敬野逸，每行田間，與父老雜坐，有爭者就平其曲直，民甚安之。咸豐十一年，寇大至，知縣、千總皆走，克敬獨與士民守之，凡四月，城迄不陷。巡撫惲世臨薦於朝，不果用。久之，以盲去。巡撫劉崐素知克敬，與官錢，使修通志。崐去，克敬益無聊，欲游海外。友人哀其困，共與之千金，遂留隱焉。其詩由香山入杜，天才絶高，學力不副，故未能卓然名家。然格律整嚴，寫景言情，時有獨至之處。克敬少壯爲詩，不能深造。既盲，日令人誦《文選》、杜詩，聽而識之。返覆精思，數年頗有所悟，乃更爲詩，佳者往往似姚合。將死，自銘其墓曰：「生無補於時，死無聞於後。既盲而學古無有，獨以其盲傳不朽。」著有《瞑庵詩録》。

《常德府》云：「漸出溪蠻險，千帆集朗州。荆巫通間道，沅澧會分流。地散民風緩，商多市氣浮。文翁曾教養，遺愛至今留。」《楊嗣昌故居》云：「問宅前朝相，停驂落日斜。壞牆閒護竹，空院悄飛花。力盡全桑梓，心甯負國家。將才難自昔，憑弔重咨嗟。」《病中喜舍弟至》云：「疾病吾垂死，艱難汝竟來。生還眞不料，破涕尚餘哀。酒色侵眉緑，鐙花照眼開。高堂憐瘦損，斟酌葛衣裁。」又「家國嗟同運，兵戈萬事非。各留殘命在，俱歎壯心違。世族朋交盡，人間骨月稀。滄桑無限恨，語罷更霑衣。」《雨後》云：「小園微雨霽，瀟灑晚如秋。風過涼生竹，雲開月滿樓。梵聲穿樹出，花影隔簾浮。多病孤涼夜，開軒學卧遊。」《長沙旅懷》云：「風雪千山外，羈魂戀母慈。孤燈懸老淚，殘夜數歸期。忍餓甘偕隱，安心勸戒詩。飛雛猶繞樹，返哺定何時。」又「溝壑當年志，羞惶乞食情。無顏向妻妾，有札到公卿。短夢莊周蝶，狂遊李白鯨。夜闌歌轉放，金石激哀聲。」《送林秀才》云：「赤熛肆隆威，炎風被長路。游子觸熱行，急漲歸舟鶩。晨餐吸浦沙，照宿望江樹。豈不卹煩勞，貧游少親故。近矚同類傷，危途動深懼。沈悲戕病心，臨歧淚滂注。文喪儒益輕，國空士焉附。人生丁末流，荆榛窘跬步。勉持儉德貞，庶植道基固。季次安篳門，淵明抱耕具。無歆物皆賤，約已境常裕。艱迍身宿經，苦言述眞悟。」《送郭嵩燾》云：「江風吹岸絏舟維，短筑長歌慘別時。師友交情兼患難，憂傷殘命奈分離。相看鬢髮都如此，敢說萍蓬聚有期。張儉生平魁紀學，席門歸去更淒其。」《送陳寶箴》云：「舊時朋好去聯翩，送子西征更惘然。可語性情能幾輩，不堪離別更中年。浮湘歲月騷人淚，酌古經綸内業篇。安此孤懷向誰是，春風吹夢夜郎天。」《不見》云：「不見徵張浚，徒聞刻李綱。大臣多俊傑，猾虜恣强梁。正氣羣心繫，危藩健者當。黷盟今更亟，未可棄才良。」《閫外》云：「閫外臣鄰長，人間富貴銜。春風颺賜樂，晴日絢高牙。世局彌縫苦，恩門責望奢。格天殊不易，慎勿羨榮華。」又「快意持旌節，從容鎮一方。性情長樂老，功業半閒堂。國困官仍富，民凋俗更强。野人多過慮，呪柱獨傍皇。」《古寺》云：「古寺人來少，空庭鳥自鳴。露花蒸曉日，風鐸和春聲。好寂知禪意，哀時契佛情。度人虛願在，垂老百無成。」《春晴》云：「地暖和風早，春晴客望閒。寺牆紅映竹，村樹緑侵山。出岫雲根薄，撐空石骨頑。獨游殊自幸，吾道正屯艱。」《楊翰餽歲》云：「十年捧硯江湖老，八座無徒醉飽難。猶有故人憐病骨，每傳温語勸加餐。關心范甑無兼味，照眼侯鯖愧臘盤。感激虢涔濡呴意，引杯彌覺酒腸寬。」《移居雜詩》云：「喜僦城隅宅，荒居景獨幽。菜花圍繞屋，桑影曲遮樓。野近春常早，場空景不留。蘧廬誰是主，安我即菟裘。」又「近舍多芳圃，春晴百卉華。遠風香斷續，新月影交加。帶露移蘭梗，分泥種藕花。少錢容賃取，不羨石崇家。」又「大浸摶陰氣，恒寒夏似秋。無風涼入幕，多雨溼侵樓。花重低妨蝶，林陰暗度鳩。病軀防患亟，端午尚披裘。」又「僻性難黯俗，閒情寄小園。翦藤通曲徑，移竹補頹垣。柳韡鶯留客，花開蝶侑尊。此間宜痛飲，時事愼毋言。」《夏漲》云：「久雨添新漲，連湖白浪浮。岸移臨水樹，江没聚沙洲。雲寺鐘聲漫，晨窗客夢幽。占晴頻望日，非止稻粱謀。」《送王闓運》云：「黯淡江天暮，蒼茫此别離。異鄉同命客，殘歲去家時。長帶休文病，空囊趙壹詩。相持難忍淚，况乃向臨歧。」（清李元度《國朝先正事略補編》卷二，《續修四庫全書》影印清光緒十一年敦懷書屋刻本，第五三九册，第三〇二～三〇四頁）確有香山之風。

蕭德宣（一七九二～?）

《集古效香山體》

盲者行道中，左右隨人使。遇正得其平，遇邪陷於死。債少者易償，職寡者易守。與其高而危，不若卑而久。十圍木持屋，五寸鍵闔門。所居在要地，勿以巨細論。獺衆則魚擾，鷹衆則鳥散。設官日以多，誅求易致亂。强令笑不樂，强令哭不悲。化民貴自然，何用驅迫爲。識馬須伯樂，鑄劍須歐冶。拓塈能千里，不如一賢者。香餌非不美，只可欺魚鳥。龍鳳自高翔，安能售其巧。桃李夏成陰，蒺藜秋得刺。樹人如樹木，美惡不一致。（《湖北詩徵傳略》卷八，《續修四庫全書》影印清光緒七年孝感丁氏涇北草堂刻本，第一七〇七册，第二二三～二二四頁）

智按：蕭德宣，字春田，漢陽（今屬湖北武漢）人。嘉慶十九年（一八一四）甲戌進士。歷官大名同知。有《蟲鳥唫》。德宣少不羈，年十二，忽有悟，援筆爲文，輙驚其長老。初令秦中，稱良吏，丁母憂，起复，改官直隸，所在有聲。善因俗以爲治，嘗曰喪元氣者，能吏也；培元氣者，循吏也。當世以爲名言。性灑落豪放，銜觴高詠，寵辱皆忘。其「詩才氣高華，不矜修飾，清微簡遠，是其所長。雖雄渾不足，實冲淡有餘。去膚存液，自是熊孫後一作家」。（《湖北詩徵傳略》卷八）

沈濂（一七九二～?）

《錢味根明府移居》

吾愛錢郎早解簪，如魚歸壑鳥還林。香爐穩送通明宅，紙閣微聞白傅吟。

晝讀書多宵夢古，幼交朋密老談深。結鄰笑我空留約，未遂雲山一片心。(《晚晴簃詩匯》卷一百三十一)

智按：沈濂，字景周，號蓮溪，秀水（今浙江嘉興）人。道光癸未（一八二三）進士，由刑部主事歷官江蘇淮徐海道。有《蓮溪全集》三十四卷（道咸間刻本），《蓮溪吟稿》八卷《續刻》三卷《蓮溪試帖》一卷（咸豐四年始言堂刻六年增修本），《蓮溪先生文存》二卷（光緒十七年廣州刻本）。

陳經（一七九二～?）

《白公祠》

燕寢清香五字詩，高情白傅繼當時。不將州宅誇鄰郡，真有文章替左司。山寺語鶯清管急，洞庭揀橘畫船遲。登堂未敢留題句，恐被君家老嫗嗤。(《兩浙輶軒續録》卷三十八，《續修四庫全書》影印清光緒十七年浙江書局刻本)

智按：陳經，字辛彝，號抱之，又號新佘，歸安（今浙江湖州）人，師事阮元，官嘉定主簿。精考證。家富藏尊、彝、泉、印、磚、瓦。能詩，工隸書，善畫花卉及墨竹，擅刻印。有《求古精舍金石圖》、《名畫經眼題記》、《霅南唱和集》等。《兩浙輶軒續録》卷三十八引《墨林今話》：「抱之酷嗜金石，家藏三代尊彝，及秦漢以下古錢私印古甎極多，所居魚計亭，爲鄉前輩鄭子餘讀書處，竹垞題額尚存。君葺而新之，更闢一室，曰求古精舍。二三博雅之士，日相過從，成《金石圖》一書，儀徵相國亟加歎賞。生平嗜學，出天性。鑒别既精，隸書大進。傍涉花卉墨竹，皆有古趣。中歲家貧，入貲爲主簿，非其志也。」

汪端（一七九三～一八三八）

《虎邱白公祠題壁》

長慶當年國事非，憂時諷諭託歌詩。琵琶秋夜悲遷謫，楊柳春風怨别離。

皓月澄波傳勝負，浣花玉局共新祠。大裘擬覆孤寒徧，豈獨文章替左司。（公詩：「五宿澄波皓月中。」虎邱三賢祠，并賢少陵、東坡）（《自然好學齋詩鈔》卷二，中國社會科學院文學研究所圖書館藏清同治十三年重刊本）

《榕皋先生重讌瓊林詩》

……翠褒傳經楊鐵史，大裘覆士白香山。……（《自然好學齋詩鈔》卷七，中國社會科學院文學研究所圖書館藏清同治十三年重刊本）

《小雲嘗與余合選簡齋心餘甌北三先生詩手録存行篋中今冬檢理遺書偶見此本感題於後》

袁絲蔣詡皆前輩，佳句還推趙倚樓。一代誰兼才學識，三家可配白元劉。……（《自然好學齋詩鈔》卷七，中國社會科學院文學研究所圖書館藏清同治十三年重刊本）

智按：「小雲」指汪端夫君陳裴之（一七九四～一八二六），字孟楷，又字朗玉，以父字雲伯，故又字小雲。幼承家學，聲名早著，人稱「神清似衛叔寶，才略似溫太真，文章經濟似賈長沙，風流儒雅似周公瑾」。著有《澄懷堂詩集》、《澄懷堂文集》。

《書王常宗（彝）文集後》

玉堂史筆金華學，亂世醇儒上古風。杜牧論文輕白傅（常宗目楊鐵崖為文妖，作論詆之），王涯愛士誤盧仝。……（《自然好學齋詩鈔》卷七，中國社會科學院文學研究所圖書館藏清同治十三年重刊本）

《燈窗梧竹圖歌》（二首其一）

武夷九曲煙雲秀，詩老谿南冀北雄。玉局名齊歐永叔，香山句賞顧逋翁。……（《自然好學齋詩鈔》卷八，中國社會科學院文學研究所圖書館藏清同治十三年重刊本；《清代詩文集彙編》影印清同治十三年刻本，第五七八册，第七八六頁）

《題茝林方伯仿禹鴻臚卜居圖》（四首其三）

罨畫溪頭坡老宅，香爐峰下白公池。（香山有《香爐峰下草堂開池》

詩）……（《自然好學齋詩鈔》卷八，中國社會科學院文學研究所圖書館藏清同治十三年重刊本）

《書鏡西閣集後》（十二首其一）

香山偏賞徐凝句，元相還嗤李白詩。月冷鏡湖才鬼泣，可憐得失寸心知。（《自然好學齋詩鈔》卷八，中國社會科學院文學研究所圖書館藏清同治十三年重刊本）

《己丑仲夏余敬繪宋潛溪高青邱兩先生像袝祠頤道堂佛龕西室晨夕申瓣香之敬三載於兹矣……》

絲繡平原金鑄島，龍門大筆鳳臺詩。秋風鶴語埋文塚，殘月鵑啼墮淚碑。佛梵青蓮開竺國，神弦丹荔薦羅池。白蘇李杜皆同調，綠水橋邊好建祠。（擬祠兩公於虎阜，白公祠、慕李軒、懷杜閣、仰蘇樓皆在是也。）（《自然好學齋詩鈔》卷八，中國社會科學院文學研究所圖書館藏清同治十三年重刊本；《清代詩文集彙編》影印清同治十三年刻本，第五七八册，第七八六頁）

智按：汪端，字允莊，一字小韞，錢塘（今浙江杭州）人。同知陳裴之室。其舅翁陳文述（一七七一～一八四三）追慕袁枚，支持女子詩學，門下有碧城仙館女弟子，汪端與之多有交遊唱和。學詩宗高啟。曾撰《元明逸史》八十卷，學道後焚毀其稿。著有《自然好學齋詩集》，編有《明三十家詩選》初集八卷二集八卷，道光二年（一八二二）刻本，同治十二年（一八七三）蘊蘭吟館重刻本。

夏荃（一七九三～一八四二）

《退庵筆記》

⊙息嬀詩

龔端毅與鄧孝威先生交最厚，不以窮達易。今《定山堂集》中，與先生倡和詩不下數十百首，極綢繆斐惻之致。兩公交情，於此可見。先生一日在端毅坐，詠息夫人詩云：楚宫慵掃黛眉新，只自無言對暮春。千古艱難惟一死，傷心豈獨息夫人？端毅讀之泣數行下，為之輟席。先生可謂端毅諍友，而端毅之悔已無及矣。昔吕文煥游潯陽琵琶亭，遇龍麟洲，吕令賦詩，麟洲即席為詩曰：「老大娥眉負所天，忍將離怨付哀絃。夜深正好看秋月，卻抱琵琶過别船。」吕見之大慚，蓋譏其負宋降元也。端毅當日情事，得毋類此？（《退庵筆記》卷四，《四庫未收書輯刊》影印清抄本）

⊙嬾答書

余性奇懶，又不工箋禮，友生以書簡見投，有一至再至，竟無一字作答者，以此獲罪見疎，往往而有，不知者以為傲，其知者以為懶也。工部詩：「小心事友生。」余媿工部多矣。然古人多有坐此病者，嵇康《與山濤絕交書》云：「素不便書，又不喜作書，而人間多事，堆案盈几，不相酬答則犯教傷義，欲自勉强則不能久。」江淹《與交友論隱書》云：「性有所短，不可韋弦者五。一則人間應修，酷懶作書。」東坡在黄州，與王慶源書云：「扁舟草履，放浪山水，客至多辭以不在，往來書疏如山，不復答也。」他若張蠙《寄友》詩：「長疑即見面，翻致久無書。」恐是飾詞。吴梅村「慣遲作答愛書」，亦來亦是偏見。白樂天「豈是交親向我疎，老慵自愛閉門居。近來漸喜知聞斷，免惱嵇康作報書。」並親知來書，亦不願投贈矣。余非敢援古人解朝，聊誌吾過云爾。客問余曰：古人中有勤于答書者乎？余應之曰：有唐順宗朝劉禹錫，干預大權，門吏接書尺日數千，禹錫一一投謝，日用麪一斗為糊，以供緘封。夢得之熱，叔夜之嬾，二子優劣，當有能辨之者。客笑而退。（《退庵筆記》卷四，《四庫未收書輯刊》影印清抄本）

⊙下馬牌

文廟櫺星門外，東西下馬牌，其制不知何所仿。案《雍録》：蝦蟇陵在萬年縣，本董仲舒墓，公卿至此下馬，俗名下馬陵，譌為蝦蟇。白樂天《琵琶行》「家在蝦蟇陵下住」，蓋沿其誤，董相，漢大儒，故得備殊禮，矧孔子為萬世師耶，其制疑仿諸此。（《退庵筆記》卷十二，《四庫未收書輯刊》影印清抄本）

智按：夏荃，字文若，號退庵，室名宋石齋、辟蠹山房、六客之廬、春星草堂等，江蘇泰州人。嘉慶十五年（一八一〇）科試入學，補博士弟子員。與寶應劉寶楠、儀徵劉文淇、吴熙載、江都梅植之、龍岩魏茂林等交誼甚篤，彼此唱和，相互切磋。工詩文，有《晉磚唐石齋詩文存》，尤嗜古金石文字，曾訪得晉磚、唐宋墓誌石，因顔其室為「宋石齋」、「晉磚唐石齋」。有《退庵錢譜》八卷。

黄爵滋（一七九三～一八五三）

《與潘四農論詩偶述八首》

名都白馬耀人寰，陶杜千秋鼎足間。我欲瓣香添一座，香爐峰下白香山。(《仙屏書屋初集》詩録卷六，《續修四庫全書》影印清道光二十六年翟金生泥活字印本，「近代中國史料叢刊」第四一三册；《萬首論詩絕句》第二册，第九〇二頁)

智按：黄爵滋，字德成，號樹齋，宜黄（今屬江西）人。道光三年（一八二三）癸未進士，歷官刑部侍郎，降員外郎。有《仙屏書屋集》。

羅繞典（一七九三～一八五四）

《送小韓入都》

論交湖海意粗疏，況是詩魔未懺除。過客有時門署鳳，冷官無事座懸魚。得君共奓懸河口，規我如看舉燭書。好為香山贈鞭策，長安米貴不難居。(《晚晴簃詩匯》卷一百三十五)

智按：羅繞典，字蘇溪，湖南安化人。道光己丑（一八二九）進士，改庶吉士，授編修，官至雲貴總督。謚文僖。有《知養恬齋詩文集》。

文康（？～一八六五前）

《兒女英雄傳》

却説那個長姐兒看著兩位奶奶合大爺這番觥籌交錯，心裹明知「神仙不是凡人作」，卻又不能沒個「夢到神仙夢也甜」的非非想。正在十分豔羡，忽聽太太這一吩咐，樂得他從丹田裹提著小工調的嗓子，答應了一聲「嗻」，連忙去找盅子。太太道：「不用找去了，你就等著揀你二位大奶奶個福底兒罷。」當下金、玉姊妹每人喝了約莫也有一小盅酒，那杯裏還有大半杯在裏頭，便遞給長姐兒。他拿起來，一憋氣就喝了個酒幹無滴，還向著太太照了照杯，樂得給太太磕了個頭，又給二位奶奶請了倆安。太太合公子道：「我們也幹了，也值得你那麼拿糖作醋的!」公子此時倒沒得說。那長姐兒臉上那番得意，他直覺得不但月裏的嫦娥、海上的麻姑沒夢見過這麼個樂兒，就連那虞姬跟著黑鍋底似的霸王、貂蟬跟著個一簍油似的董卓，以至小蠻、樊素兩個空風雅了會子，也不過「一樹梨花壓海棠」一般的跟着白香山那麼昏老頭子，那都算他們作冤呢？

安公子合金、玉姊妹都歸了座，衆丫頭換上門面杯來，正要撤那個瑪瑙杯。老爺道：「拿來。」因接在手裏合公子道：「這件東西竟成了一段佳話，不可無幾句題跋以誌其盛。」公子聽了，樂得手舞足蹈，便道：「兒子空歡喜了會子，竟不曾想到。父親吩附，必應如此。」老爺說：「既這樣，你就作幾句銘來，章不限句，句不限字，却限你即席立成。要見識見識你們這班翰林是怎麼個通法。」

公子此時一團興致，覺得這事倚馬可待。那知一想，纔覺長篇累牘，不合體裁；三言五語，包括不住，一時竟大為起難來。老爺道：「『七步』『八义』，具有成例，古人擊鉢催詩，我要擊鉢了。」說着，便把筷子向燈盤兒上噹的敲了一下。（《兒女英雄傳》第三十七回「誌過銘嫌隙成佳話 合歡酒婢子代夫人」，清光緒四年京都聚珍堂活字印本）

智按：文康，費莫氏，字鐵仙，一字悔庵，滿洲鑲紅旗人。出身八旗世家。五世祖溫達、曾祖溫福，都曾任尚書、大學士；祖父勒保，封一等威勤侯，晚年入閣，任軍機大臣，武英殿大學士。父輩英惠亦爲顯宦。文康本人歷仕理藩院員外郎、郎中。天津河間兵備道、安徽鳳陽府通判（見光緒三十四年《欽定理藩院則例·官銜》、光緒年間重修《天津府志》卷十二、光緒年間纂《安徽通志》卷一百三十四）。

蘇宗經（一七九三～一八六五）

《讀白樂天諷諭詩》

香山吟咏正聲洪，諷諭詩多味不窮。吏治民生悲末俗，人心世道鬱深衷。名言本屬當頭棒，浮士侣如過耳風。國手整襟翻覆讀，丹黄點註付兒童。（《清代詩文集彙編》影印清光緒十八年刻本《醴江詩草》卷七，第五八二册，第九三頁）

《讀白樂天閒適詩》

不知廣樂是如何，閒適詩篇試細哦。眼下已能空宇宙，心中那處有風波。清如彭泽（陶潛）神情遠，淡似蘇州（韋應物）趣味多。老嫗不妨都解說，消煩降火養天和。（《清代詩文集彙編》影印清光緒十八年刻本《醴江詩草》卷七，第五八二册，第九三頁）

《官舍和樂天韻》

鳳凰山麓地，昭城東北隅。是為教諭署，冷静如閒居。七年苜蓿盤，官貧樂有餘。戶外排好山，座中富奇書。後圃梅與橘，玉片映金珠。前院菊與榴，錦繡生衣裾。兒孫多童稚，爹爸相叫呼。惟是親不來，反哺慚慈烏。飛鳴望故鄉，回首憐群雛。（《清代詩文集彙編》影印清光緒十八年刻本《醴江詩草》卷八，第五八二册，第九五頁）

《和樂天春題府屬韻》

半席樂川氊，蹉坨坐七年。馬駑慚戀棧，牛懶枉加鞭。蔬筍寒齋氣，轆轤額俸錢。退耕無負郭，俯首忍妨賢。（《清代詩文集彙編》影印清光緒十八年刻本《醴江詩草》卷八，第五八二册，第九七頁）

《學署石榴和樂天玩庭樹韻》

榴花栽署院，歲歲夏成陰。榦大臺加閒，枝長屋覆深。既免牛羊觸，那憂斤斧尋。紅英散庭砌，綠意生衣襟。有時供談笑，亦或佐閒吟。向午遮狂熱，清晨唱小禽。每樂兒童意，能忘仕宦心。婆娑已七載，何異在山休。（《清代詩文集彙編》影印清光緒十八年刻本《醴江詩草》卷八，第五八二

册，第九八頁）

《和樂天閒吟韻》

人生都是求衣食，富貴更加費心力。營營志意無滿時，憂患時多難自得。皇天置我貧富間，雖居朝市如在山。著書教子吟詩外，頗愁無事消清閒。（《清代詩文集彙編》影印清光緒十八年刻本《釃江詩草》卷八，第五八二册，第九九頁）

《讀白樂天不致仕詩》

七十貪名不掛冠，香山諷諭語辛酸。而今更有堪憐者，八十龍鍾始到官。（《清代詩文集彙編》影印清光緒十八年刻本《釃江詩草》卷八，第五八二册，第一〇一頁）

《和樂天題庭隅韻》

除暴者執殳，輸糧者荷鋤。自笑我何事，虛名為丈夫。一篇爛墨卷，徼幸登仕途。俸薪縱微薄，養親蓄妻孥。應役有門斗，出門坐籃輿。心地常清閒，精力無旁騖。□□憔悴者，每歎渠不如。尸位亦抱愧，夷途堪守愚。孔子六聖人，顏原為其徒。不仕窮徹骨，□幾為餓殍。念□尚□□，而我還何須。冷宦勝未宦，況且為其餘。古詩發□□，□語當反隅。（《清代詩文集彙編》影印清光緒十八年刻本《釃江詩草》卷八，第五八二册，第一〇七頁）

《題白樂天長慶集》

不必刀鎗鳴，何須黃絹幼。香山一老人，世情諳練透。醞釀為詩句，風吹蘭蕙臭。既非溫李肥，而無郊島瘦。或為木鐸警，又似簫韶奏。可以息矜爭，更能消鄙陋。淺率來譏評，恐渠未肯受。（《清代詩文集彙編》影印清光緒十八年刻本《釃江詩草》卷八，第五八二册，第一〇八頁）

《讀白樂天詩》

文章難得道心存，我試評量白壓元。意味葩經三百首，性情老氏五千言。能忘富貴胸無棘，善解憂愁背樹萱。才大東坡猶佩服，誰譏淺率俗人論。（《清代詩文集彙編》影印清光緒十八年刻本《釃江詩草》卷十三，第五八二

册，第一六三頁）

《讀元白唱和詩》

人世悠悠少百年，閒將輕重較前賢。祇看氣節誰持守，莫問文章孰後先。退步安行忘富貴，奮身不顧爱腥膻。上台元也夤缘上，完璧何如白樂天。（《清代詩文集彙編》影印清光緒十八年刻本《釃江詩草》卷十三，第五八二册，第一六八頁）

《官閒居處僻》（此樂天句也余學署似之因以為題）

官閒居處僻，旁觀每歎息。誰知稱道心，於我甚安適。墻頭山羅列，庭院莎寂歷。鳥聲當管絃，花氣侵簾幕。詩書課子姪，迎送少賓客。……吾自愛吾廬，他人豈能識。（《清代詩文集彙編》影印清光緒十八年刻本《釃江詩草》卷十四，第五八二册，第一七六頁）

《次韻樂天耳順吟》

心無把握百般牽，終教世網相糾纏。聲入心通吾豈敢，閱歷既久非茫然。功名富貴甘在後，桑滄改變看從前。事欲通情懶任性，多佩韋兮少佩絃。聽人言語略唯諾，感物比興歸詩篇。又恐過聰管閒事，悲歡紛擾能銷年。（《清代詩文集彙編》影印清光緒十八年刻本《釃江詩草》卷十四，第五八二册，第一七六頁）

《次韻樂天知足吟》

每歲數千斤，佃戶供租穀。按季十兩銀，縣庫支官禄。子姪身可伴，裘葛箱有服。僮僕便叫呼，出入無拘束。小園種蔬菜，閒院多花木。臨水或看山，乘興随所欲。詩酒娛情性，憂患去心曲。若此比婁生，我已三分足。（《清代詩文集彙編》影印清光緒十八年刻本《釃江詩草》卷十四，第五八二册，第一七六頁）

《聽鶯》

眾鳥鳴春上樹枝，就中砭俗有黃鸝。幽情暢達蘭亭序，雅韻調和白傅詩。不似杜鵑心怨恨，豈如雏鴿舌參差。笙歌堪悦先生耳，每在無人笑語時。（《清代詩文集彙編》影印清光緒十八年刻本《釃江詩草》卷十四，第五八二

册，第一七六～一七七頁）

《和樂天四雖吟》

樂天樂天百世師，安分知足吟四雖。長慶一編意恬雅，高風我欲相追隨。年雖老，耳目無病齒未虧。官雖小，秀才數百循成規。命雖薄，男女兒孫十餘箇。學雖淺，經史涉獵還能詩。算來福禄壽三者，微微薄薄都兼之。得天如此亦云厚，及時不樂將何為。（《清代詩文集彙編》影印清光緒十八年刻本《釃江詩草》卷十四，第五八二册，第一七七頁）

《閒適次樂天韻》

八品官原不甚卑，也高三級過巡司。優游學校無憂地，生長乾隆極盛時。滿院花葩供賞玩，出門僮僕便追隨。若非祭祀行香事，一任朝朝睡起遲。（《清代詩文集彙編》影印清光緒十八年刻本《釃江詩草》卷十五，第五八二册，第一九五頁）

《編集拙詩次樂天韻》

吟詠原来見性情，我詩都是我心聲。自傷歷世稀佳境，故作編年載素行。鄉里差堪欺末學，骚壇何敢望傳名。老排十四詩千七，週甲衰翁手録成。（《清代詩文集彙編》影印清光緒十八年刻本《釃江詩草》卷十五，第五八二册，第一九六頁）

《老熱次樂天韻》

年老世緣淡，每事心欲休。只宜我為我，豈可憂入憂。暑熱值時候，幸免勞田疇。代耕無職役，生卧能自由。有襪常去足，有冠不上頭。清風入北戶，身體汗不流。看書或啜茗，心曠如虚舟。囊空乞支俸，此外無多求。胸中有所懷，未知能遂否。世途方混混，白日隨悠悠。何必出門去，到處尋清幽。神意既安適，六虚堪周遊。（《清代詩文集彙編》影印清光緒十八年刻本《釃江詩草》卷十五，第五八二册，第一九六頁）

《讀白樂天諷諭詩有感》

感物清風冷似秋，能令肆志一時收。誰知教化雖稱大（張為《唐詩主客圖》以樂天為廣大教化主），頑石無心不點頭。（《清代詩文集彙編》影印清光緒十八

年刻本《釃江詩草》卷十六，第五八二册，第二〇九頁；《萬首論詩絕句》第二册，第八七六頁）

《和樂天除日韻》

頷鬚如雪白毵毵，氣力勤劳渐不堪。尚有幼兒纏膝下，無能冷暑棄邕南。清幽鄉塢坐常憶，變幻人情已透諳。日日吟詩成底事，春秋六十又過三。（《清代詩文集彙編》影印清光緒十八年刻本《釃江詩草》卷十七，第五八二册，第二三〇頁）

《和白樂天花下對酒韻》

莫為名利謀，夤緣巧勾線。勿生嫉炉念，害人暗放箭。請看紛紜世，人事多變幻。今日死亡人，昨日猶强健。少年不若老，貴者何如賤。豈堪塊積胸，衹須酒薰面。我年將七十，滄桑曾屢見。三復老莊書，加餐何待勸。（十四日第四媳產亡，故作此詩）（《清代詩文集彙編》影印清光緒十八年刻本《釃江詩草》卷二十二，第五八二册，第三一一頁）

《懷樂天十六韻》

在昔東坡酷愛白樂天（樂天在忠州種花木于東坡，常為遊玩吟詠，蘇子瞻貶黄州始號東坡，蓋慕樂天而然也），而今文庵子仰慕還依然。他官不甚顯，他橐無多錢。安分復好施，富貴如雲煙。讀公諷論句，五更鼓闐闐。詠公閒適吟，静處調琴絃。遭讒被貶謫（公被貶江州句焉），出口無怨言。年老一子妖【夭】，哀痛無纏綿。（公年五十八生子阿崔，六十一而崔死）甲子纔週歲，致仕無忧連。（公六十二即辭官）樊柳雖鍾情，體恤忍拋捐（公有柳枝、樊素二妾，公老皆遣去）。琴詩酒三友，優游養餘年。（年老以琴詩酒為三友）盛事在香山，九老會羣仙。（公常遊香山寺，與狄兼謨九人年皆八九十，飲酒賦詩）平生無憾事，情性和不偏。惠澤留蘇杭（公曾知蘇杭二州有惠政），詩稿存三千（公《長慶集》詩千餘首）。享年七十五，盛名萬古傳。我心仰前徽，追踪欲執鞭。（《清代詩文集彙編》影印清光緒十八年刻本《釃江詩草》卷二十三，第五八二册，第三一三頁）

《和白樂天連理韻二首》

心源怕壅塞，義理應會通。何須萬頃田，不必捷南宫。百穀本易生，多歉而少豐。顏原芳萬世，當日何妨窮。仲尼厄於陳，絃歌亦三終。佛家藐綺麗，有色都看空。我與世俗人，可和未可同。伯夷柳下惠，清和界其中。

不釣戴山鰲，不博負隅虎。兒無公子氣，婦娶農家女。屠钓賣漿人，何妨與為伍。雀翎與蟒服，苟來如糞土。利欲能惑人，最怕心無主。古今豪傑士，屈指常堪數。潘岳與石崇，富貴何足取。所以呂新吾，特作呻吟語。（《清代詩文集彙編》影印清光緒十八年刻本《灑江詩草》卷二十三，第五八二册，第三一六頁）

《和白樂天北窗三友韻》

名利交已淡，百事都懶為。閑散鄉曲間，相好者為誰。樂天有三友，琴兼酒與詩。我僅無絃琴，飲酒惟晡時。詩□興感作，何以適四肢。松竹與雲山，觀玩隨所之。逍遙開倦眼，某某常在斯。尋訪易相逢，邀約無定期。虛心與勁節，並可為吾師。煙鬟雜筆鋒，蒼狗或白衣。優游結伴侶，日落猶忘歸。象貌存胸中，筆墨堪摹追。三友又四友，時刻身相隨。何妨澈骨貧，最怕名不微。老年有樂□，舒寫借微詞。一片澹泊心，他人焉得知。方識陶元亮，歸來悔昨非。（《清代詩文集彙編》影印清光緒十八年刻本《灑江詩草》卷二十三，第五八二册，第三二二頁）

《和張子壽感遇九首韻》（其七）

仰慕白樂天，詩價重雞林。（外國名。其國相令賈人購白居易詩，每篇易一金，偽輒能辨）可知外邦子，也愛和平心。原来三百篇，詞明意味深。鶯聲似鼓吹，誰肯攜柑尋。（戴仲若攜雙柑斗酒招友聽鶯，曰此俗耳针砭詩腸鼓吹也）惟有閒散人，詠歌坐竹陰。（《清代詩文集彙編》影印清光緒十八年刻本《灑江詩草》卷二十三，第五八二册，第三二五頁）

智按：蘇宗經，字文庵，廣西鬱林人。道光元年（一八二一）辛巳舉人，官新寧學正。有《灑江詩草》二十六卷。其中以《閒適》為題者極夥。

張興烈（？～一八六五）

《新樂府·戒逃亡》

賊未來，城門開。賊將至，城門閉。城門開後城半空，官吏在外民在中。誰人開城迎賊進，頃刻城中半灰燼。明日飛文報失守，備言苦戰幾時久。登陴死守力不支，刀創在身印在手。投河飲刃死復生，幸遇鄉民負之走。大吏矜憐置勿議，委曲能爲爾曹計。寬爾之罪奏爾功，愛惜人才須破例。回天巨手妙斡旋，薦牘俄看姓名隸。罰鍰詔許輸邊粟，塞翁失馬眞為福。能吏須從捷徑求，小民那得身家復。嗚虖國家例設守令官，守土之責無或寬。與城存亡乃大義，奈何城破身獨完。不能棄官爵，焉能拾性命。安危原不繫蒼生，刑賞何人操國柄。烏虖瘡痍滿目戰骨枯，張巡許遠今則無。死生大節凜然在，不見吾鄉三丈夫。（謂徐君青中丞有壬、朱小歐廉訪鈞、卞小雅明府乃譝）（張應昌《國朝詩鐸》卷十一，《續修四庫全書》影印清同治八年秀芷堂刻本；潘衍桐《兩浙輶軒續録》卷四十二）

《新樂府·悲民團》

國家養士二百年，一旦用兵兵不前。濟兵以勇孰所創，烏合之衆動以千。軍無紀律失訓練，倉猝驅之與賊戰。强者從賊弱者逃，兵耶勇耶兩不見。勇既不可恃，兵亦不足觀。寓兵於農有古法，不得已而求民團。煌煌告示徧鄉鎮，某都某圖人若干。無事安居有警出，守望相助家室安。貧者出力富出資，裹糧赴敵無或遲。驀聞賊至縱焚掠，鑼聲一震遠近知。民團在前兵勇後，後勁不繼前茅危。賊氛如山民氣餒，彼衆我寡安能支。壯丁戰死老弱哭，身家塗炭骨月糜。一鄉既敗四鄉懼，强顔事賊無不爲。吁嗟民團衣械皆不充，所恃兵勇當其鋒。民團攻守皆不習，所賴兵勇助其力。兵有餉兮勇有糧，兵勇何樂民何殃。官民兵勇不一氣，安能實效收疆場。斯民有難不能救，忍以干戈廢耕耨。前邨賊去墟里空，兵勇紛紛與民鬬。（張應昌《國朝詩鐸》卷十二，《續修四庫全書》影印清同治八年秀芷堂刻本）

《新樂府·諷流寓》

北風莽莽鴻雁號，銜蘆東來浮海濤。故巢回首苦矰繳，乃欲結隊棲蓬蒿。

蓬蒿何長稻粱短，毛羽襹褷漸豐满。幕燕檣烏共頡頏，鄉心無復驚蘆管。吳閶富兒雄於財，閈閎峩峩甲第開。朝歌暮舞樂莫樂，錦天繡地金銀堆。堂上何所有？迆邐絃索蒲桃盃。堂下何所有？五花駿馬金鞴韍。投壺六博絲竹肉，纏頭明錦紅玫瑰。居安忘危天降災，賊騎乃自閶門來。盡攜妻子出門走，神色沮喪心悲哀。黄者金，白者玉，捆載而行滿囊匱。可憐華屋換山邱，那識宴安是酖毒。連雲市肆滬瀆城，望衡對宇縱復横。尋源到此一枝借，依然繡闥連丹甍。人生行樂苦不足，窮途況復難爲情。蘭陵美酒玉椀盛，中山一飲千日酲。名倡宛轉調錦箏，大絃小絃變徵聲。噫吁嘻！此間樂兮不思蜀，賸有王孫道旁哭。欲求厭亂復天心，亟待還淳變民俗。公莫舞，聽我歌，我歌不樂將奈何。請看舊日監門畫，莫戀他鄉安樂窩。（張應昌《國朝詩鐸》卷二十三，《續修四庫全書》影印清同治八年秀芷堂刻本；潘衍桐《兩浙輶軒續録》卷四十二）

智按：張興烈，字鎔伯，號懌齋，錢塘（今浙江杭州）人。張應昌之侄。附貢生，廣東候補知縣，權翁源縣事，因圍剿太平軍而卒。卹贈道銜。有《雲來山館詩稿》。《清實録·同治朝實録·同治五年》：「上年翁源縣利陂塘土匪塗洪古等戕斃知縣張興烈一案……」知其卒於同治四年。

祁寯藻（一七九三～一八六六）

《郴陽試院雨後梳頭始見二毛感作》（時余年三十有三道光五年五月九日）

不用愁吟賈浪仙（賈島詩：「剃髮鬢無雪，去年三十三。」），樂天心事總陶然（香山集中多詠白髮）。人言白髮無公道，我笑青山似少年。愛惜衹妨慈母見，辛勤翻得阿兄憐。那知射策儒生苦，雪鬢挑鐙老案前。（《䜌䜪亭集》卷九，《續修四庫全書》影印清咸豐刻本，第一五二二册）

《永州道中得蕭子山孝廉（秀棠）書用香山初到忠州寄萬州楊使君韻答之（子山四川墊江人）》

西水來自蜀，下會沅與偏。君今入蜀去，鼓棹峽中天。去時朗陵雪（常德），江樹棲寒煙。到家及新歲，酒熟春鐙然。我行湘上路，玩此浯溪涓。亰魚得君書，談笑如同船。上言客無恙，下言楚多賢。髯翁信愛才，別後心猶憐。媿我省風土，舟車年復年。徒云拾香草，無力障百川。感君意氣重，一語千流連。早晚金臺下，看花春有緣。(《碢磝亭集》卷九，《續修四庫全書》影印清咸豐刻本，第一五二二册)

《新樂府四章》(并序)

為田雲岩先生作也。先生歷官滇豫，所至有循聲，既歸里，口不言官。余與令嗣季高編修同直園廬，得聞一二，嘖然欽慕先生之性情治行，不可使吾鄉人無所傳誦。爰仿香山《新樂府》，撰述四章，以為先生壽。他日采風之使，庶有取焉。

⊙滇南銅

滇南銅，萬里輸都中，江河浪高王事重，舟薄如葉急如風。昨聞大官檄，檄下來雲龍（州名）。雲龍官衙冷如水，寮友駭歎我公喜。太行雲，渺何在，身隔彩雲心戲彩。若非簡書奉奔走，那得還鄉拜父母。父母喜我來，倚閭望塵埃。兄弟喜我來，不願坐衙齋。但願投板歸，銅片，銅片，爾有靈，咫尺照見萬里形。君不見，滇水流，中有雙魚尺半修。訟庭花落書聲起，別淚生滋為遠遊。

⊙浪穹筍

浪穹筍，長如角。浪穹梨，白如玉。土人種，官人食。封其園，計其實。守以吏，虎傅翼。褐夫睨鞭之，匿官為主民為賊。朝傾筐，腕無力。莫壓擔，肩為赤。奉上官，宴嘉客。娱兒女，飽臧獲。廚中爛，道旁擲。民曰嗟，心為惻。我公來，弛其役。辟竹園，富果植。下無蝨，上無墨。長者角，白者玉。官人獲守土人食，至今梨筍產浪穹，不名浪穹名田公。

⊙河陽婦

河陽婦，能矢節，生不同室死同穴。奈何杞柳視松柏，牽引狂夫強攀折。鳳為使，鳩為媒。錦為帶，玉為臺。族中老父真庸才，坐令櫜弓盛服來。妾心古井水，妾身古井釵。釵折無復容，水清無復埃。妾朝炊，不滿鬴；妾夜織，不成縷。老父笑妾何自苦，不有使君誰作主？使君謂婦歸，誰謂爾無依？吾當為爾出其貲，底用爾織與爾炊。河陽婦，吁堅貞。河陽宰，吁神明。河陽立祠為民勸，彼何人斯花滿縣。

⊙內黃河

內黃河，河水多。長船大檝如織梭，河干窳農不耕地，洩水膠舟射其利。

岸高水淺行不得，足踏繩牽借爾力。得錢一飽何所為？終日呼盧酣笑嬉。鼠竊螘鬬無不有，怒拔白刃喜縱酒。使君捧檄不入衙，貌為估客閑咨嗟。一朝奸宄就束縛，乃認沙頭坐語客。竇公來，河水開（此水名竇公河）。田公來，河水回。河水回，使君去。至今隄柳綰春風，猶是遺民送君處。君不見，使君捍水身為郛，天南更有浪穹湖。（《禔鈧亭集》卷一一，《續修四庫全書》第一五二一册，第六四一～六四二頁）

《題香山新樂府二首》

隋柳空攀折，驪宮罷掃除。如何杜陵叟，腸斷白麻書。

鼉黽鳴無謂，鸞鳳靜不喧。惟餘秦吉了，辛苦爾能言。（《禔鈧亭集》卷二一，《續修四庫全書》第一五二二册，第一頁）

《書香山詩集後感帥中丞事》

中丞名承瀛，字仙舟，湖北黃梅人。道光初年撫浙，去官時以鹽筴所餘存藩庫，後任取充公用，始形奏牘，乃知公之清，畏人知也。

冷吟閑醉憶杭州，誰識清風宦跡留。一樣私錢付官庫，白香山後帥仙舟。（居易自中書舍人為杭州刺史，及罷，俸鈔多留官庫，繼守者公用不足，則假而復填，如是五十餘年。及黃巢至郡，文籍焚燒，其俸遂止，見《唐語林》）（《禔鈧亭集》卷二一，《續修四庫全書》第一五二二册，第一頁）

智按：郭則澐（一八八二～一九四六）《十朝詩乘》卷十六：「帥仙舟中丞（承瀛）勵清節。道光初撫浙，去官日，以鹽莢所餘留存藩庫，後任取充公用，始見於奏牘。祁文端感帥中丞事，《題香山集後》云云。香山守杭，俸鈔多留官庫，繼守者公用不足，則假而復填，如是者五十餘年，迄黃巢之亂，文牘悉毀乃止。與仙舟事頗相類。咸、同後，各行省設善後局，疆吏往往藉詞外銷，濫支公帑，然李文忠督直最久，迨去官，存餘八百萬金，皆淮軍截曠餘向歸私橐者，後亦為繼任者所用。時文忠方蒙謗，遂無稱者。宣統初，端忠敏欲究之，被劾罷。」（《民國詩話叢編》第四册，第五一六頁）

《再題香山集》

直使元劉心暗媿，豈惟牛李黨都忘。欲知此老非真醉，試讀《禽蟲十二

章》。(《禨紈亭集》卷二一,《續修四庫全書》第一五二二册,第二頁;《萬首論詩絶句》第二册,第八〇五頁)

《再題韓公詩碑呈鍾元甫(汪杰)邑侯》

……韓公自是磊落人,文字不受紅裙絆。香山小詩目方笑,東野驚才走且汗。……(《禨紈亭集》卷二一,《續修四庫全書》第一五二二册,第三頁)

《新樂府三章》

為雅片煙作也。雅片,本名阿片,又名阿芙蓉。康熙二十四年開禁南洋,始充藥材,流入中國。其後,吸食漸眾,毒胹溺人。嘉慶十五年,奉旨嚴禁。嗣後,屢議科條,加重懲警,而習染弗悛,以其胹發能致人死故也。道光十八年,鴻臚寺卿黄君爵滋以文銀出洋日多,弊由私販日夥,疏請自今犯者宜論死,以塞漏卮。特詔盛京、吉林、黑龍江將軍、直省督撫各抒所見議奏,於是中外聞風振勵洗刷,有司剴切宣諭,並刊布治引諸方以積溺。寯藻忝奉輶軒之使,士習民風,與有責焉。爰製《新樂府》三章,以當勸戒,俾多士循省,且為民誦之,庶知朝廷好生之德,洽于民心,兹用不犯于有司云爾。

雅片煙,來自西南洋外之估船。我朝柔遠弛洋禁,欲化毛羽為織紝。大黄茶葉洋所無,洋人得之銷毒鴆。大哉聖德中外無不該,彼洋乃以鴆為媒。不知何物阿芙蓉,闌入包匭充藥材。蜃樓雲煙從此起,世上紛紛雅片鬼。雅片鬼,爾何愚。爾之金盡骨髓枯,旁人笑罵爾歡娱。豈不聞黑鬼白鬼販煙亞細亞,彼國食者殺無赦。如今朝廷議以重典待爾儕,許爾湔腸滌胃痛自悔。爾不自悔誰為哀?

雅片煙,流入中土自南及北如狂瀾。先皇有詔嚴禁此,爲其傷生廢事耳。傷生廢事犯者法當徙,特未殺人罪至死。大哉國法輕重有權衡,爾輩乃以死爲生。豈惟將身作藥脯,坐使黄金化爲土,初聞番錢滿載來,估船近則以土代其錢。土日多,錢日少,艦艇朝朝出海島。豈不知,黄金白金國之寶,民命系此爲壽夭,擲之大洋真草草。如今朝廷豈樂以重典待爾曹?願爾拔疽剔蠹善自保,爾不自保將焉逃?

雅片煙,黄鴻臚疏天下傳,我皇惻然為民計,詔下封疆大臣各具議。大哉天地好生德,辟以止辟诫救弊。立法由近以及遠,後賤而先貴,懲一警百許自新。酒誥意在醒迷民。民風要視士習變。臣愚竊考洪範傳。洪範次九乃以六極終,雅片一物備其兇。豈特惡疾致短折,曰貧曰弱憂何窮。

氓之蚩蚩自罹咎，士也裦然四民首。豈不聞，深宫宵衣與旰食，蠲租卻貢紓民力。又不見，市上金價高如山，民間米鹽事事艱。毒藥得解尚可活，黄金入海何時還。如今朝廷日已化民成俗望我士，我士勗哉其以忘生徇欲為深恥，五福繩繩其來韙。（《禮𠀤亭集》卷二四，《續修四庫全書》第一五二二册，第二六～二七頁）

《香山詩集題後》

再讀香山集，回頭二十年（道光十五年里居，曾讀斯集）。於今真致仕，在昔蹔歸田。不是當閒境，誰能別樂天。置身牛李外，琴鶴獨翛然。（《禮𠀤亭後集》卷一，《續修四庫全書》第一五二二册，第九六頁）

《朱伯韓（琦）觀察以來鶴山房詩鈔見示即和其論詩絶句五首》（其三）

樂府篇篇歐肺肝，白詩誰道不如韓。亦知大戶嫌甜酒，縮頞菖菹可是難。（《禮𠀤亭後集》卷五，《續修四庫全書》第一五二二册，第一二三頁；又見《怡志堂詩初編》卷首題詞，《續修四庫全書》，第一五三〇册，第一三四頁）

《題羅田陳九香（瑞琳）食古研齋詩集》二首（其一）

香山心遠師彭澤，坡老才高慕樂天。底用論詩若軒輊，緣情體物是真詮。（《禮𠀤亭後集》卷五，《續修四庫全書》第一五二二册，第一二四頁）

《白香山像為葉潤臣侍讀題》

樂府篇篇筆有神，醉吟瀟灑亦天真。緋衫黯澹猶堪著，誰識青山獨往人？（此余故友余鐵香摹南薰殿本也。鐵香名鼎，一名澤，字伯溉，新建人。流寓武漢間，才器高奇，博涉書藝，金石刻畫，靡不研究，尤工詩。著有《風篁山館詩稿》。潤臣云：「曾於友人坐上見其遺稿槧本，題曰《歸樸集》。」並記）（《禮𠀤亭後集》卷六，《續修四庫全書》第一五二二册，第一三〇頁）

《三月二十五日感作寄三兄》

六五衰翁淚暗垂，今年今日更堪悲。卽看峻阪奔輪際（香山句：「我今六十五，走若下阪輪。」），已過高堂易簀時。多病弟兄仍健在，故鄉耆老尚存誰。平生憂樂無窮事，説與兒曹恐未知。（《禮𠀤亭後集》卷九，《續修四庫全書》第一五二二册，第一五五頁）

《自題䆉䚷亭集》

规橅壹斋集，髣髴鮚埼亭。奇字得家訓，故鄉存地形。詩名卑不稱，宦味老曾經。慚愧香山社，閑吟任醉醒。（《䆉䚷亭後集》卷一〇，《續修四庫全書》第一五二二册，第一六七頁）

《丁巳歲除自題䆉䚷亭後集》

平生學道未聞道，晚歲身閑安敢閑。惟有呻吟餘病後，更無裨補在人間。奔輪但覺光陰疾，厝火能忘世事艱。一卧三年詩書卷，且排後集擬香山。（《䆉䚷亭後集》卷一二，《續修四庫全書》第一五二二册，第一八二頁）

智按：祁寯藻，字叔穎，又字實甫，學者稱春圃先生，壽陽（今屬山西）人。嘉慶十九年（一八一四）甲戌進士，改翰林院庶吉士，授編修。道光元年（一八二一），入值南書房，累遷至内閣學士，兼禮部侍郎銜。後以大學士銜為禮部尚書。頃之，用老病予告，薨于京邸，年七十有四。贈太保，謚文端。有《䆉䚷亭集》四十四卷。《清史稿》有傳。李慈銘《越縵堂詩話》卷中稱：「其詩原本香山、東坡，致力頗專，故其前集頗多清雅之作。」（上海書店出版社二〇〇〇年版，第一一二九頁）

何曰愈（一七九三～一八七二）

《退菴詩話》

詩發乎性情，而不盡主乎性情。若無理以運之，則如隋李諤所云「連篇累牘，不出月露之形；積案盈箱，儘是風雲之狀」矣。試觀李青蓮、杜少陵、張曲江、韓昌黎、白香山、蘇子瞻、陸放翁諸公所以稱大家者，正以其忠君愛國、言關風化耳。欲學大家，須從窮理體道起。所謂窮理體道者，非如老學究擁皋比、談經義之謂，乃人心風俗之謂。孔子曰：「詩三百，一言以蔽之，曰：思無邪。」則詩之義可想矣。皎然謂「詩有七德」，一曰「識理」。姜白石亦云「發乎情，止乎禮義」，又曰「詩有四種高妙，一曰理高妙」，斯為近之。（卷一，覃召文點校本《退菴詩話》，第一頁）

元微之敍杜集，謂李未能窺杜藩籬，白香山亦謂白詩才奇矣，然不如杜詩可傳者千餘首，貫穿古今，覼縷格律，盡善盡工。二公皆優杜而抑李。高廷禮論李唐詩人，亦祇以大家許拾遺，蓋拾遺五七律前無古人，後無來者，歌行則筆力排戛，硬語盤空，橫絕千古。三公推崇之未是過論。謫仙五、七律雖不及工部，然樂府、歌行一片神行，在杜上，不得以律詩而抑之。二公固未易優劣也。（卷三，覃召文點校本《退菴詩話》，第六六頁）

詩家天分，質也；學問，飾也；窮理，德也。有質無飾，譬諸貧家好女生成麗質而布裙荊釵，未免減色，如西施浣紗苧蘿，潘夫人愁歎織室，雖姿容動人，終不若入吳宮之妍麗也；負逸倫之才，加以淹博之學，如太真、明妃、麗華、靈芸，既具天人之姿，復有珠玉錦繡之飾，益覺光豔絕世；又能加以窮理之功，猶梅妃、緑珠德性貞烈，尤足令人傾慕。或曰：李謫仙不好使事，何以稱為大家？余曰：謫仙何嘗不使事，但運用而泯其跡，不似笨伯鋪砌耳。而或又難余曰：淡如陶、韋，可謂真白描者矣。而子美嘗云：「安得思如陶謝手，令渠述作與同游。」則子美服之者至矣。蘇玉局則以韋配陶，當時劉太真亦以沈、謝、吳，何擬韋。白香山則兩崇之，嘗有句云：「時時自吟詠，吟罷有所思。蘇州及彭澤，與我不同時。」又云：「嘗愛陶彭澤，文思何高玄。又怪韋蘇州，詩情何清閒。」其仰慕若斯，豈淡樸者不足法歟？曰：陶、韋高逸閑曠，如雲芝瑤草，玄酒太羹，當於味外求之。人有飽飫熊掌、豹胎之殊羞，反思春韭、秋菘者；有厭文繡、純錦之麗密，而反喜粗繒、素練者。非菘韭、繒練之勝於珍羞、文繡也，喜其新也。陶、韋之喜淡逸，亦猶人之嗜菘韭、繒練也。然而非淺學所能也，殆厭乎珍羞、文繡者也。如梅妃之處深宮，豈少華飾？而獨好淡妝雅服者，其性然也。（卷六，覃召文點校本《退菴詩話》，第一二六～一二七頁）

中晚唐諸公，韓白並稱大家，昌黎以險怪見奇，香山以自然擅場。趙雲崧《甌北詩話》謂白勝於韓，誠為有見。（卷九，覃召文點校本《退菴詩話》，第二〇三頁）

晚唐元白並稱，唱和集則才力相敵，然白多關風化之作，所以獨推為大家者以此。（卷九，覃召文點校本《退菴詩話》，第二〇三～二〇四頁）

智按：何曰愈，字德持，號雲陔，一號退庵，廣東香山人。道光初，官四川會理州吏目，捐知縣。道光三十年（一八五〇）出任西藏察多木糧臺。咸豐元年（一八五一）調岳池知縣，後署屏山知縣。晚年就養於男璟皖、鄂官署，同治四年（一八六五）歸里。有《餘甘軒詩鈔》、《存誠齋文集》、《林惠堂集》，與何文明著作合刊為《何氏家集》。生平見陳澧《東塾集》卷五《何公神道碑》。

周寅清（一七九三？～一八七五？）

《嶺南論詩絶句》

白沙欲學香山派，到底何如長慶篇。未到簡明歸淺率，寥参終是老婆禪。（咸豐七年崇禮堂刻《典三賸稿》卷十）

智按：白沙，指明代王學先驅陳獻章（一四二八～一五〇〇），字公甫，號白沙。新會（今屬廣東）人。正統十二年（一四四七）鄉試中試，成化十五年（一四七九）以後，屢被推薦，皆以母老已病而辭。專事講學，從學者甚眾。獻章之學，以静為主，其教學者，但令端坐澄心，於静中養出端倪，乃王守仁心學先驅。四庫全書本《白沙集》九卷，為其門人湛若水校定，萬曆間重刊，收文四卷，詩五卷。今人點校《陳獻章集》（中華書局一九八七年第一版）。

周寅清，原名以清，字秩卿，號典三，廣東順德人。道光二十四年（一八四四）進士。歷任城武、寧海、高密、臨淄知縣。少時曾肄業學海堂。承阮元講學之緒。有《典三賸稿》十二卷，咸豐七年崇禮堂刻本。

錢廷烺

《重修西湖白蘇二公祠記》

杭郡水利仰給西湖，唐白太傅、宋蘇文忠嵩力於此。禮經云：「有功德于民者，則祀之。」西湖向無二公專祠，嘉慶三年，按察使無錫秦公于孤山之麓創造蘇公祠。繼之者，今大學士儀徵阮公，前撫浙時，更建白公祠於其左。遇二公生辰，展祀祠下，歲以爲常。其後，巡撫黄梅帥公留俸，爲歲修西湖用。杭人德之，於展祀二公之日，附瓣香焉。道光十五年，巡撫烏公復修濬西湖。杭之士大夫見祠宇傾圮，亟謀於董事。錢廷薫首創捐修之議，於是三董事合捐一百二十緡，鳩工葺治，不匝月而工竣。不足者，監修錢廷烺敬捐並記。道光十六年六月，濬湖董事錢廷薫、王泰、章黼謹立石。（白蘇二公祠藏拓片，見葉盛《「白蘇二公祠」始建年代考》，《東方博物》二〇一五年第三期）

智按：錢廷烺，字小謝，仁和（今浙江杭州）人。錢枚（一七六一～一八〇三）子。貢生，以謄録甄敘得官，歷金壇、吴江丞簿，擢宰吴江、崑山。抗塵走俗，非其志也。歸田後，與堂弟錢廷薫（一七九四～?）董濬西湖，一時水利，賴以興修。嘗與孫星衍（一七五三～一八一八）、吴鼒（一七五五～一八二一）、陳嵩慶（一八〇一進士）、張問陶（一七六四～一八一四）、楊芳燦（一七五三～一八一六）、陳文述（一七七一～一八四三）賭酒徵歌，極一時之盛，有《緑迦楠精舍詩草》、《小謝詞存》。

汪遠孫（一七九四～一八三六）

《集書農學士古歡書屋看梅分韻得黄字》

纔經三日轉韶光（十一立春），催放南枝向畫堂。故宋城隅居不俗，新正天氣晝初長。幾傳得地蟠根厚，滿座生春撲筆香。鼎鼐尚遲調五味，林泉且自領群芳。山中孤躅懷前夢，屏底雙鬟鬭曉妝。竹屋故應教鶴守，苔階也復任蜂忙。落英拂席風穿牖，疏影窺簾月上廊。矜捷詩壇先樹幟（是日學士詩先成），分曹酒國儼殊疆。才如公等原稱儁，飲到吾儕亦算狂。肯戀江湖閒最好，只談文史縱何妨。無端身世浮雲幻，有數知交宿草傷（曾與子律於此看梅）。聊更與君堅後約，辛夷花白柳梢黄（香山句）。（《借閑生詩》卷二，《續修四庫全書》影印清道光二十年錢塘汪氏振綺堂刻本）

智按：汪遠孫，字久也，號小米，錢塘（今浙江杭州）人。嘉慶二十一年（一八一六）丙子舉人，官内閣中書。有《借閒生詩集》。

顧禄（一七九四～一八四三）

《清嘉録》

⊙游春玩景

……天平山南趾之白雲寺，唐寶曆二年建，今改為范文正公功德院，并其祖墓在焉，故俗稱范墳。其後羣石林立者，曰「萬笏朝天」。萬曆末，范參議公允臨搆為別業亭、觀臺榭，璀璨一時，遠望如畫圖中蓬萊三島。引泉為沼，帶以修廊，通以石梁，有寤言室、咒鉢庵、來燕榭、聽鶯閣、宛轉橋諸勝，其室聯有「門前緑水飛奔下，屋裏青山跳出來」之句。山半有白雲泉，甚白而甘，蓋乳泉也。別有一泉，如綫注出石罅者，曰一線泉。龔明之《中吳紀聞》云：「此龍湫也，雖大旱不竭。」皭山在陽山。《百城煙水》云：「東北峰之最高者，舊名來鶴，望之如狻猊，土人指岝㟧為雌，皭為雄。相傳始皇時有管仙人隱於此，故又名管山。」山上諸神祠，皆依山為榭，曲池修廊，可供游人眺賞，好事者結蘭花社會，奇花異瓣，互相鬬勝。韋漣懷《游皭山》詩云：「何人鑿山劚雲窟，排空忽架金銀臺。回廊曲檻路窈窕，飛欄横跨長松堆。香蘭座上競奇馥，水仙座上先春梅。鈿車寶馬滿香陌，蝴蝶上鬢流鶯猜。吳儂好事媚神鬼，冶游不惜千瓊瑰。」蓋實録也。山塘自大津橋下塘，至虎丘延亘七里，古名白隄，其水為唐刺史白居易所鑿。下塘野芳浜，為畫船爭集之處，舊名新涇，明時已稱野芳浜，見毛埕記。攬雲居士詩云：「覓得百花深處泊，銷魂只在野芳浜。」《元和縣志》云：「虎丘山塘游賞者，春秋為盛，當花晨月夕，仙侶同舟，佳人拾翠，四方宦游之輩，靡不畢集，花市則紅紫繽紛，古玩則金玉燦爛，孩童弄具，竹器用物，魚龍雜戲，羅布星列，令人目不給賞。至於紅闌水閣，點綴畫橋疎柳，鬬茶賭酒肴饌，倍於常價，而人願之者，樂其便也。」南園，《祥符圖經》云：「在子城西南，今府學後也。本為廣陵王舊圃，大觀末為蔡京賜第。」……（《清嘉録》卷三，《續修四庫全書》影印清道光刻本；來新夏點校本，第六〇～六七五頁）

⊙木犀蒸

俗呼巖桂爲木犀，有早、晚二種。在秋分節開者曰「早桂」，寒露節開者曰「晚桂」。將花之時，必有數日鏖熱如溽暑，謂之「木犀蒸」，言蒸鬱而始花也。自是金風催蕊，玉露零香，男女耆稚，極意縱游，兼旬始歇，號為「木犀市」。

案，張邦基《墨莊漫録》：「浙人呼巖桂曰木犀，以木之紋理如犀也。」曾幾詩：「團團巖下桂，表表木中犀。」《羅湖野録》：「晦堂和尚謂黄山谷曰：『聞木犀香乎？』」又，張先《桂花》詩：「此木玉之犀，更貯萬斛香。」是古時皆作木犀，今人犀字加木傍，作木樨，非是。范成大《吳郡志》：「桂本嶺南本，吳地不常有之，唐時始有植者。白樂天守郡日，謂蘇之東城，古吳都城也。今為樵牧之場，有桂一枝，生乎城下，惜不得其地，賦《東城桂》詩唁之，有「子墮本從天竺寺，托根今在闔閭城」之句。今隨在有之。」莫旦《蘇州賦》注云：「周虎家有古桂數千本，號凌霜。」（《清嘉録》卷八，《續修四庫全書》影印清道光刻本；來新夏點校本，第一三五～一三六頁）

《桐橋倚棹録》

白公祠，在虎丘山浜，祀唐太子少傅居易。嘉慶二年任太守兆垌即蔣氏塔影園改建，中有思白堂，傍為懷杜閣、仰蘇樓，供少陵、東坡栗主，又有萬丈樓，在懷杜閣之東，供李青蓮木主。疏泉叠石，花木鬱然，為官府公餘宴集並往來嘉客游覽之所。錢大昕有代任守記，郡人吳慶孫書，別有《園亭記》，亦任撰，兩碑俱嵌祠壁。道光五年吳縣知縣萬臺重修，增葺慕李軒，聯為黄時敏書，云：「祠分唐宋名賢，天為青蓮留此席；節近春秋佳日，人來白社揖先生。」並建臨流杰閣，顔曰「塔影山光」。臨水三楹，額為仲魚陳鱣書，曰「堤上留春」，聯曰「湖山今勝地，唐宋古詩壇」，董國華書。饗堂聯曰「香草遍吳宮，一代風流詩太守；芳尊分杜廈，比鄰唐宋謫仙人」，萬臺書。又柱聯曰「唐代論詩人，李杜以還，惟有幾篇新樂府；蘇州懷刺史，湖山之曲，尚留三畝舊祠堂」，賀長齡書。白公祠詩，美不勝收，集隘，衹録數首於此。蔡士芳詩云：「太傅祠分蔣徑幽，花繁如織引鳴騶。堤先坡老傳芳姓，代有州民感大裘。夢友不須營水閣，編廧依舊敞山樓。年年聽遍琵琶曲，莫認潯陽荻雪秋。」「補種甘棠繞屋新，後先循吏總詩人。文章聲價鷄林貴，香火因緣鶴市春。舊是使君吟詠處，依然兜率去來身。故衫休戀杭州迹，酹酒吳儂味倍醇。」又，陳鑾詩云：「長慶風流賢刺史，江南佳麗占蘇杭。詩名舊被鷄林遠，設像新祠虎阜旁。自築湖堤安澤國，獨留古檜頌甘棠。客中愧乏溪毛薦，敬奉平生一瓣香。」又，溫日鑒詩云：「少傅祠堂璇榜題，武丘東畔半塘西。感恩未滿三年代，遺愛曾留萬户啼。暮雨瀟瀟聽舊曲，春流渺渺擁新堤。當時風月嬉游地，此日斜陽塔影低。」又，陳經詩云：「畫戟清香五字詩，高情白傅繼當時。不將州宅誇鄰郡，真有文章替左司。山寺語鶯清管急，洞庭楝橘畫船遲。登堂未敢留題句，恐被君家老嫗嗤。」又，范來宗《用白傅虎丘寺路韻謁白公祠》詩云：「西去桐橋路，芳堤懷古頻。賢聲傳刺史，仙意屬詩人。遺澤猶留舊，清祠聿啟新。嬉游增勝概，行樂四時春。」「塔影園思昔，扁舟過從頻。重來欣得主，小坐倍宜人。花氣熏欄醉，禽言出谷新。不須絲與竹，好續永和春。」又，蔣廷恩詩云：「古寺藏山翠，登臨不厭頻。因過短簿宅，轉憶築堤人。柏櫃詩常在，棠陰澤尚新。從來裘萬里，展覆遍陽春。」「五馬臨吳郡，賓曹觴詠頻。循良漢京吏，山水晉時人。詩史襟懷並，髯仙契誼新。年年簫鼓社，花月共長春。」又，陸敬詩云：「白傅祠堂啟，秋來瞻眺頻。似聞古循吏，不避冶游人。為政風流在，名山俎豆新。願持一樽酒，散作十分春。」「細雨霏林杪，樓頭徙倚頻。鐘聲來兩寺，塔影對三人。山氣佳於夕，花光濕愈新。更攜幾緉屐，飽看洛陽春。」（《桐橋倚棹録》卷四，上海古籍出版社，一九八〇年版，第四二頁；中華書局，二〇〇八年版，第二八一～二八三頁）

智按：顧禄，字總之，一字鐵卿，自署茶蘑山人。有《雕蟲集》、《紫荊花院排律》、《駢香儷豔》、《酒春秋》、《看楓約》、《壺中攬勝》等十種，輯為《頤素堂叢書》。還戲撰有《羽族棋譜》，與友人合輯《煙草録》一卷。道光十年（一八三〇），其《清嘉録》（取自陸士衡「土風清且嘉」）付梓。分十二卷，每月一卷，按月份條記蘇州及附近地區民間節令風俗，引録古今地志，搜考詩文經史，逐條考訂。王伯祥《庋榢偶識》曰：「顧氏此作，讀之如諫果回味，歷久彌甘。」

魏源（一七九四～一八五七）

《新樂府·江南吟十首（仿白香山體）》

種花田，種花田，虎丘十里山塘沿。春風玫瑰夏杜鵑，午夏茉莉早秋蓮。紅雨一林香一川，朝摘夜開，夜摘朝開，采花人朝至，賣花船夜回。有田何不種稻稏，秋收不給兩忙稅。洋銀價高漕斛大，納過官糧餘秸稈。稻田賤價無人買，改作花田利翻倍。下田卑濕不宜花，逋負空餘菱芡蕾。嗚呼，城中奢淫過鄭衛，城外艱苦逾唐魏。游人但說吳民嬌，花農獨為田農淚。

急賣田，急賣田，不賣水至田成川。誰人肯買下河地，萬頃膏腴不值錢。上游泄漲保高堰，下游范堤潮逆卷，何況夏雨淫霖先半畎。日日望禾長，禾長水亦長；日日望禾高，禾高水亦高。聞說有圩能護田，圩能隔水不隔天。淫霖尚可，壩潦殺我。但保夏汛不穿堤，願買豚蹄先嗇妥。油油麥，青青穡，怕數樹梢舊漲痕，夢魂常被蛟龍食。昨夜西風五壩開，已報傾湖之水從天來。

防桃汛，防伏汛，防秋汛，與水爭堤若爭命，霜降安瀾萬人慶。兩河歲修五百萬，縱不潰堤度支病。試問東漢至唐亦漕汴，何以千歲無河患？試問乾隆以前亦治河，何以歲費不聞百萬過？沙昏昏，波浩浩，河伯娶婦，河宗獻寶。桃花浪至鯉魚好，酒地花天不知老。板築許許，鼉鼓逢逢，隆堤如天，束水如墉。不聞治河策，但奏防河功，合向羽淵師黃熊。

鬧城門，鬧城門，水西門截秦淮源。江潮挾淮城倒灌，一鬨難回萬馬奔。城南移家走城北，月華照城如澤國。船撐橋頂雞棲樹，父老百年未傳說。一歲潦尚可，歲歲淹殺我，南北六朝都江左，幾見金陵之城水中坐。嗚呼！江洲日大，江面日寡，江底日高，江口不瀉。試登鍾山絕頂望，長江天塹如弓蛇。何處黃天蕩，何處新林涯？千里荻葭，百里桑麻，當年半是波臣家。滄桑陵谷，是耶非耶？治河尚可水攻沙，何策能使江流窒。

漕艘來，漕艘來，如山如屋如風雷，千艘辟易何雄哉！入閘閘為阻，千夫萬夫挽邪許；入運運為膠，微蜀湖田澤雁號。我聞漕艘丈尺有成規，受五百石無差池。水力船力勝米力，何事礧砢穹窿為？私貨愈多費愈重，徒供倉吏閘夫用。病漕病河兼病民，何如改小一帆送。嗚呼！戰艦苦瘦，糧艘苦胖，戰艦苦窳，糧艘苦濫。曷移戰艦作糧艘，更改糧艘修戰艦。

緝私鹽，緝私鹽，改捆先治場私源。七斤豫章八斤楚，不改恐致官私嫌。改捆愈多私愈衆，即挖官包作私用。岸費愈增本愈稠，川粵潞私四面周。何況銀價日高抵岑樓。嗚呼！場私如山積，鄰私如川灌，曷運場私敵鄰私，倍鹽賤銷兩獲算。君不見，溫州郡守師票鹽，商民歌詠官府嫌。彈章早上秋霜嚴，利民利國徒雞廉。奈何盡奪中飽饜。

再清查，三清查，新舊款目多如麻。前虧未補後虧繼，轉瞬又望四查至。借問虧空始何年，半緣漕項半攤捐。幫費愈加銀愈貴，民欠愈多差愈匱。戴星稅駕豈無人，但有催科無撫字。吁嗟乎！催科之難難於上青天，補虧之難難於塞巨川。欲為彭澤五斗吏，先師劉向淮南術，始知旌陽稚川作官易。

阿芙蓉，阿芙蓉，產海西，來海東。不知何國香風過，醉我士女如醇醲。夜不見月與星兮，晝不見白日，自成長夜逍遙國。長夜國，莫愁湖，銷金鍋裏乾坤無。溷六合，迷九有，上朱邸，下黔首，彼昏自痼何足言，藩決膏殫付誰守。語君勿咎阿芙蓉，有形無形朋則同。邊臣之朋曰養癰，樞臣之朋曰中庸，儒臣鸚鵡巧學舌，庫臣陽虎能竊弓。中朝但斷大官朋，阿芙蓉煙可立盡。（俗語煙癮之癮，字書無之。《說文》：「朋，病瘕也。」今借用之。）

留行官，留行宮，燕薊盤山魯泮宮，六龍吳越天南東。離宮卅六象天極，金碧樓臺山水國。夏禹玉帛慚會稽，穆王車馬徒沙磧。雨雨風風七十年，離宮夜月銷寒煙，蛛絲罥徧琉璃瓦，薜荔欹斜卍字磚。住持無人葺無力，父老下車空歎息。不見康熙湖上宮，雍正改稱聖因寺。靈光遺殿獨巋然？豈獨平山僧菴勝園隸，更有熱河四庫書，曲阜泮宮所不如。嗚呼，胡不盡頒離宮賜釋儒！（平山堂行官屬園丁者，皆折賣無存，惟僧管三處如故。又乾隆中頒四庫書七分，唯山東曲阜無之，而熱河行宮又不行幸矣。）

吳民生女喜，楚民生女悲。楚女溺嬰胡不慈，只恐長成須嫁衣。不見吳女門楣賀，千金百金等奇貨，朝辭荊布暮綺羅，幾見嫁衣煩自作。楚女雖貧妾不為，寒冰隘巷何奇酷。牧令雖有卹嬰慈，難勸楚民養女為人姬。國家縱有溺嬰禁，難勑楚民鬻女為人媵。為媵為殍孰差愈，畢竟吳風勝三楚。美意雖有良法無，人窮端賴天公補。嗚呼，吳民生女勝生男，安得楚民生男少生女！（（《古微堂詩集》卷四，《續修四庫全書》影印清同治九年長沙寶慶郡館

刻本；《魏源集》下册，第六七〇～六七四頁）

《新樂府·都中吟十三首（仿白香山體）》

小楷書，八韻詩，青紫拾芥驚童兒；書小楷，詩八韻，將相文武此中進。八扇天門詄蕩開，玉皇親手策羣材，臚唱喧傳雲五色，董黿花樣毛錐來。從此掌絲綸，從此馳鞘鞀鐸，官不翰林不謚文，官不翰林不入閣。從此考樞密，從此列諫官，盡憑鍼管繡鴛鸞。借問樞密職何事，佐上運籌議國計；借問諫臣職何秉，上規主缺下民隱。雕蟲竟可屠龍共，誰道所養非所用，屠龍技竟雕蟲仿，誰道所用非所養！君不見前朝待詔翰林院，書畫琴棋藝原賤，工執藝事可進諫。差勝手搏可方面，差勝琵琶可封王、鬬雞可乘傳。銓部竹簽且得材，潤色承平況文絢。昨日大河決金堤，遣使合工桃浪詩。昨日樓船防海口，推轂先推寫檄手。

吏兵例，戶工例，繭絲牛毛工會計，全恃舞文刀筆吏。河漕奏銷尤鉅利，一準一駮百萬費。缺可補可不補，級可去可不去，翻手覆手敢予侮，能令公喜令公怒。何況捐房與庫吏，寶玉大弓頻睥睨。府史胥徒非世業，誰道盡握六官法。若言部胥不可捐，何故刑部胥無權。任法任人孰操券，請看汲黯張湯傳。

數開科，數開捐，開科遴材為得士，開捐輸粟為助邊。借問開科得何士，項槁鹽車悲騄駬。宋代得一張齊賢，一榜賜第方能爾。借問開捐何所潤，中外度支財益罄。漕鹽河兵四大計，漏巵孰塞源孰盛。開科開捐兩無益，何不大開直言之科籌國計，再開邊材之科練邊事？市骨招駿人才出，縱不拔十得五終得一。

籌善後，籌善後，礮臺防江防海口。造械造船造火攻，未敢議攻且議守。船礮何不師夷技，惟恐工費須倍蓰。江海何不嚴烟禁，惟恐禁嚴激邊釁。為問海夷何自航？或云葱嶺可通大西徉，或云廓爾喀印度可窺烏斯藏，或云彌夷佛夷鄂夷輩，思效回紇之助唐，或云諸國狼狽叵測可不防，使我議款護戰議守無一臧。嗚呼！島夷通市二百載，茫茫昧昧竟安在。題本如山譯國書，何不別開海夷譯館籌邊謨。夷情夷技及夷圖，萬里指掌米沙如。知己知彼兵家策，何人職司典屬國。

通倉厫，通倉厫，倉胥擁之何其豪。國初黠胥胥痛哭，近日倉缺萬金鬻。錢多粒粒珠，錢少粒粒灰，錢胡自來自米來，發水愈多收愈速。不然三月河干請久挨，旗丁若鷺鷥，倉胥若漁父，得漁蘇松江，吐魚潞河浦。若非改海漕，安得輕釜庾。海運未舉海防多，水犀樓船方荷戈，吁嗟奈爾倉胥何！

西苑閉，西苑開，纏頭金帛如雲堆。人海緇塵無處浣，聊憑歌舞恣消遣。始笑西湖風月游，不及東華軟紅善。欲禁梨園廢宴游，潤色承平懂太鮮。唐代曾賜曲江游，賞花釣魚詩酒餞。行官歲歲海淀左，城中西苑蒼苔鎖，瑤島青空春色深，花落何人護龍舸。楊士奇，高士奇，金鼇退食雍容詩。天光魚鳥承清淑，豈不勝聽肉竹絲。律禁職官狎優賤，難禁士夫暇豫宴。靈沼靈囿民同樂，曷閉梨園開西苑。

下海淀，下海淀，請事晝諾如郵傳。未明往返八十里，郎官往城堂住淀。去時柳樹啼早鴉，宮門晨開掃落花，午歸馬汗和塵沙，馮唐日聽官鼓撾。我聞康熙暢春原偶蹕，雍正圓明制未悉，乾嘉終歲始駐園，車駕入城只什一。求衣問夜攬萬幾，夕奏朝可傳餐食。何況邊報軍書連日夕，全憑水色山光慰宸極。君不見，西苑豹房盡城中，羣臣終歲晞天容，平臺一召已僅事，那聞日日延離宮。無逸殿中勞溽暑，趨朝敢辭海淀苦！

木蘭獮，木蘭獮，元代上都今囿畋。圍場六十山水連，内外蒙古皆覲瞻，四十八家尤近邊。紅椿卡倫環塞壘，剌麻梵唄聲殷吧。八旗合圍伊瑪圖，止齊步伐前禽驅，蛇鳥風雲八陣趨，天圍四野如穹廬。乘輿手挽金僕姑，海東青下擒玄狐，奉湩上壽諸單于，華夷一家萬古無。自從秋獮停鑾輿，離宮晝鎖生蘼蕪。我皇家法何曾改，雍正不獮十八載。除梁治道省邊民，講武春秋南苑在。為語名王望幸心，但祝須彌壽如海。（熱河有須彌福壽之寺，住持章佳剌麻。）

罷南府，罷南府，樂府侏儒傳自古。渥丹秉翟簡兮舞。忽聞天上汰樂部，月殿《霓裳》散如雨。從此宮中奏《雲門》，歲省侏儒米萬數。魚龍漫衍何所戲，化人偃師何所舞。女樂革自乾隆中，道光更詔裁伶工，恭儉盛德如天崇。西域文康來拜手，聖祖神孫千萬壽。（高宗御製《和白居易樂府上陽官人曲》有曰：「國初女樂沿明季，康熙女樂不盈千。雍正僅存十之七，乾隆無一女樂焉。」）

宗室禄，宗室學，教養天潢信優渥。從龍入關止二千，生息休養數倍若。紅黄帶子區雲礽，景山覺羅教漢文。玉牒生齒歲歲登，禄額無增宗額增。國家景祚如天盛，金枝玉葉原無吝。豈有富四海，而虞一家甑！不見宋臣言，宗祧有毁服有盡；不見唐代制，疏籍編氓同仕進。材俊常登史傳書，不與宋明同利病。我聞銀潢之水天上來，亦願銀潢之氣鍾英才。

紅剌麻，黄剌麻，貴者珊冠油碧車，賤者袿服盈街衢。不僧不俗不袈裟，皆祖釋迦宗喀巴。借問剌麻何所為，梵音佛母陀羅尼。大明大力孔雀王，神通自在大游嬉。借問剌麻何所證，呼畢勒罕前生定。幻身世世度衆生，不以輪回昧真性。借問剌麻何益國，神道設教安邊策。西城番蒙數萬里，去殺勝殘資控勒。剌麻來，剌麻來，釋迦佛制汝所知，桑門例著壞色衣，升坐乃著紅伽梨。宗喀巴但易其色，不聞易彼袈裟同白衣。何況秘戲懽喜大布施，欲色天官魔所為。奈何現此末法師子身蟲為？大秦耶穌方嫚漢，回紇和卓曰西悍，曷掃異教歸一乘，定慧度生登彼岸。曼殊師利天可汗，護汝正法年千萬。

山西債，山西債，乘急居奇真市儈。京宦俸苦貧，外宦遠選行邅迍。借貸無門典無質，惟汝西儈敢乘急。網羅一入天地窄，螻蟻反被蛟龍食。百金便問赧王鼎，萬錢孰償天孫織。我聞京宦有增俸，外宦有借俸，增俸或難借不難，免教子母權輕重。朝廷免租動千萬，何惜恩膏卹窮宦，請驅輦下賈胡患。

無定河，永定河，以土束水隄防多。一石之水泥五斗，淤高束縛如盤渦。中夜潰堤奔萬馬，大澤瀦吞如大野。不見河隄未築時，欲東則東西則西。所過號爲鋪金地，膏沃十倍何隄為？北隄地高南地下，因勢導之建瓴瀉，固安霸州兩窪城，遷地避水工力寡。嗚呼！漳河欲北翻使南，桑乾欲南翻使北。地利水性強從人，不師神禹師崇伯。（《古微堂詩集》卷四，《續修四庫全書》影印清同治九年長沙寶慶郡館刻本；《魏源集》下册，第六七五～六八〇頁）

《澳門花園聽夷女洋琴歌》

澳門自明中葉爲西洋市埠，園亭樓閣，如游海外，怪石古木，珍禽上下，多海外種。其樊禽之所網，其上以銅絲，縱横十丈，高五丈。其中池沼樹木，飛浴啄息，空曠自如，忘其在樊也。園主人曰：委理多葡萄亞國人，好客。延登其樓，有洋琴如半几，架以銅絲，請其鼓，則辭不能。俄入内，出其室，按譜鼓之，手足應節，音調妍妙，與禽聲海濤聲隱隱應和。鼓罷復出其二子，長者九歲，冰肌雪膚，瞳翦秋水，中原未之見也。主人聞予能文，乞留數句，喃喃誦之，大喜，贈洋畫而別。

天風吹我大西洋，誰知西洋即在澳門之島南海旁。怪石磊磊木千章，園與海濤隔一牆。牆中禽作百蠻語，樓上人通百鳥語。鳥聲即作琴聲譜，自言傳自龍宮女。蟬翼纖羅髮鬈鬖，廿絃能作千聲彈。初如細雨吹雲間，故將兒女幽囪態。寫出天風海浪寒，似訴去國萬里關山難。倏然風利帆歸島，鳥嚥花放檣聲浩。觸碎珊瑚拉瑟聲，龍王亂擲珍珠寶。有時變節非絲竹，忽又無聲任剝啄。雨雨風風海上來，蕭蕭落落鐙前簇。突并千聲歸一聲，關山一雁寥天獨。萬籟無聲海不波，銀河轉上西南屋。烏乎！誰言隔海九萬里，同此海天雲月耳。膝前况立雙童子，一雙瞳子翦秋水。我昔夢蓬萊，有人長似爾。鞭騎么鳳如竹馬，桃花一別三千紀。烏乎！人生幾度三千紀，海風吹人人老矣。（《古微堂詩集》卷六，《續修四庫全書》影印清同治九年長沙寶慶郡館刻本；《魏源集》下册，第七三九頁）

智按：此首及下一首皆仿自白居易《琵琶行》。

《京口琴娘曲》

順治二年，北固山楊公祠壁有女子題詩，自言台州人，衛氏，字琴娘，嫁三月而遭兵難，掠入淮河，乘間逃還，至此死焉。事載邑志。道光二十年庚子，予奉檄濬徒陽河，覩事愴情，詩以悼之。

山下江濤撼樓櫓，闌干花亞紅禽語。紅禽樓下逐花飛，樓上紅飛墮樓雨。琴孃昔日天台嫁，才名豔絶東甌下。罨畫溪頭竝蔕晨，浣紗江畔聯襟夜。鯨鯢唐突雲翻月，蜂蟻登城一旅雪。何意樓頭鳳吹聲，一旦馬上鶯嚥血。紅旗閃陣濁河頭，弓韔破襪清淮流。駝囊瀉洒駝鞍喫，鬼妾呻吟鬼馬愁。蠻氈帳裹蠻絃語，春雁秋鴻亂無序。虬髯莫覓昆侖奴，笳拍欲同青冢女。黑雲壓帳三更夕，星月無光辨巾櫛。偷壕出塹萬死生，䞐逃虎口眞奇策。野田積水淮南道，日乞窮途夜青草。娉婷秋月缺難圓，爛熳春雲竟誰埽。雲煙羃䍥天如弓，關山不見去來鴻。猨驚雁怯江聲近，鶴寡鸞孀月色濃。北固山頭半城雪，西陵渡口行人絕。冤禽叫下上山雲，鬼鳥嚥紅寺門血。阿邪生我阿娘慈，袖中團扇妾郎詩。君生妾死君休問，妾死君生君不知。風風雨雨摩山壁，字字行行帶淚題。豚魚吹浪江生風，雲霓爲佩月爲容。石飄山下飄來去，魂託帆歸向雁峯。江南游子青衫客，覩壁題詩共嗚咽。一弔江樓哭君才，再弔江樓謚君烈。（《古微堂詩集》卷六，《續修四庫全書》影印清同治九年長沙寶慶郡館刻本；《魏源集》下册，第七四一頁）

智按：魏源，原名遠達，字默深，又字墨生、漢士，號良圖，晚年自稱「菩薩戒弟子魏承貫」，邵陽金潭（今湖南隆回金潭）人。清嘉慶二十五年（一八二〇），攜母親、妻子遷居江蘇寶山父親魏邦魯任所。道光十五年（一八三五）在揚州鈔關門内倉巷購築絜園定居。道光二年（一八二二）中舉，入貲爲中書。二十五年（一八四五）進士，歷官江蘇興化、高郵知州。鴉片戰爭時，曾入兩江總督裕謙幕，參與浙東抗英戰役。讀書精博，著述宏富。曾受江蘇布政使賀長齡之聘，輯《皇朝經世文編》一百二十卷。又撰有《聖武記》、《海國圖志》等。曾首先提出：「師夷長技以制夷」等觀點，最早主張向西方學習，是近代早期啟蒙思想家。與龔自珍（一七九二～一八四一）齊名，詩古文辭，與龔時相切磋。沈曾植並稱之爲「奇才」。其文論學、論治、議戰，皆以經世致用爲大旨。其詩於感慨時事之外，又多山水紀游之作，爲張維屏、林昌彝、王闓運等名家所推許，陳衍稱其爲「清蒼幽峭」一派之首。著有《古微堂内集》、《外集》、《詩集》，又有影印手稿本《清夜齋稿》，今人合編爲《魏源集》。《清史稿》卷四八六、《清史列傳》卷六九有傳，事又見《國朝先正事略》卷四四、魏耆《邵陽魏府君事略》、王家儉《魏源年譜》。

馬國翰（一七九四～一八五七）

《目耕帖》

「黽勉同心」，《釋文》：「黽，本亦作僶。」案：白居易《六帖》卷十七引《詩》「僶勉同心」，與《釋文》合。《文選·傅季友〈為宋公求加贈劉前軍表〉》注引《韓詩》作「密勿同心，不宜有怒。」密勿，僶俛也。《漢書·劉向傳》引《詩》:「密勿從事」,蔡邕《濟北相崔夫人誄》:「密勿不忘」,用《詩》字亦作「密勿」,則《魯詩》與《韓詩》同。周興嗣《千字文》:「俊乂密勿」,亦韓、魯《詩》也。孫奕《示兒編》:「黽,蛙屬。蛙黽之行,勉強自力,故曰黽勉。」似王安石《字説》。(《目耕帖》卷十四,上海古籍出版社影印《玉函山房輯佚書》第四册,第三二七五頁;劉毓慶編《詩義稽考·邶風·谷風》)

「有菀其特」,宋本「菀」作「苑」。案:「苑」、「菀」二字古通用。白居易《六帖》卷八十引《詩》作「菀」,與今注疏本同。(《目耕帖》卷十七,上海古籍出版社影印《玉函山房輯佚書》第四册;劉毓慶編《詩義稽考·小雅·正月》)

白居易《六帖》卷一百引《詩》「有苑者柳」。案:《釋文》:「菀,徐於阮反。」正作「苑」音,似仙民所據本亦作「苑柳」也。(《目耕帖》卷十八,上海古籍出版社影印《玉函山房輯佚書》第四册;劉毓慶編《詩義稽考·小雅·菀柳》)

「貽我來牟」,《毛傳》:「牟,麥。」《鄭箋》:「《書》説烏以穀俱來,云穀紀后稷之德。」《正義》:「《尚書·璇機鈐》及《合符后》皆有此文。注云:稷好農稼,今烏銜穀,故云記之也。」《釋文》:「牟,字書作麰。」案:《孟子·告子上》趙岐注、白居易《六帖》卷八十一皆引作「麰」。(《目耕帖》卷二十一,上海古籍出版社影印《玉函山房輯佚書》第四册;劉毓慶編《詩義稽考·周頌·思文》)

「松桷有梴」,《釋文》:「梴字音艫,俗作埏。」案:白居易《六帖》卷一百引詩「松桷有埏」,則唐時本有從俗作「土」者。又《説文解字》:「梴,長木也。」引詩「松桷有梴」,從「木」為正。(《目耕帖》卷二十二,上海古籍出版社影印《玉函山房輯佚書》第四册;劉毓慶編《詩義稽考·商頌·殷武》)

智按:馬國翰,字竹吾,歷城(今屬山東濟南)人。道光十二年(一八三二)壬辰進士,官至隴州知州。有《玉函山房詩集》。

瞿鏞（一七九四～一八四六）

《鐵琴銅劍樓藏書目録》

⊙白孔六帖一百卷（舊鈔本）

唐白居易撰《六帖》，三十卷。宋孔傳續之，爲《六帖新書》，亦三十卷。見《文獻通考》。南宋時合之，析為百卷。王厚齋所見已如此。此明人依宋本鈔傳。每半葉十行，行十七字，《白帖》卷首王安世序猶未佚，與黄朝英《靖康緗素雜記》所云合，又有韓仲通、韓駒序。（瞿鏞編纂，瞿果行標點，瞿鳳起覆校《鐵琴銅劍樓藏書目録》卷十七子部五，第四三二頁）

⊙紀纂淵海一百九十五卷（宋刊本）

題金華潘自牧編，前有自序。……案，是書詳於纂言，不主紀事，與他類書異。明萬曆中陳文燧偕蜀郡蔡呈奇、顧爾行重編百卷本付梓，增入天文、地理、物類，各部顛倒次序，盡失原書之舊，卽所存原本各部中亦多闕失……其每條中脱失全文字句，尤不可稱數。潘氏原序亦未載，今備録其文。曰：世無類書，博聞强記者不能無遺；世有類書，因陋就簡者恃以自足。此類書之作，前輩本以備遺忘，便採掇，而非以爲後學苟且之資也。更生之《說苑》，義慶之《世說》，所以謂類書，濫觴於此。至於歐陽率更之《類聚》以藝文爲主；徐堅之屬辭比事以《初學》爲名；白樂天掇拾奇字，間出己語，則又謂之《六帖》。迨我本朝，興國有《御覽》，册府有《元龜》，晏公有《類要》，孔平仲有《續世說》，孔傳有《六帖》，類書至此，有謂大備矣，尚安可復有所謂記纂者耶？蓋一定不易者事也，而千變萬化者言也。前輩類書，其於記事提要者詳矣，而纂言鉤玄，大有未滿人意，遂使觀者如循一路之跡，若守一隅之指，拘繫牽連，往往凝滯於事實之内，而不能推移變化於言意之表，此記纂乏作，非得已而不已者與！自牧自少嗜書，欲用前輩類書記事體，參以纂言，自成一編，獨唱無和，或作或止，東陽賈君昉成甫來室吾妹，間語及之，於是慨然縱臾，十涉春秋，繙卷數萬，而書稍就。……今是書雖告成，而未敢以爲極備也。嗣是有得，當又陸續而增補之。嘉定己巳九月朔，從事郎新差充福州州學教授潘自牧序。（瞿鏞編纂，瞿果行標點，瞿鳳起覆校

《鐵琴銅劍樓藏書目録》卷十七子部五，第四三五～四三七頁）

⊙白氏文集七十一卷（宋刊本）

不題名。首系長慶四年微之序，連接總目，其目但標各類，不載篇題，共分十帙。目後連接正文，不另葉。每卷注明某類詩凡若干首。每半葉十三行，行二十二至二十五字不等。書中「構」字注「御名」，「桓」字注「淵聖御名」，是紹興初年刻本也。案：《白集》刻於北宋者為廬山本，分《前集》、《後集》、《別集》，藏於彭城氏者，葉石君、錢遵王皆曾見過，絳雲一炬，此本遂泯絕人間，次則無踰是本之最古矣。明吳郡錢應龍、嘉定馬元調俱有刻本，而譌脱處不少，如：卷一《酬元九對新栽竹有懷見寄》詩「曾將秋竹」四字下脱二十字云，「竿，比君孤且直，中心一以合，外事紛無極，共保秋竹」；卷二《答桐花》詩「為君」二字下脱二十字云，「布緑陰，當暑蔭軒楹，沈沈緑滿地，桃李不敢爭，為君」；卷二十六《夜招晦叔》題前脱《失婢詩》，全首云：「宅院小將厙，坊門帖榜遲。舊恩慚自薄，前事悔難追。籠鳥無常主，風花不戀枝。今宵在何處，唯有月明知。」其譌字不可稱數。足據以校正者，已詳盧氏《群書拾補》中。盧所見葛氏影宋鈔本即從此本出也。舊為文氏藏書，後入太倉王奉常家，（見《敏求記》）及邑中錢氏、揚州季氏、崑山徐氏，近藏邑中張氏，著録《藏書志》，旋入藝芸書舍汪氏，今歸余家。公嘗自謂其詩為吳郡新本，乃流轉不出吳中，豈公之神所默為呵護邪！（卷首有「玉蘭堂」「季振宜藏書」「徐乾學健庵」「汪士鐘藏書」諸朱記。）

⊙白氏長慶集七十一卷（明活字本）

是本出明錫山華氏，以活字銅板印行。前列元稹序。每半葉十六行，行十六字。每卷首注明篇數。板心有「蘭雪堂」三字。《目録》前後有墨圖記云「錫山」，又「蘭雪堂」「華堅活字銅板印」二方。

⊙白氏長慶集七十一卷（校宋本）

此姑蘇錢應龍刻本。孫潛夫傳録、樸學齋校本。卷末題記云：「丁亥歲，買得《白集》，戊子十一月，假葉石君校正本對勘，其本蓋從南宋本及廬山本子是正者也」云云（按，參見瞿良士輯《鐵琴銅劍樓藏書題跋集録》，第二三八頁）。案：廬山本嚮藏絳雲樓，庚寅一炬失之，幸有校本相傳，不至湮絕也。有元稹序及《續後集自序》。

⊙白氏諷諫一卷（明刊本）

唐白居易撰。凡五十篇。前有自序。錢遵王云，諷諫原自單行，其字句與總集中稍異。（卷首有「巢鳩書屋」朱記。）（以上瞿鏞編纂，瞿果行標點，瞿鳳起覆校《鐵琴銅劍樓藏書目録》卷十九集部一，第五一五～五一七頁）

⊙麗澤集詩三十五卷（宋刊本）

不著編輯姓氏，亦無序跋。方虛谷謂吕成公所纂，蓋因成公有《麗澤集説》也。凡樂府一卷，文選一卷，陶靖節一卷，王無功、沈佺期、陳伯玉、孟浩然、王摩詰、張説之、高達夫、儲光羲一卷，杜子美四卷，李太白、元次山、韋應物一卷，錢起、李嘉祐、劉長卿、武元衡、韓退之一卷，孟東野、張文昌、盧仝、劉乂、李長吉、賈島一卷，柳子厚、劉夢得、吕化光、李益一卷，元微之、白樂天一卷，杜牧之、王建、李文饒、張祜、李義山、温庭筠、姚合、方干、鮑溶、陸魯望、鄭谷、羅隱、許用晦一卷，王荆公《唐百家詩選》一卷，本朝四言古詩一卷，樂府歌行附雜言二卷，五言古詩六卷，七言古詩一卷，五言律詩二卷，七言律詩三卷，五言絶句一卷，七言絶句三卷，雜體詩一卷，每半葉十二行，行廿二字，朗、匡、恒、貞、徵、完、遘、慎等字闕筆。（瞿鏞編纂，瞿果行標點，瞿鳳起覆校《鐵琴銅劍樓藏書目録》卷二十三集部五，第六六七～六六八頁）

智按：瞿鏞，字子雍，常熟（今屬江蘇）人。貢生，曾署寶山（今屬上海市）縣學訓導，幾年即辭歸。繼承其父瞿紹基之志購書藏書，創「恬裕齋」藏書樓，後避光緒帝載湉諱，改名「敦裕齋」。後又因獲古鐵琴與古銅劍，遂將藏書樓名爲「鐵琴銅劍樓」。與山東聊城楊以增「海源閣」藏書相對峙，時有「南瞿北楊」之稱。孫瞿啓甲，編撰有《鐵琴銅劍樓藏書目録》。藏書長達百餘年，解放後，大部分藏書歸于中國國家圖書館。又喜收藏金石文字，古器陶瓷等。著有《續海虞文苑詩苑稿》、《續金石萃編稿》、《鐵琴銅劍樓詞稿》等，編有《恬裕齋藏書目録》，另將其珍藏之數百枚印章上自秦漢，下迄金元明按時代排列，編成《集古印譜》。

陳慶鏞（一七九五～一八五八）

《語助冠首字法考》

《宋史》載陳騤著《文則》一書，有矣法、乎法、者法、哉法等則，矣法，如《板》詩「辭之輯矣」，「民之洽矣」，「辭之懌矣」，「民之莫矣」之類是也，乎法，如《莊子》「邴邴乎」，「其似喜乎」，「崔乎，其不得已乎」之類是也。者法，如《考工記》「脂者」、「膏者」、「羸者」、「羽者」、「鱗者」之類是也。哉法，如《舜典》「臣哉鄰哉」、「鄰哉臣哉」之類是也。然此類皆為語助注脚，今取其可以冠首者，著於篇。一之法，曰之罘，《漢書·郊祀志》：「祠之罘山于腄。」韋昭曰：「之罘山在東萊腄縣。」《彙苑》：「之罘山在登州福山縣，漢武帝至此，聞稱萬歲曰之萊。」《漢書·郊祀志》：「八神將自古有之，六曰月主祠之萊山。」曰之而，《考工記》：「作其鱗之而。」鄭注：之而，頬頌也。又《文心雕龍》：「之而、於以，乃劄句之舊體。」則之而，亦可虛用。曰之無，《唐書·白居易傳》：「其始生七月能展書，姆指之無二字，雖百數不差。」曰之溪，《一統志》：「瀘州合江縣有之溪，曲折如之字。」……（《籀經堂類稿》卷十五跋考，《續修四庫全書》影印清光緒九年刻本）

智按：陳慶鏞，字乾翔，一字頌南，晉江（今福建泉州）人。道光十二年（一八三二）壬辰進士，改庶吉士，授戶部主事，歷官御史。贈光禄寺卿。有《籀經堂類稿》。

柏葰（一七九五～一八五九）

《感逝詞集唐二十首》

舊事思量在眼前，紅屏風掩緑窗眠。此情可待成追憶，惆悵歡情恰一年。（白居易、白居易、李商隱、薛宜僚）

悔作從來恩愛深，落花流水怨離琴。為君留下相思枕，碧海青天夜夜心。（李璜、李羣玉、李白、李商隱）

紅粉雲鬟空斷腸，可憐天氣好時光。杏花滿地堆香雪，欲捲珠簾春恨長。

（杜牧、白居易、劉兼、王昌齡）

直疑蹤跡到蓬瀛，脉脉悠悠倚檻情。莫怪臨風惆悵久，一場春夢不分明。（成彦雄、戎昱、徐鉉、張泌）

豈肯離情似死灰，一心如結不曾開。無身尚擬魂相就，莫便乘鸞去不廻。（李郢、江陵士子、元稹、釋貫休）

柳外春晴百鳥鳴，雨餘虚館竹陰清。鴛鴦有伴誰能羨，雙宿雙飛過一生。（白居易、劉滄、朱慶餘、無名氏）

夜來攜手夢同遊，夢到花橋水閣頭。覺後始知身是夢，依依殘月下簾鈎。（白居易、白居易、徐凝、王昌齡）

雙燕雙飛繞畫梁，蜂争粉蕊蝶分香。無情之物尚如此，何處春陽不斷腸。（盧照鄰、温庭筠、釋貫休、邢鳳）

鳥栖庭樹夜悠悠，纏繞春情卒未休。驀上心來消不得，淚珠時傍枕函流。（李中、翁承贊、殷堯藩、袁不約）

欲詠無才是所悲，兩三行淚忽然垂。欲知腸斷相思處，細雨春風花落時。（韓偓、賈島、趙光遠、李白）

細念因緣盡是魔，彩鸞琴裏怨聲多。玉鈎欄内珠簾捲，月照高樓一曲歌。（白居易、劉元淑、翁承贊、温庭筠）

簾外春風杜若香，百花狼藉柳披猖。光陰負我難相遇，春日偏能惹恨長。（劉禹錫、唐彦謙、韓偓、賈至）

幾許幽情欲話難，倚樓垂袂復凭欄。世間只有情難説，落了楊花也怕看。（薛逢、劉兼、顧况、章碣）

一二三四五六七，昨夜今朝又明日。天欲明前睡覺時，熖熖膏蘭明狹室。（羅隱、白居易、白居易、姚合）

花月香寒悄夜塵，黄昏哭向野田春。軒窗簾幙皆依舊，不見心中一個人。（張泌、王建、白居易、元稹）

世間恩愛極難拚，雙袖龍鍾淚不乾。長憶小樓風月夜，刺桐花發共誰看。（李茂復、岑參、白居易、張籍）

帶風楊柳認蛾眉，對此如何不淚垂。昨夜雨凉今夜月，迢迢何處寄相思。（魚玄機、白居易、許渾、馮延巳）

冰雪顔容桃李年，多情信有短姻緣。舊來好事今能否，柳暖花春二月天。（武元衡、鮑四絃、杜甫、李郢）

碧雲初斷夜沈沈，一度相思一度吟。白玉帳寒鴛夢絶，西廊月上半床陰。（劉禹錫、戎昱、曹唐、白居易）

空向滄江夢所思，此情惟有落花知。微風簾幙清明近，腸斷紅箋幾首詩。（崔塗、李璟、馮延巳、李建勳）（《薛箖吟館鈔存》卷一，《續修四庫全書》影印清同治三年鍾濂寫刻本，第一五二一册，第三三〇～三三二頁）

《姑蘇口號》（六首其三）

民居市肆與僧寮，一衖旁通水一條。記得香山居士語，紅欄三百九十橋。（《薛箖吟館鈔存》卷四，《續修四庫全書》影印清同治三年鍾濂寫刻本，第一五二一册，第三九六頁）

智按：柏葰，原名松葰，字靜濤，蒙古旗人。道光六年（一八二六）丙戌進士，官至文淵閣大學士。有《薛箖吟館詩鈔》。

嚴廷中（一七九五～一八六四）

《藥欄詩話》

至性至情語，似易而實難。或以淺目之，非知詩者也。如袁子才先生《病中贈内》云：「千金僅買群花笑，一病才徵結髮情。」《送女還吳》云：「好如郎在安眠食，莫帶啼痕對舅姑。」此種真摯語在唐惟香山，在宋惟放翁耳。近代諸公集中，不多見此。（《藥欄詩話》甲集，民國三年雲南圖書館刊《雲南叢書》本；《清詩話三編》第五六四六頁）

詩以真勝，有時隨口説出，亦足動人者，「真」故也。勞小山（長齡）《客中示妾》云：「白傅青衫今濕盡，累他蠻素對霑衣。」予每吟此，不覺增感。（《藥欄詩話》乙集，民國三年雲南圖書館刊《雲南叢書》本；《清詩話三編》第五六六九頁）

智按：嚴廷中，字石卿，號秋槎，一號岩泉山人。雲南宜良人。諸生，官兩淮鹽運司經歷，嘉慶間官萊陽、福山、文登知縣。孫兆溎撰《片玉山房花箋録》卷十曾稱其詩。有《紅蕉吟館詩選》、《岩泉山人詩四選存稿》。生平見繆爾舒《嚴廷中傳》。《藥欄詩話》有稿本藏雲南圖書館，又有道光刊本、臺灣新文豐出版公司《叢書集成續編》影印本。參見蔣寅《清詩話考》第五二三頁。

徐繼畬（一七九五～一八七三）

《題梅村詩集四首》（之一）

長慶新辭入管弦，歌殘《簫史》唱《圓圓》。千秋才調推元白，未必前賢勝後賢。（《松龕先生詩集》卷下，《續修四庫全書》影印民國四年鉛印《松龕先生全集》本，第一五二三册，第二〇九頁；《萬首論詩絶句》第二册，第九一五頁）

《書王印川廣文詩注後》

（原注云：文公過壽陽驛詩，前輩多辨其憶桃柳二姬者，小説所載，原非定論。但此在公無關輕重，即存此説，爲詩詞點綴，未爲不可。與公生平大節，正是無碍。關壯繆上表孟德，乞取秦宜禄妻，於公磊落行誼，究屬何害，而談公事者，輒欲諱之，反覺鄙隘。鄙見如此，請質高明。）

昌黎過壽陽驛詩，謂憶桃柳二姬，説本穿鑿，不足深辨，卽使有之，亦復於公奚累。玉蠋頻搖，金釵半醉，何碍於公之嶽嶽。杜工部每飯不忘君，而雲鬟玉臂，語麗情悲，屈靈均孤忠自忱，而《離騷》一編，言美人者居半。蓋詩人吐談意興，與宋儒講書、語録判然兩事。蘇子卿仗節牧羊，偶胡婦而生子；王大令東晉名流，桃葉桃根傳爲佳話。白香山立朝風節，砥柱中唐，樊素小蠻，星添柳宿。胡忠簡忤秦檜，遠竄南海，黎娃握别，垂涕沾臆。文文山正氣拄乾坤，作郡時嘗有歌童舞女。忠孝至性，與男女大欲同出一源，欲其眞，不欲其僞，欲其節，不欲其流，流而無節，豈特男女之淫穢。伯奇握蠭而死，申生不辨胙毒而死，鬻權兵諫而自刖，原軫唾地而歸元。後之人悲其志，未嘗不憫其愚。故忠孝之流而無節，其失爲愚；男女之流而無節，其失爲淫穢。清濁雖異，消息自同。然不得戒愚而廢忠孝，又豈能懲淫穢而廢男女。……書此呈政，如乖謬，幸垂示，弟畬再拜。（《松龕先生文集》卷四，《續修四庫全書》影印民國四年鉛印《松龕先生全集》本，第一五二三册，第一八七～一八八頁）

智按：徐繼畬，字健男，號松龕，五臺（今屬山西）人。道光六年（一八二六）丙戌進士，改庶吉士，授編修，官至福建巡撫，内用太僕寺卿。有《松龕先生遺集》。

雷以誠（一七九五～一八八四）

《重經山海關寄黄樹齋同年》

逐隊輶軒瞬十年，使車重度意愴然。樓頭風景懷騷客，海内才名已謫仙。拓我胸襟歌楚調，思君面目夢廬巔。從今莫問囂塵事，好趁閒情學樂天（《晚晴簃詩匯》卷一百三十一）。

智按：雷以誠，字春霆，號鶴臯，湖北咸寧人。道光三年（一八二三）癸未進士。由刑部主事歷官光禄寺卿。有《雨香書屋詩鈔》。

朱翊清（一七九五～一八四六?）

《埋憂集》

⊙諸天驥

諸天驥，字子凱。湖郡諸生。幼警敏，七歲能詩。稍長，博覽無涯，美姿容，闉闍見者，爭擲果焉。生清介自持，勿顧也。父母益喜，謂其必成大器，字之曰大器。十四入郡庠，次年遂食餼，名噪甚。

然生性故抗直，而跛扈文壇，下筆泉涌，常屈其儕輩，故多見嫉。惟與龍眠方拱乾善，而生屢躓塲屋，年踰壯矣，繼妻吳氏美而賢，生一女，生計日蹙，資館穀以養，所如又多齟齬。父常訓之曰：「以汝所爲，豈似功名中人。汝亦知荆庭痛哭，古今豈少卞和，盍少破觚以救貧乎？」生泣對曰：「世事易知，然玉可碎也，不可毁其白。若欲詭遇求合，無論兒餓死不屑，當亦父所不願見也。」自是雖炊煙屢斷，生卒自如。

無何，父母俱歿。父臨卒，呼生囑曰：始吾雖貧，然謂汝青紫拾芥，輒用自慰，今不及待矣。若他日能博一第，則泉下猶可藉慰。不然，猶有鬼神，吾有餒不來食矣。生慟哭受命。

比葬訖，妻繼歿，女年十五。生於是以與其友之子某爲室，遍辭戚屬，辦裝以拔貢生應京兆試，誓不得當不返也。榜發又報罷。出門信步獨游陶然亭，一日者熟視良久，歎曰：「僕閲人多矣，今視君鼻有柱，骨腹具六壬，論壽可至大耋，而自髮際以下，但有清氣，而無一點庸氣。惟相君之背，他日當有奇遇，然必遠涉海外，若此間，恐無汝緣分也。」

生憤然歸寓，念京師知交絶少，豈易久居，而拱乾方戍寧古塩，遂往視之。比至，而方已賜環。寧古俗本淳厚，百里往還，隨所投率如舊主，生乃修刺，謁一章京。刺甫入，章京大怒，抽刀出將殺之，蓋其俗尚白，以紅爲送終具，生適觸所忌也。反奔至東京，喘息稍定，四顧殿礎城基，夕陽明滅，攬轡躊躕，進退維谷。

忽一騎自東馳至，生意追及復奔，聞馬上大叫：「子凱何弗少待？」生回顧識爲遠戚吳某，乃駐馬，詢其何來。某言：「頃自寧古販參還，寓舍不遠，請往暫憩。」因偕至石佛寺宿焉。生歷訴窮途之苦，某曰：「明日余將往賈柬埔寨，彼國謂儒為班詰，由此入仕者爲清貫，以兄高才，至彼處，何愁富貴哉？」生竊計一身落魄，即浮海亦得。迨曉即起，相將至海口，同附賈舶，風順，揚帆兩晝夜，已達眞臘（即柬埔寨）。

甫登岸，見者皆驚竄，或郤立遥望，生訝詢其故。某曰：「此地已近儋耳，俗皆以黑爲美，兄冰肌玉骨，故不免蜀犬所吠耳。」生懊恨欲死。某曰：「無憂也。」隨解裝，取硯磨淡墨勻面殆遍，次及生。生曰：「奈何爲鬼臉以媚人。」强之再三，生無如何，姑聽所爲。由此遨遊城市，到處莫不暱愛。

某又爲揄揚，久而國王聞其才，特勅召試。生喜，櫜筆入，王坐七寶牀上，近臣引伏階下。王顧其相曰：「即以貌取，亦足增輝薦剡矣。」遂賜鹿皮粉條（其俗以麂鹿雜皮染黑，用粉如白堊為小條子就皮畫以成字，作字皆從後書向前，不自上書下也），命爲庵羅樹賦，生援引《隋書》、《本草》敷佐豐腴，頃刻脱稿，疾書呈上。王繙閲數過，卒不解。相從旁對，以中國體裁如是。王怒曰：「既願就試，何敢不遵程式。」裂皮擲下，斥令扶生出。生慚汗歸舟，因思忍恥毁容，適以取辱，不覺痛哭。

時同舟貨已畢售。民其事者，亦共憫其所遭，乃攜與同歸。中途遇颶風，舟覆，其戚與同伴皆歿。生幸附桅上，漂至一島。匍匐登岸，詢知已在日本。蹢躅前行，數里外漸見人烟。遙望城南，羣峰刺天。其下一帶紅牆，隱露叢竹間，意爲貴家園林，稍近，見園門洞開，有數婢華妝列門外。見生群起相逐，内一婢，絕娟好，語操吳音，見其狀，訝問所自。生泣訴由來，婢惻然曰：「君乍來此地，言語不通，況日已云暮，投宿誰家，豈不寒餓死乎？幸是風雅士，且王猶未至，不妨暫留。」因商於諸婢引入，複澗重山，不辨徑路。數折入一旁舍，竹榻紙窗，雅潔可喜。

諸婢皆散，生獨坐愁思，忽前婢攜鐙來，餉以餚餌，生取啖，香美異常。婢見其渾身寒戰，卽還取衾褥及薰籠至，笑曰：「適覓男子衣不得，君寢後可自取濕衣燎之。」生不禁感泣曰：「蒙卿生死而肉骨，異日誓必以報。」婢復笑曰：「大丈夫不能自奮，以至于此。妾以同鄉之誼，昧死相憐，明日國王行至，勢難更留，何云報乎？」生始知此爲王之離宫。是夕雖卧，不能成寐。早起入園，思將更謀諸婢，但見層巒點黛之外，宫闕壯麗，珠箔沉沉，漸覺曙分，林影翠羽啁啾，杳無人迹，回憶家山萬里，悲從中來，乃抽毫蘸桐間露，題一詩于壁曰：「湖海飄零氣尚豪，撐腸文字剩青袍。勞薪欲駐難生角，名紙空懷但長毛。島國濤聲穿棘竹，故園春色認緗桃。題詩敢擬香山集，悵望鄉關首重搔。」

書甫畢，遙聞牆外傳呼聲，未幾，前婢倉皇奔入，見詩駭曰：「王且至，若問此詩，教妾何詞以對？」生大懼，將剔去，而王已呼擁入矣。婢急引生藏山後，王輦道適經壁下，瞥見詩，駐輦讀之，問爲何人所題，其人安在？婢以實對，王不怒，但呼婢入，密諭曰：「疇昔之夜，余曾夢游此中，正讀是詩，傍一人，似是大士像者，謂余曰：汝二人再世之緣，行當再合，明日其人至矣，謹誌詩詞勿忘也。今是詩一字不易，汝試往問，但是湖州諸生，便導與來。」

婢應聲去，移時回奏，言其懼罪不敢出，王沉吟者再，遽起扶婢，至山後見生，滿面風霜，非復曩時玉貌，不勝慘惻，把生袂，哽咽曰：「妾以國事來稍遲，致郎受驚恐，今尚幸無恙，猶識再世玉簫否？」生視女，年約二十以上，亭亭玉立，明豔若神，其髮膚眉目，無一不酷肖前妻，一時驚疑不定，拭目曰：「得非夢耶？」王搖首曰：「非夢也，妾生時，頗憶前世事，昔自別後至冥司，冥司以妾未嫁時嘗爲郎病，水漿不入于口三日，後郎病雖愈，妾之病瘵實始於是，此情實堪憐憫，故俾得重尋破鏡，以補離恨之天，妾所以尚未締姻，爲遲郎也。」

生乍聞，如夢始覺，乃問婢：「此汝國王公主耶？」婢掩口笑曰：「是卽國王也已。吾國向奉女主，今王以神女降生，能役百鬼，故國中奉以爲君，君不見給事左右，別無男子耶？」（《魏志》：「日本有男弟佐治國事，自卑呼彌為王以來，少有見者，以婢千人自衛，惟男子一人給飲食傳詞，出入居處，常有人持兵守衛。」）……（《埋憂集》卷二，《續修四庫全書》影印清同治十三年刻本，熊治祁點校本第一頁）

智按：朱翊清，字梅叔，別號紅雪山莊外史，歸安（今浙江湖州）人。屢試不中，絕意科場，終身未仕。有《埋憂集》十卷，續集二卷。據自序，此書當成於道光癸巳至乙巳（一八三三～一八四五）間。有同治十三年杭州文元堂刊本，《筆記小說大觀》本，《清代筆記叢刊》本，民國三年上海掃葉山房石印本。

傅紫璘（一七九六～一八五〇）

《琵琶亭》

荻花楓葉使人愁，商婦當年古渡頭。得遇江州白司馬，宦情離恨各千秋。（清蔡殿齊《國朝閨閣詩鈔》第九册鵠吟樓詩鈔卷十，《續修四庫全書》影印清道光嫏嬛別館刻本）

智按：傅紫璘，原名榮芝，字雲裳，湖北黃梅人。戶部郎中傅家顯次女，適孝感文學生蕭道墉。自幼嗜文，聰慧嫻淑，才思敏捷，時與德化女詩人蔡紫瓊、譚紫瓔等交游唱和，以清節稱。詩作清麗婉約，敏鋭細膩。有《鵠吟樓詩鈔》。

戴絅孫（一七九六～一八五七）

《跋朱琦〈怡志堂詩初編〉》（題擬）

大著融練磨洗，已如京津粹玉，其中五古尤推獨步，子壽（智按：指王柏心）比部所稱接踵杜公、白傅諸家，非溢美也。《新鐃歌》前無古人，後無來者；《大田》、《楚茨》，變雅之遺，香山《新樂府》及《秦中吟》，同其意旨，而遜其才力。他人何敢望邪？道光丁未暮春戴絅孫。（《怡志堂詩初編》卷首「評跋」，《續修四庫全書》，第一五三〇册，第一三三頁）

智按：戴絅孫，字襲孟，號筠帆，雲南昆明人。道光九年（一八二九）進士。官浙江道監察御史。告歸後，掌教育材書院。才高學博，擅詩古文，小行書有別趣，爲「五華五子」之一。有《味雪齋詩文鈔》，道光二十九年（一八四九）刊于京師。

梁廷枏（一七九六～一八六一）

《曲話》

《傷梅香》，鄭德輝撰。載白敏中父參裴度軍陣中，救度，受傷瀕死，度以女小蠻許字敏中。度死，度妻韓夫人將背前約。有侍婢樊素者，從中撮合，始克成婚，其大致如此。按，《雲溪友議》：「白居易有妓樊素善歌，小蠻善舞，嘗爲詩曰：『櫻桃樊素口，楊柳小蠻腰。』年既邁而小蠻方豐豔，因作《楊柳詞》以托意。」又按，《女世說》：「樊素二十餘，綽綽有歌舞態，善唱楊柳。樂天以己年高，將放之，適馬有名駱者，同時議鬻，馬出而首反顧，素聞馬嘶，泣拜曰：駱將去，其鳴哀。素將去，其辭苦。豈主君獨無情哉?」

然則兩人爲樂天愛妾，恩至義盡，具有明徵。敏中爲樂天從祖弟，史稱其與樂天相友愛者，乃妄以其兄之妾，爲其弟之妻且婢，使千古而下，閱者疑敏中有陳平爲盜之謗，朕棲欲治之心，顛倒倫常，莫斯爲甚。彼琵琶之厚誣伯喈者，抑無論矣。

擬元兩劇，蕭山王叔盧撰，以質吴江沈長康，謂不合宫調，令其改作，及改而仍不合，乃就毛西河商之。無何叔盧死，西河哀其志，而爲更定其詞。會兵變失去，夜卧嵩山，夢叔盧來曰：予詞寄君，所未見還。醒而異之，後復購得其稿。會病，又夢叔盧曰：脱君死，予詞奈何？因中夜力疾起，校補而梓行之。故西河序其首謂：靈均作《涉江》、《懷沙》，慮其遺亡，乃于晉咸安之季，白晝見形，向顧珏自誦之，以比叔盧之入夢。夫身後之名，才人所愛，雖至死而其魂魄猶將戀戀，且雖詞曲小技，而鄭重珍惜，一至於此，是誠不可解者矣。（《曲話》卷二，清藤花亭十七種本）

智按：梁廷枏，字章冉，廣東順德人。副貢生，咸豐元年，以薦賞内閣中書，加侍讀銜。廷枏工詩文，兼通音律，總督鄧廷楨與論南北曲，歎以為粤人所未有。著有《斷緣夢》、《江梅夢》、《曇花夢》三戲劇，及《藤花亭曲話》五卷，《江南春詞補傳》一卷，《藤花亭文集》十四卷，詩集四卷，《東行日記》一卷，《東坡事類》二十二卷，《南唐五主傳》三卷，《夷氛記聞》五卷，《金石稱例》四卷，《碑文摘奇》一卷，《蘭亭考》一卷，《鏡譜》八卷等。

福格（一七九六～一八七〇）

《聽雨叢談》

⊙轉氈

京師娶新婦，落轎後，以紅氈藉地，弗令新人履塵。富家盡可用氈鋪至閨闥，而必用數氈轉布，殊不可解。按白樂天《春深嫁女家》詩云：「青衣傳氈褥，錦繡一條斜。」是唐人已有此俗矣。元人又謂之傳席，見《輟耕録》。（卷六，汪北平點校《聽雨叢談》，第一四四頁）

⊙裹足

婦人纏足，不知伊始。沈約《宋書》云：「昔初作履者，婦人員頭，男子方頭。晉太康初，婦人皆履方頭。」李太白詩云：「一雙金屐齒，兩足白如霜。」又，「溪上白如霜，不著鴉頭襪。」(《秘辛雜誌》)〔《雜事秘辛》〕寫女瑩身體云：「足長八寸，脛跗豐妍，底平指斂。」古云利屣乃舞屣，錦纏乃行纏裹脛，亦非纏足之謂。杜牧之詩云：「玉筍裹輕雲」，當是今之男子裹腳帛布之類。若如今之纏足，則指骨枯疊，何有玉筍。白樂天詩云：「小頭鞋履窄衣裳」，人多疑之。余曾見明季朝靴，皆瘦長而銳，又見朝鮮人，其足皆裹束甚瘦，底寬寸餘，更可證古女之舄矣。……黟縣俞正燮著《癸巳類稿》一編，辯之甚博，今節録梗概於左。……（卷七，汪北平點校《聽雨叢談》，第一五六～一六一頁）

⊙名刺

今人每好自諱其名，與人論事，非自呼其字，卽曰「某人」，不典甚矣。惟通謁名刺，古禮僅存。書畫題欵，前代惟趙子昂、董香光，本朝惟劉石菴、英煦齋，喜署其字，總覺於古不典，於今不恭，似未可以為法。王弇州《觚不觚録》云：自嚴分宜當國，親王書刺無不名矣；自江陵當國，親王無不稱晚生矣，當其襲封之初，至稱門生。按宋朝親王班在宰相之下，益乖大體，其權相之氣燄可以想見。江陵當國時，親王次輔，皆稱晚生，布按行跪禮。而江陵乃媚大璫馮保，自稱晚生，然則貂璫之勢，是誰啓之，似未如近日之名刺允當矣。

按《漢書》注，張晏曰：匡衡少時字鼎，世所傳其與貢禹書，上言「衡敬報」，下言「匡鼎白」。《南史》陶弘景自號「華陽隱居」，書劄即以「隱居」代名。王右軍《敬謝帖》，曰「逸少白」。白居易《與元九書》，稱「樂天再拜」。陳摶《謁高公》詩，稱「道門弟子圖南」。元稹作《長慶集序》，自稱「微之序」。署欵以字，古人固有行之者，然不多見，亦不足為法也。（卷八，汪北平點校《聽雨叢談》，第一七七頁）

⊙跐 璺 醭

京師人以足蹬物而升曰跐。按《吳都賦》：「抗足以跐之。」是古人已言之矣。又瓷石器皿破而未拆，紋痕宛然曰璺。《字典》云：「器破而未離也。」

白香山詩「雨後山容璺」，已用之矣。酒醋敗而生白，南方曰生毛，京師曰生白醭。按，醭字，普卜切，酒生白也。（卷十一，汪北平點校《聽雨叢談》，第二二三～二二四頁）

智按：福格，姓馮，字申之。内務府漢軍鑲黃旗人，乾隆間大學士英廉曾孫，咸豐五年春，以惠州通判留僧格林沁山東軍中，司理營務兼總行營發審案牘，後升任山東莒州知州。有《聽雨叢談》十二卷。

陳森（一七九六～一八七〇）

《品花寶鑒》

佩秋笑道：「我最愛念的是七絕杜牧之的幾首，『折戟沉沙鐵未銷』，『煙籠寒水月籠沙』，『青山隠隠水迢迢』，『落魄江湖載酒行』，『銀燭秋光冷畫屏』，李義山之『君問歸期未有期』，溫飛卿之『冰簟銀床夢不成』。七律是李義山的《無題》六首，與沈佺期的『盧家少婦鬱金堂』，元微之的『謝公最小偏憐女』。五律喜歡的甚多。七古我只愛《長恨歌》、《琵琶行》。五古我只愛李太白之『長安一片月』與『妾髪初覆額』兩首。」

……

瓊華道：「五律自然以真摯為貴，其餘寫景寫情總也容易，如杜少陵之：『國破山河在，城春草木深。感時花濺淚，恨別鳥驚心。烽火連三月，家書抵萬金。白頭搔更短，渾欲不勝簪。』四十字至情至語，為五律之冠。七律格律甚多，似以浩氣流轉為上。以我的見解，首舉一首為格，我想如祖詠《望薊門》云：『燕臺一去客心驚，笳鼓喧喧漢將營。萬里寒光生積雪，三邊曙色動危旌。沙場烽火侵胡月，海畔雲山擁薊城。少小雖非投筆吏，論功還欲請長纓。』這個格律最妙，後來仿者甚多。如杜工部之『風急天高猿嘯哀』，『花近高樓傷客心』，『歲幕天涯催短景』，『群山萬壑赴荊門』，柳子厚之『城上樓高接大荒』，劉禹錫之『王濬樓船下益州』，李義山之『猿鳥猶疑畏簡書』，皆是此格。此數首為一律，亦像一手。七律中亦有最真切者，如白香山之《望月有感》云：『時難年荒世業空，弟兄羈旅各西東。田園寥落干戈後，骨肉流離道路中。弔影分為千里雁，辭根散作九秋蓬。共看明月應垂淚，一夜鄉心五處同。』這純是血性語，幾於天籟。香山詩當以此為第一。」

蓉華道：「此是遭遇使然，所以人説窮而後工。」瓊華道：「窮而後工也是有的。然後人未嘗無此流離之苦，他卻不能如此寫，倒不寫真情，要寫虛景，將些淒風苦雨，和在裏面，雖也動人，究竟是虛話，何能如此篇字字真切。」佩秋笑道：「我就不喜歡這等詩，若學了他，不是成了白話麼？」

瓊華道：「詩只要好，就是白話也一樣好看。若極意雕琢，不能穩當，也不好看，倒反不如那白話呢。你看岑參《逢入京使》那一首：『故園東望路漫漫，雙袖龍鍾淚不乾。馬上相逢無紙筆，憑君傳語報平安。』再如王維的：『獨在異鄉為異客，每逢佳節倍思親。遙知兄弟登高處，遍插茱萸少一人。』何嘗不是白話，卻比雕琢的還要好。不然，就要造意深遠，措詞香豔，字字是露光花氣，方能醒眼，如王昌齡《春宫曲》、《閨怨》是人人説好的。其餘如溫飛卿之：『冰簟銀床夢不成，碧天如水夜雲輕。雁聲遠過瀟湘去，十二樓中月自明。』顧況的：『玉樓天半起笙歌，風送宫嬪笑語和。月殿影開聞夜漏，水晶簾卷近秋河。』字字如花瓣露珠一樣，你説可愛不可愛？」

蓉華道：「被你批了出來，真覺得醒眼些。你看那些詩，首首是好的，也有可議處沒有呢？」瓊華道：「那我不敢。我是什麼人，敢議唐賢，不要教人笑我罵我麼？」……

瓊華道：「若説可議處也有呢，我就要議那詩祖宗那一首，少陵《夢太白》詩云：『死別已吞聲，生別常惻惻。江南瘴癘地，逐客無消息。故人入我夢，明我長相憶。恐非平生魂，路遠不可測。』

此寫得絕妙，並恐夢的不是真太白。以下接那『魂來楓林青，魂去關塞黑』這兩句，夢的是死太白，不像是活太白了。何不刪了這兩句，直接：『君今在羅網，何以有羽翼。落月滿屋梁，猶疑照顏色。』如此徑住。那『水深波浪闊，無使蛟龍得』也不要，倒覺含蓄不盡。」蓉華、佩秋都笑道：「真的，刪了倒好。那個楓林青、關塞黑，真有些鬼氣。這是你的卓見。還有什麼可議的麼？」瓊華道：「還有僧皎然《訪陸鴻漸》那一首，古不像古，律不像律，不知選家何意。其詩云：『移家雖帶郭，野徑入桑麻。近種籬邊菊，秋來未著花。扣門無犬吠，欲去問酒家。報導山中去，歸來每日斜。』毫無意味。

若講律，現重了『來去』兩字，真已失律之至。此種詩，似是而非，斷不可以學。至於五絕小詩，另有別意，可入樂府。然尤難及者，如金昌緒之：『打起黄鶯兒，莫教枝上啼。啼時驚妾夢，不得到遼西。』白香山之：『緑蟻新醅酒，紅泥小火爐。晚來天欲雪，能飲一杯無?』此皆信手拈來，都成妙諦。」

蓉華道：「妹妹實在好記性。我只記得幾句，最佳的是『瘦妻面復光，痴女髮自櫛』，還『不聞夏殷衰，中自誅褒妲』，歸美明皇，其意正大，不高於劉禹錫之『官軍誅佞幸，天子舍妖姬』，白樂天之『六師不發無奈何，宛轉蛾眉馬前死』麽？至於《南山》詩，我雖看過，但一句也不記得，佶屈聱牙的，如何念得？且字又難認，嫂嫂你倒記得清麽?」（《品花寶鑒》第五十四回「才子詞科登翰苑　佳人繡閣論唐詩」，寶文堂書店版，第七七五~七八〇頁）

智按：陳森，字少逸，號采玉山人，别署石函氏，毗陵（今江蘇常州）人。道光三年（一八二三）游京師，道光五年，及順天鄉試下第，窮愁無聊，排遣於歌樓舞榭間，品題梨園人物，乃有《品花寶鑒》之作。道光六年（一八二六）應粤西太守聘入粤，書乃擱置，直到八年後由粤返都，於舟行途中，又續寫十五卷。道光十四年至都，順天鄉試再度落第，遂絶意功名，專心肆力於説部，由年底始，五閲月而得三十卷，前後共計六十回，竣稿於道光十五年（一八三五），一直以手抄本流傳。十數年後，始由從未跟陳森謀面之幻中了幻居士校閲訂正，刊行面世。道光二十八年（一八四八）開雕，次年六月工竣。

馮詢（一七九六~一八七一）

《寄王子梅客中遇竊失詩》

折除福命詩人業，五百年前老塵刦。知君胸有古長城，大敵不畏小敵怯。名都國寶羅篋中，氣懾神鬼驚雨風。手攜萬里光萬丈，慢藏之誨將毋同。我聞詩人亦作賊，溪山賊人爲謝客。我聞賊亦愛詩人，李涉詩名盗早聞。又聞書生往往勦襲若，已出沈約集中歎遺失。君詩比似白樂天，應有老元偷格律。君詩已奇賊更奇，我轉爲賊生古悲。雞鳴狗盗並豪傑，盗名欺世胡足疵。古來竊位尚如此，甚者白刦行京師。未能富貴致鐘鼎，安用珍重藏書詩。吁嗟鶉衣狗馬賣賦客，秋策奔走空干時。想當王郎酒酣拔劍曰：賊亦竊聽爲歔欷，不然胡爲大弓寶玉不肯竊，獨竊文士奚囊詞。豈甘名教作罪人，或不得已而爲之。君不聞，孔熙先，三十猶滯寒，憐才何至賊亦惜，謂不作賊安可得！（《子良詩存》卷二，《續修四庫全書》影印清刻本）

《入都謁選順道山左省親四首》（其一）

已閉柴關忽復開，帝城遙望白雲隈。數椽屋作三年别（白香山句：三年官滿便歸來），一笑官緣五斗來。出處暫教毛義喜，疎狂愁乏士元才。久閒筋力潛消盡，慙愧重登買駿臺。（《子良詩存》卷二，《續修四庫全書》影印清刻本）

《陳鶴嶼外兄延祺招遊西湖拉雜成詩得絶句六首》

平生勝事快初經，蘭棹移來處處停。商畧題詩何地好，逋仙山下謝兒亭。

鐵笛銀箏碧玉簫，三春歌管儘魂銷。若論絲竹兼山水，廿四橋應讓六橋。

蘇小墳頭對岳墳，江山花草總傷神。可憐一掬湖邊土，葬盡英雄葬美人。

猶聞父老話南巡，多少衢歌巷舞人。花鳥也教閒不得，要裝三十六宫春。

春色滿湖何處尋，荒亭寥落轉沉吟。爲躭風月消磨盡，一點湖心似我心。（湖心亭已極凋敝）

博得襟留舊酒痕，未應俗吏歎塵昏。爲君重詠香山句，只住三年已是恩（鶴嶼遊宦武林，以需次無期爲慮，故及之）。（《子良詩存》卷二，《續修四庫全書》影印清刻本）

《求肖圖爲蔣耘苔題》

蔣郎才調風翩翩，平生所愛惟少年。少年可愛亦可惜，此意畫工描不得。憶我識君在塵途，崢嶸頭角美丈夫。邇來鬑鬑頗有鬚，背人照鏡偷歎吁。回首相逢五年耳，色換情移已如此。縱令筆墨極傳神，安得韶華長在紙。君今繪圖强自修，苦苦欲肖何所求。莫非求上凌煙閣，千古英雄同寂寞。不然求入畫屏風，風流白傅亦已翁。紛紛位禄與名壽，總非少年好時候。只求車上潘安妍，莫肖簾前羅隱陋。算來畫工購不難，難得女兒買絲繡。（《子良詩存》卷六，《續修四庫全書》影印清刻本）

《林桂楣司馬福祥屬題劍氣圖》

林君劍佩美丈夫，暇日示我劍氣圖。自從君身有此劍，眉間黃氣時時驗。憶君學劍先學書，讀書殺賊非腐儒。頻年烽火驚夷劫，劍亦崢嶸思出匣。亂來安用買牛犢，業就乃成司馬法。即此知君氣未伸，少年慷慨歌從軍。上書屢展平蠻策，不用敢謂秦無人（司馬上書大府，極陳必勝之策，而不見報）。博得一官徒冗長（白香山詩：司馬人間冗長官），劍亦蕭閑共偃仰。桓桓兵甲久在胸，歷歷山河猶指掌。君今年富力正強，安知不起羽林郎？為君一語君須記，密斂深藏才大器。切玉不切沙與泥，珍重鋒道勿輕試。（《子良詩存》卷九，《續修四庫全書》影印清刻本）

《熊璧臣觀察以白樂天琵琶行全首分句爲題作試帖成帙命題》

一曲千秋白樂天，微茫曲意要人傳。苦心逐句吟如註，便當西崑錦瑟箋。

對酒當歌首重搔，縱橫聊復動吟毫。無端割碎邱遲錦，筆似并州快剪刀。

勿論歌短與歌長，譜入琵琶盡可傷。亦是不忘情一事（白樂天有《不能忘情吟》），斷香零粉自收藏。

廵宣江上駐征驂，吟到潯陽興不凡。闈閣風情臺閣體，繡衣終不比青衫。（《子良詩存》卷十一，《續修四庫全書》影印清刻本）

智按：熊莪（一七七六至一七八〇～?），字璧臣，湖北天門人，官刑部主事。有《寄情草堂詩鈔》三卷（道光十三年；光緒二十八年刻本）、《琵琶行分句吟草》（不分卷）。

《度關不得赴九江郡道中作》

未收帆影更車塵，慚愧營營此問津。百種崎嶇投郡路，滿身風雪度關人。望中北郭開亭院，夢裡南樓舊主賓。何必琵琶纔淚落，江湖從古易傷神。（《子良詩存》卷十二，《續修四庫全書》影印清刻本）

《尋琵琶亭不得》

萬絃彈盡一亭休，衰草茫茫古渡頭。無限淚痕何處著，爲君澆酒過江州。（《子良詩存》卷十二，《續修四庫全書》影印清刻本）

《送舒季方壻避兵移家隨侍遊浙》

緑楊宜作兩家春（白香山句：時同寓章門），春好偏驚别恨新。正喜東床稱快壻，可堪南浦送離人。流亡滿地難爲客，色笑辭鄉要悦親。卻憶舊時題詠處，六橋重過黯傷神。（《子良詩存》卷十四，《續修四庫全書》影印清刻本）

《以詩板留存吴城鴻雪軒小閣中感賦二首》（其二）

殺青非得已，守黑良獨難。魏公卽藏拙，流傳南北間。到處留詩卷，癡哉白香山。匪惟好名念，亦有翰墨緣。平生記遊迹，最數鴻雪軒。十五年毫詠，如沙鳥篆存。未肯忘指爪，安得棄心肝。且自束高閣，位置隨人翻。（《子良詩存》卷十七，《續修四庫全書》影印清刻本）

《觀蝸寄老人唐公唐英隸書遺墨》

袁氏子才子，才名一代雄。同時愛才人，低首推唐公。公昔掌關榷（九江關部），任重禄則豐。處脂乃不潤，潤救才士窮。單寒已潤遍，而公身不充。揮擢至虧帑，落職無憂容。毋乃累使君，才士心沖沖。惟才能愛才，士仰公詞宗。一角琵琶亭，千秋翰墨叢。公今既往矣，何人繼高風。長使抱才人，弔古涕淚濃。賤子生也晚，恨不杖履從。時復過潯陽，黽勉求遺蹤。遺蹤不可求，遺墨幸適逢。一幅好隸法，入古神氣通。公才無不能，豈但六體工。淋漓潑大墨，想見公心胸。題詩感茫茫，意與隨園同。（《子良詩存》卷二十一，《續修四庫全書》影印清刻本）

智按：馮詢，字子良，廣東捕屬（今廣東廣州）人。嘉慶二十四年（一八一九）舉人，嘉慶二十五年庚辰科（一八二〇）進士。道光十八年（一八三八）春，四十三歲時召赴京師，授江西永豐知縣，後調署浮梁縣，升南昌府吴城同知，兼署九江府知府，調署饒州府，委辦贛防軍務，晚年奏保擢升知府。後以年老請致仕歸，在吉安試院主講席，七十六歲，病逝于豫章覺園。有《子良詩存》二十二卷，輯有馮仕正《馮氏清芬集》三卷，此外還有馮詢鑒評、許應鋐注《南園寄社詩草》等。

李星沅（一七九七～一八五一）

《紫蘭村懷白樂天》

渭川何處紫蘭村，霜月依稀曉徑昏。一代風流追謝傅，千言忠愛答騷魂。何妨翠黛留湖畔，誰遣青衫惹淚痕。至竟交推長慶集，微之心跡許同論。（《李文恭公遺集》詩集卷五七言律詩，《續修四庫全書》影印清同治五年李概等刻本）

《琵琶亭》

記上潯陽送客船，去來彈指一千年。雪花影散飛蘆荻，江月寒生咽管絃。小謫誤傳新井曲，大堤猶拾美人鈿。青衫紅袖曾相識，不聽瑟琶亦可憐。（《李文恭公遺集》詩集卷五七言律詩，《續修四庫全書》影印清同治五年李概等刻本）

《九江口號》（四首其一）

一曲琵琶白傅詞，蝦蟆陵下訪相思。炊煙著面泥纏脚，商婦從無年少時。（《李文恭公遺集》詩集卷七五言絕句七言絶句，《續修四庫全書》影印清同治五年李概等刻本）

《江行卽景》（六首其六）

潯陽新漲拍天浮，蘆荻無風意已秋。今夕琵琶亭外月，淒清不爲白江州。（《李文恭公遺集》詩集卷八七言絶句，《續修四庫全書》影印清同治五年李概等刻本）

智按：李星沅，字子湘，號石梧，湘陰（今屬湖南）人。道光十二年（一八三二）壬辰進士，改庶吉士，授編修。官至兩江總督，加太子太保。謚文恭。有《李太恭公集》。

金進洙（一七九七～一八六五）

《新民屯店壁和桂香詩》

詩曰：「天涯淪落又驚秋，欲把琵琶訴舊愁。誰是多情白司馬，夜深燈火過江州。」

其下云桂香書。

鏤月裁雲字字思，關河迢遰去何之。征鞭只恨來差晚，不及琵琶度曲時。（《蓮坡詩鈔》卷上，《韓國文集叢刊》本）

《東郊遇雨忽思王右丞白香山詩足之》

樹陰如幄雨如塵，十里山行未墊巾。佳境眞成詩畫本，東家流水走西鄰。（《蓮坡詩鈔》卷下，《韓國文集叢刊》本）

智按：金進洙，字稚高，號蓮坡。有《蓮坡詩鈔》。

金長福（一七九七～一八七一）

《賦賦》（以「賦者古詩之流也」爲韵）

昔白太傅著《賦賦》之篇，綜覽源流，敷陳章句。運載籍以爐錘，示後賢以尺度。溯騷詞于蘅杜，風詩之變體斯征；考駢語于雲羃，古賦之成規始具。六朝繼乎兩漢，代有鴻篇；四傑冠乎三唐，創兹律賦。辨當家之體制，通材少姚鉉之精；取前說以引申，博采愧崇賢之注。

原夫賦之作也，十載論思，萬言競寫。義惟主乎鋪張，詞必歸于典雅。摭子史爲藩籬，範性情于陶冶。才似水以瀾翻，筆非秋而珠瀉。網羅南國之才人，排比西京之作者。高文典册，首推儷體于鄒枚；巨制鴻裁，載溯英詞于賈馬。

蓋自炎劉以降，詞華以班氏爲宗。魏晋以前，風骨以建安爲主。陳思王瑰麗之作，軍容初變旌旗；陸士衡哀艷之篇，筆勢如驅風雨。顔謝組織乎風騷，張左研摩夫今古。訪天才于天監，名冠選樓；艷麗制于湘東，望崇元圃。爲詢雅音于正始，才調則首及江任；若論律體之先聲，詞藻則並稱徐庾。

洎隋室開皇之歲，及太宗貞觀之時。士擅掞天之手筆，運承開國之初基。鎖苑掄英，燒三條之椽燭；省闈校士，穿百步之楊枝。明堂而賦就青蓮，規模閎敞；大禮而獻由工部，典則昭垂。誦昌黎明水之篇，奇文共賞；論小杜阿房之制，逸響誰知。蓋體之主乎細陳也，比于頌；而律之嚴于分别也，同乎詩。此皆丈夫之能事，疇云壯夫而不爲。

至如才工纂組，詞鎖葳蕤。煉色則鸞儀鳳舞，選聲而羽换宫移。次韵者序而不雜，屬對者切而不支。王輔文麟角之編，短長中度；黄文江御使之集，高下成宜。其餘王起、李程，悉研詞于幅尺；宋言、賈餗，皆爭勝于毫厘。含經緯而焕若，摻筆硯以從之。又如啓乙集于樊南，猶存古調；問叢書于笠澤，兼仿騷辭。雖非制科之正軌，要能别調之堪師。

若夫趙宋之代，其體不侔。多瑕瑜之互見，少華實之兼優。或清而不綺，或麗而不遒。或才鴻而無範，或氣逸而難收。經術勝則詞章少掩，理學進則文彩弗修。及元明之代嬗，悵風雅之難求。工詞曲者徒矜浮艷，事帖括者自比清流。回思荀况雅音，僅想椎輪之猶在。惟見香山舊制，曾偕彝鼎以常留。

士也幸際升平，敬賡純嘏。名已列于瀛洲，書曾讀乎柱下。仰奎章之炳焕，箋循側理之絲；奉墨寶之紛緼，研拂未央之瓦。正律體之宫商，洗前朝之喬野。詞科謁選，摛毫則盡屬班張；召試掄才，獻册而遠希屈賈。冠朱堂而樹華闕，鼓乎宣乎；蜚茂實而騰英聲，蔚也炳也。擬王子安九成作頌，願皇仁永錫詞垣；方成公綏六合謀篇，感聖澤長綿區夏。（鴻寶齋主人編《賦海大觀》卷十下，北京圖書館出版社，二〇〇七年七月影印上海鴻寶齋清光緒二十年石印本，第四册文學類·賦；馬積高、葉幼明主編《歷代詞賦總匯·清代卷》第二二册，湖南文藝出版社，二〇一四年一月，第二二六六三頁）

智按：金長福，字雪舫，高郵（今屬江蘇）人。貢生，屢試不第，以教諭加提舉銜。年七十五卒。博洽經史，工詩，尤深于《文選》學。有《廣陵舊事》、《廣陵近事》、《淮海見聞録》、《廣陵近事詩》、《海陵竹枝詞》、《紅雪吟館詩稿》、《意園酬唱集》、《小墨莊詩話》等。傳記見府志卷十三文苑傳。

王汝玉（一七九八～一八五二）

《梵麓山房筆記》

香山詩：「賓客懽娱僮僕飽，始知官職為他人。」真爲今之求仕者當頭棒喝。（《梵麓山房筆記》卷二，《清詩話三編》第五四九五頁）

智按：王汝玉，字潤甫，號韞齋，吴縣（今江蘇蘇州）人。少從沈元龍學，以秀才終。《梵麓山房筆記》六卷，民國二十八年王大隆與趙詒琛輯印《己卯叢編》，據以排印。王大隆跋云：「汝玉字潤甫，別號韞齋。吴縣人，諸生。《同治蘇州府志·人物》附葉廷琯傳。藝文列其著述目，此書外又有《九九消夏録》、《梵麓山房文稿》、《聞妙軒詩稿》、《伴梅花館詞鈔》，皆未見傳本。僅葉氏《感逝集》中刻其詩數十首，並謂汝玉爲人渾厚和平，詩古文詞亦絶不矜才使氣。晚館山塘，以咸豐二年春病歿，年五十有五，終于明經。生平所作詩頗多，弟子江山劉泖生鈔藏十八卷。其詩境于恬曠中自有清冽之味，擬之中唐、北宋名家，于香山、眉山云云。此其生平可考者。」

洪翰周（一七九八～一八六八）

《南江泛舟戲成短歌》（其一）

春風歸思正如何，聽取吳孃暮雨歌。畢竟朱欄誰是主，使君來少客來多。（末句用白傅語。嘲密伯。）（《海翁詩藁》卷二嶺表集鈔，《韓國文集叢刊》本）

《艸南亭感舊詩寄權姪重吉》

紫閣峰下，舊有艸南亭，即外舅西漁公別墅也。公沒不十年，亭爲韓氏所占。壬辰春，余嘗獨遊至亭上，見其扃鐍甚嚴，悄無人行迹，而罘罳欄楯皆圮廢，宛有免葵燕麥之歎矣。嗟乎！白傅履道之風流嘉話，久落人間，轉眄桑海，了若春夢之無痕。覽物悽酸，永言成章，遂歌七言絶四篇，寄重吉賢姪足下。

自從詞伯閉黄泉，客散筵空一十年。記得當時詩酒社，不堪重到此亭前。

尙憶憑欄岸角巾，風流文藻悵前塵。白楊未老恩猶在，燕子樓空不見人。

拄頰移時忽愴情，東闌花樹幾清明。平泉一石皆遺躅，抛擲如今半已傾。

遈事翻驚逝水波，傷心一曲藥山歌。（公在謫，有感懷香山別曲）。殘花落日西門路，莫遣羊曇醉後過。（《海翁詩藁》卷二壺谿集鈔，《韓國文集叢刊》本）

《贈湨妓雪紅》（二首）

湨上名姬字雪紅，如何淪落怨春風。清歌緩曲南無佛（紅以緩聲善歌念佛曲，其聲凄切動人），腸斷東陽放逐翁。

玉人來自古江陰，訴盡衷情恨更深。一曲琵琶白司馬，青衫揮淚枉傷心。（紅流落爲古江陰池氏所蓄，聞余在謫，匹馬來訪，三宿而去。）（《海翁詩藁》卷四東陽集鈔，《韓國文集叢刊》本）

《夏日晦西山堂有懷占七言十四絶。呈沆瀣、海居二兄》（其十一）

遥憶東江杳靄邊，孤舟幾伴老龍眠。吳孃暮雨瀟瀟曲，腸斷當時白樂天。（《海翁詩藁》卷四芸堂初集鈔，《韓國文集叢刊》本）

《次翠田簡寄》

春晝卧空齋，故人一詩寄。讀之未强半，已如烟霧墜。長調十二韵，一一論詩事。多情更纏綿，恰似白居易。君何愛我詩，每借方寸地。梅窓雪屋中，幾度同醒醉。酬梅復答雪，君詩已盈笥。鞭箠日見施，駑馬還自愧。至今胸肚間，玲瓏梅雪意。有時攢吟眉，悠然對山翠。汗青亦有期，寧不成君志。題襟但堅持，會當驚破睡。（《海翁詩藁》卷五雙松館集鈔上，《韓國文集叢刊》本）

智按：洪翰周，字憲卿，號海士、海翁、芸堂、雙松漫士。有《海翁詩藁》。

張際亮（一七九九～一八四三）

《琵琶亭》（二首）

慘澹銀燈照四絃，月波楓葉夜如煙。銷魂莫話紅顔事，幾箇人堪憶少年。

榷使風流幸未湮，壁間題碣是通人。虧他交代春愁去，手種垂楊滿水濱。（《思伯子堂詩集》卷二，《續修四庫全書》影印清刻本；王飈校點《思伯子堂詩文集》第五二頁）

《琵琶亭晚望慨然成詠》

夕陽天外來江漢，風帆闌前别楚吳。千里蛟龍吹白浪，一城鴻雁下黄蘆。東南祲歲嗟何劇，今古浮雲變屢殊。何怪唐家多事日，青衫司馬泣踟蹰。（《思伯子堂詩集》卷十九，《續修四庫全書》影印清刻本；王飈校點《思伯

子堂詩文集》第六七三頁）

《吴玉松（雲）先生招同顧杏樓元愷吏部朱苕生棆工部同年小集賦呈》

丈人八十九，豪氣如少年。一飲常百杯，賦詠率自然。何知身後名，擾擾空雲煙。晚達早挂冠，玆意誰能傳？平生數舊游，大半凋林泉。後輩多公卿，談笑獨閉關。賤子偶走謁，慷慨許我賢。置酒集嘉賓，趺宕庭花前。酒酣話耆舊，大興與河間。屢歎金叟直，此義尤纏綿。顧余獲見翁，毋乃有夙緣。（先生于前輩極言朱文正、紀文達二公之賢，惜余不見，又言少客竇東臯學使幕，與吾邑金先生榮鎬極相得，余因憶金先生常語人云：學使幕中有蘇州吴君，聰明絶世，余時童稚，聞人述而慕之，不知卽先生也）茫茫塵海内，過客輕風船。歎老復嗟卑，人情良可憐。翁懷洵磊落，吾欲忘迍邅。（陳登之通守述先生與伊書有云：僕生平以歎老嗟卑，大非俊物之語，余聞而警然）始信黄叔度，能使鄙吝捐。飄寒風雨夕，俯仰春寒天。簷鵲尚不飛，我去何翩翩。古聞文潞國，亦有白香山。丈人了不羈，游戲適所便。詩成等塵壒，醉語奚足删。（《思伯子堂詩集》卷二十二，《續修四庫全書》影印清刻本；王飈校點《思伯子堂詩文集》第八四五頁）

《王郎曲》（郎名長桂，春臺部歌者）

天下三分月，二分在揚州，一分乃在王郎之眉頭，彎彎抱月含春愁。春愁多種揚州士，付與歌兒更倡女。王郎生小住新城，瓊華照影春無主。瀟湘雲曉春始波，盈盈一帶如銀河。雙眸剪水清怨多，臨風不語天奈何。偶然一笑天爲和，紅潮上頰生微渦。團圞寶鏡汝何物，常照驩愁顔半酡。我見王郎口，王郎已二十。婀娜身輕鎖子骨，衣香曉着花露濕。人言前時結束乍登場，能使坐者忍起成癡立。哀絲豪竹歌臺清，王郎按歌嬌娉婷。裊如語燕將啼鶯，高下不斷傳春情。春情且如此，春愁復餘幾。十年奔走豪家子，五侯七貴皆懽喜。驄馬並頭油壁車，門前日夜馳流水。門中曲室交綺疏，堂上七尺紅珊瑚。後堂塵掩百琲珠，妖姬美妾絕世無。御史中丞老尚書，手題紈扇爲汝娱。不數吴桐仙，誰言夏秋芙。往年王紫稼，見爾恐不如。使我慷慨萬感俱，使我一嘆三長吁。君不見，長安歌兒好顔色，王郎一出誇傾國。如何文采風流映入荒，飄零京洛無人惜。鬱輪袍，歌不得。琴久碎，器且滌。但傳王粲賦登樓，那比子雲官執戟。龍虎風雲夢未醒，話向王郎涕沾臆。或言揚州兒，不如揚州女。吟詩作畫態楚楚，千金宛轉通一語。邇來鹽筴疲，粉黛亦苦饑。青樓晝閉蝴蝶飛，杜秋紅淚盈羅衣。乃知艷色同爲天下重，貴賤苦樂猶有時。王郎，王郎，汝當勸我一杯酒，富貴回頭幾是非，人生苒苒行易衰。（《思伯子堂詩集》卷二十七，《續修四庫全書》影印清刻本；王飈校點《思伯子堂詩文集》第一〇三五頁）

智按：此詩深受白居易《琵琶行》影響，林昌彝《海天琴思録》卷三云：「才人畸士身世之感。往往借倡妓、優人自寫身分，悲歌慷慨，情見乎詞。邵武張亨甫孝廉，壯歲縱情聲色，雖作春婆之夢，實能抒秋士之愁。其《王郎曲》一篇，傳誦萬口、亦風人所棄。」（上海古籍出版社，一九八八年版，第七七～七八頁）邱煒萲《五百石洞天揮麈》卷五稱其「與白傅《琵琶》之作同具一副心腸，而能另出手眼、自成面目」。

張際亮，字亨甫，號松寥、華胥大夫，福建建寧人。道光五年（一八二五）以拔貢入京，因當宴嘲斥兩淮鹽運使曾燠及其門下「廉恥俱喪」，被朝貴詆為「狂生」，相約典試不取張際亮。道光十五年（一八三五），更名亨輔應試，始中舉。剛直敢言，有狂名。林則徐（一七八五～一八五〇）、黃爵滋（一七九三～一八五三）、朱琦（一八〇三～一八六一）、姚瑩（一七八五～一八五三）、湯鵬（一八〇一～一八四四）、徐寶善（一七九〇～一八三八）等亟相推重。道光十八年，參與黃爵滋禁煙疏之擬議起草，隨即赴湖廣總督林則徐幕下協助禁煙。一八四三年，姚瑩在臺灣抗英有功反遭誣被逮，他自江蘇相伴入京，為之奔走，待姚瑩冤白出獄，他卻勞瘁以卒。已遣戍新疆之林則徐有《哭張亨甫》詩以哀之：「修文定寫平生志，猶訴蒼蒼塞漏卮!」（《雲左山房詩鈔》卷六）有《思伯子堂詩集》、《張亨甫全集》。《清史稿》有傳。

銘岳（一七九九～一八六一）

《新樂府・挐鹽梟》

高樹嶺，何岧嶤，深巖幽洞潛魑魅。中有羊腸甚危險，往往出沒通鹽梟。

千轉萬轉苦足滑，十觔百觔爭肩挑。手扶荆棘血淋滴，目眩厓壁心驚搖。年年偷販怯如鼠，卡將巡邏猛如虎。大夥不成擒，官畏梟拒捕。小夥不放行，梟畏官用武。可憐長跪將軍前，欲愬先泣中心苦。小人一家仗鹽生，小人一身伍鹽賈。昨朝買鹽光澤東，今行百里趨嶺中。嶺中路僻居人少，芒鞵踏破飢腸空。此鹽餘利百錢耳，上養爺孃下妻子。將軍挐鹽民敢爭？但惜此鹽關生死。鹽梟舌敝官耳聾，一夫奮怒千夫雄。梟本亡命那惜死，手抽鹽杖輪如風。將軍霹靂聲行空，盤馬射梟開寶弓。一梟射到無梟敵，白鹽滿地抛沙礫。將軍貪功軍氣驕，兵士縛梟如縛苗。歸來送縣自招覆，上堂招覆下堂哭。一角丹書羽檄飛，十梟五梟駢首戮。吁嗟乎！高樹嶺，嶺樹高，時聞嶺下揮霜刀，時聞樹中鬼夜號。（張應昌《國朝詩鐸》卷三，《續修四庫全書》影印清同治八年秀芷堂刻本）

《新樂府·打比較》

打比較，二八卯堂鼓鼕鼕。人擾擾，比簿圈分印刑筒；籤亂抽，皂隸騎人如騎馬。皂隸打人如打牛，明朝奉票又下鄉，但聞鄉裏鳴鋃鐺。鳴鋃鐺，催完糧，官催完糧民不少。民已完糧官不曉。者番錢米且下腰，下卯上堂聽比較。（張應昌《國朝詩鐸》卷八，《續修四庫全書》影印清同治八年秀芷堂刻本）

《新樂府·領硃籤》

出硃籤，雷火風，雷威火猛風行空。領殊籤，風火雷，風旋火轉雷轟豗。籤上名多餓隸喜，指名大索喧閭里。城門失火池魚殃，富家酒讌貧鋃鐺。望望青天號復哭，官衙如海官如木。辨冤容易見官難，老饕不飽無傳單。（張應昌《國朝詩鐸》卷十，《續修四庫全書》影印清同治八年秀芷堂刻本）

《新樂府·押班房》

押班房，班房亦可押，雀鼠之爭，魚鷺不狎，暫用牢籠使民怯。押班房，班房不可押。免罹羅兕，入柙不畏，官法畏私法，虎頭牌，風火雷。二龍門，點額回。堂上久忘點鬼簿。屋中已築望鄉臺，招魂人去聲哀哀。（張應昌《國朝詩鐸》卷十，《續修四庫全書》影印清同治八年秀芷堂刻本）

智按：銘岳，姓蘇完瓜爾佳氏，字東屏，號瘦仙，漢軍正白旗人。道光十五年（一八三五）進士。官至南康府同知。富藏金石、書、畫。多才藝，琴、棋、書、畫無一不能，尤擅治印。有《妙香館集》。

況澄（一七九九～一八六六）

《舟中曉望用香山和微之望曉韻》

掛帆宜早秋，開窗視平旦。棲鴉啼最先，聚蚊聲漸散。殘月將掩輝，明星已沒半。霧濕江空蒙，煙迷波渺漫。釣槎橫野渡，柴扉掩荒岸。衣沾曉露清，檣映朝霞煥。槽搖聞雁聲，舟進見魚貫。歷歷青山出，磷磷白石爛。日高樹逾明，洲曲路欲斷。村市人聲動，水騷客心亂。光陰川上速，雲物鏡中看。因思桂城東，更憶花橋畔。勝踐追鑒湖，曙色落銀漢。何日恣遨遊？佳景供撫玩。準備攜詩瓢，歡言張酒慢。悲秋類宋玉，懷歸比王粲。卻念早朝人，難免淄塵歎。予自行役來，時已炎涼換。鱸味殊可思，鶴性終難絆。欲寄故鄉書，安得淩風翰？（廣西桂林圖書館藏光緒元年登善堂刊本《西舍詩鈔》卷一）

《仿香山諷喻詩九首》

《八省兵·刺將庸而兵弱也》

唐代府兵務農事，時平往往勤敷菑。自從天寶多徵調，少陵故有出塞詩。新婚無家與垂老，三別淒惻令人悲。今之養兵異於昔，歲有餼廩月有支。一朝荷戈出門去，自顧職業奚容辭。國家承平久，訓練今何有？但飽倉庾儲，誰是弓刀手？忽聞英夷犯吳越，調兵八省示撻伐。府帖昨夜下行間，士卒心驚氣欲蹶。內戀妻孥外戀鄉，復憂道路阻且長。此行生死未可卜，焉敢避匿干刑章。紛紛從軍者，材官率部下。縣官給饔飧，民間供車馬。材官受贐始登程，部下索食常交爭。未到戰場已卻步，風聲鶴唳皆甲兵。是時烽火照原薮，所幸將軍亦束手。未能奏凱反累民，朝廷養兵竟何取？退舍從容解戰袍，干戈倒載稱建櫜。今日登城意氣盡，將軍尚爾況汝曹。嗚呼！將軍尚爾況汝曹。

《築河堤·傷河決也》

築河堤，築河堤，金錢費用如沙泥。防河官吏憑取攜，冬官每歲勞勾稽。堂堂別駕與司馬，軟裘輕騎住高廈。行轅結構擅清華，青衣舉止流閒雅。識博隋珠漢玉間，味窮犀箸鸞刀下。奢浮誰與問從來，趨承多少望風者。近日斯風頗斂藏，終無明效著宣防。府財頒十僅用五，其餘次第歸私囊。歸私囊，誤官事，不追計害唯計利。桃花新漲幸無憂，竹箭奔流空設備。運積土，搴長茭，柴薪繩索紛相交。人行堤上雖坦蕩，年年秋泛防波濤。波強堤弱勢不敵，有如蟻垤逢騰蛟。奪爾官職亦何補，國用已虧民已苦。君不見，古汴州，三年兩度嗟橫流，顛沛流離不忍說。忍將此罪歸陽侯，來者可追君聽取。乘時潔己勤治修。群策群力資保障，永免河患膺天庥。

《內書房·鑒宦官預政也》

內書房，教小璫。司禮提督總其綱，掌司學長偕贊襄。聘得名師皆翰苑，束脩巾帕沉檀香。二三百人聚童稚，讀書早暮聲琅琅。就中聰雋者誰子？通今博古能文章。逞其智巧專其力，欺君逢君侍君側。天威弗震權下移，有明敝政此為極。王振北伐上蒙塵，劉瑾荼毒遍朝廷。忠賢少無賴，目不識一丁。夤緣入南內，對食有娉婷。奉聖夫人九霄上，卻喜忠賢憨而壯。同心相結不相違，屢承恩寵勢日張。勢日張，驕且亢。五彪五虎與十狗，望風獻媚惟恐後。廿四大罪可證明，誰料袞衣如木偶。正人去國日紛紛，朝省都非鸞鶴群。稱觔輒頌九千歲，拜爵遠過三朝勳。鼎湖龍去人事改，委鬼花瓜竟安在？奸人附勢國遂傾，柄用宦官果誰罪？我朝御宇二百年，內臣何敢操微權？貽謀直軼漢唐上，萬世法戒何昭然。

《發私書·防告訐也》

發私書，類讒譖。士君子弗為，古來法亦禁。攻訐為直，陰險為忠。光明磊落丈夫概，何為陷入坑阱中？彈章事雖實，無乃傷盛德，乙覽蒙褒嘉。終夜自思有愧色，己所不欲施於人。藉此梯榮真下策，叔世搏擊連交親。只為交親知最真，欲媚權璫至劾父。有明澆俗今還淳。惟遇尺簡或繳奏，區區隱事勞敷陳。跡非不順言非悖，人告未免瀆楓宸。君不見，錢徽受訴貶江州，段李私書焚不留。又不見，田錫章疏皆謇諤，焚草不欲傳千秋。何當申禁令，朝廷布寬政。沽直謝虛聲，邀恩杜捷徑。骨鯁仍存忠厚風，謀猷斯卜邦家慶。

《奉無生·懲邪教也》

神道可設教，佛法亦感人。如何奇邪者，乃托佛與神。村深地僻屋廬廣，無生老母顔如春。夜聚晝散眾千百，就中男婦卻有倫。尊師上座演真訣，隨聲附和皆望塵。各輸青錢茹齋素，香煙人影紛雲霧。傳衣語秘不得聞，但見奔馳盡來赴。尹老須禍未形，張格爾俘天庭。尹方說偈已動眾，張已縶組猶念經。渠魁就殲餘弗治，愚夫愚婦亦何知，求福得禍胡不悟？痼疾似入人心脾，神有至教佛有法。假此誘脅何其危？安得千頃上池水，淨洗人間穢濁思。

《宴梨園·誡婦女明大體也》

都城梨園最繁麗，賓客常滿無餘地。歌臺舞榭在中央，三面朱樓堪大庇。樓前朝士醉壺筋，樓上美人炫珠翠。翠繞珠圍淑且妍，瑶池阿母會群仙。六時日晏昆侖宴，一曲風清錦繡筵。青衣侍者青裙婢，中有翟褕映羅綺。忽來八座太夫人，相隨二七女公子。擇婦何須種玉勞，結婚易得乘龍美。大家風範自端莊，舉止羞澀非姬姜。出門蔽面古有訓，胡為粉黛同冠裳。此事入告無乃瀆，但期諸君誡眷屬。誡眷屬，美風俗，家筵共盡杯中渌。

《阿芙蓉·懲鴉片也》

阿芙蓉，流毒華夏無終窮。干戈兵革總為此，數年川谷血流紅。輸金二千一百萬，天威漸損財將空。國仇民害此為最，按劍氣欲吞西戎。帝念民瘼嚴禁止，售者立決食者死。誅之奈何不勝誅，煙具依然滿都市。食者病且貧，售者獲重利。不知如何製造成，邪氣横行賊元氣。一入阿堵中，終身等廢棄。父不能誡其子，兄不能勸其弟。痛改亦良難，懨懨恐長逝。律人貴寬不貴嚴，嗜酒愛色何傷廉。樗蒲博奕猶為賢，惟有鴉片流毒不可沾。難與外人言，且為兒曹告。後有吸此者，屏之門外非我族，吾家何容染此毒。

《正喪儀·戒喪家尚佛事也》

今喪家，尚佛事，謂資冥福邀神賜。謝人間，入陰地，殯宫開，淄流至，長老居中餘以次。身著袈裟口誦經，白晝嘈嘈夜未停。但輸錢粟供齋飯，壽堂誰見招魂靈？哭聲未歇梵聲起，咒響初傳哀響止。弔客對面語不聞，童稚環觀心卻喜。木魚銅鉢偶寂然，反訝諸僧多懈弛。諸僧送葬導輛軒，更有羽衣趁蒿里。塗車芻靈可燦陳，素旗元駟亦增美。只求備物像平生，何用浮屠與道士。男喪用此已貽譏，女喪用此尤非禮，闍梨豈足振摧柯。嗚呼！世俗多如此。誰正喪儀改此風，請自世家貴族始。

《巫陽來・戒病尚巫也》

欲愈疾，恃醫藥。楚粵獨不然，延巫為上著，不論家富貧，不問體強弱。誰向和扁尋，無復參苓索。巫陽來兮法事作，九歌之遺今不聞，信鬼好祀徒紛紛。式歌且舞暮至旦，浪憑青鳥通殷勤。士夫家，務清肅。百姓家，尚巫祝，謂可禳災兼乞福。奠桂酒兮椒漿，燃華燈兮明燭。楊桴擊鼓聲鏗鎗，鳴鏑吹竽相繼續。鄰人終夕愁喧闐，何況病者需靜眠。病者心煩口難語，哪得回春但茹苦。忽報雲端揚翠旗，仙靈縹緲來何遲。可憐神降嗷嘈會，正是身歸寂滅時。事至此，猶不知。

（廣西桂林圖書館藏光緒元年登善堂刊本《西舍詩鈔》卷三）

《賀雨》

賀雨篇成比諫詞，香山遺事入坡詩。試看幾陣淋漓後，即是千家慶喜時。佳節新年同氣象，金穰玉粒動謳思。歡顏在目聲盈耳，豈獨農夫樂不支?（廣西桂林圖書館藏光緒元年登善堂刊本《西舍詩鈔》卷七）

《和鮑穆堂學使留別同人之作六首》（其五）

岩壑爭奇表桂林，公餘曾否一登臨?大裘展覆香山志，廣廈歡顏杜老吟。他日科名千佛籍，此邦人士百年心。還朝會主春官試，有客湘南聽好音。（廣西桂林圖書館藏光緒元年登善堂刊本《西舍詩鈔》卷十一）

《仿元遺山論詩三十首》

妙筆天然白傅詩，無雕琢處有深思。休言老嫗皆能解，只恐儒生且未知。（其七）

領袖當年《主客圖》，香山廣大見規模。微之入室瞠乎後，元白從今莫並驅。（其八）（廣西桂林圖書館藏光緒元年登善堂刊本《西舍詩鈔》卷十五；《萬首論詩絕句》第二册，第八八四頁）

智按：況澄（一七九九～一八六六，或作況澄一八〇七～一八七五），字少吳，臨桂（今屬廣西桂林）人，道光二年（一八二二）壬午進士、庶吉士，改戶部主事。有《西舍文遺篇》四卷、《西舍詩鈔》十六卷、《使秦紀程集》二卷、《粤西勝跡詩鈔》二十六卷。

何紹基（一七九九～一八七三）

《題宋人九老圖》

白香山《七老會詩序》云：「胡、吉、劉、鄭、盧、張等六賢，皆多年壽，余亦次焉。偶於東都敝居履道坊，合成尚齒之會。七老相顧，既醉且歡。靜而思之，此會希有，因各賦七言六韵詩以紀之，或傳諸好事者。會昌五年三月二十四日，於白家履道宅同宴，宴罷賦詩，時祕書狄兼謩、河南尹盧貞，以年未七十，雖與會而不及列。其所謂七老者，前懷州司馬安定胡杲年八十九，衛尉卿致仕馮翊吉皎八十八，前磁州刺史廣平劉貞八十七，前右龍武軍長史滎陽鄭據八十五，前侍御史内供奉范陽盧眞八十三，前永州刺史清河張渾七十七，刑部尚書致仕白居易七十四也。」又《九老圖詩序》云：「其年夏，又有二老，年貌絕倫，同歸故鄉，亦來斯會。續命書姓名、年齒，寫其形貌，附於圖右，與前七老題爲九老圖。仍以一絕贈之。所謂二老者，洛中遺老李元爽，年一百三十六，歸洛僧如滿，年九十五也。」《新唐書》本傳云：「居易自號香山居士，與胡杲、吉皎、劉貞、盧眞、張渾、狄兼謩、盧貞輩燕集，皆高年不仕者，人慕之，繪爲《九老圖》。」既誤以狄、盧列九老，又九老者先自爲七老圖，後增爲九老。高致自傳，非由它人慕寫。新書之不足據如此。又《事文類聚》云：李文正昉罷相，居京師，年七十一，張好問八十五，李運八十，宋琪、武允成皆七十九，僧贊甯七十八，魏石七十六，楊微之七十五，朱昂與成同庚，作九老會，此亦當有圖畫流傳者。兩朝盛事，耆舊風流，如于喁相唱答，又皆有一老僧踽踽其間，若《蓮社高賢圖》之有遠公，《西園雅集圖》之有圓通大師。藉彼禪悦，冥我世機，千載而下，想見諸君子身際治平，卓絶勇退，林泉之適，松鶴之壽，盍簪聯韵之歡，孰唐孰宋，怳若一室。余於季雲侍御前輩處，獲見是圖，歎之羨之，無暇論畫也，而畫之妙，正亦何待余言。系以詩曰：

巾拂歸來帶御香，高懷同寄水雲鄉。自標韵事詩隨畫，妙踵流風宋溯唐。觀弈乍知塵境隔，簪花偏愛老人狂。古情可許迢遥接，九客尋秋萬柳堂。（今年重陽前日，余與姚石甫、梅伯言、馬湘颿、陳頌南、蘇賡堂、朱伯韓、湯海秋、王少鶴共九人，集於萬柳堂，俱有吟詠，漫附及之）（《東洲草堂詩鈔》卷八，《續修四庫全書》影印清同治六年長沙無園刻本）

智按：詩前之序，又收入《東洲草堂文鈔》卷十二題跋（《續修四庫全書》影印清光緒刻本），題為《跋李季雲藏題宋人九老圖》，文末署「癸卯冬日」。

《汪寫園叢桂堂圖》

古桂花濃竹影清，退思來聽讀書聲。十年作郡無餘俸，八子傳經有令名。詩老風流繼韓白，儒林家世數韋平。删除俗學非它法，淡泊能令此志明。（用先生自記語意）（《東洲草堂詩鈔》卷九，《續修四庫全書》影印清同治六年長沙無園刻本）

《藕庚丈人贈詩，因得士之盛，獎許過情，次韻答謝，即以志别》

……杜陵志廣廈，香山懷大裘。終虞等瓠落，守拙湘山陬。……（《東洲草堂詩鈔》卷十，《續修四庫全書》影印清同治六年長沙無園刻本）

《寄子敬》

姑蘇城外落颿時，弟北兄南聚最奇。名酒好風烏夜曲，快雲奇雨白公祠。還家待補游吴記，持節翻吟入蜀詩。江發岷山東到海，盈盈一水寄懷思。（《東洲草堂詩鈔》卷十四，《續修四庫全書》影印清同治六年長沙無園刻本）

《白公祠》

昨日謁陸公墓，今日謁白公祠。兩公忠讜有直節，皆以貶謫官於斯。當時事主非不遇，貞元元和皆有爲。其言有用有不用，苦被奸相相傾危。宣公十載竟齎志，内召不及空餘悲。墓門蕭蕭挺大樹，傑立千載江風吹。香山再起歷中外，晚節兄弟歸怡怡。龍門東坡與東澗，花柳仿佛流風遺。烏乎兩公不可作，文采尚幸星日垂。煌煌内相中書集，歘歘拾遺樂府詞。忠州兩忠合竝梓，以為教忠百世師。（《東洲草堂詩鈔》卷十四，《續修四庫全書》影印清同治六年長沙無園刻本）

智按：任四川學政時，過忠州作。

《去蜀入秦紀事書懷，卻寄蜀中士民三十二首》（其五）

禮殿荒蕪石室遷，典型遥企二千年。尋碑馮沈高樊外，寄韻蘇黄杜白前。

楊馬定參文學坐，魏張許接道心傳。聖功本末昭彰在，擇術何從尚慎旃。（《東洲草堂詩鈔》卷十六，《續修四庫全書》影印清同治六年長沙無園刻本）

《王少鶴、白蘭岩招集慈仁寺拜歐陽文忠公生日，分韻得山字，成十絕句》（其三）

史筆矜嚴接馬班，文辭揖讓白韓間。題銘珍重南唐硯，懷抱居然庾子山。（公題《南唐硯背文》，以先世服官李氏，情詞感惋，拓本在余家）（《東洲草堂詩鈔》卷十八，《續修四庫全書》影印清同治六年長沙無園刻本）

《韋公白公祠落成示王雪軒、湯鶴樹、查耕麓、朱筱漚》

重瞻韋白古祠新，勝賞兼探虎阜春。根氐性情風化出，千秋循吏總詩人。（《東洲草堂詩鈔》卷二十，《續修四庫全書》影印清同治六年長沙無園刻本，第一五二九册，第十五頁）

智按：咸豐八年，游蘇州時作。

《雨舲疊韻謝詩扇，再疊報之》

……懶懷未許外人知，清夢欲隨幽蝶化。打門一騎風雨驟，照几十行珠玉射。蘇黄險韻焉足奇，元白齊名未思跨。（蘇、黄、元、白。皆來詩意）……（《東洲草堂詩鈔》卷二十，《續修四庫全書》影印清同治六年長沙無園刻本，第一五二九册，第十九頁）

《次韻答中丞途中見寄之作》

……雖有及時雪，不救㵄餘貧。賊踪已遠去，渥澤方無垠。竊虞種麥少，負此瓊瑤寬。征途發長謠，感念詩老仁。（詩中及杜陵、香山）我方擁爐坐，讀之繞屋頻。計從秋涉冬，情愫少所宣。……（《東洲草堂詩鈔》卷二十，《續修四庫全書》影印清同治六年長沙無園刻本，第一五二九册，第二十三頁）

《香山寺》

香山寺裹奉香山，尚有遺墳伊水灣。文富歐韓司馬悲，更無片石在人間。（《東洲草堂詩鈔》卷二十二，《續修四庫全書》影印清同治六年長沙無園刻本，第一五二九册，第四十三頁）

智按：咸豐十年，南旋途中經洛陽，拜訪香山寺。

《與汪菊士論詩十七則》

……梅村歌行兼學少陵、香山，然杜、白之作，愈唱愈高，而梅村愈唱愈低，徒覺詞煩而不殺，以無真理真識真氣也。……（《東洲草堂文鈔》卷五雜著，《續修四庫全書》影印清光緒刻本，第一五二九册，第一八一頁）

聖人且説好古，敏以求之。後人敢説不師古然？試看聖人學古，是怎樣學的？學一箇人罷了，乃合堯、舜、禹、文、周公、老彭、左邱明、郯子、師襄而無不學之，可見聖人學古，直以自己本事，貫通三古，看是因，全是刱也。後儒去聖人遠矣，其學古也奈何？曰：與聖人一樣。何也？學周公像周公，學老子像老子，無論必無此事，即有之亦優孟而已。學詩要學古大家，止是借為入手，到得獨出手眼時，須當與古人並驅。若生在老杜前，老杜還當學我，此狂論乎？曰：非也。松柏之下，其草不植，小草為大樹所掩也，不能與天地氣相通也。否則，小草與松柏，各自有立命處，豈假生氣於松柏乎？記得隨園有云：「與其做總督衙門的門上，自然不如典史衙門的官主。」此語卻有理。止是小小官主也，不是容易做的。古人詩文集，往往從其子弟門人輯録傳世，然如杜、韓、權、陸等鉅集，豈能徒靠它人存録乎？蓋雖手自存稿，而不肯明言，即自命必傳，到此時便亦自有藴藉含蓄之法。所以養文章之福，存羞恥之界也。《三百篇》何嘗自著姓名乎？兩京六朝始有最緑之集，然零星墜散，亦賴後人收拾。唐人存集，亦不矜矜自鳴，必須傳後。白香山自藏詩本於廬山，乃偶然別致，事如羊叔子沈碑之意，止是風雅佳話耳。宋人多自定集，去古遠矣。元明以來，乃有年年訂集，每數十百篇即題一集名，勢不能不綴緝湊衍，充其篇幅，又動輒要人作序，要人題詞誇詡。烏乎！廉恥道喪，尚云詩乎？願與學者共戒之也。（《東洲草堂文鈔》卷五雜著，《續修四庫全書》影印清光緒刻本，第一五二九册，第一八二～一八三頁）

《〔光緒〕重修安徽通志》

朱芫星，字式山，歙縣舉人，授中書，官至分巡清河道。生有夙慧，七月能識「花」、「好」二字，人以比白香山。官曹州知府，時有壽張邪教惑衆，謀犯州府。芫星練兵防禦，親巡雉堞。賊平，微服入澇山，搜捕餘黨，民安堵。後在登州、東平，皆有惠政。去之日，數十里鄉耆齎錢走送。後守永平，以勞致疾。升分巡清河道，未之官，卒。（《歙縣志》）（《〔光緒〕重修安徽通志》卷一百八十七，《續修四庫全書》影印清光緒四年刻本）

劉正蒙，字養卿，貴池人，少工文，其歌詩得元和體，以國子生選湯溪縣丞，遷襄府工正，歸。（《江南通志》）（《〔光緒〕重修安徽通志》卷二百二十七，《續修四庫全書》影印清光緒四年刻本）

智按：何紹基，字子貞，號東洲，晚號蝯叟，道州（今湖南道縣）人。道光十六年（一八三六）丙申進士，改庶吉士，授翰林院編修，曾爲四川學政。詩學蘇、白。《刈麥》、《布鋪地》、《三班夫》、《回兵》有白居易《新樂府》之風。治經史之學，又精通書法，喜好金石。有《東洲草堂詩鈔》。《清史稿》有傳。

釋了亮（與何紹基同時）

《刈麥行》

來牟異地穀，種之在秋時。歷冬復歷春，刈當仲夏期。雨雪儻不足，荒蕪致農悲。今年尚豐稔，始得療歲饑。田家貴勤儉，天公不我欺。（《晚晴簃詩匯》卷一百九十八）

智按：此詩直承白居易《觀刈麥》。

釋了亮，字智水。洛陽寺僧。編刊《徹悟禪師遺稿》二卷。何紹基《東洲草堂詩鈔》卷二十二有《連日與了亮（即智水）、香海、宣印、如楷諸僧尋閱金石書畫大有吳越間風韻》。《晚晴簃詩話》：「智水有詩名，何子貞太史游嵩山，偕覽諸勝，唱酬甚歡。」

王柏心（一七九九～一八七三）

《跋朱琦〈怡志堂詩初編〉》（題擬）

《新鐃歌》寓規於頌，意旨深遠。……《乙巳夏》、《秦緗業》五古大篇，稟諸經而參諸史者，莫盛於子美氏；白太傅之款篤敦厚，又其次也。……（《怡志堂詩初編》卷首「評跋」，《續修四庫全書》，第一五三〇册，第一三二頁）

智按：王柏心，字子壽，號螺洲，監利（今屬湖北）人。道光二十四年（一八四四）甲辰進士，官刑部主事。有《漆室吟百柱堂詩》、《子壽詩鈔》、《螺洲近稿》。

趙秉悳（一八〇〇～一八七〇）

《竹醉日拈白香山韻》

物外田園隔世塵，天敎吾輩作山人。詩書卷裏百年業，松竹牕前五月春。當戶晴峯供醉眼，近床幽鳥伴閑身。晚來清風堪乘興，携取詩筒過比鄰。（《肅齋集》卷一，《韓國文集叢刊》本）

《用白香山韻自述》

蕭然白屋隔紅塵，漢水風光屬別人。寡欲所居皆樂地，寬心何往不安身。農桑剩得山中趣，樽酒長留象外春。始信胸襟機事斷，松間麋鹿好爲鄰。（《肅齋集》卷一，《韓國文集叢刊》本）

智按：趙秉悳，字孺文，號小學室主人。有《肅齋集》。

譚瑩（一八〇〇～一八七一）

《論詞絶句一百首》（之四白居易）

二李（君虞、昌谷）詩歌供奉傳，體成長慶益纏綿。瀟瀟暮雨吳孃唱，製曲端由白樂天。（《樂志堂詩集》卷六，清咸豐九年吏隱園刻本）

《賀雨詩倣白香山體》

今年旱無雨，請雨心誰虔。草木盡焦卷，山川若熬煎。土龍本無靈，赤帝誰復憐？相從但巫覡，吁嗟亦喧闐。昔聞漢鄭宏，隨車雨濺濺。又聞顔真卿，决獄能回天。冤滯理亦後，奸殘屏宜先。督郵罷不亟，孝婦祭枉然。黑雲大如礐，靈風陡回旋。快雨從東來，頃刻熕嚣湔。奔迸等急溜，颯灑疑奔泉。絲散密更疎，珠跳輕以圓。枯槁甦四郊，清凉生百廛。側聞天子聖，克己自省愆。得雨不任功，造化原有權。得無守士者，有若顔鄭賢。拯冤澤固厚，黜邪功乃完。小臣復何知，抃舞陳詩篇。相期歲大穫，斛粟無千錢。（《樂志堂詩集》卷九，清咸豐九年吏隱園刻本）

《鄭棉舟詩序》

昔沈璞製賦，羣推速藻；范雲屬稾，爭疑宿構。彭城以十步著敏，竟陵以寸燭炫奇。龍川之碑，一夜輒就。上林諸製，及時並了。亦復前超後絶，文華理暢。……然則所謂工者，固振逸傳音；而所謂速者，亦停辛伫苦者耶？香山居士序劉夢得詩云：「其鋒森然，莫敢當者。余不量力，往往犯之。」僕何敢犯棉舟之鋒，顧不辭而爲之序者，非爲枚皋解嘲，亦期張奭勵志爾。（《樂志堂文集》卷四，《續修四庫全書》影印清咸豐十年吏隱園刻本）

《春疇圖序》

昔諸葛武侯之淡泊，永憶躬耕；司馬文正之生平，猶然獨樂。青山賭墅，風流唯有謝安；緑野名堂，經濟孰如裴度。是以古大人翛然山澤，貧宰相亦有田園，竹帛千秋，蘿衮一致。籌邊畧裕，李文饒記撰平泉；憂國身閒，韓忠獻詩吟老圃。辛棄疾以稼軒自署，沈慶之且桑田獨行。烏帽歸來，杜衍業非居士；白衣侍從，鄴侯原是山人。此我黄大中丞石琴先生《春疇圖》所由作歟？……松菊猶存，糧藥有寄，歡歌園藪，晦志山田。東路歸先，西疇事始，白香山之宅，粟並琴尊；員半千之莊，花環磑磨。齊賢觀稼，特造卧犟，郎簡種蒲，更築别館。……（《樂志堂文集》卷五，《續修四庫全書》影印清咸豐十年吏隱園刻本）

《全小汀學使藥洲秋月圖跋》

我朝粤東督學首推紅豆，次及蘇齋，此外若瑩所受知尤深者，顧耕石師、翁遂菴師、徐草園師均其選也。文章司命，代不乏人，乃今讀我小汀先生藥洲秋月圖，而竊嘆其胸次之高，風裁之峻也。先生才兼文武，業守韋平，久爲關外之游，遞握嶺南之節。……夫以録文數千，見士七十，仍等簿書之迷悶，罕聞觴詠之娛游，即謂「燕寢凝香森，羅畫戟華堂」，「置酒閒理冰弦紅，燭烏絲錦衾玉饌」。劉丹陽之廨舍，但飫豐甘；謝文靖之生平，足供陶寫。先生風高霽月，趣遠滄洲，興逸觀梅，情閒對竹，如白香山之歸洛社，比裴令公之住午橋，圖繪荔支，羹調藤菜，李膺門下，眾賓咸擬神仙；徐勉座中，今夕止談風月。昔人稱，有唐權文公位隆將相，才藻冠時，宋錢思公官歷方鎮，英彥盈閣，先生風範，殆復過之。……（《樂志堂文集》卷八，《續修四庫全書》影印清咸豐十年吏隱園刻本）

《擬小除夕南園舊社祭詩記》

昔唐賈長江於除夕祭詩，洎我朝洪稚存太史仿而行之，張船山太守繪圖，吳穀人祭酒作記，洵迎年之韻事，餞歲之閒緣矣。……落葉積除，脩篁夾逕，衰草慘綠，狂花妖紅，蘿田欲平，桂宇特敞。謁孤忠之遺廟，劫話滄桑；愛老佛之同龕，緣參香火。桃符剛換，合奏神弦，竹爆不聞，寂開詩境。於是酌荔酒，薦蘭肴，脯精誰嘗，香花遞供，恍陳經而共拜，憐享帚而自珍，李記室之襴褍，任遭同館之割；白樂天之剞劂，待作名山之藏。……（《樂志堂文集》卷十二，《續修四庫全書》影印清咸豐十年吏隱園刻本）

智按，又見清張鳴珂《國朝駢體正宗續編》卷五，清光緒十四年寒松閣刻本。

《邵子詩鈔序》

邵子詩理趣不凡，胸次誰及？比乾坤龍馬之象，察上下鳶魚之機。曾點春風，蒙莊秋水，似取逕於香山居士，實導源於彭澤先生。朱紫陽夙所賞音，陳白沙殆其嗣響。以視釘鮫打油之作，圈兒帽子之詩，迥不侔矣。茲草樵吟社諸君，醵金重刊鈔本，特索序言，亦絲繡平原之忱，殆金鑄子昂之論，原非偏嗜，具有正聲。第以人傳，本無我在。性情所近，無勞苦學妃豨；讐校亦精，不致沿訛帝虎。原當寶貴，宜更流聞已。波瀾莫二，何礙新建苴茅之封；風月翛然，定參濂溪愛蓮之說。酹寒泉而薦秋菊，儘得風流；擁如花而歌落梅（吾粵香山黃某詩，見《明詩綜》），頗嫌唐突。（《樂志堂文集》續集卷一，《續修四庫全書》影印清咸豐十年吏隱園刻本）

《李子黼學博歲暮懷人詩序》

歲月不居，風雨如晦。送窮罕乞米之帖，援例比探梅之詩（「歲華書户筆，年例探梅花」，范成大《新歲書懷》語），此李子黼學博《歲暮懷人詩》所以裒然成集也。較送炭而敢笑清寒，若鏤冰而同欽風雅已。況復論交四海，匪藉賞譽於公卿；執業三城，咸羡推崇乎老宿。昌谷才雋，同枉高軒；柳惲辭工，特書團扇。未面以古人相儷，弱齡爲後進所宗，莫愁知己之無，同恨識君之晚。加以脂田粉碓，不乏替人；佛屋仙山，舊多吟侶。雞林有客，慣索白香山之詩；吐谷何人，亦解溫鵬舉所撰。蘿衮一致，牋繒夙聞。又謝庭則兒女工吟，蘇門獨弟兄有集。宜其雅懷並遂，逸興遄飛，宛覩各各之音容，閒綴人人之行檢。購樓羅之歷，兼致吟牋；書鬱壘之符，復研新墨。仿陸清河之奏賦，稍俟迎年；效賈長江之祭詩，或待餞歲。所懷共若干人，存歿興替，師友録比，得七言絶句共若干首，意有未盡者，益以五言長律各一首，共三首，仍如禁體之詩，矜嚴選客，分寄忘形之契，珍重編年，殆可傳已。……（《樂志堂文集》續集卷一，《續修四庫全書》影印清咸豐十年吏隱園刻本）

《約粤中耆宿重陽日海山仙館讌集啟（代廖鹿儕觀察作）》

唐白樂天致仕居洛，與胡杲、吉旼等諸賢，作香山九老會焉。至宋，則潞公年德，社結耆英；涑水生平，約彌真率。後先輝映，今昔流聞已。某等遂初久賦，慶壽先慙，信人生之古稀，實老民之多幸，業辭蟬而捨冕，仍載鶴而攜琴，願與耆賢，樂偕談讌，思古人而竊愧，仿良會而睪然。兹謹擬於重陽令節，同集潘園，署曰海山仙館者也。三城以西，半塘以外，洲鄰拾翠，序笑題糕。荷葉裹飯以彌香，荔支釀酒而剛熟。菊花環水，橘樹經霜，定論丹竈因緣，卽享酒田供奉。郡原羊石，廳事更繪乎仙人；宴比龍山，官閥迥異於蠻府。富鄭公均同值會，勿送酒而不來；王宣徽既願寓名，先裁詩而必至。牋繒商訂，笠屐迎延。攜錢誰訝阮脩，腰笛人如李委。清閑有味，惟此時然，壽考不忘，何者是客。浮生止消半日，佳話足豔千秋。鐘萬旂常，敢謂竚瞻堂比；琴尊書畫，居然履道坊如。敢笑李文正之宴嬉，雅懷非遂；或用狄祕書之故事，晚進同班。林木翳如，佳日原宜觴詠；衣冠甚偉，後人真作畫圖。孝廉年踰七十者，均宜與斯會，殆溢元豐之數，足媲會昌之賢。某啟。（《樂志

堂文集》續集卷二，《續修四庫全書》影印清咸豐十年吏隱園刻本）

智按：譚瑩，字兆仁，號玉生，南海（今屬廣東）人。道光二十四年（一八四四）甲辰舉人，歷官瓊州府學教授，後任學海堂學長，又歷任粵秀、越華、端溪諸書院監院。加内閣中書銜。通經史，工詞賦，爲總督阮元所知，爲學海堂學長，歷任粵秀、越華、端溪諸書院監院，與同里伍崇曜輯刻《粵雅堂叢書》。纂《南海縣志》及《廣州府志》。著有《樂志堂詩集》、《樂志堂文集》。

蘇廷魁（一八〇〇～一八七八）

《題九老會圖用白樂天原韻》

會昌嘉話香山老，朱紫登筵盡白鬚。三月春光看澹沱，七賢詩興託歡娛。後來李叟天年益，獨立如師面目矗。神肖霜雕寒欲動，舞同風竹勁難扶。地餘嵩室游仙跡，人半瀛洲學士圖。西角數枝楊柳色，承恩得似永豐無。（《守柔齋詩鈔》續集詩草卷二，《續修四庫全書》影印清同治三年都門刻後印本）

《己未歲除效長慶體》

紅穠白瘦月盤茶，艷映團黄異種花（道署餽歲黄菊最佳）。解事長官娱我老，迎年稚子逐人誇。城臨江道浮春酒，閣奉天章煥曉霞（石刻康熙宸翰）。栢府歸來今九載，敢緣憂國幸居家。（《守柔齋詩鈔》續集詩草卷二，《續修四庫全書》影印清同治三年都門刻後印本）

《直東還役好雨初晴小飲微醉姚志堂送花適至》

往來南北送迎頻，三世交深見性眞。似慰軺車無暇日，頓教斗室有餘春。園林過雨詩心活，杖履看花鏡影新。及此歡娱非少壯，樂天長惜賦中人。（白集《秦中吟》：「一叢深色花，十户中人賦。」）（《守柔齋行河草》卷一，《續修四庫全書》影印清光緒刻本）

智按：蘇廷魁，字德輔，一字賡堂，高要（今屬廣東肇慶）人。道光乙未（一八三五）進士，改庶吉士，授編修，官至東河河道總督。有《守柔齋詩鈔》。

韓泰華（？～一八七八）

《無事為福齋隨筆》

道光己酉，隨沈匏廬外舅（智按：沈濤，一七九二～一八五五）榷稅九江，訪琵琶亭舊址，半已荒頹。時余用唐榷使英原韻成二律：「幾株翠柳影交加，寂寞荒亭未見花。斷碣尋詩舒倦眼，小舟破浪勝浮槎。雲來匡嶽山如畫，秋老湓城客憶家。此日風騷更誰主，月明空自怨琵琶。」「浪齧濤翻剩此樓，煙籠遠水尚清幽。千年弔古無仙筆，儘日閒情有白鷗。細雨斜飛多羃䍥，大江東去足遨遊。蘆花楓葉蕭疏甚，依舊潯陽十月秋。」外舅亦和二律：「潯陽選勝此何加，瑟瑟依然蘆荻花。動地干戈馳羽檄，兼天波浪泛星槎。賓筵闃寂誰爲主，宦海飄零便當家。東去大江西去月，照人清淚滴琵琶。」「眼前突兀見飛樓，杖策登臨逸興幽。臺榭荒寒辭壘燕，煙波浩蕩狎汀鷗。勞人簿領風塵夢，老我江湖汗漫游。白髮青衫無限感，不關彈出四絃秋。」幕中賦者甚眾。余再疊前韻：「愛士憐才豈有加，安排筆硯更栽花。（唐榷使置筆硯於亭，過客賦詩最【智按：最，疑為者】有贈）那知露草埋雲地，曾繫詩人貫月槎。不盡濤聲悲落木，無邊秋色屬誰家。白公仙去坡公杳，空聽江城板與琶。」「漫向當壚問酒樓，且拚雙屐更尋幽。舊巢難返僧如燕（亭舊有僧主守此來應客卽去），古刹全荒佛對鷗（亭後奉關聖廟，圮樓中尚存大士像）。一樣青衫拋別淚，百年幾輩不空游。江州猶自傷淪落，我亦閒居易感秋。」（《無事為福齋隨筆》卷下，《續修四庫全書》影印清光緒潘氏刻功順堂叢書本，第一一八一册，子部）

智按：韓泰華，字小亭，仁和（今浙江杭州）人。文綺（一七六三～一八四一）之孫，沈曾植（一八五一～一九二二）舅父。道光時，由兵部郎歷官陝西糧儲道。公餘搜訪金石及元宋名家之文集，得百數十家，半系傳鈔精本，或四庫所無而元刊尚在者，爲《元文選》。道光庚戌（一八五〇）首集既成，即毀于燹，僅存目録。有《無事爲福齋隨筆》、《玉雨堂書畫記》。

姚慶恩

《與張朗帥同作》

孤鴻啼月不堪聞，蔥嶺榆關障宿氛。漏網尚稽銅馬賊，射潮遙憶水犀軍。才如白傅猶淪落，手縛烏孫告大勳。煙水五湖原有約，讓人憑弔望諸君。(《晚晴簃詩匯》卷一百五十八)

智按：姚慶恩，字春蘧，江寧（今江蘇南京）人。候選道，贈光禄寺卿。有《紅藕花館》、《小忽雷室》、《西征鐃唱》等集（中國科學院圖書館藏抄本）。

黄臣燮（一七九六前後）

《祝袁師簡齋太史八十即次自壽韻》（十首之九）

遠探名嶽笑開眉，老子猶龍四海知。槲栗手分臺頂物，梅花親載嶺南枝。曾經佛劫真難壞，再仰松喬幸未遲。羡殺張為圖主客，香山門下坐移時。(程春廬比部嘗手繪袁揖趙哭蔣圖為一時佳話，故用張為事)(清道光十四年刊本《平泉詩稿》卷三)

智按：黄臣燮，字平泉，寶山（今屬江蘇）人。《平泉詩稿》卷首有嘉慶元年（一七九六）方燮序。

蘇元璐（一八〇〇舉人）

《道光宿州志》

白居易，字樂天。太原人。少時嘗東游徐泗，寓居符離五載，日與劉翕習、張仲素、張美退、賈握中、賈沅犀同泛陴湖，游流溝、武里諸勝，詩酒盤桓，稱勝會焉！(《道光宿州志》卷三十三「流寓」)

智按：《光緒宿州志》卷二十《人物志》四「流寓」所載略同：「白居

易，字樂天，號香山居士。太原人。少時東游徐、泗，寓符離東林之草堂，日與劉翕習、張仲素、張美退、賈握中、賈沅犀諸人同泛陴湖，游流溝、武里諸勝，詩酒盤桓，居五載。貞元十四年擢進士。……」見《中國方志叢書》「安徽省·宿州志」，成文出版社有限公司，一九八五年三月臺一版第一四七六頁；《中國地方誌集成》安徽府縣誌輯（二八），江蘇古籍出版社，一九九八年四月版第三六九頁。流溝山，在符離東北，山下有流溝寺。白居易有《亂後過流溝寺》和《題流溝寺古松》詩。不過，據萬曼《白居易傳》（湖北人民出版社，一九五六年版，第七頁。又見王拾遺《白居易生活繫年》，寧夏人民出版社，一九八一年版，第三一頁；王拾遺《白居易傳》，陝西人民出版社，一九八三年版，第二三頁；朱金城《白居易集箋校》，上海古籍出版社，一九八八年版，第二册，第六三九頁），「二張」並非《道光宿州志》所云張仲素、張美退，而是指張徹、張復［張徹元和四年登進士第，白居易元和三年（八〇八）有《鄧魴、張徹落第》，見《白居易研究》第一七二頁；《白居易集箋校》第一册，第五五頁］，「二賈」據朱金城《白居易研究·交遊三考·賈餗》及《白居易集箋校》，也不是賈握中、賈沅犀，《醉後走筆酬劉五主簿長句之贈，兼簡張大、賈二十四先輩昆季》詩題中「賈二十四」是指賈餗。詩中「沅犀屈未伸」，指劉五未登科第，「美、退」，乃賈餗（字子美）、白行簡（字知退）之合稱。又據《唐才子傳校箋》第五册（第二五一～二五三頁）陶敏先生之補正，《光緒宿州志》所云，乃全據白居易《醉後走筆酬劉五主簿長句之贈，兼簡張大、賈二十四先輩昆季》「劉兄文高行孤立，十五年前名翕習……二張得儁名居甲，美退爭雄重告捷……唯有沅犀屈未伸，握中自謂駭雞珍」等詩句揣測而來，「沅犀，疑即賈餗兄賈竦。」而所謂劉翕習、張美退、賈握中之名，皆為杜撰。至於杜撰者，陶敏先生云：「檢嘉靖《宿州志》、道光《宿州志》名賢、文苑、孝友諸門，均無此類記載，知此實光緒《宿州志》杜撰。」智按，《天一閣藏明代方志選刊續編》所收《弘治直隸鳳陽府宿州志》，《天一閣藏明代方志選刊》所收《嘉靖宿州志》，《中國方志叢書》所收《萬曆宿州志》，及《故宫珍本叢刊》所收《康熙宿州志》（海南出版社影印本，二〇〇一年六月，第一〇六册），確實均未見此類記載。然《光緒宿州志》之說乃源自《道光宿州志》。

袁潔（一八〇一拔貢）

《出戍詩話》

白香山詩平易自然，老嫗能解。然如「正色摧強禦，剛腸嫉喔咿」二語，又未嘗不生辣也。余《宿河驛旅夜有懷蘇九齋刺史題壁》一律，結句云：「君詩恰與香山似，正色剛腸兩不慙。」可想見九齋之人矣。（《出戍詩話》卷四，《清詩話三編》第三八四七頁）

智按：袁潔，號蠡莊，又號玉堂居士，桃源（今江蘇泗陽境内）人。嘉慶六年（一八〇一）拔貢，歷官金鄉知縣。道光三年（一八二三）謫戍新疆，六年回。晚居濟南大明湖畔之蠡莊。工詩善畫，以畫葡萄擅名當時。著有《習靜軒偶記》、《蠡莊詩話》、《出戍詩話》等。事迹見李兆元《十二筆舫雜録》卷十。

錢槐（一八〇四舉人）

《乙丑六月十有八日，借查伯葵揆江君谷山譚竹坡宗岳三同年避暑湖上分詠，是日所游處，用白樂天詩體，余得蓮池松舍》

何處堪消暑，蓮池松舍開。妙香花自在，靜意鳥無猜。旛影微風拂，潭光朗月來。水仙王供養，秋菊薦瓊杯。（《兩浙輶軒續録》卷二十二，《續修四庫全書》影印清光緒十七年浙江書局刻本）

智按：錢槐，字午清，仁和（今浙江杭州）人。嘉慶九年（一八〇四）甲子舉人，候選訓導，著《紅樹山廬詩稿》（光緒二十二年湖墅錢氏家集刻本）。

吳裕垂（一八〇五前後）

《史案》

⊙李陵

白樂天曰：「李陵墜君命，挫國威，不可以言忠；屈身於夷狄，束手爲俘虜，不可以言勇；喪戰勳於前，墜家聲於後，不可以言智；罪逭於躬，禍移於母，不可以言孝，司馬遷反稱其忠勇，固宜獲罪於武帝也。」垂案，陵不獨身爲降虜也。以子卿之高節，陵猶數欲説降（子卿責以大義，誓以必死，陵始慚愧而止），則夫漢使之在匈奴，其陷溺於陵賊者，可勝道哉！而子長肯以陵賊爲忠勇，則其生平之所抑揚褒貶，而藉以抵誹武帝者，亦槩可知矣。（《史案》卷七，《四庫未收書輯刊》影印清道光六年大成堂刻本）

⊙元白劉白（元積字微之，劉禹錫字夢得，白居易字樂天）

唐人以詩賦取士，名流中有品節懸殊而聲稱並舉者，如白樂天作樂府百餘篇，規諷時事，流傳禁中，一如誠懸（柳公權）筆諫，天子爲之動容改聽（朝廷不以為謗訕，而倍加親任，斯固憲宗之賢，亦可見詩之益人深矣）。及爲翰林學士，與李絳同心協力，每事規諫，百折不回，確乎有古大臣風。循名責實，直與陸敬輿、韓退之（愈）比肩者。至若劉禹錫之沽名干進，趨附權倖，一韓泰、柳宗元之流亞耳；元積賣直求名，一經挫折，依附宦貴，更與縉紳爲仇，乃以工詩小技，名駕樂天，致有元白、劉白之稱，而不知品節之相去霄壤也。於虖！孔範、李嶠輩，何嘗不以詩鳴，使君相競慕浮華，專崇白望，吾恐處士之純盜虛聲者，胥將接踵而來（如少室山人之類），無或乎賢奸雜處，杜、裴諸公之罷黜無常，與退之終遭貶謫也。（《史案》卷十一，《四庫未收書輯刊》影印清道光六年大成堂刻本，史部第四輯第二〇册，第三五七～三五八頁）

智按：卷首序後署嘉慶十年（一八〇五）。

吳裕垂，字以燕，涇縣（今屬安徽）人。

馮金伯（一八〇六前後）

《詞苑萃編》

⊙唐絕句定為歌曲

唐詩古意猶未失，《竹枝》、《浪淘沙》、《拋球樂》、《楊柳枝》，乃詩中絕句，而定為歌曲。故李白《清平調》皆絕句。元白諸詩，多為知音者協律。

白居易守杭，元稹贈詩云：「休遣玲瓏唱我詩。我詩多是别君辭。」自注云：「樂人高玲瓏能歌余數十詩。」又白居易自有詩云：「席上爭飛使君酒，歌中君唱舍人詩。」又元稹《見人歌韓舍人新律詩戲贈》云：「輕新便妓唱，凝妙入僧禪。」沈亞之云：「故人李賀，善撰南北朝樂府，多怨鬱淒豔之句，誠能蓋古排今，使為詞者莫能偶矣。」唐詩稱李賀樂章數十篇，諸工皆合之管弦。又稱李益詩每一篇成，樂工慕名者爭以賂取之，被諸聲歌，供奉天子。舊史亦稱武元衡工五言詩，好事者傳之，往往見於樂部。開元中，王昌齡、高適、王之渙旗亭畫壁，伶官招妓聚宴，以此知唐之伶妓以當時名士詩詞入歌曲，皆常事也。［碧雞漫志］（卷一「體制」，《詞話叢編》第二册，第一七六四頁）

⊙陽關曲

陽關曲，即王維《送元二使安西》七言絕句，後用為送行之歌。觀劉禹錫之「更與殷勤唱渭城」，白居易之「聽唱陽關第四聲」，唐人多已用之。陽關三疊，按歌法也。［古今詞話］（卷一「體制」，《詞話叢編》第二册，第一七六四～一七六五頁）

⊙劉白《楊柳枝》

白傅作《楊柳枝》，予考樂天晚年，與劉夢得唱和此詞曲。白云：「古歌舊曲君休聽，聽取新翻楊柳枝。」又《楊柳枝》二十韻云：「樂童翻怨調，才子與妍詞。」注云：「洛下新聲也。」劉夢得亦云：「請君莫有朝曲，聽唱新翻楊柳枝。」蓋後來始變新聲，而所謂樂天作《楊柳枝》者，其别創詞也。今黄鐘商有《楊柳枝》曲，仍是七言四句詩，與劉白及五代諸子所制並同。但每句下各增三字一句，此乃唐詩和聲，如竹枝、漁父，今皆有和聲也。舊詞多側字起頭，平字起頭者，十之一二。今詞盡皆側字起頭，第三句亦復側字起，聲度差穩耳。［樂府雜録］（卷一「體制」，《詞話叢編》第二册，第一七六七頁）

⊙望江南

此調本李德裕為亡妓謝秋娘作，原名《謝秋娘》。温庭筠作為《望江南》，又名《夢江口》。白居易思吳宫、錢塘之勝，作《江南憶》，劉禹錫作《春去也》。李煜作《望江梅》，馮延巳作《憶江南》，後又名曰《歸塞北》、

《夢游仙》，皆一調而異名也。［古今詞譜］（卷一「體制」，《詞話叢編》第二册，第一七六九頁）

⊙詩詞曲語襲愈工

詩語入詞，詞語入曲，善用之，即是出處襲而愈工。阮亭極持此論。嘗評金粟花心動秋思詞有云：白太傅「吳孃暮雨蕭蕭曲，自别江南久不聞」，虞山「東風誰唱吳孃曲，暮雨蕭蕭暗禁城」，又自作「年來慣聽吳孃曲，暮雨蕭蕭水閣頭」。金粟乃云：「驚秋客到傷心處，江南夢、一曲蕭蕭暮雨。」總收「暮雨蕭蕭郎不歸」，生人如許心想，使拙筆為之，便如芻狗再夢，數見不鮮矣。［詞苑］（卷二「旨趣」，《詞話叢編》第二册，第一七九一頁）

⊙白居易自度曲

白樂天詞云：「花非花，霧非霧。夜半來，天明去。來如春夢不多時，去似朝雲無覓處。」蓋其自度之曲，因情生文，雖高唐、洛神，奇麗不及也。［楊升庵。裴按：此本長慶長短句，而後人名之為詞者。］（卷三·品藻一，《詞話叢編》第二册，第一八一〇～一八一一頁）

⊙白居易《花非花》

白樂天《長相思》、《望江南》，縟麗可愛，非後世作者可及。「花非花」一首，尤纏綿無盡。［花庵詞客］（卷三·品藻一，《詞話叢編》第二册，第一八一一頁）

智按：又見清沈雄《古今詞話·詞評》上卷（《詞話叢編》第一册，第九六九頁），「尤纏綿無盡」，尤作又。黄昇號花庵詞客。此處所引與黄昇《花庵詞選·唐宋諸賢絕妙詞選》不盡相同。

⊙元白齊名

稹長於詩詞，與白居易名相埒，天下傳諷，往往播於樂府。穆宗在東宫日，妃嬪近習皆歌之，宫中呼為元才子。［唐詩紀事］（卷三·品藻一，《詞話叢編》第二册，第一八一一頁）

⊙白居易《柳枝詞》

白居易在洛作《柳枝詞》云：「一樹春風萬萬枝。嫩於金色軟於絲。永豐東角荒園裏，盡日無人屬阿誰。」有人歌之，聞於宣宗，因命移永豐柳二枝植內庭。白復作詞云：「一樹衷殘委泥土，兩枝移植在天庭。定知此後天文裏，柳宿光中添兩星。」［唐詩紀事］（卷十・紀事一，《詞話叢編》第二册，第一九八六頁）

⊙丁煒詞

古平原村店中，姑蘇女子題壁《鷓鴣天》一闋，有「收拾菱花把劍彈」之句。庚申春暮，丁觀察之任虔南，和詞云：「川字初分碧玉年。花枝憔悴一春前。陌頭塵涴文鴛錦，柳外風欹墮馬鬟。　郵壁上、墨光懸。柔腸百疊念鄉關。才人廝養千秋恨，箏柱調來拭淚彈。」頗有白香山商婦琵琶之感。［詞苑叢談］［附録姑蘇女子原詞云：「弱質藏閨十六年。嬌羞未敢出堂前。眉顰曠道悲新柳，袖卷輕塵擁翠鬟。　腸欲斷、意懸懸。舉頭何處是鄉關？臨妝莫遣紅顏照，收拾菱花把劍彈。」］（卷十七・紀事八，《詞話叢編》第三册，第二一二〇頁）

⊙詞名原起説

詞名原起之説，起於楊用修及都元敬，而沈天羽掩楊論為己説。如蝶戀花，取梁元帝「翻階蛺蝶戀花情」。滿庭芳，取吳融「滿庭芳草易黃昏」。點絳唇，取江淹「白雪凝瓊貌，明珠點絳唇」。鷓鴣天，取鄭嵎「春游雞鹿塞，家在鷓鴣天」。惜餘春，取太白賦語。浣溪沙，取杜陵詩意。青玉案，取《四愁詩》語。踏莎行，取韓翃詩「踏莎行草過青溪」。西江月，取衛萬詩「只今惟有西江月」。菩薩蠻，西域婦髻也。蘇幕遮，［高昌女子所載油帽］西域婦帽也。尉遲杯，尉遲敬德飲酒，必用大杯也。蘭陵王，王每入陣必先歌其勇也。生查子，查古槎字，張騫乘槎事也。瀟湘逢故人，柳渾詩句也。此升庵詞品也。［即沈天羽所載疏名。］又如滿庭芳，取柳柳州「滿庭芳草積」。玉樓春，取白樂天詩「玉樓宴罷醉和春」。丁香結，取古詩「丁香結恨新」。霜葉飛，取杜詩「清霜洞庭葉，故欲別時飛」。清都宴，取沈隱侯「朝上閶闔宮，夜宴清都闕」。又云風流子，出《文選》。劉良《文選注》曰：「風流，言其風美之聲，流於天下。子者，男子之通稱也。」荔枝香，出《唐書》：貴妃生日，命小部奏新曲未有名，適進荔枝至，因名荔枝香。解語花，出《天寶遺事》，亦明皇稱貴妃語。解連環，出《莊子》「連環可解也」。華胥引，出《列子》黄帝晝寢，夢游華胥之國。塞垣春，塞垣二字出《後漢書·鮮卑傳》。玉燭新，玉燭二字出《爾雅》。此元敬《南濠詩話》也。卓珂月又云：「多麗，張均妓名，善琵琶者也。念奴嬌，唐明皇宫人念奴也。」愚按宋人詞調，不下千餘，新度者即本詞取何命名，餘俱按譜填綴。若一一推鑿，何能盡符原指。安知昔人最始命名者，其原詞不已失傳乎。且僻調甚多，安能一一傅會載籍。自命稽古學者，甯失闕疑，毋使後人徒資彈射可耳。［詞衷］（卷二十·辨證一，《詞話叢編》第三册，第二一七四～二一七五頁）

⊙《望江南》宋人方加後疊

憶江南，又名夢江南，隋煬帝有八闋，但白香山二詞，晚唐襲之，皆系單調。至宋方加後疊，故知隋詞乃贋作者無疑。李後主「多少恨」及「多少淚」，本是二首，嘯餘合之為一，大謬。此調作者甚多，何乃取李詞二首牽合，以作五十四字格，致後人疑前後可用兩韻耶。［萬紅友］（卷二十·辨證一，《詞話叢編》第三册，第二一七七頁）

⊙吴壽潛《你我詞》

廣陵吴壽潛字彤本，號西瀛，其妻賀氏，名字，字乃文，吴與之情好甚篤，常戲作《你我詞》贈之，調一七令，曰：「我。情理，愁裹。無奈事，如何可。薄幸些些，癡頑頗頗。眼下總成空，心中全未妥。堪嗟泣慰牛衣，難負書乾螢火。慢言枕上枉封侯，還憐有夢卿同我。你。前來，語子。誇弄玉，隨蕭史。視我何如，憐卿乃爾。時事笑秋雲，韶光悲逝水。難忘孔雀屏前，常記櫻桃帳底。一生苦樂任天公，白頭惟願我和你。」按此調有平、仄二韻，始終唐人送白樂天，即席指物為賦，作者頗多。然諸譜中不載，惟楊升庵有《風》、《花》、《雪》、《月》四作，彤本盡偶與其婦為之耳。［詞苑叢談］（卷二十二·諧謔，《詞話叢編》第三册，第二二二八頁）

⊙吴二娘《長相思》

吴二娘《長相思》云：「深畫眉，淺畫眉，蟬鬢鬅鬙雲滿衣。陽臺行雨迴。　巫山高，巫山低，暮雨蕭蕭郎不歸。空房獨守時。」白樂天詩：「吴娘暮雨瀟瀟曲，自别江南久不聞。」蓋指此詞也。［樂府紀聞］（卷二十四·餘編二，《詞話叢編》第三册，第二二五七頁）

⊙鄭婉娥歌《念奴嬌》

洪武中，吴江沈韶游襄漢歸，舟次九江，登琵琶亭，月下彷彿聞歌聲。明日復往，徙倚亭中，一麗人冉冉來，二小姬前導。韶德行問之，曰：「漢主陳友諒之婕好鄭婉娥也。年二十而死，殯此亭旁。二侍女一名鈿蟬，一名金雁，亦當時殉葬者。」命取酒共飲，歌《念奴嬌》一闋。曰：「即昨夕郎所聞也。」詞云：「離離禾黍。歎江山依舊，英雄塵土。石馬銅駝荊棘裹，閱遍幾番寒暑。劍戟灰飛，旌旗鳥散，底處尋樓櫓？喑啞叱吒，只今猶説西楚。憔悴玉帳虞兮，燈前掩面，雙淚飛紅雨。鳳輦羊車行不返，九曲愁腸漫苦。梅瓣凝妝，楊花翻雪，回首成終古。翠螺青黛，絳仙慵畫眉嫵。」又口占一律贈韶云：「鳳艦龍舟事已空，銀屏金屋夢魂中。黄蘆晚日烘殘壘，碧草寒煙鎖故宫。隧道魚燈油欲燼，妝臺鸞鏡匣長封。憑君莫話興亡事，淚濕胭脂損舊容。」與韶談元末群雄興廢，及僞漢宫中事，歷歷如見。臨别以金條脱為贈。同游梁生作《琵琶佳遇歌》。［樂府紀聞］（卷二十四・餘編二，《詞話叢編》第三册，第二二八〇頁）

智按：《列朝詩集》闰集第六載《（沈）韶答詩》：「結綺臨春萬戶空，幾番揮淚夕陽中。唐環不見新留襪，漢燕猶余舊守宫。别苑秋深黄葉墜，寢園春盡碧苔封。自慚不是牛僧孺，也向雲階拜玉容。」

馮金伯，字冶亭，一作冶堂，號墨香，又號南岑，南匯（今屬上海）人。嘉慶貢生，選用句容訓導，工詩文古辭，兼擅書畫，有《國朝畫識》、《墨香居畫識》等。晚年主講應城浦陽學院。事迹具《光緒南匯縣誌》。《詞苑萃編》刊刻於嘉慶十一年（一八〇六）。

袁壽齡（一八〇六前後）

《白樂天》（十首）

樽前白髮好吟哦，長短三千詩最多。底事吟詩嫌冷淡，一生壓到是沙哥。

交人和易似春風，知己還將性命同。司馬北宫與牛李，一生不在黨人中。

禽魚花木琴和妓，雪月風雲水與山。作主大都詩酒在，一生終老醉吟間。

忠州自辟東坡地，豈料黄州也有他。遍歷蘇杭歸洛下，一生福命勝東坡。

禪堂詩舊藏三本，歷二千年尚不磨。自是法王神力大，一生詩集比人多。

杯中有物保天年，不乞金丹不學仙。孤負海山好樓閣，一生心事愛逃禪。

一生詩酒陶元亮，佞佛偏看跡不同。楊柳枝邊新酒熟，虧他一月作齋公。

一生勁敵惟元相，齒長七年名卻低。畢竟千秋有論定，香山詩派放翁齊。

一生知己惟元相，序到文章長慶間。墓誌博來錢巨萬，一時佈施與香山。

一生缺陷似微之，共道皇天無所知。同歲生男同歲歿，傷心道保與崔兒。

（《萬首論詩絕句》第二册，第六八一～六八二頁）

智按：袁壽齡，字仁輝，號静山，江西分宜人。諸生。歐陽敬（一七六三～一八〇六）妹夫。歐陽敬卒，袁壽齡賦詩四首以悼之。有《小袁山房詩集》二十四卷（道光三年刻本）。

戴雲官（一八〇七舉人）

《讀白樂天志口拈》

香山居士老詩名，鈞樂從天近正聲。讀遍新排十五卷，卻憐李杜遜風情。

（《培花小園詩鈔》卷五，《清代詩文集彙編》影印清刻本，第五六〇册，第四二八頁；《萬首論詩絕句》第二册，第七五〇頁）

《琵琶亭》

偶向潯陽江上行，琵琶一曲杳無聲。紅顏不再青衫故，剩有空亭對月明。

（《培花小園詩鈔》卷八，《清代詩文集彙編》影印清刻本，第五六〇册，第四五四頁）

智按：戴雲官，字卧白，號雨香、鶴門，贛縣（今江西贛州）人。承父志由選貢領嘉慶十二年（一八〇七）鄉薦。大挑選任為試用知縣，經抽籤分至甘肅，不赴任，改任鉛山教諭。先後主講信江、濂溪及粤東培風書院。著有《培花書屋詩抄》十六卷（今存清刻本《培花小園詩鈔》十三卷），編纂《江西五家文百首》、《分韻試帖三百首》。

吴壽平（一八〇八舉人）

《續琵琶行》

壬戌五月之初，與漢上同人買醉於玉香樓，聞有善琵琶者，召之佐酒。至則色藝俱絕，而意態摧抑，若有不能為懷者。酒邊問訊，自述酸楚之甚，舉座不歡者久之。嗟乎，雨暗湘流，雲迷紫塞；天荒地老，無處埋愁；何必潯陽江頭，感楓葉荻花，始青衫淚濕哉！飲後命紙，綴為長篇，凡六百五十八言。曰《續琵琶行》云。

炎風刮地火雲起，晴街月色明如水。漢皋旅客奈愁何，呼朋買酒聽清歌。選花偶過宜春院，紅燭高烧開綺宴。聞道琵琶第一聲，頻遣雅鬟約相見。須臾抱得四弦來，綽約花枝照人艷。雲璈檀板且慢敲，先聽轉軸弦聲交。安弦一一宫商合，未彈莫使歌聲雜。一弦高發一弦低，疏雨斜風來颯颯。劈挑推卻指如飛，清濁之間妙入微。鶴鳴古树露初冷，雁叫沙汀雪作圍。忽然清角變徵羽，音淒調急促弦柱。羈客城南欲斷魂，樓頭少婦泪如雨。此時人聲雜絲聲，聲聲掩抑最有情。有情却被無情斷，寡鵠孤鸞飛失伴。鬟簧宛轉化嘌嫒，摇摇華燭光清亂。曲罷餘音住又留，長堤别後回星眸。满座肅然都改容，似聞蛩語吟高秋。我見豐姿已心異，訝是平生不得志。又聞琵琶怨以悽，抑鬱心中如許事。把栢促坐訊芳蹤，憐君狼藉委東風。自言大堤有舊族，鄉風慣唱銅鞮曲。藍田玉美價連城，秀水珠明换十斛。嬌小曾邀阿嬭憐，娉婷自許藏金屋。盈盈十五字東鄰，獵待春風與拘束。忽地篝火起狐鳴，蛾贼潢池盗弄兵。夜裏刀槍臨漢水，朝來煙火照襄城。焚掠可憐留焦土，殺人不許有哭聲。親舊走散眷屬死，伊誰提攜惜輕盈。流轉關河莫自主，自分弱質飼狼虎。陌路忽見故鄉人，為道高門留稚女。只言常上簸金錢，那識樓頭學歌舞。紅樓誤入劇心伤，桃花命薄儘輕狂。買笑不少纏頭錦，知音難覓有情郎。秋月春花昏復曉，章臺折柳來京兆。却扇一顾肯留香，為織金籠護嬌鳥。芳洲正宿紫鴛鴦，緣淺誰料賦斷腸。泣血只應同杜宇，分明那得拜姑嫜。訂得佳期春又誤，蕉萃妝成誰與訴？夜長枕畔暗嘌紅，雙槳空懷桃葉渡。信手弹来那自知，傷情豈計锺期遇。聽罷此語重凄然，天涯何處不堪憐。長沙秋色悲知己，洛水春光損少年。暗把離憂尋舊譜，淪落飄零羞自語。青衫紅粉古今愁，與君同是傷心侶。傷心本來是琵琶，況當漂泊尚無家。莫将長恨翻新曲，宵來作作動風沙。徘徊惆悵月照席，大別山頭嘑亂雅。

予年來落拓無成，意氣頹唐之甚。買酒聽歌，藉以自放，往往見之筆墨，亦升庵所謂「老顛欲裂風景，聊以耗壯心」耳，朋輩乃以爲訴。嗚呼，碧海青天，羈愁莫訴，美人香草，騷士寓言，又誰知之?（范鍇《漢口叢談》卷六引吳壽平《閑情麗品》，臺北成文出版社有限公司《中國方志叢書》影印道光二年刊本，一九八五年六月臺一版，第三三五～三三八頁；張研、孫燕京主編《民國史料叢刊》第七〇二册，大象出版社，二〇〇九年二月，第三〇〇～三〇〇二頁）

智按：吳壽平，字格齋，湖北通城人。嘉慶十三年（一八〇八）戊辰舉人。有《漱六堂存稿》、《閒情麗品》等。事迹見丁宿章《湖北詩徵傳略》卷五（清光緒七年孝感丁氏涇北草堂刻本）。

蕭重（一八〇八舉人）

《偶檢案頭國朝名人集及近人詩箋各題一截自竹泉觀察以下則又兼懷人矣》（其一）

天然古色見斕斑，力厚思沉未可攀。都為長篇太修整，教人錯擬白香山。（吳梅村）（《剖瓠存稿》卷十一，《清代詩文集彙編》影印清道光十四年客燕齋刻本，第五六〇册，第五九六頁；《萬首論詩絕句》第三册，第一〇五一頁）

智按：蕭重，字遠村，靜海（今江蘇南通）人。嘉慶十三年（一八〇八）賜舉人。官莆田凌洋司巡檢。有《剖瓠存稿》二十卷，道光十四年刻本（中國科學院圖書館藏）。

朱實發（一八一三拔貢）

《前溪新樂府（爲林小溪大令作）》

⊙散米廠

放米設廠分四鄉，一鄉十廠隨其方。大口小口相扶將，手持賑單一尺長。

硃紅官印鈐中央，姓名男婦登記詳。廠中分别東西廂，男東女西限以疆。一升一斗皆平量，米如珠白無粃糠。領米歸去午飯香，竟忘人世有饑荒。董其事者紳與商，不使胥吏參其旁。官也時復來登場，饑民鼓舞富賈泣。不得居奇賣一粒。

⊙禁石宕

開石宕斧鑿，之聲驚天上，開石宕玉卮，穿破使無當。縣南一帶山延綿，藉爲一縣之保障。奸民牟利賄其官，官受其賄隨所向。朝採石，入幽壙，暮採石，登列嶂。有如一人身剞劂到腑臟，坐使四境元氣皆凋喪。長繩縶其匠，對山加箠搒。朱書梼柮立禁狀，永保山靈得無恙。山靈無恙民陶陶，使君之德如山高。

⊙葺窮屋

東支西挂幾間屋，風雪猛來屋欲哭。居其屋者孤寡獨，腹内僅有半盌粥。身上并無兩層服，如此穿漏那可宿。官來顧之慘心曲，嗟爾人兮不如畜。急召匠氏來，其速庀爾材。植其圮者起其頹，破者補之薄者培。窗櫺糊亮白紙裁，階除掃淨無塵埃。前者墮寒谷，今日登春臺，那怕風雪將人埋。

⊙除漕蠹

一十八都數百莊（通縣十八都，每都又分各莊莊），户運米，輸漕糧，漕中有蠹神趪趪。軀幹藴立性强梁，包攬各都米上倉。有不從者遺之殃，奪斛不許官平量。少不遂意勢蹶張，能使一國人皆狂。以理諭之頭更昂，此蠹不除收無方。除蠹有若除犬狼，縛之以繩丈二長。大杖杖之臀生瘡，瘡起決配投遠鄉。從此漕倉肅漕政，更無一人敢恣横。顆粒不浮民不病，一十八都皆奉令。（張應昌《國朝詩鐸》卷一，《續修四庫全書》影印清同治八年秀芷堂刻本）

智按：與白居易《新樂府》一脈相承。

《讀香山詩集》

一卷香山居士詩，驕花寵柳費相思。於今世上黄金貴，那有雞林賈客知。（《萬首論詩絶句》第二册，第七三三頁）

智按：朱實發，字樹泉，號飯石，江蘇六合人。嘉慶十八年（一八一三）拔貢。以詩、畫知名。有《尺雲軒詩集》四卷《秋窗疊韻詩》《尺牘》不分卷（中國社會科學院文學研究所圖書館藏清道光十四年刊本，一函八册）；《尺雲軒全集》（詩集四卷文集二卷附續編外集：尺雪軒尺牘不分卷附秘窗疊韻詩）（中國社會科學院文學研究所圖書館藏清光緒十三年重刊本）。另，《尺雲軒集》三卷（中國國家圖書館藏道光活字本）；《尺雲軒文集》二卷《續編》一卷《尺牘》一卷（中國科學院圖書館清道光間朱穀昌等刻本）。

楊昌光（一八一三舉人）

《北行舟中作》（四首其四）

誰云白俗與元輕，陣馬風檣筆底橫。萬里雲煙歸客夢，一天雷雨挾江聲。落花有憾眠寒蝶，楊柳無心坐曉鶯。指點片帆相接處，征途多少別離情。（《晚晴簃詩匯》卷一百二十五；《沅湘耆舊集》卷一百四十六，《續修四庫全書》影印清道光二十三年鄧氏南邨草堂刻本，第一六九二册，第四三五頁）

《漫興》

春來苦憶踏花遊，小坐篷窗夕照幽。壯志未酬雙佩劍，離情空寄一孤舟。煙波浩渺搖青雀，今古沈浮付白鷗。隔岸忽聞長笛響，有人閒倚柳邊樓。

沙平岸闊又前津，簫鼓斜陽渡口春。萬里江山供□□，一天風雪冷吟身。頻年綠水舟中客，昨夜紅閨夢裏人。强學題詩酬彩筆，浮蹤相伴白鷗親。

眼斷晴川一帶煙，聊將詩思寄空船。歸田翻羨陶元亮，讀曲徒悲白樂天。莽浪乾坤流水外，凄涼簫管夕陽邊。忽聞玉笛梅花落，雲樹蒼茫何處仙。

迢遞山高復水深，孤舟泊向柳花陰。窮途肯滴英雄淚，故里頻牽客子心。眼底家書雙鯉杳，腰閒寶劍一龍吟。來朝為語湖邊鳥，休向枝頭報好音。（《沅湘耆舊集》卷一百四十六，《續修四庫全書》影印清道光二十三年鄧氏南邨草堂刻本，第一六九二册，第四三五頁）

智按：楊昌光，字秋笛，號花塢，湘陰（今屬湖南）人。嘉慶十八年癸酉（一八一三）舉人。有詩才，年二十六歲卒。有《芸窗小草》。

計大受（一八一四前後）

《史林測義》

⊙陳元禮

玄宗奔蜀，次於馬嵬，右龍武大將軍陳元禮因將士之饑疲憤怒，誣楊國忠與吐蕃謀反而殺之，且不收隊。玄宗以不得已，賜貴妃死，雖國忠、貴妃有不可不誅之罪，而無敢擅誅此，王思禮請哥舒翰劫國忠至潼關殺之，翰謂此乃吾反，何與禄山事也。元禮則乘危以作亂，至使至尊不得庇一供奉，倘不速決，事且如何？唐人詠其事者，劉禹錫云：「官軍誅佞倖，天子舍妖姬。」白居易云：「六軍不發無奈何，宛轉娥眉馬前死。」此詩史也。若杜甫之《北征》篇曰：「不聞夏殷衰，中自誅褒妲。周漢獲再興，宣光果明哲。」亦謂歸美其君臣子之義，而云：「桓桓陳將軍，仗鉞奮忠烈。微爾人盡非，於今國猶活。」毋乃使劫君者資以爲辭，而長後世之亂乎？且唐之再興，由發馬嵬之日，父老率數千人，遮道請留，太子東討賊，此時卽國忠、貴妃而在，亦不能以中沮。及卽位靈武，而諸道殉國之志益堅，固非以誅國忠、貴妃，有以振起人心，而克施光復舊物之謀於成都也，以活國許元禮，則亦未切當時之事勢。此少陵集中一大紕繆，有害名義者，不可不辨。（《史林測義》卷二十一，《續修四庫全書》影印清嘉慶十九年楓溪别墅刻本）

⊙錢徽

錢徽典貢舉，段文昌、李紳屬所善不預，而李宗閔壻蘇巢、楊汝士弟殷士及第，文昌因奏徽取士以私。穆宗問紳及李德裕、元稹，皆以爲然。詔王起、白居易覆試，黜巢等過半，乃貶徽及宗閔、汝士，汝士等勸徽出文昌、紳私書自直，徽曰：「苟無愧心，得喪一致，奈何奏人私書?」敕子弟焚之。按巢及殷士，皆與徽厚，宗閔又託巢於徽，徽謂無愧，特強顏自文耳。且初得段、李私書卽應自發，至是始奏，則前固納其請託，而覆黜既多，又何能假以自直，乃詭附士君子之行，前唐書有時人多之之語，而後書削之固當。長洲陳氏以爲心事度量，不愧聖賢，趙田袁氏以爲泯得喪忘順逆，進乎道而難能，又皆無解於癡人說夢之嘲矣。若徽獨不如二人請者，時德裕、宗閔其隙已成，文昌爲德裕父所擢士，德裕、稹、紳又三俊相結，而徽善宗閔，不欲引德裕黨，故抑之，然則後之各爲朋比，更相傾軋，固由徽徇門户之私，不顧國家之公，啟下流於方濫，致狂瀾之莫挽也，得不爲罪之魁乎？（《史林測義》卷二十二，《續修四庫全書》影印清嘉慶十九年楓溪別墅刻本）

智按：計大受，鄱陽（今江西波陽東北）人，歲貢生，大學士潘世恩視學江西所取士。嘉慶十九年（一八一四）寫定進呈《史林測義》三十八卷。稽核正史，旁訂群言，雖非史學專門，而考辨議論，平實博通，不涉迂陋。

嫏嬛山樵（一八一四前後）

《補紅樓夢》

忽聽外面「當」的一聲點響，賈珠忙退了出去，道：「姑老爺回來了。」只見林如海笑吟吟的走進來，道：「姑娘們都到了麼？咱們都是至親，請到里間坐罷。」鳳姐，尤三姐、鴛鴦三人早已拜了下去，林如海答了三揖。丫環們將里間的簾子打起來，讓他三人内室暫坐，司棋便跟了進去。林如海先與賈母道了喜，賈夫人便將鳳姐所說，黛玉在太虚幻境的光景，告訴了林如海一遍。如海也自歡喜道：「我前日在崔判官衙門裏，講起黛玉的話來，崔判官也說：有個太虚幻境。當日白樂天《長恨歌》上有句云：『忽聞海上有仙山，山在虚無飄渺間。樓閣玲瓏五雲起，其中綽約多仙子。』就是那個地方，如今令愛姑娘必是登了太虚了。我還謙說，那裏能夠呢。誰知竟果然應了他的話了。」（第六回「鴛鴦鳳姐各遂初心　寶玉湘蓮同證大道」，北京大學出版社一九八八年十月版，第四八～四九頁）

二人正在吃茶閒話，忽聽一陣琵琶弦索之聲，悠揚入耳。寶玉手拿著茶杯，側耳聽去，不覺聽的出了神。湘蓮笑道：「我們久離塵市，不聽此聲已經好幾年了。寶兄弟，你怎麼今兒又動了凡心了麼？」寶玉笑道：「非也，我常念白樂天的《琵琶行》，常恨不能身到九江的亭子上一看。不想今兒這亭，前臨大湖，竟仿佛有琵琶亭的景況。又聽見有琵琶之聲，就不覺有感呢。」湘蓮正欲答言，忽聽歌聲婉轉，迎著順風，字句真切。（第十九回「好友朋同志更

同行　胞弟兄相逢不相識」，北京大學出版社一九八八年十月版，第一七二～一七三頁）

智按：《補紅樓夢》四十八回，嫏嬛山樵撰，從第一回自稱「著《參同契》者魏氏後裔」，可知作者姓魏。此書有嘉慶十九年（一八一四）自序，成書當在此年。現存嘉慶二十五年（一八二〇）刊本與石印本。

馮繼聰（一八一六舉人）

《論詩絶句》（五百七十一首之四百五至四百九）

⊙白居易

最風流是白香山，詩句風流更莫攀。老嫗聽來心自解，情詞如話許誰芟？

得名始自顧逋翁，芳草篇章衆英同。老元堪作齊名侶，體擅元和一代工。

童子解吟長恨曲，胡兒能唱琵琶篇。宣宗讚歎今猶在，二語能將白傅傳。

當時倡和有元劉，傳誦紛紛不少休。更入雞林行賈手，一詩每得一金酬。

始生七月識之無，九歲能知聲律殊。天稟超然非學力，詩篇吟誦到僧徒。

⊙元稹

洛陽才子震人寰，年少風流詩句嫻。體好元和誰與共？齊名惟有白香山。

（《萬首論詩絶句》第三册，第一一五九頁）

智按：馮繼聰，字作謀，號易泉，山東任城人。嘉慶二十一年（一八一六）舉人。官教諭。有《周易析義》六卷、《論唐詩絶句》二卷、《易泉先生詩鈔》四卷。

俞國琛（一八一六前後）

《論詩》（二十首之十、十一）

白俗成家也大難，琵琶江上盡情彈。天涯淪落酸心句，莫作尋常贈伎看。

名振雞林老侍郎，長安米貴語荒唐。韶年十字憐芳草，便是知音不礙狂。

(《萬首論詩絕句》第二册，第八四五頁)

智按：俞國琛，山陰（今浙江紹興）人。有《驪爪集》等。另有《風懷鏡》四卷，即《曝書亭·風懷詩》注也。趙學海參，吕以佺校。嘉慶二十二年（一八一七）丁丑刊巾箱本，分「齊意心耦」四字，裝訂四册，前有嘉慶二十一年（一八一六）丙子趙大奎序。

周宏嗣（一八一九舉人）

《游雁山次白香山游悟真寺詩一百三十韻》

道光壬寅歲，十月月上弦。驅車至大荆，因之游雁山。出城日已斜，流水聞潺湲。紆回六七里，石梁緣谿灣。旁多紅葉樹，下臨白石灘。山禽暮歸巢，飛鳴遠塵喧。迎面立老僧，巖高不可攀。暝色入深谷，星辰出巖巔。云至碧霄寺，竹樹森一邊。山高月難到，幽暗如扃闗。但見羣山頭，歷歷垂仙鬟。老僧設伊蒲，說門舌瀾翻。須臾月升中，推窗見庭軒。乃出三門望，恍惚非人間。見山不見寺，寺深山腹寬。突兀萬仞石，壓屋架青巒。有如鐵屏風，百萬排天堅。前有觀音峯，羣峯皆龍蟠。鬭雞奮長頸，靈芝旁芊芊。最近將軍洞，秋風時聞絃。月斜看未厭，起坐爲俄延。瞥見鳥飛出，眇小如秋蟬。遂入禪房卧，心空魂夢安。晨起懶盥洗，人境皆悠然。僕夫催出門，一步一迴旋。夜既饒幽景，曉復踏晴川。行來四五里，巨險當平原。道是靈峯洞，洞小纔容拳。及至洞口看，百尺圍石闌。闌邊多古木，曲直咸可觀。前有雙筍峯，高聳入雲端。亦曰雙蠟燭，照佛輝旐繁。直上數百級，僧房若盂槃。上有珠簾水，水滴屋瓦穿。擘開天一綫，兩崖爭比肩。内有洗心池，濯之澤朱顔。象設大慈悲，禮拜瞻華鬘。列坐阿羅漢，天巧非雕鐫。石髓成脂粉，古香殊栴檀。平衍數畝地，光潔鋪瑤筵。仰視洞中頂，石紋綴珠鈿。陰晴俱可見，秉苣不用燃。崖端有草木，枝葉蟲蛇蟠。有時天風過，觸石聲珊珊。大石玉光白，小石血色殷。一洞分爲兩，上如人之冠。下若船覆篷，無風六月寒。欲辭塵世事，來鍊爐中丹。從此復西行，更歷幾祇園。山風吹我衣，自謂身是仙。入憩淨明寺，日午塔影圓。南有蟾蜍石，昂頭趨寺前。東有聽詩叟，蓮花扶清妍。北曰蓼花嶂，磊砢如牛眠。西望巖下水，珠玉娟娟娟。豁然見開朗，心暢體輕翾。縱觀谷外谷，名象實有蕃。往年釋道融，學佛近儒酸。收藏古名蹟，不愛青銅錢。來游有詩客，供饌修蘋蘩。即今守戒律，香廚無腥羶。游山著便覽，歲深鏤板刓。我來聞疇昔，題詩殿東偏。前人有歌詠，舊壁餘花牋。坐久方寸地，鳶飛魚躍淵。迺自至靈巖，有山不敢看。大旗從天展，似欲將人搏。小旗雖非偶，鵬翮橫空騫。天柱拔地起，萬古白雲攢。恢詭不勝紀，大哉化工天。再上靈巖洞，羣巖列成團。十步九回折，行人如轉丸。曰天開圖畫，四時雲彌漫。龍鼻滴天水，盛以碧玉盤。大旱滴不絶，旁流亦潺潺。龍自靈峯來，奔騰無迴環。兩山相夾持，雷霆駭驚湍。龍怒忽棹尾，觸首吐鯢涎。鱗甲森閃爍，欲飛勢轉難。別有卧龍谿，時窺飲澗猨。入觀小龍湫，云有紅鱗鱣。我雖未盥漱，支體消熱煩。飛泉拂劒鋒，寒侵膽與肝。捫蘿踏峭壁，無處尋靈源。一帶錦谿水，十里青琅玕。言游大龍湫，脚底森瓊璠。有右皆堪寶，空山長棄捐。誰鞭華嶽來，翠㟍相交連。雲霞片片落，化爲白玉竿。是曰翦刀峯，猨猱絕攀援。漸見汩汩水，旋作微微瀾。突入蛟龍宮，另闢天一寰。峷岃千仞壁，凹滑如甃甎。水從壁上飛，下流萬丈懸。昔有白雲庵，老僧此坐禪。我今但看瀑，妙難以言傳。尺布裂天出，滚滚飛蠶緜。映日呈五色，紅藍青赤元。風來忽不見，珠屑散芝田。倏忽大雨注，對語不聞言。細沫著肌膚，毛髮爲之斑。或作回旋舞，玉龍繞印壇。或作雪霰飄，紅霓垂蜿蜒。頃刻千萬變，寸寸幻雲煙。逝者如斯夫，摹寫失精專。玲瓏隔山望，飛絮猶翩翩。願兹一泓水，流爲百道泉。遠近有田畝，灌溉永無愆。我爲潛龍禱，稼穡思艱難。緬彼能仁寺，歷年踰半千。南宋迄前明，菩薩崇九蓮。呼僧訪舊事，於今無有焉。春釀傾泉白，秋葵摘露鮮。晚餐真輭飽，連日喜晴乾。尚有名山勝，兹遊信未殫。就吾所觀見，殊自足盤桓。念我來樂清，苦爲名利牽。自昔登賢書，五度上春官。讀書無成效，忝爲閒散員。雖云飯不足，何以免素餐。況復邇年來，多病而寡歡。今年五十二，鬢髮半衰殘。豈不懷好爵，或恐擔憂患。坐此常自息，藉以全愚頑。賤貧何所樂，疏散無拘攣。出門知幾日，興盡聊云還。飲酒五六盞，吟詩三兩篇。消除身外業，領取靜中緣。四時有清興，終歲多餘閒。持此一問訊，何如羲皇年。（《兩浙輶軒續録》卷二十九，《續修四庫全書》影

印清光緒十七年浙江書局刻本）

智按：周宏嗣，字寶堂，奉化（今屬浙江）人。嘉慶己卯（一八一九）舉人，官樂清教諭。

李佩金（一八一九前後）

《青衫濕·題潯陽送客圖》

半帆冷月空江口，楓荻晚烟横。歸鴻無數，鄉心幾許，如此秋聲。尊前掩面，凄凄切切，細數生平。琵琶哀怨，青衫憔悴，一樣銷魂。（《生香館詞》，《小檀欒室匯刻閨秀詞》第一集）

智按：李佩金，字紉蘭，一字晨蘭，長洲（今江蘇蘇州）人。司馬李虎觀女，山陰何湘（仙帆）妻。工詩詞，以秋雁詩得名，嘗集古今女士書爲《簪花閣帖》。三十餘卒。有《生香館詩詞》，前有楊芸序，後有遂初居士孫均跋。有嘉慶二十四年（一八一九）刊本。

徐必藻（一八一九前後）

《安遠縣志·仙釋志》

李長庚雅號仙才，白太傅居然禪伯，仙釋亦士林所不諱也。又况學士有瀛洲之選，詩家得茅屋之傳，甚未可以其爲仙釋而鄙夷不道也。特以秦皇藥欲求仙，唐代骨還迎佛，則未免沉溺其中矣。有如山以仙而得名，山以僧而多占，古人之題咏者，豈誣也哉？作《仙釋志》。（《［道光］安遠縣志》卷十）

智按：徐必藻，字雨坡，奉新（今屬江西）舉人。嘉慶二十四年（一八一九）任安遠教諭，曾作《黄理堂明署後建觀稼亭》以褒揚主政者觀稼事農之嘉行，影響頗大。《安遠縣志》三十二卷，道光二年知縣黄文燮修，徐必藻、馮家駿纂。

聶汝康（嘉慶貢生）

《花韈》

自著蒲韈五十年，從無花片上行纏。如何穿角王遵業，忽作飛雲白樂天。對客常防偷學様，沾塵亦覺暗生妍。繁華公子休相笑，風景何曾裂老顛。（《沅湘耆舊集》卷一百七十四，《續修四庫全書》影印清道光二十三年鄧氏南邨草堂刻本，第一六九二册，第六八二頁）

智按：聶汝康，字迺福，湖南湖鄉人。嘉慶中貢生。

熊榮（嘉慶間）

《譚詩管見》

學律詩者必以唐為宗主，於唐又必以盛唐為師法。初唐如張曲江、陳拾遺、魏鄭公，以及王楊盧駱，氣象裔皇，規模壯闊，實開一代之風氣，然以律體衡之，不如亂頭粗服之譏。盛唐則春容大雅，細意熨帖，不獨李太白、杜少陵、孟襄陽、岑嘉州、王摩詰、高達夫等，卓然千古，其餘亦俱有溫潤和平，晶融嚴密之致。蓋一時之氣運使之然也。中唐錢劉、韓柳、元白，整贍高華，不亞盛唐，但其氣味微嫌薄弱，不能如李杜、高岑、王孟之深厚耳。晚唐如李義山、杜牧之，力追工部，非不樹詞壇之幟，登大雅之堂，然餖飣末學，雖極繁富，終乏骨力。自檜以下，更無譏焉。（《清詩話三編》第二二三三頁）

白樂天《李白墓》詩：「采石江邊李白墳，繞田無限草連雲。可憐荒塚窮泉骨，曾有驚天動地文。但是詩人多薄命，就中淪落不過君。」予謂此語不獨令太白地下心酸，普天下後世能詩者，讀之無不一齊下泪。

《堯山堂外紀》：白樂天初至京，以所業謁顧著作況。況覩姓名，熟視曰：「長安米貴，居大不易。」及披卷，首篇云：「咸陽原上草，一歲一枯榮。野火燒不盡，春風吹又生。」乃嘆賞曰：「吟得個語，居亦何難。前言戲之耳。」因為延譽，聲名遂振。又云：「長安冰雪，至夏日則價等金璧。白詩名動閭閻，每需冰雪，論筐取之，不復償價，日日如是。」可見人貴抱負之不凡耳，而豈患知之無人乎！

白樂天云：「此身不欲多强健，强健多生人我心。」于良史云：「僻居人事少，多病道心生。」可知人生在世，心地最難乾淨。一到病時或患難中，則萬念俱虚。人窮反本，信然哉！猶憶丁丑七月，就試旋里，舟中不戒，落水。長年駱文瑞下救登岸，爾時萬死一生，一切功名富貴，俱已置之度外，自謂直可作神仙。不六七日，人事糾纏，又居世網中矣，衹今尚未能回向也。奈何奈何！

白樂天《楊柳枝詞》：「一樹春風千萬枝，嫩於黄金軟於絲。永豐西角荒園裏，盡日無人屬阿誰。」《雲溪友議》：居易有妓樊素善歌，小蠻善舞，嘗為詩曰：「櫻桃樊素口，楊柳小蠻腰。」年既高邁，而小蠻方豐艷，因《楊柳詞》以托意云。録樂天《不能忘情吟并序》：「樂天既老，又病風，乃録家事。會經費，去長物。妓有樊素者，年二十餘，绰绰有歌舞態，善唱楊枝，人多以曲名之，由是名聞洛下。籍在經物中，將放之。馬有駱者，驵壯駿穩，乘之有年，籍在經物中，將鬻之。圉人牽馬出門，馬驤首反顧一鳴，聲音似知去而旋戀者。素聞馬嘶，慘然立且拜，婉孌有詞，詞畢泣下。予聞素言，亦愍默不能對，且命迴勒反袂。飲素酒，自飲一杯，快吟數十聲。聲成文，文無定句，句隨吟之短長也，凡二百五十五言。噫，予非聖達，不能忘情，又不至不及情者。事來攪情，情動不可柅，因自哂，題其篇曰不能忘情吟。」吟曰：「鬻駱馬兮放楊柳枝，掩翠黛兮頓金羈。馬不能言兮長鳴而却顧，楊柳枝再拜長跪而致辭。辭曰：主乘此駱五年，凡千有八百日。銜橛之下，不驚不逸。素事主十年，凡三千有六百日。巾櫛之間，無違無失。今素貌雖陋，未至於衰摧；駱力猶壯，又無虺隤。即駱之力尚可以代主一步，素之歌亦可以送主一盃。一旦雙去，有去無迴。故素將去，其辭也苦；駱將去，其鳴也哀。此人之情也，馬之情也，豈主君獨無情哉？予俯而歎，仰而咍。且曰：駱駱爾勿嘶，素素爾勿啼。駱反廐，素反閨。吾疾雖作年雖頹，幸未及項籍之將死，何必一日之内棄騅兮而别虞兮。乃目素兮素兮，為我歌楊柳枝。我姑酌彼金罍，我與爾歸醉鄉兮去來。」讀此序與詩，不佳樂天之能留素，而佳素之戀主，憐其老病，遣而不去也。然夢得詩曰：「春盡絮飛留不得，隨風好去落誰家？」樂天亦自云：「病與樂天相共住，春同樊素一時歸。」則是樊素亦竟去也。東坡南遷，侍兒王朝雲請從行。東坡佳之，作詩云：「不學楊枝別樂天。」朝雲其忠於樊素也夫！（《清詩話三編》第二二三九頁）

裴令公贈馬樂天，相戲云：「君若有心求逸足，我遺留意在名姝。」蓋引妾換馬，戲意亦有所屬也。故樂天答詩云：「安石風流無奈何？欲將乘驥換青娥。不辭便送東山去，臨老何人與唱歌？」二公亦可謂善謔者矣。

樂天《別柳枝》詩云：「兩枝楊柳小樓中，嫋娜多年伴醉翁。明日放歸歸去後，世間應不要春風。」《瀛奎律髓》：樂天為病風痺，遣二妾，故有是作。「觴咏罷來賓閣閉，笙歌散後妓房空」，亦病中所賦。又明年，有「去歲樓中別柳枝」，自注云：「樊、蠻也。」二妓者，皆以「柳枝」目之云。

樂天《別柳枝》絕句，夢得繼和云：「春盡絮飛留不得，隨風好去落誰家？」樂天又復戲答云：「柳老春深日又斜，任他飛向別人家。誰能更學兒童戲，尋逐東風捉柳花。」

《容齋五筆》云：初讀樂天《感石上川字》詩，有陳結之，並無所經見，全不可曉。後觀其《對酒有感寄李郎中》詩「往年江外抛桃葉，去歲樓中別柳枝。」注云：「桃葉，結之也；柳枝，樊素也。」然後結之義始明。其《感舊》詩云：「閒撥船行尋舊池，幽情往事復誰知。太湖石上鐫三字，十五年前陳結之。」然則樂天之所屬意者，豈但小蠻、樊素已哉！（《清詩話三編》第二二四〇頁）

白樂天「佛容為弟子，天許作閒人」，天然有味，然唯樂天足以當之。世人貪嗔癡殺，種種相尋，即北面空王，能容其為弟子乎？而且「生年不滿百，常懷千歲憂」，為名為利，役役窮年，不是閒人閒不得，天肯許之乎？（《清詩話三編》第二二四三頁）

樂天《罷府歸舊居》中二聯云：「屈曲閒池沼，無非手自開。青蒼好竹樹，亦是眼看栽。」是隔句對，自成一體。為律詩者，必不效此以為工。（《清詩話三編》第二二四五頁）

智按：熊榮，字對嘉，號雲谷、厭原山人，新建（今屬江西）人。諸生，齋號為回龍庵。處士，有《厭原山人匯稿》、《南州竹枝詞》、《西山竹枝詞》、《雲谷詩鈔》、《雲谷詩餘》（一名《和聲詞》）。《譚詩管見》一卷，有清嘉慶六年刊本、嘉慶七年厭原山人匯稿本。

鄭炎（嘉慶間）

《落花行》

蘇晉齋頭描繡佛，手中自捉龍鬚拂。綠草無情花有情，飄來惱我盃中物。東風宕漾何葳蕤，腰下何必懸金龜。由來孫壽不知苦，墮馬不墮妝愁眉。嗚鳩拂羽戴勝降，高軒驀地過深巷。拭目驚看滿地花，恍如玉斗懷中撞。蘇州刺史白樂天，每逢佳節醉花前。靈巖山側留題徧，榆莢飛成滿地錢。(《雪杖山人詩集》卷二，《四庫未收書輯刊》影印清嘉慶五年鄭師尚刻本)

《西江紀行》

忍飢走嶺南，跛履章贛路。自憐太瘦生，經月飽宿霧。……空閣闃無人，弔古轆一駐。悠悠帝子魂，久被閒雲誤。冐與王子安，隔塵鬭詞賦。縱無賢主人，濁醪聊自酤。意適寄一咏，常語倣白傅。來看鐵樹花，孽龍深甃錮。銀牀鎖鋃鐺，暑月水凝冱。上坐許敬之，身用百香塑。眞贗何足辨，邪說仁人惡。放舟蕩中流，巒翠滿空布。須臾海潮生，亂颭鬼國颶。……（《雪杖山人詩集》卷三,《四庫未收書輯刊》影印清嘉慶五年鄭師尚刻本）

《四愁詩》（四首其二）

連理枝分思合體，竝頭芳折苦同心。錦衾角枕温方息，羅襪香囊信已沈。共我看花纔一瞬，借人歌舞值千金。潯陽江上琵琶曲，拍碎紅牙恨未深。(《雪杖山人詩集》卷八，《四庫未收書輯刊》影印清嘉慶五年鄭師尚刻本)

智按：鄭炎，字清渠，秀水（今浙江嘉興）人。

程岱葊（嘉慶間）

《野語》

⊙傳代

牽錦時，以紅氊遞换貼地，接入洞房，白樂天《春深娶婦家》詩云「青衣轉氊褥，錦繡一條斜」即此，今率易以米囊取傳代之義，亦通。（《野語》卷七，《續修四庫全書》影印清道光十二年刻二十五年增修本，第一一八〇册，第九二頁）

智按：程岱葊，嘉慶間人。有《西吴蠶略》二卷、《野語》九卷。

華廣生（嘉慶間）

《白雪遺音》

⊙臨盆閨慮

曾記元宵倚畫欄，思君品格貌非凡，好似慈航夜渡登樓賞，襄王神女會巫山，你愛我，如梵素，蘇小蠻，欲並文姬少二班，我愛你，蓮花品，貌潘安，才如子建白香山，故與你錦帳歡娱，漏盡五更嫌夜短，繡幃春暖，雪深三尺不知寒，憶别時，西院白梅飄玉瓣，到如今，東籬黄菊簇金丹，害的奴，腰寬漸短羅裙帶，恍惚神思步履難，畫堂難見椿萱面，閨閣羞同姐妹談，可恨的，腹中指日將分娩，所產的東西是個索命丹，恨無縮地行雲法，得與君家肺腑談，恨不得，縊帕懸梁尋個自盡罷，尋君自到陽關，夢與君家會一番。（《白雪遺音》卷三「九連環小郎兒剪靛花七香車起字呀呀喲八角鼓南詞」，《續修四庫全書》影印清道光八年玉慶堂刻本；馮夢龍等《明清民歌時調集》）

智按：華廣生，字春田，歷城（今山東濟南）人。編清代流行小曲總集《白雪遺音》四卷，收小曲歌詞七百八十首，道光八年（一八二八）刊印成書。

胡壽芝（嘉慶間）

《東目館詩見》

元白並駕，而元多剛率；皮陸同驅，而陸多纖刻。由白具閑曠，皮有識量也。（清嘉慶十一年丙寅刊本《東目館詩見》卷一）

元輕白俗，坡公云然，亦是的評。二公體多舛雜，宜為清苦者見嗤。然其長律藻思嬋嫣，徽徽可誦，惜未免矜博興高，以疊和見長，不得謂非制科習氣。（清嘉慶十一年丙寅刊本《東目館詩見》卷一）

樂天詩，牧之謂纖艷不逞（一云是李戡語），東坡謂拙於紀事，非正法眼不能道，或又嫌其藉俚俗抒寫，格制不高，則未玩其諷喻、閒適兩門耳。惟其作太多，不更風操，易令人厭。（王從之謂：樂天與元氣相侔，要是大才。未免過譽。觀長韻大篇，情致曲盡，穩愜諧協，烏得以淺易輕之。）（清嘉慶十一年丙寅刊本《東目館詩見》卷一）

誠齋曰：「偶然一讀香山集，不但無愁病亦無。」真善取樂天者。（鄭厚評樂天如柳陰春鶯，誠然。）（清嘉慶十一年丙寅刊本《東目館詩見》卷一）

（皮日休《正樂府十篇》）雖不及樂天《新樂府》深透沉痛，而指抉利弊，何讓諷諭。時無忌諱，乃得此裨世之作。（清嘉慶十一年丙寅刊本《東目館詩見》卷一）

智按：胡壽芝，號七因，臨安（今屬浙江）人。由拔貢分發州判，升知州，被議復官夏邑知縣。嘗從梁聞山學書。有《東目館詩集》二十卷。

李光昭（嘉慶間）

《商婦琵琶圖（二首録一）》

紅顏多少歎漂蘋，知己千秋不數人。如此琵琶如此曲，潯陽江上老風塵。（劉彬華輯《嶺南群雅》二集卷三，《續修四庫全書》影印浙江圖書館藏清嘉慶十八年玉壺山房刻本）

智按：李光昭，字闇如、秋田，嘉應（今廣東梅縣）人。諸生。有《鐵樹堂詩集》。劉彬華（一七一〇～一八二九）《玉壺山房詩話》：「嚴滄浪以禪喻詩，有詩不關學之說，前人嘗闢其非，而秋田詩《禪吟》一篇，持論尤痛快。余與秋田一見懽甚，自言其少作，頗尚奇詭，既而悔悉焚之，今所存《鐵樹堂稿》眞意沈鬱，健筆峻嶒，卓然得標一幟，謝灃浦謂其寢饋於百十名賢詩稿，佳處沁入骨髓，故隨所見聞横豎，說來無不入妙。秋田遊灃浦門，相知最深，良非過譽。」謝灃浦，即謝蘭生（一七五九～一八三一），字佩士，號灃浦，廣東南海人。曾主持越秀、端溪等書院。工詩畫，精鑒別。見《紫石凝英·歷代端硯藝術》。

方溥（一八二一前後）

《題陳松〈湖干小住圖〉二首》（題擬）

三竺六橋間，攜童獨往還。文原尊北斗，遊欲擬東山。水月寒煙幕，樓臺古道閑。風塵慚歲晚，一為歎禪關。

小別住西湖，還來示畫圖。柳鶯唐白傅，梅鶴宋林逋。過眼煙雲變，開襟雪月俱。吳山臨絕頂，更與醉屠蘇。（清陳松《湖干小住圖》卷末，引自王源《西湖·一八二一：陳松〈湖干小住圖〉手卷清賞》）

智按：方溥，字湛崖，歙縣（今屬安徽）人。能文，工小楷。陳松，一名崧，字壽山，安徽天長人。善畫松。曾繪夕照寺寺壁五松。其《湖干小住圖》繪於道光元年（一八二一）。方溥詩後題署云：「題奉覺生親家大人正韻，姻愚弟方溥拜稿。」覺生，鮑桂星號。

孫煦（一八二一前後）

《石樓詩話》

元白皮陸競尚次韻，至蘇黃而已極。鄭厚云：「詩之有韻，如風中之竹，石間之泉，柳上之鶯，牆下之蛩，風行鐸鳴，自成音響，豈容擬議？」嚴滄浪

亦云：「和韻最害人詩。」（道光十七年刊巾箱本卷一）

智按：孫煦，字漫士，一字育萬，號石樓，漢陽（今屬湖北武漢）人。嘉慶、道光間名士，主盟漢上詩壇幾三十年，士大夫莫不樂以一編相質正（見劉興樾《石樓詩話序》）。道光元年（一八二一）築晚香山館，延接賓客，詩酒唱和。有《石樓詩鈔》，《民國湖北通志》卷八十八藝文志著録。《石樓詩話》四卷，約作於其隱居樠山之晚年。卷一品評歷代詩家，卷二專評本朝各大家、名家，卷三、卷四專記師友過從及録同時人之詩。持論略主嚴羽以禪喻詩及王士禛神韻之説，然亦不廢他説。有道光十七年（一八三七）巾箱本。參見傅璇琮等主編《中國詩學大辭典》第二五四頁；蔣寅《清詩話考》第五一四頁。

徐大鏞（一八二二舉人）

《讀白樂天覽鏡喜老詩欣然有作》

行年六十四，衰羸已如此。心為境所役，多憂少歡喜。如木已成灰，焦勞伊胡底。忽讀樂天詩，不覺恍然矣。硜硜小人哉，所見何其鄙。試觀同氣中，皆無逾我齒（兄弟六人，余年居長）。地下已三人，生存僅半耳。更觀同游輩，不必遠為指。即以今年論，兩作故人誄，春日亦吾亡（郭君鳳恩），夏月虞卿死（方君長治）。年皆少於我，忽焉成新鬼。彼獨胡為然，我又何所恃。略無災害侵，歲歲籌增紀。所以白樂天，恬然安杖履。無戀亦無厭（樂天句），知足乃知止。覽鏡自喜老，胸襟此何似。一編長慶集，吟玩日無已。可化褊急心，可悟盈虛理。始知我一生，亦既受帝祉。自問何德能，恐尚不稱是。行將開七秩，未嘗勤四體。不用守庚申，又免呼庚癸。雖無少傅尊，亦曾忝禄仕。雖無履道居，亦牣營宅第。樂天況無兒，我已有孫子。當喜不當歎（樂天句），歡娛從此始。（《晚晴簃詩匯》卷一百三十一）

《讀香山送愁還閙處移老入閑中句深有味乎其言因賦此詩》

愁本生於閙，老須償以閑。不難移以入，所賴送之還。為此詩者其知道，我今讀之恨不早。可以大歡喜，無地著煩惱。可作小神仙，有生博壽考。君不見，市上紅塵熱於火，炙手焚身無處躲。山中白雲懶欲眠，棲松巢鶴皆千

年。(《晚晴簃詩匯》卷一百三十一)

《過洛陽留別汪東初》

三月春光信欲殘，雨餘猶怯曉來寒。輕裝重整歸原易，好友初逢別轉難。伊闕林巒詩境遠，香山煙雨畫圖寬（東初工詩畫）。洛陽紙價從今貴，博得公卿刮目看。(《晚晴簃詩匯》卷一百三十一)

《壬戌五月初三夜忽中風痺之疾香山所謂體目眩左足不支與有同病焉昔苻堅得習鑿齒於漢南因其蹇疾裁堪半丁香山詩云漢上羸殘號半人是也余年已七十可以稱翁因自號半翁紀之以詩》

半翁肢體已冥頑，詩酒閒情未忍刪。卅載心傾《長慶集》，誰知病亦學香山。

當日饑驅走晉秦，半翁早歲即風塵。誰知一副幽燕骨，化作床頭廢棄身。

四壁懸將新畫本，紙窗竹屋盡煙雲。半翁身在煙雲裏，鎮日卧游宗少文。(《晚晴簃詩匯》卷一百三十一)

《和自解原韻》

自學詩來五十載，久將白傅奉為師。一千年後憐同病，病裏依然日詠詩。有句直須早傾吐，夕陽紅影不多時。(《晚晴簃詩匯》卷一百三十一)

智按：徐大鏞，字序東，號蘭生，基子，天津人。道光二年（一八二二）壬午舉人，民國總統徐世昌叔曾祖，官杞縣知縣。少嘗學詩于梅成棟，與寶坻高繼珩互相倡和；迨幕游三晉，筮仕中州，以至讁戍塞外，遂多吟詠；放歸後僑居杞縣，優遊林下近三十年，感事懷人，得詩最夥；大鏞遭際坎坷而能作達觀之語，故詩格于《長慶（集）》為近，所為樂府亦極意摹效，蓋終身瓣香白傅者也。有《見真吾齋詩草》十卷（稿本），《見真吾齋詩餘》二卷，始于咸豐八年，皆晚年僑居杞縣時作。

俞儻（一八二二前後）

《生香詩話》

白香山《和微之追越遊》云：「白首舊僚知我者，憑君一詠向周師。」自

注：「周判官師範，蘇杭舊判官。去範字，叶韻。」此種句法，今人斷不敢作，以其割截無理也。(《生香詩話》卷四，道光七年自刊本生香花蘊合集)

智按：俞儼，海寧（今屬浙江）人。先世居江西。道光六年（一八二六）春應蔣淥初之聘入其瑞金縣幕。有《生香詩集》。《生香詩話》四卷，一百六十四則，湖北省圖書館藏道光七年自刊本生香花蘊合集，前有道光二年（一八二二）九月自序。録詩與論評比重差等，大抵主性情，以去俗求清爲主旨，反對以學問矜博，與袁枚之立場近。卷四末言及夫人花蘊卒于道光六年（一八二六），其成書當在此後。

陳方策（一八二八前後）

《君山山門即景》

此中佳處絕塵嘩，亦種桑麻亦種花。去後頓忘松幾歲，來時尚記路多叉。長江浪破三千水，碧樹春圍數十家。我欲卜居從白傅，緑楊明月共清華。(民國十二年黄履思等纂修《平潭縣志·藝文》)

智按：陳方策，字諸紳，號西園，原籍平潭。弱冠爲諸生，精研經傳，擅長詩文，道光八年（一八二八）受知于中丞魏元烺（一七八〇～一八五四），選送鰲峰書院讀書，不久即歸。卒年六十四歲。著《西園遺稿》。

陳偉勳（一八三二舉人）

《酌雅詩話》

……太白天才，東坡大才，樂天逸才，詩已為人間絕唱。但樂天、東坡多贈妓憶妓之作，未免脂粉。竊欲於二公詩集中去此等篇，以全其美。少年人或鄙笑之，老成人未必不稱善也。……（《酌雅詩話》自敘，《清詩話三編》第五四〇二頁）

樂天《九日思杭州》云：「笙歌委曲聲延耳，金翠動摇光照身。」又：

「故妓數人頻問訊，新詩兩首倩流傳。」東坡有《懷錢塘》云：「剩看新番眉倒暈，未應泣別臉消紅。」又：「休驚歲歲年年貌，且對朝朝莫莫入。」皆憶妓贈妓詩也。老杜《寄贊上人》云：「與子成二老，來往亦風流。」東坡《贈辨才》云：「我比陶令媿，公為遠公優。」又：「聊使此山人，永記二老遊。」皆寄僧贈僧詩也。余獨有詩曰：「拙性難容脂粉氣，狂歌不作香奩詞。篋中今日搜存藁，猶喜曾無贈妓詩。」又有曰：「名士常當寂寞時，喜交方外與吟詩。生平我獨成偏拗，不共僧流接一辭。」嘗有一富僧，士類多與往來。及其老也，欲共壽之，求序於余。余曰：「和尚乃作壽乎？作和尚壽乃請我爲文乎？」笑拒之而已。（《酌雅詩話》卷一，《清詩話三編》第五四〇三頁）

《滹南詩話》云：「郊寒白俗，詩人類鄙薄之。然鄭厚評詩，蘇、黄輩曾不比數，而云『樂天如柳陰春鶯，東野如草根秋蟲，皆造化中一妙』，何哉？哀樂之真，發乎性情，此詩之正理也。」又《歸田詩話》云：「『閉門覓句陳無已，對客揮毫秦少游』，山谷詩喻二人才思之異也。後山詩如『壞牆得雨蝸成字，古屋無人燕作家』，寥落之狀可想；淮海詩如『翡翠側身窺绿酒，蜻蜓偷眼避紅妝』，艷冶之情可見。二人他作，亦多類此。跡其生平際遇，屯泰不同，信乎各有造物也。」余按二説云云，觀於陳、秦，郊與白之遇可知矣。感此，隨筆書之曰：「蟲鳴秋草孟東野，鶯囀春柳白樂天。信皆造化中一妙，郊寒白俗何論偏。秦少游何揮毫速，陳無已何覓句艱。由來質地有敏鈍，悲歡遭際各前緣。總之詩以理性情，必得其正方可傳。」（《酌雅詩話》卷一，《清詩話三編》第五四〇五頁）

老杜《茅屋為秋風所破》歌：「安得廣廈千萬間，大庇天下寒士俱歡顔。風雨不動安如山。嗚呼！何時突兀見此屋，吾廬獨破受凍死亦足。」樂天《新製布裘成》云：「安得萬里裘，蓋裹周四垠。穩煖皆如我，天下無寒人。」《新製綾襖成》云：「百姓多寒無可救，一身獨煖亦何情。心中為念農桑苦，耳裏如聞飢凍聲。争得大裘長萬丈，與君都蓋洛陽城。」二公皆以天下為心者，但白實學杜耳。且杜窮而白達，所謂「穩煖皆如我」、「都蓋洛陽城」等句，亦未盡見諸行事，只留虚語而已。夫士生三代下，固多有志未逮者，然欲使匹夫匹婦皆被其澤，亦何道而能然哉？余嘗反覆思之，除卻三代井田之法，而欲使天下無一夫不得其所，亦空言「萬里裘」耳。井田之説，自孟子語滕文公後，有宋朱子、張子慨然欲行之，而卒有志未就，固知古道之不可復行於後世也。然士苟有志，當未達時，浩歌千古，何不可作快心之論？因誦杜、白詩興感曰：「少陵萬間屋，庇士亦差足。樂天萬里裘，虚空何處求？伊周事業今已矣，安能一夫無不獲。惟有井地大略存，相時損益加潤澤。不須亟奪富人産，但令無容連阡陌。就中晝作公私田，給富者租供賦役。一夫量授幾許畝，一家量占幾許宅。田中穀稻牆下桑，少壯不飢老衣帛。士人耕畢還讀書，數椽風雨聊自適。比户時聞機杼聲，深秋處處催刀尺。衣食既足學校興，閭胥黨正官師擇。作育秀髦胥彬彬，孝弟力田登户册。父老扶杖多歡聲，頌揚明聖手加額。歌挾纊，樂春臺。屋能自立衣自裁，廣廈大裘安用哉！」（《酌雅詩話》卷一，《清詩話三編》第五四一三頁）

白樂天云：「實事漸消虚事在，銀魚金帶繞腰光。」又：「簪纓假合虚名在，筋力消磨實事空。」功名富貴，事事皆虚，惟有筋力為實事。老時所覺，誠如此言。然即筋力尚健，亦豈徒銀魚金帶，優遊歲月已乎？人生自有實事，一息尚存，無日非孜孜之候，勿徒歎老而已。爰為《勵志》詩曰：「老去思維歎不禁，自摩筋力自長吟。蹉跎歲月頻回首，悠忽生平未稱心。但悔從前無片善，須知此後有分陰。人生枉被虚名誤，實事端從何處尋。」老當益壯，少年當作何如用功！（《酌雅詩話》卷一，《清詩話三編》第五四二〇頁）

白樂天《登第後歸覲留别同年》詩：「擢第未為貴，拜親方始榮。」得志悦親，最是人生得意事。若其同年中有已失怙恃者，對此當為泣下。勳年五十以前，侍具慶下，常有毛義捧檄之思，今則已矣。獨惜我先人未酬之志終屬望於我身者，未之能慰耳。詩以言志曰：「擢第非所冀，捧檄非敢期。悵望白雲處，思以慰親思。郡中未紡織，美利開何時。黨中有庠塾，興教將何資。親心一一存，苦恨終無貲。諄復勖後人，念釋尚在兹。吾今亦將老，百年從可知。天命竟何如，此竟當屬誰。當代有名世，吾身幸見之。」（《酌雅詩話》卷一，《清詩話三編》第五四二一頁）

《漁洋詩話》云：「白樂天自寫其集三本，一置東都聖善寺，一置廬山東林寺，一置蘇州南禪院。自云：『願以今生世俗文字之因，轉為來世讚佛乘、轉法輪之緣。』予昔亦嘗以漁洋集一本付楚雲師藏之南嶽；一本付拙庵師傅之盤山。昨門人劉翰林太乙言，欲以八分手書予正續集，置之嵩山少林寺，亦香山居士後一段佳話。」余謂古人作書，不求炫世，異時顯晦，聽之而已。即所謂「藏之名山，傳之其人」者，豈必置之僧寺、付之和尚哉！「名山」即學堂書院，凡讀書名勝處是也。「其人」則講學受業、合志同道、能見知聞知之人，又豈異端所可寄託？彼二公者，何瑣屑謬戾如此乎！為咏之曰：「香山居士既佞佛，漁洋老人又佞僧。今生來世豈儒語，因緣可憐讚佛乘。士人當受孔子戒，浮圖何自為友朋。楚雲拙庵等和尚，師之師之更可憎。天下滔滔入夷狄，安得周公方且膺。一二名公尚如此，言距楊墨誰其能。君子反經衛正道，尚無邪慝庶民興。」余於詩無所聞，何自而有詩話？因平昔慣見此等語，輒眥裂髮竪，欲拔劍斫地，手援墮入魔道中者而盡出之，匪直為風雅一道挽狂瀾於既倒而已。後生淺學，不能望古人項背，何敢以筆墨爲口舌，訾議古人？世有君子，原其心而諒之。（《酌雅詩話》卷一，《清詩話三編》第五四二八頁）

白樂天《送崔考公》云：「稱意新宫又少年，秋涼身健好朝天。青雲上了無多路，卻要徐驅穩著鞭。」可為少年躁進者戒。又有云：「竿頭已到應難久，局勢雖遲未必輸。」上句為居高者警，下句爲求速者箴。夫人惟進德修業，及事機之當赴者，勉以求之，决不可遲；若功名進取之地，常人以為遲則必輸，豈知局勢云者，如弈棋然，下子之遲，有多少審慎斟酌在此，豈爲輸局乎？進而言之，人事固然，天意從可知矣。語妙處，含皆有味，包孕無窮。詩之所以能感人者，在言之有餘不盡中能曲傳難之意，三復之可也。（《酌雅詩話》卷二，《清詩話三編》第五四二九頁）

乾隆間，錢塘袁太史子才枚詩學敏妙，固應為本朝一大家。其才亦不減曹子建，一時聲名傾動天下，有由然也。惟性愛近紅裙，喜爲狹斜之行。至門徒中有殊色者，且漁獵而狎昵之。此其一己之嗜慾，亦孰從而禁之者。乃至形諸歌咏，傳諸筆墨，付諸棗梨，欲天下人皆知之而競艷之。鄭、衛風行，廉恥道喪，害義傷教，莫此為甚。而猶欲以騷壇一幟，自命爲風雅之宗，吾不知其何可也。孔子曰「放鄭聲」、「鄭聲淫」。其亦幸而不生聖人之世而為所放也。此其詩自須删。顧其人恃才，目空一世，有言及此等正論者，必訾詆而排抑之。如云：「宋蓉塘詩話譏白太傅在杭州，憶妓詩多於憶民詩。此苛論也，亦腐論也。《關雎》一篇，文王輾轉反側，何以不憶王季、太王而憶淑女也？孔子厄於陳蔡，何以不憶魯君，而憶及門也？」又云：「本朝王次回香奩絶調，沈歸愚尚書選國朝詩擯而不録，何所見之狹也。嘗作書難之曰：『《關雎》爲《國風》之首，即言男女之情。孔子删詩，亦存鄭、衛。公何獨不選次回詩？』沈亦無以答也。唐李飛譏元、白詩『纖艷不莊，為名教罪人』，卒之千載而下，人知有元、白，不知有李飛。」又云：「余戲刻一私印，用唐人『錢塘蘇小是鄉親』之句。某尚書見之，大加訶責。余初猶遜謝，既而責之不已，余正色曰：『公以此印爲不倫耶？在今日觀，自然公官一品，蘇小賤矣；誠恐百年以後，人但知有蘇小，不知有公也。』一座囅然。」其剛愎自是如此。余謂其論《蓉塘詩話》一段，直不成話耳，不必與辨。作書難沈歸愚一段，誣經誣聖，詖淫邪遁具矣。乃云沈無以答，詎知沈之不屑答耶。至謂千載而下、百年以後，人但知有元、白，不知有李飛；但知有蘇小，不知有某尚書，壓倒正人，自負不朽，尤爲可惡。夫自古賢人君子，湮没而不傳者何限；奸邪小人，彰彰史册者又不知凡幾！所謂不能流芳百世，亦當遺臭萬年。子才不分芳臭，而以蘇小自況，自恃詩才之必傳，則百世下又誰不知有陳後主、隋煬帝乎！鄭板橋曰：「昔人謂陳後主、隋煬帝作翰林，自是當家本色。吾亦謂杜牧之、温飛卿為天子，亦足破國亡家。乃有幸而為才人，不幸而爲天子，其有遇有不遇也。」此自是千古不磨之論。板橋名燮，乾隆丙辰進士。為人瀟灑不羈，日以詩酒自娱。集有家書一卷，皆教其子弟，有《顏氏家訓》遺意。其爲正人可知。且又有詩才，而所言若是。百世下不知杜牧之、温飛卿，又安知有元、白，更安知有蘇小乎？余謂詩之詖淫而不軌於正者，縱極風流冶艷，為人所不能爲，亦陳後主、隋煬帝之流亞耳。每見才人放蕩，自視不凡，不知陳、隋二主當日自視又何如也！子才高才卓識，詩可傳者實多，何竟以淫情自護哉？李雨村詩話云：「尹文端公總制江南，袁子才門生，待之甚厚。然有招，多辭不往，文端頗怪之。子才寄詩言志云：『不是師門愛懶行，尚書應諒此中情。聽來官鼓心終怯，换到朝韡足亦驚。老眼書銜愁小字，詩人得寵怕虚名。閒時每看青天月，長恐孤雲累太清。』」雨村又云：「子才有三不信，一不信佛。其弟春圃設醮九華，子才戲咏二絶云：『禪門閒看白去飛，從不燒香惹是非。生怕佛靈能降福，受他恩重要皈依。』『不求自己偏求佛，佛手拈花笑不清。道我至今心抱歉，未曾一粒施臺城。』」余謂二篇當

為其詩集中壓卷。又出門不信擇日，葬地不信風水，具見卓識。(《酌雅詩話》續編，《清詩話三編》第五四三五頁)

智按：陳偉勳，字金門，號酌雅主人，雲南劍川人。白族。道光十二年(一八三二)舉人，曾入山西提學使杜受田幕。著有《味道軒詩集》，又有《慎思軒散駢文》稿本一卷，藏雲南省圖書館。事迹見《新纂雲南通志》卷二三四文苑傳。

陳樂光(一八三二舉人)

《歎老二首即用白香山詩韻》

因病自憎老，豪情愈落寞。我生何早衰，齒牙久脫落。有若磨刀石，日損不自覺。積漸成窪凹，始知薄于昨。忽思蒙苗言，生不如死樂。塊然支牀龜，苦于華表鶴。冥然蓮舌鳥，逸于銜石鵲。老即樂者幾，休求不老藥。

古昔求仙人，死守山中樹。後之歎老者，又學壽陵步。只聞留姓名，曾未遇且暮。天下無神仙，世間豈長住。月魄有虧盈，物態有新故。老亦何足歎，一病死生悟。(《沅湘耆舊集》卷一百五十七，《續修四庫全書》影印清道光二十三年鄧氏南邨草堂刻本，第一六九二册，第五三二頁)

《用白香山村居卧病三首原韻》

病起春初來，病間春已暮。皮皺毛髮焦，肉瘦筋骨露。大勢雖漸平，餘殃戀未去。庭前紅白花，俱成緑陰樹。不知青帝心，何以去不住。攬鏡始自驚，今我亦非故。

先我病有人，聞赴北邙道。後我病有人，又埋原上草。我病尚未死，縱死彼猶早。念此竊自幸，盎然春在抱。無病生亦佳，既病死亦好。已達生死觀，何須問莊老。

種蘭苦不長，種芝苦不大。每將病葉翦，忍為當門刈。艾正尚可熏，蒿邪莫為菜。感物念三兒，憂深忘衰瘵。長者年十三，次者行九歲。少者甫四齡，終生若為計。(《沅湘耆舊集》卷一百五十七，《續修四庫全書》影印清道光二十三年鄧氏南邨草堂刻本，第一六九二册，第五三二~五三三頁)

《遣病用香山沐浴詩歌》

香山年四十，因病衰肌膚。我今四十三，宜其衰有餘。況復遘病暨，坐令臟腑虛。身癯已如柴，髮短難容梳。一病自歲首，行將四月初。既不處膏肓，戀戀終何如。（《沅湘耆舊集》卷一百五十七，《續修四庫全書》影印清道光二十三年鄧氏南邨草堂刻本，第一六九二册，第五三三頁）

智按：陳樂光，字太霞，武陵（今湖南常德）人。道光十二年（一八三二）壬辰舉人。

沈鈞（一八三二進士）

《論詩絶句》

風流白傅集先傳，獨有梅村許並肩。最是《永和詞》一曲，後生端不讓前賢。（《兩浙輶軒續録》卷三十四；《萬首論詩絶句》第三册，第九四七頁）

智按：沈鈞，字沈樓，一字子衡，餘杭（今浙江杭州）人。道光十二年（一八三二）壬辰進士。官鴻臚寺少卿。年五十六卒于官。

孟鴻光（一八三四舉人）

《金縷曲（題友人醉禪小影）》

塵夢難追省。拚付與、幕天席地，一場酩酊。借得吾師杯渡法，宦海風波纔定。僥倖得，六根清淨。濕透青衫當日淚，是香山居士禪中境。聊一現，幻泡影。　半生踪跡如萍梗。况頻經、驚雷震耳，新霜黏鬢。欲改本來眞面目，生恐鬚眉未肯。怨悟澈、醍醐灌頂。世味飽嘗成道味，算從前、非醉今非醒。閒寫作，畫中景。（丁紹儀《國朝詞綜補》卷三十九，《續修四庫全書》影印清光緒刻前五十八卷本）

智按：孟鴻光，字蒲生，號印覺居士、小孟山人。齋堂為篆愁廬、虛白室、獨倚樓、梅雪軒。本山西人，其父客居廣東，遂入番禺（今屬廣東廣州）

籍。道光十四年（一八三四）舉人。從事教育，曾設館廣州。工詩文。尤精小學，並擅篆隸刻印。刻印用漢法，亦取徑鈍丁、曼生。陳澧極推許之，為嶺南清代篆刻大家之一。有《緑劍真人詩鈔》等。

郭夢星（一八四六舉人）

《午窗隨筆》

⊙香山九老辨

《新唐書》謂白太傅與胡杲、吉旼、鄭據、劉真、盧真、張渾、狄兼謩、盧貞讌集，皆高年不事者，人慕之，繪爲《九老圖》。趙雲松辨云：《香山集》自序：七老會詩謂胡、吉、劉、鄭、盧、張六賢，皆多年壽，余亦次焉，在履道坊，合成尚齒之會，七老相顧，以爲希有，各賦七言六韻一章以紀之，時會昌五年三月二十四日也。秘書監狄兼謩、河南尹盧真，以年未七十，雖與會，而不及列。後序又云：其年夏，又有二老：李元爽、僧如滿，年貌絶倫，亦來斯會，續命書姓名、年齒，寫其形貌，附於圖右。與前七老題爲九老圖。是七老内無狄、盧，而增元爽、如滿，爲九老也。趙説如此。復引汪立名本，詳九人之官位、年壽及詩以為證。固確有可據矣。乃又附録宋元豐五年洛陽耆英會云：與斯會者，年俱七十以上，獨司馬温公年未七十，文潞公素重其人，用唐九老狄兼謩故事，請入會，若然則九老中，又有狄，兩説矛盾，而甌北存而不辨者，其以兼謩入會，見於朱子《名臣言行録》，惟時《新唐書》已出，朱子本之以立言，故不再辨與。按，温公入會時年六十四。(《午窗隨筆》卷三，《續修四庫全書》影印清光緒二十一年刻寶樹堂遺書本，第一一六五册，第六五九頁)

智按：郭夢星，字西垣，濰縣（今山東濰坊）人。道光二十六年（一八四六）舉人，官至内閣中書。有《寶樹堂遺書》（清光緒二十一年濰縣郭氏刊本），包括《尚書小劄》二卷、《午窗隨筆》四卷，《漢書古字類》一卷。

李樹滋（一八四六前後）

《石樵詩話》

（舅氏）詩律清華，在唐於樂天為近，而名貴過之。（道光二十九年湖湘采珍山館刊巾箱本卷四）

智按：李樹滋，字直喬，號石樵，湖南湘潭人。書中記道光二十六年（一八四六）晤李湘山事，當撰於此年前後。

張師右（一八五〇進士）

《琵琶亭》

白居易《琵琶行》見郡志，蘇轍有《琵琶亭》詩。

吁嗟潯陽老商婦，一誤何堪今再誤。青衫司馬固多情，紅顏薄命尤無數。胡為作此《琵琶行》，胡為搆此琵琶亭。繪圖譜曲猶未已，更有連篇累幅靡靡亂正聲。古人賦詩皆言志，以志逆志志乃遂。本是江州司馬自寫圖，未必當年有此事。至此方可讀風騷，否則不如且姑置。（咸豐四年根香草堂刊本《廬山新樂府全集》卷下，中國社會科學院文學研究所圖書館藏）

《白公草堂》

《唐書》:「元和中，盜殺丞相武元衡，白居易時為贊善大夫。上言：此自古所未有之變，宜速逐捕，期必得以雪國恥。當道者惡其出位，謫為江州司馬。因即遺愛寺西鄭氏舊隱，築草堂居之。」今廢。《玉海》云：「祥符二年十二月癸卯，令江州修白居易舊第，以廬山有居易草堂，江州有故宅，畫像猶存，故命葺之。」白居易有《與元稹書》、《祭廬山諸神文》、《廬山草堂記》。桑喬曰：「朱晦翁東林詩自注曰：『白公草堂在寺東，久廢。近復刱數椽，制殊狹隘，然非正處矣。』予嘉靖中行求草堂遺跡，山僧所指，乃在紫雲庵南層崖上，去爐峰不能三數丈，疑亦非正處云。」

白也本是玉皇香案吏，謫居乃在詠真之洞天，虎溪之福地。（地中洞天三十六所，其八曰廬山，名山靈永真之天；第四十九福地虎溪，五柳先生之居也。）十株松，千杆竹，更有白蓮花如玉。草堂何草草，苟完亦云好。居士終是戀君恩，不同遠永宗雷十八人，甘與清風明月老。吁嗟白公願本廉，偶得一物猶怡然。一旦山泉雲石皆在目，能不內和外適體靜而心恬。細讀《長慶集》，乃知非臆言。請觀一木一石一鶴與一馬，無不累幅而連篇。何況東南第一山，噫！何況東南第一山。（咸豐四年根香草堂刊本《廬山新樂府全集》卷下，中國社會科學院文學研究所圖書館藏）

智按：張師右，字左侯，北平（今北京）人。道光三十年（一八五〇）進士。其《廬山新樂府全集》二卷，由其弟張師古（字蓮洲）注。

湯鵬（一八〇一～一八四四）

《古意八十首·上陽人多白髮》

少亦閉上陽，老亦閉上陽。雖賜尚書號，白髮如秋霜。百囀鶯在林，雙棲燕在梁。妾生獨何爲，寥寥守空牀。憶昔妖且閑，體薰百和香。本希昭陽景，反斷長門腸。望恩恩苦短，送愁愁苦長。人生如奔電，遲暮焉所望。存雖斷消息，殁猶戀景光。娟娟魂與魄，化爲雙鳳凰。（《海秋詩集》卷八五言古詩，《續修四庫全書》影印清道光十八年刻本）

《古意八十首·潯陽婦抱琵琶》

悄悄潯陽月，瑟瑟蘆荻秋。妾非江頭人，今絆江間愁。生長蝦蟇陵，歌舞非常儔。夜披紅羅襦，深深拜女牛。淪落嫁商人，已矣命不猶。商人輕別離，買茶去悠悠。春懸蜘蛛網，秋槁鴛鴦裯。吞聲憾流水，曾不送歸舟。人生莫爲樂，老大轉多憂。既往隙如駒，方來梁有鶖。薄命生齟齬，獨居結綢繆。江空彈琵琶，江月爲我留。嗟爾江月明，未知我所求。（《海秋詩集》卷八五言古詩，《續修四庫全書》影印清道光十八年刻本）

《古意八十首·楊貴妃至馬嵬驛》

駪駪漁陽兵，磔磔馬嵬驛。摇摇翠華愁，慘慘玉顔赤。妾本楊家女，今爲六軍瓦。不惜妾泥沙，但負君恩澤。人生亮何求，女子亮何益。一笑百媚生，謡諑紛已積。光彩施門户，寵愛隨過隙。月黯温泉流，風破霓裳拍。於

虖長生殿，叮嚀牛女夕。生當感顧盼，死當憶疇昔。(《海秋詩集》卷八五言古詩，《續修四庫全書》影印清道光十八年刻本)

《古意八十首·關盼盼居燕子樓》

黯黯牀頭月，霏霏簾額霜。中有纏綿人，道旁那得詳。疇昔張尚書，愛妾如蘭香。羅衫與鈿帶，顛倒繡鴛鴦。歌舞歡過隙，零落憂迷方。淒淒燕子樓，月黑天昏黄。顧瞻尚書墓，秋風吹白楊。從死玷清範，偷生剩回腸。紅顔感恩義，清淚盈衣裳。寄謝白舍人，無增我怛傷。(《海秋詩集》卷八五言古詩，《續修四庫全書》影印清道光十八年刻本)

《李閣老衚衕行》

君不聞，三湘七澤生偉人，手提斯文，元氣領搢紳。龍雕虎繡雖已矣，閣老衚衕今尚存。閣老本是天上紫麒麟，來向人間揮霍變化如有神。四歲工爲徑尺書，帝頒果鈔銘特恩。逮登首輔受顧命，城中賜第高青雲。滄桑萬事那可論，賜第爲祠復爲園。爲祠猶得薦鷄豚，爲園漸已埋荆榛。秋風蕭瑟天黄昏，梧楸摵摵落葉紛。鬼魅拾瓦互騰擲，狐鼠穿穴長突奔。荒溝廢址雜茫昧，胡爲乎閣老衚衕今尚存。君不聞，冠蓋里，孝敬村。又不聞，鄭公鄉，謝公墩。古之文物德行不銷鑠，兒童走卒，萬口汩汩飲其醇咄。嗟乎李閣老，豈不念貂璫之族非我倫，劉謝去矣太嶙峋。與國休戚吾其云，潛驅默率力千鈞。豈不遭詞壇稂莠莽淄磷，光芒萬丈誰能泯。弱侯蒙叟導厥津，鷹隼一擊蚍蜉馴。咄嗟乎，李閣老，詩如白樂天之八十老嫗都可解，人如狄梁公之鈞日虞淵弗沉淪。此才此望我所忻，大願買絲繡此身。蕭條異代覿無因，不覺涕泣霑衣巾。畏吾村前碑搗碎，西涯之柳摧爲薪。飲酒豈銜孔融杯，卜居未遂王翰鄰。我過衚衕，十步五步一逡巡。我歌忼慨，千愁萬愁難具陳。於虖三湘七澤，生公復生我，當爲萬古乾坤洗其塵。無使菉葹蕭艾，撓雜揭車留夷之古芬。(《海秋詩集》卷十四七言古詩，《續修四庫全書》影印清道光十八年刻本)

《胡介眉農部齋中對菊飲酒三首》(第三首 次寶補齋農部韻)

滿城風雨重陽後，一片心情豪飲中。白酒似狂還似聖，黄花非色亦非空。香山居士詩宜淡，甫里先生賦最工。省識幽人無限意，萬緣一笑大江東。

（《海秋詩集》卷二十四七言律詩，《續修四庫全書》影印清道光十八年刻本）

《浮邱子》

⊙白術下

浮邱子曰：大學之道，在明明德，在親民。夫明明德則與人疑之反矣，親民則與人畏之反矣，是故所貴乎君者，毋造作太平，毋高天下以名稱，毋褊中，毋塞群情，毋為德不終，毋使天下文義風議，與禍為鄰。夫然後毋與人畏，毋與人疑，其可也。……必壹意橈阻，百端譖訴；壹意橈阻則主計亂，百端譖訴則主聽偏；計亂聽偏則不能舍貴從賤，舍親從疏；不能舍貴從賤，舍親從疏，則不能舍邪從正，舍忽從治；不能舍邪從正，則人才不可複特；不能舍忽從治，則國脈不可複昌，是故白居易作《新樂府》，鋪陳時事，而唐憲宗召入翰林；鄭俠繪《流民圖》，指斥新法，而宋神宗宣示輔臣，與人親而已矣，與人知而已矣。楊惲歌南山蕪穢，以喻朝廷，而漢宣帝惡惲，處以極刑。……（《浮邱子》卷二，《續修四庫全書》影印清同治四年李桓刻本）

智按：湯鵬，字海秋，益陽（今屬湖南）人。道光三年（一八二三）癸未進士，歷官戶部郎中。有《海秋詩集》。

何則賢（一八〇一～一八五二）

《擬白樂天新製布裘》

惡寒而輟冬，造化無是理。朔風一怒號，萬物為披靡。挾纊廣廈間，縈懷幽谷裏。嗟彼伶俜人，短褐至骭耳。冰雪蘊重陰，瑟縮復誰似？布濩大地春，道從務本始。奢麗戒必嚴，蠶績無時已。吉貝與桑麻，種植徧遠邇。斯事力以行，獲益應倍蓰。何若萬里裘，虛願徒爾爾。（引自《射鷹樓詩話》卷十九；王鎮遠、林虞生標點本，第四五二頁）

智按：何則賢，字道甫，號三山樵叟，閩縣（今福建福州）人。博涉羣籍，藏書幾二萬卷，於史學用力尤深，有《藍水書塾詩草》、《藍水書塾叢筆》、《讀經札記》、《晉史補略》、《球使禮服答問》、《涉史漫筆》、《史通何氏偶箋》、《昭代碑傳表誌文輯》、《名人軼事隨録》、《東越著述所見録》、《東越歷朝文輯》、《皇朝東越文輯》等。

戴熙（一八〇一～一八六〇）

《習苦齋畫絮》

董北苑未易數數覯，昨見春山觀瀑圖巨幛，大筆淋漓，別具一種豐厚肥澤之氣，宋人矩矱，可想一二，下睎餘子，蓋不啻元輕白俗、島瘦郊寒矣。（大幅爲問樵）（《習苦齋畫絮》卷四，《續修四庫全書》影印清同治五年張曜刻本）

智按：戴熙，字醇士，號鹿牀，錢塘（今浙江杭州）人。道光十二年（一八三二）壬辰進士，改庶吉士，授編修，官至兵部侍郎。殉難，贈尚書銜，謚文節。有《習苦齋詩集》。

陸以湉（一八〇一～一八六五）

《冷廬雜識》

⊙新樂府

山陰胡茨村觀察介祉，取明崇禎、弘光時事作《新樂府》六十篇，篇各有記，載述甚詳。顧往往有與正史異者，如：《諸公子篇》謂魏大中子學濂官庶常，汙甲申偽命，而略其死事一節。《東江歎篇》謂毛文龍盛時，葠貂書幣，走津要如織。陳繼儒負盛名，方游輦下，獨不及，心銜之甚。適於錢龍錫座談東江事，言毛跋扈僭越當斬狀，錢因以語袁。禍釀於微細，而中於封疆，横議之罪，真不容誅。不知此乃妄傳，未可據以為實。《盧家軍篇》謂象昇率親兵赴戰，行至賈莊遇刺死，而《明史》則紀其戰死蒿水橋事甚悉。《三罪輔篇》謂誤國之罪以溫體仁、薛國觀、周延儒為稱首，楊嗣昌實心任事，才又足以濟之，帝知之甚深，故眷倚獨重。使廷臣不以門戶掣肘，俾得耑心辦賊，未必無成。顧攻者紛紛，遂使憂危憤鬱，方寸擾亂，以抵敗亡。此説尤為失真。余觀《明史》本傳，崇禎時，先後增賦糜餉，嗣昌主之，實為禍本。復庇熊文燦以撫賊誤國，厥罪甚大。又陷盧象昇戰死；惡方孔炤，劾下詔獄；抑孫傳庭，使不得遂其志，而賊勢益張。嫉忮之私，視體仁等亦無甚異，謂之實心任事，不可也。《悲潼關篇》謂孫傳庭死於亂兵，而《明史》則謂其躍馬大呼而歿於陣。《假皇后篇》謂或言初福王世子歿，德昌郡王序當嗣位。馬士英為鳳督，有以居民藏王印首者，取觀，則福王印也。詢其人，云：「負博進者，持以質錢。」士英物色之，則以為真嗣福王矣。國變後，遂推戴以邀援立功，天下皆以為嗣福王即皇帝位矣。彼童氏以為今嗣福王即昔之德昌王，而抑知昔之德昌王非今之即皇帝位者耶？故有斷斷不可見者。按：此説亦正史所擯，不足信也。其所為樂府，惟《悲潼關》一篇音節近古，云：「潼關天下險，大督將家才。一戰王師沒，三秦賊騎來。河流終古恨，風雨至今哀，白日行當墮，揮戈力豈回。」（《續修四庫全書》本卷二，崔凡芝點校本第九四～九五頁）

智按：胡介祉（一六五九～?），字循齋，號茨村，山陰（今浙江紹興）人，順天府大興（今北京）籍，吏部侍郎胡兆龍之子，以恩蔭入仕，官河南按察使。工詩文，有《茨村詠史新樂府》二卷附録一卷（《四庫未收書輯刊》集部第八輯二六册，影印清諸暨郭雲學種花莊刻本），《谷園集》二十卷（中國國家圖書館藏稿本）。

⊙畫工

歙程易疇學博瑶田，辨畫工「帶月荷鋤歸」之誤，謂「月一彎而在左，闕亦在左者有二時，一當初五六日，人向南，日已過中，加未申時之間，月未及中；一當廿六七日，人向北，日升加辰巳時之間，月已過中。二者並日在天，月雖如是而不可見，矧農人歸恒薄暮，初三後數日間，則有新月可帶，其畫在人左，則必闕其右，若畫在人右者，又必闕其左。廿六七之殘月在天，當丁夜時，其形亦然，然夜半以後，發昫以前，非農人歸息之候」云云。觀此，知畫雖小道，貴有格致之功，且必運以靈思，如楊行密之畫工，繪李克用眇目狀，作臂弓撚箭之形，仍微合一目，以觀箭之曲直，深愜克用意，得免死，厚賂遣歸。宋人畫「踏花歸去馬蹄香」，以數蜨隨騎擅長。國朝畫院祇候金廷標畫《琵琶行》，不似唐寅直寫一女抱琵琶，而畫白樂天等屬耳之情，為高廟所稱賞。至畫之率略者，若昭君則有帷帽，二疏則有芒蹻，陶母翦髮則手戴金釧，漢祖過沛則有僧，鬭牛則尾舉，飛雁則頭足俱展，擲骰呼六則張口，皆不免為世口實。明仇英一時作手，而《蘇李泣別圖》所繪橐駞，皆作馬蹄，謂非疏於研考之故乎？（《續修四庫全書》本卷三，崔凡芝點校本第一三五～一三六頁）

⊙吳梅村

詠吳梅村詩最著者，吳江王載揚藻云：「百首淋漓長慶體，一生慙愧義熙民。」嘉定金繩武慰祖云：「兩代詩名元好問，畢生心事沈初明。」可謂異曲同工。梅村出山，侯朝宗嘗遺書力阻，後有《懷古兼弔朝宗》詩云：「死生總負侯嬴諾，欲滴椒漿淚滿襟。」又《臨歿詞》云：「故人慷慨多奇節，為當年，沈吟不斷，草間偷活。」悔恨之意深矣。（《續修四庫全書》本卷三，崔凡芝點校本第一四二頁）

智按：王揖唐（一八七八～一九四八）《今傳是樓詩話》第四八則云：「定盦有《三別好詩》，方百川《遺集》、宋左彝《學古録》外，其一即吳駿公《梅邨集》也。詩云：『莫從文體問高卑，生就燈前兒女詩。一種春聲忘不得，長安放學夜歸時。』梅村詩格不高，無庸為諱，然江左三大家中，要推鹿樵第一，且不僅詩工，題目亦好，擬之詩史，亦足當之。昔賢詠梅邨詩最著者，附録于此。吳江王載揚（藻）云：『百首淋漓長慶體，一生慚愧義熙民。』嘉定金繩武（慰祖）云：『兩代詩名元好問，畢生心事沈初明。』可謂異曲同工，然亦不無微詞矣。梅邨出山，侯朝宗嘗遺書力阻，後有《懷古兼弔朝宗詩》云：『死生總負侯嬴諾，欲滴淑漿淚滿襟。』又臨歿詞云：『故人慷慨多奇節，為當年沈吟不斷，草間偷活。』千秋遺恨，識者哀之。」（《民國詩話叢編》第三册，第二六七頁）

⊙琵琶亭

琵琶亭在九江府城外江邊。乾隆癸亥，觀察瀋陽唐公英重修，增建高樓，題額曰「江天遺韻」。壁刊白傅遺像，是南薰殿本。嘉慶中，歙人方體所摹。登樓四望，前臨大江，後對廬山，左則古木千重，右則人煙萬井。樓下回廊旋繞，境極幽曠，游人題詠基多。觀察有句云：「今古商船多少婦，更誰重此聽琵琶。」殊寓感慨。（《續修四庫全書》本卷三，崔凡芝點校本第一四四頁）

智按：乾隆八年（一七四三）癸亥，唐英重修琵琶亭，乾隆十一年（一七四六）丙寅修成。徐珂《清稗類鈔·名勝類》「琵琶亭」條云：「琵琶亭在九江城外之江岸，乾隆癸亥，瀋陽唐觀察英重修。增建高樓，題額曰『江天遺韻』。壁刊南薰殿本白太傅遺像，嘉慶中，歙人方體所摹也。登樓四望，前臨大江，後對廬山，左則古木千重，右則人煙萬井。樓下回廊旋繞，境極幽曠，游人題詠甚多。」（中華書局，一九八四年十二月版，第一册，第一四四頁）當據此。

⊙西南夷傳

王伯厚謂柳州《游黄溪記》仿太史公《西南夷傳》。按白香山《冷泉亭記》云：「東南山水，餘杭郡為最。就郡言，靈隱寺為尤。由寺觀，冷泉亭為甲。」鄧牧《沖天觀記》云：「兩浙山水之勝，最東南；由浙江西，杭最；由杭西，餘杭最。逆天目大溪，上有十八里曰洞霄宫者，是為大滌洞天，又餘杭最勝處也。」史鑑《韜光菴三天竺寺》記云：「環西湖之山凡三面，西山為最佳；據西山之佳，惟四寺，靈隱為最勝；領靈隱之勝，有五亭，韜光為最幽。」蓋皆效其體也。（《續修四庫全書》本卷三，崔凡芝點校本第一七四頁）

⊙疏用嗚呼語

《明史·吳廷舉傳》：「巡撫應天諸府。改南京工部尚書，辭不拜，稱疾乞休。帝慰留。已，復辭，且引白居易、張詠詩，語多詼諧，中復用嗚呼字。帝怒，以廷舉怨望無人臣禮，勒致仕。」其疏載集中，有云：「親友勸臣治任，每誦白居易『月俸百千官二品，朝廷雇我作閒人』之詩；寮吏止臣辭官，輒舉張詠『幸得太平無一事，江南閑煞老尚書』之句。」又云：「比無官守，將近先廬，沿途訪藥尋醫，已至吳頭楚尾。東湖路近，難忘水木之心；西廣雲深，益動首丘之念。罪深渤海，事聞不待報而行；身等羈鴻，路盡失所歸為恐。嗚呼！

零灰久冷，焰豈復燃！老馬已疲，齒無復壯，古今一道也。而日暮途遠，老病之人，又復夜行冥走，以餌虎狼之口，以葬萬仞之淵，此豈人情所願有哉！臣言至此，肝膽畢陳，危苦盡露矣。」夫奏章體宜莊重，而疏慢若此，其獲譴也亦宜。（《續修四庫全書》本卷六，崔凡芝點校本第三二三頁）

⊙賦重發端

試賦最重發端，唐、宋人所作，流播藝林者，如裴晉公《鑄劒戟為農器賦》：「皇帝嗣位之十三載，寰海鏡清，方隅砥平。驅域中盡歸力穡，示天下不復用兵。」白香山《性習相遠近賦》：「噫，下自人，上達君，咸德以慎立，而性由習分。」韋彖《畫狗馬難為功賦》：「有丹青二人，一則矜能於狗馬，一則誇妙於鬼神。」……（《續修四庫全書》本卷六，崔凡芝點校本第三三一～三三二頁）

⊙李芝齡師

李芝齡師於嘉慶丙子年繼汪文端公來浙視學，秉文端公之訓以衡文，一時名士皆荷裁成，無滄海遺珠之憾。公蒞浙時賦詩云：「詔持使節蒞南邦，紫塞迎鑾荷澤龐。天語寵褒文第一（九日，喀喇河屯行宮召見，奉有「考試差第一，往視浙學」溫旨），師恩泣感士無雙。（辛酉選拔，師為嘉善錢輔堂先生，曾以「國士無雙」命題。茲行過師故里，不勝知己之感。）搜才期副丹宸望（上有「浙江人文淵藪，當取有用之才」之諭），繼響難賡白雪腔（時接汪瑟庵師之任）。五夜霜鐘催早發，扁舟寒雨下吳江。」「秦、黔萬里捋吟鬚，況此名山似畫圖。得友更欣逢白傅（時同年吳棣華廷琛守杭），無詩或恐負西湖。淡妝濃抹皆奇格，秋實春華總奧區。多少楩楠期入貢，肯遺大澤夜光珠！」情文斐娓，迄今士林猶能誦之。（《續修四庫全書》本卷七，崔凡芝點校本第三九一頁）

⊙徐敬齋明經

同里徐敬齋明經斐然，歸安籍。博通群書，探研不倦，尤好為古文之學，自唐、宋以迄國朝，采輯諸家，辨其源流，擷其精粹，彙編成書。其論唐文云：「唐人無韻之文，率不可讀。昌黎突然起八代之衰，柳州起而與之敵，古文一道，蓽路藍縷之功，以二公為首。習之之精醇，可之之警拔，牧之之倜儻，表聖之安詳，襲美之縱恣，魯望之簡古，其嗣音也；顧宣公之沁人肺腑，衛公之絕塵而奔，於韓、柳雖非同調，亦斷不可泯，爰匯選而論定之。他若漫郎之僻濇異常，獨孤之菁華未備，張文昌流傳甚少，皇甫七客氣未除，以及劉賓客、白香山、李玉谿、羅昭諫諸人，各有所長，均非正軌，概從舍旃。」其論宋文云：「自韓、柳闢古文之一途，至北宋而極盛。蓋宋初尚沿唐季之習，柳開、鄭條、穆修、張景之徒挽之而不足，歐公得昌黎文於破簏中，登高而呼，學者響應，曾、王、三蘇輔而翼之，徂徠、涑水、河南、盱江、二劉、三孔潤色其間，秦、黄、晁、張、後山、方叔之流克承其緒，於是北宋之古文冠絕古今。嗚呼！觀止矣！南宋之文，導源北宋，顧扶踈勁健則有之，而微傷於剽而不留；和平醇正則有之，而究病其直而少致。然粹然無疵文與理兼到者，朱子而外，實繁有徒，亦學者所當從事也。《文鑒》止於北宋。兩宋合選，寥寥罕覯，而宋人文集，搜采兩難，南宋集尤少，即藏書之家亦未數數見。數十年以來，北轍南轅，風檣篷底，有所見，即借鈔或録草稿以歸。自辛酉迄壬辰，首尾三十有二年，得文一千七百六十七首，釐為十有六本，顔曰《宋文偶見》。極知不全不備，掛漏良多，然後之君子欲遴選兩宋文者，其或將有取於斯。」今其書皆散佚無存，惟所刊《國朝二十四家文鈔》及《今文偶見》行於世。（《續修四庫全書》本卷八，崔凡芝點校本第四五四～四五五頁）

智按：陸以湉，字敬安，號定圃，桐鄉（今屬浙江）人。道光十六年（一八三六）丙申進士。官杭州教授。

黄恩彤（一八〇一～一八八三）

《鑒評别録》

制：知今有自傷殘者，據法加罪，仍從賦役。隋末賦役重數人往往自折肢體，謂之福手福足。至是遺風猶存，故禁之。十六年。

自殘以避役，非得已也。但當減役以息民，則不禁自止。據法加罪，得毋不揣其本，而制其末乎。白居易有《新豐折臂翁》一詩，正是福手福足之意，唐之中葉，此風猶存，則亦非三尺所能禁也。（《鑒評别録》卷三十八唐

紀二，《四庫未收書輯刊》影印清光緒三十一年家塾刻本）

制：大募兩京及河南北兵以擊南詔，人聞雲南多瘴癘，莫肯應募。楊國忠遣御史分道捕人，連枷送詣軍所，行者愁怨，哭聲振野。

此即李白詩所云「五月渡瀘水，將赴雲南征」者，白居易《新豐折臂翁》詩，亦追述其事。（《鑒評別録》卷四十二唐紀六，《四庫未收書輯刊》影印清光緒三十一年家塾刻本）

德宗皇帝諱适□震□□，在位二十五年。

始用楊炎議，約百姓丁產定等級，改作兩税法。比來新舊徵科色目，一切罷之。二税外，輒率一錢者，以枉法論。建中元年，兩税乃當時救敝良法，白居易詩所云「國家定兩税，本意在愛人。税外加一物，皆以枉法論」者是也。行之至今，謂之上下兩忙。前明中葉，始改行一條鞭，而兩税法不改。（《鑒評別録》卷四十五唐紀九，《四庫未收書輯刊》影印清光緒三十一年家塾刻本）

上好詩嘗欲置詩學士，李珏曰：「今之詩人浮薄，無益于理。」乃止。

是時以詩名者，無過白居易。其人固非浮薄無益于理，計帝亦必知之，乃久在東都，並不召之還朝，何也？（《鑒評別録》卷四十七唐紀十一，《四庫未收書輯刊》影印清光緒三十一年家塾刻本）

初李德裕引白敏中為翰林學士，及德裕失勢，敏中竭力排之，使其黨李咸訟德裕罪，德裕由是自東都留守，以太子少保分司。

武宗所欲相者，白居易也。德裕惡居易乃薦敏中，倘因武宗之問，而引居易為相，必無今日之累。（《鑒評別録》卷四十八唐紀十二，《四庫未收書輯刊》影印清光緒三十一年家塾刻本）

智按：黄恩彤，號石琴，甯陽人。道光六年（一八二六）丙戌進士，官至廣東巡撫。有《知止堂集》、《飛鴻集》。

張鴻基（一八〇二～一八四三）

《平生》

入世原嫌太率真，平生此處不如人。未應顧況輕居易，可是崆峒忌茂秦。

別館琴尊催遠夢，渡江梅柳涉新春。強留畢竟非吾志，潦倒隨堂粥飯身。（《傳硯堂詩録》卷八，第七葉，中國社會科學院文學研究所圖書館藏清抄本）

智按：張鴻基，字儀祖，號研孫，室名傳硯堂。吳縣（今江蘇蘇州）人。吉安孫。道光十二年（一八三二）壬辰參加秋試無為，游幕於閩地，往來嶺海。歸里以代州縣署司筆劄糊口。與石渠、潘霨交善。侘傺無聊，生年僅四十有二。妻陶桂貞，亦能詩，女婉，字錦梭，能詩畫。有《傳硯堂詩録》八卷，同治七年石渠、潘霨序。

劉存仁（一八〇二～一八七七）

《屺雲樓詩話》

詩貴有關係，古者採風，所以宣達下民之疾苦也。如元次山之《舂陵行》云：「追呼尚不忍，況乃鞭撻之。」其聲悽然，仁者之言也。末云：「安人天子命，符節我所持。」則又義氣凛然矣。《賊退示官吏》云：「使臣將王命，豈不如賊焉。」又云：「誰能絶人命，以作時世賢。」唤醒夢夢。彼殺人以媚人者，謂之無良也可。又如白香山《秦中吟》十首，篇篇須全讀。《議婚》云：「貧家女難嫁，嫁晚孝於姑。」《重賦》云：「奪我身上煖，買爾眼前恩。」《合致仕》云：「朝露貪名利，夕陽憂子孫。」《輕肥》云：「是歲江南旱，衢州人食人。」《買花》云：「一叢深色花，十户中人賦。」《感鶴》云：「一飽尚如此，況乘大夫軒。」《凶宅》云：「驕者物之盈，老者數之終。」現前指點，可使頑石點頭。其實千錘百錬，出以自然，不盡老嫗都解也。七古諷諭體，如《七德舞》云：「怨女三千放出宮，死囚四百來歸獄。」《海漫漫》云：「君看驪山頂上茂陵頭，畢竟悲風吹蔓草。」《上陽宮人歌》云：「惟向深宮望明月，東西四五百回圓。」《新豐》云：「邊功未立生人怨，請看新豐折臂翁。」《青石》云：「長使不忠不烈臣，觀碑改節慕為人。」《秦吉了》云：「吾聞鳳凰主，爾竟不為鳳凰之前致一（語）［言］，空多喋喋閒言語。」明白如話，諷諭入神，極關係名教作。若《長恨歌》、《琵琶行》，删之可也。（《屺雲樓詩話》卷一，《清詩話三編》第五六八五頁）

幼時長老傳授《長恨歌》、《琵琶行》、《連昌宮詞》，聲情流美，音節鏗鏘，以為異寶。此詩膾炙已久，塾師流傳，有害於人心風俗不少。此種流派樊川、飛卿以及韓偓《香奩集》，近代愈趨愈下，流蕩忘返，名士愈多，氣節愈漓。語云：「亡國之音哀以思。」晚唐淫哇四起，廉恥道喪，有識者何樂爲之哉？（《屺雲樓詩話》卷一，《清詩話三編》第五六八五頁）

詩貴有別趣，是天機真妙，非小巧也。如陸詩《登太平塔》云：「天風忽吹衣，便欲從此仙。」純從題外着筆，略舉可悟。陶詩真厚處更超渾，其神腴，其骨勁也。白、陸不能到，王、孟、韋、蘇、柳，亦得其具體。嗚呼，微矣！陸得陶之真，得杜之勁，究之自抒心得，自成放翁之詩，非明七子虎賁貌似者比。（《屺雲樓詩話》卷一，《清詩話三編》第五六八六頁）

真中有厚，余嘗求之白陸集中，至誠流露，性情發於忠孝。後人徒學其率易，則誤矣。（《屺雲樓詩話》卷三，《清詩話三編》第五七〇五頁）

白香山詩，世稱老嫗都解，不善學者，易流率易。其實絢爛之後，乃歸平淡耳。蘭雪晚號澈翁，讀其《述感》、《枕上放歌》、《懺悔篇》、《澈翁詩》諸作，一洗鉛華，直造香山之室，此境不易到也。（《屺雲樓詩話》卷三，《清詩話三編》第五七〇八頁）

智按：吴嵩梁，字子山，又字蘭雪。有《香蘇山館詩集》二十一卷《文集》二卷《香蘇山館詞》一卷。

少時負氣，每有不可一世之概；及年老氣衰，欲息肩於近代作者而不可得。無他，所造愈進，見地愈平寅。每合觀前輩全集，往往皆然。學然後知不足也。《蘭雪詩集》自序，並七古自道作詩甘苦，深率肯綮。其《黎齋詩》、《書鮑覺生詩後》、《賈稻孫詩後》、《藏園詩後》、《讀黄仲則詩題後》，傾倒同時諸賢，摹寫不遺餘力，是良心不昧處。必欲壓倒元白，年少客氣，欺人語耳。曩吾友張亨甫，曠代逸才，其自負過高，不屑與黄仲則、吴蘭雪為伍。今身後論定，亨甫之才與二君相伯仲，取法李杜，入手較高，法門較正。若必推挹太過，非知言也。（《屺雲樓詩話》卷三，《清詩話三編》第五七〇八頁）

智按：劉存仁（一八〇二～一八七七，一説一八〇五～一八八〇），字炯甫，一字念莪，號蘧園。一説名炯，字念義。閩縣（今福建福州）人。道光二十九年（一八四九）舉人，咸豐元年（一八五一）舉孝廉方正征入京，以病中道返。一度入林則徐幕從軍廣西。咸豐七年（一八五七）從軍西北，任平羅知縣。九年任莊浪同知。同治七年（一八六八）任秦州知州，翌年休官歸里，見謝質卿《轉蕙軒詩存》卷七《劉炯甫刺史存仁自甘肅旋閩枉道青門館於穎翁旅邸贈詩見和次韻復答》。詩為張際亮、林昌彝等名流所稱，著《屺雲樓全集》及雜著十餘種，又選有師友故舊八十五人詩為《篤舊集》十八卷。生平見《屺雲樓文鈔》附謝章鋌撰別傳。陳墉序《篤舊集》，稱作者「歷游南北，與賢士大夫交，輒録其詩，即未相接，或因其友而連及之」。作者自詡「愛古不薄今」，其《屺雲樓詩話》（光緒間閩侯林氏刊本）衡古論今，篇幅各半。持論以詩教為歸，關注現實，於前代詩人中最尊崇白居易與陸游。參見蔣寅《清詩話考》，第五八〇頁。

汪士鐸（一八〇二～一八八九）

《題畫琵琶行》

高低不斷秦山青，剪作朱樓雙畫屏。山下征人莫回首，學成琵琶推卻手。征人未返雁南飛，樓中塞外兩依依。琵琶若解傳心事，留取鵾弦待子歸。（《悔翁詩鈔》卷八，《續修四庫全書》影印清光緒張士珩味古齋刻本）

《正月二十日白香山生日孫琴西觀察召祀公於莫愁湖上》

舊傳讜論滿鑾坡，管領湖山足醉歌。早歲雞林詩價貴，晚來龍樹法緣多。琴尊幸有高賢接，香火無如曠代何。我願續公新樂府，勝棋樓下伴漁蓑。（《悔翁詩鈔》卷十三，《續修四庫全書》影印清光緒張士珩味古齋刻本）

智按：汪士鐸，字振庵，號梅村，江寧（今江蘇南京）人。道光庚子（一八四〇）舉人，賜國子監助教銜。有《悔翁詩鈔》。

阮福（一八〇二～?）

《經義叢鈔·間關考》

《詩》例有三：一曰疊韻，如虺隤、崔嵬是也；二曰疊字，如關關、呦呦是也；三曰雙聲，如參差、輾轉是也。大凡言聲者，則必用疊字；言貌言事者，則用疊韻雙聲，而亦用疊字。《小雅》「間關車之舝兮」，「間關」二字是為疊韻，乃言貌而不言聲者也。白居易《琵琶行》云「間關鶯語花底滑」，下曰「鶯語」，上加「間關」二字，是以「間關」為聲。此唐詩人之詞，無礙經義。但若讀經，則不可矣。福案：「舝」字古本作「轄」。晉灼《漢書注》：「舝，古轄字。」《說文·車部》：「轄，車聲也。從車，害聲。一曰：轄，鍵也。」此謂轄為車聲，非謂間關為車聲也。又《說文·舛部》：「舝，車軸端鍵也。」段氏玉裁注：「許意謂舝、轄同也。」《小雅》毛傳：「間關，設轄貌。」皆謂舝必行而後設也。若白詩作聲字解，古人無此訓詁。《後漢書·荀彧傳》論曰：「荀君乃越河，冀間關以從曹氏。」注：「間關，猶輾轉也。」按：《詩》：「輾轉反側。」《釋文》：「輾，亦作展。」《疏》：「輾轉，猶婉轉。」俱是回動。蓋車之設舝則婉轉如意，亦猶人之周流四方動而不息，故《論》以為『間關以從曹氏」，《注》以為「猶輾轉也」。據此，則「間關」言貌而不言聲更明矣。至宋始以「間關」為設舝聲，此沿白詩而誤也。又《毛傳》本「設舝貌」，今本作「設舝也」。此「也」字又宋以後人臆改也。又近時戴氏震《毛鄭詩考正》云：「軸端鍵謂之舝，所以制轂，使不脫也，車行則轂端鐵與舝相切，有聲間關。」然此亦誤也。又毛氏《傳》「綿蠻黃鳥」：「綿蠻，小鳥貌。」亦不謂鳥聲，宋亦誤為鳥聲。若知《三百篇》無以字肖聲之例，則此義明矣。（劉毓慶編《詩義稽考·小雅·車舝》）

智按：阮福，字喜齋，阮元次子，以候選郎中，外簡湖北宜昌府知府。

朱琦（一八〇三～一八六一）

《詠古》十首（其四）

少時學為詩，酷嗜《秦中吟》。樂府百餘篇，夢寐相追尋。風騷義少劣，漢魏實浸淫。元相昔並稱，箏琶異青琴。紛紛牛李黨，傾軋爭崎嶔。公獨務恬退，抱道甘陸沉。出處兩不愧，終始無異心。老嫗奚足云，語淺意自深。(《怡志堂詩初編》卷二，《續修四庫全書》，第一五三〇册，第一四五頁)

《羅椒生同年留飲寓齋因與論學》

處物忌太潔，洵名恒失真。樂天作中隱，曼倩在金門。非有先生論，所學訖未醇。種瓜引其蔓，藝蘭滋其根。庶幾遺悔尤，終當踐所聞。(《怡志堂詩初編》卷三，《續修四庫全書》，第一五三〇册，第一五五頁)

《有感》九首（其一）

溪邊白鳥忽飛去，嶺上閑雲自往還。兒女團圓供笑語，果然詩似白香山。(《怡志堂詩初編》卷六，《續修四庫全書》，第一五三〇册，第一七四頁)

《答友人論詩》

……平生宗法有數子，李杜韓白蘇黄元。此外諸家間參取，漁洋老筆親排編。……(《怡志堂詩初編》卷七，《續修四庫全書》，第一五三〇册，第一九〇頁)

《祁春圃相國用拙集論詩五首韻見贈依韻奉答》五首（其二）

洛社閑身仍醉白，元和老筆要推韓。豈惟文字衰堪挽，旋轉乾坤自不難。(《怡志堂詩初編》卷八，《續修四庫全書》，第一五三〇册，第一九二頁)

《小寄齋詩序》

陳君心薌，吾粤之能詩者也。往年遊京師，一時名公巨人皆與之交。顧尤昵予，嘗出小寄齋圖，索予詩。既而予假歸，心薌歸亦逾年矣。適以事至會垣，相見歡甚。故人李小廬、余小霞、趙澹仙諸君，日相造譚讌為樂。一日謁歸，復出小寄齋圖，屬予書額，又出所為《小寄齋詩》若干卷，且為予言，吾粤之詩，自岑溪李少鶴大令為之倡，子才、松圃兩先生及吾家伯祖小岑從而和之。於是，粤之詩特盛，其所成就弟子尤衆，如歸順童九皋、馬平葉亮工，及吾心薌，其最著者也。少鶴與其兄石桐考詩嚴，嘗仿張為《主客圖》，重訂中晚唐詩，以張（籍）、賈（島）為主，而以朱慶餘、李洞以下數十人為之客。其自為之說曰：「李白思復雅樂，杜陵自比稷契；元、白、張、王、韓、孟，各出其儻言正論，以扶翼詩教，實與《三百》之義相通，其間遇有隆替，才有大小。其升之廟廊而恢其才，則為樂府為雅頌，非然，即一室歗歌，憂思獨吟，亦各得性情之正。」又謂：「中晚以後人物，有似孔門之狂狷：韓退之、盧仝、劉叉、白樂天，狂之流也；孟冬（東）野、賈島、李翺、張籍，狷之流也。後人不識，或譏其言為僻澀、為俚俗、為徑直，而於古人之意，要無當也。且中晚諸賢高節，如司空圖不事朱温，顧非熊隱茅山，馬虞臣以正言被斥，劉得仁違時不第，是皆孔氏之所收也。其餘諸子，不能縷舉。間有行事無攷者，其詩具在，可按而知焉。」少鶴既為此說，吾粤人未盡重之，獨心薌守其師說惟謹。其後客粤者，有李南磵、倪秋查、歐陽磵東，各以其詩鳴，然皆不若李氏之盛。即有承學者，亦皆不若吾心薌信其師說之確也。心薌好苦吟，平生篤於友朋，不苟隨俗譽毁。其所為詩，冷峭閒澹。予尤愛其五言，以為眞得主客三昧也，乃為論次，而并攷其師友淵源之所漸若此。（《怡志堂文初編》卷三，《續修四庫全書》，第一五三〇册，第二二六～二二七頁）

《治書堂詩存序》

自漢魏訖唐初，篇什流傳，率以少見珍，多者，百餘篇，少者數十篇，至數篇而止耳。然讀者皆能諷詠上口。其子孫收拾前人遺集，亦多矜慎。晉之陶、謝，號為極盛，而謝氏祖孫父子皆有集，然多者不過百餘篇，少或數十篇。杜子美謂：「陶謝不枝梧。」又謂：「賦詩何必多，往往淩鮑謝」是也。至唐白香山，存詩寖富。而宋之名家，所存多至萬首，少亦數千百首。其子孫蒐集前人遺詩，亦以篇帙繁富相誇尚，雖其名家巨製，反以蕪累而掩其菁華。蓋讀者亦至是少能終卷矣。……（《怡志堂文初編》卷四，《續修四庫全書》，第一五三〇册，第二三五頁）

智按：朱琦，字濂甫，號伯韓，臨桂（今屬廣西桂林）人。道光十五年（一八三五）進士，選庶吉士，授翰林院編修，歷任給事中、御史、道臺。性耿直，屢上書言國事，與蘇廷魁、陳慶鏞號稱「諫垣三直」。太平天国起義時，助守杭州，死於戰。有《怡志堂詩初編》八卷、《怡志堂文初編》六卷。

《清史稿》有傳。

林昌彝（一八〇三～一八七六）

《紅綃曲》

七言古詩學長慶體而出以博麗，近代首推吳梅村。然香山失之甜滑，梅村失之贍實，前明何大復《明月篇》又失之空廓，王漁洋論詩，不取《明月篇》，是也。惟以初唐四傑爲皮，以長慶爲肉，以杜爲骨，則於風人之旨，思過半矣。近代擅此體者，以山左單芥舟爲最家，石甫與子萊二君，均倣爲之，因成此篇請質，若綺語誨淫，則吾豈敢。

太師氣燄吞雲霄，珠喉宛轉歌紅綃。金閨幾曲紅樓悄，玉笛一聲明月高。誰家公子飄飄舉，獨向侯門趿珠履。緋桃手擘貯金甌，金甌微露纖纖指。指上紅綃玉笋篸，胸前明鏡秋波涵。花飛寂寂更無語，雪豔盈盈三月三。誤到蓬山春欲暮，歸來閒作天台賦。紫閣香寒翡翠衾，明璫煙冷鴛鴦渡。短鬢蓬頭劍客雄，仰天長嘯浮雲空。世間豈有不平事，眼看明月飛青銅。珠歌翠舞誰家院，玉女星眸侍春宴。琥珀杯濃碧玉漿，珊瑚簪脱黃金釧。花陰十五月輪低，青絹裁成短後衣。深院不愁花作障，重垣不畏錦成圍。花陰小犬金鈴吠，錬鎚一擊瑤瓊碎。撾殺猛猊孟海洲，淩空奪得延年妹。不剔金缸繡户扃，微聞薌澤透紗櫺。翠環初墜金釵冷，紅臉纔舒玉漏停。碧雲飄斷蘭膏歇，獨倚闌干望明月。一枕鴛鴦夢未成，仙郎已到芙蓉闕。夜深花逕有誰來，風動珠簾繡幕開。穎語瑯嬛驚笑靨，花冠不整酌金罍。自言妾是幽燕女，月下喁喁私與語。記得將軍擁翠旄，朔方虜盡鉛黃侶。饌玉漿金近綺羅，瓊筵日日擁笙歌。妾自偷生貯金屋，郎如佳約渡銀河。况是爪牙有神術，不使春嬌厭拘束。奮翮淩霄比翼飛，妝匳掃盡鸚哥緑。遲明日出太師驚，盜出紅綃雞未鳴。雪泥鴻爪春雲碧，道是無情却有情。古來大使神州有，英雄勸汝一杯酒。天上人間兒女情，博取紅顔如返手。金戈鐵馬千人呼，紫電青霜塞道途。瞥若翅翎鷹隼疾，誰家蓄得崑崙奴。（《衣讔山房詩集》卷一，《續修四庫全書》影印清同治二年廣州刻本）

《鄧蔭泉中翰大林招飲杏林莊題壁間五首》（其二）

流水又一邨，林泉枕山足。脩竹浮深翠，瞥見兩三屋。玉潤上闌干，映

我衣皆緑。琴亭白樂天，茶鐺蘇玉局。（竹亭）（《衣讔山房詩集》卷八，《續修四庫全書》影印清同治二年廣州刻本）

《咄咄翁傳》

咄咄翁，姓陳氏，名偕燦，字少香，江西宜黄人。高祖某以儒業世其家，曾祖某敦行積學，以明經官教諭，治《易經》，多所發明。翁幼慧，九齡即諳文義，嫻對偶。父麟士曝書中庭，散見書帙，中有《昭明文選》，索之。父曰：「唐諺云：文選熟，秀才足爾。能屬對，將書去。」即應聲曰：「槐花黄，舉子忙。」父喜以《文選》與之。年十二，習舉子業。天才敏捷，嘗一日成七藝。尤好詩，下筆千言，執紙立就。應童子試，拔前茅。年十六，授徒以館穀佐生計。年十九，郡試冠軍，補弟子員，尋食餼。學使汪瑟菴、王省厓、顧筠巖諸先生，詫爲異才，尤器重之，由是名益震。會宜黄建鳳岡書院落成，當道延主講，弟子從遊日衆，講舍至不能容。道光辛巳，舉於鄉，就試禮部，不捷。遊吴越東南，諸大府爭折簡相招致。相國阮雲臺、宫保陶雲汀、中丞陳芷飃、曾賓谷、陳芝楣、學使汪巽泉、都轉蔡海城諸先生，咸以文章氣誼相契洽，吴蘭雪刺史尤服其詩，決其必傳。顧九上公車五薦，竝以額溢見遺，人咸惜之。道光戊戌，以教習宰閩中。……翁天性醇厚，孝友聞於鄉……結交半天下士。少時好六朝沈博絶麗之文，尤喜庾開府，著有《駢體文鈔》，及門輩爲之付梓行世。三十後，服習兩漢，下逮韓柳歐蘇諸家，每下筆馳驟縱横，不可一世。所著古文辭多散佚，其存者史論雜著，數十首而已。詩初學劍南，次學香山，又學東坡。四十後，詩格出入三唐，尤與大厤十子爲近。書法古秀，髣髴東坡。畫亦極有逸趣。翁愛才出至性，極喜昌彝詩，謂可入唐賢之室，併出所存稿若干首，請商訂之，録存千餘首，付剞劂，曰《咄咄翁詩集》。嗟夫！翁豈欲以詩人老哉！翁一生所遇輒窮，然不作牢騷憤激語，自號曰咄咄翁云。（《小石渠閣文集》卷四，《續修四庫全書》影印清光緒福州刻本）

《射鷹樓詩話》

番禺張南山太守（維屏）著《松聲詩略》（道光壬午進士），其詩從《聽松廬集》中摘十之二三，分為十集。番禺劉藻林（彬華）《嶺南羣雅》稱，太守詩出入漢魏唐宋諸大家，取材富而醞釀深，氣體則伉爽高華，味致則沈鬱頓挫。余謂太守詩清新婉麗，體物瀏亮，如海底木難，斑駁眩目。粵東有人從海舶歸，言米利堅國人有識中國字者，見扇頭有太守所書詩，欣然誦之，且與扇示其友，曰：「此張南山也。」米利堅為海外極遠之國，而其國人聞太守之名，誦太守之詩，此與唐時雞林國人誦白香山詩，同為藝林佳話。太守粵人目擊英逆之變，愁然有憂。故《三元里》及《三將軍歌》、《越臺江海書憤》諸詩，有據鞍顧盼之概。……（《續修四庫全書》影印清咸豐元年刻本卷二；王鎮遠、林虞生標點本，第二八頁）

昔王若虛評白樂天詩：「情致曲盡，隨物賦形，所在充滿，殆與元氣相侔。至長韻大篇及樂府，動數百千言，語語順適，中含諷勸，是古詩人和平中正之響。」余友善化孫芝舫（鼎臣）太史（乙巳翰林）詩，逸秀雄深，宏亮高雋，不必與香山同調，要其和平之旨，沁人肝脾，又多諷勸之辭，可謂異曲同工者矣。……（《續修四庫全書》影印清咸豐元年刻本卷二；王鎮遠、林虞生標點本，第三〇頁）

七言古學長慶體，而出以博麗，本朝首推梅村。高密單芥舟明經可惠亦為此體，乃以少陵之骨，運元、白之詞，遂獨步千古。道光辛卯，亡友張亨甫孝廉手録芥舟《白羊山人詩》一卷，以為帳秘，余讀之而未鈔也。甲辰，應禮部試，從都下得讀芥舟初刻全稿。其詩風骨峻深，蹊徑獨闢，一意孤行，不假雕飾。今録其長篇數作於此。《思公子為右民作》云：（聞右民喪，作五言以哭之；重題七絕句八章，閱數日復作《思公子》一篇，詩人長言之不足之意云爾。詩近白氏長慶體，蓋右民之所好者。又以右民素能受余盡言，篇中哀而怨，絶少忌諱，不敢以曲筆對吾亡友於地下，諒不謂謗也，非為生者，用寫余思焉。援《楚辭》以名之。）「百無一能餘白頭，恥向侯門彈蒯緱。昔者吾友傅公子，常伏歌行第一流。公子姓名泠人齒，今年遠客貴陽死。寫詩和淚作哀辭，六千里外呼不起。公子公子落魄人，家世清白吏子孫。最少年多不羈行，名花過眼傾金尊。公子巷南吾巷北，十年相顧不相識。偶然一語磁引針，吐出心肝矢不惜。此時公子囊屢空，飯後檳榔懊惱儂。丈夫不死蓬蒿下，拔劍出門西復東。小冠子無珠履趿，葛衣斷碎吟秋葉。和得陶令乞食詩，臨餘顔公乞米帖。鶴再南飛與往還，遍遊柳子未遊山。紫髯公孫修世講，緑水紅蓮十四年。千金一擲十日飲，中年絲竹風流甚。珠娘拜乞竹枝歌，吳娃拋賸纏頭錦。夢裏閨人背面啼，盎無斗儲桁無衣。阮家子弟多才雋，阿咸客死兄苦飢。歸來料理頗草草，開年重上嶺南道。不把薦章謁外臺，自謂萬里遊自好。我謂公子聽一言，言所難言最苦艱。公子掉頭不肯住，三年為期歸田園。却憶南朝徐孝穆，垂老送客多悵觸。吾衰已甚惜分襟，為誦白馬君來哭。昭昭白日西南馳，為公子悲亦自悲。人生難得惟知己，詩篇有作當告誰。太白初升北斗落，樂府三章感飄泊。廿年前為公子吟，謂青丘似為我作。思公子為吟三章，悲公子為下數行。掬將無限傷心淚，憑仗風吹到夜郎。竹王祠下叩銅鼓，風車雲馬神靈雨。哀豔神絃續續彈，公子公子奈何許。」《張燈曲》云：（此事聞之最早，此詩作之已後，蓋由十餘年前，雅不欲作。二十餘年前，蓋不能作。小雨無聊，用以陶寫窮愁，故卒作之也。香山格調，出以少陵風骨。河朔之詞義貞剛，江左之宮商發越，兼之清綺有餘，氣質仍在也。讀之而囅然喜，愕然驚，悄然悲，泠然悟者。吾許其可與言詩，若綺語誨淫，抑吾之過夫。雖然，《長恨歌》、《琵琶行》，即不敢比視，司空表聖之《馮燕歌》，吳梅村之《圓圓曲》、《聽女道士卞玉京彈琴》，何多讓焉。錢唐袁簡齋詩，貴緣情綺靡已甚，縱其才情所如，不復求之古人風骨。遠祖香山，近宗梅村七古長篇，尤用其體，學者化之，乃為詩厄。然則此詩終於不作，亦無不可者。嘉慶庚午夏六月十有三日，可惠自題《張燈曲》後。）「上元張燈奪月彩，古時姮娥應好在。手攀桂樹看人間，春燈萬點春如海。衣香人影何紛紛，車如流水馬游龍。百戲魚龍爭變幻，千家樓閣高玲瓏。高樓有女桂為字，碧玉芳年嬌春思。身是仙人蕚緑華，誰為漢代金吾婿。平原公子果盈箱，樓頭車中遥相望。美人手擲金橘子，天外飛來赤鳳凰。笑乞風月作盟主，世世生生吾與汝。為郎膝上宛轉歌，為郎掌上驚鴻舞。定情香火金博爐，銀釭錦帳垂流蘇。卻笑秘辛疎領略，不信周昉能畫圖。並蒂芙蓉春睡足，枕痕一線暈紅玉。玉鏡臺照雙影來，瞳人點漆眉山緑。暮為行雨朝行雲，朝朝暮暮態更新。誰謂名香疑賈午，忍教恨血同阿甄。嫁衣焚罷饒激烈，孰知生離輸死別。從容再拜無愧辭，士死為知女為悦。南山可移志不移，重重密誓兩心知。不得跨鳳隨蕭史，肯再將身逐子皮。阿郎題贈香羅帕，送我悠悠即長夜。可惜風流放誕名，留與千秋作談話。玉貌如生喚奈何，生生死死為情多。

太息玉京仍絶豔，難邀崔護活青娥。返魂無術闔棺後，泰山鴻毛復何有。柩出尚有神君風，珠碎頓白阿爺首。深深埋玉青楓林，漆燈黯黯月沉沉。獨有阿郎呼負負，澆酒墳頭夜夜心。墳頭春草秋聲起，猶似喁喁緑窗裏。生時手刺百花衣，化出愁紅與怨紫。留香無夢哭吞聲，點點青燐作送迎。六州有鐵鑄不得，一錯真教誤一生。自來尤物傾家國，男有奇才女奇色。不有福德何以堪，福倚禍伏安可測。無復豪華舊卓家，壞道陰房啼鬼車。至今花市燈如晝，共惜當年第一花。有客省識春風面，持杯相勸寫哀怨。與譜上元張燈詩，碧落黄泉君不見。上元張燈自年年，依舊姮娥到曉眠。為問情癡兒女子，紫玉韓童總化煙。」(《續修四庫全書》影印清咸豐元年刻本卷三；王鎮遠、林虞生標點本《射鷹樓詩話》，第五一～五四頁)

《玉笥堂詩藁》四卷，《晉安樂府》一卷，閩縣蔣少陶司馬鎔（戊寅鄉榜）著。司馬幼時讀書穎悟，留心政治，及官安徽，雅有善政，凡有關於民瘼者，無不力爭於大府前，同寮咸以强項目之。友人江子衡贈詩，有「折腰未肯迎鄉里，强項多難事上游」之句。司馬視民如子，愛惜士類，所至有聲，徽人士欲以生祠祀之。庚戌秋，家文忠公少穆宫傅招余拜西湖李忠定公祠，司馬在焉，余始獲交。司馬蓋由文忠識之也，邇者省垣烏石山，為英夷所穴，洋煙遍地，司馬關心桑梓，怫然隱憂，每與余談及時務，幾於唾壺擊碎。詩出性真，不假雕琢，自然入古。其《宰潁上柬孫曉園大令》詩云：「無米難炊巧婦廚，頻年塵甑笑萊蕪。官窮益信民生絀，歲歉還慙吏治粗。野市罷虛尤責税（時牙帖税積欠甚多)，低田在水尚徵租。要知剜肉醫瘡苦，好為流民細繪圖。」「平平告語本無奇，此地人情我盡知。戶解急公猶古處，官能不擾便時宜（舊宰王君歷任三十載，前志稱其居官不擾)。竊鈎莫信民皆盜，穿屋須防訟有師（邑有誣良惡習)。但得雨風慰箕畢，坐聽萬井口成碑。」讀二詩，可以知遺愛在民矣。司馬樂府，極似白樂天，五言古逸秀有王、孟風味，其《銅陵十六詠》云：「吾道有淵源，觀海難為水。千秋兩異人，滄波共終始。安得乘長風，水擊三千里。」（南溟書院）「造化割神腴，製此欲落石。試之震撼間，屹然萬夫敵。獨有三忠臣，丹心交激射。」（東壁文星）「靈區蓄精髓，空翠凝不流。精氣難久閟，噴薄蒼巖幽。一酌醒心骨，浩然天地秋。」（虎崆滴玉）「千舟入咽喉，延頸吸大地。幻此詭譎形，天公亦兒戲。不有鷙籠生，誰能捆載至。」（鵝頸藏舟）「粒米浮太倉，九州為虛器。蒼茫雙眼中，萬慮皆撥置。尺幅擁奇觀，此中有文字。」（天池勝景）「神工施巨斧，萬竅刳玲瓏。華館一以闢，千秋破鴻濛。願言借片席，坐閱扶桑東。」（石室仙岩）「神仙何渺茫，乃作此狡獪。巨蹠落人寰，真身出天外。有跡無跡間，此意憑誰會。」（蓬萊仙跡）「海國大宮商，一洗箏笛耳。萬暑清若秋，囂囂嘆朝市。我欲駕扁舟，滄波趁漁子。」（沙浦漁歌）「洪濤湧大江，砰訇響萬鼓。紅潮相吞吐，震耀無終古。惜哉魯陽戈，不返趙家土。」（雷峯旭日）「削成根虛無，一柱亘天半。萬古凛孤標，及巔無畔岸。再拜石齋公，卿雲麗霄漢。」（蘇柱擎天）「九十九芙蓉，浮空擁遥翠。間氣之所鍾，神仙亦富貴。君看蔡相家，近在浴丹地。」（梁嶽擁翠）「威鳳高其翔，何年浮滄海。展翅向丹霄，散作空青采。羡爾嶼中人，終朝飲翠靄。」（列嶼高翻）「有欲觀其竅，無欲觀其妙。入此室中來，不知妙與竅。清泉洗我心，風雷恍相召。」（龍潭石室）「插漢架瑶屠，砥此東流柱。遥看獅子超，萬派洪濤注。懸知五虎門，瑟縮神色懼。」（獅嶼瑶屠）更有《閩安十景》，風骨逸秀，落落入古，與《銅陵十六詠》相伯仲云（戊寅鄉榜）。（《續修四庫全書》影印清咸豐元年刻本卷三；王鎮遠、林虞生標點本，第五四～五五頁）

秀水朱錫鬯先生為畢大生題扇云：「今年十月尚暄和，雨後流泉響玉河。竹扇未應收畫篋，絮衣猶可著香羅。籬根細菊冬逾媚，砌下吟蟲夜轉多。那得滄洲載新酒，亭前捉卧甕人過。」先生又有《春暮何少卿招同故鄉諸子集古藤花下送譚士之舒州》詩，有「捉卧甕人選詩格」之句，新城王貽上見之，未知所出，搜討羣集將十年，未得其解，論者少之。今按，《賓退録》：「李廷中撰《捉卧甕人格》酒令，以畢卓、劉伶、嵇康、阮孚、山簡、阮籍、儀狄、顔回、屈原、陶潛、孔融、陶侃、張翰、李白、白樂天數人為目。」捉卧甕人格本此，貽上讀書亦博，雖非錫鬯之比，以視世之經史子集束之高閣者，相去遠矣。一二典記之不知，烏足為貽上少哉！（《續修四庫全書》影印清咸豐元年刻本卷四；王鎮遠、林虞生標點本，第八五頁）

「筆海回瀾數退之，往來莫恨少新詩。君看春水多情緑，翻在平江煙雨時。」此陳恭甫先生題許晝山讀白香山詩作也。「鷹遊門外水雲寬，海運才通劫已殘。誰説桃源無路入，求仙容易救時難。」此吳蘭雪先生題倪文正小桃源真跡後作也。二詩極見渾成，為七絕之高唱。（《續修四庫全書》影印清咸豐元年刻本卷六，《續修四庫全書》影印清咸豐元年刻本，第一七〇六册，第三五八頁；王鎮遠、林虞生標點本，第一四〇頁）

外舅閩縣周蒼士先生（嘉璧），著有《亨帚編詩草》二卷（嘉慶丁卯舉人，官詔安廣文）。其詩出於性情，蓋賈長江、白香山之流亞也。少質鈍，宵分焠掌，苦讀不倦，竟以魯得之。熟精左氏傳，著有《評左卮言》及《爾雅比類》、《禘祫說》、《經義雜說》諸書。生平尚氣誼，急人之急，待人以誠。處家庭間，恂恂孝友，事叔父如所生，與其弟介農先生友愛，遇世人有不平事，怒髮衝冠，肝膽併露。……（《續修四庫全書》影印清咸豐元年刻本卷六，《續修四庫全書》影印清咸豐元年刻本，第一七〇六册，第三五八頁；王鎮遠、林虞生標點本，第一四〇～一四一頁）

白傳《阿崔》詩：「未能知壽夭，何暇慮賢愚。」夭字，讀於兆切。又《酬李十二郎》詩：「落絮無風凝不飛。」凝字，讀牛鯘切。又《琵琶行》：「血色羅裙翻酒汙。」汙字，讀烏故切。唐兒辨四聲，皆本於《切韻》，白傳尤精密。（《續修四庫全書》影印清咸豐元年刻本卷七，《續修四庫全書》影印清咸豐元年刻本，第一七〇六册，第三五九頁；王鎮遠、林虞生標點本，第一四三頁）

智按：此則即桂馥（一七三六～一八〇五）《札樸》卷六「白詩用夭凝汙三字」。

居官者如傀儡登場，位顯則門庭蠅集，勢衰則賓客煙銷。白樂天詩所謂「親戚歡娛童僕飽，始知官職為他人」是也。劉文成公（基）《長安道》詩云：「長安道，送盡芳菲到枯槁。人生盛衰苦不嘗，何異長安道旁草。漢家將軍初拜官，門前上客車班班。一朝勢衰煙熖歇，車輪無聲馬蹄絕。明年有詔封冠軍，依舊車馬來如雲。」讀之可勝浩嘆。吳江顧帆川布衣（我錡）著有《浣松軒詩集》，其《莫去草行》詩，言之尤覺沈痛。詩云：「莫去草，草無惡，世俗紛紛情更薄。君不見，竇嬰門下客如林，一朝解散同葉落。又不見，翟公紅騎接朱輪，俄然大署傷離索。乃知富貴皆炙手，呼吸便覺春華灼。乃知權位一日非，不減秋風破殘籜。玳簪珠履客三千，覆雨翻雲如膈膜。莫去草，草無惡，世俗紛紜情更薄。」（《續修四庫全書》影印清咸豐元年刻本卷八；王鎮遠、林虞生標點本，第一九〇～一九一頁）

智按：《自感》：親戚歡娛童僕飽，作「賓客歡娛僮僕飽」。長慶四年（八二四），五十三歲，任杭州刺史。《白居易集箋校》第一五四六頁。

《鷗汀漁隱詩鈔》十卷，江西宜黃陳少香先生（偕燦）著。先生天才敏捷，好吟詩，下筆千言，執紙立就，以名諸生舉於鄉（道光辛巳鄉榜）。就試禮部，不捷。遊吳越東南，諸大府爭相招致。相國阮芸臺、宮保陶雲汀、中丞陳笠颿、曾賓谷、陳芝楣、學使汪巽泉、都轉蔡海城諸先生，咸以文章氣誼相契洽。刺史吳蘭雪先生尤服其詩，決其必傳。顧九上公車五薦，並以額溢見遺。道光戊戌，以教習宰閩中，撫字催科，臨民之餘，不廢吟咏。後宰惠安，為言者中傷，遭嚴譴棄官。先生天性醇厚，孝友聞於鄉黨，結交遍天下士。少時好六朝沈博絕麗之文，尤喜庾開府，既而服習兩漢，下逮韓柳歐蘇諸家，每下筆馳驟縱横，不可一世，絶類老蘇。詩初學劍南，次學香山，又學東坡。四十後，詩格出入三唐，尤與大曆十子為近。所刊《鷗汀漁隱詩集》，為昌彝所校定。近又刻《焚餘集》及《春雨樓》。近詩詩筆愈蒼真，不愧西江風雅。書法古秀，髣髴坡翁，畫亦極有逸趣，先生愛才出至性，尤極賞昌彝詩，謂足嗣響開寶諸家，必傳無疑。所謂誘之以至於是也。先生論詩極精，嘗謂昌彝曰：詩欲其真，不欲其偽。最初為真，後起非真。信於己者為真，徇於人者非真。足於己者為真，襲於人者非真。是故讀書有真種子，作文有真血脈，而作詩有真氣骨，得其真則一花一木，一水一石，一謳一詠，皆有天趣，足以移人。失其真，則雖鏤金錯采，纍牘連篇，吾不知其中何所有也。古今論詩有二：曰性情，曰格調。性情真也，襲格調而喪其面目偽矣。格調亦真也，離性情而飾其衣冠偽矣。此杜少陵所以有「別裁偽體」之說也。又云：詩至漢、魏，古矣，而偽漢、魏何如真齊、梁；三唐美矣，而偽三唐何如真兩宋；初盛唐高矣，而偽初盛何如真中晚。推之，偽李、杜不如真元、白，偽王、孟不若真溫、李，此其得失較然，不待智者而後知也。（《續修四

庫全書》影印清咸豐元年刻本卷十；王鎮遠、林虞生標點本，第二二五～二二六頁）

《雪樵集》四卷，福山鹿木公先生林松著。先生詩戛戛獨造，大有妙悟，迥異尋常境界。南海張南山謂木公先生詩，可以質諸張水部、賈長江，以入《主客圖》，當是入室弟子。余謂先生詩，字字從心坎中說出，與持身涉世之理都有關係，是能以香山之性情，運少陵之氣骨者也。……（《續修四庫全書》影印清咸豐元年刻本卷十一；王鎮遠、林虞生標點本，第二四九頁）

亡友家松門茂才（振濤），嘗持東薌吳蘭雪舍人《憶新田》二律問余曰：「此體本於何人?」余曰：「此體本於白樂天。然作者亦須渾成，不善學之，則虎賁類蔡耳。」蘭雪詩云：「村前村背雪連屋，谿北谿南雨浸沙。春竹笋邊秋竹笋，絳桃花外碧桃花。老翁栽菜復栽稻，鄰女采桑兼采茶。閒煞香蘇山下客，讀書讀到日西斜。」「柘溪石溪同一溪，半坳烟隴溪東西。落花落葉沿流下，漁網漁罾夾岸低。梅樹緑連松樹緑，山禽啼應水禽啼。聲聲遠笛在何處，橋外有橋隄外隄。」白樂天《題天竺寺》云：「一山門作兩山門，兩寺元從一寺分。東澗水流西澗水，南山雲起北山雲。前臺花發後臺見，上界鐘清下界聞。遥想吾師行道處，天香桂子落紛紛。」按，此詩乃樂天題虔州城外天竺寺，今《杭州府志》收入錢塘天竺寺，誤矣。見《東坡詩集》第二卷。（《續修四庫全書》影印清咸豐元年刻本卷十四；王鎮遠、林虞生標點本，第三二二～三二三頁）

《王直方詩話》云：「東坡平日最愛樂天之為人，故其詩云：『我甚似樂天，但無素與蠻。』又云：『吾似樂天君記取，華顛賞遍洛陽春。』又云：『他時要指集賢人，知是香山老居士。』又云：『定是香山老居士，世緣終淺道緣深。』而坡在錢唐，與樂天所留歲月略粗似。其句云：『在郡依前六百日，山中不記幾回來。』」蓋用樂天詩「在郡六百日，入山十二回」語意也。（《續修四庫全書》影印清咸豐元年刻本卷十六；王鎮遠、林虞生標點本，第三七五頁）

近代山左名家，以高密單芥舟明經可惠為最。……七言長古取法長慶，參以少陵，謂：「梅村長篇學長慶，隸事太繁，風格少減，惟參以少陵之骨，則得之。」此明經自道得力也。（《續修四庫全書》影印清咸豐元年刻本卷十七；王鎮遠、林虞生標點本，第四〇四頁）

智按：單可惠，號芥舟、芥舟生、白羊山人，山東高密人。乾隆末副貢生。

閩縣何道甫孝廉（則賢），著有《藍水書塾詩草》四卷，詩格瓣香楊誠齋，樸質無蔬筍氣，其佳篇如《擬白樂天新製布裘》、《謁梨嶺唐建州廟》、《四月十二夜枕上口占》、《田家雜詩》、《讀唐陸宣公奏議》諸篇，皆合律。其《擬白樂天新製布裘》云：「惡寒而輟冬，造化無是理。朔風一怒號，萬物為披靡。挾纊廣廈間，縈懷幽谷裏。嗟彼伶俜人，短褐至骭耳。冰雪蘊重陰，瑟縮復誰似？布濩大地春，道從務本始。奢麗戒必嚴，蠶績無時已。吉貝與桑麻，種植徧遠邇。斯事力以行，獲益應倍蓰。何若萬里裘，虛願徒爾爾。」《和元許文正偶成詩韻》云：「屈指年華四十三，鄉人未免笑何堪。迂拘自忖機心少，樸拙還教世味諳。無可締歡唯卷軸，時縈夢想有煙嵐。一編習靜頻遮眼，侵曉簷聲覺雨甘。」《書徐虹亭詞苑叢譚後括道園仲舉詞意偶作》云：「簾幕重重怯晚寒，憶傳宮燭直金鑾。夕陽西下嚴城月，欲喚繁華夢起難。」《書佺兒所記功過格》云：「曾三顏四我師資，能否清宵念百非。莫易言功嚴記過，芸窗下筆有天知。」道甫博涉羣籍，藏書幾二萬卷，其於史學用力尤深，其文集八卷，嘗問序于余，所著書如《讀經札記》《晉史補略》《球使禮服答問》《涉史漫筆》《史通何氏偶箋》《昭代碑傳表誌文輯》《名人軼事隨録》《東越著述所見録》《東越歷朝文輯》《皇朝東越文輯》《藍水書塾叢筆》，各若干卷。（《續修四庫全書》影印清咸豐元年刻本卷十九；王鎮遠、林虞生標點本，第四五二～四五三頁）

初唐四傑七言古與長慶體不同，二者均是麗體，四傑以穠麗勝，長慶以清麗勝，須分别觀之。譬之女郎之詞，一則為青樓之絲竹，一則為繡閣之笙簧，讀者不可不辨也。（《續修四庫全書》影印清咸豐元年刻本卷二十；王鎮遠、林虞生標點本，第四五八頁）

七絕詩喜深而不宜淺，喜婉曲而不宜平直，白樂天《浦中夜泊》云：「偶上江隄還獨立，水風霜氣夜稜稜。回看深浦停舟處，蘆荻花中一點燈。」自家泊舟之景，卻是自家從隄上回看得之，船中人不知也，此意最婉曲。李義山《夜雨寄北》云：「君問歸期未有期，巴山夜雨漲秋池。何時共翦西窗燭，却話巴山夜雨時。」眼前景却作後日懷想，此意更深。（《續修四庫全書》影印清咸豐元年刻本卷二十一；王鎮遠、林虞生標點本，第四九四～四九五頁）

智按：此則襲自桂馥（一七三六～一八〇五）《札樸》卷六「白李二家詩意」一則。

閩縣劉炯甫孝廉存仁（道光己酉鄉榜），幼負雋才，詩閒淡雋永，如見性真，不假雕飾，自然合格，説者謂，孝廉詩學香山，以其淡處似白也。《偶然作》一詩，風格名雋，無規橅前人痕跡。詩云：「委懷見古人，息機在安命。滔滔末俗衰，恥與衆流競。春生秋則歛，四時以為柄。物理互乘除，造化忌豐盛。端居叢百憂，堅忍動心性。妍媸辨分明，我靜亦如鏡。」其《辛卯病愈》、《寄温松雲醫士》二詩，能以長慶之性情，運大曆之風骨者。詩云：「莫向尊前喚奈何，菊花時節且酣歌。燕聲慷慨彈同調，楚些淒涼夢入魔（余病中夢作奠方邑侯彥聞文）。一病始諳觀化樂，此身但覺感恩多。還丹願得容成術，鷗鳥忘機養太和。」「馳逐名場事若煙，十年回首幾先鞭。情空泡影真如寄，悟後文章半入禪。下酒有書隨日讀，坦懷無事抱雲眠。起看秋色蓬門冷，雁影西風九月天（時病不克與秋試）。」二詩情韻纏綿，令人一讀一擊節。（《續修四庫全書》影印清咸豐元年刻本卷二十二；王鎮遠、林虞生標點本，第五一三～五一四頁）

智按：劉存仁（一八〇二～一八七七），字炯甫，一字念莪，號蘧園。一説名炯，字念義。閩縣（今福建福州）人。道光二十九年（一八四九）舉人，咸豐元年（一八五一）舉孝廉方正征入京，以病中道返。一度入林則徐幕從軍廣西。咸豐七年（一八五七）從軍西北，任平羅知縣。九年任莊浪同知。同治七年（一八六八）任秦州知州，翌年休官歸里，見謝質卿《轉蕙軒詩存》卷七《劉炯甫刺史存仁自甘肅旋閩枉道青門館於穎翁旅邸贈詩見和次韻復答》。詩為張際亮、林昌彝等名流所稱，著《屺雲樓全集》及雜著十餘種，又選有師友故舊八十五人詩為《篤舊集》十八卷。生平見《屺雲樓文鈔》附謝章鋌撰別傳。陳壙序《篤舊集》，稱作者「歷游南北，與賢士大夫交，輒録其詩，即未相接，或因其友而連及之」。作者自詡「愛古不薄今」，其《屺雲樓詩話》（光緒間閩侯林氏刊本）衡古論今，篇幅各半。持論以詩教為歸，關注現實，於前代詩人中最尊崇白居易與陸游。參見蔣寅《清詩話考》，第五八〇頁。

侯官陳退翁恭浦，著有《唾餘集》，退翁詩學長慶，自抒心中所言，不事設色。其《三月朔日五更寓園夜二首（用白香山體韻）》云：「悄悄復悄悄，柴門横木杪。人深燈火微，巷僻行人少。事業東逝波，踪迹南飛鳥。輾轉不成眠，漏盡天難曉。脈脈復脈脈，老作無家客。才拙生計窮，氣大乾坤窄。此夜一長吁，何時雙展翮。不覺天窗明，照我鬚眉白。」退翁精醫術，著有《傷寒論章句》，更有《痘說》一篇，為有道之言。其大旨云：「吾聞孝子必善保身，保身必寡欲，寡欲則自能生子，生子必免痘厄。試觀畜類一交即孕，人為萬物之靈，可以人而不如物，必多交而後孕子。蓋始交不孕，中留敗精，再交而孕，則敗精混於胎元，而為毒交，而即孕再交，則淫精漬於胎元，而為毒子宫未淨，交而有孕，則敗血雜於胎元，亦為毒，三者皆致痘之由也。吾願世人為後嗣計者，必自寡欲始，欲其子之免遭痘厄者，亦惟寡欲為良藥。此上士治未病之謂是也。」（《續修四庫全書》影印清咸豐元年刻本卷二十三，《續修四庫全書》影印清咸豐元年刻本，第一七〇六册，第五二七～五二八頁；王鎮遠、林虞生標點本，第五三八頁）

《海天琴思録》

白樂天《哭皇甫七郎中》詩云：「涉江文一首，便可敵公卿。」註云：「持正奇文甚多，《涉江》一篇尤佳。」案：《皇甫持正集》十卷，刊於吾閩。其集中無《涉江》文，知為亡逸。錢曾云：「孫可之得文章真訣於來無擇，無擇得之於皇甫持正，持正得之于韓吏部退之。斯文自有真傳，非同俗學之冥行擿埴，自以剽耳傭目為能事也。」（《海天琴思録》卷一，王鎮遠、林虞生標點本，第二七頁）

不善學白香山詩，多失之平滑，七律尤甚，以無真趣以絡之也。漢軍黄石卿孝廉恩貴，善學香山，都無俗韻。見其《紅花埠阻雨》詩云：「峒峿行後又紅花，絕豔嘉名兩字誇。眯目依然茅屋漏，癡心還想帽檐斜。逢迎且聽千聲佛，濡滯非關十丈沙。風雨五更行不得，好尋殘夢到天涯。」（《海天琴思

録》卷八，王鎮遠、林虞生標點本，第一八七～一八八頁）

錢塘袁簡齋《隨園詩話》，譏孔穎達《五經正義》為鄭康成之應聲蟲，於是乎失言。……簡齋不識經學，頗以詩文自負。其為詩藉口遠法香山，近法初白，則亦可曰香山、初白之應聲蟲也。（《海天琴思録》卷八，王鎮遠、林虞生標點本，第一九二～一九三頁）

智按：林昌彝，字惠常，又字薌谿，晚年號茶叟、五虎山人，侯官（今福建福州）人。道光十九年（一八三九）舉人，多次會試不中。因獻《三禮通釋》，于咸豐八年（一八五八）得建寧府學教職，僅一年即被排擠去官。同治年間，一度掌教廉州海門書院。有《衣讔山房詩集》、《小石渠閣文集》。

齊學裘（一八〇三～?）

《見聞隨筆》

⊙翠釧曲憫周全福

武林吳我鷗觀察官蜀，買一女奴周全福者，年纔十四，而氣體温和，資質穠艷，閨秀中絕代姝也。愛憐之，欲納爲妾。先是觀察賦悼亡，以侍妾某爲夫人，及罷官歸，與夫人謀，夫人蓋妬而狡者也。詭云若得全色翡翠釧爲質，當使侍寢，於是罄其宦橐，約費三千餘金，購歸奉之，以爲朝雲，得伴東坡矣。詎受釧後，頓食前言，閉全福高閣中，逾月不獲一面。觀察始知受誑，然亦無如之何。賦詩傷懷，鬱鬱成疾，泫然走告戚友曰：不圖某暮年猶爲情死。羣以爲顛，未數月而訃音果來。嗚呼！奇矣。觀察既歿，全福知其爲己也，泣血痛心，誓與俱死。復念徒死未足塞責，俟守貞三載，乃以身殉。而某氏酷虐百端，必致之死而後快。全福曰：嗟乎！儂之所以隱忍苟活者，將以成吾志也。今休矣。遂於觀察小祥之期，雉經而亡。計其年，僅十有五耳。嗚呼！又奇矣。咸豐辛亥冬，買棹至杭，友人高小垞爲余述之，予謂此固古今所希聞，實有關名教匪淺也。爰次其顛末，作《翠釧曲》以俟後之採風者。詩曰：「扁舟夜泊吳山隴，金石圖書壓裝重。忽遇詩人高達夫，酒闌燈炧談情種。情種流傳自淛西，儂家生長浣花溪。枇杷樹底嬌鶯住，荳蔻梢頭乳燕啼。嬌鶯乳燕眞無價，碧玉待年還未嫁。可惜傾城絶世姿，迍邅辱在泥塗下。泥塗一擲逐青衣，歎息芳容識者稀。青銅鏡子晨空照，紫玉釵梁雪不飛。風流觀察來巴蜀，好色胸襟儕宋玉。夜燒銀燭治官書，肥婢成圍如立鵠。鵠立班中見璧人，雪膚花貌玉精神。頓教鶴髮頽唐叟，一顧驚爲掌上身。身世雖微材邁衆，因緣冀續高唐夢。此際心通一點犀，何時翼接雙飛鳳。雛鳳翩翻玳瑁筵，張衡從此賦歸田。仙舟琴鶴追隨外，載得西施返浙川。返時卻趁江潮長，葛嶺從容停畫槳。聞說巴潼獲寶歸，紛紛擁看誇無兩。兩處情絲繫絳襦，謀將金屋貯羅敷。虔婆心妬言奸詐，我見猶憐况老奴。老奴朝夕長留戀，思與妖姬結姻眷。索聘偏輕緑玉簪，定盟不重黄金釧。金釧無如翠釧精，陡然娘子出奇兵。請將紺色雙條脱，來易秦關十五城。欲換秦城需趙璧，宦囊傾盡都無惜。搜遍西泠傭販家，釧光圓映秋岑碧。碧花巧制奪天工，什襲懷歸納袖中。誰料蚌胎投海北，忽聞獅子吼河東。狂吼無端逢彼怒，紅樓驟把佳人錮。隔斷巫山十二峯，思量弱水三千渡。弱水巫山覿面難，遊仙好夢付邯鄲。玉環無那心俱碎，錦瑟常隨淚暗彈。淚落青衫悲薄命，文園遂卧相如病。通幽作賦倍凄凉，長恨成歌徒諷詠。詠罷風懷一卷詩，沿門愬遍斷腸辭。楊枝愁殺白居易，桃葉休嘲王獻之。楊枝桃葉空思爾，溘然付與東流水。哀此情癡竟有心，白頭還爲紅顔死。此時妾淚漲秋波，此後相思奈妾何。元鶴有聲悲閬苑，碧鸞無尾綴銀河。銀河不接黄泉路，棄擲鉛華事縞素。二七芳韶未破爪，貞心耿耿堪欽慕。慕彼垂髫總角身，獨能守志出埃塵。烟雲待上曹娥石，風雨長橫妒婦津。療妒無方遭坎坷，知己已亡誰識我？水晶宫裏紅綫歸，金谷樓頭緑珠墮。死後香魂一縷輕，泉臺聊報主人情。憐他十五如花女，數尺吳絲了畢生。生死循環堪哭踊，西湖爲築鴛鴦塚。冬青樹上烏夜啼，片石留銘此邱壟。我聞其語心暗傷，陰風慘淡燈無光。拍案驚呼大奇事，情夫貞女非尋常。非常芳躅當徵録，萬古清風振汙俗。興酣狂叫招故人，聽我高歌翠釧曲。」（《見聞隨筆》卷三，《續修四庫全書》影印清同治十年天空海濶之居刻本）

智按：此《翠釧曲》，儼然長慶體也。

⊙吳漁山《白傅湓江圖》

紙本，陳迪書《琵琶行》并跋。(《見聞隨筆》續筆卷十七，《續修四庫全書》影印清同治十年天空海濶之居刻本，第一一八一册，第五三〇頁)

⊙吳漁山《白傅湓江圖》

紙本，高八寸五分，長五尺九寸四分。自題絕句一首，張迪書《琵琶行》並跋，是卷得于吳門。(《見聞隨筆》續筆卷十九，《續修四庫全書》影印清同治十年天空海濶之居刻本，第一一八一册，第五五九頁)

智按：此圖與書現存上海博物館，作于康熙二十年（一六八一)，《中國古代書畫圖目》著録並有圖版。據《虛齋名畫録》卷五，陳迪應作張迪。

《十月十四夜君山北渡玩月作歌》

少時玩月在陽羨，銅官玉女常留戀。中年玩月姑蘇臺，娃鄉雪海時徘徊。老來玩月君山麓，白髮飄蕭心更樂。江月放出大光明，要與余心證圓覺。少陵老去寄孤舟，時與江月同遨游。我何人斯亦若此，仰天大笑風颼颼。江州司馬夜送客，惟見江心秋月白。我今見月思唐賢，朗誦《琵琶行》一篇。瞻之在前忽在後，恍惚如逢白樂天。余生六十有四年，眼見滄桑幾變遷。金石刻畫化烽烟，傳家有筆尚如椽。一葉虛舟搖醉眠，江南江北憑風牽。覺來高聳山字肩，吟詩對月如逃禪。天上一月圓復圓，江心一月化萬千。何殊東坡游赤壁，飄飄羽化而登仙。朱户人家睡方熟，那識江中月升落。天憐詩客太清寥，故遣嫦娥伴弦酌。(《劫餘詩選》卷七，《續修四庫全書》影印清同治八年天空海闊之居刻增修本)

《庚午閏十月初八日方子箴都轉復任兩淮鹽運司作詩四首寄之》(其二)

使君高義驅今古（杜句)，廣厦千間庇友生。婦孺皆知白居易，流離誰念庾蘭成。齋名寶米常留飲（都轉言寶米齋)，客苦無田可息耕。幸得春風吹細草，頓教翠茁日敷榮（時遣成兒聽差轅下)。(《劫餘詩選》卷十一，《續修四庫全書》影印清同治八年天空海闊之居刻增修本)

《四月十三日養志園題壁爲于漢卿作》

男兒達則兼善天下立功德，窮則獨善其身適吾適。中年絲竹念東山，歸老田園去彭澤。慧圓居士豈其人（漢卿別號慧圓頭陀），戎馬稭臺歷幾春。從軍草檄常磨盾，運籌决勝苦勞神。烏盡弓藏古亦有，依舊飢驅牛馬走。一官進退類黄楊（漢卿詩語），五夜夢魂縈細柳。蕪城城外蜀岡西，購得山田千百畦。園開十畝宅五畝，狂花滿屋水滿溪。土築爲墻茅覆屋，木末草堂多子閣。冬暄室暖吾匏涼（冬暄吾匏兩室名），觀稼高亭頹復築（園有草亭，為風吹倒，今春重蓋瓦亭可以觀稼，故擬名之）。登亭非獨誇大觀，當知稼穡之艱難。五風十雨占大有，吟翁嘉客逞雄談。手種萬松長新翠，林氣映天陰在地。閉戶著書歲月多，招鶴下雲舞庭際。有竹千竿水一池，風來吹縐清漣漪。紅蓮出水美且豔，無情有恨耐人思。三板橋通門外路，左右開軒面場圃。恍讀香山池上篇，重繙潘岳閒居賦。林間光閃讀書燈，夜半咿唔聲未停。我來玩月誰為伴，暢談得遇江都淩（謂淩夢湘先生）。是時園主清淮去，勾留三日添離緒。留詩勸駕速出山，知否蒼生望霖雨。（《劫餘詩選》卷十二，《續修四庫全書》影印清同治八年天空海闊之居刻增修本）

《陳冐壽將遊日本作詩三首留別滬上諸友寄詩索和次韻答之卽送其行》

百尺元龍湖海樓，三年詩酒互相酬。渡江杭葦安心竟，浮海乘桴爲道謀。萬里洪濤供笑傲，二分明月慣勾留。兩人老去不家食，中外奔馳春復秋。（君遊東海我客揚州）

筆掃千軍孰敢攀，此行得意幾時還。放開眼界納瀛海，打起精神看島山。我欲從之增閱歷，年將耋矣歎衰孱。送行昨夢臨黄浦，君亦垂垂鬢已斑。

最難排遣客離筵，輪轉愁腸起酒邊。千樹桃花圍祖帳，萬枝楊柳絆行船。斗酒百篇同李白，乘槎八月異張騫。扶桑人士如相問，長嘯彈琴事樂天。

附：陳鴻誥（冐壽）《庚辰仲春將之日本賦詩三章留別滬上諸君子》

故人招我海東遊（謂鑄生），夙約今番願始酬。伏驥尚餘筋骨健，征鴻祇爲稻粱謀。暖風著意加披拂，弱柳多情替挽留。歲月客中容易過，歸來恐已及深秋。

鵾埼蛭島待躋攀，喜與名流素往還（謂副島竹添諸君）。自愧才非蕭穎士，那堪詩市白香山（日本友人頗有寄購余詩稿者，故及之）。願擡青眼看同調，穩倚紅藤策老孱。此去勞生增閱歷，遨遊不惜鬢毛斑。

勝友連朝敞祖筵，殷殷送客到江邊。魂銷折柳三終曲，目極扶桑萬里船。

採藥荒唐笑徐福，乘槎浩渺羨張騫。他時倘有相思句，早寄魚書達海天。（《劫餘詩選》卷二十三，《續修四庫全書》影印清同治八年天空海闊之居刻增修本）

智按：齊學裘，字子貞，一字子冶，號玉谿，婺源（今屬江西）人。齊彥槐（一七七四～一八四一）子。能詩，工書畫，不求仕進，曾隱居綏定山中。與劉熙載交遊。有《蕉窗詩鈔》二十卷、《劫餘詩選》二十三卷、《雲起樓詞》三卷，《見聞隨筆》二十六卷。

葉元塏（一八〇三後～?）

《葉氏睿吾樓文話》

袁子才曰：「文集之名始於東京。《隋·經籍志》曰：『集之名，漢東京所創。』蓋指班史某人文幾篇，某人詩幾篇而言，實後人集之，非自為集也。齊梁間始有自為集者，王筠以一官為一集，江淹自名前後集是也。有一人之集止一題者，阮步兵集五言八十篇、四言十三篇，題皆曰『詠懷』，應休璉詩八卷，總名曰《百一詩》。亦有一集止為一事者，梁元帝為《燕歌行》，群臣和之為《燕歌行集》。唐睿宗時，李適《送司馬承禎還山》詩，朝士和者三百餘人，徐彥伯編而序之，號曰《白雲記》。有一集止一體者，崔道融《唐詩》兩卷，皆四言。有數人唱和而成集者，元白之《因繼集》，皮陸之《松陵集》，溫飛卿之《漢上題襟集》是也。」（《葉氏睿吾樓文話》卷十一，王水照主編《歷代文話》第六册）

智按：葉元塏，字宴爽，號琴樓。浙江慈溪人。葉元堦（一八〇三～?）弟。有《睿吾樓詩集》、《睿吾樓文話》、《續白湖竹枝詞》等。

澀江全善（一八〇四～一八五八）等

《經籍訪古志》

白氏六帖事類集零本六卷（北宋槧本本，京師尹良子某藏）

現存二十二至二十七六卷。每半板十五行，行二十六七字，注雙行三十一二字，界長七寸二分，幅五寸一分，左右雙邊。卷首有「金澤文庫」印及「子子孫孫其永寶之」印。（印文典雅可賞，疑宋時物。）又有「船橋藏書」印，知為明經清原氏舊物。按：今世所傳併宋孔傳《續帖》為一，題《白孔六帖》者。此本雖僅僅數卷，然白氏之面目，特賴此而存，則不以零殘為病也。（《經籍訪古志》卷五，杜澤遜等點校本，上海古籍出版社，二〇一四年十月，第一六七頁）

文集零本二卷（舊鈔卷子本，求古樓藏）

唐白居易撰。現存第二十八、第三十三兩卷。每卷首題「文集卷第幾」，下署「太原白居易」。界長□寸□分，幅□分，每行十□字。第三十三卷末記：「本云：會昌四年五月二日夜，奉為日本國僧惠蕚上人寫此本。且緣忽忽，夜間睡夢用筆都不勘任，且充草本了。」每卷有金澤文庫火前序。

按：林祭酒家藏白集，羅山先生就金澤本校過者，校止半部。間載寬喜三年、貞永元年唯寂房、寂有、右金吾原奉重等書寫校點記，及會昌四年舊跋冠「菅本云」、「本云」等字，即知金澤本係寬喜貞永間依菅氏本重鈔，而會昌跋文亦從菅本傳録也。此本雖所存不多，為金澤舊卷，豈可不貴重乎？

又一卷（舊鈔卷子本，高野山西南院藏）

現存第三卷。卷首題「文集卷第三并序」，下署「太原白居易」，次「新樂府上諷諭，三雜言，凡二十首」。界長七寸七分，幅七分，每行十六字。卷末題「于時德治貳年拾壹月一日於河內國觀心寺房書寫了，古筆僧寶辨」。

又一卷（舊鈔本）

現存第四卷。卷首題「文集卷第四」，下署「太原白居易」，次行「新樂府諷諭四雜言，凡三十首」。每半面九行，行十四字，界長七寸二分強，幅六寸八分。（界欄不用墨線，以物直印出紙上，舊鈔本間有是式。）卷末有「文龜三年癸亥正月十九日儲之柿本寺新坊內僧賴英」記。册上有「本院納慈心藏」、「出根叵聽」二印，及一印，印文難辨。此本每紙背有昔人消息數通，蓋翻用故紙鈔者。相紙質字樣，當是四百許年前書本。撿消息中有奉行經季語，鈔寫年時亦可推知矣。

又二卷（舊鈔本，竹蔭書屋藏）

現存第三、第四兩卷。體式一與前二本同，但文有小異。每半面□行，行十□字。此本蓋依金澤舊卷重鈔者。

按：樂天《後記》稱集有五本，其日本、新羅諸國傳寫者，不在此記。乃知樂天在日，是集既早東來也。考樂天卒於會昌六年，則惠蕚、齎傳當亦在其前矣。以上諸本卷端單題「文集」，不冠「白氏」字，即是白氏之舊觀，實為李唐轉傳之真。雖零殘數卷，可不貴重乎？

白氏文集七十一卷（元和戊午那波道圓活字刊本）

首有《白氏長慶集序》，題「淅東觀察使元稹字微之述」。序後有目録。每卷首題「白氏文集卷第幾」。每半板九行，行十六字。卷末有會昌五年樂天《白氏集後記》、廣順癸丑歲陶穀述龍門重修白樂天影堂記，及戊午七月那波道圓重刊後序。

狩谷望之云：《讀書敏求記》所謂廬山本者，蓋即此本乎？

又（明刊仿宋本，容安書院藏）

首有元稹序及目録。每卷首題「白氏文集卷第幾」。每半板十二行，行二十字，序□行，行十五字，界長六寸四分，幅四寸八分。卷末有佛光和尚真讚醉吟先生墓誌銘。以前本校、之，第二十一卷以下卷第互異。此本紙刻鮮朗，卷中「貞」字缺末筆，當是嘉靖間依宋本刊者。卷首有「臨海樓圖書記」、「朝岡本紀國端印」、「高平隆長」諸印及「喜」字圓印。

又（明萬曆丙午馬元調刊本）

首有萬曆丙午婁堅序。體式行款一與《元氏集》同，即二集合刻者。卷首有「讀耕齋家藏」印記。（《經籍訪古志》卷六，杜澤遜等點校本，上海古籍出版社，二〇一四年十月，第二一七～二二〇頁）

智按：日本江戶時期澀江全善、森立之等撰《經籍訪古志》，收日藏漢籍七百餘部，多爲日本古寫本、宋元舊刊本，及流傳稀少之明清刊本，仿《天祿琳琅書目》、《愛日精廬藏書志》，分别著錄書名、卷數、版本年代、藏所、版式、行款、序跋、印記、識語等。澁江全善，幼名恒古，長名全善，字道純、子良，號抽齋。自幼隨父修習經學與醫學，長於考證。著有《靈樞講義》

等。森立之（一八〇七～一八八五），自立夫，號枳園，出身世醫之家。日本江戶後期醫學家、文獻學家。

鄧瀛（一八〇四～一八六二）

《次張椒雲方伯同年琵琶亭韻》

㻢址榛蕪暮色蒼，難尋頹壁字行行。閒零雨淚嘲司馬，愁對風塵感大娘。名盛招尤才是累，情深寫怨句猶香。蘆洲千頃霜華白，今月何如古月涼。

誤作元和侍從官，江流不解洗儒酸。楚騷同恨空紉佩，洛社何脩早挂冠。老大幾人商婦歎，和平別調伯牙彈。浮雲自在隨舒卷，時向亭西縱目觀。（孫雄《道咸同光四朝詩史》乙集卷一，《續修四庫全書》影印清宣統二年刻本）

智按：鄧瀛，字登三，號介槎，福建上杭人。道光九年（一八二九）進士，旋入翰林院庶吉士派習清書。後典試省考充鄉試正考官，旋補浙江道監察御史。官至安徽徽甯池太廣道，有《雲章書屋遺稿》。

羅汝懷（一八〇四～一八八〇）

《怡芬書屋詩草敘》

從古詩人，少達而多窮。有唐一代，詩稱極盛，其赫然在上位者，非無其人，而李杜大家，率皆官閥不顯。其身居大僚而裒然有集傳於後者，惟蘇頲、張道濟、張曲江、高達夫、令狐殼士、白樂天、元微之、韓昌黎諸家，可僂指數。餘或偶涉吟詠，篇什寥寥，而浮沈末僚，息山林顑頷之士，往往大昌於詩，連篇累牘，傳諸千禩，故說者以謂，懽愉之言難工，愁苦之音易好，又曰：詩者窮而後工。而實不盡然也。善化易念園先生，以名進士迴翔郎署十餘年，出而分符南海，未幾建牙秦中，繼又總制全陝，窮邊賴其戢綏，九重資為倚畀，殊勳偉績，卓卓可紀，視唐張成肅之於梁秦，嚴鄭國之於岷蜀，奚啻過之。成肅鄭國矢詩不多，而先生前後所為詩，至四五百篇，其為集者凡九，曰麴塵，曰拙廬，曰岫雲，曰松寮，曰徵車，曰隴西，曰无妄，曰唾餘，曰詩餘。位之達如彼，而詩之工且富，又如此盛矣哉！……夫詩人衆矣，類多攻苦，從事求工章句而工弗工，傳弗傳，顧不可必，先生歘歷中外，竭慮民物，未嘗壹意於詩之工，工而傳也，然而秦人詠之矣，厭厭良人，秩秩德音，則又安有不傳邪！……先生乃寄示巨編屬校，而敘之豈沿泝舊說，將有取於窮者之工邪，徒使人騰笑於窮達工拙之大相逕庭也。咸豐十年閏三月立夏前一日。（《緑漪草堂集》文集卷十五，清光緒九年羅式常刻本）

《家譜例言》

《禮》曰：「子生三月，父執子之右手，咳而名之。」（內則篇）「君子已孤不更名。」（《曲禮》）「幼名冠字，五十以伯仲。」（《檀弓篇》）「冠而字之，敬其名也。」（《冠義篇》）《顔氏家訓》曰：「名以正體，字以表德。」名終則諱之，字乃可以為孫氏。古人惟名與字，未嘗有號。自周至唐人皆然。（秦惠王時有寒泉子，《國策》注云：秦處士之號。甘藏居樗里，號樗里子。此有號之始。漢有商山四皓，江上丈人，河上公，皆隱遯者流，自諱其姓名者也。唐人亦有東皋子、七松處士、漫郎、天隨子、香山居士之類，皆取放曠之意，亦偶爾有之，非通行者，故李杜稱詩大家，不聞有號。）此明歸太僕有光，不喜稱人號，亦不喜人號己也。號始盛於宋人，然多在晚暮之年，寓意寄興，無漫然為之者。（如蘇東坡以唐白樂天有東坡，援以自況也。朱子號晦菴，當取韜晦之義，又更號遯翁，則其時方草封事，蓍得遯之同人故也。又如楊誠齋、辛稼軒之屬，多本其居室之名，蓋有志於存誠、學稼，故以顔其室，而因以為號也。他可類推。）故曰別號，曰自號，亦曰道號，蓋字必與名相應。（如孔鯉字伯魚，冉耕字伯牛，仲由字季路，顔回字子淵之類，其以相對而應者，如曾點字子皙，端木賜字子貢，閔損字子騫，宋林逋字君復之類。）號則不必與名相應，如上所引是也。……今除表字外，於年長者酌登之，幼稚則竢其成立。（《緑漪草堂集》文集卷十六，《續修四庫全書》影印清光緒九年羅式常刻本）

《李雲枝文學家傳》

君諱光縉，字雲枝，別字華橋。先世居邑之仇泉，距華橋近，頗稱富盛，有娶陳恪勤公之姑者，恪勤所與手筆，君得藏弆之。君之考諱之惠，少孤，來壻於我家，因別購田宅，居而相依焉。……吾姑舉子六，而君居長。生而穎異，具偉褒遠識，詩文楷字，皆風神秀絕，龍贈君深器之。……邑先達周侍郎夙契君，於時謫居城，南君往謁，索觀試作，君於座次并録覆試文以進。侍郎激賞，細加評點，謂當擅一場，及長案發，果躋第一。侍郎於素箋書白香山詩，以矜寵之，侍郎為親知作書，往往寓期望稱揚之意，其詩有「文昌新入有光輝，近來詩客似君稀」諸句，故取以相貺也。……君實貧甚，稍藉醫術，不足自給，困躓抑鬱，遂以生疾。道光三年三月日卒於縣城旅館，士林咸悼惜之……（《緑漪草堂集》文集卷二十六，《續修四庫全書》影印清光緒九年羅式常刻本）

《惜餘春·潯陽訪琵琶亭》

網戶塵生，閒庭花落，門掩深深秋草。千重嶺岫，九派波濤，都向此間縈繞。知與何人談，行一夕，句留至今傾倒。只四條絃子，傷心無限，淚珠多少。

而我亦萍梗，飄零如君淪落。恰過潯陽江表。哀絃響絕，緑鬢容凋。忍憶昔年眉埽。但見茫水流流盡，年光荻飛楓老。剩凄涼，侶昔空船，江口月明人悄。（《研華館詞》卷一，《續修四庫全書》影印清光緒九年羅式常刻本）

智按：羅汝懷，初名汝槐，字廿孫，一作念生、研生，晚號梅根居士。湖南湘潭人。少就讀于長沙城南書院，好音韵訓詁之學。入省城南書院肄業。道光十七年（一八三七）選拔貢生，次年赴京，沿途考察山川風土，輯爲《北游記里録》四册。廷試落第返湘，主講醴陵淥江書院兩年，以親老辭歸，就近設館授徒，絕意科舉，專治經學。同治間，參纂《湖南通志》。又以數十年時間輯成《湖南文征》二百卷。著有《詩古音疏證》、《禹貢古今義案》、《禹貢義參》、《七律流別集》、《潭雅集》等。光緒九年《緑漪草堂文集》刻印行世。

查元鼎（一八〇四～一八八六?）

《雜詠》（二十首録二）

桂林無雜樹，蘭叢多棘荊；秋菊寄籬下，獨全高隱名。

白傅謫江州，琵琶泣同調；我亦有鄉親，錢塘蘇小小。（《臺灣詩鈔》卷四）

智按：查元鼎，字小白，海寧（今屬浙江）人。查慎行之孫。少好學，文名藉甚，以歲貢生屢試秋闈不售。清咸豐初，游幕臺灣，遂居竹塹。同治元年（一八六二），彰化戴潮春起事，淡水同知鄭元傑禮聘之。道出後壠，被擄，幾罹於難，平生著作盡沒。元杰與廳紳林占梅、鄭如梁遣人分道救之，幸得生還。晚年寄寓潛園，日與占梅輩以詩酒為樂，能畫。卒年八十有三。有《草草草堂吟草》四卷，今存三卷，新竹陳朝龍作「小引」。

沈丹槐（一八〇四～？）

《冷泉亭》

清興健籃輿，游跡隨蠟屐。一往寒煙生，其上列松柏。空山落葉深，沒盡青芝跡。云是冷泉亭，清泉流白石。泠泠緑玉寒，藹藹蒼煙積。碎作琉璃聲，瀉落石罅窄。畫屏青巉巉，倒影浸石壁。緬懷香山翁，登臨憶疇昔。游者信如斯，美人一水隔。濯罍盛冷雲，掃葉烹玉液。坐久萬慮捐，茶煙具空碧。（《晚晴簃詩匯》卷一百三十）

智按：沈丹槐，字香岩，嘉善（今屬浙江）人。道光二年（一八二二）壬午進士，改庶吉士。

吳敏樹（一八〇五～一八七三）

《江沱説》

《禹貢》：「岷山導江，東別爲沱，又東至于澧，過九江，至于東陵。」經文本自分明，其序導江，即言沱之所至，後言其會而已，以明治水之績也。禹見江出峽益盛，地益平，汎濫益遠，鑿而分之，爲南江以殺其勢，而以有三江之入海，又不可以不明也。公安袁氏生長江邊，顧誤以分江爲經流，北江爲沱。胡東樵著《禹貢錐指》書，從而和之，昧於古文者信之，而江流亂矣。余嘗由西湖往江陵，出太平口，舟子下篙，灘聲碻碻，然太平口古名虎渡口，酈道元所謂「枚迴洲江，水自此分爲南北江」者也。胡氏每嗤蔡傳山脈之説，不知山斷脈連之處，非鑿而通之，何由穿其地而行哉！今洞庭水患始於唐世，見於白樂天之詩。近則山木敗，水土隨流，湖身日高，隄而田其旁者日增，北則江口之通於沔漢者，隄盡塞之，非深南江而縱北江，水無由而治矣。（《柈湖文集》卷二，《續修四庫全書》影印清光緒十九年思賢講舍刻本）

《奎樓聯璧詩序》

岳州巴陵，古文人地也。自唐張説、賈至、李白、杜甫、韓愈、白居易，或以官此，或以過客，莫不流連賦詠，而此邦之人無聞，豈才之乏歟？抑適無人興起其事，寂然迺止耳。烏乎！徵徵於今之有奎樓聯璧詩也。僕自少好爲詩，與吾友毛子西垣迭相酬和，而於郡城無有。有之，惟岳陽樓、慈氏塔二題，皆毛子自貴陽遙和者，往時都城詩人先輩若龔雲濤、余耕石，亦皆無有也。今年仁侯嚴公少韓置局以修巴陵之志，而屬敏樹。敏樹以屬能者，會病贏愈，秋九月，入城登高，呂僊之亭，諸君競爲詩和余，自此方有事矣。僕於君山剏建北渚亭，有詩，嚴侯聞之，迺喜乃和爲之，僕又以今茲大水災田爲《雲夢吟》以干於侯，侯又和爲之，自是凡有感會，皆寄於詩。……（《柈湖文集》卷三，《續修四庫全書》影印清光緒十九年思賢講舍刻本）

《書孫樵書何易于後》

孫樵書何易于，使有得於史官，卒易于所以傳，而炳然爲唐循吏者，樵之文也。方易于之令益昌，而考止中上也，豈意有文如樵者書其事，而聞於後耶？則以夫天下之大，獨無賢長吏如易于，而不遇其人如樵者耶？蓋以今度之，今以一行省，數千里之間，州縣多者百餘，少亦數十，其間能有治聲而人樂稱道者，問其實，率無若易于之爲者，不過獄訟期會稍爲善而已。然則易于之賢，固僅耶？或言今州縣之不得人，蓋有由也。往者國家用前世行取之例，州縣吏治行尤茂異者，得入爲臺省官，多遂至通顯，故雖有能有不能，而猶或勉焉。今者選人充溢，而途又至多，上之人誠無所用之，往往讀書成進士，不得留於朝，而外吏者則奔走監司之前以終其身耳。其能任劇縣取美缺者，固已難矣，況累功積勞至大官耶？余曰不然，亦在其人而已。且如唐之世，何易于止得中上考，而麴信陵爲望江，僅見於白居易之詩，以陽城之賢，自署下下，而其時之上考者，則督賦役擒盜，得往來達官爲好言者類耳。今官固有考，而由縣令至爲大官者，亦每有之，獨其得之不能無如樵之所歎耳，蓋世風古與今同，而君子之仕以爲民，非由人之爲也。讀樵文，慨然識之。(《枔湖文集》卷五，《續修四庫全書》影印清光緒十九年思賢講舍刻本)

智按：吳敏樹，字南屏，巴陵（今湖南岳陽）人。道光十二年（一八三二）壬辰舉人，官瀏陽教諭。黎庶昌《拙尊園叢稿》卷六《黄石齋詩第六集序》稱：「巴陵吳南屏敏樹，爲人若夷若惠，放迹於君山洞庭間，蕭然自樂其樂。詩古文沖夷勳澹，讀其書知其蟬蜕混濁也。」有《枔湖詩鈔》。

華長卿（一八〇五～一八八一）

《論詞絶句》

樂府遺音久寂寥，謫仙新體創唐朝。詞家鼻祖傳千載，合祀騷壇永不祧。(李白)

香山夢得與張王，流派無人較短長。名氏不傳詞更妙，莫將豔體認冬郎。(白居易、劉禹錫、張志和、王建、韓偓)(《梅莊詩鈔》卷五嗜痂集下，《續修四庫全書》影印清同治九年刻本)

智按：華長卿，字枚宗，號梅莊，天津人。諸生。有《梅莊詩鈔》。

黄文琛（一八〇五～一八八二）

《跋朱琦〈怡志堂詩初編〉》(題擬)

詩凡八卷，根柢忠孝，出入風騷。言志紀事等篇章，卓然為一代傑作。

《新鐃歌》體仿柳州，而雄邁過之，香山樂府以及茶陵、西堂、藏園諸人，更矙乎其後。……漢陽黃文琛。(《怡志堂詩初編》卷首「評跋」,《續修四庫全書》，第一五三〇册，第一三三頁)

智按：黃文琛，字海華，晚號侌叟。湖北漢陽人。初官國子監，改外爲縣丞，積升至湖南候補知府。在京師時，詩名已盛。及改官湖南，湖湘士大夫能詩者，皆以詩請其評定。宦迹所至，山川風物之勝，簡書期會之勞，悉于詩中發之。有《思貽堂詩》。

鄭珍（一八〇六～一八六四）

《東家媪》

東家老媪六十五，日指其夫詈還數。當年自比朱買臣，今日窮無一棺土。赫赫軍功鄰舍郎，生時曾爲煑蘭湯。役門轉眼土門貴，但看人尊新嫁娘。即云功成賊未見，勝似牽被覆頭不出面。即云主案舞上臺，勝似未嘗見有顯者來。豈少金夫惜衰老，苦隨雞狗終身哀。嗟汝老媪莫長怨，郅惲恥以取高宦。此翁正頗重聽亦何傷，不見太公齫齒師文王。(《巢經巢詩集》後集卷四，《續修四庫全書》影印民國遵義鄭徵君遺著本，第一五三四册，第五二〇頁)

《僧尼哀》

僧尼皇皇不得休，暮叩團總朝團頭。借問爾曹何爲者，答言昨日新令下。詔書令核常住田，一僧三斛養一年。餘穀盡輸作官用，官爲護法調其間。但過十石十抽五，常平縣倉待塡補。令條誰抗況僧徒，格外寬仁倚田主。不求報册中，產未及十石。但求畧減半，賕謝非所惜。噫吁嚱！朝廷未聞有此旨，縱有亦行樂安里。爾曹平時飽欲死，固應香飯供國偫。但惜官之所獲能幾何，貓翻甑盎狗飫多。(《巢經巢詩集》後集卷四，《續修四庫全書》影印民國遵義鄭徵君遺著本，第一五三四册，第五二〇頁)

《抽釐哀》

東門牛截角，西門來便著。南門生吃人，北門大張橐。官格高懸字如掌，物物抽鳌助軍餉。不論傀欵十取一，大賈盛商斷來往。一叟擔菜茹，一叟負樵蘇。一嫗提雞子，一兒攜鯉魚。東行西行總抽取，未及賣時已空手。主者烹魚還瀹雞，坐看老弱銜心嘑。噫吁嚱！貿束布者不能得一匹，贏售㪷鹽者亦不得贏一升。鳌金大氐恃商販，欲入閉門焉可行。村民租銖利有幾，何況十錢主簿先奉己。縱得上供已微矣，乃忍飼爾餓豺以赤子，害等邱山利如米。嗚呼！貫率括率有時可暫爲，盍使桑兒一再心計之。（《巢經巢詩集》後集卷四，《續修四庫全書》影印民國遵義鄭徵君遺著本，第一五三四册，第五二〇頁）

《南鄉哀》

提軍駐省科軍糧，縣令鼓行下南鄉。兩營虎賁二千士，迫脅富民莫搖指。計口留穀餘助官，計貲納金三日完。汝敢我違發爾屋，汝敢我叛滅爾族。旬日坐致銀五萬，秤計釵鐶斗量釧。嗚呼！南鄉之民哭訴天，提軍但聞得七千。（《巢經巢詩集》後集卷四，《續修四庫全書》影印民國遵義鄭徵君遺著本，第一五三四册，第五二〇頁）

《經死哀》

虎卒未去虎隸來，催納捐欠聲如雷。雷聲不住哭聲起，走報其翁已經死。長官切齒目怒瞋，吾不要命祗要銀。若圖作鬼即寬減，恐此一縣無生人。促呼捉子來，且與杖一百。陷父不義罪何極，欲解父懸速足陌。嗚呼！北城賣屋蟲出戶，西城又報縊三五。（《巢經巢詩集》後集卷四，《續修四庫全書》影印民國遵義鄭徵君遺著本，第一五三四册，第五二〇～五二一頁；白敦仁《巢經巢詩鈔箋注》，第一二三三頁）

《紳刑哀》

文紳繫牢髮一尺，武紳坐獄面深墨。此虜守財勝鐵牛，明日請看死豬愁。問爾得何罪？止爾無錢亦無罪。問爾何深讎？止爾送錢亦無讎。雞飛狗上屋，田宅賣不足。搜盡小兒衣，無人買誥軸。嗚呼！白金入手鐵籠開，未至一日出者埋。（《巢經巢詩集》後集卷四，《續修四庫全書》影印民國遵義鄭徵君遺著本，第一五三四册，第五二一頁）

智按：以上《東家媪》、《僧尼哀》、《抽厘哀》、《南鄉哀》、《經死哀》、《紳刑哀》等，反映人民遭受官府剝削之苦者，乃承繼白居易新樂府傳統之作。

《跋韓詩賀張十八祕書得裴司空馬首》

方扶南箋編此詩於《同水部張員外曲江春遊》首後，云籍此時已爲水部員外，前題稱之，此稱祕書，或仍其舊，或傳寫誤。余謂《香山集》卷十九有《和張十八祕書謝裴相公寄馬》詩，亦稱籍為祕書，其後有《喜張十八博士除水部員外郎》詩，編次在《遇芍藥初開》首後，《食勑賜櫻桃》首前，參互考之，知籍除員外，必在長慶二年三月，此詩作在除官前，故韓、白並稱之祕書，李漢元編此詩在遊曲江前，不誤，方氏移易舊次，自取葛藤，不知何由，知得馬時，定爲水部員外也。（《巢經巢文集》卷五，《續修四庫全書》影印民國遵義鄭徵君遺著本）

《（道光）遵義府志》

⊙綏陽縣。白氏廟。在金子垻，祀唐播州刺史白居易（縣志）。按非祀香山，乃其子孫移居綏陽時所建香火堂也，即今金山寺。（《（道光）遵義府志》卷八，清道光刻本）

⊙流寓·唐

李白。字太白，蜀人，因永王璘事流夜郎，今桐梓縣有太白故宅。（《通志》）

按太白、香山俱未至遵義。遵之白田聽鶯，桐之白亭故宅，綏之白氏廟，皆相沿附會，於古無稽，已於古蹟逐條證明，兹仍從舊志流寓出之。

白居易。字樂天，號香山居士，以王叔文黨，貶播州司戶。（《綏陽志》）

按，《唐書·白居易傳》絕無貶播州事，且香山亦非叔文黨。《綏陽志》因子厚貶播，影響牽合，荒謬為甚，兹特駁正，不煩刪削。（《（道光）遵義府志》卷三十八，清道光刻本）

智按：鄭珍，字子尹，晚號柴翁，貴州遵義人。道光五年（一八二五）拔貢，十七年（一八三七）舉人，官荔波縣儒學訓導。曾游湖南、雲南，但一生主要活動於貴州省境。咸豐年間，苗民起義軍攻荔波，曾率兵守拒，苗軍退後告歸。私謚文貞。有《巢經巢文集》六卷,《巢經巢詩鈔前集》九卷,《後集》四卷,《鈔外集》一卷。生平見其子鄭知同《敕授文林郎徵君顯考子尹府君行述》,黎庶昌《鄭子尹先生年譜》、《鄭珍君墓表》、《清史稿》本傳,淩惕安《鄭子尹年譜》,趙愷《鄭子尹先生年譜》(淩譜極詳盡,有商務印書館本。趙譜簡略,載其一九四〇年所編《巢經巢全集》第一册)。

錢仲聯《論近代詩四十家》:「有清三百年,王氣在夜郎。經訓一菑畬,破此南天荒,莫五偶齊名,才薄難雁行。」自注:「同光詩人中,張學人之詩與詩人之詩合一之幟,力尊《巢經巢》為宗祖。……子尹詩蓋推源杜陵,又能融香山之平易,昌黎之奇奥於一爐,而又詩中有我,自成一家面目。陳衍取為道、咸以來生澀奥衍一派弁冕,以為沈乙庵(曾植)、陳散原(三立)實其流派,未必以偏概全。莫友芝與之齊名,但《郘亭詩》多以考訂議論為詩,雖有山水及旅程之作,亦學古未化,非子尹之比也。」(《夢苕庵論集》,中華書局一九九三年版,第三三三頁)鄭珍詩中占絕大比重者是平易近人之風格,用韓愈、孟郊雕刻洗煉之手段,而以白居易風格面目出之。胡先驌《評胡適〈五十年來中國之文學〉》所謂「以蘇、韓爲骨,元、白爲面目」。錢仲聯《夢苕盦詩話》第三三二則云:「子尹詩之卓絕千古處,厥在純用白戰之法,以韓杜之風骨,而傅以元白之面目,遂開一前此詩家未有之境界。其善於驅使俗語俗事之句,如『倚楷飼麽豚,淚俯堯盤抹。』『麥深不見人,時聞挽車響。傍道多草舍,學翁語三兩。』『負母一生力,枯我十年血。維母天地眼,責命不責術。』『阿卯出門時,《論語》讀數紙。至今知所誦,曾否到《孟子》?』『今日趁公回,假面可市曾?卯須張飛胡,章也稱鶻鮑。還慶篋黄竹,預辦蝦蟹燈。』『指麾小兒女,亦學事作家。觀之不如意,復起為補苴。』『半日不逢人,深林犬時吠。知越山幾重,去途仍拄鼻。』『顧壁有懸肉,大小知未餓。米鹽問梗概,兒女猶拜賀。』『閏歲耕事遲,一牛常卧旁。齡草看人讀,其味如我長。』『更遲數日終汝勞,多笑幾回亦吾意。』『老懷一慰轉歎息,人生難此飯一碗。』『《魯論》半部應成誦,渠母前朝早任嬉。』『嫩緑胡孫高蹋臂,雄黄王字大通眉。』『可念阿甕先溺愛,便令新婦莫教啼。』皆點染日常俚俗事語,成為雅音。其《臘月十七日馮氏姊還甕海》一詩,全用白描,深曲洞達,尤為名作。」第三三〇則云:「《巢經巢後集》中《三女蕢於以端午翌日夭，越六日葬先妣兆下哭之》五首之四云：『買山種竹已堪箱，十七年中夢一場。過眼詩書成記誦，借燈針黹足衣裳。但為女子猶深惜，復託窮爺盡可傷。父德母恩全不負，白頭空欠淚千行。』『自小偏憐慧亦殊，女紅輟手事充奴。指揮才念身先到，緩急常資債易逋。細數勞生寧解脫？時忘已死尚頻呼。雛孫不解酸懷劇，啼繞床前索阿姑。』『塚下栽花不羨官，汝曹外向漸無歡。割慈又近離嬌素，暖眼猶寬有季蘭。豈料卻成先姊去，那能長作嫁人看。送生送死今年了，寂寞衰翁守暮寒。（次女期十月適人）』『青犢黃巾滿眼中，賊聲聞又上巴東。遭逢末世難言命，憂患平生不止窮。汝得九原從大母，天將何地置而翁？一盤設祭還相慰，填藉溝渠養育同。』一字一淚，純從心腑中自然流露，不假矯飾。細按之，章法亦甚密。此等處是真杜韓，皮相者以為元白矣。」其描寫生活瑣俗之事者，如《播州秧馬歌》、《溪上水碓成》、《屋漏詩》、《網籬行》、《自沾益入宣威入東川》、《完耒場卷矮屋無聊成詩數十韻揭曉後因續成之》、《題新昌俞秋農先生書聲刀尺圖》、《濕薪行》，能化臭腐為神奇；寫旅途行役者，如《望鄉吟》、《自毛口宿花堌》、《下灘》、《武陵值盛漲》、《候漲退》、《南河渡》、《自大容塘越嶺抉至茅洞》，頗見新鮮感受；寫個人及骨肉之情者，如《出門十五日初作詩黔陽郭外》、《度歲澧州寄山中》、《系哀四首》、《重經永安莊至石堠》、《臘月十七日馮氏姊還甕海》，語語沁人肝脾；寫景名篇如《白水瀑布》、《懷陽洞》、《飛雲岩》、《游南泉山》、《春盡日》、《雲門墱》、《與兒子登雲中山》、《白厓洞》時見精采描述；詠物如《歸化寺看山茶》、《山中梅花盛開》、《追和程春海先生橡繭十詠》，弔古如《神魚井》，論藝如《與趙仲漁婿論書》，反映經濟思想如《吳公嶺》，皆有獨見。

寶鋆（一八〇六～一八九一）

《養疴即事》

聞說商山多紫芝，劉商賜朮慨遲遲。嗜茶卻異相如渴，讀畫翻同子久癡。桃李吹香風定後，檀蘿滅冠夢回時。絲綸閣下文書靜，白傅吟成趣自怡。（《文靖公遺集》卷四，《續修四庫全書》影印清光緒三十四年羊城刻本）

《再疊怡神所招飲觀劇元韻》

喜值羲皇熙皞年，雅宜急管趁繁絃。春生竹葉金杯漾，夜永蓮花玉漏傳。素履安閒真古佛，紅塵游戲即飛仙。怡神得所宫庭法，遠勝三唐白樂天。(《文靖公遺集》卷十二，《續修四庫全書》影印清光緒三十四年羊城刻本）

智按：寶鋆，字佩蘅，滿洲旗人。道光十八年（一八三八）戊戌進士，授禮部主事，官至武英殿大學士，加太子少保。贈太保，謚文靖。有《奉使三音諾彦紀程草》、《塞上吟》、《典試浙江紀程草》、《還轅紀遊草》。

金炳淵（一八〇七~一八六三）

《八大詩家》

李謫仙翁骨已霜，柳宗元是但須芳。黄山谷裏花千片，白樂天邊雁數行。杜子美人今寂寞，陶淵明月久荒凉。可憐韓退之何處，惟有孟東野草長。(《金笠詩集》，首爾：青石會，一九八五年）

智按：金炳淵，字性深，號蘭皋。朝鮮諷刺詩人，流浪詩人，二十二歲時出走，戴笠流浪三千里江山，故又名金笠。有《金笠詩集》。

李佐賢（一八〇七~一八七六）

《崇效寺看牡丹》

長安城中花事新，花時多少看花人。姚黄魏紫矜標格，天香國色嬌陽春。傾城士女紛絡繹，金韉玉勒霏香塵。詩人墨客工題詠，豪華競進羅庖珍。花情人意屬杯酒，頹然醉卧藉芳茵。城隅西偏崇效寺，梵宫幽僻少人至。逢春都爲賞花來，游人更比蝶蜂恣。春雨春風取次過，競言此地爭春多。祝花好化恒春樹，留春不住如春何。朝朝暮暮韶光老，狼籍殘紅不可埽。門前冷落車馬稀（用香山句），門内離離生蔓草。吁嗟乎！牡丹花開富貴圖，牡丹花謝

只須臾。伊誰過問松與竹，青青終古無榮枯。（《石泉書屋詩鈔》卷四，《續修四庫全書》影印清同治四年刻本）

《贈陳姬儷琴》

姬名繼書，京華女也。予向無妾媵，今老矣，始作枯楊之稊，而姬有終焉之志，不願效楊枝之放也，故有是贈。

老去惟餘翰墨親，隨緣尚未出紅塵。風情已逐年華減，願爾來爲問字人。

笑他梁燕去來飛，鸎鵡依人意莫違。甘與樂天相伴老，不隨樊素送春歸。（酷肖白香山，駿注）（《石泉書屋詩鈔》卷四，《續修四庫全書》影印清同治四年刻本）

《新樂府并序》

昔白傅作《新樂府》，序曰：其辭質而徑，欲見之者易喻也；其事覈而實，使采之者傳信也。爲君爲臣爲民爲事爲物而作，不爲文而作也。余何人斯，詎敢妄希前賢。然觸時感事古今人有不同，而同者因卽見聞所及，掇拾成篇，得十二首，意雖激而非妄，詞雖俚而非虛，庶幾言者無罪，聞者足戒，不背於風人之旨焉。閱之者儻以爲芻蕘可採，或於時事有補於萬一，是則區區愚衷所深望也，若以爲誹謗，則吾豈敢。

⊙貼謄黄

貼謄黄，頌吾皇，吾皇盛德沛綸章。何地偏災逢水旱，緩征蠲稅恤農桑。深仁厚澤沐恩施，可惜小民難預知。奏入彤廷如望歲，捧來恩詔卜何時。縱教實惠逮閭閻，閭閻民困已堪憐。況有貪吏君知否，暴斂急徵先入手。謄黄貼向通衢口，田賦已完十八九。

⊙官兵來

賊寇來，民告哀。官兵來，民救災。賊寇過，民家破。官兵過，民應樂。問民民但淚珠傾，既苦寇，更苦兵。寇致汝死兵汝生，緣何疾痛無異情。民言兵寇難分別，此苦自喻逢誰說。寇如狼，兵如虎。狼貪猶或跋其胡，虎猛誰敢與鬭武。倉箱告竭杼軸空，與之庾，與之釜，猶未饜足恣搜取。奪我衣，不復能曳婁，奪我車，不復能馳驅。寇來取精或遺麤，兵災過處無完土。況復劫掠更姦淫，飲恨不敢告官府，縱告官府亦何補。我聞此語心如焚，太息兵寇竟難分。究未縱火未殺人，擬兵於寇非其倫。勸爾切莫怨官軍，怨語恐被官吏聞。

⊙募鄉勇

募鄉勇，助官兵。官兵按籍多空名，養兵數贏用兵絀。募勇聊以壯軍聲，軍聲雖壯虛縻帑。金多可暫不可久，餉匱將如何。招之可來遣不散，安置無術翻爲亂。來則爲兵去爲寇，紛紛聚散如鳥獸。可憐盡屬無業民，飢寒迫切誰能救。誰能救，當謀生。安得良田億萬頃，俾爾盡歸耕，不爲寇亦不爲兵。

⊙民失業

賊兵來，何洶洶。欃槍亂，埽星辰。動排山，倒海勢。如涌狼，奔豕突。無定程，逆氛過處烟塵驚。殺人如草不聞聲（用成句），黄河之水血流腥。禦寇募鄉勇，鄉勇驟練詎能精。追寇望官兵，官兵不至緩緩行。扶老攜幼奔入城，流離顛沛羣逃生。羣逃生，思避劫。士不横經農不荷，鍤工休歇商匱乏。可憐四民同失業，忽聞賊退緩須臾。鴻雁安集靡定居，收涕忍淚休嗟吁。有冠且彈，有衣且著，有肴且餐，有酒且酌。莫問賊去復來否，偷生姑謀當前樂。嗚乎幸免死，猶謀當前樂。

⊙報捷音

報捷音，人共見。但待時，不須戰。何必將軍嫻六韜，何曾天山定三箭。紛紛賊寇如飛蝗，捕蝗無計徒張皇。蝗飛來，田苗食盡無根荄，蝗飛去，冒功請賞人無數。自來自去孰作梗，馳突如入無人境。此邦奏捷唱凱歌，誰知移禍到鄰省，一騎紅塵又告警。

⊙黄流決

黄流決，黄流決，建瓴之勢直傾瀉，往歲江南今山左。江南修防帑金多，山左無工呼奈何。聖朝明詔恤民隱，捄災捍患無偏頗。胡爲政府今殊科，諒由時勢非由他。承平回憶嘉道初，河壖官吏樂有餘。百千萬億河庫儲，虛縻歲費泥沙如。錦車寶馬馳通衢，羅綺文繡飄輕裾。酒淮肉陵充庖厨，梨園曲部女樂俱。清歌妙舞紅氍毹，宴罷夜永添紅燭。千金一擲狂呼盧，昔何樂，今何苦。帑藏告罄難攜取，黄流東下誰能杜。田廬城郭感滄桑，哀鴻徧野魚生釜。河入濟，濟入海。湯湯汩汩十餘載，昏墊不異洪荒時。離居蕩析何所之，溺猶已溺詎不思。拯溺無術將安施，當年儻肯受以節。禦患何致今無資，職其咎者當屬誰。嗚乎！我歌當哭君休怪，言者無罪聞足戒。

⊙坍地糧

坍地糧，徧四鄉。黄流過處水湯湯，兩岸崩壞如頽牆，須臾千丈萬丈長。繡陌綺阡化澤國，空糧仍納困輸將。民貧財盡訴官長，官言田賦例有常。糧名豁除談何易，申文須待咨部堂。咨部堂，無時日。歲歲征輸竭民力，大户稱貸猶有所。茅屋雖破牽蘿補，小户追呼何太苦。賣兒鬻女償官府，盛朝屢詔恤下民。地坍肯使糧猶存，可憐民隱天不聞。願告直言賢御史，速將下情上達聖天子。

⊙海商舶

海門東下黄流奔，門外商舶如雲屯。舶中商賈語切切，語罷忍淚聲暗吞。問爾經商遠到此，不歌而哭胡爲爾。答言泛海歲一至，涉險只爲蠅頭利。征其鉅，舍其細，當年關稅有常例。常例無妨歲歲來，誰知今歲增榷稅。增榷稅，增數倍，欲留榷算盡錙銖，欲去往還數千里。進退維谷羊觸藩，嗟嗟商賈誠何罪。既聞舶商哭，又聞關吏喜。喜稅益多多入官，兼肥己關吏何足。論官亦疾苦，如不聞朘民。脂膏媚大府，反膺上考嘉其勤。吁嗟乎！斯人豈其未讀書，胡不聞與其有聚斂之臣乎。

⊙焚桃源

高山之高高極天，巒峰環繞成墉垣。中有膏腴千頃田，微通一徑如桃源。有客結廬山之巔，自稱學佛兼學仙，道統直接千秋傳。三教源流都匯此，到此長生盡免死。羣愚蠱惑來紛紛，官幕商賈及游民。輦入金帛翻賈禍，先幾見遠無其人。人人祇道藏身固，誰知生死難逃數。一朝壓境來官軍，薄言往愬逢彼怒。逢彼怒，巢傾覆。虎視眈眈欲逐逐，片時殺戮靡孑遺。擄掠囊橐都饜足，聲銷淚盡不聞哭。伏尸狼藉填陵谷，彷彿驪山一炬焚，焚時不辨石與玉。軍士言，誅逆叛。安能一一良莠判。民言入桃源，初意思避亂，誰知避亂翻蒙難。有何罪，不可逭。不爭不鬬不抗違，竟同叛逆一例看。旁觀側目呼奇冤，千秋誰斷此疑案。嗚乎！千秋誰斷此疑案。

⊙兵戈戲

兵戈戲，兵戈戲，歌舞場爲爭戰地。爲鵝爲鸛陣圖開，大戟長槍逞利器。龍爭虎鬬鯨鯢吞，但誇有勇不尚義。喧闐金鼓震雷驚，斬將搴旗人辟易。黄童白叟並黎民，觀者如堵盡得意。上自都門下村寨，司空見慣都不怪。我來觀劇三歎息，歎息人心風俗壞。登場歌舞歡喜緣，兵凶戰危人所戒。喜樂凶危風馬牛，胡爲混同無分界。況今烽火徧郊野，驚聞風鶴來戎馬。蕲免鋒鏑幸偷生，刀兵爲戲胡爲者。觀劇惟願先止戈，何妨後舞復前歌，庶幾春臺共樂人民和。

⊙織錦段

天孫七襄誇雲錦，人工巧與天工準。染將五色萬千絲，綺縠羅紈樣入時。織錦段，裁裳衣，被服適體生光輝，光輝照眼美容儀。工夫費盡知不知，尊卑貴賤昭等次。服色異宜有常例，緣何流俗競豪華。不論王公與輿隸，人人錦繡願章身。上下等威無限制，吁嗟物力餘幾何。何堪縻費日多多，安得還淳更歸樸，卉服同聽康衢歌。

⊙鳳巢高

鳳巢高，鵲巢低，維鵲何堪比鳳兮。鵲飛乘風便，高或與雲齊。鳳巢不到阿閣上，一枝轉不厭卑棲。高卑貴賤各有宜，造化底事顛倒之。顛倒有意或無意，文章變化方離奇。君不見，馬行山下上有田，馬若在淵牛在天。又不見，山下有松山上苗，徑寸莖蔭百尺條。吁嗟世事多如此，不平之鳴胡爲爾。（《石泉書屋詩鈔》卷七，《續修四庫全書》影印清同治四年刻本，第一五三四册，第六一〇～六一三頁）

智按：李佐賢，字竹朋，利津人。道光乙未（一八三五）進士，改庶吉士，授編修，歷官汀州知府。有《石泉書屋詩鈔》。

朱次琦（一八〇七～一八八二）

《南海九江朱氏家譜序例》

有家譜，有家傳，魏晉間各自爲書。（《世説》注有李氏譜，又有李氏家傳，有袁氏譜，又有袁氏家傳，有王氏譜，又有王氏世家傳。隋唐兩志，家傳入傳記，家譜入譜系，惟《舊唐書·經籍志》合爲一類）然《唐志》譜系類，有官族傳，有孔子系葉傳，則傳亦譜也。傳稱世傳，按世爲傳，據范汪范氏世傳文也，序述之文，歐陽氏蘇氏皆名蘇，乃至名祖父族譜後録，稱吾祖杲吾父序，今不從，惡斥也。《禮》：子孫得稱祖父字也，《儀禮・祔祭之祝》曰：適爾皇祖某甫，以隮附爾孫某甫是也。（又，周公稱其祖曰王季，屈原稱其考曰伯庸）曰某公，據白香山家狀，柳子厚叔父墓版文也（其無官者亦稱公，據吳仲山碑文也，漢故民吳仲山碑稱吳公仲山。洪适謂：故民者，物故之民也。見《隸釋》）。……右序家傳譜之例（《朱九江先生集》卷八文，《續修四庫全書》影印清光緒刻本，第一五三五册，第七九頁）

智按：朱次琦，字稚圭，一字子襄，南海（今屬廣東）人。道光丁未（一八四七）進士，官襄陵知縣，賜五品卿銜。有《朱九江先生集》。

釋慧霖（一八〇七～一八八三?）

《西湖放歌》

曩聞西湖景，奇勝甲天下。今年六月始來游，所聞不及所見者。西湖山，如畫圖，樓臺縹緲開蓬壺。西湖水，清見底，淨碧荷花香卅里。若將西湖比賢士，光風霽月何清美。若將西湖比西子，澹妝濃抹洵如此。白公蘇公兩仙才，為政風流先後來。酒魂詩魄在何處，夜深飄渺雲車回。表忠舊跡祠宇在，蘇小墳頭春似海。英雄事業兒女情，俯仰千秋發深慨。金牛之湖尚可游，銷金之窩安得留。吁嗟乎！人生到此亦快意，何必五嶽名山一一窮搜求。（《晚晴簃詩匯》卷一百九十八）

智按：釋慧霖，字梅龕，新建（今屬江西）人，本姓李。有《松雲精舍詩録》。

孫纘（一八〇八～一八三一）

《賦賦》

原夫詩有六義，賦居一焉。其作也，權輿雅頌，繼體《離騷》，宋玉、景差以抒志，揚雄、司馬以稱豪。于晉則左思、潘岳，于唐則李白、黄滔。寫花草之精神，光搖楮墨；壯風雲之變態，彩溢緇毫。刻羽引商。讀罷行雲響遏；鏤金錯采，聽來擲地聲高。……研京煉都，健筆雄扛百斛；枕經葄史，文瀾叠涌千層。……（《夢華詩草》附《夢華賦抄》，清道光刊本）

智按：仿自白居易《賦賦》。

孫纘，字夢華，綿州（今四川綿陽）人。廩生，少穎悟，年十五通六經，旁及子史，十七入泮，卒年僅二十四歲。有《夢華詩草》。

沈善寶（一八〇八～一八六二）

《名媛詩話》

蘋香出《續刻香南雪北廬詞》見示，西湖咏古《滿江紅》十闋，敲金戛玉，氣韻沉酣，爲之心折，茲録八章。《白公堤白香山》云：「名宦來游，是第一、西湖知己。平橋外，芳堤界斷，江流無際。桂子天香秋冷淡，繁絃脆管春排比。郡亭中、攲枕看潮頭，詩成未。　風華句，錢塘伎。烟波夢，蓬萊吏。坐孤山竹閣，緑楊陰裏。壓擔雲根雙石耳，戀人翠黛三年矣。剩酒痕、襟上説杭州，紅休洗。」……（《名媛詩話》續集中，《續修四庫全書》影印清光緒鴻雪樓刻本）

錢塘玉楚芳（蘭佩）茂才孫載之永福室，著有《茂萱閣靜好樓詩草》二卷，《綮花詞》一卷。楚芳幼而穎慧，詩筆得長吉、玉谿之致。歿年纔二十有二，殊可惜也。七古如《女兒曲》，引云諺曰：「歲多生男則歉，多女則豐。」蓋謂男子可旅食四方，女子惟深閨自守也。戲作長句云：「桃花䩉面雛鳳語，綵帨新看設幾許。若祈大有卜年豐，不重生男重生女。農家歲歲誇多穀，憑仗閨中女兒福。共羡朱門燦繡楣，芳名早艷黄金屋。黄金千兩璧千雙，聲價傾城未可量。越俗爭傳女兒酒，幽人愛佩女兒香。蛾眉姽嫿容婀娜，紅淚香凝石華唾。霞綃霧縠翠雲箱，嫁時賓客盈門賀。生女能似宣文君，定邀鸞誥封夫人。玉帔珠冠耀翟茀，歸寧晝錦娱雙親。女兒女兒生事足，穩向天家持顯禄。願教珍重胭脂唇，好食官倉萬鍾粟。」……五古直寫性靈，似長慶體。《思親盛賦》云：「生男勿云喜，生女誠可悲。游子志四方，嫁女離庭幃。時懷堂上親，焉得相追隨。我生非不辰，所誤因蛾眉。二十咏桃夭，百兩催于歸。可憐數載來，終日心神馳。靈椿依幕府，遠在湘之湄。雖然勤筆墨，猶得娱文辭。慈萱居陋巷，補屋牽蘿絲。并臼任煩勞，兒女縈遐思。纏綿手中線，寂寞門上楣。里閭雖咫尺，色笑終睽違。望雲言思親，思親當告誰。眉痕背人鎖，暗淚深宵垂。倘得生爲男，棣萼應相輝。阿兄贅甥館，弟足依春暉。胡使困閨中，有恙無能爲。日月偏迅速，骨月長分離。采蘭陟南陔，蘭蕊何芳菲。爲誦補笙詩，字字傷肝脾。」楚芳爲宫保文莊公曾孫女，疎雨觀察女孫，少山贊府女。（《名媛詩話》續集中，《續修四庫全書》影印清光緒鴻雪樓刻本）

智按：沈善寶，字湘佩，錢塘（今浙江杭州）人。父學琳，官義寧州通判。幼隨父在江南，師事陳權，十二歲能詩，工書畫。父官金陵，以失意鬱鬱死，流滯四年，始奉母吴浣素回里。未幾母棄養，以賣畫自給，積資葬先世八棺于祖塋。事畢歸來安武淩雲為繼室。事迹見《國朝閨閣詩人征略》卷八。

鍾秀（一八〇八～一八七九後）

《怡志堂詩集書後》

……桂林朱伯韓先生，曩官京師，與余交有年矣。……先生嘗為余言：早年取徑香山，及與伯言梅郎中游，始改師杜、韓與北宋諸家。……江右鍾秀。（《續修四庫全書》影印清咸豐七年刻本《怡志堂詩初編》卷末，第一五三〇册，第二〇八頁）

智按：「朱伯韓先生」，即朱琦（一八〇三～一八六一），撰有《怡志堂詩初編》八卷。參見朱琦《柏梘山房文集書後》（《怡志堂文初編》卷六）。

《觀我生齋詩話》

元白原本初唐，而明秀過之，但渾厚稍減耳。學者學少陵不得，由此以及初唐，是亦一路也。惟防其失之滑。（光緒五年刊本《觀我生齋詩話》卷三；《清詩話三編》第六一九二頁）

五言排律，初唐如陳、杜、沈、宋，雄健潭深。至少陵則如五花八陣，已臻極致。他如玄宗皇帝，王、楊諸子，燕、許二公，王維、岑參之流，胥有佳搆。要之，此體即可同五律之兼收初、盛。後此，則劉長卿尚見謹飭，元、白雖灑灑數十韻，終乏結搆之功。（光緒五年刊本《觀我生齋詩話》卷三；《清詩話三編》第六一九三頁）

唐詩元、白之平衍，賈、孟之孤寒，皮、陸之甜熟，姚合、周賀之刻深，李賀、劉叉、盧仝之奇怪，皆開宋派者也。（光緒五年刊本《觀我生齋詩話》卷三；《清詩話三編》第六一九四頁）

宋詩家非西崑則元、白，非元、白則西江，非西江則晚唐。或失之直，或失之纖，或失之生，或失之靡，終宋之世如是，而唐音杳矣。（光緒五年刊本《觀我生齋詩話》卷三；《清詩話三編》第六一九五頁）

智按：鍾秀，字官城，贛縣（今江西贛州）人。曾在直隸一帶浮沉郎署，任觀察，與湖湘派詩人李壽蓉等有交往。有《陶靖節紀事詩品》四卷，又與張曾同輯《古豐識略》。其《觀我生齋詩話》四卷，光緒五年（一八七九）刊本。前有光緒三年（一八七七）袁瓚、楊應釗序，光緒四年（一八七八）海霈序、釋慧琳序，宋延春、胡壽春、楊大猷、蔣愈昌題詞，光緒四年方學海題詩；後有李壽蓉跋、光緒五年（一八七九）歐陽元熙跋。據書前光緒三年袁瓚序，書應成於此前。

張文虎（一八〇八～一八八五）

《與緵老壬叔約以東坡生日舉舊例而先期連雨不果及十九日乃大晴悔之然無及矣壬叔改擬明年正月祀香山生日以公配饗作此寄緵老》

去臘荐東坡，僂指如宿昔。羲和驅短晷，飄若駒過隙。金陵公舊遊，我輩復寄迹。花豬早計及，藉以展良覿。微恨同社人，遠近多異適。感茲聚散緣，嘉會詎可易。雨師不解事，霢霂連日夕。滿街泥滑滑，何處討笠屐。頗疑公猒喧，借以辭賀客。城北半山亭，相去亦咫尺。元豐七年秋，公來謁安石。共一老秃翁，輸汝三畝宅（公次荆公韵四絕有「勸我試求三畝宅」句)。殘年赴泗州，浴罷不暖席（年譜：公「逼歲到泗州，十二月十八日浴雍熙塔下。」「到郡席不暖」，公同王勝之游蔣山詩句也)。一十三甲子（自元豐七年甲子至此，相距七百八十年)，江遠山自碧。人物此一時，瞥眼年幾百（介甫讀公《蔣山》詩「峰多巧障日，江遠欲浮天」，曰:「老夫平生作詩無此一句。」公在金陵，介甫數與游，謂人曰：不知更幾百年，方有如此人物)。荒墩不可爭，況乃尋畫戟（公《蔣山》詩：「朱門收畫戟，紺宇出青蓮。」自注：荊公以宅為寺)。生辰先一月（介甫生辰十一月十二日)，今古何寂寂。安知非嫉妬，故遣風雨厄。晨興忽開霽，暖日照簾額。大笑書生酸，失計劇可惜。雖有六從事（壬叔藏有越酒)，未敢獻三白。香山公所欽，代異情不隔。待過落燈風，三蕉奠同釋。(《舒藝室詩存》卷五，《續修四庫全書》影印清光緒刻本)

《正月二十日孫勤西觀察邀同薛慰農山長時雨季梅子密小浦端甫子高集飛霞閣祝白香山生日以東坡配之（以去為未祀故補行)》

天袠願不遂，乃以詩人名。髩髮閒中白，愁腸樂處生。憂時杜子美，述酒陶淵明。其後三百載，東坡同此情。

古今屺相望，每恨不同時。鬱鬱孫知諫，良深千載思。玉堂殘夢冷，江海宦游遲（觀察以侍從忤當事改外)。亦有杭州守（慰農)，風流欲繼兹。

官梅初放萼，已過落燈風。敬為香山老，仍邀玉局翁。高情牽幕府，冷署附黌宮。天意開晴旭（連陰初霽)，清暉滿閣中。

身世無窮感，當前且勿孤。詩篇兼二妙（觀察先成長篇，兼白蘇之概)，酒興隘千觚。舊約遷延役，新盟主客圖。春波通四水，請為寄潛夫（乙丑正月與緵老曾有是約而未果，今緵老已歸苕上)。(《舒藝室詩存》卷六，《續修四庫全書》影印清光緒刻本)

《在金陵日多慫恿納妾者劉治卿觀察勸尤切及歸里老友朱貢三錀及宗人張鳳山鑫輩復屢以為言黃子畣太守安謹力持之夏四月倪姬來歸遂挈居復園漫成一律寄諸君》

廿年清夢客塵删，鼎趾頻煩祝老鰥。未必生稊到枯樹，或言養氣見酡顏。維摩丈室來天女，白傅吟情寄小鬟。一語報君應失笑，即今腰腳比前頑。(《舒藝室詩存》卷七，《續修四庫全書》影印清光緒刻本)

《禮部遺集跋》

右過庭小稾一卷，誓墓餘稾一卷，避弋小草二卷，萍軒小草二卷，萍軒詞草一卷，律賦賸稾一卷，試帖賸稾一卷，吾友當塗黄小田先生，爲宮保勤敏公季子，以拔萃科官禮部，歷遷郎中，請省親回籍，及勤敏公薨，遂不復出。山君性坦率，豪於詩酒，世居蕪湖，有湖山之勝，有勸以之官者，笑而不答。居數年，咸豐癸丑，避寇至吾郡，依其戚金山錢鼎卿學博。……予獨行踽踽矣，愴然而别，别三年，書問無虚月。歲丙寅春，予自金陵暫歸，見君猶健步，然不能多飲，詩興亦減矣。又一年，君得眩瞀疾，中愈，至冬復病，竟不起，年七十有三。卒之前三日，猶作書寄予，與訃俱至。悲夫！子昚既奉君歸葬，乃謀梓君集，屬任校訂，凡過庭、誓墓、避弋諸稾，皆君自定，萍軒詩詞，予稍删其漫與者；律賦、試帖放外集，例附後，爲名之曰《禮部遺集》，凡九卷。君詩本其先公家法，實導源白傅，其人與世，皆具集中，讀者宜想見焉。（《舒藝室雜著》乙編卷下，《續修四庫全書》影印清光緒刻本）

《儒林郎布政司理問雲閣張公行狀》

曾祖文璣，太學生，祖一籌，金山衛學附貢生，贈奉政大夫，父應柏例，貢生。公諱烒，字用和，號雲閣。先世出自南宋魏公，宋末有太學生湍者，始由蘇州徙居華亭，遂著籍焉。公幼慧，總角就傅，有所問難，師倉卒或無以應，輒奇許之。及長，工爲制舉文，每一藝出，識者交口歎服，以爲相如、子雲之流，而近世時尚，號爲清真雅正，實乃漸趨於空疏。公文典重，不苟狥俗，學使者顧疑之，以爲非風檐寸晷所能爲，以是久困於場屋。道光三年，以捐振奉旨議敘重九品，公志在正途，將納粟入南北闈，以一發其素所藴蓄。無何，病痁數載，不任奔走，恒悵悵不自得，而年且頹然老，遂援例就職布政司理問，杜門養痾，以詩文自娱。公詩抒寫性靈，不規規於聲病，要達其所見而止。烏程張鑑序其集，比之白樂天、楊誠齋，非諛言也。有手訂《聽鸝館詩文稾》行於世。公為人疏直，乍接之若簡傲，然稍相習，乃益和易。處事誠信敦篤，表裏若一，遇親族及故人子弟，諄諄然勉以讀書治生，無墜先業，自奉儉薄如窶人，獨樂善好義，鄰近之疾苦，無倚賴者，率月給其空乏。又捐置義冢，以葬暴露。水旱災荒，濬河築海塘，修葺文廟，肇建書院，每捐資爲倡。有司先後式其廬，以爲鄉里表率。季弟振宗病卒，二子皆繈褓，公經紀遺業，條里井然，償逋負贖棄產，三年之中，復其故有。撫其子如己子，教誨不倦，以至成立。……（《舒藝室雜著》乙編卷下，《續修四庫全書》影印清光緒刻本）

《八聲甘州》

展芳筵，重憶十年前。春鐙譜紅簫，悵夢游，元九豔詞，賦罷誰共題蕉？只許風流白傅，刻燭賭深宵。涼月花梢，轉猶吮吟毫。　縱把柔情懺後數，團香鏤雪，往事多遥。賸茶煙禪榻，對景轉無聊。漾簾波，東風庭院動新愁，幾度暗魂銷。春無賴，絮繁絲亂，又近花朝。（丁紹儀《國朝詞綜補》卷五十，《續修四庫全書》影印清光緒刻前五十八卷本）

智按：張文虎，字孟彪，一字嘯山，南滙（今屬上海）人，諸生。保舉訓導。客居錢熙祚家中三十年，校《守山閣叢書》、《小萬卷叢書》等。有《雜著甲編》二卷，《乙編》二卷，《剩稿》一卷，詩存七卷，《索笑詞》二卷，《舒藝室隨筆》六卷，《續筆》一卷，《餘筆》三卷，《史記札記》八卷，《春秋朔閏考》、《古今樂律考》等。

王錫綸（一八〇九～？）

《三晉竹枝詞·太原》

碧虚樓閣碧溪灣，多少騷人快往還。兒女詎知才調好，踏青都拜白香山。（晉祠七賢祠中設香山木主。）（《怡青堂詩集》卷八，《清代詩文集彙編》影印民國鉛印本，第六三三册，第四二六頁）

智按：王錫綸，原名勇智，字印川，忻州（今屬山西）人。道光二十四年（一八四四）拔貢，同治元年（一八六二）舉人，曾任臨汾縣教諭。有《怡青堂詩文集》、《丁丑奇荒記》，譯著《近代世界殖民史略》等。

邵懿辰（一八一〇～一八六二）

《增訂四庫簡明目録標注》

⊙白氏長慶集七十一卷。唐白居易撰。

明馬氏刊本。明錫山蘭雪堂活字板本。明姑蘇錢應龍刊本。

明郭勳編刊本三十六卷。宋刊白氏文集。十一行。行二十一字。

明刊白氏策林。即白集内輯出。

［附録］蘭雪本。每葉十六行。目録雙行。書前有元微之序。板魚尾上有「蘭雪堂」三字。（詒讓）

［續録］宋刊小字殘本。存十七卷。十一行二十一字。（黄目）

殘宋本白氏文集。十一行二十一字。題目低四格。有黄丕烈跋。（汪目）

宋紹興刊殘本。缺三十一之三十三。及三十五。三十六。凡五卷。皆鈔補。中遇構字。注犯御名。桓字注淵聖御名。蓋紹興三十年前刻。昭文張氏藏。

舊本刻本衹前五十卷為長慶。以下為後集。而仍以五十一計數。凡七十卷。然馬編與馬本不同。蓋仍原本也。

汲古閣校本（子晉、斧季合校）與明刊小字本。俱藏吳門黄氏。汲古本又歸張金吾。

明武定侯本。

四部叢刊本。

日本元和那波道圓活字印本。

傅沅叔有日本活字本。計十帙七十卷。總三千五百九十四首。九行十八字。流放，有古意。

明刊白氏策林。十行二十一字。

明婁堅元白合刻本。

⊙白香山詩集四十卷。附録年譜二卷。清汪立名編。

康熙中刊本。許滇翁有何義門手校本。

［續録］明武定侯家刻本。清康熙一隅草堂刊本。

白氏諷諫一卷。明四川布政司參政曾大有刊本。十行十六字。

明正德嚴震重刊宋本白氏諷諫二卷。佳。清費念慈刊唐歌詩二種本。

邵懿辰撰，邵章續録《增訂四庫簡明目録標注》，第六六八頁智按：邵懿辰，字位西，仁和（今浙江杭州）人。以舉人仕京師，授内閣中書，擢刑部員外郎，入直軍機處。咸豐中，坐防河無效掛吏議。既罷歸，則覃思經籍。纂著《尚書通義》、《孝經通義》、詩古文若干卷。太平軍入杭州，饑餓圍城之中，猶草《禮經通論》，誦聲鏗然徹於巷外。太平軍退，挈家東徙紹興。治母喪甫畢，遽返杭州，城再陷，不食三日，遇害。所著大半散佚，僅存《禮經通論》一卷。傳抄所見書目二十卷，就四庫簡明目録一一考其版刻源流，標於書眉。獨山莫氏即據此編知見傳目。

貝青喬（一八一〇～一八六三）

《琵琶亭下作》

昔讀白傅潯陽篇，興發欲泛潯陽船。今果乘風江上至，快酬宿願三十年。琵琶亭子屹然在，詩魂酒魂何處邊？但見城郭淨如畫，斜陽一抹篷窗前。溢浦迢迢歇秋雨，柴桑脈脈升井煙。匡廬倒影浴江水，翻出九派青娟娟。櫛風沐雨露眞面，雲中五老仙乎仙。登高曠覽忽失笑，古人所見無乃偏。領此佳郡歎淪謫，宦游何地方欣然。忠州花柳詎勝此，乃招巴樂開妓筵。戀戀杭州亦復爾，吳娘一曲情纏緜。何獨江州慘無懌，坐對商婦雙淚漣。三州我各訪游跡，寤寤豈必分媸妍。始知古人興所觸，眼前景物皆蹄筌。偶焉酒悲亦至性，後人奚用加言詮。我生蜉蝣一旦暮，風流安得相後先。一麾出守無此福，萬里行邁誰相牽。擬向江山作地主，青衫慘黯難留連。今夜歸帆泊沙際，萍飄梗斷强自憐。鄰舫淒淒江月白，岸燈閃閃春風巔。山歌村笛聲四絕，況思纖手鳴么絃。詩成如俟老嫗解，重與半格翻新編。（《續修四庫全書》影印清同治五年葉廷琯等刻本《半行庵詩存稿》卷五）

智按：貝青喬，字子木，號無咎，又號木居士，吳縣（今江蘇蘇州）人。諸生。家境清貧。道光十三年（一八三三）前後于江蘇巡撫林則徐署中任事。嘗從朱綬問詩法，與葉廷琯、張鴻基等吳下詩人交。鴉片戰爭時期曾于道光二十一年投效揚威將軍奕經軍幕，受命潛入寧波偵探敵情，親率鄉勇赴前敵。後于軍中幫辦文案。論功得賞時自引《大清會典》以爲例當爲功貢生，故世亦稱「貝明經」。次年歸，遇益困。二十七年，赴黔、滇游，往謁遣戍赦還任雲貴總督之林則徐，經八省，歷三年。歸途傾囊購米欲濟灾民，而于峽江覆舟，僅以身免。後十餘年于浙江、安徽游幕，寄食爲生。同治二年（一八六三）應直隸總督劉長佑之聘北上，卒于途中。著《咄咄吟》二卷，《半行庵詩存稿》八卷。事迹見葉廷琯《蛻翁所見詩録·感逝集》、王韜《瀛壖雜志》等。

麟慶（一八一一～一八六九）

《憶西湖》

迎薰閣外緑波肥，十里荷香人未歸。若許夢中身化蝶，今宵應傍藕花飛。

曾為尋春試馬蹄，蘇公隄接白公隄。香山已去東坡老，芳樹流鶯故故啼。

（《晚晴簃詩匯》卷一百二十一）

智按：麟慶，字伯餘，號見亭，滿洲旗人。嘉慶十四年（一八〇九）己巳進士，歷官南河河道總督，降授庫倫辦事大臣。有《凝香室詩集》。

董平章（一八一一～一八七〇）

《勖吏吟效長慶體》

天生嘉穀將育人，帝命良牧將安民。稊稗有時不可食，吉羅所在誰爲親。問兹豈復天帝意，宇内曾逢幾廉吏。不聞考課有循良，直以催科爲撫字。滔滔皆是何足云，竭來目擊說與君。官有市心實堪異，僂指臚陳非一事。萱堂但識所生親，蓮幕忍看將死至。牀前一拜忘師恩，身後千金匿友寄。前官囊橐每巧偷，小吏苞苴亦陰覬。脯修束減山長驚，羊豕牢虚庠士議。家丁賄入視眈眈，里甲財多心惴惴。起觀四境盡成仇，顯蔽一言惟好利。吏胥慣見尚攢眉，翁仲但聞應墮淚。請看詩禮有椎埋，何怪确磽多稙穉。君不見，召南陽，杜南陽，歌爲父母思不忘。又不見，元道州，陽道州，名厥子孫姓長留。寄言世上親民者，監古懲今善自謀。（《秦川焚餘草》卷三，《續修四庫全書》

影印清光緒二十七年容齋刻本）

《卧病述懷戲倣長慶體》

曾聞瘮與瘵相隨，不道偷閒亦早衰。鍵户經旬無剌入，下帷鎮日但書披。禁煙時節身都懶，愛月情懷步幾移。夾坐傷肌膚起粟，多言損肺氣如絲。五中更感河魚疾，七尺全非海鶴姿。偶出竟疑須杖倚，不眠多分祇燈知。故將健態酬慈母，忍把微軀付俗醫。病亟自搜君相藥，視昏罷覆婦姑棋。女貪悦耳催談史，妻怕勞心阻詠詩。問疾客來驚貌瘁，還家夢醒悵魂癡。髮當攬鏡頻添白，齒爲離牀漸覺危。瘦骨十分催向老，愁心一半坐憂時。强排世慮遺塵事，擬乞仙方覓鍊師。不是臭皮囊苦戀，故山曾有首邱期。（《秦川焚餘草》卷三，《續修四庫全書》影印清光緒二十七年容齋刻本）

《東山辛夷盛開復同趙劉往看》

辛夷隴外稀經見，兩度尋芳春尚欠。今朝簇簇發高枝，空山省識東風面。東風二月漸狂顛，千跗萬萼爭暄妍。絳雪赬霞絢佳麗，斜暉荒谷窺嬋娟。老榦拏雲根抱柢，高標羞煞閒桃李。含芬不減雞舌香，照影卻思鴨頭水。先開半委驚客心，客中倍惜好光陰。載酒徑宜席地賞，擘箋更擬臨風吟。不辭吟賞鎮相向，福地名花難久傍。移根儻許歸寓廬，長學香山南宅訪。（《秦川焚餘草》卷五，《續修四庫全書》影印清光緒二十七年容齋刻本）

《除夕口占》（二首其一）

殘臘入宵看向盡，流年似水去何堪。灰心怕誦香山句，白髮蒼顔五十三。（《秦川焚餘草》卷六，《續修四庫全書》影印清光緒二十七年容齋刻本）

智按：董平章，字琴虞，一字眉軒，閩縣（今福建福州）人。道光十三年（一八三三）進士。授戶部浙江司主事。二十二年（一八四二）丁父喪去官。三年後出任甘肅環縣知縣。二十六年（一八四六）充甘肅鄉試分校官。未幾，調任皋蘭知縣。二十八年遷秦州知州。咸豐三年（一八五三）引疾辭職。有《秦川焚餘草》。

莫友芝（一八一一～一八七一）

《〈白氏長慶集〉殘本跋》

向讀香山詩，未見其文。道光乙巳中夏，過友人楊容光，架端閣《長慶集》，雖殘斷，而自三十二卷雜文、制誥、奏狀、策判至終篇無缺失，容光方專力岐黄書，因乞歸，裝整附單詩後，於是白氏書以義合而成完。容光曰：「嘻，今日典籍明備極矣！所謂藏書家，四部環繞，宋刻元鈔抵烏鵲，常侈於目録家論著之外。通行斷本拱璧之，斤斤焉何窮措大舉動乃爾乎？」余曰：「不然。膏梁而飽，狐貉而燠，廣廈而庇，善矣！而藜藿者、緼結者、蓬蓽者，未嘗無飽、無燠、無庇也。夫讀書貴（《郘亭雜文裦餘録》作「求」）有字耳。完本之字，豈有異於兩合之字乎？必得完本而始讀書，則抑將枵腹裸（臺本作「倮」）體而野處，以冀膏梁夏屋狐貉於不可知之數乎？且今藏書如某（刻本誤作其，據《郘亭雜文裦餘録》改）某家，亦云富矣，主人不能名，執友不得假，典守厭於廝僕，卵育乞於鼠蠹。故有富兒極服食起居（《郘亭雜文裦餘録》作「飲食衣服居處」）之美，而門祚苦無所承；而寠人者生子生孫，岌岌然仰事俯畜之不暇。以彼易此，孰得失必不待智者决也。」容光曰：「嘻，然哉！斯言可以勵學者，不宜不記。而吾之故紙收此塵翳且十年，一旦得（《郘亭雜文裦餘録》作「值」）子拂拭料理，遂燦然先後於魯鼎旅盂。士之沈埋人海，碌碌無表異，鍼芥遇合而榮枯判然，皆可以故紙觀，而無容爲之悲喜也。」（人民文學出版社《莫友芝詩文集》下册，第六〇二頁）

智按：道光二十五年乙巳（一八四五）五月，莫友芝三十五歲時，從友人楊容光處得一部殘本《白氏長慶集》，喜而作《白氏長慶集殘本跋》，表達讀書之法在内容而不在形式。（參張劍《莫友芝年譜長編》）

《郘亭日記》

⊙同治七年戊辰（一八六八）正月十六日（二月九日）

湘鄉公（曾國藩）遣假《白氏長慶集》、《歐陽文忠集》兩明本，且屬爲購致善者，並《太白》、《山谷》兩家集佳本及錢箋《杜詩》，一隅草堂

刊《香山詩》初印者。（中國國家圖書館藏稿本，引自張劍《莫友芝年譜長編》）

《宋元舊本書經眼録》

⊙伯生詩續編三卷（元本）

吳門黄氏士禮居舊藏，今歸海甯查氏。目録首行題「伯生詩續編」，其每卷端又題云「伯生詩後」，半葉十行，行十五字，行書甚精雅。（目録後題四行云：「是集乃學士晚年所作，比常作尤爲得意，敬刻梓與騷壇共之。時至元後庚辰，劉氏日新堂謹識。」後有嘉慶丁卯十二月黄蕘圃跋云：「道園所製詩文極多，《道園類稾》、《道園學古録》、《道園遺稾》、《翰林珠玉》、《伯生詩續編》，共有五種，尠見者尤在後三種，三種尤在後一種。此元刊《伯生詩續編》三卷，余與殘宋刻《白氏文集》，得諸顧五癡家，藏篋中久矣。頃五癡族人出舊殘本求售，係棉紙此係竹紙，兩本竝入余手，重加校對，亦樂事也。」）（《宋元舊本書經眼録》卷二，《續修四庫全書》影印清同治刻本；張劍點校本《宋元舊本書經眼録郘亭書畫經眼録》第六九頁）

《藏園訂補郘亭知見傳本書目》

⊙補：白氏文集七十一卷

唐白居易撰。

南宋初浙本，十三行二十四字，白口，左右雙闌。卷三十二、三十三抄配。海虞瞿氏藏。傳世白集最善本。

白集尚有殘宋本，存十三至十六，二十六至三十四，五十五至五十八，凡十七卷，十一行二十一字。《讀書敏求記》、《百宋一廛賦》著録，有明宋濂印記。

明嘉靖十七年伍忠光龍池草堂刊本，十二行二十字，白口，左右雙闌。鮑廷博據殘宋本校。余藏。

日本那波道原（圓）銅活字印本，九行十六字，黑口，四周雙闌。前元稹《長慶集序》，次總目，分十帙。第一至七為長慶集五十卷，八至十為後集，共二十卷，卷七十一律詩百首，為總目所無。後有那波道源（圓）後序。余藏。此本即自世所傳廬山本出，已印入《四部叢刊》中。

⊙白氏長慶集七十一卷

唐白居易撰。

明錫山華堅蘭雪堂活字本。

明姑蘇錢應龍刻本。

明松江馬元調刻。

宋紹興刻白氏長慶集，昭文張氏藏，缺三十一至三十三及三十五、三十六，凡五卷，皆鈔補。中遇「構」字注「犯御名」，「桓」字注「淵聖御名」，紹興三十年前刻，曾藏文氏、王氏、錢氏、季氏處。

汲古閣校本與明刻小字本俱藏吳門黄氏。汲古本又歸張金吾。

⊙附：舊刻本只前五十卷為長慶集，以下為後集，而仍以五十一計數，凡七十卷，然編次與馬本不同，蓋仍原本也。（眉批）

宋刊小字殘本存十七卷，十一行二十一字，黄目。

殘宋本白氏文集，十一行二十一字，題目低四格，有黄復翁（丕烈）跋，汪目。

明婁堅元白合刻本。

武定侯本。

汲古閣校本乃子晉斧季合校。

（邵氏）

⊙補：白氏長慶集七十一卷，目録二卷

唐白居易撰。

明正德八年華堅蘭雪堂活字印本，八行，雙行十六字，白口，左右雙闌。

⊙補：白氏長慶集七十一卷，目録二卷

唐白居易撰。附録一卷

明萬曆三十四年馬元調刊本，十行二十一字，白口，左右雙闌。題「後學松江馬元調巽甫校」。余藏。余據宋本校。

⊙補：白樂天文集三十六卷

唐白居易撰。

明正德十四年武定侯郭勳刊本，九行二十字，白口，四周雙闌。

⊙補：白樂天詩集四十卷

唐白居易撰。

明正德十二年刊本，十行二十字，前正德十二年陳金序，言於百粤得本歸，太保郭公先將詩編為四十卷，文三十六卷，次第續之云云。

⊙白氏諷諫一卷

明正德間曾大有刊本，十行十六字，黑口，四周雙闌。卷首題「四川布政司參議曾大有重刊」，則或是蜀中刊本。余曾取校舊鈔本及明嘉靖本，文字多不同。

⊙白氏策林四卷

唐白居易撰。

明翻宋刊本，十行二十一字。白口，左右雙闌。首原序，次目録，次本文。卷中「構」字注「犯御名」，從紹興本出，余曾取校馬元調本，增改甚多。馬本卷六十二至六十五為策林。

⊙白香山詩集四十卷 附録年譜二卷

國朝汪立名編。

清康熙癸未汪氏刻。

明武定侯郭勳家刻本。

何義門手校本，在許滇先生處。

⊙白香山詩長慶集二十卷，後集十七卷，別集一卷，補遺二卷

唐白居易撰。

年譜一卷 清汪立名撰。

年譜舊本一卷 宋陳振孫撰。

清康熙四十一年至四十二年汪立名一隅草堂刊本，十二行二十一字。白口，左右雙闌。舊人臨何焯校跋。改正甚多。涵芬樓藏。

莫友芝撰、傅增湘訂補、傅熹年整理《藏園訂補郘亭知見傳本書目》，第六七～七〇頁。

智按：莫友芝，字子偲，號郘亭，貴州獨山人。道光十一年（一八三一）舉人，先後入胡林翼、曾國藩幕府。有《郘亭詩鈔》、《郘亭遺詩》。其生平

見《清史稿》附《莫與儔傳》下，黎庶昌有《莫徵君别傳》。

曾國藩（一八一一～一八七二）

《讀書録·白氏長慶集》

⊙《醉後走筆酬劉五主簿長句之贈，兼簡張大、賈二十四先輩昆季》

劉兄文高行孤立，十五年前名翕習。是時相遇在符離，我年二十君三十。得意忘年心跡親，寓居同縣日知聞。衡門寂寞朝尋我，古寺蕭條暮訪君。朝來暮去多攜手，窮巷貧居何所有。秋燈夜寫聯句詩，春雪朝傾暖寒酒。陴湖緑愛白鷗飛，濉水清憐紅鯉肥。偶語閒攀芳樹立，相扶醉踏落花歸。張賈弟兄同里巷，乘閒數數來相訪。雨天連宿草堂中，月夜徐行石橋上。我年漸長忽自驚，鏡中冉冉髭鬚生。心畏後時同勵志，身牽前事各求名。問我棲棲何所適，鄉人薦為鹿鳴客。二千里别謝交游，三十韻詩慰行役。出門可憐唯一身，弊裘瘦馬入咸秦。鼕鼕街鼓紅塵暗，晚到長安無主人。二賈二張與余弟，驅車邐迤來相繼。操詞握賦為干戈，鋒鋭森然勝氣多。齊入文場同苦戰，五人十載九登科。二張得雋名居甲，美退爭雄重告捷。棠棣輝榮並桂枝，芝蘭芳馥和荊葉。唯有沅犀屈未伸，握中自謂駭雞珍。三年不鳴鳴必大，豈獨駭雞當駭人。元和運啟千年聖，同遇明時余最幸。始辭秘閣吏王畿，遽列諫垣升禁闈。蹇步何堪鳴佩玉，衰容不稱著朝衣。閶闔晨開朝百辟，冕旒不動香煙碧。步登龍尾上虛空，立去天顔無咫尺。宫花似雪從乘輿，禁月如霜坐直廬。身賤每驚隨内宴，才微常愧草天書。晚松寒竹新昌第，職居密近門多閉。日暮銀臺下直回，故人到門門暫開。回頭下馬一相顧，塵土滿衣何處來。斂手炎涼敘未畢，先説舊山今悔出。岐陽旅宦少歡娱，江左羈游費時日。贈我一篇行路吟，吟之句句披沙金。歲月徒催白髮貌，泥塗不屈青雲心。誰會茫茫天地意，短才獲用長才棄。我隨鵷鷺入煙雲，謬上丹墀為近臣。君同鸞鳳棲荊棘，猶著青袍作選人。惆悵知賢不能薦，徒為出入蓬萊殿。月慚諫紙二百張，歲愧俸錢三十萬。大底浮榮何足道，幾度相逢即身老。且傾斗酒慰羈愁，重話符離問舊游。北巷鄰居幾家去？東林舊院何人住？武里村花落復開，流溝山色應如故。感此酬君千字詩，醉中分手又何之？須知通塞尋常事，莫歎浮沉先後時。慷慨臨歧重相勉，殷勤别後加餐飯。君不見買臣衣錦還故鄉，五十身榮未為晚。

自首至「月夜」句，敘昔年與劉及張賈兄弟同居符離；自「我年漸長」至「駭人」句，敘公與張賈先後登科，而劉未得科第；自「元和運啟」至「才微」句，公自敘遭際明時，得官禁近；自「晚松寒竹」至末句，敘重與

劉君相聚，劉有贈詩而公酬之。（岳麓書社《曾國藩全集·讀書録》，第三一二頁）

⊙《霓裳羽衣歌和微之》

我昔元和侍憲皇，曾陪內宴宴昭陽。千歌百舞不可數，就中最愛霓裳舞。舞時寒食春風天，玉鉤欄下香案前。案前舞者顔如玉，不著人家俗衣服。虹裳霞帔步搖冠，鈿瓔累累佩珊珊。娉婷似不任羅綺，顧聽樂懸行復止。磬簫箏笛遞相攙，擊擫彈吹聲邐迤。（凡法曲之初，眾樂不齊，唯金石絲竹次第發聲，霓裳序初亦復如此。）散序六奏未動衣，陽臺宿雲慵不飛。（散序六遍無拍，故不舞也。）中序擘騞初入拍，秋竹竿裂春冰拆。（中序始有拍，亦名拍序。）飄然轉旋回雪輕，嫣然縱送遊龍驚。小垂手後柳無力，斜曳裾時雲欲生。（四句皆霓裳舞之初態。）煙蛾斂略不勝態，風袖低昂如有情。上元點鬟招萼緑，王母揮袂別飛瓊。（許飛瓊、萼緑華，皆女仙也。）繁音急節十二遍，跳珠撼玉何鏗錚。（霓裳曲凡十二遍而終。）翔鸞舞了卻收翅，唳鶴曲終長引聲。（凡曲將畢，皆聲拍促速，唯霓裳之末，長引一聲也。）當時乍見驚心目，凝視諦聽殊未足。一落人間八九年，耳冷不曾聞此曲。湓城但聽山魈語，巴峽唯聞杜鵑哭。（予自江州司馬轉忠州刺史。）移領錢唐第二年，始有心情問絲竹。玲瓏箜篌謝好箏，陳寵觱篥沈平笙。清弦脆管纖纖手，教得霓裳一曲成。（自玲瓏以下，皆杭之妓名。）虛白亭前湖水畔，前後只應三度按。便除庶子拋卻來，聞道如今各星散。今年五月至蘇州，朝鐘暮角催白頭。貪看案牘常侵夜，不聽笙歌直到秋。秋來無事多閒悶，忽憶霓裳無處問。聞君部內多樂徒，問有霓裳舞者無？答云七縣十萬戶，無人知有霓裳舞。唯寄長歌與我來，題作霓裳羽衣譜。四幅花箋碧間紅，霓裳實録在其中。千姿萬狀分明見，恰與昭陽舞者同。眼前仿佛睹形質，昔日今朝想如一。疑從雲夢呼召來，似著丹青圖寫出。我愛霓裳君合知，發於歌詠形於詩。君不見，我歌云，驚破霓裳羽衣曲。（《長恨歌》云。）又不見，我詩云，曲愛霓裳未拍時。（錢唐詩云。）由來能事皆有主，楊氏創聲君造譜。（開元中，西涼府節度楊敬述造。）君言此舞難得人，須是傾城可憐女。吳妖小玉飛作煙，越豔西施化為土。（夫差女小玉死後，形見於王。其母抱之，霏微若煙霧散空。）嬌花巧笑久寂寥，娃館苧蘿空處所。如君所言誠有是，君試從容聽我語。若求國色始翻傳，但恐人間廢此舞。妍媸優劣寧相遠，大都只在人擡舉。李娟張態君莫嫌，亦擬隨宜且教取。（娟、態，蘇妓之名。）

自首至「長引聲」句，敘元和時，曾于內宴時見霓裳舞；自「當時」至「各星散」句，敘在杭州時，曾教妓學霓裳舞；自「今年五月」至「圖寫出」句，敘在蘇州以書問元，元以霓裳譜答之；自「我愛」至末，言將取蘇妓教

之。(岳麓書社《曾國藩全集·讀書録》，第三一二頁)

《鳴原堂論文·東坡文集上皇帝書》

奏疏總以明顯為要，時文家有典、顯、淺三字訣，奏疏能備此三字，則盡善矣。典字最難，必熟於前史之事蹟，並熟於本朝之掌故，乃可言典。至顯、淺二字，則多本於天授。雖有博學多聞之士，而下筆不能顯豁者多矣。淺字與雅字相背，白香山詩務令老嫗皆解，而細求之，皆雅飭而不失之率。吾嘗謂奏疏能如白詩之淺，則遠近易傳播，而君上亦易感動。(岳麓書社《曾國藩全集·詩文》，第五三二～五三三頁)

《與李眉生》

申夫在鄂，屬吏樂其擺脱官場習氣，同僚亦敬其清操。到湘後，譽望更勝於鄂，固早知其必能如此，但不知果能勤理公牘，絲絲入扣否？東捻之平，省三實著奇功，而賞未愜意。李帥或不能無介介，乃頃接渠書，夷然不以置懷，胸次廣博，亦近日之進境也。尊病雖深，斷非竟不能痊者。治之不可服藥過多，静坐調息，所謂内功外功者，試行一二，徐當有效。閣下向好為詩，詩中有一種閒適之境，專從胸襟著工夫，讀之但覺天機與百物相弄相悦，天宇奇寬，日月奇閑，如陶淵明之五古，杜工部之五律，陸放翁之七絶，往往得閒中之眞樂，白香山之閒適古調，東坡過嶺後之五古，亦能將胸中坦蕩之懷，曲曲寫出。僕自問胸次洗滌，不甚後於古人，而束縛塵埃，曾不得宴處觀物，作為詩章，一寫吾心之所謂浩然者。私居深念，常用不怡。閣下襟度豁朗，度越流輩，及此謝病閉關之時，正好習静尋樂，以為進德之方，即是長生之訣，異日或仕或否，皆將受用無窮。若偶作詩篇，抒寫胸臆，則更補鄙人之闕憾矣。(《曾文正公書札》卷十四，清光緒二年傳忠書局刻增修本)

《家書》

⊙須閱李杜韓白蘇黄陸元八家之詩

……爾之才思，能古雅而不能雄駿，大約宜作五言，而不宜作七言。……爾要讀古詩，漢魏六朝，取余所選曾、阮、陶、謝、鮑、謝六家，專心讀之，必與爾性質相近。至於開拓心胸，擴充氣魄，窮極變態，則非唐之李杜韓白、宋金之蘇黄陸元八家不足以盡天下古今之奇觀。爾之質性，雖與八家者不相近，而要不可不將此八人之集悉心研究一番，實《六經》外之巨制，文字中之尤物也。……（同治元年正月十四日諭紀澤）（岳麓書社《曾國藩全集·家書》，第八〇八～八〇九頁）

⊙古人風範（先有豁達光明之識後有恬淡沖融之趣）

沅弟左右：二十三日張成旺歸，接十八日來緘，旋又接十九日專人一緘，俱悉一切。弟讀邵子詩，領得恬淡沖融之趣，此（自）是襟懷長進處。自古聖賢豪傑、文人才士，其志事不同，而其豁達光明之胸（襟），大略相同。以詩言之，必先有豁達光明之識，而後有恬淡沖融之趣；如李白、韓退之、杜牧之，則豁達處多，陶淵明、孟浩然、白香山，則沖淡處多。杜、蘇二公，無美不備，而杜之五律最沖淡，蘇之七古最豁達。邵堯夫雖非詩之正宗，而豁達沖淡，二者兼全。吾好讀《莊子》，以其豁達，足益人胸襟也。去年所講「生而美者，若知之，若不知之；若聞之，若不聞之」一段，最為豁達。推之即舜、禹之有天下而不與，亦同此襟懷也。吾輩現辦軍務，系處功利場中，宜刻刻勤勞，如農之力穡，如賈之趣利，如篙工之上灘，早作夜思，以求有濟。而治事之外，此中卻須有一段豁達沖融氣象。二者並進，則勤勞而以恬淡出之，最有意味。余所以令刻「勞謙君子」印章與弟者，此也。無為之賊十九日圍撲廬江後，未得信息。捻匪於十八日陷宿松後，聞二十一日至青草塥。廬江吳長慶、桐城周厚齋均無信來，想正在危急之際，成武臣亦無信來。春霆二十一日尚在泥汊，頃批令速援廬江。祁門亦無信來，不知若何危險。少荃已克復太倉州，若再克崑山，則蘇州可圖矣。吾但能保沿江最要之城隘，則大局必日振也。順問近好。國藩手草三月二十四日。（同治二年三月二十四日致沅弟）（岳麓書社《曾國藩全集·家書》，第九五八～九五九頁）

⊙澤兒之情韻趣味皆由天分中得之

字諭紀澤兒：十八日寄去一信，言紀鴻病狀。十九日請一醫來診。鴻兒乃天花痘喜也。余深用憂駭，以痘太密厚，年太長大，而所服十五六七八九等日之藥，無一不誤。闔署惶恐失措，幸托痘神佑助，此三日內轉危為安。兹將日記由鄂轉寄家中，稍為一慰。再過三日灌漿，續行寄信回湘也。爾與澄叔二月二十八日之信頃已接到。爾七律十五首圓適深穩，步趨義山，而勁氣倔強處頗似山谷。爾於情韻、趣味二者皆由天分中得之。凡詩文趣味約有二種：一曰詼詭之趣，一日閒適之趣。詼詭之趣，惟莊、柳之文，蘇、黄之詩。韓公詩文，皆極詼詭。此外實不多見。閒適之趣，文惟柳子厚游記近之，詩則韋、孟、白傅均極閒適；而余所好者，尤在陶之五古、杜之五律、陸之七絕，以為人生具此高淡襟懷，雖南面王不以易其樂也。爾胸懷頗雅淡，試將此三人之詩研究一番，但不可走入孤僻一路耳。余近日平安，告爾母及澄叔知之。滌生手示三月二十二日。（同治六年三月二十二日諭紀澤）（岳麓書社《曾國藩全集·家書》，第一三三二～一三三三頁）

《日記》

⊙咸豐九年三月二十七日

早，清理文件。飯後見客三次，傳見哨官三人。接家信，澄侯一件、沅甫一件，系初八送紀壽信之回音。翻閱《四書》一遍。用白綾寫《論語》、《孟子》中最足警吾身者，約二十餘章。中飯後，習字二紙，溫《滑稽傳》。夜溫《大宛傳》，未畢。思人心所以抗擾不定者，只為不知命。陶淵明、白香山、蘇子瞻所以受用者，只為知命。吾涉世數十年，而有時猶起計較之心，若信命不及者，深可愧也。（岳麓書社《曾國藩全集·日記》，第三七二頁）

⊙咸豐九年六月十七日

早，清理文件，飯後見客四次。眼蒙，少睡。改折稿，至未正畢，即奉旨防蜀複奏之件。中飯後寫掛屏六幅、對聯五付。眼蒙殊甚，不能作事。夜與次青論古文之法。次青天分高，成就當未可量。是日，思白香山、陸放翁之襟懷澹宕，殊不可及。古文家胸襟雖淡泊，而筆下難於寫出。思一為之，以寫淡定之懷，古所謂一卷冰雪文者也。（岳麓書社《曾國藩全集·日記》，第三九四～三九五頁）

⊙咸豐十一年正月初四日

《大潛山房詩題語》

放翁胸次廣大，蓋與陶淵明、白樂天、邵堯夫、蘇子瞻等同其曠逸。其於滅虜之意，養生之道，千言萬語，造次不離真，可謂有道之士。（岳麓書社《曾國藩全集·日記》，第五七五頁）

⊙同治七年四月廿九日

余昔年鈔古文，分氣勢、識度、情韻、趣味為四屬。擬再鈔古、近體詩，亦分為四屬，而別增一「機神「之屬。機者無心遇之，偶然觸之。姚惜抱謂文王周公系《易》彖辭、爻辭，其所象亦偶觸於其機。假令易一日而為之，其機之所觸少變，則其辭之取象亦少異矣。余嘗歎為知言。神者，人功與天機相湊泊，如卜筮之有繇辭，如《左傳》諸史之有童謠，如佛書之有偈語，其義在可解不可解之間。古人有所托諷，如阮嗣宗之類。或故作佛語，以亂其辭。唐人如太白之豪，少陵之雄，龍標之逸，昌黎之奇，及元、白、張、王之樂府，亦往往有神到、機到之語。即宋世名家之詩，亦皆人巧極而天功錯，徑路絕而風雲通。蓋必可與言機，可與言神，而後極詩之能事。（岳麓書社《曾國藩全集·日記》，第一四九七頁）

智按：據《曾國藩日記》，同治七年正月廿二日，夜閱《唐宋詩醇》中之白香山之詩；二月初四，夜閱白香山閒適詩；初五，批杜詩，夜閱白香山詩；四月初二、初三，校白太傅《新樂府》畢，再校《白香山樂府》；初五閱白香山詩集；初八，閱白香山七古，初九至廿九日，閱校黃山谷詩七古七律二種；初十，十四日，閱《姚惜抱集》；廿九日，批校山谷集。參見郭平興《曾國藩文獻閱讀實踐與理論研究》（華中師範大學博士論文，二〇一一年五月）附録「曾國藩文獻閱讀年表」。錢仲聯《夢苕盦詩話》第一〇六則云：「王漁洋論詩標『神韻』，張廣雅易以『神味』，余謂皆不如曾求闕『機神』之説也。曾日記云……此論可謂發前人所未發。」（《民國詩話叢編》第六册，第二二六～二二七頁）

⊙同治八年四月初七日

早飯後，自新城起行，四十里至北河打尖，即正月廿六記所稱，實近五十里也。楊海琴翰在此等候，與之久談。午初中飯後，又行三十里，至固安鎮打一茶尖。又行三十里，安肅縣住宿。在轎中，閱《古文》氣勢之屬。到店後小睡。燈後，燥熱殊不可耐。核批稿數件。二更三點睡，爲臭蟲所齧，不能成寐，因改白香山詩作二句云：「獨有臭蟲忘勢利，貴人頭上不曾饒。」

（岳麓書社《曾國藩全集·日記》第一六三三頁）

智按：「獨有臭蟲忘勢利，貴人頭上不曾饒」，當改自杜牧《送隱者一絕》「公道世間惟白髮，貴人頭上不曾饒」。

《求闕齋日記類鈔》

古來聖哲，胸懷極廣而可達天德者，約有四端。如篤恭修己而生睿智，程子之說也；至誠感神而致前知，子思之訓也；安貧樂道而潤身睟面，孔、顔、曾、孟之旨也；觀物閒吟而意適神恬，陶、白、蘇、陸之趣也。自恨少壯不知努力，老年常多悔懼，於古人心境不能領取一二，反覆尋思，歎喟無已。（辛未二月）（《求闕齋日記類鈔》卷上，清光緒二年傳忠書局刻本）

朱伯韓詩所詣，在韓、白之間。（甲辰十月）（《求闕齋日記類鈔》卷下，清光緒二年傳忠書局刻本）

智按：朱琦（一八〇三～一八六一），字濂甫，號伯韓。

閱《白香山集》。因近日胸襟鬱結不開，故思以陶、白、蘇、陸之詩，及張文端公之言解之也。（己巳五月）（《求闕齋日記類鈔》卷下，清光緒二年傳忠書局刻本）

智按：曾國藩，字伯涵，號滌生，又號求闕齋主人，湘鄉（今屬湖南）人。道光十八年（一八三八）進士，歷官檢討、侍讀、内閣學士，禮部、兵部侍郎、太常寺卿、湖北巡撫、兵部尚書、兩江總督、太子少保、協辦大學士、太子太傅、武英殿大學士、直隸總督，封一等毅勇侯。卒贈太傅，謚文正。以組建湘軍，鎮壓太平天国起義得清重用。重視採用外國軍火，主張「師夷智以造炮製船」。咸豐十一年（一八六一），設立安慶内軍械所。同治四年（一八六五）至五年，與李鴻章在上海創辦江南製造總局。又派遣學童赴美留學，爲清末興辦洋務事業首創。治學兼宗漢、宋，重經世致用。詩文兼工，論文於桐城派「義理、考據、辭章」之外，注入「經濟」作爲重點。古文創作繼桐城派之後，加以擴展，溯源經史，汲駢入散，奇偶互用，别衍爲湘鄉派。選編《經史百家雜鈔》、《古文四象》以樹立宗旨，並於文章、日記、家書中闡述其説。吴汝綸、張裕釗、黎庶昌、薛福成稱四大弟子，傳其衣缽。論詩受桐城詩派姚鼐影響，提倡黄庭堅詩，宗法江西派，又欲融李商隱詩於一爐，歸宿在於杜、韓。選編《十八家詩鈔》作爲正鵠，倡「機神」之説，發詩論家所未發。位高徒衆，爲晚清宋詩派先行者。詩文有《曾文正公詩文集》，另有家書、奏稿、日記等，收入《曾文正公全集》。《清史列傳》卷六五、《清史稿》卷四〇五有傳，事又見吴汝綸《曾文正公神道碑》、黎庶昌《曾文正公年譜》、杜就田《曾文正公年譜》。

顧文彬（一八一一～一八八九）

《過雲樓書畫記》

⊙文待詔曹君墓誌銘卷

小楷書，三十行，行二十三四字不等。首題涇南曹君墓志銘，結銜署前翰林院待詔將仕郎兼修國史長洲文徵明著。據志，曹君諱錙，字子堅，蘇之吳邑人，世居洞涇里之南，因號涇南生。曹氏自大城教諭瀚以來，傳業相仍，至按察僉事，鬲以進士起家，敭歷中外，錙，學諭公曾孫，按察公從子也。考鬲字元潔，成化進士，見《江西通志》，餘無考。衡山此志，亦不載於《甫田集》，然集中不載者，尚有陳以弘志銘，當時刻石留落乘鯉坊民家，民婦誤以褻器置其上，是夜寒熱譫語，若有物憑之者，責婦不當擅汙此石，民家大恐，移送西鄰禪興寺中，《堯峰文鈔》記其事。昔晏元獻見鄭文寶書，取白樂天語書其後曰：此詩在在處處，有神物護持。吾於衡山信之矣。（《過雲樓書畫記》卷四書類四，《續修四庫全書》影印清光緒刻本）

智按：顧文彬，字蔚如，號子山，晚號艮盦，過雲樓主，元和（今江蘇蘇州）人。道光二十一年（一八四一）進士，授刑部主事。咸豐四年（一八五四），擢福建司郎中。咸豐六年，補湖北漢陽知府，又擢武昌鹽法道。同治九年（一八七〇），授浙江寧紹道臺。自幼喜愛書畫，嫻於詩詞，尤以詞名。酷愛收藏，精於鑒別書畫，自唐宋元明清諸家名跡，力所能致者，靡不搜羅。著有《眉緑樓詞》八卷、《過雲樓書畫記》十卷、《過雲樓帖》。

葉名澧（一八一二～一八五九）

《秋日入直》

十五年來傍禁中，飽看秋色掖門東。流光尚覺鬚眉健，好景相將舊侶同。帽影參差瑤砌日，車聲馳逐玉河風。紫薇花下排徊久，敢效香山更喚翁（「紫薇花對紫薇郎」，「紫薇花對紫薇翁」，皆白香山句也）。（《敦夙好齋詩全集》續編卷七薇省二集七，《續修四庫全書》影印清光緒十六年葉兆綱刻本）

智按：葉名澧，字翰源，號潤臣，漢陽（今屬湖北武漢）人。道光十七年（一八三七）丁酉舉人，歷官内閣侍讀，改浙江候補道。有《敦夙好齋詩》。

魏燮均（一八一二～一八九〇？）

《讀小倉山房詩鈔》

才華筆氣兩縱横，不學香山格自成。絕代經綸甘小隱，一生風骨重多情。及時能享休官樂，未死先垂没世名。我讀公詩最相憶，每當開卷若逢迎。（畢寶魁《九梅村詩集校注》卷二，第二十九頁）

《暮春吴仲培枬孝廉載酒邀廣文趙海門先生並招袁甘泉布衣王矩園張枚齋簡兩茂才商文瀾廣源教習趙翊扉趙尚之兄弟與余共九人登龍首山看杏花同集慈清寺暢飲醉後率題僧壁（先生名文涵易水人司鐸吾邑）》

吴子攜榼登龍首，為看杏花招賓友。我本龍華會上人，亦從列子禦風走（是日大風）。春風似解吾輩游，一夜吹放山前後。早來三日尚未開，今朝儼入花之藪。群花歡喜若逢迎，樹樹精神其抖擻。不教名花笑人俗，才算韶光不孤負。海門先生意氣豪，大呼主人快羅酒。對此可傾千百杯，人生行樂况難久。少長排筵集僧廊，拇戰歡呼酌大斗。不管花前醉且顛，但願樽中旨且有。甘泉平生不善飲，亦復奪杯不放手。笑呼花神助我來，此酒莫輸他人口。連飛數十觥已酣，跣腳狂歌忘其醜。我辭觴政托逃禪，來卧花下聽風吼。風吹花香酒亦醒，回視諸君醉某某。金谷罰由石季倫，玉山頹倒淵明叟（海門已醉主人猶為進酒）。放誕直追竹林七，風流恰符香山九。可知人生會合緣，一觴一詠都非偶。俯仰江山成古今，誰是登臨名不朽。我今雖在少年場，花開花落倏黄耇。不識此後數千幾百年，有誰知我把酒看花否？（畢寶魁《九梅村詩集校注》卷三，第八十五頁）

《題李湘浦賞心齋詩卷》（其二）

一卷詩成集，平生能苦吟。風塵斯客少，寢饋古人深。絕調香山格，多情杜牧心。才華不可掩，終竟有知音。（畢寶魁《九梅村詩集校注》卷二十，第八〇三頁）

智按：魏燮均，初名昌泰，字子亨，號芷庭。因慕鄭板橋之為人，遂更名燮均，字伯柔，又字公隱，鐵民其別號也。幼時曾夢入九梅村探梅，又自號九梅居士。原籍河北昌黎，先世於康熙年間遷居鐵嶺。歲貢出身，終生未中舉。在海城、金州、岫岩、瀋陽幕府供職。有《九梅村詩集》、《香雪齋筆記》、《夢梅軒雜著》、《荒史紀聞》、《采遺集》、《嗣響唐音集》。

聶爾康（一八一三～一八七二）

《賦賦》

是為古詩之原，而即爲賦之所祖。厥後體裁一變，藻采紛披，聿啟四六之漸，居然《三百》之遺。楚泽摘其骚艷，漢京骋其偉詞，魏晋則千眠而縟繡，齊梁则駁遝以葳蕤。唐制科而愈嚴聲律，宋崇理而力黜華滋。雖源流之遞嬗，亦支派以分歧。莫不銁心鬬角，罄慮澄思，紛紜觸緒，要紹呈姿。是其體雖繁於賦，而其始则本於《詩》。觀夫攄情逐境，寫物因時，感均顽艷，與極淋漓。或沈酣而怫鬱，或俶詭而支離，或纏綿而諷諭，或矯厲以箴规，或忠臣孝子之悱愤，或武功文德之昭垂，或状都京之富庶，或誇山海之雄奇，或覶述乎飛潛動植，或燦陳乎禮樂威儀。大之則六合可極，細之亦一物不遺。凡所謂冲鬱標起慘淡雲屬者，無不可想像而得之。若夫挈瓶矜智，叩缶貽羞，侈瘁音而累體，託短韻而寡儔，務嘈囋而霏靡，習要眇而卑柔。清虚則雅而不艷，奔放則漂而不留。更或雕紅刻翠，鑿險縋幽，纖詞示巧，薄技思售，擬古者襲貌，逞奇者效尤。凡此皆不知賦之言附，有附庸之義，賦取乎敷，有敷佐之休，無惑乎受欺於拙目，而取病於庸流。我聖朝德邁軒黄，澤流䕶夏。奎章焕乎九重，聲教暨乎八野。以故蹟奮夔龍，香熏班馬，氣軼鄒枚，才淩屈賈。自芸館以迄芹宫，靡不文露涵濡，言泉傾瀉。（鴻寶齋主人編《賦海大觀》卷十，北京圖書館出版社，二〇〇七年七月影印上海鴻寶齋清光緒二十年石印本，第四册文學類・賦；《中華大典・文學典・文學理論分典續論》，鳳凰出版社，二〇〇八年十二月，第七六二頁）

智按：仿自白居易《賦賦》。

聶爾康，輩名有豫，榜名泰，號亦峰，湖南衡山人。道光二十六年（一八四六）中舉，咸豐三年（一八五三）進士，欽點翰林。散館，歷任廣東石城、新會、南海等地知縣。其子緝槼（一八五五～一九一一）娶曾國藩之女紀芬（一八五二～一九四二）。

劉熙載（一八一三～一八八一）

《藝概・詩概》

劉夢得詩稍近徑露，大抵骨勝於白，而韻遜於柳。要其名雋獨得之句，柳亦不能掩也。

尊老杜者病香山，謂其拙於紀事，寸步不移，猶恐失之，不及杜之注坡驀澗似也。至《唐書・白居易傳贊》引杜牧語，謂其詩纖豔不逞，非莊士雅人所為，流傳人間，交口教授，入人肌骨不可去。此文人相輕之言，未免失實。

智按：蘇轍《欒城三集》卷八《詩病五事》謂：「白樂天詩，詞甚工，然拙於紀事，寸步不遺，猶恐失之，此所以望老杜之藩垣而不及也。」

白香山《與元微之書》曰：「僕志在兼濟，行在獨善。奉而始終之則為道，言而發明之則為詩。謂之諷諭詩，兼濟之志也，謂之閒適詩，獨善之義也。」余謂詩莫貴於知道。觀香山之言，可見其或出或處，道無不在。

代匹夫匹婦語最難，蓋饑寒勞困之苦，雖告人人且不知，知之必物我無間者也。杜少陵、元次山、白香山不但如身入閭閻，目擊其事，直與疾病之在身者無異，頌其詩，顧可不知其人乎？

常語易，奇語難，此詩之初關也。奇語易，常語難，此詩之重關也。香山用常得奇，此境良非易到。

白香山樂府與張文昌、王仲初同為自出新意，其不同者在此平曠而彼峭窄耳。

宋王元之詩自謂樂天後進，楊大年、劉子儀學義山為西崑體，格雖不高，五代以來，未能有其安雅。（王國安標點本《藝概》卷一，第六四～六五頁）

詩能於易處見工，便覺親切有味。白香山、陸放翁擅場在此。（王國安標點本《藝概》卷一，第六九頁）

古題樂府要超，新題樂府要穩。如太白可謂超，香山可謂穩。（王國安標點本《藝概》卷一，第七六頁）

《藝概·詞曲概》

詞品喻諸詩，東坡、稼軒，李杜也。耆卿，香山也。夢窗，義山也。白石、玉田，大曆十子也。其有似韋蘇州者，張子野當之。（王國安標點本《藝概》卷四，第一一三頁）

智按：劉熙載，字伯簡，號融齋，晚號寤崖子，江蘇興化人。道光二十四年（一八四四）進士，官至左春坊左中允、廣東學政。後主講上海龍門書院多年。有《昨非集》、《藝概》。

汪曰楨（一八一三～一八八一）

《寄秋憶》

次君與我締交深，倜儻風流夙所欽。名姓薦還遲狗監，文章價早重雞林。

談天玉屑聞雄辯，擲地金聲賦短吟。何日攜將小蠻去（白香山句：「還攜小蠻去，試覓老劉看。」謂酒榼也），樽前重聽伯牙琴。（《玉鑒堂詩集》卷一，《續修四庫全書》影印民國十年劉氏嘉業堂刻吳興叢書本）

《虎邱謁白公祠次銅士韻》

虎阜崔嵬積翠浮，唐賢祠宇至今留。村翁潔祀桐鄉社，太守清名鬱石舟。酒國詩城羈五馬，山光帆影眩雙眸（祠旁有山光帆影閣，登眺頗勝）。落燈風裏生朝近，嘈雜神絃祝麥邱。（《玉鑒堂詩集》卷三，《續修四庫全書》影印民國十年劉氏嘉業堂刻吳興叢書本）

智按：汪曰楨，字仲維，一字剛木，號謝城，又號薪甫，烏程（今浙江湖州）人。咸豐二年（一八五二）壬子舉人，官會稽教諭。有《玉鑒堂詩集》、《櫟寄詩存》。

秦焕（一八一三～一八九二）

《寄暢園九老説》

乾隆十六年辛未，翠華南幸，駐彈寄暢園，慕廬公孝然率兄弟子姪年六十以上者九人，於園門外迎駕。御製詩有「近族九人年六百，耆英高會勝香山」之句，公等皆恭和，進呈寄暢園九老，一時傳為盛事。九老者，一慕廬公孝然，時九十歲；二□庵公實然，時八十七歲；三真齋公敬然，時八十五歲；四素村公榮然，時七十五歲；五蓉溪公壽然，時六十六歲；六寄園公芝田，時七十六歲；七耐圃公瑞熙，時六十歲；八待軒公莘田，時六十歲；九約齋公東田，時六十二歲。合九人數之共計六百六十五歲。……（秦毓鈞輯《錫山秦氏文鈔》卷九，第三十九～四十葉，民國十九年詠烈堂鉛印本）

智按：乾隆十六年（一七五一），乾隆南巡，駐駕錫山秦氏寄暢園，秦孝然率兄弟子姪年六十以上者九人，於園門外迎駕，乾隆親為制詩褒獎，詩中有「近族九人年六百，耆英高會勝香山」之句，各人俱有和詩，載於《錫山秦氏詩鈔》。

《漫興》

飽經世故喜吟哦，自覺新詩日漸多。羅幕陰中飛悄悄，樹林深處叫哥哥。句摹白傅嶔崎少，格學放翁恬俗多。我亦自知人笑我，力求雅飭韻平和。(《水竹軒詩鈔》卷一摩燕集，民國十六年中華書局排印本，第九葉)

智按：秦煥，原名熙，字笠亭，號輯篁，無錫城中人。道光十八年（一八三八）戊戌秀才，廩貢生，官句容縣訓導。生平篤嗜性理之書，為學以躬行實踐為主。學生感化，敦行力學，鄉里尊憚之。手輯《我師録》三卷，時時誦覽，作為座右銘。有《水竹軒詩鈔》六卷，民國十六年（一九二七）中華書局排印本。

何慶釗（？～一八九二）

《光緒宿州志》

武里山，距城七十五里，高里半，南北長二里，在閔賢集。山下有武里村，地甚清幽。唐白香山嘗游此。俗作五柳，誤。(《光緒宿州志》卷三「輿地志·山川」)

智按：武里山誤為五柳山，是因為當地人誤把漢末徐州牧陶謙錯當作晉末五柳先生陶淵明。《宿州志》「辨證門」：「宿州北境有武里村，又有武里山，相傳唐時有五里先生居此而名。其西北蕭（按：即蕭縣）境，有陶墟，乃漢末徐州牧陶謙遺跡也。土人誤為陶淵明所居。舊志因以武里村為五柳村，以武里山側古丘為五柳先生墓，尤誤。淵明隱居柴桑，去宿殊遠，一生足跡，何曾至此耶?」

劉翕習，苻離人，住城内北巷。性孤介，善屬文，與同縣二張二賈為知名士，時稱「苻離五子」。太原白居易攜弟敏中游楚、宋時，寓苻離東林草堂，相友善。嘗秋夜聯句，泛陴湖，游武里諸山。白公應制西行，賦三十韻詩送之。登貞元初進士，出為岐陽主簿，位不稱才，鬱鬱辭官去，有《秦中行路吟》一篇寄白公，歸隱於縣之北武里前，不復仕。(《光緒宿州志》卷十八《人物志》二「儒林」)

智按：光緒十五年（一八八九）刻本《光緒宿州志》，見《中國方志叢書》「安徽省·宿州志」，臺灣成文出版社有限公司，一九八五年三月臺一版，第一三一三頁；《中國地方誌集成》安徽府縣誌輯（二八），江蘇古籍出版社，一九九八年四月，第三二八頁。參見周楞伽《白居易的早年生活與「符離五子詩」》，《西北大學學報》一九八〇年第一期，第二十九頁；《中國古代、近代文學研究（人大複印報刊資料）》一九八〇年第六期，第十九頁。劉翕習、張美退、賈握中之名，皆為杜撰，亦承《道光宿州志》之誤，詳見「蘇元璐」後拙按。

何慶釗，字敬甫，廩貢生，河南固始人。歷署安徽壽州、東流、來安、渦陽等縣知縣及廬州府事。光緒三年（一八七七）改署宿州知州，逾年補授。在宿十二年，興修文廟，恢復書院，備倉儲、賑水災、除蝗害，提倡設水龍會防火災，設牛痘局、因利局、善堂等。又建考棚，捐資修相山廟、南關玉皇廟、城牆，重建四城門戍樓。十四年補廣德直隸州知州。光緒十五年，主持重修《宿州志》。

李成謀（？～一八九二）等

《石鐘山志》

白居易字樂天，其先太原人，徙居下邽。貶江州司馬時，由彭蠡湖晚歸，暨游石門，均有詩。(《唐書》載，居易敏悟工文章，未冠，謁顧況，況曰：「吾謂斯文遂絕，今復得子矣。」貞元中，擢進士，補校書郎。元和元年，召入翰林為學士，遷左拾遺。四年旱，居易建言乞盡免江淮賦，以救流瘠，且多出宮人。憲宗頗采納。累官拜左贊善大夫。是時盜殺武元衡，居易首上疏，請急捕賊，刷朝廷恥，宰相嫌其出位，不悦，貶江州司馬。既失志，能順適所遇，託浮屠生死說，若忘形骸者。久之，徙忠州刺史。歷官太子少傅，會昌初，以刑部尚書致仕，卒，贈尚書右僕射，江州人為立祠。)(《石鐘山志》

卷五遊覽，《四庫未收書輯刊》影印清光緒九年聽濤眺雨軒刻本，史部第一輯第二八册，第二七七頁）

智按：李成謀，字與吾，湖南芷江人。咸豐四年，投效水師充哨長。八年，擢福建漳州鎮總兵。同治五年，署福建水師提督，尋實授。光緒二年，丁母憂，奪情留任。兩江總督曾國荃奏請江南兵輪悉歸成謀統轄。十六年，萬壽推恩，加太子少保。十八年，以病乞歸，尋卒。謚勇恪。明王恕（字尚忠，湖口人，景泰甲戌（一四五四）進士，官至廣東布政司參議）亦有《石鐘山志》八卷。

史夢蘭（一八一三～一八九九）

《諺語樂府》

近閱崔念堂詩草，見其中有諺語樂府四章，首句俱用諺語引起，語含勸戒，斯能於白樂天《新樂府》外，獨開生面者，因效其體。

好事不如無，芝草當門終必除。多事奚如無事好，世本無事人自擾。人生自有當為事，無事覓事彼何意。

弄巧反成拙，巧亦胡可弄。自智而愚人，請君還入甕。巧拙天所生，弄巧天所憎。人心固巧天更巧，弄巧成拙徒自惱。

閒時置，忙時用，未雨徹桑須鄭重。忙時用，閒時棄，過河拆橋如兒戲。閒時棄，忙時忙，臨渴掘井徒張皇。

澆花澆根，交人交心。吁何為乎，世人結交須黃金。

看人三雙眼，見人不見己。不知己一身，常有十目視。十目視，十手指。君不見，千人所指無病死。

賣獃買獃，售主不來。有獃不買，自謂不獃。有獃必賣，亦是眞獃。賣獃賣獃，還我獃來。（《爾爾書屋詩草》卷二七言古，《續修四庫全書》影印清光緒元年止園刻本光緒元年止園刻本，第一五四一册，第三九一頁）

《盧龍司諭郝君七袠晉五壽序（代）》

間嘗觀一鄉一邑之間，其以簪纓繼世，詩禮傳家，蟬嫣似續不絕者，往往而有獨至。於壽則修短有數，授之自天，父不得傳之於子，兄不得廕諸其弟，此亦事之無如何也。余自同治某年，備員永平，於同城寮屬中，得耆壽四人焉：曰防禦某君，教授梁君，盧龍教諭郝君，訓導廉君，皆年踰七旬，精神矍鑠。余嘗以四老呼之，而其中年最高、德最劭、體最健者，尤推郝先生爲祭酒。先生三河人，由恩貢生秉鐸於此，詢其家世，則科名林立，通籍於朝者纍纍也，誠可謂簪纓繼世，詩禮傳家矣。而其曾王父□□公壽九十有二，皇考文學□□公壽八十有二，嘉慶丙辰與千叟宴，悊兄選貢□□公壽九十有三，耄耋相永，進而益上，亦若以壽耇世其家者。今先生七十加五，正徐陵對北使所稱小如來五歲，大孔子三年者也，髪漆顏童，孫曾繞膝，手不扶杖，行步如飛，將百歲不足以限之，何其得天獨厚耶！昔香山居士爲九老之會，以年裁七十，厠之末座，降此而耆英，而真率，在宋室名臣，累舉於洛中者，長不過七十，次裁六十贏耳。至吴興六老之會，則慶歷六年，集於南國，其人爲郎簡、范鋭、張維、劉餘慶、周守中、吴琰，時太守馬尋主之，而不與六人之數。余今以甲子甫周之年，得與四老相周旋，其爲太守也，與馬尋同，而年過之，方將序齒，爲平山五老會，以踵武於九老六老之後，亦一時佳話。是歲某月某日，爲先生覽揆之辰，稱兕於庭者，請余言爲壽，因書此贈之。若夫一門壽耇，索耦喬松，乃先生家世所固有，且素精醫術，其以壽人者，壽已壽益無量，又何待余之善頌善禱哉。（《爾爾書屋文鈔》卷上，《續修四庫全書》影印清光緒十七年止園刻本）

《全史宮詞》

唐宗事要不停披，聲律篇章擅妙思（一作計）。帳外分排南北面，侍臣同譯白家詩（一作白詩句）。

【契丹國志・聖宗紀】帝好讀《貞觀事要》，又親以契丹字譯白居易《諷諫詩》，召番臣等讀之。【又】律吕音聲，特所精妙，又喜吟詩。【又】番臣謂之「北面」，以其在牙帳之北，以主番事。漢臣謂之「南面」，以其在牙帳之南，以主漢事。（《全史宮詞》卷十八，《四庫未收書輯刊》影印清咸豐六年刻本）

《止園筆談》

惑於風水之説者，每欲借親之骸骨，以求富貴。夫葬親，禮也。借親之骸骨，以求富貴者，非禮也。馬東園別駕有《堪輿歌》一篇云：「堪輿歌，歌為誰？欲歌未歌雙淚垂。東家有翁疾亟時，丁甯反覆囑其兒。我死若欲我心慰，慎勿將我求富貴。但得片土足藏棺，風水之說甚無謂。我生願汝得百金，朝朝禱祝汝仍貧。生前心志已如此，黃土白骨豈有神。嗚呼翁語一何通，世人盡在夢夢中。祖山不葬葬風水，忍棄親骨如蒿蓬。作為此歌示人子，得不哀悚心忡忡。嗚呼！得不哀悚心忡忡。」詞雖不佳，實白太傅《新樂府》之嗣音也。（《止園筆談》卷一，《續修四庫全書》影印清光緒四年刻本）

智按：參見謝堃《春草堂詩話》卷二。

九江潯陽江琵琶亭，題詠甚多。乾隆中，唐蝸寄英權九江，置紙筆於亭上，令過客賦詩，開列姓名，交關吏投進。唐讀其詩分高下以酬之，投贈無虛日。坐是虧累變產以償，怡然絕不介意。去官後，過客思之，為建白太傅祠，肖唐像，祀其旁。（《止園筆談》卷二，《續修四庫全書》影印清光緒四年刻本）

智按：參見《兩般秋雨盦隨筆》卷六（莊葳點校本，第二九三頁）。

宋方勺《泊宅編》云：韓退之多悲詩，三百六十，言哭泣者三十首，白樂天多樂詩，二千八百，言飲酒者九百首。（《止園筆談》卷四，《續修四庫全書》影印清光緒四年刻本）

魯昭公娶於吳為同姓，孔子答陳司敗之問曰：知禮蓋為君諱也。晉獻公惑驪姬之譖，申生曰君安驪姬，蓋為父隱也。唐天寶之亂兆於楊貴妃，杜子美身罹其禍，《北征》詩止曰「不聞夏殷衰，中自誅褒妲」，《哀江頭》詩雖稍述其事而惻然，有《黍離》閔周之意，至白樂天《長恨歌》、元微之《連昌宮詞》直播其惡於衆，略無忌憚。（《止園筆談》卷四，《續修四庫全書》影印清光緒四年刻本）

《蔡寬夫詩話》：白樂天晚年愛李義山詩，曰我死得為爾子足矣。義山生子，遂以白老名之。長，略無文性。顧黃公《白茅堂集》有《戲題李義山遺事》詩云：「死生如臂屈伸間，安得人人識舊鐶。總是文人癡不了，義山生子認香山。」

即指此。(《止園筆談》卷五,《續修四庫全書》影印清光緒四年刻本)

智按:顧黄公,即顧景星(一六二一～一六八七),其《戲題李義山遺事》見《白茅堂集》卷二十(《四庫全書存目叢書》影印清康熙間刻本)。

余曩刻《永平詩存》,求吾邑李西園方伯詩,不可得,僅登五古一首。後閲《江西通志》,見其《題琵琶亭即用香山原韻》一篇,蓋旬宣豫章時所作也。因補録於此。其詩云:「江州司馬玉堂客,富貴平生未蕭瑟。緑油湖裏載畫船,綺羅二八鳴朱絃。一朝謫官帝京別,湓浦江頭對秋月。地僻那聞絲管聲,麗情欲寄無由發。銀龍行酒餞客誰,停舟脈脈如有遲。皓月空江渺何見,把盞無歡不成宴。酒闌風荻響蕭騷,吹送琵琶來水面。伊誰操者京國聲,初聞此調不勝情。欲從捍撥發幽思,更假霓裳潑愁志。寧嫛展手不辭彈,還訴中心可憐事。曲終調改妙指挑,哀音微激初絃幺。司馬酸心淚如雨,四座悲來悄無語。此曲那堪復再彈,雙憐玉筋垂銀盤。江楓葉葉寒聲駛,如吟水龍淒碧灘。玉顔妙技兩奇絶,彈指繁華已消歇。遷客竭來悵恨生,年復年兮無此聲。茫茫今夕百感集,何啻鵑血猿秋鳴。贈君長句句如畫,六百十字當縑帛。娥眉無復五陵歡,淪落一同尊前白。惟昔司馬元和中,芙蓉為佩清輝容。吟詩可頷老嫗女,託身每在蓬萊住。五言一篇傳新聲,仙韻長乞教坊部。行吟忽製楚平衣,上書又遭漢相妬。有唐詞人惜外遷,謫居如公未易數。乞身强健更蚤休,山水園林絶塵汙。不將出處異高懷,寧為升沈改常度。何來軒車淹此邦,頓覺襟情已非故。丈夫不為兒女泣,肯濕青衫對商婦。佐郡雖卑亦足為,人生寵榮有來去。官況琴書鶴一船,我愛此語冰玉寒。曠懷不起遷謫思,隔船思婦誰能干?我讀此謌深太息,不為鳳鳴蛩唧唧。樂天自許達者人,如此悼傷豈達識。五柳高風世莫京,柴桑近接潯陽城。巾車載酒得深樂,撫琴要識無絃聲。東坡居士南荒老,但誇觀海絶平生。大篇流傳寫肺腑,金石聲破蟋蟀鳴。江州二歲亦偶爾,豈似此老頻顛傾。還朝旋已歷清要,尚説南中不願聽。只今亭子江之滸,琵琶故蹟猶分明。登臨懷古各有意,不惜再和琵琶行。達人自古皆有立,輔時澤物乃其職。官守何分崇與卑,一夫無使向隅泣。亭子淒涼何所遺,嶒崚古碑苔紋濕。」(《止園筆談》卷六,《續修四

庫全書》影印清光緒四年刻本）

韋昭曰：凡數三分有二曰大半，有一分曰少半，大半亦曰强半，亦曰太半。又《枚乘傳》：尚得十半。為十分中可冀五分也。白香山詩「家釀唯殘輭，半瓶猶小半」也，十半輭，半字甚新。（《止園筆談》卷八，《續修四庫全書》影印清光緒四年刻本）

《金華子》：有舉子能為詩，每通名刺，云鄉貢進士黄居難，字樂地。欲比白居易字樂天也。此與李白、李赤之事相類。（《止園筆談》卷八，《續修四庫全書》影印清光緒四年刻本）

《詩》三百篇，有正有變，後人學焉，而各得其性之所近。楚騷之幽怨，少陵之憂愁，太白之飄豔，昌黎、玉川之奇詭，東野、閬仙之寒儉，從乎變者也。陶靖節以下，至於王昌齡、王維、孟浩然、高適、岑參、韋應物、儲光羲、錢起輩，俱發言和易，近乎正者也。白居易以和易享遐齡，長吉以瑰詭而致夭折。《記》曰：和故百物不失，冬寒故景短，夏酷烈而秋悲，春日遲遲，信可樂也。知此，可與言詩矣。（《止園筆談》卷八，《續修四庫全書》影印清光緒四年刻本）

智按：史夢蘭，字香崖，樂亭（今屬河北）人。道光庚子（一八四〇）舉人，官朝城知縣，加四品卿銜。有《爾爾書屋詩草》。

鄭績（一八一三～一八七四）

《夢幻居畫學簡明》

⊙論肖品

凡寫故實，須細思其人其事始末如何，如身入其境，目擊耳聞一般，寫其人不徒寫其貌，要肖其品。何謂肖品？繪出古人平素性情品質也。嘗見《磻谿垂釣圖》，寫一老漁翁，面目手足，簑笠釣竿，無一非漁者所為，其衣摺樹石，頗有筆意。惜其但能寫老漁，不能寫子牙之為漁蓋。子牙抱負王佐之才，於時未遇，隱釣磻溪，非泛泛漁翁可比，即戴笠持竿，仍不失為宰輔器宇也。豈寫肖漁翁便肖子牙耶？推之寫買臣負薪，張良進履，寫武侯如見韜畧，寫太白則顯有風流，陶彭澤傲骨清風，白樂天醉吟灑脱，皆寓此意，倘不明此意，縱錬成鐵鑄之筆力，描出生活之神情，究竟與鬬犁匠無異耳。肖品工夫，切須講究。（《夢幻居畫學簡明》卷二，《續修四庫全書》影印清同治三年刻本）

智按：鄭績，字紀常，號戇士，別署夢香園叟，廣東新會人。能書工詩，擅繪畫兼習醫術。晚年隱居廣州越秀山南麓，園曰夢香，居曰夢幻樓、夢寄。著有《論畫》、《夢幻居畫學簡明》、《夢香園剩草》等。

王慶勛（一八一四～一八六七）

《白公祠》

斟酌橋邊景最幽，香山遺愛至今留。蘋蘩合作詩人供，風月曾隨刺史遊。竹葉影摇三徑暮，桂花香動一庭秋。不須重灑青衫淚，夜夜琵琶满客舟。（《詒安堂詩稿》初稿卷二曙海樓詩下，《續修四庫全書》影印清咸豐三年刻五年增修本）

《同胡藹堂丈遊醉白池》

萬樹梅花萬古春（四面皆種梅），當年勝跡幸重新。徑中黄葉堆成路，籬外青山遠有神。千載綱常留正氣（地爲夏忠節公殉節處），前朝詞賦重名人（地本幾社遺址）。西風吹盡英雄淚，碧血猶聞閃野燐。（《詒安堂詩稿》初稿卷五寄深寫遠齋上卷，《續修四庫全書》影印清咸豐三年刻五年增修本）

《聽程靄亭彈琵琶》

大絃嘈雜小絃清，字字能挑旅客情。流盡潯陽江上水，何時才謝別離聲。（《詒安堂詩稿》二集卷三葦杭集上，《續修四庫全書》影印清咸豐三年刻五年增修本）

《題蘇種白丈（壽榆）遺詩後》

一面緣慳亦可悲，但將蹤迹付相思。緑楊城郭還如畫，腸斷漁洋七字詩。（丈客死邗江）

徹夜高吟不肯眠，美人香草意纏綿。轉嫌筆墨多情甚，補到閨房五色天。

不學香山愛放翁，任他初白振宗風。芬芳悱惻移人處，此事終須讓太鴻。（丈論近時詩人，以厲樊榭爲最）

朗吟挑遍一燈青，字字都能寫性靈。我比侯芭真有媿，未曾親到子雲亭。（《詒安堂詩稿》二集卷六蘭言室集下，《續修四庫全書》影印清咸豐三年刻五年增修本）

《沁園春》

伯英歸自西湖，謂山色湖光，輒勞夢寐，讀白香山詩，彌覺心不能忘也，因次其見贈韻。

話到西泠，百五韶光，恰逢好時。看花團紅白，香凝客夢，波圍浩渺，緑醮吟髭。三竺雲濃，六橋柳嫩，收入青蓮碧月詞。休歸去，怕黄塵紫陌，日逐奔馳。　高峯瘦塔參差。更蘋鏡摢開櫓一枝。倘飛來峯下，開成蔣徑，冷泉亭畔，結箇陶籬。飲酒絃詩，命儔嘯侣，此福能消問阿誰。吾還恐，恐湖頭西子，嬾畫蛾眉。（《詒安堂詩餘》，《續修四庫全書》影印清咸豐三年刻五年增修本）

智按：王慶勛，字叔彝，一字菽畦，上海人。嘉、道間附貢，道光二十六年（一八四六）举人。官岩州知府，以浙江候補道權嚴州（今建德）知府，卒於任。工詩能書。有《詒安堂詩餘》一卷、《沿波舫詞》一卷、《廬洲漁唱》一卷、《梅嶂樵吟》一卷。事迹見《感逝集》（一名《蜕翁所見詩録》）及《海上墨林》等。

徐時棟（一八一四～一八七三）

《明月升中天　有序》

明月升中天，為孝女陳淑姑作也。始余銘孝女墓，論次大節而事不詳。既葬孝女，念其父母草殯荒野中，疾風烈日九原之下，必有灑灑然涕泣者，乃遷殯與孝女同葬施家園。其後余復為之投牒有司，備聞於朝，得旌如例。於是其父友鍾雲扉屬余為詩，聲之歌者多矣，語焉不備，恐無以表揚其事，因拉雜綴，取古樂府，得一千八十言，用韻九十二，重韻十六，長言詠歎，使採風者有徵焉。

明月升中天，照見陳家廬。陳家有好女，宛如秦羅敷。生少多病痛，災難常崎嶇。阿爺與阿母，日日求醫巫。太湖深浩渺，泰山高模糊。爺德比泰山，母恩比太湖。頭上盤桓髻，耳中錯落珠。青絹為下裙，緑綈為上襦。二十尚不足，十五頗有餘。顏色何窈窕，十八未有夫。阿母看阿女，心中大歡愉。我有三女兒，此女眞掌珠。有時女嬌泣，母心難展舒。有時女歡笑，母力良拮据。女身日長大，母身日槁枯。皆以育此女，使母病秏軀。此女心弗忍，切切禱東廚。朝起看粥甌，暮起守藥鑪。膏肓二豎子，力弱不能驅。鄰姥訪阿母，言此病難除。人肉得療之，藥餌安所需。阿女聞姥言，向姥持其袪。人肉那得有，使我母病紓。姥言那得有，但割身上腴。此事大不易，相問意何如。鄰姥出門去，女心如轉樞。三夜眼不合，三日葷不茹。杳杳黄昏後，寂寂人定初。霍霍磨膾刀，婷婷下階除。焚香下身拜，鋪地紅氊毹。叩頭告鬼神，姥言定弗誣。但願母病愈，何論獄賤軀。挽我頭上髻，脱我耳中珠。束我腰間裙，解我身上襦。青布夾臂肉，突起柔肌膚。纖手握膾刀，口齩柔肌膚。劃然一刀割，鮮血濺衣裾。鮮血流不止，女命忽已殊。明月何皎皎，照見陳家姝。鮮血亦頓止，女身亦頓蘇。取肉和藥中，煑之盈一盂。姊妹怪相問，謂我容顏臞。但問不相應，屢問仍囁嚅。阿爺得知之，低頭捋髭鬚。阿母得知之，淚落如貫珠。鄰姥得知之，贊歎當街衢。阿母竟不起，女心如刀刳。仰頭呼鬼神，姥言亦已誣。抱尸卧三日，日日淚沾濡。姊妹勸牀頭，皆言此女迂。時日大吉利，殯母傍城郛。此女不肯送，願為守家奴。弗忍見阿母，獨卧荒邱墟。姊妹送殯去，小弟泣呱呱。日暮歸去來，執手相欷歔。阿女看姊妹，為言勿欷歔。母女三四人，日夜同房居。各各還家門，誰知阿母孤。哭聲如雷鳴，不到黄泉途。行當視阿母，兒命亦區區。阿爺得知之，搔首三躊躇。含淚向女言，何勿忍須臾。汝少多病痛，災難常崎嶇。阿爺與阿母，日日求醫巫。幸得身長大，竟死亦何辜。我身已衰老，我有兒方雛。奄忽舍我去，誰當為歡娱。汝心一何忍，汝意一何愚。含淚應阿父，兒自有良圖。兒心亦非忍，兒意亦非愚。回頭語姊妹，為我立斯須。我有雙絲履，赤繶紃青絇。得以取著之，勿言作手麤。移我妝鏡臺，取出牙骨梳。開我黄竹箱，取出絲衣袽。一一得用之，勿言脂膩污。可憐阿弟小，毋使人揶揄。姊妹泣相勸，汝言何齟齬。阿母既已去，不見爺長吁。汝當事阿母，阿爺誰當扶。含淚應姊妹，我自有良圖。阿母亦當事，阿爺亦當扶。阿母為我死，我當與母俱。姊妹防閑之，一夜忽稍疏。仰藥畢微命，此女竟長徂。鄰姥得聞之，拍手相叫呼。有女從死母，今世所弗如。姑得語其婦，夫得告其孥。母得訓其女，嫂得傳其姑。里中有梗子，巷口有老儒。賣買荷擔人，以至士大夫。皆言此女好，弗忘母勞劬。有人美此事，歷歷皆陳臚。貧賤有此女，號為陳淑姑。狀牒畫花押，縣官堂上趨。縣官得聞之，火速傳吏胥。事隔十八年，此事信有諸。吏胥報縣官，已悉事不虛。朱印鈐官封，驛吏遞文書。所賴今天子，旌表女門閭。借問女安居，乃在鄞中都。借問女安葬，乃在城西隅。施家花園中，女墳新築鋤。墳上何所有，大樹三四株。樹上何所有，巢棲雙慈烏。小烏繞樹飛，雙烏方待餔。明月照烏巢，夜夜啼菰蘆。寄言後世人，父母無人無。

陳子相曰：摹古如初寫黄庭，已到恰好地位。然嫌未脱蹊徑。

又曰：此吾鄉美事，正當存冠全集。

烏釀仙曰：割臂一段，狀難狀之狀，正於細碎處見長。末段風人之旨。

董覺軒曰：蒼涼悲婉，曲折淋漓，當與胡石笥、李三行抗手。

又曰：里中梗子數語，似是閒筆，而實古樂府神妙處，非淺人所能解也。

郭恬士曰：雖復橅《東南孔雀》，而灝氣旁魄，上乎無上，下乎無下，迥非何李諸公所能方駕者也。

童曰：拉拉雜雜，卻整整徐徐，痛快淋漓，明白了當，如見其事，如聞其聲，化工之筆也。（《烟嶼樓詩集》卷一擬新樂府上，《續修四庫全書》影印清同治七年葉鴻年刻本，第一五四二册，第九八～九九頁）

《八月湖水平有序》

八月湖水平，哀鄞令王青甫鼎勲也。辛丑八月，城陷於西夷。是月晦日，令將殉難月湖，既而不果。湖在吾家門外，家人親見之。夫殉之而不果，其事無足道也。然而是役也，令君其碩果也。其事可惜，而其志抑可哀也。故為新樂府以存其人也。

八月湖水平，九月湖水青。朝看湖水流，夜聽湖水鳴。湖水亦不濁，湖水亦不清。（一解）朝看湖水流，水流湖西頭。夜聽湖水鳴，水鳴聲悠悠。腥風起，湖波咽。將軍亡，危城失。太守去，縣官出。（二解）可憐縣官出縣衙，住無縣，歸無家。身上藍絲袍，足下烏皮韡。出門四望天地昏，但見百姓攜持保抱，東竄而西奔。（三解）前日拉雜轎馬箱篋出門走，是縣官，賓與友。昨日拉雜轎馬箱篋出門走，是縣官，子與婦。前日之日，賓客長揖別而去，縣官點頭不能語。昨日之日，妻孥再拜哭而去，縣官頓足淚如雨。（四解）不知今日更何日，飛礟如雷破巖邑。縣官不能爭縣城，豈能眼看西夷入。縣官誓不生，乃有奴子長跪而悲鳴。縣官怒，奴子哀。縣官出，奴子躑躅隨之來。（五解）縣官來湖邊，與奴子喃喃。不知其何言，忽見縣官跳身投清泉。吁嗟縣官死，縣官與湖水，兩兩千萬年。（六解）八月湖水平，九月湖水緑。縣官入湖水，奴子仰天哭。湖邊父老哀死別，太息無語心痛切。忽見奴子大號入水而負縣官出，縣官欲絕不得絕，縣官大怒，手擊奴子破頭流血。（七解）縣官轉身，重入湖流。噫嘻死亦大難事。縣官入水既沈而忽浮，於是奴子重負縣官出而救之湖頭。嗟嗟奴子爾，與縣官是何仇讐。此時縣官已不能言語，但聞聲啾啾。（八解）吁嗟乎！月湖之水兮，不可以濯纓。縣官既來兮，使我湖水清更清。（九解）吁嗟乎！月湖之水兮，不可以濯足。縣官既去兮，使我湖水濁更濁。（十解）

烏曰：此時縣官已不能言語，但聞聲啾啾。正為縣官出脱，以坐實奴子姑息之罪。

董曰：末二解首尾相應，所謂詠歎淫佚以出之者。

童曰：縱筆寫去，時露鋒鋩，妙在有起伏照應。故讀後二解，乃知一解不濁不清之妙。（《烟嶼樓詩集》卷一擬新樂府上，《續修四庫全書》影印清同治七年葉鴻年刻本，第一五四二册，第九九～一〇〇頁）

《臨高臺有序》

守署大門外，左右各有高臺，所以懸法者也。西夷既入郡城，其酋據署居之。有所謂郭爺者，日高坐左臺上理詞訟，而竟有紛紛愬冤抑者。或曰：郭本華種，廣東人與夷婦苟合而生者也。

臨高臺，郭爺來。爾有事，覶縷開。枉事為爾超白，難事為爾安排。口通華語，眼識華字，郭爺眞奇才。（一解）大事一牛，小事一雞，為爾判斷筆如飛，南山可動，此案不可移。（二解）臺上肅肅，臺下簇簇。衙無胥，案無牘。自來官府斷事，不如郭爺速。（三解）臺下邊，呼奇冤。不知何來男子，到家横索錢。郭爺聞之更不言，攜杖下臺走蹁躚，俄頃牽來縛臺前。袒其背，五十鞭。呼冤人，心喜歡，歸家縛得雙雞獻青天。（四解）有時郭爺獨自坐，臺邊看者繁且夥。忽見郭爺取紙親擘撦，磨墨舐筆亂塗寫。中言大官太欺我，燒我奇貨千百舸。許我白銀不肯償，但乞一半終不可。使我今日至此，誰賈禍?將紙挂臺下，須至告白者。有人在旁誦讀之，更借紙筆抄其詞。郭爺見此笑嘻嘻，懷中出麥餅，勸爾試嘗之。（五解）郭爺來，臨高臺。有事無事，日日人擠挨。昨日野老一過衙前街，歸家歎息心悲哀，我有長官安在哉。（六解）

童曰：第五解直截寫來，毫無做作，誰能有此筆力。

烏曰：此等詩為吾鄉時事攸關，作者胸中鬱勃之氣，借題發洩，其文則信史，其聲則天籟，故愈拉雜，愈痛快。但於字句中賞其新奇，猶皮相也。

陳曰：以下三詩，所謂老嫗都解者也。每至圖窮匕首見，覺文士筆端之可畏如是如是。

郭曰：以下六詩，淋漓痛快，據事直書，是正平罵，是皋羽哭，詩史也。（《烟嶼樓詩集》卷一擬新樂府上，《續修四庫全書》影印清同治七年葉鴻年刻本，第一五四二册，第一〇〇～一〇一頁）

《鬼頭謠有序》

□丑八月，西夷據郡城，明年四月去之，則偷兒夜竊，鬼頭之力也。其術奇幻不測，已詳余所為《偷頭記》中。作《鬼頭謠》。

鬼頭來，營門開。收奇貨，大官坐。黑鬼小，白鬼大。不論斤，但論个。（一解）大官眼力精復精，鬼頭黑白何分明。為爾判價平且直，爾亦不用作僞巧裝飾。二十千，鬼頭黑，四十千，鬼頭白。（二解）城外偷兒紛如麻，得錢日日眠酒家。跛躞進城去，白日西山斜。同術不同巧，各自為生涯。（三解）營門開，鬼頭來。鬼頭紛紛落如雨，偷兒作客官作主。鬼頭个个入功簿，偷兒作商官作賈。主客喜歡，鬼子氣苦。白日西山斜，郎當出城去。買頭主人，還來城中，高坐作官府。（四解）

童曰：偷頭卻用虛寫，以文集中已有一篇光怪陸離記事文在也。（《烟嶼樓詩集》卷一擬新樂府上，《續修四庫全書》影印清同治七年葉鴻年刻本，第一五四二册，第一〇一頁）

《乞兒曲有序》

西夷據郡城，積七八月。郡中乞兒益窮餓，於是紛起向夷人索錢米，由城逮鄉村，洎旁郡他縣與餘姚，流丐之向在郡乞食者，男婦雜沓攜持，保抱入城中呼號啼笑，日益衆多，至於數千，此時夷方以偷兒有戒心，見此愈驚恐，疑中國有陰謀，將倉卒襲取之者，始決計舍城去。是役也，偷兒之功什六七，乞兒之功什二三，是皆不可無作也。古者兵行凱還，則有鐃歌鼓吹之曲，以鳴得意。故擬新樂府，以備甬上凱歌，作《乞兒曲》。

蓬頭垢面衣欲穿，破甑在手兒在肩。什百成群，來向鬼子啼飢寒。啼飢寒，鬼子憐。鬼坐臺上，乞兒環臺邊。鬼子嘻笑，亂擲青銅錢。乞兒低頭爭拾取，鬼子大笑乞兒去。（一解）三三兩兩傳播之，鬼子有錢能布施。相喚相告語，相將入城去。昨來百十个，今來不知數。環乞錢，鬼子怒。手中杖，擊其股。乞兒嘻嘻散復聚，卻向鬼子齊聲訴哀苦。（二解）甬江大馬頭，南船北船，日日江中浮。徧走天下，不及江廈。（俗有鄙諺云，走盡天下，不如甯波江厦）列肆江西東，大家滿城中。大家與我米，列肆與我錢。乞兒多復多，不愁飢與寒。荒年施我粥，豐年施我衣。乞兒多復多，不愁寒與飢。（三解）吁呼嗟，今柰何。街寂寂，可張羅。舊門戶，牆崣峩。（時大家並以磚甓堵門户）嗟嗟乞兒，空鼓嚨胡。脣乾舌燥，不得錙銖。嗟吁呼，柰何乎。（四解）乞兒啼飢寒，鬼子不肯憐。乞兒訴哀苦，鬼子不能怒。鬼子不怒亦不憐，乞兒纍纍相糾纏。鬼子不憐亦不怒，乞兒拍手呼邪許。（五解）夜畏偷兒，晝畏乞兒。畏晝畏夜，不如去諸。（六解）鬼子入舟中，乞兒散如風。偷兒富貴乞兒窮，乞兒有口不言功，使相赫赫來和戎。（七解）

烏曰：末句句中句，味外味，為諸詩總歸宿。（《烟嶼樓詩集》卷一擬新樂府上，《續修四庫全書》影印清同治七年葉鴻年刻本，第一五四二册，第一〇一～一〇二頁）

《洋山行有序》

鄞人入海捕魚，其捕烏鰂船，謂之小對，捕黄魚者為大對。皆謂之捕洋生，其實乃洋山也，以聲轉而譌語，詳高武部《敬止録》中。

正月結魚網，二月修帆檣。大對小對各成隊，年年三月齊出洋。今年海中多盜賊，四月將半猶商量。（一解）不去憂凍餓，既去憂死傷。不去身偪迫，且去心驚惶。（二解）東市買紙錢，西市買豬羊。短衣百拜送神去，比鄰團坐村酒香。（三解）時日大吉利，裹頭換衣裳。但見揮手不聞語，銅鉦遍地聲喤喤。（四解）到關一齊泊，對對自成行。上關乞牌子，關官索錢如虎狼。

（五解）到關畏關官，出關畏强梁。軍門水師動千百，頓頓坐食皇家糧。來請將軍護漁舶，撥船轉向城東廂。（六解）呼聲動地不聞語，但見帆竿簇簇旗飄揚。將軍倉黄遣相告，護爾漁舶同出洋。（七解）不去畏譴責，既去愁死傷。不去身偪迫，且去心驚惶。（八解）水軍叩頭獻奇策，海中最畏夷船强。大人但坐此船去，乘風破浪誰敢當。（九解）點頭大歡喜，百計借艅艎。明朝將軍出關去，高坐夷船充洋商。吁嗟乎！將軍出關，乃坐夷船充洋商。（十解）（《烟嶼樓詩集》卷一擬新樂府上，《續修四庫全書》影印清同治七年葉鴻年刻本，第一五四二册，第一〇二頁）

《蹙迫行》

蹴迫蹴迫，步路局窄。身無衣，日無食。父母兄弟，坐愁相歎息。（一解）東鄰有人，行賈滿屋堆金錢，西鄰有人，行賈滿屋堆繒紈。不見賈客還，亦不見家人愁，但見朝飲醲酒，暮炙肥牛。（二解）上山山高，涉水水深。結交不出門，那得知心。作賈不入海，那得黄金。（三解）磨刀霍霍長一尺，壯强美好多膂力，東鄰西鄰舊相識。（四解）父母兄弟，往告官府淚不止，長跪官府前自言，我有兒子，我有兄弟，海中遇盜，不知其生死。上叩長官為我理，官言以爾狀牒，留在此行，訪爾兒子，訪爾兄弟，父母兄弟，收淚叩頭起。（五解）天風激蕩雄關開，將軍赫赫巡洋來。將軍有令遍相告，今年海中多大盜。且排數艦，一齊静守海山陝。格搏擊殺徒多苦，我士卒哈何為哉。（六解）大盜猖狂海中，小盜鼠竊海濱。相逢倉卒，不得跳身。將軍赫赫巡洋歸，馬前得勝鼓，馬後盜魁獻俘。三兩歡聲如鳴雷，發公文，付所司，所獲海盜，為我一一審斷斬刈之。（七解）父母兄弟，往告官府淚不止。長跪官府前，自言我有兒子，我有兄弟，海中遇盜，不意今至是。上叩長官貰其死，官言昔爾狀牒猶在此，固知非盜乃為盜所止。行赦爾兒子，赦爾兄弟。父母兄弟，收淚叩頭起。（八解）雞三足，馬生角。膝頭弄嬰兒，明朝買豬肉。冬雷殷殷，夏雪飛，妃呼豨，彼齷齪者何人斯。（九解）

陳曰：人情狡獪至此，固知君子可欺以方，究是未嘗留心民瘼耳。

童曰：情狡獪，筆亦狡獪，非此筆不能達此情。

烏曰：此與《洋山行》，皆有關吏治民情之作，斷不可少。（《烟嶼樓詩集》卷一

擬新樂府上，《續修四庫全書》影印清同治七年葉鴻年刻本，第一五四二册，第一〇二～一〇三頁）

《南馬樂》

諸君側耳聽者，聽我長言歌南馬。南馬之來歷無皂，千里萬里循東道。循東道，戀沙漠。依北風，悵蕭索。久之乃知南中作馬樂更樂。（一解）南中將軍不好武，教場寂寂不聞鼓。臘鼓鳴，春草生，芊芊萋萋一望平。春草緑，春花紅，則有戰馬無數嬉。戲圍場中，或寢或訛，或群或友，或滚地輾轉，或相逐奔走。請君朝朝來看戲馬圖，韓幹曹霸那得如此寫生手。（二解）馬不可使飢，馬飢馬不肥。馬不可長在廄，馬長在廄馬將瘦。馬軍牽馬游湖隄，夕陽緩步東復西。南人畏馬蹄，相逢側立候路歧。有時飲馬月湖渚，馬軍背手與人語。有時洗馬湖水中，修尾俊鬣梳春風。牽馬去，領馬餉，前營後營幾百匹，不如我馬眞茁壯。（三解）南馬飽，北馬飢。南馬壯，北馬疲。南馬之樂樂無極，那知北馬之苦到老無休息。當其始入主人家，騁突不受人箠檛。北人通馬語，往往知馬趣。長椿巨索，將馬來縛。怒目執鐵鞭，鞭之流血。四蹄亂舞，鐵鞭斷折。渴不得飲，飢不得食。垂頭喪氣，願為主人盡力。（四解）然後乃劃其腳，絡其頭。目有韉，尻有鞦。風蕭蕭，車轆轆。欲緩緩，欲速速。但見主人，鞭影動搖。驚奔疾走，膽碎魂銷。（五解）前行驢騾，後行槖駝。上峻坂，下危坡。迍邅躖跼步逶迤，行不得也當柰何。可憐力盡老將死，驅之卻入都中市。（六解）有馬市在宣武門下（即騾馬巿）朝稱銀暮論賈（借叶價）朝賣去者健馬，暮買來者疲馬。健馬代人力，疲馬供人食。昨日奏刀殺疲馬，今日去馬親見之。將出門，心傷悲。忽見一隊疲馬之來行遲遲，去馬不敢與語走如飛。（七解）北馬之苦苦如斯，嗟爾南馬那得知。往者臯臣朝至尊，牽馬北入長安門。南馬生性日驕慣，突入御道狂跳奔。街官大驚失色，直前來控留。幸六龍未駕，尚不驚天騶，而已幾幾斷卻圉人頭。（八解）圉人幸不死，受杖牽馬歸。始知北馬縱有休息時，猶復羈紲局促，寸步無能移。嗟爾南馬那得知，歸來依舊逐隊連翩馳，延頸驕驕當風嘶。（九解）北馬苦，南馬嬉。北馬瘦，南馬肥。吁嗟乎噫嘻，北馬之苦到老無休期。豈意南馬之樂，乃亦有時樂極而生悲。君不見，歲在丑，月在酉，飛礮閃閃

城不守，南馬背馱，將軍迅奢走。飛躍出城郭，崎嶇入巖壑。鞭箠雨下，汗濺將軍衣，將軍猶言馬力薄。（十解）

陳曰：南馬之樂，以北馬之苦相形，不特推波助瀾，正是加倍寫法。末解轉筆陡健，有旋風突起，沙飛石走之勢。

烏曰：奇横恣肆，獨闢町畦。乍閱之，令人眼花撩亂。久讀之，令人拍案，狂叫此不可無一，不能有二之作。

又曰：以史漢氣息筆格入韻語中，從古未有。

又曰：千軍萬馬中，有掉臂游行之樂。奇絕。

又曰：拉拉雜雜，氣盛則高下短長皆宜。彼拘拘於字裏行間覓生活者，望之走且僵矣。

童曰：第二解絕妙一幅戲馬圖。第三解摹繪尤逼肖。

又曰：南馬北馬，故作犯筆，正如重巖疊嶂，愈多愈妙。

又曰：八九解并記時事，而首解是北馬來南。此二解忽寫到南馬入北，變幻不可測度，章法之妙，眞神而化之矣。（《烟嶼樓詩集》卷一擬新樂府上，《續修四庫全書》影印清同治七年葉鴻年刻本，第一五四二册，第一〇三～一〇四頁）

《蚱蜢篇　有序有書後》

蚱蜢者，蟲名也。艇之形色類之，故即以蟲名名其船曰蚱蜢艇。後人以為船名也，而造舴艋之字，誤矣。廣東人製艇入海中，其人大率衣窄袖衣，用邪幅纏股，而又跳躍善奔走，亦與蚱蜢有相類者，故又以蟲名名其人。蟲也，船也，人也，其實皆蚱蜢也。是則呼之曰蚱蜢，宜也。作《蚱蜢篇》。

蚱蜢復蚱蜢，蚱蜢飛蘧蘧。飛入大海中，化作彊梁徒。朝劫賈客船，暮劫商家艫。殺人取貨物，貨物無精麤。哀號乞微命，紡執以為俘。敲扑訊家世，論價贖身軀。諾諾復爾爾，含淚作家書。歷歷問道路，堂堂到城郛。（一解）持書入家門，家人驚號呼。看書識其手，心知事不虛。鄰里相指視，云此眞盜竽。何不束縛之，送官服天誅。家人謝鄰里，公言獨何與。書中剋期待，過時其舍諸。投鼠當忌器，性命非區區。（二解）待使如上客，豐膳辦中廚。請客少安坐，自當竭錙銖。頭上脫簪珥，篋中刮金珠。東家貸陳粟，西鄰索逋租。時日會將盡，未能盈所需。慟哭相訣別，明朝賣妻孥。（三解）撫君得聞之，省中發官符。太守意驚恐，雞鳴戒前途。渡江踏省門，撫君堂上趨。撫君問太守，新來安樂無。離坐不敢答，撫君重歎吁。海盜近絡繹，充耳豈褎如。卿作海疆守，海在府東隅。出關不咫尺，何為藪萑苻。（四解）太守重起立，鬱鬱意不舒。伏惟啟撫君，幸恕下官愚。軍門統水師，海防尚非疏。巡緝偶不到，幺麽生覬覦。歸當白軍門，入海與之俱。大人且高枕，安用慮予弧。（五解）還歸入府門，蹙頞捋髭鬚。此事大不易，輾轉復踟躕。踟躕十餘日，計較及吏胥。動文忽申省，下官稟成謨。不才勉自竭，入海擒狂且。仰賴大人福，斬盜千頭顱。寰海如鏡清，民困亦既蘇。撫君看公文，喜笑心歡娛。批迴紀功績，升遷在須臾。（六解）商賈抱狀牒，入府叫無辜。今年海中盜，多於海大魚。百貨皆攘奪，子弟猶執拘。贖鍰動千百，性命留斯須。太守怒目視，曰爾敢妄誣。我與水師官，入海親斬除。寰海如鏡清，撫君所稱譽。拍案呼吏役，逐此病狂奴。（七解）奔省呼冤抑，一一皆陳臚。撫君意懷憒，飛札到句餘。曰汝作太守，無乃太糊塗。前月汝報我，蟊害已耘鋤。商賈來控告，事在今月初。亂生何迅速，前後何齟齬。不意屬下吏，狡獪竟欺余。我姑赦小過，此事難緩圖。失之在東隅，收之在桑榆。便在此月內，為我胥翦屠。不然挂彈章，汝悔何及乎。（八解）太守看公文，恐慄心憂虞。起立不得安，出入長欷歔。有人白太守，使君一何迂。海盜惟利視，其跡類穿窬。何不賄使來，羈縻於中都。賦之以衣食，授之以室廬。彼既得所欲，棄海定從吾。（九解）聞言大拊掌，此策眞善夫。馳書商撫君，撫君頓歡愉。軍門及總戎，各各飛青蚨。合錢數百萬，賫錢到海嵎。可憐安樂國，海盜來于于。太守作狙公，充欲養群狙。狙公解狙意，朝暮而賦芧。（韻書以此字入仄韻，然《莊子》「賦芧」，李軌云：「羊諸切，音余。」則芧本平聲，非叶音也）盜魁授官職，圓頂白硨磲。百姓看渠魁，昂昂坐軒輿。此是太守德，使我民力紓。海中亦可賈，海中亦可漁。（十解）朝朝飲美酒，夜夜擲梟盧。約結自成隊，射鳥出闉闍。衣工秉刀尺，萬指裁羅繻。貧女嫁比鄰，無人作腰襦。短欛金錯刀，窄袖青縹裾。遨遊貴官第，調笑酒家胡。道路皆側目，夷坦為崎嶇。海中可往來，城中難久居。（十一解）

廣東人之入甯波，事在咸豐初年。時余方居倚廬，不問外事。其後友人告余以詳如此，且曰：周祥千之亂事，與太守無與也，而鄉民群入其署中，盡焚輜重囊橐以去，蓋天惡其首召海寇貽禍茲土破家罷官，所以陰報之也。既而李君笙南來草堂，則曰：此太守寃獄也。太守將以民間房租錢募勇入海剿除之，會撫君創買降之議而罷，其買降錢實出自武營，所謂「軍門及總戎，各各飛青蚨」者是也，而謂太守主之，則冤矣。余曰：是或然矣。然撫君雖主買降之議，而曰必以四明為壑，無是理也。其魁其徒，不以此時驅歸散遣之，而乃官於是，養於是，聚國族於是，始為營窟之狡兔，繼為當道之豺狼，誰生厲階，至今為梗，即如君言，太守獨能辭其責乎？然且吾詩所述，如出一口，何惡於彼而誣衊之乎？卿記異聞，附之下方，若吾後篇所詠，則事在目前，為禍尤烈，見者怒目，聞者傷心，不知父母我斯民者，又將何以處此也。庚申秋八月書。

童曰：層折寫來，無不盡之意，無不達之辭，腕下疑有如意珠。

郭曰：一結已攝起後篇意。（《烟嶼樓詩集》卷二擬新樂府下，《續修四庫全書》影印清同治七年葉鴻年刻本，第一五四二册，第一〇五～一〇六頁）

《後蚱蜢篇有書後》

諸君且勿喧，聽我歌後篇。前歌既悲苦，後歌尤辛酸。聽歌飲美酒，慎勿山門前。門前行不得，蚱蜢飛滿天。（一解）昔時飛入海，商賈涕漣漣。今時飛入城，居民心悁悁。遠見三兩來，我足自連蹉。低頭不敢視，況敢摩其肩。但聞鴂舌音，提笑相語言。青樓笑啞啞，黃壚舞僊僊（叶）。纏頭與酒債，何時解腰纏。低聲問何時，雞肋飽尊拳。（二解）開門當大道，門挂小紅箋。箋上何所有，墨字書洋煙。入門見牀榻，榻鋪毳毛氈。氈上何所有，縱横陳銅盤。招邀遊冶子，請君來高眠。朱火然其中，青烟颺其間。從風入君懷，四坐莫不歡。（四句並漢樂府，而宛然為後世洋烟寫照，可異也，故戲襲之）香風正勸暢，麗妝出嬋娟。目挑未成語，突如被拘攣。（三解）縣官得聞之，呼馬上鞍韉。馬後隨健役，趫疾如猴猨。大噪執醜虜，長繩縛以牽。牽入縣官署，道旁千人看。縣官坐堂皇，群醜心膽寒。曰爾本寇盜，免脱幸爰爰。柰何在吾縣，法令猶再奸。叩頭乞免死，袒背三百鞭。紲羊枷天狗，大廷列縣豻。此時為患害，瑣瑣亦戔戔。我有慈父母，使我疴瘝痊。蚱蜢如烏雀，縣官如鷹鸇。（四解）喋囁私耳語，蹙頞心煩痛。今時莫為非，刑法諒難寬。不見昨縣官，威怒不可干。縣官受恩寵，洊歷至大員。皆在此城内，官改地不遷。（段公光清自咸豐二年來權鄞縣，後奉特旨知甯波府，既又升任甯紹台道。至八年春，擢浙臬，始去鄞）横行畏官府，安居無金錢。結隊理故業，海中重據蟠。胠篋刮珍寶，滿艇載繒紈。笙歌挾美妓，簇簇衣裳鮮。囊空出關去，欲飽來翩翩。去來作巢窟，下上如鞦韆。（五解）飛去復飛來，海上復喧闐。賈客群聚謀，莫愁行路艱。盜能為我禍，盜可為我援。重貲令護我，登萊與漳泉。（四明海舶貿遷於山東者，謂之北船，於福建者謂之南船）一行如人意，再行垂饞涎。鳴儔嘯匹侶，私約海山巔。我主爾為客，僞鬬張空拳。護貲去不返，轉貨亦登仙。賈客重聚謀，齊聲叩長官。言彼蚱蜢艇，長惡終不悛。西夷有大舶，號為火輪船。一日數千里，所向無完堅。願以十萬金，買之來甬川。官言事可濟，那復畏驚湍。（此亦段公在觀察任中事也。其後輪船入北洋，東撫驚懼入告上，嚴旨詰問浙撫，浙撫奏稱商民仿夷式所製，造非夷船也）煤烟衝霄漢，放船火燀燀。（船行無順逆風，燒煤則行一日。費煤錢數百千）環船綴巨礮，礮中子母丸。東洋鉦喤喤，西洋鼓鼘鼘。南洋燒舳艫，北洋滅腥膻。輪船纔一葉，聚盜而殲旃。游涌幸身脱，海上敢盤桓。（六解）鄉村有巨室，富有饒田園。忽見無賴子，衣敝履亦穿。入門問主人，意態殊閒閒。自稱收宿債，負我多歷年。券字半明滅，話言類狂顛。主人怒不已，驅之出門垣。鬱鬱不得志，往與盜鉤聯。海上無生計，群盜方憂煎。聞言開笑口，短兵磨刀鋋。明朝望門入，登堂開其軒。主人色如土，有情無可宣。鄰里來伴客，辦飯烹肥鱻。償之倍稱息，豪釐不能蠲。蚱蜢腳撲朔，跳躍心喜驩。我百爾九十，與爾瓜分焉。（七解）閒步入城市，但聞聲叫讙。婦女東號哭，男子西長歎。皆言家中人，安分無尤愆。蚱蜢忽飛入，拊背扼其咽。拔刀呼去去，去不知何邊。俄見少年子，寄我札連連。一言苦飢餓，為我納橐饘。（先時拉人以去尚知處所，其後恐來載奪，并不知陷穽何在，而公然在人前論贖貲多寡，既滿其欲，然後使得見面）一言苦榜笞，為我圖贖鍰。密札言惡少，報我睚眦怨。嗾使來拘捉，言之涕霑翰。問彼何敢爾，旁人忽笑嘕。客豈罔聞知，蚱蜢久為患。前時横鄉曲，今時横通廛。大路摻執袪，履闗衣裳褰。長言未及半，蚱蜢遙翩躚。奔避還家門，念此摧心肝。（八解）乃控縣及府，上至巡道轅。嗚咽不能語，官府亦哀憐。硃筆判狀尾，情法何可原。命吏往收捕，垂手莫敢先。官府良愛我，吏役滋慚顔。於彼非鷹犬，於我眞螟蝝。（「姦史大雀鼠，盜胥衆螟蝝」，范石湖句也。）公門有使費，成例動相沿。控告轉為累，愛來心如攢。我有慈父母，在省而無權。軍門為鄉親，（提督某公亦廣東人）往愬門已攔。倏有衣冠人，挾術來以鑽。

百計為我畫，此德非可諼。誰知食指動，異味思嘗黿。對我作怒駡，到彼反吹扇。背我私計較，面我語欺謾。謂我如之何，勸我鬻荒田。醫得眼前瘡，血肉心頭剜。（九解）此間樂莫樂，蚱蜢來源源。昔來不滿百，今來盈數千。借間衆安居，衆居城東偏。官衙作比鄰，近市千萬椽。（若輩所居，並在道府縣三署前）比戶揭紅燈，細席鋪長筵。席上錢滿堆，箇箇黄而圓。不知作何戲，其黨袖爭揎。翦紙書神號，是復何怪祅。乃在其筵下，噬肯長伏跧。地上爛明燭，既留靈連蜷。佑我發利市，崩角頭叩甎。出門視眈眈，入門聲嘽嘽。相逢在狹路，勝執豕於圈（叶）。侃侃論身價，細大眞不捐。捉人誰最多，揖我謂我儇。（十解）捉人纍纍如，相對嫛憐眩。中有大家子，遭遇尤迍邅。鞭背背擁腫，桎足足蹣跚。大雨驅灌頂，烈日驅負暄。骨肉無一面，消息無人傳。其家徧奔走，兄弟空胝胼。以勢相恐猲，彌絕歸來緣。載之以巨艇，夜夜泊江堧。箝口置諸橐，高高懸帆竿。似防宵竄逸，日出方解縣。幾將祭大纛，斬之為犧牷。還歸嘔心血，此恥何時湔。更有窶人子，不意遭飛羉。空空無可贖，身命亦既拚。利刃抽指爪，肌膚一無完。痛極自經死，投之江潺湲。尸亦不得見，大石尸上磐。（十一解）此時壯哉縣，景象信淒然。康莊栽荆棘，誰云道平平。事來敦迫我，出門非游觀。日旰兮不來，日夕兮不還。父母倚閭望，妻子勞心慱。願得守貧賤，室家長團欒。側足登城頭，城頭聞杜鵑。白日似長夜，寂寞路漫漫。巷亦無飲酒，道亦無衣冠。（廣匪之禍，始於索債控告無靈，禍乃益熾。始猶恐猲鄉曲，繼遂横行城中。至於今年，陷人設穽，不一而足。夏秋之交，更無虚日。每三兩為一隊，手持短刀，邀人白晝，近在衙前，遠及郭外，既入穽中，逼索身價，多或數百金，少亦數十貫。故其黨相謂捉得人來，縱不如意，亦勝執一豕，由是殷富之家，閉戶惕息，衣冠之族，裹足周道，短衣赤足之徒，亦不敢公然擔負錢物以行，奇聞異事，至於此極，可長息也。）（十二解）市中何喧囂，闐闐復淵淵。前市收張陳，後市下關鍵。嗚鑼罷市列，到官齊呼冤。呼聲動天地，階下人叢駢。言自夏秋來，無日得平安。取人越人貨，血淚無時乾。官曰人無譁，為汝策萬全。大官及下吏，一堂言便便。誅之不勝誅，且恐禍蔓延。不如借為用，使彼交防閑。君子人治人，留慝姑保姦。迅速召富室，各各破奇慳。計議到渠魁，此事卿可專。有錢三萬貫，卿為我周旋。渠魁有難弟，一官方待銓。赳赳千夫長，健婦亦稱賢。呼集同鄉人，造册親排編。計口給資用，萬屋巡漫汗。東西與南北，羅列如星纏。以察其族類，無或仍撟虔。舊時所羈紲，縱令歸言遄。歸者七十人，消瘦無肥胖。（十三解）何以成江河，不塞始涓涓。何以成網羅，不絕始緜緜。後歌續前歌，我言豈諓諓。罪狀百不一，擢髮千萬端。流毒今小愈，尚留瘖痍瘢。天下盡樂土，居此胡顓顓。拳勇職亂階，何不驅烏鳶。哀我民無辜，日削而月朘。杍柚有時盡，滄海焉能填。長官滿城中，兜鍪與貂蟬。無罪無忌諱，敢為竭卷卷。（十四解）

火烈難犯，此定論也。東里教人以猛，而夫子謂之遺愛，稱之惠人，而況治亂國者乎？乃官長仁慈，一切不問，貪心非性，生而故長之；畏心非本，無而故滅之。夫以有主之物，而可以恣意予取，莫敢誰何，苟非夷齊，有不群起而為盜跖者乎？嗟乎！縱橫劫掠聽之，呼號迫切又聽之，承平之世，慘於喪亂，為自有郡縣以來所未有之事。至於糜爛不可救，而猶羈縻姑息，豢養域中，曾不月餘。故態復作，不得已發兵收捕之，而乃居然拒敵，互相殺傷，拳勇亂階，果如所料。於是大動干戈，聚而殲旃，天日昏霾，喋血道路，嗟乎嗟乎！夫何為而至於此極耶？亂後憶録舊稿，并詳本末，非以招舊令尹之過，亦欲使後之為民牧者，鑒兹芻蕘，慎毋養癬疥而成癰疽，徒多殺我良民為也。同治三年甲子人日書後。

童曰：哀痛迫切之言。

又曰：「鳴儔嘯匹侶」六句中多少轉折，此事極難寫，卻以數語了之。筆妙乃爾。

陳曰：兩蚱蜢篇，頭緒紛繁，層次委折，拉雜敘來，卻復頭頭是道，井井有條，俗而能雅，曲而有直，體非大作家不能有此，視《臨高臺》諸作，又為進境矣。

又曰：此兩篇，與「美女妖且閒」，當為樂府中壓卷。

郭曰：兩篇神鼎鑄奸，窮形盡相，章法亦極渾成。東坡所謂《北征》「與秋色爭高」者也。（《烟嶼樓詩集》卷二擬新樂府下，《續修四庫全書》影印清同治七年葉鴻年刻本，第一五四二册，第一〇六～一〇九頁）

《廣東客》

昔有廣東客，流落甬江濱。遭遇同鄉子，提掇為賈人。長袖善舞，多財善賈，曾幾何時，乃有金錢百萬不知數。（一解）力田不如逢年，刺繡文不如倚市門。送人作郡年復年，不如自我為好官。（二解）甬江東接大海頭，出關咫尺昌國州。（即今定海廳也）高者山，下者谷。黃者金，白者玉。奉觴上壽再拜撫君前，但願一任昌國州官死亦足。（三解）州人得聞之，蹙頞相告語。

新官來，柰何許。入郡中，謁大府。不願得杜母召父，願得借寇一年，依舊作民主。大府聞之赫然怒，噫吁呼！官去留，乃由汝。（四解）江邊厦屋千萬間，昔時作賈今作官。鉦喤喤，旗飄颺。東拜福建，於西拜洋商。與君作別神飛揚，此何異衣錦還故鄉。相逢故人滿路旁，貧賤之交不可忘。君戴笠馬前揖我，騎馬不能下馬前。簇簇官威儀，故人悅君君不知。（五解）銅鉦鳴，綵旂舞。坐大舶，出關去。馬如風，僕如雨。今為官，昔為賈。馬如龍，僕如虎。新官來，柰何許。（六解）西洋鬼子州中居，大開筵宴戒庖廚。鬼子作主人，新官來作賓。今日良宴會，歡樂難具陳。鼓一擊，酒三巡。一言告君君弗嗔，衣不如新，人不如故。本有舊官君可去，新官聞之色如土。噫吁呼！官去留，可由汝。（七解）新官怒，鬼子笑，一言重向新官告。君不見，蚱蜢艇中人新來，擾亂郡中無朝昏，若曹與君皆鄉親。水有源，木有根。君不官此土，若曹來無因。便喚鬼奴走入廳，衙中索取官印來。匆匆鬼奴捧印當筵立，額手致敬而以手相接。州官之印，頒自大皇帝，雖我外臣敢兒戲。兩手送獄司，請君留幾時。舊官到來，然後還付之。（八解）遠哉遙遙，我馬驕驕，人言一何嘵嘵。人言猶可，鬼揶揄我。狐欲渡水，無柰尾何。我欲作吏，無柰鬼何。（九解）速速去去，速速去去，舊官來，柰何許。來如虎，去如鼠。早知作官如此，不如仍作賈。噫吁呼！官去留，竟由汝。（十解）

陳曰：全篇一氣呵成，波譎雲詭，雷轟電掣，其操縱如意處，眞所謂嬉笑怒罵，皆成文章。但以古語絡繹奔湊賞之，猶皮相也。（《烟嶼樓詩集》卷二擬新樂府下，《續修四庫全書》影印清同治七年葉鴻年刻本，第一五四二册，第一〇九～一一〇頁）

《美女妖且閑有序》

賊目黃呈忠之據甯波府城也，往聘袁氏養女為妻。及門而轎不能入，毀垣以入之，又不能升其堂，倉卒納女堂階下，復自穴隙出。袁氏門，故高大容軒馬。是日賊黨迎女者幾千人，皆瞠目流汗，咄嗟有駭色。其夜火起，屋為灰燼。僉曰：太常父子之靈也。余謂此實宋季殉節進士天與先生諱鏞義憤之氣，積六百年無改其英爽，以有此靈異。太常父子蓋受命而與其間耳。揖盜為壻，事不足以汙吾筆，而其先人之赫聲濯靈，不可誣也。即事歌詠之，備始末焉。得十解百韻，取子建詩為首語，遂以名篇。

美女妖且閑，生長城中央。父死母更嫁，嫁在城西廂。赫赫忠臣裔，（先生死無謚，僉稱忠臣公。明季林氏謂謚忠定，不足據也。）峩峩柳莊坊。（太常名珙，柳莊其自號，坊在所居之前）阿女隨阿母，來依袁家郎。女謂他人父，母作新嫁娘。（一解）阿女好顏色，鬒髮黝且長。明眸善巧笑，眄睞流輝光。朝朝塗膏澤，夜夜紅粉妝。盈盈下階除，步步生芬芳。但得見此女，心醉神顛狂。飢者忘餐飯，渴者忘酒漿。艷聲播閭里，妙年無姑嫜。（二解）可憐歲在酉，粤寇亂海疆。兜鍪與貂蟬，棄城而逃亡。婦女為俘虜，男兒攖鋒鋩。渠魁入官府，群醜據民房。馳報金陵賊，封之為戴王。開筵陳百戲，群醜來遑遑。前賀抱腰膝，（賊見其頭目，禮如此）齊進千歲觴。（呈忠僞封戴王純千歲）千歲志驕縱，乃覺心傍徨。顧謂群醜言，知否我中藏。夜來意不樂，後宫無嬪嬙。軍帥前陳詞，城西有姬姜。嬌好無倫比，流麗亦端莊。且是大家女，卑職知其詳。（賊所僞授軍帥、師帥、旅帥等，無不自稱卑職者）但恐千歲尊，門户不相當。渠魁得聞之，喜笑心陽陽。顧謂軍帥言，為我往商量。今我非諸弟，（賊呼其下，無卑尊，皆曰弟）安用復摟攘。言詞倘有緣，好為我聘將。（三解）時日大吉利，納幣何輝煌。軍帥裹紅巾，健兒扛朱箱。箱上何所有，歷歷皆鋪張。黄金間白玉，錦段雜明璫。籠中盛鵝鴨，案上列豬羊。綵旗泥金字，字字吉與昌。大兒負筐篋，小兒荷橐囊。既入袁家門，道路還相望。阿母大歡喜，阿父樂徜徉。回頭語軍帥，物物非尋常。軍帥謂阿父，富貴無相忘。（四解）忠臣得聞之，赫怒召孫行。太常及尚寶，祠中紛趨蹡。（尚寶名忠徹，太常子也，父子皆以善相名永樂間。）疇昔十七人，同時為國殤。自公有召命，顛倒其衣裳。（忠臣殉國難，時其家人方上墓歸舟，聞變妻妾子婦同赴水死者十七人，其僕抱幼子匿墓間以免）忠臣太息言，劫運在梓桑。畏偪幸苟免，孫枝胡荒唐。彼女非族類，聽之歸虎狼。柰何瞰我室，恣意為翺翔。聊用示懲戒，使彼心驚惶。（五解）於是娶女吉，盈門聲洋洋。沸騰撼山谷，人語雜笙簧。軒車將入門，役夫忽踣僵。百計不得入，但見門將將。遲久更無柰，停車毁垣牆。以車鑽穴隙，役夫亦踉蹌。齊聲復狂叫，倒行足劻勷。各各不自由，焉能升其堂。此時逆女者，千夫氣軒昂。殺人如刈草，治鬼無奇方。倉卒取女去，流汗行倀倀。（六解）忠臣怒不已，騎箕排天閶。稽首瑤墀前，抗疏奏天皇。寇盜為婚媾，臣孫信不良。汙穢臣家室，種種都不祥。焉用此門户，而貽孫子殃。天皇詔祝融，隨之下帝鄉。

是日始昏暮，天風狂扇颸。忽見一星火，飛上袁家梁。俄頃烈具舉，邃室延修廊。群醜圖撲滅，折足空奔忙。（賊之據守西門外者，以袁氏火，竭力相救而折其足。）朝見巨第宅，暮見瓦礫場。東家與西鄰，連甍接榱宊。明明分界畫，毫髮無焦傷。（有馬鏘鳴者，與袁氏比屋而居，為余言，是夜之火，神異如此。）（七解）美女入軍中，誰云氣不揚。低眉學菩薩，怒目成金剛。朝朝飲人血，夜夜食心腸。持刀能自舞，騎馬那用繮。纖手弄雙彈，轉丸如蜣蜋。昔時何柔媚，今時何崛強。昔時何窈窕，今時何披猖。昔為寇與讐，今為鴛與鴦。（八解）鴛鴦能幾時，曰出銷冰霜。西人助王師，大江排艅艎。巨礮隔城入，閃閃飛帆檣。渠魁無人色，棄城走倉黄。此女亦馬上，隨奔城南塘。有人見此女，短衣青裲襠。不知更何往，流淚盈兩眶。（九解）阿父與阿母，相對兩茫茫。豈料霎時夢，曾未熟黄粱。此恥何時雪，此恨何人償。俄聞前長官，還來守城隍。募勇為防戍，無以裹餱糧。下令治黨與，倒彼橐中裝。健役捕三帥，罰鍰縶鋃鐺。聞之大觳觫，局促如鼅蟗。阿母匿複壁，阿父竄遐荒。死難見宗祖，生難逃王章。嫁女得此禍，不如棄路傍。（十解）

童曰：第五解述忠臣語，云彼女非族類，聽之歸虎狼。非特自伸其說，且以足成首解阿女來依一段也。鍼線極細密。

陳曰：亦是想當然耳。特為忠義之士吐氣，千古遂覺異樣生色，一炬焦土，幻出萬丈文芒，奇事非此奇筆不傳。

郭曰：每讀長篇鋪張處極從横，兜裹處極完密，是以龍門、扶風之史筆，艁香山、微之之新聲者。（《烟嶼樓詩集》卷二擬新樂府下，《續修四庫全書》影印清同治七年葉鴻年刻本，第一五四二册，第一一〇～一一二頁）

智按：卷首，劉藝蘭曰：「新樂府諸大篇，以古語寫今事情景如繪，此種境界為吾師獨造。」陸漁笙曰：「新樂府十二首詳紀時事，纖悉備書，意之所至，筆能達之，而規諷意言外自見，所謂言者無罪，聞者足戒，蓋《三百篇》忠厚之遺也。至其風格之遒上，氣韻之沈雄，議論之縱横，音節之瀏亮，固應有目所共賞。」童雋廷曰：「樂府妙處，色色都有，為神斤鬼斧，為舌劍脣槍，為突浪衝波，為層崖疊巘，為怒雷鬱勃，為活水縈迴，為噓蜃成樓，為縱馬入陣，為胡笳酸鼻，為秦鏡照神，為曼倩詼諧，為正平坐駡，為妖冶裝飾，為神化丹青，為《三百篇》之變風，為七百首之壓卷。」

徐時棟，字定宇，一字同叔，號柳泉，鄞縣（今浙江寧波）人。道光二十六年（一八四六）丙午舉人，兩赴會試不第即不復應試，居湖西烟嶼樓，藏四部書六萬卷，寢息于中，盡發而讀之。後以輸餉授内閣中書。主編《鄞縣志》。著有《烟嶼樓集》。

蘇時學（一八一四～一八七四）

《蘇州懷古》

高名一代韋劉白，並管蘇州刺史來。雲散風流嗟已矣，水平山遠詫奇哉。湖天澹冶供詩卷，簿領蕭閑入酒杯。今日黄堂徵故實，不勝俯仰憶仙才。（咸豐十一年刻本《寶墨樓詩册》卷十二）

《題李殿香世講詩卷》（名來祥，子黼先生令嗣）

昔夢生花筆，今誇短李詩。神駒行大漠，雛鳳占高枝。賞識黄童日，追陪白傅時（謂樊昆吾太翁）。旁人應讚歎，誰似甯馨兒。（咸豐十一年刻本《寶墨樓詩册》卷十三）

附：陶安福贈詩

熔金漱玉妙無形，一笛宫商月下聽。彭澤風裁偏淡遠，樂天詩思最空靈。彈成樂府千年響，題上藤山萬古青。何幸淄澠真味合，手鈔終日筆難停。（咸豐十一年刻本《寶墨樓詩册》卷十）

智按：蘇時學，字斅元，號琴舫，又號爻山，晚年號猛陵山人。廣西藤縣人。道光二十六年（一八四六）丙午舉人，候選内閣中書。詩文皆精。有《寶墨樓詩》、《寶墨樓楹聯》、《墨子刊誤》、《游瑤日記》、《羊城游記》、《爻山筆話》、《鐔津考古録》等。

羅惇衍（一八一四～一八七四）

《白居易》

字樂天，自號香山居士。其先太原人，後徙下邽。憲宗時歷官左贊善大夫，以言事貶江州司馬。穆宗時，官主客郎中、知制誥。又外遷為杭州刺史，後復拜蘇州刺史，以病免。文宗即位，累進太子少傅，馮翊縣侯，以刑部尚書致仕。卒年七十五。贈尚書右僕射。追謚曰文。

杭州山水又蘇州，寄託無心任去留。早有直聲聞殿陛，不妨吟興和元劉。二林寺適逍遙趣，八節灘資汗漫游。諷諫重翻新樂府，雞林真賞足千秋。

【蘇州】居易數進忠言，不見聽，乃匄外遷為杭州刺史，始築隄捍錢塘湖，鍾洩其水，溉田千頃，復浚李泌六井，民賴其汲。久之，以太子左庶子分司東都，復拜蘇州刺史。【直聲】嘗對殿中，論執彊鯁，帝未諭，輒進曰：「陛下誤矣。」帝變色。罷謂李絳曰：「是子，我自拔擢，乃敢爾，我不甘此，必斥之。」絳曰：「陛下啟言者路，故群臣敢論得失。若黜之，是箝其口，使自為謀，非所以發揚盛德也。」帝悟，待之如初。【元劉】元稹、劉禹錫，皆居易友。【二林】居易《春游二林寺》詩：「緬彼十八人，古今同此適。」注：昔永遠、宗雷等十八賢，同隱于二林寺。【八節】居易《開龍門八節石灘詩序》：「東都龍門潭之南，有八節灘、九峭石，舟筏過此，例及破傷。舟人檝師推輓束縛，大寒之月，裸跣水中，饑凍有聲，聞於中夜。予嘗有願，力及則救之。會昌四年，有悲智僧道遇，適同發心，經營開鑿，貧者出力，仁者施財。於戲！從古有礙之險，未來無窮之苦，忽乎一旦去之。……」【諷諫】居易於文章精切，然最工詩，頗以規諷得失。【雞林】居易既工詩，當時士人爭傳，雞林行賈，售於其國相，率篇易一金，其僞者，相輒能辨之。（《集義軒咏史詩鈔》卷三十九，《續修四庫全書》影印清光緒元年刻本）

《張耒》

字文潛，淮陰人。哲宗末，官起居舍人。坐黨屢謫。後監南嶽廟，主管崇福宮。卒年六十一。追贈集英殿修撰。

宣州徙後貶黃州，黨禍傾朝恨未休。獨有文章當代法，從無貧苦對人愁。晚師長慶唐音繼，健擬離騷楚些留。莫憾終蹭蹬，函關名噪華山秋。

【黃州】紹聖初，坐黨籍徙宣州，謫監黃州酒稅。【黨禍】崇甯初，復坐黨籍落職，主管明道宮。先是，聞蘇軾訃，為舉哀行服，言者以為言，遂貶房州別駕，安置於黃。【文章】時二蘇及黃庭堅、晁補之輩相繼歿，惟耒獨存。士人就學者衆，作文以理為主，嘗著論云：「自六經以下，至於諸子百氏，騷人辯士論述，大抵皆將以為寓理之具也。故學文之端，急於明理。如知文而不務理，求文之工，世未嘗有也。」學者以為至言。【貧苦】耒投閒困苦，口不言貧，晚節愈厲。【長慶】耒作詩，晚年務平淡，效長慶體，而樂府得盛唐之髓。【離騷】耒儀觀甚偉，有雄才，筆力絕健，於騷辭尤長。【龍圖】耒嘗以直龍圖閣知潤州，人稱張龍圖。【函關】耒十七歲作《函關賦》，習傳人口，感軾知己，遂從之游。（《集義軒咏史詩鈔》卷四十四，《續修四庫全書》影印清光緒元年刻本）

智按：羅惇衍，字椒生，廣東順德人。道光乙未（一八三五）進士，改庶吉士，授編修，官至戶部尚書。謚文恪。有《集義軒咏史詩鈔》。

周壽昌（一八一四～一八八四）

《思益堂日札》

⊙古人姓名截用合用

自《左傳》祝鮀稱載書晉重耳曰晉重，後儒遂多緣此例，將古人姓名割裂入詩文中。如揚雄《法言》「或問屈原、相如之賦，子曰：原也過以浮，如也過以虛。」……李商隱詩「玉桃偷得憐方朔」，謂東方朔，又「梓潼不見馬相如」謂司馬相如，又「曾不問潘安」，又「潘仁豈是才」，皆謂潘安仁，又「從事人人庾杲蓮」，謂庾杲之。楊巨源詩「不同蘧玉學知非」，謂蘧伯玉，盧照鄰詩「孫賓遥見待」，謂孫賓石，杜甫詩「顧愷丹青重」，謂顧愷之。又「劉牢出外甥」，謂劉牢之。白居易詩「君看齊鼎中，焦爛者酈其」，謂酈食其。又「弘恭陷蕭望」，謂蕭望之。又「張謹哀聞人日哭」，謂張公謹。又「天教榮啟樂，人恕接輿狂」，亦謂榮啟期。又「憑君一詠問周師」，謂周師老。朱澤《嘲人》詩「何如郭素擬王軒」，謂郭凝素、王遠軒。其名姓合用者，賈誼《新書》稱曹參、周勃爲曹勃，《淮南子》稱杞殖、華還爲殖華，《漢斥彰長碑》稱高柴、潁考叔爲柴潁，《顔氏家訓》引《蒼頡篇》云「豨黥韓覆」，謂陳豨、韓信，《漢書徐樂傳》「名何必夏子」注：服虔曰：夏禹也、子湯也。《杜周傳》「覽宗宣之饗國」注：韋昭曰：宗，殷高宗也；宣，周宣

王也。(《思益堂日札》卷五，《續修四庫全書》影印清光緒十四年王先謙等刻本；許逸民點校本，第一二〇～一二二頁)

⊙古人多病而壽

白香山十八歲《病中》詩云：「久爲勞生事，不學攝生道。少年已多病，此身豈堪老。」然香山壽至七十五。程伊川先生謂張繹曰：「吾受氣甚薄，三十而浸盛，四十五十而後完。今生七十二年，校其筋骨，無損也。」此崇甯三年語。迨大觀元年卒，壽亦七十五。又陸放翁詩「羸疾止復作，已過秋暮時。但當名百藥，何止謁三醫。」又云：「病侵强健日」，又「留病壓災年」，又「病無詩一字」，又「老病頻辭客」，又「多病更知身」，是贅其言病最多，而卒年乃壽至八十五。觀三公事，知少病體癯，壯年不加朘削，益之調衛，仍不損其年也。(《思益堂日札》卷六，《續修四庫全書》影印清光緒十四年王先謙等刻本；許逸民點校本，第一三二頁)

⊙彡谿

浙江衢州府驛名彡谿（在衢信交界），謂其水作三道，來作彡字形。南宋時，鮑娘有詩云：「谿驛舊名彡，煙光滿翠嵐。須知今夜好，宿處是江南。」蔣穎叔和之云：「盡日行荒徑，全家出瘴嵐。鮑娘詩句好，今夜宿江南。」予早歲過其道，有句云：「暮雨今夜宿，吳娘舊曲鮑娘詩。」兼用香山句也。(《思益堂日札》卷七，《續修四庫全書》影印清光緒十四年王先謙等刻本；許逸民點校本，第一四六頁)

⊙士子妄用先達名

李赤之慕李白，黃居難之慕白居易，則仿其名；司馬相如之慕藺相如，長孫無忌之慕何無忌，則直用其名。至梁太常丞虞舜，北魏都督曹仲尼，唐武后時拾遺魯孔丘，直取古聖爲名，極屬狂悖。本朝康熙時，有侍衛名狼瞫者，兩字全用古人。又有士子用時賢名被斥者，張公（廷璐）視學江蘇，按試通州，時廩生張士英文頗佳，公賞之，擬取作拔貢，以其名犯其先相國文端公諱，命易之。生不達其旨，因自請將本名去一「士」字，單名爲英。公大怒曰：「先相國大名彪炳宇宙，婦孺咸知，何物狂生，謬妄乃爾。」卒黜之。張乙舟師（錫謙）試長沙，有王姓童生名步青，公點名時至某童，即起立曰：「既是罕皆先生，係文壇先輩，何敢屈來小試?」命吏役扶出之，一時稱快。

（《思益堂日札》卷九，《續修四庫全書》影印清光緒十四年王先謙等刻本；許逸民點校本，第一九三頁）

《擬新樂府四首》

⊙閹者怒

桓桓漢將軍，閹奴名子都。師行策馬身前驅，奔走官吏同役夫。縣官者誰强項令，請緩供張哀萬姓。將軍愧爾姑爾從，豪奴豈識將軍命。百端苛令令終違，赤舌搆陷成危機。糧缺軍稽令則罪，上刑竟觸將軍威。將軍威，爾毋懼，慎勿攖，閹者怒。

⊙船家惡

江頭軍士日捉船，捉船不渡爭索錢。得錢更捉他船替，十船九用軍旗編。一船數遇軍行苦，典盡衣裳贖篙櫓。今朝又被衆軍驅，哀乞不從心痛楚。恨深狡計生中流，征裝偷取藏船頭。夜半呼儔逐軍去，軍衆起敵無戈矛。抽刀迫軍軍益懼，十十五五遭縛住。褫衣擲向野山坡，打鼓開帆遠天去。明日行人見爭愕，解絲縱使歸軍幕。從今殺賊戒前行，賊人恐似船家惡。

⊙殺賊功

游子遠方歸，談笑誇從戎。貂冠佩錦帶，寶劍懸琱弓。今日羽林郎，昨日賣菜傭。躍馬大道上，煜煜何熊熊。戰不必箭與弩，捷不必鏑與鋒，纍纍人頭馬前挂，將軍已上殺賊功。殺賊功，功何酷。死後骷髏被賊名，青燐夜聚冤魂哭。

⊙從軍樂

征人苦，征人亦何苦，休論百戰建功名，試與千場醉歌舞。高者山，深者林。白者玉，黄者金。莫報賊人急，且慰將軍心。將軍福爾爾不知，按兵不復聞師期。營中夜夜聞刁斗，城頭日日眠旌旗。材官健卒煩征索，吏竭脂膏奉囊槖。寄語青閨魂夢安，征人且唱從軍樂。（《思益堂集》詩鈔卷一，《續修四庫全書》影印清光緒十四年王先謙等刻本）

智按：周壽昌，字應甫，一字荇農，晚號自庵，長沙（今屬湖南）人。道光二十五年（一八四五）乙巳進士，改庶吉士，授編修，歷官内閣學士，署戶部侍郎。有《思益堂集》。

喬松年（一八一五～一八七五）

《蘿藦亭札記》

白樂天有《夜聞歌者》一詩，在《琵琶行》之前。（《蘿藦亭札記》卷四，清同治刻本）

白香山固有近雅之詩，特好爲淺近語，以動時俗，殆近於爲新聲，以悦婦人者。（《蘿藦亭札記》卷四，清同治刻本）

開元時，得默啜首者，郝靈筌也。白樂天《新樂府・折臂翁》詩自注云：郝雲岑。（《蘿藦亭札記》卷五，清同治刻本）

白樂天詩「退之服硫黄，一病訖不痊」，或以為韓退之，或以為衛中立。（《蘿藦亭札記》卷七，清同治刻本）

智按：喬松年，字鶴儕，一説字健侯，號鶴儕，徐溝（今山西清徐）人。出身官宦。曾任工部主事、蘇州知府、常鎮通海道、兩淮鹽運使、江蘇布政使、安徽巡撫、河東河道總督等。

王拯（一八一五～一八七六）

《贈張南山丈維屏》

早聞詞賦動江關，解紱滄州鬢雪斑。老著異書如柱史，近傳逸句似香山。（《龍壁山房詩草》卷二，《續修四庫全書》影印清同治桂林楊博文堂刻本）

智按：王拯，字定甫，號少鶴，馬平（今屬廣西）人。道光二十一年（一八四一）進士，官户部主事，充軍機章京，後遷至通政使。屢上書言事，後告歸，卒於鄉。有《龍壁山房詩草》十七卷、《龍壁山房文集》八卷。

尹耕雲（一八一五～一八七七）

《香山寺》

我聞香山老居士，欲來此地為閒人。伊川中流闕對峙，三秋雲物清且新。

先生不歸履道宅，潭月巖風數晨夕。婆娑九老會何所，漠漠厨煙冷香積。殘碑斷碣俱無有，畫圖獨認西崖叟（寺有湯西崖少宰畫像石刻）。西崖已不識香山，我更來當百年後。關中群盜方傳箭，青袍白馬紛然遍。一尊且自放高歌，十道誰知正酣戰。人生會合豈有常，今日露華明日霜。眼前若得放舟去，此水東流經故鄉。（《心白日齋集》卷六，《清代詩文集彙編》影印清光緒刻本，第六五九册，第七一四頁；《晚晴簃詩匯》卷一百五十）

《龍門月夜放歌》

平生此游最奇絕，伊闕三更看秋月。伊流萬頃堆琉璃，鍾阜千重積冰雪（龍門一名鍾山）。冰雪襟懷鬱奇氣，閉置樊籠肤城市。興来走上龍門巔，大叫香山白居士。東山未暝西山夕，遊蹤稍向靈巖息。（龍門古有靈巖寺，今潛谿寺或其遺址）斜陽一片崦嵫來，淒涼紫翠傷心色。海風吹月青天高，浮雲點綴無纖毫。上有晶瑩之岩崿，下有瀲滟之波濤。嵌空石窟清輝徹，六祖袈裟見衣纈。可憐照石照如来，不照千家萬家血。浮圖梵刹金崔嵬，充華去後媚孃來。宫人笑語亦已矣，詞客錦袍安在哉（武后遊龍門，宋之問詩成，賜以錦袍）。蒼鵝飛入昭陽殿，橋上鵑聲南北變。沁水園林蔓草荒，平泉花木牛羊踐。惟餘此水常東流，年年明月懸清秋。欲量千斛釀美酒，呼月同消萬古愁。（《心白日齋集》卷六，《清代詩文集彙編》影印清光緒刻本，第六五九册，第七一五頁）

智按：尹耕雲，字瞻甫，號杏農，江蘇桃源人。道光三十年（一八五〇）庚戌進士，授禮部主事。歷官河南河陝汝道。有《心白日齋集》。

杜文瀾（一八一五～一八八一）

《古謡諺》

⊙白居易引諺

《白香山集》後集卷五《雙鸚鵡詩》：「鄭牛識字吾嘗歎。」自注云：「諺云：鄭玄家牛，觸牆成八字。」（《古謡諺》卷七十六，《續修四庫全書》影印清咸豐十一年曼陀羅華閣刻本）

智按：杜文瀾，字小舫，秀水（今浙江嘉興）人。諸生，入資為縣丞，以功晉布政使銜，任兩淮鹽運使。《古謠諺》一百卷，收録上古至明代之謠諺。

丁紹儀（一八一五～一八八四）

《聽秋聲館詞話》

⊙黃鶴齡詞

道光丁未秋，以歸妹故，渡海至彰化。適黃浣雲師（鶴齡）館臺灣郡廨，賦詩召余，佐勾稽者八閲月。師嘉應人，善度支學，好為詩，以香山、義山、遺山為宗，嘗自謂三山。後學詞，非所喜。余初至台，呈《八聲甘州》一闋，即依調見答云：「正西風、吹老碧梧桐。海外喜萍逢。念戟門廳鼓，侯門挾瑟，一様倥偬。不分赤嵌城畔，重翦燭花紅。一十年間事，逝等飄蓬。聽説艱難負土，更爻占歸妹，遠趁飛鴻。問鯨嘘鼇擲，壯覽幾人同。看依然、襟情似雪，只飄蕭、潘鬢漸蓬鬆。怎怪我、鬚眉霜染，頭腦冬烘。」師所著《不暇懶齋詩》，囑人攜赴台陽，舟覆，沒於水，然掇拾叢殘，尚得十二卷。余倩符雪樵大令校選一過，力稍有餘，當為刊行，志之以當息壤。（卷四，《詞話叢編》第三册，第二六一八頁）

○孟超然詞

大興朱竹君學士（筠），乾隆庚寅主試閩中，夢武夷君見召，約以十年後往。逮辛丑視學任滿入都，未久以微疾逝。時學士弟吾君相國方視閩學，閩縣孟瓶庵吏部弔以《金縷曲》云：「廿載蓬瀛客。賀征軺、搴帷南望，山丹水碧。一枕清宵催客夢，夢到洞天窟宅。訝雲馬風車絡驛。九曲峰頭虛左待，望先在、認取三生石。休忘卻，舊丹册。當時鞅掌慵登陟。語仙靈、相期十載，不辜諾責。誰料輶軒重涖止，到眼岩巒猶昔。曾未幾、果登仙籍。話到幔亭張宴事，吹篪人、淒斷緱山笛。才俯仰，總陳跡。」學士性通脱，見客或不衣冠，而宏奬風流，如恐不及。任安徽學政時，奏言《永樂大典》中多逸書，宜採録。遂開四庫館，徵天下遺書，古人未傳之本，藉以流布。昔香山、曼卿，或主蓉城，或歸兜率，才人靈爽每有所憑，學士武夷之召，夫豈無徵。

吏部名超然，以部曹提學四川，清操絕俗，生平積學砥行，所著書皆切倫常日用，詞僅存一闋。（卷十八，《詞話叢編》第三册，第二八〇二頁）

⊙柴才與張鴻卓詞

集句始自傅咸集十經詩，明以來遂有專集唐詩杜詩者。竹垞太史乃效東坡居士集古人語為詞，蕃錦一編，眾皆斂手。至錢塘柴次山茂才［才］百一草堂詞，咸集舊句成篇。近日華亭張嘯峰廣文［鴻卓］更專意集詞，組織之工，幾欲突過前哲。

茂才《憶王孫》云：「看花多上水心亭。［張説］夾岸桃花錦浪生。［李白］楊柳陰陰細雨晴。［武元衡］畫船輕。［白居易］遠遞高樓簫管聲。［羅鄴］」《長相思》云：「花參差。［蘇頲］星參差。［劉方平］緑慘雙蛾不自持。［步非煙］春風能幾時。［儲嗣宗］遙相思。［王勃］暗相思。［白居易］只有妝樓明鏡知。［陳羽］相思每淚垂。［杜甫］」

廣文《蝶戀花》云：「殘酒欲醒中夜起。［馮延巳］銀漢無聲，［汪映卓］露滴寒如水。［盧氏］獨倚危樓風細細。［柳永］那堪玉漏長如歲。［蘇軾］紅燭自憐無好計。［晏幾道］羅幕輕寒，［晏殊］點點殘花墜。［歐陽修］舊夢蒼浪雲海際。［詹正］無言劃盡屏山翠。［毛滂］」廣文由貢生官訓導，著有《緑雪館詞》。……（卷二十，《詞話叢編》第三册，第二八二六頁）

智按：丁紹儀，字杏舲，又字原汾。諸生。歷官知縣、州府同知，後蒙冤落職，著書自娱。有《東瀛識略》。《聽秋聲館詞話》刊于同治八年（一八六九）。

范志熙（一八一五～一八八九）

《秋日遣興》

苦惜分陰捷轉丸，老來還要強加餐。境惟知足心常適，事到無求夢亦安。入世久知同調少，居官須識令名難。祇緣豪興年來減，冷抱青琴不浪彈。家風世守過庭書，□（智按：疑作恥。顧況《閒居懷舊》有「仕向侯門恥曳裾」句）向侯門事曳裾。千古傷心燕市駿，廿年入夢武昌魚。醫時愧乏青囊術，吏隱權從白傅居。屢欲歸田歸未得，何時穩策少游車。（引自陳作霖《可園詩話》卷四，民國八年鉛印本，第十四葉）

智按：范志熙，字月槎，號木犀香館主人，武昌（今屬湖北武漢）人。道光二十九年（一八四九）副貢，咸豐十一年（一八六一）順天舉人，後兩以回避不與會試。授國子監助教，俸滿，同治三年（一八六四）至六年任江蘇揚州府河務同知，又調補淮北監掣同知，累功保擢江蘇候補道，加三品銜。能詩文，同、光間以詩名。有《范月槎詩文稿》不分卷（稿本十九册，又有抄本一册），《退思存稿》五種八卷（《退思詩存》四卷、《退思文存》一卷、《仕隱圖題詞》一卷、《木犀香館詩草》一卷、《都門唱和詩》一卷），有清光緒十四年（一八八八）木犀香館刻本。

方濬頤（一八一五～一八八九）

《新樂府十五首》

⊙羯鼓撾

羯鼓撾，舞袖斜。管絃嘈雜開府衙，高張錦幄觴流霞。移宮换羽聽不厭，忽然隱隱聞吹笳。霓裳隊擁袍笏散，官民莫辨人如麻。如麻四竄田間鼠，空耗帑金豢豺虎。賊來勇潰長官逃，袁江兩岸半焦土。

⊙鳳凰山

鳳凰山下鼓聲死，金牛湖邊怒濤起。肉飛如雨血如水，一城忠烈吁足紀。壯哉擐甲眞將軍，堅壁不動摧妖氛。轉危為安外援至，大呼直上雲栖雲。

⊙練湖碧

練湖碧，濺元戎，血洸洸，不愧人中傑。六年勛業一旦灰，劫運未了東南灾。若使從前專閫寄，廓清江表非難事。嗟予有弟同捐軀，免胄恥逐偷生徒。天子親頒哀痛詔，地下忠魂定含笑。

⊙延陵叟

延陵叟，涕泣攀轅跽道右，使君使君願無走。倉庫充盈，城堅可守。效死弗去報我後，食毛踐土二百年。豢養深恩誰肯負，叟言甫畢戰馬馳。掉頭不顧揮熊羆，封畺全局任綦重。一隅坐困誠何裨，嗚呼自壞其藩籬。

⊙鄧尉愁

鄧尉愁，錦峰黯淡啼鵂鶹。虎邱嘯，石徑荒蕪長蓬藋。逃勇剽掠城為空，殺勇未盡寇旋攻。將軍昨夜駕艨艟，聞警已入鱸鄉中。吁嗟乎，財賦之區任盤踞，老師縻餉一再誤。

⊙梅鋗城

梅鋗城，建旗鼓。志和村，列干櫓。黄山玉屏不可到，乾淨留此一抔土，五嶺從古天設防。一夫扼險，萬夫莫當。去年兩月兵無糧，烽烟四起嘷豺狼。徑陟烏聊登紫陽，旌旄徧野何狓猖。朱提白鏹巖穴藏，那期搒括飽賊囊。而今勁旅推三湘，幾時飲馬歙浦旁。

⊙海揚波

海揚波，入丁沽，羽林卷甲岸上趨。潞河畫角鳴烏烏，黿鼉跋空雲模糊。須臾樽俎靖戎馬，風恬浪静承天嘏。不見當年越裳氏，重譯來王輦轂下。

⊙龍虎臺

龍虎臺，草青青，萬騎蹴踏聲不停。一籌已報一籌續，拱衛日馭轟雷軿。纔過蕎蕎陂又到，歡喜坡宮車望幸。四十載九霄，雨露今年多。迴看雲影乍明滅，火鵶墮水玉泉熱。

⊙荆棘叢

荆棘叢，塞孔道，拔除休待根株老。藤蘿蔓，梗路歧，芟薙猶恐時令遲。春風無私普化育，那必栽培罕傾覆。待看白帝振霜威，千林蕭條萬樹秃。

⊙莫養鷹

莫養鷹，掣縧而去仍飛騰。莫飼鷂捉雀，為食太强暴。鷹鷂不入鸞鶴群，如何肯向籠中馴。傷殘同類昧恩義，肘腋登時憂横恣。由來姑息釀禍胎，三面之網無輕開。

⊙賣牛犢

賣牛犢，買劍刀，抛卻耒耜垂戎櫜。東阡西陌渺難辨，禾麻斷種生艾蒿。健兒箇箇隸軍帖，荷戟腰弓雄蹀躞。不見盜賊少，但見戰士多。來時襤褸披，去時錦繡馱。兵虐於寇如農何，井田之制終不磨。

⊙子母錢

子母錢，輕重權。通若布，流如泉。四銖五銖肉好全，當千比輪嗟徒然。摩鋊紫紺變鵝眼，寶貨適濟奸商奸。七福之說臣最信，三品之利上勿專。君不見，九府圜。

⊙瓜蔓抄

瓜蔓抄，衣冠縲絏，吏卒咆哮，孰清孰濁先溷淆。爰書未定帶已褫，牛毛漢法乃如此。願師杜牧上罪言，于公治獄獄平反。高懸明鏡照覆盆，培養元氣扶乾坤。

⊙避白著

避白著，利源涸。避博徵，市價騰。上益下損損仍益，得之者寸失者尺。權宜妙策人人知，所貴積累爭毫釐。會計精能無冗贜，遂使終南多捷徑。嗚呼！終南捷徑何其多，底須投筆提金戈。

⊙飛露布

飛露布，表戰功。如荼如火尺幅中，字向紙上光熊熊。國家軍興將一紀，紛然屯聚罘蠭螘。捷書到今不知數，乘除試覓算博士。拍手齊呼爛羊頭，沙蟲悽楚猿鶴羞。何時靈臺偕偃伯，鐃歌一片催驊騮。（《二知軒詩鈔》卷七，《續修四庫全書》清同治五年刻本，第一五五五册，第五一五～五一六頁）

《嶺南樂府三十章》

⊙大醮壇（戒諂黷也）

大醮壇，鐘鼓鳴，十里五里錦繡棚，千枝萬枝琉璃燈。填街塞巷夜達旦，烹羊炮羔偕獻誠。吁嗟乎，男女雜沓，舉國若狂。赤帝與黑帝，祀典崇蠻方。禾穀夫人古未有，飛來之神殊荒唐。二司馬腳愚民惑，三界迎蛇判曲直。香囊私向先鋒禱，紙人可代病如失。翁山神語洵有諸（以上皆見廣東新語），顆粒化作旃檀枯。禳祈終歲走祠廟，醵錢不問官家租。

⊙紅黑旗（憫械鬭也）

紅黑旗，起惠州，一城内外民相仇。睚眦小忿興戈矛，豈待攘雞與奪牛。忘生捨死逞血氣，豪强視官同綴旒。率上皆王臣，奈何分土客。始也客為土所役，繼也土與客尋隙。土不能容客安適，蔓延縱横十餘縣，蠭屯蟻聚互搆煽。那龍（地名）既迴使者車，廣海（寨名）竟與王師戰。安得一掃笳鼓喧，山中為築桃源村。

⊙四營將（勸講武也）

四營將，將勁旅，五羊城，萃貔虎。自從博塞風盛行，頓廢韜鈐愛阿堵。弓衣權當護身符，白叟黃童充部伍。水陸之兵七萬餘，兵外募勇何取乎。玉帳摩挲賸空籍，雨拋金甲沙沈戟。須知倉卒選鄉團，未若平時足軍額。嗚呼！兵餉日以缺，勇腹日以枵。願告我元戎，下令肅銅鐎。營中自有鴛鴦陣，奚庸別向田家招。

⊙三合會（憂亂民也）

三合會，會何人，拜五祖，宗少林。上者持扇白如銀，次則紅棍長竟身。下之草鞋亦可踏，無貴無賤無富貧，不為良民為莠民。抛詩書，棄耒耜，一唱百和，横行鄉里。老官（吏胥也）老總（隸卒也）寄心腹，誅之不能禁不止。有時事急懸花紅（粵人名賞曰花紅），渠魁倖獲稱奇功，黨羽未散甘朦朧。不然招撫用下策，養虎自謂能牢籠。遂令紛紛竪旗者，同心頂禮香燈下。

⊙縐紗帶（懲散勇也）

縐紗帶，腰間圍，紅紫綫，頂上披。不農不工遊以嬉，如鷹脱韝馬脱羈。彼何人，氣甚驕，厥惟東莞嘉應潮。聚時列陣排鸛鵝，散時滿野鳴鴟鴞。昔年防夷廣招募，無端留此蒼生蠹。勇多害民官弗顧，縻餉勞師寇如故。今之寇，昔之勇，弭亂召亂，烏乎不恐。迴看六鎮兩軍門，大纛高牙方坐擁。

⊙爬龍艇（責巡邏也）

爬龍艇，利攻剽。緝私反走私，捕盜轉縱盜。錢神句通到官府，丁壯口糧嗟坐耗。但貪財，遑畏法。死者囊首挂高竿，生者搖船出三峽。嗚呼！爬龍之艇非不多，唯見送迎來往如織梭，巡而不巡將奈何。欲矯其弊，責在守土。禁爪牙，毋攫取。申號令，莫安處，終日揚帆還打鼓。掃盪萑苻消伏莽，南北通津永無阻。

⊙打單錢（念商旅也）

打單錢，費幾何，攔江駕艇至，大艑不得過。梟刀斬勿與，白刃怒相加。厰抽釐，關榷税，所取乃在税釐外。長年三老久矣諳此例，收帆停橈且留滯。舟行怕遇打單人，裹巾百十紛成群。汛兵退避不敢問，荒凉斥堠無人巡。朝打單，暮打單，那管估客愁，偏欣法網寬。訴牒投來東高閣，催科小吏去村落，鷙鳥亂飛何處捉。

⊙速弔放（惡擄贖也）

速弔放，籲縣官，官是民父母，焉忍袖手觀。望官不來，貸錢不至。一雙木鵝，置之死地（擄人者以堅木鑿兩穴，鉗其足名曰木鵝）。哀哉凶頑徒，傷殘我同類。有銀即贖還無銀，求弔放吏胥婪索。遲遲行竟爾，葫蘆畫依樣。以人為貨狠且貪，盜跖見此猶生慚。炎荒徧地虎狼穴，太息澆風幾時絕。

⊙買輸服（痛被誣也）

買輸服，恃多貲，弱肉强食真堪悲，桃僵李代明明知。偏以朽骨為居奇，東鄰殺人西鄰愁。金錢不了控不休，劇憐一紙公門入。賴有孔方頻緩頰，筆下刀可畏，胸中鏡難明。縲絏雖免囊槖傾，富而賈禍誰使令。不聞反坐論如律，但云天道忌滿盈。

⊙畫紙虎（嫉訟棍也）

畫紙虎，虚恐喝，憑空結撰聳聽聞，有頭無尾枝節脱。紙上描摹假當真，吁嗟刀筆能殺人。愚懦無端遭毒噬，猛虎爪牙半奴隸。倚託錢神暗助威，狼狽為奸誇得計。欲無訟，清訟源，嚴拏訟棍，折以片言。曲直是非胥立判，畫虎不成空狴犴。

⊙宰白鴨（哀頂凶也）

宰白鴨，鴨不言，延頸伏地忘其冤。只圖得錢竟誣服，耐可結案休平反。鴨兮鴨兮，法如牛毛細，命比鴻毛輕。慈烏反哺已無及，金雞下詔難得生。為愛鬼頭銀，甘作籠中鳥。不慮操刀誤，翻誇獲犯早。如此判牘真糢糊，以鴨抵辠鴨無辠，明刑慎罰有是夫。

⊙標長紅（慮罷市也）

標長紅，普傳籤，連甍比屋侔鰈鶼。錙銖計較詢謀僉。大府下令無其嚴。盈廷聚訟終游移，那及市井人心齊。弦高卜式古來少，絕流而漁患非小。軍儲挹注幾時足，風氣因之愈悍慓。長紅雖長官莫驚，未有商賈敢弄兵。何以治之唯公平，蠹奸剔弊衆口塞，環顧六街多頌聲。

⊙爭沙坦（弭侵越也）

爭沙坦，海之壖，去歲一畝今五畝，滄桑倏忽盡成田。本無爾疆及我界，競拋錢鎛持戈鋋。弱與强，爭即止。强與强，争不已。爭不已，訟不歇，谿壑縱能滿，脂膏旋亦竭。悔不埋頭事耕垡，爭可息，憑丈量。有曲有直，何弱何强。徐徐議升科，納我天家糧。宰官清正，勿蠹勿蝕，沙坦之爭自永息。

⊙充馬孖（俗讀如占）（虞外附也）

充馬孖，裁洋行，利之所在趨若鶩，東奔西走弛禁防。唐回圖使或相類，畢竟外夷勞控制。不施鞭撻自帖伏，有馬借乘今豈異。須知萬物一馬也，驊騮頫首如喑啞。敬告司牧宏招徠，長駕遠馭漢道恢。無邪一語貫三百，要仗空群雄駿才。

⊙新聞紙（通華夷也）

新聞紙，聞所聞，孰是孰非，人云亦云。上而王言下私議，旁搜博採刊唐文。晶瑩兩面白於雪，細字蠅頭密羅列。可以驅睡魔，可以助談屑。歐羅巴人一片紙，紛然傳播中原矣。誰其印者孖剌館（番人名），雞林之賈難專美。君不見，宣武門内天主堂，雕闌畫棟重輝光。

⊙斯文崽（端士習也）

斯文崽，腹内空，縱帶清華氣，未除佻達風。身在賢關聖域中，自誇頭腦異冬烘。孏讀綫裝書，輒懈焚膏志。一任人譏碑没字，青簾白舫閒游戲。若輩斯文眞埽地，學海堂，浩無垠，典刑豈乏老成人。轉移士習勤陶甄，躁妄者退，厚重者升。美哉文質咸彬彬，藏修寶此席上珍，不愧山留越秀名。

⊙阿官崽（諷遊冶也）

阿官崽，富家子，擁膏腴，曳羅綺。朝朝打水圍，夜夜宴沙沽（艇名）。藏嬌到處覓金屋，留髠隨地安行廚。俾晝作夜，樂以忘憂。興發忽向京華遊，思拓眼界揩雙眸。黄金獻豪門，朱提付酒樓。貲郎倦遊便歸去，逍遥仍在花間住。直待紅巾賊入門，始悔今生著紈絝。

⊙阿爛崽（禁土棍也）

阿爛崽，結死黨，三三五五慣打降。握拳努目形骯髒，恃强梁欺恇怯。居無家，出無業，情理置度外，威力相恐愶。嗚呼蠻天戾氣之所鍾，善良孰敢攖其鋒。四民不齒，一方虎視，憑藉游俠兒依附，輕薄子，是猶莠稗亂禾苗，別無他法耘且薅。任他桀驁不馴者，總畏朝廷三尺條。

⊙琵琶嵬（歎鬻女也）

琵琶嵬，貌如花，問胡墮風塵，怨娘復怨耶。杉皮閣上二絃響（粵東琵琶多二絃者），紫洞艇内半面遮。抱琵琶，將進酒，不是珠娘產蜑家，怪底韶顔依鴇母。唱罷摸魚歌改心（即粵謳），鵝潭潮退月西沈。有人亦下青衫淚，淪落天涯感不禁。感不禁，愁無奈，早登彼岸渡慈航，莫被花田鶯燕罵。

⊙拐豬嵬（患掠賣也）

拐豬嵬，貨番舶，封豕於今方荐食，放豚不追空樹柵。牽之入苙招涉波，我兵一發中五豝。還用子矛刺子盾，視人猶畜孰敢訶。異狗（黑角切）怒，頻（見昌黎文）如豩（音彬），亂群可憐，伏地性卑率（《埤雅》豬性卑而率），豣豵一例同占。豶豭强，牝弱勢忽反。歸艾興歌嗟已晚，咄咄波河終不返。

⊙白鴿標（儆賭博也）

白鴿標，仿射覆中，十利百倍。窶者可立富，闉闍不出門。求神暗中佑，貪餌游魚盡上鈎，大小扳罾（白鴿標名目）欒奔湊。一人手挈鷹錢回，千人皆思青蚨飛。去復飛來，負多勝少冥不悟，猶曰雌果乘雄哉（白鴿標以此取義）。番攤館，花會廠，鼎足而三布羅網。近時圍姓更脱俗，風雅預占龍虎榜。鴿兮鴿兮，不脛而清，以逸代勞。轉笑咸陽客舍裏，呼盧喝雉太矗豪。

⊙燒金豬（杜奢侈也）

燒金豬，具大餐（用番語）。魯津伯殿八珍備，糟糠氏進六禮完。萬户千家貪口腹，市上燔炮猶不足。卻笑老饕未解饞，坡公五日一見肉。古人只重特豚饋，盈几堆槃太無謂。價奪輝煌龍鳳餅（京師婚禮率用之），嶺南應較遼東貴。吁嗟乎，漿酒霍肉珠海濱，漫數石家蠟代薪。

⊙八音班（悲失禮也）

八音班，昧吉凶，送喪送葬大合樂，南越陋俗從同同。歌于斯，哭于斯，或云古人本有薤露蒿里辭，今則彈絲吹竹聲啞咿。充其涼薄心若於，食稻衣錦罔不宜。此邦之民當憂而樂，試問家居讀禮人，清夜能無生愧怍。

⊙拜七娘（嗤乞巧也）

拜七娘，陳瓜果，麫絲作碗米作盃，明朝幾見金梭墮。典釵環，倒奩盝，天上聘錢猶未償，人間又費珠十斛。弄巧翻成拙，鬪富卻終貧。穿鍼翦綵有時盡，那如犢鼻長隨身。似聞黄姑增歎息，癡情兒女聰明塞。妝閣經營吉慶花，都為天孫罷蠶織。

⊙金蘭會（刺女子也）

金蘭會，訂同心，群陰邂逅利盍簪，小婢亦學孤鶴吟（婢女曰孤鶴會金）。取其堅蘭取其潔，唯願偕開姊妹花。守貞互綰丁香結，始信嶺南别有天。不因緣處説因緣，合歡催入芙蓉帳。薄命齊將荇帶牽，君不見，李明府（名澐），歸過父兄寬責女，鳴金塗朱令非虐，太和元氣春風鼓，雛鳳嬌鸞皆得所。

⊙釣魚臺（嘲鉤淫也）

釣魚臺，無定處，如鰈如鰜比目遊，情絲十丈句留住，句留住，樂洋洋，水邊拚作野鴛鴦。可憐不是温柔鄉，吞鉤銜餌禍胎伏。焉能自適其適同，濠梁迷津日以深。愛河日以淺，池魚之殃恐不免。於虖但道纏綿易，渾忘解脱難。無邊孽海生波瀾，及早回頭休上竿。

⊙減妝會（譏男色也）

減妝會，風斯下，呼孃呼妹不自慚，只覺陰陽堪假藉。孌童崽子矜奇衺，邁越籍鄧超董瑕。儼然武都身化女，櫻桃妬煞青棠花。搔頭傳粉多情甚，貌似紅兒腰似沈。豈獨何綏學婦人，魂入羅浮還共枕。異哉海國人中妖，舉舉相見思避寮（妓女所居名曰寮）。丈夫巾幗漫足恃，棄甲愁聽于思謡。

⊙上高樓（譏徵逐也）

上高樓，客長滿，琥珀杯，琉璃盌。淺斟低唱度深宵，魚藻門邊嫌漏短。閒散哦松吏，逍遥入幕賓，楚庭山下踏青人，登樓共醉天南春。那知高凉戰士多苦辛，烽烟又起陽江濱。暮暮朝朝，往來徵逐，試看金錢浪擲酒家壚，何如風雨獨酌青燈屋。

⊙跳茅山（好巫覡也）

跳茅山，醫勿用，召鬼神，驚愚惷。紅燈閃閃夜吹角，病魔潛逃思捉搦。除卻緑郎驅弗去，禳祈亦擅專門學。昔年訪道上清宫，詢以五雷正法，法官皆罕通。但見玉印潔白無點瑕，道是卞和之璞彫琢工。茅山正一本殊派，能為群蠻起尩瘵。執戈揚盾禮近儺，以刀斫臂顯靈怪。神道設教古有之，不須更向耶穌拜。

⊙四大寇（傷流匄也）

四大寇，負重名。寇而匄兮，學寇不成。乃是搢紳衣冠之後人，手無寸鐵偏錚錚，未受一廛難為氓。吁嗟乎！胠篋探囊，寇曰非我，沿門託鉢，寇曰不可，乞憐仍向仕宦途，翻謂析薪克負荷。此寇雖小，孰階之厲，若祖若父，懵懂弗為子孫計。昔時裘馬今蒙袂，梁上君子非一例。喚作大寇殊可傷，貪泉幾滴流餘芳。緑林豪傑紛無數，公等努力當自强，莫令蠻民笑外江。（粵中呼他省人曰外江老）（《二知軒詩鈔》卷十一，《續修四庫全書》清同治五年刻本，第一五五五册，第五七三～五七八頁）

《放言五首用香山韻》

敢云宇宙經綸足，莫謂乾坤缺陷無。道貫天人方寡過，疾分今古孰醫愚。奇輝易掩崑岡玉，清節曾還合浦珠。定靜功深開澈悟，丹邱底用謁文殊。

白晝逡巡終歲過，紅塵轣轆幾時休。離巢倦鳥仍投網，貪餌游魚總上鉤。解識是非身後定，不須得失眼前憂。大千都入黄粱夢，未必常逢石點頭。

剝復乘除了不疑，行藏何待問苞蓍。空山儘可栖种放，流水終教遇子期。意氣肯銷彈鋏日，聲名難得挂冠時。浮雲變態渾閒事，獨讓靈臺方寸知。

不世才人遭侘傺，靈均文字謫仙歌。堪嗟道險皆巴蜀，無奈江清只汨羅。洞壑雖幽通捷徑，隄防偶溢起頹波。淺深高下隨心造，過客光陰訝幾何。

萬古馨香尊孔孟，百年瞬息笑佺彭。金丹那及文章壽，軒冕奚如韋布榮。直到歸根袪衆惑，豈勞因果說三生。淮南雞犬何能度，轉覺神仙亦世情。（《二知軒詩鈔》卷二十一，《續修四庫全書》清同治五年刻本）

《遊仙用香山泛太湖書事寄微之韻聯句》

水漫銀河一棹通（謙），芙蓉城闕亘長空（叔）。將尋彭祖談修短（箴），欲向天皇問始終（燕）。千歲碧桃團絳雪（謙），九霄丹桂綻金風（叔）。赤霜袍剪蛟絲白（箴），瓊玉鞭捎鳳尾紅（燕）。七寶牀前衣縩綷（謙），八霞司裏珮瓏瓏（叔）。緲騎黄鶴歸天上（箴），又釣靈鼇過海東（燕）。甆枕翻嫌塵夢淺（謙），琅璈未許俗音同（叔）。太虛招我吞鴻脯（箴），身在瑤池閬苑中（燕）。（《二知軒詩續鈔》卷八，《續修四庫全書》清同治五年刻本）

《夢園書畫録》

⊙陳世南楷書九老詩册

綾本，今尺高五寸一分，闊三寸七開，計十四頁，頁五行，行十四字，楷書。唐白居易《九老詩並序》，首鈐「春輝堂」三字長印，末鈐「映山珍藏」方印。辛丑七夕後一日，書于知載堂。（《夢園書畫録》卷二十五，《續修四庫全書》影印清光緒三年定遠方氏成都刻本，第一〇八六册，第七七七頁）

智按：方濬頤，又名濬益，字子箴，號夢園，别號忍齋，安徽定遠人。道光二十四年（一八四四）進士，授翰林院編修。同治八年（一八六九）授兩淮鹽運使。歷任浙江、江西、河南、山東各道御史，兩廣鹽運使兼署廣東布政使、四川按察史。有《二知軒詩文集》、《忍齋詩文集》、《古香凹詞》等。

孫衣言（一八一五～一八九四）

《跋謝坦齋詩文集後》

先生名天埴，字亦潛，永嘉人。康熙庚辰進士，官終河南杞倉武陽令，包京之孫也。《郡志·循吏傳》稱，天埴爲文，如行雲流處，而不言其有《坦齋集》。包京《兩雁山人集》及天埴子立與可《自怡集》，郡志經籍皆著録，亦無《坦齋集》。予頃以蒐採鄉先輩書，徐君莅生從其友張君處得此本，凡詩古文及令杞時宦牘文字，都爲一帙，末有事實一篇，載其在杞政績，而邑人去思碑附焉。集中文多近俗詩，亦未爲深詣，而沖和真樸處，乃有似元次山、白樂天者。志所謂行雲流水，殆指其詩而言歟？然予觀去思碑所稱，先是治杞者，箕斂則有私派，征糧則有重耗，供官則有行户，行市則有雜税，詞訟則有請託，糧額則有欺隱，公愀然曰：「民瘠矣，我不忍踵此以自肥也。」用是一切禁絕。而志亦稱其丁外艱，歸卒，門下士至不遠數千里來祭，然則先生豈欲以詩文名者哉！碑又言其祖兩雁，以名進士宰武陽，多惠政，邑人爲立祠五柳集，其後復入河南名宦祠，而今郡志兩雁顧列義行傳，不言其宰武陽事，則志乘之所遺者多矣。《兩雁集》、《自怡集》，今皆未得見，僅於徐君得見此本，亦殘蠹損矣。因爲擇其雅潔可誦者，别爲一編，録而存之。先生詩文，雖非其至，而祖孫先後繼爲循吏，有惠澤於民如此，則其文字不尤可寶貴也哉！此本題曰《謝坦齋集》，而去思碑言先生號尋齋，皆郡志所未載也。同治丁卯二月，城南寓廬。（《遜學齋文鈔》卷九，《續修四庫全書》影印清同治刻增修本）

智按：又見孫衣言子孫詒讓（一八四八～一九〇九）《温州經籍志》卷三十集部（《續修四庫全書》影印民國十年刻本）。文後，孫詒讓案云：「坦齋謝知縣天埴，武陽知縣包京孫，乾隆《溫州府志・循吏傳》、乾隆《永嘉縣志・仕績傳》並有傳。」

蔡紫瓊（一八一六前～？）

《琵琶亭》

笑聽楓荻幾人家，千載猶將老婦誇。絶調不教逢白傅，衹今誰識有琵琶。（清蔡殿齊《國朝閨閣詩鈔》第十册花鳳樓吟稾卷九，《續修四庫全書》影印清道光嫏嬛别館刻本）

智按：蔡紫瓊，字繡卿，一字玉婷，德化（今江西九江）人。貢生蔡瀛女，道光二十年進士蔡殿齊（一八一六～一八八八）姊，湖口諸生周文麟妻。九歲通琴理，從吳小茶女史學畫墨蘭，即能摹其筆意，十二歲工楷書，精琴學，二十四歲而卒。著《花鳳樓吟稿》三卷，多吟風弄月、咏史懷人之作。其詩與萬夢丹、朱榮珍、蔡澤苕合編爲《林下清風集》，《國朝閨閣詩鈔》選詩六十八首。

吳坤修（一八一六～一八七二）

《寄懷馮子良司馬即次其集中韻》

舉杯難遣客愁新，别久常懷老健身。蒙叟真堪稱傲吏，香山豈獨是詩人。

皎如懸鏡當頭月，嗳過長裘有腳春。料得高歌娱燕寢，近來郊藪見祥麟。故園雖復滿蓬蒿，話到歸耕計亦豪。射虎數奇空沒羽，解牛技進善藏刀。兜鍪固見貂蟬出，廈屋偏愁燕雀勞。浩渺煙波蠡湖畔，一舟蓑笠尚能操。（《三恥齋初稿》卷三，同治八年刻本第七一八頁）

智按：吳坤修，字子厚，號竹莊，室名「半畝園」、「三恥齋」、「緒歲寒緣館」，新建（今屬江西）人。監生，歷官安徽布政使，署巡撫，贈內閣學士銜。

蔣琦齡（一八一六～一八七六）

《霞舫寄元日見懷詩且云有元白之感次韻奉酬並寄令弟麟閣（邁）》

明時書劍逐風塵，客裹頻驚歲月新。花柳無私咸被澤（今年皇上三旬，萬壽，頒恩詔大臣皆進秩），江湖何地可垂綸。論詩老愧幽燕將，築室甘為漢沔民。昨夢佳游曲江曲，與君兄弟共尋春。（《空青水碧齋詩文集》卷七）

《讀白傅〈白雲期〉詩若為余言者欣然成一絕》

未能五十已身衰，識分歸田正及時。好與樂天為後進，黃岩山下白雲期。（樂天此詩作於廬山黃石岩下，蓋營草堂時也。）（《空青水碧齋詩文集》卷九）

智按：白居易《白雲期（黃石岩下作）》：「三十氣太壯，胸中多是非。六十身太老，四體不支持。四十至五十，正是退閒時。年長識命分，心慵少營為。見酒興猶在，登山力未衰。吾年幸當此，且與白雲期。」元和十三年（八一八），四十七歲，任江州司馬。《白居易集箋校》第三八七頁。

蔣琦齡，字申甫，一字石壽，號月石，廣西全州人。官至順天府尹。參見銀健《空青水碧齋詩集校注》（廣西大學中文系碩士論文，二〇〇三年五月）。

蒯德模（一八一六～一八七七）

《題王郁齊司馬撫琴圖》

青衫司馬本多情，愛聽琵琶水上聲。忽把新音翻古調，緑陰深處一琴鳴。

(《帶耕堂遺詩》卷二,《續修四庫全書》影印民國十八年刻蒯氏家集本)

《六十自壽》

不求成佛不求仙,屈指光陰自算年。射策虛抛秋九十,從軍那惜路三千。高寒桂影搖無定,爛漫花枝種自妍。(謂作宰)昭諫若非逢相士,幾教誤盡此青氊。

升斗微糈薄宦成,高堂未及奏陔笙。風摧棣萼春難再,月暗蘆簾夜不明。無分公卿期子到,有根蘭竹慶孫生。老夫幸自兵戈出,又見寰區頌太平。

自從襆被去鄉關,鞅掌風塵鬢已斑。千頃汪洋黄叔度,一官瀟灑白香山。東觀滄海窮三島,西領巫峰控百蠻。笑問枚鄉從此始,天涯何事不歸還。

重陽節近客登樓,萸菊香濃四座收。鉅谷高山供笑傲,閒花野草任句留。懸來日月成雙照,徵到詩文第一流。巴舞渝歌同樂意,願開壽域與民遊。(《帶耕堂遺詩》卷五,《續修四庫全書》影印民國十八年刻蒯氏家集本)

智按:蒯德模,字子範,晚號蔗園老人,安徽合肥人。幼聰穎,期年遍讀五經。補博士弟子員。時文矯俗,不合有司尺度,故屢試不售。發憤讀古今百家言。咸豐末年以諸生辦理團練,隨李鴻章所部淮軍與太平軍作戰。攻佔定遠、廬州後,在軍中管理糧餉。同治三年(一八六四)任長洲知縣,政績卓著。歷任太倉知州、蘇州知府、江甯知府、夔州知府。性格沉毅,不畏強暴,善於疏導民眾、明斷冤獄。有《帶耕堂遺詩》、《吴中判牘》。

許奉恩(一八一六~一八七八)

《蘭苕館論詩》(九十九首之七十三)

琵琶老淚濕青衫,廣大如公自不凡。價重雞林嫗亦解,新詩諷喻抵韶咸。(《萬首論詩絕句》第三册,第一三七九頁)

智按:許奉恩,字叔平,桐城(今屬安徽)人。有《蘭苕館集》,失傳。有《留仙外史》,《品文論詩合抄》二卷(安徽圖書館藏清稿本)。仿《聊齋志異》為《里乘》（蘭茗館外集）十卷（中國社會科學院文學研究所圖書館藏手抄本；同治十三年序刻本一函十册）；仿《二十四詩品》，以四言詩作《文品》三十六則。

金安清（一八一六～一八七八）

《水窗春囈》

⊙琵琶亭聯

九江琵琶亭，余亦有聯曰：「燈影幢幢，淒斷暗風吹雨夜；荻花瑟瑟，魂銷明月繞船時。」皆組織元白本事也。（《水窗春囈》卷下，謝興堯點校本第三八頁）

智按：「余」即金安清，字眉生，號銷英居士。道光湖北督糧道。有《金眉生都張文稿》不分卷（南京圖書館藏抄本）。

梁九圖（一八一六～一八八〇）

《十二石山齋詩話》

白傅長裘、杜陵廣廈，千古豔稱，而汪莘詩云：「西湖日日可尋芳，樓上憑欄意未忘。斫取荷花三萬朵，作他貧女嫁衣裳。」胸次尤屬奇絕。（《清詩話訪佚初編》影印本卷九）

智按：梁九圖，字福草，號石圃居士，廣東順德人。曾官刑部司務。道光四年（一八二四）自衡湘歸，在清遠購得蠟石十二色，因顏所居曰十二石山齋。與張維屏、黃培芳等唱酬頗多，張維屏《聽松廬詩話》載：「福草少日即以詩名，既而與年俱進，著書十多種，不逕而走。」有《紫藤館詩文鈔》、《紫藤館雜録》、《十二石山齋叢録》、《汾江隨筆》、《石圃閒談》、《嶺南瑣記》、《嶺表詩傳》、《佛山志餘》等，又與吳炳南同輯《嶺表詩傳》。事迹見符保森《國朝正雅集》。詩話自序云：「十二石山齋居士既閒居，喜弄筆墨，輒談論古今詩人流品得失以自娱。」卷三言及道光二十五年乙巳四月事，則詩話作于道光二十五年至二十六年間。

潘清撰（一八一六～?）

《挹翠樓詩話》

東坡雅慕樂天，謫居黄州，始有「東坡」之號，緣舊有《東坡種花》二詩云：「持錢買花樹，城東坡上栽。」又云：「東坡已向春，樹木今何如。」又有《步東坡》詩云：「朝上東坡步，夕上東坡步。東坡何所愛？愛此新成樹。」又有《别東坡花樹》詩云：「何處殷勤重回首？東坡桃李種新成。」皆在忠州時作。蘇公在黄，正與白公在忠州相似，故《送程懿叔》云：「我甚似樂天，但無素與蠻。」《入侍邇英》云：「定是香山老居士，世緣終淺道根深。」《贈善相程傑》云：「我似樂天君記取，華顛賞徧洛陽春。」《贈寫真李道士》云：「他時要指集善人，知是香山老居士。」《去杭州》云：「出處依稀似樂天，敢將衰朽較前賢。」是則公之嚮慕，屢見乎詞。東坡之號，要不得謂之無心暗合也。（《挹翠樓詩話》卷一，《清詩話三編》第五九六四頁）

嚴滄浪云：「和韻最害人詩。」此風始於元白，盛於皮陸。但魯望殊無俊逸，襲美更乏清新，不特望元白而倒戈，益且遇温李而退舍。（《挹翠樓詩話》卷四，《清詩話三編》第六〇三〇頁）

智按：潘清撰，字麗亭，江蘇武進人。久在軍幕，後官至知府。有《挹翠樓詩鈔》。《挹翠樓詩話》四卷，有同治二年（一八六三）自刊巾箱本。

林用光（一八一七～一八七七）

《高小槎招集湖舫疊前韻》

扁舟盪空碧，欸乃櫓紋圓。嵐氣濃含樹，湖光靜拍天。詩超長慶體，懷暢永和賢。交誼深如許，萍蓬豈偶然。（《兩浙輶軒續録》補遺卷五，《續修

四庫全書》影印清光緒十七年浙江書局刻本）

智按：林用光，字輯甫，號若衣。培厚孫，溫州瑞安（今屬浙江）人。名宦林培厚後裔。咸豐七年任安徽祁門知縣。著《林若衣先生詩稿》、《惜硯録》及《墨緣室秋容閣集》。《兩浙輶軒續録》補遺卷五引家傳略：「用光以江南句容丞起家，歷宰安徽蒙城、祁門，所至有政聲，後爲人所中，罷官，配項氏，能詩，著有《脂學樓集》。」

馬如飛（一八一七？～？）

《白樂天》（葭盦主人藏本）

香山居士雪盈頭，尚在溫柔鄉裏游。聲色年年娱晚歲，小蠻樊素兩嬌柔。一個櫻桃口，一個腰如柳，婷婷裊裊鬬風流。千般歌舞千般態，一種嬌痴一種羞。碧玉芳年春正好，常言女大不中留。學興慶宫釋放宫人例，遣歸家自去擇鸞儔，免教團扇泣深秋。蠻姑襝衽深深謝，說道此德此恩報不休，結草啣環生死酬。惟有素娘無一話，濕鮫綃雙淚暗中流。說辱蒙見愛留妝閣，何事東君中道休。此身已屬君家寵，願與香山一老共春秋。夜讀添香聊作伴，微軀此外復何求？樂天顛首拈鬚笑，恩愛河邊幾世修，贏得紅顏伴白頭。（《樂聞》第一卷第四期，一九三四年，第十二頁）

智按：馬如飛，原名時霏，字吉卿，別署滄浪釣徒。咸豐同治間長洲（今江蘇蘇州）人。其父馬春帆、弟馬如龍、表兄桂秋榮等皆爲彈詞藝人，且皆以說唱《珍珠塔》知名。但馬如飛幼習刑名，長充書吏。父死之後，因薪俸低微，家計維艱，遂改承父業，從表兄桂秋榮學習彈詞。以其天分過人，很快超過乃父、乃兄及其師桂秋榮，成爲彈詞大家，尤以說唱《珍珠塔》享譽藝壇，文詞嫻熟，「有詩近千首，又著有《南詞必覽》一書」（阿英《小說二談·馬如飛的〈珍珠塔〉及其它》）。所著彈詞有兩種本子：一爲同治抄本，一爲光緒十二年刊《馬如飛先生南詞小引》二卷本。

佚名

《潯陽琵琶》

香山司馬謫江州，送客潯陽古渡頭。黯然銷魂同惜別，荻花楓葉晚江秋。遥望江心溢浦月，更聲再度起譙樓。（忽聽得）哀聲四起調弦索，（爲問那）何處凄凉似訴愁。賓主尋聲鄰舫近，（命她）移船相近半含羞。（一見那）秋娘老去餘風韵，座上樽添酒一甌。（只聽那）自叙生平縈舊夢，（怎奈是）春花秋月不能留。鵾弦曲按調銀甲，（那知道）鴛帳空懸墜玉鈎。往事不堪回首望，幾番衷曲話從頭。（只落得）殘脂剩粉空餘恨，血染羅裙舊石榴。（到後來）車馬漸稀悲冷落，（只嫁得）浮梁夫婿去難留。（宛比那）秋風捐棄宫紈扇，月缺難邀玉斧修。（可見得）自古歡場同宦海，滄桑易變去悠悠。（我亦是）天涯一樣（的）飄零客，末路知音泪兩眸。江上琵琶千載恨，（還勸你）再彈一曲更何求。（都只爲）樽前無物重相贈，翻作新腔（把）歌曲酬。（待到那）曲罷酒闌人去後，一聲歸去聽嗚騶；（只覺得）紅粉青衫雙泪流。（夏史編選《彈詞開篇集》，上海文藝出版社，一九六二年九月版，第九七～九八頁；蘇州評彈研究室編《彈詞開篇選》，江蘇人民出版社，一九八三年五月版，第一〇二～一〇四頁）

佚名

《琵琶行》（亦名《琵琶抱恨》）

（生掃板唱）在扁舟，設離筵，江頭餞別。

（中板）撩人景物動相思，梧桐葉落秋風起，蘆花紅樹晚烟迷。

（白）下官白居易，只因性情直梗，致令被貶潯陽，今宵江頭送客，思想起來，正切離鄉之嘆也。

（唱）可嘆功名如夢寄，宦情似水話不虚。說甚麽錦衣和玉食，一爲遷客萬里飄離，斜倚在篷窗愁難已，又聽得清商韵凄凄。滿江月明人聲細，秋風吹透白羅衣。舉目尋聲四下來觀視，却原來紅粉爲著白頭悲。須要憐香把玉惜，殷勤呼喚禮相施。我本是同病相憐人在此，相請娘子過船裏，同訴襟期。

罷了，我的我的賢姊姊，休避嫌疑，切莫推辭。

（旦唱）正在凄涼拭玉指，誰人深夜喚聲移？按著了琵琶來觀視，却原來官長暗猜疑。

（白）奴家京城歌妓是也。正在自訴衷情，又聽官長呼喚，待我過船，自有道理。

（唱）見官長，蒙相呼，因何事？莫不是，聽琵琶，憐憫凄其？自古道，人世知音能有幾，但只願萍水相逢成知己。就在今時黑夜裏，懶把殘妝理。過鄰船，步輕移，半掩桃腮羞的的。見官長，忙施禮儀。夜沉沉，人寂寂，荷蒙相召，爲甚端的？我的我的官長，細説奴知，免我猜疑。

（生唱）看爾非是凡庸氣，爲什麽明珠錯葬在塗春泥？驚動妝臺非別意，敢求指法，切莫相辭。

（白）娘子呀！方才一曲未終，聽得鴻聲鶴唳，因此請出芳容，再來領教領教。

（旦白）官長不嫌淘氣，奴家當得從命。

（旦唱）（寡婦訴冤曲）恨，恨，恨天不把眼來放。虧殺奴家年少雙親死，留下了紅顔女，落在烟花地，與人人同歡。一雙雙，一對對，好不羞耻。年老從良去，有誰知？嫁商人，重利輕別離。去奴他鄉里，相會在何期？恨冤家，雨淋漓，越思越想越慘凄，好不教人痛傷悲。

（生白）好呀！原來是霓裳羽衣之曲，其中無限凄凉。可憐閨閫名姝，流落在天涯之地也。

（旦白）待奴再訴呵。

（慢板唱）未開言，好一比，梨花帶雨。待奴家，把從頭，細説端的。

（生唱）勸娘子，休得要，珠淚交揮。必須要，把從頭，細説我知。

（旦唱）想奴家，原本是，長安歌妓。自幼兒，學習得，絲竹琴棋。

（生唱）却原來，教坊中，分才佳麗。可算得一個風流姝，怪不得名播京師。

（旦唱）想當初，在秦樓，何等聲勢。那王孫，和貴介，長日相倚。

（生唱）花正開，蝶滿枝，古今一體。何况爾，生來是，蕙質芳姿？

（中板）本該要，早進了，侯門之地。爲什麽，今日裏，飄絮無倚？我本是不才明主棄，他鄉作客故人稀。住在了這所邊陲之地，並無音樂，可把情怡。黄昏苦聽猿聲凄，午夜愁聞杜鵑啼。今日裏，領芳容，私幸好至。好一比，廣寒宫，落下瑤池。知音相對情難已，恨只恨，我兩人，乃是井别鄉離。

（旦唱）幼年間，只曉得，歡娱兩字。怎知道，今日裏，飄絮粘泥。實指望，捐脂粉，從良而去。有誰知，嫁商人，不采不理。無情義，就把奴抛棄。恨光陰，他這裏，如同水逝。青蛾一老事全非，留下弱質栖塵世，長江空對月華移。今宵訴盡平生事，問官長，你道凄其不凄其？

（生唱）往事不堪回首記，離合悲歡有定期。從今且把愁眉寄，怕只怕山川草木悲。

（旦唱）世上千般愁苦事，難比他鄉作客受寒凄。天涯淪落憑誰倚，滿懷愁恨有誰知？

（生唱）爲卿翻作琵琶記，留下芳名萬古題。

（旦唱）蒙君過愛多感激，萍水相逢賽故知。

（生唱）今宵難免傷心語，（旦唱）兩行珠泪濕羅衣。

（生唱）耳畔鐘聲鳴野寺，催殘更漏月沉西。兩人分袂情難已，呀呀，但只願我兩人後會有期，呀呀！（阿英《小説二談·〈琵琶行〉的戲文》，《阿英全集·七》，第三八五～三八八頁）

劉毓崧（一八一八～一八六七）

《郭光禄年譜序》

六朝以前之行狀，多出自幕客門生故吏之手。論者因謂子孫狀其祖父，起自近時，而非古法。然《禮記·祭統》云：「夫鼎有銘。銘者，自名也，自名以稱揚其先祖之美，而明著之後世者也，此孝子孝孫之心也。銘者，論譔其先祖之有德善、功烈、勳勞、慶賞、聲名，列於天下而酌之祭器，自成其名焉。……所以崇孝也。」由是言之，足證表章先德，本人子所當盡心，故後漢《魯司隸碑》為其子叡所作，《陳鴻臚碑》爲其子羣所作，實就三代以前鼎銘之義，從而推廣引申，由鑄金改爲勒石。而唐之白香山，元之郝陵川，述其先人事狀，以請銘者，不可謂非古禮之所許矣。郭生子貞，爲其尊人光禄公輯録年譜，復就年譜之中，舉其要者，編為行述。草創既成，就正於余，乞為筆削。余嘉其孝思肫摯，爰繹祭統之義而告之曰：記言無美而稱之，是誣也；有善而弗知，不明也；知而弗傳，不仁也。此三者君子之所恥也。……（《通義堂文集》卷六，《續修四庫全書》影印民國劉氏刻求恕齋叢書本）

智按：劉毓崧，字栢山，號松厓，江蘇儀徵人。劉文淇之子。道光二十年（一八四〇）舉優貢生。有《通義堂筆記》十六卷，《文集》十六卷，《詩集》一卷。

秦煥（一八一八～一八九一）

《題硯賓集》（四首其三）

冰壺玉椀俗塵删，風韻天然異等閒。當代喜逢黄叔度，古人雅近白香山。東瀛珊樹千年秀，南海明珠一夜還。都被錦囊收拾去，披吟勝似讀荊關。（《劒虹居詩集》卷上，光緒三十一年序刊本，第三十葉）

《白香山》

琵琶聲裏一停帆，司馬胸襟本不凡。有淚總緣蒼赤下，休疑閒曲濕青衫。（《劒虹居詩集》卷下，光緒三十一年序刊本，第十二葉；《萬首論詩絕句》第三册，第一二八〇頁）

智按：秦煥，字文伯，山陽（今江蘇淮安）人。咸豐十年（一八六〇）庚申進士，授戶部主事，歷官廣西按察使。有《劒虹居古文詩集》四卷，光緒三十一年（一九〇五）序刊本，中國社會科學院文學研究所圖書館藏，一函四册。生平見顧雲臣《廣西按察使秦公神道碑》及《國史館本傳》（《劒虹居古文》卷首）。

郭嵩燾（一八一八～一八九一）

《題李蓺淵所藏華亭姚簡叔允在所畫潯陽琵琶圖》

白公聲名高蹇蹇，一謫江州豈云遠。琵琶自爲兒女悲，安肯一官相婉娩。

畫中幾點潯陽山，如在元和貞元間。憑誰喚起厓州夢，且讀公詩一解顔。（《養知書屋詩集》卷十二，《續修四庫全書》影印清光緒十八年刻本）

《趙吟篁學博歸里吟序》

往與甯鄉趙振卿同舉於鄉，又同北行，相與贈答爲歡，時隨園詩猶盛行，予獨喜昌黎之言，以爲字向紙上，皆軒昂者，文家之妙諦也。而振卿固守隨園家法，予數規之。題其詩稿三律末云：「君試芟蓬累，予將據竈觚。斯謀疏又拙，視古或同符。」振卿則大韙予言。後七八年，振卿主講吾邑仰高書院，出其詩，名篇傑作，逌然異於曩昔之爲。予固驚其力之勤而進之速也。而其弟吟篁播卿相爲唱和，亦數得之振卿集中。又三四年，予爲曾文正公轉餉，甯鄉見振卿，年纔四十，龐然衰老，相顧感歎，嗣是不復見，而吟篁兄弟乃稍相過從，道故今年春，吟篁以永綏學博滿任，考績長沙，出示其醉吟閣詩一卷，命曰《歸里吟》，屬爲之序。蓋自赴官六年，始得一道里門，其距振卿之卒三十有二年矣，弟播卿尚健在，然亦窮老，而君詩優游和愉，充然自得，若有以内足於心。昔白樂天嘗自號醉吟先生，史稱其下偶俗好，至數千篇，君舟行未及兩月，積詩七八十篇，其自署醉吟閣，意將以偶俗好也。予獨悲振卿之詩，進而日工，而其年不及待以有傳，而猶得諸弟之賡續之，而若吾弟意城、蟄存詩文，皆幸有成，比年先後俱逝，而吾獨以衰病之身，精意銷耗，學殖日荒，追憶生平舊游，有如夢寐，讀君詩而益愀然以思，蘧然以重自傷也。時光緒十年春二月。（《養知書屋文集》卷五，《續修四庫全書》影印清光緒十八年刻本）

《蟄存蘿華山館遺集序》

傳曰：誦詩三百，授之以政不達，使於四方，不能專對，雖多，奚爲？然則詩之義，上通於政教，而下盡人事之變，酌其行之宜而勸懲立焉，極其言之文而情僞通焉，蓋非徒敷文翫辭、理性情而已。有唐詩人，如杜甫、元結、白居易，用其忠國愛民之心，經緯物變，牢籠百態，猶有詩教之遺焉。吾弟蟄存，自少通敏，喜立事，凡人世孅惡貞淫、忻憂愉戚，必務剖析條理之，不與時相汩混，其於友朋故舊，困窮阨艱，一引而納之，其身情相卹而惠相周也，而其爲言極事理之曲折，昭德塞違，以卽乎人心之安，雖有忿爭糾紛，得君言立解，是以終身汲汲，赴人之急，不自寬假，人以是賢君之爲，而益歎美其才。君尤自負其詩，每有作，反復馳驟，昭宣豈朗，一如其爲人，敷陳利病，罔弗達也；指發幽微，罔弗應也。聖人之言詩，通於政而給於言，君又用其所得於心者，形爲詠歌，衍爲言論，所以推行，固有本末乎，其致之用也，猶聖人之旨也。顧念吾兄弟三人，皆稍能讀書，求有用之學，吾性卞急，於時多忤，意城稍能通方矣，而懷斂退之心，履貞介之節，終不肯一自試其用。君獨以才自喜，樂以其心與力，推而致之於人，而亦終身望見仕宦，戛戛然去之，其施也不遐，其欲以公之人，終亦閼而不流，情性固然耶！……君所爲詩，無定本，既卒，其子龍允、寅伯檢君遺篋，裒得若干首，而擇其文之可傳者附焉，謀梓以行於世。吾悲夫聖人言詩之意未足，概於今之人也，是以重爲君悲也。時光緒十年，歲在甲申冬十有一月。（《養知書屋文集》卷五，《續修四庫全書》影印清光緒十八年刻本）

《玉池老人自敘》

吾於洋務考求其本末，與歷來辦理得失，證之史傳，以辨知其異同，自謂有得於心，不獨漢唐以來邊防夷狄之患，能知其節要，即三代以上規模，亦稍能窺測及之。……建昌陳子鶴尚書，有權貴之名，而其留心時局，甄拔人才，實遠出諸賢之上。嵩燾之援江西，尚書方憂居，奉命辦理團防，同居圍城，兩月有餘，朝夕會議，相待至爲優渥。又五年，至京師，常共往來。一日，詣尚書，適有客數人，在坐談洋務，一意主戰。嵩燾笑曰：「洋務一辦便了，必與言戰，終無了期。」聞者默然。頃之，客散。尚書引予就僻處，告曰：「適言洋務不戰易了，一戰便不能了。其言至有理。我能會其意，然不可公言之，以招人指摘。」予不能用其言，而心感之。嗣見馮魯川言，在刑部多年，專意辦案，不屑回堂，堂官訖無知者。陳公任刑部，有疑案，特召詢之，加倚任焉，自覺精神爲之一振。及權兵部李眉生在部，亦加異視，相與誦言其賢，乃悟流俗悠悠之議論，專持一見，不足據也。予自京師乞病歸，尚書方驗漕天津，聞而大戚，屢書屬少留候回京一見，予不敢從也。甫行兩月，而有天津之變。車駕巡幸熱河，尚書被詔扈行，踰年大喪，鄭王、怡王皆賜自盡，尚書亦遣戍。蓋其時鄭王、怡王、肅相執朝權，漢員被詔，僅尚書一人，言路據以爲黨論，劾及之。嵩燾南歸，稍緩一兩月，天津兵潰，嵩燾前言皆驗，尚書必邀致之，使竝入黨禍，尚書機警能測洋務之必有變，而不能測及聖躬。白香山詩云：「禍福茫茫未可期，大都早退似先知。」嵩燾之不與黨禍，早退之力也，既以自慰，亦重爲尚書悲也。（《續修四庫全書》影印清光緒十九年養知書屋刻本）

智按：郭嵩燾，字筠仙，湖南湘陰人。道光二十七年（一八四七）進士。光緒元年，授福建按察使，未上，命直總署。擢兵部侍郎、出使英國大臣，兼使法。有《禮記質疑》四十九卷，《大學中庸質疑》三卷，《訂正家禮》六卷，《周易釋例》四卷，《毛詩約義》二卷，《綏邊徵實》二十四卷，《養知書屋詩集》十五卷，《養知書屋文集》二十八卷。

孫鼎臣（一八一九～一八五九）

《新樂府并序十首》（録三）

臣鼎臣在史館，恭修宣廟實録，伏見先帝卽位之初，減方貢，省游觀，罷不急之工，斥難得之貨，詔旨屢降，史不絶書，顧事關宮庭，率下内務府，外庭罕有知者。夫厲精而防逸，欲治必由之宴安，而忘遠謀亂必及之儉，雖聖德之一端，然承累朝豐熾之後，兢兢業業，不敢少自暇逸，持盈防匱，綱紀秩然恭已，小心之效，亦可覩矣。敢撮其事，爲樂府五章。

⊙蜜荔支（嘉慶二十五年）

蜜荔支，色如琥珀甘如飴。翠罌朱筥密封識，遠自海嶠來丹墀。昔在明皇天寶世，嘉果纍纍必生致。馬死如山供一笑，舉烽裂帛成常事。本朝家法嚴宮庭，御廚茶膳皆有經。荔支蜜漬，自土貢，每歲所進不百瓶。豈如前朝尚煩費，茶作龍團鹽虎形。先皇淡泊由天性，密諭蠲除遂爲令，躬行節儉莫能名。嗚呼，帝德何其盛。敢將御札示史臣，荔支作譜彼何人。

⊙珠軒（道光元年）

皎皎明月珠，出自遼海濆。打牲烏拉歲捉取，黿浮鼉擲疑非人。採之九淵底，貢入九天上。例並葠貂歸左藏，有司飛符督珠軒。珠軒辛苦那敢言，勞人戕物帝惻然。詔令停採今有年，國家王氣鍾遼瀋。寶物常充歲多稔，貂爲大裘珠餙冠，於何服之廟與壇（故事：大祀貂裘束珠冠）。珠雖多，不盡取，何論其餘不急之物求之難。太宗甲胄藏太廟，世世神孫德相肖。

⊙素心蘭（道光二年）

福州之蘭天下稀，就中素心花更奇。平地豈合植此種，天香故是瑶臺姿。守臣寶之不敢私，馳獻九重雲露滋。邇來素心賤如莽，空山無人芳自賞。宫中不復蓄此花，只合山人插瓶盎。吁嗟乎！端明學士著茶録，相公亦進姚黄花。君賢臣良尚如此，何怪後嗣矜繁華。宣和特置花石綱，江淮破產千萬家。金人渡河駕北狩，艮嶽蕩爲塵與沙。可憐玩物竟何益，不獨蛾眉可傾國。小臣作詩紀聖德，萬歲千秋字不蝕。（《道咸同光四朝詩史》甲集卷二，《續修四庫全書》影印清宣統二年刻本，第一六二八册，第三三六～三三七頁）

智按：孫鼎臣，字子餘，號芝舫，善化（今湖南長沙）人。少聰穎年十一，作《西王母賦》，驚其長老。後與梅曾亮游，乃變駢體爲古文。道光二十五年（一八四五）進士，改翰林院庶吉士。散館，授編修。咸豐二年（一八五二）擢侍讀，充日講起居注官。以言事不用，乞假歸。讀書奉母，益肆力于學術。有《蒼莨文集》。

魏秀仁（一八一九～一八七四）

《花月痕》

且説荷生此時軍務稍空，緣劍秋家近大營，便約出來同訪癡珠，説是到縣前街去了。秃頭延入，荷生就坐在書案彌勒榻上，隨手將案上書一翻。見兩張素紙的詩，題寫《綺懷》，便取出和劍秋同看。荷生朗吟道：「等閑花事莫相輕，霧眼年來分外明。弱絮一生惟有恨，空桑三宿可勝情。漫言白傅風懷減，休管黄門雪鬢成。十二欄干斜倚遍，捶琴試聽懊侬聲。」「雙扉永晝閉青苔，小住汾堤養病來。幾日藥爐愁奉倩，一天梅雨惱方回。生無可戀甘為鬼，死倘能燃願作灰。」荷生皺著雙眉道：「非常沉痛！」（《花月痕》第二十五回　影中影快談紅樓夢　恨裏恨高詠綺懷詩）

秋痕斟一杯酒，喝一半，留一半，遞給癡珠道：「樂府我沒有做過。」癡珠喝了酒，説道：「你沒有做過樂府，那白香山《新樂府》三十章，你不讀過麼？香山的詩，老嫗能解，所以别的詩不好，樂府最妙。學他那樣做去，便是正體。」（《花月痕》第三十一回「離恨羈愁詩成本事　親情逸趣帖作宜春」）

智按：魏秀仁，字子安，號眠鶴主人，侯官（今福建福州）人。道光二十五年中舉，此後蹭蹬科場，三上公車報罷，乃游秦、蜀。同治元年（一八六二）返閩，主講南平道南書院，卒於院廨。《花月痕》寫於咸豐八年（一八五八）在太原知府保齡（眠琴）家坐館之際，見時事多危，而手無尺寸，言不見采，遂爲稗官小説以自寫照。返閩後又進行補寫。今存光緒十四年（一八八八）閩雙笏廬原刻本，題《花月痕全書》，十六卷五十二回，署「眠鶴主人編次，棲霞居士評閲」。

吴子光（一八一九～一八八三）

《臺事紀略》

《爾雅》：「徒歌謂之謠。」如郭茂倩《樂府讀曲歌》「奈何許石闕生口中，銜碑不得語」是也。臺地村女頗善此，所歌非詞非曲，大概皆淫辭，即緑珠《懊儂歌》、劉禹錫《竹枝詞》之類，其聲如怨如訴，悲音促節，柔情古意，更闌燭灺後聽之，令人歔欷欲絶。白香山云：「忽聞水上琵琶聲」，「江州司馬青衫濕」，其一往情深之處，惟老於溫柔鄉者知之；然總難以言語形容，所謂「盈盈一水間，脈脈不得語」也。（《臺灣紀事》卷一）

《與當事書》

幸舊歲棨戟辱臨，社方稍見甯謐。行行且止，避驄馬御史，豈非吾道可行之兆哉？第知己知彼、觀我觀人，古有明訓。若夫落拓書生，即一身一家未知安插何所，乃敢昂首伸眉議論天下事得失，亦不自量之甚矣。然好善惡惡，人性皆同。手利劍以靖妖魔，欲吐者熱血；借清議以維風化，未死者良心。世有詢及蒭蕘者乎，請用白香山樂府、杜牧之罪言事例，正襟危坐，談笑而道之。（《臺灣紀事》附録二）

智按：吴子光，號芸閣，別署雲壑，晚號鐵梅老人。原籍嘉應（今廣東梅縣），屢試不第，道光十七年（一八三七）至臺灣，家於淡水。頗得台灣道徐宗幹賞識。同治四年（一八六五）中舉，十一年應淡水同知陳培桂之聘參與淡水廳志之修纂。後應台中神岡望族呂家之邀，館於呂宅筱雲軒。光緒三年（一八七七）在岸里社文昌祠創文英社。有《一肚皮集》、《台灣紀事》、《三長贅筆》、《經餘雜録》等。民國六十八年台灣史蹟中心汇為《吴子光全書》。

勞格（一八二〇～一八六四）

《讀書雜識》

⊙郭求

《元和姓纂》（十九鐸）：「司農郎中、懷州刺史郭齊宗曾孫。求，校書郎，京兆人。」《唐摭言》（二）府元落郭求（元和元年）。《文苑英華》（一百八十七）有郭求《省試日暖萬年枝》詩。《重修承旨學士壁記》：「郭求，元和十一年十一月六日，自藍田尉史館修撰充。」

八月，遷左拾遺。十一月八日，出守本官。韋執誼《翰林院故事》：元和已後，郭求藍田尉，授集賢校理，充拾遺，又充，出守本官（《翰苑羣書》上案，《壁記》年月有誤）。《新書·韋貫之傳》：「韋貫之罷相，翰林學士、左拾遺郭求上疏申理，詔免求學士。」（按，《憲宗紀》：「元和十一年八月壬寅，韋貫之罷。」）《舊·文宗紀下》：「大和五年九月甲辰，貶太子左庶子郭求爲婺王府司馬，以其心疾，與同僚忿競也。」《唐會要》（七十六）：「元和二年四月，賢良方正能直言極諫科郭球及第。」白居易《吟四雖》詩有云：「家雖貧，猶富於郭庶子。」注云：「分司同官中，庶子求貧苦最甚。」（《白氏文集》二十九）（《讀書雜識》卷六，《續修四庫全書》影印清光緒四年刻本）

⊙杭州刺史考

廣德三年

相里造。《毘陵集》（二十）《祭相里造文》：江人杭人頌德不暇。洛表耆老徯公而蘇（結銜稱河南少尹贈禮部侍郎，蓋自江州遷杭，自杭遷河南少尹也）。《劉隨州文集》（一）朱放自杭州與故相使君立碑回，因以奉簡吏部楊侍郎製文。白居易《冷泉亭記》:「先是領郡者，有相里尹造，作虛白亭。」《咸淳志》:「歲月事蹟無考，僅云相里君。」

元和八年

盧元輔。《舊書·本傳》:「字子望，進士擢第，再遷左司員外郎，歷杭常絳三州刺史。」《白氏文集》（五十五）盧元輔杭州刺史制：河南縣令盧元輔。《唐文粹》（六十六）《胥山銘》：元和十年冬十月，朝散大夫使持節杭州諸軍事杭州刺史上柱國盧元輔，視事三載，塵天子書云云。白居易《冷泉亭記》有盧給事元輔作見山亭。

長慶二年三年

白居易。《舊書·穆宗紀》：長慶二年七月壬寅，出中書舍人白居易爲杭州刺史。《舊書》本傳：秩滿，除太子左庶子，分司東都。《白氏文集》（二十三）《除官赴闕留贈微之》:「去年十月半，君來過浙東。今年五月盡，我發向關中。」（《讀書雜識》卷七，《續修四庫全書》影印清光緒四年刻本）

⊙《讀全唐文札記》

（三百六十六）賈至《授房琯刑部尚書制》。《舊書·房琯傳》：寶應二年四月，自漢州刺史拜，特進刑部尚書。授韋綬禮部尚書薛放刑部侍郎丁公著工部侍郎等制。見《白氏文集》（五十）舊鈔《英華》（三百八十七）作白居易（刋本脱名），此當删。

（四百十五）常衮《批李夷簡賀御撰君臣事跡屏風表》，見下（六百六十五）白居易文（《白氏文集》五十六），此重出，當删。

（六百五十九）白居易《授前司勳員外郎賜緋徐綰兵部員外郎、前庫部員外郎李光嗣右司員外郎等制》《文苑英華》（三百九十二）蒙上文，白居易云。前人。考徐綰，昭宗相彦若子，天祐初，歷司勳兵部二員外郎，户部兵部二郎中，李光嗣，哀帝時吏部郎中，入梁官吏部侍郎，事蹟見《唐郎官石柱題名考》，與白居易時代不合，當别一人所草，此亦沿《英華》之誤。

（七百五十）杜牧《覃恩昭憲杜皇后孝惠賀皇后淑德尹皇后孫姪等轉官制》　見《臨川先生文集》（五十二），誤入，當删。《授劉縱秘書郎制》（集無）。《白氏文集》（四十八）《文苑英華》（四百）俱作白居易，此當沿刋

本、《英華》之誤，當補入（六百六十二）白居易文。（《讀書雜識》卷八，《續修四庫全書》影印清光緒四年刻本）

智按：勞格，字季言，仁和（今浙江杭州）人。室名「丹鉛精舍」。諸生。曾因病卧床三年，病中通讀漢唐諸史，旁及《資治通鑑》和歷代「會要」，通曉史學，熟悉唐代典故，尤精校勘。其父筌士撰《唐折衝府考》未脱稿，格續成之。又《唐御史臺精舍題名考》二卷、《郎官石柱題名考》二十卷，爲同郡趙鉞創稿，亦格續成之。有《讀書雜識》二十卷。

南相吉（一八二〇～一八六九）

《倣白香山詩》

何處難忘酒，斜陽獨倚欄。光陰流水易，風雨故人難。嫩草方回煖，春梅尚㤝寒。此時無一琖，何以抵悲歡。莫送殘春去，不堪惆悵心。招魂難自古，惜別到如今。處處將紅雨，枝枝轉緑陰。柳條無氣力，梅萼有精魂。誰識繁華地，我能快活人。憑君勸一醉，行樂及時辰。（《晚香齋詩鈔》不分卷，《韓國文集叢刊》本）

智按：南相吉，字秉吉，號子裳、元裳。有《晚香齋詩鈔》。

姜瑋（一八二〇～一八八四）

《是年上元夜，社中九君子夜讌海棠樓，分韻賦詩，余於翌晚，自嶺外始到，依韻追作，以志盛事云》

松年故磊砢，翛然發高唱。譬如禪悦人，妙悟得無上。（金松年在玉）

蘭坡氣如蘭，靈根白深厚。海國多芳艸，此品恐希有。（朴蓉初承赫，一字蘭坡）

我得南坡詩，拭眸再三讀。值此奎運衰，天意扶百六。（成次蘭蕙永，一字南坡）

自詭爲之小，雞林有詞宗。誰知一管力，伯禹驅蛇龍。（白小香春培）

得養無不長，需久始成材。即此堅持心，定見補天回。（邊養石娗）

山客來城市，唯載一枝筆。胸有碧潭月，眼如搏桑日。（裴此山琠）

聞庵早聞道，安雅君子辭。我諒天下人，無人不愛之。（李聞庵鳴善）

弦韋救偏處，百鍊不辭勞。衆體須積健，已憐品格高。（邊韋堂煒）

谷老氣嶙峋，白傅詞要妙。二公有替身，重與好風標。（李又青容白，一字香谷）（《古歡堂收艸詩稿》卷十一，六橋聯吟集，《韓國文集叢刊》本）

《奉和寗齋次徐頌閣 編修見贈之作，奉寄頌閣》

易識仙扉紫籞東，文光徹宇似垂虹。高情配月千秋見，正路如天四海通。一代篇章求最傑，百家門戶貴持公。雞林愛繡香山句，今古悠悠此意同。滄海横流處處於，拘墟那復講河渠。千方熚熚傳音線，萬里闐闐運貨車。倚相無心談往籍，史皇斂手縱羣書。天機泄盡雷應復，諸夏何曾有不如。嘗薄花溪語欲驚，偉人從古厭詩名。佳談偏是無心得，蕪句何妨觸手成。佳月追隨如宿夢（寗齋於上元夜，步至玉河橋，欲遂至蘓州衚衕，因更深而止。追想前春上元，陪蓉山尚書至此，怳如夢境），異年點檢見深情。搏桑小海偏於左，願受羣流大地傾（用地傾東南語）。海上茅廬署又琅（阮堂先生書，又琅嬛仙舘，妥在蝸壁），爲有中州一瓣香。蕉石圖知通幻界（維摩像、紅蕉窠石圖，係中朝人作，爲阮堂珍藏），梅花賦愛鍊剛腸。秖憐聞道如捫燭，敢擬窮河到濫觴。知否遠來勤苦意，玉函書裏揀仙方。（《古歡堂收艸詩稿》卷十三，北遊續艸，《韓國文集叢刊》本）

《新民屯有題壁截句，末署桂香，不知是何人，蓋女流也，多載東人燕槎録，與榛子店季文蘭詩並傳，其辭甚佳。今録于左，仍次其韻》

天涯淪落幾經秋，欲抱琵琶訴别愁。誰是多情白司馬，夜深燈火照江州。

琵琶絃冷荻花秋，江上無人話舊愁。愛詠新詞題處處，一時哀艷滿邊州。

片夢消春兩鬓秋，紅顔從古易爲愁。雙行清淚燕雲濕，欲訴無情十六州。

郵燈瑟瑟滿江秋，壁上人留去後愁。商女琵琶司馬句，今宵與我唱江州。（《古歡堂收艸詩稿》卷十三，北遊續艸，《韓國文集叢刊》本）

智按：姜瑋，字性澔，號慈屺、秋琴。有《蓮坡詩鈔》。

謝章鋌（一八二〇～一九〇三）

《賭棋山莊詞話》

⊙蘇辛藩籬獨辟

晏、秦之妙麗，源於李太白、溫飛卿。姜、史之清真，源於張志和、白香山。惟蘇、辛在詞中，則藩籬獨辟矣。讀蘇、辛詞，知詞中有人，詞中有品，不敢自為菲薄，然辛以畢生精力注之，比蘇尤為橫出。吳子律曰：「辛之於蘇，猶詩中山谷之視東坡也，東坡之大，殆不可以學而至。」此論或不儘然。蘇風格自高，而性情頗歉，辛卻纏綿惻悱。且辛之造語俊於蘇。若僅以大論也，則室之大不如堂，而以堂為室，可乎。（卷九，《詞話叢編》第四册，第三四四四頁）

⊙集句詞

填詞有即集詞句者，且有通闋只集一人之句者。然他人寥寥數篇，至竹垞則專集詩句，既工且多。第考之《臨川集》，荊公已啓其端。詠梅《甘露歌》三首，草堂《菩薩蠻》一首，皆是集句。《甘露歌》云：「天寒日暮山谷裹。的皪愁成水。地上漸多枝上稀。惟有故人知。」《菩薩蠻》云：「花是去年紅。吹開一夜風。」又云：「何物最關情。黃鸝三兩聲。」可謂滅盡針線之跡。蘅圃題蕃錦集云：「是誰能紉百家衣，只許半山人説。」當是指此，非泛言詩中集句也。然半山不標出處，未若竹垞歷注名姓，尤令人易於根據。汾陽客感《臨江仙》云：「無限塞鴻飛不度，（李益）太行山礙并州。（白居易）白雲一片去悠悠。（張若虛）餓啼烏舊壘，（沈佺期）古木帶高秋。（劉長卿）永夜角聲悲自語，（杜甫）思鄉望月登樓。（魏扶）離腸百結解無由。（魚玄機）詩題青玉案，（高適）淚滿黑貂裘。（李白）」他如《滿庭芳》、《歸田歡》諸闋，神工鬼斧，前賢定畏後生。蓋集句長調比短調尤難也。此集，六家詞中未及載。（卷十二，《詞話叢編》第四册，第三四六七頁）

蕃錦集偶句，無不工妙。如《浣溪沙》云：「閬苑有書多附鶴，（李商隱）春城無處不飛花。（韓翃）碧幌青燈風灩灩，（元稹）紫槽紅撥夜丁丁。（許渾）樹色到京三百里，（殷堯藩）柳條垂岸一千家。（劉商）暮雨自歸山悄悄，（李商隱）殘燈無焰影幢幢。（元稹）蠟照半籠金翡翠，（李商隱）羅裙宜著繡鴛鴦，（章孝標）」《鷓鴣天》云：「平鋪風簟尋琴譜，（皮日休）醉折花枝當酒籌。（白居易）桃花臉薄難藏淚，（韓偓）桐樹心枯易感秋。（曹鄴）松間明月長如此，（宋之問）石上青苔思殺人。（樓頴）」《玉樓春》云：「一生一代一雙人，（駱賓王）相望相思不相見。（王勃）女蘿力弱難逢地，（曹鄴）戲蝶飛高始過牆。（姚合）落花不語空辭樹，（白居易）明月無情卻上天。（薛逢）」近黃石牧之雋唐堂集唐極有盛名，香屑一集，不脛而走。然多多為富，求若此勻整細麗，亦不復數見。今於倚聲得之，真絕唱哉。相傳竹垞少時，塾師以王瓜令對，即應聲曰后稷。年十七，入贅馮氏，與名士王鹿柴即席對古人名，如顧野王沈田子、蔡興宗崔慰祖、杜審言蕭思話、韓擇木李棲筠、劉方平徐圓朗、劉仁本范道根之類，凡數十事，此亦何減金屈戌、玉丁東哉。（卷十二，《詞話叢編》第四册，第三四六八～三四六九頁）

⊙淩廷堪論詞

歙淩次仲廷堪教授著《梅邊吹笛譜》，按篇注明宮調。自序云：「稿中所用四聲，非於唐宋人有所本者，不敢輒為假借。所用韻，凡閉口，不敢闌入抵齶鼻音，至於抵齶與鼻音，亦然。異時有揚子雲當鑒此苦心也。」蓋次仲究心樂譜，嘗以琵琶證琴聲，知宋人燕樂二十八調多與雅樂異名，因成《燕樂考原》六卷，條分縷析，考據極明。惜予於此道未嘗學問，不敢謬説是非。第觀其論詞與余意合，兹采其大略於左。

宣城張其錦，次仲之高弟也。述其師之言曰：「詞者，詩之餘也，昉於唐，沿於五代，具於北宋，盛於南宋，衰於元，亡於明。以詩譬之，慢詞如七言，小令如五言。慢詞北宋為初唐，秦、柳、蘇、黃如沈、宋，體格雖具，風骨未遒。片玉則如拾遺，駸駸有盛唐之風矣。南渡為盛唐，白石如少陵，奄有諸家。高、史則中允、東川，吳、蔣則嘉州、常侍。宋末為中唐，玉田、碧山風調有餘，渾厚不足，其錢、劉乎。草窗、西麓、商隱、友竹諸公，蓋又大曆派矣。稼軒為盛唐之太白，後村、龍洲亦在微之、樂天之間。金元為晚唐，山村、蜕岩可方溫、李，彥高、裕之近於江東、樊川也。小令唐如漢，五代如魏晉，北宋歐、蘇以上如齊、梁，周、柳以下如陳、隋。南渡如唐，雖才力有餘而古氣無矣。填詞之道，須取法南宋，然其中亦有兩派焉。一派為白石，以清空為主，高、史輔之。前則有夢窗、竹山、西麓、虚齋、蒲江，後則有玉田、聖與、公謹、商隱諸人，掃除野狐，獨標正諦，猶禪之南宗也。一派為稼軒，以豪邁為主，繼之者龍洲、放翁、後村，猶禪之北宗也。元代兩家並行，有明則高者僅得稼軒之皮毛，卑者鄙俚淫褻，直拾屯田、豫章之牙後。我朝斯道復興，若嚴蓀友、李秋錦、彭羨門、曹升六、李畊客、陳其年、宋牧仲、丁飛濤、沈南渟、徐電發諸公，率皆雅正，上宗南宋，然風氣初開，音律不無小乖，詞意微帶豪豔，不脱草堂前明習染。唯朱竹垞氏，專以玉田為模楷，品在眾人上。至厲太鴻出，而琢句煉字，含宫咀商，淨洗鉛華，力除俳鄙，清空絕俗，直欲上摩高、史之壘矣。又必以律調為先，詞藻次之。昔屯田、清真、白石、夢窗諸君，皆深於律吕，能自製新聲者。其用前人舊譜，皆恪守不敢失，况其下乎。」（梅邊吹笛譜目録跋後）按篇中多持平之論，以視主張姜、史，掊擊辛、劉者，其識解固高人一等矣。至論國朝詞，則各言所見，且當時風氣之所趨，亦足以考流派矣。（續編三，《詞話叢編》第四册，第三五一〇～三五一一頁）

⊙趙起《約園詞稿》

《約園詞稿》十卷，武進趙于岡起撰。于岡詞一卷一名，末卷有所謂逝水歌者，皆哭其母兄子女之作。有所謂唱晚詞者，多紀寇亂之篇。骨肉雕零，兵戈滿眼，亦極人生之不堪矣。《喝火令》云：「鐵瓮嚴更月，紅橋靜夜霜。數交陽九頗倉皇。幾載瘡痍未復，浩劫又紅羊。　忠悃神應鑒，雄師力可降。麼魔肆毒狠如狼。誰養群奸，誰使盡披猖。誰使藩籬自撤，楚漢達吴江。」嗟乎！當時衮衮諸公，所謂參之肉，其足食乎。予嘗謂詞與詩同體，粤亂以來，作詩者多，而詞頗少見。是當以杜之《北征》、《諸將》、《陳陶斜》，白之《秦中吟》之法，運入減偷，則詩史之外，蔚爲詞史，不亦詞場之大觀歟。惜填詞家只知流連景光，剖析宫調，鴻題鉅制，不敢措手，一若詞之量止宜于靡靡者，是不獨自誣自隘，而于派别亦未深講矣。夫詞之源爲樂府，樂府正多紀事之篇。詞之流爲曲子，曲子亦有傳奇之作。誰謂長短句之中，不足以抑揚時局哉。于岡唱晚詞，頗得此意。地則金陵、維揚等處，人則向榮、張嘉祥、鄧紹良、袁甲三諸大帥，皆見于篇，雖其詞未必入勝，然亦亂離之時能詞者應有之言。但所填只此《滿江紅》十數闋，其餘則仍是栽花飲酒閑生

計，未儘量也。（續編三，《詞話叢編》第四册，第三五二九～三五三〇頁）

智按：謝章鋌，字枚如，自號江田生，長樂（今屬福建）人。光緒三年（一八七七）丁丑進士，官内閣中書。有《賭棋山莊集》。

沈穀（一八二一～一八五〇）

《夜泊聞琵琶》

夜深人語寂，忽聞琵琶聲。披衣更起坐，側耳遙相聽。大弦聲激裂，小柱韵琮玲。一聲凄以緊，嗚咽訴平生。切切復切切，弦急響更清。幽怨不得語，孤憤誰能鳴。義心兼苦調，使我難爲情。欲寐不成寐，爲續琵琶行。吟成彈亦歇，寒風吹短檠。推篷望天際，參差横曉星。四山雲欲飛，一江空月明。（王冉冉整理《畫理齋詩稿》，收入胡曉明、彭國志主編《江南女性别集·三編》下册，黄山書社，二〇一二年三月，第九二二頁）

智按：沈穀，字采石，號瓊宫仙史，浙江嘉興人，福建崇安曾頤吉（笑崖）室。學詩于父，學畫于母，尤善畫墨梅。有《畫理齋詩稿》、《白雲洞天詞》。

潘正煒（一八二一～一八六一）

《聽颿樓書畫記》

⊙文待詔書琵琶行册。

（詩略）乙卯春二月望，夜燈下書，老眼眵昏，殊不能工。觀者毋哂。徵明。

鈐印二「文徵明印」「衡山」。後跋：「此衡山八十六歲書也。王弇州云：待詔晚年書直是一束楚耳。然愚謂此中有精腴在焉，善鑒者自知之。嘉慶丁卯冬十月望北平翁方綱。」鈐印一「覃溪鑒定」。（《聽颿樓書畫記》卷二，《美術叢書·四集》第七輯，上海神州國光社一九三六年排印本，第一三三頁）

智按：潘正煒，字季彤，號聽颿樓主人，道光、咸豐間番禺（今屬廣東廣州）人。精鑒别，富收藏書、畫。有《聽颿樓集貼》、《聽颿樓書畫記》、《聽颿樓續刻書畫記》。

張道（一八二一～一八六二）

《蘇亭詩話》

余嘗言古今文人無全才，惟東坡事事俱造第一流地步。六朝以前無論已，自唐而下，李太白、杜子美以詩名，而文與書法不甚爆。韓昌黎以詩、古文名，而書法無稱之者。白樂天以詩名，而文與書法俱不傳。……此世目為詩中大家最著者也。……東坡則古文齒退之而肩廬陵，踵名父而肘難弟，故有「韓蘇」、「歐蘇」、「三蘇」之稱。詩則上接四家，空前絕後。書法獨出姿格，不襲晉唐面目，與山谷、元章、君謨，並號大家。至標舉餘藝，以雄健之筆，蟠屈爲詞，遂成别派，後惟稼軒克敵之，並稱「蘇辛」。畫墨竹，齊名文湖州，乃復研講經術，作《易傳》、《書傳》。文人之能事盡矣。若其忠直孝友，要爲冠罩千古。（《蘇亭詩話》卷一，《蘇軾資料彙編》第五册，第一九九〇～一九九一頁；《清詩話三編》第五八四一頁）

東坡博極群籍，左抽右取，縱横恣肆，隸事精切，如不著力；尤熟于《史》、《漢》、六朝、唐史，《莊》、《列》、《楞嚴》、《黄庭》諸經，及李、杜、韓、白詩；故如萬斛泉源，隨地噴涌，未有羌無故實者。……（《蘇亭詩話》卷一，《蘇軾資料彙編》第五册，第一九九八頁；《蘇詩匯評》第一卷，第三三五頁；第三七六頁；第二卷，第一一七三頁；第一二二三頁；第一三八一頁，四川文藝出版社二〇〇〇年版；《清詩話三編》第五八四八頁）

智按：張道，原名炳傑，字伯幾，號少南，别署劫海遺叟、雲泉樵孫，錢塘（今浙江杭州）人。諸生，讀書廣博，尤熟杭州掌故。工詩善駢文，秦緗業序其詩集稱「其詩自言專學東坡，然雄奇瑰麗，平淡天真，無所不有，意君于八代三唐之源流正變，胥能融會貫通，非墨守一家言者。」又工戲曲，精書畫。中年遭喪亂後，屏棄塵事，殫心著述。有《漁浦草堂詩集》、《南翁文集》、《影香詞》、《雪煩詞》、《梅花夢》、《甌巢詩話》、《蘇亭詩話》、《雪煩叢識》、《甌巢閒筆》等。

林占梅（一八二一～一八六八）

《秋夜》

嫋嫋茶煙揚小樓，樓頭風月趣兼收；寺鐘韻遠傳清夜，隖竹聲多報早秋。半部詩篇宗白傅，一生心事肖黃州。燈前重覽南來信（時聞佛山已失），綠綺頻彈莫解憂！（《潛園琴餘草簡編》，《臺灣文獻叢刊》第二〇二種）

智按：林占梅，字雪邨，號鶴山，福建淡水人。有《潛園琴餘草簡編》。

蔣超伯（一八二一～一八七六）

《通齋詩話》

白文公詩：「無子同居草庵下，有妻偕老道場中。何煩更請僧為侶，月上新歸伴病覊。」自注：「時適談氏女子自太原初歸，維摩詰有女名月上也。」超按，《淨名經妙義鈔》云：「梵語維摩詰，此云淨名。父名般提，母名離垢，妻名金機，男名善思，女名月上。過去成佛，號金粟如來。」（民國四年李氏宜秋館鉛字排印本上卷；《清詩話三編》第六〇七〇頁）

智按：白居易《病中看經贈諸道侶》，會昌二年（八四二），七十一歲，洛陽。《白居易集箋校》第二五二八頁。

香山《三月三日祓褉洛濱》詩序云：「開成二年三月三日，河南尹李待價（珏），以人和歲稔，將褉於洛濱。前一日，啓留守裴令公。令公明日召太子少傅白居易、太子賓客蕭籍、李仍叔、劉禹錫、前中書舍人鄭居中、國子司業裴惲、河南少尹李道樞、倉部郎中崔晉、司封員外郎張可續、駕部員外郎盧言、虞部員外郎苗愔、和州刺史裴儔、淄州刺史裴洽、檢校禮部員外郎楊魯士、四門博士談弘謨等一十五人，合宴於舟中。……前水嬉而後妓樂，左筆硯而右壺觴，望之若仙，觀者如堵。」此亦蘭亭、曲水後一盛事也。裴洽年最高，所謂「九十不衰真地仙」者。（民國四年李氏宜秋館鉛字排印本上卷；《清詩話三編》第六〇七一頁）

智按：開成二年（八三七），六十六歲，洛陽，太子少傅分司。《白居易集箋校》第二二九八頁。

白香山《有小白馬，乘馭多時，奉使東行，至稠桑驛，溘然而斃，……不能忘情，題二十韻》詩。按稠桑路極難行。《南部新書》云：「天寶八年，館驛使宋緷奏移稠桑，路向晉王斜，以避沙路，惜馬力。」可想見已。（民國四年李氏宜秋館鉛字排印本上卷；《清詩話三編》第六〇七五頁）

智按：《南部新書》卷五：「天寶八年，館驛使宋緷奏移稠桑，路向晉王斜。晉王斜者，隋煬帝在藩邸，揚州往來經此路，蓋避沙路，費馬力也。」

白香山《（路上）寄銀匙與阿龜》詩：「小子須嬌養，鄒婆為好看。」鄒婆當即阿龜乳媪。……（民國四年李氏宜秋館鉛字排印本下卷；《清詩話三編》第六一〇六頁）

白香山《不能忘情吟》：「駱駱爾勿嘶，素素爾勿啼。」又《贖雞》詩：「開籠解索時，雞雞聽我言。」此古謠歌體也。漢成帝《時謠》云：「燕燕尾涎挺。」（民國四年李氏宜秋館鉛字排印本下卷；《清詩話三編》第六一一二頁）

王漁洋《分甘餘話》：「韋集向見諸本皆稱韋蘇州。昔奉使公路浦，借門人張弨力臣書，得舊版韋集，簽題稱韋江州。平生僅見此本，惜不記其序出何人及鐫刻年月。」按白香山《題潯陽樓》詩云：「常愛陶彭澤，文思何高玄。又怪韋江州，詩情亦清閒。今朝登此樓，有以知其然。大江寒見底，匡山青倚天。深夜溢浦月，平旦爐峰煙。清輝與靈氣，日夕供文篇。」此韋公官江州之確證，豈白集漁洋未寓目耶？（民國四年李氏宜秋館鉛字排印本下卷；《清詩話三編》第六一一三頁）

智按：參見《唐才子傳校箋》第二册第一七五頁。蔣寅《清詩話考》第五六八頁謂此書：「引白香山詩謂王漁洋不讀白詩，則近乎吹毛求疵。」

《南漘楛語》

⊙香山二則

白香山母不得其死，始發狂以葦刀自剄，人救之而免，後卒斃于坎井。高彦休《唐闕史》記其事，陳直齋《香山年譜》全録之（直齋博洽多聞，馬端臨《經籍考》耑據《直齋書録解題》及晁公武《讀書記》）。當時江州之貶，即因言者謂香山之母看花墮井而死，緣是左遷。鮑氏《知不足齋叢書》所刊《唐闕史》無此一條，殊不可解。

白詩好用當時里巷地名，《酬張十八》云：「遠從延康里，來訪曲江濱。」《酬吴七》云：「君住安邑里，左右車徒喧。」《寄元八》云：「歸來昭國里，人卧馬歇鞍。」《哭李三》詩云：「去年渭水曲，秋時訪我來。今年常樂里，春日哭君回。」又《夢與李七庾三十三同訪元九》云：「同過靖安里，下馬尋元九。」似此甚多，未免太質。然如《寄微之》詩云：「淺色縠衫輕似霧，紡花紗袴薄于雲。」又《夢游春》詩云：「裙腰銀線壓，梳掌金筐蹙。帶纈紫蒲桃，袴花紅石竹。」又何其旖旎也。（《南漘楛語》卷三，《續修四庫全書》影印清同治十年兩廣山房刻本）

⊙試士無關防

唐時試士關防疏潤，禮部放傍，先呈宰相（《玉泉子》）。因之笑柄甚多。堂帖堂印，公然僞造，明經舉子，僞著緋衫，主司猶以自獲，姦人免議（《宣宗紀》）。錢徽知舉，段文昌、李紳等均有所囑，徽雖不受請託，而所取者為李宗閔之壻，楊汝士之弟文昌等，因共詆之，改命王起、白居易覆試，黜者過半（見《徽傳》）。高鍇名為能擢孤進，而《摭言》稱鍇知舉，裴思謙公然攜仇士良關節，面索狀頭，鍇不得已從之。《集異記》並稱王維解頭，由宫婢傳教，更堪詫異矣。（《南漘楛語》卷五，《續修四庫全書》影印清同治十年兩廣山房刻本）

智按：蔣超伯，字叔起，江都（今江蘇揚州）人。道光二十五年（一八四五）乙巳進士，由主事歷官廣東候補道。有《通齋詩文集》十七卷（中國國家圖書館藏）。

吴仰賢（一八二一～一八八七）

《新樂府》

庚申四月，賊陷禾郡。余于乙丑夏自滇回里，正值恢復之後，蹂躪之慘，身雖未經，目猶及覩。重以大難甫平，百廢未舉，傷時感事，不平斯鳴，聊自託於罪言，要無疑於曲筆，後之覽者鑒焉。

⊙僞帥府

賊陷郡城，盤踞五載，諸附賊者斂七邑之錢，就府署基改造僞帥府，以媚渠魁，圍以甎城，壯麗無匹。工垂成而郡城已爲官軍克復，今仍其宅爲府署。

禾中百萬戶，一夕變焦土。攘攘者黄巾，指揮作帥府。七邑金錢填土平，雕墻峻宇高過城。開城迎賊入駐營，賊戀新巢怯戰守。官軍一到渠帥走。渠帥走，太守來，曈曨擊鼓朝衙開。

⊙逃亡屋

賊初退，城中屋舍尚存十之二三，禾民懦怯，不敢入居，復被官兵將空屋拆賣，愈形蕭條矣。

賊棄城，走兵入，搗燼餘連廛未傾倒。屋中主人盡逃亡，那得納錢免担埽（凡官兵入城，城中房屋尚存者，須斂錢搞之名免担歸，方保全，否卽拆毁）。長繩夜半拽屋傾，屋傾拆賣皆官兵。棟梁榱桷堆無算，問價不盈錢十貫。得錢抱歸餘作炭，紅鑪吹火羊頭爛。

⊙土城高

官軍之圍攻也，賊於城外分築土城，據險扼抗，重垣峻壁皆毁民居爲之，賊潰後，巍然猶存。

土城之高尋丈餘，土城之身皆民居。賊踞而守環以渠，賊潰而走未毁除，巍然尚峙城四隅，吁嗟乎！春波門外生荆杞，今日土城昔街市。勸君速犂隖壁平，突見蒼生環堵起。

⊙報讐炬

賊至諸不逞者附賊以魚肉鄉里，莫敢枝梧，賊平鄉人紛紛報怨，縛以投烈火中，頃刻糜爛。

賊來傅翼若餓虎，賊去探頭似黠鼠。鄉人畏虎不畏鼠，道逢血讐不貸汝。摐銅鉦，集亞旅，薪亂積火具，舉縛而投諸。淚如雨乞哀，不許叫號苦，趨炎附燄汝自取。須臾然臍了烈炬，草間收骸剩隻股。

⊙脅從鍰

賊授土人僞職，使之分主各圩，斂括錢米貨物，統名曰鄉官。有投附者，有脅從者，有始脅終附者，官軍入，置數人於法餘，罰鍰有差。

朝縛囚，暮縛囚，汝囚附賊鄉里憂。汝罪萬死重山邱，囚泣叩頭請贖罪。交錢百萬非納賄，官言汝囚脅從亦可憐，我今宥汝歸營田，汝常感我恩如天。

⊙蓋棺歎

賊取沿郛淺厝之棺棄骸骨，實以土，砌作土城，以抗官軍。賊平後，橋梁多斷缺不可行，倉猝無計，即以棺蓋覆橋面，下承横木，以渡行人。

南山石磊磊，杉木產無數。伐石以爲橋，行人得徐度。斲木以爲棺，遺軀免暴露。生死各有謀，工匠難兼務。以棺護橋蓋不欹，行者歡喜死者啼。眾鬼煩冤失所託，橋底嗚咽聞流澌。聲聲訴與行人聽，草間白骨今無賸。翻手覆手不可言，身到蓋棺尚未定。

⊙釐卡吏

郡城内外蕩然，貿易分聚四鄉，每遇市鎮，設一釐卡以稅商船各貨。

甯値深山魅，莫逢釐卡吏。卡吏見賈船，叫呵雜罵詈。船中百貨堆縱横，觔求兩算多餘赢。匿多報少律非輕，軍需所關官無情。罰緡十倍方放行，前行十里又有局，耽眈待爾碪上肉。

⊙礮船來

設釐卡處必泊礮船一二，以爲護衛。

募兵易，遣兵難。增兵易，養兵難。度支苟足贍，客兵亦可安。呼兵上船護釐卡，卡資捍衛兵飽餐。船頭坎坎鼓聲作，踐更仍唱從軍樂。所惜歲費朱提銀，礮船護卡不護民。君不見，盜劫隣船但坐視，盜去轟轟礮不止。

⊙抽廛租

地方善後工程甚鉅，請款不足，則又抽取市廛月租以助之，歲收其二。

坐賈筭緡按日計（各鋪戶按貲木之厚薄、貿易之大小，計日抽緡若干），受廛而稅歲則二。我禾東南都會地，劫後零廛蝸角寄。瑣屑猶煩勞會計，傷哉不見滇黔民。滇黔貨惟粟帛陳，龍場貓街席地布（滇黔之民，每日按十二支生肖定爲場期、街期，諱虎曰貓）。上無寸椽旁無隣，吏若科稅惟科人。

⊙糧歸佃

髮匪之亂，室毁田蕪，諸田主逃亡之餘，貧困者多。地方官患催科之難也，下着佃還糧之令，糧輕而租重，小民私計吾代納賦，官必余喜，不問租也。於是反客爲主，抗租之風熾，而田主坐困矣。

昔日多田翁，不如耕田傭。傭也辦正供，官曰汝有功。翁請催租符，官謂私非公。租田自產一轉變，讖語流傳應謠諺（禾中向有「租田當自產」之諺）。我有蕪田一頃多，三年募佃無人過。稂莠種種阡陌訛，問君催科將如何。

⊙野祭哭

禾中數戒嚴，數遷徙，而從未遇寇，故後皆安土重遷。庚申四月二十六日之變，城内外居民倉猝出奔，提攜老弱，中途不及相顧，有投水自沈者，亂定後收骨無從，但望祭遙哭耳。

生不及，擇地逃，死不及，升屋號。狂奔避賊晝復夜，禽驚獸駭亡其曹。存者免即死，死者長已矣。喘息甫定夢境疑，還數骨肉酸心脾。手提紙錢出門哭，出門四顧無茅屋。朝向溝中呼，荒溝但壅菰與蒲。夕向水濱唤，野水無情波浩漫。魂耶魄耶無憑依，既悼死者還自悲。人生亂離萬事非，樂哉汝在地下嬉。

⊙伐塚樹

各村塚樹被土匪斬伐略盡，間有罹發掘之慘者。

長眠方丈地，而蔭樹千株。誰云富貴死，死不潤黄罏。發邱中郎攘臂起，墓門望氣清於水。老狸哭入青楓根，長繩利斧來蒿里。荒草券臺秋，穹碑棄不留。鶴歸那復辨，一片土饅頭。

⊙阬灰然

賊躪東南，凡藏書之區，悉遭燬滅，吾郡亦然。

百萬書倉一炬燬，秦火而還阬再啟。世間風漢癖在斯，痛惜有如失臂指。勸君莫惜書被焚，致身青雲不在此。君不見，李蔡封侯下中耳，妄尉談功都自喜，老守兔園君悞矣。

⊙行旅難

郡城外十里而近，一片焦土，不辨街衢。昔日繁會之區，蒿長成林，晝鮮行旅，有匪徒袖長索伏草間，伺獨客過則綴諸後，突起以索拽頸，負以趨竢悶絶，搜其資，并衣服亦褫去，往往多斃命。

行旅難，不在太行之險，陰山之寒，十里五里皆巑岏，官家有賦催早完。徒步入城形影單，草間賊出相遮闌。倒懸急縛走若湍，叫號不出喉嚨乾。倏忽畢命傷心肝，我欲擊鼓聞長官。官曰噫嘻彼猱而竄焉，能張弓，彈以丸，撫劍歎，行旅難。

⊙修海塘

海塘自髮匪擾浙，頻歲失修，塘身傾圮，鹹水漏入敗田禾。甲子春，克復禾郡，清查田地，每畝徵米七升，名報効米，以佐塘工。今歲續令各殷户輸錢助役。

去年科荒田，按畝徵糧七升額。今年責大戶，大戶輸銀累千百。問君何所需，乃爲海塘役。海水掀天浪花白，五載無人儲木石。塘傾滷溢灌入田，田禾淹死愁凶年。東南財賦冠羣省，急宜捍海籌萬全。所嗟帑藏竭轉餉，三吳蹂躪民倒懸。以工代賑貧者樂，以錢助工富者愕。安得鑄鐵爲鐵塘，六州之鐵亦易索，海上家家出一鑊（昔人有議家出一鑊，鑄成鐵塘爲永遠計，不果行）。

⊙募收骸

賊平後，屍骸滿路，當道者懸賞購收，計斤給值，窮民利其資，争趨赴之，至無骸可收，則又槌取有棺之屍，以充數而取值焉。

募收骸，莫草草，無錢收骸骸苦多，有錢收骸骸苦少。募收骸，賞不虛，髑髏所在皆利途。惜無長狄盈畝軀，又無防風骨專車。戔戔胔骼值幾許，草間搜盡四顧趨。舉頭忽見殯宫破，詫道邯鄲賸奇貨。奮椎驚起冥漠君，請入萬人塚裏卧。明朝拜祭來兒孫，敗棺滿地聲暗吞。

⊙捉船符

亂後郡城船戶無多，每遇兵差縣役，承票捉船，索錢不飽其橐，則窮搜四鄉，雖支河僻港，無得免者。

縣符飛下催捉船，捉船載兵莫遷延。城中捉盡到鄉里，鄉里有船不敢前。小吏捉船但捉錢，得錢入槖不問船。有錢大船駛帆去，無錢小船羈埠邊。兵愁船少又苦小，誰知吏腹已先飽。日午船去無一兵，城外捉船尚擾擾。

⊙采芹樂

乙丑春，學使按部校試，補録庚申、壬戌、癸亥歲科三案文童，中有加廣學額，吾邑童生入學者一百有八人，應試者僅一百二十人。

矢集素王宫，火捲泮水紅。狂寇滔天徧荆棘，諸生亡命窮途窮。干戈文字有消長，賊平詔下培儒風。輶軒使者登壇嗅，傳箭如收潰卒涣。一成一旅童子軍，草草衣冠結束换。聖恩推暨士類先，增廣生員出宸斷。拾遺補缺青其衿，百有八人章服燦。一榜賜第古艷談，今非其事例可按。翻笑從前選格嚴，矍相圃前去者半。

⊙小百喜

髮匪擄取良家子弟，擇其聰俊者，勒爲僮僕，執役左右，名小百喜。賊敗，没入官軍，諸官紳復争取，以給使令。

悲哉小百喜，本是良家子。少小陷賊營，不識父誰氏。改服向賊趨，持酒向賊跪。緩死忍須臾，豈伊昧廉恥。昨日戰郊闉，今日戰城市。賊敗官進營，跳身出網裹。日月照重淵，復覩漢冠履。如何公府趨，依然供役使。倖脱惡名籍，何年返故里。

⊙班匠銀

明初籍諸工匠更番赴京工作，凡七十二役，闔郡計五千二百七十七戶。成化初，始有出銀代班之例，名班匠銀。嘉靖末，始定每戶歲輸銀四錢五分。康熙三十七年，布政司趙公良璧疏請均於地丁攤徵下部，允行盡去工匠戶籍。禾中奉行二百年，吏胥不敢爲奸。兵燹後，要工遝興，縣役横索諸匠頭錢，始免應差。每匠出番銀二三餅，不敢訴諸官也，則又取償於民間傭僱而昂其值。

班匠戶，好身手，長安更番御前走。輸銀代值稗政醜，作俑前朝今則否。除籍實溯康熙後，攤入租庸意良厚。赤眉來，飛劫灰，衙齋市舍俱拉摧，誰與圬者操墁回。云爲東隣除草萊，十日力作不敢息。得錢一囊垂纍纍，道逢小吏攘臂怒。遮索班銀代傭僱，不爾捉將官裹去。官家督責眞可怖，傾囊奉之歸薄暮。歸薄暮，炊煙停，向晨復有吏至庭，縣符火急徵地丁。

右詩二十首，作於同治乙丙間。時當更始，諸務草創，俯仰感悼，紀實而已。嗣後屢經賢守令布善後之政，成維新之俗，瘡痍漸起，殆無復曩所咏焉。今編舊作，不復芟改，用見興革需人，亦毋忘在莒之義爾。光緒丁丑仲春八日自記。（《小匏庵詩存》卷五，《續修四庫全書》影印光緒四年刻本，第一五四八册，第六二～六六頁）

《小匏庵詩話》

古人雖宗仰前哲，決不肯蹈其臼科，如少陵集中無古樂府，而「三吏」、「三别」即效其體。白香山《秦中吟》等篇，製題仿杜而體又不類焉。香山又有《放言》七律五首，乃約步兵《詠懷》、太沖《詠史》之旨而束之以律體，雖云和元九，實乃别調孤行，此古人變化出奇之法也。後來竹垞以經解為韻語，趙甌北以史論為韻語，翁覃谿以考據金石為韻語，雖各逞所長，要以古人無體不備，不得不另闢町畦耳。（《續修四庫全書》影印清光緒刻本卷一，《清詩話三編》第六四五三頁）

香山律詩句法多新刱，如「琴書酒伴皆抛我，雪月花時最憶君」（智按：白集《寄殷協律》作「琴詩酒伴皆抛我」），「緑浪東西南北水，紅欄三百九十橋」，「榮先生老何妨樂，楚接輿歌未必狂」，皆是。又「共把十千沽一斗，相看七十欠三年」，一聯内用數目字凡六，句法亦奇，但十字犯複。張祜有「賀知章口徒勞説，孟浩然身更不疑」句，即效「榮先生老」一聯句法也。（《續修四庫全書》影印清光緒刻本卷一，《清詩話三編》第六四五八頁）

咏花詩刻畫顔色，易落下乘，惟唐賢最工此體。如裴士淹咏白牡丹云：「别有玉盤承露冷，無人起向月中看。」此烘託之法也。薛能咏黄蜀葵云：「記得玉人初病起，道家裝束壓禳時。」此比喻之體也。陸魯望咏白蓮花云：「無情有恨何人覺，月曉風清欲墮時。」此傳神之筆也。白樂天咏白牡丹云：「應似東宫白贊善，被人還唤作朝官。」則現身説法，自寫寄託。後操觚家，大率不能脱此諸窠臼。喜塗澤者，每用紫玉、緑珠、絳仙、息夫人等字以爲效。廣平之咏梅花，其實皆筌蹄也。王漁洋咏白蓮花云：「香來月白風清裏，花放蘋祠水驛前。」不脱不粘，最爲高致。金匱孫平叔咏緑牡丹云：「千葉相扶不辨花。」此句不用渲染，自然移置他花不得，然亦意盡句中，不若王又曾咏白蓮花云：「莫怪花容渾似雪，看花人亦鬢成絲。」洗盡鉛華，遂推絶唱。（《續修四庫全書》影印清光緒刻本卷一，《清詩話三編》第六四六〇頁）

元遺山譏秦少游「有情芍藥」一聯爲女郎詩，以其緣情而綺靡耳。余觀唐人七律中，如白香山云：「還似往年春氣味，不宜今日病心情。」劉兼云：「處處落花春寂寂，時時中酒病厭厭。」亦皆女郎詩也。（《續修四庫全書》影印清光緒刻本卷一，《清詩話三編》第六四六一頁）

昔人謂畫入神品逸品者，以烟雲養其性情，其人多壽。如黄子久、沈石田、文徵仲、王石谷諸人是也。余謂詩主性靈，凡神動天隨，專寫寄託者，其人亦多享大年。如白樂天年七十五，楊誠齋年八十三，陸放翁、范石湖年皆八十六。我朝袁子才，年八十二，若夫抉摘刻畫，露其情狀，昔人比之暴天物，故李長吉二十七而夭，我朝黄仲則，年止三十有五。蓋怡神者益人，勞神者賊人也。雖然，詩者易爲，而難工者也。有終身爲之而不工者，有爲之即工，急於行世，而自悔少作者。若年不及中壽，其詩卓然成家，而傳於後世，以予數之，如謝宣遠年三十六，王子安年二十八，高季迪、何大復年皆三十九，高子業年三十七，宗子相年三十，歷代不過數人，即謂之享大年可也。（《續修四庫全書》影印清光緒刻本卷二，《清詩話三編》第六四七四頁）

近來讀梅村詩，皆取七古長篇，以為得《長慶集》之遺，不知集中古體尚有超詣駕於此者。如《堇山兒》一篇，起曰「堇山兒，兒生不識亂與離，父言急去牽兒衣，母言乞火為兒炊作糜。父母忽不見，但見長風白浪高崔嵬。」寫得父母舐犢心腸一急一緩，卻以「忽不見」三字突轉，言父母見兵來即棄兒遁，而兒已被掠上樓船矣。妙不説明，極亂離中恍惚之象，筆挾化工，未易摹擬。（《續修四庫全書》影印清光緒刻本卷三，《清詩話三編》第六四八八頁）

袁簡齋《登第還家》詩云：「嬌癡小妹憐兄貴，教把宫袍著與看。」人皆愛其活脱，不知語有脱胎。白樂天《初除尚書郎脱刺史緋》云：「無奈嬌癡三歲女，繞腰啼哭覓銀魚。」一喜一惱，寫出小兒女憨態如畫。（《續修四庫全書》影印清光緒刻本卷四，《清詩話三編》第六五一〇頁）

江都秦敦甫恩復，乾隆丁未進士。官翰林院編修，精校勘。延顧千里於家，共相商榷，多搜古本刋之，號爲秦板。後半燬於火，著有《石硯齋集》。其《西湖雜咏》云：「細縠波紋打槳輕，嫩涼天氣雨兼晴。閒將錢趁袁韶酒，更覓魚嘗宋嫂羹。」按宋嫂魚羹事屬習見，袁韶酒則有未盡知者。《隱居通議》載，嘉定間袁韶以户部尚書知臨安府，大榷酒利，雖湖上三賢堂，亦令賣酒。有題詩於壁者曰：「和靖東坡白樂天，幾年冷落在湖邊。如今往事都休問，且爲袁韶辦酒錢。」韶聞而媿之。韶蓋史彌遠之黨，聚歛臣也。（《續修四庫全書》影印清光緒刻本卷五，《清詩話三編》第六五四二頁）

舒鐵雲孝廉位，字立人，大興人。誕之夕，母沈夢一僧手折桂花，從峨眉山來，故小字犀禪。祖大成，官檢討，有遺書數萬卷，發而讀之，十歲即下筆成章。幼隨父翼宦粵西，乾隆戊申舉於鄉，年二十四，甲寅流寓吾郡桐邑之鄉思橋。偶與友人書曰：「比張融之居建業，彼尚多此一舟；若相如之返成都，我并無其四壁。」沈青齋觀察見之，即以南花橋老屋借居。居十年，九上春官不第。父歿，遂絶意進取，奉母以居，母固吳人，因寓吳，凡士大夫開府東南者，羔雁成羣，詩名益噪。母歿，以哀毀卒，時嘉慶乙亥年，五十有一。所著《瓶水齋詩集》，揚州巴光誥所刊；又有《皋橋今雨集》二卷，宋思仁觀察所刊。嘗自言，人無根柢學問，必不能為詩。無真性情，即能為詩，亦必不工。陳文述謂乾嘉之際，詩人相望，歸愚守宗法，隨園言性靈，君以奇博刱獲，横絶一世。余所識詩人衆矣，必以君為巨擘焉。摘其佳句，如《屠琴塢大令貽是程堂詩集》云：「一官百里江淮海，三絶千秋書畫詩。」《題蔣秋浦侍御詩集》云：「三百里中黄歇浦，一千年後白香山。」《落花》云：「末路才人新寡婦，蔡文姬對卓文君。」皆意新詞警。君詩於對偶處尤用意，必力避陳因。趙甌北詩，以「程不識」對「魏無知」，工矣；而鐵雲則云：「此時程不識，以下檜無譏。」對得何等活動。（《續修四庫全書》影印清光緒刻本卷六，《清詩話三編》第六五五二頁）

嘉善鍾元甫刺史汪杰，以嘉慶丙子丁丑聯捷成進士，出宰山右，未謁選以前，頻年客授，人但知其雄於制義，而不知刺史固博覽羣書，潛心理學，不屑屑以詞人鳴也。然即以詩論，皆融會於漢魏三唐，不落凡近，有《小輞川書屋詩集》，經吳西穀先生清鵬訂定而序行之。今節録古體一首，以見大概。《守歲》云：「腷腷膊膊爆竹聲，磊磊落落流星明。東家西家上夜扃，開筵守歲倒醁醽。憶昔年幾十五六，羣兒作隊相馳逐。歲除一夕然明燭，喧嘈嬉笑無羈束。蹉跎歲月纔過目，兒子紛紛森立竹。眼看此輩已復然，今我感慨二毛年。且喜同氣如枝連，一杯到手還相傳。宵長更轉城烏起，暗數年頭接年尾。明朝海日上天東，開窗四面來春風。客來打門聲諍諍，起迎再拜頻鞠躬。堆盤春韭剪青葱，屠蘇酒滴琉璃鍾。酩酊留客眼朦朧，僮僕怪我顏色紅。醉倒夢入華胥中，不知頭髮將成翁。」阮文達《石渠隨筆》云：于文襄敏中書《華嚴》、《楞嚴經》寶塔，蓋先畫成塔形，小楷寫經於畫格内，凡欄柱簷瓦，窗階鈴索，皆有字，宛轉依線讀之成文，此尚非難，所難在每有佛字，皆算定寫在欄柱頂及簷際諸尊處，不得亂為填寫，此數軸皆文襄初入懋勤殿時奉勅所寫，凡排算將二年，寫將一年，實為鉅製。按，吾郡楞嚴寺有石刻董香光寶塔圖，鄧尉聖恩寺法堂内，向懸經字塔二軸，高可丈數尺，其一金書四大部經。萬曆時，古歙李國寧、海虞許惠心筆，其一墨書《華嚴經》。崇禎時，李貞筆。惜未詳何地人，字如黍米，點畫端好，見虞虹升《遊鄧尉山記》。而江山縣天甯寺中，藏有嘉靖閒許德字虞山夫婦同書《華嚴經》，作寶塔圖，凡十三層，計十兆九萬四十三字，字細如蟻，閱十三年乃成。劉德甫有詩云：「四千六百有餘日，晨窗對試銀鉤筆。華嚴樓閣指端成，信有人間真願力。許家居士神仙孫，早歲香燈淨六根。生當嘉靖昇平日，夫婦同心戴佛恩。發願寫經宏聖教，蠶頭出手皆精妙。浮圖突兀十三層，一層一歲毫尖造。木魚聲裏度年華，尖合全無一筆差。絶勝函中緇貝葉，那同幡上繡蓮花。吾聞趙松雪，寫經書最工。然出一手耳，未與仲姬同。又聞彩鸞夫婦皆登仙，一日能書百幅箋。要不寫經惟寫韻，至今寸絹罕流傳。豈若君家善女人與善男子，功德懃修乃如此。珠網西天總渺茫，金塗南國徒華侈。當日生天自一家，如今合璧稱雙美。不惹蛛絲不燕泥，旃檀供養儼支提。便同白傅香山集，龍象諸天好護持。」（《續修四庫全書》影印清光緒刻本卷六，《清詩話三編》第六五五五頁）

德清俞劍花年丈鴻漸，余同年，壬甫刺史，蔭甫太史之尊人也。嘉慶丙子舉人。茹貧劬學，終歲饑驅。未發解時，館於我郡者數年，嘗讀白香山《贈内》詩「貧中有等級，猶勝嫁黔婁」，即倣其體云：「擁衾不成寐，屈指算今年。篋有畫眉筆，囊無造孽錢。飯香新刈稻，衣煖舊裝綿。預想梅花底，歸來共擘牋。」其怡然自得之趣，溢於言外。著有《印雪軒詩鈔》，皆自抒胸臆，不落臼窠，其闡發忠義事，尤多關繫。《史閣部墓》云：「孤掌難揮落日戈，當年開閫涕滂沱。一篇明遠蕪城賦，萬古文山正氣歌。老輩圜扉期望大（指獄中謁左忠毅公事），重臣末路恧顏多。（公慕洪經略，事事效之。及公殉節，洪深以臨了一著不如爲愧）衣冠高冢梅花嶺，何限行人再拜過。」《湧金門施將軍祠》云：「雪窖攀髯恨尚新，胡然北向願稱臣。墳頭未種分屍檜，殿上難容壓日秦。求活小朝原不屑，列名刺客恐非倫。醵錢父老憐忠義，社鼓頻敲約賽神。」謂武庚不當加以叛名，見趙味辛先生詩，曾有此論，即題趙詩後云：「漫憾鴟鴞毀室頻，武庚未可例諸臣。遺墟幸席朝歌舊，義舉當先洛邑民。縱遜少康能復夏，敢同宜臼竟忘親。世儒眼小纔如豆，但見周家有聖人。」又有《齊物詩》云：「聚俗人千仍是獨，得知己一便為多。官禮非無禍世事，申韓亦是活人書。護持易保琉璃脆，銷鑠難憑金石堅。丈人自抱忘機甕，宰相徒珍記事珠。豈無千里心相印，竟有同牀夢各殊。虎在檻中誰復畏，蛙居井底亦能尊。」名言絡繹，可作座銘。（《續修四庫全書》影印清光緒刻本卷六，《清詩話三編》第六五六〇頁）

白香山詩云：「賓客歡娱僮僕飽，始知官職為他人。」言下慨然。然此老遭逢鼎盛，福澤過人，故所云乃爾。余宦滇南日，在憂患之中，薪水不給，警報時聞，嘗戲改白句云：「賓客憂愁僮僕餓，始知官職累他人。」以示同僚，莫不浩歎。（《續修四庫全書》影印清光緒刻本卷十，《清詩話三編》第六六一七頁）

白樂天《贈康叟詩》云：「再三憐汝非他意，天寶遺民見漸稀。」康年只八十耳。同治己巳，余還居魏塘，有胥山邨農蔣叟來見，年九十一矣。無龍鍾態，能談。乾隆時田家景象，皆所目擊者。相與嘆今日風俗之偷，户口之貧而已。余曰：「殆昔人勤，而今人惰歟？」曰：「非也。昔者力田之家，按畝可獲米六斛，歲率為常，無加勤也。今邨中上農夫其作苦倍，皆人糞多而力勤者，計所獲不及遠甚。」曰：「然，則地運有升降歟？」曰：「然。」叟卒於癸酉年九十六，余嘗贈以詩云：「蔣叟皤然九十齡，芒鞵草服喜逢迎。脱身戎馬驚還在，把酒桑麻話此生。貞下起元今日事，田間偕隱暮年情。呼兒抛卻

兔園册，好讀農書去耦耕。」（《續修四庫全書》影印清光緒刻本卷十，《清詩話三編》第六六一七頁）

智按：吴仰賢，初字慕周，後改牧騶，號小匏庵主，嘉興（今屬浙江）人。道光二十三年（一八四三）舉人，咸豐二年（一八五二）進士。由翰林庶吉士授雲南羅次、昆明知縣，遷武定知州，署迤東兵備道，所至皆有惠政。以忤上官引疾歸，掌教鴛湖書院。工書能詩，嗜收藏，精鑒賞。有《小匏庵詩存》。生平見朱庭珍《筱園詩話》卷四、郭棨光《藝林悼友録》二集。此書前有光緒八年（一八八二）三月俞樾序，卷九言及光緒三年事，當作於光緒三年（一八七七）至八年間。參見蔣寅《清詩話考》第六〇九～六一〇頁。

李元度（一八二一～一八八七）

《林文忠公别傳》

道光三十年春，文宗皇帝既嗣服下詔求賢，時太子太保雲貴總督侯官林公方引疾家居。……公諱則徐，字元撫，一字少穆。父賓日，歲貢生，家貧力學，以經術掖後進。有子三，公其次也。生而警敏，長不滿六尺，英光四射，聲如洪鐘。每劇談，隔舍數重，聆之輒了了。年十三，補弟子員，二十舉于鄉，就某邑令記室。閩撫張公師誠見所削牘，奇之，延入幕。嘉慶十六年，公年二十有七，成進士，選庶吉士。派習國書，授編修，益究心經世學。……稍暇則以筆墨自娱。公書具體歐陽，詩宗白傅，在官事無巨細，必躬親，家居必熟訪民間利病，白諸當道。求題詠者，雖踵接不暇應也。……（《天岳山館文鈔》卷五，《續修四庫全書》影印清光緒六年刻本；王澧華點校《天岳山館文鈔·詩存》第一册，岳麓書社，二〇〇九年七月，第一二〇頁）

《重新羅廷揚先生故宅記》

古名賢故宅，彪炳傳記最著者，若晏嬰宅在齊城北門外，見《水經注》；百里奚宅在新野郡西之梅溪，見盛宏之《荊州記》；言子游宅在常熟縣西，見《揚州記》；屈原宅在秭歸，見庾仲雍《荊州記》。其他若楊伯起宅在虢州，嚴君平、揚雄、司馬相如宅，並在成都治南百步，地志家爭引為重。漢以下，更不可枚舉矣。然而陵谷變遷，他人入室：宋玉之宅，庾信得居之；宇文愷之宅，魏徵得居之；楊憑之宅，白居易得居之；韋嗣立之宅，虢國夫人且得而奪之以故；馬燧宅，竟作奉誠園矣；江總宅，旋作段侯家矣。陽固所以悲傳舍，徐勉所以稱逆旅也，然則儒有一畝之宮，環堵之室，欲求更歷滄桑，閱六七百年而汔不易主，豈不難哉！吾平人文在宋極盛，九君子中故宅僅存者，惟李練溪之瓦塔園，鄒行之之自樂軒，餘皆莫可考。羅廷揚先生舉宣和進士第三人，以母老，家居不樂膴仕，官終吏部郎，直秘閣，大節皎然，所居在縣治北晝錦橋畔，有亭曰秀野志，稱用武侯八陣圖法，結草廬於其上，岳州刺史吕思宣有記，縣令郭誾有詩，詩所云「客來莫擬閒居賦，後有千年八陣圖」，蓋紀實也。是宅自宋迄今，羅氏世守之。道光末，幾斥諸他族，先生裔孫務齋司馬，力圖興復之。同治中，鼎新舊構，凡二年乃畢工，視前所謂八陣圖法者，未知何若？其規制則閎且闊矣。……（《天岳山館文鈔》卷十七，《續修四庫全書》影印清光緒六年刻本）

《膾炙録序》

昔人稱太史公以文言道俗，情質而不俚，故能獨步千古。然使更能以俗情達文言，豈不入人尤深，而感人尤切哉！孔子筮卦得賁，愀然有不平之色，曰賁非君子之所樂也。丹漆不文，白玉不雕，質有餘者，不受飾用，此見文貴切於實用，愈質愈奇，文飾不足多矣。宋儒語録，多雜俚語方言，蓋心之精微，非是無繇而達。王文成之文告，雖婦孺蠻貊讀之，莫不通曉，斯為天下之至文。吕近溪先生著書，曰《小兒語》以訓世，新吾先生續之，今皆膾炙人口。夫非牖民覺世之苦心歟？老友湯君虎臣，承其尊人之訓，以謂聖經賢傳，暨先正格言勸善之説備矣，然辭過於文，非讀書明理者莫能喻，不若以淺語達之，如白香山詩，老嫗能解，乃足深入人心而警其聾聵。虎臣本遺訓，作《膾炙録》，凡正心修身持家涉世之法，以類相次，無一非名言至理，而又不越街談巷議之常，殆佛家所謂以慈悲心，運廣長舌，為衆生説法者歟？予别虎臣，垂四十年，書來徵序，予謂此新吾陽明之流派，可作宋儒語録觀，夫豈有賁飾過情之弊哉！亟付剞劂，公諸同好，以當遒人木鐸之徇，知言者

必不視為老生常談也。（《天岳山館文鈔》卷二十八，《續修四庫全書》影印清光緒六年刻本）

《熊鶴村署正八十壽序》

嚴君平云：州有九，遊其八；嶽有五，登其四。斯言也，踐之者，古今實難其人。蓋山林隱遯之士，足跡多不出里閈，其達者，宦轍所經，勢亦不能周歷。惟諸侯幕府客，所處在仕隱之間，而其神獨暇，遊蹤所涖，或庶幾焉。然非有超曠之識，登高能賦之才，而又益以康强龐固之壽，仍不免倦廢於中道也。求諸並世，其鶴村先生乎！先生負異稟，有弧矢四方之志。少以京兆籍為名諸生，工詩古文辭……不慬如君平所謂遊其八也，昔人謂五嶽歸來不看山，宜先生之充然自得歟！先生聰强健飯，髮未全白，飲酒數十觥不亂，七旬外，始舉丈夫子，今長與案齊矣。元度少耳先生名，自先生歸長沙，始修士相見禮。同治甲戌，湘人士暨官於湘，與客於湘者會集曾文正公祠，各以詩紀遊，并寫像刻石，嵌祠壁，凡十有七人先生，以齒次，居三，其後修禊於定王臺會者十餘人，先生居第一，蓋先生今年躋八豑矣。考古耆英會，昉自白香山，預會者年皆耄耋，惟秘監狄兼謨、河南尹盧貞年未七十，附末座。元度等得從先生遊，蓋援斯例也。然其時有李元爽者，年至百三十有六，則尤古今奇瑞焉。道光末，歐陽坦齋師訂湘中耆英會，十有八人，作記圖像，一時稱盛事。顧自軍興後，不遑及此矣。近始稍稍賡續之，復見承平風景，而先生適巋然為魯靈光，非所謂吉祥善事耶！昔太史公傳儒林，稱伏生、申公、轅固生為尚書，齊魯詩師，年皆九十餘，先生皓首窮經，精力不減少壯，尤好行利濟事，常不使人知。史公所謂美意延年，為尤近之。他日壽届期頤，朝廷修袒割饋酳之禮，蒲輪下徵行，且奪申轅之席夫，豈若濟南被召，老不能行哉！元度少先生二十歲，足跡雖半天下，五嶽止登其二，兹同人壽先生屬為之辭，竊願踵元爽之武，以無墜宗風，俾得歲歲從先生於敦槃壺矢間，先生聆斯言，計必軒渠撫掌，先浮一大瓟也。（《天岳山館文鈔》卷三十三，《續修四庫全書》影印清光緒六年刻本）

智按：李元度，字次青，平江（今江蘇蘇州）人。道光二十三年（一八四三）癸卯舉人，歷官雲南按察使。有《天岳山館詩存》、《天岳山館文鈔》。

陶煦（一八二一～一八九一）

《周莊鎮志》

⊙蘭芷軒

在清遠庵後，鄭任讀書處也。嘗與屠彥徵、毛瑩、徐汝璞宴集其中，時屠年八十三，毛年七十七，鄭年七十一，徐年六十九，四人適三百歲，乃用白香山詩爲起句，各賦二絕，瑩子錫年爲繪《四老圖》。

張泠《四老圖序》：

惠人鄭子、神遠徐子，余少年交也。因鄭子而識其尊人葯房翁，因徐子而識其尊人我石翁，又因兩翁而識君聘屠翁。既而蓦遭鼎革，飄零轉徙，遂與鄭子、徐子濶踈四十餘年。今來相遇，俱已白首，其兩翁與屠翁悉已物化。鄭子一日出《四老圖》示余，余諦視之，三翁嘗親炙其風采，獨湛光毛翁，生平所欣慕，而未見者。今咸挹於圖中，丰神爭躍躍於毫素間也。圖之作，起於鄭翁蘭芷軒之會。是日也，涼風爽然，微旭澹然；梧影翻階，菊香浮斝。割松江之鱸，烹顧渚之茗；幽懷畢吐，逸興遄飛。其幅巾氅衣而上坐者，屠翁也；科頭鼻鼻，望之有軒昂之氣者，毛翁也；垂翅紗巾，紫衣而掩映於雙桐之間者，徐翁也；手拭如意，微吟而有所思者，鄭翁也。鄭子指圖而言曰：當日四老談讌於上，我與毛翁之令子康叔趨承於下，默數四老之年適符三百，遂舉白香山「四箇老人三百歲」之句以進賀，各獻一觴，四老亦掀髯撫掌，就香山所倡之句，各賦二絕。康叔素精繪事，因命作圖，以侈奇遇供佳話。嗚呼！世變滄桑之際，風煙沸擾，衣冠流離，有不幸而陷兵燹，有不守而失堅貞，獨此四老人，爲海上之輕鷗，爲雲中之野鶴，逍遙物外，時相過從，賦詩飲酒，陶情於水邊林下，豈不足與香山四老之會千古相輝映也乎？況彼四老者，俱圭組之龎眉，此四老者悉江湖之逸叟，彼處其腴，此處其清，彼得其華，此得其介，彼當退閒而有盤礴之致，此當高尚而有瀟洒之風，先後相方，庶幾無愧當日。香山又有句云「人間此會亦應稀」，自唐長慶間歷世至此一千餘年，然後又有四老，而當三百歲，詎非極難遇而不可多得者耶？余述其畧以誌吾黨之盛事，若夫四老品行之概，各有傳紀在，兹不贅及。

屠彦徵《蘭芷軒四老社集起用香山句》詩：

四箇老人三百歲，筵開先我一甌茶。悤悤八十年前事，旭日初臨今日斜。

四箇老人三百歲，時來溪口眺青山。主翁健步同相賞，不費攜筇往與還。

毛瑩詩：

四箇老人三百歲，一番中酒不嫌茶。笑余蹇步偏移艇，歸去何愁路狹斜。

四箇老人三百歲，幽居無異住深山。坐中儘有醫王在（謂葯房），底用延年借大還。

鄭任詩：

四箇老人三百歲，清談爲供趙州茶。恰逢花發東籬下，相對盤桓日影斜。

四箇老人三百歲，風流堪繼白香山。微醺曳杖溪橋暮，盡識先生谷口還。

徐汝璞詩：

四箇老人三百歲，秋來同啜早春茶。數年十萬八千日，笑指桑榆暮景斜。

四箇老人三百歲，水鄉結伴勝居山。閒時領畧煙波趣，一葉輕舟任往還。（《周莊鎮志》卷二，《續修四庫全書》影印清光緒八年元和陶氏儀一堂刻本）

智按：毛瑩（一五九四～?），有《晚宜樓集》十六卷附補遺一卷（首都圖書館藏民國本）。徐汝璞（一六〇二～?），字我石，號雪漁、塞齋。

朱霞燦，字霽堂，號素園，吴江之蘇家港人。晚遷泮水港。早歲能文，受知於莫學使晉，以第一人入泮，家貧，客授自給。中年遊幕皖城，旋就壽州沈刺史南春之聘，課其幼子，功倍他師，賓主甚相得。歸裝稍贏，有族母詭以困乏訴，卽解囊持贈，後知其非貧，一笑置之。道光辛卯，館於伯父諱輿宗家，煦亦從學焉。所課經籍外，間及吟詠，暇則講論史鑑，或小學語録數則，諄諄之誨，不遺餘力。嘗曰：讀書明理，徒事文辭無益也。詩學香山。工駢體文字，法在歐虞間，又善畫花鳥，習星數，及岐黄之術，故遊其門者，往往各精一藝。在鎮十年。壬寅秋卒，年七十三，著有《虛白厂詩集》八卷，《文集》二卷。（《周莊鎮志》卷五，《續修四庫全書》影印清光緒八年元和陶氏儀一堂刻本）

智按：陶煦，字子春，號沚村，元和（今江蘇蘇州）人。自幼好讀書，成年後不願爲官，不求仕進，終生行醫村鎮。有《貞豐里庚申見聞録》等。

俞樾（一八二一～一九〇七）

《曲園記》

曲園者，一曲而已，強被園名，聊以自娱者也。余故里無家，久寓吴下，歲在己巳，賃馬醫巷潘文恭舊第而居之。至癸酉歲，太夫人自閩北歸，以所居隘，謀遷徙而無當意之屋。適巷之西頭，有潘氏廢地求售，乃以錢易之，築屋三十餘楹。用衛公子荆法，以一苟字爲之，取《周易》「樂天知命」之義，顔其聽事曰樂知堂，屬彭雪琴侍郎書而榜諸楣堂之西，爲便坐以待賓客，顔以曾文正所書「春在堂」三字，别詳《春在堂記》。春在堂後，尚有隙地，乃與内子偕往，相度而成斯園。卽於春在堂後，連屬爲一小軒，北向，顔曰認春。白香山詩云：「認得春風先到處，西園南而水東頭。」吾園在西，而兹軒適居南面，認春所以名也。認春軒之北，雜蒔花木，屏以小山。山不甚高，且乏透瘦漏之妙，然山徑亦小有曲折。……（《春在堂雜文》續編卷一，《續修四庫全書》影印清光緒二十五年刻春在堂全書本）

《王夢薇入越吟序》

王君夢薇，蓋才而隱於下位者也。能爲詩歌，又善丹青，而尤長於駢儷之文，古豔幽秀，有六朝人筆意。以君之才，求之館閣諸公，亦未易覯，而以末僚需次兩浙，浮沉簿尉間，良可慨矣。余從前主講蘇州紫陽書院，曾讀君時文，而未見其人。今年春，君始來見余於西湖精舍，出所作詩文見示，并以入越吟乞序，蓋君之近作也。余讀其詩，五言如「雲牽危石墮，濤挾暗沙奔」，「雲開鷹翮健，風細鴿鈴圓」，七言如「寒欺酒骨眠難穩，愁擁詩腸句不新」，「雲勢欲拖雙塔去，雨聲陡合四山來」，皆可誦也。讀既竟，喟然而歎，爲誦白香山詩云：「袖裹新詩十首餘，吟看句句是瓊琚。如何持此將干謁，不及公卿一字書。」因卽書此於其卷端。（《春在堂雜文》續編卷三，《續修四庫全書》影印清光緒二十五年刻春在堂全書本）

《恩竹樵中丞五十有五壽序爲張子青前輩作》

昔白香山以五十四歲官蘇州刺史，其明年賦詩，有云：「今歲花前五十五。」又云：「且喜年年作花主。」蓋在蘇州所作也。夫白公以文學而兼政事，爲政風流，照曜千古，然以遭逢唐室之衰，黨事方興，不樂居要路。其在蘇也，亦不久而去。所謂「年年作花主」者，徒付之虛語而已。竹樵中丞由奉天府尹拜蘇藩之命，亦適届五十四歲，與香山莅蘇，年齒相符。至今年，則香山所謂「今歲花前五十五」者也，而是年春，公已被命攝漕督，旋權蘇撫，玉節金符，緑軿紺幰，蓋不久而真除之命下矣。夫今之督撫，唐之節鎮也。香山詩所謂「萬人開路看，百吏立班迎」，仕宦之榮，無踰於此，而公已身被之，然則年齒雖同符香山，而遭遇盛時，致身通顯，蓋遠過之矣。公家世文通武達，軒冕相襲，公以門資在擁樹之中，已注官牒，及歲就試，輒居高等，内歷白雲之司，外居黄堂之位。俄遷觀察，旋擢都轉陳臬事於皖江，臨事侃侃，有赤石不奪之節。……姑誦香山太傅「年年作花主」之詩，爲公慶，且爲吳人慶。公其欣然而進一觥乎？（《春在堂雜文》續編卷五，《續修四庫全書》影印清光緒二十五年刻春在堂全書本）

《恩竹樵方伯六十壽序》

昔孔門分政事、文學爲二科，然竊謂長於文學者，容或不能政事，而長於政事者，未始不可以兼文學。歐陽子言，劉柳無稱於事業，姚宋不見於文章，此亦各從其重者言耳。唐宋文人如韓蘇諸大家，孰非蓋代名臣，即歐陽子亦豈專以文章見歟？寇萊公風節動一世，而詩情清麗，趙清獻立朝議論侃侃不屈，而所爲詩亦諧婉多姿。吟風弄月，古人不廢，爲君援筆賦梅花，奚損廣平相業哉？竹樵方伯恩公，當代之韓蘇也。自同治九年，由奉天府尹，拜蘇藩之命。其明年，緑軿紺幰，莅至胥臺，而樾適爲吳下賓萌，承公不我遐棄，時相過從，始以所著《南游集》見示。誦之，清妙絶倫，因次集中詩韵，奉贈一律，是爲酬唱之始。嗣後詩筒往返，幾無虛日。傳牋之使，日或再三。遂有吳中唱和三集之刻，傳誦藝林。自是以來，公有所作，必以示樾；而樾偶爲詩歌，亦必就而正焉。文字之交，日以加密；更唱迭和，形跡兩忘。溯公莅吳之年，與白香山之官蘇州刺史，同爲五十四歲。至是七易暑寒，而公則行年六十矣。吳下士大夫，與凡吾儕之廟於吳者，咸思以文爲壽，乃皆就樾而謀。謂樾固深知公者也，雖然，樾之與公不過道義相切劘，文章相討論，至其智名勇功，高掌遠蹠，爲國家宣力四方者，固未得窺其涯涘。即其藩吳七載，中間攝蘇撫者再，攝漕督者一，經文緯武，造福三吳，而樾杜門謝客，聞見褊僿，亦未能揚搉而陳之也。其將何以壽公哉？無已，請就公之文章政蹟，兩極其盛者，言其大略焉。公出蘇垣，瓜爾佳氏，爲昭代著姓。道光初元，公甫四齡，已以任子讀中秘書，及歲試列高第，釋褐雲司，有聲郎署。繼而一麾出守，典郡齊魯間，旋由都轉而陳臬於皖，是時大盜磐牙，所在皆有。公嘗出鋭師，扼之烏江，再戰再勝，以視世之嚄唶宿將，亦無媿焉。……當公六十稱觴之日，不敢以常詞爲侑，而惟舉公文章政績之卓然者，粗述大端，以明聖門政事、文學兩科，未始不可合而爲一，而歐陽子之言，猶未爲定論也，公其听然而一笑乎？（《春在堂雜文》續編卷五，《續修四庫全書》影印清光緒二十五年刻春在堂全書本）

《恩竹樵方伯六十壽序》（其四）

嘗讀《南山有臺》之詩矣，其首章曰：「南山有臺，北山有萊。樂只君子，邦家之基。樂只君子，萬壽無期。」其詞美，其旨永，夫亦可以無加矣。乃必衍之，而至於五章，則不過變文以協韵，而初無加乎首章之意，無乃可已而不已歟？曰古人之愛敬其人也，言之不足，又長言之；長言之不足，又從而詠歎淫泆之，所以見其愛敬之深，而不自知語之緟，意之複也。豈獨《南山有臺》之詩，凡詩人之詞類然，而樾今者之壽竹樵方伯，則有合乎詩人之義。歲在彊梧汭漢，月在圉且，其日乙未，為公六旬，覽揆之辰，樾既爲文以壽之，又譜長壽仙小詞一闋，書齊紈以獻焉。區區之忱，所謂善頌而善禱者，如祖約之賦終南，其意盡矣，而諸君子之宦游於吳者，仰下風而望餘光，咸欲以一樽效詩人「稱彼兕觥」之意，而屬樾侑之以文。樾笑曰：余既賦《南山有臺》之首章矣，又將賦其二章乎？雖然，古人之愛敬其人也，言之不足又長言之，長言之不足，又從而詠歎淫泆之，則樾之於公，雖至再至三，誼固不得而辭。夫樾之得交於公，交於詩也。以文爲壽，不如即以公之詩爲壽。嘗受公全集而讀之矣，讀《緑筠仙館吟草》，《春柳》、《秋柳》諸作，風神絶世，想見公三五少年時，蘭芬玉暎，王謝佳子弟也；讀《南鴻小草》，抒寫胸臆，不假塗澤；憶京華之舊游，尋歷下之勝迹，想見公一麾出守，政簡刑清，古之循吏，即詩人也。讀《臨淮江上録》及《壽陽行役集》，多即事感懷之作，其時盜賊磐牙，東南淪陷，公以世臣，受恩深重，故見之歌詠者，有杜少陵「感時花濺淚」之意，如云「歲月隨流水，干戈逼海天」，又云「淮皖幾曾留浄土，干戈何日解征衣」，懷抱可見矣。讀《歸里集》及《蔬香小圃集》，時公以抗言時事，朝議左遷，在他人必有不能釋然者，公角巾歸第，怡然自得，開詠菊之社，賦銷寒之詩；春宵花月之吟，城東九秋之詠；平章風月，管領烟霞，幾欲與樂天、天隨諸公，平分半席，若忘前此之金戈鐵馬，爲國家宣力四方者。蓋其智深勇沈蓄之者愈厚，而用之者將愈遠矣。讀《濼水重游集》，則公蹶而復起時所作也，有《酬李蒓客》七古一章，忠義激發，慨然有攬轡登車，澄清四海之志。讀《嘉禾堂集》，則公尹奉天時所作也，其地爲我朝豐沛之邑，山川雄秀，風俗善良，公坐鎮陪京，不勞而理，訪四樓之遺蹟，經五國之故城，集中所謂「簿書餘暇會詩友，追蹤元白揚風騷」者，極一時文酒讌游之盛焉。嗣是為《貞白堂集》，則公藩蘇以後之詩，而《荷芳坐嘯集》又奉命攝漕督，在淮上所爲詩也，勳業益隆，而詩格亦進而日上。樾與公交，自辛未歲始，時公初莅蘇臺，行年五十有四，與白香山太傅初任蘇州刺史年齒適同，至于今兹七易寒暑矣。唱和之作，別爲一編，不入《貞白堂集》，蓋此數歲中，詩筒往返，無月無之，而公所著《承恩堂詩集》，固日在案頭也，故承諸君子之屬，而即以公之詩爲稱觴之助，斯固樾之善於藏拙哉！公承天子知遇，勳名爵位，如日方升，而詩亦必一官一集，有加而無已，自七八十以至期頤。諸君子苟徵余文，樾取之大集，清新無窮，視《南山有臺》之詩變文協韻、五章而仍如一章者，或轉勝之乎？（《春在堂雜文》續編卷五，《續修四庫全書》影印清光緒二十五年刻春在堂全書本）

《吴牧騶小匏庵詩序》

……余讀其詩，蓋滇中之作，居其大半，憂時感事之作，與夫采風問俗之詞，所謂詩史者也。雖至高卧鄉山，而念大難之初平，憫瘡痍之未復，所作《新樂府》諸章，沉著則老杜也，條暢則香山也，異乎世之妃青儷白以為工者。……（清光緒二十五年刻春在堂全書本《春在堂雜文》三編卷三，《續修四庫全書》第一五五〇册第三二五頁）

《生春詩録序》

白香山「何處春深好」二十首，蓋和元微之之作，興到語耳。後人擬之者，亦不過評量煙景，料理風花，未必有深意存其中也。黼堂同年，寓居武林，以香山九老圖中人，爲西湖六橋游客。己卯之歲，嘉平之月，陰雨浹辰，杜門不出，游興小減，而吟興大來，乃用元白舊體，賦《何處生春早》三十首，蓋是歲十二月癸亥立春也。明年春，郵寄余吴下春在堂，屬以一言序之。余讀其詩，自第一首至第五首，雍容揄揚，有唐人鳳皇池上，一曲陽春遺韵，自第六首以下，則君一生宦蹟游蹟，具見於斯。蓋君以文恭公季子，稟承家學，遭際盛時，由監司起家，薦歷屏藩，兼權節鉞，駸駸大用矣。俄以疾乞身，怡情泉石，放浪江湖，近年游覽兩浙，徧探雁蕩、天台、普陀之勝，笠屐所至，望若神仙。綜計君之一生，蓋得春氣最多，宜其見之於詩者，風和而氣畹。每讀一過，令人如坐春風中矣。願君從此以往，長樂無極，以八千歲爲春，則白香山所謂「且喜年年作花主」者，當爲君詠之。余雖秋士，而《易林》有之，東風啟户，黔啄翻舞，各樂其類，亦思與君頡頏於桃花淥水間也。（《春在堂雜文》三編卷三，《續修四庫全書》影印清光緒二十五年刻春在堂全書本）

《何竹君八十壽序》

余昔嘗服膺馬少游之言，乘下澤車，騎款段馬，稱鄉里善人，以爲士能若是，亦庶幾守約而居沖者矣。雖然，余猶惜其抱雌節，而不知所以恢之也。夫鞠躬履方者，縛絀之操也；意行如天者，孔德之容也。苟徒諶然不滿軥録疾力而已，亦何足以稱天布哉！若竹君封翁則不然，何氏在徽，固名宗望姓也。自其五世祖時，由歙而遷於杭，以西湖山水甲天下，遂占籍焉。越至於君，若文中子之家銅川六世矣。君之生，甫及香山居士識之無二字之月，靈椿之蔭霰然積謝，逾數月，祖已之爵又廢而不舉，君藐焉始孩，易羅綳繡被而麻之。尊慈任太夫人停辛儲苦，是拊是育，由扶扶赤子以至於羈貫成童，嘻其僊矣。當是時，家已中落，昔也陶白程羅，今也樵蘇弗繼。君之初意，亦思枕經藉書，閉廬精誦，登文詞雅麗科，爲門户光，既而喟然曰：瓶之罄兮，惟罍之耻，吾母缺然，無甘旨之奉，尚侈談青紫哉！日月逝矣，歲不吾

與。……（清光緒二十五年刻春在堂全書本《春在堂雜文》三編卷四，《續修四庫全書》第一五五〇册，第三五四頁）

《鶴麐軒詩存序》

今年春，余在吳下，湯子伯繇以宗湘文觀察書來見。余接其丰采，聆其議論，讀其所撰著，及其所爲詩，蓋佳士也。因時與往來，而伯繇乃以其母管淑人所爲《鶴麐軒詩》見示，詩爲淑人父管荔生先生所删定，止九十三首，而此卷則伯繇病中所手寫者，止五十六首而已。詩雖不多，然格律老成，氣體高妙，得古作者之意，非如他女史之摹擬上官體，徒以綺錯婉媚爲貴者也。伯繇爲人，有樸茂美意，其爲學亦然。殆其母教乎？淑人嘗夢至一處，曰清碧山房，得絶句二首，醒而録之，一字不遺，余謂此事甚奇。白香山蓬萊之院，歐陽文忠神清之洞，自古有之。清碧山房，其卽淑人之靈芝仙館乎？生有自來，宜其詩亦字字華嚴法界來，而不徒以花紅玉白爲工也。（《春在堂雜文》五編卷六，《續修四庫全書》影印清光緒二十五年刻春在堂全書本）

《張星階鷗榭詩鈔序》

往者，吳牧騶同年自雲南宦游歸，以所著詩話見示，多在滇唱和之作。余歎曰：邊郵僻地，得諸君子提唱風騷，雖薄宦天涯，而山水友朋之樂，亦云盛矣。四川宜賓張君星階爲牧騶進士同年，而又同宦滇中，當日所共疇唱者也。……其詩出入唐宋諸名家，無畔嚻之習，無靡曼之音，格律清整似王摩詰，意味淡遠如韋蘇州，詞旨敷暢似白香山，意思雋永似陸劍南，而憂時感事，弔古傷今則又駸駸乎入少陵之室矣。……（清光緒二十五年刻春在堂全書本《春在堂雜文》五編卷七，《續修四庫全書》第一五五〇册，第五九三～五九四頁）

《三六橋可園詩鈔》

……余自十五六歲始學為詩，至今歲七十有二，而所為詩終不外香山、劍南一派，自愧詩境之不高。……不此之爲，而乃從曲園以期入香山、劍南之門徑，噫！柳下惠少連其志，亦不免少降道矣。豈必以曲閡爲帥哉！世傳白香山詩必老嫗能解而後存之，故多流于率易，此不知詩者也。白香山使老嫗解詩，正其經營慘淡之苦心也。文章家貴深入顯出，惟詩亦然。使老嫗讀之而不解，必其深入而未能顯出也。故方求入之深也，徑路絕而風雲通，雖鬼神不能喻；及其求出之顯也，則生公說法，頑石點頭矣。……（清光緒二十五年刻春在堂全書本《春在堂雜文》五編卷七，《續修四庫全書》第一五五〇册，第六〇一～六〇二頁）

《汪穉泉詩序》

余自十五，始學爲詩，至今歲行年七十有五，則雕琢肝腎六十年矣。詩格不高，終其身不能出香山、劍南兩家門徑之中，深用自愧。而海內諸君子癖嗜余詩者則頗有之，豈以詩主性情，言情之作入人尤易。……余讀其詩，沛然從肺腑流出，不見斧鑿之痕，誠亦香山一派。（《春在堂雜文》六編卷七，《續修四庫全書》影印清光緒二十五年刻春在堂全書本，《續修四庫全書》第一五五一册，第一一四頁）

《邵楚白擊壤摘聯序》

康節先生之詩，質而不俚，眞而不率，在宋詩中自成一家，實亦從白香山門徑中來。世以寒山子詩擬之，非其倫也。余所見《擊壤集》，凡三本，一本二十卷，編年者也。《四庫全書》著録焉。一本八卷，分體者也，是二本皆善。又一本十卷，乃前明兩吳氏所注，注皆淺陋，康節詩本不腐，自有此注，則眞腐矣。其詩分五類，亦殊可怪。此不足存也。邵楚白大令以康節先生之裔，筮仕吾浙，長於吏才，通知醫學，大府引重，同僚推服，樂易和厚，有康節風，最喜讀《擊壤集》，摘録集中佳句，為人書楹聯，五言七言，共得二百聯；又五言七言八言集句，二百二十五聯；集句補遺一百聯，手自寫定，分為六卷，出以示余。余不工書，而常以筆墨為人役，一歲所書，輒數百聯，每遇佳箋，苦無佳句。今得此編，臨池揮灑，不愁擱筆矣。《擊壤集》世間罕見，往年余門下士宋伯言大令欲假活字板排印而未果，楚白誠能以二十卷本，重付剞劂，以行於世，余尤願先覩以為快也。（《春在堂雜文》六編卷七，《續修四庫全書》影印清光緒二十五年刻春在堂全書本）

《厲駭谷白華山人詩集序》

定海孤懸海外，金鷄招寶，兩山對峙，若門戶入其中，則群山重叠，一水縈洄，又兼曠如奥如之勝，民居次坒，風氣樸茂。余於其中，得一經生焉，曰黄君薇香。所論夏后氏世室之制，與余有暗合者。同年吴和甫學使以語余，余深以未見其人為憾。乃今又得一詩人焉，曰厲君駭谷。余亦未識其人，而得見其詩，曰《白華山人詩集》，都凡一十六卷，意義深厚，氣體高華，蓋集唐宋諸詩人之長，而鑪冶之以自成其詩。何子貞前輩稱之為李謫仙，宜興吴仲倫又稱之為元遺山。乃余讀其詩，如《西溪紀游》篇，則謝康樂游山之作也；如《知音》篇，則阮嗣宗《詠懷》之遺也；如《還家》諸篇，則意思蕭閑，絕似陶公；如《歲暮東甌襍詠》，則音律悲涼，又若杜老。此外，則又有若白香山者，有若杜牧之者，有若東坡、若山谷者，君之詩，豈可以一家概之歟？蓋君少負異才，以目疾，故不一應有司之試。其所蘊蓄，悉發之於詩。觀其集末附詩説一百五則，知其於此事三折肱矣。余故謂黄君之經學，與君之詩學，乃翁州近代兩傳人也。黄君之子，元同孝廉，以經學世其家，曾肄業於詁經精舍，余得識之，君之子慕園，三吴循吏也。余寓吴下，杜門謝客，未及一見。君之孫三人，又皆鵲然而起，視黄氏之世守一經者，殆有過之，詩人之遺澤遠矣。其諸孫以遺集乞序於余，余昔年以避兵至定海，不旬日而去，未及游覽其山川，君詩説云：凡作詩，須山水靈秀之氣，淪浹肌骨，始能窮盡眞趣，然則定海所有，西霍東霍，大茆小茆，諸勝具在君詩矣。讀君之詩，即謂之補理舊游可也。（《春在堂雜文》六編卷七，《續修四庫全書》影印清光緒二十五年刻春在堂全書本）

《戴子開觀察招隱山房詩序》

往年戴澗鄰先生宦吾浙有聲，余兄壬甫癸卯同舉於鄉，余有昆弟同年之誼，而彼時客游四方，未得一見，及余主講西湖詁經精舍，歲至杭州，先生有令子曰啟文，字子開，念先世有孔李通家之舊，不我鄙棄，湖樓山館，時相過從。余不及見先生，而獲交於先生之子，幸矣。子開文章政事，雅有父風，亦官於浙，積勞至觀察使。今歲仲春，子開書來，言生平無他嗜好，惟癖嗜吟詠，四十年來，積詩無算，今刪存為十卷，求序於余。余獲交於子開，因而得讀子開之詩，抑又幸矣。其詩疏淡則韋蘇州，工雅則王摩詰，隱秀則李義山，暢達則白樂天，而歌詠時事，表揚節義，沈鬱蒼涼，又居然杜少陵。即詠物諸作，亦運筆超妙，寓意遙深，非尋常謝蝴蝶、鄭鷓鴣所能望。蓋子開少承家學，早負時譽屢，試場屋皆以額溢見遺，然其致力於學，則不以科名得失而有間，溯原經史，推本風騷，宜其詩之遠軼時流也。吾浙山水，為海内所推，游宦其地者，白蘇以下，代有聞人。子開他日以觀察使周歷浙東西，吾見詩境與宦蹟，將與澗鄰先生並傳。惜余衰且病，不及共竹馬兒童，從其後而游也。（清光緒二十五年刻春在堂全書本《春在堂雜文》六編補遺卷四，《續修四庫全書》第一五五一册，第二四七～二四五頁）

《蔡漢章外祖遺詩序》

先君子初娶於蔡，蔡固吾邑鉅族，而外大父漢章先生亦名諸生也。五老之榜，未登一覺之聲，獨儁桑維翰之意氣，鐵硯留銘，李長吉之才華，玉樓赴召，文章散佚，門戶凋零，籯雖有子而堪貽，硯已無孫之可授。樾癸丑假旋，始晤厚齋舅氏，其從子也。坐渭陽之館，每共清談；歌巴人之詞，謬推同調。乃得敬讀先生遺詩，凡若干首，筆墨之痕欲化，煙霞之氣猶清，存此古錦之一囊，是亦吉光之片羽，然而陶泉明之集，并無甲子可編；王遠知之書，幾爲六丁所攝。偶向死灰檢出，重將生紙鈔來。玄酒太羹，不是人間之味；高山流水，長存絃外之音。嗚呼！先生之心，亦可無憾矣。夫閶闔衣冠之句，奚所取於山林；微雲疎雨之詩，未足登於廊廟。詩無定體，人有攸宜。先生既抱朴以居灌園而老，以故儲王雜興，都從田野之間，甘石著書，或及米鹽之細，視世之弸中彪外者，若有異焉。然而白香山之體，以近俗而彌工；邵康節之詩，雖打乖而亦可，果語言之入妙，少少許便足勝。人必雕琢以求工塗塗附，轉嫌乏味。讀先生詩者，正以其詞之近，而見其旨之遠焉。厚齋舅氏寶此楹書，命爲弁語。嗟乎！魯靈光之殿久圮於當年，魏正始之風尚存於今日。媿非玄晏，未足傳左太沖之名。倘遇次山，請更定孟雲卿之集。（《賓萌外集》卷三，清光緒二十五年刻春在堂全書本）

《謝夢漁同年香南憶夢圖序》

論揚州之勝迹，不外煙花；問謝傅之家風，最宜絲竹。水流花謝，難如太上忘情；酒冷茶殘，請學癡人說夢。方其扇搖比翼，緜卧同功，闞鬧掃之新妝，試綢繆之舊印。張尚書之圖籍，豔有粉痕；陶學士之茶鐺，清惟雪水。乍調脂盝，便理牙籤。地則仙境瑯嬛，人則佛家法喜。聞春月之語，早許能詩；授秋水之篇，居然成誦。楊妹子頗工題跋，管夫人雅善臨摹，於蘭言花笑之中，有宋豔班香之妙，游仙枕穩，混沌譜新，此一夢也，樂可知也。無何而四壁蕭條，一官落拓，辭放螢之苑，尋戲馬之臺，羌博士固未免酸寒，女秀才亦自嗟旣毦。畫眉之譜，十樣攜鐵硯而難描；打頭之屋，三間住玉人而不稱。蠹能化去，蛺不飛還。固知一覺十年，不是書生消得，轉覺五張六角，都從尤物招來。乃偕開閣之豪，自守閉房之禮。昔年桃葉曾從江上迎來，此日柳枝竟向樓中放去。擲破鴛鴦之瓦，燒殘玳瑁之釵。翠羽啁啾，黃粱倏忽，此一夢也，恨可知已。夫使夢漁而乞相，常寒骨人不肉，老坐廣文之席，長餐苜蓿之槃，則亦過等飄風去如逝水已耳，而乃芙蓉人鏡，喧傳及第之名；桃李公門，榮署探花之使。宋子京之修史，可無紅袖扶持；霍小玉之居家，難倩黃衫尋覓。萍身飄泊，蘭訊參差。或云綠葉成陰，春色已欣有主；或謂名花落溷，風塵尚苦無歸。而回憶銅鴨香温，銀駝酒暖，並坐蛾眉之月，同挑蠅鼻之燈；錦被徵書練裛，學字絳紗帳裏。奉夫子爲師，玉鏡臺前，與老奴共讀，此情此境，乍近乍遙，黑縱難甜，紅猶未洗，夢憶之圖，所以作也。嗟乎！聚六州鐵鑄成大錯而難銷，量一斛珠買此殘春而不可。白香山蠻腰素口，未免有情；杜樊川禪榻鬢絲，不堪回首。訴來舊恨，如聞商婦琵琶；付以達觀，誰是吳兒木石。每道其神光玉映，才語珠連，廿四橋頭，可稱獨步；三千殿腳，或是前身。卜姓則鄭氏櫻桃，問名則尚書紅杏。柔情描畫，輭語評量。君固輾轉於夢中，僕亦流連於紙上。雖然人生一夢境也，參斗迷離，雨雲變幻。蜨自來而自去，不妨莊子觀空；鹿何有而何無，莫學鄭人聚訟。必欲趾離再喚，宜櫟重呼，無乃惑乎？從此收拾閒情，讖除綺語：微之集内，添來決絕之詞；韓偓詩中，删去無題之作。雖春風一幄，儘容人喚真真；而明月二分，自笑我殊夢夢。君於此真蘧然而覺矣，僕看花眼冷，攤飯身閒。懷夢之草無靈，占夢之書未讀。偶成豔體，學題錦帶之書；倘證情禪，待誦金輪之咒。(《賓萌外集》卷三，清光緒二十五年刻春在堂全書本)

《王老人詩》

老人仁和臨平人，莫知其名，但相呼以王大而已。無家室，行乞市中，迹類顛狂。兩耳皆聾，而聲如洪鐘，亦莫知其年。余童時見之，似六十許人，至今不少異。然吾平泉舅氏，行年八十，自言少時所見已如此，則其年殆未可意計也。豈其得道不死，而隱於乞者邪？因為此詩贈之。

耳聾髮禿尚童顔，市上狂謌獨往還。疑是洛中李元爽，憐渠未遇白香山。（清光緒二十五年刻春在堂全書本《春在堂詩編》卷五丁辛編，《續修四庫全書》第一五五一册，第三八七頁）

《歸許氏女生外孫女其伯祖信臣撫部名之曰引官余讀白香山集有談氏外孫女孩滿月詩亦名引珠戲作一詩》

幺鳳欣添第二雛，慰情良亦勝于無。阿翁且學香山老，也向懷中抱引珠。（清光緒二十五年刻春在堂全書本《春在堂詩編》卷七己壬編，《續修四庫全書》第一五五一册，第四〇七～四〇八頁）

《竹樵方伯（恩錫）被命攝漕督以詩賀之》

余與方伯唱和詩最多，彙為一卷，題曰吳中唱和存稿，別行之，故不存於集。今聞其攝漕督，余適在西湖精舍，又因先兄葬事將還德清，未知能及至吳中送別否。依依之意，不能無詩，詩雖不工，亦不能不存也。

鶯花茂苑久勾留，新拜除書督九州。望重旬宣周召伯，功資轉漕漢酇侯。豈惟玉粒關天庾，更藉金湯鎮上游。從此范韓勳業大，清談可憶在南樓。

頻年吳下其分箋，忽聽驪歌意惘然。佳句流傳來浙水（時新寄到詩四首），大旗飛舞去淮堧。遙知蕩節初移日，正是梅花欲放天。為報將軍即才子（用白香山詩意），狂吟沿路有詩篇。（清光緒二十五年刻春在堂全書本《春在堂詩編》卷八癸丁編，《續修四庫全書》第一五五一册，第四二〇頁）

《御史大夫祁子禾先生用堪字韵見贈四叠韵報之》

正擬徵詩續廣堪（彭雪翁屢勸余作詩話未果。廣堪事出《周書・蕭圓肅傳》），詩來如共德公談。清芬竹葉杯浮百，雅韻梅花笛弄三。官貴待調先世鼎，學成更築老來庵。閒情尚憶蘇堤上，三面青山西北南。

約略杭州說尚堪，漁歌樵唱雜街談。神祠擊鼓□〇半（西湖春來進香者多鳴鉦鼓，□讀方，〇讀圓，見《禮記・投壺篇》），卜肆搖錢一一三（香市盛時，間有賣卜者，一讀單，一讀拆，見《周易》朱子本義）。春早探梅到林墓，秋涼載月過彭庵。令人頓觸停雲感，何日輕帆發楚南（時彭雪翁尚在衡也）。

笑我衰慵百不堪，積唐近狀與君談。貧惟杜老長鑱一，富有容齋續筆三（時又纂《茶香室三鈔》三十卷，未刻）。山為宅幽題退谷，室因娛老署頤庵。祇應未斷閒吟興，時盼傳書雁到南。日下賡歌豈我堪，擁鑪聊當一宵談。大千春色將過半，七十流年不欠三（白香山詩「相看七十欠三年，乃六十七歲時作也。余今年六十八矣）。公等相將趨鳳闕，老夫隨便築漁庵。滄江一卧居然穩，不作悲歌董邵南。（清光緒二十五年刻春在堂全書本《春在堂詩編》卷十二丁巳編，《續修四庫全書》第一五五一册，第四八二～四八三頁）

《書室中偶來二客蔡君芸庭年八十三王君濟川年七十一余年六十八合成二百二十二歲戲作小詩》

三人二百二十二，屈指年華我最輕。戲學香山白居士，笑呼張丈與殷兄。（清光緒二十五年刻春在堂全書本《春在堂詩編》卷十二丁巳編，《續修四庫全書》第一五五一册，第四八七頁）

《己丑正月聞徐蔭軒同年拜協揆之命時漢人三相南皮為丁酉同年合肥為甲辰同年蔭軒則庚戌同年也感白香山五相一漁翁之語戲賦一律》

五十餘年事，升沈迥不同。朝中三宰相，湖上一漁翁。曳履星辰上，挐舟煙水中。香山詩句在，聊可贈群公。（清光緒二十五年刻春在堂全書本《春在堂詩編》卷十二丁巳編，《續修四庫全書》第一五五一册，第四八八頁）

《湖樓山館雜詩》（其一、其二、其四）

蘇杭來往路，歲歲借飈輪。戲詠香山句，題為一隻艑。（余於二月二十四日發蘇州樂峰，中丞借普慶小輪船曳帶）

水驛經臨熟，如將舊例稽。棲溪今晚泊，明日到餘溪。（余途中不謁客，惟於唐西小泊二兒婦母家存焉。次日至德清掃墓，即開赴杭州）

年年湖上住，婦豎總追陪。今日香山叟，攜將月上來。（余每至西湖，兩兒婦及曾孫女必有從者。今歲則歸王氏長女亦來）（清光緒二十五年刻春在堂全書本《春在堂詩編》卷十五甲丙編，《續修四庫全書》第一五五一册，第五二七頁）

《送日本楢原陳政子德歸娶》

日東有奇士，相識廿年前。已貫中西學，方當少壯年。豪游猶歷歷，雅意最拳拳。執摯蕭夫子（曾居余門下），傳眞白樂天（兩次為余寫照）。贈余吳客縞，盼爾祖生鞭。聽打回帆鼓，言開合巹筵。人欣聯舊雨（日本有舊雨會，子德與焉），天為締新緣。妻島添春色，師門拜暮煙（所娶得能氏，乃其師之孫）。鷄鳴纔共警，鵬路又高騫。別後一彈指，攜將小比肩。雙雙來見我，杯酒再流連。（清光緒二十五年刻春在堂全書本《春在堂詩編》卷十六丁戊編，《續修四庫全書》第一五五一册，第五四八～五四九頁）

《曾孫僧寶雙滿月鬀頭》

正月穀日僧寶彌月也，蘇俗正月不鬀兒頭，二月二日謂之龍擡頭日，宜鬀頭，然是日火日，又非宜也。因改於二月四日，老夫抱之鬀頭，口占一詩。

臘八良辰產此兒，而今春日已遲遲。欣當乳燕出巢候，恰直神龍昂首時。胎髮膩仍留丱角（白香山詩：「膩剃新胎髮」），毛衫軟不礙柔肌（兒衫不縫邊，俗呼毛衫）。吾孫遠作金臺客，勞動衰翁抱袞師。（清光緒二十五年刻春在堂全書本《春在堂詩編》卷十七己庚編，《續修四庫全書》第一五五一册，第五六一頁）

《余浪得虛名海内皆知有俞樾矣乃吳中諸生有曰俞鉞者不知何許人也賦詩以發一笑》

姓名假設本無干，木落還欣金未刓。王逸少宜偕逸老，白居易又見居難。競傳此客能驚坐，欲為先生製大冠。我愧崔崔兼杜杜，尚留一半與人看。（清光緒二十五年刻春在堂全書本《春在堂詩編》卷十七己庚編，《續修四庫全書》第一五五一册，第五六八頁）

《移盆梅數株於園中擇地種之》

為愛盆中數樹梅，不辭幾處劚蒼苔。夜寒惜未親鋤月，春暖欣逢始發雷（凡種植宜於驚蟄之後）。自較黃楊容易長，只愁白髮要來催。使君種荔香山笑（白香山《聞楊使君種荔枝戲之》云：「愁君得喫是何年」），我顧積齡亦自咍。（清光緒二十五年刻春在堂全書本《春在堂詩編》卷十八辛丑編，《續修四庫全書》第一五五一册，第五七三頁）

《春在堂桂花盛開歸王氏長女來與之游賞終日》

桂花香滿小庭中，準擬年年一醉同。不是多愁即多病，更難無雨又無風

（每年有此意然往往不果）。秋光卻喜今番盛，良會休教此日空。草草杯盤誰與共？招來月上伴衰翁（維摩詰女名月上，白香山詩：「月上新歸伴病夫」）。（清光緒二十五年刻春在堂全書本《春在堂詩編》卷十八辛丑編，《續修四庫全書》第一五五一册，第五七九～五六〇頁）

《余最善食菜今年所蓄頗多有毘陵之蹋菜有金陵之瓢兒菜而從孫壻趙卓士又以家園所種菜見餉堆置一室白香山云此翁何處富酒庫不曾空余無酒庫而有菜庫亦可喜也賦詩張之》

虀鹽風味本來長，老去何嘗一飯忘。菜庫今年頗豐足，菜神應祀蔡中郎。（清光緒二十五年刻春在堂全書本《春在堂詩編》卷十八辛丑編，《續修四庫全書》第一五五一册，第五八一頁）

《何處春深好四首做元白體不用其韵》

何處春深好，春深吾道中。淵源秦博士，絲竹魯王宫。欲使微言紹，休將異説攻。饒伊王輔嗣，止作應門僮。

何處春深好，春深吾意中。營營非所願，靄靄與人同。不慕莊周達，奚悲阮藉窮。須知方寸内，懷葛古遺風。

何處春深好，春深吾室中。好花常在眼，俗客絕無蹤。香篆一鑪碧，牙籤萬卷紅。世間新譯本，未許棟邊充。

何處春深好，春深吾筆中。縱無文似錦，也有氣成虹。詩格參辰慶，經師拜鄭公。卮言雖日出，一掃盡皆空。（清光緒二十五年刻春在堂全書本《春在堂詩編》卷十九壬寅編，《續修四庫全書》第一五五一册，第五八四頁）

《西湖雜詩》（其十三）

為憐素壁太蕭然，手寫香山句一聯：「老自退閒非世棄，貧猶强健是天憐。」（余今年猥蒙教迪後進人，望允孚之恩諭，而詁經講席，久以老病辭退，今年并歸安龍湖，上海求志兩書院亦薦賢自代。人或譽余老而健者，不知造物哀憐，特未癃癈耳。故題此聯於右台仙館。香山句也）（清光緒二十五年刻春在堂全書本《春在堂詩編》卷十九壬寅編，《續修四庫全書》第一五五一册，第五九三頁）

《病中有悟歌以紀之》

嗟我一病將一月，至今腰腳孱無力。地雖咫尺不能行，身必憑依方可立。徒勞虎骨與熊油（膏藥名），竟似蜂腰兼鶴膝。如何夢裏轉康强，絕迹飛行疑有翼。矯健幾與猿猱爭，奔馳并可驊騮及。嗟我兩目殊麻茶，今當病後尤增加。安得金篦淨刮膜，那堪銀海常生花。借光空架車渠鏡，糊目如封雲母紗。如何夢裏轉清澈，雙瞳明淨無纖瑕。蠅頭竟可細字寫，蝸角不被輕塵遮。執此兩端還自問，叩寂求音莫能應。跛者能履眇能視，易象寓言非可信。晝夜未嘗判兩人，夢覺何緣分二境。罔象求珠眞可期，傴僂登高靡弗勝。豈眞字瞽為伯明，無乃化尻以輪運。香山居士為我言，是為形病神不病（本香山詩意）。嘗聞天地有壞時，西傾東陷誰能支。獨留者箇終不壞，歷千萬劫常如斯（佛經有云：天地壞者箇不壞）。始悟形骸乃外物，惟此眞我無人知。鏡花水月有實際，天清地曠無窮期。我斯未信見偶及，狂歌忽發人毋嗤。歌成太息還就枕，目昏足弱孫扶持。（清光緒二十五年刻春在堂全書本《春在堂詩編》卷二十一甲辰編，《續修四庫全書》第一五五一册，第六二〇頁）

《讀元人雜劇》（五首其二）

素口蠻腰妝點工，當年曾伴樂天翁。不圖演入梅香劇，白樂天為白敏中。（小蠻、樊素為香山姬侍，人所共知也。乃元人鄭德輝《傷梅香》雜劇，以小蠻為裴晉公之女，嫁白敏中，樊素其婢也，不知何據）（清光緒二十五年刻春在堂全書本《春在堂詩編》卷二十一甲辰編，《續修四庫全書》第一五五一册，第六二四頁）

《反正體詩》

章一山庶常出新意，集篆文反正如一之字為詩，余歎曰：方今之世，士不復知有《說文》矣，此可嘉也。因用其體，賦七言九韻。

一閈靈臺無罣牽，空林只索秣蘭荃。竹中巾几三庚爽，室内爻閒二酉全。杳杳亭皋齊入画，菁菁芔木闇生泉。高齋典册由來古，小品文章亦自圓。常要美甘留舌本，未容朱墨累丹田。森開營壘黄山谷，曲合宫商白樂天。上策莫非宗賈董，英才大率帶幽燕。草堂𦉪缶因耑具，茶苦薑辛不喜羴。（清光緒二十五年刻春在堂全書本《春在堂詩編》卷二十一甲辰編，《續修四庫全書》

第一五五一册，第六二八頁）

《往年柳門花農兩君為我鑿書藏於孤山其地卑濕不能耐久今年命門下士毛子雲茂才改鑿於南高峰下而諸暨令張子厚亦門下士也又為鑿書藏於其邑之寶掌山兩藏同時落成以詩紀之》

辛苦窮經卌載餘（余自戊午至今四十八年著書，垂五百卷，說經者居其半），自憐無益費居諸。未忘敝帚千金意，聊付名山二酉儲。敢望所忠求禪稿，儻逢不準發藏書。悠悠五百餘年後，畢竟誰為董仲舒？

西湖舊藏未堅牢，繭足營求不憚勞（子雲入山尋求數日，始得南高峰下之地）。滄海橫流任東下，奇峰竊據此南高。敢將委宛遺書比，且把闍黎雅意叨（其地屬法相寺，余擬稍酬其值，而寺僧亦非書來，堅謝不受）。見說鐵函完固甚（鑄精鐵為箱），人間劫火儻能逃。

五洩雲山深復深，欣逢仙吏此鳴琴（即謂子厚）。地從寶掌禪師闢，碑向香巖佛寺尋（寶掌山為寶掌禪師道場，有香巖寺，寺有唐碑）。白氏櫃將文集貯（倣白香山文集櫃之意，製栗木以為匱），烏曹甎免土花侵（用古塱周制燒甎為之槨）。區區妄作千秋想，費盡門牆諸子心。

天元甲子幾時來（用宋王裕說），世運茫茫未可推。已分百年抛荏苒，還勞兩處劚崔嵬。餘芬遠紹芸香業，小慧兼存柳絮才（兼藏先祖南莊府君《四書評本》、先君禤花府君《印雪軒詩鈔》、先舅氏姚平泉先生《瓶山草堂集》及孫女慶曾《繡墨軒遺詩》）。願倣石經堂舊例，未逢其會莫輕開。（清光緒二十五年刻春在堂全書本《春在堂詩編》卷二十二乙巳編，《續修四庫全書》第一五五一册，第六五四頁）

《高陽臺》

余治經多用康成讀爲讀曰之例，以明假借，而詩則抒寫性靈，于香山爲近。西湖詁經精舍有石刻鄭康成像，其左爲白公祠，有石刻樂天像，余擬拓二像懸一室，即顏之曰「鄭白齋」，先以詞記之。詞曰：

早歲詩歌，中年箋注，句消鐘鼎旗常。俎豆名山，平生兩瓣心香。遺經獨抱司農注，附千秋、高密門墻。更傾心、白傅風流，長慶篇章。　　禮堂猶幸留遺像，其香山居士，鬚鬢蒼浪。妙墨摩來，直教素壁生光。雲楣待仿簾齋例，論高名、鄭白相當。待他年、僑札周旋，再證行藏。（《春在堂詞録》卷二）

《茶香室叢鈔》

⊙王逸老

國朝陳錫路《黄嬭餘話》云：南唐王文秉工小篆，自號王逸老，欲與逸少相抗。按此與張碧字太碧，黄居難字樂地，取法太白、樂天同一可笑，惜未知出何書。　國朝鄭方坤删補《五代詩話》引《留青日札》云：梁園有富家杜四郎，號杜荀鴨，比杜荀鶴。（清光緒二十五年刻春在堂全書本《茶香室叢鈔》卷三）

⊙瀟溪女史

國朝景星《杓山齋客談》云：瀟溪女史姓顔氏，名初元，字待月，年十九歸白樂天。後為蠻素所譖失寵，樂天召還京師，以病不復隨。會昌六年閏七月初九日，卒于西湖之靈隱山女眞庵中。臨歿曰：白尚書已爲海山院主，先妾五尸逝矣。今來相召，妾當赴也。端坐而逝。吾友汪子宏居方伯里，其家偶于乩上遇女史，粗述其事。按此事好事者為之，不足信，姑存作談助耳。（清光緒二十五年刻春在堂全書本《茶香室叢鈔》卷四）

⊙唐禮部試不禁懷挾

宋羅大經《鶴林玉露》引白樂天奏狀云：禮部試進士例，許用書册，兼得通宵，蓋不禁懷挾。（清光緒二十五年刻春在堂全書本《茶香室叢鈔》卷七）

⊙二李唱和集

宋吴處厚《青箱雜記》曰：「李文正公昉，詩務淺近，效白樂天體，晚年與參政李公至為唱和友，李公詩格亦相類，今世傳《二李唱和集》是也。」余生平最喜香山詩，所為詩亦自謂近之，惜不得二李集一讀耳。（清光緒二十五年刻春在堂全書本《茶香室叢鈔》卷八，《續修四庫全書》第一一九八册，第二三五頁）

⊙如鼃居坎

國朝王應奎《柳南隨筆》云：《莊子·秋水篇》「子獨不聞夫埳井之鼃乎？謂東海之鼈」云云。白香山《池上篇》「如鼃居坎，不知海寬」，用此事也。「坎」字本即「埳」字，而「鼃」字頗近「黿」字，近世相沿誤刻。前明如董尚書，今如王吏部，皆喜寫《池上篇》，而「鼃」字不免沿誤作「黿」，亦疏於

考訂矣。（清光緒二十五年刻春在堂全書本《茶香室叢鈔》卷八）

⊙常州亥

明王士性《廣志繹》云：武甯有所謂常州亥者，初不知何謂，問之乃市名。西蜀謂市曰「痎」，如瘧疾間而復作也。江南惡以疾名，止稱「亥」。余謂白樂天詩：「亥市魚鹽聚。」市以亥名，由來久矣。（清光緒二十五年刻春在堂全書本《茶香室叢鈔》卷十一）

⊙掐琵琶

唐韋絢《劉賓客嘉話録》云：貞觀中彈琵琶，裴洛元始廢撥用手，今俗謂「掐琵琶」是也。按此，則白香山所謂「沈吟放撥插絃中」者，其時實已不用撥矣。（清光緒二十五年刻春在堂全書本《茶香室叢鈔》卷十八）

⊙飛霜殿

明楊慎《藝林伐山》引《范元實詩話》云：「白樂天《長恨歌》：『七月七日長生殿，夜半無人私語時。』長生殿乃齋戒之所，非私語地也。華清宮自有飛霜殿，乃寢殿也。當改長生爲飛霜。」按，長生殿爲千載口實，不意乃有此一說，然「飛霜」之名，知者少矣。（清光緒二十五年刻春在堂全書本《茶香室叢鈔》卷十九）

⊙試燭兩條

宋洪邁《容齋一筆》云：唐穆宗長慶元年，禮部侍郎錢徽知舉，段文昌言其不公，詔中書舍人王起、知制誥白居易重試。白公集有奏狀，論此事云：「禮部試進士例許用書策，兼得通宵，昨重試之日，書策不容一字，木燭只許兩條，迫促驚忙，幸皆成就。」按世人止知唐時試燭以三條爲限，不知有此兩條故事。（清光緒二十五年刻春在堂全書本《茶香室續鈔》卷十）

⊙古人絕句亦稱律詩

國朝沈濤《銅熨斗齋隨筆》云：今人以四韵爲律詩，兩韵爲絕句，白樂天《與元微之書》云：又有五言七言長句，自一百韵至兩韵者四百餘首，謂之雜律詩。然則長句、絕句，古人皆謂之律詩矣。（清光緒二十五年刻春在堂全書本《茶香室續鈔》卷十四）

⊙黄山谷襲用白樂天詩

宋洪邁《容齋一筆》云：「黄魯直《黔南十絕》，盡取白樂天語，其七篇全用之，其三爲頗有改易，樂天《寄行簡》詩凡八韵，後四韵云：『相去六千里，地絕天邈然。十書九不達，何以開憂顔。渴人多夢飲，饑人多夢飧。春來夢何處，合眼到東川。』魯直翦爲兩首，其一云：『相望六千里，天地隔江山。十書九不達，何用一開顔。』其一云：『病人多夢醫，囚人多夢赦。如何春來夢，合眼在鄉社。』樂天《歲晚》詩十韵，首句云：『霜降水返壑，風落木歸山。冉冉歲將晏，物皆復本原。』魯直改後兩句七字，作：『冉冉歲華晚，昆蟲皆閉關。』」按古人詩一句一聯，偶同前人者，往往有之，乃襲用至數韵之多，則竊所不解矣。

余與孫琴西太僕三度同年，交誼甚深，而詩格則各別。余嘗語之曰：「吾所師者唐之白，君所師者宋之黄也。」乃觀此，則黄之與白，未始不相襲。

容齋又云：「杜子美詩『夜足霑沙雨，春多逆水風。』白樂天詩：『巫山暮足霑花雨，隴水春多逆浪風。』全用之。」按如此之類，古人集中甚多，不足爲異。（清光緒二十五年刻春在堂全書本《茶香室續鈔》卷十四，《續修四庫全書》第一一九八册，第五〇一頁）

⊙阿字讀側聲

國朝宋翔鳳《過庭録》云：古人阿字多讀平聲，故《廣韵》但載於七歌。唐人作近體，如白香山「盡日無人屬阿誰」，「君家阿那邊」，始作側聲讀，蓋用方言。至元人作《韵會小補》，阿始音屋，而收入聲，今人卻無此音也。（清光緒二十五年刻春在堂全書本《茶香室續鈔》卷十五）

⊙燕作巢有二説

宋朱翌《猗覺寮襍記》云：燕作巢避戊已日，見白樂天集。顧况《燕于巢詩序》云：「不以甲乙銜泥。」其詩云：「燕燕于巢，綴緝維戊。」與樂天所言不同。明郎瑛《七修類稿》云：「燕，水鳥也，故名玄鳥。其來去皆避社日，不以戊已日取土爲巢，書戊已於巢則去，皆因土克水故也。顧況詩云：『燕燕于巢，綴緝維戊。』錯矣。樂天云：『不以甲乙銜泥。』此可謂既失之鶩，又失之蟆矣。」按，樂天《禽蟲》詩云：「燕違戊已鵲避歲。」初無甲乙之説，郎氏不知何據。（清光緒二十五年刻春在堂全書本《茶香室續鈔》卷二十四）

⊙昭君妹

國朝陳錫路《黄嬭餘話》云：白樂天《同諸客嘲雪中馬上妓》「雪裏

君看何所似，王昭君妹寫真圖。」昭君有妹，史所不載，不知樂天何據也。（清光緒二十五年刻春在堂全書本《茶香室三鈔》卷七）

⊙白香山生日

國朝葉廷琯《鷗陂漁話》云：「杭州舊有香山生日會，嘉慶中，阮文達公先督浙學，繼任浙撫，杭人因文達誕辰與香山同日，故厥會彌盛。我郡則虎邱雖有白公祠，未聞有為公生日致饗者。咸豐壬子，為公降生後第十九甲子轉頭之年，海寧楊芸士廣文文蓀，時寓吳中，特於正月十九公生日，虔設牲醪，招邀朋侶，展拜虎邱祠下。此實吳中創舉。……」按杭州香山生日會，亂後亦不聞再舉矣。近人詩集中，多有為東坡作生日者，而香山罕聞，是亦缺典。惟香山生日，乃正月二十日，阮文達生日亦同。此云正月十九，殆誤也。（清光緒二十五年刻春在堂全書本《茶香室三鈔》卷八，《續修四庫全書》第一一九八册，第六八〇～六八一頁）

⊙元微之拜相綸軸

宋王明清《揮麈前録》云：「台州有筆吏楊滁者，言其外氏唐元相國之裔，一日持告身來，乃微之拜相綸軸也。銷金雲鳳，綾新若手未觸。白樂天行并書，後有畢文簡、夏文莊、元章簡諸公跋識甚多，尋聞為秦熺所取。」（清光緒二十五年刻春在堂全書本《茶香室三鈔》卷十二）

⊙天才人才鬼才

宋錢易《南部新書》云：「李白為天才絶，白居易為人才絶，李賀爲鬼才絕。」按世人但傳宋景文太白仙才，長吉鬼才之説，不知有此説也。（清光緒二十五年刻春在堂全書本《茶香室三鈔》卷十五）

⊙九江府庾樓之誤

宋陸務觀《入蜀記》云：「五日郡集於庾樓。……庾亮嘗為江荆豫州刺史，其實則治武昌，若武昌南樓名庾樓，猶有理，今江州治所，在晉時特柴桑縣之湓口關耳，此樓附會甚明。然白樂天詩固已云：『潯陽欲到思無窮，庾亮樓南湓口東。』則承誤已久矣。」按，唐時已有庾樓，則庾樓之建舊矣。庾亮本傳明言在武昌，唐去晉未遠，未必於江州為庾亮築樓也。愚疑此即漢之庾將軍，南康府大庾嶺將軍所開也。《南康府志》有漢庾將軍祠，將軍名勝九江，與南康接壤，而彭蠡湖口尤為要區，庾將軍當日或亦曾於此有保障之功，

故為築樓以存其遺蹟，歲久失傳，遂屬之庾亮耳。（清光緒二十五年刻春在堂全書本《茶香室四鈔》卷二）

⊙白氏金針集

元西域辛文房《唐才子傳》云：「白居易有《白氏長慶集》七十五卷，及述作詩格法，欲自除其病，名《白氏金針集》三卷。」按《白氏金針集》今無傳本，可惜也。（清光緒二十五年刻春在堂全書本《茶香室四鈔》卷十三）

⊙喻良能評詩

元吳師道《敬鄉録》載，喻良能字叔奇，有評詩一則云：杜子美如司馬溫公，自是三代以還第一等人，無豪髮可議。韓退之如藺相如，顏平原雖死，而千載凜凜尚有生氣。李太白如謝安石，雖紆身朝紱，而志在林泉，或攜妓自娱，不拘小節，要之蕭然有出塵姿，自不可掩。孟浩然、王維、韋應物如志和霅水，和靖孤山，雖未能追蹈高隱，然不至為俗氣所敝。白樂天如公羊傳經，羽翼聖道，根本教化，其失也不能不俗。杜牧之如荆軻匕首，子房鐵錐，吁可畏邪？其駭人也。孟東野如翳桑餓人，形影相弔，悲鳴憔悴，有辛酸可憐之狀，雖膏粱狐貉，不能不為之惻然動心。李長吉如汲冢古書，茫然異物，雖瓌詭奇怪，動人耳目，然莫能名狀，不知其適用與否也。按以人品詩，與自來品評迴別，雖無獨出之見，比擬亦尚允當。（清光緒二十五年刻春在堂全書本《茶香室四鈔》卷十三）

⊙韓悲白樂

宋方勺《泊宅編》云：韓退之多悲詩，三百六十首，哭泣者三十首；白樂天多樂詩，二千八百首，飲酒者九百首。（清光緒二十五年刻春在堂全書本《茶香室四鈔》卷十三）

⊙婦讀若務

國朝沈自南《藝林彙考》引《彈雅》云：「婦，房九切，上聲，俗音誤讀若務，亡遇切，去聲。古今韻書所不收，而白居易《琵琶行》『老大嫁作商人婦』，上協故，下協去，則知中晚有此方俗之音亂，厠於韻脚，前此不然也。」按此，知婦讀若務，唐人已有之矣。（清光緒二十五年刻春在堂全書本《茶香室四鈔》卷十四）

⊙白香山能書

宋黄伯思《東觀餘論·跋白傅書後》云：「樂天書不名世，然投筆皆契繩矩，時有佳趣。乃知唐士書學之盛如此。」按，《宣和書譜》：「御府所藏有白居易行書五，《豐年帖》、《洛下帖》、《生涯帖》、《劉郎中帖》、《送敏中歸邠甯幕詩》。」是樂天之書，亦傳世見重也。（清光緒二十五年刻春在堂全書本《茶香室四鈔》卷十五）

⊙薇省之誤

國朝沈自南《藝林彙考》引《名義考》云：今藩司堂扁有曰紫薇堂，意必因元人行中書省之故。唐開元間改中書曰紫微省，取象於紫微，則微乃微顯之微，今作薇藿之薇，殊未考也。白樂天詩：「獨坐黄昏誰是伴，紫薇花對紫微郎。」上薇下微本是兩字，然省中既種紫薇花，則薇省俗稱亦有自矣。（清光緒二十五年刻春在堂全書本《茶香室四鈔》卷十八）

⊙聖善寺銀佛

唐李綽《尚書故實》云：「聖善寺銀佛，天寶亂為賊截將一耳。後少傅白公奉佛銀三鋌添補，然不及舊者。會昌拆寺，命中貴人毁像收銀，送内庫中人，以白公所添鑄比舊耳少銀數十兩，遂詣白公索餘銀，恐涉隱没故也。」（清光緒二十五年刻春在堂全書本《茶香室四鈔》卷十九）

⊙漢唐酒價

宋王楙《野客叢書》云：歷陽郭次象嘗與僕論唐酒價，引老杜「速令相就飲一斗，恰有三百青銅錢。」然白樂天與劉夢得詩：「更把十千沽一斗。」酒價何太不廉哉！僕謂十千一斗，曹子建樂府中語，唐人引此甚多。一斗三百錢，獨見子美所云。據《唐食貨志》：德宗建中三年，禁民酤，置肆釀酒，斛收直三千。此可驗乎？又觀楊松玠《談藪》：北齊盧思道嘗云：長安酒賤，斗價三百。杜詩引此，亦未可知？因謂郭曰：曾知漢酒價否？郭無以應。僕曰：此見《典論》：孝靈帝末年，百司湎酒，一斗直千文。此可證也。

明周嬰《卮林》釋曰：王勉夫知漢靈末酒價斗一千，未知桓帝時斗二百，昭帝時斗四十也。案，《神仙傳》：「漢桓帝時，王遠過吳胥門，以千錢與餘杭姥，乞酤酒，信還得酒五斗，許是斗二百也。昭帝紀始元六年，罷榷酤官令民賣酒，升四錢。」……予嘗為之語曰：「西京若就壚頭飲一斗，惟消四十錢。」

按，此可見歷朝酒價，大約極貴則一斗千文，極賤則一斗四十若，十千一斗則詞人之夸言，而非事實。不然，魏文帝《典論》固以漢靈帝時一斗千文為百司湎酒之故，何陳思王乃以十千一斗為常價哉？（清光緒二十五年刻春在堂全書本《茶香室四鈔》卷二十五）

⊙宋人酒令

宋趙與旹《賓退録》云：「陳述古嘗作《酒令》，用紙帖子，其一書司舉，其二書祕閣，其三書隱君子，其餘書士。令在坐默探之，得司舉則司貢舉，得祕閣則助司舉搜尋隱君子，不得則司舉并祕閣自受罰酒，後復增聘使、館客各一，若搜出隱君子，則此二人伴飲，二人直候隱君子出，即時自陳，不待尋問，隱君子未出，即不得先言。違此二條，各倍罰酒。祕閣雖同搜訪隱君子，或司舉不用其言，亦不得爭權，或偶失之，即不得以司舉不用己言而辭同罰也。司舉祕閣既探得，即各明言之，不待人發問，如違，先罰一觴。司舉、祕閣止得三搜，如客滿二十人，則五搜，餘人探得帖子，並默然。若妄喧傳，罰巨觴。」按趙氏此條所載酒令，尚不止此。此最明白，故記之以助酒坐之歡。趙氏又云：「又有《捉卧甕人格》，皇朝李庭中撰，以畢卓、嵇康、劉伶、阮孚、山簡、阮籍、儀狄、顔回、屈原、陶潛、孔融、陶侃、張翰、李白、白樂天為目，蓋大同小異，特各更其名耳。」此當更有意，惜言之不詳。（清光緒二十五年刻春在堂全書本《茶香室四鈔》卷二十五）

⊙兔豪不出宣州

宋張耒《明道褋志》云：白樂天作《紫豪筆》詩云：「宣城石上有老兔，食竹飲泉生紫豪。」余守宣時，問筆工，豪用何處兔？答云：陳亳宿數州客所販，宣自有兔豪不堪用。蓋兔居原田，則豪全以出入無傷也；宣兔居山，出入為荊棘樹石所傷，豪例短禿。則白詩所云非也。（清光緒二十五年刻春在堂全書本《茶香室四鈔》卷二十六）

⊙陸放翁未見桂花

宋無名氏《愛日齋叢鈔》云：「陸務觀云，楚詞所謂桂，數見於唐人詩句及圖畫間，今不復見矣。屬山僧野人試求之。賦絶句云：『丹葩緑葉鬱團團，消得姮娥種廣寒。行盡天涯年八十，至今未得一枝看。』又別記其説云：『桂花以春芳，其色丹，亦或紫。《南部新書》云：錢唐靈隱山多有之，香紫可愛。白樂天謂之紫楊華，今不復見。雖問靈隱山僧，亦莫知矣。往往妄指木犀爲之。草木顯晦，亦有時如此。』」按，自有木犀而天下無桂久矣。宋人猶有此種議論，今并不復知也。（清光緒二十五年刻春在堂全書本《茶香室四鈔》卷二十八）

《春在堂隨筆》

孫琴西同年衣言，嘗以琉球貢紙書詩二首見贈，云：前接來詩，悤悤未及和，頃鍾六英同年，自越州來，相見於補老處，云至蘇可相見，忽然興發，即書兩首奉寄。其一云：「握手重來翰墨場，莫嫌髭鬢異青陽。承明舊事都如昨，項領群公不可當。垂老中興思袞職，遠方消息畏戎行。河汾要及當時用，欲借元經更熟商。」其二云：「青山無恙舊戰場，國故有合儒紫陽。」（自注云：「杭州紫陽書院建自徽州鹺賈。」按，是年琴西正主講紫陽也）議郎博士我敢望，大師祭酒君能當。越吳兩國四百里，經書一目十數行。賞音忽得子期去，異義更就康成商。」琴西詩筆高邁，同時作者無與抗行。余嘗與論詩不合，戲曰：「吾所師者唐之白，子所師者宋之黄，無怪其齟齬矣。」其所著《遜學齋集》十卷，余為序而刻之。年來不甚作詩，故無續刻者。此二詩未知其存稿否，即其生硬之致，可知其瓣香所在也。（清光緒二十五年刻春在堂全書本《春在堂隨筆》卷四，《續修四庫全書》第一一四一册，第四一頁；《春在堂隨筆》江蘇古籍出版社二〇〇〇年版，第五七頁）

蘇州府署，舊有白香山所書木蘭堂額。道光中，盱眙汪君雲任來守是郡，摹此四字，鐫石寄歸其家。並跋其後云：「丁酉九秋，余守吳郡，年五十有四矣。昔白公亦以此年來判是州，千百年間，官齒符合，登堂瞻仰，益深欽幸。余家南園，故多木蘭，因摹三字，鐫石寄歸。余不敏，何敢僭擬古人，竊冀解組歸山，得如公之享高年，逍遙娱樂，於願斯足。爰志本末，並系以詩。」詩曰：「千載風流刺史賢，木蘭題字尚依然。恰當賤子官吳日，正合香山領郡年。擬續新詩鐫石上，歸將遺跡榜堂前。他時得占園林樂，定和先生池上篇。」及庚辛之亂，郡齋無恙，而是額失焉。同治十一年，李薇生太守，復從盱眙汪氏乞得拓本，摹刻以存其舊。余生平最喜白太傅詩，適寓吳中，得從

太守借觀拓本，因記大略如此。（清光緒二十五年刻春在堂全書本卷五，《續修四庫全書》第一一四一册第五一頁）

凡至杭州者，無不知游西湖。然城中來游者，出湧金門日加午矣，至三潭印月、湖心亭小坐，再至岳王墳、林處士祠略一瞻眺，暮色蒼然，榜人促歸棹矣。入城語人曰：今日游湖甚樂，其實謂之湖舫雅集則可，謂之游湖則未也。西湖之勝不在湖，而在山。白樂天謂，冷泉一亭最餘杭而甲靈隱，而余則謂，九溪十八澗乃西湖最勝處，尤在冷泉之上也。余自己巳歲，聞理安寺僧言，其勝心嚮往之，而卒未克一游。癸酉暮春，陳竹川、沈蘭舫兩廣文招作虎跑、龍井之游，先至龍井，余即問九溪十八澗，輿丁不知，問山農乃知之。而輿者又頗不願往，蓋自龍井至理安，可由翁家山，不必取道九溪十八澗，溪澗曲折，厲涉為難，非所便也。余强之而後可。踰楊梅嶺而至其地，清流一綫，曲折下注，瀰瀰作琴筑聲。四山環抱，蒼翠萬狀，愈轉愈深，亦愈幽秀。余詩所謂：「重重疊疊山，曲曲環環路。丁丁東東泉，高高下下樹。」數語盡之矣。余與陳、沈兩君皆下輿步行、履石渡水者數次，詩人所謂「深則砅也」。余足力最弱，城市中雖半里之地，不能舍車而徒，乃此日則亦行三里而遥矣，山水之移情如是。（清光緒刻春在堂全書本《春在堂隨筆》卷六，《續修四庫全書》第一一四一册第五七頁）

《九九銷夏録》

⊙屏山詩意

白香山大裘萬丈之句，至今豔稱之，謂與少陵萬間廣廈同一懷抱。宋劉子翬《屏山集》，有《寄道服》詩云：「此袍遍滿三千界，要與寒兒共解顔。」頗與香山詩意相似。乃因用三千界字，王漁洋《池北偶談》以禪語譏之，所見殊泥也。宋胡仲弓《葦航漫遊稿》有《早湖》一詩云：「但使孤山梅不死，其餘風物不關情。」雖云高雅，何漠然無吉凶同患之心也，不及屏山詩意遠矣。又如楊公遠《野趣有聲畫》（其詩集名）有《春雪》詩云：「向曉披衣更擁衾，更無一事惱胸襟。」題下注：「己卯正月初三作。」己卯乃宋末帝祥興二年，即厓山宋亡歲也。時事至此，何其言之高曠邪？可謂全無心肝矣。（《春在堂全書》本卷八）

⊙與白連稱

白樂天始與元稹齊名，稱元、白，彼與劉禹錫齊名，稱劉、白，此人所習知也。元微之《駱口驛》詩「崔李題名王白詩」，則以白香山與王質夫合稱王、白。《宋史・吳育傳》：育晚年在西台與宋庠相唱酬，追裴、白遺事，至數百篇。則以裴晉公、白香山合稱裴、白。韓魏公詩云：「漢唐二傅推疏白。」則以疏廣與白香山合稱疏、白，知者罕矣。他如韓昌黎《酬盧雲夫》詩：「高揖群公謝名譽，遠追甫白感至誠。」不稱李、杜，而稱甫、白，此亦罕見者也。(《春在堂全書》本卷九)

智按：《酬司門盧四兄雲夫院長望秋作》，見《韓昌黎集》卷五「古詩五」。

⊙唐時杏壇是道家故事

白香山《長慶集》，有《春中與盧四周諒華陽觀同居》詩云：「杏壇住僻雖宜病，芸閣官微不救貧。」又有《尋王道士藥堂（因有題贈)》詩云：「行行覓路緣松嶠，步步尋花到杏壇。」是唐人於杏壇二字多用之道觀也。按杏壇二字出《莊子・漁父篇》，所謂孔子游乎緇帷之林，休坐乎杏壇之上。本屬寓言。《東家雜記》言本朝乾興間，增廣殿廷，移大殿於後，講堂舊基，不欲拆毀，即以瓴甓為壇，環植以杏，魯人因名之曰杏壇。是唐以前孔氏無杏壇之名。然用之道觀，未詳其故，或別有所出乎？(《春在堂全書》本卷十)

⊙論唐人避諱亦不甚拘

白香山《長慶集》有《贈李杓直》詩云：「早年以身代，直赴逍遙篇。近歲將心地，回向南宗禪。外順世間法，內脫區中緣。」六句詩只在一行之內。上云「身代」，即身世也。以避諱故不云「身世」，而云「身代」。乃下云「世間法」，又不避，何邪？可知唐人避諱，於私家撰述，亦不甚拘。此等處直是隨其筆之所便耳。(《春在堂全書》本卷十)

《湖樓筆談》

《墨客揮犀》云：「樂天每作詩，令一老嫗解之，嫗曰解則録之，不解則不復録。」康熙間歙人汪立名刻《香山詩集》，深以此語爲不然。云：「試舉公晚年長律，其根柢之博，立格鍊句之妙，果皆老嫗所能解否?」余謂汪説是矣。然老嫗解詩，正不足為白公病。蓋詩人用意之妙，在乎深入而顯出。入之不深，則有淺易之病；出之不顯，則有艱澀之患。公力矯此弊，故他人所百思不到者，無不脱口而出。如《偶吟》云：「老自退閒非世棄，貧蒙强健是天憐。」高曠極矣。《哭崔兒》云：「誰料汝先為異物，常憂吾不見成人。」沈痛極矣。然此等句，老嫗安必不能解乎？公當吟髭拈斷之時，偶就老嫗一決，或亦事所嘗有，若其不解，必深入而猶未顯出，宜更改易，此正可見其千辟萬灌之功，伐毛洗髓之力，非率爾而作也。余於太傅詩，百讀不厭，在詁經精舍，曾以《書白集後》命題，有肄業生陸雅南詩云：「苦心百鍊總無痕。」得香山三昧矣。

智按：陸雅南《書白集後》全詩云：「撥盡爐灰火尚溫，挑燈雒誦夜黄昏。文章價重蠻陬識，諷諭辭工樂府存。脱口千言皆入妙，苦心百鍊總無痕。轉嫌白俗非公論，吟社應將舊案翻。」(《詁經精舍三集》己巳下卷，《中國歷代書院志》，江蘇教育出版社，一九九五年版，第十五册第五六三頁)

白太傅以《長恨歌》得名，余謂太傅晚年，實有奇奇妙妙之作。若《長恨》一篇，乃其少作，雖至今膾炙人口，非其至者也。「峨眉山下少人行」，明皇幸蜀不由此路。「孤燈挑盡未成眠」，不合帝王家氣象，皆為後人指摘，非止「上窮碧落下黄泉」，有目連之誚矣。然讀至結句，則不能不服其筆力之高，「在天願爲比翼鳥，在地願為連理枝」，此尚是太真所述，七夕私語之詞，使後人捉筆為之，則此下必敘方士復命，上皇感悼，然後再作詠歎之語，收束全篇，乃白公只作二句云：「天長地久有時盡，此恨緜緜無絶期。」以後不更著一字，而已將全篇收束，讀者但覺含豪邈然，初無鼓衰氣竭之病，此是何等筆力！雖老杜，猶恐未辦此也。

《日知録》有「古人作詩不避重韵」一條，誠哉是言也。《香山集》中多長篇重韵，更所不避。《渭村退居》詩押二「房」字，《夢游春》詩押二「行」字，《路次藍溪》詩押二「水」字，《遊悟真寺詩》押二「槃」字，蓋不一而足矣。……（清光緒二十五年刻春在堂全書本《湖樓筆談》卷六）

智按：俞樾，字蔭甫，號曲園，德清（今屬浙江）人。幼有夙慧，六歲即由其母教授「四書」，九歲即戲為書，而自注其下。後來著述等身，實兆於此。道光三十年（一八五〇），與兄俞林上京赴試，同中進士。改翰林院庶吉士。咸豐二年（一八五二），散館授編修。博物閎覽，著稱輦下。咸豐五年（一八五五），簡放河南學政，因人言罷歸。晚年講學杭州詁經精舍、蘇州紫陽、上海求志等書院。治經子小學，學宗高郵王念孫、王引之父子，致力於正句讀、審字義，通古文假借，注重分析其特殊文法與修辭。撰有《群經平議》、《諸子平議》、《古書疑義舉例》等，與王氏父子《經義述聞》、《讀書雜誌》、《經傳釋詞》一脈相承，以朴學大師著稱後世。總辦浙江書局，建議江浙揚鄂四書局分刻二十四史，又於浙局精刻子書二十二種。頗注重小說、戲曲等通俗文藝體裁，強調其教化作用。又喜作筆記，搜羅甚富。其學問淵博，治學嚴謹，一生著述頗豐，總計五百卷，合為《春在堂全書》。

陸雅南

《書白集後》

撥盡爐灰火尚溫，挑燈雒誦夜黄昏。文章價重蠻陬識，諷諭辭工樂府存。脱口千言皆入妙，苦心百鍊總無痕。轉嫌白俗非公論，吟社應將舊案翻。（《詁經精舍三集》己巳下卷，《中國歷代書院志》江蘇教育出版社，一九九五年版，第十五册第五六三頁）

智按：陸雅南，詁經精舍肄業生。俞樾《湖樓筆談》卷六云：「余……在詁經精舍，曾以《書白集後》命題，有肄業生陸雅南詩云：『苦心百鍊總無痕。』得香山三昧矣。」（清光緒二十五年刻春在堂全書本）

陳錦（一八二一～？）

《〈臺灣雜詠合刻〉題詞》

放眼南瀛第一洲，輶軒餘興逐旄頭：蠻陬象貝荒經闕，瘴谷龍蛇禹鼎收。白傅才名驚遠賈，杜陵詩史帶邊愁。含葩磨盾供多識，想見岩疆雨露流！奉題

竟山賢弟《臺陽雜詠詩合刻》，卻寄閩中即正。橘陰主人補勤陳錦初稿。(《臺灣雜詠合刻》卷首，《臺灣文獻叢刊》第二十八種)

智按：《臺陽雜詠》二十四首，山陰何澂竟山著，收入《臺灣雜詠合刻》。卷首有「光緒辛巳嘉平之望，江右新城楊希閔鐵傭」序，「光緒壬午夏五，晉江治愚弟龔顯曾詠樵甫拜序」。卷末有光緒戊寅（一八七八）五月庚戌朔，烏程汪曰楨（一八一三～一八八一）跋；光緒辛巳（一八八一）十月何澂跋。

《東南壬甲新樂府十八首》

自咸豐壬子，粵匪竄踞荆襄，疊陷楚皖江淮，數百郡縣生民塗炭，城郭為墟。逮乎同治紀元，曾滌生節相督皖楚之軍，克復上游，李少荃宮保巡撫江蘇，左繼高宮保總制浙閩，未及三年，削平大亂。時值上元甲子，屈指軍興，歲周一紀，桑田滄海，世事如棊。繼以夷舶叩關，重頒和議，時局遞變，聞見一新。作為諷歌，感時意切，蓋述東南之事居多焉，是為東南壬甲。

⊙城闕隸（誌軍興也）辛酉越中作

常禧門頭守門卒（越城西南門曰常禧），白髮蕭蕭衣百衲。夜深待索開門錢，明滅一燈坐城闕。自述所聞乾嘉時，父老談兵民不知。惡少無家尋活計，喫糧藉作遊手資（越俗謂當兵曰喫糧）。强者喫雙弱喫半，餘糧入官工榷算。三年一閱大點兵，十卒五空互更換。忽聞夷舶寇舟山（古舟山，今定海廳），金招結寨戍重關（金雞、招寶，海口二山名）。敗北歸來無所見，但聞礮響誇美談。從此十年又休息，軍書卷卷成空額。土鏽寒生劍匣花，塵腥爛斷刀環鐵。無何粵寇擾金陵，羽檄重徵吳越營。提標撫標多老弱，各郡添撥五十名。老卒今年已七十，兩次從征都勿及。豫納軍前免調銀，買充城守求口實。近日行軍迥不同，兩營對峙言語通。賊不開營兵不戰，終年坐享衣食豐。倒戈佯走入城郭，縱火開門官不覺。棄甲爭披錦繡衣，解弢齊換金銀索。公然淫殺笑顏開，掠取人家兒女來。不信軍中多眷屬，旗門列隊耀裙釵。似此橫行差足喜，第一人間好生理。揮金如土誓不歸，歸來烜赫驕鄉里。勸君此日莫為民，為民畏賊兼畏兵。兵先賊後賊乘間，賊去兵來兵洗城。惟有為兵不畏賊，迎賊者工拒賊拙。可人除是岳家軍，中流一鎖沈江鐵。嗟予病足卧城闉，管鑰專司老此身。買酒索錢莫敢抗，餘威假虎猶驚人。我聞此言三歎息，想見寰中兵禍烈。昔憂兵弱難衛民，今苦兵頑易助賊。何當借箸汰兵糧，還養吾民民富强。有民無兵民安堵，以民為兵兵最良。上世民强兵不用，後世兵强民益恐。年年羅掘養兵資，百萬膏脂供一鬨。嗟哉老卒無多言，老卒所言有餘痛。

⊙賣藥翁（苦稅捐也）辛酉甬上作

賣藥翁，沿街傴僂馱藥籠。手轉銅鈴賣半值，不賣富貴賣貧窮。翁言賣藥已非古，不耐中途需索苦。五里一卡十里關，藥錢值十捐加五。軍書火急催饟銀，大吏但知捐富民。富民為商工権算，捐多價重苦貧人。商人加捐獲重獎，貧人加價空怏怏。加價更比加捐多，市儈弄人如反掌。民間自此百貨騰，尋常衣食難支撑。勸捐有司反考最，以多為貴刻為能。藥商重利輕性命，倍蓰取償渾不定。釐毫紙裹百十錢，無錢休患需錢病。老翁蒿目痛時艱，傳得奇方與世間。脱將破衲裹百藥，倖逃捐稅踰重關。因此貴藥憑賤買，豪門問值爭疑駭。祗圖持此濟貧窮，說與旁人都不解。我聞翁言笑翁癡，朝廷大政翁不知。世間萬事耗民力，豈獨賣藥若抽釐。去歲夷兵定和議，五口設關租內地。但聞納稅餉中華，不道夷商轉漁利。始立夷官索俸金，仍向華商加稅銀。華民何故納夷稅，明來暗去新法行。我言未已翁遽怒，收拾藥籠去不顧。明朝重訪賣藥蹤，但聞藥香滿行路。

⊙青面妓（悲流離也）辛酉甬上作

青面妓，面青眼赤髮不理。昔為吳中倡家兒，今為倡家竈下婢。婢年十二居金陵，如花顏色初娉婷。一曲琵琶賣歌舞，秦淮水上嚦嬌鶯。明年二月構兵禍，十家眷屬九被擄。阿娘逃匿不可知，阿姊赤身死道左。婢同年少伏草中，忽聞東王搜冶容（賊曰楊秀青僞號東王）。長繩魚貫閉一室，惟有能歌許先出。冒死含羞歌一聲，蒙頭給換紅綢綾。便脱旁人好衣服，曳婢走謁東王營。東王繡服坐宮殿，刀槍羅列開筵宴。乘輿寬大容四人，兩行隅坐張宮扇。輪班入直上歌樓，兩月之中輪一周。名門子女尚如此，路旁花草何足羞。此後不能記時日，漸聽同曹贖身出。後園拾得金搔頭，潛賂宮中守門卒。門卒得金索夜眠，明朝與我一寸箋。持箋出城被偵獲，官軍收養難民局。問是咸豐第五年，始識婢年今十六（賊編年始自金陵，以三百六十六日為一歲，陷賊中者莫知時日）。局中日給五合米，不似宫中鬬華靡。飢寒交迫不可支，年終轉向蘇州徙。同行内有白面娘，倚門賣笑求為倡。相攜偕往供驅使，重上人間歌舞場。金閶不比金陵好，門前時有强兵擾。不信人皆止屋烏，獨憐我是驚弓鳥。驚弓之鳥無可歸，年華漸長心事違。虎口餘生强歡樂，傷心話舊肝腸摧。賸此浮萍漂一葉，可憐重遇然眉劫。大營潰散滿城譁，廣勇登城夜迎賊。長官出走城門開，四面驚呼長毛來。南濠北濠同日火，充街塞巷人聲哀。行人如蟻地無隙，强兵沿路恣搜劫。道旁兒女爭棄遺，塘上金銀亂抛擲。弓鞋寸步苦纖纖，又是悽風慘雨天。弱質何堪死踐踏，開窗赴水河渠填。人多水淺死不早，攀援登岸投炎燎。毒燄腥聞十里屍，濃煙潑面熏人倒。驚魂渺渺逐風飄，隔日蘇醒頭面焦。花容自此無人問，空中鬼哭聲嗷嗷。體乏完膚痛如割，夜半膝行十指折。天明匍匐過胥門，漁父艤舟救得出。出來已是三世人，倉皇顧影悲不勝。短髮蓬鬆不盈握，面痕斑駁成深青。甘心自鬻為奴隸，行人一見都驚悸。千錢賣卻千金軀，轉轉依人尋活計。滬上相逢王藹齡，吳門舊日熟芳名。此日重逢卻疑夢，琵琶猶作斷腸聲。羞與群芳聯姊妹，肯教孱質投魑魅。願依爨下了殘生，感深知已千行淚。我聞此事心骨悲，人生有貌欲何為。青面猶存命如寄，紅顏已矣魂安歸。吁嗟乎！江南江北成焦土，玉碎珠沈可勝數。莫怪花天風雨多，地下含冤不能語。

⊙四點鐘（慎籌邊也）辛酉甬上作

四點鐘東新（甬江地名），街上新關封（四點鐘者，申正也。夷關每日至此閉市）。青天白日千艘集，叩關不應百計窮。新安大賈為予泣，去歲津門賣茶葉。正值天戈東指時，礮臺南北營如鐵。議和幾輩請班師，議戰幾人請殺賊。羽檄馳商議不成，火攻神策洩奸民。重關十二如破竹，北通大震畿輔驚。緑營勁旅猶三萬，祇許階前供立仗。勳閥攜家爭去留，文臣講武徒惆悵。外廷奉詔罷親征，萬馬長驅直北行。侍從攀轅都不及，六宫迆邐望清塵。權宜從此憑監國，深宫定策籌之熟。重圍不解萬姓疑，道路千錢易斗粟。咸陽三日火連天，驀地銅駝藉草眠。一夕休兵傳手敕，七人免死登華筵。春官堂上尊專席，朝為俘囚暮為客。赫赫盟壇禮女賓，滿門桃李都無色。來朝尺紙榜京衢，譯館新頒合璧書。自有春王正朔在，編年紀事兼中外。舍館巍峩設禁城，舟車宛轉通江介。廿年夷禍降從天，甬粤之間禍最先。守土苟安畏夷變，居民見小貪夷錢。夷藥迷人死無算，夷商奪民利龍斷。夷强民弱賊膽張，夷富民貧士氣短。頓教五口作名都，結屋聯舟耀海隅。以利役人猛於虎，夷官儀制衡開府。今年三月設新關，名為投誠餽中土。仍搜民力添稅銀，留與夷官什四五。剋期以待習為常，通商稅則垂煌煌。滬口為宗次甬口，衹圖便已不便商。昨晚投關遲一刻，今朝禮拜稽一日（夷俗七日一禮拜閉關）。炎天苦雨打頭風，華民俯首遵夷律。誰令此輩沐猴冠，萬里君門訴不得。可憐烽火徧吳中，錦繡江山無路通。留得衝途是滄海，置郵傳命託艨艟。四點鐘，新安大賈話喁喁，仰視西山落日猶未紅。

⊙楚客來（難行路也）辛酉甬上作

有客自楚來甬東，逢人卻說長江通。長江經久無舟楫，問客何來淚沾臆。客言壯歲承平時，混一車書任所之。誰為朝廷固疆圉，坐使豺狼奪門户。沈江鐵鎖屬萑苻，江南從此非吾土。上窮蜀道走烽煙，下肆鯨吞盡海邊。惡氛所至絕人迹，百里關河千里隔。天心衹許賊殺民，以民仇賊賊易平。為民父母早殺賊，賊路尚無良民行。莫道今民不如古，頻年叵耐流離苦。家室漂零斷信音，津梁阻截稀商賈。徒窮民力餽兵糧，盼望官兵復土疆。無怪民情漸狎賊，賊亦便民圖久長。荆襄郡縣與賊近，居民買道入賊境。自知進退同死亡，甘心捨命投梟獍。不見金陵已十年，傷心重泊洑洲船。居民非復人面目，繞郭十里無炊煙。昔聞到此十九死，至今也許納捐錢。更有舟師達江漢，乘輪駕火奔如電。河山未改風景非，狉榛雜處人禽半。過此揚帆又一程，旌旗方始見官兵。先經賊卡次官卡，順流直抵三江營（在揚子江下游）。金焦兩點餘焦土，大鎮芳名號僊女（僊女廟鎮屬揚州）。萬户人煙一水流，可憐衹此是揚州。千尋橋影擐金甲（與賊止隔一橋，頻年守禦得全），半夜潮聲泣玉鉤。迴檣徑取東溟道，洪濤萬頃連蒼昊。滿目支離番舶多，北風吹送蛟門島（鎮海口）。蒼茫歸路怕回頭，莽莽乾坤動客愁。江行心長而髮短，海行敵國而同舟。平平王路今安在，險夷倒置滄桑改。君不見，海隅潮落市塵紅，百萬軍需羅掘空。吳中沃衍今已矣，迢迢赤野成千里。

⊙大慈倉（哀江東也）辛酉甬上作

大慈倉（紹郡公所），小校場，十年羅掘成滄桑。庚申四月吳門破，補瘡剜肉捐殷㥲。疆吏遴員比樂輸，鄉偺渺小城紳大。東山有鳥西山羅，羅空鳥盡將柰何。一疏追呼四十萬，軍需火急抄瓜蔓。英雄年少爭奇功，虎威狐假抉藩籬。操戈同室實始此，有人建議防江東（甯紹二府在浙江東）。江東巨室團沙勇，沿江守望資鄉董。號衣一著賺百錢，瓦解情形不旋踵。一言借此抗上官，自捐自守脣齒寒。鴻溝劃破夫誰恃，錢清（江東地名）塘上迎民團。大權日漸歸賈豎，幕府參軍作謀主。可憐孤注推烏臺（團練大臣王都堂），一朝翊戴成騎虎。節府煌煌駐大臣，彈章十上詆王人（中丞王忠愍）。衙參故事比天使，長官投刺謁局紳。畢竟指金還乏術，朝三暮四師無律。謝氏黃頭第四門（餘姚地名，時謝仲逸練勇名黃頭），三千龍勇（水龍會勇）市廛昏。乞秦賴有包胥力，萬衆懷疑道通賊。牢執官紳門户心，馳函誚讓言語侵。餉源第一數甬口，不顧江東顧浙右（杭、嘉、湖三府在浙江西）。浙右名城漸不完，渡江猶計可偏安。縱然大局成秦越，典郡爭須換好官（太守廖宗元）。好官典郡工水戰，通籌地勢艨艟便。繞郭一軍方大譁，上游百隊先飢變。下車初政比閭驚，邱隴沿濠一夕平。潰軍乘閧挾悍諜，萬家惶惑逃危城。兵民自此不兩立，奪路爭舟同勁敵。岸上鳴鑼打礮船，霎時煙燄便滔天。可惜輕身賢太守，短衣誤入叢人鬬。是兵是賊渾不分，義旅無端成亂民。倒戈一誤復再誤，風鶴驚疑滿行路。負挒歸來憊不支，毆兵為賊賊因之。初聞詐渡由臨浦（蕭山境），漸見翻山出漓渚（在郡城西南十五里）。孤忠耿耿負黃堂，沫血搥牀死冰署。都堂單騎退娥江（會稽東界），記室扁舟被脅降。巷戰幾人鳥獸散，殘軍敗走東官塘。百萬脂膏歸一閧，捐軀空憶楊家鳳（楊孝廉鳳藻帶沙勇）。顛頷芳魂蕺嶺民（何吏部惟俊號蕺民），淋漓碧血池塘夢（謝仲逸統帶黃頭勇）。援兵絕迹三邑空，坐視餘氛入甬東。嬰城同志聞墮堞（鄞縣令臧均之），餘子碌碌飛冥鴻。方今將星起閭閈，訓練鄉愚平世亂。湘軍勤樸募村農，淮勇縱横收悍叛。蒼茫憑弔越王臺，五百年來無將才。腹心何至寄紈袴，身名埽地憐書獃。君不見，義民殺賊起鶻突，百戰孤村暴萬骨（包村義民）。又不見，急流勇退故侯瓜，辭節朝天浮海楂（前團練大臣邵漕堂）。

⊙褚中人（憐困守也）壬戌滬上作

前有高山，後有高山，四圍飛瀑流潺潺。眼見萬人入，不見一人還，還者性命縣在猨猱間。横闊（諸暨縣村名）斯（姓），斯家子，一家百口包村

（諸暨山村困守拒賊，竟敗）死。楓橋（村名）朱駱䊹潭（村名）田（予友田吉生部郎祥田念詒孝廉福疇全家同殉，尤慘烈也），闔室熸焉類如此。借問包村村奈何，四山料陗無坡陀。山前十里隔塗淖，一夫當關阻飛鳥。萬户囊貲此避兵，白衣上坐包先生（包立身固守包村，避亂者歸之萬户）。便選强丁户一人，下山殺賊如有神，夜取賊首縣寨門。此時全浙皆賊有，斗大孤村餌虎口。一旅能當傾國師，賊中精鋭喪八九（包村拒戰經年，屢挫悍賊，賊中精鋭多喪於此）。旦暮入城賊其走，先生下令曰不然。持齋禮懺還問天，萬人者者無敢言（包村自號江東義民，而託言神術，或疑為邪教，或誣以叛民，卒以無援）。山幾何，畝以百，人幾何，踵而立。巒瘴屍蒸病低溼，老穉棚居死無日。冶夫貴子豪門娃，倉皇飢渴思故家。先生禁之曰毋譁，自此人心始欲出。矢窮糧盡泉流竭，坐待滅門計殊拙。夜深抵死緣厓行，十人在上拉大絚。大絚罊石中道絕，無底空巖墮不測。下有虎狼正求食，斯兒鑒此百計窮。計活一丁存斯宗，十重敗褚纏頂踵。飛沙滚石踰層峰，驚魂不定團團轉。墮地無聲出重險，持刀蜕褚如蜕繭。回頭卻看萬重山，生死分明人鬼關。後來勝負都不省，萬户人煙同日盡。包村已是無人境，可憐五塚極天高。白骨成堆新鬼號，年年一奠清明紙。環山血淚鵑花紫，冤魂百倍田横士。褚中人，褚中人。百口死，一身存。死者自高塚，存者空墓門（旋蒙奏卹建包生專祠，封骨塚者五，子孫以時奠焉）。早知世上有天日，何必化外投包村。

⊙松江鱸（歎蹂躪也）壬戌松江作

壯歲不食松江鱸，今日來遊小泖湖（湖在華亭、青浦之間）。泖湖湖水千百曲，曲曲成村村樹緑。霎時化作古戰場，新鬼煩冤故鬼哭。可憐一炬浦之東，驅民為賊萬室空。生者囚首成戰骨，死者委身為沙蟲。毒煙漲天熱血碧，大魚食人流水赤。秀野（橋名）如茵膸斷橋，侯門似海存殘壁。纍纍荒塚破牛眠，棄骸滿地狐貍泣。孤城四面莽妖氛，誰其守者常勝軍（夷人華爾以洋鎗隊守松江，授漢官）。島夷大舉讐群醜，西洋火器尤絕倫。落地開花（礮名）技精熟，彈大如斗礮千斤。以少勝多寡敵衆，銜煙入𡁠若無人。官軍望氣先咋舌，道旁觀者多歎息。抱頭鼠竄群賊忙，搜捕餘孽如探囊。玩之股掌充驅使，擒縱猛虎類馴羊。借夷助華事非古，坐令三軍士氣沮。衹為海隅圖瓦全，且喜吾民暫安堵。丈夫殺賊當强年，自成一隊拔幟先。不置韡刀置盾墨，因人成事慚無顔（壬戌四月，予方從戎青浦，會夷兵剿賊獲勝）。感我鄉愁忽嗚咽，故里同時構禍烈。無人來此作包胥，骨肉瘡痍仇未雪（辛酉賊陷紹成，吾家兄弟叔姪殉難者七人）。認取一堆新髑髏，就中誰是仇人頭。

⊙鬻兒錢（傷擄掠也）壬戌松江作

鬻兒錢，黄浦邊，鬻得一兒錢十千。問兒何來兒自言，一兒自言錢唐徐，一兒自言蕭山田。徐兒有父攜兒走，跪賊乞兒賊不受，瞬息為兒死賊手。田兒無父惟有母，兒擄不知母存否。兩兒入賊賊甚歡，判與群兒被羅紈。傳呼奔走無虚日，坐卧雜處優伶間。顛倒衣裳供厮養，新兒舊弟紛來往。登山涉水不知名，瓦場最苦赤腳行。許嘗異味食人肉，明朝授刀教殺人。兒聞殺人有難色，人聞兒來反辟易。進城但見萬户空，持刀叩門入人室。人家兒女也成行，眼見分飛各一方。況兒無家走千里，不知故鄉尚有爺與娘。朝辭吳江水，暮宿金山城。不聞金山戰鼓聲，但聞群兒入室供鼎烹。朝辭金山衛，暮宿南橋營（南橋在嘉定城南）。不聞南橋戰鼓聲，但聞群兒入室掺娉娗。昨夜監軍（賊中僞官名）宣號令，禁止出城防寇警。夢裏爭呼鎗礮來，彈大如瓜落地開。天崩地倒魂膽裂，繁星亂潑搖旂臺。重濠突入一群鬼，漆面虯鬚短衣赭。天安既死天福終，天安天福皆僞官。名道路紛紛殺逃者，群兒鼠竄始大驚。强兒隨衆趨柘林（松江府分防有城，壬戌四月，子方會夷兵破浦東踞賊獲勝），點兒狼狽雜婦女。囚首喪面卷豚行，自顧頭顱訝必死。誰知履虎不咥人，漸近家鄉思父母。陡換毛角還人身，衹道夷人恤兒苦，載兒俱歸渡黄浦。無何不顧兒有家，教兒易服學夷語。語夷語，言夷言，故鄉無此衣與冠，賊衣乍破夷衣完。一石米，民力舂，一尺布，民力縫。昔時搜村刮野供賊供，忽然罡風捲地付洪濛。一城收復一邑空，回頭衹見夷火紅。通都大邑類如此，何況一兒命如紙。吁嗟乎，昔日之兒死於賊，今日之兒生死而肉骨，可柰爺娘哭兒又三月，兩兒對坐喁喁泣道旁，觀者如堵牆，聽兒寄語問爺娘，道兒不死休斷腸，可有十千錢在否，贖兒還故鄉。

⊙辟穀符（憂絕糧也）癸亥滬上作

破衲道人負橐行，自言能卻百萬兵。重圍不解糧路絕，持此敝橐守危城。借問橐中有何術，紛紛紙裹如落葉。出以示人辟穀符，服之令人不思食。再問道人從何來，武林被難逢窮災（辛酉十一月杭城陷）。杭人本乏謀生計，儋石之儲素不備。十家爨火九成空，祇因昨夜城門閉。長安鎮，草橋門（皆地名），盜糧何處不雲屯。可柰空城無一粒，飢民滿路逐炊痕。貧者穗秕富芋栗，雞狗全烹鼠雀竭。香聞餅餌數奇珍，豪門爭市千金擲。肉氣晨蒸敗鼓皮，齒痕夜齧寒氈屑。將軍城上坐容枯（中丞王壯愍公有齡，死守望江門月餘），猛士行間怒氣蘇。十里連營成鐵鑄，萬人庚癸望江呼。此時天心亦太酷，人將相食猶不覺。登城抵死試操戈，輕軀如紙風前落。長官視死已如歸，盼斷援師莫解圍。不信鵝軍西岸渡，俄傳魚鑰北關開。開門四望欲何之，日色無光黯淡時。面若死灰猶木立，轉向敵營求飲食。裹創扶病傍人行，行行且止隨風滅。輕刀斷頸出青煙，髑髏墮地都無血。縱橫餓殍積城闉，比户淒涼活幾人。早知亂後絕糧死，悔不平時辟穀生（賊圍杭城，城内糧盡，援師至不得入，飢民死者累萬，賊以食誘之，乃啟關求食而陷，中丞死之，失城之慘，無過此也）。道人鑒此傳靈訣，左挹赤松右黃石。欲效張良作帝師，定須戰術兼仙術。我聞道人言，長揖道人前。操君斯術乃神僊，必不得已而去食。宣尼妙諦留眞詮，不然吳興趙氏亦死守，胡為苕谿百里又復絕人煙。東望太湖不得渡，血書乞糴歸無路。同聲一哭無米炊，千古英雄徒淚垂（趙竹生觀察景賢死守湖州半年，癸亥三月糧絕亦陷）。惟有吳門浩劫令人駭，積米如山粟如海，當年專閫是何人，坐使民心先瓦解。

⊙瞿園梅（戒侵奪也）癸亥吳門作

江南何所有，行人折盡蘇臺柳。賸得瞿園一樹花（瞿園即網師園，為蘇城名勝，時為長洲邑署），主人忘歸鶴失守。此花三載沒塵埃，僵卧名園抱玉胎。化外訛傳初臘報，人間難得早春來（賊中不遵正朔，十月而臘）。素心良自苦，罄口為誰開。紅羊劫盡天降福，王師如雨群邪伏（癸亥十一月克復蘇城）。陡教敵帳盡蟲沙，不見吳宮有麋鹿（賊衆聞降酋已誅，薙髮為民六七萬人，城内不復見賊）。此花失笑啟芳脣，斯是一陽大來復。樓臺無主敞空門，滿地哀鴻不可聞。死者鯨鯢作新鬼，生者鳩鵠漂驚魂。豈無子女與玉帛，霎時楚得復楚失。名為賊遺取不禁，剝盡毛皮（時呼奪賊衣為剝毛皮）爭僞宅。此日三軍滿載歸，當年積累皆民力。吳其為沼再而三，周餘黎民靡有孑。東南金粉可憐嬌，疊屋重牀鎖二喬。一旦不能有，付之猨與猱。誰非人家懷中一塊肉，金枝玉葉不膚撓，祇苦墮樓少一死。甘為狗，彘食肉，萬劫不可逃河似，瞿園梅花自芳潔。怪石奇松同勁節，不隨枯樹泣淮南。乘時開向空園雪，舊是贚僊作主人，恰來何遜曾相識（謂邑令何實甫明府）。武夫俗子不敢攀，含香留待詩人折。我皇御極今三年，貞下起元甲子編（明年上元甲子）。江南佳氣盤鬱久，突報一枝春最先。最先春色偏我屬，撫樹感時歌且哭。歸舟載此不傷廉，篷窗鑪火薰奇馥。磨盡青谿九子煙（去夏克青浦，予止取古墨一方，今折梅花一枝，並禁群下毋得拾遺），畫出瞿園一亭竹（有亭斜形，顏曰竹外一枝）。

⊙石季倫（原匱乏也）癸亥滬上作

司書之神曰長恩，司財之神石季倫。季倫司財二千年，為財奔走六合間。大圜在上好旋轉，循環物理多推遷。但將近事記所歷，我朝塞外成王業。天時人事困中原，宇宙精華萃北極。亂後遺黎齒不繁，山川百產多餘力。從龍萬衆事恬熙，不盡軍糈任坐糜。帝謂吾民苦行役，吾有好爵爾靡之。自此鹿臺財盡散，歲竭帑金三百萬。小大從公一例叨，同分玉食供酣豢。不教世胄伍齊氓，免使天潢降庶人。二百餘年資仰食，月添一户日一丁。天庾正供能有幾，斗量車載東北行。聖主於時勤遠略，北伐單于收部落。萬馬千軍出漢關，連年轉戰窮沙漠。裹糧就道日千金，内庫初開取不禁。萬里窮邊勞遠戍，九州納粟代催征。財神到此眷西土，海外無端來大賈。獨爭淫巧賣奇贏，別釀煙雲售毒蠱。漏卮不塞國計虚，夫人知是耗財府。禁之不可邊釁開，舉國興師以惡來。倍蓰取償求大欲，海隅但借一間屋。一年成市三年都，榷算之工古今獨。中原困敝此其由，漏洩西南甚東北。似此虚糜有用貲，洞開財庫人不知。衹覺寰巾患人滿，冬煖而寒年豐飢。耕之家一食者十，蠶之家一衣者百。群鳥飛鳴無樹栖，多魚在藻淵泉竭。財神惆悵計茫然，上叩蒼蒼請斡旋。帝曰爾神守財虜，未通冥漠圖其全。聖人裒多以益寡，天道惡盈而好謙。不然魚鼈不食江湖塞，草木不刈山藪填。橘可踰淮不為枳，天津橋上聞杜鵑（咸豐間，北地漸煖，間生南方竹果，並聞鵑聲，蓋地氣逆行，自南而北云）。平者不陂往不復，造物焉得有微權。君不見，泰山之雲出石罅，直上青冥不得下，下為雨水潤禾稼。又不見，黄河之水天上來，奔流到海不復回，回時潮聲大如雷。水流雲上事已往，潮行雨施機乍開，司財之憂，胡為乎來哉！

⊙鷹蚨招（卜豐財也）癸亥滬上作

人皇御極育雙蚨，青蚨翼短盤巿區，白蚨大翼能渡海之九萬里而南圖。蚨性好動不好静，衝天一飛頻越境。連群結隊西南行，小來大往行將盡。蚨神到此良隱憂，循環何策諮同儔。中有一蚨奏所歷，我蚨本是求則得。求則得之神智昏，求之不得有命存。可惜我蚨多失足，失足便入市儈門。市儈求蚨意獨切，群蚨畢集如雲屯。母蚨不出子蚨進，主人愛蚨偏若命。以蚨加蚨如積薪，一蚨禁錮千蚨穽。新蚨韜晦失功能，老蚨朽蠹苦疾病。坐屈飛鳴有用材，未許逢人一持贈。群蚨無法破慳囊，但云悖出猶尋常。欲令慳者慳不得，膝下多生美兒郎。一兒頎健好騎射，一兒聰慧能文章。健兒遊俠輕揮灑，慧兒角藝登名場。兩兒用財如糞土，高車駟馬榮庭户。門楣改造賀新宫，列肆交通行遠賈。鋪張揚厲忽成風，當道爭迎仰素封。一食便費中人產，如山燭淚氍毹紅。名途利藪稱兩得，所得卻不償所失。青蚨來去得循環，掉頭自喜睹天日。老慳箢鍵無所施，聚之百年散一刻。蚨神聽此良慰懷，持此妙術無與偕。洵如君言滿則覆，海外猶嫌蚨不足。將欲取之姑與之，直須一去蚨傾國。海沙千里不淘金，海上千山不汞銀。波斯客，鮫室民，中華大利無敢爭，蚨神導之上國行。以其所賤易所貴，通都大邑操奇贏。鼉梁蜃市隨潮漲，以百取千千取萬。輸金易土開漏卮，朘剝財源旦復旦。互市相仍又十年，欲填滄海作桑田。桑田亦復變滄海，齊州九點起烽煙。欃槍滿目無人埽，坐使重洋成孔道。東南美利屬西人，海天自大扶輿小。幸逢寬政議和戎，海上諸邦日正中。過此天心將厭亂，大來小往轉洪濛。昔憂有此國計損，今恐無此民利窮。閭閻衣食多仰賴，關津輸納隨正供。有蚨盡是中土產，於茲物極乃思反。化身千億渡重洋，萬里歸來歸未晚（道光之季，通商海口歲出銀以百萬計，遂成漏卮。內地每銀一兩易制錢二千四五百文洋價，稱是厥後洋商土木之繁，舟車之盛，互相雄長，漸即奢華所賺之銀多留內地，甚至以銀入口利及商民，故雖軍興繁費，而銀價轉平，此財源旋轉之機，亦中外循環之理）。嘉名肇錫曰英蚨，拚飛惟鳥繪為圖。此日鷹鸇工變化，舊時人面認模糊（咸豐間，鷹洋始入中國，不一年易其舊用洋錢以去東南郡邑，翕然從之，莫知其故，以其象鷹也，呼鷹洋，時有美其稱曰英蚨者）。乃為招蚨歌一曲，蚨兮蚨兮歸來速。礪五嶽兮帶四瀆，聖朝天子居中國。又為留蚨歌一章，蚨兮蚨兮休遠颸。沈珠於淵兮捐金於山，漢家皇帝卜世長。

⊙五雲車（惜河運也）甲子滬上作

神龍燒尾行長空，帆檣不用天無功。雙輪碾海成孔道，軒轅造車失人巧。西人新作五雲車（輪船名），水火既濟轤軸舒。光芒十丈騰釜氣，巨皴滔天海為沸。大輪潛撥小輪移，電掣雷轟百靈廢。飛瀧曳後作潮聲，坌涌飌伯令倒行。按時計里目一瞬，兩點三點鐘自鳴。挾煤山以煑海水，有瀰濟盈水濡軌。何物負舟龍馬兼，張弧儼載一車鬼。百川自古東南流，惟有黄河朝帝州。黄河孟浪行不得，汶上老人有長策。迢迢一水倚天高，高處分流南朔交。百洩千瀦工導引，長隄迆邐亘四省。南通北通貫兩頭，年年啟牐挽糧舟。以便商民足天庾，百川為緯此經流。此外巨艘行巨浸，南直登遼快馳騁。東南風利挂千帆，北頭船業斯為盛（向惟江浙商船行牛莊、天津、煙臺各口，名北豆船，亦稱北頭船）。尋常商賈莫敢行，行之已足駭人聽。中原多故滯南糧，萬里漕河隄捍荒。洪澤淤成耕種地，樓船廢作渡人航。黄河四溢無人管，百尺中流流轉斷。曩時一渡轉雙帆，此日騎驢行緩。緩可憐隄畔接人，煙食力原來户萬千。無怪中原多盜賊，遊民强半迫飢寒。自此津倉收海運，賴有江南他不問。江南能得幾何船，商力凋殘苦稅捐（北豆船捐最重）。况有飛輪奪民利，呼朋引類占先鞭。先鞭一占何時歇，波濤萬頃炊煙直。海門之軌深千尺，寄語商船休歎息。獨不見，火攻器出歐羅巴，佛郎機法原中華。文忠重著則克録，輪機電氣名專家。又不見，甬滬豪商分水利，駕駛飛輪由内地。雄才大略推湘淮，用夷攻夷夷不忌。利器由來不授人，願開銅山造火輪。

⊙青貍奴（寃死節也）甲子金陵作

青貍奴，嗁嗚嗚，口作人言走且呼，俯瞰城濠啜人血，繞城狂跳覓頭顱。奴言家住孝陵衛，咸豐三年年十歲。爺娘老大無男兒，膝下成行皆姊妹。傳聞皖北徧長毛，萬户千家爭晝槔。晝槔價重黄金賤，阿爺無力不能逃。移家轉向危城寄，城門不道無人閉。今朝江浦募民團，昨夜鍾山屯賊騎。滿城烽火起悲風，十萬人煙一炬中。爺娘姊妹無覓處，但見積屍徧地流血紅。忽逢大漢持長戟，驅迫群鬟入巨宅。宅外刀槍列如麻，宅中無數藏嬌娃。頃刻牽去歸賊家，欲死不死鞭朴加。可憐珠玉沈泥沙，似此紅顏遭辱嬲。祇為臨時去不早，原來虎口少餘生。餘生豈復存人道，女鬟千數欲何之。細雨鶯聲離別時，十鬟九死奴獨活。謂奴苟活奴有詞，奴家父兄不受朝廷一命職，教奴死難奴不識，奴年幼，弱未字，無兒郎，教奴死節奴未遑。謂他人母他人父，居民日漸稱安堵。今年歡笑復明年，樓臺依舊堆花雨。亂後居然說相攸，幾人含怨幾人羞。羨奴嫁得金吾婿，不解人間少婦愁。非種必鉏偏育子，僞官無用卻封侯。從兹轉禍疑為福，忘卻中原還逐鹿。杞憂無分恝家鄉，萍水多情聯眷屬。童年離亂記模糊，一女由來恥二夫。抵死全眞甘暴骨，不教肢體溷泥塗。誰知造物工施報，於今怕說官兵到。無分玉石付崑炎，逢人一摋供顛倒。天生佳麗獨何辜，暮暮朝朝忍毒痛。婦女明知非黨惡，可堪天討戮妻孥。不然宛轉隨人作傳舍，雲翻雨覆乏完膚。雨花臺，高百尺，秣陵關，堅似鐵，昨夜將軍新戰没，僞朝宮府衝圍出（甲子六月，克復金陵）。天光慘淡日無色，盈廷朱紫坐俘囚。滿懷蘭玉成餘孽，虞姬騅馬楚人歌。數行泣下英雄末，六朝金粉本無雙。况又搜羅下大江，多是名門好兒女。肯延殘喘望風降，天心厭亂憐嬌小。落花滿地罡風埽，二千餘人同死亡（金陵賊敗，同時自盡婦女二千餘人）。國殤無算哀鴻少，手持秋水斷蛸蟀。自念青貍尤見幾，莫作難民供取掠。鵲巢無侶逐鳩栖，抱此忠魂為逆眷。是忠是逆衺譏半，愚忠從一有誰知。沈理浩劫空哀怨，化外奇冤録補遺。千年彤史存疑案，嗟哉青貍爾毋嘑。為爾作詩備考稽，行舟薄暮秋雲低。望見青燐明滅緣長隄，啾啾鬼哭日沈西。四顧無人驚魂嘶，令我呼僮倒篋添征衣。

⊙縛橐駝（鑒冶遊也）甲子滬上作

不傳姓氏號橐駝，別無能事善簫歌。東風狼籍鳥嘑苦，一駝宴坐環群娥。咄哉天心不厭禍，十年烽火鶯花墮。臨危無復千金軀，泥沙亂擲珍珠顆。龜行痀僂橐駝來，老向人間作善才。收羅奇貨稱大賈，乘人急難為狼豺。迷樓粉黛成塵土，海上倡家本千户。新開河（在上海北門）下屋如麻，况又逢人教歌舞。分飛兒女路旁嘑，衹道如花踏作泥。卻换姓名登菊部，可憐還向畫梁栖。畫梁栖燕笙歌伴，池塘睡鴨紅欄管。二紙書催寶馬馱，十千錢買蘭芽短。含羞教學四條絃，强被紅綃夜半纏。未盡師曹鞭裹曲，先搖阿母樹頭錢。隨人顰笑渾無主，門前車馬紛延佇。霑泥滚絮斷鄉音，拌得浮生逐風雨。朝朝暮暮碧雲街（地名），脈脈盈盈麗水臺（臺名）。獨許念奴傳燭覓，金吾執禁一時開。翠幰香燈歸選院，高樓尚有通宵宴。一醉紅妝臂釧鬆，秋風隔壁催團扇。自從中土事干戈，蜑市煙花百倍多。徑借鼉梁添龍斷，狹斜敢設網人羅。亦有迷香初入洞，脫韝飛出門楣鳳。爨火幾令桐尾焦，淤泥尚隔蓮花夢。別船時或去琵琶，難得商人遇賣茶。十幅零縑還自贖，忽隨紅葉到人家。一般茵溷花都落，美人况有千金託。自分郎無前度劉，何意人逢種樹郭。可堪竟逐槖駝行，緑怨紅愁再擲輕。賣笑黃金容易盡，籠中空繫倦啼鶯。當鑪弄杼慵妝改，倚門留得雙眸在。始識羅敷自有夫，高飛抱願將人待。豈有蘧篨解貯嬌，微聞賣杏是明朝。自隨鳳侶鸞歸鏡，急拔鳩居鵲換巢（時有亂離之婦入鉤欄自贖其身依槖駝者，其夫知之潛往，駝果欲賣婦，既成說矣，夫哀有力者拔之以出，並救得二小鬟而歸槖駝者，院中教歌人也病僂）。室中更有偏諸婢，燈前已熟跳歌技。延年女弟問何來，螟蛉逐隊儲羅綺。陡從險穴出啼鬟，也算珠投合浦還。痛惜虎殘餘塊肉，槖駝負重罪如山。兩間尤物東南美，卻被蜂媒長瘡痏。歌臺舞榭幾時存，茂陵秋草秦淮水。空使花香惹蝶衣，落花胡蝶肯同飛。故應漂墮隨流水，不待愁成緑葉肥。忍聽春聲嬌玉笛，槖駝依舊牽裙屐。管教添載七香車，蜃樓無底鮫人泣。冶遊錢使萬人愚，同是無家客海隅。大劫當頭應記得，道旁曾否失明珠。年年攀折風前柳，歲歲浮雲變蒼狗。傷心莫問小鬟箏，鬱金誰賣壚家酒。為之柰何殺槖駝，夜潮怒決吳淞口。

⊙種菜民（病租賦也）甲子吳門作

五月免完糧，十月免完米。四野不聞新穀起，免糧不免按畝捐。免米不免租捐錢，熟田不種種荒田。荒田無捐種菜菽，一斤菜值一斤粟。熟田捐錢三百六，租捐八百猶不足。大户催租官設局，種稻不如種菜熟。吳門繞郭市塵紅，萬户人煙一炬空。轉瞬闤闠如比櫛，去者易來散易集。農民無此避難資，株守田廬死六七。一農死後一田荒，迢迢赤野蓑犂絕。無業災黎數萬人，非其鄉土不能耕。空使毗陵新復後，人猶相食鬼哀鳴。賸得一畦新種稻，東南物力斯為寶。京倉玉粒賴斯人，如何半菽不令飽。東鄰買種，西鄰買牛，老農努力祝車篝，朝廷舊賦三年豁。大府新征半漕（去聲）收，一畝荒田初報熟。去年還種菜千頭，但願今年穀有秋。賣穀完捐又完米，可能贏得菜錢不。

⊙乞者嫗（惻羈累也）甲子滬上作

白頭老嫗乞街前，家有兩兒皆丁年。一兒夜行被鬼縛，一兒借用官人錢。官人追錢如火急，鬼縛還須待鬼釋。兩兒械鎖親官刑，箠楚桁楊伍盜賊。羈所年年死百人，陰房尸氣鬱祲氛。坐卧牛衣蒙霧露，面目黧黑手足皸。每日殘飱與冷炙，兩兒之食一母乞。母不乞時兒不食，昨夜雪花大如席。道路旋濇泥一尺，母悲嘑，兒阻飢，朔風凛凛刺雞皮。獄卒索錢囚脱衣，千囚瘐斃一卒肥。長官此際將進酒，銷金帳煖圍鑪久。録囚對簿忘姓名，誰當省釋問左右。左右但知囚有錢，有錢得出無錢否。可憐老嫗乞聲高，龍鍾踏雪路旁號。昔日食兒兒不飽，乞少常苦兒腹枵。今日病羸兒絕粒，乞多不食脣齒焦。明朝老嫗街前泣，一兒先作溝中瘠。死者長已矣，生者又不食。煢煢骨立身如漆，從此老嫗不復乞。（《補勤詩存》卷五東南壬甲，清光緒三年橘蔭軒刻光緒十年增修本）

智按：《補勤詩存》卷八《江南鐃歌鼓吹曲十二篇》序云：「咸豐壬子，寇入江南，曾滌生節相督皖楚軍討之，訖甲子乃平。曾仿香山《新樂府》成《東南壬甲》一編，略舉時事。」

《何吟秋授詩圖（何名家琪，封邱孝廉。授妓靜娘詩）》

造物生才不世用，折節牖下為文詞。可憐索解人不得，物色漸及名花枝。名花解語不解語，皮相坐誤千金姿。青衫司馬空一淚，曲終江上琵琶知。何生作詩邁古人，奇句獨出無一時。詩成兀自閉門讀，四顧不樂吟魂癡。美人老大抵名士，十年一面何遲遲。不惟識人且識字，斯才非復吟壇雌。雙垂雲髻事北面，唾棄珠玉遺容肌。怪底風神忒傲睨，驪黃牝牡同不羈。將毋幼慧工閱人，奇童入塾難為師。何生翺翺促膝坐，朗吟洗盡哀桐絲。皋比不似歌席膩，授受而親夫焉辭。噫吁嚱！明道目中本無妓，摩詰畫裏時有詩。安得有詩有妓，縱何生之所之。（《補勤詩存》卷十九可讀山房吟草下，清光緒三年橘蔭軒刻光緒十年增修本）

《寄應敏齋廉訪（寶時）時退歸武林》

鄉關裙屐幾同舟，京洛緇塵感盛遊（幼時共學西湖，咸豐初雨次同上計偕)。捷徑風雲羈老馬(葉春伯、王小鐵久仕邊陲，陳子莊、陶肖農猶官江介)，平泉花木散閒鷗(鄭譜香鹺使、金少伯章京，比歲同歸湖上)。匡時有志難青眼，喚舊驚心易白頭。堂上萊衣衣上錦，湖山一曲抵封侯。

屏藩江左見清時(敏齋六綰藩條)，陸賈南來半壁支(壬子元宵，同謁湖上白祖壇，得乩語，有「陸賈來南越，將軍出北平」之句，後果共仕滬中，隨李爵帥，會夷兵剿賊)。海上雞林都識字，秦中白傅自吟詩(謂予集中《東南壬甲新樂府》)。十年犯難麈名早，千里辭官覿面遲。敢道故人今厚禄，明湖秋柳總相思。(《補勤詩存》卷二十四四餘檠話，清光緒三年橘蔭軒刻光緒十年增修本)

智按：陳錦，字晝卿，號補勤，山陰(今浙江紹興)人。道光二十九年(一八四九)舉人，由知縣歷官山東候補道。能刻印。有《補勤詩存》。

江順詒(一八二二～一八八九)

《詞學集成》

⊙萬樹未探詞皆可歌之源

朱竹垞先生《群雅集序》云：「用長短句制樂府歌詞，由漢迄南北朝皆然。唐初以詩被樂，填詞入調，則自開元、天寶始。逮五代十國，作者漸多，有《花間》、《尊前》、《家宴》等集。宋之太宗，洞曉音律，制大小曲及因舊曲造新聲，施之教坊舞隊，曲凡三百九十，又琵琶一曲，有八十四調。仁宗於禁中度曲時，有若柳永，徽宗大晟名樂時，有若周邦彥、曹組、晁次膺、万俟雅言，皆明於宮調，無相奪倫者也。洎乎南渡，家各有詞，雖道學如朱仲晦、真希元，亦能倚聲中律呂，而姜夔審音尤精。終宋之世，樂章大備，四聲二十八調，多至十餘曲，有引，有序，有令，有慢，有近，有犯，有賺，有歌頭，有促迫，有攤破，有摘遍，有大遍，有小遍，有轉踏，有轉調，有增減字，有偷聲。惟因劉昺所編《燕樂新書》失傳，而八十四調圖譜不見於世，雖有歌師板師，無從知當日之琴趣簫笛譜矣。樓上舍儼曰：『詩變為詞，詞變為曲，歷世久遠。聲律之分合，均奏之高下，音節之緩急過渡，既不得盡知，至若作者才思之淺深，不系文字之多寡。顧世之作譜者，類從歸自謠，銖累寸積，及於《鶯啼序》而止。以字之長短分調，安能各得其所。莫如論宮調之可知者敘於前，余以時代先後為次，斯世運升降，可以觀焉。』予曰：『旨哉，當以段安節《樂府雜録》、王灼《碧雞漫志》及宋元高麗諸史所載調存詞佚者，具載之。並以張炎、沈伯時《樂府指迷》冠於首，學者睹此，若大水之涉津梁焉。』」［詒］案：此序於詞之源流派別，最為明晰。蓋自詩變為樂府，詞與曲本不分，無不可入樂之詞。緣作者不明律呂，所作之詞不入調，而語則甚佳，讀者不能割愛，於是以不可度之腔謂之詞，即以可唱之詞別名為曲，而詞曲遂分。故宋人之知律呂者，詞皆可歌也。至後之人，則曲亦有不可歌者矣。而因曲語之妙，則亦流傳而不廢。萬紅友《詞律》雖校勘功深，實未探乎詞皆可歌之源。而於不可歌之詞，斤斤於上去之必不可誤，平仄之必不可移，增一字為一體，減一字又為一體，並不知何調為宮為商。毋亦自昧其途，而示人以前路乎。夫詞至於不可歌，則失調之曲，長短句之詩，杜陵、香山新樂府之變耳。增一字可，減一字亦可，上與去何所別，平與仄何所分，讀之順口即佳。似詩非詞，似曲亦非詞，作者神明之可也。（卷一，《詞話叢編》第四册，第三二一九～三二二〇頁）

⊙張惠言詞論高出流輩

常州張皋文先生校録唐宋詞凡四十四家，僅一百十六首，可謂嚴矣。其序論云：「唐之詞人，李白為首。其後韋應物、白居易、王建、劉禹錫、皇甫松、司空圖、韓偓，並有述造，而溫庭筠最高，其言深美閎約。五代之際，孟氏、李氏，君臣為謔，競作新調，詞之雜流，由此起矣。至其工者，往往絕倫，亦如齊梁五言，依託漢魏，近古然也。宋之詞家，號為極盛，張先、蘇軾、秦觀、周邦彦、辛棄疾、姜夔、王沂孫、張炎，淵淵乎文有其質焉。其蕩而不返，傲而不理，枝而不物，柳永、黄庭堅、劉過、吳文英之倫，亦各引一端，以取重當時。而前數子者，又不免有一時放浪通脱之言出於其間。後進彌以馳逐，不務原其旨意，破析乖剌，壞亂而不可紀。故自宋之亡而鄭聲絕，元之末而規矩隳，以至於今，四百餘年，作者十數，諒其所是，互有繁變，皆可謂支蔽乖方，迷不知門戶者也。」［詒］案：此論高出流輩，發前人所未發。然如朱、厲二公，清真雅潔，似猶不足為正聲。（卷一，《詞話叢

編》第四册，第三二二二頁）

⊙詞亦可以初盛中晚論

尤悔菴［侗］《詞苑叢談》序云：「詞之系宋，猶詩系唐也。唐詩有初盛中晚，宋詞亦有之。唐之詩由六朝樂府而變，宋之詞由五代長短句而變。約而次之，小山、安陸，其詞之初乎。淮海、清真，其詞之盛乎。石帚、夢窗，似得其中。碧山、玉田，風斯晚矣。唐詩以李、杜為宗，而宋詞蘇、陸、辛、劉，有太白之氣。秦、黄、周、柳，得少陵之體。此又畫疆而理，聯騎而馳者也。唐詩之後，香奩、浣花，稍微矣。至有明而起其衰。宋詞之後，遺山、蜕崖，亦僅矣。及本朝而恢其盛。天地生才，若為此對偶文字以待後人之側生挺出，角立代興，惡可存而不論哉。」又《詞繹》云：「詞亦有初盛中晚，不以代也。牛嶠、和凝、張泌、歐陽炯、韓偓、鹿虔扆輩，不離唐絶句，如唐之初，不脱隋調也，然皆小令耳。至宋則極盛，周、張、康、柳，蔚然大家。至姜白石、史邦卿，則如唐之中，而明初比晚唐。蓋非不欲勝前人，而中實枵然，取給而已，於神味全未夢見。」［詒］案：比詞於詩，原可以初盛中晚論，而不可以時代後先分。如南唐二主似唐之初，秦、柳之瑣屑，周、張之纖靡，已近於晚。北宋惟李易安差强人意。至南宋白石、玉田，始稱極盛，而為詞家之正軌。以辛擬太白，以蘇擬少陵，尚屬閏統。竹山、竹屋、梅溪、碧山、夢窗、草窗，則似中唐退之、香山、昌谷、玉谿之各臻其極。晚唐之詩，無可厚非，元明之詞不足道，本朝朱、厲步武姜、張，各有真氣，非明七子之貌襲。其能自樹一幟者，其惟飲水一編乎。尤序固非探源之論，《詞繹》所云，亦未得其要領。（卷一，《詞話叢編》第四册，第三二二七頁）

⊙古樂府非今之詞

毛西河《詞話》：白樂天《花非花》，唐人《醉公子》詞，長孫無忌《新曲》，楊太真《阿那曲》，自是詞格。若回鶻、石州、阿鞞廻、廻波樂、烏鹽角、鶡濫堆、水調歌頭，俱是樂府。然其辭有近詞者，亦可以詞名之。如隋帝《望江南》，徐陵《長相思》，初何嘗是詞，而句調可填，即謂填詞。由是推之，則武帝《江南弄》諸樂，及鮑照《梅花落》，陶弘景《寒夜怨》，徐勉《迎客》、《送客》，王筠《楚妃吟》，梁簡文《春情》，隋煬《夜飲朝眠曲》，皆謂之詞，何不可哉？［詒］案：謂詞出於樂府則可，謂古之樂府即今之詞則不可。如以鮑照《梅花落》為詞，則謂《國風》即今八韻試帖，烏乎可？同一詩名，體以代異，而况樂府與詞，已異名乎？（卷二，《詞話叢編》第四册，第三二二九頁）

智按：江順詒，字子谷，號秋珊，晚號窳翁，别署明鏡生、願為明鏡室主人。安徽旌德人。由明經出為浙江知縣，需次杭垣。以名士而為循吏，一時聲名藉甚。上游倶器重之，側席咨諏，待若上賓，旋同宦浙西。諸君子舉行西泠酬倡集，請順詒為之執騷壇牛耳。著有《詞學集成》、《願為明鏡詞稿》、《夢花草堂詩鈔》、《詩話》、《醴陵集注》。

言南金（一八二二～?）

《朱伯韓觀察過荊州以詩文見示》

白傅歌傳新樂府，望溪家數舊文宗。匡時經濟誰為用，獎士風流世罕逢。十駕不辭期策駑，三年枉學悔屠龍。似聞柏梘還山去，京國何人載酒從。（《晚晴簃詩匯》卷一百五十八）

智按：言南金，字魯深，一字卓林，號可亭，常熟（今屬江蘇）人。咸豐三年（一八五三）恩貢生，官太湖同知。有《可亭詩稿》。其《可亭詩稿》（同治八年復齋刻本），為自訂編年本，卷五乃同治丙寅年（一八六六）作，其中有《哭張勁箔郎中（盛凱）》，起句云：「我年四十五，君年未四十。」以此知其生當道光二年（一八二二）。

張品楨（一八二二～?）

《讀白樂天詩書後》

細玩樂天詩，情真語自摯。雖乏建安骨，要具風人致。顔謝窮幽深，雕刻非所志。陶公本性真，臭味原無二。縱非李杜匹，雅可張一幟。昌黎逞雄肆，所就各殊異。長吉苦嘔心，奚如此樂易。微之夙並馳，恐或難聯轡。中倫與中慮，逸情常遠寄。時似天籟鳴，顧盼饒嫵媚。不必鬬奇險，切切含鼓吹。胸懷凜冰清，吐屬絕塵累。如以佛法論，騷壇大自在。高吟《賀雨》篇，孰是音可嗣。（《晚晴簃詩匯》卷一百六十九）

智按：張品楨，字肖廬，南海（今屬廣東）人。諸生。有《清修閣稿》四卷（南開大學圖書館藏光緒二十二年刻本）、《文萃續編》一卷（中國社會科學院歷史研究所圖書館藏光緒二十二年刻本）。宣統元年己酉（一九〇九），易順鼎有《有僧小顛來謁以所著相示年九十有二矣適案頭有人寄著作一函曰清修閣集展閱之則南海九江鄉八十有八歲老諸生張品楨字肖廬以己作寄來也一九十二歲一八十八歲同日以著作相質亦奇喜而賦詩一首》（《琴志樓詩集》上海古籍出版社，二〇〇四年四月，下册，第一四一三頁）。

郭崑燾（一八二三～一八八二）

《杭州二十首》（其十）

白蘇名不朽，遺廟講堂開。俎豆士宗仰，湖山靈往來。樓臨三面敞，隄抱一溪回。尙友平生志，慚予薄劣才。（白蘇二公祠側，今建孝廉堂）（《雲卧山莊詩集》卷七，清光緒十一年郭氏岵瞻堂刻本）

智按：郭崑燾，初名先梓，字仲毅，號意城，晚號樗叟，湖南湘陰人。郭嵩燾之弟。道光二十四年（一八四四）舉人，咸豐二年（一八五二），參討洪、楊之役，叙功賞國子監助教銜。又以協贊軍事，官内閣中書。加四品卿銜。文辭簡古，著有《雲卧山莊詩集》八卷。

錫縝（一八二三～一八八四）

《仿白香山新樂府體三首》

地官之屬，三百六十人，其角戢濈如羊羣。一身如粟乘海浪，委吏會計安得當。在位不能與政謀，誰持珠算與牙籌。衮衮胥徒自越來，捧牘指日當署哉！郎官之長頋而笑，以所指爲筆所到。筆所既到躋公堂，各上其牘充棟梁。司農之手不停披，天下多寡裒益平。施金土穀三府治，帝曰咨欽哉，天工人代之。

足重繭骨無傲奔，走側媚導窾批窾。二千石，觀察使。其始基，乃如此。中書君，管城子，從旁笑曰子無恥。列宿郎官欲自豪，黽勉從事不告勞。嗟來弗食腕脱腹枵，走相告者彼越雉，此君不濁誰其淆。

地丁鹽務關稅課，應得者失別需索。淪喪精神轉採補，何如養生不服藥。方寸之木高岑樓，不疵瑕兮恣求取。恣取求，不償失，朘利源，傷民力。內焉寶鈔與大錢，外焉津貼與釐捐。謂供于上上不足，謂濟于餉餉減數。始樂持籌終仰屋，幾人飽欲死，億兆同聲哭。彼司農者方悔悟，于嗟乎！倉金民支同一曹。《尚書》有言：詢蒭蕘，不利君，不利臣，不利身，乃能利于天生之蒸民。(《退復軒詩》卷二古今體八十二首，《續修四庫全書》影印清末刻本，第一五五四册，第一一五頁)

《仿白香山新樂府體十首》

⊙《封神》

神之格，不可度；神之靈，若或憑。一日一神數十處，一處數神更迭護。在神之列不具論，列神以外神紛紛。正史外傳若而人，于今摭拾皆明神。牓署自南齋，議封自祠部。銜命縱横塡驛路，宰官治民不自治。舉神代治民相依，轉爲神所受知師。神食福兮官爲尸，下而宰官上大吏。但有事神無事事，好官事少得錢多。且有門下神護呵，有神民將奈官何。

⊙《任子》

任賢勿貳更任子，世祿之家克由禮。古人學古乃入官，入官太早讀書難。讀書難，任官易，往往多在成人次。服紅紫兮轂丹朱，飲食衎衎屋渠渠。當日父書挂牛角，其子揮金如馬勃。是皆莫知苗之碩，詎意晉有佳兒王鎮惡，藍田生玉諸葛恪。蘇瓌子頲在有唐，宋之三槐晉公王，堂構之美邦家光。于嗟乎！止於孝者止於敬，以是不除任子令。

⊙《勇號》

巴圖魯是，國語勇號，嘉其武落，厲都鷹揚父，如熊如羆，有猫有虎。

一戰莫能屈指數，一役入告累篇牘。累篇牘，數未盈，捷書猶有未列名。于嗟乎！虎賁三千一敵萬，將兵將將多多善，龍驤將軍馬服子。到處勇夫皆仡仡，録功筆掃千人軍，況復先聲可奪人。萬里沙場加勇號，此身實未鑿凶門。乃惟曰不出户，庭安土，敦乎仁。

⊙《新章》

定新章，多更張，更張易見長，豈知今所更張事，前人行之已多窒。以議寢者爲創議，如以石田爲墾地。又如著書自謂奇，古所駁者今不知。不讀萬卷破，豈可雌黃爲。不有如月眼，但有如斗膽。見長乃形短，君試看新章。謂詳前人所未詳，不防前人所預防。少所見，多所傷，我不敢曰謀之臧。

⊙《電線》

電行莫能窮起止，一掣忽焉數千里。世間無如影響捷，影所不滅響先絶。欲使影到響不窮，須知影有氣相從，當以響入氣之中。君不見，廣漠風，無樹亦大鳴，以氣載響旋太空，周易所謂山澤通，大之可以轉鴻濛，何況人跡之所到。北塞南徼易通竅。數千里如提耳告，飛塵馳騎眞堪笑。乃知上天之載全在聲，側耳聽，天下平。

⊙《機器》

機之爲言通乎幾，慮善以動不逾時。君子能見動之微，天下以是樞紐之。不然何以爲治爲，形而下者乃在器。製器雖巧是方伎，黠者竟使鬼神泣，鈎心鬬角測天地。君不見，流馬與木牛，豈以是推武鄉侯。武鄉侯，又何求？後樂在先憂，先後之幾能運籌。

⊙《明墨》

李廷珪，古所稀；曹素功，今所同。程君房，方于魯，不今不古，松煙萬杵。黑如髹漆闇而章，所直乃如重璧昂。一兩墨取十兩直，一鎰墨直金二百。窮措大，走相約，減食典衣同買墨。欲求明試先守黑，守黑天下乃大白。君不見，名狀元，不以書判，不以身言，數墨可以升清天。

⊙《小楷》

小楷筆卷而能放，搏兔用力如搏象。鍾紹京，孟頫與徵明，自唐訖明稱最精，無若侏儒飽，莫學佼人僚。小才盆成括，媚骨長樂老。珠算圍棊子滿盤，薏苡明珠顆顆圓。點畫使轉皆茫然，六藝之中六書細。六書之末僅習字，字非小楷能盡勢。書傭但有言堪記，下士由此躋上士。于嗟乎！毛穎君，香案吏。公輸終日塗墍茨，何與天下之能事。

⊙《照相》

越南之南海水清，停舶去而留其形。西人求故百年所，知有藻在水底凝。取焉以爲膏，是謂海藻精。淬入玻璃鑑人影，留影不脱如畫成。影外罔兩亦酷肖，雖工畫者有弗能。或曰是卽照相所自昉，不者其理無能明。形影相問轉相諒，幸哉未照出元相。脱令能澈見肺肝，鏡中未必皆人狀。吾聞百鍊泥出方丈山，以照鬼魅形當前。又聞照膽秦鏡懸，實能摘伏而發奸。于嗟乎！留影易，見心難。

⊙《演戲》

漢京角觝呈妙戲，人走索上如履地。唐有坐伎次立伎，雅樂部在立伎次。今樂未知雅不雅，參以角觝何爲者。優孟忽作山鬼號，侏儒乃似小魍跳。倒挂之鳥升木猱，楚歌未歇秦聲高。陡然起落不飛塵，盈耳洋洋響遏雲。奇劇只從今日有，新腔莫使古人聞。（《退復軒詩》卷四古今體一百十一首，《續修四庫全書》影印清末刻本，第一五五四册，第一四四頁）

智按：錫縝，初名錫淳，字厚安，號渌矼，博爾濟吉特氏蒙古人。先祖世居科爾沁兀魯特地方，天聰六年改隸滿洲正藍旗。咸豐六年（一八五六）丙辰進士，由戶部郎中授江西督道，為駐藏大臣，乞病歸。工書，善詩文，著有《退復軒詩文集》七卷。

沈壽榕（一八二三～一八八四）

《雨泊忠州訪唐白文公祠不果漫成二十韻》

小泊近滄洲，登臨接素秋。有懷白刺史，曾宦古忠州。舊夢如雲散，輕帆帶雨收。祠堂聞可訪，詩卷已長留。曲徑尋僧屨，新寒理客裘。紅搖霜葉醉，翠捲淚花浮。野暗煙籠市，城高笛弄愁。依廻蘆荻岸，想像荔枝樓（樓在城西）。憶別潯陽浦，移來巫峽舟。緋衣剛稱體，華髪未盈頭。鑾府娱清暇，溪翁解唱酬。黄縑支俸少（公在忠州以黄縑支俸），青竹倚闌修（見本集）。送遠悲啼鳥，閒眠懶對鷗。東坡千樹老，西郭一鞭柔（東坡、西郭，均見本集）。佳詠傳京洛，奇葩繪毋邱。（忠州有白蓮花，公命道士毋邱元志繪圖題詩，傳於都下）當時多感諷，遺事欲旁搜。公擅唐音雅，儂偏蜀道游。巴臺荒蔓草，灩澦駛洪流。濁酒憑誰薦，狂吟惜寡儔。龍昌衰柳色，還記使君不？（公在忠州龍昌寺手植楊柳，後人比之甘棠云）。（《玉笙樓詩録》卷一，《續修四庫全書》影印清光緒九年刻增修本）

《題古伯腴廣文沅靜香館詩鈔即送還巫山》

故人十載遊長安，消盡熱腸居冷官。舊詩狼藉亂塗墨，蠹魚僵卧香芸乾。眼前落落看餘子，作客趙州幸不死（粤匪破趙州時，僕以身免）。千金誰識燕昭臺，一囊便入韓康市（避賊山右，以醫自給）。我時載筆征雲南，渡瀘瘴起浮青嵐。髑髏生牙齧枯草，淫蠱吐餤驚飛蠶。其間軍命嚴旗鼓，殺氣憑陵報擒虜。鬼方天遠指芒星，蘆管聲酸淒斷雨。看君樂府詞，妙似《秦中吟》。子夜讀曲流清音，竹枝雅吹調風琴。此才豈合廣文老，苜蓿闌干貧亦好。坐榻無氈未覺寒，打頭有屋何妨小。巫山萬山裏，但見烟濛濛。飢來煮字杯酒空，睡起晴日三竿紅。孤城遥望夕陽渡，衣上新涼警秋露。悤悤帆影各東西，裊裊離情滿江樹。（《玉笙樓詩録》卷三，《續修四庫全書》影印清光緒九年刻增修本）

《新樂府八首（從軍歷綦江縣及貴州遵義仁懷縣記事而作）》

⊙臨河歎（惜主賓之交失也）

滔滔者流，汎汎者舟。高不得下，發不得收。排闥而入，為客之羞。拂衣而去，主人之憂。行復行，休且休，沈者自沈，浮者自浮。

⊙築城謠（傷財力之已竭也）

朝朝築城，暮暮築城。石聲土聲，歌聲哭聲。城早完，君高遷。城不完，百姓錢。

⊙遵義疫（痛疾苦之無告也）

戰骨縱横土一窟，可憐人命輕於葉。城頭狐嘯咽酸風，屋角鬼鐙逗寒月。東家初病西家死，朝聞哭妻夜哭子，白旛處處招魂紙。

⊙仁懷團（惡强弱之相淩也）

朝廷已許賊為民，團首更驅民作賊。籍汝田園破汝家，汝便欲歸歸不得。昨聞大團殺小團，團首有功新得官。團首不除民不安，吁嗟乎，仁懷團。

⊙籠鳥怨（憐懷才而不遇也）

鸞鷟雲間翔，鸚鵡籠中小。既愛羽毛奇，更憐言語巧。吁嗟乎，不飛不鳴徒自苦，野田黄雀來嗤汝。

⊙棲鸞悲（嗟新婚而遠别也）

妾紅顔，郎少年。鴛與鴦，絲與緜。舟與車，安用之。富與貴，徒爾為。使妾紅顔不如老，鄰家還羡嫁早。

⊙飽鷹颺（比挾貲而先去也）

雙眸射地星光出，兩翅横秋霜氣濕。草間搏兔兔走急，獵夫放鷹追不及。鷹初來兮小於雀，養汝羽毛摩汝角，汝今颺去嗟吾獨。

⊙疲牛卧（喻得禄而負恩也）

農夫寶一牛，寒暑慎所牧。一年汝竟肥，三秋田未熟。健犢能行牛未老，主人加鞭胡不早，平原卧啖青青草。（《玉笙樓詩録》卷五，《續修四庫全書》影印清光緒九年刻增修本，第一五五七册，第二〇三～二〇四頁）

智按：沈壽榕，字朗山，號意文，海寧（今屬浙江）人。歷官廣東布政使。有《玉笙樓詩録》。

胡鳳丹（一八二三～一八九〇）

《又書（上皖撫吴竹莊中丞）》

浴佛日奉到排遞賜書，欣審勛福，崇隆距躍，三百壽春為北門鎖鑰，是否蜺旌久駐抑將别有巡行，側瞻露冕，宣勤不遑啓處，比來精神何如。伏乞藎慮稍紓，保愛千萬。皖餉支絀即鄂中，何獨不然，牙釐歲進錢三百萬緡，而所入僅敷所出之半，不得已，創去兵之議，又以新舊欠多如山積，煞費摒擋，且未知捻狀若何，頗深馳系。自古山林鐘鼎，各不相謀，以禹、皋而耽泉石則貪，以巢、許而語勳名則妄。某文章經濟，無一可言，故優游於樹木亭臺，為藏拙娱情之計，倘鬼神亦忌之，而不予畀，是誠何心？讀香山《答微之誇宅》詩，似不必以誇為病也。黑面乃官常之俗態，自問一腔熱血，黑在面而赤在心，如明公以此為嫌，請緩作絕交論，緣此論一出，將兄弟也而秦越之，雖欲不倒持手版，股慄汗流，其可得耶？……（《退補齋詩文存》文存卷十一，《續修四庫全書》影印清同治十二年退補齋鄂州刻本）

《高郵道中》

客行偏遇打頭風，細雨絲絲濕短篷。萬樹柳陰圍岸綠，半湖蓼影襯波紅。愁聽別語來秋燕，欲寄家書託遠鴻。泛宅何如吳榜穩（坐船有額曰吳榜，取香山句也），輕舟來往夕陽中。（《退補齋詩文存二編》詩存二編卷五，《續修四庫全書》影印清光緒七年退補齋刻本）

智按：胡鳳丹，字月樵，永康（今屬浙江）人。歷官湖北候補道，署督糧道。有《退補齋詩存》。

張裕釗（一八二三～一八九四）

《愚園雅集圖記》

光緒五年，歲在屠維單閼之月，集耆宿英彥之屬，十有八人，觴於江寧城南之愚園。園故明徐氏西園舊阯，主人因而更營之。亭臺池館、花石竹木之勝，稱於一時。行尋坐照（納），趣昭物博，觴詠極樂，竟日乃罷。是日，白樂天生日也，故以其期集焉。

昔樂天當唐室之衰，遘值讒娼，遠跡（身）高舉，晚歸洛陽，於履道里得故散騎常侍楊憑宅，息跡（躬）其中，窮極池臺水竹、琴酒弦歌之樂，為《池上篇》以紀其事。然此猶曰全身遠害、閒居獨游而已。其刺蘇州，以九日宴集，醉題郡樓，乃益酣嬉淋漓，快然其自得，恣情而罔恤。當是時，朝政昏瞀，牛、李朋黨交煽，河朔再亂，中外交訌。樂天豈一無所關其慮，而誠有樂乎此哉？蓋君子之處於世，夷懌險艱，不能以一致。或中有不自得，則壹放意於林泉岩壑、賓朋宴集以自遣。若劉伯倫、陶淵明之耽嗜於酒，倪迂、顧阿瑛、冒辟疆之徒，當元、明之季，園亭賓客之盛，甲於東南。而杜子美值天寶亂起，飲李氏園，其為詩乃曰：「上古葛天民，不遺黄屋憂，至今阮籍輩，熟醉為身謀。」可以知其趣已。其在成都，乃至與田父泥飲，狎蕩顛倒而不厭，况其所遇為耆彦勝流者耶？其為樂豈復可意量耶？故當其流連景光，襄陽亭沼，睥睨竹石，掎裳聯襼，狂飲大噱，放形遺物，横行闊視，忘得喪，外非譽，齊彭殤，混侯虜，寵辱不驚，理亂不聞，頹然與造物者游，而眾莫知其所以，乃以全其真而得其志，此昔之君子胥先後而若出一途者，無慮皆以是也。

今諸賢之集，其與樂天暨昔之君子之所志，未知何如？然兹游之樂，不可以無述也。主人既屬黄沛皆太守為之圖，又介范月槎丈屬裕釗為之記。裕釗辭不文，則益固以請，既卒不獲辭，乃為記之如此。武昌張裕釗書。（《濂亭文集》卷八，王達敏校點《張裕釗詩文集》，第一九〇～一九一頁）

智按：張裕釗，字廉卿，湖北武昌人。道光二十六年（一八四六）舉人，曾爲内閣中書，先後主講直隸、湖北等地多所書院。有《濂亭文集》、《濂亭遺文》、《濂亭遺詩》等。《清史稿》有傳。

周蘭（一八二三～?）

《羅氏兩貞女詩并序》

貞女名佩芸、佩蘭，仁和諸生羅世熙女。辛酉冬，投井殉難。轆轤不轉銀牀夕，中有蛾眉冤血碧。三丈寒波萬古愁，一泓冷侵玻璃魄。浩劫紅羊憶往年，珠沈玉碎弔寒煙。花翹姊妹羅敷族，芸散蘭摧命共捐。龐娥至孝曹娥行，彤史芳型兩輝映。一死真教重泰山，如此紅顔非薄命。官美山頭殉節時，香潭便是影娥池。沈冤不亞銀瓶井，表烈應題黄絹碑。龍章五色天恩蕩，綽楔巍峩德門榜。寒泉菊薦女三閭，水仙廟食神同享。掌珠消息阻刀環，曙後孤星尚未還。苦望金題鐫紫石，衹應頭白白香山。（《兩浙輶軒續録》卷四十七，《續修四庫全書》影印清光緒十七年浙江書局刻本）

智按：周蘭，原名玉麒，字蘭友，號伯蓀，仁和（今浙江杭州）人。同治二年（一八六三）癸亥二甲一名進士。官翰林院編修。

張培仁（一八二三～？）

《虎丘白公祠》

拾遺召拜到神京，元白聯吟負盛名。畫舸游蹤千日醉，石函水利一渠清。恩牛怨李終成黨，駱馬楊枝倍有情。絶代才華歸諷諫，憂時樂府見忠誠。（清道光三十年刻本《金粟山房詩草》；林昌彝《射鷹樓詩話》卷十六）

《靜娱亭筆記》

⊙平仄兩用

白樂天詩：「羌管吹楊柳，燕姬酌蒲桃。」「銀含鑿落盞，金屑琵琶槽。」張祜詩：「生摘枇杷酸。」白詩：「四十著緋軍司馬，男兒官職未蹉跎」，「一為州司馬，三見歲重陽。」武元衡詩「惟有白鬚張司馬，不言名利尚相從」，（白樂天詩）「爲問長安月，誰敎不相離」，「緑漲東西南北水，紅闌三百九十橋」，十音諶，唐彦謙詩「燈檠昏魚目，薰爐咽麝臍」，王建詩「每日城南空挑戰」，李山甫詩「黃祖不憐鸚鵡客，誌公偏賞麒麟兒」，元微之詩「欲終心懶慢，轉恐意闌散」，張曲江詩「征鞍税北渚，歸帆指南郵」，帆音梵。（《靜娱亭筆記》卷六，《續修四庫全書》影印清刻本）

⊙顔色字

馬名照夜白，鷹名海東青，杖名孟青，枷名彌尾青，閬州參軍黃涉婢曰：笑春紅。珠有結緑。義渠貢馬，名兹白。元司閽者曰八剌哈赤，佩櫜韃侍左右者曰火兒赤，珮弓矢守禦者曰闊端赤，圉人曰阿塔赤，主服御者曰速古見赤，主酒者曰答剌赤，主膳者曰博兒赤，侍衛曰溫都赤，奏樂者曰虎兒赤，典文史者曰必闍赤，獵者曰怯憐赤，譯者曰怯里馬赤。《清異録》：「檳榔名，洗瘴丹。」《荔支譜》：「有一品紅，麝囊紅。」《爾雅》：「一染謂之縓，再染謂之竀，三染謂之纁，皆丹汁。」《考工記》云：「三入為纁，五入為緅，七入為緇。」《廣雅》：「碧縹緅，蒼青也；彤丹，朱纁赤也；黇黊，黺黃也；皠皭，皚白也；黕皂，黟黑也；近黑曰弋，淺黃色曰緗，皂色為袀，又青別為蒼，赤別為朱，黃別為黇，白別為縞，黑別為元。」《逸雅》：「白加青為碧，西方間色；白加朱為紅，南方間色；黑加赤為紫，北方間色；青加黃為緑，東方間色。」白樂天詩：「晴沙金屑色，春水麴塵波。」稽含《南方草木狀》：「鶴子草，蔓生花，麴塵色。」《周禮》：「皇后六服，有鞠衣。」鄭注：「黃桑，色如麴塵。」蓋淡黃色。（《靜娛亭筆記》卷六，《續修四庫全書》影印清刻本）

⊙眞率會

《漁隱叢話》：洛中眞率會，起於白樂天，司馬君實繼之，好事者寫成圖。按，「眞率」二字，本《世說》：羊曼在丹陽家，來早者得佳膳，日宴則不精；羊固在臨海，竟日皆美。時人言固之腆，不若曼之真率。（《靜娛亭筆記》卷九，《續修四庫全書》影印清刻本）

⊙赤藤杖

白樂天詩「清平官持赤藤杖，大將軍繫金佉嗟。」按當作佉苴，韋帶也。（《靜娛亭筆記》卷九，《續修四庫全書》影印清刻本）

⊙俞太史楹聯

俞蔭甫太史樾以詩古文詞名海內，同治己巳，合肥李太夫人七十生日，時長公筱泉中丞撫浙，少泉相國以大學士肅毅伯督兩湖，因題二聯爲壽，分致中丞、相國，其致中丞者云：「起居八座亦多壽亦多男先百花生日祝慈蔭長春鳳舞鸞歌徧浙水東西洞庭南北，文昌六星有上相有上將以萬石家風佐熙朝景運玉昆金友比荀龍減二賈虎增三。」致相國者云：「花下板輿來自皖而兩浙而三吳而瀟湘洞庭數千里瞻拜慈雲鳳鳥舞鸞鳥歌頌無量壽佛，牀頭朝笏滿有子爲宰相爲節度爲觀察轉運五百年特鍾間氣玉策賢金策聖作中興名臣。」壽潘玉泉觀察云：「以名父子生宰相家有德業事功文章氣節，當中興年祝無量壽是英雄儒雅富貴神仙。」張友山中丞兆棟太夫人八十壽聯：「京國奉慈輿而秦而蜀而皖粵諸邦又向三吳開壽寓，元宵張夜宴有子有孫有曾元繼起行看五代共華堂。」王子勤觀察壽聯云：「舞綵滿華堂看膝前簪笏成行以八龍兼三鳳（有子十一人），稱觴晉蒲酒願林下康強逢吉從夏五祝秋千。」李少荃爵相壽聯云：「以歲之正以月之令春酒一尊為相公壽，治內用文治外用武長城萬里奠天子邦。」杜筱舫觀察壽聯云：「仗名法入手由鹽官起家而陳臬而開藩意思蕭閑共識東坡是五戒轉，世紀近代戰功輯古來謡語又工詞又能書精神淵著請歌南山之六章。」壽楊石泉中丞壽聯云：「鍾三湘秀氣為兩浙福星奮武揆文恰值賓興大典，借九日秋光獻五旬春酒翔機集嘏恭逢御極初元。」金眉生廉訪壽聯云：「推倒一世豪傑開拓萬古心胸陳同甫一流人物如是如是，醉吟舊詩幾篇閒嘗新酒數盞白香山六十歲時仙乎仙乎。」佛殿聯云：「三藐三菩提與大衆同游淨土，一花一世界看我佛即在靈臺。」（《靜娱亭筆記》卷十二，《續修四庫全書》影印清刻本）

《妙香室叢話》

⊙樂天風趣

樂天《觀兒戲》詩云：「齠齔七八歲，綺紈三四兒。弄塵復鬬草，盡日樂嬉嬉。堂上長年客，鬢間新有絲。一看竹馬戲，每憶童騃時。童騃饒戲樂，老大多憂悲。靜念彼與此，不知誰是癡。」眼前光景，妙於領會。《郡中春宴因贈諸客》云：「僕本儒家子，待詔金馬門。塵忝親近地，孤負聖明恩。一旦奉優詔，萬里牧遠人。可憐島夷帥，自稱為使君。身騎牂牁馬，口食塗江鱗。暗淡緋衫故，斕斑白髮新。是時歲二月，玉曆布春分。頒條示皇澤，命宴及良辰。冉冉趨府吏，蚩蚩聚州民。有如蟄蟲鳥，亦應天地春。薰草席鋪座，藤枝酒注樽。中庭無平地，高下隨所陳。蠻鼓聲坎坎，巴女舞蹲蹲。使君居上頭，掩口語衆賓。勿笑風俗陋，勿欺官府貧。蜂巢與蟻穴，隨分有君臣。」讀此詩亦可以見公之風趣矣。（卷一，《申報》仿袖珍本；新文豐出版公司《叢書集成三編》第七六册，第五八七頁）

⊙樂天題郡南亭

樂天《徵秋税畢題郡南亭》云：「高城直下視，蠢蠢見巴蠻。安可施政教，尚不通語言。且喜賦斂畢，幸聞閭井安。豈伊循良化，賴此豐登年。案牘既簡少，池館亦情閑。秋雨簷果落，夕鐘林鳥遠。南亭日瀟灑，偃卧恣疏頑。」讀此知公之政績矣。雅得曹相國專務安靜之意。又云：「人生待富貴，為樂常苦遲。不如貧賤日，隨分開愁眉。」達哉！達哉！（卷一，《申報》仿袖珍本；新文豐出版公司《叢書集成三編》第七六册，第五八七頁）

智按：後詩見《晚春沽酒》元和七年（八一二），四十一歲，下邽。《白居易集箋校》第二一九頁；《徵秋稅畢題郡南亭》元和十四年（八一九），四十八歲，任忠州刺史。《白居易集箋校》第六〇八頁。

⊙偶吟

樂天《偶吟》云：「好官病免曾三度，散地歸休已七年。老自退閑非世棄，貧蒙強健是天憐。韋荊南去留春服，王侍中來乞酒錢。便得一年生計足，與君美食復甘眠。」（卷一，《申報》仿袖珍本；新文豐出版公司《叢書集成三編》第七六册，第五八七頁）

智按：大和九年（八三五），六十四歲，洛陽，太子賓客分司。《白居易集箋校》第二二二〇頁。

⊙新宅

樂天《移家入新宅》詩云：「移家入新宅，罷郡有餘資。既可避燥濕，復免憂寒饑。疾平未還假，官閑得分司。幸有祿俸在，而無職役羈。清旦盥漱畢，開軒捲簾幃。家人及雞犬，隨我亦熙熙。取興或寄酒，放情不過詩。何必苦修道，此即是無為。外累信已遣，中懷時有思。有思一何遠，默坐低雙眉。十載囚竄客，萬里征戍兒。春朝鎖籠鳥，冬夜支床龜。驛馬走四蹄，痛酸無歇期。磑牛封兩目，闇閉何人知。誰能脫放去，四散任所之。各得適其性，如吾今日時。」

又《偶作二首》云：「擾擾貪生人，幾何不夭閼。遑遑愛名人，幾何能貴達。伊余信多幸，拖紫垂白髮。身為三品官，年已五十八。筋骸雖早衰，尚未苦羸惙。資產雖不豐，亦不甚貧竭。登山力猶在，遇酒興時發。無事日月長，不羈天地闊。安身有處所，適意無時節。解帶松下風，抱琴池上月。人間所重者，相印將軍鉞。謀慮繫安危，威權主生殺。焦心一身苦，炙手旁人熱。未必方寸間，得如吾快活。」「日出起盥櫛，振衣入道場。寂然無他念，但對一爐香。日高始就食，食亦非膏粱。精粗隨所有，亦足飽充腸。日午脫巾簪，燕息窗下牀。清風颯然至，卧可致羲皇。日西引杖屨，散步游林塘。或飲茶一盞，或吟詩一章。日久多不食，有時唯命觴。何以送閒夜，一曲秋霓裳。一日分五時，作息率有常。自喜老後健，不嫌閒中忙。是非一以貫，身世交相忘。若問此何許，此是無何鄉。」昔人云，學道人須尋真樂處，是真能尋樂者。（卷一，《申報》仿袖珍本；新文豐出版公司《叢書集成三編》第七六册，第五八七頁）

⊙朱陳村

白樂天先生咏《朱陳村》云：「徐州古豐縣，有村曰朱陳。去縣百餘里，桑麻青氛氳。機梭聲札札，牛驢走紜紜。女汲澗中水，男采山上薪。縣遠官事少，山深人俗淳。有財不行商，有丁不入軍。家家守村業，頭白不出門。生為陳村民，死為陳村塵。田中老與幼，相見何欣欣。一村唯兩姓，世世為婚姻。親疏居有族，少長遊有群。黃雞與白酒，歡會不隔旬。生者不遠別，嫁娶先近鄰。死者不遠葬，墳墓多繞村。既安生與死，不苦形與神。所以多壽考，往往見玄孫。我生禮義鄉，少小孤且貧。徒學辨是非，只自取辛勤。世法貴名教，士人重冠婚。以此自桎梏，信為大謬人。十歲解讀書，十五能屬文。二十舉秀才，三十為諫臣。下有妻子累，上有君親恩。承家與事國，望此不肖身。憶昨旅遊初，迨今十五春。孤舟三適楚，羸馬四經秦。晝行有飢色，夜寢無安魂。東西不暫住，來往若浮雲。離亂失故鄉，骨肉多散分。江南與江北，各有平生親。平生終日別，逝者隔年聞。朝憂卧至暮，夕哭坐達晨。悲火燒心曲，愁霜侵鬢根。一生苦如此，長羡村中民。」感慨遥深，别有寄托。又云：「我生何所似？似彼孤生蓬。秋霜翦根斷，浩浩隨長風。昔游秦雍間，今落巴蠻中。昔為意氣郎，今作寂寥翁。外貌雖寂寞，中懷頗沖融。賦命有厚薄，委心任窮通。通當為大鵬，舉翅摩蒼穹。窮則為鷦鷯，一枝足自容。苟知此道者，身窮心不窮。（見《我身》。我生，集作我身）」非深通老莊者不能道。（卷一，《申報》仿袖珍本；新文豐出版公司《叢書集成三編》第七六册，第五八九～五九〇頁）

⊙寒食

樂天《寒食》詩云：「人老何所樂，樂在歸鄉國。我歸故園來，九度逢寒食。故園在何處，池館東城側。四鄰梨花時，二月伊水色。豈獨好風土，仍多舊親戚。出去恣歡遊，歸來聊燕息。有官供祿俸，無事勞心力。但恐優穩多，微躬銷不得。」真仙境也。（卷一，《申報》仿袖珍本；新文豐出版公司《叢書集成三編》第七六册，第五九〇頁）

⊙四雖吟

「酒酣後，歌歇時。請君添一酌，聽我吟四雖。年雖老，猶少於韋長史。命雖薄，猶勝於鄭長水。眼雖病，猶明于徐郎中。家雖貧，猶富於郭庶子。省躬審分何僥倖，值酒逢歌且歡喜。忘榮知足委天和，亦應得盡生生理。」凡事，退一步想，自然歡樂。（公自注云：分司同官中，韋長史績年七十餘，郭庶子求貧苦最甚，徐郎中晦因疾喪明，予為河南尹時，見同年鄭俞始受長水縣令，因歎四子而成此篇也。）（卷一，《申報》仿袖珍本；新文豐出版公司《叢書集成三編》第七六册，第五九〇頁）

⊙香山詩

香山《病中看經》詩云：「無子同居草庵下，有妻偕老道場中。何煩更請僧為侶，月上新歸伴病翁。」自注云：「時適談氏女子自太原初歸，維摩詰有女名月上也。」（卷五，《申報》仿袖珍本；新文豐出版公司《叢書集成三編》第七六册，第六三〇頁）

⊙樂天家宴詩

「小庭亦有月，小院亦有花。可憐好風景，不解嫌貧家。菱角報笙簧，谷兒抹琵琶。紅綃信手舞，紫綃隨意歌。村歌與社舞，客哂主人誇。但問樂不樂，豈在鐘鼓多。客告暮將歸，主稱日未斜。請客稍深酌，願見朱顏酡。客知主意厚，分數隨後加。堂上燭未秉，座中冠已峨。左顧短紅袖，右命小青娥。長跪謝貴客，蓬門勞見過。客散有餘興，醉卧獨吟哦。幕天而席地，誰奈劉伶何。」眼前樂境，寫來如畫。（卷八，《申報》仿袖珍本；新文豐出版公司《叢書集成三編》第七六册，第六五〇頁）

智按：張培仁，字少伯，廣西賀縣人。道光二十六年（一八四六）丙午科舉人，次年聯捷丁未科張之萬榜二甲進士，以知縣即用。曾官湖南善化縣知縣，加同知銜。工詩文，有《妙香室叢話》等。

陳銘珪（一八二四～一八八一）

《長春道教源流》

白玄福，號柱峯，係西秦金明延川人，氏世居閥閱，稽譜係白樂天二十八代孫，年不惑，以明經擢藏官。未幾，掛官不仕，逕入太和七真洞，後為諸當事强起巖穴，修復武當宮庵橋梁，嗣修明真庵，為聚徒講肄之所，囑徒云：「慢理蒲團修太嶽，願成志士闡全真。」壽七十。一日書偈云：「性返靈明炁返空，太虛似我不相同。只因會得些兒意，撒手撑開混沌中。」偈畢，端坐而逝。（《武當山志》）（《長春道教源流》卷七，《續修四庫全書》影印民國東莞陳氏刻聚德堂叢書本）

智按：陳銘珪，字友珊，廣東東莞人。咸豐二年（一八五二）副貢生。晚學道于羅浮，派名教友。後修復酥醪觀。為該觀住持，自號酥醪洞主。為龍門第十七代。傳有弟子張永暗等。

王必達（一八二四～一八八一）

《去秋過汴梁，周觀察春門師為余改職中書，今春北上獻此》（其三）

荒城大雪滯淮壖，百事蹉跎計欲還。車到窮途惟自哭，花仍隨溷問誰憐。敢求寶劍貪無厭，更撥爐灰冷復然。白傅長裘少陵屋，始知古語不虛傳。（清光緒十九年王維翰等刻本《養拙齋詩·過江集》）

《西湖絕句》（其二）

吳儂冰玉動人憐，為指溪山處處妍。白傅蘇公猶解說，風流二老在湖天。（清光緒十九年王維翰等刻本《養拙齋詩·過江集》）

《虎阜謁白傅祠泛棹晚歸》

先生罷官未白首，美宦清詩俱入手。謫居平日住蓬萊，祠堂更在煙霞藪。浣花祠宇疏林接，未免龍鍾嗟老醜（祠旁為懷杜閣）。驚人句在宇宙間，一瞬榮枯復何有。天風吹放幽桂香，小山露濕莓苔蒼。閣前簫鼓沸如雨，不解吳儂緣底忙。孤蓬無酒書一卷，葛衣傲岸看紅妝。先生撫掌應大笑，二百年來此客狂。（清光緒十九年王維翰等刻本《養拙齋詩·過江集》）

《題張梅生大令珠江侍釣圖，南山詩人大令之祖也》（四首其二）

宦成詩復美，世比白香山。過眼雲千疊，忘機水一灣。桐枝新茁秀，箬

笠老逾間。此境浮家異，詞人命豈慳。（清光緒十九年王維翰等刻本《養拙齋詩·豫章集》卷二）

《牡丹三絕句次甲寅原韵》（三首其三）

曉起憑欄欲雨天，濛濛香霧罥山川。一叢深色中人賦，試咏看花白傅篇。（清光緒十九年王維翰等刻本《養拙齋詩·豫章集》卷四）

智按：王必達，字質夫，號霞軒，臨桂（今屬廣西桂林）人。晚清著名詞人王鵬運（一八四八～一九〇四）之父。道光二十三年（一八四三）癸卯舉人，以軍功保舉授江西建昌縣知縣，身歷道光、咸豐、同治、光緒四朝，先後入鄒鳴鶴、曾國藩幕。歷官至督糧道，改授甘肅安肅道。後調任廣東惠潮嘉道，因病卒於途中。

黄彭年（一八二四～一八九〇）

《常州二子傳》

……蔣君曰豫，侑石其字。世為常之陽湖人。十歲時詠詩，效長慶體，塾師驚歎曰：「詩中飛將也。」……君之為學，大都以實事求是為宗，以聲音文字為窮經之要。……其論學之言則曰：「純內不克以綜事，純表不克以闡道。」君之博學詳說，固將反而說約。使天假之年，詎能測其所至也。……（《陶樓文鈔》卷四，《續修四庫全書》影印復旦圖書館藏民國十二年章鈺等刻本，第一五五二册，第六五二～六五三頁）

智按：蔣曰豫（一八三〇～一八七五），字侑石，陽湖（今江蘇常州）人。歷署元氏知縣、蔚州知州，有《問奇室集》。《晚晴簃詩匯》卷一百五十九詩話云：「侑石承常州學派，以北江、淵如、皋文為桀䨇。年逾冠，即為令。有惠政。久佐軍幕，露布封章，倚戈立就。與修《畿輔通志》，同列推其精博。詩雅健，喜效北江，而藻韻佚麗，才與學足以充之。駢文、填詞、書法無不工。」

黄彭年，字子壽，貴築（今屬貴州）人。道光二十六年（一八四六）丁未進士，改庶吉士，授編修，歷官湖北布政使。有《陶樓文鈔》十四卷。

吳大廷（一八二五～一八七八）

《題九梅村詩集》

大雅久銷歇，君才世不如。情懷同白傅，氣骨逼黄初。君工選體。希古志良苦，傳家計未疏。至誠神可格，風雨護殘書。一洗淫哇習，箏琵去弗留。杜陵誰嗣響，蕭統自高樓。抗墜母音合，酸鹹臭味投。他年執牛耳，無復憾蚍蜉。（畢寶魁《九梅村詩集校注》卷二十三，第九三七頁）

智按：吳大廷（一八二五～一八七八，一說一八二五～一八七七），字桐雲，湖南沅陵人。咸豐五年舉人。同治五年奉旨擔任按察使銜分巡臺灣兵備道，爲臺灣清治時期這階段之地方統治者，在官能興利除弊，數爲胡林翼、曾國藩等所薦而仕不達，卒贈太僕寺卿，有《小西腴山館詩文鈔》。

賴學海（一八二五～一八九三）

《雪廬詩話》

作詩不問其工不工，但問其成不成者。成一家之謂，未有不成家而能傳者。余問成之像，曰：如郊島輩，雖屬寒瘦，而寒與瘦，即二公之成也。韓昌黎好用生字拗句，而歸於自然。香山好為淺語，而無俚俗，此所謂自成一家。吾鄉黎二樵，苦心於煉字煉句，意亦自成一家，此千古不磨者也。（《清詩話三編》第六四一八頁）

智按：邱煒萲《五百石洞天揮麈》卷五引文之後，菽園按曰：「隨園先生恒言唐人五言工，不必工七言；七言工，不必工五言。亦是此意。」

香山，詩中之佛也。佛言「學我者死」。香山詩亦然。學之不成，必流於淺俗，蓋與學長吉相反。余謂香山本十分錘煉，人自不覺耳。如挽元微之詩「銘旌官重威儀盛，鼓吹聲繁鹵簿長。大魏帝孫唐宰相，六年七月葬咸陽」，不言傷感，而傷感尤甚。又如「月中幸有閒田地，何不中央種兩株」，皆足動人。人言白俗，余謂嫻雅之甚。先生曰然。（《清詩話三編》第六四二二頁）

智按：先生指馮詢（一七九六～一八七一），下同。邱煒萲《五百石洞天揮麈》卷五引文之後，菽園按曰：「有唐一代，詩學李杜，而後端推白公。韓且不及，何況元、劉。宋之陸氏，又其次矣。前千古而鼎足，其李、杜、白乎？後千古而鼎足，其白、蘇、元乎？平生私臆，尚乞大雅教我。」

人有一詩之傳，遂足千古者，白香山之《長恨歌》是也。有此才筆，遇此佳題，而又恰與才稱。香山一生遭際，無過此矣，況翼之以《琵琶行》哉！海外三山之事，豔傳一時。盧鴻因之作《太真外傳》，香山錯綜傳意，作歌無所增減，自成妙文。二公可謂善於獵名，其詩本附傳後，蓋相為商略者。每遇佳題，不可輕易放過，未必每作便佳，然不無歆動於中矣。又云如《湘靈鼓瑟》、《月中桂》，皆以一詩名動當時，他作豈盡無可觀，而傳者一而已足也。（《清詩話三編》第六四二三頁）

……夫人孰不欲學李、杜？而二公才大，讀其集如觀海，固爲大觀，而身入其中，則東西南北，不辨途徑。諸名家則一邱一壑，各擅其長，自可尋其脈絡。習舟於昆明池，克滇亦易也。（《清詩話三編》第六四二九頁）

智按：邱煒萲《五百石洞天揮麈》卷五（《續修四庫全書》影印清光緒二十五年邱氏粵垣刻本，第一七〇八册，第一四一頁）引文之後，菽園按曰：「東坡固學樂天，及其成也，面與白離，神與杜會矣。吾人無東坡之才，乃欲强過東坡，僅取李、杜成文句，摹而字橅之，其去八股文之口氣，題幾何也。究竟李杜頭腦，全未摩着半分。」

樂府有廟堂，樂章有童謠，廟堂、樂章即詩之頌，須葉律合拍。如李白之《上雲樂》是舞曲，蓋扮一老胡，且舞且唱也。童謠或入樂，或不入樂，民間時復唱之。其中有不可解者，乃當時方言音與意殊，如「妃呼豨」之類。

當是曲之轉聲，董逃是尾聲，不可強解也。後人效其調，作《董逃行》，以實字易之，聲頗易俗，崑山唱時雜此調，似白非白，似曲非曲，但節以板，不和以笛，蓋若急口令焉。故學作樂府，宜取其諧調者，如《烏棲曲》、《白紵歌》之類，或如少陵、香山之新樂府，斷不可學童謠也。（《清詩話三編》第六四三二頁）

智按：賴學海，字彙川，號虛舟，廣東順德人，布衣。無子。嘗以客吳城時，習聞於馮詢（一七九六～一八七一）者，録爲《雪廬詩話》一卷，清光緒十八年（一八九二）八月順德刻本，其自識署「光緒辛巳（一八八一）上巳後三日」。又有《虛舟詩草》十二卷，清光緒二十一年仲冬刻本。另潘飛聲（一八五八～一九三四）選《虛舟詩草》四卷，清光緒二十一年仲冬邱詰桐刻本，中國社會科學院文學研究所圖書館藏，一函二册。又有《讀史解頤》八卷，《述異志》八卷，《海語》二卷，《讀書小見》二卷，《西遊漫解》四卷，《吴城竹枝詞》一卷、《圭山存牘》、《廣藝舟雙楫》等。

王惟成（一八二五～一八九四）

《擬白香山何店難忘酒五律七首》

何處難忘酒，江南正好春。鶯花三月麗，絲竹一時新。秉燭名園裏，流觴曲水濱。此時非暢飲，孤負豔陽春。

何處難忘酒，陰濃夏日長。棋窗消永晝，琴榻傲羲皇。竹院迎新爽，荷池納晚涼。此時非小飲，孤負興疏狂。

何處難忘酒，涼生一院秋。桂林新蕊發，菊圃晚香留。風月淡今夕，湖山記昔游。此時非醉飲，曷以解牢愁。

何處難忘酒，隆冬叵耐寒。圍鑪欣坐煖，擁被怯吟安。掃雪烹茶易，迎風握管難。此時非縱飲，曷以使顏歡。

何處難忘酒，良朋握手時。開樽同話舊，翦燭共談詩。車笠盟心久，壺觴引興宜。此時非快飲，孤負此相知。

何處難忘酒，天涯送客行。長亭方怨別，孤館更愁生。柳折歌新曲，蘭交證舊盟。此時非痛飲，曷以慰離情。

何處難忘酒，敖游山水邊。迷花穿曲磴，倚樹聽流泉。訪古雲亭外，題詩石徑前。此時非好飲，孤負醉中仙。（《延桂山房吟稿》卷五，《清代詩文集彙編》影印清光緒二十六年王氏刻本，第七〇〇册，第三〇六頁）

《論唐宋詩絕句十四首》（其四）

一編長慶久傳名，樂府多從諷諭生。漫説老元偷格律，琵琶有曲播新聲。（《延桂山房吟稿》卷五，《清代詩文集彙編》影印清光緒二十六年王氏刻本，第七〇〇册，第三〇七頁；《萬首論詩絕句》第三册，第一〇六六頁）

智按：王惟成，字惺龕，古畷（今江蘇崑山）人。有《延桂山房詩古文詞全集》十一卷（延桂山房吟稿八卷延桂山房詞草一卷延桂山房文集一卷延桂山房別集一卷），光緒二十六年王氏刻本（北京師範大學圖書館藏）。

楊昌濬（一八二五～一八九七）

《虹橋老屋遺稿序》

夷猶淡蕩，直入香山、遺山之室。（引自柯愈春《清人詩文集總目提要》第一四八五頁）

智按：《虹橋老屋遺稿》九卷補遺三卷，秦緗業（一八一三～一八八三）撰。緗業，字應華，號澹如，無錫人。瀛子。道光二十六年（一八四六）副貢，歷署金衢嚴道，官至兩浙鹽運使。與孫衣言、譚獻等交往。歿後門人酆濂輯其所作，編為《虹橋老屋遺稿》，光緒十五年（一八八九）其子光簡刻，中國國家圖書館、中國社會科學院文學研究所圖書館藏。

楊昌濬，字石泉，湖南湘鄉人，同治間隨左宗棠入浙，光緒四年幫辦甘肅、新疆善後事宜。中法戰起，授閩浙總督兼署福建巡撫。光緒十四年調陝甘總督，後因回民抗清開缺回籍。有《五好山房文稿》、《平浙紀略》、《平定關隴紀略》。

金道和（一八二五～一九一二）

《杜門無聊效白樂天難忘酒體》

何處難忘酒，奸黨任日搶。庶腥浮北帝，明義叛先王。國勢危奔馬，朝衣化裘羊。此時無一盞，何以瀉愁腸。

何處難忘酒，滔滔國是靡。巖廊容木卜，島海送山隹。丑尾搖而往，走肖黠若癡。此時無一盞，何以混忘之。

何處難忘酒，寥寥大嶺虛。神酣槐穴夢，腸飽郭墦餘。永步虛名鐵，黔山大耳驢。此時無一盞，何以憤腸攄。

何處難忘酒，宵潹耿不眠。有志懷壑瀆，無力勒燕然。疾讀柴桑傳，行歌古柏篇。此時無一盞，何以度長年。（《拓菴集》卷一，《韓國文集叢刊》本）

智按：金道和，字達民。有《拓菴集》。

黄鈞宰（一八二六～一八七六）

《金壺七墨》

⊙聽秋閣詩謹録

近年搜羅先君聽秋閣詩，約得數十首，分類録之。……《書香山集後》云：「笙歌兩郡擅風流，老去閒爲洛下遊。得與齊名惟夢得，共傳遺愛在杭州。升沈念少能行樂，仙佛心空不着愁。卻笑微之輕薄士，論交詩好漫相投。」《寄江都朱秋崖》云：「作客於今三十載，獨將鄉思寫淮千。新聲畫壁旗亭古，舊雨傳箋旅舍寒。行樂漫愁來日少，論詩轉覺晚唐難。如何一片揚州月，不向蓬萊頂上看。」……（《金壺七墨》金壺浪墨卷五，《續修四庫全書》影印清同治十二年刻本）

智按：黄鈞宰，字子河，原名振均，後改名鈞宰，字宰平，一字仲衡，别號天河、天河生、缽池生、缽池山農等，山陽缽池（今江蘇淮安）人。道光己酉（一八四九）以拔貢就奉賢縣訓導，後屢試不第，中年遭遇喪妻之痛，益詫僚不自聊，最終因病飲鐵酒而致狂易，鬱鬱而亡。著述甚豐，有《金壺七墨》、《比玉樓遺稿》傳世。

冒俊（一八二六～一八八一）

《奉和子厚夫子六十自壽詩原韻》

如弓新月照當筵，兩鬢成絲謝俗牽。宦海儘教生險阻，家山原有好林泉。御龍人憶淮南子，司馬官嗟白樂天。先正有言遺後法，一經已足勝連阡。（《兩浙輶軒續録》卷五十四，《續修四庫全書》影印清光緒十七年浙江書局刻本）

智按：冒俊，字文蕙，號碧纕，江蘇如皋人。廣東候補知州、錢塘陳坤室，著《福禄鴛鴦閣遺稿》一卷（南京圖書館藏同治本）。《兩浙輶軒續録》卷五十四引陳坤撰《事狀》：「恭人生平，上稱其孝，下稱其慈。甲寅在圍城以諸兒付健僕，闔户積薪，約城破，舉室自焚。圍解，乃已坤前欲刊鹿州女學讀本，鬻簪珥贊成之。嘗儗輯古今名媛詩，未果，祇校刊王玉煐、汪允莊、吴蘋香、莊槃珠四集。其愛才如此。工書，能詠，特緒餘耳。」

林直（一八二七～一八七三）

《定州懷劉夢得》

元和格調數詩豪，晚歲文章得價高。陋室有銘尋不得，滿城風雨長蓬蒿。（《壯懷堂詩初稿》卷二，清咸豐六年福州刻本）

智按：林直，字子隅，侯官（今屬福建）人。道光諸生。髫齡隨父宦游各地，後從軍，輾轉閩浙，頗有詩名。天才雋爽，下筆千言立就，詩能直抒己見，懷古感時諸作尤極沉著，所居名桐雨軒。曾任廣東補用知府。有《壯懷堂詩初稿》十卷，前有林則徐等名家評語、贈詩。

汪瑔（一八二八～一八九一）

《有贈二首（以下丙午）》

鬻雛燕弱可憐生，隔水樓臺隔院箏。共説花多難盡折，其如春好總關情。座留荀令香三日，酒醒桓伊笛一聲。待種櫻桃供鳳食，不須重唱麗人行。

鄂君翠被費相思，拍遍紅牙不自持。三月風華鶯睍睆，十年雲鬢兔迷離。春因太早心尤惜，夢不能忘醒可知。寒地生材遺較易（香山句），可憐誰護小腰支。（《隨山館稿》猥槀卷一詩甲，《續修四庫全書》影印清光緒刻隨山館全集本）

《秋日小住陸氏園雜詩四首》

四面窗紗一角亭，雲廊水檻舊曾經。西風幾日梧桐樹，便覺秋聲不可聽。

依舊亭軒近水開，一條石徑滿蒼苔。疏林黄葉落初盡，塔影已隨斜照來。

回廊曲折小庭空，人住疏蘭瘦竹中。曉起石闌干外立，一枝霜信雁來紅。

一般衰柳與殘荷，幾度園林載酒過。忽憶香山居士語，主人來少客來多。（《隨山館稿》猥槀卷一詩甲，《續修四庫全書》影印清光緒刻隨山館全集本）

《讀唐人詩率成絶句四首》

一代文章一輩才，騷壇風會若爲開。江河萬古當時體，消息原從漢魏來。

撼樹癡兒太可憐，杜陵皮骨兩茫然。不須更説連城璧，識似微之亦自賢。

翰墨聲名一日中，鯉庭鸞掖語悤悤。可應長慶詩千首，不及楊郎七字工。

解勸錢王討賊臣，釣船幾度淚霑巾。（羅隱聞僖宗幸蜀，作《偶懷》詩四首，末二句云：「不將不侯何計是，釣魚船上淚闌干。」）李唐末季孤忠在，未是長安及第人。（《隨山館稿》猥槀卷八詩辛，《續修四庫全書》影印清光緒刻隨山館全集本）

智按：汪瑔，字玉泉，一字穀庵，號芙生，番禺（今屬廣東廣州）籍，山陰（今浙江紹興）人。有《隨山堂猥稿》。

李宗熌（一八二八～一八九一）

《重刻香山詩選序》

古今文章之士，經數百千載而名益尊，然其在當時自二三同道，外皆未有以相顯異。及身沒而詆排之者，尚相踵也。豈不哀哉！

予觀有唐一代，稱詩必首李杜，而二公窮愁坎廩，較它文人為甚，至於身後謗傷，雖有昌黎之詩，不足以杜群兒之口。香山居士，早獲文譽，晚登顯仕，未可謂詩人中之不幸者，顧其與元微之書云：聞其詩者，權豪變色，執政扼腕。骨肉妻孥，皆以為非，抑何危也！及其詩道既昌，傳頌於士女，衒鬻於市人，固亦一時之盛，而文人訾議朋興，乃以纖豔滛媟，斥之毋亦相輕之習，往往不得其平邪？

我朝高宗純皇帝御選《唐宋詩醇》，香山居一，藝林始有定論，吾鄉曹尚書視學江右，復選其詩，以授學者，區分各體，都為六卷，其精擇於諷諭、閒適二體，以求合於《三百篇》之旨，可謂善讀香山詩者。因重付剞劂，貽同志覽焉。香山自言：「志在兼濟，行在獨善；奉而始終之則為道，言而發明之則為詩。」故覽其詩，則知其道，而其立朝謇諤，不陷朋黨，誠言行相顧之君子。若但求之其詩，又非善學香山者矣。光緒十有七年，歲次辛卯，春二月，黟縣李宗熌謹序。（曹文埴《香山詩選》卷首，清光緒十七年金陵書局重刻本）

智按：李宗熌，字爰得，又名輝庭，黟縣（今屬安徽）人。在銅陵、大通一帶開設十余爿店鋪，是名震江南之巨富徽商。光緒四年（一八七八），以輸賑有功，議敘道員，贈三代二品封典。晚年，崇尚讀書求知，重視文化出版，訪求梓刻徽州先賢遺著不遺餘力。曾出資刊刻《徐騎省集》、《新安志》、《汪南士集》、《七家後漢書》、《癸巳存稿》及金聲、曹文埴、吳定、王有光、汪宗沂等人著作，又捐贈國子監《古今圖書集成》一部，刊刻《程正通藥方》多種，「刻印前哲遺書，不下萬金」。

董沛（一八二八～一八九五）

《姚簡叔潯陽送客圖為李藝垣太守維翰題》

潯陽江頭吳楚界，唐人送客明人畫。畫絹已舊顔色新，寫出潯陽秋一派秋。山秋樹，秋月明，一主一客扁舟停。但見商婦倚篷坐，不聞水上琵琶聲。琵琶無聲飲無酒，老去青山淚痕久。昔感江州司馬心，今入湘中李侯手。李侯愛畫兼愛詩，屬我重擬香山辭。風塵冷落同浩歎，我官更比司馬卑。年來賈胡自西至，潯陽遂號回圖地。琵琶亭阯空無存，卻讓穹廬作生計。（法國購亭阯作洋房）況兼澤國多水災，潯江倒灌鄱湖來。流民之圖繪鄭俠，侯亦軫此哀鴻哀。（今夏南昌大水，衙衢如河，侯請於上官，以小舟載糧糗分食餓者）傷今弔古半陳迹，可憐船舫東西客。蘆花楓葉不知愁，依舊江邊弄秋色。（《六一山房詩集》詩續集卷五，《續修四庫全書》影印清同治十三年刻增修本）

《吳氏家譜序》

光緒乙亥，吳甥能緗續修其家譜，而來言曰：鄞之諸吳，皆云出於宋丞相履齋先生，稽諸史志，雖無明徵，而相傳已久。至丞相以遷謫死，未嘗葬於鄞者，而鄞人於不知誰何之墓石，乃鐫丞相之官。周介園修鄞志曾駮之矣。吾家舊譜爲傅廣文德榮所修，尊丞相爲始祖，而其後略焉。而自明代以來，別奉遷鄞祖爲一世，冠於系表，不若諸吳之譜，自宋迄明，纍纍然相屬也。今將仍之，可乎？余曰：可哉。以丞相爲始祖者，大宗之義也；以遷鄞爲一世祖者，繼別爲宗之説也。丞相之官四明，惠於吾郡者多矣。吾郡人蒙其澤尸祝至今，而況其子孫也。然諸吳之譜，余蓋嘗見之，稱某人任某官，而宋元時無此官也；稱某傳贊出某人，而宋元人之集無此文也。譌謬百端，固有不勝指者，是皆作僞之徒，憑臆私造而不知自誣其先人也。廣文之修譜，殆亦知諸家之譜之不足信，而故闕之，而第云源出於丞相，以存大宗之義云爾。於乎！譜學之不講久矣。楊修之楊从木，不从手，而其稱莽大夫也，乃曰：吾家子雲，唐之白樂天亦通人也，乃曰白氏之先，出於白乙丙，乙丙則出於白公，顛倒舛誤，至於如此，又何論後世之作僞者乎。吾甚幸甥家之譜，猶不失謹愼之意，而願其世世子孫，由是而續之，毋惑乎作僞者之説也。明年譜成，乃述斯語以列之簡首。（《正誼堂文集》卷二序，《續修四庫全書》影印清光緒刻本）

智按：董沛，字孟如，號覺軒，鄞縣（今浙江寧波）人。光緒三年（一八七七）丁丑進士，官建昌知縣。有《六一山房詩集》、《正誼堂文集》。

王韜（一八二八～一八九七）

《白秋英》

陸海，字瀛伯，自號滄仙。賦性豪俠。年僅弱冠，已自不凡。世居涇縣，固望族也。父官京師，以鯁直聞，居臺諫，彈劾不避權貴，當軸者陽敬禮而陰疏遠之，出為夔州太守。生以省親往蜀，乘輪舶至漢，卸妝小憩。旅邸無聊，偶偕二三朋好作北里游，歷至數家，苦無當意者。有一友曰：「個中人物，無非乞靈於粉黛耳，豈足當子一盼哉？頃有新來一姬，口操北音，肌白如雪，眼明於波，嫵媚中自具豪邁氣，絕無青樓積習，子見之定必傾倒。」生請同往，則路既曲折，巷尤深邃。小築三椽，極為幽雅。庭前紫荊兩株，已著花矣，紅紫爛熳，高逾尋丈。房中陳設，清麗絕俗，絕無纖塵。

坐既定，即有小鬟捧琵琶至，為奏數弄，輕攏慢撚，其聲清越異常。須臾，姬出，玉立亭亭，固妙人也。問其姓名，自言為白瓊英，京師人。以父渡海溺水死，流落湖湘，遂墮風塵耳。言罷，眉黛間隱有淚痕。生為吟白香山詩「同是天涯淪落人，相逢何必曾相識」兩語以慰之，且笑曰：「此君家司馬所言，何不能聊自寬解耶？」姬亦笑謝之。生友特設盛筵相款，更招鄰右三四妓，徵歌侑酒，倍形熱鬧。燭更闌，留送客，生遂宿于姬所。姬詢生將至蜀中，因謂生：「肯作寄書郵否？兒有第三妹秋英，現從姨氏寄居成都錦雞坊北，君若至彼，可往問訊，自可相見。」枕畔再三囑付。生諾之，曰：「定當不負卿托。」臨行，出篋中書相授。……（《淞隱漫録》卷二，王思宇校點本，第五四～五五頁）

《豔史叢鈔序》

余少時好為側豔之詞，涉筆即工，酒闌茗罷，人靜宵深，一燈熒然，輒有所作。淞濱老圃見之曰：「此黃庭堅所以遭法秀之訶，而泥犁之獄，特為好作綺語者警也。」余即舉而畀之祝融氏，避跡至粵，壹意治經，日從事於訓詁，豈止悔其少作，方且悲夫老來。既游歐洲歸，體衰多病，屏居斗室，日在茗碗藥鑪中作生活，稍稍流覽說部，琢抉詩詞，藉以消愁排悶。邇見海上尊聞閣主人集吳門秦淮畫舫諸録，付之手民，播於藝苑。而如四明邦上，則亦有十洲春語花事小録，並向時之所未見，余維前乎此者，則有三山老人之《板橋雜記》，珠泉居士之續記，及《雪鴻小記》，後乎此者，則有懶雲山人之《白門新柳記》，皆足采也。夫芬陀利侍者之於廣陵，懶雲山人之於白下，皆從兵燹之餘，重覩昇平氣象，患難餘生，尤為幸事。是豈徒侈花月之遺聞，而作水天之閒話哉！惟是余雖吳人，自試事外，鮮入城市，山塘泛櫂，但作清游，燈舫徵歌，祇佐談屑。丙午之秋，應試金陵，曾識任素琴、繆愛香兩校書，固是年得魁花榜，而為此中翹楚者也。他處則皆遊屐所未涉，而僑寓滬中為最久，亦嘗問名曲里，浪跡芳叢。月地花天，寄豪情於一醉；燈紅酒綠，抒綺思於千言。曾輯《海陬冶遊録》三卷，中更流竄，早付刼灰。顧滬曲章臺，要以近今為極著，如入群芳會裏，如遊衆香國中，燕瘦鶯嬌，花明柳媚，各擅所長。向聞山陰悟癡生、苕溪修月樓主人、滬城縷馨仙史將撰《春江花月志》，專記歇浦一隅之佳麗，誠海陬之嘉話、盛世之閒情也。鴛湖信綠生撰有《申江花史》，則又僅見一斑，無從覩其全帙。若余此録，則至今已閱二十餘年矣，久為陳迹，空憶前塵，蓋譬諸白頭宮人談開天遺事矣。嗚呼！廿年滬瀆，閱盡繁華，一枕邯鄲，竟成夢幻。無論不能按圖索驥，而滄桑變易，幾同令威化鶴歸來，追溯曩悰，徒增屑涕。況余自同治紀元，即來嶺表，後此烟花之盛，亦徒得之傳聞。雖邇日續有所增而附録云云，半皆耳食。然亦未始非十六七年來遙情軼事也。昔白香山離杭郡，憶妓多於憶民；杜樊川在揚州，尋春勝於尋友。余去滬濵，一星即終而又半，而夢魂猶時縈繞之，豈少壯之境難忘，歡娛之時足述；故鄉風月，易致懷思；海國鶯花，可供跌宕歟？

而余之所感，要更有深於此者。撫時念事，懷古傷今，悲身世之飄零，嗟天涯之淪落，未嘗不歎名士才媛，同為造物之所忌也。近所集花國劇談，地非一處，人非一時，有得即，初無詮次，其中要皆紅顔薄命者居多，念之每為欷歔，輒生感慨。顧此等筆墨，在有識者多以為導淫而宣欲，百勸而一懲，留意於風俗人心者懼焉。余竊謂不然，境以閱歷而始知，情以纏綿而始悟，閉門羹要，即在迷香洞中耳。故交紅之被不暖，則神鷄之夢不醒也。世有喜於狎邪游者閲之，然後乃知情天之變幻無常，慾海之風波不定，未有不悦然若驚，而悵然自失者，則此諸編，作百八之鐘聲、萬千之捧碣可也。爰加搜輯，彙成一書，拙著二種，亦附其中，而統題曰《豔史叢鈔》云。（《弢園文録外編》卷九，《續修四庫全書》影印清光緒九年本）

智按：王韜，字仲韜，一字紫詮，長洲（今江蘇蘇州）人。早年到上海，入英國傳教士麥都思主持之墨海書館。咸豐十一年（一八六一）冬因母病歸鄉，曾化名黄畹向太平天国地方官獻策。後被清廷通緝，逃往香港，入英國傳教士理雅各主持之英華書院，一度赴英，回港後從事著譯。後曾創設中華印務總局，主編出版《循環日報》，創辦韜園書局，主持格致書院與《申報》編務。有《韜園文録外編》及《蘅華館詩録》、西方史、游記、筆記等多種。

許起（一八二八～一九〇三）

《珊瑚舌雕談初筆》

⊙清和月

門人謝繼康每四月見人寫「清和」二字，輒為不然，想必泥於沈歸愚之《説詩晬語》所云矣。余因略舉前人之句，摘示以釋其固。如何遜詩云：「麥氣始清和。」謝朓詩云：「麥候始清和。」又云：「四月實清和。」江總詩云：「清和孟夏肇。」庾信《謝趙王新詩啟》云：「首夏清和。」白居易詩云：「孟夏清和月。」即此幾人，未始不以四月為清和也。（《珊瑚舌雕談初筆》卷二，《續修四庫全書》影印清光緒十一年木活字印本）

⊙拈字賭酒

辛酉九日，余與劍人、紫詮於滬上寓齋，買菊數盆，持螯相對，紫詮曰：「今日各拈前人詩中喜用字句，以多爲勝，注酒一大斗，以最多者爲準，如少一句飲一大斗。」劍人曰：「唐宋人作可勿論，與今將老杜之詩略舉之，有一『懸』字，如『江鳴夜雨懸』，『侵籬澗水懸』，『山猨樹樹懸』，『空林暮景懸』，『當空淚臉懸』，『獮猴叠叠懸』，『疏籬野蔓懸』，『複道重樓錦繡懸』。」脱口而出，共得八「懸」字。紫詮舉司空詩中喜用「韻」字，曰：如《春晚》云：「憑高憐酒韻，引滿未能已。」《漫題》云：「率怕人書謹，閒宜酒韻高。」又《光啟四年春》云：「小闌花韻午晴初。」《撫事寄同游》云：「春添茶韻時過寺。」《紅茶花》云：「豈憐高韻説紅茶。」又《王宫》云：「風荷似醉和蒲舞，沙鳥無情伴客閒。是物此中皆有韻，更堪微雨半遮山。」僅有六「韻」字，意欲搜羅十「韻」字，再四思索，劍人促余曰：「如待伊十韻字，只恐來歲重陽也不成耳。君試舉之。」余懼不滿八箇，則一大斗無此雅量，若逾八箇，壓晉軍而陳，則我豈敢，因背誦東坡詩中「朅來」字，如「朅來東觀棄丹墨」，「長陵朅來見大姊」，「朅來城下作飛石」，「朅來畦東走畦西」，「朅來從我游」，「朅來齊安野」，「朅來清潁上」，「朅來廉泉上」，恰得八箇，不再思索矣。劍人曰：「獨紫詮六箇，快飲兩大斗，可以了矣。」紫詮欲重換白樂天詩中字，願加倍以償，劍人弗許。紫詮强飲兩大斗，扶醉而歸。（《珊瑚舌雕談初筆》卷四，《續修四庫全書》影印清光緒十一年木活字印本）

⊙麩炭

麩炭，即浮炭也。白樂天詩云：「日暮半鑪麩炭火。」陳無已典酒務官，託買浮炭，則麩、浮二字，可通用矣。（《珊瑚舌雕談初筆》卷七，《續修四庫全書》影印清光緒十一年木活字印本）

⊙詩同意不同

詩中有同指一物，而句意雖不同，然皆佳妙一則。如王維云：「徧插茱萸少一人。」朱放云：「學他年少插茱萸。」老杜云：「好把茱萸仔細看。」又杜云：「魚吹細浪摇歌扇。」李侗云：「魚摇清影上簾櫳。」韓偓云：「池面魚吹柳絮行。」又白樂天云：「梨花一枝春帶雨。」李賀云：「桃花亂落如紅雨。」王勃云：「朱簾暮捲西山雨。」此三句皆言雨，猶上之魚戲、茱萸，亦各有佳

妙處。如宋人之必欲分其優劣，真蛇足矣。（《珊瑚舌雕談初筆》卷七，《續修四庫全書》影印清光緒十一年木活字印本）

智按：許起，字壬瓠，長洲（今江蘇蘇州）人。貢生。工詩古文，善書法，通醫術。有《剪萊草堂詩集》十二卷、《槾園尺牘》三卷、《珊瑚舌雕談》八卷等。

黎庶蕃（一八二九～一八八六）

《晚泊潯陽》

初月微含浦溆黃，艤舟今夜泊潯陽。荻花楓葉蕭寒甚，不聽琵琶也斷腸。（《椒園詩鈔》卷一，《清代詩文集彙編》影印清光緒十五年日本使署刻黎氏家集本，第七〇九册，第六〇頁）

《老去》（二首其一）

老去香山情未忘，白頭猶鼓鳳求凰。名花一笑千金盡，誰念羅敷自采桑。（《椒園詩鈔》卷四，《清代詩文集彙編》影印清光緒十五年日本使署刻黎氏家集本，第七〇九册，第九六頁）

《元日喜雪擬白香山》

隆冬苦無雪，二麥枯欲死。天公忽下令，海氣騰空起。霏霏結為雲，片片翦成水。沙沙響屋角，皚皚堆檐嘴。回風忽驚散，撲上窗槅紙。開門看夜色，如立明月底。兒童走量階，已報尺有咫。新年第一日，瑞氣三百里。山河玉版中，世界春聲裏。鑪火别樣紅，鐙花自然喜。瓶有隔宿酒，坐聽風竹靡。高歌禦嚴寒，豐歲從此始。（《椒園詩鈔》卷五，《清代詩文集彙編》影印清光緒十五年日本使署刻黎氏家集本，第七〇九册，第一〇七頁）

智按：黎庶蕃，字晉甫，别號椒園，貴州遵義人。黎庶昌仲兄，鄭珍表弟。咸豐二年（一八五二）舉人。貴州動亂，苗民起事，黎庶蕃隨本縣縣令江炳琳「剿賊」，幾死於軍中。同治元年（一八六二），與從兄兆祺率鄉人聚集禹門寺與苗軍對抗，達五年之久，論功保擢候選知州。同治六年（一八六七）秋，護送母親往黎庶昌任所，改官兩淮鹽大使，卒於揚州。曾從鄭珍學詩，源出白居易、蘇軾，晚造江西詩派之境。有《椒園詩鈔》、《雪鴻詞》等。

朱鳳毛（一八二九～一九〇〇）

《白樂天作長恨歌》

一聽漁陽鼓，何人不黯然。恨真同地久，歌假樂天傳。桂殿涼如水，梨園散似烟。鈴聲寒夜曲，樂府懊儂篇。遺事青娥說，新吟紫禁編。（一作才子風情擅，君王月貌憐）秋空星有誓，春老海難填。詩史千秋筆，仙山再世緣。石湖如續此（一作文通如賦此），應亦為華顛。（《一簾花影樓試律詩》，咸豐七年刻本）

《香山居士遣楊枝》

柔情忘不得，無奈遣楊枝。居士垂垂老，佳人艷艷姿。風懷難稱我，雲鬢好憐伊。境豈生稊早，期防嫁杏遲。自慚添馬齿，争忍誤蛾眉。短髪看如此，長條属阿誰。料貽紅粉處，的勝白家時。怪底香山集，詩歌半別離。（《一簾花影樓試律詩》，咸豐七年刻本）

《潯陽琵琶賦》（以「相逢何必曾相識」為韻）

一聲酸楚，萬緒蒼茫。絃幺徽急，曲短情長。棖觸華年，訴中懷之悽切；蕭宴旅夜，感異地之荒涼。恰逢秋月當頭，情無可奈；何必春風會面，識似曾相。昔白司馬之謫居潯陽也，思鄉夢遠，送客情慵。琴未彈夫憐子，箏孰唱夫愁儂？村笛山歌，聽音已慣；東船西舫，遣興誰從？忽聞龍撥彈來，移蘭橈而近泊；試訪鵾絃響處，幸萍水之相逢。回燈開宴，對酒當歌；春葱抱柱，秋水横波。萬唤千呼，纔過畫鷁；輕攏漫撚，暗蹙雙蛾。訴將無限淒其，誰能遣此？聽到有心挑抹，輒唤奈何。那不魂銷，誰添興逸？夜色淒迷，商音蕭瑟。戛圓腹而無聊，贈缠頭而未必。衹覺秋光似水，月魄空圓。可憐春夢如塵，風情怕述。買茶去也，枉翻舊譜於歸雲；行李依然，悔學新聲於昔日。大抵舞衫歌扇，綠酒紅燈；鶯花易老，風月難憑。妝淚啼紅，莫問門前之車馬；酒痕漾碧，徒誇座上之賓朋。抱緑腰而雖慣，邀青眼而何曾？蕩子婦寄懷檀板，宦遊人回首觚稜。相看賸柳殘花，淒涼如訴；試問哀絲豪竹，陶寫誰能？酸鹹世味，冷淡風光。船空载月，鬢欲成霜。司馬乃悄然意失，默爾神傷。為博名士佳人，都經落魄；且把新詩舊曲，共寫愁腸。請今宵再理朱鉉，感懷奚似；想何日重逢紅粉，觸緒交相。於是語語淒清，絃絃掩抑。宿鳥助其啁啾，寒蛩添其愴惻。揾兩袖龍鍾之淚，往事心傷；聽四絃狼籍之聲，離情目極。换得数行珠玉，箇中之客感頻添；傳將一曲琵琶，此際之旅懷誰識？(《一簾花影樓試律賦》，咸豐七年刻本)

智按：朱鳳毛，字竹卿，號濟美，浙江義烏人。同治十二年（一八七三）拔貢。歷署常山、新昌、龍游、仙居、石門、壽昌等縣教諭，奉化縣學訓導。有《虛白山房詩集》四卷、續集一卷、《虛白山房駢體文》二卷、《一簾花影樓試律賦》一卷。事迹見朱叙芬《(朱鳳毛）小傳》（見《虛白山房詩集》)。

張鳴珂（一八二九～一九〇八）

《長亭怨慢》

明姚簡叔允在畫白太傅潯陽送别横卷，爲李蓺淵太守維翰屬題。

最蕭瑟、叢蘆荒岸。墜葉搖涼，楚天秋晚。送客長亭，夕陽鴉背已零亂。去帆催挂，頻目極、煙波遠。九派走江聲，試比似、離情深淺。　腸斷。聽陽關唱徹。忽訝素絃低按。停鐙掐譜，有多少、綺懷幽怨。歎薄宦、一例銷魂，自淪謫、天涯誰管。柰酒醒今宵，珠淚青衫彈滿。（《寒松閣詞》卷二，《續修四庫全書》影印清光緒十年江西書局刻本）

智按：張鳴珂，字玉珊，號公束，晚號窳翁，嘉興（今屬浙江）人。咸豐十一年（一八六一）拔貢。歷官德興知縣、義寧知州。與李慈銘同年生，交友數十年。其詩詞承朱彝尊流風，而稍有變化。詩學唐代王維、韋應物，詞則取法宋代姜夔、張炎，又傳其師黄燮清之學，在清代于厲鶚爲近。《晚晴簃詩匯》稱其「才情雖弱，而格韵自真」。有《寒松閣集》、《寒松閣談藝瑣録》、《説文佚字考》、《疑年賡録》。生平事迹見《國朝耆獻類征》卷四〇八。

楊紹和（一八三〇～一八七六）等

《海源閣書目》

白香山詩長慶集二十卷〔後集十七卷别集一卷補遺二卷，唐白居易撰，年譜一卷，清汪立名撰，年譜舊本一卷，宋陳振孫撰，清康熙四十一年至四十二年汪立名一隅草堂刻本，佚名朱筆批校〕，十四册，三部〔魯圖存一部〕。

白香山詩長慶集二十卷〔後集十七卷别集一卷補遺二卷，唐白居易撰，年譜一卷，清汪立名撰，年譜舊本一卷，宋陳振孫撰，清康熙四十一年至四十二年汪立名一隅草堂刻本〕，十册。

白香山詩長慶集二十卷〔後集十七卷别集一卷補遺二卷，唐白居易撰，年譜一卷，清汪立名撰，年譜舊本一卷，宋陳振孫撰，清康熙四十一年至四十二年汪立名一隅草堂刻本〕，八册。

明本唐宋白孔六帖一百卷〔目録二卷，唐白居易、宋孔傳輯，明嘉靖刻本〕，三十六册〔魯圖〕。

明本唐宋白孔六帖一百卷〔目録二卷，唐白居易、宋孔傳輯，明嘉靖刻本〕，四十八册。

明本唐宋白孔六帖一百卷〔目録二卷，唐白居易、宋孔傳輯，明嘉靖刻本〕，一百册。（王紹曾、崔國光整理《訂補海源閣書目五種》本）

智按：山東聊城楊氏海源閣，創始于楊以增（一七八七～一八五五），其子紹和（一八三〇～一八七六）、孫保彝（一八五二～一九一〇）克承先志，故藏益豐。《海源閣書目》不分卷，楊氏海源閣抄本，原書未題撰人，書後有楊保彝題記，後人曾以為楊保彝撰，王紹曾考證此書實為楊紹和撰，楊保彝增補，今藏山東省圖書館。

劉慧娟（一八三〇～一八八〇）

《潯陽琵琶》

商婦琵琶十指輕，江頭彈破月三更。秋寒楓荻添新恨，夜靜琴樽憶舊情。紅粉飄零知己少，青衫淪落感懷生。古來無限傷心事，不獨昭君馬上聲。（《曇花閣詩鈔》卷二，光緒十六年刻本）

智按：劉慧娟，字湘齡，號幻花女史，廣東香山人。著有《曇花閣詩鈔》四卷，清光緒十六年（一八九〇）刻本。

方濬師（一八三〇～一八八九）

《蕉軒隨録》

⊙皖省山名

吾皖據江之上遊，叢山峻嶺，山名同者最夥，今特表出之。……太湖之百藥山以白香山命名而盛，廬江之百藥山以李百藥所遊而名，建德有梅山，舒城有梅山，霍丘含山亦各有梅山，池州有齊山，廬江復有齊山，石埭有歷山，東流亦有歷山，辨舜之耕歷山者，至今紛如聚訟焉。他若鳳陽、滁州之并有蔣山，繁昌、來安之并有三山，巢縣、鳳台、和州之并有八公山，以及得勝、荆山等名，各有所同，我國家統一，函夏，地大物博，卽一省之山，已可概見，况按之天下之大乎？（《續修四庫全書》本《蕉軒隨録》卷一；盛冬齡點校本，第二三～二五頁）

⊙鐵公二女詩

明成祖御極，山東布政使鐵鉉不屈被殺，家屬發教坊為娼。鉉有二女，誓不受辱。仁宗即位赦出之，皆嫁朝士。二女為詩自述，事詳王文恪鏊《震澤紀聞》，朱竹垞太史《明詩綜》未經收入，特録於此。長女詩曰：「教坊脂粉洗鉛華，一片閒心對落花。舊曲聽來猶有恨，故園歸去已無家。雲鬟半綰臨妝鏡，雨淚空流濕絳紗。今日相逢白司馬，樽前重與訴琵琶。」其妹詩曰：「骨肉傷殘舊業荒，此身何忍去歸娼。涕垂玉筯辭官舍，步蹴金蓮入教坊。覽鏡自憐傾國貌，向人休學倚門妝。春來雨露寬如海，嫁得陶郎勝阮郎。」（《續修四庫全書》本《蕉軒隨録》卷三，第一一四一册，第三〇〇～三〇一頁；盛冬齡點校本，第九一頁）

⊙讀胡文忠遺集

予守黎平，延見士類及椎結苗頭，以保甲册籍為團練張本。自朝至莫（暮），口不絕音。其士類來見，或坐或立，其苗頭來見，或賜以酒食，令其據地席坐，均詳詢以民情地勢，使各得盡其意而去。俗人畏見士民，疑其請托，否則謂褻尊失體耳。夫公事准其直陳，私情囑託，假公言私，何難立破其奸，坐堂皇以申法律。至褻尊失體之説，尤為鄙俗，吾視天下公卿至於黎庶，其貴賤亦正相等，（濬師按：白香山《王夫子》詩：「吾觀九品至一品，其間氣味都相似。紫綬朱紱青布衫，顔色不同而已矣。」公所言蓋本白詩。）不因親民而賤，不因簡傲不親民而貴也。（《續修四庫全書》本《蕉軒隨録》卷四；盛冬齡點校本，第一四一頁）

⊙楊妃體弱

玉環體肥，而香山居士詩一則曰「貴妃宛轉侍君側，體弱不勝珠翠繁」，再則曰「侍兒扶起嬌無力，始是新承恩澤時」。（《續修四庫全書》本《蕉軒隨録》卷四；盛冬齡點校本，第一六三頁）

⊙安積信《敘梅村詩》

日本刊有《梅村詩鈔》，其國人安積（姓安積，名信，字思順）序云：「清朝古文作者蔚興，而王阮亭爲一代冠冕。先阮亭而鳴者爲吳梅村，後阮亭而鳴者爲袁子才，並皆卓然成一家矣。近儒鈔王、袁二家集，既刊行于世，而梅村不與焉。柳田仲靜惜之，就《吳詩集覽》録數百首，厘爲三卷，將以與二家並行，而爲學詩者之準也。徵予序，予非知詩者，何足以品藻之。然其請不可拒，乃漫叙所見曰：梅村溯源《風》、《騷》，陶冶六朝、三唐，其高者宜闖李、杜之室，次亦可以參長慶一席，鏤金錯采，出天入淵，縱横變化，不拘常套，要皆從胸臆間流出，而風格之高超，法度之齊整，悉具其中矣。誰謂之非大家耶？若阮亭專以神韵爲主，詩品固已敻乎無上，而其才學又足以振之。是以氣格高古，風骨清遒，幾當與王、孟、韋、柳並駕而齊驅焉。而至于鯨魚碧海、牢籠千古，則恐未能摩少陵之壘。子才天分極高，學問極博，才華飄逸，驚心動魄，頗有李青蓮之風，而其間未免纖巧奇僻之習。要皆不若梅村之具衆美也。故趙耘崧《詩話》推梅村爲大家，不取漁洋，實爲卓見。……」（《續修四庫全書》本《蕉軒隨録》卷十二；盛冬鈴點校本，第四五〇頁）

⊙牽

牽者，俔挽也。挽舟索，一名百丈牽。《資治通鑑·晉安帝紀》：「魏人以數千騎緣河隨裕軍西行，軍人於南岸牽平百丈，風水迅急，有漂渡北岸者，輒為魏人所殺略。」胡三省注曰：「百丈者，所以挽船。今南人用麻繩，北人以竹為之。」並引陸游《入蜀記》為證。按，《入蜀記》云：倒竿檣立艣牀，蓋上峽惟用艣及百丈，不復張帆矣。「百丈以巨竹四破為之，大如人臂。予所乘千六百斛舟，凡用艣六枝，百丈兩車。」杜工部在雲安，《十二月一日三首》詩中有云：「一聲何處送書雁，百丈誰家上瀨船。」仇滄柱《輯注》引程大昌《演繁露》及《南史·朱超石傳》而不及《通鑑》，以朱超石作朱超，誤矣。浦二田《讀杜心解》引白香山詩「荏苒竹篾簽」，簽卽百丈也。《康熙字典》「牽」字注謂：百丈為牽船之筏。按，筏乃編竹渡水者。揚子《方言》云：泭謂之䈀，䈀謂之筏，似於牽無涉，當是篾字之訛。蘇子由《河冰復結詩》云：「引繂低徊疑上坂，打凌辛苦甚攻城。」牽亦作繂也。（又按，天寶十三載，安禄山乘船沿河而下，令船夫執繩板立於岸側，十五里一更。胡三省注曰：「凡挽船夫，用板二尺許，斜搭胸前一端，至肩一端，至脅繩貫板之兩端，以接船繂而挽之。）（《續修四庫全書》本《蕉軒續録》卷一；盛冬鈴點校本，第五二〇頁）

⊙西湖

雍正二年六月，福浙總督滿保浙江巡撫黄叔琳疏稱，杭城地當省會，附郭之縣仁和在東北，錢塘在西南，自仁和而迤東，則為海寧三縣，田畝數萬頃，全藉省城上下兩塘河水灌溉，而兩河之水源，則皆自西湖所流注者也。……此西湖水源出入之大概。唐臣白居易所謂「每放湖水一寸，可溉田十五頃，每一復時，可溉五十頃，若蓄洩及時，則瀕湖千頃，可無饑歲者」，此也。然西湖之所以灌溉利溥者，由湖界直接山脚，沿湖諸山之水，暢流入湖，而無所壅遏，一由山水所來要口，俱設小閘，以阻浮沙，使之不能淤塞，一由上塘五十里外臨平鎮之西南，有東湖，即古臨平湖，以為之停蓄，故其來也有源，其去也有歸。含泓蘊涵，而無涸竭之患，無汎濫之虞，則西湖與上河東湖，其利害實相為表裏者矣。……（《續修四庫全書》本《蕉軒續録》卷一；盛冬齡點校本，第五三一頁）

⊙一松齋隨筆

昔白香山久遊江浙，作《江南好》詞三首，所謂「風景舊曾諳」者是也。余於乾隆戊寅春，以縉雲令因公一至温州，是冬外艱去官。庚辰歲，復應太守李公之招，主東山書院講席。孟夏涖止，冬杪北歸，甌江舟中，迴憶所諳風景，有不釋然於懷者，爰用香山詞調譜，作十闋，寄温之相知者，調名因白詞，一名《憶江南》，又名《望江南》，或衍為雙調。云：

溫州好，豐樂太平時。海有魚鹽無寇盜，民安耕織保妻兒。帝利少人知。

溫州好，別是一乾坤。宜雨宜晴天較遠，不寒不煥氣恒溫。風色異朝昏。

溫州好，地勢舊稱雄。山接天台來雁宕，地連甬上控閩中。勝據浙西東。

溫州好，水土甲東南。遊遍千山無瘴癘，汲來千井盡清甘。久住使人貪。

溫州好，城郭畫圖間。渠引千街同一水，精臨九斗孕群山。瀟灑出塵寰。

溫州好，火黯有楊梅。蜜橘垂枝憐色嫩，黃柑帶露擘香開。冰雪荔枝來。

溫州好，士女太繽紛。淨履鮮衣來個個，觀燈競渡一群群。香氣晚氤氳。

溫州好，賈客五方民。吳會洋船經宿到，福清土物逐時新。直北是天津。

溫州好，官長政清閒。入郭江魚烹石首，躋堂春酒醉華顛。幕府儼神仙。

溫州好，書院講堂開。鄒魯當年曾媲美，山川何地不生才。小別惜追陪。（《續修四庫全書》本《蕉軒續録》卷二；盛冬齡點校本，第五五七～五五八頁）

智按：方濬師，字子嚴，號夢簪，安徽定遠人。咸豐乙卯（一八五五）舉人，歷任内閣中書、總理各國事務衙門章京、侍學講士、直隸永定河道等職，有《蕉軒隨録》、《蕉軒續録》、《退一步齋詩集》、《鹾政備覽》、《嶺西公牘棠存》、《袁枚年譜》、《粵闈唱和集》等。

李慈銘（一八三〇～一八九四）

《元旦卽事效香山體（以下乙卯）》

春入隔年夢，雞聲醒茅屋。睡起日高舂，病後萬事足。祀神暫衣冠，頭面辭櫛沐。賀客不到門，嬉游恣僮僕。靜看廚煙生，東風蕩成緑。豈識廛市囂，此中有空谷。但恐明朝來，俗事又相逐。一笑視牀頭，柏葉酒初熟。小飲向斜陽，出門試游矚。春帖偶分貽，醉墨遍鄉曲。幸作昇平人，今年飽新穀。（《白華絳柎閣詩集》卷丙古今體六十八首，清光緒十六年刻越縵堂集本）

《消寒三集香濤出示宋畫香山九老圖卷卽題長歌四十韻且訂西山之游竝柬肯夫》

香巖居士城南居（香濤自號香巖居士），寒宵高館羅尊壺。酒闌興發更張燭，拂牀出示九老圖。絹素流傳自宋代，丹青渲筆無凡姝。衣冠樸野見古意，竹樹點綴猶鮮敷。龍門八節髣在眼，青蒼萬劫仙所都。遼陽侍御富緗軸（圖舊臧漢軍李御史恩慶家），愛護不使纖塵污。君今好事過前輩，寶此何啻千金醵。卽論文采照當代，政恐長慶供箠驅。我獨披圖再三歎，青雲驥尾良非誣。胡吉劉盧豈足算，幸隨退傅相喁于。柳宿二星動天子，飛雲躡履淩霄虛。洛中遺老亦何物，谷神養息山林癯。百三十歲無一事，龜苓甯與蜉菌殊。自來清福貴名德，匪借泉石容頑軀。樂天出處有深義，中唐國是多艱虞。太阿顛倒弄熏腐，南衙低首不敢吁。前有伓文後訓注，懷忠奮發謀芟鋤。雅志不遂蒙世詬，清流接踵遭羅阹。劉柳才人坐奸黨，涯餗儒相瀸門誅。微之忼慨思厲節，一挫失足遂迷途。公獨回翔不濡尾，新昌履道忘江湖。同年不幸有牛李，靖恭諸楊況葭莩。一緘文字屏塵匽，平泉草木誰噓枯（牛、李黨者，謂僧孺、宗閔也。有以李指衛公者，誤）。是時贊皇正當國，中興羣彥連茅茹。洛師分務乞骸骨，退友麋鹿相歌呼。白須朱紫互輝映，卻視門户真人奴。後來至道續高會，吾家文正聯瓊琚。熙陵造䣜引詩諫，文章行事常追摹。三台七秩備恩禮，園亭絲竹多怡娱。所惜仕宦歷周漢，醉吟風節猶非徒。君今盛年致臺閣，坐作霖雨爲時需。承平人物轢唐宋，從容雅歌集簪裾。周董胡爲早逃席，得非盧尹同兼耆。（是日集者十一人，荇翁、峴樵先去，故以河南尹盧貞、祕書監狄兼謨二人與會，而不及列爲戲，香山之會有兩盧貞，其一官侍御史内供奉，新書改貞作真，又不數李元爽、僧如滿，而以盧尹、狄監入九老，皆誤）我預題詩紀絶倒，出門霜月横天衢。西山殘雪忽照眼，佳名京雒遙相符。玉泉潭柘富烟景，籃轝宜及春風初。雲深寺寺出鐘磬，紅衫導鶴穿松株。勝流名迹例代嬗，可令丹翠扃靈區。招邀霞侶胥入畫，萬卷先約西鄰朱。（至道九老中有工部侍郎朱昂，號小萬卷，肯夫居與香濤鄰，秋初曾有游山約，故云）行糧日日打包待，問訊張子今何如。（《白華絳柎閣詩集》卷壬，清光緒十六年刻越縵堂集本）

智按：《越縵堂日記》同治十年九月十二日載：「詣香濤（張之洞）消寒第三集，談宴，甚暢。香濤言新得宋刻《曹子建集》，荇翁言舊藏有宋刻唐四傑詩文集，惜俱未得見耳。夜酒罷後，荇農、硯樵先去。香濤出所購宋畫香山九老圖卷，是漢軍御史李恩慶季雲所藏，題曰宋人畫，亦無名字。時在坐者予與肯夫（朱逌然）、廖伯（謝維藩）、（溫）味秋、陳六舟（彝）、陳逸山、王信甫（王應孚）、王廉生（王懿榮），計香濤，適得九人，相約各賦詩紀之。三更後歸，月色如畫。」

《越縵堂日記》

予自甲辰歲刻意為古詩歌，間亦撫擬老杜。嘗作《觀皇太后七旬萬壽燈》七律，其中虛字，全學少陵《西蜀櫻桃》也。《自江》一首以呈先君子，弗善也。次日遊蘭亭，乃降而擬大曆十子，猶記其四語云：「勝事難忘三月節，名山如見六朝人。亭前竹辨迷茫路，澗裏橋通宛轉春。」先擬塾師定可否。塾師遽大誇曰：「真錢、郎矣。」即封達先君子。先君子圈「名山」七字批曰：「尚有思致。」予竊喜，自是遂學錢、郎。繼乃沈溺于袁簡齋，日孜孜於俚俗淺滑，以為名章雋語也。至歲庚戌，予已二十二歲矣，始稍知倉山之惡劣。與王平子往復論榷，學晚唐及放翁、漁洋。偶作律絕中不了語，自謂神韻絕世。至壬子，閱朱竹垞《明詩綜》一書，漸識氣格之正。嗣為五七律，頗有合作。古詩則描畫四皇甫、薛考功、徐迪功諸家。冀以上追陳拾遺、張曲江，而其中實無見解。聲體或肖，皆得糟粕而遺神明。蓋皇甫諸公尚不免面目太重，予窮力擬之，于唐人婉約空靈之旨，杳未窺其境界，故所作遂盡成偽體。是年落解後，洊臻憂患，一切感事傷時之作，近體頗駸駸日上。高者逼杜陵，次亦不失為中唐，而古詩終無所悟。癸丑，交子九，旋交叔子兄弟，結言社相切劘，為漢、魏、三謝、杜、韓之學。而諸子皆推予善學杜，遂悉致其學于古近體。腔拍太熟，真偽雜出，幾為李于鱗、鄭善夫追步後塵。然五古漸老成，七古亦大方，較往時遠矣。至乙卯，忽欲氾濫諸名家，以冀無所不有。或擬香山、東坡，或擬錢、劉，擬沈約、何遜。嘗閱《楊升庵集》，偶仿之作《秋月篇》，成，以詫人曰：「此何如楊炯、李益？然風格氣韻，僅可與十郎驂驔。」而予意實尚以盈川為不屑。於是自憙益甚。每成豔體，菲薄玉臺。時有友人比之李空同，如關西大漢搦鼻為兒女唱，轉成笨伯，予獨自負弗顧也。丙辰，館孫蓮士家。蓮士長於小詩、豔詞，而偏喜效予作。予亦時效其體。雖性有夙就，各不能相強。然漸得細密之功。此予自丁巳以前作詩之境詣也。年來諸體不無寸進，則得於讀書覽古者半，得於處窮履困者半。而自乙卯迄今六年，喜研經學，雖苦健忘。而經籍光華，益人非淺。（咸豐十年閏三月二十三日）（廣陵書社，二〇〇四年清史編委會文獻叢刊影印手稿本）

《越縵堂詩話》

……凡事必陶冶古人，自成面目。嘗言唐之白，宋之蘇，到底是詩家本色。而諸君頗不然之。余謂吾輩眼力意境，皆出明以上詩人上，而究之不能大越尋常者，資質有限，讀書不多，氣太盛，心太狠，出句必求工，取法必爭上故也。子九（智按：孫垓）以為確論。……（蔣瑞藻編、徐珂校，商務印書館民國十五年鉛印本《越縵堂詩話》卷下之下，第二葉）

《越縵堂讀書記》

⊙舊唐書（後晉劉昫）

今夕讀《唐書》李德裕、裴度、李絳、柳公綽、溫造、鄭覃、李石、鄭畋、王鐸、李訓等傳，皆數復，為之憤激流涕，有生不並時之歎。又讀元稹、白居易傳，至三四復。香山固無可議，微之亦挫折致然，少年錚錚，何可及也。白性恬靜，知難而退，遂壹以詩自見；微之熱中，竟至苦節不貞矣。二人之僅以詩名，要豈本心哉。（史部正史類　同治癸酉〔一八七三〕十一月十四日）（上海書店出版社《越縵堂讀書記》，第三二一頁）

⊙歷代名人年譜（清吳榮光）

於寶經堂得吳荷屋《歷代名人年譜》一部，凡十卷，以紀年為表，始漢高帝元年，訖國朝道光二十三年。上一格為歷代紀年，中一格為時事，下一格為諸人生卒，其法甚善，而詳略錯雜，有載所不當載者。國朝時事，僅有歷科鼎甲姓名及一二聞人宦跡，而獨附顧亭林、王漁洋、王茂京原祁、陳秉之（世倌）、王德甫五人之譜。亭林、漁洋、述庵，猶足援少陵、香山、六一、東坡、景伯、放翁、遺山之例，（吳氏於唐宋亦僅附此七人之譜。）麓台僅以畫傳，文勤止以官顯，獨何説乎？國朝時事，固不宜記，然列聖之傳授崩葬，皇太后皇后之尊立崩葬，皇子諸王之封薨，任用内閣六部三院督撫之拜罷，歷代之征伐武功斥土命帥，此又何顧忌而不書乎？甚至廟諱陵名，亦俱闕如。蓋吳氏雖以著述名，而譜學非深於史裁，不能得其要領，吳氏不過翰林名士，封疆雅吏，實不足語於大雅宏達。觀此書首稱漢曰前漢，即其學可知矣。（每科進士載一甲三人，又取二甲一名以下，間載數人，其人亦不必有名，已不可解矣。又不曰進士榜，而曰翰林榜，康熙己未、乾隆丙辰兩次開鴻博科，皆僅載一等某某等、二等某某等，而餘概從略。又載乾隆九年、嘉慶九年兩次幸翰林院，賜宴賦詩，而如乾隆中之開四庫館，立國子監石經，建辟離，此等大事，乃反不書，又何説乎？據陳頌南序，言此書是其子莘畬所校刻，蓋荷屋未成之書也。）（史部傳記類　同治甲戌〔一八七四〕正月十四日）（上海書店出版社《越縵堂讀書記》，第四八二頁）

⊙文獻通考（元馬端臨）

閲《通考·經籍志》。長慶三年十月，白香山撰《蘇州重玄寺法華院石壁金字經敘》，言《蓮華經》、《維摩詰經》、《金剛經》、《陀羅尼經》、《阿彌陀經》、《普賢法行經》、《法蜜經》、《波羅密多心經》，是八種經，具十二部，合一十一萬六千八百五十七字，三乘之要旨，萬佛之秘藏盡矣。洪文敏《隨筆》稱之，以為深通佛典。余謂香山本習淨土，所記特禪學宗旨耳。佛書最初者《四十二章經》，陳直齋謂其後千經萬論一大藏教乘，要不出於此。晁文元謂明法身之體者，莫辯於《楞嚴》；明法身之用者，莫辯於《華嚴》。其孫子止謂《圓覺》自誠而明，《楞嚴》自明而誠。真西山謂佛氏之有《遺教經》，猶儒家之有《論語》，而《金剛》、《楞嚴》、《圓覺》等經則《易》、《中庸》之比。東坡謂《楞伽阿跋》、《多羅寶經》先佛所説微妙第一真實了義，故謂之佛語心品，如醫之有《難經》，品品皆理、字字皆法。諸家之推揚備矣。惟朱子之言，最能抉諸經之要，其論《四十二章經》也，曰：所言甚鄙俚，卻自平實。後來日添月益，皆是中華文士相助撰集，如晉宋間自立講師，孰為釋伽，孰為阿難，孰為迦葉，各自問難，筆之於書，轉相欺誑，大抵皆是剿竊《老》、《列》意思，變換以文其説。其論《金剛經》也，曰：大意只在須菩提問云何住、云何降伏其心兩句上，彼所謂降伏者，非謂欲遏伏此心，謂盡降收世間眾生之心，入他無餘盤中滅度，都教爾無心了方是，只是一個無字。自此以後，只管纏去，只是這兩句。其論《楞嚴》也，曰：佛書中惟此經最巧，只是強立一個意義，只管疊將去，數節之後全無意味，其前後只是説咒，中間皆是增入。蓋中國好佛者，覺其陋而加之耳。其論《華嚴經》也，曰：佛書中説六根、六塵、六識、四大、十二緣生之類，皆極精巧，故前輩學佛者必謂此孔子所不及。他底四大，即吾儒所謂魂魄。佛説本言盡去世間萬事，其後黠者出，卻言實際理地，不染一塵，萬事門中，不舍一法。其論《心經》也，曰：既説空，又説色，他蓋欲於色見空耳。大抵只要鶻突人，所言皆洞若觀火，蓋非深入其中不能得其奧窒。世儒詆朱子嘗學佛，不知非抉其藏府所詫之隱，徒以虛辭辟佛，不能關其口而奪之氣也。然要而論之，諸經中如《金剛》、《楞嚴》、《心經》、《圓覺》、《維摩》、《涅槃》、《華嚴》、《法華》八種，實亦有精言名理，非晉人清談所及者，在彼教中卓然可以自立，讀者掃其糟粕，去其重複，亦足為身心之助。嘗譬之儒家，《心經》、《金剛經》、《四十二章經》、《楞嚴經》，佛之《四書》也。《心經》直提心印，以空為本，猶《大學》歸重誠意，以慎獨為本。《心經》唐貞觀中始譯出，而釋氏以為撮《般若經》六百卷之要，猶《大學》漢儒所傳，而宋儒以為括《六經》之綱。《金剛經》分三十三章，歸本於一「覺」字，猶《中庸》分三十三章，歸本於一「誠」字。《金剛經》除一切煩惱，以有為法，視同夢幻、泡影、露電，極之佛非佛，法非法，眾生我相非我相，猶《中庸》戒懼於所不睹不聞，而極之上天之載無聲無臭。《四十二章經》所言醞實，佛家之布帛菽粟，猶《論語》也。《楞嚴》經辯才無礙，有意為文，猶《孟子》也。《圓覺》等其猶《五經》乎？《華嚴》卷軸多而文富贍浩博，其佛家之《禮記》乎？近人喬鶴儕河帥著《蘿藦亭劄記》，言佛書《大般若經》、《金剛經》、《維摩詰經》、《楞伽經》、《圓覺經》、《楞嚴經》，禪家六籍，猶儒之《六經》，其説不知所本。所謂《大般若經》者，即《心經》所自出，唐開元中所譯者也。（佛氏謂華嚴大經龍宮有三本，龍樹菩薩入籠宮誦下本十萬偈四十八品，流傳天竺。晉沙門支法領得下本三萬六千偈，至中土，猶禮有經禮三百，曲禮三千，而只傳四十九篇也。）（史部政書類　光緒丁亥〔一八八七〕五月初一日）（上海書店出版社《越縵堂讀書記》，第五四六～五四八頁）

智按：文首所云「長慶三年十月，白香山撰《蘇州重玄寺法華院石壁金字經敘》」殆誤，應為大和三年（八二九），白居易時在洛陽。

⊙容齋隨筆（宋洪邁）

《容齋隨筆》卷一云：「唐開成二年三月三日，河南尹李待價將禊於洛濱，前一日啓留守裴令公，公明日召太子少傅白居易、太子賓客蕭籍、李仍叔、劉禹錫、中書舍人鄭居中等十五人合宴於舟中，自晨及暮，前水嬉而後妓樂，左筆硯而右壺觴，望之若仙，觀者如堵。裴公首賦一章，四坐繼和，樂天為十二韻以獻，見於集中。今人賦上巳，鮮有用其事者。裴公是年起，節度河東，樂天又有《奉和裴令公三月上巳日游太原龍泉憶去歲禊洛》之作，是開成三年上巳，裴以四年三月始薨。《新史》度傳乃云：三年以病丐還東都，文宗上巳宴群臣曲江，度不赴，帝賜以詩，使者及門而度薨，似以為三年，誤也。《宰相表》卻載其三年十二月為中書令，四年三月薨，而帝紀全失書，獨《舊史》紀傳為是。」慈銘案，《舊唐書・裴度傳》云，開成二年五月，復以本官（案本官謂司徒中書令）兼太原尹、北都留守、河東節度使。三年冬，病甚，乞還東都養病。四年正月，詔許還京，拜中書令，（案前是使相兼職，此是真拜。）以疾未任朝謝，屬上巳曲江賜宴，群臣賦詩，度以疾不能赴。文宗遣中使賜度詩曰：「注想待元老，識君恨不早。我家柱石衰，憂來學丘禱。」

仍賜御札曰，朕詩集中欲得見卿唱和詩，故令示此，卿疾恙未痊，固無心力，但異日進來。春時俗説難於將攝，勉加調護，速就和平，千百胸懷，不具一二，藥物所須，無憚奏請之煩也。御札及門，而度已薨，四年三月四日也。上重令繕寫，置之靈坐，時年七十五。所敘至為明晰，《新書》惟以病丐還東都下失書「四年」二字耳。（子部雜家類　光緒甲申〔一八八四〕三月初三日）（上海書店出版社《越縵堂讀書記》，第六七〇頁）

⊙疑耀（明張萱）

閱《疑耀》。……「韓昌黎、白太傅皆惑於服食」一條，謂白樂天詩「退之服硫黄，一病迄（訖）不痊」，是昌黎譏李干等服藥之誤，而晚年復躬蹈之。不知白詩所云「退之」乃衛中立，亦字退之，非昌黎也，昔人已辨之。……（子部雜家類 光緒甲申〔一八八四〕十二月初七日）（上海書店出版社《越縵堂讀書記》，第七〇六頁）

⊙訂訛雜録（清胡鳴玉）

每月一日至十日，以初字領之，沈匏廬《交翠軒筆記》引王荊公《高陽郡君齊氏墓誌》，有曰「五月初三日、十月初八日」，以為北宋時已然。胡亭培《訂訛雜録》引白樂天詩「可憐九月初三夜，露似珍珠月似弓」，則唐時已然。又引漢末《焦仲卿妻詩》「初七及下九、嬉戲莫相忘」，則其來更古。按此詩初七未必如今日所言，要以七字單辭而加之，是亦即今言之所本。胡氏此書訂正俗誤，雖多在耳目之前，而往往為人所易犯。……（子部雜家類 光緒丁丑〔一八七七〕八月初五日）（上海書店出版社《越縵堂讀書記》，第七五〇頁）

⊙白氏長慶集（唐白居易）

讀白香山樂府。樂府自太白創新意以變古調，少陵更變為新樂府，於是並亡其題。香山從而和之，明乎得失之跡，詠歎諷諭，令人觀感。今之樂猶古之樂，固不必排切字句，牽合聲律，以為不墜雅音。然香山詩如《上陽白髮人》、《驃國樂》、《昆明春》、《西涼伎》、《牡丹芳》諸篇，雖言在易曉，終覺冗長，音節亦松滑，不及杜之疏密得中也。至其佳處，如「唯向深宮望明月，東西四五百回圓」（《上陽白髮人》），「平時安西萬里疆，今日邊防在鳳翔」（《西涼伎》），「少迴卿士愛花心，同似吾君憂稼穡」（《牡丹芳》），則固不可掩耳。《牡丹芳》篇中，「三代以還文勝質」、「人心重華不重實」二語突接，亦見作家本領。（集部別集類　咸豐丙辰〔一八五六〕五月初五日）（上海書店出版社《越縵堂讀書記》，第八九六頁）

⊙䜋䌹亭集（清祁寯藻）

得紱翁書，並以壽陽祁相國《䜋䌹亭後集》見贈，即復。相國早負詩名，比年致政，聞望益高。其詩原本香山、東坡，致力頗專，故其前集頗多清雅之作。惜書卷不足，工夫未純，如三五村家女，姿首明秀，練裙竹釵，楚楚可人，而時不免寒儉氣、鄙俗語。後集則皆甲寅移疾後所作，老年頽唐，可采者殊寥寥矣。中惟《哀歌》五章，為烏壯武（烏蘭太）、吳文節（文鎔）、塔忠武（塔齊布）、江忠烈（忠源）、羅忠節（澤南）、吉勇烈（吉爾杭阿）六公作，其序以六公最有功於國，為盛衰所繫，故歌以當哭，乃最有關係之文，其詞意亦老卓。《哀塔忠武》一章，稍有嫩句。以江忠烈、羅忠節合為一首，曰《楚兩忠》；又為吳文節辨乘羸出走之誣，尤足為詩史。吳公黃州之死雖烈，然一戰即敗，喪水師數百艘，與五公之轉戰數千百里，力屈而死，似為有間。相國蓋以其歿而遭誣，又其歷任填撫，皆廉勤有為，故躋之五公之列，亦可謂公是矣。予謂六公中尤難者，羅忠節公。公以諸生從戎，視諸公之當重任，握兵符，難易相去千百。而傾貲結一旅之眾，輾轉虎豹之窟，卒能自奮，大小百餘戰，戰無不克，復郡縣以數十計，江西湖南北以其身為安危，死之日，天下聞者無不喪氣。官至浙江寧紹台道，加官至布政使，贈官至巡撫，賜謚建專祠。（集部別集類　咸豐庚申〔一八六〇〕六月初五日）（上海書店出版社《越縵堂讀書記》，第一一二九～一一三〇頁）

閱《春融堂文集》及《年譜》，文共四十卷。述庵篤耆鄭學，兼綜四部，其文爾雅，可考證經史及國朝文獻掌故者甚多。吾鄉王穀塍氏稱其文為一大作家，而謂其碑誌大篇，多系失明後口授之文，故有記憶偶誤者。（按書眉補記：按述庵歸田後病目眚，旋愈，未嘗失明。八十外復病眚，未幾謝世矣。穀翁殆誤記同時王西莊光祿失明事耶?）今按其書中如吾鄉《商寶意先生墓誌》，言先生為明文毅公輅九世孫。文毅為嚴州淳安人，其子孫未嘗遷居紹興，而質園屢稱其高祖等軒冢宰公。冢宰名國祚，與劉忠介公同年成進士，崇禎中官至吏部尚書，《明史》屢見章格庵（名正宸）等傳中，即國初貝勒所聘六遺臣之一也。設如此志此言，則冢宰為文毅之來孫，《明史》文毅傳末亦不容不及。予家居時曾見冢宰祖父兩世墓碑，其敘系未嘗及文毅，此殆據其家狀之誤而不能辨正者。述庵旁通内典，其書《楞嚴經》後，謂今天下士大夫能深入佛乘者，桐城姚南青范、錢塘張無夜世犖、濟南周書昌永年及余四人，今觀其中如《跋龍舒淨土文》、《跋華嚴楞嚴等經》、《書佛頂蒙鈔後》、《心經淺釋跋》、《大崇仁寺五百羅漢記》、《游雞足山記》諸篇，固非貫通宗乘者不能為也。（此處書眉補記：其時究心佛典者，有瑞金羅有高臺山、吳縣江縉大紳、長洲彭紹升允初，而臺山尤廣通淨業。述庵作臺山墓誌，亦極推其覃精梵乘，過於唐之梁補闕、白香山，宋之晁文元、蘇文忠，明之宋潛溪，而此處獨未數及，且以臺山僅為舉人，不得與士大夫耶）。《年譜》二卷，乃其金華府知府嚴榮所編，頗繁冗無體例。（集部別集類　同治癸亥〔一八六三〕二月二十九日）（上海書店出版社《越縵堂讀書記》，第一〇三二～一〇三三頁）

⊙唐賢三昧集（清王士禛）

詞章不可無考據，取近儒所論兩則録之，以見此事之不易為。閻百詩氏（詠）阮亭《唐賢三昧集》云，祖詠《夕次圃田店》云：「西還不遑宿，中夜渡涇水。」涇水當作京水。京水出滎陽經鄭州，圃田在今開封府中牟縣與關中之涇水，遠不相涉。王維《宿鄭州詩》「明當渡京水」可證。孟浩然《夜渡湘水》云：「行侶時相問，潯陽何處邊。」潯陽當作涔陽。涔陽在岳州府澧州北七十里，湘水入洞庭，與漢時尋陽縣在黄州府蘄州，東晉時尋陽在九江府德化縣西者皆無涉。《河嶽英靈集》正作「涔陽何處邊」，可證。王維詩「東南卸亭上，莫使有風塵。」卸當作御，御亭在晉陵吳大帝駐蹕處，後人建亭。晉顧颺監晉陵軍事，於御亭築壘，以禦蘇峻。庾肩吾《亂後經吳御亭詩》「御亭一回望，風塵千里昏」可證。又王詩「借問襄陽老，江山空蔡州」；「千里送行人，蔡州如眼見」，兩蔡州皆當作蔡洲。漢末蔡瑁居漢水之洲上，故名蔡洲，魏武帝嘗造其家，在襄陽峴山東南一里，此地理之當考也。段茂堂氏《與阮芸臺書》云：許丁卯「溪雲初起日沉閣，山雨欲來風滿樓」，閣是谷之訛，溪雲起而日輪不見，疑下沉谷中，谷與樓以實對，由溪雲大起而日輪韜晦，而狂風滿樓，而山雨暴至，《詩》「有渰淒淒，興雲祁祁，雨我公田」，三句神理，皆於此二句見之。淒淒者風滿樓也。題是《咸陽城東樓》，首句一上高樓萬里愁，中聯此二句皆是實景，時在樓中，故樓字不嫌複。日沉谷為遠景，風滿樓為近景，若作閣字，則語意晦甚，題外生枝，而又與樓複矣。白樂天「間關鶯語花底滑、幽咽泉流水下灘」，「泉流水下灘」不成語，且何以與上句屬對，當作「泉流冰下難」，故下文接以「冰泉冷澀」。「難」與「滑」對，「鶯語花底」，「泉流冰下」，形容「澀」、「滑」二境，可謂工絕。杜牧之「秋盡江南草木雕」，本作「草未雕」，坊本尚有不誤者，作「草木雕」使無意味矣，此誤字之當校者也。（集部總集類　光緒丁丑〔一八七七〕十二月二十三日）（上海書店出版社《越縵堂讀書記》，第一一八一頁）

⊙竹坡詩話（宋周紫芝）

閱宋人周少隱（紫芝）《竹坡詩話》。其見聞頗陋，而論詩亦時有悟處。如言白樂天《長恨歌》云：「玉容寂寞淚闌干，黎花一枝春帶雨。」人皆喜其工，不知其氣韻之近俗。……（集部詩文評類　光緒戊子〔一八八八〕三月二十七日）（上海書店出版社《越縵堂讀書記》，第一二一一頁）

⊙梅村詩話（清吳偉業）

梅村詩取材六朝，樹骨老杜，而鎔鑄香山、玉谿、飛卿、冬郎諸家，以自出面目，故一再讀之，哀感頑豔，使人意消。余偏嗜之，常推為雲門嫡嗣外一大宗。獨其文集，殊多六朝駢儷中膚語，遠不及詩。而雜著如《綏寇紀略》、《復社紀事》諸書，簡潔有法，又未嘗不能剪裁也。（集部詩文評類　咸豐乙卯〔一八五五〕三月二十日）（上海書店出版社《越縵堂讀書記》，第一二一四頁）

⊙帶經堂詩話（清張宗柟輯）

王漁洋論詩，悟絕古今，尤善分別。其謂……唐人孟浩然詩不能免俗，儲光羲詩多龍虎鉛汞之氣，田園樵牧諸篇，又迂闊不切事情。杜甫《八哀詩》鈍滯冗長，絕少剪裁。韓退之詩可選者多，不可選者少，去其不可者甚難。白樂天詩可選者少，不可選者多，存其可者亦難。元白二集，瑕瑜錯陳，持擇須慎。初學人尤不可觀之。《萬楚五日觀使詩》，最為惡劣，滄溟詩選取之，殊不可解。李衛公一代偉人，其《憶平泉》五言諸詩，較白樂天、劉夢得不

嗇過之。……（集部詩文評類　同治甲子〔一八六四〕十一月十三日）（上海書店出版社《越縵堂讀書記》，第一二一八頁）

⊙拜經樓詩話（清吳騫）

閱海寧吳槎客（騫）《拜經樓詩話》四卷。槎客號兔牀，乾隆末貢生，以經學名，此書論詩俱無所解，所采入諸詩，亦都不足取。而考證數條，多新確可據。如……白樂天母看花墮井事，按陳直齋《香山年譜》，引高彥休《唐闕史》所載甚詳，謂今鮑氏《知不足齋》所刻《唐闕史》無此事，蓋非全本。凡此類十餘條，皆可傳也。（集部詩文評類　咸豐庚申〔一八六〇〕十一月十一日）（上海書店出版社《越縵堂讀書記》，第一二二一頁）

夜以《文獻通考・選舉志》校《宋史・選舉志》。唐宋每科總目，賴有《通考》此志，班班可考，狀元、省元姓名亦幸附此以傳。明代及國朝實録，每科皆書賜某某等若干人及第，出身、同出身有差，意宋代實録亦如此，《續通鑑》有記有不記，其例非也。至三元之稱，向謂起於唐之張又新。然唐時進士僅有解試及禮部省試第一者，即為狀元。雖武后載初元年（時尚睿宗居位，武后稱制）策問貢人於洛城殿，（案諸書皆作城，疑當作成），《通典》雖謂殿前試人自此始，然《通考》謂此如後世之省試，時試士尚屬考功員外郎，武后自詭文墨，故於殿陛間下行員外郎之事，非省試之外，再有殿試。案馬氏之説是也，故曰貢人者，謂天下所貢之人，非已試禮部也。其後訖唐世，惟賢良方正及宏詞諸科試於殿廷，故曰制科。若進士未有試殿中者，雖以長慶元年因人言禮部侍郎錢徽取士不公，敕中書舍人王起、主客郎中白居易重試，亦未云在殿廷；且雖覆落狀元鄭朗等十三人，止取溫業等三人，而未聞溫業稱狀元。惟武翊黄稱三頭者，謂解頭、狀頭，又中宏詞敕頭，故曰三頭。而《摭言》亦曰：張又新時號張三頭，注云：進士狀頭、宏詞敕頭、京兆解頭。蓋唐人登第後，須再中宏詞、賢良及拔萃諸科方得官也。唐人雖有狀頭、狀元等稱，然《宋登科記總目》所載自開寶六年以前，進士第一人皆坿曰榜首，至八年以後則曰狀元矣，蓋竟以為官稱，（觀宋庠、呂誨事可見），雖朝廷亦稱之矣。《通考》謂開寶初年，李昉知舉，下第者訴昉不公，太祖於講武殿命題重試，御試自此始。昉等所取十一人，重試共取二十六人；然於昉等所取十一人内，只黜武濟川一人，餘十人則高下一依元次，而續取十六人，不過附名十人之後。至八年覆試禮部所取士，於講武殿内出試題，得進士三十六人，以王嗣宗為首，而禮部所定第一人王式居第四，於是始有省試、殿試之分，省元、狀元之别。是殿試有狀元起於王嗣宗，而此後如太宗端拱元年不廷試，則止有省元程宿。至神宗以後，遇諸帝諒闇中，皆不廷試，謂之不臨軒，則即以省元為狀元，迄於宋世。而高宗紹興八年、孝宗隆興元年非在諒闇中，皆不親策，亦以省元為狀元，是非每科必有狀元也。王厚齋《小學紺珠》載三元只宋之孫何、王曾、楊寘、馮京四人，蓋考之審矣。（劄記　光緒戊子〔一八八八〕三月二十一日）（上海書店出版社《越縵堂讀書記》，第一三一七～一三一八頁）

《越縵堂讀書簡端記》

梅村擅場，自在七古，穠纖得中，哀婉赴拍，雖云取法長慶，實已上掩元、白。（王利器纂輯《越縵堂讀書簡端記》，第三二一頁）

（評梅村詩《吾谷行》）此首托意比興，夾敘孫氏兄弟，而又帶敘嚴貽吉事，宛轉妥貼，淒怨濃至，此梅村獨擅場處，古今無二手也。後生不學，膚竊一二杜語，全不知詩有鋪陳排比之法，而輕訾梅村，輒以長慶體卑之，此少陵所謂輕薄爾曹，何足與語斯道耶！（王利器纂輯《越縵堂讀書簡端記》，第三五一～三五二頁）

智按：李慈銘，號蓴客、越縵老人，室名越縵堂，會稽（今浙江紹興）人。光緒六年（一八八〇）進士，官至山西道監察御史。所著以《越縵堂日記》較著名，按日記數十册，述其讀書劄記，始於一八五三年，止於一八八九年。内容涉及經史百家及時事。另有《白華絳跗閣詩集》、《越縵堂詞録》、《湖塘林館駢體文》等。

張景祁（一八三〇～一九一二後）

《武林新樂府（記庚申辛酉兩次失陷事）》

杭城再陷於賊，余皆在圍城中，見聞最確。亂定後，追思往事，疾首痛心，因編為《新樂府》十章，直陳無隱，比於作歌告哀之例云爾。

⊙一丸泥（悲援絶也）

庚申二月初旬，賊自廣德、泗安薄湖郡。十九日，陡襲杭州。時城中兵僅一二千人，大吏不知所爲，下令閉城。至二十七日，城陷，未嘗決一戰。

一丸泥，閉函谷，枹鼓無聲車折軸。黍城蕩蕩，寇來不止。偃朱旗，卷玉帳，紙鳶信絶無奈何。將軍方聽蘇臺歌。（張軍門玉良自秣陵大營赴援，道吳門大吏款讌之，比軍至，城陷三日矣。賊旋遁。向使不留滯杭城，可冀瓦全。哀哉）

⊙守城隅（歎鄉團也）

自癸丑金陵陷，浙省設協防局，募鄉勇數千人，分城中為四隅，以紳士領之，按期操演，恃以無恐。及城破，鄉勇號衣委棄路旁者，所在皆是。

守城隅，募壯丁，盛車騎，髟羽纓。家藏鶴膝户犀渠，千金犒賞籌儲胥。高城忽崩來。虎貙君不見，軍衣委路衢。

⊙燭龍翔（懲兒戲也）

大吏傳令百姓守城，城内共舉義旗，塡街溢巷，列炬如晝，三日後油燭並罄，防守遂弛。

燭龍翔，何殷闐，銅鉦沸，彩幟翩，門前小兒不解怕，錯道添燈是良夜。城如火，軍如墨，燭龍翔，鬼車泣。

⊙反戈鋋（驚兵變也）

二十日，潮州復，勝勇淫掠東城，居民攫三人縶送藩署。勇大譟入劫，將為變。仁和令李君福謙急解之，始罷。大吏旋令都轉繆公梓統其衆。二十七日嚮晨，清波門外地雷發，城崩數十丈。繆方指揮禦賊，勇遽刃之，而以城降，繆公前守衢州三月，而圍解時，大吏中無能軍者倚之若長城，惜哉。

反戈鋋，若闞虎。遇民則虎遇賊鼠，紫薇行省門不開。可憐肘腋生禍胎，惜哉睢陽非將才。

⊙築長壕（惜武備也）

賊退後，王中丞有齡撫浙諸路兵悉至，乃修築長壕，增設礮臺城上，營房環列，置轉運車以上下兵士，器械、旗幟罔不精備。六月十月，賊雨至，悉擊退之。奈上下游皆賊據，規復無期，自守門户而已。

築長壕，千夫雷動臨江皐，龍頭天竈豈不固，惜哉世無高敖曹，懸軍上縋軍下城，上礮車，飛屋瓦，下有賊騎鋤菜把。

⊙水上萍（傷飢擾也）

辛酉九月，賊大隊薄杭。相持兩月，城中糧盡。至剉苧根煑萍葉，食之死亡過半。遁士以搜糧為名，破户穿墉，恣行劫掠。大吏知之而不能禁也。

水上萍，飢可烹，園中苧，飢可煑。哀哉百萬民，忍死各無語。但聞鬼夜哭，那得天雨粟。軍民諒同情，何以穿我屋。

⊙大將幢（刺江防也）

水師副將貴廷芳駐師汀上，徵歌鬬舞，孤城危急，尚與將弁讌飲妓船，城陷不知所之。

大將幢，横江浦，畫船戰艦紛歌舞。樂復樂，絃管聲。慘復慘，風鶴兵。江波忽紅滿城火，載得西施同一舸。

⊙通江路（譏敵紿也）

城外盡爲賊砦，議開江路以通糧食，方伯林福祥駐師望江門外，與賊酋鄧光明約和，許以白金四萬，兩通江路，賊佯諾之，及使者賫金往，而賊以刀仗出迎，我軍大挫。

萬黄金，通江路，摎括脂膏餧豺虎。（大吏責令城内各圖董事按户輪捐助餉，雖極貧戸，無得免者）朝遣一使來，夕報一使去。使者未返和約成，鐵騎突出刀鎗鳴，四鼓急點城上兵。

⊙悲風來（弔駐防也）

庚申之變，内城堅守，將軍瑞昌時率駐防兵出擊賊，賊頗畏之，收復與有力焉。及城再陷，賊銜之刺骨，并力攻破之，闔城舉火自焚，灰燼亘數里焉。

悲風來，摧高臺，朱鳥啁啾白雁哀。朝殺賊，暮殺賊，敝蓋何由埋馬骨，大鳥夜啄子城碎，不見王孫路隅泣。

⊙宴軍門（惡從逆也）

署錢唐縣令袁忠清暨前署仁和縣令李作梅為賊監軍，仍領仁錢二邑，事紅巾，繡履輿馬出入，意氣甚盛。林福祥亦降於賊，事平之日，伏法衢州。其他武臣從逆者，又不勝數矣。

宴軍門，福禄酒。龍旗前，繡蓋後。金尊再行樂三奏（賊每具食必奏音樂），堂堂縣令來上壽，錦纏股，紅帊首。（張應昌《國朝詩鐸》卷十一，《續修四庫全書》影印清同治八年秀芷堂刻本）

智按：張景祁，原名左鉞，字孝威，又字蘩甫，號蘊梅，一作韵梅，又號新蘅主人，錢塘（今浙江杭州）人。同治十三年（一八七四）進士，入翰林院，充庶吉士。館課得第一，充武英殿協修、國史館協修。後因與同僚爭持不下，被上司裁抑，改授知縣，分發福建。歷任武平、晋江、連江、仙游、福安等地知縣。後宦游臺灣，官淡水知縣。工詩詞，歷經變亂，多感時撫事之音。有《犖雅堂詩文駢體文》、《新蘅詞》、《蘗圃集》等。

阮恩灤（一八三一～一八五四）

《和白香山月夜調琴憶崔少卿詩》

琴韻幽閒寄性情，香山月夜憶崔卿。可憐古調無知己，等作尋常簫管聲。（《晚晴簃詩匯》卷一百八十六）

智按：阮恩灤，字湄川，儀徵（今屬江蘇）人。文達公女孫，清河道常生女，錢塘沈霖元室。有《慈暉館詩詞》。

愛新覺羅·奕詝（一八三一～一八六一）

《和白香山同李十一醉憶元九詩步原韻得二絕句》

試陟浮圖慰旅愁，相親心跡錯觥籌。更因思客頻登眺，春雨路逾南鄭州。

曲江春日不勝愁，西望嚴城報曉籌。千里神交白傅句，岷山蒼翠古時州。（《晚晴簃詩匯》卷三）

智按：文宗顯皇帝，宣宗成皇帝第四子。在位十一年，建元咸豐。葬定陵。有《御製詩集》。

程畹（一八三一～？）

《題李小湖廷尉師好雲樓詩集》

叔世大有患，憂國惟書生。達官習忌諱，拱手頌升平。朝無白香山，野無杜少陵。巍巍天門開，隆隆期同升。詩篇及時事，黑白終分明。於己有弗便，於人多見憎。所以頃刻間，出處異性情。夫子早歸田，傲骨餘棱棱。江湖志廊廟，發語皆血誠。至言使人服，罪言使人驚。誰言蠡測小，大海深可憑。賤子喜吟哦，寒瘦愧郊島。俗學能累人，讀書苦不早。春花一過時，往往不如草。兵戈四方動，玉石無醜好。作詩為消憂，反用增懊惱。知音良獨難，敝帚以自寶。低頭伏海隅，誰復資探討。大雅忽間作，示我以先道。經史發光怪，義理掩文藻。不顧右手胝，萬本為傾倒。微名儻附驥，何用憂心擣。(《晚晴簃詩匯》卷一百五十九)

智按：程畹，字蘭畦，儀徵（今屬江蘇）人。諸生。有《嘯雲軒詩文集》、《潛庵漫筆》。《晚晴簃詩匯·詩話》云：「蘭畦因揚州寇擾，流寓東臺，執贄受業者甚盛。臨川李小湖大理題其稿云：『真州文學程蘭畦，讀我千詩題四詩。緘詩寄我我未報，函來續遣窺全豹。緊昔鎖院收英奇，我為敬輿君退之。年來分作海濱客，君為根矩我賓石。士逢知己意氣伸，亂離篤念通門親。天賒一死吾儕福，詩史憂時大題目。程生程生為客難，君家古驛名迎鑾。江山屢被人量去，文采何與卿饑寒。東臺寄食誰與語，鹺官市販非儔侶。荀卿有激演成相，孟達多哀吟上堵。五行志裏古詩妖，長慶集中新樂府。程生程生毋太苦，剝復循環一仰俯。數窮已過幽囚歲，氛滌仍皆乾淨土。女中堯舜戴宣仁，漢官威儀開建武。江左況有管夷吾，誓不以賊遺君父。比聞傳檄下吳閶，待看降旛出建康。潢池盜弄本赤子，解散歌終莠化良。三軍奏凱還家早，謡遍康哉懽父老。程生作詩有佳句，吹律陽回豈終槁。寒號一旦驕鳳皇，鳴秋蟲變鳴春鳥。』此詩作於同治癸亥，距今六十年矣。蘭畦自言，年二十有三，避寇村居，始學為詩，身世之閱歷，交游之贈答，一切觸於哀樂之境，悉寓其間。曲園太史贈以詩云：『虞卿著作窮愁後，杜老詩篇寇亂中。』蓋紀實也。」

董慎言（一八三二～一八六八）

《勸重建白蘇二公祠引》

在昔蜀郡建文翁之室，汝陰設宋父之祠。浚儀之祝范雲，配享于社；桐鄉之祭朱邑，遺愛在民。莫不崇想芳規，眷懷往哲。而况澤留畎澮，勞于武肅之撩湖；利在偃瀦，大于鄴侯之開井，有不宜報功崇德，肸蠁聿隆，飲水思源，馨香是薦者乎。孤山舊有四賢祠，祀李公泌、白公居易、蘇公軾、林公逋。嘉慶間，秦侍郎復于山麓特建一祠，祀蘇文忠。儀徵阮相國，更即祠左別構三楹，祀白文公。榜曰：「白蘇二公祠」。召父杜母，俎豆一堂；循吏詩人，烝嘗千古。此則水仙一廟，並薦寒泉；金沙三祠，遙鄰香火者已。夫苔岑可合，不隅于方州；蘭臭所通，無間于時代。文忠自謂出處略與白傅相同。綜厥生平，固笙璈之並奏；論其德政，亦輗軏之齊趨。彼此合符，後先嗣響。一則石函量水，先扞錢江之流；一則葑田卷隄，兼浚運河之道。是有同功，允宜合祀。屬以桑滄小劫，榛礫可憐。明禋致慨于忽諸，行道欷懷于仰止。興言棠舍，有愴葵衷。今者日月重光，山川自秀。鴟頭特建，關公之廟貌方新；馬鬣崇封，武穆之忠魂用妥。梅花百本，復修宋處士之廬；栗主雙題，重葺漢先儒之宇。惟此二公之祀，未奉一瓣之香。爰訂名流，式謀勝蹟；堂仍度雉，梁更飛紅。畫棟丹楹，親睹巍巍之像設；黃蕉丹荔，再賡渺渺之神絃。則殿廡依然，左拱右揖；几筵不改，前輝後光。非惟增美湖山，抑亦攸關井里。於戲！陽春有腳，請無忘宋璟之碑；被澤傾心，願共立欒公之社。（《詁經精舍三集》辭賦卷一，《中國歷代書院志》，江蘇教育出版社，一九九五年版，第十五册第五九七頁）

智按：董慎言，字仁甫，聽蘭，號憶雲樓，浙江仁和（今杭州）人。同治三年（一八六四）癸酉恩貢。「行一，道光壬辰五月初七日生，杭州府仁和縣人。肄業于詁經精舍。師從薛時雨、江湜。」（來新夏《清代科舉人物家傳資料彙編·董慎言》第五十册，第一一七頁）據譚獻《亡友傳》（《復堂文續》卷四，羅仲鼎、俞浣萍點校《譚獻集》，上册，浙江古籍出版社，二〇一二年八月，第二五〇頁），卒於同治七年（一八六八）。著有《爾雅字說》（載顏宗儀輯《詁經精舍文集三集》）及《憶雲樓詩集》。

張印（一八三二～一八七二）

《久聞聽蕣兄説西湖山水今乃見之感賦》

西湖山色最清拔，南高北高雁行列。松聲如曲可入琴，雲客欲畫難著筆。

渡江應有仙真棲，掛單未許頑僧歇。我來干戈喜初平，照眼杜鵑尚凝血。

香山白與眉山蘇，築隄劃作裏外湖。柳色幾行斷橋斷，梅花數點孤山孤。瓜皮艇小瞥若燕，蓴絲味美配有魚。南宋君臣一逝水，積金至斗銷得無。（《晚晴簃詩匯》卷一百八十八）

智按：張印，字月潭，潼關（今屬陝西）人。山東巡撫澧中女，閩縣陝西布政使林壽圖繼室。有《藺窗遺詩》。

孔廣陶（一八三二～一八九〇）

《嶽雪樓書畫録》

⊙明戴文進老節秋香圖軸

（紙本，高四尺二寸七分，濶一尺八分）

老節秋香。錢唐戴進寫。

（欵九字行書在左方之上）

聞道亻翁昔種菊，君今對菊獨凄神。蕭條三徑猶餘（餘字旁點）含露，悵望深秋似有人。肘後傳方多已試，鼎中留藥不嫌貧。相從何日東籬下，一嗅餘香賦□身。余向時為心菊先生賦此，戊午歲將北行，復書此畫為贈，以見別意云耳。荊川順之。（行草書，九行在上方）

智按：《四庫全書》本《荊川集》卷二《題贈施心菊醫士》：「聞道仙翁昔種菊，君今對菊獨凄神。蕭條三徑猶含露，悵望深秋似有人。肘後傳方多已試，鼎中留藥不嫌貧。相從何日東籬下，願乞餘香慰病身。」

黄花可傲霜，清�可醫俗。掩映拳石間，天肰此芳躅。何事採東籬，始卻五斗粟。何事行渭川，乃饞千畝足。對此丰標思不羣，知君不受相廹促。我生亦有老米癡，奇石妙墨當拜之。肯令壽客青士石丈叟，笑我島瘦白俗無新詩。咸豐九年己未，暮春天氣，西園日落，與眉仙散步菜畦桑陌間，遥見茆店烟炊，野塘鳧浴，儼一幅趙大年山水也，皆不成詠。歸對此画，忽而興之所到，縱筆便題，又何區于是情是景耶？達觀者孔廣陶。（《嶽雪樓書畫録》卷四，《續修

四庫全書》影印清咸豐十一年刻本，第一〇八五册，第一二一頁）

⊙明陳老蓮畫生魯居士四樂圖卷

（絹本高九寸八分，長九尺一寸二分。絹凡兩接，設色工筆人物。超然遠寄等識。冷金箋行書四大字題于引首）

予友陳章侯下筆妙天下，而又不肯輕為人設一筆，獨見我生魯先生，忻然為繪四圖，且索題於予，因為之取次題曰：「手君南游草，百展百廻好。多應舔筆時，此嫗先了了。」

解嫗。（篆書二字一行）

苦吟費神思，且乏天真好。老僧善聽琴，又遜此嫗了。（行楷書分二行）

薄飲取唫止，散少復恣行。問君奚卉服，還山弄月明。

醉吟。（篆書二字一行）

廬山草堂就，不出堂外行。醉中喜浩唱，情理頗清明。（行楷書分二行）

好音不宿耳，松風入林響。能忝到曲終，數峯自江上。

講音。（篆書二字一行）

翠濤酒一盃，紅囱影一響。知聲活入神，秋老層臺上。（行楷書分二行）

取向軍持插，攀留色與香。馮將無住法，權立駐顏方。會稽唐九經題。

逃禪。（篆書二字一行）

人謂蓮花氣，我曰旃檀香。每逢無法時，乃理不住方。（行楷書分二行）

李龍眠畫白香山四圖，道君題曰：白老四樂。洪綬以香山曾官杭州，風雅恬澹，道氣佛心，與人合體，千古神交，為生翁居士倣其意寫之，屬門人嚴湛兒子陳名儒設色。時己丑仲冬也。山民洪綬。（行楷書，分五行）

敏一詩中有畫，章侯畫中有詩，已為我生魯屋士寫炤傳神，益以頰上三毛矣，老僧更從何處闢口，無已，請就四圖舊韻，重拈以當贊歎，可乎？

解嫗

寥叶春池草，静枀句自好。正爾索解人，了然有嫗老。

醉唫

插花還倚杖，吟罷再行行。深得醉中趣，郫肯讓淵明。

講音

氣聽惟搔癢，聲傳空谷響。誰能眼裹開，扶摇如鵬上。

逃禪

無任森森住，更徵曹水香。禅機甯滯坐，解脱是真方。

密印道人等識。原名增志。題於時巖精舍。

神傳阿堵，者先生丰采，怡然莞尔。靄靄春風如入座，相對頓忘塵滓。如許丹青，老蓮獨步，妙技真觀止。平生樂事，却憑將畫圖紀。　記取醉裏行吟，詩成脱稿，嫗也諳辭旨，度曲聆音，閒顧倸律吕。評量宫徵，偶愛禪機，時叅佛法，緣結皆歡喜。樂天生魯，古今芳濁堪比。右題老蓮寫生魯屋士四樂圖，調寄壺中天。孔廣陶。（《嶽雪樓書畫録》卷五，《續修四庫全書》影印清咸豐十一年刻本，第一〇八五册，第一三三～一三四頁）

智按：孔廣陶，字鴻昌、一字懷民，號少唐，别稱少唐居士，廣東南海人。孔子第七十代孫。藏書處稱「三十三萬卷書堂」，又有「嶽雪樓」，與伍崇曜「粤雅堂」、潘仕成「海山仙館」、康有為「萬木草堂」，合稱「廣東四大藏書家」。

平步青（一八三二～一八九六）

《霞外攟屑》

⊙王蓮生編修

福山王蓮生編修（懿榮），西舶中丞（兆琛）孫，蓮塘觀察（祖源）子，癸酉順天副元，捐户部員外郎。己卯、庚辰，連捷，館選。癸未授職，晉撫張香濤密摺保舉中外人才五十九人，編修父子皆與焉。甲申二月二十二日邸鈔，載其奏請京官津帖銀兩作正開銷，中云：「夫自視太薄者，予人亦將不厚。臣節日卑，則臣道不立；臣道不立，則治安難期。」又云：「臣之值此，豈敢重有所矯。蓋重有所矯者，必有所甚貪；有所甚貪，遂不可問。」持論與去歲盛庶子（昱）、張中丞兩摺同，而不欲得津帖，及欲得津帖，未曾明說，不知其命意所在。瑯耽謂，《學林》云：白樂天作《策林》，欲官吏清廉，然又謂凍餒切於身，雖巢由不能固其節，何其言之不類耶？……（《霞外攟屑》卷二執香峪話，上海古籍出版社一九八二年版，第一六三～一六四頁）

⊙耳諧

《耳諧》八卷，胡薏園纂，薏園不知何名。其書似《梅影》更遜。中如温泉觀察肯喫苦、夢想、朱陳聚訟、鑒鬼異證、完璧信誓、奇逢、掘藏、謙厄（同邑胡薏園，則又似出它人記載，卷八同）、劫悟、秋風自悼（演《石頭記》寶黛二玉事，蔣秋舫澐長慶體七言長古頗佳）、花二郎（亦指寶玉，申報館本無）、子星梅夢（仿《志異・香玉》）諸則，尚可翫。餘如巧騙（襲《新齊諧》）、伶人傑識（卽畢弇山事，易桂官爲馥郎）、崇明老人（本《三魚堂集》而異）、士女冤獄（《春草堂筆記》、《里乘》、《談屑》皆同）、狀元居心異（本《池北偶談》卷十九）、棄弟成名，平涼無郭姓子，以衞姓大興籍館選者，不知何本。慮奴輕一則，收處最得神。光緒戊寅十月，巢縣汪逸如（人驥）以西人活字版排印，而誤署其名爲平湖馮梓峰之《昔柳摭談》，則張冠李戴，貽誤後人。異日馮書復出，真贋反致聚訟矣。（縊鬼禁賭賊，本《翼駉稗編》卷一。談迂、白晝鳴鑼、連殺二命，事本□□。近《夜雨秋鐙續録》卷四「坐地虎」條本之。侍御受侮，本《翼駉稗編》卷三。花墅給諫、陳侍郎以理折鬼兩條，異僧善捕，仿漁洋文略劍俠）（《霞外攟屑》卷六玉樹廬芮録，上海古籍出版社一九八二年版，第三八八頁）

⊙黄漳浦文謌

漳浦黄忠端集有《邑侯汪彦輔制義後序》云：裴晉公與退之同事淮西，未嘗一賡篇什。司馬温公與子瞻同居玉局，未嘗一論文字。庸按，《昌黎集》有《奉和裴相公東征經女几山下作七絕》一首，晉公原倡未見。據《蔡寬夫詩話》云：《白樂天集》載其一聯云：「待平賊壘報天子，莫指仙山示老夫。」又有《晉公破賊回，重拜台司以詩示幕中賓客愈奉和七律》一首，其後又有《奉使鎮州行次承天行營奉酬裴司空》七絕一首，《奉和僕射裴相公感恩言志》五律一首，《和僕射相公朝迴見寄》五律一首，是昌黎與晉公雅契，同涉艱危，樹功業，其於當時朝局，元老苦心，有知之最深者，故篇什往還頗多，李漢輯公集，未必悉見，不獨淮西幕府，刁斗聲中，傳箋擊鉢，好整以暇也。漳浦云：未嘗一賡篇什，何耶？……（《霞外攟屑》卷七上縹錦廛文築上，上海古籍出版社一九八二年版，第四八八頁）

⊙言大非夸

蘇文忠公《六一居士集敘》云：「歐陽子論大道似韓愈，論事似陸贄，記事似司馬遷，詩賦似李白。此非余言也，天下之言也。」數語推崇六一，所謂言大非夸也。此段文法，本柳州《陳京行狀》云：「其忠類朱雲，其孝類潁考叔，其廉類公儀休。」後人多效之，如劉忠端公恒岳《朱公（燮元）墓誌銘》云：「蓋嘗竊論，公沈毅如魏公，忠誠如汾陽，練達如文饒，廉正如孝肅，而將略大類趙營平，允爲本朝經濟名臣冠冕。黄俞邰目周櫟國（亮工）吏事精能、撫輯殘黎則如張乖厓，其屢更槃錯、乃別利器，則如虞升卿，其文章名世、領袖後進，則如歐陽永叔，其博學多聞、窮搜遠覽則如張茂先，其風流宏長、坐客恒滿則如孔北海，其心好異書、性樂酒德，則如陶淵明，其敦篤友朋、信心不欺，則如朱文季，其孺慕終身、友愛無閒，則如荀景倩、李孟元，至其登朝未久、試用不盡，則如范希文，而遭讒被謗、坎壈挫折，又如蘇長公。」《蠶尾續文》（卷十）《文靖王公（熙）神道碑銘》云：「公入相，值滇寇甫平，民思休息。公爲政務，以寬大和平宣上德意，清静如蕭曹，奉行故事、寬大好禮如丙魏，文雅如謝太傅，不喜生事如李文靖，雅量有容如王文正，近今稱賢相者，無以逾公。」又卷十一《念東高公（珩）神道碑銘》云：「大抵公齊物似莊生，平等似調御，三樂似榮啟期，坐人春風中似程明道，樂道人善似邵康節，耽禪悦似晁文元、蘇文忠。」彭士望《方輿紀要序》云：「其膽似韓稚圭，智似李長源，德量似婁師德，清操似盧懷慎，寬静似謝安石，而絶意聲色，不事矯情，奇才博學似王景略，雖去桓温，必不爲苻堅所用，祖范之人如是。」秦松齡《陶紫司（元淳）墓志銘》云：「余嘗謂君議論如賈長沙，政事如元道州，文章如范蔚宗，而沈淪一官，賫志以歿，可歎也。」鄭梁《南雷文案敘》云：「因與斯大舉有明一代之文，與先生之文，而私論之曰：金華之學有其博贍而無其精深，甯海之氣有其浩蕩而無其沈摯，姚江之識有其高超而無其典實，吉水之養有其蘊藉而無其風華，玉峰之神有其簡潔而無其雄厚，毘陵之才有其快利而無其堅凝，而要之原本於六經，取材於百氏。」查慎行《曝書亭集敘》云：「蓋嘗錯綜人物而比量之，其博物如張茂先，多識如虞祕監，淹通經術如陸德明、顏師古，熟精史乘如劉知幾、劉原父兄弟，貫穿今古明體而達用如馬鄱陽、鄭夾漈、王浚儀，而乃濟之以班馬之才，運之以歐曾之法。藍鼎元《寒支先生傳》論：「文章如韓，心事如屈，志節之清高，與管幼安伯仲矣。」全祖望《臨川李公（紱）神道碑銘》云：「嘗謂公之生平，盡得西江之裘冶，學術則文達文安，經術則盱江，博物則道原原父，好賢下士則兖公，文章高處偪南豐，下亦不失爲道園，而堯舜君民之志，不下荆公，剛腸勁氣，大類楊文節。」所謂言大而非夸者，吾言是也。又《李杲堂先生軼事狀》（集外文卷十一）云：「嘗謂先生一生流離國難，則宋之謝翱、鄭思肖，委蛇家禍則晉之王裒，唐之甄逢，周旋於忠義之間，則漢之云敞閻子直。」又《冬心居士寫鐙記》（集外文卷二十二）云：「錢唐金君壽門，畸士也。其博學好古如楊南仲，古文辭似孫可之，詩似陸天隨，其磊落似劉龍洲，潔似倪迂，尤喜狎邪之游似楊鐵厓，而其癡甚篤，遠似顧長康，近似酈湛若。」吳鼒《卷施閣乙集題詞》云：「朴質若中郎，遒宕若參軍，肅穆若燕公。」陳壽祺《重編黄漳浦遺集敘》云：「嘗論公德性似朱紫陽，氣節似文信國，經術似劉子政，經濟似李忠定，文章似賈太傅、陸宣公，非獨以殉國震耀宇宙。又以公之學與文在勝朝，當與劉誠意、方正學上下馳騁，與國家相爲終始，不可以成敗興亡言也。」鄧顯鶴《南邨草堂集》卷八《船山遺書目録序》：「先生刻苦似二曲，貞晦過夏峰，多聞博學，志節皎然，不愧顧、黄兩先生。」《書陳恪勤公讀書圖小像後》云：「公質直不阿如汲長孺，剛方不撓如包希仁，宏獎風流、愛才如命如歐蘇兩文忠公。」金安清撰《周文忠公傳略評》曰：「公之當大事厚重如周勃，剛直如汲長孺，愛惜士類、嚴斥僉壬如李元禮、范孟博，蕩佚簡易如班定遠，盛德仁心如丙丞相，而年登大耋，遭際聖明，則馬伏波所不逮也。公之風力，兩漢人有其彷彿；六朝而後，真性漓矣。」吕文節公（賢基，見《燕下鄉脞録》卷十四）言：「石洲經似賈長頭，考史似劉子玄，論地理似酈善長、王伯厚，論治體似陸敬輿、白居易，行詣卓絶，文詞瑰偉，則又似蕭穎士、徐仲車。」薛叔耘觀察（福成）代李合肥草《曾文正公事迹疏》云：「竊嘗綜敘曾國藩之爲人，其臨事謹慎，動應繩墨，而成敗利鈍，有所不計，似漢臣諸葛亮，然遭遇盛時，建樹宏闊，則又過之。其發謀決策，應物度務，下筆千言，窮盡事理，似唐臣陸贄。然涉歷諸艱，親嘗甘苦，則又過之。其無學不窺，默究精要，而踐履篤實，始終一致，似宋臣司馬光。然百戰勳勞，飽閱世變則又過之。」此外別集似此者夥，就所引言之，援列古人，品騭貴當，而文筆又宜變化，自出新意，則效頻夷光，無嫌唐突，若其人未得古人之似，而諛墓點鬼，則千秋論定，來者難誣。況取文忠文，而生吞活剝之，壽陵學步邯鄲，又奚以為。臨川弟紘《穆堂初稾敘》云：「兄生平志荆公之志，以皋夔自命，立朝風節似歐陽文忠公，居家孝友似曾文定公。」黄之雋敘云：「先生於文取永叔、子固，於命世之志取介甫，於學術取子靜，不出其鄉，而奄有前古。」《謝山先生碑文》全本二敘，末句直用文忠語，所謂文家點破法也。謝山與臨川石交，不下蘇之於歐，推崇語似過當，而實切臨川生平，故不嫌其襲，若黄之於櫟園，彭之於宛谿，其書具在，天下後世可欺乎？（《霞外攟屑》卷七下縹錦廛文築下，上海古籍出版社一九八二年版，第五四一～五四三頁）

⊙不嫁惜娉婷

《升菴全集》卷五十八：杜子美詩：「不嫁惜娉婷」（庸按，《秦州見勑目薛三璩投司議郎畢四曜除監察與二子有故喜遷官兼述索居凡三十韻》，上句：「喚人看騕褭」）。此句有妙理，讀者忽之耳。陳後山衍之云：「當年不嫁惜娉婷，傅粉施朱學後生。不惜捲簾通一顧，怕君著眼未分明。」深得其解矣。蓋士之仕也，猶女之嫁也。士不可輕於從仕，女不可輕於許人也。著眼未分明，相知之不深也。古人有相知之深，審而始出，以成其功者，伊尹、孔明是也；有相知不深，確乎不出，以全其名者，嚴光、蘇雲卿是也。有相知不深，闖然以出，身名俱失者，劉歆、荀彧是也。白樂天詩：「寄語癡小人家女，慎勿將身輕許人。」（庸按《新樂府·井底引銀瓶》，語，應作言）亦子美之意乎？庸按，《苕谿漁隱叢話》前集卷五十一引《王直方詩話》云，無己嘗作《放歌行》兩篇，其一云：「春風永巷閉娉婷，長使青樓誤得名。不惜捲簾通一顧，怕君著眼未分明。」其一云：「當年不嫁惜娉婷，傅白施朱作後生。説與旁人須早計，隨宜梳洗莫傾城。」山谷云：「無已他日作詩，語極高古。至於此篇，則顧影裴回，衒耀太甚。」是陳詩凡兩絶句，升菴删合爲一。《康熙字典》女部婷字下本之，《隨園詩話》卷十一止録前一篇，不知後篇意尤深遠也。（《霞外攟屑》卷八上眠雲舸釀説上，上海古籍出版社一九八二年版，第五七六～五七七頁）

⊙青邱詩

《甌北詩話》卷八：李青蓮詩，從未有能學之者，惟青邱與之相上下，不惟形似，而且神似。青蓮樂府及五古，多主敘事，不著議論，蓋用古人「意在言外」之法。此古詩正體也。青邱樂府及《擬古十二首》、《寓感二十首》、《秋懷十首》、《詠隱逸十六首》，亦只敘題面，不復於題面内推究意義，發揮議論。如詠向長，則但説長之畢昏嫁、游名山。詠周黨，則但説黨之辭徵聘、樂田里。而一種邁往高逸之致，自見於楮墨之外，此正是學青蓮處。七古内如《將進酒》、《將軍行》、《贈金華隱者》、《題天池石壁圖》、《登陽山絶頂》、《春初來》、《憶昨行》等作，置之青蓮集中，雖明眼者亦難別擇。然青邱非專學青蓮者，如《游龍門》及《答衍師見贈》等作，骨堅力勁，則竟學杜。《太湖》及《天平山》、《游城西》、《贈楊滎陽》、《寄王孝廉乞貓》等作，長篇强韻，層出不窮，無一懈筆，則又學韓。《送徐弋往蜀山書舍》，古體帶律，奇峭生硬，更與昌黎之《答張徹》，如出一手。集中本有《效樂天體》一首，又《聽教坊舊妓弟子陳氏歌》一首，亦神似長慶。《中秋玩月張校理宅》，又似李義山。《玉波冷雙蓮》及《鳳臺曲》、《神絃曲》、《秦筝曲》、《待月詞》、《春夜詞》、《黑河秋雨引》，又似温飛卿。《蔡經宅》及《書夢贈徐高士》、《送李外史》等作，又皆似《黄庭經》，可見其挫籠萬有，學無常師也。

庸按，歸愚《明詩別裁》亦謂：侍郎詩，上自漢魏盛唐，下至宋元諸家，靡不出入其間。所選皆最上者，而五古録《塞下曲》、《悲歌》、《顧榮廟》、《支遁庵》，僅四首，七古則《憶昨行》、《寄吳中故人》、《贈金華隱者》、《聽教坊舊妓郭芳卿弟子陳氏歌》外，又《明皇秉燭夜游圖》、《登金陵雨花臺望大江》、《張中丞廟》、《唐昭宗賜錢武肅王鐵券歌》共八首，五律三首，七律五首，七絶二首，大凡二十二首，於青邱佳處未盡，不若甌北所論得侍郎之深也。查他山詩得力於蘇，而神似劍南，甌北以當十家之一，後人多訾其偏，然歸愚所録，五古一首，七古四首，七律五首，五排一首，七絶三首，大凡十四首，《敬業堂集》具在，佳篇奚止於是乎。（《霞外攟屑》卷八上眠雲舸釀説上，上海古籍出版社一九八二年版，第五八三頁）

⊙柳亭詩話

羅蘿邨（坤）《柳亭詩話敘》（康熙丁亥三月朔）云：「昔施愚山先生嘗語予曰：『凡操觚家立説著書，雖多述而不作，要必有益於見聞，有徵於典册，斯爲最上一流。』是時徐子伯調在坐，亦曰：『近來作者如雲，大率寡見尟聞，逞一時瀾翻浩瀚，不能援證古今，即其自相牴牾，殆不知凡幾。』蓋甚言述作草草，難垂永久，爲可太息耳。……岸舫推重名場，幾四十年。甲申春，客廣陵（智按：當為廣德）柳亭銷夏，著有詩話。……自三代以迄今茲，凡涉於詩句詩聯，詩之格律，詩之長短本末、名物家數，罔不兼收畢舉，而一字半語，具有根柢，正譌闕謬，裨益無窮。……且於運會興衰之際，民彝物則之恒，淵源家學，投贈綢繆，一一闌入。」庸按，岸舫此書，援證古今，頗具根柢，正譌闕謬，有裨詩家，惜間有牴牾，蘿邨敘未免阿好。庸曾採入數條，今坊間已有重刻本，此不具列。【卷一】陸宣公奏議曰：「蠶事方興，已輸縑稅；農功未艾，遽欲穀租。」「有者急賣而秏其半直，無者求假而費其倍酬。」夷中蓋用其語，後四句則與李紳全同。【卷二】「雨過草芊芊，連雲鎖南陌。門前君試看，似妾羅裙色。」此江總妻詩也，具此才情，當日必與袁大捨輩倡和，而何以別無流傳也。白香山「誰開湖寺西南路，草緑裙腰一道斜」用其語意。（《霞外攟屑》卷八上眠雲舸釀説上，上海古籍出版社一九八二年版，第五八七頁）

⊙陳慕陵詩

《柳亭詩話》卷三云：「文信國集杜有二百首，王文節思任集陶爲律三十四首，沈太常延銘集唐至數十卷，各體皆備，施廣文端教集唐至三千首，皆絶句。」（智按：見《清詩話三編》第二〇四頁）（《三岡識略》卷五云：施字匪莪，泗上人，《嘯閣集》所載，多至萬首。董所載《吳門懷古贈人》，即七律二首，柳亭之言未核）無波徵君之舉鴻博也，以鍾中丞見其春、夏、秋、冬登黄鶴樓，集唐三十二首，愛而薦之。

春云：

江邊黄鶴古時樓（白居易），崔顥題詩在上頭（無名氏）。一自神仙留笑語（李山甫），至今鄉土盡風流（李遠）。吟哦但寫胷中恨（許堅），簡貴將求物外遊（韓偓）。莫道昔人曾閣筆（嚴維），才非白雪也賡酬（張泌）。

高樓突兀倚晴空（李中），豁目開襟許暫同（令狐楚）。丹壑樹多風浩浩（許渾），緑楊煙暗雨濛濛（韋莊）。數聲清磬是非外（貫休），一縷鴻毛天地中（白居易）。黄鶴有心多不住（劉滄），欲將遺跡問仙翁（張泌）。

敞盡軒窗四望賒（來鵬），大江横抱武昌斜（魚玄機）。鳳皇山上雲垂暮（高蟾），鸚鵡洲頭浪颭沙（劉禹錫）。渡口殘陽千鷺跡（張南史），雨中春樹萬人家（王維）。難摹好景獨搔首（白居易），欲借江郎五色花（陳羽）。

黄鶴心期擬作羣（皎然），仙鄉來禮紫陽君（李中）。誰知野性真天性（杜牧），抛卻青雲歸白雲（白居易）。明月斷魂清靄靄（高蟾），落花飛絮亂紛紛（鄭谷）。樓頭賸有情難説（楊汝士），徒望朝嵐與夕曛（李商隱）。

萬里迷魂不可招（胡宿），我心懸旆正搖搖（杜牧）。陳琳草奏才還在（戴叔倫），王粲辭家鬢已凋（韋莊）。濁水清塵難自合（白居易），高情野鶴共逍遥（張籍）。登樓愈覺愁難遣（薛能），腸斷春風爲玉簫（曹唐）。

十二層樓倚翠空（天喬），上清那與俗塵同（元和内人）。川原繚繞浮雲外（盧綸），城闕參差晚樹中（武元衡）。草木盡能酬雨露（王維），山河無力爲英雄（歸仁）。鶴歸華表青山暮（錢珝），回首殘陽雉堞紅（梅白）。

舊事無人可共論（韓愈），有誰傾蓋待王孫（韋莊）。情多莫舉傷春目（張泌），地迥難招自古魂（韓偓）。淺薄將何稱獻納（皇甫冉），榮枯安敢問乾坤（羅隱）。杜陵廣厦平生願（殷文圭），燕雀心知不敢言（章碣）。

未妨惆悵是清狂（李商隱），白日難留鬢欲蒼（李昭象）。孤棹自遲從蹭蹬（李中），大鵬須息始開張（黄滔）。休將世路悲多梗（張泌），且放歡情入醉鄉（劉兼）。江上有樓君莫望（陸龜蒙），楚天無限更斜陽（聶夷中）。

夏云：

樓臺隱映接天居（錢起），到此煩襟已盡除（李中）。埽卻白雲歸洞壑（聶夷中），乘將黄鶴上清虚（萬楚）。曲闌高棟塵難到（張昭），水碧山青畫不如（韋莊）。早夏我當逃暑日（白居易），自收靈藥讀仙書（張籍）。

吴山楚水意何窮（清江），雨過閒樓看晚虹（盧綸）。更有好風來枕簟（李中），别無塵士翳虚空（韓偓）。一江帆影殘霞外（吴融），千樹蟬聲落日中（鄭良士）。能就此中清暑否（白居易），卻疑身在廣寒宫（胡宿）。

漢江之水緑于苔（羅隱），破浪千層陣馬來（杜牧）。隔岸人家聚煙火（馬懷素），繞城山色動樓臺（温庭筠）。高窗四面清風入（武元衡），大嘯一聲懷抱開（許渾）。獨倚闌千飛鳥外（楊鎰），不知身世是蓬萊（張昕）。

樓下長江百丈清（錢起），雲開遙見漢陽城（盧綸）。雷聲忽送千峰雨

（杜甫），暑氣漸消四體輕（施肩吾）。野霧過時千樹黑（靈一），怒濤衝去客魂驚（劉商）。殷勤説與雙飛燕（孟夕蘭），如此風波不可行（李白）。

頑仙惟恐鬢成霜（陸龜蒙），逃出紅塵入睡鄉（李咸用）。一枕羲皇容我傲（白居易），兩丸烏兔聽渠忙（太上隱者）。寰中可有壺中大（劉禹錫），塵夢那知鶴夢長（曹唐）。日落高樓猶未醒（王建），等閒何處得靈方（劉言史）。

登樓攜酌日躋攀（喬林），身與浮雲處處閒（靈一）。江上莫帆斜捲席（方干），湖中西日倒銜山（崔珏）。長疑好事皆虚事（李山甫），須信人間比夢閒（劉禹錫）。避暑卻來清靜域（貫休），來游此地不知還（杜甫）。

相望長吟有所思（柳宗元），凭高那得更無詩（孫逖）。樓中飲興因明月（劉禹錫），夢裹招魂讀楚詞（劉長卿）。豈有文章驚海内（杜甫），更無書劍客天涯（許渾）。年如流水催人急（羅隱），不爲愁人少住時（戴叔倫）。

離人六月已驚秋（姚揆），到處消魂感舊游（李後主）。聚散有期雲北向（許渾），往來無計水東流（施肩吾）。長卿未達終須達（王勃），宋玉多愁亦自愁（李商隱）。莫訝偏吟望鄉句（蔣吉），望鄉孤客倚高樓（韋莊）。

秋云：

萬宇千門平旦開（馬懷素），披風如在九層臺（趙嘏）。江湖水落高樓迥（許渾），城闕秋生畫角哀（李紳）。亦謂神仙同李郭（陸龜蒙），永言交道契陳雷（黃滔）。自慚未得沖虚術（李中），斜凭闌干首重回（李山甫）。

郡城南下接通津（柳宗元），風物清秋入夢頻（劉兼）。好鳥共鳴臨水樹（顧況），夕陽吟煞倚樓人（韋莊）。莫言白日虚華髮（曹唐），不道紅塵老此身（宋邕）。試問酒旗歌舞地（李賀），世情誰是舊雷陳（元稹）。

中秋欲暮見湘煙（李頻），百尺樓高水接天（李商隱）。漢口夕陽斜度鳥（劉長卿），楚天煙火亂停船（陳羽）。傷心闊別三千里（韓偓），屈指依稀十五年（劉兼）。記得故園秋正好（趙嘏），香鑪峰正宅門前（白居易）。

天遠樓高宋玉悲（温庭筠），青山常對卷簾時（劉長卿）。世如逝水應長歎（白居易），心似孤雲任所之（陸龜蒙）。莫學魯人疑海鳥（羅鄴），空教楚客詠江籬（李商隱）。年來深負黃花約（張祜），卻返漁舟計已遲（滕倪）。

秋來倍憶武昌魚（岑參），重到南樓十載餘（戴叔倫）。吟月嘲風先要減（白居易），登山臨水復何如（郎士元）。已懷湘浦招魂事（吳融），莫讀離騷失意書（劉兼）。欲就麻姑買滄海（李商隱），片雲孤鶴肯相於（劉得仁）。

高樓懷古更悲歌（張喬），江上秋風長白波（白敏中）。文字豈勞諸子重（許渾），飛騰無奈故人何（杜甫）。滔滔逝水隨萍梗（劉兼），擾擾車塵負薜蘿（温庭筠）。莫倚善題鸚鵡賦（嚴武），生涯心思已蹉跎（劉長卿）。

華表雲深鶴夢長（戴叔倫），秋江煙景晚蒼蒼（牟融）。歸鴻欲度千門雪（李頎），旅服從沾九日霜（張南史）。赤葉黄花隨野岸（李端），碧樓紅樹倚斜陽（趙嘏）。騰身轉覺三天近（李白），始與回頭向玉皇（羅隱）。

片雲孤鶴兩難留（武元衡），因向此隅建此樓（韓偓）。海外徒勞尋閬苑（司空曙），人間亦自有丹邱（韓翃）。珠簾繡柱圍黄鵠（杜甫），金勒銀鞍控紫騮（崔液）。聞道神仙不可接（張説），騎龍卻憶上清游（沈彬）。

冬云：

水國初冬和煖天（陸龜蒙），憑高一望總茫然（劉兼）。江中白浪如銀屋（李白），樓外青山似舊年（唐球）。幾處帆檣喧夏口（李頻），萬家煙火滿晴川（韋應物）。心游目送三千里（温庭筠），何處風光不眼前（王表）。

雨雪初晴望漢陽（李涉），一天寒雪下瀟湘（皇甫曾）。樹圍水際人煙黑（李建勳），日滿樓前江霧黄（杜甫）。今日偶攀塵外契（姚合），莫年初信夢中忙（許渾）。也知得意須乘鶴（羅隱），欲向瑶臺路渺茫（王初）。

利門名路兩難凭（白居易），醉向高樓醒復登（劉寛）。世事茫茫難自料（韋莊），生涯擾擾竟何能（鄭谷）。致身霄漢真無策（戴叔倫），論道同心少有朋（于蘭）。呵凍且吟冰雪句（清塞），寒山半出白雲層（劉滄）。

懷古登樓更寂寥（東方虯），當年霸業已全消（羅隱）。漢江水闊吳山遠（王建），夏口城銜楚塞遙（李頻）。割據一方勞戰伐（劉長卿），興亡往事問漁樵（司空圖）。可憐赤壁爭雄渡（杜牧），惟有月明吹洞簫（韋莊）。

臨江高閣瞰千尋（盧藏用），積雪窗前盡日吟（許渾）。落木蕭疏從上下（包何），亂帆爭疾競浮沈（李紳）。風波久佇濟川楫（石貫），霄漢常懸捧日心（錢起）。黄鶴樓中吹玉笛（李白），故園書絶到如今（胡曾）。

上樓高望往來船（白居易），雁度寒江擬雪天（賈島）。零落梅花過殘臘（李頻），模糊樹色入荒煙（孫逖）。座中醉客延醒客（李商隱），鏡裏今年老去年（郭鄖）。自是不歸歸便得（崔塗），故鄉朝夕有人還（章碣）。

江上仙翁去不回（崔曙），人間空自造樓臺（羅鄴）。那知塵裏無窮事（劉得仁），且盡生前有限杯（杜甫）。李白雖然成異物（曹松），費禕終是負仙才（羅隱）。孤吟盡日無人會（韋莊），三楚空江有雁來（張喬）。

詞客如今迹尚留（劉長卿），不知經歷幾千秋（王昌齡）。青山碧水渾無恙（耿湋），去燕來鴻各自愁（李咸用）。便要乘風生羽翼（高駢），更凭飛夢到瀛洲（胡宿）。神仙若見應惆悵（韋莊），此地空餘黄鶴樓（崔顥）。

徵君集唐最工，層見疊出，語意新奇。咸豐辛亥，予見其全稿於酬字堂，卷如束筍，蓋不下數千首。八卷，其定本也。永年以玉賈起家，擁有厚貲，而不暇刊其全集，杜子閑谷（璜）與余善，方欲節録其佳者入釀説，而七月廿九夜堂燬於火。徵君著述及已刻板片，均付焚如。惜哉！積一生之精力，成此可傳之作，而不得與唐堂《香屑集》競爽並稱，著述之傳不傳，洵有命也夫！（《霞外攟屑》卷八下眠雲舸釀説下，《續修四庫全書》影印上圖藏民國六年刻香雪崦叢書本，第一一六三册，第六二七～六二九頁；上海古籍出版社一九八二年版，第六〇〇～六〇五頁）

⊙沈芸閣方伯集唐

歸安沈芸閣方伯（鎔經），題陳晝卿觀察室《緑雲山房詩草》集唐四律云：

腸斷千休與萬休（韋莊），衹因惆悵對銀鉤（李冶）。鴛鴦有伴誰能羨（女哀），蟋蟀何知人自愁（戎昱）。聚散有期雲北去（許渾），浮沈無計水東流（魚玄機）。畫堂昨夜西風過（馮延巳），桐樹心孤易感秋（曹鄴）。

總向紅箋寫自隨（薛濤），衹因幽恨在新詩（步非煙）。謝家詠絮徒相比（姚合），潘岳悼亡猶費詞（元稹）。比目鴛鴦真可羨（盧照鄰），冷猿秋雁不勝悲（嚴武）。長嗟人與絃俱絶（劉禹錫），恐是仙家好别離（李商隱）。

玉枕長拋未續絃（劉禹錫），多情信有短姻緣（鮑家四絃）。落花不語空辭樹（白居易），明月無情卻上天（薛逢）。永晝迢迢無一事（韋莊），春愁黯黯獨成眠（韋應物）。沙窗衹有鐙相伴（裴説），舊事思量在眼前（白居易）。

等閒裁破錦鴛鴦（施肩吾），知道浮雲不久長（王蘊秀）。疑是落花還碧洞（趙生），忍看新草徧横塘（獨孤及）。勸疏杯酒知妨事（羅鄴），閒把荆辔益自傷（李商隱）。天上人間不相見（崔顥），欲將身贖返魂香（竇鞏）。

以作題詞，似涉空泛，以之悼亡，則尋常閒淡語，傷心飲恨人讀之，愁腸欲斷矣。（《霞外攟屑》卷八下眠雲舸釀説下，上海古籍出版社一九八二年版，第六三九頁）

⊙鍍金

《升庵全集》（卷六十六）：《唐六典》：有十四種金，曰銷金，曰拍金，曰鍍金，曰織金，曰研金，曰披金，曰泥金，曰鏤金，曰撚金，曰創金，曰圈金，曰貼金，曰嵌金，曰裹金。庸按，《廣韻》：「鍍，徒故切，金飾物也，字又可作塗。」《集韻》：「塗，又徒故切，音渡。」張衡《思玄賦》：「雲師䨴以交集兮，凍雨沛其灑塗；轙琱輿而樹葩兮，擾應龍以服路。」《摭言》：李紳《答章孝標》詩：「假金只用真金鍍，若是真金不鍍金。」白居易《新樂府·西涼伎》云：「刻木爲頭絲作尾，金鍍眼睛銀帖齒。」則且以之入詩矣。今鍍金、織金、泥金、貼金、裹金五種，無人不知，餘無聞矣。（《霞外攟屑》卷十玉雨淙釋諺，上海古籍出版社一九八二年版，第六八四頁）

⊙頂馬　坐馬

《西雲札記》卷一：《隨園隨筆》以越語越王親爲夫差前馬爲頂馬。按，《夏官》「齊（應作戎）右，凡有牲事，則前馬」，謂居馬前卻行，備驚奔也。《昏禮》「執燭前馬」，亦謂徒役持炬火居前，照道而已，非前導也。惟《夏官》「太僕，王出入則自左馭而前驅」，注：「前驅，如今道引也。」《徐無鬼》「張若謵朋前馬」，注：「二人先馬導也。」此爲引馬之始。《東京夢華録》：「先一人空手而出馬，謂之引馬。」白居易詩：「坐猒推囚案，行嫌引馬塵。」此「引馬」二字所出。隨園疏於考核，且以「引馬」誤爲「頂馬」，不典之甚。《會典》四品無前引，後從二人，五品以下，後從一人。《宋書·江夏王義恭傳》：「平乘誕馬不過二。」《演繁露》：「誕馬猶徒馬，今外官儀從有散馬，前行名坐馬，亦曰引馬，即但馬也。」《遼史》作「鞚馬」。今兵部火牌勘合奉使者，亦有坐馬一匹。（《霞外攟屑》卷十玉雨淙釋諺，上海古籍出版社一九八二年版，第七〇八頁）

智按：平步青，字景蓀（一作景孫），山陰（今浙江紹興）人。同治元年（一八六二）壬戌進士。歷官江西糧道，並署布政使。後辭職家居，校輯群書，從事撰述，有《越吟殘草》。輯有《香雪崦叢書》等。所著筆記《霞外攟屑》，即收入該叢書中。生平見謝國楨《平景孫事輯》（中華書局上海編輯所一九五九年十一月版《霞外攟屑》附）。

丁丙（一八三二～一八九九）

《十一月三日放雞用白香山贖雞韻》

太歲今在酉，宜酒解冗繁。醉餘懶起舞，那辨東昇暾。孳孳厭城市，喈喈思鄉村。淨瓶甘淡薄，膩鼎洗煩冤。行謝止宿仲，老請學圃樊。喜聽烏鵲噪，惡逐鷹集翻。偶來鬻鷄者，肩籠息吾門。籠雞十四隻，隻隻聲暗吞。羽毛縱豐滿，羈如入苙豚。青錢損五貫，買放給孤園。飲啄適其性，牛刀免戲言。事恰類白傅，詩故敢並論。啼聲忽到耳，同感大生恩。（是日歸陳氏女產一男）（《松夢寮詩稿》卷六，《續修四庫全書》影印清光緒二十五年丁立中刻本）

《善本書室藏書志》

⊙唐宋白孔六帖一百卷（明刊本）

《文獻通考》:「《六帖》三十卷，唐白居易撰。」「《後六帖》三十卷，宋知撫州孔傳撰。」此本合兩爲一，又以六十卷增作百卷。殆出於南宋之末。《白氏六帖》舊有元祐五年博平王安世序，今已佚。此本冠以韓駒序，乃專刻孔帖，明證晁公武《讀書志》稱:「居易原本不載所出書，曾祖父祕閣公爲之注，行於世。」公武自述家事，當必不誤。（《善本書室藏書志》卷二十，《續修四庫全書》影印清光緒二十七年錢塘丁氏刻本）

⊙白氏文集七十一卷（東瀛刊本）

白居易撰。居易字樂天，太原下邽人。貞元十六年補校書郎。元和中，召拜翰林學士。歷左拾遺，貶江州司馬。轉中書舍人，知制誥，除杭州刺史。召還，遷刑部侍郎。會昌初致仕，卒。居易自杭州刺史還，排纂其文，成五十卷，號《長慶集》，浙東觀察使元稹爲之序。又成《後集》二十卷，自爲序。會昌五年，重記云：集有五本，一在廬山東林寺經藏院，一在蘇州禪林寺經藏内，一在東都勝善寺益塔院律庫樓，一付姪龜郎，一付外孫談閣童，各藏傳後。其日本、新羅諸國及兩京人家傳寫者，不在此記。末有陶穀述《龍門重修白樂天影堂記》。此本序後有目録，每卷首題曰「白氏文集卷第幾」，每半版九行，行十六字，目録後題十册，共七十卷，總三千五百九十四首，爲日本元和戊午七月那波道圓重刊，元和戊午當明萬曆四十六年。《經籍訪古志》據《讀書敏求記》所謂廬山本者，蓋卽此本，其實唐會昌間，已流入日本，禮失求野，益信然矣。（《善本書室藏書志》卷二十五，《續修四庫全書》影印清光緒二十七年錢塘丁氏刻本）

⊙梅屋詩稾融春小綴三稿四稿四卷舊鈔本

壺山許棐忱甫。棐，海鹽人，嘉熙中隱居秦溪，種梅數十樹，構屋讀書，自號梅屋。室中於三桁下分四楄，中垂一簾，對懸白香山、蘇東坡二像事之。積書最富，肆有新刊，知無不市。人有奇編，見無不録。詩集四卷，融春小綴與三稿，棐皆自爲小序，詩則長於近體，頗多清新之調。末綴融春雜著數篇，《百川學海》刊其《獻醜集》一種，今併附之。（《善本書室藏書志》卷三十一，《續修四庫全書》影印清光緒二十七年錢塘丁氏刻本）

智按：丁丙，字嘉魚，號松生，晚號松存，錢塘（今浙江杭州）人，一作江都（江蘇揚州）人。家世經營布業，富於資財。自幼好學，一生淡於名利，終身不仕，熱心公益事業，愛好收集地方文獻。工畫，精寫人物、走獸、山水、仕女、花卉。事親以孝聞。親歿，自寫風木龕圖，以志哀思。家多藏書，沿用祖父「八千卷樓」藏書樓，將其新增藏書名為「後八千卷樓」、「善本書室」、「小八千卷樓」，總藏書室名「嘉惠堂」，藏書近二十萬卷，被列為晚清四大藏書樓之一。有《善本書室藏書志》、《墨林挹秀録》、《松夢寮詩稿》。

蔡希邠（一八三二～一九〇〇）

《弔滕王閣》

滕王閣聳章江濱，嵯峨百尺淩城闉。珠簾卷雨今何在，畫棟飛雲跡已陳。憶昔滕王全盛時，雄州俊彩共星馳。座盡東南日歌舞，圖披蛺蝶春風熙。閻公雅望繼開宴，襜帷暫駐羅群彥。天送才人一夜風，落霞孤鶩流傳遍。後有作者昌黎伯，移刺袁州老詞客。未曾登望紀鴻篇，能使江山倍生色。自從大筆著千秋，瑰偉絕特希與儔。遂令天下豪傑士，曳袂接踵洪都遊。洪都之勝何止此，秋屏物華胥孔近。每尋名跡半邱墟，巋然滕閣靈光峙。高峙城南俯南浦，舸艦迷津競停櫓。黃龍青雀去還來，冠蓋縱橫迭賓主。到此何人不詠觴，笙歌嘹亮韻悠揚。醉覽青天瞰流水，壓簷終日西山蒼。吾儕乘興亦時至，下視閭閻低擁地。遙吟俯唱思遄飛，層巒返映長江翠。江水自流山自立，如何轉盼成遺跡。二百餘年劫火逢，遊人過客皆追惜。弔古重來舊戰場，妖氛差喜靖危疆。回首當時幾莫保（賊於癸丑年以地雷攻城，陷數百丈，幸完而殘破者凡十一郡），至今痛定猶懷傷。狐鼠狂跳恣馳騖，銷磨勝地紛無數。鳳凰台久化塵埃，黃鶴樓先委煙霧。夜月潯陽蘆荻汀，江州司馬琵琶亭。一例摧殘同瓦礫，兔葵燕麥空青青。我思亂極應交泰，荊棘潛除去民害。曾看樓榭為重興，依舊彎甌控襟帶。閣中往事雖已矣，桂殿蘭宮新更美。帝子長洲許溯洄，仙人別館容棲止。崢嶸傑構竟垂成，西山爽氣撲軒楹。憑欄細想鳴鑾度，獨立蒼茫萬古情。（《寓真軒詩鈔》卷四，光緒二十年太平思順兵備道署校刊本）

《謁湖口石鐘山昭忠祠題壁川》

石鐘山，不可攀。鎮洪濤，扼雄關。下臨流水之潺湲，上染戰血之斑斕。亭臺矗立，樓榭回環。問誰實經營締造，而使登眺者足以開心顏。爰有偉人，誕降荊楚，目擊乎天下之滔滔，而不小忍斯民之失其所。乃出膠痒，乃就戎伍。策水師有艘如龍，練水軍有士如虎。為丞相贊厥功，為天子爭此土。蓋嘗輾轉於數千百里之間，而備鏖乎六七年之苦。卒之神勇，揮日精誠，格天殄兇殘兮十萬，振勁旅兮三千。遂搗其穴，並踞其巔。慟英魂以飆逝，愴毅魄之壑填。於是祠廟建、綸詔宣，茂矣美矣，巍然煥然。而其四周也，則隨岩岫之佶屈，結廊檻以盤旋。植花蒔竹，鑿石浚泉。虛白留月，疏翠滴煙。騷人憑弔以唏悼，過客凝覽而流連。將使斯山永峙乾坤，遠齊海嶽。等道濟以為城陋，子瞻之言樂天，險式憑地，靈攸托願。

大書而特書，俾後之守是邦者，咸撫碑以相告曰：「藐兹彈丸，東南鎖鑰。」（《寓真軒詩鈔》卷五，光緒二十年太平思順兵備道署校刊本）

《潯陽甘棠湖煙水亭懷古》

甘棠遺愛流無窮，一湖煙水搖空蒙。湖心有亭瞰煙水，匡山秀列横屏風。山光倒映湖光裏，如此湖山並清美。獨惜五賢閣久成，劫灰至今憑眺空（遺址亭後，向有五賢閣，祀陶淵明、白樂天、周濂溪、王陽明、李石溪五先生）。君不見，蜃樓高刺天半青，金碧丹雘塗膻腥（新街近建樓，約半里餘）。琵琶一曲同已矣，蒼茫無外尋孤亭。（《寓真軒詩鈔》卷五，光緒二十年太平思順兵備道署校刊本）

《次韻官城丈招與其弟子善利史同訪三遊洞即呈》

彝陵坐守百無事（時已守水彌月），聊訪洞壑窮搜幽。我何敢與古賢伍，公卻恰得昆弟游（洞因白樂天攜弟知退與元微之同遊以名，今公亦攜弟與余游此）。三人千載如一轍，重岩迭嶂迎雙眸。平淮更欣不謀合（樂天碑記，系平淮西之明年，余與公奉檄入川淮西亦去年，平公另有記），歸助文思下水舟。（《寓真軒詩鈔》卷五，光緒二十年太平思順兵備道署校刊本）

智按：蔡希邠，新建（今屬江西）人。歷廣西太平府龍州同知並兼任鎮南關監督官、太平思順兵備道、廣西按察使。

譚獻（一八三二～一九〇一）

《復堂日記》

參閱吳選、管選唐詩。吳本頗不取質實之詩，故韓、白大篇往往芟削。《讀雪房詩》門庭較大，緘若侍御以微之論杜為當，所見最正，遂取元、白百韻唱和，並及飛卿。主張太過，篤信者必流入平純。（卷五，范旭侖、牟曉朋整理《復堂日記》，第一二二頁）

《合肥王氏詩徵》者：王清一寧，世襲指揮，死難；《建櫜集》詩一首，《明詩綜》録。茂粹羽雛，明諸生，與湯若士同時；《脱胎集》詩一首，見

《廬江縣誌》。召，康熙優貢生，《豔雪樓集》詩一首。杏舒倚雲，乾隆舉人，官鬱林知州；《碎稿拾存》一卷，有沉著語、跌宕語。絲言如，順治舉人，黃州司李，降裕州僉判；《年草》三卷，詩筆奇崛，尚近明末文翔鳳、王季木一流。綱思齡，順治進士，與漁洋、牧仲唱酬，官通政司參議；《覞鶴齋集》二卷，音節高亮，寄託遙深。舟泳思，官太平知縣；《巴吟》一卷，郎𨕞近樂天。（卷六，范旭侖、牟曉朋整理《復堂日記》，第一四七頁）

作《重刻舊唐書跋》，代湘鄉中丞作。自申至戌，撰《答全椒先生長律》一篇，雖不墮長慶，終覺杜陵健手去人遠矣。乃知坐論則易，措手頗難。（補録卷一，同治十一年十月十九日，范旭侖、牟曉朋整理《復堂日記》，第二五四頁）

光緒二年八月二十二日上道，輿中閱樂天詩，老嫗解，我不解。（補録卷二，光緒二年八月廿二日，范旭侖、牟曉朋整理《復堂日記》，第二七三頁）

閱碉民《中日紀事》新樂府十六章。體仿香山，沉鬱頓挫，有杜陵遺意。成本樸琢如玉過訪，方接談間，董東初來，促坐談藝。二子皆志學有緒。琢如弱冠，有韻無韻之作可期深造。稿本攜去，留《湘瑟秋雅詞》，仍屬審定。（續録，光緒二十三年十月廿八日，范旭侖、牟曉朋整理《復堂日記》，第三九二頁）

智按：譚獻，原名廷獻，字仲修，號復堂，仁和（今浙江杭州）人。同治六年（一八六七）舉人，官安徽歙縣等地知縣。晚年告歸，張之洞延主湖北經心書院。論詞依據常州詞派觀點而加以發揮。也能詩及駢文。有《復堂類稿》。又選輯清人詞為《篋中詞》。

許印芳（一八三二～一九〇一）

《詩法萃編》

樂天忠君愛國如杜子美，詩亦神似子美。史稱其「意存諷賦，箴時之病，補政之闕」，識者比之風騷焉。……至論當代詩人，惟與杜公神合志通，稱道之致，口不言師，心則以杜為模範。書中所引《石壕》、《花門》之章，「朱門」、「酒肉」之句，此類皆白詩藍本。白更擴而充之，隨事納忠，諷喻詩遂有百數十首之多，可謂善學少陵。而欲自成家數，不可不變面目。白則變為流易一派，遠遜杜之沉雄高老，是又不善變矣。流易之外，更有二病：一曰少變化。杜詩格調無雷同者，能變化也；白詩篇法往往犯復，如《秦中吟》十首，類皆著力後半，結句見意，數見不鮮，使人生厭。二曰太周切。……白詩貪多好盡，常病冗沓淺露。（臺灣新文豐出版公司《叢書集成續編》本卷六白居易《與元稹論文書》識語）

《詩譜詳說》

至於不擬古題而自創新樂府者，莫善於唐之老杜，如集中「三吏」、「三別」諸篇，就眼前事鎔鑄成詩，其神味卻是漢魏樂府。昌黎《瀧吏》、《董生》二篇，尤得漢人筆意。元、白、張、王四家，亦各創為新曲，雖不及杜韓，而皆自成一家，此又得樂府製作之本意，較擬古者高出一等，後之學者擬古固可，不擬亦可，在乎其人心思才力耳。（民國間雲南圖書館刊《雲南叢書》本卷五）

智按：許印芳，字茚山，一字麟篆，號五塘山人，雲南石屏人。同治九年（一八七〇）王先謙典試所拔舉人。光緒初官昆陽、永善儒學教諭、大理府儒學教授，後累主五華書院、經正書院、玉屏書院。有《五塘詩草》等。生平見錢用中撰墓表、秦光玉撰傳。據自序書當成於光緒十七年（一八九一）前。參見蔣寅《清詩話考》第六二二頁。

章耒（一八三二～？）

《賦賦》（以「賦者古詩之流也」爲韵）

原夫賦之爲體也，因物抒情，得天成趣。爲藝苑之附庸，寓詩家之法度。必求驅涌夫雲濤，豈貴雕鐫夫月露。賦宜諷喻，寄逸思而遙深；賦尚鋪陳，逞雄才以馳騖。自昔鴻篇俱在，拓古開今；後來蛙響爭鳴，絺章織句。蓋惟胸羅星斗，乃能擲地而成聲；倘能思動鬼神，漫說登高而作賦。

客有起而問曰：賦必經庫收羅，書倉掛撦。曷以析義于小言，曷以扶輪于大雅。才華踔啅，誰爲獨角之麟；詞藻斑爛，孰是千金之馬。披孝穆蘭成之作，無非極意描摹；讀揚雄班固之篇，又似任情揮灑。謂仲宣爲太弱，其有由乎；斥劉晝爲大愚，是奚爲者。

騷壇主人揖客而進曰：賦有權衡，亦分門戶。唐勒四藝，得四始之遺音；荀況五篇，受五經之法乳。前後漢英才蔚起，玉綴珠聯；東西京大氣盤旋，筆歌墨舞。建安七子，宏章煜耀于文囿；典午諸賢，鉅制輝煌于藝圃。莫謂新裁邱錦，體異阮嵇；還看異樣江花，口口鮑庾。既著作之成林，亦規模之近古。

自唐設制科以取士，斯賦懸格律以爲規。黄滔賦江，嘎宫商于寸楮；李程賦日，繩尺度于新詞。縱妙義之足取，究大才之所嗤。惟是太白明堂，健骨在六朝以上；少陵大禮，宏謨猶兩漢之遺。若夫宋代，寓單行于駢儷，易麗句爲清奇。雖軋茁之詞太拗，江湖之集或卑。然而赤壁兩篇，體自近于柳泉韓海；秋聲一賦，格更高于任筆沈詩。

子亦知賦之剖名理而抒旨，游太虚而運思乎？征渲染于畫家，宜鼓天機而寫意；譬經營于匠氏，先規地勢以爲基。恍如樂奏九成，貫始終而不紊；合擬將兵萬對，銜首尾以相隨。由是怒濤上激，奇雲下垂。浩氣則山川震撼，豪情則風雨横吹。專門名家，洵一代之作者；起衰振懦，障百川而東之。

然其間或成爲館閣之制，或出于山林之疇。或借事物以寄興，或因羈旅而寫憂。總之言泉欲涌，意蕊先抽。傳神阿堵之中，有情畢露；擲筆太空之表，無迹可求。有時爲太沖之賦都，揚芬鋪藻；有時爲文通之賦别，咽怨含愁。才可江而可海，思忽春而忽秋。只嫌外强中幹，易一體而虚機是弄；要使涵今茹古，試萬言而雅韵欲流。

客于是皇然退曰：今而知作賦者自判精粗，而論賦者尤嚴取捨。極詞章之能事，意爲幹而情爲條；奏宇宙之元聲，文勝史而質勝野。作拗體而失之澀，豈能象外超超；襲古貌而遺厥神，尤屬文中下下。惟我聖朝兩設詞科，廣興文社。英才如雲氣之騰，妙思似泉源之瀉。和其聲以鳴國家之盛，唐哉皇哉；獻此文以近天子之光，炳也蔚也。（鴻寶齋主人編《賦海大觀》卷十下，北京圖書館出版社，二〇〇七年七月影印上海鴻寶齋清光緒二十年石印本，第四册文學類・賦；馬積高、葉幼明主編《歷代詞賦總匯・清代卷》第

二三册，湖南文藝出版社，二〇一四年一月，第二三二二五頁）

智按：仿自白居易《賦賦》。

章耒，字韵之，號次柯，同治十二年（一八七三）拔貢生，婁縣（今上海市）人。編有《雲間詩鈔》十一卷，有清光緒初年刊本。

楊際春（一八三三～一八九〇）

《賦賦》（以「賦者古詩之流也」爲韵）

將欲馳華思于石渠，叩元音于韶頀。含今古于毫端，籠宇宙于指顧。手握珠璣之富，字錦而文珍；意同錘煉之精，經熔而史鑄。則必川岳括其心胸，雲霞繪其章句。窺造化之端倪，通鬼神于感悟。思與物游，神與天遇。紀朝廟之典章，志名物之制度。闡揚懷舊之忱，發攄思古之慕。斯所謂植六藝之根柢，爲學士之文；萃百家之精英，成詩人之賦也。

夫賦者，體導源于荀宋，詞分流于枚馬。振緒于班揚，叩端于屈賈。其叙川原城郭也，廓乎若島嶼之縈回；其紀田獵游觀也，煥乎若河源之傾瀉。義切箴規，文追風雅。而凡摛藻之才，摹擬雖工，所見皆出其下也。逮流沿于齊梁，亦才蔚于華夏。江鮑則漸啓清腴，顔謝則不免捋撦。以刻畫爲精深，寓纖密于揮灑。求如三都兩京之壯闊者實難，甘泉上林之包括者蓋寡。然江南感生世而摛辭，華林景隆平而攄寫。大匠斧斤，良工陶冶。可稱當代宏篇，不愧古之作者。

考著述于三唐，備秘藏于四部。大禮宏哲匠之篇，明堂拓詞人之宇。焜耀騷壇，輝煌藝圃。其西京之成規，東漢之遺矩乎。自制科之特開，嚴程式于去取。即韵經營，因題纂組。宮商則一字推敲，音節則片言含吐。雖鉅制之莫追，實專家之足數。宋元相承，彌難接武。或貌襲而神遺，或論拘而意腐。虚詞成綴韵之文，澀句昧體要之主。孰與頽挽流風，興揚秘府。遠征雅頌之遺，上契風騷之祖。復舊弗拘于時，不懈而及于古。

且夫心精者力果，氣盛者言宜。源深則波瀾灝瀚，根固則枝葉紛披。惟性情之悱惻，發藻采于言辭。故戚則似秋霜之肅，欣則比春日之怡，繁則若涌泉之水，簡則如老樹之枝。迅行則奮地之霆速，停蓄則出岫之雲遲。眇衆慮于衷曲，匯萬物于心思。鑒治忽于往代，閱榮悴于今時。感人事之遷變，識天運之轉移。然後伸紙風疾，揮毫露滋。托諷喻于忠愛，綜比興于風詩。

惟構思之當法，知正體之宜追。攬敷陳之大義，守麗則之前規。其遣辭也戒泛，其命意也懲卑。其立格也有則，其取材也無遺。其琢句也縝密以栗，其煉字也精粹無疵。其摹物也，微妙微肖；其繪景也，弗即弗離。操寸心而經緯，本一氣以網羅。由純而肆，寓正于奇。五音響送，十色光垂。類亭臺之遠擴，慎堂室之始基。比行伍之成列，謹帷幄之主持。緬大夫之能賦，詎壯夫之弗爲。觀陳義之甚大，知立心之不欺。懲諷一而勸百，戒居安而思危。隱隱乎，罄澄思而往矣；洋洋乎，賅衆體而備之。

乃知學宜博取，法貴精求。鶩華贍者骨乏，矜艷麗者體柔。無紆徐之度則音促，無沉鬱之響則氣浮。或鉅細之未辨，或瑕瑜之并留。既語泛而寡要，即意晦而招尤。何關規諷，有類俳優。若枝指與駢拇，爲形神之贅疣。惟裕其中而外自耀，立其幹而本先修。理精者辭贍，氣足者韵適。情文并立，華實兼收。由徐庾而窺屈宋，即漢魏而溯秦周。洵詞壇之臯朔，實藝苑之枚鄒。

我朝扇巍烈，揚洪庥。鳳儀播音于揚拜，鯨鏗振響于吟謳。宏漢京之正軌，叶虞陛之鳴球。孰不仰聖學淵深，文明普被，天章炳煥，愷澤旁流也哉。（鴻寶齋主人編《賦海大觀》卷十下，北京圖書館出版社，二〇〇七年七月影印上海鴻寶齋清光緒二十年石印本，第四册文學類·賦；馬積高、葉幼明主編《歷代詞賦總匯·清代卷》第十五册，湖南文藝出版社，二〇一四年一月，第一四二三〇頁）

智按：仿自白居易《賦賦》。

楊際春，字鳳山，號樹勛，高郵（今屬江蘇）人。同治七年（一八六八）進士，散館授檢討。工書。年五十八卒。事迹見《三續高郵州志》卷四（《中國地方志集成·江蘇府縣志輯四七·光緒再續高郵州志民國三續高郵州志高郵志餘高郵志餘補》，江蘇古藉出版社，一九九一年六月，第三九〇～三九一頁）。

楊曾華

《賦賦》（以「登高能賦可爲大夫」爲韻）

粤自孫卿初肇，唐勒繼興。屈宋以諷喻爲體制，庾徐以風雅爲準繩。法必求其最細，律尤貴乎上乘。將欲鼓吹休明，孰謂鴻文之無範；豈僅詞華爛漫，輒矜雲路之先登。

則有吟壇逸士，文苑俊髦，擬受命于詩國，思拓宇于楚騷。爰折衷于館閣主人曰：先生聲名洋溢，氣象雄豪。吐納日月，奔走風濤。當年賦作長門，贖曾艷千金之貴；此日賦傳大禮，價宜增十倍之高。

然而道有從出，學有可征。或爲雲蔚，或爲霞蒸。或以瀾翻而推許，或以龍見而致稱。或咏物言情，辭達而理舉；或因時托興，英蜚而實騰。伊浩繁之如許，問總括兮誰能。

矧夫周秦則別具體裁，漢魏則侈陳典故。六朝則倚麗而少端莊，三唐則謹嚴而獨精法度。捷或八叉立就，群驚日下無雙；遲即十載才成，共羨雲間獨步。我不知憑何道以求之，而始可登高而作賦也。

先生曰：噫！如子所言，抑何見之左乎？子第見乎蔡邕則輟翰而不成，歐陽則置書而不果。升堂則何自而興，入室則何由而坐。欲貌襲而懼其膚陳，欲神遺而恐其卑瑣。殊不知探源于枚馬，以會而通之；亦取法于班揚，斯行無不可。

由是意不虞其雜亂，詞豈患其支離。既生新兮嘎嘎，亦入扣兮絲絲。我竊嘆夫摹仿家徒自苦耳，彼雕琢者夫亦奚爲。

至于韵可叶乎宫商，語適通乎天籟。意原得自寰中，神復游乎象外。體物而瀏亮，羌不讓乎古人；鋪彩而鮮妍，自不虛乎良會。亦知夫雲雷筆走，必經賦讀千篇；而錦綉羅胸，乃可賦窮兩大乎。

子也誠能潛心稽古，篤志披圖。上下三千年，通賦匯而有典有則；縱横一萬里，得賦心而亦步亦趨。將見擲地作金聲，孰是能希其傑構；佇看搜天傳石室，疇不共服壯夫哉！（鴻寶齋主人編《賦海大觀》卷十下，北京圖書館出版社，二〇〇七年七月影印上海鴻寶齋清光緒二十年石印本，第四册文學類·賦，第二二八頁；馬積高、葉幼明主編《歷代詞賦總匯·清代卷》第二三册，湖南文藝出版社，二〇一四年一月，第二三六七五頁）

智按：仿自白居易《賦賦》。

吴慶同

《賦賦》（摘句）

原夫探源雅頌，拓宇風騷。法詳班固，體備枚皋。黼黻靈台，或薦子雲學博；宣揚鴻業，允推司馬才豪。六朝則搜藻揚芬，蓬壺吮墨；三唐則秉經酌雅，棘院抽毫。伊源流之遞交，問格調兮誰高。

始焉布局遣辭，先偏後伍；繼則揣聲倖色，釋躁平矜。下筆有神，左宜右有；中權扼要，俯注仰承。別具會心，濬詞源之浩蕩；獨開生面，驚墨彩之飛騰。

堪作五經鼓吹，鏗爾球鍠；足爲六籍笙簧，鏘然韶頀。敲金戛玉，響遏行雲；協鳳諧鸞，韵饒風趣。或長門負債，誇妙手于朝端；或滕閣留題，聳吟肩于席左。或貯甲兵于武庫，陣極森嚴；或羅錦綉于文壇，詞無堆垛。

其擘理也，如剝層層之蕉葉；其研思也，如抽乙乙之繭絲。其疏密也，如峰連而雲斷；其曲折也，如湘轉而帆隨。其詞章之典雅也，如春華而秋實；其筆陣之縱横也，如雨驟而風馳。其穠纖之得中也，其枝葉之扶幹；其根株之孔固也，如棟宇之植基。（鴻寶齋主人編《賦海大觀》卷十下，北京圖書館出版社，二〇〇七年七月影印上海鴻寶齋清光緒二十年石印本，第四册文學類·賦；馬積高、葉幼明主編《歷代詞賦總匯·清代卷》第二二册，湖南文藝出版社，二〇一四年一月，第二二四〇一頁）

智按：仿自白居易《賦賦》。

蒙泉鏡（一八三三～一八九七）

《代學博陳兄和東蘭州牧移居前牧李公舊寓之作即步原韵》（二首其二）

直是蓬萊舊謫居，士民轉謂令親予。風流潘岳治花縣，恬退陶潛憶草廬。

四處風清人賣劍，六房日靜吏手少書。閑情時借新詩寫，司馬青衫白傅如。（劉映華《亦囂軒詩稿注釋》，廣西人民出版社，一九八九年十二月，第九九頁）

《遣蘭詞》

五十年華未就衰，香山何忍别楊枝。曉看畹内含青露，併作盈盈淚點滋。（劉映華《亦囂軒詩稿注釋》，廣西人民出版社，一九八九年十二月，第一九八頁）

智按：蒙泉鏡，字芙初，壯族，武緣（今廣西武鳴）。二十二歲中秀才，此後十四次參加鄉試不第。有《亦囂軒詩稿》。朱新謨民國六年序云：「今讀其詩，脱去窠臼，獨寫性靈，置之香山、《劍南集》中，殆不復可辨。」顔照奎跋亦云：「《亦囂軒遺稿》，七言律絶，其名章俊句，韵遠情深，真有行雲卷舒，水流花放之致。允足與香山、《劍南》抗行。」（劉映華《亦囂軒詩稿注釋》，廣西人民出版社，一九八九年十二月，第二七五～二七六頁）

鄧繹（一八三三～一八九九）

《藻川堂譚藝・唐虞篇》

少陵為詩，淩雲健筆，氣横九州，初不屑為縹緲附俗之辭，而輒稱道齊梁不置，亦有時為新句，側媚輕纖而不損風骨。太白、龍標諸人不能及也。商隱視杜體小才劣而思致幽刻，時或蹈其藩籬，與元白之輕俗不侔矣。（清光緒十四年刻本《藻川堂全集》）

《藻川堂譚藝・比興篇》

韓昌黎有杜之骨而無其韻，李玉谿有杜之巧而無其雅，白香山有杜之眞而無其大，李昌谷有杜之怪而無其學，元遺山有杜之氣而無其才，吳梅村有杜之俊而無其雄，其他具體者已鮮矣，而皆自負爲能學杜，才難之嘆，更在詞章。漢魏淵源於斯，遂邈然樂心之往來於天地者，未嘗絕也。申鳧盟論文云：明人有名篇無名集，推其說以言詩，則大復、空同之爲詩，有可以節取者，杜陵論詩尊四傑而取齊梁，虛以受人，大成之所由以集也。琴瑟鼓鐘，皆能以備八音之一，聞南薰之一操，而尚想重華焉可也，金聲玉振而條理其始終，兼巧力聖智之能事，古與今曾有幾人乎？（清光緒十四年刻本《藻川堂全集》）

智按：鄧繹，字保之，武岡（今屬湖南）人。諸生，候選知府。有《藻川堂詩集》。

王闓運（一八三三～一九一六）

《論唐詩諸家源流答陳完夫問》

三唐風尚，人工篇什，各思自見，故不復摹古（擬古嚴飾，莫如晉代，或襲其字句，或師其神韻，雖無定法，各有偏長。陸詩不逮曹者，氣局不及也。才力各殊，時代限絕。由晉迄唐，詩法乃駸駸日下矣）。陳、隋靡習，太宗已以清麗振之矣（陳、隋諸作，原於蕭氏父子，為專模字面，遂少風致。唐太宗頗思挺拔，而未見名作）。陳子昂、張九齡以公幹之體，自抒懷抱，李白所宗也（公幹詩氣特蒼鬱，貌似學子建，而實出老瞞，故靈運極稱之。陳、張《感遇》諸作，用單筆而運以理境，乃學嗣宗《詠懷》，所不及者，於開合處見之；其極勁作者，似公幹《泛泛東流水》三詩耳）。元結、蘇渙加以排宕，斯五言之善者乎？（次山在道州諸作，筆仗遒進，充以時事，可誦可謠，其體極雅。少陵氣勢較博，而醞釀勻飾不及也。蘇渙固不能如元，其胸次不如也）劉希夷學梁簡文，而超豔（一作超逸）絕倫，居然青出（希夷源出江、謝，脫手彈丸，宛轉生情，歌行雜言，同辟新體，亦摹古而能自見者，然去古日遠矣）。王維繼之以煙霞，唐詩之逸，遂成芳秀（右丞諸作，吐屬高華，實宜臺閣，唯《哭殷瑤》詩為特沉痛。《黃花川》、《石門》等作，亦能得山水理趣）。張若虛《春江花月》，用西洲格調，孤篇橫絕，竟為大家（《春江花月夜》，蕭、楊父子時作之，然皆短篇寫興，即席口占。至若虛乃擴為長歌，穠不傷纖，局調俱雅。前幅不過以撥換字面生情耳，自「閑潭夢落花」一折，便縹緲悠逸，王維《桃源行》從此濫觴）。李賀、商隱挹其鮮潤，宋詞、元詩蓋（一作盡）其支流，宮體之巨瀾也（昌谷五言不如七言，義山七言不如五言，一以澀煉為奇，一以纖綺為巧，均思自樹其幟，然出於宮體，宮體倡於豔歌、《隴西》諸篇。子建、繁欽大其波瀾，梁代父子始成格律。相沿彌永，久而愈新，以其寄意閨闥，感發易明，故獨優於諸格。後之學者，已莫揣其本矣）。杜甫歌行自稱鮑、庾，加以時事，大作波瀾，咫尺萬里，非虛誇矣（初唐諸家歌行皆出齊梁，多以雅飭為宗，堆砌陳典，故當時有「點鬼録」之笑。至李、杜，乃能辟絕靡俗，放筆騁氣。李以縱勝，杜以橫勝，並稱當時。若夫雍容包舉，跌宕生姿，則東川獨擅矣）。五言惟《北征》學蔡女，足稱雄傑。他蓋平平，無異時賢（《悲憤詩》沉痛蒼勁，出於少卿，其後劉琨頗學之，人以此詩有丈夫氣，故疑非文姬所作。杜甫一生擬之，遂成大家。《北征》猶不免粗獷處，如「垢膩腳不襪」、「數日卧嘔泄」等句，亦是詩中之一病，然瑕不掩瑜耳。敘「天吳及紫鳳」一段，描寫工緻，學太沖《嬌女詩》，章法則似蔡女。其由秦入蜀諸作，均斐然可觀。入湖南以後多泛響）。韓愈並推李、杜，而實專於杜，但襲粗跡，故成枯獷（昌黎學杜，以詰屈聱牙為勝，不能得其縱橫處，所以敝也）。盧仝、劉叉得漢謠之恢奇（盧仝《月蝕》、劉叉《冰柱》，皆濫觴樂府，運以時事，自成格調，參衡李、杜，俯視韓、張矣），孟郊瘦刻，趙壹、程曉之支派（東野用思艱澀，同於昌谷，時有嘲諷；然千篇一格，近於隘者，固非鉅子）。白居易歌行純似彈詞，《焦仲卿妻詩》所濫觴也。五言純用白描，近於高彪、應璩，多令人厭，無文故也（高彪《清戒》、應璩《百一》，雖歸淡遠，而要皆有理境，故令閱者不倦。居易急求知名，意陳於詞，遂令老嫗能解。及七古又遠不逮元微之）。儲光羲學陶，屈俠氣於田間，後人妄以柳、韋配之，殊非其類（儲獨得陶詩之骨，柳襲陶之丰采，宋蘇子瞻《和陶》乃得其皮膚耳。唯香亭晚年學陶，頗見精采。而以今事擬古題，動輒掣肘，殊非大雅）。應物《郡齋憶山中》詩，淡遠淺妙，亦從陶出。他不稱是，非名家也（唐人詩淺妙者不少，而拙重者難得，以未知運才力於資質也。韋蘇州詩有致而無氣骨，所以不能配儲）。讀唐詩宜博，以充其氣，唯五言不須用功，泛覽而已。歌行律體是其擅長，雖各有本原，當觀其變化爾（從八代入手，不過趨於唐。從唐追八代，則逆而難）。（《王志》卷二，馬積高主編《湘綺樓詩文集》第一册，第五三二～五三四頁）

智按：又見《湘綺樓説詩》卷一（馬積高主編《湘綺樓詩文集》第四册，第二一〇七～二一〇八頁），無注文。注文出自《王志》整理者王闓運弟子陳兆奎之手。

《論七言歌行流品（答陳完夫問）》

古之詩，今之會典奏議之類；今之詩歌，古之樂也。四言如琴，五言如笙簫，歌行、七言如羌笛、琵琶，繁絃雜管，故太白以為靡。然人不能無哀樂，哀樂不能無偏激感宕，故自五言興而即有七言，而樂府琴曲，希以贈答；至唐而大盛。凡四言五言所施，皆有以七言代之者，而體製殊焉。初唐猶沿六朝，多宫觀閨情之作，未久而用以贈答送别，分題或拈一物一事為興，篇末乃致其意，高、岑、王維諸篇其式也。李白始為敍情長篇，杜甫亟稱之而更擴之，然猶不入議論。韓愈入議論矣，若無才思，不足運動，又往往湊韻取妍鉤奇，其品益卑。駸駸乎蘇黄矣。元、白歌行全是彈詞。微之頗能開合，樂天不如也。今有一壯夫擊缶喧呼，口言忠孝，有一盲女調絃曼聲，搬演傳奇，人將喜喧叫而屏絃索耶，抑姑退壯夫而進盲女也？韓、白之分，亦猶此矣。張籍、王建因元、白諷諫之意，而述民風，盧仝、李賀去韓之粗獷，而加恢詭，鄭嵎、陸龜蒙等為之，而木訥纖俗，李商隱之流又嫌晦澀，其中如敍事抒情諸篇，不免辭費，猶不及元、白自然也。李東川詩歌十數篇，實兼諸家之長而無其短，參之以高、岑、王、李之澤，運之以杜、元之意，則幾之矣。元次山又自一派，亦小而雅。（《王志》卷二，馬積高主編《湘綺樓詩文集》第一册，第五三七頁）

智按：又見《湘綺樓説詩》卷三（馬積高主編《湘綺樓詩文集》第四册，第二一六一～二一六二頁）。

《論詩文體式·答陳復心問》

……自周以降，分為五七言，皆賢人君子不得志之所作。晉人浮靡，用為談資，故入以玄理；宋、齊游宴，藻繪山川；梁、陳巧思，寓言閨闥，皆知情不可放，言不可肆，婉而多思，寓情於文，雖理不充周，猶可諷誦。唐人好變，以《騷》為《雅》，直指時事，多在歌行；覽之無餘，文猶足豔。韓、白不達，放弛其詞。下逮宋人，遂成徘曲。近代儒生，深諱綺靡，乃區分奇偶，輕詆六朝，不解緣情之旨，疑為淫窪之語，其源出於毛、鄭，其後成於里巷，故風雅之道息焉。……（《王志》卷二，馬積高主編《湘綺樓詩文集》第一册，第五四四頁）

《詩法一首示黄生》

今欲作詩，但有兩派，一五言，一七言。五律則五言之别派。七律亦五律之加增。五絕七絕，乃真興體。五言法門，皆從此出。既成五言一體，法門乃出，要之只蘇李兩派。蘇詩寬和，枚乘、曹植、陸機宗之。李詩清勁，劉楨、左思、阮籍宗之。曹操、蔡琰則李之别派，潘岳、顏延之蘇之支流。陶謝俱出自阮，陶詩真率，謝詩超豔。自是以外，皆小名家矣。山水雕繪，未若宫體，故自宋以後，散為有句無章之作，雖似極靡，而實興體，是古之式也。李唐既興，陳、張復起，融合蘇、李，以為五言。李、杜繼之，與王、孟競爽。有唐名家，乃有儲、高、岑、韋、孟效諸作，皆不失古法，自寫性情，才氣所溢，多在七言，歌行突過六朝，直接二曹，則宋之問、劉希夷道其法門，王維、王昌齡、高、岑開其堂奥，李頎兼乎眾妙，李、杜極其變態。閻朝隱、顧況、盧仝、劉叉，推宕排闔，韓愈之所羨也。二李（賀、商隱）、溫岐、段成式雕章琢句，樊宗師之所羨也。元微之賦《望雲騅》，縱横往來，神似子美，故非樂天之所及。張、王樂府，效法白、元，亦匹於《新豐》、《上陽》諸篇乎。退之專尚詰詘，則近乎戲矣。宋人揚昌，其流弊也。詩法既窮，無可生新，物極必反，始興明派，專事模擬，但能近體，若作五言，不能自達。不失古格而出新意，其魏（源）、鄧（輔綸）乎。兩君並出邵陽，殆地靈也。零陵作者，三百年來，前有船山，後有魏、鄧。鄙人資之，殆兼其長。比之何、李、李、王，譬如楚人學齊語，能為莊岳土譚耳……詩既分和、勁兩派，作者隨其所近，自臻極詣。當其下筆，先在選詞，斐然成章，然後可裁……樂必依聲，詩必法古，自然之理也。欲己有作，必先有蓄。名篇佳制，手披口吟，非沉浸於中，必不能炳著於外，故余遇學詩人，從不勸進，以其功苦也。古人之詩，盡美盡善矣。典型不遠，又何加焉？但有一戒，必不可元遺山及湘綺樓。遺山初無功力，而欲成大家，取古人之詞意而雜糅之，不古不唐，不宋不元，學之必亂。余則盡法古人之美，一一而倣之，熔鑄而出之；功成未至而謬擬之，必弱必雜，則不成章矣。故詩有家數，猶書有家樣，不可不知也。（引自徐一士《一士類稿》，書目文獻出版社，一九八四年五月版，第六六～六七頁）

智按：《論作詩之法》文字與此略有不同：「唐宋既興，陳張復起，融合蘇李以為五言，李杜繼之，與王孟競爽，有唐名家，乃有儲高岑韋孟郊，諸作皆不失古法。宋之問、劉希夷導其法門，王維、王昌齡、高岑開其堂奧。李頎兼乎衆妙，李杜極其變態，閻朝隱、顧况、盧仝、劉叉，推蕩排闔，韓愈之所羨也。二李（商隱、賀）、溫岐、段成式雕章琢句，樊宗師之所羨也。元微之賦《望雲騅》，縱横往來，神似子美，故非樂天所及。張王樂府效法香山，亦雅於《新豐》、《上陽》諸篇乎！退之專尚詰詘，則近乎獻矣。」原載《大中華雜誌》第二卷第一期，引自馬積高主編《湘綺樓詩文集》第一册，第三六七頁；又見《湘綺樓説詩》卷七（《湘綺樓詩文集》第四册，第二三二五～二三二七頁）。

《湘綺樓説詩》

白香山《西湖留别》詩：「翠黛不須留五馬，皇恩只許住三年。」二語風流深至，微嫌「翠」、「皇」對太纖，又未相稱，然不可改易。（馬積高主編《湘綺樓詩文集》第四册，第二一〇七頁）

小時見元微之舉此二句，以為古今詩人不能復下語，心竊疑之。及後盡學三唐及六朝歌行，乃知此二句神力，所謂千里黄河與泥沙俱下，只是將不相干語從容説來，恰合題分也。前乎此者，如《古劍篇》「正逢天下無風塵」四句，《春江花月夜》「此時相望不相聞」四句，後乎此者，《遠别離》「海水直下萬里深」二句，《白頭吟》「此時阿嬌」一句，《江夏贈韋冰》「頭陀雲水」四句，皆是此法門。若杜詩此等處尤多，然不免拉扯形跡，由其天分不及故耳。若韓退之以後則亂道矣。盧仝、劉叉亦時得之。而微之《望雲騅》詩專摸（模）此意，亦自縱横開合，不可方物。要歸於清談揮麈，無一毫作態，乃為佳耳。然微之稱此二句，本意則是取其説理，又使其不拘檢，與己意和，非知此詩之境也。何以知之？以其五言知之。蓋五言亦有此一境，而元、白全未夢及之也。以其知此二句之妙，故歌行頗跌宕舒卷。（卷三，馬積高主編《湘綺樓詩文集》第四册，第二一六二～二一六三頁）

智按：又見《論歌行運用之妙（答陳完夫）》（《王志》卷二，《湘綺樓詩文集》第一册，第五三五頁），語句略異。「此二句」指李頎《雜興》「濟水自清河自濁，周公大聖接輿狂」。「元微之舉此二句」之「元微之」，當為白樂天。《古劍篇》為郭震（六五六～七一三）之作，《春江花月夜》為張若虚之作，《白頭吟》、《遠别離》、《江夏贈韋（南陵）冰》為李白（七〇一～七六二）之作。「頭陀雲水」當為「頭陀雲外」，一作「頭陀雲月」。

……唐人初不能為五言，杜子美無論矣。所稱陳子昂、張子壽、李太白，纔劉公幹之一體耳，何足盡五言之妙。故曰唐無五言，學五言者，漢、魏、晉、宋盡之。齊、梁至隋，别創律詩一派，即杜所云「庾鮑陰何，清逸苦心」者也。杜五言律克盡其變，而華秀未若王維，則五律亦分兩派矣。七言開合動蕩，無所不有，始擴於鮑照、王筠諸人，直通元、白、盧仝、劉叉、溫、李、皮、陸，而李東川兼有其妙。王、楊、盧、駱以齊梁排偶法為七言，又一派也。……（卷四，馬積高主編《湘綺樓詩文集》第四册，第二二一八頁）

《湘綺老人論詩册子》

四傑之鋪排，張（若虚）、劉（希夷）之秀逸，宋之問之跌宕，王維之纖餘，李白之馳騁，杜甫之生發，元稹之拉扯，白居易之鋪排，李賀之鍾煉，皆各有神力，能驅煙墨，使人神王，而無恬靜之樂。（馬積高主編《湘綺樓詩文集》第四册，第二三七六頁）

唐之五言，始緣陳隋，陳、張奮興，始追魏晉，大要以議論為宗旨，所謂出於《百一》者矣。李猶有詞藻，杜乃純露筋骨，故非正格。香山因之作《秦中吟》，而面貌亦變。質言之，則五字俚歌，無復章法。元結、孟郊各露其才，元猶博大，郊乃枯瘦，要之自成一家，元亮之枝流，亦詩家一派也。昌谷、義山稍加粉澤，駸駸欲復齊梁，而氣體特小，尚不及王維、岑參。故論唐五言，自杜、孟成家外，只可篇選，並無家法。語句之似，不得指為某家也。（馬積高主編《湘綺樓詩文集》第四册，第二三七七頁）

《論詩絕句》

長慶歌行頓挫聲，格詩韓趙亦風清。從來一藝堪頭白，莫築劉家五字城。（吳梅村、王漁洋）（《湘綺樓日記》卷六十八；李學穎集評標校《吳梅村全集》下册，第一五二〇頁）

《王闓運手批唐詩選》

⊙元稹《春晚寄楊十二兼呈趙八》

濛濛竹樹深，簾牖多清陰。避日坐林影，餘花委芳襟。傾尊就殘酌，舒卷續微吟。空際颺高蝶，風中聆素琴。廣庭備幽趣，復對商山岑。獨此愛時景，曠懷雲外心。遷鶯戀嘉木，求友多好音。自無琅玕實，安得蓮花簪。寄之二君子，希見雙南金。

元白詩雖唱和，詩絕不似。元猶學古，白專自運。（《王闓運手批唐詩選》卷二，宣統三年東洲校刊本，上海古籍出版社影印本，第二六〇頁）

⊙元稹《含風夕》

炎昏倦煩久，逮此含風夕。夏服稍輕清，秋堂已岑寂。載欣凉宇曠，復念佳辰擲。絡緯驚歲功，顧我何成績。青熒微月鉤，幽輝洞陰魄。水鏡涵玉輪，若見淵泉璧。參差簾牖重，次第籠虛白。樹影滿空床，螢光綴深壁。悵望牽牛星，復爲經年隔。露網裛風珠，輕河泛遙碧。詎無深秋夜，感此乍流易。亦有遲暮年，壯年良自惜。循環切中腸，感念追往昔。接瞬無停陰，何言問陳積。馨香推蕙蘭，堅貞諭松柏。生物固有涯，安能比金石。況茲百齡内，擾擾紛衆役。日月東西馳，飛車無留迹。來者良未窮，去矣定奚適。委順在物爲，營營復何益。

不必如此多，此染樂天習氣。（《王闓運手批唐詩選》卷二，宣統三年東洲校刊本，上海古籍出版社影印本，第二六一頁）

⊙白居易《廢琴》

絲桐合為琴，中有太古聲。古聲淡無味，不稱今人情。玉徽光彩滅，朱弦塵土生。廢棄來已久，遺音尚泠泠。不辭為君彈，縱彈人不聽。何物使之然？羌笛與秦箏。

白詩五言皆有韵無味之文，此所選者，盡取近古雅者，非白本色。

⊙白居易《京兆府新栽蓮》

汙溝貯濁水，水上葉田田。我來一長歎，知是東溪蓮。下有青泥汙，馨香無復全。

上有紅塵撲，顏色不得鮮。物性猶如此，人事亦宜然。托根非其所，不如遭棄捐。昔在溪中日，花葉媚清漣。今來不得地，憔悴府門前。

⊙白居易《雜興三首》（之一）

楚王多內寵，傾國選嬪妃。又愛從禽樂，馳騁每相隨。錦韝臂花隼，羅袂控金羈。遂習宮中女，皆如馬上兒。色禽合為荒，刑政兩已衰。雲夢春仍獵，章華夜不歸。東風二月天，春雁正離離。美人挾銀鏑，一發疊雙飛。飛鴻驚斷行，斂翅避蛾眉。君王顧之笑，弓箭生光輝。回眸語君曰，昔聞莊王時。有一愚夫人，其名曰樊姬。不有此遊樂，三載斷鮮肥。

偶然得此超妙絕句，不可無一，不可有二。

⊙白居易《效陶潛體詩十六首》（之二、之十二）

翳翳踰月陰，沉沉連日雨。開簾望天色，黃雲暗如土。行潦毀我墉，疾風壞我宇。蓬莠生庭院，泥塗失場圃。村深絕賓客，窗晦無儔侶。盡日不下床，跳鼃時入戶。出門無所往，入室還獨處。不以酒自娛，塊然與誰語。

吾聞潯陽郡，昔有陶徵君。愛酒不愛名，憂醒不憂貧。嘗為彭澤令，在官纔八旬。愀然忽不樂，掛印著公門。口吟歸去來，頭戴漉酒巾。人吏留不得，直入故山雲。歸來五柳下，還以酒養真。人間榮與利，擺落如泥塵。先生去已久，紙墨有遺文。篇篇勸我飲，此外無所云。我從老大來，竊慕其為人。其他不可及，且效醉昏昏。

亦有奇逸趣。

⊙白居易《曲江早秋》

秋波紅蓼水，夕照青蕪岸。獨信馬蹄行，曲江池四畔。早涼晴後至，殘暑暝來散。方喜炎燠銷，復嗟時節換。我年三十六，冉冉昏復旦。人壽七十稀，七十新過半。且當對酒笑，勿起臨風歎。

⊙白居易《寄題周至廳前雙松》

憶昨為吏日，折腰多苦辛。歸家不自適，無計慰心神。手栽兩樹松，聊以當嘉賓。乘春日一溉，生意漸欣欣。清韻度秋在，綠茸隨日新。始憐澗底色，不憶城中春。有時晝掩關，雙影對一身。盡日不寂寞，意中如三人。忽奉宣室詔，征為文苑臣。閒來一惆悵，恰似別交親。早知煙翠前，攀玩不逡巡。悔從白雲裏，移爾落囂塵。

⊙白居易《溪中早春》

南山雪未盡，陰嶺留殘白。西澗冰已銷，春溜含新碧。東風來幾日，蟄動萌草坼。潛知陽和功，一日不虛擲。愛此天氣暖，來拂溪邊石。一坐欲忘歸，暮禽聲嘖嘖。蓬蒿隔桑棗，隱映煙火夕。歸來問夜餐，家人烹薺麥。

⊙白居易《西樓夜》

悄悄復悄悄，城隅隱林杪。山郭燈火稀，峽天星漢少。年光東流水，生計南枝鳥。月沒江沉沉，西樓殊未曉。（《王闓運手批唐詩選》卷二，宣統三年東洲校刊本，上海古籍出版社影印本，第二六四～二六九頁）

⊙白居易《賦得古原草送別》

離離原上草，一歲一枯榮。野火燒不盡，春風吹又生。遠芳侵古道，晴翠接荒城。又送王孫去，萋萋滿別情。

行卷詩便重一字，且重要緊字，若使我見之，居不易矣。

⊙白居易《玉真張觀主下小女冠阿容》

綽約小天仙，生來十六年。姑山半峰雪，瑤水一枝蓮。晚院花留立，春窗月伴眠。回眸雖欲語，阿母在傍邊。

⊙白居易《宴散》

小宴追涼散，平橋步月回。笙歌歸院落，燈火下樓臺。殘暑蟬催盡，新秋雁帶來。將何迎睡興，臨卧舉殘杯。

主人去而客獨醒，無限凄涼，非富貴語也。

⊙白居易《人定》

人定月朧明，香消枕簟清。翠屏遮燭影，紅袖下簾聲。坐久吟方罷，眠初夢未成。誰家教鸚鵡，故故語相驚。

⊙白居易《早春題少室東岩》

三十六峰晴，雪銷嵐翠生。月留三夜宿，春引四山行。遠草初含色，寒禽未變聲。東岩最高石，唯我有題名。（《王闓運手批唐詩選》卷五，宣統三年東洲校刊本，上海古籍出版社影印本，第四九〇～四九一頁）

⊙白居易《江州赴忠州至江陵已來舟中示舍弟五十韻》

昔作咸秦客，常思江海行。今來仍盡室，此去又專城。典午猶為幸，分憂固是榮。箄篁州乘送，艛艓驛船迎。共載皆妻子，同游即弟兄。寧辭浪跡遠，且貴賞心並。雲展帆高掛，飆馳棹迅征。溯流從漢浦，循路轉荊衡。山逐時移色，江隨地改名。風光近東早，水木向南清。夏口煙孤起，湘川雨半晴。日煎紅浪沸，月射白砂明。北渚寒留雁，南枝暖待鶯。駢朱桃露萼，點翠柳含萌。亥市魚鹽聚，神林鼓笛鳴。壺漿椒葉氣，歌曲竹枝聲。繫纜憐沙靜，垂綸愛岸平。水餐紅粒稻，野茹紫花菁。甌泛茶如乳，臺粘酒似餳。膾長抽錦縷，藕脆削瓊英。容易來千里，斯須進一程。未曾勞氣力，漸覺有心情。卧穩添春睡，行遲帶酒醒。忽愁牽世網，便欲濯塵纓。早接文場戰，曾爭翰苑盟。掉頭稱俊造，翹足取公卿。且昧隨時義，徒輸報國誠。眾排恩易失，偏壓勢先傾。虎尾憂危切，鴻毛性命輕。燭蛾誰救護？蠶繭自纏縈。斂手辭雙闕，回眸望兩京。長沙拋賈誼，漳浦卧劉楨。鵩鳩鳴還歇，蟾蜍破又盈。年光同激箭，鄉思極搖旌。潦倒親知笑，衰羸舊識驚。烏頭因感白，魚尾為勞頳。劍學將何用？丹燒竟不成。孤舟萍一葉，雙鬢雪千莖。老見人情盡，閒思物理精。如湯探冷熱，似博鬭輸贏。險路應須避，迷途莫共爭。此心知止足，何物要經營？玉向泥中潔，松經雪後貞。無妨隱朝市，不必謝寰瀛。但在前非悟，期無後患嬰。多知非景福，少語是元亨。晦即全身藥，明為伐性兵。昏昏隨世俗，蠢蠢學黎甿。鳥以能言縛，龜緣入夢烹。知之一何晚，猶足保餘生。

⊙白居易《贈賣松者》

一束蒼蒼色，知從澗底來。斫掘經幾日，枝葉滿塵埃。不買非他意，城中無地栽。

⊙白居易《琴》

置琴曲几上，慵坐但含情。何煩故揮弄，風弦自有聲。（《王闓運手批唐詩選》卷六，宣統三年東洲校刊本，上海古籍出版社影印本，第六七七～六八〇頁）

⊙白居易《新樂府並序》（選三首）

序曰：凡九千二百五十二言，斷為五十篇。篇無定句，句無定字，繫於意，不繫于文。首句標其目，卒章顯其志。云云。

《上陽白髮人》（愍怨曠也）

上陽人，紅顔暗老白髮新。緑衣監使守宫門，一閉上陽多少春。玄宗末歲初選入，入時十六今六十。同時采擇百餘人，零落年深殘此身。憶昔吞悲別親族，扶入車中不教哭。皆云入内便承恩，臉似芙蓉胸似玉。未容君王得見面，已被楊妃遥側目。妒令潛配上陽宫，一生遂向空房宿。秋夜長，夜長無寐天不明。耿耿殘燈背壁影，蕭蕭暗雨打窗聲。春日遲，日遲獨坐天難暮。宫鶯百囀愁厭聞，梁燕雙棲老休妒。鶯歸燕去長悄然，春往秋來不記年。唯向深宫望明月，東西四五百回圓。今日宫中年最老，大家遥賜尚書號。小頭鞋履窄衣裳，青黛點眉眉細長。外人不見見應笑，天寶末年時世妝。上陽人，苦最多。少亦苦，老亦苦。少苦老苦兩如何？君不見昔時呂向美人賦，又不見今日上陽白髮歌！

《司天臺》（引古以儆今也）

司天臺，仰觀俯察天人際。羲和死來職事廢，官不求賢空取藝。昔聞西漢元成間，上陵下替謫見天。北辰微暗少光色，四星煌煌如火赤。耀芒動角射三台，上台半滅中台坼。是時非無太史官，眼見心知不敢言。明朝趨入明光殿，唯奏慶雲壽星見。天文時變兩如斯，九重天子不得知。不得知，安用臺高百尺為？

《紅線毯》(憂蠶桑之費也)

紅線毯，擇繭繅絲清水煮，揀絲練線紅藍染。染為紅線紅于藍，織作披香殿上毯。披香殿廣十丈餘，紅線織成可殿鋪。彩絲茸茸香拂拂，線軟花虛不勝物。美人踏上歌舞來，羅襪繡鞋隨步沒。太原毯澀毳縷硬，蜀都褥薄錦花冷。不如此毯溫且柔，年年十月來宣州。宣城太守加樣織，自謂為臣能竭力。百夫同擔進宮中，線厚絲多卷不得。宣城太守知不知？一丈毯，千兩絲！地不知寒人要暖，少奪人衣作地衣。

毯絲非奪來者，豈能乞與人耶？此皆似是而非之說也。地最知寒，凡寒皆從地起，語亦不確，然搖曳甚佳，正可欺書生。

⊙白居易《長恨歌》

前進士陳鴻撰《長恨歌傳》曰：

開元中，泰階平，四海無事。明皇在位歲久，倦于旰食宵衣，政無大小，始委于右丞相（第）；深居游宴，以聲色自娛。先是，元獻皇后、武淑妃皆有寵，相次即世。宮中雖良家子千數，無可悅目者；上心忽忽不樂。時每歲十月，駕幸華清宮，内外命婦，熠耀景從，浴日餘波，賜以湯沐，春風靈液，淡蕩其間。上心油然，若有顧遇，左右前後，粉色如土。詔高力士潛搜外宮，得弘農楊玄琰女于壽邸。既笄矣，鬒髮膩理，纖穠中度，舉止閒冶，如漢武帝李夫人。别疏湯泉，詔賜澡瑩。既出水，體弱力微，若不任羅綺；光彩煥發，轉動照人。上甚悅。進見之日，奏《霓裳羽衣曲》以導之。定情之夕，授金釵鈿合以固之。又命戴步搖，垂金璫。明年，册爲貴妃，半後服用。由是冶其容，敏其詞，婉孌萬態，以中上意，上益嬖焉。時省風九州，泥金五嶽，驪山雪夜，上陽春朝，與上行同輦，居同室，宴專席，寢專房，雖有三夫人、九嬪、二十七世婦、八十一御妻，及後宮才人、樂府妓女，使天子無顧盼意。自是六宮無復進幸者。非徒殊艶尤態致是，蓋才智明慧，善巧便佞，先意希旨，有不可形容者。叔父昆弟，皆列在清貫，爵爲通侯。姊妹封國夫人，富埒王室，車服邸第，與大長公主侔，而恩澤勢力，則又過之，出入禁門不問，京師長吏爲之側目。故當時謠咏有云：「生女勿悲酸，生男無喜歡。」又曰：「男不封侯女作妃，看女却爲門上楣。」其人心羨慕如此。天寶末，兄國忠盗丞相位，愚弄國柄。及安禄山引兵向闕，以討楊氏爲辭。潼關不守，翠華南幸，出咸陽道，次馬嵬亭，六軍徘徊，持戟不進，從官郎吏，伏上馬前，請誅（晁）錯以謝天下。國忠奉牦纓盤水，死于道周。左右之意未快。上問之。當時敢言者，請以貴妃塞天下怒。上知不免，而不忍見其死，反袂掩面，使牽之而去。蒼黄輾轉，竟就絕于尺組之下。既而明皇狩成都，肅宗受禪靈武。明年，大凶歸元，大駕還都，尊明皇爲太上皇，就養南内，遷于西内。時移事去，樂盡悲來。每至春之日，冬之夜，池蓮夏開，宫槐秋落，梨園弟子玉琯發音，聞《霓裳羽衣》一聲，則天顔不怡，左右歔欷。三載一意，其念不衰。求之夢魂，杳不能得。適有道士自蜀來，知上皇心念楊妃如是。自言有李少君之術。明皇大喜，命致其神。方士乃竭其術以索之，不至。又能游神馭氣，出天界、沒地府以求之，不見。又旁求四虚上下，東極天海，跨蓬壺，見最高仙山，上多樓闕，西廂下有洞戶，東向，闔其門，署曰「玉妃太真院」。方士抽簪叩扉，有雙童女出應門。方士造次未及言，而雙鬟復入。俄有碧衣侍女又至，詰其所從。方士因稱唐天子使者，且致其命。碧衣云：「玉妃方寢，請少待之。」于時，雲海沉沉，洞天日晚，瓊戶重闔，悄然無聲。方士屏息斂足，拱手門下。久之，而碧衣延入，且曰：「玉妃出。」見一人，冠金蓮，披紫綃，佩紅玉，曳鳳舄，左右侍者七八人，揖方士，問皇帝安否。次問天寶十四載已還事。言訖，憫默。指碧衣取金釵鈿合，各析其半，授使者曰：「爲謝太上皇，謹獻是物，尋舊好也。」方士受辭與信，將行，色有不足。玉妃故征其意，復前跪致詞：「請當時一事，不爲他人聞者，驗于太上皇。不然，恐鈿合金釵，負新垣平之詐也。」玉妃茫然退立，若有所思。徐而言之曰：「昔天寶十載，侍輦避暑驪山宫。秋七月，牽牛織女相見之夕，秦人風俗，是夜張錦綉，陳飲食，樹瓜華，焚香于庭，號爲『乞巧』。宫掖間尤尚之。夜殆半，休侍衛于東西廂，獨侍上。上憑肩而立，因仰天感牛女事，密相誓心：願世世爲夫婦。言畢，執手各嗚咽。此獨君王知之耳。」因自悲曰：「由此一念，又不得居此，復墮下界，且結後緣：或爲天，或爲人，决再相見，好合如舊。」因言：「太上皇亦不久人間，幸惟自安，無自苦耳。」使者還奏太上皇。皇心震悼，日日不豫。其年夏四月，南宫宴駕。

元和元年十二月，太原白樂天自校書郎尉于盩厔，鴻與琅邪王質夫家于是邑。暇日相攜游仙游寺，話及此事，相與感嘆。質夫舉酒于樂天前曰：「夫希代之事，非遇出世之才潤色之，則與時消沒，不聞于世。樂天深于詩，多于情者也，試爲歌之，如何?」樂天因爲《長恨歌》。意者，不但感其事，亦欲懲尤物，窒亂階，垂于將來也。歌既成，使鴻傳焉。世所不聞者，予非開元遺民，不得知；世所知者，有《明皇本紀》在。今但傳《長恨歌》云爾。

漢皇重色思傾國，御宇多年求不得。楊家有女初長成，養在深閨人未識。天生麗質難自棄，一朝選在君王側。回眸一笑百媚生，六宫粉黛無顔色。春寒賜浴華清池，溫泉水滑洗凝脂。侍兒扶起嬌無力，始是新承恩澤時。雲鬢花顔金步搖，芙蓉帳暖度春宵。春宵苦短日高起，從此君王不早朝。承歡侍宴無閒暇，春從春游夜專夜。後宫佳麗三千人，三千寵愛在一身。金屋妝成嬌侍夜，玉樓宴罷醉和春。姊妹弟兄皆列土，可憐光彩生門戶。遂令天下父母心，不重生男重生女。驪宫高處入青雲，仙樂風飄處處聞。緩歌慢舞凝絲竹，盡日君王看不足。漁陽鼙鼓動地來，驚破霓裳羽衣曲。九重城闕煙塵生，千乘萬騎西南行。翠華搖搖行復止，西出都門百餘里。六軍不發無奈何，宛轉蛾眉馬前死。花鈿委地無人收，翠翹金雀玉搔頭。君王掩面救不得，回看血淚相和流。黄埃散漫風蕭索，雲棧縈紆登劍閣。峨嵋山下少人行，旌旗無光日色薄。蜀江水碧蜀山青，聖主朝朝暮暮情。行宫見月傷心色，夜雨聞鈴腸斷聲。天旋日轉回龍馭，到此躊躇不能去。馬嵬坡下泥土中，不見玉顔空死處。君臣相顧盡沾衣，東望都門信馬歸。歸來池苑皆依舊，太液芙蓉未央柳。芙蓉如面柳如眉，對此如何不淚垂。春風桃李花開日，秋雨梧桐葉落時。西宫南内多秋草，落葉滿階紅不掃。梨園弟子白髪新，椒房阿監青娥老。夕殿螢飛思悄然，孤燈挑盡未成眠。遲遲鐘鼓初長夜，耿耿星河欲曙天。鴛鴦瓦冷霜華重，翡翠衾寒誰與共。悠悠生死别經年，魂魄不曾來入夢。臨邛道士鴻都客，能以精誠致魂魄。為感君王輾轉思，遂教方士殷勤覓。排空馭氣奔如電，升天入地求之遍。上窮碧落下黄泉，兩處茫茫皆不見。忽聞海上有仙山，山在虚無縹緲間。樓閣玲瓏五雲起，其中綽約多仙子。中有一人字太真，雪膚花貌參差是。金闕西廂叩玉扃，轉教小玉報雙成。聞道漢家天子使，九華帳裏夢魂驚。攬衣推枕起徘徊，珠箔銀屏迤邐開。雲髻半偏新睡覺，花冠不整下堂來。風吹仙袂飄飄舉，猶似霓裳羽衣舞。玉容寂寞淚闌干，梨花一枝春帶雨。含情凝睇謝君王，一别音容兩渺茫。昭陽殿裏恩愛絶，蓬萊宫中日月長。回頭下望人寰處，不見長安見塵霧。唯將舊物表深情，鈿合金釵寄將去。釵留一股合一扇，釵擘黄金合分鈿。但教心似金鈿堅，天上人間會相見。臨别殷勤重寄詞，詞中有誓兩心知。七月七日長生殿，夜半無人私語時：在天願作比翼鳥，在地願為連理枝。天長地久有時盡，此恨綿綿無絶期！

鋪叙自成一篇，亦不可少之作。裝點處，得樂府扮演。

⊙白居易《琵琶引》並序

元和十年，予左遷九江郡司馬。明年秋，送客溢浦口，聞舟船中夜彈琵琶者。聽其音，錚錚然有京都聲。問其人，本長安倡女，嘗學琵琶於穆、曹二善才，年長色衰，委身為賈人婦。遂命酒，使快彈數曲。曲罷，憫默。自敍少小時歡樂事，今漂淪憔悴，轉徙於江湖間。予出官二年，恬然自安，感斯人言，是夕始覺有遷謫意。因為長句，歌以贈之，凡六百一十二言，命曰《琵琶行》。

潯陽江頭夜送客，楓葉荻花秋瑟瑟。主人下馬客在船，舉酒欲飲無管弦。醉不成歡慘將别，别時茫茫江浸月。忽聞水上琵琶聲，主人忘歸客不發。尋聲暗問彈者誰？琵琶聲停欲語遲。移船相近邀相見，添酒回燈重開宴。千呼萬喚始出來，猶抱琵琶半遮面。轉軸拔弦三兩聲，未成曲調先有情。弦弦掩抑聲聲思，似訴平生不得意。低眉信手續續彈，説盡心中無限事。輕攏慢撚抹復挑，初為霓裳後六么。大弦嘈嘈如急雨，小弦切切如私語。嘈嘈切切錯雜彈，大珠小珠落玉盤。間關鶯語花底滑，幽咽泉流水下難。水泉冷澀弦凝絕，凝絕不通聲暫歇。別有幽愁暗恨生，此時無聲勝有聲。銀瓶乍破水漿迸，鐵騎突出刀槍鳴。曲終收撥當心畫，四弦一聲如裂帛。東船西舫悄無言，唯見江心秋月白。沉吟放撥插弦中，整頓衣裳起斂容。自言本是京城女，家在蝦蟆陵下住。十三學得琵琶成，名屬教坊第一部。曲罷曾教善才伏，妝成每被秋娘妒。五陵年少爭纏頭，一曲紅綃不知數。鈿頭雲篦擊節碎，血色羅裙翻酒汙。今年歡笑復明年，秋月春風等閒度。弟走從軍阿姨死，暮去朝來顏色故。門前冷落鞍馬稀，老大嫁作商人婦。商人重利輕別離，前月浮梁買茶去。去來江口守空船，繞船月明江水寒。夜深忽夢少年事，夢啼妝淚紅闌干。我聞琵琶已歎息，又聞此語重唧唧。同是天涯淪落人，相逢何必曾相識。我從去年辭帝京，謫居卧病潯陽城。潯陽地僻無音樂，終歲不聞絲竹聲。住近湓江地低濕，黃蘆苦竹繞宅生。其間旦暮聞何物？杜鵑啼血猿哀鳴。春江花朝秋月夜，往往取酒還獨傾。豈無山歌與村笛？嘔啞嘲哳難為聽。今夜聞君琵琶語，如聽仙樂耳暫明。莫辭更坐彈一曲，為君翻作琵琶行。感我此言良久立，卻坐促弦弦轉急。淒淒不似向前聲，滿座重聞皆掩泣。座中泣下誰最多，江州司馬青衫濕。

⊙白居易《醉後走筆酬劉五主簿長句之贈，兼簡張大、賈二十四先輩昆季》

劉兄文高行孤立，十五年前名翕習。是時相遇在符離，我年二十君三十。得意忘年心跡親，寓居同縣日知聞。衡門寂寞朝尋我，古寺蕭條暮訪君。朝來暮去多攜手，窮巷貧居何所有。秋燈夜寫聯句詩，春雪朝傾暖寒酒。陴湖緑愛白鷗飛，濉水清憐紅鯉肥。偶語閒攀芳樹立，相扶醉踏落花歸。張賈弟兄同里巷，乘閒數數來相訪。雨天連宿草堂中，月夜徐行石橋上。我年漸長忽自驚，鏡中冉冉髭鬚生。心畏後時同勵志，身牽前事各求名。問我棲棲何所適，鄉人薦為鹿鳴客。二千里別謝交游，三十韻詩慰行役。出門可憐唯一身，弊裘瘦馬入咸秦。冬冬街鼓紅塵暗，晚到長安無主人。二賈二張與余弟，驅車邐迤來相繼。操詞握賦為干戈，鋒鋭森然勝氣多。齊入文場同苦戰，五人十載九登科。二張得雋名居甲，美退爭雄重告捷。棠棣輝榮並桂枝，芝蘭芳馥和荊葉。唯有沅犀屈未伸，握中自謂駭雞珍。三年不鳴鳴必大，豈獨駭雞當駭人。元和運啟千年聖，同遇明時余最幸。始辭秘閣吏王畿，遽列諫垣升禁闈。蹇步何堪鳴佩玉，衰容不稱著朝衣。閶闔晨開朝百辟，冕旒不動香煙碧。步登龍尾上虛空，立去天顏無咫尺。宮花似雪從乘輿，禁月如霜坐直廬。身賤每驚隨內宴，才微常愧草天書。晚松寒竹新昌第，職居密近門多閉。日暮銀臺下直回，故人到門門暫開。回頭下馬一相顧，塵土滿衣何處來。斂手炎涼敘未畢，先説舊山今悔出。岐陽旅宦少歡娱，江左羈游費時日。贈我一篇行路吟，吟之句句披沙金。歲月徒催白髮貌，泥塗不屈青雲心。誰會茫茫天地意，短才獲用長才棄。我隨鵷鷺入煙雲，謬上丹墀為近臣。君同鸞鳳棲荊棘，猶著青袍作選人。惆悵知賢不能薦，徒為出入蓬萊殿。月慚諫紙二百張，歲愧俸錢三十萬。大底浮榮何足道，幾度相逢即身老。且傾斗酒慰羈愁，重話符離問舊游。北巷鄰居幾家去？東林舊院何人住？武里村花落復開，流溝山色應如故。感此酬君千字詩，醉中分手又何之？須知通塞尋常事，莫歎浮沉先後時。慷慨臨歧重相勉，殷勤別後加餐飯。君不見買臣衣錦還故鄉，五十身榮未為晚。

⊙白居易《東墟晚歇》

涼風冷露蕭索天，黃蒿紫菊荒涼田。繞塚秋花少顏色，細蟲小蝶飛翻翻。中有騰騰獨行者，手拄漁竿不騎馬。晚從南澗釣魚回，歇此墟中白楊下。褐衣半故白髮新，人逢知我是何人？誰言渭浦棲遲客，曾作甘泉侍從臣。

⊙白居易《放旅雁》

九江十年冬大雪，江水生冰樹枝折。百鳥無食東西飛，中有旅雁聲最飢。雪中啄草冰上宿，翅冷騰空飛動遲。江童持網捕將去，手攜入市生賣之。我本北人今譴謫，人鳥雖殊同是客。見此客鳥傷客人，贖汝放汝飛入雲。雁雁汝飛向何處？第一莫飛西北去。淮西有賊討未平，百萬甲兵久屯聚。官軍賊軍相守老，食盡兵窮將及汝。健兒飢餓射汝吃，拔汝翅翎為箭羽。（《王闓運手批唐詩選》卷十，宣統三年東洲校刊本，上海古籍出版社影印本，第一一一一～一一三四頁）

⊙白居易《登西樓憶行簡》

每因樓上西南望，始覺人間道路長。礙日暮山青簇簇，漫天秋水白茫茫。風波不見三年面，書信難傳萬里腸。早晚東歸來下峽，穩乘船舫過瞿唐。

⊙白居易《江西裴常侍以優禮見待又蒙贈詩輒敘鄙誠用伸感謝》

一從簪笏事金貂，每借溫顏放折腰。長覺身輕離泥滓，忽驚手重捧瓊瑤。馬因回顧雖增價，桐遇知音已半焦。他日秉鈞如見念，壯心直氣未全銷。

⊙白居易《西湖留別》

征途行色慘風煙，祖帳離聲咽管弦。翠黛不須留五馬，皇恩只許住三年。綠藤陰下鋪歌席，紅藕花中泊妓船。處處回頭盡堪戀，就中難別是湖邊。

（「翠黛不須留五馬」）恰到好處。

風流深至，微嫌「翠」、「皇」對太纖，又未相稱，然不可改易。

⊙白居易《九年十一月二十一日感事而作》

禍福茫茫不可期，大都早退似先知。當君白首同歸日，是我青山獨往時。顧索素琴應不暇，憶牽黄犬定難追。麒麟作脯龍為醢，何似泥中曳尾龜？（《王闓運手批唐詩選》卷十二，宣統三年東洲校刊本，上海古籍出版社影印本，第一二一八～一二二〇頁）

智按：王闓運，原名開運，字紉秋，中年改名闓運，字壬甫，一作壬父，五十歲改字壬秋，署所居爲湘綺樓，自號湘綺老人，學者稱湘綺先生，湘潭（今屬湖南）人。咸豐七年（一八五七）舉人。早歲與鄧輔綸兄弟、龍汝霖、李壽蓉成立蘭林詞社，有「湘中五子」之稱。咸豐九年，會試不第，爲肅順延爲上賓。祺祥政變，肅順被殺，避居各地，博覽諸子，箋注群經。同治元年（一八六二），入曾國藩幕，因所議多不合，遂離去，退而講學。先後主持成都尊經書院、長沙思賢精舍、衡州船山書院以及南昌高等學堂、江西大學堂等學府。光緒三十四年（一九〇八）賜翰林院檢討，加侍讀。入民國，任國史館長，後辭歸。治學主張經世致用，宗今文經學，所作箋注以疏通文義爲務。著有《春秋公羊何氏箋》、《今古文尚書箋》、《詩經補箋》、《論語集解訓》、《老子注》、《莊子内篇注》、《墨子注》及《湘軍志》等數十種。文法先秦、《史記》；詩效漢魏六朝，爲湖湘派魁首。晚年自輓聯云：「《春秋》表未成，幸有佳兒傳詩禮；縱横計不就，空餘高詠滿江山。」著有《湘綺樓文集》二十六卷、《外集》二卷，《湘綺樓詩詞集》十八卷、《外集》二卷，《湘綺樓詞鈔》一卷以及《湘綺樓日記》、《湘綺樓説詩》等，門人輯其著述爲《湘綺樓全書》。《清史稿》卷四八二有傳，事又見汪國垣《近代詩人小傳稿》、王代功《湘綺府君年譜》。

李嘉樂（一八三三～？）

《琵琶亭》

潯陽江上一亭横，我亦天涯作客情。楓葉荻花秋似昔，搖風猶學四絃聲。（《仿潛齋詩鈔》卷一聞詩集，《續修四庫全書》影印清光緒十五年刻本）

智按：李嘉樂，字德申，號憲之，光州（今河南潢川）人。同治進士，授編修，改御史，出守春州，遷江蘇按察使，擢江西布政使，署江西巡撫。工詩，有《仿潛齋詩鈔》、《詩夢鐘聲録》。

蔡壽臻（一八三三～?）

《論詩絕句》（十首之五）

甚欲流傳《新樂府》，《琵琶行》亦寫牢騷。解從老嫗誠難事，白傅詩情是白描。(《艮居詩括》卷三，《清代詩文集彙編》影印清光緒三十年至三十二年刻本，第七二五册，第六三八頁；《萬首論詩絕句》第四册，第一六三六頁)

智按：蔡壽臻，字鶴君，桐鄉（今屬浙江）人。有《虛受齋全集》（中國社會科學院文學研究所圖書館藏稿本三十六卷，其中文十卷）。

文天駿（一八三三～?）

《跋率真集（黃圖南著）》

白傅善憂時，杜陵每傷亂。我讀夫子詩，愁苦居其半。拯溺雖有心，徒作旁觀嘆。不忍譏時人，屢把古人贊。一腔抱負奇，淋漓付柔翰。絃外聽餘音，元鶴唳霄漢。(見黃圖南著《率真集》卷末，民國十一年董秉清修，汪紹沂纂《永泰縣志》卷八，臺北成文出版社《中國方志叢書》第七七號，第二〇八頁)

智按：黃圖南（？～一八六三)，號滄秋，永泰白雲（今屬福建）人。作文時先瞑坐片刻，之後舉筆疾書，無所更改。而辭意淵淡雋永，人亦如此。咸豐三年（一八五三）進士，累官翰林院編修、日講官、左庶子，後督學貴州。著有《率真集》。

文天駿，字雲衢，同治六年（一八六七）丁卯舉于鄉。戊辰北上，以貲爲郎，連試春官皆罷，遂决意求會通漢宋兩學。光緒三年（一八七七）丁丑丁寶楨督蜀，奏請以部郎襄辦教案，在蜀始終鹽務十餘年。因詿誤被議，自殺。有《省齋詩鈔》六卷，由弟子夏壽田、羅光濟等集資校刊，貴州省博物館藏同治七年（一八六八）抄本、南京大學圖書館藏光緒二十三年四川鹽局刻本、首都圖書館藏光緒三十三年四川文匯堂刻本皆為四卷。另著有《周易或問》六卷，光绪十一年（一八八五）四川瀘縣刻本。

楊篤（一八三四～一八九四）

《長治縣志》

羅從甘《集萍草》。案：從甘以布衣而工吟咏，張天寵為之序，稱其天才秀發，不假雕飾，正如白太傅之老嫗皆解，陸放翁之粉飾不事也。續鈔存其詩十六首。（《長治縣志》卷四藝文，光緒二十年刊本）

智按：楊篤，字維利，號鞏同，又號秋湄，別署虬麋道人、呂香真逸，晚年亦稱東瀆老人，山西鄉寧人。同治三年（一八六四）舉人。歷任河北宏州書院山長、山西繁峙縣教諭、陽曲縣訓導、襄垣縣教諭。同治九年主修《西寧縣志》，並任山西省志局通志分纂，後主持編纂《山西通志》。著有《秋湄遺集》、《秋湄詩鈔》。

陸心源（一八三四～一八九四）

《周文矩重屏圖卷跋》

此南唐畫院周文矩所畫李中主璟兄弟四人圍棊之像，宋人稱爲《重屏圖》者也，見陸友仁《硯北雜志》卷二。原本畫於屏風，畫中又有屏，上繪白樂天詩意，故曰「重屏」。至宋祐陵得之，始裝爲軸，而書白詩於上。中座當爲南唐中主，見王明清《揮麈三録》卷三。宋思陵始誤題爲後主。觀棊圖，非樓宣獻出示明清，非明清以家藏中主像核對，亦莫辨其爲中主也。中主兄弟五人，楚王景遷前卒，則此三人爲晉王景遂、齊王景達、江王景逷矣，而孰爲遂，孰爲達，孰爲逷，雖明清亦不能一一證之耳。榻上右首，有古銅投壺一，壺中有矢三，榻上有矢二，未投，傍有奕譜匣一，左有横几，几上宫奩一，藤隱囊一，元匣一，傍有童子俯首而立，神情飄舉，真有頰上添毛之妙。南宋之季，爲樓宣獻大防所藏，劉後村爲之跋，亦見《硯北雜志》，後經柯九思、王履吉、項元汴、王阮亭諸家所藏，故褾綾有緼真齋、王履吉、項元汴、王士禛諸印，相傳皆沿後主觀棊之誤。余考訂諸書，證中座爲中主，復題重屏圖舊名，千年舊物，一旦豁然，雖絹敝墨渝，而神采如生，誠可寶也，誠可快也。白樂天《偶眠》詩云：「放杯書案上，枕臂火爐前。老愛尋思事，慵多取次眠。妻教卸烏帽，婢與展青氊。便是屏風樣，何勞畫古賢。」亦見《硯北雜志》，惜徽宗御書白詩，不可得見耳。(《儀顧堂集》卷二十，《續修四庫全書》影印清光緒刻本)

智按：又見陸心源《穰梨館過眼續録》卷一（《續修四庫全書》影印清光緒十七年吳興陸氏家塾刻本，第一〇八七册，第四三九～四四〇頁）。

《皕宋樓藏書志》

⊙白氏六帖類聚三十卷（北宋刊本，明文淵閣舊藏）

【唐】白居易撰

案，此北宋刊本，每葉二十六行，每行二十六、七字不等，小字雙行，歐書極精，每卷有目連屬正文匡、敬、恒皆缺筆，貞字不缺，蓋宋仁宗時刊本也。版心分十二册，有文淵閣印，朱文方印，臣筠三晉提刑朱文方印，徐氏《傳是樓書目》、季滄葦書目皆著録，蘇州汪氏有南宋刊本，題曰《新雕白氏六帖事類》添注出經。

⊙白孔六帖殘本三十八卷（宋刊本，傳是樓舊藏）

【唐】白居易、宋孔傳撰

案此南宋白孔合刊，每葉二十行，每行十九字，小字雙行，有宋本二字，朱文橢圓印，東海二字，朱文長印，蓋傳是樓舊物也。

⊙唐宋白孔六帖一百六卷（明刊本）

【唐】白居易、宋孔傳撰

唐白居易攟摭諸書，事提其要，區分彙聚，有益於世。或謂白公文采道德，自足以託不朽，顧爲此何歟？古之君子，學則與人共之，未有獨善其身者也。且其大者，尚將發明以示後世，況其細乎？使學者不執業，不佔畢，而有博聞之益，此仁人之心也。由唐至吾宋，幾四百年，故事畔散不屬，東魯孔侯宣聖之裔，中丞公之孫也。數試藝于有司，輒不售。退爲新書，以倣白公之意。方侯著書時，士皆挾一經，不治他技，而侯獨奮不顧，自詩頌銘贊，奇編祕録，窮探歷代，纖芥不遺，斯亦勤矣。書成而當建炎、紹興之際，主上復古救弊，士知博學。孔侯之書，如當家之儲材，棟椽枅栱，雲委山積，匠者得之，應手不窮，功用豈小哉！若夫貪多務得，晦而不出，幸人之不知，以成己之名者，此侯之所恥也。余見侯臨川，閱其書而善之，侯之言曰：古之學者，必世其家。吾惟宣聖之後，而子思《中庸》，雜於《大戴氏禮》，及子高、子國始立，訓傳缺然，至今吾甚懼焉。於是綴緝，使無墜厥緒，則侯之意，又非獨倣白公而已也。故余樂爲之序。陵陽韓駒子蒼。(《皕宋樓藏書志》卷五十九子部，《續修四庫全書》影印萬卷樓藏清光緒潛園總集本)

⊙六帖補二十卷（舊抄本，半舫齋舊藏）

【宋】代郡楊伯嵒彦瞻集

類書之便於檢閲，惟白居易氏《六帖》最備，大抵皆載唐以前事。至皇朝紹興初，有孔傳世文，先聖四十七代孫也，復爲《孔氏六帖》繼之，故於舊事獨詳。今百餘年，莫有增者。泳齋楊君伯嵒，乃輯白氏、孔氏之遺，而爲之補。泳齋，楊和王曾孫，而刻志好學，多見異書，下筆皆驚人語。予嘗爲寮，寓郊關外，復出關時，一相覓，高談衮衮，與夫長篇短章，更倡迭和，有疑事質之，嘗叩「雲璈」璈字所出，即答以《太平廣記》，考之果然。一日出所輯《六帖補》相示，凡二十卷，搜奇拔異，事富語新，如入建章宫，千門萬户，使心洞目駭，應接不暇，是可不與二氏《六帖》並行乎？泳齋曰：「幸爲我敍篇首。」昔束晳《補亡詩》，乃其自作，於亡詩何補？今所補《六帖》，字字皆有依據，其補於二氏爲多。泳齋作《九經補韻》尤精詳，非博聞强記，不能也。竊憶西墅君子堂前，草必生書，帶魚生墨，頭午將問諸園丁。壬寅二月十五日竹坡呂午序。

校正鄉貢進士州學教諭張應采。校正免解進士州學教論徐應采。校正貢補進士州學直學陸誼。挍正免解進士州學直學孔應選。校正免解進士州學直學鄭章。校正迪功郎新吉州太和縣主簿孔應得。校正迪功郎新瑞州新昌縣尉州學學正鄭逗。

唐世類書，傳於今者，有徐常侍《初學記》、白少傅《六帖》，《記》所遺者，《帖》采綴甚富，然自六經諸子，逮於秦漢魏晉而止耳。本朝名儒纂輯，如晏元獻公《類要》等書，可謂浩博，特未聞有繼《六帖》而作者。炎紹中興，乃有孔侯《六帖新書》，隋唐五代咸著於篇，而白傅所未取者，不敢過而問焉。泳齋楊先生復成《六帖補》二十卷，然後向之軼於二公者，粲然在目。先生博覽古今，見聞該洽，雖治郡叢劇，而手不釋卷。石渠玉府，盈溢胸襟，隨取而充，其用畢具，非假是以夸涉獵備遺忘者，其志固在於續古也。白傅之後，歷三百年，而後有新書。孔侯絕筆，又百年而後有是補。可不謂之有志於續古歟？此仕禮之所敬嘆也。因刻梓於學宫，以廣其傳。淳祐甲辰孟冬朔日，門生文林郎充衢州州學教授俞仕禮敬書。（《皕宋樓藏書志》卷六十一子部，《續修四庫全書》影印萬卷樓藏清光緒潛園總集本）

⊙香山九老會詩一卷（舊鈔本）

唐樂天白居易輯。自序。（《皕宋樓藏書志》卷一百十二集部，《續修四庫全書》影印萬卷樓藏清光緒潛園總集本，第九二八～九二九册，第五七六頁）

《儀顧堂題跋》

⊙《舊聞証誤》跋

《舊聞証誤》四卷，《永樂大典》傳抄本。心傳此書，每條皆註所引書名，大典本多缺。愚案，卷一縣吏受郡事而下之縣者條，出程大昌《演繁露》卷十二。泰之，大昌字也。錢若水爲樞密使條，出王鞏《聞見近録》。張忠定爲御史中丞條，出王闢之《澠水燕譚録》。祖宗時雖有磨勘法條，系証王明清《揮麈後録》之誤，其前當補《揮麈後録》一條。……李端叔作范忠宣遺表條，出《揮麈後録》卷六。紹興戊午夏，熙州野外濼水有龍條，出洪皓《松漠紀聞》。吴才老舒州人條，出《揮麈三録》。魯國大長主避兵南來卜居台州條，出《揮麈前録》卷三。白樂天聞白行簡及禁中鐘鼓院二條，出《演繁露》卷十五。學士院具員文臣條，以蔣所記誤語推之，當出蔣魏公《逸史》。台州筆吏楊滌條，出《揮麈前録》卷三。以上各條，大典本皆缺書名，今爲考証如右。（《儀顧堂題跋》卷五，《續修四庫全書》影印清刻潛園總集本）

⊙宋槧白氏六帖類聚跋

《白氏六帖事類聚》三十卷，宋仁宗時刋本，每葉二十六行，每行二十六七字不等，小字雙行，每卷有目連屬篇目，匡、敬、恒皆缺筆，貞字不缺，蓋仁宗時刋本也。分十二册，卷一、二爲第一册，卷三、四爲第二册，卷五、六爲第三册，卷七、八爲第四册，卷九、十爲第五册，十一、十二爲第六册，十三至十五爲第七册，十六至十八爲第八册，十九至廿一爲第九册，卷廿二、廿三爲第十册，廿四至廿七第十一册，廿八至三十爲第十二册。版心有帖一至帖十二等字。余見常熟瞿氏北宋本《史記》分三十册，版心亦如此，蓋北宋時舊式。至南宋而無此式矣。案，是書原名《白氏經史事類》，見《新唐書・藝文志》。六帖者，時人以爲括帖之用而名之，見《書録解題》引《醉吟先生墓志》、衢本《郡齋讀書志》。《六帖》，白居易撰，凡天地事物，分門類爲對偶，而不載所出書。曾祖父祕閣公爲之注，是唐本無注，而注乃公武曾祖祕閣所爲矣。案，王珪《華陽集・提點京東諸路刑獄公事兼諸路勸農事朝散大夫行尚書祠郎員外郎充祕閣校理上輕車都尉借紫晁君仲衍墓誌銘》稱，仲衍以唐白傅所撰《事類集》，傳者寖舛，乃參考經史，一以刋是之，仍據舊目補考摭新，別爲後集三十卷，曰《類事後集》，卽此書也。宋經注皆別行，故北宋本經傳有單注單疏本，仲衍注《六帖》時，本與原書別行，故曰《後集》。至刋板時，乃合爲一。然自宋至今，無人知爲仲衍注者，可慨也。案，仲衍字子長，家開封之昭德坊，祖迥，父宗慤，《宋史》皆有傳。初以祖任將作監主簿，召試西掖，賜進士第七，遷至祠部員外郎，召試禁林，充祕閣校理，乞補外，知懷州，專厲風節，誅鋤豪强，衆不敢犯法，就除京東提點刑獄。皇祐五年，卒。爲人端粹嗜學，未嘗一日去書。工文章，丞相章得象、晏殊箋記皆出其手。爲《汴陽雜說》一卷，其言切于規諭，《兩晉文類》五十卷，《史論》三卷，《文集》二十卷，端方，端稟，端彦，其子也。見墓誌。悦之，詠之，微之，載之，沖之，覺之，貫之，其孫也。公壽，公耄，公逸，公留，公鄘，公休，公武，公遡，其曾孫也。第一册、第六册、第八册、第十册有文淵閣印四字方印，每册有「臣筠」二字朱文方印，三晉提刑朱文方印。明永樂十九年，取南京書，儲左順門北廊，正統十八年移于文淵閣，楊士奇等編爲《文淵閣書目》盈字號第二厨，有白字六帖四部，內一部注云：「四十册，此本四册。」有印。明初必訂四册，所云「四十册」，疑卽此本，「十」字乃衍文耳。不然此書通計不過五百餘葉，安得有四十册之多耶？其流入民間也，或爲分宜所竊，或由甲申之變，則不可考矣。宋筠，商邱人，犖之子也。官山西按察使。所藏尚有《孔帖》三十卷，今歸内府，見《天禄琳琅書目》。汪氏《藝芸書舍宋刊書目》有南宋麻沙本《白氏六帖》，題曰《新雕添註白氏事類出經六帖》，當是宋季麻沙坊刻，後歸烏程蔣氏，余曾借校一過，妄删妄增，譌謬奪落，指不勝屈，以視此本，蓋有霄壤之别矣。（《儀顧堂題跋》卷八，《續修四庫全書》影印清刻潛園總集本）

⊙越州石氏本爭坐位跋

越州石氏歷代名帖有顔魯公《爭坐位帖》，見陳思《寶刻叢編》，王述庵稱宋以來《坐位帖》刻本有七，而獨遺石氏，可見流傳之罕矣。此本墨光如漆，神采焕然，爲莫雲卿舊藏，與《祭姪》、《祭伯文》、《寒食》、《鹿脯》帖，白香山詩簡，柳公權《泥甚帖》同裝，與《叢編》石氏帖目合，其爲石氏所刻無疑。安師文、吴中復刻石久亡，今惟存關中本，轉輾傳摹，視此有霄壤之别。郭僕射爲郭英乂，《粹編》考訂已詳。菩提寺，長安左街官寺，見《唐會要》，唐制，凡國忌，西京八十一州，各於寺觀行香設齋，見《唐六典》，廣德二年，裴冕爲左僕射，郭英乂爲右僕射，見《通鑑》。裴僕射者，冕也。（《儀顧堂題跋》卷十四，《續修四庫全書》影印清刻潛園總集本）

⊙越州石氏本祭伯文祭姪文跋

右宋搨顔魯公《祭伯文》、《祭姪文草》，與《爭坐位帖》、《鹿脯帖》、《寒食帖》、柳公權《泥甚帖》、白香山詩簡同裝，皆越州石氏博古堂帖也。其目見《寶刻叢編》。《祭伯文》後此惟刻于王氏鬱岡齋，《祭姪文》後此凡五刻，文氏停雲館、吴氏餘清齋、董氏戲鴻堂、東昌鄧氏及翻刻停雲本也。《祭伯文》與王刻大抵皆同，《祭姪文》多與諸刻歧異，初頗疑之，反覆推求，乃得其故。盖吴刻出于鮮于伯機所藏，與此本皆以眞跡上石，鮮于本悉仍原草，一筆不遺，此則或删塗改之字，或移旁注于中，故字形有大小之殊，字數有多寡之别。異流同源，非二本也。文刻出于聶雙江家藏，墨迹相傳以爲米臨，小有參差，固無足怪。翻文本原草爾之，首櫬句「爾之」二字譌作東二，「卜爾幽宅」譌作「及爾幽宅」，則以所據文刻，非初拓本爾。上有石裂紋之字，僅存二點與「爾」字，牽連而下，「卜」字左右裂紋尤多，摹刻者不諳文字，成此大謬。戲鴻本改易行款，全失本眞。鄧刻稱以聶氏墨本入石，然與翻文本譌謬皆同，蓋鈎塡之贋鼎也。《祭姪文》，草白當推此爲第一，下眞蹟一等，惟「常」字下原字上缺十字，恨無宋拓可補耳。（《儀顧堂題跋》卷十四，《續修四庫全書》影印清刻潛園總集本）

《穰梨館過眼録》

⊙錢舜舉《楊妃上馬圖卷》

絹本高八寸九分，長三尺九寸八分。

唐室開元致太平，年二十月幸華清。當時馬上多嬌態，不想軀馳蜀道行。

周昉，唐人，而形容太眞馬上之態如此，蓋唐之人主不以爲諱，豈獨畫也。白樂天《長恨歌》可見。霅溪翁錢選舜舉。朱文。白文。朱文。（《穰梨館過眼録》卷五，《續修四庫全書》影印清光緒十七年吴興陸氏家塾刻本）

⊙尤鳳州臨睢陽五老圖册

引首灑金紙兩頁。每頁高一尺三寸五分，長二尺一寸五分。是册眞迹，載朱存理《鐵網珊瑚》，凡詩文已見《鐵網珊瑚》者不録。

睢陽五老（隸書）。後學文徵明題。白文。朱文。

圖五頁，絹本，高一尺一寸三分，長八寸，對題。紙本高長同。

太師致仕祁國公杜衍八十歲。

杜衍詩不録。

禮部侍郎致仕王渙九十歲。

渙詩不録。

司農卿致仕畢世長九十四歲。

畢世長詩不録。

兵部郎中致仕朱貫八十八歲。

朱貫詩不録。

駕部郎中致仕馮平八十七歲。

尤求敬摸有印，不可釋。

馮平詩不録。

紙三頁。每頁高一尺三寸六分，長二尺一寸五分。

歐陽修、晏殊、張商英、范仲淹、富弼、韓琦、胡瑗、蘇子容、邵堯夫、文彦博、司馬光、張載、程伯淳、程正叔、蘇軾、黃山谷、蘇轍、范堯夫詩不録。

正統龍集甲辰八月既望滎陽後學鄭文康識。朱文。白文。白文。

又紙三頁。高長同前。

錢明逸序，蔣璨識，黃纓觀，杜綰識，謝如晦觀，何異識，王銍識，錢端禮識，季南壽識，洪邁識，范成大識，楊萬里觀，歐陽希遜識，洪适識，俞端禮觀，朱熹識，謝覿識。

張貴謨詩，游彦明識不録。

又紙三頁。高長同上。

人世之不可必得者，莫不爭重之。五老以碩德遐算，讌休閭里，時人繪而傳之，以迄於茲，蓋古今希覯矣。圖垂六百年，歷兵燹不壞，朱氏代寶藏之業，失而復獲者再，抑何奇也。余友以發氏，以副本屬余録諸名賢詩跋，因得備觀其勝。匪獨置身睢陽，仰承明懿，併香山九老，暨潞公之建耆英，温公之會眞率，皆可彷彿其盛事，恨樗材龐濫，兼五乖萃集，未能殫筆墨之長，大違以發索書之意，是用愧仄不置爾。旹崇禎癸酉重陽後六日，延陵吳玄冲函白甫書併識。白文。白朱文。

予榮書不録。

崇禎六年九月十八日，十二世孫集璜敬録。惟秘閣公以六歲間關兵燹，實始來吳，長歸展墓，訪求先澤，奉圖以來，後乃大昌厥祚，而圖亦至今傳，非偶然也。嗚呼！豈非無忘本始，篤繇至誠，故能百世而垂裕乎！拜録不勝仰止。白文。

程鉅夫觀，姚燧觀，馬煦觀，元明善觀，虞集跋，趙孟頫跋，李道坦跋，劉致等識，王守誠觀，殷天祐識，曹元用、馬祖常觀，張翥詩，趙期頤觀，韓鏞觀，俞焯詩，柳貫識，郭畀觀，錢瓊觀，杜本識，白野泰不花觀，李祁詩不録。

余家藏司馬温公、虞雍公諸像，歲時瞻拜，想見古人之風烈，及於震生齋謁蘇文忠像，爲懷亦然，因以慨典刑之希遘也。癸酉秋，以發氏出示五老圖，余得拜觀。考其志紀斯圖得喪去來之故，良可感矣。夫司馬蘇虞像，經世所幾臨摹而存，或失其故，似此之歷數百年而終歸之於其後之人者，蓋有間矣。抑聞祁公家世，自周秦至宋，千有餘載無替，今不知其後何如，而畢氏已失此圖，不知其與王、馮二公之末傳又何如。倘欲求如以發之克宏先澤，其可得哉！余亦幸而與以發敦好，得覩古人令儀，視爲四公之後之友者，復何如耶！然則以發索書題詠副本，余雖愧未能，而誼不可辭，且托於休蹟以不朽，後學之事也；永念前人，以廣其傳，子孫之志也。余乃忘以發兄弟之好，而違其表見先澤之指，可不可也。於是爲録數則焉。夫名手書至累幅，或間有拙筆，如余最不能書。書至累幅，倘有一二點畫，偶合於古人之墨法筆法，未可知耳。但邵菴、松雪諸公所題，皆爲余録，而以列於函白、震生、大原數子間，俯仰昔今，鮮所不愧，何以從以發、震生歲時謁祁公、温公諸往哲哉！　崇禎六年九月二十有五日括蒼葉奕荃敬識。朱文。白文。

又紙八頁。高長同。

周伯琦識，閻居敬觀，李幹識，王遜記不録。

洛下香山豈異盟，江湖廊廟不同情。誰言林下一人少，請看睢陽五老并。李嵩拜題。

右宋睢陽五老，皆耆年碩德顯宦，當時好事者圖之，雍守錢明逸序之。視唐香山九老，則其齒其時，與夫名爵學行雖不同，其功遂身退，爲時人所慕而爲圖則一。然香山之圖存與否，蓋未可知。曷若是圖更三百載，而五老衣冠人物，宛然如前日者。豈其嗣守得其人耶？抑神明呵護而傳於今耶？其兵部郎中朱公九葉孫德潤，鎮東提舉，保藏唯謹。其子復吉，又能繼繼承承，雖從役萬里，奉之不啻圭璧。近自西夏歸拜先壠，不以昭爲不似，間以示之，且徵題識。昭於是竊有感焉。嗚呼！宋之文獻禮樂，軼於漢唐，諸老言行，見於傳記。讀之尚能使人興起，況瞻其儀型者乎？《詩》云：「子子孫孫，勿替引之。」復吉宜保焉毋忽。若五老爵齒世系，學士大夫已論之，兹不及。河東吕昭拜書。

嗟乎！物之重輕，豈不以人哉！五老往矣，去今六百年，瞻其像，誦其詩，使人肅然起敬，躍然興慕，而弗能已已者，豈以歷年滋久，奉爲珍玩哉！抑其人有足重者。無論五老，自錢、歐而下，題識如林，固鮮敗羣者厠名其間然，卽數十人中，而又若有輕重焉者。其不第以文采筆墨爲高下可知也。

今杜、王、畢、馮四家世乘莫可考，朱氏之子孫，歷歲數百，經兵燹播佚，罔敢失墜，雖曰後人多賢哉，亦貽之者善也。善乎以發氏之言曰：「繇所見以求所不可見，當有進於是者。」是則於此圖所以重且久之意，思過半矣。余既録番陽周伯琦、東牟閻居敬、壽春李幹、金陵王遜、李嵩、河東呂昭諸公題辭外，漫附數言於後，俾朱氏之保此圖者，知所輕重云。皇明崇禎陸年歲次癸酉菊月下浣後學汝南周啟祥拜書。朱文。白文。白朱文。

復吉自幼聆先君子之訓，謂吾朱氏，乃睢陽五老兵部公之後，門戶不輕矣。非學無以自立，汝當謹守家法，勿虧世澤。及長，宦學南北，必奉此圖以自勵。洪武中，謫鳳陽，旋遷西夏，雖經憂患，未敢少忽。戊辰秋，思唯祖宗邱壟，遠在吳中，二男珪、璠，不識世傳此圖，倘一失守，罪莫大焉。乃與二男給告以歸，奉此圖付二弟逢吉、蒙吉藏之家廟，歲時得以展祭焉。嗟夫！曩自紛攘以來，東南望族，患難北徙，莫可以數計。父子不相顧，夫婦不能保，況邱壟乎？人倫之壞，莫甚於斯。方今海內始安，綱常之道，人皆可以行之。由是復吉得以伸其孝思，是以有生之幸也歟！是歲冬十有一月朔，十世孫復吉拜手謹書。

典籍公遘憂患，走萬里而歸圖。讀紀事，深悲其志矣。以彼其誠，金石爲通，其在今也，恭恭猶將護之。人之有生，罔思保世，斯亂民耳，於公何如也哉！公再徙良鄉，至孫邱縣，教諭公鐸皆歸葬吳，後遂莫之考。中書公所謂以副本呈兄者，更未知存與亡也。公靈苟存，合之不遠。　七世從孫集璜敬録并識。朱白文。白文。

洪武己巳歲夏四月，兄復吉攜其子珪，歸自寧夏，尋省墓。持先世《睢陽五老圖》一卷，宋元及今縉紳先生題識於後，屬吉寶藏於家。嗚呼！斯卷相傳，幾三百載，吾兄羇關萬里，又二十餘年，恒與身共，幸獲無恙。吉念睢陽而後，已及十世，雖不克振先業，而清白相承，亦代不乏人。有若吾先君子之學行，而位不滿其德，時乎命乎。今吾兄言行交孚，恪守世業，遠在邊陲，而幸際文明，車書萬里，故能歸此圖於鄉梓，其於完璧爲何如。吉也，敢不肅承保藏哉！雖然，欲知先世之業，每一拜圖，而興孝思，豈可使圖彼有而此無哉！因重繪副本，録諸題詠，呈兄持還，以示珪、璠。庶幾吾子若孫共保，世世永久也。是歲八月望，弟吉端肅拜書。

中書公諱逢吉，後單從吉，從高廟旨也。公受兄典籍公之命，而斯圖遂傳於今。迺觀其録副呈兄曰：「吾不忍此無者彼有也。」孝弟之心，亦可以惻然起矣。嘗疑提學公德言並烈，圖後備其交友之敘述，而公顧反闕。嗚呼！有子二公，其授受如斯矣。公之敘述，豈不足耶。崇禎六年九月二十七日，七世孫集璜敬録并識。朱白文。朱文。

敬書朱季寧所藏《睢陽五老圖像》後：士大夫直道立朝，志同氣合，謝事而歸也，蒼顔白髮，輝映於深衣大帶之間，追思平生所爲，無可愧怍，而雍容談笑，足以師表後進，而爲鄉閭宗老之光榮，豈非三代之盛歟？下此若唐白樂天香山九老之遊，宋杜祁公睢陽五老之集，富韓公洛陽英耆之會，好事者或繪以爲圖，使後之覽者，低回歎息，追慕於數百載之後，又豈非三代以後之僅見者歟？昔子房之去，善矣，而所友者荒唐之赤松，二疏之退美矣，而相與者一時之叔侄，然後知以懸車之年，而得從天下之士，非君臣相遭，千載一遇之盛者，爲難致也。中書舍人朱君季寧，出示《睢陽圖》，寶蓄之者累世矣。圖中所謂兵部郎中，其十世祖也。夫賢人君子之重於世，猶景星慶雲，孰不仰而慕之，而況於其子孫之賢者乎？傳曰：有陰德必享其報。兵部公於澶淵之役，首以不殺爲請，其陰德之在人者衆矣。季寧之子孫，必有食其報者。吾將於是而卜之。子成王行識。

世之享福禄壽考者，苟其德不足，雖偶獲乎天，而人弗之貴。三者全矣，倘不逢休明之朝，欲保康寧順適，奚可致哉！賢而壽，壽而貴，而又生乎治世，斯其爲足尚矣。然士君子非國家有道，不足以遂其生，國家非士君子享福禄壽考之多，不足以彰其盛。孔子贊虞舜，稱五臣，於周稱八士，詩人頌魯稱三壽，其有以哉！宋至仁宗，士君子可謂衆矣。當是時，壽而貴，有德而康寧者，四方蓋多有之。觀乎睢陽五老圖，自杜祁公而下，祁公年八十，禮部侍郎王公涣年九十……後學方孝孺識。

……

宋睢陽五老圖，至和三年，錢明遠序之，……歸朱氏矣。朱氏有此圖，蓋紹興二年，子榮始得之，至今亦二百六十八年，夫以在五老之先圖像之時，幾五百年之久。……天順二年正月上日正浦葉盛謹識。

……

敬和宋《睢陽五老圖詩》并敘：余侍先人宦遊京師，獲見接於中書季寧閣老先生，高年夙德，爲縉紳所推重，平以晚進，爲先生忘年交，相見輒語以正心誠意之學、孝弟忠信之道，懇懇不倦，而冠裳侍立終日者，先生之季子士常也。先生捐館四十餘載，自是湖海隔絕，聲迹莫通。今年夏，余游吳中，陳君宗信所賓於西席者，乃士常之子夏，爲先生之孫，因出宋睢陽五老圖詩，及歐、范、富、韓洎吾宗人長公兄弟之作，索題於余，而圖中兵部公卽其始祖也。余喜先生之有後，克紹前德，敬武其韻於後，云：「功成名遂偶投閒，老向金門早掛冠。歷仕四朝同黼黻，歸來三徑共盤桓。崔嵬匡嶽淩空閣，偃蹇喬松耐歲寒。千古高風存企仰，儀型留後與人看。」海昌雪溪道人蘇平秉衡書。

中翰季寧先生之孫，出其所藏始祖宋兵部公《睢陽五老圖賡唱詩》以示余，求步其韻。五公出處大節，已見信史，及季寧老先生純德雅望，亦具兄秉衡之識，俱弗贅。憶別中翰於京師，回首幾十載，今見乃孫，喜其不替世德，家學有承，故不辭爲賡之。

急流勇退古稱難，五老從容早掛冠。名著中朝心烱烱，威淩北狄氣桓桓。山林放達人爭仰，詩酒風流跡已寒。千古高標同洛社，勳庸留向鼎彝看。海昌雲壑蘇正題。

同朝抗疏乞身閒，同向林泉戴鷃冠。知退想應師漢傅，匡時終不道齊桓。蕭蕭華髮隨年老，凜凜清風逼座寒。千古芳名傳信史，底須只作畫圖看。黃海商瑜拜觀謹述。

自子榮得此卷後三百餘年，偶入崑山夏太卿家，其裔孫日南使其子鄉貢進士文贖於太卿之子鉞，鉞諾焉，而郤其金，已而病卒。後家人竟歸於朱，一則求其所當有，一則與其所不必有，其孝其義，固皆可書。惟五老之會，杜祁公首倡以詩，王侍郎而下和之，至歐陽文忠、范忠宣諸公十八人亦和之，今皆不在卷中。鄉貢君方益求先世遺物，必能獲而補亡也。成化十五年春正月既望，翰林修撰長洲吳寬書。

先大中公與文潞公彦博、司馬郎中伯康、席司封君從四人者，皆生丙午元豐間，年八十，作同甲會，歲一爲之，洛人圖畫以爲勝事，當時必家有藏本，而今亡矣。拜觀此卷，不勝追慕之私，且健羡朱氏之有後也。成化己亥歲二月既望，新安程敏政，題於古蘇驛。

吾鄉人物，近古以來，惟杜祁公清德高懷，始終一節。亜毛髮就燥時，即知傾仰。今行部崑山朱生質以睢陽五老圖請題識，始得拜觀公遺像。朱氏之鼻祖兵部公，蓋五老之一也。祁公平生最慎許與，兵部時雖耇老，使非志同道合，其得與此耶？朱氏後人，固當無忝爾祖也。然細觀五老之像，祁公英特厚重，類其履歷。王部侍温厚謹飭，畢司農昂藏坦易，朱兵部古澹蕭散，馮駕部安恬軒舉，皆足使人敬慕。此不特見五老高致，而趙宋全盛氣象，宛然在目中矣。因命工存其彷彿，以自慰企慕，而敬書其後以歸云。時大明成化二十年，歲在甲辰九月既望，司馬亜書。

成化己亥春，嘗拜觀五老圖於鄉貢進士文第。後二十年，爲弘治己未，再獲披覽，則鄉貢君已登甲科，自監察御史擢湖廣按察副使，其子希周且以狀元及第，入翰林。兵部公之德澤，於是乎益長矣。夏五月十八日，東吳吳寬在吏部右廂再書。

世傳《睢陽五老圖》，與香山並著，爲千秋不朽盛事，題詠頌贊，皆當代聞人。余心慕好之，未之覩也。圖自睢陽歸吳中，語在朱氏家乘，余歸田數年，而社友朱兆嘉氏，睢陽裔孫也，以其族子所藏圖卷質余。余展玩數四，因歎以爲兹朱氏世寶，奈何屑越播蕩，委之他氏乎？則以歸兆嘉及其子名佐，俾世守之，而兆嘉爲余言，往時名賢論著，多所闕軼，先曾祖日南贈公嘗搜得之，若歐陽文忠公詩一首，本朝王處士行、方正學孝儒、傅國博顯、陸外翰得舉、夏太卿杲、葉文莊公盛、蘇平、蘇正、商瑜、司馬亜、張和雜文題識十一首，當并附之圖後，以詔來禩，所恨者，吳中祝京兆、翰林唐李諸君子所鑒定名畫法書甚衆，而不及兹圖，蓋吾宗閟之不出，諸君子未之見也。嗟乎！諸君子所不得見，而余得寓目焉，豈非幸哉！然余因是有感焉。君子之澤，常斬於五世，而惟銘之鼎彝，書之竹帛，則百世而不墜，蓋有所托而傳也。五老之風範，托於兹圖，兹圖之流傳，托於朱氏。朱氏之保有兹圖，綿引勿替，托於賢子孫，視鼎彝竹帛不有餘耀乎？語云：「物因人重。」良不虚矣。余故泚筆而題其後。萬曆庚戌初夏，休休居士申時行書。

敬瞻圖像，芳躅儼然，五老不以圖而後傳，而閲此圖者，可以思五老之所以有圖，而圖之所以永傳也。高山伊邇，仰止惟愨。古人同德是好，應不拒私淑。余於此有深感焉。後學王楷書并識。白文。白文。

展五老圖，恭題於幀末。示汝梅賢倩。誰傳阿堵虎頭工，尺幅如披五老峯。嘉祐典型存有宋，睢陽耆舊亢而宗。嘗憑風雨聞龍吼，莫使烟雲被蠹封。東壁圖書好呵護，西垣還想嗣高蹤。天啟癸亥嘉平月，四留居士魏浣初。

智按：魏浣初（一五八〇～一六三六），字仲初，一字仲雪，常熟（今屬江蘇）人。萬曆四十四年丙辰（一六一六）進士。有《四如山樓集》，不傳。今存《詩經脈》八卷（《四庫全書》本）、《蹁庵集》不分卷（中國國家圖書館藏明抄本），《四留堂褉著》不分卷（中國國家圖書館藏清抄本），《四留堂雜著》二卷（湖南圖書館藏清咸豐間抄本）。按《蘇州府志》：魏浣初，字仲雪，萬曆丙辰進士，謁選當作縣，自念為諸生時，苦志文藝，欲秉鐸課士，以發其胸之所儲，遂改嘉興府教授，執經者恒滿，浣初悉為講論，德藝一如家塾之課子弟者。署海鹽、桐鄉二縣，有惠政，遷南京戸部主事，差榷蕪湖，商民有清水之頌，遷禮部員外，晉吏部郎中，革弊興利，不以南為冷曹自委，陞廣東僉事，分巡嶺南，擒巨盜李魁奇、鍾國讓等，陞參政，提學廣東。公慎明允柄，無旁假文，有未善，每召諸生，面為指授，衡文之官，罕有其比。蓋生平醉心於文，故不自知其勞瘁也。卒於官。為人清隘自好，喜為詩，得元白意，所著詩文集十二卷。弟沖，字叔子，崇禎庚午舉人，與兄齊名，一時名士，多從之游，詩亦倣元白體。（《古今圖書集成》官常典第六百八卷督學部名臣列傳第一二頁；文學典第一百十一卷文學總部列傳九十九第一四～一五頁；清光緒九年刊本《（同治）蘇州府志》卷九十九與此字句略異）

玄宰董其昌拜觀。

宋五老圖爲海虞朱文學汝梅題。

皇宋文物改，哲人亦云徂。朱君景先哲，愛購五老圖。五老之長曰維杜，星辰曳履絲綸府。知公神來燭三台，高風如在足千古。寅清在昔說春官，香冷容臺骨已寒。獨有清風常穆穆，王公出往卿雲端。司農畢公何如者，精神的爍存大雅。當年主計咸厥功，令人憑弔汗欲下。於惟馮公數馬郎，功高扈從誰相望。而今徽躅亦已矣，姓名歷落天之房。桃源花下水如縠，云是朱公之湯沐。當年劒舄重巖廊，此日聲華表林谷。公有耳孫魯諸生，手持五老小影行。我也披圖一問之，丹青掩映星漢明。吁嗟五老在皇宋，泰山喬嶽皆增重。老成雖逝典刑在，功可歌兮德可頌。君不見，星纏東井數有五。文明輝映徹海宇，五老同時相步武。又不見，域中光岳五爲尊。聲靈赫濯振乾坤，五老同盟誰等倫。其像如生，其行可述。舄弈乎丹青，千秋同一夕。漫托道子之寫生，以俟太史之麟筆。廣陵通家張元芳。

睢陽五老宋人豪，同德同隱年同高。皤然隺髮相輝映，招搖花月擅風騷。寫入丹青存盛事，不數天球與赤刀。時代遷移陵谷變，神物呵護深藏弢。得失幾經龍劒合，光儀儼肅列仙曹。五百年來勤世守，萬代瞻仰爭揚褒。恭靖文孫稱濟美，芳馨披拂沾餘膏。稽首先哲興讃嘆，依稀蠡測驚洪濤。爲語象賢傳遠裔，國楨人瑞繼貞標。大明天啟甲子歲孟秋六日。金陵後學朱之蕃撰并書。

觀五老圖謹題一詩，以致景仰之意。　童顔隺髮儼神仙，盛事遥從畫史傳。星聚虞廷同入昴，樹封秦嶺共擎天。鹿冠籠雪迴僊駕，鶴杖扶雲集綺筵。誰向梁園尋舊蹟，匡廬五老隔風煙。　天啟五年乙丑仲夏江甯顧起元撰并書。

五老端如五嶽尊，見圖猶覺典刑存。高風異代還投體，名世文孫更鮮倫。阿護有神傳劒舄，滄桑無恙柱乾坤。當年嘯詠冥鴻地，想像青山不可捫。雲間後學何萬化敬題。

《宋司馬朱公五老圖爲汝梅世兄題》

楚楚威儀宋主盟，鬚眉冠服儼如生。若非屢劫存朱氏，安得流傳到聖明。宅易也曾收復佚，夢徵應許缺還成。清風世世遥相接，美有人斯家有聲。湯一統敬題。

曠代瞻遺像，餘編見古人。典刑曾不沒，歲月乃如新。五老生爲嶽，三朝護有神。清時人並逸。大耋齒維均。駕部根盤大，文孫葉自蓁。國香綿譜牒，翰學冠簪紳。箋跋豐文筆，唏噓仰道眞。風流知未艾，珍重在振振。晚學朱知墭。後學顧仲恕録。朱文連珠。

睢陽五老，勝跡流傳千古。其一爲兵部朱公，位不過曹郎，而出與萊公同功，歸與祁公同尚，一身去就，分天下之盛衰，非至德孰與於斯。公之後人，爲吾郡先達朱恭靖公，在正嘉間，出處行事，祖孫一轍。誰謂醴泉無源，獨因之有感也。冥鴻在野，弋人何慕焉。顧老成盡逐枌榆而去，其如世道，何哉！恭靖從孫隆棟出圖相示，漫題數語志慨。　後學文震孟書。朱集璜録。朱白文。

又紙兩頁，高長同。

數百年來，表著先澤者，有秘閣公矣，有提學公、中書公、贈少宰及御史公矣。恭靖以絕德冠天下，而於題記，則未數數。其於先世之緒，以躬行弘顯之有餘也。伯祖祁川公奉欽恤之命，親詣睢陽，聿新廟貌，勒像以示後人，使知五老之像，雖以朱而竝存，若其神固洋洋乎無不之也，則豈不大有功於風教哉。崇禎癸酉立冬後一日姪孫集璜敬録并識。　朱白文。朱文。

呂柟《重建睢陽五老祠記》文不録。

歸德感應。歲癸卯，余應試北上，舟泊歸德西關，謁五老祠，禱之，得丑歲登第之祥，同袍皆繪像，并録碑文靈異以歸，合吾崑朱殿撰家所藏，大同小異，數百年內，奇蹤異跡，歷歷可考，余亦果至乙丑始得第。其原像一卷，嘗入吾家，而不知重入夏太常，而復歸於朱。偉哉！應感不可忽也。後學歸有光撰。　此余外伯祖太僕震川歸公紀事也，繇呂高陵之祠記，及公所記之感應觀之，知神靈至今聚也，至今聚，則不復散，直終天地矣。古人擇友，如是之久也，曾其可以忽乎哉！故附録於此。　後學朱集璜頓首録并識。　朱白文。

五老圖卷，秘閣公以地易歸，典籍公囍關付托，眞鄭重也。厥後失守，入于夏氏，吾高祖少宰公日夜靡寧，未遑恢復。一夕夏被回禄，吾曾祖揮使公，驚起呼弟節判公，匍匐諸夏，不避燹焰，直抵書閣下，稽首籲祝，比若有冥感，而夏之堂廡俱盡，獨書閣無恙，圖實在焉。會夏有事于揮使公，許以圖酬，而復不果。既而不昧初心，得歸曾伯祖侍御公，及恭靖公，凡四傳而至振寰姪，百餘年來，保藏弗替。萬曆癸巳冬，從兄菴羅嘗拜觀於振寰家廟，其時猶我朱氏物也，無何，乃復質他姓。吾崑宗子，僉謀購歸，苦無力。越年，餘期滿，將發賣，幸從父具川翁知之，告急于少節申公，因轉歸申。又千餘年，丙午秋，少師公簡得此卷，而先夕徵諸夢兆，遂命歸翁。故丁未春日，翁有告祖父文，志喜也，亦志重也。隆棟前未之見，至是始得拜觀。

夫五老于卷中爲横像，與摹本彷佛，而神采更王。第五老賡章無一存者，而宋元及明諸賢題詠，較之五祖鹽判公壽梓時，且多零落矣。卽吾先世跋語，惟秘閣筆尚在，而典籍公、中翰公及少宰公所題，俱屬烏有。意者轉展流傳，不無散逸。惜哉！隆楝《簡勉齋稿》中，有少宰公親筆題識一段，揭歸菴羅入卷，今菴羅克承先志，交游名公，方廣搜先世遺跡，惓惓未艾，或此圖之散者，得以復合，未可知也。朱氏十六世孫隆楝謹識，并紀少師公之夢如左。

萬曆丙午中秋夕，少師申瑶翁，夢故太醫院使朱東山來視病，病痊言别，出一舊卷爲壽。及旦，公方對客談，夢其家臣適持《五老圖》卷以請將他售，乃相與披閲，知爲朱氏物也。客何滄源先生云：夢以卷酬朱，兆在是與？公憮然曰：「是也，是也。」遂命歸朱。蓋公所夢爲殿元朱養淳之父，而吾世祖實録院修撰府君亦號東山，固知宗祖之靈，昭昭不爽也如此。

朱氏祖考珍重此圖，諒矣。曾伯祖侍御公撰母鄭淑人墓志有云：「睢陽一圖，爲宋五百年故物；范石湖田園詩一卷，乃吾五世祖提學公手澤，皆朱氏之至寶也。」值隣夜火，左右趨避，先妣必得二物而後出，且曰：「吾甯亡其身，不可使是物自我而亡也。」自後寢疾，必與身俱，而未嘗暫舍焉。不肖伏讀至此，益有感也。處閨閣而念茲在茲，非淑人其孰能哉。孫子仰承祖妣之懿德，更當如何寶守也。今固幸爲具川翁之曾孫鼎和保藏，諒能雲仍相繼，而范石湖詩卷，向屬侍御公後人，竟不知落誰氏之手。可慨夫，隆楝又識。

宋眞宗景德元年甲辰冬十二月，澶淵受降主盟，寇準平章事出將參謀，楊億知制誥，朱貫僚屬進士當時好事者，繪受降圖傳世，嘗聞之此圖入曾外祖大京兆黼菴柴公書齋，比承外祖午溪公口諭，簡出當歸朱氏，不幸逡巡歲月，京兆公歿，午溪公雲遊世外，而圖竟失所在矣。今每思購，獲無繇也。謹識一言，以俟後人，隆楝又識。

吾宗故實，散逸多矣。非獨世遠，亦後人之志不存乎此也。若伯樗叔之蒐輯舊聞，其功良不可泯。敢録數則於此。集璜記。朱白文。

宋兵部朱公小傳，出世譜，文不録。

崑山志。裔孫集璜百拜録。朱白文。白文。

第八接。紙一頁。高長同。

胡安定跋文不録。

宋吕東萊贊文不録。

乾隆已丑冬日，獲觀《五老圖》原本於親戚家。云其先以三百金典質得之，擬值千金，惜無五老唱和詩。其宋元以來諸名賢題詠，遺佚頗多，而衡山題額，亦復逸去。茲偶有持鳳邱副本求售者，遂解囊易之。其摹寫五老小像，與原本纖毫無異，且多嘉隆以後諸賢題詠，而歷代題跋并五老詩，悉皆名人手録。引首題額□係待詔眞蹟，似較勝原本一籌，可寶也。册中僅少胡、呂二跋。爰從朱性甫《鐵網珊瑚》所載，補録於後，遂爲完璧焉。時庚寅秋八月望後三日，長洲後學陸元淳謹識。

白文。朱文　白文　朱文。

第九接。洒金紙一頁。高長同。

倫謹按，吾崑葉文莊天順二年跋五老圖云：「自宋至和三年，錢明遠序圖，至紹興二年，歸於朱氏子榮公，逆計五老會時，幾五百年矣。」天順二年至今嘉靖二十年，則又八十餘年。中間涉歷三代，朱氏子孫十有五世，艱蹇險阻，能寶藏之，弗敝弗失，不賢不能也。今太宰懋忠公秘之笥篋，不輕示人。州判懋魯君且臨而傳之，以防不測，蓋可寶而永也。是皆不賢而能之乎？又按，吴文定公跋云：「五老之會，杜祁公首倡以詩，王侍郎以下和之，歐陽文忠、范忠宣亦和之，蓋十有八人，今皆不在卷中。」意有望于副使天昭公也，後果覓而得之，以足其數，其賢又可尚已。夫自宋元本朝名公碩儒，各有題識，通考遍閱，五百餘年故實，宛在目前，不亦可嘉也哉。　嘉靖辛丑十二月朔旦七十九翁周倫端沐謹跋。　朱文。白文。朱文。

第十接紙一頁高長同。

瑯琊王世貞曰：壬子之歲，懋魯先生過我東倉，出其家藏《五老圖》賜閱，其五老模寫逼眞，滿堂動色，嗟神妙傑哉！尤子天下幾人畫斯畫哉！首跋復借大司寇貞翁筆，眞鄭重矣。但翁云：宋元本朝名公碩儒，各有題識，通考遍閱，五百餘年故實，宛在目前。及後獨列宋名賢續和者十八首，餘者弗及，此懋魯之先君以諸皆原本具備，唯此不載，後爲憲副公續得，故乞進士鄭公特識之，以付後人，然尚未繪圖。迨懋魯先生繪圖成帖，并列鄭筆，蓋承父志也，誠有如貞翁所謂是皆不賢而能之乎，三生何幸，叨覩名詞，披覽騰踴，謹白其由於紙。

朱文　白文　白文。

第十一接紙二頁高長同。

玉音。朱文。

汧幼侍先外王父具川公，獲觀睢陽五老圖。爾時汧方羈貫耳，先外王父即歷指五老姓名示汧，且語之曰：小子他日成立，能文章，當如先哲，識數語於圖，未以見宅相本原也。汧雖穉惷然，心知此語鄭重，爲之肅然，垂三三十年，耿耿弗諠，每欲向表姪汝梅索原圖識數語，用究此志，今表弟以發購復東泉公臨本，屬汧泚筆。汧拜手寓目，涕泗瀾沫。蓋汧襁褓失怙，倚母氏爲命，受外王父教育最深，追憶前語，能無悼慕？因歎復始之業，先乎丹青，僾肅之永，通乎玄耳。自秘閣公、典籍公、侍郎公、具川公、築巖公迄于以發，仁孝用心，先後一揆，可謂至矣。以發學行端正，言動鄂鄂有方格，所謂從所見，以求所不可見，以發勉之。若夫五老事業風範，詳見史册，暨諸賢題詠，汧不復贊一詞。惟是繇吾母氏而重本原之思，感槩於此圖之得而失，失而復得，見仁人孝子保守先澤，若斯之難也。敬手書數語而歸之。崇禎甲戌七夕前三日，翰林院檢討徵仕郎徐汧拜題。　白文。朱文。白文。

五賢星聚盡耆年，難得同朝並掛冠。泰岱喬松聲謖謖，匡山靈岫峙桓桓。鬚眉不帶簪裾氣，神色猶餘山水寒。千古偶符如把臂，瞻依敢作畫圖看。後學顧天敘步韻。　白文　白文。

第十二接紙一頁高長同。

朱景賢無老遺像碑記，文不録。

祭睢陽五老，文不録。

重建睢陽五老堂刻石像贊，文不録。

第十三接紙一頁高長同　朱文。

五老碩德名卿星聚一邑，見有宋人物之盛，乃姚少師跋稱兵部朱公子孫獨綿遠，皆讀書好學，不墜家聲，竊疑天何獨私朱氏乃爾。及閱兵部公傳，謂眞宗朝寇萊公舉澶淵之役，公以僚屬從行，所得降人以不殺爲請，而悉宥之。得王者折其首獲，非其醜之義，唯因悚然嘆息曰：是役也，與契丹對壘，而猶且得降勿殺，將安所置之。然此舉又實能振揚國威，使北虜不敢南向牧馬者三十九年，則當時蓋必有安插善後之法，令新附之衆，不致反側啟釁，而後吾一腔惻隱，可以暢然行之而無礙，仁者必有後，豈僅小慈小惠而已哉！今海內苦流賊久矣，此赤子弄兵潢池耳。曩者解散不得，其方溢滋猖獗，今覆轍是戒，不敢復言，撫然衆至數十萬，恐勢又難盡殲。使兵部公復生，必有以處此矣。以發爲朱氏裔孫，文名噪一時，行且用世，何以佐前箸之籌，因索題五老圖，心有感焉，輒書此以相質。崇禎甲戌冬孟後學張魯唯拜書。朱文。白文。

第十四接紙兩頁高長同。

唐史載，香山居士與胡杲輩作尚齒會，繪成九老圖，爲會昌盛事，而《聞見録》亦稱洛中耆英有會。至和中，則睢陽五老有會，賦詩酬唱，而錢明逸爲序，一時尊齒尚德之風，愚蒙亦知仰止；顧上下六百年，幾於可望不可攀，徒令人有生不同時之恨。一日，表弟以發氏，持一册見眎，乃五老遺像，及有宋元昭代諸鉅公題詠，纍纍幾千言，乃肅然敬，驩然喜，捧登賜書樓，端拜恭閲，中有朱司馬，卽以發初祖也。此卷之浮沈，隱現歷幾廿代，而卒歸於朱，其亦有呵護之者耶？而呂高陵所紀俞臨川始末，及先生父紀乙丑先兆，又以知精靈之無不之，而使百世之下，聞者悚然興起，謂五老典型，至今存可矣。以發古心篤行，先賢所凴佑而發祥者，其在茲乎，其在茲乎，敬題數語，以志感仰。　崇禎丁丑五月朔後學歸昌世拜書。朱白文。白文。

《拜觀睢陽五老圖，敬次杜正獻公原韻》

清朝簪紱乞身閒，五老悠然戴竹冠。百代鬚眉猶刻畫，一時巾屨共盤桓。典型自昔風斯邈，酬唱於今韻未寒。珍重畫圖留勝蹟，耆英洛社後先看。

崇禎辛巳四月後學孫永祚拜手題。白文。白文。

睢陽五老圖，爲玉峰朱氏世珍。其原本歸於以發之姪汝梅，汝梅爲吾虞學憲公魏仲雪先生婿，因家於虞，而朱氏渡江，始祖秘閣公始亦來虞，今墓田猶在虞之練塘。經今五百餘年，子孫世顯，春秋祭埽弗絕。世家大族，未有若此之久者也。崇禎丁丑，予於汝梅處得拜觀原本。此以發所藏，尤求臨本不減，原圖亦爲秘寶，獨是葺輯舊聞，網羅逸史，備家乘所未載，使後世子孫有所考焉。以發繩武之功尤多，又不獨寶而藏之爲誌盛事也。辛巳四月廿有六日，後學孫永祚又拜手題。白文。白文。

祀傳六百老稱五，彷彿鑪峰有弁冠。類以□（德）輝偕鳳舉，神惟淵止示鯢桓。擕驚戶牖風流永，托慕球琳雪夢寒。高會曠存猶旦暮，豈如鶴化等閒看。後學葉國華拜題。朱文。

睢陽五老圖一帙，再拜展視嗟神筆。傳來已閲幾臨摹，栩栩厖眉尚欲出。問姓朱王馮杜畢，問年皆登八九十。衣冠雍穆度安舒，和氣滿容精采溢。想見德充心自休，致政歸娱盛明日。當時已自競傳觀，洛下香山稱鼎立。圖興於畢保於朱，端賴賢孫勤祖述。繩武咸稱以發氏，忠孝存仁爲世則。亂餘圖籍幾家全，手蹟宛然存故實。勉哉令子節彌貞，克敏先疇寶良穡。瞻諦前徽詎偶然，諷繹遺言重什襲。披罷斂襟三太息，古道千秋炤顔色。庚寅十一月初五日，後學金俊明拜手敬題。朱文。朱文。（《穰梨館過眼録》卷二十三，《續修四庫全書》影印清光緒十七年吳興陸氏家塾刻本，第一〇八七册，第二三七～二五四頁）

《穰梨館過眼續録》

⊙周文矩重屏圖卷

絹本高一尺一分，長一尺六寸。朱文，朱文，白文，白文，朱文，白文，朱文，朱文，白文，朱文，朱文，朱文，白文，朱文，白文。

題紙高九寸七分，長一尺八寸五分。

繪事之傳久矣。自漢晉始，唐宋爲最盛，其間以畫名者不知凡幾。如山水、人物、仕女、花卉、翎毛、走獸、昆虫之類，俱各擅所長，其所最重圖像者，蓋以其與史事相表裏，皆有關政治學問，非徒以工麗巧飾爲能也。漢人則有《歷代帝王像》，諸葛武侯有《八陣圖》，曹弗興有《兵符圖》，毛惠遠有《列女像》，曹霸有《功臣像》，張僧繇有《夜月觀泉圖》，展子虔有《遊春圖》，閻立本有《孔子弟子像》，陳閎有《八公圖》，張擇端有《清明上河圖》，或以隆盛德也，重軍旅也，褒烈忠也，紀勝遊也，興文教也，慎政治也，諫君上也，皆有所感發而作也。右周文矩《李後主觀棋圖》，余弱冠時，曾於張都諫家見之。其神采衣紋，絹色傅采，皆古穆渾厚。前有宋思陵瘦金書「周文矩李後主觀棊圖」九字，在隔水綾上。後蘇軾、胡完夫、陳直齋、鮮于樞、柯九思諸跋，洵稱至寶。癸亥九月十日，過王子履莒齋中，出此見示。其筆墨精妙，與都諫所藏無異，的是唐人眞品，第諸題跋，不知何時爲俗手割去，歎惜竟日。因題數語歸之履言，其善寶諸。延陵吴寬。朱文。（《穰梨館過眼續録》卷一，《續修四庫全書》影印清光緒十七年吴興陸氏家塾刻本，第一〇八七册，第四三九～四四〇頁）

智按：此圖現存故宫博物院，絹本設色，高四十點三厘米，長七十點五厘米，圖上無樂天之詩。參見《中國古代書畫圖目》及單國强《周文矩〈重屏會棋圖〉卷》（《文物》一九八〇年第一期）。

⊙劉松年香山九老圖卷

絹本設色，高八寸四分長七尺九寸八分，白文，白文。朱文，朱文，朱文，朱文以上三騎縫，朱文，朱文，白文，朱文，朱文，朱文，朱文，朱文以上，八印在前邊綾上，白文，朱文，朱文，朱文，朱文，朱文，朱文，白文。以上八印在邊綾上。

題紙高同，長一尺五寸。

閑中日月，聲外乾坤，毫端造化，學海波瀾，一一見於此矣。有能向未展卷已前，一覷覷破却許，具三隻眼。咸淳戊辰結制前五日，靈隱退耕。德寧書。朱文，朱文，白文，朱文，白文，朱文，朱文，朱文，白文。三印騎縫。

第二接，高同，長一尺八寸。

世傳九老圖，乃唐香山居士與胡杲、僧如滿等九人爲尚齒會，因繪畫爲圖，傳寫於世。宋丞相李昉致政後，與張好古、僧贊寧等，亦嘗傚九老之會，而竟不果。今觀此圖，九人皆衣冠而無僧，何耶？豈他有所儗耶？然其筆墨細潤，點染精密，有大年千里氣象，誠可喜也。蒹江余正卿得之，徵余識其後，姑爲書此，以俟博洽君子之賞鑑焉。雪齋老人。朱文，白文，朱文，朱文，朱文，朱文，朱文三印騎縫。

第三接，高同，長一尺七寸，烏絲闌，二十二行。白文。白文。

丈夫功名志，盛衰與時遷。方當少壯日，要路期騰騫。上欲致吾君，下以澤黎原。及兹齒髪暮，倦翮停孤騫。周公不復夢，所思在邱園。樂天既達識，李昉何其賢。懸車志願足，世網辭纏綿。齊契會陽九，形容各華顛。優游聊自適，畢此桑榆年。高風起追慕，世遠相爲傳。伊誰四五公，鶴髪俱垂肩。衣冠儼肅穆，烟霞共盤旋。林深雲垂地，長松蔭華軒。灘鳴水循除，短櫂來輕船。粉圖閲名畫，棐几覩遺編。方枰對紋楸，朱絃操猗蘭。筆牀間茶具，僮僕趨後先。塵清慮瀟灑，心廣體便安。名教有樂地，不必招金仙。洛社羣英集，東門二疏還。别墅構緑野，營莊宅平泉。達尊優齒德，令終保歸全。如何英俊流，青雲早加鞭。知進不知退，名節誰獨完。遂令白李輩，專美唐宋間。還君九老圖，浩歎秋風前。古香老人慈溪桂璁。白文。白文。朱文。朱文。朱文。朱文三印騎縫。

第四接高同長一尺八寸五分。

高堂閒看畫，朝日景晶明。緑綺風生席，紅船客對枰。書聲溪水和，山色雨雲晴。仿佛王摩詰，新居在孟城。滑壽奉題。朱文。白文。

衣冠儼似洛耆英，閒雅春風浪稱情。三老知音琴席展，兩翁當局棹舟横。方瞳獨閲丹青古，豐頰參研翰墨精。彷彿香山知是否，孤僧不見自何名。鳳山樵者李宗智奉題。朱文。白文。白文。朱文。朱文三印騎縫。

第五接，高同，長九寸。白文。

審音幸會合，有琴寧不彈。短棹蕩清漪，晝長棋一枰。聖賢去雖遠，微言至今傳。玩索有餘味，手不釋遺編。青山一何幽，白雲仍盤旋。覽之足怡悦，奚暇求輞川。亭館在林麓，人物如神僊。何當入香山，永隨白樂天。郭儀。　白文，白文，朱文，朱文，朱文。二印騎縫。

第六接，高同，長六寸六分。

諸老從容甚，琴書樂莫年。花明臨水屋，柳拂過湖船。環佩微風裏，杯盤小雨前。宦遊憐我倦，看畫意茫然。會稽毛鋭。　白文，白文，白文，白文，白文，朱文，朱文。三印騎縫。

第七接，高同，長二尺五寸。白文。

右香山九老圖，宋趙大年所畫，今守禦金華戴侯家藏舊物也。按，唐會昌五年春，白樂天以刑部尚書致仕歸洛陽，集高年耆德之士，爲耆英會。懷州司馬安定胡杲、衛尉卿致仕馮翊吉旼、前磁州刺史廣平劉眞、前龍武軍長史滎陽鄭據、前侍御史内供奉范陽盧眞、前永州刺史清河張渾，暨樂天爲七人，時祕書狄兼謨，河南尹盧貞，以年未及七十，雖與會而不及列，世遂稱爲九老云。或者謂是年夏，［又］有［二老］，年貌絕倫，亦來斯會，則洛中遺老李元爽，與僧如滿。此乃好事者牽合附會之言，無足徵矣。圖後跋語，有謂九人皆衣冠而無僧服者，是蓋信或人之言，而致疑耳，置之不必辨也。余嘗慨想，九老當承平之日，仕焉而止，優游桑梓，賦詩倡酬，遂傳爲洛中盛事，而後人往往致歆艷之私焉。司馬文正公謂，九老會尚齒不尚官，斯乃風化之本，可頌也。至哉其言乎！今觀是圖，溪流回繞，松竹蔽虧，堂宇亭閣，隱見于蒼翠間。之九人者，蒼顏白髮，衣冠偉如，撫桀圍棊，觀書作畫，其狀人人殊，誠可謂善畫者矣。會昌去今七八百年，計其一時耆英之盛，高風雅致，猶可即此圖以想見之也。近余以老病歸休于家，而鄉邦耆老，無一存者，且世俗又皆尚官不尚齒，令人俯仰今昔，徒想像古人於圖画中，其可慨也夫！企徽音之已遠，悵嘉會之寂寥，志其盛以悲其衰，鄰笛有聲，余將掩其耳而避之矣。侯好事，有聞於時，間以此卷來山中，觀覽之餘，敬識于後而歸之。時正統戊午春二月望日金華杜桓識。　白文，白文，朱文，白文，朱文。三印騎縫。

第八接，高同，長三尺一寸。　白文。

武略將軍戴公後，鎮守婺城承襲久。軍旅從容俎豆閑，武庫文房開左右。談兵既罷延儒英，研窮六藝樂昇平。玉軸牙籤閲圖畫，愛此毫素天機精。九老龐眉鬢垂雪，人物丰姿水玉潔。香山結社會羣賢，一代衣冠總奇絕。解組上壽躋高年，逍遙物外如登仙。調琴慣奏南風曲，奕棊却泛東湖船。徜徉足以開懷抱，六籍琴書恣探討。乾坤清氣萃山川，寫入無聲詩更好。將軍對此融心神，轅門一笑情相親。索我長吟續貂尾，愧無夢筆花生春。展卷欣然覩名筆，精妙不下王摩詰。詞林題品已無雙，畫院推許爲第一。香山沿歷至道間，遞傳九老能投閑。晚節清風播天地，端可垂世懲廉頑。將軍披圖景先哲，萬里封侯當勇决。功成印綬傳子孫，乞身須繼香山轍。　華川王稌。白文，白文，白文。

《香山九老圖題贈》王史君敬美

白傅風流故蔚然，翩翩九老並稱賢。香山燕集今何日，兜率歸來別有天。文雅一時青簡在，衣冠千古素縑傳。衹圖好是重開地，何得從君續舊緣。

萬曆辛巳立秋日，朱孟震書于汾陽仕學軒中。朱文，朱文，朱文，朱文，朱文，三印騎縫。

第九接，高同，長二尺八寸。

家弟自秦中歸，手一卷相示，云得之朱大參孟震者。考之，似是《香山九老圖》，多正統以後不知名人跋。僅有咸淳時一僧，復誤裝於後。而雪齋老人者，至目爲趙大年筆。大年長山水小景，汀洲蘆雁，不言作人物及界畫樓臺也。《畫史》稱，劉松年有《九老圖》，此豈其筆也耶？樂天自歸洛六十八，而得風疾，乞骸，以刑部尚書致仕，至七十而愈，乃會故懷州司馬胡杲，年八十九；衛尉卿吉旼，年八十六；右龍武軍長史鄭據，年八十四；前益州長史劉眞，年八十二；前侍御史内供奉盧眞，年七十八；前永州刺史張渾，亦年七十；而祕書監狄兼謨、河南尹盧眞，以未七十，雖與會，而不及列，合之得九人。飲於履道里之居第，皆有歌詩紀之。而樂天自敘其事，所謂洛社耆英會也。曰香山九老者，樂天時時游香山之龍門寺，故名。而是圖所謂有亭有船有叟，白髪飄然，若依稀乎履道里者。然考《池上篇》水五之一，竹九之一，島樹間之，而今水與樹勝，而竹太不勝，又無中高橋、石罇、紅蓮、折腰菱、華亭鶴、紅綃、紫綃、蠻腰、素口之屬，而分配琴弈書畫，以綴其寂寞，不知松年旁礴時當尔耶？第其絹素之精，與位置結構之匀整，往往有宣政間應制風範。吾生平雅慕樂天，自納節來，頗治弇山園，以希十五年後，耆英之盛。而今復厭，且弃之矣。茲與吾弟約，異時肖吾貌，必不爲樂天，如不爲僧贊寧者，當爲百三十六歲之李元爽哉！辛巳王世貞題。朱文。

此《香山九老圖》，戴將軍家藏物也。當時評者謂是趙大年，必有所傳據。大年画，余嘗見之，非也，家法絶似劉松年。松年《九老圖》有名於世，安知非此卷，或是其生平好作，人間當有數本耶？或曰非松年，畫院中爲松年體者，此皆未可知。第絹素精古，筆法秀潤，非宋人不能耳。淦人朱秉器爲潼關備兵使者，與余雅有文酒之交，秉器悼亡，屬余爲誌銘，未成，而秉器遷晉陽參知去已，脫槖寄之，秉器感不已，割所愛爲謝。余時解艾居潼關，促裝欲辭之，重違其意，黽勉受焉。比歸爲道民，頗不留意玩好，又歲荒，多以所蓄質子錢償官，獨此卷以故人所贈，未去。久之，忽念吾元秉一問眠食，而意殊不愜，遂舉此卷轉贈之。元秉雖居禁衛，雅志長生之學，嘗築室玉女潭，鑿天窟洞，邀余晚歲煉丹於此，則香山之會，未足稱老也。書此以爲後會張本。萬曆癸未秋八月，王世懋書於日損齋中。朱文。

崇禎三年六月十日觀，劉松年九老圖。董其昌。朱文，朱文，朱文，朱文，朱文，朱文，朱文，朱文，朱文，朱文，朱文，朱文騎縫。（《穰梨館過眼續録》卷二，《續修四庫全書》影印清光緒十七年吳興陸氏家塾刻本，第一〇八七册，第四四九～四五二頁）

⊙惲南田輓王奉常詩册

紙本五頁，每高八寸五分，廣一尺一寸四分。跋紙三頁，高廣同。朱文，白文，朱文，朱文。

哭奉常先生斷句廿四章

相韓家世舊青箱，牢落先朝老奉常。縱使雲霄参玉樹，白頭遺恨在滄桑。江山非復舊時春，浩劫難留一介臣。若向人間論甲子，龍蛇年歲是庚申。江土熏風五兩催，偏從到日卧庭隈。……

先太史壯年書法，酷似董臨顏平原，晚歲愛南田惲先生書，謂得山谷之潔，有明三百年，惟石田有之。凡先生所書詩，及題畫詩款，咸傍搜而戲仿之，形神畢肖，眞不媿坡翁所云「端莊雜流麗，剛健含婀娜」者，而猶不以爲工，人以卷册繭紙求書，概謝不應。卽鍾愛之董文敏評史小楷，一跋再跋，皆屬迪齋申姑丈書之於册，此又則倩同里曹君名家琮者代書，以視俊之字，類塗鴉輕疥卷册者，其賢不肖爲何如，俊傷先太史精研八法，而無流傳者。乙卯讀禮日，於叢殘中，得庶常時所臨趙松雪《頭陀寺碑》，及薈萃所臨惲書，裝爲兩卷，乞業師顧行人及虚舟伯跋而藏之。再則康熙，再壬寅以泥金縮臨唐《金剛經》一部，於宣德甆青紙上邀□内佐供奉之徐采石恭繪佛像於前，鄭重裝潢，爲吾母葉太恭人五十壽一册耳，此外惟《圖書集成》、《輿地圖》兩跋，及補書吾祖砥莽公手鈔白香山詩數十頁，及札藁中襍以臨帖數頁，如斯而已。庚寅春日，展閱此册，懼後之人不克寶也，故詳及之。不肖子俊謹識，時年七十有三。朱文，白文，朱文，朱文，朱文，朱文，朱文，朱文，白文。（《穰梨館過眼續録》卷十三，《續修四庫全書》影印清光緒十七年吳興陸氏家塾刻本，第一〇八七册，第五九二～五九四頁）

《吳興金石記》

⊙唐

《白蘋洲五亭記》石佚文，見《白氏長慶集》。

【吳興志】在墨妙亭。唐太子少傅分司東都、馮翊縣開國侯、賜紫金魚袋白居易撰，知州事馬纘書，開成四年十月建。(《吳興金石記》卷四，《續修四庫全書》影印清光緒刻潛園總集本)

《吳興雲鶴讚》石佚文，見《白氏長慶集》。

【吳興志】在州治天慶觀，唐白居易之作也。雍熙四年知州事鄭建爲序，始刻石焉。(《吳興金石記》卷六，《續修四庫全書》影印清光緒刻潛園總集本)

《唐文拾遺》

白居易。全唐文六百五十六有傳。《授劉總秘書郎制》。按，此文見《白氏文集》四十八卷，《文苑英華》四百卷，與《全唐文》所收杜牧作同，姑存其目。(《唐文拾遺》卷二十七，《續修四庫全書》影印清光緒十四年陸心源刻潛園總集本)

智按：陸心源，字剛父，一作剛甫，一字潛園，號存齋，又號再已翁，晚稱潜園，歸安（今浙江湖州）人。年十三通《九經》。年二十入縣學。逾年補廩缮生額，精于許、鄭之學，尤喜讀亭林顧氏書，以「儀顧」顔其堂。咸豐九年（一八五九）恩科中試舉人。通文獻，好唐文，擅校勘。富收藏，精金石之學。光緒十二年（一八八六）著《金石學録補》；十八年《穰梨館過眼録》自序成書。另輯有《皕宋樓藏印》、《千甓亭古専圖釋》等。收藏古籍甚富，藏書室有「皕宋樓」、「十萬卷樓」、「守先閣」，自撰《皕宋樓藏書志》一百二十卷。與周學浚同纂同治《湖州府志》九十六卷，與丁寶書同纂光緒《歸安縣志》五十二卷。著述九百四十餘卷，輯爲《潜園總集》。

陶文鼎（一八三五～一八七六）

《替比卯》

比卯者，州縣官以事命役而限其期，逾期則杖，而再限之，名曰比卯，役不勝杖，以錢倩人代受，曰替比卯。某明府宰大邑死後，其子不能自立，即於其縣而替比焉。余聞而悲之，仿香山《秦中吟》之意，賦此一篇，爲牧民者芻蕘之獻。

縣門昨夜呼比卯，替杖有人圖一飽。公庭一杖杖幾錢，得錢之人方少年。少年意氣無窮已，借問少年胡若此。旁人欲語先長吁，是固當年貴公子。先人百里綰銀黃，遠道移家入縣堂。使君自詡真能吏，愛子人誇小鳳凰。公子何所居？綺窗畫壁開精廬。公子何所食？何曾萬錢供一擲。公子何所衣？師蠻結帶生光輝。公子何所遊？秦箏趙瑟居倡樓。使君昔日刑人地，此日人刑公子替。可憐行杖白頭人，猶是當年案前隸。富貴功名有盡時，茫茫天道豈無知。寄言世上臨民者，莫忘南山小雅詩。（引自《粟香隨筆》粟香二筆卷五，《續修四庫全書》影印清光緒刻本，第一一八三册，第四五〇頁；又見光緒三十三年三月初八日《盛京時報》）

智按：陶文鼎，字卿田，會稽（今浙江紹興）人。少孤，至孝。母吳氏病，屢召醫皆無效，乃自割臂和藥進之。然其母病時發，文鼎遂罷遠遊，常年侍疾。其人於學，自得而不盲從，能洞察古今治亂，長於斷事，又工書，能詩文，與汪瑔交最深。有《有真意齋詩鈔》四卷。

施山（一八三五～一八八二）

《薑露庵詩話》

詩文畦徑，雖不必如元、白過於分明，然一篇告成，或深或淺，先須自家講得過去。（民國十九年石印本《通雅堂詩鈔箋注》附，《清詩話三編》第六六三一頁）

漁洋選詩不及元白張王，論詩不滿王楊盧駱，其於七古宜以氣魄才力為主矣，而所作未能稱是，才限之也。隨園謂其力薄，信然。至其近體，神韻獨絕，高視一代，豈得專以才力繩之？（民國十九年石印本《通雅堂詩鈔箋注》附，《清詩話三編》第六六四六頁）

《王文簡公選古體詩凡例》云：「文定視文忠邾莒矣，今略採十餘首以備眉山之派。」又曰：「愚鈔諸家七言長句，大旨以杜為宗，唐宋以來善學杜者則取之，元白張王悉不録。正以鈔不求備也。」文簡此言謂體格未備，使人歧視，亦非與備派之言自相矛盾，蓋實不足於元白張王而嫌於繁論詳説，故略言之耳。然既云大旨宗杜，取所善學，其言已明，更無庸道及元白張王，自寬約束。（民國十九年石印本《通雅堂詩鈔箋注》附，《清詩話三編》第六六四七頁）

香山、劍南今體詩多複字，然不犯於一聯中。……（民國十九年石印本《通雅堂詩鈔箋注》附，《清詩話三編》第六六四七頁）

智按：施山，初名學宜，字壽伯，號駢管道人，浙江會稽人。少棄舉業，咸豐末、同治初在王璐棗陽知縣、安德、襄陽知府幕中。有詩名，有《薑露庵雜記》、《望雲詩鈔》、《通雅堂詩鈔》。參見蔣寅《清詩話考》第五九一頁。

吴大澂（一八三五～一九〇二）

《題吴歷白傅湓江圖》（題擬）

人聲不聞月在水，萬頃秋歸一幅紙。漁山用筆本稠疊，不謂空靈有如此。其間繪水尤極工，真能繪聲有如風。荻花楓葉尚瑟瑟，恍作白傅船窗中。吴門孝廉擅真賞，示我晴軒詡無兩。潯陽風景别三年，勞我今朝猶夢想。（《澄蘭室古緣萃録》卷八，《續修四庫全書》影印清光緒三十年上海鴻文書局石印本，第一〇八八册，第一五三頁）

智按：末題「光緒乙未冬十二月白雲山樵吴大澂」。吴大澂，字清卿，號恒軒、愙齋、白雲山樵，吴縣（今江蘇蘇州）人。《清史稿》有傳。

蕭穆（一八三五～一九〇四）

《與李又哲先生書》

又哲先生足下，南歸之後，曾有兩函奉寄，均未知達未。去冬，於敝郡城，得見與存翁手書，道及踐以前賜序中，由博反約之恉，諄諄為勖，此眞前輩善誘掖激勵之至意，爲近世所不多得者。今得菊村先生手書，知先生尚客蘇撫劉公之署。屢欲買舟東下，親承道範，相與徜徉靈巖禹祈之間，接武梁園杯酒論文之陳迹，人事消磨，至今未果。但風晨月夕，時取大著，反覆咀吟，覺眞氣噴薄，翛然塵表，斗室之中，精神款款，恍然與之相會。昔雍門子以琴見孟嘗君，已而陳辭通意，撫心發聲，孟嘗君為之增欷歔唈，流涕交横，韓娥曼聲，哀哭十里，老幼悲愁，垂涕相對，三日不食，已復還爲曼聲，長歌十里，長幼喜躍抃舞，弗能自禁。夫非有眞情流露，何以感人之深如此？由此觀之，文之爲道，無眞性情，眞學問，乂安能有眞文章，耐人尋覽，放其遺聲也哉！近者中州文家論者，咸以侯朝宗後，惟先生稱爲繼起往者。穆在梁園質問，時亦竊聞，初嘗取法侯氏，由今思之，侯氏才人之文耳。至先生之精深高潔，古人淵雅之詣，確然有得，邈然獨造，侯氏固未之能逮也。前者存翁屢勸開雕流傳，嘉惠後學，未知近日有意如其所請否？至所著日記，穆曾見有稿本，生平經世之才，具見崖略，當與大集並傳，亦古人著書一端也。亦隨時校訂成卷，另存清本否？以白樂天之曠懷高寄，已屬其友元微之排纂《長慶集》矣，又自編《後集》，爲之序，復爲之記，既以集本付其從子外孫，又分弃東林、南禪、聖善、香山諸寺，蓋亦以精神性情所寄，不肯聽其散軼磨滅耳，非必果爲千秋萬歲之名計也。今大著固精神性情所寄也，顧專法古人之高曠，獨不爲嘉惠後學計，質諸昔賢著述之意，亦豈有當乎千里相憶念切惟此。穆自悔前此失學，又才力不逾下民，近來貧居，又不免分心舉業，與先生遠隔朝夕，又不得質疑問業，恐終就廢，以負厚望，此穆所以終夜媿懼交集也。菊翁、宇農均有寄書，得知近況，祝爽翁、王秋翁、汝濟、性淵諸君，均在何所，近亦遇有可與言者邪？相見未知何日，謹由敝郡善後總局官封，順寄數行，以志思慕之誠。聊當面質，伏惟時賜教言。不宣。丙寅五月十八日。（《敬孚類稿》卷四書，《續修四庫全書》影印清光緒三十三年刻本）

《再跋皇甫持正集》

余爲馮氏校刊《皇甫持正集》，既詳考各本同異，及勘訂大略，復閲《唐闕史》，載皇甫郎中爲裴晉公作福先佛寺碑文一事，并云常數其字，得三千二百五十有四。後來宋子京纂修《新唐書》，爲皇甫湜傳，及晁氏《讀書志》、陳氏《書録解題》，大抵皆祖襲《唐闕史》之語。今案，其情事之可疑者，約有數端，聊爲疏通辨證於此。

夫古人文字之詳略，原不可以篇幅之長短爲限，題有可以發抒，卽千萬言不爲多，否則寥寥數言不爲少，莫不因題撢思，裁之義法。卽以皇甫氏本集觀之，惟《對賢良方正直言極諫之策》，詞氣切直，暢所欲言，實得三四千字，其次爲《韓文公神道碑》，亦多有發揮稱述者，然不過一千六百餘字，其他《答劉敦質書》，得一千三十字，《答李生第二書》及論業之文，不及千字，其餘諸篇，或百字，及三四百字，無不謹嚴有法，詳簡合宜。如云《福先佛寺碑》，至有三千二百五十四字，東坡雖有學韓，不至爲皇甫湜之評，然亦何至煩冗無法若此。可疑者一。

智按：錢鍾書《管錐編·太平廣記》云：「殆貪潤筆之豐，詞不裁剪，多多益善，以便計字索酬，如後世之稿費歟。」（三聯書店版，第一一六五頁）

《唐闕史》又云：碑在寺西北廊玉石幢院，洛中人家，又往往有本在。果如所云，寺既有碑，洛中人家又往往有本。高彦休爲五代時人，確有所見如此，何以至宋初卽佚絕，無石本及寫本傳世，歐趙諸公，相去不過數十年，搜索歷代金石之文如許之多，此碑反失之洛中，不得著録耶？夫古人之文，原有散佚，卽白樂天亦嘗稱皇甫湜《涉江》文，今亦不見集中。皇甫氏之文，原不可謂無佚者，不知他文傳録無多，可云易佚，至此碑乃鴻篇鉅製，皇甫氏有草本，有潔本，寺中有刻石本，洛中人家又往往有本，雖五代兵燹，文獻凋殘若此，碑文當日果實有之，亦斷不至各本皆失。可疑者二。

又所云：福先寺將就，裴晉公將致書於祕監白樂天，請爲刻珉之詞，正郎在座，發怒曰：近舍某而遠徵白樂天。方白之作，自謂瑶琴寶瑟，而比之桑間濮上之音。夫樂天於持正，生平恩誼頗厚，且持正登元和初進士，樂天時爲翰林考覈官，持正實出其門，今裴晉公先欲請文於樂天，而持正敢於發怒自薦，抑人揚己，雖其生平恃才傲物，恐在晉公之前，亦不至肆無忌憚如此。可疑者三。

又云：正郎乘醉揮毫，黄絹立就，潔本以獻，及晉公以寶車名馬、繒彩器玩，約千餘緡，置書命小將就第酬之。正郎省札大忿，擲書於地，叱以相待之薄。又以爲曾與顧況爲集序，未嘗造次許人，今者請製此碑，蓋受恩深厚爾，其辭約三千餘字，每字三匹絹，更減五分不得。公立遣依數酬之。自居守府，至正郎里第，輦負相屬，洛人聚觀，比之雍絳泛舟之役云云。夫晉公本欲求樂天之文，而怒其舍己，及晉公酬以千餘緡，又以爲曾與顧況爲集序，未嘗造次許人，必滿其欲壑而後已，恐持正亦不至貪得無厭若此。晉公雖云優容愛才，恐亦不至遂非長傲如彼，又顧況集序不過三百餘字，未知當日非熊所酬若何，而云今者請製此碑，蓋因受恩深厚，既云受恩深厚，則講恩誼即不應索酬，今既索酬如是之多，又何云受恩深厚，受恩深厚尚索酬，若是假如受恩稍薄，及未嘗受恩者，請製一文，又將受酬何若耶？可疑者四。

且晉公爲東都留守，在大和八九年間，而云卑辭厚禮，辟爲留守府從事，亦正宜在此一二年也。考《白氏長慶集》有《哭皇甫七郎中湜》詩，云：「多才非福禄，薄命是聰明。不得人間壽，還留身後名。」白公此詩，雖未詳作於何時，以其集前後諸詩推之，當作於大和三、四年之間。玩其詞句，持正之歿，年蓋不滿五十，而持正《顧況集序》有云：「去年從丞相涼公襄陽，有曰顧非熊生者在門，訊之，即君之子也。出公之詩集二十卷，泣請余發之。涼公適移莅宣武軍，余歸洛陽，諾而未副。」按，《舊書・敬宗紀》，李逢吉爲宣武軍節度使，在大和二年十月癸酉，序又云：「今又稔矣。生來速文，乃題其集之首爲序。」則此文實作於大和三年。又云：「湜以童子見君揚州孝感寺，既接歡然，以我爲揚雄、孟軻。顧恨不及見，三十年於兹矣。」則持正見顧公時，年不過十五、六，距大和三年作序時，年不過四十五、六。此後不踰年即歿，乃合此序及白公哭詩情事，而裴晉公大和八、九年，爲東都留守時，持正必不及見，更無由爲碑文之事也。而韋處厚有薦湜於宰相書云：「前進士皇甫湜年三十二。」按，處厚本與持正同登元和初進士，此薦書當在元和五、六年以後，乃合本集爲《顧況集序》之年，及序云「湜以童子見君揚州孝感寺」之語，昔人有以韋之薦書，在元和三年試賢良方正直言極諫之科者，情事似碻然，年三十二，或爲傳寫倒誤。若元和三年，持正年實三十二，是其生在大曆十二年丁巳，下至大和三年己酉，作顧況集序時，年已五十有三，又下至大和八、九年甲寅、乙卯，裴晉公爲東都留守之時，卽云碑文作於此時，並其歿，亦在此二三年，時計其年，已在六十上下，而樂天「薄命是聰明，不得人間壽」之語，胡爲乎來哉！是持正無由作福先寺碑之事，又不第前此數端可疑也。

種種罅漏，宋、晁諸公槩不致疑，各爲記載，不其疏乎？余反復讀皇甫氏集，迹其生平，大抵爲剛正不阿之士，恃才傲物則有之，而貪鄙之事決無也。兹因校栞此集，搜葺遺文，并參考諸書，一獻所疑，以質諸知人論世之君子。（《敬孚類稿》卷六跋，《續修四庫全書》影印清光緒三十三年刻本）

《跋方是閒居士小藁》

宋劉習之《方是閒居士小藁》上下兩卷，乃毛氏汲古閣從至正庚子仲冬屏山書院車栞本影鈔，紙墨極工，末有習之自書，蓋猶原編也。惟卷首佚去建陽劉淮、東里趙蕃二序，只存開封趙必愿一序；末卷後跋尾缺第三至第七五葉，只存前後各二頁，計中間亦脱去數人之跋；附録一傳，記習之先世頗爲詳明，不著撰人名氏，容當檢《宋史》驗之。此本舊爲歸安嚴修能購自武林，以詩文皆不甚佳，轉贈其友蘭唐，見其手跋，又有曾在陸樹蘭處印章，想卽蘭唐也。今其書爲友人趙靜涵所藏，借讀一過，其上卷古今體詩一百七十一首，頗有沖淡之趣，大略出於白香山，惟格律不甚高耳。下卷雜文二十七首，亦具淵雅，有見道之論，大約自抒胸懷，而生平不慕榮利，優游自得之趣，實足肖其爲人。詞四十一首，亦足肩隨辛弃疾，在南宋諸作者間，亦不失爲名家，而嚴氏之論不免過當耳。容當倩鈔胥録一本，以存南宋人文獻之一。七月十四日辰刻記。（《敬孚類稿》卷七跋，《續修四庫全書》影印清光緒三十三年刻本）

《記皇甫持正集舊鈔本一》

皇甫持正集六卷，據前人著録，及近世傳本，皆不出毛氏汲古閣所刊《三唐人集》之內。光緒初年，余爲南海馮竹儒觀察校刊《三唐人集》，亦以毛氏刊本爲主，第其文多古奥，時有不能得解，而流傳既久，字句脱譌，有確然知當時原本必不其然者，而苦不多得善本互爲參校。二十年來，時有不慊於心。去年秋八月，到金陵東牌樓書肆，投得舊書十數種，有舊鈔皇甫持正集六册，凡詩文集八卷。卷一四言古詩四首，五言古詩二十三首，七言古詩五首，卷二五言律詩十首，五言排律二首，七言律詩八首，五言絕句二首，七言絕句二十八首，文集六卷，卷一賦十二篇，卷二記八篇，傳一篇，卷三器物銘兩篇，墓志銘三篇，頌箴各一篇，論兩篇，卷四述三篇，弔文兩篇，册文一篇，卷五贈送序十九篇，卷六書四篇，統記古近體詩八十二首，賦記傳頌、箴論述弔文，册文贈送宴餞等序書文，共五十九首。前有唐人福建等州都團練觀察處置等使、正議大夫使持節都督福州諸軍事、福州刺史兼御史中丞上柱國賜紫金魚袋李貽孫纂序，又有萬曆丙午仲夏曹學佺撰序，後附朱彝尊小記四行，末附《新唐書·文藝傳》及韓文公《皇甫生哀辭》，及《題哀辭後》，太學生何蕃傳，宋陳宓《隴安縣皇甫祠》文，又有厲樊榭《書後》。第毛氏刊本無詩，只雜文□十□，共六卷，此本之文，無一篇相同。據李貽孫序，所稱《南陽孝子傳》、《韓城縣尉廳壁記》與鄭居方書，皆見此本。又云舊文共十編，未知卽此本否？據厲樊榭《書後》云：從龔翔麟得朱竹坨老人録《持正集》六卷，并詩二卷，爲自來藏書家所罕覩，本為明徐興公得自金陵，屬最舊本。據竹坨先生所記，康熙庚戌春，秀水朱彝尊從曹使君石倉録得此本，舊皆作六卷，惟此本出於李氏，有詩二卷，通爲八卷，與邯鄲書目合，江南藏書家所未見之祕册也。手録二本，一寄東海公。據曹學佺序稱，友人徐興公得自金陵，爲最善本。蓋焦氏得黄姬水先生，先生得李文正，謂出於邯鄲李淑云云。是此編所傳，頗有端緒。詳其詩文，似為唐人之筆。皇甫氏詩，舊無傳本。惟今浯溪顔魯公所書元次山《大唐中興頌》，末有皇甫湜五言古詩一首，洪文敏公以爲夙無可采，陸放翁以洪公之說爲妄。此詩自是傑作，《韓文公集》有《和皇甫持正陸渾山火》詩五言長篇，是皇甫氏本能詩，有集，今概不傳。此詩集二卷，兩詩均不之見，是可疑也。又皇甫氏為裴晉公作福先寺碑文，凡三千餘字，見高彦休《唐闕史》。白香山嘗稱皇甫氏有《涉江》文，此兩篇既不見於毛刻本，又不見於此鈔本，是又可疑也。嘉慶間，御定《全唐文》搜輯唐人之文頗備，録皇甫湜文，毛本之外，僅有□篇，其《篤終論》，尚誤采晉人皇甫謐文節録之，餘篇亦不見此鈔本。要之毛氏所刊《三唐人集》，國朝諸老，如朱、樊二公，未有概未之見者，今記、跋均未之及，一若皇甫氏詩文湮晦一千餘年，直至其時始出，詫以爲奇者。余既信皇甫氏集以毛氏刊本爲得其眞，此本爲好事者雜采唐人他氏所作，又僞作諸公序跋附益之，以售藏書之家，冀得善價，暇當取御定全唐詩、文等書，細考之，可以得其由來也。（《敬孚類稿》卷九書記，《續修四庫全書》影印清光緒三十三年刻本）

《桃花隖記》

和州城大西門外，土山緜亘，清池曲折，荇藻交橫，緑波盪漾。昔時園亭多半構此，號爲勝境。余以丁卯客於州廨，乃於三月四日大雨初晴，乘輿訪唐詩人張司業别墅所稱桃花隖者也。出大西門，觀覽一帶山水，昔時勝蹟，猶可仿彿知其大略。沿溪西行二里，有大橋，甃石爲之，左右砌以石欄，可坐百數十人，曰桃花橋。橋下緑水縈洄，深不可測，曰麻溪。蓋此水由大江東來，流和州城西南逕此，又蜿蜒數十里，達含山縣城，夏秋之間，帆檣來往，大抵商賈貿易之區也。逾橋十數武，有地數畝，草樹叢生，岡阜翼然，枕於溪橋之上，卽桃花隖之遺址也。隖今已爲墟莽，廻憶張司業嘗與孟東野輩載酒往還，談笑風流，今已閱千年，其風邈不可追。卽宋人賀方回所云「茂林深竹，猶占近郭之勝」，近代王善橚竹所謂「紆餘蒼翠，岡巒蜿蜒，回互若層障，爲近郭奥區，雜木外環，中有桃數百株」，風景今亦末由仿彿。惟登隖回顧，大江南北諸峯，蜿蜒磅礴，煙雲縹緲，一一與目相侔，是□定以怡情也。或云，此地卽司業故居。然宋人賀方回《百福寺詩》注：與縣廨鄰。案，縣譜卽唐詩人張司業之故居也。繪像今存。據此，則故居實在城中，而宋人吳龍翰又有《過和和報恩寺唐張籍故居》詩，《明一統志》亦云：司業故居，在報恩光孝禪寺。而州人陳少京兆廷桂引宋趙昇《朝野類要》云：高宗中興，令諸州軍各建報恩光孝，寺觀追崇佑陵香火。或百福寺入南渡後，改爲報恩。《一統志》遂沿其舊名云云。當得其實。然司業旣家於此城，内外勝境，或營别業，或與同人載酒賦詩，當不勝紀，而烏江東一里，又有文昌讀書堂。宋人張孝祥有《讀書堂》詩，云在烏江，卽文昌公讀書處，自五代至今，皆世守之。渡江後，爲史氏所有云云。則司業讀書别業，且有在烏江者，又不第此隖也。世又傳文昌七世孫孝祥，亦讀書此隖。舊有碑紀其事，今亡之矣。

《唐書》載，張籍爲和州烏江人，韓昌黎《張中丞傳後序》有云：「愈與吳郡張籍閲家中舊書。」王荆公詩亦有「蘇州司業詩名老」之句，及閲《張司業集》有《寄蘇州白使君》詩云：「登第早年同座主，題詩今日是州民。」蓋用晉人簡帖中二字，韋蘇州所謂「敬共尊郡守，牒簡具州民」是也，故司業以此施之於白樂天，據此三説，則司業為吳郡人，明矣。但韓公有《與孟東野書》，又有「張籍在和州居喪，家甚貧」云云，蓋張公實爲吳郡人，而寓居於和州頗久，故和州時有遺迹，當時卽常在此桃花隖，亦未可知。至前人相傳，宋人張孝祥爲司業七世孫，亦常住此，似未可信以爲實。嘉道間，和州陳少京兆廷桂著《歷陽典録》，承《唐書》之誤，不加詳考，殊爲疏略，今特證明之。又以此記作於同治丁卯，時在和州游使君智開幕中，本文尚仍舊説，今不復追改，漫記於此。光緒二十九年癸卯九月朔日記。(《敬孚類稿》卷十五雜記，《續修四庫全書》影印清光緒三十三年刻本)

智按：蕭穆，字敬甫，一字敬孚，安徽樅陽人。同治十一年（一八七二），得曾國藩之助，到上海製造局翻譯館任編纂，勘校書籍九百餘種，以羅念《鄂州小集》、徐鉉《騎省集》、劉大櫆《歷朝詩約選》、姚鼐《古文辭類纂》為最有名。黎庶昌偕其赴日本，遍交名人，聲名大振。遺著有《敬孚類稿》十六卷。

施補華（一八三六～一八九〇）

《峴傭説詩》

譏刺語須含蓄，如少陵「落日留王母，微風倚少兒」，太白「漢宮誰第一？飛燕在昭陽」、「只愁歌舞散，化作彩雲飛」，皆刺明皇、貴妃事，何等婉曲！若香山《長恨歌》、微之《連昌宮詞》，直是訕謗君父矣。詩品人品，均分高下。義山「如何四紀為天子，不及盧家有莫愁」，尤為輕薄壞心術。(《清詩話》第九七四～九七五頁)

香山五言，直率淺露，殆無可法。《秦中吟》諸篇，較有意思，而亦傷平直。(《清詩話》第九八三頁)

香山七古，所謂「長慶體」，然終是平弱漫漶。（《清詩話》第九八八頁）

香山《長恨歌》今古傳誦，然語多失體。如「漢皇重色思傾國」，明明言唐，何必曰漢？「春宵苦短日高起，從此君王不早朝」，豈非訕謗君父？「孤燈挑盡未成眠」，又似寒士風光；南內淒涼，亦不至此。（《清詩話》第九八八頁）

讀《公孫大娘弟子舞劍器》詩，敘天寶事只數語而無限淒涼，可悟《長恨歌》之繁冗。（《清詩話》第九八八頁）

《琵琶行》較有情味，然「我從去年」一段，又嫌繁冗。如老嫗向人談舊事，叨叨絮絮，厭瀆（瀆）而不肯休也。（《清詩話》第九八九頁）

《上陽白髮人》、《新豐折臂翁》兩篇，長於諷諭，頗得風人之旨。惜詞未簡古。（《清詩話》第九八九頁）

五言長排必以少陵為大宗，岑參、王維篇幅尚窘，後來元、白滔滔不絕，失之平滑，不足仿效也。（《清詩話》第九九八～九九九頁）

《擬白香山賦賦》（以「童子雕蟲篆刻」爲韵）

白樂天作《賦賦》，略引前代，而極于唐之體制。其言甚悉，然于古人作賦之旨，或未得焉。古人作賦，莫不有所諷托，言在此意在彼，似美而實刺，似奪而實予，故能為《三百篇》之苗裔。屈原、宋玉、司馬相如、揚雄之徒，皆識此意。東京以降，競尚詞華而諷托少，齊梁之間，君臣上下，務為側豔之體，其詞淫以哀，其志弛以肆，為賦之大衰。才如庾蘭成，無以正之。唐以賦取士，其制日工，而古人諷托之意，識之者蓋少。獨李白《明堂賦》，杜甫《三大禮賦》，韓愈《感二鳥賦》、《復志賦》，杜牧《阿房宮賦》等篇，為得諷托之意。樂天尚見未及此焉。爰本斯旨，擬樂天之體以為賦曰。

自風雅頌之既亡，而賦以始。托體于孫卿，導源于屈子。寄哀怨之深心，托規諷之微旨。即所淺形所深，言在彼而意在此。傳其學則有勒有差，得其遺於為興與比。

漢文郁郁，其體愈工。前有賈誼，後有揚雄。長卿兼二賢之妙，高文與六藝相通。莫不遠刺世事，近述己衷。才豐乎枚叔，藻豔于終童。

兩都炫其文章，二京肆其才力。誠闘靡而誇多，尚稱典而數則。自茲以還，淫畦矜而雅音息。魏晉尚博麗之體，而未植本根；梁陳為側豔之文，而徒工雕刻。

巨唐受命，文治聿昭。試士以賦，選言有條。匪徒詡鳳吐，誇龍雕。競藻采之美，求聲音之調。殆欲今制能合，古意未消。法晚周之正體，追前漢之高標。

或因文而獻忠，或隨事而納善。或陳游獵之樂，或終以荒為懲。或形宮室之華，而卒以儉相勉。觀夫今世而寄其箴規，本乎古調而曲為推衍。以是為賦者，猶青出於藍，而隸工於篆。若夫驕章麗句，弄月吟風。目是媚而耳是悅，義則儉而辭則豐。言勸易見其效，言諷難見其功。何異舍鸞吟風嘯之響，而學夫唧唧之蟲。（鴻寶齋主人編《賦海大觀》卷九，北京圖書館出版社，二〇〇七年七月影印上海鴻寶齋清光緒二十年石印本，第四册文學類·賦；馬積高、葉幼明主編《歷代詞賦總匯·清代卷》第十八册，湖南文藝出版社，二〇一四年一月，第一八一一一頁）

《擬白香山贈友並序》

白文公《贈友五首》，拉雜成詩，直指時弊。其言痛切，深得變雅之義。今擬其體，以己意寓之。亦猶唐人言唐事云爾。

學校徧郡邑，羣士由其中。師表誠得人，鼓篋知所宗。所宗問何在？德懋才亦豐。才德或難備，獨取內行崇。鄉里自推舉，此職方堪充。士聞木鐸警，歸以修我躬。為子可以孝，為臣可以忠。學官出銓選，賢否已不同。貲郎復交雜，化導難為功。人材少造就，芹藻凋黌宮。誰能救其失，待君居三公。載詠菁莪什，教澤流龐鴻。

異端亂大道，楊墨稱最先。老氏與佛氏，後世還有傳。觀其著論說，頗亦能自圓。淺詞籠愚昧，深義絡英賢。是以歷世代，既滅仍復然。何為泰西人，夷教來敷宣。其言猶糞土，文穢義不堅。強令中國氓，男女登講筵。誰能去其害，待君持政權。異服異言誅，王道示便便。

民生有嗜欲，乃為貧之端。況復阿夫容，毒氣薰肺肝。西人貨此物，匪獨開利源。坐令華夏人，無刃能自殘。孤燈伴耿耿，萬事俱不論。顏色殘若鬼，神去形暫存。煌煌林黃疏，治病抉其根。何人許弛禁，六害流中原。縱橫沿海地，罌粟盈田園。誰能去其害，待君為朝官。絕此腐腸藥，仁壽徵黎元。

婚姻貴及時，王政此為首。況復值干戈，尤宜增戶口。生女事機尺，生男力田畝。衣食日豐足，太平斯可久。東南有弊俗，不革戰征後。聘禮既爭多，嫁資更從厚。每傾中人產，未足取一婦。致令貧薄家，老大猶無耦。怨曠氣凝結，災沴遂時有。亦或犯禮義，風化實多咎。誰能易其俗，待君輔元后。穠李與夭桃，風詩義堪取。（《詁經精舍三集》己巳下卷，《中國歷代書院志》，江蘇教育出版社，一九九五年版，第十五册第五七四頁）

智按：施補華，原名份，字均父，烏程（今浙江湖州）人。同治九年（一八七〇）舉人。左宗棠平浙，聞其名，延為幕賓，同治十三年（一八七四）從征西北。以性簡傲忤左，賴張曜解之。張開府山東，復從幕中，官山東候補道員，未及任病卒。詩與德清戴望齊名，袁昶有施戴之目。有《澤雅堂文集》八卷（中國社會科學院文學研究所圖書館藏光緒十九年序刻本）、《澤雅堂詩集》六卷（中國社會科學院文學研究所圖書館藏同治十一年序刻本）。傳記見《續碑傳集》卷三九，事迹見張鳴珂《疑年賡録》、薛時雨《藤香館詩刪存》。

王振聲（一八三六～一九一三）

《論詩》

詩到三唐已別裁，不圖生面近重開。字能泣鬼無靈氣，語必驚人有霸才。七寶樓臺迷片段，九天珠玉障塵埃。百思索解終難解，安得香山老嫗來。（《晚晴簃詩匯》卷一百六十六）

智按：王振聲，字勳農，順天通州（今屬北京）人。同治甲戌（一八七四）進士，授工部主事，歷官徽州知府。有《心清室詩存》。

葛金烺（一八三七～一八九〇）

《愛日吟廬書畫録》

明文彭分隸《長恨歌傳》册紙本。凡十七幀。高八寸，闊五寸。

每幀烏絲界，九行，行十五字。

《傳》全文不録。

《歌》全文不録。

樂天《長恨歌》清婉悽絶，當時秀才陳鴻復爲作傳以記之，又稱合作。袁永之索予分隸一過，予笑謂：子建《洛神》，大令爲書數十本，是爲千古三絶。予書何得附黄絹幼婦之例，第令白家樊姬見之，不掩口足矣。嘉靖四十五年七月晦日雁門文彭識。印二：文彭之印，朱文方印；三橋居士，白文方印。(《愛日吟廬書畫録》卷二,《續修四庫全書》影印清宣統二年葛氏刻本)

智按：葛金烺，字景亮，一字景父，號毓山，平湖（今屬浙江）人。光緒癸未（一八八三）進士，官刑部郎中。少有才名，博通經史，藏書數萬卷，室名「傳樸堂」、「愛日吟廬」。有《傳樸堂詩文稿》、《竹樊詞》、《鷗舫書畫録》。

楊恩壽（一八三七～一八九一）

《詞餘叢話》

香山《琵琶行》，不過自寫其淪落耳。《青衫記》以香山曾昵此伎，送客時始得重見，納爲篷室，命意遣辭，齷齪可鄙。苕生先生嘗客揚州，偶見是劇，遂别填《四弦秋》院本，七日而成。就本詩布局，組織香山本傳、憲宗時事，絕無添設，自具波瀾，洵足洗《青衫記》之陋。《送客》一齣，老伎口吻宛然。近日旗亭，惟此齣傳唱更夥。【新水令】弄冰弦遣悶撥金釵，驚動了官船主客。招邀偏急促，梳裹欠安排。掠鬢提鞋。一面舊琵琶，遮不住洗退的桃花色。【折桂令】住平康十字南街，下馬陵邊，貼翠門開。十三齡五色衣裁。試舞宜春，掌上飛來。第一所烟花錦寨，第一面風月牙牌。颭鴉鬟紫燕横釵，蹴羅裙金縷兜鞋。這朵雲不借風行，這枝花不倩人栽。【雁兒落帶得勝令】老伶工，梨園兩善才；小忽雷，樂府雙渠帥。五陵兒，同催百寶妝；錦纏頭，一笑千金買。但歌成擊節碎金釵，但妝成信手添螺黛。甚冬郎媚得眼兒乖？甚秋娘妒的心兒壞？筵開，酒涴了芙蓉色；花開，香迷了豆蔻胎。【收江南】算一年間歡笑一年來，把春花秋月漸丢開。可憐人福過定生灾。嘆從軍弟幼姨衰邁。赴黄泉死埋，葬沙場活該，只留下江湖憔悴一裙釵。【沽美酒帶太平令】冶游稀，閉緑苔。冶游稀，閉緑苔。洗紅妝，嫁茶客。他一去浮梁不見來，守空船難耐。歡娱夢，好傷懷！把四弦收，一聲裂帛。曲終時，低鬟重拜。料西舫東船不解，只一片江心月白。做官人榮哉美哉，爲甚的青衫淚灑？把一個白江州無端哭壞。【尾聲】年華不改人相代，嘆兒女收場一樣哀。天下不得意的人兒淚同灑。案：伎名花退紅，亦寓言也。梁應來詩云：「夜半琵琶發曼聲，青衫有客淚縱横。空江一個商人婦，傳到而今没姓名。」（《詞餘叢話》卷二，《中國古典戲曲論著集成》第九輯，第二五二～二五三頁）

智按：楊恩壽，字鶴儔，名坦園，號蓬海、朋海、頡父，别署蓬道人，湖南長沙人。三十七歲中舉。曾任湖北鹽運使，湖北候補知府，以候補知府充湖北護貢使。與郭嵩燾、王先謙、王闓運及曾國荃、李元度等交往密切。有《坦園叢書》。

黎庶昌（一八三七～一八九八）

《黄石齋詩第六集序》

神仙之説，愚者惑焉，智者信之，非以其果能尸解形化、吐納飛昇也，仍當於文章道德之人求之耳。凡方士所傳鍊丹符籙，諸異術皆非也。揚子雲曰：仙者無以爲也，有與無非問也。《釋名》曰：老而不死曰仙。仙，遷也，遷入山也。古今人，惟莊周書善言仙理，其曰逍遙游，養生主，德充符，吾嘗有味其言，以爲真仙之要，而後世神仙家如淮南王安、魏伯陽、葛稚川、陶宏景之倫，所著書具在，頗迂誕，使人失守，無當於仙者，意余所取，乃獨在陶淵明、李太白、白樂天、蘇子瞻、陸放翁諸家之人之詩，以彼襟懷曠適，不爲事物所關，累超軼於埆壒之表，雖舉仙人而歸之可也，往者於吾土得一人焉，曰柈湖老人。巴陵吳南屏敏樹，爲人若夷若惠，放迹於君山洞庭間，蕭然自樂其樂。詩古文沖夷動澹，讀其書知其蟬蜕混濁也。今又遇黄石翁於日本，翁當慶應末年，佐彦根舊侯參藩務，從幕軍西征，頗樹偉績，及王室維新，諸侯納土歸政，有司交轂薦於朝，則又翩然高舉，自甘肥遯，為無懷葛天氏之民。今年七十九矣。一日訪余使署，角巾藤杖，鬚髮皓然，儀度甚偉，見者驚爲神仙中人，圖畫所不逮也。翁生平喜爲詩，多至二千數百首，共編六集，前五集已播行，今將以第六集付梓，乞余爲序。余因推論道家之旨，以見世果有神仙者流如翁，未可交臂而忽之也。光緒十五年己丑八月中秋日使者黎庶昌。（《拙尊園叢稿》卷六餘編之外，《續修四庫全書》影印清光緒二十一年金陵狀元閣刻本）

《跋日本活字板白氏文集》

《白氏集後記》云：「白氏前著《長慶集》五十卷，元微之爲序，《後集》二十卷，自爲序。今又《續後集》五卷，自爲記。前後七十五卷，詩筆大小凡三千八百四十首。集有五本，一本在廬山東林寺經藏院，一本在蘇州禪林寺經藏内，一本在東都勝善寺益塔院律庫樓，一本付姪龜郎，一本付外孫談閣童，各藏於家，傳於後。日本、新羅諸國及兩京人家傳寫者，不在此記。又有《元白唱和因繼集》共十七卷，《劉白唱和集》五卷，《洛下游賞宴集》十卷，其文盡在大集内録出別行。會昌五年夏五月一日。」樂天之所自記者如此。是其集名《長慶者》，祇五十卷。寶歷以後，不得以長慶賅之。汪立名之疑審矣。余得日本慶長年間活字本，每卷實題作「白氏文集」，不名長慶，編次視今通行本迥殊，與錢曾《讀書敏求記》所見宋刻廬山本合，益知遵王言不我欺。《四庫提要》以所不見而譏遵王，並及立名，非確論也。此本亦七十一卷，無年譜而增多一卷，確然出自唐時卷子本，可謂廬山面目也。首冠元微之序，序後題曰「白氏長慶集五帙，都五十卷，凡二千一百九十一首」，又另分總目十帙，題曰「第一帙，詩七卷，總三百三十首」，第一二卷諷諭古調詩，第三四卷諷諭新樂府，第五、六、七卷閑適古調詩，第二帙七卷，總四百七十二首，第八卷閑適古調詩，第九、十、十一卷，感傷古調詩，第十二卷感傷歌行曲引，第十三、四卷律詩，第三帙七卷，總六百十五首，第十五至二十卷律詩，第二十一卷詩賦，第四帙七卷，總七十九首，第二十二卷銘讚箴謡偈，第二十三卷哀祭文，第二十四卷碑碣，第二十五卷墓誌銘，第二十六卷記序，第二十七卷書，第二十八卷書序，第五帙七卷，總二百十三首，

第二十九卷書頌議論狀，第三十卷試策問制詔，第三十一、二、三卷中書制誥舊體，第三十四卷中書制誥，新體祭文册文附，第三十五卷中書制誥新體，第六帙七卷，總二百五十八首，第三十六卷中書制誥新體，第三十七八卷翰林制誥，擬制附，第三十九、四十卷翰林制誥，勅書批答，祭文贊文附，第四十一二卷奏狀，第七帙七卷（實八卷，四十三至五十七字誤），總一百五十六首，第四十三四卷奏狀，第四十五至四十八卷策林，第四十九五十卷甲乙判，第八帙七卷（實六卷，五十一至五十六七字誤），共五百五十四首，後集第五十一卷雜體格詩歌行，第五十二卷格詩雜體，第五十三至五十六卷律詩，第九帙七卷，共三百二十八首，第五十七八卷律詩，第五十九卷碑誌序記表，第六十卷碑記序解祭文，第六十一卷銘誌序贊祭文記辭傳（原脱「文記辭傳」四字，從本卷增），第六十二卷律詩，第六十三卷格詩雜體，第十帙七卷，共五百七十八首，第六十四至六十六卷律詩，第六十七卷律詩雜體，第六十八卷律詩，第六十九卷半格詩，律詩附，第七十卷碑記銘吟偈，已上十册共七十卷，總三千五百九十四首，與《唐書》及《敏求記》宋本卷數合，其第七十一卷不入總目，係律詩一百首，前一行署「刑部尚書致仕太原居易」，題銜與他卷不同，蓋即續後集之一卷，日本傳鈔當在廬山寫本後矣。其缺末四卷一百四十六首，或是印行時已軼去，不可知，然正編固自完然無闕，實可寶貴。末附陶穀《龍門重修白樂天影堂記》，又有《白氏文集後序》即刻集者所爲，題「戊午秋七月丁亥朔那波道圓書於洛中遠望堂」。（《拙尊園叢稿》卷六餘編之外，《續修四庫全書》影印清光緒二十一年金陵狀元閣刻本）

智按：黎庶昌，字蒓齋，貴州遵義人。同治初年入曾國藩幕府。光緒二年（一八七六）隨郭嵩燾出使歐洲，先後任駐英、德、法、西班牙使館參贊，光緒七年任出使日本大臣。有《拙尊園叢稿》、《西洋雜志》等，並編《續古文辭類纂》。《清史稿》有傳。

張蔭桓（一八三七～一九〇〇）

《正月二十六日寄端中丞索和》

稠疊蘭叢最善歌，如簧聲調倚雲和。斷腸總是巫峰雨，射影潛掀太液波。

不學世猶詩獬豸，有容海亦厭蛟鼉。青春年伴還鄉日，白傅青山興若何。（《晚晴簃詩匯》卷一百七十九）

智按：張蔭桓，字樵野，南海（今屬廣東）人。官至戶部侍郎。協助李鴻章與俄國簽訂《旅大租地條約》。戊戌變法時，調任管理京師礦務、鐵路總局，傾向變法。戊戌政變後遭彈劾充軍新疆。有《鐵畫樓詩文集》。

張之洞（一八三七～一九〇九）

《書目答問》

《白孔六帖》一百六卷。（唐白居易，宋孔傳。通行本。）（《書目答問補正》卷三　子部，北京生活·讀書·新知三聯書店《書目答問二種》第一九五頁）

《白氏長慶集》七十一卷。（唐白居易。明元白合刻通行本。）

《白香山詩集》四十卷，附録年譜二卷。（汪立名編校。一隅草堂刻本。）（《書目答問補正》卷四　集部，北京生活·讀書·新知三聯書店《書目答問二種》第二〇六頁）

《（光緒）順天府志》

《御書擬白居易新樂府帖》行書，乾隆四十二年，在大内。（《光緒順天府志》卷一百二十七金石志一，清光緒十二年刻十五年重印本）

《蝤軒語·讀古人文集》

⊙詞章家宜讀專集

詩之名家最煊赫者，六朝之陸、陶、謝、鮑、庾，唐之李、杜、韓、白，宋之蘇、黃、陸、金之元【好問】，明之高【啟】，李【夢陽】，國初之吳【偉業】。又如唐之四傑、王、孟、韋、柳、高、岑、錢、劉、孟【郊】、張【籍】、李【商隱】、杜【牧】，宋之歐、梅、王【安石】、範，元之虞、楊、吳，明之何【景明】、王【世貞】、李【攀龍】、徐【禎卿】、楊【慎】，國初之施【閏章】、王【士禛】、朱【彝尊】、查【慎行】，亦甚表表。【詩家太

多，此約言之。】(《蛸軒語》,《叢書集成續編》第六二册，第五一七頁)

《忠州東坡》

川東山水會，忠州最清妍。巴峻夔陿隘，適處巴夔間。唐代猶僻陋，謫官類多賢。前有李與陸，後有白樂天。既少冠蓋客，復無歌舞筵。民貧吏亦魯，弄筆圖木蓮。野步得東坡，聊寄桑者閑。我來江上望，花竹籠春烟。萬邦同一緑，菜畦間秧田。江平碧瑟瑟，山遠青娟娟。刺史甚安樂，廚傳頗充然。不望遷三秩，但願居十年。竊笑古人常有遷謫意，雖有山水戚戚無歡顔。(今忠州為四川善地。余按試，時同鄉侯菊坡知此州，先調省，年餘回任，甚喜)(《張文襄公詩集》詩集三,《續修四庫全書》影印民國十七年刻張文襄公全集本)

《連珠詩》(其十四)

越人衣文蛇，代馬依北風。習俗尚各别，禮樂豈苟同。聲教化所始，非類神所恫。病吟不改舄，囚操不移鍾。文軌古自一，皮卉今交通。胡纓與蕃樂，汨亂安所終。物曲雖博取，王制乃常宗。許孱乘荆車，魯殃作楚宫。讀書歎微管，適野憂其戎。能嚴内外辭，方有膺懲功。吾聞白太傅，華聲諷樂工。(《張文襄公詩集》詩集三,《續修四庫全書》影印民國十七年刻張文襄公全集本；龐堅校點《張之洞詩文集》，上海古籍出版社二〇〇八年八月版，第一一〇頁)

《讀白樂天以心感人人心歸樂府句》

誠感人心心乃歸，君臣(後作民)末世自乖離。豈知人感天方感，淚灑香山諷諭詩。(《張文襄公詩集》詩集四,《續修四庫全書》影印民國十七年刻張文襄公全集本；《晚晴簃詩匯》卷一百六十二)

智按：「以心感人人心歸」，見白居易《七德舞》。參見《石遺室詩話》卷十一(鄭朝宗、石文英校點本，第一六九～一七〇頁)。

《讀史絶句二十一首・白居易》

海圖題詠見憂思，浪攬天吳悔已遲。亦有刑天精衛句，千秋獨誦白家詩。

(《張文襄公詩集》詩集四，《續修四庫全書》影印民國十七年刻張文襄公全集本)

《九江南岸西上二十餘里新柳緜延相屬》

潯陽江上柳娉娉，遮斷琵琶送客亭。秋樹年年能再緑，行人雪鬢不重青。(《張文襄公詩集》詩集四，《續修四庫全書》影印民國十七年刻張文襄公全集本；龐堅校點《張之洞詩文集》，上海古籍出版社，二〇〇八年八月版，第一四四頁)

《攜酒再游南河泊邀茗樓同賦》(香山《九老詩》皆七言六韵，此擬其體)

零落紅裳間緑茄，玆游安足復成蛇。喧喧車馬嫌韋曲，小小蹁涔比若耶。草輭時爭野人席，衣輕仍著秀才麻。湖心取藕初成峪，石上開尊不借窪。我效童騃同寇凖，君搜奇字勝侯芭。孔鸞自與鳧鷖别，正看槐街散賀衙。(《張文襄公詩集》詩集四，《續修四庫全書》影印民國十七年刻張文襄公全集本；龐堅校點《張之洞詩文集》，上海古籍出版社，二〇〇八年八月版，第一四五頁)

智按：張之洞，字孝達，一字香濤，晚號抱冰，南皮(今屬河北)人。同治二年(一八六三)癸亥一甲三名進士，授編修，官至體仁閣大學士。贈太保，謚文襄。有《張文襄公全集》。

涂慶瀾(一八三七~一九一〇)

《趙以烱撰公祝六十壽文》

士大夫耽心林壑，馳騁騷壇，每託嘯歌以見志，曰吾之所樂者在也，乃不踰時而前後異趣，而從之游者又漫爲俯仰景物之言，以相附和，而名實間，卒不相符。何者？中無所主，故其樂不永，窺於外無以及於内，故其知不真。今之務標榜稱揚者，往往然矣。吾師海屏先生，昔之名士，即今之名吏也。某依之久，故知之眞。先生籍莆田，爲閩省名士。幼年食餼，屢試高等，爲吴晴舫、李小湖二文宗所賞識。辛酉拔萃，游京都，應京兆試，領鄉薦，出賈文端公門下，文端深加褒奬，名譽遂重公卿。癸亥乙丑，兩試南宫，薦未獲售，乃考充咸安宫漢教習，期滿將以吏出宰名區矣。旋以甲戌成進士，入翰林，丙子散館一等，授職編修，益肆力經世之學，出入經史，汎濫百家，廣見聞，觀古今，探性理，驗才猷，以期其學之有用，更以扶植後進，留意人才爲汲汲。己卯典試吾黔，悉心去取，一秉大公，所録同年諸君，皆稱俊傑，而某與弟以炳，亦得葑菲下體，備採藥籠。某之得侍先生道範，於此始矣。……江干者，錢塘江之涯涘也。風日清麗，花鳥怡人，畫舸輕舟，游泳無際。先生宧興淡泊，窮通得失，不以介懷，而獨於亭園花木之樂，不吝取求，乃天卽縱其欲以酬之，此固白樂天、蘇子瞻諸騷人所不能專其勝於前也。春夏時和，游人如畫，想先生葛巾薄袷，登靈隱塔，上飛來峯，吟咏詩歌，嘯傲風月，放懷於六橋三竺間，又誰知廬陵之爲太守也。於斯之時，曾不圖宇宙間之有斯樂，又何數東山絲竹，太華蟹酒耶？方今時勢艱難，世變未已，惟世需才，才亦需時，此正賢豪見用之秋也。某京華偃仰，冠帶委蛇，半椽蝸廬，琴書聊寄，曾不能獻一策，進一計，以濟時艱，徒規規借文字作生涯，護毛錐若性命，每一憶奇山勝水，古蹟名洲，以及春韭秋菘，故鄉風景，輒悒悒不樂者竟日，此又何爲者也？欲得從先生杖履，分一日之樂，其可得歟？或曰先生壯歲，爲名翰林，及其出仕，又莅名邦，其樂也固宜，不知先生五困春闈，三躓京察，而人與之處者輒淡與之忘，必非中無所得可知也。昔者某禮闈報罷，瞻拜言別，曾憶先生言曰：吾之困亦屢矣，然爲文也，屏心息慮，期與神會，意欲其精，思欲其密，心之所及，筆沛若生，故其成也，豁然以釋，暢然以怡，不知有得，何論失哉！先生於區區帖括尚如是，則其學養於平日可知也。今違先生亦有年矣。有友人自杭來者，輒問先生起居，丰裁如昔。……姑就平日所知者，爲同門備告之，且以爲當躬法焉。至一切駢四儷六之文，岡陵頌禱之詞，其無關紀實者，兹不綴於篇。（《荔隱山房文略》，《續修四庫全書》影印清光緒三十二年刻本）

智按：涂慶瀾，字海屏，號耐庵，莆田（今屬福建）人。同治十三年（一八七四）進士，授翰林編修，充國史館協修。光緒五年（一八七九），御賜使黔（貴州）開科取士，任主考員，所得皆知名之士。光緒八年，任國史館纂修，功臣館總纂，叙勞加侍講銜。光緒二十二年，以知府赴浙江任釐金總辦，兩年後乞歸。有《荔隱山房集》、《使黔日記》、《使浙日記》、《國史昭忠列傳》、《莆田詩文輯》等。

陳作霖（一八三七～一九二〇）

《感事新樂府九首（智按：實為七首）并引》

詩有樂府久矣，而題不襲舊，義取刺時，則始於少陵，盛於香山。非所謂言者無罪，聞者足戒乎？我生不辰，感傷世亂，不揣固陋，輒效其體，為賦者十一，為比興者十九，庶無乖諷諭之旨云。

⊙噤口鴉（諷言官也）

御史臺中柏，其上多烏鴉。啞啞枝頭叫，爭宿常喧譁。啼霜噪月烏鴉職，不肯因循稍緘默。吉報吉，凶報凶，未來之事懸心中。昏報昏，曉報曉，隨時補救不可少。胡乃畏此冰雪威，忍寒噤口皆依違。一鴉噤，百鴉瘖，寂靜渾如空樹林。百鴉瘖，一鴉叫，聞之翻嫌多聒噪。一鴉聒噪尚可嫌，毋怪衆口盡欲箝。請看主人朝中退，緩步委蛇垂玉佩。

⊙眠竈貓（憤惰卒也）

鼠子縱橫，夜出晝伏。苦其跳梁，呼貓捕逐。貓有威，抑何壯，貓有爪，不可抗。鼠初畏攫遠相讓，豈料貓性懶且驕。肥魚大肉暮復朝，晚來眠向竈不管。鼠子鬧，鼠子翻，笑伎倆窮，結隊橫行更鼓譟。鼠既去，貓始來，捕雀食蝶何雄哉。貓鼠同虐無計阻，人之畏貓勝於鼠。

⊙戴冠猴（譏納粟也）

猴生點蒼山，野性疏而頑。本非衣冠族，忽然慕衣冠。慕衣冠兮為裝飾，千方百計營求得。舍我碧山棲，遊彼紅塵域。棄我果核佳，覓彼烟火食。其性則獸其形人，方期捷足據要津。餬口誰知實不易，衣冠束縛眞吾累。巢穴失去不能還，應悔出山為多事。何如山中高蹈流，一聲長嘯山月秋。

⊙續尾貂（斥冒功也）

欲得勳，去從軍，欲遷爵，來入幕。軍中幕裏何逍遙，將吏人人盡珥貂。借問珥貂心安否，欲語不語覺顔厚。自從軍興十餘年，官兵常隨賊兵走。眞賊遠颺尚不知，俘馘半屬平民首。居然大捷宣露布，張皇入奏實可醜。櫝尾署得立功士，姓名相連書某某。此輩並非立功人，苞苴塞破將軍門。豈無沙場殺賊者，白首未得沾微恩。賞罰失次有如此，毋怪士卒不肯死。君門萬里那得知，酬庸惟聽將軍指。天書一紙下丹霄，將吏人人盡珥貂。君不見，此事古來有，貂尾不足續以狗。

⊙入市虎（傷招撫也）

窮虎在深山，負嵎頗雄猛。雖云不敢攖，處處設機穽。虎亦畏被禽，斂氣常退屏。奈何謂虎有雋才，頓將四面網羅開。欲收爪牙為我用，相招同入市中來。虎入市，計亦得，剝民脂膏供虎食。强弓毒矢不敢施，萬里閭閻盡凋蝕。一聲長吼高震山，獵者戰栗無人色。山中猛虎知此情，效尤入市肆横行。衆虎犄角相盤踞，將軍反得伏虎名。我願魯人卞莊子，勇氣矜隆莫能已。帖耳不受衆虎欺，奮拳搏虎虎盡死。

⊙忍凍雀（惕戀土也）

有雀有雀，在紇干腹中，飢餓身上寒，雖欲飛向生處樂，冰雪浩浩路漫漫。當初苦戀山頭住，只道温和能久駐。隨陽豈無鴻雁飛，避風亦有爰居去。怡然安樂了不知，翻笑彼禽太多慮。今朝忍凍可奈何，老幼應難守舊窠。流離困苦無所訴，四面觸處皆網羅。忍凍雀高談，鎮靜何瀟落。不到身難自主時，不知悔卻當時錯。

⊙號寒蟲（勉安貧也）

號寒蟲，出五臺，肌膚瘦盡毛羽摧，問爾一寒胡至此，雪虐風饕幸不死。昨日多文采，今朝竟何在。昨日矜羽儀，今朝竟難支。五色斑斕笑威鳳，一經迴想眞如夢。差喜飄零賸此身，附身之物盡無存。附身物，何足惜，多少遭逢彈與射。彈與射，幸未遭，天時如此其焉逃。得過且過須珍重，耐心守得陽和動。（《可園詩存》卷六汜湖草中，《續修四庫全書》影印清宣統元年刻增修本，第一五六九册，第五一〇～五一一頁）

《善後新樂府四首》

⊙勘屋

烈日如火陰霾開，委員勘屋策馬來。鄰佑互結東家送，公局聯照西家催。稽查剖決亦辛苦，市井牙儈無此才。前有一家屋獨好，賊造官封何草草。地主屢索不肯還，裝修有價從渠討。一朝盼得官裹來，馬前迎訴人多少。委員顰蹙不敢嗔，此中住者湖南人。

⊙勸農

給牛種，墾荒田，勸農官長何清賢。查鄉團，開花户，勸農胥吏何勞苦。按畝科派不敢辭，秋成指日定可期。豈料一雨三十日，高田低田水盡溢。里保洋洋來田間，催交前日領糧錢。

⊙興工

賊來萬屋皆完好，賊去空城淨如掃。諸神祠宇百官衙，次第興工須及早。朝買磚石，暮買棟梁，當事出入神洋洋。程子祠堂楚南館，金塗粉飾何煇煌。如此修造豈不可，拓地庀材俱帖妥。月前文宗來案臨，下學行香無處所。

⊙保甲

城中日日編門牌，城外盜賊紛然來。城南夜夜巡更鼓，城北盜賊行無阻。營官營卒爭容留，甲長牌長不敢搜。攘雞偷狗誤罹法，纍纍繫者窮民頭。君不見，士會在位盜盡潰，王烈居鄉盜皆畏。清心寡慾弭盜方，此語官紳須敬佩。(《可園詩存》卷十一息影草上，《續修四庫全書》影印清宣統元年刻增修本，第一五六九册，第五三七頁)

《白下吟八首仿香山秦中吟體》

⊙需次官

漢家賣爵級，始有納貲郎。豪門子弟侈，非士亦非商。金錢援例入，輿馬何輝光。需次來省垣，僦居向民房。日日聽衙鼓，進退如戲揚。今年典衣履，明年空筐箱。眞除握印綬，後顧期茫茫。窮困無所訴，出門屢徬徨。為問遊宦兒，胡弗歸故鄉。

⊙裁弁

長江來萬里，樓船高巍巍。辛苦百戰後，遣撤使遄歸。出征日已久，故園事漸非。留滯居江左，金錢供指揮。摴蒱尋博戲，裘馬誇輕肥。遊手無常業，異鄉疇堪依。俠以武犯禁，事須防其微。

⊙傷士

蓬蒿以多賤，珠玉以少珍。那堪熙攘輩，駁雜復不純。江南昔遭亂，絃誦久不聞。弟子缺員數，講舍坐生塵。補令舊額足，使車駐雕輪。拔擢豈不寬，所惜多濫恩。功名僥倖得，誰能空其群。青衿日挑達，有符堪護身。觀之再三歎，此亦讀書人。

⊙保甲

郡城四十里，保甲詰藏奸。每甲各立長，介在官民間。日久失其意，里保一例看。遂有無賴子，族本非衣冠。洋洋自得意，謀錢以給餐。盤踞通胥役，恫喝欺單寒。倚勢虐益甚，小民情豈安。熟視不敢言，甲長近於官。

⊙怒馬

東南初底定，守險尚屯兵。營中諸將吏，街衢步馬行。乃有厮養卒，馳驟以為榮。一鞭撾使怒，勢如風雨驚。衝突及羸老，踐踏忘孩嬰。欲控已遠去，指之無主名。我讀洪範傳，災異天所生。齧人亦細事，馬既記分明。横行獨無忌，未免累升平。

⊙屠鴨

屠牛設厲禁，耕犂為力田。鴨雛雖微物，長養亦自天。貪利有賤氓，列肆坐市廛。日殺千百輩，溝血流成泉。鹽酪以相浸，膏火以相煎。芬馥每四達，過客為垂涎。好生造化心，物物欲使全。奈何甘暴殄，輕如草芥焉。蛇有報珠感，雀結銜環緑。屠刀能放下，豈獨可證禪。並育而不害，吾道本自然。

⊙燈舫

秦淮從東來，演漾穿城中。每當五六月，畫舫青溪通。彩棚輕如霧，蘭槳疾於風。小燈懸百盞，星月光相同。前船挾遊妓，後船載歌童。衣香與人影，來往何匆匆。風景復前日，豪華亦足雄。我心獨私憂，驕盈將惡終。不見夾水岸，樓臺今皆空。

⊙神會

鬼神有常尊，明禋列於祀。賽會陳威儀，强使遊都市。車輿高比山，鹵簿來如水。後部擁戈矛，前驅負弩矢。鉤肉懸香盤，頂禮同燒指。縲絏著赭衣，自囚罪至死。舉國盡若狂，靡靡不知止。遊戲侮神明，媟黷乃如此。（《可園詩存》卷十二息影草中，《續修四庫全書》影印清宣統元年刻增修本）

《題吳梅邨詩集二首》（其二）

休云變徵有新音，長慶時摹白傅吟。調寄激昂司馬節，聲傳幽怨玉京琴。知交古古能餐蕨，入曲圓圓竟卻金。賴有子山堪並較，奉親曲諒一生心。（《可園詩存》卷十八石城草，《續修四庫全書》影印清宣統元年刻增修本）

《寄贈俞蔭甫學士樾》

臨川廷尉（李小湖大理）桑根叟（薛慰農觀察），君與吾師伯仲間。海內經神鄭高密，貞元朝士白香山。潛身賣藥名難隱，袖手觀棋老更閒。强欲相從問奇字，索居無奈鬢毛斑。（《可園詩存》卷二十三石城草，《續修四庫全書》影印清宣統元年刻增修本）

《胡碧徵同轉（光國）招集愚園作香山生日觀己卯年壽白詩卷感賦二律》

海山兜率證前因，仍是愚園一段春。三十年來賡雅集，一千載上拜詩人。斬新花鳥娱心目，耆舊文章見性眞。賸有馮唐（夢華中丞）無恙在，卷中故友盡湮淪。

行年七十尚頑癡，正是青山獨往時。牛李黨人休溷我，蓟杭宦蹟待尋伊（擬遊蘇杭）。須眉雅稱香山社，格調頻摹長慶詩。春色滿園人介壽，梅花成雪柳成絲。（《可園詩存》卷二十六近遊草，《續修四庫全書》影印清宣統元年刻增修本）

《白文公生日祝文》

惟公教宗廣大，情恣醉吟，禁中來才子之呼，洛下寄閒官之迹。青山獨往，顧朝局以傷心；碧海終歸，證仙緣而得所。兹建聯吟之社，適當攬揆之辰，餳進膠牙，酒斟婪尾。一編長慶，詩名不亞乎微之；九老香山，上壽直超夫如滿。載瞻圖繪，式薦馨香。（《可園文存》卷十六，《續修四庫全書》影印清宣統元年刻增修本）

《可園詩話》

江夏范月槎觀察（志熙），需次金陵，不趨權利，閉門覓句，無異書生。其《秋日遣興》云：「苦惜分陰捷轉丸，老來還要強加餐。境惟知足心常適，事到無求夢亦安。入世久知同調少，居官須識令名難。祇緣豪興年來減，冷抱青琴不浪彈。」「家風世守過庭書，□向侯門事曳裾（智按：闕字疑作恥。顧況《閒居懷舊》有「仕向侯門恥曳裾」句）。千古傷心燕市駿，廿年入夢武昌魚。醫時愧乏青囊術，吏隱權從白傅居。屢欲歸田歸未得，何時穩策少游車。」可以見其為人矣。(《可園詩話》卷四，民國八年鉛印本，第十四葉)

智按：陳作霖，字雨生，號伯雨，晚號可園、重光耄道人，江寧（今江蘇南京）人。光緒元年（一八七五）舉人。晚任江蘇省通志局總纂。有《可園詩存》、《可園文存》、《壽藻堂詩文集》、《可園詩話》。事迹見陳三立（一八五二～一九三七）《散園精舍文集》卷十一墓誌銘。

陳書（一八三八～一九〇五）

《和特舟同年韻並約少文方伯為是夕園中之遊》

……可無折柬約裴王（煦萬、子莊），或有新詩壓元白。人生良會頗不易，九日驅馳一日得。……（中國社會科學院文學研究所圖書館藏清光緒三十二年丙午刻本《木庵居士詩》卷二「丙戌」）

《一日一氣候》（二首其二）

理語漸入詩，由來自宋人。此風既已開，要眇難具陳。問唐胡不然，應制宜彬彬。心胸未鑿破，格調祇相因。言情半寫景，託意在傳神。六義比興多，賦體殊逡巡。豈知小雅才，窮變彌清新。小生摹漢魏，擁鼻作吟呻。可用有幾字，搢笏自垂紳。樂天與杜韓，拔萃辭等倫。已開宋人風，小生歌搖脣。（中國社會科學院文學研究所圖書館藏清光緒三十二年丙午刻本《木庵居士詩》卷二「壬辰」）

《效香山樂府》

人家有子弟，聽我歌兩途。富貴生英華，器材重璉瑚。不在崇儉朴，恂恂學小夫。貧賤有家兒，當為汗血駒。歲寒立骨幹，節操非區區。不在能張羅，生財美袴襦。世人多論議，論議與我殊。謂富能守分，謂貧能致腴。我意不云爾，守分才真奴。致腴豈足多，私財潤其軀。兩途皆罪人，無為較錙銖。（中國社會科學院文學研究所圖書館藏清光緒三十二年丙午刻本《木庵居士詩》卷二「壬辰」）

《晚歲》

晚歲覬多詩，自言學樂天。樂天有何好，有意多能言。長言及千字，短言數十言。非博老嫗解，但取妙心宣。不敢示才人，不敢示少年。才人嫌才拙，少年謂力愆。年才與我同，自然道我賢。所以白同調，當時惟有元。（中國社會科學院文學研究所圖書館藏清光緒三十二年丙午刻本《木庵居士詩》卷二「壬辰」）

《夜起》（二首其一）

老懷尋得白詩看，不寐挑燈起夜闌。一學便能非勝處，心情可想近衰殘。（中國社會科學院文學研究所圖書館藏清光緒三十二年丙午刻本《木庵居士詩》卷二「壬辰」；《萬首論詩絕句》第三册，第一四三八頁）

《括蔞》（二首其一）

括蔞一箇竹數枝，室中幽絕少人知。百比樂天不及一，不貪兜率說歸期。（中國社會科學院文學研究所圖書館藏清光緒三十二年丙午刻本《木庵居士詩》卷二「癸巳」）

《傚少陵戲為六絕句元韻》（其三）

樂天體物精千煉，下況盧仝僕命騷。可怪讕言宗竈嫗，肯容流派溷吾曹。（中國社會科學院文學研究所圖書館藏清光緒三十二年丙午刻本《木庵居士詩》卷三「丁酉」；《萬首論詩絕句》第三册，第一四三九頁）

《讀樂天詩》

豁達古人偏遇蹇，止緣心地占便宜。可知富貴天非惜，況擅文章數自奇。放到楊枝身可死，葬將元九語尤悲。大年畢竟歸和厚，如此蕭疏一向疑。（中國社會科學院文學研究所圖書館藏清光緒三十二年丙午刻本《木庵居士詩》卷三「丁酉」）

《四月朔天心閣吟集中坐為家人病促歸遂罷去作詩寄弢庵肖韓》

夫子應憐點爾狂，諸賢也許啰升堂。生涯元白不冷淡，冠蓋嚴終年老蒼。

終鈞未能嗤渭叟（肖雅謔云云），中年猶豔羨何郎（肖雅有少容）。逃詩還遣詩相贖，安得身親几席旁。（中國社會科學院文學研究所圖書館藏清光緒三十二年丙午刻本《木庵居士詩》卷四「甲辰」）

《篤信》

千秋詩境最相親，老杜天人蘇可人。他日笙歌壓元白，有時嘲弄仿梁陳。幾曾不各同牀夢，何況常欺近廟神。篤信子雲能刮目，劇憐敬禮能含颦。（中國社會科學院文學研究所圖書館藏清光緒三十二年丙午刻本《木庵居士詩》卷四「乙巳」）

智按：陳書，字伯初，號俶玉、木庵。陳衍（一八五六～一九三七）之兄。光緒元年（一八七五）舉人，曾入梅啟照、沈瑜慶幕，光緒二十五年（一八九九）赴選得直隸博野知縣。後引疾歸。卒于家。通醫學，能書畫。自稱「每日家常必有詩」（《枕上作》，《木庵居士詩》卷一「乙酉」）。爲詩宗法白居易、蘇軾。多與葉大莊、龔易圖、陳寶琛、陳與冏等名士唱和。有《木庵居士詩》、《木庵文稿》。《近代詩鈔述評》稱其「詩天才超逸，胸中不滯於物，故與樂天、東坡為近。中間為後山、放翁、誠齋，為陸魯望、皮襲美，而終歸于老杜」。袁祖光《綠天香雪簃詩話》稱其「詩近白蘇，無格格不解之語」。《晚晴簃詩匯》稱其「雅才曠抱，詩近白、蘇，于襲美、魯望、山谷、後山、放翁諸家皆有神契，晚于詩律尤細，縱筆爲之，格嚴氣肆」。汪國垣《光宣詩壇點將録》稱「其詩瓣香白、蘇，亦與三袁不同。蓋木庵于白、蘇之外，歸依浣花，又出入後山、誠齋」。事迹見《近代詩鈔》、《清詩紀事》光緒宣統朝卷。

曾紀澤（一八三九～一八九〇）

《讀外舅劉霞仙先生尺牘有感》

萬里狼烽斂毒煙，鄉閭未識中興年。無端稅畝同加賦，終歲嚴兵等戍邊。駝說養民如種樹，聃言治國類烹鮮。高風敻絕誰能賞，虛有仁言載簡編。

先太傅批云：律詩約分句法章法兩種，講句法者奇警蘊藉，鍼線滅迹，以王摩詰、劉文房為最，而少陵集其成；講章法者，氣機流動，開合自然，以劉夢得、白樂天為最，而東坡集其成。歷代作者，各有偏勝，然果能名家，則精於句法者，未嘗無卷舒自如之章；精於章法者，未嘗無雄奇秀絕之句，又不可偏廢也。此卷頗講章法體質，於劉、白、大蘇為近。若再能多搆傑句，出以醞藉，更躋勝境矣。（十一月二十五日記）（《歸樸齋詩鈔》戊集上，清光緒十九年江南製造總局本）

智按：曾紀澤，字劼剛，湖南雙峰人，曾國藩之子。襲父一等毅勇侯爵。同治間歷使英、法、俄諸國，與俄人力爭，毀崇厚已訂之約，更立新議，交還伊犁及烏衆島山，帖克斯川諸要隘，有功于新疆甚大。官至戶部左侍郎。卒，謚慧敏。有《佩文韵來古編》、《說文重文本部考》、《群經說》等。

葉煒（一八三九～一九〇三）

《煮藥漫鈔》

上海名妓有少霞者，贈所私詩云：「金粉年華似水流，悮人風月幾春秋。琵琶江上雙垂泪，豈獨傷心燕子樓。」所私答以詩云：「青衫憔悴孰相憐，紅粉飄零錦瑟絃。同是天涯怨淪落，為誰孤負十年前。」余於戊午、己未間遊滬所聞，迨壬戌再來，無有知此詩者。（《煮藥漫鈔》卷上，《清詩話三編》第六六八一頁）

紀曉嵐尚書云：「凡作長篇，忌收處潦草，如水無歸墟，山無根麓。鋪排不難，難於氣格；層次不難，難於機軸。《長慶集》詩儘有滔滔如話者，終不免輕俗之譏。」愚謂此說雖指長律而言，然古文、七古詩，皆可隅反。（《煮藥漫鈔》卷上，《清詩話三編》第六六八九頁）

詩不可盡，觀朱慶餘之「含情欲說宮中事，鸚鵡前頭不敢言」句可知；詩不可實，觀白樂天之「忽聞海上有仙山，山在虛無飄渺閒」句可知。（《煮藥漫鈔》卷下，《清詩話三編》第六六九二頁）

智按：葉煒，字松石，號松石道人、鴛湖信緣生，晚號夢鷗逸史，浙江嘉興人。同治十三年（一八七四）爲日本文部省聘爲東京外國語學校漢文教習，乃近代最早應聘去日本教授漢語和漢文化者，與日本漢詩人交游酬唱，刊有《扶桑驪唱集》。兼善書畫，日本散文家永井荷風對其書畫評價甚高。光緒五年（一八七九）官上海縣尉，翌年復東游，後以病歸。回國後曾捐官，在南京供職。後又多次在江蘇等地任文案，如吴縣主簿等。歿後，好友俞樾爲之作墓志銘。有《延青閣詩鈔》、《石有華齋詩話》、《井窗雜志》。事迹見倪鴻《退遂齋詩鈔》。《煮藥漫鈔》二卷，光緒十七年（一八九一）金陵刊本，臺灣文海出版社「近代中國史料叢刊」影印本，爲光緒七年旅日病中無事，鈔録昔日讀書批語、札記而成。

楊守敬（一八三九～一九一五）

《日本訪書志》

⊙大唐西域記序

竊以穹儀方載之廣，蘊識懷靈之異，談天無以究其極，括地詎足辯其原，是知方志所未傳，聲教所不曁者，豈可勝道哉！詳夫天竺之爲國也，其來尚矣。……此本第一、第六兩卷原缺，日本元禄九年（當康熙三十五年）山城州天安寺法金剛院重脩整此書，乃從别本影鈔此二卷補之，亦同宋本也。（日本所藏宋本不一部）此二卷末，并有三城國綴喜薪村，又有靈瑞山酬恩巷沙門宗桂書寫之記。余在日本，森立之出狩谷望之所製古書帙一具，係用竹籤以絲排連如小簾，外敷以巾，可方可圓，不同今之函套，謂古者卷軸以此束之，故有數卷共一帙，十餘卷共一帙者，後見《白氏文集》目録，亦標第幾帙，今見敬播序云：一秩十二卷，益恍然矣。（又《經典釋文》亦云：合爲三秩三十卷。）（《日本訪書志》卷六，《續修四庫全書》影印清光緒鄰蘇園刻本）

⊙《才調集》十卷（舊鈔本）

首題「《才調集》敘，蜀監御史韋縠集」，次目録，每人幾首，不録詩題。每卷首題「古律雜歌詩一百首」。以汲古閣刻本照之，汲古本每卷首目録有詩題，每卷首無「古律雜歌一百首」總題，卷中字句往往不同；而詩題尤多參差。大抵汲古閣題下注：或刻作某者，卽此本也。如白居易《三月三日祓禊洛濱》，汲古本序二百五十三字，注云：「序與舊刻不同。」而此本則題爲《祓禊日遊於斗門亭》，夾注只二十二字。《四庫提要》著録本有劉禹錫《别蕩子》詩，今按，汲古本及此本此首皆在劉長卿詩内。王之渙《惆悵詞》本王渙詩。今按，汲古本作王之渙，此本實作王渙，不誤。賈島《贈劍客》詩「誰有不平事」，提要本作「誰爲」，今按，汲古本、此本並作「誰有」，是《提要》著録，非此二本。據毛氏跋稱，其刻此書有二種，《四庫》著録或其前一種與？至此本筆誤，亦時有之，其款式則視汲古爲舊矣。日本文政八年，有官刋本，卽從此出。（《日本訪書志》卷十二，《續修四庫全書》影印清光緒鄰蘇園刻本）

《湖北金石志》

⊙《古今碑刻記》：白居易文，在黄梅縣靈峰院。按《輿地紀勝》：烏牙有靈師院，黄梅縣東北五十里有白居易所撰碑，以在鼓角南，一曰南山圓證祖師道場。嘉慶通志分爲二碑，不考之甚。（《湖北金石志》卷六，《續修四庫全書》第九一三册，第三九四頁）

⊙《金石存佚考》：唐白樂天量移忠州，道峽江，與其弟知退及元微之三游洞中，賦詩紀勝。而樂天又爲序，刻之石壁，歲久剝落，知州匡鐸重勒。（《湖北金石志》卷六，《續修四庫全書》第九一三册，第三九五頁）

⊙《湖北金石録》：鄂州何大夫創制夏亭詩序。白居易撰。在鄂州。（《湖北金石志》卷六，《續修四庫全書》第九一三册，第三九七頁）

⊙《湖北金石詩注》：馬案：右碑宋慶曆間荊門軍守曲台謝顗使寺僧悟空録唐張九齡、孟浩然、周朴、常建、白居易、僧齊己六人詩八篇，大理評事張田爲之序，鐫諸石。初立荊門惠泉側，後爲好事者移去。元至大間，寺僧鑄請于郡侯，舁回玉泉本寺，于碑題下刻「皇慶改元大歲壬子結制日當代住持佛光普照永福大師廣鑄重立』二十七字。碑先列張田序，題「宣德郎大理評事監鄭州酒稅張田撰」，文下接書「八年七月七日謹序。」無年月，文内有「慶曆七年冬，田自武當再謫鄭，又明年春始造山」之語，知爲慶曆八年也。……白居易詩云：「雲樹出泉寺，肩輿半日程。更無人作伴，惟共酒同行。新葉千萬影，殘鶯三兩聲。閑游意未足，春盡有餘情。」本集題作《獨游玉泉寺》，自注：「三月三十日。」此詩之前閑吟二首，末「聞道山榴發，明朝向玉泉」，則玉泉寺指洛中之玉泉，均與此無涉，謝顗誤録之也。

智按：此詩原屬誤刻。「出泉寺」集本作「玉泉寺」，「肩輿」集本作「肩舁」，「惟」集本作「秖」。

⊙《金石存佚考》：碑在當陽玉泉寺中，乃皇慶元年本寺住持廣鑄重立者。碑載唐張説以下詩八篇，然常建、白居易二首尚屬假借也，其旁刻云：「萬曆元年，御史中丞、西蜀張佳胤、新安任參軍夢榛同觀。」（《湖北金石志》卷八，《續修四庫全書》第九一三册，第四四一～四四二頁）

智按：楊守敬，字敬齋，一字惺吾，晚年自號鄰蘇老人，湖北宜都人。同治元年（一八六二）中舉，同治四年（一八六五）考取景山宫學教習，一八七四年考取國史館謄録。後任駐日欽使隨員，歸國後先後任黄岡教諭、兩湖書院教習、勤成（後更爲存古）學堂總教長。一九〇九年被舉爲禮部顧問官，次年兼聘爲湖北通志局纂修。有《日本訪書志》、《湖北金石志》等。

李蘭仙

《聽隣妓彈琵琶》（二首其二）

司馬新衫淚暗垂，人生難得少年時。潯陽江上西風冷，妬殺秋娘悔亦遲。（《沅湘耆舊集》卷一百八十七，《續修四庫全書》影印清道光二十三年鄧氏南邨草堂刻本）

智按：李佩瓊，字蘭仙，湖南沅陵人。安仁縣訓導沅訓彝卿女，會同諸生梁文浩室。早卒。蘭仙性明慧，彝卿愛之，擇配嚴，久之，始得梁生，于歸不久，生一子，殤，作《哭子》詩二十首，竟以傷感致疾，不起。文浩踰年亦卒。

馮克家

《六十六用白香山韻》

晨起照明鏡，白髮來不速。往識三十三（余少時薄植術者推五行止此），浮生六十六。八月叢桂芳，一杯浮蟻緑。無波井已古，不鳴雞如木。養拙將移居，擬種數竿竹。計日報平安，吾欲良已足。（《兩浙輶軒續録》卷九，《續修四庫全書》影印清光緒十七年浙江書局刻本）

智按：馮克家，字接堂，海甯（今屬浙江）諸生。有《不厭樓吟藁》。《兩浙輶軒續録》卷九引《杭郡詩三輯》：「接堂績學粹行，嗜吟詠，至耄不輟。其稿經吴兔牀審定，錢宫詹竹汀題其卷端云：『小馮吾舊識，倜儻最能詩。不忘趨庭訓，因披縷雪詞。杖藜天與健，避席眾交推。何日龍山路，相從六枳籬。』」

陳時

《韜光庵是唐韜光禪師結茅處卽用答白香山詩韻》

巢枸塢畔好林泉，曾記詩僧枕石眠。儘有涼陰生緑竹，尚餘池水種金蓮。雲煙縹緲連諸嶂，江海蒼茫入遠天。鷲嶺龍宫光景在，新詩吟向夕陽前。（《兩浙輶軒續録》卷十一，《續修四庫全書》影印清光緒十七年浙江書局刻本）

智按：陳時，字履中，原名晉，字汾川，光陛子，錢塘（今浙江杭州）諸生。工書法，在米芾、蘇軾間。著《種藥齋詩鈔》。《兩浙輶軒續録》卷十一引《緝雅堂詩話》：「陳子汾川《種藥齋詩鈔》二卷，上卷曰《湖上青山集》，專詠名山，通用五言三韻，凡一百二十餘首。下卷曰《湖山懷古集》，皆謁祠拜墓之作，體兼古今，間及金石，披覽一過，恍有卧游之趣，發思古之情。」

章坤

《清明柬潘春巖（仁）雲浦（立名）》

清明恰值重三節，細雨斜風更愁絕。侵晨忽喜山窗明，好趁晴光理游屐。去年曾記踏青歸，扶醉花間香滿衣。舊夢重尋芳草路，夕陽還扣野人扉。近來游侶多蕭索，老去情懷厭徵逐。扶筇尚畏行路難，銜杯空羨看花樂。我聞香山居士病纏緜，是日無聊只愛眠。吟罷小樓風雨歇，鶯花不見度流年。又聞是日黄州道，夢裏吟詩有坡老。石泉槐火一番新，禪味詩心俱入妙。如此芳辰可不游，那堪踽踽無朋儔。閒吟獨酌意亦得，忽聽屋角鳴春鳩。（《兩浙輶軒續録》卷十七，《續修四庫全書》影印清光緒十七年浙江書局刻本）

智按：章坤，字静山，仁和（今浙江杭州）貢生。著《桐陰書屋稾》三卷。《兩浙輶軒續録》卷十七引吴錫麒序略：「吾友静山，率天性之真，極夷曠之趣，折衷儒者，被服古人。每當朱華晝斂，素魄宵燭，詩書夙好。儼宫商之可諧，奇翰相尋；共雲煙而無盡，例之騷雅，豈不謂然。」沈赤然序略：「静山能文章，工書法。其詩長篇大什，才富氣充，詠古諸詩，深見識論。」《杭郡詩續輯》：「静山性淡泊，少年能文章，工書法，獨不喜爲韻語。中年以後，絕意進取，乃以詩酒自適，杼軸性靈，自有真氣。」

王啟曾

《虎邱白公祠》

青青楊柳江南春，風起楊花愁殺人（公有《憶江南柳》詩）。我來隄畔尋遺迹，但見祠堂結搆新。人言此中祠白傅，旁列大蘇及老杜。三公洵是文中豪，餘子卑卑不足數。昔公遷謫居江州，俄從武林來武邱。武邱花月年年好，詩筒酒盞無時休。碧玉一彎水如帶，青山幾疊朝凝黛。女墳湖北武邱西，定有當時吟魄在（「莫忘使君吟詠處，女墳湖北武邱西。」公武邱寺留别句）。文讌流連歡未足，會昌花落人去速。瀟瀟暮雨近荒邱，不堪重聽吴娘曲。（《兩浙輶軒續録》卷二十五，《續修四庫全書》影印清光緒十七年浙江書局

刻本）

智按：王啟曾，字寶所，嘉興（今屬浙江）人。著《南田詩草》。

顧文煒

《八老會讌集詩》

華讌開郊甸，賡揚述祖篇。綵觴娱壽耇，高會集羣仙。术馥調羹美，榴紅醖酒鮮。清襟珍稷纊，妙諦悟魚鳶。方叔推元老（謂舅氏方省吾先生），諸公結舊緣。五雲占紫炁，三善播朱紘。師範金如鑄，高名榻爲懸。知人由盛德，辟穀受真傳。數較商山倍，風追洛社先。粹容瞻肅穆，雅意洽周旋。饌進行廚味，茶烹益壽泉。修齡儕絳縣，遺迹記彭籛。高誼偕雲上，幽貞與石堅。情懷存長厚，福禄慶兼全。白首盟心素，青箱富眼前。健皆能卻杖，齋不願逃禪。鄉黨原尊齒，明堂亦引年。古懽追月旦，朗曜應星躔。醵飲猶稱禮，乾餱豈敢愆。清風餘澤在，軼事尚蟬聯。（《兩浙輶軒續録》卷三十八，《續修四庫全書》影印清光緒十七年浙江書局刻本）

智按：顧文煒，字赤雲，號蓮峯，山陰（今浙江紹興）歲貢。《兩浙輶軒續録》卷三十八引陶濬宣曰：「君祖省庵老人，諱瀠，居縣北安昌邨。嘉慶甲戌五月，集同里耆年八人爲八老會，凡五百八十五歲，省庵年八十四，齒最高，每會飲酒賦詩，遠近和之，傳爲佳話。有《八老酬唱詩》一卷。方品元詩曰：『會如祁國多三老，壽較香山長一齡。』白香山《九老會詩》『九人五百八十四』也，其卒也，壽逾九十者半。閱數十年，有後八老會，常讌集於洛思山蘇公祠。省庵有玄孫十四人，來孫二人，兩旌五世同堂，君爲省庵長孫，幼從莫寶齋、王南陔兩先生游，詩亦雅絜。」

高炳煦

《論詩絶句五首》（其三）

詩工求到正宗難，氣味融和雅頌間。爲有性情埋不得，一編私奉白香山。

（褚爽齋維塏）（《兩浙輶軒續録》卷四十二，《續修四庫全書》影印清光緒十七年浙江書局刻本）

智按：高炳煦，字子霞，餘杭（今浙江杭州）諸生。著《紫桐花館詩鈔》。《兩浙輶軒續録》卷四十二引宋祖駿序畧：「子霞櫜筆山左，目擊時艱，壹皆發之於詩，身後泰州宫本昂爲梓行。」宋祖駿，字偉度，同治間長洲（今江蘇蘇州）人，官開封知府。有《補學廬詩初稿》、《周易卦變圖說》、《補五代史藝文志》、《宋慶元黨籍姓名考》等。宫本昂（一八二一～一八七四），字子行，泰州（今屬江蘇）人。

史錦標

《燕子樓曲依長慶體》

費盡黄金買傾國，黄金買色難買德。黄金易散人易死，美人貴德不貴色。同心瀏鶒羡雙飛，轉眼鴛鴦悲拆翼。吕梁廻抱古徐州，平控州城有畫樓。楊柳繞窗花繞壁，珍珠爲幕玉爲鉤。南陽僕射開雄鎮，北里佳人住上頭。東南軍政方煩苦，那有心情役歌舞。練兵草牘得餘閒，紗帽隱囊資退處。帷幄同参抵幕賓，文章能解眞才女。可憐夢醒烏夜啼，竟使樓荒燕無主。山斗崇勳著汗青，敢輕殉死玷清名。練裳椎髻辭蘭麝，弔影十年樓不下。贈到香山太傅詩，挑紅撥緑有微辭。小桃已薄春風命，枯竹還遭夜雨疑。怨鬱難伸惟絕粒，女貞柯上霜華澀。消將眉黛月三分，瘦到腰圍裙幾褶。飄魂黯黯下泉臺，故主重逢定嗚咽。桓山秋色入清淮，寶鏡長隨劒履埋。樹杪危牆雲夢郭，雁邊斜日大風臺。兹樓一様留遺迹，十二闌干天半碧。玳梁剝落舊香泥，飛燕年年如過客。（《兩浙輶軒續録》卷四十八，《續修四庫全書》影印清光緒十七年浙江書局刻本，第一六八七册，第五七頁）

智按：史錦標，字蘭甫，號嬾仙，象山（今屬浙江）諸生。同郡徐柳泉高弟。工詩善畫，能花卉。有《紫荊花館詩存》。

陳景初

《思白堂》

太傅風流甚，蘇城五馬遊。時將長慶體，分唱小橋頭。江上青衫濕，湖西翠黛愁。至今香火社，遺愛此間留。（《兩浙輶軒續録》補遺卷三，《續修四庫全書》影印清光緒十七年浙江書局刻本）

智按：陳景初，字二梅，山陰（今浙江紹興）諸生。官四川南部知縣。著《湖海交游館詩集》四卷（清嘉慶刻本）。《兩浙輶軒續録》補遺卷三引陶濬宣曰：「君少有豪氣，喜交游，與王笠舫……尤契，唱和無虚日，後客升上從洪稚存先生游學益進，吳會知名之士把臂爭交君。喜談經濟，常謂丈夫生世，大小當有以自見，遂棄舉業，謁選得官。初莅南部，卓然有政聲，奉外諱歸，以憂卒。詩長於七言歌行、七律，縱筆揮霍如其人，而婉至達情，亦復淵然足諷。」孫錤《書後長句》云：「湖海交游馆詩集不盡可傳，逮至西藏，五字大進。」（何金堂撰《何竹有詩集》卷首，《叢書集成續編》第一七九册影印古棠書屋本，第五七四頁）

徐曉亭

《麈談筆存》

香山之失比于佞，溫李之失流爲淫，然香山詩有一種真率處，令人越咀越有味，有一種生新處，令人愈看愈有致，不得概以爲佞而棄之也。若溫李則去其華縟之篇，餘皆成淺薄而不足觀矣。

近人選詩，有置香山取溫李者，以爲香山輕溫李重耳。殊不知香山真，溫李假；香山高，溫李下。未分涇渭，而漫別去取，得乎？（《麈談筆存·論詩》，上海圖書館藏清人雜抄殘本）

智按：徐曉亭，有《麈談筆存》，北京大學圖書館藏清抄本，上海圖書館藏清人雜鈔殘本。

佚名

《韓詩》

⊙夸毗

《大雅·板》之篇曰：「天之方懠，無為夸毗。威儀卒迷，善人載尸。」朱子《集傳》：「懠，怒。夸，大。毗，附也。小人之於人，不以大言夸之，則以諛言毗之也。尸則不言不為、飲食而已者也。戒小人毋得夸毗，使威儀迷亂，而善人不得有所為也。」謹案：「大附』之言不辭，必增入大言、諛言而後成語，恐非其義。夸毗，古語，當從古訓以釋之。《爾雅·釋訓》：「夸毗，體柔也。」《後漢書·崔駰傳》注：「夸毗，謂佞人足恭，善為進退。」其説是也。人受天地之中以生，是以有動作威儀之則以定命也，故曰：「柔嘉維則。」若柔媚成風，朝多遝遝之流，士保容容之福，雖有善人，亦浮沉於其間，而無以自見，故繼之曰：「威儀卒迷，善人載尸。」其義精矣。顧寧人引夏侯湛《抵疑》、《白氏長慶集》策、《宋史·羅點傳》諸文以發明之，懇切詳盡，真有關世教之言，非徒訓詁詞義而已，學者所當詳玩。又案：孔子以友善柔為損，友善柔即夸毗之義。史載傅咸受父杖曰：「具曉所言大旨，教咸諂也。」白樂天作《胡旋女詩》曰：「天寶季年時欲變，臣妾人人學圓轉。」「圓轉」二字形容體柔，絕妙。又楊升庵《丹鉛總録》有一條云：「《漢書·虞詡》疏：『公卿巽懦，容頭過身。』蓋以貓犬喻之。凡貓犬鑽穴，頭可容，身即過矣。」言雖切中，未免太虐。然善柔之人，其弊必至於此。因循惰窳亂賊，身在上者知其害於政而屏斥之，為士者知其損於德而疏遠之，則庶績熙而人品立矣。（清王士濂輯《鶴壽堂叢書》本；臺灣新文豐出版公司《叢書集成續編》本，第一一〇册，第一一一頁）

佚名

《琵琶行》（子弟書）

⊙詩篇

江上停舟夜宴開，淒淒秋色總堪哀。千林楓葉漫山野，幾處蘆花傍釣臺。

愁裡逢愁偏有淚，客中送客更傷懷。莫言寂寞無絃管，一曲琵琶帶月來。

⊙頭回

學士文名著鳳臺，唐朝誰似樂天才？
酒腸自許青蓮比，詩句人將杜甫猜。
驚人的筆下千言富，博古的胸中萬卷該。
可愛他科甲飛騰聲價貴，就只是官場蹭蹬命途乖。
都因為恃才傲物常招妬，偏與那當道的權臣素不諧。
不容他翰苑清華居內府，不容他朝班榮耀近金階。
貶在那江州僻地為司馬，最可憐冷署閑曹受掩埋。
這樂天瀟灑的胸襟無掛累，他把那功名富貴比塵埃。
逕辭帝里登程去，遠向湓城取路來。
到江州種柳栽花尋樂事，吟風弄月遣愁懷。
有一時訪山問水臨平野，有一時酌酒烹茶卧小齋。
畢竟那旅況蕭條無意緒，宦途冷落自悲哀。
親朋阻斷音書斷，不覓得酒膽詩腸日漸衰。
恨漫漫翹首長安何日返，嘆孤臣天涯欲起望鄉臺。
這日元稹經過此，要往那長安赴考比英才。
路過江州忙造訪，白樂天他鄉幸遇故知來。
他二人數載同窗情意蜜，當此時相逢一旦笑顏開。
盤桓累日將辭去，又不覓彼此淚盈腮。
白司馬要往潯陽踐行客，喚從人把餚饌杯盤在舟內排。
看看紅日沉西落，二人并馬出城來。
正逢著潯陽江上三秋暮，更覓得景物蕭條實可哀。
但只見瑟瑟金風搖桂樹，零零玉露點蒼苔。
飄飄紅葉漫山落，綻綻荻花近水開。
渺渺長途行客少，淒淒野渡小舟排。
紛紛樵子歸村舍，處處漁翁下釣臺。
片片孤帆天際没（一作波），垂垂楊柳岸傍栽。
啾啾曠野寒蛩鬧，嚦嚦長空旅雁哀。

對對舟人抛夜纜，微微漁火照荒崖。

滔滔碧浪千層捲，浩浩洪波萬頃來。

一路上主賓並馬同觀玩，由不得對景傷心口打嗐。

到舟中，佳餚豐盛杯盤設，只無奈醉不成歡兩意哀。

猛然月上東山頂，照的那天水相連一片白。

碧澄澄桂魄輝煌同玉宇，明亮亮波光蕩漾似瑶臺。

雖有這月色江聲仝賞玩，到底是離情別緒兩徘徊。

那得個歌童舞女將杯勸，更無有急管繁絃把悶排。

眼看著江水茫茫含夜月，霎時離散兩分開。

正在那淒涼愁苦處，猛聽得一片聲音水面來。

却原來有人江上把琵琶弄，一陣陣悠揚婉轉帶悲哀。

細聽去疾徐的節奏聲聲兒準，高下的宮商字字兒諧。

好一似内府的笙歌傳紫禁，好一似半空的仙樂下瑶臺。

樂天說：此地何能有妙手？這人兒好叫我難猜。

莫不是高士臨江宣雅調？莫不是幽人對月遣愁懷？

莫不是他鄉的孤客把離情兒訴？莫不是昔日的梨園把舊曲兒排？

咱二人悶坐舟中無笑語，何妨借此一徘徊。

趁此江天明月夜，你把那程途遲緩少延挨。

快着人尋聲暗問何人氏，咱兩個殷勤拜訪禮應該。

似這等美景良辰休錯過，況遇着知音識趣是吾儕。

想古人高山流水成佳話，琴上談心實妙哉。

倘是斯文高雅客，倒得個天涯的知己兩情諧。

何不把船兒攏近邀相見，將這個妙手的高人請過來？

⊙詩篇

送客潯陽恨未平，孤舟怨女助悲聲。蕭疎細雨絃中起，平遠流泉指下生。兩岸荻花秋瑟瑟，一天涼月韻錚錚。浮梁人去何時返？水咽雲寒夜夜情。

⊙二回

江上何人撥弄聲，絲絲婉轉韻淒清。

餘音散入天邊月，雅調傳來水面風。

不多時，奉命的僕人尋問準，回報道：「琵琶聲在客船中。
原來是商人的妻小獨居守，他的那丈夫遠去未回程。」
白樂天本是個風流瀟灑客，更兼他自幼深將音律通。
今夜裡杯酒未曾消別恨，秋江無可贈良朋。
聽說是女客調絃彈夜月，越覺得席上生風大有情。
命舟人把船兒搖動來臨近，急忙添酒人（一作又）攜燈。
霎時間兩船並湊輕相攏，從人傳話往來通。
說明了來意相邀請，船窗外頻頻催促許多聲。
這佳人忽聽船外人呼喚，意兒中多少遲疑不勝情。
欲待要出坐船頭彈一曲，細思量禮上推敲略不通。
黑夜裡露面拋頭陪宴飲，且與這適來的主客昧平生。
又想道學成絕技空荒廢，為什麼埋沒淹煎過一生？
況且是本方的官長來呼喚，似我這過路的經商怎抗衡？
前思後想難推却，無奈何輕移蓮步出了艙中。
這席上元白打量船頭女，只見他梳妝雅淡體輕盈。
懨懨出立商船上，月兒下煙鬟霧鬓不分明。
年紀兒約在三旬外，只覺得丰韻猶存似妙齡。
樂天說：「今夜江頭辭遠客，順風兒遙聞雅調甚精工。
特來造訪煩一奏，我等席前洗耳聽。」
這佳人應承歸坐舒纖手，把琵琶遮面帶羞容。
此一時未成曲調低眉坐，似有胸中一段情。
只聽他調和高下把宮商定，慢慢的轉軸撥絃三兩聲。
鳳尾兒高翹懷抱月，冰絃兒揮動指生風。
起初時一曲霓裳來月殿，接連著六么羽調應金鐘。
柔媚處，美人悄語姣無力，悲壯處，烈士傷心訴不平。
細撚處，數顆銀豆在金盤滚，輕攏處，一串珍珠向玉碗傾。
有一時嘈嘈繁響敲彈重，有一時切切姣音拍案輕。
有一時細密連綿聲緊湊，有一時悠揚舒緩韻從容。
一點點飄來秋夜芭蕉雨，一陣陣吹起春郊楊柳風。

一絲絲幽咽灘頭流細水，一聲聲間關花底囀黃鶯。

絮叨叨畫棟呢喃鳴紫燕，冷淒淒空階斷續叫秋蟲。

蕩悠悠深山夜半松濤起，韻蕭蕭薄暮雲中孤鶴鳴。

猛然間按住冰絃聲暫止，只覔得別有幽情暗恨生。

妙趣兒包含無字處，心事兒多在不言中。

好比作細雨稀疎收落點，就猶如水泉冷澀欲凝冰。

此一時後腔未續前腔住，反覔無聲勝有聲。

满江中東船西舫无言語，两岸上静夜人人側耳聽。

水面上人人等待收場調，不知他末後的聲音怎續成。

忽聽得四絃掃動重新振，這一番激烈發皇迥不同。

好一似遙天鬱悶沉雷起，好一似曠野淋漓驟雨傾。

好一似澗水遠從山逕瀉，好一似潮聲乍自海門通。

好一似猛敲案上銀瓶破，好一似設觸壺中漿水崩。

好一似金鐵交加相戰鬬，好一似刀槍擊撞兩爭衡。

勝似那仙客吹簫和弄管，勝似那文人鼓瑟與彈箏。

勝似那定場的賀老翻新調，勝似那出塞的昭君訴苦情。

滿江中東船西舫無言語，兩岸上靜夜人人側耳聽。

曲成時抽撥急向當心劃，四弦齊作裂帛聲。

霎時間音沉響寂悠然止，靜悄悄惟有江心秋月明。

白樂天正然待問名和姓，那佳人整頓衣裳起斂容。

⊙詩篇

一段幽情欲話難，月光水色繞船寒。蛾眉憔悴妝臺冷，玉貌彫零舞袖殘。雲雨無情留遠客，笙歌有夢到長安。相逢忽憶當年事，獨對秋江淚暗彈。

⊙三回

一曲琵琶帶恨彈，追思往事更淒然。

半生甘苦憑誰訴？滿目荒涼只自憐。

今宵幸遇知音客，要把那舊事新愁講一番。

這佳人沉吟放撥平身立，斂衽深深禮數謙。

訴說道：「妾身本是京城女，蝦蟆陵下住多年。

雙親早喪無依靠，流落在煙花苦萬千。

把虔婆認作親生母，小名兒喚作李娟娟。

成日間修眉理髮調脂粉，習舞教歌弄管弦。

勤苦的工夫千日整，曾記得琵琶學就正十三。

那時節彈成樂部無雙手，占斷青樓第一班。

雖然是脂粉生涯為下賤，却倒也繁華景況甚安全。

朝朝寒食風光美，夜夜元宵月影圓。

指法兒善才的妙手堪為比，容貌兒美色的秋娘不讓先。

歌一曲陽春白雪逢人賞，彈一調流水悲風滿座嘆。

門兒外公子王孫頻造訪，五陵裘馬日翩翩。

果然是千金買笑誇豪富，一曲纏頭數不完。

奴也曾與客尋花同玩月，攜琴泛水共登山。

奴也曾鈿頭銀篦敲歌碎，血色羅裙被酒沾。

興匆匆前會歡娱邀後會，恍惚惚今年喜笑復明年。

只顧了朝雲暮雨追歡賞，却把那秋月春風當等閒。

又誰知花容月貌看看改，緑鬢硃唇漸漸殘。

枕畔淒涼虛夜月，門前冷落少雕鞍。

朝來暮去風光舊，一旦的樂極悲生頃刻間。

從那年阿姨染病身辭世，兄弟從軍去不還。

眼見孤身無倚靠，那是我葉老歸秋養命源。

想一個地天長久終身計，圖一個魚水和諧半世安。

無心中從良嫁作商人婦，誤把那惡姻緣作好姻緣。

那裡是憐香惜玉風流客？那裡是倚翠偎紅的美少年？

你和他講甚麼琴棋與書畫？你和他說甚麼離合與悲歡？

只解生涯營厚利，惟知貿易掙多錢。

數月前買茶遠去浮梁縣，到如今魚雁不通信杳然。

撇得我凄凄楚楚臨江口，冷冷清清住水邊。

寄行人欲將書信記（一作寄）飛燕，問歸期當把金釵當卜錢。

終日江頭勞望眼，不知錯認幾人船。

夜來時夢中還是當年景，杯酒笙歌笑語喧。
醒來依舊孤舟裡，不由得感舊傷今雨淚漣。
想當初學士文人相伴守，到而今庸夫俗子兩糾纏。
想當初春風夜月樓臺煖，到而今秋月長江枕簟寒。
想當初翠繞珠圍眠綉戶，到而今荊釵裙布守空船。
想當初著意風花同雪月，到而今留心柴米共油鹽。
奴好似美玉抛投濁水內，奴好似明珠埋沒亂泥間。
奴好似花逢春去難重放，奴好似月到弦虛不再圓。
奴好似風箏斷綫隨飄落，奴好似旅雁離群自往還。
奴好似團扇經秋遭廢棄，奴好似落紅著地任凋殘。
只落得舞衣疊摺空抛却，歌扇蒙塵久棄捐。
琵琶收起高懸掛，誰耐煩高歌艷唱理冰弦。
今夜裡閑倚船窗情脈脈，獨居江口恨漫漫。
對著這繞船明月波千頃，遣愁懷自取琵琶略一彈。
不指望聲音散在秋江上，夜深啓動降尊官。
可愧我指法兒生疎荒廢久，不成曲調望包涵。」

⊙詩篇

落葉空江秋色深，琵琶收曲散清音。停舟細訪當年事，對月還傷此夜心。夢裡家鄉魚雁杳，鏡中鬚鬢雪霜侵。無端觸動羈人怨，淚染青衫玉漏沉。

⊙四回

月夜秋江領妙音，更聽此語欲銷魂。
當年盛事今何在？舊日風光不可尋。
嘆人生夢裡榮華同夜月，眼前聚會比秋雲。
正是愁人莫向愁人訴，說起愁來愁更深。
樂天遭貶方憂悶，霎時間勾起傷時感舊心。
細聽他紅顏彈命為商婦，只愁我白首無成作廢人。
因說道：「方纔水面聽高調，手法兒精純傳授真。
此曲定應都下有，潯陽能得幾回聞？
在長安，久仰芳名心羨慕，就只是未曾會晤聆姣音。

俗言道：有緣千里來相會，今夜裡美景良宵一賞心。
我從去歲遷司馬，悶懨懨病卧窮居冷水濱。
湓城地勢居窪下，成日間水氣濕潮人怎禁？
只見些幽暗松林稠密密，參差竹葉亂紛紛。
只見些曠野折蘆和敗葦，長空慘霧共愁雲。
縱有花朝同月夜，孤另另形影相憐酒自斟。
那裡有歌唱吹彈邀盛會？那裡管笙簫絃管勸芳樽？
你道我終朝悶坐聽何物？耳邊廂悲慘荒涼鬧死人。
樹兒中聲聲杜宇傷春暮，山兒裡慘慘啼猿醒夢魂。
葉兒上冷冷清清淋細雨，牆兒外淒淒切切搗寒砧。
階兒下唧唧秋蛩偏鬧後，雲兒邊哀哀旅雁自呼群。
門兒前村歌咽啞難為曲，路兒傍野調粗疏不可聞。
一年來閉戶閒居強忍耐，思量躲避又無門。
今宵得聽琵琶手，令人耳畔乍回春。
更煩再坐彈一曲，我把你指法的精深寫入文。
詠一篇長歌疊句的琵琶譜，作一個佳話流傳與後人。」
娟娘久立聽吩咐，心中暗謝感知音。
正自愁煩無處洩，要在這琵琶弦上訴悲心。
那一邊船頭再把冰弦理，這一邊席上重將玉液斟。
佳人時下更新調，勾挑分披玉指掄。
這一番絃中訴盡心中苦，不比那前番爽朗韻溫存。
一聲聲變成哀怨淒涼調，一陣陣翻作悲傷鬱悶音。
一字字紅愁綠慘風流根，一絲絲月暗花殘憔悴神。
只彈得兩岸居人驚好夢，只彈得滿船孤客起歸心。
只彈得遊魚起聽浮江水，只彈得宿鳥驚棲出樹林。
只彈得拂拂悲風來水面，只彈得微微細浪湧江濱。
只彈得孤猿慘慘號山穴，只彈得怨鬼啾啾哭墓門。
滿船中舟子僕人俱暗歎，元微之席中杯酒懶沾唇。
獨有這江州司馬偏多感，更覔得同病相憐苦萬分。

可歎他絕技佳人悲冷落，可歎我高才文士守清貧。

可歎他朱唇緑鬓難回首，可歎我黄卷青燈枉用心。

可歎他紅粉凋零隨旅客，可歎我青雲淹沒老江濱。

可歎他玉顏美麗虚同夢，可歎我金榜榮華化做塵。

後想前思悲切切，長吁短歎淚津津。

寸心中傷感紅顏悲自己，把一件著體的青衫滿淚痕。

眼看著星移斗轉銀河掉，月淡雲疎玉漏沉。

霎時間元稹作別揚帆去，白樂天回轉官衙月影沉。

仿佛餘音還在耳，思景輾轉暗傷神。

從此後感念窮途悲廢棄，懷歸望遠淚沾巾。

終日裡悶掩書齋消永晝，到晚來孤眠冷榻度黄昏。

卻緣何琵琶聽後添惆悵，只因為同是天涯淪落人！（黄仕忠、李芳、關瑾華編《子弟書全集》，社會科學文獻出版社，二〇一二年十二月版，第三卷，第一二七八～一二九〇頁）

智按：參見首都圖書館編《清蒙古車王府藏曲本》，北京古籍出版社，一九九一年影印版，第五十二册，第二二六～二三八頁；劉烈茂、郭精鋭等編校《清蒙古車王府鈔藏曲本・子弟書集》，江蘇古籍出版社，一九八三年版，第四六二～四七〇頁；北京市民族古籍整理出版規劃小組輯校《清蒙古車王府藏子弟書》，國際文化出版公司，一九九四年版，第八五八～八六五頁。

無名氏子弟書《琵琶行》，别題《琵琶記》，全四回。頭回懷來轍，二回中東轍，三回言前轍，四回人辰轍。每回五十四韻。有清蒙古車王府藏清抄本（今藏北大圖書館，二十八葉）；同樂堂抄本（中國國家圖書館藏）；清抄本（鄭振鐸舊藏，今藏中國國家圖書館）；舊抄本（傅惜華《子弟書總目》謂馬彥祥藏，古典文學出版社，一九五七年版，第一二二頁）。樂善堂《子弟大鼓書目録》：「子弟書四回起。一吊二。琵琶行。」民初輯本《子弟書目録》列入「古詩子弟書目録」。首都圖書館藏金臺三畏氏編《緑棠吟館子弟書百種總目》卷五著録。道光間《春臺班戲目》有《琵琶記》劇目。清鶴侶《集錦書目子弟書》（清車王府舊藏本引録）第四十句：「沉香亭去聽盲女琵琶行。」

白居易資料新編

第十冊

陳才智 編著

中国社会科学出版社

目　　錄

近代卷

陳康祺（一八四〇～一八九〇）

《郎潛紀聞初筆·二筆·三筆》

⊙朝鮮重翁覃溪詩

鶴汀相國賽尚阿，道光朝嘗出使朝鮮，攜彼國申緯詩翰一册（按：申緯，字紫霞），歸示朝士。筆墨嫻雅，稱覃溪先生曰翁文達公，蓋東人私謚也。昔雞林賈舶購白香山詩，此事尤為雋雅。（二筆卷三，晉石點校《郎潛紀聞初筆 二筆 三筆》，第三七二頁）

⊙金冬心傔從各擅一藝

冬心徵士，以書畫遨嬉名勝四十餘年，所攜傔從，亦各擅一藝。甬東朱龍善琢硯，新安張喜子界烏絲闌，會稽鄭小邑兒工鈔書，吳趨莊閏郎操縵能理琴曲，涇陽蔡春解歌元白新樂府。自徵士癖好畫竹，長幅矮卷，日竟十數。蘭陵陳彭，亦學畫竹，竟可亂真。庸保廝養，乃有如許雅材，徵士之識趣可想。（二筆卷十，晉石點校《郎潛紀聞初筆 二筆 三筆》，第四九九頁）

⊙呂陳欽佩張石州之學行

旌德呂文節公嘗云：「為文不經石州訶斥訂正，未可示人。」又言：「石州孶經似賈長頭，考史似劉子玄，譚地理似酈善長、王伯厚，論治體似陸敬輿、白居易，行誼卓絕、文詞瑰偉則又似蕭穎士、徐仲車。」晉江陳給事慶鏞，直聲震天下，獨俯首石州，曰：「令斯人著獬豸冠，樹立過吾輩遠甚。」石州即前卷所紀平定張先生也。（二筆卷十四，晉石點校《郎潛紀聞初筆 二筆 三筆》，第五八八～五八九頁）

智按：陳康祺，字均堂，鄞縣（今浙江寧波）人，陳鑒之長子。同治十年（一八七一）進士，累官刑部員外郎。後任江蘇昭文知縣。辭官後家居蘇州，有別墅「洊園」，藏書頗豐。師法錢大昕、俞正燮。博學多識，尤熟悉清代掌故。有《郎潛紀聞》。

愛新覺羅・寶廷（一八四〇～一八九一）

《擬白香山不如來飲酒》

休説登科好，虚名誤到今。廿年醒幻夢，一舉忘初心。見餌魚難返，開籠鳥莫尋。不如來飲酒，醉卧且長吟。

休説宦場好，荒唐劇可嗤。才疏臨事忘，恩重罷官知。風逆川偏濟，雲低霖妄爲。不如來飲酒，閉户學聾癡。

休説衡文好，誰稱真試官。搜羅神枉費，辨別力空殫。取士得名易，問心無愧難。不如來飲酒，爭長向詩壇。

休説星使好，奔波勞遠行。山川空過眼，風月盡無情。張網原求利，乘槎枉得名。不如來飲酒，遊覽任縱横。（《偶齋詩草》内次集卷十，《續修四庫全書》影印清光緒二十一年方家澍刻本）

智按：愛新覺羅・寶廷，初名寶賢，字少溪，號竹坡，後改為字仲獻，號難齋，晚年自號偶齋，又號「奇奇子」。隸屬滿洲鑲藍旗，清初鄭獻親王濟爾哈朗八世孫。同治三年（一八六四）中舉，同治七年中進士，授翰林院庶吉士，後歷官翰林編修、翰林侍講、翰林侍讀、浙江鄉試副考官、福建鄉試正考官、正黄旗蒙古副都統、國子監司業、文淵閣直閣事、禮部侍郎等職。光緒八年（一八八二）主持福建鄉試，得林紓、鄭孝胥、陳衍等才俊，歸途抵達清江浦，感到朝政無可救藥，遂借納妾汙名而自上奏疏檢討辭官。光緒九年正月正式罷官，晚年居北京西山。《近代詩鈔》稱其「詩天才豪宕，以曲達爲主。……五言近體時近右丞、嘉州，餘則香山、放翁、誠齋。」參見張德華《寶廷詩歌研究》，蘇州大學碩士論文，二〇〇九年五月。

張預（一八四〇～一九一〇）

《重建白蘇二公祠》

吴儂住近錢唐湖，湖邊策馬長唏吁。十年不歸偏荒蕪，蕭然誰覓湖山圖。湖山祠宇昔勝區，祀兩太守白與蘇。當年一麾來剖符，前唐後宋相追摹。雙隄如虹井不枯，至今謳頌無時無。乃庀堂廡祏栗扶，危樓聳峙山之孤。秋蘋春藻俎豆腴，或分山課輸湖租。永懷遺政酬涵濡，報以社祭情非諛。嗟哉寇餤驅狂狐，照天焰火來斯須。飛灰一炬城西隅，可憐瓦礫巢鼪鼯。中□汲汲貔虎趨，朅來掃蕩搜萑苻。東南江海無塵汙，清清湖水明菰蒲。乃訪舊址循荒塗，謂食舊德不可渝。闢萊庀材召役夫，檢點堂室庖湢厨。丹漆煥發輝椳櫨，峨峨器宇規前模。兩公遺愛民所孚，此舉豈特游覽娱。所期四海銷戈殳，年年展祀沽清酤。送神樓上歌吳歈，浩然俯檻淩蓬壺。（《詁經精舍三集》辭賦卷二，《中國歷代書院志》，江蘇教育出版社，一九九五年版，第十五册第六一九頁）

智按：張預，字子虞，號虞庵、腹廬，室名崇蘭堂，錢塘（今浙江杭州）人。光緒九年（一八八三）癸未進士，選庶吉士，散館授編修，歷官松江知府、江蘇候補道、會試同考官、湖南學政。有《崇蘭堂詩存》。

沈文元

《重建白蘇二公祠》

葑隄濃緑湖波染，吏隱仙心渾不遠。提唱宗風宋繼唐，修明祀事秦勤阮。湖山俎豆已年年，風馬雲車總宛然。紅袖青旂思嗜好，銅琶鐵板想詩篇。無端小劫紅羊遇，荆榛塞斷孤山路。碧瓦朱甍盡渺然，夕陽荒草驕狐兔。楚北雄師復鳳城，游人重喜見昇平。珠簾畫棟新祠宇，白傅蘇仙共兩楹。遺愛千秋今宛在，名香一瓣行人拜。香山詩集接眉山，江山故國增文采。（《兩浙輶軒續録》卷四十五，《續修四庫全書》影印清光緒十七年浙江書局刻本；《詁經精舍三集》辭賦卷二，《中國歷代書院志》，江蘇教育出版社，一九九五年版，第十五册第六二〇頁）

智按：沈文元，字鷺洲，錢塘諸生。

朱庭珍（一八四一～一九〇三）

《論詩》（四十九首之三十一）

悱惻纏綿見至情，誰將芝麓許齊名？西崑詞藻香山體，竊恐梅村誤後生。（《穆清堂詩鈔》卷上，《清代詩文集彙編》影印清光緒十三年石屏朱氏刻本，第七四六册，第五八三頁；《萬首論詩絕句》第三册，第一〇四八頁）

《筱園詩話》

蓋一代之詩，有盛必有衰。其始也，由衰而返乎盛，盛極而衰即伏其中，於是能者又出奇以求其盛，而變之上者則中興，變之下者則愈降。古人所謂「若無新變，不能代雄」是也。迨新者既舊，則舊者又復見新，新舊遞更，日即於變，大抵先後乘除之間，或補其偏，或救其弊，恒視其衰而反之，此詩道所以屢變，亦有不得不然者矣。兩漢厚重古淡之風，至建安而漸漓，至晉氏潘陸輩，而古風盡矣。故陶、謝諸公出而一變，淵明以古淡自然為宗，康樂以厚重獨造制勝，明遠以俊逸生動求新，而詩復盛。宋齊以後，綺麗則無風骨，雕刻則乏氣韻，工選句而不解謀篇，淺薄極矣。沿至唐初，積習未革，至盛唐而射洪、曲江力起其衰，復歸於古，太白、子美同時並駕中原，太白為神中仙，子美為詩中聖，屹然兩大，狎主齊盟，而王孟高岑，東川、左司諸家，並極一時之選，羽翼風雅，盛矣哉，其詩之中天乎！大曆以降，風調漸佳，氣格漸損，故昌谷以雄奇勝，元白以平易勝，溫李以博麗勝，郊島以幽峭勝，雖品格不一，皆能自成局面，亦皆力求其變者也。即張王皮陸之屬，非無意翻新變故者，特成就狹小耳。（卷一，《清詩話續編》第二三二八～二三二九頁）

嚴滄浪云：「學詩入門須正，立志須高。若入門一誤，即有下劣詩魔中之，不可救矣。」古人謂「取法乎上，僅得其中」，亦言宗法之不可不正也。五古以神骨氣味為主，愈古淡則愈高渾，火色俱純，金丹始就，故不可染盛唐以後習徑，戒其雜也。七古以才氣筆力為主，愈變化則愈神明，樓閣彈指，即現虚空，故不妨兼唐、宋諸家衆長，示其大也。蓋五古須法漢、魏及阮步兵、陶淵明、謝康樂、鮑明遠、李、杜諸公，而參乙太沖、宣城及王、孟、韋、柳四家，則高古清遠，雄厚沈鬱，均造其極，正變備於是矣。七古以杜、韓、蘇三公為法，而參乙太白、達夫、嘉州、東川、長吉，及宋之六一、半山、山谷、劍南，金之遺山，明之青丘，皆有可采。揮灑凝練，整齊變化，備於以上各家，善取兼師，集眾妙以自成一家可也。五律以杜為法，參乙太白、襄陽、右丞、嘉州，已備其旨。七律以工部、右丞、義山為法，參以東川、嘉州、中山、牧之，須求高壯雄厚，不涉空腔，乃是方家正宗。中晚風調，放翁秀句，不宜貪學，恐易於諧俗，轉難近古故也。惟拗體、吳體，宗杜須兼山谷，取其生造，於高老中，時出瘦勁，以助姿峭。五排專宗老杜，參以義山，此外無可津涉。絕句則中、盛、晚唐及宋人皆可兼學，但須以情韻為歸宿耳。總之近體易於入時，不可涉平調，為靡靡之音。明七子浮聲空響，西江派、南宋人搓材枯搞、生硬粗率惡習，及元白派之淺直頹唐句法，皆宜懸為厲禁，不可偶墮其藩籬。一切近代膚廓語，小有風致語，及詩話中聰明語，尖媚諧謔語，並宜洗滌淨盡。如此則趨向正大，造詣精近，不患不成家數矣。（卷一，《清詩話續編》第二三三四～二三三五頁）

（紀文達公）又曰：「香山、微之詩，亦微有不同處。其佳在眞切近情，其病亦即在此。二人皆傷於俚直，而香山尤好敷衍，其弊為太盡太滑，太庸太率，不止輕俗頹唐也。初學效之，非淺滑即粗鄙矣。若根柢既深之後，能別白其鄙俚淺率，而獨取其眞樸天然之處，則亦不無取益。」（卷一，《清詩話續編》第二三四八頁）

凡轉韻七古，不戒律句，高、岑、王、李、元、白之七古協律者，轉韻詩也。（卷二，《清詩話續編》第二三五三頁）

吳梅村祭酒詩，入手不過一豔才耳。迨國變後諸作，纏綿悱惻，淒麗蒼涼，可歌可泣，哀感頑豔。以身際滄桑陵谷之變，其題多紀時事，關係興亡。……七古最有名於世，大半以《琵琶》、《長恨》之體裁，兼溫、李之詞藻風韻，故述詞比事，濃豔哀婉，沁入肝脾。如《永和宮詞》、《圓圓曲》諸篇，雖情文兼至，姿態橫生，未免肉多於骨，詞勝於意，少沉鬱頓挫、魚龍變化之巨觀。（卷二，《清詩話續編》第二三五五頁）

……雲松（趙翼）《（甌北）詩話》舉梅村、初白以足十家，繼唐、宋、元、明諸大家之後，若統緒相傳，昭代只此二家，足為正宗者然，宜稚存

（洪亮吉）非之，而人多議其阿好溢美，實無當於公論也。（十家者，太白、工部、昌黎、香山、東坡、放翁及金之元遺山、明之高青丘，國初則吳、查二人也。）……（卷二，《清詩話續編》第二三五九頁）

前明一代詩家，以高青丘為第一，自元遺山後，無及青丘者，不止一變元風，為明詩冠冕已也。前後七子之徒，及青丘同時之楊孟載、袁景文、徐、張諸人，視青丘豈止上下牀之分耶！青丘才力、天分、工候，皆極其至，所為詩，自漢、魏、六朝及李、杜、高、岑、王、孟、元、白、溫、李、張、王、昌黎、東坡，無所不學，無所不似，妙筆仙心，幾於超凡入聖矣。惜不及四十枉死，未及融會貫通，聚衆長以別鑄真我，造於大成，亦可哀也。（卷二，《清詩話續編》第二三五九頁）

……袁既以淫女狡童之性靈為宗，專法香山、誠齋之病，誤以鄙俚淺滑為自然，尖酸佻巧為聰明，諧謔游戲為風趣，粗惡頹放為雄豪，輕薄卑靡為天真，淫穢浪蕩為豔情，倡魔道妖言以潰詩教之防。一盲作俑，萬瞽從風，紛紛逐臭之夫，如雲繼起，因其詩不講格律，不貴學問，空疏易於效顰。其詩話又強詞奪理，小有語趣，無稽臆説，便於藉口；眼前瑣事，口角戲言，拈來即是詩句。稍有聰慧之人，挾彼一編，奉為導師，旬月之間，便成詩人。鈍根人多用兩月功夫，亦無不可，於彼教自雄，誠為捷徑矣。不比正宗專門，須有根柢學力，又須講求理法才氣，屢年難造成功，用力之久且勤也。是以謬種蔓延不已，流毒天下，至今為梗。……（卷二，《清詩話續編》第二三六六頁）

古今大家，至曹子建始。漢代去古未遠，尚無以詩名家之學，如《十九首》不著作者姓氏，蘇李詩乃情不容已，各抒心所蘊結之意，非欲以立言見長，自炫文彩，其獨絕千古處，正在稱情而言，略無雕琢粉飾，自然渾成深厚耳。兩漢之詩，不可以家數論也。自建安作者，始有以詩傳世之志，觀子桓兄弟之文可見。嗣後歷代詩家，莫不欲以詩鳴，為不朽計矣。古今合計，惟陳思王、阮步兵、陶淵明、謝康樂、李太白、杜工部、韓昌黎、蘇東坡可為今古大家，不止冠一代一時。若左太沖、郭景純、鮑明遠、謝宣城、王右丞、韋蘇州、李義山、岑嘉州、黄山谷、歐陽文忠、王半山、陸放翁、元遺山，則次於大家，可謂名大家。如王仲宣、張景陽、陸士衡、顔延之、沈隱侯、江文通、庾子山、陳伯玉、張曲江、孟襄陽、高達夫、李東川、常盱眙、儲太祝、王龍標、柳柳州、劉中山、白香山、杜牧之、劉文房、李長吉、溫飛卿、陳後山、張宛丘、晁沖之、陳簡齋等，雖成就家數各異，然皆名家也。惟名家之中，又有正副，合分為二等論次之耳。如郊、島、張、王，則郊猶可附列名家，島則小家，張、王亦是小家。又如劉禎、張華、潘岳等，雖魏、晉時人，亦是小家。即初唐四子及沈、宋二家，並中晚之郎士元、錢起、元微之、李庶子、鄭都官、羅江東、馬戴，及宋之秦淮海、梅聖俞、蘇子美、范石湖等，皆小家也。而小家亦有上中下之分焉。其餘旁支別流，不一而足，不可以家數論，只可統名曰詩人而已。（卷二，《清詩話續編》第二三七一頁）

五言長篇，始于樂府《孔雀東南飛》一章，而蔡文姬《悲憤詩》繼之。唐代則工部之《北征》、《奉先咏懷》二篇，玉溪《行次西郊》一篇，足以抗衡。退之《南山》稍次一格，然古香古色，并峙詞壇，皆文章家冠冕也。香山《悟真寺》詩多至百三十韵，在集中亦是巨制，然雅秀清圓，而乏渾厚高古之詣，用筆用法又鮮變化，所以不能與杜、韓、李諸詩并立。……（卷三，《清詩話續編》第二三八三頁）

吳梅村詩，善於敍事，尤善言閨房兒女之情；熟於運典，尤熟於漢、晉、南北史諸書。身際鼎革，所見聞者，大半關係興衰之故，遂挾全力，擇有關存亡，可資觀感之事，制題數十，賴以不朽。此詩人取巧處也。其詩雖纏綿悱惻，可泣可歌，然不過《琵琶》、《長恨》一格，多加藻采耳。數見不鮮，惜其僅此一枝筆，未能變化；又惜其雕金鏤玉，縱盡態極妍，殊少古意，亦欠自然。倘不身際滄桑，不過冬郎《香奩》之嗣音，曷能獨步一時。（卷三，《清詩話續編》第二三八九頁）

自來得名之句，有卓然可傳者，有不佳而倖成名者。名篇亦然。蓋非諧俗，不能風行一時，人人傳誦，所以不足為據。若夫卓然可傳之作，當日得名，必其時風雅極盛，能詩者在朝在野，皆多有之；又值有真知詩而名位俱隆者，激賞獎許所致。不然，傑作未易流傳，而所流布於時者，多無可取。古人所謂身後知己易，生前知己難，又謂作者難，知者不易，是也。如太白以《蜀道難》諸篇，受知於賀監，謂為謫仙人。孟襄陽以「八月湖水平」一詩得名。而劉中山《西塞山懷古》一律，白太傅心折不已，謂獨探驪珠，餘皆擱筆。王之涣「黄河遠上」、王昌齡「奉帚平明」、王右丞「渭城朝雨」三絕句，俱盛傳一時，熟於歌妓之口。此皆卓然可傳之篇，不愧享大名於古今者也。至香山《長恨》、《琵琶》二篇，亦一時風行，名滿天下，至妓人能誦《長恨歌》，即增身價，到今膾炙人口。「離離原上草」一律，香山以此見賞於顧况，因而得名。元微之《連昌宫詞》，流傳宫禁，呼為元才子，與《長恨歌》齊名。此雖不能如太白諸人之卓絕千古，然得名亦尚無忝，乃名作之稍次一籌者也。（卷四，《清詩話續編》第二三九六頁）

智按：朱庭珍，字小園，一作筱園、曉園，號詩隱，雲南石屏人。光緒十四年（一八八八）舉人，應進士試不第，為丁衡三幕僚，參修通志，主講經正精舍，提倡新學，開滇中風氣之先。工詩駢散文，著有《穆清堂集》。輯刊滇中詩文，有《天船遺詩》、《雲峰剩稿》、《雲帆續集》。事迹見袁嘉穀《朱孝廉筱園墓誌銘》，《新纂雲南通志·文苑傳》有傳。據自序，詩話草于同治三年冬，甫脱稿即為人持去，轉相傳抄，遂失原本；七年據傳抄節録本增訂，光緒三年（一八七七）再增删定稿。

金武祥（一八四一～一九二五）

《粟香隨筆》

余姑母適繆氏，未嫁守貞，歸事余祖父母。癸亥年，祖母棄養，遂以痛母，卒于喪次，家君撰貞孝事略徵詩，汪芙生題七古，起四句云：「瑶箏弦折雌鸞孤，返哺還作南山烏。貞筠冷抱湘烟緑，卅載斑枯殉慈竹。」凝鍊工秀，在長吉、玉谿之間，陳耘菜用長慶體，其敘嗣子嗣孫皆殁，復議兼祧，中四句云：「回首前塵最愴神，零丁兩世未亡人。優曇花發原難久，常棣枝多或議分。」中幅提頓，情韻兼深，周積甫敘殉孝後四句云：「吾夫有後女事畢，吾親已亡女心絶。偷生忍死待今日，卅三年前心早決。」筆力堅卓，能道出貞孝心事。其餘佳篇甚多，不能備録。積甫名福昌，錢塘人，由部曹改官粤東縣令，其《留别都門諸君子》詩第二首云：「解囊分贈辦裝錢，排日爭開祖餞筵。饑迫未容成宦隱，醒狂應共憶詩顛。蕭條行李臨官道，烽火餘生感少年。

手版隨身蠅字細，英雄末路最堪憐。」又云：「閒雲出岫違初志，旅雁移巢戀故枝。風翻別調難成曲，花爲移根或早開。」皆跌宕自喜，詩如其人。（《粟香隨筆》卷三，《續修四庫全書》影印清光緒刻本）

白居易詩云：「兒家門户重重閉，春色緣何入得來。」葉靖逸詩云：「春色滿園關不住，一枝紅杏出牆來。」二意各極其妙。（《粟香隨筆》粟香二筆卷三，《續修四庫全書》影印清光緒刻本）

（陶文鼎）又有《替比卯》，詩序云：「比卯者，州縣官以事命役而限其期，逾期則杖，而再限之名曰比卯，役不勝杖，以錢倩人代受，曰替比卯。某明府宰大邑死後，其子不能自立，即於其縣而替比焉。余聞而悲之，仿香山《秦中吟》之意，賦此一篇，爲牧民者芻蕘之獻。」詩云：「縣門昨夜呼比卯，替杖有人圖一飽。公庭一杖杖幾錢，得錢之人方少年。少年意氣無窮已，借問少年胡若此。旁人欲語先長吁，是固當年貴公子。先人百里綰銀黄，遠道移家入縣堂。使君自詡眞能吏，愛子人誇小鳳凰。公子何所居？綺窗畫壁開精廬。公子何所食？何曾萬錢供一擲。公子何所衣？師蠻結帶生光輝。公子何所遊？秦箏趙瑟居倡樓。使君昔日刑人地，此日人刑公子替。可憐行杖白頭人，猶是當年案前隸。富貴功名有盡時，茫茫天道豈無知。寄言世上臨民者，莫忘南山小雅詩。」（《粟香隨筆》粟香二筆卷五，《續修四庫全書》影印清光緒刻本）

智按：陶文鼎（一八三五～一八七六），字卿田，會稽（今浙江紹興）人。有《有真意齋詩鈔》四卷。

乙亥九月，道出潯陽，訪琵琶亭遺址不得，遂遊甘棠湖。周約十餘里，中有墩圓如月，白香山作亭其上，後人因「別時茫茫江浸月」之句，以浸月名之，則猶《琵琶行》詩意也。宋時周元公長子重建，改名烟水亭，其湖名甘棠，則以南唐刺史李渤築堤而名，東坡詩「春酒一變甘棠湖」，即此地。余喚渡而往中流，容與導之，鷺鷗危碕兀然，翼以欄楯，此湖北濱大江，雉堞梵宫，參差隱現。其西則闤闠闠咽，樓臺倒影，歌管時聞。沿堤半栽楊柳，秋霜乍拂，旖旎欲黄。南望廬山，蒼翠撲人，則五老匡君，如在雲中招手。

查初白屢游此湖，有云：「一奩明鏡插芙蓉。」直可寫入圖畫。此亭據湖山之勝，恐當日琵琶亭，無此佳景也。亭有聯云：「恰好亭臺駐烟月，可無觴詠對湖山?」又云：「疎烟流水自千古，山色湖光共一樓。」亦能言其大概。（《粟香隨筆》粟香三筆卷六,《續修四庫全書》影印清光緒刻本）

⊙陳庚首墓磚

陸彦和學博言其祖自下浦遷居郡城，稱下浦陸氏。下浦尚有陳氏，亦繁衍。其遠祖唐陳庚首墓，巍然猶存，近出有磚。其文云：「皇唐歲次丁未，太和元年七月己丑六日甲子日亡，常州晉陵縣萬春鄉亭山里下浦村西五里青山彎，夫人薛氏戊申生，墓一所，東去山七十步，南去湖二百步，西去山一百步，北去山卅步。」庚首之壙磚，廣六寸，長一尺，正書。同治辛未，陽湖新塘鄉民刨土出之，爲彦和所得。西彎，其地土名，今猶稱青山彎。上有古冢，云下浦陳氏始祖常州太守庚首公暨夫人薛氏墓碑，係國朝道光間重立。按，陳氏譜始祖庚首，爲隋司徒杲仁裔孫，唐寶曆間任常州太守，葬於晉陵下浦村西，子孫遂家焉。自唐迄今，世守廬墓，譜牒未失，確爲可信。陳椒峯《府志職官表》，寶曆間有陳氏逸名，豈卽庚首歟?白居易有《酬常州陳郎中使君》詩，亦不知其名。《新書·宰相世系表》不著司徒一支，又陳氏宰相三人，叔達、希烈、夷行，而世系不見希烈，故知譌脱者不少也。《百官志》：唐天寶元年，改刺史爲太守。至德二載，復改爲刺史。是寶曆太和間，竝無太守名號。豈其子孫以刺史、太守爲通稱，遂沿習不改與?姑存疑以俟考。（《粟香隨筆》粟香五筆卷三,《續修四庫全書》影印清光緒刻本）

智按：金武祥，原名金則仁，字淮生，又字菽鄉，號粟香，江陰（今屬江蘇）人。早年遊幕，光緒五年（一八七九），捐班於廣東候補，光緒十六年（一八九〇），授赤溪直隸廳同知。後因丁憂歸，不復出。收集書畫古董甚多，研究甚力。於江陰地方文獻，收集整理尤勤。工詩文。「桂林山水甲天下」這一名句出自其《灕江遊草》。【一説出自宋代王正功（一一三三～一二〇三）七律《鹿鳴宴勸駕詩》第二首】有《芙蓉江上草堂詩稿》十二卷，《木蘭書屋詞》一卷，《粟香室文稿》四卷，《粟香隨筆》四十卷，《陶廬雜憶》七卷等。生平事迹，見其自編《粟香行年録》。

胡聘之（一八四一～一九一二）

《山右石刻叢編》

耆英會圖並詩石刻（共七石，均高一尺一寸，第一石廣二尺五寸，三十一行，行十五字；第二石廣一尺七寸，二十八行，行字不等；第三石廣四尺五寸，繪景元等十六像；第四石廣二尺八寸，五十二行；第五石廣三尺八寸，六十六行；第六石廣一尺七寸，二十七行；第七石廣二尺一寸，三十五行，行均十七字，正書。今在夏縣。）

⊙耆英會序

昔白樂天在洛，與高年者八人遊，時人慕之，圖傳於世。宋興，洛中諸公繼而為之者，再矣，皆圖形普明僧舍，樂天之故第也。元豐中，潞國文公留守西都，韓國當公致政在里第，皆自逸於洛者。潞公謂韓國公曰：「凡所為慕於樂天者，以其志趣高逸也，奚必文與地之襲焉?」一日，悉集士大夫老而賢者於韓公之第，置酒相樂，賓主凡十有二人。圖於妙覺僧舍，時人謂之洛陽耆英會。孔子曰：「好賢如緇衣，取其敝。」又改為樂善無厭也。二公寅亮，三朝爲國元老，入贊萬機，出綏四方，上則固社稷，尊宗廟，下則熙百工，和萬民為天子腹心股肱耳目，天下所取安，所取平，其勳業閎大顯融，豈樂天所能庶幾？然猶慕効樂天所為，汲汲如恐不及，豈非樂善無厭者與？又洛中舊俗，燕私相聚，尚齒不尚官，自樂天之會已然。是日復行之，斯乃風化之本，可頌也。宣徽王公方留守北都，聞之，以書請於潞公曰：「亦家洛，位與年不居數客之後，顧以官守，不得執巵酒在坐席，良以為恨。願寓名其間，幸無我遺。」其為諸公嘉羡如此。光未七十，用狄監、盧尹故事，亦預于會。潞公命光序其事，光不敢辭。時元豐五年正月壬辰，端明殿學士兼翰林侍讀學士太中大夫提舉崇福宮司馬光序。（以上第一石）

武寧軍節度使守司徒開府儀同三司致仕韓國公富弼彦國年七十九。

河東節度使守太尉開府儀同三司判河南府潞國公文彦博寬夫年七十七。

尚書司封郎中致仕席汝言君從年七十七。

朝議大夫致仕王尚恭安之年七十六。

太常少卿致仕趙丙南正年七十五。

秘書監致仕上柱國劉几伯壽年七十五。

衛州防禦使致仕馮行已（己）肅之年七十五。

太中大夫充天章閣待制提舉崇福宫楚建中正叔年七十三。

司農少卿致仕王慎言不疑年七十二。

宣徽南院使檢校太尉判大名府王拱辰君貺年七十一。

太中大夫提舉崇福宫張問昌言年七十。

龍圖閣直學士通議大夫提舉崇福宫張燾景元年七十。

端明殿學士兼翰林侍讀學士太中大夫提舉崇福宫司馬光君實年六十四。

⊙會約

序齒不序官。

為具務簡素。

朝夕食各不過五味，菜果脯醢之類，共不過二十器。

酒巡無算，深淺自斟，飲之必盡，主人不勸，客亦不辭。

逐巡無下酒時，作菜羹不禁。

召客共用一簡，客注可否於字下，不别作簡。

會日早赴，不待速。

右有違約者，每事罰一巨觥。（以上第二石）

景元、南正、肅之、昌言、伯壽、安之、君從、寬夫、君貺、君實、彦國、正叔、不疑。（像）

温公十八世孫露立。（以上第三石）

⊙耆英會詩

富弼

伏承留府太尉相公，就敝居為耆年之會。承命賦詩，謹録上呈，伏惟采覽。

西洛古帝都，衣冠走集地。豈謂名利埸，驟為耆德會。大尹吾舊相，曠懷輕富貴。日與退老遊，臺閣并省寺。予憖最衰老，亦許預其次。遂欲肖儀容，爛然形繪事。閩嶠訪精筆，蛟綃布絕藝。人復崇宴衎，聊以示慈惠。幽居近銅駝，荒弊仍湫底。塞路移君庖，盈車載春醴。獻酬互相趣，歡處不知止。商岭有四翁，晉林惟七子。較我集諸賢，盛衰何遠爾。並事實可矜，傳之為千祀。

弼竊覽長篇，有「十二人中第二人」之句，又賦一絶上呈。

顧我年齡雖第一，在公勳德自無雙。不惟行業終無敵，富貴康寧亦可降。

文彦博

九老舊賢形繪事，元豐今勝會昌春。垂肩素髪皆時彦，揮麈清談盡席珍。染翰不停詩思健，飛觴無筭酒行頻。蘭亭雅集誇脩禊，洛汭英游賞序賓。自愧空踈陪几杖，更容欵密奉簪紳。當筵尚齒尤多幸，十二人中第二人。

彦博伏覩公詩有「第一無雙」之句，輒成二十八字上呈。

洛下衣冠今最盛，當筵尚齒禮容優。惟公福壽俱勳悳，今是人間第一流。

彦博代簡上君貺宣猷

勿愛大名名，遂忘西洛樂。銅駝本自佳，金鳳亦不惡。二月三月春融融，千花萬華紅灼灼。公子早歸来，莫負花前約。同賞状元紅，更對劉師閣。

席汝言

繫國安危唐上宰，功成身退漢留侯。二公閒暇開高宴，九老雍容奉勝流。共接雅歡恩意洽，不矜富貴禮容優。賞心樂事人間盛，豈謂今稀古莫儔。

壯歲塵埃禄仕牽，老歸重到舊林泉。曾無勛業書青史，偶向康寧養老年。自分杜門居陋巷，敢期序齒預公筵。更慚形穢才凉薄，不稱圖真接鉅賢。

王尚恭

端朝風望兩台星，珪組參差又十人。八百喬年餘總數，一千熙運遇良辰。席間韵語皆非俗，圖上形容盡得真。勝事主盟開府盛，誤容衰薄混清塵。服許便衣更野逸，坐從齒列侣天倫。二公笑語增和氣，夜久盤花旋發春。

趙丙

新春鼎浴燕英髦，主禮雍容下庶寮。二相比肩官一品，十人華髪仕三朝。星階並列瞻台耀，樽酒時行挹斗杓。東潁庸夫最无狀，也將顔面趂嘉招。（以上第四石）

劉几

司徒碩德今無比，太尉殊勲固絕倫。偶以莫年陪盛宴，喜將白髪照青春。八公秖有山空著，四皓當衰志且伸。元老相望踈跡在，不應此會愧前人。

制舉省元推二相，龍頭昔日屬宣猷。人間盛事並遐筭，一席幾盈九百籌。

馮行己

書稱五福壽為先，有德人方得壽延。自愧櫟樗非遠器，誰應齒髪亦遐年。立身官未三公貴，推老名陪二相賢。喜把衰容模梵宇，慙無纖効勒燕然。當時遭遇承陶冶，今日光榮預讌筵。從此洛城增勝槩，又新重作畫圖傳。

楚建中

自顧頽齡七十餘，久慙頑鈍費洪鑪。歸逢大老耆年會，衰朽形骸愧畫圖。

二相謨猷爛史編，諸公才業過前賢。好圖儀像傳来世，何事頑踈亦比肩。

王謹言

相印貂冠燦六符，華顛高位侍臣俱。不將官職誇鄉里，惟尚年齡入畫圖。履道清歡追故事，竚瞻陰德見訏謨。叨陪几席真榮觀，珪璧叢中間珷玞。

王拱辰

西都山水天下奇，神嵩景室環清伊。甫申間氣秀不絶，生賢會聖昌明時。衣冠占數盛文雅，台符卿月光離離。魏京雄奥壓幽朔，宸宫御府嚴天威。膏田千里翳桑柘，犀甲萬旅馴熊羆。公當緩帶名三鎮，懸赤繼軫承保釐。追惟契遇最深舊，加復雍孟交旌麾。仁皇一在龍虎牓，桂堂先後攀高枝。宦游出處五十載，鸞臺驤路俱騰夷。三公極位固遼隔，五年以長猶肩隨。公今復主鳳門鑰，僕亦再撫銅臺圻。二京相望阻河廣，三徑不克陪遊嬉。忽聞幹步踵門至，投我十二耆英詩。整冠肅貌諷章句，若坐寶肆羅珠璣。為言白傅有高躅，九君結社真可師。欲令千載著風迹，亟就僧舍圖神姿。詞宗端殿序篇目，滂灑大筆何淋漓。眷言履道靡充詘，兎裘近邑將營歸。報云繪素得精筆，願列霜壁如唐規。退居舊相國元老，十年還政洛之涯。康寧富貴備五福，靈珫盛氣如虹霓。昔年大對繼晁董，登科賜第同一朞。紫垣步武既通接，金莎里閈還鄰比。探禅論道劇訓對，摩軋太古窮天機。二賢勛業冠朝省，爵齒宦學誰依稀。今將圖畫表来世，詎可下客聯纓緌。既蒙月品定人物，不敢循避違風期。况承開閣厚賔客，富有景物佳園池。銅駝坊西福善宅，修竹萬箇籠清漪。天光臺亭未百尺，下眺林嶺如屏帷。花王千品盡殊勝，風光繡畫三春暉。六相街中潞公第，碧瓦萬木煙參差。左隅廟室本經禮，右閣宸翰尊星奎。婆娑青鳳舞松栝，煥爛素錦薰酴醿。石渠飛溜潄寒玉，晝夜竿瑟鳴階墀。伊予陋宇治窮僻，姑喜地廣為環溪。樓名多景可曠望，臺號風月延清輝。四時花蔦不外假，挐舟傲幘聊嬉怡。懷歸撫事若飢渴，恨無羽翼西南飛。人生交舊貴倫輩，情親意接心相知。豈無晚秀負才蘊，高談大笑拘禮儀。洛中故事名義燕，二毛第一年相推。濯冠登仕荷天寵，尊君報國當百為。既嗟大耋盍知正，納禄謝事皆所宜。顧方北道倚煩劇，未許解紱披荷衣。長篇不令負花約，為指風什歌式微。如羹甘露爽心骨，佀柄玉麈親顔眉。蘭菼雖未長羅宅，菊英似亦思陶籬。子山已著小園賦，彦倫猶愧鍾山移。聊攄短引謝招隱，肯使猿鶴常驚啼。（以上第五石）

張問

槐庭二老樂堯仁，盛集高年洛水濵。華衮具瞻雖禮絶，白頭序齒却情親。清閒几席同禪院，山埜巾裘佀隱淪。尊酒椒香纔過節，池塘草色已催春。白公酣唱吟哦内，衛武康强笑語頻。豈獨丹青傳不朽，潜欣風俗欲還淳。芝田鶴戲調形徤，蓮葉龜游納息勻。商皓寂寥拘小畜，漢疏局蹙止家人。莫因氣貌凝丹竈，自有光陰寄大椿。復得兼謨為重客，恐遺元爽在編民。神仙可學今方信，道術相忘久益真。滿座交歡祝眉壽，群生五福託鴻鈞。

張燾

洛城今昔衣冠盛，韓國園林景物全。功在三朝尊二相，數踰九老萃群賢。當時鄉社為高會，此日俱留許欵筵。多幸不才陪履舄，更慙七十是新年。

司馬光

洛下衣冠最惜春，相從小飲任天真。隨家所有自可樂，為具更微誰笑貧。不待珎羞方下筯，只將佳景便娱賔。庾公此興知非淺，藜藿終難作主人。

作真率會，伯康與君從年七十八歲，安之七十七歲，正叔七十四歲，不疑七十三歲，叔達七十歲，光六十五歲，合五百一十歲，口號成詩，用安之前韻。

七人五百有餘歳，同醉花前今古稀。走馬鬪雞非我事，紵衣絲髪且相輝。

經春無事聯翩醉，彼此往来能幾家。切莫辭斟十分酒，儘從它笑滿頭花。（以上第六石）

耆英會圖，司馬文正公居洛日，與一時名碩相會遺蹟也。諸公各繪一卷，傳之子孫，且序文、會約，皆司馬公親筆，迄今手澤存焉。公十八世孫子霑先生，懼其久而或湮，鐫石以期不朽，拙逸子過而覽之，低徊不能去，因語及公之所以不朽者，夫人惟誠無息，惟真不滅。堯舜之心，至今在此真此誠也。個個人心有仲尼，此真此誠也。失誠則僞，漓真則妄。僞與妄，不克終日。公之學曰誠，其會友也，曰真曰誠，曰真千古萬古，我輩自反寸心，苟得所為真且誠者，儼與公等會晤一堂也。子霑君以寒素青衿，曩立公像，梓年譜，今又勒會圖，刻家範，可稱賢裔矣。倘由此仰公之像，更欲傳公之神；讀公之書，更欲肖公之心，則真誠二字，正一點滴骨血也。鼻祖耳孫，後先合符，不尤賢哉！不尤賢哉！爰述所言，附勒于左。

涑水後學拙逸裴鶴章拜手題。

先文正公洛社耆英會序約屬。

先公手筆晝工，閩人鄭奂可奪天巧，一時盛事，千古奇珍。　開國伯侍郎公奉圖扈蹕南遷，遂家浙之山陰，遞傳世守，距今五百餘禩。

先孝廉君奉先人遺命，完璧歸故里，每於讀書之暇，焚香啓匭，曝之籖之，什襲之，間出以示。

諸名公，諸名公，必曰時久弗珍，得無有恙耶。詩曰：「申錫無疆，子孫保之。」咸諄諄三致其語，不肖露即未能如先人固護週惜，又豈能必吾世世子孫，能保其無虞耶。露所為惓惓深懼，因倩善書繪摹勒，登之堅珉者，敢徒以資目玩，而彰遞守，寔用以勸仰止，求世德，保舊物，而詔方来耳。旹天啓丙寅上元日。

十八世孫露盥手薰沐謹識。

十九世孫嘌、崍、嶧、巘、崘、岐立石。

杜國卿摹。

裴吉利鐫。（以上第七石）

按，《耆英會序》見《温公集》、《寰宇訪碑録》。《耆英會圖》并詩，富弼等十二人作，司馬光撰，元豐五年正月。明天啟中刻，據碑後題，此爲司馬公親筆。公十八世孫露鐫之於石。序後列諸人名氏官閥。富弼、文彦博、馮行己、楚建中、張問、張燾均有傳，見《宋史》。王尚恭，《温公集》作王尚官，趙丙作趙昺，王慎言作王謹言。序有宣徽王公方留守北都，以書請於潞公，願寓名其間。以《通鑑長編》考之，元豐三年九月丙戌，判大名府文彥博判河南，判應天王拱宸判大名，元豐元年十月，拱宸自宣徽北院使遷南院使（宋人以府州爲差遣，宣徽其加官也）。六年三月，拱宸加安武節度使再任，序撰於元豐五年，拱宸銜爲宣徽南院使判大名府，在未加安武前，與《長編》合，富弼結銜爲致仕韓國公，《宋史長編》並同（自鄭國進韓）。而宋人著述多稱鄭公，不曰韓公。《宋史·彥博傳》：在洛與富弼、司馬光等十三人，用白居易九老會故事，置酒賦詩相樂，序齒不序官，爲堂，繪像其中，謂之洛陽耆英會，好事者慕之。卽本此序。《宋詩紀事》：劉几，字伯壽，洛陽人，第進士。神宗朝官秘書監，致仕上柱國通議大夫。《風月堂詩話》：劉伯壽，洛陽九老之一也。築室嵩山玉華峯下，號玉華庵主。有妾名萱草、芳草，皆秀麗，善音律。伯壽出入乘牛，吹鐵笛，二草以蘄笛和之，聲滿山谷，出門不言所之，牛行卽行，牛止卽止。其止也，必命壺觴盡醉而歸，嵩前人以爲地仙云。王尚恭詩下有自注：燭下盤花開，公卽指目焉。劉几詩下有自注：十二老共八百九十二歲。碑見《通志金石記》。（《山右石刻叢編》卷十四，清光緒二十七年刻本）

智按：胡聘之，字蘄生，萃臣，號景伊，竟陵（今湖北天門）人。同治七年（一八六八）進士，後任內閣侍讀學士、太僕寺少卿，光緒十三年（一八八七）任北京順天府知府，兩年後出任山西布政使、浙江布政使，光緒二十一年（一八九五）調任陝西巡撫，上任僅一個月又調任山西巡撫。光緒二十六年前後卸職。

黃維申（一八四一～?）

《論詩絕句》（四十二首之三十）

中正和平白傅詩，盛名贏得賈人知。百篇諷諭資朝政，不解譏彈杜牧之。（白香山）（《萬首論詩絕句》第三册，第一二九八頁）

智按：黃維申，字笏堂，一字復唐，善化（今屬湖南）人。黃式度（?～一八七八）子。諸生。有《報暉草堂詩集》。

王之春（一八四二～一九〇六）

《椒生隨筆》

⊙少年科第

少年科第最為人生愜意之境，杜老有句云：「只今年才十六七，射策君門期第一。」白香山《登第》詩云：「慈恩塔下題名處，十七人中最少年。」時年二十七，不甚早也。寇萊公十九舉進士，時太宗取人多問其年，年少者，往往罷遣。或教公增其年，公曰：「吾初進取，可欺君耶?」然總不如苗台符、張讀之早。苗年十六，張年十七，同及第。所謂「一雙新進士，兩個阿孩兒」也，商子華（亮）以十四舉孝廉，賈蝸氏（中黄）以十五舉進士，乃科第之至早者。國朝侯官林廷禧於道光辛卯登賢書，癸巳捷南宫，年才十六。房批有云：「九歲游庠，駒齒有神童之目；五年食餼，鼇峰兼都講之名。」為二百年來科名盛事。（《椒生隨筆》卷六）

⊙「司」字平仄均用

「也應愁殺杜司勳」，是「司」字本從平也，而漁洋詩有「落魄江湖杜司勳」之句，「司」字自注入聲。按，漁洋喜白樂天之為人，蓋本諸白詩耳。嘗考《容齋隨筆》云：白樂天好以「司」字作入聲讀，如云「四十著緋軍司馬，男兒官職未蹉跎」、「一為軍司馬，三見歲重陽」是也。王楙《野客叢書》謂：白詩「司」字非入聲，乃去聲耳。《廣韻》入聲不收，《集韻》去聲「伺」字韻收，曰：「司，至也。」今韻書在「支」字平韻者曰：「主也。」在「置」字去韻者曰：「與主義通。」總之平仄均可用，而仄音當以去聲為是。（《椒生隨筆》卷六）

智按：王之春，字爵棠，號椒生，湖南清泉人。弱冠從戎，先後為曾國藩、李鴻章和彭玉麟部屬，參與鎮壓太平天国起義，歷任山西巡撫、安徽巡撫、廣西巡撫。曾出訪日本、俄羅斯、德國、法國，多次向朝廷上書自強新政。晚年因鎮壓四川余棟臣起義，特别是預借法兵鎮壓革命黨起義，激起國内拒法運動而被解職，待罪京師，後遷寓上海。光緒二十九年（一九〇三）十月，遭愛國志士萬福華謀刺未遂。光緒三十二年卒，誥授光禄大夫、建威將軍。

王先謙（一八四二～一九一八）

《又贈（子美）》

牙幢待入百蠻煙（時將隨李相督師入黔），美意猶聞部曲傳。利引唐河歸故道，歡騰樊鎮溢新廛。雖爲五日張京兆，頗似三年白樂天。遙想漢濱開祖帳，襄陽耆老淚潺湲。（《虚受堂詩存》卷六，《續修四庫全書》影印清光緒二十八年蘇氏刻增修本；《晚晴簃詩匯》卷一百六十三）

《董香光》

有《自題畫像》詩云：「平子思玄賦，香山池上篇。壯心俱誤汝，衰貌更悠然。癖學屠龍似，忘機狎鳥來。維摩無病病，莊叟不才才。」崇禎甲戌孟春自題，時年八十。

張衡賦與香山句，收拾山林到眼前。隔歲挂冠真有約，此時趺坐已如禪。（《明史》本傳：崇禎四年起，故宫三年乞休，加太子太保致仕。又二年卒，年八十有三。是致仕在八十一歲也。詩意本此，惟是題崇禎甲戌，年歲檄有不合，存考）（《虚受堂詩存》卷十二，《續修四庫全書》影印清光緒二十八年蘇氏刻增修本）

《甲申秋陳維之招妓樂於琵琶亭舊址客途之歡悦焉如夢忽爲圖屬題賦二絕句》

舊友相看意氣多，忽臨歧路聽清歌。最憐仙子淩波襪，肯帶微霜夜渡河。

荻花瑟瑟野亭秋，月自孤圓水自流。莫怪尊前歡意減，琵琶悽絕是江州。（《虚受堂詩存》卷十三，《續修四庫全書》影印清光緒二十八年蘇氏刻增修本）

《奉答嚴（家鬯）秬香同年（嚴甲子舉人華容教授以下甲午）》

浮雲與遊子，乘飈西北馳。雲出復來還，念子歸無期。嗟子山澤性，迺爲官所羈。雖無簿領煩，猶有籩豆司。窮愁守横舍，寥落湖之湄。時作乞錢醉，飽吟潑水詩。憶昔同鄉舉，大名交口推。至行絜曾閔，澄懷契濂伊。累邀削牘薦，雅被國士知。遲迴限成格，畜大不自施。苜盤有餘戀，園帛虚隆儀。遂令邱壑中，坐老廊廟姿。繄予百不逮，懶退差肩隨。幽尋憶塘荷（君居荷淨山莊），高步傾園葵（予有園名葵園）。歡言不盈耳，別恨斂在眉。邈如太白月，晨光耿天涯。昨來聯翩詠，寫寄長相思。悠悠潭水情，手挹千頃陂。子似舒堯文，郎君眾目奇。不愁霜月苦，會有天風吹。我似白香山，華髮尚無兒。未容寄禪榻，已辦放柳枝。殷勤枉尺素，佳想何由追。惟有葫蘆書，往侑濁酒卮。（寄補注：《漢書·天文志》一卷）（《虛受堂詩存》卷十四，《續修四庫全書》影印清光緒二十八年蘇氏刻增修本）

《白亭記》

我友長汀江公，受任開歸陳許鄭道之次年暮春，巡河察石于鞏，以公暇游洛陽，登崇高、覽伊闕、拜白文公墓于香山寺左，其地前臨伊水，斜對龍門，形勢絕勝，風景尤美，江公謀亭于其前，而屬余志之。

考白公自撰墓志云，祔下邽臨津里，時公年六十八，其後遺命葬香山，則年已七十六，蓋公致仕後居洛久，命儔嘯侶，觴咏流連，又結方外契，有樂乎此，以故無意于歸骨。公有詩云：「身心安處爲吾土，豈限長安與洛陽。」殆爲茲事左證矣。世稱公之生平，每以早退爲高，余謂天之生人以爲世也，匪曰自謀其身而已，苟其出無宏濟之念者，其處亦必無淡定之懷，公迭刺六州，皆有政績，杭越之民，俎豆至今，即其居洛時，已無官守矣。猶且除八灘九石之艱，拯裸跣饑凍之苦，惻隱之誠，藴于無盡，此豈不欲居得爲之位，以行其志者耶？特其初不當功名之路，後又懼四明黨之綱，故隱忍就抑退爾，然出其餘力，猶能慰群望，而永去思。《賈氏談録》言，過醉吟先生者，必奠卮酒，墓前方丈，地常沽漬，蓋以此也。若謂醉吟早退，即足動後人慨慕之情，非特不知公，抑豈爲知道哉！

江公博學通識，而其景仰表章如是。其志行媲美，白公可知矣。權洛陽縣事、湖北陶君炯照，儒而才，實董斯亭之役。宣統三年辛亥歲六月長沙王先謙記。

智按：清宣統三年六月所立，見龍門文物管理所藏碑文拓片。收入王先謙《葵園四種》（岳麓書社一九八六年版）。江瀚（一八五七～一九三五），字叔海，福建長汀人。有《慎所立齋稿》。

王先謙，字益吾，號葵園，長沙（今屬湖南）人。同治四年（一八六五）乙丑進士，改庶吉士，授編修，歷官祭酒，加内閣學士銜。有《虛受堂詩存》。

施贊唐（? ~一九一八）

《擬白香山放言五首即用元韻》

讕言市虎何曾有，幻影弓蛇到底無。試問智囊多益智，何如愚谷自藏愚。時來鬼語芙蓉鏡，命蹇人讒薏苡珠。解得莊生齊物我，岑樓寸木豈懸殊。

禍福分明皆有定，恩讐報復幾時休。豫生計畫終吞炭，管子功名起射鉤。雲雨難銷翻覆恨，風波不斷去來憂。前盟車笠成何用，幾輩相知到白頭。

兩情相感不須疑，上有神龜下有蓍。近墨近朱毫末間，為青為白眼前期。雲垂萬里鵬搏日，風動千山虎嘯時。自是天淵聲氣合，此情難與俗人知。

從容大澤披裘釣，宛轉空山帶縈歌。使我入林閑是福，由他當道禮為羅。半途倘誤三生約。平地能興萬頃波。鶴脛自長鳧自短，問渠斷續意如何。

成佛終須參六偈，學仙端的去三彭。煙雲過眼無長住，草木何心獨向榮，休待羊亡思弟子。且呼烏有作先生。今來古往如朝暮，何必營營苦役情。（《聊復軒詩存》第三八~三九葉）

智按：施贊唐，字琴南，別號四紅詞人，更號槁蟫，寶山（今屬上海）人。有《聊復軒詩存》不分卷，宣統三年（一九一一）鉛印本，一函一册；《蛻塵軒詩存》二卷，民國十三年鉛印本，一函二册。其《蛻塵軒詩存》所收詩斷於民國七年，刊於民國八年。金其源跋云：「師歿之明年，用西泠印社仿宋活字版排印。」據此可知其卒年為民國七年（一九一八）。

潘乃光（一八四四~一九〇一）

《潯陽琵琶久無遺址適至烟水亭小憩時已薄暮餘興未已漫吟四章》

琵琶聲渺水聲凉，楓葉荻花又夕陽。紅粉青衫佳話在，更無遺迹感滄桑。

郭外風光萃曲汀，潭心地脉兩通靈。嘉名已自稱烟水，無復當年浸月亭。（亭舊名浸月，系周元公長子所建，國初始易名烟水，同治三年重修）

回廊幾折繞朱欄，暮色蒼茫隨意看。如此清游應最少，不須招隱賦劉安。

勝境從來讓寺僧，一生清福我何曾。孤舟有便且歸去，近水人家已上燈。

（光緒十九年鉛印本《榕陰草堂詩草》卷六圖南草）

智按：潘乃光，原名志學，字晟初，廣西荔浦人。同治三年（一八六四）舉人。此後歷經十餘次會試而終不遇，遂投筆從戎，作幕幾十年。曾爲湖北布政使王之春之參贊奉命使俄，因立功賞「敏勇巴圖魯」名號。晚年積功至山東候補道，但未待補缺，即客死他鄉。有《榕陰草堂詩草》。

繆荃孫（一八四四～一九一九）

《雲自在龕隨筆》

唐白居易書《楞嚴經》一百幅，三百九十七行，唐箋楷書，係第九卷後半卷。趙明誠跋云：「淄川邢□氏之邨，丘地平瀰，水林晶淯，牆麓磽确布錯，疑有隱君子居焉。問之，兹一邨皆邢姓，而邢君有嘉，故潭長，好禮，遂造其廬。院中繁花正發，主人出接，不厭余為兹州守，而重余有素心之馨也。夏首後相經過，遂出樂天所書《楞嚴》相示。因上馬疾馳，歸與細君共賞。時已二鼓下矣。酒渴甚，烹小龍團，相對展玩，狂喜不支。兩見燭跋，猶不欲寐，便下筆為之記。趙明誠。」前後有紹興璽，末幅止角上半印，存「御府」二字。後有「寶慶改元（智按：寶慶元年，公元一二二五年）花朝後三日重裝於寶易樓，遜志題」。此册想見趙德夫夫婦相賞之樂。自序云：「靖康丙午，侯守淄川。」當跋於此時，固俞理初所未見者。（《雲自在龕隨筆》卷二，商務印書館一九五八年版，第三四頁）

智按：又見《雲自在龕筆記》卷一，上海書店《叢書集成續編》第九一册，第九六二～九六三頁。趙德夫，當為趙德父。參見李日華《味水軒日記》卷二、《秘殿珠林》卷二。

《藝風堂藏書記》

《元氏長慶集》六十卷補遺六卷，《白氏長慶集》七十一卷。明萬曆甲辰，馬元調寶儉堂刊本。（《藝風堂藏書記》詩文第八上，江蘇廣陵古籍刻印

社一九九一年影印本）

智按：繆荃孫，字炎之，又字筱珊，晚號藝風老人，江陰（今屬江蘇）人。幼承家學，十一歲修畢五經。十七歲時太平軍進江陰，侍繼母避兵淮安，麗正書院肄業，習文字學、訓詁學和音韻學。二十一歲舉家遷居成都，習文史，考訂文字。二十四歲應四川鄉試中舉。光緒二年（一八七六），三十三歲會試中進士，授翰林院編修。此後事編撰校勘十餘年。宣統二年（一九一〇）任京師圖書館監督，編《本館善本書目》八卷、《各省志書目》四卷。辛亥易祚，卜居滬上，杜門不出，惟以書籍遣日。清史館開，趙爾巽延任總纂。酷嗜金石，所編收藏目録凡一萬一千八百余種，藏本之富，爲前此金石家所未有。自編《藏書記》、《續記》、《再續記》。著有《藝風堂文集》及《續集》各八卷、《辛壬稿》三卷、《乙丁稿》五卷、《金石目》十八卷、《讀書記》四卷、《藏書記》及《續藏書記》各八卷、《遼文存》六卷、《續國朝碑傳集》八十六卷、《常州詞録》二十一卷等。編刻《雲自在龕叢書》、《對雨樓叢書》、《藕香零拾》、《烟畫東堂小品》。

繆荃孫（一八四四～一九一九）等

《嘉業堂藏書志》

⊙白氏長慶集七十卷（日本活字本）

【元稹《白氏長慶集序》】（略）

此日本活字本，活字宋高麗國所制。後為日本所得，長慶、元和間用以印書。為那波道圓所印，在彼邦幾與五山版並重。按，微之序稱予時刺會稽，因得盡徵其文，手自纘，成五十卷，凡二千一百九十一首。序後有「《白氏長慶集》五帙都五十卷」一行，「凡二千一百九十一首」一行，題識兩行，當屬元序原文。後經增益，《新唐書·藝文志》作七十五卷，宋槧作七十卷，遂致與總結數不符也。序與目銜接，猶宋本款識。目分十帙，每帙七卷，下列分帙之數。第八帙特出「後集」二字，或系宋本之舊。白集自明各家刻本均有脫佚，罟里瞿氏《藏書志》言之甚詳。此本凡宋本所有者，均無脫佚，其為出於宋本無疑。聞日本此集尚有唐卷子本。今藏大阪某氏。或言此本出於唐卷者，未睹其書，不敢臆斷也。（吳昌綬稿）（繆荃孫、吳昌綬、董康撰《嘉業堂藏書志》卷四集部，吳格整理點校本第五一七頁）

⊙《何潛齋集》十一卷附《鐵牛翁遺稿》一卷（舊鈔本）

是集傳鈔明成化時宗孫之綸刻本。卷一詩，五、七言古體；卷二、卷三詩，五、七言近體；卷四詞，附策問；五至卷七序；卷八、卷九記；卷十、卷十一雜文。《四庫提要》以漁洋《池北偶談》詆為詩酸腐庸下，亦謂學白居易殊不擅場。然各體胸次淹貫，吐屬不群，詞尤雋永，未可懸為定評。……（繆荃孫稿）（繆荃孫、吳昌綬、董康撰《嘉業堂藏書志》卷四集部，吳格整理點校本第五九〇～五九一頁）

趙爾巽（一八四四～一九二七）等

《清史稿》

《清聖祖文初集》四十卷、《二集》五十卷、《三集》五十卷、《四集》三十六卷、《避暑山莊詩》二卷，《世宗文集》三十卷、《悅心集》二卷，《高宗文初集》三十卷、《二集》四十四卷、《三集》十六卷、《詩初集》四十八卷、《二集》一百卷、《三集》一百十二卷、《四集》一百十二卷、《五集》一百卷、《餘集》二十卷、《樂善堂定本》三十卷、《全史詩》二册、《全韻詩》二册、《擬白居易樂府》四册。（《清史稿》卷一四八志一百二十三別集類）

俞樾，字廕甫……所作詩，溫和典雅，近白居易。工篆、隸。同時如大學士曾國藩、李鴻章，尚書彭玉麟、徐樹銘、潘祖蔭，咸傾心納交。日本文士有來執業門下者。……（《清史稿》卷四八二列傳二百六十九儒林三）

金廷標，字士揆，浙江桐鄉人。南巡進白描羅漢，稱旨，召入祇候。廷標畫不尚工緻，以機趣傳神。高宗題所作《琵琶行圖》曰：「唐寅舊圖，有琵琶伎在別船，廷標只繪白居易一人側耳而聽，別有會心。古人畫意為先，非畫院中人所及。」會愛烏罕進四駿，郎世寧繪之，復命廷標別作，仿李公麟法，增寫執靮人，古趣出彼上。及廷標卒，上命舊黏殿壁者悉付裝池，收入《石渠寶笈》。（《清史稿》五〇四列傳二百九十一藝術三）

智按：趙爾巽，字公鑲，號次珊，又名次山，又號無補，清末漢軍正藍旗人，祖籍奉天鐵嶺。同治間進士，授翰林院編修。歷任安徽、陝西各省按察使，又任甘肅、新疆、山西布政使，後任湖南巡撫、戶部尚書、盛京將軍、湖廣總督、四川總督等職，宣統三年（一九一一）任東三省總督。武昌起義後在奉天成立保安會，阻止革命。民國成立，任奉天都督，旋辭職。一九一四年任清史館總裁，主編《清史稿》。袁世凱稱帝時，被尊為「嵩山四友」之一。一九二五年段祺瑞執政期間，任善後會議議長、臨時參議院議長。

譚宗浚（一八四六～一八八八）

《讀白香山集》

諷諫當年託樂章，晚耽禪悅禮空王。須知傲骨嶙峋甚，從未低頭李贊皇。(《荔村草堂詩鈔》卷九看山集，《續修四庫全書》影印清光緒十八年廖廷相羊城刻本，第一五六四册，第二六九頁）

《讀張爲〈主客圖〉書後》

詩有六義，風雅頌爲經，而比興賦爲緯。蓋詩之爲言志也，未有無志而可言詩者。自兩漢以迄魏晋，傳詩不多，然篇篇皆有用意所在，姑約略言之。如曹子建詩云：「飄飖放志意，千秋長若斯。」隱然有規諷子桓友愛不終意。郭宏農詩云：「燕昭無靈氣，漢武非仙才。」隱然有規諷王敦不宜叛逆意。持此推測，十得八九。其於比興賦之義，未大相遠也。宋、齊後，好爲輕豔之詞，於是始有以佳句名者。如史所傳王筠、柳惲詩句，皆其濫觴，若顔之推《家訓》載蕭慤「芙蓉露下落，楊柳月中疏」句，則北朝亦需染其習矣。唐代承之，沿流忘本，其集諸家警句，彙爲一編者，殆始於張爲《主客圖》乎？余取鏡煙堂刻閲之，了無深意。卽如卷首以白太傅爲「廣大教化主」，録其《讀史》一首，《秦中吟》一首，《寓意》一首，及「得意減別恨」數聯，試問足盡白太傅所長否？餘皆争奇鬬異於字句之間，而惡俗語如曹鄴之「能將一人手，掩盡天下目」，衛準之「莫言閑話是閑話，往往事從閑話來」，亦間收一二，後世乳臭小兒，目僅識丁，偶有一聯新巧，采入名公詩話中，輒沾沾然自詡。詩人附庸風雅，皆張爲輩階之厲也。觀古來數大家，若射洪、太白、子美、香山、義山、昌黎、六一、半山、東坡、山谷，皆氣象闊大，興寄深遠，篇篇有意，不屑於琢句見長。惟陸放翁古詩雄拔，而律詩獨喜屬對工緻，寫景圓秀，故詩格亦視諸家較卑。至賈島、方干、許渾、姚合、九僧、四靈輩，雖佳句纍纍，如貫珠，如編貝，其於古人比興賦之旨，終身何曾夢見？直謂之不知詩可矣。故昔人論唐詩，有初盛中晚之分，非中晚之人才力遠不及初盛也，其論詩之旨先誤也。(《希古堂集》甲集卷二，《續修四庫全書》影印清光緒刻本，第一五六四册，第三三五頁)

智按：譚宗浚，原名懋安，字叔裕，南海（今屬廣東）人。譚瑩（一八〇〇～一八七一）之子，幼承家學，強記過人。同治十三年（一八七四）甲戌科陸潤庠榜進士第二人，授翰林院編修，國史館協修、撰修，方略館協修等。一八七六年督學四川。一八八二年充江南鄉試副考官，嗣出任雲南糧儲道、按察使。後以病告歸，至廣西隆安道卒。工詩文，熟於掌故。有《希古堂文集》、《荔村草堂詩鈔》、《于滇集》、《遼史紀事本末》等。

朱一新（一八四六～一八九四）

《詠南史新樂府》

寄奴王者眞不死，崛起田間作天子。平生結習尚未忘，土障麻繩戒奢靡。區區田舍公，得此已足稱豪雄。史臣贊歎子孫笑，殿名玉爛淩虚造。乃翁田具雖貽慙，奴肆詈，尤難堪。(玉燭殿)

龍負舟，師大禹，元嘉政理稱小補，修文未暇且閱武。君王志封狼居胥，礮碻一敗江左墟。佛貍患，與巫蠱，俱可憐，龍負舟，難免螢化珠。(龍負丹)

將刀來破腹，那生甯馨兒。病人本多鬼，官家避鬼胡不知。不見竹林堂，羣巫射鬼無巳時。靡靡聲未奏，寂寂呼而走。此時官家亦與鬼為鄰，不識巫還射鬼否。(竹林堂)

楊婆兒，日禱求。天位幸速賜，免作籠中囚。自從左右主帥見束縛，不如市邊屠沽富兒百倍優。佛言有福生皇家，願佛早爲阿奴謀。大家一旦得危疾，楊婆此時功罕儔。早晚卽天位，急書報西州。中央大喜字，三十六字環四周。輼輬車未出端門，鞞鐸聲已喧樓頭。恖恖便如此，放鷹走馬無時休。上庫五億萬，視錢如視仇。夙昔思汝一个不能得，今日用汝快意不頗聞。翁言阿奴須好作，豈知覬覦早有西昌侯。裸身壽昌殿，戎服興光樓。此時楊婆在何處，便應禱佛消災尤。吁嗟乎楊婆，曷不禱佛消災尤。（楊婆兒）

閱武堂，種楊柳，至尊屠肉，潘妃沽酒，至尊衣鉢，憑誰傳列肆，尙憶華林園，前景平，後永元。（閱武堂）

涅槃經，無遮會，連理瑞枝生，五色祥雲靄。佛言須捨身，方免衆生一切罪。衆生不肥帝已瘦，荷荷索蜜難入口。大慈復大悲，佞佛佛知否？平生奉贖億萬錢，悔不買蜜藏枕邊，此時口苦佛不憐。（同秦寺）

畢國主奈何，帝天子，太無愁，江南竟輕棄。臨春閣上歌未闌，桃葉渡頭兵渡江，急封置牀下，叔寶無心肝。勸君且莫嗤叔寶，照鏡已知頭頸好。（奈何茶）

内庭宴，扇障面。外家為樂自多方，儜弱婦人殊罕見。當時一扇足流傳，班姬製詠同稱賢。如何易世後，玉柄毛扇成微嫌。（扇障面）

楊郎好，莫見苦。大家為郎歌，阿奴為郎舞。山陰面首三十人，區區楊郎何足數。楊郎自昔愛風華，不見北朝亦歌楊白花。（楊郎好）

身不識仲華，君無作才語。恨公不讀百卷書，淮南王傳竟未睹。吏事縱精明，蔣山忽已傾。惜哉三寸柑，不保七尺身。（三寸柑）

急須一軍吏，公能自屈吾事濟。百函裁尺牘，十人供飲餌。卻憶生平胡有此，一斛檳榔尚難致。阿翁嗜檳榔，阿兒嗜瘡痂。南康國吏遍流血，記否阿翁乞食妻兄家。（乞檳榔）

可憐白浮鳩，長城自壞將誰尤。佛貍屯瓜步，空憶檀江州。嗟哉江州枉稱智，先機不及一女子。竟忘勲高道家忌，嗟哉江州莫憤冤。謝徐久已歸黄泉，公獨重生十一年。（白浮鳩）

上山去前齒，下山去後齒。性既慕幽棲，躁進胡不已。君家折屐有令名，恨君徧遊山，不及東山行。（遊出屐）

車中有七尺，車前無八騶。丈夫寂寂果如此，金印何時解穰侯。須臾釋

服稱戎首，公真誤我難垂救。卿卽不吐言，已累百歲母，古來作賊安能久。（搥車壁）

可憐石頭城，袁粲死，彥回生，彥回矯矯多令名，黃羅襹著便負盟。國家不保保妻子，念非蕭公不了此。鬚髯空戟張，何無丈夫意。初秋涼夕幾何時，銀柱琵琶拜新賜。（黃羅襹）

蒼頭公，真勇武，蕭斌婦人何足數。織當訪婢耕問奴，黃頭小兒但知書。下官雖耳學，卻嗤此輩束高閣。三望車，願已償。兩匹絹，神暗傷。暮年頗欲還南岡，可憐不及張子房。（蒼頭公）

拍張拍張作三公，平生狡黠魁羣雄。丈夫作事須及熱，手捧紗帽呼蕭公。懊儂歌未罷，平東軍已作。儂今果負情，君昔偏鑄錯。借問司空善拍張，何如為人吹鼓角。（懊儂曲）

昔夢熱一手，今夢熱全體。已得班蘭物，復思作天子。平生不識太傅誰，安免鼓聲口自為。貂冠投地悔已遲，問君致此豈無故，冠不誤君君自誤。（舉體熱）

箭如餓鴟馬如龍，鼻端出火耳生風，將軍年少稱豪雄。釋甲便賦詩，得句驚羣公。卿書當意造，卿技真無窮。獨憐司州城，望眼將穿蔡道恭。（襲游詩）

行中水，作天子，壽光閣外空徘徊，壽光閣中定敕旨。佐命第一功，才智縱橫自奇士。壽光閣，功最多。永壽省，名未磨，家令一呼涕滂沱。赤章終已矣，青史竟如何。（壽光閣）

阿堆真名士，當時實無輩。吏治頗有餘，豈止文稱最。桃花賸米得幾升，綠沈投瓜悲不勝。阿堆竟以知命稱，惜哉謝梅一詰難爲情。（桃花米）

擲銚鋧，魏軍奪氣南軍羨。將軍膂力真絶倫，千聞乃令公一見。北掖門，德教殿，舊廚進膳徒爾爲，卻懊田端拌血戰。國事耶，妻子耶，將軍者恥耶。（擲銚鋧）（《佩弦齋詩文存》佩弦齋詩存，《續修四庫全書》影印清光緒二十二年刻拙盦叢稿本，第一五六五册，第二七四～二七五頁）

智按：朱一新，字鼎甫，號蓉生，義烏（今屬浙江）人。同治九年（一八七〇）舉人，官內閣中書。光緒二年（一八七六）進士，改翰林院庶吉士。散館，授編修。累官陝西道監察御史，以劾内侍李蓮英，降主事，告歸，張之洞延主廣雅書院。有《無邪堂答問》五卷、奏疏一卷、《詩古文辭雜著》八卷、《京師坊巷志稿》四卷、《漢書管見》四卷等。遺著合編爲《拙盦叢稿》。

袁昶（一八四六～一九〇〇）

《簡桑根師》

强飯廉翁思趙將，多情白傅戀杭州。桃花劒底征裘雪，楊柳枝頭舞扇秋。駘宕清歌憐子夜，便娟幽夢託西洲。聞道中朝將拱璧，蘿衣未許久淹留。（《漸西村人初集》詩五，《續修四庫全書》影印清光緒刻本）

《形將》（二首其一）

形將影語陶元亮，身答心云白樂天。證入苦空都忘卻，東山法裏一逃禪。（《漸西村人初集》詩六，《續修四庫全書》影印清光緒刻本，第一五六五册，第三三四頁）

《客坐》

客坐能令吾喪我，尸居不畏鶴嘲鵝。腰金拕紫須臾耳，録録抱關甯汝訶。（卞田居云，鵝性頑而傲，刺時也。樂天有《鶴贈鵝》詩）（《漸西村人初集》詩九，《續修四庫全書》影印清光緒刻本）

《題南皮師集》

玉帳軍符妙拯戡，琱鐫餘事句文參。一編手寫香山集，留鎮東林佛火龕。（《于湖小集》于湖小集詩三，《續修四庫全書》影印清光緒袁氏水明樓刻本，第一五六五册，第五九六頁）

《未能篇》

未能頓遣欲界天，騎頸縛取神通仙。招來盛鬋一丈室，天花飛下著積肩。鋃鐺火宅楊枝是，纏住香山老居士。戒律唐捐道根淺，胡爲宛轉淤泥裏。萱芳二草伴衰翁，鐵篴吹空鍮里耳。且自消摇作地仙，嵩少騎牛行且止。牛乎穿鼻拽將來，勿使玉顔彫緑髓。（《于湖小集》于湖小集詩三，《續修四庫全

書》影印清光緒袁氏水明樓刻本）

《長句八章爲督部南皮師生日壽》

八州恩綍節三持，一壑丹邱竱未宜。人繡香山傳畫像，帝攽壽杖刻桃枝。籌邊樓峙平泉略，山澤閒融謝傅儀。將冠熙朝譤千叟，指撝若定廓清期。（《于湖小集》于湖小集詩三，《續修四庫全書》影印清光緒袁氏水明樓刻本）

《重治小楥子戲爲吴下俳諧體》

者便是那鎦安之小山，者便是沈慶之南岡，者便是白樂天之池上，者便是莊子休之濠梁，者便是大隱栖朝之柳下，者便是長歌辟世之楚狂。吾與汝數子者，游歲既晏兮，聊適志以洸洋。（階下有叢桂四株，假山一卷，大小盆池六，故列敘之）（《于湖小集》于湖小集詩五，《續修四庫全書》影印清光緒袁氏水明樓刻本，第一五六五册，第六五二頁）

《迪生方脩興化縣志有贈》

斑管拈來興不孤，不教人物記模糊。情如白醉吟司馬，筆有南唐志董狐。（興化本海陵縣地揚吳分寘縣屬揚州南唐屬泰州）佳傳不須千斛米，借書時伴一瓻沽。偏搜蘭芷出蓬藋，畸士公鄉何代無。（《于湖小集》于湖小集詩六，《續修四庫全書》影印清光緒袁氏水明樓刻本）

《蓴客遣妾戲作小詩調之》

樂天春日放楊枝，自起研朱點楚詞。緑鬢信非娱老物，蕭齋相伴有山梔。

柳半黄時絮已飛，送春春逐小蠻歸。向來綺語憑删薙，坐守黄庭長帶圍。

道人天眼淨繁華，肯逐城東俠少車。天老幾曾教素女，嬰兒戲遣煉黄芽。（《安般簃集》詩續丁，《續修四庫全書》影印清光緒袁氏小漚巢刻本）

《蓴客病起戲調以詩》

偶承示疾意充然，乍起甯資服散緣。知見香留消蕙歎，句文身在闢蕉堅。人間鸞翮迴中散，池上楊枝繫樂天。更約窮探翠微勝，試擕竹杖已輕便。（《安般簃集》詩續丁，《續修四庫全書》影印清光緒袁氏小漚巢刻本）

《歲闌戲題》

又逢島佛祭詩期，疲吏形骸瘦樹枝。拄杖鏗然震吾魄（何丈句），狂歌市上知者誰？憂時强聒甯為智，逃世陽瘖亦一奇。還仗晚松寒竹興，新昌僦宅已粗治。（白樂天詩云：晚松寒竹新昌第）（《安般簃集》詩續己，《續修四庫全書》影印清光緒袁氏小漚巢刻本）

《春日偶題》

睡足肢體融（樂天語），懶久神氣足（榕村語）。未離欲界天，略證清淨籙。君看物生萬，何曾有修促。池面幾曾皺，年年漾晴淥。林衣雖暫禿，旋旋輕紅縟。相與任枯榮，何曾知寵辱。獨有花前客，朱顏變枯木。霜髭不再黑，皮膚易為瘃。雖復一編披，目力艱往復。平生同遊人，大半在鬼録。存者其文字，酸辛難卒讀。若復不銷憂，春郊恣遊矚。心隨物得時，涓涓水流谷。何以娱榮期，天機慎勿梏。百年已過半，尺捶取已跼。古人或開予，夜游當秉燭。（《安般簃集》詩續辛，《續修四庫全書》影印清光緒袁氏小漚巢刻本）

《仲弢太史初度以小詩奉侑》（四首其一）

第一番風第一花，雁湖囊取赤城霞。香山樂府香光筆，代嬗光芒有作家。（白文公正月二十日生，董文敏以十九日生）（《安般簃集》詩續辛，《續修四庫全書》影印清光緒袁氏小漚巢刻本）

《題白下駐防炳煦村司馬重遊泮水詩册》（二首其二）

青衫作吏白江州，舞袖迴旋郢國游。屏跡早耽荷芰服，帖經重覓藻芹儔。憂時十策餘雙淚，閲世千場付一漚。亦卜遂居冶城路，幾時亭訪割青幽。（《安般簃集》詩續壬，《續修四庫全書》影印清光緒袁氏小漚巢刻本）

《重建白蘇二公祠》

洲白蘆花捲秋雪，寒泉響迸銀箏絕。行人重謁二公祠，朱甍碧瓦森成列。杭人口傳說六井，修泌成軌唯樂天。葑田萬頃二隄築，子瞻繼之長笼牽。以水溉石猶可泐，以水溉民今蟬延。漸江大吏百廢舉，勿使大裘晝篚，變滅隨雲烟。嗚嘑！平蕪鴟沒兮，卧柳黄落，復見祠宇陳朱弦。俾爾毗兮，薦蒓羹銀鱠於其籩。（《詁經精舍三集》辭賦卷二，《中國歷代書院志》，江蘇教育出版社，一九九五年版，第十五册第六二〇頁）

《漸西村人日記》

光緒二十年十二月初三日，閲《雲門集》竟。唐人言：太白仙才絕，昌谷鬼才絕，香山人才絕。雲門頗出入于昌谷、香山、飛卿、玉溪之間。（《漸西村人日記未刊稿》，《古籍論叢》，福建人民出版社，一九八二年版，第三一九頁）

智按：袁昶，原名振蟾，字爽秋，一字重黎，號漸西村人，桐廬（今屬浙江）人。光緒二年（一八七六）進士，歷官户部主事、總理衙門章京，辦理外交事務，後任江寧布政使，遷光禄寺卿，官至太常寺卿。光緒二十六年，直諫反對用義和團排外被處死。同光體浙派詩人代表。有《漸西村人初集》、《于湖小集》等及《漸西村舍叢刻》。

樊增祥（一八四六～一九三一）

《彩雲曲》（有序）

傅彩雲者，蘇州名妓也。年十三，依姊居滬上，豔名噪一時。某學士銜恤歸，一見悦之，以重金置為簉室，待年於外。祥琴始調，金屋斯啟，攜至都下，寵以專房。會學士持節使英，萬里鯨天，鴛鴦並載，既至英，六珈象服，儼然敵體。英故女主，年垂八十，雄長歐洲，尊無與並，彩出入椒庭，獨與抗禮。嘗偕英皇並坐照像，時論奇之。學士代歸，從居京邸，與小奴阿福奸生一女；學士逐福留彩，寖與疏隔。俄而文園消渴，竟夭天年。彩故與他僕私，至是遂為夫婦。居無何，私蓄略盡，所歡亦殂，仍返滬為賣笑計，改名曰賽金花。蘇人公檄逐之，轉至津門，雖年逾三十，而豔名不減疇昔。己亥長夏，與客談此事，因記以詩。先是學士未第時，為人司書記，居煙臺，與妓愛珠有齧臂盟。比再至，已魁天下，遽與珠絕。珠冤痛累月，竟不知所終。今學士已矣，若敖鬼餒，燕子樓空，唱《金縷》者，出節度之家；過市門者，指狀元之第，得非霍小玉冥報李十郎乎？余為此曲，亦如元相所云，甚願知之者不為，而為之者不惑耳。

姑蘇男子多美人，姑蘇女子如瓊英。水上桃花知性格，湖中秋藕比聰明。自從西子湖船住，女貞盡化垂楊樹。可憐宰相尚吳縣，何論紅紅兼素素。山塘女伴訪春申，名字偷來五色雲。樓上玉人吹玉管，渡頭桃葉倚桃根。約略鴉鬟十三四，未遣金刀破瓜字。歌舞常先菊部頭，釵梳早入妝樓記。北門學士素衣人，蹔踏毬場訪玉眞。直爲麗華輕故劍，況兼蘇小是鄉親。海棠聘後寒梅喜，待年居外明詩禮。兩見瀧岡墓草青，鴛鴦弦上春風起。畫鷁東乘海上潮，鳳凰城裏並吹簫。安排銀鹿娱遲暮，打叠金貂護早朝。深宮欲得皇華使，才地容齋最清異。夢入天驕帳殿遊，閼氏含笑聽和議。博望仙槎萬里通，霓旌難得彩鸞同。詞賦環球知繡虎，釵鈿橫海照驚鴻。女君維亞喬松壽，夫人城闕花如繡。河上蛟龍盡外孫，虜中鸚鵡稱天后。使節西來婁奉春，錦車馮嫽亦傾城。冕旒七毳瞻繁露，槃敦雙龍贈寶星。雙成雅得西王意，出入椒庭整環佩。妃主青禽時往來，初三下九同游戲。妝束潛隨夷俗更，語言總愛吳娃媚。侍食偏能饜海鮮，報書亦解繙英字。鳳紙宣來鏡殿寒，玻璃取影御牀寬。誰知坤媪山河貌，祇與楊枝一例看。三年海外雙飛俊，還朝未幾相如病。香息常教韓壽聞，花頭每與秦宮並。春光漏洩柳條輕，郎主空嗔梁玉清。祇許大夫驅便了，不教琴客別宜城。從此羅帷怨離索，雲藍小袖知誰託。紅閨何日放金雞，玉貌一春鎖銅雀。雲雨巫山枉見猜，楚襄無意近陽臺。擁衾總怨金龜婿，連臂猶歌赤鳳來。玉棺晝下新宮啟，轉麈王郎長已矣。春風肯墜緑珠樓，香徑還思苎蘿水。一點奴星照玉臺，樵青婉孌漁僮美。總帷尚挂鬱金堂，飛去玳梁雙燕子。那知薄命不猶人，御叔子南後先死。蓬巷難栽北里花，明珠忍換長安米。身是輕雲再出山，瓊枝又落平康里。綺羅叢裏脱青衣，翡翠巢邊夢朱邸。章臺依舊柳毵毵，琴操禪心未許參。杏子衫痕學宮樣，枇杷門牓換冰銜。吁嗟乎！情天從古多緣業，舊事煙臺那可說。微時菅蒯得恩憐，貴後萱芳成棄擲。怨曲爭傳紫玉釵，春游未遇黃衫客。君既負人人負君，散灰扃户知何益。歌曲休歌金縷衣，買花休買馬塍枝。彩雲易散琉璃脆，此是香山悟道詩。（《樊山續集》卷九北臺集，《續修四庫全書》，第一五七四册，第六四五～六四六頁）

智按：李之鼎（一八六五～一九二八?）《宜秋館詩話》云：「此曲（《彩雲曲》）人比之梅村《圓圓曲》，似無多讓焉。」（《清詩話三編》第七一三七頁）樊山自云：「近作《後彩雲曲》，自謂視前作為工，然俗眼不知。惟沈子培云：『的是香山，斷非梅村，亦不是牧齋。』真是行家語。」（見《清詩紀事》第十八册，第一二六四〇頁）吳宓（一八九四～一九七八）《空軒詩話》

第四十五則云:「民國二十一年春,滬戰後,前駐比公使謝壽康君來遊故都。偶獲賽金花,爰招邀名流友好,于袁君宅茶敘。宓亦參與,遂得見曾孟朴(東亞病夫)《孽海花》小説及樊樊山《前·後彩雲曲》。(宓久擬編輯《中國近世詩選》一書,惟手頭鈔稿缺乏樊山《後彩雲曲》之序文,如有此序者,幸其寫示,甚感)詩中之女主角,甚覺其庸碌。然各報競相傳載,喧騰一時。(按最近有《賽金花本事》等書出,一時甚囂塵上,有過昔年,實無足取)是年(民國二十一年)四月十二日之《大公報》中,忽有署名巴人者,新作《彩雲曲》,下注『壬申』,義正辭嚴,使吾儕警醒不少,應與樊山前後兩曲並讀也。《彩雲曲》(題下注壬申)有序云:『近日報載傳彩雲(原注:即賽金花)事,有感賦此。以下里之音,發憂國之歎,辭雖不工,必有能恕我者。』詩云:『寒夜狂風亂吹屋,愁來放歌歌當哭。莫嫌狗尾續樊翁,請君聽我《彩雲曲》。彩雲生長近湖山,眼映湖光鬟山緑。玲瓏解語嬌於鶯,宛轉撩人貌似玉。天花偶落塵世中,骨自神仙緣自俗。俗緣初結在春申,名列章臺第一人。彩雲出岫能為雨,飛絮隨風别有春。春宵秋夜無閒暇,曼舞清歌幾時罷。學舌能通海國音,纏頭須論連城價。此時朝野號升平,和議猶堪退敵兵。洋場十里繁華窟,醉中歡笑夢中生。洪郎才思世無匹,文采風流自飄逸。飛箋召取名花來,筵前一見兩情密。先謍金屋貯佳人,欲寫催妝動彩筆。占盡吳淞萬斛春,枕上芙蓉窗外日。星軺西去渡重洋,且築香巢向異鄉。内寵多才擅言語,有情何處不鴛鴦。紅妝也是天朝使,芳名照耀邦交志。握手言歡瓦德西,分庭抗禮維多利。英倫夜舞鮫綃輕,柏林春宴葡萄醉。爭説東方有美人,漫信外交無難事。德據膠州日臺灣,韓王南面又稱帝。訂約無非喪主權,練兵何嘗足自衛。如此朝廷如此官,更誰能救危亡勢。倦鳥知還罷壯游,修文郎去恨悠悠。襟上有花都是淚,人間無草可忘憂。空餘趙女鴛鴦被,難得張家燕子樓。俗緣次結在燕市,落花再入風塵裏。豔幟高張稱賽花,聲名亦復震北里。門前車馬不曾稀,鏡裏胭脂依舊紫。玉笙檀板歡笑聲,鴛帷鳳枕傷心史。八國聯軍天外來,帝京不守九城開。紅燈照冷無顔色,圓明宫殿成塵灰。兵號文明擅破壞,民為魚肉供殘摧。凝粧去上儀鸞殿,殿上傳呼喜相見。把手從頭話别來,是悲是喜梨花面。自來兒女慕英雄,何況將軍情眷戀。一身能保民安居,一語能教兵罷戰。駿馬雕鞍賽二爺,六街群衆齊聲喚。儀鸞殿裏歡情多，情到深時緣又斷。聯軍去後兩宮歸，從此人間事漸非。有限韶華隨水逝，無情風雨要花飛。飛花時候江南去，滬水淞波舊遊處。往日風流何處尋，春心已在沾泥絮。重系金鈴護落花，爭奈紅顏歎遲暮。飄零落葉不歸根，隻身又向燕塵住。河山一度易興亡，悲歡幾次翻新故。四十年來如夢醒，甘苦辛酸忍回顧。窮巷西風吹袖單，寒宵孤月照窗素。彩雲從今靜不飛，好懺塵緣證禪悟。我歌未終長歎息，悲從中來淚沾臆。人生已是傷飄蓬，那堪家國禍相逼。驚傳塞北倭寇深，遠望江南陣雲黑。邊疆無守國都遷，戰既不能和未得。屈指庚子今壬申，三十三年國不國。嗚呼！請君聽我歌，國將不國君如何？莫恨彩雲容易散，更有人間恨事多！』」第四十六則云：「右《彩雲曲》，予曾印授清華學生。時逾二載，乃知作者巴人，即蕭公權君。［以字行，江西泰和，精於政治哲學，所著《政治多元論》一書（英文）極負盛名。又通音樂。現為清華教授。］予交公權最晚，近一年中，始偶相遇從。然論學、論道、論文、論事，皆極深契合。蓋皆有取於西洋之積極的理想主義，持此返觀中國文化、學藝，乃見其深厚之價值焉。……」（《民國詩話叢編》第六册，第八三～八五頁）蕭公權（一八九七～一九八一），原名篤平，自號迹園，筆名君衡，江西泰和人。自清華畢業，後赴美留學。回國後，先後任教南開大學、東北大學、燕京大學、清華大學等。抗戰爆發後，遷成都，任教四川大學、成都燕京大學、光華大學。一九四八年，當選中華民國第一屆中央研究院院士。一九四九年底赴美出任西雅圖華盛頓大學教授。

《後彩雲曲》（有序）

光緒己亥（光緒二十五年），居京師，制《彩雲曲》，為時傳誦。癸卯（光緒二十九年）入覲，適彩雲虐一婢死。婢故秀才女也。事發到刑部，問官皆其相識，從輕遞籍而已。同人多請補記以詩，余謂其前隨使節，儼然敵體，魚軒出入，參佐皆屏息鵠立。陸軍大臣某，時為舌人，亦在行列。後乃淪為淫鴇，流配南歸，何足更汙筆墨？頃居滬上，有人於夷場見之，蓋不知偃蹇幾夫矣。因思庚子拳董之亂，彩侍德帥瓦爾德西，居儀鸞殿。爾時聯軍駐京，惟德軍最酷。留守王大臣，皆森目結舌，賴彩言於所歡，稍止淫掠，此一事足述也。儀鸞殿災，瓦抱之穿窗而出。當其穢亂宮禁，招搖市廛，晝入歌樓，夜侍夷寢，視從某侍郎使英、德時，尤極烜赫。今老矣，流落滬濱，仍與廝養同歸，視師師白髮青裙，就簷溜濯足，抑又不逮。而瓦酋歸國，德皇察其穢行，卒被褫譴。此一泓禍水，害及中外文武大臣，究其實，一尋常蕩婦而已。禍水何足溺人，人自溺之。出入青樓者，可以鑒矣。

納蘭昔御儀鸞殿，曾以宰官三召見。畫棟珠簾靄御香，金床玉几開宫扇。明年西幸萬人哀，桂觀蜚廉委劫灰。虜騎亂穿驛道走，漢宫重見柏梁災。白頭宫監逢人說，庚子災年秋七月。六龍一去萬馬來，柏靈舊帥稱魁桀。紅巾蟻附端郡王，擅殺德使董福祥。憤兵入城恣淫掠，董逃不獲池魚殃。瓦酋入據儀鸞座，鳳城十家九家破。武夫好色勝貪財，桂殿清秋少眠卧。聞道平康有麗人，能操德語工德文。狀元紫誥曾相假，英后殊施並寫真。柏靈當日人爭看，依稀記得芙蓉面。隔越蓬山十二年，瓊華島畔邀相見。隔水疑通銀漢槎，催妝還用天山箭。彩雲此際泥秋衾，雲雨巫山何處尋？忽報將軍親折簡，自來花下問青禽。徐娘雖老猶風致，巧換西妝稱人意。百環螺髻滿簪花，全匹鮫綃長拂地。鴉娘催上七香車，豹尾銀槍兩行侍。細馬遙遵輦路來，襪羅果踏金蓮至。歷亂宫帷飛野雞，荒唐御座擁狐狸。將軍攜手瑤階下，未上迷樓意已迷。駡賊翻嗤毛惜惜，入宫自詡李師師。言和言戰紛紜久，亂殺平人及雞狗。彩雲一點菩提心，操縱夷獠在纖手。胠篋休探赤側錢，操刀莫逼紅顏婦。始信傾城哲婦言，强於辯士儀秦口。後來虐婢如虺蝮，此日能言賽鸚鵡。較量功罪相折除，僥倖他年免繯首。將軍七十虯髯白，四十秋娘盛釵澤。普法戰罷又今年，枕席行師老無力。女閭中有女登徒，笑捋虎鬚親虎額。不隨槃瓠卧花單，那得馴狐集城闕？誰知九廟神靈怒，夜半瑤臺生紫霧。火馬飛馳過鳳樓，金蛇𦽍䭬燔雞樹。此時錦帳雙鴛鴦，皓軀驚起無襦袴。（見古樂府）小家女記入抱時，夜度娘尋鑿壞處。撞破煙樓閃電窗，釜魚籠鳥求生路。一霎秦灰楚炬空，依然别館離宫住。朝雲暮雨秋復春，坐見珠槃和議成。一聞紅海班師詔，可有青樓惜别情？從此茫茫隔雲海，將軍也有連波悔。君王神武不可欺，遥識軍中婦人在。有罪無功損國威，金符鐵券趣銷毁。太息聯邦虎將才，終為舊院蛾眉累。蛾眉重落教坊司，已是琵琶彈破時。白門淪落歸鄉里，緑草依稀具獄詞。世人有情多不達，明明禍水褰裳涉。玉堂鵷鷺愆羽儀，碧海鯨魚喪鱗甲。何限人間將相家，牆茨不掃傷門閥。樂府休歌楊柳枝，星家最忌桃花煞。今者株林一老婦，青裙來往春申浦。北門學士最關渠，西幸叢談亦及汝。古人詩貴達事情，事有闕遺須拾補。不然落溷退紅花，白髮摩登何足數。（民國五年六月廣益書局刊本《樊山集七言豔詩抄》）

智按：錢仲聯《夢苕盦詩話》開篇第一則云：「樊山前後《彩雲曲》，哀感頑豔，傳誦藝林已久。余友王君瑗仲尊人部畇（甲榮）先生，亦有此曲，特較樊山為勝。……論者謂樊山二曲，猶是梅村，而先生此制則長慶矣。」（《民國詩話叢編》第六册，第一五四～一五五頁）

《入夏以來吏事稍簡甫能潔治一室排比書畫繫之以詩》

卧閤經時政易成，訟堂惟有捶琴聲。吏人私寫香山集，田婦群知内翰名。萬軸玲瓏秋玉館，一官瀟灑牡丹城。掃除天下非吾事，衹辦蕭齋對短檠。（《樊山集》卷十，《續修四庫全書》影印清光緒十九年渭南縣署刻本）

《正月三日黄副都丈招同爽秋子培旭莊班侯諸君小集六叠前韻》（其二）

翦裁金燕拂茸茵，氣味芝蘭老愈親。世事缾花幾開落，文詞杯酒品醨醇。未移桑蔭公知我，不採山藜國有人。頭白香山喜賓客，扶筇同看會昌春。（《樊山集》卷十六，《續修四庫全書》影印清光緒十九年渭南縣署刻本）

《官舍十六韻》

板屋秦風舊，蘭臺楚製殊。拂牀安夏簟，埽徑闢春蕪。顧盼方成適，眠餐坐自娛。鳥名紅綬帶，花號玉盤盂。鏡鼻蟠雙鳳，釵頭列九雛。柳柔方女手，硯細擬兒膚。有牖皆雲母，無燈不夜珠。書黏妝閣粉，衣惹印牀朱。婦織回鸞錦，兒繙打馬圖。古香披閣帖，秘色鬬宣罏。讀畫忺金碧，徵歌愛繡襦。幰眉標北苑，簾額繡西湖。巾薄從漉酒，甌香亦點酥。苦茶烘晚竈，淡菜出春廚。縣緊翻多暇，官卑恰未粗。詩情和宦境，得似樂天無？（《樊山集》卷十八，《續修四庫全書》影印清光緒十九年渭南縣署刻本，第一五七四册，第四一九～四二〇頁）

《曩與仲彝辛未下第丙子計偕兩宿泥溝驛皆有詩奉贈今廿餘年矣丁酉八月廿八日重經斯驛再叠前韻寄仲彝徐州》

驛柳依前作細波，爲君青眼一高歌。貞元朝士存亡半，長慶詩篇散佚多。同請左魚臨劇縣，獨隨秋雁渡長河。逍遥堂背今宵雨，松竹淒淒罥女蘿。（後四句亦作：案牘勞人成老大，鬢絲如此尙關河。何時鑑曲爲鄰並，三徑長開掃薜蘿。）（《樊山續集》卷三朝天集上，《續修四庫全書》影印清光緒二十八年西安臬署刻本）

《胡石查司馬（義贊）自浙中罷歸僑寓都下余欽遲廿載卒未得見瀕行奉贈二律三十一叠安揚韻寄之》（其二）

身世前沈必後揚，羣兒誰復得卿狂。賃春舊是公沙穆，閉户今爲田子方。結客重聽燕市筑，歸田教種浙中桑。樂天拋卻杭州去，別有春風筍蕨鄉。（《樊山續集》卷四朝天集上，《續修四庫全書》影印清光緒二十八年西安臬署刻本，第一五七四册，第六一六頁）

《書白香山下邽看桃花詩後》

香山舊隱下邽旁，千樹桃花一草堂。底事晚年居洛下，卻依履道望新昌。（《樊山續集》卷九北臺集，《續修四庫全書》影印清光緒二十八年西安臬署刻本）

《叠韻酬石甫》

往復微之利樂天，瓶花麈拂伴罏煙。修詞欲過虀辛妙，用智當如棋子圓。壽酒一斟長至日（是日冬至），命書重算小行年。同時枚馬知何似，上水船逢下水船。（《樊山續集》卷十二西京酬唱集，《續修四庫全書》影印清光緒二十八年西安臬署刻本，第一五七四册，第六八一頁）

《再叠聽雨韻酬子馥》四首（其一、其二）

不聽盤門雙櫓柔，吳江楓葉下殘秋。共君曾在蘇州住，識得瀟瀟一段愁。

杏箋重叠掃湘煙，又落青燈夜雨前。最憶樂天親切語，減君顔色損君年。（《樊山續集》卷十七煎茶集，《續修四庫全書》影印清光緒二十八年西安臬署刻本，第一五七四册，第七一七頁）

《西堂春興原韻》四首（其二）

大好村居憶紫蘭，樂天詩稿半存删。堂前燕睇仍尋主，池上蛙鳴也在官。蠻榼紗輕分竹翠，楚衣香重漬梅斑。直緣案牘相拘撿，不到花開不倚欄。（《樊山續集》卷十八鰈舫集，《續修四庫全書》影印清光緒二十八年西安臬

署刻本，第一五七五册，第一二頁）

《竹延兩和第一樓韻十三四叠韻酬之》二首（其一）

三峽詞源水倒流，登高解詠玉鈎鈎。樂天酒力勝婪尾，承吉詩心託欵頭。遠志欲尋靈鷲寺（原詩有東淛從游之志），近光長對鳳皇樓。杜郎莫問空門事，夢月金梁是俊游。（《樊山續集》卷十九近光集，《續修四庫全書》影印清光緒二十八年西安臬署刻本，第一五七五册，第二二頁）

《壽抱冰師七十用香山九老詩格》

哲學環球第一家，上流二紀建高牙。五雲鳳詔参差出，四海龍人早晚衙。表謝兩宫三屬草，筵開八秩再探花。（公八十後卽重宴瓊林）節樓屢荷天題榜，幕佐羣霑御賜茶。手造江山眞衣錦，身居臺閣暗籠紗。關中底物爲公壽，八月豳風棗似瓜。（《樊山續集》卷二十四紫薇三集，《續修四庫全書》影印清光緒二十八年西安臬署刻本）

《兩勉彊齋館課詩賦敘》

夫奏晨露於清廟，則鼖歌者禁聲；御奔虹於皇衢，則跛鱉者匿景。是以鷫冠岌業，不升於龍卷之庭；瘣木符婁，不植於崑崙之國。文章之事，為獨異歟？在昔李唐取士，詩賦是崇。……至於髣髴閨襜，流傳宫體，吐豔則驚蛺蝶，緣情而賦鴛鴦，百寶流蘇，非時即挂，七襄文錦，隨地可施，豈知北里清歌，未許參隨，法部新豐，冶葉詎堪，移種靈和，是故工玉谿之綺語，朝籍無名；摛小山之豔詞，儒流不樂。若斯之類，其失也佻，是知復古者戾乎今，好奇者詭乎法。元輕白俗，豈内翰之詞頭，島瘦郊寒，失玉堂之氣象。先生一夔，高詠五鳳，精修有才八斗，而戒放言；讀書五車，而無僻澀。張曲江輕縑素練，邊幅有餘；薛少保美玉良金，疵瑕何有。……（《樊山集》卷二十三，《續修四庫全書》影印清光緒十九年渭南縣署刻本）

《彭于蕃先生七十晉五壽敘（代）》

今夫三辰麗宇而歲星，乃五緯之宗，百川爭流，而江漢是全。……古者員俶置莊，康僧起第，甘泉美石，愙表聖之清游；書庫琴亭，挹樂天之高致。雖以堯夫絕學，亦辦行窩；君實名臣，不諱獨樂，凡以優游道域，

陶泳襟靈……（《樊山集》卷二十三，《續修四庫全書》影印清光緒十九年渭南縣署刻本，第一五七四册，第四九一～四九三頁）

《天放樓詩續集書後》

向來詩家率墨守一先生之集，其他皆束閣不觀，如學韓、杜者必輕長慶；學黄、陳者即屏西崑；講性靈者，則明以前之事不知；尊選體者，則唐以後之書不讀。不知詩至能傳，無論何家，必皆有獨到之處，少陵所謂「轉益多詩是汝師」也。人所處之境，有臺閣，有山林，有娱樂，有幽憤。古人千百家之作，濃淡、平奇、洪纖、華朴、莊諧、斂肆、夷險、巧拙，一一兼收並蓄，以待天地人物形形色色之相感，吾即因以付之，此即所謂八面受敵，人不足而我有餘也。所蓄既富，加以虚衷求益，旬鍛季煉，而又行路多，更事多，見名人長德多，經歷世變多，合千百人之詩以成吾一家之詩。此則樊山詩法也。（周録祥校點本《天放樓詩文集》，第一四一八頁）

智按：樊增祥，字嘉父，號雲門、樊山、樊嵩、天琴，别署天琴居士、武威樊嘉等，晚年自署天琴老人，湖北恩施（今屬鄂西自治州）人。同治六年（一八六七）中舉人。光緒三年（一八七七）中進士。選翰林院庶吉士。曾任陝西宜川、渭南等縣知事。累官至陝西布政使、江寧布政使、護理兩江總督。辛亥革命爆發，逃居滬上。袁世凱執政時，曾為參政院參政。藏書樓名「樊園」，藏書二十餘萬卷，書畫、碑帖之屬，十餘巨簏。又與上海遺老組詩社名「超社」。有《樊山集》、《樊山續集》與《樊山集外》等。生平事跡見蔡冠洛《清代七百名人傳》。早年喜愛袁枚，繼而好趙翼，「自言初涉溫（庭筠）、李（商隱），後溯劉（禹錫）、白（居易）」（張佩綸《樊山集序》）。李岳蘅《樊山集七言豔詩鈔》序云：「公生平最喜為詩，幾於無日不詩，無事不詩，凡國家之治亂興亡，身世之遭際感歎，友朋之散聚悲歡，以及天地日月風雲之變態，山川草木蟲魚鳥獸之情狀，可驚可愕，嘻笑怒駡，悉寓之於詩。蓋公之性天旨趣覺與白樂天、陸放翁、蘇長公相伯仲。」

林鶴年（一八四七～一九〇一）

《味青齋以「烏衣鏡影」見貽並系四律，戲酬十絕句》（其七）

鼙鼓漁陽閲歲華，天涯游子正辭家；傷心白傅離亭句，還向浮梁訊落花。（《臺灣詩鈔》卷八）

智按：林鶴年，字謙章，號鐵林，氅雲，安溪（今屬福建）人，寄籍淡水。光緒中，嘗榷辦臺灣茶厘。乙未變起，西渡廈門以居。有《福雅堂詩鈔》，内「東海集」為專詠在臺之作；其他各集，亦間有及於臺灣人物與史事。連横《臺灣詩乘》曾就「東海集」輯録若干首。

葉昌熾（一八四七～一九一七）

《緣督廬日記抄》

丙子二月二十三日。閲瞿氏書目，擇其尤精者録於後，以俟陸續借觀焉。……白氏文集七十一卷（宋本）。……（《緣督廬日記抄》卷一，民國二十二年上海蟫隱廬石印本）

乙酉正月初十日，訪查翼甫，出所藏宋元本暢觀，有中統本《史記》錢警石手校，即見於《曝書雜記》者，翼甫内家為硤石蔣氏，此其匳贈也。又有元刻《陳衆仲集》、《虞伯生詩續編》皆士禮居物，有蕘圃跋。伯生詩與《白氏文集》殘本，蕘圃得於顧五癡家，今白集歸修喜齋矣。又有宋刻小字本《近思録》附後録二册，皆朱子門人語。四庫所不著録，元刻《九經直音》，莫子偲載之《經眼録》並皆精妙。（《緣督廬日記抄》卷三，民國二十二年上海蟫隱廬石印本）

丙午五月十五日卯刻起，趁曉涼即發。市東有坊題四字，曰黑龍峪口。過此即渡溪而南，兩山夾峙……又五里，燕子關扁，為山徑最狹處，關門以木為扉，稍西，巖上有刻字數行。可辨者，「水中白石」字，「石脉」字，「白樂天語」字，其餘皆剝蝕。又五里，西河沿，經四皓墓，一碑矗立，遠望正書題「西都□地」四字為額。又五里，抵商州城，未至，里許道旁，墓表林立，皆不甚古。……又，東北向有漢角里祠，僅兩扉，甚庳陋，城周圍，聞僅四五里，街市尚不甚寂寞，惟錢店為多，十家中居其半。州署前代書有三家，此間民風之好訟，可見一斑矣。（《緣督廬日記抄》卷十二，民國二十二年上海蟫隱廬石印本）

《語石》

書碑之例，通稱曰某人書，或曰書丹。金碑稱書丹者過半，惟唐文宣王廟新門記，裴平所書，題曰下丹宋李恂書；湖州飛英寺浴院記，題曰書朱。頗疑裴、李二君，其祖父必有名書名丹者，避家諱故云爾（宋復唯識院記，琅琊□□元書朱）。……有曰録者：開元六年，柏梯寺碑，徐彦伯文，胡輔之録；大曆四年，趙濬沖碑，陰題曰王瑀録；垂拱二年，王徵君臨終口授銘題，曰季弟紹宗甄録，蓋其文即徵君所自撰，紹宗特受而録之，故曰甄録；寶曆元年，硤石寺大隨遠法師遺迹記，薛唐夫書，又題曰河東薛重元刊録，此當是刊正其文字，非書人，亦非撰人也。又如金重刻枋□（智按：當爲坊口）白樂天詩，前題大和五年九月二十六日，後題大金元光元年賈獻臣重録；湯陰嵇公廟記，前題熙甯三年韓琦記並書，後題安陽任倫重録，此乃舊碑，已佚，後人書而重刻之。玉泉寺，唐人詩，宋慶曆八年僧悟空録，雖無重字，義亦如此。又如教興頌，虛儀先生所撰，後題攝太常寺太祝李夢征傳本，夫曰傳本，則亦取前人本有之文傳録之耳。又如攝山棲霞寺碑，聖宋沙門懷則重書，而其前仍題曰京兆車霈書，宋重刻唐旌儒廟碑，前題都官郎中徐珽書，後有張綽重書記，其末題大中祥符三年，張綽記並重書篆額。不沒前人之迹，凡碑之重書重刻者，此例最善。元壽陽北山龍王廟記（至正甲午），前題李道口書丹，後題儒士閻庸重書，亦晚出碑之可據者也。張田龍隱岩詩，治平四年六月題後，四十七年政和甲午孫光祖重書，或舊題未刻，或刻而剝泐，故重書之。又如開化寶嚴閣記，舊爲開運二年蘇曉書，後題大元至正八年內召監察御史郭彦亨謄書。謄書即重書之變文，二字頗新，今人謂録本爲謄，蓋有所本矣。又若宋重書龍池石塊記（開寶六年），第二行但有重書二字，並無人姓名，亦不詳原撰原書爲何人，其文中所稱大漢通容二年，兩漢無通容年號，此直鄉里妄庸子所爲，無足置辨。……（葉昌熾《語石》卷六，《續修

四庫全書》影印清宣統元年刻本，第九〇五册，第二七一頁）

智按：葉昌熾，字蘭裳，又字鞠裳、鞠常，自署歇後翁，晚號緣督廬主人。原籍浙江紹興，後入籍江蘇長洲。藏書三萬卷，曾與撰《清史》。有《語石》、《藏書紀事詩》、《緣督廬日記抄》等。

張德彝（一八四七～一九一九）

《四述奇》

初五日壬申，晴。因届曾公澄侯老大人榮誕，乃公楳壽屏一通，以代兕觥之祝。其詞曰：恭介貤封建威將軍、誥授通議大夫曾公澄侯老大人，誥封一品太夫人汪夫人，六秩晉一，雙壽大慶，皇旁御極之六年，出使英法俄欽差大臣，曾劼剛爵帥將，為仲父澄侯曾公暨德配汪夫人舉六秩之觴，自製祝詞，遍示僚屬，於是參贊官劉翰清、陳遠濟，偕英法使館僚友，敢附祝嘏，獻觥之末，於崧生嶽降之辰，翰清拜手言曰：成天下之大功者，必享天下之美報，歷觀載籍，如操左券者，不可勝計也。憶昔盜發嶺嶠，毒流江海，太傅文正公，揚下武之耿光，贊中興之大業，神綍為謀，日中必熭，用能肅清江表，再奠寰區，成功過於武鄉，握奇儕於風后，當代第一，允為宗臣。……惟時湘鄉一邑，征伐遍四方，强武冠海内，逆賊石達開全力上竄，攻圍寶慶，意欲潰我心腹，披其本根。惟公以為，軍士有家室之憂，斯東南沮蕩平之氣，奮臂一呼，同心敵愾，選材官之三百，率君子之六千，駐守龍山，扼其虎穴，顧盼生風，喑嗚激電，黄公不戰之師，元女先登之策，鯨呿噴浪則萬里倒回，鷁首乘雲則八風卻走，遂使枌榆烽息，桔槔火平。邳彤機老，全解嚴城之扉；謝傅神悟，速展前驛之甲。妖鳥已翼而未飛，長蛇吐沫而遠遁。……或以清節自好，表乎百城，或以循治所敷，潤乎千里；敦詩說禮，多密静之思，奉職勤民，著忠清之美。斯人倫之冠冕，亦聖世之嘉祥，用是積厚流光，膺兹多祜。龍章錫羨，躋一品之崇；鶴算延釐，叶三多之祝。東王主歲，是為福德之宫；南極舒光，正在離明之位。香山九老，白樂天有此高懷；洛社耆英，文潞公方斯盛德。將見黄翁告籙，丹雀銜禾，五百年為昌期，八千齡為遐壽，蒲輪徵召，九重頒平格之言；几杖引年，四海進升恒之頌。誥授中議大夫鹽運使、銜道員用分發補用知府、駐法二等參贊官、世愚姪劉翰清頓首拜撰，誥授中憲大夫道、銜侯選郎中、駐英二等參贊官、姪壻陳遠濟頓首拜書。李鳳苞、邵友濂、黎庶昌、蔣斯彤、張德彝等同頓首拜祝，光緒六年，歲在庚辰仲夏之月穀旦。（《四述奇》卷十六，《續修四庫全書》影印清同治十二年稿本）

智按：張德彝，又名張德明，字在初，一字俊峰，滿族。祖籍盛京鐵嶺，清初編入漢軍鑲黃旗。一生八次出國，在國外生活二十七年。寫下日記《航海述奇》、《再述奇》、《三述奇》、《四述奇》、《八述奇》。

張佩綸（一八四八～一九〇三）

《夜宿韜光》

鐘聲通下界，燈影照禪房。佛說唐長慶，詩題宋佑光。石龍潭底蟄，鑪芋定中香。一睡蘧然化，松濤到枕涼。（《澗于集》詩卷一，《續修四庫全書》影印民國十五年張氏澗于草堂刻本，第一五六六册，第七四頁）

《和東坡石炭》

石炭即今所燒之煤，注家引《漢地志》、隋王邵論、陸游《老學庵筆記》頗詳備矣。余更以《水經注》、《豫章記》及宋人雜著證之，石炭即煤無疑。竊意《說文》無煤字，炭從岸，省聲即是石炭，許訓燒木餘，乃引申義，《史》、《漢》紀竇廣國至宜陽為主，入山作炭，岸崩盡厭，非燒栗薪也。《周禮・掌炭》之「炭物」，鄭注謂「山澤之農所出」，亦不專指木炭。後世專以伐薪所為者，謂之炭，而石炭轉假㚟煤字名之，失其義矣。坡公以石炭冶鐵作兵，犀利勝常，形諸篇什至今日。而石炭之用，繫於軍國，誰謂文忠僅詩人哉。余辛巳之冬，嘗和此篇，及謫塞上，石炭出察罕者，直昂臭惡，鑛且告竭，乃復續一詩。前章覬復中國治卝之利，後章深慨邊方食用之艱，亦庶幾杜陵《負薪》、白傅《賣炭》云爾。

雷斧擊崖臂股斷，防風骨節顱項骭。海國機心鑿竅開，怒艦飛車恣畔換。厚坤富媼蘊陰陽，預韝鮫龍鑪底炭。壇升黑獄駣有文，澒積青金焰不散。西北家家足炊爨，周後卝圖請傳看。歐冶薛燭亟物色，折蘭盧俟斬鋭悍。炎炎火山石可樵，（《水經》：㶟水下，火山出石炭，火之熱，同樵炭。）錚錚鐵山戈乃鍛。漆身黧面人作勞，何苦獠奴求阿段。（今冶卝皆用泰西為卝人，故云。）君不見：塞南童土樵采斷，樵子號寒衣至骭。方筐拾得馬通歸，流人翻取名香換。我觀廣莫山宛延，上者金銀下瑞炭。單于不知利有孔，但逐水草牛羊散。土人然石火風腥，夜氣神苗更誰看。五千山棨雜代貉，莫笑巖頑與石悍。人居未稠地寶閟，誰遷程卓業冶鍛。鴶鵴斑斑胡桃文，貴官燒木論條段。（《潤于集》詩卷三，《續修四庫全書》第一五六六册，第一〇二頁）

《酬子壽文》

瀚海初非物外蹤，漸從瀟散到疏慵。梅魂已返風猶勒，（丈有飲梅花下懷成山及鄙人詩，成山出獄治滇南銅鑛。）柳色將春雪更封。儘有小詩那禁體，（聞丈與賓僚屢和歐蘇禁體雪詩）轉因退筆似藏鋒。（丈别紙諭公瑕謂余書斂剛鋭之氣於沖和中，學養益深，殊不然也。）三峰清削蘇州膩，誰伴香山曳瘦笻。（時丈授蘇州布政）（《潤于集》詩卷三，《續修四庫全書》第一五六六册，第一一一頁）

智按：黄彭年（一八二四～一八九〇），字子壽，號陶樓，晚號更生，貴築（今貴州貴陽）人。出身仕宦之家，其父黄輔辰爲清一代循吏。子黄國瑾，亦知名。

《論閨秀詩二十四首》（其十三）

長慶爭傳贈內篇，緑楊春事兩家偏。低吟珠履清塵句，元九詩緣勝樂天。（《潤于集》詩卷四，《續修四庫全書》第一五六六册，第一二〇頁）

《蘭駢館自題效香山松齋體即用其韻》

非隱亦非吏，閉門即山居。非主亦非客，掃地真吾廬。誰持腐鼠味，妄意猜鵷雛。惡聲縱相隨，豈識吾舟虛。況此蘭齋內，賢婦相于喁。琴音月皎皎，花氣風徐徐。梁清匪椎髻，垣高匪鹿車。終焉信同志，密爾能自娛。東閣偶留迹，北窗時讀書。磊磊更落落，非放亦非迂。（《潤于集》詩卷四，

《續修四庫全書》第一五六六册，第一二〇頁）

《劉祭酒廷枚詩集序》

余家居吴久，余師元和陸先生，兄子壽曾、人駿，師吴縣劉先生，陸先生爲詩學韓退之，先生爲詩學白樂天。先生之學白也，嘗曰：經史事類具在，樂天豈不能博奥者哉！其所以獨絶者，固在樂府諸篇。至流連光景、即事抒懷之作，似若語淺意重，涵詠之，皆有餘味。其人不黨於牛、楊，其詩並不黨於韓，可謂有道之士矣。余深韙其説。先生内行篤，家世傳業，徒衆最盛。燕閒縱言，述乾嘉間吴中諸先輩學術淵源，衮衮可聽。舉世爭爲許、鄭之學，先生經義淵邃，終不著一書也。戊辰一科，類多慷慨激昂之士，先生温温煦煦，居稠人中，欿然若不足，世咸以長者推之，以此翕廷望，典教國胄，持衡名邦，極師儒稽古之榮焉。讀其詩，沖和平易，而詞館蕭閒之況，朋舊切磋之雅，與先生夷險之迹，吾兩家親暱之交，畢具於斯，亦海内士大夫所欲知者也。先生既歿，其子傳祁、傳福始輯存之。余爲揭先生論詩之旨，以詔後來，而陸先生遺文散佚，余力竟不能收拾，以永其傳，爲足悲已。陸先生名廷英，貞定嚴偉，明經不仕，年七十餘。（《澗于集》文卷上，《續修四庫全書》影印民國十五年張氏澗于草堂刻本，第一五六六册，第一八頁）

《致秦伯虞院長》

隨園詩確有所得，矯尊韓抱杜之病，而遁入性靈。鄙人嘗謂，白香山有《白帖》三十卷，較獺祭者，定不枯窘，而不肯堆垛，所以自成一家。隨園四六，博雅如此，豈不能數典者，而詩乃清空若此，蓋欲矯漁洋之弊而爲之耳。廿歲鴻博，豈有未讀《長慶集》者，而自詭晚歲始見白詩，則近於欺人矣。先生不以學隨園爲諱，得其清而去其率，無其晚年之病，而得其生平之真，卓然成家，傾倒無似。弟十三即學詩，亦從隨園入手，後乃泛覽諸家，趨向不定，至今未能自立。塞上三年，注管之暇，案頭僅荆公、東坡、山谷詩，讀之頗有所得。惟嫌七律一種，三家均未到好處。厲津選唐人詩派集，欲以分别源流，而斯事體大，作輟未成。來金陵七年，爲家事擾擾，書皆束閣。偶閲古今詩遺悶，掩卷茫然矣。姓名三見集中，所謂世人皆棄，君獨厚者，引爲深幸。欲和又不能成，只合酌酒自罰耳。……（《澗于集》書牘卷六，

《續修四庫全書》影印民國十五年張氏澗于草堂刻本，第一五六六册，第六〇四～六〇五頁）

《復秦伯虞院長》

⊙《重濬烏龍潭記》、《後湖記游》

柳州西山諸記，全自《水經註》出，此兩記幽秀似之。

《濬烏龍潭記》爲桑根作，非爲水利作也。權文公《杜城郊居》嫌於諛頌，白樂天《廬山草堂》遜此翦裁。（《澗于集》書牘卷六，《續修四庫全書》影印民國十五年張氏澗于草堂刻本，第一五六六册，第六〇八頁）

《澗于日記》

《隨園詩話》載王樓村先生詩學三山，謂香山、義山、遺山也。晦若因之改遺山為虞山。余皆不以為是，余亦有三山，則義山、半山、眉山耳。香山與義山太不類，遺山亦不足學。由半山以溯昌黎，由眉山以規李杜，此學詩之津梁。通唐宋之界而上，無晚唐波靡之音，下斷西江粗直三派，則亦詩之中流也。（《澗于日記》光緒十八年壬辰正月初一日）

智按：張佩綸，字幼樵，一字繩庵，又字簣齋，河北豐潤人。同治九年（一八七〇）舉人，十年中進士，十三年授編修。光緒元年（一八七五）大考翰詹時，名列二等第三，擢侍講，充日講起居注官。與張之洞、陳寶琛等同為清流主將。丁内憂，入李鴻章幕。中日甲午戰爭期間，被劾「干預公事」，旨令回原籍，遂遷居南京。八國聯軍侵佔北京後，北上以編修佐辦和議。因在對俄態度上與李鴻章意見不合，旋返南京，自此稱病不出。有《澗于集》、《澗于日記》等。

黄遵憲（一八四八～一九〇五）

《日本雜事詩》（其七十二）

幾人漢魏溯根源，唐宋以還格尚存。難怪雞林賈爭市，白香山外數隨園。

原注：詩初學中唐人，于明學李、王，于宋學蘇、陸，後學晚唐，變爲

四靈。至于我朝，王、袁、趙、張（注：船山）四家最著名，大抵皆隨我風氣以爲轉移也。白香山、袁隨園尤所愛慕，學其詩者十八九（注：當時有小野篁慕香山，欲游唐，小說家稱海外有樓閣，云以待白香山來，殆即日本也。《小倉山房隨筆》亦言雞林賈人爭其稿，蓋販之日本。知不誣也。）七絕詩尤所擅場。近有市河子靜（注：號寬齋，上毛人）、大窪天民（注：號詩佛，著有《詩聖堂集》）、柏木昶（注：字永日，號如亭，信濃人，有《晚晴堂集》）、菊池五山（注：有《五山堂詩話》）皆稱絕句名家。文酒之會，輒作絕句，高唱往往似唐宋。余素不能爲絕句，此卷意在隸事，乃仿《南宋雜事詩》、《灤陽雜咏》之例，勉强成之。東人見之，不轉笑爲東施之效颦者幾希。（《弢園叢書》本《日本雜事詩》卷一，鍾叔河《日本雜事詩廣注》，湖南人民出版社一九八一年版，第一二七頁；《日本日記甲午以前日本游記五種扶桑游記日本雜事詩廣注》，岳麓書社一九八五年版，第六七四頁）

《與梁啟超書》

報中有韻之文，自不可少。然吾以為不必仿白香山之《新樂府》、尤西堂之《明史樂府》。當斟酌於彈詞、粵謳之間，句或三、或九、或七、或五，或長短句，或壯如《隴上陳安》，或麗如《河中莫愁》，或濃如《焦仲卿妻》，或古如《成相篇》，或俳如俳伎辭。易樂府之名而曰雜歌謠，棄史籍而采近事。至其題目，如梁園客之得官，京兆尹之禁報，大宰相之求婚，奄人子之納職，候選道之貢物，皆絕好題也。此固非僕之所能為，公試與能者商之。吾意海内名流，必有迭起而投稿者矣。（《黄遵憲集》第四九四頁；《黄遵憲全集》上册，第四三二頁）

智按：光緒二十八年（一九〇二）八月撰。

《與梁啟超書》

……吾之五古詩，自謂凌跨千古，若七古詩不過比白香山、吴梅村略高一籌，猶未出杜、韓範圍。……（《黄遵憲集》第五〇二頁）

智按：黄遵憲，字公度，别署人境廬主人、水蒼雁紅館主人、東海公、東海黄公、法時尚任齋主人等，嘉應（今廣東梅縣）人。光緒二年（一八七六）舉人。光緒三年至二十年，先後爲駐日使館參贊、駐美國三藩（舊金山）總領事、駐英使館參贊、駐新加坡總領事。光緒二十三年（一八九七）署湖南按察使，積極協助巡撫陳寶箴創辦新政。次年受命出使日本，未成行。戊戌政變，被放歸鄉里。著有《人境廬詩草》、《日本國志》、《日本雜事詩》，北京大學中文系近代詩研究小組輯有《人境廬集外詩輯》。《清史稿》卷四六四有傳。事跡詳見梁啟超《嘉應黄先生墓誌銘》、錢仲聯《黄公度先生年譜》。

吳慶坻（一八四八～一九二四）

《蕉廊脞録》

⊙京師陶然亭

京師陶然亭，在黑窰廠南慈悲庵内，康熙間江郎中藻所建，取白香山詩「更待菊黄家釀熟，與君一醉一陶然」之句以名之。又名江亭，士大夫讌集勝地也。曹習庵學士詩「穿荻小車如泛艇，出林高閣當登山」，情景最合。庵内有遼壽昌五年、金天會九年石幢各一。（《續修四庫全書》本卷二，張文其、劉德麟點校本，第六七頁）

○嵩洛訪碑圖

黄小松《嵩洛訪碑圖》凡二十四幀，藏武進費屺懷所（舊為李竹朋物）。小松有自記一首，茲節録如左：開元寺（鄭州城西）。等慈寺（汜水東關二里許）。轘轅（關，一名㟎嶺口，在少室北，登嵩境始於此）少林寺（少室五乳峰下）。少室石闕（邢家鋪西荒原）。嵩陽書院（太室南麓，門下有漢柏二株）。開母石闕（崇福宮東數十步，闕北啟母石，高三丈，廣如之，疑星隕也）。中嶽廟（嵩山黄蓋峰之陽，廟前太室、神道雙闕）。石淙（城西四十里平洛澗，于此間想見盧鴻草堂之勝）。會善寺（積翠峰下，門前銀杏翠柏甚古）。嵩岳寺（嵩陽觀右）。緱山（緱氏山在偃師城南，一峰隆然，嵩、少諸峰三面環列，誠仙境也。武后《升仙太子碑》，題目一行，碑陰上半，皆薛稷書）。小石山房（偃師武虛谷得晉征東將軍劉韜碣，因構小石山房）。平等寺（寺址在義井鋪北洛陽界荒原）。白馬寺（洛陽寺，有方塔）。大覺寺（東魏

《大覺寺碑》，韓毅書，武虛谷得於洛陽城在四眼井，僅存篆額）。龍門山（洛陽城東三十里）。老君洞（龍門南）。伊闕（洞壁刻經，明人鑿「伊闕」二大字壓其上）。奉先寺（老君洞北）。香山（伊水之東，自龍門舟渡，沿山而登，寺有白樂天栗主）。邙山（嵩、洛歸途過此，及巔，見黃河如帶，南瞻嵩嶽，北眺太行。輿人指宋八陵，隱隱可見）。太行秋色（渡河至孟縣，出城東返，無日不見太行山色，秋樹丹黃，真畫境也）。晉碑（晉太康十年太公呂望表，盧無忌文）。嘉慶元年九月自開封至嵩洛，十月經懷慶、衛輝南還，往返四十日，得碑四百餘種。游屐所經，成此廿四圖，以志快幸。錢塘黃易。圖中皆記某地得某碑，而翁正三學士每圖各為之記。書作小行楷，精妙無匹，真名跡也。（《續修四庫全書》本卷七，張文其、劉德麟點校本，第二一五～二一六頁）

智按：黃易（一七四四～一八〇二），字大易，錢塘（今浙江杭州）人。

⊙貶俗詩六章

蜀中文學頗盛，而士習多漸染汙俗者。余於課尊經書院日，嘗以《貶俗詩六章》發題，用白文公《新樂府》體，拈三字為題。

一曰「多暇日」，戒廢學也。　荀子曰：「其為人也，多暇日者，其出人不遠矣。」荒於嬉，安於陋，汩沒於利，均之廢也，戒之哉！

一曰「莠亂苗」，止橫議也。　學術歧誤，莠言亂政，非聖無法，厥禍滔天。蜀士誠敦本尚義，不惑異說，比於齊魯，今猶古矣。所願後生小子，毋搖於聞見，毋恣為論議，葆我嘉種，衛我道藩。教者之責，學者之幸。

一曰「鼠無牙」，懲好訟也。　訟則終凶，大《易》明訓。人能充無欲害人之心，而仁不可勝用也。積習深痼，牢不可破，庸詎知害人者卒自害乎？

一曰「捉刀人」，惡槍替也。　槍之名，不知緣起，無已，姑以捉刀字比附之。彼乃英雄，此則穿窬類耳，機械變詐，廉恥道喪，無怪憤激者之欲廢科舉也。

一曰「阿夫容」，痛煙毒也。　天降巨毒，禍我中華，浸淫百年，戕賊無算。愚頑無論已，賢知不免，槐蘭之根而漸之滫，可弗痛歟？

一曰「哀六朝」，正書體也。　篆分草隸，遞嬗遞變。隋末唐初，八法正軌，近世好異，乃學六朝。即論六朝，亦自有其平正者，刁遵、鄭羲，差為傑出；志銘造象，石工粗書，不足言矣。不睹碑版，不識書勢，詖險側媚，炫名駴俗，雖曰小道，亦人心世運之憂也。（《續修四庫全書》本卷八，張文其、劉德麟點校本，第二五一～二五二頁）

智按：吴慶坻，字子修，一字敬彊，號補松老人，錢塘（今浙江杭州）人。光緒十二年（一八八六）進士，改翰林院庶吉士，散館後授編修。歷任四川學政，湖南提學使，政務處總辦，資政院碩學通儒議員。善詩文，工書法。參撰《杭州府志》、《浙江通志》。著有《補松廬文録》八卷（浙江圖書館藏《補松廬文稿》抄本六卷）、《補松廬詩録》六卷、《悔餘生詩》、《蕉廊脞録》、《益州書畫録續編》等。吴氏與八千卷樓主人、清季著名藏書家丁氏交好，曾參加鐵花吟社，與丁丙相唱和；其女歸於丁丙之孫。

楊深秀（一八四九～一八九八）

《仿元遺山論詩絶句五十首》（之二十三）

鄙論從來出腐儒，頗嫌白傅負姑蘇。懷民憶妓衡多寡，曾見香山樂府無?（白居易）（《雪虚聲堂詩鈔》卷三，《續修四庫全書》第一五六七册，第九七頁；《萬首論詩絕句》第四册，第一五五六頁）

智按：楊深秀，字漪春，聞喜（今屬山西）人。光緒十五年（一八八九）己丑進士，歷官御史。有《雪虚聲堂詩鈔》。

邵松年（一八四九～一九二四）

《澄蘭室古緣萃録》

⊙董香光書《桃花源》、《琵琶行》詩册。

紙本十二開。廿四頁。高六寸，闊三寸四分。四行。字數不等。《琵琶行》八開。末款「董其昌」，「董玄宰」「太史氏」二印。《桃花源》四開，末款「思翁」，有「董玄宰」一印，餘紙書《池上篇》一首，小行書，八行，末款「董其昌」聯珠小印。首頁印首戲鴻堂，中有「怡府世寳印，下角有「韻華主人珍賞印，末有「韻華齋印」、「韻華主人珍玩」、「永玉主人珍玩」、「琳圃珍賞」四印。（《澄蘭室古緣萃録》卷八，《續修四庫全書》影印清光緒三十年上海鴻文書局石印本，第一〇八八册，第九六頁）

⊙吳墨井《白傅湓江圖》卷

紙本設色，高七寸三分，長二尺八寸五分。楓樹盈坡，蘆花映水，一舟斜泊，小舫傍之。艙中三客，一婦抱琵琶，更有書童、舟子，點綴逼真，岸上匹馬，四人逡巡，其際江天秋冷，波月隻圓，數點歸鴉，群飛繚亂。墨井畫中逸而神者也。卷首題五字，卷尾題詩，小字四行。

智按：吴墨井，即吴歷（一六三二～一七一八），常熟（今屬江蘇）人。本名啓歷，號漁山，桃溪居士。因所居有言子墨井，又號墨井道人。以山水畫聞名，爲「清初六家」之一。幼學畫，稍長學琴。早年多與西人牧師、神父往來。康熙二十年（一六八一），决意隨柏應理神父赴羅馬覲見教皇，原欲經澳門乘荷蘭船赴歐洲，已至澳門，却未能成行，遂留居澳門五個多月。次年在澳門加入耶穌會，受洗名爲西滿·沙勿略，並遵習俗取葡式名雅古納。常居聖保禄教堂，吟詩作畫，有《漁山袖珍册》、《白傅湓江圖卷》、《秋山紅葉圖》等。著有《三巴集》。《清史稿》有傳。

⊙《白傅湓江圖》

逐臣送客本多傷，不待琵琶已斷腸。堪嘆青衫幾許淚，令人寫得筆淒涼。予在嶴中第二層樓上，師古得此。墨井道人并題。辛酉年冬十月廿八日曉窗。

人聲不聞月在水，萬頃秋歸一幅紙。漁山用筆本稠疊，不謂空靈有如此。其間繪水尤極工，真能繪聲有如風。荻花楓葉尚瑟瑟，恍作白傅船窗中。吳門孝廉擅真賞，示我晴軒詡無兩。潯陽風景別三年，勞我今朝猶夢想。……光緒乙未冬十二月白雲山樵吳大澂。（《澄蘭室古緣萃録》卷八，《續修四庫全書》影印清光緒三十年上海鴻文書局石印本，第一〇八八册，第一五三頁）

智按：第二層樓指三巴寺（澳門聖保禄教堂之譯音）第二層樓，為吴歷在澳門學道時眠食之所。吴大澂（一八三五～一九〇二），字清卿，號恒軒、愙齋、白雲山樵，江蘇蘇州人。

邵松年，字伯英，號息盦，室名澄蘭堂、蘭雪齋，常熟（今屬江蘇）人。同治九年（一八七〇）舉人，授内閣中書；光緒九年（一八八三）二甲第五名進士，授翰林院編修；光緒十七年，任河南學政。光緒二十一年歸田省母。光緒三十四年任常昭縣自治籌備公所所長。民國六年任《常昭合志》協修。有《澄蘭堂古緣萃録》、《虞山畫志補編》。

盛昱（一八五〇～一九〇〇）

《游西山和王廉生》

官職聲名亦偶然，百年鬢雪不能堅。衰遲語愛邱靈鞠，閒適詩吟白樂天。小女解編藏書籍，門生時送買書錢。短衣匹馬西山下，好逐春風一放顛。（《鬱華閣遺集》卷一同治癸酉至光緒乙未，《續修四庫全書》影印清光緒三十四年刻本）

《雲門同年來都倡予和汝語率悲苦雲門昨有詩見慰語意深至余恐别後之念余也乃五叠前韻作樂詩二首石湖田園樂天閑適古人亦有不得已者乎》

深居讀易小樓安（俞玉吾所藏周易單疏有讀易樓印），偶復箋詩較魯韓。食料銀魚還紫蠏，門童青士又蒼官。壁間九九梅痕豔，雪後雙雙鶴羽寒。消受屏帷多少福，歲闌乞米不爲難。

少年一夢懺維揚，汨水揮泥老去狂。叠石成林樊荀法，隔年蓄雪養藊方。閒看兒輩分梨棗，傳寫詩篇費楮桑。興到短衣看射虎，西山山下玉河鄉（玉河鄉在蘆溝橋北）。（樊增祥《樊山續集》卷四「朝天集中」附，《續修四庫全書》，第一五七四册，第六一〇～六一一頁）

智按：盛昱，字伯熙。有《八旗文經》五十六卷。雲門，樊增祥（一八四六～一九三一）號雲門。其原詩《伯熙以往復諸作語多悲苦别賦樂詩二首見貽》云：「綺石承甌甌甚安，雪窗佳畫賞廷韓（時有人以莫是龍畫求售）。

鄒枚同調憐司馬，沈宋詩評付上官。烘出唐花龜手愈，洗來宋硯鴝眸寒。隱侯句律惟三易，不似陽春屬和難。」「北征旌旆忽飛揚，京洛依然杜牧狂。豈爲鶴書徵赴隴，恰如鹿蹻遠參方。風光太液舒人柳，謀議西秦待子桑。好積樊嘉五十萬，秋風覓取木奴鄉。」

皮錫瑞（一八五〇～一九〇八）

《仿唐人絶句八首》

黄沙十丈夜漫漫，月照龍荒白骨寒。數遍刀痕餘百戰，一身猶自在雕鞍。（仿王少伯）

杜宇聲聲望故鄉，碧簫吹徹楚雲涼。銀箏勸酒不能醉。明月滿天湘水長。（仿李太白）

一戰收京萬國春，滄江聞道静胡塵。花門不宿天驕子，茅土惟封柱石臣。（仿杜子美）

離情幾度似春潮，野渡無人别路遥。樽酒尋君何處見，空山落葉雨瀟瀟。（仿韋蘇州）

臺城淒絶後庭花，汴水蕭條御柳斜。二十餘年湖海客，獨來淮上看寒鴉。（仿劉夢得）

何人攀折柳毵毵，花落樽前酒半酣。忽憶去年湖上樂，瀟瀟暮雨唱江南。（仿白香山）

夜醉青樓晝酒樓，樓臺燈火秣陵秋。秦淮碧水深千尺，不洗臙脂井畔愁。（仿杜牧之）

泣露衰蘭尚有香，花枝零落月魂傷。憾春無奈春方到，蝴蝶一雙飛過牆。（仿李義山）（《師伏堂詩草》卷一，《續修四庫全書》影印光緒二十一年師伏堂刻本）

智按：皮錫瑞，號鹿門，湖南善化人。光緒八年（一八八二）中舉。工詩及駢文，治經出入古今文之間。嘗一任京師大學堂經學教習，歸而著書以老。所撰百餘卷，計數十萬言。有《今文尚書考證》三十卷，《尚書大傳疏證》一卷，《古文尚書冤詞平議》二卷，《尚書古文疏證辯證》一卷，《尚書中候疏證》一卷，《史記引尚書考》一卷。其餘合刊為《師伏堂遺書》。

胡薇元（一八五〇～一九二〇？）

《夢痕館詩話》

吴梅村七言古詩，以高（適）、岑（參）之格，運義山之詞，無美不包。《行路難》十八首，從漢、魏古歌激楚處入，作者難，知者亦正不易也。……世以元、白擬梅村，烏知其精深變化如是哉！（《玉津閣叢書》甲集本卷四）

智按：參見李學穎集評標校《吴梅村全集》上册，第四十頁。

此詩（智按：《圓圓曲》）用《春秋》筆法，作金石刻畫，千古妙文。長慶諸老，無此深微高妙。一字千金，情韻俱勝。（《玉津閣叢書》甲集本卷四）

智按：參見李學穎集評標校《吴梅村全集》上册，第八十頁。

胡薇元（一八五〇～?，一説一八四九～?），字孝博，號壺庵、詩舲，別號玉津居士，山陰（今浙江紹興）人。光緒三年（一八七七）進士，由廣西天河知縣歷官四川涪州、陝西鳳翔、西安知府，所至有政聲。民國後寓四川。其論學宗黄宗羲，有《玉津閣文略》（中國國家圖書館藏光緒本，九卷）、《導古堂文集》（中國科學院圖書館藏 光緒本，兩卷）、《天雲樓詩》、《研經館詩》等，見《益州書畫録續編》著録。傳世有《公法導源》、《三州學録》、《湖上草堂詩》等九種，匯刻為《玉津閣叢書》。生平見高賡恩撰《胡玉津先生家傳》。《夢痕館詩話》成於宣統至民國三年（一九一四）間。前有易貞、陳九鉞序，民國三年八月鄧鴻荃題詞。

金澤榮（一八五〇～一九二七）

《挽曲園先生》

余於乙巳春，聞俞曲園先生負儒林峻望，致書通志。至九月中，自滬至蘇州謁之。

先生時年八十有五，以病謝客久矣。聞余至，扶杖出見。見其體短面圓，神氣精緊，只似五六十歲人，殆天縱也。筆談有頃，余出詩文稿請序。先生許之，及余辭歸滬而序文至，則距請不過五六日。盖其年已極隆，而精力之不衰者如此。而序中所論所賞，多有令人感動者，實余文字遊世以來數十年，所不幾値者也。今聞其喪，能不悲哉。茲述古體一篇書諸帛，致于其孫翰林陛雲甫，使之代讀靈前而達區區之衷焉。

滌生已遠摯父亡，公又何遽歸雲鄉。中州古道日廢落，異言新學來相攘。不有尊宿扶天柱，後人何從知朔羊。公雖釋褐甘中廢，百年矻矻披青箱。鄭王箋注紛避舍，西京小學尤勁强。餘波泛濫入聲律，直追白傅升其堂。惟愛平步中規矩，何曾作色爲矜莊。東韓小子昔何幸，秋風一棹趁門牆。感公耄病扶杖出，砉然啓戶飛神光。精神滿腹玉其色，偓佺骨體凝芬香。事奇願滿還自訝，如罷清都夢一場。覊踪匏繫苦難解，一年隔水勞相望。何來匈信忽到耳，再撫往塵涕沾裳。惟公樹立自不朽，永與江水流湯湯。世間縱有求備議，彼哉拒轍哀螳蜋。知公浩浩欣凌舉，獨我落落愁彷徨。贈言雒誦不忍掇（公贈余有詩二及稿序一），篋中夜夜丹虹長。（《韶濩堂詩集定本》卷四丁未稿，《韓國文集叢刊》本）

《茂亭詩稿序》

昔白居易爲詩，有古詩人溫柔敦厚之遺意。平易爲體，廣大爲趣，精切爲功，華麗爲神。其辯不窮，滔滔如水，卓爲中唐一代之鉅工。後蘇東坡病其平易，頗加嗤點，而師蘇者奉爲定論。又其後有人以蘇之所病者爲病，而直以天才斷居易，與李白仙才、李賀鬼才，幷舉爲三，則是論也，曷嘗定哉。茂亭鄭子自成童時，已能爲詩。以李寧齋爲師，以其弟丙朝寬卿爲友。歡愉悲憂，一以是而陶之者四十年，而尤有敏才。其在海島時，嘗一日成百絶句，何其奇矣。茂亭子近次其詩，爲若干卷。以不佞爲生平文字之契合者，走書徵言。嗟夫！不佞之齒，今已頹矣，其何足復與於風雅之事而爲之說乎。惟以茂亭之詩，於居易爲近，故畧論居易。俾讀是詩者，比類以觀之。（《韶濩堂文集定本》卷三序，《韓國文集叢刊》本）

《明美堂集序》

公平日所自明其爲文之旨，而余之所以醒於耳而醺於心者也。然公既以王、曾爲主。而又時時能出入于歐陽子之門，故其文也，其正其雅，綿蕝之陳也；其精其纖，絲縷之理也；其鑱其削，刀劍之淬也；其明其淨，綺縠之張也；其窈其冥，鬼神之搜也；其勁其緊，虎豹之縛也。春木之句萌，其溫柔也；酒醴之旨且多，其跌宕也。神樂之九變而鳳凰來下，其折轉而至于極也。文至於此，亦可謂能事畢焉已矣。曩余爲麗韓九家文選，公與其一。而今又論說之如此，然至公學殖見解之深妙靈敏，所謂庖丁氏之目無全牛者。非此寥寥數言之所能盡，撫念疇昔，涕泗交頤，輒以爲此身何以得親見之，而因以悲後人之但讀其文也。若公立朝之直節，後世史氏當紀之，茲姑闕。公又善於歌詩，有白居易之風，而今亦不詳書，以明其文之成之重於詩者。保卿氏，深於文者，其必不河漢我乎。故韓隆熙紀元之十一年丁巳首夏，淮南遁士、花開金澤榮序。（《韶濩堂文集定本》卷三序；李建昌《明美堂集》卷首，《韓國文集叢刊》本）

《雜言九》

余交遊之中，能知余生平本末及與共文字甘苦之境者，惟寧齋爲然。故嘗謂余曰：子三十以前，詩勝於文，以後詩文均。又嘗笑謂曰：子可謂震川之子，此莊周所云莫逆也。莫逆者，相知十分之謂，若不然而止知九分八分，必有一二分相逆不入之時。況其愈下乎。寧齋《高靈歎》、《喂馬行》二篇，置之《孔雀行》、《長恨歌》諸樂府中，可能辨否？寧齋嘗向余有歎言性質不靈，不能作驚人詩。傍有一客盛稱姜古懽詩，寧齋笑曰：古懽詩吾亦爲之，惟所謂驚人詩不可爲。詩能至於驚人，則雖傳一篇於世可也，何必百千篇。寧齋此言之激，正猶白居易願爲李商隱子者也。然人之才性各異，互有長短，則實有如此者矣。（《韶濩堂文集定本》卷八雜言，《韓國文集叢刊》本）

智按：金澤榮，字于霖，號雲山韶濩堂主人。有《韶濩堂集》。

王甲榮（一八五〇～一九三〇）

《彩雲曲》

曩在天津，耳賽金花之名。休沐之暇，與朋輩訪之。直其晨妝未竟，良久始出。一出而滿室生春，坐客六人，罔不周旋合度。徐娘半老，而穠粹猶不亞於雛鬟，真尤物也。往者，侍郎某公奉使德意志，寵妾傅彩雲，有豔名。德后愛之，乃與同照小影。後為英吉利女皇維多利亞之子，亦麗姝也，貴寵震於歐洲，其事遂哄傳海外。彩雲故蘇臺歌妓，侍郎薨後，不安於室，重隸教坊，乃更名賽金花云。予不禁為之感歎，爰仿長慶體，為賦斯篇。非但徵尤物，間緯以時事，且諗來者爾。

冶坊濱裏移蘭棹，船娘纖手調羹妙。襲人花氣正慵眠，隔岸山容如巧笑。有約鄰娃鬬草來，游春公子飛箋召。晨梳蝤上玉搔頭，黠婢歡呼偏識竅。兒生璧月中秋夜，彩雲擁出銀河界。小字拈來阿母憐，他年只許仙人跨。天生佳麗住橫塘，日坐花前鬬豔妝。三五年華尚嬌小，春風到處姓名香。聞名但欲求識面，相見誰知即斷腸。萬里闕前金殿客，三生石上玉簫娘。近來繡轂應須早，怎奈瀧岡猶待表。大婦恩情斯易求，詞臣禮法敢輕掉。苦煩密友代藏嬌，金屋偷營烏鵲橋。料得彈琴不成調，度他擁髻可憐宵。轉瞬明年別鄉樹，雙飛同向燕臺去。夫婿朝衣待漏行，侍兒畫閣熏香護。君王選使重懷柔，鳳詔傳宣第一流。遠唱皇華三萬里，閨中翻起細君愁。卻教小婦相隨往，好學夫人莫慢羞。異寵新頒紫霞佩，烏鴉飛入青鸞隊。同行俠客虯髯公，便認李郎紅拂妹。為譯蠻奴鴃舌音，遂嫻絕國龜茲伎。花枝才展柏靈城，梨園唱遍羅敷媚。瑤宮仙子愛娉婷，博士披香歡接引。狡檜潛收威鳳儀，琉璃照徹驚鴻影。（此一節予親聞之彩雲）從此丰姿海外傳，別開生面星軺幸。星軺述職返皇都，千金買得方輿圖。賈胡弄舌工欺誑，一寸山河千里訛。乖厓舊是同心友，反覆無端一揮手。蜀道褒斜隨處成，人心鬼蜮奚從剖？茂陵秋雨但愁眠，蕩婦空牀難獨守。愛唱雲中《赤鳳來》，悄諧花底秦宮偶。無何寡鵠起長悲，消渴文園竟莫醫。燕子不棲關盼盼，鴇兒重迓李師師。燈火樊樓溫舊夢，花磚學士締新知。輕歌緩舞依然樂，換羽移宮總弗思。萬事榮枯車轉轂，一枕荒唐蕉覆鹿。俄驚廟火焚袄神，爭看黃巾拜張角。鼙鼓聯邦動地來，鶯花滿院隨風逐。飛來天外一將軍，鈿合金釵緣再續。七寶雕鞍細馬馱，九華錦帳雙鴛宿。兩宮西狩音塵斷，上國衣冠盡塗炭。寶玦王孫泣路隅，金魚朝貴遭索貫。鎖骨菩薩心慘然，每向將軍代乞憐。宰相和戎傾帑藏，諸夷滿欲整歸鞭。猋輪待發匆匆別，珠淚輕彈粒粒圓。烽煙散盡回鑾輅，繁華氣象還如故。五陵俠少縱豪遊，一曲纏頭不知數。尤物移人人自近，徐娘半老猶風韻。充房面首聊自娛，容爾心頭敢何問。白晳剛垂雅婢涎，紅顔遽絕魚姑刃。妬花風雨黯長安，鐵鑄爰書為雪冤。牘背多端從吏示，橐館還仗所歡傳。刑庭對簿回天易，孽海生波掠柁難。紫陽春濃歌緩緩，花開花落自江南。

作此詩後，未幾拳事起，遽付劫灰。事閲二十餘年，忘懷久矣。近甬上秦生，以予稿本散佚，為鈔此寄來。展覽之餘，渾如隔世。但所作廑及其去幃而止，而庚子恩跡花門，事尤奇恣，不可不加以煊染。因復衍數百言，綴諸其後。若傳其樓傍玉臺，敖遊京洛，予所不審，則從略焉。或曰：樊山方伯，亦有此曲，命名正同。方伯雅什，予未之見。東施獨處，無心效顰；魯門不窺，放手弄斧。得弗使人齒冷？老年閑曠，近日正自録舊作，因即寫在待選草中，其次序未免參錯爾。辛酉長至後三日冰叟跋。（錢仲聯《夢苕盦詩話》引，《民國詩話叢編》第六册，第一五四～一五五頁）

智按：王蘧常《國恥詩話》云：「樊山方伯有前後《彩雲曲》，後《彩雲曲》敘瓦德西、傅彩雲事。彩雲與瓦德西重拾墜歡，僭居鸞儀殿，故從鸞儀殿說起。是時聯軍駐京，德為最橫，遂雞狗不得寧焉。留守諸公，瞠目結舌，莫敢誰何，彩雲惻然，切言於瓦，止其淫掠，又曰：『琉璃廠，中國數千年文物所萃，幸勿毀。』且瓦止麥索責償過苛者，彩雲必力爭，於是大局之斡旋，民生之利賴，不必諸公之衮衮，而繫彩雲之纖纖，不可謂非中國之奇恥極辱矣。曲極刻畫之能事，而微病纖佻，沈子培中丞師嘗謂先大夫曰：『樊山不過梅村，子則真長慶體，不可同日而語矣。』」（《清詩紀事》第十八册，第一二六四二頁）錢仲聯《夢苕盦詩話》開篇第一則云：「樊山前後《彩雲曲》，哀感頑豔，傳誦藝林已久。余友王君瑗仲尊人部畇（甲榮）先生，亦有此曲，特較樊山為勝。……論者謂樊山二曲，猶是梅村，而先生此制則長慶矣。」（《民國詩話叢編》第六册，第一五四～一五五頁）第二則，引另一篇長慶體加以比較，云：

同時侯官薛秀玉（紹徽）女士，亦有《老妓行》一詩詠彩雲事，雖沈博絕麗，未逮樊、王二家，而翔實勝之。出諸閨秀手筆，尤為難能可貴。並録之，以資比較。詩云：「芙蓉張席咽流霞，沉沉銀燭喧箏琶。中有徐娘已半老，依然顔色浥朝華。雙眸剪水歌喉澀，舉止偏能似大家。伸拳拇戰雜歡笑，旁人道是賽金花。金花自言本姓傅，彩雲一朵蘇臺住。折花時上虎丘游，門前溪水横塘路。十五韶年見麗質，歌舞場中稱第一。上頭嫁得狀元郎，眉嫵畫邀學士筆。奉使乘槎八月時，輶軒遠采單鷹旗。皇華六轡秉龍節，海天一舸隨鴟夷。柏林城築鴛鴦闕，錦雞官誥驕回鶻。奚須江汜論國風，竟作小星奪明月。聯邦破法聲望高，相國鐵血將軍毛。可汗頭白尚英武，閼氏腰細能英豪。太歲金床見天使，錦車馮嫽充陪侍。鶯語善傳通譯辭，鸞書代解旁行字。恪尊喜與忘年交，酪漿腥肉開天庖。鏡殿名花偕照影，儼如姊妹雙同胞。爰劍種人盡豔羨，茶筵舞會尋常見。可憐嗅地骨都侯，畫圖想識春風面。好夢未醒羊胛熟，歸舟仍載人如玉。聯鑣並騎入長安，曉鏡夕燈看不足。瑞錦窠通清閟閣，袍笏朝回聽絃索。共道侍郎豔福多，那知鄅女姻緣惡。或云容齋未第年，濟南淪落囊無錢。獨有青樓人青眼，悄從花底贈金鈿。山盟海誓如蝴蝶，但願生生比鶼鰈。小別樓頭盼好音，大魁殿上成高捷。衣錦重為歷下吟，高車駟馬快登臨。不妨選取豪奴俊，驀地來挑卓女心。太息樊籠小嬌鳥，覆雨翻雲未分曉。錢樹惟圖阿母歡，搴帷豈料故人誚。相見無言但泣血，六州錯鑄郎心鐵。宛轉君前死便休，指環再世煩冤結。玉簫顔貌同前人，老眼模糊認不真。奴星命照紅鸞暗，禍水歌來赤鳳頻。漏泄春光終愧憤，病深縮骨紅秋殞。早驚結局事難收，悔煞當初心太忍。未聞荷葉出污泥，翻使桃花墜藩溷。葫蘆更畫莫短長，琵琶重抱誰恩怨？申江飄蕩上津沽，豔幟高標又入都。寵姬樂籍歸寇俠，故妓侯門剩孟珠。亡何闕下嘶胡馬，滚滚旌旗黯原野。統帥老將碧眼高，當時曾唤真真者。捕卒六街擾婦女，蘭閨淑媛伏如鼠。偏有冬兒慷慨前，短衣縛袴能胡語。酋帥撚髯起攜手，意中喜見使君婦。鸞殿相逢如夢中，特令諸軍静刁斗。外史莫爭玫瑰花，約章似借章臺柳。兵氣既銷日月光，遂遭斥逐飛蓬首。即今居傍泥城橋，短髮蕭蕭淚暗消。買得雛娃教度曲，惜無狎客與吹簫。酒闌時話故家事，曲罷猶歌西國謠。飛絮成萍渾不管，牽籮補屋亦無聊。我聞眾説慢然起，參觀前後皆天理。名士恃才總負心，佳人絶代偏蒙恥。種瓜得瓜勢使然，以暴易暴終無已。果報只存眉睫間，紀綱都在倫常裏。女傳弗因孽嬖删，婦道要論容德美。一編為譜《老妓行》，用告采風士君子。」余伯母單士釐夫人《國朝閨秀正始再續集》一下曰:「『忘年交』、『偕照影』等句,仍是未諳外事者之語。德國后尊貴自居,歐土世爵婦女且不輕交,況吾國婦女乎!『開天庖』亦不過外交例宴,不足為重。『偕照影』則西土工人往往能合兩幅以上之照相,湊成一幅,天衣無縫,不知者以為廬山真相,此正用是法也。予夫子(錢恂)習知外事,矧光緒庚寅、辛卯,夫子正在英德兩國間,不但確聞,並且確見,故為正之。總之誤於小說《孽海花》之訛言耳。」秀玉,侯官陳壽彭室,著《黛韻樓詩集》四卷,《詞集》二卷,《文集》二卷。又《國朝閨秀詞綜》十卷,未見傳本。《國朝女文苑小傳》僅成百餘篇,未畢事。兼能畫,嘗賣畫佐家用。詩多紀事之作,《豐臺老媼歌》五古一首,記庚子事,尤無愧詩史,太長不録。(《民國詩話叢編》第六册,第一五六~一五七頁)

《上海也是園》

城外繁華互市場,閑來岸幘覓清涼。池塘春水涵新緑,樓閣斜陽抹淡黄。老樹參天鷹下掠,狂花滿地蝶成行。吴兒愁絕掉頭去,亂擲纏頭錦瑟旁。(錢仲聯《夢苕盦詩話》引,《民國詩話叢編》第六册,第一五八頁)

智按:錢新甫評云:「三四香山佳句。」(錢仲聯《夢苕盦詩話》引,《民國詩話叢編》第六册,第一五八頁)

王甲榮,原名厚培,字步雲,一作步瀛、部畇,號次逸、冰叟,晚號冰鏡老人,嘉興(今屬浙江)人。清光緒十五年(一八八九)舉人,歷任廣西永淳、富川知縣,兼署富川縣教諭、鍾山理苗通判,候補直隸州知州,知府銜。博學工書法。有《庚子京畿見聞録》、《傜僮洞苗述略》、《行政紀要》二卷、《二欣室隨筆》八卷、《景行劄記》一卷、《二欣室詩存》六卷、《二欣室文存》四卷、《二欣室聯語偶存》一卷、《二欣室詞》一卷、《古今醫術最録》三卷、《二欣室記事珠》一卷。子邁常、蘧常、藴常。藴常早逝,邁常、蘧常皆以學術、書法知名。

鄒弢（一八五〇？～一九三一）

《三借廬贅譚》

⊙謬贊

詩關風化，隨氣運爲轉移。自《三百篇》後，歷漢魏六朝唐宋以至於今，家派之分別，作法之精嚴，幾令畏難者望而卻步。其中一代有一代之詩，一人又有一人之詩，今之評詩者，動曰逼近唐人，神似劍南，而作者亦居之不疑，抑何可笑。夫果近唐人，不過唐人之詩；果似劍南，不過劍南之詩。非本朝自己之詩也。昔李義山、白居易喜學少陵之詩，而集中全不似少陵，蓋入手必須由古人，所以有範圍；成功不可泥古人，所以能脱化。此詩訣也。（《三借廬贅譚》卷一，《續修四庫全書》影印清光緒鉛印申報館叢書餘集本，第一二六三册，第六二三頁）

⊙楊妃

楊太真本壽王妃，古人言之詳矣。生時有玉環在左臂，上墳起「太真」二字，故名之。馬嵬變後，明王思之苦，召方士王丹致太真魂於殿上，如漢武見李夫人故事，妃復以玉環贈帝，相持痛哭，方士入幃，妃忽不見，僅玉環在帝手。方士曰：「妃昔之死，尸解也，今為蓬萊某洞仙，相見有日，無自苦。」事甚不經，與《長恨歌》異，故湯子廉比部《續長恨歌》有「多情天子常悲苦，空憶埋香三尺土。早知尸解惑君王，當年密誓曾何補」，「清虚府豈在蓬萊，金殿深深寶帳開。此日玉壞誰出土，當年錦韈况成灰」等句，蓋力辨其非也。（《三借廬贅譚》卷一，《續修四庫全書》影印清光緒鉛印申報館叢書餘集本，第一二六三册，第六二四～六二五頁）

⊙琵琶遺韻

《琵琶行》一首，風流韻事，千古豔稱。嘗見錢塘梁晉竹孝廉一絶云：「夜半琵琶發曼聲，青衫司馬淚縱横。空江一個商人婦，傳到而今没姓名。」此意未經人道。無錫侯蓉莊明經鄉闈落第，有索題《潯陽琵琶圖》者，明經作七絶應之，云：「我為卿卿唤奈何，秋江寂寞悵空波。蛾眉莫怪終身誤，自古商人重利多。」「登筵一曲怨秋孃，别鵠離鸞枉斷腸。紅袖青衫同薄命，琵琶冷落況文章。」「四絃彈罷不勝情，痛倒香山淚眼盈。一自蘆花楓葉詠，年年江上滿秋聲。」（《三借廬贅譚》卷二，《續修四庫全書》影印清光緒鉛印申報館叢書餘集本，第一二六三册，第六二八頁）

⊙海上新樂府

樂府之體，宜以藏鋒露潁之筆，摹入深出顯之，思其音節長短，句調轉換，純是天然，非寢饋十年，不能語此。江都郭外峯少府鍾岳，精篆籀學，著有《説文繹》、《罪我食》、《報等録》。詩筆力追漢魏，官浙江，與上元宗載之大令得福、旌德江秋珊順詒、儀徵方芷亭觀瀾兩大尹等興西泠詩社，嘗以《海上新樂府》命題。君《半税單》云：「榷商車，税鹽茶，中税洋税紛如麻。近年通商增物賦，半税徵歸洋税務。誰將洋税驅過關，商人手持半税單。關吏見者皆側目，中税未輸已可贖。吁嗟乎！中税未輸已可贖，中税不足洋税足。」《領事官》云：「番商雜還番官驕，臂懸金鏡身佩刀。嗚呼中朝好爵，公堂會審互相約。華民長跪番民立，華官局保番官逼。泰西誰纂百官志，官兮鬼兮稱領事。」《新聞紙》云：「一語出閭閻，十日遍寰宇。傳者何紛紛，借問誰爲主。道是新聞海上來，一唱百和宛如睹。商賈居貨評低昂，更紀優伶演歌舞。蟪蛄囁嚅蒼蠅鳴，朝政得失何關爾。君不見，昨宵官府論機樞，今朝已上新聞紙。」《禁豬仔》云：「豬仔豬仔番船裝，粥身異域謀稻糧。吁嗟人兮豈白豬，一再思量不忍呼。何異豬都與人都，甘心去受屠伯屠。人可屠兮可奈何，人兮豬兮奈若何。」宗載之《乘槎記》云：「男兒不封萬户侯，何不乘槎泛斗牛。斗牛之宫高峨峨，億千萬里無風波。妖姬官膜拜，髯參舞好落，箏絃急如雨。小槽酒滴珍珠紅，留髡送客嬉融融。五都白日疾如電，道里山川復何見。歸來奏對伏丹墀，異方之樂無窮期。君不見，天子今年詔書早，使節旌旗方載道，他日論功書上考。」《新聞紙》云：「海上新聞報不已，中西聞見一張紙。龍門貨殖傳，監門流民圖，所報一一信非誣。時而照水犀，時而尚方劍。一褒一貶，或隱或見。胡不以此報帝扆，所惜主之非其人。言者無罪聞者戒，日日新聞上街賣。」方芷亭《耶穌教》云：「君不見，高門大署耶穌堂，雕梁畫棟何輝煌。呑丹受教拜神甫，犟雌粥粥衣薰香。民愚民賤民知羞，民人拆堂官爲脩。民畏官兮官有主，調停但覺官心苦。」（《三借廬贅譚》卷四，《續修四庫全書》影印清光緒鉛印申報館叢書餘集本，

第一二六三册，第六五七～六五八頁）

《詩學速成指南》

學詩須溯源流。先辨諸家之派，何者為曹劉，何者為顔謝，何者為陶沈，何者為庾、鮑，何者為王孟，何者為高岑，何者為李杜，何者為錢劉，何者為元白，何者為韓柳，何者為大曆十才子，何者為溫李，盛唐晚唐如何，南宋北宋又如何，明清又如何，析入毫芒，得其性之所近，方可從事於斯。（民國八年石印本卷上）

古人作詩，本無和韻，和韻始於元微之、白樂天，其後皮日休、陸龜蒙繼之，至前清漁洋《秋柳》詩，和者何止數千家。（民國八年石印本卷上）

⊙五言排律體

唐以詩賦取士，多尚排律。排律亦有五言、七言之分，皆押平聲，一韻到底。而五言尤為功令所重，李杜元白等，悉於此專功焉。（民國八年石印本卷上）

《精選評注五朝詩學津梁》

（《琵琶行》）結以兩相歎感收之，此行似江潮湧雪，餘波蕩漾，有悠然不盡之妙。凡作長題，步步映襯，處處點綴，組織處，悠揚處，層出不窮，筆意鮮豔，無過白香山者。（《精選評注五朝詩學津梁》）

（《自河南經亂關內阻饑兄弟離散各在一處因望月有感聊書所懷寄上浮梁大兄於潛七兄烏江十五兄兼示符離及下邽弟妹》）感慨凄涼，想見離亂景况。

（《秋思》）蕭條秋氣味，未老已深諳。

（《問劉十九》）氣盛言直，所謂白詩「婦孺都解」也。

（《種荔枝》）題本平庸，第三句寫得曠達，故佳。

（《後宮詞》）十分幽怨，十分寂寞，禁宮中輙喚奈何。

（《宴散》）「笙歌」二句從熱鬧中寫冷静之趣，句法則先動後静，「來」字韵，用「催」字、「帶」字，沉著之至。

（《池上二絕》其二）清新俊逸，見胸中壘塊全消。

（《白雲泉》）小小題目，說得高超，喚醒熱中人不少。

智按：鄒弢，字翰飛，號酒丐、瘦鶴詞人、瀟湘館侍者，亦稱司香舊尉，無錫（今屬江蘇）人。幼年作客，歷館姑蘇，幾及十年，與俞達為患難交。曾任《蘇報》主編，晚年在上海啟明女學任教。居滬上甚久。嘗寫妓女蘇韻蘭事，為《斷腸碑》（一名《海上塵天影》）六十回；又有《三借廬叢稿》及《三借廬筆談》十二卷，《澆愁集》八卷。

沈曾植（一八五一～一九二二）

《全拙庵溫故録》

（引録《唐語林》李珏所論「元和體」後云：）則元、白、張、王之諷刺，韓、孟、劉、柳之崛奇，實憲宗倡之。（《海日樓劄叢》卷七「唐帝王詩文」條）（錢仲聯輯《海日樓劄叢・外一種》，第二七八頁；錢文忠整理《海日樓劄叢》，第二六二頁）

《越縵老人六十壽詩》

高柳蕭森學士居，頻年皃杖近相於。《珩璜》新論書堪誦，薑桂剛腸老未舒。仕隱半世詩史在，《家儀》一卷禮箋餘。周南留滯翻多幸，到及香山社集初。

金粟前生有勝因，偶憑絲竹遣蕭晨。卧游名岳常隨障，燕語天花不著身。刪定禮堂千載業，從容洛社九皇民。露觴一酌彰眉壽，春向江梅日日新。（《沈曾植集校注・海日樓詩注》卷一，第一〇八～一〇九頁）

智按：沈曾植，字子培，號乙庵、寐叟等，嘉興（今屬浙江）人。光緒六年（一八八〇）進士。甲午戰敗後，贊助康有爲（一八五八～一九二七）變法活動。後曾署安徽布政使、護理巡撫。辛亥革命後，以遺老居上海。有《海日樓詩》、《海日樓文集》。生平事迹見《清史稿》本傳，王蘧常《沈寐叟年譜》。

盧秉鈞（一八五一～一九二二）

《紅杏山房聞見隨筆》

袠秩帙袟四字，古人通用之，無甚分別。蓋一爲衣袠，一爲爵秩，一爲書帙，一爲福袟，似於年壽無相涉，而古人賀壽恒用之，不識稱者何意。余讀白樂天詩「年開第七袠，屈指幾多人。」自注云：余與劉郎中同爲壬子年一命生，今年六十有二。又詩云：「行開第八帙，可謂盡天年。」注云：古人謂，七十以上爲開第八秩，若謂過此而及彼也。今人不知古意，故賀七十曰七袠，賀八十曰八秩，甚非所宜。又，字書袟與秩同，考《唐・蕭忠傳》官袟益輕，是則袠、秩、帙、袟四字，皆可通爲一義，隨人用之而已。（《紅杏山房聞見隨筆》卷三，《四庫未收書輯刊》影印清光緒十八年盧氏家塾刻本）

忠州有四賢閣，中奉劉晏、陸贄、李吉甫、白居易四人，以四人皆謫是州，有功於民，繪像祀之。（《紅杏山房聞見隨筆》卷四，《四庫未收書輯刊》影印清光緒十八年盧氏家塾刻本）

詩人多用八米盧郎，相沿已久，不知其誤。如黄涪翁「尊前八米句，窻下十年書」，徐師川與潘邠老詩「字值千金師智永，句稱八米繼盧郎」是也。余考其原委，蓋由齊文宣帝崩，令學士各獻挽詩十首，每人不過采擇一二首稱旨者，惟盧思道詩獨采八首，當時遂稱爲八采盧郎，米字乃采之誤，言十首中已采得八首耳。若作米字，全無義理。余嘗笑詩人之好怪如此，後讀元微之酬白樂天詩「八采詩成未伏盧」，舉此可以証米字之誤。（《紅杏山房聞見隨筆》卷六，《四庫未收書輯刊》影印清光緒十八年盧氏家塾刻本）

詩者，可歌可詠，可被管絃，非若今世之逈各别。唐時古意猶存，降及五代而至宋，此意猶未全喪，如李白《清平調》係三首七絶，均被樂章。元微之贈白樂天詩云：「休遣玲瓏唱我詩，我詩多是别君辭。」自注云：「樂人高玲瓏，能歌余詩數十首。」樂天贈妓亦云：「席上爭飛使君酒，歌中多唱舍人詩。」又《歌妓送嚴使君卸郡》詩云：「已留舊政布中和，又付新詩與艷歌。」此皆以詩播之管絃者。（《紅杏山房聞見隨筆》卷十三，《四庫未收書輯刊》影印清光緒十八年盧氏家塾刻本）

今人謂陞遷爲量移，不知非也。余攷《舊唐書》，凡官員得罪貶竄遠方，遇赦改近地，乃謂量移。開元二十年十一月郊祀，大赦天下，左降官量移近地，此其明証也。故白居易、韓愈均有量移詩。（《紅杏山房聞見隨筆》卷十六，《四庫未收書輯刊》影印清光緒十八年盧氏家塾刻本）

白樂天《長慶集》謂：賦歛之起者，量桑地以出租，計夫家以出庸，租庸者穀帛而已。今則於穀帛之外，又責以錢。錢者，桑地不生銅，則私家不敢鑄。農家何從而得？而吏胥追徵，官限迫蹙，易其所有，以赴公程。歲豐則賤糶半價，不足以充緡錢；設遇凶年，利息數倍，不足以償逋債。豐凶既若此，爲農者何望焉？是以奸商鉅賈射利者日以富强，望歲勤力者日以窮困。勞逸既殊，利病相懸，農夫盡思釋耒而倚市，織婦皆欲投杼而刺文，遂至田地荒蕪，室如懸罄，人力罕施，地利多缺，天時虛運，歲功不成。臣反復思之，實由穀帛輕而錢刀重也。夫穀貴錢輕則傷人，穀賤錢重則傷農，農傷則生業不專，人傷則財用不足，故王者均平其貴賤，調節其重輕，使百貨流通，四民交利，然後上無乏用，下亦阜安。方今天下之錢，或積國府，或聚富家，而又歲歲輸納。臣恐穀帛之價轉賤，農桑之業更傷，十年後，其弊更甚於今日者。臣請量農桑之田地，計穀帛之租庸，則任土之利自興，易貨之弊自革，游手於道途市肆者，可易業於西成，混迹於軍籍釋道者，可返躬於東作……。所謂下令如流水之行，繫人於包桑之固矣。……（《紅杏山房聞見隨筆》卷二十，《四庫未收書輯刊》影印清光緒十八年盧氏家塾刻本）

智按：盧秉鈞，字臣，甘肅莊浪人，光緒八年（一八八二），領鄉薦中舉，光緒十八年中進士。歷官陝西平利、同官、洵陽知縣。辛亥革命前夕，致仕返里，安度晚年。

趙藩（一八五一～一九二七）

《客有述晉災者聞之慘然作新樂府二章》

⊙觀音土

萬落千邨空雀鼠，樹皮草根俱乏煑。翳桑幸有觀音土，觀音慈悲憫爾飢。食之一飽還西歸，不食亦死食亦死。且緩須臾對妻子，妻子號啕淚零雨。頃刻彭亨腹如鼓，吁嗟乎！觀音土。

⊙小兒哭

小兒哭，淚簌簌，白日慘昏風刮屋。西家殺兒嘑聲哀，東家小兒觀之回。回家嬰娩告阿母，吾家可須兒作俎。屠刀在頸兒心悸，果欲殺兒俟兒

睡。(《向湖村舍詩初集》卷六己卯,《續修四庫全書》影印清光緒十四年長沙刻本)

智按:趙藩,字樾村,一字介庵,别號猿仙,晚號石碑老人,雲南劍川人。官至川南道按察使。有《向湖村舍詩初集》、《向湖村舍詩二集》、《向湖村舍雜著》等,楹聯著述有《介庵楹句集鈔》、《介庵楹句續編》、《介庵楹句正續合鈔》等,成都武侯祠名聯「能攻心,則反側自消,從古知兵非好戰;不審勢,即寬嚴皆誤,後來治蜀要深思」出自其手。

林紓(一八五二~一九二四)

《偶齋詩草序》

公詩手定為内集、内次集、外集、外次集,凡三十六卷。雨亭集資刊之,芝南、嘯桐董其役。起癸巳,訖乙未,凡二十六閲月而成。紓將仿帶經堂例,别定為《精華録》若干卷,以事莫逮也。公詩巧於敘悲,析辭述情,與查初白為近,間入長慶。未嘗繁雜失統,則骨勝耳。嗚呼!公窮其身而終存其名。後生小子,日抱遺集,商榷於荒山老屋之中,寒暑無敢少間者。既以悲公之窮,亦正所以慶公之存也。光緒乙未孟春,門下士閩縣林紓謹序。(愛新覺羅·寶廷《偶齋詩草》卷前附録,第三頁,《續修四庫全書》影印清光緒二十一年方家澍刻本)

智按:野民《江介雋談録·寶竹坡侍郎詩》亦云:「公詩早年雄傑自憙,晚年多尚沖淡,尤嗜韋柳白傅諸家云。」(《國風報》第二十九期,宣統二年十月二十一日)

《甲寅秋日爲李響泉寫紀游册并題鈔》(三首其一)

雨暗西泠萬柳低,孤山隱隱草萋萋。遺民低首行宮路,循過蘇堤又白堤。(西泠打槳。西湖惟西泠橋最幽邃,可通蘇堤,小舟往往循行宮而過,年來景物當不堪問矣)(李濬之編《清畫家詩史》,第九册,第五十頁)

智按：甲寅，一九一四年。李濬之（一八六八～一九五三），號響泉，山東寧津人，祖籍山東即墨。歷二十五年廣事搜集，四易其稿，輯成《清畫家詩史》正續兩集，分別刊於一九三〇年、一九三八年，輯録清代兩千多名畫家小傳及題畫詩四千餘首。中國書店一九八三年影印本，全十一册。毛小慶點校本，浙江人民美術出版社，二〇一四年六月版。

《閩中新樂府三十二首序》

畏廬子曰：兒童初學，驟語以六經之旨，茫然當不一覺，其默誦經文，力圖強記，則悟性轉窒。故入人以歌訣為至。聞歐西之興，亦多以歌訣感人者。閑中讀白香山諷諭詩課少子，日仿其體，作樂府一篇，經月得三十二篇。吾友魏季渚愛而索其稿，將梓為家塾讀本，爭之莫得也。嗟夫！畏廬子二十六年村學究，耳目不知詩，亦不願垂老冒為詩人也，故並其姓名佚之。（光緒二十四年《知新報》，澳門基金會、上海社會科學院出版社一九九六年七月影印本，第四六册，第五八七頁）

《閩中新樂府·國仇》（激士氣也）

國仇國仇在何方，英俄德法偕東洋。東洋發難仁川口，舟師全覆東洋手。高升船破英不仇，英人已與日人厚。沙俄袖手看亞洲，旅順峰火連金州。俄人柄亞得關楗，執言仗義排日本。法德聯兵同比俄，英人始悔著棋晚。東洋僅僅得臺灣，俄已回旋山海關。鐵路縱横西伯利，攫取朝鮮指顧間。法人粵西增版圖，德人旁覷張眼饞。二國有分我獨無，膠州吹角聲嗚嗚。鬧教哄兵逐官吏，安民黄榜張通衢。華山亦有教民案，殺盜相償獄遂斷。蹊田奪牛古所譏，德已有心分震旦。虎視眈眈劇可哀，吾華夢夢真奇善。歐州克日兵皆動，我華猶把文章重。廷旨教將時事陳，發策試官無一人。波蘭印度皆前事，爲奴爲虜須臾至。俄人遠志豈金遼，德國無端釁屢挑。英人持重遲措手，措手神州皆動搖。剖心哭告諸元老：老謀無若練兵好。須求洋將練陸兵，三十萬人堪背城。我念國仇泣成血，敢有妄言天地滅。諸君目笑聽我言，言如不驗劀吾舌。

《閩中新樂府·渴睡漢》（諷外交者勿尚意氣也）

渴睡漢，何時醒？王道不外衷人情。九經叙目有柔遠，加之禮貌庸何損。

縱是國仇仇在心，上下一力敦根本。奈何大老官，一談外國先銜冠。西人投刺接見晚，儒臣風度求深穩。西人報禮加謾詞，又有大量能容之。所得不償失，易明之理暗如漆。我聞西人外交禮數多，一涉國事爭分毫。華人只爭身分大，鑄鐵爲墻界中外。挑釁無非在自高，自高不計公家害。我笑富鄭公，區區爭獻納。若果趙家能自强，汴梁豈受金人踏。須知句踐能復仇，驕吳始取吳王頭。奉告理學人，不必區夷夏。苟利我國家，何妨禮貌姑爲下。西人謀國事事精，兵制尤堪爲法程。國中我自宗王道，參之西法應更好。我徒守舊彼日新，脅我多端氣莫伸。群公各有匡時志，不委人爲委天意。人爲一盡天意來，王師奮迅如風雷。西人雖暴胡爲哉？西人雖暴胡爲哉！

《閩中新樂府·五石弓》（冀朝廷重武臣也）

五石弓，一房矢，更須禮數學拜起。文章縣試纔冠軍，才名藉藉誇能文。武生鼓吹晨過市，衣冠炫丽無人說。文臣遇事徒婞婯，功人名已躋蕭何。武臣金印掛肘後，中樞叱之如叱狗。文臣重，武臣輕，武臣當死文臣生。帝責武臣奮忠烈，干霄氣爲文臣折。武弁因無識字人，有功無筆難自陳。歐西將弁咸識字，軍行各把輿圖記。戰勝自將露布宣，纖微道盡軍中事。吾華武將半屠僧，眼中視筆如椽大。幕僚具草吏為書，十成脫漏五成餘。吁嗟乎！俄人鐵騎屯窮邊，但精鎗彈無控弦。吾華仍自習弓箭，不知何用猶精練。熊熊烽火燒天起，羽書夜走長安市。攜我五石弓，帶我一房矢，行營唯唯復否否，砲聲一來脫其履，抱鞍馳過三百里。投我五石弓，棄我一房矢。

《閩中新樂府·村先生》（譏蒙養失也）

村先生，貌足恭，訓蒙《大學》兼《中庸》。古人小學進大學，先生躐等追先覺。古人登高必自卑，先生躐等追先知。童子讀書尚結舌，便將大義九經說。誰爲魚躍孰鸞飛，且請先生與式微。不求入門驟入室，先生學聖工程疾。村童讀書三四年，乳臭滿口談聖賢。偶然請之書牛券，却尋不出上下論。書讀三年券不成，母咒先生父成怨。我意啓蒙首歌括，眼前道理說明豁。論月須辨無嫦娥，論鬼須辨無閻羅。無令腐氣入頭腦，知識先開方有造。解得人情物理精，從容易入聖賢道。今日國仇似海深，復仇須鼓兒童心。法念德仇亦歌括，兒童讀之涕沾襟。村先生，休足恭，莫言芹藻與辟雍。强國之基在蒙養，兒童智慧須開爽，方能淩駕歐人上。

《閩中新樂府·興女學》（美盛舉也）

興女學，興女學，群賢海上真先覺。華人輕女患識字，家常但責油鹽事。夾幕重簾院落深，長年禁錮神志昏。神智昏來足又纏，生男却望全先天。父氣母氣本齊一，母苟蠢頑靈氣失。胎教之言人不知，兒成無怪爲書痴。陶母歐母世何有？千秋一二挂人口。果立女學相觀摩，中西文字相切磋。學成即勿與外事，相夫教子得已多。西官以才領右職，典簽多出夫人力。不似吾華愛牝雞，內人牽掣成貪墨。華人數金便從師，師困常無在館時。丈夫豈能課幼子，母心靜細疏條理。父母恩齊教亦齊，成材容易駸駸起。母明大義念國仇，朝暮語兒懷心頭。兒成便蓄報國志，四萬萬人同作氣。女學之興系匪輕，興亞之事當其成。興女學，興女學，群賢海上真先覺。

《閩中新樂府·小脚婦三首》（傷纏足之害也）

小脚婦，誰家女？裙底弓鞋三寸許，下輕上重怕風吹，一步艱難如萬里。左靠媽媽右靠婢，偶然蹴之痛欲死。問君此脚纏何時，奈何負痛無了期？婦言儂不知，五歲六歲才勝衣。阿娘作履命纏足，指兒尖尖腰兒曲。號天叫地娘不聞，宵宵痛楚五更哭。床頭呼阿娘：女兒疾病娘痛傷，女兒顛跌娘驚惶；兒今脚痛入骨髓，兒自凄涼娘弗忙。阿娘轉笑慰嬌女：阿娘少年亦如汝。但求脚小出人前，娘破工夫爲汝纏。豈知纏的脚兒小，筋骨不舒食量小。無數芳年泣落花，一弓小墓聞啼鳥。

破屋明斜陽，中有賢婦如孟光，搬柴作飯長日忙，十步九息神沮傷。試問爲何脚不良？婦看脚，淚暗落，纏來總悔當年錯。六七年前住江邊，暴來大水聲轟天，良人負販夜不返，嬌兒嬌女都酣眠。左抱兒，右抱女，娘今與汝歸何所。阿娘脚小被水搖，看著母子隨春潮。世上無如小脚慘，至今思之尤破膽。年來移家住城旁，嘻嘻活鳥檐間鳴。鄰火陡發神魂驚，赤脚抛履街上行。指既破，跟且裂，足心染上杜鵑血。奉勸人間足莫纏，人間父母心如鐵，聽儂訴苦心應折。

敵騎來，敵騎來，土賊乘勢吹風埃，逃兵敗勇哄成堆。挨家劫，挨家殺，一鄉逃亡十七八。東鄰婦健赤雙足，抱兒夜入南山谷。釜在背，米在囊，藍布包頭男子裝，賊來不見身幸藏。西家盈盈人似玉，脚小難行抱頭哭。哭聲未歇賊已臨，百般奇辱堪寒心。不辱死，辱也死，寸步難行殆至此，牽連反累丈夫子。眼前事，實堪嗟，偏言步步生蓮花。鴛鴦履，芙蓉綠，仙樣亭亭受一刀。些些道理説不曉，爭愛女兒纏足小，待得賊來百事了。

《閩中新樂府·餓隸》（譏役人失其道也）

餓隸餓隸當縣門，無錢到手休號寃。剝膚得錢隸驚笑，内丁外胥同刲剽。幸逢好官懲隸貪，大杖責隸隸弗慚。仰首問官府，容隸伸一語。隸子今年二十餘，不許登科難讀書。隸首纓冠冠不頂，長年泥土親雙脛。朝制未頒隸俸錢，清廉望隸追前賢。能賢作官不作隸，隸家禁錮須三世。隸有子，隸有妻，奈何望隸爲夷齊，隸爲夷齊妻子啼。操業既猥賤，漸覺良心變。虎不傷生虎不生，無食逼隸吞平民。隸言近理官亦許，今將何術能匡汝。隸言西人法，別有聽斷所。包探巡捕制以數，俸錢咸足支門戶。坐贓立即袪之去，隸乎隸乎將焉取？

《閩中新樂府·獺驅魚》（諷守土者勿逼民入教也）

獺驅魚，魚問獺，逢君吾命知難活。前有重淵淵百尋，風吹不動深沉沉。我今游泳入淵去，知君難入淵深處。教堂即淵民即魚，豈關聽信耶穌書。縣官惡听教民訟，琴堂三木難爲用。獄不持平牧師來，照會呵斥如風雷。文移名目稱交涉，實則官爲教所挾。守土官復不親民，奸民逃教智計生。君不見，北嶺茶商漏茶稅，潛行密密巡丁綴。商覺委茶教民家，丁環門外空喧嘩。少年當門稱教士，商自投生不投死。爾但將茶持赴官，縱商後戶逃亡矣。又不見，南臺小販持湖絲，丁尾其後疑走私。販出稅單示已報，奪單丁走人喧噪。中有一老爲調停，丁轉告官陷以刑。老人問丁此何理？丁曰跟交例如是。老人糜費六十千，嘆彼奉教不費錢。奉法不如奉教好，長年不受吏胥惱。從今入教成高蹈。我聽老人言，氣結如雲屯。請言流弊窮其根，理學之人宗程朱，堂堂氣節誅教徒。兵船一至理學懾，文移詞語多模糊。桀黠之人心了徹，一逢教案糊塗結。糊塗結案奚了期，徒使民爲教所欺。果能公正操刑律，何妨民教齊爲一。

《閩中新樂府・關上虎》(刺税厘之丁横恣陷人也)

虎來虎來！關上之虎牙爪開。關上人多安有虎？蠹役作威挾官府。小民負販圖營生，截路咆哮聞虎聲。虎吃肉，不留骨，官縱虎丁偵繞越。官豈全無愷悌心，當關縱虎傷行人。無如比較急于火，寧我負民勿負我。堂皇飛籤責虎丁，有船到關船須停。虎丁得錢實腰橐，詐言船過船無錯。既將膏血濡爪牙，私貨過關關不嘩。有私易行無私滯，小民私納成常例。丁飽其餘始及官，官丁附麗如肺肝。民間罰税重于税，二分歸官八歸吏。罰款儲爲比較資，虎丁常飽官不臞。吾思皇帝憂民瘼，不知此輩窮形惡。不行比較弊更深，專行比較丁復虐。只有加税全免厘，厘金全向進口索。庶幾虎患無由作！

《閩中新樂府・破藍衫》(嘆腐也)

破藍衫，一著不可脱，腐根在內誰能拔。案上高頭大講章，虚題手法仁在堂。子史百家在雜學，先生墨卷稱先覺。腐字腐句呼清真，熟字連篇不厭陳。中間能煉雙搓句，即是清才迥出塵。事業今從小楷來，轉眼旋登御史臺。試南省，捷秋闈，絲綸閣下文章静。論邊事，尊攘咬定《春秋》義。邊事凄凉無一言，别裁僞體先文字。吁嗟乎，堂堂中國士如林，犬馬寧無報國心？一篇制藝束雙手，敵來相顧齊低首。我思此際心骨衰，如何能使蒙翳開！須知人才得科第，豈關科第求人才。君不見，曾左胡，岳岳人間大丈夫。救時良策在通變，豈抱文章長守株。

《閩中新樂府・鬱羅臺》(譏人子以齋醮事亡親也)

鬱羅臺，神仙闕，卻爲道士生財窟。九幽道有地獄門，應須鐃鈸起眞魂。傳燈破獄鬼驚笑，而翁何罪身荷校。强送而翁入獄來，央人破獄尋厮鬧。果有地獄豈無守，張三破獄李四走。修獄經費誰取償，道士誆人神洋洋。一經懺悔諸孽淨，天尊專力袒亡命。儘行惡孽但誦經，經放毫光鬼避刑。人間非刑有例禁，閻羅判獄森嚴甚。刀鋸鼎鑊層冰寒，鬼有鬼命死最難。閻羅想皆酷吏作，無論何罪均炮烙。謂爲冥譴尚可言，此何如事干天尊。天尊像居道士屋，朝拜既罷藏以櫝。出櫝仍居最上層，道士所求無不膺。我問此經究出誰，人制若制自天尊。天尊言語何支離，若爲道士僞撰文，好醜天尊應自分。念之又念千萬遍，天尊耳熟宜厭聞。陷親不義託懺悔，愚孝用心眞憒憒。生事死祭盡吾情，何用香花延此輩。

《閩中新樂府·謀生難》（傷無藝不足自活者）

謀生難！謀生難！西人奪我華人餐。西人藝事皆精絕，西人巧壓華人拙。一針一綫皆西來，華工失業殊堪哀。西工制自公司出，集股鳩工利歸一；更有公家保此工，不惰不窳工夫密。吾華官民隔如天，官雖久任無十年。只求無事免大計，豈能管及民工藝。富商畏官如畏虎，即倡公司敢集股？失業愈多民愈窮，四周環顧無樂土。我思華人失所長，弊在重士輕工商。士人著藝學宰相，終身長蓄三台望；試思四萬萬人中，幾人能到黄扉上。口頭治國兼齊家，人人畫出書痴狀。書痴復書痴，開豁當何時？到頭無藝足糊口，數行尺牘難上手。謀生難，心力殫！先求一藝養妻子，再休妄想大學士。

《閩中新樂府·落花》（傷貧餒極流娼盛也）

落花落花傍路飛，門前烏桕含斜輝。破窗黯淡非窈窕，中有美人雙淚垂。自云家本城中住，阿翁無籍長流寓。夫婿青年住窘鄉，更吹短竹嘘烟霧。眼見身爲落溷花，依人權作搖錢樹。青帷烏幔夫人竹，惡少團圞醺酒肉。夜度曾無一貫錢，朝來只厭雙甌粥。波波吒吒聲忍寒，秋深夫婿短衣單。餘錢已付吹簫盡，天暮何人與一餐。回思薄命初來日，鏡奩帶得畫眉筆。自謂心同松柏堅，路旁羞作桃花色。郎才污下郎心梟，竟使儂爲曲院嬌。流娼聲價殊官妓，哪有珠鈿金步搖。瓦溝雪積木棉薄，酒香不散心頭惡。傖父多髭黄眼睛，假人猶道此間樂。想到家人掩面啼，茫茫後顧心慘凄。東鄰女伴猶相羨，待抹胭脂與我齊。儂聞城内興蠶事，養蠶尚是兒家利。寧甘死傍馬頭娘，從今不履烟花地。

《閩中新樂府·殺人不見血》（刺庸醫也）

殺人不見血，庸醫老亦肱三折。芙蓉癮轉已初更，皇皇飛轎紅燈明。指頭按脈首他顧，兒童聒絮先生怒。半夏茯苓搖筆來，銀毫一擲翩然去。飯後延從太守家，侵晨卻走撫臺衙。撫臺衰老宜參术，先生謂有神仙術。罵盡庸醫誤殺人，豈道庸醫卽已身。時來能向官場走，心高放出殺人手。人信官醫藝事高，詎知竟有筆如刀。邊縣之醫尤潦草，時方歌括爲鴻寶。歌括牙牙誦不清，十人逢着九人倒。凡人急病多張皇，先生作態偏排場。裼裘緩緩從天至，欹斜醫案三行字。火象石膏冷象薑，此方謂合仲師意。孰知眞熱生假寒，火炎爐破飛金丹。亦有眞寒生假熱，一投涼劑少陰絶。寒熱之爭在杪微，阿師矗行安知之。要知中國輕醫學，途窮始向岐黄索。世有留侯與武侯，一經危病仍須愁。侯能醫國不醫病，庸醫敢賊侯身命。可知醫學係朝廷，蠢物安能悟内經。急須合衆興醫會，醫生藥物參中外。醫會人分郡縣居，偏隅方免庸醫害。

《閩中新樂府·檢曆日》（惡日者之害事也）

檢曆日，檢曆日，黄道黑道爭凶吉。剃頭掃舍皆有凶，凶神之多多於蝨。檢曆日，檢曆日，婚葬待決日家筆。歐西通國無日家，國强人富操何術。我笑馬遷傳日者，史筆雖高見斯下。日家爭宗鬼谷言，滅池死耗兼喪門。又言葬地有方向，貪狼巨門兼旺相。貪狼巨門此何神，一神能管萬萬人。不管生人偏管死，向人墳墓作風水。向之則吉背則凶，無乃傴仄神心胸。西人事死道近墨，自亡迨葬廿四刻。若使人人待日家，喪堂已被巡捕逼。葬親我國勝歐西，必須擇日眞無稽。一心孝，一求福，一半欣幸一半哭。我想此時孝子心，天人大戰堪捧腹。因之追論司天臺，好言休咎斯奇哉。星流彗見皆言禍，占經論說眞蠢才。立冬以後流星會，地球行入流星内。占言星走主亂離，同治中興卻見之。彗星軌道有定處，一年各有應行道。嘉慶之時彗竟天，何由國泰民豐年。須言人事舍天象，大家無作懵懵想。天變由無一定殃，日家之説尤荒唐。惠迪從逆理歸一，不必長年檢曆日。

《閩中新樂府·生骷髏》（傷鴉片之流毒）

生髑髏，生髑髏，眶陷頤縮如獮猴。痰聲來，嗽聲續，黔到指頭疲到足，汗漬眉心淚在目。逆氣轆轆轉心腹，溺泄便流沾被褥。明明有鬼加鉗梏，斗然眼見芙蓉膏，一時神妙窮秋毫，對燈抽吸才幾轉，意氣直躡青雲高。驟如危病脱，手足均靈活。問君乍奚啼？猶如地獄沉泥犁。問君今奚笑？不圖爲樂如斯妙。烟癮之苦説難了，縱情多半由年少。或從夜話耽銀燈，燒烟同卧談興增。或從春院講酬應，到頭善果菩提證。或從醉後解宿醒，誤却金剛不壞身。或從小病代方藥，轉教痼疾膏育作。凡此皆言受病始，再言收局難堪矣。富貴人居安樂窩，日斜未起如沉屙。無論大事誤軍國，兒孫踵武將如何。

何况尋常百姓家，哪能餘力耽烟霞。藍縷求人人驚倒，時時注目如防盗。生路將窮死路來，手頭已乏心頭好。計今惟有開烟局，烟歸官賣加箝束。無奈官中重稅金，禍根深陷牢人心。寸心私祝戒烟會，救護神州休陸沉。

《閩中新樂府·棠梨花》（刺人子惑風水之説不葬其親也）

棠梨花，爲誰好，三椽權屋迷春草。屋是城中顯宦家，二十年前纔告老。南庄屋，北庄田，歲入民間百萬錢。鐘停漏歇主翁病，死時弔客如雲盛。枕塊方披孝子衰，開場先下地師聘。地師來，孝子忙，洋洋奴僕相扶將。地師病嗽需梨漿，地師嗜酒陳杯觴。地師烟癮芙蓉香，銀燈照耀地師牀。地師怒且語，主人伏如鼠。地師歡笑主起舞，明朝得地生制府。地師登山肩輿高，山佃疾尾如猿猱。朋奸齊作主人賊，地師山佃甘如蜜。分贓不均忽懊惱，地師山佃辭顛倒。主人右地師，但求吉地無嫌遲。一年水患田不收，二年火患焚高樓。三年鹾業敗垂盡，主人日夕懷隱憂。長生庫質黄金鈿，華堂猶設地師膳。還期富貴墓中來，山南山北搜尋遍。地師槖未實，主人風水須時日。孰過荒涼權屋前，落葉成堆秋瑟瑟。地師地師通葬經，何不自家妥先靈。妖言惑衆干天怒，人禍雖逃有鬼刑。

《閩中新樂府·水無情》（痛溺女也）

孰道水無情？無情能作斷腸聲；孰道水有情？有情偏浸出胎嬰。女兒原是賠錢貨，安知不做門楣賀？臍上胞衣血尚殷，眼前咫尺鬼門關。阿爺心計憂柴米，苦無家財貽兄弟；再費錢財制嫁衣，諸男媳婦當何時？阿娘別有皺眉事，乳汁朝朝苦累伊，床上縫鞋襪，鏡上梳頭發，還有將來再費錢，如何下手此時先？一條銀燭酸風烈，一盆清水澄心澈，此水何曾是洗兒？七分白沫三分血！此際爺娘心始安，從今不著一些難。所恨兒無口，魂兒不向娘親剖：娘亦當年女子身，育娘長大伊何人？若論衣食妨兄弟，但乞生存願食貧。豈知聾瞶無頭腦，一心只道生男好，殺女留男計自佳，也須仰首看蒼昊！

《閩中新樂府·非命》（刺士大夫聽術家之言也）

我爲非命篇，敬告士大夫。官元與比劫，立說殊模糊。嚴嵩有命爲宰相，何爲寄食死道塗。衛青有命爲大將，何爲幼作牧猪奴。若說宰相好，奚爲不到老？若說將軍好，奚爲始顛倒？我讀蜀碧哀西川，獻賊殺人尸連阡。又讀嘉定屠城記，滿城流血慘無比。其中生辰不齊一，公然一死同時刻。論命豈無應善終，刀來頭上同飛紅。仍云命自干支出，貴賤始爭時與日。譬如正午生尚書，逾午而生便吏胥。何不急著西醫手，刳胎取兒出其首。又如正午生寒乞，逾午而生任簪紱。過此爲兒富貴時，何妨下藥延須斯。須知誕育有遲速，豈分貴壽與貧獨。堪笑爲民父母身，談命卻信青盲人。青盲愚妄百不知，只有恭維無是非。恭維門下有清客，何用青盲談命格。

《閩中新樂府・跳神》（病匹夫匹婦之惑於神怪也）

東村延跳神，北村延跳神。神能言語神如人，神頭不冠身不裳。冥目散髮光脊梁，侏儺咒罷神蹶起。周堂跳躍不著履，神身垢膩神涎流。割舌醮血書黄紙，此紙糊門逃鬼踪。此紙醫病逾神農，病起酬神死則否，神退神身仍喫酒。神來跳躍狗驚吠，主人迎神先逐狗。西鄰寒病顫聲號，神來下藥需石膏。東鄰熱病塞其矢，神來下藥需附子。危疾得神祛災星，吾命雖死神仍靈。君不見，張媪花會神，張老得財近百緡。又不見，李媪失猪神爲查，李老陳饌供香花。跳神跳神何瑣屑，一糠一荳神皆決。父母遺體神弗憐，日費舌根數杯血。我聞神家居九天，奈何日隨惡少年。跳神少年皆無賴，賴神養活神功大。神之階級吾不知，但見凡神皆知醫。神來言語多難曉，神之從者多了了。我爲跳神心胆寒，幸未相逢識字官。大杖三百神骸裂，赤光照耀骸欲折，紅過吾神舌上血。

《閩中新樂府・哀長官》（刺不知時務也）

長官長官風節高，口食粗糲身布袍。門庭似水杜干謁，門丁枯坐瘦見骨。三日厨中斷肉腥，上房燈火微于星。外雖寒瘦心則樂，一清謂足酬朝廷。衙參門外晝鳴鼓，衣冠屬吏齊太古。脚下都穿半舊靴，胸前不挂平金補。此言今日艶陽天，步行少省賃輿錢。彼言惜福福長保，充腸還是地瓜好。微言故使長官聞，甲能言儉丁言勤。長官聞語心頭慰，此間由我回風氣。廉名已跨海剛峰，心中肯把西人畏。西人縱使畏廉吏，長官當爲朝廷地。俄英法德如封狼，東洋尤嗜漁人利。長官屢屢挑歐西，西學不與中學齊。海口無兵內無備，先講修齊後平治。黑烟江上敵艦來，艦來何意君爲猜。艦來即欲長官去，長官此去留聲譽。屬員大笑解千愁，大家明日穿寧綢。

《閩中新樂府·郭老兵》（刺營制也）

郭老兵，六十一，册上署年四十七。同治初年入伍來，湘陰作帥牙旗開。裁兵加餉餉三兩，營弁畏服如驚雷。文襄去後營政異，堂堂虎將成狐媚。內營練營戰守分，內營差費抽加四。隊長散錢權子金，子金即向餉中尋。餉歸手上仍空手，一月得糧才盈斗。己身無食還幫人，公幫又派十之九。萬種艱難不敢辭，辭時不免一身饑。準知殺賊非吾事，樂得升平聽指揮。老弱裁，餘丁報，鳥槍弓箭紛傳到。府書協書均須錢，都督還征七十千。水師兵缺尤無價，只打鳥槍不教射。買缺何妨措重資，當權子母救寒餓。君不見，勇營戟帶飄紅纓，五百隻餘三百名。敵來均是空壁走，差錢剩免內營扣。我聽兵言雙淚垂，九閽高遠應難知。武員俸薄官階賤，豈能死爲朝廷戰。武俸當文十之三，尚余何法能懲貪。我聞歐西都督貴無比，不數唐時耀金紫。將貴兵雄訓練精，永爲邊患今誰止。及時好將營政更，營政不更敗兆萌，試問內營郭老兵。

《閩中新樂府·竈下嘆》（刺虐婢也）

青絲一束蓬蓬亂，清晨有人竈下嘆。不嘆食人殘，不嘆衣裳單。不嘆欹枕眠不安，不嘆震喝摧心肝。只嘆主人顧，撩得家婆怒。草草畫眉向鏡愁，情絲豈爲主人抽？主人眼角時流覽，閨中銜妒入心坎。小笑疑狂佻，薄掠疑妖嬈。黄梁炊飯飯不香，濃膏沃燈燈不光。蒲葵扇席席不凉，團餅烹茶茶不芳。輕烙腮，重扼吭，背上寸寸皆杖瘡。舊瘡未愈新瘡續，大杖幾幾折其足。主人屏立不敢言，言來轉益嚴刑酷。憶儂七歲來主家，初離父母心如麻。新衣未著半絲繭，小髻曾簪幾朵花？饑寒云是阿爺死，阿娘賣女離鄉里。臨行抱女夜夜啼，防人見哂語聲低。謂兒凍餒和娘死，尋個高門與汝栖。豈知竟罹鳩盤毒，捕風捉影生疑獄。到死銜冤萬不甘，恨來欲把閻摩觸。我儲買婢錢，但倩傭人好。果倩誠篤人，其人應半老。不須療妒求倉庚，房闥容伊自在行。我聞歐西有奴禁，買人爲奴國所擯。人無貴賤咸等夷，安有呻吟竈下時。

《閩中新樂府·冰爲山》（傷依人之難而宦達者之累于貧乏也）

冰爲山，有時倒，滿堂食客休喧噪。主翁昨日升監司，妙年正在七十時。

遠親聞之忽起舞，主翁中表吾姨父。姨父雖亡親戚存，長途來謁監司門。監司得刺殊仿佛，追尋瓜葛連根掘。且詣前庭銷兩餐，欲尋位置萬般難。初來傲兀輕門子，豈知早失主翁指。罄折再承門子顔，斷碑已撲誰教起。朔風漸動單衣薄，思歸資斧從何索。掃見親朋續續來，主翁東閣幾曾開。愚人愁，曉人悟，鞠躬先走幸姬路。主聽姬言鏤心肝，拔諸平地升雲端。始喜得錢多，繼苦得錢少，幸姬需索無時了。等是空拳兩袖風，何如循分安貧窮。冰山一夕忽然化，諸郎顔色難輕假。門客如風卷斷蓬，患難曾無杵臼忠。始謂主翁蓄金穴，豈知死後無遺屑。生爲人累死累人，同官做助賫歸轍。吁嗟乎！濟人之難難于蚊負山，依人之難難于茹茅菅！我道人生貴立志，片長即有終身地。狗盗猶能感孟嘗，可知入世須能事，可知入世須能事！

《閩中新樂府·知名士》（嘆經生詩人之無益于國也）

知名士，好標格，詞章考據兼金石。考據有時參說文，諧聲假借徒紛紜。辨微先析古鐘鼎，自謂冥搜駕絶頂。義同聲近即牽連，一字引證成長篇。高郵父子不敢擊，淩轢孫洪駁王錢。既汗牛，復充棟，驟觀其書頭便痛。外間邊事爛如泥，窗下經生猶作夢。白頭老輩鬢飄蕭，自謂經學淩前朝。偶聞洋務斥狂佻，此舌不容後輩饒。有時却亦慨時事，不言人事言天意。解否暹羅近漸强，一經變法生民康。老師枉自信干羽，制梃豈堪撻秦楚！既適裸國當裸身，變通我但尊神禹。方今歐洲吞亞洲，噤口無人談國仇。即有詩人學痛哭，其詩寒乞難爲讀。藍本全鈔陳簡齋，祖宗却認黄山谷。亂頭粗服充名家，如何能使通人伏？盧轉運，畢尚書，昨有其人今則無。名士名士將窮途！

《閩中新樂府·番客來》（憫去國者之懷歸也）

番客來從新加坡，關吏垂涎丁譴呵。當關問客裝幾許，朝廷稅計難寬汝！一領氈，三洋錢，一環玉，稅兩六。吹毛索瘢願未已，眈眈身上搜銀紙。銀紙若登稅則中，厦門稅額尤亨通。眼光紅，銀色白，過關膽落南洋客。南洋之島通仰光，擁資百萬均閩商。王家借款尚償息，息錢未敢差毫芒。不似鷺門羅網密，征商何止抽什一。爲叢驅雀淵驅魚，商今只落檳城居。寸心日日戀皇帝，歸鄉無路惟流涕。寄籍南洋百萬人，番語番妝中國身。歸鄉乏術逃關吏，財多克日捐輸至。白髮寧甘老異鄉，平安長作富家郎。富家郎，無牽制。不見官，不畏勢。關吏關吏奈我何。休想客來新加坡。

《閩中新樂府·燈草翁》（傷貧民苦于税券也）

燈草翁，賣燈草，日得百錢養衰老。力疲脚憊行蹣跚，冬苦嚴寒春苦潦。百錢匀做兩日餐，嗽聲達曉焦肺肝。半間破屋旁村店，忍饑不賣存餘羡。此屋留爲市槥錢，估值曾無四十千。突來廝役猛于虎，清厘税屋歸官府。里保偕差逐處行，嚴征無論上下戶。翁言老人屋，不税五十年。官人哀貧獨，胥吏猶見憐。聞官風節甚嚴正，奈何行此虐民政？米貴柴昂百不堪，想官未審閭閻病。差言官亦無奈何，難言撫字須催科。催科近行比較法，法所不貸官則那。差言未已翁揮淚，留房不賣翻爲累。脱我身上衣，質我床間被。里保邀差醉村肆，老翁哀痛號天地。被去衣亡滿瓦霜，凄凉通夜長無寐。

《閩中新樂府·肥和尚》（譏布施無益也）

肥和尚，食肥肉，光頭笑面皤皤腹。居曰琳宫殿數層，和尚對人稱貧僧。貧僧募緣過百萬，婦人尤願傾囊獻。和尚食求飽，如來居求安，高樓畫碧門塗丹。達官會悟西來意，未蓋宗祠先蓋寺。只顧商量施佛錢，居然耽擱葬親事。佛也佛也居巍峨，回思印度應滂沱。英人已奪佛居處，但餘卧像龐然巨。不庇己身還庇人，此法只好欺鄉紳。古之西天即印度，英人已佔如何住。愚人布施結佛緣，自云咫尺歸西天。西天去受如來戒，耶穌與汝爭租界。若云佛法宗虚無，不應求福爭區區。我讀上下論，更讀指月録。聖人道理真平常，如來道理偏拗曲。忽然豎刹竿，忽然大痛哭。忽然繞床行，忽然跂一足。忽然仰面號蒼天，忽然舉棒將人逐。南宗之法殊荒唐，偶然學之如發狂。今之和尚焉如此，媚人但解募緣技。募緣昨自南洋歸，紫昵直綴金纍纍。慈悲滿面持麈拂，逢人稱頌彌陀佛。好妙相，山門中。蓮臺上，無窮養活肥和尚。

《閩中新樂府·百忍堂二首》（全骨肉也）

百忍堂前善氣祥，百忍堂後戾氣殃。家庭貴和不貴忍，請言流弊百忍堂。張公初意原持正，公平二字操家政；縱有煩言出女流，只妝聾聵心無競。有張公，焉得爭？非張公，便不行。我今試畫婦人心，忍之爲害江河深。一家安得無貴賤？同槽共食誰相炫？惟有裙釵辨最精，微言瑣語揣摩遍。阿兄新選官，夫人例晋金蟬冠；叔姒成行少顔色，無風水漸生波瀾。床頭咎丈夫，青衫何異輿臺軀？朝言暮語郎心變，錚錚氣節家庭見。不遵約法但稱高，帷房日亦聲嘈嘈。惡聲先及兄婢僕，非理責人人不服。婢立遣，奴立逐，笑在眉梢怒在腹。不羨阿兄器量寬，只言貧賤做人難。縉紳尚如此，庶民更猥鄙。兄無錢，弟有錢；今日釧，明日鈿。錦綉折叠和衣眠。後房老嫂衣衾薄，坐近熏籠聲瑟索；無論勢利起家庭，第言一本殊哀樂。我思張公當此時，惟行宗法能一之，裒多益寡無參差。熟知婦人心，又有一番語：我用丈夫錢，此事何關汝？阿兄無籍落拓人，衣食出我夫婦身。伯姒生兒制文褓，即奔吾兒坐上茵。張公此際將何術？豈能七出持刑律？只有冥心不見聞，閨房戾氣成游氛。須知筵席無不散，何奪相聚成冰炭？許武曾聞析產居，比君高義當何如？婦人相近則相妒，公平析產古無數。產析仍深骨肉情，半絲半顆相關顧。感人容易情亦生，才破婦人心上痼，才破婦人心上痼！

我思百忍堂，最窮是家督。焉能以己心，盡體人衷曲？譬如一家中，四人親手足；長兄最早娶，生兒至五六；仲氏亦多男，未育者季叔。兄子秋來攀桂花，滿堂扎緵如紅霞；公車去盼南宮榜，往返川資三百兩。次子春來復采芹，鵬程萬里躋青雲；卯金又向公房出，一時支應殊紛紜。以次男女論嫁娶，衣笥鏡奩漸無度，度支絀處賣莊田，酬應煩多須費錢。叔季蘭征尚未兆，兄自用多我用少。叔娣宵來痛徹心，季娣銜憤尤深沉，長兄仍自持公義，一衫一褲成無異。兄動裁衣十襲余，弟僅夫妻袍與襦。二兄兒女紛成隊，叔季夫妻徒向隅。長兄仍不將家析，思將百忍追前哲。本願公平却不公，產微累重一時空。諸郎尚恃先疇在，齊齊意氣矜湖海。家督心殫爨始分，釜甑以外無分文。叔季此時却生子，艱難不如諸兄比。頭不冠，脚不履。阿娘痛忿胸懷裏。爾父心儀百忍堂，一生只益長兄房。長兄百事已楚楚，無食無衣難爲女，試請張公聽此語。（光緒二十四年《知新報》第四十六～四十八册，第五十册，第五十五册，澳門基金會、上海社會科學院出版社一九九六年七月影印本）

智按：林紓《閩中新樂府》一卷，光緒二十三年（一八九七）福州魏瀚活字本印行，自署畏廬子，前有自序一篇。詩共三十二首：《國仇》、《渴睡漢》、《五石弓》、《村先生》、《興女學》、《小脚婦》三首、《餓隸》、《獺驅魚》、《闌上虎》、《破藍衫》、《鬱羅臺》、《謀生難》、《落花》、《殺人不見血》、《檢曆日》、《生骷髏》、《棠梨花》、《水無情》、《非命》、《跳神》、《哀長官》、《郭老兵》、《竈下嘆》、《冰爲山》、《知名士》、《番客來》、《燈草翁》、《肥和尚》、《百忍堂》二首。後分别刊於光緒二十四年（一八九八）《知新報》第四十六册（三月十三日）、第四十七册（三月二十二日）、第四十八册（四月一日）、第五十册（四月二十一日），第五十五册（六月九日）。朱心佛（一八九〇～一九六一）《貞文先生年譜》（世界書局，一九四九年版）稱之「皆由奮念國仇、憂憫敗俗之情，發而爲諷刺之言、亢激之音，决不可以兒童讀物而小視之」。《閩中新樂府》問世後，引起很大反響，效仿者衆。如一九〇三年冶公《金陵新樂府》（《江蘇》），六岳《新樂府十八章》（《湖北學生界·漢聲》），一九〇四年亢虎《大風嘆·北京新樂府之一》（《大陸報》）。《國民日報》不到一年刊登近五十首新樂府詩，其中不乏名人詩作。如柳亞子《哀新黨樂府》，吴趼人《端陽新樂府》，葉楚傖有新樂府體詩歌近四十首。

附：魏瀚《閩中新樂府序》

儲素以待染，入德則成縹，入緇則成緇。更入而求變其色，縹者可緇，緇者不更爲德，以先入之色，至于緇，則受色之質已極，不可復變矣。余嘗用此驗童子之腦氣，亦以先入之理爲斷，若膠固深陷，則變之殊難。凡人五六歲時，父母所授之歌謡，至老未嘗有忘者。知識初浚，腦氣空靈，苟有所悟，即永永留積，此其驗也。自教者不善，却以聖賢博大精深之理，成人之所難悟者，不加陳説，使童子積之腦際，若以爲得蒙養之正，而童子終始莫悟也。夫娶婉之嗜乳，乳質輕甘，入胃即洽，固取其易行易化也。若舍乳遽投以稻粱，補以芻豢，縱復能受，至壯亦適成爲笨人而已。童子之成，固有序也。吾人舍聖人之道何師？謂訓童子不以聖賢之言，雖妄者不敢出矣；謂教者躐等，舉成人之難悟者，使童子强悟之，則教者詎得無過？素之受染，至于緇止矣，人之知覺，至于道止矣。夫行道未有不自近始者。聖人之道，人知其至微至遠也，乃欲童子一蹴及之。如蒙塾以《大學》、《中庸》課童子之類，于古人小學之理，是否有合，姑勿深辨，但《學》、《庸》之理，塾師尚弗能悟，而欲童子熟讀而自會之，使空靈之腦氣，壅窒眩惑，終身蠢蠢然，眼前日用之理，一無所覺。迨乎內訓，而又教之以崇神鬼，信讖緯，庸俗拘忌之事，一動息皆足制脅。天下至理，愈膜隔而不相附，復日督堅坐，凝滯其氣，必盡磨其棱角，然後名爲成材，則華人之訓蒙，直戕賊其子弟耳！

歐西東洋之人，下至于爲兵爲捕，人人率知書明理：彼之所教，豈有高于吾聖人之道？正于童呆時，訓導必取其淺明易曉者，漸漸引以世事，又漸漸國事，鼓其英氣，令胸中洞然于天下大勢。故視國之仇若己仇，視國之利若己利，國日以强，人亦日以勇。又其法多以歌訣始。歌訣，有韵之文也。讀之順口而易入，以天下之理，匯入其中，經父兄指授，愈有神悟，志氣日益發越，所益夥矣。《學》、《庸》之理，雖極誠正，而童子不加鞭箠，幾復不能成誦，正以不知其中之奧妙，瞞瞞瞑曝，口納心拒。迨鼓蕩以科名之榮，始奮然趨之，其奮爲科名奮也。故有至老不知外事，并不知有生人之事者。甚哉，蒙養得失，系國之强弱也！

吾友畏廬子，自言爲村學究二十六年，生徒至衆，執業率以帖括，畏廬子苦口道之，終莫奪其科名之心。畏廬子憤切莫告，一日以白香山諷諭詩課少子，感懷時事，乃編爲《新樂府三十二首》。余見而求其稿，將鐫板以授家塾。畏廬子笑曰：「二十六年村學究，乃欲吟詩爲童子啓悟之階，自度吾力未至也。且吾不善爲詩，俚詞鄙諺，旁收雜羅，談格調者將引以爲噱，而吾又不樂爲詩人也。」余曰：「不然，世局危迫，固執者既萬不可變，吾輩子弟無罪，不當使其瞶瞶至老。子之詩雖無救于世局，然使吾子弟讀之，亦知有人間之事，不死于帖括之手，爲功豈不偉乎？且新樂府之體，固不妨爲俚鄙者也。」既語畏廬子，乃强取而授之梓人。光緒丁酉年十一月閩縣魏瀚序。

附：高夢旦《閩中新樂府書後》

甲午之後我師敗日本，國人紛紛言變法，言救國。時表兄魏季子先生，主馬江船政局工程處，余館其家，爲課諸子。仲兄子益先生、王子仁先生歐游東歸，任職船局，過從甚密。伯兄嘯桐先生、林畏廬先生亦時就游宴，往往亘數日夜，或買舟作鼓山方廣游，每議論中外事，慨嘆不能自已。畏廬先生以爲，轉移風氣，莫如蒙養。因就議論所得，發爲詩歌，俄頃即就，季子先生爲出資印行，名曰《閩中新樂府》。迄今三十年，散失殆盡。侄女君珈獨有一册，珍同拱璧。因爲記其本末如此。民國十六年一月六日高夢旦記。（《春覺齋著述記》，世界書局一九四九年四月版；薛綏之、張俊才《林紓研究資料》，福建人民出版社，一九八三年六月版，第一二七頁）

智按：林紓，原名群玉，字琴南，號畏廬，別署冷紅生、六橋補柳翁等，閩縣（今福建福州）人。光緒八年（一八八二）舉於鄉，任教于京師大學堂，以著譯、繪畫、教讀為業。著《閩中新樂府》，抨擊弊政敗俗，鼓吹維新思想。決心「日為叫旦之雞」，通過譯介外國文學，宣傳愛國主義。自一八九七年起，先後與人合作，譯外國文學作品一百八十三種（包括未刊稿），世稱「林譯小說」，於近代文學界革命乃至後來新文化運動之發生，影響甚大。有《畏廬文集》、《畏廬文續集》、《畏廬文三集》、《畏廬詩存》及傳奇、小說、筆記等多種。生平見朱羲胄《林畏廬先生年譜》。

陳三立（一八五二～一九三七）

《曉抵九江作》

藏舟夜半負之去，搖兀江湖便可憐。合眼風濤移枕上，撫膺家國逼燈前。鼾聲鄰榻添雷吼，曙色孤篷漏日妍。咫尺琵琶亭畔客，起看啼雁萬峰顛。（《散原精舍詩》卷上，《散原精舍詩文集》，上海古籍出版社，二〇一四年十二月版，第四一頁）

《見在庵集序》

元道州、白太傅所爲詩，切摯溫淑，探綜性本，有德人儒吏之風。……不假雕飾，文亦融情敷理，哀樂相副，嘗嘆爲元、白遺軌未墜，所以維其有之是以似之者耶。（《散原精舍詩文集》，上海古籍出版社，二〇一四年十二月版，第九三六頁）

《花徑景白亭記》

匡廬山北上中下三大林寺，最著上大林寺。建于晋，迭更興廢。唐元和十二年四月，白傅樂天來游宿，有序，嘆爲若別造一世界，中綴寺旁觀桃花絕句，自是好事者遂名曰花徑。清初查初白、潘次耕游記，皆有花徑名，然迷而莫知其處。前數歲己巳，漢陽李拙翁攜客過寺旁，聞匠工伐石聲鏬然，視之，餘一石，鑱花徑二字，徑尺餘，異之，戒勿伐。旁小字雖漫滅，莫辨何代人書，要留遺久遠，測其確爲白傅咏桃花處無疑也。名賢遺迹，淹晦幾千餘歲，一旦得拙叟邂逅，保留殘石，使彰顯于世，且爲山北增故實、娱游觀，寧非神靈相之耶？于是拙翁向主者嚴君孟繁丐其餘地，圖築亭其間，并遍種桃數百千株，續其盛，而胡君幼腴、方君耀庭聞而躍起，咸輸金爲助。越二年，至辛未夏，遂興工役，及秋，所建亭落成，題曰景白，有連屋數椽，備宴集，復築小亭，覆鑱字石上。其冬，拙叟偕吳君靄林導余往游，亭東距上大林寺數百步，寺之北，爲大林峰，後承醫生窪，迤西小山之北麓，西爲佛手岩，西南爲天池，諸山四顧，雖環蔽埡阜，無由盡收峰壑奇勝之觀，然而于斯亭懷賢弔古，慨慕流連，想像其時其人，精魂冥合，如親杖履，而接謦欬，其流風遺韵，相與蕩摩吾心之哀樂，而永其趣，所獲不已多乎？余老矣，儻得久留山中，俟觀所補種桃花滿谷，竊不自揆，尚當追白傅哦咏，爲諸君子一賡和之。壬申春正月，八十老人陳三立記。（《散原精舍文集》卷十六，遼寧教育出版社，一九八八年十二月版，第二三九頁；《散原精舍詩文集》，上海古籍出版社，二〇一四年十二月版，第一〇八四頁）

智按：民國二十一年五月立。八十老人義寧陳三立撰文，南豐吳宗慈（一八七九～一九五一）靄林父書丹，漢陽李鳳高（一八六八～一九四九）拙翁父篆額。

陳三立，字伯嚴，號散原，義寧（今江西修水）人。光緒八年（一八八二）中舉。十五年（一八八九）中進士，授吏部主事。其父陳寶箴光緒二十一年（一八九五）巡撫湖南，力行新政，三立佐之，在湖南辦學堂、辦報紙，湖南風氣一時爲之一變，成爲維新運動中心之一。譚嗣同、梁啓超、黃遵憲等維新志士皆入門下。陳三立與譚嗣同、丁惠康、吳保初合稱「維新四公子」，名動一時。戊戌變法失敗後，以薦劉光第、楊鋭獲罪，父子同被革職，罷歸江西南昌，在西山築室而居。光緒二十六年（一九〇〇），移居南京，未幾其父在家中被賜死。陳三立自此無心仕途，于金陵青溪畔構屋十楹，與友人以詩、古文辭相遣，號散原精舍，自謂「憑欄一片風雲氣，來做神州袖手人」。晚年曾北上舊京，盧溝橋事變後，絕食五日而死。詩文皆工，尤以詩人著稱，其詩初學韓愈，後師黄庭堅，為「同光體」領袖，被譽爲中國最後一位古典詩人。有《散原精舍詩》、《散原精舍文集》。

陳廷焯（一八五三～一八九二）

《詞壇叢話》

⊙花間之祖

有唐一代，太白、子同，千古綱領。樂天、夢得，聲調漸開。終唐之世，無出飛卿之右者，當為《花間集》之冠。（《詞話叢編》第四册，第三七一九頁）

《白雨齋詞話》

⊙香山長相思

香山《長相思》云：「暮雨瀟瀟郎不歸，空房獨守時。」［香山此詞絕佳，惟上半闋詞近鄙褻。］絕不費力，自然淒警。若「黄昏卻下瀟瀟雨」，［朱淑真詞］，便見痕跡。（卷五，《詞話叢編》第四册，第三九〇三頁）

⊙江開之菩薩蠻

「商人重利輕别離」，白香山沉痛語也。江開之《菩薩蠻》云［商婦怨］：「嫁郎如未嫁。長是淒涼夜。情少利心多。郎如年少何。」俚極笨極，真是點金成鐵。（卷七，《詞話叢編》第四册，第三九四九頁）

⊙集句詞

石孝友《浣溪沙》集句云：「宿醉離愁慢髻鬟［韓偓］。緑殘紅豆憶前歡［晏幾道］。錦江春水寄書難［晏幾道］。紅袖時籠金鴨煖［秦觀］，小樓吹徹玉笙寒［李璟］。為誰和淚倚闌干［李煜］。」集成語尚能自寫其意。然如竹垞之《浣溪沙》［同柯寓匏春望集句］云：「煙柳風絲拂岸斜［雍陶］。遠山終日送餘霞［陸龜蒙］。碧池新漲浴嬌鴉［杜牧］。閬苑有書多附鶴，春城無處不飛花。馬啼今去入誰家。［李商隱、韓翃、張籍。］」又，前調［惜別集句］云：「惜別愁窺玉女窗［李白］。遥知不語淚雙雙［權德輿］。綺羅分處下秋江［許渾］。暮雨自歸山悄悄［李商隱］，殘燈無焰影幢幢［元稹］。仍斟昨夜未開缸［李商隱］。」又，前調［春閨集句］云：「下二層樓敞畫簷［杜牧］。偶然樓上卷珠簾［司空圖］。金爐檀炷冷慵添［劉兼］。小院迴廊春寂寂［杜甫］，朱欄芳草緑纖纖［劉兼］。年年三月病懨懨［韓偓］。」又，《采桑子》［秋日度穆陵關集句］云：「穆陵關上秋雲起［郎士元］，習習涼風［蕭穎士］。於彼疏桐［宋華］。槭槭淒淒葉葉同［吳融］。平沙渺渺行人度［劉長卿］，垂雨濛濛［元結］。此去何從［宋之問］。一路寒山萬木中［韓翃］。」又，《鷓鴣天》［鏡湖舟中集句］云：「南國佳人字莫愁［韋莊］。步搖金翠玉搔頭［武元衡］。平鋪風簟尋琴譜［皮日休］，醉折花枝作酒籌［白居易］。日已暮［郎大家］，水平流［白居易］。亭亭新月照行舟［張祜］。桃花臉薄難藏淚［韓偓］，桐樹心孤易感秋［曹鄴］。」又，《玉樓春》［畫圖集句］云：「劉郎已恨蓬山遠［李商隱］。金谷佳期重游衍［駱賓王］。傾城消息隔重簾［李商隱］，自恨身輕不如燕［孟遲］。畫圖省識東風面［杜甫］。比目鴛鴦真可羨［盧照鄰］。一生一代一雙人［駱賓王］，相望相思不相見［王勃］。」又，《瑞鷓鴣》［閨思集句］云：「春橋南望水溶溶［韋莊］。半壁天台已萬重［許渾］。心寄碧沉空婉孌［劉滄］，語來青鳥許從容［曹唐］。更為後會知何地［杜甫］，難道今生不再逢［韓偓］。是憶當時留咽處［呂溫］，桐花暗澹柳惺忪［元稹］。」又，《臨江仙》［汾陽客感集句］云：「無限塞鴻飛不度［李益］，太行山礙并州［白居易］。白雲一片去悠悠［張若虛］。饑烏啼舊壘［沈佺期］，古木帶高秋［劉長卿］。永夜角聲悲自語［杜甫］，思鄉望月登樓［魏扶］。離腸百結解無由［魚玄機］。詩題青玉案［高適］，淚滿黑貂裘［李白］。」又，《漁家傲》［贈別集句］云：「花面鴉頭十三四［劉禹錫］。調箏夜坐燈光裏［王諲］。行到階前知未睡［無名氏］。揮玉指［閻朝隱］。弦弦掩抑聲聲思［白居易］。會得離人無限意［郑谷］。杯傾別岸應須醉［羅隱］。曾向五湖期范蠡［韋莊］。幾千里［盧仝］。如何遂得心中事［劉言史］。」諸篇皆脱口而出，運用自如，無湊泊之痕，有生動之趣，出古人之右矣。（卷八，《詞話叢編》第四册，第三九七一～三九七二頁）

⊙詩詞皆有境

詩有詩境。詞有詞境。詩詞一理也。然有詩人所辟之境，詞人尚未見者，則以時代先後遠近不同之故。一則如淵明之詩，淡而彌永，樸而愈厚，極疏極冷，極平極正之中，自有一片熱腸，纏綿往復。此陶公所以獨有千古，無能為繼也。求之於詞，未見有造此境者。一則如杜陵之詩，包括萬有，空諸倚傍，縱橫博大，千變萬化之中，卻極沉鬱頓挫，忠厚和平。此子美所以橫絕古今，無與為敵也。求之於詞，亦未見有造此境者。若子建之詩，飛卿詞固已譏之。太白之詩，東坡詞可以敵之。子昂高古，摩詰名貴，則子野、碧山，正不多讓。退之生鑿，柳州幽峭，則稼軒、玉田，時或過之。至謂白石似淵明，大晟似子美，則吾尚不謂然。然則詞中未造之境，以待後賢者尚多也。[皆境之高者，若香山之老嫗可解，盧仝、長吉之牛鬼蛇神，賈島之寒瘦，山谷之桀驁，雖各有一境，不學無害也。] 有志倚聲者，可不勉諸。（卷八，《詞話叢編》第四册，第三九七七頁）

智按：陳廷焯，字亦峰，江蘇丹徒人。光緒十四年（一八八八）舉人。一生致力詞學。初學倚聲，詞宗浙派。選古今詞二十六卷，名《雲韶集》。又以常派詞論為準則，重選唐至清詞，編為《詞則》二十四卷，並撰《白雨齋詞話》。

張祥齡（一八五三～一九〇三）

《詞論》

⊙詞變體格

周清真，詩家之李東川也。姜堯章，杜少陵也。吳夢窗，李玉谿也。張玉田，白香山也。詩至唐末，風氣盡矣，詞家起而爭之，如文至齊、梁，風氣盡矣，古文家起而爭之。爭之者何也，非謂文至六朝，詩至五代，無文與詩也，豪傑於兹，踵而為之，不過仍六朝、五代，故變其體格，獨絕千古，此文人狡獪也。詞至白石，疏宕極矣。夢窗輩起，以密麗爭之。至夢窗而密麗又盡矣，白雲以疏宕爭之。三王之道若循环，皆圖自樹之方，非有優劣。

况人之才質限於天，能疏宕者不能密麗，能密麗者不能疏宕。片玉善言羈旅，白雲善言隱逸，終身由之而不知其道者，天也。（《詞話叢編》第四册，第四二一一頁）

智按：張祥齡，字子芯，號芝馥，漢川（今四川廣漢）人。官至散館授編修，後改陝西大荔縣知縣。有《半篋秋詞》。

黄協塤（一八五三～一九二四）

《粉墨叢談》

⊙日日紅

日日紅，籍隸同勝和班。初在義錦園演劇，義錦既歇，改籍留春。身材婀娜，淺笑嫣然。工唱青衫，發響探喉，高出雲表。一聲裂帛，四座皆喑，誠有如白香山詩云「曲罷常教善才服，妝成每被秋孃妬」者，與老生滿京紅足稱勁敵。其《合串倒廳門》、《算糧登殿》、《三娘教子》等戲，廻腸蕩氣，伊鬱酸辛，如聆河滿一聲，令人雙淚如珠下，聲音之感，竟如是乎。小藍田懺情侍者嘗語予曰：「紅姓朱，本保定良家子。少年流落，悮入梨園。」宜其哀楚蒼涼，情不自已也。（《粉墨叢談》卷上，《香豔叢書》第十七集）

智按：黄協塤，字式權，原名本銓，號夢畹，别署鶴窠樹人、海上夢畹生、畹香留夢室主，南匯（今屬上海）人。早年博學工詩詞，尤長于駢體文寫作。光緒十年（一八八四）進《申報》館，每日著論發揮，聲名大噪。光緒二十年主筆何桂笙逝世，總編纂錢昕伯年邁多病，遂繼任《申報》總編纂，先後主持《申報》筆政二十年之久。因思想保守，不合時宜，《申報》銷數江河日下，乃辭職回家。暮年鄉居以詩文自娱。續修《南匯縣志》時，任分纂員。民國十二年姚民哀辦《世界小報》，曾連載其四十年前之《淞南夢影録》，署「黄夢畹遺著」。豈知他猶在人間。乃寄生訃詩十首，提出抗議。其著作刊成單行本者有《鶴窠樹人初稿》、《粉墨叢談》、《黄夢畹詩抄》等。

蔣麟振（一八五三～一九四五）

《邯鄲夢》（為王克琴而作也）

辛亥避亂出京，在黃海舟中，鬱伊善感，為作此詩。哀高邱之無女，動彭澤之《閒情》，擬平子之《四愁》，續梁鴻之《五噫》。雖緣情綺靡，而身世飄零，亦可為累。欷嘘長歎，觀者惜其意而略其詞可也。

絕世佳人生自北，一顧傾城再傾國。不堪離亂漫相逢，四座莫諠聽我說。王家女子名克琴，本是明妃再世身。六代新聲傳北里，十年豔幟樹天津。借問何所似？美麗世無比。翡翠戲蘭苕，芙蓉出淥水。皎潔秋月明，燦爛晚霞綺。公子競纏頭，王侯爭倒屣。風流第二賽金花，妖冶齊名楊翠喜。去歲天津橋畔行，梧桐一葉正秋聲。是時乍見驚鴻影，五色並馳奪目精。（庚戌夏於津門天樂園初見克琴，歎為坤角中第一。）南北經行七千里，跌宕歌場二十春。如此娉婷何可得，應許花叢第一人。金縷歌殘簾下見，雲屏半掩芙蓉面。身如飛燕語如鶯，來似行雲歸似電。殘照西風烏夜村，絲絲秋柳斷人魂。萬種離情如碧海，一鞭愁影入都門。白河如帶去咫尺，風引舟回行不得。每從花報看題名，常向長干問消息。愁心鴻雁忽南飛，（余至京而聞克琴往上海）聽到鷓鴣腸斷絕。南山有鳥北山羅，月白風清可奈何。華亭唳鶴歸心緊，江上蓴鱸客思多。燕雲飛雪大於蓆，驛路漫漫長河急。還從武漢下金焦，一片歸帆如箭激。那知我到吳淞日，彩雲已傍秦淮月。（余至上海而克琴至南京）鐘鼓銷沈鳳舞臺，兩行紅粉半成灰。烏鵲飛飛三繞樹，哀懷便擬蘭成賦。（滬上為賦詩十絕）飄搖心繞莫愁湖，顛倒魂飛桃葉渡。欲到板橋訪十娘，蕭條歲暮北風涼。茫茫南浦羈人返，寂寂西湖寒夜長。今年欲問金陵路，說道文軒已入楚。（欲往南京而克琴已至漢口）蘭香降後洞庭春，神女來時巫峽雨。枉讀《南華・齊物篇》，長吟屈子《離騷》賦。萋萋芳杜怨高邱，采采椒蘭思澧浦。卿似東風我似蓬，蓬飄輾轉從東風；東風倏忽千萬里，飄蓬偃蹇落溝中。卿如燕子我如鴻，南去北來不相同；及我北來又南去，我如燕子卿如鴻。卻憶小住天津橋，桃花人面太無聊。壞壁題詩春寂寞，楊枝系馬雨飄蕭。耿耿星河天欲曙，殘月曉風驅車去。（余再至京）行行依舊景山前，宮草宮花留我住。雁魚字字說離愁，胡蝶翩翩飛夢雨。時將小影供香花，懷袖芬芳如解語。津門六月解征鞍，舊館題痕墨未乾。訪豔醉攜青玉案，懷人捫遍碧闌干；上視紅塵蔽雲天，下視白河增波瀾。美人娟娟雲水端，欲往從之路漫漫。（辛亥六月，余復過天津，聞克琴亦至津，尚未登臺，不及待而去。）孤帆南去如飛鳥，天風吹到江南道；江南歌舞幾千人，五嶽歸來眾山小。惺惺半世愛才心，樹蕙滋蘭亮不少。無端燕燕尚撩人，偏是紅紅都說好。秋來重到武陵邊，（七月復至津，再見克琴。）回首前塵已一年。人亦重來月亦圓，神山縹緲見嬋娟。橫波一顧態嫣然，似蘭吹氣不勝憐。羅襪膚圓光致致，湘裙紕縵影翩翩。一夜相逢算一年，銀河雲影淡如煙。清霜烈烈江楓曉，巾車仍指京華道。英雄兒女兩無成，鬢影鞭絲催人老。南紀軒然起大風，浮萍桃梗各西東，飛花流出御溝中，胭脂門巷一時空。紫竹林中重走馬，笙歌嫋嫋林之下。何堪子夜奏清商，我是天涯飄泊者。忽憶平生有所思，滄桑重見定何時。到此須留鴻雪影，莫教坐誤白蘋期。再到天台路不迷，珊珊環佩出來遲。（九月余復過天津三見克琴）嬌鶯乳燕迎春曲，露鬢風鬟絕世姿。秋波一轉如流電，電光到處神都眩。竟垂青眼到羅橫，永夜光輝施睞眄。美人滿堂獨目成，綢繆繾綣若平生。風雨飄搖舟一葉，笙歌清切夜三更。曲終人散江月白，司馬青衫淚痕濕。（是夕下輪南去）在山水清出山濁，黃金誰把文姬贖。遇人不淑感非煙，中道相捐憐小玉。（克琴曾從某巨紳，不容於大婦而去。）緑衣吟罷有啼痕，紅豆拋殘餘淚血。況逢大陸起龍蛇，猿鶴蟲沙事可嗟。強暴誰非沙叱利，義士今無古押衙。早知玉樹將亡國，孰把金鈴好護花。楊花落盡空梁月，（克琴前為直督楊某所眷）前事迷離無可說。不求十斛贈明珠，翠袖臨風倚修竹。長嘯西山頂上頭，年來常自替花愁。落拓風塵承一顧，欲報春情已無路。海風泱泱山蒼蒼，十年浮浪此還鄉。淒涼風月人千里，縹緲邯鄲夢一場；風情敢學侯公子，離亂差同冒辟疆。琴心三疊九回腸，臨流散髮唱《迷陽》。未必他年投李靖，且書一紙寄蕭娘。娟娟陌上花，毵毵宮前柳。碧桃滿樹杏滿林，喪亂相捐亦何有！獨有蕙蘭花，容華肖天秀。日夕苦相思，提心常在口。見君令人愁，思君令人瘦。絕代容華生亂世，世事茫茫竟若此！海水五千里，四顧悲風起。所不思君如此水，海枯石爛未能已。卿家北海北，儂家東海東。亂世常相念，平世再相從。星球耿耿懸天空，此恨綿綿未有終！（劉衍文《雕蟲詩話》卷四引，《民國詩話叢編》第六册，第五九一～五九三頁）

智按：劉衍文《雕蟲詩話》卷四云：「此詩氣勢聲律自佳，惟開端與結束，尚未跳出前人窠臼。又用詞似不甚措意，如『漫漫』、『茫茫』、『芙蓉』、『縹緲』、『亂世』等語，皆一再出現，而未能置換，不免有貧窘之感。為香山長慶、梅村婁東體之難，於兹可見。」（《民國詩話叢編》第六册，第五九三頁）

《詠懷贈默遠》（後與黎女士結婚，大學一同學）

幼愛靈均宋玉辭，中年再讀淚絲絲。深情更有如公子，相對惺惺世未知。

紅淚霏霏尚在衣，關山千里夢雲飛。東籬黄菊樽前約，開到梅花尚未歸。

亦是三生有夙因，好花良月轉傷神。慈悲心地纏綿意，豈是黄粱夢裏人。

悠悠空影轉風輪，簸蕩心魂二十春。飛絮落花無定在，天涯憔悴為誰陳！

桑海重來夢已殘，薄帷明月念家山。江州莫下青衫淚，記取楊枝與小蠻。

高山流水幾知音，小有差池感更深。尺素好藏懷袖内，雞鳴風雨一沈吟。

來朝便是陽關路，回首西山有所思。别後殷勤付青鳥，蒼茫宙合後來期。

莫道一池春水皺，南州曾有幾詩人。中唐風雅推元白，記否香山和《會真》。（劉衍文《雕蟲詩話》卷四引，《民國詩話叢編》第六册，第五九八～五九九頁）

《鮮靈芝，伶人丁劍雲之姨也。丁妻死，據其姨而有之，以事為丁所疑，吞金幾死。觀其演劇，有感二首》

載酒聽歌又一旬，溫柔婉麗算斯人。平生芝草三經眼（戊戌識李靈芝，丁酉識雀靈芝，今見鮮靈芝），彷佛梅蘭再化身。（鮮意態頗似梅郎）彩鳳隨鴉愁影過，哀蟬落葉淚痕新。人間多少傷心事，吹罷參差一愴神。

亂離天寶公孫舞，淒咽長安蔡女笳。弱質不禁柔似水，淡妝已覺豔於花。金樽檀板人將老，卻曲迷陽事盡差。我比香山蕭瑟甚，何堪清淚下琵琶！（劉衍文《雕蟲詩話》卷四引，《民國詩話叢編》第六册，第六一二頁）

劉衍文按：此亦觸事傷情兼自傷之意。首律三句「三經眼」語原作「三回見」，以語太率意為之，改而兼可與下句「再化身」對仗相稱。

《與天孫》（浦江作，時為浦江縣長）

雲一絹，玉一梭，淡淡衫兒薄薄羅，淺笑見雙渦。秋風多，秋雨多，人間無處不銀河，聲聲喚奈何！

浦江秋，浦江流，流到杭州古渡頭，帶去十分愁。南雲收，北雲浮，仙姑山下雨颼颼，獨倚最高樓。

夜沉沉，燈熒熒，月圓花好百年情，前夢甚分明。聽二更，又三更，輾轉秋衾睡不成，蕭蕭落葉聲。（《民國詩話叢編》第六册，第六二〇頁引）

劉衍文按：此乃寄調《長相思》之詞，附於《閒情集》之末。先生詩篇極富，而詞僅見於此。然此三詞，第一首僅更易李後主詞之數語而成。李詞云：「雲一緺，玉一梭，淡淡衫兒薄薄羅，輕顰雙黛羅。秋風多，雨相和，簾外芭蕉三兩窠，夜長人奈何！」次首上闋即套用白香山詞而成。白詞上闋云：「汴水流，泗水流，流到瓜洲古渡頭，吳山點點愁。」

《寒柯堂詩序》

大概咸同以後人才，惟曾滌生、王益吾、張孝達、沈子培有兼人之長，未數數覯也。余越園先生於經專三禮，史學馬班，子精名法，詩自陶謝以後諸名家，文自韓歐以下諸名家，皆擇其性之所近而善學焉。……今但以詩論，先生詩主性靈。性靈之詩，實始於元白，流及袁趙蔣而止……（余紹宋《寒柯堂詩》卷首，文聽閣圖書有限公司二〇〇九年《民國詩集叢刊》本）

智按：蔣鱗振，字宰棠，諸暨（今屬浙江）人。十六歲中舉，名噪一時，其後五上春闈不第，康南海見其墨卷，嘗以掄元測之。又謂其詩雖不敢言天下第一，要不出五名之外也。嘗出宰浦江，不久罷去。有《如園詩稿》十卷，《觀山文稿》上下二册。詩文選輯，刊於《浙江省通志館館刊》第四期。

唐贊袞（一八五三～?）

《讀香山四十有五詩，戲作一絕》

司馬吟詩鬢已蒼（白樂天時為江州司馬），四旬有五恰相當；詩名雖遜香

山席，官職猶誇五馬翔。（《臺陽集》，《臺灣關係文獻集零》十六）

智按：唐贊衮，字韡之，湖南善化人。同治十二年（一八七三）癸酉舉人，歷官邵武府知府、臺南知府。有《鄂不齋集》。

范當世（一八五四～一九〇五）

《題陳鷗民月湖琵琶圖兼答其釣臺徵詩啓》

郎官湖是青蓮造，商婦絃爲白傅留。漢水漁人眞好事，一圖兼攬兩千秋。

聞君別有徵詩具，日傍琴臺望釣臺。笑煞嚴光亦淪落，不然甯用客星來。（《范伯子詩集》卷十三，《續修四庫全書》影印清末鉛印本，第一五六八册，第七六頁）

《戲題白香山詩集》

白氏論詩崇諷諭，吟風弄月祇空華。笑他閑適終成片，莫我平生竟一家。萬語縱横惟己在，十年親切爲時嗟。原知詣絕都無用，持比陳人郤未差。（《范伯子詩集》卷十九，《續修四庫全書》影印清末鉛印本，第一五六八册，第一一八頁）

智按：范當世，字肯堂，江蘇南通人。諸生。有《范伯子詩集》。

黄紹箕（一八五四～一九〇八）

《題黄山谷三游洞題名》

涪翁西行五十一，我今五十學隨緣。風中鴻雁重來集，過眼江山九百年。

萬鏃離弦韵有餘，鶴銘雁塔勢縈紆。此行人與書俱老，悟入長年打槳初。

岩岫新奇未賦詩，重扃秉燭有微思。散花一著終成累，寄語人天共護持。（《晚晴簃詩匯》卷一百七十二）

《題歐陽公三游洞題名》

十六日再至三游洞，又得歐陽公題名石刻於洞內右壁，校放翁《入蜀記》，字略同。

惟「四」字下「年」字，今全泐，「丁」字下諦審是「元珍」二字，為歐公同年丁寶臣之字，南宋時已為妄人加刻畫，故放翁疑其不類耳。岫穴深黝，塵翳已久，初至竟失之，宜居人過客之不及知也。六一題名尤罕見，彌足寶貴。

彝陵山水奇，入峽此東道。千峰繚翠壁，劃然發天巧。元白蘇黃陸，行旅有述造。千載山主人，卓犖餘文藻。放翁昔搜尋，泐缺知已早。拂塵驚乍見，歡若墨未燥。石粗故易剝，穴黑得常保。公昔奉母來，江鄉足魚稻。縣樓日對山，覃孳職方考。〔公為令時，纂《五代史》〕嘲弄時間作，吏牘雜詩稿。想當清秋初，溯川消積潦。石乳凝雲扁，岩蔬照晴昊。判官夙同調，緣險恣幽討。淋漓修史筆，懸壁偶一埽。引繩無欹斜，濡豪絕瘠槁。乃知大賢心，精氣常在抱。今君無結銜，庭趨寧足惱。公視官如家，視民如襁褓。追俗玩歲月，自分桐鄉老。豈知屢起蹶，入汴鬢已皓。夢中渡橫查，苦憶山縣好。東山有題詠，漢廟聞祈禱。遺文猶在誦，貞石翳荒草。寥寥殘字在，永為兹山寶。(《晚晴簃詩匯》卷一百七十二)

《縵庵合裝歐黃題名懸齋壁並題一詩即以為别》

廬陵少孤貧不憂，登朝一節論千秋。波中金石仰看物，著書不足來尋幽。維摩老子稍後進，文章不同有心印。書骨權奇如其人，未得書碑聊自運。〔歐公《至喜堂記》，山谷書，國初殘石尚在，遍訪不可得。當是東還後所書。〕二公氣立萬物表，白傅西來恨太早。中間題壁有蘇公，作詩父子三人同。蘇公兄弟晚飄泊，壁詩磨滅無由蹤。〔三蘇至三遊洞，皆有詩。東坡有三絕句留石壁，放翁已不見，知磨滅久矣。〕尹餘繼去衆已駭，元祐黨碑滿天下。平生師友如雲龍，萬事升沈付埃馬。歐公有母黄有兄，至樂天與誰能傷。但説山川蒙藻績，豈知點畫含風霜。縵庵縵庵來惜别，吾家風義足可惜。公家事了栽紅梨，烹茶讀書且面壁。(《晚晴簃詩匯》卷一百七十二)

智按：黄紹箕（一八五四～一九〇八，一説一八五四～一九〇七），字仲弢，號鮮菴，溫州瑞安（今屬浙江）人。光緒六年（一八八〇）庚辰進士，改庶吉士，授編修，歷官四川鄉試副考官、武英殿纂修官、會典館提調、湖北鄉試正考官、侍講、翰林侍講學士、京師大學堂總辦、兩湖書院監督、京師編書局監督兼譯學館監督、侍讀學士兼日講官、湖北提學使。有《鮮菴遺稿》（又名《靜菴遺稿》）一卷，民國二十三年「惜硯樓叢刊」本。

張勳（一八五四～一九二三）

《重脩燕子樓記》

嗟夫！鳳去臺空，難忘幽徑；鳧飛亭在，未沒寒蕪，況乃讀鴛鴦之碑，過鶺鴒之院，悲詅蘅館，目斷茅岊，窺玳瑁以曾栖，泥封無恙；吞蒺藜而不食，膩脰頻伸，能毋頫仰文簫，補秦樓之韵事，低徊盡棟，剔馮燕之釵塵也乎？旃蒙單閼，江淮晏㢁，僕緣戎隟，輒升徐闉西南之隅，有樓倚堞（《南畿志》在州廨中，《明一統志》在城西北隅，今在城西南），……月潦人靜，咨之邦士，僉曰：此唐燕子樓之曩躅張僕射之第址也。夫其坿跗逢姊，馳譽鈔嫽，袞璘共珎，垂髯弋慕，則有武甯藩帥，秩號尚書。（舊志以尚書屬建封，殊謬，蓋建封官司空，非尚書，貞元十六年卒，子愔爲留後，官至尚書。白居易以十九年登拔萃選科，二十年授尚書省校書郎，其爲郎時，游徐泗間，於張尚書宴上始見盼盼，則建封□久矣。謹以白公《性習相遠近賦注》、《箴言序》、《哀二良文序》、《汎渭賦序》、《送侯權序》、《燕子樓詩序》，及唐之《登科記》，又《養竹記》，又康熙汪西亭所編白公新年譜，與常熟毛氏所藏陳伯玉氏宋本之舊年譜等類，皆云貞元二十年授校書郎，而《舊唐書》白傳舊刻誤以爲十一年拔試禮部，然十四年高郢猶未領禮部貢舉事也，□□文連敘，高郢權登甲科，吏判乙科，授校書郎，亦未明載授郎之年，於是沿訛襲謬，遂以張愔事爲建封矣）

銜餘澤於曲江，鞭承節義（建封入朝，賜宴曲江，還鎮，帝以所持鞭賜之曰卿節義，歲寒不渝）；求好媍於津口，浪接昕昏。……貞姜不越禮而漸臺，尠可下之時；柔奴自清涼而炎澥，有不變之候。何以翻稾汙雪，莫識翀天。（盼盼臨卒，自吟云：兒童不識翀天物，謾把青泥汙雪毫。蓋以樂天不識己，故有《感舊》三詩）司勳唫罷之辭，太傅同題之指，北邙松柏，借諷靡蕪，東洛衣冠，愴生劒履。……柳惲偏州，未是攤旌才子；韓憑醉幄，更思化蝶僊人。當時油壁青驄，孰逢小小；此處金尊白髪，待寫婢婢。換罷紅羊，圖成紫玉，盖猶峯瞻公主，堦翩朱履之纖痕；墓復貴妃，市想香羅之一襪。縱盤蘇姑之祀，尚超李婆之邱也。爰因陳迹，誅茅培陴，覵匠就攻，罔俾陁陊，迴旋五步，樛瀏三弓，枉戴接羅，客來不俗，眄弥廣瀉，余情信芳。砌薜剥而鈿暈明，檻蟾娟而匳漪靜。欝金盧婦，依然文杏之樓；翠珩樊君，永伫秋池之燕。……故蠶絲抽盡未盡者，緜緜之恨懷；蛤甲銷磨不磨者，亭亭之倩影也。樓經始於乙卯之春，涉夏而落成。噫嚱！杜鵑啼血，千年帝子之宫；鴂鶗招魂，萬古華鬘之曲。是爲記。

中華民國四年歲次乙卯十月吉日，梁溪吴榮刻石。奉新張勳譔并書。（據《中國金石總録》録入）

智按：張勳，原名和，字少軒、绍軒，號松壽，江西奉新人。一九一一年八月，任江南提督兼江防大臣，十月武昌起義，清廷任為會辦南洋軍務大臣。後在南京被革命軍打敗，逃至徐州，被任為江蘇巡撫。一九一五年，袁世凱密謀稱帝，封為一等公。一九一七年，趁府院相争之際，率兵入京調停，與康有為等擁溥儀在京復辟，自任内閣議政大臣兼直隸總督北洋大臣。僅十二天，就被撲滅，逃入荷蘭使馆。一九二〇年夏，避居天津。終年六十九歲。

陳熾（一八五五～一九〇〇）

《效遺山論詩絶句》（十首之七）

古意淪亡慶曆中，苦抛心力事雕蟲。平生不解尊元白，可怪揚波尚未窮。（趙樹貴、曾麗雅編《陳熾集》，中華書局，一九九七年四月，第三六四頁；《萬首論詩絶句》第三册，第一四一八頁）

智按：陳熾，原名家瑶，字次亮，江西瑞金人。同治癸酉（一八七三）拔貢。有《裒春林屋詩》，《庸書内篇》二卷《庸書外篇》二卷（《清代詩文集彙編》影印清光緒二十二年刻本）。

馬其昶（一八五五～一九三〇）

《桐城耆舊傳》

⊙方氏三詩人傳第七十五

方先生諱文，字爾止，號明農，一號嵞山。萬曆進士。户部主事諱大鉉子也。當明之季，以諸生及從子密之，皆聲振天下。先生性亢爽，有天趣，每見人詩，輒改竄。其人不樂，不顧也。嘗自以生命壬子，命畫師作《四壬子圖》，中陶淵明，次杜子美，白樂天，皆高座而己呈詩卷，傴僂於前。其詩任性靈，雖民謠里諺，塗巷瑣事，皆以入詩。著《嵞山詩文集》五十卷，《説文條貫》十八卷。一時如施愚山、孫豹人、王阮亭諸公，皆盛相欽重。其後方氏以詩名，尤著者二人，一曰南堂先生，諱貞觀，字履安，著《南堂詩集》八卷；一曰息翁先生，諱世舉，字扶南，著《春及堂詩集》二卷，《江關集》一卷。兩先生皆少詹事坦菴曾孫，而孝廉章鉞孫也。坦菴諱拱乾，字肅之，崇禎時官少詹事。國朝以薦起補宏文院學士，尋除少詹。平生篤交誼，嘗急人難。晚年謫甯古塔，撰《絕域紀略》，號甦老人。《甦老人七十自壽》曰：「老人冏卿子七歲，能屬文爲詩。長登進士，官翰林，至少詹事，娶相國女。至今猶共哺糜，生兩女六男，亦皆掇科名，男女孫百幾十人，老人所徼於造物，可謂厚矣。」其自喜如此。詹事長子元成，字孝標，號樓岡。順治六年進士，官侍讀學士。次亨咸，號邵村，順治四年進士。官監察御史。坐科場案，謫甯古塔。王阮亭稱賞其詩，尤工書畫。人得其寸縑，珍若璆寶。兄弟並知名。……（《桐城耆舊傳》卷七，《續修四庫全書》影印清宣統三年刻本）

⊙潘木崖先生傳第七十六

潘先生諱江，字蜀藻，號木崖。少孤，母吴氏高節博學，著有《松聲閣集》。先生生而天才雋妙，十歲試文郡邑，羣士推爲聖童。後益博極羣書，歷遊齊岱京楚，與海内名流相結，主盟壇席者三十餘年。康熙十八年，舉鴻博，以母老辭，後兩徵遺逸，皆不就，隱居北郭之河墅，年八十四卒。張文端公題其碑曰「詩人河墅先生之墓」。其詩法白香山，亦時出入錢、劉。耽耆風雅，尤留意兩朝文獻，遇人一韻之工，稱賞不容口。戴編修名世初未知名，先生奇其才，悉發藏書資之，卒傳其學。先生輯《龍眠風雅》六十八卷續二十八卷，《桐城鄉賢實録》一卷，《木崖詩文集》五十餘卷續集十五卷，又《六經蠡測》、《字學析疑》，詩韻尤雅，記事珠均佚。子仁標、仁樹，孫義炳，皆能世其學。同時詩人，又有祝樸巢、李芥須二先生。……（《桐城耆舊傳》卷七，《續修四庫全書》影印清宣統三年刻本）

智按：馬其昶，字通伯，晚號抱潤翁，桐城（今屬安徽）人。受業于方東樹、戴鈞衡，光緒間舉人。精古文辭，師從方宗誠、吴汝綸，光緒三十四年（一九〇八），授學部主事。辛亥革命後，為清史館總纂。有《抱潤軒文集》、《毛詩學》等。

徐世昌（一八五五～一九三九）

《晚晴簃詩匯·詩話》

宋祖昱，字斌貽，號西洲。會稽人，諸生。有《西洲類稿》。

詩話：西洲性傲岸，在京師時，漁洋方主壇坫，西洲僅投以四韻一篇。田山薑嘗與賓筵論詩，上下古今，終席不能屈。其卷中古風雖多長慶體，而才氣恣肆，書卷足以佐之，能自出機杼，使題無剩義。人謂長吉之夭，東野之窮，玉谿官不挂朝籍，皆坐抉摘物情太甚。西洲亦然。（《晚晴簃詩匯》卷三十九）

智按：録宋祖昱詩一首，以見一斑。《西洋獅子歌》：「九重天子垂衣裳，異物遠致由遐荒。自昔康熙歲戊午，狻猊入貢來西洋。大句臚唱千官入，兩階干羽如山立。舞蹈争看回鶻裝，梯航倏至波斯客。崔巍鐵柱雙銅環，玉除丹陛蹲獅蠻。猛氣潛消殿庭内，彪聲猶撼雲霄間。據地迴身時一吼，白象摧藏老熊走。俄驚瓦震昆陽城，復覩風馳土囊口。鋸牙鉤爪見分明，曾向烏丸識舊名。小苑銀牆高置砦，上林金鎖怒攀楹。從來此物稱難得，萬里追風猶咫尺。條支海上夜觀兵，榆葉關頭曉馳驛。重譯朝時不計程，月支使者憶隨行。盛來巨檻千人護，攜出雕籠百獸驚。皇仁不絶殊方畜，莫遣山林更馳逐。

玉輦時從虎圈游，庖人日給官廚肉。羽獵長楊事有無，從禽往往鮮歡娱。讜言早已旌家令，廷論何曾重嗇夫。聖明留意安區夏，奇祥異瑞升聞寡。絕域寧須獻白狼，新聲無復歌天馬。鼓罷南薰雅樂成，遥瞻率舞在虞廷。重瞳御世康民物，一奏簫韶詠太平。」

馬孝思，字永公，號玉峯，桐城人，諸生。有《覆瓿集》、《屏山詩草》。

詩話：正誼有子六人，皆工爲詩。《賴古居詩話》謂，《屏山詩草》源出香山，在先輩中，與龕山最近。蓋翁壻論詩，甚相契合也。集中有《手録香山集》一詩，此其平生嗜好所在，心追手摹，頗能得其形似，而才力薄弱，不免流入平易一派。(《晚晴簃詩匯》卷四十)

馬昹，字南叔，桐城人。有《聽雨樓詩鈔》。

詩話：南叔天性孝友，白頭兄弟，朝夕起居惟僅，先疇數畝僅供饘粥而吟詠自若，晨起必讀書一卷，自少至老六十，年如一日，詩筆清和圓穩，在元白之間。(《晚晴簃詩匯》卷五十一)

查慎行，初名嗣璉，字夏重，又字悔余，號初白，海寧人。康熙中以舉人召直南書房。癸未賜進士，改庶吉士，授編修。有《敬業堂集》。

詩話：國初諸老漸厭明七子末流科目，至初白乃專取徑于香山、東坡、放翁，祧唐祖宋，大暢厥詞，爲詩派一大轉關，其自言在熟處求生。(《晚晴簃詩匯》卷五十六)

薛寧廷，字補山，雒南人。乾隆丁丑進士。改庶吉士，授編修。有《洛間山人詩》。

詩話：補山登進士，入翰林，越六年，休致歸養。歷游吳越、河朔間，與當代名流相倡和。晚年多在山東省，主講各郡邑書院。居貧樂道，以詩為性命。其集經袁子才、蔣心餘閱定者居多。詩輕圓瀏亮，亦與兩家相近。其刺時感事之作，頗有似香山《新樂府》者。(《晚晴簃詩匯》卷八十八)

智按：薛寧廷（一七一八～一七九二），有《洛間山人文鈔》二卷，清刻本，收入《清代詩文集彙編》。

吳均，字公三，號梅查，江都人。有《青棠館詩集》。

詩話：梅查詩過萬首，曾為歸愚尚書所賞。吳澹川贈句：「神似香山句，多於玉局篇。風流布衣老，蕭散地行仙。看竹時留詠，當花不肯眠。身貧亦何恨，詩好萬人傳。」(《晚晴簃詩匯》卷九十七)

韓是升，字東生，號旭亭，晚號樂餘。元和人。貢生，有《聽鐘樓詩稿》。

趙味辛曰：先生襟抱灑落，自言夜無塵俗夢。性孝悌，與人交久而彌篤。早謝場屋，未嘗忘世。其詩斷自乾隆壬午爲始，凡蹤迹之所經，倡酬之所及，以至居今稽古，隨所感觸，靡不於詩寓焉。

法梧門曰：先生嘗謂余曰：吾三十年前，識味辛於京師，後二十年，乃識君京師。名士大夫，吾所往來酬接者不少矣，而心所拳拳者，君與味辛兩人爾。近出其《聽鐘樓詩稿》，屬綴語於帙尾。余非深於詩者，而先生之詩之深，余固知其無所爲而爲者也，不求巧而險夷列焉；不求奇而正變昭焉。風之噓也，雨之潤也，水之流而花之放也。夫豈有所爲而爲之者哉！則世之深於詩者，莫先生若矣。

黎二樵曰：東老詩冲澹夷猶，不卑不瑜，氣沛然而有餘，聲鏗然其若留，壽者之詩也。

潘榕皋曰：三復大著，大都以自然爲宗，輔之以灝氣，所云以杜、白之眞切，運蘇、陸之風神骨韻者，故當上揖唐賢，下俯流輩。

詩話：旭亭好游覽，多方外交。入都館，於禮邸爲檀樽世子師次子既貴猶主講席，授生徒，晚歸鄉里，《自題杖朝圖》云：「就養京華近紫霄，攜家曾傍玉河橋。歸來十載沾恩重，夜夜焚香拜斗杓。」自言詩學香山，嘗爲《老嫗聽詩圖》以見志。伊墨卿《題聽鐘樓詩稿》云：「丈人清修自求福，有子名臣萬事足。天章雲爛晝錦堂，月彩宵澄小林屋。疏鐘夙記三生聽，妙句遍傳百蠻讀。蘭若江南寺寺樓，詞場薊北家家玉。王公倒屣稱上賓，緇黃撰杖推尊宿。丈人自樂康節窩，清時詎效子眞谷。發舒忠孝託山水，揮灑才華到松菊。人云白傅在元和，更擬南朝徐孝穆。綬也少時牀下拜，彊半編年曾三復。枉詩贈別喜名留，惟驚日月雙丸速。」(《晚晴簃詩匯》卷一百十)

龔鉽，字適甫，又字季適，號漚舸，南昌人，貢生，候選教諭。有《四和詩》、《六如詩》。

詩話：適甫師事惲子居、舒白香，詩學香山，近人則學隨園，清轉不竭，

時有傷於流易者。其押馬字全韻，殊可笑。(《晚晴簃詩匯》卷一百二十二)

張穆，初名瀛暹，字誦風，一字石州，號月齋。平定人，道光辛卯優貢，議敘知縣。有《月齋集》。

詩話：旌德吕文節公稱：石州擘經似賈長頭，考史似劉子玄，譚地理似酈善長、王伯厚，論治體似陸敬輿、白居易，行誼卓絶、文辭瑋偉則似蕭穎士、徐仲車。論者謂非過譽。石州與兄叔正同讀書十柏山房，兄病目楚甚，中夜嘷，石州起，告以所苦，曰但告弟知，即分我楚耳。靈州李紼聞之泣下，歎曰：兄弟疾痛相關乃如此。石州言，天下文人多，學人少，不得學人則著述幾息。以石州之篤行，又不止為學人也。詩根柢深厚，真氣盤鬱，能自寫其性情。斷句如《題胡褐公金陵勝蹟畫册》云：「鶯飛不度長干塔，龍去空餘白下潮。」《送尹實夫觀察蜀中》云：「剩有鬢霜驚隴吏，喜饒詩艷媵家丞。」「割將寸寸滇池色，悔聽飛飛杜宇吟。」《舟次高郵懷賈惠人》云：「一鄉公望秦淮海，半世僧居賈閬仙。」《病起書懷奉柬蓮西》云：「春風步障人難覓，夜雨江皋夢易孤。」《徐州試院寄懷次叔穎校射韻》云：「詩卷閒抛丁野鶴，聲名敢抗李于鱗。」《題蔡小石冶春第二圖》云：「春去何關才子事，情多合撰女兒詞。」「圖中可許添春水，人世應難隸少霞。」《贈薇卿六兄》云：「東風容易成新緣，南雪艱難發古香。」皆不煩雕琢，自成馨逸。(《晚晴簃詩匯》卷一百三十五)

毛澂，字叔雲，仁壽人。光緒庚辰進士，改庶吉士，授滕縣知縣。有《稚澥詩集》。

詩話：叔雲早有文譽，與喬茂軒左丞齊名。座主吳子儁編修為賦《蜀兩生行》，作令河濟間，善治盜。書生而有健吏之稱。詩才藻麗鋒發，有《西園引》、《長慶體賦圓明園舊事》，篇長不録，其遒鍊者，差有玉谿深婉之意。(《晚晴簃詩匯》卷一百七十二)

曹樹德，字樹滋，綿竹人，諸生，官教諭。有《紫巖吟稿》。

詩話：樹滋舉孝廉方正，不詣闕，士論高之。生平文宗廬陵、南豐，詩學香山、劍南，深得沖和閒適之趣，不事縟色繁聲，以鶩時好。工書法，精鑒，别其學行，見諸縣志。子經沅，以拔貢官禮部，亦有詩名。(《晚晴簃詩匯》卷一百七十九)

智按：徐世昌，字卜五，號菊人，又號濤齋，天津人。光緒十二年（一八八六）進士，官至體仁閣大學士。入民國，依附袁世凱等北洋軍閥，曾在一九一四年任袁世凱臨時政府國務卿，一九一八年，由段祺瑞「安福國會」選爲大總統，至一九二二年被直系軍閥所黜。一九二九年，由其門客、幕僚協助編成《晚晴簃詩匯》，全帙二百卷，詩人六一〇〇餘家，詩二七〇〇〇餘首，有退耕堂刊本。

文廷式（一八五六～一九〇四）

《純常子枝語》

陳蘭甫師《東塾文集》、《與人論祝壽》一篇，以爲宜依亭林，擇日之禮，行忠惠獻壽之儀。義既美矣，惟云：「自唐以來，以生日祝壽。澧推其故，當由爾時人之紀年，以生日爲增一歲。」則恐未然也。《魏志・朱建平傳》云：「夏侯威爲兖州刺史，年四十九，十二月上旬得疾，念建平之言，自分必死。……至下旬轉差，垂以平復。三十日日昃，請紀綱大吏設酒，曰：『吾所苦漸平，明日雞鳴，年便五十。建平之戒，真必過矣。』疾動，夜半遂卒。」是古人歲盡增年之證。白香山《七年元日對酒》詩云：「衆老憂添歲，余衰喜入春。年開第七秩，屈指幾多人。」元微之《除夜酬樂天》云：「莫道明朝始添歲，今年春在歲前三。」是唐人亦以歲盡增年也。（《純常子枝語》卷三，《續修四庫全書》影印民國三十二年刻本）

今鳥有名「婆餅焦」者，辛稼軒詞作「婆餅焦」，范石湖詩集作「蒲餅焦」（卷二十五）。《唐會要》卷九十八：「林邑國有結遼鳥，能解人語。」注云：「亦謂之結了鳥。」蓋夷音訛也。按此當卽白香山詩之「秦吉了」。（《純常子枝語》卷四，《續修四庫全書》影印民國三十二年刻本）

梅村詩當以《清涼山贊佛》四首為壓卷，淒沁心脾，哀感頑豔，古人哀蟬落葉之遺音也。非白香山《長恨歌》所及。（《純常子枝語》卷五「吴梅村詩」條，江蘇廣陵古籍刻印社整理補刊影印本，第九六～九七頁）

智按：參見錢仲聯《夢苕盦專著二種・吴梅村詩補箋》，第一四四頁。

《釋名·釋首飾篇》云：穿耳施珠曰璫。此本出蠻夷，所爲中國人效之耳。白香山《新樂府·時世妝》云：「元和妝梳君記取，髻椎面赭非華風。」然則中國婦女之飾，染於戎狄者亦多，不獨男子胡服騎射而已。（《純常子枝語》卷九，《續修四庫全書》影印民國三十二年刻本）

白樂天諷諫詩《立部伎》第五自注云：「太常選坐部伎，無性識者退入立部伎，又絕無性識者退入雅部。」則雅部之聲可知也。沈存中《夢溪筆談》卷五云：「外國之聲，前世自別爲四夷樂。自唐天寶十三載，始詔法曲與胡部合奏，自是樂奏全失古法，以先王之樂爲雅樂，前世新聲爲清樂，合胡部者爲宴樂。」崔豹《古今注》卷中：「横吹，胡樂也。張博望入西域，傳其法於西京，唯得摩訶、兜勒二曲。」是西域之音，前漢已入中國。鄭夾漈《通志·樂略》云：按，今之樂有《伊州》、《涼州》、《甘州》、《渭州》之類，皆西地。又按，隋煬帝所定九部夷樂，西涼、龜茲、天竺、康居之類，皆西夷也。觀《詩》之雅頌，亦自西周始。凡是清歌妙舞，未有不從西出者。八音之音，以金爲主。五方之樂，惟西是承。雖曰人爲，亦莫非稟五行之精氣而然。余案，郭茂倩《樂府詩集》卷二十一云：「大鼓十五曲，小鼓九曲，大角七曲，其辭並本之鮮卑。」則亦有出於東者，蓋樂之爲用，在於感人。韎任之音，周用之矣。采萬國之聲，容備一王之制作，亦何不可之有？惟明皇瀆聽，雅樂遂淪，沿及五代朝會，差京府衙門首樂官權充，又各業胡部，音聲不閑太常歌曲。（見《五代會要》卷七晉開運三年劉渙奏）此則禮壞樂崩，不能無責爾。（《純常子枝語》卷二十二，《續修四庫全書》影印民國三十二年刻本）

藩有此祠，自朱魯嶼始，沖繩、長崎皆有天妃，皆漢土俗。蒙翁《見聞隨筆》云：「刀鞘妝鮫，本唐俗白樂天詩『刀劍鰐魚鱗』是也。」增島固《樒陰雜録》云：《十三經注疏》，明永樂中，始刊於國子監（見孫之騄松《原經說》），其後正德間陳鳳梧重刊之，嘉靖間御史李元陽等，又校刊於福州府學（《大學衍義補》云：福州府學尚存其板）。又有萬曆中祭酒曾朝節等刊本（見陸啟浤《客燕雜記》），有崇禎中琴川毛晉刊本，然《十三經注疏》名，見周密《癸辛雜識》，則宋時已有，而非明始定也，特鏤版本昉乎明而已。又按，東山左府《拾芥鈔裁》：十三經目無《爾雅》、《孟子》，而有《老子》、《莊子》，豈唐尊老莊，列經之目所定歟，事逸於彼，而傳於我者，往往有之，

亦學者所宜考也。……（《純常子枝語》卷三十一，《續修四庫全書》影印民國三十二年刻本）

白香山《寄獻裴令公》詩自注：「蒲萄酒，出太原。」（《純常子枝語》卷四十，《續修四庫全書》影印民國三十二年刻本）

智按：文廷式，字道希，晚號純常子。江西萍鄉人。光緒十六年（一八九〇）進士。曾爲侍讀學士、署大理寺正卿。中日戰爭爆發，他反對和議，後又贊成康梁變法，屢遭打擊迫害，終於落職。戊戌政變後，一度避地日本，歸國後，曾參與唐才常籌組愛國會之活動。有《雲起軒詩鈔》、《雲起軒詞鈔》等，汪叔子輯為《文廷式集》（中華書局，一九九三年一月）。生平見胡思敬《文廷式傳》、沈曾植《文君芸閣墓表》。

吴昌綬（一八五六～一九一四）

《或謂諸魏志是志龕與昌綬合作斯文未墜同調有人敢詡齊名庶幾分謗再成四絕》

風調琅邪迥絕塵，連篇滿篋有清文。手裁稿草親藏去，百衲碑成不易分。

持正狂言妬樂天，福昌一字博三縑。頻來駐馬商前例，文價休從我輩廉。

駢體文章沆瀣同，修辭未讓昔賢工。羚羊香象言詮外，恨少驚飛蛺蝶風。

即今誰擅書丹手，茹筆先求古法難。能令當前迷色相，流傳惡劄到人間。（《晚晴簃詩匯》卷一百八十二）

智按：吴昌綬，字伯宛，一字甘遯，號印臣，晚號松鄰，仁和（今浙江杭州）人。光緒二十三年（一八九七）丁酉舉人，内閣中書。有《松鄰遺集》十卷。

施士潔（一八五六～一九二二）

《丁亥四月二十五日，偕游少仙司馬、倪耘劬大令、古濟生貳尹小飲「陳氏別館」，耘劬即席見贈兩絕，如韻還答》（其一）

執手相憐醉白堂，倪迂清閟妙才章。名花到處傳名句，長慶詩人此濫觴。

（《後蘇龕合集·後蘇龕詩鈔》卷三，《台灣文獻叢刊》第二一五種）

《日本茂良介索詩，口占應之》

落拓人間四十秋，數奇笑我不封侯。幾時海外乘槎去，同作扶桑汗漫游。

偶然臭味即金蘭，胸次嵯峨鬱筆端。聞道雞林編外集，購將白傅小詩看。（《後蘇龕合集·後蘇龕詩鈔》卷四，《台灣文獻叢刊》第二一五種）

《溫陵晤同年鹿遂齋太守》（四首其一）

青雲足下白雲司，又向桐門五馬移。元、白才名中禁噪，龔、黃治術故人知。薪傳世守陽明學（先德講良知學），棠蔭民思召伯詩。此日寓公兼揖客，廿年一夢鳳皇池！（《後蘇龕合集·後蘇龕詩鈔》卷四，《台灣文獻叢刊》第二一五種）

《寄和黃巖蔡□□茂才七十自壽韻》（四首其一）

巍然一叟古稀年，九轉丹成性不遷。素志原非同燕雀，浮榮豈必在貂蟬。耆英會上馮行己，兜率宮中白樂天。月正圓時人正壽（九月十六日生），姮娥應締夙生緣。（《後蘇龕合集·後蘇龕詩鈔》卷四，《台灣文獻叢刊》第二一五種）

《三疊前韻》

若谷虛懷豈易盈？解人難得箇中情。譜傳荔子芬猶在，詩比梅花韻更清。雜列謝庭皆玉樹，僑居梁廡有釵荊。會成九老圖真率（是日會者九人），欲仿香山為寫生。（《後蘇龕合集·後蘇龕詩鈔》卷四，《台灣文獻叢刊》第二一五種）

智按：前韻指《蔡壽人司馬四十三初度和澄秋韻》。

《泉南新樂府》

⊙械鬬

黑夜鳥槍聲不絕，白日青苗帶根拔；拓成□□好戰場，□□童童無寸髮。□□□□□□□，□□□□□□□；□文敔釁破□□，□□攘臂□□□。□□□□死猶可，暗地傷人測更叵！冤冤相殺何時□？□砲架起三層樓。銜蠹見之色然喜，差役訪聞憑一紙；文武親臨雞犬譁，一時十室空九家：男者壯者鋌鹿走，婦者稚者沙蟹爬；流離偷向草間活，不及樹上雙棲鴉！苦到吞聲無處訴，自願餐風與宿露；寧可死作道旁屍，那可捉將官裏去！吁嗟乎！生則地瓜當飯春草眠，死則鋼刃之下鉛子邊！縣官父母民之天，民與民鬬天無權！子民敢望父母憐？貧者猶有賣子錢，富者賣宅兼賣田，膏脂幸勿嫌戔戔！吏胥饞吻徒隸涎，皮膚刮盡骨肉朘！激而不變豈其然？方今萬事何者先？苞苴有例相沿緣，習以為尚誰敢捐？□□□□□□□，□□□屋熏成煙；不然□□及爾□，□□□□□□將爾纏！嗚呼！五洲到處騰腥羶，獨爾一方□□偏□偏，安得口銜木石冤海填，天乎何苦蟻命延？而況吴、越之仇二十年，釜中豆泣長相煎。願官勿復為獺鸇，使民自在游叢淵！畫地為獄蒲作鞭，青天萬口官稱賢，械鬬之民何辜焉！

⊙避疫

世間奇劫無不有，一疫乃至十年久！郡南山海萬人煙，鬼録搜羅已八九。海氣瞢騰山氣淫，觸之不覺頭岑岑；耳邊隱約催鬼伯，活血斗然成死核。秦醫束手越巫逃，咄哉滿地腐鼠嚇！一人染疫一家危，百金求巫千金醫。劣翳驕蹇□□□，神道荒□□□□；□□□□□愈多，此輩何如□□者？渠渠□□□□□，□肉未敢張哭聲。惡丐呼群瞰其室，斷絶人蹤與鼠跡；昔丐而瘠今盜肥，阿堵探囊如鼠碩。炎天藁葬叢山紛，丐助負土營新墳。豈知狐埋復狐搰，是丐是盜二而一。「摸金校尉」、「發丘郎」，木石心腸鬼亦怵！晨酣午飫宵摴蒱，腦後不聞新鬼呼！惡丐之惡惡若此，彼蒼降罰何時已？君不見前明崇禎癸未春，邏卒驚倒喪門神；又不見河北羊毛入茄裏，千人食之萬人死！安得有司行大儺，黄金四目揚盾戈？騎士傳火侲子歌，逐之四裔投之河。疫鬼敢向天橋過？

⊙控案

東家李與西家張，昔為□□□□商；□□□□□□□□，□□彼此躋公堂。邑宰□爾如□□，□□□□□脂肪。公堂之下首强俯，歸來目作金□努；恨不將仇畀豺虎，急售屋瓦賣田土，一飽胥差壯牙羽。爾家田屋有時空，爾仇薪膽無時終。官謂爾民皆富農，彼此多牛足穀翁，與官臭味惟青銅，窶人莫入公門中。東家五十西家百，兩家勝負爭咫尺。勝者爾蚨添兩翼，負者爾牝虚一擲。金多金少曷足惜？奈此青天慘無色！還鄉霍霍自磨刀，不敢仇官仇爾曹：首及六親次同里，日夕尋仇決生死。和事老人聞之驚，招呼火伴相調停。先取杯筊卜神明，再請搢紳諸先生；勸爾桑梓留餘情，勿始以訟終以兵！那知此輩山魈精，賺取茶□貪杯觥；上下其手妙莫名，依然□□□□□，□□□□鳴不平。山人歌此爾試聽，爾□□□□□□。諸紳之力玉爾成，老人掀髯作笑聲。為爾喚出孔方兄，爾夢到今醒不醒？

⊙打劫

君不見千人萬人同一鄉，十鄉八鄉同一姓？弱肉強食今成風，巨族聊為盜跖行！盜跖年少鄉中豪，夜弄砲火晝舞刀；狗黨狐群隨處有，弱小見之曳兵走。兩重牆壁三重門，抉門破壁驚雞豚。有客新從呂宋返，久別山妻席未煖；可憐萬里橐中裝，覆巢之下無完卵！真盜胠篋不暇悲，假盜嚇殺妻與兒。狄青面具亂昏黑，此聲何來似垤澤；交臂誰知某在斯，驀地相逢舊相識！金剛寶鑽紅珊珂，帳衾簪珥□□□；□□□□兩□得，輸入東君安樂窩。詰朝鄉□□□□，□□白鏹須千百。搢紳聞之髮指冠，為汝具狀聞於官；一狀不靈瀆至再，縣門如海奈何奈！深居簡出官體尊，汝尚未壽夫馬費；閽人高坐談孔方，爪牙張舞胥隸狂。老盜掩口顧之笑，幾時辦盜官下鄉！城外喧傳前導出，忽然庖代乃雜職；蛙鳴知否為官私，先講委員轎價畢。噫嘻乎，官不辦盜盜賊民，民敢鳴官民自賊！聽官吹角入盜鄉，盜謂小兒吹觱栗！

⊙番客

十家生男九作客，聞說南洋有島國；新客但隨老客行，行即欲歸歸豈得！自從祖父客南洋，小者為工大者□；嗷嗷八口此待哺，不然家食何所□。□□□□□□□，□日洗塵作牛飲；朱提閃爍驚□□，□□□涎及餘沈。無端同室起操戈，富人如雀飛投羅！尺布斗粟亦禍水，涓涓從此成江河。里猾如虎向客視，一紙公門憂患始。公門口作八字開，爾輩破家等閒耳。築屋東鄰欺，修墓西鄰訾；南鄰命案忽爾移，北鄰械鬬還爾羈！眼饞吻燥梟與鴟，咀爾血肉嚼爾皮；況爾六姻九族待爾炊，千瘡百孔誰爾醫？我來番客鄉，為歌「番客詩」。世間得意洋洋者，到底妙手空空兒！噫吁嘻，番客之名甘如飴，番客之苦無人知！客昨欲歸愁乏貲，今歸欲行悔覺遲。客爾何不沈舟破釜、飄蓬汎梗隨所之，終身浮海居九夷，笑挈胡婦胡兒嬉？君不見□□□作賈胡碧，冠衿把手爭相識。□□□□□□□，□□如此願已適。又不見南洋□□□□□，□者幾人正邱首。故鄉萬里空招魂，誰贈麥舟返爾柩！

⊙乩童

咄哉！乩童爾何人？一時見利不見身。賺錢攫物巧於盜，爛頭破面驚為神！父老焚香婦孺拜，搢紳坐視不敢怪。爾非孫泰斗米師，或是方臘紅巾派？醵貲賽會紛如狂，腥羶雜沓村醪強。此獠公然恣饕餮，既醉既飽神之旁。宴罷騰身立神轎，血汗淋漓路人笑。爾豈獨非父母身？世上無如此不肖！乩童！乩童！何為乎？爾何不為耕稼徒？爾何不為漁樵夫？或為僧道為醫巫，或為輿隸為傭奴；不然入市涸屠沽，不然浮海從賈胡！嗟□愚人還自愚，爾賣爾肉堪壺盧！爾□□□□區區，□□爾罰膺刀鈇；蓬飛爾首赤爾□，□□□□劍爾膚！童爾妄稱已足汙，乩爾偽託尤當誅！泉南豈乏君子儒，竟容此獠行通衢！何況媚灶俗所趨，紅男緑女相染濡。邇來妖氣無處無，妖而雌者為神姑。爾獰類鬼騷類狐，誰滅爾丑正爾辜！左道昔有琅邪于，安得江東孫伯符？

⊙普渡

鼠兒年到豬兒年，十三鄉里相循環；蘭盆勝會各爭勝，銅山傾倒如流泉。其餘鄉里雖不一，年年七月成故實。云是慶贊中元節，施食蓮臺仗我佛；左有鐘魚右瓶缽，能將地獄幽魂拔。一月之中三十日，千門萬戶咸□□。洋燈照地燦成雪，百寶壇前□□□；□□金鼓□□聒，爆竹雷轟山欲裂。草間紙□□□□，□人逐隊走炎暍，汗雨袂雪氣拂拂。遠者能來近者悅，家家留客酒筵列；珍錯雞豚與魚鱉，白叟黃童醉且跌。積飯成山香四溢，要使餘波及寒乞。夜闌人散劇已畢，紙錢堆裏灰猶熱。明朝灶冷斷炊煙，賣盡田園癡可憐！田園已賣誰復贖？普度年年愁不足。牲牢缺欠鬼神瞋，燈火蕭條門戶辱。急隨番客呂宋行，願佛佑我工營生。番婆奩貲入槖盈，歸來演劇酬神明。掌中傀儡泉州城，大班江西尤有名，賈胡一笑千金傾。我聞盂蘭救母目蓮之遺事，何意今俗沿之普度作游戲！一舉罄罄中人產，一鄉專貽巨室累；貧者已極富者□，□底滄桑太容易。嗟哉時局方艱□！□□□□□□□。何不集此膏與腴，民獻之官□□□？□□散賑偏災區；不然分惠溝中瘽。笑爾媚佛何其愚，怪爾用財何其疏！無乃習俗移人乎？我有一言陳當途，次及鄉黨士大夫，「祭非其鬼」古所誅！榜為厲禁懸通衢，民風返樸民力舒，令人神往康乾初！

⊙賭棍

昔人之賭以豪名，今人之賭以棍稱；昔人一擲每百萬，今人左券操奇贏。就中五木寓闚竅，呼盧喝雉隨聲應；葉子戲局千手眼，百十二紙皆通靈。竹牌推出銅寶響，市井衣缽尤專精。場上何來莽紈褲，引之入彀酣如蠅；斷絕父兄棄妻子，長與賭棍為死朋。廣廈□□□□瓦，腴田轉眼無寸莖。顛倒晝夜□□□，□□面□□可憎。君不見泉州城南呂宋客，□□□□白鏹白；金穴喧傳郭況家，紫標豔說臨川宅。賭棍望風爭款門，扶上肩輿行得得。妖伎孌童帶笑迎，花柳開場倍生色。囊家待客豐且周，先奉煙茶後酒席。須臾客醉奮衣起，昂然如鶴鶴群立。骰盆宛轉作鬼叫，燈火光中蕩魂魄。籠禽阱獸爾焉逃，目聽眉語誰能識？前車既覆後車繼，瓦注不足金注益；傾筐倒篋信豪舉，贏得旁觀誇嘖嘖。噫嘻乎！賭棍之狡賭鬼愚，可憐鬼亦愁棍徒！剜爾鬼肉吸鬼髓，殺鬼不用力與鈇。破家亡命等凶器，目之為棍良非誣！當頭一棒喝鬼醒，棍乎何處藏其軀！（《後蘇龕合集·後蘇龕詩抄》卷六，《台灣文獻叢刊》第二一五種）

《次韻答陳仲璠茂才》（十首其七）

小謫我為蘇玉局，能詩君是白香山。願君置我騷壇側，一點靈丹待九還。（《後蘇龕合集·後蘇龕詩抄》卷六，《台灣文獻叢刊》第二一五種）

《泉郡守金韶笙（學獻）同年秩滿將行，賦此志別》（四首其一）

春明卅載舊齊年，梓里今稱太守賢。郭及輿前喧竹馬，劉寬堂上息蒲鞭。蠶桑一變泉山俗，鶯藻重賡泮水篇。白傅長裘杜陵廈，帡幪又遍海東天！（《後蘇龕合集·後蘇龕詩抄》卷六，《台灣文獻叢刊》第二一五種）

《前詩草草，意有未盡，再疊四首》（其一、其二）

浪跡頭銜署散仙，薌江重訂再來緣。此間可有耆英會，觴詠風流致仕年。

南宮一第踵前修，老去名心淡似秋。悵觸琵琶商婦淚，謫官又抱過船愁。（《後蘇龕合集·後蘇龕詩鈔》卷九，《台灣文獻叢刊》第二一五種）

《林健人公子見和前韻，疊韻酬之》（八首其五、其七）

十年講幄坐榕壇，幾局楸枰冷眼看。寒況已敲冰作骨，清吟更斸玉萬肝。依人白傅甯居易，去國韓非奈說難！留得楚騷香一瓣，敢云屈宋是衙官？

逐隊紛紛來幾輩，登場袞袞見諸公。三皇紀上欺司馬，一鬼燈前笑伯龍。作賦難尋希有鳥，應聲終覺可憐蟲！金陵元白成鱗爪，夢得驪珠似火紅。（《後蘇龕合集·後蘇龕詩鈔》卷十，《台灣文獻叢刊》第二一五種）

《友竹居士五十壽詩》

曲學以阿世，儒者所不齒；至今丞相弘，千載笑牧豕。友竹抱遺經，埋首蟫叢底。咄哉家貧赤，胸次富圖史。僧孺筆可耕，髯仙字可煮；縱談隘五州，覽古洞廿紀。長揖通德門，布衣傲珠履；鯤鹿競維新，華士聊爾爾；審音聾雅鄭，辨色瞶朱紫。賴此一詩癡，風騷存正始。彈指小滄桑，年今半百矣！索和自壽詩，重瀛猶尺咫。君我信同病，讀之悲且喜。我聞孟東野，工詩窮欲死；然而白香山，境老詩愈美。為白固可娛，為孟亦不恥；將壽補蹉跎，或者有是理。竹城舊詩藪，才雋拍肩起。開筵擘麟脯，登壇執牛耳；高唱鶴南飛，腰笛煩李委。惜我滯鷺嶼，故關渺千里！屋梁望顏色，渴念何時止！朔風起天末，吟筒付雙鯉；以詩壽詩人，人遠詩則邇。苦憶嵇阮交，轉眼成黃綺；佇君杖鄉日，躋堂共稱兕。落落耆英會，盈盈衣帶水；引領幔亭樽，饞涎滴滿紙。（《後蘇龕合集·後蘇龕詩抄》卷十，《台灣文獻叢刊》第二一五種；《滄海遺民剩稿》卷末，《臺灣文獻叢刊》據民國十四年上海聚珍仿宋版印行）

智按：王松（一八六六～?），字友竹。後署「耐公寄祝，乙卯（民國四年）仲冬十又一日，鼓浪洞天客次。」

《補作六十述懷寄示諸同人索和》（八首其八）

偶耽泉石養疏頑，訪菊時來叩野關。萬事從今都覺冷，一生何日是真閒？龜腸人笑檀長史，蟲臂天憐謝疊山。腰笛紫裘誰壽我？老來白傅祇雙鬟！（《後蘇龕合集·後蘇龕詩抄》卷十，《台灣文獻叢刊》第二一五種）

《復女弟子邱韻香書》

月前惠書，久未作答。鄙人承乏商政，市廛萬斛，絕少閑襟。忽忽駒光，天中届節，滿擬裁箋致候，恰逢驛使到門，函外一函，地曰鼎尾，人曰陳無忌。受而讀之，蓋即子虛、亡是、烏有先生之類也。函稱鄙人所題韻香小影詩極佳；惟中有「蘇小」、「真真」、「崔徽」、「濤箋」等語，數典近於不倫，恐千載後同受不美之名，為識者笑。鄙人玩索數四，無忌之所以責我者，備矣；即即無忌之所以愛我者，亦深矣！然鄙人始而駭然、繼而啞然，終乃怡然、渙然而無復歉然矣。無忌之言詩，非真能知詩者也，亦適成其為無忌而已。詩之道與作文異，與講學尤異。斷章取義，賦、興、比原無所不可。「關雎」為「國風」之首，而文王乃「寤寐」、「窈窕」、「輾轉」、「反側」，聖人不以為非。唐李飛謂：白傅詩不擇典而用，斥為纖豔不逞，名教罪人。卒之，白傅詩名不因李飛而損。王介甫曰：「詩者，寺言也。寺為九卿所居，非禮法之言不入。」識者笑之。夫屈原以「美人香草」喻君、蘇武以「結髮夫妻」喻友，無忌亦將以為不倫乎？傅鶉「觚工兒女」之情，而直節昭著；沈東陽有「綺語」之懺，而隱慝叢生。他如韓偓「香奩」、徐擒「宮體」，而愛國忠君之念，寄託遙深；其用典尤匪夷所思矣。無忌之意，必將以繡英主人為敬姜、為孟母、為曹大家、為宋宣文、為女中堯舜，而後謂之美名乎？然而傎矣！金荃、玉谿、微之、樊川之流，於典無所不用者也，詩人也；周、張、程、朱，言必擇而後施者也，不可謂之詩人也。朱竹垞寧不吃兩廡特豚，不肯删「風懷」一首。以千金之珠易魚之一目而魚不願焉者，目雖賤而真珠雖貴而假也。昔隨園叟以「錢唐蘇小是鄉親」七字鐫印，某尚書訶責不已。叟曰：『今日尚書貴矣，蘇小賤矣；第恐千載後，人知有蘇小而不知有公也』。無忌其亦聞斯語乎？……（《後蘇龕合集·後蘇龕文稿》卷一，《台灣文獻叢刊》第二一五種）

《繡英閣詩鈔小引》（辛亥六月六日）

懿夫四始六義，五聲八音，大雅衛吟，小山徐擬，文錦蕙織，寶釵淑詒，厥有巽風，是惟坤德。詞章典核，無愧秀才；天地精華，不鐘男子。誰歟作者？敻乎鷨哉！繡英主人，七鯤之奇，一夔已足，幼而婉丱，長而莊姝。桑海變更，萍水離合：厄於日本，嬪於霞陽。緝臣明經，其尊甫也。歐、曾同里，陳、蔡及門。……始覺青綾道韞，遠駕王凝；紫石金鑾，夙根白傅。凡授經踵史，集茗頌椒，以古準今，有贏無絀！所惜熨余蕭繹，遑暇傳薪？才盡江淹，輒思閣筆。拙哉此老，患在為師！乃者猥辱投箋，殷勤索序。不佞看朱碧，知青勝藍。君借他山，權為攻錯；我占麗澤，聊以盍簪云爾。（《後蘇龕合集·後蘇龕文稿》補編，《台灣文獻叢刊》第二一五種）

智按：施士潔，又名施士浩、原名龍文，字沄舫，號芸況，又號喆園、耐公，晚署定惠老人，原籍福建省泉州府晉江縣。光緒二年（一八七六）丙子科進士，任內閣中書，後歷任臺灣彰化白沙書院、臺灣府城（今台南）崇文書院、海東書院之山長。臺灣割讓給日本後，內渡回西岑。宣統三年出任同安縣馬巷廳長，民國六年至福州「閩省修志局」。有《後蘇龕詩抄》、《後蘇龕詞草》、《後蘇龕文稿》。

陳衍（一八五六～一九三七）

《下韜光絕句》

啼鳥怨殘白太傅，馬蹄尋遍翠微亭。只應青士當藜杖，那有蒼官作畫屏。（《石遺室詩集》卷一，《續修四庫全書》影印清刻本，第一五七六册，第一〇〇頁；《陳石遺集》第五五頁）

《論詩一首送觀俞同年歸里》

君從故鄉來，忽索我詩看。言逢畏廬說，子詩近所罕。因得讀君詩，湖上作居半。湖光與山淥，著筆不肯散。自言探詩境，一葉墜浩漫。岷峨在何許，蜀道險不憚。我從學詩來，亦復思之爛。樂天善閒適，柳子工嗟歎。孟郊驁且雄，次山碎何惋。奇兵雙井出，短劍渭南鍛。老樹曲而直，頹雲連復斷。連宵快縱談，歸櫂惜歲晏。何當小旗亭，畫壁賭之渙。（《石遺室詩集》卷二，《續修四庫全書》影印清刻本，第一五七六册，第一一七頁；《陳石遺集》第九五頁）

《寒食日用昌黎寒食出遊韻寄伯初家兄》

皖江歸來十日病，血氣駸駸異壯盛。病起江村柳色青，媿把鬢絲與相映。人生那得百寒食，將去其半尚何競。賣文雖飢未必死，且理十年舊吟詠。蓬蓬流水遠春出，落落長松月輪正。忽思太華定夜碧，試上危樓一層更。中條王官渾不辨，野人愚公惟所命。世間百事落人後，此事差能自操柄。馮庵先生詩千首，本色眉山與長慶。晚來杜律獨細講，更爲豫章瓣香敬。豫章東野豈詩囚，韓筆杜詩本幽夐。傷多酒到蛤蜊前，幾許問途迷七聖。（杜詩「莫厭傷多酒入脣」，兄謂卽《孟子》「傷廉傷惠」之傷，無能解者，余亦謂山谷「不堪持到蛤蜊前」，「前」字卽《左傳》「以乘韋先」之「先」字）刻詩已議付胥鈔，選詩何不勇删併。先生此去似飛鳥，一路山光足悅性。池陽最數牧之遊，于湖想見王敦横。銜紙能無黄州感，老淚休同柳州迸。歸舟天際樹若薺，餘霞澄江淨如鏡。飽啖粗飯要隨人，細和詩篇我爲政。皖江流寓幾詩客，竟聽涪翁斷後勁。遥知近日杏花村，定唱先生鹽角令。（《石遺室詩集》卷二，《續修四庫全書》影印清刻本）

《叔海兵備於洛陽白文公墓前創建白亭書來索詩寄題》

伊闕嵩高去不成，聞君小隊出郊坰。搜尋殘碣疑玄墓，商略顔題仿孟亭。古寺翻因詩卷顯，灘聲猶作佛音聽。青山獨往平生志，為向名山一乞靈。（《石遺室詩集》卷五，《續修四庫全書》影印清刻本，第一五七六册，第一六〇頁）

《歲暮懷人絶句三十二首》（其七）

香山墓下白公亭，徵集新詩刻石屏。脫屣一官何所往，閩江丁字蜀空舲。（江叔海）（《石遺室詩集》卷五，《續修四庫全書》影印清刻本，第一五七六册，第一六一頁）

《題秋草圖為姚芒僧作》

人間何處無秋草，一夕涼風盡變黄。能使髩毛消積雪，也應天地不繁霜。替人垂淚傷枯樹，為古擔憂弔戰場。別有賦詩白居易，坐看歲月去堂堂。（《石遺室詩集》卷六，《續修四庫全書》影印清刻本，第一五七六册，第一七二頁）

《樊山出觀唐硯後十餘日作歌》

樊山示我一唐硯，我謂至寶宜作歌。泊園次日成首唱，引據詳確不可磨。樊山自作富才思，笏老繼之窮搜羅。譬如驪珠已探取，並鱗之而餘不多。知難而退且閣筆，魏公藏拙豈我訖？兼旬病卧偶思索，頗有鄙見堪縷覶。贊皇平章改節度，披猖牛黨方稱戈。山南西道互更調（時李宗閔即由山南西道入同平章事），八年十月維太和。題名硯側正此際，列銜低處字矮矬。請留京師暫未往，旋領鎮海遭坎軻。香山得硯後三載，開成石經同摩抄。銜長字多頂行寫，居贊皇右高砐硪。不然卷面貼如意，雖有好語屏不哦。題非君命硯私物，甘署紙尾理則那？有唐三宗魏三祖，貞觀開寶雙嵯峨。文宗聯句足繩武，憑高幾欲涕滂沱。玄元皇帝本《道德》，尊崇道教尊獻獻。羽流名輩不勝數，弘元不著知誰何。白公妻黨弘農望，輩行或者儕沙哥。長安卧病有楊九，貞元端合出一柯。當時此硯得拜賜，研朱點易平不頗。未幾卻入履道宅，笏老推測當非訛。開成挽歌奉敕撰，定撫此硯懷恩波。雙齒忽落歎衰老，一蟬坐對相吟哦。此時此硯新試筆，文櫃銀榼同婆娑。昔吟《秦中》歌《長恨》，貞元元和時已過。文臣唐宋多五等，僅比緋紫光自他。白公無子外孫幼，行狀失載誰與訶？我嘗評詩許朋輩，樊山才調白同科。平生襟抱亦相似，到處安樂留行窩。短長何止三千首，吟詩不苦髩不皤。硯乎硯乎物得主，不共楊枝駱馬悲蹉跎。（《石遺室詩集》卷七，《續修四庫全書》影印清刻本；《陳石遺集》第二二九～二三〇頁）

《除夕讀白詩恰逢六十二歲所作》

已過潘安三十年（白句）。有何佳趣足流連。可憐頷下都蒼白，能向花前不赧然。臨山登水無氣力，觀書索句每思眠。解嘲強作欺人語，未願常為白樂天。（《石遺室詩集》卷七，《續修四庫全書》影印清刻本；《陳石遺集》第二四八頁）

《元旦見桃開效香山體》

菊後梅前花斷時，桃前梅後亦如之。客冬梅與菊相見，今歲桃開梅滿枝。自是春光偏早暖，也因日色有先施。窗前爛熳催詩就，不學香山更學誰？（《石遺室詩集》卷八，《續修四庫全書》影印清刻本；《陳石遺集》第二四九頁）

《近代詩鈔刊成雜題六首》(其二)

漢魏至唐宋，大家詩已多。李杜韓白蘇，不廢皆江河。而必鈔近人，將毋好所阿。陵谷且變遷，萬態若層波。情志生景物，今昔紛殊科。染采出間色，淺深千綺羅。接木而移花，種樣變刹那。愛古必薄今，吾意之所訶。親切於事情，按之無差訛。(《石遺室詩續集》卷一，《續修四庫全書》影印清刻本)

《翻香山年譜作，時余造第五樓將成，年已七十四矣》

香山居士明年死，而我還來築此樓。擬取劍南舍長慶，可能壽比放翁不?

也是三間五架堂，泉臺久矣孟家光。朝雲有子楊枝在，持較先生似略強。

樓未增高樹過牆，此樓似就樹移堂。烏峰敢比廬峰好，贏得看山在故鄉。

不是平生聽雨情，修篁百挺忒多生。瀟湘篷北黄岡瓦，何似簷前瀟灑聲。

聽雨看山興味濃，如何密竹蔽諸峰?南州溽暑樓如炙，能引清風勝種松。(林庚白《孑樓詩詞話》引，《民國詩話叢編》第六册，第一一七頁)

《哭哭庵同年因寄樊山詩老八絕句》

霜林搖落滿江潭(年來濤園愘士節庵筱珊梅庵元素並逝皆江外人也)，又向燕雲哭哭庵。一世春人今頓盡，不知賸得幾何戡。

三生杜牧話前因，衝雨聞歌沸絳脣。同是邯鄲嫁廝養，郎中只有意中人。

何必唐衢阮步兵，卿謀三副淚縱横。何來朱鳥兼青鳥，三百年來無此聲。

山水偏留文字緣，井華飲處總流傳。堂堂萬首皆才語，除却樊山無汝賢。

六十明年奈汝何，聞君曾唱百年歌。誰知兩度秋風客，便醒一生春夢婆。

元九云殂鬢未絲，定應白傅最傷悲。貞元供奉誰評泊，長慶詩篇孰和之。

可有當年燕子樓，白楊紅粉望山邱。珍珠露共弓彎月，更與合成心上秋。

交期卅載太匆匆，夕照金臺不再逢。我欲招魂非楚些，涉江只自采芙蓉。(《東方雜誌》第十七卷第二十三期，一九二〇年)

《劉銘傳别傳》

劉銘傳，字省三，安徽合肥人。面黄黑，疎麻，隆準，粤捻匪婁被創，群呼劉麻子相驚。軀不踰中人，雜立稠衆中，一望輒見，若高出人表然。十餘歲，隨安徽按察使某為材官，某年方二十六，私嘖嘖謂其官可及，年不可及。旋舍去，隸李鴻章部下，積功至直隸提督，年亦二十有六，三十有二封一等男爵矣。京山北之役，期鮑超合圍，其夜某時，超失期，銘傳軍遂大崩，一夕，數年精鋭熸焉，捻返追，銘傳與書記劉宗海騎駿騾，狂奔數百里，刃從腦後下，劈及騎，負痛益奔乃免，髮際尚有一綫瘢痕也。由是切齒超。鴻章數日不得銘傳消息，以為已死。劉宗海云：素惡左宗棠，督辦陝西軍務，即奏劾之。退居，常在金陵，築水榭冠於秦淮，喜學詩，為白樂天、邵康節語。甲申，朝命督辦臺灣軍務，銘傳時已不屑為欽差大臣，欲為督撫。廷寄下，故挾數姬，遊杭州西湖，鴻章急遞促之，不顧，寄語曰：非封疆，勿相溷也。鴻章為婉陳，加巡撫銜，乃受命……胷有城府，恩怨分明，奏議公牘，不掉文詞，能自為，最輕武人，畜視之；既為疆吏，則又輕疆吏，獨重京曹，禮知名士，喜談命相。在臺時，一日有相士，極諛當相國，銘傳嚄唶曰：「余武人也，為督撫已破格，那有為相理?」相士力言法當爾。銘傳曰：「果爾，天下事亦殆矣。」麾之去，命賞五十銀圓。顧曰：「他日果驗，再賞五百圓也。」自言五十六歲，又當革職，六十歲當死，已而果然。……（《石遺室文集》卷一，《續修四庫全書》影印清刻本）

《故直隸博野縣知縣木庵先生墓誌銘》

……兄詩天才超逸，胸中不滯於物，故與樂天、東坡為近。中間為後山、放翁、誠齋，為陸魯望、皮襲美，雅不以空言神韵、專事音節以爲能。為岑參、李頎、孟浩然、韋應物、柳宗元之所為者為然。晚精詩律，圈點老杜、山谷全詩，詩境益謹嚴，益閒肆。善說杜詩，常有人人熟讀而莫究其作何語，一經説解，聞者爽然。兄諱書，姓陳氏，字伯初，晚乃自號木庵……（《石遺室文集》卷三，《續修四庫全書》影印清刻本；《陳石遺集》第四五三頁；清光緒間刻本《木庵居士詩》卷首，中國社會科學院文學研究所圖書館藏）

智按：陳書（一八三八～一九〇五），字伯初，號俶玉、木庵。有《木庵居士詩》、《木庵文稿》。陳衍《近代詩鈔述評·陳書》云：「兄詩天才超逸，胸中不滯於物，故與樂天、東坡為近。中間為後山、放翁、誠齋，為陸魯望、皮襲美，而終歸于老杜。詩論宗旨，屢見於集中諸作，雅不以空言神韻、專事音節者為然。晚精詩律，批點老杜、山谷全詩，詩境益謹嚴，益閒肆。善說杜詩，有人人熟讀而莫究其作何語者，一經說解，聞者豁然。」(《陳衍詩論合集》，第八九五頁)

《劍懷堂詩草序》

……今之人喜分唐詩宋詩，以為浙派為宋詩，閩派為唐詩，咎同、光以來，閩人舍唐詩不為而為宋詩。夫學問之事，惟在至與不至耳。至則有變化之能事焉，不至則聲音笑貌之為爾耳。唐人之聲貌，至不一矣。開、天、元和，一其人，一其笑貌，所以為開、天、元和也。開、天之少陵、摩詰，元和之香山、昌黎，又往往一人不一其聲貌。故開、天、元和者，世所分唐、宋詩之樞斡也。廬陵、宛陵、東坡、臨川、山谷、後山、無咎、文潛，岑、高、杜、韓、劉、白之變化也。簡齋、止齋、滄浪、四靈，王、孟、韋、柳之變化也。子孫雖肖祖父，未嘗骨肉間一一相似。壹壹化生，人類之進退由之。況非子孫，奚能刻意蘄肖之那？天地英靈之氣，古之人蓋先得取精而用宏矣。取之而不能盡，故《三百篇》、漢、魏、六朝而有開、天、元和、元祐，以至於無窮，在為之至與不至耳。(《石遺室文集》卷九，《續修四庫全書》影印清刻本，第一五七六册，第二四四頁；《陳石遺集》第五二二～五二三頁；《陳衍詩論合集》，第一〇五九～一〇六〇頁)

智按：參見《石遺室詩話》卷一（鄭朝宗、石文英校點本，第六～七頁）。

《海藏樓詩敘》

蘇堪寫定其詩示余，顧子子朋所爲敘曰：子方草創詩話，必有微言深恉，可以敘吾詩者，盍爲吾一長言之，略如姜白石所自為詩敘，若詩說。余曰諾，且為君默記往昔彼此之言，雜書之以為笑樂。余與君治詩，皆二十餘年；相與商略為詩，亦二十年。初時持論，若南山秋氣之相與高，所謂否，不稍假借，用輙引為詬病，回思足自哂，然亦可見年少負氣，不如今之老大頑鈍，譽不喜而毀不怒也。君詩始治大謝，浸淫柳州。乙酉，歸自金陵，訪余於西門街，則亟稱孟東野。詒君，案有手鈔東野詩四册，題五言古數章於上，有精語，足資詩學。出示癸未、甲申詩數十首，屬為評品，題以詩，題一五言古還之。君乃以余詩為精進，時多過從，夜談坐池旁樹下老屋，盡兩三燭而去，兩家老屋皆有池有樹。未久，君將往天津，作五言一首為別，自謂似顏延之北使洛，喜余送行兩五律，誦於陳弢庵，又喜誦余建溪數詩。余次年入都，都下所知，有能誦之者，客天津，書來，言：北地曠爽，詩蘊皆盡；大抵作詩亦隨地氣，山川秀蘊則觸處成吟，原野袤延則搜剔難就云云。寄示浮海詩、出都詩，今集中皆不存。文人喜割棄少作，未必其前盡不如後也。己丑、庚寅入都，君寓可莊所及官學，案上手鈔詩本有晚唐韓偓、吳融、唐彥謙諸家，北宋梅聖俞、王荆公諸家，君詩已一變再變，為姚合體，為北宋，服膺荆公，而余感君言，作詩盤鬱往復，於中者稍久，其出之也，必有自耐咀味者。乙酉後，渡海游臺北，泝江游湖南，亦遂變其前詩。一日，遇君與季直於騾馬市，相將入浴堂，君解衣探夾袋，出殘稿數紙，則游攝山詩，皆七言，余以為神似樊榭，君乃為此！君曰：「吾向未嘗為七言，去年始爲之。」自後相見，常論七言。君於七古，嘗獨舉韋蘇州、温庭筠，然亦一時興到語，所作如《大阪登高感舊示李芝楣》、《登北極閣》、《登周處讀書臺》、《侯府懷陳幼蓮》、《石鍾山》、《昭忠祠》、《郗超》、《漢陽琴臺》、《子培見訪湖舍》等篇，皆半山、遺山、道園之遺，何嘗為蘇州、庭筠哉！君每言：「作詩無深抱遠趣，所謂不可適獨坐者固已，若處處不忘是作家，而不敢極其才思，誠作家矣。然終於此而已，安有深造自得之境。」其題《晚翠集》云云。余故以為至言，非君莫能道者。君又言：「律詩要能作高調，不常作可也。」余曰：高調要不入俗調，要是自家語。元祐之多是高調，卻無俗調。高季迪、前後七子喜高調，遂多俗調。東坡律句極少高調，屬對每以動宕出之。此祕發於沈佺期、王右丞，極變化於老杜。《吳都賦》云：「嶔崎乎數州之間，灌注乎天地之半。」七律中對，要有此二語體勢。戊戌，君來鄂，所居隔一江，歲暮約相督為律詩。余言：作詩起調不落凡近易，結調不落凡近難。君言：作詩用利筆易，用秃筆難。謂余寄弢庵、送子培詩中，有能用秃筆者，殆即書家折釵腳、屋漏痕之説耳。大抵詩要興象才思，兩相凑泊，有惘惘不甘之情，不自覺其動魄驚心、迴腸蕩氣也，有自然高妙之恉，乃使人三日思，百回讀也。李衛公、白樂天、東坡、荆公、山谷、放翁、遺山，皆有自然高妙語，姜白石、文與可亦庶幾，姜白石甚似孟浩然，文與可頗類韋蘇州，與浩然同時，有李、杜、摩詰，皆推服浩然，與白石同時有尤、蕭、范、陸、楊，皆傾倒白石，白石如《哭石湖》、《寄誠齋》等篇，集中亦不多遇也。又余嘗論，詩為友朋而為者居多，然往往有數友朋焉，為彼為之常工，為此為之不盡工，豈其意之屬不屬，如靈運所云對惠連輒有佳句歟？然又有刻意求工而不工，不刻意求工而轉工，又所謂佇興而得者歟？二者事理乃相反，則或者其工力之至與不至，不至者不刻意轉工，天之事也；至焉者，意所不屬，亦天之事，意所屬又學之功歟？子培工為詩，而不常為，嘗言吾遇蘇堪，詩思自生，為之亦多工；弢庵詩，為謝枚如、張幼樵而為，常工於他作。蘇堪工者固多，為子朋而作者則尤工，且無不工，是數者於前數說必有合也。君論詩宗旨可聽者實多，以余妄見，向多已合復離，近來亦罕有所異同，彼此亦垂垂老矣，乃尋檢所存往來詩札，及平日所言記爲誰語，與不記為誰語者，皆書之，以復於君。壬寅二月十日，陳衍敘。

此敘本二千餘言中，引證古人詩句者九百餘言，支蔓太繁，今悉節去，以入詩話。癸丑六月衍記。（《石遺室文集》卷九，《續修四庫全書》影印清刻本，第一五七六册，第二三三頁；《石遺室詩話》附録，鄭朝宗、石文英校點本，第七九九頁）

《蛻庵詩存敘》

昔白香山有詩三千首，分諷諭、閒適為兩大宗。何哉？《記》曰：「太師陳詩以觀民風」，此諷諭之道也。自封建易為郡縣，方百里、方數百里之地，其百姓之疾痛疴癢，罔不繫於牧令。陳詩之典久廢，繡衣持斧使者，間數歲、十數歲一出，奉行故事，舉劾一二賢不肖之尤者而已。至設為常職，尤養尊處優，初未嘗巡行郊野，鰓鰓然問民疾苦為也。此唐詩人感切時事，《舂陵行》、《石壕吏》、《于蔿子》之類所由作歟？然而元結、韋應物、白居易、歐陽修、蘇軾、黃庭堅之倫，類以詩人為循吏，與其民有家人、父子之情，非必敝精焦神，蹙頞疾首，舉一切游觀文酒而盡廢之也。《傳》曰：「詩以理性情。」性情不能自理，愀然無以樂其生，又何以樂民之生？則閒適之作，固有不能自已者乎！蛻庵先生以名進士出宰皖鄂，歷典桐城、鍾祥諸大邑，邑縉紳先生往往遠道貽書，稱説美政。今讀所為詩，關於風土民情與其利病所在，罔不詳哉言之；而公退餘閑，以及行旅、遊覽諸作，常有悠然自得之趣，不屑屑于歌勞，可不謂本香山之旨以為詩，自成其為循吏之詩也歟？（《石遺室詩話》附録，鄭朝宗、石文英校點本，第八二八頁；《陳衍詩論合集》下册，第一〇七五頁）

智按：張翥（一二八七～一三六八），字仲舉，號蛻庵。

《江上詩鈔補序》

近世詩征之刻，幾遍各省；下至一郡一邑，亦恒有之，此「十五國風」之支流也。在古人，陳之以觀民風；在後世，則立言，殿「三不朽」。詩，特其小焉者耳，然德、功非言莫傳。詩理性情，宜若异于書道政事。而上焉者，周文公、召康公、穆公、衛武公、蘇公、尹吉甫、芮伯、仍叔、家父，凡伯以下，逮寺人、孟子，類以詩道政事，後世則有若元結、杜甫、韓愈、白居易之倫；下焉者，窮不得位，乃徒抱其登高能賦之才，與夫吟風弄月，孔門與點之旨，以自理其性情，後世則有若陶潛、孟浩然、孟郊之倫。夫士不得志，至僅以文字自褉，蘄有一二留人齒頰，倘亦所謂疾沒世而名不稱者，非邪？此吾門人江陰謝冶盦氏所以有《江上詩鈔》補、續之刻也。嘗論岷江貫注數省，江南爲大江南，州縣六十有奇，而江陰獨尸江南之名，何則？水北稱陽，水南稱陰，江陰即江南也。縣析置自晋，命名自梁，得毋以岷江入海，南通其口，江陰其咽喉，縣境倚江爲險，自昔擅控守重地？史稱元嘉二十七年，魏主燾南犯，至瓜步，沿江戒嚴，自采石至暨陽，陳艦列營亙六七百里。江陰，舊暨陽也，形勢所在，地靈自萃人杰。勝清則督學使者駐節于兹，末造創建南菁書院，培植朴學人才，益以續編《清經解》，繼阮太傅學海堂刊本，故人文蜚起，數十年流風未沬。而顧氏《江上詩鈔》原本，僅訖咸豐時代，凡歿于咸豐後者皆所未録，即咸豐前者亦缺有間。冶盦既殫數年心力重刊顧氏原本，各附益小傳，而坐聽此外千百年作者沒世而名不稱，不其恫歟？昔顧俠君先生選元詩三百家告成，相傳歲暮秀野堂前有隱隱見古衣冠人相率下拜者，去來甚衆。今冶盦所補輯凡十有一卷，都一百六七十人，《續編》倍之，吾知冶盦堂前必有踵秀野而相率下拜者矣。友生侯官陳衍敘。（謝鼎熔《江上詩鈔補》卷首，上海古籍出版社二〇〇三年十二月版，第二册第一四七六頁）

智按：謝鼎熔，號冶盦，陳衍《石遺室詩集》初集卷八有《送紱雲回江陰，并示冶盦》、《題謝孝子侍疾圖》諸題（《陳石遺集》，福建人民出版社二〇〇一年六月版，上册第二五八、二五九頁），編年於民國七年（一九一八）戊午，此序或爲同時所作。

《一柳草堂詩文稿序》

五言莫先于《十九首》。枚叔有作，實居蘇、李之前。叔，淮陰人也。而宿遷爲右下相地，是生項籍「拔山」、「蓋世」之歌，與豐沛之「大風」、「猛士」遥遥相答，歌詩發源，由來久矣。……近人以余所知，則淮陰段蔗林、海門周彦升、泰興朱曼君、興化李審言，與譚仲修所選「合肥三家」徐世叔、王伯垣、戴子瑞，類不染六朝金粉之氣；而最後乃知宿遷之臧君易秋。易秋以拔萃科舉孝廉，廷試高第，得部曹，分郵傳部。未幾鼎革，遂棄去。有詩八百首，顔曰《一柳草堂詩稿》。既歸道山，其孤蔭篪肄業無錫國學館，及余門，精楷鈔全稿，走百里，抱詣余，頓首乞一言爲叙。翻閱卒業，則以靖節、少陵之懷抱爲懷抱，而抒寫以香山之風調也。……（臧耀芙一九九〇年影鈔本《一柳草堂詩文稿》第五頁）

智按：臧增慶（一八六五～一九三三），字雪樓，改字易秋，號一柳，宿遷（今屬江蘇）人。臧耀芙為其孫女。

《宋詩精華録》

此録亦略如唐詩，分初、盛、中、晚。吾鄉嚴滄浪高典籍之說，無可非議者也。天道無數十年不變，凡事隨之。盛極而衰，衰極而漸盛，往往然也。今略區元豐、元祐以前爲初宋，由二元盡北宋爲盛宋，王、蘇、黄、陳、秦、晁、張具在焉，唐之李、杜、岑、高、龍標、右承也；南渡茶山、簡齋、尤、蕭、范、陸、楊爲中宋，唐之韓、柳、元、白也；四靈以後爲晚宋，謝皋羽、鄭所南輩，則如唐之有韓握、司空圖焉。此卷系初宋，西崑諸人，可比王、楊、盧、駱，蘇、梅、歐陽、可方陳、杜、沈、宋。宋何以甚異于唐哉！（《宋詩精華録》卷一按語）

《石遺室詩話》

子培有《寒雨積悶，雜書遣懷，襞積成篇。為石遺居士一笑》詩，八十餘韻，余與君論詩語，略具其中。詩云：「寒雲如覆盂，漏天不可補。曜靈避面久，畏客牢鍵戶。……相君筆削資，談笑九流敘。乃知古詩人，心鬬日迎拒。程馬蜕形骸，杯盤代尊俎。莫隨氣化運，孰自喙鳴主？開天啟疆域，元和判州部。奇出日恢今，高攀不輸古。韓、白、劉、柳騫，郊、島、賀、籍仵。四河道昆極，萬派播溟渚。唐餘逮宋興，師説一香炷。勃興元祐賢，奪嫡西江祖。尋眎薪火傳，晳如斜上譜。中州蘇黄餘，江湖張賈緒。譬彼鄱陽孫，七世肖王父。中泠一勺泉，味自岷觴取。沿元虞范唱，涉明李何數。強欲判唐宋，堅城捍樓櫓。咄兹盛中晚，幟自閩嚴樹。氐昧荀中行，謂句弦偭矩。持兹不根説，一眇引群瞽。叢棘限牆闈，通塗成岨峿。誰開人天眼？玉振待君拊。喁嘻寄揚搉，名相遞參伍。零星寒具油，沾漬落毛麈。奈何細字劄，銜袖忽持去。坐令誦苕人，倍文失言詁。鄭侯淩江來，高論天尺五。畫地説『三關』，撰策籌九府。癯顔載火色，烈膽孰雕虎。蕩胸萬千字，得句故難住。梁鴻瓜廬身，禮殿擊鼉鼓。滄海浩横流，中嶧（一作潬）屹砥柱。可憐灌灌口，味肉失腒脯。那復問尖叉？秋蟲振翅股。懷哉海陵生，江草罥柔艫。痯痯濟陽跛，海燕對胥宇，季子踏京華，尺書重圭組。太陰沈暮節，病叟傴寒女。出戶等夜行，焉將燎庭炬？百憂中繳繚，四望眩方所。賴君排偪側，冰窟日謰謱。消此雨森森，蠲彼愁處處。天門開詄蕩，曷月日加午？城隅卓刀泉，中有鐵花黈。楙栝百千株，夾道儼圍籞。樊口渺東望，松風泠相語。千載漫郎游，招招若呼侶。東坡眠食地，固是余所佇。鬱沒老涪皤，赭山疇踵武。興來舴艋艇，徑欲掠江滸。政恐回颿搗，商羊復跳舞。」蓋余謂詩莫盛於三元，上元開元，中元元和，下元元祐也。君謂三元皆外國探險家覓新世界、殖民政策、開埠頭本領，故有「開天啟疆域」云云。余言今人強分唐詩、宋詩，宋人皆推本唐人詩法，力破餘地耳。廬陵、宛陵、東坡、臨川、山谷、後山、放翁、誠齋，岑、高、李、杜、韓、孟、劉、白之變化也；簡齋、止齋、滄浪、四靈，王、孟、韋、柳、賈島、姚合之變化也。故開元、元和者，世所分唐、宋人之樞斡也。若墨守舊説，唐以後之書不讀，有日蹙國百里而已。故有「唐餘逮宋興」及「強欲判唐宋」各云云。（卷一，鄭朝宗、石文英校點本，第六～七頁）

智按：參見陳衍《劍懷堂詩草序》。

庚寅在上海，從袁叔瑜（緒欽）處始見易實甫所刻《丁戊行卷》，及《出都》、《吳蓬》、《樊山》、《沌水》、《蜀船》、《巴山》、《錦里》、《峨眉》、《青城》、《林屋》、《游梁》、《摩圍閣》各詩卷，學謝、學杜、學韓、學元白，無所不學，無所不似，而以學晚唐者為最佳。後又從葉損軒處見其《魂東》、《魂北》各集。古體務為恣肆，無不可説之事，無不可用之典；近體尤惟以裁對鮮新工整為主，則好奇之過，古人所謂君患才多也。庚子過武昌，出《魂西集》屬題，余戲效其體，用「魂」、「西」二字為韻，云：「華裾客子過題門，几上牛腰束筍存。萬里麻鞋行在所，一囊古錦樂游原。堂堂國事西臺哭，草草交期《北夢》言。欲喚臨川湯玉茗，為君宛轉記《還魂》。」「體格唐三十六齊，更將五十六評題。潼關華岳新高掌，林屋匡廬舊赫蹏。令僕黑頭方衮衮，才人白下尚棲棲。樊南甲乙樊川兩，肯讓樊山與漸西。」舉止生硬，效顰終不似也。（卷一，鄭朝宗、石文英校點本，第一二～一三頁）

論詩文者每有大家、名家之分，此文人結習也。或以位尊徒眾而覬為大家，或以壽長詩多而覬為大家，或以能為大言、托於忠君愛國、稷契許身而亦覬為大家，其實傳不傳不關於此。昔傳宋牧仲（犖）位尊金多，表章風雅，見漁洋詩名蓋世，求得其二十八字，引為比肩，云：「尚書北闕霜侵鬢，開府江南雪滿頭。誰識當時兩年少：王揚州與宋黃州？」詩出，一時聲價增重。然百年後，《西陂》一集有不能舉其名者。漁洋則全由錢牧齋延譽增重，既為其詩集作序，又贈長句，有云：「麒麟奮蹴踏，萬馬喑不驕。勿以獨角麟，儷彼萬牛毛。」用宋文憲贈方正學語也。又采其詩入所撰《吾炙集》，詩序至云：

「貽上之詩，文繁理富，銜華佩實。感時之作，惻愴於杜陵；緣情之什，纏綿於義山。其談藝四言，曰典、曰遠、曰諧、曰則。沿波討原，平原之遺則也；截斷眾流，杼山之微言也，《小雅》之復作也。微斯人，其誰與歸?」推挹無以復加矣。牧齋黨同伐異，極詆竟陵，故盛獎馮定遠及漁洋以敵之。漁洋筆記、詩話屢舉以誇示於人。又復位尊年高，門弟子眾。所謂「横山門下，尚有詩人」者，沈歸愚（德潛）受業吳江葉氏，為漁洋再傳弟子，一時又以年高位尊主持壇坫也。「貪多」、「愛好」，朱王並稱。竹垞亦壽高，而詩不少，然以檢討退休，飲水著書，則位不尊矣。吳慶伯詩多過於劍南，世無能舉其名者。錢香樹（陳群）亦年高位尊，與歸愚有「天下二大老」之目，今誰問其集者？蔣藏園（士銓）、袁簡齋（枚）、趙甌北（翼）皆以詩篇富有，有志為大家。蓋明以來，何、李、王、李之徒大抵然也。然劍南萬首、樂天三千首外，杜則僅踰千首，韓則不過數百，又何嘗以多為貴哉？近人樊樊山（增祥）已届萬首，易實甫略相等。余《送實甫之官》詩所謂「漸西樊山舊同調，賦詩刻燭乘公餘。艱辛容易各有致，樊易叉手袁撚鬚。冰堂高足得三子，于湖牛渚悲云殂」者也。袁爽秋（昶）有《于湖集》，所著書皆署「漸西村舍」，作詩冷澀，用生典，與樊、易二君皆抱冰堂弟子，而詩派迥然不同，葉損軒嘗以況《晚翠軒集》，故暾谷有「夫子談詩迥不群」及「絕似蕪湖袁使君」之句。（卷一，鄭朝宗、石文英校點本，第一六～一七頁）

竹坡先生壬午典閩試，歸途取江山船女兒為妾，自上書舉劾落職。在官喜言事，繼吳柳堂（可讀）後，為毅帝爭繼嗣者蠭起，公言最切直，遂不復起用。生平嗜酒耽詩，好山水游。使車所至，必搜奇訪勝，流連旬月不能去。登泰岱，入武夷，泛太湖，上金、焦，足跡遍兩峰三竺。罷官後，時與窮交數人，及伯福、仲福兩公子，遍游京東西諸山，歲得詩數百首。居常貧乏，不能自存，賴友朋資助。得錢則買花沽酒，呼故人賦詩酣醉。余嘗春初見公着敝緼袍，面破殆盡，綿見焉。偶游昆明湖，遇公於湖上酒家，則酩酊而行跁踦矣。公詩天才豪宕，以曲達為主。五言近體，時近右丞、嘉州，餘則香山、《擊壤》、放翁、誠齋，近人則初白、隨園、北江、船山。長短數千首，游山者居其七八。《田盤》一集尤為劖刻。妙峰、香山、翠微、桑乾、戒壇、潭柘諸處，公之龍門八節灘也。冷家莊、三家店、靈光寺諸處，公之行窩也。

公有《西山紀游行》、《田盤歌》及《七樂》三長篇，皆一二千字，可當游記古賦讀。（卷一，鄭朝宗、石文英校點本，第二三～二四頁）

丁酉，余客上海，祥符周季貺（星詒）訪余於高昌廟寓廬，談藝甚久，乞余所刻《攷工記辨證》、《元詩紀事》諸書去。旋同蕭敬甫一報謁之。季貺守吾閩久，與傅節子（以禮）以目録家齊名。先是，潘駿文為福建布政使，藩庫中有《武英殿叢書》藏板，板頗有殘闕，然其書全部，為册尚八百餘，為卷數千，海内叢書卷帙繁者，除《學津討原》、《澹生堂餘苑》，亂後版毀外，此其巨擘矣。余識潘公子芸孫，使告其父，能修補完善，並酌定零售價值，以廣銷行，亦藝林一佳話。後皆如吾言為之，派節子、季貺二人總纂修。惜前年兵事起，版移藏於山麓舊鼇峰書院，竟毁於火。季貺年老解組，僑寓蘇州，别去未久，遂歸道山。不數年，節子、敬甫相繼下世。季貺詩專為五言律，有《窳櫎詩質》一卷。《贈蕭敬孚》云：「性情膠漆合，賞解過從頻。嗜學如甘肉，醉心猶飲醇。見聞徵野録，言動一天真。確爾安儒素，東南只數人。」《自吳歸越，霧中順風渡錢塘江》云：「近家心轉急，劈箭快揚舲。飄受顛風健，江蒸沫雨腥。浪花翻素瀨，煙色互玄冥。迎渡稽山好，褰雲一角青。」《春夜》云：「不睡百憂集，春深此草堂。山風時啟户，江月直窺牀。轉燭窮花態，緘茶養露香。幸多閒事業，消得夜茫茫。」《雨後野步》云：「負手仰看樹，無心錯過橋。」又「池水剛添寸，翻騰鴨便驕。」《秋懷》云：「孤憤雲無緒，荒愁月與知。」《幽憤》云：「寒蟲無婉語，腐樹有奇香。」《吳淞舟中夜眺》云：「水雲天一雁，星月殿雙鷗。」《夜行蕭山道中》云：「林月淡將隱，海雲微欲紅。鐘先雞趣曙，秋縱隼盤空。」《過慧日庵南野阪看月》云：「煙莽荒成趣，宜吾冷性情。」《化鹿山中紀行》云：「秋爽游懷健，青鞵不厭遐。路痕隨草轉，石脈赴江斜。」又「樹枯藤代花。」《寄懷樾村刺史》云：「暝色數星大，蟬吟獨樹豪。」《題畫》云：「萬緑破深甃，孤雲兀廢臺。」《寄敬孚滬瀆》云：「傭書供養母，客裏自安貧。掌録徵遺獻，豪譚見本真。」又「銜泥猶我過，看景恐君歸。」又《喜敬孚自滬上來訪》云：「百年能幾聚？每見各驚衰。」觀屢與敬甫詩，真寫得逼肖；又見君結契之寡，數見集中者，惟譚仲修與敬孚，而老輩之懇切愛友，實有古人風。嘗論昌黎《寄盧仝》、《醉留東野》各詩，其親愛敬禮朋友處，坡公所不及，此韓門所以獨有千古也。余亦識敬孚十餘年，見其不作詩，遂無一詩及敬甫，有愧季貺多矣。譚仲修評君詩云：「樸屬微至，於古人近元次山，今人則莫子偲。」孫仲容跋云：「高渺之致，寓諸平易；嵚崎之懷，返之沖淡。杼山長老有云：『清景當中，天地秋色。』可與論先生之詩矣。」余謂次山以五言古開香山諷諭之體，君詩固《篋中集》中孟雲卿、沈千運諸人之流亞也。（卷四，鄭朝宗、石文英校點本，第六四～六六頁）

前歲九月，舉家歸自京師。家人借居陶江力氏廬，余攜張僕居城中，時往來於城鄉之間。歲暮有《歸陶江》詩四首，寄力醫隱云：「歸來斂翼向江村，失喜君家剩舊園。補葺窗櫺安棐几，量移書匱啟柴門。不多寒碧聊舒眼，無主幽香漸返魂（園有梅、竹）。苦憶去年風雪裏，唐花紅白醉芳尊。」「數畦寒菜長荒村，彷佛江關賦《小園》。野菊猶花都踠地，山桃已蕊恰當門。絕江喚渡殊躭閣（時將從瀨［或作嬾］下游葛嶺），念遠登高欲斷魂。天末來書聊慰藉，蠣房春餅佐清尊。」「李家山下自成村，典得君家十畝園。叱犢扶犁田破塊，打魚漉澤水開門。蠟賓曾感官家局，社祭將招古昔魂。能護全閩詩在否，稱王水陸一何尊（余刻《全閩詩録》於武昌，方成而兵事起。中有林垌詩。相傳垌為陶江社公，俗稱『水陸尊王』）。」「楞岩高處瞰山村，邱壑松篁此最尊。桶水分江登拾級，爨煙繞舍閉重門。峰巒隱見占晴雨，池館經過愴夢魂。曾是母兄偕隱地，於陵來灌桔槔園。」醫隱（鈞）郎中者，永福芹漈人。與損軒相先後寓居陶江。幼苦貧，隨其父至李家山下，拾林中樸樕，歸供炊爨。顧有大志，語其父曰：「異日若買得是處田園，亦足樂也。」父呵之。時山下田園，皆陳氏數百年產，旋歸葉氏。後二十餘年，葉氏中落，竟易主於力氏。前歲又典於余，以其金營北京鵝房之田。醫隱有次韻和余云：「陳家村又葉家村，野老猶呼李垞園。里社飲賓多父執，先疇服穡記師門（園本鄉賢陳蘭畹先生公產）。池邊坐數魚吹沫，花外行知蝶斷魂。舍己芸人君莫笑（鵝房田有兼為他人經理者），何如銅鏡換金尊？」「玉屏山下水環村，四十年前此灌園。無主落花常滿地，成圍老樹尚當門。白雲親舍兒時淚，春草池塘客子魂。世事升沈都閱盡，算來還是布衣尊。」「上下斜街似一村，東園載酒醉西園。尋芳覽勝常聯騎，破曉衝寒擅入門。再過亭臺新易主，歸來環佩孰招魂？今年春意萌芽早，獨坐花前嬾舉尊。」君精醫學外，稍治《説文》。

向不為詩，藏書數萬卷，而詩集闕如。近年始購有《全唐詩》及香山、劍南兩集。「招魂」一聯，謂君居下斜橋，余居上斜街，宅今歸林肖旭，而余妻實卒其中也。（卷五，鄭朝宗、石文英校點本，第七七～七八頁）

昭文孫師鄭吏部（雄），號鄭齋。治經學、駢體文，而絕喜言詩。輯前清道、咸、同、光《四朝詩史》十餘集，集百十人，無貴賤老幼與相識不相識，以詩至者，無不甄録。用鋼筆寫印，高可隱人，捆載贈所知。又分為甲乙各集，鏤板行世，數請余為敘。余謂：「君作《詩話》，稱余嚴於論詩，今並蓄兼收若此，余何以措詞？」君曰：「吾《詩史》之名固不稱，第儲史料，以待後人之去取，當亦無惡於志。」乃本君此意言之。君《題薛褩銘大令詩稿後》有云：「朱子論作文，勿使差異字。選言戒鉤棘，説理尚平易。（《朱子語類》卷十百三十九云云）詩文體縱殊，探源靡二致。」又云：「謫仙曠世才，逸足追風驥。落筆撼五嶽，絕塵飛六轡。少陵鬱忠肝，字字流血淚。高歌泣鬼神，獨醒喚眾醉。慷慨南董筆，從容北山議。天若假之鳴，詞取達其意。蛇神牛鬼徒，形穢三舍避。」又云：「詩中隱有我，詩外更有事。回甘道味濃，叩寂餘音嗣。古云貂裘雜，不如狐裘粹。（見《淮南子》）哂彼飣餖儒，獺祭誇多識。作詩如用兵，操縱身使臂。奇兵不在眾，敢戰推驃騎。」持論平正。因憶方虛谷有《秋晚雜書》詩十首，今録其六云：「堂堂陳去非，中興以詩鳴。曾呂兩從橐，殘月配長庚。尤蕭范陸楊，復振乾淳聲。爾後頓寂寥，草蟲何薨薨。永嘉有四靈，詞工格乃平。上饒有二泉，旨淡骨獨清。學子熟取捨，吾非私重輕。《極玄》雖有集，豈得如淵明？」「竊嘗評少陵，使生太宗時。豈獨魏鄭公，論諫垂至兹？天寶得一官，主昏事已危。脱命走在所，窮老拜拾遺。卒坐鯁直去，漂落西南陲。處處苦戰鬬，言言悲亂離。其間至痛者，莫若《八哀》詩。我無此筆力，懷抱頗似之。」「人言太白豪，其詩麗以富。樂府信皆爾，一掃梁隋腐。餘編細讀之，要自有樸處。最於贈答篇，肺腑露情愫。何至昌谷生，一一雕麗句？亦焉用玉谿，纂組失天趣？沈宋非不工，子昂獨高步。畫肉不畫骨，乃以帝閑故。」「六經天日月，諸子如四時。史自班以上，語奇文亦奇。踵武蔚宗輩，語有文無之。小宋刊《新唐》，不悟宵寐規。以藝傳李杜，待之毋乃卑。他人有遺集，一覽不再窺。惟此與韓柳，咀嚼無厭期。儕彼楓落生，吾欲鐫此疵。」「道自漢魏降，裂為文與詩。工詩或拙文，文高詩或卑。香匳假山序，不妨自一奇。鮹橘多骨核，乃至肆詆訾。恭維陳無己，此事獨兼之。五七掩杜集，千百臻秦碑。四海紫陽翁，歸美豈其私？所以此虛叟，取為晚節師。」「世稱陶謝詩，陶豈謝可比？池草故未凋，階藥已頗綺。如唐號元白，白豈元可擬？中有不同處，要與分樸詭。鄭圃趙昌父，潁川韓仲止。二泉豈不高，顧必四靈美。鹹潮生蘁門，蟛蜞以為旨。未若玉山雪，空鐺煮荒薺。」虛谷生平，詳於周密《癸辛雜誌》者，不值一錢。然詩功甚深，所纂《瀛奎律髓》，雖專論近體詩，淺見寡聞者不能道也。此數首宗旨，取樸去豔，於趙宋一代詩學，辨別甚真。蓋虛谷本西江派，故陽秋若此，非後世隨聲附和、妄思依傍李杜門戶者比，不可以人而廢言也。尚有《羅壽可詩序》，言宋詩派別尤詳，與方詩略同。云：「詩學晚唐，不自四靈始。」「宋剗五代舊習，詩有白體、崑體、晚唐體。白體如李文正、徐常侍昆仲、王元之、王漢謀。崑體則有楊、劉《西崑集》傳世，二宋、張乖崖、錢僖公、丁厓州皆是。晚唐體則九僧最逼真，寇萊公、魯三交、林和靖、魏仲先父子、潘逍遙、趙清獻之徒，凡數十家。」「歐公出焉，一變為李太白、韓昌黎之詩，蘇子美二難相為頡頏，梅聖俞則唐體之出類者也。蘇長公踵歐公而起。王半山備眾體，精絕句，五言或三謝。獨黃雙井專為少陵，秦、晁莫窺其藩。張文潛自然有唐風，別成一宗。惟呂居仁克肖陳後山，棄所學，學雙井。黃致廣大，陳極精微，天下詩人北面矣。立為江西派之説，銓取或不儘然。陳簡齋、曾文清為南渡之巨擘。乾淳以來，尤、范、楊、陸、蕭其尤也，高古清勁，盡掃餘子。又有一朱文公。嘉定而降，稍厭西江，永嘉四靈復為九僧晚唐體，日淺日下，然尚有餘杭二趙、上饒二泉，典型未泯。今學者不於三千年間，上溯下沿，窮探邃索，往往追逐近世六七十年間之所偏，非區區之所敢知也。」所論稍偏，要自博辯。（卷八，鄭朝宗、石文英校點本，第一一九～一二二頁）

己亥，彥復客武昌，所常過從者，子培及余。余答子培詩，所謂「屢簡吳郎益舊題」也。彥復與余拉雜倡和者甚多，稿零落殆盡。有《讀陳石遺詩集遂和其論詩原韻》云：「客邸鎮無聊，向人借書看。游興久已闌，吟侶亦漸罕。暮攜陳子詩，兀兀誦至旦。珠玉隨風翻，咳唾落天半。詠懷追步兵，耆酒過中散。雲夢偶相值，江湖游汗漫。師門君所思，世途吾已憚。雖有鴻羽儀，不及羊頭爛。澤畔放臣吟，樓頭思婦歎。詞妥極艱辛，語妙益淒惋。始覺涪翁豪，不遜臨川鍛。吾師擅風雅，薪傳火未斷。救衰雖已遲，振靡或未晏。誰為壓卷篇？有人唱之渙。」彦復，清提督吴武壯（長慶）子，名保初，一字君遂，以將門之子，儒雅能文，學詩於寶竹坡先生，詩中所稱師門者也。時人以君並譚嗣同、丁惠康、陳三立稱四公子。任子得官，在刑部數年，非其所好。前後與剛毅、端方齟齬，憔悴以死。事詳余所作傳中。余有一詩，題係《彦復屢以詩見枉，迄未有贈答，以二十字書其哭姬人詩卷後》，云：「事事肖吾師（謂竹坡先生），姬亡屢哭之。尋常詩已肖，尤肖哭姬詩。」蓋喜納姬，喜為詩，尤喜為長慶體之詩，師弟二人相同也。彦復答云：「鯫生百不肖，惟哭肖吾師。哭肖詩不肖，吾師夙知之。」亦足解頤。（卷八，鄭朝宗、石文英校點本，第一二七～一二八頁）

廣雅相國敭歷内外數十年，舍高陽李相國（鴻藻）外，孤立無助，而最有憾於翁叔平相國（同龢），嘗有《抱冰堂弟子記》百餘則，中言之頗詳。己酉自定詩集，於《送同年翁仲淵殿撰從尊甫藥房先生出塞詩》自注詩後云：「藥房先生在詔獄時，余兩次入獄省視之，録此詩以見余與翁氏分誼不淺。後來叔平相國一意傾陷，僅免於死，不亞奇章之於贊皇。此等孽緣，不可解也。」其《過張繩庵宅》四絕句末首云：「廿年奇氣伏菰蘆，虎豹當關氣勢粗。知有衛公精爽在，可能示夢儆令狐。」首句謂幼樵獲譴後，二十年不起用，次句言皆叔平阻之。幼樵，后所喜；叔平，帝黨也。後二句用贊皇示夢事，則以令狐綯譬叔平，綯亦牛黨，陷德裕至死者也。德裕既歿，見夢令狐綯曰：「公幸哀我，使得歸葬。」綯語其子滈，滈曰：「執政皆其憾可乎？」既夕又夢，綯懼曰：「衛公精爽可畏，不言禍將及。」白於帝，得以喪還。其實幼樵卒時，叔平亦早已罷斥。廣雅尚不能忘情，怨毒之於人甚矣哉。又《讀盛伯熙集》云：「密國文詞冠北燕，西亭博雅萬珠船。不知有意還無意，遺稿曾無奏一篇。」當時朝官略分南北兩派，稍前一輩，若廣雅、幼樵諸人，高陽主之；稍後一輩，若伯熙、可莊諸人，常熟主之。此詩指伯熙一摺，推翻軍機，朝局一變也。又《讀白樂天「以心感人人心歸」樂府》句云：「誠感人心心乃歸，君民末世自乖離。豈知人感天方感，淚灑香山諷諭詩。」此首為廣雅絕筆之詩，因與攝政王載灃爭親貴典兵，各要政不聽，椎心嘔血，一病至死。遺疏有「守祖宗永不加賦之規，凜古人不戢自焚之戒」云云，天下誦而悲之。（卷十一，鄭朝宗、石文英校點本，第一六九～一七〇頁）

智按：「以心感人人心歸」，見白居易《七德舞》。

蒓客詩攷證亦間有未確者。《新唐書·李德裕傳》：「始吉甫相憲宗，牛僧儒、李宗閔對直言策，痛詆當路，條陳失政。吉甫訴於帝且泣，有司皆得罪，遂與為怨。吉甫又為帝謀討兩河叛將，李逢吉沮解其言，功未就而吉甫卒。裴度實繼之。逢吉以議不合罷去，故追銜吉甫而怨度，擯德裕不得進。至是閒帝暗庸，訹度使與元稹相怨，奪其宰相而己代之。欲引僧孺益樹黨，乃出德裕為浙西觀察使。俄而僧孺入相，由是牛李之憾結矣。」而《題宋畫香山九老圖卷詩》自注乃云：「牛、李黨者，謂僧孺、宗閔也。有以李指衛公者誤。」不知何所據而云然。張志和《漁父詞》之西塞山，乃在吳中，非長江湖北界之西塞山。而《夜過西塞山作》首云：「蘄黄山水窟，夜靜煙景迷。突兀見西塞，壁立荒江湄。」末乃云：「玄真不可作，三歎《漁父詞》。」似有誤矣。是時蒓客發武昌，下九江，過安慶，至滬，有《寄張孝達編修》詩，蓋張為湖北學政，而蒓客客張試院，不久又去也。（卷十一，鄭朝宗、石文英校點本，第一七六～一七七頁）

祁文端（祁寯藻）為道咸間鉅公工詩者。素講樸學，故根柢深厚，非徒事吟詠者所能驟及。……《自題䜿䟽亭集》云：「規撫《壹齋集》，仿佛鮚埼亭。奇字得《家訓》，故鄉存地形。詩名卑不稱，宦味老曾經。慙媿香山社，閑吟任醉醒。」首二句可謂擬必於倫。《望廬山》句云：「有如蒲板道中看太華，三峰飛影過潼關；黄河曲折走關下，亦如大江橫鎖潯陽間。」元遺山《論詩絕句》自注有云：「柳子厚，唐之謝靈運；陶淵明，晉之白樂天。」回環比儗，異曲同工矣。（卷十一，鄭朝宗、石文英校點本，第一八一～一八二頁）

余居武昌時，有所作必示蘇堪、子培，必加評品。《雨後同子培、子封對月》云：「此雨宜封萬戶侯，能將全暑一時收。未知太華如何碧，想見洞庭無限秋。」子培云：「真是香山風味。」《再答子培》云：「藥裹書籤拉雜攜，草堂猶似蜀都西。未遭田父緣多病，屢簡吳郎益舊題。坐黑晚窗思寫遠，吟黄秋葉紙淒迷。因君老屋横街語，預想京塵憶印泥。」子培云：「事理相扶，昭彰朗徹，諷詠再三，不能去手。雨窗沈悶，欲繼雅音，而抽思不續。」《次韻答子培》云：「憑余自寫陳居士，步屧頻來不箇將。入室屢呼無門者，借書私喜有詩藏。長江見白難為客，東野於韓詎在旁？隨意恣談欹坐久，累君煙月受清涼。」子培云：「生勁乃類文湖州，筆妙真不可測。」《冬述》四首（詩三首已見卷一），子培云：「别具町畦，亦以此法得一長古。」《二月移居水陸街二首示子培》云：「移居數數太無端，愛此庭中眾緑團。藤架方春篩月朗，鵲巢經歲避風寒（牆外大白楊樹，上有大鵲巢）。一襟幽思閑拋慣，十扇明窗晏起難。衡宇初望君不駐，只應攜卷樹根攤。」子培云：「『十扇』七字斬新。」其二云：「一畝荒園故足窺，不如園裏即書帷（故居有空園，納涼最宜）。緑苔生樹宜鋪板，汲井當門待插籬。借蔭喜分鄰樹美，傷根悔把舊花移。落帆黄鶴三年共，細菌寒匏欠夥頤。」子培云：「真北宋人語，王、梅間左挹而右拍矣。」以外詩長者均不録。（卷十一，鄭朝宗、石文英校點本，第一八四～一八五頁）

先室人在日，取《真誥》說，顔所居曰「蕭閑堂」。丁未八月，室人既逝，歲暮不可為懷，成五言長律三百韻，敘述生平，名曰《蕭閑堂詩》，以多為貴，蓋元、白、皮、陸以來所未有也。楊昀谷題詩後云：「蕉萃潘郎苦費辭，蕭閑堂上夢離離。百年幾日容孤卧，四海何人解《五噫》？老去情懷原作惡，病來歌哭總成癡。浮雲遮斷三生路，木葉安心恐已遲。」……（卷十二，鄭朝宗、石文英校點本，第一九一～一九二頁）

（楊昀谷改官將之蜀，趙熙有）「路轉樊山樹樹秋，維舟漢口又沙頭。彝陵訪過歐陽跡，一路猿聲送峽州。」「西陵水色勝新安，朝暮黄牛上峽難。人在空舲歌一曲，雁聲遥應第三灘。（空舲峽上即晉時新崩三灘也）」「小泊香溪到玉虚，洞中垂乳是仙居。只緣心上明妃在，水味濃香滿《漢書》。」「屈原廟前楓葉紅（歸州），平明打鼓上巴東。秋風亭下香火絶，手板無人謁寇公。」「巫山峽影玉清泠，人在冰壺一色青。水響猿啼神女怨，雲晴雨淡楚王靈。」「巫山窈窕復玲瓏，墨作圍屏玉作峰。一鏡桃花低緑水，瑶姬寫影在當中。」「縹緲巫山十二峰，晴峰奇秀雨峰濃。美人峰更薫香立，如此巫山愁煞儂。」「一舸瞿塘日易西，峽門鹽甲與天齊。千秋杜甫吟能健，白帝城高接瀼溪。」「漢主征吳此路迴，連營一蹶使人哀。三分不續高光業，八陣遙當灩澦堆。」「雲安縣前江水春，桓侯廟裏早梅新。盈盈石上浣衣女，何處淩波無洛神?」「燕窟峽轉漸安流，南浦人煙出萬州。風便南賓三日到，翠屏山向白公樓。(南賓今忠州，翠屏山有陸宣公墓，隔江即香山樓。)」……(以上送昀谷由湖北至成都。)(卷十二，鄭朝宗、石文英校點本，第一九五～一九六頁)

智按：楊增犖(一八六〇～一九三三)，字昀谷，一字延真閣主，新建(今屬江西)人。光緒二十四年(一八九八)戊戌進士，官四川候補知府。其《野人歌》云：「我思國風野人所自出，直至白香山、邵康節、楊誠齋乃能盡抒野人之性情。」有《楊昀谷先生遺詩》八卷，王揖唐刊印。趙熙(一八六七～一九四八)，字堯生，號香宋。榮縣(今屬四川)人。光緒十六年(一八九〇)庚寅進士，官御史。有《香宋雜記》一卷(民國二十一年成都美學林鉛印本；《民國詩話叢編》第二册)；《雪玉堪尺牘》(四川省圖書館藏抄稿本)。有今人王仲鏞主編《趙熙集》(巴蜀書社一九九六年版)。

自韋蘇州有「對床聽雨」之言，東坡與子由詩復屢及之。「聽雨」遂為詩人一特別意境。余少居福州東城，後有廢園，多花木。七八歲時，讀孟浩然「夜來風雨聲，花落知多少」、王摩詰「桃紅復含宿雨，柳緑更待朝煙」、陸放翁「小樓一夜聽春雨，深巷明朝賣杏花」諸詩，遂酷愛聽雨。當時尚未知吾家簡齋有「杏花消息雨聲中」之句、虞道園有「杏花春雨江南」之句也。長識損軒、蘇堪，皆有愛雨之癖。余伯兄木庵先生則最惡雨，平生不作雨詩，兼賦有《畏雨訴》。惟宰博野時，久旱得雨，乃有《喜雨》一詩云：「二十幾旬無此聲，聞聲感激涕縱横。風馳電掣惟恐盡，海倒江翻只要傾。不睡拚教兩夜永，遲明看取一池平。奢心得隴真堪笑，移向春前萬寶成。」真香山也。蘇堪最喜姜白石「人生難得秋前雨，乞我虛堂自在眠」二句，其《同季直夜坐吳氏草堂》云：「一聽秋堂雨，君知病漸蘇。欲論十年事，庭樹已模糊。」略用白石意也。損軒善為雨詩，余甚賞其「得雨徹宵聽」之句。嘗從邳州回上海，又往鎮江，有《江船喜雨》絕句云：「雨自吳淞海外來，滿天涼意一船開。入江直過松寥頂，颯颯瀟瀟又幾回?」「愛雨常為聽雨吟，孤燈黃葉亂山深。建州溪上嚴州瀨，一刻秋宵直萬金。」「家人都算我將歸，又恐歸期被雨違。雨裏叩門人睡起，濕薪炊飯更薰衣。」寫雨景又是一種風味。《題新賃江閣》云：「晚來卧聽雨淙淙，山意將秋繪在窗。塔上一鈴知斷渡，階前半甕許分江。」又《滬樓雨夜》云：「我家好雨亦如斯，既負山居又負詩。」又云：「今年發願禮南屏，更把乾魚謁幔亭。預向天公殷致祝，要留此雨在山聽。」皆佳。（卷十三，鄭朝宗、石文英校點本，第二一五～二一六頁）

近人詩句工於寫景者，亦復不可多得，惟蘇堪最多。蘇堪平日論詩，甚注意寫景，以為不易於言情，較難於敘事。所舉名句，若柳州之「壁空殘月曙，門掩候蟲秋」、「回風一蕭瑟，林影久參差」，香山之「一道斜陽鋪水中，半江瑟瑟半江紅」，王荊公之「南浦辭花去，回舟路已迷。暗香無覓處，日落畫橋西」，趙紫芝之「行向石欄立，清寒不可云。流來橋下水，半是洞中雲」，皆各極超妙者。自作則「亂峰出沒爭初日，殘雪高低帶數州」、「月影漸寒秋浩洞，柝聲彌厲夜嵯峨」、「月黑忽驚林突兀，泉枯惟對石嶕嶢」、「楚澤混茫方入夏，暮雲峭崒忽連山」、「白下溪流向人靜，紫金山色入春妍」、「入春風色連林覺，過雨山園一半開」、「兩郡楚山臨岸起，一江初日抱樓生」，可謂夥頤矣。他如廣雅之「日落江光都轉白，春來谷氣盡含青」、「柳仍婀娜秋生色，荷已離披水吐光」，偶齋之「一水翻山趨大海，萬峰拔地束孤城」，木庵之「聽鼓夢回殘月上，吹燈人卧綠陰中」，弢庵之「疏鐘墜澗無尋處，佳月籠雲恣賞難」，散原之「瓦鱗新雪生春豔，旗角寒雲卷雁高」、「卧堤柳影一千尺，出屋檣桅三兩枝」、「雨了諸峰爭自獻，煙開孤艇已能呼」，乙庵之「秋笛無緩聲，秋蟄有哀鳴」、「石臺倚倒影，零露在衣髪」、「黃花屈宋豔，伴我張寒色」，節庵之「一日出林添綠淨，數花當戶及黃昏」、「園丁未服生疏鶴，春色猶妍老大藤」，高者唐人，次者亦宋人，然人亦不過一二聯也。（卷十四，鄭朝宗、石文英校點本，第二二一～二二二頁）

宛陵用意命筆，多本香山；異在白以五言，梅變化以七言。東坡意筆曲達，多類宛陵；異在音節：梅以促數，蘇以諧暢；蘇如絲竹悠揚之音，梅如木石摩戛之音。質之劍丞，以為然否？（卷十四，鄭朝宗、石文英校點本，第二二三頁）

因讀梅生「開春二日」句，憶起葉損軒一絕句，云：「補官得傍雨花臺，無主山多對閤開。光緒江寧丞壁記，放衙劉氏小園來。」題系《長干里劉氏園與于民宮廨甚近，衝泥往游》。此種絕句從香山「後魏帝孫唐宰相，六年七月葬咸陽」、「開元一株柳，長慶二年春」等詩來也。（卷十五，鄭朝宗、石文英校點本，第二三七頁）

疑始有《甲寅仲春至江亭舊所居室》，首二聯云：「歲月如人總不居，綠楊幾見換蕭疏。深深竹院尋還在，隱隱西山看欲無。」塵外西山，頗寫得出。次首第二聯云：「荒庭倚樹真亡我，白日持燈不見人。」「白日持燈」，為西人罵世語，謂碌碌者看不見也。《夢中得句》云：「晴霞幻物隨人意，落絮當風類我心。」落想頗新。君刊有《說理雜詩》四十首，自跋有云：「四十首所言，大抵拾古今人唾餘。惟第十一、十四、十五及三十二四首，為所臆造。」余最取十四、十五二首，以為傳聲者浪，傳光者以太，夫人知之矣。蜃市樓臺，光何自傳？無線電音，聲何自傳？則別有無形之浪也。人之心思智慧，萬有不齊，所謂不同如其面，雖覿面而相隔若山河矣。然設有兩人焉，其智慧之比例，無幾微不相等者，則此人之心思雖不言，而彼人可以喻。所謂相視而笑，莫逆於心，所謂目擊道存，皆非妄語也。古人夢寐相感，齧指通誠之類，則心浪之力量過人，足以遠達，而受感者，實心與相印也。君詩云：「腦府孕奇靈，動盪構思意。積浪傳八方，萬物供驅制。觸類成感應，離電同其致。至誠開金石，前賢豈吾戲?」「心浪或凝鬱，歷久未易散。推移流大宇，托物時隱見。塵心駭非常，萬象況能幻。鬼神六合外，聖人存不論。」疑始尚有《題王氏姑母小照》、《紀夢篇》兩詩，間得香山、東野真摯處，篇長未録。（卷十五，鄭朝宗、石文英校點本，第二四四～二四五頁）

次韻、疊韻之詩，一盛於元、白，再盛於皮、陸，三盛於蘇、黃，四盛於乾嘉間王蘭泉、吳白華、王鳳喈、曹來殷、吳企晉諸人。大抵承平無事，居臺省清班，日以文酒過從；相聚不過此數人，出游不過此數處，或即景，或詠物，或展觀書畫，考訂金石版本，摩挲古器物，於是爭奇鬬巧，竟委窮源，而次韻、疊韻之作夥矣。自樊山、沈觀、實甫諸公至都，而楚風大盛，爭奇鬬巧之作，日有所聞。以左笏卿之攢眉苦吟、傅治薌之簿書鞅掌，亦復長篇巨制，賡唱迭和，所謂一人善射，則百夫決拾也。近如貂字韻雪詩，十刹海樊山韻、竹勿韻，皆疊次不已，亦一時之盛也。（卷十六，鄭朝宗、石文

英校點本，第二五一頁）

沈觀近作，頗恣肆放百態姸，然清真閒適處，每使人諷詠不厭，不專恃才氣見長也。《和樊山泊園看花韻》云：「婀娜新紅發故枝，年芳未晚悵來遲。記從栗里人歸後，幾過桃花飯熟時。楚客誅茅猶有宅，松江賞雨可無詩？春雲勒住緋和紫，泥飲拚為十日期。」《和樊山與笏卿過泊園納涼韻》云：「夜月無心問缺盈，得清涼地可長生。閱時喬木不知老，依草夏蟲空自鳴。留客茶瓜分野餉，説詩蔬筍似僧清。素心有待同晨夕，莫惜南城往北城。」《早春和眾異》云：「又當草長鶯飛日，隔歲池臺尚我春。已老未衰翻自喜，相知最樂況方新。嬉游無分遭平世，今昨俱非懺此身。強説阿婆塗抹事，花枝冷笑白頭人。」《涼夜》云：「禿鬢修髯何許人？壁燈明暗影隨身。非仙已自經千劫，聞道知猶隔幾塵。夜靜忽驚飛雨過，秋涼還與敝袍親。魯齋學派遺山史，世俗流傳恐不倫。」《寓居潛若宅中，齋前老槐二株，百年前物也。日夕納涼其下，遂爾成詠》云：「兩槐森向人，坐閱世代長。婆娑送日月，海田今幾桑？餘此半畝陰，清簟夏日涼。時俗貴薄媚，兀爾何其蒼。與樹論年輩，當我大父行。附身綴醜瘤，液漏如脂肪。蠹蝕心半空，蚍蜉撼不僵。老氣致雷雨，清風生坐旁。中有白鬚翁，蹲踞一胡牀。擁鼻作洛詠，草際鳴寒螿。樹知我誰何，亦豈解詩章？我自愛佳蔭，看月轉西廊。」《和竹勿追涼十刹海歸飲泊園韻》五首云：「逃暑百事廢，亦復懶讀書。懷哉城南叟，時來共一壺。本不為盤飧，況有酒與魚。醉中故兀兀，覺後亦蘧蘧。叔夜龍性人，意苦當關呼。如何不憚煩，更駕窮途車！」「君出無他適，肯來就我言。籠詩常在袖，相見或不冠。自言老欲眠，忘事如師丹。此説吾未信，文稿屋三間。日鈔細字書，腕脫為後山。頗似入塾童，逃學來吾園。」「園樹密不剪，池荷稀未開。虛室無關鎖，面面納輕颸。水外魚出戲，花邊蝶亂飛。即事足欣賞，意行無町畦。猶有癖未除，幾堆石怪奇。擬築看山樓，攬翠天之西。」「我思淨業湖，湖樓鬱岧嶢。年年荷花時，買酒醉晴郊。紅粧隱翠蓋，一水為之招。吾廬隔西涯，曾不里許遙。弄花半新人，攀柳無舊條。幸得二叟從，及此綠未凋。」「君詩味古淡，收我汗漫心。真意披肺肝，淺語轉覺深。感慨徒為爾，昔固知有今。吾輩行日中，息影當以陰。腳下有惠泉，隨時可酌斟。荷露相與烹，芳氣彌予襟。」近體皆妙於語言，情景曲傳得出；古體極似滄趣樓《京寓雜詩》。滄趣詩七首只記其二，試録之以訊審音者：「牆東鋤為園，築榭坐風月。貪涼眠復遲，病肺例秋發。所欣新種竹，足雨竿竿活。稚樹與雜花，因依各萌達。天功庸可恃，灌溉要無闕。經月鑿井成，畦蔬亦成列。身勞兒女喜，隨地恣采掇。優游蠲吾疴，誰謂役於物?」「海荷開已闌，張叟病未已。一樽豈或尼，坐見涼風起。頗聞休假中，詩卷自料理。思舊搜遺文，無人會微恉。宣南盛氣類，往者逝如水。卅載終合并，與公俱老矣。樓臺雖無地，世擬集賢里。但願長賡酬，香山竊自比。」尚有「隔巷車轔轔，知是沈十二」一首，尤似《和竹勿》首末二首，覓得當再録之。大概滄趣詩喜謹嚴，沈觀稍馳騁；而出以閒適，則多同也。（卷十六，鄭朝宗、石文英校點本，第二五一～二五三頁）

一日，在樊山處，出觀所藏唐麟德殿硯，歎為至寶，同人約作歌詩張之。次日，沈觀遂賦長歌，引據詳確，不留餘地矣。樊山自作，又復才思紛披，恢恢有餘。笏卿繼之，更能議論風生，穿穴處無意不搜。余亦思作一首，至是無可下筆矣。硯長周尺八寸，寬四寸，高寸餘，背横刻「麟德殿」三字篆文，中刻「賜太清宮道士楊弘元」九字，右側面刻「開成二年開國侯白居易恭記」等字。左旁低處刻「領山南西道李德裕敬觀」等字。其額刻宋道君花押，左側面刻「香山太傅硯」五字。弘元不知何許人？香山封開國侯，《唐書》不載。贊皇不喜白公，題名其旁，皆難於索解處也。余長夏卧疾，偶思李德裕由中書侍郎同平章事，改充山南西道節度使，在太（大）和八年十月，德裕見上自陳，請留京師，旋以為兵部尚書。十一月，李宗閔言德裕制命已行，不宜自便，復以德裕為鎮海節度使，是德裕領山南西道者，為時至暫，恭觀麟德殿硯，刻名硯側者，即在此時，故書官書名於左方低處，上空半行無字，以示恭敬。後三年為開成二年，白傅乃鐫字於德裕右方，字多銜長，頂行寫。若其硯早歸白傅，白與牛相相善，德裕怨牛甚，至不肯開視白傅詩卷，寧肯書名於其下耶？遂本此意，亦作長句一首，示樊山諸公，云：「樊山示我一唐硯，我謂至寶宜作歌。泊園次日成首唱，引據詳確不可磨。樊山自作富才思，笏老繼之窮搜羅。譬如驪珠已探取，並鱗之而餘不多。知難而退且閣筆，魏公藏拙豈我詑？兼旬病卧偶思索，頗有鄙見堪縷覼。贊皇平章改節度，披猖牛黨方稱戈。山南西道互更調（時李宗閔即由山南西道入同平章事），八年十月維太和。題名硯側正此際，列銜低處字矮矬。請留京師暫未往，旋領鎮海遭坎軻。香山得硯後三載，開成石經同摩抄。銜長字多頂行寫，居贊皇右高砐硪。不然卷面貼如意，雖有好語屏不哦。題非君命硯私物，甘署紙尾理則那？有唐三宗魏三祖，貞觀開寶雙嵯峨。文宗聯句足繩武，憑高幾欲涕滂沱。玄元皇帝本《道德》，尊崇道教尊猷猷。羽流名輩不勝數，弘元不著知誰何。白公妻黨弘農望，輩行或者儕沙哥。長安卧病有楊九，貞元端合出一柯。當時此硯得拜賜，研朱點易平不頗。未幾卻入履道宅，笏老推測當非訛。開成挽歌奉敕撰，定撫此硯懷恩波。雙齒忽落歎衰老，一蟬坐對相吟哦。此時此硯新試筆，文櫃銀榼同婆娑。昔吟《秦中》歌《長恨》，貞元元和時已過。文臣唐宋多五等，僅比緋紫光自他。白公無子外孫幼，行狀失載誰與訶？我嘗評詩許朋輩，樊山才調白同科。平生襟抱亦相似，到處安樂留行窩。短長何止三千首，吟詩不苦髩不皤。硯乎硯乎物得主，不共楊枝駱馬悲蹉跎。」此作頗有訂正笏卿詩中未細處，然笏卿謂弘元或白公妻族，以硯移贈，而白集有楊弘貞其人，或弘元兄弟，則考古得間，令人不覺首肯者。

笏卿詩云：「樊侯富收藏，所蓄皆精好。有硯唐時物，觀者詫奇寶。周侯為作詩，引據碻且賅。樊侯亦自作，兩作爭雄傀。又復命我作，我孱何能為？聊於兩作外，管見述所窺。硯材青帶紫，的知是端溪。水中石色然，易簡譜言之。長吉所歌者，未審楊生誰。太和開成間，弘元蓋同時。白公無黨意，以妻虞卿妹。弘元或妻族，硯儻由此致。前後《長慶集》，不見弘元名。有楊弘貞者，豈其元弟兄？麟德殿三字，體近《爨寶子》。及其溫潤處，又似陽冰矣。舊書稱道士，乃是趙常盈。記載容有誤，且當從《論衡》。白為秘書監，太和始建元。丁未至丁巳，相距迨十年。少傅馮翊侯，此時方具官。白公丙寅卒，明年贊皇貶。世傳元和録，詩語固浮淺。何必白公物，不入贊皇眼。道君四字押，樊侯見之夥。米黃風行後，筆勢喜婀娜。信為北宋書，諦觀人意可。一硯敵九寶，花石特瑣瑣。道君得此硯，宜在政和中。老志暨靈素，事與弘元同。硯兮有奇遇，兩朝都進御。亦復有道氣，飽諳《莊》、《列》趣。又依大手筆，墨瀋恣傾注。曾草《長恨歌》，風情自天賦。曾草《秦中吟》，諷諭冀君寤。能逃五國城，明哲其殆庶。今者歸樊侯，功用益明著。但惜太勞苦，吟詩夜達曙。白公未作詩，以待樊侯故。千年旦暮耳，文字原有數。我詩不自量，蹇足追駿步。持用儆微之，吾交兩白傳。」（琴按：唐麟德殿之硯，流傳入樊山之手，不知今又流傳何處？石遺謂：「弘元不知何許人？」又謂笏卿「考古得間」，殊屬疏誤。幸有沈觀之詩及其自注，引據詳確，足以匡石遺及笏卿等所未逮。）

沈觀作云：「樊山癖古過婉孌，開篋示我唐時硯。黝澤宜入君子手，清嚴不類孔壬面。諦視非端亦非歙，鴝眼無稱龍尾賤。背陰刻賜楊弘元，三字眉標麟德殿。唐尊道教由玄元，乃出上方所賓資黃冠。未識何緣更為白傅有，左旁繆篆題香山。香山昔為秘書監，殿前講論雜仙梵。同時太清楊道士，揮麈生風談不倦。（自注：唐文宗誕節，詔白居易與安國寺沙門義林、太清宮道士楊弘元，講論於麟德殿，見《三教論衡》。）豈將此硯供獻酬，樂與詩翁伴鉛槧。下署觀者李贊皇，節度衛國官能詳。吾聞贊皇不閱白公之文恐意轉，胡乃於此細字書密行。又聞贊皇蓄硯常數百，不減愛石牛奇章。或重此為天府物，故以手跡留文房。流傳遺寶樊山收，是亦今之馮翊侯。山行不虞魑魅奪，雲起疑有蛟龍湫。我守寸田日無事，久忘怨李與恩牛。摩挲此硯三歎息，古情勃鬱來心頭。銅雀臺下泥，高歡宮中瓦，香姜名字恣撏撦。一鼎焉用辨贋岑，王稱帝號由來假。不知此說然不然，一笑陶泓知我者。」中據《三教論衡》處，為此題鐵證。（卷十六，鄭朝宗、石文英校點本，第二五四～二五七頁）

宋詩人工於七言絕句，而能不襲用唐人舊調者，以放翁、誠齋、後村為最。大略淺意深一層說，直意曲一層說，正意反一層、側一層說。誠齋又能俗語說得雅，粗語說得細，蓋從少陵、香山、玉川、皮、陸諸家中一部分脱化而出也。如「歸去江南無此景，未須吃飯且來看」、「中間不是平林樹，水色天容折不開」、「點檢風來無覓處，破窗一隙小於錢」、「小兒不耐初長日，自織筠籃勝打閑」、「醉去昏然卧緑窗，醒來一枕好淒涼」、「皂莢樹陰黃草屋，隔籬犬吠出頭來」，全首如「詩人長怨沒詩材，天遣斜風細雨來。領了詩材還又怨，問天風雨幾時開。」「逢著詩人沈竹齋，丁寧有口不須開。被渠譜入旁觀録，四馬如何挽得回。」「晴明風日雨乾時，草滿花堤水滿溪。童子柳陰眠正著，一牛吃過柳陰西。」「人家爭住水東西，即是臨溪卻背溪。撈得一家無去處，跨溪結屋更精奇。」「莫言下嶺便無難，賺得行人錯喜歡。正入萬山圈子裏，一山放出一山攔。」「風雨掀天浪打頭，只須一笑不須愁。近看兩日遠三日，氣力窮時會自休。」此外以粗語、俗語入詩者，未易悉數。善學之可以上追聖俞、後山，不善學而一味為之，或流於釘鉸、《擊壤》。後世袁簡齋多學誠齋，近人則竹坡先生、木庵先生、林暾谷亦時為之。木庵句云：「放過愁陣高擡手，弄出神通大作詩」、「憶得中秋在家日，上樓看塔響胡梯」、「周身疾痛兼疴癢，不是支離叟是誰」、「六十三年三月仕，可能盡説不如人」，全首云：「絕句詩多懶可知，也饒律細構篇遲。起承轉合村夫子，一種工夫百種思。」「古人詩酒事相連，酒遣詩多勢自然。誰見惟詩無點酒？千篇可當幾千篇。」「止管吟詩妻子咎，我無妻者不妨吟。生愁造物相猜忌，除卻將何寄此心。」「隔日猶餘倦，方知刻意非。下階雞讓步，傍樹蟻緣衣。」「牆矮看天大，池新見土肥。宜春紅紙淡，無二似村扉。」暾谷有《暑夜泛姜詩溪》云：「清溪十里幾多盤，收束將窮卻放寬。山要攔人攔不住，側身讓過乞人看。」「擊汏聲齊力未孱，扁舟催進幾灣灣。我們冠者偕童子，只有篙師束手閑。」「大家莫把仙源説，那有仙源到兩回？昨日好山撐不近，明宵須換小船來。」《荷葉洲雜詩》云：「雲繞青山山繞江，一洲中著四淙淙。登樓忽憶青龍閣（在宜昌），清景原來亦有雙。」《將去大通，久雨始晴，治詩就畢》云：「一春不恨不曾晴，晴去荒洲作麼生？今日肯晴甯有意，可知天也速人行。」「詩無數首那言删，吟到三年豈便安！早日何曾知句法？旁人謂不費心肝。」可謂神似誠齋。此時正與木庵講求此道也。近時林宰平每作絕句，亦多似誠齋。《濰縣道中》云：「偶於樹罅見人家，茅頂叢苔木援斜。此地官私都不管，聽他自在鬧蝦蟆。（自注：蝦蟆村距縣四十餘里。）」「百里泥行不見山，閑逢拳石亦開顏。河流自向無人岸，抱石還來繞一灣。」《上方山歡喜臺至雲梯》云：「面面看山盡不同，澗迴崖斷忽相通。直教眼腳爭猜度，到此方知造物工。」沈濤園近有《由戒壇至潭柘》六絕句，末首云：「松陰中著一亭閑，捫腹逍遙散步還。五月行人不知暑，拖綿帶夾聽潺潺。」亦誠齋體。（卷十六，鄭朝宗、石文英校點本，第二五七～二五八頁）

何梅生《姑留稿》一册經余評品，選百十首，付胥鈔藏之。中多精語，拈出與知音者共賞焉。《同霜杰入杭》云：「始發意已遠，江聲秋杳漫。紅舲非不小，人意自然寬。」《鼓山靈源洞》云：「松去月盈尺，月高松影圓。」

郊、島之間。《鼓山達摩洞》云：「古洞受江色，無雲常夜光。」是東野語。《偶題》云：「水靜如留影，花暝不辨衣。樓臺横海色，車馬亂晴暉。」中、晚情韻，氣骨則駸駸初唐矣。《夏夜》云：「夏殊不淺氣猶寒，夜豈忘深睡故難。」又「蕭蕭葉吹能為雨，灎灎梔香乃勝蘭。」樂天、誠齋閒適之作。……（卷十七，鄭朝宗、石文英校點本，第二七〇頁）

黄山谷謂「疏影横斜」一聯不如「雪後園林」一聯云云。余為廣其例曰：「韓退之之『日照潼關四扇開』不如其『一間茅屋祀昭王』，柳子厚之『獨釣寒江雪』不如其『欸乃一聲山水緑』，『柳州柳刺史，種柳柳江邊』不如白樂天之『開元一株柳，長慶四年春』。」（卷十八，鄭朝宗、石文英校點本，第二九〇頁）

白樂天《寄韜光禪師》云：「一山門作兩山門，兩寺原從一寺分。東澗水流西澗水，南山雲起北山雲。前臺花發後臺見，上界鐘聲下界聞。遥想吾師行道處，天香桂子落紛紛。」此七言律创格也。惟靈隱、韜光兩寺實一寺，一山門實兩山門者，用此格最合。其餘東西澗、南北峰、前後臺、上下界，無一字不真切，故此詩不可無一，不能有二。惟東坡能變化學之，《游西菩寺》次聯云：「白雲自占東西嶺，明月誰分上下池?」略翻樂天意説之也。據《咸淳臨安志》，寺前有東西雙峰，寺中有清涼池、明月池，有似靈隱、韜光，故東坡亦分東西、上下言之。又《贈上天竺辯才師》云：「南北一山門，上下兩天竺。」又《自普照游二庵》云：「長松吟風晚雨細，東庵半掩西庵閉。」皆用此例，亦以天竺寺有上下，庵有東西故也。王摩詰《訪吕逸人詩》云：「城上青山如屋裹，東家流水入西鄰。」又樂天詩所自出。（卷十九，鄭朝宗、石文英校點本，第二九一頁）

今年中秋前一夕雨，中秋日小雨，雨止猶陰，其夜忽大晴，坐月南窗下，四更方寢，欲得一詩不成。次日樊山見過，攜示《中秋喜晴》一律云：「南山莫復詠朝隮，離合陰晴理不齊。隔宿廣寒施膏沐，今宵世界入玻璃。經年大隱依金馬，滿院秋香扇木犀。説餅移花兒女事，老人拈取作詩題。（《通考》：中秋為移花日。）」是雨後次夜得月詩，三四真所謂如祖腹中語者矣。敷庵一律亦佳，云：「天公作勢不教晴，失喜雲開皎月生。蓄意預期今夕樂，舉頭忽動故鄉情。倚欄歷落看星斗，照屋東西有弟兄。報答秋光無別事，長謠真欲到天明。」掞東云：「風雨方愁敗月明，層陰將夕翳高城。長空忽遣浮雲盡，萬里相看秋氣清。兒女中庭分芋栗，鄰家深夜沸琴箏。遙憐玉臂清寒甚，水宿吳江第幾程？（内子方自廣州北來，計程當至上海也。）」樊山並示《中秋前夕雨》云：「玉水殘荷葉葉鳴，鳳城一夜雨連明。建昌約略無多柳，第一難禁是此聲。」「燈火笙歌滿帝都，中秋兒女競嬉娱。從來天意人難料，明日焉知月有無。」「淺注茶甌深閉門，吳綿桂布有餘溫。寫經窗外芭蕉雨，不信能消衲子魂。」「有酒盈尊粟滿瓶，夜編詩草曉溫經。老年物物俱平等，苦雨酸風盡可聽。」「節物催人稱老懷，彩旗金兔滿天街。嫦娥見慣渾閒事，轉愛清秋雨滴階。」余夙謂樊山今之白樂天，觀此數詩，愛月亦復喜雨，真白傅性情矣。（卷十九，鄭朝宗、石文英校點本，第二九四～二九五頁）

曾剡叟（福謙），舊歲抱其所為詩，請余為敘，辭不獲，乃為之言曰：「人生自五十以往，少日朋好，猶有密邇相過從者，不易得也，況於文酒會合，又在他鄉數千里之外乎？」剡叟少舉於鄉，與先伯兄稔，余時年方十五六。厥後余兩試禮部，剡叟始成進士，於今且三十年矣。人非金石，焉得不衰且老？又況剡叟由部曹改官縣令，遠適蜀中，宰數邑，循聲甚著，而被議以歸。窮老客都門，筆墨自活，眷屬留滯天一方，前後喪數子喪妻。噫，古今文人多窮，未有如剡叟之甚也！然剡叟天機曠達，有詩數卷，能為袁簡齋、張船山，下筆每不自休。故喜從時流為詩鐘，追奔逐北，日夜不勌歟。畏廬老人議集鄉人之在都門年六十者，月一為文酒之聚，剡叟之詩，尤宜於香山老人之會者矣。有《自檢吟草》一絕句云：「年來詩思太闌珊，俗狀塵容困應官。細把作詩與官較，好官猶易好詩難。」有《哭大兒爾鴻》五古數首，朴質沈痛，太悲，不忍録之矣。《庚子人日游浣花草堂》句云：「百年虛度幾人日，萬里來游此草堂。」《辛丑人日重游浣花草堂》句云：「梅紅竹翠浣花溪，風日暄和出郭齊。草草各攜新酒榼，年年莫負好詩題。」能稱題，自是好詩也。（卷十九，鄭朝宗、石文英校點本，第三〇〇頁）

秋岳近裒其所為詩，使余去留，為留二百首左右，兹拉雜舉其雅健可誦者如後。《瘿公若海約游西山，期而未往；瘿有詩見及，賦此謝之》云：「日趨官府避青山，慚負招邀百態頑。翻被高人嘲偃蹇，蒼茫惆悵寫詩還。」翻用蘇詩恰好。《贈胡梓方》云：「被服應衣山谷褐，宗派篤守居仁圖。」胡詩專學山谷也。《奉懷沈觀先生》云：「酤熟惟能接褦襶，新荷遙想對冥搜。」沈觀罕詣人，屢游十刹海看荷，用唐人詩、荊公詩恰好。《寄陳簡庵先生》云：「劫後河山百事哀，漫勞邊帥念詩才。龍川應有中興論，莫遣憂時屬草萊。」《上巳修禊賦呈任公先生，分韻得茂字》云：「一從去國墮蠻荒，目斷江春令人瘦。歸來舊巷認烏衣，重向西臺感朱味。今年歲星又相屬，細柳新蒲禁煙後。」又云：「流風兩晉渺不異，陸沈戮力猶當救。興亡俯仰賸人豪，黨錮聲名王叔茂。」《再次亮奇聞歌韻》云：「家山詞曲誰能念？客子光陰強自妍。」《病中謝眾異亮奇過存》云：「高居龍象緣難寂，小枕蟲天夢自溫。」《海上晤太夷先生》云：「斯人一別淪江海，猿臂真成歎數奇。猶有光芒天所妬，固應肝膽世難窺。」《再成一律呈太夷兼謝題贈之作》云：「五年屬夢海藏樓，今日憑瞻意更遒。叢菊漫斸陶令恨，江關能動子山愁。從知不寐依南斗，忍死埋憂老此邱。風骨建安休擬似，自憐孱筆負滄洲。」《奉贈散原先生》云：「平生千遍誦君詩，執袂驚看意轉疑。」又「群兒流汗終難及，天意沈冥抑可知。」《春日雜詩》云：「南人行樂北人悲，絕句新翻夢得詩。不道王孫腰寶玦，曼聲猶學叫天兒。」《送江杏村侍御歸養》云：「當道豺狼誰敢問，失時麟鳳欲安歸？」又「自是聖朝無闕事，小侯四姓尚春衣。」《四月十五夕對月》云：「長星勸汝酒千杯，酩酊千春去不回。欲掬肺肝洗空碧，可迴霄漢接樓臺？」時謠傳哈雷彗星將與地球遇也。《飲酒醉歸家車中作》云：「微軀豈惜化蟲臂？拙宦終當同馬曹。」《鐵扇子歌》云：「海風夜嘯臺江水，赤嵌城頭甲光紫。黃驄衰瘠鼓鼙哀，慷慨悲歌鐵扇子。鬚髯蝟磔氣參雲，吐語嵯峨隔座聞。橫草功名須致死，逢人為話多將軍。咸豐初年寇起粵，蛇豕縱橫恣奔突。南髮北捻相犄持，殺氣蕭條連回鶻。胡公勝算扼武昌，力據重鎮防披猖。誰歟健將曰多鮑，多公騎戰尤擅長。余為帳下僧騰客，跅弛狂才公獨惜。摧鋒自當曳落河，罵坐曾驚武安席。初從太湖收潛山，陣雲直壓集賢關。大呼陷壁一辟萬，鐵騎騰蹴輪朱殷。多公諸戰世少偶，生縛名王常八九。羽書連夕下江淮，先聲僵走四眼狗。江淮孽寇非么麼，將軍銜命刀納韡。顧余鏖陣當並力，血戰追憶掛車河。黎明銜枚馬前走，感激公恩翼左右。麾城擗邑敢辭勞，金印期當懸肘後。十千美酒肉拌貂，酒半意氣青雲驕。平陵岸頭豎子耳，讒口或愬霍嫖姚。將軍握手重嗟歎，嗇夫喋喋休相謾。揮鞭立下十三城，只恐此才壓絳灌。中天明月刁斗寒，起坐胡牀數戰瘢。南八男兒終不負，可憐流俗紛譏姍。秦川觱篥吹成血，孤軍慘澹兵如雪。盩厔城邊白日昏，橫飛鐵雨頭顱裂。渭水東流太白高，終高回首多蓬蒿。裹屍馬革臣無恨，報啟官家金線袍。將軍身沒烽煙息，劉虜殘客歸南北。諸將乘時建纛牙，當年樊噲誰能識？自從棄置常咨嗟，歸來不競鼓與笳。閉門學種使君菜，青門敢比故侯瓜？比聞南藩虜氛惡，扁舟渡海雄心作。上書大府僅報聞，瘴煙黯黮愁蕭索。昨夜艨艟蔽海東，鯤身兵火連山紅。吾謀不用真咄咄，據鞍顧盼空自雄。獨向廣筵淚橫臆，摩挲鐵扇無顏色。祁連高塚望西州，九原毅魄應相憶。我聞斯語心暗驚，危時頗牧翻歸耕。新亭風景日夕異，猶說天河洗甲兵。」有序云：「姜軍門玉順，多忠勇公部將也。驍健絕倫，戰功最著。忠勇公篤愛之。嘗有愬軍門於公者，公太息曰：『吾鞭梢所指，姜玉順能為我下之，是健兒喋喋胡為者?』公既以擊叛回藍天順中礮，薨於盩厔，軍門益落拓不偶。甲申戰事起，渡臺以策干大帥，不能用。居常鬱鬱，每客座酒闌，輒為人說忠勇公西征戰事，泣數行下。軍門手持摺疊扇，以鐵為脅，因長歌以紀之。」此詩屬辭比事，直逼梅村。余論詩向罕録長慶體，然偶為之，亦自可喜。秋岳賦此時，年方十九，與濤園懷朱洪章作異曲同工也。《題東野集》云：「石遺先生向我道，學詩韓孟可深造。海藏稱詩主清复，東野宛陵置懷抱。吾聞歐九譽都官，真味橄欖久逾好。孟詩豈徒耐咀嚼？精氣陸離射蒼昊。貧孟非貧詩自傳，新意默默來無邊。世兒鹵莽誚寒瘦，冷落仙機織鳳篇。」《春日雜詩》六首之三云：「鄭公萬人傑，微鬚目如電。征袍挾遼雪，褵褷踏京甸。壯懷鬱不試，春盡洛陽殿。吾師昨邂逅，鞭轡駐高宴。平生識荊意，侍坐遂一見。詩名特餘事，健思金百鍊。行書如卧虎，跳蕩老更擅。」「吾憐趙閲道，犯顏勇批鱗。朝彈兼圻吏，暮劾椒房親。不聞天聽回，長受黃門嗔。塵封蘭臺敕，陳陳徒輪囷。」「春風翩然來，的歷夭桃紅。斜街招飲啖，花氣如煁烘。坐中胡侍御，磊落欽古風。所見或固偏，臣心實至忠。勇哉收身歸，江水春濛濛。」以上數首，精神皆頗團結。（卷二十一，鄭朝宗、石文英校點本，第三一三～三一五頁）

左海（智按：陳壽祺，號左海）集中，與退庵（智按：梁章鉅，字茝林，號退庵）倡和詩最多。間有本事可傳者，如《題茝林藩伯燈窗梧竹圖》，題下有注云：「嘉慶丙子，蘇齋與茝林、蘭卿論詩，落句有『多少窗燈梧竹響，欲憑舊雨為傳神』之句。茝林、蘭卿因先後繪此圖。」詩云：「詩老門庭晚最親，蘇齋得士契無鄰。妙齡李嶠呼才子，高詠梁鴻邁古人。意味應從皮骨別，興觀直取性情真。疏簾梧竹窗燈夕，彈指流光一愴神。（蘇齋歸道山，距繪圖時已十七年。）」又《黃樓詩和梁芷林藩伯》云：「黃巷門庭憶德溫，黃樓新構面梅軒。但教地踵蘭成宅，何事名爭謝傅墩？白社人開九老會（公辭官適符白香山歸洛之年，朋舊過從無虛月，亦與香山同），綠楊春接兩家園。（余宅與藩伯隔垣，前後亦有兩小樓。）買鄰百萬因君重，付與雲仍細討論。」黃巷為唐黃璞故居，璞字德溫。他如《梁茝林藩伯新葺滄浪亭，徵詩郤寄》，首云：「姑蘇有蘇亭，得名七百載。鑾蹕更廢興，煙霞已色改。」又云：「小志續商丘，紀年在丁亥。東吳佳麗地，臺榭紛磊磊。況鄰輿騎場，傳舍逼凡猥。熙熙城市間，疇暇歌欸乃。」又云：「勳業齊靈岩，豈惟此亭嵬？」《藤花吟館詩，為梁茝林儀曹作》首云：「藤花有屋在帝鄉，居者芝麓朱周黃。吾鄉亦傳米友後，以庵名集詩琅琅（侯官許不棄有《紫藤花庵詩鈔》）。風流猶為樹愛惜，草木自與人輝光。百年勝韻已銷歇，接跡乃見江田梁。（儀曹族系在長樂江田。）」又云：「晉安風雅今誰張？堂堂吟社招壺觴。坐中健者雁門薩（檀河明府），游（彤卣侍御）陳（秋坪同知）尊宿驂兩襄。」又云：「看君尚登三堂集，東南嶠外羅文章。（君頃緝閩中唐集為《東南嶠外詩文鈔》）。」可見兩先生平日相與之善。聞後以《通志》及黃樓事，頗有違言。左海有《鼇峰載筆圖》，題詩者甚眾。張亨甫一作，於黨牛怨李之處最奮詆訶，亦吾鄉一小公案也。……（卷二十一，鄭朝宗、石文英校點本，第三二四～三二五頁）

西湖岳墳詩，舊傳趙子昂、高則誠諸作最工，皆取其斟酌飽滿也。若論飽滿，則吾鄉薩檀河（玉衡）一律豈多讓焉？詩云：「賀酒黃龍事竟空，淒涼一闋《滿江紅》。十年戰伐歸三字，五國羈魂泣兩宮。水咽西陵虛夜月，枝生南向怨秋風。將軍不受金牌詔，解甲丹墀死更忠。」又《登北固山》句云：「大兒古有孔文舉，生子今無孫仲謀。」《與陳恭甫論詩》云：「元祐詩才過海壯，永嘉名德渡江賢。」《秦淮客舍對菊》云：「世無東晉陶徵士，客本南朝沈隱侯。」《七夕漫興》云：「世路艱難甯一水，人生離合悟雙星。」「人間大有《新婚別》，世上爭如《長恨歌》。」《題琅琊王碑》云：「紇干山頭雀凍死，君乃開門節度使。爭如鄭五領平章，坐使朱三作天子。」檀河自命霸才，此皆其意筆工整者。《登北固山》出句未切。「沈隱侯」句，比菊之瘦也。《高郵絕句》云：「明月揚州水調空，古祠搴木淡煙籠。藕花香處無人見，故送蕭娘一笛風。」自注：「米碑無露筋神姓氏，徐文長《蕭荷花詞》詩謂即露筋娘娘。施愚山云：相傳為蕭鄭二姓。」《樂游原呂氏妾葬處》云：「閩蜀相望何處家？返魂知作斷腸花。六如我誦《金剛》偈，一種豐湖葬子霞。」「杜陵原畔樂游園，碧草煙綿認墓門。獨立蒼茫翻弔古，夕陽無限近黃昏。」《吳門夏日》云：「行春橋外風花盡，銷夏灣頭柳色搖。已是晚秋愁絕處，吳娘暮雨又瀟瀟。」（卷二十一，鄭朝宗、石文英校點本，第三二六～三二七頁）

龔靄仁布政（易圖）天資敏捷，自官文書以至詞賦，皆下筆立就，不甚思索。詩才雅近隨園，間出入於甌北，身世亦兼似兩人。弱冠入詞林，散館出宰滇南。四十餘歲，罷官歸里，腰纏百萬，廣築園林，徜徉終老，此其似袁者也。但壽僅六十餘，不及袁，而富遠過之。中間由縣令出為軍諮，從僧王及丁稚黃、閻丹初諸公，歷官各省，而郡守，而監司，而方伯，此其似趙者也。其《自題辛稼軒傳後詩序》云：「八月十三夜，與葉臨恭坐蠡測軒中，偶商出處，予以六壬卜之，得連茹課，相視而笑。須臾淨名子降，忽贈予詩曰：『今宵與子話前生，萬里功名積累成。畢竟英雄與才子，不知誰是党懷英。』予笑曰：『吾豈懷英乎？』曰：『非也。公乃稼軒。稼軒一轉為方密之，再轉為公。』予戲曰：『三百年乃一出世，何不同耶？』曰：『公試取稼軒本傳觀之。懷英亦在世，公見之乎？』予愕不解。以坎離問卦事，意屬臨恭，詢之，曰：『別有在也。』予又疑是楊子恂，惜已逝。曰：『公不憶以十萬錢贈劉改之事乎？子恂即改之也。』予益愕，謂前後何相若，豈人生因果皆有定乎？抑人之生皆有根源乎？曰：『顯晦雖殊，性情則一。』再問不答。予與臨恭檢《稼軒傳》讀之，則起家軍諮，由山左而返江南，皆與余同。因題四律，而懷英則不可識矣。」自來文人結習，喜談前身，以自誇異也。布政園林，城中有四處：城北曰環碧軒，其所自居，以水勝，以荔支勝：城東南曰芙蓉別島，曰武陵園，以水石勝；城南曰雙驂園，以山與荔支勝。占烏石山西南一角，有烏石山房、袖海樓、餐霞仙館、啖荔坪、蕉徑、注契洞、淨名庵、南社詩龕諸勝，背仰鄰霄臺，肩倚積翠寺，南俯雙江，東瞻石鼓，西望雪峰、洪塘，以近矚怡山、小西湖。木庵伯兄奉母借居數年，文酒醉裙之樂，無旬日無之。後伯兄又借住武陵園者數年。君有《八月十六夜與俶玉坐袖海樓》云：「四面青山坐困人，一樓明月足容身。兩人對酒蔬盤瘠，五夜談詩蠟炬親，檻外長松時拂帽，階前小草亦成茵。淨名寥寂臨恭去，不負中秋自主賓。」袖海樓西偏，長松數十，樓摩其頂，其尤長者，倚欄時松梢成拂帽也。君與伯兄至契，唱和之多，雖元白、皮陸不能過。深談常至夜分，此詩皆實録也。《園居秋日雜詩》三十首，筆極揮灑，云：「流水無人花自開，仙山縹渺夢樓臺。黑甜呵欠徐徐醒，落盡梧桐瘦盡梅。」「西風昨夜報霜華，半畝疏籬枕菊斜。秋蝶渾如人意嬾，但尋香草不尋花。」「徧野秋雲打稻天，數家雞犬夕陽邊。老農老圃吾將倦，飯熟黄粱不肯眠。」「牧童驅犢過前溪，我憶當時錦障泥。牛背馬蹄都一夢，前山那復問高低。」「薄涼天意好溫存，梧葉西邊日半昏。我自看山人看竹，緑陰滿地不關門。」「青山偃蹇入城來，抗手相迎盡日陪。我是主人卿是客，分明都向畫圖開。」「五嶽歸來好讀書，生成懶癖不能除。三冬文史將何用？臣朔荒唐莫管渠。」「白日乘雲便上天，妻孥雞犬亦牽連。排空馭氣仍驚險，子勿多言我欲眠。」「海外虬髯似有人，模糊舊事落前塵。藥師自謁楊公後，不盡低徊惜此身。」「昨非今是莫分明，東指蓬萊海水生。可惜麻姑長鳥爪，替吾搔背不能醒。」「散盡黄金結客多，門前今日可張羅。閑忙多屬他人事，鳥自高飛奈爾何？」「一語投機解寶刀，少年意氣悔吾曹。酒香花氣沙場血，半在詩襟半戰袍。」「鴻雁聲中歲月秋，故山猿鳥替人愁。建溪十八灘頭水，終日喧騰到福州。」「薄泛扁舟入五湖，一天風雪返三吳。霜清月落丹楓冷，啞啞歸來白項烏。」「解難排紛魯仲連，功成受賞亦徒然。從今買個青山住，畫債詩逋不論錢。」「蚊蚋撩人撥不開，芭蕉分影上頭來。西風冷後群囂靜，細雨和煙濕緑苔。」「捫虱當時氣未平，登壇亦自愛談兵。近來戒射南山虎，醉尉相逢不問名。」「在山泉水在山雲，靜到無心百不聞。布韈青鞋吾已慣，不知冠蓋有紛紜。」「孔雀離披送入籠，仰看百鳥在高空。枌榆霄漢雖千里，喙息同居天壤中。」「青蟲食葉吐秋絲，作繭辛勤只自知。忽夢羅浮成五色，是周是蝶尚迷離。」「松濤竹籟兩無聲，鹿豕同群兩不驚。啅雀且休矜觜爪，林中鸜鵒解呼名。」「秋欲天晴春欲陰，闌干轉折護花深。漢皋解佩渾多事，風露中庭對素心。」「百首新詩百樹梅，臺邊亭外縱横栽。呼龍我憶耕瑤草，曾向蓬萊頂上來。」「羅襦紅透雪肌膚，六月蟬鳴萬斛珠。我是江南已歸客，荔支識得主人無？」「蚶羹蟳飯本尋常，等是蒓鱸夢一場。腹不負人人負腹，烹鮮斂菜費商量。」「結構園林未是閑，安排筆硯對溪山。此心已被雲留住，一縷靈機自往還。」「王漁洋與宋西陂，年少朱顏感鬢絲。乞得閒身吾未老，名山勝處盡題詩。」「信口吟成信手抛，紛紛筆墨落牆坳。應劉凋謝盧楊散，南社晨星感舊交。」諸詩多追憶前塵語。時君初歸，雙駿甫落成，曾見墨瀋淋漓，新題樓下粉壁上。君詩向不苦吟，末章首句自道，蓋定評矣。南社者，君與林錫三（天齡）學使、郭穀齋（式昌）按察、楊豫庭（叔懌）觀察、陳子駒（遹祺）明經，五人皆以庚寅生，曾同刻「惟庚寅吾以降」一印，可以公用。結社聯吟，時有「南社五虎」之稱。園成時，林、楊、陳三君已逝，君因建詩龕，故有「晨星」之感云。（卷二十一，鄭朝宗、石文英校點本，第三三〇～三三三頁）

今人作詩，學元白者，視詩太淺，視元白太淺也；學韋柳者，視詩太深，視韋柳太深也；學溫李者，只知溫李之整麗；學韓蘇者，只知韓蘇之粗硬。非真知諸家者也。（卷二十三，鄭朝宗、石文英校點本，第三五九頁）

（放翁）《春夏之交，衰病相仍，過芒種始健，戲作》有云：「倒壺猶有暮春酒，開卷遂無初夏詩。」切而不費力，此樂天長技也。《排悶》有云：「君能洗盡世間念，何處樓臺無月明？」《病中有感》云：「新亭對泣猶稀見，況覓夷吾一輩人。」《幽居》云：「春風染柳條，不染君鬢絲。」《山園》云：「藝果極知非老事，接花聊復效兒嬉。」《十月十九日大風作寒閉戶竟日》云：「霜風卷地起，落葉擁蝸廬。終日澹無事，一窗寬有餘。坐多知力耗，食少覺心虛。嫩惰無新句，松聲忽起予。」《登山亭》云：「登高臨遠雖多感，歎老嗟卑卻未曾。」《讀史》云：「南言蒓菜似羊酪，北說荔枝如石榴。自古論人多類此，簡編千載判悠悠。」《泛舟觀桃花》云：「初來自被春留住，枉道當時為避秦。」《讀書未終卷而睡有感》云：「暮年緣一嬾，百事俱棄置。今遂嬾到書，把卷輒坐睡。」《故山》云：「傍水無家無好竹，捲簾是處是青山。」《夜過魯墟》云：「月出菱歌長，林闇績火壯。」《露坐》云：「蛙聲經雨壯，螢火避風稀。」時有新趣。（卷二十四，鄭朝宗、石文英校點本，第三六五～三六六頁）

老友鍾壽若（大椿），二十餘歲時神清如衛玠，腰瘦如沈約，益以終歲為狹邪游，見者皆決其不壽。乃登第後，以庶常改官縣令，遂始終不謁選。里居治家人生產，年置數妾，賤價買某氏宅百十間，雜蒔花木，俾群雌粥粥，列屋居其中。妾亦不求甚美，惟價廉者，不如意即開閤放之，於是當夕者亦不過十數人。而三十餘年來，壽若乃益以精神煥發，體質強固，髮黃而面赤，殆有得於容成、彭祖術也。時為詩，自謂不工，學白樂天，惟求嫗解。然十年前，余久客還鄉，與壽若常相見。適余生日，壽若贈詩云：「百年初度幾逢閏，此日尊前須盡歡。浪跡可堪相闊久，行裝況復欲留難。江湖風利帆誰落？梧竹陰疏巢易安。請淬青銅看髩色，明年苦筍記鄉盤。」此首竟是宋人體格，何嘗作嫗解語。末二句招隱之意甚切，故余次韻報之云：「花前痛飲幾回耳，忽忽廿年前墜歡。百歲平分強半易，一生作事解人難。詩成漫比白太傅，老去欲從黃子安。賦就《小園》歸未得，種松待看老盤盤。」時余與壽若不相見已二十年。余年五十有一，壽若四十有九。余屢醉壽若花樹下，自亦築成小樓，樓前皆花木。第六、七句，謂尚須游武昌也。（卷二十五，鄭朝宗、石文英校點本，第三八一～三八二頁）

與宰平不見數月，見則告余，近讀香山詩，欲學其五言古。余謂學香山者，多學其七言律、七言古。七言律可學，七言古不可學，五言古不易學也。東坡、放翁，學之皆有善、有未善。未幾，示余《哀寒碧》一詩，則學香山而善者，詩云：「今年六七月，東游將戒程。倚裝得君書，勸我江南行。兼復寄新句，累紙連珠瓔。紙尾字略辨，淡墨斜相縈。云作書至此，鐘鳴已四更。悄悄燈影孑，遠聞荒雞聲。眼昏腕復疲，投筆不復賡。我時正私念，晏眠實勞精。況君體非健，無以勤傷生。孰知一瞬間，遽致性命傾。不死於疾病，不死於刀兵。宋（鈍初）黃君摯交，飛彈成碎瓊。時亂多殺機，而君皆弗嬰。奔騰載鬼車，殺我絕代英。我初聞君死，時方在東京。初聞不敢哭，恐使鄰人驚。又疑死非君，或者同其名。溯初自滬至，告我君死情。已矣今信然，天意誠難明。士衡文藻美，叔寶神骨清。君才用未竟，蘊蓄多恢宏。高矚涵眾象，抗志謝世榮。方秉誅伐筆，欲持世議平。波瀾浩壯闊，肝膽何崢嶸！惜哉命相妨，竟死終何成？而彼不死者，攘奪復縱橫。」中八句、末四句，是寒碧真相，其餘皆鱗爪而已。（卷二十五，鄭朝宗、石文英校點本，第三八

七～三八八頁）

吾鄉永福黄莘田先生，雍乾間甚有詩名。所著初為《十研軒》，既而有《秋江集》，最後曰《香草齋》。《香草齋》六卷，計九百六十餘首，而七言絕句居六百餘首，為古今所稀有，蓋專學義山、牧之、飛卿、東坡俊逸處，故杭堇浦以為最工絕句，袁簡齋以為唐代詩原中、晚佳也。然先生人品高潔，五言古實有近王、孟與常建、劉昚虚者。或傳先生《西湖雜詩》有云：「只今耆舊無新語，風月□□（智按：當作銷沉）四百年。」浙人恨之。於時堇浦《道古堂集》中有《與黄莘田論詩書》，刺摘莘田詩疵累殆盡，以為報復。而《香草齋集》首有會稽傅玉露、錢塘陳兆侖、桑調元諸人序，稱美莘田不遺餘力，則又何耶？傅擬莘田詩於陶靖節，又謂集中《弔虞卿》、《過樂毅墓歌》、《李陽冰般若臺篆書》及《三君詠篇》，直欲躋韓碑晉石而上之。陳稱其《越王臺詩》磊磊塊塊，如山鎮紙。桑與許廷鑅稱其《築基》、《賑粥》諸篇，彷佛元道州《舂陵》之作、白香山《秦中》之吟。實則莘田絕句有突過漁洋者。如《楊花》云：「行人莫折柳青青，看取楊花可暫停。到底不知離別苦，後身還去作浮萍。」時以此得名，稱「黄楊花」。先生《答高蘁田太守詩》云：「升堂相見無餘語，誦我楊花七字詩」是也。《春日雜思》四首之二云：「橘花和露落青苔，鏡檻無風暗自開。涼月不知人已散，殷勤猶下畫簾來。」其第一首「百折紅欄」云云，前已論過。《贈顧二娘》云：「一寸干將切紫泥，專諸門巷日初西。如何軋軋鳴機手，割遍端州十里溪。」莘田《青花硯銘》云：「余此石出入懷袖將十年，今春攜入吴。吴門顧二娘見而悦焉，為制斯硯。余喜其藝之精，而感其意之篤，為詩以贈，並勒於硯陰，俾後之傳者有所考焉。」顧二娘居閶門專諸巷，故次句云。《秦淮》云：「露涼江月初弦魄，風動秦淮正頂潮。春水方生君早去，更無人倚木蘭橈。」他如《西湖》、《虎邱》諸絕句，皆風神絕世。《彭城絕句》七首，亦足以方駕阮亭《彭城》之作。古體則《築基行》、《賑粥行》二篇，實服膺元道州，施愚山不得專美於前矣。《築基行》云：「築基本護田，賣田為築基。哀此眼前瘡，卻剜心肉醫。綏邑之井税，兩圍大藩籬。堤防一以潰，千頃皆汙池。今年困淫潦，衝決勢不支。粒食望已絕，預算金錢縻。縣帖昨催築，先相度土宜。原隰測深淺，形勢分險夷。其間腰底面，高厚頒定規。按田派力役，多寡等有差。遂令計稅畝，疆界爭毫釐。仍有不均怨，弱肉強食之。亦有游惰民，而舍業以嬉。里正來下狀，喋喋相讋呰。董之宜朴作，欲朴還沈疑。蚩蚩子來前，長吏勤致辭。長吏實不德，災害余所貽。古風有讓畔，汝忍相淩欺。好德好風雨，與汝蒼天祈。三冬急畚臿，過此便失時。上官有嚴限，羽檄催紛馳。勞汝乃活汝，未可生怨咨。基長冬日短，促迫憂稽遲。夜役以繼晷，及老羸妻兒。或有募壯士，傭直傾家貲。堤上月皎皎，堤下水漪漪。綿亘百千丈，官誇如京坻。豈知一丸泥，千萬人膏脂！築基復築基，築完亦傷悲。今年筋力竭，歲修無了期。田園斥賣盡，安用築基為？擬上河渠書，言高嫌位卑。誰是采風者？為吾陳此詩。」《賑粥行》云：「今年米價高，乃自二月始。其時東作人，尚未及耘耔。綆短井水深，轆轤接不起。輾轉七八旬，十室瀕九死。苟活始自今，登場十日耳。相傳此十日，艱苦更無比。譬彼行路人，九十半百里。一春發倉廩，賤價實倍蓰。奈今已懸磬，一錢亦坐視。甦我三閱月，難免須臾斃。此語痛至隱，使我抱愧鄙。急令煮饘粥，歡呼遍村市。其日正赤午，千百若聚蟻。大半老羸多，肩摩足跛倚。叟叟與浮浮，津津於頰齒。長吏未朝餐，先汝嘗旨否。次乃恣靈食，流歠等波靡。癡嫗強其兒，不肯輟箸匕。老翁不量腹，哽咽頳有泚。僉云傷飢腸，徐徐乃可爾。明發當復來，漸漸平瘡痏。揮之不即去，不去察其旨。問官賑幾日，好共妻兒止。官卑俸錢薄，能辦幾斛米？官云汝無慮，瓶罄罍之恥。計較兩歲祿，兼旬供食指。亦有懿德士，告乏助為理。待汝刈獲聲，此舉我乃已。東郊一以眺，堅好惟穈芑。望歲如望梅，額蹙變色喜。歸衙持簞瓢，餘瀝飽稚子。」蓋雍正丁未，四會水決蒼峰、豐樂等圍基，奉憲檄修築。戊申四會大饑，賑粥濟活，先生時方宰四會也。句如：「少不及人今已老，樹猶如此我何堪。」極自然可喜。二女皆能詩，次女佩紉《詠梅》云：「風定月斜霜滿地，西樓人靜一聲鐘。」陳勾山太僕最賞之，謂謝女柳花，不是過也。故先生有《東蘭女》句云：「上巳清明都過了，不論時節好歸寧」。又云：「賓客漸稀兒女密，汝來知有柳花詩」。先生絕句可供吟諷者，美不勝收。另編有《香草箋》一集二卷，凡《香草齋》中香奩之作，皆在其中，幾欲追微之、冬郎而及之，王次回不足道也。（卷二十六，鄭朝宗、石文英校點本，第三九五～三九七頁）

自謝康樂山水名作，半出永嘉，永嘉遂為古今詩人淵藪。黃迂仲（迂）

居鄰雁宕，喜為詩，示余全稿，專采其幽秀者如後。《復戡書來，問訊近作，戲酬》云：「有人夜半負山去，驅使桐嚴落紙飛。（復戡近得詩頗多，皆于役睦州作。）只恐龍湫同被刦，苦思雁蕩未能歸。書來翻問有詩否，別後深知羈宦非。鵬也無厭搜句盡，肯留待我遂初衣？」此詩以取勢見工。《立春日作》：「微雨不成雪，荒城又早春。山中風俗舊，刦後歲時新。盤菜猶歌杜，桃花豈避秦？土牛長寂寞，無復勸耕人。」《除夜》云：「尋常節物已心驚，況聽山城爆竹聲。歲歲光陰如此了，星星毛鬢可憐生。燈前涕淚兼家國，海內風塵幾弟兄。三載天涯游子夢，白頭愁絕倚閭情。」尋常眼前語，而情自真，非曾經除夜作客者不知。《遂陽雜詠》云：「小小飛泉亦自奇，譬如無佛獨尊伊。龍湫以外難為瀑，強為靈岩賦短詞。」「鑑塘活水亦尋常，卻為題詩憶紫陽。俯仰祠堂雲已散，瀛山一角晚蒼蒼。」第一首第三句用得恰好。《自平陽鼇江至桐山道中作》云：「不喜江行喜陸行，一輿載夢到山城。誰知落日桐山驛，又趁疏星問水程。」末句清氣可挹。《夕照寺》云：「出城不及里，晴巒迎人媚。沿堤信幽步，曲折不復記。雷峰塔插雲，翹首忽已至。逶迤轉蒼麓，所歷漸杳邃。湖光搖空碧，嵐影落寒翠。隔水鳳林鐘，一杵雲外墜。丹霞出林樾，隱隱佛廬寄。頹垣剝堊粉，金碧留題字（寺額『雷峰夕照寺』五字，許貞幹書，尚存）。入門覓宮殿，草草十笏茈。裙屐誰肯到？久矣山靈懟。我來遲夕陽，孤冷契山意。日暮僧不歸，蒼涼詩滿地。」首二句的是游湖詩。大凡山水游，山水去城遠者，必將近山而後見嵐翠撲人，惟西湖則一出城滿眼山水矣。《靈隱寺》云：「日日櫂小舟，湖光覽已飽。尋山恣幽攀，清夢早破曉。出門問何之？路入雲林窅。犖确循山椒，曲曲幽篁繞。峰回見前村，粉垣出林篠。崔嵬山寺門，排雲俯大道。春淙流潺潺，一橋兩澗繚。古木參天蒼，林杪墜飛鳥。靈鷲何岧岧，怪石狀夭矯。穹然架佛屋，鬼斧鑱鐫巧。石腹一線裂，漏破天光小。迴旋出窅洞，疑又一蒼昊。何人劚山骨？佛像立深窈。高下森怪詭，刻畫到髮爪。泠然一泓泉，禪心冷亦好。一亭獨褭回，煩襟滌熱惱。忽聞鼙雷鳴，濤聲答松杪。俯石覓洞口，呼猿猿已杳。疊翠圍古刹，入門乍舌撟。殿礎架虹棟，厥木大十抱。仰睇百尺高，突兀立雲表。巨材輦邐迤，不憚萬里渺。誰其檀施者？懺悔求自保。巍巍盛尚書，媚佛甚村媪。豈知賣國孽，千載招舌討。徼福於杳冥，毋乃行顛倒。梵王華嚴境，四大空浩浩。偉哉龍象力，劫灰撥再造。禪壇百級上，腳底煙嵐繞。空階淨氛埃，落葉和雲掃。所托地既高，幽巒看未了。林花撲人媚，吟魂怳縹緲。沈沈爐煙靜，一磬詩心裊。」此首入後幾欲作師子吼矣。《春日山行絕句》云：「東風似虎惜花殘，戀戀羔裘欲卸難。嶺上凍雲山下瀑，一般努力作春寒。」以「努力」説雲、説瀑，下語極肖。句如《題壁》云：「病不知茶味，貧惟識菜名。」《庚子感事》云：「庸人每自擾無事，宰相還當用讀書。」《都門書感》云：「夜雨追陪碣石館，晴泥蹀躞海王村。」《夜別榕城》云：「江潮努力催人別，漁火多情照客行。」《曉發台江》云：「萬疊好山隨夢去，一江春水送行來。」《大觀亭望海》云：「孤嶼中懸荒塔立，大江東去亂帆飛。」君詩筆雅近香山，《北征》、《二哀》諸長篇，皆清真可誦。（卷二十六，鄭朝宗、石文英校點本，第四〇二～四〇四頁）

近人為詩，競喜學北宋，學劍南者少。余舊曾提唱香山、劍南，《論詩送覲俞》有云「樂天善閒適，柳子工嗟歎。……奇兵雙井出，短劍渭南鍛」者也。顧應之者少。去年夏日，與掞東同游社稷壇，夜倚石橋，談放翁七言近體，工妙閎肆，可稱觀止，古詩亦有極工者，蓋薈萃眾長以為長也。掞東極以為然，並云近方肆力讀劍南全詩，欲抄録千百首，隨意評點，自備翻閱。今年冬月，忽以《劍南詩選》十大册抵余，請為之序。翻之，則胥鈔學掞東書法，作北魏體，終始一律，朱圈細整，如真珠，如珊瑚，書眉評語則親筆小行草。……（卷二十七，鄭朝宗、石文英校點本，第四二〇頁）

仲英有《讀石遺集》七言長古云：「侯叟（乙符丈）示我石遺集，謂光宣來此一人。我知公名始丙辰，越八載今始識真。棄粕吐醨吸古醇，芟蕪抉穢絕陳陳。瀹幽涵遠何清新，結廬秋山明月鄰。掬泉蹋石藉芳茵，朱黴藥鼎坐古春。不知人世有纖塵，以此持喻或等倫。儷之斯世譬鳳麟，更難能者言靄仁。使我讀之幾逡巡，同時陳鄭吾能云。並示爬梳去翳繁，取材高古非俗藩。陵踔凝鍊不可馴，但恐狡張僨脈筋。馨蘭自燔東坡論，荒寒不似人世文。淒緊既非中和言，衰季志危心放奔。誰與挽回元氣元？宛陵香山公所欣。更推南宋非齗齗，筆意陰同固其因。更有神契俗不聞，聖道自漢中沈淪。矯矯唐宋義始伸，涵泳微旨復性純。志粹氣完心寬溫，發為聲文無躁紛。香山遭世多邅迍，聖俞頓躓宋燕踆。自比鮎魚辛酸辛，微有苦語雜笑嚬。皆能蘊藉無憤嗔，不妄悻悻肆哀呻。惟公養境與之群，豈求辭語能窮源？捧書讚歎語遂煩，我年十七志皇墳。更貪排比忘朝昏，資荷作鏡闇不分。益之愈亂如治軍，未甘自棄敝帚珍。欲求智炬然途遵，因書問訊鷺江濆。更請安心不二門，海月珠光燦雲昱。何時重照韓公軒？江城握管意存存。」篇中兩處暗轉，極見結構，余報以一律云：「劉生雄驚孟郊材，淩紙論文怪發來。並世欲推壓元白，古人直遣媲歐梅。宋唐區畫非吾意，（來詩『矯矯唐宋』，原作『有宋』）漢魏臨摹是死灰。萬卷有書真讀破，吐醨棄粕快銜杯。」（卷二十九，鄭朝宗、石文英校點本，第四五二頁）

俊生字俊生，後改名長青，字長卿。在廈學余舉充文字學教員。劬於著作，詩亦絕去俗塵，惟過求生澀，再録其不生澀者。《三日陪石遺師惕庵丈再至虎溪岩》云：「此是從游第幾回？溪山如見故人來。層岩觀瀑虛前約（清明約游三節澗未果），野寺臨流作小陪。大有舞雩風浴意（某校小學生數十來此），可無蘭渚詠歌才！只今俛仰情何限，便遣春愁付酒杯。」《坐雨終日讀石遺室詩有作》云：「書齋課雨兼吟望，不識蕭閑堂裏人。知否將公詩徑寸，依公聲調讀千巡。」余嘗語俊生：「厲樊榭《燕子磯》絕句為能學唐人『故鄉今夜思千里』二語，而變化出之。」俊生體會成此首。昔人論文，所謂貌異心同者矣。然達夫、樊榭，只末二句回環用筆，此詩則合三句而回環用筆，尤覺一新。又俊生讀詩，抑揚抗墜，能仿余聲調，余家兒童皆以為逼肖。《雨後》云：「雨後山光數笏青，芒鞵一路有詩情。春田處處鳴流水，可想懸岩斷峽聲。」《贈若掄》云：「由來遇合豈無天，三載辭家苦坐氈。窮海見聞惟濁浪，野花開謝自經年。心殷兄弟親朋友，地老干戈遠市廛。且喜論交疏酒肉，荒村古木傲蒼煙。」《題斠玄所著陝西紀游後》云：「石鼓東登藐三島，華顛北睇小雙娥。題名竟過高標塔，畫壁應歌遠上河。望氣牛封知尹喜，側身烏瞰失秦阿。遙思青主居停處（西北大學校長傅君聘主講），起喚汀茫奈汝何？」《至鼓山聽水齋》云：「枕流漱石真成癖，幾度空齋待月明。谷鳥儻知歸樹好，古泉猶吐出山聲。」句如《寄公荊》云：「識荊不恨論交晚，積稿懸知繼業雄。」用「荊」字恰切。《訪梅》云：「衝寒何處尋高格，寫照誰人善白描？」《江樓遠望》云：「雲氣漸隨雙雁盡，濤聲無改一鷗閑。」《陪惕庵丈論詩》云：「著眼用心幾聖處，不重幹軀重魂魄。」又云：「世人通病端異此，七步八叉稱巨擘。」《飲直園寄懷游翰明江蘇》云：「翰明善詩復善飲，酒兼賢聖詩豪雄。我亦愛酒兼愛詩，詩料妙手愁空空，遣詞聊從白傅白，陶情常共紅友紅。」（卷二十九，鄭朝宗、石文英校點本，第四六一～四六二頁）

王子仁，余姻婭也。兩少女娟秀嗜書史，行七者名真，號耐軒，行八者名閑，號堅廬，皆能畫能詩文詞。幼從鄭無辯、何梅生學，梅生並誨之琴。子仁官福建外交司長，所居崇樓臨台江，為置書萬卷實焉。滿園高樹幽花，皆詩料也。二女每自恨作詩不脫兒女子口吻，所游僅吾鄉石鼓、杭州西子湖、都門諸名勝，無名山大川蕩其胸次。然梅生詩詞幽遠精深，一時罕有其匹，真詩人之詩也。二女經其陶鑄，所作雜置梅生集中，幾不能辨。分別言之，耐軒根柢陶、韋、王、孟，下逮閬仙、四靈，而絕句有極似荊公、後山處，意筆能力避直致也。《蟬》云：「抱枝飲露自甘心，不為風多減卻吟。猶恐晨朝攙俗韻，滿林唱徹五更深。」全首從義山詩翻出，「自甘心」三字，用和靖語，身分恰合，第二句又所謂「不惜十指弦，為君千萬彈」也。《梨花》云：「漫言桃李鬧紛紛，不是梅花未許鄰。猶似惜梅香故在，和香除卻任清真。」此首用意用筆，不止後山，真誠齋矣，彼「繞屋吹香並是梅」句，恐前賢猶當畏後生也。尚有前一首末二句云：「羞與餘花爭俗豔，故將白雪點新妝。」的是梨花，斷非梅花。然視後一首之追進一層，則止堪作前馬矣。《春陰》云：「春陰日日怯登樓，只向芳園小作游。迎著桃花成一笑，要渠去我眼中愁。」《別爐》云：「留寒卻暖恨無因，夜火殘紅意最親。桑下苦除三宿戀，別爐滋味也如人。」《寒食》云：「紫陌依然御柳斜，春城無復五侯家。漢宮寂寂聞啼鳥，日暮東風猶落花。」何梅生批云：「漁洋學唐之作，信然矣。」余謂此首乃耐軒壓卷之作，以二十八字寫盡亡國景物，義山之「半作障泥半作帆」、牧之之「隔江猶唱《後庭花》」不能過也。耐軒間關入都，不虛此行矣。《抄詩入夜》云：「曾因弱病累心驚，每為翻書問幾更。今夜淒然燈下坐，猶疑隔室喚兒聲。」此憶其亡父之作也。耐軒憶父作甚多，此首最真切。又《有感》云：「撫置也曾從膝上，悲涼今只有傷神。」此見他人之父撫愛其子而感傷者。《山行有感》云：「此邱彷佛馬鞍邱，一望淒然淚不收。溪上幽花堤上草，臨風盡作《蓼莪》愁。」馬鞍邱，其父葬處。《登羅漢臺》云：「群峰橫翠各爭奇，一片江天落照時。若使此中來白傅，也應即景寄微之。」《無題》云:「當爐吟到白頭詞，織錦回文也可悲。若道有才終著恨，無才有恨阿誰知?」句如《靈源洞》云:「高岩著緑生新色，細草吹香入舊情。無限游心淒欲絕，靈源石上似三生。」《睡起聞茶聲》云:「不似人間風與水，泠泠別有一家聲。最是幽牕滋味好，擁衾懶起聽茶聲。」此二聯與先室人「燈影不負菊，茶聲無讓松」一聯，異曲同工。《靜夜》云:「吟窗幽絕處，月瘦近簾鉤。」與先室人「衫袖風添襉，簾攏月當鉤」一聯亦相似。《魚池》云:「行到池邊吟望久，舊欄干處長新愁。」亦「畫欄今已朽，何況倚欄人」意也。《夜窗聽雨》云:「今夜枕邊何所夢?松江煙裏一蓑衣。」《花朝》云:「蜂蝶忙飛俱有事，臨風獨著一閑儂。」亦不肯直致者。《探梅》云:「一路幽香聞不斷，著人似作十分親。」《晚園》云:「何處詩情來眼底?緑陰深裏一花開。」《牆花》云:「東風不管人間事，又放牆花數朵紅。」《望晴》云:「還坐小窗殊未愜，聊抛書卷學吹笙。臨水登山無一可，裁詩覓句總難成。」《小齋》云:「琴裏心間原自領，書中味足更何加。」《暮春》云:「閉門非為春深病，生性由來嬾是真。」《夏日幽居》云:「幾卷道經消永晝，滿簾竹影快新晴。」《送春》云:「靜坐聽鶯鶯語老，捲簾待燕燕歸遲。」皆不減放翁者。「靜坐」句從周美成詞語來。《歲晚思家》云:「誰識片雲頭上黑，催詩不至只催愁。」《與得枚丈石屋山見憶》云:「欲向湖山尋舊跡，春風恐並舊愁來」用意略同。(卷三十一，鄭朝宗、石文英校點本，第五〇三~五〇五頁)

北流陳柱尊(柱)，枕葄經子，著書等身，有《待焚詩稿》數千首，絕不規仿古人。近作多感憤時事，尤如源泉隨地湧出，有時沙石俱下，而驚人語奔赴腕底，使讀者應接不暇。如《好賊》、《主人實愛盜》、《何以不為官》、《自由市》、《強國歌》、《京都篇》、《兩京篇》、《書所見》、《我願》十四首、《新中華戰士歌》、《英國蕭德義士歌》、《兩飛將歌》、《哀閘北》、《我豈不能醒》各篇，皆謠詞諷諭，語言妙天下。其《隕星》下半首云:「我願星星皆墜地，一人一星萬河山。秦皇漢帝隨所安，世界永無戰爭端，塵寰擾擾成仙寰。星乎星乎，胡為閃閃霄漢間。」《國殤》上半首云:「在物願為土，得葬國殤魂。在詩願為騷，得吊國殤冤。壯士為國殤，精爽萬古存。炎黃非弱種，賴君一昭宣。」思想奇辟，筆力深透。《泣柳》云:「烈風吹柳絲，只作細細響。自矜柔勝剛，此理實無兩。松柏間之泣，我生獨倔強。身齊析萬段，不為風吹蕩。」則婉而多風矣。《岠熱行》云：「烈日烈火豈足熟，烈士自有熱心腸。以之戀愛立成雙，以之救國國立強，以之殺敵敵立亡。將此心腸一點熱，仰視白日皆寒光。」《達官篇》云：「吾鄉有俗諺，真是說得好。謂我豈怕爾，爾來我便走。」《詩人篇》云：「天以覆愁高，地以藏魂重。進入詩人心，為君鳴不平。不平如何鳴，請君側耳聽。勸君不必聽，我亦不必鳴。黃浦江水赤，黑龍江水腥。萬古流不盡，盡是悲壯聲。此聲乃真詩，字字血淚迸。」以上有謔而虐者，有歌當哭者，香山《秦中吟》，老杜《石壕村》、《無家別》等篇，直望而卻步矣。（續編卷一，鄭朝宗、石文英校點本，第五三七～五三八頁）

（黃）曉浦在蘇，與余倡和各詩，尚多可誦者。《初相見》云：「五載春風十載違，高樓星斗夢依依。」記在闕往事也。《和除夕韻》云：「霜蔔咬春安淡泊，壁燈走馬見循環。似聞賊膽寒淝水，可許詩箋附後山。（葉長青方注《石遺室詩》）」《次人日思家懷人韻》云：「群經寫定付禮堂，至今賊避鄭公鄉。三吳自古集文彥，溯源韋白詩撐腸。」首言閩省屢有兵亂，會垣無恙也。次韻極渾成。中云：「審言詩律有替人，請看祖硯流傳處。（自注：喜第四文孫校考第一）」用典亦切。《三過聿來堂，值花盛開》各絕句云：「燕忙鶯老負花時，滿院新枝變舊枝。紅杏青梅都結子，滿林待乞主人詩。」「幾度花前問起居，恍疑鬚髩照清疏。五風十雨春歸去，恰似三山三月初。」「蚊聚榕陰響似雷，更愁蘋末起風颭。洗塵合趁黃梅雨，翹首巾車軋軋來。」時余回福州，過夏乃復來也。（續編卷一，鄭朝宗、石文英校點本，第五四五～五四六頁）

（林）秉周舊問余宜讀何詩，為選《香山集》二三百首、《東坡集》百十首，使閱之。秉周果得力香山者十七八，得力東坡者十二三。《未曉登鼓山絕頂峰句》云：「幾簇峰巒仙指掌，萬家燈火地星辰。」又云：「莫道高危無住著，微明世界漸更新。」《人日石遺師招飲匹園》句云：「談詩一叟雄天下，論史千秋賤帝王。」《楓丹招飲詩樓句》云：「數燈高揭望天邊，郊外春光一壑專。據坐呼來千里月，憑欄噓散萬家煙。」樓在越王山上，左俯闤闠萬家也。《同篤夫、秀淵等十人遊飛泉寺》句云：「深山雨霽溪聲大，絕壁泉飛夏暑消。」又云：「何圖此樂今茲得，徒覺詩魂逐漸驕。」《友人新築園林落成》云：「園林花草皆清福，愧我生涯托戰場。」「愛月擬移窗外竹，攤書欲借樹陰苔。」《黯淡灘》云：「應知世路危何限，日在危中自不知。」君尚有游武夷佳作甚多。（續編卷一，鄭朝宗、石文英校點本，第五五六頁）

王逸塘自天津南下，過蘇訪余，適余遊虎丘，不遇而去。余寄一絕句云：「凡鳥應留兩字書，望塵不及悵何如。南人倘有歸南意，盍向吳門賦《卜居》。」逸塘立次韻四首寄來，其三云：「世亂偷閒且讀書，稍聞竺典說真如。中原逐鹿英雄事，奇貨終憐不可居。」反用恰當。其四云：「一面從來勝百書，缺為面別悵何如。探巖已辨阮家屐，重訪香山履道居。」履道居不敢當。而第一首末云：「買山自古吳門好，況有幽人共隱居。」則答余招隱之意，將據為在彼之息壤矣。（續編卷一，鄭朝宗、石文英校點本，第五六五頁）

余索觀劍丞游華山詩，劍丞寄示《三月十五日止宿雲臺峰》五古云：「太華視凡山，立意矯雷同。盤根一巨石，上裂為群峰。世眼驚造化，喚作青芙蓉。象物出自然，豈必由鬼工。曲說務悠謬，荒談伉高崇。如此勢纔絕，孰得磨以礱。皮毛蛻之淨，氣骨清而充。承戴太始土，潤澤千載松。蔥郁翻在頂，髮直頭未童。壁罅掛靈藥，雜以桃緋紅。玉女梳洗出，亦愛春妝濃。下臨深溪肆，幽怪辭人蹤。天泉日奔穿，僅擘西谷通。舍此便絕路，除非解飛翀。眾手爭一索，銜貫類蚼蟓。時遭下磴人，憐讓喘息翁。古來設錙壇，望祭祡燎中。垂堂戒誇主，未信能登封。吾儕陟泰半，敢曰德在躬。搦嶺當足前，色沮蛇脊穹。退之與秋帆，困悔寧吾恫。止焉訴真宰，冀憫詩道窮。」余游山，向不登絕頂，若華山，則非登絕頂，佳處不見。余以八十之年，勉力至青柯坪，已算格外交情；若使挽鐵索，效獮猴，雖壯歲亦斷不為也。所怪華山無靈，不能令歷代帝王鑿石開道，如泰山之十八盤以降，皆可擡八人轎者，徒令太白、東坡輩，作想當然之大言，而矯捷善走者，又皆簷夫樵子之流，不能雕繪山之狀態。故以劍丞之工於鍛詩，然僅登其半，亦只能渾寫大意，使讀者知的是華山之詩耳。又《香山寺》云：「人事危如八節灘，誰能疏鑿使長安？白家功德雖圓滿，只放門前數步寬。」惜余遇洛陽阻雨，均未得遊。（續編卷一，鄭朝宗、石文英校點本，第五六五～五六六頁）

往者陳弢庵閣學屏居里門，詩始留稿，前後且三十年，積至千首。逸塘久屏居，與相似，廿年來，詩亦哀然成巨集。二人興趣，俱在荊公、白傅間；大略弢老較近荊公，逸塘較近白傅耳。今錄逸塘詩如左。《春宵酒集，即席次答聖逸，並呈同坐》云：「東風二月夢吳艭，柳拂長堤草映窗。爭欲避兵藏藕空，何期招客倒春缸。多情共剪留人燭，豪語能驚隔舍厖。酒陣輸君號無敵，未吟佳句氣先降。」「厖」韻雋而不纖。《山遊》云：「山居罕人事，半晌抵兼旬。有時手一卷，相與送昏晨。猛憶炎暑時，積月淹海濱。遄歸曾幾日，盈盈襟上塵。幸茲得小憩，野意忽已新。可惜城市中，擾擾昏其神。盍貯清涼味，特以餉彼人。」《海濱得散釋寄詩，中多悲語，次韻廣之》云：「行窩安樂即瀛州，何必仙人十二樓。修竹當風方願夏，明河墮露忽驚秋。登山已辨幾兩屐，望海能消萬古愁。掃徑遲君松下酹，佳辰莫使負清遊。」二詩語多超詣。《覺庵書齋留題》：「從者留余坐少時，主人暮返不愆期。案願（智按：疑作頭）喜見香山集，政好從容讀此詩。」《友梅枉詩，津榆道中次答》云：「新詩味永美於回，書到渾疑舊雨來。天下洶洶相斫史，城南落落謫仙才。十年鷗夢君能憶，四野鴻嗷我亦哀。商略涼秋文字飲，肯辭抵掌共深杯。」《贈藏園》云：「謂君岷山精，乙盦本非謔。藏書塞破雙鑒樓，如討蜀中千萬壑。但採精善本，不標漢宋學。䶂䶂蟫灰足寶貴，隱隱蛛絲有脈絡。爾來海內事校讎，德化與君稱浩博。君方六十年更富，似聞書是長年藥。今之所獲亦已豐，升庵以來無此樂。君更廣搜太不廉，不如抛書玩沖漠。此言知君不能用，聊發軒渠侑一爵。」語獨奇橫。吾意亦云然。《便欲》一首云：「便欲浮家遇一生，沈沈江海未休兵。美人天末何來暮，大錯神州鑄已成。世界能禁虵虺壞，倫常亦為貨財爭。尼山富教真詮失，忍更隨聲詆並耕。」《杜峰詩草題詞》云：「想君的有煙霞癖，愛訪禪林愛看山。此意幽然超世外，論詩亦在白蘇間。」「又疑君是林和靖，逢著梅花便有詩。花漸無多天欲老，寥寥此味更誰知。」二首亦在白、蘇間。《舊京示學圃，用滃南清明韻》云：「厭聽津沽潮汐聲，一旬兩度踏春明。未妨濁酒三分醉，已賺芳郊幾日晴。小圃重尋餘倦蝶，雜花無語媚群鶯。王城舊是萬人海，誰信閑身嬾似僧。」首韻持之有故，次韻言之成理，第六句用邱遲語，如自己出。《海濱寄醇士，時君北遊，甫抵沽上》云：「縱橫天外一書生，睥睨人間十萬兵。惜欠名園依栗里，好搜奇語答蘭成。啼鵑慣向津橋聽，饑鳳寧為斗米爭。何日相攜青箬笠，蓮峰細雨課春耕。」《抱甕廬口占》云：「萬松深處野人家，滿架藤蘿正著花。卷幔更添山翠湧，穿林時有鳥聲嘩。朝晴看海雲隨杖，午倦敲詩酒當茶。數日淹留飫溟涬，不須重問棗如瓜。」《疊韻示前溪》云：「匪焰兵氛並一時，國魂民命兀如絲。亂危滿眼將安擇，焦爛而今亦已遲。上策安心惟佛諦，孱軀援溺總情癡。吾家但守王倪秘，四問從嘲四不知。」先憂後樂變相，乃至於此。（續編卷二，鄭朝宗、石文英校點本，第五九〇～五九一頁）

拔可有《詒書世丈同年，今春來滬，年逾七十矣，縱談往事，悵然有感》云：「風義平生出自然，恥相標榜送華顛。洛陽年少多輕薄，背信橋邊日者賢。」余於詒書，實可為「橋邊日者」。又云：「一龕彌勒御行縢，舊事渾如過去僧。慚愧春城桃李客，十年夜雨失傳燈。（戊戌春闈，丈為予賃居城南蓮花寺，為寄榻之所，並假伯羲祭酒之意園以作試寓）」時余亦同寓，亦常至盛宅。又云：「神官詩案記重重，世變難逃水鏡胸。屈曲世間應自可，江亭休打五更鐘。（戊戌元旦，丈在陶然亭擲珓極驗）」此首有關暾谷事。又云：「幅巾意態自蕭閑，底用龍門水一灣。但使小蠻扶醉在，不妨隨地作香山。」詒書與余，常同攜姬人出遊。以上數詩，讀之皆使人如履舊遊者。（續編卷二，鄭朝宗、石文英校點本，第五九一～五九二頁）

鶴亭當壯盛之年，即喜充老輩，留長髯，稱老夫，此皆名士結習。歐陽公稱醉翁時，年尚未四十也。余嘗告以老有何好處？君惟未老，乃喜老，若既老，則推之不去矣。香山「老色上面」數語，斷不余欺。時余方過五十，頗有先覺之明也。今年鶴亭才六十二歲，去年除夕有句云：「鏡裏鬚眉鑷不玄，夢中腸胃繞誰邊。」又云：「松菊久抛三畝宅，稻粱猶逐眾人前。」果愛老，鬚眉何厭其不玄？果未老，逐稻粱亦分內事也。又有一絕句云：「一印經年出入將，從今無用亦收藏。思量山谷玄暉句，留與諸兒繼阿章。」題為《去歲除夕，楊千里為我制六一翁印，今歲又除，作二十八字，以寵其別》。此詩亦癸酉六十一歲除夕所作，套用山谷句恰好。此則望兒耆壽，人之常情矣。（續編卷二，鄭朝宗、石文英校點本，第五九九頁）

質庵寄上海郁氏三世吟稿一巨册，讀之則各有勝處。素癡老人字屏翰，以字行。早歲肄業廣方言館，課餘嗜吟詠。久之舍去，廢著鬻財，商力漸雄厚。好義有古任俠風，暮年兼事農圃，以為治生之具、退隱之資，莫善於此。繇是藝桑種緜，雜蒔花木，躬自督理。其家距邑廟之豫園僅數百武，君又辟一徑以通之，日相羊於其中，故其詩如話如畫，在香山、康節、放翁之間。

如《老病》云：「老至一何速，開鏡增喜笑。人皆厭衰朽，吾獨愛吾老。君看擾擾人，白髮上頭少。老病困牀席，怡然好吾好。藉此學養生，雜念胸次掃。嗚呼天下萬事苦不平，惟有老死至公道。」此實有見道之言，非故為矯情也。香山之「老色上面，歡驚去心」，固不欺之談，然於「樂天」、「居易」之命名，不無少愧矣。《花月吟》云：「我是江南桑苧家，栽花對月思無涯。花如含笑春舒蕊，月果多情影透紗。老去檠杯宜賞月，揭來擊鼓為催花。閑吟有恨人難識，花好月圓願尚賒。」此首中五句能變化康節先生《插花吟》起結四語。句如《湖上口占》云：「幾處山青幾樹紅，西湖風景詠難工。」《六十有六自壽》云：「提壺挈榼徜徉去，埋骨青山願亦癡。」皆有自得樂趣。其感慨時事，則《湖亭雜詠》云：「一旬短祚詔書紅，史乘新標戲劇同。」又「坐中半是憂時客，不學詩狂學酒狂」。又「我是江南老桑苧，興亡兩字莫相聞」。《楓葉》云：「化工欲駐韶華景，幻作桃花嶺上飛。」《迎春》云：「聞道春歸歸未得，一帆冒雪到江南。」又「三十六峰殘雪盡，一鞭揮處馬蹄輕」。寫春從水陸兩路，頗有趣。《題畫竹》云：「不教雪壓霜欺損，終有雲霄直上時。」《孫元英周晬喜占》云：「桑柘成陰池可釣，無多事業付吾兒。」五言句，則《除夕湖亭望雪》云：「踏雪到湖亭，湖亭玉琢成。」《游天平山》云：「巨石聳徑側，故作奔人勢。」此老胸次乾淨，故隨意說來，都無沾滯處。（續編卷三，鄭朝宗、石文英校點本，第六二一～六二二頁）

展觀《東齋酬唱圖》卷將盡，韋齋佳篇，多在後幅。《唐宋郡圃，北池亭館極勝，今北池雖小，準以地望，或去古未遠，用韋公消暑北池詩韻》云：「坐久池光靜，朋來野意長。無多開口笑，消受定心涼。唐宋軒亭圮，滄桑歲月忙。地因新運復，齋以舊名當。（東齋循唐宋舊名也）簾影浮初旭，荷香度曲塘。恨無風雨至，愁入鬢眉蒼。民瘁偏同樂（宋時郡圃名群樂），秋深稀治芳。（此時幾以公園為桑濮）置之聊爾耳，茶熟抵銜觴。」「風雨至」句，即用韋詩。讀此首及下一首，可略知郡治左近地望。又《與東齋諸君談有感，用白傅齊雲樓晚望韻》云：「士女般遊地，憧憧暑未闌。有人存旦氣，於此可澄觀。始建雲樓壯，前臨郡圃寬。守慚居處逸，民習政刑安。趙宋循良繼，淮張霸業殘。荆蕪鬼窟久，歌舞夜場漫。豈有昌豐象，徒供邂逅歡。憂天宵我獨，避世到今難。俯仰成陳跡，追陪答歲寒。歌吟餘事耳，放筆淚闌干。」

但尚未詳徐、吳與錢氏割據時蘇州如何耳。（續編卷三，鄭朝宗、石文英校點本，第六三〇頁）

林子有葆（恒）多填詞，出遊則作詩。近以登太華、雁宕、匡廬詩見示。雁宕余所未游，華山僅至青柯坪，匡廬則别久矣。其《匡廬山居》云：「往年遊廬阜，蹤跡周山南。金井與玉淵，勝地靡不探。近處獨闕如，十載心滋慙。今茲志逭暑，遠略非所耽。昨遊黄龍寺，深處得澄潭。兩厓覆古木，一水中渟涵。頗聞聽瀑亭，後起足靳驂（王家陂瀑布為近年新發明者）。石門與水簾（三疊泉），取次容趁趕。前遊所未及，庶幾補兩三。亦以謝山靈，吾志良非貪。」此首上半，不啻為我言之，下半尚有志未逮也。「游山戒冠蓋，此語聞諸古。策杖偶出門，戎服何虎虎。似聞章貢間，螳臂拒修斧。當局盛憂民，羽書馳旁午。遂令白虎洞，偃文而修武。不賢譬識小，志僅在逭暑。矛淅與劍炊，已忘魚遊釜。所望奮機謀，深入窮險阻。庶使神明區，蕭然安環堵。豈獨安生靈，亦以慰羈旅。」又《雜詩》云：「碧山深處倚孤筇，暑氣忺人晝更傭。卻恨閑雲不成雨，悠悠只在最高峰。」二詩皆語非泛設。《遊三疊泉》云：「昔從海會規尋泉，雨阻途窮遂中罷。十年結轎今逢晴，不恤淩晨夙秋駕。崎嶇初登大月山，浩浩長江流日夜。西南直拊五老背，無數風帆雜漁舍。萬千氣象奔眼前，應接已覺百無暇。那知窮岩絕壑底，尚有清泉浩如瀉。一疊噴薄殷成潭，二疊縣流極變化。参差千二百尺間，終古雷霆恣激射。神龍掉尾作三疊，猶噴珠璣滿岩罅。屏風九疊迎面張，誰構石亭擬風榭。胡兒但解作風浴，捨命澄潭渾不怕。老夫自慚筋力憊，飽聽泉聲如啖蔗。山南佳瀑數黄岩，次及玉淵差可亞。憚熱未敢尋前遊，僻地得茲聊慰藉。便當勝處商結茆，坐對清流銷長夏。」匡廬詩當以此首厭卷。句如《散步至天橋》云：「懸岩列峙中壁立，下有奔泉出山急。神工若遣安石樑，合與天台相拱揖。」落想甚趣。《王家坡瀑布》云：「廬山多佳瀑，往往名不彰。有如三疊泉，末宋運始昌。」又云：「爭如王家坡，雙瀑懸中央。磐石足坐憩，觀聽恣徜徉。緑岩披蒙茸，有亭翼其旁。白龍直下趨，矯若淩風翔。中瀦成碧潭，陡落分數行。散為萬珠璣，聲韻何鏗鏘。面亭起峭壁，松柏鬱青蒼。下視彭蠡湖，一鏡如方塘。持視水簾泉，豈易論短長。此瀑雖晚出，不見賞紫陽。乃遇散原翁，極力為褒揚。譬如潛修士，千載抱孤芳。忽蒙衡鑒精，面目生輝光。」

黄曉浦亦有此詩，覓出再論之。《十二夜步月至松樹林》云：「路暗峰回曲徑微，濤聲深處選苔磯。高松篩月光千點，老樹驚人影十圍。」能寫夜景畫不出者。……《夜宿潼關》云：「潼關氣勢壓岧嶤，更鼓嚴城宿此宵。風力遏雲歸太華，河聲挾雨下中條。」自然唐音。《龍門山》云：「嶽雲袖底散不收，驅車還作龍門遊。曉日曈曈渡洛水，天津橋上風颼颼。兩峰開處見伊闕，神功治水誰能侔。倚山萬洞嵌寶相，當時物力勤雕鎪。一開海禁爭好古，囊金待購祇園頭。」又云：「敗寺無僧來駐錫，打碑鋪地紛求售。危岩上下無一樹，澗泉涓涓空自流。香山隔水不可渡，白傅廢塚啼鵂鶹。當局百廢方具舉，奉春建策安金甌。」余過洛陽，欲游伊闕，阻雨未往，讀此詩亦可不遊矣。……（續編卷三，鄭朝宗、石文英校點本，第六四〇～六四二頁）

江東楊雲史圻，當代名詩人也，有《江山萬里樓詩鈔》十二卷，分《少年》、《壯年》、《中年》、《強年》四集，印刷甚精，洋裝本兩大册。惟印用洋墨，字跡太淡，老眼昏花，閱之甚費目力。勉讀百十葉，知力振唐音，不落宋人啞澀之體。急録名句，與知音者共賞之，然甚呼負負矣。如《竹溪野寺》云：「孤村風葉脱，一郡好山青。」《泊均州江聽猿》云：「鄉心嫌酒淺，秋色覺燈新。」《泊漢陰峽中望月，江雨忽來》云：「醉裏均州盡，詩中蜀道來。峽陰常帶雨，江熱夜聞雷。」《垓下》云：「楚漢無明日，乾坤要弭兵。」《江雪》云：「夜來江雪大，夾雜放梅花。」《早春》云：「香稻白於玉，紅梅瘦似妻。」《春晝》云：「晝永鳥多暇，日高草欲然。」《戰馬》云：「似聞成大業，未必是天閑。」《章江别燕生》云：「花開亡國後，淚墜美人前。」《出廬山詩》云：「尋詩三十里，細雨出廬山。」《過萬氏山莊》云：「溪雲吹滿袖，山翠化為詩。」《得家書》云：「自忘為客久，只解勸人歸。」《漢陰秋望》云：「落日墜地上，丹黄千萬重。秋色隨雁來，浩蕩自關中。」七言如《回國赴鄂州》云：「秋來紅蓼白蘋裏，人在靈均宋玉間。」以上七八唐人語，一二宋人語。絕句如《春日雜感》云：「故山青暖勝天涯，湖上春來遍是花。半世清明都在客，在家猶自夢還家。」《樓外樓小酌看雨》云：「水色山光雲模糊，我來適與風雨俱。櫓聲瞑踏西泠去，出得荷花便入湖。」《舟遇天門，風月浩然》云：「丹楓葉落江千尺，絕壁張帆山月清。如此江山好風月，何人不憶謝宣城。」《軍中》五言律二首，最有魄力。序云：「壬戌春，張作霖率奉軍入關，佔據城邑，挾制朝政。三月二十九癸亥，吳公自洛陽移師河北。奉軍分三路進，公亦分三路討之，而自當張景惠、鄒芬於京畿西。余隨軍中，以詩紀之。」其一云：「帶甲辭東郡，移師救上京。亂山無月色，萬馬雜風聲。賊膽當先破，軍心在不平。枕戈看夜象，天際將星明。」雲史七古，率長慶體，如《天山曲》紀香妃事，《長平公主曲》，直欲突過梅村。其他《榆關紀痛》五律十首，有長序，《雞公山感懷》七古一百韻，皆以過長不能録。（續編卷三，鄭朝宗、石文英校點本，第六五二～六五三頁）

樂清黃胥庵（式蘇），旅食白下，至蘇見訪，相隔二十年矣。贈詩云：「草堂重拜雪鬚眉，矍鑠依然似昔時。世奉香山為教主，天教吳郡誦新詩。管甯避地居初定，伏勝傳經老不辭。耆舊東南今有幾，祝公長作士林師。」第三句不免過於推挹，餘卻是實録。余集中吳郡詩甚少，且耄而教學，盧中人豈非窮士乎？（續編卷四，鄭朝宗、石文英校點本，第六七七頁）

王愓三司理金陵，別三年矣。近有寄余七古云：「彌天詩教推閩陳，森嚴壁壘張一軍。數十年來主風雅，讀破萬卷徵博聞。以說經法論詩學，考據義理精而醇。時拈一篇海內誦，經籍典重揚古芬。眾長博采成真面，香山誠齋逮後村。」又云：「陸沈坐不講學故，世無明哲誰知言。我拘官曹滯白下，未隨大雅來扶輪。餘生或許晚聞道，當偕黃九（謂黃曉浦）謁蘇門。」有切當語。《題范伯子集後》有云：「嗟哉迂怪一貧士，目中那復有餘子！造物忘子抱奇才，只令幽憂不令善。讀書萬卷謀生難，馮驩有鋏空自彈。子窮下無地可入，子詩上有天能攀。」「攀」韻卓煉可喜。（續編卷四，鄭朝宗、石文英校點本，第六八四頁）

逸塘自東國歸，數晤談，而未讀其遊草。近始得其《東遊記略》，蓋《西遊記》、《遼東行部記》之體，兼載詩篇也。兹專摘其關於談藝者。略云：「余好遊。近國勢益頹落，研討日俄鄰邦政情，愈不可緩。曾與前溪商作俄遊，展轉未果。去歲南北馳走，各方友人，僉謂何不東渡，一覘近事。在廬山時，遂與蔣使雨岩，預定觀櫻之約。適弘法大師千一百年法會期届，高野山金剛峰寺密教法侶殷殷促行，遂鼓勇往焉。於四月十八日（即夏曆三月五日）由塘沽出帆。予擬持不作書、不作詩之戒，終不能忍。舟中得雜詩三首云：『十年不飲方壺水，三日仙槎禦好風。至竟晚櫻猶待客，天涯微惜落花紅。』『無邊海色接山光，似向詩人訴別腸。老眼輸他朱舜水，年年天外看滄桑。』此憤激之言也。尚不至輸于舜水，舜水時已亡國矣。『一衣帶水路無多，胡越參商獨奈何。不是有風波不起，要從心上定風波。』」「遵陸以後，便匆匆馳赴高野山。天德院住持金山穆韶師，別號天泉，年古稀矣，匪獨戒律謹嚴，抑且湛深漢學。山雨初歇，倒屣來迎。寒暄略竟，自袖中出贈句云：『高野山頭華藏春，驩迎萬里遠來人。雨晴空翠千峰滴，想見如如一味真。』予答以二十八字云：『領略金剛峰下春，遺風到處說唐人。輕舟三日今飛渡，美煞當年老鑒真。』鑒真唐僧，日人尊稱過海大師。先後十二年，備極艱苦，人所難堪，卒達東來目的。」「予抵江戶驛，竹雨、香城諸詩友惠然遠迓。五月四日，乃有紅葉館之會。聽松主人首成一律云：『開讌芝山上，尊前喜見君。清名常所慕，高抱與誰群。夏景媚新樹，鵑聲穿白雲。黄昏宜翦燭，醉裏共談文。』香城次韻云：『奎星掛簷爛，山閣此逢君。學德原超世，才情迥出群。岩花寒照水，春樹夜藏雲。勸酒幾挑燭，同論李杜文。』『岩花』、『夏景』兩聯均佳，『媚』句尤見洗煉，『奎星』起語神似初唐。竹雨成六絕句云：『經國文章命世才，壯時名已占魁台。滄溟萬里費瞻望，久待乘風破浪來。』『曾經遼海訪雲關，不得相逢空白還。七十二沽秋色晚，青泉白石想廬山。（公時南游匡廬）』『都門昨見海藏翁，出閣勝筵今謁公。趣舍雖殊其道一，使人咫尺挹清風。』『公與太玄（汪袞甫）交最敦，問奇我亦屢過門。一宵不得三人會，明月空招天上魂。』『志業由來在濟民，不妨餘事作詩人。每翻一部《采風録》，高詠惟疑有鬼神。』『未有文章壯海東，區區小技愧雕蟲。不才謬受丈人賞，曾入王家詩話中。』『太玄』一首，彌佩風義，讀之淚下。二峰云：『非儒非釋又非仙，偶爾相逢結墨緣。好句無多休笑我，芝山春色代詩妍。』以外復成二律，有『應有千詩驚鬼膽，豈無隻字喚鵝群』句，殊可誦也。」「越五月十八日，復在二峰目黑別邸之澄懷堂中煮茗談藝。予以事晏到，二峰即席口號云：『夫子奚為來太遲，風澀茶熟晷空移。黄昏可惜花容暗，紅藥紫藤然燭窺。』以外有『大師傳法千年後，高野舊叢花復開』句。竹雨云：『昨于紅葉館中見，今向澄懷堂上逢。臨水看雲澹無雨，對床同聽夕陽鐘。』『淨明心地一塵無，便識參玄味道腴。活活流泉在山冽，高高明月出雲孤。』香城云：『環欄老木檜交楓，中有流泉曲曲通。啜茗澄懷堂上夕，緑陰天地坐清風。』

二峰園景，得此詩狀之，不辜負矣。宮島大八，別號詠士，秋田縣籍。四十年前，曾游保定蓮池書院，從張廉卿講經學，並習文法。甲午歸國，廉卿落淚送之曰：『吾書道東矣。』今果成名。嗣在外國語學校中，擔任華語教授有年。著有《官話字典》，又《急救篇》，今為日人學華語之有名課本。政軍實業各界之赫赫支那通，泰半出其門下。現偕寺西繩先創辦善鄰書院，專授經史及華語。教壇以外，但以書道樂育。廉潔高尚，罕有儔匹。予與有舊，招飲齋中，懸直幅一，乃黎蒓齋親書贈伊尊人誠一郎（粟香）丈詩也。時在丁亥冬，黎持使節重蒞東京。詩云：『索居離別已三年，握手相逢一惘然。信有斷金能礪石，可曾滄海變成田。搏桑浴日花爭綬，楓樹成林葉媚煙。與子麴町區咫尺（使署在永田町），更聯情話早櫻天。』余用黎韻即席贈詠士云：『海曲分襟瞬七年，東都邂逅各嫣然。平生為善非求福，垂老臨池當種田。寒酒尊前春話舊，丹楓庭角暖生煙。晚櫻開罷驪歌急，最是難忘四月天。』頷聯十四字，余頗自憙，伊亦擊節。」「浪華市上，主持壇坫者，厥惟閑齋。杜峰詩筵再張，狩野直喜博士暨長尾雨山翁遠自洛下先後蒞會。狩野疊閑齋兩絕云：『平生喜誦什公詩，相遇更欽談吐奇。一醉江塘亭上酒，春風願使片帆遲。』又『性靈以外更無詩，刻畫不須山水奇。四海論交仗文字，相逢偏憾十年遲。』雨山《花外樓即席次杜峰韻》云：『燈光簾影舊青灣，樓閣深藏翠柳間。今日羞看紫雲面，當年杜牧已衰顏。』三詩均饒清新之致。杜峰、閑齋暨方子易畫家，唱和夥頤，容歸津再檢録。予和子易句云：『有筆一支能換米，天涯臣朔總歡顏。』又《與繩先遊琵琶湖》句云：『寬杯濁酒微醺後，權向邯鄲借枕頭。』」讀以上，可識日人酷嗜為詩。近來詩境，已由王孟而入于香山、宛陵。因念余生平未至日本，未諳日文，惟在武昌督辦商業學堂、會辦商務局、創辦《商務報》時，與日人河瀨儀太郎譯經濟財政書十數種。而日人前後先施來訪者，若矢野仁一博士，若岡本要八郎院長，若神田喜一郎學士，若久保得二博士，若飯沼龍遠教授，若西澤義徵總領事，皆一見如舊相識。別後或書來，以經學、文字學、史學相質問。至鈴木虎雄博士未相見，為著《石遺詩說》。久保天隨贈詩，有「一獲君知死不辭」之句。前歲中日交兵，久保天隨遠道托人求作詩序，余以兩國方失和，非投縞贈紵之時，因援《春秋》晉欒鍼遣使于楚子重、免使者而復鼓之例，以書辭之。後天隨即以此書弁卷端作序。至青木晉諸子受業于北京大學，余曾采其詩入前《詩話》，今聞在本國某大學為哲學教授。惜余老邁頹唐，不與逸塘同遊扶桑也。録君遊記，類志於此。君又有贈日本貴族院議長公爵近衛文磨云：「太平洋上水泱泱，彼美人兮一葦航。借得扶搖九萬里，大鵬有背負朝陽。」君東遊後，詩筆益復開放云。（續編卷五，鄭朝宗、石文英校點本，第七〇五～七〇八頁）

余嘗與盧冀野（前）談古今名勝，有未久而大變遷，有歷久而不改者。冀野遂舉所作《展香山墓因憶浣花草堂之遊》一詩云：「昔年曾過草堂寺，舍北舍南春水生。今日獨來居士墓，當門天闕尚崢嶸。」余謂名勝之歷久不變遷者，有二原因：從來水有改流、有枯涸，山不改移者也，伊闕是也；人人共知之名勝，成都之草堂，采石之太白樓，黃州之東坡皆是也，地以人傳者也。冀野此首，詩格頗創，特表之。（續編卷五，鄭朝宗、石文英校點本，第七二六頁）

東台蔡達，著有《孤桐館詩》。其自序言所以存少作之故，與鄙見甚合，蓋即所謂朝氣也。《讀遺山論詩絕句至有情芍藥一首》云：「撒鹽詩句丈夫哦，柳絮因風又若何。鐵板紅牙詞絕妙，要知情態女郎多。」遺山此首詩，近人多違言者。《無題次仲達韻》云：「將雲和月作良宵，花事於今似落潮。秋氣暗來人不覺，庭前又破一窗蕉。」《西湖》二首云：「六橋橋下水潺潺，千頃煙波入袖間。鏡樣西湖渾界破，東坡好事似香山。」「湖上連峰作翠帷，我從帷外轉相窺。分明瀲灧如杯水，消得千秋萬首詩。」西湖之為古今詩藪者，固多謝白、蘇二人，而歐公《有美堂記》所言，實其大原因也。（續編卷五，鄭朝宗、石文英校點本，第七三八頁）

余友張伯英總指揮（鈁），中州魯山人，將其伯祖魯岩先生所著《魯岩所學集》十五卷寄贈。讀之，則先生生平枕葄四部書，日盡一卷，寒暑靡閑者數十年，每讀一書，輒以他書旁通鉤稽，品評其得失，糾正其訛舛，或增補其所未備，可謂精博兼至，嘉惠來學匪淺矣。外尚有《補遺》一卷、《魯岩餘事稿》二卷，蓋以詩為餘事也。詩格在靖節、香山間。《種豆篇》云：「種豆八九畝，朝朝課兒鋤。兒生亦孱弱，詎堪此勤劬。況當志學初，豆治學恐蕪。伊余生理薄，家鮮儋石儲。童稚今滿眼，待哺理當虞。呼兒田中去，須攜一束書。輟耕之隴上，耕餘即三餘。治經兼治豆，庶幾兩不疏。」《郊原閒步》

云：「大造供人亦裕哉，野花千種後先來。從今莫作皺眉事，笑口端須日日開。」《道旁巨碑》云：「生前事業已蒼茫，矗矗豐碑尚道旁。無復姓名人膾炙，空餘大字兩三行。」宋人《題韓碑》云：「千載斷碑人膾炙，不知世有段文昌。」「膾炙」二字，一正用一反用。《夢歸》云：「夢裏關河生羽翰，全家相對轉無歡。兒初學語向爺道，布被多年此夜寒。」（續編卷六，鄭朝宗、石文英校點本，第七四八頁）

容縣陸玄同（更存），胡展堂、沈漁公之詩弟子，書來言曾寄詩稿七小册，未之見也。嗣復寄《嶠南剩墨》及《燕遊草》，合為一册，不過數十首，大略近實甫、樊山一路。録其較精警者。如《香妃曲》云：「清高宗定回部，納其酋長妻為妃，曰香妃。寵冠後宮。妃思復仇，其舉動為太后所覺，伺帝出，縊殺之。後人有悼其事。禁城有回回營者，相傳為妃思鄉而築也。」「玉關春冷愁芙蓉，家山萬里燕支紅。君王苦戀妾顏色，燕子樓空夢雲黑。道傍香塚鬱蒼蒼，上有繞樹雙鴛鴦。在天在地各有願，不願枝頭變鳳皇。御溝水碧相思淚，花欲無言天獨醉。有酒不飲意如何，秋衾銅輦夢中過。明月年年五雲裏，清輝不似舊時多。」此等詩只可以少許勝，一為長慶體，則討厭矣。「天獨醉」句，七字抵人千百；「不願」句，承「各有願」來，妙絕。《蘇小墓》末云：「人將西子比西湖，為問西湖比得無？憑渠小小一抔土，不許蘇堤不姓蘇。」視樊榭「堤上花枝總姓蘇」句，較有趣味。《鍾震吾出箑索畫梅》云：「山人不慣趨炎熱，愛寫寒梅三兩枝。寄與先生好珍重，勝於六月著荷衣。」《送天梅歸松江》云：「要離俠骨入荒垣，一劍孤横易水愁。今日送君歸去好，種瓜事業勝公侯。」（續編卷六，鄭朝宗、石文英校點本，第七六〇頁）

武進錢夢鯨（振鍠），號名山，久聞名而未見面，近始于松岑處偶讀其詩。《讀溫公詩》云：「熙豐新政太縱橫，海内賢豪意未平。亦有小園名獨樂，不須開口罵淵明。」自是平允之論。《夜溪蚱蜢》云：「夜溪蚱蜢撲人衣，清秋興趣自可怡。鄰家兒子來撲捉，問彼胡為將餧雞。養雞誰不願雞肥，哀哉利心生殺機。」是菩薩語，不但與少陵之「雞蟲得失」異曲同工。《讀樂天和微之詩》云：「白雲不贈人，陶君惟自怡。包拯雖勸酒，荊公不舉卮。孟郊詩句惡，只為酬昌黎。樂天篇什濫，十五和微之。豈有金玉音，沿街互倡隨。惟古有真人，孤雄獨無雌。所以《名山集》，從來不和詩。」語雖過激，自是立腳不隨流俗轉者。余向聞名山為狂士，今讀此詩，乃知其為狷者。狂可偽，狷不可偽也。牧犢子殆狷者之尤，非陳仲子所敢望矣。《昔年詠鵝未脫稿，偶閱香山鵝鶴贈答詩，遂添七句以成一章》云：「溪頭雪色鵝，紅掌漾清波。帶泥吞菜葉，和雨唼生莎。陸行不食蚓，水行不食螺。羲之見愛有深意，於陵不食誠足多。林間有鶴亂張口，卻笑我肥誇爾瘦。我自食草爾食腥，與君善惡異性情。形貌肥瘦天所生，君尚未能知善惡。何暇惜我為犧牲。」罵盡典午以來名流及宋、明偽君子。《讀史》云：「足踏陳蕃呼老魅，拳加廷益詈奸臣。赤心從古為身患，一笑江湖采白蘋。」（續編卷六，鄭朝宗、石文英校點本，第七八二~七八三頁）

智按：陳衍，字叔伊，侯官（今福建福州）人。光緒八年（一八八二）舉人。支持變法維新。戊戌政變發生後，赴武昌任官報局總編纂，後爲學部主事、京師大學堂教習。辛亥革命後，曾任無錫國學專門學校教授，倡辦國學會。有《石遺室叢書》，其中包括《石遺室文集》、《石遺室詩集》等。此外有《石遺室詩話》及其《續編》。另輯有《近代詩鈔》。生平事迹見陳聲暨等著《陳石遺先生年譜》及《陳石遺先生年譜補續》。錢仲聯《夢苕盦詩話》云：「石遺喜香山、放翁二家。」（《民國詩話叢編》第六册，第一六二頁）

劉鶚（一八五七~一九〇九）

《老殘游記》

說著，那黑妞又上來說了一段，底下便又是白妞上場。這一段，聞旁邊人說，叫做「黑驢段」。聽了去，不過是一個士子見一個美人，騎了一個黑驢走過去的故事。將形容那美人，先形容那黑驢怎樣怎樣好法，待鋪敍到美人的好處，不過數語，這段書也就完了。其音節全是快板，越說越快。白香山詩云：「大珠小珠落玉盤。」可以盡之。其妙處，在說得極快的時候，聽的人彷彿都趕不上聽，他卻字字清楚，無一字不送到人耳輪深處。這是他的獨到，然比著前一段卻未免遜了一籌了。（第二回「歷山山下古帝遺蹤　明湖湖邊美人絕調」，《老殘游記》人民文學出版社，一九九八年四月版，

第二十頁）

智按：劉鶚，譜名震遠，原名孟鵬，亦作夢鵬，後改今名，字雲臣、雲摶、鐵雲等，號蝭雲，筆名洪都百煉生、如來最小弟子、老殘等，丹徒（今江蘇鎮江）人，後定居淮安。出身官宦家庭。少負奇氣，性豪放，厭薄八股時藝。二十歲參加鄉試，落榜，十年後雖又曾赴試一次，但未終場即棄去。其一生興趣和抱負在經世實學。究心於治河、天算、醫學及兵法，旁及釋氏及基督教。二十四歲，正式拜李光昕爲師，以「民養」爲宗旨。曾從事經商、行醫、開書局等實業。光緒十四年（一八八八）河決，向河督吳大澂獻策，由是以「奇才」得用，保舉知府銜。又留心西學，向湖廣總督張之洞建議利用外資興建蘆漢、津鎮鐵路。光緒十九年又應英公司聘籌採山西礦產。先後在上海開設「五層樓商場」和織布廠，在杭州開設織綢廠，在湖南株洲籌創煉鋼廠，在天津開設「海北精公司」。八國聯軍進犯北京，出資向俄軍購糧，賑濟難民。光緒三十四年（一九〇八），以「漢奸」及「私盜太倉粟」罪名被捕，流放新疆迪化（今烏魯木齊），次年卒於戍所。其學博雜，爲治河曾撰寫《歷代黃河變遷圖考》、《治河五説》、《治河續二説》，又撰有《勾股天玄草》、《弧角三術》等，並最早進行甲骨文收藏與研究，所編《鐵雲藏龜》爲中國首部甲骨文字著録集。醫學專著有《要藥分劑補正》等。詩作有《鐵雲詩存》。長篇小説《老殘游記》初刊於一九〇三年《繡像小説》，因編者擅自删改原作而中輟，僅刊至第十三回（實爲原作之第十四回）。其後又從頭重登於《天津日日新聞》，逐日連載，共二十回，此即嗣後流傳《老殘游記》之祖本，或稱《初集》。《老殘游記二集》九回，於一九〇七年在《天津日日新聞》連載。此外尚有《老殘游記外編》殘稿十五張，系未刊稿，收入一九六二年中華書局出版之《老殘游記資料》。生平事迹見羅振玉《劉鐵雲傳》、嚴薇青《〈老殘游記〉的作者劉鶚》、蔣逸《劉鶚年譜》等。

震鈞（一八五七～一九二〇）

《天咫偶聞》

吳漁山《潯陽琵琶圖卷》紙本著色，後有行書《琵琶行》，忘為何人筆

矣。(《天咫偶聞》卷六,《續修四庫全書》影印清光緒甘棠精舍刻本)

智按：吴漁山（一六三一～一七一八)，清代天主教中國籍神父、書畫家。名曆或啓曆，號墨井道人。教名西滿·沙勿略。江蘇常熟人。有《墨井詩鈔》、《三巴集》及《墨井題跋》各一卷。

震鈞，字在廷（亭)，自號涉江道人，漢名唐晏。滿族。瓜爾佳氏。光緒二十六年後，曾任江蘇江都知縣。宣統二年，執教京師大學堂，尋爲江寧將軍鐵良幕府，并任江寧八旗學堂總辦。辛亥革命後，居南方。潛心著述，有《庚子西行紀事》、《渤海國志》、《兩漢三國學案》、《八旗詩媛小傳》、《洛陽伽藍記鈎沉》、《八旗人著述存目》、《陸子新語校注》、《香奩集發微》、《國朝書人輯略》、《天咫偶聞》等。

沈宗畸（一八五七～一九二六)

《落花詩》

華雨繽紛好是晴，蝶來相送燕歡迎。重煩白傅歌長恨，贖得文姬字再生。一桁湘簾三月雨，數聲風笛六時更。飄茵墮溷知多少，消息還須問緑鶯。(見鄭逸梅《南社叢談》)

智按：沈宗畸，字太侔，號南雅、孝耕、繁霜閣主，番禺（今屬廣東廣州）人。幼年隨宦揚州，詩名馳譽大江南北。爲人風流倜儻，瀟灑不羈。其姬人名拜鴛，姿容明艷，能詩、工詞、善畫，輯有《拜鴛樓小品》四種，皆手所抄録者。惜乎拜鴛不壽，爲志哀悼，沈作《落花詩》三十律，纏綿悱惻，頗多至情之語，人稱「沈落花」，與記者徐淩霄、袁世凱之子袁克文、書法家徐半夢並稱「京師四大才子」。晚年寓居北京番禺館，鬻文自給，甚爲潦倒。有《南雅樓詩文》、《南雅樓詩話》、《南雅樓駢文》、《南雅樓詩斑附繁霜詞》、《繁霜閣曲話》、《愧人集》、《東華瑣録》、《宣南夢憶録》、《晦聞室隨筆》、《塞上雪痕集》、《便佳簃讀書記》。

江瀚（一八五七～一九三五）

《讀白香山詩集二首》

李杜文章萬丈光，別開生面自堂堂。尚嫌遠宦江湖日，歎老嗟卑意未忘。（《國聞周報》第七卷第四三期，一九三〇年，第二頁）

洛下分司娛暮年，優游黨外獨超然。無官我亦能行樂，強健還堪傲昔賢。（樂天病風八年）（《萬首論詩絕句》第四册，第一五四八頁）

智按：江瀚，字叔海，福建長汀人。有《慎所立齋稿》。

魏元曠（一八五七～一九三六）

《擬白香山四月池水満》

四月池水満，波徑堂下出。池中鱖鲟居，池上幽人室。人物固殊性，觀化則為一。惟憂夜來雨，泛溢逾此日。汝或逆流上，潑剌虧形質。汪汪入坳堂，浸吾及坐膝。如或俱不然，縱情樂莫匹。安能設鉤緡，適己害及物。（《潛園詩集》卷二，《清代詩文集彙編》影印民國二十二年魏氏全書本，第七八四册，第五八九頁）

《擬白香山養拙》（二首）

削不任斤斧，鑄不任鑪鎚。度不任繩墨，範不任矩規。才既百不任，持躬欲何為。大巧不可企，小巧不可師。師巧散真樸，莫若養拙宜。口去隨陸辨，智去良平奇。委心脫羈紲，用以安無危。

眾情幻於蜮，世事紛若縷。一一以巧勝，左缺右不補。目蔽徑寸葉，覿面已無覩。要識心之蔽，難以千百數。何況本不巧，強使神志蠱。曷觀堂乎張，未若參也魯。（《盛京時報》宣統三年九月二十日，署名潛園；《潛園詩集》卷二，《清代詩文集彙編》影印民國二十二年魏氏全書本，第七八四册，第五八九頁）

《白公祠》

政成吟鞭每開筵，鉤抹西湖粉本妍。五馬舊事留翠黛，一祠今冷鎖蒼烟。

應知載酒來游日，誰記分符作守年。試讀香山長慶集，僅傳風景在詩篇。（《潛園詩集》卷七，《清代詩文集彙編》影印民國二十二年魏氏全書本，第七八四册，第六二五頁）

《蘇文忠祠》

蘇公祠倚白公祠，兩道春隄綰柳絲。……名勝亦應隨代易，風流原有盛衰時。（《潛園詩集》卷七，《清代詩文集彙編》影印民國二十二年魏氏全書本，第七八四册，第六二五頁）

《讀香山詩》

無憂無樂亦無疑，天澹雲閒水滿陂。字字皆從肝肺出，新來讀得樂天詩。（《潛園詩集》卷八，《清代詩文集彙編》影印民國二十二年魏氏全書本，第七八四册，第六二九～六三〇頁）

《耕織歎》

村婦急機杼，田父勤力作。衣食常不周，終歲乏周郭。不堪胼胝勞，不顧風雨愕。東鄰壯厥居，土石廣墉壑。西鄰夜開筵，笙歌鬧院落。我織冬無衣，我耕秋無獲。朝夕不得安，饑寒積成瘼。（《盛京時報》宣統三年八月二十四日，署名潛園）

《饑民歎　疊前韻》

號泣滿路衢，平地風波作。身無完衣裳，袒跣竄郊郭。飽暖非敢期，困頓良可愕。親朋半為鬼，鄉里已成壑。有子易充饑，掩面身首落。苟延一息命，安望十月獲。達人詢艱難，未識流離瘼。（《盛京時報》宣統三年八月二十六日，署名潛園）

智按：魏元曠，原名焕奎，字斯逸，號潛園、逸叟，南昌（今屬江西）人。光緒二十一年（一八九五）進士。歷任刑部主事，民政部署高等審判廳推事。辛亥後歸故里，潛心著述，編纂《西山志》六卷。應胡思敬約，校勘《豫章叢書》。任《南昌縣志》總纂，此書與胡思敬《鹽乘》並稱近代江西兩部名志。其詩源出杜甫，沉郁蒼涼，多蘊易代之思。著有《潛園全集》，含潛園詩集十二卷，詞四卷，文集十四卷，及蕉鹿詩話、蕉鹿隨筆。

陳夔龍（一八五七～一九四八）

《太湖雜詠》（十二首其十二）

惠山避客雨空濛，第二泉聲咽曉風。我愧風流白太守，不曾五夜住湖中。（《松壽堂詩鈔》卷五蘇臺集，《續修四庫全書》影印清宣統三年京師刻本，第一五七七册，第四六頁）

《輓曲園先生》（三首其一）

待啟瓊筵禮九賓（晌屆重宴瓊林之期，惜不及待），俄因春到轉傷春（公歿於十二月廿三日，時方祀竈兼值立春）。劇憐書種江南斷，無復靈光魯殿親。一代正宗長慶體，四朝大隱葛天民。黄羊列祀難諧俗，老眼羞看媚竈人。（《松壽堂詩鈔》卷五蘇臺集，《續修四庫全書》影印清宣統三年京師刻本，第一五七七册，第五〇頁）

《懷紋女用香山念金鑾子詩韻》

生人至不幸，墮地即爲女。何况生有涯，鞠育感摩撫。平生利濟懷，萬物思得所。弱息竟不留，此鬱向誰語。人間骨肉少，地下祖孫聚。明知生是幻，解脫一切苦。茹痛别汴州，彈指六寒暑。思兒夢不成，作書告兒母。

朱夏日何長，一刻如一旬。客邸難爲歡，經冬又歷春。兒幸早歸骨，我猶未抽身。遺篋不忍啟，遺容猶可親。今朝怛化日，令我增酸辛。寂寂津門道，悠悠薄宦人。

香山强作達，難遣失金鑾。我與香山較，同病復何言。茫茫四顧窄，仰天天不憐。猶憶危城中，傍母話燈前。更憶淮浦别，緊把爺衣牽。少夭老徒存，此恨永年年。（《松壽堂詩鈔》卷八北門集光寺玉鉢歌，《續修四庫全書》影印清宣統三年京師刻本，第一五七七册，第一二一～一二二頁）

智按：陳夔龍，又名陳夔鱗，字筱石，一作小石、韶石，號庸庵、庸叟、花近樓主，室名花近樓、松壽堂等，貴築（今貴州貴陽）人。起于寒士，光绪十二年（一八八六）進士，官運亨通，歷經同治、光緒、宣統三朝，歷官順天府尹、河南布政使、河南巡撫、江蘇巡撫、四川總督、直隸總督兼北洋大臣、張勳復辟時弼德院顧問大臣，曾反對廢除科舉。有《夢蕉亭雜記》（上海古籍出版社，一九八三年一月，「清代歷史資料叢刊」；北京古籍出版社，一九八五年五月）。

吳恭亨（一八五七～一九三七）

《對聯話》

張文襄之洞有題廣雅書院聯云：「文加大曆十才子；園似將軍第五橋。」絕工雅無倫。又，董雲岩琵琶亭聯云：「一彈流水一彈月；半入江風半入雲。」工雅亦與張作同。梁氏《楹聯三話》云，孤山第一樓有洪稚存聯云：「第一樓邊浮大白；初三月上蕩空青。」語極雄秀。又，孤山蘇公祠有一閣子當吳山横處，曰「横翠」，集句聯云：「今日重來問鷗鷺；故鄉無此好湖山。」梁氏稱出句為何岩叟潛齋集句，人或不熟習，良然。（《對聯話》卷一·題署一）

秣陵清涼山高踞一方，為龍蟠虎踞之最奇雄處。薛慰農時雨有題聯云：「四百八十寺，過眼成墟，幸嵐影江光，猶有天然好圖畫；三萬六千場，回頭是夢，問善男信女，可知此處最清涼。」又，陶文毅題黄州定慧寺東坡畫像聯云：「吃惠州飯，和淵明詩，陶云吾云，賦就一篇歸去好；判維摩憑，到東坡界，人相我相，笑看二士往來同。」跋云：「定慧寺有東坡書靖節《歸去來辭》，蓋在惠州時，寺僧欽長老遣其徒為公子致書，臨歸，公以此贈之。其寄欽長老詩云：『初無往來相，二土同一在。』又云：『請判維摩憑，一到東坡界』，即謂是也。」又，林文忠則徐聯云：「嶺海答傳書，七百年佛地因緣，不僅高樓臨白傅；岷峨回遠夢，四千里仙蹤游戲，尚留名刹配黄州。」按，二聯均輪囷郁屈可誦。（《對聯話》卷二·題署二）

京師陶然亭以幽敻聞於世，騷人墨客，盛有題詠。常德王夢湘以敏集句聯云：「珠簾暮卷西山雨；閣道回看上苑花。」出語實寫西山如鑄，對語寫清故宮亦名雋。又，某君琵琶亭聯，純用白詩語意，亦秀婉可人。聯云：「燈影幢幢，淒絕暗窗吹雨夜；荻花瑟瑟，魂銷明月滿窗時。」……（《對聯話》卷

二・題署二）

與吳作同工者，《聯選》又揭俞曲園各作，兹轉録之。一、贈吳平齋七十壽聯云：「合千古之壽壽公，永保用，永保享，左鼎右彝，坐兩罍軒，居然三代上；以十年之長長我，六十耆，七十老，望衡對宇，隔一條巷，有此二閒人。」按，平齋好金石，所著有《兩罍軒彝器圖》，俞嘗為之序。吳長俞十歲，其所居曰「金太師場」，與俞居馬醫科巷鄰比，蘇人所謂隔一條巷者也。二、贈張少渠五十壽聯云：「不福星，真福星，即此一言，可為君壽；已五十，又五十，請至百歲，再征吾文。」按，張性好善，嘗勇為之，年四十九，以道員奉檄預江蘇海運，將附福星輪船以行，忽舍而就他船，福星輪旋沒於海，論者幸之。三、贈金眉生按察六十壽聯云：「推倒一世豪傑，開拓萬古心胸，陳同甫一流人物，如是如是；醉吟幾篇舊詩，閑嘗數盞新酒，白香山六十歲時，仙乎仙乎。」按，出幅用陳同甫語，恰與金身分肖，對幅則撮香山《耳順吟》中語，故覺渾成可喜。（《對聯話》卷五・慶賀）

法國飛行家環龍在上海盤馬路試演，墮地死，有小王者挽以聯云：「環龍君是當世神龍，快哉列子禦風，繞場三匝；盤馬路看行空天馬，傷矣杞妻不哭，市骨千金。」按，環龍死後獲恤金，甚巨，其妻痛之甚，顧哀而不哭，聯並及之。又，李秀山督軍挽航空學生白永魁聯，亦若能切合。聯云：「壯志效鵬搏，萬里扶搖今鎩羽；共靈隨鶴化，九天蒼莽與招魂。」某挽新劇團會員唐散士聯云：「前身黄仲則，當世沈休丈，問先生魂魄何之，空留萍水因緣，三暮三朝，狂歌海上；大地本劇場，吾人皆傀儡，愧同輩頭顱尚在，從此落花時節，一年一度，憑弔江南。」亦自情文綿邈。徐班侯夫婦同死普濟船之難，蔣天牧挽聯云：「平時不肯帝秦，世有天驕寧蹈海；走卒皆知君實，生存甌脱竟成名。」又，金蓉鏡挽云：「業定難移，伉儷竟同歸，傷哉欲廢黔婁諡；空無所住，海山亦是幻，誰道真成白傅龕。」又，胡君復挽云：「像設君室靜安閒些；閶殫為河燒蕭條兮。」自注：「撰此時，適順直水災告賑之書亦至。」（《對聯話》卷九・哀挽四）

清季，李芋仙善滑稽，七歲能屬對，尤有急才。其游河南時，周翼庭知府方居浚儀，聞李述贈伶人嵌字聯，頗輕之，曰：「如吾字，亦有佳對否?」李曰：「何難。」因誦《長恨歌》句曰：「在天願作比翼鳥。」良久不言下句。

時雜賓環列，或促之，李復誦杜牧之《秦淮》詩至「商女不知亡國恨」句，遂陡然截止，起以手指周之背，於是四座軒渠大笑，心折其巧。蓋下句為「隔江猶唱後庭花」也。周亦為之捧腹不已。（《對聯話》卷十四・諧謔）

朱恂叔師有題于保壽鴻佑客廳聯云：「養滿腔慈愛，便儲滿腔吉祥，到處鳳攬德輝，麟游仁宇；任一分性情，即平一分機械，相逢石皆玉潤，荊亦花香。」藹然仁言，字字見道。又，題於雪舫居室集句聯云：「智欲圓而行欲方，膽欲大而心欲小；正其誼不謀其利，明其道不計其功。」鞭辟語能堂皇，故佳。又，師之配何夫人歿，遠葬戴家岡，其阡堪輿家所相，用重金購有者也，及啟土，一棺見焉，群惶駴，先生遽令掩之，移避丈許下窆。已而立石署聯云：「培土領從方寸起；留花莫到十分開。」時義甯陳右銘以舉人帶兵過縣，見聯語，矜誦之。後二十年開府湖南，先生之孫思宅往修謁陳，猶舉誦此聯，並獎先生當日之能讓。保壽為予言如此。又誦一聯，其遠祖伍雲所撰也，亦近似箴銘。聯云：「天下奇觀看盡，不如書本；世間滋味嘗來，無過菜根。」又，胡君復為鄉人某題聯云：「山地種菜，水鄉捕魚，無窮生計；本色清言，尋常茶飯，此地人家。」浩浩落落，其一種閒適襟韻，恍如讀陶白詩集。……（《對聯話》卷十一・雜綴一）

智按：吳恭亨，字悔晦，湖南慈利人。南社社員。以遊幕、教讀為業，能詩文、工聯語。曾任進步黨慈利縣主任幹事、《慈利縣誌》總纂。所著《對聯話》，上承梁章鉅《楹聯叢話》，保存道光年間至民國初年不少名人聯作。另有《悔晦堂對聯》、《悔晦堂叢書》等。

易順鼎（一八五八～一九二〇）

《江行雜詩二十首》（其十八）

潯陽遷謫後，有客難爲送。至今琵琶亭，時聽瀟湘弄。楓葉與荻花，知是何人種。當年青衫淚，豈異素絲慟。自立稍不堅，易爲憂患中。我非當筵客，淪落頗與共。歡場暗淚多，結習才人重。煙月白茫茫，空江坐如夢。心上四絃秋，翦鐙自幽諷。（《丁戊之閑行卷》卷三古今體詩，《續修四庫全書》

影印清光緒五年貴陽刻本）

《旅寓金陵書感二首六月》（二首其二）

家山一別欲經年，幾委殘軀道路邊。憑軾請纓俱倦矣，倚樓看鏡總茫然。遮須國裏劉元海，兜率宮中白樂天。結束英雄仙佛好，歸泉安穩勝歸田。（《盾墨拾餘》卷九四魂集魂南集，《續修四庫全書》影印清光緒二十二年刻哭盦叢書本）

《叔海任河道與客遊伊洛嵩少於龍門修香山墓屬賦詩時余在高州已得代因賦一詩寄之》

我拜衛國祠（電白放雞山李衛公祠），君修香山墓。怪底巢父不肯顧，富貴何如草頭露。玉環飛燕總成塵，怨李恩牛在何處？開口罵題煞風景，笑我詩格損名譽。固知君福遠勝我，即此一事堪為據。一謫崖州作司戶，一謫江州終太傅。然君資格卻遜我，我已先與古人遇。龍門香山我早遊，九江香爐我早住。惟有一事我輸君，不但生羨而且妬。呼艇纔沿八節灘，支笻又倚三花樹。我昔官豫亦兩年，啟母少姨曾未晤。後來麻鞋赴行在，獨遊伊洛空題句。青山碧流紅葉間，有我詩魂尚來去。昨與屬吏談嵩少（石城林大令以忻為贊虞侍郎猶子，曾與其兄子為嵩岳之遊），復讀錢詩添掌故（林大令以《錢南園集》見貽，集中有《龍門作二首》，自注云：「諸龕頗有丐者，或云盜賊，夜亦棲止。」）。適得君書亦奇巧，棖觸舊遊增慨慕。我今業已勝衛國，鬼門關前得生度（「生度鬼門關」，衛公句也，然竟不果）。我今更擬學香山，香爐峰下仍流寓。待君開府我來謁，補訪嵩高遊汴豫。武風子居笥河宅，洪更生入秋帆署。香山寺畔或再遊，重把瓣香添一炷。我詩莫笑等隨園，隨園原得香山趣。元輕白俗任人嘲，不媚群兒媚老嫗。（《片玉碎金》，中華書局，二〇〇九年六月，第一八六頁）

智按：易順鼎，字實父，別號哭庵，龍陽（今湖南漢壽）人。光緒元年（一八七五）舉人。中日戰爭爆發，曾赴臺灣贊助劉永福抵抗日軍。後爲陝西布政使。辛亥革命後，袁世凱稱帝，爲代理印鑄局長。詩集二十餘種，均收入《琴志樓全書》。生平事迹見蔡冠洛《清代七百名人傳》。陳衍《石遺室詩話》卷一云：「易實甫所刻《丁戌行卷》，及《出都》、《吳蓬》、《樊山》、《沌水》、《蜀船》、《巴山》、《錦里》、《峨眉》、《青城》、《林屋》、《游梁》、《摩圍閣》各詩卷，學謝、學杜、學韓、學元白，無所不學，無所不似，而以學晚唐者為最佳。」（鄭朝宗、石文英校點本，第一二頁）汪辟疆《近代詩人小傳》亦言：「其詩才高而略變其體，初為溫李，續為杜韓、為皮陸、為元白，晚乃為任華。橫放恣肆，至以詩為戲，要不肯為宋派。晚年與樊增祥齊名。」（《汪辟疆說近代詩》，上海古籍出版社二〇〇一年版，第一四〇頁）

宋育仁（一八五八～一九三一）

《三唐詩品》

（白居易）其源出於程曉、應璩，亦參法陶公，研淡為華，琢虛成雋，雖與微之同砦輕俗，要自神清。《續古》十篇，夭條明麗，雖勁慚彭澤，高謝枚生，而挺秀緣情，正如子山擬阮，寓意微詞，清思絕徑。唯與微之贈答，少損其韻，亦緣精神相屬，動與形模也。《秦中吟》、諷喻詩，則染采王建，青藍異色，各盡其妍矣。（民國四年《問琴閣叢書五種》排印本卷二，《清詩話三編》第六八三一頁）

（工部侍郎同平章事御史大夫尚書左丞翰林院學士承旨武昌軍節度使）河內元稹，字微之，其源與香山同出一科，而氣格就衰，神情又減。《遣興》諸章，倩然苕秀，知非刻意之作。惟其璆然天籟，乃偶得之。《江陵三夢》，則潘岳悼亡，江淹清感，情至文生，古今一致。《曲江百韻》與樂天諷諭同規，《連昌》一篇，足媲《華清》、《長恨》。（民國四年《問琴閣叢書五種》排印本卷二，《清詩話三編》第六八三二頁）

智按：宋育仁，字芸子，一字芸岩，又字琴道，號道復。四川富順人。王闓運（一八三三～一九一六）弟子。光緒十二年（一八八六）進士，授翰林檢討。清末官湖北候補道，出任駐英、法、意、比四國使館參贊。入民國為國史館修纂，曾代行館長職。後任四川國學院院長。著有《說文部首訂讀》、《問琴閣叢書》等，監修《四川通志》、《富順縣誌》。生平見王樹枏《陶廬老人隨年録》卷下。《詩品》成於光緒末年，仿鍾嶸《詩品》之體評論唐代詩家，卷一論初唐詩人十五家，卷二論盛唐詩人二十八家附十三家，卷三論晚唐詩人十二家。「每品之中，略以高下部居，不由時代相次。」（自序）觀其品第高下大體允當，評論各家詩風亦名雋可取，而所述各家源出某某，則略似鍾嶸《詩品》，得失參半。其分卷牽就鍾嶸三品之格，取消中唐，「高者起列盛唐，其次統歸晚代」，將韓愈、白居易、李賀歸於盛唐，不免方枘圓鑿，未洽人意。有考雋堂刊本、《古今文藝叢書》本。參見蔣寅《清詩話考》第六三六～六三七頁。

潘飛聲（一八五八～一九三四）

《在山泉詩話》

「有情」二字，始於《陳風》。「子之蕩兮，宛丘之上兮。洵有情兮，而無望兮」。詩至齊梁，別為艷體。如無情韻，即不能謂之詩。然善言情者，以李義山爲最。昔人目白樂天爲廣大教主，余目李義山為情天教主。（《在山泉詩話》卷一，《清詩話三編》第六八七〇頁）

智按：《國朝詩人徵略二編》卷五十六引《聽松廬詩話》已云：「善言情者，以李義山為最。昔人目白樂天為廣大教主，余目李義山為情天教主。」

潘飛聲，字蘭史，別署老蘭、劍士、水晶庵道士，廣東番禺人。出身書香之家，年十四，從何藜青學詩。應廣州學海堂課卷，學長李光廷、陳澧、陳璞譽之爲「桐圃鳳雛」。光緒十三年（一八八七），應聘赴德國柏林講授漢語言文學，十六年回國，舉薦經濟特科。旅居香港十年。晚年旅居上海。少年時代醉心于鄺湛若、黄仲則、陳曇之詩。入南社，與傅屯根君劍、高天梅鈍劍、俞鍔劍華，並稱「南社四劍」。又入淞社、鷗社。與胡朴安、胡寄塵兄弟過從甚密。參與創辦《詞學季刊》，編纂《全清詞鈔》。又著詞話《粤詞雅》二卷。以詩、文、詞名于時。著有《說劍堂詩集》三卷、《飲瓊漿館駢文詞抄》、《在山泉詩話》四卷、《歸省贈言》等。事迹見鄭逸梅《南社叢談·南社社友事略》等。

況周頤（一八五九～一九二六）

《蕙風詞話》

⊙吳樂庵詠雪

吳樂庵《水龍吟·詠雪次韻》云：「興來欲喚，羸童瘦馬，尋梅隴首。有客遮留，左援蘇二，右招歐九。問聚星堂上，當年白戰，還更許追蹤否。」此詞略仿劉龍洲《沁園春》「斗酒彘肩，醉渡浙江（按，原詞作「風雨渡江」），豈不快哉。被香山居士，約林和靖，與坡公等（按，原詞作「老」），駕勒吾回」。而吳詞意境較靜。（卷二，《詞話叢編》第五册，第四四四二頁）

⊙月中桂子

程珌《洺水詞》，《西江月·壬辰自壽》首句「天上初秋桂子」，自注：「今歲七月，月中桂子下。」《織餘瑣述》謂：「此典絕新，惜語焉弗詳。」按宋舒岳祥《閬風集》，有《月中桂子記》，可與程詞印證。唯歲月不同。《記》云：「余童丱時，先祖拙齋翁夜課余讀書。會中秋，月色浩然。聞瓦上聲如撒雹，甚怪之。先祖曰：此月中桂子也，我少時常得之天台山中。呼童子就西廂天井燭之，得二升許。其大如豫章子，無皮，色如白玉，有紋如雀卵。其中有仁，嚼之作脂麻氣味。余囊之，雜菊花作枕。其收拾不盡散落磚罅甓縫者，旬日後輒出樹。子葉柔長如荔支，其底粉青色，經冬猶在，便可尺餘。兒戲不甚愛惜，徙植盆斛，往往失其所在矣。是後未之見也。每遇中秋月明，輒憶此時事。今年五十九，對月悵然。此至清之精英也。今若有此，定汲井花水咽下也。」（原注：是歲為丁丑，宋景炎二年，元至元十四年。）此事唐亦有之。《摭言》云：」垂拱四年三月，桂子降於台州臨縣界，十餘日乃止。司馬蓋誅、安撫使狄仁傑以聞，編之史册。」《南部新書》云：「杭州靈隱山多桂樹。僧曰：月中桂也。至今中秋夜，往往子墜。」《脞説》云：「張君房為錢塘令，宿月輪山。寺僧報曰：桂子下塔。遽登樹望之，紛紛如煙霧。迴旋成穗，散墜如牽牛子，黃白相間。」蓋屢見不一見，春夜亦有之矣。白香山《憶江南》云：「江南憶，最憶是杭州。山寺月中尋桂子，郡亭枕上看潮頭。」又，《虔州天竺寺》詩云：「遙想吾師行道處，天香桂子落紛紛。」皆賦此事。

（卷四，《詞話叢編》第五册，第四五〇一～四五〇二頁）

⊙程大昌韻令

近人稱壽五十一歲曰開六，六十一曰開七。程大昌《韻令》，（按：宋人稱詞為韻令，此以為調名，僅見。）《碩人生日》云：「壽開八秩，兩鬢全青。顏紅步武輕。」自注：「白樂天《開六秩詩》自注云：『年五十歲。即曰開六秩矣。』言自五十一，即為六十紀數之始也。」五十即曰開六，與今小異。（按：《彊村叢書》本程大昌《文簡公詞》載此詞自注所引白樂天注為五十一歲，非五十歲。不知惠風所據何本，或非善本，故有奪字。）（續編卷一，《詞話叢編》第五册，第四五三六頁）

⊙顧梁汾序侯刻詞

國初錫山侯氏，刻《十名家詞》，有顧梁汾序一首，論詞見地絕高。江陰金淮（武祥）粟香室重刻本，佚去此序。曩移鈔史館本《顧集》，亦未之載，亟録於此。序云：「異時長短句，自《花間》、《草堂》而外，行世者蓋不多見。明末海虞毛氏，始取《花庵》、《尊前》諸集，及宋人詞稿，盡付剞劂。其中字句之訛，姓名之混，閒不免焉。雖然，讀書而必欲避訛與混之失，即披閱吟諷，且不能以終卷，又安望其暢然拔去抑塞，任為流通也。亦園主人高情逸韻，擺落一切，顧於長短句，獨有玄賞。其所刻詩不一，而先之以詞。其所刻詞不一，而先之以十家之詞，皆藏弆善本。集中之為訛且混者絕少，真可補毛氏所未及。抑余更有取焉。今人之論詞，大概如昔人之論詩。主格者其歷下之摹古乎？主趣者其公安之寫意乎？邇者競起而宗晚宋四家，何異牧齋之主香山、眉山、渭南、遺山？要其得失，久而自定。余則以南唐二主當蘇、李，以晏氏父子當三曹，而虛少陵一席，竊比於鍾記室、獨孤常州之云。總讓亦園之不執己，不狥人，不強分時代，令一切矜新立異者之廢然返也。」（續編卷一，《詞話叢編》第五册，第四五四二～四五四三頁）

⊙王文簡倚聲集序

王文簡《倚聲集》序：「唐詩號稱極備。樂府所載，自七朝五十五曲外，不概見。而梨園所歌，率當時詩人之作，如王之渙之《涼州》、白居易之《柳枝》，王維《渭城》一曲流傳尤盛。此外雖以李白、杜甫、李紳、張籍之流，因事創調，篇什繁富，要其音節皆不可歌。詩之為功既窮，而聲音之祕，勢不能無所寄，於是溫、韋生而《花間》作，李、晏出而《草堂》興，此詩之餘而樂府之變也。詩餘者，古詩之苗裔也。語其正則南唐二主為之祖，至漱玉、淮海而極盛，高、史其嗣響也。語其變則眉山導其源，至稼軒、放翁而盡變，陳、劉其餘波也。有詩人之詞，唐、蜀、五代諸人是也。有文人之詞，晏、歐、秦、李諸君子是也。有詞人之詞，柳永、周美成、康與之之屬是也。有英雄之詞，蘇、陸、辛、劉是也。至是，聲音之道乃臻極致。而詩之為功，雖百變而不窮。」云云。僅二百數十言，而詞家源流派別，了若指掌。是書傳本絕鮮，亟節記之。（續編卷一，《詞話叢編》第五册，第四五四五頁）

智按：《倚聲集》序，見王士禛《帶經堂集》卷四十一。參見田同之《西圃詞說》，《詞話叢編》第二册，第一四一六～一四五一頁。

《眉廬叢話》

唐人飲酒貴新不貴陳。白居易詩：「綠蟻新醅酒。」儲光羲詩：「新豐主人新酒熟。」張籍詩：「下藥遠求新熟酒。」皆以新酒為言。杜甫詩：「尊酒家貧只舊醅。」且於酒非新醅，深致歉仄。李白詩：「吳姬壓酒勸客嘗。」白以飲中仙稱，而嘗吳姬新壓之酒，尤為酒不貴陳之確證。白又有句云：「白酒新熟山中歸。」（《東方雜誌》第十二卷第二期，一九一五年）

歸安嚴九能生而識字，四歲作書徑尺，有規矩，十齡于屏風上為四體書，擅其藝者莫能及，號為嚴氏奇童。昔白香山七月識「之、無」，元王恂三歲識「風、丁」，蓋亦經人指授，且僅識此二字耳。若夫生而識字，則嚴先生而外，未之有聞。先生父樹萼，聚書至數萬卷，其涵育有自來矣。（《東方雜誌》第十二卷第六期，一九一五年；山西古籍出版社一九九五年版《眉廬叢話》）

白香山詩：「小頭鞵履窄衣裳，天寶末年時世妝。」杜牧詩：「鈿尺裁量減四分，碧琉璃滑裹春雲。」北宋徐積詠蔡家婦云：「但知勤四支，不知裹兩足。」（按宋時盛行弓足，徐詩云云，即已薄爲陋俗矣。）《花閒集》詞云：「慢移弓底繡羅鞵。」（吳衡照《蓮子居詞話》云：婦人纏足，見詠於詞始此。劉熙《釋名》：晚下如烏，其下晚晚而危，婦人短者著之，今人緣以爲高底之製，即古重臺履也。）宋趙德麟《商調蝶戀花》云：「繡履彎彎，未省離朱戶。」（按繡履彎彎，則是弓鞵矣。趙詞演雙文事，元微之作《會眞記》，及《古豔雜憶》、《夢游春》等詩、白居易、杜牧、沈亞之、李紳，皆有酬和之作，於崔氏之一肌一容，靡不極意橅寫，而略不及足。唯微之《夢游春詞》有云：「叢梳百葉髻，金蹙重臺履。」未可据爲弓足之證也。趙詞云云，殆以宋時習尚例唐人耳。）劉龍洲有《沁園春》詞詠美人足。洛浦淩波云云。（《東方雜誌》第十二卷第八期，一九一五年）

《餐櫻廡隨筆》

白香山詩《同諸客嘲雪中馬上妓》句云：「雪裏君看何所似，王昭君妹寫真圖。」後人據此，遂謂昭君有妹。蕙風曰：「昭君有妹，事無足異。唯是昭君曾經出塞，故有雪中馬上之説，詎其妹亦曾出塞耶？是詩殆比況之詞，謂夫畫中情景與昭君出塞相同。則馬上之人，竟似昭君之妹耳。」

白樂天《修香山寺記》曰：「予與元微之定交生死之間，微之將薨，以墓誌文見托。既而元氏之老，其臧獲、輿馬、綾帛，洎銀案、玉帶之物，價當六七十萬，為謝文之贄。予念平生分，贄不當納，往反再三，訖不得已，回施兹寺。凡此利益功德，應歸微之。」云云。按：一墓誌文而以七十萬為贄，唐人重潤筆至是，可以為侈矣。杜少陵詩《聞斛斯六官未歸》云：「故人南郡去，去索作碑錢。本賣文為活，翻令室倒懸。荊扉深蔓草，土銼冷疏煙。老罷休無賴，歸來省醉眠。」（《東方雜誌》第十三卷第七期，一九一六年）

王獻之妾名桃葉，見《古今樂録》。白香山妾亦名桃葉。香山詩有云：「太湖石上鐫三字，十五年前陳結之。」結之，桃葉字。（《東方雜誌》第十三卷第十期，一九一六年）

白、杜二公時代相距不數十年，胡豐嗇迴殊若是。意者，斛斯藻翰，遠遜香山，唯是少陵故人，固宜健者，抑或囑其作碑之人家世不逮元氏。然既有泐碑刻銘之舉，即亦非甚簡陋之家。昔人嘗謂唐宋文人，為巨公掩，湮沒不彰者，不知凡幾。以此觀之，即其及身遭際，已有窮達之不同，可知聲氣之習入人甚深，而寒士謀生之大不易矣。（山西古籍出版社一九九五年版《餐櫻廡隨筆》）

智按：況周頤，原名周儀，避宣統溥儀諱改，字夔笙，一作夔生、葵生，號梅癡、玉梅詞人、蕙風、蕙風詞隱等，人稱況古、況古人。臨桂（今屬廣西桂林）人。原籍湖南寶慶。光緒五年（一八七九）舉人，官内閣中書，南歸後，兩廣總督張之洞（一八三七～一九〇九）、端方（一八六一～一九一一）先後延之入幕。在北京，與同鄉王鵬運（一八四八～一九〇四）交，寢饋詞學五年，同問詞於端木埰，工於詞論，有《蕙風詞話》，標舉「重、拙、大」之旨。晚年居上海，與朱祖謀（一八五七～一九三一）切磋詞藝，轉重守律。有詞九種，合刊爲《第一生修梅花館詞》，後删定爲《蕙風詞》一卷。生平事迹見龍榆生《清季大詞人況周頤》、馮幵《況君墓誌》。

李盛鐸（一八五九～一九三七）

《木犀軒藏書題記及書録》

⊙白氏文集

七十［一］卷（唐白居易撰），日本舊刊本。［日本元和（明萬曆天啓間）那波道圓活字印本（卷一至一二，日人校有缺文及抄配）］

半頁九行，行十六字。前有元微之序；末陶穀撰《龍門重修白樂天影堂記》，又日本那波道圓刻書序。（張玉範整理《木犀軒藏書題記及書録》，第二六八頁）

智按：李盛鐸，德化（今江西九江）人。歷任清朝翰林院編修、國史館協修、江南道監察御史、内閣侍讀大學生、京都大學堂京辦、順天府府丞、太常侍卿、出使各國政治考察大臣、山西布政司、陝西巡撫等。民國後，任大總統顧問、參政院參政、農商總長、參政院議長、國政商権會會長等。

陳鋭（一八六〇～一九二二）

《褏碧齋詩話》

巴陵吳鳳孫（獬），乙未進士，選江西知縣，改教職。豐才博學，兀募自喜，詩格在玉川、白傅之間。尤善飛白，作漢印絕佳。余函索，鉤吳作詩曰：

「金陵逢伯弢，猥使定所制。譬如離婁公，乃索師曠視。馮驩故驩然，誇張容我事。江流無往還，雲泥有稽滯。已分鄙吝胸，永隔溫雅致。今者過聽誰，書來索我字。我字如我詩，不在工拙次。孟公酒甕多，持覆聊可試。」

「一自乾元太極分，虚空不盡是浮雲。東鄰實錫西鄰福，南斗胡移北斗文。眼見倮蟲成羽化，頗聞曜魄托靈氛。生天墮地隨人取，莫怪幢幡降破軍。」（一）「江河東望去滔滔，細溯根源載筆勞。泉府禍胎起《周禮》，《風》詩變體出《離騷》。清心只有華陽磬，斷欲須求日本刀。無上菩提誰證得，一微塵裏任遊遨。」（二）「羲和一日一輪周，天外天猶剩幾州。七十妻休彭祖笑，八千歲尚大椿憂。但憑雨若還陽若，莫問人謀及鬼謀。貪睨黄金思補腦，漸離先已矐雙眸。」（三）「黄帝垂裳三百年，崆峒證道是真仙。驅將禹益圖山海，簡得重黎絕地天。鏡裏寒芒流作電，鼎中丹汞淨無煙。如何朽爛蚩尤骨，卻化參旗斗畔懸。」（四）「水國從來罔象多，洗兵安得挽天河？漫漫長夜何時旦，嫋嫋秋風幾作波。不信蜃樓迷許令，且聽蠹桂進臣佗。横流自有蘆灰止，萬古神靈一女媧。」（五）「大瀛海外幾滄桑，兩戒誰分作井疆。樂土只須安笠澤，怒潮休望近錢塘。胡麻可許劉晨飽，梅萼空留鄧尉香。越曲吳謳從倡和，釣竿收得付嚴光。」（六）「誰使南溟羊角摶，鮫人涙共露珠團。九天蒲璧勳焉往，十載槐柯夢已闌。傀儡登場還鼓樂，猢猻過市且衣冠。伏波銅柱聞猶在，速檄樓船下鱷灘。」（七）「好去深山采茯苓，黄庭不煉太陰形。朝霞冉冉丹爐啟，玉露沈沈禁鑰扃。下土有臣皆蟣虱，朱甍誰主亦蟭螟。蟠桃孰待三千歲，海島何勞説《算經》。」（八）「曾登日觀望扶桑，貝闕珠宫總渺茫。但見丹青圖北苑，誰將磷火問東方，淳于柯畔多殊貴，元亮籬邊辦久忘。一樣人間聯眷屬，劉安雞犬故尋常。」（九）「丹爐那用護靈台，處處安排守禦才。雞桀但期狸且去，羊頭未爛蟻齊來。偷桃有地容方朔，害馬何人問大騩。卻笑令威不解事，翻將幻化惹疑猜。」（十）「虞夏黄農孰子孫？神明皂隸總休論。咸陽市上貂何賤，白帝城中蛙最尊。天馬來從渥窪水，西施近在苧蘿邨。卅年一世須臾事，那見丹砂萬載存。」（十一）「觸蠻何事日爭蝸，不道吾生固有涯。塵世三元誰作限，真人四海總為家。好從弱水瞻王母，莫向飛天逐夜叉。萬古千秋黄赤道，百靈龕聚擁羲車。」（十二）「千歲黄河亦有清，東南那見不周傾。天如倚杵如何限，月有重輪乃倍明。廿九篇猶通海舶，五千文自照曾城。靈璈一振群魔息，何物鵂鶹敢作聲？」（十三）「倚杖高瞻輿井芒，石鯨鱗甲氣飛揚。昆明竟自趣南海，筇竹何時過夜郎？幾處兒童爭舞了，千年圖讖説彭亡。遺殃欲把徐宫責，孽卵收來作偃王。」（十四）「未向軒皇受握機，積薪且使學攻圍。南風吹熱天應厭，東井占多象久非。柱下青牛何處去，隴頭鸚鵡幾時歸？金山銀渚都休問，獨感清涇澣血衣。」（十五）「自顧朱顔老變童，一靈龍虎任相攻。鼠肝蟲臂胡求活，玉篆金章乃怕窮。未必枯楂能犯斗，可知退鷁亦因風。幾番入海求仙藥，只在韓康卜市中。」（十六）「謹閉玄關在息機，黄芽守住一陽微。五材並用金先試，萬象皆春水急歸。莫聽魚龍誇曼衍，請從鸞鳳覲光輝。倚天自有青虹劍，肯使邪魔竊藥飛。」（十七）「六鼇出海五雲蒸，閶闔齊開到九層。上帝春秋非甲子，中天日月自升恒。金龜無用聊償酒，玉麈何能只逐蠅。堪歎眾生耽刲火，不思内熟飲寒冰。」（十八）「幾度天漿挹斗杓，箏琶可奈耳根撩。朝陽一鳳原非鷃，幽谷叢蘭或變蕭。合從功宜毛遂讓，封侯賞不魯連邀。浮邱道我仙緣淺，未盡消除貧賤驕。」（十九）

以上陳雪廬先生寓言詩，自注云：「中有太尖薄處，矢在弦上，不得不發耳。」又《無題》二首云：「豔豔深池曲曲廊，不教漏泄芰荷香。天孫七夕新呼渡，宋玉東鄰舊隔牆。漢渚何曾遺玉佩，藍橋且自乞瓊漿。盈庭都説鴛鴦好，獨望昆明憶武皇。」「還丹何處問容成，石火光中烈焰生。斑竹自流長別淚，征鴻忽作合歡聲。金猊霧散迷三島，玉漏籌添閏六更。所恃天公不呵禁，從他曼倩溺階楹。」又《書事》二首云：「一自罡風下九閽，遙看白帝蓐收蹲。青蠅猶自趨餘熱，黄犬何曾識舊恩？漫遣巫咸招怨魄，且教賈誼拭啼痕。甘心笑駡殘骸換，詎意身名兩不存。」「禦風列子特泠然，直導飛廉到海邊。霹靂聲威驚一震，蟲沙哀怨感三年。塵中車馬知填市，夢裏笙歌尚在筵。卻是趙高最儌幸，領將厲鬼作頑仙。」按先生名世榕，皖人。嘉慶丙子鄉舉，由進士官部曹。洪、楊亂後，流落江湘。同治癸亥，主講吾邑朗江書院。時年已九十，白髮紅顔，猶攜二妾，而狂氣未除，恒面可否人。邑人楊性農駕部，頗負時譽。先生謂之曰：「君散文尚潔，詩則未也。」又熊校官某與同飲，知其耳聾，謂座客曰：「此老每非朱子，但所談經義，何一非朱子稿中所塗抹語。」先生問何言，熊默然。先生曰：「汝何不言，大抵鳳皇鳴噦，麻雀子也是要叫底。」其不少寬假如此。時先君執贄其門，獨見稱賞。嘗語先君曰：「文中嬉笑怒駡，不可過多，恐房考官不汝薦也。」後先君四十六歲始登鄉舉。又邑人劉采九觀察，偶代人作課文。先生曰：「制藝至此，雖額設一人，猶須中雋。」先君曰：「此君已中矣。」先生曰：「且須中進士。」凡被其題品者，當時有神仙之目。此詩如「萬古神靈一女媧」，「月有重輪乃倍明」，蓋指兩宮垂簾。「南溟羊角」，指英夷犯闕。「東方磷火」，「觸蠻爭蝸」，皆有所指。《無題》詩刺某將於文宗升遐後納妾。「獨望昆明憶武皇」，追念先帝也。迨其人被劾，乃有《書事》二首。想見此老胸中，骯髒磊落，雖道學精而氣猶未平矣。其後云應聘修皖志，不知卒於何年，亦不知有刊藁否。此就先君日記中急録出之。（《民國詩話叢編》第二册，第七三～七五頁）

智按：陳鋭，字伯弢，武陵（今湖南常德）人。有《裒碧齋集》（民國十九年夏敬觀輯刊）。

端方（一八六一～一九一一）

《王蓬心墨妙册》

畫幀紙本高七寸八分，寬九寸六分，水墨畫，凡十幀，深秀澹遠，直入宋元諸大家之室。

第六開。

卧房堦下插魚竿。

用雲林筆意寫白香山句。朱文。（《壬寅銷夏録》不分卷，《續修四庫全書》影印中國文物研究所文物資料信息中心藏稿本）

《洛社耆英會圖卷》

耆英會圖，篆書引首。

太僕寺丞四明金湜篆。

畫幅絹本，序高一尺，寬四尺八寸，圖高一尺，寬四尺九寸，白描人物。

耆英會序（下略）（《壬寅銷夏録》不分卷，《續修四庫全書》影印中國文物研究所文物資料信息中心藏稿本）

《大清光緒新法令》

初等小學堂讀古詩歌，須擇古歌謠及古人五言絕句之理正詞婉，能感發人者，惟只可讀三四五言，句法萬不可長。每首字數，尤不可多。遇閒暇放學時，即令其吟誦，以養其性情，且舒其肺氣，但萬不可讀律詩。高等小學堂、中學堂，讀古詩歌五七言均可，高等小學仍宜短篇，中學篇幅長短不拘，亦須擇其詞旨雅正，而音節諧和者，其有益於學生與小學同，但萬不可讀律詩。學堂內萬不宜作詩，以免多占時刻，誦讀既多，必然能作，遏之不可，不待款也。小學、中學所讀之詩歌，可相學生之年齒，選取通行之《古詩源》、《古謠諺》兩書，并郭茂倩《樂府詩集》中之雅正鏗鏘者（其輕佻不莊者勿讀），及李白、孟郊、白居易、張籍、楊維楨、李東陽、尤侗諸人之樂府，暨其他名家集中之樂府有益風化者讀之。又如唐宋人之七言絕句，詞義兼美者，皆協律可歌，亦可授讀，皆有合於古人詩言志，律和聲之旨，即可通於外國學堂唱歌作樂和性忘勞之用。（《大清光緒新法令》，清宣統上海商務印書館刊本）

智按：端方，字午橋，號匋齋，滿洲旗人。光緒壬午（一八八二）舉人，官至直隸總督，罷，再起，候補侍郎，署四川總督。殉難，謚忠敏。

高凌雯（一八六一～一九四五）

《讀詩杂感》（四十首）

牢騷未必無佳詠，曠放終須待晚年。達若樂天初作尉，府門猶自感新蓮。（其三十二）

學罷吳歈又楚腔，誰知鴂舌是蠻邦。中原大有詩人在，價滿雞林總未降。（其三十三）（《萬首論詩絕句》第三册，第一三〇六頁）

智按：高凌雯，字彤皆，天津人。光绪十九年（一八九三）舉人，曾任國子監候補博士、學部普通司主事。早年留意興學。一九〇一年與林墨青、王小鐵諸人，就城西稽古書院遺址，創立普通學堂。修《天津縣新志》二十八卷。著有《過江集》一卷（附讀詩雜感四十首，民國刻本）、《剛訓齋詩文集》、《志餘隨筆》、《氈推記》、《天津士族科名譜》、《一録》，輯有《天津文匯》、《天津詩人小集》（十二種）等。

張德瀛（一八六一～？）

《詞徵》

⊙宋人用花非花詞

白太傅《花非花》詞：「來如春夢不多時，去似朝雲無覓處。」此二語歐陽永叔用之，張子野《御階行》、毛平仲《玉樓春》亦用之。（卷一，《詞話叢編》第五册，第四〇八二頁）

⊙菩薩蠻

菩薩蠻，或作菩薩鬘。《杜陽雜篇》云：宣宗大中初，蠻國人入貢，危髻金冠，瓔珞被體，故謂之菩薩蠻。白太傅諷諭詩：「玉螺一吹雅髻聳。銅鼓千擊文身踴。珠瓔炫轉星宿搖，花鬘斗藪龍蛇動。」蓋指此也。（卷一，《詞話叢編》第五册，第四〇九一頁）

⊙霓裳羽衣曲

唐開元時，有霓裳羽衣舞，並霓裳羽衣曲。曲則西涼節度使楊敬述所造，玄宗從而潤色之。故王仲初《霓裳詞》、白太傅《霓裳歌》，皆筆於篇，以紀其事。歐陽永叔《詩話》云：「今教坊尚能作其聲，其舞則廢而不傳。人間又有望瀛府、獻仙音［沈存中雲，屬燕部。］二曲云，此其遺聲也。」周公謹謂霓裳一曲，共三十六段，是能作其聲之一證。宋太宗時舞隊，其第五隊曰拂霓裳隊，或仍仿唐制也。詞調之拂霓裳及霓裳中序第一義，蓋本此。元微之云：散序六遍無拍，故不舞，中序始有拍，亦名拍序。（卷一，《詞話叢編》第五册，第四〇九二頁）

⊙六么

王灼《碧雞漫志》云：六么一名綠腰，［《吐蕃傳》云：奏涼州、胡渭、綠腰、雜曲。綠腰之名始此。］一名綠要。段安節《樂府雜録》云：樂工進曲，上令録其要者。［據此則知録要之名，貞元中德宗所定者也。］此曲內一迭名花十八，前後十八拍，又四花拍，共二十二拍，曲節抑揚可喜，舞亦隨之。《墨莊漫録》亦云：六么曲有花十八，今夢行雲詞調，别名六么花十八。張斗南宮詞「奏罷六么花十八」，歐陽永叔詞「貪看六么花十八」，謂歌聲與舞態也。《演繁露》云：唐有新翻羽調緑腰，［蔣竹山詞「羽調緑腰彈遍了」可證。］以曲有高平吕調。考緑腰凡四曲，高平吕調其一耳。毛稚黄謂緑腰一名樂世，蓋依白太傅詩集編列，它家無之。（卷一，《詞話叢編》第五册，第四〇九三頁）

⊙中管

中管聲在前後二律間，且與前律同出一孔，以之制調，或病音韻重複。考十二律中，惟五宮稱中管。太簇宮有，則大吕宮、夾鍾宮無。姑洗宮有，則夾鍾宮、仲吕宮無。蕤賓宮有，則仲吕宮、林鍾宮無。南吕宮有，則夷則宮、無射宮無。應鍾宮有，則無射宮、黄鍾宮無。《樂髓新經》云：與前律同字者，加中管二字别之。淩次仲《燕樂考原》云，南吕商高於夷則音一律，故謂之中管林鍾商。餘當準此。推之徐新田管色考，謂銀字與中管相為對待，中管乃高調，銀字乃平調。並引尉遲青説及白太傅詩以證之，然則中管又為應律之器矣。（卷二，《詞話叢編》第五册，第四一一五～四一一六頁）

⊙四聲可變通

唐人詩所用四聲，每有變通，不盡依本音者。李昌谷詩「請上琵琶弦」，琵字以平作入。［白香山詩「金屑琵琶槽」，方雄飛詩「語慚不及琵琶槽」，王龜齡詩「清音下瞰琵琶洲」，蘇子瞻詞「小蓮初上琵琶弦」，並同。］杜少陵詩「恰是春風相欺得」，欺字以平作入。［思必切。］白香山詩「歸來無淚可［集中自注：可紇反。］求戰巾」，可字以上作入。元微之詩「三省詎行怪」，怪字以去作平。李義山詩「簟冰將飄枕」，冰字以平作去。王仲初詩「緑窗紅燈酒初醒」，燈字以平作去。杜牧之詩「南朝四百八十寺」，十字以入作平，繩知切。［白香山詩「紅闌三百九十橋」，陸放翁《老學庵筆記》謂十轉平聲，可讀為諶。趙德麟《西江月》詞「我生魔了十年」，十皆作平。］又香山詩「當時綺季不請錢」，請字以上作平。［劉氏《碎金》云：廣韻下平十四，清、請，疾盈切，受也。］自是而宋詞沿其例矣。（卷三，《詞話叢編》第五册，第四一二六頁）

⊙補綴用字之法

殺，所下切，大也，疾也。白香山詩「東風莫殺吹」。又通煞，極也。溫飛卿詞「愁殺平原年少」。秦少游詞「瘦殺人天不管」。朱子答陸子靜論無極書「太煞分明」。石次仲詞「雨兒又煞」。（卷三，《詞話叢編》第五册，第四一二九頁）

被，為其所如何也。白香山詩「常被老元偷格律」。（卷三，《詞話叢編》第五册，第四一三一頁）

智按：張德瀛，字采珊，號巽父，别號山陰道上人，番禺（今屬廣東廣州）人。張立鏞之子。光緒十七年（一八九一）舉人。著有《耕煙詞》五卷（含《阮俞笛譜》、《空中語》、《畫禪外篇》、《擊劍録》、《紉蘭剩稿》各一卷）、《詞徵》六卷、《中國文學史》一卷等。

劉錦藻（一八六二～一九三四）

《清朝續文獻通考》

白香山年譜一卷。汪立名撰。立名，字西亭，安徽歙縣人。（《皇朝續文獻通考》卷二百六十四經籍考八，《續修四庫全書》影印民國商務印書館影印十通本）

《彊村叢書》一百七十三種二百六十二卷。朱孝臧編。孝臧原名祖謀，字古微，號彊村，浙江歸安人。光緒癸未傳臚，官至禮部侍郎。臣謹案，詞興於唐，昌於宋，而盛於元。五百年間，作者蔚起。幾經桑海，集多散亡。欲延墜緒於一線，非就僅存之帙，精校傳刻不可。孝臧工詞，夙有是志。辛亥以後，隱居多暇，乃讎訂所藏詞，賡續刊行，證律紬文，惟精惟實，自唐迄元，得百餘家，二百六十二卷，為海虞毛氏後之一大結集，可謂富矣。彊村者，孝臧祖居埭溪，在上彊山麓，唐白居易詩所謂：「惟有上彊精舍寺。」即其地也。孝臧取以自號，因以名其書焉。（《皇朝續文獻通考》卷二百七十三經籍考十七子雜家，《續修四庫全書》影印民國商務印書館影印十通本）

《藤香草堂詩鈔》四卷《續鈔》四卷。薛時雨撰。時雨見子部類書類。

臣謹案，時雨詩學白傅，循良作吏，風雅宜人，而急流勇退，殊能於聖湖堤上脫去俗塵也。(《皇朝續文獻通考》卷二百八十經籍考二十四詩集下，《續修四庫全書》影印民國商務印書館影印十通本)

臣謹案，詞之長短句，萌芽於詩《三百篇》，漢之樂府，亦皆協律。唐李白之《菩薩蠻》、白居易之《竹枝》、張志和之《漁父》，載之詩集，不別為一體。迨乎五季，詞格大成。馮延巳之陽春詞，厘為別集；趙崇祚之《花間集》，匯為總集。自宋元以來，詞家林立。國朝朱彝尊裒集諸家成《詞綜》一書，沿流溯源，頗稱美備。厥後王昶為《國朝詞綜》，黃燮清為《國朝詞綜續編》，踵事增華，亦足見風人餘派。始知我朝詞學盛於往時，但《皇朝通考》之例，除已見別集詩集者，不再搜采，以免駢枝。玆者略加變通，凡國初大家，擇其尤雅者，再行登載，亦藉以考見一朝詞學淵源焉。(《皇朝續文獻通考》卷二百八十一經籍考二十五歌詞，《續修四庫全書》影印民國商務印書館影印十通本)

智按：劉錦藻，原名安江，字澄如，吳興（今浙江湖州）南潯鎮人。南潯首富劉鏞次子。光緒二十年（一八九四）進士，授戶部主事。曾興辦鐵路、輪船等實業，又曾遍游南北名山。二十七年出資助賑陝西災民，依例授四品京堂候補銜。同年寫成《清續文獻通考》進呈，賞內閣侍讀學士銜。一九二五年出巨資修復清東陵，溥儀贈「溫仁受福」匾額。辛亥革命後以遺老自居，在青島築靜寄廬，在杭州西湖築堅匏別墅。喜藏書，在吳興建嘉興堂藏書。其子劉承幹承其志，其藏書目錄為《嘉業堂藏書志》。

姚永樸（一八六二～一九三九）

《文學研究法》

《唐書・文藝傳序》云：「唐有天下三百年，文章無慮三變。高祖太宗，大難初夷，沿江左遺風，絺章繪句，揣合低昂，故王楊為之伯。玄宗好經術，群臣稍厭雕琢，索理致，崇雅黜浮，氣益雄渾，則燕許擅其宗。是時唐興已百年，諸儒爭自名家。大曆、貞元間，美才輩出，擩嚌道真，涵泳聖涯，於是韓愈倡之，柳宗元、李翺、皇甫湜等和之，排逐百家，法度森嚴，抵轢晉魏，上軋漢周，唐之文章，完然為一王法，此其極也。若侍從酬奉，則李嶠、宋之問、沈佺期、王維，制册則常袞、楊炎、陸贄、權德輿、王仲舒、李德裕。言詩則杜甫、李白、元稹、白居易、劉禹錫，譎怪則李賀、杜牧、李商隱，皆卓然以所長為一世冠。其可尚已。」（上海商務印書館民國八年排印本卷二）

昔王阮亭《古詩選》云：「詩至工部，集古今之大成，百代而下，無異詞者。七言大篇，尤為前所未有，後所莫及。蓋天地元氣之奥，至杜而始發之。」「杜七言千古標準，自錢、劉、元、白以來，無能步趨者。貞元元和間學杜者，惟韓文公一人耳。」（上海商務印書館民國八年排印本卷二）

神者，人功與天機相湊泊，如卜筮之有繇辭，如《左傳》諸史之有童謠，如佛書之有偈語，其義在可解不可解之間。古人有所託諷，如阮嗣宗之類，故作神語以亂其辭。唐人如太白之豪，少陵之雄，龍標之逸，昌谷之奇，及元、白、張、王之樂府，往往多神到機到之語。即宋世名家之詩，亦皆人巧極而天工錯，徑路絕而風雲通，蓋必可與言機，可與言神，而後極詩之能事。（上海商務印書館民國八年排印本卷三）

智按：出自《曾國藩日記·同治七年四月廿九日》。

姚永樸，字仲實，晚號蛻私老人，桐城（今屬安徽）人。祖父姚瑩，姊丈馬其昶。光緒七年（一八八一）家貧，赴湖口縣授經。光緒二十年，順天鄉試舉人。客鳳陽王鼎丞觀察署中，修《兩淮鹽法志》。光緒二十六年，其父病逝。次年，遠赴廣東信宜縣，任起鳳書院山長。宣統二年二月，應北京大學之聘，任文科教授。趙爾巽聘爲清史館纂修，一九一七年辭去北京大學教職。入蕭縣徐樹錚創辦之正志學校講學。一九二一年南歸。一九二六年，應國立東南大學之聘任教授。一九二八年秋，安徽大學聘爲教授。著有《尚書誼略》、《叙録》、《群書答問》、《諸子考略》、《群經考略》、《群儒考略》、《小學廣》、《史記約選》、《十三經述要》、《文學研究法》、《史學研究法》、《史學舉要》、《歷朝經世文鈔》、《初學古文讀本》、《論語解注合編》等。

張燮恩（一八六三 ~ ?）

《掬緑軒詩話》

元稹與白樂天齊名，當時稱為元白。張籍與王建友善，當時稱為張王。兹四人者，皆善作樂府體也。然清王漁洋詩曰：「元白張王皆古意，不曾辛苦學妃豨。」時人以為定評。（《掬緑軒詩話》卷一，揚州大學圖書館藏手稿本；韓芳、黄强《稿本〈掬緑軒詩話〉校訂》，載《中國詩學》第十六輯，人民文學出版社，二〇一二年六月，第二二三頁）

智按：張燮恩，原名錫恩，字施齋，一作斯齋，號艾人，晚號四九，江都（今屬江蘇）人。光緒十九年（一八九三）後累應鄉試不第，宣統二年（一九一〇）館于龍川梅氏。宣統三年考取歲貢。有《斯艾詩文集》。其《掬緑軒詩話》成於民國四年（一九一五）之後。

李希聖（一八六四 ~ 一九〇五）

《亂離一首仿元白體示頌年叔進兩太史》

亂離重說太平年，宣武城南二月天。崇效寺中尋芍藥，陶然亭畔弔嬋娟。九衢車馬如流水，百戲魚龍過禁煙。歷歷舊時歌舞地，為君寫入《七哀篇》。（《雁影齋詩存》，《清代詩文集彙編》影印清光緒三十一年京師刻本，第七八九册，第三五二頁；《民國詩話叢編》第二册，第一七九頁）

《論詩絕句四十首》（之十五）

諷諭篇篇近正聲，秦中吟詆杜君卿。昌黎實録真顛倒，獨為元臣賦永貞。（《雁影齋詩存》，《清代詩文集彙編》影印清光緒三十一年京師刻本，第七八九册，第三七一頁；《萬首論詩絕句》第四册，第一五七九頁）

智按：李希聖，字亦元，號卧公，湘鄉（今屬湖南）人。光緒十八年（一八九二）壬辰進士，官刑部主事，薦舉經濟特科。有《雁影齋詩》。

丘逢甲（一八六四～一九一二）

《題王曉滄廣文鷓鴣村人詩稿（三首其一）》

晏坐深巷中，門少車馬跡。窮愁借詩遣，八極困揮斥。故人有王子，時作坐上客。王子之於詩，嗜酷久成癖。饑寒不自念，淵響出金石。昨持牛腰卷，示我平生獲。開卷王孟語，神似非刻畫。有時寫酒意，幾闖元亮席。詠歎發長言，間竟入元白。短章不經意，乃墜宋賢格。寒齋把卷誦，斜陽澹將夕。牆頭數點山，時露海天碧。（《嶺雲海日樓詩鈔》卷四戊戌稿，清光緒二十四年，《續修四庫全書》影印民國鉛印本；上海古籍出版社一九八二年版，第七九頁；安徽人民出版社一九八四年版，第八一～八二頁）

《題丘園雅集圖》

東園西園醉未已，大雅小雅材幾何？元白即看壓俱倒，丹青相與存不磨。桃花流水客停棹，棋局空山樵爛柯。此樂圖之豈易得，敢辭留戀佛所呵！（丘園在順德，丘詒桐之家園也。）（《嶺雲海日樓詩鈔》卷八辛丑、壬寅稿，清光緒二十七、二十八年，《續修四庫全書》影印民國鉛印本；上海古籍出版社一九八二年版，第一九六頁；安徽人民出版社一九八四年版，第二〇一～二〇二頁）

《新樂府四章都門著涒吟社題》

⊙留海髮

薙髮令行二百年，乃有斷髮新少年。奈何當斷不斷，後垂長尾，而留短鬣當其前。嗟汝半邊頭，笑殺蓬頭仙。蓬頭仙人劉海蟾，匪仙而妖，不女不男，匪蟾而兎一笑堪。雄兎撲朔，雌兎迷離。妾髮覆額，爲天下雌。郎髮亦覆額，問郎將何爲。

⊙花賑會

聞災而喜，以賑爲利。海上善士，萬貫解纏。以賑爲名，其貴可卿。不爲利名，爲民疾苦。灼灼羣花，式歌且舞。西北苦旱，爲雲爲雨。汝爲神女，東南苦澇。蘆灰止水，汝爲女媧。瑣骨觀音，捨身救世。摩登迦室，爲此善會。何以報之，祝花萬歲。

⊙萬牲園

中國所有畢羅致，中國所無求海外。力爲禽獸造世界，神禹所驅今復聚。毛蟲羽蟲大和會，除却鳳麟無不至。嗟哉夥頤萬其類，無良無猛，無蠢無靈。胥目曰牲園吏，按册皆可呼其名。食粟者粟，食肉者肉，爾雖不能言，無不得所欲。文禽武獸前後補，京朝之官半寒苦。人言員外郎，不及園中虎。况爾窮民滿天下，安能上與檻猿籠鶴伍。古來靈囿何足言，天荒地老有此園。長安夜半西風起，啼呼如在山林間。

⊙濟良所

濟良所，濟幾何，長安落花日日多。不忍落花付流水，欲落不落扶之起。今日園中桃，昨日道旁李。還汝自由自今始，噫戲乎！嗟哉羲軒子孫奴隸矣，更復漂流海外作人豕，可哀豈獨兒女子。濟良所，奈何許。（《嶺雲海日樓詩鈔》卷十一，《續修四庫全書》影印民國鉛印本，第一五七六册，第七一三頁）

智按：丘逢甲，原名秉淵，字仙根，又字仲閼、吉甫，號蟄仙、蟄庵，別號南武山人、倉海君，自署東海遺民、臺灣遺民，民國後以倉海為名。先世由閩之上杭，遷鎮平（今廣東蕉嶺），故亦署蕉嶺人，室名念臺。生於臺灣苗栗，移居彰化。光緒十五年（一八八九）進士，授工部主事。無意仕進，返臺講學於臺中、臺南諸書院。甲午戰爭時組織義軍抗日，堅決反對清政府割臺，倡建臺灣民主國，被舉為副總統、大將軍，率軍民守土保臺，事敗內渡。在粵興辦教育，任廣東教育總會會長、廣東諮議局副議長等。辛亥革命後曾任廣州軍政府教育部長、南京臨時政府參議。其早年所著《柏莊詩草》已不傳，僅連橫《臺灣詩乘》等録存若干首。乙未（一八九五）內渡後所作集名《嶺雲海日樓詩鈔》，丘瑞甲、丘兆甲編輯。生平事迹，見丘瑞甲《先兄倉海行狀》、丘復《倉海先生墓誌銘》、江瑔《丘倉海傳》、丘琮《倉海先生丘公逢甲年譜》。其《海軍衙門歌同溫慕柳同年作》慨歎清政府海軍耗費鉅資而不堪一擊，《老番行》描寫政府對新舊僑民之不平待遇，老番民之悲慘生活，頗似白居易新樂府。

葉德輝（一八六四～一九二七）

《江叔海觀察備兵河南，重修白太傅墓，建亭其傍，署曰白亭。長沙王葵園閣學爲撰記，屬余作歌綴其後》

白公教主詩壇伯，江侯亦是圖中客。前年觀察到河南，與民生息開阡陌。巡行駐節洛陽城，詩編長慶追元白。白公有墓在香山，崎嶇石徑難躋攀。當年生壙留銘志，千秋魂魄栖禪關。墓傍古寺前朝起，斜對龍門面伊水。河聲嶽色日前橫，暮春景物天時美。行人到此欲停驂，恨無停館堪憑止。江侯對此心目開，鳩工拓地躬庀材。經營自出私囊粟，一亭旦夕成崔嵬。公餘退食宴嘉客，夕陽痛飲傾新醅。官居兩載添詩草，衙齋日日春光好。一聲鼙鼓震中原，東南瓦解黄巾擾。清風拂袖促行裝，乞身且喜歸休早。辭家久客去長汀，京國相逢白髮星。開元百官各烟散，重來止見西山青。香山遠隔一千里，欲尋九老皆鴻冥。題碑曾托葵園記，平生政績稱兵備。我雖未作入洛人，夢想八灘石奇恣。欲隨婪尾惜春遲，醉吟不得成長醉。江侯笑我轅下駒，廿年貪食松江鱸。不知河鯉勝珍錯，不見寺僧供伊蒲。持杯謔浪忽相覷，止酒再看嵩洛圖。（張晶萍校點《葉德輝詩文集》第二册，第五五五頁；印曉峰注解《葉德輝詩集·于京集》，第四四五頁）

智按：「寺僧」原作「僧寺」，據葉德輝手跡（見《片玉碎金》，中華書局，二〇〇九年六月，第一七六頁）改。

《書林清話》

⊙書有刻板之始

書有刻本，世皆以為始於五代馮道。其實唐僖宗中和年間已有之。據唐《柳玭家訓序》（諸書稱引多作《柳玭訓序》，無家字，此殿本《薛五代史》、《唐書·明宗紀》注引）云：「中和三年癸卯夏，鑾輿在蜀之三年也。余為中書舍人，旬休，閲書於重城之東南，其書多陰陽雜記、占夢、相宅、九宫五緯之流，又有字書、小學，率雕板印紙，浸染不可曉。」是為書有刻板之始。先六世祖宋少保公《石林燕語》八云：「世言雕板印書始馮道，此不然。但監本五經板道為之爾。」《柳玭訓序》言其在蜀時，嘗閲書肆。云：「字書小學，率雕板印紙。」則唐固有之矣，但恐不如今之工。此雖節載《訓序》之文，固信以為唐有刻板書之證。特當時所刻印者，非經典四部及有用之書，故世人不甚稱述耳。宋朱翌《猗覺寮雜記》云：「雕印文字唐以前無之，唐末益州始有墨版。後唐方鏤九經，悉收人間所收經史，以鏤板為正。見兩朝國史。」據朱氏，亦謂刻板實始於唐矣。近日本島田翰撰《雕板淵源考》（所撰《古文舊書考》之一）據《顔氏家訓》稱，江南書本謂書本之為言，乃對墨版而言之。又據陸深《河汾燕閒録》引隋開皇十三年十二月八日敕「廢像遺經悉令雕板」之語，謂雕板興於六朝。然陸氏此語，本隋費長房《三寶記》，其文本曰：「廢像遺經，悉令雕撰。」意謂廢像則重雕，遺經則重撰耳。阮吾山《茶餘客話》亦誤以雕像為雕板，而島田翰必欲傅合陸説，遂謂陸氏明人，逮見舊本，必以雕撰為雕版，不思經可雕板，廢像亦可雕板乎？島田翰又歷引《顔氏家訓》「江南書本」，《玉燭寶典》引《字訓》解「瀹」字，曰「皆依書本」，宋晁公武《古文尚書訓詁傳》引隋劉炫《尚書述議》曰：「四隩既宅，今書本隩皆作墺。」謂書本是墨板，為北齊以前有刻板之證。上虞羅振玉作《鳴沙山石室祕録》，記於雕本《一切如來尊勝陀羅尼經》下，亦從其説。吾以為，謂雕板始於唐，不獨如前所舉唐《柳玭訓序》，可為確證，唐元微之為白居易《長慶集》作序，有「繕寫模勒，衒賣於市井」之語，司空圖《一鳴集》九，載有為東都敬愛寺講律僧惠確化募雕刻律疏，可見唐時刻板書之大行，更在僖宗以前矣。若以諸書稱本，定為墨版之證，則劉向別傳：校讎者「一人持本」，後漢章帝賜黄香《淮南子》、《孟子》「各一本」，亦得謂墨板始於兩漢乎？島田氏謂在北齊以前，其所援據止諸書稱本之詞，陸氏誤字之語，則吾未敢附和也。（卷一，中華書局本第一九～二〇頁）

⊙宋司庫州軍郡府縣書院刻書

兩浙東路安撫使本。乾道戊子（四年），洪适刻《元氏長慶集》六十卷，見《陸志》、《丁志》（明仿宋本）。（卷三，中華書局本第六一頁）

⊙明人刻書之精品

馬元調寶儉堂。萬曆甲辰（三十二年），刻元稹《長慶集》六十卷，白居易《長慶集》七十一卷，見《森志》、《繆記》。（卷五，中華書局本第一二六頁）

⊙明錫山華氏活字板

明人活字板，以錫山華氏為最有名。活字擺印，固不能如刻印之多，而流傳至今四五百年，蟲鼠之傷殘，兵燹之銷毀，愈久而愈稀。此藏書家所以比之如宋槧名鈔，爭相寶尚，固不僅以其源出天水舊槧，可以奴視元明諸刻也。當時印本，有曰蘭雪堂，有曰會通館。蘭雪堂為華堅、華鏡，會通館為華燧、華煜。蘭雪堂印行者，……《元氏長慶集》六十卷，見《瞿目》（校宋本）。《白氏長慶集》七十卷，見《天祿琳琅》十（云：各卷末俱有「錫山蘭雪堂華堅活字銅板」印記）、《瞿目》（云：每半葉十六行，行十六字。板心有「蘭雪堂」三字，目録前後有墨圖記，云「錫山」，又「蘭雪堂華堅活字銅板」印二方）。……（卷八，中華書局本第二〇五～二〇六頁）

⊙日本朝鮮活字板

……又十二年丁未（當明萬曆三十五年），直江兼續用銅雕活字印《六臣文選注》六十卷。元和四年戊午（當明萬曆四十六年），那波道圓印《白氏文集》七十一卷。……（卷八，中華書局本第二一二～二一四頁）

《書目答問斠補》

《白氏長慶集》六十卷，補遺六卷。（唐白居易。明萬曆甲辰元白合刻通行本。華氏活字本。）

《白香山詩集》四十卷，附録年譜一卷。（汪立名編校。康熙癸未一隅草堂刻本。）（《書目答問斠補》集部，北京生活·讀書·新知三聯書店《書目答問二種》第四一四頁）

智按：葉德輝，字奐彬（也作煥彬），號直山，一號郎園，父葉雨村原為吳縣（今江蘇蘇州）人，太平天国戰爭時遷居長沙，乃以湘潭為籍。光緒十一年（一八八五）中舉，七年後中進士，授吏部主事，不久乞養返鄉。編纂《觀古堂書目叢刻》，撰《書林清話》，刻印《古今夏時表》，校刊《元朝秘史》。辛亥革命時避往南嶽僧寺，一九一五年任省教育會長，發起成立經學會，編寫《經學通詁》講義。袁世凱復辟稱帝時，組織籌安會湖南分會，贊成復辟君主制，一九二七年，被湖南農工商學各界團體召開大會處死。

王式通（一八六四～一九三一）

《梅村家藏稿序》

雖梨州舊説，糾及無韻之文；而長慶嗣音，麗軼前人之制。（《梅村家藏稿》卷首，《續修四庫全書》第一三九六册，第五七頁下）

智按：王式通，又名王儀通，字書衡，山西汾陽人，原籍浙江紹興。光緒二十四年（一八九八）戊戌進士，歷任編書局、學務處等職。一九〇六年赴日本考察教育。歸國後任内閣中書，調任刑部山東司主事、安徽司員外郎、大理院推事、大理院少卿等職。一九一二年任司法部次長，旋轉任約法會議秘書。一九一四年任袁世凱總統府内使。一九一五年任政事堂機要局長。次年任國務院秘書長、國務院參議。一九一七年任全國水利局副總裁。一九二〇年退職。一九二五年後任清史館編修等職，自著《志盦詩文集》、《刑法志》、《邦交志》、《弭兵古義》，修撰國史、清史，四庫書目等，又從徐世昌撰輯《清學儒案》、《清詩鈔》等（民國《紹興縣誌資料》第一輯本傳）。著作等身，其一生手不釋卷，精於法律、歷史、地理，民初之中小學地理課程為其手澤。一九三一年病逝于北平。

王禮培（一八六四～一九四三）

《小招隱館談藝録初編》

⊙論唐代詩派

論詩何以始於唐也，詩之派别始於唐。漢魏六朝自無派别，故斷自唐始。不明乎派别，歧路之中又有歧路，楊朱所以泣也。文有派别，詩之派又多於文，有朝代之派别，有作家之派别，泛言之，淺嘗之，搦管者，類能道之，乃若遞嬗相沿相習之，故由來者漸而悟入之消息，則亦視乎其學力之淺深若何，其領受自若何也。《三百篇》後，五言爲作詩之極功，漢之蘇李，《十九首》，下逮魏晉，渾厚淵穆，自成境界，别乎《三百篇》之舊。唐賢境界，又别乎漢魏晉宋。究其所依以爲性命者，卒無有能舍漢魏晉宋而能自成爲一家之詩。其從入之途徑，則少陵所云「精熟文選理」耳。後之學者，不於其理，而於其辭，愈離愈遠，漫曰吾以唐賢爲依歸，唐賢所依歸者，果安在乎？盍亦反其本矣。王孟韋柳，五言之宗匠，何嘗不沿襲大謝，而化其板比之迹，開闢關鍵，上契淵明澹靜之境，益求精澂，此中功用資於學，尤資於識。小謝開太白之先聲，子山爲少陵所推服。唐賢淵源，較然可睹。太白以俊逸自致，少陵則嚴重自持，其派別之各殊，卽其性情之各殊，亦卽其學識才力所至之途徑各殊，人事適符天趣，化機入其感動，當其抽思遣辭，一句之成，一韻之叶。凡夫忠臣志士，勞人思婦，鬱而必發之衷曲，莫不流露行間，故其爲詩，類多征戍遷謫、行旅別離之篇，其抽思也，本之《三百》。其遣辭也，依乎漢魏晉宋，而能自異於《三百》，自異於漢魏晉宋，此唐之所以爲唐也。如白香山《遊悟眞寺》、杜牧之詠張好好等詩，率寫胸肊，文質交相，其為體近乎創，又何嘗非《焦仲卿妻》、《木蘭》諸大篇爲之作俑，千川一月，月印千川，是在作者善通其變，讀者善知所止而已。七言如《大風》、《垓下》之豪，縱《秋風》、《柏梁》之悠揚，孤兒盤中之長短句，跌宕奧衍，是爲東川、高岑之所取徑。明之何、李攬其辭，而昧其源塗附成篇，無病呻吟，意志之不存，詩於何有？此非唐賢之過，學唐賢者之過也。……（《小招隱館談藝録初編》卷一，民國二十六年湖南船山學社排印本）

大曆、貞元六七十年間，是爲中唐，日中則昃，去盛唐驟遠，一時作者，多取澄泓一境，有坦途緩轡之樂，承流稱雄者，錢劉尙已。仲文清贍細膩，專工五字，長卿雅正閑曠，清不及錢，兼長七律，朗士元濃處見澹，鬆處見緊，皇甫冉聲和味永，飄然木末，亦其匹亞，比之左司，遜其冲澹，擬之柳州，讓其精密。錢劉諸人，衹工律體，韋柳古律兼工，柳喜用意，韋已無心，柳是步步爲營，韋乃無聲無臭，同流歸異，造極則一，七絕則劉禹錫、白居易、王建、李益、韓翃之流，渢渢移人，下箸得味，脫略精思，不尙氣概，繼盛唐而能自得師。張籍、王建尤擅樂府，格調易攀，徑路可尋，清眞峭拔，稍異於古，而有開來之功。元、白號稱新體，資於故實，敘述分明，局格開張，錢牧齋、吳梅村倚爲性命，便覺肉鬆肌軟，冗長拖沓，轉捩非自注不明，分段則上下不蒙，集中大篇求之於古，求之於元白，果有合乎？張王元白之自爲新體，原自有其不可泯滅者，在錢、吳砌貼浮辭，引爲能事，其中雜出律句對句過多，吾無以名之矣。元和間，韓公挺生，自闢徑路，嶔奇嶄絕，驅駕氣勢，於嚴重奧衍之中，恣爲排奡，其才力足以彌綸群彥，文起八代之衰，詩亦務絕攀附，五古鋪敘平暢，體質堅强，試效爲之，瑣細處必失之拉雜而鮮條理，率易處遂不免爲有韵之文。韓公之妙，在敘事寫景，時出研鍊之句，清奇靈秀，醒人心脾，無不達之隱，大力旋轉，益顯其能，而神其用，是以敻絕。若夫《秋懷》、《江漢》諸篇，上摩建安之壘，草堂無此韻味，射洪讓其遒逸，襟抱昭曠，才有兼長，七古滌盪駿發，爲其氣格虯枝碩語，爲其運用人在蓬萊，筆補造化，夫是之謂妥貼，夫是之謂排奡，一如其所以推服東野者，東野猶覺未盡其用也。至其用韻險而無痕，奇而有采，宋人惟荆公能之，宛陵平衍，乃云效法韓公，露骨費力，寒陋已甚，安在其能有合也。「李杜文章在，光燄萬丈長。」韓公之服李杜，服其光燄，豈規其形似耶？吸其精英，存其氣概，別乎李杜，以繼李杜。羣兒謗傷，目爲外道，是不知韓，亦並不知李杜，無異於以謗傷韓者謗傷李杜而已。韓比於杜，則杜極其正，韓極其奇；韓比於李，則李極其放，韓極其豪。中唐之變化，盛唐是能以坦易紆徐，換其高渾涵宏之境，韓公之變化中唐，是能以坦易紆徐移爲桀驁确磐之狀，再變而有東野、長江之清奇僻苦，又變而有長吉、玉川之幽峭詭異，皆所以力求自拔於作者之林，不欲寄人籬下者。東野滅盡菁華，辭澀而思艱，令人不懽，東坡欲於寒夜鐙昏讀之，助其慘慄，是推服東野者，不獨韓公。翁覃溪謂韓公推許過當，是不解妥帖力排奡之妙用，蓋妥帖自難排奡，排奡自難妥帖，若是者，力之一字尙已。吳修齡目爲別體，其愚其陋，未免貽笑，人不弘道，不可與言，斯不與之言矣。長江獨自行吟，志深而辭苦，中間峭句，有若碎金，縱飽雞肋殊，失大胾之豐美，原其骨力本孱弱，意義復委曲細屑，大雅宏達，有所不尙。長吉爲詭異之宗，其詭異是由清麗刻入之一境，錦囊收拾，詭不涉於誕，麗不傷於纖，與温李並爲西崐宗匠，方之郊島，有寒泉飛瀑之各別。玉川務爲奥仄，嵐度玄杳，《月蝕》詩取韓公陳言務去之妙諦，移入於詩，鉤心鬬角，奇之又奇，然才力皆下，韓公「大雞昂然來，小雞悚而待」，韓公鬬雞之詩，不啻自狀其氣概，視餘子爲悚而待者矣。綜此諸家，各具谿徑，各有錘鑪，巧匠琢山骨，筆落驚風雨，傲然自足，守之至嚴，能不與風會爲轉移者。同時柳子厚，淵源選體，華妙精密，壹反韓、盧，不如是卽不能與韓分道，並駕馳驟於壇坫間也。杜牧之最後出，處中晚之間，才力豪邁，奄有衆長，七律俊美，上儗開寶間，有牽於對偶，泥於迹象者，要其勝處，自不可掩。前乎此者，劉長卿亦能以開寶氣格，獨立大曆貞元之間，俯視儕輩，此之謂中興間氣，此之謂河嶽英靈，難可多得，吾故曰學唐體者，從中唐入，途徑可循，自易爲功。今人開口學杜，終身衹得排場框廓，與嘉靖七子之喧豗同一學盛唐，同一不得要領，何益詩教？惟自大曆以還，詩法雖密，其致力全在冒頭結束，以此不及開寶之渾融，無所往而非法，無所往而拘於法，自遜一籌，馴至晚唐，最重腰腹，徒工中四，漫無起結，又下中唐一格。（《小招隱館談藝録初編》卷一，民國二十六年湖南船山學社排印本）

張文潛《詩史》稱其宗白居易樂府，效張籍近體，工警不及白，而醞藉閒遠，別有韵味，樂府古體，辭意雅潤，亦長慶體爲多。子瞻云：秦得吾工，張得吾易，余謂工則可求，易却難幾。山谷云：張子筆端可以迴牛，乃詩人贈與，隨手興致，不爲定論。文潛衹落得清淺二字，如東坡所云。（《小招隱館談藝録初編》卷二，民國二十六年湖南船山學社排印本）

明代之詩，一如唐之有初盛中晚也，當其興也，必有總持風雅之人，生於其間，發爲昌明光大之音調，如龍之噓氣，如虹之經天，雖作者莫知其肰也。永樂、成化之際，劉伯温、高季廸、袁景文、貝清江諸人，以清眞雅正，盡反元代穠麗纖艷之習，季迪於格律句調，未極高渾，要自冲和雅澹，微婉芊緜，蔚肰盛世之音。伯溫規守少陵，不能綜覽博涉，以成其美景。……楊鐵崖作新體，王常宗請置之大辟，非無故也。王船山氏謂，李、何之詩，言不由衷，毫無意緒，鍾譚侈言眞性情，欲其眞乃流爲俗。今欲求去俗之法，則無若取材樂府，以宏其基，使俗之一字，無因而入。白香山能俗，爲其能得天趣也，此卽古樂府之義也。香山施之今樂府，故能衍其派，至於今不廢，特後人少眞趣耳。馮定遠云，明人詩，一字一句推敲，方知他不好處，非知言者。明人力求外觀，無俟一字一句，索其瘢疵。賀黄公云，古人詩如乳母，弘嘉之詩如一生不離乳母懷抱，不能自立，故足賤也。斯言猶信。雖然，馮、賀之依傍西崑，又豈能自立者耶？錢牧齋醜詆前後七子，其時七子之燄漸息，故馮、賀乘而擠之，今爲論定於後。（《小招隱館談藝録初編》卷三，民國二

十六年湖南船山學社排印本）

智按：王禮培，字佩初，晚年自號潛虚老人。世居湖南湘鄉。室名「小招隱館」，藏書處名「掃塵齋」，抄書地名「紫荊精舍」。叔祖王鑫為湘軍創始人之一。十歲時，隨伯父寓居長沙，就讀於湖南思賢講舍，後又移讀致遠樓。光緒十九年（一八九三）中舉，後因科第不第，遂致力於教書、抄書、藏書。工書法，善詩文詞賦，與摯友陳三立等為當時詩人之佼佼者。有《前甲子詩篇》、《後甲子詩篇》、《談藝録》、《掃塵齋文集》、《雨思集》等。

龐元濟（一八六四 ~ 一九四九）

《虚齋名畫録》

⊙明陸包山潯陽秋色圖，文三橋隸書《琵琶行》合璧卷

引首點金箋，高八寸八分，長二尺九寸八分。

《潯陽秋色》，舊吳彭年。

圖，紙本設色，山水兼人物。高七寸，長三尺一寸四分。

嘉靖甲寅九月包山陸治作。

書，紙本，界烏絲格，高八寸八分，長四尺二寸七分。張錫庚題書于拖尾。

叔平丈作《琵琶行圖》，予爲書《歌》于後，書雖拙，附叔平丹青以傳，則予有大幸矣。三橋文彭隸古。

叔平山水雖派出衡山，而秀逸清勁，愈簡愈遠，愈淡愈真，直可入悟言室中抗置一席。此圖江天浩森，秋色蕭疏，楓葉含愁，荻花帶怨，能使樂天抑鬱之氣畢現褚墨間。此傳神之筆，不當作繪事觀也。文三橋隸古，亦有自在流行之趣，與畫爲雙璧云。丁巳夏六月，張錫庚題。（《虚齋名畫録》卷四，《續修四庫全書》影印清宣統元年及民國十三年烏程龐氏上海刻本，第一〇九〇册，第三八四頁）

⊙吳漁山《白傅湓江圖》卷

圖紙本，水墨山水兼人物。高九寸四分，長六尺四寸八分。

⊙《白傅湓江圖》

逐臣送客本多傷，不待琵琶已斷腸。堪嘆青衫幾許淚，令人寫得筆淒涼。

梅雨初晴寫此并題。吳歷。

偶檢□（行）笥得此圖，以寄青嶼老先生，稍慰雲樹之思。辛酉七月。吳歷。

跋紙對接，高同上，長六尺六寸五分。顧艮菴題，界烏絲蘭。

智按：顧艮菴指顧文彬（一八一一～一八八九）。

元和十年（起至）江州司馬青衫濕（止，文不録）。

容齋洪氏謂，白傅《琵琶行》一篇，直欲攄寫天涯淪落之恨爾，非真為長安故倡所作也。東坡謫黄州，賦《定惠海棠》，亦同此意。余觀昔人於歌詞書畫，類非無故而作，無故而作者，必不工，不工則不能傳遠而感動人，以是知洪氏之言不誣也。吳子漁山與青嶼許先生遊最久。康熙辛酉秋七月還常熟後，畫《白傅湓江圖》一幅，寄贈先生，先生以名進士官御史，未竟其用，罷歸。夙性恬靜，放浪詩酒丘壑，無纖毫遷謫意。漁山去時，絕不作離別可憐之色，而漁山於先生，獨有耿耿不能自已於中者，寫此以宣其鬱結。今七十餘年矣，視其圖之煙水蒼茫，楓荻蕭瑟，悲涼氣象，正不必聽琵琶聲，而青衫淚濕也。先生曾孫方亨出素紙命録白傅詩附其後。爰識數語左方。乾隆歲次辛未夏六月，京口張迪拜題。

智按：張迪（一六八八～?），字恂叔，丹徒（今江蘇鎮江）人。大學士張玉書（一六四二～一七一一）孫，逸少子，適兄。寓居常州。康熙五十二年（一七一三）恩科舉人，授山東武定府同知，又遷河東鹽運同知。生性豪爽，好飲酒賦詩，亦精于書法。書格蒼秀，爲時所重，諸生求其墨迹及詩文者門庭若市。亦善寫生作畫，設色尤佳。有《與閒齋詩集》，已佚。事迹見民國《續丹徒縣志》卷十八；南京師範大學古文獻整理研究所《江蘇藝文志·鎮江卷》，江蘇人民出版社，一九九四年十月，第一五九頁。

玉尊良夜，算惱人偏是，風前孤驛。欲挽湘裙無覓處，渺渺魚波望極。

翠渚飄鴻，幺絃彈鳳，漠漠香塵隔。紅衣羞避，與誰同醉瑤席。　畫舸水北雲西，持杯顧曲，鬢影霜爭白。搖落江蘺多少恨，輕把杏鈿狼藉。團扇悲秋，明璫照影，月底人非昔。輕沾吟袖，淚痕空沁愁碧。（集周草窗句）郵亭維纜，笑匆匆呼酒，又歌南浦。誰理商聲簾外悄，試把醉鄉分付。同此江湖，依然鶯燕，留得當時譜。十年舊夢，此時心事良苦。　不恨老卻流光，相逢何晚，空悮周郎顧。煙水茫茫無處説，回首曲終人去。銀燭遲銷，青衫易濕，淚落燈前雨。幾番彈徹，月明搖碎江樹。（集張玉田句）煙江一舸，冷霜波成纈，送將人遠。一曲秦娥春態少，强作酒朋花伴。纖手香凝，新腔按徹，愁褪紅絲腕。暗追前事，暮檣留話江燕。　腸斷去水流萍，飄零誰計，都爲多情散。猶夢婆娑斜趁拍，春夢人間須斷。綵箑翻歌，征袍染醉，空帶啼痕看。冰絃三疊，故人爲寫清怨。（集吳夢窗句）危絃弄響，似牽衣待話，滿懷離苦。坐上有人能顧曲，未肯等閑分付。千種相量，數聲終拍，細作更闌語。塵埃憔悴，如今誰念淒楚。　還是獨擁秋衾，黄蘆苦竹，地僻無鐘鼓。賴有蛾眉能煖客，其剪西牕密炬。羞見郎招，爲伊淚落，往事如花雨。無情畫舸，載將離恨歸去。（集周美成句）右調《壺中天・吳漁山〈白傅溢江圖〉》。漁山晚遊海外，畫境益奇，間用洋法，以青緑擅長。此卷是其五十歲所作，用筆如印泥畫沙，瀟洒出塵，純乎士夫氣，非當時畫史所能夢見，宜麓臺司農推爲獨步一時也。壬戌十月之望，文彬識於過雲樓。（《虛齋名畫録》卷五，《續修四庫全書》影印清宣統元年及民國十三年烏程龐氏上海刻本，第一〇九〇册，第四四〇～四四一頁）

智按：「文彬」指顧文彬（一八一一～一八八九），「麓臺司農」指王原祁（一六四二～一七一五）。

⊙黄秋盦嵩洛訪碑圖册（二十四幀）

第十六幀設色：香山（篆書）

香山寺在伊水之東，自龍門舟渡沿山而登壁鑿諸洞，有武后時刻經楷書，工妙，大足年造像銘，宋眞宗龍門銘，及王曙詩刻。貞祐四年，張轂等磨崖題字，寺内有白樂天栗主，吾鄉湯少宰西厓配食焉，小軒懸西厓書，石樓風月牓。

坡公買竹卜伊川，未必茆軒比樂天。今日秋盦輕策到，石樓風月更翛然。方綱。

丙辰元旦，余嘗夢遊香山寺，既寤作文記之，凡四百餘字，今觀此幅，宛然夢境，然終遜秋盦親到，得覩諸石刻爲快耳。始知宗少文之遊，不及向禽遠矣，可慨也。春渚何琪。（《虚齋名畫録》卷十六，《續修四庫全書》影印清宣統元年及民國十三年烏程龐氏上海刻本，第一〇九一册，第一六〇～一六一頁）

智按：龐元濟，字萊臣，號虛齋，南潯（今屬浙江）人。父龐雲鏳為南潯巨富。光緒六年（一八八〇）補博士弟子，援例為刑部江西司郎中。因助賑十萬元，特賜舉人，加四品京堂。早年好字畫碑帖，常臨摹乾隆、嘉慶時名人字畫，後從事字畫買賣。光緒二十一年（一八九五）起，與人合資先後在杭州、德清開設世經、大綸繅絲廠和通益公紗廠。

程頌萬（一八六五～一九三二）

《過九江》

獨客來湓浦，青衫正黯然。雲容屯壞堞，樹色上江船。每憶初三月，愁聞第四絃。羈才非白傅，吟鬢感華顛。（《楚望閣詩集》卷五五言近詩，《續修四庫全書》影印清光緒二十七年刻本）

《題惲南田畫》

南田名蹟世已孤，我得牡丹雙豔圖。狂香浩態宛相接，煙力欲顫花身扶。姚黄一朵靨偏倚，迴抱魏紫傾城姝。天公巧剪翠玉葉，地媪別障青紗幮。吁嗟此畫世罕有，水雲精舍藏春牖。正色由來天下稀，名題詎落旁人手。顯庵學士奉常家，爲翁折贈洛陽花。汝饒文凡對僧看，羞殺新姬雙臉霞。比身較靨如秦虢，中原幾輩能傾國。故宫禾黍畫圖哀，花王尚弄春風色。避地誰知抱甕心，養疴自署逃禪客。一幅靈縑兩豔魂，江山忠愛難磨滅。畫師詩老謚南翁，翁筆難爲世所同。樂府買花翻白傅，洛圖爭麗紀歐公。去歲宣南春未老，崇效寺前看花好。鞓紅甌碧泣斜陽，誰與此花圖壽考。（《石巢詩集》卷

六,《續修四庫全書》影印民國十二年武昌刻十髮居士全集本)

智按:程頌萬,字子大,號鹿川田父、十髪居士,湖南寧鄉人。官湖北候補知府。工詩古文辭,得張之洞、張百熙器重。擅書法,曾題寫上海松江「醉白池」,又工畫,長于山水、蘭石。有《石巢詩集》、《楚望閣詩集》、《定巢集》、《鹿川文集》、《鹿川詩集》等。生平事迹見自編《十髮老人年略》、陳寶書《十髮先生年譜》與《年表》。

楊鍾羲(一八六五~一九三九)

《雪橋詩話》

句問亭將軍見而賞之,時稱東風居士詩四種,一《紅蘭集》,一《蓼汀集》,一《出塞詩》,一《無題詩》,與其客吳江顧卓、無錫朱襄校定,凡五卷,大題曰《玉池生稿》。《颯颯》云:「颯颯西風旅雁過,佳期歲月兩蹉跎。赤簫聲裏春三月,緑酒尊前一曲歌。別後幾曾通好夢,見時未許託微波。沈郎縱不吟詩瘦,可奈無端六憶何。」汪退谷謂其詩清婉奇麗,出入於太白、昌谷、義山、飛卿之間。其《塞上》詩云:「十載攤書作小儒,一朝銜命入匈奴。紫騮蹀躞秋風裏,左佩烏號右僕姑。」善畫,有自題牡丹、梅杏、蒲菊、松石諸絕句,其《畫菊》云:「清明纔過雨初收,孄病相兼怕出游。偶寫黃花三四朵,閉門獨對似深秋。」嘗作《揚州夢》傳奇,恒月山題《瓊花夢傳奇》詩:「玉堂才子譜新聲,一曲瓊花四座驚。同是揚州同是夢,令人重憶玉池生。」其《寒瘦集自序》云:「自東坡云『元輕白俗,郊寒島瘦』,後之論詩者,多不重元白郊島。吾獨以為,寒瘦是褒非貶。凡物莫不寒者清,而瘦者古。清古,詩品之極致也。輕俗,則鄙薄之辭也。蘇之論詩,可謂得其利病矣。然蘇詩嘗作輕俗語,有甚於元白者,吾歎其自知之難也。郊詩劌月鉥心,神施鬼設,琢削而成;島詩不欲使才氣掩性情,特于事理物態,豪忽體認,深者寂入,峻者迴出,非莊人雅士,不能窺其藩籬,然皆以苦澀為病。元白于流便痛快中,頗有佳處,而苦于淺近,吾又歎全才之難也。今吾遠不及蘇,慮自知之難。與其輕也,甯寒;與其俗也,甯瘦。因選是詩自規,集以寒瘦名。」禮賢下士，鄒枚之列，時來座下。沈方舟居長安時，婦朱柔則常以畫卷寄之。主人題詩云：「柳下柴門傍水隈，夭桃樹樹又花開。應憐夫壻無歸信（翻畫家山遠），寄來方舟即日歸。」一時傳為美談。香嬰居士文昭《題寒瘦集追悼蓼汀》云：「香名猶說紅蘭室，仙骨終埋白玉棺。」（《雪橋詩話》卷三，民國求恕齋叢書本）

張歷友答郎梅谿問《竹枝》云：竹枝本出巴渝，唐貞元中，劉夢得在沅湘，以其地俚歌鄙陋，乃作新詞九章，教里中兒歌之，其詞稍以文語，緣諸俚俗，若大加文藻，則非本色矣。世所傳「白帝城頭」以下九章是也。嗣後擅其長者，有楊廉夫焉。後人一切譜風土者，皆沿其體。若柳枝詞，始於白香山《楊柳枝》一曲，蓋本六朝之折楊柳歌辭也，其聲情之儇利輕儁，與竹枝大同小異，與七絕微分，亦歌謠之一體也。漁洋《漢嘉竹枝》云：「龍游城郭碧玻瓈，西望三峨曉黛滋。分取三江作明鏡，鏡中各自照蛾眉。」番禺方殿元蒙章《南湖竹枝》云：「佳人結伴似花叢，澄湖南畔採芙蓉。乍觸郎舟莫相怪，木蘭橈小柰東風。」皆有風致。紫幢《京師竹枝十二首》云：「珠軿寶馬帝城春，臁冷微暄半未勻。幾日東風初解凍，琉璃瓶内賣金鱗。」「芳草裙腰綠尚微，少年賭射馬如飛。銀貂日暮宮牆外，一道玉河春鴨稀。」「西直門西繡作堆，暢春園外儘裴徊。聖人生日明朝是，早看高梁社會來。」「棗花照眼麥齊腰，南苑紅門入望遙。鐙鼓前鳴香唄起，燒香人上馬駒橋。」「食罷朱櫻與臘櫻，賣冰銅盌已錚錚。疏簾清簟堪逃暑，處處蒲萄引竹棚。」「水檻涼生綠樹遮，冰柈旋剖辣麽瓜。潞河報道糧船到，載得南州茉莉花。」「坊巷游人入夜喧，左連哈達右前門。（紫幢主人居臺谿即台吉廠，其薄暮聞鐘詩注云：九門獨崇文門設鐘，證以此詩，其地正崇文門西）繞城秋水河鐙滿，今夜中元似上元。」「涓涓涼露碧天高，碪杵聲中百結勞。紅皺黃團都上市，果房又到肅甯桃。」「才過霜降無多日，閉甕黃虀正好時。捆八菜車書上用，沿街徧插小黃旗。」「孟冬朔日頒新朔，猩色香羅疊錦囊。監正按名排八分，一齊先送與親王。」「城下長河凍已堅，冰牀仍著纜繩牽。渾如倒曳飛鳶去，穩便江南鴨嘴船。」「催辦迎年處處皆，四牌坊下聚俳諧。關東風物東南少，紫鹿黃羊疊滿街。」其《春初偶題六絕句》云：「賀歲歸來孄出游，偶拈紅豆喚箜篌。閒中暗數題詩日，自起研朱記案頭。」「玉梅花發向南枝，綵勝銀幡又一時。觸忤閒情無處著，高歌人日草堂詩。」「細雨斑斑濕上元，花鐙夜市靜無喧。小梅卻自憐人意，故點殘妝伴酒尊。」「土膏已坼水紋開，無限年光次第來。九九圖中彈指過，臙脂點過一枝梅。」「懶隨東里鬬繁華，一院松濤聽煮茶。絮幔低垂風不到，小紅鐙影照唐花。」「試鐙節過日加長，半月瞢騰付醉鄉。餅餌春柈風味好，今朝廿五是填倉。」……（《雪橋詩話》卷三，民國求恕齋叢書本）

晚亭舍人吳麟，吳查拉氏。康熙戊子舉人。原官中書，與修《明史》，由徐文定薦舉詞科，為《明史綱目》纂修官。買田懷柔，意致蕭散，晚更恬退自高。著有《黍谷山房集》。……晚亭長律有元白之遺。《詠鼻煙壺四十韻》云：「至德綏柔遠，梯航競獻奇。圖經增瑞草，器譜注軍持。利用偕杯棬，高華式鼎彝。殷紅深火齊，膩白淨羊脂。表裏光瑩澈，波紋色陸離。資生飲啖外，服玩裹懷宜。午夜趨鵷直，春城駐玉羈。佩從青綬綰，香向玉爐移。互賞芝蘭契，相貽金玉規。含風多密栗，無礙見沖夷。雙柱通天氣，山源毓化基。有馨乃上達，去障即袪私。物小大能譬，心存道在斯。幽人尤可念，永日欲何為。搴幔朝眠起，披衣夜坐遲。花風初遶榻，鱗影未盈卮。搔首書方捲，懷人枕半攲。看雲閒仰面，得句尚攢眉。對客將殘酌，斜陽偶倦棊。隨宜探祕具，依約進纖匙。撚紙畫誠陋，焚硫說是嗤。唾壺羞擊缺，麈尾伴談資。猶有深閨裏，遙憐罷刺時。羅囊開紫玉，繡佩解朱絲。彈指勻花露，分瓶出碧瓷。輕籠雙袂掩，淺吸兩蛾垂。小玩香凝手，微摩滑瀉肌。博山失甲煎，煙篆冷雲螭。此製從西極，於今徧海涯。厥功彌導引，貯器貴玻璃。芳潔儀堪象，堅剛內始滋。奇來雕瓠質，貴至冶金劑。日用同茶椀，頻需過酒巵。漫言增嗜欲，且勝餌芎蘼。皇路車書闊，蒸民愛惡歧。矧茲頤養事，均為厚生遺。解脫香能攝，根塵觸自知。未經餐佛鉢，聊學嗅檀枝。灌頂非薰習，怡心斷受施。圓通鼻觀候，斯義妙難思。」（《雪橋詩話》卷四，民國求恕齋叢書本）

熙甯壬子清明，東坡看花於錢塘吉祥寺，金盤綵籃，獻花者五十三人，有「吉祥寺中錦千堆」之句。三百一年為洪武壬子，楊孟載清明日看花於西江省掖，亦有詩。又三百六十一年，雍正壬子清明，平望王藻（載揚）徧邀輦轂名人，集故相國王文靖公怡園，追和蘇、楊兩先生作，凡二十人，各賦七言古詩一首，張文敏亦有詩紀之。納蘭氏門材稱盛，良誠伯純、良明仲欽、峻德克明三人皆與焉。克明詩云：「雍正十年歲壬子，清明約看城南花。吳江王藻招作會，熙甯洪武無等差。」保禄在中詩云：「東坡久不出，孟載亦已矣。一朝風雅擅千秋，六百年間兩壬子。吉祥古寺荒蒼苔，西江省掖安在哉？更逢我輩文酒會，看花又到城南來。」克明，一字慎齋，歲貢生，官户部筆帖式，有《使秦集》（富察冢宰託庸有《庚子冬潞河送克明赴陝》詩）。《望潼關》云：「立馬風陵望漢關，三峰高出白雲閒。西來一曲崑崙水，劃斷中條太華山。」《舟次與思恒話舊》云：「年來朋舊各褰裳，那意逢君此對牀。話到傷心同不寐，五更篷背雨聲涼。」《春日懷黃璞齋》云：「青門昨歲送歸驂，記折垂楊酒半酣。紅杏花開人不見，小樓春雨夢江南。」《懷佟咸亨使杭》云：「一自輕帆挂早潮，武林煙月夢迢迢。不知紅藕花開日，船泊西湖第幾橋。」皆有風致。其《趙北口》、《銅雀臺》、《西陵感舊》諸詩，為湯緯堂所稱。在中，一字雨郇，有《野人居稾》。《留別》云：「擲卻毛錐望朔天，笑提長劍出幽燕。終南風雪崆峒月，醉眼看山到酒泉。」《醉後作》云：「可人只有陶宏景，得意誰如顧憲之？」載揚，號梅汫，有《鷺脰湖莊集》。其《題桃源圖》云：「相看何物同塵世，只有秦時月在天。」《讀梅村集》云：「百首淋浪長慶體，一生慚愧義熙民。」（《雪橋詩話》卷五，民國求恕齋叢書本）

夏英公《琵琶亭》詩：「流光過眼如車轂，薄宦拘人似馬銜。若遇琵琶應大笑，何須收淚溼青衫。」用意甚別。乾隆癸亥，唐俊公重為修葺，有《春游琵琶新亭倡和草》，朱涵齋有《題重修琵琶亭繪圖》詩，蔣心餘《琵琶亭別唐蝸寄使君詩》云：「老樹四圍虛閣隱，晴嵐一綫大江吞。」可函蓋一切也。李穆堂序其《陶人心語》曰：「公工詩文書畫，戊申督陶政於浮梁龍鋼均窰，追復古制，嘗榷兩淮，復榷九江。十年以來，珠山昌水，見之筆墨為多。」其《起蛟行》云：「起蛟起蛟天茫然，好生好殺敢問天。一蛟方生萬户死，江左江右常若此。避蛟不及民可憐，江�井谿堡深淵填。蛟生於天何功德，民死於蛟何冤愆。將欲殄惡彰天討，洪濤窟穴淵其淵。或謂民孽應浩劫，狂蛟司命天無權。蒼頭黔首蚩蚩子，骨肉漂流一時死。豈追捉月水仙游，懷沙慘葬魚腹裹。攀流觸浪命懸絲，呼救號天聲百里。縱使萬死漏一生，廬舍田園空逝水。今宵新鬼昨宵人，昨日富室今孤貧。一草一木天生意，忍驅赤子飽彼窮淵鱗。天高聽渺渺，水浩波無津。安得周處當年劍，馭神寰海搜窮濱。盡斬蛟頭掃孽種，安瀾永靖千萬春。」巨來激賞，尤在此篇。陳文恭《伐蛟說》所言徵驗攻治之法甚詳，惜俊公未之見也。杭堇浦為僧願子題唐榷使八分詩卷，頗贊其書法之美。子芝圃兵備寅保亦工詩。《過庾嶺》句云：「竹護空亭雨，松鳴野壑雷。」（《雪橋詩話》卷五，民國求恕齋叢書本）

禮恭親王有《答懷安教諭吳大展》詩，大展名久成，號崑崖，其《媒者言效香山體》云：「媒者聚而言，互述適貴府。一云攏雙鬟，眉痕纖月嫵。綽約步風前，神作梨花舞。主人曰不佳，面宜團而膴。其一坐長歎，吾事亦中阻。有女善箏琵，要眇清音吐。主意在廚孃，妙伎視如土。一人大笑言，傾聽吾語汝。媸妍亦何常，巧拙隨所取。章甫空適越，好竽瑟休鼓。揣勢合其情，居奇稱善賈。咨嗟復有人，汝言未全舉。同車定相應，求偶翻失伍。人事我為媒，天命彼賓主。不見感遇人，寥落竟終古。」劉峻辨命論之旨也。悟菴農部卓奇圖《題德芝麓畫扇》詩云：「野水平沙落日遙，半山紅樹影蕭條。酒樓人倚孤尊坐，看我騎驢過板橋。」河間紀氏稱之，謂其風味翛然，有塵外之致。其五言如「避風朝隱几，看雪夜開門。」「孤游嘗竟日，一醉輒經年。」「晚樹連雲暗，春山帶雪高。」「含悽辭故侶，帶醉入他鄉。」絕句如「迴嶺抱孤邨，居人半姻婭。幾家小兒女，共戲垂楊下。」七言如「吏有餘閒殊勝隱，貧無多累未為窮。」「善感因成今日病，耽詩合受再生窮。」「人當老至風情減，天入秋深雨意多。」亦皆清新超雋，情韻斐然，嘗輯《白山詩存》，惜未卒業。（《雪橋詩話》卷六，民國求恕齋叢書本）

李南礀之弟文淵，字靜叔，以毀卒年，止二十有六。所著論辨之文，多有根據，不苟同。嘗言昌黎韓氏之說，後人陰祖而陽絀之，如云性有三品，而後云所以為性者五，曰仁禮信義智，蓋已分氣質理義而二之矣。後人謂分氣質禮義而言性，自宋儒始，何也？呂東萊疑《西銘》為兼愛，以其言一視同仁，而未及篤近舉遠也，然則《原人》一篇，兼西銘之旨而過之矣。後人尊《西銘》，而不及《原人》，又何也？又言唐詩於本朝事，每無所忌諱，猶變雅之遺也。忠厚如宋，而蘇子瞻猶以詩下獄，至白樂天為樂府諷時政，遂召入翰林，唐詩所以不可及者，豈獨字句之工哉！管緘若謂：「樂府古詞，陳陳相因，易於取厭。張文昌、王仲初創為新製，文今意古，言淺諷深，頗合

《三百篇》興、觀、群、怨之旨，樂天尤工此體，至欲藉以感悟宸聽，敷陳民瘼，其積愈厚，故其言愈昌，亦天地間不可少之一種文字也。」閨秀高景芳，一等侯張宗仁室，著有《紅雪軒稿》，《輸租行》云：「驢馱口袋牛挽車，天陰防雨宜重遮。農人惜米如珠寶，官府視米同泥沙。不辭淋尖與加秏，早賜收取容歸家。願存升斗買麤布，聊與妻兒補破袴。盡情傾倒實堪憐，羞澀反遭倉吏怒。驅牛出城口吻乾，無錢沽酒驅風寒。辛苦回家夜將半，細嚼筐中草頭飯。」眞樸如不經意，足當採風之獻，得之中圭尤難，彼但調弄「涼」、「露」、「晚」、「煙」、「微」、「雲」、「澹」、「月」數十字以為詩者，烏足以語此。（《雪橋詩話》卷九，民國求恕齋叢書本）

旌德江國屏上舍為余仲林、江叔澐弟子，得師傳於紅豆。惠氏善漢學，不喜唐宋文。每酒後耳熱，自言文無八家氣。五十歲筮易，得坎之節，因自號節甫，所刊雜著數種而外，有《樂縣考》二卷，《扁舟載酒詞》一卷。其《題阮梅叔鴛湖秋汎圖》云：「瀲灩波光滿目秋，釣鼇磯下客生愁。菱塘傍晚花纔放，漁舍初晴網未收。兩岸桑麻開尺幅，一樓煙雨入扁舟。當年曾譜鴛鴦曲，載酒江湖憶舊游。」阜甯李濱石孝廉鍾泗深於《左氏春秋》，撰《規規過》一書，抑劉伸杜，嘗從國屏問喪禮。《重游靈谷寺》云：「白下知名寺，遺蹤此再經。齊梁空石色，風雨挾山靈。樹落庭陰暗，燈懸佛界青。殘僧有鐘磬，愁思入幽冥。」儀徵汪芝泉上舍光曦為韓懷部郎子，嘗著《荑稗釋》及《辨惠氏易爻辰圖之誤》。有《薪船稀川米來》二首，得香山《秦中吟》遺意。……（《雪橋詩話》卷十，民國求恕齋叢書本）

游盤山者立中盤定光塔後，北望自來峰外，則平谷縣城如在几席。李寄雲侍御墓田在平谷，三寫平谷山莊圖，合為一卷。石舟題詩有云：「盤山三盤幽可探，山陰宛若江之南。繡壤豁開流泉甘，中盤北面雄關三（黃厓將軍及居庸而三）。泃左合盤谷水素，湍積波沿谿潭（語本酈亭）。浸潤山陰成沃土，土宜稼穡桑宜蠶。定光塔頂游夢酣，自來峰接天蔚藍。」侍御善繪事，精鑒藏，《宋畫香山九老圖卷》舊藏其家。越縵堂詩所謂「遼陽侍御富緗軸，愛護不使纖塵污」者也。《黃鶴山樵聽雨樓圖》藏南海吳荷屋中丞家。丁酉人日，雪，程春海招客飲龍樹院，中丞出示此圖，侍御有摹本，石舟題詩云：「字勒筠清館，圖傳黃鶴樵。春宵雪娗娗（用程序語），記聽雨瀟瀟。南海歸裝渺，

西臺畫筆超。神思偶相契，不復事規描。」又有為李寄雲題大癡江山勝覽圖詩。（《雪橋詩話》卷十一，民國求恕齋叢書本）

道光己酉，錢唐韓小亭泰華，隨沈匏廬訪琵琶亭舊阯，半已荒穢，用唐榷使原韻成二律云：「幾株翠柳影交加，寂寞荒亭未見花。斷碣尋詩舒倦眼，小舟破浪勝浮槎。雲來匡嶽山如畫，秋老湓城客憶家。此日風騷誰更主，月明空自怨琵琶。」「浪齧濤翻賸此樓，煙籠遠水尚清幽。千年弔古無仙筆，儘日閒情有白鷗。細雨斜飛多羃䍥，大江東去足遨游。蘆花楓葉蕭疏甚，依舊潯陽十月秋。」匏廬和二律云：「潯陽選勝此何加，瑟瑟依然蘆荻花。動地干戈馳羽檄，兼天波浪泛星槎。賓筵闃寂誰為主，宦海飄零便當家。東去大江西去月，照人清淚滴琵琶。」「眼前突兀見飛樓，杖策登臨逸興幽。臺榭荒寒辭壘燕，煙波浩蕩狎行鷗。勞人簿領風塵夢，老我江湖汗漫游。白髮青衫無限感，不關彈出四絃秋。」小亭再疊前韻云：「愛士憐才豈有加，安排筆硯更栽花。（唐榷使置筆硯於亭，過客賦詩者有贈）那知露草埋雲地，曾繫詩人貫月槎。不盡濤聲悲落木，無邊秋色屬誰家。白公仙去坡公杳，空聽江城板與琶。」「漫向當鑪問酒樓，且拚雙屐更尋幽。舊巢難返僧如燕，古刹全荒佛對鷗。一樣青衫抛別淚，百年幾輩不空游。江州猶自傷淪落，我亦閒居易感秋。」匏廬，小亭外舅也。《馬當廟祀昭明太子徐鐵孫滕王閣詩》：「馬當前渡挂帆行，天水依然一色清。怪底長風送詞客，江神親見署昭明。」此數首皆可續入江城舊事。咸豐初，陶鳧鄉宗伯在都，與顧彥和、李樸園兩太守、林鞠史觀察、興潤齋參贊為五老會，後潘木君中丞以四品京秩，奉命來京，張詩舲中丞入為少宰，亦與斯集。乙卯夏，樸園出七團扇，繪小照，各贈其一。時彥和年八十五，鳧鄉年八十四，樸園年八十三，鞠史年七十七，潤齋年七十四，詩舲年七十一，木君年六十四許，海秋詩云：「誰畫東坡笠屐圖，放翁團扇未模糊。春風一笑鬚眉見，入手同看古丈夫。二疏四皓應相似，金粟前身月有光。若較年華誰末座，依然慘綠杜黃裳。」木君以同治初年署雲貴總督，為巡撫徐之銘所忌，遇害，謚忠毅。子敦儼甲戌由工部郎中遷御史，到官未浹月。（《雪橋詩話》卷十二，民國求恕齋叢書本）

鄧孝威淹洽通敏，為勝流推重。絕句如《歸舟偶感》云：「青茅春瘴逐山流，細雨高帆漾客愁。聽徹猨聲江更濶，衹疑天上是韶州。」《過江州琵琶亭》

云：「江州遷客未歸秦，絃索初聞淚滿巾。今日善才風調盡，蝦蟇陵下總新人。」《江行雜詠》云：「江州解纜客途長，三日西風逼建康。試問誰人鎮姑孰，青山牛渚滿斜陽。」皆極渾脱。律詩……詞妍調響，亦梅村、芝麓之亞。所輯《詩觀》，皆同時輩流之作，以布衣舉鴻博，齒已高，授中書舍人，《游天寧寺》詩有「十年親酌曹溪水，我亦江湖破衲僧」之句。鉢叟，其別號也。（《雪橋詩話續集》卷二，民國求恕齋叢書本）

謝方山比部，名在康熙十子中。濟南云：「成宏以後論風雅，許李邊劉派最眞。可惜襲生吟獨苦，不逢健筆鬬清新。」「萬曆詞人十輩餘，楊邢之外各遺書。矗才遁句峥嶸甚，古調淳風似不如。」「念東句比樂天眞，子底才名李杜倫。更有詞場唐夢賚，時從逸處見嶙峋。」「低頭蠶尾思懷古，放眼山薑喜鬬新。耳食紛紛問流派，不知身是濟南人。」漁洋謂其有闗掌故句，如《與喜臣》云：「鳥飛猶識倦，樹老自無花。」《阮亭先生再留西堂》云：「鑪香生午寂，亭樹吐新妍。」所謂不學樂天，而有其自得之趣者也。（《雪橋詩話三集》卷二，民國求恕齋叢書本）

惠研溪《觀競渡即事》有云：「青篾魚鱗帖碧紗，層層寶袜僦紅霞。生來也解防人眼，誰障疏簾一樹花。」小詩多見風致，其為唐實君題江東册子云：「神奇只欲窮三篋，芳潤元來在六經。珍重唐庚新册子，詩家始見舊儀型。」「詼諧奏賦終成戲，涉獵為儒那得醇。歎息老成彫謝後，祇應風雅屬斯人。」「正變源流各有師，尋聲逐跡未為奇。知君祖述香山法，不襲香山半格詩。」「李杜又章已不同，元和體格競爭雄。如何舉舉江南子，團扇圖來盡放翁。」其宗法可睹矣。（《雪橋詩話三集》卷三，民國求恕齋叢書本）

陳滄洲《次韻和方扶南答巢大司寇餉米之作二首》云：「聞君千里著麻鞋，乞食由來性寡諧。不是雪中人餉米，高眠十日當清齋。投閒心事託耕莘，减米猶能散衆賓。試問長安貴卿相，萬閒誰是庇寒人？」許謹齋《題鐵師游西山詩卷因懷寄齋司寇》云：「春寒幾日撥爐灰，司寇前身法界來。最愛輞川新別業，鐵公詩句似王裴。交游海内賞音多，蓮社宗雷愛佛陀。便約大房山下過，南陂東谷訪陰何。」黄莘田《出都留別房山公》云：「公昔登巖廊，敷政劑剛柔。三入白雲署，平反無競絿。垂紳四十載，元老稱壯猷。功成謝圭組，把卷歸林邱。公學有根柢，精實非華浮。六經會旨要，百氏窮羅搜。經緯得貫串，九鼎函全牛。所以十丈飫，惟其沃膏油。春暮公命駕，梁園事唱酬。賤子拜牀前，乃一識荆州。」又云：「我祖中允公，著述鮮匹儔。刧灰半磨滅，什一遺先疇。」莘田祖中允，曾令山陽，中允文集，皆淮上諸公所梓，遺集未刊者尚多。中允藏書處曰環翠樓，以黄石齋先生黨禍同下詔獄，石齋貽中允詩云：「心可知無怨，途窮未倒行。陰晴隨小鳥，毒痛共蒼生。故事經開眼，留人别點睛。江河終日計，豈有不澄清。」又一章云：「癯遯無清嘯，通途得雅春。舊冠誰合度，扁帶若為容。蹙國看元兔，游師恣赤松。驚心非一事，旦晚又秋蛩。雞林少紙本，傳聞多繆悠。公乃親口授，如身經校讐。五千注道德，繕草艱雕鎪。公持書一通，貯之文選樓。不肯私帳祕，將就剞劂謀。别有莊生篇，雷同遭巧偷。公言我固疑，序例殊不侔。終歸鄆讙田，公心夷則休。我聞感涕淚，五內私鐫鏤。文章交有神，同時列枚鄒。誰能將臭味，異世來相投。固知公好古，高義眞無尣。賤子抱一經，荒落慚公裘。」又云：「丁窪水潺潺，千巖折以幽。槃阿奉杖履，永矣言從游。衣食迫奔走，牽率難自由。」云云。寄齋司寇，清修碩學，為當時清望所歸，惜其論著絕少流傳。鄭性（南溪）《北游記》：「己亥立秋，出西便門，抵三家店，翌日渡渾河，游戒壇寺，次日繞潭柘寺，出峪趨房山，覓巢司寇隱居，抵縣城，訊之門者，則已過之矣，返而至丁家窪，與編氓比户，户無應者，徧訊之，乃得。司寇天資明敏，讀書一目十餘行，罷官十載，流連山水間，作為詩文，無牢騷怨尤之氣。近患半風，風度閒雅，語下相契合，館於說蓮之亭，偏歷其瀑水巖諸勝，信而後别。」其《南谿寤歌訪寄齋司寇隱居》云：「丁家窪盡野人居，況是中間一草廬。矮屋晝扃應少僕，游人何處覓尚書。」「路入房山瀑布邊，老農於此樂耕田（按，老農，司寇自號）。芋町一語胸牢記，過去回來境信然（芋町錢唐吳琰嘗屬南溪訪司寇）。」「滿頭霜雪半身風（香山句），白傅風流迥不同。林下廿年閒著述，先君而後更逢公。」「說蓮亭子傍溪頭，日夜溪聲瀌瀌流。不是廣長勤說法，濂溪舌亦未能休。」……（《雪橋詩話三集》卷四，民國求恕齋叢書本）

尹望山相國為鄂文端壻，綯春園，其别業也。西林居此園時，曾經假館，屢饗園蔬，至是賜第，易名晚香。韋慎旃詩：「福地從天賜，山莊似午橋。亭臺多亞水，竹樹總千霄。東閣應頻啟，西山底用招。蓬萊端在望，尺五詎迢遙。謝公庭下樹，幾度對鶯花。忽似歸巢燕，翻憐赴壑蛇。經綸才可替，泉石興逾賒。合誦香山句，春深執政家。」撰有斯文精粹雙有亭詩，所謂「清編照窗雪，細繹鐙花開」者也。先高祖嘗官保德知州天橋，在保德河曲之間，一石梁耳。其上有苔魚食之而肥，名石花魚范，九池河汾集詩：「天橋激浪似奔雷，忽放深清長緑苔。底事有花開絕塞，年年春漲鯉魚來。鰣魚無骨蠏無鱗，肥美難兼莫浪評。總是江南無此味，有緣小住定羌城。」定羌城，保德舊名也。九池由詞館起家，晉秩宮庶，典試粵西，視學山右，以事罷。乾隆丁巳，復授編修，改官御史，甲子巡視臺灣，復罷官歸。（《雪橋詩話三集》卷五，民國求恕齋叢書本）

俞理初於本朝除樂户匄户及女樂事，考之綦詳。崇德三年，祝僖靖請禁止俘獲婦女，賣充樂户。諭曰：祝世昌豈不知樂户一事，朕已禁革。順治八年，停止教坊司婦女入宮，承應更用太監。雍正元年，除樂户籍。五年，除山西樂户及浙江惰民籍。七年，改教坊司為和聲署。高宗辛未，《和聲署詩序》：「向來和聲署禮部主之，遇正朝慶賀，取市販鼓吹者充數。既審訂音律，易以内府承值。」丁酉，《用白居易新樂府上陽白髮人》：「我朝初亦歷代沿，康熙年間其數不盈千。雍正其數更減十之七，乾隆無一女樂，逮今四十年。」（《雪橋詩話三集》卷十一，民國求恕齋叢書本）

吳園次守湖州，傾意風雅，四方名流畢集，當時傳為盛事。陸雲士作宰江陰，一時流寓皆名士，載酒徵歌，殆無虛日。湯西崖初客雲士幕，有贈時郎絕句，後會時郎於輦下，撫時增慨，重賦七言感事，朱青湖《澄江雜詩》云：「貧交零落鬢毛蒼，輦下伶來話暨陽。棖觸老懷增感慨，西崖不獨為時郎。月下增歌逸興濃，芙蓉江上會詞宗。酒徒雲散吟場改，猶説吾鄉陸士龍。」同時佟青士亦有兩君之風，宰閿鄉時，招吳天章諸人同游南山九龍泉，入夜始歸。仝車同有詩紀事云：「雨氣昏三日，晴光籠萬井。鳥入石林深，人行溪路永。陟岡泥尚滑，渡水浪猶猛。千折到荆山，十里望秦嶺。野闊想姬牛，原高問軒鼎。塵沙埋古塞，風雷祕靈境。僧戶起層臺，龍泉瞰絕頂。天圍遠近村，田亂南東町。黄雞進野服，白墮攜方領。寒嚼召平瓜，大食了翁餅。焉知禮法疏，那復冠裾整。手勢恣喧呼，腳力競馳騁。君子喜喈階，小人絕悻悻。海鷗自可下，國狗誰云獷。不知落日低，乍覺單衣冷。蕭蕭聽騶駱，聒聒隨鼉黽。翳翳烏桲陰，淡淡蒼蘆影。人煙漸窣窣，鬼火忽耿耿。紅燭導斜橋，青衣指深穽。近城路始平，出險轡還並。佳客信江湖，使君詎酩酊。乏嘲夾谷欠，餘羨延陵勇。一石酒量豪，萬斛詩才涌。探珠君早獲，倚玉余眞幸。他年共把讀，聊作黃金礦。」想見為政風流，惜青士原詩未之見。青士在洛西十四年，闢共食園，與賓客考古斷疑，遷楚守，車同詳其顛末，為之記。守宣城，梅勿庵為之跋。其宰永甯，導洛疏渠，民賴其利，邑人龔元玉謂趙清獻嘗為其邑令，城北故有祠，今廢不存，以青士與清獻後先輝映，欲立二賢祠于鳳翼山麓，致崇報之意。永甯城東，有清獻舊治碑，而本傳神道碑皆不載令永甯事。白太傅墓在洛陽，而永甯舊志列陵墓中，仝車同詩：「誰向名山綢舊聞，比來方志益紛紜。焉知葉縣郎官碣，不似香山居士墳。」初不為苟同也。（《雪橋詩話餘集》卷二，民國求恕齋叢書本）

柏鄉相國因事納忠，受世祖深眷，嘗召諭云：朕擢卿，非有人薦達。康熙初元，請罷練餉，主庚戌會試，得士如徐健菴、李安溪、王藻儒、張運青，皆至卿相。陸清獻以理學從祀黌宮，嘗自作贊生平，嚮慕留侯二疏，及裴晉公、白樂天之為人，其出處亦略相類焉。里居十六年，益務讀書，課農桑，循行阡陌，人不知為舊相也。《過傅掌雷小園》云：「藉花能醉客，坐樹不妨鶯。」《送友人自青玉歸》云：「故園一片月，相照共生平。」閒情逸韻，亦見道心。（《雪橋詩話餘集》卷二，民國求恕齋叢書本）

江孟亭有曝書亭詩注，以諸生終。其子聲先刊其《北田詩臆》、《北田文略》、《江湖客詞》、《叢殘小語》，其記平仄借讀，謂詩中有字音平仄借讀者，經前人用過，亦可據以諧律。杜牧詩「南朝四百八十寺」，白居易詩「紅欄三百九十橋」，十讀平聲。姚合詩「每月請錢共客分」，白詩「請錢不早朝」，又「紅樓許住請銀鑰」，又「當時綺季不請錢」，請讀平聲。包佶詩「曉漱瓊膏冰齒寒」，冰讀去聲，武元衡詩「惟有白鬚張司馬，不言名利尚相從」，白詩「四十著緋軍司馬，男兒官職未蹉跎」，又「一為軍司馬，三見歲重陽」，司讀去聲（《容齋隨筆》讀入聲，《野客叢談》據《集韻》作去聲）。盧綸詩「人主人臣是親家」，親讀去聲，陸龜蒙詩「莫把榮枯異，但知上下包」，又「得失任渠但取樂，不曾生箇是非心」，徐鉉詩「莫折紅芳樹，但知盡意看」，但讀平聲。杜甫詩「恰似東風相欺得，夜來吹折數枝花」，白詩「為問長安月，誰教不相離」，相讀入聲。王建詩「緑窗紅燈酒初醒」，燈讀去聲。杜詩「會須上番看成竹」，獨孤及詩「舊日霜毛一番新」，番讀去聲。李商隱詩「可惜前朝元菟郡」，菟讀去聲。白詩「燭淚黏盤累蒲萄」，又「燕姬酌蒲萄」，蒲讀入聲。李群玉詩「紅芳點袈裟」，袈讀去聲。白詩「金屑琵琶槽」，又「四絃不似琵琶聲」，張祜詩「宫樓一曲琵琶聲」，方干詩「語慚不及琵琶槽」，琵讀入聲。獨孤及詩「徒言漢水纔容刀」，纔讀去聲。白詩「況對東溪野枇杷」，張祜詩「生摘枇杷酸」，枇讀入聲。白詩「金杯翻汙麒麟袍」，李賀詩「銀鞲刺麒麟」，李山甫詩「誌公偏愛麒麟兒」，麒讀去聲。白傳詩「三年隨例未量移」，量讀平聲。蘇軾詩「聞道已許談其粗」，又「寂寞閒窗已粗通」，粗讀上聲。陶穀詩「尖簷帽子卑凡廝，短靿鞾兒末厥兵」，廝讀入聲。詩人皆隨方言入律，四聲遂無定位矣。碎金頗多可采，沈茱園甚重其書，其論漢樂府《董嬌嬈》、後漢桓帝時童謠、杜甫《大麥行》，皆暗函問答，宛轉纏緜，最有波致。吴稼竳《牆頭草》云：「牆頭草，秋零春復抽，何不生彼庭中生牆頭，庭中無不可，惡木枝蔭我。又豈無野田塍，農夫二三月，荷鉏將見淩。牆上�，難為階，託根高，固其荄。牛羊欲食不得食，牧豎過之徒太息。」近王士正《文姬歸漢圖》云：「文姬玉面貂襜褕，聳肩顰黛愁不娱。越燕向日思南徂，君獨何為苦嗟吁。兜離窃停非故都，魂消影絕悲兩雛。」亦倣此體，學古者，宜熟玩其句意，亦精語也。（《雪橋詩話餘集》卷五，民國求恕齋叢書本）

江孟亭詩：「名傳春草長安内，筆閣笙歌鼎沸中。藏拙不輸楊汝士，愛才終遜顧逋翁。」有感於白樂天之忌才也。其言曰：樂天薦友書云：「欲使生平故人。知我形骸已瘁，志氣已隳，獨好善愛才之心不死耳。」然觀元微之在裴令公處夜宴賦詩，見楊汝士詩有佳句，知不能加，乃曰：「笙歌鼎沸，勿作冷淡生活。則忌才甚矣。」何愛才之與有？當時微之雖以樂天為能全其名，而壓倒元白，卒為汝士談柄，名亦未見其能全也。白在長安，顧況一見春草詩，即奬許而延譽之，視白欲全己名而没人善，如此有媿顧況多矣。（《雪橋詩話餘集》卷五，民國求恕齋叢書本）

兩堂少宰恩普乙丑典會試，得查梅史卷，為同事所抑，力爭不能得，竟失第。梅史《感舊》詩云：「仲翔處海濱，學易勝京氏。尚苦知者無，引為國士恥。文章肯徇俗，刻覈求其是。長安看花人，紛紛愛紅紫。力爭公不能，歎息尙滿紙。飛黃在路衢，馬骨敢入市。竟靳一面緣，何況師弟子。呼嗟不祥金，坐使大冶死。」為少宰作也。《高陽寒夜被酒雜書》云：「弱水風廻船屢卻，鈞天緣斷夢猶癡。當時國士無雙目，頭白門生媿本師。」亦紀此事。朱梓廬稱査伯葵詩，於磊砢英多中，能時出清新。朱青湖亦謂其深造有得，不肯寄人籬下，如其為人。其論詩大旨，主乎消納。嘗謂嚴滄浪「香象渡河，羚羊挂角」，只是形容「消納」二字之妙，世人不知，以為野狐禪。金元以降，冗弱之病，正坐不能消納耳。又謂《唐書・元載傳》胡椒八百斛，他物稱是，舉小包大，立竿表景，神而明之，存乎其人。與殳積堂《論詩絕句》有云：「情人遙怨總苓通，毛女無端出桂宮。試向上清繙讁籍，人間能幾李騰空。」注謂，近日才人愛傳佳俠，彤管標榜，幾至墮溷飄茵，無非勢族，亦思詩禮之後，安得如許飄墮者耶？人心不古，附會如此，風雅之罪人也。所謂王夷甫諸人，不得不任其責者，其隨園乎？《論詩絕句十二首寄琴隖云》：「日下江湖未有涯，元輕白俗轉爭誇。拈來楊柳依依句，詩話權輿謝傅家。」「天人原不襲齊紈，也要銖衣熨體安。儻使嬙施俱裸立，路旁可愛一錢看。」「漫道空靈是性情，古人書亦性情生。縱橫筆陣圖中見，韓信能將十萬兵。」「落魄狂歌儘自如，大家風度在居諸。歌姬院落韓熙載，終異墦間乞祭餘。」「杜陵何減九方歅，深穩能傳上廐神。一樣騰騫兩天馬，校他優劣不飛塵。」「傳衣幾輩口頭甜，北祖南宗亦可嫌。直待丹霞燒木佛，知渠不是妙莊嚴。」「雅俗甯從筆墨爭，江湖臺閣各崢嶸。相公自愛閒籬落，誰作雞鳴犬吠聲。」「力有千鈞句轉輕，墨痕化盡妙心生。游絲裊入秋空裏，只許呵毫一筆成。」「異出同歸總入河，路歧師友誤尤多。廣明結集聲聞藏，迦葉尤訶突吉羅。」「聒他老嫗太無端，滿耳盲弦託稗官。彈得廣陵眞絕調，不愁聽少古衣冠。」「橫使才情誤後賢，古詩不古强名篇。太羹玄酒無多味，枉費何曾十萬錢。」「欲空理障託詼諧，惡趣偏言有好懷。我是侏儒未聞道，漢廷無分學優俳。」青湖所評，非妄歎也。(《雪橋詩話餘集》卷六，民國求恕齋叢書本)

嘉慶三年，秦小峴於孤山建蘇祠，青浦陳華南為之圖。亂後重建，同治丙寅落成。於祠左祀白文公祠，後祀秦淮海，而竇東臯、阮文達及小峴均附祀焉。戊辰，故學使吳和甫少宰卒於泰興里第，杭州諸生復奉栗主附祀。先是，嘗為秦應華題蘇祠圖，應華詩所謂「畫圖昔是題詩客，俎豆今為配享人」也。少宰有《榴實山莊遺稿》，嘗奏請審定文廟從祀位次，繢圖頒行，從祀諸儒，增設既繁于代，用其書垂於國胄之義漸失，疏奏各直省臣工不得濫請。（《雪橋詩話餘集》卷七，民國求恕齋叢書本）

……江甯蔡紫函秋曹博學耆古，與壽湘帆善，湘帆卒十年，尚厝柩於菩提菴，贈孫澂之詩所謂「吾黨二三子，切劘最稱良。君今來此間，宿草枯天霜。相將挈一壺，言尋青豆房」也。其《讀金人詩》云：「輭金杯子瘦金書，家法宣和祕本儲。天上樓臺春似海，楊花一曲捲簾初。」（章宗）「生來仙骨自珊珊，尺五雲天放眼寬。知有蕭樓心學在，紅鐙如穗夜窗寒。」（耶律履）「主司張鄭詡聲華，第一科名數孟家。雪燭底須成讖語，有人尚不識琵琶。」（孟宗獻）「蜀棧秦川行路難，瓣香海岳接詞壇。南朝千古傷心淚，都似秋濤卷不乾。」（吳激）「圖書東觀艷聲華，綺歲驚人賦菊花。修竹千竿荷十畝，江村好句答殘霞。」（蔡珪）「苦學涪翁亦擅場，羞將脂粉鬬時妝。水犀別有聲聞諦，不是華光筆底香。」（劉仲伊）「白簡風生獬豸冠，堂堂直節古松寒。清尊北海餘豪氣，豈獨才名壓建安。」（雷淵）「螭坳簪筆豔荷囊，花滿蓬瀛酒滿觴。聽水聽風歌一曲，瑶光樓上月如霜。」（趙渢）「馬瘦長途雪不溫，雲斤月斧鑿天根。斷崖千古無人到，獨立蒼茫賦燒痕。」（酈權）「門第金吾響玉珂，掀髯一笑富吟哦。風雲氣概思從獵，彷彿天山敕勒歌。」（李獻能）「信陵墳上莽塵沙，磈礧澆來岸幘斜。惟有秦聲聽不得，行行清怨入秋笳。」（雷琯）「高隱嵩山抗偓佺，機心久息桔槔篇。碧雲日暮人千里，零落霓裳幾散仙。」（李俊明）「一片閒雲畫裏身，如菴瀟灑絕風塵。誰知金紫王孫貴，枯木寒灰自寫眞。」（密國公璹）「秋風吹鬢感登臺，豈料圖書起禍胎。泣血孤臣家萬里，節旄落盡不歸來。」（宇文虛中）「村齋寥落憶平生，一髮青山暮靄橫。鄉夢自南人自北，竹谿終遜稼軒名。」（党懷英）「沙邊涼雁叫霜青，月滿滄州滯使星。舊日桃花紅入夢，夕陽一角峭帆亭。」（張斛）「閒閒堂裏策吟筇，經濟文章仰大宗。春水圍鵝秋射鹿，昇平鼓吹度雍容。」（趙秉文）「煙霞仙骨渺塵寰，歸去黃華有故山。四十雙田流碧玉，夕陽樓上寫潺湲。」（王庭筠）「摩空彩筆萬花蒸，壁上光芒寶鑒騰。別有幽懷無處著，山深月落鬼吹鐙。」（麻九疇）

「博洽眞堪號雅才，月光皎皎雪皚皚。野狐多少通禪悅，不自金仙蜕後來。」（李純甫）「佳處眞疑白樂天，高懷恬淡入秋先。巡檐笑指梅花句，最不分明錦瑟絃。」（王若虛）「褷褵鶴步釣臺偏，詩骨裁花豔錦箋。都尉鴛鴦眞嗣響，空候一節一纏緜。」（王鬱）「冒雨游山興太孤，吟成秋影半模餬。拕泥帶水君休笑，少箇人傳笠屐圖。」（劉昂）「鄉學河汾品孰齊，未應麻段判高低。王官谷裏松枝管，麟閣功勳一再題。」（麻革）「絕代才名野史編，雄奇浩瀚更無前。雪香亭畔花如血，愁煞青衫拜杜鵑。」（元好問）驅使不出中州一集，而風味亦自盎然，絕不枯率。（《雪橋詩話餘集》卷八，民國求恕齋叢書本）

智按：楊鍾羲，原名鍾廣，二十四歲改今名，冠楊姓。字子勤，又作子琴、梓琴、子晴、芷晴，號留垞、雪橋，別號聖遺居士等。祖籍遼陽（今屬遼寧），乾隆中改隸漢軍正黃旗。光緒十一年（一八八五）舉人，十五年（一八八九）中進士，選翰林院庶吉士，歷任江甯、淮安知府。清亡後蟄居上海，民國十二年（一九二三）後復仕溥儀小朝廷，終於奉天國立博物館館長之職。著有《留垞雜著》、《駢體文略》、《聖遺詩集》等，輯有《白山詞介》、《八旗文經》。《雪橋詩話》作于作者賦閒居滬之十一年間。其題雪橋者，卷七謂先塋在良鄉，宋末文天祥過此，有過雪橋詩，其地距先塋不遠，故取以名詩話。書凡四集四十卷，於清詩話中卷帙最為浩繁。各集自為起訖，隨成隨刊，餘集最晚出，刊於民國十四年（一九二五）。詳見蔣寅《清詩話考》，第六五一頁。

李之鼎（一八六五～一九二八?）

《宜秋館詩話》

海陽翁霽堂徵君照，乾隆時詩人也。刊有《賜書堂詩鈔》行世，毛大可、沈歸愚諸公皆序其集。翁霽堂徵君詩，佳者極多，礙難多録，僅將佳句摘録於此：……「八代文章韓吏部，千金詩句白尚書。」……（民國間鉛印本《宜秋館詩話》，《清詩話三編》第七一八六頁）

智按：翁照（一六七七～一七五五），初名玉行，字朗夫，一字霽堂，號子静，江蘇江陰人。有《賜書堂詩文集》。

李之鼎，字振唐，江西南城人。年二十餘歲喪妻，漂泊他鄉。中法戰爭後前往臺灣，數年後至京師，入幕府。後任廣東澄邁、會同二縣（今屬海南）知縣，奉檄率兵鎮壓崖州黎民起義。辛亥革命後，拒絕與革命黨人合作，以清朝遺老自命，寓居上海，刻《宜秋館叢書》，吟詩自娱。其詩洗煉省淨，早期作品多寫個人哀怨。壯年歷經多事之秋，感受時代之變，多憤世嫉俗之作。在臺灣所寫《臺灣竹枝詞》、《咏全臺古迹》等詩，歌咏臺灣風土人情和秀麗山水，緬懷鄭成功，贊頌在中法戰爭中戰功卓著之臺灣首任巡撫劉銘傳。著有《宜秋館詩集》七卷（其中詞一卷）。家富藏書，宋元刊本和明清刻本居半，藏書處有「宜秋館」、「舒嘯軒」，編《宜秋館書目》抄本三卷，《宜秋館叢書目録》抄本三卷，著《宜秋館詩話》，撰《建炎以來繫年要録所引書目》、《宋人見於繫年要録目》四卷、《宋人集目》四編、《宋人集目應徵》六卷，與周貞亮合編《書目舉要》。輯刊《增訂叢書舉要》，收叢書一六〇五種。自一九一四年開始整理宋人别集，完成《宋人集》甲、乙、丙、丁四編，主要編刊中小詩人别集，如《盱江集》、《雞肋集》、《簡齋集》等，達六十多種，多爲善本，每種還附記有關詩人資料。

吴趼人（一八六六～一九一〇）

《二十年目睹之怪現狀》

此時德泉又叫人去買了三把團扇來。雪漁道：「一發拿過來都畫了罷。你有本事把蘇州城裏的扇子都買了來，我也有本事都畫了他。」説罷，取過一把，畫了個《潯陽琵琶》，問寫甚麽款。德泉道：「這是我送同事金子安的，寫『子安』款罷。」雪漁對我道：「可否再費心題一首？」我心中暗想，德泉與他是老朋友，所以向他作無厭之求；我同他初會面，怎麽也這般無厭起來了！并且一作了，就攘爲已有，真可以算得涎臉的了。因笑了笑道：「這個容易。」就提筆寫出來：

四弦彈起一天秋，淒絶潯陽江上頭。我亦天涯傷老大，知音誰是白江州？

(《二十年目睹之怪現狀》第三十八回「畫士攘詩一何老臉，官場問案高坐盲人」,《續修四庫全書》影印清光緒三十二年至宣統二年廣智書局鉛印本)

智按：吴趼人，原名寶震，一名沃堯，初號薾人，後改趼人，别署我佛山人，廣東佛山人。少時入佛山書院讀書。光緒二十三年（一八九七）起開始辦報，先後主編《字林滬報》、《采風報》、《奇新報》、《寓言報》、《漢口日報》等，出版小品文《吴趼人哭》。翌年開始創作小説，成《電術奇談》、《九命奇冤》、《二十年目睹之怪現狀》、《痛史》等，發表于梁啓超主編《新小説》。後赴鄂任美商《楚報》中文版編輯，旋返滬參加反美華工禁約運動。任上海《月月小説》總撰述，寫《劫餘灰》、《上海游驂録》等。所著小説、寓言、筆記、改良戲曲之類，對當時黑暗社會有所暴露，為晚清譴責小説代表作家。

曾廣鈞（一八六六～一九二九）

《落葉詞》

客有自燕避亂歸者，道珍妃死事狀甚悉，並述諸名流紀哀之作。輒仿香山《長恨歌》，梅村《永和宫詞》，為作《落葉詞》，比諸白髮宫人話開元遺事，黄台詩句閔房陵幽廢云爾。

西飛逋鳥東飛雀，宫井梧桐驚落葉。蜀魄年年望帝歸，冤禽夜夜蹄姑惡。卅年鬻子憫恩勤，鴞取我子燕啄孫。母氏耄荒終聖善，君王宵旰自憂廑。憂勞我實愁風雨，同心黽勉宜無怒。陰雨偶懷葑體怨，凱風誰識棘心苦。姊弟齊飛入禁門，貴妃明慧獨承恩。漢宫燕尾憐雙影，虢國蛾眉奉至尊。至尊自惜如花貌，況復田妃能顰笑。殷憂國步更艱難，每為玉人紓懊惱。頻年燕叟妒環肥，慈聖垂簾總萬機。墨勅斜封成慣例，黄台枯蔓摘頻稀。一自宫闈罹政變，内宫裁減昭陽膳。未許求全長信宫，何當私語長生殿。惆悵西風凍紈干，已成羽翼鎩雛鵷。奮飛折翅奈何帝，鸚鵡前頭未敢言。房陵幽廢廬陵嗣，倉卒黄巾滿兗冀。州籲阻兵終自焚，蕭同笑辱等兒戲。無端王子召戎兵，烽火驪山一夕驚。八國聯軍齊北上，兩宫微服遂西行。瀕行母后重回首，一曲蕣蕪忍揮手。漸台遲節未隨行，蜀道淋鈴先出走。莫言傾國與傾城，吾王掩面豈無情。景陽辱井馬嵬恨，一例何能媲聖明。半泓秋水凝寒碧，血花猶泛胭脂色。妾心井水自不波，六飛一去無消息。誰賦招魂問水濱？麻姑幾見海揚塵？瑤池張樂觴王母，羅襪淩波惑洛神。六宮無人簪白柰，生花歐女猶爭桂。甃石應無茅絰存，寒泉當與菊花酹。宮人白髮話銅駝，似云妃子葬湘波。君王未製哀蟬曲，詞客爭傳比翼歌。秋風墮葉飄香砌，夜月魂歸鄉環佩。銜石難填恨海寃，化作望夫隨精衛。（宣統元年刻本《環天室詩集》卷四）

智按：趙炳麟《柏岩感舊詩話》載：「珍妃未進宮時受業于學士文廷式。康有為之得景廟恩眷，妃在宮實揄揚之，蓋聞其師文學士所稱道，欲以樊妃自任也。戊戌政蹶，妃失孝欽顯皇后意。」（《民國詩話叢編》第二册，第五三三頁）

曾廣鈞，字重伯，號環遠，一號約思、觙庵，湘鄉（今屬湖南）人。曾國藩長孫，曾紀鴻長子。曾寶蓀之父。十二歲即為詩，有「聖童」之稱。陳三立有「潭叟（王湘綺）矜誇得聖童」之贈句。光緒十五年（一八八九）進士，次年朝考二等授翰林院編修，時為翰林院中最年輕者。因以詩取勝，有「翰林才子」之譽。梁啟超譽為「詩界八賢」。官至廣西知府。有《環天室詩集》。集中還有《次韻天放白香山生日瓢社飲集》。手稿《河洛算書》多種，今藏湖南圖書館。錢仲聯《夢苕盦詩話》云：「曾重伯『萬朵紅蓮禮白蓮』句，為世稱誦，實從香山『半採紅蓮半白蓮』句化出。然窋變觀音，出香山之上矣。」（《民國詩話叢編》第六册，第三〇八頁）

孫雄（一八六六～一九三五）

《詩史閣詩話》

琴南于辛亥國變後，睹民生之凋敝，歎黨禍之蔓延，感不絕於寸心，寄深悲於尺素，賦有《槁蟬篇》七古五首，均用元韻，讀之增痛。兹録其第三首云：「蠹魚不蝕神仙字，一生斷送五經笥。九天霍霍起罡風，秦灰吹作胡塵墜。挾山超海大神通，換斗移星小遊戲。龍蛇起蟄各橫飛，燕雀怡堂猶鼾睡。蠹兮蟲兮么麽生，死抱殘編未忍棄。黯黯鵑魂噤不啼，惺惺鰥目枯無淚。今古同歸貉一邱，念此亦復酸人鼻。首陽之薇誠苦饑，猶勝餔糟共天醉。夢中蝴蝶已分飛，塵外蜉蝣奚獨寄。肉食由來恥蟻膻，輪扶何力張螳臂。南八男兒死已遲，青山無地堪埋骴。月落燈昏鬼語親，紛來索我枯魚肆。君不見青蠅海上覓虞翻，鵩鳥江頭窺賈誼。把酒徬徨勸少微，暉暉殘月休回避。」又第四首云：「我生初識風丁字，遺書在楹衣在笥。慈幃辛苦教含飴，冰淵時懍家聲墜。自從弱冠補青衿，娛親幸逮萊衣戲。埋頭章句學冬烘，癡想科名到渴睡。春去秋來年復年，一生精力虛捐棄。菽水難為續命湯，先人地下應彈淚。孤寒已恨禿錐毛，老健猶思磨盾鼻。豈知滄海化醇醪，九天九地皆沈醉。頭顱大好未能忘，肝膽全披向誰寄。香山《樂府》說軍興，半是新豐翁折臂。三辰匿耀六經灰，狐埋狐搰無完骴。夜鬼啾啾哭槁蟫，再來覓食無書肆。星精下降便昇仙，倉史何人序行誼。出門倘遇古楚狂，作者為君歌四避。」（《民國詩話叢編》第二册，第一七一～一七二頁）

湘鄉李亦元比部希聖，清剛遐曠，獨秀時流，嗜古彌摯，尤通當世之務。庚、辛之間，於朝事多所論列，聞者韙之。而與時觸忤，竟不得一伸其志。浮沈郎署，抑鬱以終。海內識與不識，咸撫膺悲慨焉。遺孤幼弱。其友人為刊遺詩，曰《雁影齋集》，皆庚子以後之作。大致神似玉谿，亦頗多近杜處。然每遇友人稱其似義山者，心輒不怡。茲録數首於此，亦論世者所樂誦也。《有寄》云：「漢女遺珠佩，湘妃倚薜蘿。擬愁供楚雨，量恨與吳波。往事兼春遠，流塵著夢多。玉璫無覓處，長是隔秋河。」《亂離一首仿元白體示頌年叔進兩太史》云：「亂離重說太平年，宣武城南二月天。崇效寺中尋芍藥，陶然亭畔弔嬋娟。九衢車馬如流水，百戲魚龍過禁煙。歷歷舊時歌舞地，為君寫入《七哀篇》。」……（《民國詩話叢編》第二册，第一七九頁）

《爲石雪題萬竹廬圖書館圖率賦長慶體七古一章》

萬事看來耕讀好，墨耨經鋤不憂槁。益人神智仗縹囊，胄子莘莘恣研考。徐侯畫竹千萬竿，乾坤清氣縈筆端。三伏徂暑有秋意，拂窗蔽室皆琅玕。杜陵庇寒寄遐思，廣廈萬間營塏爽。侯今蓄願育菁莪，手寫蒼筤與篠蕩。潞河劫火燬楹書，重築凌雲舊草廬。堂牓吟香佩蘭芷，書羅羣玉注蟲魚。聽蓬窗雨懷光澤，繪出猗猗僧眼碧。典衣萬卷集謨觴，汲綆群英誦墳籍。聚書不易讀尤難，珍惜分陰逝急湍。平地樓臺成妙腕，檀欒個個繞雛鵷。他年棫樸蒸林麓，碩彥經書都滿腹。勛名第一畫凌烟，歸功與可篔簹谷。（《國聞周報》第八卷第三一期，一九三一年；《遼東詩壇》第七四期，一九三一年）

《述之同社以重闈紀念集徵題敬賦長慶體七古一首》

桓桓上將西園翁，浙閩持節能綏戎。毛髮褒公輝殿上，甲兵小范富胸中。丙申陬月公周甲，曾賦閟宫碩鴻業。荏苒星霜卅六春，神州幾歷紅羊劫。譚楊並是棟梁臣，介壽名篇墨尚新。淮楚一家同戡亂，補天媧石轉鴻鈞。勳賢繼武難承志，負荷析薪非易事。我誦遺文重歎嗟，拔劍王郎悲斫地。昔年旌旆駐狼山，威望真如虎踞關。銅柱分疆鞍據馬，玉門生入願償班。滄海横流由一決，民生憔悴鵑啼血。公靈在天應盡傷，賴有文孫嗣先哲。世德清芬冠九州，重闈紀念屢賡酬。衣披一品輝戎服，福應三多協範疇。賢婦紫陽儒者裔，苦節冰霜耐凌厲。遺腹欣聞雛鳳鳴，貞心力挽陽烏逝。報答春暉矢寸心，文章揚紇播儒林。崧生嶽降懷申甫，盼爾他年霈傅霖。（《虞社》第一七五期，一九三一年）

《江陰節母趙孫太君百歲貞壽敬賦長慶體七古一首》

澄江素稱忠義鄉，鬚眉巾幗同流芳。趙家壽母天錫嘏，歲寒松柏凌風霜。虞西釣叟吾詩友，撰序徵文蘄不朽。懿桀頤齡紀御題，媲美項城袁氏母。新邦人瑞邁前朝，問俗誰乘太史軺。繆李閻陳炳青史，陶歐方駕姓名標。誕自樂安嫁天加，我幸同宗縈葛藟。宋時著姓趙錢孫，佳話同符鼎三趾。楊舍荒城古暨楊，二山狼福雁分行。龍砂虞嶺東西綰，毓秀鍾靈逮邑姜。上壽期頤古所罕，況兼節義昭雲漢。青年寡鵠遂嗷鴻，備歷千艱經百難。洪楊荼毒循江東，豺虎縱横杼柚空。亂平生活賴十指，篝蹬五夜勤女紅。蓬首飄零年半百，弱女告殂凋一脈。相依幸有姪從姑，草草饔飧慰晨夕。憂患填膺樂事稀，曾無完土與完衣。天壤苦節成甘節，曼壽長生我佛依。從知造物無私覆，煉石彌傾神補救。予齒去角雀燕平，箕疇五福先眉壽。嗟今人欲逞横流，離合何須問蹇修。禮廢婚姻人道苦，支機無石望牽牛。淇上桑中茨不掃，夭昏瘥札皆娥姣。邦媛百歲迓天休，臭味差池别蘭鮑。氣體沖和稟自天，宣文真是地行仙。偷生坐笑蜉蝣輩，久視應儕龜鶴年。（《虞社》第一八二至一八三期，

一九三二年）

智按：孫雄，原名同康，字師鄭，號鄭齋。光緒二十九年（一九〇三）改今名，晚號鑄翁，味辛老人，詩史閣主人。常熟（今屬江蘇）人。早年從黄元同習《禮記》，治漢學。光緒二十年（一八九四）中進士，二十八年（一九〇二）任吏部主事，二十九年為京師大學堂文科監督。辛亥革命後，以遺老自居，一度曾任清史館協修與北京大學史學講師。著作頗富，有《眉韻樓詩》、《鄭齋漢學文編》、《鄭齋類稿》、《師鄭堂集》，輯有《道咸同光四朝詩史》等。傳記見《近代文人小傳》。

羅振玉（一八六六～一九四〇）

《白氏長慶集書後》

《唐書·宰相世系表》「白氏」載白樂天一系，稱士通生志善，志善生溫，溫生鍠，鍠生季庚，季庚生幼文、居易、行簡，校以香山《長慶集》所載《白氏之殤》、《醉吟先生》、《溧水令季康府君》、《鞏縣令鍠》四墓誌及《襄州別駕府君事狀》所敘世系均合。惟集中又有《故坊州鄜城尉陳府君夫人白氏墓誌》，稱夫人為延安令鍠之女、襄州別駕季庚之姑，前京兆府戶曹參軍翰林學士白居易、前秘書郎行簡之外祖母，則與諸志及表不合。陳夫人為鍠女，季庚為鍠子，則陳夫人與鍠為男、女兄弟，不得云夫人為季庚之姑，亦不得為樂天兄弟之外祖母。然《季庚事狀》稱夫人潁川陳氏，考坊州鄜城令（智按：據上文當作鄜城尉）、妣太原白氏，則樂天之母確為陳氏，且白氏所出。又考樂天父季庚以貞元十年五月終，年六十六，陳夫人以元和六年沒，年五十七。又，《陳君夫人白氏誌》稱夫人以貞元十六年沒，年七十。是季庚生於開元十七年，陳夫人白氏生於開元十九年，樂天母潁川縣君（智按：居易母之封號）生於天寶十四年。陳夫人白氏少於季庚三歲，乃季庚之妹。潁川縣君少於季庚二十六歲，則季庚所取乃妹女。樂天稱陳夫人為季庚之姑，乃諱言，而非其實矣。唐人取甥為婦，可駭聽聞，其出自樂天先人，尤可駭也。（《貞松老人遺稿·甲集之一·後丁戊稿》，《民國叢書》第五編影印本，

第五〇九六册，第十～十一頁；《羅振玉學術論著集》第十集下，總第十四册，第六一〇頁）

《新唐書宰相世系表補・白氏》

建字彦舉，後周弘農郡守、邵陵縣男。沈校：《北齊書・白建傳》：「建字彦舉，侍中、中書令。」後周無此人。《表》未詳何據。案：《太子内直監白羨言墓誌》、《汴州封邱縣令白知新墓誌》均作「建，北齊司空」。白居易《溧水縣令白季康墓誌》亦作「北齊五兵尚書建」。《表》誤作北周耳。

智按：沈校，指沈炳震《新唐書宰相世系表訂訛》。陳寅恪《元白詩箋證稿》附載《白樂天之先祖及後嗣》云：「此白建既字彦舉，與北齊主兵大臣之姓氏名字俱無差異，是即樂天所自承之祖先也。但其官則爲北周弘農郡守，與北齊贈司空之事絶不能相容。其間必有竄改附會，自無可疑。豈樂天之先世賜田，本屬於一後周姓白名某字某之弘農郡守，而其人實是樂天真正之祖宗。故其所賜莊田能在北周境内，後來子孫遠攀異國之貴顯，遂致前代祖宗横遭李樹代桃之阨耶?」賜莊宅事見白居易《襄州别駕府君事狀》。後周弘農郡守之白建字彦舉，唯見於《新唐書宰相世系表》，非出於居易之文。同州韓城莊宅，亦見於白敬宗、白公濟墓誌。自白起至白建之世系代數，諸白氏墓誌所載不一，無從深究。

君恕，倉部郎中。生大威，梓州刺史。《白羨言墓誌》：「建生曾祖士遜（《白知新墓誌》作遜），齊為散騎侍郎（《知新誌》作「常侍」）。大父君恕，參神堯皇帝霸府倉曹、轉開府大將軍加太常卿。考大威，持節滄、綿、梓三州刺史。子慶先，定州無極縣丞。嗣先，漢州參軍。」《表》漏建子士遜一代，誤以孫君恕為子，又失書大威子羨言、羨言子慶先、嗣先。

君慦，牢州别駕。孫知慎、知節。《白知新墓誌》：「高祖建，曾祖遜，祖君慦，皇嘉州刺史（不作「牢州别駕」）。父弘儼，皇潭州録事參軍。子巖之、嶷之、子蘭。」《表》失書君慦子弘儼及弘儼子知新與知新子三人。

鍠，鞏令。白居易《鞏縣令白府君事狀》：「公諱鍠，字確鍾。都官郎中第六子。有子五人：長子諱季庚，襄州别駕。次諱季般，徐州沛縣令。次諱季軫，許州許昌令。次諱季寧，河南府參軍。次諱季平，鄉貢進士。」《表》但書季庚、季軫，而遺季般、季寧、季平。

居易生景受，孟懷，觀察支使，以從子繼。沈校：《居易傳》以姪孫嗣。案：《醉吟先生墓誌》言「樂天無子，以姪孫阿新為之後」，此《傳》所本。李商隱《白居易墓誌》作「子景受」。則《表》所本，二者未知孰是。

潾，揚州録事參軍。生季康，溧水令。沈校：《居易傳》：「名鏻。」案：白居易《溧水令白季康墓誌》：「父諱鏻。」亦作「鏻」。鏻兄鍠字亦從「金」，則作「鏻」為得。（《新唐書宰相世系表補》卷下，《羅振玉學術論著集》第八集，第六六二～六六三頁）

智按：羅振玉，字式如、叔蘊、叔言，號雪堂，晚號貞松老人、松翁，上虞（今浙江紹興）人，生於江蘇淮安。宣統元年（一九〇九）補參事官兼京師大學堂（今北京大學）農科監督。辛亥革命爆發，與王國維等避居日本，從事學術研究，一九一九年歸國，住天津，一九二一年，參與發起組織敦煌經籍輯存會。一九二四年奉溥儀之召，入值南書房。一九二八年遷居旅順。九一八事變後，參與策劃成立偽滿洲國，並任多種偽職。與王國維合著《流沙墜簡》。編著有《貞松堂歷代名人法書》，《高昌壁畫精華》、《殷墟書契》、《殷墟書契菁華》、《三代吉金文存》等。

汪曾武（一八六六～一九五六）

《述德小識》

先母喜吟咏，常以唐詩口授子女，如《長恨歌》、《琵琶行》諸詩，昕夕誦之，嘗曰：「古人有言，『熟讀唐詩三百首，不會吟詩也會吟』也。」（民國五年刊本《述德小識》）

智按：金聖歎（一六〇八～一六六一）批温庭筠《經李徵君故居》詩「一院落花無客醉，五更殘月有鶯啼」一聯曰：「逐字皆人手邊筆底尋常慣用之字，而合來便成先生妙詩。若知果然學做不得，便須千遍爛熟讀之也。」孫洙（一七一一～一七七八）《唐詩三百首·序》:「諺云:『熟讀唐詩三百首，不會做詩也會吟。』請以是編驗之。」張佩綸（一八四八～一九〇三）《致于晦若禮部》:「識時務正不必求之洋書，熟讀唐詩三百首，足推博雅也。」(《澗于集》書牘卷六，民國十五年澗于草堂刻本）趙元禮（一八六八～一九三九)《藏齋詩話》卷上記諺語曰:「熟讀唐詩三百首，不會作詩亦會謅。」

汪曾武，字仲虎，晚號鶼庵，江蘇太倉人。光緒二十年（一八九四）舉人，次年赴京會試期間參加公車上書，被公推爲代表呈書光緒，授五品銜。因張之洞保奏授四品銜，發交巡警部以主事補用，後任民政部借補七品京官、承政廳機要科幫主稿、三海工程監督、大明濠工程監督、民政部機要科正主稿、憲政編查館《光緒政要》協修、内閣法制院第二科主任、員外郎等職。民國建立後曾任北洋政府内務部薦任僉事、平政院第一庭書記官。一九二九年回原籍養病，一九四九年返回北平，一九五一年被聘任爲中央文史研究館館員。著有《味蒓詞》六卷，《唐言問答》一册，《婁東書畫見聞錄》四卷、《述德小識》、《平陽雜識》、《歷代泉幣考略》等。

王松（一八六六～?）

《放言五首》

元、白皆有放言長句，體兼比興，寄托遙深。偶仿體裁，用香山韵以續其意；聊解瞌睡，别寫閒情。謂爲鳴春鳥可，謂爲應聲蟲亦無不可。

覆蕉尋鹿醒還夢，杯酒幻蛇有若無。蝸角戰爭空負力，犀心靈透不醫愚。雲程展處鵬摶翼，月影圓時蚌孕珠。百歲光陰如過客，青絲白髮鏡中殊。

愁如潮落落還長，人被墨磨磨不休。雞憚爲犧先斷尾，魚因貪餌誤吞鈎。春花總比秋花好，失馬翻貽得馬憂。莫便臨崖空撒手，得收繮處早回頭。

事兆機先已決疑，何須休咎揲靈蓍。但教臺上自隗始，何必蘆中與子期。心有心心心印處，月看月月月圓時。和光混俗原非易，不患人知患己知。

問天屈子離騷賦，斫地王郎托醉歌。東國聖師西國佛，南山鳥避北山羅。雲深易覓還魂草，風勁難興止水波。受辱不須逃胯下，無雙品自引蕭何。

貧富何須論范、石，功名畢竟負韓、彭。秋風唧唧蟲鳴籟，春日欣欣木向榮。漫笑橐駝傳柳子，空教蝴蝶悟莊生。憨痴都是修來福，不了緣鍾不了情。（《滄海遺民剩稿·如此江山樓詩存》，《臺灣文獻叢刊》第五十種據民國十四年上海聚珍仿宋版印行）

《台陽詩話》

改隸後，秀才入國語學校者當以謝雪漁（汝銓）爲嚆矢。雪漁年少氣英，汲汲于當世之學；至于詩，特其餘緒耳，然亦無不可傳者。余從報紙得其《曉起散策》云：『曉起出門行，逍遥步紫陌。冷風吹葛衣，涼露濕桐屐。炊烟繞樹青，流水護田碧。戍壘角聲催，前溪人語隔。尋芳過竹橋，覓句蹲苔石。數里足忘疲，終朝情自懌。壯猶不如人，心苦爲形役。有錢須買山，結構幽人宅』。清新雅致，步驟井然；如白香山所作，老嫗能解。（《台陽詩話》卷下，臺灣銀行一九五九年版《臺灣文獻叢刊》第三四種）

智按：王松，字友竹，又字寄生，號滄海遺民，臺灣新竹人，祖籍福建晉江。而立之年，正值乙未（光緒二十一年）割台之痛；嘗攜眷趣返故里。事定，重渡臺灣，托一廛以居，名曰「如此江山樓」。有《滄海遺民剩稿》。

洪繻（一八六七～一九二九）

《八州遊記》

自煙水亭，下划子，放舟至九江城南。步南門，城之大約似揚州，而過鎮江，惟城垣不及其高厚耳。由南門過天花宫，宫並康王廟，頗高大。廬山中康王谷，即以楚康王得名。扣朱門入觀，乃女尼守宫。天花宫祀觀音，廟祀康王，而旁列前騶金牌，乃多鐫雜神如楊將軍等號，殊不倫也。食茶即出。再到能仁寺，寺甚大。寺左一塔七層，高聳空際，江上可見。雖不及蘇塔九成，而高大亞之。時寓兵閉塔，無以登瞰全城。出寺過南門觀，又過南門湖。湖雖小而水深，有種菜於筏者。由南門内轉至西門街，店宇亦宏敞繁盛，不減蘇州，惟寺觀之麗不及。街衢狹不盈丈，石路一雨泥濘，與蘇、揚、安慶同。蓋自上海租界外，街路之廣惟南京矣。南京街衢廣闊，自古而然。

九江除廬山外，古蹟惟湓浦耳。湓本作盆，瑞昌青盆山之水曰湓水，由此入江，故有湓口、湓港、湓浦口之名。今淤塞不通江，惟有龍開河耳。郡國志謂有人於此洗盆，為龍負去，故名。傅會可笑。古時浦有庾樓，並名樓下為庾樓磯，謂庾亮刺江州時建。宋陸務觀入蜀時猶見之，陸公嘗辨湓浦地非晉時江州治所。昔時此地惟設小關徵稅耳。余按，宋齊時湓口亦有城，今庾樓已不在湓浦，而移建於九江郡廨後。湓浦上惟建有琵琶亭，因白樂天謫潯陽送客湓浦作《琵琶行》故也。

（二十八日）傍晚出訪湓浦。行二里，則絕無所見，惟見人家錯落。居人指南潯火輪停車場至大江邊，謂是古湓浦地，亦無徵。無已，則覓琵琶亭，乃既無浦，亦復無亭。爰偕居停人遍訪江干古廟，最後引至江畔一破損廟宇。視之，署宣化宫，右畔署觀音堂，無所謂琵琶亭也。入其門，祀神之室，隘而暗，一燈熒熒。余疑之。因尋訪碑志所在，亦無見。小兒檲忽於壁下積薪覓見嵌石龕，余然火照之，則如披霾翳，果為光緒二十四年戊戌，邑人張某，志其地為琵琶亭也，燬於咸豐之亂久矣。「邑孫甲、陸乙、梅丙，因祈禱痘神立神祠，乃特擇琵琶亭故址，且藉以永琵琶名於不泯。」序雖不佳，而因此可證琵琶亭，並可以徵湓浦，豈必趙明誠《金石録》哉！湓浦一荒江地，今並楓葉荻花、黃蘆苦竹而無之。縱極修飾一亭，亦何以襯觀瞻，而空名至今存，使余尋訪半日，則詩人之澤長矣。（《八州遊記》民國間刊本）

《游淡水記》

嚴忌九州之願，禽慶五嶽之思；予有是心久矣。而中原地棘，蓬島陸沈；出門興豺虎之嗟，藺足在鮫鯨之窟：驚濤可駭，炙輠良難！因思隨地可游，何必昆侖之駕；有山皆好，況在滄海之鄉。彼剡中煙水茫茫，而放翁思蜀；洛下河山業業，而白傅憶杭。賤家雞、愛野鶩，斯好奇之過耳。余既探珠潭之勝，爰為淡水之游。……（《臺灣先賢集》本《寄鶴齋選集》卷二）

《寄鶴齋詩話》

七古詩篇能如初寫《黃庭》，到恰好處者，李杜高岑之外，殊不易見，中晚惟白公《琵琶行》、義山《韓碑》二篇而已。宋則蘇子瞻《煙江疊嶂圖》前首及《韓幹馬十五匹》二詩，與《寄蔡子華》一短篇，恰好入妙，黃山谷則《劉永年角鷹詩》及《伯時彭蠡春牧圖》二篇亦然，此外寥寥矣。明惟高季迪《憶昔行》、李崆峒《東山草堂》，可稱恰好，後來惟吳梅村《雪中遇獵》一篇耳。梅村七古純乎長慶派，此篇神來興來，筆筆入妙，超出長慶體外，詩云：「北風雪花大如掌，河橋路斷流澌響，愁鴟飢雀語啁啾，健鶻奇鷹姿颯爽。將軍射獵城南隅，軟裘快馬紅氍毹。秋鷹垂頭西鼠煖，雅青徑寸裝明珠。金鵝箭褶袍花濕，捌酒駝羹馬前立。錦靴玉貌撥秦箏，瑟瑟鬟多好顏色。少年家住賀蘭山，磧裏擒生夜往還。鐵嶺草枯燒堠火，黑河水滿渡征鞍。十載功成過高柳，閒卻平生射雕手。漫唱千人敕敕歌，只傾萬斛屠蘇酒。今朝彷彿李陵臺，將軍喜甚圍場開。黃羊突過笑追射，鼻端出火聲如雷。」云云，梅村七古，惟此足稱超詣，此外則《洗象圖》及《悲歌贈吳季子》，亦絕妙。

梅村七古雖多效香山，然能參以盛唐李杜高岑，筆氣格調，實非香山所能限，集中如《雪中遇獵》一篇、《題崔青蚓洗象圖》一篇、《悲歌贈吳季子》一篇、《曇陽觀訪文介石讀蒼雪舊跡有感》一篇、次如《題志衍所作山水》及《吾谷行》及《送志衍入蜀》及《題蘇門高士圖》及《南生魯六真圖》諸篇，取藻於香山，取骨於盛唐，高妙處多非香山所有，則獨闢為梅村之格，獨成為梅村之詩者也。昔人詠梅村謂「百首琳瑯長慶體」者，實不盡然也。至於《聽女道士卞玉京歌》、《琵琶行》、《鴛湖曲》、《畫蘭曲》，雖「長慶體」而風神獨絕，感喟獨深。次如《永和宮詞》、《九峰草堂歌》、《茸城行》等篇，則純乎「長慶體」者也，惟《雁門尚書行》，無限感愴君國之事，亦以長慶調出之，則詩不稱題，大為此體累矣。(《寄鶴齋詩話》)

《話詩體裁，示及門》

詩之源委，古人言之夥頤矣；所以不嫌其贅者，為初學明之也。

詩有樂府，有五言古詩、七言古詩、五七言絕句、五七言律詩。漢以前，古詩唯四言；至漢初，始有五言；漢盛時，始有七言。若《三百篇》中，亦有五、七言；楚詞中，尤多七言：然不為例也。漢、魏、六朝及隋，祇有五、七言古詩；至唐初，始有律詩、絕句。若六朝末之齊、梁，詩半守沈約聲病，即五言律詩矣；然仍名古詩，不名律也。唐病此體之卑，故別之曰律；遂由五言律而充七言律，始與古詩分別。漢、魏多樂府詩，漢以後始多古詩。

樂府者，歌之於朝廟宴會，如古之《三百篇》者也；其有歌詠兒女情事者，殆猶《三百篇》勞人思婦、采蘭贈芍之詩也。唐以前，樂府多用舊題。至杜甫，始創新題以寫時事；元、白輩效之，張、王輩繼之。迨至元朝楊維楨、明朝李東陽，相率張之；而後人遂多制新樂府，鮮用舊題矣。

古詩之體極多，以時代言，為漢魏體、魏晉體、晉宋體、六朝體（六朝，總晉、宋、齊、梁、陳言之。然豔體則專屬齊、梁）。漢末有建安體（建安——獻帝年號，即曹氏及鄴中七子之詩），魏初有黄初體（黄初——曹丕年號，仍建安諸子）。魏末，正始體（廢帝年號，即竹林嵇、阮諸子之詩；然當以阮籍為大宗）；晉，太康體（晉武帝年號，即左思、潘岳、張華、傅玄、二陸、二張之詩；若劉琨、郭璞亦晉詩家，則在太康後矣）；宋，元嘉體（宋文帝年號，即顔延之、鮑照、謝靈運諸子之詩）；齊，永明體（齊武帝年號，即謝朓暨王、張輩之詩）：分言之，為齊梁體（即任、江、何、徐、庾諸子及梁帝之詩）、陳隋體（陳陰鏗、江總、張正見、隋薛道衡等詩，仍齊梁體；唯煬帝及楊素微有别）——統言為南北朝體（南六朝、北元魏）。至唐，有初唐體（初唐五言，仍陳、隋之習；唯七言較壯麗耳）、盛唐體（盛唐至開元、天寶時，李、杜、高、岑、李諸公出，而詩道遂極美備）、中唐體（中唐之體極不一，如韓公為一體，韋、柳為一體；元、白一體，張、王一體。餘如郊、島等，亦錯出其體。後人專以有名句如錢、劉者為中唐體，不儘然也）、晚唐體（溫、李及杜牧、馬戴、許渾、鄭谷、司空曙、司空圖、趙嘏、姚合等詩，皆以佳句稱）。中唐有大曆體（大曆——代宗年號，即錢、郎、韓、盧、皇甫、李等十子之詩，多七言佳句）、有長慶體（穆宗年號，即元、白七古之詩；或稱元和體）。宋有北宋體（歐、王、梅及蘇、黄、晁諸家之詩）、南宋體（南渡後，范、陸、蕭、楊各家之詩）；北宋有元祐體（哲宗年號，即蘇、黄、陳、鼂、張、秦諸家詩。以家數言，為蘇李體（漢蘇軾、李陵），為蘇李《十九首》體（即蘇、李詩及無氏名《十九首》；然《十九首》或以為半屬枚乘作）、三曹體（曹操、丕、植）、七子體（孔融、劉楨、徐幹、陳琳、王粲、阮瑀、應瑒）、曹劉體（曹子建植、劉公幹楨）、曹子建體、阮體（晉阮嗣宗籍）、陶體（陶淵明潛）、謝體（宋謝康樂靈運）、鮑謝體（宋、齊時鮑明遠照、謝玄暉朓）、徐庾體（齊、梁時徐孝穆陵、庾子山信）、沈宋體（初唐沈佺期、宋之問)、四傑體（王勃、楊炯、盧照鄰、駱賓王，並為初唐明麗之體。迨陳子昂出，效阮公《詠懷》，始力追漢、魏古格。張九齡繼之，一變前風；遂開盛唐，故亦稱陳拾遺體、張曲江體，以別於初唐)、李杜體（盛唐李白、杜甫)、高岑體（高適、岑參)、王李體（王維、李頎，以七古、七律並稱)、王孟體（王維、孟浩然，以五古、五律並稱)、儲王體（儲光羲、王維，以田家詩效陶公並稱)、韋柳體（中唐韋應物、柳宗元，並學陶公以淡遠者)、錢劉體（錢起、劉長卿)、韓昌黎體（韓愈學李、杜而別開門戶，故前稱韓杜、後稱韓蘇)、李長吉體（李賀好作奇險語，時謂鬼才。有盧仝者亦稱鬼才，然涉於粗怪矣)、元白體（元稹、白居易，並以學初唐明麗而擅場；而白公別有古質一體，故又稱白樂天體)、張王體（張籍、王建，並以作新樂府稱)、郊島體（孟郊、賈島，東坡目為「郊寒島瘦」)、溫李體（晚唐溫庭筠、李商隱，並以豔才稱。又與段成式稱三十六體，蓋三人皆行十二也。李又稱義山體，又稱西崑體)、皮陸體（皮日休、陸龜蒙)、蘇黃體（宋蘇軾、黃庭堅。蘇學杜、韓而別創門戶，為東坡體；黃學杜而亦自成一家，為山谷體)、蘇陸體（北宋蘇軾、南宋陸游；陸亦自稱陸公體。此外，北宋尚有陳後山，南宋尚有楊誠齋、劉後村。如賈島、姚合偶為後人所宗，亦遂稱賈浪仙體、姚武功體，實皆不足為體也)。至元亦有四傑之目，明亦有四傑之目（元四傑：虞集、楊載、范梈、揭奚斯。明初四傑：高啓、楊基、張羽、徐賁；弘、正四傑：則李夢陽、何景明、邊貢、徐禎卿。此後，尚有七子之目)。然元惟虞道園、金元時惟元遺山可成體。明惟高李（高啓、李東陽)、李何（李夢陽、何景明)、徐高（徐楨卿、高叔嗣)、王李（王世貞、李攀龍)；明末則陳黃門（子龍)，明末、本朝之際則吳梅村（偉業)。本朝則王漁洋，亦稱朱王（朱彝尊，號竹垞)。此外，尚有國朝六家（王士禛、朱彝尊、施闰章、宋琬、趙執信、查慎行)、江南三家（吳偉業、錢謙益、龔鼎孳)、嶺南三家（陳恭尹、屈大均、梁佩蘭）諸作及乾、嘉以來諸子（乾隆、嘉慶作者輩出，或宗唐、或宗宋，極為總雜，不能論定)，不能悉數也。又，詩體尚有選體（即「昭明文選」中五古一派)、柏梁體（漢武帝與群臣聯句於柏梁臺，為七言權輿；惟句句用韻，故別為一體)、玉臺體（即徐陵所選「玉臺新詠」，皆古風之作；後人以為豔詩，其實不儘然也)、西崑體（即溫李體，為宋楊億、劉筠所宗，專施之七律，號為西崑體）、西江體（即黃山谷一派，江西人宗之）、宮體（即梁君臣豔詩）、香奩體（唐崔國輔、韓偓喜為兒女言情之作，韓偓遂以「香奩」名集。明人王次回因專效之，國朝黃莘田繼之，此體遂多）等名目；而惟選體為深雅，不易能也。

至於各體有各體之淵源、各人有各人之面目、各家有各家之專詣，不能覼縷悉言；散見在余「詩話」中及前人詩話，取而觀之可矣。（《臺灣先賢集》本《寄鶴齋選集》卷三）

《近年薄置田畝，擬待拙著集成，變鬻以供剞劂。特恐所作不值一文，不免詅癡符之誚也。詩以志之》

吾也作詩豫買田，為口腹計謀朝饘；他日詩成待傳後，吾賣吾產刊遺編。此志非奢良易遂，此筆再支三十年。古人名山俟友聲，韓公學有歐公延；張為曾詡奉白佛，李洞亦聞鑄浪仙。今人愛才非昔比，龍華會乏香火緣；同時或邀眾口謗，異時安望眾目憐！「太玄」子雲當瓿覆，「春秋」呂氏空門懸；況余詩文求自適，不期眾好寧非偏！冰心自攜冰一卷，古調獨彈古七弦；高希萬載羲皇上，曠游八極鴻蒙先。放筆洪濤走沏湃，冥心造化歸鑱鐫；咸韶欲招里耳聽，如置石鼓伶人前。倘售鼠璞自炫異，或懷燕石私蹁躚；千金換取麻沙版，如珠彈雀玉抛磚。況破百畝災梨棗，實益枉為虛名捐。緊餘名心終不死，子孫之計非所牽；阡陌連雲亦安用，城南二頃更戔戔。有詩有文堪擲地，無衣無食足登天；王充或作枕中秘，桓譚有待身後傳。吾書不脛走天壤，室中遑恤竈無煙；惟愁白傅將笑人，詩成未得雞林錢！（《臺灣先賢集》本《寄鶴齋選集》卷七）

《徐城西訪燕子樓二首》

葳蕤鎖落已千秋，當日無人燕燕愁；被冷香消霜月夜，我來無夢亦登樓（東坡有《夢盼盼》詞）。

白楊紅粉久成灰（本白詩意），我向城西訪古回；太息岳陽鴻雁盡（本關盼盼詩意），樓頭燕子不歸來！（《臺灣先賢集》本《寄鶴齋選集》卷九）

智按：洪繻，本名攀桂，又名一枝，字月樵，以字行，臺灣彰化人。中日甲午戰爭爆發後，與丘逢甲等主張抗日，出任中路籌餉局委員。日軍侵台後，改名繻，字棄生，閉門不出、潛心著述。爲詩推重杜甫、陸游，多有亡國之痛，風格沉鬱悲壯。有《寄鶴齋詩集》、《寄鶴齋詩話》、《瀛海偕亡記》、《八州游記》等。

王允晳（一八六七～一九二九）

《讀香山和微之槿花詩雲若向花中比猶應勝眼花爲作二解》

眼花隨眼有，籬槿久籬難。總然無實性，勝意欲何安。

病眼花原幻，朝籬槿豈真。但饒無所住，真幻盡前塵。（《小說月報》第七卷第八號，一九一六年）

智按：王允晳，字又點，號碧棲，福建長樂人。光緒十一年（一八八五）舉人。任建甌教諭。入奉天將軍依克唐阿幕，後又入北洋海軍幕府。官至安徽婺源知縣。一生所爲詩詞不多，往往得之苦吟，筆意力戒凡近，清雋入逸品。存詩始于光緒二十七年，李宣龔序其集，稱「其畢生悲歡愉戚，跌宕慷慨之志所蘊結，一寄之于詩」，「意境高遠，不可一世，是真能以少許抵人千萬者」。有《碧棲詩》、《碧棲詞》。事迹見《中國近代文學大系·詩詞集》。

王文濡（一八六七～一九三五）

《唐詩評注讀本》

⊙《閒夕》（秋夕也）

一聲蚤蟬歇，數點青螢度。蘭釭耿無烟，筠簟清有露。未歸房後寢，且下前軒步。斜月入低廊，涼風滿高樹。放懷常自適，遇景多成趣。何法使之然，心中無細故。

恬淡沖漠，得解脫法。讀其詩，便知其人品矣。（《歷代詩評注讀本·唐詩評注讀本》卷一，中國書店影印本第二〇六～二〇七頁）

⊙《秦中吟·議婚》

天下無正聲，悅耳即為娛。人間無正色，悅目即為姝。顏色非相遠，貧富則有殊。貧為時所棄，富為時所趨。紅樓富家女，金縷繡羅襦。見人不斂手，嬌癡二八初。母兄未開口，已嫁不須臾。緑窗貧家女，寂寞二十餘。荊釵不值錢，衣上無真珠。幾回人欲聘，臨日又踟躕。主人會良媒，置酒滿玉壺。四座且勿飲，聽我歌兩途。富家女易嫁，嫁早輕其夫。貧家女難嫁，嫁晚孝於姑。聞君欲娶婦，娶婦意何如？

議婚者之重富輕貧，古今同情。此詩亦為針砭時俗而作。至其平易近人，善於達意，則白詩之所獨擅也。（《歷代詩評注讀本・唐詩評注讀本》卷一，中國書店影印本第二〇七～二〇八頁）

⊙《秦中吟・傷宅》

誰家起甲第，朱門大道邊？豐屋中櫛比，高牆外回環。累累六七堂，棟宇相連延。一堂費百萬，鬱鬱起青煙。洞房溫且清，寒暑不能乾。高堂虛且迥，坐臥見南山。繞廊紫藤架，夾砌紅藥欄。攀枝摘櫻桃，帶花移牡丹。主人此中坐，十載為大官。廚有臭敗肉，庫有貫朽錢。誰能將我語，問爾骨肉間：豈無窮賤者，忍不救饑寒？如何奉一身，直欲保千年？不見馬家宅，今作奉誠園。

功薄而饗厚，則富貴難守。此詩與韓退之《圬者王承福傳》同一寄慨。（《歷代詩評注讀本・唐詩評注讀本》卷一，中國書店影印本第二〇八～二〇九頁）

⊙《秦中吟・歌舞》

秦中歲雲暮，大雪滿皇州。雪中退朝者，朱紫盡公侯。貴有風雲興，富無飢寒憂。所營唯第宅，所務在追遊。朱輪車馬客，紅燭歌舞樓。歡酣促密坐，醉暖脱重裘。秋官為主人，廷尉居上頭。日中為一樂，夜半不能休。豈知閿鄉獄，中有凍死囚！

白詩雖淺顯，而寓意自深。此詩大旨于後半揭明，謂獄有凍囚，而秋官方事歌舞，其何以對吾民耶？（《歷代詩評注讀本・唐詩評注讀本》卷一，中國書店影印本第二〇九～二一〇頁）

⊙《秦中吟・買花》

帝城春欲暮，喧喧車馬度。共道牡丹時，相隨買花去。貴賤無常價，酬直看花數：灼灼百朵紅，戔戔五束素。上張幄幕庇，旁織笆籬護。水灑復泥封，移來色如故。家家習為俗，人人迷不悟。有一田舍翁，偶來買花處。低頭獨長歎，此歎無人喻：一叢深色花，十戶中人賦！

爾時洛陽俗尚奢華，故借買花一事，賦此以譏之，大旨直于末二句揭出。（《歷代詩評注讀本・唐詩評注讀本》卷一，中國書店影印本第二一〇～二一一頁）

⊙《新樂府·秦吉了》

秦吉了，哀冤民也。

秦吉了，出南中，彩毛青黑花頸紅。耳聰心慧舌端巧，鳥語人言無不通。昨日長爪鳶，今朝大嘴烏。鳶捎乳燕一窠覆，烏琢母雞雙眼枯。雞號墮地燕驚去，然後拾卵攫其雛。豈無雕與鶚？嗉中肉飽不肯搏。亦有鸞鶴群，閒立揚高如不聞。秦吉了，人云爾是能言鳥，豈不見雞燕之冤苦？吾聞鳳凰百鳥主，爾竟不為鳳凰之前致一言，安用噪噪閒言語。

通篇俱用喻體，無一語不雋，無一字不切，意厚而詞淺，可為千古官箴。（《歷代詩評注讀本·唐詩評注讀本》卷二，中國書店影印本第二三八～二三九頁）

⊙《長恨歌》（原詩略）

記事文之最上乘者，不著一句議論，而褒貶之意，自在言外。今觀如此長歌，雖通體敘事，而讀之便覺得美人情重江山輕，不啻為明皇一生寫照。何等魄力！至於文字之哀豔動人，氣度之從容不迫，聲調之婀娜有致，尤令人百讀不厭。（《歷代詩評注讀本·唐詩評注讀本》卷二，中國書店影印本第二三〇～二四八頁）

⊙《琵琶行》（原詩略）

此行似江潮湧雪，餘波蕩漾，有悠然不盡之妙。（《歷代詩評注讀本·唐詩評注讀本》卷二，中國書店影印本第二四八～二五三頁）

⊙《問劉十九》

綠蟻新醅酒，紅泥小火壚。晚來天欲雪，能飲一杯無？

用土語不見俗，乃是點鐵成金手段。（《歷代詩評注讀本·唐詩評注讀本》卷三，中國書店影印本第二六九頁）

⊙《昭君詞》

漢使卻回憑寄語，黃金何日贖蛾眉？君王若問妾顏色，莫道不如宮裏時。

昭君詞，唐宋多詠之，然不若此詩之蘊藉。首二句代昭君設此癡想，以見其戀戀不忘漢家之心；末二句之「莫道」二字，便見得形容憔悴，與在宮裏時大不相同。幽恨之意，於言外見之。（《歷代詩評注讀本·唐詩評注讀本》卷四，中國書店影印本第二九三～二九四頁）

⊙《自河南經亂關內阻饑兄弟離散各在一處因望月有感聊書所懷寄上浮

梁大兄於潛七兄烏江十五兄兼示符離及下邽弟妹》

時難年飢世業空，弟兄羈旅各西東。田園寥落干戈後，骨肉流離道路中。弔影分為千里雁，辭根散作九秋蓬。共看明月應垂淚，一夜鄉心五處同。

蘅塘退士曰：「一氣貫注，八句如一句。與少陵《聞官軍》作同一格律。」(《歷代詩評注讀本·唐詩評注讀本》卷六，中國書店影印本第三六六~三六七頁)

⊙《欲與元八卜鄰先有是贈》

平生心迹最相親，欲隱墻東不為身。明月好同三徑夜，緑楊宜作兩家春。每因暫出猶思伴，豈得安居不擇鄰。何獨終身數相見，子孫長作隔墻人。

起句「最相親」三字，是通首主腦。以下言卜鄰之美，及所以卜鄰之故，皆從此三字生出。(《歷代詩評注讀本·唐詩評注讀本》卷四，中國書店影印本第三六七頁)

⊙《湖上春行》

孤山寺北賈亭西，水面初平雲腳低。幾處早鶯爭暖樹？誰家新鷰啄春泥？亂花漸欲迷人眼，淺草才能沒馬蹄。最愛湖東行不足，緑楊陰裏白沙堤。

寫景處著「幾處」、「誰家」、「漸欲」、「才能」等字，想見其一路行去，又確是湖上春行，移不到他處。所用「山」、「水」、「寺」、「亭」、「鶯」、「燕」、「花」、「樹」、「草」、「柳」、「雲」、「泥」諸字，亦不覺其複，尤見手法靈動。(《歷代詩評注讀本·唐詩評注讀本》卷四，中國書店影印本第三六七~三六八頁)

智按：王文濡，原名王承治，字均卿，別號學界閒民、天壤王郎、吳門老均、新舊廢物等，室名辛臼簃，祖籍安徽廣德，先祖遷于吳興（今浙江湖州）南潯。幼失怙、家貧、好學。光緒九年（一八八三）癸未科秀才，次年補博士弟子員。商務印書館、中華書局、大東書局、文明書局、進步書局、鴻文書局，樂群書局及國學扶輪社編輯、總編輯。

趙熙（一八六七~一九四八）

《香山墓》

長安米貴不憂貧，古寺香山洛水濱。嶺上那堪春草緑，海山兜率一詩人。

(《香宋詩集》卷三,《趙熙集》第三六六頁)

智按:趙熙,字堯生,號香宋,榮縣(今屬四川)人。光緒十六年(一八九〇)庚寅進士,官御史。有《香宋雜記》一卷(民國二十一年成都美學林鉛印本;《民國詩話叢編》第二册),《雪玉堪尺牘》(四川省圖書館藏抄稿本)。今人王仲鏞主編《趙熙集》(巴蜀書社一九九六年版),涵括《香宋詩集》(詩三千五百餘首)、《香宋詞》、《香宋文録》,附録《趙熙年譜》及相關序跋輯存。

張元濟(一八六七~一九五九)

《涵芬樓燼餘書録》

⊙《白氏長慶集》七十一卷,明活字本,二十四册。

此爲錫山華氏蘭雪堂印本,前有元稹微之序,半葉八行,行十六字,全書皆小字雙行,版心上署「蘭雪堂」三字。

⊙《白香山集》四十卷,一隅草堂刊本,二十册,何義門校藏。

此汪立名一隅草堂刊本,何義門用朱筆評校。所據有北宋本、鈔宋本、蘭雪堂活字本、田刻本、黄氏、馮氏校本,并以《才調集》、《文苑英華》、郭茂倩《樂府詩集》等,互相核訂正爲補逸,有時参以己意,或證以前賢之説,亦必叙明,無一字稍涉輕率。别有朱墨筆色澤稍淡、字較瘦弱者,注重音義,兼有糾正義門校注之處,頗具隻眼,亦非淺人之筆。

何義門題記:「聞之錢遵王云,絳雲樓舊有廬山本《白集》,毁于庚寅之滅,然此本亦非唐時所藏故物刊刻。陸放翁《入蜀記》云:『白公嘗以文集留草堂後廔,已逸。真宗皇帝嘗令崇文院寫校,包以斑竹帙送寺。建炎中又壞於兵,今獨有姑蘇板本一帙備故事耳。』是以黄山谷類編生平之詩内外篇者,仍照崇文寫校之本,南宋以後,則所藏廬山者,又不過姑蘇板本,了無異人處也。讀《白集》者,但得宋本便佳,非必以廬山爲甲云。康熙癸未,何焯記于南熏殿之直廬,時立秋前二日也。」

又題:「齊己《白蓮集》有《賀行軍太傅得白氏東林集》詩云:『樂天歌

咏有遺編，留在東林伴白蓮。百氏典墳隨喪亂，一家風雅獨完全。嘗聞荊渚通侯論，果遂吳都使者傳。仰賀斯文歸朗鑒，永資聲政入薰弦。』觀此則書歸高氏，或傳秦王從榮取去者，非也。」（以上在卷一末）

又題：「甲戌正月二十二日燈下，爲魯田族校《白集》，讀此詩數遍，放筆浩嘆，起行數巡，深愧不能堅守故山，碌碌緇塵也。（在卷二《續古詩》第六首後）」

又題：「己卯皋月，復以元板郭茂倩《樂府》勘此五十篇，又改正五字。然皆所能知者，郭本每篇字句之數，亦無異同云。焯又書。」（在卷四末）

庚午十月十三日夜夢至一仙山，一老人乞桃二枚，鮮如胭脂，其香噴鼻。私念冬月安得有此？遽取一枚，啖其半，顧同游四五人，皆懷之不食，欲置而甚貪其味，遂因啖之至盡。俄有神將四五人至，視余曰：此有仙分，惜已老矣。復遍視同游者，曰：皆不如此人。因謂余亦可以學仙，但爾心甚放，非煉禁一年，未可授以藥訣也。余唯唯。神將遽取大鏈鎖余山石上，余亦不以爲苦。俄復見汪武曹至，余語之曰：我已學仙，以放心難收，故鎖禁于此，家中故不知也。我無子妻，雖窮苦，然亦可脱展置，獨我父望子甚切，而身忽作道士，無以慰親心耳。因涕下不已。且謂汪曰：愛緣未斷，恐愛學仙亦終不成也。遂寤，淚痕猶沾漬枕上，曉光已動矣。時方寓居京師外城永寧僧舍。（在卷十二《和夢游春詩》上闌）

又題：「己巳春日校，少作自不足存，如《古原草》之屬，編爲外集可耳。」（在卷十末）

又題：「閲白詩至（疑自字之訛）十三卷至此，其間清辭麗句，固是曠世逸才，然其旨趣所存，不出于嘆老嗟卑，抑何其胸次之不廣也。」（在卷十八末）

又題：「十月初九日燈下，閲二十三卷至二十五卷，雖不甚倦，然亦眼澀舌枯，不能復坐矣。」（在後集卷八末）

又題：「甲戌正月晦日，爲魯田校此集，是日大雪。是不能無望于有燮理之責者，漫記之。」

「庚辰十二月初七日復校至此，適逢大雪。」（在後集卷十末）

又題：「十月十一日閲完此卷，未閲者，惟古體詩自第一卷至第十二卷耳，兩日適有足疾，故稍得從事于古人書，然俗客未嘗不時來相擾也。」

又題：「庚辰立冬日爲□和選公詩，粗涉一過，稍讀杜老集，嫌□□味短，未知竟何如也。」（《涵芬樓燼餘書録》，上海商務印書館，一九五一年五月版；《張元濟全集》第八卷「古籍研究著作」，北京商務印書館，二〇〇九年十二月版，第三八八～三八九頁）

智按：張元濟，字筱齋，號菊生，海鹽（今屬浙江）人。光緒十八年（一八九二）壬辰進士，入翰林院任庶吉士，後在總理事務衙門任章京。後任商務印書館歷任編譯所所長、經理、監理、董事長。解放後，任上海文史館館長，繼任商務印書館董事長。有《校史隨筆》等。

俞陛雲（一八六八～一九五〇）

《詩境淺説》

《安貧》（韓偓）「謀身拙爲安蛇足，報國危曾捋虎鬚。」此詩與白樂天之「曾犯龍鱗容不死，欲騎鶴背覓長生」句，用意及對句之工均極相似，皆以汲諳之敢言，學留侯之遁世，合則留，不合則去，得用行舍藏之義也。明季有贈遺老詩云：「立朝抗疏批鱗手，易世衣冠削髪僧。」則以遺直而兼故國之悲矣。（北京出版社《詩境淺説》，第一一三頁）

《同李十一醉憶元九》（白居易）「花時同醉破春愁，醉折花枝當酒籌。忽憶故人天際去，計程今日到梁州。」人當花晨月夕，把酒尋歡，忽憶素心人不得此時同醉，為之惘然，此本性情中事。元、白交誼深摯，微之別樂天詩云：「我詩多是別君辭」，可見兩人之彼此眷懷也。首二句言與李十一芳時同醉，藉解春愁，以花枝作酒籌，想見其風趣，後二句言我輩歡娛，而故人行役，遙計征程辛苦，計此日可抵梁州。非特臨觴懷遠，其平日之掄指征程，關心驛路可知矣。（北京出版社《詩境淺説》續編，第二二七頁）

《後宮詞》（白居易）「淚盡羅巾夢不成，夜深前殿按歌聲。紅顏未老恩先斷，斜倚熏籠坐到明。」詩言露蘭啼眼，夜不成眠，遙聽前殿笙歌，悲樂之懸殊若是。方在盛年，已金環不御，此後身世茫茫，更將焉屬。惟有耐寒倚火，坐待天明耳。作宮詞者，多借物以喻悲。此詩獨直書其事，四句皆傾懷而訴，而無窮幽怨，皆在「坐到明」三字之中。猶元微之「寥落古行宮」詩，亦直書其事，而前朝衰盛，皆在「説玄宗」三字之中。元、白本一代齊名，詩格與詩心亦相似也。（北京出版社《詩境淺説》續編，第二二八頁）

《重贈樂天》（元稹）「休遣玲瓏唱我詩，我詩多是別君詞。明朝又向江頭別，月落潮平是去時。」首二句，非但見交情之厚，酬唱之多，兼有會少離多之意。故第三句以「又」字表明之，言明日潮平月落，又與君分手江頭。灞岸攀條，陽關擪笛，人所難堪，况交如元白乎？題曰《重贈樂天》，見臨別言之不盡也。（北京出版社《詩境淺説》續編，第二三一頁）

智按：俞陛雲，字階青，別號斐盦、樂靜、樂靜居士，晚號樂靜老人、存影老人、娱堪老人，室名樂靜堂、絢華室，浙江德清人。俞樾之孫，俞平伯之父。光緒二十四年以一甲三名及進士第，授編修。二十八年出任四川副主考。翌年應經濟特科復試，列一等。入民國，任浙江省圖書館監督。繼被聘爲清史館協修。二十一年，溥儀請佐政。毁其書，不赴。著有《樂靜吟》、《詩境淺說》、《唐五代兩宋詞選釋》、《清代閨秀詩話》等。

趙元禮（一八六八～一九三九）

《藏齋詩話》

建德周玉山尚書（馥）僑寓天津，年八十餘，精神矍鑠，讀書作字不倦，曾以新刻《玉山詩集》一册見贈，受而讀之，激切處似少陵、次山，閒適處似香山、務觀，必傳之作也。其中警句如《過海》云：「可憐無限黄粱夢，同破天雞第一聲。」又《侯家林舟中》云：「重裘三月冷，小酌一燈親。」又「禾深曉露酣」五字尤佳，非秋郊曉行者不見此景也。（《藏齋詩話》卷上，《民國詩話叢編》第二册，第二二三頁）

有用顏色字入妙者，如宋人詩：「萬緑叢中紅一點，動人春色不須多」之類是也。又楊升庵《丹鉛總録》謂「唐白樂天《琵琶行》中句云：『楓葉蘆花秋瑟瑟』，解者以為風景蕭瑟，不知非也」，升庵直謂「楓葉色紅，蘆花色白，又映以秋江瑟瑟之碧耳，乃逾見句法之妙」。晉卿《安西道》中亦有句云：「白楊河畔白楊秋，騂馬城邊水自流。綠樹蔥蘢山一角，夕陽如火照河頭。」亦正堪與前人比美也。（《藏齋詩話》卷上，《民國詩話叢編》第二册，第二二八～二二九頁）

《石遺室詩話》謂「不先為詩人之詩，而徑為學人之詩，往往終於學人，不到真詩人境界，蓋學問有餘，性情不足也」云云。予以為，此段議論似乎皆欠真諦，蓋詩者以人工而鳴天籟者也，興、觀、群、怨，隨事歌詠，皆可以見性情，未有無性情之詩與文。且無須分此為學人之詩，此為詩人之詩也。唐之李、杜、元、白，宋之蘇、黄、歐、梅，能區分其為何派人之詩乎？程、朱道學人也，其詩具在，能確定其為學人之詩乎？石遺翁詩學甚深，此等議論似未經意。（《藏齋詩話》卷上，《民國詩話叢編》第二册，第二三七頁）

明袁中郎先生，名宏道，公安人。其《致劉雲嶠祭酒書》中有云：「陶石簣近學道，其宦情灰冷。弟曰：吾儒説『立達』，禪宗説『度一切』，皆賴些子暖氣流行宇宙間。若直恁冷將去，恐釋氏亦無此公案。白香山、蘇玉局非彼法中人乎？今讀二公集，其一副憂世心腸，何等緊切。以冷為學，非所聞也。」聖言「立大達人，如飢如溺」，佛言「我不入地獄，誰入地獄」者，此物此志也。遺世獨立，矯激鳴高，非處世之正軌也。（《藏齋詩話》卷上，《民國詩話叢編》第二册，第二三七頁）

白香山狀年老之時代曰：「遠行將盡路，春夢欲覺時。」夫路將盡，夢將覺，可以止矣，而猶爭名奪利，冥行不已，為己身謀利益，為兒孫作馬牛，不亦大可哀哉？其論養老之法曰：「家事口不問，世名心不思。饑飽進退食，寒暄加減衣。」亦復親切有味。惜乎能知之不能行者多也。又曰：「只有一身宜愛護，少教冰炭逼心神。」予於家庭親友間，向持和平主義，故對人從不過苛，而冰炭之逼我心神仍復不免。如何，如何！（《藏齋詩話》卷上，《民國詩話叢編》第二册，第二四三頁）

人有賢子最是樂事，以其能繼述也。若年已老耄，無子無女，白頭夫婦黯然相對，真有難以為情者。范孫慰仁安之詩曰：「生兒豚犬不如無。」雖至語，我不知當境之苦也。朱友鶴先生詩曰：「白傅無兒空下淚，中郎有女亦相親。曾何著述傳當代，任把詩書付別人。」又「買得泥孩兒一個，歸來算我已添丁。」語極淒惻，吾友王仁安《賀劉幼樵提學娶兒媳》詩曰：「我家開閣事堪憐，燕子空巢世變遷。一樣龍鍾君獨好，佳兒佳婦慰餘年。」又喜弟生子詩曰：「阿弟侵尋已五旬，今朝方見後來人。老夫膝下淒然慣，亦喜添丁是近親。」淒惻之語較朱君為甚。上年仁安生日，送詩聯者或有「子孫繞膝」等詞句，宜仁安讀之愀然也。（《藏齋詩話》卷上，《民國詩話叢編》第二册，第二四五頁）

宣統二年夏，予以事之舊京，寓嚴範孫宅，一日晚餐後閒話，忽接電話云：「張中堂病故矣。」（即文襄）範老悚然起立曰：「此國家有數人物也，故去奈何。」急往弔，徹夜未歸。開弔日，挽詩挽聯甚多，有極劣者。其時都中人語曰：「文襄最講文學，今死而雜作亂投，是欺侮老頭子，可笑也。」最佳者汪衮甫一聯為：「立朝苦費調停策；絕筆驚看諷諭詩。」皆取材于文襄之詩，著墨不多，包掃一切。按文襄詩：「璇宮憂國動霑巾，朝士翻爭舊與新。門戶都忘薪膽事，調停白首范純仁。」又「誠感人心心乃歸，君民末世自乖離。豈知人感天方感，淚灑香山諷諭詩。」皆詞旨深厚，非尋常詩人吐囑。（《藏齋詩話》卷下，《民國詩話叢編》第二册，第二六〇～二六一頁）

詩語入詞，詞語入曲，善用之即是出處，襲而愈工。阮亭極持此論，嘗評金粟《花心動秋思詞》有云：「白太傅『吳娘暮雨瀟瀟曲，自別江南久不聞』，錢宗伯『東風誰唱吳娘曲，暮雨瀟瀟閶禁城』，及自作『年來慣聽吳娘曲，暮雨瀟瀟水閣頭』。金粟乃云：『驚秋客到傷心處，江南夢、一曲瀟瀟暮雨。』總由『暮雨瀟瀟郎不歸』生出，如許心想，使拙筆為之，便如芻狗再夢，數見不鮮矣。」此武進周程村先生語。「瀟瀟暮雨」四字，尋常景物也，能加數字趁貼，則入詩與入詞皆成妙語。予以「明燈夜雨」名其樓，求齊白石翁狀此景，畫一豎幅，極蒼茫之致。然真得領略此種況況之時，每年亦不過數夕耳。（《藏齋詩話》卷下，《民國詩話叢編》第二册，第二六一～二六二頁）

陶然亭在故都南下窪，其地本為黑窑廠，清康熙時郎中江藻創造，取白香山詩「更待菊花家釀熟，與君一醉一陶然」之意，名曰陶然亭，亦稱江亭。水木明瑟，風物幽美，文酒之會多在此間。亭北蘆葦中有香塚及鸚鵡塚，旁有小碑銘，四十五字，無年月，亦無撰者姓名，銘云：「浩浩愁，茫茫劫。短歌終，明月缺。鬱鬱佳城，中有碧血。碧亦有時盡，血亦有時竭，一縷香魂無斷絕。是耶、非耶，化為蝴蝶。」又詩云：「飄零風雨可憐生，香夢迷離緑滿汀。落盡夭桃又穠李，不堪重讀葬花銘。」《鸚鵡銘》云：「文兮禍所伏，慧兮禍所生。嗚呼作賦傷正平。」有謂塚中為葬花者，有謂為葬文者，有謂為某士人葬歌妓倩雲者，諸說紛紜，未知孰是。前人筆記多有記此事者，予喜其詞淒豔，故亦記之。（《藏齋詩話》卷下，《民國詩話叢編》第二册，第二六六頁）

（程）卓澐介弟佛肩詩筆極雄放，記其《酬潤生詩》云：「春非春，秋非秋，曰大一統書之愁。便收五季蜀玉璽，可惜十丈香山裘。君思湛湛北斗北，予懷浩浩流水流。老兵自有《破陣樂》，吾儕當先天下憂。勝清亡鼎先亡詩，此論奇創君一思。昔賢名理語娓娓，今時新體臣期期。子能復興古代雅，我亦屏絕錦城絲。我詩君詩兩不滅，春江夜月光陸離。」其挽伍介康云：「滄海杖潮歸，此去玉宇瓊樓，問天上何年，定難忘庾信《江南》，永初甲子；靈光歷劫盡，我亦大荒披髮，向新亭誰語，獨剩有秣陵遺恨，錦水斜陽。」又挽駱公繡云：「孟曰取義，孔曰成仁，清史若疑蓋棺，為文丞相横冠歸故鄉，先進一解；主憂臣辱，主辱臣死，廷對敢於破格，與賈長沙痛哭長太息，各有千秋。」挽謝德堪團長太翁云：「八千精鋭遂破賊，還問謝家如意，誰當對客圍棋，不見謝安石，空懷謝幼度；六十行年未知死，所更江上消魂，此别望船流涕，何若江仲元，卻愧江文通。」（《藏齋詩話》卷下，《民國詩話叢編》第二册，第二六七頁）

智按：趙元禮，字幼梅，號藏齋。天津近代四大書法家之一，曾任直隸河北高等工業學堂監督，一九二一年與嚴范孫、金息侯、王守恂等人組織「城南詩社」，以「天津近代詩壇三傑」享譽津門。李叔同曾從其學，著有《藏齋集》、《藏齋詩話》等。

許愈初

《論詩絶句》（二十二首之九）

香山樂府關風教，一片升平雅頌聲。閑去劇拈長恨曲，金釵鈿合不勝情。

(《萬首論詩絕句》第四册，第一六四八頁)

智按：許愈初，字慎之，黄岡（今屬湖北）人。有《肅肅館文集》二卷附《筆記》一卷，民國鉛印本（中國國家圖書館藏）。

陳藴蓮（道光間）

《舟次琵琶亭即事》（二首）

二郎洲畔總宜舟，紅粉叢叢坐兩頭。一曲琵琶江月白，依稀司馬舊風流。

琵琶急響暮江頭，兩岸灘聲咽不流。雨雪風濤驚倦客，爲儂譜出四般愁。(《信芳閣詩草》卷一，咸豐九年重印本)

智按：陳藴蓮，字慕青，道光間江蘇江陰人。陽湖左晨（字向庭）之妻。工花卉。《名媛詩話》云：「慕青集中，傑作頗多，詩書畫皆臻神妙。史學甚深。」著有《信芳閣詩草》，咸豐元年（一八五一）刻本書前有潘素心、其兄陳祖望所寫序言及作者自序。書後有其夫左晨跋。共收詩四卷。又有咸豐九年（一八五九）重印本補第五卷，後增方廷瑚、蕭德宣序。

蔣慎學

《題具美樓》（效柏梁體）

熊山星水運復昌，西清名哲來琴堂。修廢舉墜精且詳，政成期月治行彰。小者爲目大爲綱，鼎新百度皆輝煌。邑有巍樓峙中央，木鐸鼉鼓列兩傍。令民昏曉安其常，歷年久遠飽風霜。蠨蛸鳥鼠栖棟梁，太史莅止心怵傷。鳩工庀材日不遑，民也子來樂趨蹌。絲粟不費民盡藏，翬飛矢棘遥相望。碧甍畫檻真裔皇，時携賓從一徜徉。千岩萬壑若保障，溪流如帶何湯湯。烟光雲影同蒼茫，我來登眺喜欲狂。還顧闌檠皆詞章，讀之珠玉聲琅琅。太史本是鵷鷺行，子揮五鳳名擅揚。龍樓虎觀同翱翔，偶承簡令宰是疆。鴻文碩畫孰與方，蘇公白傅差頡頏。竹苞松茂垂甘棠，樓名具美美無量，山並高兮水並長。（見錢鴻文，黄

體震修，李熙纂《政和縣志》卷七名勝，第八頁，民國八年刊本）

智按：《政和縣志》卷七云：「具美樓即樵樓，在縣署前，明嘉靖十一年知縣潘邦相建，清康熙十五年寇毀。二十年知縣李國璋重建，四十二年知縣張壽峒重修，匾今額。」

胡爾滎（道咸間）

《破鐵網》

居積《潯陽送客圖》立軸，紙本。長約四尺，闊尺餘。山水俱用淺色。畫中一舟三人，内一婦彈琵琶。一童、一驢俱在葦岸中。小楷自書《琵琶行》全篇在上。畫法、書法俱肖文衡山。惜紙甚渝乏，且有接痕，當是破碎後裝池不精之故（此蕉窗見于王姓者）。（《破鐵網》卷下，《竹汀先生日記鈔：八喜齋隨筆》附，羅濟平校點本，遼寧教育出版社，一九九八年三月，第二四四頁）

智按：胡爾滎，字豫波，號蕉窗，又號廉石，海寧（今屬浙江）人。道光、咸豐間監生。與蔣生沐、吴鱸鄉、管芷湘友善。饒于資，聚書十萬卷，幾與道古樓相埒，有《華鄂堂書目》、《經義考校勘記》、《蕉窗剩稿》，俱未刊，惟《破鐵網》，刊入《藕香零拾》。

陳肇興（一八五八舉人）

《白司馬潯陽送客圖》

江流九派潯陽分，幾人到此悲離群。千秋白傅傳行迹，至今圖畫猶紛紛。憶昔武相初被賊，首疏得罪由越職。十年知遇感君恩，一語參商成遠謫。香壚峰下恣遨游，哀猿怪鳥鳴啁啾。來船去馬幾相送，閱盡人間離別愁。離愁別恨向誰寫，忽聽新聲來月下。推手爲琵却手琶，無限芳心曲中瀉。教坊舊事劇凄凉，菊譜重翻暗斷腸。天涯淪落青衫客，江上飄零白髮娼。闌干淚盡低徊久，賓主情多還握手。一船明月載蘆花，半夜歌聲迷古柳。廬山峨峨江水深，終古銷魂楓樹林。詩人商婦俱千載，一曲琵琶垂到今。（《陶村詩稿》卷二，《臺灣文獻史料叢刊》第八輯一四九，臺灣大通書局，一九八七年十月，第二四～二五頁）

智按：陳肇興，字伯康，號陶村，臺灣彰化人。少穎悟，抱豪膽，事親至孝。道光末年，入彰化白沙書院就讀，受翰林高鴻飛及書院山長廖春波著意栽培，脫穎而出。咸豐八年（一八五八）中舉。同治元年（一八六二）戴潮春起義，攻占彰化。陳肇興隻身逃出，招募鄉勇訓練，援助官軍，鎮壓起義軍。此後設館故里，培養後進，門下弟子多成材。晚年築古香樓，以讀書吟咏自娛。有《陶村詩稿》八卷。事迹見楊珠浦《陳肇興先生略傳》（《陶村詩稿》卷首）。

張景陽（一八六一貢生）

《題白香山集三十六韻》

少日學吟詩，措詞多未圓。意之所欲白，口每弗能宣。自恨讀書少，腹笥非便便。因之肆涉獵，詩句仍欠妍。此果何以故，想法未細研。偶讀香山集，其思若湧泉。詞源罔或滯，混混而涓涓。寫景景活現，言情情纏綿。或為閒適體，或歸諷諭篇。其旨雖各別，其詩均可傳。吾心豁然達，一旦如流川。憶公在當日，聰慧本授天。之無七月識，六歲學詩年。廿九歲登第，萬口共稱賢。諫草上朝右，詩酒倍流連。唱和得元九，璧合而珠聯。詩人有知己，升沉何患焉。所以屢仕已，都無俗慮牽。達才鮮窒礙，餘事更通禪。廣大作教主，詩心半佛仙。公詩所到處，家誦而户絃。豈惟滿中夏，海外奉拳拳。雞林有相國，百金換一篇。似此傳流廣，唐賢誰比肩。三復何得此，憬然悟其然。公性無執拗，公心少倚偏。公學非僞僻，公志最誠堅。以此發於詩，能教面面全。讀書人咸悅，快覩其爭先。當時學詩者，務此一編專。卷雖李相掩，老猶裴令憐。我生千載後，恨未得執鞭。幸得讀公詩，公詩過三千。每到得意處，輒欲作詩箋。讀書奈不多，寸心徒空懸。瓣香竊私淑，默默悟前緣。（見邱煒萲《五百石洞天揮麈》卷二，《續修四庫全書》影印清光緒二十五年邱氏粤垣刻本，第一七〇八册，第九三～九四頁）

智按：張景陽，字夢協，號春臺，英德（今屬廣東）人。咸豐十一年（一八六一）辛酉優貢生，官增城訓導。胸羅全史，心湛群經，著有《一得山房詩鈔》，南海李長榮（子黼）輯入《柳堂師友詩録》。邱煒萲《五百石洞天揮麈》卷二云：「此詩可作白公傳贊，不止論詩。其論白公之詩，謂非僞僻而歸於誠一語，自覺道着，非真能尚友古人者，未易影附而得。」

仇炳台（一八六二進士）

《醉白池後記》

往嘗讀黄中允之雋《醉白池記》，想見一時園林水木之勝，與夫名流倡酬游燕之樂，心竊跂之。乃自顧君思照歿後，又數易主。至嘉慶季年，為育嬰堂、征租所，三十年來，諸老風流，幾歇絶矣。道、咸間，葉學博珪主堂事，稍振之，時偕顧先生夔、黄丈仁、姚丈椿楗，行歌互答，徜徉於芰塘蓮榭間，與中允諸君子後先相望。學博歿，而水濱寂寞者又七八年。迨予襄茲役，池之澄者淤矣，堂之敞者欹矣，竹石卉木之環列者，或横而臥、僵而立矣。於是又稍稍治之，而騷人墨客之游於斯者，若章君耒、沈君祥龍、顧君蓮葦，連袂接席，短詠長吟，則又若前日事。

嗟乎！吾郡之遭寇也，西郊名勝，如塔射、秀甲諸園，皆摧折敗壞，中允所謂「百年之間，星移物換，幾何不與金谷、緑野同盡者」，輒感慨系之，獨醉白池者，幸屬公所，當烽煙四起，獨能守而護之，縱不獲與昔時比盛，而溯中沚，尋舊跡，彷佛見當年之勝。惜乎時事日艱，待哺者眾，欲重葺之而不暇及也。抑予更有説者，一花一木之始也，嬰也。培養焉，護持焉，未幾而苕發穎秀矣，是即生意之暢茂也。一魚一鳥之始也，嬰也。涵煦焉，覆翼焉，未幾而鱗躍羽翔矣，是即生機之洋溢也。皆育之者所有事也，夫豈徒俯仰今昔，流連光景，以嘲弄風月雲爾哉。設中允生於今日，當不以斯言為謬矣。書此以諗後之君子。同治十二年九月。（光緒《婁縣續志》卷十一名跡

志·園林）

智按：仇炳台，字竹屏，婁縣（今屬上海松江）人。所居近笏水，號笏東老人。始以拔貢充教習，除邑令，不就。同治元年（一八六二）壬戌進士，改庶吉士。入詞林，翀青雲而直上。俄丁父憂，諸弟相繼殂謝，寡婦孤兒，仰君撫幼。洎猶子成立，年已近花甲，遂隱居笏溪，不復仕進。每逢春秋佳日，則偕良友四五人，泛一葉扁舟，徜徉乎峰屏泖鏡之間，紅樹青山，綠梅黃菊，散坐舟中，酌酒分韻，至夕陽西墜而歸。主講金山縣柘湖、大觀兩書院，所作時文律詩，最利場屋，執贄問業者益眾。參修《（道光）雲間志略》，為總纂。善書法，宗顏魯公，得其尺幅，寶若拱璧。兼工寫梅。狀貌清臞，食素。少長子沒，過時而哀，肺疾時發，精氣漸衰。年六十有八。著有《笏東草堂詩集》、《寒松閣談藝瑣録》。

何廷俊（一八七六舉人）

《丁巳正月二十日香山生日集十髮龕用香山喜入新年韻分賦》

搖落關河幾舊臣，新年詩酒過中旬。移情海水曲中趣，照眼花枝劫外身。洛社衣冠追往事，長沙風景聚騷人。齋名天鹿瓶梅吐，好訪桃源洞口春。（《晚晴簃詩匯》卷一百七十一）

智按：何廷俊，字少仙，號潛園，昆明（今屬雲南）人。光緒二年（一八七六）丙子舉人。歷官河南彰衛懷道，有《潛園詩草》。

朱應庚（一八八一前後）

《論詩三十二首》（之十九）

潯陽江上柳空枝，歸去香山有所思。莫唱秦中新樂府，街頭老嫗淚如絲。（《萬首論詩絕句》第四册，第一六三〇頁）

智按：朱應庚，字恢元，號菊坡，湘鄉（今屬湖南）人，諸生。與陳瀚、杜俞等讀書東台山，號東山十子。有《誠齋叢談》十二卷，《湘鄉節孝録》八卷。《倚劍横室詩鈔》，清光緒七年（一八八一）刻本。《菊坡集》十二卷（文五卷），民國十年（一九二一）石印本（湖南圖書館藏）。

李庚乾（一八九〇前後）

《佐雜譜》

白居易（字樂天，太原人，謚曰文）貶江州司馬，不以遷謫介意，與湊、滿、朗、晦四禪師為人外之交，每相攜遊詠。（《舊唐書》本傳）

愚按，《通考》唐時司馬，多以處遷謫視為宂員，則無職事，如宋之主管宫觀可知，不然文公固欲奮厲，效報兼濟生靈者，豈肯佚遊荒政，徒詩酒以遣懷遣日也哉！觀其刺杭州有惠政，可見矣。其不以遷謫介意，亦人所難及，但不如程叔子在涪著《易傳》，蔡西山在道州講學之為素患難行乎患難耳。（清光緒刊本《佐杂谱》卷上）

智按：《佐雜譜自序》末署「光緒庚寅季秋月下旬南城李庚乾約齋氏題於成都寓舍」。光緒庚寅，光緒十六年（一八九〇）。

王汝純（一八九一前後）

《吾園寄懷張芝舫》

自送張郎宦汴陽，鱸魚滋味覺荒涼。枯荷衰柳無佳思，濁酒昏燈有别腸。詩擬香山新樂府，夢來雪苑舊河梁。吾儕究竟生何用，眼底乾坤刺背芒。（《道咸同光四朝詩史》乙集卷五，《續修四庫全書》影印清宣統二年刻本）

智按：王汝純，字邃村，或稱邃父，號粹甫，别號蔣谷山農，山西太谷人。官度支部郎中。有《翠柏山房詩草》（光緒十八年京師刻本），收詩一百三十餘首，起于同治元年（一八六二），訖于光緒十七年（一八九一）。

劉寶書（一八九二前後）

《詩家位業圖序》

宋嚴羽以禪喻詩，語俱精詣，然特約略渾舉風氣之升降，而未暇以類縷析之也。唐張爲《主客圖》列白居易、孟雲卿、李益、鮑溶、武元衡爲主，皆有標目；餘有升堂、入室、及門之殊，即所謂客也。其書蓋承鍾嶸《詩品》分古今作者爲三品之意，而下開宋人詩派之説。……至宋呂居仁作《江西詩派圖》，自豫章以降，列陳師道輩二十五人爲法嗣。……説之繁不若圖之簡而易尋也。予乃取嚴氏之意，推而廣之；取張（爲）氏之圖，變而通之，録《騷》、《辨》以來作者，迄于國朝咸同之際，共得三百有餘家。其間去取進退息屬公是公非，絕無敢稍涉門戶方隅之見、浮薄詭僻之私。……（《詩家位業圖》卷首，光緒十八年張善育刻本，《清詩話三編》第六八〇七頁）

智按：劉寶書，字楚青，湖北江陵人。著有《詩家位業圖序》，有光緒十八年（一八九二）張善育刻本，取法張爲《詩人主客圖》，易以佛家位業，以禪喻詩，列為九等。其中「佛地位」僅屈原、古詩十九首作者、蘇武、李陵、曹植、陶潛、李白、杜甫數家，「菩薩乘」有宋玉、劉安、魏武帝、劉琨、左思、阮籍、嵇康、郭璞、謝靈運、謝朓、鮑照、江淹、陳子昂、張九齡、王維、韋應物、元結、韓愈、蘇軾、李夢陽；「羅漢果」列張衡、白居易等六十二人，包括歷代大家；「諸方祖師」列梁簡文帝等五十八人，包括歷代名家；「小乘」列梁元帝等二十六人，皆爲歷代小名家；「苦行」列孟郊等二十三人，皆歷代苦吟詩人；「善知識」列郎士元等七十六人，似皆歷朝有獨特造詣之名家；「野狐禪」列盧同等十八人，所謂「雖非正法眼藏，要亦獨鳴側調、自奏么弦」，蓋皆怪僻狂蕩，凡正統者流也；「魔道」列任華等十八人，所謂「顯操弓失，如梵書所稱竭其魔力以害正法者」。作者于所列作家間有説明，如王維之列于菩薩乘，孟浩然之列于羅漢果，韓愈、蘇軾之列于菩薩乘。然究其所等第，亦多有啓人惑焉。如元結、張九齡之列于菩薩乘，東晰之列于羅漢果，均嫌過上；歐陽修、吳偉業之列于「諸方祖師」，又嫌過下。杜荀鶴之列于「魔道」，亦不可解。

陳紹箕（一九〇二前後）

《鑑古齋日記》

顏真卿年八十，可以退矣，老而不止，卒為李希烈所殺，惜其狃於常情，未知古有懸車之義也。向使真卿勇退，懷高蹈之風，明知盧杞擠排，以老致仕，則身名俱泰，何至有雉經之禍乎？不知見幾而作，而卒没於賊之手，不亦悲夫！《易》曰：「知幾其神乎！」君子所以不俟終日也。

古者七十而致仕，三代以後罔識此義。漢二疏以老致仕，見者以為異事，至歎息泣下曰：「賢哉二大夫。」唐人亦多不致仕。白香山有《不致仕》詩曰：「朝露貪名利，夕陽憂子孫。」韓昌黎《送楊少尹序》亦引漢二疏以美之，是當時實罕致仕之人，魯公亦為習俗所誤耳。（《鑑古齋日記》卷三，清光緒二十八年長沙刻本，第二二～二三葉）

智按：陳紹箕，字幹庭，靖安（今屬江西）人。陳筱梅（一八六一～一九二一）之侄。以皮錫瑞（一八五〇～一九〇八）為本師。

丁宿章（光緒貢生）

《湖北詩徵傳略》

吳壽平，字格齋，嘉慶舉人，《漱六堂存稿》、《畊雲書屋詩話》。

格齋家貧溺，苦於學書，無所不窺，工詩古文詞，鎔鑄騷選，下筆千言立就，尤耽唫咏，意遠思深，掉頭天外，無弍點塵俗之气縈其筆端，往來夏口，狎主詩盟，才名振弍世。集中佳作甚富，就所著《詩話》中節録數則，以其自衙甘苦勝，於佗人評別酸甜也。客漢既久，間亦流連聲色，撰《閑情丽品》，評騭羣艷，銖兩悉當，有《續琵琶行》，灑灑數百言，弍旹傳誦殆徧。自題其後云：「余年來落拓無成，意氣隤唐之甚。買酒聽謌，借以自放，往往形諸筆墨，亦升庵所謂『老顛欲裂風景，聊以銷壯心』耳，朋輩乃以爲訴。於戲，碧海青天，羈愁莫訴，美人香草，騷士寓言，又誰知之？」其傺侘無聊，可槩見矣。（《湖北詩徵傳略》卷五，《續修四庫全書》影印清光緒七年

孝感丁氏涇北草堂刻本）

史策先，號吟舟，道光進士，官御史，有《寄雲館詩鈔》、《夢餘偶鈔》。

智按：史策先，湖北襄陽人。生于嘉慶年間，道光十三年癸巳科（一八三三）進士，由吏部郎中，補授江南道御史，封中憲大夫，任京畿監察御史，後任直隸廣平府知府，調任正定知府（一八五三至一八五六年在任），後任廣平知府（一八五六至一八五九年在任）。咸豐末年，辭官還鄉，任春陵、墨池、鹿門書院講習。喜愛研習兵法。除《夢餘偶鈔》、《寄雲館詩鈔》之外，尚有《兵法集鑑》六卷、《射藝祥說》、《思有濟齋文集》等。

吟舟先生少卽溺苦于學，窮討典墳，博通經濟，通籍登朝，慨然有用世之志，一麾出守，跼蹐簿書，乃決意歸田，肆力著述。詩宗晚唐，而《采石》一篇，又酷似太白，才人固不可以一格繩也。

給諫詩學香山，慣道俗情，所謂老嫗能解者也。造詞選語，望似淺易，而寄託深遙，音流弦外。如《煙水亭》、《不倒翁》、《仲翁門神鐙》、《蛾》、《流鶯》、《感懷》、《歸鳥》、《詠蟹》等作，諷諭勸懲，一唱三歎，皆得風人之遺旨。（《湖北詩徵傳略》卷三十七，《續修四庫全書》影印清光緒七年孝感丁氏涇北草堂刻本）

智按：丁宿章，字星海，孝感（今屬湖北）人。光緒貢生，中書科中書。彙集全鄂古今詩家詩，成《湖北詩徵傳略》四十卷，光緒七年刻成。刻書室名涇北草堂。又著有《瓣香室詩抄》。

陳國順（光緒貢生）

《金水吟草自序》

自戊寅歲以還，至今積稿四百首，爲系平日心血，故不忍付諸焚如，抄稿存册，以待名家校正。即在己，偶有會悟，亦可再加删改，并非借以自矜，博早年著書之名，爲長者所竊笑也。夫詩之一道難矣。有學問而無性情則言窮于意，有性情而無學問則意盡于言。余非能積有學問，抒發性情者也。略窺門徑，安望升堂入室，不愧詩人之目哉！而所志未嘗懈也，自唐宋以及本朝，凡大家名家諸集，莫不一一誦習，要之所宗主者則唐有香山，宋有誠齋，近有隨園。但才陋學淺，恐竭畢生之力而卒于畫虎不成。即令貌似前賢，實詣相去尚遠，然終不敢以才陋學淺阻好學之志也。是以稍有暇時，即從事推敲，且不徒吟風嘯月，以詩爲游戲之資。《嵯岈》、《竹枝》之作，譏風俗之驕奢；《鄉居》、《雜咏》渚篇，重農家之勤儉。其他或賦古咏今，言懷書事，必有所戒勉于己，規勸于人，資考核，驗時事，然後始宣于紙筆，時而頌揚之，時而諷剌之，時而悼嘆哭泣之，時復悼嘆哭泣，轉而狂笑戲謔之。學詩之旨，其在是乎？噫！余不才實甚，既不能早達，又不能以詩顯，何以紹祖風于萬一哉！亦聊以此自矢，不敢負先君子之所訓云。光緒辛卯四月下浣。（《金水吟草》卷首）

智按：光緒戊寅，光緒四年（一八七八）；光緒辛卯，光緒十七年（一八九一）。

《落葉》

昨夜豐鐘報曉霜，風前脱卻翠雲裳。行蹤未敢忘溝壑，根幹還期作棟梁。奉使蘇卿羈絕域，遷官白傅謫潯陽。黄沙路遠須珍重，枝上曾經棲鳳凰。（《晚晴簃詩匯》卷一百八十一）

智按：陳國順，原名樹田，字硯農，號醒夢道人，西平（今河南南陽）人。光緒歲貢生。性孝友，工詩、畫，嘗自畫《山居圖》。父卒，廬墓三年。有《醒夢樓聯語》二卷，《金水吟草》七卷，陳銘鑒校定之民國十二年（一九二三）京華印書局鉛印本縮略為二卷（河南省圖書館藏），狄郁序略曰：「《金水吟草》一編，西平陳硯農先生遺著也，即事成吟，不失風人之旨，于香山、倉山爲近，蓋得乎天機之易，未臻乎學力之難者。雖然，是固已難能而可貴矣。生當科舉時代，士方湛心于帖括制藝之文，而先生獨爲近體自寫真趣，邑里既鮮風雅唱酬之侶，惟藉陳編探討，獨寐寤歌，卒以心力所臻，裒然成集，質而不俚，語近而思遠，足爲後學感發興起之資，寧非欲仁斯至之一端歟！吾友子衡參議，于先生爲猶子，行既著其行誼于家傳中，復料其吟草，約為二卷，將付梓而屬予爲之序。壬戌仲夏朔。」

文綦（光緒間）

《琵琶行詩意》（題擬）

夜泊潯陽月正明，隔船風送管弦聲。曲終燕罷渾無事，料得騷人動別情。

智按：見北京宣石國際拍賣有限公司二〇一一年春季藝術品拍賣會拍品。末題：「時丁未仲春，爲葆青仁兄大人兩正。效章弟文綦。」

文綦，字效章，滿洲人。光緒間署崇寧知縣。善畫花卉、人物，蜀中宦游最久，遺畫尤富，間有妙入精微之處，皆取法于宋、元間。

陳錫金（光緒間）

《寄懷蔡拔金秀才，倣白樂天作六句律》

螢窗寂寞留殘簡，蠹跡縱橫侮舊芸，島上更無臺避債，人間剩有塚埋文；此生已坐儒冠誤，合買青年卧白雲。（《重修臺灣省通志》卷十藝文志文學篇，第四八〇頁）

智按：陳錫金，字基六，號式金，光緒間彰化諸生。臺中櫟社社員，生平淡泊寡營，不趨榮利。有暇輒留連於醇酒婦人。韻事流傳，艷稱文苑。蓋亦豪傑不得於時也。著有《鰲峰詩草》、《鐵崖詩鈔》（民國十七年刊）。

章炳麟（一八六九～一九三六）

《國故論衡·辯詩》

唐世浸變舊貫，其勢則不可久。哀思主文者，獨杜甫為可與。韓愈、孟郊，則《急就章》之變也。元稹、白居易，則日者瞽師之誦也。自爾千年，七言之數以萬，其可諷誦者幾何？重以近體昌狂，篇句填委，淩雜史傳，不本情性。……夫觀王粲之《從軍》，而後知杜甫卑　也。觀潘嶽之《悼亡》，而後知元稹凡俗也。觀郭璞之《遊仙》，而後知李賀詭誕也。觀《廬江府吏》、《雁門太守》敘事諸篇，而後知白居易鄙倍也。淡而不厭者陶潛，則王維可廢也。矜而不玺者謝靈運，則韓愈可絕也。要之，本情性、限辭語，則詩盛；遠情性、喜雜書，則詩衰。（《國故論衡》，上海古籍出版社二〇〇三年版）

智按：章炳麟，初名學乘，字枚叔。後改名絳，號太炎。餘杭（今浙江杭州）人。博通經史，精研文字、音韻、訓詁之學。著有《章氏叢書》、《章氏叢書續篇》、《章氏叢書三篇》等。

朱彭壽（一八六九～一九五〇）

《安樂康平室隨筆》

文人造句，喜用駢字，而以風雨二字相對舉者，則書中所見為最多。如：淒風苦雨（《左傳·昭四年》：春無淒風，秋無苦雨）、猋風暴雨（《禮記·月令》：孟春行秋令，則猋風暴雨褱至）、時雨飄風（《管子·兵法篇》：眾若時雨，寡若飄風）、飄風暴雨（又《小匡篇》：飄風暴雨數臻）、柔風甘雨（又《四時篇》：柔風甘雨乃至）、飄風驟雨（《老子二十三章》：飄風不終朝，驟雨不終日）、甚風疾雨（《莊子·天下篇》：沐甚風，櫛疾雨）、飄風凍雨（《楚辭·屈平九歌》：令飄風兮先驅，使凍雨兮灑塵）、友風子雨（《荀子·賦篇》《雲賦》：友風而子雨）、暴雨疾風（《韓非子·用人篇》：夫人主不塞隙穴而勞力於赭堊，暴雨疾風必壞）、風伯雨師（又《十過篇》：風伯進掃，雨師灑道）、疾風淋雨（《戰國策·趙四》土偶曰：使我逢疾風淋雨，壞阻乃復歸土）、烈風澍雨（《尚書大傳·周書》：久矣天之無烈風澍雨。按此四字《韓詩外傳》卷五作迅風疾雨。又《文心雕龍·練字篇》則謂《大傳》作別風淮雨。《帝王世紀》作列風淫雨）、迅風疾雨（見上注）、別風淮雨（同上）、列風淫雨（同上）、大風疾雨（《春秋繁露·滅國篇》：根本微者，不可遭大風疾雨）、扶風凍雨（《淮南子·覽冥訓》：陰陽交爭，降扶風，雜凍雨）、春風夏雨（《説苑·貴德篇》：管仲曰，吾不能以春風風人，吾不能以夏雨雨人)、馳風騁雨(《楚辭·劉向〈九歎〉》:馳風聘雨,游無窮兮)、乘風駕雨(《易林》:乘風駕雨,與鳴鳥俱)……闌風伏雨(杜甫《秋雨歎》詩:闌風伏雨秋紛紛)、因風托雨(皇甫冉《迎神》詩:因風托雨降瓊筵)、斜風細雨(張志和《漁父歌》:斜風細雨不須歸)、松雨蒲風(皇甫松《浪淘沙》詞:松雨蒲風野艇秋)、涼風暮雨(白居易《秋雨中贈元九》詩:又是涼風暮雨天)、雨打風摧(又《微之宅殘牡丹》詩:雨打風摧花不全)、狂風急雨(又《惜落花贈崔二十四》詩:狂風急雨兩相和)、草風沙雨(又《建昌江》詩:草風沙雨渭河邊)、風吹雨打(又《吳櫻桃》詩:可惜風吹兼雨打)、仁風膏雨(又《送劉郎中赴任蘇州》詩:仁風膏雨去隨輪)、急雨寒風(殷堯藩《寄太僕田卿》詩:急雨寒風意萬重)、嘯雨吟風(秦韜玉《檜樹》詩:嘯雨吟風幾百春)……雄風豪雨(楊維楨《送理問王叔明》詩:雄風豪雨將春去)、雨絲風片(王士禎《秦淮雜詩》:十日雨絲風片裏。按此四字見《牡丹亭》曲,今以詩集為據)之類,雖錯綜變化,造句各有不同,而以兩字相對舉,固同一用法焉。(《安樂康平室隨筆》卷二,何雙生點校本,第一八〇~一八三頁)

智按:朱彭壽,別名小汀,又作筱汀,號述庵,又號述叟、壽鑫齋主人,海鹽(今屬浙江)人。光緒二十一年(一八九五)戊戌進士。曾任職典禮院直學士、練兵處文案委員。官至陸軍部右丞、宣統元年陸軍部左丞。北洋政府湖南長沙關監督、湖北宜昌關監督等。

袁祖光(一八六九~?)

《綠天香雪簃詩話》

石遺之兄木庵大令書,詩近白蘇,無格格不解之語。……《讀樂天詩》云:「大年畢竟歸和厚,如此蕭疏一向疑。」又云:「還依白居士,多作寫懷詩。」可以覘其趨嚮矣。(《綠天香雪簃詩話》卷二,《清詩話三編》第七二四九頁)

智按：袁祖光，原名蟫，字小偁，號瞿園，江蘇太湖人。光緒二十九年（一九〇三）進士，官吏部主事。有《瞿園詩草》、《楚游草》及雜劇等。事迹見《續詩人征略》卷一。

許夢青（一八七〇～一九〇四）

《放言（仿白香山體）》

我無半頃田，亦無一椽屋；海外十年游，中書頭已禿。食指倍上農，廩無儋石蓄；慣持太常齋，三月不知肉。鄰家午煙炊，兒女啼枵腹；偶爾吟興豪，兀坐如枯木。小妻理竹箱，布裾無完幅；拔去頭上釵，煮成釜中粥。一米一淚珠，防饑勸積穀！我豈老悖哉，戢翼甘雌伏！君子慎出處，小人競爭逐；所遇非其人，雲雨手翻覆。不灑阮籍淚，不問詹尹卜。圖書堆滿床，燈盡就月讀；一枕游羲皇，嗤彼夢蕉鹿。是時患久旱，禱雨服草服；苗槁望甘霖，人槁沽韞玉。孰謂天無情，一雨盈溝瀆！孰謂天忌才，一雨代人哭！詩成雨亦收，一詩質洳穆。（《臺灣詩鈔》卷二十二）

智按：許夢青，字炳如，又字荊石、蔭亭，泮名夢青，號劍漁，又號雲客、冰如、高陽酒徒，祖籍安溪（今屬福建），世居彰化鹿港。邑庠生。其詩悲歌激越，多作不平語。乙未之役，避亂泉州。後歸，莫以自遣，詩酒以終。著有「鳴劍齋遺草」，未梓。

歐陽述（一八七〇～一九一〇）

《雜題·國朝人詩集各一首》

隱諷顯規長慶體，屬詞比事玉谿才。便便腹笥珊珊筆，不是空疏學得來。（梅村集）（《浩山詩集》卷二，中國國家圖書館藏一九一六年刻本；《萬首論詩絕句》第四册，第一六七四頁）

智按：歐陽述，字伯纘，號笠儕，江西彭澤人。光緒甲午（一八九四）

舉人，歷官江蘇候補道。有《浩山詩集》。

陳步墀（一八七〇～一九三四）

《葉娘曲》

西方之人葉小玖，面似芙蓉眉似柳。柳眉蓉面出墻東，行人至此爲翹首。劉郎無意入天台，小阮前驅引勝來。仙女從來吝雲雨，任郎艷占梅花魁。花信曾無廿四番，護花舊主禁窺園。郎學偷桃方朔事，女爲紅杏不關門。離合天緣無一定，喁喁泣説郎君聽。妾是羅敷已有夫，郎惜來遲如送媵。無他長物報君恩，珍重聲聲帶淚痕。臨別一言君記取，義高紅拂妾心存。巾扇貽君各一持，寒暖無人要自知。手把銀綫繡絲履，從君杭葦到天涯。象箸安排入錦囊，加餐莫使瘦詩腸。迷津若問桃源路，心記胡麻飯亦香。玉貌雙幀再贈郎，木蘭雄兔與秋娘。男作清風來故友，女為明月照君床。憑君嗚咽情酸楚，他日相逢下車虎。一字丁寧一字金，檀郎默默無言語。非因無語便無情，郎已銷魂説不成。割斷紅絲放卿去，忍教長恨聽哀鳴。最憐人面與桃花，流水斜陽帶暮鴉。石上青苔殺人思，悔教短夢到槐衙。吁嗟乎！人生過眼如雲煙，知己難逢白樂天。卿抱琵琶儂作客，長歌和淚落樽前。（《繡詩樓詩》卷一；《清詩紀事》光宣朝卷，第一四三八九頁）

智按：陳子丹，名步墀、慈雲，以字行，又一字幼儕，廣東饒平人，陳慈黌胞弟。宣統恩貢。光緒三十四年，粵人以義賣賑粵東水災。子丹撰《救命詞》三十首由李玉芝刺繡義賣，得金五百，楊守敬爲作繡詩樓署額以遺之。今《救命詞》收《繡詩樓詩》卷二，潘飛聲極推重之。著述宏富，有《繡詩樓叢書》，含《繡詩樓詩》、《十萬金鈴館詞》等。《繡詩樓詩》凡五卷，《二集》三卷，初刻於宣統時，有民國十九年馬夷初贈北大圖書館本。

黎景曾（一八七〇～一九三七）

《耕道堂詩鈔序》

……左弧（伊光楣）以情勝，鶴史（伊象昂）以氣度勝。……無不各有

所長，大抵原本香山（白居易），而充以他家者。……（福建寧化彩色印刷廠一九九九年一月内部印行《耕道堂詩鈔》，第七頁）

智按：黎景曾，字季庵，號勇退，福建寧化人。民國二年恩貢，民國六年福建省參議會議員。主纂《寧化縣志》。有《勇退詩文鈔》、《雙溪友聲》。

陳洵（一八七〇～一九四二）

《海綃説詞》

⊙宋周邦彥片玉詞

⊙綺寮怨（上馬人扶殘醉）

上馬人扶殘醉，曉風吹未醒。映水曲、翠瓦朱檐，垂楊裏、乍見津亭。當時曾題敗壁，蛛絲罩、淡墨苔暈青。念去來、歲月如流，徘徊久、嘆息愁思盈。　去去倦尋路程。江陵舊事，何曾再問楊瓊。舊曲淒清。斂愁黛、與誰聽。尊前故人如在，想念我、最關情。何須渭城。歌聲未盡處，先淚零。

海綃翁曰：此重過荊南途中作。楊瓊，蘇州歌者，見白香山詩。「徘徊」「歎息」，蓋有在矣。「斂愁黛，與誰聽」，知音之感。「何曾再問」，正急於欲問也。「舊曲」、「誰聽」，「念我」、「關情」，問之不已，特不知故人在否耳。拙重之至，彌見沉渾。「江陵」以下，言知音難遇也。「故人」二字倒鉤。未歌先淚，又不止斂愁黛矣。顧曲周郎，其亦有身世之感乎。（《詞話叢編》第五册，第四八七二頁）

智按：陳洵，字述叔，號海綃，廣東新會人。早年以塾師為業，客居江西近十年。三十歲開始學詞，從吴文英入。中年得朱祖謀推賞，朱氏並解囊為刊行傳世，認為「新會陳述叔、臨桂況周頤，並世兩雄，無與抗手也」（《望江南》）。其後，又因朱氏推薦，被廣東中山大學聘為詞學教授。抗日戰爭時期，陳洵貧病交加，含恨而終。今人劉斯翰有《海綃詞箋注》，上海古籍出版社二〇〇二年版。

雷瑨（一八七一～一九四一）

《青樓詩話》

李岫雲者，梁溪人也，本良家女，後落教坊籍，能吟詠，所作詩多悲慨之音，輒生身世之感。其《京邸感作》云：「舊是雲英未嫁身，胡麻一飯便風塵。脂慵粉軟渾閒事，如此江山大可人。」「尚有新詩付碧紗，五陵裘馬七香車。相思紅豆胭脂顆，説甚金釧蕚緑華。」「授枕陳思事有無，尊前未解百眉圖。黄金駿骨憑誰許，鑄錯無心鐵淚枯。」「白傅江州只自憐，個儂孤負十三弦。如何一樣靈均淚，迸在昏燈濁酒前。」《聞隔座琵琶聲即席賦成志感》云：「琵琶江上白江州，紅粉青衫兩淚流。同是天涯怨淪落，尊前彈破四弦秋。」又集名人詩句，題鴛湖。黄鬘因女史《天韻閣詩》存十首，極工，詩長不録。（《青樓詩話》卷上，民國十五年掃葉山房石印本）

唐有史鳳者，宣城妓也，作《雞枕》詩云：「枕繪鴛鴦久與棲，新裁霧縠鬬神姬。與郎酣夢渾忘曉，雞亦流連不肯啼。」語致流媚。唐徐州張尚書有愛妓關盼盼，善歌舞，雅多風態。尚書既殁，彭城有張氏舊第，中有小樓名曰燕子，盼盼念舊愛而不嫁，居是樓十餘年，有《燕子樓感事》詩三首，云：「樓上殘燈伴曉霜，獨眠人起合歡床。相思一夜情多少，地角天涯未是長。」「適看鴻雁岳陽廻，又覩玄禽逼社來。瑶瑟玉簫無意緒，任從蛛網任從灰。」「北邙松栢鎖愁煙，燕子樓中思悄然。自埋劍履歌塵散，紅袖香銷二十年。」白樂天見而和之，又贈以一絕句云：「黄金不惜買蛾眉，揀得如花四五枝。歌舞教成心力盡，一朝身去不相隨。」盼盼得白詩，反覆讀之，泣曰：「自公薨背，妾非不能死，恐百歲之後人以我公重色，有從死之妾，是玷我公清德也，所以偷生爾。」乃和白詩曰：「自守空樓歛恨眉，形同秋後牧丹枝。舍人不會人深意，訝道泉臺不去隨。」遂不食，旬日而卒。但吟詩曰：「兒童不識冲天物，漫把青泥污雪毫。」（《青樓詩話》卷下，民國十五年掃葉山房石印本）

明郎瑛仁寶《七修類稿》云：蘇小小有二人，皆錢塘名娼也。一南齊人，郭茂倩所編樂府，解題下已註明矣，故古辭有《蘇小小歌》，及白樂天、劉夢得詩稱之者；《春渚紀聞》所載司馬才仲事，並是南齊之蘇小小也。一是宋人，乃見於《武林紀事》，其書無刻板，其事隱微，今録以明之。蘇小小，錢塘名娼也。容色俊麗，頗工詩詞。其姊名昐奴，與太學生趙不敏相與甚洽，欵遇二年。不敏日益貧，昐奴周給之，使篤於業，遂棲南省，得官，授襄陽府司户。昐奴未能落籍，不能偕行。不敏赴官三載，想念成疾而卒。有禄俸餘資，囑其弟趙院判分作二分，一以與弟，一命送盼奴。為言盼奴有妹小小，俊秀善吟，可謀致之，嘉偶也。院判如言，至錢塘，有宗人為錢塘倅，托召昐奴，領其物。倅為召之，有蒼頭至云：「昐奴於一月前已抱病歿，小小亦為於潛縣官絹事繫廳監。」倅遂呼小小出，詰之曰：「於潛官絹，汝誘商人一百疋，何以償之？」小小回覆：「此亡姊昐奴之事，乞賜周旋，非惟小小感生成之恩，昐奴在泉下亦不忘也。」倅喜其言語婉順，因問：汝識襄陽趙司户耶？小小曰：「趙司户未仕之日，姊昐奴周給，後中科授官去久，昐奴想念，因是致疾不起而卒。」倅曰：「趙司户亦謝世矣。遺人附一緘及餘物一罨外，有伊弟院判一緘付爾閲之。」小小自謂不識院判何人，乃拆書，惟一詩曰：「昔時名妓鎮東吳，不戀黄金只好書。借問錢塘蘇小小，風流還似大蘇無？」小小默然。倅令和之。辭不能，倅强之，責以官絹罪名。不得已，和云：「君住襄江妾住吳，無情人寄有情書。當年若也來相訪，還有於潛絹事無？」倅大喜，盡以所寄與之，力為作主，命小小歸院判，與偕老焉。

據此，曰太學，曰錢塘，詩曰「還似大蘇無」，則可知矣。（《青樓詩話》卷下，民國十五年掃葉山房石印本）

智按：雷瑨，字君曜，別號娱萱室主，筆名雲間顛公、縮庵老人等。松江（今屬上海）人，雷補同族弟。光緒十四年（一八八八）舉人。工詩詞，善文章。初任掃葉山房編輯，編有《五百家香豔詩》，《清人說薈》初集、二集各二十種，《娱萱室小品》六十種等。後任《文藝雜誌》主編，《申報》編輯多年。熟諳掌故，勤於著述，到老手不釋卷，筆不停揮。家藏鄉邦文獻頗多，熟悉地方史料。民國六年（一九一七）續修《華婁縣誌》時，纂《藝文志》稿，輯《松乘》初稿。又輯録晚清至抗戰前松江大事，名《松江志料節鈔》。尚有筆記手稿《我生七十年》、《五十年之回顧》及日記（六十一册），編選有《古今詩論大觀》、《新文選》（四卷）、《短篇文選》（三卷）、《近人詩録》(四卷)、《近人詞録》(二卷)、《唐文摯》(四卷)等。箋評有《評注唐宋八家文》、《評注林和靖詩集》、《箋注劍南詩鈔》、《詳注鄭板橋集》、《注釋小倉山房文集》、《箋注隨園詩話》、《詳注春在堂尺牘》及《疑雲集注》等。其他著述還有軼事小說《清代官場百怪録》(一百篇)、《歷代史事政治論》、《各國名臣事略》、《傷逝録》、《舊德録》(四册)、《老話》(四册)、《硯話》、《印話》、《弈話》、《謎話》、《茶話》、《酒話》、《醫話》(各一册),《雅謔録》(一册)、《閨秀詞話》(四卷)。與雷瑊(字君彦)合撰《閨秀詩話》十六卷(上海掃葉山房一九二二年石印本)。

顧晋昌(一八七一~?)

《答友問摹白》

君問移居路未遐,輿來造訪不需車。里名榆巷人人曉,東數門牌第一家。(李澍田主編《白山詩詞五集:雷溪草堂集、松江休暇集、戊午客吉林詩、吉林雜咏、雞塞集》,吉林文史出版社,一九九一年六月,第四七八頁)

智按:作者序云:「歲乙亥(一九三五年)九月杪,余由省垣牛宅胡同,遷移大榆樹後胡同曹宅院内。」顧晋昌,遼寧台安人。清末秀才。有《雞塞集》。

鄧鎔(一八七二~一九三二)

《論詩三十絕句》(之十九)

意雖淺陋語艱深,無限詩中揚子雲。元箸超超長慶集,白描高手畫觀音。(《萬首論詩絕句》第四册,第一六九九頁)

智按:鄧鎔,字守瑕,一字忍堪,成都(今屬四川)人。有《荃察余齋詩存》。

袁嘉穀（一八七二～一九三七）

《春日下睨小飲薄醉尚論古詩人漫成十二首》（之六）

昌黎奇氣鼎彝古，白傅風流珠玉新。旗鼓相當稱勍敵，宗盟牛耳誰讓人？（《袁嘉穀文集》第二卷，雲南人民出版社，二〇〇一年十二月，第三〇九頁；《萬首論詩絕句》第四册，第一六八六頁）

《卧雪詩話》

古人佳詩，有為後人通套而遂覺其濫者。如《長歌行》「少壯不努力，老大徒傷悲」，為講學者襲濫。《長恨歌》「在天願為比翼鳥，在地願為連理枝，天長地久有時盡，此恨綿綿無絕期」，為盲詞者襲濫；韓詩「一封書奏九重天，夕貶潮陽路八千」；蘇詩「淡月疏星繞建章，仙風吹下玉爐香。侍臣鵠立通明殿，一朵紅雲捧玉皇」，為青詞者襲濫：皆可怪也。蘇詩之濫，紀文達常言之。韓詩則或附會仙跡，尤為奇談。《仙傳》、《拾遺》略同，惟作文公外甥牡丹，有詩二句在後，詩即別甥者。張讀《宣室志》亦言，長慶四年，愈疾，見一神人招之討夷，遂卒。亦唐人傳文公之怪事也。翰林院中有「興文土地」，相傳為文公，趙甌北常戲詠之。（《卧雪詩話》卷三，《民國詩話叢編》第二册，第三一七頁）

唐人七絕，太白、少伯如太華、少華，雙峰並峙。次即義山。義山於第三句用力，如「誰與王昌報消息，盡知三十六鴛鴦」，「莫向尊前奏花落，涼風只在殿西頭」，「休問梁園舊賓客，茂陵秋雨病相如」，「八駿日行三萬里，穆王何事不重來」，「如何一夢高唐雨，自此無心入武關」，「莫將越客千絲網，網得西施別贈人」，「何當共翦西窗燭，卻話巴山夜雨時」。造意婉而用筆健，真千古絕調也。牧之、飛卿、香山各有名作，宋、元以來，放翁、天錫、空同、迪功、阮亭始堪接武。（《卧雪詩話》卷三，《民國詩話叢編》第二册，第三四三頁）

海內詩學，不出二派：一新而野，可以登新聞紙，不可以入著作林；一纖而冶，可以資談柄而不可以列大雅。古之少陵、香山何嘗不直筆勸懲，而婉轉關生，妙合風人，非新而野之謂也。玉谿、冬郎何嘗不作豔體，然寄託遙深，義兼比興，又豈纖冶之失耶？二者之外，尚有宋詩一派，樸質老成，較多佳作。顧亦嫌於興象蕭條，根柢淺率，欲求《三百》之旨，三唐之音，殆寂然矣。明代七子，活剝子美；宋初西崑，撏撦義山。乃並此而無之。噫！（《卧雪詩話》卷三，《民國詩話叢編》第二册，第三四四頁）

雞林賈購白傅詩已成佳話，乃葛清身白詩三十餘首，自頸以下，體無完膚，尤為奇事。段成式嘗與荊客陳至呼清觀之，令其自解，背上亦能闇記。反手指其劄處，至「不是花中偏愛菊」，則有一人持杯臨菊叢。「黄夾纈窠寒有葉」，則指一樹，樹上掛纈，纈窠鎖勝絕細。陳至呼為《白舍人行詩圖》，詳《酉陽雜俎》。至老嫗解詩，顧況賞拔，詞壇故實，惟白傅斯為盛耳。（《卧雪詩話》卷三，《民國詩話叢編》第二册，第三四五頁）

吾論作詩，毋問高下淺深，總須古人未道過。山川不改，光景常新，領會得來，何用沿襲。右丞詩「坐久落花多」，妙境也。荊公襲之曰：「細數落花因坐久。」尚佳。香山云：「東澗水流西澗水，南山雲起北山雲。」已為雅人所弗尚。荊公襲之曰：「北澗欲通南澗水，南山正繞北山雲。」尤墮惡道。空同、于鱗不免此習。「雲來蘇武廟，月落李陵臺」，此荔扉稱滇人之作也。乃荔扉自作又云：「尚有雲橫蘇武廟，更無人説李陵臺。」尺有所短，古人亦復爾爾。（《卧雪詩話》卷三，《民國詩話叢編》第二册，第三五一頁）

香山《廬山》詩：「若以七十期，猶得三十年。」此預算將來遊覽之日也。《杭州詩》「在郡六百日，入山十二回。」此結算從前遊覽之日也。東坡詩「在郡依前六百日，山中不記幾回來」即本香山。余在杭州三年，除奏歸省親外，在杭約六百日，而泛湖入山不止十二回。山水之福，勝於古人。故常引東坡「出處依稀似樂天」句以自況，第又愧詩才遠遜耳。（《卧雪詩話》卷三，《民國詩話叢編》第二册，第三五二頁）

荊公《唐百家詩選》，宋牧仲影刊最精。荊公序云：「余與宋次道同為三司判官，時次道出其家藏唐詩百餘編。諉余擇其精者，廢日力於此，良可悔也。雖然，欲知唐詩者觀此足矣。」余觀選中佳詩，誠為美富。較之《河岳英靈》、《才調集》、《中興間氣集》，殆遠勝之。惟初唐不選四傑，猶可言矣，曲江、伯玉一字不登，何耶？盛唐不取少陵，或以公不喜杜為詞。夫人生嗜好，洵不必同。不喜少陵，何足為公病。顧太白、輞川豈在襄陽、太祝下，文房之逸調，昌黎之奇筆，飛卿之麗詞，香山之真語，義山、牧之深情雅致，悉遭擯斥，得毋過耶？或曰，「次道家藏僅百餘編，公所選百有三家，于李杜諸家並非擯斥，乃次道家未藏耳。」然荊公生平自尊，不輕於隨聲附和者，或有意擯斥名家之書、以自標具眼，未可知也。（《卧雪詩話》卷三，《民國詩話叢編》第二册，第三六一～三六二頁）

庚戌歲，虚齋師至滬，余迎遊西湖。千秋名勝，一葉小舟，師弟對語，未知較元禮、林宗何似。而鴻爪雪泥，如煙如夢，唱和之詩猶在，備録之以志不忘。余詩云：「三潭明月三潭水，卍字闌干卍字亭。好是放船尋白傅，依然載酒問《元經》。荷開北渚千重豔，雲斂南天一片青。四十八年遊屐在，孤山鶴夢幾回醒。」師和詩云：「故人相待西湖上，共訪孤山放鶴亭。昨日鯉書君又報，昔年鴻跡我重經。别來無恙渚蓮白，依舊有情堤柳青。雲水鄉中幾鷗鷺，忽然高唱夢都醒。」（《卧雪詩話》卷三，《民國詩話叢編》第二册，第三七〇頁）

元江馬宣臣書法蓋世，而詩文不傳。近見劉粹叔為元江令，輯其遺集，擇録二首，以例其餘。《壽黄繼安》七律云：「楷模一郡士爭趨，早向清溪作釣徒。白傅香山傳九老，王家玉樹羨三株。花開籬畔梅為婦，果熟山中橘是奴。納履久思親几杖，稱觴遙進《九如圖》。」《新興道中》七絕云：「春來十日雨傾盆，曉起人家尚掩門。客路身遊圖畫裏，杏花春水緑楊村。」（《卧雪詩話》卷四，《民國詩話叢編》第二册，第三八二頁）

俞曲園和章一山《反正體詩》二首，有句云：「森開營壘黄山谷，曲合宫商白樂天。」巧合之至。家二兄戲仿之云：「立門暮雨自南來，山谷高高一土臺。當口大田生粟米，空林天口喜容開。」余在京題一山册亦仿此體。皮陸之外，又辟此徑。然而纖矣，今未存稿。（《卧雪詩話》卷四，《民國詩話叢編》第二册，第三八五頁）

陳元孝「夜半橋邊呼稚子，人間猶有未燒書」，佳矣，考元人陳孚《詠博浪沙》有「如何十二金人外，猶有人間鐵未消」之句。梁藥亭《日本刀歌》「中國之寶不在刀，請以此刀歸紅毛」，佳矣，考香山《百鍊鏡》有「乃知天子别有鏡，不是揚州百鍊銅」之句。二公皆未免蹈襲，在他人或可存之，二公名家，何必有此。（《卧雪詩話》卷四，《民國詩話叢編》第二册，第三八

七～三八八頁）

余嗜五律，導源六朝。少時仿前人摘句圖摘佳句以資趨步。齊徐孝嗣《白雪歌》：「風閨晚翻靄，月殿夜凝明。」梁簡文《豔歌》：「弋獵多登隴，酣歌每人豐。」江揔：「澗漬長低草，池開半卷荷。」徐陵《山齋》：「山寒微有雪，石路本無塵。砌水何年滿，簷桐幾度春。」庾信《尋周處士》：「泉飛疑度雨，雲積似重樓。」又《詠屏風》：「逍遙游桂苑，寂絕到桃源。」《桑落酒》：「霜風亂飄棄，寒水細澄沙。」薛道衡《昔昔鹽》：「水溢芙蓉沼，花飛桃李蹊。……蟠龍隨鏡隱，彩鳳逐帷低。驚魂同夜鵲，倦寢聽晨雞。暗牖懸珠網，空梁落燕泥。」又《晚夏》：「高天澄遠色，秋氣入蟬聲。」隋煬帝：「寒鴉飛數點，流水繞孤村。」唐太宗《月晦》：「笑樹花分色，啼枝鳥合聲。」王勃《深灣夜宿》：「堰絕灘聲急，峰交樹影深。」楊炯《和騫右丞》：「年光搖樹色，春氣繞蘭心。」盧照鄰《首春遺京邑文士》：「梅花扶院吐，蘭葉繞階生。」駱賓王《夕次蒲津》：「晚風連朔氣，新月照邊秋。」唐明皇《早度蒲關》：「春來津樹合，月落戍樓空。」《幸蜀至劍門》：「翠屏千仞合，丹嶂五丁開。」王灣《次北固山》下：「潮平兩岸闊，風正一帆懸。海日生殘夜，江春入舊年。」杜甫：「地平江動蜀，天遠樹浮秦。」「地闊蛾眉晚，山高峴首春。」「峽雲籠樹小，湖日落船明。」「入河蟾不沒，擣藥兔長生。」「自天題處濕，當暑著來清。」「春和催柳別，江與放船清。」「蜀天常夜雨，江檻已朝晴。」「入簾殘月影，高枕遠江聲。」「身世雙蓬鬢，乾坤一草亭。」「硯寒金井水，簷動玉壺冰。」「岸風翻夕浪，舟雪灑寒燈。」「竹光團野色，舍影漾江流。」「關山隨地闊，河漢近人流。」「雲氣生虛壁，江聲走白沙。」「大聲隨地轉，高浪蹴天浮。」「纜侵堤柳系，幔卷浪花浮。」「細逐迫風燕，輕搖逐浪鷗。」「野寺江天闊，山扉花竹幽。」「十暑岷山葛，三霜楚戶砧。」「夕陽薰細草，江色映疏簾。」「兩行秦樹直，萬點蜀山尖。」「風連西極動，月過北庭寒。」「政化平如水，皇明斷若神。」「野雲低渡水，簷雨細隨風。」「名園依綠水，野竹上青霄。」「谷暗非關雨，楓丹不為霜。」「山河扶繡戶，日月近雕梁。」「壯節初題柱，生涯獨轉蓬。」「綠垂風折筍，紅綻雨肥梅。」「地坼江帆隱，天清木葉聞。」「霧樹行相引，蓮峰望或開。」「入村樵徑引，嘗果梨園開。」「鶴下雲汀近，雞棲草屋同。」「蘆花留客晚，楓樹坐猿深。」「曬春秋日晚，洗藥石泉香。」「孤月當樓滿，寒江動夜扉。」「谷口樵歸唱，孤城笛起愁。」「紅入桃花嫩，青歸柳葉新。」「范蠡舟偏小，王喬鶴不群。」「鮫室圍青草，龍堆隱白沙。」「無名江上草，隨意嶺頭雲。」「碧知湖外草，紅見海東雲。」「池要山簡馬，月靜庾公樓。」「晚涼看洗馬，森木亂鳴蟬。」「翠幹危棧竹，紅膩小湖蓮。」「池邊沙舊白，湖外草新青。」「水流心不競，雲在意俱遲。」「江山如有待，花柳更無私。」「關山隨地闊，河漢近人流。」「星垂平野板，月湧大江流。」「細雨魚兒出，微風燕子斜。」「遠鷗浮水淨，輕燕受風斜。」「岸花飛送客，檣燕語留人。」「八方開壽域，一氣轉鴻鈞。」「豫樟深出地，滄海闊無津。」「方丈三韓外，昆侖萬國西。」「座對賢人酒，門聽長者車。」「竹批雙耳峻，風入四蹄輕。」「暗水流花徑，春星帶草堂。」「身輕一鳥過，槍急萬人呼。」「渭北春天樹，江東日暮雲。」「美名人不及，佳句法如何。」「隱吏逢梅福，游山憶謝公。」「竹深留客處，荷淨納涼時。」「內人紅袖泣，王子白衣行。」「風塵三尺劍，社稷一戎衣。」「聖圖天廣大，宗祀日光輝。」「秦山當警蹕，漢苑入旌旄。」「路失羊腸險，雲橫雉尾高。」「五原空壁壘，八水散風濤。」「戈鋋開雪色，弓矢尚秋毫。」「鋒先衣染血，騎突劍吹毛。」「江上多鴻雁，池中足鯉魚。」「水落魚龍夜，山空鳥鼠秋。」「鼓角淩天籟，關山倚月輪。」「弟子貧原憲，諸生老伏虔。」「掘劍知埋獄，提刀見發硎。」「侏儒應共飽，漁父忌偏醒。」「抱葉寒蟬靜，歸山獨鳥遲。」「塞門風落石，客舍雨連山。」「落日邀雙鳥，晴天養片雲。」「筆落驚風雨，詩成泣鬼神。」白居易：「旅愁春入越，鄉夢夜歸秦。」「系纜憐沙靜，垂綸愛岸平。」「駢朱桃露菜，點翠柳含明。」「古文科斗出，新葉翦刀生。」「沙虛泉脈散，泥暖草芽生。」「荷香清露墜，柳動好風生。」「北渚寒留雁，南枝暖待鶯。」「蹴球塵不起，潑火雨新晴。」「明月初三夜，新蟬第一聲。」「池邊春草色，花外夕陽亭。」「酒熟憑花動，詩成倩鳥吟。」「步月憐清影，眠松愛綠陰。」「漁去風生浦，樵歸雪滿岩。」「鴨頭新綠水，雁齒小紅橋。」「五更千里夢，殘月一城雞。」歐陽修：「綠苔人跡少，黃葉雨聲多。」當不亞于朱子之取「水流心不競，雲在意俱遲」，皇甫兄弟之取「猿啼洞庭樹，人在木蘭舟」也。（《臥雪詩話》卷五，《民國詩話叢編》第二册，第三九七～三九八頁）

曩欲選滇四家詩，迄未成書。近與友談，當擴為前後六家，劍川蕭孝廉善選，深以為然，各賦一律，真令金碧生色。他日選詩刻成，孝廉十二章並傳可也。鈔存如下。前六家：楊石淙（一清）：「功業文章冠有明，如公何必以詩名。吐吞《騷》、《雅》、《石淙集》，鎮厭風波砥柱行。太璞摩挲彭澤宰，浣花胎息玉谿生，千鈞一髮空同語，不是雕蟲小技鳴。」張禺山（含）云：「詩比文襄亦靳驂，並時不愧友升庵。空同門下青藍喻，太保山中儒釋參。蕭《選》理精辭駁麗，草堂律細氣沈酣。故人手定珍遺稿，味外酸鹹識苦甘。（石禪師得公集，為升庵手定，極矜慎，評語尤佳。）李中溪（元陽）云：「有道尊師推太嶽，晚躭內典亦稱詩。句如小謝工山水，體近中唐化鑿椎。六客楊門清獨絕，一生阮屐癖誰知。漫披遊記傳仙跡，別調風騷已自奇。」楊宏山（士雲）云：「弘山格老氣清蒼，律體精嚴企盛唐。出塞偶然吟杜甫，長城真可峙文房。一篷漁艇延新月，七尺書樓送夕陽。擲地鏗然金石響，不徒星曆究微芒。」擔當（普荷）云：「英雄肝膽寄吟哦，老著袈裟感慨多。復古猶思舊壇坫，狂遊已負好山河。島郊體借秋為氣，燕趙人稱地善謳。易水蒼涼聲變徵，驚問入破滿庭柯。」蒼雪（讀徹）云：「夜寒誰識聳吟肩，講席中峰幾歲年。不愧清僧詩第一（此漁洋評語），其如故國路三千。（師值國變，詩中嘗有滄桑之感。）志公古井尋無跡，蕭寺疏鐘度有緣。脫盡皎然蔬筍氣，滄桑百感寄雲煙。」後六家：張月槎（漢）云：「異龍湖比壯懷開，鴻博科當眾口推。務觀詩原無老態，士衡人說患多才。稿書諫草千縑值，（公詩稿多書於諫草背面，得者重之。）茗味寒閨十指來。（公京宦清寒，嘗假其夫人針黹之費，市茶款客。）選後遺編真面出，（袁樹五先生精選公詩六卷，入叢書刻之。）空階掃葉絕纖埃。」錢南園（灃）云：「平生崇拜南園老，詩外詩中大有人。也似換鵝書透紙，依然畫馬瘦通神。杜陵自灑思君淚，吏部誰訾辟佛文。幾輩繡鞶真氣少，如公方不愧詞臣。」劉寄庵（大紳）云：「儒林循吏一身兼，亦有詩名海內傳。書解擷腴訾獺祭，理惟探頤燭犀淵。魯人曾繪朱公叔，老嫗能知白樂天。健處雖差真處好，細持鉛槧與周旋。」師荔扉（范）云：「是真名士是循良，滇繫之餘翰墨香。詠史扁舟江月白，懷人孤榻海山蒼。淵源郙不從師友，門戶何曾隘宋唐。始識真詩關至性，願編年譜語周詳。（聞方君臞仙近編《荔扉年譜》）」朱丹木（艧）石：「樹義必堅語無懦，韓蘇黃外自成家。詣深不覺聰明貴，妝淡翻嫌粉黛華。吳體偶拈搖柱傷，蜀游常夢錦江賒。精嚴更啟存詩例，五子（謂五華五子也）編中孰剔瑕。」黃矩卿（琮）云：「《嗣音集》發吉光幽，心契蘇亭識更優。近體唐人奉韓杜，古風鄰下溯曹劉。精心隸事錘爐化，擁鼻微吟格調遒。取殿六家獨憑弔，高文大節炳千秋。」（《卧雪詩話》卷六，《民國詩話叢編》第二册，第四一六～四一七頁）

《詩》云：「河水洋洋，北流活活。施罛濊濊，鱣鮪發發。葭菼揭揭，庶姜孽孽。」連用六疊字，此《十九首》中「青青河畔草，鬱鬱園中柳。盈盈樓上女，皎皎當窗牖。娥娥紅粉妝，纖纖出素手」所本也。而變句尾為句首，或燕燕居息，或盡瘁事國，或息偃在床，或不已於行，或不知叫號，或慘慘劬勞，或棲遲偃仰，或王事鞅掌，此昌黎《南山詩》連用「或」字所本也，而變十二字為五十餘字。《詩》云：「萋萋萋萋，雝雝喈喈。」即李易安「尋尋覓覓、冷冷清清、淒淒慘慘切切」所本也，而變八字為十二字。顧《毛詩》重字，變化尤多：「如飛如翰，如江如漢。如山之苞，如川之流。」「戎車嘽嘽，嘽嘽焞焞。」「驛驛其達，有厭其傑。厭厭其苗，綿綿其麃。」「左之左之，君子宜之。右之右之，君子有之。維其有之，是以似之。」「飲之食之，教之誨之。」「父兮生我，母兮鞠我。拊我畜我，長我育我，顧我復我，出入復我。」「乃慰乃止，乃左乃右。乃疆乃理，乃宣乃畝。」「作之屏之，其菑其翳。修之平之，其灌其例。啟之辟之，其檉其椐。攘之剔之，其檿其柘。」「勿矢我陵，我陵我阿。勿飲我泉，我泉我池。」「實方實苞，實種實褎。實發實秀，實堅實好。實穎實栗，即有邰家室。」「恒之秬秠，是獲是畝。恒之穈芑，是任是負。」「我蓺黍稷。我黍與與，我稷翼翼。我倉既盈，我庾維億。以為酒食，以享以祀。以妥以侑，以介景福。」「招招舟子，人涉卬否。人涉卬否，卬須我友。」「采采芣苢，薄言采之。」「魚在在藻。」「王在在鎬。」極重複，極錯綜，五光十色，千變萬化。倘視為小節，而謂可以忽之，昌黎輩豈愚者乎？張若虛《春江花月夜》七言長篇，連用題字，顛倒成文，詞多意少，誠不足法。即摩詰之「終南有茅屋，前對終南山。終年無客常閉關，終日無心常自閑。」四「終」字，亦未為佳。然李嘉祐之「水田飛白鷺，夏木囀黃鸝」，摩詰添「漠漠」、「陰陰」兩疊字，久推妙手。《古詩》「行行重行行」，卓文君詩「淒淒復淒淒」，《木蘭詩》「唧唧何唧唧」，蘇頲詩「東望望春春可憐」，太白詩「天姥連天向天横」，一句多疊字，疊字多奇變，視「嘈嘈切切錯雜彈」，「烈烈轟轟做一場」，真有流滯之分。裴皞詩「宦途最重是文衡（《舊五代史》本傳作「詞場最喜是持衡」，蓋流傳之誤本），天遣愚夫享（《舊史》作受）盛名。三主禮闈年八十，門生門下見門生。」疊三門字，亦自奇巧，終不及「天姥連天」之老横矣。太白詩「一杯一杯復一杯」，香山詩「東澗水流西澗水」，此等句法，近俗近濫。摩詰詩「一從歸白社，不復到青門。青菰臨水映，白鳥向山翻」，偶然重字，不足深論。余有句云：「灑酣擊劍悲歌生，惟君將將將將兵。」又句云：「帝京景物君須記，三十三年三月三。」好奇而不能奇，好古而不如古，殊自晒已。（《卧雪詩話》卷七，《民國詩話叢編》第二册，第四五一～四五二頁）

詩之用韻，所重者穩也，雅也，新也，奇也。唐宋後喜和韻用韻，五塘師懸為戒律，余亦以為然。乃香山、微之倡於前（《春生》、《春深》各詩），荊公、東坡繼於後，疊和見長（蘇用劉，又王和韻亦用之，未免窘相），世競效之。趙恒夫（吉士）有《疊韻千律詩》二卷，《千疊餘波》一卷，可謂大觀。近則武陵陳伯弢大令之《門存集》，常熟孫師鄭前輩之《蠅塵集》，疊至數百。張季端師之《魔和》，余與蘭卿、厚安諸君之《聚星疊韻》，亦百十篇。平心論之，因難見巧，不可謂非，若以詩論，皆失之遠矣。龍陽易實甫又喜用全韻，如押十五咸，則字字用畢，又字字順序，而不知大亂咸、銜、嚴之四部也。坊間韻本，有何程式之可遵耶？戒之，戒之！（《卧雪詩話》卷八，《民國詩話叢編》第二册，第四五九～四六〇頁）

年來詩事不自知較昔何如，而《詩話》之編，日積日富，吾何修而得此清課耶？曾記高潛子太史毓浵贈我詩云：「高寒玉宇憶前遊，話舊元龍百尺樓。指顧節旄榮九命，更欣萊彩祝千秋。中朝故實談班馬，上界文光耀斗牛。為盼故人扶景運，好留雲海養閑鷗。」太史期我之心，我轉以期諸人。白香山云：「不可使不知我者知之，亦不可使知我者不知。」此之謂也。（《卧雪詩話》卷八，《民國詩話叢編》第二册，第四八三～四八四頁）

智按：袁嘉穀，字樹五，又字樹圃，晚號屏山居士。雲南石屏人。光緒二十九年進士，同年中經濟特科第一名。授翰林院編修，未幾赴日本考察政務、教育，歸國後任學部編譯圖書局局長。出為浙江提學使，兼布政使。民國後任國會議員，創建雲南大學。有《卧雪詩話》八卷、《卧雪樓詩文集》、《滇繹》等，今人彙編為《袁嘉穀文集》。事迹見《袁屏山先生年譜》。

閔爾昌（一八七二～一九四八）

《奉題師鄭吾兄寒夜十三詠後》（其二）

白傅長裘志願違，誰從樂府采新詩。悲歌燕趙空多士，擊築難逢高漸離。（《雲海樓詩存》卷一，民國二十二年江都閔氏刻本）

智按：閔爾昌，字葆之，別字黄山，晚號復翁，江都（今屬江蘇揚州）人。與袁世凱有雅故，與項城二公子克文交尤邃，並易順鼎、羅惇曧、步鳳藻、何震彝、梁鴻志、黄濬七人皆克文座上賓，號「寒廬七子」，蓋好事者擬「建安七子」之目也。寒廬，克文室名也。逮徐世昌任總統，延爾昌入府中，與文史之役。嗣供職北京輔仁大學。民國二十五年歸隱，貧病以終。有《雲海樓詩存》五卷，附《雷塘詞》不分卷，民國二十二年江都閔氏刻本，鄭沅題簽。纂《碑傳集補》、《高郵王氏父子年譜》、《江子屏先生年譜》、《王石臞先生年譜》、《焦理堂先生年譜》、《五續疑年録》等，雅稱該要。

傅增湘（一八七二～一九四九）

《藏園群書經眼録》

⊙白氏文集七十一卷（卷四十一、四十三鈔配）

明嘉靖十七年伍忠光龍池草堂刊錢應龍重修本。十二行二十字，白口，左右雙闌。

鮑廷博據宋刊本用朱筆校。宋本不全。（余藏）

⊙白氏文集七十一卷

日本那波道原（圓）銅活字印本，九行十六字，黑口，四周雙闌，板心題白集幾。前元稹白氏長慶集序，序後總目。目為十帙。第一至七為長慶集，共五十卷，第八帙以後為後集，共二十卷，第七十一卷律詩，五言七言凡一百首，為總目所無。卷末陶穀《龍門重修白樂天影堂記》。

後有那波道源（圓）白氏文集後序，略云：「國綱之與文章俱廢，……幸有滕先生，道德文章，百世之偉人也，林提學嗣武而起，斯文勃興矣。如拙親炙也，聞先生之品藻古之人材也，到於樂天，則曰：『雖有朱紫陽之所謂口津津地之誚，小家數之曰白俗元輕之異議，好其為人之醞藉，愛其集語意之平易真率矣。』拙也雖有其奉佛之可疑，讀其集則快活不可言也。復願學者之周知焉。故命剞劂氏以廣其傳，又壯斯集之不苟也，自校讎焉，庶幾乎無誤歟！且記一時之懷，以貽後人。戊午秋七月丁亥朔，那波道圓書於洛中遠望堂。」

每卷鈐「菅原長親印」白文方。（余藏）

⊙白樂天詩集四十卷

明正德刊本，十行二十字，每卷第三行題「太保武定侯鳳陽郭勳重編」。前有正德十二年丁丑總督兩廣軍務應城陳金序，言於百粤求諸正郎石君得此本，太保定武郭公逐求以歸，先將詩編為四十卷，文三十六卷，次第續之云云。則此本由郭氏編次，非樂天之舊矣。缺第十六卷，又配入朝鮮活字本第九、十兩卷，十二行十九字。但詩首數與目不符。

鈐有「昌平阪學問所」墨印、「文政丞辰」朱印，均日本藏印。（文友堂取閱。己未）

前年廠市見文集，為周叔弢收去，今年菊生來函，言得一部，不知詩文全否。

⊙白香山集四十卷長慶集二十卷、後集十七卷、別集一卷、補遺一卷

清康熙汪氏一隅草堂刊本。舊人臨何焯校本，改正甚多。（涵芬樓藏書。己未）

⊙白氏諷諫一卷

明刊本，十行十六字，黑口，四周雙闌。題「唐右拾遺兼翰林學士白居易撰」「四川布政司參議曾大有重刊」。前載居易自序，次目録，自七德舞至采詩官凡五十首。

按：此本余昔年曾假得沈同叔前輩藏本校，與世行全集本文字多不同，

疑出於當日單行之本也。字體刀法似正德嘉靖以前所刻。（蟠青書室所見。辛未）

⊙白氏策林四卷

明翻宋刊本，十行二十一字。首原序，序後接目録，目卷幾下注凡若干道。

按：此書序内構字小字注犯御名，知從宋本出。余取馬元調本勘之，添改之處極多，洵善本也。（余藏）

傅增湘《藏園群書經眼録》，第四册，第一〇六四～一〇六六頁

智按：傅增湘，字叔和，號沅叔，別署清泉逸叟、長春室主人等，瀘州江安（今屬四川宜賓）人。光緒二十四年（一八九八）進士，選翰林院庶吉士。歷任貴州學政，教育總長，故宫博物院圖書館館長等。工書，善文，精鑒賞，富收藏。以藏書為大宗，世所聞名，是晚清以來繼陸心源皕宋樓、丁丙八千卷樓、楊氏海源閣、瞿氏鐵琴銅劍樓之後又一大家。藏有一部南宋本《資治通鑑》，一部元刻本《資治通鑑音注》，別署雙鑒樓主人；在北京西城西四石老娘胡同建有藏園，自號藏園老人、藏園居士。有《藏園瞥目》、《藏園東遊別録》、《雙鑒樓雜詠》等。

狄葆賢（一八七三～一九二一）

《平等閣詩話》

古詩有可轉移風俗者，若《孔雀東南行》、《石壕吏》、《秦中吟》是也；有可抒寫性情者，若古歌謡、《古詩十九首》、陶靖節、蘇長公諸作是也；有可備史乘者，若《長恨歌》、《連昌宫詞》、《圓圓曲》、《雁門尚書行》是也。（宣統二年上海有正書局排印本卷一，《清詩話三編》第七〇二七頁）

（愛新覺羅・寶廷）所作多豪宕語，少作尚才氣，中歲以後，學陶、白兩家，抒寫性靈，不落尋常窠臼。（上海時報館光緒三十四年六月十五日鉛印本卷二）

智按：狄葆賢，字楚青、楚卿，別號平子，號平等閣主人、六根清淨人，

江蘇溧陽人。光緒間舉人，曾為知縣，後棄官投身新聞界為記者，光緒三十年（一九〇四）在上海創辦《時報》，又有創辦《小說時報》、《婦女時報》和有正書局。詩書畫俱工，長齋奉佛。有《平等閣筆記》、《平等閣瑣言》等。

梁啓超（一八七三～一九二九）

《斗六吏》

警吏陣斗六，數百如合圍；借問此何者？買地勞有司。赫赫糖會社，云是富國基；種蔗當得由，官價有程期。小人數畝田，死父之所遺；世守亦百稔，饘粥恒于斯；願弘一面仁，貸此八口饑！欲語吏先嗔，安取閑言辭！府令即天語，豈天乃可違！衆雛各有命，何不食肉糜！出券督畫諾，肘後吏執持；拇印失爛熳，甘結某何誰！昔買百緡强，今賣不半之；便願不取直，方命還見笞。一日買十甲，一月千甲奇。入冬北風起，餓殍闐路歧；會社大烟突，驕作竹筒吹。

《墾田令》

府帖昨夜下，言將理原隰；自今限名田，人毋過十甲。聞官方討番，境土日安集；墾作宜待人，官寧視畚鍤！官云汝母國，齒稠苦地陿；每每此原田，將以世其業。舊田不汝追，帝賚已稠迭；安得非分求，無厭若馮鋏！貴人于于來，生事須長鬛；汝能勤四體，自足丐餘汁。吁嗟討番軍，巨萬費楮帖；借問安所出，甿隸與竈妾。舊田賣已空，新田取難襲；鬻身與官家，救死倘猶及！悠悠彼何人，哀哀此束濕！

《公學校》

道周逢群童，人言是學生；借問何學級？所學何課程？此間有良校，貴人育其英；島民賤不齒，安得抗顏行！別有號「公學」，不以中小名；學年六或四，入者吾隸萌。所授何讀本？新編「三字經」；他科皆視此，自鄶寧足評！莫云斯學陋，履之如登瀛；學塗盡于斯，更進安所營！貴人拳我輩，本以服使令；豈聞擾牛馬，乃待書在楹！漢氏厲學官，自取壞長城；秦皇百世雄，談笑事焚坑。(《遊台灣書牘·第四信》，《飲冰室專集》之二十二，中華書局一九八八年九月版《飲冰室合集》第四册，第二〇一～二〇二頁)

智按：以上三詩作者自言「擬仿白香山《秦中吟》」。

《〈白香山詩集〉批點》

以頌爲規，大雅之遺，允可弁冕全集。(《白香山詩長慶集》卷一《賀雨》)

格局奇拔。(《白香山詩長慶集》卷一《贈樊著作》)

此老有無入而不自得氣象，「閑適」諸篇，讀之可以愈幽憂之疾。(《白香山詩長慶集》卷五卷前)

此篇當爲公得意之作，布局用筆，命句遣詞，皆經研煉。(《白香山詩長慶集》卷六《游悟真寺詩一百三十韵》)

此初謫時作也，絕無怨尤。(《白香山詩長慶集》卷六《舟行 江州路上作》)

入蜀詩多奇恣凝煉，意隨境新故耳。(《白香山詩長慶集》卷十一《初入峽有感》)

甚似鮑明遠。(《白香山詩長慶集》卷十一《郡中春燕因贈諸客》)

公詩可作自撰年譜讀。(《白香山詩長慶集》卷十一《曲江感秋二首 並序》)

歌行曲引，佳者十九。(《白香山詩長慶集》卷十二《短歌行》)

此亦集中一長篇，然了無動人處者，意境凡下故也。(《白香山詩長慶集》卷十二《醉後走筆酬劉五主簿長句之贈兼簡張大賈二十四先輩昆季》)

古樂府格調。(《白香山詩長慶集》卷十二《長相思》)

此格香山獨步。(《白香山詩長慶集》卷十二《山鷓鴣》)

此當是以喻君臣之際也，《新樂府》中有此意。(《白香山詩長慶集》卷十二《婦人苦》)

公能老壽，功在自克耳。(《白香山詩長慶集》卷十三《病中作 年十八》)

筆太平直，此體非公所長。(《白香山詩長慶集》卷十三《代書詩一百韻寄微之》)

雖應酬之作，而句特研煉，在集中亦爲別體。(《白香山詩長慶集》卷十三《敘德書情四十韻上宣歙崔中丞》)

元、白七律何以能爲後人别開生面法門者，此類是也。須看其一氣洋灝流轉處，不能逐字逐句求之。(《白香山詩長慶集》卷十三《自河南經亂關内阻饑兄弟離散各在一處因望月有感聊書所懷寄上浮梁大兄於潛七兄烏江十五兄兼示符離及下邽弟妹》)

微之原唱本事當爲《會真記》，今元集不載，殆諱之。(《白香山詩長慶集》卷十四《和夢游春詩一百韻並序》)

波瀾壯闊。(《白香山詩長慶集》卷十四《送元八歸鳳翔》)

情真不嫌語俚。(《白香山詩長慶集》卷十四《聞微之江陵臥病以大通中散碧腴垂雲膏寄之因題四韻》)

元詩千古性情之作，不容和答，此詩可不作也。(《白香山詩長慶集》卷十四《答謝家最小偏憐女》)

純用賦體，氣疏以達，足與老杜分庭對壘。(《白香山詩長慶集》卷十五《渭村退居寄禮部崔侍郎翰林錢舍人詩一百韻》)

開宋體。(《白香山詩長慶集》卷十六《聞李六景儉自河東令授唐鄧行軍司馬以詩賀之》)

與公相遇，故應各有佳韻。七言長排最難，諸大家集殊少佳者。此篇以極質之語，寫極深之情，不事構煉，乃爾卓絕。(《白香山詩長慶集》卷十七《十年三月三日别微之於澧上十四年三月十一日夜遇微之於峽中停舟夷陵三宿而别言不盡者以詩終之因賦七言十七韻以贈且欲記所遇之地與相見之時爲他年會話張本也》)

咏物本難出色，尤非公所長。(《白香山詩長慶集》卷十八《題郡中荔枝詩十八韻兼寄萬州楊八使君》)

此卷佳作殊稀，窮愁乃工，有固然矣。(《白香山詩長慶集》卷十八《吟元郎中白鬚詩兼飲雪水茶因題壁上》)

質極摯極。(《白香山詩長慶集》卷二十《路上寄銀匙與阿龜》)

格調橫絕。(《白香山詩後集》卷一《啄木曲》)

絕似小謝。(《白香山詩後集》卷三《古意》)

莊生《逍遙》之旨。(《白香山詩後集》卷三《咏所樂》)

咏李訓、鄭注事。(《白香山詩後集》卷四《咏史》)

韻味純是淵明。(《白香山詩後集》卷四《小閣閑坐》)

當時自帝王至士大夫，服食若狂，故公慨乎言之。(《白香山詩後集》卷四《戒藥》)

公生大曆壬子，元和五年當三十九。此「五」字乃「三」字之訛也。(《白香山詩後集》卷四《香山居士寫真詩 並序》)

題極枯窘，詩極莊重有味，在集中別是一格。(《白香山詩後集》卷九《賜悼懷太子挽歌辭二首》)

此卷多應酬之作，幾於惡俗矣。(《白香山詩後集》卷九《和汴州令狐相公新於郡内栽竹百竿拆壁開軒旦夕對玩偶題七言五韻》)

不見精彩，頗負此題。(《白香山詩後集》卷十一《哭微之二首》)

文集中有《修香山寺記》，太和六年八月一日作。(《白香山詩後集》卷十一《重修香山寺畢題二十二韻以紀之》)

仁者贈人以言，君子愛人以德。(《白香山詩後集》卷十二《送考功崔郎中赴闕》)

律詩新體，開宋人無限法門。(《白香山詩後集》卷十二《醉送李二十常侍赴鎮浙東》)

所證極深。(《白香山詩後集》卷十三《讀禪經》)

自業自得之旨。(《白香山詩後集》卷十三《感興二首》其一)

當是感訓、注、涯、餗之禍。(《白香山詩後集》卷十三《感興二首》其二)

醒眼觀醉人。(《白香山詩後集》卷十四《二月二日》)

一氣蟠鬱，詞淺意深，音節又極鏗鏘之妙。(《白香山詩後集》卷十四《清明日登老君閣望洛城贈韓道士》)

涉筆游戲之格，不可學步。(《白香山詩後集》卷十四《奉酬淮南牛相公思黯見寄二十四韻》)

善頌善禱。(《白香山詩後集》卷十四《和裴令公南莊絕句》)

以下當是開成三年作。典麗堂皇之作，集中不多，晚年尤罕。(《白香山詩後集》卷十五《司徒令公分守東洛移鎮北都一心勤王三月成政形容盛德實在歌詩况辱知音敢不先唱輒奉五言四十韻寄獻以抒下情》)

二老興俱不淺。（《白香山詩後集》卷十五《酬裴令公贈馬相戲》）

此卷皆病中作，意境稍蕭索，而懸解愈深。（《白香山詩後集》卷十六卷前）

一喝直得三日耳聾。（《白香山詩後集》卷十六《戲禮經老僧》）

據《不能忘情吟》，似樊素將遣復留。據此詩則已遣也。彼蓋寓言耳。（《白香山詩後集》卷十六《春盡日宴罷感事獨吟》）

病中冷落氣象。（《白香山詩後集》卷十六《池上早夏》）

夫子尚有蓬蓬心也歟？（《白香山詩後集》卷十六《嶺上雲》）

公亦未逢亂離耳，若與杜老易地，政恐樂乃不爾。（《白香山詩後集》卷十六《澗中魚》）

雖戲論，實含妙諦。（《白香山詩後集》卷十六《自戲三絕句·心問身》）

贈牛相詩，多半諷勸。（《白香山詩後集》卷十六《贈思黯》）

此殆近絕筆之作，身心得大解脱，滿腔都是活潑潑地氣象。（《白香山詩後集》卷十七《齋居偶作》）

智按：梁啓超一九一八年臥病期間曾批點清康熙汪立名一隅草堂刻本《白香山詩集》，見中華書局編輯部、北京匡時國際拍賣有限公司編《南長街五四號梁氏檔案》（中華書局，二〇一二年）。茲選録有關白詩全篇之評論，其餘可參見聶麗娟《梁啓超〈白香山詩集〉未刊批點輯録》，《文獻》二〇一九年第一期。

《浪淘沙》（乙未）

燕子舊人家，棖觸年華。錦城春盡又飛花。不是潯陽江上客，休聽琵琶。

輕夢怕愁遮，雲影窗紗。一天濃絮太虧他。鎮日飄零何處也，依舊天涯。（《飲冰室文集》之四十五下，中華書局一九八八年九月版《飲冰室合集》第四册，第八五頁）

智按：梁啓超，字卓如，一字任甫，號任公，別署飲冰子、飲冰室主人、哀時客、中國之新民等，廣東新會人。光緒十年（一八八四）補博士弟子員。

後就學于廣州學海堂。十五年舉于鄉。旋與陳千秋拜謁康有爲，執弟子禮。十七年入萬木草堂，從康有爲學經世之學，思想爲之一變。二十一年赴京會試，隨康有爲聯合各省會試舉子千餘人，發起公車上書。八月，加入强學會。任書記，創辦《中外紀聞》。二十二年至上海，主編《時務報》，宣傳變法維新。次年，應湖南巡撫陳寶箴之聘，主時務學堂講席。二十四年入京，參與新政。戊戌政變後，亡命日本。是年冬，創辦《清議報》，繼續宣傳變法維新。次年，由日本至夏威夷，旅途作《汗漫録》（後改題《夏威夷游記》），倡導「詩界革命」、「文界革命」，提出以歐西及日本詩文爲榜樣，變革中國詩文。二十八年春，創辦《新民叢報》。冬，創刊《新小説》，著《論小説與群治之關係》，倡導「小説界革命」。三十三年，與熊希齡、蔣智由組成政聞社，出版《政論》。宣統二年，辦《國風報》，專論各種政治問題。一九一二年冬，由日本歸國，先加入共和黨，復任進步黨理事，後任袁世凱政府司法總長、幣制局總裁。一九一五年，袁世凱復辟帝制，參與蔡鍔等策動護國運動，反對復辟。一九一七年任段祺瑞政府財政總長，並與馮國璋、段祺瑞反對張勛復辟。不久，辭去財政總長職，脱離政界。一九一八年冬赴歐洲游歷。一九一九年以後，除在天津南開大學、北京清華大學講課外，即專門從事著述。一九二五年，應清華大學國學研究院聘爲導師。一九二七年，離開清華研究院。一九二九年，病逝。其學術研究，涉獵廣泛，學貫中西，囊括古今，在哲學、文學、史學、經學、法學、倫理學、宗教學等領域，均有建樹，以史學研究成績最著。一生著述等身，總約千餘萬字，有多種作品集行世，以《飲冰室合集》較稱完備。事迹見丁文江、趙豐田《梁啓超年譜長編》等。

黄節（一八七三～一九三五）

《詩學》

【論初唐】唐初龍門王勃、華陰楊炯、范陽盧照鄰、義烏駱賓王，稱四傑，併秀於前。欒城蘇味道、趙州李嶠、齊州崔融、襄陽杜審言，號四友，齊名於後。皆能遠挹謝鮑，近宗徐庾，引六朝之源流入初唐，此其選也。雖然，律詩之名猶未倡也。内黄沈佺期、汾州宋之問，實始約句準篇，研練精切，忌聲病，尚對偶，以無違乎沈約四聲之律，於是律詩興焉。（唐人自六韻至百韻皆曰律詩，觀白居易自集其詩以寄元稹，自百韻至兩韻者四百餘首曰雜律詩。其後高棅撰《唐詩品彙》，乃取元稹李杜優劣論「鋪陳始終排比聲韻」之語，遂創排律之名。）……（唐至五代詩學，《民國詩話叢編》第二册，第四九六頁）

【論盛唐】逮乎開元、天寶之間，氣格聲律，至詳極備，以有李杜二家也。李白自言齊梁以來，艷薄斯極，沈休文又尚以聲律，將復古道，非我而誰？賦古詩五十九首，其首篇云云，其志如此。故其天才神逸，超絕人群，以氣為輿，以神為馬，以高遠自然為極。同時杜甫與白齊名，宏力厚畜，兼綜條貫，元稹志其墓云：「世之好古者遺近，務華者去實，效齊、梁則不逮於魏晉，工樂府則力屈於五言，律切則骨格不存，閑暇則纖穠莫備。其惟子美，上薄風雅，下該沈宋，言奪蘇李，氣吞曹劉，掩顔謝之孤高，雜徐庾之流麗，盡得古人之體勢，而兼昔人之所獨專。」此杜之所以獨有千古也。其時如王維之精渺，李頎之沖秀，高適之沈雄，岑參之奇逸，四子者稱王李高岑。而孟浩然以雅人深致，與王維齊名，亦稱王孟。各有其所長，爭鳴一時。而樂府七言，至是而始暢。近體律絕，推是為正宗。所謂氣格聲律，至詳極備。唐代詩學之盛，盛於此矣。（唐至五代詩學，《民國詩話叢編》第二册，第四九六頁～四九七）

【論中唐】天寶喪亂，施於大曆貞元，李杜之風未遠，學者猶能感時哀歌。大曆中有「十才子」之稱，則盧綸、吉中孚、韓翃、錢起、司空曙、苗發、崔峒、耿湋、夏侯審、李端也。十才子之中，惟錢起為賢，士林為之語曰：「前有沈宋，後有錢郎」。同時劉長卿深心苦思，悲婉痛快，並稱錢劉。篇什諷詠，不減盛時。而近體繁多，古聲漸遠，惟韋應物之古淡，柳宗元之峻潔，錚錚氣格，稱為韋柳，斯為難及。迨淮西蕩平，韓《碑》柳《雅》，颯颯乎近古，而體局大變。韓愈博大，鼓吹六經，以難文復古，以險韻為詩，力追漢魏，樹之宗風。其時與昌黎並立者，孟郊一人而已，昌黎薦孟郊於鄭餘慶，歷敘漢魏以來詩人至唐之陳子昂、李白、杜甫，而其下即云「有窮者孟郊，受才實雄驁」，固已推為李杜後一人。而其《贈東野》詩云：「昔年曾讀李白、杜甫詩，長恨二人不相從。吾與東野生並世，如何復躡二子蹤。我願化為雲，東野化為龍。」是又以李杜自相期許，其心折東野可謂至矣。東野詩亦云：「詩骨聳東野，詩濤湧退之。」又不復謙讓。蓋昌黎本好奇崛，而東野亦硬語盤空，以是並稱韓孟。一時若盧仝、賈島，皆聞韓孟而起者，而風又一變。奇崛之失，至於澀僻，如盧仝、賈島，或至不可卒讀。於是元稹、白居易興焉。居易與元稹書曰：「聖人感人心而天下和平。感莫先乎情，莫始乎言，莫切乎聲。未有聲入而不應，情交而不感者。聖人因經以六義，緯以五音。音有韻，義有類，韻協則言順，言順則聲易入，類舉則情見，情見則感易交。」以故元白為詩，主於易懂而易解，然而昔人評之曰：元失之輕，白失之俗。其後杜牧之訾元白以纖艷不逞之詞，流傳人間，使子父母女，誦為口實，入人肌骨，不可湔滌。蓋元白之淺易，實矯韓孟之澀僻而為之也，而風又一變。其時有李賀，骨力勁險，工於琢句，而不永年。惟張籍、王建所為樂府，或舊曲新聲，或新詞古義，悲歡窮泰，快暢至深，庶幾古歌謠之遺風，變而近正者，時稱張王。（唐至五代詩學，《民國詩話叢編》第二册，第四九七～四九八頁）

【論晚唐】夫元白之失，在於淺易，格每下而力劣，聲殺削而音微，施及晚唐，而沈雄深渾之詩，至於絕響，於是溫庭筠之綺靡，李商隱之纖穠，同時而興，尚聲律而忽氣格，抑又下於初唐四子及沈宋遠矣。流及五季，迄用無題，而風又一變。讀杜甫「漢朝陵墓」，較李商隱《馬嵬》、《錦瑟》，讀杜甫《九日藍田莊》，較杜牧《九日齊山》，則盛唐晚唐之升降，已可喟矣。（唐至五代詩學，《民國詩話叢編》第二册，第四九八頁）

【論徐禎卿】禎卿少喜劉禹錫、白居易之詩，後從李、何遊，則趨漢魏。其論詩云：「古詩《三百》可以博其源，遺篇《十九》可以約其趣。樂府雄高可以勵其節，《離騷》深永可以裨其思。然後法經而植旨，繩古以崇辭，或未盡臻其奧，吾亦罕見其失也。」又云：「繩漢之武，其流也猶之于魏：宗晉之體，其弊也不可以悉。」其論殊當。惟其詩則又不能踐乎其言，觀其《鸚鵡編》、《焦桐集》、《花間集》、《野興集》、《自慚集》等篇，多屬豔冶，類於短詞，有六朝、晚唐之風，故曰其詩不踐乎其言也。（明代詩學，《民國詩話叢編》第二册，第五一四頁）

【論公安三袁】摹擬之風，至斯既極，於是一變而為公安三袁。（袁宗道、宏道、中道，而宏道最著。）宗道論詩，于唐好白樂天，于宋好蘇軾，名其齋曰「白蘇」。至宏道益矯以清新輕俊，學者從之，目為「公安體」。然戲謔嘲笑，間雜俚語，空疏者便之。宏道之論詩文也，于王、李則極力攻擊，嘗曰：「詩文至近代而卑極矣。文則必欲準于秦漢，詩則必欲準于盛唐，剿襲模擬，影響步趨。曾不知文準秦漢矣，秦漢人何嘗字字學六經歟？詩準盛唐矣，盛唐人曷嘗字字學漢魏歟？」（見《小修詩序》。）是故其失也淺俚。（明代詩學，《民國詩話叢編》第二册，第五一五～五一六頁）

智按：黄節，原名晦聞，字玉昆，號純熙，别署晦翁、佩文、黄史氏、蒹葭樓主等，廣東順德人。因鄙夷同宗黄士俊變節，易名「節」，號「甘竹灘洗石人」。擅長詩文書法，人稱「唐面宋骨」。與梁鼎芬、羅癭公、曾習經號稱「嶺南近代四大家」。有《蒹葭樓詩》、《漢魏樂府風箋》、《詩旨纂辭》等。

瞿良士（一八七三～一九四〇）

《鐵琴銅劍樓藏書題跋集録》

⊙白氏長慶集七十一卷（校宋本）

己丑六月十八日又得葉石君校過本一勘，凡字旁有墨點及墨筆改者，皆依宋本之最佳者云。

書類所記鈔本，陳玉立宗之所藏也。己丑六月攜至虞山，故得借之校定五卷，未盡見其本也。（以上卷一後。）

庚戌又二月十七清明後第二日一讀此五卷。藕園。（卷五後。）

據廬山本，此卷與七十二卷合為一卷，作外集。（卷三十八後。）

據廬山本勘止此，共十卷，已後俱不得借校，今則俱屬煨燼矣，嗟夫！（卷四十六後。）

甲申秋，假得錢尚書不全宋刻白集校過一次。又有廬山本，與今刻卷目大異，分前集、後集、别集，止見一本，自二十卷至二十九卷，用青筆改正，以類推之，其中有歲時月日及前後序文，則廬山本卷目亦可定也。九月十日偶讀因記。右石君記所藏本後語，並録之。

丁亥歲買得白集。戊子十一月假葉石君校正本對勘，其本蓋從南宋木及廬山本子是正者也。孫濳。（卷末。）（瞿良士輯《鐵琴銅劍樓藏書題跋集録》，第二三七 ~ 二三八頁）

智按：瞿啟甲，字良士，别號鐵琴道人。好施與。幼受薰陶，精於版本目録之學，有著述多種。光緒三十四年底、宣統初，張之洞、端方派繆荃孫征鐵琴銅劍樓藏書，良士「不為利禄所歆，力持不可」，幸得葉昌熾、邵松年諸君斡旋，且影寫罕見本百種以進，事乃息止。（見徐兆瑋《瞿良士〈儉書圖〉記》）繆荃孫稱之曰：「鐵琴銅劍樓巋然獨存，為吴中第一大家，而瞿良士兢兢保守，不為勢屈，幸而得存。」（《藝風堂文漫存·癸甲稿》卷三《華亭韓氏藏書記》）啟甲堅守藏書數十年，臨終乃遺命「書勿分散，不能守則歸之公」（瞿起鳳《先父瞿良士先生事略》）。

徐勤（一八七三 ~ 一九四五）

《中國除害議二》

徐勤正告天下曰：覆吾中國、亡吾中國者，必自愚民矣，必自以舉業愚民矣。……若夫援證古今，會文切理，而後深切著明，此自古為文之通旨，未能外之者也，而制舉乃禁之。其説曰代聖賢言，不得用漢後書、漢後事，以為孔孟周人也，安得知漢後事？於儒林等字，亦不可用。豈知其所謂雅正者，不過宋世文字之一偏哉，於宋世之文字，則以謂雅正；於孔經之文字，則以為怪僻。新安之經，尊於闕里，其端起於歸有光、方苞爭名之陋，其後成於陋儒，專己攻人之私，持界甚嚴，托體甚尊，謬種流傳，最便不學，人皆樂之。於是天下矜纓束書不讀，斥以雜學，讀《禮》則喪删其簡，讀《左傳》則篇删其句，若夫《儀禮》、《春秋》、《公》、《穀》、《大戴》，或孔子之親筆，或洙泗之微言，以詞館耆英，鮮有誦讀者。至於群書，益復高閣。言史學，則述坊書之《綱録易知録》者以為掌故；談經學，則奉《大全》、《匯參》、《備旨》、《味根》以為考據；講詞章，則奉《古文分編》、《眉詮》、《觀止》、《評注》以為宗主。小兒學問，止《論語》，不知有漢，何論魏晉。

故雖策問極博，唯重《四書》文。空對敷衍，可以登科。故對策而云唐之王阮亭，宋之白樂天，猶知其漁洋、居易，尚為通博者矣。（清邵之棠《皇朝經世文統編》卷一文教部一學術；《戊戌變法》，神州國光社，一九五三年版，第三冊，第一二四頁）

智按：徐勤，字君勉，號雪庵，廣東三水人。早歲入邑庠，庠生出身，康有為十大弟子之一，維新派報刊活動家。一八九五年在上海創辦《強學報》，出版僅兩周即停。一八九六年協助梁啟超辦《時務報》。在該報發表《中國除害議》一文，抨擊科舉制度，受到張之洞干涉，文未登完而中輟。一八九七年隨梁啟超赴長沙任時務學堂教習，同時給澳門《知新報》撰稿。不久，被康有為推薦為日本橫濱大同學校校長，大力進行維新變法，在旅日華僑中影響很大。一八九八年戊戌變法失敗，追隨康有為在海外流亡多年。辛亥革命後在天津作寓公。

金天羽（一八七三～一九四七）

《五言樓詩草序》

詩至今日，難言之矣。創作者惡夫襲古人之貌，務破棄一切而為新制，其體乃不離乎小詞俚曲之間；而泥古者則又規仿唐宋，標舉一二家以自張其壁壘，師古而不能馭古。是故師昌黎者悍，師香山者庸，師皮、陸者碎，師玉谿者淫，師張、王樂府者佻，師眉山者甜與熟，師山谷者取側筆，師後山者用禿筆，師劍南者浮澤宕往而無歸宿。又其甚者，舉一行省十數縉紳，風氣相囿，結為宗派，類似封建節度，欲以左右天下能文章之士，抑高唱而使之暗，摧盛氣而使之絀，纖靡委隨，而後得列我之壇坫，卒之儇薄者得引為口實，而一抉其藩籬，詩教由是而隳焉。（周録祥校點本《天放樓詩文集》，第八六一頁）

智按：金天羽，原名懋基，後名金一，更名天翮，又名天羽，字鶴望，號松岑，別署北游、愛自由者、天放樓主人等，吳江（今屬江蘇）人。光緒二十四年薦試經濟特科，不赴。後至上海，加入愛國學社。民國後曾任江蘇省議員、吳江教育局長等職，與章太炎共創蘇州國學會，任教于光華大學。有《天放樓詩文集》。

劉成禺（一八七三～一九五二）

《世載堂雜憶》

⊙巾箱留珍本柳下說書

四十年前，僕來滬，住老友王培生植善家，先生談及說書，曰：「前在蘇州聽說書，有孟浩然、杜甫、米芾三人爭襄陽一回，文采紛披，天衣無縫，妙處全以詩句穿插之；此生平聞所未聞，柳敬亭河亭說書，想亦不過如是。」辛亥歸武昌，先母檢點樓上殘書雜物，有《柳下說書》八本，置諸婦人鞋櫃中。予見之曰：「是何代祖先所藏？此生平未見書也！」在家當小說閱之，中有孟、杜、米三人爭襄陽一段，與培生當年告予者無異，而詞藻過之。乃笑曰：「蘇州說書者，如得柳麻子秘傳，必居為奇貨也。」時僕方熱心政治，對此種絕妙孤本，並不珍視，閱畢，仍庋鞋櫃中。

民國十一年，中山先生歸上海，予亦歸武昌，與黃季剛同執教國立師範。季剛以與北京彭翼仲女離婚事，問計於先母卧榻上，候予歸。先母曰：「季剛，汝心中難過，可取予鞋櫃中小說閱之，消汝悶。」季剛展卷神往，久乃告辭曰：「請借我此書，緩日奉還。」予亦不以為異。後季剛屢惠我佳本書，而問及《柳下說書》，則枝梧應答，始恍然季剛不欲歸還此書也。後予居甯，見老友胡光煒曰：「汝之《柳下說書》，黃季剛藏之床下鐵箱中，此天下第一孤本奇書，非破箱不得見。」予曰：「何以知之？」胡曰：「汪辟疆費大力，得見數本；雖汪旭初與彼至好，亦無由見，此辟疆告予也。」季剛沒，久經抗戰，在渝問季剛次子念田，亦云未見，且曰：「劉申叔全稿，亦多散失。」今歲與辟疆談及，辟疆曰：「此書在寧，只予一人見過，予窮一日之力，費數十金幣，捐肴菜果餅多種，季剛醉樂，啟床下鐵箱，出一本，閱盡，再出一本，閱數本後，鐵箱上鎖矣。予當年有日記一篇，汝閱之，可知其事。」

汪辟疆二十三年三月二十五日第五十七頁日記云：「午後季剛約晚飯，飯後打牌四巡，負番幣三十枚，季剛大勝。客去縱談，出床下鐵篋，皆申叔稿，以竹紙訂小本，如《呂覽鴻烈斠注補》，古曆一卷，再出《柳下說書》數册，為清初柳麻子所據以登場者，云是武昌劉禺生所庋，此確為藝林珍秘之册。略為展閲，皆各自為篇，凡史實說部人物，並廁其中，詞極雅馴，其驚心動魄語，亦諧亦莊。余因憶及冒巢民詩云：『遊俠髯麻柳敬亭，詼諧笑駡不曾停。重逢快說隋家事，又費河亭一日聽。』每喜誦之，以為真能畫出柳麻子也，今見此書，又為季剛誦之。季剛曰：『此劉麻子，非柳麻子也。』余謂不必問劉、柳，要之此書與麻哥大有因緣。季剛大笑曰：『此書已入黄閣，裹以黄麻矣。』十時返，即題《柳下說書》四絕句云：『劫火難消一赫蹄，異書入手意淒迷。河亭燈火笙歌夜，此是先朝照水犀。』『剪裁不出婁東老，便是虞山病閣梨。成就髯麻千載事，斜陽古柳石城西。』『白衣殘客哭江潭，畫像提攜在枕函（見錢謙益《初學集》）。解道報恩酬府主，一生知己左甯南。』『拂幾吹脣字字安，卻從悲壯見辛酸。此中具有興亡淚，莫作尋常院本看。』」

所述《柳下說書》，書凡百篇，共八册，其篇目能記憶者，曰《杜、孟、米三老爭襄陽》，曰《元、白二人爭湖》，曰《宋江氣出梁山泊》，曰《程咬金第四斧頭最惡》，曰《隋煬帝來往揚州》；其與《今古奇觀》相類者，曰《蔣興哥重會珍珠衫》；其與《天雨花》相類者，曰《金銀瓶兩小姐鬬法寶》；其他奇怪篇目，曰《黄巢殺人八百萬》，曰《趙家留下一塊肉》，沉痛悲壯，遠及二帝北狩，後終庚申君亡國破家之狀，閲之泣下，影射崇禎亡國，弘光走死，朱明子孫，無噍類也。其不能記憶者，篇目甚多。是書刊於康熙十年前後，為大巾箱本，如《兩般秋雨盦》格式，文章典雅，掌故縱横，屬事遣詞，有突出唐宋人說部處。

篇中字句，多方密之、冒辟疆、錢牧齋、吳梅村、吳次尾集中常用之口吻。如《重會珍珠衫》篇，有「只恐興哥沒見期」語，似牧叟《河亭雜詠》口吻。如《黄巢支解皇叔人賜一臠》篇，有「叔父如王有幾人」語，似駿公《雒陽行》口吻，因知此書必經當代文人過目，潤色塗改而成，藏書家皆歎為奇書孤本，真孤奇可信也。季剛藏書，今全出售，願見此本者，善寶斯册，公諸當世。

《孟杜米爭襄陽》、《元白爭湖》兩篇，予愛其全用五人詩句穿插成文，間及他人詩史；最奇者，合唐宋而一爐冶之，朗讀多次，尚能時佚一二得八九。寬予時日，當搜獲五人全集，苦憶録出，縱多脱漏，大旨具在。

聞柳敬亭説書，其傳神奇異處，如説《當陽長阪坡》一回，説至張飛大吼一聲，駭退曹軍時，敬亭則右手挾矛，直指座客，大張巨口，良久不閉。座客問其故，柳曰：「張飛一吼，曹操全軍人馬，辟易奔退，如我出聲學張飛一吼，諸君都要跌下座來。」又如説《李逵下酒店吃人肉包子》一段，先埋伏門徒作聽客，在張口要吼時，座中桌椅杯盤，響聲大震。柳曰：「李逵先聲已經奪人，設若手執撲刀，一聲大吼，屋瓦都要飛去了，那還得了。」（冒鶴亭云：「此二段曾聞諸外祖張季貺。」（校者按：「張」字恐誤，應作「周」）

憶老友吳興沈尹默在渝語予曰：「汝與我及汪旭初，他日落泊，有一合夥生意可做；三人同往蘇州玄妙觀，汝高坐當門説書，我東列書案賣字，旭初西列畫案賣畫。汝以説書召集顧主，説至重要神妙處，暫休息，予與旭初開場賣書畫。賣畢再説，説停又賣，可成三人佳話。」（錢實甫整理《世載堂雜憶》，第二九七～三〇〇頁）

智按：劉成禺，字禺生，以字行，湖北武漢人。生平見《世載堂雜憶》。

包蘭瑛（一八七三～?）

《讀放翁集》

秋鐙耿遙夜，下簾聽疏雨。一卷《放翁集》，古秀照眉宇。平易似香山，忠愛匹老杜。石湖帥兩川，先生居幕府。雪中草軍書，下筆龍蛇舞。寶雞達長安，旦暮可立取。奈何小朝廷，甘作湖山主。坐令龜堂詩，苦語泣肺腑。晚境封渭南，渭南渺何處。九州幾時同，寸心千載許。餘情狎花草，亦與《離騷》伍。大雅逝不作，遺編互今古。久讀忘睡眠，遠寺動殘鼓。（《晚晴簃詩匯》卷一百九十一）

《辛丑遷居杭城珍珠巷留題舊宅小米峰》

峰巒小米巷真珠，同此杭州宅一區。機杼乍分鮫客慧，煙雲猶憶虎兒母。

敢偕白傅詩新第，未免青山戀故吾。惜別不須深感慨，總相宜處是西湖。(《晚晴簃詩匯》卷一百九十一)

智按：包蘭瑛，字者香，一字佩棻，丹徒（今江蘇鎮江）人。如皋朱兆蓉室。有《錦霞閣詩集》。

羅可桓（一八七三～？）

《讀白香山諷諭詩》

入深出顯隱憂存，兼濟難將舌暫捫。長慶開端編諷諭，感人詩教在柔溫。(《萬首論詩絕句》第三册，第一〇六八頁)

智按：羅可桓，字公玉，號稷東野人，介休（今屬山西）人。光緒舉人。工詩文，尤善書法。有《稷東寓公詩鈔》。生平見喬曉軍編著《中國美術家人名補遺辭典》第四一一頁（陝西旅游出版社，二〇〇四年版）。

張祖廉（一八七三～？）

《定盦先生年譜外紀》

先生（指龔自珍）謂《長恨歌》「回頭一笑百媚生」，乃形容勾欄妓女之詞，豈貴妃風度耶？白居易直千古惡詩之祖。(《定盦先生年譜外紀》卷上，《龔自珍全集》附録，第六四四頁)

智按：張祖廉，字彥雲，號山荷，嘉善（今屬浙江）人。光緒二十八年（一九〇二）舉人，次年經濟特科考取知縣。曾任學部總務司行走、弼德院秘書。民國後曾任隴秦豫海鐵路督辦。有《長水詞》、《八識田齋駢文》、《文選類韻》、《定盦先生年譜外紀》、《唱和詞》等傳世；輯印《娟鏡樓叢刻》（收書七種，嘉善張氏一九二〇年排印本）。

孫寶瑄（一八七四～一九二四）

《忘山廬日記》

（光緒二十七年九月）二日，早晴。往視子涵表兄，日中在季中所縱譚。季中云：凡人于父子兄弟夫婦之間，有難言之苦者，其於相得之朋友，必異常密切。余深以爲然。蓋我國五倫之中，君臣、父子、夫婦、兄弟，皆由天定，惟朋友可隨人自擇。若西國，則夫婦、朋友，皆可自擇也。人擇之倫，較諸天定之倫自勝，何也？天定者或不相得，人擇者無不相得也。凡談論之時，必兩人相對，則所談可至深處。若有三人談，則其言必浮泛矣。蓋朋友之情如夫婦。白樂天《長恨歌》云：「七月七日長生殿，夜半無人私語時。」朋友密談之趣，近之。人生世間，於功名利禄文學，略有一端異人之處，而無餘乎其外，未有不盈而驕者，器小則然也。是故觀人必先器識，器大者常虛，器小者易盈。（《忘山廬日記》，《續修四庫全書》影印清抄本；任琮標點本第四〇七頁）

（光緒二十四年九月）二十七日，晴。觀書。昳，讀《莽蒼蒼齋詩》，亡友譚復生作也。悲壯蒼凉，有杜少陵、白香山意。（《忘山廬日記》，《續修四庫全書》影印清抄本；任琮標點本第二七二頁）

（光緒三十二年十二月）二十八日，陰，雪飛不止。起，作日記。觀《說鈴》中《湖壖雜記》，頗饒趣致。飯後，又觀葉氏《考古質疑》。……世俗文字，其賀人之移新屋者，曰鶯遷，蓋本詩「出谷遷喬」之義，不知《詩》但云「伐木丁丁，鳥鳴嚶嚶。出自幽谷，遷于喬木。」嚶嚶，兩鳥聲，無所謂鶯也。自唐白樂天誤用之，如其詩云：「谷幽鶯暫遷」，「不失遷鶯侶」，「鶯遷各異年」，後人祖述其誤，而不能改。……（《忘山廬日記》，《續修四庫全書》影印清抄本；任琮標點本第九七七頁）

（光緒三十四年五月）二十六日，陰，微凉。趨署，長官猶未至。攜《元遺山集》去，以付翼謀。翼謀有贈一萼七古一首，爲書諸扇頭。古風無一定之平側，而有自然之音節，最不易調。其天質稍鈍者，寧習長慶體以藏拙，勿輕學構句，偶一失諧，遺譏匪細也。……（《忘山廬日記》，《續修四庫全

書》影印清抄本；任琮標點本第一二〇五頁）

（光緒三十四年六月）十日，陰。趨署選報。郵部收回電股，例以歐西，不足爲非。惟在我國，官家曾自許商民以永不收歸朝廷之語，豈得遽自背之，失大信于民，并此事已二之三之矣。詣大理院，俄歸。補昨日記。觀書。晚大雨，夜，效唐人長慶體作《杜鵑行》詩云：「楚山烟月湘江雨，萬馬中原鳴戰鼓。中興諸將蔚風雲，洗盡欃槍還舊土。山川鍾毓本無常，世界何如歌舞場。左李曾胡信奇傑，九齡三盛亦昂藏。京師當日繁華窟，綉轂朱軒看不足。梨園子弟盡翩翩，身價黄金與白玉。高歌一曲動人天，花落鳥啼驚四筵。六馬回翔齊仰秣，游魚聳聽出深淵。激昂忼慨知何限，離合悲歡總自然。初聞擊鼓驚曹相，又見吹簫泣伍員。桑下秋胡渾不識，窮途伯道有誰憐。英雄兒女古如此，逝水流光去不旋。自是名場多俊物，雄姿瑰貌憶當年。風流轉瞬今衰歇，鳳去臺空人寂寂。王俞姓字齒牙芬，張陳格調將誰覓。休嗟將相獨蕭條，白雪陽春聲斷絕。杜鵑哀怨百花愁，空對寒江弔明月。」（《忘山廬日記》，《續修四庫全書》影印清抄本；任琮標點本第一二一二頁）

智按：孫寶瑄，字仲璵（又作仲愚），錢塘（今浙江杭州）人。出身仕宦之家，其父孫詒經光緒時任戶部左侍郎，岳父李瀚章任兩廣總督，兄孫寶琦晚清時出任駐法、駐德公使、順天府尹，民國時任國務總理。寶瑄曾先後任工部、郵傳部、大理院等職。雖功名不顯，但學問涉獵甚廣，交友亦一時俊傑，如章太炎、梁啟超、譚嗣同、汪康年、夏曾佑、張元濟。有《忘山廬日記》、《忘山廬詩存》傳世。

費有容（一八七四～一九三一）

《唐詩研究》

【唐詩之源流】王漁洋曰：「唐詩主情，宋詩主性。」然亦未為定論也。唐詩前後凡四變……元和開成而後，張王樂府得其故實，元白序事務在分明，又甚之以李、盧之鬼怪，孟、賈之寒瘦，溫飛卿之綺靡，李義山之隱僻，而詩體益卑。獨玉谿風格較精，庶幾晚唐之冠冕耳。此固研究唐詩者不可不知也。

【辨體】唐詩合數人而成一體者，大曆十才子詩謂之大曆體，元白諸公詩謂之元和體。……元微之、白樂天詩，謂之元白體。……而初唐之沿襲陳隋，為初唐體。景雲以後，開元、天寶諸公，為盛唐體。長慶以後，溫李為晚唐體。此實開初盛中晚之漸，而非斤斤於一人一體間也。

【七律】……大約律至七言，體格展舒，出入議論，另有一番氣局，非五言之比矣。……大曆以後，詩人喜於雕鎸風月，漸失盛唐氣體，而長卿、夢得、微之、樂天，乃其傑出者。

【七絕】七絕字句舒展，風神宕往，聲調使然也。方其始，盛唐諸公每以為樂府，取其微婉諧律。外此送人游宴感事，亦間用其體，而造意運局，鍊句敲字，落筆必超凡蹊。揄揚諷諭，寄託情深，悠然味永，想成之亦不易。當其通微入神，渺若鬼工天造，此其所以立極也。……元微之、白樂天、劉禹錫出之猶平順，《楊柳》、《竹枝》等詞，或近或俚，或流或俗。王建宮詞，只以紀事，神韻絕少。晚唐諸公，大概失之太薄。

【樂府】樂府兼歌、曲、辭、謠、行、別、哀、怨、引、吟等而用之，寧樸毋巧，寧疏毋練，不涉議論，酌量於深淺之間，以峭勁為高古，而有正聲別聲遺聲之辨。自漢以來，至唐而遞變。《師友詩傳録》曰：「唐人惟韓之《琴操》，最為高古。李之《遠別離》、《蜀道難》、《烏夜啼》，杜之《新婚》、《無家》諸別，《石壕》、《新安》諸吏，《哀江頭》、《兵車行》諸篇，皆樂府之變也。降而元、白、張、王，變極矣。元次山、皮襲美補古樂章，志則高矣。顧其離合，未可知也。唐人絕句，如『渭城朝雨』、『黃河遠上』諸作，多被樂府，正得《風》之一體耳。」夫初唐沿用古題，如《擬梅花落》、《關山月》，不過大擵五律。其後乃以時事創立新題，曰新樂府。韓、白、元、王皆用之。《樂府解題》稱其「辭實樂府，而未嘗被於聲，故曰新樂府。」此元微之病後人沿襲古題，唱和重複，謂「不如寓意古題，刺美見事，猶有詩人引古以諷之義。」則唐之樂府依然變而不變也。特元稹、白居易多作長調，以曲折盡情，張籍、王建多作短章，以抑揚合意，較之李杜已自不同。而元之楊廉夫，明之李賓之，更於變中求變，烏足與唐人頡頏哉！

【元稹】《養新録》曰：「微之詩以類分為十體，曰古諷，曰樂諷，曰新題樂府，曰悼亡，曰艷詩，曰古艷，其聲勢沿順、屬對穩切者，為律詩，仍以七言、五言為兩體。其中有稍存寄興與諷為流者，為律諷。古律之別，其在元和之世乎?」（智按：見《十駕齋養新録》卷十六，上海書店出版社版，第三七七頁）夫微之與樂天齊名，《舊唐書・元稹傳》謂其「與太原白居易友善，工為詩，善狀諷風態物色，當時言詩者稱元白焉。自衣冠士子，至閭閻下俚，悉傳諷之，號元和體」。其後樂天作稹墓誌，以其所著題《元氏長慶集》，宋之劉麟、明之馬元調，一再翻雕，尚存詩二十六卷。元（微之）詩流傳雖久，其聲價每不逮白。《主客圖》中以白為廣大教化主，而元不與，概可知也。《唐宋詩醇・凡例》中稱「唐之配白者有元，宋之繼蘇者有黄，在當日亦幾角立爭雄，而百世論定，則微之有浮華而無忠愛，魯直多生澀而少渾成，其視白、蘇較遜」。嗚呼，此猶他人之品評也，及觀其自序曰：「微之自御史府謫官，於今十餘年矣，閑誕無事，遂專力於詩章，日益月滋，有詩句千餘首，其間感物寓意，可備矇瞽之諷者有之。辭直氣粗，罪尤是懼，故不敢陳露於人。惟杯酒光景間屢為小碎篇章，以自吟暢，然以為律體卑痺，格力不揚，苟無姿態，則陷流俗，常欲得思深語近，韻律調新，屬對無差而風情宛然，而愧未能也。」微之此言，殊形謙抑，而欲如白之忠愛，故覺戛戛難之。故以元和主盟，元、白並列者，亦沿唐以來之舊而未暇深考耳。

【劉杜之分別（劉禹錫、杜牧）】《四庫書目》云：「劉禹錫之詩，含蓄不足，而精鋭有餘，大抵皆與杜牧相伯仲。」夫夢得與樂天輩相友善，詩筆文章，無在白右。樂天集其倡和詩，作序稱為「詩豪」，尊為「詩敵」，幾與元微之、韋楚客相同，則夢得詩名似駕牧之而上。所傳《金陵懷古》詩云云，樂天謂其探驪得珠，餘皆麟爪，杜牧尚足媲劉哉？觀其詩云「十年一覺揚州夢，贏得青樓薄倖名」，又云「忽發狂言驚四座，兩行紅粉一齊回」，其不矜細行，一至於是。而《雲溪友議》載其在李戡墓誌中痛詆元、白，夫亦不自量之甚矣。裴延翰序中獨稱其「雖綿遠窮幽，醲腴魁壘，筆酣句健，窕眇碎細，包詩人之軌憲，整揚、馬之銜陣，聳曹、劉之骨氣，掇顔、謝之顔色」，得無阿私所好歟？及讀集中《讀韓杜集》有云：「杜詩韓集愁來讀，似倩麻姑癢處搔。天外鳳凰誰得髓，無人解合續絃膠。」則牧之亦非不服善者。進杜、韓而退元、白，或亦嗜好使然，而未可持以概樊川也。

智按：《雲溪友議》未載杜牧「在李戡墓誌中痛詆元白」，詳前引《雲溪友議》卷中（古典文學出版社，一九五七年四月版）。

【中晚唐四風人】近人熊光周云：「唐之詩為極盛，其初猶多務詞采，鮮關風俗。洎乎中葉，復古之風倡，作者欲凌六朝而復漢魏，重以國家多故，傷時感物之作益盛，體亦復質，足以委曲道達之，可觀之作，於時為最，而王建、張籍、聶夷中、于濆尤以專道閭巷風俗為長。王、張以七言樂府齊名，善寫人情，論者謂出漢代歌謠，能以俚語成章，自然新妙。元、白雖若同類，而專精不逮。聶於之名不顯，而憫農之旨獨深，其歌誦田間，亦非如王、儲諸人之徒標逸致。專論其質，則四人者，皆足以上攀漢、魏，真所謂平民文學也。」……蓋王、張之詩，專以七言短篇為長，描寫瑣屑，委曲而有餘味。元、白長篇似失之爛漫矣。聶於之作皆為五言，歌詠農事，樸質而含諷意，若用長言律體則失之靡矣。此皆自然之則，所謂由義生聲者。古之作者不必體體皆能，惟視其所專主所特長者而發揮，豈若後人奢欲兼治而終無所成哉！

《才調集》，蜀監察御史韋穀編唐人詩千首為十卷，曰《才調》。《四庫書目》謂「穀生五代文敝之際，所録多取晚唐，以濃麗秀發為宗，救當時粗俚之習，不為無益」。竊謂此未足盡穀也。穀敍集首自云：「暇日因閱李、杜集，元、白詩，其間天海混茫，風流挺特，遂採掇奧妙，並諸賢幸（聖）章句，不可備録，各有編次。」夫穀能推宗李、杜、元、白，其非偏於晚唐可知。馮舒、馮班竟引其書合於西崑體，以為詩家軌式，則尤一隅之見矣。然敍中謂「或閑窗展卷，或月榭行吟，韻高而桂魄爭光，詞麗而春色鬭美」。此語似近綺靡，故將附合西崑，然亦穀偶一為之，未可以概全集也。（大東書局，民國十五年鉛印本）

智按：費有容，字恕皆，號祗園（一作蟄園），吳興（今浙江湖州）人。畫家費丹旭之孫、費以群之子。早年肄業杭州紫陽書院、崇文書院和詁經精舍。光緒二十八年（一九〇二）中式舉人，次年被斥。宣統間在杭州創辦《危言報》。辛亥革命以後，流寓滬上，進入愛儷園。曾任倉聖明智大學教務長，主編《廣倉學會雜志》。著白話小說《艮岳峰》、《表忠觀》、書院課藝、報刊詩文之外，又有專書十餘種，如《共和論說初階、升階、進階》、《分類清代人物論》、《唐詩研究》，編有《尺牘成語辭典》、《現代新函牘分類大全》，參與增補校勘《幼學瓊林》，石印《芥子園畫譜》，漢譯《古蘭經》。參見魯小俊《烏程蟄園生平考》，《武漢大學學報》二〇一四年第五期。

邱煒萲（一八七四～一九四一）

《五百石洞天揮麈》

芷灣先生詩，每好一體連作幾首，或同一題，或不同一題，良由才大氣足，意真詞切，故讀之能使人愛，不使人厭，非徒襲《三百篇》窠臼也。為録數類於下。《缸魚》云：「缸魚不自小，其樂亦悠哉。拳石藏身得，錢荷掉尾開。狎人游泳上，見月噞喁來。水尺江湖闊，天空無釣臺。」《籠鳥》云：「籠鳥不自寂，瀾翻朝暮音。如言此間樂，難答主恩深。側目看雲路，回頭見鶴陰。無端忽愁絶，何處舊山林。」《盆花》云：「盆花不自後，紅紫競春姿。簾影初分處，茶聲正熟時。因香移几近，爲韻惜看遲。澧浦秋蘭晚，誰知有所思。」《砌草》云：「砌草不自歇，東風皆有情。出山紓遠志，委地小成名。歲抱門庭寂，春逢雨露生。不愁燒野火，莫管鬬清明。」四詩本是比體，當日官滇時作，着墨處落落大方，應推詠物神手。又《四無》詩云：「上界下界幾千年，大兒小兒名浪傳。獨有汨羅一江水，直到如今無才子。」（右才子）「老子莊生文字友，王喬赤松亦山叟。獨有風流白樂天，直到如今無神仙。」（右神仙）「要離荆軻雙匹夫，錚錚噲等皆其徒。獨有伏波不可死，直到如今無壯士。」（右壯士）「玉環飛燕小兒女，洛水巫山空寄語。獨有浣紗人丰神，直到如今無美人。」（右美人）《兩不賣》詩云：「高樓華屋吹笙竽，君是何人饑啖蔬。一言拱手理襟裾，秀才餓死不賣書。」（右書）「春日桃花吹滿店，君是何人書酒欠。回頭咤叱風雲生，壯士窮途不賣劍。」（右劍）六絶句，一樣大開大闔，字向紙上皆軒昂。（先生嘗作《閒情》一絶云：「壯志揮金馬伏波，英風健飯趙廉頗。靈均西子君思否，天地無情奈老何。」頗足為四無詩註腳，今并附録於此）。……（《五百石洞天揮麈》卷一，《續修四庫全書》影

印清光緒二十五年邱氏粤垣刻本，第一七〇八册，第七八～七九頁）

鰍生於所為詩，亦十餘年於兹矣。平生固陋，自知氣體卑下，不敢妄攀建安；才力薄弱，未能請事大曆。長吉體物則畏其苦吟，滄浪喻禪則無其玅悟。獨於唐宋之間，得二公焉：白香山、蘇玉局是也。不意已有先我言者。英德張春臺廣文（名景陽，咸豐辛酉優貢官增城學）《題白香山集三十六韻》云：「少日學吟詩，措詞多未圓。意之所欲白，口每弗能宣。自恨讀書少，腹笥非便便。因之肆涉獵，詩句仍欠妍。此果何以故，想法未細研。偶讀香山集，其思若湧泉。詞源罔或滯，混混而涓涓。寫景景活現，言情情纏綿。或為閒適體，或歸諷諭篇。其旨雖各别，其詩均可傳。吾心豁然達，一旦如流川。憶公在當日，聰慧本授天。之無七月識，六歲學詩年。廿九歲登第，萬口共稱賢。諫草上朝右，詩酒倍流連。唱和得元九，璧合而珠聯。詩人有知己，升沉何患焉。所以屢仕已，都無俗慮牽。達才鮮窒礙，餘事更通禪。廣大作教主，詩心半佛仙。公詩所到處，家誦而户絃。豈惟滿中夏，海外奉拳拳。雞林有相國，百金换一篇。似此傳流廣，唐賢誰比肩。三復何得此，憬然悟其然。公性無執拗，公心少倚偏。公學非僞僻，公志最誠堅。以此發於詩，能教面面全。讀書人咸悦，快覩其爭先。當時學詩者，務此一編專。卷雖李相掩，老猶裴令憐。我生千載後，恨未得執鞭。幸得讀公詩，公詩過三千。每到得意處，輒欲作詩箋。讀書奈不多，寸心徒空懸。瓣香竊私淑，默默悟前緣。」（菽園謹按，此詩可作白公傳贊，不止論詩。其論白公之詩，謂非僞僻而歸於誠一語，自覺道着，非真能尚友古人者，未易影附而得）《讀東坡集》云：「近代吟詩客，多為兩弊蒙。聲調趨甜俗，意義多膚庸。欲掃除羣弊，何莫學坡公。公詩本天授，下學豈追踪。然得其大略，便可滌塵容。公詩無俗調，洒脱而清雄。公詩無膚意，矯變而靈通。落筆筆超曠，下字字玲瓏。成連海上音，水清山復崇。如來説梵偈，色相總皆空。所以公詩名，赫如日升東。不襲唐賢迹，自成一大宗。李杜韓白外，誰敢與爭鋒。潛心果三復，諸弊自消融。寄言學詩者，慎勿甘瞶聾。」（菽園按，蘇詩以杜為骨，以李為神，上揖淵明，下啟好問，非黄、陸輩之可得而儷也。白公在唐，藉甚聲稱，或猶有以元劉相比者，及宋蘇公一出，後人乃并稱白蘇，可謂千古定論矣。）廣文所著名《一得山房詩鈔》，南海李子黼（長榮）《柳堂師友詩録》

有輯。(《五百石洞天揮麈》卷二,《續修四庫全書》影印清光緒二十五年邱氏粵垣刻本,第一七〇八册,第九三~九四頁)

潯陽商婦,艷稱千古。彼實無其人,不過太傅風流,仙山樓閣耳。若吾閩張亨甫孝廉所作《王郎曲》,觸景傷情,淒清婉約,是於白傅琵琶之作同具一副心腸,而能另出手眼、自成面目者。王郎,王郎,何其幸也。原注:「郎名長桂,春臺部歌者。」詩云:「天下三分月,二分在揚州。一分乃在王郎之眉頭,彎彎抱月含春愁。春愁多種揚州士,付與歌兒更倡女。王郎生小住新城,瓊華照影春無主。瀟湘雲曉春始波,盈盈一帶如銀河。雙眸剪水清怨多,臨風不語天奈何。偶然一笑天爲和,紅潮上頰生微渦。團圞寶鏡汝何物,常照驪愁顔半酡。我見王郎口,王郎已二十。婀娜身輕鎖子骨,衣香曉着花露濕。人言前時結束乍登場,能使坐者忍起成癡立。哀絲豪竹歌臺清,王郎按歌嬌娉婷。裊如語燕將啼鶯,高下不斷傳春情。春情且如此,春愁復餘幾。十年奔走豪家子,五侯七貴皆懽喜。驄馬並頭油壁車,門前日夜馳流水。門中曲室交綺疏,堂上七尺紅珊瑚。後堂塵掩百琲珠,妖姬美妾絶世無。御史中丞老尚書,手題紈扇爲汝娱。不數吳桐仙,誰言夏秋芙。往年王紫稼,見爾恐不如。使我慷慨萬感俱,使我一嘆三長吁。君不見,長安歌兒好顔色,王郎一出誇傾國。如何文采風流映入荒,飄零京洛無人惜。鬱輪袍,歌不得。琴久碎,器且滌。但傳王粲賦登樓,那比子雲官執戟。龍虎風雲夢未醒,話向王郎涕沾臆。或言揚州兒,不如揚州女。吟詩作畫態楚楚,千金宛轉通一語。邇來鹽筴疲,粉黛亦苦饑。青樓晝閉蝴蝶飛,杜秋紅淚盈羅衣。乃知艷色同爲天下重,貴賤苦樂猶有時。王郎,王郎,汝當勸我一杯酒,富貴回頭幾是非,人生苒苒行易衰。」(《五百石洞天揮麈》卷五,《續修四庫全書》影印清光緒二十五年邱氏粵垣刻本,第一七〇八册,第一三六頁)

賴虚舟山人嘗以客吳城時習聞於馮子良司馬者,録為《雪廬詩話》若干則,邱仲遲駕部刻以行世,余剌取其尤篤者。如云:作詩不問其工不工,但問其成不成者。成一家之謂,未有不成家而能傳者。余問成之像,曰:如郊島輩,雖屬寒瘦,而寒與瘦,即二公之成也。韓昌黎好用生字拗句,而歸於自然。香山好為淺語,而無俚俗,此所謂自成一家。吾鄉黎二樵,苦心於煉字煉句,意亦自成一家,此千古不磨者也。(菽園按,隨園先生恒言唐人五言工，不必工七言；七言工，不必工五言。亦是此意。）……香山，詩中之佛也。佛言「學我者死」。香山詩亦然。學之不成，必流於淺俗，蓋與學長吉相反。余謂香山本十分錘煉，人自不覺耳。如挽元微之詩「銘旌官重威儀盛，鼓吹聲繁鹵簿長。大魏帝孫唐宰相，六年七月葬咸陽」，不言傷感，而傷感尤甚。又如「月中幸有閒田地，何不中央種兩株」，皆足動人。人言白俗，余謂嫻雅之甚。先生曰然。（菽園按，有唐一代，詩學李杜，而後端推白公。韓且不及，何況元、劉。宋之陸氏，又其次矣。前千古而鼎足，其李、杜、白乎？後千古而鼎足，其白、蘇、元乎？平生私臆，尚乞大雅敎我。）……夫人孰不欲學李、杜？而二公才大，讀其集如觀海，固爲大觀，而身入其中，則東西南北，不辨途徑。諸名家則一邱一壑，各擅其長，自可尋其脈絡。習舟於昆明池，克滇亦易也。（菽園按，東坡固學樂天，及其成也，面與白離，神與杜會矣。吾人無東坡之才，乃欲强過東坡，僅取李、杜成文句，摹而字樵之，其去八股文之口氣，題幾何也。究竟李杜頭腦，全未摩着半分。）（《五百石洞天揮麈》卷五，《續修四庫全書》影印清光緒二十五年邱氏粤垣刻本，第一七〇八册，第一四〇～一四一頁）

智按：賴學海，號虛舟，廣東順德人，布衣。無子。嘗以客吳城時，習聞於馮詢（一七九六～一八七一）者，録爲《雪廬詩話》一卷，清光緒十八年（一八九二）八月順德刻本，其自識署「光緒辛巳（一八八一）上巳後三日」。

袁簡齋先生自以其詩近唐之白居易，論者則謂宋之楊萬里為宜。余按：先生居恒論詩，不喜唐宋分界之說，而要主於性情。是其于唐、宋諸家皆所祖述，而性之所近偶合于楊耳。後輩承風，百年來，宋詩大行於世，不知袁氏之前，查初白先生實開其派。《欽定四庫提要》論《敬業堂集》有云：王士正序稱，黃宗羲比其詩於陸游，士正則謂奇創之才，慎行遜游；緜至之思，游遜慎行。又稱其五七言古體，有陳師道、元好問之風，今觀慎行，近體實出劍南，但游善寫景，慎行善忖情，游善隸事，慎行善運意，故長短互形。士正所評良允。至於後山，古體悉出苦思，而不以變化爲長。遺山古體，具有健氣，而不以靈敏見巧，與愼行殊不相似。核其淵源，大抵得於蘇軾爲多。觀其積一生之力，補註蘇詩，其得力之處，可見矣。明人喜稱唐詩，自國朝康熙初年，窠臼漸深，往往厭而學宋。然粗直之病，亦生焉。得宋人之長，而不染其弊。數十年來，固當爲愼行屈一指也。趙雲崧先生《甌北詩話》則云：初白功力之深，香山、放翁後一人而已。又云，放翁多自寫胸臆，非因人因地，曲折以赴，初白則隨事隨人，各如其量，肖物能工，用意必切。其不如放翁之大在此，而較放翁更難，亦在此。張南山先生《聽松廬詩話》則云：初白先生詩，極清眞，極雋永，亦典切，亦空靈，如明鏡之肖形，如化工之賦物，其妙只是能達。又云，查悔翁於人情物理，閱歷甚深，發而爲詩，多所警悟。余每有味乎其言，合觀以上云云，數經論定，毫無遺義，而查氏之詩，亦可得其大凡矣。余以查、袁皆主性情，詩境亦復相似，嘗取兩家之集而互勘之，查則能熟而又能生，袁則不生而乃病熟，則查又未嘗不勝乎袁也。（《五百石洞天揮麈》卷五，《續修四庫全書》影印清光緒二十五年邱氏粵垣刻本，第一七〇八册，第一五〇頁）

譚康侯農部《書長恨歌後》云：「馬嵬沙草沒孤墳，劍閣淋鈴不可聞。但使千秋金鑒在，何勞七夕鈿釵分。」張南山太守《咏曲江相公》云：「豈徒風度立朝廷？良相能知亂未形。若使早依金鑒録，至尊何至雨淋鈴。」後二語詞意正復相近。（《五百石洞天揮麈》卷七，《續修四庫全書》影印清光緒二十五年邱氏粵垣刻本）

前見吾閩畏廬子《閩中新樂府》，痛快淋漓，劌目怵心，卽取筆漫書十四字於其後，云：「擲地有聲終破鬼，問天無路已驚人。」聊志同慨，實未足形容萬一。原文三十四首，前有小引，畧云：「歐西之興，多以歌訣感人。閒中讀白香山諷諭詩，課少子，日仿其體，作樂府一篇，經月得三十四篇。吾友魏季渚愛而索其稿，將梓爲家塾讀本，爭之莫得也。嗟夫！畏廬子二十六年村學究，耳目不知詩，亦不願垂老冒爲詩人也，故并其姓名佚之。」而識者則指爲林琴南孝廉（紓）作。余觀其音節瀏亮，詞旨圓暢，果教國人，必能興頑立懦，好學近智，星洲尚無傳本，隨爲翻刻一過，以贈親友之有佳子弟者，別載其尤切鄉俗數章於此，合之卷三所録江西郭閬仙拔萃（光啟）、錢塘戴醇士文節（熙）兩家之作，世道人心，豈曰少補。

《鬱羅臺》（譏人子以齋醮事亡親也）。

鬱羅臺，神仙闕，卻爲道士生財窟。九幽道有地獄門，應須鐃鈸起眞魂。傳燈破獄鬼驚笑，而翁何罪身荷校。强送而翁入獄來，央人破獄尋斷鬧。果有地獄豈無守，張三破獄李四走。修獄經費誰取償，道士誆人神洋洋。一經懺悔諸孽淨，天尊專力祖亡命。儘行惡孽但誦經，經放毫光鬼避刑。人間非刑有例禁，閻羅判獄森嚴甚。刀鋸鼎鑊層冰寒，鬼有鬼命死最難。閻羅想皆酷吏作，無論何罪均炮烙。謂爲冥譴尚可言，此何如事干天尊。天尊像居道士屋，朝拜既罷藏以櫝。出櫝仍居最上層，道士所求無不應。我問此經究出誰，人制若制自天尊。天尊言語何支離，若爲道士僞撰文，好醜天尊應自分。念之又念千萬遍，天尊耳熟宜厭聞。陷親不義託懺悔，愚孝用心眞憒憒。生事死祭盡吾情，何用香花延此輩。

《殺人不見血》（刺庸醫也）

殺人不見血，庸醫老亦肱三折。芙蓉癮轉已初更，皇皇飛轎紅燈明。指頭按脈首他顧，兒童聒絮先生怒。半夏茯苓搖筆來，銀毫一擲翩然去。飯後延從太守家，侵晨卻走撫臺衙。撫臺衰老宜參术，先生謂有神仙術。罵盡庸醫誤殺人，豈道庸醫卽已身。時來能向官場走，心高放出殺人手。人信官醫藝事高，詎知竟有筆如刀。邊縣之醫尤潦草，時方歌括爲鴻寶。歌括牙牙誦不清，十人逢着九人倒。凡人急病多張皇，先生作態偏排場。裼裘緩緩從天至，欹斜醫案三行字。火象石膏冷象薑，此方謂合仲師意。孰知眞熱生假寒，火炎爐破飛金丹。亦有眞寒生假熱，一投涼劑少陰絶。寒熱之爭在杪微，阿師矗行安知之。要知中國輕醫學，途窮始向岐黄索。世有留侯與武侯，一經危病仍須愁。侯能醫國不醫病，庸醫敢賊侯身命。可知醫學係朝廷，蠢物安能悟内經。急須合衆興醫會，醫生藥物參中外。醫會人分郡縣居，偏隅方免庸醫害。

《檢歷日》（惡日者之害事也）

檢歷日，檢歷日，黄道黑道爭凶吉。剃頭掃舍皆有凶，凶神之多多於蝨。檢歷日，檢歷日，婚葬待決日家筆。歐西通國無日家，國强人富操何術。我笑馬遷傳日者，史筆雖高見斯下。日家爭宗鬼谷言，減池死耗兼喪門。又言葬地有方向，貪狼巨門兼旺相。貪狼巨門此何神，一神能管萬萬人。不管生人偏管死，向人墳墓作風水。向之則吉背則凶，無乃傴仄神心胸。西人事死道近墨，自亡迨葬廿四刻。若使人人待日家，喪堂已被巡捕逼。葬親我國勝歐西，必須擇日眞無稽。一心孝，一求福，一半欣幸一半哭。我想此時孝子心，天人大戰堪捧腹。因之追論司天臺，好言休咎斯奇哉。星流彗見皆言禍，占經論說眞蠢才。立冬以後流星會，地球行入流星内。占言星走主亂離，同治中興卻見之。彗星軌道有定處，一年各有應行道。嘉慶之時彗竟天，何由國泰民豐年。須言人事舍天象，大家無作懵懵想。天變由無一定殃，日家之說尤荒唐。惠迪從逆理歸一，不必長年檢歷日。

《棠梨花》（刺人子惑風水之説不葬其親也）

棠梨花，爲誰好，三椽權屋迷春草。屋是城中顯宦家，二十年前纔告老。南庄屋，北庄田，歲入民間百萬錢。鐘停漏歇主翁病，死時弔客如雲盛。枕塊方披孝子衰，開場先下地師聘。地師來，孝子忙，洋洋奴僕相扶將。地師病嗽需梨漿，地師嗜酒陳杯觴。地師烟癮芙蓉香，銀燈照耀地師牀。地師怒且語，主人伏如鼠。地師歡笑主起舞，明朝得地生制府。地師登山肩輿高，山佃疾尾如猿猱。朋奸齊作主人賊，地師山佃甘如蜜。分贓不均忽懊惱，地師山佃辭顛倒。主人右地師，但求吉地無嫌遲。一年水患田不收，二年火患焚高樓。三年鹾業敗垂盡，主人日夕懷隱憂。長生庫質黄金鈿，華堂猶設地師膳。還期富貴墓中來，山南山北搜尋遍。地師槖未實，主人風水須時日。孰過荒涼權屋前，落葉成堆秋瑟瑟。地師通葬經，何不自家妥先靈。妖言惑衆干天怒，人禍雖逃有鬼刑。

《非命》（刺士大夫聽術家之言也）

我爲非命篇，敬告士大夫。官元與比劫，立説殊模糊。嚴嵩有命爲宰相，何爲寄食死道塗。衛青有命爲大將，何爲幼作牧猪奴。若説宰相好，奚爲不到老？若説將軍好，奚爲始顛倒？我讀蜀碧哀西川，獻賊殺人尸連阡。又讀嘉定屠城記，滿城流血慘無比。其中生辰不齊一，公然一死同時刻。論命豈無應善終，刀來頭上同飛紅。仍云命自干支出，貴賤始爭時與日。譬如正午生尚書，逾午而生便吏胥。何不急着西醫手，刳胎取兒出其首。又如正午生寒乞，逾午而生任簪紱。過此爲兒富貴時，何妨下藥延須斯。須知誕育有遲速，豈分貴壽與貧獨。堪笑爲民父母身，談命卻信青盲人。青盲愚妄百不知，只有恭維無是非。恭維門下有清客，何用青盲談命格。

《跳神》（病匹夫匹婦之惑於神怪也）

東村延跳神，北村延跳神。神能言語神如人，神頭不冠身不裳。冥目散髮光脊梁，侏儺咒罷神蹶起。周堂跳躍不著履，神身垢膩神涎流。割舌醮血書黄紙，此紙糊門逃鬼踪。此紙醫病逾神農，病起酬神死則否，神退神身仍喫酒。神來跳躍狗驚吠，主人迎神先逐狗。西鄰寒病顫聲號，神來下藥需石膏。東鄰熱病塞其矢，神來下藥需附子。危疾得神祛災星，吾命雖死神仍靈。君不見，張媪花會神，張老得財近百緡。又不見，李媪失猪神爲查，李老陳饌供香花。跳神跳神何瑣屑，一糠一荳神皆決。父母遺體神弗憐，日費舌根數杯血。我聞神家居九天，奈何日隨惡少年。跳神少年皆無賴，賴神養活神功大。神之階級吾不知，但見凡神皆知醫。神來言語多難曉，神之從者多了了。我爲跳神心胆寒，幸未相逢識字官。大杖三百神骽裂，赤光照耀骽欲折，紅過吾神舌上血。（《五百石洞天揮麈》卷九，《續修四庫全書》影印清光緒二十五年邱氏粤垣刻本，第一七〇八册，第二一二～二一四頁）

詠物詩有專主理趣者，雖乏寄託，而雕鏤萬狀，如化工肖物，時出其勝，以相娱悦，令人精摇目駭，不忍釋置，亦斯文之嫟娟也。移向畫幅以相補白，世有好事，其諸亦樂於覽觀哉。謹按，順德温安波員外汝達《退一步齋詩鈔》有《品花一百首》，品牡丹云：「東風爛熳錦成堆，百寳闌邊羯鼓催。一曲霓裳春欲醉，五雲飛上小蓬萊。」品蘭花云：「浪説靈根産謝庭，滿園紺碧吐幽馨。春風坐對維摩室，一卷離騷酒半醒。」……品紫薇云：「紫綬茸茸浥露鮮，色分長夏入秋妍。十旬爛熳茅簷裏，爭似詩人白樂天。」……（《五百石洞天揮麈》卷十，《續修四庫全書》影印清光緒二十五年邱氏粤垣刻本，第一七〇八册，第二二五～二二七頁）

智按：邱煒萲，原名德馨，字菽園，福建海澄人。光绪十九年（一八九三）舉人。有《菽園贅談》、《嘯虹生詩草》等。生平見《民國人物傳》第五卷第一一八～一二〇頁（中華書局，一九八六年七月）。

張爾田（一八七四～一九四五）

《遯堪書題》

（《梅村集》）集中諸作，要以長慶體為工。風骨不逮四傑，聲情跆宕；上掩元、白，而蒼涼激楚過之，或疑其俗調大多，實則此體正不嫌俗，但視其驅使何如耳。陳雲伯輩效之，遂淪惡下。于此見梅村真不可及。五古若《清凉山》諸詩，亦堪繼武，七律未脫七子窠臼，絕句則自檜以下矣。（引自《王鍾翰清史論集》第四册，中華書局，二〇〇四年十一月版，第二三三七頁；錢仲聯《夢苕盦專著二種·吳梅村詩補箋》，第八四頁）

智按：「聲情跆宕」後原文標逗號。此評本於《四庫全書總目·梅村集提要》，「蒼涼激楚」即出自《提要》，見《欽定四庫全書總目提要》（整理本）下册，第二三四一頁。

（評梅村五古《送何省齋》）頹放冗蔓，長慶之遺。（引自《王鍾翰清史論集》第四册，中華書局，二〇〇四年十一月版，第二三三八頁；錢仲聯《夢苕盦專著二種·吳梅村詩補箋》，第一二二頁）

（評梅村《王郎曲》）此是長慶體之卑卑者，著語談宕，故不惡，若更刻畫，使入魔道矣。奈何近人專喜此種。（引自《王鍾翰清史論集》第四册，中華書局，二〇〇四年十一月版，第二三四〇頁）

（評梅村《琵琶行》）集中七古，此爲第一。中段寫琵琶聲「激楚郁盤，古音錯落」，殆駕元白而上之。近人學長慶體者，所不能爲。（引自《王鍾翰清史論集》第四册，中華書局，二〇〇四年十一月版，第二三四〇頁）

智按：張爾田，一名采田，字孟劬，號遁庵、遁庵居士，又號許村樵人，杭縣（今浙江杭州）人。祖父張之杲，著有《初日山房詩集》、《泰州保衛記》。父張上禾，曾從蔣春霖受詞學。弟張東蓀，著名哲學家。張爾田早年有文名，曾中舉人，官刑部主事、知縣、候補知府。辛亥革命後閒居。一九一四年清史館成立，參撰《清史稿》，主撰樂志，前後達七年。一九一五年應沈曾植邀請，參編《浙江通志》。一九二一年後，先後在北京大學、北京師範大學、中國公學、光華大學、燕京大學等校任中國史和文學教授。最後在燕京大學哈佛學社研究部工作，為燕京大學國學總導師。有《槐後唱和》、《遁庵樂府》、《錢大昕學案》、《玉溪生年譜會箋》。

林旭（一八七五～一八九八）

《先師陳幼蓮觀察遺文綴言》

斷璣零璧散不拾，田父夜驚莫敢藏。青箱世守亦僅僅，深鎖何殊塵網涼。當年有作必寫與，楚亦有分旌與璜。時時開視甯忍讀，六丁下取須提防。惟天生才加以學，小子辟席徒窺牆。追穿載籍吸元氣，淺才薄豔下奔忙。古者文章重制誥，至今獨數常與楊。聖朝責實所弗尚，諸侯僑戍爭求良。由來陳琳阮瑀集，存者縱富已己亡。香山居士尚律切，少陵野老窮鋪張。論詩宗尚見百一，空積腹中千萬章。茅亭六月憶新落，左右花草羅丹黃。終日相呼語不盡，三復共賞味逾長。鍾山回首竟終古，三年忽忽永心喪。獨念遺文後死責，名山何日發輝光。（《晚翠軒集》，《續修四庫全書》影印民國鉛印墨巢叢刻本）

智按：林旭，字暾谷，侯官（今福建福州）人。光緒十九年（一八九三）癸巳舉人，官內閣中書，加四品卿銜。有《晚翠軒集》。

楊圻（一八七五～一九四一）

《檀青引》

江都三月看瓊花，寶馬香輪十萬家。一代興亡天寶曲，幾分春色玉鉤斜。玉鉤斜畔春色去，滿川煙草飛花絮。都是尋常百姓家，欲問迷樓誰知處。高臺置酒雨溟溟，賀老彈詞不忍聽。二十五弦無限恨，白頭猶見蔣檀青。雕欄風暖凝絲竹，筵上驚聞朝元曲。其時雨腳帶春潮，江南江北千山緑。朱弦斷續怨滄桑，望帝春心暗斷腸。欲說先皇先墜淚，千言萬語總心傷。坐客相看共嗚咽，金徽彈罷愁難絕。同時傷春事不同，飄零身世何堪說。家在京師海岱門，少年往事不堪論。旗亭舊日多名士，北海當年侍至尊。太行北盡仙園起，靈台縹緲五雲裹。年年豹尾幸離宮，百官扈從六宮徙。萬戶千門魚鑰開，柳煙深淺見蓬萊。妝樓明鏡雲中落，别殿笙歌晝裹來。祖宗旰食勤朝政，百年文物乾坤定。萬方鐘鼓與民同，九重樂事怡天聽。建康殺氣下江東，百二關河戰火紅。猿鶴山中啼夜月，漁樵江上哭秋風。軍書旁午入青鎖，從此先皇近醇酒。花萼樓前春晝長，芙蓉帳裹清宵久。三山清月照瑤臺，夾道珠燈擁夜來。一曲吳歌調鳳琯，《後庭玉樹》報花開。臨春結綺新承寵，玉骨輕盈珍珠重。避面甯教妒尹邢，當筵未許憐張孔。太液春寒召管弦，官家小宴杏花天。昭陽宮裹春如海，五鼓初傳《燕子箋》。鞓紅照睡繁華重，絕代佳人花扶擁。南府新聲妬野狐，升平獨賜龜年俸。夜半青娥掃落花，深宮月色照羊車。庸知銅雀春深事，留與詞人賦館娃？當時海內勤王事，慷慨誓師有曾李。未見江頭捷騎來，忽聞海畔夷歌起。避暑溫泉夜氣清，宮花露冷月華明。驚心一曲長生殿，直是漁陽鼙鼓聲。延秋門外黃昏路，城闕生塵妃嬪去。穆王從此不重來，馬上天顏頻回顧。來朝胡騎繞宮牆，凝碧池頭踞御床。昨夜採蓮新制曲，月明多處舞衣涼。太白睒睒欃槍吐，雲房水殿都悽楚。咸陽不見阿房宮，可憐一炬成焦土。和戎留守有賢王，八駿西行入大荒。金粟堆空啼杜宇，蒼梧雲冷泣英皇。居庸日落離宮暮，北望幽州空煙樹。初聞哀詔在沙邱，已報新君歸靈武。鼎湖龍靜使人愁，福海悠悠春水流。山蝶亂飛芳樹外，野鶯啼滿殿西頭。梨園寂寞閉煙雨，百草千花愁無主。漢家仙掌下民間，秦宮寶鏡知何處。玉泉山下少人行，瓊島春陰水木清。獨有漁翁斜月裹，隔牆吹笛到天明。繁華事散堪悲慟，玉輦清遊憶陪從。明年重過德功坊，梨花落盡柳如夢。小臣掩面過宮門，犬馬難忘故主恩。檀板紅牙今落魄，尋常風月最銷魂。十年血戰動天地，金陵再見真王氣。南部煙花北地人，天涯那免傷心淚。武帝旌旗滿九州，湘淮諸將盡封侯。兩宮日月扶雙輦，萬國車書拜五洲。獨有開元伶人老，飄泊秦淮鬢霜早。夜夢簾間唱謝恩，玉階叩首依宮草。糊口江淮四十年，清明寒食飛花天。春江酒店青山路，一曲《霓裳》賣一錢。君問飄零感君意，含情彈出宮中事。亂後相逢話太平，咸豐舊恨今猶記。憐爾依稀事兩朝，千秋萬歲恨迢迢。至今煙月千門鎖，天上人間兩寂寥。(《江

山萬里樓詩詞鈔》卷一，馬衛中等校點本，第一頁；錢仲聯《夢苕盦詩話》引，《民國詩話叢編》第六册，第二七〇～二七二頁）

智按：此詩以名伶蔣檀青在庚子事變前後四十年間遭遇來記述咸豐、同治、光緒三朝之興亡。易順鼎謂《檀青引》「煌煌巨制，包羅一代掌故，可作咸豐外傳讀。《長恨歌》、《永和宫詞》並此鼎足而三，稱之史詩無愧色」（《江山萬里樓詩》載《檀青引》眉批）。錢仲聯《夢苕盦詩話》云：「余前論楊雲史詩有微詞，然其集中七古長歌，哀感頑豔，確可以嗣響梅村。康南海題其集曰『絕代江山』，不為過也。《檀青引》一首，為其弱冠時所作，以此享盛名。前有《檀青傳》，略謂蔣檀青京師人，其先越產，善彈箏吹笛，工南曲，文宗時樂部推第一。萬幾之暇，輒召兩部奏新曲，檀青發喉，則天顏懌霽，賜賚過諸伶。咸豐十年八月，英法聯軍入北京，焚圓明園，文宗狩熱河，檀青奔赴行在。明年文宗崩，檀青南游江淮間。雲史年二十一，遇之揚州平山堂。後復遇之於青溪花舫，述宫中舊事，淚隨聲下云。詩曰……易實甫評曰：白太傅作《長恨歌》，敘玄宗之倦勤，為帝王之炯戒，有變《風》變《雅》之遺意。其自述詩云：『一篇《長恨》有風情，十首《秦吟》近正聲。』蓋隱隱以『可興』、『可觀』自命，非誇言也。清自文宗荒政，海内擾亂，顛沛播越，宗社幾墟。同光之衰，實基於此。作者夙有澄清之旨，而目擊時艱，撫今悼昔，歎息痛恨，乃借檀青一事以見其意。婉而多諷，與香山有同志焉。緣情綺靡，其餘事矣。」（《民國詩話叢編》第六册，第二七〇～二七二頁）

《香山弔太傅墓》

九老香山尚有堂，風流儒雅總堪傷。詩人際遇今何世，斷腸江東楊野王。（《江山萬里樓詩詞鈔》卷十，馬衛中等校點本，第三五〇頁）

智按：楊雲史，原名朝慶，改鑒瑩，又改圻，字雲史，又字野王，常熟（今屬江蘇）人。早年隨父崇伊入京；年十八，為李鴻章長孫女婿。光緒二十一年（一八九五）庠生，二十八年（一九〇二）順天鄉試南元，歷官詹事府主簿，戶部、郵傳部郎中，三十四年（一九〇八）出任駐新加坡領事。入民國，一度為吴佩孚幕僚。後應張學良邀，移居瀋陽。「九・一八」事變後回常熟。抗戰時，徙居並卒於香港。詩宗盛唐，擅七古，弱冠作《檀青引》，有詩名；後所作《天山曲》，以香妃遭遇為主線反映乾隆時期平定準葛爾和回族叛亂，長達二百九十二句，前所未有。錢仲聯《夢苕盦詩話》第九一則云：「楊雲史（圻）《江山萬里樓詩鈔》，五律頗有唐人格調，嫌少真味。七古多長慶體，《天山曲》長一千九百三十二字，為前此詩家所未有。詠香妃事，美人碧血，沁為詞華，惜其稍乏剪裁耳。」（《民國詩話叢編》第六册，第二一三頁）劉衍文《雕蟲詩話》卷五謂楊圻「此當為近代最傑出之詩人，其《天山曲》又當為古來最長之七言長詩，直超梅村、香山而上之，樊樊山不足道也。」（《民國詩話叢編》第六册，第六六二頁）有《江山萬里樓詩詞鈔》。

羅振常（一八七五～一九四二）

《善本書所見録》

白樂天文集三十六卷。唐白居易撰。半頁九行，行二十字，末卷為年譜。趙字，三魚尾，白口。前有德祐元年序，不著名，後亦挖除。有萬卷樓圖籍（朱長方大印）、璜川吳氏收藏圖籍（朱方）。第一卷第二行有浙東觀察使元稹微之篆（纂）集一行，次行挖除，有顧嗣立印（白方）、俠君（白方）。（《善本書所見録》，商務印書館一九五八年四月版，第一四六頁）

智按：羅振常，字子經，又字子敬，號心井、邈園，上虞（今浙江紹興）人，僑居淮安，為近代著名學者羅振玉季弟。少艱苦勵學，工詩古文辭。後致力於教育事業，在遼東任教數年，回歸後，設「蟫隱廬」以藏書，居書肆三十年，遇有宋元精刻、名家抄校等均加以收藏，又精于校勘，於版本源流，文字異同、收藏變遷皆詳為稽考。與劉承幹交誼密切，每相遇，則談論藏書之事，劉承幹嘆服其精博。編有家藏善本書目為《善本書所見録》，分經、史、子、集四卷，每書下記卷數、版刻、題解、收藏人等。由其婿周子美新訂，劉承幹作序。著有《南唐二主同詞彙校》、《洹洛訪古記》、《征聲詞》、《遲羅載記》、《養莠篇》、《古凋堂詩文集》、《新唐詩演義》等；刻有《邈園叢刻》。

錢振鍠（一八七五～一九四四）

《袁枚傳》

……使枚在朝列，必與文鏡為仇，與黻、濟世為朋矣，豈非奇男子乎？使當時有發枚文字為謗書者，枚又何辭。枚固倖免於當時文字之獄耳，然且以死奮筆，豈尋常繩墨文字、漫無痛癢者可幾及哉？好接引人物，寒士得一語即信氣。其所薦士或不受，則貽書罵之。蔣編修士銓嘗曰：「使公為宰相，三百六十官皆得其才而用之，天下寧有廢物？」此語也，固非枚之所難。不信佛老陰陽，見人禍福，不論因果，平生最惡一「庸」字。世但知枚以性靈為詩，不知枚以肝膽為文；但知枚有樂天之易，不知枚有史遷之憤。……（錢仲聯編《廣清碑傳集》，蘇州大學出版社一九九九年二月版）

《論詩》（七首其一）

白傅清通自爾奇，涪翁生硬未堪師。平生最惜滹南老，只會言詩不作詩。（《萬首論詩絕句》第四冊，第一六八九頁）

《讀樂天和微之詩》

白雲不贈人，陶君惟自怡。包拯雖勸酒，荊公不舉卮。孟郊詩句惡，只為酬昌黎。樂天篇什濫，十五和微之。豈有金玉音，沿街互倡隨。惟古有真人，孤雄獨無雌。所以《名山集》，從來不和詩。（陳衍《石遺室詩話》續編卷六引，鄭朝宗、石文英校點本，第七八二頁）

《謫星說詩》（《謫星詩話》）

滄浪云：「近代以文字為詩，以才學為詩，以議論為詩。夫豈不工，終非古人之詩也。」余謂唐之韓、白，何嘗不以文字、才學、議論為詩。然則宋詩所以出唐人下者，在於詩之不工，不在文字、才學、議論矣。又云：「不必見其詩，望其題引而知為唐人、今人。」唐人題引有何難肖，何必滄浪始能之。且六朝人瑣碎不整題甚多，唐元白、皮陸，題引瑣碎，尤不一而足，得謂之非唐人乎？（《名山全集》本卷一，《民國詩話叢編》第二冊，第五七九頁）

白樂天，通才也，全才也，大才也。然不理于眾口，何耶？東坡云：「學杜不成，不失為工；無韓之才與陶之妙而學其詩，終為樂天爾。」噫！以樂天之才，退之無所用其才，淵明無所用其妙。可與樂天為敵者，李杜而已。東坡所云，何其悖也。王從之云：「樂天詩情致曲盡，入人肝脾，隨物賦形，所在充滿，殆與元氣相侔。」真善言白詩者，他人未有也。樂天好詩極多，而東坡獨取其「風吹古木晴天雨，月照平沙夏夜霜」，語淺乎哉！（《名山全集》本卷一，《民國詩話叢編》第二册，第五八二頁；《星影樓壬辰以前存稿·詩說》第五葉）

馬嵬之役，官軍迫殺妃子，新舊《唐書》無異詞。此一重公案，何可硬翻。宋釋惠洪引杜《北征》詩「不聞夏殷衰，中自誅褒妲」，謂「明皇畏天悔過，賜妃子死。劉禹錫《馬嵬詩》、白居易《長恨歌》乃是官軍迫殺妃子，歌詠禄山叛逆。劉、白不能詩，其去老杜何啻九牛毛耶。」此真老悖之言。杜老云云，讓杜老一人說去；貴妃之死，自當從劉、白二家。劉、白詠當日之實事，有何不是處？乃肆其詆排至此！近代人歌詠貴妃，唾駡陳元禮者極多。不知被釋惠洪所見，更當如何痛詆也。（《名山全集》本卷一，《民國詩話叢編》第二册，第五八三頁；《星影樓壬辰以前存稿·詩說》第六葉）

樂天之詩，十倍微之，而白與元當時並相推重，殊不可解。偶讀誠齋《讀長慶集》云：「讀過元詩與白詩，一生太傅重微之。再三不曉渠何意，半是交情半是私。」（《名山全集》本卷一，《民國詩話叢編》第二册，第五八四頁；《星影樓壬辰以前存稿·詩說》第九葉）

小杜不過晚唐一伶俐後生，何至如洪稚存徑置諸元、白、東野之上耶？且稱其古體有氣勢，亦不然。（《名山全集》本卷一，《民國詩話叢編》第二册，第五八五頁；《星影樓壬辰以前存稿·詩說》第十一葉）

香山善於說俗話，益覺其雅趣。杜老不善於說俗話，故說俗話處轉見笨滯。（《名山全集》本卷一，《民國詩話叢編》第二册，第五八六頁；《星影樓壬辰以前存稿·詩說》第十二葉）

香山律詩，冗塌最多。（《名山全集》本卷一，《民國詩話叢編》第二册，第五八八頁；《星影樓壬辰以前存稿·詩說》第十八葉）

尤侗笑白香山「達哉達哉白樂天」語，謂如白頭老婦，自誇守節。此語亦直抄袁中郎語。（《名山全集》本卷一，《民國詩話叢編》第二册，第五八

八頁；《星影樓壬辰以前存稿・詩說》第十九葉）

張邦基謂《長恨歌》不如《連昌宮詞》，以樂天作終篇無所規正，微之詩乃微而顯。洪容齋、王弇州俱云然。夫詩派有不同，元、白二詩來脈又不同，焉可即此而論其優劣。必欲論其優劣，則元詩有穢語、不得體語，白則無之。豈非白之才高於元乎？必以白詩無所規正為不如元，我則云《連昌宮詞》不如皋陶「拜手」一歌。質之古今人，豈不可笑？（《名山全集》本卷一，《民國詩話叢編》第二册，第五九二～五九三頁；《星影樓壬辰以前存稿・詩說》第二十四葉）

滄浪謂子厚非元、白可望。元不必言，白則大家也。子厚固不乏佳語，然欲以擬樂天，則未也。（《名山全集》本卷一，《民國詩話叢編》第二册，第五九三頁）

高季迪「但知牛背穩，應笑馬蹄忙」，佳句也，乃是宋女子沈清友詩，但句首一二字少差耳。近人張翰風詩：「分明與君約，月上闌干時。儂家月上早，君家月上遲。」佳詩也，宋詩亦有「妾在平地見月早，郎在深山見月遲」句。高嵩瞻《贈弟》云：「與君一世為兄弟，今日相逢第二場。」明詩亦有「與君一世為兄弟，兩次相逢在路歧」句。趙甌北詩：「天邊圓月少，世上苦人多。」香山亦有「歲時春日少，世界苦人多」句。諸人未必有心竊舊，然如山谷云：「某於香山詩，少時誦習已久，忘其為何人之詩。偶然遇事，信手書耳。」此弊誠不能免。（《名山全集》本卷一，《民國詩話叢編》第二册，第五九九頁）

金王若虛《滹南詩話》在古人詩話中，最通快。如深服樂天，不喜山谷，譏東坡和韻，以「池塘生春草」為非佳句，甚合余意。其短處惟膽怯，不敢少議少陵耳。（《名山全集》本卷一，《民國詩話叢編》第二册，第五九九～六〇〇頁；又見《名山全集》本卷二，《民國詩話叢編》第二册，第六一〇頁）

「周公恐懼流言日，王莽謙恭下士時。」《七修類稿》不知為樂天詩，而曰：「以格律論之，亦必宋人耳。」分界時代之謬，至此圖窮而匕首現矣。（《名山全集》本卷一，《民國詩話叢編》第二册，第六〇一頁）

香山之詩，是也。其與元稹論文，不肯一句放過「諷刺」、「比興」字樣，則非也。斤斤然病「餘霞散成綺，澄江淨如練」為無所諷，宜乎後之迂人亦議其《長恨歌》為無所規，議其憶妓詩多於憶民詩也。不云詩要有關係，不足以尊杜抑李。然《尚書》云：「詩言志」，孔子曰「辭達」。志字、達字，所包甚廣，豈必篇篇以「關係」為哉！袁中郎云：「自從杜老得詩名，憂君愛國成兒戲。」今人所謂「關係」，真兒戲也。香山詩所謂諷刺、比興者，亦不過十一二；而其論文，則又專舉諷刺、比興以論李杜，真香山之蛇足也。（《名山全集》本卷一，《民國詩話叢編》第二册，第六〇一～六〇二頁）

王從之云：「樂天詩情致曲盡，入人肝脾。隨物賦形，所在充滿。殆與元氣相侔。」真善言白詩者也。東坡云：「學杜不成，不失為工；無韓之才與陶之妙而學其詩，終為樂天。」其視樂天甚輕，未為公論。樂天好詩極多，而坡獨取其「風吹古木晴天雨，月照平沙夏夜霜」，淺乎哉！（《名山全集》本卷二，《民國詩話叢編》第二册，第六〇七頁）

譬如造酒，陶韋水短，樂天水太長。樂天詩既長又多，故難與陶比。（《名山全集》本卷二，《民國詩話叢編》第二册，第六〇七頁）

最愛唐子畏「閑來自寫青山賣，不使人間造孽錢」句。後見呂仙詩亦有「閑來自點黃金賣，不使人間造孽錢」語。然黃金不及青山遠矣。高季迪「但知牛背穩，應笑馬蹄忙」，乃是宋女子沈清友詩，但句首一二字少差耳。近人張翰風詩：「分明與君約，月上闌干時。儂家月上早，君家月上遲。」宋詩亦有「妾在平地見月早，郎在深山見月遲」句。高嵩瞻《贈弟》云：「與君一世為兄弟，今日相逢第二場。」明詩亦有「與君一世為兄弟，兩次相逢在路歧」句。趙甌北詩「天邊圓月少，世上苦人多」，香山亦有「歲時春日少，世界苦人多」句。（《名山全集》本卷二，《民國詩話叢編》第二册，第六〇九頁）

宋黃徹《䂬溪詩話》謂《長恨歌》系白少作，不及《琵琶行》說破，良然。（《名山全集》本卷二，《民國詩話叢編》第二册，第六一〇頁）

香山六十致仕，作《達哉行》。袁中郎笑其如白頭老婦，自誇守節。歐陽永叔六十五歲致仕，而韓魏公撰墓誌銘云：「天下士大夫聞公勇退，無不驚歎，近古所未有也。」是尤誇白頭守節之甚者也。雖然，天下做官人其肯致仕於未死之前者，幾人？宜魏公之嘖嘖歎異也。（《名山全集》本卷二，《民國詩話叢編》第二册，第六一二頁）

附：錢福蓀《快雪軒詩話序》

統閱長男論詩，專主性靈，尊太白、樂天而喜郊島，而於陶杜俱有貶詞，且不喜漢魏，於宋則輕東坡，尤痛駁嚴滄浪，於明獨是袁中郎，於國朝少所許可，尤深薄漁洋，其秉性然也。雖持議不能無偏，而識力獨到處，亦足破庸人之論，刪存其十之六，亦備詩中一格。（引自蔣寅《清詩話考》第六一九頁）

《名山詩話》

甘露之變，寺宦屠戮大臣殆盡，是何等時！而樂天詩惟謂「當君白首同歸日，是我青山獨往時」，絕無一點痛憤不平之氣，即非幸禍，亦無男子氣矣。玉谿「竇融表已來關右，陶侃軍宜駐石頭。豈有蛟龍愁失水，更無鷹隼擊高秋」，差強人意也。（《名山詩話》卷一，《民國詩話叢編》第二册，第六二〇頁）

詩要好，先要少。古人作詩一世，不過一二首自然濃至，《三百篇》是也。詩愈多，則愈薄矣。白香山、陸放翁若只存其合者，必不在李杜之下，正恨其不肯少耳。古人著書不過數首、數十首，近世著述家必至數十種、數百卷，其不逮古人宜矣。（《名山詩話》卷一，《民國詩話叢編》第二册，第六二一頁）

樂天「蟲全性命因無毒，木盡天年為不才」，馮道「但知行好事，莫要問前程」，此處亂世法也。小子識之！阮尚賢字鼎南，越南世家子也。國亡後以復仇為己任，著《南枝集》，有云：「豈知秦檜和金計，難遂包胥復楚心。石馬園陵秋草冷，銅駝宫闕夕陽沈。」秦檜指李鴻章也。又《辛亥秋旅晉感懷》有句云：「椎秦已破千金產，佐宋難憑半部書。」真奇材也！（《名山詩話》卷二，《民國詩話叢編》第二册，第六三七頁）

樂天《贈樊著作》，述陽城、元稹、庾氏、孔戡四人賢行，下云：「凡此士與女，其道天下聞。常恐國史上，但記鳳與麟。賢者不為名，名彰教乃敦。每惜若人輩，身死名亦淪。君為著作郎，職廢志空存。雖有良史才，直筆無由申。何不自著書，實録彼善人。編為一家言，以備史闕文。」劉知幾論史法，一曰好善，二曰惡不善。其識不世出。樂天詩亦得此義。古之惇史，亦是如此。（《名山詩話》卷二，《民國詩話叢編》第二册，第六三七頁）

唐人極肯服善。如少陵以四傑爲萬古江河，退之《滕王閣記》以名列三王之次爲榮，韓、白極尊李、杜，舒元輿以陽冰比李斯，此類是也；而極不肯作人弟子。……（《名山詩話》卷二，《民國詩話叢編》第二册，第六三八頁）

退之《寄周隨州》云：「陸孟邱楊久作塵，同時存者更誰人。金丹別後知傳得，乞取刀圭救病身。」退之《李虛中墓誌》極言金石之害，及其病，不免乞取金丹。平時議論如彼，臨事不免生僥倖心，退之豪傑尚如此，何責平人。退之服硫磺以治病也，此詩可以為證。若謂樂天所說退之是衛中立，則非矣。（《名山詩話》卷二，《民國詩話叢編》第二册，第六三八頁）

樂天《雲居寺孤桐》詩結云：「四面無附枝，中心有通理。寄言立身者，孤直當如此。」周子《愛蓮說》「中通外直」或出此。明道《洛園修禊詩》結云：「不須愁日暮，天際是輕陰。」龜山歎其溫柔忠厚，然張旭詩云：「山光物態弄輕暉，莫為輕陰便擬歸。縱使晴明無雨色，入雲深處亦沾衣。」明道才用旭詩第二句耳。旭語無心，明道似有意矣。旭詩下二句竟與「王臣蹇蹇」義合。（《名山詩話》卷三，《民國詩話叢編》第二册，第六五三頁）

少陵「新松恨不高千尺，惡竹應須斬萬竿」，下句令人不懂。鄙人見竹多矣，從未覺其有惡，不知少陵何故要下此毒手？讀樂天《洗竹》，極合我意，全録於下：「布裘寒擁頸，氈履溫承足。獨立水池前，久看洗霜竹。先除老且病，次去纖而曲。翦棄猶可憐，琅玕十餘束。青青復籊籊，頗異凡草木。依然若有情，回顧語僮僕。小者截魚竿，大者編茅屋。勿作彗與箕，而令糞土辱。」藹然仁者之言，此君雖死不恨矣。（《名山詩話》卷四，《民國詩話叢編》第二册，第六五七頁）

柳州《鶻說》，略謂長安薦福寺浮圖鶻，冬日之夕，必取鳥之盈握者以燠其掌，旦則縱之，延首以望，極其所往。苟東矣，則是日不東，南北亦然。樂天詩：「龜性愚且善，鳩心鈍無惡。人賤拾支床，鶻欺擒暖腳。寄言立身者，不得全柔弱。」（《名山詩話》卷四，《民國詩話叢編》第二册，第六五七頁）

樂天《訪陶公舊宅》云：「夷齊各一身，窮餓未為難。先生有五男，與之同饑寒。」是謂夷、齊無子也。然《廣韻》謂夷、齊之後以竹為氏，後漢有下邳相竹曾。是夷、齊固有子，不知首陽槁卧時曾在側否？哀哉不可言也。（《名山詩話》卷五，《民國詩話叢編》第二册，第六六一頁）

以樂天之平易，似乎無復嗔意矣，而尚有「不分氣從歌裹發，無明心向酒中生」之句。然則其學禪悅者，正其發憤無聊而出此耳。以袁子才之諧俗，而《詠劍》云：「耳熱悲歌處，平生最憶君。橫磨十萬口，交付與朱雲。」豈非奇男子哉！樂天《朱陳村詩》有「壽考見玄孫」語。吾鄉風俗言交盟親不利，交盟者正如朱陳之交易為婚姻也。得樂天此語，俗說敗矣。（《名山詩話》卷五，《民國詩話叢編》第二册，第六六一頁）

《星影樓壬辰以前存稿・詩説》

使李、杜、韓、白生於漁夫樵子之家，終其身不識字，不知書，雖有李、杜、韓、白之天資，必銷息於無何有也。有人謂詩貴人不貴天者，余應之曰：四海之內何人不能近心力於學，使人不仗天資便可造絕頂學問，則盈天地間皆李、杜、韓、白矣，何李、杜、韓、白之多也。（《星影樓壬辰以前存稿・詩說》第二葉）

以李、杜二人相較，似乎李淺而杜深，李薄而杜厚；以韓、白二人相較，似乎白淺而韓深，白薄而韓厚；以溫、李二人相較，似乎溫淺而李深，溫薄而李厚。而實則非然也。彼所為深且厚者，深於詞不深於意，厚於詞不厚於意也，其優劣於此可見。（《星影樓壬辰以前存稿・詩說》第二葉）

晚唐詩勝於初唐，中唐詩勝於盛唐。初唐詩多平滯語，晚唐詩清新流麗，滯響較少也。盛唐詩風氣大開，專走康莊大道，是詩中正兵。中唐詩變態百出，專攻崎嶇險阻，是詩中奇兵。而一時通才大才如韓、白者，未嘗不能用正兵。人才既多，於初盛而出奇制勝，其所獨得處，雖李杜須讓一籌。此中唐所以勝於盛唐也。（《星影樓壬辰以前存稿・詩說》第三葉）

……又謂宋人以文為詩，所以不佳。余謂唐之韓、白未必不以文為詩，然亦未始無佳者。……（《星影樓壬辰以前存稿・詩說》第八葉）

作詩專尚神韵，是小家，非大家也；清才，非大才也。太白詩無處不神韵，却不知神韵在何處；子美、退之專尚氣力，無所謂神韵；樂天詩信口流出，亦未嘗有意做神韵。惟四子王、孟、高、岑輩，以神韵稱，便不得爲大家。近世王阮亭及吳中七子詩所以不佳，正是「神韵」兩字橫亘胸中耳。司空圖講甚「不著一字，盡得風流」及「味在鹹酸之外」等語，此司空所以不

能詩也。雖然，此語可爲高明者言之，却不可爲傖父道，恐其又將以粗魯爲大家也。(《星影樓壬辰以前存稿・詩說》第十二葉)

（嚴滄浪）又以柳子厚非元、白可望。夫元不必論，白則大家也。子厚佳處固亦時有欲以望樂天猶未也。(《星影樓壬辰以前存稿・詩說》第十六葉)

香山拖沓散緩，無意類漢。(《星影樓壬辰以前存稿・詩說》第十七葉，中國社會科學院文學研究所圖書館藏民國木活字本)

滄浪有云：「觀詩只觀其題引便可辨其為唐人、今人。」不知六朝瑣碎不整題甚多，唐太白及元白、皮陸之類，其題引瑣碎，尤不一而足。(《星影樓壬辰以前存稿・詩說》第二十三葉)

《星影樓壬辰以前存稿・筆談》

白樂天「若學多情尋往事，人間何事不傷神」，此猶屬得意人之失意語也，非失意人之失意語也。張夢晉「高樓明月清歌夜，此是人生第幾回」，此猶屬失意人之得意語也，非得意人之得意語也。(《星影樓壬辰以前存稿・筆談》第九葉，中國社會科學院文學研究所圖書館藏民國木活字本)

智按：錢振鍠，字夢鯨，號謫星，又號名山，陽湖（今江蘇常州）人。才學富贍，光緒十八年（一八九二），十八歲即刊行《快雪軒文集》，後附《快雪軒詩話》，前有其父福蓀序。光緒二十九年（一九〇三）中進士，任刑部主事，清亡後以父命不出。夙以才氣自負，時有狂士之目，又被視為江南三大儒之一。有《謫星詩草》、《名山詩集》，後彙刊為《名山全集》。事迹見金梁《四朝佚聞》。

海納川

《冷禪室詩話》

〇吳禄貞

吳綬卿先生（禄貞）有遺詩一帙，中有《過硤石山》詩，可為壓卷。詩云：「硤石山上秋風起，西征壯志何時已。道路崎嶇限戎馬，縮地神方思費子。昂頭西望玉門關，班超事業何足齒。誓將踏遍中央亞細亞，烏拉山頭樹界趾。回頭再上喜瑪峰，大闡釋伽侔尼之禪宗。東方大陸起蛟龍，請看亞雨壓歐風。漫笑狂吟無足道，從來時勢英雄造。雄圖爭說鐵木真，我何人斯發長嘯。」又《題貴妃廟》有云：「白傅長吟何太誤，六軍未必怨蛾眉。」亦佳。(《民國詩話叢編》第二册，第七一四頁)

智按：海納川，未詳其人。其《冷禪室詩話》有民國間上海文瑞樓石印本，所載多為清季有名人物之遺聞軼事，如何紹基、曾國藩、石達開、李鴻章、張之洞、楊度、宋教仁等，不徒談詩而已。

夏敬觀（一八七五～一九五三）

《疊韻答胡展堂述梅之作》

論詩得平情，抉擇斯獨至。君語挾秋霜，孰能易一字？杜須伐皮毛，韓莫文淺思。哺糟遺其醇，正恐乾嘉類。宛陵亦師古，曾不杜韓棄。尤於香山真，斟酌盡能事。成功在有己，豈望滿人意。(《忍古樓詩》卷十五，一九三七年排印本)

智按：詩題之梅指梅堯臣。

夏敬觀，字劍丞，號盥人、吷庵，新建（今屬江西）人。光緒二十年（一八九四）舉人，官提學使。入民國，任浙江教育廳長。晚歲寓居上海。詩學梅堯臣。亦能作詞與繪畫。有《忍古樓詩》、《忍古樓詞》、《音學備考》等。

陳師曾（一八七六～一九二三）

《讀白香山畫竹歌感題》（蕭協律畫竹十五竿贈醉吟先生先生以長歌答之）

白髮香山眼力真，可憐長命看何人？作詩答貺蕭郎筆，數盡生枝益愴神。(《陳師曾先生遺詩》卷上，民國石印本)

智按：白居易《畫竹歌》引云：「協律郎蕭悅善畫竹，舉時無倫。蕭亦甚自秘重，有終歲求其一竿一枝而不得者。知予天與好事，忽寫一十五竿，惠然見投。予厚其意，高其藝，無以答貺，作歌以報之，凡一百八十六字云。」詩云：「植物之中竹難寫，古今雖畫無似者。蕭郎下筆獨逼真，丹青以來唯一人。人畫竹身肥臃腫，蕭畫莖瘦節節竦。人畫竹梢死羸垂，蕭畫枝活葉葉動。不根而生從意生，不筍而成由筆成。野塘水邊埼岸側，森森兩叢十五莖。嬋娟不失筠粉態，蕭颯盡得風煙情。舉頭忽看不似畫，低耳靜聽疑有聲。西叢七莖勁而健，省向天竺寺前石上見。東叢八莖疏且寒，憶曾湘妃廟裏雨中看。幽姿遠思少人別，與君相顧空長歎。蕭郎蕭郎老可惜，手顫眼昏頭雪色。自言便是絕筆時，從今此竹猶難得。」（《白居易集箋校》第六五一頁）長慶二年（八二二）至長慶三年（八二三），作於杭州刺史任上。

陳師曾，又名衡恪，號槐堂，義寧（今江西修水）人。一八九八年，考入南京江南陸師學堂。一九〇二年偕弟陳寅恪東渡日本留學，與魯迅共讀于東京弘文學院。一九〇九年回國任江西司長，一九一八年，聘為北京大學中國畫導師。

趙炳麟（一八七六～一九二七）

《憶西湖》（四首）

昔白樂天偶憶蘇杭宦遊，為《憶江南》詞。按此曲舊名《謝秋娘》，乃李德裕鎮浙西時為其妾謝秋娘所制。《樂府雜錄》改為《望江南》，樂天則改為《憶江南》。余回太原，偶憶西湖之遊，亦為此調，命名曰《憶西湖》云。

西湖憶，最憶是西泠。古帖爛斑香馥鬱，名花爛縵色婷娉。一茗抵仙醽。

西湖憶，其次憶孤山。放鶴亭前梅破萼，觀魚港上草垂鬘。一坐得心閑。

西湖憶，小小酒家樓。趁月取泉調藕粉，臨風撥火熱糟邱。早晚可停舟。

西湖憶，古洞有煙霞。石徑旁通天竺路，茆亭遠看浙江槎。風景望中賒。

（《潛並廬詩存初續》卷一，《趙柏岩詩集校注》第三七〇～三七一頁）

《擬白樂天〈新樂府〉》

余喜讀白樂天《新樂府》，託事諷諭，言之者無罪，聞之者足以警，有《春秋》之義焉。珥筆擬之，惜才緜詞塞，愧不倫也。

⊙狂風吟（傷世變也）

狂風起兮塵四飛，清泉渾亂兮白日迷。白日迷兮不見天，神州泱漭兮四顧茫然。四顧茫然心怦怦，但聞獰鬼叫兮野狐鳴。又聞滄海嘯兮潮汐生，蝦夷跳躍兮紅毛横。猪之年兮鼠之月，砰然一聲天地没。昔聞吹垢見太平，此何爲兮百怪發。百怪競發君莫奇，君不見，風后無人兮黄帝殁。

⊙純陽宫蜂（傷無主乃亂也）

初來純陽宫，蜂房見三戶。晨向房前飛，暮向花前舞。晨飛暮舞果何爲，朝天採食防終窶。去年蜂猶剩一箱，今年箱閉皆塵土。游人好事問老僧，此蜂今日移何處？僧言并州天氣寒，嚴冬累月無花取。蜂雖小物却有王，居中餓死蜂無主。蜂無主，各流離，生死存亡未可知。吁嗟小物猶如此，人類無主將安支？

⊙佗城高（傷政本也）

佗城高，佗城高，環山隔海堅且牢。漢文皇帝一紙詔，壯士棄甲歸熏陶。君不見，郡尉得任囂，嶺表鑄兵刀。大夏拜兵曹，羊城迎節旄。一官感化且如此，何况總攬全國稱權豪？自來政本苟能立，何患靈洲之水獨滔滔？吁嗟兮中原皆蓬蒿，毋怪佗城高！

⊙時世妝（傷女德衰也）

時世妝，時世妝，天魔對對迎風翔。雲鬟齊翦步搖去，蠻鞾高聳提絲囊。闊袖呈身不掩肘，圜鏡架鼻却遮眶。朝隨歡子泰壇去，暮逐情郎歌榭旁。我聞衣服貴章體，女德貞靜尤不刊。君不見，元和婦人好椎髻，香山警變心焉傷？

⊙天壇吟（悲失禮也）

誰謂白日明，眩之不須一丈霓。誰謂渭水清，混之不須一斗泥。天壇昔日薦元祀，升中攝袂邀神鳌。冕旒天子稽首拜，爾王爾侯列東西。糾儀御史當中立，班末隨祀寄與鞮。自明以來數百載，圜丘典禮堪勾稽。昔爲類帝場，今爲蕩子栖。古樹盤根坐游女，野花覆檻鳴莎雞。天壇吟，心淒淒。

⊙白山狼（悲忘本也）

白山狼，白山狼，磨牙礪爪人驚惶。汝狼生貙貙生羆，汝齒獨鋭力獨强。鼓脣吞白兔，伸足掠黄獐。具此齒與力，何不作鷹揚？汝本烏桓舊家僕，僕忘其主何郎當？狼兮狼兮汝勿忘！請君試觀黑水旁，赤軍指顧過鴨江。

⊙南嶽烟（悲小人得志，君子湮沒也）

昔有人兮，乃在洞庭之湖濱。三湘七澤間，蔚起多天民。山川間氣偶一歇，鶯凰鐸羽鴂高騰。君不見，晦翁講學堂，蔑棄生青草；茂叔愛蓮池，蕪穢盈濁潦。蔣琬不存吏治亡，張鏜已死流風掃。剩有昌山舊諫官，澗阿避世婆娑老。

⊙淮海潮（刺騷亂也）

淮濱多名山，山中人篤質。抱朴僊翁勾漏砂，伏波老將憑祥室。深山今日生龍蛇，往往吐氣遮白日。君不見，孫恩近海毒於虺，儂蠻據險兵若虱。何時再得姚江王，拯此蒸黎見清謐。

⊙昆明灰（刺强藩也）

君不見，蓮華山上月溶溶，吳王妃子留嬌容。當年廣招豪俠客，長歌舞劍方堯封。方堯封，蓄异志，一勺昆明波浪恣。掃穴雖傷内府財，犂庭終屬中原地。今朝又見劫灰飛，洊食鄰疆犉馬肥。自古夜郎徒自大，漢兵指日獻俘歸。

⊙劍門險（刺蜀禍也）

君不見，孟氏入劍門，侈口笑劉禪。英雄恃險阻，一據三十年。夾馬孩兒點兵至，美人爲妾宫爲田。十四萬人齊解甲，河山慘淡生青烟煙。母欲歸家歸不得，玉津園外聞啼鵑。何如錢王保民命，西湖廟貌今巍然。寄語劍門人，固宇民爲先。險阻如可恃，盍觀王濬之樓船。

⊙雪峰寒（刺閩亂也）

雪峰山高四十里，上有積雪下流水。高蓋崎嶇生晝寒，層巒突兀藏封豕。藏封豕，害民生，一峰崛起一峰爭。雷霆震岩四山裂，天寶石墮群峰傾。群峰之傾理當然，吁嗟民生殊可憐。安得施黄再出綏此邊？

⊙尼布楚（刺外交也）

尼布楚，水洋洋。百年流澤深且長。河邊有碑高一丈，籟質辣負雙龍蟠。中國盛時修百政，喜功好大逢俄皇。俄皇黷武冀拓土，悍然興師侵我疆。我皇赫然奮神武，豈任獨洛來猖狂。出兵大戰雅克薩，驅此戎狄如群羊。內定蒙古外青海，信誓旦旦昭約章。鐫功刻石告萬世，至今國史留輝光。立碑以來三百載，神州鼎沸悲蜩螗。蠕蠕種族更淩亂，冠履顛倒無人綱。良民餓死蕎民逞，當車振臂如螳螂。如螳螂，徒自侮，華人畏彼真何苦？慎哉毋失先人土！

⊙舌尚存（誅政客也）

舌尚存，心早沒。舌如蜜，心如蝎。北走燕，南走越。長舌一掉南北爭，閭閻倏忽堆白骨。閭閻白骨何足憐，長舌舐盡閭閻錢。北有一隻虎，請君作守府。南有獨眼龍，許君爲亞峰。談天炙轂言鑿鑿，長舌祇顧盈欲壑。何時再出米脂刀，刀刀盡把長舌割。

⊙驢鳴（誅文妖也）

驢鳴驢鳴何莘莘，文妖豎幟矜奇新。可憐太學芝蘭種，隨風化爲荊與榛。君不見，飛卿湖陰句讀亂，于湖作曲存其真。又不見，八代文章體漸淆，昌黎奮起復清純。何況既無句讀又無體，立言制行乖人倫。願借始皇坑一萬，坑驢盡作劫灰塵。

⊙華夫人（誅淫賊也）

華夫人，西施侶，汝本江南世家女。態度婷婷腰楚楚，有郎識字亦得所。胡爲挾筆珠江諸，將軍妒郎偏愛汝。妒郎愛汝竟如何，將軍毒比蛇蝎多。鴻郎奪汝幹天和，汝易不學費貞娥？

⊙金谷花

戒驕侈也。或曰：滔滔者天下皆是，戒於甲而縱於乙，不挂一漏萬乎？柏岩曰：道喪久矣，滔滔者離道太遠，余不屑戒。其近道者，余望其移風易俗，他日或可撥亂反正，戒之正以望之也。

金谷園中花正開，八千賓客稱觴來。材官帶刀浮白斗，快馬嚼鐵沖黃埃。我聞豪右易銷歇，何如淡泊稱良才。君不見，王濟編錢置馬礙，金溝至今安在哉？又不見，東都貴戚爭列第，轉瞬竹樹成殘灰（見李格非《洛陽名園記》後）。自來寰海無清鏡，巢覆那有完雛胎。金谷花，花可哀。

⊙法曲（思正樂也）

法曲法曲鳴金石，鐘鼓和諧德鬱積。廟堂奏之神抵格，法曲法曲鞭先提。

笙磬同音洽九黎，明堂奏之百政齊。法曲法曲俎豆萃，香烟繚繞冠履陳，學堂奏之風氣純。自從法曲雜軍樂，莫辨宮商和微角。安得師曠正雅音，放鄭求元覺後覺？

⊙棉場行（思民利也）

君不見，孟子當時講王政，五畝之宅樹以桑。中原棉業如推廣，其利較桑尤恢張。丁巳十月我來晋，晋南獨有植棉場。公家提倡方數載，三晋棉業皆煌煌。昔種麥粱利二石，改棉利多三倍强。民間恃此足衣食，三晋富庶無流亡。乃知王政民爲本，民衣民食其毋忘。

⊙河汾行（思王道也）

合久必分分久合，中原古史堪稽索。君不見，六朝割據隋奢淫，民苦倒懸誰拯藥？有人挾策游長安，太極殿上曾叩環。叩環不聽西歸去，河汾講學清風閑。清風閑兮化雨施，薛李房杜咸稱師。一受王佐遇時會，貞觀日月復光熙。河汾之行觸我思，我思王道非神奇。

⊙孔林行（思聖學也）

孔林之樹長青青，大道炳耀如明星。上述堯舜憲文武，下開萬世垂六經。合之者吉背者凶，秦漢以來無遷庭。君不見，晋末清談蔑禮義，六季遞擅催兵刑。唐末輕儒滅紀綱，五代繼續民零丁。大清聖祖起沖幼，武功文治特芳馨。表章孔言見王道，文光日月兮武比雷霆。孔林孔林猶有靈，吾族既醉合當醒。（《潛並廬詩存初續》卷二，《趙柏岩詩集校注》第四一四～四三四頁）

《柏岩感舊詩話》

竹坡侍郎嘗游焦山，仿東坡留玉帶。竹坡死後，張南皮相國游焦山見之，感賦云：「玉局開先繼石淙，竹坡遊戲作雷同。大廷今日求忠諫，魏笏終當納禁中。」「同姓懷忠楚屈原，湘運搖落冷蘭蓀。詩魂長憶江南路，老卧修門是主恩。」「故人宿草已三秋，江漢孤臣亦白頭。我有傾河注海淚，頑山無語枕寒流。」此時南皮督兩湖迄，内召遷大學士，贊襄機密，孝欽顯皇后倚任之。光緒三十四年，余因孝欽萬壽，監禮内廷，見德宗病危。出謂俞廙軒侍郎（廉三）曰：上病危甚，倘有不諱，國家多事，當立長君。

度今日望重眷深，無如南皮者，君為南皮舊幕，速往商之。俞侍郎詣南皮寓所告焉。還謂余曰：公為諫官，試以疏上，南皮在軍機，當贊成之。余因疏請擇皇室人才，以定大計。不報。是時，余母蔣恭人由全州移居長沙。余乞假至湘省親。方與趙芷蓀學使、唐星航太史（尚光）游岳麓山，回寓得兩宮宴駕，今上繼統信。喟然曰：主少國疑，天下多事矣。宣統初，袁項城之罷澤公，南皮實主之，余與陳松山（田）疏論，遂發動。余恐項城退而正人未進，終多後患。密陳用人大計，蒙召見養心殿。余謂攝政王曰：「外間謠言多，非用漢人之有夙望者，無以鎮人心，而銷內亂。因請起岑春煊典禁衛軍；罷奕劻，以張之洞獨相。召康有為、安維峻、鄭孝胥、張謇、湯壽潛、趙啟霖，授皇帝讀，並為攝政王顧問。攝政首肯。余退，南皮入對，不以為然，遂寢。是時，余鄉人覃展甫（兆鶗）為粵漢鐵路文案，南皮督辦粵漢路事，展甫住南皮家。晚間南皮遣展甫告余曰：「君今日所論薦，南皮極不謂然。人生難得清名，毋為人誤」云云。余自此不再召見矣。未幾，政權皆落親貴，南皮亦不得行其志，鬱鬱病咯血。將卒，為絕命詩云：「南人不相宋家傳，自詡津橋警杜鵑。辛苦李（綱）虞（允文）文（天祥）陸（秀夫）輩（皆南人也），追隨寒日到虞淵。」「誠感人心心乃歸，君民末世自乖離。豈知人感天方感，淚灑香山諷諭詩。」余為和韻云：「誰使周家鼎不傳，四山風雨聽啼鵑。宣仁若立當陽主，不信皇綱竟墜淵。」「記得平臺赴召歸，薦賢原欲弭乖離。江陵此日如援手，井底應無鐵匣詩。」紀立君、薦人兩事也。余詩集《雜感》末首云：「半閑定策承殊寵，王氣銷沈事可嗟。若有董狐修信史，文山當日不宣麻。」亦指立君事。「半閑」指奕劻。（《柏岩感舊詩話》卷一，《民國詩話叢編》第二册，第五三〇～五三一頁）

智按：趙炳麟，字竺垣，號柏岩，廣西全州人。光緒十七年（一八九一）舉人，二十一年中進士。授翰林院編修，曾追隨康梁變法。後官福建、江南、京畿等道監察御史，擢四品京堂，督辦廣西省鐵路。清亡後寓居山西。有《潛並廬詩存》、《柏岩詩文存》。事迹見《詞林輯略》卷九。

周斌（一八七六～一九三三）

《妙員軒詩話》

亞子與鵷雛爭論詩派，鵷雛謂予曰：亞子宗唐，予宗宋，故論詩格格不入。予笑曰：亞子格律唐皇，頗似義山；君旨趣深奥，逼近半山。若以唐宋二字相爭，則唐之閬仙、東野與山谷相同，宋之石湖、放翁又與香山相仿。豈能以唐宋二字相混淆乎？鵷雛笑置之。（《民國日報》一九一七年十一月二日）

智按：周斌，字志頤，號芷畦，別號分南漁俠。浙江嘉善人。與弟周玨皆為南社成員。

潘田（一八七六～一九五〇）

《清封中議大夫太常博士方賁初先生墓志銘》

先生方氏，諱守彝，字倫叔，號賁初，又號清一老人。先世自婺源遷桐城縣北魯供山，遂爲桐城人。九傳有諱孟晙者，讀書超邁有器識。時同縣有宿儒曰方日新，講學宗諸子，而與友胡國鈼以《呂氏鄉約》教于鄉，孟晙命子從之游。自是質行文儒相繼并起，至儀衛、柏堂益大。柏堂與儀衛三從兄弟，先生考也。先生少遭亂，轉徙窮山，饑困至不能得食，然未嘗一日廢學。既習聞庭訓，又游興國萬斛泉、貴築黄彭年之門……見賞于武昌張裕釗。……其為詩，自世所尊唐宋以來杜甫、白居易、韓愈、李商隱、梅堯臣、黄庭堅、陳師道諸家，靡不涵茹錯綜，香山、宛陵，尤所誦玩。然絶去模襲，掞藻驅瀾，質厚内涵。巧力既極，乃以拙勝，取徑造格，高厲孤騫，又非唐宋所能囿也。……（《碑傳集補》卷五三；《網舊聞齋調刁集》附録）

智按：方守彝（一八四七～一九二四），字倫叔，號賁初，又號清一老人，安徽桐城人。宗誠子，東樹從子。入貲為太常寺博士，然不樂仕進，潛影山林。生平詳姚永樸《方君倫叔墓表》、陳澹然《桐城方賁初先生墓表》、胡元吉《賁初先生傳》。有《綢舊聞齋調刁集》，民國鉛印本，詩二十卷附録一卷。潘田，字筱林，號季野。十七歲成諸生，一九〇四年任職于安慶學務公所。一九〇八年調安徽中等工業學堂任教，兼安徽女子師範教員。一九二〇年任教于安徽政法學校。一九二八年爲安徽大學文學院教授。一九三〇年任安徽通志館纂修。抗日戰爭中回桐城創辦木崖小學，輯《木崖遺文》二卷、《木崖集考异》二卷、《松聲閣集補缺别編》、《孫麻山詩集箋注》三卷，撰《龍眠逸史》六卷。《安徽通志·藝文考集部提要》三十六卷。晚年雙目失明，自號廢翁，仍潛心于詩詞創作。

劉聲木（一八七六～一九五九）

《萇楚齋隨筆》

⊙論著書必自序序明原委

鄭板橋明府燮《家書自序》云：「板橋詩文，最不喜求人作序。求之王公大人，既以借光為可恥，求之湖海名流，必至含譏帶訕，遭其荼毒，無可如何，總不如不敘為得也。幾篇家信，原算不得文章。有些好處，大家看看。如無好處，糊窗糊壁，覆瓿覆盎而已。何以序為！」云云。聲木謹案：明府此語，可謂通論，實亦至論也。然撰述不求他人作序則可，若無自敍則不可。凡人自撰一書，其心思才力，必有專注獨到之處，他人見之，未必遽識著書人苦心孤詣，必自作一序，詳述授受源流，標明宗旨。如箋注云宗其家，攻某家，中有某某數條，可自信無誤。某某數條，姑存其說，以待後人考論。詩文可注云學某家，譬如云素學昌黎，此篇乃似歐曾，或云素學嘉州，此首乃似元白。運用古典，不妨自注所出，于初學詩文，尤為重要。腹儉者，因自注用典甚少，自必增讀經史，以植其根本。腹富者，因用典太多，轉掩性靈，自必空所依傍，一以神行，不為用典拘束。詩文集中，某某數篇，尤為生平得意之作，不妨自己注明。庶使後人易於醒目，即操選政者，亦易於著手，不致茫如捕風，佳惡倒置。但注語必須簡明易覽，萬不可稍涉矜張誇誕，示人以陋。如是于著者、讀者、選者，皆有裨益。不意古人亦有行之者，但行之者僅一人，不能如聲木私擬之詳備。黃鍾字宏旨，號蘧廬，如皋人，康熙中諸生，撰《蘧廬草》一卷，門人鄧士英編。凡文四十四篇，前列總目，總目之後，仿《史記自序》、《漢書敘傳》之例，每篇各為之序，述所以立言之意。雖自有別集以來，玆為創格，實與聲木私意暗合。《四庫提要》稱其亦足以見其文不苟作，必有所取義，洵屬破的之論。（《萇楚齋隨筆》卷一，劉篤齡點校本，第三～四頁）

⊙唐白居易等詩改易甚多

周元公云：「白香山詩似平易，間觀所存遺稿，塗改甚多，竟有終篇不留一字者。」國朝錢籜石侍郎載撰《籜石齋詩集》□□卷，當時刻手為嘉善東門外劉子端，親見手稿，改易甚多。行間字裏，旁行斜注，幾有不可辨識者，子端嘗舉此以告人。可見先輩撰述之苦心，流傳後世之不易，率爾操觚者，萬不能傳之於世也。（《萇楚齋續筆》卷二，劉篤齡點校本，第二五九頁）

⊙世俗流傳詩人名氏

世俗有流傳之詩，膾炙人口，誤以他人名之者。如：「周公恐懼流言日，王莽謙恭下士時。若使當年身早死，一生真偽有誰知。」此白香山詩也，流俗誤以為蘇文忠公。又如：「人皆生子望聰明，我被聰明誤一生。但願吾兒愚且魯，無災無難到公卿。」此蘇文忠公詩也，流俗誤以為袁簡齋明府。斷句如：「欲起溫公問書法，武侯入寇寇誰家。」此元人楊奐詩也，流俗誤以為王鳳洲。又如：「萬事不如杯在手，人生幾見月當頭。」此明人朱存理詩也，見《野航詩稿》中，流俗誤以李太白。皆模糊影響之詞也。（《萇楚齋續筆》卷五，劉篤齡點校本，第三三九頁）

⊙詞家比詩家

詞家之有柳永、周邦彥，猶詩家之有李杜也。蘇軾、辛棄疾，猶詩家之韓蘇也。吳文英、張炎，猶詩家之有溫李也。晏殊、歐陽修、秦觀、晏幾道，猶詩家之有王、孟、韋、柳也。葛立方、趙師使，猶詩家之有元白也。姜夔、史達祖、高觀國等專言格律，後人易於學步，是以三家詞，習之者最多，以有規矩可尋，不難照式摹擬之故。因現在時人多喜言詞，聊記其大略如此。（《萇楚齋續筆》卷十，劉篤齡點校本，第三三九頁）

⊙梁九圖論詩教日下

順德梁福草□□（九圖）《十二石山齋詩話》云：「尤西堂摘《論語》中

可入吟詠者，成七律三十首。蕭山高雲士第又仿其體，摘《孟子》題三十首。雖涉筆成趣，於詩道則流而日下矣。」又云：「古詩變而為騷為樂府，為五言為七言，為律為長律，為絕句，降而為詞，為北曲為南曲，吾粵至變為調。調者，亦詞曲之體，但求應弦合拍，不如詞曲之有譜當填耳。道光初年，文士相競為之，南海招銘山大令子庸，輯而為《粵謳》，其情韻最足感人，然未免愈趣愈下矣。」云云。聲木謹案：西堂侍講詩源出元白，本以輕俗為體，又復自恃聰明，恣為狡獪，可謂不善藏拙。蕭山高氏極意祖述，可謂不善學柳下惠，梁氏譏其詩道日下，誠為至論。至於詩詞曲之外，復有所謂「調」者，大江南北，未聞有此，惟粵東獨擅。據梁氏所云，實即古人之童謠，今人謂之山歌。國初有□□□，出入獞猺中，采其唱歌，編為《粵風續》九一卷，屢見於《池北偶談》等書，是編輯成書，亦非始于道光之時。《粵謳》□卷，確有刊本，予前於書肆中見之。亟欲購回，已為他人所得，究不知如之何謂調也。（《萇楚齋四筆》卷二，劉篤齡點校本，第七二六～七二七頁）

⊙漁洋詩則

益都趙秋谷宮贊執信，撰《聲調譜》一卷，自序謂：「嘗求其法于新城王阮亭，阮亭密不肯語，乃以古詩唐詩互相鉤稽而得之。」云云。是文簡當時尚不肯以此語人，決無此書傳之後世矣。而陽湖洪稚存太史亮吉《北江詩話》云：「王新城尚書作《聲調譜》，然尚書生平所作歌行，實受聲調之累。」云云。湘鄉陳翼牟主事士芑《黃學廬雜述》云：「案《聲調譜》乃趙秋谷作，不知稚存何以誤為王作，當是一時失檢耳。」云云。是不特主事疑其誤，予往日亦嘗疑其誤也。不意近年得見《漁洋詩則》一卷，書僅肆拾三頁，為乾隆乙亥冬仲，商邱陳望之□□淮塵定軒原刊寫字本，後有陳氏跋云：「《漁洋詩則》一編，阮亭先生手授，家嚴藏諸笥篋，迄四十歲。先生為詩家宗匠，著作不下數拾種，是編見稱藝林而流布絕少。小子淮謹奉庭訓，付剞劂以廣其傳，俾操觚者得窺先生之秘旨，識音律之楷模。李唐趙宋，章法犁然，《詩》云『伐柯伐柯，其則不遠』，誠斯刻之意也夫。」云云。聲木謹案：書中明列《聲調譜》三字，決非虛訛。中亦分《前譜》、《後譜》、《續譜》等名目。《前譜》録于鵠《秦越人洞中詠》，失名《息舟荊溪入陽羨南山游善權寺呈李功曹》等五言古詩二首，蘇軾《西山詩和者三十餘人再次前韻為謝》，又

《和蔣夔寄茶》等七言古詩二首，李賀《正月》、《三月》、《五月》、《七月》、《九月》、《十月》樂詞陸首，杜牧《夏日送盧霈秀才歸王屋山將欲赴舉》，李商隱《落花》等五言律詩二首。《後譜》録岑參《與高適薛據同登慈恩寺塔》，王維《崔濮陽兄季重前山興》，又《青溪》，孟浩然《秋登萬山寄張五》，又《夏日南亭懷辛大》，李白《扶風豪士歌》，又《同族弟金城尉叔卿燭照山水壁畫歌》，又《夢游天姥吟留别》，杜甫《樂游園歌》，又《渼陂行》，又《丹青引》，又《寄韓諫議注》，韓愈《陸渾山火和皇甫湜用其韻》，又《雪後寄崔二十六丞公》，李商隱《韓碑》等五七言古詩拾伍首，沈佺期《和杜麟台元志春情》，白居易《宿東亭曉興》等齊梁體貳首，白居易《小閣閑坐》，溫庭筠《邊笳曲》，李商隱《晴雲》等半格詩三首，杜甫《月夜》，之《春宿左省》，又《送遠》，王維《登裴秀才小臺作》，孟浩然《與諸子登峴山》，又《廣陵别薛八》等五言律詩陸首，……後附馮班《古今樂府論》陸頁，《漁洋論詩》拾頁。元和惠定宇徵君棟，撰《精華録訓纂》廿卷，搜羅文簡生平撰述，以資考證，頗多罕見之本，而獨無此書目。復列文簡生平撰述未見書八種，亦無此書目。是此書不特流傳絕罕，且知之者亦甚少，從未見他人著録。予因其卷帙僅二十三頁，故備録其詩目，以供未見是書者之研究。有此目録，亦可自行推測得之矣。（《萇楚齋四筆》卷八，劉篤齡點校本，第八四八～八四九頁）

⊙明唐寅憫日歌

明代書畫家文徵明、沈周、唐寅、祝允明、董其昌等並工詩文，文撰《甫田集》三十五卷、《附録》一卷，沈撰《耕石齋石田集》九卷，唐撰《六如居士集六種》廿三卷，祝撰《懷星堂集》三十卷，董撰《容臺文集》九卷、《詩集》四卷、《别集》四卷。五家刊本，坊間亦間有，蓋為書畫所掩久矣。予年少時，在晉昌唐伯虎解元寅集中，見有《憫日歌》七言古詩一首，最喜諷詠。非謂其詩佳，可供後人則傚，正以未免俚俗，村婦樵子人人能解，儼若暮鼓晨鐘，喚醒癡人不少，爰録之於此。詩云：「人生七十古來少，前除幼年後除老，中間光陰沒多時，又有陰晴與煩惱。過了中秋月不明，過了清明花不好，花前月下得高歌，急欲滿把金樽倒。世上錢多賺不盡，朝裏官多做不了，官大錢多心轉憂，落得自家頭白早。請君細點眼前人，一年一換埋青草，草裏高低多少墳，年年一半無人掃。」云云。聲木謹案：此詩亦見明吳縣俞子容□□弁《山樵暇語》中，丙辰十二月，《涵芬樓秘笈》本。惟俞氏稱其詩多類白樂天，善於模寫，深得人情物態，悲歡窮達，恐未必然也。予平日專取清淺格言，易資諷詠者，無論詩歌聯語，匯録一帙，名《老瓦盆齋雜鈔》。每當怨尤之時，一經展視，如嚼冰雪。嘗謂聖賢義理之書，與佛家清淨之旨，原無二致。聖賢事事反躬自責，盡其在己，自無怨於人，此惟上智能之。佛家事事皆有解脫，別有取償之處，亦可不追咎於人。凡中人以下者，皆作此等觀念，此佛教之所以不能廢也。（《萇楚齋四筆》卷十，劉篤齡點校本，第八八五～八八六頁）

⊙毗陵前後七子

乾嘉時，常州有毗陵七子之目，七子為洪亮吉、楊倫、孫星衍、黃景仁、趙懷玉、徐書受、呂星垣。惟徐呂二子，名氏稍晦。語見鎮洋畢秋帆尚書沅編《吳會英才集》中。聲木謹案：徐書受，字尚之，監生，由四庫館議敘，撰《教經堂集》□卷。《蒲褐山房詩話》稱其詩取法在孟東野、張文昌間，然才情諧暢，兼效元白云云。呂星垣，字叔訥，諸生，官河間縣知縣，撰《白雲草堂詩文鈔》□卷。《墨林今話》稱其工詩、古文詞，高古簡潔，自成一家。間作寫意花卉，自娱而已云云。然則兩人之廁名於七子之中，亦非偶然。江陰金湚生明府武祥《粟香五筆》云：「嘉道間，吾常知名之士推吳頡鴻嘉之、莊縉度眉叔、趙申嘉芸西、周儀顥叔、陸容新芙、徐廷華子麟、汪士進逸雲，為毗陵後七子。」云云。後七子名氏不出於里巷，較之洪稚存太史亮吉諸人，相去天淵矣。（《萇楚齋四筆》卷十，劉篤齡點校本，第八九〇頁）

⊙論縣望及撰述宗旨

建甯徐筠亭明府時作，撰《棻堂節録》廿卷，乾隆三十年暑月，自刊寫字本。明府郡望，不署建甯，而署「濉江」二字，以本縣山水名列為郡望，係一時風會使然。若常熟瞿修齡□□世壽，撰《春秋管見》四卷、《世系》一卷、《年譜》一卷，康熙三十一年仲春，香緑居自刊圈點本，自署郡望，亦曰虞山。予已録入《寶鑒樓架上書目》及《再續補匯刻書目》中。南昌曾賓谷都轉燠，與吳退菴茂才煊，及弟照南廣文照等，自署郡望，皆曰南城。陽湖陸亞章明府獻恩，撰《讀秋水齋詩》十六卷、《文》六卷，同治丁卯良月，子鼎敦等家刊本，自署郡望曰「雅浦」。若以為縣名，則遍檢《郡縣地名韻編》，亦無有也。其書明府成於七十歲後，自序中有云謂：「世之仕宦歸林下者，多築園亭，購花鳥，招賓客，買歌舞，吹竹彈絲，為娱老消閒之具。雖白樂天之曠達高致，亦不免此。余性鈍拙，誦讀之外無他好，以圖史為園亭，以篇章為花鳥，以筆墨為賓客，以簡箋為絲竹，日游于翰苑藝林之中，悦目賞心。或録長篇，或節小段，間參管見，略為評品。事無論古今，文無論奇正，凡怪誕之辭，荒唐之說，亦有所取焉者，實欲擴俗士之見聞，開陋儒之心胸，以破其迂儒之見，游於闊大之途也。要之，正倫理，端心術，厚風俗之旨，未嘗不存乎其中，此在讀者之自領而已。」云云。聲木謹案：明府撰述宗旨，頗與予撰筆記之意相合。但明府當日以名進士作宰畿輔，宦成身退，敢作此言。予本窶人，日坐斗室，獨學無友，器具不備。所有者，皆笨重草率，聊供使用。獨抱青氈，一燈相對，敢云視為園亭賓客乎！然怪誕之辭，荒唐之說，亦不敢著之筆端，恐流為子部小說類雜事之屬。明府雖勤於纂録，或於撰述體例，有未能明瞭者乎。（《萇楚齋五筆》卷一，劉篤齡點校本，第八九六～八九七頁）

智按：劉聲木，字十枝，原名體信，字述之，安徽廬江人。清四川總督劉秉璋第三子。光緒末，分省補用知府，歷官山東、湖南學務。民國後居上海。解放後任上海市文史館館員。室名「直介堂」、「萇楚齋」。富藏書，專意收集清人撰述，所得以各省志書及清人文集、書目、筆記、詩話詞話居多，總計七六九〇種，一〇三五二〇卷。編有《萇楚齋書目》二十二卷。有《萇楚齋隨筆》五十卷，《桐城文學淵源考》十三卷，《桐城文學撰述考》四卷，《續補匯刻書目》三十卷、《再續補》十六卷、《三續補》十五卷，《寰宇訪碑録校勘記》十一卷，匯為《直介堂叢刻》行世。

孫靖圻（一八七六～？）

《言詩祕笈》

⊙白居易《長恨歌》

《容齋隨筆》曰：「白樂天《長恨歌》、《上陽人》歌，元微之《連昌宮詞》，道開元間宮禁事，最為深切矣。然微之有《行宮》一絕句云云，語少意足，有無窮之味。」《嬾真子》云：「詩人之言，為用固寡，然大有益於世者，若《長恨歌》是也。明皇太真之事，本有《新臺》之惡，而歌云『楊家有女初長成，養在深閨人未識』，故世人罕知為壽王瑁之妃也。《春秋》為尊者諱，此歌真得之。」（《言詩祕笈·雜編》，《言詩祕笈》手稿本）

⊙元稹《連昌宮詞》

《潘子真詩話》云：「《津陽門詩》、《長恨歌》、《連昌宮詞》，俱載開元、天寶間事。微之詞不獨富麗，至「長官清貧太守好，揀選皆言由相公」，委任責成，治之（所）興也。『祿山宮裏養作兒，虢國門前鬧如市』，險詖私謁，無所不至，安得不亂？稹之敍事，遠過二子。」《容齋隨筆》云：「元微之、白樂天在唐元和、長慶間齊名，其賦詠天寶時事，《連昌宮詞》、《長恨歌》皆膾炙人口，使讀者情性蕩搖，如身生其時，親見其事，殆未易以優劣論也。然《長恨歌》不過述明皇追愴貴妃始末，無他激揚，不若《連昌宮詞》有監戒規諷之意。如云：『姚崇宋璟作相公，勸諫上皇言語切。長官清貧太守好，揀選皆言由相公。開元之末姚宋死，朝廷漸漸由妃子。祿山宮裏養作兒，虢國門前鬧如市。弄權宰相不記名，依稀憶得楊與李。廟謨顛倒四海搖，五十年來作瘡痏。』其末章及官軍討淮西，乞廟謨休用兵之語，蓋元和十一二年作，殊得風人之旨，非《長恨》比云。」（《言詩祕笈·雜編》，《言詩祕笈》手稿本）

《容齋隨筆》云：「嬉笑之怒，甚於裂眥，長歌之哀，過於慟哭。此語誠然。元微之在江陵，病中聞樂天左降江州，作絕句云：『殘燈無焰影幢幢，此夕聞君謫九江。垂死病中驚起坐，暗風吹雨入寒窗。』樂天以為『此句他人尚不可聞，況僕心哉』。微之集作『垂死病中仍悵望』，此三字既不佳，又不題為病中作，失其意矣。東坡守彭城，子由來訪之，留百餘日而去，作二小詩云：『逍遙堂後千尋木，長送中宵風雨聲。誤喜對牀尋舊約，不知漂泊在彭城。』『秋來東閣涼如水，客去山公醉似泥。困卧北窗呼不醒，風吹松竹雨淒淒。』東坡以為，讀之殆不可為懷，乃和其詩以自解，至今讀之，尚能使人悽然也。」（《言詩祕笈·雜編》，《言詩祕笈》手稿本）

智按：以上但録原文而已。

孫靖圻生年據刁振嬌《論地方議會制度在清末的實驗——以江蘇諮議局為核心的研究》（華東政法學院博士論文，二〇〇七年）第八八頁。

查景綏（一八六六～一九二三）

《論詩集説》

國朝王士禛曰：「樂府之名，始於漢初，如高帝之《三侯》，唐山夫人之《房中》是也。郊祀類《頌》，鐃歌、鼓吹類《雅》，琴曲、雜詩類《國風》。故樂府者，繼《三百篇》而起者也。唐人惟韓之《琴操》最為高古。李之《遠别離》、《蜀道難》、《烏夜啼》，杜之《新婚》、《無家》諸别，《石壕》、《新安》諸吏，《哀江頭》、《兵車行》諸篇，皆樂府之變也。降而元、白、張、王，變極矣。元次山、皮襲美補古樂章，志則高矣，顧其離合，未可知也。唐人絶句，如『渭城朝雨』、『黄河遠上』諸作，多被樂府，正得《風》之一體耳。元楊廉夫、明李賓之各成一家，又變之變也。李滄溟詩名冠代，祇以樂府摹擬割裂，遂生後人詆毁。則樂府寧為其變，而不可以字句比擬也。」

王闓運曰：「白居易歌行，純是彈詞，《焦仲卿詩》所濫觴也，五言純用白描，近於高彪、應璩，多令人厭，無文故也。」又曰：「元白歌行全是彈詞，微之頗能開合，樂天不如也。」「七古歌行以杜為一大宗，元（次山）、王（右丞）、李（東川）、韓、李（長吉）、盧（仝）、李（玉谿，《韓碑》一首），宋之歐、蘇、黄、陳（後山），金之元，明之劉、李（空同）、陳（卧子）、錢（牧齋），國朝之查（初白）、蔣（心餘）、趙（甌北）、吾師李為輔（甌北七律高於蔣，七古遜於蔣，亦遜於袁）。太白為一大宗，東坡、青邱為輔（蘇得李十之二，近黄仲則得十分之五厘耳）。元、白為一宗（初唐之劉希夷、張若虚歸入此派），劉夢得，宋之王（元之）、王（禹玉）、范、楊，國朝吳（梅村）、袁（簡齋）為輔。（樊雲門入此派。宋人學長慶者頗多，不煩悉舉。）」

失名：鍊字如壁龍點睛，鍊句如蟲蛀印文，鍊章如黄四舞劍，鍊篇如山川出雲，使事如幡綽啼笑，狀物如大帝彈蠅，頓節如撾鼓露板，滑聲如笛弄歌喉，極工巧，極天然，極渾成，極生動，以弄丸之胸懷，出點金之手眼，其樂何如！古詩直而曲，近而遠，質淡而不饋，追逐而不劌，或以數句為一句，或分章以為篇，或平衍而突立別峰，或激起而旁數歷落，或中斷以為廻環，或鎖屑而寓泠指，轉折之法，如作古文，奇矯屈詰，嘗類謠諺，殊非黯淺所能夢見也。人不能反覆於《三百》、《楚辭》、漢魏樂府，烏有能蘊藉溫雅者乎！六朝組練駢麗，別為選體，佳者不數篇，倣之者似乎遒鬱，實拙滯耳。河梁、《十九首》之後，其曹、阮、陶、杜乎？昌黎太生割，取其莽蒼可也。太白奇放，次山樸直，東野痛快，高、岑取黃初之爽健，王、孟取靖節之清遠，後而元、白，而宋、元，各有所長，日趨纖薄，其能免乎！近體固陳、隋之比儷，而初盛以高渾出之，氣格正矣。調至中唐乃稱嫻雅，刻露取快則晚唐也。容當互取，寧可執一！杜陵悲涼沉厚，以老作態，是運斤之質也。錢、劉、皇甫之流利，義山、溫、許之工艷，香山、放翁之樸爽，何不可以兼互用之，自然光焰萬丈，寧須沾丐殘膏！後世尊杜太過者，溲溺亦零陵香矣。不善學古人者，專學古人之疵累，徒好畫龍，見真龍必怖而走，何怪乎？」

《燃燈記聞》云：「愚以為七律亦分二派：雄奇沈鬱，以杜為宗，李東川、高岑、李玉谿、杜牧之、黃、元遺山、錢牧齋、趙甌北、吾師李為分派，而明之徐、邊、王、陳亦入此派。清雅沖秀，以王（右丞）、孟（浩然）、韋、劉為大宗，元、白，宋之范、陸、楊，元之虞、揭，我朝之王、查、吳、袁為分派，凡閑適曠遠者皆入此派。」

袁枚曰：「古人成名，各就其詣之所極，原不必兼衆體，而論詩者則不可不兼收之，以相題之所宜。即以唐論，廟堂典重，沈宋所宜也，使郊島為之則陋矣。山水閑適，王孟所宜也，使溫李為之則靡矣。邊風塞月，名山古蹟，李杜所宜也，使王孟為之則薄矣。撞萬石之鐘，鬬百韻之險，韓孟所宜也，使韋柳為之則弱矣。傷往悼來，感時紀事，張王元白所宜也，使錢劉為之則仄矣。題香襟、當舞所，絃工吹師，低佪容與，溫李冬郎所宜也，使韓孟為之則亢矣。天地間不能一日無諸題，則古今來不可一日無諸詩。人學專而各得其性之所近，要在用其所長而藏己所短則可，護其所短而毀人之所長則不可。」

近體以王、孟、高、岑、韋、李、劉（文房）為正宗，賈、錢、柳、溫、元、白、皮、陸，宋之尤、蕭、范、陸、楊，元之虞、揭、楊，明之楊、李、何、王、陳，國朝之吳、王、查、袁、趙為輔。

七絕以王（昌齡）、李（白）、王（維）、王（之渙）、李頎、劉禹錫、杜牧為正宗，賈、岑、高、韋、儲、孟（浩然）、柳、元、白、李（商隱）、許（渾），宋之蘇、陸、尤、楊，明之徐（賁）、邊（貢）、唐（寅）、王（世貞）、徐（夜），國朝之查（初白）、蒲（松齡）、紀（昀）為輔。（《論詩集説》，上海圖書館藏稿本）

智按：查景綏，字孝先，號星階，又號三階，順天宛平人。有《怡怡園詩文存》等。

鍾韵玉

《紫雲洞聽留聲機器（用白居易望月有感韵）》

紫石嶙峋四面空，忽然唱起大江東。留聲機器聽雲外，急板高歌遏洞中。百囀鶯喉分嚦嚦，幾番鼉鼓亂蓬蓬。從教岩壑清泠奏，換羽移宫又不同。（《怡怡堂聯吟集·西湖三十咏》，《著作林》第十四期，一九〇七年，第一二八頁，署名山陰堯章賞勳）

智按：鍾韵玉，錢塘（今浙江杭州）人。姚江同聲詩社重組後，爲師友録成員。《著作林》同期同頁，有山陰漢章賞照屬和之作：「雲骨杈枒矗太空，經年石潤響丁東。誰攜機器來山上？共聽笙歌奏洞中。音節自然成絕響，盤旋無異轉飛蓬。聲留空谷人何處，仿佛湘靈鼓瑟同。」

沈鵠應（一八七七～一九〇〇）

《西河·江州琵琶》

行復止。歸舟尚滯沙際。荻花瑟瑟夜江頭。月明似水。未歸反作送歸人，臨風愁殺居士。尋聲問，幽寂地。哀弦一曲誰理？京華舊迹已茫然，錚錚又起。相逢一樣可憐生，天涯淪落憔悴。　　蕭娘莫灑老大淚。感當時、司馬情意。漫撥數聲無俚。賸長歌、寫恨孤亭憑弔，千載悠悠傷心事！（《崦樓詞》，小檀欒室匯刻閨秀詞第十集）

智按：沈鵲應，字孟雅，又名沈靜儀，侯官（今福建福州）人。祖父沈葆楨，父沈瑜慶，夫林旭。著有《崦樓詩》、《崦樓詞》各一卷，合刻爲《崦樓遺稿》。

王國維（一八七七～一九二七）

《人間詞話》

⊙白、吳優劣

以《長恨歌》之壯采，而所隸之事，只小玉、雙成四字，才有餘也。梅村歌行，則非隸事不辦。白、吳優劣，即於此見。不獨作詩為然，填詞家亦不可不知也。（卷上，姚柯夫編《人間詞話及評論彙編》，第二十四頁；《詞話叢編》第五册，第四二五三頁）

智按：白居易《長恨歌》「轉教小玉報雙成」句為隸事。而吳偉業《圓圓曲》入手即用「鼎湖」事，以下隸事句不勝指數。劉衍文《雕蟲詩話》卷五云：「以談及王靜安《傳》始，衍文乃舉《人間詞話》中語為問曰：靜安先生有言：『以《長恨歌》之壯采，而所録之事，只『小玉、雙成』四字，才有餘也。梅村歌行，則非隸事不辦。白、吳優劣，即於此見。』論詩豈可如是一途而取乎？靜安先生有《頤和園詞》，佳作也，豈不隸事乎？設無小序或加小注，後人讀之能明之乎，墨庵（智按：宋慈抱）師曰：《長恨歌》系以散文筆法為之，梅村歌行，若《圓圓曲》，則以近體詩法寫七言古者。詩體為易，散體為難，故《長恨歌》更可貴。衍文曰：古體之演進為近體，乃詩史上一大進展也。後之為詩者，惟五古尚守舊保存用散體筆法，七古則非用近體律調，不足以超越時空，變化流轉。即以《圓圓曲》論，鏗鏘聲調，誦之足以盪氣迴腸，勝於《長恨歌》之時有啞語耳。且以《長恨歌》用語而言，亦多疵纇。如：『雲鬢花顔金步搖，芙蓉帳暖度春宵。』『金步搖』三字為拼湊用韻而成句，與下句顯然不相承接，若云係省略『戴上』或『卸下』所致，實亦無此種句式也。又如：『花鈿委地無人收，翠翹金雀玉搔頭，君王掩面救不得，回看血淚相和流。』單用『花鈿』，喻意已明，何須羅列紛陳，若欲更求有代表性者，則香襪、錦袍，又何擯而不道，再如：『春風桃李花開日，秋雨梧桐葉落時，西宮南苑多秋草，落葉滿階紅不掃；梨園弟子白髮新，椒房阿監青娥老。』前兩句雙起，而單接秋草、落葉，一則駢姆枝指，二則照應未周也。然《圓圓曲》亦非全無敗句者：如：『鼎湖當日棄人間，破敵收京下玉關；慟痛六軍俱縞素，衝冠一怒為紅顔。紅顔流落非吾戀，逆賊天亡自荒讌。電掃黄巾定黑山，哭罷君親再相見。』首二句跳躍過甚，若非對仗，不可跨度如是之大也。幸得後兩句為救，得以支撑相濟。倘理曲為順解之，當是：『鼎湖當日棄人間』，『六軍』俱『慟哭』而『縞素』矣，然六軍僅『慟哭』、『縞素』而已，而未嘗『怒』也。其『怒』非替君王復仇，乃為『紅顔』被奪，始全軍出動，而『破敵收京下玉關』矣。又『紅顔流落非吾戀，逆賊天亡自荒讌』兩句，乃用吴三桂口氣插入以語，詩中常有身份轉換、或分或合、或兩者綜合以道者，由於此處標出不甚明顯，故傅東華先生解為故為吴三桂開脱，未免牽強難通；近又有人以連下兩句即共四句全系吴三桂口吻之言，則察之未審也。又『遍索緑珠圍内第，強呼絳樹出雕闌』二句，為合掌之病，雖非七律，亦當避其重複也。設在唐前，或尚可許，後此詩律日嚴，豈得寬容乎！墨庵師然之。」（《民國詩話叢編》第六册，第六四七～六四八頁）

⊙皇甫松詞

（皇甫松）詞，黄叔暘稱其《摘得新》二首為有達觀之見。余謂不若《憶江南》二闋，情味深長，在樂天、夢得上也。（附録一，徐調孚録自《唐五代二十一家詞輯》諸跋）（《詞話叢編》第五册，第四二六九頁）

⊙清真為詞中老杜

（周清真）先生於詩文無所不工，然尚未盡脱古人蹊徑。平生著述，自以樂府為第一。詞人甲乙，宋人早有定論。惟張叔夏病其意趣不高遠。然北宋人如歐、蘇、秦、黄，高則高矣，至精工博大，殊不逮先生。故以宋詞比唐詩，則東坡似太白，歐、秦似摩詰，耆卿似樂天，方回、叔原則大曆十子之流。南宋唯一稼軒可比昌黎。而詞中老杜，則非先生不可。昔人以耆卿比少陵，猶為未當也。（徐調孚録自《清真先生遺事·尚論》三）（《詞話叢編》第五册，第四二七〇～四二七一頁）

「暮雨瀟瀟郎不歸」，當是古詞，未必即白傅所作。故白詩云「吳娘夜雨瀟瀟曲，自別蘇州更不聞」也。（按：此條原已删去）《人間詞話》（拾遺十三則，録自《新注》之五八）（姚柯夫《人間詞話及評論彙編》，第六三～六四頁）

《宋元戲曲考·元劇之文章》

以唐詩喻之：則漢卿似白樂天，仁甫似劉夢得，東籬似李義山，德輝似溫飛卿，而大用則似韓昌黎。以宋詞喻之：則漢卿似柳耆卿，仁甫似蘇東坡，東籬似歐陽永叔，德輝似秦少游，大用似張子野。雖地位不必同，而品格則略相似也。（《王國維文集》，第三九四頁）

《傳書堂藏善本書志》

《白氏長慶集》七十一卷，明活字本。元稹序。長慶四年。每半葉十一行，行十六字。全書皆小字雙行。板心有「蘭雪堂」三字。（國家圖書館出版社影印本，二〇一〇年十月）

《兩浙古刊本考序》

雕板之興，遠在唐代，其初見於記載者，吳、蜀也。而吾浙為尤先。元微之作《白氏長慶集序》，自注曰：楊、越間多作書，摹勒樂天及予雜詩，賣於市肆之中。夫刻石亦可云摹勒，而作書鬻賣，自非雕板不可，則唐之中葉，吾浙已有刊板矣。（《觀堂集林》卷二十一，中華書局，一九五九年影印本第一〇四五頁）

智按：王國維，字靜安，一字伯隅，號觀堂，海寧（今屬浙江）人。早年研究哲學、文學。兩次東渡日本，一九〇三年起，任通州、蘇州等地師範學堂教習，講授哲學、心理學、邏輯學，著有《靜安文集》。一九〇七年起，任學部國學圖書局編輯，從事戲曲史和詞曲研究，著有《曲録》、《宋元戲曲考》、《人間詞話》等。辛亥革命後以清遺老自居。一九一三年起從事中國古代史料、古器物、古文字學、音韻學考訂，尤致力於甲骨文、金文和漢晉簡牘之考釋，主張以地下史料參訂文獻史料。一九二五年任清華研究院教授，除研究古史外，兼作西北史地和蒙古史料整理考訂。一九二七年于北京頤和園投水自盡。生平著作六十餘種，收入《海寧王靜安先生遺書》有四十二種。考證文章彙編為《觀堂集林》。

由雲龍（一八七七～一九六一）

《定庵詩話》

講求聲調平仄，則有趙秋谷之《聲調譜》、翟儀仲（翬）之《聲調譜拾遺》、王文簡之《古詩平仄論》、翁覃溪之《五言七言平仄舉隅》諸書。講求格律，則有《歷代詩話》，及紀曉嵐之《瀛奎律髓》、許五塘之《律髓輯要》、《詩法萃編》諸書，皆論之詳盡。學詩者可自尋求，無俟繁複徵引。茲所欲言著，則詩家之宗尚派別也。其天資高、學力厚、兼采眾長、不名一家者，固未可拘於宗派之說，從而擬議之。至於宗尚古人，學專一派，其間是非得失，有可得而論列者。自來言詩者，靡不以唐為宗。吳門吳修齡《圍爐詩話》，尤力主之。惟學之僅得皮毛者，則痛斥之不稍假借。其詆明代之大復、空同等，至謂為「蚓響蛩聲」，「牛呞驢鳴」，意氣淩蔑，豈得為平情之論耶？夫唐承六代繁褥之餘，振起中聲，規復正始。格律完整，情韻綿邈，誠為詩歌極則。特步趨不易，往往肩漫空闊，流弊無窮。在仲默、元美、于鱗輩，各有獨至，非扶牆模壁者可比。集中間有遺神襲貌之作，其雄篇佳制，固不可掩。若夫淺學之徒，家李杜而戶元白，膚詞俗調，揮毫立就，巴曲俚語，搖筆即來。甚者假託神韻，藉口性靈。無論貴賤老少，末學小生，皆可作詩。身後遺集，人各一編，幾成定例。汗牛充棟，奚止覆瓿代薪。故趙甌北《長夏曝書有作》云：「文人例有一篇稿，鍥棗鋟梨紛不了。若使都傳在世間，塞破乾坤尚嫌小。」……（《定庵詩話》卷上，《民國詩話叢編》第三册，第五六一頁）

五言古詩，肇自西漢，蘇李贈別，卓文君《白頭吟》，李延年歌，皆其濫觴也。《十九首》有謂為枚乘作者，古音古節，宛轉頓挫，非漢魏以後人所能假託。殊非一時一事，亦不僅十九首，昭明以之入《選》者，止此數耳。模山范水之作，大謝為最。宣城工于發端，左思、鮑照工于詠古，步兵善於寫懷，皆雄傑抗厲。淵明曠達，獨具精詣，後來取法，舍斯莫屬。嚴秋槎《藥欄詩話》頗嫌六朝人之琢詞鍊句，過於穿鑿。然五言節短音長，非琢鍊何能工妙耶？其後唐人如岑、王、孟、韋、儲、柳，雖稍變格，仍不能出前人窠臼。昌黎尤長於遒鍊，音節亦駸駸近古。明清如謝、譚、王、厲諸家閒適之作，及近人投贈之什，均多可采。漁洋謂五言古著議論不得，亦不儘然也。作者多取六朝人及唐之李、杜、王、孟、岑、韋、昌黎諸家，汰其繁蕪，涵詠諷誦，自得其真。若雜填風雲月露之詞，生湊險僻迂曲之字，以為學謝學韓，影響比附，則入魔道矣。李越縵評此體詩，舉漢魏之枚叔、蘇、李、子建、仲宣、嗣宗、太沖、景純、淵明、康樂、延年、明遠、玄暉、仲言、休文、文通、子壽、襄陽、摩詰、嘉州、常尉、太祝、太白、子美、蘇州、退之、子厚，以及宋之子瞻，元之雁門、道園，明之青田、君采、空同、大復，清之樊榭，皆詣力精深，卓絕千古。惟謂道光以後，惟潘四農之五古，差有真意；則取才未免過狹。沈歸愚《古詩源》所選五言，差強人意，較之其他各代詩《別裁》為勝，堪以取則。唐人則太白樂府諸篇，工部《新婚別》、《無家別》、《垂老別》、《石壕吏》、《新安吏》、前後《出塞》、《自京赴奉先》、《北征》諸什，洋洋灑灑，蔚為大篇。其餘如岑之《登慈恩寺塔》，韋之《郡齋燕集》，允推佳構。王之《渭川田家》、《青溪》、《藍田山石門精舍》，孟之《尋香山湛上人》、《夏日南亭懷辛大》、《秋登萬山寄張五》，柳之《晨詣超師院讀禪經》、《遊西亭》，韓之《秋懷十一首》、《贈張徹張籍》及《送惠師》諸首，皆音節近古，幾經錘鍊而成。郊寒島瘦，要足以振拔陳言，開闢意境。香山五古，多諷諭之作，但詞涉直露。學陶、白而流於迂俗淺率，反不如學孟、賈之較新警也。宋人除玉局、山谷外，宛陵之《河豚》詩，少遊之《端午日》詩，皆卓卓可傳。明之譚友夏，清之黎二樵《五百四峰草堂》，陳太初《簡學齋》，魏默深《清夜齋》，江弢叔之《伏敔堂》，金亞匏之《秋蟪吟館》，並多幽秀峭挺之作。人境廬《新離別》諸作，抑揚頓挫，生面別開。太初曾孫仁先，五古詩雄深雅健，善學荊公、山谷。陳石遺評其《游天寧寺》、《聽松聲》、《往太清觀》諸篇，謂可抗衡嘉州、少陵《登慈恩寺塔》、《玉華宫》、《大雲寺》、《贊公房》諸作。至全首音節高抗，如空堂之答人響，則以平韻古體詩，出句末字，多用平音也。此秘韓、孟始發之。韓如《遣瘧鬼》、《示兒》、《庭楸》、《讀東方朔雜事》等篇皆是，孟尤多云云。出句末字用平音，彌覺鏗鏘瀏亮，自六朝人已發之。如大謝《登池上樓》、《石門新營》諸詩皆是。李、杜亦間有之。石遺何言自韓、孟始耶？梁節庵《得伯嚴書》一首，超逸沈鬱，不可多得之作也。詩云：「千年浩不屬，君乃沈痛之。神思可到處，繾綣通其詞。窮山何所樂，余心忽然疑。試君置我處，魂夢當自知。把書闔且開，情語生微漪。出見東流水，湯湯將待誰。」王壬秋、鄧彌之力追漢魏，故全集中五言古體尤多。茲録王壬秋得意之作二首，以見一斑。《入彭蠡望廬山作》云：「輕舟縱巨壑，獨載神風高。孤行無四鄰，窅然喪塵勞。晴日光皎皎，廬山不可招。揚帆掛浮雲，擁楫玩波濤。昔人觀九江，千里望神皋。浩蕩開荊揚，潨淙聽來潮。聖游豈能從，陽島尚嶕嶢。川靈翳桂旗，仙客閟金膏。委懷空明際，傲然歌且謠。」自注：「俗人論詩，以為不可入議論，不可入經義訓詁，是岐經史文辭而裂之也。余幼時守格律甚嚴，及後貫徹，乃能屈刀為鐵，點磁成金。如此詩皋、潮、嶢韻，考證辨駁俱有之，若不自注，誰知其跡，熔經鑄史，此之謂歟。」又《望巫山作》云：「神山夙所經，未至已超夷。況茲澄波棹，翼彼祥風吹。真靈無定形，九面異圓虧。晴雲穴内蒸，積石露嶔奇。江潮汩無聲，浩蕩復逶迤。呼風淩紫煙，噉玉吸瓊脂。賞心不可期，遊識道層累。若有人世情，暫來祓塵羈。」自注：「與前詩皆學謝，赤石帆海，光陰往來，神光離合，五言上乘也。詩涉情韻議論，空妙超遠，究有神而無色，必得藻采發之，乃有鮮新之光。故專學陶阮詩，必至枯淡。此『脂』韻與上篇『膏』韻皆點景之句，而通首盡成煙雲矣。『江潮』兩句，尤能寫出真景，江行者自知之。」（《定庵詩話》卷上，《民國詩話叢編》第三册，第五七一～五七三頁）

縱横變化，李杜為之大宗。嘉州、東川，悲壯蒼涼，工于邊塞征戰之作。常侍、摩詰，兼為雄麗。昌黎兀傲排宕，音節最高。子瞻、放翁，沈雄噴薄。遺山、青邱、空同、大復，高視闊步，嗣響唐音。梅村踵武元白，典瞻華麗，自成别調。初白力追玉局，頗多巨制。至近代巢經巢、范伯子，並學杜、韓、東坡，淋漓揮灑，如天馬行空，不可羈勒。殘膏餘馥，沾溉後學不少。學宋

詩者往往借途經巢，非必直接蘇黄也。……（《定庵詩話》卷上，《民國詩話叢編》第三册，第五七四頁）

世謂次韻始於白樂天、元微之，號「元和體」。然楊衒之《洛陽伽藍記》載，王肅入魏，舍江南故妻謝氏，而娶元魏帝女，其故妻贈之詩曰：「本為箔上蠶，今為機上絲。得路遂勝去，頗憶纏綿時。」其繼室代（肅）答謝，亦用「絲」、「時」兩韻。是次韻非始於元、白矣。特王妻閨閣之作，未播於時，元、白則一時名士，流播詞壇，故為詩家所宗尚耳。焦弱侯《筆乘》載《陳後主集》有《宣猷堂燕集》五言詩，與江總、陸瑜、孔範互相賡唱，其詩用韻，與所得韻先後正同。但韻以鉤探，非酬和先倡，與後世次韻小異。（《定庵詩話》卷下，《民國詩話叢編》第三册，第六〇五～六〇六頁）

陳石遺詩老近有詩云：「偶沿東海人談藝，猥使西江派拜嘉。」自注云：「日本博士鈴木虎雄推余詩為江西派，實不然也」云云。先生雖不自承為江西派，顧提倡宋詩甚力。自其所著詩話及所選之《近代詩鈔》出，海内之為同光體者，益復靡然向風。蓋欲避俗、避熟、避膚淺，而力求沉厚清新，固非倡導宋詩不可。況先生所選近代詩，斷自道光朝起，而是時之詩家，如祁壽陽、曾湘鄉、何東洲輩，皆名高望重，以半山、山谷、東坡、後山諸家為祁向者。故宋詩之盛，非僅人力，亦風會致然也。《近代詩鈔》首録《䜋䚃亭詩》一百二十餘首，何東洲詩録至一百七十餘首，曾湘鄉詩亦録至數十首。其他如鄭子尹、莫子偲及近代之散原、海藏、弢庵、乙盦，皆推挹甚至。其他如晚翠、吷庵、拔可、貞壯、晦聞、詩廬、仁先、眾異、宰平，宗宋派者，采輯甚備。而閩人録至數十家，以為宋詩最早而最多也。全鈔三百餘家，而滇人無一焉，以滇人之為宋詩者少也。先生詩話中，雖一再言無論為唐為宋，要取詞必己出，意不猶人者，固舍宋詩莫屬矣。于長慶體少鈔，以其骨少肉多也。柏梁體少鈔，以其詞勝於義也。推陳出新，補偏救弊，先生其無媿今之宗匠乎。（《定庵詩話》卷下，《民國詩話叢編》第三册，第六〇六～六〇七頁）

仁和徐花農（琪）與予家有通家之誼，為曲園得意門生。書法初學玉局，極其挺秀，後入二王，亦托體高華，筆力圓轉自如，嘗謂予曰：「予書海内除一二人外，無與抗顏行者。」其言非誇。蓋自廣東學政罷官後，世遂無不知其書者，特不知所謂一二人者為誰耳。詩亦雅有曲園風度，殆於香山、放翁為近。自云亦學東坡，而格律過之。《招同門諸君集于俞樓，王夢薇大令用曲園師年字韻紀其事依韻奉和》云：「小別俞樓又一年，偶攜儔侶便開筵。隔窗山鳥迎人語，掠水垂楊顧影憐。春色頓生詩筆底，豪情都湧酒杯前。瓢池新漲君知否，魚浪吹珠個個圓（瓢池在俞樓後）。」《茶陵尚書移節陝甘（譚鍾麟）和曲園師韻》云：「天為中興毓藎臣，蒼生霖雨待斯人。久聞相業齊裴度，況有清名比賀循。述職匆勞趨北闕（拜命後有匆庸來京請訓之諭），籌邊自昔重西秦。重來處處皆持節，隴上湖邊總是春。」酬應之作，本不足以見其長，略録一二，以紀一時韻事耳。花農有印章曰：「四世備歷六官，九代俱封一品。」蓋其家自文敬、文穆以來，世代簪紱，洵非虛妄，第不宜自為表襮耳。此習自板橋、隨園輩倡之，後遂踵事增華，變本加厲，即曲園亦未能免俗。曲園嘗有私印云「煌煌天語，寫作俱佳」，自謂閩督英香巖陛見時，文宗諭有「寫作俱佳，人頗聰明」之語。夫曲園為文宗時革職之員，未必尚有是語，即有之，亦不應以煌煌等字表襮之。曲園又有私印曰「海內翰林第二」，所謂第一者，蜀人伍嵩生也。同時彭雪琴尚書有私印曰「天下第一恨人」，語甚冷雋。而曲園乃曰不如易「恨」字為「仙」字，花農謂不如易為「福」字，皆失之遠矣。後康南海有私印曰「歷二十六國，行三十七萬里」，則所謂讀萬卷書，行萬里路，當之無媿也。前輩有謂傅青主雖未應試，因賞內閣中書，亦有「徵君內閣」之標榜者，其信然耶。（《定庵詩話續編》卷下，《民國詩話叢編》第三册，第六五四～六五五頁）

余又有《甹園圖》徵題，圖為嶺南蔡哲夫談月色夫婦合作，界畫甚工緻。甹園者，段懋堂《說文解字注》云：「甹，木生條也。《商書》曰：若顛木之有甹枿。今《書》作由蘖。《詩序》曰：由儀萬物之生，各得其宜。蓋由即甹之假借。伏生作甹，孔氏作由。」後世文趨簡便，概書作由。以許文無由字，多疑其字非古，其實甹由一也。江艮庭欲盡改《說文》從由聲之字為從甹省聲，段氏謂若然，則甹從由聲，又何說也。余有小園，花木蔚然，取甹字生發之意，命之曰甹園。亦猶蘇州留園、錫山秦園之例（留園園主原系劉姓，說文有「留」字，無「劉」字，故以「留」名之。秦園見金樟《南廬詩稿》），特園之廣狹繁簡迥別耳。題詠甚多，佳作如林……狷庵易君題五古一章，頗注意圖繪，比之龍眠，語簡而賅。詩云：「摩詰圖輞川，韻事流千古。子山賦《小園》，懷抱輕華膴。我覽《粤園圖》，芳躅遙踵武。蔡叟擅丹青，老筆雄且嫵。梁孟兩壁合，位置無乖迕。尺幅羅萬象，堪與龍眠伍。叟繪園之景，我詠園之主。世亂貴知幾，不屑戀簪組。流急則退勇，幽棲避網罟。小築翠湖濱，湖光供納吐。涵翠樓前地，撥蒙辟畦圃。丈室三兩楹，坐擁圖書府。研經課兒輩，抱膝吟《梁甫》。暮指歸鳥歸，晨看乳燕乳。餘情蒔花竹，香蔭靄庭戶。旁通及內典，神遊佛國土。或招素心人，南雅騷幟竪。唱和稿盈尺，寧泥聲調譜。偶然得佳句，狂笑掌頻拊。啜茗潤詩腸，何用酒傾瓶。園蔬佐晚餐，燒筍足充肚。我非髯參軍，亦豈短主簿。半生守楹書，碌碌無足數。不慣趨朱門，伺人顏喜怒。追陪香山會，清談沁肺腑。來叩粤園扉，如入辛夷隖。他日儻移家，詣園乞賃廡。」……（《定庵詩話續編》卷下，《民國詩話叢編》第三册，第六五九～六六二頁）

瀘西陳古逸，以名進士由度支部派充雲南造幣廠總辦、大清銀行監理官，民國後一度任外交司，遂終隱於滇。晚年殫心佛法，四方崇仰，夙工書畫，尤長倚聲。余六十歲時，曾倚《壽星明》一闋壽余云：「江湧金沙，山抹彩雲，實毓英賢。溯幽燕負笈，鉤河摘洛；南疆開府，勤政愛民。梅莢凝香，菁莪造士，更泛枯槎日月邊。英雄老，問半生勳業，一笑無言。　九龍池北林園。已隔斷輭紅十丈塵。有牙籤插架，書城坐擁；貝文攤案，佛海精研。筇竹尋詩，寒蒲習定，六十平頭白樂天。我何獻，只香臺法食，菩薩清泉。」（《定庵詩話續編》卷下，《民國詩話叢編》第三册，第六六三頁）

袁忠節公（昶）丁亥歲暮，壽李蓴客七律二首，蓴客稱為字字新警。漸西村人原稿未載，（稿只刊至甲申止）兹録存之。一云：「六十為郎未厭遲，銅駝陌上墊巾宜。歸然風節和應寡，妙得天機知者誰。鑑曲笠筇追賀老，《鐵崖樂府》冠元詩。由來越國山川逸，借取才名重聖時。」二云：「猩黄花照鵝黄酒，破臘年前已得春。晚覺方瞳健勝昔，坐忘帶孔瘦移旬。讀穿饑朔三冬史，生後髯坡九日身。腰腳明年問何似，南郊鳴玉侍祠臣。」又《贈炁伯》云：「淨名示疾轉充然，乍起寧資服散緣。知見香存消蕙歎，句文身在異蕉堅。人間鸞翮留中散，池上楊枝伴樂天。更約窮探翠微勝，試攜竹杖已輕便。」（《定庵詩話續編》卷下，《民國詩話叢編》第三册，第六六八頁）

智按：由雲龍，字夔舉，號定庵，別署碧嶢散人。雲南姚安人。光緒二十三年（一八九七）舉人，京師大學堂畢業，由内閣中書、永昌知府累官至雲南代理省長，曾任《雲南日報》主筆。工詩文書畫，通音律，著有《定庵詩存》、《幻緣記》傳奇，編有《高嶢志》。

靳志（一八七七～一九六九）

《白樂天墓》

樂天晚知洛，而亦有所敝。手抄洛中集，納之香山寺。生平悔綺語，犁舌犯十戒。斐然狂簡文，何與佛乘事。而謂法輪轉，期諸未來世。抗懷智大師，筆記靈山會。頗笑羊叔子，碑墮峴首淚。廟碑終磨滅，經常有興廢。不見魏伽藍，楊衒之為記。十寺今無一，蒼然豈天意。巉巉鑿龍門，清伊細如帶。終古付劫灰，何處認初地。嗟嗟長慶體，今猶立文字。（《洛陽名勝詩選》第二五三頁引《名勝志》，中國旅遊出版社，一九八四年十二月；李文生主編《龍門石窟志》引《洛陽名勝記》，中國大百科全書出版社，一九九六年五月，第三五六頁）

智按：靳志，字仲雲，河南祥符人。光緒二十三年（一八九七）舉人，二十九年進士。有《居易齋詩存》。

鄧方（一八七八～一八九八）

《論詩》

詩學三千年，自謂頗窮源。五嶺風雅衰，誰能抗中原？千秋論長篇，無過李青蓮。杜陵格盡大，最愛《哀王孫》。《詠懷》與《北征》，萬古此五言。暮年賦《諸將》，偉律何聯翩！退之後起雄，鑱天摩斧斤。長排創仄拗，奇峭不可捫。《孔雀東南飛》，格在白傅先。長慶變初唐，比事始�娟。願言嗣玉谿，自知乃自憐。流易與僻澀，兩兩俱失焉。蘇、黄頗別出，要以古詩傳。渭南海橫流，膚俗開旁門。哀哀望兩河，獨使人肺酸。岧岧元遺山，兀兀虞道園。飄飄高青丘，惻惻吳梅村。元子獅搏象，高、吳蹇匹駑。元風虞最醇，老吏當時尊。七子杜陵兒，語詩必開元。時還情變遷，貌存神不存。明季楚人咻，夫誰障狂瀾？開國有正聲，雲間其發端。秀水朱彝尊，松陵吳兆騫。新城王阮亭，海内之昆侖。細腰以取妍，不屑查、趙倫。藥亭《養馬行》，元孝《王將軍》。詎須勝江南，自是鄉國賢。願從李、杜後，羅取諸公純。何為性靈主？何為時代援？上窺漢魏垣，古義風人敦。（《小雅樓詩集》卷一）

智按：鄧方，字秋門，一字方君，廣東順德縣水藤堡岑屯鄉人。幼年喪母，隨父客居上海，家境貧寒，與其兄鄧實相依讀書。光緒二十年（一八九四），年十七，南歸順德，以詩謁見鄉中大儒簡朝亮，受業於簡岸草堂，與後來入南社、任北京大學教授之著名詩人黃節（晦聞）同學，意氣相投，過從甚密。其後往來滬、粵，「讀書旅舍，不輟而勤」（鄧實《亡弟秋門墓誌銘》）。光緒二十三年（一八九七），年二十，遠游京城，獨出塞外，覽山川形勢，「發為詩歌，以道其志」。回鄉後得瘿疾，於光緒二十四年（一八九八）不治而卒，僅二十一歲。逝世前手編其稿，為《小雅樓詩集》八卷，文二卷，乃兄鄧實刻印於廣州。

連橫（一八七八～一九三六）

《訪琵琶亭故址》

隔水騷魂未可招，潯陽江畔且停橈。蒼葭斷雁無消息，賴有琵琶慰寂寥。（《劍花室詩集》卷一大陸詩草「自壬子至甲寅」，《臺灣文獻叢刊》第九四種）

《春樹曲》

春樹、淡北人，年十四，明眸皓齒，嬌小玲瓏。霧峰某公子見而說之，納之下陳。公子多內寵，有如夫人者六，不數月而愛弛。春樹遂去，再入樂籍，艷名尤甚。時余客大墩，曾見之公子家。迨今已十載矣，春宵買醉，忽遇驚鴻；香國埋愁，劇憐去燕。粧痕未浣，眉黛猶濃，影事重提，綺懷別抱。既聞小小之歌，為譜圓圓之曲；未免有情，聊以志感。

玉樓夜冷燒紅燭，酒酣耳熱琵琶促。四絃寂寞忽無聲，聽我一歌春樹曲。

淡江有女艶如花，十四玲瓏未破瓜。碧玉麗年嬌待字，緑珠聲價已無瑕。勾闌日暮教歌舞，翠袖紅牙不知數。帳裏楊風唱采春，簾前梨月翻珠樹。樹底流鶯宛轉聲，回眸一笑若為情。朱唇啣雨遮紈扇，緑鬢堆雲倚畫屏。霧峰公子豪華客，承明自擅通侯籍。碎擊珊瑚叱蠢奴，盡傾珠玉求佳色。北里相逢問宿緣，千金又出買花錢。早攜嬌鳥籠中住，但作鴛鴦不羡仙。春慵睡起微含笑，開奩自把菱花照。大姨風調小姨嬌，爭似新人年更少。新人宜笑又宜顰，密意濃情在一身。好是芙蓉開並蒂，風流占斷大墩春。承歡侍側才三月，掩袖低徊恩愛絕。東西溝水自分流，朝暮巫雲猶出沒。登車宛轉淚空流，一斛珠連萬斛愁。教曲伎師憐尚在，舊時姊妹憶同游。春江夜月多笙吹，酒闌未忍孤衾睡。真成薄倖怨阿郎，誰念姬姜竟蕉萃。繡閣花開年復年，落花無主意纏綿。蜂愁蝶怨憑誰訴，絮亂絲繁亦可憐。我昔曾游大墩麓，捲簾瞥見長蛾緑。十載青樓夢覺時，又聞山下蘼蕪曲。蘼蕪生長系相思，何處春風好護持。舊侶已多嗟薄命，美人未嫁惜芳時。昨宵夢斷東西陌，一種春聲忘不得。絮果蘭因即是空，冶葉倡條偏相識。等是人間墜溷花，芳情脈脈起咨嗟。斑騅欲系王孫住，楊柳依依又水涯。（《劍花室詩集》卷二寧南詩草「自甲寅至丙寅、自丁卯至癸酉」，《臺灣文獻叢刊》第九四種）

智按：此篇仿梅村體，風采駿發，一往情深，雖不及王部畇《彩雲曲》、樊樊山《彩雲曲》、曾伯隅《和樊山使君彩雲曲》、錢夢苕《胡蝶曲》、杜柴扉《吕郎曲》、劉腴深《鳳珠曲》、常燕生《臺城曲》等篇之淵澄玉潤，而情韻流轉，轉有勝於諸家者。

《次陳菊譜題周金鳳傳後韵》（二首其二）

萍梗遭逢亦夙因，看花無那此情真。文章有淚窮才子，金粉多愁嘆美人。但使過江同白傅，如何盡室作巫臣。恨天未補媧皇石，不怨蹉跎怨不仁。（《劍花室外集之一》「自乙未至辛亥」，《臺灣文獻叢刊》第九四種）

《詩薈餘墨》

詠物本難，而集句尤難。曩閲華報，有孫君景賢集玉谿句以詠白海棠。白海棠者，故清珍妃宫婢也，素有豔名，出宫後，嫁某。樊姬擁髻，傳秘事於人間，麗華捨身，弔貞魂於井底，噫可懷也，亦可痛也。詩如左：

……消息東郊木帝回，年華憂共水相催。莫驚正勝埋香骨，密鎖重關掩綠苔。煙幌自應憐白傅，柳綿相憶隔章臺。春心莫共花爭發，換得年年一度來。……（《雅堂文集》卷四，《臺灣文獻叢刊》第二〇八種）

智按：連横，字武公，號雅堂，又號劍花，臺灣臺南人，祖籍福建漳州。有《臺灣通史》、《臺灣語典》、《臺灣詩乘》、《劍花室詩集》。

周存培（一八七八～一九四四）

《涿县通俗教育馆募捐書籍古物啟》

蓋聞左史才高，熟邱索典責之籍。……井底之蛙，詎稱多見，用呼將伯，俾惠斯民，所望諸君子憫其謭陋，多爲扶持。曹氏倉中，鄴侯架上，但使秦輸晋粟，悉爲餽貧之糧；即或燕誤郢書，亦屬益智之棕。稗官野史，不妨作唐代叢書；海志山經，更珍比趙人之璧。其有崔盧舊族，王謝大家，或室有鼎彝，或架藏圖史，或屬徐黄之畫，或關動植之書。其秘而不宣，何若公諸同好。從此青年向學，漫云童子何知；行看白傅有詩，能使老嫗都解。拭目以俟，援手奚難。倘以君之餘波及于晋，永拜仁者賜富以其鄰。濡筆陳詞，發棠是望。用修短啟，敬頌公綏。（民國二十四年《涿縣志》第七編藝文卷一，北平京城印書局民國二十五年刊本）

智按：周存培，字葆生，別署蘇厂，涿州（今屬河北）人。清末己酉科拔貢，曾任直隸省文職，累官部曹。入民國，歷膺北平各中學及河北第六女子師範講席，涿縣育才中學文史教師，兩等小學堂校長。善詩能文，《咏涿縣八景》膾炙人口。有《蘇厂詩草》、《蘇厂雜著》。

楊蔭杭（一八七八～一九四五）

《讀白樂天詩》

白樂天詩「為問長安月，誰教不相離」，自註云：「相，思必切。」陸游筆記謂白樂天用「相」字，都作思必切，杜甫詩「恰似春風相欺得，夜來吹折數枝花」，此「相欺」之「相」，當亦讀入聲。陸說良是。然唐人讀「相」為「昔」，究不知其何所本。後聞吾鄉鄉人作鄙語曰：「鄉下小夫婦，一步弗相離。」其「相」字亦讀思必切，與樂天之詩同，乃狂喜累日，如逢一字師，知唐音猶存於今日，而樂天所用乃當時方音也。樂天為下邽人，當不作吳語，且其詩期于老嫗都解，必用中原正音。然今觀其詩中所用入聲字，皆與今日吳語吻合。如《山枇杷詩》：「深山老去惜年華，況對東溪野枇杷。」其「枇」字作入聲，讀薄密切。古「枇杷」字與「琵琶」無別，《釋名》：「琵琶」作「枇杷」，《風俗通》，乃從手作「批把」。故樂天詩中「琵」字，亦讀薄密切。《容齋隨筆》謂：「樂天詩『忽聞水上琵琶聲，主人忘歸客不發』、『四絃不似琵琶聲，亂瀉真珠細撼鈴』，『琵』字皆作入聲。」《芥隱筆記》謂：「《晉書・阮咸傳》、《唐書・元行沖傳》：『琵琶』字并無音，樂天詩『銀含鑿落盞，金屑琵琶槽』、朱史君詩『昨日施僧裙帶上，斷腸猶繫琵琶弦』，『琵』字皆從仄聲。」又「蒲桃」之「蒲」，今吳語讀入聲。如白樂天詩「羌笛吹楊柳，燕姬酌蒲桃」，「蒲」讀仄，見《芥隱筆記》。又樂天詩中二司字，《容齋隨筆》亦言作入聲，如「四十著緋軍司馬，男兒官職未蹉跎」「一為州司馬，三見歲重陽」是也。武元衡詩「惟有白鬚張司馬，不言名利尚相從」，亦與此同。「司」字讀入，今吳語無之。然《漢書・敘傳》，「困于二司」與「學」字為韻，《大戴禮》「若天之司」，與「職」字為韻，此樂天所本也。《老學庵筆記》謂「十」字轉平聲，可讀為「諶」：白樂天詩「緑浪東西南北路，紅欄三百九十橋」，宋文安公《宮詞》「三十六所春宮觀，一一香風送管弦」，晁以道詩「煩君一日殷勤意，示我十年感遇詩」，「十」字皆讀平。此亦與今之蘇州方音合。蘇州人讀十月、十一月之「十」作入聲，讀十二月之「十」獨作平聲也。（《申報》一九二二年八月十六日，又收入楊絳整理《老圃遺文輯》，長江文藝出版社，一九九三年十月，第六一八～六一九頁）

智按：楊蔭杭，字補塘，筆名老圃。無錫（今屬江蘇）人。一八九五年考入天津中西學堂。一八九八年轉入南洋公學，次年赴日本留學，組建勵志會，參加譯書彙編社並創辦《譯書彙編》，一九〇二年日本東京專門學校（今早稻田大學）本科畢業。一九〇七年七月獲早稻田大學法學士學位。回鄉後與同學在無錫創辦理化研究會。後赴美留學，一九一〇年在賓夕法尼亞大學獲得法學碩士學位。一九一〇年在北京家法政學校授課。一九一一年辛亥革命後，經張謇推薦，任江蘇省高等審判廳長。一九一六年任京師高等檢察廳長。一九一九年辭職回無錫。一九二〇年移居上海，任《申報》副總編兼主筆。一九二三年遷居蘇州，任開業律師和自由評論家。一九三七年遷居上海法租界，在上海震旦女子文理學院、上海私立大同大學教書。一九四五年在蘇州中風去世。有《老圃遺文集》。

胡韞玉（一八七八～一九四七）

《歷代文章論略》

有唐代興，鋭意文字，解戎衣而開學校，飾賁帛而禮儒生，門羅吐鳳之才，人擅握蛇之價（《舊唐書·文苑列傳序》）。一時之士，巍巍榛榛，始自開創，迨於末年，三百年間，文凡三變。高祖太宗大難始夷，雖網才俊之士，尚沿江左之風，故論道經邦，言歸實用，而彫章琢句，辭尚鏗鏘，律呂和諧，宮商輯洽，則王楊為之伯。玄宗尚雅儒術，崇實黜華，群臣亦厭虛浮，還醇返樸，攄雲淵之抑鬱，繼雅頌之嗣音，義炳《詩》、《書》，句戛金玉，則許燕擅其宗。大曆正元，美才輩出，排逐百家，自成一體，嚅嚌道術，涵泳聖經，掃六朝之餘習，追二京之遺風，法度森嚴，氣勢雄厚，則韓柳倡其始，統觀一代之文，不名一體，各有專長，侍從酬奉，則李嶠、宋之問、沈佺期、王維，制册則常袞、楊炎、陸贄、權德輿、王仲舒、李德裕，言詩則李白、杜甫、白居易、劉禹錫，論學則李翶、皇甫湜，對策則元稹、劉蕡，濟濟多士，鬱鬱斯文。制策取士，得人雖多，及其末流，空言應試，學非所用，故宦官秉政，臺閣少直諫之風，藩鎮擅權，將相乏討賊之策。歇後鄭五作相，時事可知，天地閉，賢人隱，禮樂崩，詩書毁，陵夷至五代，而天下幾不知有文字矣。（民國十二年安吳胡氏排印本）

智按：胡韞玉，字樸安，號樸庵，涇縣（今屬安徽）人。先後任教于上海大學、持志大學、國民大學和群治大學等。著有《文字學 ABC》、《中國文字學史（上、下）》、《中國訓詁學史》、《俗語典》等。

王揖唐（一八七八～一九四八）

《今傳是樓詩話》

【第二則】

梅生（閩縣何振岱）居杭州甚久，詩亦特工。三竺六橋，時有足跡。余最喜誦其《步尋靈隱寺書所見》云：「長松老鬣交空翠，晚稻秋香打晴穗。人家樹頂偶雞鳴，草徑風前有遺毳。寒流細石引人深，遇澗逢橋聊一憩。鈴聲沈沈出煙際，小隊香籃馱細騎。野翁山行盡槲笠，越女邨裝亦高髻。風傳唄語驚葉下，三竺相聞隔秋靄。我生於佛不知虔，偏近僧居足吟思。興來倚石立移時，看竹聽泉忘入寺。」又《高昌廟獨步看柳》詩云：「曳日搖風意不禁，長堤徐步盡千林。年時莫怨芳華歇，得庇行人且作陰。」亦有寄託。少陵「廣廈」，香山「大被」，皆此類也。（《民國詩話叢編》第三册，第二五〇頁）

【第一一則】

商邱宋山言（至），為牧仲中丞公子。著有《緯蕭草堂詩集》，汪鈍翁為之序，盛稱其趨庭聯句之作。今觀集中所載，如《木瓜》、《宋刻絲蟠桃圖》、《孔雀》、《鰣魚》、《紅豆》諸什，皆詠物詩也。山言有《聯句後復成一絕步家大人均》云：「投老心情喜礜兒，聯吟又把歲寒巵。極知學語多生澀，不類《斜川集》裏詩。」讀之想見承平盛事。余尤喜其《寄示園丁》詩云：「三春忽餘二，正植栽種期。南園隙地多，雜卉都相宜。爾無薄小桃，爾無輕柳枝。但得勤爾力，樹大自有時。昨聞園內亭，歲久將傾欹。賴此蔽風雨，須早補葺之。亭前薔薇架，亦當加扶持。我髮已種種，安能常拘羈。歸去在四月，猶及聽黃鸝。」頗似學香山、誠齋者，不事雕琢，平淡中殊有真趣。（《民國詩話叢編》第三册，第二五四頁）

【第一七則】

有清中興時代，吾鄉人才輩出，李文忠、張靖達、劉壯肅其尤著也。文忠詩已摘入詩話。靖達詩不經見，似無存稿。壯肅少躭吟事，《大潛山房詩鈔》多壯歲之作。湘鄉曾文正作序，中謂：「山谷學杜公七律，專以單行之氣運於偶句之中；東坡學太白，則以長古之氣運於律句之中；樊川七律亦有一種單行票姚之氣。余謂小杜、蘇、黄皆豪士而有俠客之風者。省三所為七律，亦往往以單行之氣，差於牧之為近，蓋得之天事者多。若能就斯塗而益辟之，參以山谷之崛強，而去其生澀，雖不足以悦時目，然固詩中不可不歷之境也」云云。讀此可以知壯肅之詩矣。公起家軍伍，累建殊勳，撫台之役，建議胥關大計，奏牘具存，足徵特識，惜厄後執政，未竟厥施。歸田後，養痾山中，被徵不起，甲午之挫，公不與焉。集中《題風雨窮途圖》云：「午夜銜寒喚渡河，滿天風雨悵如何。一身落落誰知己，四顧茫茫且放歌。豈是蘆中人未識，恐教髀裏肉生多。畫工似有規儂意，不寫逍遥寫折磨。」又用前均述懷，有句云：「名士無妨茅屋小，英雄總是布衣多。」頗為一時傳誦。人謂公作此圖，蓋紀微時風味，亦美談也。絕句如《贈蓋臣子務歸里》云：「百戰澄清衣錦還，征途揮手淚潸潸。傾囊各贈千金去，只濟人艱莫買山。」皆饒有襟抱。《石遺室詩話》謂公詩「偶對甚整，仍近樂天，如『好管是非生性直，不憂得失此心寬』，『謀國已蒼元老鬢，荷戈漸白少年頭』，『士卒向人誇捷狀，黎民拱手服雄師』，『一年僅此日，萬里是前程』，皆是。」實則集中佳句固不止此。石遺曾任臺幕，于公論詩尤稔，見所為《大潛山房詩序》中，不贅述。(《民國詩話叢編》第三册，第二五六頁)

【第八七則】張之洞題村居圖詩

又廣雅為越縵題《湖塘村居圖》長歌一首，均見《越縵堂日記》，並稱其「情文宛轉，音節嘽舒。上可追香山、放翁，下不失梅村、初白」，乃遺集亦不之載。海内拾廣雅碎金者，當以先讀為快也。録之：「江南山水數會稽，會稽無如鏡湖西。水甘能釀千日酒，山深可著高人棲。良田萬野粳稻熟，中歲一畮收十斛。蝦菜如土不論錢，荷芰如雲高過屋。季真棄官甘投老，放翁曾為楊梅飽。越縵先生逋峭人，卜居踏遍山陰道。兒時上塚年年來，欲專一壑誰相猜。精舍便沿鷗波築，養堂正對屏山開。奉母躬耕此願畢，一椽未就到今日。塘上人家長子孫，墓田丙舍徒蕭瑟。釋之久宦產亦減，長卿為郎思自免。逢人便索圖村居，要令家山常在眼。可憐畫手矜簡略，樹樹不春山容薄。新豐門巷無處尋，聊伴越吟解寂寞。買田陽羡知何時，仲長樂志空文辭。有山無錢賣不得，勸君勿被巢由欺。」按《白華絳柎閣初集》中亦有《雨中過湖塘》句云：「久客歸來認舊湖，青山無恙繞村廬。稻花大放菱蓬緑，一幅閒居奉母圖。」偶一讀之，令人神往山陰道上。（《民國詩話叢編》第三册，第二八三頁；張金耀校點本，第五三頁）

【第一一二則】陳衍白話詩

白話詩者，昔賢集中，時有其例，前已論之，然非如近世號稱為新文學者所標舉也。余謂能為文言詩者，殆無不工為白話。偶見報載石遺近作，題為《壬戌冬月與宗孟會於京師，屬以白話詩成十八韻》云：「七年不見林宗孟，剗去長髯貌瘦勁。入都五旬僅兩面，但覺心親非面敬。狂既勝癡瘦勝肥，目之於色亦論定。縱譚政學無不有，引觀内室評圖鏡。小妻二人皆揖我，常服黑色無妝靚。長者有女年十八，游學歐洲高志行。君言新會梁氏子，已許為婚但未聘。少者長身腰如杵，搴腕浣衣不畏清。年年生兒已五六，大兒豐下方卧病。我言近來孩童輩，英特類多出天性。十數年後試屈指，定非尋常舊百姓。須臾留飯進鄉味，一坐團圞一家並。壁間圖像雙老親，識我之時年皆盛。君因指告諸兒女，祖母少時善吟詠。閩中早識陳某某，三世通家今未竟。此來有似唐杜甫，衛八處士詩投贈。又如避兵遇孫宰，妻孥出見歡相近。君言此會未有詩，白戰已持寸鐵競。我亦攜君一長句，刊入詩鈔走不脛。」如此詩者，又豈今之末後小生所能夢見耶？君又有《畏廬同年書來，勸省食，報以長句》云：「平生自負沈家脾，近數年來已就衰。遠道故人相切戒，屠門大嚼定非宜。兩餐牛液濃於乳，一飯魚飧爛似糜。食愈省時身愈健，謹依來劄勉行之。」此亦明白如話之作，雅近香山。又《元旦見桃開效香山體》云：「菊後梅前花斷時，桃前梅後亦如之。客冬菊與梅相見，今歲桃開梅滿枝。自是春光偏早暖，也因日色有先施。窗前爛熳催詩就，不學香山更學誰？」説者謂君返閩以後，詩格又稍變，即此老年信筆，固無礙其為作家也。（《民國詩話叢編》第三册，第二九四頁；張金耀校點本，第六九～七〇頁）

【第一四六則】以詩諧諷

詩以諷諭為工，香山尚已，前賢詩中尤多名作，然亦有以諧謔出之者。唐宿衛裴略試判落第，謁僕射溫彦博披訴，略素以善諧謔稱，彦博指廳前屏牆令賦詩，略應聲曰：「高下八九尺，東西六七步。突兀當廳坐，幾許避賢路。」彥博曰：「此語似傷博。」略曰：「即扳公筋，何止傷膊。」以博、膊同音也。彥博卒與之官，此一事也。李清臣，宋北都人，方束髮，詞句驚人。一日薄游鄭州，時韓公為帥，因往見其侄大祝，吏報曰：「大祝方寢。」遂求筆為一絕書於刺，授其吏曰：「大祝覺則投之。」詩云：「公子乘閑卧彩廚，白衣老吏慢寒儒。不知夢見周公否，曾說當年吐握無。」魏公見其詩曰：「吾知此人久矣。」竟以女妻之，此又一事也。（《民國詩話叢編》第三册，第三一二頁；張金耀校點本，第九五頁）

【第一八五則】

龔氏為吾邑望族，聲華之盛，甲於淮南，今縣城西尚有端毅故宅。李丈郊雲（經達），嘗有過公故宅詩云：「城西樓閣何邐迤，崇祠甲第連雲起。揭來懷舊金斗門，惟問先朝尚書里。里前秋礎漬苔黄，禾黍高低舊址荒。石獸有神依故土，銅鐶無跡閉斜陽。聲華早歲榮簪笏，指顧層霄誇世閥。政跡先行江漢風，壯懷曾醉秦淮月。蘄春寇警傳烽發，猛將連城徒擁鉞。百里才難困士龍，銜兵步卒張征伐。萬家生佛宰官身，惆悵棠陰樹未成。入侍柏臺除佞相，烽煙三月蔽神京，鼎湖龍去賢臣死，首陽薇蕨風高矣。未解楊雄投閣嘲，卻彈馮道汙朝恥。公孤養望際承明，百粵還持使節清。荊契總聯吳祭酒，花封新授顧眉生。豈無門生與故吏，噓枯植朽生平志。少陵廣厦香山裘，好覆鄉園形勝地。主人別墅壇平泉，堂構經營不記年。畫棟曉開春郭雨，迷樓秋擁碧溪煙。珠顔玉貌藏金屋，閨房風雅推貞淑。妙腕工圖九畹蘭，生綃戲展同心幅。獻酒重簾事有無，錦冠豸服耀氍毹。爭傳門第名司馬，天遣才人典内樞。宦游夢滯京華路，故林猿鶴思歸誤。滄桑變態宛浮雲，朱門草沒傷零露。今日重經瓦礫餘，定山堂刻已無書。芳郊莫問佳人塚，古木寒鴉繞故居。」讀之豈勝華屋山邱之感。郊雲為文忠公猶子，盛年博學，尤躭吟事，曾官刑部郎中。庚子亂作，改官江西未赴，旋卒，年只三十五。所著有《滋樹室詩集》二卷。生平與吳北山、江濳之友善。北山言事被譴，君寄詩云：「江表威儀列戟門，西華葛帔舊承恩。少年便作溪山計，京洛應留泥雪痕。客底茱萸聊解醉，歸程松菊自成村。尋秋記上新亭望，流涕征南故壘存。」晚卜居廬江西郭外繡溪上，有終焉之志。事詳陳子言詩序中。君有子三人，長國榛字曉耘，仲國檀字彥輿，季從衍字尊季，均從子言遊，采藻橫逸，耆舊嗟異。新建夏劍丞（敬觀）題君集云：「令子雛鳳凰，清詩聲琅琅。子美師必簡，成就未可量。」於此見君之遺澤遠矣。子言新輯《廬州詩苑》，録君詩並及曉耘兄弟之作，一門濟美，士論榮之。（《民國詩話叢編》第三册，第三二七～三二八頁）

【第二一八則】襲舊意新

楚中有三老之稱，謂樊樊山、左笏卿、周少樸也。三老均為退宦詩人。入民國後，又均寓都下，文酒過從，一時稱盛。吾友傅治薌（嶽棻）《和樊山少樸冬日雜詠詩八首》之一云：「城西別有楚人邨，祭酒常推二老尊。剪水方瞳朝對雪，遞詩長鬣夜敲門。名園每共深衣樂，好語多如挾纊溫。晚歲詞情終不退，香山務觀漫同論。」其時樊山、少樸均買宅西城，笏卿則寓南城外丞相胡同。笏卿有《和樊山、少樸治薌夏日雜興八首》之一云：「宣南老屋伏魔東，蝦菜隨時小市通。僧磬屢催歸樹鳥，書釭時引打窗蟲。電飛遙識前山雨，月暈先知翌日風。世事茫茫都不問，此生真作信天翁。」伏魔謂伏魔寺也。樊山有《同樸公過笏卿共飯》詩云：「閑策羸驂過左家，滿窗晴日緑陰斜。寫詩紙已盈書篋，沽酒錢仍費畫叉。陳毅飯增荒後量，（洪北江有『嘗笑陳古漁，偏到荒年飯量加』之句。）劉蕡菜現榜頭花。（菜榜劉蕡姓倪。）盤餐總有江鄉意，溉釜烹魚椀覆蝦。」少樸有《次答樊山暮春雜興五首》之一云：「弄翰觀書未是慵，案頭稿帙積重重。看山螺子盾新畫，瀉酒鵝兒色未濃。腳力過人能不杖，語音到老尚如鐘。簪花細雨宜春帖，近局嫌無二客從。（自注：二客謂樊、左二老。）」又樊山《丁巳除夕雜詩》之一云：「堅坐梅邊左笏卿，杜門惟我共茶笙。僕夫與我兩相語，今日過午猶出城。」讀之均可想見道從訓唱之樂。不圖今日尚有老成典型也。樊、周兩公，名位較著。笏卿一字竹勿，應山人。清季官粵東南韶連道，有政聲。丁卯秋逝世，卒年八十一。詩詞均戛戛獨造。所為日記，密行精楷，數十年如一日。與樊山交期尤篤，並時楚人中，及與樊山輩行相埒者，笏卿一人而已。（《民國詩話叢編》第三册，第三四四～三四五頁）

【第二二九則】

詞為詩餘，原本《風》、《騷》，被之弦管，托興抒情，與詩並重。世俗以詞為詩之賸義。殊屬誤解。余於詞之工者，每喜諷繹。汴京、臨安諸老，凡工詩者，固無不為詞；且詩之佳者，亦多含詞意。梅宛陵詩「不上樓來今幾日，滿城多少柳絲黃」。六一云：「非聖俞不能到。」亦即李易安詞「幾日不來樓上望，粉紅香白已爭妍」之所自濫觴也。稼軒詞《鷓鴣天》歇拍：「不知筋力衰多少，但覺新來懶上樓。」實則仍從香山「老來筋力上樓知」句脫胎而出。東坡樂府為北宋大家，偶讀其《法惠寺橫翠閣》有句云：「雕闌能得幾時好，不獨憑闌人易老。」置之詞中，亦屬絕妙。又耶律文正《鷓鴣天》歇拍云：「不知何限人間夢，並觸沈思到酒邊。」置之詩中，亦屬雋語。臨桂況夔笙云：「詞中求詞，不如詞外求詞。詞外求詞之道，一曰多讀書，二曰謹避俗。俗者，詞之賊也。」知此可與言詩。（《民國詩話叢編》第三册，第三五二頁）

【第二七八則】

牢愁之語，不可入詩，非獨胸次廣狹，於詩見之，即一生通嗇，亦可預卜。東野云：「出門即有礙，誰謂天地寬。」宜其一生不第矣。香山云：「無事日月長，不羈天地闊。」康節云：「靜處乾坤大，閑中日月長。」此是何種氣象，亦可見其所養。今人有盛年美宦，動輒歎老嗟貧者，余所未喻。（《民國詩話叢編》第三册，第三七五頁）

【第二八二則】

溧水濮青士（文暹），吳中老名士，久官刑部，以風節自見。出守河南，所至有聲。晚居金陵，擅園林觴詠之勝。所著《見在龕集》，散原序之，謂「天才照爛，悱惻而委備。蓋於昔賢遺軌，雅近元白者」。……（《民國詩話叢編》第三册，第三七七頁）

【第三一三則】襲舊意新

樂天詩云：「醉貌如霜葉，雖紅不是春。」東坡云：「小兒誤喜朱顏在，一笑那知是酒紅。」語本樂天，而味更雋永。近海藏有句云：「老去詩人似殘菊，經霜被酒不能紅。」用舊公案，而機杼一新，且歲寒心事，見於言外，不僅語妙也。（張金耀校點本，第二〇六頁；《民國詩話叢編》第三册，第三八六頁【第三一四則】）

【第三一四則】談世事敗雅興

樂天《贈談客》云：「請君休説長安事，膝上清風琴正調。」東坡亦云：

「若對青山談世事，我應舉白便浮君。」此類感觸，吾輩亦時有之，其為敗興，實等催逋。然長安道上，正觸然之徒，固未足喻此也。（張金耀校點本，第二〇六～二〇七頁；《民國詩話叢編》第三册，第三八六頁【第三一五則】）

【第三四八則】

余之創辦中華大學也，最初在虎坊橋側，繼以來學日衆，乃移至城西南角太平湖邸。余二次歸自歐洲，時校事已停，士林惜之。世變如此，再興未知何日也。邸後廢園，丁香最盛，龔定盦詩所謂「一騎傳箋朱邸晚，臨風贈與縞衣人」，即為憶太平湖丁香作也。民七之春，園址新葺，丁香盛開，余柬約都下名士會賞，到者四五百人。樊山以次，均有詩見柬，都為一集，美不勝收。惜南行後竟付散佚。兹由寶融録示數首，雖非全豹，亦慰情勝無也。樊樊山作題為《戊午春莫，湖邸丁香盛開，王會長約為茶會，為賦長歌紀之》：「太平湖上醇王邸，甲觀畫堂誕龍子。穆宗登遐歲甲戌，帝御紫宸五北徙。（德宗承統後，醇邸移居什刹海。）儲祥宫觀鎖秋煙，金扉一閉四十年。年年潛邸花開日，禁地無人啼杜鵑。啼鵑唤醒江山夢，天統逡巡嬗人統。飛廉桂館千門開，五柞長楊萬民共。為惜賢王第宅閑，兩齋弟子安弦誦。往日驚飛與獻龍，只今任引承天鳳。竹花不實鳳凰饑，化為勞燕東西飛。（學堂以無款停）剩有丁香百餘樹，風飄香雪沾人衣。學堂主人淹中客，房杜程仇俱注籍。即今暫輟鵝湖講，岳岳龍門羅俊及。公餘小作看花會，招客西園擁鶴蓋。夷陵七十老侯嬴，何意信陵親執轡。來游朱閣惺芳華，黯淡紋窗换舊紗。兩世親王天子貴，十三沖聖讓皇家。銀屏珠箔開芳苑，釦砌銅鋪啟前殿。千步廊廻迤邐通，九華石峭參差見。葳蕤紫白萬花垂，蕭藿詹唐諸品賤。壓倒城南白紙坊，佛香那及天家釅。烏巾白袷入畫圖，（是日群聚攝影）清簟疏簾置筆硯。主人風雅催賦詩，嚼花一噴雲錦爛。白頭重遇舊朱門，愁對名花數夢痕。門下賜櫻臣甫淚，後園補橘豫章魂。興亡莫向花枝訴，兩王攝政關天數。君不見壁間尚掛金桃弓，墳上已摧銀杏樹。」樊山此作，一時傳誦殆遍，真今之元白也。……（《民國詩話叢編》第三册，第四〇一～四〇二頁）

【第三七八則】

同邑單惠宇内翰溥元，初字子惠，晚號老禿，著有《妙吉祥室詩鈔》。先君子及門中最得意弟子也。先君子授徒鄉里，垂數十年，成材甚眾。余生也晚，多不及見。惠宇與徐君夢白（先庚）、周君弼臣（汝輔），均環居惠政橋畔，咫尺余家，服勞尤摯。且尚有一段佳話，為里人嘖嘖豔稱。先是，惠宇之尊人，以商陶業傳家，為一鄉長者。惠宇以世交故，從先君讀數年矣。一日惠宇尊人以輟學習賈為言，且曰為療貧計也。先君愀然曰：「是區區修脯者，甯足容心？以吾兩家交誼論，若子即吾子，余不忍君家屈一美材，邑中失一佳士。」反覆開譬，卒為感省，遂令惠宇肄業如初。未兩年而惠宇已高擷芹香，旋食廩餼矣。先君子之于及門，曲為裁成，皆此類，里中人多樂道之。惠宇于甲辰成進士，用中書，輒有奪我鳳池之感。及余甲辰入京，同寓廬館，每談藝必竟夜不輟。一日適閱《定盦集》，余戲謂之曰：「當日與定盦之同年鼎甲及諸翰林，君今日儻猶記其姓名乎？」吾輩所爭，固在沒世，乃相與屈指近三百年中之以中書出身而為傳人者，以破岑寂。至今思之，猶想見宣南風雨，冷齋夜話情味也。入民國後，惠宇里居為祭酒，間亦出遊。興之所至，寄於詠歌，詩亦較夥，惜只存戊午、己未間行卷，非其全豹也。卷中如《哀涇陽行》為端午橋作，《後長恨歌》為珍妃作，皆有關國故，卓然可傳。以詞長不備録。君書《後長恨歌》一律云：「舊事重提日，新聲入破時。露華歌白也，風葉泣微之。約略《金鑾記》，淒涼《白紵詞》。貞元老朝士，萬感沁心脾。」知其所感深矣。又有《己未八月十二夜津浦車中口占》云：「文武真嗟道已窮，幾疑破爛到虛空。加餐可奈三遺矢，識字何如兩石弓。桂兔清輝澄午夜，蓴鱸鄉思戀秋風。新涼真妒羅紈薄，愁聽天邊報警鴻。」是歲惠宇以議修縣誌事入都，猶及暢晤也。(《民國詩話叢編》第三册，第四一七～四一八頁)

【第三八七則】駁朱熹論杜甫白居易

少陵《同谷歌》：「長安卿相多少年，富貴應須致身早。」朱子謂其陋。樂天《琵琶行》致慨遷謫，朱子亦謂其貪戀禄位，説著富貴便口角津津。當日作者，不過自抒所感，初無容心。後人切墨引繩，轉失風人之旨。即如少陵《遣興》詩云：「豐年豈云遲，甘澤不在早。」此即「烈士暮年，壯心不已」之義，又何可一概論耶？至《香山集》中，強半皆閒適之作，此豈熱中利名者所能同年而語？（張金耀校點本，第二五九～二六〇頁；《民國詩話叢編》第三册，第四二二頁【第三八九則】）

【第四〇二則】

張文襄《病中絕筆》詩云：「誠感人心心乃歸，君民末世自乖離。豈知人感天方感，淚灑香山諷諭詩。」或疑「君民」宜作「君臣」。詢之陳搜老，謂「民」字不誤，實有所指。文襄在樞垣日，力持大體。時津浦路方謀始，將簡大員督辦。粵人某君，聲氣素廣，期在必得，朝議已垂定矣，沽上士紳大嘩，呼籲甚切。文襄以輿論不洽，力爭。監國問：「輿論不洽如何？」文襄曰：「推其極，恐激成民變耳。」監國怫然曰：「君如贊同，誰再梗議？且朝廷練兵奚為者，何以動畏民變耶？」文襄變色曰：「朝廷練兵，非以殺民者。」亦拂袖去。某公督辦之令，旋亦未果下。時長郵傳之某君適隸津籍，遂以屬之。然文襄因此嘔血，而病源遂伏於此矣。迨後朝旨突以監國攝行大元帥，未幾又以近屬某某典軍。文襄力爭無效，乃乞病假。初本無疾，猶冀藉此促負扆者之悟。久之親貴競進，時事日非。文襄欷歔感歎，每語客曰：「清社亡矣！」祈死之心愈決。中間曾閉閣謝客，輯師友遺詩，以償宿願。即今日吾友高蒼檜所刊之《思舊集》也。其遺疏中有「不樹黨援，不殖私產」之語，聞為弢老所加。弢老《送文襄歸櫬詩》云：「太行蜿蜒送公處，世載豈意重隨肩。對談往往但微歎，此景追味滋涕漣。」又挽聯云：「窺微早識病難為。」語外亦有所指也。（《民國詩話叢編》第三册，第四二七頁）

【第四一九則】白居易袁枚詩句相應

「青雲上了無多路，卻要徐行穩著鞭。」此香山《送崔郎中赴闕》詩也。「莫嫌海角天涯遠，但肯搖鞭有到時。」此隨園《還山詩》也。一則可醫躁進，一則可警因循，余均補入《養正詩選》中。隨園年垂七十，猶作閩粵之游，前詩蓋歸時作也。（張金耀校點本，第二七九頁；《民國詩話叢編》第三册，第四三五頁【第四二一則】）

【第四四五則】白居易詠晚桃花

香山《詠晚桃花詩》云：「一樹江桃亞拂池，竹遮松蔭晚開時。非因斜日無由見，不是閒人豈得知。寒地生材遺較易，貧家養女嫁常遲。春深欲落誰憐惜，白侍郎來折一枝。」著眼「晚」字，自寫襟期，士有遲暮之感，讀之彌復惘然。詠物之工，此為絕調。（張金耀校點本，第二九八頁；《民國詩話叢編》第三册，第四四八頁【第四四七則】）

【第四六七則】

兩淮運使，前有盧雅雨，後有曾賓谷，均以提倡風雅，延攬勝流著稱。雅雨先後任運使尤久。時值承平，竹西殷富，接納文士，有如飢渴。江浙群彥，如金壽門、陳玉几、厲樊榭、惠定宇、沈學子、陳授衣等，凡前後數十人，皆為坐上客。而地主如馬佩兮（秋玉），及張漁川、易松滋，扶輪承蓋，相得益彰，文酒之歡，壇坫之盛，一時無兩。揚州本為南北要衝，平山、蜀岡、虹橋諸名勝，又夙為士大夫游衍所集，雅雨先後修小秦淮、虹橋二十四景，及金焦樓觀，彌覺江山生色不少。其《告休得請留別揚州故人》四律云：「力備宣勤敢自憐，薄才久任受恩偏。齒加孫冕餘三歲，歸後歐公又九年，犬馬有情仍戀主，參苓無效也憑天。養痾得請懸車日，五福誰云尚未全。」「祖道長筵舟滿河，緑楊城外動驪歌。重來節使經三考，歸去輿人賦五紽。絳帳唱酬郊籍在，清門交際紀群多。二分明門尊前判，半照離人返薜蘿。」「平山回望更關愁，標勝家家醉墨留。十里亭臺通畫舫，一年簫鼓到深秋。每看絳雪迎朱旆，轉似青山戀白頭。為報先疇墓田在，人生未合死揚州。」「長河一曲繞柴門，荒徑遙憐松菊存。從此風波消宦海，才知煙月足家園。枌榆社集牛歌好，伏臘筵開鶴髮尊。癡願無多應易遂，杖朝還有引年恩。」一時名流，和詩送行者甚眾。劉繩庵（綸）云：「勞臣求息得邀憐，心遠懸知地自偏。曾借寇君如望歲，試圖疏傅是歸年。棠陰久被江南路，梅訊遙傳薊北天。喚讀新詩同握手，平生出處道能全。」「歷盡危輈共駛河，出關曾聽塞垣歌。只今重望推黃髮，為有清操勵索紽。絲竹後堂同輩少，鵲華晴嶺故鄉多。昨傳沈范交情好，（謂香樹司寇）咫尺青松施女蘿。」「隋堤楊柳綰離愁，治譜詩篇去尚留。江北淮南屯萬竈，王（謂漁洋尚書）前盧後共千秋。歸與何事淹鴻爪，送者猶然望鷁頭。試上千山最高處，蒼煙幾點隔齊州。」「春風草緑鄭公門，三徑人歸素業存。家有杜亭仍作長，地連董里試名園。顧予傾蓋交非薄，羨爾抽簪道更尊。他日平原好相訪，蒲輪鶴詔話新恩。」陳勾山（兆侖）云：「宦途相左實相憐，佳話傳來發興偏。泉石亦關廊廟體，耆英多出盛明年。遺策倘說難由己，寬詔何由得自天。遙想登舟增感泣，急流晚節荷成全。」「邗溝春水接長河，流咽沿堤父老歌。檣燕尚疑烏府戟，榜人都識大夫紽。僮肩書較來時富，舟尾風從去夕多。回首竹西人定後，早如涼月下松蘿。」「坐對溪山豁百愁，得消閒處盡句留。門無俗駕餘三徑，日倍當年又一秋。送瓱喜逢酤滿眼，排籤時作錦裝頭。（卷首帖綾曰錦贉，見《米集》。）布衫自好茶堪吃，誰道青州隔趙州。」「大姓山東第幾門，孤騫風雅巋然存。詩如白傅哦高會，帖似官奴作《小園》。夢裏魂通夷有道，林間見少望逾尊。未營畫舫慚歐九，鏡水何年得拜恩。」盧紹弓（文弨）云：「卅載宣勞聖主憐，北風倦翮向巢偏。懸車大勝三公貴，結社相當九老年。繞屋栽花規隙地，傍簷曬藥趁晴天。歲華有酒郊扉掩，合署頭街號樂全。」「揚州城郭半臨河，賓從平山擁笑歌。詎以風流妨案牘，益緣膏潤勵絲綸。清名博野（前使尹公）應堪並，佳句漁洋（王公）未較多。歸去灑然何所戀，故鄉隨處足煙蘿。」「傾城相送渺含愁，一片輕帆肯少留。風月異時誰作主，蒓鱸歸興不因秋。春孤芍藥芳筵畔，煙冷茱萸古渡頭。久向董生祠下住，瓣香元只在吾州。（使署有董子祠，而德州故廣川城內有繁露臺。）」「同源獨厚先徵士，賤子歸來屢踵門。時祭每求仁者粟，高風不讓范公園。追陪向憶南樓月，寂寞空思北海尊。伯氏才名誇接武，林居大可答君恩。」（缺和元作一韻，避私諱。）以外如尹望山（繼善）、劉印于（星煒）、任丘李文園（中簡）、錢塘倪敬堂（承寬）、吳穀人（錫麒），及王繼華等，皆有和作。望山與雅雨為辛卯同年，方督兩江，共事尤久。故詩中有「鹿鳴聯譜思當日，鶴髮同舟又十年」之句。諸賢題詩共為一長卷，卷首有雅雨戴笠小照，甚精，王夢樓題「雅雨山人戴笠圖」七字，王固雅雨門下士也。李文園詩云：「平山堂上紗籠句，名士軒前水泛杯。誰繼風流鄉老輩，白頭黃帽賦《歸來》。」自注：「漁洋有戴笠小像，故云。」此圖奄有眾制，洵為海內巨觀，亦可想見承平韻事。（《民國詩話叢編》第三册，第四五四～四五六頁）

【第四七六則】

湘潭趙芷蓀侍御，清季直聲震海內。主川試時，甄拔稱得人，纕蘅即其門下士也。侍御詩不多見，有《挽綿竹曹徵君樹滋》二律云：「浩劫餘清望，橫流惜老成。經師秦博士，學派魯諸生。桑梓綱維久，楩柟造就宏。似聞輿論在，文範泐碑銘。」「生長先儒里，沈吟獨行篇。承歡三釃樂，式穀一經傳。黃綺甘離世，丹銘屬象賢。歐阡終可表，述德在他年。」徵君名樹德，吾友纕蘅之尊人也。樸學清望，教授里中，風采隱然，為士林重。詩學香山、放翁，以閒適勝，隸事遣詞，不事雕琢。余所見者，為《讀虞永興夫子廟堂碑有感》一篇云：「右軍工書窮神化，嫡派相承虞永興。內含剛健外婀娜，天然妙墨超人群。把玩再三不忍釋，置之座隅忘朝昏。如與有道相接對，頓教方寸澹俗氛。書法至唐乃大盛，歐褚顏柳世所敬。率更猛將挽強弓，深入時或摧其鋒。河南綽約如美女，薄媚不任羅綺叢。平原雄傑邁千古，字以人重誰敢攻。誠懸清勁不可喜，人謂結體同魯公。行閑究少飄逸風，魏晉風流已掃地。惟有秘監擅眾長，有如君子善藏器。但論行草亦偏工，暮年所得更深邃。《蘭亭》繭紙空復空，即此已可追其蹤。晚近俗書體尤弱，斌媚只成俳優風。臨摹雖工神氣失，枯枝斷梗將勿同。書法與世相流轉，識者觀此憂忡忡。」徵君夙工書法，故能言之真切如此，其歿也，海內士大夫哀挽之作頗多。弢庵先生一聯云：「學行式鄉閭，儒效惜難公一世：才名動京雒，父風早已被諸郎。」最為一時傳誦。(《民國詩話叢編》第三册，第四六二～四六三頁)

【第四八七則】

弢老有《送廣雅撫晉》詩云：「朔風獵霜林，繩直城西道。去歲餞黃公(漱蘭丈)，今晨送張老。帝心重岳牧，飛黃出內皁。救時亦已亟，報國未為早。太行扼右輔，斥塞列城堡。矧伊災祲餘，疲甿待公保。儆貪諷《碩鼠》，敦俗誦《山栲》。殆將試吏事，豈為積資考。深恩戀觚棱，餘淚別親好。蒼茫萬千感，一一上離抱。頻年托韋弦，斗室展汎掃。憂虞天心醉，歌哭俗眼娟。所期合英賢，補衮翊皇造。經術公最深，萬言氣雄顥。遠夷求識面，重譯購疏稿。夜闌論邊事，對燭首蓬葆。每憶風雪中，交章籲青璅。濁浪綿神區，浮雲鬱層昊。更生副容臺（竹坡新除禮右），掌故恣蒐討。過從六丈巳（簣齋），道義互灌澡。不畏蕭艾滋，但愁乏香草。公行見王郎（可莊），一尊樂泮藻。勖哉歲寒心，不雕以為寶。」詩中古義相規，不僅尋常録別。而「不畏蕭艾滋，但愁乏香草」一聯，在言路方開之日，隱有氣類漸孤之感，言外之旨，尤可玩味。弢老旋于督學江西任內，被命會辦南洋軍事，未幾奉諱里居。中間仕隱異轍，與廣雅蹤跡寢疏，垂老還京，過從較密。有《湖樓酒坐，呈孝達相國》詩，中有「不期垂白共深尊」及「彈冠一出慚微尚」之語。又《寓齋雜述》之一云：「海荷開且闌，張叟病未已。一尊豈或尼，坐見涼風起。頗聞休暇中，詩卷自料理。《恩舊》搜遺文，無人會微旨。宣南盛氣類，往者逝如水。卅載終合併，與公俱老矣。樓臺故無地，錯擬集賢里。但願長慶酬，香山竊自比。」蓋默窺廣雅灰心朝局，隱有祈死之意。其編《思舊集》，亦其見端。張筱帆於「微旨」句尚有所未解，未幾而廣雅果不起，乃爽然。以上微弢老自述，他人殊難作鄭箋也。又《十刹海酒樓望白蓮》云：「憑闌又過觀蓮節，隔著紅蓮見白蓮。欲起種蓮人一問，明年花可似今年。」亦為追懷廣雅而作。(《民國詩話叢編》第三册，第四七〇～四七一頁)

【第五一六則】

吾皖曹文正（振鏞）字儷笙，世所稱歙縣相國者也。文正不以詩名，向見其手寫詩稿，除試帖少作，餘皆古近體詩，經其師翁覃溪先生點定者。覃溪持詩律最嚴，于文正詩評隲尤刻，密行細楷，綴語最少，老輩風期，洵不可及。摘録數則如下。《題放翁詩後》云：「南渡詩人陸劍南，清言娓娓味醰醰。先生真意誰能會，心太平菴老學菴。」覃溪批云：「去年冬日，每攜《放翁集》在内閣堂上候本時讀之。偶成小詩，總寫於此云：『苦心難挽古風還，神往《豳風・七月》間。一騁蕭尤楊並駕，誰知衣鉢在茶山。』自注：『曾文清，放翁師也。』『杜老憂時白傅閑，誰云禹稷異于顔。一杯擬酹長吟處，千載蘭亭曲水灣。』自注：『首七字實切放翁。』『絕塵邁往本天機，躍馬梁州試鐵衣。正自個中爭得力，桂林片石悟精微。』自注：『桂林城外厓間有放翁寄杜敬叔劄札云：絕塵邁往之作，大都得自舟車鞍馬間為多。』『自鄶如何例玉谿，三才萬象試端倪。玉堂格韻西崑體，只對坡公偶價低。』（放翁詩：『溫李真自鄶。』李義山詩云：『李杜操持事略齊，三才萬象共端倪。』）自注：『西崑體，楊、劉諸公訓和之作。東坡意不喜之，見坡公《金門寺絕句》。愚云惟坡公乃可議論西崑體耳。』」(《民國詩話叢編》第三册，第四九一～四九二頁)

【第五三二則】

楊誠齋詩服膺香山、半山者甚至，至其神明變化，或且突過前人。《端午病中止酒》云：「病裏無聊費埽除，節中不飲更愁予。偶然一讀《香山集》，不但無愁病亦無。」又《讀詩》云：「船中活計只詩篇，讀了唐詩讀半山。不是老夫朝不食，半山絕句當朝餐。」誠齋于南宋四大家中，最為清言見骨。晚年學詣益深，渙然自得，一時有「誠齋體」之稱，然古詩得力香山，絕句得力半山，淵源所自，不可掩也。放翁論詩，嘗有「我不如誠齋」之語。其《送子龍赴吉州掾》詩云：「又若楊誠齋，清介世莫比。一聞俗人言，三日歸洗耳。汝但問起居，餘事勿掛齒。」則並重其為人。誠齋歷事三朝，始終一節。韓侂胄築南園屬記，誠齋曰：「官可棄，記不可作。」遂告歸。渭南對此，有怍色矣。（《民國詩話叢編》第三册，第五〇三～五〇四頁）

【第五三五則】

南昌邵潭秋（祖平），今之少年能詩者。江西固詩人都會，余所知如王瘦湘（浩熊）、艾畦冰三五輩，並皆瓣香西江，尤多取徑雙井。潭秋年少志鋭，兼嗜唐音，初不以鄉里宗派自囿，有足多者。近寄其《培風樓詩存》，卷尾《十年詩稿寫定後感賦》云：「十載悲歡跡可蹤，浪吟那復倚聲容。暖姝幸脱一家鎖，窈默難弦萬壑松。遯志終妨人事學，祓愁應與酒爭鋒。筌啼笑指皆陳跡，覆瓿餐蟫信所從。」又《鈔選全唐詩竟感題》云：「初唐四傑出，富豔如春花。喬劉實紺綺，張宋何高華。盛時李與杜，飛動龍鸞拏。高岑與王李，驂乘亦同車。鳴憂盡金玉，容裔比雲霞。群謂頗挺出，荊玉抱家家。大曆十才子，吐詞仰天葩。秀色難為貞，蹈隙或抵瑕。韋柳皎而峻，孟寒高而誇。精傑與深雄，兩兩實分衙。末流漸淆亂，荒險羼僻邪。元白雖俗輕，尚為詩教嗟。晚唐為綺靡，薄惠生齒牙。淳風欲茫昧，古體髫已髽。二許才未稱，方羅意有涯。後起有李杜，曾不救偏斜。世衰元音閟，細響徵箏琶。」又：「文章以氣勝，一代不數輩。吾愛五夫子，真來樹千載。太白逸天下，軒豁出塵壒。杜公抱忠憤，悲憫世如瘵。倔強韓吏部，橫轢出胸肺。東野窮復窮，沈鷙六尺内。惟有太傅白，氣和色無壞。吁嗟此五君，吐辭各極態。其人實賢傑，大事見詩外。他如劉與柳，遠謫蓄歎慨。王孟暨儲韋，偶然清氣會。是皆軼餘子，惜未抵其最。拙哉昌谷生，乃以詩雕繪。」此可見君之志矣。君授課之江學校，散原旅杭，贈詩云：「詩人心跡兩崢嶸，坐擁岩巒廣廈清。從此雁邊江上塔，吟聲次第答鈴聲。」之江大學，在杭州秦望山下，竹樹茂密，風景絕佳，論者謂為世界大學第二勝區。君詩所謂「門前蕭山樹，樓下蘭溪槳。」及「買魚脱童釣，兕筍茁鄰壤」者，頗能狀之。散原詩所謂「江上塔」，蓋指六和塔言。（《民國詩話叢編》第三册，第五〇五頁）

【第五五八則】

東鄰吟侶中，土屋久泰別署竹雨，固今之有數詩人也。其《題畫》云：「高下石林微徑通，白雲搖曳一溪風。修琴道士去何處，門掩寒山落木中。」風致逸宕，饒有儲光羲、雍陶之勝。又《內子小祥忌日》云：「寒花冷篆傍空幃，家祭告卿卿莫悲。兒女一年無一病，老夫健飲又躭詩。」字字真摯，置之香山、誠齋集中，竟不能辨。竹雨為詩人國分清厓弟子，主編《東華襍志》，搜集中外諸家詩文書畫，月刊一册。昀谷過余，每見案頭詩刊，輒嗜讀不釋手。此君論詩精刻，對時賢頗少許可，而於竹雨則殊有好評。竹雨聞之，當亦引為同調也。（《民國詩話叢編》第三册，第五二〇頁）

【第五六六則】

詠蟬詩，或舉午詒之「生死去來皆旅泊，是非彼此一喧啾」，昀谷之「碧桐枝上修琴譜，紅藕花中作道場」，以為借蟬說法，從來無此快語。然昀谷謂午詒之「旅泊」、「喧啾」二語，古人亦不能到，「琴譜」、「道場」句，何足相敵。因自述五古數語，如：「沈約嘲經生，陸雲歎至德。或過或不及，二俱沒其實。平生矜而廉，倘亦古之疾。」笑曰：「此或品蟬恰當耳。」近聞昀谷、午詒論法相宗，獨取「八五現量」，並謂古今傳誦詩句，未有出於現量之外者。予因證之古人，如元亮之「采菊東籬下，悠然見南山」，右丞之「行到水窮處，坐看雲起時」，左司之「落葉滿空山，何處尋行跡」，豈非現量？又如陳王之「明月照高樓」，宣城之「大江流日夜」，香山之「欲得身心俱靜好，自彈不及聽人彈」，子瞻之「此間有句無人賞，送與襄陽孟浩然」，誠齋之「袈裟未著嫌多事，著了袈裟事更多」之類，豈非現量？此外僻句、澀句、聱牙詰屈之句，不但人不能讀，越時稍遠，作者亦不能舉也。至於太俗太陋及一切粗獷之語，有似「現量」，而一無可采，則亦不足論矣。（《民國詩話叢編》第三册，第五二四頁）

智按：王揖唐，原名志洋，字慎吾，又字什公；後更名賡，字一堂，又字揖唐，號綬卿，筆名逸塘，以字行。安徽合肥人。光緒三十年（一九〇四）進士，保送赴日本留學，肄業于法政大學，官至軍諮府軍諮使。入民國後歷官安徽省長，抗戰中任日偽考試院院長、華北政務委員會委員長，抗戰勝利後以漢奸罪被處決。有《東遊記略》、《近邊建置概略》、《逸塘詩存》等。事迹見《逸塘詩存》附年譜。

黃炎培（一八七八～一九六五）

《黃炎培日記》

（一九二九年一月二十日）往歲冰一旅吉失偶，悼以一律，頃者歸葬夫人，並其愛女亞立，再呈六絕，以綢其悲：

人到中年易感恩，况經患難共閨門。白頭山下催頭白，生死相攜返故村。

時難年荒告窆詞，知君長路感瘡痍。惟歌白傅生民病（香山句：「惟歌生民病」），不作微之怨悼詩。

夫人清德出名門，岳岳經師一代尊。今日旌旗香南國，璧楹何地付兒孫？

三十年前却扇歌，九邊關外挽車過。即今未醒蘧蘧夢，吟到無生味已多。

天教離合構悲歡，生死彭殤總等觀。偶與山妻同一哭，隔年村屋拜雙棺。

素車丹旐黑橋頭，一水香屯吊客舟。日暮人歸歌亦歇，海雲長爲護新楸。

（《黃炎培日記》第三卷，華文出版社，二〇〇八年八月，第一二八頁）

（一九三二年六月十四日）讀白香山詩。訊聖奘。獨坐平湖秋月。（《黃炎培日記》第四卷，華文出版社，二〇〇八年八月，第八頁）

（一九三二年八月十一日）悼惟一五首。

余初識先生，爲清光緒乙巳江蘇學會始創之際，先生蓋猶張姓也。嗣是興學議政，罔不與偕。自回翔宣南、南通、白下，迄於歸臥玉山，春秋佳日，杯酒言歡，往往篝燈縱談，夜分無倦。蓋先生和易詼諧，所至令人意興百倍，故咸樂與之游。獨談及國政、鄉政，剛正之氣，立見眉宇。齊盧一役，先生揞拄尤苦，丙寅、丁卯後，絕口不復談時事矣。先生道德文章政事，漸漬於人心，膾炙於人口，不殫述。一慟之餘，率成五絕，恨不得起先生地下，復共推敲也。

名場卅載盡逡趣，正氣長留十畝庵；苦憶少年騰踔日，亭林絕學一肩擔。

白茆湯湯欲念誰，玉山還我仗扶持；北平遠接南通席，兩地春風坐女師。

丁橋西畔象坊東，嘖室今成三代風；一座吳音清可聽，却從鯁直見明通。

訪古同拿甪直舟，濠南唱和集名流；不堪生死分元白，此是千秋第一秋。（樂天哭微之句）

雜談今古酒千杯，得句驚人亦快哉；無恙錢家塘裏月，幾時蠟屐復能來。（《黄炎培日記》第四卷，華文出版社，二〇〇八年八月，第一〇五頁）

（一九三三年七月八日）晨八時到洛陽。未到前數時，車經十二個山洞，遠見洛水、伊水，山景奇絕，人皆穴居。過義井鋪，遙見白馬寺及塔。

中央各部聯合設立之中原社會教育館（在周公廟）陳大白（表）來迎，徐州趙光濤君所電托也。車站食堂餐畢（專售西餐，每件兩角），雇人力車（全日一元），從洛陽北門入，南門出，渡洛水，有新堤，遙見洛陽橋，舊者一洞，新者十數洞，沿途平疇，路亦坦蕩，行二十五里至龍門。

冒鶴亭（廣生）、盧於正（毓駿）先到，鶴亭携酒，將渡伊水，拜白香山墓，酹之。余等下車，沿伊水行。龍門，伊水出兩崖之間，狀如門，所謂伊闕是也。面伊水之崖間，皆鑿佛像。迤邐行，禹王廟，齋祓堂、賓陽洞、千佛岩，萬五千佛洞，伊闕蓮花洞各有佛像千百。末攀崖登高處一洞，凡佛像大者高數丈，小或不及尺，惜百分之九十五以上皆被毁。其僅存者作風與冉直楊惠之不同，彼飄逸此深刻，彼生動此莊肅。

三時，離龍門，未及渡伊，登白香山亭一拜也。歸途拜關壯繆墓，祠前有「忠義」二字，甚雄偉。聞槍聲甚密，傳十里外方剿匪。（《黄炎培日記》第四卷，華文出版社，二〇〇八年八月，第一九五頁）

（一九三八年一月二十日）購書——《荊公全集》，《昌黎全集》，《樂天全集》，《意大利史》，《土耳其史》。新舊書店集中於永漢路，餘人商務、中華、世界、大東等，除餘外，惟中華有一西洋人同時買書，餘竟無有。時爲星期四下午時頃。獨生活書店擁擠至不能出入，去年每月營業額平均一萬餘圓。（《黄炎培日記》第五卷，華文出版社，二〇〇八年八月，第二四九頁）

（一九三八年一月二十四日）讀白樂天詩：一，江州、通州彼時尚皆卑濕荒僻，致不可居人。蓋惟東西二京物質文明較盛耳。二，樂天留意民生疾苦，確爲一般詩人所不及。如《採地黄者》，《村居苦寒》，《議婚》，《重賦》，《買花》，《捕蝗》，《道州民》，《新豐折臂翁》等，不可勝數。三，彼時女子之苦貧者難嫁，夫死守節等，皆一一實寫。《元相挽歌詞》三首尤絕唱。

(《黄炎培日記》第五卷，華文出版社，二〇〇八年八月，第二五二頁)

(一九三八年十一月二十六日)感想一則：白樂天詩，唐朝老嫗能解；我的詩，須使今時一般人解得。凡物能給大衆享受才有價值。(《黄炎培日記》第六卷，華文出版社，二〇〇八年八月，第四八頁)

(一九三九年六月二十二日)贈黄忠昭：

想像詩翁雪滿顛，當前慘緑訝翩翩；香山歌遍生民病，萬一前賢畏後賢。

歸去山程又水程，大丞相嶺一輿輕；長途獨獻心香處，斷碣周侯勒姓名。(《黄炎培日記》第六卷，華文出版社，二〇〇八年八月，第一四三頁)

(一九五二年十一月十六日)白堤，實是白沙堤，從西泠橋至斷橋(段家橋)止，長三里許。白樂天所築堤，在錢塘門舊址之北。由石函橋至武林門，稱白公堤。(《黄炎培日記》第十二卷，華文出版社，二〇一二年九月，第六三頁)

(一九五三年三月七日)讀白居易周年紀念文。(《黄炎培日記》第十二卷，華文出版社，二〇一二年九月，第一一五頁)

(一九五七年六月二日)步行到西京畿區甲四十二號人民銀行宿舍，訪冒廣生(鶴亭)，談了一小時半。並見其子舒湮(劇本作家，並演出者)。步行歸。贈以《南行雜詩》、《紅桑》。冒鶴亭，一九三三年七月八日在洛陽龍門旁，手執酒壺，獨行向白香山墓酹祭。我隔伊水相見。載我日記。(《黄炎培日記》第十四卷，華文出版社，二〇一二年九月，第二二頁)

智按：黄炎培，字任之，上海川沙縣人。早年留學日本。回國後創辦浦東中學，推行新教育，並參加同盟會。辛亥革命後，任江蘇教育司長。在上海創立中華職業教育社，先後創辦《教育與職業》、《生活周刊》等，著有《中國教育史》、《黄炎培教育考察日記》等。中國民主建國會創始人。建國後任政務院副總理、全國政協副主席、全國人大副委員長。

金梁(一八七八～?)

《盛京故宫書畫録》

明董其昌書白居易《琵琶行》册。素箋本。行書。八頁。第七、八頁自識云：「白香山深於禪理，以無心道人作此有情癡語，幾所謂木人見花鳥者耶？山谷爲小詞而秀鐵訶之，不止落驢胎馬腹。慧業綺語，猶當懺悔。在余書此歌，用米襄陽楷法，兼撥鐙意，欲與豔詞相稱，乃安得大珠小珠落研池也。董其昌。」首末頁均有「乾隆御覽之寶」一璽。高八寸一分，廣八寸。(《盛京故宮書畫録》，長白金氏一九一三年刊本，第六册，第十六～十七頁；收入《中國歷代書畫藝術論著叢編》第十二册，中國大百科全書出版社一九九七年版，第五〇六～五〇七頁)

智按：民國古物陳列所《内務部古物陳列所書畫目録》卷一著録：「明董其昌書《琵琶行》册。紙本。縱八寸，横七寸九分。行書。計八頁。款『董其昌』。無印。首末頁褾綾。上方。鈐縫『乾隆御覽之寶』。」（《中國歷代書畫藝術論著叢編》第十三册，中國大百科全書出版社一九九七年版，第一五二頁）與《盛京故宫書畫録》基本相同，二者應為同一本。

金梁，字息侯，杭州（今屬浙江）人，寓北京，一作滿洲正白旗人。光緒三十年（一九〇四）進士，官奉天（今瀋陽）省政務廳長。工書畫，擅篆籀。光緒三十四年（一九〇八）典守瀋陽故宮古物時，與餘鐵珊、金月洲等人整理宮内翔鳳閣貯藏書畫，將其編排著録成《盛京故宮書畫録》。書前有徐世昌序及編輯者一九一三年自序。

丁仁（一八七九～一九四九）

《八千卷樓書目》

《白孔六帖》一百六卷，唐白居易撰，宋孔傳續，明刊百卷本。（《八千卷樓書目》卷十三子部，《續修四庫全書》影印民國十二年鉛印本）

《元氏長慶集》六十卷，唐元稹撰，明覆宋本刊本。

《白氏長慶集》七十一卷，唐白居易撰，日本刊本。

《白香山詩集》四十卷，附録《年譜》二卷，國朝汪立名編，一隅草堂刊本。（《八千卷樓書目》卷十五集部，《續修四庫全書》影印民國十二年鉛印本）

《琵琶亭詩》一卷，國朝唐英編刊本。（《八千卷樓書目》卷十九集部，《續修四庫全書》影印民國十二年鉛印本）

《文苑詩格》一卷，唐白居易撰，《格致叢書》本。（《八千卷樓書目》卷二十集部，《續修四庫全書》影印民國十二年鉛印本）

智按：丁仁，原名仁友，字輔之，號鶴廬，杭縣（今浙江杭州）人。松生從孫。光緒三十年（一九〇四）與吴徵等於杭州創辦西泠印社。以藏書聞海内，所藏西泠八家印尤夥。有《廣印人傳》、《楓園書友録》、《宋元明清書畫家年表》。

吕光辰（一八八〇～一九一一）

《清平樂·潯陽客夜》

琵琶亭左，著個銷魂我。心上煎熬眉上鎖，百計難教貼妥。　昨夜緑酒紅燈，今宵斷夢殘魂。禁得十年憔悴，難消一個黄昏。（《留我相庵詞》）

智按：吕光辰，字緒承，號俠迦，武進（今江蘇常州）人。曾任福建縣丞及八品京官。有《留我相庵詞》不分卷，一九一三年刻本。

楊庶堪（一八八一～一九四二）

《滄白先生論詩絶句百首》

謬賞爭誇樂府新（樂天《新樂府》，惟《上陽人》、《折臂翁》、《隋堤柳》等諸作，尚自可觀。餘如《海漫漫》之「不言藥，不言仙」等句，滑口太過，《杏為梁》之「高其牆，大其門」等句，率傷俗淺，皆非樂府之遺矣），香山佳處在天真。琵琶長恨俱清妙，詠入西湖自有神（樂天西湖先後諸作，均為佳唱）。（彭伯通《滄白先生論詩絶句百首箋》，第一二八頁）

智按：楊庶堪，名先達，字品璋，後改滄白，晚號邠齋。光緒二十六年以重慶府試第一名選為秀才。二十九年與梅際郇等組織四川第一個資產階級革命團體公強會。三十一年加入同盟會，並擔任重慶支部首盟。歷任四川省省長、廣東省省長。有《滄白詩鈔》、《楊庶堪詩文集》等。

郭則澐（一八八二～一九四六）

《十朝詩乘》

菉園之下獄也，滿司寇齊世武承陶和氣意旨，必欲陷之死地。韓城張景峰（廷樞）長刑部，持不可，由是中讒罷歸。查初白《送景峰歸里》詩云：「朝典推糾職，皇仁體好生。事關同列感，公視一官輕。已抱回天意，休高去國名。應同白司寇，家世說韓城。」「白」，謂樂天以刑部尚書致仕，其先本韓城人也。方近雯亦有「莫猜南海燕，已避北山鴟」之句。既而世武譴戍，起景峰戶尚，旋改刑部，仍守法不撓。誠王府人孟尚曾殺甘肅平民，奏論如律。優人徐采官隸藩府，嗾傭者捶殺人，議者欲以傭抵，景峰不可，事下廷議，論采官主使，坐絞，尋減死戍邊。世宗即位，仍逮采官以殺人論抵。其正色立朝，有古大臣風節。（《十朝詩乘》卷六，《民國詩話叢編》第四册，第一七一～一七二頁）

西涯以明李文正傳，其後法梧門詩龕著稱。若完顏松裔少宰之含青樓，則知者殆罕。樓後臨積水潭，少宰結茆為亭，曰「宜亭」，柳色湖光，蕭疏入畫。嘗招擇石讌集，未赴，為補賦《宜亭新柳》律句云：「宜春亭子面湖西，城上山光掃黛齊。飛翠恰當東角柳，籠陰渾帶北門堤。澹煙染褋濃濃露，雙燕穿陪個個鸝。聞道蠻腰催短拍，當筵乞向樂天題。」「如夢難尋巷與坊，舊游半繫故人腸。驅車欲去驚寒食，走馬歸來已夕陽。鏡照未曾眉皺斂，泥沾曾不絮顛狂。淨瓶只合歸無盡，灑作春空露水香。」「高拂樓臺下蘸池，不論長短總成伊。如何密密疏疏影，絆惹千千萬萬絲。桃李蹊邊愁獨往，風流賞處倚天知。但令相送還相見，敢向人間恨別離。」是日，擇石適得至友汪孝廉（豐玉）里門凶耗，又走問孝廉兄康吉于城南，而聞陳乳巢明經涼州之訃，故藉以寓感。汪、陳皆一時才士也。少宰累掌文衡，袁隨園亦出門下。袁以謁選入都。臨別拜辭，白髮相扶，泫然隕涕。有詩呈少宰云：「絳帷分手最堪悲，況復吾師頭白時。乍見又成千里別，再來難定十年期。」後為少宰志墓，述其撫浙陛辭，上知其無子，諭「此行可就南中選妾」，時謂「奉旨納寵」，亦殊恩也。（《十朝詩乘》卷八，《民國詩話叢編》第四册，第二四八～二四九頁）

科場有撥房之例，良以諸房取額有定，而分卷優劣不齊，故設此以調劑之。乾隆壬戌禮闈，諸襄七充分校，獨不受撥，故本房僅中七卷，總裁亦聽之，論者頗病其隘。夫科舉為國家掄才，非為試官樹黨，果求鑒衡之允，何有畛域之私？朱文正官翰林時，與顧晴沙員外同與乾隆庚辰會試分校，晴沙撥出卷最多，文正撥入卷最多。紀文達題晴沙所繪藍筆牡丹云：「深澆春水細培沙，養出人間富貴花。好是豔陽三四月，餘香風送到鄰家。」即隱指其事。邊秋厓和其韻云：「一番好雨淨塵沙，春色全歸上苑花。此是沈香亭畔種，莫教移到野人家。」又題文正畫云：「乞得仙園花幾莖，嫣紅姹紫不知名。何須問是誰家種，到手相看便有情。」文正引為知己。復和之云：「春風春雨剩枯莖，傾國何曾一問名。心似維摩老居士，天花來去不關情。」時錢籜石同在闈中，先以藍筆寫牡丹徧贈同事。於是分校諸君競效之，遞相題詠，傳為佳話。蔣文恪為總裁，見之云：「諸君子跌宕風流，一時盛事。然昔人嫌隙往往起於俳諧，不如並此無之。」衆服其遠見。張鏡壑和詩云：「黛為花片翠為莖，歐譜知居第幾名。卻怪玉盤承露冷，香山居士太關情。」微辭托諷，與文恪用意亦同，然謔不傷雅，終勝於強分門戶者。（《十朝詩乘》卷十，《民國詩話叢編》第四册，第三〇八頁）

智按：參見《閱微草堂筆記》卷二十 灤陽續録二（上海古籍出版社本，第四三五～四三六頁）。

來文端以庫使擢侍衛，為聖祖賞拔。乾隆初擢尚書，旋正揆席。後御製《懷舊》詩，與鄂文端、張文和、傅文忠、劉文正並列為五閣臣。其與史文靖同與「香山九老會」，御製詩以比宋臣富弼、文彥博，有「元豐二相今猶在，履道諸賢詎可方」之句。文端篤勤厚重，為上所稱。善相馬，每言相馬如相人，用違其才，則人與馬俱敗。在直廬，聞馬聲，即知其駿駑，不待相也。高宗製《相馬歌》賜之，云：「伯樂善相馬，車下老驥出。今豈無其人，來保稱第一。曩時有黃海，親授相馬術。謂不相其皮，亦莫稱其力。心端德自優，萬中無一失。天閑雲錦群，一顧靡不悉。為余辨驪黃，六飛協安吉。此術固云美，相人亦可則。況兹居八柱，亮采汝所職。勉此空冀心，佐余敷九德。」其卒也，年逾大耋，復有御製詩悼之。（《十朝詩乘》卷十，《民國詩話叢編》第四册，第三一三～三一四頁）

徐北山（永鑑）初業鹾，家漸中落。除夕，避債委巷中，聞慘泣聲，取火照之，則一貧士，以負債無償，將自經。問所負數，曰二百金。探囊中金，適如數，即以畀之。後兩子皆登第，世以為行善之報。晚預「千叟宴」，年已八旬。有詩紀恩云：「吾鄉禮讓屬南橋，尚齒尊賢喜共邀。會擬香山傳盛事，人同洛社仰仙標。四時佳興偕耆舊，千叟奇逢協聖朝。每以丹誠孚戚鄗，非關黃髮奇漁樵。鯤鵬息羽甯思翥，松柏淩寒總後凋。曲室談深情共洽，賓筵羹熟手親調。詩題玉軸雲霞滿，名列金庭歲月遙。始信普天皆壽域，康衢歌詠聽《簫韶》。」其與宴在乾隆五十年正月。《長蘆鹽法志》載鹾商徐永鑑、楊伯壎、張長庚俱與「千叟宴」，頒賜永鑑御製《千叟宴》詩幅及如意壽杖、緞錦綢紗、貂皮絹箋、福字箋、湖筆、徽墨、端硯、洋煙、鼻煙壺、大小荷包，伯壎、長庚略同。伊古引年，無此優賚。（《十朝詩乘》卷十一，《民國詩話叢編》第四册，第三三三～三三四頁）

西洋人供奉畫院者郎世甯；而後推艾啟蒙，凡宣畫諸臣，多出其手。當土爾扈特汗渥巴錫等率屬歸順，入朝於熱河避暑山莊，上命艾啟蒙往圖其形以進。時于文襄以内直扈從，因命畫像賜之。文襄《紀恩》詩云：「漠北來歸睹快先，繪章分逮荷恩偏。良工妙筆緹油外，賜第榮光素壁前。會勝香山圖九老，班誇瀛海列群仙。武成佇奏金川捷，紫閣丹青紀睿篇。」文襄嘗預「香山九老」之列，先日適增賜園第，故有「榮光素壁」句。後金川底定，以帷幄襄勞，圖形紫光閣，結語遂成先兆。裘文達《恭讀御製土爾扈特歸順記書後》云：「國家中外大一統，曩惟西事煩經營。兩朝撻伐未竟緒，皇帝睿斷功乃成。勝算在握要領得，如雷斯厲風斯行。乘機迅掃到回鶻，陽關以外無堅城。再讀御製《歸順記》，土爾扈特來投誠。前兹準夷梗化久，四衛拉特相支撐。我師當時定全部，獨此早竄偷其生。未曾遣使遠招致，亦不索取勞甲兵。幡然挈屬奉表至，彼蓋遜聽心先傾。」述歸順始末也。又云：「馬前累累復若若，乍習拜舞依龍旌。山莊宴賚盛典屢，丹青落筆騰光晶。」則記艾啟蒙圖形事，適堪參證。（《十朝詩乘》卷十一，《民國詩話叢編》第四册，第三四六～三四七頁）

鄧司業（鍾嶽）後，以上壽膺恩賚者，推王南亭（世芳）。南亭，乾隆時司訓遂昌，年已九十有六；辛巳，百有三歲。秩滿引見，賜六品銜，壬午、乙酉，兩次迎鑾，迭拜寵錫。迨高宗六旬萬壽，入都祝嘏，賜詩寵之，加司業銜，在籍食俸。是年百十有二歲，行不扶杖，健如中年。子四，長八十有八；孫十一，長六十有九；曾五人；元七人；來八人；冕一人，皆耕讀自食。問何術致此，曰：「無他，惟茹淡泊、寡思慮而已。」其紀恩詩云：「身願四朝沾浩蕩，眼看七代長兒孫。」絣福曼齡，古今希有。沈東田方伯賦《一百十二壽翁王廣文》詩有云：「赤城勝跡昔曾傳，杖履春風得氣先。甲近再周天放客，星移十紀地行仙。百年麤糲三餐飽，五夜心清一覺眠。欲識延齡惟澹泊，不須採藥並逃禪。」述其語也。吳蓉塘侍講《贈南亭老人》詩有云：「自言少時膽氣麤，報仇夜斫賊營裏。」則其人初非習於暖姝者。又有云：「去年翁至坐蒲輪，親祝聖齡習拜跪。篋貯上方麟趾金，衣裁內府鵠頭綺。今歲慈寧開八秩，翁切呼嵩復至止。香山圖畫古今同，天子推仁首尚齒。」則謂其以祝嘏再至，且預「香山九老」之宴也。陳勾山太僕詩云：「華皓何來雲水頭，寵加新秩返扁舟。酒錢未卜憑誰與，壺藥翻叨為我投。薄宦夢驚山北檄，散仙行逐海東鷗。獨留佳話傳臺閣，曾與耆英大父游。」當時推為壓卷。南亭尊人名永沂，有孝行，壽亦百有三歲。（《十朝詩乘》卷十一，《民國詩話叢編》第四册，第三五三～三五四頁）

魏挺生駕部詠豐臺芍藥云：「春風夢斷阿錢家，十里香塵走鈿車。一自西河買花後，賣花有女盡如花。」蓋用毛西河軼事。豐臺賣花翁張姓，有女名阿錢。西河見而喜之，納為篷，陳迦陵字以曼殊。從西河學詩，能成詠。有《二怕》詩云：「日色滿街紅，鴛鴦睡枕同。披衣將欲起，又怕隔簾風。」「羅帳掛金鉤，薰籠香霧收。起來紅袖冷，獨坐怕梳頭。」既而大婦不能容，徙居右安門墳園。夢鄰廟阿母喚之去，乃飾桃梗貌己，送廟中，而圖形於障，自題曰《留視圖》，竟病歿。西河作墓誌書碑，其友汪舟次、喬石林、趙秋谷皆有挽詩。舟次云：「春到長安芍藥開，尋花曾一到豐臺。自從解語歸金谷，不是花時客也來。」石林云：「村莊無復住東牆，但對名花引恨長。莫道小家劉碧玉，一生不嫁汝南王。」秋谷云：「淡紅香白好容顏，寶髻堆雲作百鬟。喚作佛花原自誤，如今爭肯住人間。」周青原贊善且為作《續長恨歌》記之。西河夙有季常之懼，自納曼殊，益反目。其夫人語人曰：「孰謂毛君淹博，為小詩，亦必獺祭乃成。」時人因有詩云：「不緣惹得量珠恨，那識西河獺祭工。」聞者絕倒。（《十朝詩乘》卷十二，《民國詩話叢編》第四册，第三九四～三九五頁）

桐城汪稼門督部（志伊）初官縣令，以平反冤獄得名，洊擢督閩浙。生平志為名臣，獨于藩司李賡芸事，大損夙望。賡芸字許齋，亦起自牧令。初守漳州，漳俗好械鬬，龍溪歸德堡某某，私鬬尤烈，令懦莫能治。許齋誤信屬吏朱履中，使攝龍溪令。久之不辦，遂自率兵往，費帑金七百，事訖，與朱分任之。既而許齋擢巡汀漳，連擢至布政，遂左遷朱教職。朱虧鹽課五千，抵以他項數相等，代者張均不可。漳守畢某嘗入朱賄，至是苛督之。朱窮且憤，謂虧帑由道府婁索，於是許齋亦解任聽勘。先是，許齋在漳督造戰船，不如式，大吏令賠修，許齋已去任。家人貸于朱以蕆事，許齋不知也。質訊日，朱摭前二事，指為贓。稼門益疑之，必欲窮其獄，歲除訊鞫至漏盡，歲首復集訊，且曰：「獄不成，將罪承讞者。」許齋自縊死，士民數千人遠道奔哭之。事聞，遣重臣按治。諸生某改《千家詩》云：「清明時節雨霏霏，路上行人哭布司。借問冤家何處是，兒童遙指汪志伊。」傳播徧里巷。欽使至，士民炷香者亦數千人，為許齋誦冤，督撫皆罷斥。士民請捐資建李公遺愛祠，欽使以聞，得旨允行，且諭曰：「斯民，直道之公也。」稼門既罷，作《退思圖》，自題詩云：「誰為箴規只自思，藐躬得失寸心知。閑參叔簡呻吟語，細繹香山諷諭詩。指視嚴于初覺夢，彌縫愧在未能時。木蘭堂畔花開落，顧影愁添兩鬢絲。」蓋頗悔之。（《十朝詩乘》卷十三，《民國詩話叢編》第四册，第四二八頁）

宴年老臣民，昉自康熙癸巳，迨壬寅再舉，始名「千叟宴」，乾隆以後，一再踵行，皆以禮遇耆髦，初無蘿袞之限。其專宴老臣者，則乾隆辛巳、辛卯兩宴香山，文武及致仕者各為班，班各九人，稱「香山九老」。又：道光癸未，宴萬壽山玉瀾堂，與者凡十有五人：儀慎親王，年七十九，領班，次則御前大臣賽沖阿，大學士托津、曹振鏞、戴均元，協辦大學士江督孫玉庭，尚書黃鉞、穆克登額、初彭齡、富俊，都御史松筠，都統哈迪爾阿、那保，致仕大學士伯麟，致仕都統穆克登布。宴以仲秋七日，宣宗御製詩云：「天高氣爽届白藏，西風颯颯八月涼。湖光山色秋正好，玉瀾堂上芳筵張。蹌蹌濟濟欣際會，咸逾古稀咸康強。親親誼篤予之伯，為國屏藩輝天潢（謂儀親王）。屢膺廟略成偉績，宣威重鎮知鷹揚（謂賽沖阿）。昔贊綸扉承聖澤，立朝正色端岩廊（謂托津）。絲綸佐朕彌恭謹，抒忠獻替資勖勷（謂曹振鏞）。河防宣力內襄政，年開八秩壽而臧（謂戴均元）。封疆重寄廉兼幹，平成奏績聞河湟（謂孫玉庭）。豈惟文章冠禁省，一德密勿惟幾康（謂黃鉞）。朝瑞大年今居首，靖共匪懈承餘慶（穆克登）。宣猷在昔知耿介，善善惡惡刻無遑（謂初彭齡）。勤勞三省心益壯，不凋松柏方歲長（謂富俊）。中外宣勤歷年所，不偏不倚柔兼剛（謂松筠）。偉哉藩王抒忱悃，三朝宿衛恩榮光（謂哈迪爾）。奮戈疆場知勇冠，精勤調習天閑驤（謂那保）。山右滇南昔受命，今日懸車優禮彰（謂伯麟）。久願戎旃志敵愾，裹創血戰殲欃槍（穆克登布）。予今圖績有深意，意在才儁標朝綱。矧逢大耋今罕覯，皤然在列欽先皇。先皇藎臣遺小子，弼成政治恩德洋。御園錫賚歌紀盛，天壽平格福穰穰。」是日，為儀王特設高坐，前此未有也。又：道光己丑八月，上奉皇太后幸盛京謁陵。迨回蹕，入山海關，登瀛海樓，循乾嘉故事，與侍臣聯句。凡字畫涉「水」部者，禁不用。與聯句者：曹振鏞、穆彰阿、祁寯藻、許乃普四臣。亦一時盛事。（《十朝詩乘》卷十五，《民國詩話叢編》第四册，第四七一～四七二頁）

帥仙舟中丞（承瀛）勵清節。道光初撫浙，去官日，以鹽莢所餘留存藩庫，後任取充公用，始見於奏牘。祁文端感帥中丞事，《題香山集後》云：「冷吟閑醉憶杭州，誰識清風宦跡留。一樣私錢付官庫，白香山後帥仙舟。」香山守杭，俸鈔多留官庫，繼守者公用不足，則假而復填，如是者五十餘年，迄黃巢之亂，文牘悉毀乃止。與仙舟事頗相類。咸、同後，各行省設善後局，疆吏往往藉詞外銷，濫支公帑，然李文忠督直最久，迨去官，存餘八百萬金，皆淮軍截曠餘款向歸私橐者，後亦為繼任者所用。時文忠方蒙謗，遂無稱者。宣統初，端忠敏欲究之，被劾罷。（《十朝詩乘》卷十六，《民國詩話叢編》

第四册，第五一六頁）

往時海舶未通，自江南入京都者，必繇清江浦登陸，故泰安、德州間為往來通驛，行旅止店，輒有流妓抱琵琶或彈箏弦徑造客室，謂之「闖店」。朱條生（棆）《琵琶小妓行》云：「騾綱替戾車轔轔，主人招客驂甫停。解裝撲面塵未洗，門前早有琵琶聲。琵琶小妓年十五，生小風塵慣歌舞。手撥鵾弦勸客聽，一曲清商侑村酤。隨肩小妹未十齡，引喉亦復歌瓏玲。敢望纏頭錦與綺，數枚賺得青蚨青。嗟哉風俗竟如此，民貧那復知廉恥！況復連年苦旱災，平原土坼麥苗死。吾聞兗州之域宜蠶桑，奈何比戶機杼荒。拔荼安得古良吏，勿抱琵琶立道旁。」憶昔人傳誦句云：「若使桑麻真蔽野，肯行多露夜深來。」與條生同一用意，詩人敦厚之遺也。顧勴堂太守於任邱旅舍遇京師妓月仙，不諳音律，亦楚楚可憐，為賦絕句云：「解語名花合讓卿，不諳弦索不彈箏。珠喉一啟嬌鶯脆，入耳分明是本京。」「石頭巷裏鬬芳時，嬌小年華綽約姿。為綰郵亭金勒馬，靈根甘化道旁枝。」「素心愛好本天然，解得多情便是仙。莫道蘭香經小謫，芳菲渾不減當年。」「無心遇合等風萍，一枕巫山夢易醒。願祝東皇多著力，年年深護柳條青。」勴堂由郎署乞外，屈於百里，頗有香山潯陽之感。（《十朝詩乘》卷十六，《民國詩話叢編》第四册，第五二二頁）

光緒時，有所謂「哥老會」者，散佈江湖閑，率多湘軍散勇。此輩從征日久，不復能事田畝，謀生事絀，迫而為非，可誅正復可憫。其會寔名「安清」，夏子松侍郎亂後視學吳中，以《擬香山樂府》命題課士。戴子開賦《安清會》云：「安清會，安清會，謬托道友名，『哥老』自稱謂。遊民散勇結黨援，分則同群聚同類。饑不知耕寒不織，爾獨何由裕衣食。行蹤詭秘無不為，草竊潛滋除不得。昨者野田中有人，橫罹白刃戕其生。又聞鄰村夜告警，探囊胠篋搜金銀。比年方息兵戈擾，催科更喜追呼少。胡為伏莽尚興戎，虎毒狼貪逞牙爪。豈無網與羅，網羅莫致將奈何。亦有法與刑，刑法雖重難具平。我有愚言曰否否，除暴安良屬官守。元惡滔天猶削定，何況區區此小醜。法網高張慎勿疏，弭盜良規自古有。」所論猶未抉其源也。彭剛直性廉退，功成乞休，迭授少司馬、大司馬，皆力辭，而獨以長江巡閱自任。所至輕舠微服，遇遊勇會匪不法擾民，立斬以徇。嘗同時疏劾提督以下一百九十餘員。賴其鋒厲，江路頓肅。其《六旬生挽》詩有云：「幻海茫茫莫問津，苟餘殘喘歲行巡。草根不采千年藥，花甲猶留百戰身。萍泛蓬飄時易邁，桂辛薑辣老難純。生成拙性多憨直，不與東施共效顰。」蓋自紀其實也。外舅樂靜翁元配彭夫人為剛直女孫，嘗從巡江，見捽一人至，珊冠黄馬褂。剛直出立船頭，訊數語，即命處斬，不知何官及所犯何罪。退省庵未成時，每過西湖，必止俞樓。嘗畫梅留贈，題絕句云：「鵲巢底事讓鳩居，高踞樓頭笑我粗。寄語苕溪賢太史，梅花一幅當房租。」徐花農侍郎為募勒上石，猶見老彭風趣。（《十朝詩乘》卷二十一，《民國詩話叢編》第四册，第六九八～六九九頁）

先文安公總裁《德宗實録》，在館紀事詩有「清選和聲久寂寥」句，蓋用光緒初年修《穆宗實録》故事。自丁丑以成書過半入告，實則全書已具。同館乘暇，遂多唱酬。劉博泉侍郎編次成帙，寶文靖取樂天「紀事之官，一時清選」語意，署曰《清選和聲集》。……（《十朝詩乘》卷二十四，《民國詩話叢編》第四册，第八二八頁）

先文安公《癸丑感事》詩，備詳國變顛末，詩凡三十首，謹撮録其有關史料者，如：「高拱君門遠九重，滔滔江海自朝宗。誰知越國尸居氣，錯認征南武庫胸。樂府乍歌《楊叛曲》，扁舟莫問董逃蹤。吳頭楚尾風煙接，正似銅山應洛鐘。」謂武漢變作，瑞督遽登兵輪遁走，澤公庇之，不加罪，長江諸省，遂望風瓦解。又云：「四貴無王事可知，更堪燕雀處堂嬉。耕奴織婢寧當問，劣虎優龍迴自奇。七載金縢思創業，一門花萼豔連枝。老臣遺疏誰曾省，淚盡香山諷諭詩。」謂親貴柄政典兵，致召危亡，而惜南皮遺疏之不見納也。又云：「樞軸無謀坐失機，倉皇遣將咎誰歸。只愁淮右貙羆據，肯信河邊羖羫飛。往事休歌千里草，成功只待一戎衣。分明破竹堪乘勢，垂下齊城又解圍。」謂政府以廕昌逗遛無功，特起項城督師，漢陽既下，武昌垂定，而勒兵踟躕，眾皆失望，蓋其時已别操秘算矣。又云：「宵衣日盼剌閨書，風鶴驚傳豈盡虚。玉几頻煩詢國是，金花絡繹佐軍儲。擁兵無奈陳元禮，草詔空勞陸敬輿。宫禁豈知帷幄事，區區握璽待何如。」「一家胡越忍相屠，九廟神靈詎可誣。銜命乍聞馳北使，義旗早已建南都。探符盆子真多幸，對局蚪髯自決輸。草草敦槃盟約定，三軍解甲聽歡呼。」謂政府藉口進兵乏饟，迫宫廷出内帑犒師，積儲頓盡，繼由統兵將領昌言抗命，於是有遣使議和之舉。和約曰遜政，不曰遜位，其言於孝定后者謂「寶位無恙，猶泰西之虛君共和」。后誤信之，貴近亦無敢駁論者。又云：「一封勸進表初齎，聞説長安笑向西。共覩天門開詄蕩，定知民望慰雲霓。虛名多是陳驚座，佐命居然楚執珪。誰料上元燈火夕，漁陽鼙地動征鼙。」謂和議既定，項城奉詔，以全權組織共和政府，而京津忽相繼兵變也。又云：「鎖鑰何人掌北門，龍庭萬里昔屏藩。未消内訌金甌奠，已動邊氛羽檄繁。舊德休言天倚漢，奇談真見佛稱尊。請纓壯士知多少，十萬横磨敢大言。」謂遜詔既頒，内外蒙古皆獨立，而哲布尊丹巴儼然自帝也。又云：「水晶殿闕月輪斜，零落金蟬怨孟家。且幸深居存漢臘，遽驚晚出罷宫車。愁雲慘淡蒼梧野，淚雨繽紛白柰花。真贋誰明衣帶詔，一篇哀誄自高華。」謂孝定后銜痛上賓，而共和政府頌其讓德也。又云：「淒涼鐘簴憶收京，國恥猶存城下盟。端禮穹碑自深刻，元豐新制但紛更。特科枉復登風漢，武庫真成借寇兵。一瞬興亡兒戲局，只如春草鬬輸贏。」辛丑，回鑾後，規行新政，于興學練兵尤亟，而魁柄失馭，適伏禍階。是篇尤寓深感。癸丑，崇陵永安，舊臣恭送者百餘人，洎園師未與，有句云：「孤生空下龍髯淚，舊恨誰攀獺尾車。」（《十朝詩乘》卷二十四，《民國詩話叢編》第四册，第八三八～八三九頁）

智按：郭則澐，字蟄雲、養雲、養洪，號嘯麓，侯官（今福建福州）人。生于浙江臺山。禮部右侍郎郭曾炘（一八五八～一九二八）長子。光緒二十九年（一九〇三）進士，授庶吉士、武英殿協修。光緒三十三年（一九〇七），派赴日本早稻田大學留學。回國任東三省總督徐世昌二等秘書官。宣統元年（一九〇九），改任浙江金華知府，後署浙江提學使，創機織學堂。後任浙江溫處道道臺。民國建立，歷任北洋政府國務院秘書廳秘書、政事堂參議、銓叙局局長、兼代國務院秘書長、經濟調查局副總裁、僑務局總裁。民國十一年，第一次直奉戰爭後去職，隱居京津，講學著作。民國二十六年，在北海團城創辦古學院，被推爲副院長兼教師，訪求古籍，研讀古文，培養人才，校印古書，暇則撰寫小説。北京淪陷後，拒任僞「禮制會顧問」、僞「北京政權秘書長」等職，只在國學書院任研究班詞章門導師。民國三十一年，周作人請則澐出任日僞「華北教育總署署長」職務，則澐堅决拒絶，在國學書院《國學叢刊》上發表《致周啓明却聘書》。逝世後葬於香山雲巢墳園。著述甚豐，有《十朝詩乘》、《清詞玉屑》、《龍顧山房全集》等。

余紹宋（一八八三～一九四九）

《棕樹昔人罕有詠者，余獨喜其勁直，既以入畫，更為詩張之》

我愛棕櫚樹，翹然氣獨昌。蕊浮金粉溢，葉戰水風涼。寒暑不改色，榮枯自有常。（棕櫚節苞，每月必發一片，四時皆然，閏月亦如是。）知音古寥落，為汝表昂藏。

孤直本天性，千株不易形。成林猶落落，特立自亭亭。枝葉皆堪用，皮毛益效靈。豈惟松柏獨，此樹亦恒青。（《寒柯堂詩》卷一，文聽閣圖書有限公司二〇〇九年《民國詩集叢刊》本，劉衍文《雕蟲詩話》卷四引，《民國詩話叢編》第六册，第六三八頁）

智按：劉衍文《雕蟲詩話》卷四云：「此師之自喻亦自贊也。語意甚明，不煩銓釋。『棕櫚葉戰水風涼』，乃白香山《西湖晚歸回望孤山寺贈諸客》詩頷聯下句也。全詩但寫西湖將暮之景色，淺顯明順，亦長慶體之一端也。師截去『棕櫚』二字以詠物，殊見挺拔。棕櫚之氣概，在他句烘托映襯下，真翹然獨昌矣。」

余紹宋，字越園，又作樾園，號寒柯。浙江龍遊人。通金石，尤長於方志、書畫之學。早年畢業于日本東京法政大學。入民國，任司法部參事。晚年應省主席黄紹竑之聘，長浙江通志館，重修《浙江省通志稿》。有《寒柯堂集》，編《書畫書録題解》、《畫法要録》、《畫法要録二編》、《中國畫學源流概況》、《續修四庫全書藝術類提要》、《龍遊縣志》等。

馬一浮（一八八三～一九六七）

《書元微之望雲騅馬歌跋》（一九四五年一月）

元、白新題樂府，雖長於諷喻，而少溫厚之旨，氣格亦漸靡弱矣。王湘綺亟稱微之《望雲騅》骨力可追少陵。以今觀之，殆為過詞。然此篇固《長慶集》中傑作，高出《連昌宮詞》遠矣。甲申臘月，天寒日暗，書此，聊識數語。蠲戲翁。（《馬一浮集》第二册第一一五頁；丁敬涵編注《馬一浮詩話》，學林出版社一九九九年版，第三九頁）

《蠲戲齋詩話》

作詩以説理為最難，禪門偈頌説理非不深妙，然不可以為詩。詩中理境最高者，古則淵明、靈運，唐則摩詰、少陵，俱以氣韻勝。陶似朴而實華，謝似雕而彌素，後莫能及。王如羚羊掛角，杜則獅子嚬呻。然王是佛家家風，杜有儒者氣象。山谷、荊公才非不大，終是五伯之節制，不敵王者之師也。堯夫深於元、白，元、白只是俗漢，堯夫則是道人。然在詩中，亦為別派，非正宗也。吾於此頗知利病，偶然涉筆，理境為多。自知去古人尚遠，但不失軌則耳。（《馬一浮集》第三册第九八〇～九八一頁）

和韻，唐人至元、白始有之，及東坡、山谷、荊公，始好再疊、三疊不已。鬬險爭奇，多則終涉勉強，此可偶一為之，不貴多也。（《馬一浮集》第三册第九八三頁）

後山學少陵極有功夫，亦失之於瘦。其生處可學，澀處不可學。山谷才大，有時造語生硬，亦病於澀。東坡亦才大，但多率易，則近滑。從宋詩入手易犯二病。少陵雖有率句，卻不滑；雖有拙句，卻不澀。義山麗而近澀，香山易而近滑。（《馬一浮集》第三册第九八九頁）

宋詩山谷、後山均佳。放翁以多為貴，僅比元、白，視白尚有遜色。梅聖俞雖嘗見稱於歐陽公，而意境殊不高，非上乘也。（《馬一浮集》第三册第一〇一一頁）

盛唐音節響亮，句法渾成，晚唐便失之雕琢。宋詩音節便啞，雖荊公、山谷亦然。東坡於詩並不用功，只憑天才，失之率易。王壬秋教人為詩，篇模句擬，大類填詞，方法太拙，往往只具形式。渠長於《選》體，歌行亦能為之，而短於律詩、絕句。張文襄亦頗能詩，晚近則有陳散原、鄭孝胥。鄭詩頗類後山，固不必以人廢言。陳石遺能評詩，所作詩話頗可觀。及其自為之，乃不能悉稱。樊樊山、易實甫雖搖筆即來，不為無才，而體格太率，僅可托於元、白而已。中國文學流派太多、歷史太長，欲於各家各體一一沉浸精通，大非易事。是以胸中不可無詩，筆下則不必有詩。（《馬一浮集》第三册第一〇一一～一〇一二頁；丁敬涵編注《馬一浮詩話》，學林出版社一九九九年版，第二一頁）

問白香山《動靜交養賦》，先生云：兩頭語耳。似此則動靜仍是兩截，香山蓋未解一如之理，故說來便錯。性道超乎動靜，不可强爲分屬，陷于偏曲。天道歲功，亦復如是。譬如「天何言哉」，疑若靜矣，「四時行，百物生」，疑若動矣。然方其無言，亦行亦生，則靜亦動也；既其行生，未嘗有言；則動亦靜也。香山此賦取義老氏，然亦不見其奥。大抵魏晋人說老莊得其玄旨，唐以後便不足觀。（《馬一浮集》第三册第一〇一七頁）

元、白亦是古典文學，非不用典，但用典使人不覺。以元、白為不用典，直是胡說。（《馬一浮集》第三册第一〇二二頁）

余向論詩，推盛唐王、岑、高、李，比來稍有不同。香山一年作樂府五十首，佳者可得三分之一。元微之才短，只和得十二首，無一佳作。溫飛卿雖晚唐亡國之音，而所為樂府，字字精煉，亦不易到，古人不可及也。義山絕律好，吾能之，香山樂府亦可及，溫則難能，杜則時有相類處而已。（《馬一浮集》第三册第一〇二七頁）

言之精者為詩。「詩言志」，最要是心術正大，方可學詩。學詩必從《三百篇》、《離騷》，漢魏樂府、建安七子以及《文選》諸詩入手，方有法度。律詩必宗老杜，若香山、東坡、放翁之詩，説來太易，不宜初學。公安體及袁簡齋之詩，學來易流怪僻，尤為初學所戒。學詩亦必有悟處，然後寫來方能生動。詩人胸襟，必與天地合其德，乃見其大。老杜《寫懷》詩：「用心霜雪間，不必條蔓綠。」與「正其誼不謀其利，明其道不計其功」的道理暗合，這是何等胸襟！謝靈運喜為玄言，而工部無意為之，與聖賢所言道理若合符節，尤為可貴。（《馬一浮集》第三册第一一七五頁）

智按：馬一浮，名浮，字一浮，會稽（今浙江紹興）人。現代新儒家早期代表人物。精于書法。曾應蔡元培邀赴北京大學任教，蔣介石許以官職，均不應命。建國後，任浙江文史館館長、中央文史館副館長、全國政協委員。所著後人輯爲《馬一浮集》。

王藴章（一八八四～一九四二）

《然脂餘韻》

石琢堂《微波詞》中，有《洞仙歌》一闋，爲題沈三白夫婦《載花歸去月兒高》畫卷作也。自註：「時三白之婦已下世矣。」詞云：「春光一舸，趁江流如箭。料想仙源路未遠。問劉綱佳耦，暫謫凡塵，消受過、幾度月明花豔。　比肩人已杳，蕉萃崔郎，猶對夭桃舊時面。不用水沉香，百種芳華，早薰得、眞眞活現。倘環珮、珊珊夜深歸，算只有嫦娥，當年曾見。」按，三白之婦，姓陳名芸，字淑珍，蘇州人，四齡失怙，母金氏，弟克昌，家徒壁立。芸既長，嫻女紅，三口仰其十指供給。一日，於書簏中得《琵琶行》，挨字而認，始識字。刺繡之暇，漸通吟詠。有「秋侵人影瘦，霜染菊花肥」之句。適三白後，伉儷唱和，詩境益進。嘗共論李杜之優劣，芸謂杜詩錘鍊精純，李詩瀟灑落拓，與其學杜之森嚴，不如學李之活潑。又謂李詩有一種落花流水之趣，令人可愛。三白笑曰：「初不料陳淑珍乃李青蓮知己。」芸笑曰：「妾尚有啟蒙師白樂天先生，時感於懷，未嘗少釋。」三白曰：「何謂也？」芸曰：「彼非作《琵琶行》者耶？」三白笑曰：「異哉！李太白是知己，白樂天是啟蒙師，余字三白，爲卿壻，卿與『白』字何其有緣耶？」芸笑曰：「白字有緣，將來恐白字連篇耳。」（吳音呼別字為白字）相與大笑。雖閨房戲謔，亦有雅趣。又嘗卜居於張士誠王府廢基，居停金嫗，家擅園林之勝。芸與三白游賞之餘，則共聯句消遣，有「獸雲吞落日，弓月彈流星」之句，爲時傳誦。（《然脂餘韻》卷一，《民國詩話叢編》第五册，第十四頁）

智按：王藴章，字蒓農，號西神，別號西神殘客，金匱（今江蘇無錫）人。光緒二十八年（一九〇二）中副榜舉人。早年任中學英文教師。宣統二年（一九一〇），商務印書館《小說月報》創刊，為首任主編。一九一一年，經人舉薦任職于中華民國南京臨時政府。因工作不合己意，去職後遊歷南洋各國，作《南洋竹枝詞》百首。後又回上海，歷任滬江大學國文教授、《新聞報》編輯，並主持正風文學院教務。一九一四年，《新聞報》設立文藝副刊《快活林》，王西神經常為該刊撰稿。曾參加柳亞子等所辦之南社，並以戲劇鼓吹民主革命。工書法，通詩詞，擅作小說。作品有《碧血花傳奇》、《香骨桃傳奇》、《可中亭傳奇》、《鐵雲山傳奇》、《玉魚緣傳奇》、《綠綺臺傳奇》、《霜華影》、《鴛鴦被》等九種。另著有《女藝文志》、《玉臺藝乘》、《梅魂菊影室詞話》、《西神小說集》；詩詞和小品文輯有《雪蕉吟館集》、《梁溪詞徵》、《梁溪詞話》、《雲外朱樓集》等未刊稿本。錢鍾書生母即王西神之妹。事迹見鄭逸梅《南社社友事略》。據徐彥寬跋，《然脂餘韻》之輯起自民國三年，先散載于涵芬樓出版之各月刊中。

謝覺哉（一八八四～一九七一）

《感舊》

讀樂天《感舊》詩，頃念權衡、夢周、淩波之先我而逝，不覺淒然。

夢周蹇蹇人中聖，聖者遭屠奸者慶。墳荒草陳血色新，三楚遺黎長飲慟。叔衡才調質且華，蹊徑獨辟無纖瑕；臨危一劍不反顧，衣冠何日葬梅花？淩波豪邁又縝栗，塞不變兮威不屈。健魄不禁急病摧，益友良材倏焉失。三君次第委紅塵，遠十四載近一春；總角論交惟剩我，衰年感舊更何人？往事歷歷何須說，遺我碧磷和黑鐵；金雞一聲天欲曉，寶劍常埋地猶熱。從來名將白頭稀，况復戰鬭無顯微；前仆一兮後起百，佇看曠宇生光輝。（《謝老詩選》，中國青年出版社，一九八〇年五月版，第十七頁）

智按：謝覺哉，字煥南，別號覺哉，亦作覺齋，湖南寧鄉人。一九二五年加入中國共産黨。一九三三年，任中央蘇區内務部長時，主持起草《勞動法》、《土地法》。一九四九年後歷任内務部部長、最高人民法院院長、中國政法大學校長。

陳承澤（一八八五～一九二二）

《癸亥社作・白居易》

結社香山成九老，神游兜率會群仙。最難海外雞林賈，也賞詩人白樂天。（《鳴社雜誌》一九二四年第三期，第一頁，署名慎侯）

智按：陳承澤，字慎侯，閩侯（今福建福州）人。留學日本攻讀政法、哲學。回國後爲上海商務印書館編譯員，編輯《民主報》、《時事新報》、《獨立周報》、《救國日報》、《政法雜志》、《甲寅雜志》、《東方雜志》、《學藝》等。辛亥革命後任福建省政府秘書長等。著有《國文法草創》（商務印書館，一九二二年）。與郭沫若是先後同學，郭曾參加陳發起創辦之《孤軍》雜志，介紹《孤軍》由泰東書局出版，撰發刊詞《孤軍行》，並在《孤軍》雜志發表詩作。而陳于一九二二年八月八日中丹毒而亡，未見到九月出版之《孤軍》。郭在劇本《月光》題辭：「此稿獻于陳慎侯先生之靈。」在《創造十年》、《古書今譯的問題》等文中都寫到陳慎侯及其研究成果。

蔣抱玄（一八八六～一九三七?）

《民權素詩話》

⊙《清芬室詩話》（竺仙）

安徽鮑作舟嘗遊幕杭州，賦有《西湖柳枝詞》八首云：「壯遊踏遍軟紅塵，願作西湖畫裏人。怕見青青楊柳色，客中又是一年春。」「遠遠西泠接段橋，蘇堤一抹緑千條。誰家婀娜春遊女，故向風前鬬舞腰。」「楊花飛絮近清明，載酒提壺曉出城。十里長堤千萬縷，如何柳浪不聞鶯?」「嫋嫋盈盈嫩柳枝，籠煙濯雨細如絲。相逢蘇小墳邊路，不以長亭恨別離。」「岳王廟外碧初萋，白傅祠前緑已齊。今日東風吹萬樹，前番細雨暗雙堤。」「歲歲青黃幾度經，遊人只愛柳梢青。郎心亂擬風前絮，妾命輕如水上萍。」「冶葉柔條最惱公，長眉俏眼對春風。牽愁怪道多情甚，慣惹遊人繫玉驄。」「隋苑飄零況漢南，章臺攀折復何堪。獨憐新柳西湖畔，仿佛吳娃正十三。」細膩可誦，頗類

小杜之筆。(《民國詩話叢編》第五册，第二〇七頁)

⊙《集雋詩話》(記者)

孫琴西（衣言），詩筆高邁，同時作者無與抗衡。嘗與俞曲園論詩，各有意見，不相合焉。蓋孫所師者黄山谷，而俞所師者白樂天也。然孫所著《遜學齋集》，只有曲園一序，此猶黄仲則與洪稚存論詩不合，而黄詩卒經洪手選定之也。(《民國詩話叢編》第五册，第二四七頁)

⊙《蕿園詩話》(原名隨筆，卷盦)

漢魏之詩醞釀深厚，一以雅馴為主。至六朝而體格一變，至唐之天寶而又一變，元和體老嫗都解，則日趨卑弱矣。昌谷出而救之，以古茂出入《騷》、《雅》，自是健才。如「黑雲壓城城欲催」、「欲剪湘中一尺天」、「楊花撲帳春雲熱」等句，才思横逸，不可一世。極意經營，好作不經人道語，少陵所謂「語不驚人死不休」也。古人琢句之不輕易如此。(《民國詩話叢編》第五册，第二五七頁)

作詩貴審題。古人得一絕好題目，不肯輕易放過。如工部之《北征》，退之之《南山》，樂天之《長恨歌》，梅村之《永和宮詞》、《圓圓曲》等篇。於當日時勢，極有關係，不惜匠心獨運以成之，故後世有「詩史」之稱。當其下筆時，已知其必傳矣。(《民國詩話叢編》第五册，第二五八頁)

古詩尤貴章法，開合提頓，排奡搖曳，缺一不可，敘事之作尤要。香山之《長恨歌》，膾炙人口，千古傳誦，其實不及《琵琶行》之結構有法。最妙在「同是天涯淪落人，相逢何必曾相識」二句，束上起下，擲筆空中，是全詩之筋脈，通篇之關鍵。《長恨歌》平鋪直敘，從選妃起，至寄釵止，無提振關束之筆，似嫌平衍。惟其遣詞秀麗，情韻雙絕，為一時傳誦。所謂入時之眉樣，非詩律之極軌也。此詩閲者往往滑口讀過，特表而出之，敢以質諸博雅君子之論定焉。(《民國詩話叢編》第五册，第二五八頁)

《聽雨樓詩話》

余最愛讀香山，以其天真爛漫，不加修飾也。出其後者，首推東坡。工夫雖淺，亦自有真趣。余又最不喜放翁，其近體則坐填砌之病，其古體則多扭搦之態。顧今之詩人，多喜誦之，竟有稱為工夫真實者，余實不解是何理。

昔袁子才評山谷詩，引《世說》語云：「張茂先我所不解。」余今評放翁詩，仿子才語云：放翁詩佳處，小生至今茫然也。雖然，人心不同，各如其面。公愛饅頭婆愛面，必強嗜好而一齊之，詩人真多事哉。（《民國詩話叢編》第五册，第二八七頁）

嘗有誇兒女于余前者，余答之曰：「酒糊塗那裏好兒女，古詩不云乎：酒徒多愚兒。」遺傳之性，確實有之。陶淵明詩：「雖有五男兒，不好弄紙筆。」此其一證也。其實不但酒徒然也，古之詩人多有極盛難為繼之概。試問青蓮、少陵、香山、東坡輩，其書香不及身而替乎！刻畫過工，造化所忌。良弓良冶，以常理衡之，其食報固如是也。（《民國詩話叢編》第五册，第二九七頁）

智按：蔣抱玄，字子旌，號箸超，紹興（今屬浙江）人。南社社友。曾任反清刊物《民權報》編輯，後又自創《民權素》月刊，一九一四年至一九一六年共出十七期。有《箸超叢刊》、《蔽廬非詩話》、《蔽廬日月》、《聽雨樓詩話》、《評注韓昌黎詩集》等。

胡懷琛（一八八六～一九三八）

《海天詩話》

番禺高冠天為余言，西人詩大半激發人之志氣，或陳述社會疾苦，字句不嫌淺易，而以能感人為歸。求之吾國詩人中白香山之諷諭，庶幾近之。其言甚是。芬蘭文豪亨勤克斯差科，生平作文必以紅墨水，他不用也。腦威伊布新翁，以文名，屬稿時案頭必置泥人數枚，非然者文思即塞，終日不能成一字。走入醋甕，撚斷別鬚，為吾國詩人奇癖。然觀亨、伊二人事，此癖豈中國人所獨有哉。（《民國詩話叢編》第五册，第三〇六頁）

日本人詩本學中土，號為能手，亦不過似宋元而止，唐以前則未窺門戶。黃公度《日本雜事詩》所謂「幾人漢魏溯根源，唐宋以還格尚存。難怪雞林賈爭市，白香山外數隨園」者是也。余作《海天詩話》，多搜日人詩，非揚之也，亦以見中土文學傳播之廣耳。（《民國詩話叢編》第五册，第三〇七頁）

智按：胡懷琛，原名有懷，字季仁，後改寄塵，涇縣（今屬安徽）人。宣統二年（一九一〇）受聘于《神州日報》擔任編輯，在新思潮影響下毅然剪辮，並以文字竭力鼓吹革命。翌年與兄胡樸安一起加入南社，旋與柳亞子結成金蘭之契。辛亥革命爆發，與柳亞子編撰《警報》鼓吹革命。後又任《中華民報》編輯。在新聞界頗著名聲。民國九年，應聘于滬江大學，任教國文系。又應王雲五邀受聘去商務印書館任編輯。參加《萬有文庫》古籍部分編輯工作。繼後，先後在中國公學、滬江、持志等大學及正風學院擔任教授，授中國文學史、中國哲學史等課，民國二十一年受聘于上海通志館任編纂。在任教與編輯業餘期間又勤于選編、撰寫、著述。有《國學概論》、《墨子學辨》、《老子學辨》、《托爾斯泰與佛經》、《文字源流淺說》、《簡易學說》、《中國文學史略》、《修辭學發微》、《中國詩學通評》、《中國民歌研究》、《中國小說研究》、《中國文學過去與未來》、《中國戲曲史》、《中國神話》、《文藝叢談》、《清季野史》、《上海外記》、《蘇東坡生活》、《陸放翁生活》等百餘種。

徐世章（一八八六～一九五四）

《白香山詩集提要》

白香山詩集四十卷附年譜二卷。康熙四十二年刻本。國朝汪立名編。立名號西亭，歙人，由內閣中書陞郎中，出知順寧、辰州兩府，攝兵備道，事迹具《縣志·宦績傳》。是編《長慶集》二十卷，《後集》十七卷，《別集》一卷，又蒐輯各本爲《補遺》二卷，而以《新定年譜》一卷、《舊本陳振孫年譜》一卷，併元稹《長慶集》序、《舊唐書》本傳冠首。又采諸書之有關白詩者，分注其下，其刊詩不及文，據宋齊語，題曰「香山集」則據元稹序也。康熙四十二年刻，有朱彝尊、宋犖序及自序。據《春明退朝録》：居易自勒文集五十卷，後二十卷皆寫本，藏東林、香山二寺，後東林本爲高駢取去，香山本經亂亦不存。後唐明宗子從榮又寫本置普明僧院，蓋即今傳本。又陳振孫《書録解題》：吳郡守李伯珍、知忠州漢嘉何友諒皆嘗刻是集。各有《年譜》一卷，然二本編次不同，又有《外集》一卷，皆非居易自記之舊，其本今莫知存佚。舊傳明郭武定侯本為最，馮班猶謂其失次第，然此本今亦罕見。世所行者，有蘇州錢考功、松山馬元調二本，然編次紊雜，而錢為甚，至明胡震亨《唐音丁籤》所録，分體太瑣，以一題割隸二卷，所注前、後集亦頗有誤，皆不得為善本。是編引用凡一百二十餘家，所校有萬閒堂本、苕溪草堂本、泰興季侍御依宋刻校本，其辨《海圖屏風》為諷王承宗事及元、白隙終之謬，皆與陳譜闇合。又謂《歸田》詩當係元和六年，香山九老無狄兼謩、盧貞，有李元爽、僧如滿，致仕在會昌二年，年七十一歲，皆足補前人之疏略也。(《續修四庫全書總目提要》稿本，第十六册第四二頁)

智按：徐世章，字瑞甫，號濠園居士，館名雙石鼓硯齋，天津人，徐世昌之十弟。北京同文館畢業。曾赴比利時研究時政，考察商業，並入比利時裏達大學學習商業，得學士學位。一九一一年赴意大利擔任萬國博覽會審查委員。繼赴英、德、法等國考察商業及鐵路行政。一九一二年回國後任交通部次長、交通銀行副總裁等。一九二二年隨徐世昌下臺而去職。曾任鐵路學院名譽校董、天津耀華中學董事、工商學院董事長、東亞毛織公司董事。

鄧之誠（一八八七～一九六〇）

《清詩紀事初編》

吴偉業，字駿公，號梅村。……其詩以七言歌行自成一體，事固足傳，而吐辭哀豔，善於開闔，讀之使人心醉。然以擬元、白，則不免質薄而味醨。……(《清詩紀事初編》卷三「吴偉業小傳」，中華書局上海編輯所，一九六五年十一月版，第三九二～三九三頁；上海古籍出版社，一九八四年二月版，第三九二～三九三頁)

智按：參見錢仲聯《夢苕盦專著二種·吴梅村詩補箋》，第七十四頁。

張永銓，字賓門。上海人。康熙三十二年舉人。……《河上紀事九十六韻》敘述甚備，體格極近香山。(《清詩紀事初編》卷四甲編中「張永銓小傳」，中華書局上海編輯所，一九六五年十一月版，第四八三頁；上海古籍出

版社，一九八四年二月版，第四八三頁）

高珩，字蔥佩，别字念東，晚號紫霞道人。淄川人。崇禎十六年進士，選庶吉士。入清授檢討。……詩筆超拔，出手即成。平生詩不下萬首，不甚愛惜，隨手棄置。……詩文皆似白居易。為人坦率，自適其適，而悲憫為懷，亦于居易為近。（《清詩紀事初編》卷六「高珩小傳」，中華書局上海編輯所，一九六五年十一月版，第六六六～六六七頁；上海古籍出版社，一九八四年二月版，第六六六～六六七頁）

智按：鄧之誠，字文如，號明齋，室名五石齋。原籍江蘇江寧，生於四川成都。閩浙總督鄧廷楨曾孫。祖父鄧文基、父親鄧小竹，長期任官四川、雲南，好文史。鄧之誠就讀于成都外國語專門學校法文科、雲南兩級師範學堂。畢業後任《滇報》編輯，一九一〇年任昆明第一中學史地教員。辛亥革命後，積極參與反清革命活動和反袁護國運動。一九一七年任教育部國史編纂處民國史纂輯、《新晨報》總編輯。一九二一年起，任北京大學史學系教授，並先後兼任北平師範大學、北平大學女子文理學院、輔仁大學和燕京大學教授。一九三一年起，任燕京大學歷史系教授兼北平師範大學和輔仁大學史學教授。一九四一年冬與洪煨蓮等被日本軍逮捕入獄，翌年獲釋。出獄後，惟靠鬻字、典當、借貸以維持一家生活，拒絕替日偽工作。抗戰勝利，燕京大學復校，重新回校任教。一九五二年院系調整，入北京大學歷史系專任明清史研究導師。曾任中國科學院哲學社會科學部歷史考古專門委員。

汪國垣（一八八七～一九六六）

《誠齋集》識語

前此唯蒙莊、楞嚴、陶公、白傅、坡公、擊壤，後則隱秀（譚元春）、伏敔（江湜），皆與此集淵源甚深，互爲鼓吹。若莊定山之村野，袁簡齋之嬛薄，皆不得與誠齋作輿臺。讀此集者，宜辨別之。（汪辟疆先生《誠齋集》識語）

《光宣詩壇點將録》

地妖星摸著天杜遷：王以慜，一作歐陽述（附何震彝）

其容清明，天高日晶。

夢湘筮仕江右，與陳散原、歐陽笠儕相習，倡和亦多。所為詩，刊為《檗塢詩存》初續稿，凡若干卷。其詩書卷甚富，不矜才使氣，自然雅音。跡其造詣，得力于唐賢為多。深穩似杜，婉轉近白香山，而精警之作，則又與獨漉堂相視而笑也。散原屢與余言及之，謂夢湘太守詩功甚深。唯檗塢與散原取徑絕殊，而所言如是，門庭廣大可知矣。笠儕號伯纂，所交皆一時豪俊。詩宗唐音，而與小長蘆、獨漉堂為近，風華典贍，情韻兼美。曾手選清十五家詩。有《浩山詩鈔》。(《民國詩話叢編》第五册，第三五八頁)

《光宣以來詩壇旁記》

〇瞿蜕園《西園王孫草書墨竹歌》

西園王孫，名溥侗，為清成哲親王之後。至君之父，承嗣宣宗長子隱志郡王。君髫年受封鎮國將軍，晉加公銜。夙精聲律，兼擅書畫。今年七十餘，隱居滬市，以翰墨自給。近見瞿兑之（蜕園）所為《西園王孫草書墨竹歌》，頗有湘綺老人《圓明園詞》筆意。此體溯自白傅《長恨》，微之《連昌》。後來鄭嵎之《津陽門》詞采雖不逮，然固一脈相承，不失其矩矱者也。清人惟梅村、湘綺，可謂獨出手眼，詞旨恢宏。蜕園雖不能上沿下溯，但於此義乖雅廢之後，起而效之，固一時特起之異軍也。茲録於下，以存藝林掌故。

《西園王孫草書墨竹歌》：自湘綺賦《圓明園詞》敘述掌故，感慨興衰，一時盛推詩史。爾後頤和繼興，事變彌烈，而作者罕聞。余何人斯，敢為東施之效？昔微之之詠連昌，鄭嵎之賦津陽，皆感物造端，别具機杼。今茲邂逅，實非尋常，宜制長篇，以申苑結，但存故實，非逞詞華。鑒戒之旨，有不忍云；危苦之詞，情胡能已？哲工達識，其有取焉。蜕園自記。

曼殊王孫客江海，腰下珊瑚閟光彩。臨霞玉羽落芝田，清唳猶應動真宰。昨來贈我鸞鵠書，筆勢昭陵玉匣餘。背寫琅玕灑寒緑，便似連昌滿宫竹。連昌宫竹已闌珊，露染秋筠淚竹斑。金床玉几無人問，紫氣黄旗又不還。水天閒話招涼地，遥望昆湖落煙翠。竹馬曾嬉大曆春，金鑾試問開元事。當年東第有輝光，大道朱樓十宅王。明善書藏堆玉錦，瑤華名跡韻縑緗。（怡王府藏書稱明善堂，今惟知貴其角花箋。瑤華道人畫出士大夫上。）宗潢禮法稱嚴肅，詒晉家風更清淑。（成哲親王詒晉齋，即君本生高祖。）端闈早受夏侯書，勾陳敢戮揚干僕。（近支子弟入上書房讀書者，嚴事師傅過於民間，有過跪聖人堂。）九歲蒙恩入上齋，平明旭影候宮槐。貂襜侍直橫黃帶，黼座臨軒遞綠牌。慕陵（宣宗陵名）塚嫡承華貴，王喬早列靈香位。嗣皇花萼重甯申，（甯、申諸王，唐玄宗兄。）別子桐封儕魯衛。（宣宗長子隱志郡王早世，咸豐初追封立嗣。）千牛親衛佩弓刀，翠管翎飄馬上袍。黛耜春耕詠莒葉，牙盤夏薦熟櫻桃。奉常嘗酹頻修敬，雍雍湛露桐椅盛。丹墀祗自肅班行，上苑從無豫遊幸。憑几誰聞末命申，唯貪長信立沖人。篡祀不教迎代邸，撤簾無復望宣仁。（慈禧不肯謝政，憚立長君，實傾覆之由。）異日秋衾夢銅輦，雞翹鳳蹕長遊衍。不覺君王怒偃師，惟聞玉女投驍箭。（德宗深疾鄭聲，而太后偏嗜觀劇。）頤和新構接圓明，水殿雲廊別樣清。諧趣笙歌凝水步，排雲宮闕冠山楹。每歲稱觴萬年樂，正如十月朝元閣。（唐代驪山事）黃菊堆盆錦作山，白魚行炙緹為幕。中璫傳捧鸞輿至，蘭阪秋風送笳吹。敵騎頻聞近紫臺，從官還許呈如意。江漢經營憶中興，北辰猷拱壯觚稜。親賢漸欲疏宗袞，戇直偏教守股肱。（同光初元，中外屬望恭醇夾輔。中葉而後，二王頗懷憂畏，臺臣敢言者多出守郡矣。）省中常侍銜天憲，大抵任安多巧宦。孫壽曾偷齲笑來，少兒自倚微風慣。（晚年外吏多夤緣交通內豎女謁）蜃氣遙傳海上樓，芙蓉小苑入邊愁。深宮帝子悲青雀，少府卿曹舞沐猴。君臣自是憂時切，瓜分已兆黃圖缺。誰知金虎禍宮鄰，枉傾東市朝衣血。（甲午後索地紛紛，發憤變法，阻于宮掖。戊戌、庚子兩次以中旨誅朝士，近古未聞之奇局也。）從茲天子不當陽，舜死堯幽墮杳茫。空見珠襦陪武帳，可憐銀漢限紅牆。西內波平香扆殿，甕山垣隱玉瀾堂。（兩處皆德宗寢殿，今防護之跡猶存。）碑銜石闕那能語，酒勸長星相爾汝。彩翼心推紫鳳皇，紅襟哽咽青鸚鵡。十二層城思若雲，三千殿腳花如土。精衛難填總碧波，重華不見空瑤圃。（戊戌後，德宗恭默無言。）西上嵰山又卻回，新排鶴仗集靈臺。藁街昔笑蠻夷邸，什庫今篩錦繡灰。（庚子西什庫教堂受禍與東交民巷等。庫中自明以來歷代所藏盡矣。）當時載筆輿元者，奉引辛勤沙苑馬。總為金雞乞赦來，終然鳴鳳同音寡。（按此詔作者先德入直行在，扈從還京，秉筆七年。嘗請特赦黨魁，卒以此忤太后旨，被放。）宗臣正則泣椒蘭，能向堯年記雪寒。蒼梧野望雲蕭瑟，《黄竹》歌傳路杳漫。殘山碣石連長白，華蓋文昌黯無色。大石林牙枉向西，應昌廬帳難歸北。東丹畫裏辨唐裝，太白詩中念永王。不獨鄒枚詞賦客，盡來吴越山水鄉。蓬萊眼見還清泚，每聽牙弦知政理。不應亡國坐伶官，只怪淫聲亂宫史。法曲初煩侍從臣，内官學唱奉仙宸。後有秦腔兼漢調，外傳《四喜》與同春。排當日日仙韶院，荅刺都曇《柘枝》遍。珠燈明處掩晶蟾，彩扇回時下宫燕。協律聞君詣最工，緑雲清響切悲衷。每於變轉三終際，能使潺湲四座同。横塘水滿瀟瀟雨，依約冰弦聞雁語。借問《吴趨·子夜歌》，何如月裏《霓裳譜》。王順何戡舊擅名，李娟張態也含情。昔年曾教《伊州曲》，詎忍重逢唱渭城？淒涼鬢影彈琴石，茂陵風埽苔無跡。仙班便隸蕊珠來，布衣等是咸陽客。（君今躬自傭作，以布衣為樂。）四海為家莫更論，江湖滿地一銷魂。長望烏頭燕太子，重憐燕尾漢王孫。

按西園王孫溥侗，號西園，即世所稱為紅豆館主也。余嘗于羅志希處見之，時年已六十餘。善皮黄，又喜書畫，精於鑒别。時志希新得石濤、石溪大幅山水，西園歎賞，以為世間希見。談吐雋永，終日對之，使人意消。後聞其在上海演《長生殿》，悲歌慷慨，陳庸庵尚書聞之至為墮淚。（是日為庸庵生日，老友請西園奏技。）兑之此作自謂頗具苦心，常人未易領會。又云：「願得知音者為之點拍，庶可更傾四座。」兑之為止庵相國之子，清末見排于奕劻、項城。據此歌則相國於庚子回鑾前後曾請特赦黨禁，卒以此忤太后而被放，固一時錚錚也。（《民國詩話叢編》第五册，第四九五～四九六頁）

智按：汪國垣，字笠雲，後改字辟疆，别號展庵，因故鄉近方湖，晚年自號方湖，江西彭澤人。一九〇八年入北京京師大學堂，一九一二年畢業，一九一八年任江西心遠大學教授。一九二七年起在南京第四中山大學、中央大學、南京大學任教授。其間曾任監察院委員、國史館纂修。有《方湖類稿》、《光宣詩壇點將録》、《近代詩人述評》、《目録學研究》、《漢魏六朝目録考略》等。輯有《唐人小説》。後人編有《汪辟疆文集》。

沈其光（一八八八～一九七〇）

《瓶粟齋詩話》

唐文宗欲置詩學士，李珏以為詩人浮薄，無益於理，遂寢不行。其實文宗非不可圖治之君，苟迎其機而善導之，如孟子之對「好貨」、「好色」諸問，引詩曲證，陳善閉邪，則朋黨之爭、閹宦之禍，或不至如是之烈。惜乎珏與鄭覃等曲謹小儒，不能見其大也。余謂治亂邪正之跡、閔時病俗之言，莫備於詩。即就唐而言，詩人如子美之歌行、香山之樂府，無不以其俳惻之意，達其忠愛之誠。下至冬郎其辭，草麻數語，辭氣慷慨，大節凜然，亦豈得以浮薄目之？珏之謬妄，固不待攻而破也。（初編卷一，《民國詩話叢編》第五册，第五〇三頁）

陶詩：「采菊東籬下，悠然見南山。」東坡謂：「采菊之次，偶然見山，初不用意，而景與意會。」此解最得神理。後來如韋應物之「采菊露未晞，舉頭見秋山」、白居易之「時傾一壺酒，坐望東南山」、韓愈之「清曉卷書坐，南山見高稜」，雖擬陶而皆著色相，深於詩者自能辨之。（初編卷一，《民國詩話叢編》第五册，第五〇三頁）

唐人詩，用字上安適、節族上諧和、意思上含蓄，所謂心氣寬柔者，其聲濫好，其失也平而弱，元白是也；宋人詩，用字上生新、節族上急驟、意思上刻露，所謂心氣華誕者，其聲流散，其失也獷而悍，山谷、後山、二晁等詩是也。明乎剛柔好惡之辨，斯無流弊矣。（初編卷一，《民國詩話叢編》第五册，第五〇四頁）

樂天詩，喜類聚一時景物以為句者。如「風回雲斷雨初晴」、「草香沙暖水雲晴」、「岸淺橋平池面寬」、「石淺沙平流水寒」、「風清泉冷竹修修」、「樹深藤老竹回環」、「筍老蘭長花漸稀」、「野桃山杏水林檎」、「棗赤梨紅稻穗黃」、「柳湖松島蓮花寺」、「紗巾草履竹蓑衣」、「短鞾低帽白蕉衫」、「烏帽青氈白氎裘」、「竹鞋葵扇白綃巾」、「蘿巾蕙帶竹皮冠」（智按：應作蘿襟蕙帶竹皮巾）。其為聯語者曰：「玉佩金章紫花綬，紵衫藤帶白綸巾」、「重裘暖帽寬氈履，小閣低窗深地爐」、「輕履單衣薄紗帽，淺池平岸瘠藤牀」，此本於子

美「風急天高猿嘯哀」二語，他人集中亦不多有也。後惟放翁時一效之。（初編卷一，《民國詩話叢編》第五册，第五〇四頁）

表伯張靜蓮（世昌），晚號頑翁，詩平易，學香山。至其弊，則不免為張打油、胡釘鉸之流。嘗有句云：「浴水鷗同魚串戲，偷花蜂與蝶分贓。」「串戲」、「分贓」，俗語也。頑翁喜談諧，故其詩涉筆成趣如此。（初編卷一，《民國詩話叢編》第五册，第五〇七頁）

東野《蚊》詩：「願為天下幮，一使夜景清。」此亦杜老「廣廈」、白傅「大裘」意。又《達士》詩云：「君看土中宅，富貴無偏頗。」後來杜牧之「公道世間惟白髮，貴人頭上不曾饒」即本其意。（初編卷二，《民國詩話叢編》第五册，第五一〇頁）

山谷詩，氣韻、格調都與人不同，然往往喜剽剝陳舊，不知其何故也。如《過趙景珍墓》云：「今日牛羊上邱壟，當時近前左右嗔。」此全用古樂府語，只易「面發紅」三字寫「左右嗔」耳。又《黔南絕句》云：「相望六千里，天地隔江山。十書九不到，何用一開顏。」又云：「病人多夢醫，囚人多夢赦。如何春來夢，合眼在鄉社。」此全本樂天《寄行簡》「相去六千里，地絕天邈然。十書九不達，何以開憂顏」、「渴人多夢飲，饑人都夢餐。春來夢何處，合眼到東川」語也。又《次韻吳宣義三徑懷友》云：「佳眠未知曉，屋角聞晴哢。」此明明孟浩然「春眠不覺曉，處處聞啼鳥」意，只數字不同耳，而葉少蘊以為「詩人點化前作，如李光弼將郭子儀軍，重經號令，精采數倍」，真可發笑。（初編卷三，《民國詩話叢編》第五册，第五二一～五二二頁）

（常州錢振鍠）先生自言少日為詩，喜馳騁於法度之外，務求快心，故多傷於淺。余謂聖人亦只取辭達而已矣，惟淺，乃能達；若艱深，何能達乎？

先生與余論詩書，前後不下數十通，多精微之論。有經亂而散亡者，不能憶矣。姑録其存者，書云：「弟生平愛誦太白、樂天，于明喜袁中郎，于國朝喜隨園。中歲始覺近代詩品不高。而鄙人少作則大半化劫灰矣。大率唐宋詩人無過於李、杜、韓、白、蘇、陸，又其次為遺山，遺山之後，未有遺山也。」又云：「嘗觀朱夫子論詩，有『上頭一關』之説。妄意『上頭一關』即『天命之謂性』也。解得『天命之謂性』，則如登華嶽，呼吸可通帝座，尚何邱垤之足言！」又云：「近日讀放翁暮年詩，多選本中所未見，亦快事也。放翁精神，自足千古，其合者，陵轢杜、韓矣。所不逮古人者，惟太多耳。然放翁之壽，為從古詩人所未有，窮老且鰥，而牽於未竟之年，不作詩何以遣日？此其詩所以不得不多也。」此論亦前人所未發。（初編卷三，《民國詩話叢編》第五册，第五二二～五二三頁）

奉賢莊潄潤孝廉禮本，耆酒好內，不拘儀檢，卒年裁三十有五。嘗見其《送華亭雷君曜孝廉瑨自彝陵歸省》一絕云：「長江此去四千里。送子東歸欲斷魂。我已無家歸未得，天涯歲晚又黄昏。」神韻淒然。蓋客中送人還鄉已屬難堪，況其地遠在天涯，而其時又歲晚又黄昏乎？此法全從樂天《舟中讀元九詩》及《寒食夜有懷》等絕句得來，所謂四、五層寫法也。（初編卷三，《民國詩話叢編》第五册，第五二四頁）

嗇老詩有似「宛陵體」者。如《葉翁蓄一獅貓，豐茸肥碩，異常產而性特馴擾，獘鼠多不食，喜近客。余至慕疇堂，愛焉，從翁索歸。寄者送濠南，懼為小兒侮弄，移于濠陽，付一娃司之。卒為匪類驚竄而逸，不知何往，大索三日，不能得。悼之以詩》云：「莊生齊大小，秋毫太山一。靈蠢與賢否，人物寧有別。葉公所豢貓，豐碩無偶匹。面虎見善容，膞獅蓄武德。修毫被頸股，毰毸見白黑。蜷伏好親人，跳踉不害物。魚舍宋嫂羹，鼠儆張湯磔。三日慕疇堂，常置嗇翁膝。一旦索之歸，�增網密。解網鷹脱鞲，逃虛已遠匿。何許惡狸奴，喑嗚反主客。避患倏遠走，闖戶掠幽壁。去得其所無，否且餓連夕。或乃僵凍死，以愛入戕賊。嗇翁悔多事，非繫得與失。」此持較《傷白雞》何如乎？詩成，僮告得貓，重有感云：「死生指屈伸，亦聞喻來去。去不必是屈，來與伸何與。去因來始見，不來去何據。去尚復有來，惟其未死故。畢竟死生大，屈伸不足喻。但以達生觀，來去等朝暮。貓爾一去來，生死乃頓悟。窗下一甌飯，山下一邱墓。」禪語、理語，往往使讀者不怡。禪語以不窮葛藤為勝，香山、東坡詩是也；理語以不入理窟為勝，如嗇老此詩是也。（初編卷五，《民國詩話叢編》第五册，第五三六～五三七頁）

世俗生子祝嘏應酬之作，雖杜韓等大家為之，亦不能佳，第以不落尋常窠臼便勝。甲寅，太倉錢伊臣先生溯耆有《七十自壽》詩，一時遺老多有和者，惟缶老一首最工。詩云：「相逢海上同七十，苦吟終日拈白鬚。破屋我如玉川子，侍書君有隨清娛。臨池筆勝虎僕健，和詩卷比牛腰粗。竹外行歌碧雲合，花閑醉倒紅袖扶。三多人效華封祝，九老會補香山圖。齊年慚愧耳重聽，治聾美酒釀也無。」（初編卷五，《民國詩話叢編》第五册，第五三八頁）

晚唐惟小杜詩縱横排宕，得大家體勢。其詩大抵取材漢賦，而極於《騷》，遣詞用字絕不沿襲六朝人語，所謂「高摘屈宋豔，濃熏班馬香」者，可以知其祈向矣。獨是才多為患，其性又能剛而不能柔，遂未能一洗浚雜粗悍之病。如《杜秋》詩，不過詠一歡場失意之兒女子，以自寄慨而已。詩中雜引多少婦人，已是費事，乃復援用李斯、魏齊、范雎、周勃之徒，甚云：「射鉤後呼父，釣翁王者師。無國要孟子，有人毀仲尼。」尤覺不倫不類。此種詩使樂天為之，必無此失。（初編卷七，《民國詩話叢編》第五册，第五五二頁）

樂天詩云：「黄金不惜買蛾眉，揀得如花三四枝。歌舞教成心力盡，一朝身去不相隨。」蓋諷盼盼不以身殉也。盼盼得詩，旬日不食而卒。陳彦叔《題燕子樓》詩云：「樂天才思如春雨，斷送殘紅一夕休。」正詠此事。（初編卷七，《民國詩話叢編》第五册，第五五三～五五四頁）

蘇東坡云：「笙歌叢裏抽身出，雲水光中洗眼來。」陸放翁云：「抽身黄塵烏帽底，得意翠木清泉間。」皆本香山「金章紫綬辭腰去，白石清泉就眼來」意。二公皆好白傅詩，故不覺語之吻合。（初編卷七，《民國詩話叢編》第五册，第五五四頁）

《春在堂詩集》二十四卷，德清俞曲園太史樾著。太史自言：「詩不求好，隨手而書。」又言：「余生平最喜香山詩，所為詩亦自謂近之。」余謂曲園詩格雖不峻，然而詠兒、贈婦、憶舊、懷人，與夫人生盛衰離合之間，性情竺至，非人所得僞為。憶張石洲序何蝯叟詩文，謂其無他高妙，只是本色而已。本色者何？真而已矣；真者何？自寫其性情而已。太史之詩亦猶是也。至其喜用俗語，如「窗下喃喃貓吟佛，牀頭唧唧鼠求籤」、「盤中燕筍條條嫩，筐内鴉梨顆顆圓」等句，雖本諸「家家養烏鬼，頓頓食黄魚」，子美所謂「俳體」也，然終非大雅所宜。（初編卷七，《民國詩話叢編》第五册，第五五四頁）

宛陵詩，少年學大謝，中歲學東野，晚歲效香山。其平生工力，得力於東野最多，蓋年方盛壯，精氣足也。故云：「郊死不為島，聖俞發其藏。」又

《寄永叔》云：「竊比於老郊，深愧言過實。」此言歐公亦嘗以東野為比。（初編卷八，《民國詩話叢編》第五册，第五六〇頁）

女弟子陳穎言《詠裁羅衫》云：「一幅輕羅千萬絲，翦裁爭欲入時宜。不知多少司機女，辛苦經年卻為誰。」頗得香山樂府大意。穎言從未學詩，此則偶一為之。余因謂詩固以性靈為主，有性靈而益之以學力，詩之體用盡矣。性靈，天工也；學力，人事也。《毛詩》三百篇，《國風》重性靈，《雅》、《頌》重學力。學力須下刻苦功夫才到，至性靈，則會心不遠，妙手偶得。故雖勞人思婦，亦多有可傳之作也。（初編卷八，《民國詩話叢編》第五册，第五六六頁）

梅宛陵云：「南嶺禽過北嶺叫，高田水入低田流。」王荊公云：「北澗欲通南澗水，南山正繞北山雲。」其句法皆根樂天「東澗水流西澗水，南山雲起北山雲」二句。（初編卷九，《民國詩話叢編》第五册，第五六九頁）

頌其詩，尤當知其人，若僅於文字跡象間求之，則失之矣。放翁詩，今人往往比之香山。即王世貞論詩，亦以樂天、放翁為廣大教主，蓋以其圖狀山川、影寫雲物，巨細畢備也。其實二人詩旨迥乎不侔。香山晚年棲心禪悅，世間榮辱得喪，一切俱空，故集中多悟道之言；而放翁則痛心兩京淪陷，每以上馬殺賊為懷，其平居留連景光，徘徊風月，皆藉以攄其無聊之慨，非素志也。故嘗有句云：「不須強覓前人比，道似香山實不同。」（初編卷九，《民國詩話叢編》第五册，第五七〇頁）

牧齋論詩，多有可取者。如云：「古之和詩，莫善於江淹。江之言曰：『蛾眉詎同貌，而俱動於魄；芳草寧共氣，而皆悅於魂。』論詩而至於動魄悅魂，精矣，微矣。」（《宋之建唱和集序》）「唐之李、杜，光芒萬丈，放而為昌黎，達而為樂天，麗而為義山，譎而為長吉，窮而為昭諫，詭諔奡兀而為盧仝、劉叉，莫不有物焉。梏桍於肺府，擊撞於胸臆，故其言之也，流傳至於歷劫而不朽。」（《周元亮賴古堂合刻序》）「詩之道，有不學而能者，有學而不能者，有可學而能者，有可學而不可能者，有學而愈能者，有愈學而愈不能者，有天工焉，有人事焉。知其所以然，而詩可以幾而學也。」（《梅村詩集序》）（初編卷十，《民國詩話叢編》第五册，第五七五頁）

作詩調貴響而語貴圓，元相贈退之詩所謂「玉磬聲聲響，金鈴顆顆圓」

也。宛陵《和晏相公》詩云：「因吟適性情，稍欲到平淡。苦辭未圓熟，刺剌劇菱芡。」此亦取圓熟而不取棘口之證也。翁書又云：「即以杜詩論，宋人一代詩皆為所誤。以後人不見杜詩好處，而專學其澀滯無理之作，其詩遂遠不如唐。韓退之、白樂天未嘗不尊杜，而樂天自出機杼，遂成一代大家；退之生硬，而句法圓滿，真能得杜之精華而棄其糟粕者。」（初編卷十，《民國詩話叢編》第五册，第五七六頁）

香山詩喜參禪，只說禪理，故讀之了然；牧齋詩多用釋典，勃窣其辭，讀未終篇，輒令人昏昏欲睡。此便見二人才力高下處。（初編卷十，《民國詩話叢編》第五册，第五七六頁）

老人來書，動以「詩人」見稱。余謂「詩人」二字，在我國至不易得，必其人超軼塵表，而其風流文采又足漸被後人，乃得列之為「詩人」，如淵明、浩然、子美、香山一流人是也。近代東、西洋，凡小說家、歌曲家，無不可以「詩人」稱之者，則固不足為貴矣。借從前說，余非其人；從後說，余亦不願承也。不知老人之意何居？（初編卷十，《民國詩話叢編》第五册，第五八〇頁）

「老色上面，歡悰去心」，樂天語也；「賞心樂事須年少，老去應無日再中」，荊公句也，皆古人傷老之辭。丙子夏，晤江問漁先生恒源，讀其乙亥暮春留別其里中故人云：「雄辯高談動四筵，酒酣豪氣欲摩天。驚人白髮關何事，今日能狂便少年。」為老年人張目不少。不過狂亦不易言，非傖夫使酒坐一般行徑。問漁，灌雲人。其詩妙處在能翻騰，能翻騰便無疲弱之病。（初編卷十，《民國詩話叢編》第五册，第五八〇～五八一頁）

《滹南遺老集》五十六卷，元初金遺民王若虛（從之）著。集有《詩話》三卷、雜文及詩一卷。詩古今體只二十四篇而已，餘皆為辯論群經子史之可議者，如論《春秋》「宋災伯姬卒」及《檀弓》「子上不喪出母」，闡發權變之宜，足破古人解經之陋，尤為有功世道。《詩話》所尊者惟杜，杜之後惟樂天，於山谷、後山多所譏評。評山谷者，凡二十餘見，如云：「荊公『兩山排闥送青來』，讀之不覺其詭異。山谷云：『青州從事斬關來。』又云：『殘暑已促裝。』此與『排闥』等耳，便令人駭愕。」又云：「詩人之語，詭譎寄意，固無不可。然至於太過，亦其病也。山谷《題惠崇畫圖》云：『欲放扁舟歸去，主人云是丹青。』使主人不告，當遂不知乎？」俱言之成理，學詩者當深長思也。詩中有《題淵明歸去來圖》云：「抛卻微官百自由，應無一事掛心頭。消憂更藉琴書力，借問先生有底憂。」「名利醉心濃似酒，貪夫袞袞死紅塵。折腰不樂翻然去，此老猶為千載人。」可知其好議論矣。遺山有《別王使君丈從之》詩云：「謝公每見皆名語，白傅相看只故情。」蓋為汴京破後，滹南微服北歸而作。（續編卷一，《民國詩話叢編》第五册，第五八五～五八六頁）

揚子《方言》：「餳謂之餹餳，徒郎切，音唐。」知今之糖，即古之餳也。我國制糖之法由來已久，《說文》：「餳，熬稻為之。」此糖之以米為者；《楚辭》：「胹鱉炮羔，有蔗漿些。」《齊民要術》云：「甘蔗榨取，汁似飴餳。」此糖之以蔗為者。唐詩：「簫聲吹暖賣餳天。」據鄭康成「簫管備舉」詩注云：「簫，編小竹管，如今賣餳者所吹。」則唐詩自是「餳」字，非「鍚」也。世俗於「餳」、「鍚」二字不分，且但知「鍚」之音情，不知糖之為「餳」矣。餳餦，餭也。即今之糖餅耳。昔劉夢得謂詩中用字宜有來歷，嘗以六經無「糕」字，不敢用。然白香山有《寒食過棗糰店》詩，「糰」亦非古字也。（續編卷一，《民國詩話叢編》第五册，第五八九～五九〇頁）

孫子再壬詩，已入前《詩話》。近數年來，知其頗致力於建安體，律詩不多覯也。昨出示其長句《三月十日與朱君念孝、陸君頡孫同飲邱君紹先寓齋》，云：「客裏春光照眼明，況逢知己話平生。樓高不礙譚鋒肆，情重翻嫌酒力輕。潭水一泓涼月印，鄉山九點暮雲横。六街漸覺行人少，躑躅歸途夜色清。」此詩於朋舊之情、家山之念與夫風光境地，次第寫來，毫不費力。香山集中，時有此境。（續編卷二，《民國詩話叢編》第五册，第六〇一頁）

曩時至滬，輒為閱肆之游，曾得《元氏長慶集》，攜歸，閣庋之幾三十年。中間雖時一翻閱，然屢讀屢廢。至去歲，乃始卒業。為學之疏，一至於此。世所傳元白詩名相埒，然樂府歌行等作，元不逮白遠甚，惟近體格律略相似耳。大抵白條直，元奥澀；白剿淨，元繁碎；白詩空靈，元詩平鈍，天分不同也。書為萬曆間松江馬氏所刻，凡為詩二十六卷、文三十四卷，全書墨筆評點，去取多不當，且句讀多誤，不知出誰何手筆。（續編卷三，《民國詩話叢編》第五册，第六〇三頁）

古來文人之自負者，杜子美云：「賦似相如。」又云：「賦料揚雄敵，詩看子建親。」白樂天云：「生前富貴應無分，死後文章合有名。」皆以其詩賦言之也。至於文，則莫如范曄與其侄及甥一書云：「我觀史書，恒覺其不可解。及造《後漢》，轉得統緒。詳觀古今著述及評論，殆少可意者。班氏最有高名，既任情無例，不可甲乙。博贍可不及之，整理未必愧也。我雜傳論，皆有精意深旨。至於《循吏》以下及《六夷》諸緒論，筆勢縱放，實天下之奇作。其中合者，往往不減《過秦》篇。嘗比方班氏所作，非但不愧之而已。又欲因事發論，以正一代得失，意復未果。贊自是我文之傑思，殆無一字空設。此書行，故應有賞音者。紀傳例為舉其大略耳，諸細意甚多。自古體大而思精，未有此也。恐俗人不能盡之，多貴古賤今，聊以稱情狂言耳。」書載《後漢書・循吏傳贊注》。然《容齋隨筆》（卷十五）云：「曄高自矜詡，以為過班固。固豈可過哉？曄所著序論，了無可取。列傳如《鄧禹》、《竇融》、《馬援》、《班超》、《郭泰》諸篇，蓋亦有數。人苦不自知，可發千載一笑。」（續編卷四，《民國詩話叢編》第五册，第六〇九～六一〇頁）

明嘉隆以還，學者務為摹擬塗飾，高髻廣眉，習為風會。公安袁宏道始標以「性靈」，謂「詩文須從真源中出，文何必漢魏，詩何必三唐」。於是天下靡然從之。其詩大抵清新輕俊，力掃王李煙霧，世謂之「公安體」。所著有《敝篋》、《錦帆》、《瓶花》、《瀟碧》、《破硯》等十種，總曰《袁中郎集》。詩凡一千七百餘首，樂府得太白、香山法乳，最為擅場；七古時盜長爪郎囊中舊錦，間有效長慶體者，如《古荊篇》、《迎春篇》、《長安秋月夜》等作是也，殊無意義；近體韻致泠然，惜家數太小，如貧女簪花，摩弄姿態耳已。論者謂：「學七子不過贋鼎，學公安乃至矜其小慧，破律而壞度。名為救弊，而弊尤甚焉。」信夫，其末流至於竟陵而不可反也。今録其一二，以見一斑。《舟居》云：「絲煙絲雨潤江湄，又到花嬌鳥嫩時。杜宇一身皆口頰，垂楊通體是腰支。閑觀水態思吳璧，暗記方言證《楚辭》。鸂鶒太文鳧太野，就中潔白是銀鷥。」《江上送别》詩：「颯颯征鴻帶雨飛，孤帆無計駐斜暉。西風蘭杜香流水，落日雲霞浣客衣。野店無人花自發，秋江有路夢先歸。年來贈别傷同調，郢曲如君和者稀。」五言句云：「山僧能咒樹，童子解醫魚」（《劉常侍水軒》）、「山空狐女嘯，樹古鳥王朝」（《初入村居》）、「沙平晴獻雪，樹老夜屯風」(《江上》)、「好夢因涼得，閒愁到水忘」(《過藕花莊》)；七言句云：「柳愛風流因病睡，鵲貪歡喜也嗔人」(《閒居雜題》)、「夢裏風窗聽似語，山中煙樹念如人」、「破懶始知經有味，送眠微覺酒多情」(《閒居》)、「官況易消如暴水，癡兒難長似黄楊」(《和江進之雜詠》)、「柳態美如新沐髮，山容親似遠歸人」(《久雪忽晴，喜而有作》)、「桐陰恰好當窗覆，柳色終宜近水看」(《郊外水亭小集》)。(續編卷四，《民國詩話叢編》第五册，第六一二頁)

中郎早探梵莢，好勝游，所至交方外，挾妓飲酒。嘗自詠云：「醉來尋白足，定起喚青娥。」以萬曆壬辰進士，官吳縣二年便解組歸。於其故鄉城南夾堤種柳萬株，築柳浪以自適。窺其志趣，頗欲慕效香山，惜其年位俱勿逮耳。清代袁簡齋出處及論詩主張亦頗與相似，余因論二袁文章，以為隨園之文不及中郎之廉悍，而詩之廣大勝之。然中郎《詠雁字》云：「體勢已超鸞翥上，契書知在鳥官前。千行寫盡黄姑練，一字題成《碧落碑》。回波影出雙鉤搨，暮雨催成《急就章》。鶯簧借與填新曲，鳳史煩為紀往年。」此等詠物詩，乾嘉間甌北、頻羅諸賢不能出其窠臼，即隨園心靈手敏，亦無以過之。隨園嘗自謂詩學誠齋，然捨近宗而祧别祖，何也？余曰此正其勝人處。(續編卷四，《民國詩話叢編》第五册，第六一三～六一四頁)

唐人喜為香艷詞，且譏切本朝，亦無忌諱，元、白集中尤多，即以少陵之聖，而《麗人行》一篇盡情摹畫，極綺膩濕麐之致。下之溫李冬郎更無論矣。王建詩「密奏君王知入月，喚人相伴洗裙裾」。入月，女子月事也，乃至形之《宮詞》，而當時亦未聞有罪之者。又許渾詩「舞衫未換紅鉛濕」，紅鉛亦指月水。此種筆墨，唐以後便不復見。(續編卷四，《民國詩話叢編》第五册，第六一四頁)

詩有極力摹擬而終不能勝前人者，如李白《鳳凰臺》效崔顥《黄鶴樓》作，苦不似，至欲槌碎其樓是也。有增竄前人數字，轉得取勝，且原句反為所掩者，如「水田飛白鷺，夏木囀黄鸝」，李嘉祐詩也，而句首之「漠漠」、「陰陰」，乃王維所加；「竹影横斜水清淺，桂香浮動月黄昏」，江為詩也，而曰「疏影」、「暗香」，乃林逋以詠梅所改；「只言花是雪，不悟有香來」，蘇子卿句也，而「遥知不是雪，為有暗香來」，為王荊公竄取是也。亦有雖竄易而終不免生吞活剝者，如杜甫之「夜足沾沙雨，春多逆浪風」，而白居易云「巫山暮足沾花雨，隴水春多逆浪風」；裴説之「凍饑寒起粟，病眼餒生花」，而蘇子瞻云「凍合玉樓寒起粟，光搖銀海眩生花」是也。又有故避字面而調法不改者，如歐公「鳥聲梅店雨，野色板橋春」之套溫，袁中郎「柳因有絮絲還在，蓮到無心苦始休」之套李是也，然都無意義。（續編卷四，《民國詩話叢編》第五册，第六一四～六一五頁）

余嘗與弟子言詩學，主張讀詩須分時代：年十三四時尚不甚瞭解古人奧窔，而記憶力甚強，宜讀漢魏六朝詩，但求其能背誦，先厚其基；二十以後如草木方榮，便讀李、杜、高、岑、韓、蘇詩，以求其格律聲調之備；中年哀樂多更，或病入於衰颯，宜讀溫李詩，以助其華；晚年芳華凋落，才力將窮，宜讀陶、韋、白傅詩，歸於妙悟，如是乃無流弊。又請迂謹人宜讀風華詩，漁洋、竹垞乃其妙劑；腹儉及鄙俗人宜讀典雅高華詩，北地、信陽皆良藥也；窘邊幅者宜讀甌北、隨園，此亦譬之五行中有生克之用。（續編卷五，《民國詩話叢編》第五册，第六二一頁）

讀飲冰室詩《雷庵行》，覺白傅《池上篇》無此閑肆，退之《董生行》無此錯落；讀《太平洋歌》，覺玉川《月蝕詩》無此奇偉……。任公以海涵地負之才，為搖岳淩滄之筆。其學則經也、史也、天竺梵莢也、西儒哲理也，無所不包，故無所不備。其詩浸淫漢魏，出入杜韓，皮陸、江湖等之自鄶，近代當推大家。……（續編卷五，《民國詩話叢編》第五册，第六二三頁）

《竹枝詞》與《柳枝》皆道風土及男女相悦之情，辭雖俚而意取鮮新，調雖卑而韻取連緜。淒遠嫋嫋，若不絕者，斯為上乘。其次須纖不傷佻，俗不傷雅。今人往往以打油或嫚薄者為《竹枝》，乖古旨矣。按《竹枝》始於唐貞元間劉禹錫。禹錫在沅湘間，以俚歌鄙陋，乃依《九歌》之旨作《竹枝》九章，教巴兒歌之，所謂「巴歈」也。其詞曰：「白帝城頭春草生，白鹽城下蜀江清。南人上來歌一曲，北人莫上動鄉情。」「山桃紅花滿上頭，蜀江春水拍天流。花紅易衰似郎意，水流無限似儂愁。」「楊柳青青江水平，聞郎江上踏歌聲。東邊日出西邊雨，道是無晴還有晴。」同時惟白傅擅此體，足與上下。近讀飲冰室《臺灣竹枝詞》，其曰：「晚涼步虛落，聞男女相從而歌。譯其詞，意惻惻然，若不勝《谷風》、《小弁》之怨者。乃掇拾其意，為遺黎寫哀云爾。」「韭菜花開心一枝，花正黄時葉正肥。願郎摘花連葉摘，到死心頭不肯離。」「相思樹底説相思，思郎恨郎郎不知。樹頭結得相思子，可是郎行思妾時。」「緑陰陰處打檳榔，蘸得蒟醬持勸郎。願郎到口莫嫌澀，個中甘苦郎細嘗。」「蕉葉長大難遮陽，蔗花雖好不禁霜。蕉肥蔗老有人食，欲贈郎行愁路長。」自注：「『韭菜』、『蕉葉』，起二句皆原文也。」數詩覺賓客風情，去人未遠。我鄉金曼虹先生有《雲間竹枝詞》，云：「蘭筍山前鶯亂飛，細林山下草初肥。春遊怕買蘼香草，郎為離鄉久未歸。」「長泖湖長圓泖圓，儂家生小住湖邊。朝朝打槳過湖去，郎采蒓絲儂採蓮。」「溝田瀝漉水翻車，稻有紅蓮棉白花。休道村娃不解事，滿塍種徧畫眉瓜。」亦得古意。（續編卷五，《民國詩話叢編》第五册，第六二四頁）

汪秋軒先生，性情閒雅，喜為詩。幼遭洪、楊之難，年十三為所擄，歷二年乃得脱。家貧，作婿邑之東郭姚氏。壯遊京津，所交皆當世名公。費雲舫宫詹、王可莊殿撰，先後幣聘課其子女，顧終不得志。戢翼南歸，就佐理車坊釐捐局務職又數歲。姚氏家有田園之美，四圍榆柳，十本梅花。晚因自號東郊居士，繪有《東郊草堂圖》。光緒丁未年六十，為《白髮美人詩》八章以自嘲，松府名流如南匯于香草、上海黄夢畹及我邑吳業韓、徐慎侯、蔣蘊深輩咸有和作，傳誦一時。惜先生詩稿亂後散失，不能窺其全。僅就余可憶者録之，云：「霜雪盈顛不入時，阿婆塗抹有誰知。惟餘奩內溫家鏡，猶見當年委地絲。」「廣寒仙子鬢蓬鬆，二十年前一笑逢。歸到蘭房窺鏡比，飛瓊雖好不如儂。」「漫説星星漸上頭，如今梳裹太風流。鴉頭烏襪鬖劉海，就令垂髫學也羞。」「成雪青絲斷復枯，麝煤蘭澤兩難塗。針神食譜閨中職，約略還堪教鳳雛。」先生樂易近人，不以行輩自尊，與余時相過從。每聽其曼聲誦白傅歌行，或悲壯背《項羽本紀》以為樂。嘗扶杖入城，坐近水臺茶寮為程課，因口占云：「小店雙弓米，平臺一盞茶。」（續編卷五，《民國詩話叢編》第五册，第六二六～六二七頁）

嘉道間，隨園詩派盛行，而蘇林先生論及，每力斥之。隨園之享盛名，在清代除阮亭之外，可説無與比並。然謝世未久，如吳嵩梁輩頗多指摘，且有議欲毁其板者，蓋在當時已如此。實則古人之詩，如老杜多晦澀、退之多粗豪、元白多俚俗、溫李多佚蕩，不善學之，皆有流弊，莫獨一隨園哉？雲間陳卧子詩可謂大雅正宗矣，而王西亭云：「誰與鄉邦別詩派，等閒陳李雜俳優。」周彝亦議其「語盡而意無餘」。蓋文人相傾之習，自古已然，為之一概。（續編卷六，《民國詩話叢編》第五册，第六三二～六三三頁）

族妹乃芬，字淑英，一字誦清，性明寤，榮華曜蕣，慧舌粲花。喜吟詠，年十七八從余受香山樂府，皆能背誦。妹為蘇州蠶桑女校畢業生，民十執教於浙江奉化某小學，常以所作小詩郵示。憶其《詠秋月》云：「莫訝秋將盡，秋光月倍明。倚欄閑眺望，花影滿空庭。」《秋花》云：「幽賞未云寂，群芳處處栽。海棠如欲語，秋日滿階開。」詩為初學，甚淺俚，然有會心，使得專心從事於斯，所得當不止是。故余寄詩云：「吾家進士乃不櫛，也向天涯漫浪遊。無限人間好兒女，羡渠衣食住紅樓。」蓋惜之也。適皖籍德國柏林大學博士周嵩禄。丁丑事變，隨其夫之重慶。二十八年，敵機炸渝，與同縣胡瘦娟女士同殉焉。聞妹喪歸只得一踝骨耳，殊可慘已。瘦娟，余詩弟子超倫女弟也。（續編卷六，《民國詩話叢編》第五册，第六三五頁）

李之歌吟，杜之排律，元白之諷諭，溫李之香奩，皆為唐人絕調。至若昌黎尊儒，異乎濂洛風雅；太祝雜興，別於范陸田園。江湖謳唱，孰與王孟之山林；坡潁賡酬，何似韓孟之聯句。安在唐宋詩無界域哉！（三編卷一，《民國詩話叢編》第五册，第六四四頁）

友朋賡和之詩，始於元白、皮陸，而極盛於宋。按和詩之體不一：意如答問而不同韻者，謂之和詩；同其韻而不同其字者，謂之同韻；用其韻而次第不同者，謂之用韻；依其次第者，謂之步韻，亦曰次韻。次韻最困人，如相毆而自縶手足也。蓋心思為韻所束，於命意佈局最難照顧。近代丁仲祜先生福保輯《清詩話》，言之頗詳。我社中工為此體者，首推果園先生。余丁亥春重游曹家廟看牡丹，有詩，果老次韻云：「穀雨逢時天轉晴，詩人重作看花行。碧紗應有前題在，金粉空憐夕照明。倩影如披沒骨畫，舊遊只剩瘦腰生。與君同賞知何日，況更頭顱白幾莖。」題云：《讀瓶翁曹家廟題壁詩，知二十八年同遊舊侶，只存一人。余戊寅春避難野母涇，曾往看花一次。忽忽十年，棖觸前塵，百感交集矣》。余愛其工穩而又典切，為擊節頷誦久之。其與人唱和之作多類是。曹廟牡丹，為清初所植，名「玉樓春」，花最盛時，開至四五百朵，惜以地僻，遊者絕鮮。近年裙屐漸多，已成邑中游賞之一。余詩云：

「難得殘春日日晴，江村能作踏莎行。青衫翻酒不嫌汙，老眼看花猶自明。細數移舟空舊侶，重來題壁似前生。（自庚寅至今凡兩遊，存者僅余一人矣。）明年此會知誰健，珍重天香折一莖。」（三編卷二，《民國詩話叢編》第五册，第六五八～六五九頁）

桐鄉吳鏡芙（斯美），嘗以探親來青，袖詩枉顧，曰：「君非丙午震旦舊同學耶?」因道英、法、德穆護及同班生姓名。相與熟視，久之，皆恍如隔世，蓋一別四十餘年矣。鏡芙言曾供職外交部甚久，一任蘇門答臘領事。為人真誠通脫，喜飲酒。録其《耕牛歎》云：「六畜有專職，各自效其能。惟犬知守夜，惟雞知司更。我牛不如駿，笨拙只任耕。自我到農家，倏忽及壯齡。辛勤隴畝間，寒暑腳不停。竭我汗血力，佐助歲功成。但冀倉滿粟，敢辭瘡生脛。微勞異羊豕，所望免鼎烹。不謂時勢變，賤犢貴甲兵。主人顧我厚，撫愛同孩嬰。豈肯遽見棄，無奈急官征。孟秋七月初，新穀猶未登。誅求已到骨，身重物命輕。屠剝違夙願，忍痛驅我行。行行輒反顧，戀戀有餘情。似聞秉國者，志在蘇疲氓。疲氓正飲泣，且聽牟牟聲。」頗近香山諷諭。《打包》云：「足繭千山敢自憎，頭顱如許百無能。打包明日知何處，慚愧人間粥飯僧。」行役之勞，概可想見。（三編卷二，《民國詩話叢編》第五册，第六六六～六六七頁）

《靈芬館集》六十五卷，吳江郭頻伽（麐）著，初集四卷、二集十卷、三集四卷、四集十二卷、雜著二卷、續集九卷、詞六卷、詩話十二卷、續六卷，皆嘉道間刊佳槧也。頻伽詩，不拘流派，蓋熔冶唐宋香山、誠齋諸家詩而自成一體，能曲折道人胸臆間意，使人動魄悦魂，詠歎淫佚，不能自已。如《後移居》云：「移家在何許，乃在東門東。門前一溪水，中有塔影紅。三間為草堂，兩架為前榮。有樓峙堂後，窗側塔影中。有屋倚堂左，水流與前通。屋傍何所有，有地可十弓。土牆繚繞之，計種韭與菘。家具已少見，盎甇亦足容。顧此豈夏屋，於我良已豐。祭竈煩竈妾，請鄰來鄰翁。一翁扶杖歎，敬告主人公。當時造此屋，曾見板築功。其餘不復論，請君視垣墉。成此不卅載，後嗣如飄蓬。君今入此屋，畜眼豈意逢。我問未及答，書以示阿桐。」其二云：「屋傍有古塚，其來不知年。面勢若避之，想在置屋先。叢棘蔓其穴，跛牂登其顛。有樵縱野火，無復掛紙錢。我來為太息，酹酒贈之言。

人處爭奪內，事事求安全。築室慮不廣，築牆慮不堅。何曾計此日，寂寞委荒阡。想當處屋時，聞此定不然。今我見培塿，為戒儼目前。為君飭家人，縛竹為其藩。為君戒兒童，勿驚君長眠。匹如比鄰住，豈論德與怨。嗚呼冥漠君，聽此雍門彈。」律句如「一夢只隨春短短，十年何止瘦愔愔」、「途窮牢落千秋想，氣短低回一飯心」、「滿眼青山秋士老，打頭黄葉酒人來」、「狂來藉草當風坐，醉後搖船載月回」、「偶逢舊雨能無酒，暫放新晴定為花」、「酒人已散心知老，書賈猶來想未貧」、「小病似因連日醉，偶閑便覺别人忙」、「殘葉無風猶戀樹，活雲如水欲浮山」、「溪漲碧於新柳眼，山牆短及野梅肩」、「春流得雨柔雙櫓，芳草如煙緑一城」、「雨活苔痕都似水，池搖樹影不驚魚」、「柳意困如人乍起，梅痕淡似酒全消」、「水際野梅如晉士，病中老衲作唐裝」、「水喜搖人常不定，雲難待族忽孤飛」、「樓心人去孤明月，宮體詩成送杏花」，諸如此類佳聯，無慮百什。（三編卷三，《民國詩話叢編》第五册，第六六八～六六九頁）

溫庭筠《達摩支曲》恰如一篇《恨賦》。起首「搗麝成塵香不滅，拗蓮作寸絲難絕」，蓋翻義山「春蠶」、「蠟炬」一聯意，白傅所謂「此恨綿綿無盡期」也。溫詩邊幅少狹，芒眼綺密，而時失之纖，不如義山之高渾。（三編卷四，《民國詩話叢編》第五册，第六八一頁）

辛卯春，朱君積誠（聲樹）自滬攜其先人遯庸先生家駒遺稿枉顧，委為訂定。朱氏故居奉賢泰日橋，自遯叟高祖翼周公以下五世，以孝友著稱。遯叟父字史枚（士璋），重游泮水；叔字甄卿（士璜），舉咸豐己未；遯叟舉光緒己卯，重宴鹿鳴；兄雲逵（家驊），孝廉方正，一門彬彬儒雅。叟工書，邃於經學，尊程朱，嘗為肇文文遊書院山長、辛卯江南鄉試簾官、民國己未、庚申間江南通志局分纂。倭難作，避滬，終於寓次。余自丙辰以後，辱先生折輩行以文字相交，幾三十年，積函累寸。先生憤世嫉俗之概，一發於詩，今特録其清恬疏雋之什。《晚眺偶成》云：「蔬圃斜陽立暮寒，梅花窈窕竹檀欒。波消凍後奩開鏡，月近圓時影側盤。草屈金勾青隱隱，菜敷玉甲碧團團。投林宿鳥如相就，信步追詩得靜觀。」《次韻桐城方佛生廣文（澤久）金陵書館見懷》云：「一事憑君誇壯絕，長江萬里抱書樓。酒懷相與清和濁，詩興不窮春復秋。鷗鷺蒼茫看泛泛，魚龍起伏聽悠悠。行年不覺七旬近，坐倚南窗熨古愁。」《即事》云：「雨餘日氣逗花光，寒蝶翩翩到亦忙。生怪山妻風趣別，蠟梅剛趁鬢邊香。」《詠燕》云：「閉門不慣周旋熟，為汝開簾有送迎。」《白芍藥》云：「等閒不敢還呼婢，眼底分明是玉人。」《題袁、蔣、趙三家集》，袁云：「元輕白俗肩隨裏，宋矩唐規睥睨中。」《蔣》云：「氣概頗餘燕趙烈，聲情似迸楚騷哀。」趙云：「弄丸熟得宜僚意，飛劍靈通越女神。」皆搔著癢處。……稿自光緒乙酉迄壬午冬止，存詩一萬三數千首，余為刪存其十之一。（三編卷四，《民國詩話叢編》第五册，第六九〇～六九一頁）

古人詩中字與今人平仄異讀者頗多，略舉一二。「四弦不是琵琶聲」、「金杯翻汙麒麟袍」、「燭淚堆盤壘蒲桃」（皆白居易）句，「琵」、「麒」、「蒲」皆讀仄聲。「盡撚書籍賣」（杜甫句）、「樂府散婢媛」（劉子翬句，上句「書堂空鎖鑰」）、「鄉原世盡謂醇儒」（張耒《孔光》詩），「撚」、「婢」原皆讀平。其他平仄可隨意者，「摘盡枇杷一樹金」（戴復古詩），「況對東溪野枇杷」（白居易句），「枇」平聲，白詩讀作仄，從俗音。「猶勝白門窮呂布」、「猶勝江左狂靈連」，皆東坡句，然「勝敗」之勝，應從徑韻。中興（杜詩「百年垂死中興時」）、歔欷（杜《羌村》詩「感歎亦歔欷」，押入寘韻）、顏行（杜詩「王孫丈人行，垂老見飄零」）、蒼茫（白詩「寒消春蒼茫」）、長物（洪亮吉《歲朝圖》詩「無妨饋歲無長物」），諸如此類，尤不一而足。……（四編下卷，《民國詩話叢編》第五册，第七三一頁）

（名山翁）又云：「杜詩：『恰似春風相欺得。』引陸游詩話：『白樂天「為問長安月，如何不相離」，樂天用「相」字多作思必切，讀入聲，似本杜句。』」余謂詩之音調，本如詞曲之入律譜，或平或仄，求其叶宮商而已。「相」在此處自當讀仄，謂「相」有平仄二音，非也。唐詩「紅闌三百九十橋」、「南朝四百八十寺」，「十」字不能不讀平，與此同例。唐人律句多拗第三、第五字。而元遺山頗多第六字，如「鄰村爛漫雞黍約」、「春波淡淡沙鳥沒」，「黍」字、「鳥」字原無平聲，然欲求其聲之揚，亦不妨讀平。（五編上卷，《民國詩話叢編》第五册，第七四三頁）

余前評江翊雲先生詩妙造自然，頗近其鄉人林古度。林詩《入白門》云：「依舊客情無別緒，逢人都問武夷山。」《潯陽送正汝》云：「明月中秋九江水，愁人無暇作鄉書。」然漁洋《居易録》言其詩集皆為鍾、譚所丹黃，乃為删其甲子後詩，殆盡以其濡染楚派也。《詩話》又載其《芳草詩》，云：「春風催百卉，草色徧相侵。到處沒馬足，有時驚客心。遙連空漢上，遠漾碧波潯。獨有明妃塚，青青恨至今。」此詩機軸，全效樂天「離離原上草」一首，不知漁洋何以取此？（五編上卷，《民國詩話叢編》第五册，第七四四頁）

樂天云：「天下無正聲，悦耳即為姝。」荊公亦云：「文章如女色，好惡只繫於人。」（《詩人玉屑》卷十九）（五編上卷，《民國詩話叢編》第五册，第七四四頁）

智按：《詩人玉屑》卷十七「西湖處士」引山谷語云：「文章大概亦如女色，好惡只繫於人。」（王仲聞校勘《詩人玉屑》，第三七〇頁）山谷語見《山谷集》卷二十六《山谷題跋》。

天嬰著作，乙丑以前所印謂之《前輯》，余未之見也。此為乙丑至庚午，年六十所作，曰《塔樓》、《北邁》、《聖塘》三集，則詩、文、詞雜羼者；曰《纜石秋草》，純為詩；曰《纜石春草》，純為詞；曰《纜石幸草》，純為文；又有詞曰《末麗》、《吉留》、《紫英》三種，總謂之《天嬰室叢稿二輯》。録其《旅次青島》，云：「吾生好冥遊，落想窮天外。仙瀛與神都，閉目往往在。傳聞有青島，著勝冠東海。昔者夢過之，習睹恬無怪。誰知佳山水，心窄不受載。懸摹已多奇，躬歷始欲駭。吾來當炎月，天地常苦隘。此島何清涼，耳目時為快。沆瀣塞四海，草木都春態。入市斷囂聞，飄風荅天籟。泉澄碧於酒，山濃青若黛。征人道其間，襟屐自忘憊。憶昔秦嬴氏，遵海曾東邁。仙山望不見，鮑鯨沙丘待。吾今亦何幸，車馬少煩殆。飆輪若摶雲，靡遠勿吾届。垂老作壯圖，放覽有餘慨。道塗結生平，茲遊會當再。」五律發端佳者，《孤往》云：「出門輙孤往，莽蒼適吾蹤。極意尋幽徑，回頭得亂峰。」《雨後江村夕眺》云：「一雨蟲聲出，秋生萬樹顛。濕空流夕翠，暝色動高蟬。」皆有杜味。《膠萊道中》云：「膠萊河畔草煙平，萬里沙頭日色明。牢落天心照荒土，混茫海角倚孤城。燕臺古木秋風早，鄭谷殘禾石馬横。聞道此邦真不夜，至今陌路戒雞聲。（戒雞，坡名。）」《登千佛山四覽有作》云：「千佛山頭看落暉，東南有雀正飛飛。征雲目斷吳天碧，旅草風吹大野低。半谷人聲巡騎至，滿城觱篥放營歸。昏途戢戢牛羊下，萬點蒼煙帶夕扉。」《湖山雜詠》云：「十月桃花六月霜，傳疑傳信事荒唐。如何秋眼分明裏，一路西風放海棠。（山行見野棠盛開）」「陌上花魂不可招，錢王豔跡黯然銷。而今鐵弩無才思，日日江頭逐野潮。」《歸自聖塘》云：「落木千山雲失據，荒郊獨客月同歸。」此最為天嬰詩之高朗者。余謂天嬰文動宕，不似回風之奧賾；回風詩生新，不似天嬰之刻琢，猶之元白同為長慶體，而面目不同也。如云：「檻外夕陽一螢死，煙邊歸鳥萬山啾」、「煙喧水荻生初白，葉落山楓失故朱」，則真嘔出心肝矣。集中《金虎》樂府，以成於丙寅而名。自言時多忌諱，動招嫌怨，故一事一名，深自韜匿。詩陸離光怪，迷其所指，然雖不能名其器，亦自知為寶也。以篇多未録。天嬰字屺懷，一字玄嬰，光緒壬寅舉人，留學日本。清季與從弟佈雷主《天鐸報》、《商報》筆政，歷任杭州市長、民政廳長等職。著述宏富，有《讀禮籀記》、《晛言》、《晛林》、《甬語名謂攷》、《澤畔吟》、《歲寒述學》、《掖縣志》、《鄞縣通志》、《定海新志》等。卒年七十二。（五編上卷，《民國詩話叢編》第五册，第七四九～七五〇頁）

智按：陳訓正（一八七二～一九四三），字屺懷，一字玄嬰、無邪，號天嬰。慈溪（今屬浙江）人。光緒壬寅舉人，有《天嬰室叢稿》十九卷（中國國家圖書館藏民國本）、《晚山人集》四卷（河南圖書館藏民國本）。馮幵（一八七三～一九三一），字君木，原名鴻墀，字階青。慈溪（今屬浙江）人。有《回風堂詩文集》、《詞集》、《日記》，博聞強識，積學能文，詩法杜韓。嘗與里人結剡社，為詩酒之會。晚歲講學申江，與況周頤、朱祖謀相習。年五十九。生平見陳訓正《慈溪馮先生述略》。

名山先生詩全以理勝：古詩鞭辟入裏，味淡而腴，而摹寫人情物理，芬芳悱惻，得怨悱之遺，此為獨絕；其次為絕句；又其次為律句。近吳樵翁以遺集四册見餉，木板聚珍本，乃其婿程氏為之印行者，都古今體詩十三卷，而別以長短句殿之。……集中《傷靜芝》為哀其女甥吞磷火而死作，效《孔雀東南飛》；《韓娥行》為某尚書死後，其女淪入樂籍而作，效長慶體，以限於篇幅，不備録。（五編上卷，《民國詩話叢編》第五册，第七五〇～七五二頁）

名山詩，佳處在能達情適意，不為吊詭艱險之言。其《論詩》詩云：「《湘靈鼓瑟》數峰青，幽意寥寥畫不成。讀遍唐人三萬首，詩情誰似考功清。」「白傅清通自爾奇，涪翁生硬未堪師。」又云：「遺山筆力高千古，不及雲林字字珠。」晚年尤好放翁，如云：「謝家池塘春草生，李白芙蓉出水清。惟有山陰知此意，文章原本是天成。」嘗譏學江西派者，云：「人世希逢蓋代珍，江西詩派枉求新。海中明月原難得，辛苦沙頭拾蚌人。」其詩自負甚高，嘗云：「平生快意事，詩句高一世」（《歲暮》）、「八百年來風雅盡，尚將詩句接山陰」（《散學得句》），《示覽》云：「名山詩句高千古，莫遣黎丘誑爾曹。」生平不喜和人詩，故《讀樂天集》云：「樂天篇什濫，十九和微之。豈有金玉音，沿街互唱隨。」《選詩》云：「和韻重重渾未讀，難將死罪告蘇黃。」其與余論杜，謂「杜多生硬句法，時未圓熟。宋人一代詩，大都為所誤」，有句云：「詩貴清通始是才，不教後學費疑猜，莫將遺恨吞吳句，苦待東坡說夢來。」余嘗謂古今詩體雖源分派別，要不出詞勝、理勝二途：詞勝者喜濃至，然苟天機滯鈍，則塗澤堆垛，真靈全失；理勝者喜淡樸，然使襟懷不超，則吐屬凡近，風骨何存？譬之熊掌非不膏厚也，魚腹非不鮮腴也，寖假烹炮失宜，則有膠膩燋枯之厭。六朝迄唐，顏、庾、溫、李，熊掌也；陶、謝、王、孟、韋、白，魚腹也。其濃淡得中者，李、杜、韓、蘇數家而已。故學詩須有天分，又須能悟，才到聖處。（五編上卷，《民國詩話叢編》第五冊，第七五二～七五三頁）

丁卯冬至，海上名流丁雲軒（寶書）、高野侯（時顯）、姚虞琴（景瀛）、鄭梅庵（遺孫）、丁鶴廬（補之）、趙叔儒（時棡）、趙雪侯（士鴻）、郭和庭（蘭祥）、唐吉生（熊），結消寒社滬城之芸廬，人各畫梅一枝，曰《九梅圖》。周夢坡（慶雲）復邀集程十髮（頌萬）、冒鶴亭（廣生）、夏劍丞（敬觀）、黃篤友（慶曾）、金甸侯（蓉鏡）、潘蘭史（飛聲）、姚虞琴、陳豪生（寶書）於晨風廬作消寒會，約為聯句，每句末字，甲吟則乙拈點以相限，詩曰：「九客圖消九九寒（髮句鶴限），野梅春意動江干（劍句髮限）。繁英似蝶香搏翅（鶴句劍限），老幹成龍骨換丹（篤句琴限）。天地各留心數點（豪句篤限），韭菘分薦甲雙盤（甸句豪限）。當筵詩向香山乞（蘭句甸限），撚斷吟髭一字安（琴句蘭限）。」詩成即題《九梅圖》。後虞老言此會去今已三

十餘年，諸人大都墓木已拱，存者寥若晨星矣，不可不紀。（餘瀋，《民國詩話叢編》第五册，第七七〇頁）

詩之紀時政者，香山樂府「諷諭體」也。近見鍾鍾山（泰）《志喜》詩，蓋為上海全市工商各業慶祝公私合營，進入社會主義社會而作也，詩為讚美體。白詩不用書，鍾則經義紛綸，詩人之詩與學人之詩不同如此，然令人感發則一也。詩曰：「力惡不己出，貨非己所私。徒聞先聖言，今乃親見之。風聲一以樹，響應動四垂。京師誠首善，具瞻尤在茲。綰轂江海交，輪舶縱横馳。廛肆密林立，百物咸取資。雖曰此一隅，全局關盛衰。工人實始唱，力與先進追。技藝出新巧，往往超等夷。宅心為大群，那顧一身疲。感彼貨殖徒，志意亦改移。顱趾同圓方，戴履同高卑。有如並途行，彼速我何遲。自利已深恥，況以朘人為。幡然識趨向，大道無兩歧。一動因百和，未用為謀諮。小大齊一願，上言陳所司。身為天下人，天下共安危。國富民無貧，此理信不疑。人自食其力，何愁寒與饑。資財入公家，公利私豈遺。區區權子母，孰若均平施。委曲悉利害，情知無偽欺。溯自建國來，土地首釐治。田疇日開闢，川澤日被釃。通力而合作，農令粗植基。一國猶一身，四民猶四支。大計日工農，無或令參差。以是請得行，一一如所期。歡聲隨處發，感澈人心脾。摐金鳴鼓笛，相賀群熙熙。虹霓耀燈火，雲霞簇旌旗。攘攘不夜城，無曲巷大逵。歡樂一日深，經營十年規。能者當致力，智者當盡思。孰云我不能，北鄰有我師。人人奮自效，各各相提撕。實行無空言，治成近可推。夫孰使之然，領導由得宜。天下者神器，可為不可持。廟堂有聖明，默運司晷儀。執中無偏頗，奉天無後時。亨貞動無咎，大哉義在隨。惟餘抱殘缺，坐食慙老羸。還如朽樗木，亦受春風吹。薰蒸涵濡間，鼓舞不自知。竊比擊壤翁，歌謠自成詩。非敢貢其諛，亦非飾其辭。援引或非倫，一聽人瑕疵。」鍾詩尚有《除四害》、《喜雨》等作，皆佳。以篇幅過長割愛。（餘瀋，《民國詩話叢編》第五册，第七七四頁）

果園詩，初學香山、放翁，然其性靈語，實與小倉山為近。乙未冬，寄其詩稿來，委為去取。始乙亥，訖乙未，約千餘篇。録其《謝伯未畫扇作種種果》，云：「我以果園名，種果不盈畝。老饕每貪多，未足饜我口。一朝發奇想，安得羅總有。畫餅也充饑，其義某竊取。秦七妙寫生，百果出其手。

授以一方麴，落筆香雲走。一一罔不肖，有好亦有醜。可玩亦可弄，可瞰亦可剖。按圖試舉名，曰葡萄蓮藕。諫果妙味回，佛手生香久。櫻桃小如珠，蟠桃大可斗。青梅宜止渴，楊梅宜醒酒。西瓜滚翠罌，蜀黍綻玉豆。石榴兆多子，我以贈新婦。枇杷珍晚翠，我以遺老叟。慈姑並老芋，祭竈餉鄰右。殿以長生果，祝我無量壽。為品一十六，問我滿意否。我但稱夥頤，不覺為頓首。何必再飢驅，一生盡享受。火速揚仁風，庶幾報我友。」（餘瀋，《民國詩話叢編》第五册，第七七七頁）

智按：沈其光，字瘦東，青浦（今屬上海）人。論詩頗細，於古人獨到之造詣均能發抉之。如論杜詩多五入聲字為句、喜用一字、下顏色字往往用重筆，孟郊詩家數出謝靈運，樂天詩喜類聚一時景物以為句，山谷詩喜剽剟陳舊，王安石近體句下字新異，楊萬里詩多用俗語，鍾、譚二家取徑之別，袁中郎文可讀，詩不必讀，皆自出手眼，見識入微，不拾人牙後慧。參見《民國詩話叢編》第五〇二頁、蔣寅《清詩話考》第六七八～六八〇頁。

陳延傑（一八八八～一九七〇）

《論唐人七絕》

李羣玉《醒起獨酌懷友》詩，其辭妍麗，其意清駛矣。羅隱《江南曲》，亦小而巧，薛陽陶觱栗歌，音節歔欷，亦學元白者。

處士徵諫議盧仝玉川子。七絕諸篇，輒清逸沈着，使人讀之亹亹不倦。頗與白香山風味相似，若以歌行衡之，則此又不怪矣。

尚書右僕射李紳，衛國公太尉李德裕。公垂善寫境界，頗生動有意態。衛公原出樂天，意有獨到處，但拘謹耳。

越州朱慶餘。簡州刺史雍陶。慶餘辭興幽而婉，初受張籍之知，作《閨意》一篇，以獻。張公酬之，因名流海內矣。陶平曲有味，其源蓋出於香山也。

劉得仁。「白髮宮娃」之句，寄興悲婉，頗有香山風味。

祕書省正字徐夤，中書舍人錢珝。夤學白樂天，亦自悽怨。珝清拔，善寫幽微之境。(《東方雜誌》第二十二卷第十一期，一九二五年)

《論唐人七言歌行》

王建七古，亦得風謠之旨。若《關山月》、《遼東行》、《田家留客》、《去婦》、《寄遠曲》諸什，雖語若俚質，中含諷刺，蓋得力於樂府爲多。且上承戴幼公，下開白樂天，仲初亦一關鍵也。

劉禹錫《平蔡州》，甚似彈詞，然質而有味。《試茶歌》，敍述煎喫之狀，穆如清風。《秋螢引》寫種種境遇，亦衰颯矣。《泰娘歌》，爲敍事詩之有藻飾者，詞旨悲婉，頗可與樂天抗衡也。吕溫《道州》之篇，唯以平淡勝耳。

元稹歌行，全變樂府之體，而易以新意。《田家詞》寫兵役重輸，言淺而意深。《連昌宫詞》，敍天寶時事，歷歷如見。其詞甚自然，中含規諷，殊得風人之旨，樂天《長恨歌》非其比矣。《望雲騅》之歌，格力蒼横，信爲絕唱。《古决絕》詞，風情宛然。王湘綺曰：「元，白歌行，全是彈詞，微之頗能開合，樂天不如也。」近是。

白居易歌行，純似彈詞。若《新樂府》五十篇，頗述民風，寓諷諫之意，激刺深篤，足以顯其志。《長恨歌》最膾炙人口，然僅述明皇追愴貴妃始末，意陳於詞，下偶俗好，不逮微之遠甚。唯《琵琶引》悽愴有身世之感，近清切矣。醉後走筆之作，頗長於情，殆亦有所感傷歟？湘綺評樂天七古，如盲女調弦曼聲，搬演傳奇，抑何言之過也！

楊衡《哭李象》，《霜雲溪觀》等篇，皆卽事寫景，不加雕飾，元，白一派也。劉言史《買花謠》，不傷於艷，而思出鬼神之表，眞奇作也。李廓《雞鳴曲》，《鏡聽詞》等，敍述眼前情景，亦自贍切。

鄭嵎《津陽門詩》，七言百韻，一千四百字，爲歌行第一長篇。篇中歷歷道承平故實，亦濫觴於《連昌宫詞》、《長恨歌》者，彌可諷味焉。唯傷纖俗耳。(《東方雜誌》第二十三卷第五期，一九二六年)

《讀詩品》

陶淵明詩枯淡，而境界極高，意趣極眞；情感亦極富，純用單筆，一掃濃艷之習。所謂文體省淨者，此也。唐之韋應物、柳宗元、白居易，宋之王安石、蘇軾，皆景慕而擬之，眞古今隱逸詩人之宗。（《東方雜誌》第二十三卷第二十三號，一九二六年十二月；又收入《中國古代文論研究論文集》，上海古籍出版社，一九八九年二月）

智按：陳延傑，江蘇南京人，曾任中央大學、金陵大學中文系教授、江蘇省文史館館員，南京市文管會委員，市政協委員。著有《詩品注》等。

陳寅恪（一八九〇～一九六九）

《來英治目疾無效將返國寫刻近撰元白詩箋證留付稚女美延讀之》

眼昏到此眼昏旋，辜負西來萬里緣。杜老花枝迷霧影，米家圖畫滿雲烟。餘生所欠爲何物？後世相知有別傳。歸寫香山新樂府，女嬰學誦待他年。（《陳寅恪集·詩集》，生活·讀書·新知三聯書店，二〇〇一年五月版，第五七頁）

智按：早在一九四六年春，陳寅恪遠涉重洋，飄泊萬里，到英國醫治眼疾，却未能治好，失望之際，賦此詩。胡文輝《陳寅恪詩箋釋》云，「眼」字重出，疑第二處當爲「益」。（廣東人民出版社，二〇〇八年版，上册第四〇八頁）一九四八年，沈祖棻有《浣溪沙》詞，序云：「前歲寅恪丈赴英倫醫治眼疾無效，將歸國寫定元白詩箋證，付美延世妹讀之，賦詩云：眼昏到此眼昏旋，辜負西來萬里緣。杜老花枝迷霧影，米家圖畫滿雲烟。餘生所欠爲何物？後世相知有別傳。歸寫香山新樂府，女嬰學誦待他年。伏讀增感，亦成小詞，戊子三月。」詞曰：「哀樂人間奈此情，聊憑盡管寫新聲。何年習誦待嬌嬰。　未定相知期後世，已教結習誤今生。有涯難遣况時名。」（《沈祖棻詩詞集》，江蘇古籍出版社一九九四年版，第一八五頁；《涉江詩詞集》，河北教育出版社二〇〇〇年版，第一一二頁）

《有感（辛卯舊曆八月初十日）》

葱翠川原四望寬，年年遥祭想荒寒。空聞白墓澆常濕，豈意青山葬未安。

一代簡編名字重，幾番陵谷碣碑完。趙佗猶自懷真定，慚痛孤兒淚不幹。（《陳寅恪集·詩集》，生活·讀書·新知三聯書店，二〇〇一年五月版，第八三頁）

《癸卯冬至日感賦》

倦暖嬌寒秋似春，匆匆南至又今辰。四時節候頻催老，十部儒流敢道貧。石火乾坤重換劫，劍炊身世更傷神。文章堆几書驢券，可有香山樂府新。（《陳寅恪集·詩集》，生活·讀書·新知三聯書店，二〇〇一年五月版，第一四八頁）

智按：陳寅恪，義寧（今江西修水）人，生于長沙（今屬湖南）。一九三二年，任清華大學中文、歷史兩系合聘教授；一九四〇年春季，任昆明西南聯大中文、歷史兩系合聘教授；一九四四年春季，任成都燕京大學教授；一九四九年，任嶺南大學所授；一九五二年全國院系調整後，嶺南大學并入中山大學，任中山大學教授。著有《元白詩箋證稿》，嶺南大學中國文化研究室（廣州）一九五〇年綫裝印行，文學古籍刊行社（北京）一九五五年正式出版，分别箋證《長恨歌》、《琵琶行》、《連昌宫詞》、艷詩及悼亡詩（附：讀《鶯鶯傳》）、《新樂府》、古題樂府。

馬廉（一八九三～一九三五）

《隅卿日記選鈔》

書賈送來道光重刊《四聲猿》小本，前有無關本書之小序一篇，文理亦不甚通順，但記有《雙魚墜》、《翰墨緣》兩種傳奇名，姑録之待考：「天津俞先生諱汝述，字岵瞻，浙之達人也。曩讀白樂天詩，屢屢達形諸口。余謂自以為達，其人未必達也，何也？達之見未忘也，而先生不然。先生之年古稀外矣，先生之興正未艾也，癸酉春自題其生塚曰『清文學岵瞻俞公墓』，鐫之於石。嗚呼，何其達也，殆所謂『夭壽不貳修身以俟』之者乎？余於先生，翁婿也，最悉其生平大概，談與泊相遭，而磊落俊偉之氣，時時見之詩歌。至若《雙魚墜》、《翰墨香》兩傳奇，亦僅一狐之腋云爾。錦水鄭栻子敬百抄

題。」七月十七日記。(《馬隅卿小説戲曲論集》第二五八頁)

智按：馬廉，字隅卿，寧波（今屬浙江）人。二十世紀二、三十年代任北京大學教授，一九二六年九月繼魯迅在北大講授中國小說史，一九三五年二月十九日因腦溢血卒於講臺。

柴萼（一八九三～一九三六）

《梵天廬叢録》

⊙婪尾

曩於酒肆見「春濃婪尾」之額，不解所謂。後閲《容齋隨筆》，見其引白傅《元日對酒詩》「三杯婪尾酒，一楪膠牙餳」。又「老過占他藍尾酒，病餘收得到頭身」。又「歲盞後推婪尾酒，春盤先勸膠牙餳」。及觀《石林燕語》，言唐人於「藍尾」之「藍」字作「啉」，此出於侯白《酒律》，謂酒巡匝末，連飲三杯，謂之「婪尾」。蓋以末座遠酒，行常到遲，連飲三杯以慰之，故以「啉」為貪婪之意。東坡《仇池筆記》之説，略與此同。（中華書局石印本卷三十六）

⊙屠酥酒

屠酥酒為今人歲首爛用之詞。《四民月令》曰：「元日飲屠酥酒，其次第當從年最小者起。蓋後漢李膺、杜密均以黨人繫獄，值元日，於獄中飲酒，曰：『元日從小起。』」則此俗尤古矣。又，《時鏡新書》曰：「晉海西令問董勳曰：『正旦飲酒，先從小者，何也?』勳曰：『俗以少者得歲，先酒以賀之；老者失歲，故後飲酒。』」又唐人詩中寓此意者甚多，可以考鏡古風俗也。劉夢得、白樂天元日舉酒賦詩。劉云：「與君同甲子，壽酒讓先杯。」白云：「與君同甲子，歲酒合誰先?」又，白詩云：「歲酒先拈辭不得，被君推作少年人。」顧況詩云：「還丹寂寞羞明鏡，手把屠酥讓少年。」裴夷直詩云：「自知年歲偏應少，先把屠酥不讓春。覺更數年連此日，還應惆悵羨他人。」（智按：裴夷直《戲唐仁烈（一作歲日先把屠蘇酒戲唐仁烈）》：「自知年幾偏應少，先把屠蘇不讓春。倘更數年逢此日，還應惆悵羨他人。」見《全唐詩》卷五一三）蘇東坡詩云：「但

把窮愁博長健，不辭最後飲屠酥」，則宋人尚沿此俗也。（中華書局石印本卷三十六）

智按：柴萼，字小梵，又名紫芳，慈溪（今屬浙江）人。早年曾在慈西文亭、蘆江及慈北柴家志成學校任教。一九一七年東渡日本，執教於慈溪籍華僑吳錦堂創辦之中華學校。一九二四年回國，任職於安徽省財政廳、廣東籌餉處、黃埔軍校。一九三〇年起任河南省政府秘書。一九三六年病逝於北京。早慧，十七八歲撰《紅冰館筆記》，發表於上海《小說時報》，彙編成《紅冰閣雜記》二十八卷。弱冠能詩，一九一九年成《簷詩草》三百一十篇，同年又寫《吾藥録》、《蛉洲集》。其他有《慈溪方言考》、《松海精舍筆録》、《簷零墨》等。最為著名者為積十年之功而成之《梵天廬叢録》。

楊香池（一八九三～一九六四）

《偷閒廬詩話》

錢塘陳蝶仙，詩多綺豔，頗似玉谿，亦近今著名之詩家也。其《感懷》云：「殺身豈必竟成仁，世態浮雲認未真。大半交遊皆誤我，萬全計算不由人。最能體貼惟妻子，無可商量到鬼神。太息孟嘗門下客，若非潦倒便清貧。」頗有隨園之才，香山之風。（《偷閒廬詩話》第一集，《民國詩話叢編》第三册，第六八〇頁）

《滇遊吟草》二卷，錢塘張補裳先生所著也。其《田家行》云：「黃雲登場雞棲桀，椎髻裸身忙不迭。老翁語姥莫苦忙，今年稻熟倍往常。姥言兒翁且勿喜，一穗舂成幾顆米。官租私逋分撥清，輪及全家食糠秕。道旁老人向姥告，富樂於人幾時足？翁家有田猶可生，今人多少無田耕。」直寫情事，直率樸老，香山樂府之遺。又《庭中鶴》云：「庭中有孤鶴，終日行庭砌。丹頂塗霞濃，皓翮梳雪細。有時思一舉，忽向苔陰唳。列身雞鶩間，俯仰且隨勢。稻粱豈長謀，幸謝樊籠閉。何因遂遐舉，看爾翔雲際。」語有寄慨，英雄屈足，千古同悲。又《詠仙人掌》云：「有觸皆芒刺，無心竟坦平。」亦佳。（《偷閒廬詩話》第一集，《民國詩話叢編》第三册，第六八五頁）

張也良先生詩仿元白，尤工寫景。前已選録一首，兹復得《新秋遊準提寺》七律云：「風入禪林倍覺清，上方高卧有餘情。雲飛遠岫輕無力，雨打疏簾静有聲。井畔方驚一葉落，籬根先聽百蟲鳴。山城物候逢秋異，即景新詩取次成。」亦輕逸可誦。（《偷閒廬詩話》第一集，《民國詩話叢編》第三册，第六八七頁）

詩之含有小説性質者，使人讀之興味醰醰。吾國古詩如《孔雀東南飛》、《木蘭詞》、《長恨歌》等類，皆可謂之詩體小説。（《偷閒廬詩話》第二集，《民國詩話叢編》第三册，第七〇五頁）

今之新文學家稱陶淵明為隱逸詩人或田園詩人，杜甫為社會詩人，白居易為革命詩人，王、孟、柳、韋為田園詩人，高、岑為邊塞詩人，劉長卿、孟郊、賈島、韓愈為苦吟詩人，李賀、溫庭筠、李商隱為唯美詩人，此即由詩中得其生平之信事而擬稱之也。（《偷閒廬詩話》第二集，《民國詩話叢編》第三册，第七〇六頁）

趙雲崧先生名翼，號甌北，陽湖人。著《甌北集》。詩多明白如話，絕類香山。生於清乾隆時，與袁枚、蔣士銓稱為乾隆三大家。其論詩重性靈，録其《閒居讀書作》一首，即可見其與袁枚主張相同也。詩云：「人面僅一尺，竟無一相肖。人心亦如面，意匠戛獨造。同閲一卷書，各自領其奥。同作一題文，各有天在竅。乃知人巧處，亦天工所到。所以才智人，不肯自棄暴。力欲爭人乘，性靈乃其要。」又《漫興》有句云：「絕頂樓臺人倦後，滿堂袍笏戲闌詩。與君醒眼從旁看，漏盡鐘鳴最可思。」昔有《題盧生祠》上聯云：「睡到二三更時，任功名都成幻影。」先生詩其與聯語同一感想乎？（《偷閒廬詩話》第二集，《民國詩話叢編》第三册，第七〇六頁）

清人譚嗣同《題兒繞船》有句云：「纜倒曳兒兒屢仆。」此與白居易《琵琶行》中之「輕攏慢撚抹復挑」，蘇東坡《書韓幹馬十四匹》中之「微流赴吻若有聲」，同為描寫出神之語。至柳子厚《漁翁》之「欸乃一聲山水緑」一句，尤覺有聲有色。細玩味之，自知古人造句之妙。（《偷閒廬詩話》第二集，《民國詩話叢編》第三册，第七〇八頁）

湖南慈利于榕章《飢民歎》云：「去年夏大旱，憔悴無粒粟。今年欠春糧，農人淚簌簌。豆粥聊充飢，豈復求盈足。粥盡可奈何，草根不飽腹。朝芟隴上草，夜就隴上宿。飢疲不憚勞，但期秋收熟。叩門胥吏來，國賦徵求速。荷槍跨短刀，威儀一何肅。喝云軍糈急，緩或加誅戮。長跪謝胥吏，淚下還復續。月前鬻長女，始得納租穀。如何賦又急，得無太迫促？吏怒怒且咆，老拳雜鞭撲。哀聲動四鄰，誰勸誰遭辱。」哀哉小民，既苦自謀，更何堪徵徭之頻逼耶！欲國不亂，不可得也。是詩後半尚有十六句，語屬空論，稍嫌淩雜散漫，故不録入。此正與胡適主張删去白居易《折臂翁》之「君不聞」以下數語意思相同，不識于君以為如何？（《偷閒廬詩話》第二集，《民國詩話叢編》第三册，第七一七～七一八頁）

觀人論世，宜有眼光。若徒以目前之成敗論人，非淺見即挾私也，何可據以為憑耶！白居易詩云：「周公恐懼流言日，王莽謙恭下士時。假使當年身便死，兩人真僞有誰知？」（《偷閒廬詩話》第二集，《民國詩話叢編》第三册，第七二三頁）

智按：楊香池，原名森，以字行，順寧（今雲南鳳慶）人。其父楊金石為光緒乙酉（一八八五）科拔貢，善詩文書法。香池幼承庭訓，天資聰穎，邃於學，長於詩，留心掌故，富新舊知識。一生著述很多。有《偷閒廬文集》、《偷閒廬詩集》、《偷閒録集言》、《偷閒廬詩話》、《偷閒廬聯話》、《偷閒廬敝帚集》、《志餘隨筆》、《香池信稿》、《滇南異聞》、《秋窗夢醒録》等十餘種。主編《（民國）順寧縣誌初稿》，一年編成。

吴宓（一八九四～一九七八）

《空軒詩話》

〇四十

「九一八」國難起後，一時名作極多，此誠不幸中之幸。以詩而論，吾中國之人心實未死，而文化尚未亡也。統觀辛未、壬申、癸酉間南北各地佳篇，應以常乃德（燕生，山西榆次）之《翁將軍歌》為首選。此歌氣格高古，旨意正大，深厚而沈雄，通體精煉，無懈可擊。其序係倣杜甫《同元使君春陵行》，其詩亦直追少陵及唐賢。惟予細讀之，覺其甚肖李義山《韓碑》詩，疑作者必于此規橅。至若香山與梅村，皆欲突過之而不屑追步者矣。《翁將軍歌並引》，《引》曰：「上海『一二八』之役，國人識與不識，皆知有旅長翁照垣者。翁守閘北，率先應戰，守吳淞，憑廢壘與敵死拒，屹然不為下。及師解，又殿軍整旅而退。十九路軍之輝譽于世界，翁之力蓋多焉。聞其人沈默寡言，嘗旅學歐日，於軍事無所不窺。近以勳名為僚輩所擠，解職遊海外。余惜其去，又為國家傷將材也，因作為歌詩以追送之。余與翁非素識，所言蓋天下之公言，非以為私。故但寄知者，不復示翁。」歌曰：「李公昔駐春帆樓，旌旗破碎魚龍愁。小兒弄舟嬉東海，欲斷鼇足覆神州。修羅伸臂自天外，始遏貪吻完金甌。當時經營頗慘淡，豈謂時會非人謀。榱崩棟折三十載，坐見滄海生狂流。高牙大纛裂疆土，赤眉銅馬皆通侯。玄黄龍戰日盈野，氣盡亞美淩非歐。豈知卧榻有乳虎，磨厲漸欲吞全牛。潛師一夜入下蔡，萬里膏腴森戈矛。三軍稟令令曰遁，暮渡遼水朝灤州。此時元戎尚鎮靜，羅列絲管評清謳。中朝大官亦解事，卧閲陵谷百不憂。弭兵惟恃向戌舌，捐地未覺珠厓羞。扶餘渤海吾故土，漢唐餘烈垂千秋。爾來流民歲百萬，斬伐蒿艾植松楸。盧龍塞斷蠮螉絕，太息烈士無田疇。將軍奮身起南紀，志挽日月回山邱。男兒報國自有道，毛錐棄去著兜牟。東窮扶桑西碧海，上研飛鳥深潛虯。歸來風雨漫祖國，巫祁正待庚辰收。吳淞江頭夜一彈，杳杳天際遮飛舟。滬人噤立色欲死，朝命仍擬和夷酋。將軍長嘯指鬚髮，劍氣噴薄如龍浮。乾坤一擲箭脱手，眼底勢欲無仇讎。雲蒸霧鬱頃刻變，迅流轉石雷鞭幽。袒懷白刃向前去，以血還血頭還頭。長江萬里鎖廢壘，將軍立馬寒颼颼。兼旬環擊不得下，伏屍百步驚沙鷗。滬人咋舌忭且舞，奔走僵汗吟啾啾。挈壺持襦供前線，後歸中繼無停留。兵殘彈盡援不至，猶以殿退庇同仇。嗚呼！不見廉頗李牧趙良將，生為逋客身羈囚。又不見長城自壞檀道濟，時人悔唱《白符鳩》。騎驢湖上豈得已，乘風聊作扶搖遊。豺狼在邑孤在室，雖有奇志安能酬。天凝地閟萬物死，窮寒野哭多鵂鶹。義軍十萬解甲去，（原注：時蘇炳文部甫自滿洲里撤退，馬占山、馮占海、唐聚五等部已先後潰退，東北義軍垂垂盡矣。）白山黑水餘荒陬。請君為我回轍跡，再整壯士成貔貅。為君勒石刻琉球。」按此詩宓曾作注，為清華學生講授。常乃德君《論新詩》一篇，亦佳。録如下：「物窮則變新機起，天演樞緘乃繫此。餘流震盪及文辭，亦復波興而雲詭。四言昌周《風》變《雅》，楚騷漢賦開新紀。建安風骨五言強，六代汲流敝則靡。堂堂李杜並時出，啟後恢先稱二美。元輕白俗賀仝奇，唐之為唐豈一軌。宋人作詩如說話，微覺著跡緣障理。元明逮清等蟬噪，羅列巴謳娛里耳。近來詩派盛西江，咀嚼空螯鈍牙齒。不然古豔張六朝，剽竊生文嚇新鬼。國亂民媮物力盡，安有精華泄文史！休言博大與雄深，即論偏師亦無幾。績溪博士（胡適）出新意，乞取歐苞續華蕾。著論恢奇動萬言，一編《嘗試》從茲始。詩人學士本殊道，論雖可取詩不似。大輅椎輪未可訾，君之所長不在是。《草兒》（康白情作）同出勝《冬夜》（俞平伯作），頗近自然吾所喜。小詩獨步有冰心，或謂《繁星》過《春水》。偶然印象非不佳，千篇一律則厭矣。以詞為詩劉大白，（其詩有《賣布謠》、《秋之淚》、《丁寧》、《再造》等。）解放但覺不澈底。金蓮襯底作旗裝，步步生姿反可鄙。沫若（郭沫若，詩集曰《女神》）挺出頗尚氣，志欲雄肆力不企。譬如寸寸挽強弓，天之所限劃然止。從來真力在骨髓，不在行間與字裏。汪（汪靜之，其詩曰《蕙的風》、《寂寞的國》。）徐（徐玉諾，其詩曰《將來的花園》。）抒情尚熱烈，但傷稚弱欠鍊洗。《渡河》一集（陸志韋作）亦平平，偶有佳什糠間米。白屋詩人（吳芳吉）能立意，意勝未覺詞為累。但惜新舊互雜糅，有似西裝蒙西子。風會初成體未健，紛紛詩國茁蘭芷。小草雖殊喬木材，蓬然生意非僵死。不知何人翻新調，掇拾螺蛤當甘旨。作詩一行定幾字，為就敝屣割拇趾。長行字數逾廿餘，其中一半惟的底。語法俗事不足道，意快不辭朱易紫。樓臺七寶裝片段，撾鼓三通亂宮徵。居然風氣傾市朝，此聖彼哲互比擬。別有文學號大眾，口號宣言動滿紙。沒落篇篇『布爾喬』，意識個個『普羅里』。農工瞠目驚符咒，智士捫舌怕搗毀。倘能以此命為詩，歌訣《湯頭》盡蘇李。吾論新詩如新樹，喬木千章起根柢。須令雨露灌柔苗，莫使蝗螭傷嫩蕊。今之新詩甫十稔，已見萌芽齧螻蟻。舊統已潰新未成，詩運國運亦同爾。何人起衰振絕代，巨刃摩天創壁壘。歌詩要歌民族魂，不作呢喃兒女體。雕飾去盡露天然，餘味醇醇似醇醴。民謠蒙誦皆材料，讀到老嫗都可解。有詩如此始真詩，此意河清恐難俟。眼高手低古所譏，吾責諸人無諸己。我詩似論不成詩，但借古風抒鄙俚。詩成雪淚望將來，早見韓潮與蘇海。」按此篇議論正大，而格調高古，有清新自然之致。以上二詩刊布後，久久，予始得與常君晤識。常君又有《故都賦》（《並序》）之作，予以刊登《大公報》文學副刊（第二百八十一期）。其日（民國二十三年五月二十二日）正值日軍進逼，北平危急，而我簽「塘沽協定」，乞盟城下之時。是故常君此賦有關於歷史國運者至重，蓋今之《哀江南賦》，而又能真切詳盡，包舉無遺者也。茲以體裁所限，不録。（《民國詩話叢編》第六册，第七四～七六頁）

智按：吴宓，字雨僧、玉衡，筆名餘生，陜西涇陽人。一九一七年赴美國留學，一九二一年回國，任國立東南大學文學院教授，開設「中西詩之比較」等課，開中國比較文學研究先河。與梅光迪、柳詒徵主編于一九二二年創辦之《學衡》雜誌，一九二四年赴瀋陽，任東北大學外國文學系教授。次年，任清華大學研究院主任，聘請梁啟超、王國維、陳寅恪、趙元任等為研究院導師。一九二八年兼任天津《大公報·文學副刊》主編。一九三〇年赴歐洲旅遊。次年，任清華大學外文系教授兼系主任。一九四一年被教育部聘為首批部聘教授。一九四三年代理西南聯大外文系主任，一九四四年秋任教成都燕京大學，一九四五年改任四川大學外文系教授，一九四六年任武漢大學外文系主任。一九四九年任重慶相輝學院外語教授，兼任北碚勉仁學院文學教授。一九五〇年兩院撤銷，到西南師範學院歷史系（後到中文系）任教。一九七一年右目失明。一九七七年回鄉。有《吴宓詩集》、《文學與人生》、《吴宓日記》等。

白采（一八九四～?）

《絕俗樓我輩語》

遠祖樂天先生多為諷諭詩，卓然大家。如《秦中吟》等篇，務使老嫗都解。彼其意固以為斯世尚可教耶？其用心苦，然其意亦迂矣。近有人甫倡用流行語創為詩體者（此舉審為我國晚近詩學一大關鍵。其勢必將寖盛銳甚莫可遏。待之百年，必有名世之作輩出，蔚為一代菁華者，惟非所語於頑鈍拘虛淺躁者耳），惜標榜之者亦多藉口於欲使聽者盡懂云云。嘻，民間流傳，自有一種偉大文學。但若詩之至湛深者，無論為奧辭（古律等），為今語（語體等），豈世人所可盡通其意耶？（民國間上海開明書店鉛印本）

智按：白采，字吐虹。先世為四川人，生於江西，游學四方，有名於時，詩為康有為、吳昌碩稱許。撰有《恩怨記》，輯有《萬花絕句》。其讀書之所曰絕俗樓，故以題詩話。據《絕俗樓我輩語》書中自述，民國二年（一九一三）癸丑已開始撰寫，封面題「白采遺著」，卷四記事止於民國十五年丙寅（一九二六），其寫作殆即迄於是年。參見蔣寅《清詩話考》第六六八～六六九頁。

林熊祥（一八九五～一九七三）

《草山正名感》

陽明山上花爭發，遍地紅燃杜鵑血。桃李梅櫻次第匀，乍開旋落何倉卒。傾城仕女嬉春閣，魚串車連擁路途。儘道韶光三月好，那知戰骨萬家枯。時聞冠劍會翠岑，家都勝概話當今。巨鐘飛艇軍容盛，大海洪濤壁壘深。上蒼錫與蓬萊島，隔絕兵氛雞唱曉。芸案樓居名白雪，詩壇人散傳黃島。（曾在臺南倡設春鶯吟社）日浴溫泉意自舒，溪山煙景繞階除。臺木怨李吾何與，飲谷樓丘願不虛。自笑所學非世用，醉語高歌驚座眾。五湖歸棹幕鴟夷，萬卷珍重集邊貢。吁嗟無力挽狂瀾，又築儲胥護海濤。避地誰憐朱舜水，樂天我愛白香山。（《重修臺灣省通志》卷十藝文志文學篇舊詩，第五四三頁）

智按：林熊祥，字文訪，號宜齋，別署大屯山民。工詩文、善書法。中年後研究佛學，初宗唯識，後研天台。曾在福州組織佛教研究會。光復後，曾任臺灣省通志館顧委會委員，省文獻委員會委員兼總纂、副主委及主任委員，編纂《臺灣省通志稿》。著有《臺灣史略》（即《臺灣省通志稿》卷首〈史略〉之縮印本）、《書學原論》二書。除致力文獻外，亦嘗任臺灣水泥公司常董，積極振興紡織，流通金融，發展化工，從事工商業活動。

劉咸炘（一八九六～一九三二）

《推十詩報刊小引》

白樂天云：「詩合為事而作。」此言甚當。流連光景，不如描寫風俗。七言歌行最為難作，與其強仿韓歐大篇而無謂，不如效張、王短篇之有益。處今之境，好題正多。道民疾苦，可備史料。言之無罪，聞之足戒。可當諫書，可當善書。并世詩人，必樂乎此。（《推十文》卷四）

《詩初學自序》

詩以言志，唐以來之詩，十九皆非真詩，故詩不可輕作；詩以陶情，故詩不可不讀；勞者有一歌，苟無以範其情，恐漸流於邪僻，故詩不可不學。不輕作乃可作。有蒙求問我下手之階，則無以應也。前歲撰《詩系》成，於故紙中撿得大父手書曰：「古詩甚多，難以盡讀，將《古詩十九首》緩緩讀完，復選白樂天等淺顯古詩與讀，便令其學作可也。」私幸主張宗風，不背先訓，因復本此意，選録一目，以授初學。（《風骨集》卷一，《推十書增補全本》，第三二九頁）

智按：劉咸炘，字鑑泉，號宥齋，一作囿齋，別署土偶人，四川雙流人。祖沅，字止唐，號槐軒，康熙舉人，不樂仕進，以儒家心性之學教授生徒，而輔以道家内丹功法，門人稱槐軒教，俗稱劉門或劉門教，有《槐軒全書》行於世。父桾文，字子維，克紹箕裘，不墜家業。宥齋幼承家學，而堂廡特大，於書無所不讀。治學所宗，槐軒而外，厥為實齋。著作宏富，都二百三十一種，四百七十五卷，取《説文》「推十合一為士」之義，彙為《推十書》。文四卷，詩二卷，成都古籍出版社有影印本，上海科學技術文獻出版社刊有《推十書增補全本》，又有黄曙輝標校《劉咸炘詩文集》（華東師範大學出版社二零一零年版）。

林庚白（一八九七～一九四一）

《孑樓詩詞話》

梅村詩，以五律為最，直可與老杜分庭抗禮。唐以來一人而已，其得名蓋非偶然。淺者僅賞其長慶體之歌行，非能知梅村者。容若所著《飲水詞》，在清代詞苑中，無愧大家之地位。以余觀之，似又勝竹垞、樊榭，其才力、工力，皆遠軼朱、厲耳。(《民國詩話叢編》第六册，第一〇〇頁)

昔賢謂「詩窮而後工」，此非篤論。古今詩人中，凡大家名家，什七皆未嘗窮，而大家幾盡為顯達者，不惟不窮已也。唐、宋兩代，尤難更僕。略舉如唐之李嶠、張說、武元衡、李德裕、和凝，皆位至宰輔；薛能、高適、元稹、白居易，亦皆至節度或尚書。而宋之東坡、荊公、歐陽文公，又盡人而知其為名臣。賀知章、韓愈皆至侍郎，杜甫、王維為拾遺及尚書右丞，皆不得以窮視之。若清代之范伯子、江弢叔輩，乃真窮而後工矣。(《民國詩話叢編》第六册，第一一七頁)

陳石遺先生著述等身，在老輩中，思想似較佳。其詩集早經行世，近作乃益精進，風格亦視往時略有異，不可不録以饗愛讀先生之詩者。《庚午春盡日花光閣送春》云：「此閣何年不送春？送春詩句苦陳陳。天將乍雨還晴景，餉與今來昔往人。煙柳斜陽青兕老，池塘明日緑陰新。漫吟春盡花開盡，仍仗榴花照絳唇。」《翻香山年譜作，時余造第五樓將成，年已七十四矣》云：「香山居士明年死，而我還來築此樓。擬取劍南舍長慶，可能壽比放翁不？」「也是三間五架堂，泉臺久矣孟家光。朝雲有子楊枝在，持較先生似略強。」「樓未增高樹過牆，此樓似就樹移堂。烏峰敢比廬峰好，贏得看山在故鄉。」「不是平生聽雨情，修篁百挺忒多生。瀟湘篷北黄岡瓦，何似簷前瀟灑聲。」「聽雨看山興味濃，如何密竹蔽諸峰？南州溽暑樓如炙，能引清風勝種松。」《榆生寄張園雅集照片感賦並示圖中諸舊好》云：「頻年飢渴許多人，忽現圖中徑寸身。別後髮眉都宛爾，老來江海作比鄰。虯翁避面知何往，蜕叟蒼顔尚未親。惆悵散原還北去，盍教投轄與埋輪。」「天將乍雨還晴景」，及「贏得看山在故鄉」之句，皆不脱舊詩人意識之窠臼。此自是時代所限，未足為先生病也。(《民國詩話叢編》第六册，第一一七～一一八頁)

從叔鼎燮，幼貧而好學。既壯，於群書多所涉獵，文采斐然，陳弢庵頗激賞之。然鄉居固陋，偶入城，見策馬者，歸語所親，「吾今日見無角之牛矣。」比謁弢庵，弢庵款以茗，燮叔訝問：「甌安得有耳？』弢庵戲之曰：「今得一妙對，乃『甌有耳』與『牛無角』也。」中歲服官，余數為作項斯，稍稍能自活。竟不及中壽而歿，至可惋歎。燮叔中年以後詩，益精進，惜行篋散亂，未易檢出。先就記憶所及，録一律：「蘇公白傅流連地，難忘湖西水接天。此地經過曾廿稔，故人一別遂逾年。情長紙尾兼詩句，俸薄囊中幾酒錢。為語新來相憶否？海棠花發陸祠前。」語長心重，味永神清，殆兼而有之。（《民國詩話叢編》第六册，第一一九頁）

《麗白樓詩話》

凡大家詩，必有多方面，千篇一致，僅是名家。故義山、放翁，造詣更在王、孟、韋、柳之上，其得于杜獨多也。白香山之《長恨歌》、《霓裳羽衣舞歌》、《琵琶行》與其他七言古體，截然兩人所作。而少陵五七言律，與荊公七言絕句，又皆千聲萬態，絕不類出於一家之手。此其所以為大也。玉谿之前後《無題》，以及《錦瑟》、《碧城》諸作，皆從老杜之「雷聲忽送千峰雨，花氣渾如百和香」一首脱胎而出；而《寫意》、《隨師東》、《重有感》、《籌筆驛》諸作，皆淵源于老杜之「花近高樓傷客心」一首，其《春雨》、《楚宫》、《流鶯》諸作，又老杜之「一片花飛減卻春」二首之變化也。至乃「人生何處不離群」之作，則真與子美之「兵戈不見老萊衣」一首，神似極矣。放翁七言律，幾盡杜之傳薪，尤不勝枚舉。惟放翁七言律方面之多，雖可與杜等量齊觀，惜其五言律與古體，不能窮杜之美善。義山之遜于杜，亦以此。誠齋律絕，亦有託根于杜者。七絕如「東風染得千紅紫，曾有西風半點香」，與「要識早行奇絕處，四方八面野香來」，以及「夕陽不管東山暗，只照西山八九稜」等，皆自杜之「從今已後知人意，一日須來一百回」之句而來。而「乍暖柳條無氣力，淡晴花影不分明」，則又自杜之「林花著雨胭脂濕，水荇牽風翠帶長」而來也。（《麗白樓詩話》上編，《民國詩話叢編》第六册，第一三五～一三六頁）

詩有三要：要深入淺出，要舉重若輕，要大處能細，三者備可以為詩聖矣。深入淺出者，意欲其深，而語欲其淺；舉重若輕者，句欲其重，而字欲其輕；大處能細者，格欲其大，而律欲其細。此等處，要能以技巧運用其才思與工力於意句中。古今詩人臻此者，李杜詩中，十居其六七。樂天亦庶幾。前乎此者，則有陶潛；後乎此者，則有歐陽修、陸游。而清代之江湜，直與李杜埒。自餘諸家，多為愛好之結習所累，惟昌黎、荊公，有時能兼此三要。韓之七言律絕，荊公之古體及絕句，尤數覯之。昌黎古體中「山石犖確行徑微」之類，亦其選也。王、孟負盛名，而其詩之輕者，實多於重。以量而言，唐人詩於此較勝宋人。任自然則其出於不自覺者，往往造此。山谷詩，硬語盤空之作與深入淺出、舉重若輕、大處能細者各不相掩。而荊公亦有「看似尋常最奇崛，成如容易卻艱辛」之語，則知其所以致力矣。東坡詩間有此境，惜浮滑之作稍多。後山則氣力較遜。韓、孟並稱，而孟多苦語，不能淺出。宛陵亦然。微之譽子美之博，而不知此正子美之短，非惟深出，亦失之鋪張排比。若杜詩首首皆「去年潼關破，妻子隔絕久」之類，與「夜深坐南軒，明月照我膝」之類，則雖《風》、《騷》亦有慚色。又語淺意深者，略舉如工部之「聞道殺人漢水上，婦女多在官軍中」；舉重若輕者，略如太白之「兩岸猿聲啼不住，輕舟已過萬重山」；大處能細者，如義山之「帝有聖相相曰度，賊斫不死神扶持」各首，讀者可以隅反矣。(《麗白樓詩話》上編，《民國詩話叢編》第六册，第一三六～一三七頁)

晚清詩自《巢經巢》迄《海藏樓》諸集，皆高言杜、韓而出入于南北宋、中晚唐之間。王壬秋獨標榜魏晉六期，顧僅貌似。其七言古亦有效「長慶體」者，如世所傳誦之《圓明園詞》是也。壬秋一生，毁譽參半。貴池劉慎怡《讀湘綺樓詩集》七言律云:「白首支離將相中，酒杯袖手看成功。草堂花木存孤喻，芒屩山川送老窮。擬古稍嫌多氣力，一時從學在牢籠。蒼茫自寫平生意，唐宋溝分未敢同。」持論最公允。今詩選所録，皆壬秋學杜陵而酷似梅村者。(《麗白樓詩話》下編，《民國詩話叢編》第六册，第一三九頁)

智按：林庚白，原名學衡，字淩南，又字眾難，自號摩登和尚，閩侯（今福建福州）人。宣統元年（一九〇九），北京師範大學堂肄業，參加京津同盟會。辛亥革命後，被推為眾議院議員和非常國會秘書，並同陳模一起創立「黄花碧血」社，以暗殺手段牽制清朝餘孽。又經鄉人林之夏介紹參加「南社」。民國六年，為眾議院秘書長，南下廣州，幫助孫中山召開國會非常會議，領導護法。後蟄居上海研究歐美文學和中國古詩，創辦《長風雜誌》。民國二十一年重入政界，任法院立法委員。民國三十年，偕妻挈子到香港，擬創立「詩人協會」，並編撰《民國史》；值珍珠港事變，香港淪陷，遁居九龍，被日軍射殺。詩稿由柳亞子與林兆麗編纂校訂為《麗白樓遺集》，内有《今詩稿》殘稿一卷、《麗白樓文剩》一卷、《麗白樓詞剩》一卷、《麗白樓語體詩剩》一卷、《麗白樓詩話》二卷、《虎穴餘生記》一卷、《水上集》三卷、《吞日集》八卷、《角聲集》四卷、《虎尾前集》和《虎尾後集》各一卷。

黄曾樾（一八九八～一九六六）

《陳石遺先生談藝録》

吾閩文教之開，較中土為晚。隋唐間始有詩人，迨唐末五代，秦系、韓偓、崔道融之倫，流寓入閩，詩教乃盛。自宋而益昌，楊徽之、楊億、劉子翬、朱熹、蕭德藻、徐璣、劉克莊、嚴羽、謝翱諸人，後先蔚起，各成派別。朱明一代，閩中十子、鄭善夫、高、傅、二謝、二徐、曹學佺，雖迭以詩鳴，然皆不出明人貌似漢魏盛唐之習。沿至勝清道咸之間，程侍郎、祁相國以杜、韓、白、蘇倡于京師，為世宗仰，而八閩詩人尚株守其鄉先輩，摹仿成法。同光而還，鄭海藏、陳聽水、陳木菴三先生出，以宛陵、半山、東坡、放翁、誠齋諸大家為宗，同時江右陳散原先生力祖山谷。於是數百年來之為詩者，始一變窠臼。……（《陳石遺先生談藝録・序》）

師云：學文字，當取資大家。小名家佳處有限，看一遍可也。唐之杜、韓、白，宋之蘇，此四家集，可取資者十五六至十七八。杜則人知其好矣。世尊韓文為文章泰斗，而韓詩之工，實在文上。白詩號稱老嫗能解，皆非白之佳者，其佳境頗非前人所有。韓、白二家，皆能于李、杜外另辟境界，皆人傑也。蘇得於天者甚優，其運典之靈敏確切，黄、陳二家亦能及。雙井固佳，然實無若何深遠高妙處。此外則放翁、誠齋耳。陸取其七律、七絕，楊取其七絕、五七古。清初詩人，王、朱外，足觀者少。嘉、道間程恩澤、祁雋藻尚有取焉。（《民國詩話叢編》第一册，第七〇二～七〇三頁）

師云：白詩之妙，實能於杜、韓外擴充境界。宋詩十之七八從《長慶集》中來，然皆能以不平變化其平處。（《民國詩話叢編》第一册，第七〇三頁）

師云：梅村長篇雖學初唐四傑，而神理實《長慶集》，音節去四傑頗遠。

（《民國詩話叢編》第一册，第七〇五頁）

師云：查初白七律善學香山，梅村則學劍南。（《民國詩話叢編》第一册，第七〇五頁）

智按：黄曾樾，字蔭亭，號慈竹居主人，福建永安人。民國元年考入福州海軍學校。民國十四年里昂大學畢業，被授予文學博士學位，畢業論文為《老子、孔子、墨子哲學比較》。次年應聘北京女師大教授。民國十六年拜陳衍為師，助其編修《福建通志》。解放後任福建師範學院教授。有《慈竹居詩抄》、《慈竹居叢談》、《李商隱詩補注》、《顧亭林詩集補注》、《張之洞廣雅堂詩注》、《陳右遺詩注》等。

邵祖平（一八九八～一九六九）

《韓偓詩旨表微》

律體詩創於初唐沈佺期、宋之問之時，宋長於五律，沈長於七律，沈作亦只有《獨不見》一首，神完氣足，灑落飛騰，詩中叠用「遼陽」、「白狼河」「丹鳳城」地名，運古入律，取樂府之神理，用律詩之聲調，所以膾炙千古。崔顥知其意，《黄鶴樓》詩，四用「白雲」、「黄鶴」字面，以求其錯綜，亦得運古入律之理，但此詩只許有一，不得有二。李白知其意，故黄鶴樓詩縮手不爲，卻赴金陵賦鳳凰臺，然《鳳凰臺》詩，亦是别調，非開硬弓手段也。杜甫知其意，專精此體，語不驚人，不肯罷休，神完氣足，善砌實字而不覺實，善取遠勢而尚開闔，精壯飛動，沈鬱頓挫，此老以此體獨執騷壇牛耳。自唐至今，未有能敵之者。白居易知其意，善咽虚字，以氣和神不傷悴爲貴，然乏楊袠而來傍若無人之狀。（《東方雜誌》第四十一卷第八期，一九四五年）

《樂府詩研究談》

元稹亟取杜甫《悲陳陶》、《哀江頭》、《兵車》、《麗人》等歌行，率皆卽事名篇，無復依傍，轉得詩人諷刺之義，乃與白居易、李公垂共師杜甫意，賦《出門行》《新樂府》如干首。今元氏、白氏《長慶集》皆各有《新樂府》

七八十首，並可傳之作也。後世詩人賦時事詩，譏朝廷得失，紀民生疾苦，處蓬篳之間，備輶軒之采，其庶幾無愧乎。現代樂府詩產生，當於新樂府是賴。(《東方雜誌》第四十一卷第二十二期，一九四五年)

《全唐詩說》

李白、施肩吾、顧况、李渤之流，眞有得於道家者也。王維、白居易、暢當之流，眞有味於禪宗者也。

區分唐詩，更有以人爲主者，則如《滄浪詩話》分劃綦詳，凡具作家面目能得後人之效則者，皆可卽以其人爲體，如上官，沈宋，富吳，李杜，王孟，韋柳，韓孟，張王，元白，姚賈，温李，其著者也。

中唐詩人顧况、韋應物、元稹、李紳、白居易、楊巨源，皆自然派之傑，韓愈、孟郊、李賀、盧仝、劉乂，張工力派之軍，柳宗元、劉禹錫、張籍、王建則徘徊二者之間。……自然者易流於露率淺俗，故其流之演至元白而有俗輕之譏，羅隱、杜荀鶴有濫用俗語之嫌，工力者易陷於晦澀枯槁，無興寄之病，故讀仝、賀、郊、島之作者，悉有蜇齒攢眉之患，是均不能無偏長與獨短也。

杜甫從蘇李、建安諸子來，得曹植爲多；李白宗風騷及建安諸子，而頗與三謝、鮑昭爲近；王績、儲光義、王維、孟浩然、韋應物、柳宗元、白居易則從陶潛、謝靈運來；沈佺期、宋之問從顏延年、沈約來；上官儀、喬知之、崔國輔、權德輿、李羣玉、韓偓、吳融從徐陵、庾信來；陳子昂、張九齡從古詩建安諸子、阮籍來；劉希夷、王昌齡、沈雲卿、宋少連皆由江總、薛道衡以接於何遜；張籍、王建、李賀、元稹、白居易爲樂府詩，又從古樂府來；韓愈、孟郊、盧仝、劉乂從古歌謠、琴操、繇辭來。此唐人淵源推測之大概也。

近人梁啓超羅列其關於君國、生民、兄弟、妻子、朋友諸詩，綜而論之，目爲情聖。噫！洵詩聖之必爲情聖也。太白善叙兒女子之情，《白頭吟》 廻環曲折，盪氣廻腸，他作則以入世之情寫出世之事，黃鐘毀棄，莫邪未割，雖有煙霞繚繞，飄翥天海，終疑其血性亢烈，積憤高嵯峨矣。他如王維《偶然作》及《別弟妹》，韋應物之《傷逝》與《送楊氏女子》，柳宗元之《掩役夫張進骸》，元結之《舂陵行》，孟郊之《杏殤》，白居易之《琵琶行》，元稹之《遣悲懷》，張籍之《節婦吟》，韓偓《八月六日作傷亂》，李商隱之《哭劉蕡》，杜牧之《贈別》，下至私歡之作，如晁采勾欄之詞，如太原妓、劉采春等，莫不眞摯悱惻，讀之感動，唐詩以情勝，有由然矣。

中唐白居易以平正而通趣，「上天入地求之遍，兩處茫茫皆不見」，「座中泣下誰最多，江州司馬青衫濕」，所叙皆非事實，詩趣所至，不得不如此寫。

酬應之極，更有次韻一途，其法不古，元和以前未之見也。洎令狐楚、薛能、元稹、白居易集中始有之。皮日休遊太湖作詩十餘首，陸龜蒙時未從游，亦和詩十餘首。陸龜蒙製漁具詩十五首，皮日休未見漁具，竟和十五首，則如空谷有聲，隨響卽答，因韻造文，啼笑皆非，如此以詩濫爲家常之酬酢品者，烏覩其不窮哉！

至如當花對酒，春去秋來，日月遷逝，節物流連，其觀感亦過多一致。夫聆新蟬而惕夏，覩落葉以悼秋，聞哀雁而念羈旅，對清酒而悲遲暮，詩人於此連情發藻，始欲愁矣。昔人謂歡娛之詞難工，愁苦之音易好。又如詩句一著清愁，便不癡肥，固有然矣。然如唐人之「年年歲歲花相似，歲歲年年人不同」，「去年高枝猶壓地，今年低枝已憔悴」，「有歌有舞須早爲，昨日健於今日時」，「誰家有酒判一醉，萬事從他江水流」，「愁人夜永不得眠，瑤井玉繩相向曉」，諸類者過多。一人集中，觀感過於一致者，則如白居易詩，十占七八皆恐衰老之將至，美及時而行樂，讀其一首，正可統槩十百首也。（《東方雜誌》第四十三卷第十七期，一九四七年）

《全唐詩評》

唐詩自大歷至太和，論者列爲中唐，以爲視盛唐詩爲稍衰焉。雖然，宋祁《新唐書》論詩，惟取杜甫、李白、元稹、白居易、劉禹錫五家，五家之中，盛唐占二，中唐占三，則中唐所以爲唐詩者，不綦重乎！更如韋、柳之五言，簡淡高秀，直摩陶、謝之壘，韓、孟之古詩，沈雄矯拔，儼抗顔於李、杜，豈時代所可範圍。

而當時尚有兩大派而異於韓門者，卽白居易、元稹、李紳、楊巨源、權德輿、殷堯藩以善長樂府，與柳宗元、劉禹錫、皇甫湜以善長古文而爲詩者也。

韓退之學力天才絕人，其詩最有雄直之氣，論者謂可直繼杜甫，謂之杜、韓。

元和體以韓昌黎諸公爲主。長慶體以白居易、元稹爲主。長慶初，元微之、白樂天極贊杜甫《悲陳陶》、《哀江頭》、《兵車》、《麗人》等歌行，率皆及事命篇，無復依傍，得詩人諷刺之義，乃與其友李紳、公垂共師杜甫意，賦《新樂府》若干首。此唐之徒歌專寫時事之《新樂府》所從盛，白樂天、元微之、李公垂三人之力，中唐詩之大可書者也。樂天襟懷和易，心術平正，其詩清空如話，老嫗能解，然其過求人解，自是一病，與李賀、盧仝、賈島之壹意求奇求怪求僻者，正自相等。《新樂府》七十餘首，自是佳作。至如《長恨歌》之「漢皇重色思傾國」，至「從此君王不早朝」，眞是彈詞鼓書，每況愈下，「餰餰適我口，匙匙充我腸，老憐口尚美，病喜鼻聞香」，似眞實俗，專以此等過人，亦其結習痼蔽矣。微之詩筆清警，才高於白，而素養不足，《連昌宮詞》實較《長恨歌》爲優，《新樂府》篇法亦多變化，但心術一壞，繩以温柔敦厚之教，大不如白。白《詠明妃》云：「君王若問妾顏色，莫道不如宮裏時。」元《决絕詞》云：「分不兩相守，恨不兩相思，對面且如此，背面當何知，……已焉哉，織女别黄姑，一年一度始相見，彼此隔河何事無。」兩兩較之，則可知其優劣所在矣。李紳之《新樂府》，今不傳。有《古風》二首，雅近元、白。楊巨源有《大堤曲》，權德輿多閨豔之作，殷堯藩學於韋左司，有宮詞，皆與元、白之造詣相近，而李公垂又以歌行號爲「短李」焉。

劉賓客《祭韓昌黎文》，自謂詩文羽翼昌黎，後與白樂天齊名，人稱劉、白，其人能持論，實高於韓，詩則學杜甫具體而微，要可自成一家。（《東方雜誌》第四十四卷第二期，一九四八年）

智按：邵祖平，字潭秋，别號鍾陵老隱、培風老人，室名無盡藏齋、培風樓，江西南昌人。因家境貧寒未入正式學校，自學成才，喜歡寫詩交友，早年肄業江西高等學堂，爲章太炎高足。歷任《學衡》雜志編輯，東南、之江、浙江大學教授，章氏國學會講席，鐵道部次長曾養甫秘書，朝陽法學院、四川大學、金陵女子大學、華西大學、西北大學、西南美術專科學校、重慶大學、四川教育學院教授。建國後，歷任四川大學、中國人民大學、青海民族學院教授。著有《中國觀人論》、《文字學概論》、《國學導讀》、《詞心箋評》、《樂府詩選》、《七絶詩論七絶詩話合編》、《培風樓詩存》、《培風樓詩》、《峨眉游草》、《關中游草》等。

范希曾（一八九九～一九三〇）

《書目答問補正》

《白氏長慶集》七十一卷。（唐白居易。明元白合刻通行本。）【補】《四部叢刊》影印日本活字本。（《書目答問補正》卷四　集部，生活・讀書・新知三聯書店《書目答問二種》第二〇六頁）

智按：范希曾，字耒研，號稚露，淮陰（今江蘇淮安）人。畢業于南京高等師範學校文史地部。師從柳詒徵，與景昌極、繆鳳林、張其昀、陳訓慈等爲同學。在江蘇省立國學圖書館主持編目工作。著有《書目答問補正》及《南獻遺征箋》一卷、《評清史稿藝文志》一卷、《天問校語》一卷。

王大隆（一九〇一～一九六六）

《梵麓山房筆記跋》

汝玉字潤甫，别號韞齋。吴縣人，諸生。《同治蘇州府志・人物》附葉廷琯傳。藝文列其著述目，此書外又有《九九消夏録》、《梵麓山房文稿》、《聞妙軒詩稿》、《伴梅花館詞鈔》，皆未見傳本。僅葉氏《感逝集》中刻其詩數十首，並謂汝玉為人渾厚和平，詩古文詞亦絕不矜才使氣。晚館山塘，以咸豐二年春病殁，年五十有五，終於明經。生平所作詩頗多，弟子江山劉泖生鈔藏十八卷。其詩境於恬曠中自有清冽之味，擬之中唐、北宋名家，於香山、眉山云云。（《梵麓山房筆記》卷末；《清詩話三編》第五五四八頁）

智按：《梵麓山房筆記》六卷，王汝玉撰，民國二十八年（一九三九）趙詒琛、王大隆輯《己卯叢編》排印本。後有是年趙詒琛、王大隆跋。王汝玉（一七九八～一八五二），字潤甫，號韞齋。吴縣（今江蘇蘇州）人。少從沈元龍學，以秀才終。參見蔣寅《清詩話考》第五五一頁。

《唐集書録十四種》

⊙新雕校證大字白氏諷諫一卷

唐白居易撰，清光緒十九年癸巳武進費念慈景宋刊本。吳縣王欣夫據唐寫本、宋刊本手校。

宋本首行題「新雕校證大字白氏諷諫」，旁注「五十首並序」，次行題「右拾遺兼翰林學士白居易撰」。每半葉十三行，行二十九字。有「健庵」朱文橢圓印、「彭城仲子審定」朱文長方印知為，徐乾學傳是樓舊藏，經其仲子炯所鑒定。後入我吳陸氏，有「陸沆字穴篁」白文方印、「陸俱字樹蘭」朱文方印、「陸沆」之印。及「靖伯」朱文兩小方印。費屺懷得之，付吳門名手徐元圃覆刻。據其題箋云：景宋單刻本附校勘記。今校勘記未刻。

余曾於一九五五年十月據敦煌所出唐寫殘本十六題景本及常熟瞿氏所藏宋刻白集第三、四兩卷統校一過，瞿氏宋本異文、脱文著於行間，敦煌本異文悉著於下方，而於本字旁加「～」，與瞿氏宋本同者加「○」以為別。知此單刻本雖脱誤累累，然多有與敦煌本合者，如《胡旋女》「弦催鼓促曲欲遍」，敦煌本惟「欲遍」作「已畢」，不作「人間物類無可比」；《百煉鏡》「鈿函金匣鏁幾重」，敦煌本惟「金」作「珠」，不作「楊州長史手自封」。知所據本猶前於瞿氏宋本。又瞿氏宋本雖譌字較少，然於《隋堤柳》脱「煬天子自言歡樂殊無極，豈知明年正朔歸武德」二句，當以此本為勝。可見古刻必各有短長，惟在善讀者之精心校擇耳。（《蛾術軒篋存善本書録》，上海古籍出版社，二〇〇二年版，第一六一五頁）

智按：王大隆，字欣夫，號補安，後以字行。原籍秀水（今浙江嘉興），後遷蘇州。室名「學禮齋」、「蛾術軒」、「二十八宿硯齋」。蘇州「二十八宿硯齋主」王祖詢之子。早年受業于吳江金松岑，後轉從吳縣曹元弼習經學。先後任聖約翰大學、復旦大學教授。一九六六年因患肺炎去世。喜藏書及刻書。因家學淵源，儲各名家鈔本、校本達千餘種，後擇其精華編成《蛾術軒篋存善本書録》數十卷。抗戰期間，蟄居上海，與趙詒琛等合輯以干支紀年命名之《叢編》七部，其内容以吴門文獻中未刊稿為主，兼及舊刻罕見者。輯有黄丕烈、顧廣圻題跋《黄顧遺書》、胡玉縉《四庫全書總目提要補正》、《許廎學林》等，著有《文獻學講義》、《補三國兵志》、《藏書紀事詩補正》、《蛾術軒篋存善本書録》等。又增補並糾正葉昌熾《藏書紀事詩》數百條，經徐鵬整理，由上海古籍出版社出版。

陳毅（一九〇一～一九七二）

《湖海詩文社開徵引》

今我在戎行，曷言藝文事？慷慨每難免，興會淋漓至。柔翰偶驅策，婉轉成文字。不爲古人奴，浩歌聊自試。師今亦好古，玩古生新意。大雅未能躋。庸俗早自棄。李杜長已矣，蘇黄非我類。韓孟能硬瘦，溫李苦柔媚。元白自清淺，劉陸但恣肆。降及元明清，風格愈下墜。微時工窮愁，達時頌高位。一生營營者，個人利禄累。藝文官僚化，雅蟲盡可廢。豈無賢與豪。詩骨抗權貴？僅存氣節耳，高壓即粉碎。封建爲基礎，流變益瘍潰。晚近新詩出。改革僅形式……（《陳毅詩詞選集》，人民文學出版社，一九七七年版，第四九頁）

《冬夜雜咏·吾讀》

吾讀樂天詩，曉暢有深意。一生事白描，古今誰能繼？（《陳毅詩詞選集》，人民文學出版社，一九七七年版，第二五九頁）

智按：陳毅，名世俊，字仲弘，四川樂至人。

徐澄宇（一九〇二～一九八〇）

《詩法通微》

【詩體雜述·以時代分體】元和體，憲宗時元、白二公之詩。（《詩法通微》第一章）

【詩體雜述·以作者分體】元白體，二人唱和極多，故詩格相近。白樂天

體，白與元稍不同者，輕俗之中，加以圓熟。（《詩法通微》第一章）

元和以後，白樂天、元微之、劉夢得、楊景山最工為詩，元白齊名，七言歌行妙得婉縟之致，使人搖蕩性靈。至其劣者，乃與彈詞相似。近體諸作，往往播諸樂府，流於殊方。然白較元尤為深博，白為優也。《長恨歌》（白作）《連昌宮詞》（元作）俱開後世歌行紀事一派，而元較能開合，白不如也。微之死，樂天又與夢得齊名。夢得七律與柳州並學文房，足以遠紹王李。七絕似君虞，則下接牧之。景山七律，工秀溫雅，而他體較遜。諸人名輩晚於十子，此中唐又一派也。（《詩法通微》第一章）

同時韓退之以古文之法，施諸歌行，好入議論，而才力苦薄，於是出以險怪，吟成拗澀，醜拙為妍，枯獷自媚，自以為深，其實皆淺，品卑體俗，絕迹風雅，讀之但如久游名都巨會，忽遇頹垣故牆，使人觀感一變，亦不可少。而蘇黃諸公遂奉為宗主，或者以為唐詩之中興，則棄周鼎而寶康瓠，亂詩風而入魔道矣。然退之之詩，亦中唐之又一派也。（案退之頗詆元白，而元白坦易中觸景生情，因事起意，眼前景，口頭語，沁人心脾，耐人尋味，正非韓孟粗獷突兀似深實淺者所可比擬，世人揚韓孟而抑元白者妄矣。）（《詩法通微》第一章）

元和長慶間，能於元白韓柳諸公之外，別樹一體，而得名最久，尤為當時詩人所宗者，莫如張文昌。文昌早擅樂府詩，與王仲初齊名，論者謂張王樂府詩，為中唐正宗。惟魄力不足以繼太白耳。其他擅樂府者，如顧逋翁，如李長吉，皆別派。元白又為新樂府詩，皆不足以比張王。此中唐之又一派也。（《詩法通微》第一章）

【古詩法・餘論】稱詩者，莫盛於唐，惟去漢魏日遠，古體遂乏渾厚之氣。擬古樂府，則乙太白為正宗，而少陵及元白張王其變也。五古以子昂、太白、王孟韋柳為正宗，子昂復古之功尤大，少陵則變而不失其正者也。至七古以高岑王李李杜為正宗，前乎此之四傑與後乎此之元白、昌黎，皆其變也。（《詩法通微》第三章）

【律外之法・性情】王楊盧駱偏於浮薄。李太白偏於豪縱。劉文房偏於清瘦。劉夢得偏於褊狹。孟東野偏於孤峭。賈浪仙偏於冷僻。盧玉川偏於險怪。李長吉偏於奇詭。韓退之偏於矯飾粗澀。白香山偏於坦率輕易。元

微之偏於柔媚滑綺。李義山偏於瑰異奇麗。溫飛卿偏於旖旎繁縟。(《詩法通微》第六章)

智按：徐澄宇，名英，湖北漢川人。少壯之時頗負盛名，受業林損、黃侃等門下，後執教於安徽大學、中央大學、復旦大學。一九三六年刊於《安徽大學季刊》之《詩話學發凡》一文，首次提出「詩話學」概念。著述頗豐，有《詩經學纂要》、《甲骨文字理惑》、《國學大綱》、《詩法通微》、《張王樂府》等。夫人陳家慶（一九〇四～一九七〇），詩詞俱佳，一九六二年同被聘為上海市文史館館員。夫妻合著有《黃山攬勝集》、《孤憤集》、《澄碧草堂集》。

丁儀

《詩學淵源》

【樂府論聲】「唐時，古意未全喪，《竹枝》、《楊柳枝》、《浪淘沙》乃詩中絕句而定為歌曲，故李白《清平調》三章皆絕句，元、白諸詩亦為知音律作歌。」「唐史稱李賀樂府數十篇，雲韶諸工皆合之絃管，稱李益詩名與賀相埒，每一篇成，樂工爭以賂求取之，被聲歌，供奉天子。又稱元微之詩往往播樂府。《舊唐史》稱武元衡工五言詩，好事者傳之，被於管絃。」又舊説開元中，詩人王昌齡、王之渙在旗亭賭，聞諸伶唱三人詩，以此知唐伶妓，當時名士詩句入歌曲，蓋常事也。(《詩學淵源》卷二，一九三〇年鉛印本，見《民國詩話叢編》第三册，第八八頁）

【聲調譜·齊梁體】《宿東齋曉興》（白居易）

溫溫土爐火，（仄）耿耿紗籠燭。獨抱一張琴，平夜入東齋宿。宵聲度殘漏，（仄）簾影浮初旭。頭癢曉梳多，（平）眼昏春愁足。負暄簷宇下，（仄）散步池塘曲。南雁去未回，（平）東風來何速。（古句平仄對照。）雪依瓦溝白，（仄）草繞牆根綠。何言萬戶州，（平）太守常幽獨。

此首共十六句，四句一組。第一句第五字皆仄，不諧韻，而無句不律。但如仄仄仄平平起者，下句用平平平仄仄，一聯可也，第二聯則決不可用。

此正齊梁與近體之別，一入律調，上下相粘，便非齊梁矣。(《詩學淵源》卷五，一九三〇年鉛印本，見《民國詩話叢編》第三册，第一一一頁)

【聲調譜·七言古詩】七言歌行轉韻，亦始自鮑明遠，但其句法皆古，如老杜《丹青行》、《渼陂行》及李白《扶風歌》等篇，並以為法。至齊梁始漸似律調，雖當時但工聲偶，無所謂律，而竟為後人所本，《琵琶行》、《長恨歌》諸篇又皆其遺也。(《詩學淵源》卷五，一九三〇年鉛印本，見《民國詩話叢編》第三册，第一一五頁)

【歷代詩體·疊字句】《稗史》曰：「詩有一句疊三字者，如吳融《秋樹》詩『一聲南雁已先紅，槭槭萋萋葉葉同』是也。有一句連三字者，如劉駕云『樹樹樹梢啼鶯曉，夜夜夜深聞子規』是也。有兩句連三字者，如白樂天『新詩三十軸，軸軸金玉聲』是也。有雙聯疊字者，如《古詩》『青青河畔草』是也。有七聯疊字者，如昌黎《南山詩》『延延離又屬』七聯皆用疊字是也。然宋人《詠西溪》云『灣灣灣處復灣灣』，更疊更切，愈出愈奇矣。」(《萬青閣偶談》)(《詩學淵源》卷六，一九三〇年鉛印本，見《民國詩話叢編》第三册，第一三二頁)

【歷代詩體·柳枝竹枝橘枝詞】《楊柳枝》詞，即古折楊柳枝義也，本歌亡隋之曲。後白居易年既老邁，有愛姬小蠻善舞，方豐豔，乃作《楊柳枝》以托意。《竹枝詞》出巴渝，劉禹錫以俚歌鄙陋，乃别作詞九章。柳枝托意古，專詠柳。而《竹枝》則泛詠風土。後有作《橘枝詞》者，與《竹枝》同也。(《詩學淵源》卷六，一九三〇年鉛印本，見《民國詩話叢編》第三册，第一三二頁)

【詩味】鍊(或從火旁)詩尚新奇，須教脱口如生。詩貴平淡，更當錘鍊以出。惟李杜是真新奇，樂天是真平淡，若山谷、東坡則一失之澀，一失之粗，近於野狐禪矣。(《詩學淵源》卷七，一九三〇年鉛印本，見《民國詩話叢編》第三册，第一四〇～一四一頁)

【詩味】吳音呼葡萄、枇杷，「葡」「枇」皆讀入聲，自昔已然，不自今始也。樂天詩曰：「酒餘送盞推蓮子，燭淚堆盤壘葡萄。」又「深山老去惜年華，況對東溪野枇杷」。故知《三百篇》中，叶韻各殊者，殆亦方言然也。(《詩學淵源》卷七，一九三〇年鉛印本，見《民國詩話叢編》第三册，第一

四二頁）

【詩味】《隱居詩話》：「詩者，述事以寄情。事貴詳，情貴隱，及乎感會於心，則情見乎詞。此所以入人深也。如將盛氣直述，便無餘味，則感人也淺。《詩》『桑之落矣，其黄而隕』，『瞻烏爰止，于誰於屋』。其言止于烏與桑爾？及緣事以審情，則不知涕之何從也。」語極可味，作詩能參此，蓋無有不佳者。但謂：「唐人多為樂府，若張、王、元、白，言盡意盡，更無餘味。」此則不然。樂府本貴沉切，與古風有異。自《風》、《騷》以至於南北朝亦多直述其意，張、王、元、白豈無隱約之詞，古人相題著詞，自有分寸，魏氏之語，殊為偏執。（《詩學淵源》卷七，一九三〇年鉛印本，見《民國詩話叢編》第三册，第一四九頁）

【名人小傳詩品・劉長卿】長卿字文秀，河間人。開元進士，至德中為監察御史，累遷至鄂岳觀察使，終隨州刺史。以詩馳聲上元、寶應間。權德輿謂為「五言長城」。皇甫湜亦曰：「詩未有劉長卿一句，已呼宋玉為老兵。」其見重如此，長卿詩務質實，尚情性，尤善使事，格高氣勁，自然沉著。古詩句法，猶襲齊梁，而無穠纖之敝。近體五七言無杜老之峻峭，過白傅之高雅。其絕句則于江甯、太白之外獨樹一幟者也。（《詩學淵源》卷八，《民國詩話叢編》第三册，第一九九頁）

【名人小傳詩品・戎昱】昱，荊南人，登進士第，建中中為辰虔二州刺史，其詩辭旨清拔，多感慨之作。樂府尤以氣質勝，七律則承子美之遺規，開白傅之先河矣。（《詩學淵源》卷八，《民國詩話叢編》第三册，第二〇四頁）

【名人小傳詩品・柳宗元　劉禹錫】宗元字子厚，河東人。第進士，舉鴻詞，授校書郎。王叔文用事，擢尚書禮部員外郎，叔文敗，貶永州司馬。既鬱鬱不得志，乃寓之詩文，故寄託彌深，音調悽愴。《行路難》諸篇，憤世尤甚，格律殊高，在大曆之上也。劉禹錫字夢得，彭城人。貞元進士，舉鴻博，調為監察御史，王叔文引入禁中，轉屯田員外郎，判度支鹽鐵。叔文敗，累遭貶黜，故吐詞多諷托。素善詩，晚節尤精，白居易以為詩豪。其鋒少敢當者，又言其詩在處有神物呵護。其推重如此。會昌時，終檢校禮部尚書。其詩極似王維，清新流麗，格調自高。長篇間入魏晉。元和詩人，自當首屈一指。韓、劉、元、白雖屬異曲，未見同工也。稍後有李紳，字公垂，無錫人。為人短小精悍，于詩最有名，時號「短李」。詩體微似夢得，特遜其高古耳。（《詩學淵源》卷八，《民國詩話叢編》第三册，第二〇七頁）

【名人小傳詩品·元白】元稹字微之，河南河内人，舉明經，書判入等，補校書郎，元和初，應制策第一，除左拾遺，仕至尚書左丞，檢校戶部尚書兼鄂州刺史、武昌軍節度使。少與白居易倡和，當時言詩者稱「元白」，號為「元和體」。二人雖名一體，互相倡和，而其近律，則微之穠纖，已涉西崑；居易平淡，猶宗盛唐。惟樂府歌行，俱襲齊梁之舊，差相似耳。微之當時傳名宫中，號為「元才子」，雖涉穠纖，而風神殊絕，絕句尤佳。樂府古詩，間似郭景純，但不多見耳。白居易字樂天，下邽人，貞元進士，官刑部尚書，既享高壽，詩名益盛，自微之卒後，獨為宗主，張為作《主客圖》，以為風流廣大教主，詩專主性靈，不務雕琢，而自然佳妙，然相題製詞，間亦有齊梁風，但不若微之之盛耳，後世言性靈者必主白體，至今稱盛焉。然晚唐詩派雖逗起盛唐之末，其實由元、白而始定。　張祜字承吉，清河人，以宫詞名，然別作亦有大曆風格，與徐凝齊名，為元、白所重。凝詩多絕句，其律詩已是晚唐，祜勝凝多矣。（中唐詩體或仍大曆之遺，或步武以上諸子，鬬奇爭勝，務極鋪張，至晚唐始稍息，而古詩樂府之作亦寥寥可數，其工者惟律詩而已。）（《詩學淵源》卷八，《民國詩話叢編》第三册，第二〇七頁）

【名人小傳詩品·趙嘏　方干　李頻　姚合】嘏字承祐，山陽人。會昌進士，仕至渭南尉。為詩贍美多興味，杜牧嘗愛其「長笛一聲人倚樓」之句，吟歎不已，人因目為「趙倚樓」。方干，字雄飛，新定人。徐凝一見器之。始舉進士，謁姚合，初陋其貌，甚卑之，比覽卷，不覺改容。咸通中，一舉不得志，遂遯會稽以終。干自咸通得名，迄文德，江以南無有及者。其詩大雅不群，有盛唐風骨。五言尤佳。姚合，陝州硤石人。元和進士，開成末，為秘書監，詩名重于一時，人稱「姚武功」，李頻嘗師之。然集中所載，未見勝人也。頻字德新，睦州壽昌人。少秀悟，尤長於詩，姚合覽其所作，大加獎挹，以女妻之。大中八年，擢進士第，為南陵主簿判入等，遷武功令，擢侍御史，遷都官員外郎，終建州刺史。三人詩皆取實境，造語自然，不著刻露跡象。而方干尤得子美之神，雖元白未能過焉。（《詩學淵源》卷八，《民國

詩話叢編》第三册，第二〇九頁）

【名人小傳詩品・鄭谷】鄭谷字守愚，袁州人，光啟進士，官右拾遺、都官郎中，幼即能詩，名盛唐末。詩以平澹為歸，不務工巧，絕句尤佳，白體上乘也。（《詩學淵源》卷八，《民國詩話叢編》第三册，第二一一頁）

【名人小傳詩品・李中】李中字有中，隴西人，仕南唐，為淦陽宰。為詩略似元白，辭旨藴藉，文采內映，五代之際，得此殊不易矣。（《詩學淵源》卷八，《民國詩話叢編》第三册，第二一二頁）

【名人小傳詩品・王禹偁】禹偁字元之，濟州鉅野人。太平興國進士，累官禮部員外郎、知制誥、翰林學士，知審官院通進銀臺封駁司，終知蘄州。前人評其詩謂：「學李杜而未至。」信為有見。亦步亦趨，尤有畫虎之誚；繁重細碎，猶不足以擬白傅。近體五言，有杜之貌而無杜之神。雖當時矯西崑之陋，復何益哉？（《詩學淵源》卷八，《民國詩話叢編》第三册，第二一四頁）

【名人小傳詩品・周必大】周必大字子允，一字洪道，廬陵人。第進士，中博學宏詞，授秘書正字，累遷至尚書、參知政事、樞密使右丞相。昔人謂其詩格澹雅，由白傅而溯源浣花，實則不名一體。五古格調猶是北宋，惟清雅過之。七古、絕句，微類白傅，而平淡不及。近體五言最為神似，七言則困於使事，全非唐音矣。而語氣時襲詞曲餘音，尤足為病也。（《詩學淵源》卷八，《民國詩話叢編》第三册，第二一九頁）

【名人小傳詩品・陸游】陸游字務觀，自號放翁，越州山陰人。十二能詩，以蔭補官，仕至寶章閣待制。孝宗嘗問周必大曰：「今詩人亦有如太白者乎？」必大以遊對，人因呼為「小太白」，雖豪放不及，而俊逸似之。其平淡處又類白傅。劉後村謂：「近歲詩人雜博者堆隊仗，空疏者窘材料，出奇者費搜索，縛律者少變化。惟放翁記問足以貫通，力量足以驅使，才思足以發越，氣魄足以陵暴，南渡而下，故當謂一大宗。」吾謂全宋第一，豈惟南渡已哉！其詩妙在若不經意，而自合唐音。有時偶入晚唐，遂開「四靈」之先，若必求其微疵，則差多一熟字耳。（《詩學淵源》卷八，《民國詩話叢編》第三册，第二二〇頁）

智按：丁儀，字淞生，廣東人。有《詩學淵源》八卷，民國十九年（一九三〇）浙江定海教育局石印本。

呂光錫

《桃花源詩話》

又《田家雜感》云：「登高望四野，原隰何鱗鱗？昔時十家產，今乃歸一門。一門亦未足，百家並一身。一身並百家，百家胡由存？富者日以富，尚復憂子孫。貧者日以貧，田去但空村。空村豈無人，賃種富家田。終歲苦胼胝，不能給饔飧。田低恒憂水，田高復憂乾。王税緩有時，我租何由蠲？蠲租復蠲租，惟乞富家奴。昨日莊主來，芻豢充盤盂。芻豢聊悅口，作計非良圖。但使囊有錢，寧可食無魚。窮子附耳語，今兹歲不熟。聊復致區區，爲我啓主人。冀得緩斯須，仍求免升斗。來歲此僑居，僑居事未可。主人另招莊，次第檢租籍。蠲者竟須償，仍復計母息。劫算窮毫芒，坐見上莊錢。（邑俗佃耕先以錢質田）主曰上莊錢，吞盡餘空囊。黄犢與農器，主人亦得將。嗟我婦與子，不知死何鄉。舊佃揮涕去，新佃還入房。新佃行復爾，舊佃誠可傷。」描寫富者兼並土地，剝削佃農。情事歷歷如繢，可與香山《秦中吟》諸篇並垂不朽。刺史七言古詩出入於杜、韓、白、蘇之間，而以近樂府者爲最佳。《捉搦歌》云：「兩虎相鬬一虎傷，兩人相争一人强。男兒有命睹沙場，不殉妻子殉君王。山中老松千尺鐵，日炙雨淋皮盡裂。爲君置酒復鼓瑟，男兒何有有熱血。」（《桃花源詩話》，民國三十八年長沙大新印務館鉛印本；蔡鎮楚編《中國詩話珍本叢書》本，北京圖書館出版社，二〇〇四年版）

智按：呂光錫，民國間湖南漵浦人。一九二二年，吴芳吉（一八九六～一九三二）曾與之通信。一九二五年，任桃源縣立中學教員。《桃花源詩話》成書約在四十年代，有一九四九年長沙大新印務館鉛印本，專紀桃源一邑詩人。自序云：「吾邑爲淵明所記之鄉，山水幽奇，爲孕育詩人之地。其慕陶、謝之孤高，追李、杜之遺迹者，頗不乏人。顧學史文譚罕有論及之者，余因之而有感焉，故發憤而爲是書。」

朱笏廷

《滬上寄周六一（名銘）倣長慶體》

狂生性通脫，出語無顧忌。何以客中吟，多檢吉羊字。中夜夢境噩，惕惕增愁思。遥想祝平安，心更佳人細。（《檇李》第一卷第一期，一九一九年）

智按：朱笏廷，字搢卿，海鹽（今浙江海寧）人。附生。《瓦鳴集》一卷，南京師大圖書館藏宣統二年（一九一〇）刻本，華中師大圖書館藏民國十年海鹽談氏排印武原先哲遺書初編本，中國國家圖書館藏民國十一年鉛印本。

高昌隆（一九〇六～一九五九）

《伯兄書勸止酒，既答書矣，退值歸途，偶思及白香山何處難忘酒詩，古今來和者甚衆，戲擬二章追譬吾意》（時二十五年三月十三日也）

何處難忘酒，蜂衙下值歸。悠悠鞅掌困，寂寂異書圍。坐接千秋地，腸回寸草輝。此時無一盞，誰與送鴻飛。

何處難忘酒，斯君最了然。世情甘物外，花笑結生前。有命暇多日，卜居茲幾年。此時無一盞，朱閣照無眠。（高言經整理《耻躬堂殘稿》，貴州省文史館二〇〇三年版）

智按：高昌隆，字自約，貴陽（今屬貴州）人。早年就讀上海國民大學，後赴法國留學，因故途中折返。之後，奔波滬、寧、穗、渝，曾在民國政府任職。新中國成立，受聘于貴州省文史研究館，參撰《貴州史》。

俞大綱（一九〇八～一九七七）

《寥音閣詩話》

大抵甌北讀詩，喜平易近人者，故於香山、放翁、遺山皆極所服膺，其於山谷則謂徒以生闢爭奇，究非大方家。荊公詩亦不為甌北所喜，而於義山、後山不以之比數於名家，於清詩則盛推查初白，皆可見其論詩宗旨重淺顯平易者，要非至公之論也。(《俞大綱全集》本)

智按：《寥音閣詩話》前有弟俞大維序：「名為詩話，實詩史也。後之研究同光詩體者，其庶幾有所參考歟?」各篇分數則，以論姻親陳三立最詳，於其詩風變遷皆能一一述之，陳寅恪亦載其事迹。論前人推崇章學誠而卑袁枚、黃景仁、龔自珍等。參見蔣寅《清詩話考》第六八七頁。

《紀唐音統籤·白居易集（丁玖叁）》

大綱案：胡氏此集，假錢牧齋宋刻善本，補詩十八首。胡氏敘録：「《續後集》之止存一卷者，近復於錢太史受之所藏宋刻善本録得一卷，附各體後，注補字以別之。」考居易集，據其自記：「《長慶集》五十卷，《後集》二十卷，《續後集》五卷。」(見《白氏集後記》) 晁氏《讀書志》著録七十一卷，又云：「《續後集》亡三卷。」陳氏《書録解題》拾陸著録《白氏長慶集》亦七十一卷，並云：「今本七十一卷，蘇本、蜀本，編次亦不同，蜀本又有《外集》一卷，往往非自記之舊矣」。馬氏《經籍考》壹叁叁亦云「《續後集》亡三卷」。此宋以來所稱《續後集》亡佚之數。再據歷來藏家著録，更參校明華氏活字本、錢（應龍）本、馬（調元）本（大綱按錢馬二本最紕繆，清汪立名刻《白香山詩集》所撰凡例中曾論及之，其說甚是），無論其為宋刻、校宋、覆宋本，皆不出七十一卷之數。而《續後集》之名，蓋久已不預於刻家之事矣。今涵芬樓影日本元和戊午刻本，其第七十一卷，別稱《後集》，論者以為未改廬山次第（見重印《四部叢刊》著録），但亦無《續後集》之稱。今胡氏引牧齋宋刻善本，明著為久佚之《續後集》，且所引詩十八首，皆傳世舊本所無。即東瀛之本，集後有《聞李崖州貶》二絕，為他本所無，與晁氏所記獨合，其書今稱獨步者，亦無此十八首也。由此論之，則牧齋所藏《續後集》，倘即宋時所存二卷中之一，而七十一卷本中之七十一卷，亦為《續後集》中之一卷耶。如此，則晁、馬兩氏《續後集》亡三卷，藉此可得一通解矣。

復案錢曾《讀書敏求記》「白氏文集」條：「樂天自杭州刺史以右庶子詔還，排纂其文成五十卷，號《長慶集》，微之為之序。又成《後集》二十卷，自為之序。嘗録一部置廬山東林寺經藏院，北宋時鏤諸板，所謂廬山本是也。絳雲樓藏書中有之，惜乎不及繕寫，庚寅一炬，此本種子斷絕，自此（章鈺校云，原校自此二字改世字，題詞本、阮本、胡校本均作世），無有知廬山本者矣。（據章鈺校《讀鲁敏求記》四之上）」據此，胡氏所假牧齋藏本，必即此本無疑。若此則遵王所謂種子斷絕者，人間猶有遺蜕可尋，摩挲此十八首存佚之詩，令人有拾遺編殘卷於鳴沙石室之同快也。

再案：《統籤》於《七月一日作》詩下注云，「錢太史藏宋本云，前二韵題作《雨歇池上》」。今考此詩惟日本元和本亦作《雨歇池上》。又《聞李崖州貶》二絕，見於晁志者，又獨此集及日本元和本有之，則元和本與錢本實同源，不過少《續後集》一卷耳。特遵王稱牧齋之藏為廬山東林本者，略有疑義。考宋敏求《春明退朝録》卷下云：「白公自勒文集成五十卷，後集二十卷，皆寫本，寄藏廬山東林寺，又藏龍門香山寺。高駢鎮淮南寄語江西廉使，取東林集而有之。《香山集》經亂亦不復存。其後履道（坊）宅為普明僧院。後唐明宗子秦王從榮，又寫本置院之藏經，今本是也。後人亦補東林所藏，皆篇目次第非真，與今吳蜀摹版無異。」則東林本已為後人所補，遵王直引白氏自記藏書東林事，而謂北宋時取而鏤諸板，一若牧齋藏本無異東林舊帙者，微覺失於考據。惟其謂牧齋藏本，屬北宋鋟，當非妄語。至於敏求稱東林本與吳蜀摹板無異，但概指篇目次第非真，非謂其一一相同，證以直齋所謂蘇本、蜀本編次又不同之語，可以知之矣。又案，清汪立名編《白香山詩集》，《四庫總目》壹伍零稱其於諸刻之中，特為善本。立名蓋曾據《統籤》校訂（見其書凡例），轉録牧齋所藏《續後集》中佚詩十八首也。又另自季滄葦手校宋本補辑十一首，並《文苑英華》、《才調集》等書所存漏載詩，共五十五首為《補遺》一卷，故其書至今稱詳備。今本《全唐詩》白集末卷依汪氏補遺編訂，僅提出《誚婢失勝》一首，但皆削去出處，逐令人不知其有出於絳雲珍本，季氏祕笈者矣。

兹將佚詩十八首篇目録如次：《池畔閒坐兼呈侍中》、《叔冬即事憶皇甫十》、《小庭寒夜寄夢得》、《西遠壽安路西歇馬》、《酬令孤丞留守尚書見贈十韵》、《聽蘆管》、《送滕庶子致仕婺州》、《雨中訪崔十八》、《夢得得新書》、《初見劉二十八郎中有感》、《夜題玉泉》、《拜表早出贈皇甫賓客》、《贈鄭尹》、《別楊同州後却寄》、《狐泉店前作》、《贈盧績》、《與裴華州同過敷水戲贈》、《閒游》。(《歷史語言研究所集刊》第七本第三分册，一九三七年版)

智按：以上俞大綱所論，有可補正者。據《統籤》本自注，據「錢太史宋本」補録者凡二十七首，俞大綱漏計入《送劉郎中赴任蘇州》等九首，蓋卷四四四《送滕庶子致仕歸婺州》題下，胡氏敘録云：「以下十首據錢太史宋本補」，俞氏僅録第一首，以下九首失收，清汪立名《白香山詩集》卷三十九補遺卷上録此二十七首，稱出絳雲樓藏本，實據《唐音統籤》録入，所收較俞大綱文所舉爲全，《全唐詩》卷四六二《白居易集》末卷據汪氏本補遺二卷編録，亦盡録此二十七首。參見冉旭博士論文《唐音統籤研究》（復旦大學，二〇〇四年）。又，胡震亨敘録中云，乃據《續後集》抄録，後人皆沿其說。據謝思煒對《白氏文集》傳布之考訂，或當爲陳振孫所云《白氏長慶集》「蜀本」之《外集》。

俞大綱，浙江紹興人。俞大維弟。早年就讀于上海光華大學、北京燕京大學，師承徐志摩。專精于中國古代文學藝術與戲曲文學研究。一九四九年任教於臺灣大學中文系、中國文化大學中國戲劇學系。

蘇仲翔（一九〇八～一九九五）

《論詩絕句》(其二十二、二十三)

元白長篇體制新，張王樂府托風人。能開生面如人意，知是蒼茫獨立身。

好事張為主客圖，舍人行樂亦區區。最難價重雞林遠，文學東瀛嫁接初。(中州書畫社《論詩絕句》第二六～二七頁)

智按：蘇仲翔，亦名淵雷，別署缽翁，又號遁圓，浙江平陽人。華東師範大學歷史系教授。自幼研習書畫詩文，以行草見長。有《易學會通》、《李杜詩選》、《白居易傳論》、《談史舉要》、《論詩絕句》，校點《五燈會元》

等。喜吟詠，工韻律，積稿近兩千首，輯成《鉢永齋詩》。

錢鍾書（一九一〇～一九九八）

《談藝録》

（一）⊙詩分唐宋

……唐之少陵、昌黎、香山、東野，實唐人之開宋調者；宋之柯山、白石、九僧、四靈，則宋人之有唐音者。……（《談藝録》，中華書局版第二頁）

【補訂】俞文豹《吹劍録》曰：「近世詩人好為晚唐體。不知唐祚至此，氣脈浸微，求如中葉之全盛，李、杜、元、白之瑰奇，無此力量。今不為中唐全盛之體，而為晚唐哀思之音，豈習矣而不察也。」稱「中唐全盛」，正謂作者處世乃唐代之「中」，而作者成章則唐詩之「盛」。區別井然。葉橫山《汪文糾繆·唐詩正序》曰：「就初而論，在貞觀則時之正，而詩不能反陳隋之變」；亦此旨也。（《談藝録》，中華書局版第三一三頁）

……（王弇州）《讀書後》卷四《書蘇詩》後曰：「長公詩在當時，天下爭趣之，如諸侯王之求封于西楚。其後則若垓下之戰，正統離而不再屬。今雖有好之者，亦不敢公言於人。其厄亦甚矣。余晚而頗不以為然。」下文詳言東坡神明乎少陵詩法之處，可與早作《四部稿》卷百四十七《藝苑卮言》論東坡語參觀。然《卮言》以東坡配香山、劍南為正宗而外之廣大教化主，又曰：「蘇之于白，塵矣」；此則徑以蘇接杜，識見大不同。……（《談藝録》，中華書局版第四頁）

（四）⊙詩樂離合　文體遞變

焦理堂《雕菰集》卷十四《與歐陽制美論詩書》略謂：「不能已於言，而言之又不能盡，非弦誦不能通志達情。可見不能弦誦者，即非詩。周、秦、漢、魏以來，至於少陵、香山，體格雖殊，不乖此恉。晚唐以後，始盡其詞而情不足，於是詩文相亂，而詩之本失矣。然而性情不能已者，不可遏抑而不宣，乃分而為詞，謂之詩餘。詩亡於宋而遁於詞，詞亡於元而遁於曲。譬如淮水之宅既奪於河，而淮水匯為諸湖也」云云。……夫文體遞變，非必如物體之有新陳代謝，後繼則須前仆。譬之六朝儷體大行，取散體而代之，至唐則古文復盛，大手筆多舍駢取散。然儷體曾未中絕，一線綿延，雖極衰於明，參觀沈德符《野獲編》錢枋分類本卷十《四六》條。而忽盛於清；駢散並峙，各放光明，陽湖、揚州文家，至有倡奇偶錯綜者。幾見彼作則此亡耶。復如明人八股，句法本之駢文，作意胎於戲曲，豈得遂云制義作而四六院本乃失傳耶。詩詞蜕化，何獨不然。詩至於香山之鋪張排比，詞亦可謂盡矣，而理堂作許語，豈知音哉。即以含蓄不盡論詩，理堂未覩宋之姜白石《詩説》耶。亦未聞王漁洋、朱竹垞、全謝山之推白石詩為參活句、有唐音耶。按謝山語見《鮚琦亭文集》外編卷二十六《春鳧集序》，許增《榆園叢刻・白石道人詩詞》評論未收。……（《談藝録》，中華書局版第二十六～二十九頁）

（七）⊙李長吉詩

……長吉同時元白《諷諭》具在，幾見喪元而焚其身乎？牧之與長吉，年輩差接，聞知見知，作序明言《騷》有感怨刺懟，言及君臣理亂，賀則無是。……（《談藝録》，中華書局版第四五頁）

（八）⊙長吉詩境

【補訂】賀貽孫《詩筏》評牧之此序亦云：「唐人作唐人詩序，亦多夸詞，不盡與作者痛癢相關。此序中『春和』、『秋潔』二語，不類長吉，似序儲、王、韋、柳五言古詩。而『雲煙綿聯』、『水之迢迢』，又似為微之《連昌宮詞》、香山《長恨歌》諸篇作贊。若『時花美女，則《帝京篇》、《公子行》也。此外數段，皆為長吉傳神，無復可議。」唐人序誄之文，品目詞翰，每鋪陳擬象，大類司空表聖作《詩品》然，參觀《管錐編》一二三四頁。（《談藝録》，中華書局版第三六九頁）

（一八）⊙荊公用昌黎詩　詩用語助

……昌黎薈萃諸家句法之長，元白五古亦能用虛字，而無昌黎之神通大力，充類至盡，窮態極研。……（《談藝録》，中華書局版第七三頁）

（二四）⊙陶淵明詩顯晦

淵明文名，至宋而極。永叔推《歸去來辭》為晉文獨一；東坡和陶，稱為曹、劉、鮑、謝、李、杜所不及。自是厥後，説詩者幾於萬口同聲，翕然無間。宋《蔡寬夫詩話》言：「淵明詩、唐人絕無知其奧。惟韋蘇州、白樂天、薛能、鄭谷皆頗效其體。」……至白香山明詔大號，《自吟拙什因有所懷》

云：「蘇州及彭澤，與我不同時」；《題潯陽樓》曰：「常愛陶彭澤，文思何高玄；又怪韋江州，詩情亦清閒」；所作詩亦屢心摹手追。（《談藝録》，中華書局版第八八～九〇頁）

（二五）⊙張文昌詩

《唐書·韓愈傳》謂從游者，孟郊、張籍其尤。退之《與馮宿論文書》亦稱「門下為文，李翺、張籍」；《送孟東野序》則謂「從吾游者，李翺、張籍其尤」。李詩篇罕見，韓孟雲龍上下。東野《贈無本》詩云：「詩骨聳東野，詩濤湧退之」；爾時旗鼓，已復相當。張文昌《祭退之》詩云：「公文為時帥，我亦微有聲；而後之學者，或號為韓張」；是退之與文昌亦齊名矣。然張之才力，去韓遠甚；東坡《韓廟碑》曰：「汗流籍湜走且僵」，千古不易之論。其風格亦與韓殊勿類，集中且共元、白唱酬為多。惟《城南》五古似韓公雅整之作，《祭退之》長篇尤一變平日輕清之體，朴硬近韓面目，押韻亦略師韓公《此日足可惜》。其詩自以樂府為冠，世擬之白樂天、王建，則似未當。文昌含蓄婉摯，長於感慨，興之意為多；而白、王輕快本色，寫實敘事，體則近乎賦也。近體唯七絕尚可節取，七律甚似香山。按其多與元、白此喁彼於，蓋雖出韓之門牆，實近白之壇坫。……（《談藝録》，中華書局版第一一二頁）

（二九）⊙竟陵詩派

【補訂】賀黃公《載酒園詩話》卷一謂其得失各半，「得者如五丁開蜀道，失者則鐘鼓置享爰居」；卷三、卷四論王建、白居易、元稹、杜荀鶴諸則，皆舉鍾譚詩評妙處、詩識精處。賀翼之（智按：當爲賀子翼）《詩筏》於竟陵論詩作詩均有節取。（《談藝録》，中華書局版第四二二頁）

（三一）⊙説圓

【補訂二】……求之漢籍，則《南史·王筠傳》早載沈約引謝朓語：「好詩流美圓轉（智按：當爲圓美流轉）如彈丸。」爾後此類語意數見。元微之《酬樂天江樓夜吟稹詩》云：「布鼓隨推響，坯泥仰匠圓」；《見韓舍人近律戲贈》云：「玉磬聲聲徹，金鈴個個圓。」白樂天《江樓夜吟元九律詩》云：「冰扣聲聲冷，珠排字字圓。」裴延翰《樊川文集序》云：「仲舅之文，絜簡渾圓。」司空表聖《詩品》云：「若轉丸珠。」……（《談藝録》，

中華書局版第一一二頁）

【補訂四】丁尼生（Tennyson）稱彭士（Burns）歌詩：「體完如櫻桃，光燦若露珠」（In shape the perfection of the berry，in light the radiance of the dew-drop）有句云：「詩好比星圓」（A poem round and perfect as a star），則宣城、元、白等之意矣。（《談藝録》，中華書局版第一一四頁）

（三二）⊙劍南與宛陵

【補訂】……東坡、放翁之好宛陵，殆亦如《苕溪漁隱叢話》前集卷十六引《蔡寬父詩話》記白香山之好李義山，美學家所謂「嗜好矛盾律」之例歟。參觀《七綴集·中國詩與中國畫》第六節。（《談藝録》，中華書局版第四四一頁）

（三三）⊙放翁詩

……又如香山《解蘇州自喜》曰：「身兼妻子都三口，鶴與琴書共一船」；放翁《題庵壁》本之云：「身並猿鶴為三口，家託煙波作四鄰。」香山《感興》第二首云：「樽前誘得猩猩血，幕上偷安燕燕窠」；放翁《小築》本之云：「生來不啜猩猩酒，老去那營燕燕巢。」……余按東坡《海棠》詩曰：「只恐夜深花睡去，高燒銀燭照紅妝」；馮星實《蘇詩合注》以為本義山之「酒醒夜闌人散後，更持紅燭賞殘花。」不知香山《惜牡丹》早云：「明朝風起應吹盡，夜惜衰紅把火看」；東坡斥徐凝為「惡詩」，而凝自言「一生所遇惟元白」，《翫花》詩第一首云：「一樹梨花春向暮，雪枝殘處怨風來。明朝漸較無多去，看到黃昏不欲回。」唐人衰颯之語，一入東坡筆下，便爾旖旎纏綿，真所謂點鐵成金、脱胎换骨者也。（《談藝録》，中華書局版第一二〇～一二一頁）

【補訂】香山、義山語意，亦唐人此題中常見者。如王建《惜歡》：「歲去停燈守，花開把燭看」；司空圖《落花》：「五更惆悵回孤枕，自取殘燈照落花。」杜牧之《寄杜子》第一首：「狂風烈焰雖千尺，豁得平生俊氣無」；放翁《紀夢》第二首：「不知挽盡銀河水，洗得平生習氣無」，擬議變化，足比美東坡之於牧之矣。（《談藝録》，中華書局版第四四五頁）

（三三）⊙放翁與中晚唐人

……《示子遹》云：「數仞李杜牆，常恨欠領會。元白纔倚門，溫李真自合」；《宋都曹屢寄詩作此示之》有云：「天未喪斯文，杜老乃獨出。陵遲至元白，固已可憤疾。及觀晚唐作，令人欲焚筆。」然放翁時用白香山句，《自詠》且云：「閉門誰共處，枕藉樂天詩」。（《談藝録》，中華書局版第一二三頁）

【補訂】焦廣期極推放翁，《此木軒詩》卷十《閲宋人詩集》第十二首：「一飯思君老病身，劍南真與浣花鄰，詩家若論興王數，五百年間一聖人」；第十三首：「彈丸脱手如兒戲，射的當心是老成。寄語香山教化主，君家恰有好門生」，自註：「亦謂放翁也。前詩以陸配杜，此更為白之門生。或頗怪之。不知李、杜、元、白如齊、晉、秦、楚四大國，未可輕議優劣也。」似未覩放翁「元白纔倚門」、「淩遲至元白」等句者；特不知渠雖「枕藉樂天詩」，聞「門生」之稱，亦甘受耶。諸襄七錦詩體奥澀，而於放翁，頗識異量之美；《絳跗閣詩集》卷五《讀劍南詩集》：「乍閲頗易之，一日一寸並。如人飲甘酒，酒盡無醉醒。又如覽平山，山盡無崢嶸。千萬間廣厦，七百里連營。漸老出鍛鍊，希聲發韺韹。悠然正始餘，鐵中見錚錚。」「又如」六句，頗工揣稱。諸、焦兩家集皆未見有稱引者。（《談藝録》，中華書局版第四五〇頁）

智按：諸錦（字襄七）《絳跗閣詩稿》十一卷，《清代詩文集彙編》影印清乾隆二十七年刻本，第三一三册。焦袁熹（字廣期）《閲宋人詩集》，《萬首論詩絶句》（第一册，第二八四頁）曾稱引。

……放翁五七律寫景敍事之工細圓匀者，與中晚唐人如香山、浪仙、飛卿、表聖、武功、玄英格調皆極相似，又不特近丁卯而已。……（《談藝録》，中華書局版第一二四頁）

（三八）⊙甌北論詩

……《甌北詩話》論香山，亦有道著語，然書末雜鈔宋元以來絶句，引「蟭螟殺賊蚊眉上」等二絶，謂為元僧溥光所作，則於香山集，何生疏乃爾。隨園雅慕白傅，而《隨園詩話》卷六亦以此詩為出宋人。甌北以二詩歸溥光，疑沿明人顧元慶《夷白齋詩話》之誤，吳景旭《歷代詩話》卷七十一已是正顧書。元慶不學寡識，僅堪為倪迂注起居，不讀白傅，理則固然，豈謂甌北亦粗率如此乎。……（《談藝録》，中華書局版第一三三頁）

（三九）⊙龔定庵詩

《釋言》四首之一曰：「木有彣彰曾是病，蟲多言語不能天」；按甌北《聞心餘京邸病風卻寄》第二首云：「木有文章原是病，石能言語果為災。」定菴外祖段茂堂菴《説文》：「彰、彣彰也」，曰：「彣與文義别。凡言文章，皆當作彣彰。」定菴樂此説之利己也，改「文章」為「彣彰」，欲文蓋而彌彰著矣。白香山《閒卧有所思》第二首云：「蟲全性命緣無毒，木盡天年為不才」，定菴兼反用其意。（《談藝録》，中華書局版第一三四～一三五頁）

（四二）⊙明清人師法宋詩　桐城詩派

……《（已畦）文集》卷八《百家唐詩序》謂：「貞元、元和時，韓、柳、劉、錢、元、白鑿險出奇，為古今詩運關鍵。後人稱詩，胸無成識，謂為中唐，不知此中也者，乃古今百代之中，而非有唐之所獨，後此千百年，無不從是以為斷」云云，是以「中唐」之「中」，為「如日中天」之「中」，淩駕盛唐而上。豈歸愚師法所在乎，不曰開元，而曰貞元、元和之際，又隱開同光詩派「三元」並推之説矣。……（《談藝録》，中華書局版第一四五頁）

（四四）⊙遺山論江西派

【補訂】（元遺山）《蟾池》：「從今見蟆當好看，爬沙即上青雲端。」按《送王亞夫歸許昌》：「世間倚伏不可料，井底容有青雲梯。」一嘲諷而一慰藉，意同旨異。「好看」即「善視」，另眼相看也。白樂天《路上寄銀匙與阿龜》：「小子須嬌養，鄒婆為好看。」古詩文中二字作此用者頗罕。（《談藝録》，中華書局版第二八八頁）

（四九）⊙梅宛陵

……若以詩言，歐公苦學昌黎，參以太白、香山，而聖俞之於東野，則未嘗句摹字擬也……。（《談藝録》，中華書局版第一六六頁）

【補訂】《二十四日江鄰幾邀觀三館書畫、録其所見》。按此篇亦見荆公集中，《王荆文公詩註》卷二十一雁湖註：「竊疑詞氣近類聖俞」，是也。宛陵如其《答蕭淵少府卷》所自言：「筆力驅駕能逶迤」，荆公則筆性峭拔，不若是緩滯。「不知姓名貌人物，二公對弈旁觀俱。粉障復畫一病夫，後有女子執巾裾。繞林屏風山有無，畫中見畫三重鋪」；雁湖註：「乃白公所賦重屏圖」，沈小宛《王荆公詩補註》引《揮麈三録》、《詩話總龜》謂此圖乃周文矩作，本香山《醉眠》（當作《偶眠》）詩意。李端叔《姑溪居士集》卷六《後圃》：「會應享此百年樂，何妨盡作重屏圖」；《後集》卷三《常愛東坡『去年花落在徐州、對月酣歌美清夜』二詩，因即其韻，聊寄目前》第一首：「行當遂作重屏圖，闒茸凡材任譏罵」，自註：「世圖白老，謂之重屏圖。」是周文矩作此圖後，不乏祖構也。故《清容居士集》卷四十七《題模本重屏圖》言：「余嘗見樓宣獻公家周文矩所畫初本」；參觀《硯北雜誌》卷上引劉後村跋此圖語。又按宛陵《表臣齋中閲畫而飲》：「魁然中貴人，坐榻不知名。畫中有畫屏，山石侔天成」；則「畫中見畫兩重鋪」也。（《談藝録》，中華書局版第五一〇～五一一頁）

（五〇）⊙賀黄公以下論宛陵詩

……《竹坡詩話》論東坡擬僧守詮小詩云：「雖回三峽倒流之瀾，與溪壑爭流，終不相似。」皆可與黄公之説印證。然必韓之於孟，歐之於梅，工同曲異，廼可作如是觀；若白傅、元相，風格相近，而才力相懸，白之尊元，與斯異例。《誠齋集》卷十《讀元白長慶二集》詩曰：「讀過元詩與白詩，一生少傅重微之。再三不曉渠何意，半是交情半是私。」蓋文人苦獨唱之岑寂，樂同聲之應和，以資標榜而得陪襯，故中材下駟，亦許其齊名忝竊。白傅重微之，適所以自增重耳。黄公謂「詩文之累，不由於謗而由於諛」，其理深長可思。余則欲更進一解曰：詩文之累學者，不由於其劣處，而由於其佳處。《管子·樞言》篇嘗謂：「人之自失者，以其所長者也」，最是妙語。蓋在己則竊憙擅場，遂為之不厭，由自負而至於自襲，乃成印板文字；其在於人，佳則動心，動心則仿造，仿造則立宗派，宗派則有窠臼，窠臼則變濫惡，是則不似，似即不是，以彼神奇，成兹臭腐，尊之適以賤之，祖之翻以祧之，為之轉以敗之。……（《談藝録》，中華書局版第一七一頁）

（五七）⊙籜石萃古人句律之變

白香山律詩句法多創，尤以《寄韜光禪師》詩，極七律當句對之妙，沾匄後人不淺，東坡《天竺寺》詩至歎為連珠疊璧；其《酬主簿》等詩，又開七律隔句扇對之體；《歲日家宴戲示弟妹》首句云：「弟妹妻孥子姪孫」，實填名詞，無一虛字，蓋移「柏梁體」入律詩。

至宋人遂并以柏梁體作七律對仗，鄧林《皇芩曲·賦江郊漁弋》腹聯云：「鴻鵠鶡鵬鷳鷚鶺，鱒魴鰷鯉鰋鱨魦」，大膽出奇。【補遺】鄭清之《安晚堂集》卷十一《和林治中雪詩》第五首第一句：「貙貜豼狒貊玃貔」，自註：「見《爾雅・釋獸》連文。」又漁洋所引五七言諸例，頗及禪語。按釋典偈頌中，此例甚多。如鳩摩羅什譯《不思議光菩薩所説經》：「雁鶬鳩鴛鴦，俱出妙軟音」；支謙譯《菩薩本緣經》：「此身血肉成，骨髓肪膏腦」；唐譯《華嚴經・十地品》第二十六之二：「頭目耳鼻舌牙齒，手足骨髓心血肉」，甚類劉伯溫《二鬼》詩中句。他不勝舉。清徐文靖以「之乎者也矣焉哉」為一句冠首，作七言長句十章。桂未谷《題翁覃谿雙鉤文衡山分書》兩絕句之一云：「朱竹垞、陳元孝、傅青主、鄭汝器、顧云美、張卯君、王覺斯，氣勢居然遠擅場。」皆香山有以啟之也。（《談藝録》，中華書局版第一八七頁）

（五九）⊙隨園詩話

英人 Arthur Waley 以譯漢詩得名。余見其 *Chinese poems* 一書，有文弁首，論吾國風雅正變，上下千載，妄欲別裁，多暗中摸索語，可入《羣盲評古圖》者也。（【補訂】《羣盲評古圖》即見《隨園詩話》卷十二：「有人畫七八盲者，各執圭、璧、銅、磁、書、畫等物，作張口争論狀，號《羣盲評古圖》。」清初禹之鼎作《瞶瞶圖》，早寫斯意。參觀韓慕廬菼《有懷堂詩稿》卷四《題瞶瞶圖》二首並《序》。）所最推崇者，為白香山，尤分明漏洩。香山才情，昭映古今，然詞沓意盡，調俗氣靡，於詩家遠微深厚之境，有間未達。其寫懷學淵明之閒適，則一高玄，按香山《題潯陽樓》稱淵明曰：「文思高玄」。一瑣直，形而見絀矣。其寫實比少陵之真質，則一沈摯，一鋪張，況而自下矣。故余嘗謂：香山作詩，欲使老嫗都解，而每似老嫗作詩，欲使香山都解；蓋使老嫗解，必語意淺易，而老嫗使解，必詞氣煩絮。淺易可也，煩絮不可也。按《復堂日記補録》光緒二年八月二十二日云：「閱樂天詩，老嫗解，我不解」；則語尤峻矣。西人好之，當是樂其淺近易解，凡近易譯，足以自便耳。惟篇末云：「欲觀惡詩，須閱《隨園詩話》」，則殊具識力。自有談藝以來，稱引無如隨園此書之濫者。尤以卷八引青田才女柯錦機調郎五言絕，為極糞土之汙。子才不惜筆墨，一至於斯。（《談藝録》，中華書局版第一九五頁）

（六一）⊙隨園主性靈

郭㬜伽《靈芬館詩話》卷八云：「浙西詩家，頗涉餖飣。隨園出而獨標性靈，未嘗教人不讀書也。余見其插架之書，無不丹黄一過，《文選》、《唐文粹》尤所服習，朱墨圍毋慮數十遍。其用心如此。承學者既樂其説之易，不復深造自得，輕薄為文者又從而嗤點之，此少陵所謂汝曹者也。」余按元微之《上令狐相公詩啓》云：「新進小生不知文有宗主，妄相彷傚，而又從而失之。遂至於支離褊淺之詞，皆目為元和詩體。」隨園輕俗，差類元白。按微之《酬孝甫見贈》十絕稱少陵云：「憐渠直道當時語，不著心源傍古人。」或有引此語以説隨園宗旨者，却未確切。微之《樂府古題序》曰：「自風雅至於樂流，莫非諷興當時之事，以貽後代之人。沿襲古題，唱和重複，於文或有短長，於義咸為贅賸。尚不如寓意古道，刺美見事，猶有詩人引古以諷之意焉。近代惟詩人杜甫《悲陳陶》、《哀江頭》、《兵車》、《麗人》等。即事名篇，無復依傍。予少時，與友人白樂天、李公垂輩謂是為當，遂不復擬賦古題。」又《和李校書新題樂府序》曰：「世理則詞直，世忌則詞隱。予遭理世而君盛聖，故直其詞。」據此二節，則「直道時語，不傍古人」者，指新樂府而言，乃不用比興、不事婉隱之意，非泛謂作詩不事彷古也。是之者毋為微之所謂「新進小生」，而非之者亦求免於少陵所謂「輕薄汝曹」，斯兩得矣。（《談藝録》，中華書局版第二〇五頁）

（六二）⊙隨園詩學於名家深而於大家淺

《隨園詩話》卷三論王漁洋云：「唐之李、杜、韓、白，俱非阮亭所喜，因其名太高，未便詆譭。」誠窺見至隱。然子才詩學，亦於名家深而於大家淺；香山性分相近，太白、少陵聲名極高，故無甚後言，於昌黎則不免微詞。……（《談藝録》，中華書局版第二一二頁）

歐公古詩不盡學昌黎，亦顯仿太白，五律往往似梅宛陵，夷陵詠風物排律又逼香山，七律開闔動盪，沈著頓挫，不特楊、劉、蘇、梅所未有，即半山、東坡、山谷亦每不及也。（《談藝録》，中華書局版第二一四頁）

（六九）⊙隨園論詩中俚語

白香山「退之服硫黄」句，孔毅夫《雜説》、陳後山《詩話》皆謂指昌黎，後山《嗟哉行》復曰：「韓子作志還自屠，白笑未竟人復吁。」洪慶善《韓公年譜》引方崧卿《辨證》，據《李干墓誌》，謂指衛退之，《韓門綴學》卷五、《十駕齋養新録》卷十六亦云然。李季可《松窗百説》第四十五則據

《李干墓誌》謂昌黎被誣，而未言衛退之。然孔、陳書皆已引《李誌》，特未及《清異録》所載耳；崔東壁《考信録提要》卷上駁宋人雜説，記昌黎服硫黄事，自註即指《孔氏雜説》，而亦未引《清異録》，蓋崔氏不喜雜家小説者。(《談藝録》，中華書局版第二三五頁)

（八八）⊙白瑞蒙論詩與嚴滄浪詩話

……晁文元《法藏碎金録》好言「文字般若」，每引詩句以明禪悦，庾闡、杜牧、張蠙、周賀之什無不掎摭，取於白香山者尤多。……（《談藝録》，中華書局版第二八八頁）

智按：錢鍾書，字默存，號槐聚，筆名中書君，無錫（今屬江蘇）人。一九三三年畢業于清華大學英文系，任教于上海光華大學。一九三五年，考上「庚款」赴英國牛津大學留學，兩年後獲副博士學位，又到巴黎索邦大學進修一年。一九三八年回國後任教於西南聯大。一九五三年，自清華大學外文系調北京大學文學研究所，一九五六年任一級研究員。一九八二至一九九三年任中國社會科學院副院長。作品收入《錢鍾書集》（北京生活·讀書·新知三聯書店，二〇〇一年一月），此外有《錢鍾書手稿集：容安館札記》（商務印書館，二〇〇三年十月）、《錢鍾書手稿集·中文筆記》（商務印書館，二〇一一年十月）。

引用書目

經部之屬

易像鈔十八卷

〔明〕胡居仁（一四三四～一四八四）撰

《四庫全書》本

周易外傳四卷

〔清〕盧金鏡（乾隆五十一年前後）撰

《四庫未收書輯刊》影印清乾隆高雲堂刻本，經部第九輯第一册

詩總聞二十卷

〔宋〕王質（一一三五～一一八九）撰

《四庫全書》本；清武英殿聚珍版叢書本

慈湖詩傳二十卷

〔宋〕楊簡（一一四一～一二二六）撰

《四庫全書》本

詩緝三十六卷

〔宋〕嚴粲（嘉定十六年進士）撰

《四庫全書》本

詩説十二卷總説一卷

〔宋〕劉克（绍定五年前後）撰

《續修四庫全書》影印北圖藏宋刻本，第五七册，經部

毛詩稽古編三十卷

〔清〕陳啓源（？～一六八九）撰

《四庫全書》本

《皇清經解》本，上海書店影印本，一九八八年版

毛詩訂詁八卷附録二卷

〔清〕顧棟高（一六七九～一七五九）撰

《四庫未收書輯刊》影印清光緒二十二年江蘇書局刻本，經部第一輯第四册

詩經逢原十卷

〔清〕胡文英（乾隆間）撰

《四庫未收書輯刊》影印清乾隆間刻本，經部第二輯第六册

毛詩後箋

〔清〕胡承珙（一七七六～一八三二）撰

《續修四庫全書》影印南圖藏清道光十七年求是堂刻本，第六七册，經部

韓詩一卷

〔清〕佚名撰

清王士濂輯《鶴壽堂叢書》本，清光緒二十四年（一八九八）高郵王氏刊本

臺灣新文豐出版公司《叢書集成續編》本，第一一〇册

詩義稽考

劉毓慶（一九五四～）等編

北京：學苑出版社，二〇〇六年八月，全十册

尚書古文疏證八卷

〔清〕閻若璩（一六三六～一七〇四）撰

《四庫全書》本；清乾隆眷西堂刻本

禹貢指南四卷

〔宋〕毛晃（紹興三十二年前後）撰

《四庫全書》本

禹貢錐指二十卷卷首略例一卷圖一卷

〔清〕胡渭（一六三三～一七一四）撰

《四庫全書》本

樂律表微八卷

〔清〕胡彥昇（一六九六～?）撰

《四庫全書》本

三傳折諸四十四卷

〔清〕張尚瑗（一六五六～一七二二）撰

《四庫全書》本

求古録禮説十六卷 補遺一卷 校勘記三卷

〔清〕金鶚（一七七一～一八一九）撰〔清〕王士駿撰

《續修四庫全書》影印華東師大圖書館藏清光緒二年孫熹刻本，第一一〇册，經部

論語異文考證十卷

〔清〕馮登府（一七八三～一八四一）撰

《續修四庫全書》影印北圖藏清道光十四年廣東學海堂刻本，第一五五册，經部

國朝漢學師承記八卷附録一卷

〔清〕江藩（一七六一～一八三一）撰

《續修四庫全書》影印天津圖書館藏清嘉慶十七年刻本，第一七九册，經部

漢學師承記

〔清〕江藩（一七六一～一八三一）撰，朱維錚（一九三六～二〇一二）等編校

北京：生活・讀書・新知三聯書店，一九九八年六月

經典稽疑二卷

〔明〕陳耀文（一五二六～一六〇七）撰

《四庫全書》本

證俗文十九卷

〔清〕郝懿行（一七五七～一八二五）撰〔清〕董恂補

《續修四庫全書》影印清光緒十年東路廳署刻本，第一九二册，經部

吳下方言考十二卷

〔清〕胡文英（乾隆間）撰

《續修四庫全書》影印清乾隆四十八年留芝堂刻本，第一九五册，經部

經義雜記三十卷敘録一卷

〔清〕臧琳（一六五〇～一七一三）撰〔清〕臧鏞堂（一七六六～一八三四）編

《皇清經解》本

《續修四庫全書》影印上海辭書藏清嘉慶四年臧氏拜經堂刻本，第一七二册，經部

爾雅翼三十二卷

〔宋〕羅願（一一三六～一一八四）撰〔元〕洪焱祖（一二六二～一三二八後）音釋

《四庫全書》本

埤雅二十卷

〔宋〕陸佃（一〇四二～一一〇二）撰

《四庫全書》本

《叢書集成初編》據《五雅全書》本景印，語文學類，第一一七一～一一七三册

《北京圖書館古籍珍本叢刊》影印成化十五年劉氏刊嘉靖二年長洲王氏重修本

增修埤雅廣要四十二卷

〔宋〕陸佃（一〇四二～一一〇二）撰〔明〕牛衷增輯

《續修四庫全書》影印北大圖書館藏明萬曆三十八年孫弘范刻本，第一二七一册，子部

通雅五十二卷

〔明〕方以智（一六一一～一六七一）撰

《四庫全書》本

揚州：江蘇廣陵古籍刻印社影印，一九八七年十一月，二函十八册

北京：中國書店影印清康熙姚文燮浮山此藏軒刻本，一九九〇年版

《方以智全書》第一册（侯外廬主編），上海：上海古籍出版社，一九八八年九月

別雅五卷
〔清〕吳玉搢（一六九八～一七七三）撰
《四庫全書》本
古今通韻十二卷
〔清〕毛奇齡（一六二三～一七一六）撰
《四庫全書》本
樂書二百卷
〔宋〕陳暘（一〇五〇～一一一七）撰
《四庫全書》本
燕樂考原六卷
〔清〕淩廷堪（一七五七～一八〇九）撰
《續修四庫全書》影印音樂研究所藏清嘉慶十六年張其錦刻本，第一一五册，經部
讀四書大全説十卷
〔清〕王夫之（一六一九～一六九二）撰
《續修四庫全書》影印華東師大圖書館藏清同治四年湘鄉曾氏金陵節署刻船山遺書本，第一六四册，經部

史部之屬

舊唐書
〔後晉〕劉昫（八八八～九四七）等撰
北京：中華書局點校本，一九七五年五月第一版；一九九五年三月北京第五次印刷，全十六册
新唐書
〔宋〕歐陽修（一〇〇七～一〇七二）、宋祁（九九八～一〇六一）撰
北京：中華書局點校本，一九七五年二月第一版；一九九五年三月第五次印刷，全二十册
續唐書七十卷
〔清〕陳鱣（一七五三～一八一七）撰

《四庫未收書輯刊》影印清道光四年士鄉堂刻本，史部第二輯第二〇册

宋史

〔元〕脱脱（一三一四～一三五五）等撰

北京：中華書局，一九七七年十一月第一版；一九九七年六月第四次印刷，全四十册

宋史新編二百卷

〔明〕柯維騏（一四九七～一五七四）撰

《續修四庫全書》影印上圖藏明嘉靖四十三年杜晴江刻本，第三〇八～三一一册，史部

宋史翼四十卷

〔清〕陸心源（一八三四～一八九四）撰

《續修四庫全書》影印清光緒刻潛園總集本，第三一一册，史部

明史

〔清〕張廷玉（一六七二～一七五五）等撰

北京：中華書局點校本，一九七四年四月第一版；一九八七年十一月第三次印刷，全二十八册

清史稿

趙爾巽（一八四四～一九二七）等撰

北京：中華書局點校本，一九七六年七月～一九七七年三月，全四十八册

清史列傳八十卷

王鍾翰（一九一三～二〇〇七）點校

北京：中華書局，一九八七年十一月，全二十册

資治通鑑二百九十四卷

〔宋〕司馬光（一〇一九～一〇八六）撰〔元〕胡三省（一二三〇～一三〇二）音註

《四庫全書》本

資治通鑑

〔宋〕司馬光（一〇一九～一〇八六）編著〔元〕胡三省（一二三〇～一三〇二）音注，「標點資治通鑑小組」校點

北京：中華書局點校本，一九五六年六月第一版；一九八七年四月第七次印刷，全二十册

資治通鑑考異三十卷

〔宋〕司馬光（一〇一九～一〇八六）撰

四部叢刊景宋刻本；《四庫全書》本

通鑑札記十五卷

〔清〕劉體仁（一六一八～一六七六）撰

「辟園史學四種」，民國年間石印本

看鑒偶評五卷

〔清〕尤侗（一六一八～一七〇四）撰

《四庫未收書輯刊》清康熙間刻本，史部第一輯第二一册

評鑒闡要十二卷

〔清〕愛新覺羅·弘曆（一七一一～一七九九）撰〔清〕劉統勳（一六九九～一七七三）編

《四庫全書》本

鑒評别録六十卷附兩漢史斷六卷三國書法十卷

〔清〕黄恩彤（一八〇一～一八八三）撰

《四庫未收書輯刊》影印清光緒三十一年家塾刻本，史部第二輯第二九～三〇册

續資治通鑑長編

〔宋〕李燾（一一一五～一一八四）著〔清〕黄以周（一八二八～一八九九）等輯補

北京：中華書局，一九八五年十一月版

通鑑紀事本末四十二卷

〔宋〕袁樞（一一三一～一二〇五）撰

四部叢刊景宋刻本；《四庫全書》本

通鑑紀事本末

〔宋〕袁樞（一一三一～一二〇五）撰

北京：中華書局，一九六四年一月，全十二册

皇宋通鑑長編紀事本末一百五十卷（存卷一至五、卷八至卷一百十三、卷一百二十至卷一百五十）

〔宋〕楊仲良（寶祐五年前後）撰

《續修四庫全書》影印宛委別藏清抄本，第三八六～三八七册，史部

續資治通鑑

〔清〕畢沅（一七三〇～一七九七）撰，「標點資治通鑑小組」點校

北京：古籍出版社，一九五七年八月；中華書局，一九六四年十月新一版

讀通鑑論三十卷末一卷

〔清〕王夫之（一六一九～一六九二）撰

《續修四庫全書》影印上海辭書藏清同治四年湘鄉曾氏金陵節署刻船山遺書本，第四四九册，史部

北京：中華書局，一九七五年七月，全二册

十七史商榷一百卷

〔清〕王鳴盛（一七二二～一七九七）撰

《續修四庫全書》影印復旦圖書館藏清乾隆五十二年洞涇草堂刻本，第四五二册，史部

廿二史劄記三十六卷補遺一卷

〔清〕趙翼（一七二七～一八一四）撰

《叢書集成初編》據史學叢書本排印，史地類，第三五四三～三五五二册

《續修四庫全書》影印復旦圖書館藏清嘉慶五年湛貽堂刻本，第四五三册，史部

北京：商務印書館，一九五八年七月（附：補遺）

北京：中華書局，一九六三年五月，全二册

廿二史劄記校證（訂補本）

〔清〕趙翼（一七二七～一八一四）撰，王樹民（一九一一～二〇〇四）校證

北京：中華書局，二〇〇一年十一月

廿二史考異一百卷

〔清〕錢大昕（一七二八～一八〇四）撰

《續修四庫全書》影印復旦圖書館藏清乾隆四十五年刻本，第四五四册，史部
《叢書集成初編》據史學叢書本排印，史地類，第二五二八～二五四二册
疑年録四卷
〔清〕錢大昕（一七二八～一八〇四）、吳修撰
《續修四庫全書》影印南圖藏清嘉慶二十三年刻本，第五一七册，史部
唐六典三十卷
〔唐〕李林甫（？～七五二）等修
《四庫全書》本
唐六典
〔唐〕李林甫（？～七五二）等修，陳仲夫校勘
北京：中華書局，一九九二年一月第一版
通典二百卷
〔唐〕杜佑（七三五～八一二）撰
《四庫全書》本
通典
〔唐〕杜佑（七三五～八一二）撰，王文錦（一九二七～二〇〇二）、王永興（一九一四～～二〇〇八）、劉俊文（一九四四～）、徐庭雲、謝方（一九三二～）點校
北京：中華書局，一九八八年十二月第一版，全五册
李相國論事集六卷
〔唐〕李絳（七六四～八三〇）撰〔唐〕蔣偕編
《四庫全書》本
太宗皇帝實録八十卷（存卷二十六至卷三十五，卷四十一至卷四十五，卷七十六至卷八十）
〔宋〕錢若水（九六〇～一〇〇三）等撰
四部叢刊三編景宋館閣寫本舊抄本，民國二十五年
《續修四庫全書》影印上海古籍出版社藏四部叢刊三編本，第三四八册，史部

古今紀要十九卷

〔宋〕黄震（端拱二年進士）撰

《四庫全書》本

隆平集二十卷

〔宋〕曾鞏（一〇一九～一〇八三）撰

《四庫全書》本

隆平集校證

〔宋〕曾鞏（一〇一九～一〇八三）撰，王瑞來（一九五六～）校證

北京：中華書局，二〇一二年七月

唐書直筆四卷

〔宋〕吕夏卿（慶曆二年進士）撰

《四庫全書》本

唐鑑二十四卷

〔宋〕范祖禹（一〇四一～一〇九八）撰

《四庫全書》本

上海：上海古籍出版社，一九八〇年五月，全二册

致堂讀史管見三十卷

〔宋〕胡寅（一〇九八～一一五六）撰

《續修四庫全書》影印宛委别藏宋寶祐二年宛陵郡齋刻本，第四四八册，史部

諸史提要十五卷

〔宋〕錢端禮（一一〇九～一一七七）撰

《四庫全書存目叢書》影印宋乾道紹興府學刻本，史部第一三一册

三朝北盟會編二百五十卷

〔宋〕徐夢莘（一一二六～一二〇七）撰

《四庫全書》本；清許涵度校刻本

事實類苑六十三卷

〔宋〕江少虞（紹興十五年前後）撰

《四庫全書》本

宋朝事實類苑

〔宋〕江少虞（紹興十五年前後）撰，瞿濟蒼（一九〇〇～一九七二）點校

上海：上海古籍出版社，一九八一年七月，全二册

宋朝事實二十卷

〔宋〕李攸（紹興間）撰

《四庫全書》本

《叢書集成初編》據聚珍版叢書本排印，社會科學類，第八三三～八三五册

北京：中華書局，一九五五年六月

太平治迹統類三十卷

〔宋〕彭百川（嘉定二年前後）撰

《四庫全書》本

宋大事記講義二十三卷

〔宋〕呂中（淳祐進士）撰

《四庫全書》本

東都事略一百三十卷

〔宋〕王偁（淳熙十三年前後）撰

《四庫全書》本；江蘇廣陵古籍刻印社影印本，一九九〇年二月

莆陽比事七卷

〔宋〕李俊甫（嘉定十年進士）撰

《續修四庫全書》影印宛委別藏清影抄明萬曆三十三年刻本，第七三四册，史部

南宋館閣録十卷 續録十卷

〔宋〕陳騤（一一二八～一二〇三）撰〔宋〕佚名撰

《四庫全書》本

張德祥點校，北京：中華書局，一九九八年七月

宋名臣奏議一百五十卷

〔宋〕趙汝愚（一一四〇～一一九六）編

《四庫全書》本

國朝諸臣奏議一百五十卷

〔宋〕趙汝愚（一一四〇～一一九六）編

北京：北京圖書館出版社，二〇〇四年十二月，「中華再造善本・史部・唐宋編」

歷代名賢確論一百卷

〔宋〕佚名（理宗以前）撰

《四庫全書》本

歷代名臣奏議三百五十卷

〔明〕楊士奇（一三六五～一四四四）〔明〕黄淮等編

《四庫全書》本

敬鄉録十四卷

〔元〕吳師道（一二八三～一三四四）撰

《四庫全書》本

管窺外篇二卷

〔元〕史伯璿（一二九九～一三五四）撰

《四庫全書》本

史鉞二十卷

〔明〕晏璧（永樂間）撰

《續修四庫全書》影印上圖藏明景泰七年劉氏翠岩精舍刻本，第四四九册，史部

世廟識餘録二十六卷

〔明〕徐學謨（一五二二～一五九三）撰

《續修四庫全書》影印明徐兆稷活字印本，第四三三册，史部

館閣漫録十卷

〔明〕張元忭（一五三八～一五八八）撰

《四庫全書存目叢書》影印明不二齋刻本，史部第二五八～二五九册

樵史四卷

〔清〕陸應陽（一五四二～一六二七）輯

《四庫禁毁書叢刊》影印清書三味樓刻本，史部第七一册

讀史商語四卷

〔明〕王志堅（一五七六～一六三三）撰

《續修四庫全書》影印上圖藏明萬曆四十七年刻本，第四四九册，史部

《四庫全書存目叢書》影印明萬曆刻本，史部第二八七册

國史唯疑十二卷

〔明〕黄景昉（一五九六～一六六二）撰

《續修四庫全書》影印上圖藏清康熙三十年徐抄本，第四三二册，史部

頌天臚筆二十四卷

〔明〕金日昇（崇禎二年前後）輯

《續修四庫全書》影印華東師大圖書館藏明崇禎刻本，第四三九册，史部

康濟譜二十五卷

〔明〕潘游龍（崇禎間）輯

《四庫禁毀書叢刊》影印明崇禎間刻本，史部第七册

讀史提要録十二卷

〔清〕夏之蓉（一六九七～一七八四）撰

《四庫未收書輯刊》清乾隆三十七年刻本，影印史部第二輯第三〇册

學治臆説二卷續説一卷説贅一卷

〔清〕汪輝祖（一七三一～一八〇七）撰

《續修四庫全書》影印南圖藏清同治元年吴氏望三益齋刻本，第七五五册，史部

考信録三十六卷

〔清〕崔述（一七四〇～一八一六）撰

《續修四庫全書》影印清嘉慶二十二年道光二年四年陳履和遞刻本，第四五五册，史部

花甲閒談十六卷

〔清〕張維屏（一七八〇～一八五九）撰

《四庫未收書輯刊》影印清道光十九年廣州西湖街富文齋刻本，史部第一〇輯第三册

宋元學案一百卷首一卷

〔明〕黄宗羲（一六一〇～一六九五）輯〔清〕全祖望（一七〇五～一七五五）訂補〔清〕馮雲濠（一八〇七～一八五五）、王梓材（一七九二～一八五一）校正

《續修四庫全書》影印清道光二十六年何紹基刻本，第五一八～五一九册，史部

宋元學案

〔明〕黄宗羲（一六一〇～一六九五）輯〔清〕全祖望（一七〇五～一七五五）訂補，陳金生（一九三三～二〇一三）、梁運華（一九四〇～）點校

北京：中華書局，一九八六年十二月，全四册

明儒學案六十二卷

〔明〕黄宗羲（一六一〇～一六九五）撰

《四庫全書》本

沈芝盈點校，北京：中華書局，一九八五年十月，全二册

弇州史料前集三十卷後集七十卷

〔明〕王世貞（一五二六～一五九〇）撰〔明〕董復表輯

《四庫禁毁書叢刊》影印明萬曆四十二年刻本，史部第四八～五〇册

《四庫全書存目叢書》影印明萬曆四十二年刻本，史部第一一二册

藏書六十八卷

〔明〕李贄（一五二七～一六〇二）撰

《四庫全書存目叢書》影印明萬曆二十七年焦竑刻本，史部第二三～二四册

《續修四庫全書》影印復旦圖書館藏明萬曆二十七年焦竑刻本，第三〇一～三〇二册，史部

北京：中華書局，一九五九年五月，全二册

函史（上編八十一卷下編二十二卷）

〔明〕鄧元錫（一五二九～一五九三）撰

《四庫全書存目叢書》影印明萬曆活字本，史部第二五～二八册

皇明書四十五卷

〔明〕鄧元錫（一五二九～一五九三）撰

《續修四庫全書》影印明萬曆三十四年刻本，第三一五～三一六册，史部
《四庫全書存目叢書》影印明萬曆刻本，史部第二九册

焦太史編輯國朝獻徵録一百二十卷

〔明〕焦竑（一五四一～一六二〇）輯
《續修四庫全書》影印上圖藏明萬曆四十四年徐象橒曼山館刻本，第五二五～五三一册，史部
《四庫全書存目叢書》影印中國史學叢書影印明萬曆四十年徐象橒曼山館刻本，史部第一〇〇～一〇六册

鑒略妥注

〔明〕李廷機（一五四二～一六一六）編著，何孝積（一九三三～）標點
長沙：岳麓書社，一九八八年六月，「中國古代教育文獻叢書」

兩浙名賢録五十四卷外録八卷

〔明〕徐象梅（隆慶前後）撰
《續修四庫全書》影印明天啟刻本，第五四二～五四四册，史部

名山藏一百零九卷

〔明〕何喬遠（一五五八～一六三二）撰
《續修四庫全書》影印山西祁縣圖書館藏明崇禎刻本，第四二五～四二七册，史部

靳史三十卷

〔明〕查應光（萬曆二十五年舉人）輯
《四庫禁毀書叢刊》影印明天啟間刻本，史部第二九册

本朝分省人物考一百十五卷

〔明〕過庭訓（？～一六二八）撰
《續修四庫全書》影印北大圖書館藏明天啟刻本，第五三三～五三六册，史部

皇明詞林人物考十二卷末一卷

〔明〕王兆雲（萬曆間）撰
《四庫全書存目叢書》影印明萬曆刻本，史部第一一一～一一二册
《續修四庫全書》影印復旦圖書館藏明萬曆刻本，第五三二册，史部

史評小品二十二卷

〔明〕江用世（天啟二年進士）輯

《四庫未收書輯刊》影印明末刻本，史部第一輯第二一册

中州人物考八卷

〔明〕孫奇逢（一五八四～一六七五）撰

《四庫全書》本

石匱書二百二十一卷（存二百八卷）石匱書後集六十三卷

〔明〕張岱（一五九七～一六八〇）撰

《續修四庫全書》影印南圖藏稿本，第三一八～三二〇册，史部

石匱書後集

〔明〕張岱（一五九七～一六八〇）撰

上海：中華書局上海編輯所，一九五九年四月，「晚明史料叢書」

明書一百七十一卷

〔清〕傅維鱗（一六〇八～一六六七）撰

《叢書集成初編》影印畿輔叢書本，史地類，第三九二九～三九五八册

《四庫全書存目叢書》影印清康熙三十四年本誠堂刻本，史部第三八～四〇册

明名臣言行録九十五卷

〔清〕徐開任（一六一〇～一六九四）輯

《續修四庫全書》影印天津圖書館藏清康熙刻本，第五二一册，史部

潛庵先生擬明史稿二十卷

〔清〕湯斌（一六二七～一六八七）撰

《四庫未收書輯刊》影印清康熙二十七年刻後印本，集部第六輯第五册

東南紀事十二卷

〔清〕邵廷采（一六四八～一七一一）撰

《續修四庫全書》影印上海古籍出版社藏清光緒十年徐乾刻本，第三三二册，史部

史傳三編五十六卷

〔清〕朱軾（一六六五～一七三六）撰

《四庫全書》本

東城雜記二卷

〔清〕厲鶚（一六九二～一七五二）撰

清粵雅堂叢書本；《四庫全書》本

史案二十卷首一卷

〔清〕吳裕垂（嘉慶十年前後）撰

《四庫未收書輯刊》影印清道光六年大成堂刻本，史部第四輯第二〇册

史林測義三十八卷

〔清〕計大受（嘉慶十九年前後）撰

《續修四庫全書》影印湖北省圖書館藏清嘉慶十九年楓溪别墅刻本，第四五一册，史部

國朝先正事略補編二卷

〔清〕李元度（一八二一～一八八七）輯

《續修四庫全書》影印南圖藏清光緒十一年敦懷書屋刻本，第五三九册，史部

三述奇八卷

張德彝（一八四七～一九一九）撰

《續修四庫全書》影印北圖分館藏清同治十二年稿本，第五七六册，史部

桐城耆舊傳十二卷

馬其昶（一八五五～一九三〇）撰

《續修四庫全書》影印復旦大學圖書館藏清宣統三年刻本，第五四七册，史部

天咫偶聞十卷

震鈞（一八五七～一九二〇）撰

《續修四庫全書》影印上海古籍出版社藏清光緒三十三年甘棠精舍刻本，第七三〇册，史部

歲時廣記四十卷首一卷末一卷（存卷一至卷五、卷七至卷四十）

〔宋〕陳元靚（理宗時）撰

《續修四庫全書》影印復旦圖書館藏清光緒十萬卷樓叢書本，第八八五册，史部

欽定重訂契丹國志二十八卷卷首一卷

〔宋〕葉隆禮（淳祐七年進士）撰

《四庫全書》本

高麗史一百三十七卷目録二卷

〔明〕鄭麟趾（景泰二年前後）撰

《四庫全書存目叢書》影印明景泰二年朝鮮活字本，史部第一五九～一六二册

琉球入學見聞録四卷

〔清〕潘相（一七一三～一七九〇）撰

乾隆三十三年（一七六八）刻本，「潘相所著書」

唐會要一百卷

〔宋〕王溥（九二二～九八二）撰

《四庫全書》本

北京：中華書局，一九五五年六月第一版；一九九〇年十月第三次印刷，全三册

上海社會科學院歷史研究所古代史研究室標校，上海：上海古籍出版社，一九九一年一月，全二册

宋會要輯稿（不分卷）

〔清〕徐松（一七八一～一八四八）輯

北京：中華書局，一九五七年十二月，全八册

《續修四庫全書》影印北圖藏稿本，第七七五～七八六册，史部

劉琳（一九三九～）、刁忠民（一九四九～）、舒大剛（一九五九～）校點本，上海：上海古籍出版社，二〇一四年六月

宋會要輯稿補編

陳智超（一九三四～）整理

北京：全國圖書館文獻縮微複製中心，一九八八年七月

通志二百卷

〔宋〕鄭樵（一一〇四～一一六二）撰

《四庫全書》本

通志二十略
〔宋〕鄭樵（一一〇四～一一六二）撰，王樹民（一九一一～）點校
北京：中華書局，一九九五年十一月
文獻通考三百四十八卷
〔元〕馬端臨（約一二五四～一三二三）編撰
《四庫全書》本
臺灣：新興書局，一九六五年十月
北京：中華書局，一九八六年九月第一版；上海：上海古籍出版社縮印，一九八七年六月第一版
欽定續文獻通考二百五十卷
〔清〕嵇璜（一七一一～一七九四）、曹仁虎（一七三一～一七八七）撰
《四庫全書》本
欽定皇朝文獻通考三百卷
〔清〕愛新覺羅·弘曆（一七一一～一七九九）撰
《四庫全書》本
皇朝續文獻通考四百卷
劉錦藻（一八六二～一九三四）撰
《續修四庫全書》影印民國商務印書館影印十通本，第八一五～八二一册，史部
文史通義九卷
〔清〕章學誠（一七三八～一八〇二）撰
《續修四庫全書》影印民國十一年劉氏嘉業堂刻章氏遺書本，第四四八册，史部
文史通義
〔清〕章學誠（一七三八～一八〇二）撰，劉公純標點
北京：古籍出版社，一九五六年十二月
北京：中華書局，一九六一年九月新一版
文史通義校注
〔清〕章學誠（一七三八～一八〇二）撰，葉瑛（一八九六～一九五〇）

校注
北京：中華書局，一九八五年五月第一版，全二册

校讎通義四卷

〔清〕章學誠（一七三八～一八〇二）撰

《續修四庫全書》影印民國刻章氏遺書本，第九三〇册，史部

經史避名匯考四十六卷

〔清〕周廣業（一七三〇～一七九八）撰

《續修四庫全書》影印北圖藏清抄本，第八二七册，史部

徐傳武（一九四八～）、胡真校點，上海：上海古籍出版社，二〇一五年十二月，山東大學文史哲研究專刊

唐大詔令集（存一百零七卷，原一百三十卷缺十四至二十四、八十七至九十八卷）

〔宋〕宋敏求（一〇一九～一〇七九）編

《四庫全書》本

唐大詔令集

〔宋〕宋敏求（一〇一九～一〇七九）編，洪丕謨（一九四〇～）、張伯元（一九四二～）、沈敖大（一九四一～）標點

上海：學林出版社，一九九二年十月

唐大詔令集補編

李希泌（一九一八～）主編，毛華軒、李成甯、張椒華、周天、李維萌、但召威編

上海：上海古籍出版社，二〇〇三年十二月，全二册

新唐書宰相世系表集校

趙超（一九四八～）編著

北京：中華書局，一九九八年四月，全二册，「二十四史研究資料叢刊」

唐方鎮年表

吴廷燮（一八六五～一九四七）編著

上海：開明書店，一九三六～一九三七年，「二十五史補編」叢書

北京：中華書局，一九八〇年八月，全三册，「二十四史研究資料叢刊」

五代十國方鎮年表

朱玉龍（一九四一～）編著

北京：中華書局，一九九七年五月，「二十四史研究資料叢刊」

唐刺史考

郁賢皓（一九三三～）著

南京：江蘇古籍出版社，一九八七年二月，全五册

唐刺史考全編

郁賢皓（一九三三～）著

合肥：安徽大學出版社，二〇〇〇年一月，全六册

寶刻叢編二十卷

〔宋〕陳思（寶慶間）編

《四庫全書》本

《叢書集成初編》據十萬卷樓叢書本排印，藝術類，第一六〇一～一六〇五册

寶刻類編八卷

〔宋〕佚名（理宗後）編

《四庫全書》本

《叢書集成初編》據粤雅堂叢書本排印，藝術類，第一五一四册

嵩陽石刻集記二卷

〔清〕葉封（一六二四～一六八七）編撰

《四庫全書》本

中州金石記五卷

〔清〕畢沅（一七三〇～一七九七）撰

《續修四庫全書》影印清乾隆刻經訓堂叢書本，第九一二册，史部

安徽金石略十卷

〔清〕趙紹祖（一七五二～一八三三）撰

《續修四庫全書》影印南圖藏清道光十四年古墨齋刻本，第九一二册，史部

江甯金石記八卷江甯金石待訪目二卷

〔清〕嚴觀撰

《續修四庫全書》影印上海辭書藏清嘉慶九年刻本，第九一〇册，史部

八瓊室金石補正

〔清〕陸增祥（一八一六～一八八二）編撰

北京：文物出版社，一九八五年八月，影印希古樓刻本

吳興金石記十六卷

〔清〕陸心源（一八三四～一八九四）撰

《續修四庫全書》影印清光緒刻潛園總集本，第九一一册，史部

山右石刻叢編四十卷目録一卷

胡聘之（一八四一～一九一二）撰

《續修四庫全書》影印清光緒二十七年刻本，第九〇七～九〇八册，史部

語石十卷

葉昌熾（一八四七～一九一七）撰

《續修四庫全書》影印清宣統元年刻本，第九〇五册，史部

千唐志齋藏志

張鈁（一八八六～一九六六）集，河南省文物研究所、河南省洛陽地區文管所編

北京：文物出版社，一九八四年一月，全二册

清代碑傳全集

〔清〕錢儀吉（一七八三～一八五〇）等編撰

上海：上海古籍出版社，一九八七年十一月影印，全二册，含《碑傳集》《續碑傳集》《碑傳集補》《碑傳集三編》

廣清碑傳集

錢仲聯（一九〇八～二〇〇三）編

蘇州：蘇州大學出版社，一九九九年二月

歷代石刻史料彙編

中國國家圖書館善本部金石組編

北京：北京圖書館出版社，二〇〇〇年十月，全五編十六册（按年代編排，從一六〇餘種金石書中精選一五〇〇〇餘篇影印，其中「隋唐五代編」全四册），二〇〇三年重印，改名「歷代石刻文獻全編」

隋唐五代墓誌彙編

吳樹平（一九四〇～）等主編

天津：天津古籍書店，一九九一～一九九二年（包括洛陽、河南、陝西、山西、河北、江蘇和山東、北京〔附遼寧〕、新疆及北京大學藏拓九卷，連同索引共計三十册。收録墓誌拓本五〇〇〇餘方）

新中國出土墓志·陝西

中國文物研究所、陝西省古籍整理辦公室編

北京：文物出版社，二〇〇〇年十一月

唐代墓誌彙編

周紹良（一九一七～二〇〇五）主編，趙超（一九四八～）副主編

上海：上海古籍出版社，一九九二年十一月第一版，全二册

唐代墓誌彙編續集

周紹良（一九一七～二〇〇五）、趙超（一九四八～）主編

上海：上海古籍出版社，二〇〇一年十二月；二〇〇七年五月

唐才子傳八卷

〔元〕辛文房（一二六五至一三二五間）撰

《四庫全書》本

唐才子傳

〔元〕辛文房（一二六五至一三二五間）撰

上海：古典文學出版社，一九五七年四月；中華書局上海編輯所，一九六五年九月新一版，「中國文學參考資料小叢書」

唐才子傳校正

〔元〕辛文房（一二六五至一三二五間）撰，周本淳（一九二一～二〇〇二）校正

南京：江蘇古籍出版社，一九八七年六月；臺北：文津出版社，一九八八年三月

唐才子傳校注

〔元〕辛文房（一二六五至一三二五間）撰，孫映逵（一九四〇～）校注

北京：中國社會科學出版社，一九九一年六月

唐才子傳全譯

〔元〕辛文房（一二六五至一三二五間）撰，李立樸（一九五四～）全譯

貴陽：貴州人民出版社，一九九五年二月

唐才子傳校箋

〔元〕辛文房（一二六五至一三二五間）撰，傅璇琮（一九三三～二〇一六）主編

第一册：北京：中華書局，一九八七年五月第一版；二〇〇〇年二月第二次印刷

第二册：北京：中華書局，一九八九年三月第一版；二〇〇〇年二月第二次印刷

第三册：北京：中華書局，一九九〇年五月第一版；二〇〇〇年二月第二次印刷

第四册：北京：中華書局，一九九〇年九月第一版；二〇〇〇年二月第二次印刷

第五册：北京：中華書局，一九九五年十一月第一版；二〇〇〇年二月第二次印刷

宋才子傳箋證

傅璇琮（一九三三～二〇一六）主編

瀋陽：遼海出版社，二〇一一年十二月，全五册

登科記考三十卷

〔清〕徐松（一七八一～一八四八）撰

《續修四庫全書》影印上海辭書藏清光緒十四年刻南菁書院叢書本，第八二九册，史部

登科記考

〔清〕徐松（一七八一～一八四八）撰，趙守儼（一九二六～一九九四）點校

北京：中華書局，一九八四年八月第一版；一九九三年九月第二次印刷，全三册

登科記考補正

〔清〕徐松（一七八一～一八四八）撰，孟二冬（一九五七～二〇〇六）補正

北京：北京燕山出版社，二〇〇三年七月，全三册

唐尚書省郎官石柱題名考二十六卷卷首一卷附録一卷

〔清〕勞格（一八二〇～一八六四）、〔清〕趙鉞（一七七八～一八四九）撰

《續修四庫全書》影印浙江省圖書館藏清光緒十二年丁氏刻月河精舍叢抄本，第七四七册，史部

上海書店《叢書集成續編》第四二册

唐尚書省郎官石柱題名考

〔清〕勞格（一八二〇～一八六四）、趙鉞（一七七八～一八四九）撰，徐敏霞（一九三四～二〇一八）、王桂珍點校

北京：中華書局，一九九二年四月

唐御史臺精舍題名考三卷首一卷末一卷

〔清〕勞格（一八二〇～一八六四）、〔清〕趙鉞（一七七八～一八四九）撰

《續修四庫全書》影印浙江省圖書館藏清光緒六年丁氏刻月河精舍叢抄本，第七四八册，史部

上海書店《叢書集成續編》第四一册

唐御史臺精舍題名考

〔清〕趙鉞（一七七八～一八四九）、勞格（一八二〇～一八六四）撰，張忱石（一九四〇～）點校

北京：中華書局，一九九七年六月

郎官石柱題名新考訂（外三種）

岑仲勉（一八八六～一九六一）著

上海：上海古籍出版社，一九八四年五月

金石論叢

岑仲勉（一八八六～一九六一）著

上海：上海古籍出版社，一九八一年十一月

唐人行第録（外三種）

岑仲勉（一八八六～一九六一）著

上海：中華書局上海編輯所，一九六二年四月第一版

上海：上海古籍出版社，一九七八年三月新一版

蜀水經十六卷

〔清〕李元（？～一八一六）撰

《續修四庫全書》影印清嘉慶五年傳經堂刻本，第七二八册，史部

蜀故二十七卷

〔清〕彭遵泗（一七〇二～一七五八）輯

《四庫未收書輯刊》影印清乾隆刻補修本，史部第一輯第二十七册

元和郡縣圖志

〔唐〕李吉甫（七五八～八一四）撰，賀次君（一九一二～一九八八）校點

北京：中華書局，一九八三年六月第一版；一九九五年一月第二次印刷，全二册，「中國古代地理總志選刊」

［紹熙］雲間志三卷

〔宋〕楊潛（乾道八年進士）纂

《續修四庫全書》影印北大圖書館藏明抄本，第六八七册，史部

長安志二十卷

〔宋〕宋敏求（一〇一九～一〇七九）撰

《四庫全書》本

雍録十卷

〔宋〕程大昌（一一二三～一一九五）撰

明《古今逸史》本；《四庫全書》本

黄永年（一九二五～二〇〇七）點校，北京：中華書局，二〇〇二年六月

類編長安志十卷

〔元〕駱天驤（？～一三〇〇後）纂

《續修四庫全書》影印南圖藏清抄本，第七三二册，史部

黄永年（一九二五～二〇〇七）點校，北京：中華書局，一九九〇年八月

輿地紀勝二百卷（存一百七十七卷）

〔宋〕王象之（一一六三～一二三〇）撰

《續修四庫全書》影印北圖藏清影宋抄本（清抄本配補）第五八四～五八五册，史部

民族圖書館古籍組整理，天津古籍出版社影印，一九八七年。六函三十八册

揚州：江蘇廣陵古籍刻印社影印懼楹齋道光二十九年刻本，一九九一年十一月，精裝全三册

北京：中華書局，一九九二年十月影印文選樓道光二十九年刊本，「中國古代地理總志叢刊」

李勇先（一九六五～）點校本，成都：四川大學出版社，二〇〇五年十月，全十册，「宋元地理志叢刊」

方輿勝覽七十卷

〔宋〕祝穆（？～一二五六）編〔宋〕祝洙（一二二一～？）增訂

《四庫全書》本

施和金點校，北京：中華書局，二〇〇三年六月，全三册，「中國古代地理總志選刊」

宋本方輿勝覽

〔宋〕祝穆（？～一二五六）編〔宋〕祝洙（一二二一～？）補訂

上海：上海古籍出版社影印本，一九九一年四月

河朔訪古記三卷

〔元〕廼賢（一三〇九～一三六八）撰

《四庫全書》本

［正德］松江府志三十二卷

〔明〕顧清（一四六〇～一五二八）纂修

《四庫全書存目叢書》影印天一閣藏明代方志選刊續編影印明正德七年刊本，史部第一八一册

［嘉靖］南安府志

〔明〕劉節（一四七六～一五五五）纂修

明嘉靖刻本

[嘉靖] 彰德府志八卷

〔明〕崔銑（一四七八～一五四一）纂修

《四庫全書存目叢書》影印天一閣藏明代方志選刊明嘉靖刻本，史部第一八四册

雍大記三十六卷

〔明〕何景明（一四八三～一五二一）撰

《四庫全書存目叢書》影印明嘉靖刻本，史部第一八四册

[嘉靖] 仁和縣誌十四卷

〔明〕沈朝宣（嘉靖間）纂修

《四庫全書存目叢書》影印清光緒錢塘丁氏嘉惠堂刻武林掌故編本，史部第一九四册

[崇禎] 清江縣誌八卷

〔明〕秦鏞（崇禎十年進士）纂修

《四庫全書存目叢書》影印明崇禎刻本，史部第二一二册

[乾隆] 韓城縣誌十六卷首一卷

〔清〕傅應奎修〔清〕錢坫（一七四一～一八〇六）等纂

《續修四庫全書》影印清乾隆四十九年刻本，第六九三册，史部

歷代宅京記

〔清〕顧炎武（一六一三～一六八二）著，于傑點校

北京：中華書局，一九八四年二月，「中國古代都城資料選刊」

唐兩京城坊考五卷

〔清〕徐松（一七八一～一八四八）撰〔清〕張穆（一八〇五～一八四九）校補

《續修四庫全書》影印天津圖書館藏清道光二十八年楊氏刻連筠簃叢書本，第七三二册，史部

《叢書集成初編》據連筠簃叢書本排印，史地類，第三二〇六～三二〇八册

唐兩京城坊考

〔清〕徐松（一七八一～一八四八）撰〔清〕張穆（一八〇五～一八四九）校補，方嚴點校

北京：中華書局，一九八五年八月第一版，「中國古代都城資料選刊」

兩京城坊考補

〔清〕徐松（一七八一～一八四八）撰，閻文儒（一九一二～一九九四）、閻萬鈞補

鄭州：河南人民出版社，一九九二年六月

增訂唐兩京城坊考

〔清〕徐松（一七八一～一八四八）撰〔清〕張穆（一八〇五～一八四九）校補，李健超（一九三三～）增訂

西安：三秦出版社，一九九六年二月第一版；二〇〇六年二月第二次印刷

隋唐兩京坊里譜

楊鴻年（一九一二～）著

上海：上海古籍出版社，一九九九年九月

隋唐兩京考

楊鴻年（一九一二～）著

武漢：武漢大學出版社，二〇〇五年四月

洛陽名園記一卷

〔宋〕李格非（熙寧九年進士）撰

明《古今逸史》本；《四庫全書》本

太平寰宇記一百九十三卷

〔宋〕樂史（九三〇～一〇〇七）撰

《四庫全書》本

宋本太平寰宇記

〔宋〕樂史（九三〇～一〇〇七）撰

北京：中華書局，二〇〇〇年一月

元豐九域志十卷

〔宋〕王存（一〇二三～一一〇一）等

《四庫全書》本

王文楚、魏嵩山點校本，北京：中華書局，一九八四年十二月，全二册，「中國古代地理總志叢刊」

［元豐］吴郡圖經續記三卷

〔宋〕朱長文（一〇三九～一〇九八）撰

《四庫全書》本；民國景宋刻本

宣和奉使高麗圖經四十卷

〔宋〕徐兢（一〇九一～一一五三）撰

《四庫全書》本；清知不足齋叢書本

吴郡志五十卷

〔宋〕范成大（一一二六～一一九三）撰

《四庫全書》本

吴船録二卷

〔宋〕范成大（一一二六～一一九三）撰

《四庫全書》本

吴風録一卷

〔明〕黄省曾（一四九〇～一五四六）撰

《續修四庫全書》影印湖北省圖書館藏民國二十七年商務印書館影印明隆慶刻萬曆增修百陵學山本，第七三三册，史部

吴興備志三十二卷

〔明〕董斯張（一五八六～一六二八）撰

《四庫全書》本

嘉泰吴興志二十卷

〔宋〕談鑰（淳熙八年進士）纂修

《續修四庫全書》影印上海古籍出版社藏民國三年劉氏刻吴興叢書本，第七〇四册，史部

乾道臨安志三卷

〔宋〕周淙（一一一三～一一七二）撰

《四庫全書》本

淳祐臨安志（殘存六卷，卷五至十）

〔宋〕施諤（淳祐間）撰

清嘉慶《宛委别藏》景鈔宋本

清丁丙輯《武林掌故叢編》第四集，光緒七年（一八八一）錢塘丁氏嘉惠堂刊本

咸淳臨安志九十三卷（原一百卷缺卷六十四～六十六、九十、九八至一百等七卷）

〔宋〕潛說友（？～一二七七）撰

《四庫全書》本；清道光十年（一八三〇）刻本

景定建康志五十卷

〔宋〕周應合（一二一三～一二八〇）撰

《四庫全書》本

嘉泰會稽志二十卷

〔宋〕施宿（一一六四～一二一五?）等撰

《四庫全書》本

寶慶會稽續志八卷

〔宋〕張淏（一二一六前後）撰

《四庫全書》本；清嘉慶十三年刻本

寶慶四明志二十一卷 開慶四明續志十二卷

〔宋〕羅濬（寶慶間）撰〔宋〕梅應發、劉錫纂修

《四庫全書》本

[開慶] 四明續志十二卷

〔宋〕梅應發、劉錫纂修

《續修四庫全書》影印北圖藏宋開慶元年刻本，第七〇五册，史部

延祐四明志二十卷（存十七卷）

〔元〕袁桷（一二六六～一三二七）撰

《四庫全書》本

[嘉定] 剡録十卷

〔宋〕高似孫（一一五八～一二三一）撰

《四庫全書》本

赤城志四十卷

〔宋〕陳耆卿（一一八〇～一二三六）撰

《四庫全書》本

［咸淳］重修毗陵志三十卷（存卷一至卷十九、卷二十一至卷三十）

〔宋〕史能之（淳祐元年進士）纂修

《續修四庫全書》影印北圖藏明初刻本，第六九九册，史部

［寶祐］仙溪志四卷

〔宋〕趙與泌（寶祐二年前後）、黄岩孫纂修

《續修四庫全書》影印北大圖書館藏清抄本，第六六〇册，史部

至元嘉禾志三十二卷

〔元〕徐碩（一二六八進士）撰

《四庫全書》本

姑蘇志六十卷

〔明〕王鏊（一四五〇～一五二四）撰

《四庫全書》本

明一統志九十卷

〔明〕李賢（一四〇八～一四六七）等撰

《四庫全書》本；三秦出版社，一九九〇年影印明經廠本

關中陵墓志一卷附録一卷

〔明〕祁光宗（萬曆二十六年進士）撰

《續修四庫全書》影印上圖藏清抄本，第七二〇册，史部

［乾隆］江南通志二百卷

〔清〕趙弘恩（？～一七六八）等監修

《四庫全書》本

浙江通志二百八十卷

〔清〕嵇曾筠（一六七〇～一七三九）等監修

《四庫全書》本

湖廣通志一百二十卷

〔清〕魏廷珍（一六六九～一七五六）、吴大受等撰

《四庫全書》本

［嘉慶］湖北通志檢存稿四卷未成稿一卷

〔清〕章學誠（一七三八～一八〇二）纂

《續修四庫全書》影印民國十一年劉氏嘉業堂刻章氏遺書本，第六六〇册，史部

廣東通志六十四卷

〔清〕郝玉麟（？～一七四五）等監修

《四庫全書》本

河南通志八十卷

〔清〕王士俊（？～一七五六）等監修

《四庫全書》本

山東通志三十六卷

〔清〕岳濬（？～一七五三）等監修

《四庫全書》本

山西通志二百三十卷

〔清〕儲大文（一六六五～一七四三）編纂〔清〕愛新覺羅·石麟（？～一七四七）監修

《四庫全書》本

陝西通志一百卷

〔清〕劉於義（一六七五～一七四八）等監修

《四庫全書》本

［雍正］廣西通志一百二十八卷

〔清〕金鉷（一六七八～一七四〇）等監修

《四庫全書》本

［雍正］江西通志一百六十二卷繪圖一卷卷首三卷

〔清〕謝旻等監修〔清〕陶成編纂

《四庫全書》本

［光緒］江西通志一百八十卷首五卷

〔清〕劉坤一（一八三〇～一九〇二）等修〔清〕劉鐸、趙之謙等纂

《續修四庫全書》影印上海古籍出版社藏清光緒七年刻本，第六五六～六六

〇册，史部

江西考古録十卷

〔清〕王謨（一七三二～一八一七）撰

《四庫未收書輯刊》影印清乾隆三十二年問松園刻本，史部第一輯第二七册

［光緒］重修安徽通志三百五十卷補遺十卷

〔清〕吳坤修（一八一六～一八七二）等修〔清〕何紹基（一七九九～一八七三）、〔清〕楊沂孫（一八一三～一八六一）等纂

《續修四庫全書》影印上海古籍出版社藏清光緒四年刻本，第六五一～六五五册，史部

大清一統志四百二十四卷

〔清〕乾隆二十九年奉敕修

《四庫全書》本

嘉慶重修一統志五百六十卷

〔清〕穆彰阿（一七八二～一八五六）等修

《四部叢刊》本；中華書局，一九八六年五月版，全三十五册

大清光緒新法令不分卷

端方（一八六一～一九一一）撰

清宣統上海商務印書館刊本

［成化］中都志十卷（原缺卷一至卷四用民國抄本配補）

〔明〕柳瑛（天順元年進士）纂修

《四庫全書存目叢書》影印明弘治刻本，史部第一七六册

［萬曆］開封府志三十四卷

〔明〕曹金（一五一三？～一五八〇？）撰

《四庫全書存目叢書補編》影印日本内閣文庫藏明萬曆十三年刻本，第七六册

［乾隆］西安府志八十卷

〔清〕嚴長明（一七三一～一七八七）等纂

清乾隆四十四年刊本，成文出版社有限公司《中國方志叢書》本

［乾隆］寧夏府志二十三卷

〔清〕張金城修，楊浣雨輯

清嘉慶三年刊本，成文出版社有限公司《中國方志叢書》本

［道光］濟南府志七十二卷首一卷

〔清〕成瓘（一七六三～一八四二）等纂

道光二十年（一八四〇）刻本

遵義府志四十八卷

〔清〕鄭珍（一八〇六～一八六四）、莫友芝（一八一一～一八七一）撰

道光二十一年刻本，成文出版社有限公司《中國方志叢書》本

遵義市志編纂委員會辦公室一九八六年整理校點本（内部出版）

道光宿州志

〔清〕蘇元璐（嘉慶五年舉人）修，徐用熙纂

道光五年（一八二五）刻本，北京大學圖書館藏

光緒宿州志

〔清〕何慶釗（？～一八九二）修，丁遜之、吳振聲纂

光緒十五年（一八八九）刻本，成文出版社有限公司《中國方志叢書》本

江蘇古籍出版社《中國地方誌集成》安徽府縣誌輯（二八）

嘉靖九江府志十六卷

〔明〕何棐、馮曾修，李汛等纂

上海：上海古籍書店，一九六二年九月，「天一閣藏明代方志選刊」，據明嘉靖六年刻本影印

九江府志五十四卷卷末一卷

〔清〕達春布（一八二六～）修，黄鳳樓纂

同治十三年刻本，成文出版社有限公司《中國方志叢書》本

潯陽蹠醢六卷

〔清〕文行遠（康熙間）撰

《四庫全書存目叢書》影印清康熙穀明堂刻本，史部第二四九册

粵閩巡視紀略六卷

〔清〕杜臻（一六三四～一七〇三）撰

《四庫全書》本

日下舊聞考一百二十卷

〔清〕于敏中（一七一四～一七八〇）等編纂

《四庫全書》本

北京：北京古籍出版社，一九八三年五月（全八册）；一九八五年六月（全四册）

中州雜俎二十一卷

〔清〕汪价（一六一一～?）撰

民國十年安陽三怡堂排印本，杜憲、許協寅校字，陳繼鶚、段樹得校印；張鳳台厘定，中國社會科學院文學研究所圖書館藏

《四庫全書存目叢書》影印民國十年安陽三怡堂排印本，史部第二四九册

赤雅三卷

〔清〕鄺露（一六〇四～一六五〇）撰

《四庫全書》本

《叢書集成初編》據知不足齋叢書本排印，史地類，第三一二一册

益部談資三卷

〔明〕何宇度（一五五八～?）撰

《四庫全書》本；清抄本

《叢書集成初編》據學海類編本排印，史地類，第三一九〇册

廬山記三卷附廬山記略一卷

〔宋〕陳舜俞（一〇二六～一〇七六）撰

《四庫全書》本

武林舊事十卷

〔宋〕周密（一二三二～一二九八）撰

《四庫全書》本；民國景明寶顔堂秘笈本

古杭雜記

〔元〕李有撰

《説郛》本；《古今説海》本

《叢書集成初編》據《古今説海》本排印，史地類，第三二二一册

金華徵獻略二十卷

〔清〕王崇炳（一六五三～?）撰

《續修四庫全書》影印上海古籍出版社藏清雍正十年刻本，第五四七册，史部

台州札紀十二卷

〔清〕洪頤煊（一七六五～一八三三）撰

《續修四庫全書》影印浙江省圖書館藏清抄本，第七三四册，史部

古今遊名山記十七卷總録三卷附遊名山記一卷

〔明〕何鏜（嘉靖二十六年進士）輯撰

《四庫全書存目叢書》影印明嘉靖四十四年廬陵吴炳刻本，史部第二五〇册

岱史十八卷

〔明〕查志隆（嘉靖三十八年進士）撰

《續修四庫全書》影印北大圖書館藏明萬曆傅應星刻本，第七二二册，史部

南嶽總勝集三卷

〔宋〕陳田夫（紹興間）撰

《續修四庫全書》影印宛委別藏明影宋抄本，第七二五册，史部

王太初先生五岳游草十二卷

〔明〕王士性（一五四七～一五九八）撰

《四庫全書存目叢書》影印清康熙三十年馮蘇刻本，史部第二五一册

《續修四庫全書》影印科圖藏清康熙馮蘇刻本，第七三七册，史部

西湖遊覽志二十四卷志餘二十六卷

〔明〕田汝成（一五〇二～一五六三後）輯撰

《四庫全書》本；明嘉靖本；清丁丙輯《武林掌故叢編》第二十一集，清光緒中錢塘丁氏嘉惠堂刊本

上海書店《叢書集成續編》第六三册，影印《武林掌故叢編》本

西湖游覽志餘

〔明〕田汝成（一五〇二～一五六三後）輯撰

上海：中華書局上海編輯所，一九五八年十一月第一版；上海古籍出版社，一九八〇年十月，「中國文學參考資料叢書」

杭州：浙江人民出版社，一九八〇年十一月，「杭州掌故叢書」

循滄集二卷

〔明〕姚希孟（一五七九～一六三六）撰

《四庫全書存目叢書》影印明崇禎張叔籟陶蘭臺刻清閟全集本，史部第二五一册

西湖夢尋五卷

〔明〕張岱（一五九七～一六八〇）撰

《續修四庫全書》影印北圖藏清康熙刻本，第七二九册，史部

西湖夢尋 陶庵夢憶

〔明〕張岱（一五九七～一六八〇）撰

馬興榮（一九二四～）點校，上海：上海古籍出版社，一九八二年十一月

夏咸淳（一九三八～）、程維榮（一九五七～）校注，上海：上海古籍出版社，二〇〇一年第一版

陶庵夢憶

〔明〕張岱（一五九七～一六八〇）撰，彌松頤（一九三九～）校注

杭州：西湖書社，一九八二年三月

西湖小史一卷

〔清〕李鼎（一八一八～?）撰

清丁丙輯《武林掌故叢編》第十五集，清光緒中錢塘丁氏嘉惠堂刊本

上海書店《叢書集成續編》第六四册，影印《武林掌故叢編》本

清蟲天子輯《香豔叢書》第二集，清宣統二年（一九一〇）中國學扶輪社排印本

敕修兩浙海塘通志二十卷首一卷

〔清〕方觀承（一六九八～一七六八）等修〔清〕查祥等纂

《續修四庫全書》影印北大圖書館藏清乾隆刻本，第八五一册，史部

揚州畫舫録十八卷

〔清〕李斗（一七五〇～一八一六）撰

《續修四庫全書》影印上圖藏清乾隆六十年自然盦刻本，第七三三册，史部

汪北平、涂雨公點校，北京：中華書局，一九六〇年四月，「清代史料筆記

叢刊」
周光培點校，揚州：江蘇廣陵古籍刻印社，一九八四年一月
揚州休園志八卷首一卷
〔清〕鄭慶祜（乾隆三十七年前後）撰
《四庫禁毀書叢刊》影印清乾隆三十八年察視堂自刻本，史部第四一册
周莊鎮志六卷首一卷
〔清〕陶煦（一八二一～一八九一）纂
《續修四庫全書》影印華東師大圖書館藏清光緒八年元和陶氏儀一堂刻本，第七一七册，史部
仙都志二卷
〔元〕陳性定（至正八年前後）撰
《續修四庫全書》影印北圖藏瞿氏鐵琴銅劍樓抄本，第七二三册，史部
黃山志定本七卷圖一卷
〔清〕閔麟嗣（一六二八～一七〇四）撰
《四庫全書存目叢書》影印安徽叢書影印清康熙刻本，史部第二三五册
《續修四庫全書》影印湖北省圖書館藏清康熙刻本，第七二三～七二四册，史部
上海書店《叢書集成續編》第六〇册
沈雲龍主編《中國名山勝迹志叢刊》第四輯，臺灣文海出版社，一九七一年
羅浮山志會編二十二卷首一卷
〔清〕宋廣業（康熙間）撰
《四庫全書存目叢書》影印清康熙宋志益刻本，史部第二四〇册
石鐘山志十六卷首一卷
〔清〕李成謀（？～一八九二）、丁義方撰
《四庫未收書輯刊》影印清光緒九年聽濤眺雨軒刻本，史部第一輯第二八册
蘭亭志十一卷首一卷
〔清〕吳高增（一七〇六～？）輯
《續修四庫全書》影印上圖藏清乾隆十七年凝秀堂刻本，第七一八册，史部

增修雲林寺志八卷

〔清〕厲鶚（一六九二～一七五二）撰

《續修四庫全書》影印清光緒十四年刻本，第七一九册，史部

增修雲林寺志

〔清〕厲鶚（一六九二～一七五二）撰，魏得良（一九三〇～）標點

杭州：杭州出版社，二〇〇六年四月，收入趙一新總編「杭州佛教文獻叢刊」

續修雲林寺志八卷

〔清〕沈鑅彪纂

《續修四庫全書》影印清光緒十四年刻本，第七一九册，史部

續修雲林寺志

〔清〕沈鑅彪等纂，魏得良（一九三〇～）標點

杭州：杭州出版社，二〇〇六年四月，收入趙一新總編「杭州佛教文獻叢刊」

長沙府岳麓志八卷首一卷

〔清〕趙甯（康熙二十六年前後）纂修

《續修四庫全書》影印北大圖書館藏清康熙二十六年鏡水堂刻後印本，第七二〇册，史部

普陀山志二十卷首一卷

〔清〕許琰（乾隆間）撰

《續修四庫全書》影印上海古籍出版社藏清乾隆刻本，第七二三册，史部

諸蕃志二卷

〔南宋〕趙汝适（一一七〇～一二三一）撰

《四庫全書》本

雷塘庵主弟子記八卷

〔清〕張鑑（一七六八～一八五〇）等撰

《續修四庫全書》影印上海古籍出版社藏清道光琅嬛仙館刻本，第五五七册，史部

玉池老人自敘一卷首一卷

〔清〕郭嵩燾（一八一八～一八九一）撰

《續修四庫全書》影印上海古籍出版社藏清光緒十九年養知書屋刻本，第五

五二册，史部

澗泉日記三卷

〔宋〕韓淲（一一五九～一二二四）撰

《叢書集成初編》據聚珍版叢書本排印，文學類，第二九八三册

水東日記三十八卷

〔明〕葉盛（一四二〇～一四七四）撰

《四庫全書》本

水東日記

〔明〕葉盛（一四二〇～一四七四）撰，魏中平點校

北京：中華書局，一九八〇年十月，「元明史料筆記叢刊」

味水軒日記八卷

〔明〕李日華（一五六五～一六三五）撰

《續修四庫全書》影印民國十二年劉氏刻嘉業堂叢書本，第五五八册，史部

北京：文物出版社影印「嘉業堂叢書」本，一九八二年七月，一函八册

上海書店《叢書集成續編》第三九册，影印光緒五年（一八七九）葛元煦輯「嘯園叢書」刊本第四函（删減較多）

三魚堂日記十卷

〔清〕陸隴其（一六三〇～一六九三）撰

《續修四庫全書》影印科圖藏清同治九年浙江書局刻本，第五五九册，史部

轉漕日記四卷

〔清〕李鈞（一七九二～一八五九）撰

《續修四庫全書》影印天津圖書館藏清道光十七年河南糧鹽道署刻本，第五五九册，史部

越縵堂日記（不分卷）

〔清〕李慈銘（一八三〇～一八九四）撰

北京：浙江會館民國間影印本，中國社會科學院文學研究所圖書館藏，五函五十一册

上海：商務印書館一九二零年影印手稿本，中國社會科學院文學研究所圖書館藏，八函五十一册

揚州：廣陵書社，二〇〇四年五月清史編委會文獻叢刊影印手稿本，全十八册

越縵堂日記補

〔清〕李慈銘（一八三〇～一八九四）撰

商務印書館一九三六年據國立北京圖書館藏本刊影印本，中國社會科學院文學研究所圖書館藏，一函十三册

越縵堂日記鈔二卷

〔清〕李慈銘（一八三〇～一八九四）撰

鄧實等輯「古學彙刊」，民國元年（一九一二）上海國粹學報社排印本；上海書店《叢書集成續編》第九三册

復堂日記

〔清〕譚獻（一八三二～一九〇一）撰，范旭侖（一九五八～）、牟曉朋整理

石家莊：河北教育出版社，二〇〇一年一月

緣督廬日記抄十六卷

葉昌熾（一八四七～一九一七）撰，王季烈（一八七三～一九五二）輯

民國二十二年（一九三三）上海蟫隱廬石印本，中國社會科學院文學研究所圖書館藏，一函十六册

《續修四庫全書》影印上海古籍出版社藏民國二十二年上海蟫隱廬石印本，第五七六册，史部

忘山廬日記不分卷

孫寶瑄（一八七四～一九二四）撰

《續修四庫全書》影印上圖清抄本，第五七九～五八二册，史部

任琮標點，上海：上海古籍出版社，一九八九年四月，《中華文史叢刊》增刊，全二册

鑑古齋日記四卷

陳紹箕（光緒二十八年前後）撰，皮錫瑞（一八五〇～一九〇八）評

光緒二十八年（一九〇二）長沙刊本，中國社會科學院文學研究所圖書館藏，一函四册

《四庫未收書輯刊》影印清光緒二十八年刻本，史部第一〇輯第七册

黄炎培日記

黄炎培（一八七八～一九六五）撰，中國社會科學院近代史研究所整理

北京：華文出版社，二〇〇八年八月（第一至第十卷），二〇一二年九月（第十一至第十六卷）

年譜之屬

中國歷代年譜總録（增訂本）

楊殿珣（一九一〇～一九九七）編

北京：書目文獻出版社，一九九六年五月

近三百年人物年譜知見録

來新夏（一九二三～二〇一四）著

上海：上海人民出版社，一九八三年四月

杜甫年譜

四川省文史研究館編

成都：四川人民出版社，一九八一年五月

韓子年譜五卷

〔宋〕洪興祖（一〇九〇～一一五五）編

《北京圖書館藏珍本年譜叢刊》據民國元年（一九一二）上海商務印書館影印《新刊五百家注音辨昌黎先生文集》本

韓文年表一卷

〔宋〕方崧卿（一一三五～一一九四）撰

《北京圖書館藏珍本年譜叢刊》據民國元年（一九一二）上海商務印書館影印《新刊五百家注音辨昌黎先生文集》本

韓文類譜七卷

〔宋〕魏仲舉輯

《續修四庫全書》影印上海古籍出版社藏清雍正七年馬氏小玲瓏山館依宋本韓柳二先生年譜刻本，第五五二册，史部

唐韓柳年譜

〔清〕馬曰璐（一六九五～?）輯

臺北：臺灣商務印書館，一九八一年四月，影印《粵雅堂叢書》本

韓愈年譜

〔宋〕呂大防（一〇二七～一〇九七）等撰

徐敏霞（一九三四～二〇一八）校輯

北京：中華書局，一九九一年五月

劉禹錫年譜

卞孝萱（一九二四～二〇一一）著

北京：中華書局，一九六三年十一月第一版；一九六六年五月第二次印刷

唐劉夢得先生禹錫年譜

張達人（一九二九～）著

臺北：商務印書館，一九八二年十月，「新編中國名人年譜集成」第十八輯

白居易生活繫年

王拾遺（一九一七～二〇〇七）著

銀川：寧夏人民出版社，一九八一年六月

白居易年譜

朱金城（一九二一～二〇〇一）著

上海：上海古籍出版社，一九八二年六月

臺北：文史哲出版社，一九九一年十二月

白樂天年譜

羅聯添（一九二七～二〇一五）著

臺北：國立編譯館，一九八九年七月

白居易家譜

白書齋續譜，顧學頡（一九一三～一九九九）編注

北京：中國旅游出版社，一九八三年三月

元稹年譜

卞孝萱（一九二四～二〇一一）著

濟南：齊魯書社，一九八〇年六月

李德裕年譜

傅璇琮（一九三三～二〇一六）著

濟南：齊魯書社，一九八六年十月
石家莊：河北教育出版社，二〇〇一年十一月
杜牧年譜
繆鉞（一九〇四～一九九五）著
北京：人民文學出版社，一九八〇年九月
蘇軾年譜
孔凡禮（一九二三～二〇一〇）著
北京：中華書局，一九九八年十二月，全三册
三蘇年譜
孔凡禮（一九二三～二〇一〇）著
北京：北京古籍出版社，二〇〇四年十月，全四册
陸稼書先生年譜定本二卷附録一卷
〔清〕吳光酉（乾隆六年前後）撰
《續修四庫全書》影印上圖藏清雍正三年清風堂刻乾隆六年增刻本，第五五四册，史部
王漁洋先生年譜
伊丕聰（一九四四～）撰
濟南：山東大學出版社，一九八九年十二月
王漁洋事蹟征略
蔣寅（一九五九～）撰
北京：人民文學出版社，二〇〇一年十月
北京：中國社會科學出版社，二〇一四年九月
定盦先生年譜外紀
張祖廉（一八七三～?）撰
《娟鏡樓叢刻》本，嘉善張氏一九二〇年排印本
《龔自珍全集》（上海人民出版社，一九七五年二月）附録
莫友芝年譜長編
張劍（一九七一～）撰
北京：中華書局，二〇〇八年十一月

子部之屬

老子翼三卷

〔周〕老子原著〔明〕焦竑（一五四一～一六二〇）撰

《四庫全書》本

莊子集解

〔戰國〕莊周原著，王先謙（一八四二～一九一八）集解，沈嘯寰點校

北京：中華書局，一九八七年十月，「新編諸子集成」

莊子集釋

〔戰國〕莊周原著，郭慶藩（一八四四～一八九六）集釋，王孝魚（一九〇〇～一九八一）點校

北京：中華書局，一九六一年七月第一版；一九八九年十月第五次印刷，全四册，「新編諸子集成」

法言義疏

〔漢〕揚雄（前五三～一八）原著，汪榮寶（一八七八～一九三三）疏，陳仲夫點校

北京：中華書局，一九八七年三月第一版；一九九六年九月第二次印刷，「新編諸子集成」

壽親養老新書四卷

〔宋〕陳直撰〔元〕鄒鉉（大德間）續增

《四庫全書》本

上海：上海古籍出版社，一九九〇年七月，「氣功・養生叢書」

項氏家說十卷附録二卷

〔宋〕項安世（一一二九～一二〇八）撰

《四庫全書》本；《叢書集成初編》據聚珍版叢書本排印，總類，第二四二册

朱子語類

〔宋〕朱熹（一一三〇～一二〇〇）撰〔宋〕黎靖德編，王星賢點校

北京：中華書局，一九八六年三月，全八册

霏雪録二卷
〔明〕鎦績（洪武十三年前後）撰
《四庫全書》本
堯山堂外紀一百卷
〔明〕蔣一葵（萬曆三十九年前後）撰
《續修四庫全書》影印明刻本，第一一九四～一一九五册，子部
《四庫全書存目叢書》影印明萬曆間刻本，子部第一四七～一四八册
思辨録輯要三十五卷
〔清〕陸世儀（一六一一～一六七二）撰〔清〕張伯行（一六五一～一七二五）編次
《四庫全書》本
潛邱劄記六卷
〔清〕閻若璩（一六三六～一七〇四）撰
《四庫全書》本
聽潮居存業十卷
〔清〕原良（順治、康熙間）撰
《四庫全書存目叢書》影印清初刻本，子部第一一四册
鍾山書院規約一卷
〔清〕楊繩武（一六七五～一七五〇）撰
清昭代叢書本；上海書店《叢書集成續編》第七八册
藝文類聚一百卷
〔唐〕歐陽詢（五五七～六四一）撰
《四庫全書》本
藝文類聚
〔唐〕歐陽詢（五五七～六四一）主編
上海：中華書局上海編輯所影宋本，一九五九年十一月，全十六册
汪紹楹（一九〇九～一九七〇）斷句本
上海：中華書局上海編輯所，一九六五年十一月；上海：上海古籍出版社，一九八二年一月，精裝全二册，平裝全四册

北堂書鈔一百六十卷

〔唐〕虞世南（五五八～六三八）撰〔明〕陳禹謨（一五四八～一六一八）補注

《四庫全書》本

北堂書鈔

〔唐〕虞世南（五五八～六三八）修

北京：中國書店，一九八九年七月，影印光緒十四年南海孔廣陶校刊本

初學記三十卷目録一卷

〔唐〕徐堅（六五九～七二九）等撰

《四庫全書》本

初學記

〔唐〕徐堅（六五九～七二九）等編修，司義祖點校

北京：中華書局，一九六二年一月第一版；二〇〇四年二月第二次印刷，全三册

白氏六帖事類集

〔唐〕白居易（七七二～八四六）撰

北京：文物出版社，一九八七年五月影印本

白孔六帖一百卷

〔唐〕白居易（七七二～八四六）原本〔宋〕孔傳續撰

《四庫全書》本

唐宋白孔六帖一百卷目録二卷

〔唐〕白居易（七七二～八四六）撰〔宋〕孔傳補

明嘉靖刊本，中國社會科學院文學研究所圖書館善本室藏，一百册

六帖補二十卷

〔宋〕楊伯嵒（端平二年前後）撰

《四庫全書》本

六帖補十一卷

〔宋〕楊伯嵒（端平二年前後）撰

影宋抄本，中國社會科學院文學研究所圖書館善本室藏，一函四册

元和姓纂十卷目録一卷
〔唐〕林寶（元和七年前後）撰
《四庫全書》本
元和姓纂（附岑仲勉《元和姓纂四校記》）
〔唐〕林寶（元和七年前後）撰，郁賢皓（一九三三～）、陶敏（一九三八～二〇一三）整理，孫望（一九一二～一九九〇）審訂
北京：中華書局，一九九四年五月，全三册
姓解三卷
〔宋〕邵思（景祐二年前後）纂
《續修四庫全書》影印古逸叢書影印北宋本，第一二一三册，子部
《叢書集成初編》據古逸叢書本排印，史地類，第三二九六册
萬姓統譜一百四十卷 氏族博考十四卷
〔明〕凌迪知（一五二九～一六〇〇）撰
《四庫全書》本
太平御覽一千卷
〔宋〕李昉（九二五～九九六）等奉敕撰
《四庫全書》本
北京：中華書局影印宋刻本，一九六〇年二月，全四册
册府元龜一千卷目録十卷
〔宋〕王欽若（九六二～一〇二五）、楊億（九七四～一〇二〇）等奉敕撰
《四庫全書》本
北京：中華書局影印明刻本，一九六〇年六月，全十二册
宋本册府元龜
〔宋〕王欽若（九六二～一〇二五）、楊億（九七四～一〇二〇）等奉敕撰
北京：中華書局影印宋刻本，一九八九年一月，全四册
册府元龜
〔宋〕王欽若（九六二～一〇二五）、楊億（九七四～一〇二〇）等奉敕撰，周勳初（一九二九～）主編整理
南京：鳳凰出版社，二〇〇六年十月，全一〇册

事類賦三十卷

〔宋〕吳淑（九四七～一〇〇二）撰

《四庫全書》本

揚州：江蘇廣陵古籍刻印社影印，一九八九年五月

事類賦注

〔宋〕吳淑（九四七～一〇〇二）撰注，冀勤（一九三四～）等校點

北京：中華書局，一九八九年十二月

事物紀原十卷

〔宋〕高承（元豐間）撰

《四庫全書》本

海録碎事二十二卷

〔宋〕葉廷珪（政和五年進士）撰

《四庫全書》本

上海：上海辭書出版社，一九八九年九月

李之亮（一九五〇～）校點本，北京：中華書局，二〇〇二年五月第一版，全二册

寓簡十卷

〔宋〕沈作喆（一一〇六～一一七五後）撰

《四庫全書》本；《叢書集成初編》據知不足齋叢書本排印，總類，第二九六册

緯略十二卷

〔宋〕高似孫（一一五八～一二三一）撰

《四庫全書》本

古今事文類聚二百三十六卷前集六十卷後集五十卷續集二十八卷别集三十二卷附古今事文類聚新集三十六卷外集十五卷古今事文類聚遺集十五卷

〔宋〕祝穆（？～一二五六）編

《四庫全書》本

古今源流至論 前集十卷後集十卷續集十卷

〔宋〕林駉（甯宗嘉定間）撰

《四庫全書》本

古今源流至論别集十卷

〔宋〕黄履翁（理宗紹定五年進士）撰

《四庫全書》本

古今合璧事類備要前集六十九卷後集八十一卷續集五十六卷别集九十四卷外集六十六卷

〔宋〕謝維新（寶祐前後）編

《四庫全書》本

玉海二百卷

〔宋〕王應麟（一二二三～一二九六）撰

《四庫全書》本

揚州：廣陵書社影印本，二〇〇三年八月，全五册

小學紺珠十卷

〔宋〕王應麟（一二二三～一二九六）撰

《四庫全書》本；明津逮秘書本

璧水群英待問會元九十卷

〔宋〕劉達可（淳祐五年前後）輯

《四庫全書存目叢書》影印明麗澤堂活字本，子部第一六八册

《續修四庫全書》影印南圖藏明麗澤堂活字印本，第一二一七～一二一八册，子部

純正蒙求三卷

〔元〕胡炳文（一二五〇～一三三三）撰

《四庫全書》本

永樂大典

〔明〕解縉（一三六九～一四一五）、姚廣孝（一三三五～一四一八）等編

北京：中華書局影印本，一九五九年至一九六〇年，綫裝全二〇二册；一九八六年六月，精裝全十册

事物考八卷

〔明〕王三聘（一五〇一～一五七七）輯

《續修四庫全書》影印清華大學圖書館藏明嘉靖四十二年何起鳴刻本，第一二三二册，子部

名義考十二卷

〔明〕周祈（嘉靖三十一年舉人）撰

《四庫全書》本；民國湖北先正遺書本

天中記六十卷附周天大象賦一卷

〔明〕陳耀文（一五二六～一六〇七）撰

《四庫全書》本

夢占類考十二卷

〔明〕張鳳翼（一五二七～一六一三）撰

《續修四庫全書》影印明萬曆十三年信陽王氏刻本，第一〇六四册，子部

山堂肆考二百二十八卷 補遺十二卷

〔明〕彭大翼（一五五二～一六四三）撰

《四庫全書》本

蘭雪堂古事苑定本十二卷

〔明〕鄧志謨（一五五九～一六二四後）輯

《四庫全書存目叢書》影印清康熙間蘭雪堂刻本，子部第二三一册

《續修四庫全書》影印科圖藏清康熙蘭雪堂刻本，第一二四七册，子部

玉劍尊聞十卷

〔清〕梁維樞（一五八七～一六六二）撰

《四庫全書存目叢書》影印清順治間賜麟堂刻本，子部第二四四册

夜航船二十卷

〔明〕張岱（一五九七～一六八〇）撰

《續修四庫全書》影印天一閣藏清抄本，第一一三五册，子部

夜航船（附西湖夢尋 陶庵夢憶）

〔明〕張岱（一五九七～一六八〇）撰，冉雲飛（一九六五～）校點

成都：四川文藝出版社，一九九六年四月

御定淵鑑類函四百五十卷

〔清〕愛新覺羅・玄燁（一六五四～一七二二）撰

《四庫全書》本

御定子史精華一百六十卷

〔清〕愛新覺羅·胤禛（一六七八～一七三五清世宗）定

《四庫全書》本

小字録一卷

〔宋〕陳思（寶慶間）撰

《四庫全書》本；《四部叢刊》三編景明活字印本

百菊集譜六卷卷首諸菊品目一卷補遺一卷

〔宋〕史鑄（理宗時）撰

《四庫全書》本

琴史六卷

〔宋〕朱長文（一〇三九～一〇九八）撰

《四庫全書》本；清康熙楝亭藏書十二種本

青蓮舫琴雅四卷

〔明〕林有麟（萬曆四十一年前後）輯

《四庫全書存目叢書》影印明萬曆間刻本，子部第七四册

誠一堂琴談二卷

〔清〕程允基（康熙間）撰

《四庫全書存目叢書》影印清康熙四十四年程氏誠一堂刻本，子部第七五册

素園石譜四卷

〔明〕林有麟（萬曆天啟間）輯

《四庫全書存目叢書》影印明萬曆四十一年刻本，子部第七九册

《續修四庫全書》影印明萬曆四十一年刻本，第一一一二册，子部

蜀錦譜一卷（歲華紀麗譜附）

〔元〕費著（一三四三前後）撰

《四庫全書》本；清嘉慶墨海金壺本

新增格古要論三卷

〔明〕曹昭（洪武間）撰

《四庫全書》本；清惜陰軒叢書本

書史一卷

〔宋〕米芾（一〇五一～一一〇七）撰

《四庫全書》本；明刻百川學海本

書訣一卷

〔明〕豐坊（一四九四～一五六九後）撰

《四庫全書》本；民國四明叢書本

淳化秘閣法帖考正十二卷

〔清〕王澍（一六六八～一七三九）撰

《四庫全書》本；《四部叢刊》三編景清雍正本

益州名畫録三卷

〔宋〕黄休復（景德三年前後）撰

《四庫全書》本

何韞若、林孔翼注，成都：四川人民出版社，一九八二年十二月，「中國歷代畫論畫史選注」

圖畫見聞志六卷

〔宋〕郭若虚（熙寧七年前後）撰

《四庫全書》本

鄧白注，成都：四川美術出版社，一九八六年十一月

林泉高致集一卷

〔宋〕郭熙（一〇〇五？～一〇九四?）撰〔宋〕郭思（一〇六一～一一三四）編

《四庫全書》本

廣川書跋十卷

〔宋〕董逌（政和間）撰

《四庫全書》本

廣川畫跋六卷

〔宋〕董逌（政和間）撰

《四庫全書》本

宣和畫譜二十卷

〔宋〕佚名（宣和二年前後）撰

《四庫全書》本；《叢書集成初編》影津逮秘書本，藝術類，第一六五二～一六五三册

宣和書譜二十卷

〔宋〕佚名（宣和二年前後）撰

《四庫全書》本；《叢書集成初編》影津逮秘書本，藝術類，第一六三二～一六三三册

寶真齋法書贊二十八卷

〔宋〕岳珂（一一八二～?）撰

《四庫全書》本；《叢書集成初編》據聚珍版叢書本排印，藝術類，第一六二八～一六三〇册

珊瑚木難八卷

〔明〕朱存理（一四四四～一五一三）撰

《適園叢書》本；《四庫全書》本

清河書畫舫十二卷

〔明〕張丑（萬曆四十三年前後）撰

《四庫全書》本

徐德明注解，上海：上海古籍出版社，二〇一一年八月，「古代書畫著作選刊」

書畫題跋記十二卷續題跋記十二卷

〔明〕郁逢慶（崇禎七年前後）撰

《四庫全書》本

書畫跋跋三卷續三卷

〔明〕孫鑛（一五四三～一六一三）撰

《四庫全書》本

趙氏鐵網珊瑚十六卷

〔明〕趙琦美（一五六三～一六二四）撰

《四庫全書》本

墨林快事十二卷

〔明〕安世鳳（一五七三～一六二〇）撰

《四庫全書存目叢書》影印清抄本，子部第一一八册

珊瑚網四十八卷

〔明〕汪砢玉（一五八七～?）撰

《四庫全書》本

成都：成都古籍書店影印，一九八五年九月，全二册

無聲詩史七卷

〔清〕姜紹書（?～一六八〇?）撰

《四庫全書存目叢書》影印清康熙五十九年李光暎觀妙齋刻本，子部第七二册

《續修四庫全書》影印天津圖書館藏清康熙五十九年李光映觀妙齋刻本，第一〇六五册，子部

御定佩文齋書畫譜一百卷

〔清〕聖祖玄燁（一六五四～一七二二）康熙四十七年御定，孫岳頒（一六三九～一七〇八）等編

《四庫全書》本

佩文齋書畫譜一百卷

〔清〕王原祁（一六四二～一七一五）等纂輯

北京：中國書店影印，一九八四年九月，全五册

墨緣彙觀録四卷

〔清〕安岐（一六八三～?）撰

《續修四庫全書》影印清光緒元年刻粤雅堂叢書本，第一〇六七册，子部

張昌熙標點，延邊大學出版社，一九八八年十二月，「朝鮮族古籍叢書」

小山畫譜二卷

〔清〕鄒一桂（一六八六～一七七二）撰

清粤雅堂叢書本；《叢書集成初編》據借月山房匯抄本排印，藝術類，第一六四三册

秘殿珠林二十四卷

〔清〕張照（一六九一～一七四五）、梁詩正（一六九七～一七六三）等乾

隆九年奉敕撰
《四庫全書》本
石渠寶笈四十四卷
〔清〕張照（一六九一～一七四五）、梁詩正（一六九七～一七六三）等乾隆十九年奉敕編
《四庫全書》本
欽定秘殿珠林續編八卷 欽定石渠寶笈續編八十八卷
〔清〕王傑（一七二五～一八〇五）等輯
《續修四庫全書》影印清内府抄本，第一〇六九～一〇七四册，子部
欽定秘殿珠林三編不分卷 欽定石渠寶笈三編不分卷
〔清〕英和（一七七一～一八四〇）等輯
《續修四庫全書》影印清嘉慶内府抄本，第一〇七五～一〇八一册，子部
秘殿珠林石渠寶笈合編
〔清〕張照（一六九一～一七四五）等編
上海：上海書店，一九八八年十月影印，全十二册
江村銷夏録三卷
〔清〕高士奇（一六四五～一七〇三）撰
《四庫全書》本
庚子銷夏記・江村銷夏録
〔清〕孫承澤（一五九三～一六七六）撰〔清〕高士奇（一六四五～一七〇三）撰
佘彦焱校點，上海：上海古籍出版社，二〇一一年九月，「古代書畫著作選刊」
書畫記六卷
〔清〕吴其貞（一六〇九～一六七八）撰
《續修四庫全書》影印清乾隆寫四庫全書本，第一〇六六册，子部
式古堂書畫彙考六十卷
〔清〕卞永譽（一六四五～一七一二）撰
《四庫全書》本

平生壯觀十卷

〔清〕顧復（康熙三十一年前後）撰

《續修四庫全書》影印清抄本，第一〇六五册，子部

上海：上海人民美術出版社影清道光間蔣氏宋體精抄本，一九六二年十二月，全四册

林虞生（一九二七～）校點，上海：上海古籍出版社，二〇一一年八月，「古代書畫著作選刊」

南宋院畫録八卷

〔清〕厲鶚（一六九二～一七五二）撰

《四庫全書》本

六藝之一録四百六卷 續編十四卷

〔清〕倪濤（順康間）撰

《四庫全書》本

吴越所見書畫録六卷

〔清〕陸時化（一七二四～一七七九）撰

《續修四庫全書》影印復旦圖書館藏清乾隆懷煙閣刻本，第一〇六八册，子部

大觀録二十卷

〔清〕吴昇（一七五五～一八二四）撰

《續修四庫全書》影印華東師大圖書館藏民國九年武進李氏聖譯廔鉛印本，第一〇六六册，子部

閩中書畫録十四卷

〔清〕黄錫蕃（一七六一～一八五一）撰

《續修四庫全書》影印民國三十二年合衆圖書館叢書本，第一〇六八册，子部

石渠隨筆八卷

〔清〕阮元（一七六四～一八四九）撰

《續修四庫全書》影印南圖藏阮亨揚州珠湖草堂刻本，第一〇八一册，子部

胡氏書畫考三種八卷（南熏殿圖像考二卷國朝院畫録二卷西清劄記四卷）

〔清〕胡敬（一七六九～一八四五）撰

《續修四庫全書》影印清嘉慶刻本，第一〇八二册，子部

紅豆樹館書畫記八卷

〔清〕陶樑（一七七二～一八五七）撰

《續修四庫全書》影印清光緒八年吴趨潘氏韡園刻本，第一〇八二册，子部

辛丑銷夏記五卷

〔清〕吴榮光（一七七三～一八四三）撰

《續修四庫全書》影印南圖藏清道光刻本，第一〇八二册，子部

藝舟雙楫

〔清〕包世臣（一七七五～一八五五）撰

《藝林名著叢刊》本，北京：中國書店，一九八三年三月

藝舟雙楫·廣藝舟雙楫疏證

〔清〕包世臣（一七七五～一八五五）撰〔清〕康有為（一八五八～一九二七）撰，祝嘉（一八九九～一九九五）編

成都：巴蜀書社，一九八九年十一月

歷代畫史彙傳七十二卷首一卷附録二卷

〔清〕彭蘊璨（一七八〇～一八四〇）撰

《續修四庫全書》影印遼寧省圖書館藏清道光五年吴門尚志堂彭氏刻本，第一〇八三～一〇八四册，子部

玉臺畫史五卷别録一卷

〔清〕湯漱玉輯〔清〕汪遠孫（一七九三～一八三六）輯

《續修四庫全書》影印復旦圖書館藏清道光十七年汪氏振綺堂刻本，第一〇八四册，子部

目耕帖三十一卷

〔清〕馬國翰（一七九四～一八五七）撰

上海：上海古籍出版社，一九九〇年十二月，影印《玉函山房輯佚書》第四册

過雲樓書畫記十卷

〔清〕顧文彬（一八一一～一八八九）撰

《續修四庫全書》影印清光緒刻本，第一〇八五册，子部

過雲樓書畫記. 續記

〔清〕顧文彬（一八一一～一八八九）撰〔清〕顧麟士撰，顧榮木、汪葆楫點校

南京：江蘇古籍出版社，一九九〇年十月

過雲樓書畫記・嶽雪樓書畫記

〔清〕顧文彬（一八一一～一八八九）撰〔清〕孔廣陶（一八三二～一八九〇）撰

柳向春注解，上海：上海古籍出版社，二〇一一年八月，「古代書畫著作選刊」

夢幻居畫學簡明五卷續五卷又一卷

〔清〕鄭績（一八一三～?）撰

《續修四庫全書》影印南圖藏清同治三年夢幻居刻本，第一〇八六册，子部

夢園書畫録二十五卷

〔清〕方濬頤（一八一五～一八八九）撰

《續修四庫全書》影印復旦圖書館藏清光緒三年定遠方氏成都刻本，第一〇八六册，子部

聽颿樓書畫記五卷

〔清〕潘正煒（一八二一～一八六一）撰

道光二十九年刊；收入鄧實輯《美術叢書・四集》第七輯，民國二十五年上海神州國光社排印本；盧輔聖主編《中國書畫全書》第十一册，上海書畫出版社，二〇〇〇年

嶽雪樓書畫録五卷

〔清〕孔廣陶（一八三二～一八九〇）撰

《續修四庫全書》影印南圖藏清咸豐十一年刻本，第一〇八五册，子部

穰梨館過眼録四十卷續録十六卷

〔清〕陸心源（一八三四～一八九四）撰

《續修四庫全書》影印清光緒十七年吳興陸氏家塾刻本，第一〇八七册，子部

愛日吟廬書畫録四卷

〔清〕葛金烺（一八三七～一八九〇）撰

《續修四庫全書》影印清宣統二年葛氏刻本，第一〇八八册，子部

澄蘭室古緣萃録十八卷

邵松年（一八四九～一九二三）撰

《續修四庫全書》影印清光緒三十年上海鴻文書局石印本，第一〇八八册，子部

壬寅銷夏録不分卷

端方（一八六一～一九一一）撰

《續修四庫全書》影印中國文物研究所文物資料信息中心藏稿本，第一〇八九～一〇九〇册，子部

虛齋名畫録十六卷續録四卷補遺一卷

龐元濟（一八六四～一九四九）撰

《續修四庫全書》影印清宣統元年及民國十三年烏程龐氏上海刻本，第一〇九〇～一〇九一册，子部

盛京故宮書畫録

金梁（一八七八～?）撰

長白金氏一九一三年刊本，共七册；收入《中國歷代書畫藝術論著叢編》第十二册，中國大百科全書出版社一九九七年版

證類本草三十卷

〔宋〕唐慎微（一〇五六～一〇九三）撰

《四庫全書》本

本草綱目五十二卷

〔明〕李時珍（一五一八～一五九三）撰

《四庫全書》本

北京：人民衛生出版社校點本，一九八二年十一月，全二册

樹藝篇三十三卷

〔元〕胡助（一二七八～一二五〇後）撰

《續修四庫全書》影印北圖藏明純白齋抄本，第九七七册，子部

亳州牡丹史四卷

〔明〕薛鳳翔（萬曆二年進士）撰

《續修四庫全書》影印南圖藏明萬曆刻本，第一一一六册，子部

廣蠶桑説輯補二卷

〔清〕沈練（？～一八五五）撰〔清〕仲學輅（？～一九〇〇）輯補

《續修四庫全書》影印天津圖書館藏清光緒三年宗源瀚嚴州府刻本，第九七八册，子部

御定廣群芳譜一百卷

〔清〕聖祖玄燁（一六五四～一七二二）康熙四十七年御定，孫岳頒（一六三九～一七〇八）等編

《四庫全書》本

植物名實圖考三十八卷

〔清〕吳其濬（一七七九～一八四七）撰

《續修四庫全書》影印山東省圖書館藏清道光二十八年陸應穀刻本，第一一一八册，子部

荔枝譜一卷

〔宋〕蔡襄（一〇一二～一〇六七）撰

《四庫全書》本

酒譜一卷

〔宋〕竇苹（元豐七年前後）撰

《四庫全書》本

祖堂集二十卷

〔南唐〕釋靜、釋筠（九五二前後）輯

《續修四庫全書》影印高麗藏本，第一二八五册，子部

宋高僧傳

〔宋〕釋贊寧（九一九～一〇〇一）撰，范祥雍（一九三一～一九九三）點校

北京：中華書局，一九八七年八月，「中國佛教典籍選刊」

大宋僧史略三卷

〔宋〕釋贊寧（九一九～一〇〇一）撰

《大正新修大藏經》本
《續修四庫全書》影印北大圖書館藏日本延寶八年刻本，第一二八六册，子部

石門文字禪三十卷

〔宋〕釋惠洪（一〇七一～一一二八）撰
《四部叢刊》本

林間録二卷 後集一卷

〔宋〕釋惠洪（一〇七一～一一二八）撰
《四庫全書》本

景德傳燈録三十卷西來年表一卷

〔宋〕釋道原（景德元年前後）撰
《大正新修大藏經》本
《續修四庫全書》影印民國二十四年上海商務印書館四部叢刊三編影印宋刻本，第一二八二册，子部

五燈會元

〔宋〕釋普濟（一一七九～一二五三）撰，蘇淵雷（一九〇八～一九九五）點校
北京：中華書局，一九八四年十月，「中國佛教典籍選刊」

佛祖統紀五十四卷

〔宋〕釋志磐（景定、咸淳間）撰
《續修四庫全書》影印北大圖書館藏明刻本，第一二八七册，子部
《四庫全書存目叢書》影印宋咸淳元年至六年胡慶宗等募刻本，子部第二五四册（存三十九卷）

佛祖歷代通載二十二卷

〔元〕釋念常（一二八二～?）撰
《四庫全書》本

佛法金湯編十六卷

〔明〕釋心泰（一三一二～一四一五）編撰，釋如惺重校
《卍新纂續藏經》第八十七册

《四庫未收書輯刊》影印明萬曆二十八年釋如惺刻本，子部第五輯第一三册

如來香十四卷

〔明〕唐時（崇禎間）輯

《四庫未收書輯刊》影印清康熙孫丕璨刻本，子部第七輯第一三册

居士傳五十六卷

〔清〕彭紹升（一七四〇～一七九六）撰

《續修四庫全書》影印清乾隆四十年長洲彭氏刻本，第一二八六册，子部

大正新脩大藏經

（日）大藏一切經刊行會編印，一九二四年至一九三四年（日本大正元年）

臺北：新文豐出版公司影印，一九八三年，全八十五册

卍新纂續藏經

（日）藏經書院，一九〇五年至一九一二年

上海涵芬樓影印

續仙傳三卷

〔唐〕沈汾（舊題）撰

《四庫全書》本

雲笈七籤一百二十二卷

〔宋〕張君房（景德二年進士）編

《四庫全書》本

濟南：齊魯書社影印，一九八八年九月

三洞群仙録二十卷

〔宋〕陳葆光（紹興二十四年前後）編

《續修四庫全書》影印民國涵芬樓影印明正統道藏本，第一二九四册，子部

歷世真仙體道通鑑五十三卷

〔元〕趙道一（至元三十一年前後）撰

《續修四庫全書》影印民國涵芬樓影印明《正統道藏》本，第一二九四～一二九五册，子部

性命圭旨一卷

〔明〕佚名撰

《道藏精華録》第七集，守一子輯，民國無錫丁氏排印本

淨土聖賢録九卷續編四卷種蓮集一卷

〔清〕彭希涑（一七六一～一七九三）撰〔清〕蓮歸居士輯

《續修四庫全書》影印北圖分館藏清刻本，第一二八六册，子部

道藏

北京：文物出版社、上海書店、天津古籍出版社影印，一九八八年三月，全三十六册

中華道藏

張繼禹（一九六二～）主編

北京：華夏出版社，二〇〇四年一月，全四十八册

藏外道書

胡道静（一九一三～二〇〇三）等編

成都：巴蜀書社，一九九二年至一九九四年，全三十六册

長春道教源流八卷

〔清〕陳銘珪（一八二四～一八八一）撰

《續修四庫全書》影印復旦圖書館藏民國東莞陳氏刻聚德堂叢書本，第一二九五册，子部

筆記之屬

唐代

唐人軼事彙編

周勳初（一九二九～）主編

上海：上海古籍出版社，一九九五年十二月第一版，全四册

唐五代筆記小説大觀

上海古籍出版社編

上海：上海古籍出版社，二〇〇〇年三月，全二册

大唐新語

〔唐〕劉肅撰，許德楠（一九三二～）、李鼎霞（一九三三～）點校

北京：中華書局，一九八四年六月第一版；一九九七年十二月湖北第三次印刷，「唐宋史料筆記叢刊」

隋唐嘉話 朝野僉載

〔唐〕劉餗撰，程毅中（一九三〇～）點校

〔唐〕張鷟（六五八～七三〇）撰，趙守儼（一九二六～一九九四）點校

北京：中華書局，一九七九年十月第一版；一九九七年十二月湖北第二次印刷，「唐宋史料筆記叢刊」

明皇雜録 東觀奏記

〔唐〕鄭處誨撰　〔唐〕裴廷裕撰，田廷柱（一九四三～）點校

北京：中華書局，一九九四年九月，「唐宋史料筆記叢刊」

教坊記 北里志 青樓集

〔唐〕崔令欽撰　〔唐〕孫棨（八八四前後在世）撰　〔元〕夏庭芝撰

上海：古典文學出版社，一九五七年二月，「中國文學參考資料小叢書」

教坊記箋訂

〔唐〕崔令欽撰，任半塘（一八九七～一九九一）箋訂，中華書局上海編輯所編輯

北京：中華書局，一九六二年七月

酉陽雜俎

〔唐〕段成式（八〇三或稍後～八六三）撰，方南生（一九二八～）點校

上海：上海古籍出版社，一九八一年十二月

酉陽雜俎校箋

〔唐〕段成式（八〇三或稍後～八六三）撰，許逸民（一九四一～）校箋

北京：中華書局，二〇一五年七月，全四册

雲溪友議

〔唐〕范攄（八三五？～？）撰

上海：古典文學出版社，一九五七年四月第一版，「中國文學參考資料小叢書」

揚州：江蘇廣陵古籍刻印社，「筆記小説大觀」，重印二十年代進步書局石印本，一九八三年四月第一版

《叢書集成初編》據稗海本排印，文學類，第二八三二～二八三三册

唐闕史二卷

〔五代〕高彦休（八五四～?）撰

明萬曆十六年談長公抄本

《四庫全書》本

劇談録二卷

〔五代〕康駢（乾符五年進士）撰

《四庫全書》本

上海：古典文學出版社，一九五八年六月，據光绪三十年暖紅室校刊本排印

唐摭言

〔五代〕王定保（八七〇～九四〇）撰

上海：古典文學出版社，一九五七年四月第一版，「中國文學參考資料小叢書」

上海：中華書局上海編輯所，一九五九年九月新一版；上海古籍出版社，一九七八年五月

唐國史補 因話録

〔唐〕李肇（？～八三六前）撰　〔唐〕趙璘（八〇三？～?）撰

上海：古典文學出版社，一九五七年四月第一版，「中國文學參考資料小叢書」

上海：上海古籍出版社，一九七九年一月新一版

大唐傳載．幽閒鼓吹．中朝故事

〔唐〕佚名撰〔唐〕張固（八四七至八六〇前後）撰〔南唐〕尉遲偓撰

上海：中華書局上海編輯所，一九五八年十月，「中國文學參考資料叢書」

北夢瑣言

〔唐末宋初〕孫光憲（八九五～九六八）纂集

林艾園（一九一四～二〇〇四）校點，上海：上海古籍出版社，一九八一年十一月，「宋元筆記叢書」

賈二強（一九五四～）校點，北京：中華書局，二〇〇二年六月，「唐宋史料筆記叢刊」

清異録

〔五代〕陶穀（九〇三～九七〇）撰

《四庫全書》本

《宋元筆記大觀》（一），上海古籍出版社，二〇〇一年十二月

清異録（飲食部分）

〔五代〕陶穀（九〇三～九七〇）撰，李益民等注釋

北京：中國商業出版社，一九八五年四月，「中國烹飪古籍叢刊」

鑑誡録十卷

〔後蜀〕何光遠撰

《叢書集成初編》據知不足齋叢書本排印，文學類，第二八四三册

雲仙雜記十卷（雲仙散録）

〔後唐〕馮贄撰

《四庫全書》本

張力偉點校，北京：中華書局，一九九八年二月，「古體小説叢刊」

宋元

宋元筆記小説大觀

上海古籍出版社編

上海：上海古籍出版社，二〇〇一年十二月，全六册

廣卓異記二十卷

〔宋〕樂史（九三〇～一〇〇七）撰

《四庫全書存目叢書》影印清康熙刻本，史部第八七册

賈氏談録一卷

〔宋〕張洎（九三四～九九七）撰

《四庫全書》本

南部新書

〔宋〕錢易（九六八～一〇二六）撰

上海：中華書局上海編輯所，一九五八年十一月，「中國文學參考資料叢書」

黃壽成點校，北京：中華書局，二〇〇二年六月，「唐宋史料筆記叢刊」

楊文公談苑 倦遊雜録

〔宋〕楊億（九七四～一〇二〇）口述〔宋〕黃鑑（？～一〇三一）筆録

〔宋〕宋庠（九九六～一〇六六）整理　〔宋〕張師正（一〇一六或一〇一七～?）撰，李裕民（一九四〇～）輯校
上海：上海古籍出版社，一九九三年八月，「宋元筆記叢刊」

楊文公談苑 後山談叢

〔宋〕楊億（九七四～一〇二〇）口述〔宋〕黃鑑（?～一〇三一）筆録〔宋〕宋庠（九九六～一〇六六）整理，李裕民（一九四〇～）輯校〔宋〕陳師道（一〇五二～一一〇二）撰，李偉國（一九四八～）校點
上海：上海古籍出版社，二〇一二年十一月，「歷代筆記小說大觀」

黃氏日抄九十四卷

〔宋〕黃震（端拱二年進士）撰
《四庫全書》本

宋景文筆記三卷

〔宋〕宋祁（九九八～一〇六一）撰
《四庫全書》本

夢林玄解三十四卷首一卷

〔宋〕邵雍（一〇一二～一〇七七）纂輯〔明〕陳士元增刪〔明〕何棟如重輯
《續修四庫全書》影印上海辭書藏明崇禎刻本，第一〇六三～一〇六四册，子部

春明退朝録

〔宋〕宋敏求（一〇一九～一〇七九）撰
《四庫全書》本
《叢書集成初編》據百川學海本排印，文學類，第二七五三册

東齋記事·春明退朝録

〔宋〕范鎮（一〇〇七～一〇八八）撰，汝沛點校；〔宋〕宋敏求（一〇一九～一〇七九）撰，誠剛點校
北京：中華書局，一九八〇年九月，「唐宋史料筆記叢刊」

唐語林校證

〔宋〕王讜（一〇三〇前後～一一〇〇前後）撰，周勳初（一九二九～）校證

北京：中華書局，一九八七年七月第一版；一九九七年十二月第二次印刷，全二册，「唐宋史料筆記叢刊」

近事會元五卷

〔宋〕李上交（皇祐二年前後）撰

《四庫全書》本

元刊夢溪筆談

〔宋〕沈括（一〇三一～一〇九五）撰

北京：文物出版社，一九七五年十二月

夢溪筆談校證

〔宋〕沈括（一〇三一～一〇九五）撰，胡道靜（一九一三～二〇〇三）校證

上海：上海出版公司，一九五六年一月；上海：古典文學出版社，一九五七年三月

上海：上海古籍出版社，一九八七年九月

澠水燕談録十卷

〔宋〕王闢之（一〇三一～?）撰

《四庫全書》本

澠水燕談録 歸田録

〔宋〕王闢之（一〇三一～?）撰，呂友仁（一九三九～）校點〔宋〕歐陽修（一〇〇七～一〇七二）撰，李偉國（一九四八～）校點

北京：中華書局，一九八一年三月，「唐宋史料筆記叢刊」

東軒筆録

〔宋〕魏泰（一〇三五後～一一〇九後）撰，李裕民（一九四〇～）點校

北京：中華書局，一九八三年十月，「唐宋史料筆記叢刊」

珍席放談二卷

〔宋〕高晦叟（崇寧後）撰

《四庫全書》本

嬾真子五卷

〔宋〕馬永卿（大觀三年進士）撰

《四庫全書》本

學林十卷

〔宋〕王觀國（政和五年進士）撰

《四庫全書》本；《叢書集成初編》據湖海樓叢書本排印，總類，第三〇〇～三〇三册

田瑞娟點校，北京：中華書局，一九八八年一月，「學術筆記叢刊」

麈史三卷

〔宋〕王得臣（一〇三六～一一一六）撰

《四庫全書》本

麈史

〔宋〕王得臣（一〇三六～一一一六）撰，俞宗憲點校

上海：上海古籍出版社，一九八六年十月

東坡志林・仇池筆記

〔宋〕蘇軾（一〇三七～一一〇一）撰，華東師范大學古籍研究所點校注釋

上海：華東師范大學出版社，一九八三年三月，「宋人筆記小説」

東坡志林

〔宋〕蘇軾（一〇三七～一一〇一）撰，王松齡點校

北京：中華書局，一九八一年九月，「唐宋史料筆記叢刊」

東坡題跋

〔宋〕蘇軾（一〇三七～一一〇一）撰，屠友祥校注

上海：上海遠東出版社，一九九六年十一月

珩璜新論一卷

〔宋〕孔平仲（一〇四六？～一一〇四）撰

《四庫全書》本

談苑四卷

〔宋〕孔平仲（一〇四六？～一一〇四）撰（舊題）

《四庫全書》本

續世説十二卷

〔宋〕孔平仲（一〇四六？～一一〇四）撰

《續修四庫全書》影印《宛委别藏》清抄本，第一一六六册，子部

邵氏聞見録

〔宋〕邵伯溫（一〇五六～一一三四）撰，李劍雄（一九四二～）、劉德權（一九三九～）點校

北京：中華書局，一九八三年八月，「唐宋史料筆記叢刊」

邵氏聞見後録

〔宋〕邵博（？～一一五八）撰，劉德權、李劍雄（一九四二～）點校

北京：中華書局，一九八三年八月，「唐宋史料筆記叢刊」

墨莊漫録 過庭録 可書

〔宋〕張邦基（一〇五六～一一〇九）等撰，孔凡禮（一九二三～二〇一〇）點校

北京：中華書局，二〇〇二年八月，「唐宋史料筆記叢刊」

侯鯖録　墨客揮犀　續墨客揮犀

〔宋〕趙令畤（一〇六四～一一三四）撰　〔宋〕彭□ 撰，孔凡禮（一九二三～二〇一〇）點校

北京：中華書局，二〇〇二年九月，「唐宋史料筆記叢刊」

泊宅編

〔宋〕方勺（一〇六六～？）撰，許沛藻（一九三四～）、楊立揚點校

北京：中華書局，一九八三年七月，「唐宋史料筆記叢刊」

東觀餘論二卷

〔宋〕黄伯思（一〇七三～一一一二）撰

《四庫全書》本

春渚紀聞十卷

〔宋〕何薳（一〇七七～一一四五）撰

《學津討原》本；《四庫全書》本

張明華點校，北京：中華書局，一九八三年一月，「唐宋史料筆記叢刊」

石林燕語

〔宋〕葉夢得（一〇七七～一一四八）撰〔宋〕宇文紹奕考異，侯忠義（一九三六～）點校

北京：中華書局，一九八四年五月，「唐宋史料筆記叢刊」
避暑録話二卷
〔宋〕葉夢得（一〇七七～一一四八）撰
《四庫全書》本
《叢書集成初編》據《津逮秘書》本排印，文學類，第二七八五册
青瑣高議前集十卷後集十卷别集七卷
〔宋〕劉斧（仁宗哲宗時）撰
《四庫全書存目叢書》影印清紅藥山房抄本，子部第二四六册
青瑣高議
〔宋〕劉斧（仁宗哲宗時）撰輯
上海：上海古籍出版社，一九八三年五月，「宋元筆記叢書」
靖康緗素雜記十卷
〔宋〕黄朝英（哲宗徽宗時）撰
《四庫全書》本
五總志一卷
〔宋〕吴坰（？～一一五四）撰
《四庫全書》本
紺珠集十三卷
〔宋〕朱勝非（一〇八二～一一四四）撰
《四庫全書》本
雞肋編三卷
〔宋〕莊綽（一一三一前後）撰
《四庫全書》本
青箱雜記
〔宋〕吴處厚（皇祐五年進士）撰，李裕民（一九四〇～）點校
北京：中華書局，一九八五年五月，「唐宋史料筆記叢刊」
中吴紀聞六卷
〔宋〕龔明之（一〇九一～一一八二）撰
《四庫全書》本；《知不足齋叢書》本

《粤雅堂叢書》本；《叢書集成初編》據知不足齋叢書本排印，史地類，第三一五五册

孫菊園校點，上海：上海古籍出版社，一九八六年十月

欒城遺言一卷

〔宋〕蘇籀（一〇九一～?）撰

《四庫全書》本

鐵圍山叢談

〔宋〕蔡絛（一〇九七～一一五六或稍後）撰，馮惠民、沈錫麟點校

北京：中華書局，一九八三年九月，「唐宋史料筆記叢刊」

猗覺寮雜記二卷

〔宋〕朱翌（一〇九七～一一六七）撰

《四庫全書》本；《知不足齋叢書》本

實賓録十四卷

〔宋〕馬永易（徽宗時）撰

《四庫全書》本

西溪叢語二卷

〔宋〕姚寬（一一〇五～一一六二）撰

《四庫全書》本；《涵芬樓秘笈》本；明嘉靖俞憲崑鳴館刻本

西溪叢語 家世舊聞

〔宋〕姚寬（一一〇五～一一六二）撰〔宋〕陸游（一一二五～一二一〇）撰，孔凡禮（一九二三～二〇一〇）點校

北京：中華書局，一九九三年十二月，「唐宋史料筆記叢刊」

步里客談二卷

〔宋〕陳長方（一一〇八～一一四八）撰

《四庫全書》本

能改齋漫録十八卷

〔宋〕吳曾（一一一七～一一九〇前不久）撰

《四庫全書》本；《守山閣叢書》本

上海：中華書局上海編輯所，一九六〇年十一月第一版；上海：上海古籍出

版社，一九七九年十一月新一版，一九八四年六月第二次印刷，全二册，「宋元筆記叢書」

獨醒雜誌十卷

〔宋〕曾敏行（一一一八～一一七五）撰

《四庫全書》本

獨醒雜誌

〔宋〕曾敏行（一一一八～一一七五）撰，朱傑人（一九四五～）標校

上海：上海古籍出版社，一九八六年六月

甕牖閒評 考古質疑

〔宋〕袁文（一一一九～一一九〇）撰〔宋〕葉大慶（一一九五？至一二六四間）撰，李偉國（一九四八～）點校

上海：上海古籍出版社，一九八五年八月

考古編十卷

〔宋〕程大昌（一一二三～一一九五）撰

《四庫全書》本

考古編 續考古編

〔宋〕程大昌（一一二三～一一九五）撰，劉尚榮（一九四八～）校證

北京：中華書局，二〇〇八年十二月，「學術筆記叢刊」

演繁露十六卷 續演繁露六卷

〔宋〕程大昌（一一二三～一一九五）撰

《四庫全書》本

容齋隨筆

〔宋〕洪邁（一一二三～一二〇二）撰，上海師範大學古籍整理組校點

上海：上海古籍出版社，一九七八年七月第一版，平裝全二册；一九九六年三月新一版，精裝一册

夷堅志

〔宋〕洪邁（一一二三～一二〇二）撰，何卓點校

北京：中華書局，一九八一年十月，全四册

老學庵筆記

〔宋〕陸游（一一二五～一二一〇）撰，李劍雄（一九四二～）、劉德權點校

北京：中華書局，一九七九年十一月，「唐宋史料筆記叢刊」

清波雜誌校注

〔宋〕周煇（一一二七～一一九八後）撰，劉永翔（一九四八～）校注

北京：中華書局，一九九四年九月

揮麈録

〔宋〕王明清（一一二七～一二一四）撰

上海：中華書局上海編輯所，一九六一年十月

上海：上海書店出版社，二〇〇一年八月，「歷代筆記叢刊」

玉照新志六卷

〔宋〕王明清（一一二七～一二一四）撰

《四庫全書》本

投轄録 玉照新志

〔宋〕王明清（一一二七～一二一四）撰，汪新森、朱菊如校點

上海：上海古籍出版社，一九九一年二月，「宋元筆記叢書」

嶺外代答十卷

〔宋〕周去非（一一三四～一一八八）撰

《四庫全書》本

芥隱筆記一卷

〔宋〕龔頤正（一一四〇～一二〇一）撰

明《顧氏文房小説》本；《四庫全書》本

雲麓漫鈔十五卷

〔宋〕趙彦衛（一一四〇？～一二一〇?）撰

《四庫全書》本

上海：中華書局上海編輯所，一九五八年七月新一版

傅根清點校，北京：中華書局，一九九六年八月，「唐宋史料筆記叢刊」

習學記言序目

〔宋〕葉適（一一五〇～一二二三）撰

北京：中華書局，一九七七年一月第一版，一九九七年十月，全二册

野客叢書三十卷

〔宋〕王楙（一一五一～一二一三）撰

《四庫全書》本；《叢書集成初編》據稗海本排印，總類，第三〇四～三〇六册

王文錦（一九二七～二〇〇二）點校，北京：中華書局，一九八七年七月，「學術筆記叢刊」

鄭明、王義耀校點，上海：上海古籍出版社，一九九一年五月，「宋代筆記叢書」

懷古録校注

〔宋〕陳模（一二〇九～?）撰，鄭必俊校注

北京：中華書局，一九九三年二月

仕學規範四十卷

〔宋〕張鎡（一一五三～一二三五）撰

《四庫全書》本

游宦紀聞 舊聞證誤

〔宋〕張世南（甯宗理宗時）撰，張茂鵬點校；〔宋〕李心傳（一一六六～一二四三）撰，崔文印（一九四一～）點校

北京：中華書局，一九八一年一月版，「唐宋史料筆記叢刊」

雲谷雜紀四卷

〔宋〕張淏（紹興二十七年進士）撰

《四庫全書》本

雲谷雜記

〔宋〕張淏（紹興二十七年進士）撰，張宗祥（一八八一～一九六五）校録

上海：中華書局上海編輯所，一九五八年九月

松窗百説一卷

〔宋〕李季可（紹興二十七年前後）撰

《知不足齋叢書》第二十三集，嘉慶八年據舊抄本刊

《續修四庫全書》影印《宛委別藏》清抄本，第一一二二册，子部

捫蝨新話十五卷

〔宋〕陳善（紹興三十年進士）撰

民國校刻儒學警悟本

《四庫全書存目叢書》影印明崇禎間虞山毛氏汲古閣刻津逮秘書本，子部第一〇一册

《續修四庫全書》影印北大圖書館藏明崇禎毛氏汲古閣刻津逮秘書本，第一一二二册，子部

道山清話一卷

〔宋〕王暐（舊題）撰

《四庫全書》本

經鋤堂雜誌八卷

〔宋〕倪思（一一七四～一二二〇）撰

《續修四庫全書》影印明萬曆潘大復刻本，第一一二二册，子部

賓退録十卷

〔宋〕趙與旹（一一七五～一二三一）撰

《四庫全書》本

賓退録

〔宋〕趙與旹（一一七五～一二三一）撰，齐治平（一九五六～）校點

上海：上海古籍出版社，一九八三年八月，「宋元筆記叢書」

經外雜抄二卷

〔宋〕魏了翁（一一七八～一二三七）撰

《四庫全書》本

貴耳集三卷

〔宋〕張端義（一一七九～?）撰

《四庫全書》本

上海：中華書局上海編輯所，一九五八年十月，「中國文學參考資料叢書」

桯史十五卷

〔宋〕岳珂（一一八二～?）撰

《四庫全書》本

吳企明（一九三三～）點校，北京：中華書局，一九八一年十二月，「唐宋筆記史料叢書」

負暄野録二卷

〔宋〕陳槱（紹熙元年進士）撰

《四庫全書》本

吹劍録外集一卷

〔宋〕俞文豹（一一八八？～）撰

《四庫全書》本

吹劍録全編

〔宋〕俞文豹（一一八八？～）撰，張宗祥（一八八一～一九六五）校訂

上海：古典文學出版社，一九五八年五月

示兒編二十三卷

〔宋〕孫奕（開禧元年前後）撰

《四庫全書》本

履齋示兒編二十三卷・附校補一卷

〔宋〕孫奕（開禧元年前後）撰〔清〕顧廣圻（一七六六～一八三五）校補

《叢書集成初編》據知不足齋叢書本排印，總類，第二〇五～二〇七册

耆舊續聞十卷

〔宋〕陳鵠（開禧嘉定間）撰

《四庫全書》本

梁谿漫志十卷

〔宋〕費衮（開禧二年進士）撰

《四庫全書》本

金圓校點，上海：上海古籍出版社，一九八五年五月

傅毓鈐標點，太原：山西人民出版社，一九八六年一月

鶴林玉露十六卷補遺一卷

〔宋〕羅大經（一一九五？～一二五三後）撰，王瑞來點校

北京：中華書局，一九八三年八月，「唐宋史料筆記叢刊」

腳氣集二卷

〔宋〕車若水（一二一〇～一二七五）撰

《四庫全書》本

鼠璞二卷

〔宋〕戴埴（嘉熙二年進士）撰

《百川學海》本；《四庫全書》本

困學紀聞二十卷

〔宋〕王應麟（一二二三～一二九六）撰

《四部叢刊》影印元刊本；《四庫全書》本

上海：商務印書館，一九三五年；北京：商務印書館，一九五九年一月，全三册

困學紀聞注二十卷

〔宋〕王應麟（一二二三～一二九六）撰〔清〕翁元圻（一七五一～?）注

《續修四庫全書》影印北圖藏清道光五年翁氏守福堂刻本，第一一四二～一一四三册，子部

全校本困學紀聞

〔宋〕王應麟（一二二三～一二九六）撰〔清〕翁元圻（一七五一～?）等注，欒保群（一九四五～）、田松青、呂宗力（一九五〇～）點校

上海：上海古籍出版社，二〇〇八年十二月

困學紀聞注

〔宋〕王應麟（一二二三～一二九六）撰〔清〕翁元圻（一七五一～?）等注，孫通海點校

北京：中華書局，二〇一六年五月

佩韋齋輯聞四卷

〔宋〕俞德鄰（一二三二～一二九三）撰

《四庫全書》本

齊東野語

〔宋〕周密（一二三二～一二九八）撰，張茂鵬點校

北京：中華書局，一九八三年十一月，「唐宋史料筆記叢刊」

齊東野語校注

〔宋〕周密（一二三二～一二九八）撰，朱菊如等校注

上海：華東師範大學出版社，一九八七年五月，「唐宋小説筆記叢刊」

浩然齋雅談三卷

〔宋〕周密（一二三二～一二九八）撰

《四庫全書》本

《叢書集成初編》據聚珍版叢書本排印，文學類，第二五四一册

癸辛雜識前集一卷後集一卷續集二卷别集二卷

〔宋〕周密（一二三二～一二九八）撰

《四庫全書》本

癸辛雜識

〔宋〕周密（一二三二～一二九八）撰，吳企明（一九三三～）點校

北京：中華書局，一九八八年一月，「唐宋史料筆記叢刊」

愛日齋叢鈔五卷

〔宋〕葉寘（嘉定間）撰

《四庫全書》本

《叢書集成初編》據《守山閣叢書》本影印，總類，第三二五册

愛日齋叢鈔浩然齋雅談 隨隱漫録

〔宋〕葉寘（嘉定間）撰〔宋〕周密（一二三二～一二九八）撰〔宋〕陳世崇撰，孔凡禮（一九二三～二〇一〇）點校

北京：中華書局，二〇一〇年一月，「唐宋史料筆記叢刊」

學齋佔畢四卷

〔宋〕史繩祖（一二四一至一二六七前後）撰

《四庫全書》本

《叢書集成初編》據《百川學海》本排印，總類，第三一三册

雞肋一卷

〔宋〕趙崇絢撰

《四庫全書》本；民國武進陶氏影刻宋百川學海本

夢粱録二十卷

〔宋〕吳自牧（咸淳十年前後）撰

《四庫全書》本；清學津討原本

杭州：浙江人民出版社，一九八四年二月，「杭州掌故叢書」

識遺十卷

〔宋〕羅璧撰

《四庫全書》本

重刊增廣分門類林雜説十五卷

〔金〕王朋壽撰

《續修四庫全書》影印民國九年劉氏嘉業堂刻嘉業堂叢書本，第一二一九册，子部

敬齋古今黈八卷

〔元〕李冶（一一九二～一二七九）撰

《四庫全書》本

劉德權點校，北京：中華書局，一九九五年二月版，「學術筆記叢刊」

歸潛志十四卷

〔元〕劉祁（一二〇三～一二五〇）撰

《四庫全書》本

崔文印（一九四一～）點校，北京：中華書局，一九八三年六月，「元明史料筆記叢刊」

山房隨筆一卷

〔元〕蔣正子撰

《四庫全書》本

庶齋老學叢談三卷

〔元〕盛如梓撰

《四庫全書》本

《叢書集成初編》據知不足齋叢書本排印，總類，第三二八册

玉堂嘉話 山居新語

〔元〕王惲（一二二七～一三〇四）撰〔元〕楊瑀（一二八五～一三六一）

撰，楊曉春、余大鈞點校
北京：中華書局，二〇〇六年十二月，「元明史料筆記」
隱居通議三十一卷
〔元〕劉壎（一二四〇～一三一九）撰
《四庫全書》本
困學齋雜録一卷
〔元〕鮮于樞（一二四六～一三〇二）撰
《四庫全書》本；知不足齋叢書本
東南紀聞三卷
〔元〕佚名（至元十三年前後）撰
《四庫全書》本
忍經一卷
〔元〕吳亮（至元三十年前後）輯
《續修四庫全書》影印南圖藏明刻本，第一一八八册，子部
研北雜志二卷
〔元〕陸友仁（一三三二前後）撰
《四庫全書》本
雪履齋筆記一卷
〔元〕郭翼（一三〇五～一三六四）撰
《四庫全書》本
輟耕録三十卷
〔元〕陶宗儀（一三一六～一四〇三後）撰
《四庫全書》本
南村輟耕録
〔元〕陶宗儀（一三一六～一四〇三後）撰
北京：中華書局，一九五二年九月，「元明史料筆記叢刊」
静齋至正直記四卷
〔元〕孔克齊（一三六〇前後）撰
《續修四庫全書》影印北圖藏清毛氏抄本，第一一六六册，子部

明代

群書類編故事二十四卷

〔明〕王罃（永樂六年舉人）輯

《續修四庫全書》影印宛委別藏影抄元刻本，第一二二四册，子部

群書類編故事

〔明〕王罃（永樂六年舉人）輯，馮惠民（一九三八～）點校

北京：書目文獻出版社，一九九三年二月

諫言長語一卷

〔明〕曹安（正統九年舉人）撰

《四庫全書》本

雙槐歲抄十卷

〔明〕黄瑜（一四二六～一四九七）撰

《續修四庫全書》影印北圖藏明嘉靖三十八年陸延枝刻本，第一一六六册，子部

北京：中華書局，一九九九年十二月

菽園雜記十五卷

〔明〕陸容（一四三六～一四九四）撰

《四庫全書》本

菽園雜記

〔明〕陸容（一四三六～一四九四）撰，佚之點校

北京：中華書局，一九八五年五月，「元明史料筆記叢刊」

林泉隨筆一卷

〔明〕張綸（一四四〇～一五〇六）撰

《叢書集成初編》影今獻匯言本，文學類，第二〇九二册

濯纓亭筆記十卷附禮記集説辯疑一卷

〔明〕戴冠（一四四二～一五一二）撰

《續修四庫全書》影印復旦圖書館藏明嘉靖二十六年（一五四七）華察刻本，第一一七〇册，子部

蟫精雋十六卷
〔明〕徐伯齡（天順成化間）撰
《四庫全書》本
震澤長語二卷
〔明〕王鏊（一四五〇～一五二四）撰
《四庫全書》本
寓意編一卷
〔明〕都穆（一四五八～一五二五）撰
《四庫全書》本；清刻奇晋齋叢書本
藝彀三卷彀補一卷
〔明〕鄧伯羔撰
《四庫全書》本
晝永編二卷
〔明〕宋嶽（成化八年進士）撰
《續修四庫全書》影印北圖藏明嘉靖四十三年閻永光刻本，第一一二四册，子部
東溪日談録十八卷
〔明〕周琦（成化十七年進士）撰
《四庫全書》本
下陴記談二卷
〔明〕皇甫録（一四七〇～一五四〇）撰
《四庫全書存目叢書》影印明嘉靖間刻本，子部第二四〇册
餘冬録
〔明〕何孟春（一四七四～一五三六）撰
長沙：岳麓書社，二〇一二年十二月，「湖湘文庫」
士翼三卷
〔明〕崔銑（一四七八～一五四一）撰
《四庫全書》本

兩山墨談十八卷

〔明〕陳霆（一四七九？～一五五三?）撰

《續修四庫全書》影印天津圖書館藏明嘉靖十八年李檠刻本，第一一四三册，子部

七修類稿

〔明〕郎瑛（一四八七～一五六六）撰

安越點校，北京：文化藝術出版社，一九九八年八月

上海：上海書店出版社，二〇〇一年八月（據中華書局上海編輯所一九五九年斷句本新式標點），「歷代筆記叢刊」

藝林伐山二十卷

〔明〕楊慎（一四八八～一五五九）撰

《續修四庫全書》影印華東師大圖書館藏明嘉靖三十五年王詢刻本，第一一四三册，子部

庸言十二卷

〔明〕黄佐（一四九〇～一五六六）撰

《續修四庫全書》影印北圖藏明嘉靖三十一年刻本，第九三九册，子部

四友齋叢説

〔明〕何良俊（一五〇六～一五七三）撰

北京：中華書局，一九五九年四月第一版；一九八三年四月第二次印刷；一九九七年十一月第三次印刷，「元明史料筆記叢刊」

張恭懿松窗夢語八卷

〔明〕張瀚（一五一一～一五九三）撰

《續修四庫全書》影印科圖藏清抄本，第一一七一册，子部

松窗夢語

〔明〕張瀚（一五一一～一五九三）撰，蕭國亮（一九四七～）點校

上海：上海古籍出版社，一九八六年二月，「明清筆記叢刊」

鶡林子五卷・附校訛一卷・附續校一卷

〔明〕趙釴（一五一二～一五六九）撰〔清〕胡珽撰校訛〔清〕董金鑒撰續校

《螢雪軒叢書》本；《叢書集成初編》據琳琅秘室叢書本排印，文學類，第二九二二册

蓬窗日録八卷

〔明〕陳全之（一五一二～一五八〇）撰

《續修四庫全書》影印復旦圖書館藏明嘉靖四十四年刻本，第一一二五册，子部

輟耰述四卷

〔明〕陳全之（一五一二～一五八〇）撰

《續修四庫全書》影印上圖藏明萬曆十一年書林熊少泉刻本，第一一二五册，子部

金罍子四十四卷

〔明〕陳絳（一五一三～一五八七）撰

《四庫全書存目叢書》影印明萬曆三十四年陳昱刻本，子部第八四～八五册

《續修四庫全書》影印明萬曆三十四年陳昱刻本，第一一二四册，子部

千一録二十六卷

〔明〕方弘靜（一五一六～一六一一）撰

《續修四庫全書》影印北大圖書館藏明萬曆刻本，第一一二六册，子部

見聞搜玉八卷

〔明〕高鶴（一五一七～一六〇一）纂輯〔明〕陳汝元校

明萬曆十九年（一五九一）辛卯夏越中函三館雕本，中國社會科學院文學研究所圖書館善本室藏，一函八册

東谷贅言二卷

〔明〕敖英（一四七一～一五五一）撰

《叢書集成初編》據寶顔堂秘笈本排印，文學類，第二九一二册

《四庫全書存目叢書》影印明嘉靖二十八年（一五四九）沈淮刻本，子部第一〇二册

孤樹裒談十卷

〔明〕李默（正德十六年進士）撰

《續修四庫全書》影印北大圖書館藏明刻本，第一一七〇册，子部

《四庫全書存目叢書》影印明刻本，子部第二四〇册

高奇往事十卷

〔明〕何鏜（嘉靖二十六年進士）輯

《四庫未收書輯刊》影印明萬曆間刻本，子部第一〇輯第一一册

篷底浮談十五卷附録一卷

〔明〕張元諭（嘉靖二十六年進士）撰

《續修四庫全書》影印北圖藏明隆慶四年董原道刻本，第一一二六册，子部

禪寄筆談十卷

〔明〕陳師（嘉靖四十一年會試副榜）撰

《四庫全書存目叢書》影印明萬曆自刻本，子部第一〇三册

筠齋漫録十卷續集二卷別集一卷

〔明〕黄學海（嘉靖四十一年進士）撰

《續修四庫全書》影印上圖藏明萬曆三十年刻本，第一一二七册，子部

留青日札三十九卷

〔明〕田藝蘅（一五二四～一五八三後）撰

《續修四庫全書》影印明萬曆三十七年刻本，第一一二九册，子部

《四庫全書存目叢書》影印明萬曆三十七年徐懋升重刻本，子部第一〇五册

上海：上海古籍出版社，一九八五年九月，全三册，「瓜蒂庵藏明清掌故叢刊」

留青日札

〔明〕田藝蘅（一五二四～一五八三後）撰，朱碧蓮（一九三二～）點校

上海：上海古籍出版社，一九九二年十一月，「明清筆記叢書」

閒適劇談五卷

〔明〕鄧球（一五二五～一五九五）撰

《四庫全書存目叢書》影印明萬曆十一年鄧雲臺刻本，子部第八四册

《續修四庫全書》影印南圖藏明萬曆鄧雲臺刻本，第一一二七册，子部

重刻來瞿唐先生日録内篇七卷外篇五卷

〔明〕來知德（一五二五～一六〇四）撰

《續修四庫全書》影印中國社會科學院考古研究所藏明萬曆刻本，第一一二

八册，子部

正楊四卷

〔明〕陳耀文（一五二六～一六〇七）撰

《四庫全書》本

河上楮談三卷

〔明〕朱孟震（一五三〇～一五九三）撰

《續修四庫全書》影印明萬曆刻本，第一一二八册，子部

寶顏堂訂正脈望八卷

〔明〕趙台鼎撰

《四庫全書存目叢書》影印明萬曆間繡水沈氏刻寶顏堂秘笈本，子部第八六册

《續修四庫全書》影印北大圖書館藏明萬曆沈氏尚白齋刻陳眉公家藏秘笈續函本，第一一二八册，子部

商務印書館一九三五年影印寶陵排印本

古今寓言十二卷

〔明〕詹景鳳（一五三二～一六〇二）輯

《四庫全書存目叢書》影印明萬曆九年陳世寶刻本，子部第二五二册

焦氏筆乘

〔明〕焦竑（一五四一～一六二〇）撰，李劍雄（一九四二～）點校

上海：上海古籍出版社，一九八六年四月

北京：中華書局，二〇〇八年五月，上下册，「學術筆記叢刊」

焦氏類林八卷

〔明〕焦竑（一五四一～一六二〇）輯

《續修四庫全書》影印北大圖書館藏明萬曆十五年王元貞刻本，第一一八九册，子部

鴻苞四十八卷

〔明〕屠隆（一五四二～一六〇五）撰

《四庫全書存目叢書》影印明萬曆三十八年茅元儀刻本，子部第八八～九〇册

遵生八箋十九卷

〔明〕高濂（一五四二？～一六一六?）撰

《四庫全書》本；明萬曆十九年（一五九一）刻本

騷壇秘語三卷

〔明〕周履靖（一五四二～一六三二）撰

《叢書集成初編》影《夷門廣牘》本，文學類，第二六一三册

香山酒頌二卷

〔唐〕白居易（七七二～八四六）撰；〔明〕周履靖（一五四二～一六三二）和《叢書集成初編》影《夷門廣牘》本，文學類，第一七五八册

六語三十一卷

〔明〕郭子章（一五四三～一六一八）輯

《四庫全書存目叢書》影印明萬曆間刻本，子部第二五一册

穀山筆麈十八卷

〔明〕于慎行（一五四五～一六〇八）撰

《續修四庫全書》影印科圖藏明萬曆于緯刻本，第一一二八册，子部

《四庫全書存目叢書》影印明萬曆間于緯刻本，子部第八七册

寓圃雜記・穀山筆麈

〔明〕王錡（一四三三～一四九九）撰，張德信點校〔明〕于慎行（一五四五～一六〇八）撰，呂景琳點校

北京：中華書局，一九八四年六月，「元明史料筆記叢刊」

雨航雜録二卷

〔明〕馮時可（一五四六～一六一九）撰

《四庫全書》本；民國景明寳顔堂秘笈本

太史楊復所先生證學編四卷首一卷證學論一卷策一卷

〔明〕楊起元（一五四七～一五九九）撰

《四庫全書存目叢書》影印明萬曆四十五年佘永寧刻本，子部第九〇册

《續修四庫全書》影印南圖藏明萬曆四十五年佘永寧刻本，第一一二九册，子部

說儲八卷二集八卷

〔明〕陳禹謨（一五四八～一六一八）撰

《四庫全書存目叢書》影印明萬曆三十七年徐騰芳刻本，子部第一一〇册

青泥蓮花記十三卷

〔明〕梅鼎祚（一五四九～一六一八）輯

《四庫全書存目叢書》影印明萬曆三十年鹿角山房刻本，子部第二五三册

玉芝堂談薈三十六卷

〔明〕徐應秋（？～一六二一）撰

《四庫全書》本

少室山房筆叢

〔明〕胡應麟（一五五一～一六〇二）撰

上海：中華書局上海編輯所，一九五八年十月，全二册，「明清筆記叢刊」

上海：上海書店出版社，二〇〇一年八月，「歷代筆記叢刊」

詞林海錯十六卷

〔明〕夏樹芳（一五五二～一六三一?）輯

《四庫未收書輯刊》影印明萬曆四十六年刻本，子部第四輯第三〇册

疑燿七卷

〔明〕張萱（一五五八～一六四一）撰

《四庫全書》本；《叢書集成初編》據嶺南遺書本排印總類，第三四〇～三四一册

西園聞見録一百七卷

〔明〕張萱（一五五八～一六四一）撰

《續修四庫全書》影印上圖藏民國二十九年哈佛燕京學社印本，第一一六八～一一七〇册，子部

聞雁齋筆談六卷

〔明〕張大復（一五五四～一六三〇）撰

《續修四庫全書》影印上圖藏明萬曆三十三年顧孟兆等刻本，第一一三一册，子部

墨卿談乘十四卷

〔明〕張懋修（一五五四～一六三四）撰

《四庫未收書輯刊》影印明刻本，子部第三輯第二八册

畫禪室隨筆四卷

〔明〕董其昌（一五五五～一六三六）撰

《四庫全書》本

湧幢小品三十二卷

〔明〕朱國禎（一五五八～一六三二）撰

《續修四庫全書》影印復旦圖書館藏明天啟二年刻本，第一一七二～一一七三册，子部

上海：中華書局上海編輯所，一九五九年十一月，全二册，「明清筆記叢刊」

狂夫之言三卷續二卷

〔明〕陳繼儒（一五五八～一六三九）撰

《叢書集成初編》據寶顏堂秘笈本排印，文學類，第二九三〇册

《四庫全書存目叢書》影印明萬曆間繡水沈氏刻寶顏堂秘笈本，子部第九四册

岩棲幽事一卷

〔明〕陳繼儒（一五五八～一六三九）撰

《四庫全書存目叢書》影印明萬曆間繡水沈氏刻寶顏堂秘笈本，子部第一一八册

太平清話十二卷

〔明〕陳繼儒（一五五八～一六三九）撰

中國社會科學院文學研究所圖書館善本室藏明刊本，二册

太平清話四卷

〔明〕陳繼儒（一五五八～一六三九）撰

《四庫全書存目叢書》影印明萬曆間繡水沈氏刻寶顏堂秘笈本，子部第二四四册

《叢書集成初編》據寶顏堂秘笈本排印，文學類，第二九三一册

太平清話二卷

〔明〕陳繼儒（一五五八～一六三九）撰

王文濡輯《説庫》本，上海文明書局民國四年石印本；浙江古籍出版社，一九八六年十月影印，全二册

小窗幽記十二卷

〔明〕陳繼儒（一五五八～一六三九）撰

上海：中央書店民國二十四年排印本，《國學珍本文庫》第一集（襟霞閣主人輯）

小窗幽記十二卷

〔明〕陳繼儒（一五五八～一六三九）撰

上海：中央書店民國二十四年排印本，《國學珍本文庫》第一集（襟霞閣主人輯）

疑燿七卷

〔明〕張萱（一五五八～一六四一）撰

《四庫全書》本；《叢書集成初編》據嶺南遺書本排印總類，第三四〇～三四一册

西園聞見録一百七卷

〔明〕張萱（一五五八～一六四一）撰

《續修四庫全書》影印上圖藏民國二十九年哈佛燕京學社印本，第一一六八～一一七〇册，子部

見聞雜紀九卷續二卷

〔明〕李樂（隆慶二年進士）撰

《四庫全書存目叢書》影印明萬曆間刻清補修本，子部第二四二册

推篷寤語九卷餘録一卷

〔明〕李豫亨（隆慶四年前後）撰

《續修四庫全書》影印北大圖書館藏明隆慶五年李氏思敬堂刻本，第一一二八册，子部

說略三十卷

〔明〕顧起元（一五六五～一六二八）撰

《四庫全書》本

六研齋筆記四卷 二筆四卷 三筆四卷

〔明〕李日華（一五六五～一六三五）撰

《四庫全書》本

紫桃軒雜綴三卷 又綴三卷

〔明〕李日華（一五六五～一六三五）撰

上海書店《叢書集成續編》第八九册

六研齋筆記 紫桃軒雜綴

〔明〕李日華（一五六五～一六三五）撰，郁震宏（一九七八～）、李保陽（一九七九～）點校，薛維源（一九五六～）點校

南京：鳳凰出版社，二〇一〇年三月

文海披沙八卷

〔明〕謝肇淛（一五六七～一六二四）撰

《續修四庫全書》影印明萬曆三十七年沈儆炌刻本，第一一三〇册，子部

五雜組十六卷

〔明〕謝肇淛（一五六七～一六二四）撰

《續修四庫全書》影印明萬曆四十四年潘膺祉如韋館刻本，第一一三〇册，子部

上海：中華書局上海編輯所，一九五九年三月，全二册，「中國文學參考資料叢書」

上海：上海書店出版社，二〇〇一年八月，「歷代筆記叢刊」

讀書雜録二卷

〔明〕胡震亨（一五六九～一六四五）撰

《續修四庫全書》影印上圖藏清康熙刻本，第一一三二册，子部

剩言十四卷

〔明〕戴君恩（一五七〇～一六三六）撰

《續修四庫全書》影印北圖藏明刻本，第一一三二册，子部

《四庫全書存目叢書》影印明刻本，子部第九一册

徐氏筆精八卷

〔明〕徐𤊹（一五七〇～一六四二）撰

《四庫全書》本

露書十四卷

〔明〕姚旅（？～一六二二）撰

《四庫全書存目叢書》影印明天啟間刻本，子部第一一一册

《續修四庫全書》影印華東師大圖書館藏明天啟刻本，第一一三二册，子部

戲瑕三卷

〔明〕錢希言（？～一六二二後）撰

《續修四庫全書》影印安徽省圖書館藏明刻本，第一一四三册，子部

《叢書集成初編》據借月山房匯抄本排印，文學類，第二九四五册

《四庫全書存目叢書》影印明刻本，子部第九七册

古今譚概三十六卷

〔明〕馮夢龍（一五七四～一六四六）輯

《續修四庫全書》影印明刻本，第一一九五册，子部

智囊補二十八卷

〔明〕馮夢龍（一五七四～一六四六）輯

《四庫全書存目叢書》影印明積秀堂刻本，子部第一三五册

廣諧史十卷

〔明〕陳邦俊（萬曆二十四年前後）輯

《四庫全書存目叢書》影印明萬曆四十三年沈應魁刻本，子部第二五二册

剡溪漫筆六卷

〔明〕孫能傳（萬曆四十四年進士）撰

《續修四庫全書》影印天一閣藏明萬曆四十一年孫能正刻本，第一一三二册，子部

花裏活三卷補遺一卷

〔明〕陳詩教（萬曆四十四年前後）撰

《叢書集成初編》據學海類編本排印，文學類，第二九五四册

《四庫全書存目叢書》影印涵芬樓影印清道光十一年六安晁氏木活字學海類

編本，子部第八二册

守官漫録五卷

〔明〕劉萬春（萬曆四十四年進士）撰

《四庫禁毁書叢刊》影印明萬曆四十八年劉氏澹然居刻本，子部第三七册

沈氏弋説六卷

〔明〕沈長卿（萬曆間舉人）撰

《續修四庫全書》影印上圖藏明萬曆刻本，第一一三一册，子部

問奇類林三十五卷續三十卷

〔明〕郭良翰（萬曆間）輯

《四庫未收書輯刊》影印明萬曆三十七年黄吉士等刻增修本，子部第七輯第一五册

金陵瑣事二卷

〔明〕周暉（天啟七年前後）撰

《國學珍本文庫》第一集，襟霞閣主人輯，民國二十四年至二十五年上海中央書店排印本

花史左編二十七卷

〔明〕王路（天啟間）撰

《續修四庫全書》影印明萬曆刻本，第一一一七册，子部

《四庫全書存目叢書》影印明萬曆四十六年緑綺軒刻本，子部第八二册

樗齋漫録十二卷

〔明〕許自昌（一五七八～一六二三）撰

《續修四庫全書》影印明萬曆刻本，第一一三三册，子部

捧腹編十卷

〔明〕許自昌（一五七八～一六二三）輯

《續修四庫全書》影印天津圖書館藏明萬曆刻本，第一二七三册，子部

野獲編三十卷補遺四卷

〔明〕沈德符（一五七八～一六四二）撰

《續修四庫全書》影印清道光七年姚氏刻同治八年補修本，第一一七四册，子部

《四庫禁燬書叢刊》影印清道光七年刻本，史部第四册

萬曆野獲編

〔明〕沈德符（一五七八～一六四二）撰

北京：中華書局，一九五九年二月第一版，一九八〇年十一月第二次印刷，全三册，「元明史料筆記」

幾亭外書九卷

〔明〕陳龍正（一五八五～一六四五）撰

《續修四庫全書》影印北大圖書館藏明崇禎刻本，第一一三三册，子部

吹景集十四卷

〔明〕董斯張（一五八六～一六二八）撰

《續修四庫全書》影印山東省圖書館藏明崇禎二年韓昌箕刻本，子部第一一三四册

硯山齋雜記四卷

〔明〕孫承澤（一五九三～一六七六）撰

《四庫全書》本

暇老齋雜記三十二卷

〔明〕茅元儀（一五九四～一六四〇）撰

《續修四庫全書》影印北圖藏清光緒李文田家抄本，第一一三三册，子部

棗林雜俎十二卷

〔明〕談遷（一五九四～一六五八）撰

《四庫全書存目叢書》影印清抄本，子部第一一三册

識小録四卷

〔明〕徐樹丕（一五九六～一六八三）撰

上海書店《叢書集成續編》第八九册，影印涵芬樓秘笈景稿本

寒夜録二卷

〔明〕陳弘緒（一五九七～一六六五）撰

《續修四庫全書》影印影印北京大學圖書館藏清抄本，第一一三四册，子部

寒夜録三卷

〔明〕陳弘緒（一五九七～一六六五）撰

《叢書集成初編》本據學海類編本排印，第二九五三册

物理小識十二卷

〔明〕方以智（一六一一～一六七一）撰

《四庫全書》本；清光緒寧靜堂刻本

巵林十卷補遺一卷

〔明〕周嬰（崇禎十三年貢生）撰

《四庫全書》本；《叢書集成初編》據湖海樓叢書本排印，總類，第三四三～三四五册

清代

清稗類鈔

徐珂（一八六九～一九二八）編撰

北京：中華書局，一九八四年一月至一九八六年三月，全十三册

清代筆記小説大觀

上海古籍出版社編

上海：上海古籍出版社，二〇〇七年十月，全六册

鈍吟老人遺稿二十三卷

〔清〕馮班（一六〇四～一六七一）撰

清康熙七年（一六六八）至十八年汲古閣刊本，中國社會科學院文學研究所善本室藏，六册

鈍吟雜録十卷

〔清〕馮班（一六〇四～一六七一）撰〔清〕馮武（一六二七～?）輯編

《四庫全書》本

〔清〕何焯（一六六一～一七二二）評，《叢書集成初編》據借月山房匯抄本排印，總類，第二二三册

馮氏小集三卷鈍吟集三卷别集一卷餘集一卷遊仙詩一卷集外詩一卷文稿一卷

〔清〕馮班（一六〇四～一六七一）撰〔清〕馮武（一六二七～?）輯編

《四庫全書存目叢書》影印清初毛氏汲古閣清康熙間陸貽典等刻鈍吟全集本，

集部第二一六册
鈍吟集三卷
〔清〕馮班（一六〇四～一六七一）撰
上海書店《叢書集成續編》第一二三册
倘湖樵書初編六卷二編六卷
〔清〕來集之（一六〇四～一六八二）撰
《續修四庫全書》影印上圖藏清康熙倘湖小築刻本，第一一九五～一一九六册，子部
繹志十九卷
〔清〕胡承諾（一六〇七～一六八一）撰
《續修四庫全書》影印浙江省圖書館藏清道光十七年顧氏謏聞書屋刻本，第九四五册，子部
雕丘雜録十八卷
〔清〕梁清遠（一六〇八～一六八四）撰
《續修四庫全書》影印科圖藏清康熙二十一年梁允桓刻本，第一一三五册，子部
《四庫全書存目叢書》影印清康熙二十一年梁允桓刻本，子部第一一三册
天香樓偶得一卷
〔清〕虞兆漋（？～一六九一）撰
《四庫全書存目叢書》影印清抄本，子部第九八册
邛竹杖七卷
〔清〕施男（一六一〇～一六八〇?）撰
《續修四庫全書》影印清初留髠堂刻本，第一一七六册，子部
書影（五卷本）
〔清〕周亮工（一六一二～一六七二）撰
上海：古典文學出版社，一九五七年八月，「中國文學參考資料叢書」
書影（十卷本）
〔清〕周亮工（一六一二～一六七二）撰
上海：上海古籍出版社，一九八一年七月，「明清筆記叢書」

日知録集釋三十二卷刊誤二卷續刊誤二卷

〔清〕顧炎武（一六一三～一六八二）撰〔清〕黄汝成（一七九九～一八三七）集釋

《續修四庫全書》影印清道光黄氏西溪草廬刻本，第一一四三～一一四四册，子部

日知録集釋

〔清〕顧炎武（一六一三～一六八二）撰〔清〕黄汝成（一七九九～一八三七）集釋

上海：商務印書館《萬有文庫》本，一九二九年十月初版；一九三四年七月第二版

上海：上海古籍出版社，一九八五年六月

欒保群（一九四五～）、吕宗力（一九五〇～）校點

石家莊：花山文藝出版社，一九九一年八月，全二册

秦克誠點校

長沙：岳麓書社，一九九四年五月

日知録集釋（全校本）

〔清〕顧炎武（一六一三～一六八二）撰，欒保群（一九四五～）、吕宗力（一九五〇～）校點

上海：上海古籍出版社，二〇〇六年，全三册，「清代學術名著叢刊」

日知録校注

〔清〕顧炎武（一六一三～一六八二）撰，陳垣（一八八〇～一九七一）校注

合肥：安徽大學出版社，二〇〇七年月，全三册

倦圃蒔植記三卷總論二卷

〔清〕曹溶（一六一四～一六八五）撰

《四庫全書存目叢書》影印清抄本，子部第八二册

靜怡齋約言録二卷

〔清〕魏裔介（一六一六～一六八六）撰

《續修四庫全書》影印北圖分館藏清刻本，第九四六册，子部

艮齋雜説續説十卷

〔清〕尤侗（一六一八～一七〇四）撰

《續修四庫全書》影印復旦圖書館藏清康熙刻西堂全集本，第一一三六册，子部

看鑒偶評五卷

〔清〕尤侗（一六一八～一七〇四）撰

《四庫未收書輯刊》影印清康熙間刻本，史部第一輯第二十一册

艮齋雜説續説 看鑒偶評

〔清〕尤侗（一六一八～一七〇四）撰，李肇翔（一九五三～）、李復波（一九四七～）整理

北京：中華書局，一九九二年七月第一版；二〇〇六年十月，「學術筆記叢刊」

山志六卷

〔清〕王弘撰（一六二二～一七〇二）撰

《續修四庫全書》影印復旦圖書館藏清初刻本，第一一三六册，子部

湛園札記四卷

〔清〕姜宸英（一六二八～一六九九）撰

《四庫全書》本

寄園寄所寄十二卷

〔清〕趙吉士（一六二八～一七〇六）輯

《續修四庫全書》影印清康熙三十五年刻本，第一一九六～一一九七册，子部

《四庫全書存目叢書》影印清康熙三十五年刻本，子部第一五五册

松陽鈔存二卷

〔清〕陸隴其（一六三〇～一六九三）撰〔清〕楊開基（一七四一～一八二五）重編

《四庫全書》本；清刻陸子全書本

義府二卷

〔清〕黄生（一六二二～一六九六）撰

《四庫全書》本；清指海本

廣東新語二十八卷

〔清〕屈大均（一六三〇～一六九六）撰

《續修四庫全書》影印清康熙三十九年木天閣刻本，第七三四册，史部

北京：中華書局斷句本，一九八五年四月，全二册，「清代史料筆記叢刊」

分甘餘話

〔清〕王士禛（一六三四～一七一一）撰，張世林點校

北京：中華書局，一九八九年二月第一版；二〇〇六年三月第三次印刷，「清代史料筆記叢刊」

香祖筆記

〔清〕王士禛（一六三四～一七一一）撰，湛之（傅璇琮，一九三三～二〇一六）點校

上海：上海古籍出版社，一九八二年十二月，「明清筆記叢書」

池北偶談

〔清〕王士禛（一六三四～一七一一）撰，靳斯仁點校

北京：中華書局，一九八二年一月第一版；二〇〇六年二月第四次印刷，全二册，「清代史料筆記叢刊」

居易録三十四卷

〔清〕王士禛（一六三四～一七一一）撰

《四庫全書》本

古夫于亭雜録五卷

〔清〕王士禛（一六三四～一七一一）撰

《四庫全書》本

古夫于亭雜録六卷

〔清〕王士禛（一六三四～一七一一）撰，趙伯陶（一九四八～）點校

北京：中華書局，一九八八年十月，「清代史料筆記叢刊」

矩庵詩質十二卷附録一卷

〔清〕高一麟（一六三五～一七〇九）撰

《四庫未收書輯刊》影印清乾隆高莫及刻本，集部第八輯第二二册

閒道録三卷
〔清〕熊賜履（一六三五～一七〇九）撰
《四庫全書存目叢書》影印清刻本，子部第二二册
榕村語録三十卷
〔清〕李光地（一六四二～一七一八）撰
《四庫全書》本
榕村語録續集二十卷
〔清〕李光地（一六四二～一七一八）撰
《四庫未收書輯刊》影印清光緒傳氏藏園刻本，子部第四輯第二一册
劉繼莊先生廣陽雜記五卷
〔清〕劉獻廷（一六四八～一六九五）撰
《續修四庫全書》影印南圖藏清同治四年周星詒家抄本，第一一七六册，子部
廣陽雜記
〔清〕劉獻廷（一六四八～一六九五）撰，汪北平、夏志和點校
北京：中華書局，一九五七年七月，「清代史料筆記叢刊」
得樹樓雜鈔十五卷
〔清〕查慎行（一六五〇～一七二八）撰
民國適園叢書本；上海書店《叢書集成續編》第九二册
山齋客譚八卷
〔清〕景星杓（一六五二～一七二〇）撰
《續修四庫全書》影印南圖藏清乾隆四十二年盧氏抱經堂抄本，第一二六八册，子部
義門讀書記五十八卷
〔清〕何焯（一六六一～一七二二）撰〔清〕蔣維鈞編
《四庫全書》本
清乾隆三十四年（一七六九）刊、清光緒六年（一八八〇）重修補版印本，中國社會科學院文學研究所圖書館藏，二函十六册
崔高維（一九三九～）點校，北京：中華書局，一九八七年六月，全三册，

「學術筆記叢刊」

此木軒雜著八卷

〔清〕焦袁熹（一六六一～一七三六）撰

《續修四庫全書》影印清嘉慶九年刻本，第一一三六册，子部

不下帶編七卷

〔清〕金埴（一六六三～一七四〇）撰

《續修四庫全書》影印中國社會科學院歷史研究所藏稿本，第一二六二册，子部

不下帶編 巾箱説

〔清〕金埴（一六六三～一七四〇）撰，王湜華（一九三七～）點校

北京：中華書局，一九八二年九月第一版，一九九七年十二月第二次印刷，「清代史料筆記叢刊」

畏壘筆記四卷

〔清〕徐昂發（？～一七四〇）撰

《四庫全書存目叢書》影印清康熙間桂森堂刻本，子部第九九册

《續修四庫全書》影印清康熙刻本，第一一四五册，子部

上海書店《叢書集成續編》第九二册

雙橋隨筆十二卷

〔清〕周召（康熙初）撰

《四庫全書》本

管城碩記

〔清〕徐文靖（一六六七～？）撰，范祥雍（一九三一～一九九三）點校

北京：中華書局，一九九八年二月，「學術筆記叢刊」

虚舟題跋十卷原三卷

〔清〕王澍（一六六八～一七三九）撰

《續修四庫全書》影印清乾隆五十三年溫純刻本，第一〇六七册，子部

上海書店《叢書集成續編》第七四册

白田雜著八卷

〔清〕王懋竑（一六六八～一七四一）撰

《四庫全書》本

妙貫堂餘譚六卷

〔清〕裘君弘（一六七〇～一七四〇）撰

《續修四庫全書》影印清康熙刻本，第一一三六册，子部

餘年閒話四卷

〔清〕葉良儀（康熙四十五年前後）撰

《四庫未收書輯刊》影印清康熙四十五年葉士行三當軒刻本，子部第一〇輯第一一册

二樓紀略四卷

〔清〕佟賦偉（康熙四十八年前後）撰

《續修四庫全書》影印北圖藏清康熙刻本，第一一七六册，子部

燕在閣知新録三十二卷

〔清〕王棠（康熙五十六年前後）撰

《續修四庫全書》影印山東省圖書館藏清康熙刻本，第一一四六～一一四七册，子部

見聞録四卷

〔清〕徐岳（康熙間）撰

《續修四庫全書》影印北圖藏清刻本，第一二六八册，子部

《四庫全書存目叢書》影印清乾隆十七年大德堂刻本，子部第二五〇册

柳南隨筆六卷續筆四卷

〔清〕王應奎（一六八四～一七五九?）撰

《續修四庫全書》影印科圖藏清嘉慶刻借月山房匯抄本，第一一四七册，子部

《叢書集成續編》據借月山房匯抄本排印，文學類，第二九六一～二九六三册

王彬、嚴英俊點校，北京：中華書局，一九八三年十月，「清代史料筆記叢刊」

訂譌雜録

〔清〕胡鳴玉（一六九〇～?）撰

《四庫全書》本；《叢書集成初編》撰據湖海樓叢書本排印，總類，第三五

〇册

閑漁閑閑録九卷

〔清〕蔡顯（一六九七～一七六七）撰

民國嘉業堂叢書本，民國四年（一九一五）刊

訂訛類編六卷續補二卷

〔清〕杭世駿（一六九六～一七七三）撰

《續修四庫全書》影印民國七年刻嘉業堂叢書本，第一一四八册，子部

上海：上海書店出版社影印《嘉業堂叢書》本，一九八六年六月

陳抗（一九四二～）點校，北京：中華書局，一九九七年四月，「學術筆記叢刊」

書隱叢説十九卷

〔清〕袁棟（一六九七～一七六一）撰

《續修四庫全書》影印上圖藏清乾隆刻本，第一一三七册，子部

《四庫全書存目叢書》影印清乾隆間刻本，子部第一一六册

堅瓠集四十卷續集四卷廣集六卷補集六卷秘集六卷餘集四卷

〔清〕褚人穫（康熙三十四年前後）撰

《續修四庫全書》影印上圖藏清康熙刻本，第一二六〇～一二六二册，子部

杭州：浙江人民出版社，一九八六年八月影印民國十五年柏香書屋校印本，全四册

援鶉堂筆記五十卷

〔清〕姚範（一七〇二～一七七一）撰

《續修四庫全書》影印清道光姚瑩刻本，第一一四八～一一四九，子部

巢林筆談六卷

〔清〕龔煒（一七〇四～一七六九後）撰

《續修四庫全書》影印湖北省圖書館藏清乾隆三十年蓼懷閣刻本，第一一七七册，子部

錢炳寰點校，北京：中華書局，一九八一年八月，「清代史料筆記叢刊」

佔畢叢談六卷附勸學巵言一卷時文蠡測一卷

〔清〕袁守定（一七〇六～一七八一）撰

《四庫未收書輯刊》影印清光緒十二年刻本，子部第六輯第一二册

隨園隨筆二十八卷

〔清〕袁枚（一七一六～一七九八）撰

《續修四庫全書》影印華東師大圖書館藏清嘉慶十三年刻本，第一一四八册，子部

群書拾補三十七卷

〔清〕盧文弨（一七一七～一七九六）撰

《叢書集成初編》據抱經堂叢書本排印，總類，第六一～七〇册

鍾山札記四卷

〔清〕盧文弨（一七一七～一七九六）撰

《續修四庫全書》影印復旦圖書館藏清抱經堂叢書本，第一一四九册，子部

蛾術編八十二卷

〔清〕王鳴盛（一七二二～一七九七）撰

《續修四庫全書》影印清道光二十一年世楷堂刻本，第一一五〇～一一五一册，子部

閱微草堂筆記二十四卷

〔清〕紀昀（一七二四～一八〇五）撰

《續修四庫全書》影印北圖藏清嘉慶五年北平盛氏望益書屋刻本，第一二六九册，子部

上海：上海古籍出版社，二〇〇一年十月，「中國古典小説名著叢書」

茶餘客話二十二卷

〔清〕阮葵生（一七二七～一七八九）撰

《續修四庫全書》影印復旦圖書館藏清光緒十四年鉛印本，第一一三八册，子部

上海：中華書局上海編輯所，一九五九年五月，全二册，「明清筆記叢刊」

陔餘叢考四十三卷

〔清〕趙翼（一七二七～一八一四）撰

《續修四庫全書》影印清乾隆五十五年湛貽堂刻本，第一一五一～一一五二册，子部

陔餘叢考

〔清〕趙翼（一七二七～一八一四）撰

北京：商務印書館，一九五七年一月

北京：中華書局，一九六三年四月新一版

吕宗力校點，石家莊：河北人民出版社，一九九〇年一月

十駕齋養新録二十卷餘録三卷

〔清〕錢大昕（一七二八～一八〇四）撰

《續修四庫全書》影印復旦圖書館藏清嘉慶刻本，第一一五一册，子部

北京：商務印書館，一九五七年一月

上海：上海書店出版社，一九八三年十二月，據商務印書館一九三七年版複印

水曹清暇録十六卷

〔清〕汪啟淑（一七二八～?）撰

《續修四庫全書》影印南圖藏清乾隆五十七年汪氏飛鴻堂刻本，第一一三八册，子部

循陔纂聞四卷

〔清〕周廣業（一七三〇～一七九八）撰

《續修四庫全書》影印北圖藏清抄本，第一一三八册，子部

札樸十卷

〔清〕桂馥（一七三六～一八〇五）撰

《續修四庫全書》影印北圖藏清嘉慶十八年李宏信小李山房校刻本，第一一五六册，子部

北京：中華書局，一九五九年十一月新一版

牧豬閒話一卷

〔清〕金學詩（一七三六～?）撰

清昭代叢書本

上海書店《叢書集成續編》第八七册

灤源問答十二卷

〔清〕沈可培（一七三七～一七九九）撰

《續修四庫全書》影印華東師大圖書館藏清嘉慶二十年雪浪齋刻本，第一一六四册，子部

讀書脞録七卷續編四卷

〔清〕孫志祖（一七三七～一八〇一）撰

《續修四庫全書》影印北圖藏清嘉慶刻本，第一一五二册，子部

藤陰雜記十二卷

〔清〕戴璐（一七三九～一八〇六）撰

《續修四庫全書》影印南圖藏清嘉慶五年石鼓齋刻本，第一一七七册，子部

北京：北京古籍出版社，一九八二年一月

施紹文點校，上海：上海古籍出版社，一九八五年一月

覺非盦筆記八卷

〔清〕顧堃（一七四〇～一八一一）撰

《續修四庫全書》影印上海辭書藏清光緒八年刻本，第一一五四册，子部

瞥記七卷

〔清〕梁玉繩（一七四五～一八一九）撰

《續修四庫全書》影印清嘉慶刻清白士集本，第一一五七册，子部

庭立記聞四卷

〔清〕梁玉繩（一七四五～一八一九）撰〔清〕梁學昌輯

《續修四庫全書》影印清嘉慶刻清白士集本，第一一五七册，子部

消暑録一卷

〔清〕趙紹祖（一七五二～一八三三）撰

《續修四庫全書》影印復旦圖書館藏清道光元年古墨齋刻本，第一一六一册，子部

陶廬雜録六卷

〔清〕法式善（一七五三～一八一三）撰

《續修四庫全書》影印北圖藏清嘉慶二十二年陳預刻本，第一一七七册，子部

涂雨公點校，北京：中華書局，一九五九年十二月第一版；二〇〇八年三月第四次印刷，「清代史料筆記叢刊」

咫聞録十二卷

〔清〕溫汝適（一七五五～一八二一）撰

《續修四庫全書》影印華東師大圖書館藏清道光二十三年刻本，第一二七〇册，子部

游山日記十二卷

〔清〕舒夢蘭（一七五七～一八三五）撰〔清〕黄有華編印

清嘉慶十八年（一八一三）蓮根詩社刊本《天香全集》本

游山日記（天香隨筆十卷 天香手稿二卷）

〔清〕舒夢蘭（一七五七～一八三五）撰，周邵（一九一六～?）標點

上海：宇宙風社，一九三六年四月初版

古南餘話五卷

〔清〕舒夢蘭（一七五七～一八三五）撰

清嘉慶十八年（一八一三）蓮根詩社刊本《天香全集》本；穀貽堂刻《舒白香叢著》本

黄孏餘話八卷

〔清〕陳錫路（乾隆三十七年前後）撰

《續修四庫全書》影印北大圖書館藏清乾隆刻本，第一一三八册，子部

履園叢話二十四卷

〔清〕錢泳（一七五九～一八四四）撰

《續修四庫全書》影印華東師大圖書館藏清道光十八年述德堂刻本，第一一三九册，子部

張偉校點，北京：中華書局，一九七九年十二月，全二册，「清代史料筆記叢刊」

熙朝新語十六卷

〔清〕錢泳（一七五九～一八四四）等輯

《續修四庫全書》影印清嘉慶二十三年刻本，第一一七八册，子部

上海：上海古籍書店影印道光四年刻本，一九八三年十二月，「清代歷史資料叢刊」

熙朝新語

〔清〕錢泳（一七五九～一八四四）等輯，顧静標校

上海：上海書店，二〇〇八年十二月，「歷代筆記叢刊」

蠡勺編四十卷

〔清〕淩揚藻（一七六〇～一八四五）撰

《續修四庫全書》影印華東師大圖書館藏清同治二年伍氏粤雅堂刻嶺南遺書本，第一一五五册，子部

豉崖考古録四卷附校記一卷

〔清〕鍾裦（一七六一～一八〇五）撰〔清〕鮑鼎撰

《續修四庫全書》影印湖北省圖書館藏清嘉慶十三年阮元刻本，第一一五六册，子部

十二筆舫雜録十二卷（梅影叢談三卷、春暉餘話三卷、中州觚餘三卷、客窗賸語三卷）

〔清〕李兆元（乾隆五十九年舉人）撰

清道光二年（一八二二）刻本，中國社會科學院文學研究所圖書館藏，一函十二册

民國《掖海叢書》本

群書札記十六卷

朱亦棟（乾隆間舉人）撰

《續修四庫全書》影印上海辭書藏清光緒四年武林竹簡齋刻本，第一一五五册，子部

修潔齋閒筆八卷

〔清〕劉堅（乾隆間）撰

《續修四庫全書》影印華東師大圖書館藏清乾隆六年刻增修本，第一一四四册，子部

珠江名花小傳一卷

〔清〕支機生（一七六六～一八三五）撰

《香豔叢書》第十三集，清蟲天子輯，清宣統二年（一九一〇）國學扶輪社排印本

《國學珍本文庫》第一集，襟霞閣主人輯，民國二十四年至二十五年上海中央書店排印本

合肥學舍札記十二卷

〔清〕陸繼輅（一七七二～一八三四）撰

《續修四庫全書》影印華東師大圖書館藏清光緒四年興國州署刻本，第一一五七册，子部

鄉言解頤五卷

〔清〕李光庭（一七七三～?）撰

《續修四庫全書》影印上圖藏清道光刻本，第一二七二册，子部

鄉言解頤・吴下諺聯

〔清〕李光庭（一七七三～?）撰〔清〕王有光撰，石繼昌點校

北京：中華書局，一九八二年八月，「清代史料筆記叢刊」

癸巳類稿十五卷

〔清〕俞正燮（一七七五～一八四〇）撰

《續修四庫全書》影印北圖藏清道光十三年求日益齋刻本，第一一五九册，子部

北京：商務印書館排印本，一九五七年十二月

癸巳存稿十五卷

〔清〕俞正燮（一七七五～一八四〇）撰

《連筠簃叢書》道光二十八年刻本

《續修四庫全書》影印上海辭書藏清道光二十八年靈石楊氏刻連筠簃叢書本，第一一五九～一一六〇册，子部

北京：商務印書館，一九五七年十一月

退庵隨筆二十二卷

〔清〕梁章鉅（一七七五～一八四九）撰

《續修四庫全書》影印山東省圖書館藏清道光刻本，第一一九七册，子部

浪蹟叢談 續談 三談

〔清〕梁章鉅（一七七五～一八四九）撰，陳鐵民（一九三八～）點校

北京：中華書局，一九八一年九月；二〇〇七年五月第三次印刷，「清代史

料筆記叢刊」

稱謂録三十二卷

〔清〕梁章鉅（一七七五～一八四九）撰

《續修四庫全書》影印清光緒十年梁恭辰刻本，第一二五三册，子部

楹聯叢話十二卷

〔清〕梁章鉅（一七七五～一八四九）撰

《續修四庫全書》影印天津圖書館藏清道光二十年桂林署齋刻本，第一二五四册，子部

楹聯續話四卷

〔清〕梁章鉅（一七七五～一八四九）撰

《續修四庫全書》影印天津圖書館藏清道光二十三年南浦寓齋刻本，第一二五四册，子部

楹聯叢話

〔清〕梁章鉅（一七七五～一八四九）撰，白化文（一九三〇～）、李如鸞點校

北京：中華書局，一九八七年六月

楹聯叢話全編

〔清〕梁章鉅（一七七五～一八四九）等撰，白化文（一九三〇～）、李如鸞點校

北京：北京出版社，一九九六年六月

巧對録八卷

〔清〕梁章鉅（一七七五～一八四九）撰

《續修四庫全書》影印天津圖書館藏清道光二十九年甌城文華堂刻本，第一二五四册，子部

樞垣記略

〔清〕梁章鉅（一七七五～一八四九）、朱智撰，何英芳點校

北京：中華書局，一九八四年十月，「清代史料筆記叢刊」

質疑删存（外二種）

〔清〕張宗泰（一七七六～一八五二）等撰，吳新成等校

北京：中華書局，一九八八年三月；二〇〇六年十月，「學術筆記叢刊」

重論文齋筆録十二卷

〔清〕王端履（一七七六～?）撰

光緒十五年（一八八九）會稽徐氏鑄學齋刊本，徐友蘭輯《紹興先正遺書》第三集

《續修四庫全書》影印華東師大圖書館藏清道光二十六年授宜堂刻本，第一二六二册，子部

過庭録十六卷

〔清〕宋翔鳳（一七七七～一八六〇）撰

《續修四庫全書》影印科圖藏清咸豐浮溪精舍刻本，第一一五七册，子部

梁運華點校，北京：中華書局一九八六年十一月

蕙櫋雜記一卷

〔清〕嚴元照（一七八三～一八一七）撰

《峭帆樓叢書》本

《續修四庫全書》影印北圖藏清勞權抄本，第一一五八册，子部

聽雨樓隨筆八卷

〔清〕王培荀（一七八三～一八五九）撰

《續修四庫全書》影印科圖藏清道光二十五年刻本，第一一八〇册，子部

鄉園憶舊録六卷

〔清〕王培荀（一七八三～一八五九）撰

《續修四庫全書》影印上圖藏清道光二十五年刻本，第一一八〇册，子部

篷窗隨録十四卷附録二卷續録二卷

〔清〕沈兆澐（一七八三～一八八六）輯

《續修四庫全書》影印清咸豐刻本，第一一九七～一一九八册，子部

康輶紀行十六卷

〔清〕姚瑩（一七八五～一八五三）撰

《四庫未收書輯刊》影印清同治刻本，子部第五輯第一四册

三餘雜誌八卷辨誣二卷

〔清〕張定鋆（一七八八～一八七五）輯

《四庫未收書輯刊》影印清道光二十九年刻本，子部第七輯第一五册

愈愚録六卷

〔清〕劉寶楠（一七九一～一八五五）撰

《續修四庫全書》影印上海辭書藏清光緒十五年廣雅書局刻本，第一一五六册，子部

兩般秋雨盦隨筆八卷

〔清〕梁紹壬（一七九二～一八三七前）撰

《續修四庫全書》影印清道光十七年汪氏振綺堂刻本，第一二六三册，子部

莊葳點校，上海：上海古籍出版社，一九八二年八月，「明清筆記叢書」

交翠軒筆記四卷

〔清〕沈濤（一七九二～一八五五）撰

清道光二十八年（一八四八）刊本，中國社會科學院文學研究所圖書館藏，一函一册

《續修四庫全書》影印上海辭書藏清道光刻本，第一一五八册，子部

上海：上海古籍出版社，一九八五年九月，「瓜蒂庵藏明清掌故叢刊」

文翠軒筆記四卷 柴辟亭讀書記一卷

〔清〕沈濤（一七九二～一八五五）撰

北京：中華書局一九六五年影印本，一函二册，《清人考訂筆記叢刊》本

銅熨斗齋隨筆八卷

〔清〕沈濤（一七九二～一八五五）撰

《續修四庫全書》影印天津圖書館藏清光緒會稽章氏刻本，第一一五八册，子部

北京：中華書局一九六五年影印本，一函二册，《清人考訂筆記叢刊》本

吹網録六卷

〔清〕葉廷琯（一七九二～一八六九）撰

《續修四庫全書》影印復旦圖書館藏清同治八年刻本，第一一六三册，子部

鷗陂漁話六卷

〔清〕葉廷琯（一七九二～一八六九）撰

《續修四庫全書》影印上海辭書藏清同治九年刻本，第一一六三册，子部

吹網録 鷗陂漁話

〔清〕葉廷琯（一七九二～一八六九）撰，黄永年（一九二五～二〇〇七）校點

瀋陽：遼寧教育出版社，一九九八年十二月，「新世紀萬有文庫」

養吉齋叢録二十六卷餘録十卷

〔清〕吴振棫（一七九二～一八七〇）撰

《續修四庫全書》影印上海辭書藏清光緒刻本，第一一五八册，子部

瞑庵雜識四卷二識二卷

〔清〕朱克敬（一七九二～一八九〇）撰

臺北：新文豐出版公司《叢書集成三編》第六九册

瞑庵雜識·瞑庵二識

〔清〕朱克敬（一七九二～一八九〇）撰，楊堅點校

長沙：岳麓書社，一九八三年六月，「近代湘人筆記叢刊」

退庵筆記十二卷

〔清〕夏荃（一七九三～一八四二）撰

《四庫未收書輯刊》影印清抄本，子部第三輯第二八册

清嘉録十二卷

〔清〕顧禄（一七九四～一八四三）撰

《續修四庫全書》影印華東師大圖書館藏清道光刻本，第一二六二册，子部

清嘉録

〔清〕顧禄（一七九四～一八四三）撰，來新夏（一九二三～二〇一四）點校

上海：上海古籍出版社，一九八六年五月，「明清筆記叢刊」

桐橋倚棹録

〔清〕顧禄（一七九四～一八四三）撰

上海：上海古籍出版社，一九八〇年五月

清嘉録 桐橋倚棹録

〔清〕顧禄（一七九四～一八四三）撰，來新夏（一九二三～二〇一四）、王稼句（一九五八～）點校

北京：中華書局，二〇〇八年六月，「清代史料筆記叢刊」

聽雨叢談

〔清〕福格（一七九六～一八七〇）撰，汪北平點校

北京：中華書局，一九五九年十二月第一版；一九八四年八月第二版，「清代史料筆記叢刊」

梵麓山房筆記六卷

〔清〕王汝玉（一七九八～一八五二）撰

民國二十八年（一九三九）趙詒琛、王大隆輯《己卯叢編》排印本

無事為福齋隨筆二卷

〔清〕韓泰華（？～一八七八）撰

《續修四庫全書》影印清光緒潘氏刻功順堂叢書本，第一一八一册，子部

野語九卷

〔清〕程岱葊（嘉慶間）撰

《續修四庫全書》影印天津圖書館藏清道光十二年刻二十五年廛隱廬增修本，第一一八〇册，子部

浮邱子十二卷

〔清〕湯鵬（一八〇一～一八四四）撰

《續修四庫全書》影印湖北省圖書館藏清同治四年益陽李桓刻本，第九五二册，子部

冷廬雜識八卷續編一卷

〔清〕陸以湉（一八〇一～一八六五）撰

咸豐六年麟玉山房書坊刻本

《續修四庫全書》影印清咸豐六年刻本，第一一四〇册，子部

崔凡芝點校，北京：中華書局，一九八四年一月第一版，二〇〇七年十二月第二次印刷，「清代史料筆記叢刊」

見聞隨筆二十六卷

〔清〕齊學裘（一八〇三～？）撰

《續修四庫全書》影印華東師大圖書館藏清同治十年天空海闊之居刻本，第一一八一册，子部

水窗春囈

〔清〕歐陽兆熊（一八〇八～?）、金安清（一八一六～一八七八）著，謝興堯（一九〇六～二〇〇六）點校

北京：中華書局，一九八四年三月，「近代史料筆記叢刊」

止園筆談八卷

〔清〕史夢蘭（一八一三～一八九九）撰

《續修四庫全書》影印遼寧省圖書館藏清光緒四年刻本，第一一四一册，子部

思益堂日札十卷

〔清〕周壽昌（一八一四～一八八四）撰

《續修四庫全書》影印復旦圖書館藏清光緒十四年刻本，第一一六一册，子部

李軍政標點，長沙：岳麓書社，一九八五年八月

許逸民（一九四一～）點校，北京：中華書局，一九八七年四月，「清代學術筆記叢刊」

蘿摩亭劄記八卷

〔清〕喬松年（一八一五～一八七五）撰

《續修四庫全書》影印湖北省圖書館藏清同治刻本，第一一五九册，子部

讀書雜識十二卷

〔清〕勞格（一八二〇～一八六四）撰

《續修四庫全書》影印清光緒四年刻本，第一一六三册，子部

上海書店《叢書集成續編》第九三册

南漘楛語八卷

〔清〕蔣超伯（一八二一～一八七五）撰

《續修四庫全書》影印南圖藏清同治十年兩甗山房刻本，第一一六一册，子部

春在堂隨筆十卷

〔清〕俞樾（一八二一～一九〇七）撰

《續修四庫全書》影印清光緒二十五年刻《春在堂全書》本，第一一四一册，

子部
張道貴、丁鳳麟標點，南京：江蘇人民出版社，一九八四年一月，「近代史料筆記叢刊」
湖樓筆談七卷
〔清〕俞樾（一八二一～一九〇七）撰
《續修四庫全書》影印清光緒二十五年刻《春在堂全書》本，第一一六二册，子部
茶香室叢鈔二十三卷 續鈔二十五卷 三鈔二十九卷 四鈔二十九卷
〔清〕俞樾（一八二一～一九〇七）撰
《續修四庫全書》影印清光緒二十五年刻《春在堂全書》本，第一一九八～一一九九册，子部
貞凡、顧馨、徐敏霞（一九三四～二〇一八）點校，北京：中華書局，一九九五年十二月，全四册
九九銷夏録
〔清〕俞樾（一八二一～一九〇七）撰
《春在堂全書》本，清光緒二十三年（一八九七）序石印本，曹樹培重校中國社會科學院文學研究所圖書館藏，四函三十二册；清光緒二十五年（一八九九）刊本
崔高維（一九三九～）點校，北京：中華書局，一九九五年六月第一版；二〇〇六年六月第二次印刷，「學術筆記叢刊」
靜娱亭筆記十二卷
〔清〕張培仁（一八二三～?）撰
《續修四庫全書》影印復旦圖書館藏清刻本，第一一八一～一一八二册，子部
妙香室叢話十四卷
〔清〕張培仁（一八二三～?）撰
清尊聞閣主輯《申報館叢書·餘集》，光緒十年（一八八四）申報館仿袖珍排印本
民國上海進步書局石印本《筆記小説大觀》第八輯

臺北：新文豐出版公司《叢書集成三編》第七六册

過庭紀餘三卷

〔清〕陶越撰

《四庫全書存目叢書》影印清抄本，子部第二四五册

金壺七墨十八卷

〔清〕黄鈞宰（一八二六～一八七六）撰

《續修四庫全書》影印吉林大學圖書館藏清同治十二年刻本，第一一八三册，子部

珊瑚舌雕談初筆八卷

〔清〕許起（一八二八～一九〇三）撰

《續修四庫全書》影印復旦圖書館藏清光緒十一年木活字本，第一二六三册，子部

蕉軒隨録十二卷

〔清〕方濬師（一八三〇～一八八九）撰

《續修四庫全書》影印清同治十一年刻本，第一一四一册，子部

盛冬齡點校，北京：中華書局，一九九五年二月第一版，一九九七年十二月第二次印刷，「清代史料筆記叢刊」

霞外攟屑十卷

〔清〕平步青（一八三二～一八九六）撰

《續修四庫全書》影印上圖藏民國六年刻香雪崦叢書本，第一一六三册，子部

霞外攟屑

〔清〕平步青（一八三二～一八九六）撰

上海：中華書局上海編輯所，一九五九年十一月；上海古籍出版社，一九八二年四月，全三册，「明清筆記叢刊」

午窗隨筆四卷

〔清〕郭夢星（道光二十六年舉人）撰

《續修四庫全書》影印南圖藏清光緒二十一年刻寶樹堂遺書本，第一一六五册，子部

近代

郎潛紀聞初筆 二筆 三筆

陳康祺（一八四〇～一八九〇）撰，晉石點校

北京：中華書局，一九八四年八月第一版；二〇〇八年二月第三次印刷，全二册，「清代史料筆記叢刊」

郎潛紀聞四筆

陳康祺（一八四〇～一八九〇）撰，褚家偉、張文玲整理

北京：中華書局，一九九〇年三月，「清代史料筆記叢刊」

粟香隨筆八卷二筆八卷三筆八卷四筆八卷五筆八卷

金武祥（一八四一～一九二五）撰

《續修四庫全書》影印上海辭書藏清光緒刻本，第一一八三～一一八四册，子部

椒生隨筆

王之春（一八四二～一九〇六）撰，喻嶽衡點校

長沙：岳麓書社，一九八三年八月，「近代湘人筆記叢刊」

雲自在龕隨筆四卷

繆荃孫（一八四四～一九一九）撰

清光緒二十五年（一八九九）江陰繆氏《雲自在龕叢書》本

北京：商務印書館排印本，一九五八年五月

雲自在龕隨筆

繆荃孫（一八四四～一九一九）撰，孫安邦（一九四〇～）點校

太原：山西古籍出版社，一九九六年，「民國筆記小說大觀」第二輯

雲自在堪筆記七卷

繆荃孫（一八四四～一九一九）撰

上海：國粹學報社，民國元年（一九一二）鉛印本，《古學匯刊》第二輯第六編

上海書店《叢書集成續編》第九一册，影印《古學匯刊》本

蕉廊脞録八卷

吳慶坻（一八四八～一九二四）撰

《續修四庫全書》影印民國十七年劉氏求恕齋刻求恕齋叢書本，第一二六四册，子部

劉承幹（一八八二～一九六三）校，張文其、劉德麟點校，北京：中華書局，一九九〇年三月，「清代史料筆記叢刊」

海日樓劄叢（外一種）

沈曾植（一八五〇～一九二二）撰，錢仲聯（一九〇八～二〇〇三）輯

北京：中華書局，一九六二年七月第一版

錢文忠（一九六六～）整理本

瀋陽：遼寧教育出版社，一九九八年三月，「新世紀萬有文庫」

三借廬贅譚十二卷

鄒弢（一八五〇？～一九三一）撰

《續修四庫全書》影印南圖藏清光緒鉛印申報館叢書餘集本，第一二六三册，子部

紅杏山房聞見隨筆二十八卷

盧秉鈞（一八五一～一九二二）撰

《四庫未收書輯刊》影印清光緒十八年盧氏家塾刻本，子部第九輯第一五册

粉墨叢談二卷附録一卷

黄協塤（一八五三～一九二四）撰

尊聞閣主輯《申報館叢書》，清光緒中申報館排印本

蟲天子輯《香豔叢書》第十七集，清宣統三年（一九一一）中國學扶輪社排印本

純常子枝語四十卷

文廷式（一八五六～一九〇四）撰

揚州：江蘇廣陵古籍刻印社整理補刊影印，一九九〇年三月

《續修四庫全書》影印民國三十二年刻本，第一一六五册，子部

對聯話

吳恭亨（一八五七～一九三七）撰

長沙：岳麓書社，一九八四年三月

書林清話（附：書林餘話）

葉德輝（一八六四～一九二七）著

北京：中華書局，一九八七年一月版

葉德輝書話

葉德輝（一八六四～一九二七）著，李慶西（一九五一～）標校

杭州：浙江人民出版社，一九九八年七月版

舊典備征 安樂康平室隨筆

朱彭壽（一八六九～一九五〇）撰，何雙生點校

北京：中華書局，一九八二年二月，「清代史料筆記叢刊」

絲繡筆記二卷

朱啟鈐（一八七二～一九六四）撰

朱啟鈐輯「絲繡叢刊」，民國無冰閣排印本；鄧實輯「美術叢書」第四集第二輯，民國二十五年（一九三六）上海神州國光社排印本

世載堂雜憶

劉成禺（一八七三～一九五二）撰

錢實甫（一九〇九～一九六八）整理，北京：中華書局，一九六〇年十二月；一九九七年十二月，「清代史料筆記叢刊」

臺北：臺灣文海出版社，一九七一年版，「近代中國史料叢刊」第一輯第三十九種

蔣弘點校，太原：山西古籍出版社，一九九五年版，「民國筆記小說大觀」第一輯

瀋陽：遼寧教育出版社，一九九七年三月，「新世紀萬有文庫」

萇楚齋隨筆續筆三筆四筆五筆五十卷

劉聲木（一八七六～一九五九）撰

《直介堂叢刻》本

劉篤齡點校，北京：中華書局，一九九八年二月，「清代史料筆記叢刊」

梵天廬叢録三十七卷

柴萼（一八九三～一九三六）撰

北京：中華書局一九二六年石印本，線裝十八册

小説之屬

三國演義

〔明〕羅貫中（一三一五至一三八五年間）撰

北京：人民文學出版社，二〇〇〇年十月版，全二册

水滸傳

〔明〕施耐庵撰

北京：人民文學出版社，二〇〇〇年十月版，全二册

剪燈新話（外二種：《剪燈餘話》《覓燈因話》）

〔明〕瞿佑（一三四七～一四三三）〔明〕李昌祺（一三七六～一四五二）〔明〕邵景詹著，周夷（周楞伽）（一九一一～一九九二）校注

上海：古典文學出版社，一九五七年六月；上海古籍出版社，一九八一年十一月

新增全相湖海新奇剪燈餘話大全

〔明〕李昌祺（一三七六～一四五二）撰

《續修四庫全書》影印北圖藏明正德六年楊氏清江堂刻本，第一七八七册，集部

警世通言

〔明〕馮夢龍（一五七四～一六四六）撰

北京：人民文學出版社，一九九二年七月版，全二册

拍案驚奇

〔明〕淩濛初（一五七八～一六四四）撰

上海：上海古籍出版社，一九八二年八月第一版，全二册

二刻拍案驚奇

〔明〕淩濛初（一五七八～一六四四）撰

上海：上海古籍出版社，一九八三年九月第一版，全二册

螢窗清玩

〔明〕佚名撰

上海：上海古籍出版社《古本小說集成》第四輯

西湖二集三十四卷

〔明〕周清原（萬曆至順治間）編纂

上海：上海古籍出版社《古本小說集成》第一輯

周楞伽（一九一一～一九九二）整理，北京：人民文學出版社，一九八九年九月，「中國小說史料叢書」

劉耀林、徐元校注，杭州：浙江文藝出版社，一九八五年六月，全二册

金雲翹傳四卷

〔明〕青心才人編次

上海：上海古籍出版社《古本小說集成》第四輯

北京：中華書局《古本小說叢刊》第二三輯

李致忠（一九三八～）校點，瀋陽：春風文藝出版社，一九八三年十月，「明末清初小說選刊」，據大連圖書館藏「本衙藏版」本校點，後收入一九八五年七月版「明末清初小說」第一函

西湖佳話十六卷

〔清〕古吳墨浪子（康熙間）輯

上海：上海古籍出版社《古本小說集成》第一輯，影印康熙十二年（一六七三）金陵王衙精刊本

上海：古典文學出版社，一九五六年六月；中華書局上海編輯所，一九五八年七月新一版；上海古籍出版社，一九八〇年九月

邵大成校注，杭州：浙江人民出版社，一九八一年一月，「西湖文藝叢書」；杭州：浙江文藝出版社，一九八五年四月

隋唐演義

〔清〕褚人穫（康熙三十四年前後）撰

清康熙間四雪草堂刊本

上海：上海古籍出版社，一九八一年一月；一九八七年二月，全二册

野叟曝言

〔清〕夏敬渠（一七〇五～一七八七）撰，黃克（一九三七～）校點

北京：人民文學出版社，一九九九年一月，全三册，「中國小説史料叢書」

歧路燈

〔清〕李海觀（一七〇七～一七九〇）撰，欒星（一九二三～）校注

鄭州：中州書畫社，一九八〇年十二月，全三册

紅樓夢八十回校本

〔清〕曹霑（一七一五？～一七六三?）撰，俞平伯（一九〇〇～一九九〇）校訂，王惜時參校

北京：人民文學出版社，一九五八年二月第一版，一九九三年十一月第三次印刷，全四册

紅樓夢

〔清〕曹霑（一七一五？～一七六三?）撰

清乾隆五十六年萃文書屋活字印本（程甲本）

北京：人民文學出版社，一九九五年十一月版，全三册

子不語（新齊諧）二十四卷續子不語（續新齊諧）十卷

〔清〕袁枚（一七一六～一七九八）撰

臺北：新文豐出版公司《叢書集成三編》第七五～七六册

《續修四庫全書》影印清乾隆嘉慶間刻隨園三十種本，第一七八八册，集部

子不語

（清）袁枚編（一七一六～一七九八）撰，申孟、甘林點校

上海：上海古籍出版社，一九八六年十一月，全二册

子不語全集

（清）袁枚編（一七一六～一七九八）撰

石家莊：河北人民出版社，一九八七年七月

新齊諧續新齊諧

〔清〕袁枚（一七一六～一七九八）撰，沈習康校點

北京：人民文學出版社，一九九六年十二月

平山冷燕

〔清〕張勻（一六五八前後）撰，馮偉民（一九四三～）校點

北京：人民文學出版社，一九八三年六月版，「中國小說史料叢書」

浮生六記四卷

〔清〕沈復（一七六三～一八二二後）著

臺北：新文豐出版公司《叢書集成三編》第六七册，影印《說庫》本

浮生六記

〔清〕沈復（一七六三～一八二二後）著，俞平伯（一九〇〇～一九九〇）點校

北京：人民文學出版社，一九八〇年七月，「中國小說史料叢書」

埋憂集十卷續集二卷

〔清〕朱翊清（一七九五～一八四六?）撰

《續修四庫全書》影印遼寧省圖書館藏清同治十三杭州文元堂年刻本，第一二七一册，子部

熊治祁點校，長沙：岳麓書社，一九八五年十二月

兒女英雄傳

〔清〕文康（？～一八六五前）撰

清光緒四年京都聚珍堂活字印本

品花寶鑒

〔清〕陳森（一七九六～一八七〇）撰

北京：寶文堂書店，一九八九年十二月版，全二册

虞初續志十二卷

〔清〕鄭澍若（一八〇二前後）輯

《續修四庫全書》影印中國藝術研究院戲曲研究所藏清咸豐元年小嫏嬛山館刻本，第一七八三册，集部

上海：上海書店，一九八六年六月；北京：中國書店，一九八六年七月

補紅樓夢

〔清〕嫏嬛山樵（嘉慶十九年前後）撰

李凡點校，北京：北京大學出版社，一九八八年十月

胡文彬（一九三九～）、葉建華校注，太原：北嶽文藝出版社，一九八九年七月

花月痕

〔清〕魏秀仁（一八一九～一八七四）撰

福州：福建人民出版社，一九八一年十月

杜維沫（一九二六～二〇一七）校點，北京：人民文學出版社，一九八二年五月，「中國小說史料叢書」

淞隱漫録

〔清〕王韜（一八二八～一八九七）著，王思宇（一九三八～）校點

北京：人民文學出版社，一九八三年八月，「中國小說史料叢書」

老殘游記

劉鶚（一八五七～一九〇九）撰，陳翔鶴（一九一〇～一九六九）校，戴鴻森（一九三二～二〇〇七）注

北京：人民文學出版社，一九九八年四月版

二十年目睹之怪現狀一百八回

吴趼人（一八六六～一九一〇）撰

《續修四庫全書》影印南圖藏清光緒三十二年至宣統二年廣智書局鉛印本，第一七九八～一七九九册，集部

戲曲之屬

元曲選一百卷論曲一卷

〔明〕臧懋循（一五五一～一六二一）輯〔明〕陶宗儀等撰

《續修四庫全書》影印浙江圖書館藏明萬曆刻本，第一七六〇～一七六二册，集部

北京：文學古籍刊行社，一九五五年四月第一版；中華書局，一九五八年九月第一版

元曲選外編

隋樹森（一九〇六～一九九〇）編

北京：中華書局，一九五九年九月第一版

全元戲曲

王季思（一九〇六～一九九六）主編

北京：人民文學出版社，一九九九年二月，全十二册

六十種曲一百二十卷

〔明〕毛晉（一五九九～一六五九）編

《續修四庫全書》影印上圖藏明末毛氏汲古閣刻本，第一七六八～一六七三册，集部

北京：文學古籍刊行社，一九五五年六月第一版；中華書局，一九五八年五月第一版，一九八二年八月第二次印刷，全十二册

吴曉鈴（一九一四～一九九五）校點，北京：中華書局，一九五八年四月

新鐫古今名劇柳枝集二十六卷

〔明〕孟稱舜（一六〇七～一六八四）編

《續修四庫全書》影印明崇禎刻古今名劇合選本，第一七六三册，集部

新校注古本西廂記五卷彙考一卷

〔明〕王驥德（？～一六二三）撰

《續修四庫全書》影印北圖藏明萬曆四十一年香雪居刻本，第一七六六册，集部

長生殿

〔清〕洪昇（一六四五～一七〇四）撰，徐朔方（一九二三～二〇〇七）校注

北京：人民文學出版社，一九五八年五月第一版；一九八三年十月第二版；二〇〇五年五月第一次印刷

總集之屬

樂府詩集

〔宋〕郭茂倩（一〇四六？～？）編撰，余冠英（一九〇六～一九九五）、周振甫（一九一一～二〇〇〇）、陳友琴（一九〇二～一九九六）、喬象鍾（一九二一～二〇一五）整理校點

北京：中華書局，一九七九年十一月第一版；一九八二年十一月第二次印刷；一九九六年七月第四次印刷，全四册，「中國古典文學基本叢書」

文選理學權輿補一卷

〔清〕孫志祖（一七三七～一八〇一）撰

《續修四庫全書》影印遼寧省圖書館藏清嘉慶四年刻讀畫齋叢書甲集本，第一五八一册，集部

文選旁證四十六卷

〔清〕梁章鉅（一七七五～一八四九）撰

《續修四庫全書》影印復旦圖書館藏清道光刻本，第一五八一册，集部

古樂苑五十二卷

〔明〕梅鼎祚（一五四九～一六一八）撰

明萬曆刻本；《四庫全書》本

回文類聚四卷補遺一卷

〔宋〕桑世昌（一一三五？一二二四後）編，〔清〕朱存孝（康熙間）輯補

《四庫全書》本

全唐詩稿本

〔清〕錢謙益（一五八二～一六六四）、季振宜（一六三〇～一六七四）遞輯，屈萬里（一九〇七～一九七九）、劉兆祐（一九三六～）主編

臺北：聯經出版事業公司，一九七九年九月初版；一九八六年十二月第二次印行，全七十一册，「明清未刊稿彙編第二輯」（「國立中央圖書館」原藏）

唐音統籤

〔明〕胡震亨（一五六九～一六四五）編

海口：海南出版社，二〇〇〇年十月影印本，全十四册，「故宫珍本叢刊」第五九五册

上海：上海古籍出版社，二〇〇三年四月影印本，全九册

全唐詩録

〔清〕徐倬（一六二四～一七一三）編

上海：上海古籍出版社，一九九三年十一月，全二册，「四庫文學總集選刊」

全唐詩

〔清〕聖祖玄燁（一六五四～一七二二）康熙四十二年御定，彭定求（一六四五～一七一九）、季振宜（一六三〇～一六七四）等編

康熙揚州詩局本，一二函一二〇册

臺北：文史哲出版社，民國六七年十二月

上海：上海古籍出版社影印本，一九八六年十月，全二册

王全【即王仲聞（一九〇一～一九六九）、傅璇琮（一九三三～二〇一六）】點校

北京：中華書局繁體豎排本，一九六〇年四月第一版；一九七九年八月第二次印刷；一九八五年一月第三次印刷；一九九〇年二月第四次印刷；一九九二年十月第五次印刷，平裝全二十五册

中華書局編輯部點校，陳尚君（一九五二～）補輯

北京：中華書局，一九九九年一月第一次印刷，横排簡體字本，精裝全十五册

全唐詩逸三卷

（日）市河世寧（一七四九～一八二〇）輯

《叢書集成初編》據知不足齋叢書本排印，文學類，第一七六六四册

全唐詩外編

王重民（一九〇三～一九七五）、孫望（一九一二～一九九〇）、童養年（一九〇九～二〇〇一）輯録

北京：中華書局，一九八二年七月，全二册

臺北：木鐸出版社，一九八三年六月

全唐詩補編

陳尚君（一九五二～）輯校

北京：中華書局，一九九二年十月，全三册

增訂注釋全唐詩

陳貽焮（一九二四～二〇〇〇）主編，陳鐵民（一九三八～）、彭慶生（一九三八～二〇一六）副主編

北京：文化藝術出版社，二〇〇一年五月，全五册

唐人選唐詩新編

〔唐〕殷璠（約七一三～七六二）等編撰，傅璇琮（一九三三～二〇一六）等新編

西安：陝西人民教育出版社，一九九六年七月第一版，「唐詩研究集成」

竇氏聯珠集五卷

〔唐〕竇常、竇牟、竇羣、竇庠、竇鞏撰〔唐〕褚藏言輯

《四庫全書》本

才調集十卷

〔後蜀〕韋縠編

《四庫全書》本

（二馮評點）才調集十卷

〔後蜀〕韋縠編〔清〕馮舒（一五九三～一六四九）、馮班（一六〇二～一六七一）評點〔清〕馮武（一六二七～？）輯

《四庫全書存目叢書》影印清康熙四十三年垂雲堂刻本，集部第二八八册

删正二馮評閱才調集

〔清〕紀昀（一七二四～一八〇五）撰

臺北：新文豐出版公司《叢書集成三編》第三四册，影印《鏡煙堂叢書》本

才調集補注十卷

〔後蜀〕韋縠編〔清〕馮舒（一五九三～一六四九）、馮班（一六〇二～一六七一）評閱〔清〕殷元勳注〔清〕宋邦綏（？～一七七九）補注

《續修四庫全書》影印清乾隆五十八年（一七九三）宋思仁思補堂刻本，第一六一一册

清光緒二十年（一八九四）江蘇書局重刊本（一函四册）

萬首唐人絕句

〔宋〕洪邁（一一二三～一二〇二）輯

北京：文學古籍刊行社，一九五五年十二月，影印明嘉靖本，全四册

萬首唐人絕句

〔宋〕洪邁（一一二三～一二〇二）選編〔明〕趙宧光（一五五九～一六二五）、黄習遠編定，劉卓英標點

北京：書目文獻出版社，一九八三年五月，據明萬曆刻本標點印行，全二册

萬首唐人絕句校注集評

〔宋〕洪邁（一一二三～一二〇二）編，霍松林（一九二一～二〇一七）主編

太原：山西人民出版社，一九九一年十二月，全三册

註解章泉澗泉二先生選唐詩

〔宋〕趙蕃（一一四三～一二二九）、韓淲（一一五九～一二二四）選，〔宋〕謝枋得（一二二六～一二八九）註

《宛委別藏》第一〇九册，江蘇古籍出版社一九八八年影印本

謝註唐詩絕句

〔宋〕趙蕃（一一四三～一二二九）、韓淲（一一五九～一二二四）選〔宋〕謝枋得（一二二六～一二八九）註，黄屏點校

杭州：浙江古籍出版社，一九八八年十二月

後村千家詩校注

〔宋〕劉克莊（一一八七～一二六九）編集，胡向儂、王皓叟校注

貴陽：貴州人民出版社，一九八六年十二月

分門類纂唐宋時賢千家詩選校證

〔宋〕劉克莊（一一八七～一二六九）編（舊題），李更（一九六七～）、陳新（一九二七～二〇一八）校證

北京：人民文學出版社，二〇〇二年十二月，全二册

三體唐詩六卷

〔宋〕周弼（一一九四～一二五五）編〔清〕高士奇（一六四五～一七〇三）注

《四庫全書》本

唐宋詩三千首——瀛奎律髓

〔元〕方虛谷（方回）（一二二七～一三〇七）編〔清〕紀曉嵐（一七二四～一八〇五）批點

北京：中國書店，一九九〇年三月，據一九二二年掃葉山房本影印

瀛奎律髓匯評

〔元〕方回（一二二七～一三〇七）選評，李慶甲（一九三三～一九八五）集評校點

上海：上海古籍出版社，一九八六年四月第一版；二〇〇五年四月新一版，全三册

唐音評注

〔元〕楊士弘編選〔明〕張震輯注〔明〕顧璘（一四七六～一五四五）評點，陶文鵬（一九四一～）、魏祖欽（一九七二～）整理校點

石家莊：河北大學出版社，二〇〇六年十月，全二册

唐詩品匯

〔明〕高棅（一三五一～一四二三）編

上海：上海古籍出版社，據上海辭書出版社藏明汪宗尼校訂本影印，一九八八年七月

唐詩正聲十卷

〔明〕高棅（一三五一～一四二三）編

明嘉靖三年刊本，中國社會科學院文學研究所圖書館藏，四册

唐詩紀一百七十卷

〔明〕黄德水、吳琯等輯

《四庫全書存目叢書補編》影印北京大學圖書館藏明萬曆十三年（一五八五）刻本，第十六册

唐五十家詩集（明銅活字本）

〔明〕徐縉（？～一五四五）編印

上海：上海古籍出版社，一九八一年八月第一版，平裝本，全八册；一九八九年四月第一版；一九九二年五月第二次印刷，精裝本，全一册

唐詩絕句類選四卷

〔明〕敖英（一四七一～一五五一）原編，淩雲補輯

明崇禎吳興淩氏三色套印本

删補唐詩選脈箋釋會通評林六十卷

〔明〕周珽（一五六五～一六四五）編

《四庫全書存目叢書補編》影印清華大學圖書館藏明崇禎八年（一六三五）穀采齋刻本，第二五册

唐詩解五十卷詩人爵里詳節一卷

〔明〕唐汝詢（一五六五～一六五九）選釋

《四庫全書存目叢書》影印明萬曆四十三年楊鶴刻本，集部第三六九～三七〇册

删訂唐詩解二十四卷

〔明〕唐汝詢（一五六五～一六五九）選釋〔清〕吳昌祺評定

《續修四庫全書》影印浙江省圖書館藏清康熙四十年刻本，第一六一二册，集部

唐詩解

〔明〕唐汝詢（一五六五～一六五九）選釋，王振漢點校

保定：河北大學出版社，二〇〇一年九月

唐詩歸三十六卷

〔明〕鍾惺（一五七四～一六二四）、譚元春（一五八六～一六三七）輯

明刻本十册；明閔振業、閔振聲刻三色套印本十八册

《續修四庫全書》影印遼寧省圖書館藏明刻本，第一五八九～一五九〇册，集部

詩歸

〔明〕鍾惺（一五七四～一六二四）、譚元春（一五八六～一六三七）輯，張國光（一九二三～二〇〇八）點校

武漢：湖北人民出版社，一九八五年五月

詩淵（不分卷）

〔明〕佚名編

北京：書目文獻出版社影印本，一九八七年版，全六册

《續修四庫全書》影印北圖藏明抄本，第一五九四～一六〇〇册，集部

唐詩鏡五十四卷

〔明〕陸時雍（一五八五？～一六四〇）撰

《四庫全書》本

唐風定二十二卷

〔明〕邢昉（一五九〇～一六五三）輯

貴陽邢氏思適齋一九三四年影刻明刊本

貫華堂選批唐才子詩

〔清〕金聖歎（一六〇八～一六六一）選批，曹方人、周錫山（一九四四～）標點

南京：江蘇古籍出版社，一九八六年五月，《金聖歎全集》選刊之二

金聖歎評唐詩全編

〔清〕金聖歎（一六〇八～一六六一）選批，陳德芳校點

成都：四川文藝出版社，一九九九年一月

唐詩快十六卷

〔清〕黄周星（一六一一～一六八三）輯

清康熙三十二年（一六九三）刻本（上海圖書館藏）

而庵説唐詩二十二卷首一卷

〔清〕徐增（一六一二～?）撰

《四庫全書存目叢書》影印清康熙九年（一六七〇）九誥堂刻本，集部第三九六册

説唐詩

〔清〕徐增（一六一二～?）撰，樊維綱（一九二六～）校注

鄭州：中州古籍出版社，一九九〇年十二月

古詩評選

〔清〕王夫之（一六一九～一六九二）編選，張國星（一九五二～）校點

北京：文化藝術出版社，一九九七年三月

唐詩評選

〔清〕王夫之（一六一九～一六九二）編選，王學太（一九四二～二〇一八）校點

北京：文化藝術出版社，一九九七年一月

明詩評選

〔清〕王夫之（一六一九～一六九二）編選，陳新（一九二七～二〇一八）

點校

北京：文化藝術出版社，一九九七年一月

唐詩評三種

〔清〕黄生（一六二二～一六九六）等撰，何慶善（一九三二～）點校

合肥：黄山書社，一九九五年十二月，「安徽古籍叢書」第二十二輯

增訂唐詩摘鈔十卷（附增訂古詩摘鈔二卷 杜詩俗字俗語）

〔清〕黄生（一六二二～一六九六）選評〔清〕朱之荊增訂、集注、摘鈔

清乾隆十八年刻本南屏堂藏板

唐七律選四卷

〔清〕毛奇齡（一六二三～一七一六）論定，王錫（一六六〇～?）、李庚星、周崧、裘巘生仝輯

安徽博物館藏清康熙四十一年（一七〇二）刻本；中國社會科學院文學研究所圖書館藏清刊本

唐詩百名家全集三百二十六卷

〔清〕席啟寓（一六五一～一七〇三）輯

清康熙四十一年（一七〇二）洞庭席氏琴川書屋刻本

上海：掃葉山房，一九二〇年石印本

唐詩別裁集

〔清〕沈德潛（一六七三～一七六九）編

北京：商務印書館，一九五八年五月

北京：中華書局，據乾隆二十八年（一七六三）教忠堂重訂本縮印，一九七三年九月，線裝本；一九七五年十月，平裝本

富壽蓀（一九二三～一九九六）校點本

上海：上海古籍出版社，一九七九年一月，全二册

中晚唐詩叩彈集

〔清〕杜詔（紫綸）（一六六六～一七三六）、杜庭珠（詒穀）集

北京：中國書店據采山亭藏版影印，一九八四年十二月，全二册

網師園唐詩箋十八卷

〔清〕宋宗元（一七一〇～一七七九）輯

清乾隆三十二年（一七六七）序刊本，中國社會科學院文學研究所圖書館藏，一函四册

唐詩三百首詳析

〔清〕孫洙（一七一一～一七七八）輯，喻守真（一八九七～一九四九）注

北京：中華書局，一九五七年十一月

唐詩三百首注疏

〔清〕孫洙（一七一一～一七七八）編〔清〕章燮（一七九四～一八五七）注疏，吳紹烈、周藝校點

合肥：安徽人民出版社，一九八三年六月

唐詩三百首

〔清〕孫洙（一七一一～一七七八）編〔清〕陳婉俊（道光二十四年前後）補注，呂薇芬（一九三六～）校點

北京：中華書局，一九八四年七月

唐詩三百首補注

〔清〕孫洙（一七一一～一七七八）編〔清〕陳婉俊（道光二十四年前後）輯注

北京：中國書店，一九九一年三月

唐詩初選二卷

〔清〕孫洙（一七一一～一七七八）編〔清〕吳宗麟重編

清同治三年（一八六四）可久長室刊本

唐詩合解箋注十二卷

〔清〕王堯衢（雍正六年前後）編選，單小青（一九五三～）、詹福瑞（一九五三～）點校

保定：河北大學出版社，二〇〇〇年四月

五七言今體詩鈔九卷

〔清〕姚鼐（一七三二～一八一五）編選

清嘉慶三年（一七九八）歷城方氏刻本

《四部備要》本

今體詩鈔

〔清〕姚鼐（一七三二～一八一五）編選，曹光甫（一九四二～二〇一八）

上海：上海古籍出版社，一九八六年三月

（朱選）玉臺新詠十卷

〔清〕朱存孝（康熙間）輯録

中國社會科學院文學研究所圖書館藏清刊本一函四册

王闓運手批唐詩選

〔清〕王闓運（一八三三～一九一六）撰

上海：上海古籍出版社，一九八九年十一月

歷代詩評注讀本

王文濡（一八六七～一九三五）編

北京：中國書店影印上海文明書局鉛印本，一九八三年十一月，全二册

詩境淺説

俞陛雲（一八六八～一九五〇）選注

上海：開明書店，一九三六年十一月初版；一九四七年三月再版

上海：上海書店，一九八四年十二月，影印開明書店一九四七年版

北京：北京出版社，二〇〇三年一月，「大家小書」

唐詩匯評

陳伯海（一九三五～）主編

杭州：浙江教育出版社，一九九五年五月，全三册

千首唐人絕句

富壽蓀（一九二三～一九九六）選注，富壽蓀（一九二三～一九九六）、劉拜山（一九〇九～一九六五）評解

上海：上海古籍出版社，一九八五年六月第一版；一九九八年十二月新一版

敦煌詩集殘卷輯考

徐俊（一九六一～）纂輯

北京：中華書局，二〇〇〇年六月

唐宋詩醇四十七卷

〔清〕愛新覺羅·弘曆（一七一一～一七九九）撰

浙江書局刻本；《四庫全書》本

冉萬校點，北京：中國三峽出版社，一九九七年六月第一版，一九九九年一月第二次印刷

江湖小集九十五卷

〔宋〕陳起（？～一二五五）編

《四庫全書》本

江湖後集二十四卷

〔宋〕陳起（？～一二五五）編

《四庫全書》本

兩宋名賢小集三百八十卷

〔宋〕陳思（寶慶間）編〔元〕陳世隆（至正間）補

《四庫全書》本

宋藝圃集二十二卷

〔明〕李蓘（一五三一～一六〇九）編

《四庫全書》本

御定四朝詩（御選宋詩、金詩、元詩、明詩）三百一十二卷

〔清〕聖祖玄燁（一六五四～一七二二）康熙四十八年御定〔清〕張豫章等編次

《四庫全書》本

宋百家詩存四十卷

〔清〕曹庭棟（一七〇〇～一七八五）編

《四庫全書》本

宋詩鈔

〔清〕吳之振（一六四〇～一七一七）、呂留良（一六二九～一六八三）、吳自牧選

《四庫全書》本（一百零六卷）

北京：中華書局，一九八六年十二月第一版，一九九六年二月第二次印刷，全四册

全宋詩

傅璇琮（一九三三～二〇一六）、孫欽善（一九三四～）、倪其心（一九三四～二〇〇二）、陳新（一九二七～二〇一八）、許逸民（一九四一～）主編，北京大學古文獻研究所編

北京：北京大學出版社，一九九一年七月～一九九八年第一版，全七二册

宋詩別裁集

〔清〕張景星（一六九三～?）等編選

上海：上海古籍出版社，一九七八年十月

宋元詩會

〔清〕陳焯（順治九年進士）撰

清康熙刻本；《四庫全書》本

全金詩

薛瑞兆（一九四七～）、郭明志（一九四七～）編

天津：南開大學出版社，一九九五年十一月，全四册

全元詩

楊鐮（一九四七～二〇一六）主編

北京：中華書局，二〇一三年六月，全六八册

元人十種詩

〔金〕元好問（一一九〇～一二五七）等編選

北京：中國書店影印，一九九〇年七月，「海王邨古籍叢刊」

元音十二卷

〔明〕孫原理輯〔明〕陳孟凝編選〔明〕張中達校正

《四庫全書》本

元詩體要十四卷

〔明〕宋公傳編

《四庫全書》本

元藝圃集四卷

〔明〕李蓘（一五三一～一六〇九）編

《四庫全書》本

元詩選十集（元百家詩集）

〔清〕顧嗣立（一六六五～一七二四）編

清康熙三十三年長洲顧氏秀野草堂刻本，中國社會科學院文學研究所圖書館藏

元詩選初集

〔清〕顧嗣立（一六六五～一七二四）編

北京：中華書局，一九八七年一月，全三册

元詩選二集

〔清〕顧嗣立（一六六五～一七二四）編

北京：中華書局，一九八七年七月，全二册

元詩選三集

〔清〕顧嗣立（一六六五～一七二四）編

北京：中華書局，一九八七年十月

元詩選癸集

〔清〕顧嗣立（一六六五～一七二四）、席世臣編

清嘉慶三年（一七九八）秀野草堂序刊本

吳申揚（顧青、王軍）校點，北京：中華書局，二〇〇一年十月，全二册

元詩選補遺

〔清〕錢熙彦編，吳申揚（顧青、王軍）校點

北京：中華書局，二〇〇二年十月

金元詩選十二卷（金詩選四卷元詩選六卷補遺一卷總論一卷）

〔清〕顧奎光（？～一七六四）選輯，陶玉禾參評

清乾隆十六年刻本

全史宫詞二十卷

〔清〕史夢蘭（一八一三～一八九九）編

《四庫未收書輯刊》影印清咸豐六年刻本，史部，第二輯第三十册

遼金元宫詞

〔元〕柯九思等著，陳高華（一九三八～）編

北京：北京古籍出版社，一九八八年二月

草堂雅集

〔元〕顧瑛（一三一〇～一三六九）撰，楊鐮（一九四七～二〇一六）、祁學明、張頤青整理

北京：中華書局，二〇〇八年十一月，全三册

玉山名勝集八卷

〔元〕顧瑛（一三一〇～一三六九）輯

《四庫全書》本

玉山名勝外集二十六卷

〔元〕顧瑛（一三一〇～一三六九）輯

黄廷鑑校跋清抄本（中國國家圖書館藏）

玉山名勝集

〔元〕顧瑛（一三一〇～一三六九）輯，楊鐮（一九四七～二〇一六）、葉愛欣（一九六四～）整理

北京：中華書局，二〇〇八年十一月，全二册

檇李詩繫四十二卷

〔清〕沈季友（一六五二～一六九八）輯

《四庫全書》本

列朝詩集八十一卷

〔清〕錢謙益（一五八二～一六六四）輯

《續修四庫全書》影印清順治九年毛氏汲古閣刻本，第一六二二～一六二四册，集部

《四庫禁毁書叢刊》影印清順治九年毛氏汲古閣刻本，集部第九五～九七册

上海：生活·讀書·新知三聯書店影印，一九八八年

許逸民（一九四一～）、林淑敏點校，北京：中華書局，二〇〇七年十一月，全一二册

列朝詩集小傳

〔清〕錢謙益（一五八二～一六六四）輯

上海：古典文學出版社，一九五七年十一月，全二册，「中國文學參考資料叢書」

上海：上海古籍出版社，一九八三年十月，全二册

明詩綜一百卷

〔清〕朱彝尊（一六二九～一七〇九）撰

《四庫全書》本

明詩別裁集

〔清〕沈德潛（一六七三～一七六九）、周準編

北京：商務印書館，一九五八年四月

北京：中華書局，一九七三年十月，據乾隆四年（一七三九）教忠堂重訂本影印，一函四册

北京：中華書局，一九七五年十一月，據乾隆四年（一七三九）教忠堂重訂本為底本縮印

國朝詩別裁集三十二卷

〔清〕沈德潛（一六七三～一七六九）輯評

《四庫禁毀書叢刊》影印清乾隆二十五年（一七六〇）教忠堂刻本，集部第一五八册

清詩別裁集

〔清〕沈德潛（一六七三～一七六九）編

北京：商務印書館，一九三〇年十月；一九五八年五月

北京：中華書局，一九七三年一月（線裝本）；一九七五年十一月（平裝本），據乾隆二十五年教忠堂重訂本為底本縮印

吳雪濤、陳旭霞點校，石家莊：河北人民出版社，一九九七年八月

李克和等校點，長沙：岳麓書社，一九九八年二月

詩觀初集十二卷二集十四卷閨秀別卷一卷三集十三卷閨秀別卷一卷

〔清〕鄧漢儀（一六一七～一六八九）輯

《四庫全書存目叢書補編》影印南京圖書館藏清康熙慎墨堂刻本，第三九册

《四庫禁毀書叢刊》影印清康熙慎墨堂刻本，集部第一～二册

感舊集十六卷

〔清〕王士禛（一六三四～一七一一）輯〔清〕盧見曾（一六九〇～一七六八）等補傳

《四庫禁毀書叢刊》影印清乾隆十七年刻本，集部第七四册

皇清詩選三十卷

〔清〕孫鋐（康熙初）輯評

《四庫全書存目叢書》影印清康熙二十九年鳳嘯軒刻本，集部第三九八册

國朝閨閣詩鈔一百卷

〔清〕蔡殿齊（一八一六～一八八八）編

《續修四庫全書》影印山東省圖書館藏清道光嫏嬛別館刻本，第一六二六册，集部

甬上耆舊詩三十卷

〔清〕胡文學（一六三一～?）輯〔清〕李鄴嗣（一六二二～一六八〇）續傳

《四庫全書》本

續甬上耆舊詩集一四〇卷

〔清〕全祖望（一七〇五～一七五五）輯

清光緒宣統間排印本，國學保存會輯「國粹叢書」第三集

續甬上耆舊詩一百二十卷

〔清〕全祖望（一七〇五～一七五五）輯，馮貞群、孟顓編次

四明文獻社民國七年據靈蕤館謝氏藏本排印本，中國社會科學院文學研究所圖書館藏，六函二十四册

續甬上耆舊詩

〔清〕全祖望（一七〇五～一七五五）輯，方祖猷、魏得良、孫如琦、方同義點校

杭州：杭州出版社，二〇〇四年九月，全三册

嶺南群雅初集三卷二集三卷初補二卷

〔清〕劉彬華（一七一〇～一八二九）輯

《續修四庫全書》影印浙江圖書館藏清嘉慶十八年玉壺山房刻本，第一六九三册，集部

婁東詩派二十八卷

〔清〕汪學金（一七四八～一八〇四）輯

《四庫未收書輯刊》影印清嘉慶九年詩志齋刻本，集部第九輯第三〇册

國朝畿輔詩傳六十卷

〔清〕陶樑（一七七二～一八五七）輯

《續修四庫全書》影印山東省圖書館藏清道光十九年紅豆樹館刻本，第一六八一册，集部

國朝詩鐸二十六卷首一卷

〔清〕張應昌（一七九〇～一八七四）輯

《續修四庫全書》影印上海辭書藏清同治八年秀芷堂刻本，第一六二七～一六二八册，集部

清詩鐸

〔清〕張應昌（一七九〇～一八七四）輯

北京：中華書局，一九六〇年一月第一版，一九八三年四月第二次印刷，全二册

晚晴簃詩匯二百卷

徐世昌（一八五五～一九三九）輯

《續修四庫全書》影印民國十八年退耕堂刻本，第一六二九～一六三三册，集部

北京：中國書店據退耕堂民國十七年雕版影印，一九八八年十一月

上海：上海生活·讀書·新知三聯書店影印本，一九八九年十二月

晚晴簃詩匯

徐世昌（一八五五～一九三九）輯，聞石點校

北京：中華書局，一九九〇年十月，精装全十册

道咸同光四朝詩史一斑録續編

孫雄（一八六六～一九三五）輯

清光緒三十四年（一九〇八）油印本，中國社會科學院文學研究所圖書館藏，一函二册

道咸同光四朝詩史甲集八卷首一卷乙集八卷

孫雄（一八六六～一九三五）輯

《續修四庫全書》影印浙江圖書館藏清宣統二年刻本，第一六二八册，集部

千首清人絶句
陳友琴（一九〇二～一九九六）選注
杭州：浙江古籍出版社，一九八八年五月
石倉歷代詩選五百六卷
〔明〕曹學佺（一五七五～一六四六）編選
《四庫全書》本；鄭振鐸舊藏明刻本
江西詩徵九十四卷附刻一卷補遺一卷
〔清〕曾燠（一七五九～一八三〇）撰
《續修四庫全書》影印復旦圖書館藏清嘉慶九年賞雨茅屋刻本，第一六八八～一六九〇册，集部
沅湘耆舊集二百卷
〔清〕鄧顯鶴（一七七七～一八五一）輯
《續修四庫全書》影印上圖藏清道光二十三年鄧氏南邨草堂刻本，第一六九〇～一六九三册，集部
湖北詩徵傳略四十卷
〔清〕丁宿章（光緒間貢生）輯
《續修四庫全書》影印清光緒七年孝感丁氏涇北草堂刻本，第一七〇七册，集部
百名家詩選八十九卷
〔清〕魏憲（康熙間）輯
《四庫全書存目叢書》影印清康熙間枕江堂刻本，集部第三九七册
《續修四庫全書》影印吉林大學圖書館藏清康熙魏氏枕江堂刻本，第一六二四～一六二五册，集部
詩女史十四卷拾遺一卷
〔明〕田藝蘅（一五二四～一五八三後）編
《四庫全書存目叢書》影印明嘉靖三十六年刻本，集部第三二一册
古史詩鍼
〔清〕戴名世（一六五三～一七一三）編選，許總（一九五四～）、許結（一九五七～）、許永璋（一九一五～二〇〇五）注析

上海：上海古籍出版社，一九九四年八月

輯刻琵琶亭詩一卷

〔清〕唐英（一六八二～一七五六）輯

清唐氏古柏堂乾隆十一年（一七四六）刻本

聲畫集八卷

〔宋〕孫紹遠（淳熙十四年前後）編

《四庫全書》本

御定佩文齋詠物詩選四百八十六卷

〔清〕張玉書（一六四二～一七一一）等編

《四庫全書》本

御定歷代題畫詩類一百二十卷

〔清〕陳邦彥（一六七八～一七五二）等編

《四庫全書》本

聖宋高僧詩選續集後集

〔宋〕陳起（？～一二五六）撰

清丁丙八千卷樓舊藏抄本

宋僧詩選補

〔元〕陳世隆（至正間）撰

南京圖書館藏明抄本

中國歷代僧詩全集（晉唐五代卷）

周艾若（一九二七～）、林凡（一九三一～）主編（實為沈玉成、印繼梁主編）

北京：當代中國出版社，一九九七年五月，全三卷

全唐文（附：唐文拾遺．唐文續拾．讀全唐文劄記）

〔清〕董誥（一七四〇～一八一八）等編

臺北：啟文出版社，民國五〇年十二月，題《欽定全唐文》

北京：中華書局影印本，一九八三年十一月第一版；二〇〇一年六月第四次印刷，全十一册

上海：上海古籍出版社，據揚州官本縮影，一九九〇年十二月，全五册

標點校勘本：孫映逵（一九四〇～）主持，太原：山西教育出版社，二〇〇二年十二月，全七册

全唐文紀事

〔清〕陳鴻墀（一七五八～一八三四之後）纂

上海：中華書局上海編輯所，一九五九年十二月；上海古籍出版社，一九八七年十月，全三册

全唐文補遺

吳鋼主編，陝西省古籍整理辦公室編

西安：三秦出版社，第一輯：一九九四年五月；第二輯：一九九五年五月；第三輯：一九九六年五月；第四輯：一九九七年五月；第五輯：一九九八年五月；第六輯：一九九九年五月；第七輯：二〇〇〇年五月；第八輯：二〇〇五年六月；千唐志齋新藏專輯：二〇〇六年六月；第九輯：二〇〇七年七月

全唐文新編

周紹良（一九一七～二〇〇五）總主編，欒貴明（一九四〇～）、張錫厚（一九三七～二〇〇五）、馮惠民（一九三八～）、葉樹仁（一九三九～）、田奕（一九六三～）主編

長春：吉林文史出版社，二〇〇〇年十二月，全二十二册

全唐文補編

陳尚君（一九五二～）輯校

北京：中華書局，二〇〇五年八月，全三册

文苑英華一千卷

〔宋〕李昉（九二五～九九六）、扈蒙（九一五～九八六）、徐鉉（九一七～九九二）、宋白（九三六～一〇一二）等十七人編纂

北京：中華書局，影印宋殘本補配明本，一九六六年五月第一版（一九七二年一月裝訂）；一九八二年七月第二次印刷；一九九〇年八月第三次印刷；一九九五年二月第四次印刷，全六册

文苑英華選六十卷

〔清〕宮夢仁（一六二三～一七一三）選編

清康熙四十一年刻本；乾隆二十七年光明正大之堂刻本

唐文粹一百卷

〔宋〕姚鉉（九六八～一〇二〇）編

《四庫全書》本

臺北：世界書局，一九七二年二月

杭州：浙江人民出版社，一九八六年十二月，據光緒十六年（一八九〇）杭州許氏榆園校刻本影印，全四册

五百家播芳大全文粹一百十卷

〔宋〕魏齊賢、葉棻同編

《四庫全書》本

成都文類五十卷

〔宋〕扈仲榮、程遇孫（淳熙間進士）等編

《四庫全書》本

東萊集注類編觀瀾文集

〔宋〕林之奇（一一一二～一一七六）編〔宋〕呂祖謙（一一三七～一一八一）集注

清嘉慶宛委別藏本

皇朝文鑑一百五十卷

〔宋〕呂祖謙（一一三七～一一八一）編

《四部叢刊》本

宋文鑑一百五十卷

〔宋〕呂祖謙（一一三七～一一八一）編

《四庫全書》本

全宋文

曾棗莊（一九三七～）、劉琳（一九三九～）主編，四川大學古籍研究所編纂

上海辭書出版社、安徽教育出版社，二〇〇六年八月，全三六〇册

金文最六十卷

〔清〕張金吾（一七八七～一八二九）輯

《續修四庫全書》影印上海辭書藏清光緒二十一年江蘇書局重刻本，第一六五四册，集部

金文最（一百二十卷）

〔清〕張金吾（一七八七～一八二九）編纂

北京：中華書局，一九九〇年八月，全二册

全遼文

陳述（一九一一～一九九二）輯校

北京：中華書局，一九八二年三月

全遼金文

閻鳳梧（一九三六～）主編

太原：山西古籍出版社，二〇〇二年九月，全三册

全元文

李修生（一九三三～）主編

南京：鳳凰出版社，二〇〇四年十二月，全六〇册

遊志續編二卷

〔元〕陶宗儀（一三一六～一四〇三後）輯

清嘉慶宛委別藏本

文章辨體彙選七百八十卷

〔明〕賀復徵輯

《四庫全書》本

明文衡九十八卷

〔明〕程敏政（一四四五～一四九九）輯

《四庫全書》本

皇明文衡

〔明〕程敏政（一四四五～一四九九）輯

明嘉靖六年盧煥刻本（卷九十五至一百配抄本），四十八册

古今小品八卷

〔明〕陳天定（天啟五年進士）輯

《四庫禁毀書叢刊》影印清道光九年刻本，集部第五六册

明人小品十六家

〔明〕陸雲龍（一六三五前後）等選評，蔣金德點校

杭州：浙江古籍出版社，一九九六年二月，全二册

皇明十六名家小品三十二卷

〔明〕何偉然（順治八年舉人）選〔明〕丁允和、陸雲龍（一六三五前後）輯，陸雲龍（一六三五前後）等評點

《四庫全書存目叢書》影印明崇禎六年陸雲龍刻本，集部第三七八册

尺牘爭奇八卷

〔明〕張一中輯

《四庫未收書輯刊》影印明刻本，集部第一〇輯第三〇册

古今振雅雲箋十卷

〔明〕徐渭（一五二一～一五九三）輯

《四庫禁毀書叢刊》影印明末刻本，集部第一八册

滑耀編不分卷

〔明〕賈三近（一五三四～一五九二）編

《四庫全書存目叢書》影印明萬曆間刻本，集部第三二一册

媚幽閣文娱初集九卷二集十卷

〔明〕鄭元勳（一五九八～一六四五）輯

《四庫禁毀書叢刊》影印明崇禎間刻本，集部第一七二册

媚幽閣文娱

〔明〕鄭元勳（一五九八～一六四五）選

上海：上海雜誌公司，民國二十五年五月，「中國文學珍本叢書」第一輯第二十五種

皇明經世文編五百四卷補遺四卷

〔明〕陳子龍（一六〇八～一六四七）等輯

《續修四庫全書》影印明崇禎平露堂刻本，第一六五五～一六六二册，集部

明文海四百八十二卷

〔清〕黄宗羲（一六一〇～一六九五）編

《四庫全書》本

北京：中華書局，一九八七年二月，影印本，全五册

皇清文穎一百二十四卷

〔清〕陳廷敬（一六三九～一七一二）等編

《四庫全書》本

皇清文穎續編一百八卷首五十六卷目録十卷

〔清〕董誥（一七四〇～一八一八）等輯

《續修四庫全書》影印清嘉慶武英殿刻本，第一六六三～一六六七册，集部

御定歷代賦彙一百四十卷外集二十卷逸句二卷補遺二十二卷

〔清〕聖祖玄燁（一六五四～一七二二）康熙四十五年御定

《四庫全書》本

御選古文淵鑒六十四卷

〔清〕聖祖玄燁（一六五四～一七二二）康熙二十四年御選〔清〕徐乾學（一六三一～一六九四）等編註

《四庫全書》本

古文小品咀華

〔清〕王符曾（康熙初）輯評

楊揚標校，北京：書目文獻出版社，一九八三年十二月，「古籍選讀叢書」

張衍華、劉化民注譯，廣州：廣東人民出版社，二〇〇二年四月

歷朝賦格十五卷

〔清〕陸棻（一六三〇～一六九九）評選

《四庫全書存目叢書》影印清康熙間刻本，集部第三九九册

賦海大觀三十二卷

〔清〕鴻寶齋主人編

上海：鴻寶齋書局，清光緒十四年（一八八八）初刻本

北京：北京圖書館出版社影印鴻寶齋書局光緒二十年（一八九四）石印袖珍本（第四次重印），二〇〇七年，全八册

歷代詞賦總匯

馬積高（一九二五～二〇〇一）、葉幼明（一九三五～）主編

長沙：湖南文藝出版社，二〇一四年一月

湖海文傳七十五卷

〔清〕王昶（一七二五～一八〇六）輯

《續修四庫全書》影印清道光十七年經訓堂刻本，第一六六八～一六六九册，集部

國朝文録八十二卷

〔清〕李祖陶（一七七六～一八五八）輯

《續修四庫全書》影印清道光十九年瑞州府鳳儀書院刻本，第一六六九～一六七〇册，集部

國朝文録續編六十六卷附邁堂文略四卷

〔清〕李祖陶（一七七六～一八五八）輯

《續修四庫全書》影印復旦圖書館藏清同治七年李氏刻本，第一六七一～一六七二册，集部

皇朝經世文編一百二十卷

〔清〕賀長齡（一七八五～一八四八）、魏源（一七九四～一八五七）編

清道光七年刻本；光緒二十三年上海書局石印本

北京：中華書局，一九九二年影印本

皇朝經世文統編

〔清〕邵之棠編

臺北「近代中國史料叢刊」本

皇朝經世文續編一百二十卷

〔清〕盛康（一八一四～一九〇二）編

清光緒二十三年武進盛氏思補樓刻本

錫山秦氏文鈔十二卷首末二卷

秦毓鈞（一八七三～一九四二）輯

一九三零年十二月詠烈堂鉛印本，中國社會科學院文學研究所圖書館藏，一函六册

唐五代詞

林大椿（一八八一～一九五六）輯

北京：文學古籍刊行社，一九五六年六月

全唐五代詞

張璋（一九一七～）、黄畬（一九一三～～二〇〇七）編

上海：上海古籍出版社，一九八六年二月

全唐五代詞

曾昭岷（一九二四～）、曹濟平（一九三一～）、王兆鵬（一九五九～）、劉尊明（一九六一～）編

北京：中華書局，一九九九年十二月，全二册

全宋詞

唐圭璋（一九〇一～一九九〇）編

北京：中華書局，一九六五年六月第一版；一九九五年六月北京第六次印刷，全五册

唐圭璋（一九〇一～一九九〇）編纂，王仲聞（一九〇一～一九六九）參訂，孔凡禮（一九二三～二〇一〇）補輯

北京：中華書局，一九九九年一月第一次印刷，增訂簡體横排本，全五册

全宋詞補輯

孔凡禮（一九二三～二〇一〇）補輯

北京：中華書局，一九八一年八月

唐宋諸賢絕妙詞選十卷

〔宋〕黄昇（一二〇〇前～一二四九後）輯

《四部叢刊初編》影明刻本，商務印書館一九二九年版

花庵詞選

〔宋〕黄昇（一二〇〇前～一二四九後）編

中華書局上海編輯所，一九五八年八月

全金元詞

唐圭璋（一九〇一～一九九〇）編

北京：中華書局，一九七九年十月第一版；一九九四年十一月北京第三次印刷，全二册

古今詞統十六卷雜説一卷附一卷

〔明〕卓人月（一六〇六～一六三六）〔明〕徐士俊（一六〇二～一六八

一）輯

《續修四庫全書》影印上圖藏明崇禎刻本，第一七二八～一七二九册，集部

詞綜

〔清〕朱彝尊（一六二九～一七〇九）、汪森（一六五三～一七二六）輯

北京：中華書局，一九七三年一月線裝本；一九七五年十月平裝本

上海：上海古籍出版社，一九七八年十二月，全二册

國朝詞綜補五十八卷

〔清〕丁紹儀（一八一五～一八八四）輯

《續修四庫全書》影印南圖藏清光緒刻前五十八卷本，第一七三二册，集部

歷代詩餘一百二十卷

〔清〕沈辰垣（一六五五～?）、王弈清等編

《四庫全書》本

篋中詞六卷續四卷

〔清〕譚獻（一八三二～一九〇一）輯

《續修四庫全書》影印清光緒八年刻本，第一七三二～一七三三册，集部

全清詞鈔

葉恭綽（一八八一～一九六八）編

北京：中華書局，一九八二年五月第一版，全二册

全元散曲

隋樹森（一九〇六～一九九〇）編

北京：中華書局，一九六四年二月第一版，一九八一年一月第二次印刷，全二册

全明散曲

謝伯陽（一九三一～）編

濟南：齊魯書社，一九九四年三月，全五册

全清散曲

淩景埏（一九〇四～一九五九）、謝伯陽（一九三一～）編

濟南：齊魯書社，一九八五年九月，全三册

白雪齋選訂吴騷合編四卷衡曲麈談一卷曲律一卷
〔明〕張楚叔選輯，張旭初輯
《四部叢刊續編》影印明崇禎十年張師齡刻本（民國二十三年上海商務印書館）
《續修四庫全書》影印《四部叢刊續編》本，第一七四三册，集部
吴騷合編
〔明〕張楚叔選輯
北京：中國書店影印，一九九一年三月
太霞新奏十四卷
〔明〕馮夢龍（一五七四～一六四六）輯
《續修四庫全書》影印明天啟刻本，第一七四四册，集部
雍熙樂府二十卷
〔明〕郭勛（一四七五～一五四二）輯
《四部叢刊》本
《續修四庫全書》影印民國上海商務印書館影印明嘉靖四十五年刻本，第一七四〇～一七四一册，集部
白雪遺音四卷
〔清〕華廣生（嘉慶間）輯
《續修四庫全書》影印北圖藏清道光八年玉慶堂刻本，第一七四五册，集部
古謠諺一百卷
〔清〕杜文瀾（一八一五～一八八一）輯
《續修四庫全書》影印清咸豐十一年曼陀羅華閣刻本，第一六〇一～一六〇二册，集部
明清民歌時調集
〔明〕馮夢龍（一五七四～一六四六）等
上海：上海古籍出版社，一九八七年九月，全二册
太平廣記
〔宋〕李昉（九二五～九九六）等編，汪紹楹（一九〇九～一九七〇）點校
北京：中華書局，一九六一年九月第一版；一九九五年八月第六次印刷，全十册，五百卷

類説六十卷

〔宋〕曾慥（一一〇四？～一一五五）編撰

《四庫全書》本

北京：文學古籍刊行社，一九五五年十一月影印

唐人小説

汪國垣（汪辟疆）（一八八七～一九六六）校録

上海：古典文學出版社，一九五五年十二月第一版；上海：上海古籍出版社，一九七八年一月新一版；一九七八年四月第二次印刷

全唐五代小説

李時人（一九四九～二〇一八）編校，何滿子（一九一九～二〇〇九）審定

西安：陝西人民出版社，一九九八年九月，全五册

唐宋傳奇選

張友鶴（一九〇七～一九七一）選注

北京：人民文學出版社，一九九七年五月第一版，一九九八年四月第一次印刷，「中國古典文學讀本叢書」

嚴陵集九卷

〔宋〕董弅（紹興間）編

《四庫全書》本；《叢書集成初編》據漸西村舍叢刊本排印，文學類，第一六九六册

天台前集三卷前集别編一卷續集三卷續集别編六卷

〔宋〕李庚原本，林師蒧、林表民（約一二二三至一二五〇前後）等增修

《四庫全書》本

會稽掇英總集二十卷

〔宋〕孔延之（一〇一四～一〇七四）編定

《四庫全書》本

鄒志方（一九三九～）點校，北京：人民出版社，二〇〇六年六月

西湖百詠二卷

〔宋〕董嗣杲（景定、咸淳間）撰〔明〕陳贄和

《四庫全書》本

赤城集十八卷
〔宋〕林表民（約一二二三至一二五〇前後）編
《四庫全書》本
吳都文粹九卷
〔宋〕鄭虎臣（德祐間）編
《四庫全書》本
吳都文粹續集五十六卷補遺二卷
〔明〕錢穀（一五〇八～一五八四）輯
《四庫全書》本
吳興藝文補七十卷
〔明〕董斯張（一五八六～一六二八）輯
《續修四庫全書》影印明崇禎六年刻本，第一六七八～一六八〇册，集部
補續全蜀藝文志五十六卷
〔明〕杜應芳（萬曆三十五年進士）〔明〕胡承詔輯
《續修四庫全書》影印福建省圖書館藏明萬曆刻本，第一六七七册，集部
中州集十卷　附中州樂府一卷
〔金〕元好問（一一九〇～一二五七）編
《四庫全書》本
上海：中華書局上海編輯所排印本，一九五九年四月，全二册，金元總集之一
翰苑英華中州集十卷
〔金〕元好問（一一九〇～一二五七）編
《四部叢刊》本
澹游集
〔明〕釋來復（一三一九～一三九一）輯
《續修四庫全書》影印北圖藏清抄本，第一六二二册，集部
古今禪藻集二十八卷
〔明〕釋正勉、釋性迺同編
《四庫全書》本

新安文獻志一百卷

〔明〕程敏政（一四四五～一四九九）撰

《四庫全書》本

湖海詩傳四十六卷

〔清〕王昶（一七二五～一八〇六）輯

《續修四庫全書》影印清嘉慶八年三泖漁莊刻本，第一六二五～一六二六册，集部

淮海英靈集二十二卷

〔清〕阮元（一七六四～一八四九）輯

《續修四庫全書》影印清嘉慶三年小琅嬛仙館刻本，第一六八二册，集部

兩浙輶軒録四十卷

〔清〕阮元（一七六四～一八四九）輯

《續修四庫全書》影印山東省圖書館藏清嘉慶仁和朱氏碧溪草堂錢塘陳氏種榆仙館刻本，第一六八三～一六八四册，集部

兩浙輶軒録補遺十卷

〔清〕阮元（一七六四～一八四九）、〔清〕楊秉初等輯

《續修四庫全書》影印華東師大圖書館藏清嘉慶刻本，第一六八四册，集部

兩浙輶軒續録五十四卷補遺六卷

潘衍桐（一八四一～一八九九）輯

《續修四庫全書》影印清光緒十七年浙江書局刻本，第一六八五～一六八七册，集部

洛陽名勝詩選

李獻奇、陳長安選注

北京：中國旅遊出版社，一九八四年十二月

湖北文徵

湖北省人民政府文史研究館、湖北省博物館整理

武漢：湖北人民出版社，二〇一四年一月，全十四卷

別集之屬

唐代

李頎詩評注

〔唐〕李頎（六九〇～七五二）撰，劉寶和評注

太原：山西教育出版社，一九九〇年五月

黃氏集千家注杜工部詩史補遺十卷

〔唐〕杜甫（七一二～七七〇）撰〔宋〕黃鶴集注〔宋〕蔡夢弼（嘉泰間）校正

《叢書集成初編》影古逸叢書本，文學類，第二二三二～二二三四册

杜詩趙次公先後解輯校

〔宋〕趙彥材（？～一一六四）撰，林繼中（一九四四～）輯校

上海：上海古籍出版社，一九九四年十二月，全二册

杜詩解

（清）金聖歎（一六〇八～一六六一）著，鍾來因（一九三九～二〇〇一）整理

上海：上海古籍出版社，一九八四年一月

才子杜詩解

（清）金聖歎（一六〇八～一六六一）評解，張國光（一九二三～二〇〇八）校點

鄭州：中州古籍出版社，一九八六年三月

杜詩論文五十六卷

〔清〕吳見思（一六二一～一六八〇）撰〔清〕潘眉評

《四庫全書存目叢書》清康熙十一年常州岱淵堂刻本，集部第七册

杜詩説

〔清〕黃生（一六二二～一六九六）著，徐定祥（一九三五～）點校

合肥：黃山書社，一九九四年五月

杜詩詳注

〔清〕仇兆鰲（一六三八～一七一七）注

北京：中華書局，一九七九年十月第一版；一九八九年十二月第三次印刷，全五册，「中國古典文學基本叢書」

岑參集校注

〔唐〕岑參（約七一五～七七〇）撰，陳鐵民（一九三八～）、侯忠義（一九三六～）校注

上海：上海古籍出版社，一九八一年八月第一版；二〇〇四年九月，陳鐵民（一九三八～）修訂本，「中國古典文學叢書」

顧況詩集

〔唐〕顧況（約七二五～約八一四）撰，趙昌平（一九四五～二〇一八）校編

南昌：江西人民出版社，一九八三年三月，「百花洲文庫」第三輯

顧況詩注

〔唐〕顧況（約七二五～約八一四）撰，王啟興（一九二九～）、張虹注

上海：上海古籍出版社，一九九四年六月，「唐詩小集」

戴叔倫詩集校注

〔唐〕戴叔倫（七三二～七八九）撰，蔣寅（一九五九～）校注

上海：上海古籍出版社，一九九三年十二月

韋應物集校注

〔唐〕韋應物（七三五～七九〇）撰，陶敏（一九三八～二〇一三）、王友勝（一九六三～）校注

上海：上海古籍出版社，一九九八年十二月，「中國古典文學叢書」

韋應物詩集繫年校箋

〔唐〕韋應物（七三五～七九〇）撰，孫望（一九一二～一九九〇）校箋

北京：中華書局，二〇〇二年三月第一版；二〇〇六年二月第二次印刷，「中國古典文學基本叢書」

孟東野詩注

〔唐〕孟郊（七五一～八一四）撰，陳延傑（一八八八～一九七〇）注

長沙：商務印書館，一九三九年；臺北：新文豐出版公司，一九七九年八月

孟東野詩集

〔唐〕孟郊（七五一～八一四）撰，華忱之（一九一四～二〇〇二）校訂

北京：人民文學出版社，一九五九年七月

孟郊詩集校注

〔唐〕孟郊（七五一～八一四）撰，華忱之（一九一四～二〇〇二）、喻學才（一九五四～）校注

北京：人民文學出版社，一九九五年十二月，「新注古代文學名家集」

孟郊集校注

〔唐〕孟郊（七五一～八一四）撰，韓泉欣（一九四二～）校注

杭州：浙江古籍出版社，一九九五年十二月，「兩浙作家文叢」

孟郊詩集校注

〔唐〕孟郊（七五一～八一四）撰，邱燮友（一九三一～）、李建崑（一九五〇～）校注

臺北：新文豐出版公司，一九九七年十月，國立編譯館主編「中華叢書・歷代詩文集校注」

孟郊詩集箋注

〔唐〕孟郊（七五一～八一四）撰，郝世峰（一九三〇～二〇一三）箋注

石家莊：河北教育出版社，二〇〇二年八月

張籍詩注

〔唐〕張籍（七六六？～八三〇？）撰，陳延傑（一八八八～一九七〇）注

長沙：商務印書館，一九三八年七月，「國學小叢書」

張籍詩集

〔唐〕張籍（七六六？～八三〇？）撰，中華書局上海編輯所編輯

北京：中華書局，一九五九年一月

張籍集注

［唐］張籍（七六六？～八三〇？）撰，李冬生注

合肥：黃山書社，一九八九年十二月，「安徽古籍叢書」

張籍詩集校注

［唐］張籍（七六六？～八三〇？）撰，李建崑（一九五〇～）校注

臺北：華泰文化事業股份有限公司，二〇〇一年八月

張籍集繫年校注

［唐］張籍（七六六？～八三〇?）撰，徐禮節（一九六五～）、余恕誠（一九三九～二〇一四）校注

北京：中華書局，二〇一一年六月，全二册，「中國古典文學基本叢書」

王建詩集

〔唐〕王建（七六六？～八三二?）撰，中華書局上海編輯所編輯

北京：中華書局，一九五九年七月

王建詩集校注

〔唐〕王建（七六六？～八三二?）撰，尹占華（一九四七～）校注

成都：巴蜀書社，二〇〇六年六月，「詩賦研究叢書」

韓昌黎集

〔唐〕韓愈（七六八～八二四）撰

上海：商務印書館《萬有文庫》本，一九三〇年四月初版

韓昌黎詩繫年集釋

〔唐〕韓愈（七六八～八二四）撰，錢仲聯（一九〇八～二〇〇三）集釋

上海：古典文學出版社，一九五七年十一月

上海：上海古籍出版社，一九八四年三月第一版；一九九四年一月新一版，全二册，「中國古典文學叢書」

韓昌黎文集校注

〔唐〕韓愈（七六八～八二四）撰，馬其昶（一八五五～一九三〇）校注，馬茂元（一九一八～一九八九）整理

上海：古典文學出版社，一九五七年十二月

上海：上海古籍出版社，一九八七年六月第一版；一九九八年三月第二次印刷，「中國古典文學叢書」

韓愈全集校注

〔唐〕韓愈（七六八～八二四）撰，屈守元（一九一三～二〇〇二）、常思春（一九四五～）主編

成都：四川大學出版社，一九九六年七月，全五册

韓昌黎文集注釋
〔唐〕韓愈（七六八～八二四）撰，閻琦（一九四三～）注釋
西安：三秦出版社，二〇〇四年十二月
令狐楚集
〔唐〕令狐楚（七六八～八三七）撰，尹占華（一九四七～）、楊曉靄（一九六二～）整理校箋
蘭州：甘肅人民出版社，一九九八年十一月，「隴右文獻叢書」
柳河東集
〔唐〕柳宗元（七七三～八一九）撰
上海：中華書局上海編輯所，一九五八年十一月第一版，標點排印本
上海：上海人民出版社，一九七四年五月新一版
柳宗元集
〔唐〕柳宗元（七七三～八一九）撰，吳文治（一九二五～二〇〇九）等點校
北京：中華書局，一九七九年十月第一版；一九八二年七月第二次印刷，全四册，「中國古典文學基本叢書」
柳宗元詩箋釋
〔唐〕柳宗元（七七三～八一九）撰，王國安（一九四六～）箋釋
上海：上海古籍出版社，一九九三年九月，「中國古典文學叢書」
柳宗元全集
〔唐〕柳宗元（七七三～八一九）撰
北京：中國書店，一九九一年八月影印本
柳宗元全集
〔唐〕柳宗元（七七三～八一九）撰，曹明綱（一九四九～）標點
上海：上海古籍出版社，一九九七年十月
劉賓客文集
〔唐〕劉禹錫（七七二～八四二）撰
西安：陝西人民出版社，一九七四年十月翻印本，全二册
劉賓客外集
〔唐〕劉禹錫（七七二～八四二）撰

清光緒乙巳仁和朱氏刊本

劉禹錫集

〔唐〕劉禹錫（七七二～八四二）撰

上海：上海人民出版社，一九七五年十一月

劉禹錫集

〔唐〕劉禹錫（七七二～八四二）撰，《劉禹錫集》整理組點校，卞孝萱（一九二四～二〇一一）校訂

北京：中華書局，一九九〇年三月第一版，全二册，「中國古典文學基本叢書」

劉禹錫集箋證

〔唐〕劉禹錫（七七二～八四二）撰，瞿蜕園（一八九四～一九七三）箋證

上海：上海古籍出版社，一九八九年十二月第一版；二〇〇五年四月第二次印刷，全三册，「中國古典文學叢書」

劉禹錫詩集編年箋注

〔唐〕劉禹錫（七七二～八四二）撰，蔣維崧（一九一五～二〇〇六）、趙蔚芝（一九一九～二〇一二）、陳慧星（一九三三～）、劉聿鑫（一九三四～）箋注

濟南：山東大學出版社，一九九七年九月

劉禹錫全集編年校注

〔唐〕劉禹錫（七七二～八四二）撰，陶敏（一九三八～二〇一三）、陶紅雨（一九六六～）校注

長沙：岳麓書社，二〇〇三年十一月，全二册

白氏文集七十一卷

〔唐〕白居易（七七二～八四六）撰

明嘉靖十七年（一五三七）伍忠光刊本，中國社會科學院文學研究所圖書館善本室藏，全十六册

白氏文集七十一卷

〔唐〕白居易（七七二～八四六）撰

北京：北京圖書館出版社，二〇〇四年三月，綫裝全十册，「中華再造善本－集部－唐宋編」

白氏長慶集七十一卷

〔唐〕白居易（七七二～八四六）撰

明萬曆三十四年松江馬元調刊本（婁堅重刻序），中國社會科學院文學研究所圖書館善本室藏，全十八册

白氏長慶集七十一卷 目録二卷 附録一卷

〔唐〕白居易（七七二～八四六）撰

明萬曆三十四年松江馬元調刊本（婁堅重刻序），中國社會科學院文學研究所圖書館善本室藏，全二十四册，崇禎丁丑朱筆依宋本校，清屏山八十老人依汪立名本校補考釋

白氏長慶集七十一卷

〔唐〕白居易（七七二～八四六）撰

北京：文學古籍刊行社，一九五五年六月北京第一版，一九五五年八月上海第一次印刷，全三册，據宋紹興刊本《白氏長慶集》影印，附敦煌卷子本白氏詩集殘一卷，用北京圖書館所攝唐抄本影印

上海：上海古籍出版社，一九八七年八月，影印臺灣文淵閣本《四庫全書》，第一〇八〇册；一九九四年一月，「四庫唐人文集叢刊」

白香山詩集四十卷

〔唐〕白居易（七七二～八四六）撰〔清〕汪立名（一六七九～?）編訂

清康熙四十一至四十二年汪氏一隅草堂刻本，中國社會科學院文學研究所圖書館藏，一函六册；中國社會科學院文學研究所圖書館善本室藏，二十册。包括《白香山詩長慶集》二十卷，附後集十七卷，補遺二卷，別集一卷，附宋陳振孫編《白香山年譜舊本》、清汪立名編《白香山年譜》。

《四庫全書》本

一九一五年上海會文堂據清汪立名刊本重刊石印本，中國社會科學院文學研究所圖書館藏，四函十二册

《四部備要》第七十一册，據汪氏一隅草堂刻本之排印本《四部備要》，國學整理社，一九三五年十二月初版

白居易集

〔唐〕白居易（七七二～八四六）撰，顧學頡（一九一三～一九九九）校點

北京：中華書局，一九七九年十月第一版；一九八五年九月第二次印刷；一九八八年三月第三次印刷；一九九一年七月第四次印刷；一九九六年二月第五次印刷，以宋紹興刻七十一卷本《白氏長慶集》爲底本，全四册，「中國古典文學基本叢書」

白居易集箋校

〔唐〕白居易（七七二～八四六）撰，朱金城（一九二一～二〇一一）箋校

上海：上海古籍出版社，一九八八年十二月；二〇〇四年一月，全六册，「中國古典文學叢書」

白居易詩集校注

〔唐〕白居易（七七二～八四六）撰，謝思煒（一九五四～）校注

北京：中華書局，二〇〇六年八月，全六册，「中國古典文學基本叢書」

白居易文集校注

〔唐〕白居易（七七二～八四六）撰，謝思煒（一九五四～）校注

北京：中華書局，二〇一一年一月，全四册，「中國古典文學基本叢書」

香山詩鈔二十卷

〔唐〕白居易（七七二～八四六）撰〔清〕楊大鶴（？～一七一五）選

清康熙四十年（一七〇一）刻本，中國社會科學院文學研究所圖書館藏，一函四册

《四庫全書存目叢書》影印清康熙四十年刻本，集部第九册

台南縣：莊嚴文化事業，一九九七年（民八六年）

香山詩選六卷

〔唐〕白居易（七七二～八四六）撰〔清〕曹文埴（一七三五～一七九八）選

清光緒十七年（一八九一）金陵書局重刻本，中國社會科學院文學研究所圖書館藏，一函二册

掃葉山房一九一五年石印本

白樂天詩二卷

〔唐〕白居易（七七二～八四六）撰〔清〕周曰沆輯

清乾隆三十四年（一七六九）靜觀草廬刻《六家七律詩選》本

白居易詩

〔唐〕白居易（七七二～八四六）撰〔清〕姚文田（一七五八～一八二七）選

抄本，一函二册

香山閒適詩選二卷

〔唐〕白居易（七七二～八四六）撰

輯入《周氏師古堂所編書·八家閒適詩選》，民國至德周氏師古堂刊本。（其他七家爲淵明閒適詩選一卷，蘇州閒適詩選一卷，少陵閒適詩選一卷，東坡閒適詩選二卷，劍南閒適詩選六卷，朱子閒適詩選一卷、擊壤集選一卷）。周學熙（一八六六～一九四七）選，一説周學淵（一八七二～一九五三）選。

白氏諷諫

〔唐〕白居易（七七二～八四六）撰

上海：中華書局上海編輯所，一九五八年十二月，據光緒十九年（一八九三）武進費念慈（一八五五～一九〇五）影刻宋本《新雕校正大字白氏諷諫》影印

李紳詩注

〔唐〕李紳（七七二～八四六）撰，王旋伯（一九一四～一九九〇）注

上海：上海古籍出版社，一九八五年十一月，「唐詩小集」

李紳集校注

〔唐〕李紳（七七二～八四六）撰，盧燕平（一九五五～）校注

北京：中華書局，二〇〇九年十一月

元氏長慶集六十卷（存十八卷：一至六，十六至十九，三十二至三十九）

〔唐〕元稹（七七九～八三一）撰

明正德十年（一五一五）錫山華氏蘭雪堂銅活字印本

元氏長慶集六十卷集外文章一卷

〔唐〕元稹（七七九～八三一）撰

明嘉靖三十一年（一五五一）東吳董氏茭門別墅刊本，中國社會科學院文學研究所圖書館善本室藏，八册

元氏長慶集六十卷補遺六卷

〔唐〕元稹（七七九～八三一）撰〔明〕馬元調（一五七六～一六四五）校

明萬曆三十二年（一六〇四）馬元調魚樂軒刊本，中國社會科學院文學研究所圖書館善本室藏，八册

重刻元氏長慶集六十卷補遺六卷

〔唐〕元稹（七七九～八三一）撰

明萬曆三十二年（一六〇四）刊本，中國社會科學院文學研究所圖書館善本室藏，十二册

元氏長慶集六十卷補遺六卷附録一卷

〔唐〕元稹（七七九～八三一）撰

《四庫全書》本（上海：上海古籍出版社，一九八七年八月，影印臺灣文淵閣本《四庫全書》；上海：上海古籍出版社，一九九四年一月，「四庫唐人文集叢刊」）

元氏長慶集六十卷

〔唐〕元稹（七七九～八三一）撰

《四部叢刊》本，上海：商務印書館，一九一九年據明嘉靖三十一年董氏茭門別墅刻本影印，一九二九年二次景印本附校文一卷。除采盧文弨《群書拾補》校記外，並借傳增湘本録其宋本錢謙益鈔兩校筆

元氏長慶集六十卷集外文章一卷

〔唐〕元稹（七七九～八三一）撰

《四部備要》本，上海：中華書局，一九三六年八月排印本及縮印本

元氏長慶集

〔唐〕元稹（七七九～八三一）撰

北京：文學古籍刊行社，一九五六年一月。用明弘治元年楊循吉據宋本傳鈔之本重印，内有錢謙益據另一宋本所作之補校

新刊元微之文集

〔唐〕元稹（七七九～八三一）撰

上海：上海古籍出版社，一九九四年九月，「宋蜀刻本唐人集叢刊」第二十三種，僅存二十四卷

元稹集

〔唐〕元稹（七七九～八三一）撰，冀勤（一九三四～）點校

北京：中華書局，一九八二年八月第一版；二〇〇〇年六月第二次印刷，全二册，「中國古典文學基本叢書」；臺灣，漢京文化事業公司，一九八三年十月。以文學古籍刊行社《元氏長慶集》為底本

元稹集編年箋注·詩歌卷

〔唐〕元稹（七七九～八三一）撰，楊軍（一九四四～）箋注

西安：三秦出版社，二〇〇二年六月。以明弘治元年楊循吉據宋本傳鈔之本為底本

元稹集編年箋注·散文卷

〔唐〕元稹（七七九～八三一）撰，楊軍（一九四四～）箋注

西安：三秦出版社，二〇〇八年十二月

長江集新校

〔唐〕賈島（七七九～八四三）撰，李嘉言（一九一一～一九六七）新校

上海：上海古籍出版社，一九八三年十一月，「中國古典文學叢書」

賈島集校注

〔唐〕賈島（七七九～八四三）撰，齊文榜（一九四八～）校注

北京：人民文學出版社，二〇〇一年十一月，「新注古代文學名家集」

賈島詩集箋注

〔唐〕賈島（七七九～八四三）撰，黃鵬（一九五四～）箋注

成都：巴蜀書社，二〇〇二年六月

沈下賢集校注

〔唐〕沈亞之（七八一～八三二）撰，肖占鵬（一九六二～）、李勃洋（一九七五～）校注

天津：南開大學出版社，二〇〇三年十二月

姚合詩集校考

〔唐〕姚合（約七八一～八四六）撰，劉衍（一九四〇～）校考

長沙：岳麓書社，一九九七年五月，「古文獻研究叢書」

李德裕文集校箋

〔唐〕李德裕（七八七～八五〇）撰，傅璇琮（一九三三～二〇一六）、周建國（一九四五～）校箋

石家莊：河北教育出版社，二〇〇〇年一月

三家評注李長吉歌詩

〔唐〕李賀（七九〇～八一六）撰，内含〔清〕王琦（一六九六～?）《李長吉歌詩匯解》、〔清〕姚文燮（一六二三～一六九二）《昌谷詩集注》、〔清〕方扶南（一六七五～一七五九）《批本李長吉詩集》

上海：中華書局上海編輯所，一九五九年一月

上海：上海古籍出版社，一九九八年十二月，「中國古典文學叢書」

李賀詩歌集注

〔唐〕李賀（七九〇～八一六）撰，蔣凡（一九三九～）、儲大泓校點，内含王琦（一六九六～?）《李長吉歌詩匯解》、姚文燮（一六二三～一六九二）《昌谷詩集注》、方扶南（一六七五～一七五九）《批本李長吉詩集》

上海：上海人民出版社，一九七七年十月，「中國古典文學叢書」

李賀詩集

〔唐〕李賀（七九〇～八一六）撰，葉葱奇（一九〇四～?）疏注

北京：人民文學出版社，一九五九年一月第一版；一九九八年三月新一版

臺北：里仁書局，一九八〇年八月

李賀集

〔唐〕李賀（七九〇～八一六）撰，王友勝（一九六三～）、李德輝（一九六五～）整理

長沙：岳麓書社，二〇〇三年一月

丁卯集箋證

〔唐〕許渾（七九一?～八五四）撰，羅時進（一九五六～）箋證

南昌：江西人民出版社，一九九八年八月

張祜詩集校注

〔唐〕張祜（七九二～八五四）撰，尹占華（一九四七～）校注

蘭州：甘肅文化出版社，一九九七年一月

樊川詩集注

〔唐〕杜牧（八〇三～八五三）撰〔清〕馮集梧（一七五四～?）注

上海：上海古籍出版社，一九六二年九月第一版；一九七八年五月新一版；

一九九八年十二月第三次印刷，「中國古典文學叢書」
臺北：漢京文化事業公司，一九八三年九月

樊川文集

〔唐〕杜牧（八〇三～八五三）撰，陳允吉（一九三九～）校點
上海：上海古籍出版社，一九七八年九月，「中國古典文學叢書」

杜牧全集

〔唐〕杜牧（八〇三～八五三）撰，陳允吉（一九三九～）校點
上海：上海古籍出版社，一九九七年十月

樊川文集校注

〔唐〕杜牧（八〇三～八五三）撰，何錫光（一九五三～）校注
成都：巴蜀書社，二〇〇七年十月，全二册

杜牧集繫年校注

〔唐〕杜牧（八〇三～八五三）撰，吳在慶（一九四六～）校注
北京：中華書局，二〇〇八年十月，全四册，「中國古典文學基本叢書」

李益詩注

〔唐〕李益撰，范之麟（一九三二～）注
上海：上海古籍出版社，一九八四年八月，「唐詩小集」

馬戴詩注

〔唐〕馬戴撰，楊軍（一九四四～）、戈春源（一九三九～）注
上海：上海古籍出版社，一九八七年十二月，「唐詩小集」

雍陶詩注

〔唐〕雍陶撰，周嘯天（一九四八～）、張效民（一九五四～）注
上海：上海古籍出版社，一九八八年六月，「唐詩小集」

趙嘏詩注

〔唐〕趙嘏（八〇六？～八五四）撰，譚優學（一九一八～二〇〇六）注
上海：上海古籍出版社，一九八八年六月，「唐詩小集」

溫飛卿詩集箋注

〔唐〕溫庭筠（約八一二～八六六）撰，〔清〕曾益注，顧予咸（一六一三～一六六九）補注〔清〕顧嗣立（一六六五～一七二四）續注，王國安

（一九四六～）校點

上海：上海古籍出版社，一九八〇年七月第一版，「中國古典文學叢書」

溫飛卿詩集箋注

〔唐〕溫庭筠（約八一二～八六六）撰〔明〕曾益（子謙）原注〔清〕顧予咸（一六一三～一六六九）補注，顧嗣立（一六六五～一七二四）書，張秀章、趙毅芳編校

大連：大連出版社，一九九九年九月影印本

《溫飛卿詩集箋注》補

〔唐〕溫庭筠（約八一二～八六六）撰〔明〕曾益原注，鄭文（一九一〇～二〇〇六）補

蘭州：甘肅文化出版社，二〇〇二年五月，「詩賦研究叢書」

溫庭筠全集校注

〔唐〕溫庭筠（約八一二～八六六）撰，劉學鍇（一九三三～）校注

北京：中華書局，二〇〇七年七月，全三册

李商隱詩歌集解

〔唐〕李商隱（八一三～八五八）撰，劉學鍇（一九三三～）、余恕誠（一九三九～二〇一四）集解

北京：中華書局，一九八八年十二月，全五册

李商隱文編年校注

〔唐〕李商隱（八一三～八五八）撰，劉學鍇（一九三三～）、余恕誠（一九三九～二〇一四）校注

北京：中華書局，二〇〇二年三月，全五册

禪月集二十五卷

〔唐〕釋貫休（八三二～九一二）撰

《四部叢刊》影宋寫本

司空表聖詩集五卷

〔唐〕司空圖（八三七～九〇八）撰

《四部叢刊》影印《唐音統籤》卷七百七

司空表聖文集十卷

〔唐〕司空圖（八三七～九〇八）撰

《四部叢刊》影印舊抄本

《四庫全書》本

李群玉詩集

〔唐〕李群玉（？～八六二?）撰，羊春秋（一九二二～二〇〇〇）輯注

長沙：岳麓書社，一九八七年一月，「湖湘詩存」叢書

皮子文藪

〔唐〕皮日休（約八三四～八八三）撰，蕭滌非（一九〇七～一九九一）、鄭慶篤（一九三三～）整理

上海：上海古籍出版社，一九八一年十一月，「中國古典文學叢書」

黄御史集十卷附録一卷

〔唐〕黄滔（八四〇？～?）撰

明萬曆刊本；《四庫全書》本

鄭谷詩集箋注

〔唐〕鄭谷（八五一？～?）撰，嚴壽澂（一九四六～）、黄明、趙昌平（一九四五～二〇一八）箋注

上海：上海古籍出版社，一九九一年五月

鄭谷詩集編年校注

〔唐〕鄭谷（八五一？～?）撰，傅義（一九二三～）校注

上海：華東師範大學出版社，一九九三年十二月

白蓮集十卷

〔唐〕釋齊己（八六四～九四三?）撰

《四庫全書》本

两宋

騎省集三十卷

〔宋〕徐鉉（九一七～九九二）撰

《四庫全書》本

徐公文集三十卷

〔宋〕徐鉉（九一七～九九二）撰

《四部叢刊》影印清黄丕烈校宋本

二李唱和集一卷

〔宋〕李昉（九二五～九九六）、李至（九四七～一〇〇一）撰

一九一四年羅振玉輯《宸翰樓叢書》本；《叢書集成續編》本

咸平集三十卷

〔宋〕田錫（九四〇～一〇〇三）撰

《四庫全書》本

羅國威（一九四四～）校注，成都：巴蜀書社，二〇〇八年四月

乖崖集十二卷

〔宋〕張詠（九四六～一〇一五）撰

《四庫全書》本

張乖崖集

〔宋〕張詠（九四六～一〇一五）撰，張其凡（一九四九～）校點

北京：中華書局，二〇〇〇年六月

昭德新編二卷

〔宋〕晁迥（九五一～一〇三四）撰

《四庫全書》本

法藏碎金録十卷

〔宋〕晁迥（九五一～一〇三四）撰

明嘉靖二十五年（一五四六）晁氏寶文堂刻本

《四庫全書》本

小畜集三十卷 小畜外集（卷七至卷十三）

〔宋〕王禹偁（九五四～一〇〇一）撰

《四部叢刊初編》影宋抄本，商務印書館一九二九年版

東觀集十卷

〔宋〕魏野（九六〇～一〇二〇）撰

《四庫全書》本

鉅鹿東觀集十卷

〔宋〕魏野（九六〇～一〇二〇）撰

清長洲張紹仁據宋本手校本；《北京圖書館古籍珍本叢刊》影印紹定元年嚴陵郡齋刊本

林和靖集四卷

〔宋〕林逋（九六八～一〇二八）撰

《四庫全書》本

林和靖詩集

〔宋〕林逋（九六八～一〇二八）撰，沈幼征（一九一八～二〇〇四）校注

杭州：浙江古籍出版社，一九八六年二月

武夷新集二十卷

〔宋〕楊億（九七四～一〇二〇）撰

《四庫全書》本

西崑酬唱集

〔宋〕楊億（九七四～一〇二〇）輯〔清〕周楨、王國焯注

上海：上海古籍出版社影清刻本，一九八五年六月

西崑酬唱集箋注

〔宋〕楊億（九七四～一〇二〇）輯，鄭再時（一八九一～一九五八）注

濟南：齊魯書社，一九八六年一月，全二册

閒居編五十一卷

〔宋〕釋智圓（九七六～一〇二二）撰

《續藏經》本

春卿遺稿一卷

〔宋〕蔣堂（九八〇～一〇五四）撰

《四庫全書》本

文莊集三十六卷

〔宋〕夏竦（九八五～一〇五一）撰

《四庫全書》本

范文正公集二十卷

〔宋〕范仲淹（九八九～一〇五二）撰

《四部叢刊》本

范文正公文集二十卷

〔宋〕范仲淹（九八九～一〇五二）撰

《古逸叢書三編》影北宋刊本，中華書局，一九八四年版

《續修四庫全書》影印《古逸叢書三編》影印北宋刻本，第一三一三册，集部

范仲淹全集

〔宋〕范仲淹（九八九～一〇五二）撰，［清］范能睿編，薛正興校點

南京：鳳凰出版社，二〇〇四年十一月

范仲淹全集

〔宋〕范仲淹（九八九～一〇五二）撰，李勇先（一九六五～）、王蓉貴（一九五六～）校

成都：四川大學出版社，二〇〇七年十一月，全三册

文恭集五十卷補遺一卷

〔宋〕胡宿（九九五～一〇六七）撰

《四庫全書》本

元憲集四十卷

〔宋〕宋庠（九九六～一〇六六）撰

《四庫全書》本

宋景文集六十二卷補遺二卷附録一卷

〔宋〕宋祁（九九八～一〇六一）撰

《四庫全書》本

金氏文集二卷

〔宋〕金君卿（慶曆二年進士）撰

《四庫全書》本

宛陵先生集六十卷

〔宋〕梅堯臣（一〇〇二～一〇六〇）撰

《四部叢刊》影印明刊本

宛陵集六十卷附録一卷

〔宋〕梅堯臣（一〇〇二～一〇六〇）撰

《四庫全書》本

梅堯臣集編年校注

〔宋〕梅堯臣（一〇〇二～一〇六〇）撰，朱東潤（一八九六～一九八八）編年校注

上海：上海古籍出版社，一九八〇年十一月，全三册，「中國古典文學叢書」

徂徠石先生文集

〔宋〕石介（一〇〇五～一〇四五）撰，陳植鍔（一九四九～一九九四）校點

北京：中華書局，一九八四年七月

潞公文集四十卷

〔宋〕文彦博（一〇〇六～一〇九七）撰

《四庫全書》本

歐陽修全集

〔宋〕歐陽修（一〇〇七～一〇七二）撰，李逸安（一九四三～）點校

北京：中華書局，二〇〇一年三月，「中國古典文學基本叢書」

歐陽修集編年箋注

〔宋〕歐陽修（一〇〇七～一〇七二）撰，李之亮（一九五〇～）箋注

成都：巴蜀書社，二〇〇八年一月，全八册

歐陽修詩文集校箋

〔宋〕歐陽修（一〇〇七～一〇七二）撰，洪本健（一九四五～）校箋

上海：上海古籍出版社，二〇〇八年十二月

歐陽修詞箋注

〔宋〕歐陽修（一〇〇七～一〇七二）撰，黄畬（一九一三～二〇〇七）箋注

北京：中華書局，一九八六年十二月

鐔津集二十二卷

〔宋〕釋契嵩（一〇〇七～一〇七二）撰

《四庫全書》本

鐔津文集二十二卷

〔宋〕釋契嵩（一〇〇七～一〇七二）撰

《四部叢刊》本

鐔津文集校注

〔宋〕釋契嵩（一〇〇七～一〇七二）撰，邱小毛（一九七二～）、林仲湘（一九三八～）校注

成都：巴蜀書社，二〇一一年三月

蘇學士集十六卷

〔宋〕蘇舜欽（一〇〇八～一〇四九）撰

《四庫全書》本

蘇舜钦集

〔宋〕蘇舜欽（一〇〇八～一〇四九）撰，沈文倬（一九一七～二〇〇九）點校

上海：中華書局上海編輯所，一九六一年十二月；上海古籍出版社，一九八一年二月

蘇舜欽集編年校注

〔宋〕蘇舜欽（一〇〇八～一〇四九）撰，傅平驤（？～一九九九）、胡問濤（一九三六～）校注

成都：巴蜀書社，一九九一年三月

安陽集五十卷

〔宋〕韓琦（一〇〇八～一〇七五）撰

《四庫全書》本

清獻集十卷

〔宋〕趙抃（一〇〇八～一〇八四）撰

《四庫全書》本

盱江集三十七卷 年譜一卷 外集三卷

〔宋〕李覯（一〇〇九～一〇五九）撰

《四庫全書》本

直講李先生文集三十七卷
〔宋〕李覯（一〇〇九～一〇五九）撰
《四部叢刊》景明成化本
李覯集
〔宋〕李覯（一〇〇九～一〇五九）撰，王國軒（一九三九～）點校
北京：中華書局，一九八一年八月
龍學文集十六卷
〔宋〕祖無擇（一〇一一～一〇八四）撰
《四庫全書》本
端明集四十卷
〔宋〕蔡襄（一〇一二～一〇六七）撰
《四庫全書》本
蔡襄集
〔宋〕蔡襄（一〇一二～一〇六七）撰
上海：上海古籍出版社，一九九六年八月
蔡襄全集
〔宋〕蔡襄（一〇一二～一〇六七）撰，陳慶元（一九四六～）、歐明俊（一九六二～）、陳貽庭校注
福州：福建人民出版社，一九九九年七月
擊壤集二十卷
〔宋〕邵雍（一〇一二～一〇七七）撰
《四庫全書》本；《四部叢刊》景明成化本
古靈集二十五卷
〔宋〕陳襄（一〇一七～一〇八〇）撰
《四庫全書》本
南陽集三十卷
〔宋〕韓維（一〇一七～一〇九八）撰
《四庫全書》本

伐檀集二卷

〔宋〕黄庶（一〇一八～一〇五八）撰

《四庫全書》本

丹淵集四十卷

〔宋〕文同（一〇一八～一〇七九）撰

《四庫全書》本

公是集五十四卷

〔宋〕劉敞（一〇一九～一〇六八）撰

《四庫全書》本

元豐類稿五十卷

〔宋〕曾鞏（一〇一九～一〇八三）撰

《四庫全書》本；《四部叢刊》本

曾鞏集

〔宋〕曾鞏（一〇一九～一〇八三）撰，陳杏珍、晁繼周（一九四一～）點校

北京：中華書局，一九八四年十一月，「中國古典文學基本叢書」

華陽集六十卷附録十卷

〔宋〕王珪（一〇一九～一〇八五）撰

《四庫全書》本

傳家集八十卷

〔宋〕司馬光（一〇一九～一〇八六）撰

《四庫全書》本

司馬溫公文集

〔宋〕司馬光（一〇一九～一〇八六）撰

上海：商務印書館，民國二十六年四月

司馬光集

〔宋〕司馬光（一〇一九～一〇八六）撰，四川大學古籍所編

成都：四川辭書出版社，二〇〇四年六月

司馬溫公集編年箋注

〔宋〕司馬光（一〇一九～一〇八六）撰，李之亮（一九五〇～）箋注

成都：巴蜀書社，二〇〇九年二月，全六册

蘇魏公文集七十二卷

〔宋〕蘇頌（一〇二〇～一一〇一）撰

《四庫全書》本

蘇魏公文集

〔宋〕蘇頌（一〇二〇～一一〇一）撰，王同策（一九三六～）等點校

北京：中華書局，一九八八年九月，全二册

臨川先生文集一百卷

〔宋〕王安石（一〇二一～一〇八六）撰

《四部叢刊》本

上海：中華書局上海編輯所，一九五九年一月

王荊公詩箋注

〔宋〕王安石（一〇二一～一〇八六）撰〔宋〕李壁（一一五七～一二二二）箋注

上海：中華書局上海編輯所，一九五八年十一月

王荊公詩文沈氏注

〔宋〕王安石（一〇二一～一〇八六）撰〔清〕沈欽韓（一七七五～一八三一）注

上海：中華書局上海編輯所，一九五九年一月；一九六〇年；一九六二年排印本

北京：文物出版社，一九八二年一月，一函六册，「嘉業堂叢書」

王荊公詩注補箋

〔宋〕王安石（一〇二一～一〇八六）撰，李之亮（一九五〇～）補箋

成都：巴蜀書社，二〇〇二年一月

王文公文集

〔宋〕王安石（一〇二一～一〇八六）撰，唐武標校

上海：上海人民出版社，一九七四年一月（上册），一九七四年九月（下

册），全二册

王荊公文集箋注

〔宋〕王安石（一〇二一～一〇八六）撰，李之亮（一九五〇～）箋注

成都：巴蜀書社，二〇〇五年五月

鄖溪集二十八卷

〔宋〕鄭獬（一〇二二～一〇七二）撰

《四庫全書》本

祠部集三十五卷

〔宋〕強至（一〇二二～一〇七六）撰

《四庫全書》本

彭城集四十卷

〔宋〕劉攽（一〇二三～一〇八九）撰

《四庫全書》本

范忠宣集十八卷奏議二卷遺文一卷補編一卷

〔宋〕范純仁（一〇二七～一一〇一）撰

《四庫全書》本

節孝集三十卷附録一卷

〔宋〕徐積（一〇二八～一一〇三）撰

《四庫全書》本

忠肅集二十卷

〔宋〕劉摯（一〇三〇～一〇九七）撰

《四庫全書》本

忠肅集二十卷拾遺一卷

〔宋〕劉摯（一〇三〇～一〇九七）撰〔清〕孫星華輯拾遺

《叢書集成初編》據聚珍版叢書本排印，文學類，第一九二六～一九二九册

長興集四十一卷

〔宋〕沈括（一〇三一～一〇九五）撰

光緒二十二年（一八九六）刻本《沈氏三先生文集》六十二卷，張大昌等校，中國社會科學院文學研究所圖書館藏，一函十册

廣陵集三十一卷
〔宋〕王令（一〇三二～一〇五九）撰
《四庫全書》本
錢塘集十四卷
〔宋〕韋驤（一〇三三～一一〇五）撰
《四庫全書》本
清江三孔集三十卷
〔宋〕孔文仲（一〇三三～一〇八八）、孔武仲（一〇四二～一〇九八）、孔平仲（一〇四六？～一一〇四）撰〔宋〕王蓮編
《四庫全書》本
安岳集十二卷
〔宋〕馮山（？～一〇九四）撰
《四庫全書》本
王魏公集七卷
〔宋〕王安禮（一〇三四～一〇九五）撰
《四庫全書》本
青山集三十卷 續集七卷
〔宋〕郭祥正（一〇三五～一一一三）撰
《四庫全書》本
郭祥正集
郭祥正（一〇三五～一一一三）撰；孔凡禮（一九二三～二〇一〇）點校
合肥：黃山書社，二〇一四年九月，「安徽古籍叢書萃編」
蘇東坡全集（蘇文忠公全集）
〔宋〕蘇軾（一〇三七～一一〇一）撰
北京：中國書店，一九八六年六月，全三册
蘇軾詩集
〔宋〕蘇軾（一〇三七～一一〇一）撰〔清〕王文誥（一七六四～？）輯注，孔凡禮（一九二三～二〇一〇）點校
北京：中華書局，一九八二年二月第一版；一九八七年十月第二次印刷，全

八册,「中國古典文學基本叢書」

蘇文忠公詩合注五十卷

〔宋〕蘇軾(一〇三七～一一〇一)撰〔清〕馮應榴(一七四一～一八〇一)輯注

清乾隆五十八年(一七九三)踵息齋刊本,中國社會科學院文學研究所圖書館藏,二函十六册

蘇軾詩集合注

〔宋〕蘇軾(一〇三七～一一〇一)撰〔清〕馮應榴(一七四一～一八〇一)輯注,黄任軻、朱懷春校點

上海:上海古籍出版社,二〇〇一年六月第一版,全六册,「中國古典文學叢書」

蘇軾文集

〔宋〕蘇軾(一〇三七～一一〇一)撰〔明〕茅維(一五七五～?)纂集,孔凡禮(一九二三～二〇一〇)點校

北京:中華書局,一九八六年三月第一版,全六册,「中國古典文學基本叢書」

東坡樂府

〔宋〕蘇軾(一〇三七～一一〇一)撰,陳允吉(一九三九～)校點

上海:上海古籍出版社,一九七九年五月

東坡詞編年箋證

〔宋〕蘇軾(一〇三七～一一〇一)撰,薛瑞生(一九三七～二〇二〇)箋證

西安:三秦出版社,一九九八年九月

蘇軾詞編年校注

〔宋〕蘇軾(一〇三七～一一〇一)撰,鄒同慶(一九三七～)、王宗堂(一九三五～)校注

北京:中華書局,二〇〇二年九月

傅幹注坡詞

〔宋〕蘇軾(一〇三七～一一〇一)撰,劉尚榮(一九四八～)校證

成都:巴蜀書社,一九九三年七月

欒城集

〔宋〕蘇轍（一〇三九～一一一二）撰，曾棗莊（一九三七～）、馬德富（一九四四～二〇一七）校點

上海：上海古籍出版社，一九八七年三月，全三册，「中國古典文學叢書」

蘇轍集

〔宋〕蘇轍（一〇三九～一一一二）撰，陳宏天（一九三八～一九八九）、高秀芳（一九二四～）點校

北京：中華書局，一九九〇年八月第一版；一九九九年七月第二次印刷，全四册，「中國古典文學基本叢書」

樂圃餘稿十卷

〔宋〕朱長文（一〇三九～一〇九八）撰

《四庫全書》本

墨池編六卷

〔宋〕朱長文（一〇三九～一〇九八）撰

《四庫全書》本

鄱陽集十三卷

〔宋〕彭汝礪（一〇四一～一〇九五）撰

《四庫全書》本

范太史集五十五卷

〔宋〕范祖禹（一〇四一～一〇九八）撰

《四庫全書》本

北湖集五卷

〔宋〕吳則禮（？～一一二一）撰

《四庫全書》本

參寥子詩集十二卷

〔宋〕釋道潛（一〇四三～？）撰

《四庫全書》本；《四部叢刊》本

演山集六十卷

〔宋〕黃裳（一〇四四～一一三〇）撰

《四庫全書》本

晝墁集八卷

〔宋〕張舜民（一〇四四？～？）撰

《四庫全書》本

豫章黃先生文集三十卷

〔宋〕黃庭堅（一〇四五～一一〇五）撰

《四部叢刊》本

山谷内集三十卷 外集十四卷 别集二十卷 詞一卷 簡尺二卷

〔宋〕黃庭堅（一〇四五～一一〇五）撰

《四庫全書》本

山谷内集詩注二十卷 外集詩注十七卷 别集詩注二卷 外集補四卷 别集補一卷

〔宋〕黃庭堅（一〇四五～一一〇五）撰〔宋〕任淵（紹興十五年前後）、史容（紹興間）、史季溫（寶祐間）注〔清〕謝啟昆（一七三七～一八〇二）輯

《叢集成初編》本

黃庭堅詩集注

〔宋〕黃庭堅（一〇四五～一一〇五）撰〔宋〕任淵（紹興十五年前後）、史容（紹興間）、史季溫（寶祐間）注，劉尚榮（一九四八～）校點

北京：中華書局，二〇〇三年五月，全五册，「中國古典文學基本叢書」

山谷詩集注

〔宋〕黃庭堅（一〇四五～一一〇五）撰〔宋〕任淵（紹興十五年前後）、史容（紹興間）、史季溫（寶祐間）注，黃寶華（一九四三～）校點

上海：上海古籍出版社，二〇〇三年十二月，全二册，「中國古典文學叢書」

黃庭堅全集編年輯校

〔宋〕黃庭堅（一〇四五～一一〇五）撰，鄭永曉（一九六三～）整理

南昌：江西人民出版社，二〇〇八年九月第一版，二〇一一年九月修訂版，全三册

豫章黄先生詞

〔宋〕黄庭堅（一〇四五～一一〇五）撰，龍榆生（一九〇二～一九六六）點校

北京：中華書局，一九五七年八月，「蘇門四學士詞之二」

山谷詞

〔宋〕黄庭堅（一〇四五～一一〇五）撰，馬興榮（一九二四～）、祝振玉（一九五三～）校注

上海：上海古籍出版社，二〇〇一年六月

灌園集二十卷

〔宋〕呂南公（一〇四七～一〇八六）撰

《四庫全書》本

姑溪居士前集五十卷後集二十卷

〔宋〕李之儀（一〇四八～一一一八）撰

《四庫全書》本

淮海集四十卷 後集六卷 長短句三卷

〔宋〕秦觀（一〇四九～一一〇〇）撰

《四部叢刊》本

淮海集箋注

〔宋〕秦觀（一〇四九～一一〇〇）撰，徐培均（一九二八～）箋注

上海：上海古籍出版社，一九九四年十月第一版，二〇〇〇年十一月第二次印刷，「中國古典文學叢書」

淮海居士長短句

〔宋〕秦觀（一〇四九～一一〇〇）撰

龍榆生（一九〇二～一九六六）點校，北京：中華書局，一九五七年八月，「蘇門四學士詞之一」

徐培均（一九二八～）校注，上海：上海古籍出版社，一九八五年八月；一九八八年十二月，「詞林集珍」

淮海居士長短句箋注

〔宋〕秦觀（一〇四九～一一〇〇）撰，徐培均（一九二八～）校注

上海：上海古籍出版社，二〇〇八年十月

雲溪居士集三十卷

〔宋〕華鎮（一〇五一～一一一四?）撰

《四庫全書》本

後山居士文集

〔宋〕陳師道（一〇五二～一一〇二）撰

上海：上海古籍出版社影印，一九八二年五月，全六册

後山集二十四卷

〔宋〕陳師道（一〇五二～一一〇二）撰

《四庫全書》本

後山詩注十二卷

〔宋〕陳師道（一〇五二～一一〇二）撰〔宋〕任淵（绍興十五年前後）注

《四庫全書》本

後山詩注補箋

〔宋〕陳師道（一〇五二～一一〇二）撰〔宋〕任淵（绍興十五年前後）注，冒廣生（一八七三～一九五九）補箋，冒懷辛（一九二四～）整理

北京：中華書局，一九九五年六月第一版，全二册

濡水集十六卷

〔宋〕李復（一〇五二～?）撰

《四庫全書》本

濟北晁先生雞肋集七十卷

〔宋〕晁補之（一〇五三～一一一〇）撰

《四部叢刊》本

雞肋集七十卷

〔宋〕晁補之（一〇五三～一一一〇）撰

《四庫全書》本

晁氏琴趣外篇（附：柯山詞）

〔宋〕晁補之（一〇五三～一一一〇）〔宋〕張耒（一〇五五～一一一四）撰，龍榆生（一九〇二～一九六六）點校

北京：中華書局，一九五七年八月，「蘇門四學士詞之三、之四」

晁氏琴趣外篇 晁叔用詞

〔宋〕晁補之（一〇五三～一一一〇）撰〔宋〕晁沖之（一〇七三～一一二六）撰，劉乃昌（一九三〇～二〇一五）、楊慶存（一九五四～）校注

上海：上海古籍出版社，一九九一年二月

張右史文集六十卷

〔宋〕張耒（一〇五五～一一一四）撰

《四部叢刊》影印舊抄本

柯山集五十卷

〔宋〕張耒（一〇五五～一一一四）撰

《四庫全書》本

《叢集成初編》據聚珍版叢書本排印，文學類，第一九四九～一九五五册（含清陸心源等拾遺十二卷・續拾遺一卷）

張耒集

〔宋〕張耒（一〇五五～一一一四）撰，李逸安（一九四三～）、孫通海、傅信點校

北京：中華書局，一九九〇年七月，全二册

學易集八卷

〔宋〕劉跂（一〇五六～一一一八）撰

《四庫全書》本

濟南集八卷

〔宋〕李廌（一〇五九～一一〇九）撰

《四庫全書》本

景迂生集二十卷

〔宋〕晁説之（一〇五九～一一二九）撰

《四庫全書》本

嵩山文集二十卷

〔宋〕晁説之（一〇五九～一一二九）撰

《四部叢刊》本

道鄉集四十卷

〔宋〕鄒浩（一〇六〇～一一一一）撰

《四庫全書》本

東堂集十卷

〔宋〕毛滂（一〇六一～一一二四後）撰

《四庫全書》本

跨鼇集三十卷

〔宋〕李新（一〇六二～一一二五）撰

《四庫全書》本

倚松詩集二卷

〔宋〕饒節（一〇六五～一一二九）撰

《四庫全書》本

摛文堂集十五卷

〔宋〕慕容彦逢（一〇六七～一一一七）撰

《四庫全書》本

溪堂集十卷

〔宋〕謝逸（一〇六八～一一一二）撰

《四庫全書》本

竹隱畸士集二十卷

〔宋〕趙鼎臣（一〇七一～一一二三至一一二五間）撰

《四庫全書》本

高峯文集十二卷

〔宋〕廖剛（一〇七一～一一四三）撰

《四庫全書》本

斜川集六卷附録二卷訂誤一卷補遺二卷續鈔一卷附録一卷

〔宋〕蘇過（一〇七二～一一二三）撰〔清〕吳長元訂誤

《續修四庫全書》影印上圖藏清乾隆五十三年趙氏亦有生齋刻嘉慶十六年唐仲冕增修本，第一三一七册，集部

《叢書集成初編》據知不足齋叢書本排印，文學類，第一九五六～一九五

七册

橫塘集二十卷

〔宋〕許景衡（一〇七二～一一二八）撰

《四庫全書》本

丹陽集二十四卷

〔宋〕葛勝仲（一〇七二～一一四四）撰

《四庫全書》本

東窻集十六卷

〔宋〕張擴（？ ～一一四七）撰

《四庫全書》本

浮沚集八卷

〔宋〕周行己（一〇六七～一一二五）撰

《四庫全書》本

晁具茨先生詩集十五卷

〔宋〕晁沖之（一〇七三～一一二六）撰〔清〕佚名注

《續修四庫全書》影印宛委別藏清抄本，第一三一七册，集部

《叢書集成初編》據海山仙館叢書本排印，文學類，第二二五四册

具茨晁先生詩集一卷

〔宋〕晁沖之（一〇七三～一一二六）撰

《四庫全書存目叢書》影印明嘉靖三十三年晁瑮寶文堂刻本，集部第一五册

大隱集十卷

〔宋〕李正民（一〇七三～一一五一）撰

《四庫全書》本

竹友集十卷

〔宋〕謝薖（一〇七四～一一一六）撰

《四庫全書》本

日涉園集十卷

〔宋〕李彭（一〇七七至一〇八二間～一一二七後）撰

《四庫全書》本

北山集四十卷

〔宋〕程俱（一〇七八～一一四四）撰

《四庫全書》本

莊簡集十八卷

〔宋〕李光（一〇七八～一一五九）撰

《四庫全書》本

苕溪集五十五卷

〔宋〕劉一止（一〇八〇～一一六一）撰

《四庫全書》本

盧溪文集五十卷

〔宋〕王庭珪（一〇八〇～一一七二）撰

《四庫全書》本

鴻慶居士集四十二卷

〔宋〕孫覿（一〇八一～一一六九）撰

《四庫全書》本

太倉稊米集七十卷

〔宋〕周紫芝（一〇八二～一一五五）撰

《四庫全書》本

胡少師總集六卷卷首一卷附録一卷

〔宋〕胡舜陟（一〇八三～一一四三）撰

《續修四庫全書》影印湖北省圖書館藏清道光十九年金紫家祠刻本，第一三一七册，集部

梁谿集一百八十卷附録六十卷

〔宋〕李綱（一〇八三～一一四〇）撰

《四庫全書》本

華陽集四十卷

〔宋〕張綱（一〇八三～一一六六）撰

《四庫全書》本；《四部叢刊》本

毘陵集十五卷

〔宋〕張守（一〇八四～一一四五）撰

《四庫全書》本

東萊先生詩集二十卷

〔宋〕呂本中（一〇八四～一一四五）撰

《四部叢刊續編》影宋刊本，商務印書館一九三四年版

東萊詩集二十卷

〔宋〕呂本中（一〇八四～一一四五）撰

《四庫全書》本

雪溪集五卷

〔宋〕王銍（？～一一四四）撰

《四庫全書》本

默堂集二十二卷

〔宋〕陳淵（？～一一四五）撰

《四庫全書》本

忠正德文集十卷

〔宋〕趙鼎（一〇八五～一一四七）撰

《四庫全書》本

龜谿集十二卷

〔宋〕沈與求（一〇八六～一一三七）撰

《四庫全書》本

檆溪居士集十二卷

〔宋〕劉才邵（一〇八六～一一五八）撰

《四庫全書》本

東牟集十四卷

〔宋〕王洋（一〇八七？～一一五四?）撰

《四庫全書》本

北山集三十卷

〔宋〕鄭剛中（一〇八八～一一五四）撰

《四庫全書》本

鄱陽集四卷

〔宋〕洪皓（一〇八八～一一五五）撰

《四庫全書》本

崧庵集六卷

〔宋〕李處權（？～一一五五）撰

《四庫全書》本

筠溪集二十四卷

〔宋〕李彌遜（一〇八九～一一五三）撰

《四庫全書》本

簡齋集十六卷

〔宋〕陳與義（一〇九〇～一一三九）撰

《四庫全書》本

陳與義集

〔宋〕陳與義（一〇九〇～一一三九）撰，吳書蔭（一九三八～）、金德厚校點

北京：中華書局，一九八二年十月

陳與義集校箋

〔宋〕陳與義（一〇九〇～一一三九）撰，白敦仁（一九一八～二〇〇四）校箋

上海：上海古籍出版社，一九九〇年八月

蘆川歸來集十卷附録一卷

〔宋〕張元幹（一〇九一～一一六一）撰

《四庫全書》本

上海：上海古籍出版社，一九七八年九月

雙溪集十五卷

〔宋〕蘇籀（一〇九一～一一六四後）撰

《四庫全書》本

相山集三十卷

〔宋〕王之道（一〇九三～一一六九）撰

《四庫全書》本

紫微集三十六卷

〔宋〕張嵲（一〇九六～一一四八）撰

《四庫全書》本

歐陽修撰集七卷

〔宋〕歐陽澈（一〇九七～一一二七）撰

《四庫全書》本

韋齋集十二卷

〔宋〕朱松（一〇九七～一一四三）撰

《四庫全書》本

灊山集三卷

〔宋〕朱翌（一〇九七～一一六七）撰

《四庫全書》本

斐然集三十卷

〔宋〕胡寅（一〇九八～一一五六）撰

《四庫全書》本

侍郎葛公歸愚集二十卷（存卷五至十三）

〔宋〕葛立方（一〇九八～一一六四）撰

《續修四庫全書》影印上圖藏宋刻本，第一三一七册，集部

松隱文集三十九卷

〔宋〕曹勛（一〇九八～一一七四）撰

《四庫全書》本

屏山集二十卷

〔宋〕劉子翬（一一〇一～一一四七）撰

《四庫全書》本

香溪集二十二卷

〔宋〕范浚（一一〇二～一一五〇）撰

《四庫全書》本

范香溪先生文集二十二卷

〔宋〕范浚（一一〇二～一一五〇）撰

《四部叢刊》本

雲溪集十二卷

〔宋〕郭印（政和五年進士）撰

《四庫全書》本

大隱居士詩集二卷

〔宋〕鄧深（紹興十二年進士）撰

《四庫全書》本

鄧紳伯集二卷

〔宋〕鄧深（紹興十二年進士）撰

民國宜秋館刻本

九華集二十五卷附録一卷

〔宋〕員興宗（？～一一七〇）撰

《四庫全書》本

夾漈遺稿三卷

〔宋〕鄭樵（一一〇四～一一六二）撰

《四庫全書》本

漢濱集十六卷

〔宋〕王之望（一一〇四～一一七一）撰

《四庫全書》本

湖山集十卷

〔宋〕吳芾（一一〇四～一一八三）撰

《四庫全書》本

鄮峯真隱漫録五十卷

〔宋〕史浩（一一〇六～一一九四）撰

《四庫全書》本

梅溪集五十四卷（奏議五卷前集二十卷後集二十九卷）

〔宋〕王十朋（一一一二～一一七一）撰

《四庫全書》本

梅溪王先生文集（廷試策奏議五卷 詩文前集二十卷 後集二十九卷 附録一卷）

〔宋〕王十朋（一一一二～一一七一）撰

《四部叢刊》本

拙齋文集二十卷

〔宋〕林之奇（一一一二～一一七六）撰

《四庫全書》本

艾軒集九卷附録一卷

〔宋〕林光朝（一一一四～一一七八）撰〔明〕趙嶽編

《四庫全書》本

盤洲文集八十附録一卷

〔宋〕洪适（一一一七～一一八四）撰

《四部叢刊》本；《四庫全書》本

嵩山集五十四卷

〔宋〕晁公遡（一一一七～?）撰

《四庫全書》本

海陵集二十三卷

〔宋〕周麟之（一一一八～一一六四）撰

《四庫全書》本

文定集二十四卷

〔宋〕汪應辰（一一一八～一一七六）撰

《四庫全書》本

南澗甲乙稿二十二卷

〔宋〕韓元吉（一一一八～一一八七）撰

《四庫全書》本

雲莊集五卷

〔宋〕曾協（一一一九～一一七二）撰

《四庫全書》本

香山集十六卷

〔宋〕喻良能（一一一九～一一九〇稍後）撰

《四庫全書》本

澹齋集十八卷

〔宋〕李流謙（一一二三～一一七六）撰

《四庫全書》本

梅山續稿十八卷

〔宋〕姜特立（一一二五～一二〇三）撰

《四庫全書》本

劍南詩稿八十五卷

〔宋〕陸游（一一二五～一二一〇）撰〔宋〕陸子虡編集

《四庫全書》本

陸游集

〔宋〕陸游（一一二五～一二一〇）撰

北京：中華書局，一九七六年十一月第一版；一九七七年五月第二次印刷，全五册

劍南詩稿校注

〔宋〕陸游（一一二五～一二一〇）撰，錢仲聯（一九〇八～二〇〇三）校注

上海：上海古籍出版社，一九八五年九月，全八册，「中國古典文學叢書」

放翁詞編年箋注

〔宋〕陸游（一一二五～一二一〇）撰，夏承燾（一九〇〇～一九八六）、吴熊和（一九三四～二〇一二）箋注

上海：上海古籍出版社，一九八一年十月，「中國古典文學叢書」

石湖居士詩集三十四卷

〔宋〕范成大（一一二六～一一九三）撰

《四部叢刊》影印愛汝堂刊本

石湖詩集三十四卷

〔宋〕范成大（一一二六～一一九三）撰

《四庫全書》本

范石湖集

〔宋〕范成大（一一二六～一一九三）撰，富壽蓀（一九二三～一九九六）校點

上海：上海古籍出版社，一九八一年八月，「中國古典文學叢書」

頤菴居士集二卷

〔宋〕劉應時（與范成大同時）撰

《四庫全書》本

鄭忠肅奏議遺集二卷

〔宋〕鄭興裔（一一二六～一一九九）撰

《四庫全書》本

周益國文忠公集

〔宋〕周必大（一一二六～一二〇四）撰

清光緒二十五年刊本

文忠集二百卷

〔宋〕周必大（一一二六～一二〇四）撰

《四庫全書》本

誠齋集一百三十三卷

〔宋〕楊萬里（一一二七～一二〇六）撰

《四庫全書》本

《四部叢刊初編》影宋寫本，商務印書館一九二九年版

楊萬里詩文集

〔宋〕楊萬里（一一二七～一二〇六）撰，王琦珍（一九四四～）整理

南昌：江西人民出版社，二〇〇六年十月，全三册

楊萬里集箋校

〔宋〕楊萬里（一一二七～一二〇六）撰，辛更儒（一九四四～）箋校

北京：中華書局，二〇〇七年九月，全十册，「中國古典文學基本叢書」

義豐集一卷

〔宋〕王阮（？～一二〇八）撰

《四庫全書》本

芸庵類稿六卷

〔宋〕李洪（一一二九～?）撰

《四庫全書》本

晦庵先生朱文公文集 一百卷續集十一卷別集十卷

〔宋〕朱熹（一一三〇～一二〇〇）撰

《四部叢刊》影印明嘉靖十一年（一五三二）本

御纂朱子全書六十六卷

〔宋〕朱熹（一一三〇～一二〇〇）撰，康熙五十二年玄燁（一六五四～一七二二）御定

《四庫全書》本

朱子全書

〔宋〕朱熹（一一三〇～一二〇〇）撰，朱傑人（一九四五～）等主編

上海古籍出版社、安徽教育出版社，二〇〇二年十二月，全二七册

于湖集四十卷

〔宋〕張孝祥（一一三二～一一六九）撰

《四庫全書》本

于湖居士文集

〔宋〕張孝祥（一一三二～一一六九）撰，徐鵬（一九二七～二〇一二）校點

上海：上海古籍出版社，一九八〇年六月

江湖長翁集四十卷

〔宋〕陳造（一一三三～一二〇三）撰

《四庫全書》本；明仁和李之藻校，梅廷玉刊本

燕堂詩稿一卷

〔宋〕趙公豫（一一三五～一二一二）撰

《四庫全書》本

東萊集四十卷

〔宋〕呂祖謙（一一三七～一一八一）撰

《四庫全書》本

宮教集十二卷

〔宋〕崔敦禮（？～一一八一）撰

《四庫全書》本

省齋集十卷

〔宋〕廖行之（一一三七～一一八九）撰

《四庫全書》本

止齋集五十一卷

〔宋〕陳傅良（一一三七～一二〇三）撰

《四庫全書》本

攻媿集一百十二卷

〔宋〕樓鑰（一一三七～一二一三）撰

《四部叢刊》本；《四庫全書》本

雙溪類稿二十七卷

〔宋〕王炎（一一三八～一二一八）撰

《四庫全書》本據明萬曆王孟達刻本

尊白堂集六卷

〔宋〕虞儔（一一三九或一一四〇～？）撰

《四庫全書》本

東塘集二十卷

〔宋〕袁說友（一一四〇～一二〇四）撰

《四庫全書》本

稼軒詞編年箋注（增訂本）

〔宋〕辛棄疾（一一四〇～一二〇七）撰，鄧廣銘（一九〇七～一九九八）箋注

上海：上海古籍出版社，一九九三年十月第一版；二〇〇七年六月（定本），「中國古典文學叢書」

辛稼軒詩文箋注

〔宋〕辛棄疾（一一四〇～一二〇七）撰，鄧廣銘（一九〇七～一九九八）

輯校審訂，辛更儒（一九四四～）箋注

上海：上海古籍出版社，一九九五年十二月第一版

定齋集二十卷

〔宋〕蔡戡（一一四一～?）撰

《四庫全書》本

定庵類稿四卷

〔宋〕衛博（一一六二前後）撰

《四庫全書》本

雲莊集二十卷

〔宋〕劉爚（一一四四～一二一六）撰

《四庫全書》本

水心先生文集二十九卷

〔宋〕葉適（一一五〇～一二二三）撰

《四部叢刊》本

水心集二十九卷

〔宋〕葉適（一一五〇～一二二三）撰

《四庫全書》本

葉適集

〔宋〕葉適（一一五〇～一二二三）撰，劉公純、王孝魚（一九〇〇～一九八一）、李哲夫點校

北京：中華書局，一九六一年十二月，全三册

樂軒集八卷

〔宋〕陳藻（一一五〇? ～一二二五）撰

《四庫全書》本

勉齋集四十卷

〔宋〕黄榦（一一五二～一二二一）撰

《四庫全書》本

南湖集十卷

〔宋〕張鎡（一一五三～一二三五）撰

《四庫全書》本

武夷集八卷

〔宋〕白玉蟾（一一五三？～一二四三?）撰

《續修四庫全書》影印民國上海涵芬樓影印道藏本，第一三一九册，集部

白玉蟾集

〔宋〕白玉蟾（一一五三？～一二四三?）撰，周偉民（一九三三～）、唐玲玲（一九三五～）、安華濤（一九七五～）點校

海口：海南出版社，二〇〇六年十月，精裝全二册「海南先賢詩文叢刊」

白玉蟾全集校注本

〔宋〕白玉蟾（一一五三？～一二四三?）撰，朱逸輝（一九二五～）、王君偉（一九三四～）、陳多餘（一九三七～）、朱貴聘（一九四一～）校注

海口：海南出版社，二〇〇四年六月

燭湖集二十卷附編二卷

〔宋〕孫應時（一一五四～一二〇六）撰

《四庫全書》本

龍洲集十四卷

〔宋〕劉過（一一五四～一二〇六）撰

《四庫全書》本

龍洲集

〔宋〕劉過（一一五四～一二〇六）撰，楊明（一九四二～）整理

上海：上海古籍出版社，一九七八年九月

龍洲詞校箋

〔宋〕劉過（一一五四～一二〇六）撰，馬興榮（一九二四～）箋注

南昌：江西人民出版社，一九九九年九月

白石道人歌曲四卷　別集一卷

〔宋〕姜夔（一一五五？～一二二一）撰

《四庫全書》本

姜白石詞編年箋校（修訂本）

〔宋〕姜夔（一一五五？～一二二一）撰，夏承燾（一九〇〇～一九八六）

箋校

上海：中華書局上海編輯所，一九六一年十二月；上海古籍出版社，一九八一年五月，「中國古典文學叢書」

山房集九卷

〔宋〕周南（一一五九～一二一三）撰

《四庫全書》本

澗泉集二十卷

〔宋〕韓淲（一一五九～一二二四）撰

《四庫全書》本

後樂集二十卷

〔宋〕衛涇（一一六〇～一二二六）撰

《四庫全書》本

毅齋詩集別録一卷

〔宋〕徐僑（一一六〇～一二三七）撰

清嘉慶宛委別藏本

方是閒居士小稿二卷

〔宋〕劉學箕（一一六三？～一二五八？）撰

《四庫全書》本

北磵集十卷

〔宋〕釋居簡（一一六四～一二四六）撰

《四庫全書》本

漫塘集三十六卷

〔宋〕劉宰（一一六六～一二三九）撰

《四庫全書》本

石屏詩集六卷

〔宋〕戴復古（一一六八～一二五〇？）撰

《四庫全書》本

戴復古詩集八卷

〔宋〕戴復古（一一六八～一二五〇？）撰，金芝山（一九二三～）點校

杭州：浙江古籍出版社，一九九二年八月

泠然齋詩集八卷

〔宋〕蘇泂（一一七〇～?）撰

《四庫全書》本

復齋先生龍圖陳公文集二十三卷拾遺一卷

〔宋〕陳宓（一一七一～一二三〇）撰

《續修四庫全書》影印南圖藏清抄本，第一三一九册，集部

浣川集十卷

〔宋〕戴栩（嘉定元年進士）撰

《四庫全書》本

蒙齋集二十卷

〔宋〕袁甫（嘉定七年進士）撰

《四庫全書》本

平齋集三十二卷

〔宋〕洪咨夔（一一七六～一二三六）撰

《四庫全書》本

平齋文集三十二卷

〔宋〕洪咨夔（一一七六～一二三六）撰

《四部叢刊續編》影宋抄本，商務印書館一九三四年版

安晚堂集十二卷

〔宋〕鄭清之（一一七六～一二五一）撰

《四庫全書》本

庸齋集六卷

〔宋〕趙汝騰（? ～一二六一）撰

《四庫全書》本

西山文集五十五卷

〔宋〕真德秀（一一七八～一二三五）撰

《四庫全書》本

西山先生真文忠公文集五十一卷

〔宋〕真德秀（一一七八～一二三五）撰

《四部叢刊》影印明正德刊本

眞西山先生集八卷

〔宋〕真德秀（一一七八～一二三五）撰

《叢書集成初編》據正誼堂全書本排印，文學類，第二四〇〇～二四〇一册

重校鶴山先生大全文集一百一十

〔宋〕魏了翁（一一七八～一二三七）撰

《四部叢刊》本

鶴山集一百九卷

〔宋〕魏了翁（一一七八～一二三七）撰

《四庫全書》本

梅亭先生四六標準四十卷

〔宋〕李劉（一一七九～一二四九）撰

《四部叢刊》本

竹坡類稿五卷附録一卷

〔宋〕吕午（一一七九～一二五五）撰

《續修四庫全書》影印北藏清抄本，第一三二〇册，集部

鶴林集四十卷

〔宋〕吳泳（一一八〇～?）撰

《四庫全書》本

清獻集十九卷

〔宋〕杜範（一一八二～一二四五）撰

《四庫全書》本

滄洲塵缶編十四卷

〔宋〕程公許（一一八二～一二五二）撰

《四庫全書》本

玉楮集八卷

〔宋〕岳珂（一一八三～?）撰

《四庫全書》本
臞軒集十六卷
〔宋〕王邁（一一八四～一二四八）撰
《四庫全書》本
梅屋集五卷
〔宋〕許棐（？～一二四九）撰
《四庫全書》本
獻醜集一卷
〔宋〕許棐（？～一二四九）撰
《叢書集成初編》據百川學海本排印，文學類，第二四〇五册
漁墅類稿八卷
〔宋〕陳元晉（一一八六～？）撰
《四庫全書》本
後村先生大全集一百九十六卷
〔宋〕劉克莊（一一八七～一二六九）撰
《四部叢刊》本
後村詞箋注
〔宋〕劉克莊（一一八七～一二六九）撰，錢仲聯（一九〇八～二〇〇三）箋注
上海：上海古籍出版社，一九八〇年七月
張氏拙軒集六卷
〔宋〕張侃（一一八九～一二三八後）撰
《四庫全書》本
清正存稿六卷附録一卷
〔宋〕徐鹿卿（一一八九～一二五一）撰
《四庫全書》本；明萬曆刻本
嚴羽集
〔宋〕嚴羽（一一九二？～一二五五？）撰，陳定玉輯校
鄭州：中州古籍出版社，一九九七年六月

竹溪鬳齋十一稿續集三十卷

〔宋〕林希逸（一一九三～一二七一）撰

《四庫全書》本

端平詩雋四卷

〔宋〕周弼（一一九四～一二五五）撰

《四庫全書》本

楳埜集十二卷

〔宋〕徐元傑（一一九四？～一二四五）撰

《四庫全書》本

履齋遺稿四卷

〔宋〕吳潛（一一九五～一二六二）撰

《四庫全書》本

魯齋集二十卷

〔宋〕王柏（一一九七～一二七四）撰

《四庫全書》本

可齋雜稿三十四卷續稿前八卷續稿後十二卷

〔宋〕李曾伯（一一九八～一二六八）撰

《四庫全書》本

秋崖先生小稿八十三卷（文四十五卷、詩三十四卷）

〔宋〕方岳（一一九九～一二六二）撰

明嘉靖中裔孫方謙刊本；乾隆三十五年（一七七〇）序刊本

秋崖集四十卷

〔宋〕方岳（一一九九～一二六二）撰

《四庫全書》本（據影宋抄本《秋崖新稿》合編）

彝齋文編四卷

〔宋〕趙孟堅（一一九九～一二九五）撰

《四庫全書》本

西塍集一卷

〔宋〕宋伯仁（一一九九～？）撰

《四庫全書》本

耻堂存稿八卷

〔宋〕高斯得（一二〇一～一二七五後）撰

《四庫全書》本

《叢書集成初編》據聚珍版叢書本排印，文學類，第二〇四〇～二〇四一册

蕭冰崖詩集拾遺三卷

〔宋〕蕭立之（一二〇三～?）撰

《四部叢刊》影印明弘治十八年刻本

《續修四庫全書》影印明弘治十八年蕭敏刻本，第一三二一册，集部

澗谷遺集四卷卷首一卷卷末一卷

〔宋〕羅椅（一二〇四～一二七六）撰

《續修四庫全書》影印上圖藏民國羅嘉瑞刻本，第一三〇二册，集部

巽齋文集二十七卷

〔宋〕歐陽守道（一二〇八～一二七二）撰

《四庫全書》本

夢窗詞

〔宋〕吳文英（一二一二? ～一二七二?）撰，陳邦炎（一九二〇～）點校

上海：上海古籍出版社，一九八八年十二月，「詞林集珍」

吳夢窗詞箋釋

〔宋〕吳文英（一二一二? ～一二七二?）撰，楊鐵夫（一八六九～一九四三）箋釋，陳邦炎（一九二〇～）、張奇慧（一九五四～）點校

廣州：廣東人民出版社，一九九二年三月

本堂集九十四卷

〔宋〕陳著（一二一四～一二九七）撰

《四庫全書》本

雪坡集五十卷

〔宋〕姚勉（一二一六～一二六二）撰〔宋〕姚龍起編

《四庫全書》本

閬風集十二卷

〔宋〕舒岳祥（一二一九～一二九八）撰

《四庫全書》本

秋聲集六卷

〔宋〕衛宗武（？ ～一二八九）撰

《四庫全書》本

碧梧玩芳集二十四卷

〔宋〕馬廷鸞（一二二二～一二八九）撰

《四庫全書》本

疊山集五卷

〔宋〕謝枋得（一二二六～一二八九）撰

《四庫全書》本

陵陽集二十四卷（詩六卷）

〔宋〕牟巘（一二二七～一三一一）撰

《四庫全書》本

陵陽先生集二十四卷

〔宋〕牟巘（一二二七～一三一一）撰

清乾隆十二年周永年（一七三〇～一七九一）刻本

潛齋集十一卷

〔宋〕何夢桂（一二二九～一三〇四後）撰

《四庫全書》本

梅巖文集十卷

〔宋〕胡次焱（一二二九～一三〇六）撰

《四庫全書》本

四如集五卷

〔宋〕黄仲元（一二三一～一三一二）撰，〔宋〕黄梓注

《四庫全書》本

莆陽黄仲元四如先生文藁

〔宋〕黄仲元（一二三一～一三一二）撰〔宋〕黄梓注

《四部叢刊》本
佩韋齋文集十六卷
〔宋〕俞德鄰（一二三二～一二九三）撰
《四庫全書》本
須溪集十卷
〔宋〕劉辰翁（一二三二～一二九七）撰
《四庫全書》本
劉辰翁集
〔宋〕劉辰翁（一二三二～一二九七）撰，段大林校點
南昌：江西人民出版社，一九八七年八月
須溪詞
〔宋〕劉辰翁（一二三二～一二九七）撰，吳企明（一九三三～）校注
上海：上海古籍出版社，一九九八年十一月
文山集二十一卷
〔宋〕文天祥（一二三六～一二八三）撰
《四庫全書》本
文天祥全集（影印）
〔宋〕文天祥（一二三六～一二八三）撰
北京：中國書店，一九八五年三月
文天祥全集
〔宋〕文天祥（一二三六～一二八三）撰，熊飛（一九五二～）等校點
南昌：江西人民出版社，一九八七年八月
山中白雲詞
〔宋〕張炎（一二四八～一三二〇）撰，吳則虞（一九一三～一九七七）校輯
北京：中華書局，一九八三年十月，「中國古典文學基本叢書」
富山遺稿十卷
〔宋〕方一夔（一二五三～一三一四）撰
《四庫全書》本

橘山四六二十卷

〔宋〕李廷忠（淳熙八年進士）撰

《四庫全書》本

寒松閣集三卷

〔宋〕詹初（淳熙間）撰

《四庫全書》本

廬山集五卷英溪集一卷

〔宋〕董嗣杲（景定、咸淳間）撰

《四庫全書》本

芸隱倦游稿一卷

〔宋〕施樞（一二三二至一二四三前後）撰

《四庫全書》本

葦航漫游稿四卷

〔宋〕胡仲弓（一二五八前後）撰

《四庫全書》本

心泉學詩稿六卷

〔宋〕蒲壽宬（一二七一前後）撰

《四庫全書》本

金元

拙軒集六卷

〔金〕王寂（一一二八～一一九四）撰

《四庫全書》本

閑閑老人滏水文集二十卷

〔金〕趙秉文（一一五九～一二三二）撰

《四部叢刊》本

滹南遺老集四十五卷

〔金〕王若虛（一一七四～一二四三）撰

《四部叢刊》本；《四庫全書》本

滹南遺老集校注

〔金〕王若虛（一一七四～一二四三）撰，胡傳志（一九六四～）、李定乾（一九六八～）校注

瀋陽：遼海出版社，二〇〇六年一月

莊靖集十卷

〔金〕李俊民（一一七六～一二六〇）撰

《四庫全書》本

還山遺稿二卷附録一卷

〔元〕楊奐（一一八六～一二五五）撰

《四庫全書》本

小亨集六卷

〔元〕楊弘道（一一八七～一二七〇）撰

《四庫全書》本

湛然居士文集十四卷

〔元〕耶律楚材（一一九〇～一二四四）撰

《四部叢刊》本

《叢書集成初編》據漸西村舍叢刊本排印，文學類，第二〇五三册

謝方（一九三二～）點校，北京：中華書局，一九八六年二月

湛然居士集十四卷

〔元〕耶律楚材（一一九〇～一二四四）撰

《四庫全書》本

北京：中國書店據光緒刻本木版刷印，一九八五年版，一函四册

遺山先生文集四十卷

〔金〕元好問（一一九〇～一二五七）撰

《四部叢刊》影印明刊本《遺山先生文集》

遺山集四十卷 附録一卷

〔金〕元好問（一一九〇～一二五七）撰

《四庫全書》本

元遺山詩集箋注十四卷

〔金〕元好問（一一九〇～一二五七）撰〔清〕施國祁箋注，麥朝樞（一八九六～一九七三）校

北京：人民文學出版社，一九五八年十月第一版；一九八九年十二月第二次印刷

元好問全集

〔金〕元好問（一一九〇～一二五七）撰，姚奠中（一九一三～）主編

太原：山西人民出版社，一九九〇年六月，全二册

元好問全集（增訂本）

〔金〕元好問（一一九〇～一二五七）撰，姚奠中（一九一三～）主編，李正民（一九四〇～）增訂

太原：山西古籍出版社，二〇〇四年一月

稼村類藁三十卷

〔元〕王義山（一二一四～一二八七）撰

《四庫全書》本

瓢泉吟稿五卷

〔元〕朱晞顔（一二二一～一二七九）撰

《四庫全書》本

雙溪醉隱集六卷

〔元〕耶律鑄（一二二一～一二八五）撰

《四庫全書》本

清李文田（一八三四～一八九五）箋注，《遼海叢書》本

陵川集三十九卷

〔元〕郝經（一二二三～一二七五）撰

《四庫全書》本

太原：山西古籍出版社，二〇〇六年

艮齋詩集十四卷

〔元〕侯克中（一二二五？～一三一五?）撰

《四庫全書》本

紫山大全集二十六卷
〔元〕胡祇遹（一二二七～一二九五）撰
《四庫全書》本
胡祇遹集
〔元〕胡祇遹（一二二七～一二九五）撰，魏崇武（一九六七～）、周思成（一九八四～）校點
長春：吉林文史出版社，二〇〇八年十二月，「元朝別集珍本叢刊」
秋澗先生大全文集一百卷
〔元〕王惲（一二二七～一三〇四）撰
《四部叢刊》本
秋澗集一百卷
〔元〕王惲（一二二七～一三〇四）撰
《四庫全書》本
桐江集八卷
〔元〕方回（一二二七～一三〇七）撰
商務印書館影印《四庫珍本叢書》本
《續修四庫全書》影印《宛委別藏》清抄本，第一三二二册，集部
桐江續集三十六卷
〔元〕方回（一二二七～一三〇七）撰
《四庫全書》本
西岩集二十卷
〔元〕張之翰（一二四五～一二九六）撰
《四庫全書》本
張之翰集
〔元〕張之翰（一二四一～一二九六）撰，鄧瑞全（一九六三～）、孟祥靜校點
長春：吉林文史出版社，二〇〇九年十二月，「元朝別集叢刊」
牧庵集三十六卷
〔元〕姚燧（一二三八～一三一三）撰

《四部叢刊》本；《四庫全書》本；清武英殿聚珍版叢書本

梨園按試樂府新聲三卷

〔元〕盧摯（一二四二？～一三一五後）撰

《四部叢刊》本

養蒙文集十卷

〔元〕張伯淳（一二四三～一三〇三）撰

《四庫全書》本

剡源文集三十卷

〔元〕戴表元（一二四四～一三一〇）撰

《四庫全書》本

戴表元集

〔元〕戴表元（一二四四～一三一〇）撰，李軍（一九五二～）、辛夢霞校點

長春：吉林文史出版社，二〇〇八年十二月，「元朝別集珍本叢刊」

金淵集六卷

〔元〕仇遠（一二四七～一三二六）撰

《四庫全書》本

山村遺集一卷

〔元〕仇遠（一二四七～一三二六）撰

《四庫全書》本

静修集二十五卷 續集三卷

〔元〕劉因（一二四九～一二九三）撰

《四庫全書》本

靜修先生文集二十二卷

〔元〕劉因（一二四九～一二九三）撰

《四部叢刊》本；《叢書集成初編》據畿輔叢書本排印，文學類，第二〇七六～二〇七八册

吴文正集一百卷

〔元〕吴澄（一二四九～一三三三）撰

《四庫全書》本
芳谷集二卷
〔元〕徐明善（一二五〇～?）撰
《四庫全書》本
定宇集十六卷 別集一卷
〔元〕陳櫟（一二五二～一三三四）撰
《四庫全書》本
松鄉集十卷
〔元〕任士林（一二五三～一三〇九）撰
《四庫全書》本
霞外詩集十卷
〔元〕馬臻（一二五四～?）撰
《四庫全書》本
曹文貞公詩集十卷後録一卷
〔元〕曹伯啓（一二五五～一三三三）撰
《四庫全書》本
養吾齋集三十二卷
〔元〕劉將孫（一二五七～?）撰
《四庫全書》本
陳剛中詩集三卷（觀光稿一卷交州稿一卷玉堂稿一卷附録一卷）
〔元〕陳孚（一二五九～一三〇九）撰
《四庫全書》本
閑居叢稿二十六卷
〔元〕蒲道源（一二六〇～一三三六）撰
《四庫全書》本
翠寒集一卷
〔元〕宋無（一二六〇～一三四〇?）撰
《四庫全書》本

靜春堂詩集四卷

〔元〕袁易（一二六二～一三〇六）撰

《四庫全書》本

清容居士集五十卷

〔元〕袁桷（一二六六～一三二七）撰

《四部叢刊》本;《四庫全書》本

清容居士集五十卷附札記一卷

〔元〕袁桷撰〔清〕郁松年撰札記

《叢書集成初編》據宜稼堂叢書本排印，文學類，第二〇六三～二〇七五册

筠軒集十三卷

〔元〕唐元（一二六九～一三四九）撰

《四庫全書》本

柳待制文集二十卷

〔元〕柳貫（一二七〇～一三四二）撰

《四部叢刊》本

柳貫詩文集

〔元〕柳貫（一二七〇～一三四二）撰，柳遵傑點校

杭州：浙江古籍出版社，二〇〇四年八月

畏齋集六卷

〔元〕程端禮（一二七一～一三四五）撰

《四庫全書》本

道園學古録五十卷

〔元〕虞集（一二七二～一三四八）撰

《四部叢刊》影印明刊本;《四庫全書》本

《萬有文庫》本，上海：商務印書館，一九三七年三月，全六册

道園遺稿六卷

〔元〕虞集（一二七二～一三四八）撰〔明〕虞堪編

《四庫全書》本

虞集全集
〔元〕虞集（一二七二～一三四八）撰，王頲編
天津：天津古籍出版社，二〇〇七年四月
金華黃先生文集四十三卷
〔元〕黃溍（一二七七～一三五七）撰〔元〕危素（一三〇三～一七三二）編次，劉耳校正
《四部叢刊》本
黃文獻公集十二卷
〔元〕黃溍（一二七七～一三五七）撰
《叢書集成初編》據金華叢書本排印，文學類，第二〇八一～二〇八八册
純白齋類稿二十卷
〔元〕胡助（一二七八～一二五〇後）撰
《四庫全書》本
石田文集十五卷
〔元〕馬祖常（一二七九～一三三八）撰
《四庫全書》本
此山詩集十卷
〔元〕周權（一二八〇？～一三三〇）撰
《四庫全書》本
雁門集三卷集外詩一卷
〔元〕薩都剌（一二八〇？～一三四五?）撰
《四庫全書》本
雁門集
〔元〕薩都剌（一二八〇？～一三四五?）撰，殷孟倫（一九〇八～一九八八）、朱廣祁（一九三九～二〇一二）校點
上海：上海古籍出版社，一九八二年一月，「古典文學叢書」
續軒渠集十卷
〔元〕洪希文（一二八二～一三六六）撰
《洪氏晦木齋叢書》本（中國國家圖書館藏）

《四庫全書》本

禮部集二十卷

〔元〕吳師道（一二八三～一三四四）撰

《四庫全書》本

吳師道集

〔元〕吳師道（一二八三～一三四四）撰，邱居里（一九五四～）、邢新欣校點

長春：吉林文史出版社，二〇〇八年十二月，「元朝別集珍本叢刊」

句曲外史集三卷補遺三卷集外詩一卷

〔元〕張雨（一二八三～一三五〇）撰

《四庫全書》本

句曲外史貞居先生詩集五卷

〔元〕張雨（一二八三～一三五〇）撰

《四部叢刊初編》影印元寫本

蒲室集十五卷

〔元〕釋大訢（一二八四～一三四四）撰

《四庫全書》本

清遠碧樓劉氏抄本

伊濱集二十四卷

〔元〕王沂（延祐二年進士）撰

《四庫全書》本

鐵牛翁遺稿

〔元〕何景福（延祐四年前後）撰

《四庫全書》本《潛齋集》附

五峰集十卷

〔元〕李孝光（一二八五～一三五〇）撰

《四庫全書》本

安雅堂集十三卷

〔元〕陳旅（一二八七～一三四二）撰

《四庫全書》本
至正集八十一卷
〔元〕許有壬（一二八七～一三六四）撰
《元人文集珍本叢刊》影印清宣統石印本
《四庫全書》本
圭塘小稿十三卷 別集二卷 續集一卷
〔元〕許有壬（一二八七～一三六四）撰
《四庫全書》本
圭塘欸乃集二卷
〔元〕許有壬（一二八七～一三六四）、許有孚、許楨撰
《四庫全書》本
益齋集十卷 拾遺一卷 附墓志一卷
〔高麗〕李齊賢（一二八八～一三六七）撰
《叢書集成初編》據粵雅堂叢書本排印，文學類，第二二一六～二二一七册
石初集十卷附録一卷
〔元〕周霆震（一二九二～一三七九）撰
《四庫全書》本
燕石集十五卷
〔元〕宋褧（一二九四～一三四六）撰
《四庫全書》本
滋溪文稿三十卷目録一卷
〔元〕蘇天爵（一二九四～一三五二）撰
《四庫全書》本；民國適園叢書本
存復齋文集十卷 附録一卷
〔元〕朱德潤（一二九四～一三六五）撰
《續修四庫全書》影印明刻本，第一三二四册，集部
《四庫全書存目叢書》影印明成化十一年項璁刻本，集部第二二册
存復齋文集續集一卷
〔元〕朱德潤（一二九四～一三六五）撰

民國十四年上海商務印書館鉛印《涵芬樓秘笈》本

《續修四庫全書》影印《涵芬樓秘笈》本，第一三二四册，集部

龜巢稿二十卷

〔元〕謝應芳（一二九六～一三九二）撰

《四部叢刊三編》影印舊抄本（二十卷）；《四庫全書》本（十七卷）

東維子集三十卷附録一卷

〔元〕楊維楨（一二九七～一三七〇）撰

《四庫全書》本

東維子文集三十一卷

〔元〕楊維楨（一二九七～一三七〇）撰

《四部叢刊》影印舊抄本

師山文集八卷遺文五卷

〔元〕鄭玉（一二九八～一三五八）撰

《四庫全書》本

玩齋集十卷拾遺一卷附録一卷

〔元〕貢師泰（一二九八～一三六二）撰〔明〕沈性編

《四庫全書》本；明嘉靖刻本

樵雲獨唱詩集六卷

〔元〕葉顒（一三〇〇～一三七四後）撰

《續金華叢書》本

樵雲獨唱六卷

〔元〕葉顒（一三〇〇～一三七四後）撰

《四庫全書》本

翠屏集四卷

〔元〕張以寧（一三〇一～一三七〇）撰

《四庫全書》本

清閟閣全集十二卷

〔元〕倪瓚（一三〇一～一三七四）撰

《四庫全書》本

康熙五十二年曹培廉編刊本
倪雲林先生詩集六卷附録一卷
〔元〕倪瓚（一三〇一～一三七四）撰
《四部叢刊》本
《四庫全書存目叢書》影印明萬曆十九年倪珵刻本，集部第二三册
清閟閣集
〔元〕倪瓚（一三〇一～一三七四）撰
杭州：西泠印社，二〇一〇年十二月，「中國古代書畫家詩文集叢書」
傅與礪詩文集二十卷詩集八卷文集十一卷附録一卷
〔元〕傅若金（一三〇三～一三四二）撰
《四庫全書》本
貞素齋集八卷
〔元〕舒頔（一三〇四～一三七七）撰
《四庫全書》本
栖碧先生黄楊集六卷
〔元〕華幼武（一三〇七～一三七五）撰
明祁氏澹生堂抄本
栖碧先生黄楊集三卷補遺一卷附録一卷
〔元〕華幼武（一三〇七～一三七五）撰
《續修四庫全書》影印明萬曆四十六年華五倫刻本，第一三二五册，集部
東皐録三卷
〔元〕釋妙聲（一三〇八～一三八三後）撰
《四庫全書》本
羽庭集六卷
〔元〕劉仁本（一三〇八？～一三六七）撰
《四庫全書》本
金臺集二卷
〔元〕廼賢（一三〇九～一三六八）撰
《四庫全書》本

廼賢集校注

〔元〕廼賢（一三〇九～一三六八）撰，葉愛欣（一九六四～）校注

開封：河南大學出版社，二〇一二年十二月

雲松巢集三卷

〔元〕朱希晦（一三〇九～一三八六）撰

《四庫全書》本

玉山璞稿二卷

〔元〕顧瑛（一三一〇～一三六九）撰

《宛委別藏》本；《叢書集成初編》據讀畫齋叢書本排印，文學類，第二二七五册

楊鐮（一九四七～二〇一六）整理，北京：中華書局，二〇〇八年十一月

西隱集十卷

〔元〕宋訥（一三一一～一三九〇）撰

《四庫全書》本

夷白齋稿三十五卷外集一卷補遺一卷

〔元〕陳基（一三一四～一三七〇）撰

《四部叢刊》本

梧溪集七卷

〔元〕王逢（一三一九～一三八八）撰

《四庫全書》本

一山文集九卷

〔元〕李延興（至正十七年進士）撰〔明〕李伸編

《四庫全書》本；清康熙抄本

聞過齋集八卷

〔元〕吳海（一三三三？～一三八六）撰〔明〕王偁（一三七〇～一四一五）編

《四庫全書》本；民國嘉業堂叢書本

江月松風集十二卷

〔元〕錢惟善（一三四一前～一三七九後）撰

《四庫全書》本

明代

可閒老人集四卷

〔明〕張昱（一二八九～一三七一）撰

《四庫全書》本

花谿集三卷

〔明〕沈夢麟（一三〇七～一三九九）撰

《四庫全書》本

海叟集四卷

〔明〕袁凱（一三一〇或稍前～一四一〇後）撰

《四庫全書》本

袁凱集編年校注

〔明〕袁凱（一三一〇或稍前～一四一〇後）撰，萬德敬（一九六七～）校注

上海：上海古籍出版社，二〇一五年三月

宋學士文集七十五卷

〔明〕宋濂（一三一〇～一三八一）撰

《四部叢刊》影印明正德九年（一五一四）張縉刻本

文憲集（宋學士全集）三十六卷

〔明〕宋濂（一三一〇～一三八一）撰

《四庫全書》本，以明嘉靖三十年（一五五一）韓叔陽刻《宋學士全集》三十三卷本為底本

宋文憲公全集五十三卷

〔明〕宋濂（一三一〇～一三八一）撰

《四部備要》本

宋學士全集三十二卷・補遺八卷・附録二卷

〔明〕宋濂（一三一〇～一三八一）撰

清康熙四十八年（一七〇九）刊本
《叢書集成初編》據金華叢書本排印，文學類，第二一一〇～二一三三册

宋濂全集

〔明〕宋濂（一三一〇～一三八一）撰，羅月霞（一九五七～）主編
杭州：浙江古籍出版社，一九九九年二月，二〇一四年六月（新編本），全八册

宋濂全集

〔明〕宋濂（一三一〇～一三八一）撰，黄靈庚（一九四五～）主編
北京：人民文學出版社，二〇一四年六月，全五册，「明清别集叢刊」

庸菴集十四卷

〔明〕宋禧（一三一二～一三七三後）撰
《四庫全書》本

清江詩集十卷清江文集三十一卷

〔明〕貝瓊（一三一四～一三七八）撰
《四庫全書》本

草閣詩集六卷拾遺一卷

〔明〕李曄（一三一四～一三八一）撰
《四庫全書》本

麟原文集二十四卷

〔明〕王禮（一三一四～一三八六）撰
《四庫全書》本

陶學士集二十卷

〔明〕陶安（一三一五～一三七一）撰
《四庫全書》本

耕學齋詩集十二卷

〔明〕袁華（一三一六～一三七三後）撰
《四庫全書》本

希澹園詩集三卷

〔明〕虞堪撰

《四庫全書》本

蒲菴集六卷

〔明〕釋來復（一三一九～一三九一）撰

明正統五年法孫以寧刻本

始豐稿十四卷

〔明〕徐一夔（一三一九～?）撰

《四庫全書》本;《武林往哲遺著》本

王忠文公集二十四卷

〔明〕王褘（一三二一～一三七四）撰

《四庫全書》本

王忠文公集二十卷

〔明〕王褘（一三二一～一三七四）撰

《叢書集成初編》據金華叢書本排印，文學類，第二四二一～二四二八册

柘軒集五卷

〔明〕凌雲翰（一三二三～一三八八）撰

《四庫全書》本

林登州集二十三卷

〔明〕林弼（一三二五～一三八一）撰

《四庫全書》本

梁園寓稾九卷

〔明〕王翰（一三二五?～一四〇二）撰

《四庫全書》本

眉庵集十二卷

〔明〕楊基（一三二六～一三七八後）撰

《四部叢刊三編》影印明成化刊本;《四庫全書》本

雪厓先生詩集五卷

〔明〕金固（一三二八?～一三八四）撰，金幼孜（一三六八～一四三二）編

明永樂刻本（北京大學圖書館藏）

西菴集

〔明〕孫蕡（一三二八～一三九三）撰

明弘治十六年金蘭館活字印本《西菴集》（十卷，中國國家圖書館藏）

《四庫全書》本《西菴集》（九卷）

蘇平仲文集十六卷目録一卷

〔明〕蘇伯衡（一三二九～一三九二）撰

《四庫全書》本

滎陽外史集一百卷

〔明〕鄭真（一三三一？～？）撰

《四庫全書》本

密菴稿十卷

〔明〕謝肅（一三三二～一三八五）撰

《四部叢刊三編》本

密庵集八卷

〔明〕謝肅（一三三二～一三八五）撰

《四庫全書》本

靜菴集四卷

〔明〕張羽（一三三三～一三八五）撰

《四庫全書》本

韓山人詩集九卷 續集八卷

〔明〕韓奕（一三三四～一四〇六）撰

《續修四庫全書》影印清抄本，第一三二五册，集部

聞一齋詩藁不分卷

〔明〕鄭賜（？～一四〇八）撰

《四庫未收書輯刊》影印明崇禎六年閩縣徐氏抄本，集部第五輯第十七册

斗南老人集六卷

〔明〕胡奎（一三三五～一四〇九）撰

《四庫全書》本

逃虚子詩集十卷續集一卷逃虚類稿五卷逃虚子道餘録一卷逃虚子集補遺一卷

虛卷子詩集補遺一卷
〔明〕姚廣孝（一三三五～一四一八）撰
《四庫全書存目叢書》影印南京圖書館藏清抄本，集部第二八册
《續修四庫全書》影印清抄本，第一三二六册，集部
光庵集一卷吴中古蹟詩一卷附録一卷
〔明〕王賓（與姚廣孝一三三五～一四一八同時）撰
《四庫全書存目叢書》影印清抄本，集部第二八册
高太史大全集十八卷
〔明〕高啓（一三三六～一三七四）撰，徐庸編
《四部叢刊》影印明刻本
大全集十八卷
〔明〕高啓（一三三六～一三七四）撰
《四庫全書》本
青丘高季迪先生詩集（十八卷遺詩一卷扣舷集一卷鳧藻集五卷）
〔明〕高啓（一三三六～一三七四）撰
《四部備要》本
高青丘集
〔明〕高啓（一三三六～一三七四）撰〔清〕金檀輯注，徐澄宇（一九〇二～一九八〇）、沈北宗校點
上海：上海古籍出版社，一九八五年十二月第一版，全二册，「中國古典文學叢書」
芻蕘集六卷
〔明〕周是修（一三五五～一四〇三）撰
《四庫全書》本
垂楊館集十一卷
〔明〕郭孔建（洪武十八年進士）撰
《四庫未收書輯刊》影印清光緒七年郭子仁刻本，集部第六輯第二九册
重刻秫坡先生文集八卷首一卷
〔明〕黎貞（洪武間）撰

《四庫全書存目叢書》影印清光緒元年重刻本，集部第二五册

節庵集八卷續稿一卷

〔明〕高得暘（一三五二～一四二〇）撰

《四庫全書存目叢書》影印清抄本，集部第二九册

繼志齋集九卷（原目十二卷）

〔明〕王紳（一三六一～一四〇〇）撰

《四庫全書》本

頤庵文選二卷

〔明〕胡儼（一三六一～一四四三）撰

《四庫全書》本

青城山人集八卷

〔明〕王璲（？～一四一五）撰

《四庫全書》本

種菊菴詩四卷

〔明〕錢子義（一三七五前後）撰

明刻錫山錢氏三華詩集本；《四庫全書》《三華集》十八卷本

性情集六卷

〔明〕周巽（一三七六前後）撰

《四庫全書》本

東里文集

〔明〕楊士奇（一三六五～一四四四）撰，劉伯涵（一九二七～一九九五）、朱海點校

北京：中華書局，一九九八年七月第一版

泊菴集十六卷

〔明〕梁潛（一三六六～一四一八）撰

《四庫全書》本

金文靖集十卷

〔明〕金幼孜（一三六八～一四三二）撰

《四庫全書》本

虛舟集五卷

〔明〕王偁（一三七〇～一四一五）撰

《四庫全書》本

楊文敏集二十五卷

〔明〕楊榮（一三七一～一四四〇）撰

《四庫全書》本

古廉文集十一卷附録一卷

〔明〕李時勉（一三七四～一四五〇）撰

《四庫全書》本

南齋先生魏文靖公摘稿十卷

〔明〕魏驥（一三七四～一四七一）撰

《四庫全書存目叢書》影印明弘治十一年洪鐘刻本，集部第三〇册

運甓漫稿七卷

〔明〕李昌祺（一三七六～一四五二）撰

《四庫全書》本

抑庵文集十三卷後集三十七卷

〔明〕王直（一三七九～一四六二）撰

《四庫全書》本

雙崖文集四卷首一卷末一卷附録一卷

〔明〕周忱（一三八一～一四五三）撰

《四庫未收書輯刊》影印清光緒四年山前崇恩堂刻本，集部第六輯第三〇册

芳洲文集十卷附録一卷芳洲詩集四卷

〔明〕陳循（一三八五～一四六二）撰

《續修四庫全書》影印山東省圖書館藏明萬曆二十一年陳以躍刻後印本，第一三二七册，集部

《四庫全書存目叢書》影印明萬曆二十一年陳以躍刻本，集部第三一册

吴竹坡先生文集五卷附載一卷詩集二十八卷

〔明〕吴節（一三九七～一四八一）撰

《四庫全書存目叢書》影印清雍正三年吴琦刻本，集部第三三册

忠肅集十二卷

〔明〕于謙（一三九八～一四五七）撰

《四庫全書》本

蘭庭集二卷

〔明〕謝晉（一四一七前後）撰

《四庫全書》本

沈蘭軒集四卷附録一卷

〔明〕沈彬（一四一一～一四六九）撰

《四庫全書存目叢書》影印明刻本，集部第三四册

姚文敏公遺稿十卷附録一卷

〔明〕姚夔（一四一五～一四七三）撰

《四庫全書存目叢書》影印明弘治間姚璽刻本，集部第三四册

倪文僖集三十二卷

〔明〕倪謙（一四一五～一四七九）撰

《四庫全書》本

重編瓊臺會稿二十四卷

〔明〕邱濬（一四一八～一四九五）撰

《四庫全書》本

菉竹堂稿八卷

〔明〕葉盛（一四二〇～一四七四）撰

《四庫全書存目叢書》影印清初抄本，集部第三五册

襄毅文集十五卷

〔明〕韓雍（一四二二～一四七八）撰

《四庫全書》本

黎文僖公集十七卷

〔明〕黎淳（一四二三～一四九二）撰

《續修四庫全書》影印上圖藏明嘉靖三十五年陳甘雨刻本，第一三三〇册，集部

思軒文集二十三卷附録一卷
〔明〕王與（一四二四～一四九五）撰
《續修四庫全書》影印北大圖書館藏明弘治刻本，第一三二九册，集部
張東海先生詩集四卷文集五卷
〔明〕張弼（一四二五～一四八七）撰
《四庫全書存目叢書》影印明正德十三年周文儀福建刻本，集部第三九册
清風亭稿八卷
〔明〕童軒（一四二五～一四九八）撰
《四庫全書》本
方洲集二十六卷附讀史録六卷
〔明〕張寧（一四二六～一四九六）撰
《四庫全書》本
椒邱文集三十四卷
〔明〕何喬新（一四二七～一五〇二）撰
《四庫全書》本
石田詩選十卷
〔明〕沈周（一四二七～一五〇九）撰
《四庫全書》本
石田先生詩鈔八卷文鈔一卷附事略一卷
〔明〕沈周（一四二七～一五〇九）撰〔清〕錢謙益（一五八二～一六六四）撰（事略）
《四庫全書存目叢書》影印明崇禎十七年瞿式耜刻本，集部第三七册
彭文思公文集六卷附録一卷
〔明〕彭華（一四三二～一四九六）撰
《四庫全書存目叢書》影印清康熙五年彭志楨刻本，集部第三六册
西村集八卷卷首一卷
〔明〕史鑑（一四三四～一四九六）撰
《四庫全書》本

匏翁家藏集七十七卷

〔明〕吳寬（一四三五～一五〇四）撰

《四部叢刊》本

家藏集七十七卷

〔明〕吳寬（一四三五～一五〇四）撰

《四庫全書》本

未軒文集十二卷

〔明〕黃潛（一四三五～一五〇八）撰

《四庫全書》本

定山集十卷

〔明〕莊㫤（一四三七～一四九九）撰

《四庫全書》本

醫閭集九卷

〔明〕賀欽（一四三七～一五一〇）撰〔明〕賀士諮編

《四庫全書》本

東園文集十三卷附録一卷

〔明〕鄭紀（一四三九～一五〇八）撰

《四庫全書》本

和陶詩集四卷

〔明〕周詔（一四四二～一五二一）撰

中國社會科學院文學研究所圖書館藏約園鈔本

青溪漫稿二十四卷

〔明〕倪岳（一四四四～一五〇一）撰

《四庫全書》本；清武林往哲遺著本

野航詩稿一卷

〔明〕朱存理（一四四四～一五一三）撰

《四庫全書》本

篁墩文集九十三卷

〔明〕程敏政（一四四五～一四九九）撰

《四庫全書》本

馬東田漫稿六卷

〔明〕馬中錫（一四四六～一五一二）撰

《四庫全書存目叢書》影印明嘉靖十七年文三畏刻本，集部第四一册

懷麓堂集一百卷

〔明〕李東陽（一四四七～一五一六）撰

《四庫全書》本

清康熙二十年（一六八一）刊本

李東陽集

〔明〕李東陽（一四四七～一五一六）撰，周寅賓（一九三五～）點校

長沙：岳麓書社，一九八四年一月（第一卷）；一九八五年一月（第二卷）

李東陽續集

〔明〕李東陽（一四四七～一五一六）撰，錢振民（一九五六～）輯校

長沙：岳麓書社，一九九七年十一月第一版

震澤集三十六卷

〔明〕王鏊（一四五〇～一五二四）撰

《四庫全書》本

古城集六卷補遺一卷

〔明〕張吉（一四五一～一五一八）撰

《四庫全書》本

楊文恪公集六十二卷

〔明〕楊廉（一四五二～一五二五）撰

《續修四庫全書》影印山東省圖書館藏明刻本，第一三三二～一三三三册，集部

見素集二十八卷 奏議七卷 續集十二卷

〔明〕林俊（一四五二～一五二七）撰

《四庫全書》本

虚齋集五卷

〔明〕蔡清（一四五三～一五〇八）撰

《四庫全書》本

吴文肅摘稿四卷

〔明〕吴儼（一四五七～一五一九）撰

《四庫全書》本

小鳴稿十卷

〔明〕朱誠泳（一四五八～一四九八）撰

《四庫全書》本

梅巖小稿三十卷

〔明〕張旭（成化十年舉人）撰

《四庫全書存目叢書》影印明正德元年刻本，集部第四一册

東川劉文簡公集二十四卷

〔明〕劉春（一四五九～一五二一）撰

《續修四庫全書》影印北圖藏明嘉靖三十三年劉起宗刻本，第一三三二册，集部

容春堂集二十卷後集十四卷續集十八卷別集九卷

〔明〕邵寶（一四六〇～一五二七）撰

《四庫全書》本

東江家藏集四十二卷

〔明〕顧清（一四六〇～一五二八）撰

《四庫全書》本

錢太史鶴灘稿六卷附録一卷紀事一卷遺事一卷

〔明〕錢福（一四六一～一五〇四）撰〔明〕馮時可（一五四六～一六一九）撰（附録等）

《四庫全書存目叢書》影印明萬曆三十六年沈思梅居刻本，集部第四六册

五清集十九卷策問附録一卷

〔明〕劉瑞（一四六一～一五二五）撰

《四庫未收書輯刊》影印明刻本，集部第五輯第一八册

魯文恪公文集十卷

〔明〕魯鐸（一四六一～一五二七）撰

《四庫全書存目叢書》影印明隆慶元年方梁刻本，集部第五三册

懷星堂集三十卷

〔明〕祝允明（一四六一～一五二七）撰

《四庫全書》本

董山文集十五卷附録一卷

〔明〕李堂（一四六二～一五二四）撰

《四庫全書存目叢書》影印明嘉靖間刻本，集部第四四册

整菴存稿二十卷

〔明〕羅欽順（一四六五～一五四七）撰

《四庫全書》本

太保費文憲公摘稿二十卷

〔明〕費宏（一四六八～一五三五）撰

《續修四庫全書》影印南圖藏明嘉靖三十四年吴遵之刻本，第一三三一册，集部

山齋文集二十四卷

〔明〕鄭岳（一四六八～一五三九）撰

《四庫全書》本

唐伯虎先生集二卷外編五卷附録一卷續刻十二卷

〔明〕唐寅（一四七〇～一五二四）撰〔明〕何大成輯

《續修四庫全書》影印南圖藏明萬曆二十年（一五九二）何大成重刻袁袠本，第一三三四～一三三五册，集部

唐伯虎全集

〔明〕唐寅（一四七〇～一五二四）撰

北京：中國書店影印影印大道書局一九二五年《袁中郎先生批評唐伯虎彙集》六卷及補遺本，一九八五年六月

唐伯虎三種

〔明〕唐寅（一四七〇～一五二四）撰，許旭堯選注

杭州：浙江古籍出版社，一九八七年六月

唐伯虎全集

〔明〕唐寅（一四七〇～一五二四）撰，周道振、張月尊輯校

北京：中國美術學院出版社，二〇〇三年第一版

甫田集三十五卷 附録一卷

〔明〕文徵明（一四七〇～一五五九）撰

《四庫全書》本

文徵明集

〔明〕文徵明（一四七〇～一五五九）撰，周道振輯校

上海：上海古籍出版社，一九八七年十月，全二册

文氏五家集十四卷

〔明〕文洪（成化元年舉人）、文徵明（一四七〇～一五五九）、文彭（一四九八～一五七三）、文嘉（一五〇一～一五八三）、文肇祉（一五一九～一五八七）撰

《四庫全書》本

靜觀堂集十四卷

〔明〕顧潛（一四七一～一五三四）撰

《四庫全書存目叢書》影印清雍正十年桂雲堂刻玉峰雍里顧氏六世詩文集本，集部第四八册

倪小野先生全集八卷

〔明〕倪宗正（一四七一～一五三七）撰

《四庫全書存目叢書》影印清康熙四十九年倪繼宗清暉樓刻本，集部第五八册

空同先生集六十三卷

〔明〕李夢陽（一四七三～一五三〇）撰

明嘉靖九年（一五三〇）刊本

空同集六十六卷

〔明〕李夢陽（一四七二～一五三〇）撰

《四庫全書》本

沙溪集二十三卷

〔明〕孫緒（一四七四～一五四七）撰

《四庫全書》本

對山集十卷

〔明〕康海（一四七五～一五四〇）撰

《四庫全書》本

康對山先生集四十六卷

〔明〕康海（一四七五～一五四〇）撰

明萬曆十年潘允哲刻本

顧華玉集四十五卷（浮湘藁四卷山中集十卷憑几集五卷憑几續集二卷息園存藁文九卷詩十四卷緩慟集一卷）

〔明〕顧璘（一四七六～一五四五）撰

《四庫全書》本

儼山集一百卷續集十卷

〔明〕陸深（一四七七～一五四四）撰

《四庫全書》本

楊弘山先生存稿十二卷

〔明〕楊士雲（一四七七～一五五四）撰

上海書店《叢書集成續編》第一一四册

迪功集六卷附談藝録一卷

〔明〕徐禎卿（一四七九～一五一一）撰

《四庫全書》本

徐昌穀全集十六卷

〔明〕徐禎卿（一四七九～一五一一）撰

明萬曆四十七年（一六一九）長洲周文萃刻本

徐禎卿全集編年校注

〔明〕徐禎卿（一四七九～一五一一）撰，范志新編年校注

北京：人民文學出版社，二〇〇九年一月

鈐山堂集四十卷附録一卷

〔明〕嚴嵩（一四八〇～一五六五）撰

《續修四庫全書》影印明嘉靖二十四年刻增修本，第一三三六册，集部

夏桂洲先生文集十八卷年譜一卷

〔明〕夏言（一四八二～一五四八）撰

《四庫全書存目叢書》影印明崇禎十一年吳一璘刻本，集部第七四～七五册

桂洲詩集二十四卷

〔明〕夏言（一四八二～一五四八）撰

《續修四庫全書》影印上圖藏明嘉靖二十五年曹忭、楊九澤刻本，第一三三九册，集部

鄭少谷集二十五卷

〔明〕鄭善夫（一四八五～一五二三）撰

《四庫全書》本

改亭存稿十卷續稿六卷

〔明〕方鳳（正德三年進士）撰

《續修四庫全書》影印中國社會科學院文學研究所圖書館藏明崇禎十七年方士驥刻本，第一三三八册，集部

弘藝録三十二卷首一卷

〔明〕邵經邦（？～一五五八）撰

《四庫全書存目叢書》影印清康熙二十四年邵遠平刻本，集部第七七册

升庵全集八十一卷

〔明〕楊慎（一四八八～一五五九）撰

清乾隆六十年刻本

升庵集八十一卷

〔明〕楊慎（一四八八～一五五九）撰

《四庫全書》本

楊升庵叢書（《升庵玉堂集》、《升庵南中集》、《升庵文集》、《升庵遺集》）

〔明〕楊慎（一四八八～一五五九）撰，王文才、萬光治主編

香港：天地出版社，二〇〇二年

嵩渚文集一百卷目録二卷

〔明〕李濂（一四八八～一五六六）撰

《四庫全書存目叢書》影印明嘉靖間刻本，集部第七〇～七一册

考功集十卷

〔明〕薛蕙（一四八九～一五四一）撰

《四庫全書》本

青湖先生文集十四卷首一卷末一卷

〔明〕汪應軫（一四九〇～一五四七）撰

《四庫全書存目叢書》影印清同治十一年廣州刻本，集部第七三册

雅宜山人集十卷

〔明〕王寵（一四九四～一五三三）撰

《四庫全書存目叢書》影印明嘉靖十六年董宜陽朱浚明刻本，集部第七九册

涇林詩文集八卷

〔明〕周復俊（一四九六～一五七四）撰，〔明〕楊慎（一四八八～一五五九）評選

明萬曆二十年（一五九二）周玄暐刊本，中國社會科學院文學研究所圖書館善本室藏，八册

嚴石溪詩稿六卷

〔明〕嚴怡（？～一五七五）撰

《四庫禁毁書叢刊》影印明萬曆五年劉效祖刻本，集部第一〇一册

四溟集十卷

〔明〕謝榛（一四九九～一五七九）撰

《四庫全書》本

謝榛詩集校注

〔明〕謝榛（一四九九～一五七九）撰，李慶立（一九四三～）校注

北京：北京古籍出版社，一九九〇年第一版

謝榛全集

〔明〕謝榛（一四九九～一五七九）撰，朱其愷、王恒展、王少華校點

濟南：齊魯書社，二〇〇〇年第一版

謝榛全集校箋

〔明〕謝榛（一四九九～一五七九）撰，李慶立（一九四三～）校注

南京：江蘇古籍出版社，二〇〇三年第一版

衡藩重刻胥台先生集二十卷

〔明〕袁袠（一五〇二～一五四七）撰

《四庫全書存目叢書》影印明萬曆十二年衡藩刻本，集部第八六册

《北京圖書館古籍珍本叢刊》影印萬曆十二年衡藩刊本，第一百四册

田叔禾小集十二卷

〔明〕田汝成（一五〇二～一五六三後）撰

《四庫全書存目叢書》影印明嘉靖四十二年田藝蘅刻本，集部第八八册

上海書店《叢書集成續編》第一一六册；臺灣新文豐出版公司《叢書集成續編》第一四四册

李中麓閒居集十二卷

〔明〕李開先（一五〇二～一五六八）撰

《續修四庫全書》影印科圖藏明刻本，第一三四〇～一三四一册，集部

李開先全集（修訂本）

〔明〕李開先（一五〇二～一五六八）撰，卜鍵（一九五五～）箋校

上海：上海古籍出版社，二〇一四年二月

王少泉集一卷

〔明〕王格（一五〇二～一五九五）撰

明隆慶間無錫俞憲刻盛明百家詩前編本（中國國家圖書館藏）

皇甫司勳集六十卷

〔明〕皇甫汸（一五〇四～一五八三）撰

《四庫全書》本

璉川詩集八卷

〔明〕施峻（一五〇五～一五六一）撰

《四庫全書存目叢書》影印明嘉靖三十八年刻本，集部第一〇一册

何翰林集二十八卷

〔明〕何良俊（一五〇六～一五七三）撰

《四庫全書存目叢書》影印明嘉靖四十四年何氏香嚴精舍刻本，集部第一四二册

洞麓堂集十卷

〔明〕尹臺（一五〇六～一五七九）撰

《四庫全書》本

震川集三十卷別集十卷

〔明〕歸有光（一五〇七～一五七一）撰

《四庫全書》本；四部叢刊景清康熙本

震川先生集

〔明〕歸有光（一五〇七～一五七一）撰，周本淳（一九二一～二〇〇二）校點

上海：上海古籍出版社，一九八一年十一月第一版，「中國古典文學叢書」

崇質堂集二十卷附録一卷

〔明〕李萬實（一五一〇～一五八二）撰

《四庫全書存目叢書》影印清康熙四十年李長祚刻本，集部第一一二册

海浮山堂詞稿

〔明〕馮惟敏（一五一一～一五八〇?）撰

上海：上海古籍出版社，一九八一年三月，「中國古典文學叢書」

茅鹿門先生文集三十六卷

〔明〕茅坤（一五一二～一六〇一）撰

《續修四庫全書》影印科圖藏明萬曆刻本，第一三四四～一三四五册，集部

仲蔚先生集二十四卷附録一卷

〔明〕俞允文（一五一三～一五七九）撰

《續修四庫全書》影印明萬曆十年程善定刻本，第一三五四册，集部

《四庫全書存目叢書》影印明萬曆十年程善定刻本，集部第一四〇册

刻孫百川先生文集十二卷

〔明〕孫樓（一五一五～一五八三）撰

《四庫全書存目叢書》影印明萬曆四十八年華滋蕃刻本，集部第一一二册

沖溪先生集二十二卷

〔明〕彭輅（一五一五～?）撰

《四庫全書存目叢書》影印明萬曆三十九年彭潤宏刻本，集部第一一六册

歐虞部集十五種七十二卷附四卷

〔明〕歐大任（一五一六～一五九六）撰

《四庫禁燬書叢刊》影印清刻本，集部第四七～四八册

天目先生集二十卷附録一卷

〔明〕徐中行（一五一七～一五七八）撰

《四庫全書存目叢書》影印明刻本，集部第一二一册

《續修四庫全書》影印明刻本，第一三四九册，集部

衡廬精舍藏稿三十卷續稿十一卷

〔明〕胡直（一五一七～一五八五）撰

《四庫全書》本

劉子威集五十二卷

〔明〕劉鳳（一五一七～一六〇〇）撰

《四庫全書存目叢書》影印明萬曆間刻本，集部第一一九～一二〇册

存家詩稿八卷

〔明〕楊巍（一五一七～一六〇八）撰

《四庫全書》本

豐對樓詩選四十三卷

〔明〕沈明臣（一五一九～一五九五）撰

《四庫全書存目叢書》影印明萬曆二十四年陳大科陳堯佐刻本，集部第一四四册

孟龍川文集二十卷

〔明〕孟思（嘉靖四年舉人）撰

《四庫未收書輯刊》影印明萬曆十七年金繼震刻本，集部第六輯第二一册

擬寒山詩一卷

〔明〕張守約（嘉靖五年進士）撰

《四庫未收書輯刊》影印明刻本，集部第六輯第二七册

白雲巢集二十四卷

〔明〕邢大道（嘉靖三十八年進士）撰

《四庫未收書輯刊》影印明萬曆四十五年刻補修本，集部第六輯第二五册

徐文長文集三十卷

〔明〕徐渭（一五二一～一五九三）撰〔明〕袁宏道（一五六八～一六一〇）評點

《四庫全書存目叢書》影印中國社會科學院文學研究所圖書館藏明萬曆四十二年（一六一四）鍾人傑刻本，集部第一四五册

《續修四庫全書》影印明刻本，第一三五四～一三五五册，集部

徐文長逸稿二十四卷附自著畸譜一卷

〔明〕徐渭（一五二一～一五九三）撰

《四庫全書存目叢書》影印明天啟三年張維城（張岱）刻本，集部第一四五册

《續修四庫全書》影印明天啟三年張維城（張岱）刻本，第一三五五册，集部

徐渭集

〔明〕徐渭（一五二一～一五九三）撰

北京：中華書局，一九八三年四月，全四册，「中國古典文學基本叢書」

方麓集十六卷

〔明〕王樵（一五二一～一五九九）撰

《四庫全書》本

徐氏海隅集詩編二十二卷文編四十三卷外編十四卷

〔明〕徐學謨（一五二二～一五九三）撰

《四庫全書存目叢書》影印明萬曆五年刻四十年徐元嘏重修本，集部第一二四～一二五册

歸有園稿二十九卷

〔明〕徐學謨（一五二二～一五九三）撰

《四庫全書存目叢書》影印明萬曆二十一年張汝濟刻四十年徐元嘏重修本，集部第一二五～一二六册

春明稿三卷附填鄖續稿一卷

〔明〕徐學謨（一五二二～一五九三）撰

《四庫全書存目叢書補編》影印臺灣漢學研究中心藏明萬曆十一年嘉定徐氏

家刻本，集部第九七册

大隱樓集十七卷

〔明〕方逢時（？～一五九六）撰

《四庫未收書輯刊》影印清乾隆四十二年滋元堂刻本，集部第五輯第十九册

香宇集三十四卷 拾遺一卷

〔明〕田藝蘅（一五二四～一五八三後）撰

《續修四庫全書》影印北圖藏明嘉靖刻本，第一三五四册，集部

端峰先生松菊堂集二十四卷

〔明〕孫鏊（一五二五～一五九二）撰

《四庫全書存目叢書》影印明萬曆三十八年張垣刻本，集部第一四七册

伐檀齋集十二卷

〔明〕張元凱（與王世貞同時）撰

《四庫全書》本

弇州四部稿一百七十四卷續稿二百七卷

〔明〕王世貞（一五二六～一五九〇）撰

明萬曆五年（一五七七）世經堂刊本

《四庫全書》本

李氏焚書六卷

〔明〕李贄（一五二七～一六〇二）撰

《四庫禁毀書叢刊》影印明刻本，集部第一四〇册

焚書

〔明〕李贄（一五二七～一六〇二）撰

北京：中華書局，一九六一年三月

李氏續焚書五卷

〔明〕李贄（一五二七～一六〇二）撰

《續修四庫全書》影印南圖藏明刻本，第一三五二册，集部

續焚書

〔明〕李贄（一五二七～一六〇二）撰

北京：中華書局，一九五九年十二月

焚書. 續焚書

〔明〕李贄（一五二七～一六〇二）撰

北京：中華書局，一九七五年一月

夏劍欽校點，岳麓書社，一九九〇年八月，「古典名著普及文庫」

李贄文集

〔明〕李贄（一五二七～一六〇二）撰，張建業主編

北京：社會科學文獻出版社，二〇〇〇年五月第一版

萬一樓集五十六卷

〔明〕駱問禮（一五二七～一六〇八）撰

《四庫禁毀書叢刊》影印清嘉慶活字本，集部第一七四册

句注山房集二十卷尺牘七卷

〔明〕張鳳翼（一五二七～一六一三）撰

《四庫禁毀書叢刊》影印明刻本，集部第七〇册

處實堂集八卷續集十卷後集六卷

〔明〕張鳳翼（一五二七～一六一三）撰

《續修四庫全書》影印明萬曆刻本，第一三五三册，集部

《四庫全書存目叢書》影印明萬曆間刻本，集部第一三七册

師竹堂集三十七卷目録二卷

〔明〕王祖嫡（一五三一～一五九二）撰

《四庫未收書輯刊》影印明天啟間刻本，集部第五輯第二三册

龍塢集八十四卷

〔明〕王時濟（一五三二～一五九四）

清順治十八年（一六六一）刊本，中國社會科學院文學研究所圖書館善本室藏，二函十二册

王文肅公全集五十五卷

〔明〕王錫爵（一五三四～一六一一）撰

《四庫全書存目叢書》影印明萬曆間王時敏刻本，集部第一三五～一三六册

王百穀全集

〔明〕王穉登（一五三五～一六一三）撰

明萬曆庚辰（一五八〇）刻本
《四庫禁燬書叢刊》影印明刻本王百穀集十九種三十九卷，集部第一七五册

賜閒堂集四十卷

〔明〕申時行（一五三五～一六一四）撰
《四庫全書存目叢書》影印明萬曆間刻本，集部第一三四册

王奉常集詩十五卷目録三卷文五十四卷目録二卷

〔明〕王世懋（一五三六～一五八八）撰
《四庫全書存目叢書》影印明萬曆間刻本，集部第一三三册

呂新吾先生去僞齋文集十卷

〔明〕呂坤（一五三六～一六一八）撰
《四庫全書存目叢書》影印清康熙三十三年呂慎多刻本，集部第一六一册

長水先生文鈔二十四卷

〔明〕沈懋孝（一五三七～一六一二）撰
《四庫禁燬書叢刊》影印明萬曆間刻本，集部第一五九～一六〇册

溫恭毅公集三十卷

〔明〕溫純（一五三九～一六〇七）撰
《四庫全書》本

碧山學士集二十一卷別集四卷

〔明〕黄洪憲（一五四一～一六〇〇）撰
《四庫禁燬書叢刊》影印明萬曆間刻本，集部第三〇册

一齋集三十五卷（存三十三卷）

〔明〕陳第（一五四一～一六一七）撰
道光二十八年（一八四八）刻本

焦氏澹園集四十九卷

〔明〕焦竑（一五四一～一六二〇）撰
《續修四庫全書》影印明萬曆三十四年刻本，第一三六四册，集部
《四庫禁燬書叢刊》影印明萬曆三十九年金勵刻本，集部第六一册

焦氏澹園續集二十七卷

〔明〕焦竑（一五四一～一六二〇）撰

《續修四庫全書》影印科圖藏明萬曆三十九年朱汝鼇刻本，第一三六四～一三六五册，集部

《四庫禁燬書叢刊》影印明萬曆三十九年金勵刻本，集部第六一～六二册

澹園集 續集

〔明〕焦竑（一五四一～一六二〇）撰，李劍雄（一九四二～）點校

北京：中華書局，一九九九年五月，全二册

白榆集二十八卷

〔明〕屠隆（一五四二～一六〇五）撰

《續修四庫全書》影印明萬曆龔堯惠刻本，第一三五九册，集部

《明代論著叢刊》第三輯，臺北：臺灣偉文圖書出版社有限公司，一九七七年九月

棲眞館集三十一卷

〔明〕屠隆（一五四二～一六〇五）撰

《續修四庫全書》影印湖北省圖書館藏明萬曆十八年呂氏棲真館刻本，第一三六〇册，集部

芝園稿二十八卷目録二卷

〔明〕趙世顯（一五四二～一六一〇）撰

《四庫未收書輯刊》影印明萬曆間刻本，集部第五輯第二四册

王世周先生詩集二十卷

〔明〕王伯稠（一五四二～一六一四）撰

《四庫全書存目叢書》影印明萬曆間刻本，集部第一四二册

紫栢老人集十五卷首一卷

〔明〕釋眞可（一五四三～一六〇三）撰

《四庫未收書輯刊》影印明天啟七年釋三炬刻本，集部第六輯第二三册

月峰先生居業次編五卷

〔明〕孫鑛（一五四三～一六一三）撰

《四庫禁燬書叢刊》影印明萬曆四十年呂胤筠刻本，集部第一二六册

姚江孫月峰全集

〔明〕孫鑛（一五四三～一六一三）撰

清嘉慶靜遠軒刊本

來恩堂草十六卷

〔明〕姚舜牧（一五四三～一六二四?）撰

《四庫禁毀書叢刊》影印明刻本，集部第一〇七册

薜荔山房藏稿十卷

〔明〕敖文楨（一五四五～一六〇二）撰

《續修四庫全書》影印科圖藏明萬曆牛應元刻本，第一三五九册，集部

穀城山館集（穀城山館詩集）二十卷

〔明〕于慎行（一五四五～一六〇八）撰

《四庫全書》本

射堂詩鈔十四卷附録一卷

〔明〕吴夢暘（一五四五～一六一五）撰

《四庫全書存目叢書》影印明刻本，集部第一九四册

快雪堂集六十四卷

〔明〕馮夢禎（一五四六～一六〇五）撰

《四庫全書存目叢書》本影印明萬曆四十四年黄汝亨、朱之蕃等刻本，集部第一六四～一六五册

由庚堂集三十八卷

〔明〕鄭汝璧（一五四六～一六〇七）撰

《續修四庫全書》影印吉林大學圖書館藏明萬曆刻本，第一三五六～一三五七册，集部

陸學士遺稿十六卷

〔明〕陸可教（一五四七～一五九八）撰

《四庫禁毀書叢刊》影印明萬曆間刻本，集部第一六〇册

續刻楊復所先生家藏文集八卷

〔明〕楊起元（一五四七～一五九九）撰

《四庫全書存目叢書》影印明崇禎楊見晙等刻本，集部第一六七册

大泌山房集一百三十四卷目録二卷

〔明〕李維楨（一五四七～一六二六）撰

《四庫全書存目叢書》影印北京師範大學圖書館藏明萬曆三十九年刻本（卷八十卷八十一卷九十一至卷九十三配抄本），第一五〇～一五三册，集部

水西全集十卷

〔明〕李培（一五四七？～一六二一後）撰

《四庫未收書輯刊》影印明天啟元年刻本，集部第六輯第二十四册

鹿裘石室集六十五卷

〔明〕梅鼎祚（一五四九～一六一八）撰

《四庫禁毁書叢刊》影印明天啟三年玄白堂刻本，集部第五七～五八册

《續修四庫全書》影印山西大學圖書館藏明天啟三年玄白堂刻本，第一三七八～一三七九册，集部

玉茗堂全集四十六卷

〔明〕湯顯祖（一五五〇～一六一六）撰

《續修四庫全書》影印明天啓刻本，第一三六二～一三六三册，集部

湯顯祖集・詩文集

〔明〕湯顯祖（一五五〇～一六一六）撰，徐朔方（一九二三～二〇〇七）點校

上海：中華書局上海編輯所，一九六二年七月

上海：上海人民出版社，一九七三年七月

湯顯祖集・戲曲集

〔明〕湯顯祖（一五五〇～一六一六）撰，錢南揚（一八九九～一九八七）點校

上海：中華書局上海編輯所，一九六二年七月

上海：上海人民出版社，一九七三年七月

湯顯祖全集

〔明〕湯顯祖（一五五〇～一六一六）撰，徐朔方（一九二三～二〇〇七）箋校

北京：北京古籍出版社，一九九九年一月

吴文恪公文集三十二卷附録一卷

〔明〕吴道南（一五五〇～一六二三）撰

《四庫禁毀書叢刊》影印明崇禎間吴之京刻本，集部第三一册

始青閣稿二十四卷

〔明〕鄒迪光（一五五〇～一六二六）撰

《四庫禁毀書叢刊》影印明天啟間刻本，集部第一〇三册

數馬集五十一卷

〔明〕黄克纘（一五五〇～一六三四）撰

《四庫禁毀書叢刊》影印清刻本，集部第一八〇册

少室山房集一百二十卷

〔明〕胡應麟（一五五一～一六〇二）撰

《四庫全書》本

來禽館集二十九卷

〔明〕邢侗（一五五一～一六一二）撰

《四庫全書存目叢書》明萬曆四十六年刻清康熙十九年鄭雍重修本，集部第一六一册

負苞堂詩選五卷文選四卷

〔明〕臧懋循（一五五一～一六二一）撰

《續修四庫全書》影印明天啟元年臧爾炳刻本，第一三六一册，集部

負苞堂集

〔明〕臧懋循（一五五一～一六二一）撰

北京：古典文學出版社，一九五八年六月

玄蓋副草二十卷

〔明〕吴稼竳（與臧懋循同時）撰，吴昌碩（一八四四～一九二七）校印

民國五年吴氏雍睦堂影印明萬曆間家刻本，中國社會科學院文學研究所圖書館藏，一函六册

《四庫全書存目叢書》影印民國五年影印明萬曆間刻本，集部第一八六册

詒美堂集二十四卷

〔明〕祝以豳（一五五一～一六三二）撰

《四庫禁毀書叢刊》影印明天啟間刻本，集部第一〇一册

江盈科集

〔明〕江盈科（一五五三～一六〇五）撰，黄仁生（一九五六～）輯校

長沙：岳麓書社，一九九七年四月；二〇〇八年十二月增訂本

虞德園先生集三十三卷

〔明〕虞淳熙（一五五三～一六二一）撰

《四庫禁毀書叢刊》影印明末刻本，集部第四三册

合併黄離草三十卷

〔明〕郭正域（一五五四～一六一二）撰

《四庫禁毀書叢刊》影印明萬曆四十年史記事刻本，集部第一三～一四册

梅花草堂集十六卷

〔明〕張大復（一五五四～一六三〇）撰

《續修四庫全書》影印華東師大圖書館藏明崇禎刻本，第一三八〇册，集部

容臺文集九卷詩集四卷别集四卷

〔明〕董其昌（一五五五～一六三六）撰

《四庫全書存目叢書》影印明崇禎三年董庭刻本，集部第一七一册

容臺集

〔明〕董其昌（一五五五～一六三六）撰，邵海清（一九三一～）點校

杭州：西泠印社出版社，二〇一二年四月，「中國古代書畫家詩文集叢書」

陳氏荷華山房詩稿二十六卷

〔明〕陳邦瞻（一五五七～一六二三）撰

《續修四庫全書》影印上圖藏明萬曆四十六年牛維赤刻本，第一三六八册，集部

寓林集三十二卷 寓林集詩六卷

〔明〕黄汝亨（一五五八～一六二六）撰

《續修四庫全書》影印湖北省圖書館藏明天啟四年吳敬、吳芝等刻本，第一三六八～一三六九册，集部

問次齋稿三十一卷續稿五卷西游稿七卷

〔明〕公鼐（一五五八～一六二六）撰

明萬曆四十七年河南副使呂邦燿刻本；齊魯書社一九九八年影印抄本

公鼐詩文選專輯（蒙陰文史資料第三輯）

〔明〕公鼐（一五五八～一六二六）撰

中國人民政治協商會議蒙陰縣文史資料委員會編，一九八九年十月

公鼐詩文輯注

〔明〕公鼐（一五五八～一六二六）撰，李芳元輯注

海口：南海出版公司，一九九八年六月

問次齋稿

〔明〕公鼐（一五五八～一六二六）撰，趙廣升點校

北京：中國戲劇出版社，二〇〇八年九月

陳眉公十集

〔明〕陳繼儒（一五五八～一六三九）撰

中國社會科學院文學研究所圖書館善本室藏明聚奎樓刊本，十册

陳眉公集十七卷

〔明〕陳繼儒（一五五八～一六三九）撰

中國社會科學院文學研究所圖書館善本室藏明萬曆四十三年（一六一五）刊本，四册

《續修四庫全書》影印上圖藏明萬曆四十三年史兆斗刻本，第一三八〇册，集部

陳眉公全集

〔明〕陳繼儒（一五五八～一六三九）撰

上海：中央書店，一九三六年版，全二册，「國學基本文庫」

眉公先生晚香堂小品二十四卷

〔明〕陳繼儒（一五五八～一六三九）撰

中國社會科學院文學研究所圖書館善本室藏明湯大節蘭緣居刊本，一函六册

白石樵真稿

〔明〕陳繼儒（一五五八～一六三九）撰，阿英（一九〇〇～一九七七）校點

上海：上海雜誌公司，民國二十四年十一月，全二册，「中國文學珍本叢書」第一輯第十二種

晚香堂小品

〔明〕陳繼儒（一五五八～一六三九）撰

上海：上海雜誌公司，民國二十五年五月，全二册，「中國文學珍本叢書」第一輯第二十六種

眉公雜著三十三卷又十五帙

〔明〕陳繼儒（一五五八～一六三九）撰

明資益館校印本，中國社會科學院文學研究所圖書館藏，二函十六册。含：晚香堂小品（晚香堂集）二十三卷；讀書鏡十卷；見聞録八卷；珍珠船四卷；妮古録四卷；群碎録一卷；偃曝談餘二卷；嚴棲幽事一卷；枕談一卷；太平清話四卷；書蕉二卷；筆記二卷；書畫史一卷；安得長者言一卷；狂夫之言三卷佚二卷；香案牘一卷

山草堂集二十八種一百五十三卷

〔明〕郝敬（一五五八～一六三九）撰

明萬曆、崇禎間郝洪範刻本（存十種四十五卷四十四册：四書攝提十卷附録一卷；時習新知六卷閒邪記二卷；諫草二卷；批點南史瑣瑣四卷；批點北史瑣瑣四卷；批點舊唐書瑣瑣四卷；批選杜工部詩四卷；批選唐詩二卷；蠟談六卷）

小山草十卷

〔明〕郝敬（一五五八～一六三九）撰

《四庫全書存目叢書補編》影印中國科學院圖書館藏明天啟三年刻本，第五三册

輸寥館集八卷

〔明〕范允臨（一五五八～一六四一）撰

《四庫禁毁書叢刊》影印清初刻本，集部第一〇一册

方眾甫集十四卷

〔明〕方應選（萬曆十一年進士）撰

《四庫全書存目叢書》影印明萬曆間刻本，集部第一七〇册

鄭侯升集四十卷

〔明〕鄭明選（萬曆十七年進士）撰

《四庫禁燬書叢刊》影印明萬曆三十一年鄭文震刻本，集部第七五册

啜墨亭集十二卷雜著一卷

〔明〕徐時進（萬曆二十三年進士）撰

《四庫禁燬書叢刊》影印明萬曆間刻本，集部第四五册

白蘇齋類集二十二卷

〔明〕袁宗道（一五六〇～一六〇〇）撰

《續修四庫全書》影印明刻本，第一三六三册，集部

《四庫禁燬書叢刊》影印明刻本，集部第四八册

錢伯城（一九二二～）標點，上海：上海古籍出版社，一九八九年六月；二〇〇七年十一月，「中國古典文學叢書」

九芝集十四卷

〔明〕龍膺（一五六〇～一六一九?）撰

《四庫全書存目叢書》影印清光緒十三年九芝堂刻綸隱全集本，集部第一六七册

青來閣初集十卷

〔明〕方應祥（一五六〇～一六二八）撰

《四庫禁燬書叢刊》影印明萬曆四十五年自刻本，集部第四〇册

青萊閣二集十卷

〔明〕方應祥（一五六〇～一六二八）撰

《四庫禁燬書叢刊》影印明天啟四年易道暹等刻本，集部第七八册

江汝社稿九卷

〔明〕耿汝愚（萬曆十年舉人）撰〔明〕耿汝忞（萬曆四十六年前後）輯

《四庫未收書輯刊》影印明萬曆四十六年耿汝忞刻本，集部第六輯第二四册

梁園風雅二十七卷

〔明〕趙彦復（萬曆三十二年進士）輯

《續修四庫全書》影印清康熙四十三年陸廷燦刻本，第一六八〇册，集部

心月軒稿十七卷

〔明〕鄧士亮（萬曆三十二年進士）撰

《四庫未收書輯刊》影印明末刻本，集部第六輯第二六册

鶴汀詩集十卷（存卷一至卷七）

〔明〕李之世（萬曆三十四年舉人）撰

《四庫禁燬書叢刊》影印清涉園刻本，集部第八十册

皇極篇二十七卷

〔明〕文翔鳳（萬曆三十八年進士）撰

《四庫禁燬書叢刊》影印明萬曆間刻本，集部第四九册

胡維霖集三十四卷

〔明〕胡維霖（萬曆四十一年進士）撰

《四庫禁燬書叢刊》影印明崇禎間刻本，集部第一六四～一六五册

月鹿堂文集八卷

〔明〕張師繹（萬曆間進士）撰

《四庫未收書輯刊》影印清道光六年蝶花樓刻本，集部第六輯第三〇册

幔亭集十五卷

〔明〕徐熥（一五六一～一五九九）撰

《四庫全書》本

徐熥集

〔明〕徐熥（一五六一～一五九九）撰

揚州：廣陵書社，二〇〇五年十二月，全二册

寧澹齋全集文十二卷留芳録一卷附疏稿一卷詩十卷（原缺文卷九）

〔明〕楊守勤（一五六一～一六二〇）撰

《四庫禁燬書叢刊》影印明末刻本，集部第六五册

緱山先生集二十七卷

〔明〕王衡（一五六二～一六〇九）撰

《四庫全書存目叢書》影印明萬曆間刻本，集部第一七八～一七九册

歇庵集二十卷

〔明〕陶望齡（一五六二～一六〇九）撰

《續修四庫全書》影印華東師大圖書館藏明萬曆喬時敏等刻本，第一三六五册，集部

陶文簡公集十三卷

〔明〕陶望齡（一五六二～一六〇九）撰

《四庫禁毀書叢刊》影印明天啟七年陶履中刻本，集部第九册

寶日堂初集三十二卷

〔明〕張鼐（一五六二～一六二九）撰

《四庫禁毀書叢刊》影印明崇禎二年刻本，集部第七六～七七册

汲古堂集二十八卷

〔明〕何白（一五六二～一六四二）撰

《四庫禁毀書叢刊》影印明萬曆間刻本，集部第一七七册

何白集

〔明〕何白（一五六二～一六四二）撰，沈洪保（一九三八～）點校

上海：上海社會科學院出版社，二〇〇六年四月，「溫州文獻叢書」

高陽集二十卷

〔明〕孫承宗（一五六三～一六三八）撰

《續修四庫全書》影印清初刻嘉慶補修本，第一三七〇册，集部

清白堂稿十七卷

〔明〕蔡獻臣（一五六三～一六四一）撰

《四庫未收書輯刊》影印明崇禎間刻本集部第六輯第二二册

玄晏齋集五種

〔明〕孫慎行（一五六四～一六三五）撰

《四庫禁毀書叢刊》影印明崇禎間刻本，集部第一二三册

李太僕恬致堂集四十卷

〔明〕李日華（一五六五～一六三五）撰

《四庫禁毀書叢刊》影印明崇禎間刻本，集部第六四～六五册

恬致堂集

〔明〕李日華（一五六五～一六三五）撰，趙杏根（一九五六～）整理

上海：上海古籍出版社，二〇一二年十二月，全三册

松圓浪淘集十八卷目録三卷

〔明〕程嘉燧（一五六五～一六四三）撰

《四庫禁毀書叢刊》影印明崇禎間謝三賓刻清康熙三十三年陸廷燦補修，集部第一六三册

松圓浪淘集十八卷松圓偈庵集二卷

〔明〕程嘉燧（一五六五～一六四三）撰

《續修四庫全書》影印湖北省圖書館藏明崇禎刻本，第一三八五册，集部

耦耕堂集詩三卷文二卷

〔明〕程嘉燧（一五六五～一六四三）撰

《續修四庫全書》影印湖北省圖書館藏清順治十三年金獻士金望刻本，第一三八六册，集部

酉陽山人編蓬集十卷後集十五卷

〔明〕唐汝詢（一五六五～一六五九）撰

《四庫全書存目叢書》影印明萬曆間刻清乾隆二十四年唐元素重修本，集部第一九二册

小草齋集三十卷

〔明〕謝肇淛（一五六七～一六二四）撰

《續修四庫全書》影印福建省圖書館藏明萬曆刻本，第一三六六～一三六七册，集部

小草齋續集三卷

〔明〕謝肇淛（一五六七～一六二四）撰

《續修四庫全書》影印福建省圖書館藏明末刻本，第一三六六～一三六七册，集部

小草齋集三十卷 續集三卷 小草齋文集二十八卷

〔明〕謝肇淛（一五六七～一六二四）撰〔明〕陳鳴鶴等校

《四庫全書存目叢書》影印明刻本（配抄本），文集影印明天啟間刻本，集部第一七五～一七六册

學古緒言二十五卷

〔明〕婁堅（一五六七～一六三一）撰

《四庫全書》本

吴歈小草十卷

〔明〕婁堅（一五六七～一六三一）撰

《四庫全書存目叢書》影印清康熙刻本，集部第四九册

葛震甫詩集十七卷

〔明〕葛一龍（一五六七～一六四〇）撰

《四庫禁毁書叢刊》影印明崇禎間刻本，集部第一二三册

瀟碧堂集二十卷

〔明〕袁宏道（一五六八～一六一〇）撰

《續修四庫全書》影印明萬曆三十六年袁叔度書種堂刻本，第一三六七册，集部

瓶花齋集十卷

〔明〕袁宏道（一五六八～一六一〇）撰

《續修四庫全書》影印復旦圖書館藏明萬曆三十七年袁叔度書種堂刻本，第一三六七册，集部

解脱集四卷

〔明〕袁宏道（一五六八～一六一〇）撰

《續修四庫全書》影印南圖藏明萬曆三十八年袁叔度書種堂刻本，第一三六七册，集部

錦帆集四卷 去吴七牘一卷

〔明〕袁宏道（一五六八～一六一〇）撰

《續修四庫全書》影印上圖藏明萬曆三十七年袁叔度書種堂刻本，第一三六七册，集部

袁宏道集箋校

〔明〕袁宏道（一五六八～一六一〇）撰，錢伯城（一九二二～）箋校

上海：上海古籍出版社，一九八一年六月；二〇〇七年十一月，「中國古典文學叢書」

睡庵稿三十六卷

〔明〕湯賓尹（一五六八～一六二八）撰

《四庫禁毁書叢刊》影印明萬曆間刻本，集部第六三册

浮來先生詩集十四卷

〔明〕公鼒（一五六九～一六一九）撰

《四庫禁毀書叢刊》影印明天啟五年刻本，集部第一六〇册

留夷館集四卷

〔明〕鄧渼（一五六九～一六二九）撰

《四庫未收書輯刊》影印明萬曆間刻本，集部第五輯第二十四册

石隱園藏稿八卷

〔明〕畢自嚴（一五六九～一六三八）撰

《四庫全書》本

珂雪齋前集二十四卷 外集十五卷

〔明〕袁中道（一五七〇～一六二四）撰

《續修四庫全書》影印科圖藏明萬曆四十六年刻本，第一三七五～一三七六册，集部；《四庫禁毀書叢刊》第一八一册

珂雪齋近集十一卷

〔明〕袁中道（一五七〇～一六二四）撰

《續修四庫全書》影印明書林唐國達刻本，第一三七六册，集部

《四庫禁毀書叢刊》第一〇三册

《明代論著叢刊》本，臺北：臺灣偉文圖書出版公司

上海：上海書店，一九八二年十一月

珂雪齋集 附游居杮録

〔明〕袁中道（一五七〇～一六二四）撰，錢伯城（一九二二～）點校

上海：上海古籍出版社，一九八九年一月；二〇〇七年九月，全三册，「中國古典文學叢書」

游居杮録

〔明〕袁中道（一五七〇～一六二四）撰，胡協賓校閱

上海：廣益書局，一九三六年四月

白毫庵内篇二卷外篇一卷雜篇二卷

〔明〕張瑞圖（一五七〇～一六四一）撰

《四庫禁毀書叢刊》影印明崇禎間刻本，集部第一四二册

鼇峰集二十八卷

〔明〕徐𤊹（一五七〇～一六四二）撰

《續修四庫全書》影印北大圖書館藏明天啟五年南居益刻本，第一三八一册，集部

鼇峰集

〔明〕徐𤊹（一五七〇～一六四二）撰，陳慶元（一九四六～）、陳煒（一九七二～）編著

揚州：廣陵書社，二〇一二年九月，「福建叢書」，全三册

秋谷集二卷

〔明〕崔世召（？～一六四二）撰

《四庫未收書輯刊》影印明崇禎間刻本，集部第六輯第二三册

今是堂集十一卷

〔明〕陶奭齡（一五七一～一六四〇）撰

《四庫禁燬書叢刊》影印明崇禎間刻本，集部第八〇册

雪堂集十卷附録一卷

〔明〕沈守正（一五七二～一六二三）撰

《四庫禁燬書叢刊》影印明崇禎間沈尢含等刻本，集部第七〇册

隱秀軒集

〔明〕鍾惺（一五七四～一六二四）撰，李先耕、崔重慶標校

上海：上海古籍出版社，一九九二年十月，「中國古典文學叢書」

鏡山庵集二十五卷

〔明〕高出（一五七四～一六五五）撰

《四庫禁燬書叢刊》影印明天啟間刻本，集部第三〇～三一册

檀園集十二卷

〔明〕李流芳（一五七五～一六二九）撰

《四庫全書》本

嘉定李流芳全集

〔明〕李流芳（一五七五～一六二九）撰，上海市嘉定區地方誌辦公室編

上海：上海古籍出版社，二〇一三年十一月

梅中丞遺稿八卷附西州淚一卷

〔明〕梅之煥（一五七五～一六四一）撰

《四庫未收書輯刊》影印清順治衛貞元刻本，集部第五輯第二五册

王季重先生文集十卷

〔明〕王思任（一五七五～一六四六）撰

中國社會科學院文學研究所圖書館善本室藏明刊鈔配本

王季重十種

〔明〕王思任（一五七五～一六四六）撰

上海：上海雜誌公司，民國二十五年五月，「中國文學珍本叢書」第一輯第三十種

任遠（一九三八～）校點，浙江古籍出版社，一九八七年八月，「兩浙作家文叢」

石倉詩稿三十三卷

〔明〕曹學佺（一五七五～一六四六）撰

《四庫禁毀書叢刊》影印清乾隆十九年曹岱華刻本，集部第一四三册

曹大理集八卷石倉文稿四卷

〔明〕曹學佺（一五七五～一六四六）撰

《續修四庫全書》影印科圖藏明萬曆刻本，第一三六七册，集部

范勛卿詩集二十一卷文集六卷

〔明〕范鳳翼（一五七五～一六五五）撰

《四庫禁毀書叢刊》影印明崇禎間刻本，集部第一一二册

甲秀園集四十七卷

〔明〕費元禄（一五七五～一六四〇）撰

《四庫禁毀書叢刊》影印明萬曆間刻本，集部第六二册

王無瑕先生詩集五卷文集三卷

〔明〕王璞（一五七六～一六四八）撰

《四庫未收書輯刊》影印清王揚宗王振宗刻本，集部第六輯第二九册

清權堂集二十二卷

〔明〕沈德符（一五七八～一六四二）撰

《續修四庫全書》影印湖南省圖書館藏明刻本，第一三七七册，集部

王無瑕先生詩集五卷文集三卷

〔明〕王璞（一五七六～一六四八）撰

《四庫未收書輯刊》影印清王揚宗王振宗刻本，集部第六輯第二九册

陳太史無夢園初集三十四卷

〔明〕陳仁錫（一五七九～一六三四）撰

《續修四庫全書》影印明崇禎六年張一鳴刻本，第一三八一～一三八三册，集部

無夢園遺集八卷

〔明〕陳仁錫（一五七九～一六三四）撰

《續修四庫全書》影印安徽省圖書館藏明崇禎八年陳禮錫陳智錫等刻本，第一三八三册，集部

公槐集六卷響玉集十卷餘一卷棘門集八卷沆瀣集五卷松癭集二卷文遠集二十八卷補

〔明〕姚希孟（一五七九～一六三六）撰

《四庫禁毀書叢刊》影印明崇禎間張叔籟等刻清閟全集本，集部一七八～一七九册

夏峰先生集十四卷首一卷補遺二卷

〔明〕孫奇逢（一五八四～一六七五）撰

《續修四庫全書》影印清道光二十五年大梁書院刻本，第一三九一～一三九二册，集部

黄石齋先生文集十三卷

〔明〕黄道周（一五八五～一六四六）撰

《續修四庫全書》影印天津圖書館藏清康熙五十三年鄭玫刻本，第一三八四册，集部

春浮園文集二卷附録一卷詩一卷南歸日録一卷偶録二卷日涉録一卷汴游録一卷蕭齋日紀一卷

〔明〕蕭士瑋（一五八五～一六五一）撰

《四庫禁毀書叢刊》影印清光緒十八年蕭氏問餘堂刻本，集部第一〇八册

春浮園別集五種
〔明〕蕭士瑋（一五八五～一六五一）撰
《北京圖書館古籍珍本叢刊》影印清刊本
新刻譚友夏合集二十三卷
〔明〕譚元春（一五八六～一六三七）撰〔明〕徐汧（一五九七～一六四五）評〔明〕張澤評
《續修四庫全書》影印明崇禎六年張澤刻本，第一三八五册，集部
譚元春集
〔明〕譚元春（一五八六～一六三七）撰，陳杏珍（一九四一～二〇〇二）點校
上海：上海古籍出版社，一九九八年十二月，「中國古典文學叢書」
棄草詩集七卷文集八卷棄草二集二卷
〔明〕周之夔（一五八六～一六四八）撰
《四庫禁毀書叢刊》影印明崇禎間木犀館刻本，集部第一一二～一一三册
文嘻堂詩集三卷
〔明〕朱芾煌（一五八七～一六六二）撰
《四庫全書存目叢書》影印清康熙三十七年紫陽書院刻本，集部第一九四册
楊文弱先生集五十七卷
〔明〕楊嗣昌（一五八八～一六四一）撰
《續修四庫全書》影印南圖藏清初刻本，第一三七二～一三七三册，集部
張卿子先生遺集八卷（衰晚編二卷蓬宅編二卷湖上編二卷白下編二卷）
〔明〕張遂辰（一五八九？～一六六八）撰
民國刻本，中國社會科學院文學研究所圖書館藏，一函四册
紡授堂集詩集八卷文集八卷二集十卷
〔明〕曾異撰（一五九〇～一六四四）撰
《四庫禁毀書叢刊》影印明崇禎刻本，集部第一六三册
石臼前集九卷後集七卷
〔明〕邢昉（一五九〇～一六五三）撰
《四庫禁毀書叢刊》影印清康熙間刻本，集部第五一册

鄭中丞公益樓集四卷

〔明〕鄭二陽（一五九一？～一六五六）撰

《四庫未收書輯刊》影印清康熙世德堂刻本，集部第六輯第二二册

疑雨集四卷

〔明〕王彦泓（一五九三～一六四二）撰

上海書店《叢書集成續編》影印清光緒郎園先生全書本，第一二〇册

吳忠節公遺集四卷附年譜一卷

〔明〕吳麟徵（一五九三～一六四四）撰

《四庫禁毁書叢刊》影印明弘光刻本，集部第八一册

倪文貞集十七卷 續編三卷 奏疏十二卷 講編四卷 詩集四卷

〔明〕倪元璐（一五九三～一六四四）撰

《四庫全書》本

碩邁園集十卷

〔明〕蒲秉權（？～一六四四）撰

《四庫禁毁書叢刊》影印清光緒元年蒲蔭枚手拙齋刻本，集部第一六一～一六二册

金文通公集二十卷奏疏六卷詩集六卷外集八卷

〔明〕金之俊（一五九三～一六七〇）撰

《四庫全書存目叢書補編》影印中國科學院圖書館藏清康熙刻本，第五六册

《續修四庫全書》影印科圖藏清康熙二十五年懷天堂刻本，第一三九二～一三九三册，集部

峚陽草堂文集十六卷附一卷詩集二十卷（原缺詩集卷十三）

〔明〕鄭鄤（一五九四～一六三九）撰

《四庫禁毁書叢刊》影印民國二十一年活字本，集部第一二六册

遡園文集四卷杜少陵秋興八首偶論一卷

〔明〕賈開宗（一五九五～一六六一）撰

《清代詩文集彙編》影印清道光八年賈洪信重刻本，第九册

進賢堂稿二十八卷

〔明〕黎元寬（一五九六～一六七五）撰

《四庫禁毀書叢刊》影印清康熙間刻本，集部第一四五～一四六册

茅簷集八卷

〔明〕魏學洢（一五九六？～一六二五?）撰

《四庫全書》本

芑山文集三十一卷

〔明〕張自烈（一五九七～一六七三）撰

《四庫禁毀書叢刊》影印清初刻本，集部第一六六册

張岱詩文集

〔明〕張岱（一五九七～一六八〇）撰，夏咸淳（一九三八～）校點

上海：上海古籍出版社，一九九一年五月（第一版）；二〇一四年十一月（增訂本）

沈復燦鈔本瑯嬛文集

〔明〕張岱（一五九七～一六八〇）撰，路偉（一九八七～）、馬濤點校

杭州：浙江古籍出版社，二〇一六年二月

亦園全集六卷

〔明〕姚孫棐（一五九八～一六六三）撰

《四庫禁毀書叢刊》影印清初刻本，集部第八六册

天愚先生詩集六卷天愚先生文集八卷天愚先生别集四卷（缺卷三）

〔明〕謝泰宗（一五九八～一六六六）撰

《清代詩文集彙編》影印清康熙刻本，第十二册

天愚先生詩鈔八卷天愚先生文鈔八卷附録一卷

〔明〕謝泰宗（一五九八～一六六六）撰

《清代詩文集彙編》影印清康熙四十五年刻本，第十二册

天愚山人詩文集二十八卷

〔明〕謝泰宗（一五九八～一六六六）撰

清光緒六年光緒六年謝氏靈蕤館重刻本

逍遙游二卷陸舫詩草五卷椒丘詩二卷丁野鶴先生遺稿三卷家政須知一卷

〔明〕丁耀亢（一五九九～一六六九）撰

《四庫全書存目叢書》影印清初刻丁野鶴集八種本，集部第二三五册

舜水先生文集二十八卷

〔明〕朱之瑜（一六〇〇～一六八二）撰

《續修四庫全書》影印上圖藏日本正德二年（一七一二）刻本，第一三八四～一三八五册，集部

朱舜水集

〔明〕朱之瑜（一六〇〇～一六八二）撰，朱謙之（一八九九～一九七二）整理

北京：中華書局，一九八一年八月，全二册

左忠貞公剩藁四卷

〔明〕左懋第（一六〇一～一六四五）撰

《四庫未收書輯刊》影印清乾隆五十八年左彤九刻本，集部第六輯第二六册

葛中翰遺集十二卷首一卷

〔明〕葛麟（一六〇二～一六四五）撰

《四庫未收書輯刊》影印清光緒十六年敦本堂刻本，集部第七輯一六册

蓮鬚閣集二十六卷

〔明〕黎遂球（一六〇二～一六四六）撰

《四庫禁毀書叢刊》影印清康熙間黎延祖刻本，集部第一八三册

遠山堂詩集十卷

〔明〕祁彪佳（一六〇三～一六四五）撰〔清〕魏耕（一六一四～一六六二）校定

《續修四庫全書》影印北圖藏清初祁氏東書堂抄本，第一三八五册，集部

遠山堂文稿一卷

〔明〕祁彪佳（一六〇三～一六四五）撰

《續修四庫全書》影印北圖藏清初祁氏起元社抄本，第一三八五册，集部

祁彪佳文稿

〔明〕祁彪佳（一六〇三～一六四五）撰

北京：書目文獻出版社，一九九一年六月，全三册

祁彪佳集

〔明〕祁彪佳（一六〇三～一六四五）撰

上海：中華書局上海編輯所，一九六〇年二月

求是堂文集十八卷

〔明〕文德翼（一六〇四～?）撰

《四庫禁燬書叢刊》影印明末刻本，集部第一四一册

陶菴全集二十二卷

〔明〕黄淳耀（一六〇五～一六四五）撰

《四庫全書》本

安雅堂稿十八卷

〔明〕陳子龍（一六〇八～一六四七）撰

《續修四庫全書》影印明末刻本，第一三八七～一三八八册，集部

陳子龍詩集

〔明〕陳子龍（一六〇八～一六四七）撰，施蟄存（一九〇五～二〇〇三）、馬祖熙（一九三八～）標校

上海：上海古籍出版社，一九八三年七月，全二册，「中國古典文學叢書」

石村詩集三卷文集三卷

〔明〕郭金臺（一六一〇～一六七六）撰

《四庫禁燬書叢刊》影印清康熙間刻本，集部第八四册

方以智全集

〔明〕方以智（一六一一～一六七一）撰，侯外廬（一九〇三～一九八七）主編

上海：上海古籍出版社，一九八八年九月

李漁全集

〔明〕李漁（一六一一～一六八〇）撰

杭州：浙江古籍出版社，一九九一年第一版，二〇一〇年六月第二版，全二十册

蕭林初集八卷

〔明〕錢棻（崇禎十五年舉人）撰

《四庫未收書輯刊》影印明崇禎間刻本，集部第六輯第二八册

霜鏡集十三卷

〔明〕陸寶撰

《四庫禁毀書叢刊》影印明崇禎間刻本，集部第一四三册

清代

牧齋初學集一百十卷目録二卷

〔清〕錢謙益（一五八二～一六六四）撰

《四部叢刊》影印明崇禎間瞿式耜刻本

《四庫禁毀書叢刊》影印明崇禎間瞿式耜刻本，集部第一一四～一一五册

《續修四庫全書》影印民國涵芬樓影印明崇禎瞿式耜刻本，第一三九〇册，集部

牧齋初學集

〔清〕錢謙益（一五八二～一六六四）撰，錢曾（一六二九～一七〇一）箋注，錢仲聯（一九〇八～二〇〇三）標校

上海：上海古籍出版社，一九八五年九月，全三册，「中國古典文學叢書」；二〇〇三年八月，收入《錢牧齋全集》

牧齋有學集五十卷附校勘記一卷補遺一卷

〔清〕錢謙益（一五八二～一六六四）撰

《四部叢刊》影印清康熙二十四年金匱山房刻本

《四庫禁毀書叢刊》影印清康熙二十四年金匱山房刻本，集部第一一五～一一六册

《續修四庫全書》影印民國八年上海商務印書館四部叢刊本，第一三九一册，集部

牧齋有學集

〔清〕錢謙益（一五八二～一六六四）撰，錢曾（一六二九～一七〇一）箋注，錢仲聯（一九〇八～二〇〇三）標校

上海：上海古籍出版社，一九九六年九月，全三册，「中國古典文學叢書」；二〇〇三年八月，收入《錢牧齋全集》

蒼雪和尚南來堂詩集四卷附録一卷

〔清〕釋讀徹（一五八八～一六五六）撰

《續修四庫全書》影印上海辭書出版社藏民國三年刻雲南叢書本，第一三九三册，集部

西溪先生文集十卷

〔清〕沈嘉客（一五九〇～一六七二）撰

《四庫未收書輯刊》影印清康熙三十九年沈寅清刻本，集部第五輯第二六册

擬山園選集八十二卷

〔清〕王鐸（一五九二～一六五二）撰

《四庫禁毀書叢刊》影印清順治十年王鑨刻本，集部第八七～八八册

侶鷗閣近集二卷

〔清〕熊文舉（一五九五～一六六八）撰

《四庫禁毀書叢刊》影印清康熙間刻本，集部第一二〇册

顧與治詩集八卷

〔清〕顧夢遊（一五九九～一六六〇）撰

《四庫全書存目叢書補編》影印北京大學圖書館藏民國金陵叢書丙集刻本，第一册

寒支初集十卷二集六卷附歲紀一卷

〔清〕李世熊（一六〇二～一六八六）撰

《四庫禁毀書叢刊》影印清初檀河精舍刻本，集部第八九册

白耷山人詩集十卷文集二卷

〔清〕閻爾梅（一六〇三～一六七九）撰

《續修四庫全書》影印天津圖書館藏清康熙刻本，第一三九四册，集部

乾初先生遺集四十七卷首一卷外編一卷

〔清〕陳確（一六〇四～一六七七）撰

《續修四庫全書》影印上圖藏清餐霞軒抄本，第一三九四～一三九五册，集部

二丸居集選十一卷

〔清〕黎景義（一六〇四～?）撰

《四庫禁毀書叢刊》影印舊抄本，集部第一六册

四照堂詩集十一卷樂府二卷詩余一卷時曲一卷

〔清〕盧紘（一六〇四～?）撰

《四庫未收書輯刊》影印清康熙汲古閣刻本集部第七輯第二十二册

了庵詩集二十卷文集十五卷

〔清〕王岱（一六〇六～一六七八）撰

《四庫禁毁書叢刊》影印清乾隆間刻本，集部第九一册

愚菴小集十五卷

〔清〕朱鶴齡（一六〇六～一六八三）撰

《四庫全書》本

湘帆堂集二十六卷

〔清〕傅占衡（一六〇八～一六六〇）撰

《四庫禁毁書叢刊》影印清康熙六十一年活字本，集部一六五册

讀史亭詩集十六卷文集二十二卷

〔清〕彭而述（一六〇八～一六六七）撰

《四庫全書存目叢書》影印清康熙四十七年彭始摶刻本，集部第二〇〇～二〇一册

吳詩集覽二十卷

〔清〕吳偉業（一六〇九～一六七二）撰，靳榮藩（一七二六～一七八四）輯注

《續修四庫全書》影印上海辭書出版社藏清乾隆四十年淩雲亭刻本，第一三九六～一三九七册，集部

梅村家藏稿五十八卷補遺一卷世系一卷年譜四卷

〔清〕吳偉業（一六〇九～一六七二）撰

《四部叢刊》本

《續修四庫全書》影印華東師大圖書館藏清宣統三年董氏誦芬室刻本，第一三九六～一三九七册，集部

梅村集四十卷

〔清〕吳偉業（一六〇九～一六七二）撰

《四庫全書》本

吳梅村全集
〔清〕吳偉業（一六〇九～一六七二）撰，李學穎（一九三〇～）集評標校
上海：上海古籍出版社，一九九〇年十二月，全三册，「中國古典文學叢書」
吳梅村歌詩編年箋釋
〔清〕吳偉業（一六〇九～一六七二）著，施祖毓（一九四三～二〇一五）箋
香港：天馬圖書有限公司，二〇〇一年十月
留素堂詩删十三卷
〔清〕蔣薰（一六一〇～一六九三）撰
《四庫未收書輯刊》影印清康熙間刻本，集部第七輯第一九册
南雷集十卷外卷一卷吾悔集四卷撰杖集一卷子劉子行狀二卷南雷詩曆三卷
〔清〕黃宗羲（一六一〇～一六九五）撰
《四部叢刊》本
南雷文定十一卷後集四卷附録一卷黃梨洲先生南雷文約四卷
〔清〕黃宗羲（一六一〇～一六九五）撰
《四庫全書存目叢書》影印清康熙二十七年靳治荊刻本；《文約》，清雍正間刻本，集部第二〇五册
南雷文定二十二卷（前集十一卷後集四卷三集三卷四集四卷）附録一卷
〔清〕黃宗羲（一六一〇～一六九五）撰
《續修四庫全書》影印科圖藏清康熙二十七年靳治荊刻本，第一三九七册，集部
南雷文定五集四卷
〔清〕黃宗羲（一六一〇～一六九五）撰
《續修四庫全書》影印南圖藏清程志隆刻本，第一三九七册，集部
南雷詩曆五卷
〔清〕黃宗羲（一六一〇～一六九五）撰〔清〕全祖望（一七〇五～一七五五）輯
《續修四庫全書》影印科圖藏清鄭大節刻本，第一三九七册，集部

南雷集外文一卷

〔清〕黄宗羲（一六一〇～一六九五）撰

《續修四庫全書》影印科圖藏清光緒十五年蕭穆抄本，第一三九七册，集部

南雷文定前集十一卷後集四卷三集三卷附録一卷

〔清〕黄宗羲（一六一〇～一六九五）撰

《叢書集成初編》據粤雅堂叢書本排印，文學類，第二四六三～二四六六册

黄宗羲全集

〔清〕黄宗羲（一六一〇～一六九五）撰，沈善洪（一九二九～）主編

杭州：浙江古籍出版社，一九八五年十一月起，全十二册

桴亭先生文集六卷補遺一卷桴亭先生詩集十卷

〔清〕陸世儀（一六一一～一六七二）撰

《續修四庫全書》影印上海辭書出版社藏清光緒二十五年唐受祺刻陸桴亭先生遺書本，第一三九八册，集部

變雅堂詩集十卷

〔清〕杜濬（一六一一～一六八七）撰

光緒甲午（一八九四）黄岡沈卓如刻本

變雅堂遺集十八卷附録二卷

〔清〕杜濬（一六一一～一六八七）撰

《續修四庫全書》影印湖北省圖書館藏清光緒二十年（一八九四）黄岡沈氏刻本，第一三九四册，集部

蒼梧詞十二卷

〔清〕董元愷（？～一六八七）撰

《續修四庫全書》影印北圖藏清康熙刻本，第一七二五册，集部

南山堂自訂詩十卷續訂詩五卷三訂詩四卷

〔清〕吴景旭（一六一一～一六九五）撰

《四庫未收書輯刊》影印清康熙間刻本，集部第七輯第二〇册

賴古堂集

〔清〕周亮工（一六一二～一六七二）撰

上海：上海古籍出版社，一九七九年五月影印康熙刊本，全二册，「清人别

集叢刊」

盦山集十二卷續集四卷再續集五卷

〔清〕方文（一六一二～一六六九）撰

清康熙八年（一六六九）懷古堂刊本，王澤弘定，王槩校，中國社會科學院文學研究所圖書館善本室藏，一函四册

《續修四庫全書》影印清康熙二十八年王槩刻本，第一四〇〇册，集部

上海：上海古籍出版社影印康熙刻本，一九七九年十二月，全三册，「清人別集叢刊」

嚴逸山先生文集十三卷附家乘後編一卷（原缺卷十二）

〔清〕嚴書開（一六一二～一六七三）撰

《四庫禁毁書叢刊》影印清初寧德堂刻本，集部第九〇册

田間文集三十卷田間詩集二十八卷

〔清〕錢澄之（一六一二～一六九二）撰

《續修四庫全書》影印清康熙刻本，第一四〇一册，集部

田間文集

〔清〕錢澄之（一六一二～一六九二）撰，彭君華校點

合肥：黄山書社，一九九八年八月，「安徽古籍叢書」

田間詩集

〔清〕錢澄之（一六一二～一六九二）撰，諸偉奇校點

合肥：黄山書社，一九九八年八月，「安徽古籍叢書」

棲雲閣詩十六卷拾遺三卷文集十五卷

〔清〕高珩（一六一二～一六九八）撰

《四庫全書存目叢書》影印清乾隆三年、四十四年刻合印本，集部第二〇二册

歸玄恭遺著一卷詩鈔一卷

〔清〕歸莊（一六一三～一六七三）撰

《續修四庫全書》影印上海辭書藏民國十二年上海中華書局鉛印本，第一四〇一册，集部

歸莊集

〔清〕歸莊（一六一三～一六七三）著

上海：中華書局上海編輯所一九六二年四月；上海古籍出版社一九八四年六月，全二册

確庵文稿四十卷

〔清〕陳瑚（一六一三～一六七五）撰

《四庫禁毀書叢刊》影印清康熙間毛氏汲古閣刻本，集部第一八四册

亭林詩集五卷文集六卷

〔清〕顧炎武（一六一三～一六八二）撰

《四部叢刊》本

《續修四庫全書》影印湖北省圖書館藏清刻本，第一四〇二册，集部

顧亭林詩文集

〔清〕顧炎武（一六一三～一六八二）撰

北京：中華書局，一九五九年八月第一版；一九八三年五月第二版

瀑音四卷附碧濤芨逸存一卷

〔清〕苗蕃（一六一三～?）撰

《四庫禁毀書叢刊》影印清康熙間刻本，集部第一一〇册

安雅堂文集二卷

〔清〕宋琬（一六一四～一六七四）撰

《續修四庫全書》影印復旦圖書館藏清康熙三十八年宋思勃刻本，第一四〇五册，集部

徧行堂集四十九卷目録二卷續集十六卷

〔清〕金堡（一六一四～一六八〇）撰

《四庫禁毀書叢刊》影印清乾隆五年刻本，集部第一二七～一二八册

徧行堂集

〔清〕澹歸和尚（一六一四～一六八〇）撰，段曉華（一九五四～）點校

廣州：廣東旅游出版社，二〇〇八年八月，全四册，清初嶺南佛門史料叢刊

靜愓堂詩集四十四卷

〔清〕曹溶（一六一四～一六八五）撰

《四庫全書存目叢書》影印清雍正三年李維鈞刻本，集部第一九八册

織水齋集不分卷

〔清〕李煥章（一六一四～?）撰

《四庫全書存目叢書》影印清乾隆間抄本，集部第二〇八册

梅溪文集六卷

〔清〕方都秦（一六一四～?）撰

《四庫未收書輯刊》影印清乾隆十五年方汝翼刻本，集部第七輯第二九册

與袁堂文集四卷

〔清〕陳殿桂（一六一五～一六六六）撰

《四庫未收書輯刊》影印清刻本，集部第七輯第一八册

茗齋集二十三卷附明詩九卷

〔清〕彭孫貽（一六一五～一六七三）撰

《四部叢刊續編》景寫本

定山堂詩集四十三卷詩餘四卷

〔清〕龔鼎孳（一六一五～一六七三）撰

《四庫禁毀書叢刊》影印清康熙十五年吳興祚刻本，集部第一一七册

兼濟堂文集二十卷

〔清〕魏裔介（一六一六～一六八六）撰

《四庫全書》本

北京：中華書局，二〇〇七年八月

玉琴齋詞一卷

〔清〕余懷（一六一六～一六九五）撰

《續修四庫全書》影印華東師大圖書館藏民國十七年南京國學圖書館影印稿本，第一七二四册，集部

舟車集二十卷後集十卷集唐一卷

〔清〕陶季（一六一六～一七〇三）撰

《四庫全書存目叢書》影印清康熙間刻本，集部第二五八册

寒松堂集十二卷

〔清〕魏象樞（一六一七～一六八七）撰

《四庫全書存目叢書》影印清康熙間刻本，集部第二一三册

《叢書集成初編》據畿輔叢書本排印，文學類，第二四六七～二四七二册

寒松堂集

〔清〕魏象樞（一六一七～一六八七）撰，崔凡芝點校

太原：山西人民出版社，一九九二年八月

寒松堂全集

〔清〕魏象樞（一六一七～一六八七）撰，陳金陵點校

北京：中華書局，一九九六年八月

光啟堂文集不分卷

〔清〕方孝標（一六一七～一六九七）撰

《續修四庫全書》影印上圖藏清刻本，第一四〇五册，集部

壯悔堂文集十卷遺稿一卷四憶堂詩集六卷遺稿一卷

〔清〕侯方域（一六一八～一六五四）撰

《續修四庫全書》影印科圖藏清順治刻增修本，第一四〇五～一四〇六册，集部

《四庫禁燬書叢刊》影印清順治間刻增修本，集部第五一册

侯方域集校箋

〔清〕侯方域（一六一八～一六五四）撰，何法周主編，王樹林（一九五六～）注箋

郑州：中州古籍出版社，一九九二年九月，全二册，「中州名家集」

西堂文集二十四卷 詩集三十二卷 樂府七卷

〔清〕尤侗（一六一八～一七〇四）撰

《續修四庫全書》影印復旦圖書館藏清康熙刻本，第一四〇六～一四〇七册，集部

望古齋集十二卷

〔清〕李繼白（一六一八～?）撰

《四庫未收書輯刊》影印清順治間刻本，集部第五輯第二八册

樂志堂詩集四卷

〔清〕李明嶅（一六一八～?）撰

《四庫未收書輯刊》影印清康熙李宗渭刻本，集部第七輯第二八册
學餘堂文集二十八卷詩集五十卷外集二卷
〔清〕施閏章（一六一九～一六八三）撰
《四庫全書》本
愚山全集九十卷（文集二十八卷）
〔清〕施閏章（一六一九～一六八三）撰
康熙本（中國國家圖書館藏）
施愚山集
〔清〕施閏章（一六一九～一六八三）撰，何慶善（一九三二～）、楊應芹點校，劉學鍇（一九三三～）審訂
合肥：黄山書社，一九九三年六月，全四册
薑齋詩文集二十八卷
〔清〕王夫之（一六一九～一六九二）撰
《四部叢刊》本
薑齋文集十卷補遺二卷
〔清〕王夫之（一六一九～一六九二）撰
《續修四庫全書》影印上海辭書藏清同治四年曾國荃刻船山遺書本，第一四〇三册，集部
王船山詩文集
〔清〕王夫之（一六一九～一六九二）撰
北京：中華書局，一九六二年十一月，全二册
林蕙堂全集二十六卷
〔清〕吳綺（一六一九～一六九四）撰
《四庫全書》本
木厓集二十七卷
〔清〕潘江（一六一九～一七〇二）撰
《四庫禁毀書叢刊》影印清康熙間刻本，集部第一三二册
聰山集十二卷荊園小語一卷荊園進語一卷
〔清〕申涵光（一六二〇～一六七七）撰

《四庫全書存目叢書》影印清康熙間刻本，集部第二〇七册

聽山詩文集

〔清〕申涵光（一六二〇～一六七七）撰，鄧子平（一九四八～）、李世琦（一九五八～）點校

石家莊：河北人民出版社，二〇一一年四月

姚端恪公文集十八卷詩集十二卷外集十八卷末一卷

〔清〕姚文然（一六二〇～一六七八）撰

《四庫未收書輯刊》影印清康熙二十二年刻本，集部第七輯第一八册

溉堂前集九卷後集六卷續集六卷文集五卷詩餘二卷

〔清〕孫枝蔚（一六二〇～一六八七）撰

《續修四庫全書》影印清康熙刻本，第一四〇七册，集部

《四庫全書存目叢書》影印清康熙間刻本，集部第二〇六册

上海：上海古籍出版社，一九七九年一月影印本，全八册，「清人别集叢刊」

桂山堂詩文選十二卷

〔清〕王嗣槐（一六二〇～?）撰

《四庫未收書輯刊》影印清康熙青筠閣刻本，集部第七輯第二七册

天瓢文鈔一卷

〔清〕吳風翔（一六二一～一六八六）撰

《四庫未收書輯刊》影印清雍正四年吳昌刻本，集部第七輯第二四册

白茅堂集四十六卷

〔清〕顧景星（一六二一～一六八七）撰

《四庫全書存目叢書》影印清康熙間刻本，集部第二〇五～二〇六册

擷芙蓉集□卷（存卷三）

〔清〕周韓瑞（順治十一年舉人）撰

《四庫禁毀書叢刊》影印清初刻本，集部第一四七册

杲堂文鈔六卷詩鈔七卷

〔清〕李鄴嗣（一六二二～一六八〇）撰

《四庫全書存目叢書》影印清康熙間刻本，集部第二三五册

湄湖吟十一卷聽松軒遺文一卷

〔清〕杜濬（一六二二～一六八五）撰

《四庫未收書輯刊》影印清康熙刻道光九年杜堮增刻本，集部第七輯第二二册

世德堂集四卷

〔清〕王鉞（一六二二～一七〇二）撰

《四庫全書存目叢書》影印清康熙四十年刻本，集部第二三一册

默鏡居文集四卷

〔清〕范方（一六二二～?）撰

《四庫禁毁書叢刊》影印清乾隆間刻本，集部第一三三册

江上詩集十一卷

〔清〕笪重光（一六二三～一六九二）撰

民國十四年横山草堂刻本，中國社會科學院文學研究所圖書館藏

西河集一百九十卷

〔清〕毛奇齡（一六二三～一七一六）撰

《四庫全書》本

南村詩稿二十四卷

〔清〕潘高（一六二四～一六七八）撰

《四庫未收書輯刊》影印清康熙鶴江草堂刻本，集部第五輯第二七册

魏叔子文集外篇二十二卷日録三卷詩集八卷

〔清〕魏禧（一六二四～一六八〇）撰

《續修四庫全書》影印復旦圖書館藏清易堂刻甯都三魏全集本，第一四〇八～一四〇九册，集部

魏叔子文集

〔清〕魏禧（一六二四～一六八〇）撰，胡守仁（一九〇八～二〇〇五）等點校

北京：中華書局，二〇〇三年六月，全三册

堯峰文鈔五十卷

〔清〕汪琬（一六二四～一六九一）撰

《四庫全書》本

堯峰文鈔四十卷

〔清〕汪琬（一六二四～一六九一）撰

《四部叢刊》本

南村詩稿二十四卷

〔清〕潘高（一六二四～?）撰

《四庫未收書輯刊》影印清康熙鶴江草堂刻本，集部第五輯第二七册

改亭詩集六卷文集十六卷

〔清〕計東（一六二五～一六七六）撰

《續修四庫全書》影印科圖藏清乾隆十三年計瑸刻本，第一四〇八册，集部

陳迦陵文集六卷儷體文集十卷湖海樓詩集八卷迦陵詞全集三十卷

〔清〕陳維崧（一六二五～一六八二）撰

《四部叢刊》本

十笏草堂詩選十一卷（存五卷）辛甲集八卷上浮集四卷

〔清〕王士禄（一六二六～一六七三）撰

《四庫全書存目叢書補編》影印北京圖書館分館中國科學圖書館藏清初刻增修本，第七九册

嚴白雲詩集二十七卷

〔清〕嚴熊（一六二六～一六九一）撰

《四庫未收書輯刊》影印清乾隆十九年嚴有禧刻本，集部第七輯第二一册

說安堂集八卷

〔清〕盧震（一六二六～一七〇二）撰

《四庫未收書輯刊》影印清康熙間刻本，集部第五輯第二七册

八大山人全集

〔清〕朱耷（一六二六～一七〇五）撰，王朝聞（一九〇九～二〇〇四）主編

南昌：江西美術出版社，二〇〇〇年十二月

雪園詩賦初集十五卷二集四卷

〔清〕單隆周（一六二六～?）撰

《四庫未收書輯刊》影印清康熙間刻本，集部第八輯第一七册

碩園詩稿三十五卷詞稿一卷

〔清〕王昊（一六二七～一六七九）撰

《四庫未收書輯刊》影印清五石齋抄本，集部第九輯第一六册

湯子遺書十卷

〔清〕湯斌（一六二七～一六八七）撰

《四庫全書》本

寶綸堂集十二卷

〔清〕許纘曾（一六二七～一七〇〇）撰

《四庫全書存目叢書》影印清稿本，集部第二一八册

已畦文集

〔清〕葉燮（一六二七～一七〇三）撰

上海書店《叢書集成續編》影印《郎園先生全書》本，第一二四册

已畦集二十二卷原詩四卷詩集十卷詩集殘餘一卷附午夢堂詩鈔三種三卷

〔清〕葉燮（一六二七～一七〇三）撰

《四庫全書存目叢書》影印陝西圖書館、中國國家圖書館藏清康熙葉氏二棄草堂刊本，集部第二四四册

無異堂文集十二卷

〔清〕姚文燮（一六二八～一六九三）撰

《四庫未收書輯刊》影印民國五石齋抄本，集部第八輯第二三册

挹奎樓選稿十二卷

〔清〕林雲銘（一六二八～一六九七）撰

《四庫全書存目叢書》影印清康熙三十五年陳一夔刻本，集部第二三〇册

湛園集八卷

〔清〕姜宸英（一六二八～一六九九）撰

《四庫全書》本

天涯詩鈔四卷讀史一卷詩餘鈔一卷

〔清〕蔣楛（一六二八～？）撰

《四庫未收書輯刊》影印清康熙三十三年丘如升刻本，集部第八輯第二三册

正誼堂文集不分卷詩集二十卷

〔清〕董以寧（一六二九～一六六九）撰

《四庫未收書輯刊》影印清康熙書林蘭蓀堂刻本，集部第七輯第二四册

清康熙三十九年刊本，中國社會科學院文學研究所圖書館善本室藏

讀書齋偶存稿四卷

〔清〕葉方藹（一六二九～一六八二）撰

《四庫全書》本

曝書亭集八十卷

〔清〕朱彝尊（一六二九～一七〇九）撰

《四部叢刊》本

翁山詩外十八卷

〔清〕屈大均（一六三〇～一六九六）撰

《續修四庫全書》影印復旦圖書館藏清康熙刻淩鳳翔補修本，第一四一一册，集部

《四庫禁毁書叢刊》影印清康熙間刻淩鳳翔補修本，集部第一二〇～一二一册

翁山文鈔十卷

〔清〕屈大均（一六三〇～一六九六）撰

《四庫禁毁書叢刊》影印清康熙間刻本，集部第一二〇册

硯溪先生集十一卷總目二卷

〔清〕惠周惕（？～一六九六）撰

《續修四庫全書》影印南圖藏清康熙惠氏紅豆齋刻本，第一四二一册，集部

顧景行詩集二卷楚遊詩一卷匏園詞一卷

〔清〕顧景文（一六三一～一六七五）撰

《四庫未收書輯刊》影印清康熙三十一年美閒堂刻本，集部第八輯第二十三册

憺園文集三十六卷

〔清〕徐乾學（一六三一～一六九四）撰

《續修四庫全書》影印上海辭書藏清康熙刻冠山堂印本，第一四一二册，

集部
《四庫全書存目叢書》影印清康熙間冠山堂刻本，集部第二四二～二四三册
松桂堂全集三十七卷延露詞三卷南Ⅱ集三卷
〔清〕彭孫遹（一六三一～一七〇〇）撰
《四庫全書》本
虬峰文集二十卷首一卷
〔清〕李驎（一六三四～一七一〇）撰
《四庫禁毁書叢刊》影印清康熙間刻本，集部第一三一册
漁洋山人全集
〔清〕王士禛（一六三四～一七一一）撰
清康熙刊本，中國社會科學院文學研究所圖書館藏，八函六十八册
帶經堂詩集九十二卷
〔清〕王士禛（一六三四～一七一一）撰
《續修四庫全書》影印清康熙五十年程哲七略書堂刻本，第一四一四～一四一五册，集部
精華録十卷
〔清〕王士禛（一六三四～一七一一）撰
《四庫全書》本
漁洋山人精華録十卷
〔清〕王士禛（一六三四～一七一一）撰〔清〕林佶（一六六〇～?）編
《四部叢刊》本
濟南：齊魯書社匯注排印本，一九九四年四月
漁洋精華録集注
〔清〕王士禛（一六三四～一七一一）撰〔清〕惠棟（一六九七～一七五八）、金榮注，伍銘輯校，韋甫參訂
濟南：齊魯書社，一九九二年一月
漁洋精華録集釋
〔清〕王士禛（一六三四～一七一一）撰，李毓芙等整理
上海：上海古籍出版社，一九九九年十二月

漁洋精華録匯評

〔清〕王士禛（一六三四～一七一一）撰，周興陸（一九六〇～）編

濟南：齊魯書社，二〇〇七年十月

王士禛全集

〔清〕王士禛（一六三四～一七一一）撰，袁世碩（一九二九～）主編

濟南：齊魯書社，二〇〇七年六月，全六册

端峰詩續選八卷

〔清〕毛師柱（一六三四～一七一一）撰

《四庫未收書輯刊》影印清康熙五十二年毛煜刻本，集部第八輯第二二册

西陂類稿三十九卷

〔清〕宋犖（一六三四～一七一三）撰

《四庫全書》本

東江詩鈔十二卷

〔清〕唐孫華（一六三四～一七二三）撰

《四庫禁毀書叢刊》影印清康熙間刻本，集部第一八七册

東江詩鈔十二卷

〔清〕唐孫華（一六三四～一七二三）撰

上海：上海古籍出版社影印本，一九七九年十二月，「清人別集叢刊」

古歡堂集三十六卷附黔書二卷長河志籍考十卷

〔清〕田雯（一六三五～一七〇四）撰

《四庫全書》本

南州草堂集三十卷首一卷

〔清〕徐釚（一六三六～一七〇八）撰

《續修四庫全書》影印復旦圖書館藏清康熙三十四年刻本，第一四一五册，集部

古愚心言八卷

〔清〕彭鵬（一六三七～一七〇四）撰

《四庫全書存目叢書》影印清康熙間愚齋刻本，集部第二三二册

邵子湘全集三十卷附録二卷

〔清〕邵長蘅（一六三七～一七〇四）撰

《四庫全書存目叢書》影印清康熙間刻本，集部第二四七～二四八册

蒼峴山人集五卷微雲集一卷

〔清〕秦松齡（一六三七～一七一四）撰

《四庫未收書輯刊》影印清嘉慶四年秦瀛刻本，集部第五輯第二十八册

但吟草八卷附恭紀詩一卷

〔清〕蕭惟豫（一六三七～?）撰

《四庫未收書輯刊》影印清康熙五十年刻本，集部第五輯第二九册

南耕詞六卷歲寒詞一卷

〔清〕曹亮武（一六三七～?）撰

《續修四庫全書》影印上圖藏清康熙刻本，第一七二五册，集部

文端集四十六卷

〔清〕張英（一六三八～一七〇八）撰

《四庫全書》本

午亭文編五十卷

〔清〕陳廷敬（一六三九～一七一二）撰

《四庫全書》本

百尺梧桐閣集詩十六卷文八卷遺稿十卷

〔清〕汪懋麟（一六四〇～一六八八）撰

《四庫全書存目叢書》影印清康熙間刻本，集部第二四一册

百尺梧桐閣集

〔清〕汪懋麟（一六四〇～一六八八）撰

上海：上海古籍出版社影印本，一九八〇年十月，全三册，「清人別集叢刊」

百尺梧桐閣集遺稿

〔清〕汪懋麟（一六四〇～一六八八）撰

上海：上海古籍出版社影印本，一九八〇年十月，「清人別集叢刊」

京華集一卷

〔清〕朱載震（？～一七〇七）撰

《四庫未收書輯刊》影印清康熙間刻本，集部第九輯第十七册

白鹿山房詩集十五卷

〔清〕方中發（一六三九～一七三一）撰

《四庫禁毀書叢刊》影印清康熙間雲松閣刻本，集部第一七册

梅東草堂詩集九卷

〔清〕顧永年（一六三九～?）撰

《四庫未收書輯刊》影印清康熙刻增修本，集部第八輯第一八册

閒存堂文集十四卷詩集九卷

〔清〕張永銓（一六三九～?）撰

《四庫未收書輯刊》影印清康熙刻增修本，集部第八輯第二一册

聊齋文集四卷

〔清〕蒲松齡（一六四〇～一七一五）撰

《續修四庫全書》影印河南省圖書館藏清道光二十九年邢祖恪抄本，第一四一六册，集部

聊齋先生遺集八卷

〔清〕蒲松齡（一六四〇～一七一五）撰

清光緒十九年（一八九三）叢芸閣石印本

國學扶輪社一九〇九年排印本，題為《聊齋先生文集》

中華圖書館一九二〇年石印本，題為《聊齋文集》

蒲松齡集

〔清〕蒲松齡（一六四〇～一七一五）撰，路大荒（一八九五～一九七二）整理

上海：中華書局上海編輯所一九六二年八月；上海古籍出版社一九八六年四月，全二册

匠門書屋文集三十卷

〔清〕張大受（一六四一～一七二五）撰

《四庫未收書輯刊》影印清雍正七年顧詒禄刻本，集部第八輯第二四册

白石山房集二十七卷

〔清〕李振裕（一六四二～一七〇九）撰

《四庫全書存目叢書》影印北京大學圖書館藏清康熙間刻本，集部第二四三册

逃莽詩草十卷

〔清〕徐豫貞（一六四二～?）撰

《四庫未收書輯刊》影印清康熙楊崑思誠堂刻本，集部第八輯第二九册

餘慶堂詩文集十卷

〔清〕陳美訓撰

《四庫未收書輯刊》影印清餘慶堂刻本，集部第八輯第二九册

莘野先生遺書五十三卷

〔清〕康乃心（一六四三～一七〇七）撰

乾隆間無格稿抄本，中國社會科學院文學研究所善本室藏，四函三十二册

莘野集二卷

〔清〕康乃心（一六四三～一七〇七）撰

康熙刊本，中國國家圖書館藏

莘野先生遺書二卷（卷首一卷）

〔清〕康乃心（一六四三～一七〇七）撰

臺灣新文豐出版公司《叢書集成續編》第一五五册關中

上海書店《叢書集成續編》第一二七册

三千里詩不分卷莘野詩集一卷（莘野集）

〔清〕康乃心（一六四三～一七〇七）撰

清康熙十六年（一六七七）刊本，中國社會科學院文學研究所圖書館藏，一函一册

蓮洋詩鈔十卷

〔清〕吳雯（一六四四～一七〇四）撰

《四庫全書》本

石屋詩鈔八卷補一卷

〔清〕魏麐徵（一六四四～?）撰

《四庫全書存目叢書》影印清康熙四十九年玉石齋刻本，集部第二四二册

廉立堂文集十二卷附一卷

〔清〕衛既齊（一六四五～一七一〇）撰

《四庫未收書輯刊》影印清乾隆間刻本，集部第七輯第二五册

西林詩鈔

〔清〕陳鏈（一六四五～一七一五）撰

康熙五十六年壽南堂刻本《毗陵六逸詩鈔》

南畇文稿十二卷

〔清〕彭定求（一六四五～一七一九）撰

《四庫全書存目叢書》影印清雍正四年刻本，集部第四二〇册

横雲山人集三十二卷

〔清〕王鴻緒（一六四五～一七二三）撰

《續修四庫全書》影印復旦圖書館藏清康熙刻增修本，第一四一六～一四一七册，集部

遂初堂詩集十六卷文集二十卷别集四卷

〔清〕潘耒（一六四六～一七〇八）撰

《續修四庫全書》影印清康熙刻本，第一四一七～一四一八册，集部

杏村詩集七卷

〔清〕謝重輝（一六四七～一七一一）撰

《清代詩文集彙編》影印清康熙刻本，第一七二册

樸村文集二十四卷詩集十三卷

〔清〕張雲章（一六四八～一七二六）撰

《四庫禁毁書叢刊》影印清康熙間華希閔等刻本，集部第一六七～一六八册

復庵删詩舊集八卷

〔清〕孫錫蕃（一六六六前後）撰

《四庫未收書輯刊》影印清康熙麓樵居刻本，集部第五輯第二十六册

馮舍人遺詩六卷

〔清〕馮廷櫆（一六四九～一七〇〇）撰

《清代詩文集彙編》影印清雍正十一年刻本，第一七五册

絸齋詩選二卷補遺一卷

〔清〕張謙宜（一六四九～一七三一後）撰

《四庫全書存目叢書》影印清乾隆二十四年法輝祖刻本，集部第二六三册

敬業堂詩集五十卷

〔清〕查慎行（一六五〇～一七二七）撰

《四部叢刊》本；《四庫全書》本

周劭標點，上海：上海古籍出版社，一九八六年十一月，全三册，「中國古典文學叢書」

新輯查慎行文集

〔清〕查慎行（一六五〇～一七二七）撰，范道濟編

鄭州：中州古籍出版社，二〇一二年四月

查慎行集

〔清〕查慎行（一六五〇～一七二七）撰，張玉亮、辜艷紅點校

杭州：浙江古籍出版社，二〇一四年七月，全七册，「浙江文叢」

初白庵詩評十二種三卷附詞綜偶評

〔清〕查慎行（一六五〇～一七二七）撰〔清〕張載華（一七一八～?）編

清乾隆四十二年（一七七七）涉園觀樂堂刻本，中國社會科學院文學研究所圖書館藏，一函六册

上海：六藝書局民國間石印本

掃葉山房民國間石印本，題爲《查初白詩評十二種》

憶雪樓詩集二卷

〔清〕王煐（一六五一～一七二六）撰

《四庫禁毁書叢刊》影印清康熙三十五年王氏貞久堂刻本，集部第一五〇册

之溪老生集八卷勸影堂詞三卷

〔清〕先著（一六五一～?）撰

《四庫未收書輯刊》影印清刻本，集部第八輯第二八册

解春集文鈔十二卷補遺二卷詩鈔三卷

〔清〕馮景（一六五二～一七一五）撰

《叢書集成新編》本

《續修四庫全書》影印清乾隆盧氏刻抱經堂叢書本，第一四一八册，集部

似齋詩存六卷

〔清〕王廷燦（一六五二～一七二〇）撰

《四庫未收書輯刊》影印清刻本，集部第七輯第二八册

㧑堂詩集八卷

〔清〕景星杓（一六五二～一七二〇）撰

《四庫未收書輯刊》影印清乾隆蘭陔堂刻本，集部第八輯第二九册

南山集十四卷補遺三卷

〔清〕戴名世（一六五三～一七一三）撰

《續修四庫全書》影印復旦圖書館藏清光緒二十六年刻本，第一四一九册，集部

查浦詩鈔十二卷

〔清〕查嗣瑮（一六五三～一七三四）撰

《四庫未收書輯刊》影印清刻本，集部第八輯第二〇册

葛莊分體詩鈔十二卷補遺一卷

〔清〕劉廷璣（一六五三～?）撰

《四庫全書存目叢書》影印清康熙間刻本，集部第二六〇册

葛莊編年詩三十六卷補遺一卷

〔清〕劉廷璣（一六五三～?）撰

《四庫全書存目叢書》影印清康熙間刻本，集部第二六〇册

聖祖仁皇帝御製文集一百七十六卷

〔清〕愛新覺羅·玄燁（一六五四～一七二二）撰

《四庫全書》本

通志堂集二十卷

〔清〕納蘭性德（一六五五～一六八五）撰

《續修四庫全書》影印清康熙三十年徐乾學刻本，第一四一九册，集部

《四庫全書存目叢書》影印清康熙三十年徐乾學刻本，集部第二四七册

上海：上海古籍出版社，一九七九年二月，全二册，「清人别集叢刊」

雄雉齋選集六卷

〔清〕顧圖河（一六五五～一七〇六）撰

《四庫全書存目叢書》影印清康熙間刻本，集部第二六四册

葆璞堂詩集四卷文集四卷

〔清〕胡煦（一六五五～一七三六）撰

《四庫未收書輯刊》影印清乾隆間刻本，集部第八輯第二五册

懷清堂集二十卷

〔清〕湯右曾（一六五六～一七二二）撰

《四庫全書》本

一齋舊詩一卷

〔清〕魏學誠（一六五七～一七二一）撰

《四庫未收書輯刊》影印清康熙間刻本，集部第八輯第一八册

秋泉居士集十七卷

〔清〕汪士鋐（一六五八～一七二三）撰

《四庫未收書輯刊》影印清乾隆清蔭堂刻本，集部第八輯第一九册

世經堂初集三十卷

〔清〕徐旭旦（一六五九～一七二〇）撰

《四庫未收書輯刊》影印清康熙間刻本，集部第七輯第二九册

柯庭余習十二卷

〔清〕汪文柏（一六五九～一七二五）撰

《四庫未收書輯刊》影印清康熙間刻本，集部第八輯第二一册

玉照亭詩鈔二十卷

〔清〕陳大章（一六五九～一七二七）撰

《四庫未收書輯刊》影印清乾隆九年陳師晉刻本，集部第八輯第一八册

含星集四卷

〔清〕王譽昌（？～一七二七）撰

《四庫未收書輯刊》影印清康熙間刻本，集部九輯第一七册

寤硯齋集二卷

〔清〕戴晟（一六五九～一七三五）撰

《四庫未收書輯刊》影印清乾隆七年戴有光等刻本，集部第九輯第二七册

樸學齋詩稿十卷補編一卷

〔清〕林佶（一六六〇～?）撰

《四庫全書存目叢書》影印清乾隆九年家刻本，集部第二六二册

燕日堂録七種十四卷

〔清〕廖志灝（一六六一～一七〇六）撰

《四庫禁燬書叢刊》影印清康熙間刻本，集部第一三三册

使滇集三卷

〔清〕史申義（一六六一～一七一二）撰

《四庫未收書輯刊》影印清康熙間刻本，集部第九輯第十七册

義門先生集十二卷附録二卷

〔清〕何焯（一六六一～一七二二）撰

《續修四庫全書》影印北大圖書館藏清道光三十年姑蘇刻本，第一四二〇册，集部

松梧閣詩集一卷二集一卷三集一卷四集一卷

〔清〕李暾（一六六二～一七三六）撰

《四庫未收書輯刊》影印清雍正乾隆間刻本，集部第九輯第二七册

因園集十三卷

〔清〕趙執信（一六六二～一七四四）撰

《四庫全書》本

飴山詩集二十卷 文集十二卷 附録一卷

〔清〕趙執信（一六六二～一七四四）撰

《四部備要》本

飴山文集十二卷 附録一卷

〔清〕趙執信（一六六二～一七四四）撰

清乾隆三十九年趙氏因園刻本十册（無錫市圖書館館藏）

趙執信全集

〔清〕趙執信（一六六二～一七四四）撰，趙蔚芝（一九一九～～二〇一二）等校點

濟南：齊魯書社，一九九三年七月

分干詩鈔四卷

〔清〕葉舒璐（一六六三～一七三五）著

中國社會科學院文學研究所圖書館善本室藏清乾隆顧學齋精刊本，一函二册

詹鐵牛文集十五卷詩集十五卷續集十二卷

〔清〕詹賢（一六六三～?）撰

《四庫禁毁書叢刊》影印清活字本，集部第一六七册

南溪偶刊五卷

〔清〕鄭性（一六六五～一七四三）撰

《四庫未收書輯刊》影印清乾隆七年刻本，集部第八輯第二七册

存研樓文集十六卷

〔清〕儲大文（一六六五～一七四三）撰

《四庫全書》本

存硯樓二集二十五卷

〔清〕儲大文（一六六五～一七四三）撰

《四庫未收書輯刊》影印清乾隆京江張氏刻十九年儲孫球等刻本，集部第九輯第一九册

雲川閣詩十四卷詞六卷

〔清〕杜詔（一六六六～一七三六）撰

《四庫全書存目叢書》影印清雍正間刻本，集部第二六六册

《清代詩文集彙編》影印清雍正九年刻本，第二一九册

樗巢詩選五卷

〔清〕李必恒（一六六六～?）撰

《清代詩文集彙編》影印清嘉慶十四年半舫齋夏氏刻本，第二一七册

有懷堂筆八卷

〔清〕王永命（康熙十七年前後）撰

《四庫未收書輯刊》影印清康熙間刻本，集部第五輯第三〇册

藤塢詩集九卷

〔清〕梁允植（康熙十九年前後）撰

《四庫未收書輯刊》影印清康熙間刻本，集部第五輯第三〇册

泊齋别録不分卷

〔清〕獨孤微生（康熙二十一年前後）撰

《四庫未收書輯刊》影印清抄本，集部第五輯第三〇册

黄雪瀑集不分卷

〔清〕黄中（康熙二十一年前後）撰

《四庫未收書輯刊》影印清康熙泳古堂刻本，集部第七輯第二三册

古雪山民詩後八卷

〔清〕吴銘道（一六七一～?）撰

《四庫未收書輯刊》影印清乾隆間刻本，集部第九輯第二七册

謈鶴詩集五卷二集三卷

〔清〕成文昭（一六七二～一七〇七）撰

《四庫未收書輯刊》影印清康熙刻增修本，集部第八輯第二六册

澄懷園文存十五卷載賡集六卷詩選十二卷澄懷園語四卷自訂年譜六卷

〔清〕張廷玉（一六七二～一七五五）撰

《四庫全書存目叢書》影印清乾隆間刻澄懷園全集本（詩選年譜光緒間張氏重刻本），集部第二六二册

枕江堂詩十卷文不分卷

〔清〕魏憲（康熙十二年前後）撰

《四庫未收書輯刊》影印清康熙十二年有恒書屋刻本，集部第八輯第一六册

十峰集五卷

〔清〕徐基（康熙四十五年前後）撰

《四庫全書存目叢書》影印清康熙間刻本，集部第二六四册

青笠山房詩鈔五卷文鈔六卷

〔清〕許登逢（康熙間）撰

《四庫未收書輯刊》影印清乾隆十三年緑玉軒刻本，集部第八輯第二七册

沈歸愚全集七十卷

〔清〕沈德潛（一六七三～一七六九）撰

清乾隆戊午（三年，一七三八）序刊本，中國社會科學院文學研究所圖書館

藏，六函四十八册，包括《歸愚詩鈔》十四卷，《歸田詩》二卷，《歸愚文鈔》十二卷，《歸愚文續》十二卷，《歸愚詩鈔餘集》六卷，《説詩晬語》二卷，《竹嘯軒詩鈔》十八卷，《黃山游草》一卷，《臺山游草》一卷，《恭頌南巡詩》一卷，《浙江通志圖説》一卷

沈歸愚詩文全集七十五卷

〔清〕沈德潛（一六七三～一七六九）撰

《清代詩文集彙編》影印清乾隆教忠堂刻本，第二三四册（之一）《年譜》一卷，《歸愚詩鈔》二十卷，《歸愚詩鈔餘集》十卷，《矢音集》四卷，《歸愚文鈔》卷一至卷十四；第二三五册（之二）《歸愚文鈔》卷十五至卷二十，《歸愚文鈔餘集》八卷，《説詩晬語》二卷，《浙江通省志圖説》一卷，《歸田集》三卷，《黃山遊草》一卷，《台山遊草》一卷，《恭頌南巡詩》一卷，《八秩壽序壽詩》一卷，《九秩壽序壽詩》一卷，《歸愚詩餘》一卷

沈德潛詩文集

〔清〕沈德潛（一六七三～一七六九）撰，潘務正（一九七四～）、李言校點

北京：人民文學出版社，二〇一一年十月，全四册，「明清別集叢刊」

益戒堂自訂詩集八卷益戒堂詩後集八卷

〔清〕揆敘（一六七五～一七一七）撰

《四庫未收書輯刊》影印清雍正元年揆永壽謙牧堂刻本，集部第八輯第二〇册

穆堂初稿五十卷別稿五十卷

〔清〕李紱（一六七五～一七五〇）撰

《續修四庫全書》影印上圖藏清道光十一年奉國堂刻本，第一四二一～一四二二册，集部

五峰集十五卷集字詩一卷

〔清〕陳正璆（一六七五～?）撰

《四庫禁毀書叢刊》影印清乾隆九年刻本，集部第一六七册

霞光集四卷

〔清〕沈鍾（一六七六～?）撰

《四庫未收書輯刊》影印清刻本，集部第九輯第十七册

曉亭詩鈔四卷附鶴鳴集一卷

〔清〕塞爾赫（一六七七～一七四七）撰〔清〕伊都禮撰

《四庫未收書輯刊》影印清乾隆十四年鄂洛順刻本，集部第一〇輯第一八册

無悔齋集十五卷附録一卷

〔清〕周京（一六七七～一七四九）撰

《四庫全書存目叢書》影印清乾隆間刻本，集部第二七七册

世宗憲皇帝御製文集三十卷

〔清〕愛新覺羅・胤禛（一六七八～一七三五清世宗）撰

《四庫全書》本

鹿洲初集二十卷

〔清〕藍鼎元（一六八〇～一七三三）撰

《四庫全書》本

閒青堂詩集十卷附録一卷

〔清〕朱倫瀚（一六八〇～一七六〇）撰

《四庫未收書輯刊》影印清乾隆間刻本，集部第八輯第二五册

紫幢軒詩集三十二卷

〔清〕文昭（一六八一～一七三二）撰

《四庫未收書輯刊》影印清雍正間刻本，集部第八輯第二二册

積山先生遺集十卷

〔清〕汪惟憲（一六八二～一七四二）撰

《四庫未收書輯刊》影印清乾隆三十八年汪新刻本，集部第九輯第二六册

貞一齋集十卷詩説一卷

〔清〕李重華（一六八二～一七五五）撰

《四庫未收書輯刊》影印清乾隆十一年刻本，集部第九輯第二三册

陶人心語六卷

〔清〕唐英（一六八二～一七五六）撰

《四庫未收書輯刊》影印清乾隆唐寅保刻本，集部第一〇輯第二一册

唐英集

〔清〕唐英（一六八二～一七五六）撰，張發穎、刁雲展整理

沈陽：遼沈書社，一九九一年十月

非水舟遺集二卷

〔清〕梁錫珩（一六八三～一七一九）撰

《四庫未收書輯刊》影印清乾隆四年梁浚劍虹齋刻本，集部第八輯第二九册

删後詩存十卷文集十六卷

〔清〕陳梓（一六八三～一七五九）撰

《四庫未收書輯刊》影印清嘉慶二十年胡氏敬義堂刻本，集部第九輯第二八册

秋江集六卷

〔清〕黄任（一六八三～一七六八）撰

《四庫全書存目叢書》影印清乾隆間刻本，集部第二六二册

德蔭堂集十六卷年譜一卷

〔清〕阿克敦（一六八五～一七五六）撰

《續修四庫全書》影印華東師大圖書館藏清嘉慶二十一年那彦成刻本，第一四二三册，集部

敬亭詩草八卷文稿九卷補遺一卷

〔清〕沈起元（一六八五～一七六三）撰

《四庫未收書輯刊》影印清乾隆十九年刻增修本，集部第八輯第二六册

瘿暈山房詩删十三卷續編一卷

〔清〕羅天尺（一六八六～?）撰

《四庫未收書輯刊》影印清乾隆二十五年刻三十一年羅天俊增修本，集部第一〇輯第一八册

南華山房詩鈔六卷賦一卷南華山人詩鈔十五卷

〔清〕張鵬翀（一六八八～一七四五）撰

《四庫未收書輯刊》影印清乾隆間刻本，集部第九輯第二五册

果堂集十二卷

〔清〕沈彤（一六八八～一七五二）撰

《四庫全書》本

房仲詩選二卷

〔清〕沈心（一六八九～?）撰，姚鼐（一七三二～一八一五）選

民國八年（一九一九）西泠印社鉛印本，中國社會科學院文學研究所圖書館藏

道腴堂雜編八卷俊逸亭新編一卷小簇園新編一卷小簇園續編二卷道腴堂脞録一卷道腴堂雜著一卷雪泥鴻爪録四卷裨勺一卷

〔清〕鮑鉁（一六九〇～一七四八）撰

《清代詩文集彙編》影印清雍正乾隆間刻道腴堂集本，第七九九册

雅雨堂詩集二卷文集四卷雅雨山人出塞集一卷

〔清〕盧見曾（一六九〇～一七六八）撰

《續修四庫全書》影印清道光二十年盧樞清雅堂刻本，第一四二三册，集部

著老書堂集八卷詞一卷

〔清〕張世進（一六九一～?）撰

《四庫禁毀書叢刊》影印清乾隆間刻本，集部第一六八册

樊榭山房集十卷續集十卷

〔清〕厲鶚（一六九二～一七五二）撰

《四部叢刊》本；《四庫全書》本

樊榭山房集

〔清〕厲鶚（一六九二～一七五二）撰〔清〕董兆熊（一八〇六～一八五八）注，陳九思（一九〇一～一九九八）標校

上海：上海古籍出版社，一九九二年六月，「中國古典文學叢書」

松泉集四十六卷

〔清〕汪由敦（一六九二～一七五八）撰

《四庫全書》本

菊芳園詩鈔七卷

〔清〕何夢瑤（一六九二～一七六四）撰

清乾隆十七年崔錕士等刻本（中國國家圖書館藏）

最樂堂文集六卷
〔清〕喬光烈（？～一七六五）撰
《四庫未收書輯刊》影印清乾隆二十一年刻本，集部第一〇輯第一三册
板橋集六卷
〔清〕鄭燮（一六九三～一七六六）撰
《續修四庫全書》影印遼寧省圖書館藏清清暉書屋刻本，第一四二五册，集部
鄭板橋集
〔清〕鄭燮（一六九三～一七六六）撰
上海：中華書局上海編輯所，一九六二年一月；上海古籍出版社，一九七九年十二月
鄭板橋集詳注
〔清〕鄭燮（一六九三～一七六六）撰，王錫榮注
長春：吉林文史出版社，一九八六年十一月
鄭板橋全集
〔清〕鄭燮（一六九三～一七六六）撰
北京：中國書店影印，一九八五年六月
卞孝萱（一九二四～二〇一一）編，濟南：齊魯書社，一九八五年六月
尹文端公詩集十卷
〔清〕尹繼善（一六九四～一七七〇）撰
《續修四庫全書》影印復旦圖書館藏清乾隆刻本，第一四二六册，集部
弢甫集詩十四卷文三十卷弢甫五嶽集二十卷弢甫續集二十卷
〔清〕桑調元（一六九五～一七七一）撰
《四庫全書存目叢書》影印清乾隆間刻本，集部第二七五～二七六册
道古堂文集四十八卷詩集二十六卷集外文一卷集外詩一卷
〔清〕杭世駿（一六九六～一七七三）撰
《續修四庫全書》影印清乾隆四十一年刻光緒十四年汪曾唯增修本，第一四二六～一四二七册，集部
尋古齋文集四卷詩集二卷
〔清〕李繼聖（一六九六～？）撰

《四庫禁毀書叢刊》影印清乾隆十八年刻本，集部第一六八册

春和堂詩集一卷

〔清〕愛新覺羅・允禮（一六九七～一七三八）撰

《四庫未收書輯刊》影印清雍正間刻本，集部第八輯第三〇册

香雪文鈔十卷

〔清〕曹學詩（一六九七～一七七三）撰

《四庫未收書輯刊》清乾隆間刻本，集部第十輯第十六册

《清代詩文集彙編》影印清乾隆十年歙縣曹氏刻本（十二卷），第二八四册

半舫齋編年詩二十卷

〔清〕夏之蓉（一六九七～一七八四）撰

《四庫未收書輯刊》影印清乾隆夏味堂等刻本，集部第九輯第二五册

竹巖詩草二卷

〔清〕邊中寶（一六九七～?）撰

《四庫未收書輯刊》影印清乾隆四十年刻本，集部第一〇輯第一八册

樗莊文稿十卷尺牘一卷詩稿二卷

〔清〕沈維材（一六九七～?）撰

《四庫未收書輯刊》影印清乾隆十四年刻本，集部第一〇輯第二一册

海峰文集八卷 詩集十一卷

〔清〕劉大櫆（一六九八～一七七九）撰

《續修四庫全書》影印天津圖書館藏清刻本，第一四二七册，集部

學福齋集二十卷詩集三十七卷首一卷

〔清〕沈大成（一七〇〇～一七七一）撰

《續修四庫全書》影印復旦圖書館藏清乾隆三十九年刻本，第一四二八册，集部

紫竹山房文集二十卷詩集十二卷附録一卷

〔清〕陳兆崙（一七〇〇～一七七一）撰

《四庫未收書輯刊》影印清嘉慶間刻本，集部第九輯第二五册

看山閣集六十四卷

〔清〕黄圖珌（一七〇〇～?）撰

《四庫未收書輯刊》影印清乾隆間刻本，集部第一〇輯第一七册

嶺南林睡廬詩選二卷

〔清〕林良銓（一七〇〇～?）撰

《四庫禁毀書叢刊》影印清乾隆二十年詠春堂刻本，集部第五三册

玉山詩鈔四卷文鈔四卷附刻一卷

〔清〕項樟（一七〇一～一七六二）撰

《四庫未收書輯刊》影印清乾隆二十六年項成龍等刻本，集部第九輯第二十四册

詩存四卷

〔清〕金德瑛（一七〇二～一七六二）撰

《清代詩文集彙編》影印清乾隆三十三年如心堂刻本，第二九四册

芝庭文稿八卷詩稿十四卷

〔清〕彭啟豐（一七〇二～一七八四）撰

《四庫未收書輯刊》影印清乾隆刻增修本，集部第九輯第二三册

鮚埼亭集三十八卷詩集十卷外編五十卷

〔清〕全祖望（一七〇五～一七五五）撰

《四部叢刊》本

鮚埼亭集三十八卷世譜一卷年譜一卷

〔清〕全祖望（一七〇五～一七五五）撰〔清〕史夢蛟校

《續修四庫全書》影印清嘉慶九年史夢蛟刻本，第一四二八～一四二九册，集部

鮚埼亭詩集十卷

〔清〕全祖望（一七〇五～一七五五）撰

《續修四庫全書》影印清抄本，第一四二九册，集部

鮚埼亭集外編五十卷

〔清〕全祖望（一七〇五～一七五五）撰

《續修四庫全書》影印上圖藏清嘉慶十六年刻本，第一四二九～一四三〇册，集部

全祖望集彙校集注

〔清〕全祖望（一七〇五～一七五五）撰，朱鑄禹（一九〇四～一九八一）匯校集注

上海：上海古籍出版社，二〇〇〇年十二月，全三册

丁辛老屋集二十卷

〔清〕王又曾（一七〇六～一七六二）撰

清乾隆四十年（一七七五）刊本，中國社會科學院文學研究所圖書館藏，一函四册

清乾隆五十二年（一七八七）刻本，南京圖書館藏

野客齋詩集四卷擬賦試帖體一卷

〔清〕毛曙（一七〇六～?）撰

《四庫未收書輯刊》影印清乾隆二十二年惇厚堂刻本，集部第一〇輯第二二册

夢堂詩稿十五卷

〔清〕英廉（一七〇七～一七八三）撰

《四庫未收書輯刊》影印清嘉慶二年胡文銓朗江刻本，集部第九輯第二六册

緝齋文集八卷首一卷附録二卷詩稿八卷首一卷

〔清〕蔡新（一七〇七～一七九九）撰

《四庫未收書輯刊》影印清乾隆間刻本，集部第九輯第二九册

萚石齋詩集五十卷萚石齋文集二十六卷

〔清〕錢載（一七〇八～一七九三）撰

《續修四庫全書》影印清乾隆刻本，第一四四三册，集部

御製詩集初集四十四卷 二集九十卷 三集一百卷

〔清〕愛新覺羅・弘曆（一七一一～一七九九）撰

《四庫全書》本

靜退齋集八卷甜雪詞二卷

〔清〕戴文燈（一七一二～一七六六）撰

《四庫未收書輯刊》影印清乾隆間刻本，集部第十輯第十八册

稽古齋全集八卷

〔清〕愛新覺羅·弘晝（一七一二～一七七〇）撰

《四庫未收書輯刊》影印清乾隆十一年內府刻本，集部第九輯第二一册

月山詩集四卷首一卷末一卷

〔清〕愛新覺羅·恒仁（一七一三～一七四七）撰

《四庫未收書輯刊》影印清乾隆間刻本，集部第十輯第十八册

白蕺詩集十六卷附一卷

〔清〕張開東（一七一三～一七八一）撰

《四庫未收書輯刊》影印清乾隆五十三年張兆騫刻本，集部第一〇輯第二七册

吞松閣集四十卷

〔清〕鄭虎文（一七一四～一七八四）撰

《四庫未收書輯刊》影印清嘉慶十四年馮敏昌等刻本，集部第一〇輯第一四册

海山存稿二十卷

〔清〕周煌（一七一四～一七八五）撰

《四庫未收書輯刊》影印清乾隆五十八年周氏葆素家塾刻本，集部第九輯第二九册

謙谷集六卷

〔清〕汪筠（一七一五～?）撰

《四庫未收書輯刊》影印清乾隆八年汪璐刻本，集部第十輯

小倉山房詩文集

〔清〕袁枚（一七一六～一七九八）撰，周本淳（一九二一～二〇〇二）標校

上海：上海古籍出版社，一九八八年三月，全四册（平裝），「中國古典文學叢書」

袁枚全集

〔清〕袁枚（一七一六～一七九八）撰，王英志（一九四四～）主編

南京：江蘇古籍出版社，一九九三年九月；一九九七年九月，全八册

抱經堂文集三十四卷

〔清〕盧文弨（一七一七～一七九六）撰

《四部叢刊》本

《續修四庫全書》影印清乾隆六十年刻本，第一四三二～一四三三册，集部

《叢書集成初編》據抱經堂叢書本排印，文學類，第二四九九～二五〇三册

王文錦（一九二七～二〇〇二）點校，北京：中華書局，一九九〇年六月

泊鷗山房集三十八卷

〔清〕陶元藻（一七一七～一八〇一）撰

《續修四庫全書》影印復旦圖書館藏清刻本，第一四四一～一四四二册，集部

勉行堂詩集二十四卷首一卷

〔清〕程晉芳（一七一八～一七八四）撰

《續修四庫全書》影印清嘉慶二十三年鄧廷楨等刻本，第一四三三册，集部

樂賢堂詩鈔三卷

〔清〕德保（一七一九～一七八九）撰

《四庫未收書輯刊》影印清乾隆五十六年英和刻本，集部第一〇輯第一三册

棕亭詩鈔十八卷

〔清〕金兆燕（一七一九～一七八九後）撰

《續修四庫全書》影印復旦圖書館藏清嘉慶十二年贈雲軒刻本，第一四四二册，集部

孟亭居士文稿五卷孟亭居士詩稿四卷首一卷

〔清〕馮浩（一七一九～一八〇一）撰

《清代詩文集彙編》影印清嘉慶七年刻本，第三四五册

錢文敏公全集三十卷

〔清〕錢維城（一七二〇～一七七二）撰

《續修四庫全書》影印清乾隆四十一年眉壽堂刻本，第一四四二～一四四三册，集部

綠筠書屋詩鈔十八卷

〔清〕葉觀國（一七二〇～一七九二）撰

《續修四庫全書》影印清乾隆五十七年刻本，第一四四四册，集部

百一山房詩集十二卷

〔清〕孫士毅（一七二〇～一七九六）撰

《續修四庫全書》影印天津圖書館藏清嘉慶二十一年孫均刻本，第一四三三册，集部

傳經堂詩鈔十二卷

〔清〕韋謙恒（一七二〇～一七九六）撰

《續修四庫全書》影印清乾隆刻本，第一四四四册，集部

劉文清公遺集十七卷應制詩集三卷

〔清〕劉墉（一七二〇～一八〇五）撰

《續修四庫全書》影印清道光六年劉氏味經書屋刻本，第一四三三册，集部

李文園先生全集十三卷

〔清〕李中簡（一七二一～一七九五）撰

《四庫未收書輯刊》影印清嘉慶六年李學穎嘉樹房刻本，集部第十輯第十五册

嘉樹山房詩集十八卷

〔清〕李中簡（一七二一～一七九五）撰

嘉慶六年李學穎刊本，河北大學圖書館藏

松花庵集十八卷

〔清〕吳鎮（一七二一～一七九七）撰

《清代詩文集彙編》影印清乾隆至嘉慶間遞刻本（松花庵詩草二卷松花庵遊草一卷松花庵逸草一卷松花庵詩餘一卷蘭山詩草一卷松花庵律古一卷律古續稿一卷集古古詩一卷集古絶句一卷松花庵集唐一卷集唐絶句一卷四書六韻詩一卷沅州雜詠一卷瀟湘八景詩一卷韻史一卷松崖文稿一卷松崖文稿次編一卷)，第三四九册

紫峴山人全集五十四卷

〔清〕張九鉞（一七二一～一八〇三）撰

《續修四庫全書》影印南圖藏清咸豐元年張氏賜錦樓刻本，第一四四三～一四四四册，集部

明善堂詩集四十二卷明善堂文集四卷

〔清〕弘曉（一七二二～一七七八）撰

《續修四庫全書》影印華東師大圖書館藏清乾隆四十二年刻本，第一四四四～一四四五册，集部

西莊始存稿三十九卷

〔清〕王鳴盛（一七二二～一七九七）撰

《續修四庫全書》影印北圖藏清乾隆三十年刻本，第一四三四册，集部

嘉定王鳴盛全集

〔清〕王鳴盛（一七二二～一七九七）撰，陳文和（一九四六～）主編

北京：中華書局，二〇一〇年九月，全十一册

切問齋集十六卷

〔清〕陸燿（一七二三～一七八五）撰

《四庫未收書輯刊》影印清乾隆五十七年暉吉堂刻本，集部第一〇輯第一九册

頻羅庵遺集十六卷

〔清〕梁同書（一七二三～一八一五）撰

《續修四庫全書》影印上海辭書藏清嘉慶二十二年陸貞一刻本，第一四四五册，集部

紀文達公遺集三十二卷

〔清〕紀昀（一七二四～一八〇五）撰

《續修四庫全書》影印清嘉慶十七年紀樹馨刻本，第一四三五册，集部

紀曉嵐文集

〔清〕紀昀（一七二四～一八〇五）撰，孫致中、吳恩揚、王沛霖、韓嘉祥校點

石家莊：河北教育出版社，一九九一年七月，全三册

春融堂集六十八卷

〔清〕王昶（一七二五～一八〇七）撰

《續修四庫全書》影印上海辭書出版社藏清嘉慶十二年塾南書舍刻本，第一四三八册

忠雅堂詩集不分卷附銅弦詞不分卷

〔清〕蔣士銓（一七二五～一七八五）撰

《續修四庫全書》影印稿本，第一四三六册，集部

忠雅堂文集三十卷

〔清〕蔣士銓（一七二五～一七八五）撰

《續修四庫全書》影印山東省圖書館藏清嘉慶二十一年藏園刻本，第一四三六～一四三七册，集部

忠雅堂集校箋

〔清〕蔣士銓（一七二五～一七八五）撰，邵海清（一九三一～）校，李夢生（一九五二～）箋

上海：上海古籍出版社，一九九三年十二月，全四册

甌北集五十三卷

〔清〕趙翼（一七二七～一八一四）撰

《續修四庫全書》影印上海辭書藏清嘉慶十七年湛貽堂刻本，第一四四六～一四四七册，集部

李學穎（一九三〇～）、曹光甫（一九四二～二〇一八）標校

上海：上海古籍出版社，一九九七年四月，全二册，「中國古典文學叢書」

趙翼詩編年全集

〔清〕趙翼（一七二七～一八一四）撰，華夫主編

天津：天津古籍出版社，一九九六年十一月，全四册

逸德軒文集三卷詩集三卷

〔清〕田蘭芳（一七二八～一八〇一）撰

《四庫未收書輯刊》影印清康熙二十六年劉榛等刻本，集部第八輯第一七册

潛研堂文集五十卷詩集十卷續集十卷

〔清〕錢大昕（一七二八～一八〇四）撰

《四部叢刊》本

《續修四庫全書》影印清嘉慶十一年刻本，第一四三八～一四三九册，集部

潛研堂集

〔清〕錢大昕（一七二八～一八〇四）撰，呂友仁（一九三九～）標校

上海：上海古籍出版社，一九八九年十一月

嘉定錢大昕全集

〔清〕錢大昕（一七二八～一八〇四）撰，陳文和（一九四六～）主編

南京：江蘇古籍出版社，一九九七年十二月，全十册

在璞堂續稿一卷

〔清〕方芳佩（一七二八～一八〇八）撰

《四庫未收書輯刊》影印清乾隆間刻本，集部第十輯第二十册

聞音室詩集四卷遺文附刻一卷

〔清〕王嘉曾（一七二九～一七八一）撰

《續修四庫全書》影印科圖藏清嘉慶二十一年王元善等刻本，第一四四七册，集部

培蔭軒詩集四卷培蔭軒文集二卷培蔭軒雜記一卷

〔清〕胡季堂（一七二九～一八〇〇）撰

《續修四庫全書》影印科圖藏清道光二年胡鏻刻本，第一四四七册，集部

晝亭詩草十八卷詞草三卷

〔清〕朱黼（一七二九～一八二二）撰

《四庫未收書輯刊》影印清乾隆四十三年太岳山房刻本，集部第一〇輯第二七册

畬經堂集詩集六卷詩續集四卷文集八卷

〔清〕朱景英（一七五〇解元）撰

《四庫未收書輯刊》影印清乾隆間刻本，集部第一〇輯第一九册

澄秋閣集四卷二集四卷三集四卷

〔清〕閔華（一七五二前後）撰

《四庫未收書輯刊》影印清乾隆十七年刻本，集部第一〇輯第二一册

南村冬餘詩鈔十卷

〔清〕喬承頤（一七五九前後）

《清代詩文集彙編》影印乾隆二十四年（一七五九）瑞草堂刻本，第二九九册

南坪詩鈔十五卷

〔清〕張學舉（乾隆間）撰

清乾隆二十三年（一七五八）刊本，中國社會科學院文學研究所圖書館藏，一函六册

南坪詩鈔十卷

〔清〕張學舉（乾隆間）撰

《四庫未收書輯刊》影印清乾隆刻增修本，集部第九輯第二六册

靈巖山人詩集四十卷

〔清〕畢沅（一七三〇～一七九七）撰

《續修四庫全書》影印復旦圖書館藏清嘉慶四年畢氏經訓堂刻本，第一四五〇册，集部

胥石詩存（原名南雪草堂詩集）四卷胥石文存（原名族譜稿存）一卷附録一卷

〔清〕吳蘭庭（一七三〇～一八〇一）撰

《續修四庫全書》影印上海辭書藏民國十年劉氏嘉業堂刻吳興叢書本，第一四四七册，集部

上海書店《叢書集成續編》第一三〇册

夢樓詩集二十四卷

〔清〕王文治（一七三〇～一八〇二）撰

《續修四庫全書》影印華東師大圖書館藏清乾隆六十年食舊堂刻道光二十九年補修本，第一四五〇册，集部

紅豆村人詩稿十四卷 紅豆村人續稿（又名：紅豆村人詩集續刻）四卷

〔清〕袁樹（一七三〇～?）撰

臺北：新文豐出版公司《叢書集成三編》第四四册

竹葉庵文集三十三卷

〔清〕張塤（一七三一～一七八九）撰

《續修四庫全書》影印復旦圖書館藏清乾隆五十一年刻本，第一四四九册，集部

響泉集十八卷

〔清〕顧光旭（一七三一～一七九七）撰

《續修四庫全書》影印上圖藏清宣統二年顧氏刻本，第一四五一册，集部

香亭文稿十二卷

〔清〕吳玉綸（一七三二～一八〇二）撰

《四庫未收書輯刊》影印清乾隆六十年滋德堂刻本，集部第一〇輯第二四册

《清代詩文集彙編》影印清乾隆六十年滋德堂刻本，第三七八册

小木子詩三刻七卷

〔清〕朱休度（一七三二～一八一二）撰

《續修四庫全書》影印復旦圖書館藏清嘉慶刻匯印本，第一四五二册，集部

惜抱軒全集

〔清〕姚鼐（一七三二～一八一五）撰

北京：中國書店影印本，一九九一年八月。收録文集十六卷、文後集十卷、詩集以及詩外集、筆記、書序、碑傳等。

惜抱軒詩文集

〔清〕姚鼐（一七三二～一八一五）撰，劉季高（一九一一～二〇〇七）校點

上海：上海古籍出版社，一九九二年十一月

惜抱尺牘八卷

〔清〕姚鼐（一七三二～一八一五）撰，劉季高（一九一一～二〇〇七）校點

北京：中國書店影印，一九八六年版，一函四册

復初齋詩集七十卷

〔清〕翁方綱（一七三三～一八一八）撰

《續修四庫全書》影印清刻本，第一四五四～一四五五册，集部

復初齋文集三十五卷

〔清〕翁方綱（一七三三～一八一八）撰

北京：文物出版社影印，一九八二年一月，一函十册，「嘉業堂叢書」

《續修四庫全書》影印清李彦章校刻本，第一四五五册，集部

復初齋集外詩二十四卷復初齋集外文四卷附逸文目一卷

〔清〕翁方綱（一七三三～一八一八）撰

《清代詩文集彙編》影印民國六年吳興劉氏嘉業堂刻本，第三八二册

懋齋詩鈔·四松堂集

〔清〕愛新覺羅·敦敏撰〔清〕愛新覺羅·敦誠（一七三四～一七九一）撰

北京：文學古籍刊行社影印，一九五五年九月

上海：上海古籍出版社影印，一九八四年四月

寶奎堂集十二卷篁村集十二卷續編一卷

〔清〕陸錫熊（一七三四～一七九二）撰

《續修四庫全書》影印華東師大圖書館藏清道光二十九年陸成沅刻本，第一四五一册，集部

南江文鈔十二卷南江詩鈔四卷

〔清〕邵晉涵（一七三四～一七九六）撰

《續修四庫全書》影印南圖藏清道十二年胡敬刻本，第一四六三册，集部

童山詩集四十二卷童山文集二十卷補遺一卷

〔清〕李調元（一七三四～一八〇二）撰

《續修四庫全書》影印上海辭書藏清乾隆刻函海道光五年增修本，第一四五六册，集部

稼門文鈔七卷稼門詩鈔十卷

〔清〕汪志伊（一七三四～一八一八）撰

《續修四庫全書》影印山東省圖書館藏清嘉慶十五年刻後印本，第一四六三册，集部

荷塘詩集十六卷

〔清〕張五典（一七三四～?）撰

《續修四庫全書》影印清乾隆刻本，第一四五七册，集部

公餘集十卷

〔清〕劉秉恬（一七三五～一八〇〇）撰

《續修四庫全書》影印清乾隆五十年刻本，第一四五七册，集部

經韻樓集十二卷

〔清〕段玉裁（一七三五～一八一五）撰

《續修四庫全書》影印清嘉慶十九年刻本，第一四三四～一四三五册，集部

經韻樓集（附補編年譜）

〔清〕段玉裁（一七三五～一八一五）撰，鍾敬華校點

上海：上海古籍出版社，二〇〇八年四月第一版，二〇〇九年七月第二次印刷，「清代學者文集叢刊」

容齋詩集二十八卷附古香詞一卷補遺一卷

〔清〕茹綸常（一七三五～?）撰

《續修四庫全書》影印天津圖書館藏清乾隆三十五年刻乾隆五十二年嘉慶四年十三年增修本，第一四五七册，集部

容齋文鈔十卷

〔清〕茹綸常（一七三五～?）撰

《續修四庫全書》影印科圖藏清嘉慶刻增修本，第一四五七册，集部

頤彩堂文集十六卷劍舟律賦二卷

〔清〕沈叔埏（一七三六～一八〇三）撰

《續修四庫全書》影印天津圖書藏清嘉慶二十三年沈維鐈刻本，第一四五八册，集部

頤彩堂詩鈔十卷

〔清〕沈叔埏（一七三六～一八〇三）撰

《續修四庫全書》影印復旦大學圖書館藏清道光二十八年沈維鐈刻本，第一四五八册，集部

浮春閣詩集六卷

〔清〕沈景運（一七三六～?）撰

《四庫未收書輯刊》影印清乾隆五十四年刻本，集部第一〇輯第二九册

樹經堂詩初集十五卷樹經堂詩續集八卷樹經堂文集四卷

〔清〕謝啟昆（一七三七～一八〇二）撰

《續修四庫全書》影印上海辭書及北京科圖藏清嘉慶刻本，第一四五八册，集部

樹經堂詠史詩八卷

〔清〕謝啟昆（一七三七～一八〇二）撰

廣西桂林圖書館藏清嘉慶元年刻本

《四庫未收書輯刊》影印清道光五年吳下刻本，史部第四輯第二〇册

韞山堂詩集十六卷韞山堂文集八卷

〔清〕管世銘（一七三八～一七九八）撰

《清代詩文集彙編》影印清嘉慶六年讀雪山房刻本，第三九三册

竹初詩鈔十六卷竹初文鈔六卷

〔清〕錢維喬（一七三九～一八〇六）撰

《續修四庫全書》影印上海辭書藏清嘉慶刻本，第一四六〇册，集部

古衡山房詩集十二卷

〔清〕陳樽（一七三九～?）撰

《四庫未收書輯刊》影印清刻本，集部第十輯第二十四册

易簡齋詩鈔四卷

〔清〕和瑛（一七四〇～一八二一）撰

《續修四庫全書》影印復旦大學圖書館藏清道光刻本，第一四六〇册，集部

崔東壁遺書

〔清〕崔述（一七四〇～一八一六）撰，顧頡剛（一八九三～一九八〇）編訂

上海：上海古籍出版社，一九八三年六月

三松堂集二十四卷續集六卷

〔清〕潘奕雋（一七四〇～一八三〇）撰

《續修四庫全書》影印天津圖書館藏清嘉慶刻本，第一四六〇～一四六一册，集部

銅梁山人詩集二十五卷芸簏偶存二卷

〔清〕王汝璧（一七四一～一八〇六）撰

《續修四庫全書》影印上海辭書藏清光緒二十年京師刻本，第一四六一～一四六二册，集部

南屏山房集二十四卷

〔清〕陳昌圖（一七四一～?）撰

《四庫未收書輯刊》影印清乾隆五十六年陳寶元刻本，集部第十輯第二四册

悦親樓詩集三十卷外集二卷

〔清〕祝德麟（一七四二～一七九八）撰

《續修四庫全書》影印天津圖書館藏清嘉慶二年姑蘇刻本，第一四六二～一四六三册，集部

小峴山人詩文集三十七卷

〔清〕秦瀛（一七四三～一八二一）撰

《續修四庫全書》影印上圖藏清嘉慶刻增修本，第一四六四～一四六五册，集部

寒翠軒詩鈔四卷寒翠軒詩續鈔二卷補遺一卷寒翠軒外集三卷

〔清〕李書吉（一七四四～一八一九）撰

《清代詩文集彙編》影印清嘉慶慶譽堂刻本，第四〇九册

穫經堂初藁八卷

〔清〕汪沚（一七四四～?）撰

《四庫未收書輯刊》影印清乾隆六十年刻本，集部第一〇輯第二八册

新編汪中集

〔清〕汪中（一七四五～一七九四）撰，田漢雲點校

揚州：廣陵書社，二〇〇五年三月

安愚齋集四卷

〔清〕周錫溥（一七四五～一八〇四）撰

《續修四庫全書》影印科圖藏清光緒八年養知書屋刻本，第一四六七册，集部

洪北江詩文集六十六卷

〔清〕洪亮吉（一七四六～一八〇九）撰

《四部叢刊》本

卷施閣集四十一卷

〔清〕洪亮吉（一七四六～一八〇九）撰

《續修四庫全書》影印清光緒三年洪氏授經堂刻洪北江全集增修本，第一四六七册，集部

更生齋集二十八卷

〔清〕洪亮吉（一七四六～一八〇九）撰

《續修四庫全書》影印清光緒三年洪氏授經堂刻增修本，第一四六八册，集部

洪亮吉集

〔清〕洪亮吉（一七四六～一八〇九）撰，劉德權（一九三九～）點校

北京：中華書局，二〇〇一年十月，全五册，「中國古典文學基本叢書」

有正味齋詩集十六卷續集八卷有正味齋駢體文二十四卷續集八卷

〔清〕吳錫麒（一七四六～一八一八）撰

《續修四庫全書》影印清嘉慶十三年刻有正味齋全集增修本，第一四六八～一四六九册，集部

風希堂詩集六卷風希堂文集四卷

〔清〕戴殿泗（一七四六～一八二五）撰

《續修四庫全書》影印天津圖書館藏清道光八年九靈山房刻本，第一四七一册，集部

五百四峰堂詩鈔二十五卷

〔清〕黎簡（一七四七～一七九九）撰

《續修四庫全書》影印上海辭書藏清嘉慶元年刻本，第一四七三～一四七四册，集部

澹靜齋文鈔六卷外篇二卷澹靜齋詩鈔六卷

〔清〕龔景瀚（一七四七～一八〇二）撰

《續修四庫全書》影印遼寧省圖書館藏清道光二十年恩錫堂刻澹靜齋全集本，第一四七四册，集部

秋水閣詩集八卷首一卷秋水閣雜著一卷

〔清〕許兆椿（一七四七～一八一四）撰

《續修四庫全書》影印科圖藏清道光二十五年刻本，第一四七二册，集部

亦有生齋集五十四卷

〔清〕趙懷玉（一七四七～一八二三）撰

《續修四庫全書》影印遼寧省圖書館藏清道光元年刻本，第一四六九～一四

七〇册，集部

寄庵詩文鈔三十三卷

〔清〕劉大紳（一七四七～一八二八）撰

《續修四庫全書》影印華東師大圖書館藏民國三年刻雲南叢書初編本，第一四七三册，集部

簡松草堂文集十二卷附録一卷簡松草堂詩集二十卷

〔清〕張雲璈（一七四七～一八二九）撰

《續修四庫全書》影印上圖藏清道光刻三影閣叢書本，第一四七一册，集部

靜崖詩初稿十二卷靜崖詩後稿十二卷靜崖詩續稿六卷

〔清〕汪學金（一七四八～一八〇四）撰

《續修四庫全書》影印華東師大圖書館藏清乾隆刻嘉慶增修本，第一四七二册，集部

景福堂文稿十卷

〔清〕汪學金（一七四八～一八〇四）撰

《續修四庫全書》影印華東師大圖書館藏清嘉慶十年汪彥博刻本，第一四七二册，集部

守意龕詩集二十八卷

〔清〕百齡（一七四八～一八一六）撰

《續修四庫全書》影印天津圖書館藏清道光二十六年讀書樂室刻本，第一四七四册，集部

兩當軒全集二十卷附考異二卷附録六卷

〔清〕黄景仁（一七四九～一七八三）撰〔清〕黄志述撰考異附録

《續修四庫全書》影印上圖藏清咸豐八年黄氏家塾刻本，第一四七四册，集部

悔存詩鈔八卷

〔清〕黄景仁（一七四九～一七八三）撰

《四庫未收書輯刊》影印清嘉慶元年劉大觀刻本，集部第十輯第二十九册

兩當軒集

〔清〕黄景仁（一七四九～一七八三）撰，李國章標點

上海：上海古籍出版社，一九八三年三月

月滿樓詩集四十卷別集五卷首二卷月滿樓文集十四卷首二卷

〔清〕顧宗泰（一七四九～?）撰

《續修四庫全書》影印上海辭書藏清嘉慶八年瞻園刻本，第一四五九册，集部

玉芳詩草二卷

〔清〕覃光瑤（一七四九～?）撰

《四庫未收書輯刊》影印清乾隆三十五年覃光暐曹南衙署本，集部第一〇輯第二八册

珍執宧文鈔七卷 珍執宧詩鈔二卷

〔清〕莊述祖（一七五〇～一八一六）撰

《續修四庫全書》影印科圖藏清刻本，第一四七五册，集部

青芙蓉閣詩鈔六卷

〔清〕陸元鋐（一七五〇～一八一九）撰

《續修四庫全書》影印上圖藏清刻本，第一四七五册，集部

壹齋集四十卷

〔清〕黄鉞（一七五〇～一八四一）撰

《續修四庫全書》影印復旦圖書館藏清咸豐九年許文深刻本，第一四七五册，集部

師竹齋集十四卷

〔清〕李鼎元（一七五一～一八一四）撰

《續修四庫全書》影印復旦圖書館藏清嘉慶刻本，第一四七五册，集部

清嘉慶刻本，中國社會科學院文學研究所圖書館藏，一函七册

蘭雪集八卷

〔清〕柯振嶽（一七五一～一八一六）撰

《清代詩文集彙編》影印清嘉慶二十三年藏修齋刻本，第四三〇册

敏齋詩草二卷巴塘詩鈔二卷

〔清〕李苞（一七五一～?）撰

《續修四庫全書》影印科圖藏清嘉慶二十二年刻本，第一四七五册，集部

惟清齋全集十七卷年譜二卷

〔清〕鐵保（一七五二～一八二四）撰

《續修四庫全書》影印遼寧省圖書館藏清道光二年石經堂刻本，第一四七六册，集部

焚餘詩草一卷玉臺詞鈔一卷律賦一卷

〔清〕于學謐（一七五二～?）撰

《四庫未收書輯刊》影印清乾隆榮慶堂刻本，集部第一〇輯第二九册

存素堂詩初集録存二十四卷

〔清〕法式善（一七五三～一八一三）撰

《續修四庫全書》影印科圖藏清嘉慶十二年王墉刻本，第一四七六册，集部

秋室集十卷

〔清〕楊鳳苞（一七五三～一八一六）撰

《續修四庫全書》影印清光緒十一年陸心源刻本，第一四七六册，集部

簡莊文鈔六卷續編二卷河莊詩鈔一卷

〔清〕陳鱣（一七五三～一八一七）撰

《續修四庫全書》影印浙江圖書館藏清光緒十四年羊復禮刻本，第一四八七册，集部

稻香吟館詩稿七卷

〔清〕李賡芸（一七五三～一八一七）撰

《續修四庫全書》影印上圖藏清道光刻本，第一四七七册，集部

孫淵如詩文集二十一卷

〔清〕孫星衍（一七五三～一八一八）撰

《四部叢刊》影印清嘉慶蘭陵孫氏刻本

《續修四庫全書》影印民國八年商務印書館四部叢刊影印清嘉慶刻本，第一四七七册，集部，改題《孫淵如先生全集》

陶山詩前録二卷陶山詩録二十八卷

〔清〕唐仲冕（一七五三～一八二七）撰

《續修四庫全書》影印中國科學院圖書館藏清嘉慶十六年刻道光增修本，第一四七八册，集部

陶山文録十卷

〔清〕唐仲冕（一七五三～一八二七）撰

《續修四庫全書》影印浙江圖書館藏清道光二年刻本，第一四七八册，集部

葆沖書屋集四卷葆沖書屋外集二卷

〔清〕汪如洋（一七五四～一七九三）撰

《續修四庫全書》影印華東師大圖書館藏清刻本，第一四七六册，集部

留春草堂詩鈔七卷

〔清〕伊秉綬（一七五四～一八一五）撰

《續修四庫全書》影印清嘉慶十九年秋水園刻本，第一四七五册，集部

謙受堂全集三十卷（古今體詩二十四卷集詠一卷試體詩一卷詞一卷賦一卷文二卷）

〔清〕陳廷慶（一七五五～一八一三）撰

《清代詩文集彙編》影印清道光十年至十二年一邱園刻本，第四三九册

淵雅堂全集五十六卷

〔清〕王芑孫（一七五五～一八一八）撰

《續修四庫全書》影印上海辭書藏清嘉慶刻本，第一四八〇～一四八一册，集部

獨學廬初稿十一卷獨學廬二稿六卷獨學廬三稿十一卷獨學廬四稿九卷獨學廬五稿九卷獨學廬餘稿一卷獨學廬文稿附録一卷

〔清〕石韞玉（一七五六～一八三七）撰

《續修四庫全書》影印華東師大圖書館藏清寫刻獨學廬全稿本，第一四六六～一四六七册，集部

大雲山房文稿十一卷（初集四卷 二集四卷 言事二卷 補編一卷）

〔清〕惲敬（一七五七～一八一七）撰

《四部叢刊》本

《續修四庫全書》影印民國八年上海商務印書館四部叢刊本，第一四八二册，集部

校禮堂文集三十六卷

〔清〕淩廷堪（一七五七～一八〇九）撰

《續修四庫全書》影印復旦圖書館藏清嘉慶十八年張其錦刻本，第一四八〇册，集部

王文錦（一九二七～二〇〇二）點校，北京：中華書局，一九九八年二月

邃雅堂集十卷

〔清〕姚文田（一七五八～一八二七）撰

《續修四庫全書》影印上海辭書藏清道光元年江陰學使署刻本，第一四八二册，集部

點蒼山人詩鈔八卷附録一卷

〔清〕沙琛（一七五九～一八二二）撰

《續修四庫全書》影印上海辭書藏民國三年刻雲南叢書初編本，第一四八三册，集部

賞雨茅屋詩集二十二卷賞雨茅屋外集一卷

〔清〕曾燠（一七五九～一八三〇）撰

《續修四庫全書》影印湖北省圖書館藏清嘉慶二十四年刻增修本，第一四八四册，集部

煙霞萬古樓文集六卷

〔清〕王曇（一七六〇～一八一七）撰

《續修四庫全書》影印上海辭書藏清嘉慶二十一年虎丘東山廟刻道光增修本，第一四八三册，集部

煙霞萬古樓詩選二卷仲瞿詩録一卷

〔清〕王曇（一七六〇～一八一七）撰〔清〕徐渭仁輯

《續修四庫全書》影印復旦圖書館藏清咸豐元年徐渭仁刻本，第一四八三册，集部

天真閣集五十四卷外集六卷

〔清〕孫原湘（一七六〇～一八二九）撰

《續修四庫全書》影印華東師大圖書館藏清嘉慶五年刻增修本，第一四八七～一四八八册，集部

茗柯文初編一卷二編二卷三編一卷四編一卷補編二卷外編二卷

〔清〕張惠言（一七六一～一八〇二）撰

《四部叢刊》本

茗柯文編五卷

〔清〕張惠言（一七六一～一八〇二）撰

《續修四庫全書》影印民國八年上海商務印書館四部叢刊影印清同治八年刻本，第一四八八册，集部

黄立新點校，上海古籍出版社，一九八四年七月

存悔齋集二十八卷存悔齋外集四卷

〔清〕劉鳳誥（一七六一～一八三〇）撰

《續修四庫全書》影印華東師大圖書館藏清道光十七年刻本，第一四八五～一四八六册，集部

賜綺堂集二十八卷

〔清〕詹應甲（一七六一～?）撰

《續修四庫全書》影印山東省圖書館藏清道光止園刻本，第一四八四册，集部

尚絅堂集五十六卷

〔清〕劉嗣綰（一七六二～一八二〇）撰

《續修四庫全書》影印天津圖書館藏清道光六年大樹園刻本，第一四八五册，集部

陶門弟子集十卷

〔清〕蔡家琬（一七六二～一八三五）撰

南京圖書館藏

雕菰集二十四卷

〔清〕焦循（一七六三～一八二〇）撰

《續修四庫全書》影印科圖藏清道光四年阮福嶺南節署刻本，第一四八九册，集部

《叢書集成初編》據文選樓叢書本排印，文學類，第二一九一～二一九六册

小山泉閣詩存八卷

〔清〕汪爲霖（一七六三～一八二二）撰

《清代詩文集彙編》影印清道光二十年如皋汪氏重刻本，第四七二册

船山詩草二十卷船山詩草補遺六卷

〔清〕張問陶（一七六四～一八一四）撰

《續修四庫全書》影印浙江圖書館藏清嘉慶二十年刻道光二十九年增修本，第一四八六册，集部

船山詩草

〔清〕張問陶（一七六四～一八一四）撰

北京：中華書局，一九八六年一月，全二册，「中國古典文學基本叢書」

船山詩草全注

〔清〕張問陶（一七六四～一八一四）撰，成鏡深（一九六六～）主編

成都：巴蜀書社，二〇一〇年五月，全四册，「中華文史要籍叢刊」

校經廎文稿十八卷

〔清〕李富孫（一七六四～一八四三）撰

《續修四庫全書》影印華東師大圖書館藏清道光刻本，第一四八九册，集部

揅經室集五十七卷

〔清〕阮元（一七六四～一八四九）撰

《四部叢刊》本

《續修四庫全書》影印上圖藏清道光阮氏文選樓刻本，第一四七八～一四七九册，集部

鄧經元（一九三四～二〇〇一）點校，北京：中華書局，一九九三年五月，全二册

遂初草廬詩集十卷

〔清〕杜堮（一七六四～一八五九）撰

《續修四庫全書》影印復旦圖書館藏清同治九年杜受廉刻本，第一四九八册，集部

遊粤草二卷

〔清〕張祖昌（乾隆五十四年前后）撰

據稿本複抄本，中國社會科學院文學研究所圖書館藏

瓶水齋詩集十七卷 詩別集二卷 詩話一卷 附録一卷

〔清〕舒位（一七六五～一八一六）撰

《續修四庫全書》影印復旦圖書館藏清光緒十二年邊保樞刻十七年增修本，第一四八六～一四八七册，集部
《叢書集成初編》據畿輔叢書本排印，文學類，第二三〇二～二三〇六册
曹光甫（一九四二～二〇一八）點校，上海：上海古籍出版社，一九九一年三月
掃紅亭吟稿十四卷附題詞一卷
〔清〕馮雲鵬（一七六五～一八三九）撰
《續修四庫全書》影印上海辭書藏清宣道光十年寫刻本，第一四九一册，集部
六硯草堂詩集四卷（前集二卷後集二卷）
〔清〕延君壽（一七六五～?）撰
《清代詩文集彙編》影印清刻本，第四八〇册
青芝山館集二十七卷
〔清〕樂鈞（一七六六～一八一四）撰
《續修四庫全書》影印山東省圖書館藏清嘉慶二十二年刻後印本，第一四九〇册，集部
玉照堂詩鈔六卷
〔清〕鄧建英（一七六六～一八二一）撰
廣西桂林圖書館藏嘉慶十七年（一八一二）左桂舟刻本
香蘇山館詩集三十六卷
〔清〕吳嵩梁（一七六六～一八三四）撰
《續修四庫全書》影印華東師大圖書館藏清木犀軒刻本，第一四八九～一四九〇册，集部
思適齋集十八卷
〔清〕顧廣圻（一七六六～一八三五）撰
《續修四庫全書》影印復旦圖書館藏清道光二十九年徐渭仁刻本，第一四九一册，集部
顧千里集
〔清〕顧廣圻（一七六六～一八三五）撰，王欣夫（一九〇一～一九六六）輯

北京：中華書局，二〇〇七年十二月

鑒止水齋集二十卷

〔清〕許宗彦（一七六八～一八一八）撰

《續修四庫全書》影印南圖藏清嘉慶二十四年德清許氏家刻本，第一四九二册，集部

勺園詩鈔四卷附松溪遺草一卷

〔清〕李遐齡（一七六八～一八二三）撰

《清代詩文集彙編》影印清嘉慶十九年刻光緒三十四年補刻本，第四八九册

戴簡恪公遺集八卷

〔清〕戴敦元（一七六八～一八三四）撰

《四庫未收書輯刊》影印清同治六年戴壽祺抄本，集部第一〇輯第二八册

太乙舟詩集十三卷

〔清〕陳用光（一七六八～一八三五）撰

《續修四庫全書》影印湖北省圖書館藏清咸豐四年孝友堂刻本，第一四九三册，集部

太乙舟文集八卷

〔清〕陳用光（一七六八～一八三五）撰

《續修四庫全書》影印浙江圖書館藏清道光二十三年孝友堂刻本，第一四九三册，集部

白鶴山房詩鈔二十卷白鶴山房詞鈔二卷白鶴山房外集二卷

〔清〕葉紹本（一七六八～一八四一）撰

《續修四庫全書》影印山東省圖書館藏清道光七年桂林使廨刻增修本，第一四八三册，集部

桂馨堂集十三卷

〔清〕張廷濟（一七六八～一八四八）撰

《續修四庫全書》影印上海辭書藏清道光刻本，第一四九一册，集部

冬青館甲集六卷冬青館乙集八卷

〔清〕張鑑（一七六八～一八五〇）撰

《續修四庫全書》影印上海辭書藏民國四年劉氏嘉業堂刻吳興叢書本，第一

四九二册，集部
上海書店《叢書集成續編》第一三四册
小謨觴館詩文集十三卷小謨觴館續集五卷
〔清〕彭兆蓀（一七六九～一八二一）撰
《續修四庫全書》影印科圖藏清嘉慶十一年刻二十二年增修本，第一四九二册，集部
養一齋文集二十卷補遺一卷續編六卷養一齋詩集八卷
〔清〕李兆洛（一七六九～一八四一）撰
《續修四庫全書》影印山東省圖書館藏清道光二十三年活字印二十四年增修本，第一四九五册，集部
崇雅堂文鈔二卷崇雅堂詩鈔十卷崇雅堂駢體文鈔四卷崇雅堂應制存稿一卷崇雅堂刪餘詩一卷
〔清〕胡敬（一七六九～一八四五）撰
《續修四庫全書》影印上圖藏清道光二十六年刻本，第一四九四册，集部
泰雲堂集二十五卷
〔清〕孫爾準（一七七〇～一八三二）撰
《續修四庫全書》影印科圖藏清道光刻本，第一四九五册，集部
篔穀詩鈔二十卷篔穀文鈔十二卷
〔清〕查揆（一七七〇～一八三四）撰
《續修四庫全書》影印上海辭書藏清道光十五年菽原堂刻本，第一四九四册，集部
夢陔堂詩集五十卷文説十一卷文集十卷
〔清〕黄承吉（一七七一～一八四二）撰
清道光間刻本，中國國家圖書館藏
《清代詩文集彙編》影印清道光二十三年刻本，第五〇二册
頤道堂詩選三十卷頤道堂詩外集十卷頤道堂文鈔十三卷附一卷
〔清〕陳文述（一七七一～一八四三）撰
《續修四庫全書》影印科圖藏清嘉慶二十二年刻道光增修本，第一五〇四～一五〇六册，集部

左海文集十卷乙編二卷絳跗草堂詩集六卷

〔清〕陳壽祺（一七七一～一八三四）撰

《續修四庫全書》影印華東師大圖書館藏清刻本，第一四九六册，集部

崇百藥齋文集二十卷

〔清〕陸繼輅（一七七二～一八三四）撰

《續修四庫全書》影印湖北省圖書館藏清嘉慶二十五年合肥學舍刻本，第一四九六～一四九七册，集部

崇百藥齋三集十二卷

〔清〕陸繼輅（一七七二～一八三四）撰

《續修四庫全書》影印復旦圖書館藏清道光八年安徽臬署刻本，第一四九七册，集部

考槃集文録十二卷

〔清〕方東樹（一七七二～一八五一）撰

《續修四庫全書》影印華東師大圖書館藏清光緒二十年刻本，第一四九七册，集部

今白華堂詩録補八卷

〔清〕童槐（一七七三～一八五七）撰

《續修四庫全書》影印復旦圖書館藏清光緒三年童華刻本，第一四九八册，集部

抑快軒文集七十四卷

〔清〕高澍然（一七七四～一八四一）撰

揚州：江蘇廣陵古籍刻印社福建叢書影印本，一九九八年十二月，全三册

幼學堂詩稿十七卷幼學堂文稿八卷

〔清〕沈欽韓（一七七五～一八三一）撰

《續修四庫全書》影印北大圖書館及上圖藏清嘉慶十八年刻道光八年增修本，第一四九八～一四九九册，集部

退庵詩存二十五卷

〔清〕梁章鉅（一七七五～一八四九）撰

《續修四庫全書》影印復旦圖書館藏清道光刻本，第一四九九册，集部

求是堂詩集二十二卷

〔清〕胡承珙（一七七六～一八三二）撰

《續修四庫全書》影印清道光十三年刻本，第一五〇〇册，集部

琵琶行分句吟草（不分卷）

〔清〕熊莪（一七七六至一七八〇～?）撰

光緒二十七年（一九〇一）天門熊氏廣安刻本

詩娱室詩集二十四卷

〔清〕黄安濤（一七七七～一八四八）撰

《清代詩文集彙編》影印清道光十四年嘉善黄氏刻本《詩娱室詩集》，第五二一册

憶山堂詩録八卷

〔清〕宋翔鳳（一七七七～一八六〇）撰

《續修四庫全書》影印湖北省圖書館藏清嘉慶二十三年刻道光五年增修本，第一五〇四册，集部

三十六灣草廬稿十卷

〔清〕黄本騏（一七七七～?）撰

《續修四庫全書》影印清道光刻三長物齋叢書本，第一五〇七册，集部

心知堂詩稿十八卷

〔清〕汪仲洋（一七七七～?）撰

《續修四庫全書》影印天津圖書館藏清道光七年刻本，第一五〇二册，集部

琴隱園詩集三十六卷

〔清〕湯貽汾（一七七八～一八五三）撰

《續修四庫全書》影印清同治十三年曹士虎刻本，第一五〇二册，集部

説文堂詩集八卷

〔清〕許之翰（一七七八～?）撰

清道光十八年（一八三八）刊本，中國社會科學院文學研究所圖書館藏，一函四册

求聞過齋詩集六卷

〔清〕朱方增（一七七九～一八三〇）撰

《續修四庫全書》影印華東師大圖書館藏清光緒十九年朱丙壽刻本，第一五〇一册，集部

陶文毅公全集六十四卷首一卷末一卷

〔清〕陶澍（一七七九～一八三九）撰

《續修四庫全書》影印清道光二十年兩淮淮北士民刻本，第一五〇二～一五〇四册，集部

緑野齋前後合集六卷太湖詩草一卷制藝一卷

〔清〕劉鴻翱（一七七九～一八四九）撰，朱蘭坡評，劉曦校

清道光二十四年（一八四四）刻本，中國社會科學院文學研究所圖書館藏，二函八册

陶澍集

〔清〕陶澍（一七七九～一八三九）撰

長沙：岳麓書社，一九九八年八月，全二册

陶澍全集

〔清〕陶澍（一七七九～一八三九）撰

長沙：岳麓書社，二〇一〇年一月，全八册

松心詩録十卷

〔清〕張維屏（一七八〇～一八五九）撰

《續修四庫全書》影印中國科學院圖書館藏清咸豐四年趙惟濂羊城鉛印本，第一四九六册，集部

張南山全集

〔清〕張維屏（一七八〇～一八五九）撰，陳憲猷、鄧光禮、關步勳等標點

廣州：廣東高等教育出版社，一九九三年至一九九五年

是程堂集十四卷

〔清〕屠倬（一七八一～一八二八）撰

《續修四庫全書》影印清嘉慶十九年真州官舍刻本，第一五一七册，集部

是程堂二集四卷

〔清〕屠倬（一七八一～一八二八）撰

《續修四庫全書》影印復旦圖書館藏清道光元年潛園刻本，第一五一七册，

集部

養素堂詩集二十六卷

〔清〕張澍（一七八一～一八四七）撰

《續修四庫全書》影印湖北省圖書館藏清道光二十二年棗華書屋刻本，第一五〇六册，集部

養素堂文集三十五卷

〔清〕張澍（一七八一～一八四七）撰

《續修四庫全書》影印華東師大圖書館藏清道光十五年棗華書屋刻本，第一五〇六～一五〇七册，集部

齊物論齋文集六卷

〔清〕董士錫（一七八二～一八三一）撰

《續修四庫全書》影印上圖藏清道光二十年江陰暨陽書院刻本，第一五〇七册，集部

心日齋詞集六卷

〔清〕周之琦（一七八二～一八六二）撰

《續修四庫全書》影印遼寧省圖書館藏清刻本，第一七二六册，集部

柯家山館遺詩六卷

〔清〕嚴元照（一七八三～一八一七）撰

《續修四庫全書》影印清光緒陸心源刻湖州叢書本，第一五〇七册，集部

悔庵學文八卷補遺一卷

〔清〕嚴元照（一七八三～一八一七）撰

清光緒陸心源刻湖州叢書本

臺灣新文豐出版公司《叢書集成續編》，第一九三册

寓蜀草四卷

〔清〕王培荀（一七八三～一八五九）撰

《續修四庫全書》影印山東省圖書館藏清道光二十七年刻本，第一五二六册，集部

織簾書屋詩鈔十二卷

〔清〕沈兆澐（一七八三～一八八六）撰

《續修四庫全書》影印上海辭書藏清咸豐二年刻本，第一四九二册，集部

劉孟塗集四十卷（存前集十卷，後集卷一至卷七、卷九至卷二十二，文集十卷，駢體文二卷）

〔清〕劉開（一七八四～一八二四）撰

《續修四庫全書》影印清道光六年姚氏檗山草堂刻本，第一五一〇册，集部

春草堂集六卷

〔清〕謝堃（一七八四～一八四四）撰

《續修四庫全書》影印清道光二十年曲邑奎文齋刻二十五年印春草堂叢書本，第一五〇七册，集部

抱沖齋詩集三十六卷附眠琴仙館詞一卷

〔清〕斌良（一七八四～一八四七）撰

《續修四庫全書》影印華東師大圖書館藏清光緒五年崇福湖南刻本，第一五〇八册，集部

養默山房詩稿三十二卷

〔清〕謝元淮（一七八四～?）撰

《續修四庫全書》影印華東師大圖書館藏清光緒元年刻本，第一五一一～一五一二册，集部

簡學齋詩存四卷簡學齋詩删四卷

〔清〕陳沆（一七八五～一八二五）撰

《續修四庫全書》影印湖北省圖書館藏清咸豐二年陳廷經刻本，第一五一二册，集部

簡學齋集十二卷

〔清〕陳沆（一七八五～一八二五）撰

咸豐刻本，中國科學院圖書館藏

陳沆集

〔清〕陳沆（一七八五～一八二五）撰，宋耐苦、何國民編校

武漢：湖北教育出版社，二〇〇二年五月，「湖北地方古籍文獻叢書」

養一齋集二十六卷首一卷附一卷

〔清〕潘德輿（一七八五～一八三九）撰

《續修四庫全書》影印清道光二十九年刻本，第一五一〇～一五一一册，集部

耐庵文存六卷首一卷耐庵詩存三卷

〔清〕賀長齡（一七八五～一八四八）撰

《續修四庫全書》影印清咸豐十年刻本，第一五一一册，集部

賀長齡集 賀熙齡集

〔清〕賀長齡（一七八五～一八四八）〔清〕賀熙齡（一七八八～一八四六）撰

長沙：岳麓書社，二〇一〇年八月

雲左山房詩鈔八卷附三卷

〔清〕林則徐（一七八五～一八五〇）撰

《續修四庫全書》影印浙江圖書館藏清光緒十二年刻本，第一五一二册，集部

東溟文集六卷外集四卷文後集十四卷文外集二卷後湘詩集九卷二集五卷續集七卷中復堂遺稿五卷 續編二卷

〔清〕姚瑩（一七八五～一八五三）撰

《續修四庫全書》影印湖北省圖書館藏清同治六年姚濬昌安福縣署刻中復堂全集本，第一五一二～一五一三册，集部

小重山房詩詞全集三十二卷

〔清〕張祥河（一七八五～一八六二）撰

《續修四庫全書》影印上圖藏清道光刻光緒增修本，第一五一三册，集部

曇雲閣集十一卷

〔清〕曹楙堅（一七八六～一八五三）撰

《續修四庫全書》影印遼寧省圖書館藏清光緒三年曼陀羅館刻本，第一五一四册，集部

柏梘山房全集三十一卷

〔清〕梅曾亮（一七八六～一八五六）撰

《續修四庫全書》影印清咸豐六年楊以增楊紹穀等刻民國七年蔣國榜補修本，第一五一三～一五一四册，集部

柏梘山房詩文集

〔清〕梅曾亮（一七八六～一八五六）撰，彭國忠（一九六六～）、胡曉明（一九五五～）校點

上海：上海古籍出版社，二〇〇五年十二月

笏庵詩二十卷

〔清〕吳清鵬（一七八六～?）撰

《續修四庫全書》影印清咸豐五年刻吳氏一家稿本，第一五一四册，集部

大小雅堂詩鈔十卷大小雅堂文鈔二卷

〔清〕邵堂（一七八七～一八二四）撰

《清代詩文集彙編》影印清道光十年浚儀官署刻本，第五五四册

讀白華草堂詩初集九卷 二集十二卷

〔清〕黄釗（一七八七～一八五三）撰

《續修四庫全書》影印華東師大圖書館藏清道光刻本，第一五一六册，集部

唐確慎公集十卷（卷首一卷卷末一卷）

〔清〕唐鑒（一七七八～一八六一）撰

光绪元年（一八七五）刻本；《四部備要》本

友聲集四十卷附録九卷

〔清〕王相（一七八九～一八五二）輯

《續修四庫全書》影印上海辭書藏清咸豐八年信芳閣刻本，第一六二七册，集部

邃懷堂全集三十八卷

〔清〕袁翼（一七八九～一八六三）撰

《續修四庫全書》影印復旦圖書館藏清光緒十四年袁鎮嵩刻本，第一五一五册，集部

壺園詩鈔選十卷 五代新樂府一卷

〔清〕徐寶善（一七九〇～一八三八）撰

《續修四庫全書》影印復旦圖書館藏清道光刻本，第一五一六册，集部

壺園詩外集六卷

〔清〕徐寶善（一七九〇～一八三八）撰

《續修四庫全書》影印復旦圖書館藏清道光二十三年徐志導等刻本，第一五一六册，集部

彝壽軒詩鈔十二卷煙波漁唱四卷

〔清〕張應昌（一七九〇～一八七四）撰

《續修四庫全書》影印科圖藏清同治二年西昌旅舍刻增修本，第一五一七册，集部

丹魁堂詩集七卷

〔清〕季芝昌（一七九一～一八六一）撰

《續修四庫全書》影印上圖藏清同治四年紫琅寓館刻本，第一五一七册，集部

知止齋詩集十六卷

〔清〕翁心存（一七九一～一八六二）撰

《續修四庫全書》影印清光緒三年常熟毛文彬刻本，第一五一九册，集部

甘泉鄉人稿二十四卷餘稿二卷年譜一卷

〔清〕錢泰吉（一七九一～一八六三）撰〔清〕錢應溥（一八二四～一九〇二）撰

《續修四庫全書》影印華東師大圖書館藏清同治十一年刻光緒十一年增修本，第一五一九册，集部

龔自珍全集

〔清〕龔自珍（一七九二～一八四一）撰

上海：中華書局上海編輯所，一九五九年十二月

王佩諍校，上海人民出版社，一九七五年二月

松風閣詩鈔二十六卷歸朴龕叢稿十二卷續編四卷

〔清〕彭藴章（一七九二～一八六二）撰

《續修四庫全書》影印上海辭書及天津圖書館藏清同治刻彭文敬公全集本，第一五一八册，集部

棇花龕詩二卷附録一卷外集一卷

〔清〕葉廷琯（一七九二～一八六九）撰

《續修四庫全書》影印清光緒刻滂喜齋叢書本，第一五一九册，集部

《叢書集成初編》據滂喜齋叢書本排印，文學類，第二三三七册

花宜館詩鈔十六卷續存一卷無腔村笛二卷

〔清〕吳振棫（一七九二～一八七〇）撰

《續修四庫全書》影印華東師大圖書館藏清同治四年刻本，第一五二一册，集部

自然好學齋集一卷

〔清〕汪端（一七九三～一八三八）撰

清蔡殿齊輯《國朝閨閣詩鈔》，清道光二十四年（一八四四）嫏嬛别館刊本

自然好學齋集五卷

〔清〕汪端（一七九三～一八三八）撰

清道光十九年錢唐汪氏振綺堂刻本

自然好學齋詩鈔十卷

〔清〕汪端（一七九三～一八三八）撰

清同治十三年重刊本（中國社會科學院文學研究所圖書館藏）；《清代詩文集彙編》影印清同治十三年刻本，第五七八册；清冒俊輯《林下雅音集》本，清光緒十年（一八八四）如皋冒氏如不及齋刊本

仙屏書屋初集十八卷

〔清〕黄爵滋（一七九三～一八五三）撰

《續修四庫全書》影印復旦圖書館藏清道光二十六年翟金生泥活字印本，第一五二一册，集部

「近代中國史料叢刊」第四一三册

醴江詩草二十六卷

〔清〕蘇宗經（一七九三～一八六五）撰

《清代詩文集彙編》影印清光緒十八年刻本，第五八二册

䅎䜣亭集三十二卷䅎䜣亭後集十二卷

〔清〕祁寯藻（一七九三～一八六六）撰

《續修四庫全書》影印南圖藏清咸豐刻本，第一五二一～一五二二册，集部

借閒生詩三卷借閒生詞一卷

〔清〕汪遠孫（一七九四～一八三六）撰

《續修四庫全書》影印華東師大圖書館藏清道光二十年錢塘汪氏振綺堂刻本，第一五一九册，集部

古微堂詩集十卷

〔清〕魏源（一七九四～一八五七）撰

《續修四庫全書》影印浙江圖書館藏清同治九年長沙寶慶郡館刻本，第一五二二册，集部

魏源集

〔清〕魏源（一七九四～一八五七）撰

北京：中華書局，一九七六年三月，全二册

籀經堂類稿二十四卷

〔清〕陳慶鏞（一七九五～一八五八）撰

《續修四庫全書》影印南圖藏清咸豐刻本，第一五二二～一五二三册，集部

薜箖吟館鈔存八卷賦二卷

〔清〕柏葰（一七九五～一八五九）撰

《續修四庫全書》影印遼寧省圖書館藏清同治三年鍾濂寫刻本，第一五二一册，集部

松龕先生文集四卷 松龕先生詩集二卷

〔清〕徐繼畬（一七九五～一八七三）撰

《續修四庫全書》影印天津圖書館藏民國四年鉛印《松龕先生全集》本，第一五二三册，集部

子良詩存二十一卷

〔清〕馮詢（一七九六～一八七一）撰

《續修四庫全書》影印上圖藏清刻本，第一五二六册，集部

李文恭公遺集四十六卷行述一卷

〔清〕李星沅（一七九七～一八五一）撰

《續修四庫全書》影印上海辭書藏清同治五年李概等刻本，第一五二三～一五二五册，集部

思伯子堂詩集三十二卷

〔清〕張際亮（一七九九～一八四三）撰

《續修四庫全書》影印上圖藏清刻本，第一五二六～一五二七册，集部

思伯子堂詩文集

〔清〕張際亮（一七九九～一八四三）撰，王飈（一九四四～）校點

上海：上海古籍出版社，二〇〇七年七月，全三册

西舍詩鈔十六卷

〔清〕況澄（一七九九～一八六六，或作況澄一八〇七～一八七五）撰

清光緒元年登善堂刊本，廣西桂林圖書館藏

西舍文選編四卷

〔清〕況澄（一七九九～一八六六，或作況澄一八〇七～一八七五）撰

清同治十三年刻本，北京大學圖書館藏

東洲草堂詩鈔三十卷東洲草堂詩餘一卷

〔清〕何紹基（一七九九～一八七三）撰

《續修四庫全書》影印清同治六年長沙無園刻本，第一五二八～一五二九册，集部

東洲草堂文鈔二十卷

〔清〕何紹基（一七九九～一八七三）撰

《續修四庫全書》影印遼寧省圖書館藏清光緒刻本，第一五二九册，集部

樂志堂詩集十二卷

〔清〕譚瑩（一八〇〇～一八七一）撰

《續修四庫全書》影印復旦圖書館藏清咸豐九年吏隱園刻本，第一五二八册，集部

樂志堂文集十八卷續集二卷

〔清〕譚瑩（一八〇〇～一八七一）撰

《續修四庫全書》影印復旦圖書館藏清咸豐十年吏隱園刻本，第一五二八册，集部

守柔齋詩鈔初集四卷續集四卷

〔清〕蘇廷魁（一八〇〇～一八七八）撰

《續修四庫全書》影印上海辭書藏清同治三年都門刻後印本，第一五三〇册，集部

守柔齋行河草二卷

〔清〕蘇廷魁（一八〇〇～一八七八）撰

《續修四庫全書》影印上海辭書藏清光緒刻本，第一五三〇册，集部

平泉詩稿四卷

〔清〕黄臣燮（一七九六前後）撰

清道光十四年（一八三四）刊本，中國社會科學院文學研究所圖書館藏，一函二册

培花小園詩鈔十三卷

〔清〕戴雲官（一八〇七舉人）撰

《清代詩文集彙編》影印清刻本《培花小園詩鈔》，第五六〇册

雪杖山人詩集八卷

〔清〕鄭炎（嘉慶間）撰

《清代詩文集彙編》影印清嘉慶六年秀水鄭氏刻本，第二八九册

典三賸稿十二卷（文九卷）

〔清〕周寅清（一八四四進士）撰

清咸豐丁巳（七年）崇禮堂刻本，中國科學院圖書館藏

廬山新樂府全集二卷

〔清〕張師右（一八五〇進士）撰，〔清〕張師古注，鍾憲堯校

中國社會科學院文學研究所圖書館藏清咸豐四年（一八五四）根香草堂刊本，一函四册

海秋詩集二十六卷

〔清〕湯鵬（一八〇一～一八四四）撰

《續修四庫全書》影印華東師大圖書館藏清道光十八年刻本，第一五二九册，集部

習苦齋詩集八卷習苦齋古文四卷

〔清〕戴熙（一八〇一～一八六〇）撰

《續修四庫全書》影印上海辭書藏清同治五年張曜刻本，第一五三〇册，集部

傳硯堂詩録八卷

〔清〕張鴻基（一八〇二～一八四三）撰

清抄本，中國社會科學院文學研究所圖書館藏

同治七年石渠葵青居刻本，蘇州市圖書館藏

悔翁詩鈔十五卷補遺一卷

〔清〕汪士鐸（一八〇二～一八八九）撰

《續修四庫全書》影印湖北省圖書館藏清光緒張士珩味古齋刻本，第一五三二册，集部

怡志堂詩初編八卷

〔清〕朱琦（一八〇三～一八六一）撰

清咸豐七年（一八五七）刊本，中國社會科學院文學研究所圖書館藏，一函二册

《續修四庫全書》影印華東師大圖書館藏清咸豐七年刻本，第一五三〇册，集部

怡志堂文初編六卷

〔清〕朱琦（一八〇三～一八六一）撰

《續修四庫全書》影印華東師大圖書館藏清同治四年運甓軒刻本，第一五三〇册，集部

衣讔山房詩集八卷

〔清〕林昌彝（一八〇三～一八七六）撰

《續修四庫全書》影印上圖藏清同治二年廣州刻本，第一五三〇册，集部

小石渠閣文集六卷

〔清〕林昌彝（一八〇三～一八七六）撰

《續修四庫全書》影印福建省圖書館藏清光緒福州刻本，第一五三〇册，集部

劫餘詩選二十三卷

〔清〕齊學裘（一八〇三～?）撰

《續修四庫全書》影印科圖藏清同治八年天空海闊之居刻增修本，第一五三一册，集部

綠漪草堂文集三十卷首一卷外集二卷别集二卷綠漪草堂詩集二十卷研華館詞三卷
〔清〕羅汝懷（一八〇四～一八八〇）撰
《續修四庫全書》影印華東師大圖書館藏清光緒九年羅式常刻本，第一五三〇～一五三一册，集部

柈湖文集十二卷
〔清〕吴敏樹（一八〇五～一八七三）撰
《續修四庫全書》影印浙江圖書館藏清光緒十九年思賢講舍刻本，第一五三四册，集部

梅莊詩鈔十六卷
〔清〕華長卿（一八〇五～一八八一）撰
《續修四庫全書》影印遼寧省圖書館藏清同治九年華鼎元都門刻本，第一五三三册，集部

巢經巢文集六卷巢經巢詩集九卷後集四卷遺詩一卷附録一卷
〔清〕鄭珍（一八〇六～一八六四）撰
《續修四庫全書》影印浙江圖書館藏民國三年花近樓刻遵義鄭徵君遺著本，第一五三四册，集部
臺灣新文豐出版公司《叢書集成續編》本第一五九册

巢經巢集
〔清〕鄭珍（一八〇六～一八六四）撰，王鍈、袁本良點校
貴陽：貴州人民出版社，一九九四年十月

巢經巢詩鈔箋注
〔清〕鄭珍（一八〇六～一八六四）撰，白敦仁（一九一八～二〇〇四）箋注
成都：巴蜀書社，一九九六年三月

文靖公遺集十二卷補遺一卷
〔清〕寶鋆（一八〇六～一八九一）撰
《續修四庫全書》影印遼寧省圖書館藏清光緒三十四年羊城刻本，第一五三六册，集部

石泉書屋詩鈔八卷

〔清〕李佐賢（一八〇七～一八七六）撰

《續修四庫全書》影印華東師大圖書館藏清同治四年刻本，第一五三四册，集部

朱九江先生集十卷首一卷

〔清〕朱次琦（一八〇七～一八八二）撰

《續修四庫全書》影印華東師大圖書館藏清光緒刻本，第一五三五册，集部

舒藝室雜著四卷剩稿一卷鼠壤餘蔬一卷

〔清〕張文虎（一八〇八～一八八五）撰

《續修四庫全書》影印清光緒刻本，第一五三五册，集部

舒藝室詩存七卷續存一卷

〔清〕張文虎（一八〇八～一八八五）撰

《續修四庫全書》影印清光緒刻本，第一五三五册，集部

怡青堂詩集八卷怡青堂文集六卷

〔清〕王錫綸（一八〇九～?）撰

《清代詩文集彙編》影印民國鉛印本，第六三三册

秦川焚餘草六卷補遺一卷附刻一卷

〔清〕董平章（一八一一～一八七〇）撰

《續修四庫全書》影印遼寧省圖書館藏清光緒二十七年容齋刻本，第一五三七册，集部

莫友芝詩文集

〔清〕莫友芝（一八一一～一八七一）撰，張劍、陶文鵬、梁光華校點

北京：人民文學出版社，二〇〇九年一月，全二册

曾文正公詩集四卷 曾文正公文集四卷

〔清〕曾國藩（一八一一～一八七二）撰

《續修四庫全書》影印上圖藏清同治十三年傳忠書局刻本，第一五三七册，集部

曾國藩全集・家書

〔清〕曾國藩（一八一一～一八七二）撰，鄧雲生校點

長沙：岳麓書社，一九八五年十月第一版，全二册

曾國藩全集·詩文

〔清〕曾國藩（一八一一～一八七二）撰，彭靖等整理

長沙：岳麓書社，一九八六年十二月第一版

曾國藩全集·日記

〔清〕曾國藩（一八一一～一八七二）撰，蕭守英等整理

長沙：岳麓書社，一九八七年七月至一九八九年六月，全三册

曾國藩全集·讀書録

〔清〕曾國藩（一八一一～一八七二）撰，陳書良整理

長沙：岳麓書社，一九八九年五月第一版，一九九五年二月第二次印刷

曾國藩全集

〔清〕曾國藩（一八一一～一八七二）撰

長沙：岳麓書社，二〇一一年十二月，全三十一册

敦夙好齋詩全集初編十二卷首一卷續編十一卷首一卷

〔清〕葉名澧（一八一二～一八五九）撰

《續修四庫全書》影印復旦圖書館藏清光緒十六年葉兆綱刻本，第一五三六册，集部

九梅村詩集二十卷

〔清〕魏燮均（一八一二～？一八九〇）撰

《續修四庫全書》影印遼寧省圖書館藏清光緒元年紅杏山莊刻本，第一五三九册，集部

九梅村詩集校注

〔清〕魏燮均（一八一二～？一八九〇）撰，畢寶魁（一九五二～）校注

瀋陽：遼海出版社，二〇〇四年七月

玉鑒堂詩集六卷

〔清〕汪曰楨（一八一三～一八八一）撰

《續修四庫全書》影印上海辭書藏民國十年劉氏嘉業堂刻吳興叢書本，第一五四三册，集部

水竹軒詩鈔六卷

〔清〕秦煥（一八一三～一八九二）撰

民國十六年中華書局排印本，中國社會科學院文學研究所圖書館藏，一函一册

爾爾書屋詩草八卷

〔清〕史夢蘭（一八一三～一八九九）撰

《續修四庫全書》影印遼寧省圖書館藏清光緒元年止園刻本，第一五四一册，集部

爾爾書屋文鈔二卷

〔清〕史夢蘭（一八一三～一八九九）撰

《續修四庫全書》影印遼寧省圖書館藏清光緒十七年止園刻本，第一五四一册，集部

詒安堂詩初稿八卷詒安堂二集八卷詒安堂詩餘三卷詒安堂試貼詩鈔一卷

〔清〕王慶勛（一八一四～一八六七）撰

《續修四庫全書》影印科圖藏清咸豐三年刻五年增修本，第一五四四册，集部

煙嶼樓詩集十八卷

〔清〕徐時棟（一八一四～一八七三）撰

《續修四庫全書》影印上海辭書出版社藏清同治七年葉鴻年刻本，第一五四二册，集部

集義軒詠史詩鈔六十卷

〔清〕羅惇衍（一八一四～一八七四）撰

《續修四庫全書》影印天津圖書館藏清光緒元年刻本，第一五四二～一五四三册，集部

思益堂集十九卷

〔清〕周壽昌（一八一四～一八八四）撰

《續修四庫全書》影印上海辭書藏清光緒十四年王先謙等刻本，第一五四〇～一五四一册，集部

龍壁山房詩草十七卷

〔清〕王拯（一八一五～一八七六）撰

《續修四庫全書》影印中國科學院圖書館藏清同治桂林楊博文堂刻本，第一五四五册，集部

心白日齋集六卷

〔清〕尹耕雲（一八一五～一八七七）撰

《清代詩文集彙編》影印清光緒刻本，第六五九册

二知軒詩鈔十四卷

〔清〕方濬頤（一八一五～一八八九）撰

《續修四庫全書》影印華東師大圖書館藏清同治五年刻本，第一五五五册，集部

遜學齋文鈔十二卷續鈔五卷首一卷末一卷

〔清〕孫衣言（一八一五～一八九四）撰

《續修四庫全書》影印上海辭書藏清同治十二年刻增修本，第一五四四册，集部

三恥齋初稿十四卷

〔清〕吳坤修（一八一六～一八七二）撰

清同治八年（一八六九）刻本，上海圖書館藏

空青水碧齋集二十二卷（文八卷）

〔清〕蔣琦齡（一八一六～一八七六）撰

清同光間刻本，中國國家圖書館藏

空青水碧斋詩集十三卷

〔清〕蔣琦齡（一八一六～一八七六）撰

清光緒七年（一八八一）蔣琦齡子蔣文英刊刻本

空青水碧齋詩文集

〔清〕蔣琦齡（一八一六～一八七六）撰

南寧：廣西人民出版社，二〇〇一年十二月，「全州歷史文化叢書」

帶耕堂遺詩五卷首一卷崇祀録一卷吳中判牘一卷

〔清〕蒯德模（一八一六～一八七七）撰

《續修四庫全書》影印華東師大圖書館藏民國十八年刻蒯氏家集本，第一五四五册，集部

通義堂文集十六卷

〔清〕劉毓崧（一八一八～一八六七）撰

《續修四庫全書》影印民國劉氏刻求恕齋叢書本，第一五四六册，集部

劒虹居古文詩集四卷（文集二卷詩集二卷）

〔清〕秦煥（一八一八～一八九一）撰

清光緒三十一年序刊本，中國社會科學院文學研究所圖書館藏，一函四册

養知書屋詩集十五卷養知書屋文集二十八卷

〔清〕郭嵩燾（一八一八～一八九一）撰

《續修四庫全書》影印上海辭書藏清光緒十八年刻本，第一五四七册，集部

小匏庵詩存六卷卷末附一卷

〔清〕吳仰賢（一八二一～一八八七）撰

《續修四庫全書》影印復旦圖書館藏清光緒四年刻本，第一五四八册，集部

天岳山館文鈔四十卷

〔清〕李元度（一八二一～一八八七）撰

《續修四庫全書》影印浙江圖書館藏清光緒六年刻本，第一五四九册，集部

賓萌集六卷外集四卷 春在堂雜文二卷續編五卷三編四卷四編八卷五編八卷六編十卷六編補遺六卷 春在堂詩編二十三卷

〔清〕俞樾（一八二一～一九〇七）撰

《續修四庫全書》影印上海辭書藏清光緒二十五年刻春在堂全書本，第一五五〇～一五五一册，集部

雲卧山莊詩集八卷首一卷末一卷

〔清〕郭崑燾（一八二三～一八八二）撰

《續修四庫全書》影印華東師大圖書館藏清光緒十一年郭氏岵瞻堂刻本，第一五五二册，集部

退復軒詩四卷

〔清〕錫縝（一八二三～一八八四）撰

《續修四庫全書》影印遼寧省圖書館藏清末刻本，第一五五四册，集部

玉笙樓詩録十二卷續録一卷

〔清〕沈壽榕（一八二三～一八八四）撰

《續修四庫全書》影印清光緒九年刻增修本，第一五五七册，集部

退補齋詩存十六卷首一卷退補齋文存十二卷首一卷

〔清〕胡鳳丹（一八二三～一八九〇）撰

《續修四庫全書》影印復旦圖書館藏清同治十二年退補齋鄂州刻本，第一五五二册，集部

退補齋詩存二編十卷退補齋文存二編五卷

〔清〕胡鳳丹（一八二三～一八九〇）撰

《續修四庫全書》影印上圖藏清光緒七年退補齋刻本，第一五五二册，集部

濂亭文集八卷遺文五卷遺詩二卷

〔清〕張裕釗（一八二三～一八九四）撰

《續修四庫全書》影印遼寧省圖書館藏清光緒八年查氏木漸齋蘇州刻本，第一五四四册，集部

張裕釗詩文集

〔清〕張裕釗（一八二三～一八九四）撰，王達敏（一九六一～）校點

上海：上海古籍出版社，二〇〇七年十月

金粟山房詩草

〔清〕張培仁（一八二三～?）撰

清道光三十年（一八五〇）刻本

陶樓文鈔十四卷

〔清〕黄彭年（一八二四～一八九〇）撰

《續修四庫全書》影印復旦圖書館藏民國十二年章鈺等刻本，第一五五二～一五五三册，集部

延桂山房吟稿八卷延桂山房詞草一卷延桂山房文集一卷延桂山房别集一卷

〔清〕王惟成（一八二五～一八九四）撰

《清代詩文集彙編》影印清光緒二十六年王氏刻本，第七〇〇册

隨山館猥槁十卷續稿二卷隨山館叢稿四卷隨山館尺牘二卷

〔清〕汪瑔（一八二八～一八九一）撰

《續修四庫全書》影印科圖藏清光緒刻隨山館全集本，第一五五七～一五五八册，集部

六一山房詩集十卷續集十卷

〔清〕董沛（一八二八～一八九五）撰

《續修四庫全書》影印華東師大圖書館藏清同治十三年刻增修本，第一五五八册，集部

正誼堂文集二十四卷行狀一卷

〔清〕董沛（一八二八～一八九五）撰

《續修四庫全書》影印華東師大圖書館藏清光緒刻本，第一五五八册，集部

弢園文録外編十二卷

〔清〕王韜（一八二八～一八九七）撰

天津圖書館藏清光緒九年鉛印本，第一五五八册，集部

椒園詩鈔七卷雪鴻詞二卷

〔清〕黎庶蕃（一八二九～一八八六）

《清代詩文集彙編》影印清光緒十五年日本使署刻黎氏家集本，第七〇九册

寒松閣詞四卷

〔清〕張鳴珂（一八二九～一九〇八）撰

《續修四庫全書》影印上圖藏清光緒十年江西書局刻本，第一七二七册，集部

白華絳柎閣詩集十卷

〔清〕李慈銘（一八三〇～一八九四）撰

《續修四庫全書》影印上圖藏清光緒十六年刻越縵堂集本，第一五五九册，集部

松夢寮詩稿八卷

〔清〕丁丙（一八三二～一八九九）撰

《續修四庫全書》影印清光緒二十五年丁立中刻本，第一五五九册，集部

寓真軒詩鈔十二卷

〔清〕蔡希邠（一八三二～一九〇〇）撰

光緒二十年太平思順兵備道署校刊本

湘綺樓詩文集

〔清〕王闓運（一八三三～一九一六）撰，馬積高（一九二五～二〇〇一）主編

長沙：岳麓書社，一九九六年九月，全四册

仿潛齋詩鈔十五卷

〔清〕李嘉樂（一八三三～?）撰

《續修四庫全書》影印山東省圖書館藏清光緒十五年刻本，第一五五九～一五六〇册，集部

艮居文鈔一卷艮居詩括四卷艮居詞選二卷

〔清〕蔡壽臻（一八三三～?）撰

《清代詩文集彙編》影印清光緒三十年至三十二年刻本，第七二五册

儀顧堂集二十卷

〔清〕陸心源（一八三四～一八九四）撰

《續修四庫全書》影印清光緒刻本，第一五六〇册，集部

敬孚類稿十六卷

〔清〕蕭穆（一八三五～一九〇四）撰

《續修四庫全書》影印清光緒三十三年刻本，第一五六〇～一五六一册，集部

張文襄公古文二卷張文襄公書劄八卷張文襄公駢文二卷張文襄公詩集四卷

〔清〕張之洞（一八三七～一九〇九）撰

《續修四庫全書》影印復旦圖書館藏民國十七年刻張文襄公全集本，第一五六一册，集部

張之洞詩文集

〔清〕張之洞（一八三七～一九〇九）撰，龐堅校點

上海：上海古籍出版社，二〇〇八年八月

荔隱山房文略一卷

〔清〕涂慶瀾（一八三七～一九一〇）撰

《續修四庫全書》影印清光緒三十二年刻本，第一五六一册，集部

可園文存十六卷可園詩存二十八卷可園詞存四卷

〔清〕陳作霖（一八三七～一九二〇）撰

《續修四庫全書》影印復旦圖書館藏清宣統元年刻增修本，第一五六九册，集部

曾惠敏公文集五卷歸樸齋詩鈔四卷

〔清〕曾紀澤（一八三九～一八九〇）撰

《續修四庫全書》影印上圖藏清光緒十九年江南製造總局鉛印本，第一五六二册，集部

四庫輯本别集拾遺

欒貴明（一九四〇～）輯

北京：中華書局，一九八三年十月，全二册

近代

偶齋詩草三十六卷

愛新覺羅·寶廷（一八四〇～一八九一）撰

《續修四庫全書》影印科圖藏清光緒二十一年方家澍刻本，第一五六二～一五六三册，集部

穆清堂詩鈔三卷

朱庭珍（一八四一～一九〇三）撰

《清代詩文集彙編》影印清光緒十三年石屏朱氏刻本，第七四六册

穆清堂詩鈔續集五卷

朱庭珍（一八四一～一九〇三）撰

《清代詩文集彙編》影印民國刻雲南叢集本，第七四六册

虚受堂詩存十六卷

王先謙（一八四二～一九一八）撰

《續修四庫全書》影印上圖藏清光緒二十八年蘇氏刻增修本，第一五七〇册，集部

葵園四種
王先謙（一八四二～一九一八）撰，梅季標點
長沙：岳麓書社，一九八六〇年九月
聊復軒詩存不分卷
施贊唐（？ ～一九一八）撰
清宣統三年（一九一一）鉛印本，中國社會科學院文學研究所圖書館藏，一函一册
荔村草堂詩鈔十卷
譚宗浚（一八四六～一八八八）撰
《續修四庫全書》影印上圖藏清光緒十八年廖廷相羊城刻本，第一五六四册，集部
荔村草堂詩續鈔一卷
譚宗浚（一八四六～一八八八）撰
《續修四庫全書》影印復旦圖書館藏清宣統二年譚祖任京師刻本，第一五六四册，集部
希古堂集八卷
譚宗浚（一八四六～一八八八）撰
《續修四庫全書》影印復旦圖書館藏清光緒十六年羊城刻本，第一五六四册，集部
佩弦齋文存二卷首一卷佩弦齋駢文存一卷佩弦齋詩存一卷
朱一新（一八四六～一八九四）撰
《續修四庫全書》影印湖北省圖書館藏清光緒二十二年龍氏葆真堂刻拙盦叢稿本，第一五六五册，集部
漸西村人初集十三卷
袁昶（一八四六～一九〇〇）撰
《續修四庫全書》影印清光緒刻本，第一五六五册，集部
安般簃詩續鈔十卷
袁昶（一八四六～一九〇〇）撰
《續修四庫全書》影印清光緒袁氏小漚巢刻本，第一五六五册，集部

于湖小集六卷金陵雜事詩一卷

袁昶（一八四六～一九〇〇）撰

《續修四庫全書》影印清光緒袁氏水明樓刻本，第一五六五册，集部

樊山集二十八卷

樊增祥（一八四六～一九三一）撰

《續修四庫全書》影印清光緒十九年渭南縣署刻本，第一五七四册，集部

樊山續集二十八卷

樊增祥（一八四六～一九三一）撰

《續修四庫全書》影印清光緒二十八年西安臬署刻本，第一五七四～一五七五册，集部

樊樊山詩集

樊增祥（一八四六～一九三一）撰，涂曉馬、陳宇俊校點

上海：上海古籍出版社，二〇〇四年，「中國近代文學叢書」

黃遵憲集

黃遵憲（一八四八～一九〇五）撰，吳振清、徐勇、王家祥編校整理

天津：天津人民出版社，二〇〇三年十月，全二册

黃遵憲全集

黃遵憲（一八四八～一九〇五）撰，陳錚編

中華書局，二〇〇五年三月，全二册

雪虛聲堂詩鈔三卷

楊深秀（一八四九～一八九八）撰

《續修四庫全書》影印上圖藏民國六年上海商務印書館鉛印戊戌六君子遺集本，第一五六七册，集部

鬱華閣遺集四卷

盛昱（一八五〇～一九〇〇）撰

《續修四庫全書》影印上圖藏清光緒三十四年刻本，第一五六七册，集部

師伏堂詩草六卷

皮錫瑞（一八五〇～一九〇八）撰

《續修四庫全書》影印清光緒三十年師伏堂刻本，第一五六七册，集部

沈曾植集校注

沈曾植（一八五一～一九二二）撰，錢仲聯（一九〇八～二〇〇三）校注

北京：中華書局，二〇〇一年十二月，全二册

向湖村舍詩初集十二卷

趙藩（一八五一～一九二七）撰

《續修四庫全書》影印華東師大圖書館藏清光緒十四年長沙刻本，第一五七五册，集部

散原精舍文集

陳三立（一八五二～一九三七）撰

瀋陽：遼寧教育出版社，一九八八年十二月

散原精舍詩文集（增訂本）

陳三立（一八五二～一九三七）撰，李開軍（一九七一～）校點

上海：上海古籍出版社，二〇一四年十二月

范伯子詩集十九卷

范當世（一八五四～一九〇五）撰

《續修四庫全書》影印科圖藏清末鉛印本，第一五六八册，集部

陳熾集

陳熾（一八五五～一九〇〇）撰，趙樹貴、曾麗雅編

北京：中華書局，一九九七年四月，「中國近代人物文集叢書」

石遺室詩集六卷 補遺一卷 石遺室文集十二卷

陳衍（一八五六～一九三七）撰

《續修四庫全書》影印清刻本，第一五七六册，集部

陳石遺集

陳衍（一八五六～一九三七）撰，陳步（一九二一～一九九四）編

福州：福建人民出版社，二〇〇一年六月，全三册，「八閩文獻叢刊」

潛園正集三十卷（詩集十二卷詞四卷文集十四卷）

魏元曠（一八五七～一九三六）撰

《清代詩文集彙編》影印民國二十二年魏氏全書本，第七八四册

松壽堂詩鈔十卷

陳夔龍（一八五七～一九四八）撰

《續修四庫全書》影印清宣統三年京師刻本，第一五七七册，集部

丁戊之間行卷十卷

易順鼎（一八五八～一九二〇）撰

《續修四庫全書》影印上圖藏清光緒五年貴陽刻本，第一五七六册，集部

盾墨拾餘十四卷

易順鼎（一八五八～一九二〇）撰

《續修四庫全書》影印上圖藏清光緒二十二年刻哭盦叢書本，第一五七六册，集部

琴志樓詩集

易順鼎（一八五八～一九二〇）撰，王飈（一九四四～）校點

上海：上海古籍出版社，二〇〇四年四月，全二册

雁影齋詩存一卷

李希聖（一八六四～一九〇五）撰

《清代詩文集彙編》影印清光緒三十一年京師刻本《雁影齋詩存》，第七八九册

楚望閣詩集十卷

程頌萬（一八六五～一九三二）撰

《續修四庫全書》影印復旦圖書館藏清光緒二十七年刻本，第一五七七册，集部

嶺雲海日樓詩鈔十三卷選外集一卷

丘逢甲（一八六四～一九一二）撰

《續修四庫全書》影印復旦圖書館藏民國鉛印本，第一五七六册，集部

上海：上海古籍出版社，一九八二年九月，「中國古典文學叢書」

合肥：安徽人民出版社，一九八四年五月

葉德輝詩文集

葉德輝（一八六四～一九二七）撰，張晶萍校點

長沙：岳麓書社，二〇一〇年二月

葉德輝詩集

葉德輝（一八六四～一九二七）撰，印曉峰注解

上海：華東師範大學出版社，二〇一〇年五月

環天室詩集五卷後集一卷

曾廣鈞（一八六六～一九二九）撰

宣統二年（一九一〇）刻本

貞松老人遺稿

羅振玉（一八六六～一九四〇）撰

《民國叢書》第五編影印本，第五〇九五～五〇九六册

羅振玉學術論著集

羅振玉（一八六六～一九四〇）撰，羅繼祖（一九一三～二〇〇二）、王同策（一九三六～）主編

上海：上海古籍出版社，二〇一〇年十二月，全十六册

趙熙集

趙熙（一八六七～一九四八）撰，王仲鏞（一九一五～一九九七）主編

成都：巴蜀書社，一九九六年五月

袁嘉穀文集

袁嘉穀（一八七二～一九三七）撰

昆明：雲南人民出版社，二〇〇一年十二月

天放樓詩文集

金天羽（一八七三～一九四七）撰，周録祥（一九七八～）校點

上海：上海古籍出版社，二〇〇七年十一月

五百石洞天揮麈十二卷

邱煒萲（一八七四～一九四一）撰

《續修四庫全書》影印清光緒二十五年邱氏粤垣刻本，第一七〇八册，集部

晚翠軒集一卷補遺一卷外集一卷遺劄一卷附録一卷

林旭（一八七五～一八九八）撰

《續修四庫全書》影印復旦圖書館藏民國鉛印墨巢叢刻本，第一五六八册，集部

江山萬里樓詩詞鈔十三卷

楊圻（一八七二～一九三八）著，馬衛中（一九五九～）、潘虹校點

上海：上海古籍出版社，二〇〇三年六月

忍古樓詩十五卷

夏敬觀（一八七五～一九五三）撰

一九三七年排印本

趙柏岩詩集校注

趙炳麟（一八七六～一九二七）撰，余瑾（一九四五～）、劉深（一九七八～）校注

成都：巴蜀書社，二〇一四年四月，「廣西地方古籍整理研究叢書」

王國維文集

王國維（一八七七～一九二七）撰

北京：中國文史出版社，一九九七年五月，全四册

陳寅恪集・詩集

陳寅恪（一八九〇～一九六九）

北京：生活・讀書・新知三聯書店，二〇〇一年五月

馬一浮集

馬一浮（一八八三～一九六七）撰

杭州：浙江古籍出版社、浙江教育出版社，一九九六年十月（第一册，虞萬里校點）；一九九六年十二月（第二册，丁敬涵校點）、（第三册，馬鏡泉、樓達人、馬仲嗣、丁敬涵、虞萬里校點）

馬隅卿小説戲曲論集

馬廉（一八九三～一九三五）撰，劉倩（一九七二～）編

北京：中華書局，二〇〇六年八月

錢鍾書集

錢鍾書（一九一〇～一九九八）撰

北京：生活・讀書・新知三聯書店，二〇〇一年一月，繁體精裝本，十種十三册

錢鍾書手稿集：容安館劄記
錢鍾書（一九一〇～一九九八）撰
北京：商務印書館，二〇〇三年七月，全三册
錢鍾書手稿集・中文筆記
錢鍾書（一九一〇～一九九八）撰
北京：商務印書館，二〇一一年十月，全二十册

詩話之屬

詩話類編
〔明〕王昌會（萬曆四十四年前後）編
明萬曆四十四年（一六一六）刊本
臺北：廣文書局影印明萬曆四十四年（一六一六）刊本
歷代詩話
〔清〕何文焕（乾隆三十五年前後）輯
北京：中華書局，一九八一年四月第一版；一九九七年三月第四次印刷，全二册
臺北：藝文印書館，木鐸出版社，一九八二年二月初版；一九八八年九月，全二册
歷代詩話續編
丁福保（一八七四～一九五二）輯
北京：中華書局，一九八三年八月第一版；一九九七年三月第三次印刷，全三册
臺北：木鐸出版社，一九八八年七月，全三册
古今詩話叢編
廣文編譯所編
臺北：廣文書局，一九七一年九月，共三十三種，精裝全十六册
古今詩話續編
廣文編譯所編

臺北：廣文書局，一九七三年九月，共三十六種，精裝全四十四册

歷代詩話論作家

常振國（一九五一～）、降雲（一九五二～）編

長沙：湖南文藝出版社，一九八四年九月（上編），一九八六年十月（下編），全二册

中國詩話珍本叢書

蔡鎮楚（一九四一～）編

北京：北京圖書館出版社，二〇〇四年十二月影印，全二十二册

域外詩話珍本叢書

蔡鎮楚（一九四一～）編

北京：北京圖書館出版社，二〇〇六年九月影印，全二十册

日本詩話二十種

馬歌東（一九五〇～）編選校點

廣州：暨南大學出版社，二〇一四年四月，全二册

韓國詩話全編校注

蔡美花（一九五六～）、趙季（一九五一～）主編

北京：人民文學出版社，二〇一二年十二月，全十二册

詩話叢林校注

〔韓〕洪萬宗（一六四三～一七二五）編，趙季（一九五一～）、劉暢（一九八八～）注

北京：人民文學出版社，二〇一五年十月

宋詩話輯佚

郭紹虞（一八九三～一九八四）輯

北京：中華書局，一九八〇年九月，全二册

臺北：華正書局，一九八一年十二月

宋詩話考

郭紹虞（一八九三～一九八四）著

北京：中華書局，一九七九年八月

臺北：漢京文化事業有限公司，一九八三年一月

宋人詩話外編

程毅中（一九三〇～）主編

北京：國際文化出版公司，一九九六年三月，全二册

宋詩話全編

吳文治（一九二五～二〇〇九）主編

南京：江蘇古籍出版社，一九九八年十二月，全十册

遼金元詩話全編

吳文治（一九二五～二〇〇九）主編

南京：鳳凰出版社，二〇〇六年十月

元代詩法校考

張健（一九六四～）編著

北京：北京大學出版社，二〇〇一年九月

明詩話全編

吳文治（一九二五～二〇〇九）主編

南京：江蘇古籍出版社，一九九七年十二月，全十册

全明詩話

周維德（一九三三～）集校

濟南：齊魯書社，二〇〇五年六月，全六册

珍本明詩話五種

張健（一九六四～）

北京：北京大學出版社，二〇〇八年六月

稀見明人詩話十六種

陳廣宏（一九六二～）、侯荣川（一九七一～）編校

上海：上海古籍出版社，二〇一四年十二月，全二册

清詩話

〔清〕王夫之（一六一九～一六九二）等撰，丁福保（一八七四～一九五二）輯

上海：中華書局上海編輯所，一九六三年九月第一版；上海：上海古籍出版社，一九七八年九月新一版，平裝全二册；一九九九年六月第二次印刷，

精裝一册

臺北：藝文印書館，木鐸出版社，一九八三年十二月；一九八八年九月

清詩話續編

郭紹虞（一八九三～一九八四）編選，富壽蓀（一九二三～一九九六）校點

上海：上海古籍出版社，一九八三年十二月第一版，平裝全四册；一九九九年六月第二次印刷，精裝全二册

臺北：木鐸出版社，一九八三年十二月，全三册

清詩話訪佚初編

杜松柏（一九三五～）主編

臺北：新文豐出版公司，一九八七年六月，精裝全十册

清詩話三編

張寅彭（一九五〇～）選輯

上海：上海古籍出版社，二〇一四年十二月，精裝全十册

新訂清人詩學書目

張寅彭（一九五〇～）著

上海：上海書店出版社，二〇〇三年七月

清詩話考

蔣寅（一九五九～）著

北京：中華書局，二〇〇五年一月

民國詩話叢編

張寅彭（一九五〇～）主編

上海：上海書店出版社，二〇〇二年十二月，精裝全六册

唐詩紀事

〔宋〕計有功（一一二一進士）撰

上海：中華書局上海編輯所，一九六五年十一月

上海：上海古籍出版社，一九八七年七月新一版，平裝全二册，精裝一册

唐詩紀事校箋

〔宋〕計有功（一一二一進士）撰，王仲鏞（一九一五～一九九七）校箋

成都：巴蜀書社，一九八九年八月，全二册

北京：中華書局，二〇〇七年十二月，全八册，「中國文學研究典籍叢刊」
宋詩紀事一百卷
〔清〕厲鶚（一六九二～一七五二）輯撰
《四庫全書》本
上海：上海古籍出版社，一九八三年六月，精裝全二册，平裝全四册
宋詩紀事補遺一百卷宋詩紀事小傳補正四卷
〔清〕陸心源（一八三四～一八九四）撰
《續修四庫全書》影印清光緒刻本，第一七〇八～一七〇九册，集部
徐旭、李志國校點本，太原：山西古籍出版社，一九九七年七月
宋詩紀事拾遺
屈強輯
台北：世界書局，民國三十六年二月
宋詩紀事續補
孔凡禮（一九二三～二〇一〇）輯撰
北京：北京大學出版社，一九八七年五月
宋詩紀事補正
錢鍾書（一九一〇～一九九八）補正
瀋陽：遼寧人民出版社、遼海出版社，二〇〇三年一月，全十二册
元詩紀事
陳衍（一八五六～一九三七）輯撰，李夢生（一九五二～）校點
上海：上海古籍出版社，一九八七年三月
明詩紀事一百八十七卷
陳田（一八四九～一九二一）輯
《續修四庫全書》影印天津圖書館藏清貴陽陳氏聽詩齋刻本，第一七一〇～一七一二册，集部
上海：上海古籍出版社，一九九三年十二月
清詩紀事初編
鄧之誠（一八八七～一九六〇）編
上海：中華書局上海編輯所，一九六五年十一月；上海古籍出版社，一九八

四年二月，全二册

清詩紀事

錢仲聯（一九〇八～二〇〇三）主編

南京：江蘇古籍出版社，一九八九年四月，全二十二册

羯鼓録 樂府雜録 碧雞漫志

〔唐〕南卓（八二八至八六〇間）撰〔唐〕段安節撰〔宋〕王灼（一一〇五或一一〇六～一一七六後）撰

上海：古典文學出版社，一九五七年四月第一版，「中國文學參考資料小叢書」第一輯；上海：中華書局上海編輯所，一九五八年。上海古籍出版社，一九八八年十二月新一版

本事詩　本事詞

〔唐〕孟啓（八七五進士）撰〔清〕葉申薌（一七八〇～一八四二）撰

上海：古典文學出版社，一九五七年九月；中華書局上海編輯所，一九五九年八月

本事詩續本事詩　本事詞

〔唐〕孟啓（八七五進士）撰〔清〕徐釚（一六三六～一七〇八）撰，葉申薌（一七八〇～一八四二）撰，李學穎（一九三〇～）標點

上海：上海古籍出版社，一九九一年四月

六一詩話 白石詩説 滹南詩話

〔宋〕歐陽修（一〇〇七～一〇七二）撰，鄭文（一九一〇～二〇〇六）校點

〔宋〕姜夔（一一五五？～一二二一）撰，鄭文（一九一〇～二〇〇六）校點

〔金〕王若虚（一一七四～一二四三）撰，霍松林（一九二一～二〇一七）、胡主佑（一九二二～）校點

北京：人民文學出版社，一九六二年五月，「中國古典文學理論批評專著選輯」

冷齋夜話 風月堂詩話 環溪詩話

〔宋〕釋惠洪（一〇七一～一一二八）撰〔宋〕朱弁（一〇八五～一一四

四）撰〔宋〕吴沆（一一一六～一一七二）撰，陳新（一九二七～二〇一八）點校
北京：中華書局，一九八八年七月

詩話總龜前集·後集
〔宋〕阮閲（一〇八五進士）編撰，周本淳（一九二一～二〇〇二）校點
北京：人民文學出版社，一九八七年八月第一版；一九九八年二月新一版，全二册，「中國古典文學理論批評專著選輯」

臨漢隱居詩話校箋
〔宋〕魏泰（一〇三五後～一一〇九後）撰，陳應鸞（一九四四～）校箋
成都：巴蜀書社，二〇〇一年十一月，「中國古典文獻學研究叢書」

砮溪詩話
〔宋〕黄徹（一〇九三～一一五八）撰，湯新祥（一九三九～）校注
北京：人民文學出版社，一九八六年九月第一版；一九九八年五月新一版，「中國古典文學理論批評專著選輯」

韻語陽秋
〔宋〕葛立方（一〇九八～一一六四）撰
上海：上海古籍出版社，據上海圖書館藏宋刻本影印，一九八四年十月第一版

苕溪漁隱叢話前集·後集
〔宋〕胡仔（一一一〇～一一七〇）撰，廖德明（王利器一九一二～一九九八）校點
北京：人民文學出版社，一九六二年六月第一版；一九八四年五月第三次印刷，全二册，「中國古典文學理論批評專著選輯」

歲寒堂詩話箋注
〔宋〕張戒（？～一一七八）撰，陳應鸞（一九四四～）箋注
成都：四川大學出版社，一九九〇年二月

歲寒堂詩話校箋
〔宋〕張戒（？～一一七八）撰，陳應鸞（一九四四～）校箋
成都：巴蜀書社，二〇〇〇年三月，「中國古典文獻學研究叢書」

竹莊詩話

〔宋〕何汶（一一九六進士）撰，常振國（一九五一～）、絳雲（一九五二～）點校

北京：中華書局，一九八四年五月

詩律武庫十五卷 後集十五卷

〔宋〕吕祖謙（一一三七～一一八一）輯

《叢書集成初編》據金華叢書本排印，總類，第一七四～一七五册

東萊先生分門詩律武庫十五卷 後集十五卷

〔宋〕吕祖謙（一一三七～一一八一）輯

《續修四庫全書》影印北圖藏清影宋抄本，第一二一六册，子部

《四庫全書存目叢書》影印北圖藏清影宋抄本，子部第一六七册

餘師録四卷

〔宋〕王正德（一一八二前後）輯

《四庫全書》本；《叢書集成初編》據墨海金壺本排印，文學類，第二六一六册

陳學士吟窗雜録五十卷

〔宋〕陳應行（舊題）輯

《四庫全書存目叢書》影印明嘉靖間刻本（卷一至卷五配抄本），集部第四一五册

《續修四庫全書》影印北大圖書館藏明嘉靖二十七年崇文書堂刻本，第一六九四册，集部

吟窗雜録

〔宋〕陳應行（舊題）編，王秀梅（一九四一～）整理

北京：中華書局，一九九七年十一月，影印臺灣中央圖書館藏明抄五十卷本

後村詩話

〔宋〕劉克莊（一一八七～一二六九）撰，王秀梅（一九四一～）點校

北京：中華書局，一九八三年十二月第一版

滄浪詩話箋注

〔宋〕嚴羽（一一九二？～一二四五?）撰，胡才甫（一九〇三～一九九五）

箋注
上海：中華書局，一九三七年二月
滄浪詩話校釋
〔宋〕嚴羽（一一九二？～一二四五？）撰，郭紹虞（一八九三～一九八四）校釋
北京：人民文學出版社，一九六一年五月第一版；一九八三年八月第二版；一九九八年二月新一版，「中國古典文學理論批評專著選輯」
臺北：河洛圖書出版社，一九七九年十二月
詩人玉屑
〔宋〕魏慶之（一一九六？～一二七三？）編撰，王仲聞（一九〇一～一九六九）校勘
上海：古典文學出版社，一九五八年三月，「中國文學參考資料小叢書」；中華書局上海編輯所，一九五九年六月新一版；上海：上海古籍出版社，一九七八年三月新一版；一九八二年六月第二次印刷，全二册；北京：中華書局，二〇〇七年十一月，全二册
臺北：商務印書館，一九七二年九月，「人人文庫」叢書
弁陽詩話
〔宋〕周密（一二三二～一二九八）撰
《螢雪軒叢書》本
精選古今名賢叢話詩林廣記
〔宋〕蔡正孫（一二三九～一三〇〇後）編撰
日本寬文八年中野吉右衛門繡梓本
詩林廣記前集十卷後集十卷
〔宋〕蔡正孫（一二三九～一三〇〇後）編撰
《四庫全書》本
常振國（一九五一～）、絳雲（一九五二～）點校
北京：中華書局，一九八二年八月
唐宋千家聯珠詩格校證
〔宋〕于濟、蔡正孫（一二三九～一三〇〇後）編（朝鮮）徐居正（一四二

〇～一四八八）增注，卞東波（一九七八～）校證

南京：鳳凰出版社，二〇〇七年十二月，全二册

修辭鑑衡二卷

〔元〕王構（一二四五～一三一〇）撰

《四庫全書》本

詩法正論一卷

〔元〕傅若金（一三〇三～一三四二）撰

明萬曆三十一年胡文煥輯《格致叢書》刊本

蓮堂詩話二卷校訛一卷續校一卷

〔元〕祝誠（後至元三年前後）撰〔清〕胡珽撰校勘記校訛〔清〕董金鑒撰續校

《叢書集成初編》據琳琅秘室叢書本排印，文學類，第二五七五册

《續修四庫全書》影印清光緒十四年會稽董氏取斯堂木活字印琳琅秘室叢書本，第一六九四册，集部

東坡詩話録三卷

〔元〕陳秀民（？～一三八九後）輯

《叢書集成初編》據學海類編本排印，文學類，第二五七四册

南溪筆録群賢詩話二卷

〔元〕南溪撰

《四庫全書存目叢書》影印明正德五年刻本，集部第四一六册

文章辨體序説　文體明辨序説

〔明〕吳訥（一三七二～一四五七）撰，于北山（一九一七～一九八七）校點

〔明〕徐師曾（一五一七～一五八〇）撰，羅根澤（一九〇〇～一九六〇）校點

北京：人民文學出版社，一九六二年八月第一版；一九九八年五月新一版，「中國古典文學理論批評專著選輯」

懷麓堂詩話校釋

〔明〕李東陽（一四四七～一五一六）撰，李慶立（一九四三～）校釋

北京：人民文學出版社，二〇〇九年十月，「中國古典文學理論批評專著選輯」第二輯

唐詩品一卷

〔明〕徐獻忠（一四六九～一五四五）撰

明朱警編《唐百家詩》嘉靖十九年刻本附；《明詩話全編》本

餘冬詩話二卷

〔明〕何孟春（一四七四～一五三六）撰

《叢書集成初編》據學海類編本排印，文學類，第二五八〇册

《全明詩話》本；《明詩話全編》本

升庵詩話箋證

〔明〕楊慎（一四八八～一五五九）撰，王仲鏞（一九一五～一九九七）箋證

上海：上海古籍出版社，一九八七年十二月

楊慎詩話校箋

〔明〕楊慎（一四八八～一五五九）撰，楊文生校箋

成都：四川人民出版社，一九九〇年七月

升庵詩話新箋證

〔明〕楊慎（一四八八～一五五九）撰，王大厚（一九四八～）箋證

北京：中華書局，二〇〇八年十二月，「中國文學研究典籍叢刊」

四溟詩話 薑齋詩話

〔明〕謝榛（一四九九～一五七九）撰，宛平點校

〔清〕王夫之（一六一九～一六九二）撰，夷之（舒蕪，一九二二～二〇〇九）點校

北京：人民文學出版社，一九六一年六月第一版；一九九八年二月新一版，「中國古典文學理論批評專著選輯」

詩家直説箋注

〔明〕謝榛（一四九九～一五七九）撰，李慶立（一九四三～）、孫慎之（一九三五～）箋注

濟南：齊魯書社，一九八七年五月，「明清文學理論叢書」

蓉塘詩話二十卷

〔明〕姜南（正德十四年舉人）撰

明隆慶五年刻本，六册

《續修四庫全書》影印天一閣藏明嘉靖二十二年張國鎮刻本，第一六九五～一六九六册，集部

藝苑卮言校注

〔明〕王世貞（一五二六～一五九〇）撰，羅仲鼎（一九三五～）校注

濟南：齊魯書社，一九九二年七月，「明清文學理論叢書」

豫章詩話六卷

〔明〕郭子章（一五四三～一六一八）撰

《四庫全書存目叢書》影印明萬曆三十年吳獻台刻本，集部第四一七册

詩藪二十卷（内編六卷外編六卷雜編六卷續編二卷）

〔明〕胡應麟（一五五一～一六〇二）撰

《續修四庫全書》影印明刻本，第一六九六册，集部

《四庫全書存目叢書》影印明刻本，集部第四一七～四一八册

上海：中華書局上海編輯所標點排印本，一九五八年十月第一版；一九六二年十一月第二次印刷

王國安（一九四六～）校補，上海：上海古籍出版社，一九七九年十一月新一版

詩源辯體三十六卷附後集纂要二卷

〔明〕許學夷（一五六三～一六三三）撰

《續修四庫全書》影印北圖藏明崇禎十五年陳所學刻本，第一六九六册，集部

詩源辯體

〔明〕許學夷（一五六三～一六三三）撰，杜維沫（一九二六～二〇一七）校點

北京：人民文學出版社，一九八七年十月第一版；一九九八年二月新一版，「中國古典文學理論批評專著選輯」

小草齋詩話

〔明〕謝肇淛（一五六七～一六二四）撰

讀耕齋林先生舊藏本摹刻；《明詩話全編》本

唐音癸籤

〔明〕胡震亨（一五六九～一六四五）撰

上海：古典文學出版社，一九五七年五月，「中國文學參考資料小叢書」

周本淳（一九二一～二〇〇二）校點，上海：上海古籍出版社，一九八一年五月第一版

歷代詩家

〔明〕范士楫撰

清順治年間木刻本

頤山詩話一卷

〔明〕安磐（弘治十八年進士）撰

《四庫全書》本

詩法十卷

〔明〕謝天瑞輯

《續修四庫全書》影印北圖藏明復古齋刻本，第一六九五册，集部

藝藪談宗六卷

〔明〕周子文（萬曆十一年進士）編

《四庫全書存目叢書》影印明萬曆間梁溪周氏刻本，集部第四一七册

堯山堂偶雋七卷

〔明〕蔣一葵（萬曆二十二年舉人）撰

臺灣新文豐出版公司《叢書集成續編》本，第二〇〇册

木石居精校八朝偶雋七卷

〔明〕蔣一葵（萬曆二十二年舉人）撰

《續修四庫全書》影印北圖藏明木石居刻本，第一七一四册，集部

詩評密諦四卷

〔明〕王良臣（萬曆三十八年進士）輯

《四庫未收書輯刊》影印明天啟間刻本，集部第七輯第三〇册

詩譚十卷續録一卷

〔明〕葉廷秀（？～一六五一）輯評

《續修四庫全書》影印明崇禎胡正言十竹齋刻本，第一六九六册，集部

雅倫二十六卷

〔清〕費經虞（一五九九～一六七一）撰，費密（一六二五～一七〇一）補

《續修四庫全書》影印清康熙四十九年譽處堂刻本，第一六九七册，集部

歷代詩話八十卷

〔明末清初〕吴景旭（一六一一～一六九五）撰

《四庫全書》本

上海：中華書局上海編輯所，一九五八年十月，全二册

陳衛平、徐傑點校，北京：京華出版社，一九九八年六月

詩法醒言十卷

〔清〕張潛（一六二一～一六七八）等輯

《四庫未收書輯刊》影印清乾隆間刻本，集部第六輯第三〇册

西河合集·詩話八卷

〔清〕毛奇齡（一六二三～一七一六）撰

《四庫全書存目叢書》影印清康熙間書留草堂刻《西河合集》本，集部第四二〇册

原詩　一瓢詩話　説詩晬語

〔清〕葉燮（一六二七～一七〇三）撰，霍松林（一九二一～二〇一七）校注

〔清〕薛雪（一六八一～一七七〇）撰，杜維沫（一九二六～二〇一七）校注

〔清〕沈德潛（一六七三～一七六九）撰，霍松林（一九二一～二〇一七）校注

北京：人民文學出版社，一九七九年九月第一版；一九九八年五月新一版，「中國古典文學理論批評專著選輯」

詩源·詩美·詩法探幽——原詩評釋

〔清〕葉燮（一六二七～一七〇三）撰，呂智敏（一九三八～）評釋

北京：書目文獻出版社，一九九〇年十一月

靜志居詩話

〔清〕朱彝尊（一六二九～一七〇九）撰〔清〕姚祖恩（一七八四進士）編，黃君坦（一九〇二～一九八六）校點

北京：人民文學出版社，一九九〇年十月第一版，一九九八年二月新一版，全二册，「中國古典文學理論批評專著選輯」

帶經堂詩話三十卷首一卷

〔清〕王士禛（一六三四～一七一一）撰〔清〕張宗柟（一七〇四～一七六五）輯

《續修四庫全書》影印科圖藏清乾隆二十七年刻本，第一六九八～一六九九册，集部

帶經堂詩話

〔清〕王士禛（一六三四～一七一一）撰〔清〕張宗柟（一七〇四～一七六五）纂集，戴鴻森（一九三二～二〇〇七）校點

北京：人民文學出版社，一九六三年十一月第一版（署夏閎點校）；一九九八年二月新一版，全二册，「中國古典文學理論批評專著選輯」

漁洋詩話三卷

〔清〕王士禛（一六三四～一七一一）撰

《四庫全書》本；《清詩話》本

五代詩話

〔清〕王士禛（一六三四～一七一一）原編，鄭方坤（一六九三～一七五五後）删補

李珍華點校，北京：書目文獻出版社，一九八九年十二月

戴鴻森（一九三二～二〇〇七）校點，北京：人民文學出版社，一九八九年十二月，「中國古典文學理論批評專著選輯」

詩問四種

〔清〕王士禛（一六三四～一七一一）等撰，周維德（一九三三～）箋注

濟南：齊魯書社，一九八五年二月，「明清文學理論叢書」

硯齋詩談八卷

〔清〕張謙宜（一六四九～一七三一後）撰

《續修四庫全書》影印上圖藏清乾隆二十三年法輝祖刻家學堂遺書二種本，第一六九九册，集部
《清詩話續編》本

説詩樂趣二十卷附偶詠草續集一卷

〔清〕伍涵芬（一六五〇～?）編
《四庫全書存目叢書》影印清康熙四十年華日堂刻本，集部第四二一册

説詩樂趣校注

〔清〕伍涵芬（一六五〇～?）編，楊軍（一九四四～）校注
濟南：齊魯書社，一九九二年七月，「明清文學理論叢書」

談龍録 石洲詩話

〔清〕趙執信（一六六二～一七四四）撰〔清〕翁方綱（一七三三～一八一八）撰，陳邇冬（一九一三～一九九〇）校點
北京：人民文學出版社，一九八一年一月第一版；一九九八年二月新一版，「中國古典文學理論批評專著選輯」

談龍録注釋

〔清〕趙執信（一六六二～一七四四）撰，趙蔚芝（一九一九～～二〇一二）、劉聿鑫（一九三四～）注釋
濟南：齊魯書社，一九八七年五月，「明清文學理論叢書」

我儂説詩二十二卷説原三卷

〔清〕徐錫我（一六六四～一七一四後）撰
清乾隆間趙覲雅抄本，上海圖書館藏

柳亭詩話三十卷

〔清〕宋俊（康熙十一年順天副榜）撰
《四庫全書存目叢書》影印清康熙間天茁園刻本，集部第四二一册
《續修四庫全書》影印中國社會科學院文學研究所圖書館藏清康熙天茁園刻本，第一七〇〇册，集部

柳亭詩話

〔清〕宋俊（康熙十一年順天副榜）撰，辛味白（張春橋，一九一七～二〇〇五）校點

上海：上海雜誌公司，據天茁園刻本排印，貝葉山房張氏藏版，全二册，上册民國二十四年九月，下册民國二十五年五月，「中國文學珍本叢書」第一輯第二種

逸樓四論·論詩

〔清〕李中黄（一六八二前後）

中國科學院圖書館藏抄本

西江詩話十二卷

〔清〕裘君弘（一六七〇～一七四〇）輯

《續修四庫全書》影印復旦圖書館藏清康熙裘氏妙貫堂刻本，第一六九九册，集部

《四庫禁燬書叢刊》影印清康熙四十二年妙貫堂刻本，集部第一三八册

説詩晬語二卷

〔清〕沈德潛（一六七三～一七六九）撰

《續修四庫全書》影印清乾隆刻沈歸愚詩文全集本，第一七〇一册，集部

説詩晬語詮評

〔清〕沈德潛（一六七三～一七六九）撰，蘇文擢（一九二一～一九九七）詮評

臺北：文史哲出版社，一九八五年十月，「文史哲學集成」一三五

野鴻詩的一卷

〔清〕黄子雲（一六九一～一七五四）撰

《續修四庫全書》影印清道光二十四年吳江沈氏世楷堂刻《昭代叢書》壬集補編本，第一七〇一册，集部

全閩詩話十二卷

〔清〕鄭方坤（一六九三～一七五五後）撰

《四庫全書》本

福州：福建人民出版社，二〇〇六年十一月

紅蕉詩話四卷

〔清〕蔡顯（？～一七六七）撰

中國社會科學院文學研究所圖書館藏門人王興謨、王興詩校刊本

詩法指南六卷

〔清〕蔡鈞（一六九四～?）輯

《續修四庫全書》影印清乾隆二十三年（一七五八）匠門書屋刊本，第一七〇二册，集部

上海詩學研究會排印本

緩堂詩話二卷

〔清〕顧詒禄（一六九九～一七六八）撰

乾隆三十一年（一七六六）刊本

彙纂詩法度針八集三十三卷

〔清〕徐文弼（一七一〇？～?）撰

清乾隆二十三年（一七五八）聚盛堂刊本，中國社會科學院文學研究所圖書館藏，一函八册

月山詩話一卷

〔清〕愛新覺羅·恒仁（一七一三～一七四七）撰

《藝海珠塵》本

《續修四庫全書》影印清嘉慶南匯吳氏聽彝堂刻《藝海珠塵》本，第一七〇二册，集部

隨園詩話

〔清〕袁枚（一七一六～一七九八）撰，顧學頡（一九一三～一九九九）校點

北京：人民文學出版社，一九六〇年五月第一版；一九八二年九月第二版；一九九八年二月新一版，全二册，「中國古典文學理論批評專著選輯」

全浙詩話五十四卷

〔清〕陶元藻（一七一七～一八〇一）輯

《續修四庫全書》影印清嘉慶元年怡雲閣刻本，第一七〇三册，集部

詩法易簡録十四卷 録餘緒論一卷

〔清〕李鍈（一七一九？～一七六八）撰，李兆元（乾隆五十九年舉人）補

《續修四庫全書》影印山東省圖書館藏清道光二年（一八二二）十二筆舫齋刊刻本，第一七〇二册，集部

民國六年（一九一七）味經書屋排印本
臺灣：蘭臺書局，一九六九年翻印本

竨雅堂詩話

〔清〕趙文哲（一七二五～一七七三）撰
《叢書集成續編》，據光緒間汪曰楨《荔牆叢刻十三種》本《竨雅堂集》附

蒲褐山房詩話

〔清〕王昶（一七二五～一八〇六）撰
北京大學藏清稿本
周維德（一九三三～）輯校，濟南：齊魯書社，一九八八年一月，「明清文學理論叢書」

甌北詩話

〔清〕趙翼（一七二七～一八一四）撰，霍松林（一九二一～二〇一七）、胡主佑（一九二二～）校點
北京：人民文學出版社，一九六三年三月第一版；一九九八年五月新一版，「中國古典文學理論批評專著選輯」

炙硯瑣談三卷

〔清〕湯大奎（一七二八～一七八七）撰
上海書店《叢書集成續編》第九〇册
《四庫未收書輯刊》影印清乾隆五十七年趙懷玉亦有生齋刻本，集部第一〇輯第三〇册

耄餘詩話十卷

〔清〕周春（一七二九～一八一五）撰
《續修四庫全書》影印上圖藏清抄本，第一七〇〇册，集部

遼詩話二卷

〔清〕周春（一七二九～一八一五）撰
《續修四庫全書》影印浙江圖書館藏清嘉慶藏修書屋刻本，第一七一〇册，集部

全遼詩話

〔清〕周春（一七二九～一八一五）撰，蔣祖怡、張滌雲整理

長沙：岳麓書社，一九九二年五月

重訂中晚唐詩主客圖二卷補遺一卷

〔清〕李懷民（一七三八～一七九三）定

清咸豐四年（一八五四）趙子繩據李秉禮舊板補刊本，中國社會科學院文學研究所圖書館藏

紫荊書屋詩話

〔清〕李懷民（一七三八～一七九三）撰

山東省博物館藏《高密三李詩話》稿抄本；民國元年高密李氏刊本

吳興詩話十六卷首一卷

〔清〕戴璐（一七三九～一八〇六）撰

《續修四庫全書》影印民國五年劉氏嘉業堂刻吳興叢書本，第一七〇五册，集部

梅崖詩話一卷

〔清〕郭兆麒（一七四〇～?）撰

上海書店《叢書集成續編》第一五八册

臺灣新文豐出版公司《叢書集成續編》第二〇二册影印民國二十六年（一九三七）山西省文獻委員會鉛印山右叢書初編本

北江詩話

〔清〕洪亮吉（一七四六～一八〇九）撰，陳邇冬（一九一三～一九九〇）校點

北京：人民文學出版社，一九八三年七月

尊瓠室詩話三卷

〔清〕陳詩（一七四八～一八二六）撰

林建福校點，上海：上海書店出版社，二〇〇二年十二月，《民國詩話叢編》第二册

梧門詩話十六卷

〔清〕法式善（一七五三～一八一三）撰

民國二年（一九一三）癸丑楊亨壽重編手抄本，中國社會科學院文學研究所圖書館藏，一函四册

梧門詩話合校

〔清〕法式善（一七五三～一八一三）撰，張寅彭（一九五〇～）、強迪藝（一九七九～）編校

南京：鳳凰出版社，二〇〇五年十月

藝苑名言八卷

〔清〕蔣瀾（乾隆三十八年前後）輯

清嘉慶三年（一七九八）英德堂重刊本，中國社會科學院文學研究所圖書館藏，一函四册

續詩人玉屑八卷

〔清〕蔣瀾（乾隆三十八年前後）輯

民國三年（一九一四）上海掃葉山房刊本石印本，中國社會科學院文學研究所圖書館藏，一函四册

律詩拗體四卷古韻圖説一卷

〔清〕李兆元（乾隆五十九年舉人）撰

《續修四庫全書》影印山東省圖書館藏清道光二年刻本，第一七〇二册，集部

詩筏橐説四卷

〔清〕李畯（乾隆間）輯

《四庫未收書輯刊》影印清乾隆醉古堂刻本，集部第八輯第三〇册

涇川詩話三卷

〔清〕趙知希（雍正、乾隆間舉人）撰

《續修四庫全書》影印上海辭書藏清道光十二年涇縣趙氏古墨齋刻涇川叢書本，第一七〇一册，集部

老生常談一卷

〔清〕延君壽（一七六五～?）撰

山西人民出版社影印《山右叢書》初編本；臺灣新文豐出版公司《叢書集成續編》本；上海書店版《叢書集成續編》第一五九册影印《山右叢書》初編本

靈芬館詩話

〔清〕郭麐（一七六七～一八三一）撰

清嘉慶二十一年刻本；《清詩話訪佚初編》影印本

昭昧詹言十卷續八卷續録二卷

〔清〕方東樹（一七七二～一八五一）撰

《續修四庫全書》影印清光緒十七年刻本，第一七〇五册，集部

臺北：廣文書局，一九六二年八月

臺北：漢京文化事業有限公司，一九八五年九月

汪紹楹（一九〇九～一九七〇）校點，北京：人民文學出版社，一九六一年十月第一版；一九八四年六月第三次印刷，「中國古典文學理論批評專著選輯」

六紅詩話四卷

〔清〕呂善報（一七七二～?）撰

清道光二十四年（一八四四）刊本，民族文化宫圖書館藏

小滄浪筆談四卷

〔清〕阮元（一七六四～一八四九）撰

《叢書集成初編》據文選樓叢書本排印，文學類，第二五九九～二六〇〇册

香石詩話四卷

〔清〕黄培芳（一七七八～一八五九）撰

《續修四庫全書》影印上圖藏清嘉慶十五年嶺海樓刻嘉慶十六年重校本，第一七〇六册，集部

上海：上海書店影印嘉慶十五年嶺海樓刻本，一九八五年九月

黄培芳詩話三種

〔清〕黄培芳（一七七八～一八五九）撰，管林（一九三三～）標點

廣州：廣東高等教育出版社，一九九五年版

國朝詩人徵略六十卷

〔清〕張維屏（一七八〇～一八五九）輯

《續修四庫全書》影印清道光十年刻本，第一七一二～一七一三册，集部

國朝詩人徵略二編六十四卷（存卷一至卷十一、卷十三、卷十五、卷十七至

卷二十三、卷二十五、卷二十七至卷三十一、卷三十三至卷四十一、卷四十三至卷六十四）

〔清〕張維屏（一七八〇～一八五九）輯

《續修四庫全書》影印復旦圖書館藏清道光二十二年刻本，第一七一三册，集部

國朝詩人徵略

〔清〕張維屏（一七八〇～一八五九）輯，陳永正（一九四一～）點校，蘇展鴻（一九四五～）審定

廣州：中山大學出版社，二〇〇四年十二月

東泉詩話八卷

〔清〕馬星翼（一七九〇～?）撰

《清詩話訪佚初編》影印本

清道光二十一年（一八四一）賨漢齋刊本，中國社會科學院文學研究所圖書館藏，一函十册

匏廬詩話三卷

〔清〕沈濤（一七九二～一八五五）撰

清道光二十一年（一八四一）刊本，中國社會科學院文學研究所圖書館藏，一函三册

道光二十一年（一八四一）望雲仙館刊沈西雝七種本；道光二十八年（一八四八）刊本

《檇李遺書》本；《清詩話訪佚初編》影印本；臺灣新文豐出版公司《叢書集成續編》第二〇二册；上海書店《叢書集成續編》第一五八册

退菴詩話十二卷

〔清〕何曰愈（一七九三～一八七二）撰

清光緒九年（一八七〇）家刻本

覃召文（一九四八～）點校本，廣州：廣東高等教育出版社，一九九六年九月，據光緒本排印，「嶺南叢書」

藥欄詩話二卷

〔清〕嚴廷中（一七九五～一八六四）撰

民國三年（一九一四）雲南圖書館刊《雲南叢書》本

石樓詩話四卷

〔清〕孫煦（一八二一前後）撰

清道光十七年（一八三七）刊巾箱本

譚詩管見一卷

〔清〕熊榮（嘉慶間）撰

清嘉慶七年（一八〇二）厭原山人匯稿本

東目館詩見四卷

〔清〕胡壽芝（嘉慶間）撰

清嘉慶十一年（一八〇六）丙寅刊本

生香詩話四卷

〔清〕俞儼（一八二二前後）

道光七年自刊本生香花蘊合集，湖北省圖書館藏

射鷹樓詩話二十四卷

〔清〕林昌彝（一八〇三～一八七六）撰

《續修四庫全書》影印復旦圖書館藏清咸豐元年刻本，第一七〇六册，集部

射鷹樓詩話

〔清〕林昌彝（一八〇三～一八七六）撰，王鎮遠（一九四九～）、林虞生（一九二七～）標點

上海：上海古籍出版社，一九八八年十二月

海天琴思録八卷續録八卷

〔清〕林昌彝（一八〇三～一八七六）撰

同治三年（一八六四）、同治八年（一八六九）林氏廣州刊本

海天琴思録八卷續録八卷

〔清〕林昌彝（一八〇三～一八七六）撰，王鎮遠（一九四九～）、林虞生（一九二七～）標點

上海：上海古籍出版社一九八八年三月

名媛詩話十二卷續集三卷

〔清〕沈善寶（一八〇八～一八六二）撰

《續修四庫全書》影印中山大學圖書館藏清光緒鴻雪樓刻本，第一七〇六册，集部

藝概

〔清〕劉熙載（一八一三～一八八一）撰，王國安（一九四六～）標點

上海：上海古籍出版社，一九七八年十二月

臺北：華正書局，一九八五年六月

藝概箋注

〔清〕劉熙載（一八一三～一八八一）撰，王氣中（一九〇三～一九九三）箋注

貴陽：貴州人民出版社，一九八六年六月

藝概注稿

〔清〕劉熙載（一八一三～一八八一）撰，袁津琥（一九七一～）校注

北京：中華書局，二〇〇九年五月，「中國文學研究典籍叢刊」

劉熙載論藝六種

〔清〕劉熙載（一八一三～一八八一）撰，徐中玉（一九一〇～二〇一九）、蕭華榮（一九四〇～）校點

成都：巴蜀書社，一九九〇年六月

十二石山齋詩話十卷

〔清〕梁九圖（一八一六～一八八〇）撰

《清詩話訪佚初編》影印本

石樵詩話八卷

〔清〕李樹滋（道光二十六年前後）撰

清道光二十九年（一八四九）湖湘采珍山館刊巾箱本

通齋詩話二卷

〔清〕蔣超伯（一八二一～一八七六）撰

《盤谷鮮蘇》四種之一（未刊稿）

民國四年（一九一五）南昌李之鼎宜秋館鉛字排印本，中國社會科學院文學研究所圖書館藏，一函二册

小匏庵詩話十卷

〔清〕吳仰賢（一八二一～一八八七）撰

光緒八年（一八八二）刊本，中國社會科學院文學研究所圖書館藏，一函六册

《續修四庫全書》影印清光緒刻本，第一七〇七册，集部

雪廬詩話一卷

〔清〕賴學海（一八二五～一八九三）

光緒十八年（一八九二）八月順德刻本

越縵堂詩話三卷

〔清〕李慈銘（一八三〇～一八九四）撰，蔣瑞藻（一八九一～一九二九）編、徐珂（一八六九～一九二八）校

上海：商務印書館鉛印本，民國十四年（一九二五）六月初版，民國十五年（一九二六）八月再版，全二册

詩法萃編十五卷

〔清〕許印芳（一八三二～一九〇一）編

臺灣新文豐出版公司《叢書集成續編》本

詩譜詳説

〔清〕許印芳（一八三二～一九〇一）撰

民國間雲南圖書館刊《雲南叢書》本

亦囂軒詩稿注釋

〔清〕蒙泉鏡（一八三三～一八九七）撰，劉映華注釋

南寧：廣西人民出版社，一九八九年十二月

藻川堂譚藝四卷

〔清〕鄧繹（一八三三～一八九九）撰

清光緒十四年刻本《藻川堂全集》

薑露庵詩話一卷

〔清〕施山（一八三五～一八八二）撰

民國十九年（一九三〇）石印本《通雅堂詩鈔箋注》附

可園詩話八卷

〔清〕陳作霖（一八三七～一九二〇）撰

民國八年（一九一九）鉛印本，中國社會科學院文學研究所圖書館藏，一函二册

論詩集説

〔清〕李景綬撰

上海圖書館藏稿本

夢痕館詩話

胡薇元（一八五〇～一九二〇?）撰

民國間《玉津閣叢書》甲集本

詩學速成指南

鄒弢（一八五〇？～一九三一）撰

民國八年（一九一九）石印本

石遺室詩話

陳衍（一八五六～一九三七）撰

上海：商務印書館，一九二九年版

瀋陽：遼寧教育出版社，一九九八年十二月，「新世紀萬有文庫」

上海：上海書店出版社，二〇〇二年十二月，《民國詩話叢編》第一册

鄭朝宗（一九一二～一九九八）、石文英（一九二八～）校點

北京：人民文學出版社，二〇〇四年八月，「中國古典文學理論批評專著選輯」

陳衍詩論合集

陳衍（一八五六～一九三七）撰，錢仲聯（一九〇八～二〇〇三）輯

福州：福建人民出版社，一九九九年九月，全二册

三唐詩品

宋育仁（一八五八～一九三一）撰

《問琴閣叢書五種》本，民國四年（一九一五）排印本，中國社會科學院文學研究所圖書館藏

褒碧齋詩話一卷

陳鋭（一八六〇～一九二二）撰

民國十九年夏敬觀輯刊抱碧齋集本

張寅彭（一九五〇～）校點，上海：上海書店出版社，二〇〇二年十二月，《民國詩話叢編》第二册

掬緑軒詩話二卷

張燮恩（一八六三～）撰

揚州大學圖書館藏手稿本

韓芳、黄強《稿本〈掬緑軒詩話〉校訂》，載《中國詩學》第十六輯，人民文學出版社，二〇一二年六月

雪橋詩話十二卷續集八卷三集十二卷餘集八卷

楊鍾羲（一八六五～一九三九）撰集，劉承幹（一八八二～一九六三）參校

民國吳興劉氏《求恕齋叢書》刊本，中國社會科學院文學研究所圖書館藏

臺灣新文豐出版公司《叢書集成續編》本

雪橋詩話

楊鍾羲（一八六五～一九三九）撰集，劉承幹（一八八二～一九六三）參校，石繼昌整理

北京：北京古籍出版社，一九八九年十二月

雪橋詩話續集

楊鍾羲（一八六五～一九三九）撰集，劉承幹（一八八二～一九六三）參校，石繼昌整理

北京：北京古籍出版社，一九九一年八月

雪橋詩話三集

楊鍾羲（一八六五～一九三九）撰集，劉承幹（一八八二～一九六三）參校，康奉、李宏整理

北京：北京古籍出版社，一九九一年八月

雪橋詩話餘集

楊鍾羲（一八六五～一九三九）撰集，劉承幹（一八八二～一九六三）參校，康奉、李宏整理

北京：北京古籍出版社，一九九二年一月

雪橋詩話

楊鍾羲（一八六五～一九三九）撰集，劉承幹（一八八二～一九六三）參校，禮廣貴、路明義等整理

瀋陽：遼沈書社，一九九一年一月

雪橋詩話全編

楊鍾羲（一八六五～一九三九）著，雷恩海（一九六九～）、姜朝暉校點

北京：人民文學出版社，二〇一一年七月，全四册

詩史閣詩話

孫雄（一八六六～一九三五）撰

清末民國初昭文孫氏抄本，中國社會科學院文學研究所圖書館藏，一函一册

上海：上海書店出版社，二〇〇二年十二月，《民國詩話叢編》第二册

藏齋詩話二卷續集一卷

趙元禮（一八六八～一九三九）撰

民國二十六年、三十二年鉛印本

藏齋詩話二卷

趙元禮（一八六八～一九三九）撰

李劍冰校點，上海：上海書店出版社，二〇〇二年十二月，《民國詩話叢編》第二册

青樓詩話二卷

雷瑨（一八七一～一九四一）撰

民國十五年掃葉山房石印本，中國社會科學院文學研究所圖書館藏，一册

卧雪詩話八卷

袁嘉穀（一八七二～一九三七）撰

沈蘅仲、王淑軍校點，上海：上海書店出版社，二〇〇二年十二月，《民國詩話叢編》第二册

平等閣詩話二卷

狄葆賢（一八七三～一九二一）撰

上海：上海時報館光緒三十四年六月十五日鉛印本

詩學

黃節（一八七三～一九三五）撰

北京：北京大學出版部民國十一年鉛印本

張寅彭（一九五〇～）校點，上海：上海書店出版社，二〇〇二年十二月，《民國詩話叢編》第二册

謫星説詩（謫星詩話）二卷

錢振鍠（一八七五～一九四四）撰

《名山全集》本

張寅彭（一九五〇～）編輯，錢璱之校點，上海：上海書店出版社，二〇〇二年十二月，《民國詩話叢編》第二册

名山詩話六卷

錢振鍠（一八七五～一九四四）撰

《名山全集》本

張寅彭（一九五〇～）編輯，錢璱之校點，上海：上海書店出版社，二〇〇二年十二月，《民國詩話叢編》第二册

言詩祕笈

孫靖圻（一八七六～?）撰

手稿本

定庵詩話二卷續編二卷

由雲龍（一八七七～一九六一）撰

民國二十三年雲南開智公司排印本

沈蘅仲、王淑軍校點，上海：上海書店出版社，二〇〇二年十二月，《民國詩話叢編》第三册

今傳是樓詩話

王揖唐（一八七八～一九四八）撰

臺灣：文海出版社「近代中國史料叢刊續編」本

張寅彭（一九五〇～）等校點，上海：上海書店出版社，二〇〇二年十二月，《民國詩話叢編》第三册

張金耀校點，瀋陽：遼寧教育出版社，二〇〇三年三月，「新世紀萬有文庫」

十朝詩乘二十四卷

郭則澐（一八八二～一九四六）撰

林建福等校點，上海：上海書店出版社，二〇〇二年十二月，《民國詩話叢編》第二册

然脂餘韻六卷

王蘊章（一八八四～一九四二）撰

商務印書館一九一九年刊本，中國社會科學院文學研究所圖書館藏，一函三册

王培軍校點，上海：上海書店出版社，二〇〇二年十二月，《民國詩話叢編》第五册

民權素詩話

蔣抱玄（一八八六～一九三七?）撰

張寅彭（一九五〇～）校點，上海：上海書店出版社，二〇〇二年十二月，《民國詩話叢編》第五册

聽雨樓詩話一卷

蔣抱玄（一八八六～一九三七?）撰

張寅彭（一九五〇～）校點，上海：上海書店出版社，二〇〇二年十二月，《民國詩話叢編》第五册

海天詩話一卷

胡懷琛（一八八六～一九三八）撰

張寅彭（一九五〇～）校點，上海：上海書店出版社，二〇〇二年十二月，《民國詩話叢編》第五册

光宣詩壇點將録

汪國垣（一八八七～一九六六）

程千帆（一九一三～二〇〇〇）原校，上海：上海書店出版社，二〇〇二年十二月，《民國詩話叢編》第五册

偷閒廬詩話二卷

楊香池（一八九三～一九六四）撰

民國二十三年自刊本

張寅彭（一九五〇～）校點，上海：上海書店出版社，二〇〇二年十二月，《民國詩話叢編》第三册

空軒詩話

吴宓（一八九四～一九七八）撰

張寅彭（一九五〇～）校點，上海：上海書店出版社，二〇〇二年十二月，《民國詩話叢編》第六册

詩學淵源八卷

丁儀撰

民國十九年浙江定海教育局石印本

李劍冰校點，上海：上海書店出版社，二〇〇二年十二月，《民國詩話叢編》第三册

桃花源詩話不分卷

吕光錫撰

民國三十八年長沙大新印務館鉛印本；蔡鎮楚編《中國詩話珍本叢書》本，北京圖書館出版社，二〇〇四年十二月

韓國詩話中論中國詩資料選粹

鄺健行（一九三七～）、陳永明、吴淑鈿選編

北京：中華書局，二〇〇二年七月

萬首論詩絶句

郭紹虞（一八九三～一九八四）、錢仲聯（一九〇八～二〇〇三）、王遽常（一九〇〇～一九八九）編

北京：人民文學出版社，一九九一年二月第一版，全四册，「中國古典文學理論批評專著選輯」

論詩絶句二十種輯注

吴世常輯注

西安：陝西人民出版社，一九八四年十一月

滄白先生論詩絶句百首箋

楊庶堪（一八八一～一九四二）撰，彭伯通（一九一八～）箋注

成都：四川人民出版社，一九八四年八月

論詩絕句

蘇仲翔（一九〇八～一九九五）撰

鄭州：中州書畫社，一九八三年八月

歷代唐詩論評選

陳伯海（一九三五～）主編

保定：河北大學出版社，二〇〇三年六月

古今詞話八卷

〔清〕沈雄（順治十四年前後）撰

《續修四庫全書》影印湖南省圖書館藏清康熙澄暉堂刻本，第一七三三册，集部

《四庫全書存目叢書補編》影印福建師範大學圖書館藏清康熙二十八年澄暉堂刻本，第四五册

詞苑叢談

〔清〕徐釚（一六三六～一七〇八）編，唐圭璋（一九〇一～一九九〇）校注

上海：上海古籍出版社，一九八一年四月

北京：中華書局，二〇〇八年六月，「中國文學研究典籍叢刊」

詞苑叢談校箋

〔清〕徐釚（一六三六～一七〇八）編，王百里校箋

北京：人民文學出版社，一九九八年二月，「中國古典文學理論批評專著選輯」

白雨齋詞話

陳廷焯（一八五三～一八九二）撰

上海：上海古籍出版社影印，一九八四年五月，「稿本叢刊」

白雨齋詞話足本校注

陳廷焯（一八五三～一八九二）撰，屈興國校注

濟南：齊魯書社，一九八三年十一月，全二册，「明清文學理論叢書」

蕙風詞話五卷

況周頤（一八五九～一九二六）撰

《續修四庫全書》影印上圖藏民國刻惜陰堂叢書本，第一七三五册，集部

蕙風詞話 人間詞話

況周頤（一八五九～一九二六）撰，王幼安（一九〇一～一九六九）校訂

王國維（一八七七～一九二七）撰，徐調孚（一九〇一～一九八一）、周振甫（一九一一～二〇〇〇）注，王幼安校

北京：人民文學出版社，一九六〇年四月，「中國古典文學理論批評專著選輯」

人間詞話及評論彙編

王國維（一八七七～一九二七）撰，姚柯夫（一九三三～）編

北京：書目文獻出版社，一九八三年十二月

人間詞話新注（修訂本）

王國維（一八七七～一九二七）撰，滕咸惠（一九三九～）校注

濟南：齊魯書社，一九八六年八月

人間詞話譯注

王國維（一八七七～一九二七）撰，施議對（一九四〇～）譯注

南寧：廣西教育出版社，一九九〇年四月

新訂人間詞話．廣人間詞話

王國維（一八七七～一九二七）撰，佛雛（一九一九～一九九九）校輯

上海：華東師範大學出版社，一九九〇年七月

詞話叢編

唐圭璋（一九〇一～一九九〇）編

北京：中華書局，一九九六年六月

録鬼簿二卷録鬼簿續編一卷

〔元〕鍾嗣成（一二八〇？～一三六〇？）撰〔明〕賈仲明撰

《續修四庫全書》影印天一閣舊藏抄本，第一七五九册，集部

録鬼簿（外四種）

〔元〕鍾嗣成（一二八〇？～一三六〇？）等著

上海：古典文學出版社，一九五七年九月

南詞敘録一卷

〔明〕徐渭（一五二一～一五九三）撰

《續修四庫全書》影印民國六年董氏刻讀曲叢刊本，第一七五八册，集部

南詞敘録注釋

〔明〕徐渭（一五二一～一五九三）原著，李復波、熊澄宇注釋

北京：中國戲劇出版社，一九八九年一月

曲律四卷

〔明〕王驥德（？～一六二三）撰

《續修四庫全書》影印北圖藏明天啟五年毛以燧刻本，第一七五八册，集部

中國戲曲研究院編《中國古典戲曲論著集成》第四輯，北京：中國戲劇出版社，一九六〇年一月

陳多、葉長海注釋，長沙：湖南人民出版社，一九八三年九月

遠山堂劇品不分卷遠山堂曲品不分卷

〔明〕祁彪佳（一六〇二～一六四五）撰

《續修四庫全書》影印北圖藏明抄本，第一七五八册，集部

曲話五卷

〔清〕梁廷枏（一七九六～一八六一）撰

「藤花亭十七種」，清道光八年至十三年刊本

歷代文話

王水照（一九三四～）主編

上海：復旦大學出版社，二〇〇七年十一月，全十册

四六話二卷

〔宋〕王銍（？～一一四四）撰

《四庫全書》本；《叢書集成初編》據百川學海本排印，文學類，第二六一五册

雲莊四六餘話一卷

〔宋〕楊囦道撰

《續修四庫全書》影印宛委別藏清抄本，第一七一四册，集部

宋四六話十二卷

〔清〕彭元瑞（一七三一～一八〇三）輯

《續修四庫全書》影印清道光二十六年番禺潘氏刻海山仙館叢書本，第一七一五册，集部

四六叢話三十三卷附選詩叢話一卷

〔清〕孫梅（一七三九～一七九〇）輯

《續修四庫全書》影印天津圖書館藏清嘉慶三年吳興舊言堂刻本，第一七一五册，集部

四六叢話

〔清〕孫梅（一七三九～一七九〇）著，李金松（一九六四～）校點

北京：人民文學出版社，二〇一〇年五月，「中國古典文學理論批評專著選輯」

文説一卷

〔元〕陳繹曾（一二八七至一三四二前後）撰

《四庫全書》本

文筌不分卷

〔元〕陳繹曾（一二八七至一三四二前後）撰

《續修四庫全書》影印清李士棻家抄本，第一七一三册，集部

《四庫全書存目叢書》影印清李士棻家抄本，集部第四一六册

文通三十卷闰一卷

〔明〕朱荃宰（萬曆四十七年前後）撰

《續修四庫全書》影印上圖藏明天啟六年刻本，第一七一三～一七一四册，集部

鐵立文起二十二卷首一卷

〔清〕王之績（一六六三前～一七〇三後）撰

《續修四庫全書》影印清康熙刻本，第一七一四册，集部

葉氏睿吾樓文話十六卷

〔清〕葉元塏輯

清道光十三年（一八三三）木刊本；王水照主編《歷代文話》第六册

金石要例一卷

〔清〕黃宗羲（一六一〇～一六九五）撰

《四庫全書》本

歷代賦話十四卷續集十四卷附復小齋賦話二卷

〔清〕浦銑（一七二九～一八一三）輯撰

《續修四庫全書》影印湖北省圖書館藏清乾隆五十三年刻本，第一七一六册，集部

歷代賦話校證（附復小齋賦話）

〔清〕浦銑（一七二九～一八一三）著，何新文、路成文校證

上海：上海古籍出版社，二〇〇七年九月

賦話十卷

〔清〕李調元（一七三四～一八〇二）撰

《續修四庫全書》影印浙江圖書館藏清乾隆綿州李氏萬卷樓刻嘉慶十四年李鼎元重校印函海本，第一七一五册，集部

賦話廣聚

王冠輯

北京：北京圖書館出版社，二〇〇六年十二月，全六册

讀賦卮言一卷

〔清〕王芑孫（一七五五～一八一八）撰

臺北：新文豐出版公司《叢書集成三編》第六一册，影印《國朝名人著述叢編》本

文學研究法

姚永樸（一八六二～一九三九）撰

上海：商務印書館民國八年排印本

小招隱館談藝録四卷

王禮培（一八六四～一九四三）撰

民國二十六年湖南船山學社排印本

唐詩研究

費有容（一八七四～一九三一）撰

大東書局民國十五年鉛印本

歷代文章論略

胡韞玉（一八七八～一九四七）撰

民國十二年安吳胡氏排印本

詩法通微

徐澄宇（一九〇二～一九八〇）著

重慶：正中書局，一九四三年十二月初版；上海：正中書局，一九四六年五月滬一版

寥音閣詩話一卷

俞大綱（一九〇八～一九七七）撰

臺北：幼獅文化事業公司一九八七年版《俞大綱全集》本

談藝録

錢鍾書（一九一〇～一九九八）著

上海：開明書店，一九四八年六月初版，一九四九年七月再版，「開明文史叢刊」

香港：國光書局，一九七九年八月

談藝録（補訂本）

錢鍾書（一九一〇～一九九八）著

北京：中華書局，一九八四年九月第一版；一九九八年四月第七次印刷

叢書之屬

舒白香叢著

〔清〕舒夢蘭（一七五七～一八三五）編

清嘉慶癸酉（一八一三）穀貽堂刻本

香豔叢書

〔清〕蟲天子編

清宣統中國學扶輪社排印本

北京：團結出版社，二〇〇五年一月，改名《中國香豔全書》

四部叢刊初編

張元濟（一八六七～一九五九）等編輯

上海：商務印書館，一九二〇年六月～一九二三年三月初次影印本；一九二六～一九三〇年二次影印本；一九三六年縮印本《縮本四部叢刊初編》

上海：上海書店，一九八九年三月據一九二六～一九二九年版翻印本

四部叢刊續編

張元濟（一八六七～一九五九）等編輯

上海：商務印書館，一九三四年版

上海：上海書店，一九八四年五月據一九三四年版翻印本（第一至第六十五册）；一九八五年二月據一九三四年版翻印本（第六十六至第八十二册）

四部叢刊三編

張元濟（一八六七～一九五九）等編輯

上海：商務印書館，一九三五～一九三六年

上海：上海書店，一九八五年七月據一九三五～一九三六年版翻印本（第一至第六十册）；一九八六年一月據一九三五～一九三六年版翻印本（第六十一至第七十册）

四部備要

中華書局編

上海：中華書局，一九二〇～一九三六年，線裝全二五〇〇册，平裝全二八〇册，精裝全一〇〇册

北京：中華書局影印一九三六年版，一九八九年三月，全一〇〇册

叢書集成初編

王雲五（一八八八～一九七九）主編，上海商務印書館輯

上海：商務印書館，一九三五～一九三七年印行，全三四六七册

北京：中華書局，一九八五年新一版，全四〇〇〇册

叢書集成續編

《叢書集成續編》編委會編

上海：上海書店出版社，未署出版年月（出版説明：一九九四年六月），全一八〇册

叢書集成續編

王德毅主編

臺北：新文豐出版公司，一九八八年，全二七九册

叢書集成三編

王德毅主編

臺北：新文豐出版公司，一九九七年三月，全一〇〇册

景印文淵閣四庫全書

臺北：商務印書館，一九八六年三月，全一五〇〇册

上海：上海古籍出版社，一九八七年六月（出版説明：一九八七年八月），翻印臺北商務印書館影印本，改名《四庫全書》，全一五〇〇册

四庫全書存目叢書

《四庫全書存目叢書》編纂委員會編

濟南：齊魯書社，一九九七年七月，全一一〇〇册

四庫全書存目叢書補編

《四庫全書存目叢書補編》編纂委員會編

濟南：齊魯書社，二〇〇一年九月，全九九册

四庫未收書輯刊

《四庫未收書輯刊》編纂委員會編

北京：北京出版社，一九九七年十二月，全三〇〇册

四庫禁毀書叢刊

《四庫禁毀書叢刊》編纂委員會編

北京：北京出版社，一九九七年十二月，全三一〇册

故宫珍本叢刊

故宫博物院編

海南：海南出版社，二〇〇〇年十月，全七三一册

續修四庫全書

《續修四庫全書》編纂委員會編

上海：上海古籍出版社，二〇〇二年四月，全一八〇〇册

清代詩文集彙編

《清代詩文集彙編》編輯委員會 編

上海：上海古籍出版社，二〇一二年十二月，全八〇〇册

中國省志彙編

臺北：華文書局股份有限公司，一九六九年一月

中國方志叢書

臺北：成文出版社有限公司，一九八五年三月臺一版

中國地方誌集成

江蘇古籍出版社、上海書店、巴蜀書社，一九九八年四月

宋元方志叢刊

中華書局編輯部

北京：中華書局，一九九〇年五月，全八册

中國名山勝迹志叢刊

沈雲龍主編

臺北：文海出版社，一九七一～一九八三年，全六輯五八册

説郛三種

〔元〕陶宗儀（一三一六～一四〇三之後）輯

上海：上海古籍出版社，一九八八年十月，全十册。包括（一）一百二十卷〔明末〕陶珽重編本，清順治三年宛委山堂刻本；（二）一百卷，張宗祥（一八八一～一九六五）重校，上海，商務印書館，一九二七年排印本；（三）《續説郛》四十六卷〔明末〕陶珽輯，清順治三年宛委山堂刻本

北京圖書館藏珍本年譜叢刊

周和平（一九四九～）主編

北京：北京圖書館出版社，一九九九年五月

海外漢學

中日古代文學關係史稿

嚴紹璗（一九四〇～）著

香港：中華書局香港分局；長沙：湖南文藝出版社，一九八七年九月，「比較文學叢書」

漢籍在日本的流布研究

嚴紹璗（一九四〇～）著

南京：江蘇古籍出版社，一九九二年六月第一版，「中國古文獻研究叢書」

中日漢籍交流史論

王勇（一九五六～）主編

杭州：杭州大學出版社，一九九二年十二月，「日本文化研究叢書」

中日文化交流史大系・典籍卷

王勇（一九五六～）、大庭修（一九二七～）主編

杭州：浙江人民出版社，一九九六年十一月

江戸時代中國典籍流播日本之研究

大庭修（一九二七～）著

日本同朋舍，一九八四年六月

戚印平（一九五四～）、王勇（一九五六～）、王寶平（一九五七～）譯

杭州：杭州大學出版社，一九九八年三月，「日本文化研究叢書」

書目之屬

唐書經籍藝文合志

〔後晉〕劉昫（八八八～九四七）〔宋〕歐陽修（一〇〇七～一〇七二）等撰，商務印書館校勘

北京：商務印書館，一九五六年十一月

崇文總目二十卷

〔宋〕王堯臣（一〇〇三～一〇五八）、王洙（九九七～一〇五七）、歐陽修（一〇〇七～一〇七二）等撰

《四庫全書》本

崇文總目輯釋五卷附録一卷

〔宋〕王堯臣（一〇〇三～一〇五八）等撰〔清〕錢東垣（？～一八二四）等輯釋〔清〕錢侗（一七七八～一八一五）補遺

《續修四庫全書》影印上海辭書藏清嘉慶刻汗筠齋叢書本，第九一六册，史部

秘書省續編到四庫闕書目二卷

〔宋〕佚名（一一四三前後）撰

《郎園先生全書》本；《觀古堂書目叢刊》本

臺北新文豐出版公司《叢書集成續編》第三册；上海書店《叢書集成續編》第六七册

郡齋讀書志校證

〔宋〕晁公武（一一〇二至一一〇六間～一一八七前）撰，孫猛（一九四三～）校證

上海：上海古籍出版社，一九九〇年十月第一版；二〇〇五年十月第二次印刷

遂初堂書目一卷

〔宋〕尤袤（一一二四～一一九四）撰

《四庫全書》本

直齋書録解題

〔宋〕陳振孫（一一七九～一二六二）撰，徐小蠻（一九四三～）、顧美華校點

上海：上海古籍出版社，一九八七年十二月第一版；二〇〇五年八月第二次印刷

文獻通考·經籍考

〔元〕馬端臨（約一二五四～一三二三）編撰，華東師範大學古籍研究所整理

上海：華東師範大學出版社，一九八五年六月

經籍考不分卷

〔清〕盧文弨（一七一七～一七九六）撰

《續修四庫全書》影印北大圖書館藏清抄本，第九二三册，史部

文淵閣書目四卷

〔明〕楊士奇（一三六五～一四四四）等編撰

《四庫全書》本

文淵閣書目二十卷

〔明〕楊士奇（一三六五～一四四四）等編撰

《叢書集成初編》據讀畫齋叢書本排印，總類第二九～三一册

天一閣書目四卷附天一閣碑目一卷

〔明〕范欽（一五〇六～一五八五）藏，〔清〕范懋柱（一七一八？～一七八八）、范邦甸、范懋敏撰

《續修四庫全書》影印浙江省圖書館藏清嘉慶十三年揚州阮氏元文選樓刻本，第九二〇册，史部

新編天一閣書目

駱兆平（一九二〇～）編著

北京：中華書局，一九九六年七月

晁氏寶文堂書目三卷

〔明〕晁瑮（一五一一～一五七五）撰

《續修四庫全書》影印北圖藏明抄本，第九一九册，史部

《四庫全書存目叢書》影印明代書目題跋叢刊影印明藍閣抄本，史部第二七七册

晁氏寶文堂書目　徐氏紅雨樓書目

〔明〕晁瑮（一五一一～一五七五）撰〔明〕徐𤊹（一五七〇～一六四二）撰

上海：古典文學出版社，一九五七年十二月

上海：上海古籍出版社，二〇〇五年十一月，「中國歷代書目題跋叢書」

萬卷堂書目四卷

〔明〕朱睦㮮（一五一七～一五八六）撰

《續修四庫全書》影印上海辭書藏觀古堂書目叢刊本，第九一九册，史部

上海書店《叢書集成續編》第六八册；臺灣新文豐出版公司《叢書集成續編》第三册

百川書志二十卷

〔明〕高儒（嘉靖十九年前後）撰

《續修四庫全書》影印上海辭書藏觀古堂書目叢刊本，第九一九册，史部

百川書志 古今書刻

〔明〕高儒（嘉靖十九年前後）撰〔明〕周弘祖（嘉靖三十八年進士）撰

上海：古典文學出版社，一九五七年六月

上海：上海古籍出版社，二〇〇五年十一月，「中國歷代書目題跋叢書」

世善堂藏書目録一卷

〔明〕陳第（一五四一～一六一七）藏並撰

《續修四庫全書》影印上海古籍出版社藏清乾隆六十年鮑氏刻知不足齋叢書本，第九一九册，史部

國史經籍志六卷

〔明〕焦竑（一五四一～一六二〇）撰

《四庫全書存目叢書》影印明萬曆三十年陳汝元函三館刻本，史部第二七七册

《續修四庫全書》影印復旦圖書館藏明徐象橒刻本，第九一六册，史部

澹生堂藏書目八卷藏書約一卷庚申整書小記一卷庚申整書例略一卷

〔明〕祁承㸁（一五六五～一六二八）藏並撰

《續修四庫全書》影印北圖藏清宋氏漫堂抄本，第九一九册，史部

澹生堂藏書目十四卷

〔明〕祁承㸁（一五六五～一六二八）撰

上海書店《叢書集成續編》第六八册

紅雨樓題跋二卷

〔明〕徐𤊹（一五七〇～一六四二）撰

《續修四庫全書》影印北圖藏清嘉慶三年鄭傑刻本，第九二三册，史部

重編紅雨樓題跋

〔明〕徐𤊹（一五七〇～一六四二）撰，繆荃孫（一八四四～一九一九）重輯

《峭帆樓叢書》本，二卷，一九一四年刊印

明别集版本志

崔建英（一九三一～）輯，賈衛民（一九六五～）、李曉亞整理

北京：中華書局，二〇〇六年九月

絳雲樓題跋

〔清〕錢謙益（一五八二～一六六四）撰，潘景鄭（一九〇七～二〇〇三）輯校，中華書局上海編輯所編輯

北京：中華書局，一九五八年八月

上海：上海古籍出版社，二〇〇五年十一月，「中國歷代書目題跋叢書」

汲古閣書跋

〔明〕毛晉（一五九九～一六五九）撰，潘景鄭（一九〇七～二〇〇三）校訂

上海：古典文學出版社，一九五八年五月

讀書敏求記四卷

〔清〕錢曾（一六二九～一七〇一）撰

《續修四庫全書》影印北圖藏清雍正六年濮梁延古堂刻本，第九二三册，史部

《四庫全書存目叢書》影印清雍正四年趙孟升松雪齋刻本，史部第二七七册

讀書敏求記

〔清〕錢曾（一六二九～一七〇一）撰，丁瑜（一九二六～二〇二〇）點校

北京：書目文獻出版社，一九八四年六月，「文史哲研究資料叢書」

讀書敏求記校證

〔清〕錢曾（一六二九～一七〇一）撰，管庭芬（一七九七～一八八〇）等校證

上海：上海古籍出版社，二〇〇七年十二月，「中國歷代書目題跋叢書」第二輯

錢遵王讀書敏求記校證　愛日精廬藏書志（愛日精廬藏書續志）

〔清〕錢曾（一六二九～一七〇一）撰，管庭芬（一七九七～一八八〇）、章鈺（一八六五～一九三七）校證，影印民國十五年刊本

〔清〕張金吾（一七八七～一八二九）撰，影印清道光六年（一八二六）刻本

北京：中華書局，一九九〇年四月，「清人書目題跋叢刊」四

錢遵王述古堂藏書目録十卷

〔清〕錢曾（一六二九～一七〇一）藏並撰

《續修四庫全書》影印北圖藏清錢氏述古堂抄本，第九二〇册，史部

《四庫全書存目叢書》影印清初錢氏述古堂抄本，史部第二七七册

千頃堂書目

〔清〕黄虞稷（一六二九～一六九一）撰，瞿鳳起（一九〇八～一九八七）、潘景鄭（一九〇七～二〇〇三）整理

上海：上海古籍出版社，一九九〇年五月第一版；二〇〇一年七月新一版（增編索引）

傳是樓書目六卷

〔清〕徐乾學（一六三一～一六九四）藏

《續修四庫全書》影印北圖藏清道光八年劉氏味經書屋抄本，第九二〇册，史部

欽定天禄琳琅書目十卷

〔清〕于敏中（一七一四～一七七九）、王際華（一七一七～一七七六）、梁國治（一七二三～一七八六）編

《四庫全書》本

欽定天禄琳琅書目後編二十卷

〔清〕彭元瑞（一七三一～一八〇三）等撰

《續修四庫全書》影印上海古籍出版社藏清光緒十年長沙王氏刻本，第九一七册，史部

惜抱軒書録

〔清〕姚鼐（一七三二～一八一五）撰

《惜抱軒遺書三種》，光緒己卯（一八七九）二月桐城徐氏刊本

諸家藏書簿十卷

〔清〕李調元（一七三四～一八〇二）撰

《叢書集成初編》據函海本排印，藝術類，第一五六三册

黄丕烈書目題跋　顧廣圻書目題跋

〔清〕黄丕烈（一七六三～一八二五）撰〔清〕顧廣圻（一七六六～一八三五）撰

北京：中華書局，一九九三年一月，「清人書目題跋叢刊」六

士禮居藏書題跋記六卷

〔清〕黄丕烈（一七六三～一八二五）撰，繆荃孫（一八四四～一九一一

九）輯

《續修四庫全書》影印上海古籍出版社藏清光緒十年滂喜齋刻本，第九二三册，史部

揚州：江蘇廣陵古籍刻印社影印本，一九八五年五月

士禮居藏書題跋記續二卷

〔清〕黄丕烈（一七六三～一八二五）撰，繆荃孫（一八四四～一九一九）輯

《叢書集成初編》據靈鶼閣叢書本排印，總類，第五三册

士禮居藏書題跋記

〔清〕黄丕烈（一七六三～一八二五）著，潘祖蔭（一八三〇～一八九〇）輯，周少川（一九五四～）點校

北京：書目文獻出版社，一九八九年八月

蕘圃藏書題識・題識續録

〔清〕黄丕烈（一七六三～一八二五）撰，繆荃孫（一八四四～一九一九）等輯

揚州：江蘇廣陵古籍刻印社影印，一九九一年二月

文選樓藏書記六卷

〔清〕阮元（一七六四～一八四九）撰，〔清〕李慈銘（一八三〇～一八九四）校訂

《四庫未收書輯刊》影印清越縵堂抄本，史部第一輯第三〇册

鄭堂讀書記七十一卷

〔清〕周中孚（一七六八～一八三一）撰

《續修四庫全書》影印上海辭書藏民國十年刻吳興叢書本，第九二四～九二五册，史部

愛日精廬藏書志三十六卷續志四卷

〔清〕張金吾（一七八七～一八二九）撰

《續修四庫全書》影印華東師大圖書館藏清光緒十三年吳縣靈芬閣集字版校印本，第九二五册，史部

鐵琴銅劍樓藏書目録二十四卷

〔清〕瞿鏞（一七九四～一八七五）撰

《續修四庫全書》影印清光緒常熟瞿氏家塾刻本，第九二六册，史部

鐵琴銅劍樓藏書目録·楹書隅録·滂喜齋藏書記

〔清〕瞿鏞（一七九四～一八七五）撰〔清〕楊紹和（一八三〇～一八七六）撰〔清〕潘祖蔭（一八三〇～一八九〇）撰

北京：中華書局，一九九〇年三月，「清人書目題跋叢刊」三

鐵琴銅劍樓藏書目録

〔清〕瞿鏞（一七九四～一八七五）編纂，瞿果行（？～一九九九）標點，瞿鳳起（一九〇八～一九八七）覆校

上海：上海古籍出版社，二〇〇〇年九月

鐵琴銅劍樓藏書題跋集録

瞿良士（一八七三～一九四〇）輯

上海：上海古籍出版社，一九八五年四月

藏園訂補郘亭知見傳本書目

〔清〕莫友芝（一八一一～一八七一）撰，傅增湘（一八七二～一九四九）訂補，傅熹年（一九三三～）整理

北京：中華書局，一九九三年六月，影抄本，全四册

宋元舊本書經眼録三卷附録二卷

〔清〕莫友芝（一八一一～一八七一）撰

《續修四庫全書》影印上海古籍出版社藏清同治刻本，第九二六册，史部

揚州：江蘇廣陵古籍刻印社影印，一九八七年二月，全三册

宋元舊本書經眼録 郘亭書畫經眼録

〔清〕莫友芝（一八一一～一八七一）撰，張劍（一九七一～）點校

北京：中華書局，二〇〇八年一月

訂補海源閣書目五種

〔清〕楊紹和（一八三〇～一八七六）撰，楊保彝（一八五二～一九一〇）增補，王紹曾（一九一〇～二〇〇七）、崔國光整理

濟南：齊魯書社，二〇〇二年四月，全二册

越縵堂讀書記

〔清〕李慈銘（一八三〇～一八九四）撰，由雲龍（一八七七～一九六一）輯

北京：商務印書館，一九五九年五月，全二册

上海：上海書店出版社，二〇〇〇年六月

越縵堂讀書簡端記

〔清〕李慈銘（一八三〇～一八九四）著，王利器（一九一二～一九九八）纂輯

天津：天津人民出版社，一九八〇年十二月

滂喜齋藏書記三卷

〔清〕潘祖蔭（一八三〇～一八九〇）撰，葉昌熾（一八四七～一九一七）編，潘承弼（一九〇七～二〇〇三）增補

《續修四庫全書》影印潘景鄭藏清末刻民國十七年增修本，第九二六册，史部

善本書室藏書志四十卷附録一卷

〔清〕丁丙（一八三二～一八九九）撰

《續修四庫全書》影印清光緒二十七年錢塘丁氏刻本，第九二七册，史部

八千卷樓書目二十卷

〔清〕丁丙（一八三二～一八九九）藏，丁仁（一八七九～一九四九）編

《續修四庫全書》影印上海古籍出版社藏民國十二年鉛印本，第九二一册，史部

皕宋樓藏書志一百二十卷續志四卷

〔清〕陸心源（一八三四～一八九四）撰

《續修四庫全書》影印萬卷樓藏清光緒潛園總集本，第九二八～九二九册，史部

北京：中華書局，一九九〇年三月，「清人書目題跋叢刊」一

儀顧堂題跋十六卷儀顧堂續跋十六卷

〔清〕陸心源（一八三四～一八九四）撰

《續修四庫全書》影印復旦圖書館藏清刻潛園總集本，第九三〇册，史部

儀顧堂題跋·續跋善本書室藏書志

〔清〕陸心源（一八三四～一八九四）撰〔清〕丁丙（一八三二～一八九九）撰

北京：中華書局，一九九〇年三月，「清人書目題跋叢刊」二

書目答問補正

〔清〕張之洞（一八三七～一九〇九）撰，范希曾（一八九九～一九三〇）編

北京：中華書局影印本，一九六三年二月第一版；一九八一年一月第二次印刷

瞿鳳起（一九〇八～一九八七）校點，上海：上海古籍出版社，一九八三年四月

書目答問二種

〔清〕張之洞（一八三七～一九〇九）撰，范希曾（一八九九～一九三〇）補正，葉德輝（一八六四～一九二七）斠補

北京：生活·讀書·新知三聯書店，一九九八年六月，「中國近代學術名著」叢書

日本訪書志十七卷

〔清〕楊守敬（一八三九～一九一五）撰

《續修四庫全書》影印清光緒鄰蘇園刻本，第九三〇册，史部

嘉業堂藏書志

劉承幹（一八八二～一九六三）藏，繆荃孫（一八四四～一九一九）、吳昌綬（一八五六～一九一四）、董康（一八六七～一九四七）撰，吳格（一九五二～）整理點校

上海：復旦大學出版社，一九九七年十二月

藝風堂藏書記·藝風堂藏書續記·藝風堂藏書再續記·藝風堂金石文字目

繆荃孫（一八四四～一九一九）撰

揚州：江蘇廣陵古籍刻印社影印本，一九九一年版

藝風堂再續藏書記

繆荃孫（一八四四～一九一九）撰

北京：中華書局，一九六二年四月

藝風堂藏書記

繆荃孫（一八四四～一九一九）撰，黃明、楊同甫標點

上海：上海古籍出版社，二〇〇七年六月，「中國歷代書目題跋叢書」

溫州經籍志三十三卷首一卷外編二卷辨誤一卷

孫詒讓（一八四八～一九〇九）撰

《續修四庫全書》影印上海辭書藏民國十年浙江公立圖書館刻本，第九一八冊，史部

木犀軒藏書題記及書録

李盛鐸（一八五九～一九三七）著，張玉範（一九四三～）整理

北京：北京大學出版社，一九八五年十二月

抱經樓藏書志

沈德壽（一八六二～?）撰

北京：中華書局，一九九〇年四月，「清人書目題跋叢刊」五

涵芬樓燼餘書録

張元濟（一八六七～一九五九）著

上海：商務印書館，一九五一年五月

北京：商務印書館，二〇〇九年十二月，《張元濟全集》第八卷「古籍研究著作」

藏園群書經眼録

傅增湘（一八七二～一九四九）撰

北京：中華書局，一九八三年九月，全五册

善本書所見録

羅振常（一八七五～一九四二）遺著，周子美（一八九六～一九九八）編訂

北京：商務印書館，一九五八年四月

傳書堂藏善本書志

王國維（一八七七～一九二七）撰

國家圖書館出版社影印本，二〇一〇年十月

蛾術軒篋存善本書録

王欣夫（一九〇一～一九六六）遺著，鮑正鵠（一九一七～二〇〇四）、徐

鵬（一九二七～二〇一二）標點整理
上海：上海古籍出版社，二〇〇二年十二月，全二册

四庫全書總目

〔清〕永瑢（一七四三～一七九〇）、紀昀（一七二四～一八〇五）等撰
上海：商務印書館，一九三一年四月，全四十册，《萬有文庫》本
北京：中華書局，一九六五年六月第一版；一九八七年七月第四次印刷；二〇〇三年八月第七次印刷，全二册

欽定四庫全書總目提要（整理本）

〔清〕永瑢（一七四三～一七九〇）、紀昀（一七二四～一八〇五）等撰，四庫全書研究所整理
北京：中華書局，一九九七年一月，全二册

四庫全書總目提要

〔清〕永瑢（一七四三～一七九〇）、紀昀（一七二四～一八〇五）等撰
海口：海南出版社，一九九九年五月
石家莊：河北人民出版社，二〇〇一年三月，全四册

四庫未收書目提要

〔清〕阮元（一七六四～一八四九）撰，傅以禮（一八二七～一八九八）重編
北京：商務印書館，一九五五年六月

四庫全書簡明目録

〔清〕永瑢（一七四三～一七九〇）、紀昀（一七二四～一八〇五）等著，阮元（一七六四～一八四九）編
《四庫全書》本（《欽定四庫全書簡明目録》）
上海：古典文學出版社，一九五七年九月，全二册
上海：中華書局上海編輯所，一九六四年二月新一版，全二册

增訂四庫簡明目録標注

〔清〕邵懿辰（一八一〇～一八六二）撰，邵章（一八七二～一九五三）續録
上海：上海古籍出版社，一九五九年十二月第一版；一九七九年七月新一版；二〇〇〇年七月第二次印刷

四庫提要辨證

余嘉錫（一八八四～一九七二）著

北京：中華書局，一九八〇年五月第一版；一九八五年一月第二次印刷，全四册

四庫全書總目提要補正

胡玉縉（一八五九～一九四〇）撰，王欣夫（一九〇一～一九六六）輯

上海：中華書局上海編輯所，一九六四年一月第一版；上海書店出版社，一九九八年一月新一版，全二册

續四庫提要三種

胡玉縉（一八五九～一九四〇）撰，吾格整理

上海：上海古籍出版社，二〇〇二年八月

續修四庫全書提要

王雲五（一八八八～一九七九）主持

臺北：臺灣商務印書館，一九七二年三月初版

續修四庫全書總目提要（稿本）

東方文化事業總委員會北平人文科學研究所主持編纂

中國科學院圖書館整理

濟南：齊魯書社，一九九六年十二月，全三十八册

續修四庫全書總目提要

《續修四庫全書總目提要》編撰委員會編

上海：上海古籍出版社，二〇一四年十二月

四庫提要補正

崔富章（一九四一～）著

杭州：杭州大學出版社，一九九〇年十月

四庫提要訂誤

李裕民（一九四〇～）著

北京：書目文獻出版社，一九九〇年十月

四庫全書總目辨誤

楊武泉（一九二六～）著

上海：上海古籍出版社，二〇〇一年七月

四庫存目標注

杜澤遜（一九六三～）撰，程遠芬（一九六三～）編

上海：上海古籍出版社，二〇〇七年一月，全八册

中國善本書提要

王重民（一九〇三～一九七五）著

上海：上海古籍出版社，一九八三年八月第一版；一九八六年四月第二次印刷

敦煌古籍敘録

王重民（一九〇三～一九七五）著

北京：中華書局，一九七九年九月

中國歷代詩文别集聯合書目（第四輯）

王民信（一九二八～二〇〇五）主編，國學文獻館編印

臺北：聯經出版事業公司，一九八二年十二月，聯合報文化基金會「國學文獻館書目叢刊」之一

台灣「中央」圖書館善本書目

台灣「中央」圖書館編

臺北：台灣「中央」圖書館，一九八六年十二月增訂二版

台灣「中央」圖書館善本序跋集録

臺北：台灣「中央」圖書館編印，一九九四年四月

香港所藏古籍書目

賈晉華（一九五三～）主編

上海：上海古籍出版社，二〇〇三年十二月

圖書寮藏漢籍書目

北京：北京圖書館出版社，二〇〇五年四月

日藏漢籍善本書録

嚴紹璗（一九四〇～）編著

北京：中華書局，二〇〇七年七月，全三册

京都大學文學部漢籍分類目録（第一）

京都：京都大學文學部，一九五六年三月

美國哈佛大學哈佛燕京圖書館中文善本書志

沈津（一九四五～）著

上海：上海辭書出版社，一九九九年二月，「哈佛燕京圖書館書目叢刊第七種」

清華大學圖書館藏善本書目

清華大學圖書館編

北京：清華大學出版社，二〇〇三年一月

東北師範大學圖書館藏古籍善本書目解題

王繼祥等編著

長春：東北師範大學圖書館，一九八四年三月

中山大學圖書館古籍善本書目

中山大學圖書館編

廣州：中山大學圖書館，一九八二年版

桂林：廣西師範大學出版社，二〇〇四年十月

北京圖書館古籍善本書目

北京圖書館編

北京：書目文獻出版社，一九八七年七月；北京圖書館出版社，二〇〇二年十一月，全五册

北京圖書館普通古籍總目

北京圖書館編

北京：書目文獻出版社，一九九〇年八月起，全十五卷

中國古籍善本書目·集部

中國古籍善本書目編纂委員會編

上海：上海古籍出版社，一九九八年三月，全三册

中國古籍善本總目

翁連溪（一九五八～）編

北京：線裝書局，二〇〇五年五月，全七册

中國古籍總目

中國古籍總目編纂委員會編

中華書局、上海古籍出版社，二〇一二年七月，全三十册

中國館藏和刻本漢籍書目

王寶平（一九五七～）主編，韓錫鐸（一九四〇～）副主編

杭州：杭州大學出版社，一九九五年二月，「日本文化研究叢書」

中國叢書綜録

上海圖書館編

上海：中華書局上海編輯所，一九五九年十二月至一九六二年十二月，全三册

上海：上海古籍出版社，一九八六年二月第一版；一九九三年十月第二次印刷，全三册

中國叢書綜録補正

陽海清（一九三八～）編撰，蔣孝逮校訂

揚州：江蘇廣陵古籍刻印社，一九八四年八月

中國近代現代叢書目録

上海圖書館編

上海：上海圖書館，一九七九年九月第一次印刷，一九八〇年九月第二次印刷（總目）；一九八二年七月（索引，全二册）

民國時期總書目（文學理論・世界文學・中國文學）

北京圖書館編

北京：書目文獻出版社，一九九二年十一月，全二册

中華書局圖書目録（一九四九～一九九一）

中華書局總編室編

北京：中華書局，一九九三年五月第一版；二〇〇二年五月第二次印刷

中華書局圖書目録（一九九二～二〇〇一）

中華書局管理中心編

北京：中華書局，二〇〇二年五月

新中國古籍圖書整理出版總目

全國古籍整理出版規劃領導小組辦公室編，楊牧之（一九四二～）主編

長沙：岳麓書社，二〇〇七年一月

新中國古籍影印叢書總目

南江濤（一九八二～）、賈貴榮（一九六一～）編

北京：北京圖書館出版社，二〇一六年七月

僞書通考

張心澂（一八八七～一九七三）編著

上海：上海書店出版社，一九九八年一月，據商務印書館一九三九年二月版影印

中國僞書綜考

鄧瑞全（一九六三～）、王冠英（一九四六～）主編

合肥：黃山書社，一九九八年七月

中國文學史書目提要

陳玉堂（一九二四～）著

合肥：黃山書社，一九八六年八月

中國文學史著版本概覽

吉平平（一九五五～）、黃曉靜編著

瀋陽：遼寧大學出版社，一九九二年六月

中國文學史專題史書目提要

陳飛（一九五七～）主編，陳飛（一九五七～）、張劍（一九七一～）、白雪華（一九七二～）、王士祥（一九七四～）著

鄭州：大象出版社，二〇〇四年七月，全二册

中國古代詩文名著提要

傅璇琮（一九三三～二〇一六）總主編

石家莊：河北教育出版社，二〇〇九年七月，全五册

中國古代小說總目

石昌渝（一九四〇～）主編

太原：山西教育出版社，二〇〇四年九月，全三册

唐代文學論著集目（增訂再版）

羅聯添（一九二七～二〇一五）、王國良（一九四八～）編

臺北：學生書局，一九八四年十一月

隋唐五代文學論著集目

羅聯添（一九二七～二〇一五）編

臺北：五南圖書出版公司，一九九六年七月，國立編譯館主編《中國文學論著集目》正編之四、續編之四

隋唐五代史論著目録（一九〇〇～一九八一）

中國社會科學院歷史研究所魏晉隋唐史研究室 編

南京：江蘇古籍出版社，一九八五年四月

隋唐五代史論著目録（一九八二～一九九五）

胡戟（一九四一～）主編

西安：陝西師範大學出版社，一九九七年五月

唐代墓誌所在總合目録

氣賀澤保規（一九四三～）編

東京：汲古書院，一九九七年五月；二〇〇四年三月新版

唐集敘録

萬曼（一九〇三～一九七一）著

北京：中華書局，一九八〇年十一月第一版；一九八二年十二月第二次印刷

唐詩書録

陳伯海（一九三五～）、朱易安（一九五五～）編撰

濟南：齊魯書社，一九八八年十二月

唐詩選本六百種提要

孫琴安（一九四九～）著

西安：陝西人民出版社，一九八七年九月

唐詩選本提要

孫琴安（一九四九～）著

上海：上海書店出版社，二〇〇五年一月

清人別集總目

李靈年（一九三一～）、楊忠主編，王欲祥、陸林、陳敏傑編著

合肥：安徽教育出版社，二〇〇〇年七月版，全三册

清人詩文集總目提要

柯愈春（一九三九～）著

北京：北京古籍出版社，二〇〇二年二月版，全三册

中國地方志聯合目録

中國科學院北京天文臺主編

北京：中華書局，一九八六年一月

金石録三十卷

〔宋〕趙明誠（？～一一二九？）撰

《四庫全書》本

輿地碑記目四卷

〔宋〕王象之（一一六三～一二三〇）撰

《粤雅堂叢書》本；《四庫全書》本

石刻鋪叙二卷

〔宋〕曾宏父（淳祐間）撰

《四庫全書》本

索引之屬

二十四史紀傳人名索引

張忱石（一九四〇～）、吴樹平（一九四〇～）編

北京：中華書局，一九八〇年五月第一版；一九八五年十一月第二次印刷

二十五史人名索引

《二十五史》刊行委員會編

北京：中華書局，一九五六年六月

新舊唐書人名索引

張萬起編

上海：上海古籍出版社，一九八五年十一月，全三册

新舊五代史人名索引

張萬起編

上海：上海古籍出版社，一九八〇年六月

宋史人名索引
俞如雲編
上海：上海古籍出版社，一九九二年十月，全四册
金史人名索引
崔文印（一九四一～）編
北京：中華書局，一九八〇年二月
元史人名索引
姚景安編
北京：中華書局，一九八二年二月
明史人名索引
李裕民（一九四〇～）編
北京：中華書局，一九八五年五月，全二册
古今人物别名索引
陳德芸編
上海：上海書店出版社，一九八二年十月
唐五代人物傳記資料綜合索引
傅璇琮（一九三三～二〇一六）、張忱石（一九四〇～）、許逸民（一九四一～）編撰
北京：中華書局，一九八二年四月；臺北：文史哲出版社，一九九三年十二月臺一版
唐五代五十二種筆記小説人名索引
方積六（一九三三～）、吳冬秀編
北京：中華書局，一九九二年七月
宋人傳記資料索引
昌彼得（一九二一～二〇一一）、王德毅、程元敏、侯俊德編，王德毅增訂
臺北：鼎文書局，民國六六年（一九七七年）十二月第一版；民國七七年（一九八八年）四月增訂第二版，全六册
北京：中華書局影印本，一九八八年三月，全六册

宋人傳記資料索引補編

李國玲編

成都：四川大學出版社，一九九四年八月

元人傳記資料索引

王德毅、李荣材、潘柏澄編

臺北：新文豐出版公司，一九七七年至一九八二年，全五册

北京：中華書局影印本，一九八七年九月，全五册

元人文集篇目分類索引

陸峻嶺編

北京：中華書局，一九七九年十二月

宋元方志傳記索引

朱士嘉（一九〇五～一九八九）編

北京：中華書局，一九六三年七月

明人傳記資料索引

臺灣「國立中央圖書館」編印

臺北：文史哲出版社，民國五四年（一九六五年）一月第一版；民國六七年（一九七八年）一月第二版

北京：中華書局影印本，一九八七年八月，全五册

明清進士題名碑録索引

朱保炯、謝沛霖編撰

上海：上海古籍出版社，一九八〇年二月，全三册

全唐文篇名目録及作者索引

馬緒傳編

北京：中華書局，一九八五年五月

全唐文篇目分類索引

馮秉文（一九二七～）主編

北京：中華書局，二〇〇一年五月

初學記索引

許逸民（一九四一～）編

北京：中華書局，一九八〇年一月第一版；二〇〇四年二月第二次印刷
太平廣記索引
王秀梅（一九四一～）、王泓冰合編
北京：中華書局，一九九六年六月
唐會要人名索引
張忱石（一九四〇～）編
北京：中華書局，一九九一年五月
續修四庫全書總目索引
民國學者一九三一～一九四六年編（稿本），中國科學院圖書館整理
濟南：齊魯書社，一九九九年二月第一版；二〇〇一年五月第三次印刷
四庫全書存目叢書·目録索引
《四庫全書存目叢書》編纂委員會編
濟南：齊魯書社，一九九七年十月
石刻題跋索引（增訂本）
楊殿珣（一九一〇～一九九七）編
北京：商務印書館，一九四〇年十一月第一版；一九九〇年一月影印第一版；一九九五年八月第二次印刷
古籍版本題記索引
羅偉國、胡平編
上海：上海書店，一九九一年六月
詩淵索引
劉卓英主編
北京：書目文獻出版社，一九九三年三月
全唐詩重篇索引
鄒同慶（一九三五～）、孫方（一九三二～）編，署「河南大學唐詩研究室」
開封：河南大學出版社，一九八五年八月
全唐詩索引
史成編
上海：上海古籍出版社，一九九〇年十二月第一版；一九九三年十一月第二

次印刷

全唐詩索引・元稹卷

樂貴明（一九四〇～）、田奕（一九六三～）、陳抗（一九四二～）、林滄編著

張曉光、王紅、任紅、蔡文利助編

天津：天津古籍出版社，一九九七年七月

全唐詩索引・白居易卷

樂貴明（一九四〇～）、田奕（一九六三～）、陳抗（一九四二～）、林滄編著

張曉光、王紅、任紅、蔡文利助編

北京：現代出版社，一九九四年三月，全二册

全唐詩索引・張籍卷

樂貴明（一九四〇～）、田奕（一九六三～）、陳抗（一九四二～）、林滄編著

張曉光、王紅、任紅、蔡文利助編

北京：現代出版社，一九九四年三月

全唐詩索引・王建卷

樂貴明（一九四〇～）、田奕（一九六三～）、陳抗（一九四二～）、林滄編著

張曉光、王紅、任紅、蔡文利助編

北京：現代出版社，一九九五年八月

全唐詩索引・劉禹錫卷

樂貴明（一九四〇～）、田奕（一九六三～）、陳抗（一九四二～）、林滄編著

北京：中華書局，一九九二年八月

唐五代人交往詩索引

吳汝煜（一九四〇～一九九〇）主編

上海：上海古籍出版社，一九九三年五月

唐代的行政地理

〔日〕平岡武夫（一九〇九～一九九五）主編，平岡武夫、市原亨吉（一九

一一～）編
上海：上海古籍出版社，一九八九年十一月，「唐代研究指南」之二

唐代的散文作家

〔日〕平岡武夫（一九〇九～一九九五）主編，平岡武夫、今井清（一九一九～）編
上海：上海古籍出版社，一九九〇年九月，「唐代研究指南」之三

唐代的詩人

〔日〕平岡武夫（一九〇九～一九九五）主編，平岡武夫、市原亨吉（一九一一～）編
唐代の詩人，唐代研究のしおり第四，京都大學人文科學研究所，一九六〇年
上海：上海古籍出版社，一九九一年一月，「唐代研究指南」之四

唐代的長安與洛陽 索引

〔日〕平岡武夫（一九〇九～一九九五）主編，平岡武夫、今井清（一九一九～）編
京都大學人文科學研究所，一九五六年；同朋社，一九八五年復刊
上海：上海古籍出版社，一九九一年一月，「唐代研究指南」之五

唐代的長安與洛陽 資料

〔日〕平岡武夫（一九〇九～一九九五）主編，平岡武夫編
京都大學人文科學研究所，一九五六年；同朋社，一九八五年復刊
上海：上海古籍出版社，一九八九年十一月，「唐代研究指南」之六

唐代的長安與洛陽 地圖

〔日〕平岡武夫（一九〇九～一九九五）主編，平岡武夫編
京都大學人文科學研究所，一九五六年；同朋社，一九八五年復刊
上海：上海古籍出版社，一九九一年一月，「唐代研究指南」之七

唐代的散文作品

〔日〕平岡武夫（一九〇九～一九九五）主編，平岡武夫、市原亨吉（一九一一～）、今井清（一九一九～）編
上海：上海古籍出版社，一九八九年十一月，「唐代研究指南」之十

唐代的詩篇

〔日〕平岡武夫（一九〇九～一九九五）主編，平岡武夫、市原亨吉（一九一一～）、今井清（一九一九～）編

唐代の詩篇，唐代研究のしおり第一一・一二，同朋社，一九七七年

上海：上海古籍出版社，一九九一年一月，全二册，「唐代研究指南」之十一

工具之屬

辭海（一九八九年版縮印本）

上海：上海辭書出版社，一九九〇年十二月

辭源（修訂本合訂本）

北京：商務印書館，一九九七年三月

漢語大字典（縮印本）

武漢：湖北辭書出版社　成都：四川辭書出版社，一九九六年四月

中國文學大辭典

馬良春（一九二六～一九九二）、李福田（一九三一～）總主編

古代文學和民族文學部分：楊鐮（一九四七～二〇一六）主編

天津：天津人民出版社，一九九一年十月，全八卷

中國文學大辭典

錢仲聯（一九〇八～二〇〇三）等總主編

上海：上海辭書出版社，一九九七年七月

中國詩學大辭典

傅璇琮（一九三三～二〇一六）、許逸民（一九四一～）、王學泰（一九四二～二〇一八）、董乃斌（一九四二～）、吳小林（一九三七～）主編

杭州：浙江教育出版社，一九九九年十二月

中國古代文學理論辭典

趙則誠（一九一五～）、張連弟、畢萬忱（一九三七～）主編

長春：吉林文史出版社，一九八五年七月

中國文學家大辭典

譚正璧（一九〇一～一九九一）編

上海：光明書局，一九三四年十二月初版；上海書店，一九八一年三月複印版

北京：北京圖書館出版社，一九九八年九月，全二册

中國文學家大辭典·先秦漢魏晉南北朝卷

曹道衡（一九二八～二〇〇五）、沈玉成（一九三二～一九九五）編撰

北京：中華書局，一九九六年八月

中國文學家大辭典·唐五代卷

周祖譔（一九二六～二〇一〇）主編

北京：中華書局，一九九二年九月

中國文學家大辭典·宋代卷

曾棗莊（一九三七～）主編，李文澤（一九四七～）、吳洪澤（一九六三～）副主編

北京：中華書局，二〇〇四年九月

中國文學家大辭典·遼金元卷

鄧紹基（一九三三～二〇一三）、楊鐮（一九四七～二〇一六）主編

北京：中華書局，二〇〇六年五月

中國文學家大辭典·明代卷

李時人（一九四九～二〇一八）編著

北京：中華書局，二〇一八年一月

中國文學家大辭典·清代卷

錢仲聯（一九〇八～二〇〇三）主編

北京：中華書局，一九九六年十月

中國文學家大辭典·近代卷

梁淑安（一九三八～二〇一五）主編

北京：中華書局，一九九七年二月

文獻家通考（清～現代）

鄭偉章（一九四四～）著

北京：中華書局，一九九九年六月，全三册

宋人生卒行年考

李裕民（一九四〇～）編著

北京：中華書局，二〇一〇年九月

清代人物生卒年表

江慶柏（一九五一～）編著

北京：人民文學出版社，二〇〇五年十二月

中國當代古籍整理研究學者名録

曹亦冰（一九四六～）主編

北京：北京圖書館出版社，一九九七年三月

唐詩大辭典

周勳初（一九二九～）主編

南京：江蘇古籍出版社，一九九〇年十一月第一版；鳳凰出版社，二〇〇三年九月修訂本

中國歷史大辭典·隋唐五代史卷

《中國歷史大辭典·隋唐五代史卷》編纂委員會編

上海：上海辭書出版社，一九九五年五月

中國歷史大辭典·歷史地理卷

《中國歷史大辭典·歷史地理卷》編纂委員會編

上海：上海辭書出版社，一九九六年八月

中國人名大辭典

臧勵和（一八七五～?）等編

上海：商務印書館，一九二一年六月第一版；北京：商務印書館，一九九八年七月影印第一版

上海：上海書店，一九八〇年十一月第一版，一九八四年六月第二次印刷

中國古代小説百科全書

《中國古代小説百科全書》編委會編

北京：中國大百科全書出版社，一九九三年四月

電子文本

全唐詩電子檢索系統

李鐸（一九六〇～）主持開發

北京大學中文系，一九九八～一九九九年

古今圖書集成原文電子版

林仲湘（一九三八～）主編

南寧：廣西金海灣音像出版社、廣西師範大學出版社聯合出版，一九九九年

古今圖書集成全文檢索系統

臺灣故宫博物院、私立東吴大學，二〇〇四年

文淵閣四庫全書原文電子版

濟南開發區匯文科技開發中心編制

武漢：武漢大學出版社出版發行，一九九七年九月

文淵閣四庫全書電子版

上海：上海人民出版社、迪志文化出版有限公司聯合出版，一九九九年十一月

四部叢刊原文及全文檢索版

北京：萬方資料電子出版社、北京書同文數字化技術有限公司，二〇〇一年

中華電子佛典

臺北：中華電子佛典協會，一九九八年初版；二〇〇九年修訂版

漢籍全文檢索系統（第四版）

袁林（一九四九～）等

西安：陝西師範大學歷史文化學院，二〇〇四年十一月

中國基本古籍庫

劉俊文（一九四四～）總策劃、總編纂、總監製

北京愛如生數字化技術研究中心開發製作，安徽黄山書社出版發行，二〇〇五年十月

中國金石總録

甘肅省古籍文獻整理編譯中心，二〇一五年三月

電子文本

全唐詩電子檢索系統

李鐸（一九六〇～）主持開發

北京大學中文系，一九九八～一九九九年

古今圖書集成原文電子版

林仲湘（一九三八～）主編

南寧：廣西金海灣音像出版社、廣西師範大學出版社聯合出版，一九九九年

古今圖書集成全文檢索系統

臺灣故宫博物院、私立東吳大學，二〇〇四年

文淵閣四庫全書原文電子版

濟南開發區匯文科技開發中心編制

武漢：武漢大學出版社出版發行，一九九七年九月

文淵閣四庫全書電子版

上海：上海人民出版社、迪志文化出版有限公司聯合出版，一九九九年十一月

四部叢刊原文及全文檢索版

北京：萬方資料電子出版社、北京書同文數字化技術有限公司，二〇〇一年

中華電子佛典

臺北：中華電子佛典協會，一九九八年初版；二〇〇九年修訂版

漢籍全文檢索系統（第四版）

袁林（一九四九～）等

西安：陝西師範大學歷史文化學院，二〇〇四年十一月

中國基本古籍庫

劉俊文（一九四四～）總策劃、總編纂、總監製

北京愛如生數字化技術研究中心開發製作，安徽黄山書社出版發行，二〇〇五年十月

中國金石總録

甘肅省古籍文獻整理編譯中心，二〇一五年三月